Das neue deutsche Wörterbuch

für Schule und Beruf

WILHELM HEYNE VERLAG
MÜNCHEN

HEYNE SACHBUCH
19/2000

Umwelthinweis:
Dieses Buch wurde auf
chlor- und säurefreiem Papier gedruckt.

Taschenbuchausgabe im Wilhelm Heyne Verlag GmbH & Co. KG, München
Copyright © 1996 by Naumann & Göbel Verlagsgesellschaft mbH, Köln
Printed in Germany 1997
Umschlaggestaltung: Atelier Adolf Bachmann, Reischach
Druck und Verarbeitung: Elsnerdruck, Berlin

ISBN: 3-453-12754-4

INHALT

Geleitwort

Unter der Parole „Rettet die deutsche Sprache!" empörte sich ein Teil der Öffentlichkeit in einer Protestaktion gegen die Vereinbarung zur Neuregelung der deutschen Rechtschreibung, die am 1. 7. 1996 von politisch legitimierten Vertretern Deutschlands, Österreichs, der Schweiz und anderer Länder unterzeichnet worden war. Sogar von orthographischem Terror war die Rede. Dazu muss gesagt werden, dass es die derart Protestierenden schlichtweg versäumt hatten, sich über den Gesamtzusammenhang angemessen zu informieren.

Die z. Zt. noch geltende Orthographie geht auf die Beschlüsse der sogenannten II. Orthographischen Konferenz von 1901 zurück. Damals wurden Regeln für die deutsche Rechtschreibung verabschiedet, die erstmals für den gesamten deutschen Sprachraum galten. Die auf diese Weise endlich erreichte Einheitlichkeit der Schreibung war zwar ein „Fortschritt", zugleich aber nur ein „Zwischenziel" (K. Duden) auf dem Wege zu einer Volksorthographie. Im Verlauf des 20. Jahrhunderts wurde daher immer wieder der Ruf nach einer Reform laut, denn die Bearbeitung, Ergänzung und Ausdifferenzierung der Regeln von 1901 führten dazu, dass kein Schreiber die geltenden Regeln vollständig beherrscht.

Im Jahre 1980 vereinbarten Vertreter von vier Reform-Kommissionen aus der Bundesrepublik Deutschland, der Deutschen Demokratischen Republik, der Republik Österreich und der Schweiz, gemeinsam ein neues Regelwerk als Grundlage für eine Reform der deutschen Rechtschreibung zu erarbeiten. 1992 legten die in dem Internationalen Arbeitskreis für Orthographie zusammengeschlossenen Gruppen ein Reformpaket vor. Dieser Entwurf wurde in den beteiligten Ländern intensiv – und unter strenger Beachtung demokratischer Spielregeln – begutachtet und diskutiert. Nach zahlreichen Anhörungen, Debatten und einer weiteren Überarbeitung stimmte in Deutschland schließlich die Kultusministerkonferenz am 1. 12. 1995 der Neuregelung zu.

Auch wenn sich nicht alle Änderungsvorschläge des Internationalen Arbeitskreises für Orthographie realisieren ließen, verstärkt das neue Regelwerk dennoch die Grundregeln der deutschen Rechtschreibung und beseitigt eine Reihe von Sonder- und Ausnahmefällen. Dies führt zu einer besseren Erlernbarkeit der Regeln. Bei der Schreibung von Fremdwörtern, bei der Zeichensetzung und bei der Worttrennung am Zeilenende erhält der Schreiber Möglichkeiten zur eigenen Entscheidung.

Die Neuregelung tritt, beginnend mit dem 1. 8. 1998, schrittweise in Kraft. Bis zum Jahr 2005 gelten alte und neue Schreibungen nebeneinander. Diese lange Übergangszeit bietet auch den Kritikern der Reform die Gelegenheit, sich von den Vorzügen der neuen Regeln zu überzeugen.

Das vorliegende Wörterbuch wird sowohl der alten als auch der neuen Orthographie gerecht. Es hebt alle Änderungen hervor, die sich aus der Neuregelung ergeben. Auf diese Weise werden neue und alternative Schreibungen sowie neue erlaubte Worttrennungen sofort sichtbar. Ebenso hilfreich sind die knappen, aber dennoch verständlichen Erläuterungen von Regeln an ausgewählten Beispielen. Das Wörterbuch liefert darüber hinaus Erklärungen zu Ableitungen, Herkunft und Bedeutung der Einträge, beschränkt sich also bewusst nicht auf Angaben zur Orthographie. Der Wortbestand wurde komplett überarbeitet und aktualisiert. Insofern ist das Wörterbuch nicht nur ein ausgezeichneter Ratgeber in allen Fragen der alten und der neuen Orthographie, sondern ebenso ein wertvolles Kompendium zu allen Fragen der deutschen Sprache.

Dortmund, im November 1996 *Prof. Dr. Hermann Zabel,*
Institut für deutsche Sprache u.
Literatur, Universität Dortmund

Mitglied des Internationalen Arbeitskreises für Orthographie
Mitglied der Kommission für Rechtschreibfragen des Instituts
für deutsche Sprache in Mannheim (bis 1996)

Die Rechtschreibreform
Eine Zusammenfassung von Dr. Klaus Helfer

Am 1. Juli 1996 haben in Wien die politischen Vertreter der deutschsprachigen Staaten und weiterer interessierter Länder eine Gemeinsame Erklärung zur Neuregelung der deutschen Rechtschreibung unterzeichnet. Damit sind die langjährigen Bemühungen, die darauf gerichtet waren, Erleichterungen beim Erlernen und bei der Handhabung der deutschen Orthographie herbeizuführen und das amtliche Regelwerk den heutigen Erfordernissen anzupassen, zu einem guten Ende geführt worden. Um den Interessen sowohl des Schreibenden als auch des Lesenden nachzukommen, waren zahlreiche Kompromisse unumgänglich. Rein linguistische Lösungen waren ebensowenig erreichbar wie rein pragmatische.

In Zukunft wird eine zwischenstaatliche Kommission für die deutsche Rechtschreibung mit Sitz am Institut für deutsche Sprache in Mannheim dafür Sorge tragen, dass die Einheitlichkeit der Rechtschreibung im deutschen Sprachraum bewahrt bleibt. Sie wird Zweifelsfälle auf der Grundlage des neuen orthographischen Regelwerks klären und Empfehlungen zur Anpassung des Regelwerks an den allgemeinen Sprachwandel erarbeiten.

Die Grundlagen der neuen Regelung

Die bis heute gültige amtliche Rechtschreibung datiert von 1901/1902. Sie wurde 1901 auf der 2. Orthographischen Konferenz in Berlin beschlossen, 1902 als Regelwerk veröffentlicht und in Deutschland in Form einer Rechtsverordnung amtlich. Die Schweiz und Österreich schlossen sich dieser Normierung an.

Wie das Regelwerk von 1901/1902 ist auch die neue amtliche Rechtschreibung verbindlich für diejenigen Institutionen, für die der Staat in dieser Hinsicht Regelungskompetenz besitzt. Das sind einerseits die Schulen und andererseits die Behörden. Darüber hinaus hat sie Vorbildcharakter für alle anderen Bereiche, in denen sich die Sprachteilhaber an einer möglichst allgemein gültigen Rechtschreibung orientieren möchten. Das gilt speziell für Druckereien, Verlage und Redaktionen, aber auch für Privatpersonen.

Die neue Regelung bemüht sich um eine behutsame Vereinfachung der Rechtschreibung. Sie erreicht das vor allem durch die Beseitigung von Ausnahmen und Besonderheiten. Sie weitet damit den Geltungsbereich der Grundregeln aus und erhöht so die Systematik. Die deutsche Rechtschreibung wird leichter erlernbar und einfacher handhabbar sein, ohne dass die Tradition der deutschen Schreibkultur beeinträchtigt wird. Die Lesbarkeit von Texten in der bisherigen Orthographie bleibt erhalten. Die Neuformulierung nach klaren, einheitlichen Gesichtspunkten macht die Regeln insgesamt verständlicher und durchsichtiger.

Der Neuregelungsvorschlag ist das Ergebnis jahrelanger wissenschaftlicher Zusammenarbeit von vier Arbeitsgruppen aus Deutschland, Österreich und der Schweiz und der weiteren Bearbeitung durch den Internationalen Arbeitskreis für Orthographie, der aus diesen Arbeitsgruppen hervorgegangen ist.

Am 1. Juli 1996 unterzeichneten in Wien die politischen Vertreter der deutschsprachigen Staaten und weiterer interessierter Länder eine Gemeinsame Erklärung zur Neuregelung der deutschen Rechtschreibung, die mit ihrer offiziellen Veröffentlichung in Kraft tritt.

Mit Beginn des Schuljahres 1996/97 ist es möglich, in den Schulen die neue Rechtschreibung zu lehren. Ab 1. August 1998 darf nur noch nach den neuen Regeln unterrichtet werden. Die alte Schreibung wird bis zum Ende des Schuljahres 2004/05 jedoch nicht als falsch angesehen, sondern ist lediglich als überholt zu kennzeichnen.

Die Reform auf einen Blick

Die folgenden Beispiele sollen die wichtigsten Änderungen illustrieren. Auskunft in jedem konkreten Fall vermag nur das Regelwerk insgesamt – mit seinem Regelteil und seinem Wörterteil – zu geben.

Laut-Buchstaben-Zuordnungen
(einschließlich Fremdwortschreibung)

Einschneidende Maßnahmen, die das historisch gewachsene Schriftbild der deutschen Sprache verändert hätten, sind nicht vorgenommen worden. Frühere Vorschläge sind oft eben daran gescheitert. Die neue Regelung konzentriert sich darauf, Verstöße gegen das Stammprinzip zu beseitigen. Sie verfolgt also das Ziel, die gleiche Schreibung eines Wortstammes möglichst in allen Wörtern einer Wortfamilie sicherzustellen. Entscheidend dabei ist, ob ein Wort im heutigen Sprachgebrauch einer Wortfamilie zugeordnet wird oder nicht.

Einzelfälle mit Umlautschreibung

alte Schreibung	neue Schreibung
behende	*behände* (zu *Hand*)
belemmert	*belämmert* (heute zu *Lamm*)
Bendel	*Bändel* (zu *Band*)
Gemse	*Gämse* (zu *Gams*)
Quentchen	*Quäntchen* (heute zu *Quantum*)
schneuzen	*schnäuzen* (zu *Schnauze, großschnäuzig*)
Stengel	*Stängel* (zu *Stange*)
überschwenglich	*überschwänglich* (zu *Überschwang*)
verbleuen	*verbläuen* (heute zu *blau*)
aufwendig	*aufwendig* (zu *aufwenden*) oder *aufwändig* (zu *Aufwand*)
Schenke	*Schenke* (zu *ausschenken*) oder *Schänke* (zu *Ausschank*)
Wächte „Schneewehe"	*Wechte* (nicht zu *wachen*)
aber weiterhin: Eltern (trotz alt)	

Einzelfälle mit Verdopplung des Konsonantenbuchstabens nach kurzem Vokal

alte Schreibung	neue Schreibung
Karamel	*Karamell* (zu *Karamelle*)
numerieren	*nummerieren* (zu *Nummer*)
plazieren (placieren)	*platzieren* (zu *Platz*)
Stukkateur	*Stuckateur* (zu *Stuck*)
Tolpatsch	*Tollpatsch* (heute zu *toll*)

ss für *ß* nach kurzem Vokal

Zur Sicherstellung der gleichen Schreibung der Wortstämme wird auch der Wechsel von *ss* zu *ß* nach kurzem Vokal aufgehoben und konsequent *ss* geschrieben, also *Wasser/wässerig/wässrig* oder *müssen/er muss*.

Hingegen bleibt *ß* in Wörtern wie *Maß, Muße* und *Straße* erhalten und kennzeichnet nunmehr eindeutig die Länge des vorausgehenden Vokals oder einen Doppellaut vor stimmlosem *s*-Laut (*draußen, beißen*).

Die bisher daß geschriebene Konjunktion wird jetzt – entsprechend der allgemeinen Regel, dass nach kurzem Vokal *ss* steht – dass geschrieben. Damit bleibt die Unterscheidung gegenüber dem Artikel beziehungsweise dem Relativpronomen *das* erhalten.

alte Schreibung	neue Schreibung
hassen – Haß	*hassen – Hass*
küssen – Kuß, sie küßten sich	*küssen – Kuss, sie küssten sich*
lassen – er läßt	*lassen – er lässt*
müssen – er muß	*müssen – er muss*
Wasser – wässerig – wäßrig	*Wasser – wässerig – wässrig*
daß	*dass*

Erhalt der Stammschreibung in Zusammensetzungen

Wenn in Zusammensetzungen drei gleiche Konsonantenbuchstaben zusammentreffen (*Ballett + Truppe, Ballett + Tänzer*), werden stets alle geschrieben, also nicht nur wie bisher in Fällen wie *Balletttruppe*, sondern auch in Fällen wie *Balletttänzer* (bisher *Ballettänzer*, bei Trennung jedoch *Ballett-tänzer*). Die Schreibung mit Bindestrich ist immer möglich.

alte Schreibung	neue Schreibung
Flanellappen	*Flanelllappen*
Flußsand	*Flusssand*
Ballettänzer	*Balletttänzer*
Stoffetzen	*Stofffetzen*
usw.	(wie bisher schon *Balletttruppe* usw.)

aber weiterhin *dennoch, Drittel, Mittag*

Entsprechend bleibt auch bei der Endung *-heit* ein vorausgehendes *h* erhalten: *Rohheit* (zu *roh*), *Zähheit* (zu *zäh*) statt *Roheit* und *Zäheit*. Neben *selbständig* ist auch *selbstständig (selbst + ständig)* möglich.

alte Schreibung	neue Schreibung
Roheit	*Rohheit* (zu *roh*)
Zäheit	*Zähheit* (zu *zäh*)
Zierat	*Zierrat* (wie *Vorrat*)
selbständig	*selbständig/selbstständig*

Systematisierung in Einzelfällen

Die Schreibung von bisher *rauh* und *Känguruh* wurde geändert zu *rau* (vgl. Adjektive auf *-au* wie *blau, grau, genau, schlau*) beziehungsweise zu *Känguru* (vgl. andere fremdsprachige Tierbezeichnungen wie *Emu, Gnu, Kakadu*).

alte Schreibung	neue Schreibung
rauh	*rau* (wie *grau, schlau* usw.)
Känguruh	*Känguru* (wie *Gnu, Kakadu* usw.)

Entsprechend dem zugrunde liegenden Substantiv auf *-anz* oder *-enz* ist die Schreibung mit *z* (*essenziell* usw.) die Hauptform. Die bisherige Schreibung mit *t* (*essentiell* usw.) bleibt als Nebenform bestehen.

alte Schreibung	neue Schreibung
essentiell	*essenziell* (zu *Essenz*), auch *essentiell*
Differential	*Differenzial* (zu *Differenz*), auch *Differential*
differentiell	*differenziell* (zu *Differenz*), auch *differentiell*
Potential	*Potenzial* (zu *Potenz*), auch *Potential*
potentiell	*potenziell* (zu *Potenz*), auch *potentiell*
substantiell	*substanziell* (zu *Substanz*), auch *substantiell*

Fremdwörter bereiten wegen ihrer fremden Laut-Buchstaben-Zuordnungen oft besondere orthographische Schwierigkeiten. Im Widerstreit stehen der Respekt vor der fremden Sprache einerseits und die Loyalität gegenüber der Muttersprache andererseits. Angleichungen in der Schreibung (und in der Aussprache) haben seit jeher stattgefunden, betreffen im Normalfall aber nur häufig gebrauchte Wörter des Alltagswortschatzes.

Weitere Angleichungen kamen daher nur in Betracht und sind in der Regel nur dann vorgenommen worden, wenn eine Entwicklung bereits angebahnt war. So lässt sich beispielsweise die in den Wortstämmen *phon, phot* und *graph* bereits vorhandene *f*-Schreibung für *ph* auf weitere Beispiele ausdehnen. Auf eine forcierte Angleichung über diese Wortstämme hinaus wurde jedoch verzichtet. Wörter wie *Philosophie, Phänomen, Metapher* oder *Sphäre* sollen weiterhin wie bisher geschrieben werden.

War eine integrierte Schreibung schon bisher bei den meisten Wörtern einer Gruppe vorhanden (etwa die Schreibung *-ee* statt *-é* oder *-ée: Allee, Komitee, Resümee* usw.), so wird diese für alle übrigen Wörter nun als zweite zulässige Schreibung zugelassen oder ist sogar bevorzugte Variante: Das gilt auch für

Wörter mit den Stämmen *phon/fon, phot/fot, graph/graf* (bisher schon: *Fotografie, Grafik, Mikrofon* usw.).

Die Eindeutschung von Fremdwörtern ist zwar für jeden gewöhnungsbedürftig, doch ist dieser Schritt sinnvoll, weil die deutsche Sprache wie jede andere Sprache seit jeher das Bestreben hat, sich Fremdes zu Eigen zu machen. Im Verlaufe der Sprachgeschichte sind auf diese Weise Tausende aus anderen Sprachen übernommene Wörter zu heimischen Wörtern (Lehnwörtern) geworden: Aus älterer Zeit gehören dazu etwa *Esel, kaufen, Kohl, Münze, pflanzen, Senf, Straße* oder *Tisch*, aus jüngster Zeit beispielsweise *Bluse, Bombe, Dekan, Mais, Muster, Scheck, Streik* oder *Tasse*. In der Regel tritt die neue Schreibung als fakultative Nebenform zunächst neben die bisherige Schreibung. Dieses Verhältnis kann sich mit wachsender Vertrautheit auch allmählich umkehren, was vor allem bei Alltagswörtern oft der Fall ist.

Die Änderungen betreffen im Einzelnen die folgenden Gruppen, deren wesentliche Fälle hier aufgeführt sind:

alte Schreibung	neue Schreibung
ai	*ai* oder *ä*
Frigidaire	*Frigidaire*, auch *Frigidär* (als *Warenzeichen Frigidaire*)
Necessaire	*Neccessaire*, auch *Nessessär* (wie bisher schon *Mohär, Sekretär, Militär, Majonäse, Polonäse* usw.)
ph	*ph* oder *f*
quadrophon	*quadrophon*, auch *quadrofon*
Photometrie	*Fotometrie*, auch *Photometrie*
Geographie	*Geographie*, auch *Geografie*
Graphologe	*Graphologe*, auch *Grafologe*
Orthographie	*Orthographie*, auch *Orthografie*
Megaphon	*Megaphon*, auch *Megafon* (wie bisher schon *Mikrofon, Fotografie, Grafik* usw.)
Delphin	*Delphin*, auch *Delfin* (wie bisher schon *fantastisch*)

Fortsetzung Seite XIV

gh	*gh* oder *g*
Joghurt	*Joghurt*, auch *Jogurt*
Spaghetti	*Spaghetti*, auch *Spagetti* (wie bisher schon *Getto*, *Finn-Dingi* usw.)
é und *ée*	*é/ée* oder *ee*
Bouclé	*Bouclé*, auch *Buklee*
Exposé	*Exposee*, auch *Exposé*
Kommuniqué	*Kommuniqué*, auch *Kommunikee*
Varieté	*Varietee*, auch *Varieté*
Chicorée	*Chicorée*, auch *Schikoree* (wie bisher schon *Allee*, *Armee*, *Komitee*, *Resümee*, *Dragee*, *Haschee* usw.)
qu	*k*
Kommuniqué	*Kommuniqué*, auch *Kommunikee* (wie bisher schon *Etikett*, *Likör* usw.)
ou	*ou* oder *u*
Bouclé	*Bouclé*, auch *Buklee* (wie bisher schon *Nugat*)
ch	*ch* oder *sch*
Ketchup	*Ketschup*, auch *Ketchup*
Chicorée	*Chicorée*, auch *Schikoree* (wie bisher schon *Anschovis*, *Broschüre*, *Haschee*, *retuschieren*, *Scheck*, *Sketsch*, *transchieren* usw.)
rh	*rh* oder *r*
Katarrh	*Katarrh*, auch *Katarr*
Myrrhe	*Myrrhe*, auch *Myrre*
Hämorrhoiden	*Hämorrhoiden*, auch *Hämorriden*
c	*c* oder *ss*
Facette	*Facette*, auch *Fassette*
Necessaire	*Necessaire*, auch *Nessessär* (wie bisher schon *Fassade*, *Fasson*, *Rasse* usw.)
th	*th* oder *t*
Panther	*Panther*, auch *Panter*
Thunfisch	*Thunfisch*, auch *Tunfisch*
Hinzu kommt als	*Portmonee*, auch *Portemonnaie*

Einzelfall: *Portemonnaie*

Getrennt- und Zusammenschreibung

Im amtlichen Regelwerk von 1901/1902 war der Bereich der Getrennt- und Zusammenschreibung nicht generell geregelt. Die im Rechtschreib-Duden seit 1915 entwickelte und später mit einer Vielzahl von Sonderregelungen belastete Darstellung wird vor allem dadurch überschaubarer, dass von der Getrenntschreibung als dem Normalfall ausgegangen wird. An die Stelle schwer handhabbarer inhaltlicher Kriterien (Zusammenschreibung „wenn ein neuer Begriff entsteht" oder „wenn die Bedeutung des Substantivs verblasst ist") treten grammatische Proben (Erweiterbarkeit, Steigerbarkeit usw.). Die wichtigsten Änderungen betreffen die folgenden Gruppen:

Verbindungen von Substantiv + Verb wie *Auto fahren/ich fahre Auto*, (aber bisher) *radfahren/ich fahre Rad* werden generell getrennt geschrieben:

alte Schreibung	neue Schreibung
radfahren, aber *Auto fahren*	*Rad fahren* (wie *Auto fahren*)
teppichkopfen/ *Teppich klopfen*	*Teppich klopfen*
haltmachen	*Halt machen*

Die Unterscheidung von konkreter und übertragener Bedeutung als Kriterium für Getrenntschreibung (*auf dem Stuhl sitzen bleiben*) beziehungsweise Zusammenschreibung (*in der Schule sitzenbleiben* im Sinne von „nicht versetzt werden") wird aufgegeben, da dieses Kriterium schon bisher nicht funktioniert hat, wie die folgenden Beispiele zeigen: *im Bett liegenbleiben* (bisher zusammen trotz konkreter Bedeutung), *mit seinem Plan baden gehen* (bisher getrennt trotz übertragener Bedeutung „scheitern"). Es gilt nunmehr die konsequente Getrenntschreibung von Verb + Verb (bei geänderter Stellung ohnehin schon bisher: *er blieb in der Schule sitzen*). Aus dem Textzusammenhang heraus sind alle diese Fälle eindeutig zu verstehen.

alte Schreibung	neue Schreibung
sitzenbleiben (in der Schule), aber *sitzen bleiben* (auf dem Stuhl)	*sitzen bleiben*

Eine Differenzierung der Schreibung nach inhaltlichen Kriterien wird zugunsten der Getrenntschreibung auch in Fällen wie den folgenden aufgegeben:

alte Schreibung	neue Schreibung
abwärtsgehen (schlechter werden), aber *abwärts gehen* (einen Weg)	*abwärts gehen*

In den folgenden Fällen wird aus Gründen der Analogie zu bereits bestehenden Schreibungen getrennt geschrieben:

alte Schreibung	neue Schreibung
gefangennehmen aber *getrennt schreiben*	*gefangen nehmen* (wie *getrennt schreiben*)
übrigbleiben, aber *artig grüßen*	*übrig bleiben* (wie *artig grüßen*)

Bereinigt wurde die Regelung von Verbindungen wie *aneinander/auseinander/beieinander* + Verb. und zwar durch generelle Getrenntschreibung, die für viele, aber nicht für alle Einzelfälle schon bisher galt.

alte Schreibung	neue Schreibung
aneinanderfügen, aber *aneinander denken*	*aneinander fügen* (wie *aneinander denken*)
zueinanderfinden, aber *zueinander passen*	*zueinander finden* (wie *zueinander passen*)

Die Schreibung der Partizipformen richtet sich immer nach der Schreibung der Infinitivformen:

alte Schreibung	neue Schreibung
nahestehend	*nahe stehend* (weil *nahe stehen*)
laubtragende/Laub tragende (Bäume)	*Laub tragende* (Bäume) (weil *Laub tragen*)

Wie bereits *so viele, wie viele* wird jetzt auch *so viel, wie viel* geschrieben:

alte Schreibung	neue Schreibung
soviel, wieviel, aber *so viele, wie viele*	*so viele, wie viel* (wie *so viele, wie viele*)

Hingegen werden alle Verbindungen mit *irgend* – wie bisher schon *irgendwer* und *irgendwohin* – zusammengeschrieben:

alte Schreibung	neue Schreibung
irgend etwas, irgend jemand, aber *irgendwer, irgendwann*	*irgendetwas, irgendjemand* (wie *irgendwer, irgendwann*)

Schreibung mit Bindestrich

Der Bindestrich eröffnet dem Schreibenden grundsätzlich die Möglichkeit unübersichtliche Zusammenschreibungen zu gliedern; und er lässt es zu, grafisch beziehungsweise syntaktisch nicht vereinbare Bestandteile als eine Einheit darzustellen (*¾-Takt*, das *In-den-Tag-hinein-Träumen* usw.) Die neue Regelung beseitigt vor allem Ungereimtheiten. Zugleich will sie der Entscheidung des Schreibenden mehr Raum geben, durch die Verwendung des Bindestrichs seine Aussageabsicht zu verdeutlichen.

alte Schreibung	neue Schreibung
Ichform, Ichsucht, aber Ich-Laut	*Ichform/Ich-Form, Ichsucht/Ich-Sucht, Ichlaut/Ich-Laut*
17jährig, 3tonner	*17-jährig, 3-Tonner*
2pfünder	*2-Pfünder*
4silbig, 100prozentig	*4-silbig, 100-prozentig*
Kaffee-Ersatz	*Kaffeeersatz/Kaffee-Ersatz*
Zoo-Orchester	*Zooorchester/Zoo-Orchester*
Balletttruppe	*Balletttruppe/Ballett-Truppe*
Flußsand	*Flusssand/Fluss-Sand*

Für mehrgliedrige Anglizismen gelten die gleichen Regeln wie für einheimische Zusammensetzungen, d. h. grundsätzlich Zusammenschreibung, aber zulässige Schreibung mit Bindestrich, vor allem dann, wenn Unübersichtlichkeit befürchtet wird.

alte Schreibung	neue Schreibung
Hair-Stylist	*Hairstylist/Hair-Stylist*
Job-sharing	*Jobsharing/Job-Sharing*
Midlife-crisis	*Midlifecrisis/Midlife-Crisis*
Sex-Appeal	*Sexappeal/Sex-Appeal*
Shopping-Center	*Shoppingcenter/Shopping-Center*

Groß- und Kleinschreibung

Da sich für die vom Internationalen Arbeitskreis für Orthographie ursprünglich vorgeschlagene Kleinschreibung der Substantive keine mehrheitliche Zustimmung finden ließ, wurde in Wien über den Vorschlag einer modifizierten Großschreibung entschieden. Sinn der modifizierten Großschreibung ist es, die traditionelle Großschreibung der Substantive beizubehalten, besonders schwierige Bereiche der Groß- und Kleinschreibung jedoch im Sinne einer besseren Handhabung neu zu regeln. Im Gegensatz zu allen anderen Sprachen dient die Großschreibung im Deutschen nicht nur der Kennzeichnung von Satzanfängen, Eigennamen und Ausdrücken der Ehrerbietung, sondern auch zur Markierung einer Wortart: der Substantive.

Schwierigkeiten bei der Groß- und Kleinschreibung ergeben sich vor allem daraus, dass einerseits Wörter aller nichtsubstantivischen Wortarten im Text als Substantiv gebraucht werden können und dann großzuschreiben sind *(das Laufen, das Wenn und Aber, die Ewiggestrigen)*. In vielen Fällen ist diese Substantivierung jedoch nur eine scheinbare, formale, sodass nach der geltenden Regelung keine Großschreibung eintrat *(im voraus; es ist das beste, wenn ...; im nachhinein; auf dem trockenen sitzen „in finanzieller Verlegenheit sein"* usw.). Andererseits werden in einer Reihe von Fällen ursprüngliche Substantive auch nichtsubstantivisch gebraucht *(heute abend, mittags, trotz seiner Krankheit)* und entsprechend kleingeschrieben.

Die Änderungen zielen darauf ab klare, wenn möglich formale Kriterien für die Großschreibung zu gewinnen. Damit kommt dem Artikelgebrauch entscheidende Bedeutung zu. Insgesamt führt das zu einer leichten Vermehrung der Großschreibung.

So werden Substantive in Verbindung mit einer Präposition (wie *auf Grund, in Bezug, mit Bezug*) oder einem Verb (z.B. *Rad fahren, Tennis spielen*) generell großgeschrieben.

alte Schreibung	neue Schreibung
in bezug auf, aber *mit Bezug auf*	*in Bezug auf* (wie *mit Bezug auf*)
radfahren, aber *Auto fahren*	*Rad fahren* (wie *Autofahren*)

Nur noch in Verbindung mit den Verben *sein, bleiben* und *werden* schreibt man *Angst, Bange, Gram, Leid, Schuld* und *Pleite* klein *(Mir wird angst. Sie sind schuld daran.* Aber: *Ich habe Angst. Sie hat Schuld daran.)*

alte Schreibung	neue Schreibung
angst (und bange) machen aber *Angst haben*	*Angst (und Bange) machen* (wie *Angst haben*)
schuld geben	*Schuld geben*
pleite gehen	*Pleite gehen* (aber *bange sein, gram bleiben, pleite werden*)

Großgeschrieben werden substantivierte Adjektive als Ordinalzahlen (z. B. *der Erste und der Letzte, der Nächste, jeder Dritte*), den Indefinitpronomen nahe stehende unbestimmte Zahladjektive (z. B. *alles Übrige, nicht das Geringste*) sowie Adjektive in festen Wortverbindungen (z. B. *im Klaren, im Folgenden, im Nachhinein, des Näheren* oder – bei Verwendung sowohl in wörtlicher als auch in übertragener Bedeutung – *im Dunkeln tappen, im Trüben fischen*).

alte Schreibung	neue Schreibung
der, die, das letzte	*der, die, das Letzte*
der nächste, bitte	*der Nächste, bitte*
alles übrige	*alles Übrige*
nicht das geringste	*nicht das Geringste*
im großen und ganzen	*im Großen und Ganzen*
des näheren	*des Näheren*
im allgemeinen	*im Allgemeinen*
es ist das beste (= am besten), *wenn . . .*	*das Beste*
auf dem trockenen sitzen (in finanzieller Verlegenheit sein)	*auf dem Trockenen sitzen*
den kürzeren ziehen (Nachteile haben)	*den Kürzeren ziehen*

Bezeichnungen für Tageszeiten werden großgeschrieben, wenn sie in Verbindung mit *heute, (vor)gestern oder (über)morgen* stehen: *heute Mittag, gestern Abend, vorgestern Morgen.* Als substantivische Zusammensetzung gilt die Verbindung von Wochentag und Tageszeit: *am Sonntagabend* (dazu das Adverb *sonntagabends*).

alte Schreibung	neue Schreibung
heute mittag	*heute Mittag*
gestern abend	*gestern Abend*
am Sonntag abend	*am Sonntagabend*
Sonntag abends	*sonntagabends*

Großgeschrieben werden Farb- und Sprachbezeichnungen in Verbindung mit Präpositionen (z.B. *in Rot, bei Grün; auf Englisch, in Deutsch*).

alte Schreibung	neue Schreibung
auf deutsch, aber *bei Grün*	*auf Deutsch* (wie *bei Grün*)

Großgeschrieben werden Paarformeln mit nicht deklinierten Adjektiven zur Bezeichnung von Personen (z.B. *Arm und Reich, Jung und Alt, Groß und Klein*).

alte Schreibung	neue Schreibung
groß und klein	*Groß und Klein*
jung und alt, aber *Arm und Reich*	*Jung und Alt* (wie *Arm und Reich*)

Bei Superlativen mit *aufs* ist Großschreibung *(aufs Beste, aufs Herzlichste)* oder Kleinschreibung möglich *(aufs beste, aufs herzlichste)*.

alte Schreibung	neue Schreibung
aufs beste	*aufs beste/aufs Beste*
aufs herzlichste	*aufs herzlichste/aufs Herzlichste*

Bei festen Fügungen aus Adjektiv und Substantiv wird das Adjektiv generell kleingeschrieben (z.B. *das schwarze Brett, die erste Hilfe, der weiße Tod*). Großschreibung tritt jedoch ein, wenn es sich um Eigennamen, d.h. um singuläre Benennungen handelt (z.B. *der Stille Ozean*). Auch Titel (z.B. *Regierender Bürgermeister*), klassifizierende Bezeichnungen in der Biologie (z.B. *Roter Milan*), besondere Kalendertage (z.B. *Heiliger Abend*) und historische Ereignisse (z.B. *der Westfälische Friede*) werden großgeschrieben.

alte Schreibung	neue Schreibung
das Schwarze Brett	*das schwarze Brett*
der Weiße Tod	*der weiße Tod*
die Erste Hilfe	*die erste Hilfe*

Ableitungen von Personennamen, wie z.B. *ohmsch*, werden generell kleingeschrieben, d.h. auch, wenn die persönliche Leistung gemeint ist: *das ohmsche Gesetz*. Groß wird ein Name geschrieben, wenn seine Grundform betont werden soll. Dann wird die Endung mit einem Apostroph abgesetzt: *die Grimm'schen Märchen*.

alte Schreibung	neue Schreibung
das Ohmsche Gesetz, aber *der ohmsche Widerstand*	*das ohmsche Gesetz* (wie *der ohmsche Widerstand*)

Kleingeschrieben werden die vertraulichen Anredepronomen *du* und *ihr* mit ihren zugehörigen Formen, während *Sie* und *Ihr* als Höflichkeitsanreden samt ihren flektierten Formen weiterhin großzuschreiben sind.

alte Schreibung	neue Schreibung
Du, Dein, Dir usw.	*du, dein, dir* usw.
Ihr, Euer, Euch usw. (in der vertraulichen Anrede)	ihr, euer, euch usw.

Zeichensetzung

Auch der Bereich der Zeichensetzung war im amtlichen Regelwerk von 1901/1902 nicht geregelt. Gegenüber der bisherigen Duden-Regelung gibt es Vereinfachungen beim Komma vor *und* oder *oder* sowie in Verbindung mit Infinitiv- und Partizipgruppen. Dem Schreibenden wird hier größere Freiheit eingeräumt. Dadurch hat er mehr Möglichkeiten, dem Lesenden die Gliederung zu verdeutlichen und das Verstehen zu erleichtern.

Mit *und* oder *oder* verbundene Hauptsätze müssen nicht mehr durch ein Komma getrennt werden.

alte Schreibung	neue Schreibung
Der Schnee schmolz dahin, und bald ließen sich die ersten Blumen sehen, und die Vögel stimmten ihr Lied an.	*Der Schnee schmolz dahin und bald ließen sich die ersten Blumen sehen und die Vögel stimmten ihr Lied an.*

Bei Infinitiv- oder Partizipgruppen wird ein Komma nur noch gesetzt, wenn sie durch eine hinweisende Wortgruppe angekündigt (1) oder wieder aufgenommen werden (2) oder wenn sie aus der üblichen Satzstruktur herausfallen (3):
(1) *Darüber, bald zu einem Erfolg zu kommen, dachte sie lange nach.*
(2) *Bald zu einem Erfolg zu kommen, das war ihr sehnlichster Wunsch.*
(3) *Sie, um bald zu einem Erfolg zu kommen, schritt alsbald zur Tat.*

Zweckmäßig ist es, ein Komma zu setzen, wenn dadurch die Gliederung des Satzes verdeutlicht wird oder ein Missverständnis ausgeschlossen werden kann: *Sie begegnete ihrem Trainer(,) und dessen Mannschaft musste lange auf ihn warten. Ich rate(,) ihm(,) zu helfen.*

Alle anderen Regeln für die Zeichensetzung bei diesen Gruppen entfallen.

Worttrennung am Zeilenende

Bei der Trennung der Wörter ist die bisherige Regel, *st* stets ungetrennt zu lassen („Trenne nie *st*, denn es tut ihm weh!"), aufgehoben. Wörter wie *Wes-te, Kas-ten* werden so getrennt wie bisher schon *Wes-pe* oder *Kas-ko.*

alte Schreibung	neue Schreibung
We-ste	*Wes-te*
Ka-sten	*Kas-ten*
Mu-ster	*Mus-ter*

Weiterhin wird das *ck* (*Zucker*) bei der Worttrennung nicht mehr durch *kk* ersetzt (bisher *Zuk-ker*). Im Sinne der Beibehaltung der Stammschreibung bleibt *ck* erhalten und kommt geschlossen auf die nächste Zeile, also *Zu-cker* (ähnlich wie bei *la-chen* und *wa-schen*).

alte Schreibung	neue Schreibung
Zuk-ker	*Zu-cker*
lek-ken	*le-cken*
Bak-ke	*Ba-cke*

Für Fremdwörter gelten neben den bisher vorgeschriebenen Trennungen, die nur der Herkunftssprache Rechnung tragen (*Chir-urg, Si-gnal, Päd-agoge, par-allel, Heliko-pter*), nun auch die für heimische Wörter geltenden Trennregeln: *Chi-rurg* (wie *Si-rup*), *Sig-nal* (wie *leug-nen*), *Pä-dagogik* (wie *ba-den*), *pa-rallel* (wie *Pa-rade*), Helikop-ter (wie *op-tisch*).

alte Schreibung	neue Schreibung
Chir-urg	*Chir-urg/Chi-rurg*
Si-gnal	*Si-gnal/Sig-nal*
Päd-agogik	*Päd-agogik/Pä-dagogik*
par-allel	*par-allel/pa-rallel*
Heliko-pter	*Heliko-pter/Helikop-ter*

Die Regelung, nach der ein einzelner Vokalbuchstabe am Wortanfang nicht abgetrennt werden darf, ist aufgehoben worden.

alte Schreibung	neue Schreibung
Ufer (untrennbar)	*U-fer*
Ofen (untrennbar)	*O-fen*

Lesehemmende Trennungen *(Seeu-fer, Altbauer-haltung)* sollte man vermeiden.

Leicht veränderter Nachdruck aus:
Sprachreport, Extra-Ausgabe Juli 1996.
Institut für deutsche Sprache, Mannheim

Der vorliegende Text sowie weitere aktuelle Informationen zur Rechtschreibreform können auch über das Internet unter der HTTP-Adresse
http://www.ids-mannheim.de
abgerufen werden.

Das Wesentliche aus der deutschen Sprachlehre (Grammatik)

Wortarten

1.	*Geschlechtswort (Artikel)*	*(bestimmt)* der, die, das; *(unbestimmt)* ein, eine, ein.
2.	*Zeitwort (Verb)*	springen, geben, danken, schreiben, kaufen.
3.	*Hauptwort (Substantiv)*	Baum, Wiese, Haus.
4.	*Fürwort (Pronomen)*	ich, dein, dieser, der (welcher), jeder, irgendeiner.
5.	*Eigenschaftswort (Adjektiv)*	schön, gut, schnell.
6.	*Zahlwort (Numerale)*	acht, der Dritte, viele, einige
7.	Umstandswort (Adverb)	dort, gestern, oft, sehr.
8.	*Verhältniswort (Präposition)*	an, mit, durch, längs, infolge, jenseits.
9.	*Bindewort (Konjunktion)*	aber, auch, wie, wohingegen, als, obgleich, wenn.
10.	*Empfindungswort (Interjektion)*	oh!, au!, ach!, wehe!

Die sechs Formen der Beugung (Konjugation) zur zeitlichen Bestimmung des Zeitworts (Verbs)

Tatform (Aktiv)		
Grundform (Infinitiv)	*Gegenwart (Präsens)*	geben
	Vergangenheit (Perfekt)	gegeben haben
	Zukunft (Futur)	geben werden (künftig geben)
	Wirklichkeitsform (Indikativ)	*Möglichkeitsform (Konjunktiv)*
Gegenwart (Präsens)	du gibst	du gebest
Vergangenheit (Imperfekt)	du gabst	du gäbest
vollendete Gegenwart (Perfekt)	du hast gegeben	du habest gegeben

vollendete Vergangenheit (Plusquamperfekt)	du hattest gegeben	du hättest gegeben
einfache Zukunft (Futur I)	du wirst geben	du würdest geben
vollendete Zukunft (Futur II)	du wirst gegeben haben	du würdest gegeben haben
Befehlsform (Imperativ)	gib!	

Leideform (Passiv)

Grundform (Infinitiv)	*Gegenwart (Präsens)*	gegeben werden
	Vergangenheit (Perfekt)	gegeben worden sein
	Zukunft (Futur)	werden gegeben werden (künftig gegeben werden)

	Wirklichkeitsform (Indikativ)	*Möglichkeitsform (Konjunktiv)*
Gegenwart (Präsens)	du wirst gegeben	du werdest gegeben
Vergangenheit (Imperfekt)	du wurdest gegeben	du würdest gegeben
vollendete Gegenwart (Perfekt)	du bist gegeben worden	du sei(e)st gegeben worden
vollendete Vergangenheit (Plusquamp.)	du warst gegeben worden	du wärest gegeben worden
einfache Zukunft (Futur I)	du wirst gegeben werden	du würdest gegeben werden
vollendete Zukunft (Futur II)	du wirst gegeben worden sein	du würdest gegeben worden sein

Die drei Beugungen (Konjugationen) des Zeitworts (Verbs)

Präsens	Imperfekt	Perfekt
1. Die schwache Konjugation		
1. ich wag-e	ich wag-te	ich habe gewagt
2. du wag-st	du wag-test	du hast gewagt
3. er wag-t	er wag-te	er hat gewagt
1. wir wag-en	wir wag-ten	wir haben gewagt
2. ihr wag-t	ihr wag-tet	ihr habt gewagt
3. sie wag-en	sie wag-ten	sie haben gewagt
2. Die starke Konjugation		
1. ich schlaf-e	ich schlief	ich habe geschlafen
2. du schläf-st	du schlief-st	du hast geschlafen
3. er schläf-t	er schlief	er hat geschlafen
1. wir schlaf-en	wir schlief-en	wir haben geschlafen
2. ihr schlaf-t	ihr schlief-t	ihr habt geschlafen
3. sie schlaf-en	sie schlief-en	sie haben geschlafen
3. Die gemischte Konjugation		
1. ich denk-e	ich dach-te	ich habe gedacht
2. du denk-st	du dach-test	du hast gedacht
3. er denk-t	er dach-te	er hat gedacht
1. wir denk-en	wir dach-ten	wir haben gedacht
2. ihr denk-t	ihr dach-tet	ihr habt gedacht
3. sie denk-en	sie dach-ten	sie haben gedacht

Die drei Grundformen der Konjugation

	Die drei Grundformen			*Die Kennzeichen*			
	Infinitiv	*Imperfekt*	*Part. Perf.*	*Ablaut*	*Endung Imperfekt*	*Endung Partizip*	*Präsens*
schwach	wagen	wagte	gewagt	kein Ablaut	–te	–t	1. Ps. S. –a
							2. Ps. S. –a
							3. Ps. S. –a
stark	schlafen	schlief	geschlafen	*a – ie – a*	–	–en	*1. Ps. S. –a*
							2. Ps. S. –ä
							3. Ps. S. –ä
gemischt	denken	dachte	gedacht	e – a – a –	–te	–t	1. Ps. S. –e
							2. Ps. S. –e
							3. Ps. S. –e

Die *schwache* Konjugation hat immer denselben Vokal

                im Imperfekt: –te

                im Partizip (Perfekt):   –t

Die *starke* Konjugation hat den Ablaut (d. h. verschiedene Vokale)

                im Imperfekt: *kein* –te

                im Partizip (Perfekt):   –en

Die *gemischte* Konjugation hat den Ablaut (wie die starke)

                im Imperfekt: –te (wie die schwache)

                im Partizip (Perfekt):   –t (wie die schwache)

Ablaut-Gruppen der starken Verben

Gruppe	Infinitiv	Imperfekt	Partizip (Perfekt)	Ablaut
1	sehen	sah	gesehen	e – a – e
2	brechen	brach	gebrochen	e – a – o
3	trinken	trank	getrunken	i – a – u
4	schreiten	schritt	geschritten	ei – i – i
5	treiben	trieb	getrieben	ei – ie – ie
6	schlafen	schlief	geschlafen	a – ie – a
7	kriechen	kroch	gekrochen	ie – o – o
8	schlagen	schlug	geschlagen	a – u – a

Die drei Beugungen (Deklinationen) des Hauptworts (Substantivs)

1. Fall (Werfall)   *Nominativ (N)*
2. Fall (Wesfall)   *Genitiv (G)*
3. Fall (Wemfall)   *Dativ (D)*
4. Fall (Wenfall)   *Akkusativ (A)*

Die starke Deklination

		männlich (maskulin)	weiblich (feminin)	sächlich (Neutrum)
Einzal (Singular)	N	der Mann	die Tochter	das Pferd
	G	des –(e)s	der –	des –es
	D	dem –(e)	der –	dem –(e)
	A	den –	die –	das –
Mehrzahl (Plural)	N	die Männer	die Töchter	die Pferde
	G	der –	der –	der –
	D	den –n	den –n	den –n
	A	die –	die –	die –

Die schwache Deklination

		männlich (maskulin)	weiblich (feminin)
Einzahl (Singular)	N	der Beamte	die Kugel
	G	des –n	der –
	D	dem –n	der –
	A	den –n	die –
Mehrzahl (Plural)	N	die Beamten	die Kugeln
	G	der –en	der –n
	D	den –en	den –n
	A	die –en	die –n

Die gemischte Deklination

		männlich (maskulin)	sächlich (Neutrum)
Einzahl (Singular)	N	der Mast	das Hemd
	G	des –(e)s	des –es
	D	dem –(e)	dem –(e)
	A	den –	das –
Mehrzahl (Plural)	N	die Masten	die Hemden
	G	der –en	der –en
	D	den –en	den –en
	A	die –en	die –en

Regeln:

1. Der Singular femininer Substantive ist immer unverändert.
2. Alle Substantive bilden den Dativ Plural (3. Fall Mehrz.) mit -(e)n.
3. Substantive mit Umlaut im Plural (Mehrz.) werden immer stark dekliniert.
4. Die starke Deklination ist durch ein -(e)s im Genitiv Sing. (2. Fall Einz.) und manchmal auch ein -e im Dativ gekennzeichnet.
5. Die schwache Deklination wird vorwiegend mit -n oder -en gebildet.
6. Die gemischte Deklination ist im Singular (Einzahl) stark, im Plural (Mehrzahl) schwach.

Die Beugung (Deklination) des Eigenschaftsworts (Adjektivs)

		männlich (maskulin)	weiblich (feminin)	sächlich (Neutrum)
ohne Artikel	N (Singular)	roter Sekt	rote Seide	rotes Haar
	G	rotes(n) -(e)s	roter -	rotes(n) -es
	D	rotem -(e)	roter -	rotem -(e)
	A	roten -	rote -	rotes -
	N (Plural)	rote Sekte	rote Seiden	rote Haare
	G	roter -	roter -en	roter -
	D	roten -en	roten -en	roten -en
	A	rote -	rote -en	rote -
mit bestimmtem Artikel	N (Singular)	der rote* Sekt	die rote* Seide	das rote* Haar
	G	des -en -(e)s	der -en -	des -en -es
	D	dem -en -(e)	der -en -	dem -en -(e)
	A	den -en -	die -e* -	das -e* -
	N (Plural)	die roten Sekte	die roten Seiden	die roten Haare
	G	der -en -	der -en -	der -en -
	D	den -en -n	den -en -	den -en -n
	A	die -en -	die -en -	die -en -
mit unbestimmtem Artikel	N (Singular)	ein roter Sekt	eine rote Seite	ein rotes Haar
	G	eines -en -es	einer -en -	eines -en -es
	D	einem -en -(e)	einer -en -	einem -en -(e)
	A	einen -en -	eine -e* -	ein -es* -

Regeln:

1. Ohne Artikel endet das Adjektiv wie der Artikel.
2. Mit bestimmtem Artikel endet das Adjektiv auf -en; Ausnahmen bilden fünf Fälle (*): drei Nominative, zwei Akkusative.
3. Mit unbestimmtem Artikel endet das Adjektiv auf -en; als Ausnahmen gelten die gleichen Fälle wie bei 2. (*).

Hinweise zur Benutzung

Zur Anordnung der Wörter

Die Wörter sind nach der Buchstabenfolge eingereiht. Hinter dem Stichwort folgen: In eckigen Klammern die Aussprache; der Artikel; die Beugung und gegebenenfalls die Verkleinerungsform; die Bedeutung; Redensarten; Wendungen, die der Rechtschreibung wegen angeführt werden müssen; Zusammensetzungen; sodann die vom Stichwort abgeleiteten Wörter.

Ergänzende Erklärungen zu den Wöten

Ein Strich unter einer Silbe bedeutet, dass diese Silbe betont ist. Bleibt die Betonung in abgeleiteten Wörtern, d. h. solchen, die einem Stichwort in einer Gruppe folgen, die gleiche, so kann der Unterstrich wegfallen. Bei Wörtern mit einer haupt- oder einer nebentonigen Silbe ist nur der Hauptton bezeichnet.

Eine schwarze senkrechte Linie (|) innerhalb eines Wortes gibt die Trennung des Wortes an; z. B. ab|fol|tol|gra|fie|ren.

Eine rote senkrechte Linie (|) innerhalb eines Wortes gibt darüber hinaus die Stelle des Wortes an, an der nach den neuen Regeln getrennt werden muss oder darf: z. B. E|pis|tol|lar.

Ein roter Pfeil (→) weist darauf hin, dass sich die Schreibung des Wortes geändert hat; z. B. Aufguß → Aufguss. Der Pfeil hat insofern die Bedeutung von „wird zu".

Ein rotes *auch*: weist auf alternative Schreibungen hin, die nach den neuen Regeln zulässig sind. Die Hauptvariante steht dabei an erster Stelle: z. B. Ketschup *auch:* Ketchup.

Wort- und Bedeutungserklärungen

Wörter in Klammern vor einer Bedeutungsangabe bezeichnen das Gebiet, auf das sich die Bedeutung bezieht, oder das Objekt: bei ziellosen (intransitiven) Zeitwörtern (Verben) auch das Subjekt der Handlung: z. B. ablaufen (Bergbau; Ziel; Schiff).

Ein waagerechter Strich (-) steht für ein ganzes Wort (meist für das Stichwort einer Gruppe). Hinter dem Artikel des Stichwortes steht er für den Wesfall (Genitiv) der Einzahl und den Werfall (Nominativ) der Mehrzahl: z. B. Pfund, das; -es (des Pfundes), -e (die Pfunde).

Ein Buchstabe der Beugungsendung in Klammern bedeutet, dass der Buchstabe dort stehen kann oder fehlen darf: z. B. Aar, der; -(e)s bedeutet: Wesfall (Genitiv) der Einzahl heißt des Aares oder des Aars.

Die Verkleinerungsform der Dingwörter (Substantiva) ist nur dort angeführt, wo sich der Stamm verändert; z. B. Achse, die: -, -n; Ächschen.

Erklärungen bezüglich der Wortarten

„nur aussagend" hinter Eigenschaftswörtern besagt: Das Eigenschaftswort steht nicht als Beifügung (Attribut) eines Dingworts (z. B. die liebe Mutter), sondern ausschließlich in stets flexionsloser (nicht beugbarer) Form als Aussageergänzung (ergänzendes Prädikatsnomen) bei dem Hilfszeitwort sein: z. B. die Männer sind uns feind.

Bei Zeitwörtern (Verben) bedeutet:

tr. (transitiv): zielend, Akkusativobjekt (Wenfallergänzung) bei sich habend; z. B. loben (den Meister).
intr. (intransitiv): ziellos, ohne Akkusativobjekt stehend; z. B. kommen.
rbz. (rückbezüglich): sich auf das Subjekt zurückbeziehend (reflexive Verben); z. B. die Kinder freuen sich, wir grämten uns.
unp. (unpersönlich): nur in der dritten Person der Einzahl mit dem unbestimmten persönlichen Fürwort (Pronomen) „es" vorkommend (Impersonalien); z. B. es blitzt.

Alle Zeitwörter (Verben), deren Grundformen an Ort und Stelle nicht angeführt sind, bilden die Grundform der Vergangenheit (Imperfekt) mit der Endung -te sowie das Mittelwort der Vergangenheit (Partizip des Perfekts) mit der Vorsilbe ge- und dem Schlusswort -t; z. B. leben: lebe, lebte, gelebt; glauben: glaube, glaubte, geglaubt.

Bei Zeitwörten auf -eln und -ern ist die erste Person der Einzahl der Gegenwart angeführt: z. B. radeln („[el]le) bedeutet: es ist gebräuchlich „ich radle" neben „ich radele".

(**..iert**) **hinter einem Zeitwort** besagt, dass das Mittelwort der Vergangenheit (Partizip des Perfekts) ohne die Vorsilbe ge- gebildet wird: z. B. hausieren, hausiert.

Erklärung der Aussprachebezeichnung

für das *Englische:*

a^o	offenes o wie in Volk.
o^a	ein zwischen o und a liegender Laut.
r, hochgestellt	ein nur angedeutetes, kaum gesprochenes r.
u$_w$	ein nur angedeutetes, nur kurz gesprochenes u vor w.
ßh	englisches th (tiletsch), gesprochen durch loses Berühren der oberen Schneidezähne mit der Zungenspitze.

für das *Französische:*

ˈ	kurz gesprochenes, dumpfes e wie in Laune.

für das *Spanische:*

ßh	englisches th, geschrieben z und c vor e, i; z.B. Barcelona, Valencia.

Allgemein:

~~sch~~	stimmhaftes, sehr weich gesprochenes sch, wie in engl. pleasure, franz. gêne, italien. adagio, dtsch. Journal.

Hochgestellte Vokale werden ganz flüchtig gesprochen.

Abkürzungen

a.	auch	bras.	brasilianisch	geh. Stil	gehobener Stil
abh.	abhängig	Bstw.	Bestimmungswort	Gen.	Genitiv
Abk.	Abkürzung	Buchdrw.	Buchdruckwesen	Geogr.	Geographie
afr.	altfranzösisch	Bühnenspr.	Bühnensprache	Geol.	Geologie
ags.	angelsächsisch	Bw.	Bindewort	Gerb.	Gerberei
ägypt.	ägyptisch			gew. R.	gewöhnliche Rede
ahd.	althochdeutsch	Chem.	Chemie	Ggs.	Gegensatz
Akk.	Akkusativ	chin.	chinesisch	Ggw.	Gegenwart
alem.	alemannisch	christl.	christlich	Gieß.	Gießerei
alleinst.	alleinstehend			Glash.	Glashütte
allg.	allgemein	dän.	dänisch	got.	gotisch
altert.	altertümlich	Dat.	Dativ	gr.	griechisch
altgerm.	altgermanisch	dgl.	der-, desgleichen	griech. K.	griechische
altmärk.	altmärkisch	dichter.	dichterisch		Kirche
altn.	altnordisch	Drechs.	Drechslerei		
am.	amerikanisch	dtsch.	deutsch	hait.	haitianisch
Anat.	Anatomie			hebr.	hebräisch
arab.	arabisch	e.	englisch	Heerw.	Heerwesen
aram.	aramäisch	EDV	elektronische	hptw.	hauptwörtlich
as.	altsächsisch		Datenverarbeitung	Hüttw.	Hüttenwesen
asiat.	asiatisch	ehem.	ehemals	Hw.	Hauptwort
Astrol.	Astrologie	eig.	eigentlich		
Astron.	Astronomie	einged. f.	eingedeutscht für	idg.	indogermanisch
Atomphys.	Atomphysik	Elektr.	Elektrizität	Impf.	Imperfekt
aussag.	aussagend	elsäss.	elsässisch	ind.	indisch
austr.	australisch	En.	Eigenname	indian.	indianisch
		etr.	etruskisch	Inf.	Infinitiv
Baukst.	Baukunst	Ew.	Eigenschaftswort	intr.	intransitiv
Bauw.	Bauwesen	Ez.	Einzahl	ir.	irisch
Bay.	Bayern			iran.	iranisch
bayr.	bayrisch	Färb.	Färberei	it.	italienisch
Beif.	Beifügung	Ferns.	Fernsehen		
beif.	beifügend	Filmw.	Filmwesen	jap.	japanisch
Bergb.	Bergbau	finn.	finnisch	Jh(s).	Jahrhundert(s)
bergm.	bergmännisch	Fisch.	Fischerei	jidd.	jiddisch
berlin.	berlinerisch	flekt.	flektiert	jüd.	jüdisch
bes.	besonders	Flugw.	Flugwesen		
bes.anz.	besitzanzeigend	Fn.	Familienname	Kanzleispr.	Kanzleisprache
bez. Fw.	bezügliches	Forstw.	Forstwesen	Kartsp.	Kartenspiel
	Fürwort	Fot.	Fotografie	kath. K.	katholische
Bff.	Befehlsform	fr.	französisch		Kirche
Bib.	Bibel	fries.	friesisch	Kdspr.	Kindersprache
Bierbr.	Bierbrauerei	Funkw.	Funkwesen	kelt.	keltisch
bildl.	bildlich	Fw.	Fürwort	kfm.	kaufmännisch
böhm.	böhmisch			kirchl.	kirchlich
Bot.	Botanik	Gärtn.	Gärtnerei	Knstspr.	Kunstsprache
Böttch.	Böttcherei	Gaunerspr.	Gaunersprache	Kochkst.	Kochkunst

Komp.	Komparativ	ndl.	niederländisch	Redekst.	Redekunst
Konj.	Konjunktiv	ngr.	neugriechisch	Reitkst.	Reitkunst
kopt.	koptisch	nhbr.	neuhebräisch	rel. Fw.	relatives Fürwort
Kriegsw.	Kriegswesen	nhd.	neuhochdeutsch	Rennsp.	Rennsport
Küf.	Küferei	niederd.	niederdeutsch	rhein.	rheinisch
		niedr. R.	niedrige Rede	richterl.	richterlich
l.	lateinisch	nl.-gr.	neulateinisch-	rom.	romanisch
lad.	ladinisch		griechisch	röm.	römisch
Landw.	Landwirtschaft	nord.	nordisch	Rdfk.	Rundfunk
lappl.	lappländisch	nordd.	norddeutsch	russ.	russisch
latinis.	latinisiert	norm.	normannisch		
ldschftl.	landschaftlich	norw.	norwegisch	s.	siehe
lit.	litauisch	nwd.	nordwestdeutsch	sächl.	sächlich
Log.	Logik			sächs.	sächsisch
Luftf.	Luftfahrt	o.	oder	scherzh.	scherzhaft
Lw.	Lehnwort	o. a.	oder anderes	Schiffb.	Schiffbau
		o. Ä.	oder Ähnliches	schott.	schottisch
m.	männlich	obd.	oberdeutsch	schwäb.	schwäbisch
Mal.	Malerei	obfrk.	oberfränkisch	schwed.	schwedisch
malay.	malayisch	obsächs.	obersächsisch	schweiz.	schweizerisch
Maschin.	Maschinenbau	ohne Steig.	ohne	schw. (V.)	schwach
Math.	Mathematik		Steigerung		(es Verb)
Maur.	Maurerei	Op.	Optik	s. d.	siehe dort
md.	mitteldeutsch	orient.	orientalisch	seem.	seemännisch
Med.	Medizin	östr.	österreichisch	Seidsp.	Seidenspinnerei
mex.	mexikanisch	O.-Zahlw.	Ordnungs-	Seifens.	Seifensiederei
mgr.	mittelgriechisch		zahlwort	selt.	selten
mhd.	mittelhochdeutsch			serb.	serbisch
Mineral.	Mineralogie	P.	Person	Sh.	Shakespeare
ml.	mittellateinisch	Papiermach.	Papier-	skand.	skandinavisch
mongol.	mongolisch		macherei	skr.	sanskritisch
Müll.	Müllerei	pers.	persisch	slaw.	slawisch
mundartl.	mundartlich	peruan.	peruanisch	sold.	soldatisch
Mus.	Musik	p. Fw.	persönliches	span.	spanisch
Mw. Bw.	Mittelwort als		Fürwort	Sport	Sportsprache
	Bindewort	Philol.	Philologie	spött.	spöttisch
	gebraucht	Philos.	Philosophie	Sprachl.	Sprachlehre
Mw. Ew.	Mittelwort als	Phys.	Physik	Sprachw.	Sprachwissen-
	Eigenschaftswort	Plusqu.	Plusquamperfekt		schaft
	gebraucht	polit.	politisch	Steig.	Steigerung
Mw. Uw.	Mittelwort als	poln.	polnisch	stud.	studentisch
	Umstandswort	port.	portugiesisch	st. (V.)	stark(es Verb)
	gebraucht	Pos.	Positiv	s. u.	siehe unten
Mw. Vg.	Mittelwort der	Postw.	Postwesen	subst.	substantiviert
	Vergangenheit	preuß.	preußisch	südd.	süddeutsch
Mz.	Mehrzahl	prov.	provenzalisch	Superl.	Superlativ
				syr.	syrisch
Natw.	Naturwissenschaft	rbz.	rückbezüglich		
Nbf.	Nebenform	Rechtsspr.	Rechtssprache	Techn.	Technik

Telegr.	Telegraph	ungebr.	ungebräuchlich	Vors.	Vorsilbe
Telef.	Telefon	ungetr.	ungetrennt	Vorw.	Vorwort
Theol.	Theologie	unp.	unpersönlich	Vw.	Verhältniswort
tibet.	tibetanisch	unv.	unverändert,		
tirol.	tirolerisch		unveränderlich	w.	weiblich
Tischl.	Tischlerei	urspr.	ursprünglich	Wappk.	Wappenkunde
tr.	transitiv	Uw.	Umstandswort	Web.	Weberei
Trenn.	(Silben-)Trennung			weidm.	weidmännisch
tschech.	tschechisch	V.	Verb	wend.	wendisch
Tuchm.	Tuchmacherei	Vd. f.	Verdeutschung für	westl.	westlich
türk.	türkisch	verächtl.	verächtlich	winzer.	winzerisch
		veralt.	veraltet		
u. a.	und anderes	verhüll.	verhüllend	Zahlw.	Zahlwort
u. Ä.	und Ähnliches	verk.	verkürzt	Zool.	Zoologie
übertr.	übertragen	Verkl.	Verkleinerungsform	ztl.	zeitlich
Umdeutg.	Umdeutung	vern.	verneint, verneinend	Zunftspr.	Zunftsprache
Umgspr.	Umgangssprache	Verskst.	Verskunst	Zus.	Zusammen-
unbest.	unbestimmtes	verst.	verstärkend		setzungen
Zahlw.	Zahlwort	vgl.	vergleiche	zuw.	zuweilen
unbet.	unbetont	Vn.	Vorname		
ungar.	ungarisch	volkst.	volkstümlich		

A

a, A, das; –, –: der erste Buchstabe des Abece : (übertr.) Anfang; das A und O (erster u. letzter Buchstabe des griech. Alphabets) : (kirchl.) Christus als Herzstück christl. Glaubens : (allgem.) Kern, Wesentliches einer Sache; von A bis Z : (übertr.) von Anfang bis Ende
a, das; –, –: (Mus.) sechster Ton der Grundtonleiter : Molltonstufe ✻ **A,** das; –, –: Durtonstufe ✻ **A–Dur,** das; –: Tonart ✻ *A–Dur-Arie,* die; –, –n ✻
a–Moll, das; –: Tonart
à, a (fr.): je, das Stück zu .. ✻ 2 Fahrscheine à 2,50 DM
a..: (gr.) verneinende Vorsilbe : Alpha privativum
a, ab, abs (l.) Vw.: von : (in Zus.) weg-, ent-
A: (dtsch. Münzzeichen) Berlin : (fr. Münzzeichen) Paris : (östr. Münzzeichen) Wien
Aachen: Stadt im Rheinland ✻ **Aa|che|ner,** der; –s, –: Einwohner von Aachen ✻ **Aa|che|ner** Ew.: auf Aachen bezüglich ✻ *Aachener Printen* (Mz.): Honiggebäck
Aak (ndl.), das; –(e)s, –e, **Aa|ke** (ndl.), die; –, –n: Nachen, flaches Fischerfahrzeug
Aal, der; –(e)s, –e; od. Älchen: schlangenähnlicher Fisch : Tier von ähnlicher Form, bes. Aufgußtierchen ✻ *Aalbaum:* Heckenkirsche; *Aalbock:* Fisch; *Aaleisen:* Gabel zum Aalfangen; *Aalfang; Aalflete, -flitte:* Aaleisen; *Aalfrau:* lebendige Junge gebärender Schleimfisch; *Aalgabel, -gebre:* Aaleisen; *aalglatt* Ew.: glatt wie ein Aal; *Aalkraut; Aalmolch; Aalpricke:* Aaleisen; *Aalquappe:* Fisch; *Aalraupe, -ruppe, -rutte:* Aalquappe; *Aalstachel, -stecher:* Aaleisen ✻ **aa|len** rbz.: (Umgspr.) sich faul ausstrecken ✻ **aal|haft, aal|ig** Ew.: aalartig
aa|len: s. Aal
Aalen: Stadt am Kocher
a. a. O. (Abk.): am angegebenen (angeführten) Ort (Angabe bei Zitaten, wenn die Quelle bereits zitiert wurde)
Aar, der; –s, –e: Adler

Aa|re, Aar, die; –: schweiz. Fluss ✻ **Aa|rau:** schweiz. Stadt ✻ **Aar|gau:** schweiz. Kanton ✻ **aar|gau|isch** Ew.
Aas, das; –es, –e und Äser (mundartl. Schimpfwort) ✻ *Aasblume:* Pflanze mit Aasgeruch; *Aasfliege; –geier; –geruch; Aaskäfer; –krähe; –rabe; –vogel* ✻ **aa|sen** (du aast) intr.: unsauber oder verschwenderisch mit etwas umgehen : (weidm.) äsen ✻ **Aa|ser,** der; das; –s, –: (schweiz.) Ranzen für Esswaren : Jagdmahl im Freien ✻ **Aa|se|rei,** die; –, –en: das Aasen ✻ **aas|haft** Ew.: aasartig ✻ **aa|sig** Ew.: ekelhaft : (mundartl.) matt, träge
ab Vw. m. Dat.: von, von .. an ✻ *ab Hamburg; ab Ostern;* Uw.: weg : hinunter ✻ *ab und an, ab und zu:* zuweilen; *ab und zu gehen:* zuweilen gehen; *ab– und zugehen:* gehen und wiederkommen ✻ *absein → ab sein:* abgespannt sein ✻ *links–, fern–, weitab; ferner, weiter ab* ✻ *bergab; treppab*

a-, A-
Neu ist die Regelung, nach der auch einzelne Vokale am Wortanfang bei der Worttrennung als Silbe behandelt und getrennt werden können: *A-bend, a-ber, O-fen* usw. Dies war bisher aus Gründen der Optik und der Lesbarkeit nicht gestattet. Trotz der Bedenken gegen diese Regel können durch die flexiblere Trennung unschöne Sperrungen durch zu große Wortzwischenräume vermieden werden.

A|ba (arab.), der; –: orient. Baumwollzeug : ärmelloses orient. Oberkleid
A|ba|ches Mz.: orient. lichtblaue, weißgestreifte Baumwolltücher
A|ba|kus (gr.), der; –, –: antikes Rechenbrett : (Baukst.) Kapitelldeckplatte
Ab|a|li|e|na|ti|on (l.), die; –, –en: Entfremdung : Veräußerung ✻ **ab|a|li|e|nie|ren** (..iert) tr.: entfremden : veräußern
ab|än|der|lich Ew.: so beschaffen, dass man es ändern kann ✻ **ab|än|dern** tr.: ändern : durch Ändern beseitigen ✻ **Ab|än|de|rung,** die; –, –en: das Abändern : das Abgeänderte ✻ *Ab-*

änderungsjahre Mz.: Wechseljahre

A|ban|don (fr.) [abangdong], der; –s, –s, **A|ban|don|ne|ment** (fr.) [abangdonn'mang], das; –s, –s: Verzicht : Abtretung : Vernachlässigung ✻ *Abandonrevers:* Urkunde über Rechtsabtretung ✻ **a|ban|don|nie|ren** (..iert) (fr.-dtsch.) tr.: verzichten
ab|ar|bei|ten intr.: ausgären; tr.: zu Ende arbeiten : durch Arbeit wegschaffen (Schulden –) : durch Arbeit tilgen : (Schiff –) flottmachen, rbz.: sich abmühen
ab|är|gern tr.: (einem etwas –) durch Ärgern abzwingen; tr., rbz.: durch Ärger aufreiben; rbz.: den Ärger abtun
Ab|art, die; –, –en: das von der Art Abweichende, Variante ✻ **ab|ar|ten** intr.: von der Art abweichen ✻ **ab|ar|tig** Ew.: abweichend ✻ **Ab|ar|tung,** die; –, –en: das Abarten
à bas! (fr.) [..ba]: nieder!
ab|ä|schern rbz.: sich außer Atem bringen
ab|ä|sen tr.: (weidm.) abfressen
A|bal|sie (gr.), die; –, ..sien: (Med.) Gehunfähigkeit
ab|as|ten rbz.: (Umgspr.) sich abmühen
ab|äs|ten tr.: von Ästen befreien
A|ba|te (it.), der; –(n), ..bati: (kath. K.) Weltgeistlicher in Italien
A|ba|ton (gr.), das; –s: das Allerheiligste in der griech.-kath. Kirche [gr. *abaton* unzugänglich]
A|bat|te|ment (fr.) [abatt'mang], das; –s, –s: Niedergeschlagenheit : Ermattung ✻ **a|bat|tiert, a|bat|tu** [abattü] Mw. Ew.: niedergeschlagen : entkräftet
ab|äu|geln tr.: (einem etwas –) absehen : (weidm.) die Spur mit den Augen suchen ✻ **ab|äu|gen** tr.: (weidm.) abäugeln
Abb. (Abk.): Abbildung
Ab|ba, Ab|bas (hebr., syr.): Vater, Anrede an Gott : Titel griech.-kath. Geistlicher; vgl. Abate, Abbé, Abt
ab|ba|cken tr.: zu Ende backen ✻ **ab|ge|ba|cken** Mw.

Ew.: so gebacken, dass die Rinde von der Krume absteht

ab·ba·cken
Grundsätzlich werden Wörter nach Sprechsilben getrennt. Da ck als ein Laut gilt, entfällt die früher aus Gründen der Wortherkunft übliche Trennung k-k.

ab|ba|ken tr.: das Fahrwasser durch Baken kennzeichnen

ab|bal|gen tr.: den Balg abziehen : (einem etwas) beim Balgen abmatten, rbz.: sich durch Balgen abmatten

ab|ban|gen rbz.: sich abängstigen

Ab|bas|si|de, der; –n, –n: Nachkömmling Abbas * **Ab|bas|si|den** Mz.: Kalifendynastie

Ab|bau, der; –(e)s, –ten: (Landw.) Verfall : Verminderung, Verkleinerung (z. B. von Stellenplänen, Belegschaften) : Senkung (z. B. der Preise) : Rückgang (z. B. der Kräfte) : Verfall : (bergm.) Mineralgewinnung durch Tiefgrabung : Ort der Mineralgewinnung durch Tiefgrabung * *Abbaufeld; Abbauprodukt; Abbausohle* (bergm.); *Abbaustoß; –strecke; –verlust; abbaureif; –würdig* Ew.: wert, abgebaut zu werden * **ab|bau|en** intr., rbz.: sich entfernt von anderen ansiedeln; tr.: (Bergb.) grabend aus der Erde wegschaffen : Wohnsitz abbrechen und fortziehen : (Beamte, Angestellte) vorzeitig kündigen, Belegschaft vermindern; intr.: (Heerw.) Hauptstreitkräfte aus dem Kampfe ziehen

Ab|bé (fr.), der; –s, –s: kath. Weltgeistlicher; vgl. Abt

ab|bei|ßen tr.: beißend abtrennen * **Ab|biß → Ab|biss,** der; –es, –e: (weidm.) Stelle, wo das Wild junges Laubholz abgebissen hat : Köder : Pflanze mit kurzer Wurzel (vgl. Teufelsabbiss)

ab|bei|zen tr.: wegbeizen : durch Beizen reinigen

ab|be|ru|fen tr.: aus dem Amte zurückrufen, entlassen : aus dem Leben rufen * **Ab|be|ru|fung,** die; –, –en: das Abberufenwerden

ab|be|stel|len tr.: eine Bestellung zurücknehmen * **Ab|be|stel|lung,** die; –, –en: die Zurücknahme einer Bestellung

ab|be|ten tr.: betend oder wie betend hersagen : betend tilgen : durch Gebet erreichen

ab|bet|teln tr.: durch Betteln erlangen

Ab|be|vil|li|en (fr.) [abewiljäng]: nach dem Fundort bei der fr. Stadt Abbeville benannte altsteinzeitliche Kultur

ab|be|zah|len tr.: (Schuld) durch Teilzahlungen tilgen

ab|bie|gen intr. (sein): sich biegend entfernen : (weidm.) im Bogen ausweichen; tr.: abwenden, vermeiden * **Ab|bie|ger,** der; –s, –: Verkehrsteilnehmer, der die Fahrtrichtung nach links *(Linksabbieger)* oder nach rechts *(Rechtsabbieger)* ändert * *Abbiegespur:* Teil der Fahrbahn für Abbieger

Ab|bild, das; –(e)s, –er: Wiedergabe eines Urbildes * **ab|bil|den** tr., rbz.: im Abbild herstellen * **Ab|bil|dung,** die; –, –en: das Abbilden : (erläuterndes) Bild : Illustration

ab|bim|sen tr.: mit Bimsstein abreiben

ab|bin|den tr.: losmachen : durch Binden wegschaffen, abschnüren (z. B. ein Glied zum Blutstillen) : zu Ende binden : festwerden des Mörtel- oder Zementgemischs

Ab|biß → Ab|biss: s. abbeißen

Ab|bit|te, die; –, –n: Bitte um Verzeihung * *Abbitte leisten* * **ab|bit|ten** tr.: um Verzeihung bitten : durch Bitten erlangen : durch Bitten abwenden

ab|bla|sen (du bläst ab; abgeblasen) tr.: wegblasen : durch Blasen beseitigen : (Kanone) zur Reinigung mit wenig Pulver abfeuern : (Techn.) Schlamm aus dem Kessel treiben : (Mus.) vom Blatt blasen : (Mus.) mit Blasinstrument vom Turm verkünden : (weidm.) Jagd abbrechen : (Umgspr.) absagen, widerrufen

ab|blas|sen (es blaßt ab → blasst ab; abgeblaßt → abgeblasst) intr.: in der Stärke der Farbe nachlassen

ab|blät|tern tr.: der Blätter berauben; intr. (sein), rbz.: sich in Blättern ablösen

ab|blei|chen intr. (blich ab, abgeblichen): abblassen; tr. (bleichte ab, abgebleicht): bleich machen

ab|blen|den tr.: gegen das Licht schützen : die Lichtstärke vermindern * *Abblendlicht*

ab|blit|zen intr. (sein): (vom Pulver) blitzend abfahren : (einen – lassen) abweisen

ab|blo|cken (du blockst ab, abgeblockt) tr.: (Sport) einen Angriff abwehren

ab|blü|hen intr. (haben, sein): verblühen

ab|boh|ren tr.: (Bergb.) fertig : bohrend untersuchen * **Ab|bohrer,** der; –s, –: Bohrer zum Abbohren

ab|bor|gen tr.: (einem etwas) borgend abnehmen

ab|bö|schen tr.: (Bauw.) mit einer Böschung abdachen

Ab|brand, der; –(e)s, ..brände: Verbrennungsrückstand : (Hüttw.) Hammerschlag : (Hüttw.) Gewichtsabnahme bei der Reinigung durch Brand * *Abbrändler:* (östr.) Abgebrannter * **ab|bren|nen** (einem etwas –) durch Brennen wegnehmen : durch Brennen beseitigen : durch Brennen von etwas befreien : (Techn.) durch Brennen fertig stellen : abfeuern; intr.: zu Ende brennen : abblitzen * *abgebrannt* Mw. Ew.: arm, ohne Geld * *Abgebrannte,* der; die; –n, –n: durch Brand Geschädigte(r)

ab|brau|chen tr., rbz.: abnutzen

ab|brau|sen intr. (sein): sich brausend entfernen; tr.: mit der Brause abspülen; rbz.: Brausebad nehmen

ab|bre|chen (brach ab; abgebrochen) tr.: durch Brechen entfernen : aufgeben : Schluss machen : (Heerw.) durch Brechen abteilen : (Bierbr.) umrühren : (brechte ab, abgebrecht) (Flachs) zu Ende brechen : (weidm.) (Hunde) trennen (die sich verbissen haben); intr.: sich brechend ablösen : aufhören * **Ab|bruch,** der; –(e)s, ..brüche: das Abbrechen : das Abgebrochene : (Bergb.) abzubrechende Schicht : das Entzogene * *jemandem Abbruch tun:* entziehen, Rechte schmälern; *Abbruch erleiden* * *etwas auf Abbruch kaufen:* um es (z. B. das Haus) abzubrechen * *Abbrucharbeiten* *

ab|bruch|reif Ew.: so beschaffen, dass es abzubrechen ist

ab|brem|sen (bremste ab, abgebremst): die Bremse betätigen; tr.: das Tempo oder ein Fahrzeug verlangsamen

ab|bren|nen; s. Abbrand

Ab|bre|vi|a|ti|on (l.), die; –, –en: Abkürzung * **Ab|bre|vi|a|tor** (l.), der; –s, ..toren: Abkürzer * **Ab|bre|vi|a|tur,** die; –, –en: Abkürzung * *in Abbreviatur:* abgekürzt * **ab|bre|vi|je|ren** (..iert) tr.: abkürzen [l. brevis kurz]

ab|brin|gen tr.: wegbringen : ablenken : (kfm.) an den Mann bringen : (seem.) flottmachen : abschaffen : (schweiz.:) ausrichten : (schweiz.:) vorwärtsbringen

ab|brö|ckeln tr.: in Brocken ablösen; intr.: in Brocken abfallen * **Ab|bröck|lung, Ab|brö|cke|lung** die; –, –en: das Abbröckeln * **ab|bro|cken** tr.: (östr.) pflücken

Ab|bruch, ab|brü|chig: s. abbrechen

ab|brü|hen tr.: durch Brühen entfernen : mit brühendem Wasser übergießen : (übertr.) gefühllos machen * *abgebrüht* Mw. Ew.: gefühllos

ab|bu|chen tr.: (kfm.) abschreiben : ein Konto belasten * **Ab|bu|chung,** die; –, –en: die Abschreibung : die Belastung eines Kontos

ab|bum|meln tr.: (Umgspr.) zu viel geleistete Arbeit durch Freizeit ausgleichen

ab|bür|s|ten tr.: bürstend entfernen, reinigen : (übertr.) ausschelten

ab|bü|ßen tr.: (Schuld) büßend tilgen

Abc, das; –: die Buchstaben der Sprache in der gebräuchlichen Anordnung (nach den ersten Buchstaben) : die Anfangsgründe von etwas : Art Kegelschnecke mit buchstabenförmiger Zeichnung auf der Schale * *Abc-Buch:* erstes Lesebuch; *Abc-Schütz(e):* Schüler, der das Abc lernt : Anfänger; *Abc-Code:* Telegrafenschlüssel (vgl. Code); *ABC-Staaten* Mz.: Argentinien, Brasilien, Chile; *ABC-Waffen* Mz.: atomare, biologische und chemische Waffen; vgl. Abece, Alphabet

ab|chan|gie|ren (..iert) [abschangsehieren] (dtsch.-fr.), intr.: (Reitkunst) zwischen Rechtsgalopp und Linksgalopp wechseln

ab|che|cken tr.: (Umgspr.) auf Funktionsfähigkeit oder Zustand prüfen : (eine Liste) durchgehen

Ab|dach, das; –(e)s, ..dächer: (Baukst.) Vor-, Wetterdach * **ab|da|chen** tr.: das Dach abnehmen : wie ein Dach abfallend formen; rbz.: wie ein Dach abfallen * **ab|da|chig** Ew.: abgedacht, schräg * **Ab|da|chung,** die; –, –en: die sich abdachende Fläche

ab|däm|men tr.: durch einen Damm zurückhalten

Ab|dampf, der; –(e)s, ..dämpfe: ausgeblasener Dampf * **ab|damp|fen** intr.: sich verdampfend abscheiden : (Umgspr.) abreisen, sich davonmachen; tr.: abdampfend machen; intr. (sein): durch Dampfkraft getrieben abfahren * *Abdampfkessel; –ofen; –pfanne; –schale* * **ab|dämp|fen** tr.: durch Dampf gar machen : (Schall) dämpfend herabmindern

ab|dan|ken tr.: (mit Dank) entlassen; intr.: Amt niederlegen * **Ab|dan|kung,** die; –, –en: Amtsniederlegung

ab|dar|ben tr., rbz.: vom Mund absparen

ab|de|cken tr.: Dach, Decke abnehmen : Gedeck vom Tisch nehmen : (veralt.) einem Tier die Haut abziehen : (Baukst.) durch Deckplatten abschließen : prügeln * **Ab|de|cker,** der; –s, –: Schinder * **Ab|de|cke|rei,** die; –, –en: Schinderei; Kadaververwertungsanstalt

Ab|de|ra: altthrakische Stadt * **Ab|de|rit,** der; –en, –en: Einwohner von Abdera : Mz. Schildbürger des Altertums

ab|dich|ten tr.: dicht machen * **Ab|dich|tung,** die; –, –en

ab|di|cken tr.: Saft einkochen

ab|die|nen tr.: (Schuld) durch Dienst tilgen, abdienen

Ab|di|ka|ti|on, die; –, –en: Abdankung : Verzicht * **ab|di|zie|ren** (..iert) intr.: entsagen : verzichten : abdanken [l. ab- und dicare sagen]

ab|din|gen tr.: vom Preise abhandeln * *einem etwas abdingen* * **ab|ding|bar** Ew.: (Rechtsspr.) veränderbar; vgl. unabdingbar

ab|di|zie|ren: s. Abdikation

Ab|do|men (l.), das; –s, ..mina: (Med.) Unterleib * **ab|do|mi|nal** Ew.: zum Unterleib gehörig * **Ab|do|mi|nal|sko|pie** (l.-gr.), die; –, ..ien: Unterleibsuntersuchung * **Ab|do|mi|nal|gra|vi|di|tät** (l.-gr.), die; –, –en: Bauchhöhlenschwangerschaft

ab|drän|gen tr.: beiseite schieben : durch Drängen den Zutritt verwehren

ab|drech|seln tr.: drechselnd entfernen : drechselnd nachahmen * *abgedrechselt* Mw. Ew.: geziert, steif

ab|dre|hen tr.: drehend entfernen : (Wasserhahn) durch Drehen abstellen : vor dem Ziel abbiegen

ab|dre|schen tr.: fertig dreschen * *abgedroschen* Mw. Ew.: (nur übertr.) leer wie Stroh : inhaltslos geworden : abgenutzt

Ab|drift, die; –, –en: (seem./Flugw.) Abweichung vom Kurs durch Wettereinwirkung

ab|dros|seln tr.: durch Würgen hemmen : drosseln

Ab|druck, der; –(e)s, ..drücke und (Buchdrw.) ..drucke: Abbildung durch Drucken : das Nachdrucken : (Buchdrw., Bildh.) das Abgedruckte : Abzug eines Gewehrs * **ab|dru|cken** tr.: durch Drucken abbilden, nachbilden : fertig drucken * **ab|drü|cken** tr.: durch Drücken abformen : durch Drücken entfernen : einen Schuss aus einer Handfeuerwaffe auslösen : (Umgspr.) bezahlen (ein paar Scheine/ Mark/Tausender –)

ab|du|cken intr.: (Sport) durch Bücken einem Schlag ausweichen

Ab|duk|ti|on (l.), die; –, –en: Abspreizung : Abziehung : (Med.) Beinbruch am Gelenk * **Ab|duk|tor,** der; –s, ..toren: (Med.) Abziehmuskel * **ab|du|zie|ren** (..iert) tr.: abführen, abziehen : (Muskeltätigkeit) spreizen [l. ab- und ducere führen]

ab|eb|ben intr.: weniger wer-

den : zurückgehen : nachlassen
A|be|ce, das; –(s), –: Abc *
Abecebuch;   –schüler *
A|be|ce|da|ri|us (l.), der; –,
..rii: Anfänger im Lesen : Abe-
celehrer : Lied, dessen Stro-
phenanfänge dem Abece fol-
gen * **a|be|ce|die|ren** intr.: das
Abece hersagen * **a|be|ce|lich**
Ew.: dem Alphabet entsprechend
ab|e|cken tr.: die Ecken weg-
nehmen : eckig formen

ab-e-cken
Dieses Trennbeispiel zeigt,
dass die Möglichkeit, eine Ein-
buchstabensilbe abzutrennen,
behutsam anzuwenden ist: Die
Trennung abe-cken hemmt den
Lesefluss, weil abe- zunächst
als eine Silbe entschlüsselt,
und erst auf den zweiten Blick
als Doppelsilbe ab-e- erkannt
wird.

ab|ei|sen tr.: (östr.) vom Eis
befreien; vgl. enteisen
A|bel|test (e.), der; –s, –e: Be-
stimmung des Flammpunktes
von Erdöl
A|bend, der; –s, –e: Ende des
Tages : Ende des Lebens : Westen: die westlichen Länder *
Heiliger Abend: Vorabend des
Christfestes * abendelang Uw.,
aber: *zwei Abende lang* *
abends Uw.: am Abend * *des,
eines Abends; spätabends,
abends spät; Mittwoch abends,
mittwochsabends auch: mitt-
wochs abends;* (um) *9 Uhr
abends, abends* (um) *9 Uhr;
gestern, heute, morgen Abend,
Mittwochabend; ein Mittwochabend, am Mittwochabend; gegen Abend; den Abend über; es
ist, wird Abend; am Abend; diesen Abend; zu Abend essen;
guten Abend sagen; Abend-
andacht;   Abendaufführung;
Abendblatt:* abends erscheinende Zeitung; *Abendbrot:*
Abendmahlzeit; *Abenddämmerung; Abendessen; Abendfalter:* abends fliegender Schmetterling; *Abendgebet; Abendge-
gend:* westliche Gegend;
*Abendgeläut(e); Abendgesell-
schaft; Abendglanz:* Schein der
Abendsonne;   *Abendglocke;
Abendglut; –gold: Abendglut;
Abendgymnasium; Abendhim-
mel; Abendimbiss; Abendkur-
sus; Abendland* das; –(e)s: ur-

sprüngl. die westlichen Länder,
Europa; *abendländisch* Ew.:
nach Art des Abendlandes,
westlich; *abendlich* Ew.: am
Abend geschehend; *Abend-
licht:* Abendsonne; *Abendlicht-
nelke:* Pflanze; *Abendlied;
Abendluft; Abendmahl:* (veralt.) Abendmahlzeit : (kirchl.)
von Christus eingesetztes Sakrament;   *Abendmahlsfeier;
–wein; Abendmahlzeit; Abend-
musik;   Abendpfauenauge:*
Schmetterlingsart;   *Abend-
punkt:* (Astron.) Westpunkt;
Abendregen; Abendrot, das;
–(e)s; *Abendröte,* die; –: Rot des
Himmels beim Untergang der
Sonne; *Abendrot* Ew.; *Abend-
schein, -schimmer:* Abendrot;
Abendsegen; Abendseite: West-
seite; *Abendsonne; Abendstern:*
(namentlich Venus); *abendstill*
Ew.; *Abendtrunk; Abendunter-
haltung; Abendvogel:* Abendfalter; *Abendvortrag; Abend-
wache; abendwärts* Uw.: nach
Westen; *Abendweite:* Entfernung der Untergangspunktes eines Sterns vom Westpunkt;
Abendzug: am Abend fahren-
der Eisenbahnzug

abends, Abend
Tageszeiten werden als Adverb immer klein geschrieben:
abends. Stehen sie in Verbindung mit *heute, morgen* oder
gestern, werden sie groß geschrieben: *gestern Mittag,
heute Morgen.* Die Verbindung
von einem Wochentag und einer Tageszeit wird zusammengeschrieben: *am   Freitag-
abend, jeden Mittwochmor-
gen, dienstagsmittags* (mit dem
Adverb auch möglich: *dienstags mittags*).

A|ben|teu|er, das; –s, –: selt-
same Begebenheit : außergewöhnliches, gewagtes Unter-
nehmen * **A|ben|teu|er|in,** die;
–, –nen * **A|ben|teu|er|film,**
der; –s, –e: Film über abenteuerliche   Begebenheiten *
a|ben|teu|er|lich Ew.: wie ein
Abenteuer   geartet *
A|ben|teu|er|lich|keit, die; –,
–en: abenteuerliches Gescheh-
nis * **a|ben|teu|ern** (ich aben-
teu[e]re, geabenteuert) intr.:
auf Abenteuer ausgehen *
A|ben|teu|rer, der; –s, –:
Glücksritter * **A|ben|teu|re-**

rin, die; –, –nen * **a|ben|teu-
er|haft** Ew.: abenteuerartig *
A|ben|teu|er|tum, das; –s [fr.
aventure; l. adventura (von ad-
venire) was geschehen wird]
a|ber Uw.: aufs Neue : wieder
* *aber und aber, aber und
abermals:* wieder und wieder *
*hundert und aber hundert →
aberhundert; Hunderte und
aber Hunderte → Aberhun-
derte;* Bw.: jedoch, doch *
A|ber, das; –s,–: Bedenkliches
: Widerspruch * *das Wenn und
das Aber; es ist ein Aber dabei;
viele Wenn und Aber* * *Aber-
glaube(n):* falscher Glaube :
Glaube außerhalb der Religion;
(veralt.) *abergläubig; abergläubisch* Ew.; *Abergunst:* täuschende Gunst; *abermalig* Ew.:
nochmalig; *abermals* Uw.:
nochmals; *Aberraute:* Pflanze;
Abersaat: Nachfrucht, zweite
Saat; *Aberwille:* Widerwille;
Aberwitz: Wahnwitz; *aberwit-
zig* Ew.; *Aberwitzigkeit,* die; –,
–en

aberhundert, Abertausende
Aber im Sinne von „wieder"
konnte früher im Deutschen
(nicht östr.) auch getrennt geschrieben werden: *hundert und
aber hundert* oder *Tausende
und aber Tausende.* Die Getrenntschreibung ist aufgegeben worden, weil *aber* hier
nicht mehr als selbstständiges
Wort, sondern nur noch als
steigernde Vorsilbe verstanden
wird. Zur Groß- und/oder
Kleinschreibung vgl.: *hundert.*
ab|er|ken|nen tr.: absprechen
* **Ab|er|ken|nung,** die; –:
rechtskräftige Wegnahme *
Aberkennung der Ehrenrechte
a|ber|ma|lig, ..mals: s. aber
ab|ern|ten tr.: erntend wegneh-
men : (Feld) freimachen
Ab|er|ra|ti|on, die; –, –en: Ab-
irrung : Abweichung [l. ab-
weg und errare irren]
ab|es|sen tr.: (Teller) leer es-
sen; intr.: das Essen beenden
A|bes|si|ni|en: früherer Name
des afrikan. Staats Äthiopien *
A|bes|si|ni|er, der; –s, –:
Äthiopier   *   **a|bes|si|nisch**
Ew.: äthiopisch
ab|fä|deln tr.: Fäden (z. B. von
Bohnen) abziehen
ab|fah|ren intr. (sein): los-,
wegfahren : abwärtsfahren :

abblitzen; (Umgspr.) fasziniert sein von einer Sache oder einer Person *(sie fährt voll auf den Typ ab)*; tr.: fahrend wegschaffen, abreißen, zerstören : (Reifen) abnutzen * **ab|ge|fah|ren** Ew.: (Umgspr.) abgebrüht *

Ab|fahrt, die; –, –en: das Abfahren : Abfahrtzeit : Weg zum Hinabfahren * *Abfahrt(s)hafen; –hang; –geleise* oder *–gleis; –lauf; –piste; –rennen; –signal; –strecke; –zeichen; –zeit;* vgl. Abfuhr usw.

Ab|fall, der; –(e)s, ..fälle: das Abfallen : das Abfallende : das Abgefallene : (Bergb.) Verlust an Metallgehalt : Lossagung * *Abfallprodukt; Abfallwirtschaft* * **ab|fal|len** intr. (sein): sich fallend ablösen : hinabfallen : abtrünnig werden : abmagern : nebenbei anfallen : sich senken : erlahmen : (seem.) abhalten und abtreiben * **ab|fäl|lig** Ew.: abfallend : sich senkend : abschätzig, verächtlich * **Ab|fäll|sel,** das; –s, –: Abfallendes, Überbleibsel

ab|fäl|schen, tr.: (Sport) (dem Ball [unabsichtlich]) eine andere Richtung geben

ab|fan|gen tr.: fangend wegnehmen : auflauern : (Bergb.) untergrabenes Gestein stützen * **Ab|fang|jä|ger,** der; –s, –: Jagdflugzeug

ab|fär|ben tr.: die Farbe abgeben : (übertr.) beeinflussen

ab|fa|sen tr.: abkanten

ab|fas|sen tr.: erwischen : verfassen, schreiben * **Ab|fas|sung,** die; –, –en : das Verfassen

ab|fau|len intr. (sein): faulend verderben

ab|fe|dern tr.: elastisch abfangen : mildern * **Ab|fe|de|rung,** die; –, –en

ab|fe|gen tr.: wegfegen : fegend reinigen; intr. (sein): davonjagen

ab|fei|ern tr.: Überstunden durch Freizeit ausgleichen

ab|fei|len tr.: feilend wegnehmen : feilend glätten

ab|fei|men tr.: (veralt.) abschäumen * *abgefeimt* Mw. Ew.: (übertr.) durchtrieben, gerissen

ab|fer|ti|gen tr.: fertig machen : erledigen * *einen kurz abfertigen; den Zug abfertigen* *

Ab|fer|ti|gung, die; –, –en: die Erledigung * *Abfertigungshalle; Abfertigungsschalter*

ab|feu|ern tr.: abschießen; intr.: (Hüttw.) das Feuern beschließen

ab|fin|den tr.: jemanden auszahlen, entschädigen; rbz.: sich zufrieden geben * **Ab|fin|dung,** die; –, –en: das Abfinden : die Entschädigung * *Abfindungssumme; Abfindungsvertrag*

ab|fla|chen tr.: flach, abfallend machen

ab|flau|en intr. (haben): nachlassen : abnehmen * *der Wind flaut ab; die Preise flauen ab*

ab|flie|gen intr. (sein): los-, wegfliegen : (Forstw.) dürr werden (Holz) * **Ab|flug,** der; –s, ..flüge: das Abfliegen * *Abflugzeit*

ab|flie|ßen intr. (sein): von etwas her fließen : wegfließen * **Ab|fluß** → **Ab|fluss,** der; ..flusses, ..flüsse: das Abfließen : (Hüttw.) das beim Waschen abfließende Erz * *Abflussbecken; –graben; –hahn; –kanal; –loch; –rinne; –rohr; –ventil*

ab|fluch|ten tr.: (Bauw.) abstecken, in Linie bringen

Ab|fol|ge, die; –, –n: Reihenfolge * *in rascher Abfolge*

ab|for|dern tr.: verlangen : abrufen

ab|fo|to|gra|fie|ren tr.: (Umgspr.) von etwas ein Lichtbild machen

ab|fra|gen tr.: fragend in Erfahrung bringen : (Gelerntes) prüfend abhören : (EDV) in Datenbanken suchen

ab|fres|sen tr.: (etwas von einem Teller, einem Strauch o. Ä.) verzehrend entfernen

Ab|fuhr, die; –, –en: das Wegfahren von Müll : die Abweisung * **ab|füh|ren** tr.: wegführen : ableiten : (Med.) Darmtätigkeit anregen : (Gewinne –) auszahlen : (weidm.) (Hunde –) abrichten * *Abführmittel* (Med.) * **Ab|füh|rung,** die; –, –en: das Abführen : Gänsefüßchen am Ende einer wörtlichen Rede

ab|fül|len tr.: aus einem Behälter in einen anderen gießen * **Ab|fül|lung** * *Abfüllstutzen*

ab|füt|tern tr.: mit Futter verse-

hen : fertig füttern : satt machen * **Ab|füt|te|rung,** die; –, –en: Massenspeisung

Ab|ga|be, die; –, –n: das Abgeben (südd.) Verkaufsstelle : Abzugebendes : Steuern * *Abgabepreis, Abgabetermin* * **ab|ga|ben|frei** Ew.: frei von Steuern, Gebühren oder Zoll * **Ab|ga|be|pflicht,** die; –, –en: Pflicht zur Ablieferung, Abgeltung : Steuerpflicht

Ab|gang, der; –(e)s, ..gänge: das Fortgehen : das Verlassen der Schule, einer Stellung : das Sterben : (kfm.) Absatz, Minderung des Lagerbestands : Abnahme : Verfall : (Bühnenspr.) Szenenschluss : etwas Mangelndes, Verlorenes : Abfall : Kot * *Abgänger; Abgangszeugnis:* schriftliches Zeugnis beim Verlassen der Schule, der Stellung * **ab|gän|gig** Ew.: (kfm.) außer Mode kommend : fehlend * **ab|ge|hen** intr.: von (einem Ort) weggehen : sich senken : aufgeben : (– lassen) (Geschütze) abschießen : (– lassen) langsam aufhören lassen : (mit dem Tode –) sterben : (kfm.) Absatz finden : ablaufen : starten : (jemandem –) fehlen : (jemandem –) (Leibesfrucht) verlorengehen : tr.: schreitend abmessen

Ab|gas, das; –es, –e: entweichendes Gas : Auspuffgas * *Abgasturbine; Abgaskatalysator; Abgassonderuntersuchung (ASU)* * **ab|gas|arm** Ew.: wenig Abgase erzeugend

ab|gau|nern tr.: (jemandem etwas –) durch eine Betrügerei abnehmen

ab|ge|baut Mw. Ew.: seiner Stelle enthoben : den Bestand vermindert; vgl. abbauen

ab|ge|ar|bei|tet Mw. Ew.: müde gearbeitet : verbraucht : erledigt (Tagesordnung, Programm o. Ä.)

ab|ge|ben tr.: übertragen : sich trennen von : weggeben : (Gase o. Ä.) emittieren : (Urteil –) fällen : (einem etwas –) eine Sache mit jemandem teilen : (Kartsp.) zuletzt geben; unp. (es gibt etwas ab): gibt Prügel; rbz.: (sich mit etwas, jemand –) sich befassen mit

ab|ge|blaßt → **ab|ge|blasst:** s. abblassen

Ab|ge|brann|te: s. Abbrand, abbrennen

ab|ge|brüht: s. abbrühen

ab|ge|dro|schen: s. abdreschen

ab|ge|feimt: s. abfeimen

ab|ge|gol|ten: s. abgelten

ab|ge|grif|fen: s. abgreifen

ab|ge|hackt Mw. Ew.: stoßartig : mittels Beil o. Ä. abgetrennt

ab|ge|han|gen Mw. Ew.: durch langes Hängen verbessert (Fleisch o. Ä.)

ab|ge|här|tet Mw. Ew.: durch harte Übung widerstandsfähig

ab|ge|hen: s. Abgang

ab|ge|hetzt Mw. Ew.: durch Eile erschöpft

ab|ge|kämpft Mw. Ew.: erschöpft

ab|ge|kar|tet: s. abkarten

ab|ge|klärt: s. abklären

ab|ge|la|gert Mw. Ew.: lange aufbewahrt

ab|ge|lebt: s. ableben

ab|ge|le|dert Mw. Ew.: (regional) verschlissen : (Umgspr./ Sport) fertig gemacht, deklassiert

ab|ge|le|gen Mw. Ew.: entfernt gelegen ✳ Ab|ge|le|gen|heit, die; –: das Abgelegensein

ab|ge|lei|ert Mw. Ew.: durch zu häufige Verwendung verbraucht

ab|gel|ten tr.: durch Arbeit Ersatz leisten ✳ Ab|gel|tung, die; –, –en: das Abgelten

ab|ge|gol|ten Mw. Ew.: getilgt

ab|ge|macht: s. abmachen

ab|ge|mes|sen: s. abmessen

ab|ge|neigt Mw. Ew.: abgewendet : ablehnend : nicht willens ✳ Ab|ge|neigt|heit, die; –: Ablehnung

ab|ge|nutzt Mw. Ew.: durch häufige Nutzung verschlissen

ab|ge|ord|net Mw. Ew.: mit Vollmacht abgeschickt ✳ Ab|ge|ord|ne|te, der/die; –n, –n (Abk.: Abg.): Bevollmächtigter, bes. Landtags-, Bundestagsabgeordneter ✳ ein Abgeordneter; drei –e; viele –e; unsere Abgeordneten; die Reden großer Abgeordneten (seltener: Abgeordneter); Abgeordnetenhaus; Abgeordnetenversammlung

ab|ge|paßt → abgepasst Mw. Ew.: aufgelauert

ab|ge|plat|tet Mw. Ew.: nicht vollkommen rund (z. B. die Erde an den Polen)

ab|ge|ris|sen: s. abreißen

ab|ge|run|det Mw. Ew.: rund gemacht

ab|ge|sagt: s. absagen

Ab|ge|sand|te: s. absenden

Ab|ge|sang, der; –(e)s, ..gesänge: der zweite Teil einer Minne- oder Meisterliedstrophe

ab|ge|schabt Mw. Ew.: durch Schaben unscheinbar geworden

ab|ge|schie|den: s. abscheiden

ab|ge|schlafft Mw. Ew.: erschöpft : energielos

ab|ge|schla|gen Mw. Ew.: erschöpft ✳ Ab|ge|schla|gen|heit, die; –

ab|ge|schlif|fen: s. abschleifen

ab|ge|schlos|sen: s. abschließen

ab|ge|schmackt Ew.: geschmacklos : albern : sinnlos ✳ Ab|ge|schmackt|heit, die; –, –en: das Abgeschmacktsein : (Mz.) abgeschmackte Dinge, Worte

ab|ge|se|hen Mw. Ew.: (– von) außer; (– davon, dass) ausgenommen, dass

ab|ge|son|dert: s. absondern

ab|ge|spannt: s. abspannen

ab|ge|stan|den: s. Abstand

ab|ge|stor|ben: s. absterben

ab|ge|sto|ßen Mw. Ew.: angewidert : durch Stöße beschädigt

ab|ge|stuft: s. abstufen

ab|ge|stumpft: s. abstumpfen

ab|ge|ta|kelt: s. abtakeln

ab|ge|tan: s. abtun

ab|ge|tra|gen Mw. Ew.: (Kleidung) durch vieles Tragen unscheinbar geworden

ab|ge|wetzt: s. abwetzen

ab|ge|win|nen tr.: (einem etwas –) gewinnend abnehmen, erreichen : obsiegen : (einem oder einer Sache etwas –) gute Seiten entdecken, Gefallen finden; rbz. (sich etwas –), sich überwinden

ab|ge|wirt|schaf|tet Ew. Mw.: schlecht gewirtschaftet : heruntergekommen

ab|ge|wo|gen: s. abwägen

ab|ge|wöh|nen tr.: (einem etwas –) Gewohnheit beseitigen : (sich etwas –) Gewohnheit ablegen

ab|ge|zehrt Mw. Ew.: von

Nahrungsmangel gezeichnet : mager

ab|ge|zir|kelt Mw. Ew.: genau eingeteilt : genau getroffen : genau hingekriegt

ab|ge|zo|gen: s. abziehen

ab|gie|ßen tr.: einen Teil von etwas weggießen : gießend abformen ✳ Ab|guß → Ab|guss, der: ..gusses, ..güsse: das Abgießen : das Abgegossene : das Abformen durch Gießen : das durch Gießen Abgeformte : Gosse, Öffnung für Abfluss

Ab|glanz, der; –es: Widerschein

ab|glei|chen tr.: gleichmachen : einebnen : abstimmen, korrigieren

ab|glei|ten intr. (sein): gleitend fallen

abglitschen intr.: abgleiten

Ab|gott, der; –(e)s, ..götter: etwas wie ein Gott Verehrtes : falscher Gott ✳ Abgottschlange: als Abgott verehrte Schlange ✳ Ab|göt|te|rei, die; –, –en: Götzendienst ✳ ab|göt|tisch Ew.: götzendienerisch : (übertr.) maßlos

ab|gra|ben tr.: grabend niedriger machen : durch Graben ableiten : (Moor) durch Graben trockenlegen : (Waldbrand) durch Gräben eindämmen

ab|grä|men tr., rbz.: durch Gram krank machen

ab|gra|sen tr.: abweiden : absuchen : (volkst.) leerräumen

ab|grät|schen intr.: (Sport) mit gespreizten Beinen vom Barren oder Kasten abspringen

ab|grei|fen tr.: durch Greifen abnutzen ✳ abgegriffen Mw. Ew.: abgenutzt : alt, verbraucht

ab|gren|zen tr.: durch eine Grenze trennen : umreißen ✳ Ab|gren|zung, die; –, –en

Ab|grund, der; –(e)s, ..gründe: das in die Tiefe Gehende : unermessliche Tiefe ✳ abgrundtief Ew.: unermesslich tief ✳ ab|grün|dig Ew.: einen Abgrund habend : abgrundtief : tiefgründig : wohlbewandert

ab|gu|cken tr.: durch Gucken erlangen, lernen

Ab|gunst, die; –: Abneigung

ab|gün|stig Ew.: missgünstig

Ab|guß → Ab|guss: s. abgießen

ab|ha|cken tr.: hackend abtrennen

ab|ha|ken tr.: hakend lösen : vom Haken nehmen : Erledigungszeichen in einer Liste machen

ab|half|tern tr.: von der Halfter befreien

ab|hal|ten tr.: fernhalten : zurückhalten : hindern : (Sitzung –) leiten : (Kind –) beiseite halten zur Verrichtung der Notdurft; intr. (seem.) Richtung so ändern, dass der Wind mehr von hinten auf die Segel fällt ✳ **Ab|hal|tung**, die; –, –en: Fernhaltung : hindernde Inanspruchnahme : Durchführung

ab|han|deln tr.: verabreden : gründlich darlegen : durch Handeln abnehmen, kaufen : abmarkten ✳ **Ab|hand|lung**, die; –, –en: das Abhandeln : schriftliche Untersuchung, Aufsatz

ab|han|den Uw.: (– kommen, – sein) aus den Händen, weg

Ab|hand|lung: s. abhandeln

Ab|hang, der; –(e)s, ..hänge: geneigte Fläche, Neigung einer Fläche gegen den Sehkreis ✳ **ab|han|gen, ab|hän|gen** intr.: herunterhangen : entfernt hangen : geneigt sein : (übertr.) (– von) bedingt sein durch ✳ **ab|hän|gen** tr.: Hängendes abnehmen ✳ **ab|hän|gig** Ew.: verpflichtet, unselbständig : (– von) angewiesen auf jemanden, etwas ✳ **Ab|hän|gig|keit,** die; –: das Abhängigsein ✳ *Abhängigkeitsgefühl:* Gefühl der Unfreiheit; *Abhängigkeitsverhältnis* ✳ **Ab|häng|ling,** der; (e)s, –e: herabhängender Schlussstein

ab|här|men rbz.: sich härmend schwächen

ab|här|ten tr., rbz.: hart machen (gegen Witterung usw.) ✳ **Ab|här|tung,** die; –, –en

ab|has|peln tr.: von der Haspel entfernen : (übertr.) rasch hersagen : in Aufregung schnell reden

ab|hau|en tr.: hauend entfernen : intr. (sein): (volkst.) weggehen

ab|häu|ten tr.: die Haut abziehen

ab|he|ben tr.: hebend wegnehmen : (Geld –) vom Konto abnehmen; rbz.: abstechend hervortreten ✳ **Ab|he|bung,** die; –, –en: das Abheben ✳ **Ab|he|be|ga|bel:** (Telef.) gabelförmiger

Halter des abzuhebenden Hörers

ab|hel|fen intr.: (einem Zustand –) beseitigen ✳ **Ab|hil|fe,** die; –: Beseitigung von Missständen

ab|het|zen tr.: zuschanden treiben; rbz.: sich bis zur Erschöpfung abrackern

Ab|hil|fe, die; –, –n: Ersatz, Lösung ✳ *Abhilfe schaffen*

ab|ho|beln tr.: durch Hobeln entfernen : hobelnd glätten

ab|hold Ew.: ungünstig : abgeneigt

ab|ho|len tr.: wegholen ✳ **Ab|ho|lung,** die; –, –en: das Abholen

ab|hol|zen tr.: Holz, Wald abschlagen : abprügeln

ab|hor|chen tr.: horchend erfahren : (Med.) horchend untersuchen

ab|hö|ren tr.: durch Hören lernen : abfragen : (Telefon) heimlich mithören

ab|hor|rent (l.): zurückschreckend : unpassend ✳ **Ab|hor|res|zenz** (l.) die; –, –en: Abscheu ✳ **ab|hor|res|zie|ren, ab|hor|rie|ren** (..iert) (dtsch.-l.) tr.: zurückschrecken : (Rechtsspr.) verwerfen [l. abhorrere zurückschrecken; horror Schrecken] **Ab|hor|ta|ti|on** (l.), die; –, –en: Abmahnung ✳ **ab|hor|tie|ren** (nl.) tr.: abmahnen : abraten

Ab|hub, der; –(e)s: das Abgehobene : leichterer Abgang bei der Erzwäscherei : Speisereste : das Sichabheben

ab|hu|pen intr.: Hupensignal zur Abfahrt geben

A|bi|o|ge|ne|se,

A|bi|o|ge|ne|sis (gr.), die; –: Urzeugung, Entstehung von Leben aus unbelebtem Stoff

A|bi|o|lo|gie (gr.), die; –: Lehre von den leblosen Naturkörpern ✳ **A|bi|o|se,** die; –: Lebensunfähigkeit

ab|ir|ren intr. (sein): irrend vom Wege kommen

A|bi|tur (l.), das; –s, –e: Reifeprüfung (volkst. Abk.: Abi) ✳ **A|bi|tu|ri|ent** (l.), der; –en, –en: Reifeprüfling ✳ *Abiturientenexamen; –tag; Abiturientin; Abiturlehrgang; Abiturprüfung* ✳ **A|bi|tu|ri|um** (l.), das; –s, ..rien: Reifeprüfung [l. abire weggehen]

ab|ja|gen tr.: (weidm.) (Jagd –) beenden : (Revier –) ganz durchjagen : jagend ermatten : (einem etwas –) durch Jagen abnehmen : (Rührung u. Ä. –) durch Erregung hervorrufen

Ab|ju|di|ka|ti|on (l.), die; –, –en: gerichtliche Aberkennung ✳ **ab|ju|di|zie|ren** (..iert) tr.: aberkennen

ab|käm|men tr.: durch Kämmen entfernen : (übertr.) absuchen

ab|kan|ten tr.: schräg abschneiden : beim Stricken die Maschenzahl vermindern, abnehmen

ab|kan|zeln tr.: von der Kanzel herab verkündigen : ausschelten ✳ **Ab|kan|ze|lung, Ab|kanz|lung** die; –, –en: Verkündigung von der Kanzel : Schelte

ab|kal|piteln tr.: derb ausschelten

ab|kap|pen tr.: (seem.) abhauen

ab|kap|seln (ich kaps[e]le ab) tr.: in eine Kapsel einschließen; rbz.: sich abschließen ✳ **Ab|kap|se|lung,** die; –, –en: das Abkapseln

ab|kar|ten tr.: heimlich verabreden ✳ **ab|ge|kar|tet** Mw. Ew.: (heimlich) ausgemacht

ab|kas|sie|ren tr.: (viel) Geld einnehmen

ab|kau|fen tr.: (einem etwas –) von jemand kaufen : jemand abfinden; rbz.: sich durch eine Leistung von etwas losmachen, sich loskaufen

Ab|kehr, die; –: Verzicht, Abwendung : (Bergb.) das Verlassen der Grubenarbeit ✳ **ab|keh|ren** tr.: abwenden : abfegen; rbz.: sich abwenden; intr.: (Bergb.) die Grubenarbeit verlassen

ab|kip|pen intr.: umkippen; tr.: durch Kippen entleeren

ab|klap|pern tr.: ein Gebiet fragend abgehen

ab|klä|ren (selt. **ab|kla|ren**) tr.: rbz.: klar werden : klarmachen : (übertr.) ausreifen ✳ **ab|ge|klärt** Mw. Ew.: klar geworden : leidenschaftslos ✳ **Ab|ge|klärt|heit,** die; –: Leidenschaftslosigkeit

Ab|klatsch, der; –es, –e: durch Abklatschen hergestellter Abdruck : Abbild ✳ **ab|klat-**

schen tr.: klatschend abdrucken, abdrücken : in Gussabdruck herstellen

ab|kle|ben tr.: mit Klebeband abdecken, mit Klebstoff befestigen

ab|klem|men tr.: mit einer Klammer zusammendrücken : Stromkreis unterbrechen

ab|klin|gen intr. (sein): (Tonstärke) schwächer werden : (Med.) nachlassen

ab|klop|fen tr.: durch Klopfen entfernen : durch Klopfen reinigen; intr.: (Kapellmeister) Zeichen zum Aufhören geben * *Abklopfbürste*

ab|knab|bern tr.: durch Knabbern entfernen

ab|knal|len tr.: (volkst.) abschießen, wegschießen

ab|knap|pen,   **ab|knap|sen** (ich knappe ab, ich knapse ab) tr.: (einem etwas –) entziehen

ab|knei|fen tr.: durch Kneifen abtrennen

ab|kni|cken intr.: eine Biegung machen; tr.: durch Knicken trennen

ab-kni-cken
Buchstabenverbindungen, die wie ein Laut gesprochen werden, werden nicht getrennt. Dazu gehören *ch, ck, ph, rh, sch, th: kni-cken, wa-schen, Ste-phan, Zi-ther.* Dies entspricht der Regel, nach der Wörter stets nach Sprechsilben getrennt werden.

ab|knöp|fen tr.: knöpfend lösen : (volkst.) (einem etwas –) wegnehmen : Geld abnehmen

ab|knü|pfen tr.: knüpfend lösen

ab|ko|chen tr.: fertig kochen : durch Kochen absondern : (volkst.) den Hunger stillen

ab|kom|man|die|ren (..iert) (dtsch.-l.) tr.: auf Befehl absenden : abordnen

Ab|kom|me, der; –n, –n: Sprössling, Nachkomme *

ab|kom|men intr. (sein): sich unabsichtlich von etwas entfernen : sich von etwas losmachen : freikommen : aus dem Gebrauch kommen : (weidm.) (gut, schlecht –) das Korn vom Ziel sich abheben sehen *

Ab|kom|men, das; –s, –: Übereinkunft * **Ab|kom|men-schaft,** die; –, –en: (veralt.)

Nachkommenschaft * **ab-kömm|lich** Ew.: entbehrlich * **Ab|kömm|ling,** der; –s, –e: Sprössling * **Ab|kunft,** die; –, ..künfte: Abstammung

ab|kön|nen tr.: angetan sein : aushalten

ab|kon|ter|fei|en (abkonterfeit) (dtsch.-fr.) tr.: abbilden : abmalen; vgl. konterfeien

ab|ko|pie|ren tr.: kopieren

ab|kop|peln tr.: von der Koppel losmachen

ab|kra|gen tr.: (Baukst.) abschrägen; vgl. Kragstein

ab|krat|zen tr.: durch Kratzen wegschaffen : durch Kratzen reinigen; intr. (volkst.) (sein): abgehen : sterben

ab|krie|gen tr.: erhalten * *sein Fett, seine Prügel abkriegen*

ab|küh|len intr., rbz.: kühler werden; tr.: abkühlen lassen * *Abkühlapparat* * **Ab|küh-lung,** die; –, –en: das Kühlerwerden

ab|kün|den,   **ab|kün|di|gen** tr.: abbestellen : aufkündigen : öffentlich verkünden * **Ab|kün|di|gung**

Ab|kunft: s. abkommen

ab|kür|zen tr.: kürzer machen * **Ab|kür|zung,** die; –, –en: das Abkürzen : das Abgekürzte : *Abkürzungssprache* (kurz: Aküsprache); *Abkürzungswort; –zeichen*

ab|küs|sen tr.: heftig küssen

ab|la|den tr.: (Last –) herunterschaffen : (Wagen –) von der Last befreien * *Abladeplatz* * **Ab|la|der, Ab|lä|der,** der; –s, –: Seefrachtwesen) Absender * **Ab|la|dung,** die; –, –en: Abladeplatz : Rückgängigmachen einer gerichtlichen Vorladung * *Abladungshafen:* Hafen, von wo abgesandt wird

Ab|la|ge, die; –, –n: Aufbewahrungsplatz : Registratur (schweiz.) Agentur

ab|la|gern tr., rbz.: entfernt lagern : sich absetzen; intr. (sein): durch Lagern an Güte zunehmen * **Ab|la|ge|rung,** die; –, –en: abgelagerte Gesteins-, Sandmassen

Ab|lak|ta|ti|on (l.), die; –, –en: Entwöhnung * **ab|lak|tie|ren** (..iert) tr.: entwöhnen [l. abweg und lac, Gen. lactis Milch]

ab|lan|dig Ew.: (seem.) vom Lande her wehend

Ab|laß → **Ab|lass,** der; ..lasses, -lässe : Abfluss, Preisserniedrigung, Abzug : (kath. K.) Freisprechung von Sündenstrafe * *Ablaßbrief* → *Ablassbrief:* Urkunde über Erlass von Sündenstrafen; *Ablaßhandel* → *Ablasshandel:* Verkauf von Ablässen; * **ab|las|sen** tr.: entleeren : abgehen, abfliegen usw. lassen : (Schuhsohlen –) am Rand abschrägen : etwas von einer Forderung nachlassen : verkaufen : (Glash.) abkühlen lassen; intr.: abstehen : aufhören: nachlassen

Ablass
Folgt das *ß* einem kurzen Vokal, wird es zu *ss: Ablass, Schloss, Fluss.* Steht das *ß* aber nach einem langen Vokal oder einem Diphthong (ei, ai, au, eu, äu), bleibt es erhalten: *Fuß, Fleiß, Spieß.*

Ab|la|ti|on (nl.), die; –, –en: Wegnahme (bes. eines Körperteils) : Loslösung von verwittertem Gestein : Abschmelzen (der Gletscher) [l. ab- weg und latum getragen]

Ab|la|tiv, der; –s, -e: sechster Fall der lat. Beugung * **Ab|la|ti|vus** (l.) [..w..], der; –, ..ve: Ablativ * *Ablativus absolutus:* l. Konstruktion mit doppeltem Ablativ

Ab|lauf, der; –(e)s, ..läufe: das Ablaufen : das Herunterlaufen : Abfluss : (Sport) Start : Geschehnisfolge * *Ablaufrohr; –rinne; –zeit* * **ab|lau|fen** tr.: Bergb.) auf Laufkarren nach den Förderschächten bringen : durch Laufen abnutzen : beim Turnier vom Pferd werfen : (einem etwas –) durch Laufen abgewinnen : (Ziel) laufend erreichen : laufend durchsuchen; rbz.: sich matt laufen; intr. (sein): Schiff vom Stapel laufen : absegeln : abfließen : zu Ende sein : auslaufen in : sich senken

Ab|laut, der; (e)s, -e: (Sprachl.) gesetzmäßiger Wechsel der Wurzelvokale * **ab|lau|ten** intr. (sein): Ablaut zeigen

ab|läu|ten intr.: zur Abfahrt läuten : zum Schluss läuten

ab|le|ben tr.: zu Ende leben : miterleben; rbz.: zu Ende gehen : sich lebend abzehren;

intr.: sterben * Ab|le|ben, das;
–s: Tod * ab|ge|lebt Mw. Ew.:
verbraucht : tot
ab|le|cken tr.: durch Lecken
entfernen
ab|le|dern tr.: das Fell abzie-
hen : mit einem Leder putzen
ab|le|gen tr.: weglegen : sich
freimachen von etwas : etwas
zu Leistendes (Eid, Prüfung)
ausführen : abkarten : (Buchdrw.) Lettern in die Schriftkäs-
ten legen : (Gärtn.) einen
Spross abnehmen und ein-
pflanzen : (Bergb.) entlassen :
(verächtl.) gebären; intr.: ent-
kleiden * Ablegesatz: (Buchdrw.) abzulegender Letternsatz
* Ab|le|ger, der; –s, –: (Gärtn.)
Pflanzensprössling : (übertr.)
Sprössling : (scherzh.) Sohn
ab|leh|nen tr.: zurückweisen *
Ab|leh|nung, die; –, –en: Zu-
rückweisung
ab|leis|ten tr.: leisten
ab|lei|ten tr.: wegleiten : vom
Ursprung herleiten : differen-
zieren * Ab|lei|ter, der; –s, –:
Mittel zum Ableiten *
Ab|lei|tung, die; –, –en: das
Wegleiten : das Herleiten :
(Math.) differenzierte Funktion
: (Sprachw.) das Abgeleitete,
abgeleitete Wort * Ableitungs-
rohr; Ableitungssilbe: Silbe,
durch die aus einem Wort ein
anderes gebildet wird
ab|len|ken tr., intr.: wegführen
: (übertr.) Aufmerksamkeit
von der Hauptsache abziehen *
Ab|len|kung, die; –, –en: et-
was Ablenkendes : Zerstreuung
* Ablenkungsmanöver
ab|le|sen tr.: sammelnd abneh-
men : vom geschriebenen, gedruckten Blatt lesen : zerlesen
* Ab|le|ser, der; –s,–: Samm-
ler : einer, der vom geschriebenen, gedruckten Blatt abliest
ab|leug|nen tr.: leugnend zu-
rückweisen : (einem etwas)
leugnend absprechen
ab|lie|fern tr.: einhändigen :
aushändigen * Ab|lie|fe|rung,
die; –, –en: das Abliefern * Ab-
lieferungsfrist: Zeitspanne, bis
zu deren Ende abgeliefert sein
muss; Ablieferungssoll; –termin: Zeitpunkt, an dem spätes-
tens abgeliefert werden muss
ab|lie|gen intr. (haben, sein):
entfernt liegen : durch Liegen
gut werden, ablagern

ab|lis|ten tr.: durch List weg-
nehmen, erlangen
ab|lo|cken tr.: entlocken : fort-
locken : durch Locken erlangen
ab|loh|nen, ab|löh|nen tr.:
Lohn zahlen und entlassen
ab|lö|schen tr.: zu Ende lö-
schen : (Kalk –) löschen : (Geschriebenes) löschend trocknen
* Ab|lö|schung, die; –, –en:
völlige Löschung
ab|lö|sen tr., rbz.: lösend ab-
sondern : sich von einer Verpflichtung befreien : an die
Stelle von jemand treten *
ab|lös|bar, ab|lös|lich Ew.:
was abgelöst werden kann *
Ab|lö|sung, die; –, –en: das
Ablösen : (Med.) Abnahme
von Gliedern : das An-die-
Stelle-Treten : der Ablösende,
die Ablösenden * Ablöse-, Ab-
lösungssumme
ab|lo|ten tr.: mit dem Lot ab-
messen
ab|luch|sen tr.: durch List ab-
nehmen : durch List erfahren
Ab|luft, die; –: abziehende Luft
* Abluftschlot: Schlot, durch
den Luft abziehen kann
ab|ma|chen tr.: Haftendes lö-
sen : vereinbaren : überein-
kommen * ab|ge|macht Mw.
Ew.: festgesetzt : bestimmt *
Ab|ma|chung, die; –, –en:
Vereinbarung
ab|ma|gern intr. (sein): mager
werden; tr. (selten): mager machen * Abmagerung; Abmage-
rungskur
ab|mä|hen tr.: mähend entfer-
nen, ernten
ab|mah|nen intr.: abraten
ab|ma|len tr.: malend darstel-
len : Gemaltes abbilden
ab|mark|ten tr.: abhandeln :
den Preis herabdrücken
Ab|marsch, der; –(e)s, ..mär-
sche: Aufbruch : Abzug *
ab|mar|schie|ren intr. (sein):
marschierend abziehen
ab|mar|tern tr., rbz.: marternd
schwächen
ab|mat|ten tr., rbz.: matt ma-
chen : (Chem.) (Gold –) glanzlos machen; vgl. mattieren
ab|meh|ren tr.: durch Hand-
aufhebung abstimmen
ab|mei|ern tr.: einen Meier aus
der Meierei vertreiben : abwei-
sen * Ab|mei|e|rung, die; –,
–en: Vertreibung : Abweisung
ab|mel|den tr.: Angemeldetes

absagen; rbz.: sein Weggehen
mitteilen * Abmeldung
ab|mel|ken tr.: melken * Ab-
melkwirtschaft
ab|mer|geln tr.: mit Mergel
düngen; intr.: abmagern
ab|mes|sen tr.: messend prü-
fen : genau messen * abgemes-
sen Mw. Ew.: genau passend :
(übertr.) geregelt : gleichmä-
ßig, ruhig * Ab|ge|mes-
sen|heit, die; –: Gleichmaß *
Ab|mes|sung, die; –, –en: das
Abmessen * Länge, Ausdeh-
nung
ab|mie|ten tr.: etw. von jeman-
dem mieten : aus dem Dienst
wegmieten * Ab|mie|ter, der;
–s, –: Untermieter * Ab|mie-
tung, die; –, –en: das Abmie-
ten
ab|min|dern tr.: geringer ma-
chen
ab|mo|deln tr.: nachformen
ab|mon|tie|ren tr.: (Techn.) ab-
bauen
ab|mü|hen rbz.: sich anstren-
gen
ab|murk|sen tr.: heimlich um-
bringen
ab|mus|tern tr.: (seem.) ent-
lassen : (Web.) mit Mustern
versehen * Ab|mus|te|rung,
die; –, –en: Entlassung
ab|na|beln tr.: (Kind –) dem
Neugeborenen die Nabel-
schnur abbinden
ab|na|gen tr.: nagend entfer-
nen : nagend zerbeißen
ab|nä|hen tr.: (ein Kleid –)
eine Falte einnähen zum En-
germachen * Abnäher
Ab|nah|me, die; –, –n: das
Herunternehmen : die Überprüfung und Annahme einer Leistung : das Abkanten : das We-
nigerwerden * ab|neh|men tr.:
wegnehmen : entfernen : durch
Abnehmen befreien : entgegen-
nehmen : abkaufen : verringern
: nachbilden; intr. (haben) :
Maschenzahl vermindern : sich
vermindern : schwächer wer-
den * Ab|neh|mer, der; –s, –:
Käufer * Abnahmekreis; –land
ab|neh|men: s. Abnahme
Ab|nei|gung, die; –, –en: Wi-
derwille, Abscheu
ab|nib|beln intr.: (niedr. R.)
sterben
ab|norm (l.), Ew.: regelwidrig
: widernatürlich : krankhaft *
Ab|nor|mi|tät (l.), die; –, –en:

Naturwidrigkeit : Regelwidrigkeit : Missbildung; vgl. Norm

ab|nö|ti|gen tr.: (einem etwas –) durch Nötigung erlangen

ab|nut|schen tr.: (Chem.) durch die Nutsche filtrieren

ab|nut|zen, ab|nüt|zen tr.: durch Benutzung verbrauchen, zerstören ✶ **Ab|nut|zung, Ab|nüt|zung,** die, –, –en: das Abnutzen ✶ *Abnutzungsgebühr*

ab|o|lie|ren (..iert) (l.) tr.: abschaffen : aufheben : tilgen ✶ **Ab|o|li|ti|on** (l.), die, –, –en: Abschaffung : (Rechtsspr.) landesherrliche Begnadigung ✶ **Ab|o|li|ti|o|nis|mus,** der, –: (USA) Bekämpfung der Sklaverei : (England) Bekämpfung der Prostitution ✶ **Ab|o|li|ti|o|nist,** der, –en, –en: Anhänger des Abolitionismus

A-Bom|be, die, –, –n: Atombombe

A|bon|ne|ment (fr.) [abonn'mang], das, –s, –s [..mangs] : Dauerbezug : Platzmiete : Zeitkarte : Dauerkarte ✶ *Abonnement(s)karte; –preis; –vorstellung* ✶ **A|bon|nent** (dtsch.-fr.), der, –en, –en: Bezieher : Dauerkarteninhaber ✶ **a|bon|nie|ren** (..iert) tr., intr. (haben, sein): vorausbestellen : beziehen ✶ *etwas abonniert haben; auf etwas abonniert sein*

ab|ord|nen tr.: mit Vollmacht absenden : (selt.) Angeordnetes abbestellen; vgl. Abgeordnete ✶ **Ab|ord|nung,** die, –, –en: das Abordnen : abgesandte Beauftragte

A|bort, der, –(e)s, –e: „abgelegener Ort", Abtritt

A|bort: s. Abortus ✶ **a|bor|tie|ren** (..iert) (dtsch.-l.) intr.: fehlgebären ✶ **a|bor|tiv** Ew.: unreif : abtreibend ✶ *Abortivmittel:* Abtreibungsmittel ✶ **A|bor|ti|vum** (i.), das, –s, ..va: Abtreibungsmittel ✶ **A|bor|tus** (l.), der, –, –: Fehlgeburt

ab o|vo (l.): vom (Ei) Ursprung, von Beginn an

brauch davon ist geraten, weil der Lesefluss gestört werden kann.

ab|pa|cken tr.: (in Portionen) verpacken

ab|pas|sen tr.: genau abmessen; tr.: lauernd warten

ab|pau|sen tr.: mit Hilfe von farbübertragendem Papier kopieren : durchpausen

ab|pfäh|len tr.: mit Pfählen begrenzen

ab|pfei|fen tr.: (Sport) Spiel durch Pfeifen unterbrechen, beenden ✶ *Abpfiff*

ab|pflü|cken tr.: pflückend wegnehmen : pflückend leeren

ab|pla|gen rbz.: sich abmühen

ab|plat|ten tr.: platt machen ✶ *abgeplattet* Mw. Ew.: platt gemacht : platt gestaltet

Ab|prall, der, –(e)s, –e: federndes Zurückschnellen ✶ **ab|prall|en** intr. (sein): zurückprallen

ab|pres|sen tr.: durch Pressen ablösen : (übertr.) durch Pressen abnötigen

ab|prot|zen (du protzest ab und protzt ab) tr.: Geschütz vom Protzwagen heben

Ab|putz, der, –es: Hausbewurf : die Abputzmasse, Bewurf ✶ **ab|put|zen** tr.: putzend reinigen : Haus –) mit Bewurf versehen : ausschelten ✶ **Ab|put|zer,** der, –s, –: Abputzender : Verweis

ab|quä|len tr.: (einem etwas –) durch Quälen abnötigen; tr., rbz.: sehr sorgen, ängstigen

ab|qua|li|fi|zie|ren tr.: Befähigung, Verdienst, Rang, Qualität absprechen : im Ansehen mindern

ab|quet|schen tr.: durch Quetschen ablösen : durch Quetschen verlieren

ab|qui|cken tr.: aus Erzen Gold oder Silber durch Amalgamieren ausscheiden

Ab|ra|chie (gr.), die, –, ..ien: Missgeburt ohne Arme [gr. brachíon Arm]

ab|ra|ckern tr., rbz.: durch Arbeit aufreiben, ermatten

ab|rä|deln tr.: mit einem gezackten Rädchen Schnittmuster auf die Unterlage übertragen

ab|ra|die|ren (dtsch.-l.) tr.: abschaben : mit Gummi abkratzen

Ab|ra|ham (hebr.): „Vater der Völker" ✶ *Abrahams Schoß:* Seligkeit : völlige Ruhe ✶ **Abra|ham a San|ta Cla|ra:** Wiener Kanzelredner ✶ **Abra|ha|mit,** der, –en, –en: Angehöriger einer böhm. Sekte des 18. Jhs.

ab|rah|men tr.: (Milch –) den Rahm abschöpfen

A|bra|ka|da|bra, das, –s: sinnloses Zauberwort : sinnloses Gerede

ab|ra|ken tr.: (nordd., seem.) ein festsitzendes Schiff wieder flottmachen

ab|ram|meln rbz.: sich müde balgen

ab|ra|sie|ren (..iert) (dtsch.-fr.) tr.: (Haare –) wegrasieren : abschaben ✶ **Ab|ra|si|on** (nl.), die, –, –en: Abschabung : Abtragung der Küsten durch das Meer

ab|ras|peln tr.: mit der Raspel entfernen, glätten

ab|ra|ten tr., intr.: (einem etwas –; von etwas –) raten, etwas nicht zu tun ✶ **Ab|ra|tung,** die, –, –en: das abraten

Ab|raum der, –(e)s: (bergm.) Schutt ✶ *Abraumhalde; –bagger; –salze* ✶ **ab|räu|men** tr.: Abraum wegschaffen ✶ **ab|räu|men** tr.: räumend wegschaffen : räumend frei machen ✶ **Ab|räu|mer,** der, –s, –: Vorrichtung zum Wegräumen von Hindernissen an der Lokomotive

ab|rau|schen intr.: rauschend abfahren, weggehen

Ab|ra|xas (gr.), der, –: Zauberwort : zauberkräftiges Zeichen auf geschnittenen Steinen ✶ *Abraxasgemme, -stein*

ab|re|a|gie|ren (..iert) tr.: (Erregung usw. –) zum Abklingen bringen

ab|re|chen tr.: mit dem Rechen entfernen

ab|rech|nen tr.: rechnend abziehen; intr.: (mit einem –) Rechnung abschließen : (übertr.) Schuld klarstellen ✶ **Ab|rech|nung,** die, –, –en: das Abrechnen : das Ergebnis des Abrechnens : das Blatt mit der aufgestellten Abrechnung ✶ *Abrechnungsbeleg; –buch; –termin; –wesen*

Ab|rech|te, die, –, –n: linke Tuchseite [Umdeutg. aus Äbichte]

Ab|re|de, die; –, –n: Verabredung : Beschluss : leugnende Äußerung * *in Abrede stellen:* leugnen * **ab|re|dig** Ew.: leugnend

ab|re|gen rbz.: beruhigen

ab|reg|nen rbz., unp.: zu Ende regnen; tr.: durch Regen abspülen

ab|rei|ben tr.: reibend entfernen : reibend reinigen : durch Reiben abnutzen * **Ab|reibung**, die; –, –en: das Reiben der Haut; (volkst.) Prügel, tadelnde Strafe * **Ab|rieb**, der; –(e)s: Abnutzung durch Abreibung * *abriebfest; Abriebfestigkeit*

Ab|rei|se, die; –, –n: Abfahrt * **ab|rei|sen** intr. (sein): wegreisen : zur Reise aufbrechen

ab|rei|ßen tr.: durch Reißen ablösen : (Gebäude –) abbrechen : abnutzen : eine Umrisszeichnung machen; intr., unp.: ein plötzliches Ende nehmen * *Abreißblock; Abreißkalender:* Kalenderblock zum Abreißen * *abgerissen* Mw. Ew.: abgenutzt : verkommen : kurz * **Ab|riß → Ab|riss**, der; ..risses, ..risse: Umriss : Entwurf : kurze Darstellung

ab|rei|ten intr. (sein): wegreiten; tr.: reitend durchmessen : im Reiten abrichten : durch Reiten abnutzen

A|bri (fr.) , der; –, –s: Schutz(dach)

ab|rich|ten tr.: (Tiere –) zähmen : schulen : (Techn.) einem Gegenstand die richtige Größe geben * **Ab|rich|ter**, der; –s, –: Dresseur * **Ab|rich|tung**, die; –, –en: das Abrichten

Ab|rieb: s. abreiben

ab|rie|geln tr.: durch Riegel schließen * **Ab|rie|ge|lung, Ab|rieg|lung**, die; –, –en: das Abriegeln : Abwehrstellung

ab|rin|gen tr.: entringen : erzwingen

Ab|riß → Ab|riss: s. abreißen

Ab|ro|ga|ti|on (l.), die; –, –en: Abschaffung : Aufhebung *

ab|ro|gie|ren (..iert) (l.-dtsch.) tr.: abschaffen : (kfm.) einen Auftrag zurücknehmen

ab|rol|len intr. (sein): sich rollend nieder-, fortbewegen : sich rollend abwickeln : zu Ende gehen; tr.: Aufgerolltes auseinander wickeln

ab|rü|cken tr.: rückend wegbringen; intr. (sein): sich rückend wegbewegen

ab|ru|fen tr.: wegrufen : rückgängig machen : rufend verkünden : (obd.) (Geld –) außer Kurs setzen * **Ab|ruf**, der; –(e)s: das Anfordern * *auf Abruf bestellen* * **ab|ruf|be|reit** Ew.: in Bereitschaft sein

ab|run|den tr.: rund machen : (Zahlen –, Kunstwerke –) zu einem runden, vollkommenen Ganzen machen

ab|rupt (l.) Ew.: abgebrochen : zusammenhanglos : unvorbereitet : plötzlich

ab|rüs|ten tr.: von einem Gerüst befreien; intr.: die Kriegsrüstung abbauen, Kriegsrüsten vermindern * **Ab|rüs|tung**, die; –, –en; das Abrüsten * *Abrüstungskonferenz:* Konferenz, auf der über die Abrüstung verhandelt wird

ab|rut|schen intr. (sein): ab-, hinabgleiten : (übertr.) herunterkommen

Ab|ruz|zen, die: höchster Teil des Apennin

ab|sa|cken (niederd.): ein Schiff stromabwärts treiben lassen : sinken : (übertr.) herunterkommen

Ab|sa|ge, die; –, –n: das Absagen * *Absagebrief* * **ab|sa|gen** tr.: aufkündigen : abschwören : abbestellen : (selt.) abschlagen; intr.: aufgeben : verzichten * *abgesagt* Mw. Ew.: (veralt.) abgesagt habend : abbestellt

ab|sä|gen tr.: sägend entfernen : (übertr.) vom Halse schaffen

ab|sat|teln tr.: ausspannen : abhalftern

Ab|satz, der; –es, ..sätze: das sich aus einer Masse Absetzende : Unterbrechung eines Fortgangs : Unterbrechungsstelle : Ruhepunkt bei einer Unterbrechung : (– im Buch) Abschnitt : Rechnungsabzug : Umsatz einer Ware : Schuherhöhung unter der Hacke : das Absetzen säugender Tiere * *Absatzflaute; Absatzgebiet; Absatzkrise; Absatzmarkt; Absatzquelle:* eine Gelegenheit, Waren abzusetzen * *Absatzschwierigkeiten; Absatzstockung; absatzweise* Uw.: in Abschnitten * *Absatzzeichen* * **ab|setz|bar** Ew.: veräußer-

lich : verkäuflich * **ab|set|zen** tr.: in einiger Entfernung hinsetzen : (Last –) kurze Zeit ablegen : (Mus.) staccato spielen : entwöhnen (bes. von Tieren) : aus dem Amt vertreiben : einen Teil von etwas abnehmen : (Waren –) verkaufen : als Bodensatz absondern : (Buchdrw.) setzen, zu Ende setzen : etwas sich abheben lassen; rbz.: sich absondern : sich abheben : (Bergb.) sich abzweigen, sich verlieren; intr.: Pause machen : Absatz eintreten lassen : (Bergb.) brüchiger werden * *es setzt etwas ab:* es gibt etwas (meist Strafe, Prügel)

ab|sau|fen intr.: voll Wasser laufen : untergehen

ab|sau|gen intr.: mittels Sog aufnehmen : entfernen

ab|scha|ben tr.: schabend entfernen, reinigen * *abgeschabt* Mw. Ew.: abgenutzt * **Ab|schab|sel**, das: –s, –: abgeschabtes Stückchen

ab|schaf|fen (du schafftest ab, abgeschafft) tr.: Bestehendes beseitigen : Geltendes ungültig machen : (Dienstpersonal) entlassen * **Ab|schaf|fung**, die; –, –en: das Abschaffen

ab|schä|len tr.: von der Schale befreien

ab|schal|ten tr.: ausschalten durch Unterbrechung des Stromkreises; intr.: (übertr.) teilnahmslos werden wegen Müdigkeit oder zunehmender Interesselosigkeit

ab|schat|ten tr.: abschirmen : durch Schattengebung abheben, abstufen (Vd. f. nuancieren) * *Abschattung; Abschattierung*

ab|schät|zen tr.: veranschlagen : prüfend den Wert bestimmen * **Ab|schät|zer**, der; –s, –: Veranschlager (Vd. f. Taxator) * **ab|schät|zig** Ew.: verächtlich * **Ab|schät|zung**, die; –, –en: Wertbestimmung

Ab|schaum, der; –(e)s: das (abzuschäumende) Unreine * **ab|schäu|men** tr.: den Schaum abnehmen

ab|schei|den intr. (sein): sterben; tr., rbz.: scheidend absondern * *Abscheider; abgeschieden* Mw. Ew.: entlegen : einsam * **Ab|ge|schie|den|heit**, die; –: Entlegenheit : Einsamkeit

ab|sche|ren tr.: mit der Schere entfernen (Bart)

Ab|scheu, der; –(e)s: Widerwille : Ekel * *abscheuerregend* Ew.: widerwärtig * *Abscheu erregend:* Ekel erweckend →

ab|scheu|lich Ew.: widerwärtig * **Ab|scheu|lich|keit,** die; –, –en: das Abscheulichsein : abscheuliche Tat

ab|scheu|ern tr.: durch Scheuern entfernen, reinigen

ab|schich|ten tr.: schichtend abteilen : schichtend absondern

ab|schi|cken tr.: fortsenden

ab|schie|ben tr.: schiebend entfernen : ausweisen : (Umgspr.) aufbrechen * **Abschub,** der; –(e)s: Ausweisung : Zwangsentfernung

Ab|schied, der; –(e)s, –e: das Weggehen : die Trennung : Entlassung : Endergebnis von Beratungen : (veralt.) Urteil * *Abschied nehmen:* Lebewohl sagen; *seinen Abschied nehmen:* aus dem Amt scheiden * *Abschiedsbesuch; Abschiedsgesuch:* Gesuch um Entlassung * *Abschiedsmahl; Abschiedsstunde*

ab|schie|ßen tr.: schießen, Feuer geben : herunterschießen : wegschießen : (den Sieger –) im Schießen übertreffen; (jemanden –) mit fragwürdigen Mitteln aus dem Amt entfernen; intr. (sein) : davon stürzen : abstürzen : (von Farben) verblassen * *den Vogel abschießen:* (übertr.) den Sieg davontragen * **Ab|schuß** — **Ab|schuss,** der; ..schusses ..schüsse : das Abschießen : Abschüssigkeit : Absturz * *Abschussbasis; Abschussliste* (auf der – stehen) zu denen gehören, die bei nächster Gelegenheit entfernt, beseitigt, entlassen werden; *Abschussrampe* * **ab|schüs|sig** Ew.: jäh abfallend

ab|schil|fern intr. (sein): sich in Schuppen ablösen

ab|schin|den rbz. (tr.): (sich) sehr quälen

ab|schir|men tr.: mit einem Schutz versehen * **Ab|schir|mung,** die; –, –en: Schutzvorrichtung

ab|schir|ren tr.: vom Geschirr befreien

ab|schlach|ten tr.: schlachtend töten, niedermetzeln * **Ab|schlach|tung,** die; –, –en: das Abschlachten

ab|schlaf|fen intr.: schlaff werden; vgl. abgeschlafft

Ab|schlag, der; –(e)s, ..schläge: (durch Schlag hervorgerufener) Abdruck : das Abschlagen : das Abgeschlagene, der Abfall : durch eine Wand abgetrennter Raum : das Ableiten des Wassers : Kanal zum Ableiten : Abzug, Verminderung * *auf Abschlag zahlen:* in Teilsummen zahlen * *Abschlag(s)zahlung:* Zahlung in Teilsummen : Teilsumme * **ab|schla|gen** tr.: schlagend entfernen : abbrechen : ableiten : durch Schlagen besiegen, fortjagen : gründlich schlagen : (Kochkst.) abquirlen : die Rasendecke auf den Meiler schlagen : durch Schlagen abformen : verweigern, versagen; intr.: abarten : missraten : Verminderung erleiden : Preis verringern : (von der Kuh) im Milchertrag nachlassen : (vom Wein) an Feuer verlieren : (Trommel-) Zeichen zum Abzug geben * *sein Wasser abschlagen:* (verhüll.) harnen * **Ab|schla|gung,** die; –, –en: das Abschlagen * **ab|schlä|gig** Ew. Uw.: ablehnend * *einen abschlägig bescheiden:* eine ablehnende Antwort geben * **ab|schläg|lich** Ew. Uw.: auf Abschlag(s)zahlung

ab|schläm|men tr.: vom Schlamm befreien * **Ab|schläm|mung,** die; –, –en: das Abschlämmen

ab|schlei|fen tr.: schleifend entfernen : schleifend reinigen * *abgeschliffen* Mw. Ew.: stumpf geworden : abgenutzt : (übertr.) glatt, gewandt

ab|schlei|ßen tr., rbz.: abnutzen

ab|schlep|pen tr.: (Techn.) fortziehen : (Auto –) zur Reparatur bringen * *Abschleppdienst:* gewerbl. Abschleppen von Autos; *Abschleppseil; Abschleppwagen*

ab|schlie|ßen tr.: durch Umdrehung eines Schlüssels schließen : schließend absondern : beenden : (Vertrag –) zustande bringen; intr.: (mit etwas –) beenden; rbz.: sich absondern * *abgeschlossen* Mw. Ew.: gesondert : getrennt : in sich vollendet : abgerundet *

Ab|schluß → **Ab|schluss,** der; ..schlusses, ..schlüsse: das Abschließen * *zum Abschluß bringen* → *zum Abschluss bringen:* zu Ende führen; abschließen : *Abschlußexamen* → *Abschlussexamen; –feier; –prüfung*

Ab|schluß → **Ab|schluss:** s. abschließen

ab|schme|cken tr.: den Geschmack prüfen

ab|schmie|ren tr.: heimlich, unerlaubt abschreiben : (volkst.) verprügeln : (ein Auto –) die Schmierstellen mit Fett versehen * *Abschmierdienst* * **Ab|schmie|re|rei,** die; –, –en: unerlaubtes Abschreiben

ab|schnei|den tr.: schneidend abtrennen : schneidend nachbilden : entziehen, nehmen : (Weg –) abkürzen : schroff beenden : scharf abgrenzen : trennen; intr., rbz.: scharf abheben in einem Bild oder wie in einem Bild * *gut abschneiden:* erfolgreich aus einer Prüfung oder dgl. hervorgehen * **Ab|schnei|der,** der; –s, –: Instrument zum Abschneiden * **Ab|schnitt,** der; –(e)s, –e: das Abschneiden : das Abgeschnittene : abgegrenzter Teil eines Ganzen : das Abgrenzende : (Math.) Segment : (von Münzen) der den Fuß bildende kleine Kreisabschnitt : (Baukst.) vorstehende Friesteile * *Abschnittlinie:* abschneidende, abteilende Linie * **ab|schnitt(s)|wei|se** Uw.: in Abschnitten

Ab|schnitt: s. abschneiden

Ab|schnit|zel, der; –es, –: abgetrenntes Stück * **ab|schnit|ze(l)n** tr.: schnitze(l)nd entfernen : schnitze(l)nd nachbilden

ab|schnü|ren tr.: durch Schnüren abdrücken : (Schiffb.) durch Schnüre abmessen

ab|schöp|fen tr.: schöpfend wegnehmen

Ab|schoß → **Ab|schoss,** der; ..schosses, ..schösse: Abzugssteuer : (selt.) Schössling

ab|schrä|gen tr.: Ecke schräg abschneiden : Kanten schief abstoßen

ab|schrau|ben tr.: durch Lösen der Schraube abnehmen

ab|schre|cken tr.: durch Schrecken vertreiben : Erhitztes plötzlich abkühlen ✳ **ab|schre|ckend** Ew.: Schreck erregend

ab|schrei|ben tr.: durch Schreiben abnutzen : schreibend nachbilden : schreibend wiederholen : (übertr.) unselbstständig arbeiten : (Betrag –) abrechnen, von der Steuer absetzen; intr.: schriftlich abbestellen, absagen ✳ **Ab|schrei|ber**, der; -s, –: Abschreibender ✳ **Ab|schrei|be|rei**, die; –, -en: (tadelnd) das Abschreiben ✳ **Ab|schrei|bung**, die; –, -en: Steuerminderung ✳ **Ab|schrift**, die; –, -en: das Abgeschriebene ✳ **ab|schrift|lich** Uw. Ew.: in Abschrift

ab|schrei|ten intr. (sein): schreitend weggehen; tr.: schreitend abmessen

Ab|schrift: s. abschreiben

ab|schröp|fen tr.: schröpfend entziehen

Ab|schrot, der; -(e)s, -e: Nutzung des Ambosses als Meißel ✳ **ab|schro|ten** tr.: durch Hauen abtrennen, insbes. Metallteile auf dem Abschrot : (Müll.) grob mahlen : (Küf.) hinablassen

ab|schuf|ten rbz.: sich abarbeiten

ab|schup|pen tr.: Schuppen entfernen; rbz.: sich in Schuppen ablösen

Ab|schür|fung, die; –, -en: leichte Hautverletzung

Ab|schuß → Ab|schuss: s. abschießen

ab|schüt|teln tr.: schüttelnd entfernen

ab|schüt|zen tr.: (Müll.) Schutzbrett entfernen : (Schmied.) Schutzbrett herablassen

ab|schwä|chen tr.: allmählich schwächer machen; rbz.: schwächer werden

ab|schwat|zen, **ab|schwät|zen** tr.: zu Ende beschwatzen : (einem etwas –) durch Schwatzen abgewinnen

ab|schwei|fen intr. (sein): sich schweifend von etwas entfernen; tr.: mit der Schweifsäge abtrennen : (Färb.) auskochen ✳ **Ab|schwei|fung**, die; –, -en: Abweichung vom eigentlichen Thema : Exkurs

ab|schwö|ren tr.: durch Schwur abnehmen : schwörend ableugnen, widersagen : die Abschaffung oder Nichteinführung eidlich geloben : mit einem Schwur auf etwas verzichten; intr.: sich eidlich lossagen ✳ **ab|ge|schwo|ren** Mw. Ew.: abgesagt

Ab|schwung, der; -(e)s, -schwünge: (Golf) Ende des Schwungs

ab|se|geln intr. (sein): in See stechen; tr.: segelnd bis zu Ende durchmessen

ab|seh|bar Ew.: so beschaffen, dass man es überblicken, voraussehen kann ✳ **ab|se|hen** intr.: das Auge von etwas abwenden : etwas nicht mit in Betracht ziehen ✳ *abgesehen davon, dass*: außer dem, dass ✳ tr.: mit dem Blick erfassen : erkennen : gewahr werden, merken ✳ *einem etwas absehen*: nachmachen; *es auf einen (es darauf) absehen, dass ...*: als Ziel ins Auge fassen ✳ **Ab|se|hen**, das; -s: Vorrichtung, ein Messgerät nach einem bestimmten Punkt zu richten, Zielkorn : Augenmerk, Absicht ✳ *ohne Absehen*: ohne Ende, unabsehbar

ab|sei|len tr.: am Seil hinablassen

ab|sein → ab sein (ich bin ab) intr.: entfernt, getrennt sein : (volkst.) abgespannt sein

ab sein

Wortverbindungen mit dem Verb „sein" werden fortan immer getrennt geschrieben: *da sein, dabei sein, da gewesen, her sein, hier sein, los sein*. Das gilt jedoch nicht für Substantivierungen; diese werden weiterhin als ein Wort aufgefasst: *das Dasein, sein Hiersein, die Fortgewesenen*.

ab|seit, **ab|seits** Uw., Vw. m. Gen.: beiseite, getrennt vom Übrigen ✳ **Ab|seits**, das; –, –: (Fuß-, Handball) Regelverstoß ✳ *Abseitsstellung; -tor*

Ab|sei|te, die; –, –: Abort : Seitenbau, Nebenbau : Abschnitt (auf Münzen) ✳ **ab|sei|tig** Ew.: abgelegen ✳ **Ab|sei|tig|keit**, die; –, -en: Abgelegenheit [Vd. f. ml. absida, von gr. apsis Gewölbe]

Ab|sence (fr.) [absangs], die;

–, n: vorübergehende Bewusstseinstrübung

ab|sen|den tr.: wegschicken ✳ **Ab|sen|der**, der; -s, –: der, der absendet, bes. Briefabsender (Abk.: Abs.) ✳ **Ab|sen|dung**, die; –, -en: das Fortschicken

Ab|ge|sand|te, der; -n, -n: der Abgeschickte, der Abgeordnete; vgl. Abgeordnete

ab|sen|ken tr.: (Gärtn.) in die Erde biegen : eine tiefere Lage geben (z. B. Wasserspiegel –) (bergm.) abteufen; rbz.: abschüssig sein ✳ **Ab|sen|ker**, der; -s, –: Pflanzensprössling

ab|sent Ew.: abwesend ✳ **Ab|sen|ta|ti|on**, die; –, -en: Entfernung, Entweichung ✳ **Ab|sen|tia** (l.), die; –: (Med.) Absence ✳ **ab|sen|tie|ren** (..iert) rbz.: sich entfernen ✳ **Ab|senz**, die; –, -en: Abwesenheit : Schulversäumnis [l. absens von abesse abwesend sein]

ab|ser|vie|ren tr.: nach dem Essen den Tisch abräumen : (Umgspr.) (jemanden –) kaltstellen

ab|setz|bar, **ab|set|zen**: s. Absatz

ab|si|chern tr.: vor Gefahr sichern ✳ *Absicherung*

Ab|sicht, die; –, -en: der Vorsatz : das Ziel : der Zweck ✳ *in dieser Absicht*: mit diesem Vorsatz ✳ **ab|sichts|los** Ew.: ohne Absicht ✳ **ab|sichts|voll** Ew.: mit Vorsatz ✳ **ab|sicht|lich** Ew.: vorsätzlich ✳ **Ab|sicht|lich|keit**, die; –, -en: Vorsätzlichkeit

ab|sie|den tr.: abkochen ✳ **Ab|sud**, der; -(e)s, -e: Abgesottenes : das Absieden

ab|sin|gen tr.: vom Blatt singen : heruntersingen : zu Ende singen

Ab|sinth (gr.-l.), der; -(e)s, -e: Wermut, Wermutbranntwein ✳ **Ab|sin|thin**, das; -s: Bitterstoff des Wermuts ✳ **Ab|sin|this|mus**, der; –, ..men: Nervenstörung durch übermäßigen Genuss von Absinth [gr. absinthion]

ab|sit|zen intr. (sein): entfernt sitzen : (obd.) sich niedersetzen : vom Pferd steigen : (Bergb.) abrutschen; tr.: sitzen, bis etwas zu Ende ist ✳ *eine Strafe –*: verbüßen

ab|so|lut (l.) Ew.: eig. vollendet, in sich abgeschlossen : unumschränkt : unbezüglich *
Ab|so|lut|heit, die, –: Unbedingtheit : Vollkommenheit *
Ab|so|lu|te, das: –n (Philosophie) der unveränderliche Grund aller Dinge * **Ab|so|lu|ti|on**, die: –, –en: Lossassung, Freispruch, Begnadigung : (kath. Kirche) Lossprechung von Sündenstrafen in der Beichte * **Ab|so|lu|tis|mus** (nl.), der, –: unbeschränkte Herrschaft, Willkürherrschaft * **ab|so|lu|ti|s|tisch** Ew.: nach Art des Absolutismus : dem Absolutismus ergeben * **Ab|sol|vent**, der, –en, –en: Prüfling * **ab|sol|vie|ren** (..iert) [..w..] tr.: los-, freisprechen : endigen : vollenden (Prüfung) bestehen [l. absólvere ablösen; absolútum abgelöst]

ab|son|der|lich Ew.: sonderbar : eigentümlich, wunderlich; Uw.: ungemein : vorzüglich, besonders * **Ab|son|der|lich|keit**, die, –, –en: absonderliches Wesen * **ab|son|dern** tr.: gesondert beiseite stellen : (Med.) ausscheiden * **Ab|son|de|rung**, die, –, –en: Entfernung : Entfremdung : Ausscheidung

Ab|sor|bens, das, –, ..benzien: aufsaugender, aufnehmender Stoff * **Ab|sor|ber**, der, –s, –: Gasaufsaugegerät * **ab|sor|bie|ren** (..iert) (l.) tr.: aufsaugen : völlig beanspruchen * **Ab|sorp|ti|on**, die, –, –en: Aufsaugung : Aufbrauch : Beanspruchung * *Absorptionsspektrum* * **ab|sorp|tiv** Ew.: aufsaugend [l. absorbére aufsaugen]

ab|spal|ten tr., rbz.: trennen : verselbststständigen * *Abspaltung*

ab|spä|nen tr.: von Spänen befreien : mit Spänen reinigen
ab|span|nen tr.: die Spannung nachlassen machen : (Pferde –) vom Wagen nehmen : (Wagen –) von den Pferden trennen : mit der Spanne abmessen : abspenstig machen * **ab|ge|spannt** Mw. Ew.: ermüdet *
Ab|span|nung, die, –, –en: das Abspannen : Ermüdung
ab|spa|ren tr.: sparend entzie-

hen * *sich etwas vom Munde absparen*
ab|spei|sen intr.: das Mahl beenden; tr.: (übertr.) Ausflüchte machen * *jemanden mit leeren Worten abspeisen*
ab|spens|tig Ew. (selt. als Beif.): abwendig * *abspenstig machen:* entfremden
ab|sper|ren tr.: sperrend absondern, abschließen * *Absperrhahn; –mauer* * **Ab|sper|rung**, die, –, –en: das Absperren
ab|spie|geln tr., rbz.: spiegelnd zurückwerfen * *Abspiegelung*
ab|spie|len tr.: vom Blatt spielen : zu Ende spielen abspielend den Ball zuspielen : spielend abnutzen : (einem etwas –) spielend abgewinnen * *Abspiel* * *abgespielt* Mw. Ew.: (Klavier, Spielkarten) abgenutzt : hat sich zugetragen
ab|split|tern tr., intr. rbz.: (sich) splitternd ablösen
Ab|spra|che, die, –, –n: Verabredung * *absprachegemäß* Uw.: wie es abgesprochen war * **ab|spre|chen** tr., intr.: durch (richterl.) Spruch entziehen : als jemandem nicht zukommend erklären : verabreden : ableugnen * **ab|spre|chend** Mw. Ew.: absprecherisch, verurteilend * **ab|spre|che|risch** Ew. (..ste): nörgelnd : aburteilend
ab|spren|gen tr.: sprengend ablösen
ab|sprin|gen intr. (sein): springend sich entfernen : herunter springen : (die Glasur springt ab) löst sich ab : (er springt ab, z. B. aus dem Geschäft) löst seine Verbindungen, macht nicht mehr mit * **Ab|sprung**, der; –(e)s, ..sprünge : das Abspringen
ab|spu|len tr.: (Tonband, Nähgarn) von einer Spule abwickeln : etwas eintönig hersagen, ableiern
ab|spü|len tr.: spülend entfernen : spülend reinigen
ab|stam|men intr. (sein): herstammen * **Ab|stam|mung**, die, –, –en: das Herkommen
Ab|stand, der; –(e)s, ..stände: Zwischenraum : Unterschied : Entfernung : Verzicht : die Abtretung (eines Besitzes usw.) *

Abstand nehmen von: verzichten; *Abstandsgeld:* für Besitzabtretung geforderte Summe; *Abstandssumme; –zahlung*
ab|ge|stan|den Mw. Ew.: (Bier) schal * **ab|stän|dig** Ew.: durch zu langes Stehen verdorben : (von Bäumen) dürr, abgestorben * **ab|ste|hen** intr. (sein): entfernt stehen : (weidm.) vom Baume wegfliegen : (von etwas –) (auch mit haben) ablassen : absterben (Pflanzen, Fische usw.) : schal werden; tr.: Besitz gegen Gegenleistung abtreten : (Zeit u. a. –) stehend verbringen * *sich die Beine abstehen:* durch Stehen ermüden (vgl. ablaufen)
ab|stat|ten tr.: entrichten : liefern (fast nur noch Dank, Besuch –) * **Ab|stat|tung**, die, –, –en: Entrichtung, Lieferung
ab|stau|ben, **ab|stäu|ben** tr.: von Staub säubern
ab|ste|chen tr.: durch Stechen einen Teil von etwas abnehmen : durch Stechen abgrenzen : durch Stechen Flüssiges abfließen lassen : durch Stechen töten (Schlachtvieh; Turnier, Zweikampf) : besiegen : stechend nachbilden; intr. (sein): sich abheben : (schweiz.) strickend abnehmen : (Schiffb.) sich entfernen * **Ab|ste|cher**, der; –s, –: kurze Nebenreise
ab|ste|cken tr.: Festgestecktes abnehmen : absetzen, entwöhnen : mit Pflöcken abgrenzen : (ein Kleidungsstück –) vor dem Nähen mit Stecknadeln oder Reihfäden die endgültige Form geben * *Absteckpflock*
ab|ste|hen: s. Abstand
Ab|stei|ge, die, –, –n: (gew. R.) Absteigequartier * **ab|stei|gen** intr. (sein): heruntersteigen : vom Pferd (Wagen) steigen : einkehren * *Absteiger:* (Sport) Mannschaft, die der nächstniedreren Klasse zugeordnet wird * *Absteigequartier:* Unterkunft für vorübergehenden Aufenthalt * **Ab|stieg**, der; –(e)s: das Herabsteigen : (übertr.) Niedergang
ab|stel|len tr.: entfernt stellen : absetzen : (weidm.) die Nachstellung aufgeben : stilllegen : aufheben : beseitigen : an einen anderen Dienstort versetzen *

Abstellbahnhof: Bahnhof, auf dem Wagen abgestellt werden; *Abstellgleis; Abstellhahn:* Haupthahn; *Abstellkammer; –platz* ✶ **Ab|stel|lung,** die; –, –en: Beseitigung : Versetzung

ab|stem|men tr.: mit dem Stemmeisen beseitigen

ab|stem|peln tr.: mit Stempelabdruck versehen ✶ (übertr.) jemanden brandmarken, auf eine Rolle festlegen

ab|step|pen tr.: mit Steppnaht nähen

ab|ster|ben intr. (sein): allmählich sterben : (einem –) jemandem durch den Tod genommen werden ✶ *abgestorben* Mw. Ew.: tot, gefühllos (meist von einem einzelnen Glied am sonst lebenden Körper) ✶ *Abgestorbenheit:* Einsamkeit ✶ **Ab|ster|ben,** das; –s: Tod

Ab|stieg: s. absteigen

ab|stim|men intr.: Stimmen abgeben und sammeln; tr. (Mus.): Stimmen zueinander passend machen : (Rundfunk) in einem Sender oder Empfänger einen Schwingungskreis auf eine bestimmte Frequenz einstellen ✶ *Abstimmkreis; Abstimmschärfe; Abstimmskala; Abstimmspule* ✶ **Ab|stim|mung,** die; –, –en: das Abstimmen ✶ *Abstimmungsanzeigeröhre; abstimmungsberechtigt; Abstimmungsbezirk:* Stimmbezirk; *Abstimmungsergebnis:* Ergebnis der Stimmenwahl; *Abstimmungslokal; –niederlage; –verfahren; –zettel*

ab|s|ti|nent (l.) Ew.: enthaltsam ✶ **Ab|s|ti|nent,** der; –en, –en: (selt. für) Abstinenzler : Mitglied einer christl. Sekte, die sich des Fleischgenusses und Ehestandes enthielt ✶ **Ab|s|ti|nenz,** die; –, –en: die Enthaltsamkeit ✶ **Ab|s|ti|nenz|ler,** der; –s, –: den Alkohol gänzlich Meidender ✶ **ab|s|ti|nie|ren** (..iert) (l.) intr.: sich enthalten [l. abstinere sich enthalten]

ab|stop|pen (dtsch.-e.) intr.: anhalten [e. stop halten, anhalten]

ab|sto|ßen tr.: durch Stoßen ablösen : durch Stoßen befreien : (Kleider –) abschaben : von sich weg stoßen : (Schulden –)

abzahlen : absetzen, entwöhnen : (Ware –) losschlagen, auch unter Preis verkaufen; intr. (haben, sein): abfahren : *Abstoß* (Sport) ✶ **ab|sto|ßend** Mw. Ew.: (Charakter) nicht anziehend ✶ **Ab|sto|ßung,** die; –, –en: das Abstoßen

ab|stot|tern tr.: (volkst.) in Raten zahlen

Abs|t|ract (l.-e.), der; –s, –s: Zusammenfassung, kurze Inhaltsangabe

abs|t|rac|to, in: im Allgemeinen, begrifflich betrachtet; vgl. abstrahieren

ab|stra|fen tr.: so strafen, dass die Sache damit abgetan ist ✶ **Ab|stra|fung,** die; –, –en: das Abstrafen

abs|t|ra|hie|ren (..iert) (l.) tr.: abziehen : absehen von etwas : zum Begriff erheben : verallgemeinern ✶ **abs|t|rakt** Ew.: abgezogen : begrifflich : unwirklich ✶ *abstrakte Kunst; abstrakte Wissenschaften* ✶ **Abs|t|rak|ti|on,** die; –, –en: gedankliche Abziehung : Begriffsbildung ✶ *Abstraktionsvermögen:* die Fähigkeit zur Begriffsbildung ✶ **Abs|t|rak|tum,** das; –s, ..ta: das Abgezogene : allgemeiner Begriff : (Sprachl.) abstraktes Hauptwort

ab|strah|len tr.: Wellen aussenden : mit dem Sandstrahlgebläse reinigen, sandstrahlen

ab|stram|peln rbz.: sich für etwas od. jemanden angestrengt einsetzen

ab|strän|gen tr.; abschirren

Ab|streich, der; –(e)s, –e: Werkzeug zum Abstreichen : Versteigerung mit Zuschlag auf Mindergebot ✶ **ab|strei|chen** intr. (sein): sich streichend fortbewegen : herauf- und herunter-, hin- und herstreichen; tr.: streichend abmessen : durch Streichen entfernen : durch Streichen absäubern, glätten : mit Ruten schlagen ✶ **Ab|strei|cher,** der; –s, –: Werkzeug zum Abstreichen : Vorrichtung zum Reinigen der Schuhe : vgl. Abstreich ✶ **Ab|strich,** der; –(e)s, –e: Abstreich : abwärts gerichteter Strich : Abzug von einem Geldbetrag : (Hüttw.) abgestrichene Schlacke :

(Med.) streichende Abnahme (zur Untersuchung)

ab|strei|fen tr.: streifend entfernen; intr.: abseits streifen

ab|strei|ten tr.: streitend ableugnen : streitend wegnehmen : **Ab|strich:** s. Abstreich

abs|l|trus (l.) Ew.: (..useste): verworren, schwerverständlich [l. abstrusus von abstrudere wegstoßen, verbergen]

ab|stu|fen tr.: in Stufen abteilen (auch bildl.) ✶ **Ab|stu|fung,** die; –, –en: das Abteilen in Stufen (Vd. f. Nuance)

ab|stump|fen tr.: stumpf machen; intr. (sein): gleichgültig werden ✶ *abgestumpft* Mw. Ew.: (übertr.) gefühllos ✶ **Ab|stump|fung,** die; –, –en: das Stumpfmachen oder -werden

Ab|sturz, der; –(e)s, ..stürze: das Hinabstürzen : die abschüssige Fläche eines Berges ✶ **ab|stür|zen** tr.: stürzend hinabwerfen; intr. (sein): stürzend hinabfallen

ab|stüt|zen tr.: (Techn.) durch Stützen befestigen ✶ *Abstützung*

ab|su|chen tr.: suchend ablesen : suchend befreien von : suchend durchstreifen : gehörig durchsuchen

Ab|sud s. absieden

ab|surd (l.) Ew.: ungereimt : widersinnig ✶ *ad absurdum führen:* von der Widersinnigkeit überzeugen (in höhnischer Weise) ✶ **Ab|sur|di|tät,** die; –, –en: Widersinnigkeit [l. absurdus eig. misstönend]

ab|s|ze|die|ren (..iert) (l.) intr. (sein): weggehen : sich absondern : (Med.) eitern ✶ **Abs|zess,** der; –..szesses, ..szesse: Absonderung : Eitergeschwür

Abs|zis|se, die; –, –n: (Math.) Linienabschnitt ✶ *Abszissenachse* (Math.): die waagrechte Koordinatenachse [l. ab-scindere abreißen, abtrennen]

Abt (l.-dtsch.), der; –(e)s, Äbte : Vorsteher eines Männerklosters, einer Abtei [l. abbas, syr. abba Vater] : (Natw.) eine Tutenschnecke ✶ **Ab|tei,** die; –, –en: Amt eines Abtes : zur Prälatur erhobenes Männerkloster : Gebiet eines solchen Klosters : Wohnung des Abtes ✶

Äbtis|sin, die; –, –nen: weibl. Abt, Vorsteherin eines Frauenklosters

Abt. (Abk.): Abteilung

ab|ta|keln tr.: vom Takelwerk befreien : (übertr.) außer Dienst stellen ✶ *abgetakelt* Mw. Ew.: (übertr.) ausgedient, abgesetzt u. Ä. ✶ **Ab|ta|ke|lung, Ab|tak|lung** die; –, –en: das Abtakeln

ab|tas|ten tr.: befühlen : (übertr.) zu ergründen suchen

ab|tau|en intr.: sich durch Tauen auflösen; tr.: (Fenster) durch Erwärmen vom Eis befreien; vgl. auftauen ✶ (Kühlschrank) die Gefriereinrichtung abstellen

Ab|tausch, der; –(e)s, –e: Austausch durch abwechselndes Geben und Nehmen; Schlagabtausch ✶ **ab|tau|schen** tr.: mehrmals austauschen

Ab|tei: s. Abt

Ab|teil (auch **Ab|teil**), das; –(e)s, –e: abgeteilter Raum im Eisenbahnwagen (Vd. f. Coupé) ✶ *Abteilfenster; Abteiltür* ✶ **ab|tei|len** tr.: teilend trennen : abfinden ✶ **Ab|tei|lung**, die; –, –en: das Abgeteilte ✶ *Abteilungswand* ✶ **Ab|tei|lung**, die; –, –en: abgesonderter Teil ✶ *Abteilungsleiter; abteilungsweise* Uw.

ab|teu|fen tr.: (Bergb.) ausschachten : in die Tiefe graben

ab|tip|pen tr.: mit der Schreibmaschine abschreiben

Äb|tis|sin: s. Abt

ab|tö|nen tr.: in einförmigem Ton färben : abschatten ✶ **Ab|tö|nung**, die; –, –en: Abschattung, Abstufung (Vd. f. Nuance)

ab|tö|ten tr.: ganz töten : (Begierden) unterdrücken ✶ **Ab|tö|tung**, die; –, –en: das Abtöten : (kath. K.) freiwillig auferlegte Entbehrung, bes. in der Fastenzeit

Ab|trag, der; –(e)s, ..träge: das Abtragen, Einebnen : allmähliche Abzahlung : Buße : Schaden, Abbruch : Ertrag : (schweiz.) Unterschied ✶ **ab|tra|gen** tr.: (auf- und abtragen) niedertragen, wegtragen : (Tisch) abräumen : (Math.) (Größen u. dgl.) übertragen : (Bauwerke) einreißen : (weidm.) von der Fährte wegnehmen : (einem etwas –) weg-

nehmen : abzahlen, bezahlen : abstatten : (weidm.) (Greifvögel) zur Jagd abrichten : durch Tragen abnutzen; rbz.: (von Bäumen) sich im Fruchttragen erschöpfen ✶ **ab|träg|lich** Ew.: schädlich : (schweiz.) einträglich ✶ **Ab|träg|lich|keit**, die; –, –en: das Abträgliche

Ab|tra|gung, die; –, –en: Einebnung : (bes.) Abzahlen einer Schuld

Ab|trans|port, der; –(e)s, –e: das Wegbringen, Wegtragen, Wegfahren ✶ **ab|trans|por|tie|ren** tr.: durch Transportieren wegschaffen

ab|trei|ben tr.: wegtreiben : aus dem Besitz vertreiben : Leibesfrucht (vorzeitig) entfernen : (Bergb.) gelockertes Gestein losbrechen : (Bienen) abtrommeln : (Forstw.) abholzen : (Hüttw.) durch Oxydation reinigen : abweiden : (Wild aus einem Revier –) treiben : treibend abmatten; intr. (sein): abgetrieben werden : mit der Herde fortziehen ✶ **Ab|trei|bung**, die; –, –en: das Abtreiben der Leibesfrucht ✶ **Ab|trei|bungs|pa|ra|graph**, der; –en; StGB §218 ✶ **Ab|trieb**, der; –(e)s, –e: Abholzung : abgeholztes Revier : Vertreibung aus dem Besitz : Recht der Vertreibung aus dem Besitz : Treiben des Viehs von den Weiden : (Phys.) abwärtsstrebende Kraft

ab|trenn|bar Ew.: was man abtrennen kann ✶ **ab|tren|nen** tr., rbz.: trennend entfernen ✶ **Ab|tren|nung**, die; –, –en: das Abtrennen : das Abgetrenntsein

ab|tre|ten intr. (sein): weggehen : verschwinden : (übertr.) verzichten; tr.: (einem etwas –) überlassen : durch Treten entfernen : durch Treten reinigen (Schuhe) : durch Treten beschädigen, abnutzen; durch Treten abgrenzen; rbz.: sich die Schuhe säubern durch Abtreten ✶ **Ab|tre|ter**, der; –s, –: Matte zum Abtreten der Füße ✶ **Ab|tre|tung**, die; –, –en: Überlassung ✶ *Abtretungsurkunde* ✶ **Ab|tritt**, der; –(e)s, –e: das Abtreten : Abgang (Schauspieler) : (weidm.) abgetretenes Gras usw. : Sichentfernen zur Verrichtung der Notdurft : Abort

Ab|trieb: s. abtreiben

Ab|trift, die; –, –en: vgl. Abdrift

ab|trin|ken tr.: aus einem übervollen Trinkgefäß den ersten Schluck nehmen

Ab|tritt: s. abtreten

ab|trock|nen tr.: trocken machen; intr. (haben): trocken werden

ab|trop|fen, ab|tröp|feln intr. (haben, sein): tropfend ablaufen ✶ *Abtropfbrett; Abtropfstein*, der; –(e)s, –e: durch Abtröpfeln gebildeter Stein (Stalaktit)

ab|trot|zen tr.: durch Trotz erreichen

ab|trün|nig Ew.: treulos : aufrührerisch ✶ **Ab|trün|nig|keit**, die; –, –en: das treulose Abfallen

ab|tun tr.: wegnehmen : ablegen : beseitigen : töten : erledigen : (kfm.) verkaufen ✶ *die Hand abtun von:* Hilfe zurückziehen : aufhören, an etwas zu arbeiten ✶ *abgetan* Mw. Ew.: erledigt, aufgegeben

ab|tup|fen tr.: tupfend entfernen : tupfend säubern

A|bu (arab.): Vater

A|bu|lie (gr.), die; –, ..lien: krankhafte Willenlosigkeit [von gr. vern. a- und bulesthai wollen]

a|bun|dant (l.) Ew.: reichlich, überschwänglich ✶ **A|bun|danz**, die; –, –en: der Überfluß ✶ **a|bun|die|ren** (..iert) intr.: Überfluss haben [l. abundare „Überfluss haben" von ab und unda Woge]

ab ur|be con|di|ta (l.): „seit Gründung der Stadt [Rom]", altröm. Zeitrechnung ab 753 v. Chr., Abk.: a.u.c.

ab|ur|tei|len tr.: endgültig verurteilen : das entscheidende Urteil sprechen; intr.: (über etwas) entscheidend urteilen ✶ **Ab|ur|tei|lung**, die; –, –en: das Aburteilen

a|bu|siv (l.) Ew.: missbräuchlich ✶ **A|bu|sus**, der; –, –: Missbrauch [l. vern. a- und usus Brauch]

Ab|ver|kauf (östr.), der; –s, ..käufe: der Absatz einer Ware : (östr.) Ausverkauf ✶ **ab|ver|kau|fen** (östr.) tr.: ausverkaufen

ab|ver|lan|gen tr.: von einem etwas verlangen

ab|ver|mie|ten tr.: von einem etwas mieten : einem etwas vermieten

ab|vie|ren tr.: (Zimm.) vierkantig zuschneiden * **Ab|vie|rung,** die; –, –en: das Abvieren

ab|wä|gen tr.: das Gewicht bestimmen : abschätzen : mit der Wasserwaage messen (nivellieren) : (übertr.) Gleichgewicht herstellen * *abgewogen* Mw. Ew.: im Gleichgewicht * **Ab|ge|wo|gen|heit,** die; –, –en: Gleichmaß

ab|wäl|zen tr.: herab-, wegwälzen * **Ab|wäl|zung,** die; –, –en: das Abwälzen

ab|wan|deln intr. (sein): wandelnd weggehen; tr.: abändernd umwandeln : (Sprachl.) beugen (Vd. f. flektieren) * **Ab|wan|de|lung, Ab|wand|lung,** die; –, –en: das Abwandeln : (Sprachl.) Beugung

ab|wan|dern intr. (sein): wandernd weggehen * **Ab|wan|de|rung,** die; –, –en: das Abwandern

Ab|wart (schweiz.), der; –s, –e: Hausmeister, Hauswart * **Ab|war|tin** (schweiz.), die; –, –nen: Hausmeisterin

ab|war|ten tr.: unentschlossen, vorsichtig warten : (Kind –) versorgen

ab|wärts Uw.: hinabwärts, nach unten * *abwärts gehen:* nach unten gehen * *abwärtsgehen* → *abwärts gehen* intr.: schlechter werden

abwärts gehen
Bei Wortverbindungen mit Verb als zweitem Bestandteil wird immer getrennt geschrieben, wenn es sich beim ersten Bestandteil um ein auf *-einander* oder auf *-wärts* endendes Adverb handelt: *abwärts gehen, rückwärts laufen, aufwärts steigen.*

Ab|wasch, der; –s: das Abwaschen des Geschirrs * *Abwaschbecken; Abwaschmittel; Abwaschwasser* *

ab|wasch|bar Ew.: was waschend gereinigt werden kann (Bucheinband, Tapete) *

ab|wa|schen tr.: waschend entfernen : waschend reinigen

Ab|was|ser, das; –, ..wässer: (Techn.) abfließendes Schmutzwasser * *Abwasserabgabe; Abwasserreinigung*

ab|wech|seln intr.: sich gegenseitig ablösen; tr.: ablösen : unterbrechen * **Ab|wech|se|lung, Ab|wechs|lung,** die; –, –en: das Abwechseln : das Abwechselnde

Ab|weg, der; –(e)s, –e: Irrweg : Umweg : Schuld * **ab|we|gig** * **Ab|we|gig|keit,** die; –, –en; Abweichung : Irrtum

Ab|wehr, die; –: das Abwehren, etwas Abwehrendes, Schutz * **ab|weh|ren** tr.: wehrend fernhalten; intr. (haben): fernhalten * *Abwehrfermente; Abwehrgeschütz; Abwehrkampf; Abwehrmaßnahmen; Abwehrreaktion; Abwehrstoffe; Abwehrvorrichtung* * **Ab|weh|rung,** die; –, –en: das Abwehren

ab|wei|chen (weichte ab, abgeweicht) tr.: weich machend ablösen; intr.: weich werdend sich ablösen * (wich ab, abgewichen) intr. (sein): sich entfernen (vom rechten Wege, von der Regel usw.) * **Ab|weich|ler,** der; –s, –; einer, der nicht die Parteimeinung vertritt * **Ab|wei|chung,** die; –, –en: Unterschied : Verschiedenheit : Ausnahme : Umweg

ab|wei|den tr.: eine Weide durch Vieh abfressen lassen

Ab|weis, der; –es, –e: die Abweisung * **ab|wei|sen** tr.: zurückweisen : von sich weisen * **Ab|wei|ser,** der; –s, –: der Abweisende : Bühne : Prallstein (Abweisstein) * **Ab|wei|sung,** die; –, –en: das Abweisen

ab|wend|bar Ew.: verhütbar * **ab|wen|den** tr.: verhüten * **ab|wen|dig** Ew.: sich abwenden * *abwendig machen:* abspenstig machen

ab|wer|ben tr.: einen durch Versprechungen von einem andern (Arbeitgeber) wegziehen * **Ab|wer|bung**

ab|wer|fen tr.: herunterwerfen : (von Tieren) werfen, gebären : durch Werfen von der Stelle bringen : (Kartsp.) in Ermanglung der geforderten Farbe eine andere abspielen : Gewinn bringen * **Ab|wurf,** der; –(e)s, ..würfe: (Bomben–): Abwerfen von Bomben aus Flugzeugen : abgeworfenes Geweih des Rotwilds

ab|wer|ten tr.: abschätzen : im Wert herabsetzen * **Ab|wer|tung,** die; –, –en: Abschätzung : Wertverminderung * *Geldabwertung*

ab|we|send Ew.: nicht zugegen seiend : (übertr.) mit dem Geiste nicht bei sich seiend (geistesabwesend) * **Ab|we|sen|de,** der; (die); –en: einer, der nicht anwesend ist * **Ab|we|sen|heit,** die; –, –en: Nichtvorhandensein : das Nichtgegenwärtigsein

ab|wet|tern tr. (haben): (seem.) Gefahr vermeiden : (Kriegskst.) abhalten, abschlagen : wetterhart machen : (Schwelle) behauen * *abgewettert* Mw. Ew.: wetterhart

ab|wet|zen tr.: durch Wetzen abnutzen : durch Wetzen reinigen : (Messer, Schnabel der Singvögel) schärfen

ab|wi|ckeln tr., rbz.: Aufgewickeltes abrollen : (übertr.) Verwirrtes glatt zu Ende führen * **Ab|wick|lung,** die; –, –en: Erledigung : Durchführung * *Abwicklungsamt; Abwicklungsstelle*

ab|wie|geln (Umgspr.) tr.: beschwichtigen * **Ab|wie|ge|lung, Ab|wieg|lung,** die; –, –en: Beschwichtigung

ab|wie|gen tr.: das Gewicht einer gegebenen Stoffmenge feststellen : eine Menge (Mehl, Zucker) mit vorgeschriebenem Gewicht von einer größeren Menge absondern

ab|wim|meln tr. (gew. R.): unfreundlich abweisen

Ab|wind, der; –es, –e: absteigender Luftstrom

ab|win|ken intr.: (winkend) ablehnen

ab|wirt|schaf|ten intr. (haben): beim Wirtschaften ausgesogen werden : sich herunterwirtschaften

ab|wi|schen tr.: wischend beseitigen : wischend reinigen

ab|woh|nen tr.: durch Bewohnen abnutzen : verwohnen

ab|wra|cken tr.: ein Schiffswrack ausschlachten

Ab|wurf: s. abwerfen

ab|wür|gen tr.: würgend töten; rbz.: sich würgend oder wie würgend abmühen

a|bys|sisch (gr.): aus der Tiefe der Erde stammend *

A|bys|sus, der; –: Abgrund : Tiefe der Erde

ab|zah|len tr.: zahlend abtragen : (einen –) das einem Gebührende auszahlen * **Ab|zahlung,** die; –, –en: das Abzahlen in Raten * *Abzahlungsgeschäft; –kauf; –rate*

ab|zäh|len tr.: zählend wegnehmen, absondern : durch Zählen berechnen * *Abzählreim:* Kinderreim zum Auszählen; *Abzählvers*

ab|zap|fen tr.: durch Zapfenausstoß abfließen lassen, entleeren : durch Abzapfen entziehen (auch bildl.) * **Ab|zapfung,** die; –, –en: das Abzapfen

ab|zap|peln rbz.: sich durch Ungeduld ermüden : sich eifrig bemühen

ab|zäu|men tr.: vom Zaumzeug (bei Pferden) befreien * **Ab|zäu|mung,** die; –, –en: das Abzäumen

ab|zäu|nen tr.: durch einen Zaun absondern : durch Hinausrücken des Zaunes entziehen * **Ab|zäu|nung,** die; –, –en: das Abzäunen

ab|zeh|ren rbz., intr.: zehrend abnehmen * **Ab|zeh|rung,** die; –, –en: abzehrende Krankheit : (volkst.) Schwindsucht

Ab|zei|chen, das; –s, –: Kennzeichen : Merkzeichen : Erkennungsmarke : ein sich abhebender Fleck eines Tieres * ab|zeich|nen tr.: zeichnend abbilden, nachbilden : mit Zeichen abgrenzen : (selt.) mit einem Abzeichen versehen; rbz.: sich abheben : durch Anzeichen bemerkbar machen

Ab|zieh|bild: s. abziehen

ab|zie|hen tr.: durch Ziehen oder wie durch Ziehen entfernen : durch Ziehen befreien : (Tier) des Felles berauben : verkleinern (Färb.) abklären : (techn.) glätten : mit der Messschnur abmessen : (Rauch –) ableiten : durch Ableitung entleeren : durch Ableiten sondern (destillieren) : vervielfältigen : (Buchdrw.) Einzelabdrücke machen; Druck abschwärzen; intr. (sein): ziehend davongehen : Dienstverhältnis aufgeben * *Abziehbild:* abziehbares, abgezogenes Bild * *abgezogen* Mw. Ew.: verallgemeinert, abstrakt * **Ab|zug,** der;

–(e)s, ..züge: Weggang : Kopie : Lichtbild : Abnahme : Leerung : Abfluss : Ermäßigung : Gewehrteil : (Fisch.) tiefste Stelle im Teich * *Abzugskanal; Abzugsrohr; Abzugsschach:* Schach durch Ziehen einer deckenden Figur; *Abzugsschacht* * **ab|züg|lich** Uw., Vw. m. Gen.: unter Abzug * *abzüglich der Unkosten*

ab|zie|len intr.: auf etwas zielen : bezwecken

ab|zir|keln tr.: mit oder wie mit dem Zirkel abmessen * **Ab|zir|ke|lung, Ab|zirk|lung** die; –, –en: das Abzirkeln : abgezirkeltes Gebiet

ab|zi|schen (Umgspr.) intr.: eilig verschwinden

ab|zo|cken (Umgspr.) tr.: auf hinterlistige Art übervorteilen

Ab|zug: s. abziehen

ab|zwa|cken tr.: zwackend entziehen : (volkst.) (einem etwas –) wegnehmen

ab|zwei|gen tr.: gabeln : (auch intr. und rbz.) absondern * *Abzweigdose:* Verteilerdose für Netzstrom * **Ab|zwei|gung,** die; –, –en: das Abzweigen : das sich Abzweigende

ab|zwin|gen tr.: mit Zwang abnötigen : zwingend abbringen

ab|zwit|schern intr.: (volkst.) weggehen : sich entfernen

A|ca|dé|mie fran|çai|se (fr.): [akademi frongßä's], die; Akademie für franz. Sprache und Literatur

a cap|pel|la (it.): (Mus.) ohne Begleitung durch Instrumente * **A-cappella-Chor,** der; –Chors, –Chöre

ac|ce|le|ran|do (it.) [atschelerando]: (Mus.) schneller werdend; vgl. Akzeleration

Ac|cent ai|gu (fr.; Sprachw.) [akßongtägü], der; –s, –s: Akut, Zeichen für die Aussprache, z. B. é * **Ac|cent cir|con|flexe** (fr.; Sprachw.) [akßongßikongfleks], der; –s, –s: Zirkumflex, Zeichen für die Aussprache, z. B. â * **Ac|cent grave** (fr.; Sprachw.) [akßongrahw], der; –s, –s: Gravis, Zeichen für die Aussprache, z. B. è

Ac|ces|soire (fr.) [akzessoa'r], das; –, –s: Fachausdruck für modisches Zubehör : modische Kleinigkeit

A|ce|tat (nl.), das; –s, –e: Metallsalz der Essigsäure * *Acetatseide:* Kunstseide; vgl. Azetat

A|ce|ton, das; –s: ein Lösungsmittel

A|ce|ty|len, das; –s: ungesättigter gasförmiger Kohlenwasserstoff

ach!: Ausruf des Schmerzes, der Bewunderung usw. * *Ach und Weh schreien* * **Ach,** das; –s, –(s): Wehruf * *mit Ach und Krach; mit Weh und Ach*

A|chä|er, der; –s, –: Bezeichnung für die Einwohner des alten Griechenlands

A|chä|ne (gr.), die; –, –n: eine Schließfrucht

A|chat (gr.), der; –(e)s, –e: ein Schmuckstein * a|cha|ten Ew.: aus Achat

A|che, Ach, die; –, –(e)n: (obd.) Bach (Bestandteil vieler Eigennamen)

a|cheln (ich ..[e]le) (hebr.) intr.: essen

A|che|ron (gr.), der; –s: einer der fünf Flüsse der Unterwelt * a|che|ron|tisch Ew.: unterweltlich [gr. achos Leid und rheo fließen]

A|cheu|lé|en (fr.) [aschöleäng], das; –(s): Abschnitt der Frühsteinzeit

A|chill, A|chil|les, A|chilleus (gr.): Held der griech. Sage * *Achillesferse:* verwundbare Stelle * *Achillessehne:* das sehnige untere Ende des Wadenmuskels

A|chro|ma|sie (gr.) [akro–], die; –, –n: Farbenaufhebung bei der Brechung des Lichtstrahlen * A|chro|mat (gr.) der; –en, –en: von Farbverzerrungen freies Foto-Objektiv * a|chro|ma|tisch (gr.) Ew.: farblos : (Fernrohr) die Dinge ohne bunte Ränder zeigend * A|chro|ma|tis|mus, der; –: Farblosigkeit * A|chro|ma|top|sie, die; –: Farbenblindheit [gr. vern. a- und chroma Farbe]

Ach|se, die; –, –n: Ächschen, ..lein: Drehstange : Mittellinie : Erdachse * *auf der Achse sein:* unterwegs sein * *Achs(en)bruch; –drehung; –eisen; Achsennagel; Achsenzylinder* * *achsrecht* Ew.: in der Richtung der Achse * *..ach|sig* Ew., nur in Zus.: mit

Achsen versehen ✳ *breit-, schmalachsig* ✳ s. axial

Ach|sel, die; –, –n: Winkel, den der Arm mit dem Rumpf bildet : Schulter : (Bot.) Winkel, den das Blatt mit dem Stängel bildet ✳ *einen über die Achsel ansehen:* verächtlich ansehen ✳ *mit den Achseln zucken:* dadurch Verlegenheit, Verachtung, Abweisung ausdrücken ✳ *Achselband; Achselhöhle:* Höhlung unter der Schulter; *Achselklappe:* Klappe auf der Schulter der Uniform; *achselständig* Ew.: (Bot.) im Winkel abstehend; *Achselschweiß; Achselstück:* Schulterklappe; *Achselträger:* Schmeichler, unzuverlässiger Mensch; *achselzuckend* Mw. Ew.: gleichgültig

acht (volkst. **ach|te** [alleinst.]) Zahlw.: die auf 7 folgende Grundzahl ✳ *wir sind (unser) acht(e); eine Schar von achten; ihr seid euer acht(e); wir sind (zu) acht(en); es schlägt (ist) acht Uhr; (ein) Viertel vor (auf) acht; viertel acht; halb acht; gegen acht* ✳ *achtarmig* Ew.: acht Arme habend; *Achteck,* das; –s, –e: Figur mit acht Ecken; *achteckig* Ew.; *Achtender;* –s, –: Hirsch mit acht Gehörnspitzen; *achterlei* Ew.; achtfach verschieden; *achtfach* Ew.: achtmal vorhanden usw.; *achtfaltig* Ew.: acht Falten habend; *achtfältig* Ew.: achtfach; *Achtflächner:* Körper mit acht Flächen : Oktaeder; *Achtfüßling:* eine Krake; *achtgliederig* Ew.; *achthundert* Zahlw.: acht mal hundert; *achtjährig* Ew.: acht Jahre alt; *achtmal* Uw.; aber: *acht mal zwei; achtmalig* Ew.; *Achtmonatskind:* 1 Monat zu früh geborenes Kind; *Achtpfünder,* der; –s, –: Geschütz, das acht Pfund schießt; *Achtpunktschrift:* (Buchdrw.) ein Schriftgrad; *achträd(e)rig* Ew.; *achtspännig:* mit acht Zugtieren bespannt; *achtstellig:* mit acht Dezimalstellen; *achtstöckig* Ew.; *Achtstundentag:* acht Stunden dauernder Arbeitstag; *achttägig* Ew.: acht Tage dauernd : acht Tage alt : alle acht Tage sich wiederholend; *achttausend* Zahlw.: acht mal tausend; *achtteilig* Ew.:

aus acht Teilen bestehend : *Achtuhrladenschluss; achteinhalb* Zahlwort; *achtundzwanzig* Zahlw.; *achtzehn* (Zahlw.): zehn und acht; *Achtzehnte,* der; die; –, –n (O.-Zahlw.); *achtzeilig* Ew.; *achtziffrig* Ew.: achtzig *zöllig* Ew.: acht Zoll lang; *Achtzylindermotor; achtzylindrig* Ew. **Acht,** die; –, –en: das Zeichen für die Zahl acht : etwas von der Form der Ziffer acht ✳ *das (verzogene) Rad hat eine Acht; Goldene Acht:* ein Schmetterling mit 8-förmiger Zeichnung ✳ **ach|te:** s. acht ✳ **achte, Achte,** der; die; das; –n, –n: Ordnungszahl zu acht ✳ *der achte → der Achte, den ich treffe; der Achte in der Klasse; der Achte (des Monats)* ✳ **ach|tel** Ew.: der achte Teil ✳ *ein achtel Zentner* ✳ **Ach|tel,** das; –s, –: der achte Teil ✳ *ein Achtel des Wegs; drei Achtel* ✳ *Achtelliter; Achtelnote:* Note, die den achten Teil des Wertes einer ganzen Note hat; (Mus.): *Achtelpause; Achtelzentner* ✳ **ach|teln** (ich ..[e]le) tr.: in Achtel zerlegen ✳ **ach|tens** Uw.: an achter Stelle ✳ **Ach|ter,** der; –s, –: Ziffer 8 : achter Teil eines Maßes : Ruderboot für acht : Angehöriger des Regiments Nr. 8 : Wein aus dem Jahre 8 eines Jahrhunderts : Achtender : ein aus acht Teilen bestehendes Ganzes : verbogenes Rad (das Rad hat einen –) ✳ *achterlei* unv. Ew.: acht verschiedene Sorten von etwas ✳ **ach|zig** Zahlw.: zehn mal acht ✳ **Acht|zig,** die; –, –en: Zahl achtzig : Lebensjahre zwischen 80 und 90 ✳ *Mitte Achtzig; Mitte der Achtziger; in die Achtzig kommen; in den Achtzige(r)n sein; (östr. in den achtzig[en] sein); in den achtziger Jahren → in den Achtzigerjahren (des vorigen Jahrhunderts); in den achtziger Jahren:* im Lebensalter von über 80 Jahren ✳ *achtzigfach* Ew.; *achtzigjährig* Ew.; *achtzigmal* Uw. ✳ **acht|zi|ger** Ew.: aus dem Jahre achtzig eines Jahrhunderts stammend ✳ **Acht|zi|ger,** der; –s, –: achtzigjähriger Mann : Angehöriger des Regiments Nr. 80 : Wein aus dem Jahre 80 eines Jahr-

hunderts ✳ **Acht|zi|ge|rin,** die; –, –nen: achtzigjährige Frau ✳ **acht|zi|ger|lei:** achtzig verschiedene Sorten ✳ **acht|zig|ste,** der; die; das; –n, –n: Ordnungszahl zu achtzig ✳ **acht|zigs|tel** Ew.: achtzigste Teil ✳ **Acht|zigs|tel,** das; –s, –: achtzigster Teil; vgl. achtel, Achtel ✳ **acht|zigs|tens** Uw.: an achtzigster Stelle

8–förmig In Wortzusammensetzungen, die als Ziffern geschriebene Zahlwörter enthalten, werden die Bestandteile durch Bindestrich verknüpft: *8–förmig, 80–jährig, 8-eckig, 8-Pfünder.*

Acht, die; –: Sorgfalt : Aufmerksamkeit ✳ *außer acht lassen → außer Acht lassen:* unbeachtet lassen; *aus der, aus aller Acht lassen:* ohne Aufmerksamkeit daraufzuwenden; *das Außer-Acht-Lassen der Vorschriften* ✳ *sich in acht nehmen → sich in Acht nehmen:* sich vorsehen, hüten; *etwas in Acht nehmen:* etwas vorsichtig behandeln ✳ *achtgeben → Acht geben* intr.: aufmerksam beobachten ✳ *achthaben → Acht haben* intr.: sorgfältig beachten ✳ *achtlos* Ew.: ohne Aufmerksamkeit; *Achtlosigkeit,* die; –, –en ✳ **acht|bar** Ew.: der Achtung wert ✳ **Acht|bar|keit,** die; – ✳ **ach|ten** tr.: seine Aufmerksamkeit auf etwas richten; halten für : schätzen : hochschätzen ✳ **acht|sam** Ew.: auf etwas achtend : aufmerksam ✳ **Acht|sam|keit,** die; –: Sorgfalt ✳ **Ach|tung,** die; –: das Achten : Sorgfalt : Wertschätzung ✳ *Achtung!:* aufgepasst! ✳ *achtunggebietend → Achtung gebietend* Ew. ✳ *Achtungsbeweis:* Zeichen der Wertschätzung; *Achtungserfolg:* infolge Wertschätzung erworbener Erfolg; *Achtungsweise; achtungsvoll* Ew.: mit Hochschätzung; *achtungswert, -würdig* Ew.

Acht geben, Acht haben Die neue Rechtschreibung tendiert zu stärkerer Getrenntschreibung. So wird in einigen Wortverbindungen künftig auch der (verblasst) nominale Bestandteil gestärkt, daher ge-

*trennt und groß geschrieben: in
Acht nehmen, außer Acht lassen;* vgl. z. B. auch *Rad fahren.*
Außer-Acht-Lassen
Mehrgliedrige Wortzusammensetzungen werden zum Zwecke
der leichteren Lesbarkeit künftig in der Regel mit Bindestri-
chen durchgekoppelt (also
nicht zusammengeschrieben),
vor allem bei substantivierten
Infinitiven: *das Außer-Acht-
Lassen, das Über-einen-Leis-
ten-Schlagen, das An-den-
Haaren-Herbeiziehen.* Weiterhin zusammengeschrieben
wird jedoch *die Außerachtlassung.* Stets zusammengeschrieben werden einfache Zusammensetzungen wie *das Auto-
fahren, das Beschlussfassen* sowie Zusammensetzungen mit
ausgeschriebenen Zahlwörtern:
*Zweiliterflasche, Fünfkilopa-
ket, Achtzigpfennigmarke.*
Acht, die; –: die Achtung,
Bann ✳ *in Acht und Bann tun* ✳
Achtsbrief; –erklärung ✳ **äch|
ten** tr.: in die Acht erklären ✳
Äch|ter, der; –s, –: Ächtender
✳ **Äch|tung,** die; –, –en:
Rechtsausschließung
äch|ten: s. Acht (Bann)
ach|te, ach|tens: s. acht
Äch|ter, der; –s, –: Ächtender
ach|ter, ach|tern Vw. (nie-
derd., seem.): hinter, hinten ✳
achteraus Vw.: nach hinten ✳
Achterdeck: Hinterdeck ✳ *Ach-
terebbe:* letzter Teil der Ebbe;
*Achterlast; –luke; –schiff; –se-
gel; –steven;* vgl. After
Ach|ter|bahn, die; –, –en:
Berg- und Talbahn auf Jahr-
märkten
ach|ter|lei: s. acht
ach|tern: s. achter
acht|fach: s. acht
Acht ge|ben, Acht ha|ben: s.
Acht (Sorgfalt)
**acht|hun|dert, acht|mal, acht-
mal|lig:** s. acht
acht|sam: s. Acht (Sorgfalt)
acht|tau|send,
acht|und|zwan|zig usw.: s.
acht
Ach|tung: s. Acht (Sorgfalt)
Äch|tung: s. Acht (Bann)
acht|zehn, acht|zig: s. acht
A|chy|lie (gr.), die; –: Mangel
an Magensaft
äch|zen (du ächzest und ächzt)
intr.: schmerzlich stöhnen ✳

Äch|zer, der; –s, –: Ächzender
: Seufzer
A|cid, A|ci|di|tät, A|ci|do|se:
vgl. Azid, Azidität, Azidose
A|cker, der; –s, Äcker; Äcker-
chen, –lein: Feld, zum Anbau
bestimmt : ein Maß ✳ *30 Acker
Land(es)* ✳ *Ackerbau:* Feldbe-
arbeitung: *ackerbautreibend*
→ *Ackerbau treibend* Mw. Ew.
✳ *Ackerbeet:* Ackerstück zwischen zwei Furchen; *Ackerbo-
den; Ackerbürger:* Ackerbau
treibender Bürger; *Ackerdistel:*
eine Distelart; *Ackergaul:* den
Pflug ziehendes Pferd; *Ackergerät:* Gerät zur Bearbeitung
des Ackers; *Ackerhof:* Bauern-
gut, Vorwerk mit Acker; *Acker-
holz:* Laubholz, das ackerweise
verkauft wird; *Ackerhuhn:*
Rebhuhn; *Ackerkrähe:* Saatkrähe; *Ackerkrume:* oberste be-
arbeitbare Bodenschicht des
Ackers; *Ackerlaus:* (östr.)
Ackerwinde; *Acker(s)mann:*
Ackerbauer : Name von Käfern
: Bachstelze : eine Pflanze;
Ackermennig, der; –(e)s, –e:
eine Pflanze; *Ackerrixe,* die; –,
–n: Wachtelkönig; *Ackerröte:*
eine Pflanze; *Ackertäschel:*
eine Pflanze; *Ackertrappe:* ein
Vogel; *Ackerwalze:* Bodenbe-
arbeitungsgerät; *Ackerwinde:*
eine Pflanze; *Ackerwurz:* eine
Pflanze ✳ **a|cker|bar** Ew.: ur-
bar ✳ **A|cke|rei,** die; –: das
Ackern : Ackerwirtschaft ✳
a|ckern (ich..[e]re) intr., tr.:
pflügen : (übertr.) bearbeiten :
Furchen machen : (Kupfer-
platte –) aufreißen : sehr hart
arbeiten
à con|di|ti|on (fr.; kfm.): unter
Vorbehalt
a con|to (it.): auf Rechnung
von; vgl. Akontozahlung
Ac|quit (fr.) [akih], das; –s, –s:
Empfangsbescheinigung
Ac|ro|le|in, Ac|ryl: s. Akro-
lein, Akryl
A|cre (e.) [ehk'r], der; –s, –s:
engl.-amerikan. Flächenmaß
(40,5 a) ✳ *7 Acre Weideland*
Ac|ti|ni|um (gr.), das; –s: chem.
Element; Abk.: Ac
Ac|tion (e.) [äkschn], die; –:
turbulenter Vorgang, Sensation
✳ **Ac|tion|pain|ting,** das: Rich-
tung der modernen am. Malerei; abstrakter Expressionismus

a d. (Abk.): a dato
a. d. (Abk.): an der; Bestandteil von Ortsnamen: *Frankfurt
an der Oder*
a. D. (Abk.): außer Dienst; Zusatz zur Dienst- und Rangbe-
zeichnung von Beamten und
Offizieren
a. D., A. D. (Abk.): anno Domini, Anno Domini
ad (l.) Vw.: zu, nach, gegen
A|da|bei (östr.), der; –s, –s: je-
mand, der überall dabei sein
will
ad ab|sur|dum (l.): – –*führen;*
s. absurd
ADAC (Abk.), der; Allgemeiner Deutscher Automobil-Club
ad ac|ta (l.): zu den Akten; – –
legen: zurücklegen
a|da|gio (it.) [adadscho]:
(Mus.) sanft, langsam ✳
A|da|gio, das; –s, –s: langsa-
mes Musikstück, langsamer
Teil davon
a|dak|ty|lisch (gr.) Ew.: fin-
ger-, zehenlos; vgl. Daktylus
A|dam (hebr.): „Mensch", m.
Vn. : (der alte –) Erbsünde :
sündiger Mensch ✳ *Adamsap-
fel:* Pampelmuse : hervorragender erster Knorpel der Luftröhre; *Adamsfeige:* Banane;
Adamsholz: im Norden angeschwemmtes Holz der Diluvialzeit; *Adamskostüm:* Nackt-
heit ✳ **A|da|mit** (hebr.), der;
–en, –en: Anhänger der Sekte
der Adamiten : Nacktgänger ✳
a|da|mi|tisch Ew.
a|dap|ta|bel (l.) Ew.: anwend-
bar : passend ✳ **A|dap|ta|bi|
li|tät,** die; –, –en: Anpassungs-
vermögen ✳ **A|dap|ta|ti|on,**
die; –: Anpassung (z. B. der
Lichtempfindlichkeit des Au-
ges) ✳ **a|dap|tie|ren** (..iert) tr.:
anpassen : anwenden ✳ **A|d-
ap|tie|rung,** die; –, –en: An-
passung, Anwendung [l. aptus
passend]
A|dä|quanz (l.), die; : Ange-
messenheit, Adäquatheit ✳
a|dä|quat Ew.: angemessen :
gleich
A|dar (hebr.), der; –(s): sechs-
ter jüd. Monat (Febr./März)
a da|to (l.): vom Tage der Aus-
stellung an; Abk.: a. d.
ADB (Abk.): Allgemeine Deutsche Biographie (biografi-
sches Lexikon)
ad ca|len|das grae|cas (l.):

niemals, am Sankt-Nimmer-leins-Tag (die Griechen kannten keine Kalender)

Ad|den|dum (l.), das; –s, –enda: Zusatz : Nachtrag * **ad|die|ren** (..iert) (dtsch.-l.) tr.: zusammenzählen * *Addiermaschine* * **Ad|di|tion,** die; –, –en: Zusammenzählung * **ad|di|ti|o|nal** Ew.: zusätzlich * **ad|di|tiv** Ew.: hinzuzufügen, hinzufügend [l. addere hinzufügen] * **Ad|di|tiv,** das; –s, –e: chem. Zusatz zur Verbesserung eines Produkts

ad|dio (it.): lebe wohl

Ad|di|tion: s. Addendum

ad|di|zie|ren (..iert) (l.-dtsch.) tr.: zusprechen, zuerkennen

Ad|duk|ti|on (l.), die; –, –en: (Med.) das Anziehen eines Gliedes * **Ad|duk|tor** (l.), der; –s, ..toren: Anziehungsmuskel * **ad|du|zie|ren** (..iert) (l.-dtsch.) tr.: anziehen [l. adducere zuführen]

a|de!: Ausruf beim Abschied, „lebe wohl!“ * **A|de,** das, –s: Abschiedsgruß * *jemandem Ade sagen auch: ade sagen* [Eindeutschung aus adieu]

A|de|bar (A|de|bär), der; –s, –e: (niederd.) Storch * *Adebarsblume, -brot:* Schwertlilie, Iris; *Adebarsschnabel:* Storchschnabel

A|del, der; –s: Stand : Gesamtheit Adliger : das Edelsein, die Hoheit : (Bergb.) Erzhaltigkeit * *Adelsbrief, -diplom:* Urkunde über Erhebung in den Adelsstand; *Adelsprädikat:* z. B. „von“; *Adelsrang; Adelsstand; Adelsstolz; adelsstolz* Ew.: stolz auf den Adel; *Adelstitel* * **a|de|lig** (östr. und bayr.): adlig * **a|deln** (ich ad[e]le) tr.: Adel verleihen : (übertr.) erheben, verfeinern * **A|de|lung,** die; –, –en: Erhebung in den Adelsstand : (übertr.) Verfeinerung * **ad|lig** Ew.: zum Adel gehörig : dem Adel gemäß : vornehm * **Ad|li|ge,** der; –n, –n: zum Adel Gehöriger

A|de|laide: Hauptstadt von Südaustralien

A|del|bo|den: schweiz. Kurort

A|del|bon|den (dän.) Mz.: freie Großbauern in Holstein [dän. bonde Landbauer; altn. bondi Freisasse]

A|den: südarab. Hafenstadt

A|de|ni|tis (gr.), die; –: Drüsenentzündung * **a|de|no|id** Ew.: drüsenähnlich * **A|de|nom,** das; –s, –e: Drüsengeschwulst * **a|de|no|ma|tös** Ew.: geschwulstbildend : krebsartig [gr. aden Drüse]

A|dept (l.), der; –en, –en: Eingeweihter : Goldmacher, Schwarzkünstler [l. adeptus einer, der etwas erreicht hat]

A|der, die; –n, –n; Äderchen, –lein: Blutkanal : Kanal zum Umlauf anderer Körpersäfte : aderförmig sich verzweigende Züge in Pflanzenblättern, Holz und Steinarten : unterirdischer Wassergang : Erzgang : (übertr.) Anlage, Trieb * *Goldene Ader:* Mastdarmvene : Blutung aus derselben * *zur Ader lassen:* (Med.) Blut entziehen : (übertr.) ausbeuten * *Aderhaut:* Haut im Innern des Auges; *Aderhäutchen:* die äußerste, den Fötus umgebende Haut; *Aderknoten, -kropf:* Adererweiterung; *Aderlaß →* *Aderlass,* der; ..es, ..lässe; *Aderlassen,* das; –s: Blutentziehung; *Aderlassbinde; Aderlassmännchen:* Abbildung eines Mannes mit Bezeichnung der Stellen, wo der Aderlass geschehen soll; *Aderlasser,* der; –s, –: der den Aderlass Vornehmende * **a|de|rig, ä|de|rig** auch: adrig, ädrig Ew.: Adern habend * **a|dern, ä|dern** (ich ..[e]re) tr.: mit Adern versehen : mit aderähnlicher Zeichnung versehen * **A|de|rung, Ä|de|rung,** die; –, –en: das Adern : das Geadertsein : die Zeichnung der Adern

A|des|po|ta (gr.) Mz.: herrenloses Gut : Schriften Unbekannter [gr. vern. a- und despotes Herr]

à deux mains (fr.) [adöh mäng]: zweihändig

ADFC (Abk.): Allgemeiner Deutscher Fahrrad-Club

Ad|go (Abk.), die; –: Allgemeine Deutsche Gebührenordnung (für Ärzte)

Ad|hä|rens (l.), das; –, ..renzien: Anhaftendes, Zubehör * **ad|hä|renz,** die; –, –en: Anhang, Anhänglichkeit * **ad|hä|rie|ren** (..iert) intr.: anhaften : beipflichten * **Ad|hä|si|on,** die; –, –en: das Anhaften : An-

ziehung : Schienenreibung * *Adhäsionsbahn; Adhäsionsklausel:* (Völkerrecht) Vertragsklausel, die es Staaten ermöglicht, einem Vertrag beizutreten; *Adhäsionsprozess:* (Rechtsspr.) Strafprozessverfahren, um Schadenersatzansprüche geltend zu machen *Adhäsionsverschluss:* mit einer selbst haftenden Schicht versehener Verschluss * **ad|hä|siv** Ew.: anhaftend [l. adhaerere anhangen]

Ad|he|ri|tanz (l.), die; –: Erbeinsetzung * **ad|he|ri|tie|ren** (..iert) tr.: zum Erben einsetzen; vgl. heritieren

ad hoc (l.): hierfür : zu diesem Zweck : aus dem Augenblick heraus

Ad|hor|ta|ti|on (l.), die; –, –en: Ermahnung * **ad|hor|ta|tiv:** ermahnend * **ad|hor|tie|ren** (..iert) tr.: ermahnen

a|di|a|ba|tisch (gr.) Ew.: ohne Aufnahme oder Abgabe von Wärme verlaufend : wärmeundurchlässig [gr. vern. a- und diabasis Übergang]

A|di|a|pho|ra (gr.; Philos.) Mz.: wertneutrale Verhaltensweisen * **A|di|a|pho|ron,** das, –s, ..ra: Gleichgültiges [gr. adiaphoros gleichgültig]

a|di|eu!: (fr.) [adjöh]: Gott befohlen! : lebe wohl! * *Adieu sagen auch: adieu sagen* * **A|di|eu,** das; –s, –s: das Lebewohl [fr. à Dieu zu Gott]

Ä|di|ku|la (l.), die; –, ..lä: Nische für ein Standbild : Kapelle : Säuleneinfassung [Verkl. von l. aedes Haus, Tempel]

Ä|dil (l.), der; –s, –en: altrömischer Beamter

ad in|fi|ni|tum (l.): bis ins Grenzenlose, ohne Ende [l. finire beenden]

a|di|pös (l.) Ew.: dickleibig, fett * **A|di|po|si|tas** (Med.), die; Fettleibigkeit

Ad|jek|ti|on (l.), die; –, –en: (Rechtsspr.) Zulage, Vermehrung * **Ad|jek|tiv,** das; –s, –e: Eigenschaftswort; Abk.: Adj. * **ad|jek|ti|visch:** eigenschaftswörtlich : als Eigenschaftswort [l. adicere beifügen]

Ad|ju|di|ka|ti|on (l.), die; –, –en: Zuerkennung * **ad|ju|di|ka|tiv** Ew.: zuerkennend * **ad|ju|di|zie|ren** (..iert) intr.: zuerkennen * **ad|jun|gie|ren** (..iert) (l.): beigeben * **Adjunkt,** der; –en, –en: (Amts-) Gehilfe * **Ad|junk|ti|on,** die; –, –en: Beifügung [l. adiungere beifügen]

ad|jus|tie|ren (..iert) (l.) tr.: in Ordnung bringen : zurichten : eichen * *Adjustieramt:* Eichamt; *Adjustierschraube:* Stellschraube an Werkzeugen [l. iustus recht, richtig]

Ad|ju|tant (l.), der; –en, –en: Gehilfe : beigeordneter Offizier * **Ad|ju|tan|tur,** die; –, –en: Adjutantenamt * **Ad|ju|tum,** das; –s, ..ten: Beihilfe, vorläufige Entlohnung [l. adiuvare helfen]

ad Ka|len|das grae|cas (l.): s. ad calendas graecas

ad l. (Abk.): s. ad libitum

Ad|la|tus (l.), der; –, – oder ..ten: Beistand, Helfer, Amtsgehilfe

Ad|ler, der; –s,–; –chen: ein Greifvogel : Ziel der Schützen beim Vogelschuss : Name von Wirtshäusern : Sternbild : Name mehrerer Orden : Reichswappen * *Adlerauge, Adlerblick; Adlerfarn:* ein Farn; *Adlernase:* wie ein Adlerschnabel gekrümmte Nase; *Adlerwirt:* Wirt des Gasthauses zum Adler * *Der Hohe Orden vom Schwarzen Adler; Schwarzer-Adler-Ordens; Roter-Adler-Orden* [mhd. adel-ar „Edelaar"]

ad li|bi|tum (l.): nach Belieben

ad|lig: s. Adel

Ad|mi|nis|t|ra|ti|on (l.), die; –, –en: Verwaltung; Verwaltungsbehörde * **ad|mi|nis|t|ra|tiv** Ew.: die Verwaltung betreffend, Verwaltungs.. * **Ad|mi|nis|t|ra|tor,** der; –s und ..toren, ..toren: Verwalter : Bevollmächtigter * **ad|mi|nis|t|rie|ren** (..iert) intr.: verwalten; vgl. Minister

ad|mi|ra|bel (l.) Ew.: bewunderungswürdig * **Ad|mi|ra|ti|on,** die; –: Bewunderung

Ad|mi|ral (arab.), der; –s, –e: höchster Seeoffizier : ein Schmetterling : eine Kugelschnecke * **Ad|mi|ral|schaft,** die; –: Würde des Admirals : *Admiralschiff* * *Admiralsstab:* Rangabzeichen eines Admirals * *Admiralstab:* Führungsstab

der Kriegsmarine * **Ad|mi|ra|li|tät,** die; –, –en: höchste Marinebehörde

ad|mis|si|bel (l.) Ew.: zulässig * **Ad|mis|si|on,** die; –, –en: Zulassung * *Admissionsdampf:* frisch zuströmender Dampf * **ad|mit|tie|ren** (..iert) tr.: zulassen : gelten lassen [l. admittere zulassen]

ad|mo|nie|ren (..iert) (l.) tr.: ermahnen : verweisen * **Ad|mo|ni|ti|on,** die; –, –en: Ermahnung : Verweis

ADN (Abk.): Allgemeiner Deutscher Nachrichtendienst

Ad|nex: s. Annex

ad no|tam (l.): zur Kenntnis; – *nehmen*

ad o|cu|los (l.): vor die Augen * *ad oculos demonstrieren:* vor Augen führen, deutlich darlegen

A|do|les|zenz (l.), die; –: späteres Jugendalter, die Zeit nach beendeter Pubertät [l. adolescere heranwachsen]

A|do|nai (hebr.): –: „Herr", jüd. Bezeichnung Gottes

A|do|nis, der; –: griech. Sagengestalt : ein schöner Jüngling, schöner Mann; ein Schmetterling * *Adonisblume:* Feuerröschen; *Adonisgarten:* Treibhaus, Blumengefäß * **a|do|nisch** Ew.: schön wie Adonis : in der Versart des Adonisliedes

a|dop|tie|ren (..iert) tr.: an Kindes statt annehmen * **A|dop|ti|on,** die; –, –en: Annahme an Kindes statt * **a|dop|tiv** Ew.: an Kindes Statt angenommen : durch Adoption erlangt * *Adoptiveltern; Adoptivkind, -sohn:* angenommenes Kind usw.; *Adoptivvater:* einer, der jemand an Kindes Statt angenommen hat [l. adoptare hinzuzählen]

a|do|ra|bel (l.) Ew.: anbetungswürdig * **A|do|rant,** der; –en, –en: Anbeter * **A|do|ra|ti|on,** die; –, –en: Anbetung * **a|do|rie|ren** (..iert) tr.: anbeten [l. adorare anbeten]

Adr. (Abk.): Adresse

ad rem (l.): zur Sache (gehörend)

A|d|re|na|lin (gr.), das; –s: Hormon des Nebennierenmarks

Ad|res|sant (nl.-fr.), der; –en, –en: Schreiber eines Briefes *

Ad|res|sat, der; –en, –en: Empfänger eines Briefes : (bei Wechseln) Bezogener

Ad|res|se, die; –, –n: Anschrift : Wohnungsangabe * *Adreßbuch → Adressbuch:* Einwohner-, Anschriftenbuch * *Adressenbüro; –kalender* usw. * **ad|res|sie|ren** (..iert) tr.: mit Anschrift versehen : richten an * *Adressiermaschine* [l. ad- zu und dirigere richten]

a|d|rett (fr.): ordentlich : sauber : nett

A|d|ria, **A|d|ri|a|ti|sches Meer:** Teil des Mittelmeeres zwischen Italien und der Balkanhalbinsel

ad|rig, ä|drig: s. Ader

ad|sor|bie|ren (..iert) (l.) tr.: ansaugen * **Ad|sorp|ti|on,** die; –, –en: das Ansaugen; vgl. absorbieren

Ad|strik|ti|on (l.), die; –, –en: Zusammenziehung * **Ad|strin|gens** (Med.), das; –, ..genzien: zusammenziehendes Mittel * **ad|strin|gent** Ew.: zusammenziehend * **ad|strin|gie|ren** (..iert) tr.: zusammenziehen

A|du|lar, der; –s, –e: Schmuckstein, Mondstein

A-Dur: s. a

ad u|sum (l.): zum Gebrauch * **ad u|sum Del|phi|ni:** (für den fr. Kronprinzen), für Kinder bearbeitet, zurechtgemacht

ad va|lo|rem (l.) [..w..]: dem Werte nach * *Advaloremzoll:* Wertzoll

Ad|van|tage (e.) [ädwäntedseh]: (Tennis) Vorteil

Ad|vent (l.) [..w..], der; –(e)s, –e: „Ankunft", Zeit vor Weihnachten; *Advent(s)kranz; Advent(s)musik; Advent(s)sonntag; Adventszeit* * **Ad|ven|tis|ten** Mz.: christl. Sekte * *adventiv* Ew.: hinzugekommen : nebensächlich

Ad|verb (l.) [..w..], das; –s, ..bien: Umstandswort; Abk.: adv. * **ad|ver|bi|al** Ew.: als Umstandswort, umstandswörtlich * *Adverbialsatz:* Umstandssatz; *Adverbialbestimmung* * **Ad|ver|bi|a|le,** das; –s, ..bialien: adverbiale Bestimmung

Ad|ver|sa|ria, Ad|ver|sa|rien (l.) [..w..] Mz.: ungeordnete Aufzeichnungen * **ad|ver-**

sal|tiv Ew.: (Sprachl.) gegen-
sätzlich : entgegengesetzt [l.
advertere hinwenden]
Ad|ver|ti|sing (e.) [ädwertai-
sing], das; –s; Werbung * Ad-
vertising Agency (e.), die; –;
Werbeagentur
ad vo|cem (l.) [..w..]: bei, zu
dem Wort
Ad|vo|ca|tus Dei (l.): „Anwalt
Gottes"; Antragsteller bei Hei-
lig- oder Seligsprechungen *
Ad|vo|ca|tus Di|a|bo|li: „An-
walt des Teufels"; Geistlicher,
der Bedenken gegen eine Hei-
lig- oder Seligsprechung vor-
bringt : (übertr.) jemand, der
mit Absicht eine schlechte Sache vertritt
Ad|vo|kat (l.) [..w..], der; –en,
–en: „Herbeigerufener":
Rechtsanwalt * ad|vo|ka|to-
risch Ew.: einem Anwalt ge-
mäß * Ad|vo|ka|tur, die; –,
–en: Rechtsanwaltschaft : An-
waltskanzlei [l. advocare her-
beirufen]
A|dy|na|mie (gr.), die; –:
Kraftlosigkeit * a|dy|na-
misch Ew.: kraftlos
A|dy|ton (gr.), das; –, ..ta: Al-
lerheiligstes [eig. „unzugäng-
lich"]
AE (Abk.): Ångström(einheit);
astronomische Einheit
A|e|ro..: (griech. Vorsilbe)
Luft.. * a|e|rob Ew.: Sauer-
stoff veratmend * Ae|ro|bic,
die; –: amer. Trainings-
programm für Bewegungssport
* A|e|ro|bi|er, A|e|ro|bi|ont,
der; –en, –en: sauerstoffverat-
mendes niederes Lebewesen *
A|e|ro|dy|na|mik, die; –: Luft-
drucklehre : Lehre von der Bewegung gasförmiger Körper *
a|e|ro|dy|na|misch Ew.: die
Luftdrucklehre betreffend :
windschnittig * A|e|ro-
gramm, das; –s, –e: Luftpost-
leichtbrief * A|e|ro|gra|phie,
die; –: Luftbeschreibung
*A|e|ro|lith, der; –(e)s und
–en, –e(n): Meteorstein *
A|e|ro|lo|gie, die; –: Luftfor-
schung * A|e|ro|man|tie, die;
–: Luftdeutung : Luftwahrsage-
rei * A|e|ro|me|cha|nik, die; –:
Mechanik der Gase, besteht
aus Aerodynamik und Aerosta-
tik * A|e|ro|me|ter, das; –s, –:
Luft(dichtigkeits)messer *
A|e|ro|naut (gr.), der; –en, –en:

Luftfahrer, –schiffer *
A|e|ro|nau|tik, die; –: Luft-
schiffkunst : Luftfahrtslehre *
a|e|ro|nau|tisch Ew.: zur Luft-
schifffahrt(slehre) gehörig *
A|e|ro|pho|bie, die; –: Luft-
scheu * A|e|ro|phyt, der; –en,
–en: in der Luft lebendes nie-
deres Lebewesen * A|e|ro-
plan, der; –(e)s, –e: Flugzeug
* A|e|ro|sol, das; –s, –e: feinst
verteilter flüssiger oder fester
Schwebestoff in der Luft * Ae-
rosolforschung; Aerosolkon-
gress * A|e|ro|stat, der; –(e)s,
–e: Luftballon * A|e|ro|sta|tik,
die; –: Lehre vom Luftgleich-
gewicht * a|e|ro|sta|tisch
Ew.: die Aerostatik betreffend
* aerostatische Lampe:
Lampe, bei der der Leuchtstoff
unter Luftdruck brennt; aerostatische Maschine: Luft-
schiff; aerostatische Presse:
Luftpresse *
A|e|ro|the|ra|pie, die; –: At-
mungskur [gr. aer Luft]
A|e|tit (gr.), der; –(e)s, –e: Ad-
lerstein [gr. aetos Adler]
Af|fä|re (fr.), die; –, –n: Ange-
legenheit : Begebenheit :
(Streit-) Sachen : Liebschaft [fr.
affaire von à faire zu tun]
Af|fe, der; –n, –n; Äffchen,
–lein: vierhändiges, menschenähnliches Säugetier : (übertr.)
Nachahmer : dumme Person,
Narr, Geck : possierliches (junges) Geschöpf : (sold.) Tornister
: ein Werkzeug, Storchschnabel
: Besanstagsegel : (volkst.)
Rausch * seinem Affen Zucker
geben: ausgelassen sein * Affenart: eine Affengattung : das
Wesen der Affen; affenartig
Ew.: dem Wesen der Affen entsprechend; affenähnlich Ew.;
Affenbeere: eine Pflanze; Affen-
brotbaum: ein Tropenbaum; Af-
fenfratze: Gesicht eines Affen :
Mensch mit affenähnlichem
Gesicht; Affenkasten: Affenkä-
fig : (übertr.) Haus, in dem es toll
hergeht; Affenliebe: übertriebene Liebe; Affenschande: sehr
große Schande; Affenspektakel:
Lärm wie im Affenhaus; Affen-
zahn: (Umgspr.) hohe Ge-
schwindigkeit * äf|fen tr.: nach-
äffen : foppen, betrügen *
Af|fe|rei (auch Äf|fe|rei), die; –,
–en: äffisches Treiben : affiges
Wesen : Täuschung, Fopperei *

af|fig Ew.: dem Wesen eines Af-
fen entsprechend : übertrieben
geziert * Äf|fin, die; –, –nen:
weibl. Affe * äf|fisch Ew.: nach
Art der Affen
Af|fekt (l.), der; –(e)s, –e: Ge-
mütserregung : Leidenschaft *
Af|fek|ta|ti|on die; –, –en: Ge-
tue : Ziererei * af|fek|tie|ren
(..iert) tr.: erkünstln : vorge-
ben : sich zieren * af|fek|tiert
Mw. Ew.: gekünstelt : geziert *
Af|fek|ti|on, die; –, –en: krank-
hafte (Gemüts-) Reizung : (ver-
alt.) Wohlwollen * af|fek-
ti|o|niert Ew.: gewogen : ge-
neigt * af|fek|tiv Ew.: das Ge-
müt betreffend * Af|fek|ti|vi|tät
[..w..], die; –: Erregbarkeit [l.
affectus von afficere erregen,
betreffen; afficere trachten
nach etwas]; vgl. affizieren
äf|fen: s. Affe
af|fet|to, con – (it.): (Mus.) mit
Leidenschaft * af|fet|tu|o|so
(it.): (Mus.) leidenschaftlich
Af|fi|che (fr.) [affisch'], die; –,
–n: Anschlag : Aushang *
Af|fi|cheur (fr.) [..schöhr], der;
–s, –e: Zettelankleber *
af|fi|chie|ren (..iert) [..schieren]
tr.: anschlagen, ankleben : aus-
hängen [fr. afficher, l. affigere
anheften]; vgl. affigieren
Af|fi|da|ti|on, die; –, –en: Ver-
trag * Af|fi|da|vit, das; –s, –s:
„hat bescheinigt", eidliche
Darstellung der Eigentumsver-
hältnisse : Bürgschaft für Aus-
wandernde [l. affidare versichern von fides Treue]
af|fig: s. Affe
af|fi|gie|ren (..iert) (l.) tr.: an-
heften : aushängen * Af|fix (l.),
das; –es, –e: „Angeheftetes",
Anhängsel, bes. Wortverlänge-
rung(ssilbe) * [l. affigere an-
heften]
Af|fi|li|a|ti|on (ml.), die; –, –en:
Annahme an Kindes statt :
Aufnahme, Beigesellung *
af|fi|li|ie|ren (..iert) tr.: an Kin-
des statt annehmen : aufnehmen, beigesellen [l. affiliare
von ad und filius Sohn]
af|fin (l.) Ew.: verwandt :
(Math.) entsprechend *
Af|fi|ni|tät, die; –, –en: (Chem.)
Verwandtschaft : (Math.) Beziehung zwischen bestimmten
Figuren [l. affinis Schwager]
Äf|fin: s. Affe
Af|fi|na|ge (fr.) [affinahseh']

die; –, –en: Läuterung (edler Metalle) ∗ **Affinerie** (fr.), die; –, ..ien: Art der Edelmetall-Läuterung ; technische Anlage hierzu ∗ **affinieren** (..iert) tr.: verfeinern : läutern ∗ *Affinieranstalt; Affinierwasser:* Ätzwasser [fr. affiner von fin fein]

affinieren: s. Affinage

Affinität: s. affin

Affirmation (l.), die; –, –en: Bejahung ∗ **affirmativ** Ew.: bejahend ∗ **Affirmativa** Mz.: bejahende Formen ∗ **affirmieren** (..iert) tr.: bejahen : zustimmen [l. affirmare von firmus fest]

äffisch: s. Affe

Affix: s. affigieren

affizierbar (l.-dtsch.) Ew.: reizbar ∗ **affizieren** (..iert) tr.: reizen : angreifen [l. afficere]; vgl. Affekt

Affodill (gr.), der; –s, –e: Goldwurz; vgl. Asphodill, Asphodelos

Affrikata (l.), die; –, ..ten: angeriebener Laut: z, tz

Affront (fr.) [affrong], der; –s, –s: Schimpf: Verhöhnung: Beleidigung

Afghan, der; –(s), –(s): afghanische Münzeinheit ∗ **Afghane,** der; –n, –n: Bewohner Afghanistans ∗ **afghanisch** Ew. ∗ **Afghanistan:** vorderasiat. Staat

AFN (Abk.): American Forces Network; Rundfunkanstalt für außerhalb der USA stationierte US-Soldaten

à fonds perdu (fr.) [a fong perdüh]: nicht rückzahlbar : mit Verzicht; vgl. Fonds

Afra (l.): w. Vn.: Heilige ∗ *Sankt Afra:* Gelehrtenschule

a fresco (it.): auf frischem Kalk ∗ *a fresco malen*

Afrika: Erdteil ∗ *Afrikakenner; –reisender* ∗ **Afrikaander** (ndl.), **Afrikander,** der; –s, –: in Südafrika geborener Weißer ∗ **Afrikaans** (ndl.), das; –: Sprache der Südafrikaner ∗ **Afrikaner,** der; –s, –: Eingeborener v. Afrika ∗ **afrikanisch** Ew.; Afrikakunde ∗ **Afroamerikaner,** Amerikaner schwarzafrikanischer Herkunft ∗ **afroamerikanisch** Ew.: die Afroamerikaner betreffend *auch:* Afrika und Amerika betref-

fend (nicht mehr afro-amerikanisch) ∗ **afro-asiatisch →** **afroasiatisch** ∗ **Afro-Look →** **Afrolook,** der; s: Frisur aus abstehenden Locken

aft (Uw.): (seem.) hinten ∗ **After,** der; –s, –: Hinterteil des tier. oder menschl. Körpers : Darmschluss : Rücklehne des Sattels; –, das; –s, –: Unrat unter dem Bienenstock : leichtes, beim Worfeln zurückbleibendes Getreide : (Müll.) mehrmals aufgeschüttetes Getreide : Mehl von mehrmals aufgeschüttetem Getreide : (Bergb.) Erzüberbleibsel: Gekröse ∗ *Afterahorn:* unechter Ahorn; *afterbelehren* tr.: falsch belehren; *Afterbier:* Kofent; *Afterbürge:* Bürge des Bürgen; *afterchristlich* Ew.: scheinchristlich; *Afterflosse:* hintere Flosse; *Afterflügel:* flügelähnlicher Körperteil; *Afterfüße:* Hinterfüße (von Raupen); *Afterglaube:* Scheinglaube: Aberglaube; *Afterlehre:* falsche Lehre; *Aftermiete(r):* Untermiete(r); *Afterrede:* böse Nachrede; *afterreden* (ich afterrede, aftergeredet, afterzureden) tr.: verleumden; *Afterweisheit:* Scheinweisheit

After-shave → **Aftershave** (e.), das; –s, –s: „nach der Rasur", Kurzform für **Aftershavelotion** *auch:* **After-Shave-Lotion,** die; –, –s: Rasierwasser, flüssiges Hautpflegemittel

Ag: Argentum, chem. Zeichen für Silber

AG (Abk.): Aktiengesellschaft, Amtsgericht, Arbeitsgemeinschaft

Aga, Agha (türk.), der; –s, –s: früherer türkischer Offiziers- und Beamtentitel; Aufseher : Befehlshaber ∗ **Aga-Babi-Seadet:** Oberaufseher der Odalisken ∗ **Agha Khan:** Oberhaupt d. moham. Sekte d. Hodschas

Ägäis, die; –: ∗ **Ägäisches Meer,** das; –n –es: Meer zwischen Griechenland und der Türkei

agam (gr.) Ew.: ohne Befruchtung zeugend ∗ **Agamie** (gr.), die; –: Ehelosigkeit : (Bot.) Kryptogamie ∗ **agamisch** Ew.: ehelos : (Bot.) kryptogamisch ∗ **Agamist,** der; –en,

–en: Eheloser, Hagestolz [gr. vern. a- und gamein heiraten]

Agamemnon: Gestalt der griech. Sage, König von Mykenä

Agapanthus (gr.-l.), der; –, ..then: eine Gattung Schmucklilien [gr. agape Liebe und anthos Blume]

Agape (gr.), die; –, –n: Liebesmahl der Urchristen : Nächstenliebe : Liebe Gottes ∗ **Agapete,** die; –, –n: Angehörige der Jungfrauensekte der Agapeten [gr. agape Liebe(s)bezeigung]

Agar-Agar (malay.), das; –s: Pflanzengelatine aus asiat. Rotalgen

Agatische Inseln Mz.: Inseln westlich von Sizilien

Agave (gr.) [..w..], die; –, –n: Amaryllisgewächs aus Südamerika ∗ **Agavefaser:** Aloehanf

Agenda (l.), die; –, ..den: Merkbuch : Taschenbuch : Preisliste ∗ **Agende** (l.-dtsch.), die; –, –n: Kirchenordnungsbuch [l. agenda „das zu Tuende" von agere tun]

Agens, das; –, Agenzien: wirkende Ursache : Triebkraft ∗ **Agent,** der; –en, –en: Spion : Geschäftsträger : Vermittler : Vertreter ∗ *Agentenring; Agententätigkeit* ∗ **Agent provocateur** (fr.) [asehang provokatöhr], der; – –, –s –s [= Ez.]: bezahlter Aufwiegler : Lockspitzel ∗ **Agentie,** die; –, –n [..tsi]: (östr.) Geschäftsstelle der Donau-Dampfschifffahrtsgesellschaft ∗ **agentieren** intr.: (östr.) als Vertreter arbeiten ∗ **Agentin,** die; –, –nen: weibl. Agent ∗ **Agentur** (l.), die; –, –en: Vermittlungsstelle : Zweigstelle : Vertretung [von l. agere handeln]

agentieren: s. Agens

Agfa (Abk.), die; –: Aktiengesellschaft für Anilinfabrikation ∗ *Agfacolor:* Farbfilme, Farbfilmverfahren

Agglomerat (l.), das; –s, –e: „Zusammengeballtes" : zusammengeballtes Gestein : Anhäufung ∗ **Agglomeration,** die; –, –en: Anhäufung : Zusammenballung ∗ **agglomerieren** (..iert) tr.: anhäufen : zusammenballen; intr.: gerinnen [l. ad- zu und glomus, Gen. glomeris Knäuel]

Ag|glu|ti|na|ti|on (l.), die; –, –en: Verklebung : Aneinanderfügung : (Sprachl.) die lose Anfügung der Bildungssilben an die Wortwurzel * **ag|glu|ti|nie|ren** (..iert) tr.: anleimen : verkleben : (Sprachl.) lose anfügen [l. gluten Leim]

Ag|gra|va|ti|on (l.) [..w..], die; –, –en: Erhöhung : Erschwerung * **ag|gra|vie|ren** (..iert) tr.: verschlimmern : übertreiben [l. ad- zu und gravis schwer]

Ag|gre|gat (nl.), das; –(e)s, -e: Anhäufung mehrerer Teile zu einem Ganzen : Maschinensatz (eine Kraft- und eine Arbeitsmaschine) * *Aggregatform, -zustand:* (Chem.) Erscheinungsform der Körper (fest, flüssig, gasförmig) *

Ag|gre|ga|ti|on, die; –, –en: Anhäufung * **ag|gre|gie|ren** (..iert) tr.: zu einer Masse vereinigen : anhäufen [l. ad- zu und grex, Gen. gregis Herde]

Ag|gres|si|on (l), die; –, –en: Angriff * *Aggressionspolitik; Aggressionskrieg; Aggressionstrieb* * **ag|gres|siv** Ew.: angreifend : angriffslustig * **Aggres|si|vi|tät**, die; –, –en: Angriffslust * **Ag|gres|sor**, der; –s, ..soren: Angreifer [l. aggressio Angriff von aggredi angreifen]

Ä|gi|de (gr.), die; –: Schild (Jupiters) : Schutz : Obhut : Schirmherrschaft [gr. aigis Schutz]

a|gie|ren (l.) (..iert) intr.: handeln : eine Rolle spielen * **a|gil** Ew.: beweglich : flink : gewandt * **á|gi|li|tà, con** (it.): (Mus.) mit Behändigkeit, leicht * **A|gi|li|tät**, die; –: Behändigkeit : Gewandtheit [l. agere bewegen]

Ä|gi|na: griech. Insel und Stadt * **Ä|gi|ne|te**, der; –n, –n: Einwohner von Ägina : Standbild aus dem Tempel von Ägina

A|gio (it.) [adschio], das; –s u. Agien: Aufgeld : Aufschlag : Mehrbetrag * **A|gi|o|ta|ge** (it.-fr.) [..tahsch'], die; –, –n: Börsenspiel : Börsenhandel * **A|gi|o|teur** (it.-fr.) [..töhr]. der; –s, -e: Makler : Börsenspekulant * **a|gi|o|tie|ren**

(..iert) intr.:. Börsenspiel treiben [wahrsch. it. aggiungere hinzufügen]

Ä|gir: german. Meeresgott

Ä|gis, die; –: Schild des Zeus und der Athene

A|gi|ta|ti|on (l.), die; –, –en: Bewegung : Aufreizung : Aufwiegelung : politische Hetze * **A|gi|ta|tor**, der; –s, ..toren: Aufwiegler : Werber : Hetzredner * **a|gi|ta|to|risch** Ew.: aufreizend : werbend * **a|gi|ta|to** (it.) [adschi..]: (Mus.) bewegt * **a|gi|ta|zi|o|ne, con** (it.): (Mus.) mit Bewegung * **a|gi|tie|ren** (..iert) intr.: tätig betreiben : aufwiegeln : werben * **A|git|prop**, das; –: Kurzw. aus Agitation und Propaganda * *Agitproptheater:* Laientheater der Arbeiterbewegung [l. agitare betreiben von agere tun]

Ag|la|ia (gr.): eine der drei griech. Göttinnen der Anmut, der Chariten

A|glo|bu|lie (nl.-gr.), die; –: Verminderung der roten Blutkörperchen * **A|glo|bu|lo|se** (nl.-gr.), die; –: Blutzellenarmut [gr. vern. a- und l. globus Kugel; kugelförmiges Körperchen]

A|glos|sie (gr.), die; –: Zungenlosigkeit : Sprachlosigkeit [gr. vern. a- und glossa Zunge, Sprache]

Ag|nat (l.), der; –en, –en: Verwandter, väterlicherseits * **Ag|na|ti|on**, die; –, –en: Verwandtschaft väterlicherseits * **ag|na|tisch** Ew.: väterlicherseits verwandt [l. agnatus Verwandter]

Ag|no|sie (gr.), die; –, ..sien: Unwissenheit [gr. vern. a- und gnoein erkennen; die Agnoeten bestritten Christi Allwissenheit] * **Ag|nos|ti|ker** der; –s, –: Anhänger des Agnostizismus * **Ag|nos|ti|zis|mus**, der; –: Lehre, dass alles Göttliche nicht rational zu erklären ist * **ag|nos|zie|ren** (..iert) tr.: anerkennen [l. agnoscere]

Ag|no|men (l.), das; –s, – und ..mina: Beiname

Ag|nus Dei (l.), das; –: „Lamm Gottes", Beiname Christi : Gebetshymnus in der christl. Gottesdienstliturgie

A|go|gik (gr.), die; –: (Mus.)

Lehre von der Tonstärke und dem Tempo [gr. agein führen] * **a|go|gisch**

à go|go (fr.): nach Wunsch, nach Belieben

A|gon (gr.), der; –s, -e: Wettkampf * **A|go|nie** (gr.), die; –, ..nien: Todeskampf : Seelenangst * **a|go|ni|sie|ren** (..iert) intr.: im Todeskampf liegen *

A|go|nist, der; –en, –en: Wettkämpfer [gr. agon Wettkampf, agonia Kampf, Not]

A|go|ra, (gr.), die; –: Marktplatz : Versammlung auf dem Marktplatz im alten Griechenland * **A|go|ra|pho|bie** (gr.), die; –: Platzangst [gr. agora Markt und phobos Furcht]

A|graf|fe (fr.), die; –, –n: Spange : (Baukst.) Klammer : (Med.) wundärztliches Werkzeug zum Zusammenhalten von Wundrändern [ahd. krapfe Haken]

A|gram : früherer Name der Stadt Zagreb

A|gra|phie (gr.), die; –: krankhafte Schreibunfähigkeit [gr. vern. a- und graphein schreiben]

A|gra|ri|er (l.), der; –s, –: Grundbesitzer : Vertreter der (Interessen der) Landwirtschaft * **a|gra|risch** Ew.: die Landwirtschaft betreffend [l. ager Acker] * *Agrarbewegung; Agrarbevölkerung; Agrarland; Agrarmarkt; Agrarpolitik; agrarpolitisch; Agrarprodukt; Agrarreform; Agrarstaat; Agrartechnik; Agrarwissenschaft; Agrarzölle*

A|gree|ment (e.) [ägrihment], das; –s, –s: Vereinbarung : formloser Verkehr * *Gentleman's Agreement:* Vereinbarung unter Ehrenmännern: diplomatische Vereinbarung * **a|gre|ie|ren** (fr.) (..iert) tr.: genehmigen : als richtig anerkennen * **A|gré|ment** (fr.) [..mang], das; –s, –s: Genehmigung : Zierrat, Putz : (Mus.) Verzierung [fr. agréer genehmigen von gré Wille, Belieben]

A|gri|kul|tur (l.), die; –: Landwirtschaft * *Agrikulturchemie:* der den Ackerbau betreffende Teil der Chemie

Ag|rip|pa (l.): „verkehrt Geborener", m. En. * **Ag|rip|pi|na**: weibl. röm. Vorname

A|gro|nom (gr.), der; –en, –en: Landwirtschaftskundiger *
A|gro|no|mie, die; –: Landwirtschaftskunde * a|gro|no|misch Ew.: landwirtschaftskundlich : die Agronomie betreffend [gr. agros Feld] * Agro-technik (ehem. DDR): Landwirtschaftstechnik * A|gros|to|lo|ge, der; –en, –en: Gräserkundler * A|gros|to|lo|gie, die; –: Lehre zur Einordnung der Gräser

A|gru|men, A|gru|mi (ml.-it.) Mz.: Zitrusfrüchte [l. agrumen von acer scharf, sauer]

A|gu|ti (am.-span.), der; –s, –s: südamerikan. Nagetier, „Steißtier"

Ä|gyp|ten: afrikan. Staat * Ä|gyp|ter, der; –s, –: Bewohner Ägyptens * ä|gyp|tisch Ew.: aus Ägypten stammend : auf Ägypten bezüglich * die ägyptische Sprache; die Ägyptische Finsternis * Ä|gyp-to|lo|ge, der; ..gen, ..gen: Ägyptenforscher : Kenner der ägyptischen Kultur * Ä|gyp-to|lo|gie, die; –: ägyptische Altertumswissenschaft * Ä|gyp-to|lo|gin, die; –, –nen: weibl. Ägyptologe * ä|gyp|to-lo|gisch Ew.: die Kunde von Ägypten betreffend

ah!: Ausruf der Verwunderung * ah so!, ah was! * Ah, das; –s, –s: der Ausruf ah! * aha!: Ausruf zum Ausdruck der Befriedigung bei erfüllter Erwartung u. Ä. * äh! * a|ha!

A|ha-Er|leb|nis, das; –ses, –se: Schlüsselerlebnis

A|has|ver(us) (hebr.): „Fürst", m. En.: Name des Ewigen Juden * a|has|ve|risch Ew.: ruhelos

ahd. (Abk.): althochdeutsch

a|his|to|risch: nicht historisch

Ah|le, die; –, –n: Schusterwerkzeug, Pfriem

Ah|ming, die; –, –e: Tiefgangmesser am Schiff [ml. ama Maßgefäß, gr. ame Wassereimer]

Ahn, der; –(e)s und –en, –en: Vorfahre, Stammvater * Ah|ne, der; –n, –n: Ahn * Ah|ne, die; –, –n: Stammutter, w. Vorfahre * Ahnfrau; Ahnherr * Ahnenbild; Ahnendünkel: dünkelhafter Stolz auf die Vorfahren : Ahnengalerie; Ahnenkult; Ahnen-

liste; Ahnenreihe; Ahnenstolz; Ahnentafel * Ah|nen|schaft, die; –: Gesamtheit der Ahnen

ahn|den tr.: strafen : rächen * Ahn|dung, die; –, –en: Strafe : Rache

äh|neln (ich ..[e]le) intr.: ähnlich sein, werden, sehen * ähn|lich Ew.: sich der Gleichheit nähernd : (Math.) gleiche Verhältnisse habend * und ähnliches → und Ähnliches; Abk.: u. Ä; manches Ähnliches; nichts Ähnliches * ähn|li|chen tr.: ähnlich machen * Ähn|lich|keit, die; –, –en: das Ähnlichsein : Zeichen der Ähnlichkeit

ahnen tr., intr.: dunkel vorherfühlen, voraussehen * Ah|nung, die; –, –en: das Ahnen : das Ahnen Erregende : (volkst.) geringe Kenntnis von etwas * ahnungslos Ew.: ohne Ahnung; Ahnungslosigkeit; Ahnungsvermögen; ahnungsvoll

ähn|lich: s. ähneln

Ah|nung: s. ahnen

a|hoi! (seem.): Ausruf zum Anrufen eines Schiffes

A|horn, der; –(e)s, –e: Laubbaum * a|hor|nen Ew.: aus Ahornholz

Äh|re, die; –, –n: Ährchen, –lein: Blütenstand des Getreides : Blütenstand mit sehr kurzgestielten Blumen * Ährenaloe: Aloe mit ährenförmigen Blüten; Ährenfeld: Getreidefeld; ährenförmig Ew.; Ährenkranz; Ährenlese: das Sammeln von Ähren; Ährenried: eine Pflanze; Ährensieb: Kornfege; Ährenstein: Asbest mit ährenförmigen Fäden; Ährenweiderich: Weiderich mit ährenförmigen Blüten * ähren tr., intr.: Ähren lesen : rbz.: Ähren treiben * geährt: ährig * ..ähr|rig Ew. nur in Zus.: mit Ähren versehen; s. kurz-, vollährig

A|hu|ra|maz|dah, A|hu|ra Mas|dah: Gestalt der iran. Religion : s. a. Ormuzd

Ai, das: –s, –s: südam. Faultier

AIDA: (e. Abk.) Attention, Interest, Desire, Action (Aufmerksamkeit, Interesse, Verlangen, Handlung [Kauf]); Faustregel der Werbung

Aide (fr.) [ähd'], der; –n, –n: Gehilfe : Mitspieler, Partner *

Aide de Camp (fr.) [– d' kang], der; – – –, –s – –: „Feldgehilfe", Adjutant; Aide Mémoire [– memoahr], das; –s, –s: diplomat. Denkschrift [fr. aider helfen, l. adiutare]

Aids (e.), das (meist ohne Artikel): (Abk.): acquired immune deficiency syndrom: (Med.) durch den HIV-Virus hervorgerufene lebensgefährliche Infektionskrankheit; aidskrank; Aidskranke; Aidstest: HIV-Test

Ai|g|ret|te (fr.) [ägrett'], die; –, –n: weißer Reiher : Reiherbusch : Büschel

Ai|ki|do (jap.), das; –s: jap. Form der Selbstverteidigung

Ai|lan|thus, Ai|lan|tus, der; –, –: ind. Götterbaum

Ai|nu, der; –s, –s: Ureinwohner Japans

Air (fr.) [ähr], das; –s, –s: Benehmen : Aussehen : Haltung : (Mus.) Lied (Arie) : Instrumentalstück * sich ein Air geben: sich das Aussehen geben

Air mail (e.) [ährmehl], die; –: (Ez.) Luftpost

Air|bag (e.) [ährbeg], der; –s, –s: Luftkissen als Sicherheitsvorrichtung in Kraftfahrzeugen

Air|bus (e.) [ähr..], der; ..sses, ..sse: Großraumflugzeug

Air|con|di|ti|on (e.) [ährkendischn], die; –, –s: Klimaanlage

Aire|dale (e.) [ährdehl], das; –: engl. Flusstal * Airedaleterrier (kurz: Airdale): eine engl. Hunderasse

Air|fresh (e.) [ähr..], das; –s, –s: Raumparfüm

Air|line (e.) [ährlain], die; –, –s: Luftfahrtlinie * Air|port (e.), der; –s, –s: Flughafen

a|is (enharmonisch b), das; –, –: (Mus.) das um einen halben Ton erhöhte a: Molltonstufe * A|is, das; –, –: Durtonstufe

Ais|chy|los: altgriech. Dichter (um 525–456 v. Chr.)

A|ja (it.), die; –, –s: Kinderwärterin : Hofmeisterin

A|jax: Sagenheld

A|ja|tol|lah, der; –s, –s: höchster schiitischer Ehrentitel, s.a. Ayatollah

à jour (fr.) [aschur]: „zu Tage", bis heute, fertig : durchbrochen : durchsichtig * à jour sein: fertig sein; à jour gefaßt → à jour gefasst: eingerandet * Ajourarbeit: durchbrochene

Arbeit, *ajourieren (östr.):* Ajourarbeit machen ✳ a|journie|ren (..iert) tr.: aufschieben

A|ka|de|mie (gr.-l.), die; –, ..mien: ein angeblich nach Akademos benannter Übungsplatz bei Athen : Lehrplatz Platos : Platonische Philosophie : Hochschule : Gelehrtenverein ✳ A|ka|de|mi|ker, der; –s, –: Mitglied einer Akademie : Hochschullehrer : Hochschüler : auf einer Hochschule Ausgebildeter ✳ A|ka|de|mike|rin, die; –, –nen: weibl. Akademiker ✳ a|ka|de|misch Ew.: zu einer Akademie gehörig : auf einer Akademie ausgebildet

A| kamp|sie (gr.), die; –, ..ien: Gliederstarre ✳ a|kamp|tisch Ew.: „ungebeugt", das Licht nicht zurückwerfend

A|kan|thit (gr.), der; –(e)s, –e: Gestein ✳ A|kan|tho|den Mz.: versteinerte Fische ✳ *Akanthodenschicht* ✳ A|kan|thus, der; –, –: eine Pflanze, Bärenklau ✳ *Akanthusblatt; Akanthusornament* ✳ A|kan|then Mz.: (Baukst.) Nachahmung der Akanthusblätter an griech. Säulen [gr. akantha Dorn, Stachel]

A|ka|ro|id|harz, das; –es, –e: Harz des Gelbharzbaumes ✳ A|ka|ro|id|holz, das; –es: Holz des Gelbharzbaumes

A|kar|pie (gr.), die; –: Unfruchtbarkeit [gr. vern. a- und karpos Frucht]

a|ka|ta|lek|tisch (gr.-dtsch.) Ew.: (Verskunst) unverkürzt, vollständig [gr. katalegein aufhören]

A|ka|ta|lep|sie (gr.), die; –: Unbegreiflichkeit : krankhafter Mangel an Auffassungsvermögen ✳ A|ka|ta|lep|ti|ker, der; –s, –: Zweifler ✳ a|ka|ta|lep|tisch Ew.: nicht erkennbar : unbegreiflich [gr. vern. a- und katalepsis das Fassen]

A|ka|ta|po|sis (gr.), die; –: Trink-, Schluckunfähigkeit

A|ka|thar|sie (gr.), die; –: (Blut-)Unreinheit [gr. vern. a- und katharos rein]

A|ka|tho|lik (gr.), der; –en, –en: jmd., der nicht der kath. Kirche angehört ✳ a|ka|tho|lisch Ew.: nicht katholisch [gr. vern, a-]

a| kaus|tisch (gr.) Ew.: unverbrennbar [gr. vern. a- und kaustos brennbar]

A|ka|zie (gr.), die; –, –n [..csie]: tropischer Baum, Mimosengattung

A|ke|lei (ml.), die; –, ..lein: Hahnenfußgewächs (Aquilegia) : Nagelgeschwür

A|ki, das; –, –s: (Abk.) Aktualitätenkino

A|ki|ne|sie (gr.), die; –: Unbeweglichkeit : Gliedersteifheit : Nervenlähmung [gr. vern. a- und kinein bewegen]

Ak|kad: in der Antike Stadt und Reich in Babylonien ✳ ak|ka|disch (Ew.): Akkad betreffend

Ak|kla|ma|ti|on (l.), die; –, –en: Zuruf : Beifall ✳ ak|kla|mie|ren (..iert) tr.: zurufen : zujauchzen [l. ad- zu und clamare rufen]

Ak|kli|ma|ti|sa|ti|on (gr.-l.), die; –, –en: Gewöhnung ans Klima : Eingewöhnung ✳ ak|kli|ma|ti|sie|ren (..iert) rbz.: sich eingewöhnen ✳ Ak|kli|ma|ti|sie|rung, die; –, –en: Eingewöhnung

Ak|ko|la|de (fr.), die; –, –n: Umarmung : Ritterschlag : (Buchdrw.) geschwungene Klammer ✳ ak|ko|lie|ren (..iert) tr.: umarmen : einklammern [fr. accoler von colçou Hals]

ak|kom|mo|da|bel (l.-fr.) Ew.: anpassungsfähig : anwendbar : zweckmäßig : gütlich beilegbar ✳ Ak|kom|mo|da|bi|li|tät (nl.), die; –: Anpassungsfähigkeit : Zweckmäßigkeit ✳ Ak|kommo|da|ti|on, die; –, –en: Anpassung ✳ *akkommodationsfähig* Ew.: anpassungsfähig – *Akkommodationsfähigkeit* ✳ ak|kom|mo|die|ren (..iert) tr., rbz.: anpassen : (Auge –) einstellen : refl.: sich mit jemandem einigen

Ak|kom|pa|gne|ment (fr.) [..panjemang], das; –s, –s: (Mus.) Begleitung ✳ ak|kompa|gnie|ren (..iert) tr.: begleiten

Ak|kord (fr.), der; –(e)s, –e: (Mus.) Zusammenklang mehrerer Töne : Übereinstimmung : Vertrag : Stücklohn ✳ *Akkordarbeit:* leistungsabhängige Arbeit ✳ *Akkord arbeiten:* gegen Stücklohn arbeiten ✳ *Akkord-*

arbeiter ✳ *Akkordlohn:* Stücklohn ✳ *Akkordzither:* (Mus.) Zither mit besonderen Saitengruppen zum Greifen von Akkorden ✳ ak|kor|da|bel Ew.: zulässig : vereinbar ✳ ak|kordie|ren (..iert) tr.: zusammenstimmen : übereinkommen : einen Vergleich eingehen : Stücklohn geben ✳ Ak|korde|on, das; –s, –s: Handharmonika ✳ Ak|kor|de|o|nist, der; –en, –en: Akkordeonspieler

ak|kre|di|tie|ren (l.-fr.) (..iert) tr.: beglaubigen : bevollmächtigen ✳ Ak|kre|di|tiv, das; –s, –s: Beglaubigungsschreiben : Bürgschaftsschein; vgl. Kredit

Ak|kres|zenz (l.), die; –, –en: Zuwachs : das Anwachsen ✳ ak|kres|zie|ren (..iert) intr.: anwachsen : sich vermehren ✳ Ak|kre|ti|on, die; –, –en: Zunahme : Wachstum ✳ *Akkretionskatalog:* Verzeichnis der Neuanschaffungen (einer Bibliothek) ✳ ak|kre|tiv Ew.: zunehmend [l. accrescere zunehmen]

Ak|ku, der; –s, –s: Abk. für Ak|ku|mu|la|tor, der; –s, ..toren: Kraftsammler : Stromsammler, elektrische Batterie : Druckwasserbehälter ✳ *Akkuhalter* ✳ *Akkumobil:* eine mit Akkumulator betriebene Maschine ✳ *Akkumulatorenbetrieb* ✳ Ak|ku|tu|ra|ti|on, die; –, –en: Anpassung an eine fremde Kultur

Ak|ku|mu|lat, das; –(e)s, –e: Trümmergestein ✳ Ak|ku|mula|ti|on, die; –, –en: Anhäufung : Wortschwall ✳ Ak|ku|mu|lator, s. Akku ✳ ak|ku|mu|lieren (..iert) tr.: anhäufen : sammeln; vgl. kumulieren

ak|ku|rat (l.), Ew.: genau : sorgfältig : ordentlich ✳ Ak|ku|ra|tes|se (fr.), die; –: Genauigkeit : Sorgfalt : Ordnung [l. accuratus von accurare mit Sorgfalt behandeln; cura Sorge]

Ak|ku|sa|tiv (Ak|ku|sa|tiv), der; –s, –e: vierter Fall, Wenfall ✳ Akk. (Abk.): Akkusativ ✳ *Akkusativobjekt*

Ak|me (gr.), die; –: Spitze : Gipfel : Höhepunkt (einer Krankheit) ✳ Ak|mit, der; –(e)s, –e: Gestein

Ak|ne (gr.), die; –, –n: Ge

sichtsblütchen : (Med.) Hautausschlag : Pickel

A|ko|la|sie (gr.), die; –, ..sien: Unmäßigkeit : krankhaft schlechte Säftemischung im Körper ✳ A|ko|last, der; –en, –en: Schlemmer [gr. akolastos zuchtlos]

A|ko|luth, A|ko|lyth (gr.), der; –(e)s, –en: Altardiener, Messgehilfe [gr. akoluthos folgend, begleitend]

A|ko|nit (gr.), das; –(e)s, –e: eine Pflanze, Eisenhut ✳ Akonitsäure ✳ A|ko|ni|tin, das; –s; Giftstoff der Eisenhutarten

A|kon|to|zah|lung (it.-dtsch.), die; –, –en: Abschlagszahlung; vgl. a conto

A|kos|mie (gr.), die; –: Unordnung : Unsauberkeit : (Med.) Gesichtsblässe ✳ A|kos|mismus, der; –: Weltleugnung : a|kos|mis|tisch Ew.: Beziehung auf den Kosmos ablehnend : weltleugnerisch; vgl. Kosmos

A|ko|ty|le|do|ne (gr.), die; –, –n; keimblattlose Pflanze

ak|qui|rie|ren (l.-fr.) (..iert) tr.: erwerben : erringen ✳ Ak|qui|si|teur (fr.) [..kisitöhr], der; –s, –e: Erwerber : Geschäftsvertreter ✳ Ak|qui|siti|on (l.), die; –, –en: Erwerbung : Errungenschaft : Kauf : Gekauftes ✳ Akquisitionsdokument: Erwerbungsurkunde ✳ Ak|qui|si|tor (l.), der; –s, ..toren: Erwerber [l. acquirere von ad- zu und quaerere suchen]

A|k|ra|ni|er (gr.), der; –s, –: schädelloses Wirbeltier, Lanzettfischchen

A-k-ra-ni-er
Grundsätzlich wird nach Sprechsilben getrennt. Daher können viele mit einem Vokal beginnende Fremdwörter je nach Zeilenfall auf zweierlei Art getrennt werden. Die roten Trennstriche in den folgenden Stichwörtern mit demselben Wortstamm zeigen beide Trennmöglichkeiten.

A|k|ra|sie (gr.), die; –: „Nichtmischung", krankhafte Säftemischung

A|k|ra|tie (gr.), die; –: Zügellosigkeit : Unbeherrschtheit

a|k|ri|be, a|k|ri|bisch (gr.) Ew.: genau : sorgfältig ✳ A|k|ri|bie, die; –: Genauigkeit

: Sorgfalt [gr. akribeia Genauigkeit]

A|k|ri|di|er (gr.), der; –s, –: Heuschrecke

A|k|ri|sie (gr.), die; –: Unentschiedenheit : Urteilslosigkeit : (Med.) Unbestimmtheit des Krankheitszustandes ✳ a|kritisch Ew.: unentschieden : urteilslos

a|k|ro (gr.): zuoberst

A|k|ro|a|ma (gr.), das; –: „Gehörtes", Ohrenschmaus : Vortrag : Vernunftgrundsatz ✳ A|k|ro|a|ma|tisch Ew.: zum Anhören bestimmt : vortragsmäßig [gr. akroasthai zuhören]

A|k|ro|bat (gr.), der; –en, –en: Seiltänzer : Turnkünstler ✳ A|k|ro|ba|tik, die; –: Turnkunst : Wendigkeit ✳ ak|roba|tisch Ew.: den Seiltanz, die Turnkunst betreffend [s. akro.. und bainein gehen]

a|k|ro|karp (gr.) Ew.: (Bot.) gipfelfruchtig [s. akro.. und karpos Frucht]

A|k|ro|le|in (nl.), das; –s: (Chem.) stark reizendes flüssiges Öl [l. acer scharf und oleum Öl]

A|k|ro|lith (gr.); der; –(e)s, –e: Holzbildsäulen, deren äußere Teile in Stein gearbeitet sind [s. akro.. und lithos Stein]

A|k|ro|me|ga|lie (gr.), die; –: (Med.) krankhafter Knochenriesenwuchs

A|k|ro|mi|on (gr.), das; –, ..mia und ..mien: Schulterhöhe : Schulterblatt

A|k|ro|nym (gr.), das; –s, –e: aus den Anfangsbuchstaben mehrerer Wörter gebildetes Wort (UNO, Aids)

A|k|ro|po|lis (gr.), die; –: Stadtburg von Athen [s. akro.. und polis Stadt]

A|k|ros|ti|chon (gr.), das; –s, ..chen und ..cha: Gedicht in Versen, deren Anfangsbuchstaben Wörter bilden, Leistenvers [s. akro.. und stichos Zeile]

A|k|ro|te|rie (gr.), die; –, –n: Giebelverzierung ✳ A|k|ro|teri|um (gr.-l.), das; –s, ..rien: Verzierung : Vorsprung

A|k|ro|tis|mus (gr.l.), der; –: Streben nach dem Höchsten : Erforschung der letzten Seinsgrundlagen

a|k|ro|ze|phal (gr.) Ew.: (Med.) spitzköpfig ✳ Akrozephale:

Spitzköpfiger ✳ A|k|ro|zepha|lie (gr.), die; –, –n: [gr. akro spitz und kephale Kopf]

A|kryl|harz, das; –es, –e: chem. Stoff : Kunststoff ✳ A|kryl|glas, das; –es: Plexiglas ✳ A|kryl|säu|re, die; –, –n: Säure : Ausgangsstoff für die Produktion sytetischer Fasern

äks!: Ausruf des Abscheus, Ekels ✳ pfui äks!

Akt (l.), der; –(e)s, –e: Handlung : Tat : Gerichtshandlung : Schauspielaufzug : künstlerische Darstellung des nackten Körpers ✳ Staatsakt; Schauspiel in drei Akten ✳ Aktzeichnung ✳ Aktfoto ✳ Aktzentrum: Mittelpunkt persönlichen Handelns ✳ Ak|te, die; –, –n: Verhandlungsschrift : Urkunde : Schriftstück ✳ Ak|tei, die; –, –en: Aktensammlung ✳ akten|kun|dig : in den Akten stehend : aus den Akten bekannt ✳ Aktenlage: aus den Akten ersichtliche Lage ✳ Aktenmappe ✳ Aktentasche ✳ zu den Akten legen: als erledigt weglegen ✳ Aktenvermerk ✳ Aktenzeichen ✳ ..ak|ter, der; –s, – (nur in Zus. mit Zahlwörtern): ..Akte habendes Schauspiel; Einakter usw. ✳ Ak|teur (fr.) [..töhr], der; –s, –e: handelnde Person : Schauspieler ✳ Ak|tie, die; –, –n: Anteilschein ✳ Aktiengesellschaft: Handelsgesellschaft von Aktieninhabern; Abk.: AG; Aktienkapital ✳ Aktienpaket ✳ Aktiensparen: Anlage von Ersparnissen in (festverzinslichen) Wertpapieren ✳ ..ak|tig Ew., nur in Zus. mit Zahlwörtern: .. Akte habend ✳ fünfaktig ✳ Ak|ti|on (l.), die; –, –en: Handlung : Tätigkeit : Wirkung : Verfahren : (Rechtsspr.) Zivilklage ✳ in Aktion treten: zu handeln, zu wirken beginnen ✳ Aktionsart: Handlungsweise (beim Zeitwort) ✳ Aktionsform: Form des Geschehens (beim Zeitwort) ✳ Aktionskomitee ✳ Aktionspreis ✳ Aktionsradius: Wirkungskreis : (Luftf.) Fahrbereich ✳ Aktionstag ✳ Ak|ti|o|när (fr.), der; –s, –e: Aktieninhaber ✳ Aktionärsversammlung ✳ Ak|ti|o|nis|mus (l.), der; –: Vorsatz, etwas durch gezielte Aktionen zu verändern ✳ Ak|ti|o|nist, der; –en, –en: einer, der durch unkonventionelles Handeln bewusstseins- und gesellschaftsverändernd wirken will * **ak|tiv** (l.) Ew.: tätig : wirksam : ausübend : im Dienst stehend * *Aktivforderung:* ausstehende Geldforderung; *Aktivhandel:* Ausfuhrhandel eigener Erzeugnisse; *Aktivposten* * *Aktivsaldo* * *Aktivvermögen:* wirklich vorhandenes Vermögen * **Ak|tiv** (auch **Ak|tiv**), das; –s, –e: **Ak|ti|vum** [..w..], das; –s, ..va: (Sprachl.) Tätigkeitsform * **Ak|ti|vum** (l.) [..w..], das; ..va und ..ven: (meist Mz.) vorhandenes Vermögen : ausstehende Schuldforderung * **Ak|ti|va|tor**, der; –s, –en: Stoff zur Beschleunigung eines katalytischen Prozesses * **Ak|tiv|bür|ger**, der; –s, –: schweiz. Bürger, der über das aktive Wahlrecht verfügt * **ak|ti|vie|ren** (..iert) [..w..] tr.: in Tätigkeit setzen : in Gang bringen : zur Wirksamkeit bringen * **Ak|ti|vis|mus** [..w..], der; –: Betriebsamkeit : Einsatz für (meist polit.) Ziele * **Ak|ti|vist**, der; –en, –en: zielbewusst Handelnder : polit. eifriger Parteikämpfer : (ehem. DDR) für besondere Leistungen Ausgezeichneter * **ak|ti|vis|tisch** Ew. * **Ak|ti|vi|tas**, die; –: Gesamtheit der ordentlichen Mitglieder einer (Studenten-) Verbindung * **Ak|ti|vi|tät**, die; –, –en: Tätigkeit : Geschäftigkeit : Tätigkeitstrieb * *Aktivitäten entwickeln:* intensiv tätig werden * **Ak|tiv|koh|le**, die; –, –n: feiner Kohlenstaub zur Reinigung und Entgiftung * **Ak|tri|ce** (fr.), die; –, –n: Schauspielerin * **Ak|tu|al|ge|ne|se** (l. und gr.), die; –: (Psych.) Wahrnehmungsvorgang * **Ak|tu|a|li|tät** (l.), die; –, –en: Wirklichkeit : gegenwärtige Sachlage * *Aktualitätenkino* * **ak|tu|a|li|sie|ren** tr.: ins Bewußtsein rücken : gegenwärtig, aktuell machen * **Ak|tu|ar** (l.), der; –s, –e: * **Ak|tu|a|ri|us** (l.), der; –, ..rien: Gerichtsschreiber * **ak|tu|ell** (fr.) Ew.: zeitnah : gegenwärtig wirksam : zeitgemäß [l. actus Handlung von agere handeln; Akte: von l. acta Mz. zu actum, fälschlich als w. Ez. aufgefasst] **Ak|te, Ak|tie:** s. Akt

Ak|ti|ni|den, Mz.: die chemischen Elemente, die im Periodischen System auf das Aktinium folgen **Ak|ti|nie** (gr.) [ni-e], die; –, –n: Strahlentier, eine Gattung Korallentiere, Seeanemone * **Ak|ti|ni|um**, das; –s: radioaktives Element * **ak|ti|nisch** Ew: strahlungskrank **Ak|ti|no|lith**, der; –(e)s und –en, –e(n): ein Gestein * **Ak|ti|no|me|ter**, das; –s, –: Strahlenmessung, Gerät zur Messung von Wärmestrahlen * **ak|ti|no|morph** Ew.: strahlenförmig * **Ak|ti|no|my|ko|se**, die; –: Strahlenpilzkrankheit [gr. aktis Strahl] **Ak|ti|on, Ak|ti|o|när:** s. Akt **ak|tiv, Ak|ti|va, ak|ti|vie|ren, Ak|ti|vi|tas, Ak|ti|vi|tät, Ak|ti|vum, Ak|tri|ce:** s. Akt **Ak|tu|a|li|tät, Ak|tu|ar, ak|tu|ell:** s. Akt **Ak|tu|a|li|tä|ten|ki|no**, das; –s, –s: Kino, in dem nur Aufnahmen zum Zeitgeschehen und Kurzfilme vorgeführt werden **A|ku|pres|sur** (nl.), die; –, –en: Blutstillungsmittel * **a|ku|punk|tie|ren** (nl.) (..iert) tr.: durch Nadelstiche heilen * **A|ku|punk|tur** (nl.), die; –, –en: Heilverfahren durch Nadelstiche * **a|kut** (l.) Ew.: scharf : heftig : (Krankheit) schnell verlaufend : (Frage) brennend * **A|kut** (l.), der; –(e)s, –e: Akzentzeichen [l. acus Nadel; acuere schärfen, spitzen]

A|kü|spra|che, die; –, –n: Abkürzungssprache * *Aküfi:* Abkürzungsfimmel

A|kus|tik (gr.), die; –: Schall-lehre : Klangwirkung * **A|kus|ti|kon**, das; –s, ..ka: Hörrohr * **A|kus|ti|kus** (gr.-l.), der; –, ..ki: Hörnerv * **a|kus|tisch** (l.-dtsch.) Ew.: zur Schall-lehre gehörig : schallleitend : die Klangwirkung betreffend

a|kut, A|kut: s. Akupressur **AKW** (Abk.): Atomkraftwerk * **AKW-Geg|ner**, der; –s, – **A|ky|a|no|blep|sie** (gr.), die; –: Blaublindheit * **A|ky|a|no|blept**, der; –en, –en: Blaublinder

Ak|ze|denz (l.), die; –, –en: Beitritt : Zustimmung *

ak|ze|die|ren (..iert) intr.: beitreten : zustimmen [l. accedere zustimmen] **Ak|ze|le|ra|ti|on** (l.), die; –, –en: Beschleunigung * **ak|ze|le|rie|ren** (..iert) tr.: beschleunigen : fördern [l. accelerare, celer schnell] * **Ak|ze|le|ra|tor**, der; –s, ..oren: Beschleuniger **Ak|zent** (l.), der; –(e)s, –e: Ton : Betonung : Tonzeichen : Hochton : Tonfall : Aussprache : Nachdruck * *akzentfrei, akzentlos:* ohne Akzent * *Akzentträger:* den Haupton tragender Laut * *Akzentwechsel* * **Ak|zen|tu|a|ti|on**, die; –, –en: Betonung : Tonbezeichnung * **ak|zen|tu|ie|ren** (..iert) tr.: betonen : mit Tonzeichen versehen * **Ak|zen|tu|ie|rung**, die; –, –en: Akzentuation [l. accentus von ad- zu und cantus Gesang] **Ak|zept**, das; –(e)s,–e: angenommener Wechsel * *Akzeptkredit:* Wechselkredit * **ak|zep|ta|bel** Ew.: annehmbar * **Ak|zep|tant**, der; –en, –en: (Wechsel-)Annehmer, Bezogener * **Ak|zep|tanz**, die; –: die Bereitschaft, etwas anzunehmen * **Ak|zep|ta|ti|on**, die; –en: Annahme * **ak|zep|tie|ren** (..iert) tr.: annehmen : billigen * **Ak|zep|tor**, der; –s, ..toren: Annehmer : Stoff, der bei einer chem. Reaktion andere Stoffe bindet [l. accipere annehmen] **Ak|zeß** → **Ak|zess** (l.), der; –es, –e: Zugang : Zulassung zum Vorbereitungsdienst : Anwartschaft * **ak|zes|si|bel** Ew.: zugänglich : offen * **Ak|zes|si|on**, die; –,–en: Zugang : Zuwachs : Regierungsantritt * **Ak|zes|sist** (nl.), der; –en,–en: Anwärter : ein beim Gericht Zugelassener * **Ak|zes|sit** (l.), das; –(s), –(s): zweiter Preis, Nebenpreis * **Ak|zes|so|ri|e|tät** (l.), die; –, –en: Zugänglichkeit : Zulassbarkeit * **ak|zes|so|risch** Ew. (l.-dtsch.): hinzutretend * **Ak|zes|so|rium** (l.), das; –s, ..rien: Zusatz : Beiwerk : Nebenanspruch [l. accedere beitreten]; vgl. Akzedenz **Ak|zi|dens** (l.), das; –, ..denzien: Hinzukommendes : Zufälliges : unwesentliche Eigen-

schaft : Nebeneinnahme **
Akzidentalia, ..talien Mz.:
Zufälligkeiten : zufällige Ne-
benbestimmungen ** **Akzi-
dentalpunkt:** Zusammen-
laufpunkt ** **akzidentiell**
Ew.: zufällig : unwesentlich **
Akzidenz, die; –, –en: Neben-
arbeit, Gelegenheitsarbeit **
Akzidenzdruck: Anzeigendruck
[l. accidere vorfallen, sich er-
eignen]
Akzise (ml.-fr.), die; –, –n:
Verbrauchssteuer : Zoll ** *ak-
zisfrei:* steuerfrei; *akzispflich-
tig* ** **akzisieren** (nl.) (..iert)
tr.: versteuern ** **Akzisor** (l.),
der; –s, ..soren: Steuereinnehmer [ml. accisia vom Einkerben
des Steuerbetrags in Holz]
à la .. (fr.): in der Art von ** *à la
carte* [ala cart']: nach der
(Speise-) Karte; *à la bonne
heure* [ala bonnör]: vortrefflich!
recht so!; *à la baisse, à la hausse
spekulieren* [ala bäß, ..hoß ..]:
die Spekulation auf die Baisse,
die Hausse einstellen; *à la lon-
gue* [..long']: auf längere Zeit; *à
la mode* [..mo'd]: nach der
Mode ** **A la mode literatur**,
die: (Ez.) deutsche höfische Literatur des 17. Jhs. nach fr. und it.
Vorbild; *à la suite* [..ßwit]: im
Gefolge von, zugeteilt
al laaf (rhein., niederd.): Hochruf im Karneval
A la bama: Staat der USA
A la baster (gr.), der; –s: feinkörniger Gips ** *Alabasterbu-
sen:* sehr weißer Busen; *ala-
basterweiß* ** **alabastern**
Ew.: aus Alabaster : so weiß
wie Alabaster [gr. alabastron
Alabastergefäß, nach der ägyp-
tischen Stadt Alabastron]
A la lie (gr.), die; –: Sprechun-
fähigkeit [gr. lalein sprechen]
A land, der; –(e)s, –e: Nerfling,
ein Knochenfisch
Ä land inseln: Inselgruppe im
Bottnischen Meerbusen
A la ne, der; –n, –n: Angehöri-
ger eines Nomadenvolkes in
Südrußland
A lant, der; –(e)s, –e: Korb-
blütler, Staudengewächs **
Alantapfel: Frucht des Alants;
Alantwein: aus Alantfrüchten
hergestellter Wein
A larm (fr.), der; –s, –e: Ruf zu
den Waffen : Warnzeichen **

Alarmanlage; Alarmapparat:
Warnvorrichtung; *alarmbereit*
Ew.; *Alarmbereitschaft; Alarm-
gerät; Alarmglocke; Alarm-
schuß; Alarmsignal; Alarm-
start:* (Kriegsw.) schnelles Aufsteigen der Abwehrjäger bei
Meldung angreifender Bom-
ber; *Alarmstufe; Alarmzustand*
** **a larmieren** (fr.-dtsch.)
(..iert) tr.: zu den Waffen rufen :
zum Einsatz rufen : aufschrek-
ken : warnen [it. all'arme zu
den Waffen]
A la rodier, der; –s, –: Angehöriger der nordasiatischen Ur-
bevölkerung
A las ka: nordwestamerikan.
Halbinsel ** *Alaskafuchs; Alas-
kaseal*
A laun (l.), der; –s, –e: schwefelsaures Doppelsalz ** *Alaun-
bad:* (Chem.) Bad in Alaunlö-
sung; *Alaunbeize:* Rotbeize in
Aluminiumsalzlösung; *Alaunbruch:* Ort der Alaungewin-
nung; *Alaunerde:* Tonerde;
Alaunerz: Gemenge aus
Braunkohle, Ton und Schwefelkies; *alaungar* Ew.: mit
Alaun gegerbt; *Alaungrube:*
Alaunbruch; *Alaunhütte:* Stätte
der Verarbeitung von Alaun;
Alaunkies; Alaunleder: mit
Alaun gegerbtes Leder; *Alaun-
schiefer; Alaunstein:* dem
Alaun ähnliches Mineral **
a launen tr.: mit Alaun tränken ** **a launhaft** Ew.: alaunartig ** **a launig** Ew.: von
Alaun : alaunartig ** **a lau-
nisieren** tr.: mit Alaun behandeln [l. alumen Alaun]
Alb, der; –(e)s, –e: Gebirge
Alb, der; –s, –en: „Elf", ge-
spenstisches Wesen : (übertr.)
drückende Sorge ** *Albdrü-
cken; Albtraum:* beklemmen-
der Traum s. a. *Alpdrücken u.
Alptraum*
Alba nien: Balkanstaat **
Alba ner, der; –s, –: Einwohner Albaniens ** **albanisch**
Ew. ** **Albanitiko**, der; –: al-
ban. Tanz
Alba tros (arab.-span.), der; –,
–se: Sturm verkündender
schwimmfüßiger Seevogel der
Südsee
Albe, die; –, –n: kleiner Weiß-
fisch : weißes Priestergewand :
Silberpappel [l. albus weiß]
Albe do (l.), die; –: die Weiße :

Lichtstärke oder -menge der
Planeten; vgl. Albe
Alber (l.), die; –, –n: Weißpap-
pel; vgl. Albe
Albe rei, die; –, –en: albernes
Wesen und Tun ** **Alberling**,
der; –s, –e: alberner Mensch **
albern Ew.: töricht ** **albern**
intr.: sich albern benehmen **
Albernheit, die; –, –en: albernes Benehmen
Alber go (it.), das; –s, ..ghi
und ..gos: Gasthaus
albern: s. Alberei
Alber tina (l.-dtsch.) die:
Kunstsammlung in Wien **
albertinische Linie: sächsische Linie der Wettiner **
Albertinum, das; –s: Gipsab-
gußsammlung in Dresden
Albertol, das; –s: Kunstharz
aus Teerprodukten
albes zieren (..iert) intr.:
weiß werden [l. albus weiß]
Albigenser, der; –s, –: Bewohner von Albi, Angehöriger
einer Sekte, benannt nach der
südfr. Stadt Albi
Albinismus (l.), der; –:
Weißsucht; s. Leukismus **
Albino, der; –s, –s: Weißsüch-
tiger, Mensch oder Tier mit an-
geborenem Farbstoffmangel
von Haut und Haaren
Albion (kelt.): kelt. Name für
England
Albit, der; –s: weißes Mineral
Albo id (l.-gr.), das; –(e)s: ein
Metall
Album (l.), das; –s, ..ben: „das
Weiße" : weiße Tafel : unbe-
schriebenes Buch : Stammbuch
: Gedenkbuch : Sammelbuch
für Bilder : Liste (in Buchform)
Albu men (nl.), das; –s: Eiweiß ** **Albumin** (nl.), das; –s,
–e: Eiweißstoff ** *Albuminpa-
pier:* unter Verwendung von
Eiweiß hergestelltes fotografisches Papier ** **Albuminat**,
das; –(e)s, –e: eiweißhaltiger
Stoff ** **albuminös** Ew.: ei-
weißhaltig ** **Albuminurie**,
die; –: krankhafte Eiweißab-
sonderung im Harn **
Albumose, die; –, –n: Produkt der Albumine [l. albus
weiß] ** **Albus** (ml.), der; –,
..busse: mittelalterl. Weißpfen-
nig
alcäisch (gr.-l.) Ew.: nach

dem altgr. Dichter Alcäus benannt

Al|can|ta|ra, das; –(s): Wildlederimitat

Al|che|mil|le (nl.), die; –, –n: eine Pflanze, „Frauenmantel", „Löwenfuß"

Al|che|mie, Al|chi|mie (arab.-gr.), die; –: Goldmacherkunst *

Al|che|mist, Al|chi|mist, der; –en, –en: Goldmacher *

al|chi|mis|tisch Ew.: die Goldmacherkunst betreffend : geheimnisvoll [arab. alkimia]

Al|cy|o|ne (gr.): Tochter des altgr. Windgottes Äolus *

Al|cy|o|ne (gr.), die; –: hellster Stern in der Gruppe der Plejaden * **al|cy|o|nisch** Ew.: friedlich

Al|de|ba|ran (arab.), der; –s: heller Stern im Stier [arab. aldebaran der folgende, von dabara folgen: den Plejaden folgend]

Al|de|hyd (arab.-gr.), der; des; –(e)s, –e: wasserstoffarmer Alkohol [zusammengesetzt aus den Anfängen von alcohol n. dehydrogenatus wasserstoffberaubt]

Al|der|man (e.) [a°hldrmänn], der; –s, ..men: Ältester : Ratsherr * **Al|der|mann** (e.-dtsch.), der; ..mannes, ..männer: Ratsherr [ags. aldor älter und man Mann]

Al|di|na, Al|di|ne (nl.), die; –, ..nen: altes Druckwerk aus der Druckerei des Aldus Manutius * **Al|di|ne,** die; –: Schriftart

Ale (e.) [ehl], das; –s: helles engl. Bier

a|le|a|to|risch (l.) Ew.: zufällig * *aleatorische Verträge:* Spekulationsverträge [l. aleator Würfelspieler] * *Aleatorik*

A|lek|to (gr.): „die nie Ablassende, Unversöhnliche", eine Erynnie

A|le|man|nisch, das; –en: die Sprache der Alemannen : schweiz. und obd. Mundarten

A|le|pi|ne (fr.), die; –: (nach Aleppo benanntes) Seidenköpergewebe * **A|lep|po:** Stadt in Syrien * *Aleppobeule:* Eiterung der Gesichtshaut

a|lert (it.-fr.) Ew.: munter : flink [it. all'erta auf der Hut]

A|le|thei|a (gr.): „das Unverborgene", Göttin der Wahrheit

A|leu|ron (gr.), das; –s: Wei-

zenmehl : Klebermehl : Mehlkorn : Eiweißstoff * **A|leu|ro|nat** (gr.), das; –(e)s, –e: Kleberstoff [gr. aleuron Weizenmehl]

A|lex (gr.-dtsch.): Kurzform für Alexander: (berlin.) Alexanderplatz

A|lex|an|dri|en: Stadt in Ägypten * **A|lex|an|dri|ner,** der; –s,–: Einwohner von Alexandria : sechsfüßiger Vers * **A|lex|an|dri|ner|tum,** das; –s: tote Gelehrsamkeit : Lebensferne : Kleinigkeitskrämerei * **a|lex|an|dri|nisch** Ew.: von Alexandria : auf Alexandria bezüglich : auf das Alexandrinertum bezüglich

A|lex|an|drit, der; –(e)s, –e: grüner Schmuckstein

A|lex|i|a|ner (gr.), der; –s, –: Angehöriger einer kathol. Laienbruderschaft

A|le|xie (gr.), die; –: krankhafte Leseunfähigkeit [gr. vern. a- und legein lesen]

A|le|xine (gr.): Abwehrstoffe des Blutes

Al|fa, die; –: Faser des Espartograses * *Alfagras; Alfapapier:* aus Espartofasern hergestelltes Papier

al|fan|zen (du alfanzest und alfanzt) intr.: Possen reißen * **Al|fan|ze|rei,** die; –, –en: Possenreißerei : Gaukelei [mittelhochd. alevanz hergelaufener Schalk]

al fi|ne (it.): (Mus.) bis zum Ende

al|fon|si|nisch Ew.: von Alfons herstammend * *Alfonsinische Tafeln:* Sternverzeichnisse des Königs Alfons X.

al fres|co: s. a fresco

Al|ge (l.-dtsch.), die; –, –n: blütenlose Wasserpflanze * *Algenfisch:* den Algen ähnlich geformter Fisch * **Al|go|lo|ge** (l.-gr.), der; –n, –n: Algenforscher * **Al|go|lo|gie** (gr.), die; –: Lehre von den Algen

Al|ge|bra (arab.), die; –: Gleichungsrechnung : Buchstabenrechnung * **al|ge|bra|isch** Ew.: der Gleichungsrechnung gemäß [arab. algebr. Verbindung getrennter Teile]

Al|ge|ma (gr.), das; –: Schmerz * **al|ge|tisch** Ew.: schmerzhaft : durch Schmerz entstanden * **Al|gie** (gr.-fr.), die; –,

..gien: Nervenschmerz; vgl. Neuralgie * **Al|go|lag|nie** (gr.), die; –: Wollustschmerz *

Al|go|phon (gr.), das; –s: Senfspiritus, Schmerzmittel *

Al|go|spas|mus (gr.), der; –, ..men: schmerzhafter Muskelkrampf

Al|ge|nib (arab.-gr.), der; –s: Stern im Perseus und im Pegasus

Al|ge|ri|en: nordafrikan. Staat * **Al|gier** (fr.) [alschir]: Hauptstadt Algeriens * **Al|ge|ri|er,** der; –s, –: Einwohner von Algerien * **al|ge|risch** Ew.: von, aus Algerien

Al|gi|no|phos|phat (l.-gr.), das; –(e)s: aus Algen hergestelltes Phosphat

Al|gol (arab.), der; –s: Stern im Perseus : (EDV) Programmiersprache

Al|go|lo|ge: s. Alge

Al|go|mei|za (arab.), die; –: der hellere Stern im Kleinen Hund

Al|gon|ki|um, das; –s: (Geol.) Formation des Eozoikums

Al|go|rith|mus (arab.-gr.), der; –, ..men: Rechnungsverfahren : die vier Rechnungsarten : Rechenbuch

Al|go|spas|mus: s. Algema

Al|gra|phie (gr.-l.), die; –, ..phien: lithografischer Druck von Aluminiumplatten

Al|ham|bra (arab.), die; –: „rotes" (Haus), Königspalast in Granada

Al|hi|da|de (arab.), die; –, –n: bewegliches Lineal am Winkelmesser

A|li (türk.): „der Erhabene", (als Ehrentitel) Hoheit

a|li|as (l.) Uw.: Sonst: (bei Namen) anders auch, richtiger *

A|li|bi (l.), das; –s, –s: ..anderswo", Abwesenheit (vom Tatort) * *Alibibeweis*

A|li|can|te: span. Stadt *

A|li|can|te, der; –: span. Wein aus der Gegend von Alicante

a|li|e|na|bel (l.) Ew.: (veralt.) veräußerlich * **A|li|e|na|ti|on** (l.), die; –, –en: Veräußerung * **a|li|e|nie|ren** (dtsch.-l.) (..iert) tr.: veräußern [l. alienus fremd]

A|lig|ne|ment (fr.) [alinj-mang], das; –s, –s: Richtlinie * **a|lig|nie|ren** (..iert) [alinjieren] tr.: nach der Schnur abmessen : richten

A|li|ment (l.), das; –(e)s, –e

(meist Mz.): Verpflegungsgeld : Unterhaltsbeitrag ＊ **Alimentatiton** (l.), die; –, –en: Unterhalt, Verpflegung ＊ *alimentationspflichtig* Ew.: unterhaltspflichtig ＊ **alimentieren** (..iert) tr.: unterhalten, ernähren ＊ **Alimentierung**, die; –, –en: Unterhaltskosten [l. alimentum von alere nähren]

a limine (l.): ohne weiteres : von vornherein [l. a von, vor, limes Schwelle]

Alinea (l.), das; –s (östr. auch –), –s: (Druck-)Absatz; Abk.: Al.

Ali-Pascha: türk. Titel

aliphatisch (gr.) Ew.: fetthaltig

aliquant (l.) Ew.: ungleichteilend, im Ganzen nicht aufgehend ＊ **Aliquante** (l.), die; –, –en: ungleichteilende Zahl ＊ **aliquot** (l.) Ew.: gleichteilend : im Ganzen aufgehend ＊ **Aliquote** (l.), die; –, –n: gleichteilende Zahl [l. aliquantum irgend wie viel aliquoties irgend wie viel mal]

Alith (gr.), das; –(e)s, –e: Legierung von Eisen mit Aluminium

Alizari (arab.-span.), der; das; –s: Krappwurzel ＊ **Alizarin**, das; –s: Krapprot ＊ *Alizarintinte:* unter Verwendung von Alizari hergestellte Tinte

alizyklisch (gr.-l.) Ew.: (Chem.) in wechselnder Folge wiederkehrend

Alk (l.), der; –(e)s und –en, –en: nordischer Tauchervogel

alkäisch (gr.): nach Alkäus benannt ＊ **Alkäus:** gr. Dichter

Alkalde (arab.-span.), der; –n, –n: Bürgermeister : Ortsvorsteher : Richter [arab. al'qadi Richter]

Alkali (arab.), das; –s, –en: Aschen-, Laugensalz ＊ *Alkalimetall:* Wasser zersetzendes Metall ＊ **Alkalimeter** (arab.-gr.), das; –s, –: Werkzeug zur Messung einer Alkalimenge ＊ **Alkalisation**, die; –, –en: Laugensalzbereitung ＊ **alkalisch** Ew.: laugensalzig ＊ **alkalisieren** (..iert) tr.: zu Laugensalz brennen ＊ **Alkaloid**, das; –(e)s, –e: organisches Alkali, Pflanzenbestandteil

Alkanna (arab.-l.), die; –: Alkannin liefernde Pflanze, Färberochsenzunge ＊ **Alkannin**, das; –s: roter Farbstoff aus der (falschen) Alkannawurzel

Alkazar (arab.), der; –s, –e: Palast : Zitadelle

Alkohol (arab.), der; –s, –e: Weingeist; Mz.: Kohlenwasserstoffe, in denen Wasserstoffatome durch Hydroxyl ersetzt sind, z. B. Glykole, Glyzerin ＊ *Alkoholblutprobe; Alkoholdelikt; Alkoholvergiftung* ＊ **Alkoholat**, das; –s, –e: (Chem.) Verbindung von Alkohol mit einem Salz ＊ **Alkoholiker**, der; –s, –: Trinker ＊ **Alkoholisation**, die; –, –en: Alkoholbereitung : Weingeistentwässerung ＊ **alkoholisch** Ew.: Weingeist enthaltend ＊ **alkoholisieren** (..iert) tr.: entwässern : läutern : zu Weingeist entwässern ＊ **Alkoholismus**, der; –: Trunksucht ＊ **Alkoholmißbrauch** → **Alkoholmissbrauch**, der; –s: übermäßiger Alkoholverzehr

Alkoran: s. Koran

Alkoven (arab.), der; –s, –: Bettnische : fensterloser Nebenraum [arab. al qubbeh gewölbtes Gemach, Zelt]

Alkyle (gr.): einwertige Kohlenwasserstoffreste, Alkoholradikale

all Ew.: jedes; das Ganze; sämtlich : (aussag.) fertig, zu Ende : in Zus. mit verstärkender Bedeutung: *all(es) das; wer alles; all und jeder; alles und jedes; all die Mühe; alles Gesagte; alle die Bitten; mit all(er) seiner Kraft; Dinge aller Art; in, vor allem; alles andere; alles beliebige, mögliche, übrige; (allerlei) alles Gute* (jede Menge, jede Art von Gutem); *bei all(e) diesem, bei dem allem; bei, in, mit, nach, trotz, von, zu alledem; allem dem, dem allem* (Dat. zu: all das); *mein ein und (mein) alles →* *mein Ein und (mein) Alles; alle* (mundartl. auch *aller*) drei *Jahre; alle* (mundartl. auch: *aller) nase(n)lang, naslang:* häufig; *den Tüchtigen* ＊ *allesamt* Uw.: insgesamt, alle miteinander ＊ *alle sein:* am Ende seiner Kräfte sein; *alle werden:*

zu Ende gehen; *alle zusammen* ＊ *allabendlich, allabends* Uw.: jeden Abend; *allbekannt* Ew.: allen bekannt : berühmt; *alldeutsch* Ew.: auf Förderung des Deutschtums überall bedacht; *der Alldeutsche Verband* ＊ *alldieweil:* (veralt.) weil; *allebendig →* *alllebendig* Ew.: durch und durch lebendig; *Allerbarmer,* der; –s, –: der sich aller erbarmt (Beiname Gottes); *allgemach:* allmählich; *allgemein:* s. allgemein; *allgewaltig; Allheilmittel; allhier:* (verst.) hier; *allhiesig; alliebend →* *allliebend* Ew.: alles(s) liebend; *alljährlich* Uw. Ew.: jedes Jahr (wiederkehrend); *Allmacht:* alles umfassende Macht; *allmächtig* Ew.; *Allmächtige,* der; –: Gott; *allmählich* Uw. Ew.: nach und nach; *allmonatlich* Uw. Ew.: jeden Monat; *Allmutter:* Mutter von allem, Bezeichnung der Natur; *allnächtlich* Uw. Ew.: jede Nacht (wiederkehrend); *Allradantrieb* (Kraftfahrzeugw.); *allrussisch* Ew.: räterussisch; *allseitig* Ew.: nach allen Seiten gleichmäßig entwickelt; *allseits* Uw.: auf allen Seiten; *Allsportideal:* Ideal aller Sportler; *Allstromgerät:* elektrisches Gerät für Gleich- und Wechselstrom; *allstündlich* Uw. Ew.: jede Stunde (wiederkehrend); *Alltag:* Werktag; *Alltagskleider; Alltagsleben; alltägig* Ew.: jeden Tag wiederkehrend; *alltäglich* Ew.: jeden Tag geschehend : bekannt; *Alltäglichkeit,* die; –, –en: etwas Gewöhnliches; *allüberall* Uw. (verst.): überall; *allumfassend* Ew.: ringsum; *Allvater:* Gott; *allwissend* Mw. Ew.: alles wissend; *Allwissenheit,* die; –: das Alleswissen; *Allwisserei,* die; –: das angebliche Alleswissen; *allwo:* (verst.) wo; *allwöchentlich* Uw. Ew.: jede Woche (wiederkehrend); *allzeit* Uw.: immer; *allzu* s. d.; *allzuhauf; allzumal:* alle auf einmal; *allzusammen:* alle zusammen ＊ *allemal* Uw.: jedes Mal, immer; *ein für allemal → ein für alle Mal(e); allesamt* Ew.: alle; *allewege* Uw.: überall; *alleweil(e)* Uw. (mundartl.): immer : jetzt; *all(e)zeit* Uw.: immer ＊

allenfalls Uw.: im äußersten Fall : höchstens; ＊ *allenthalben* Uw.: überall ＊ aller-: mit Superl. verstärkend, z. B. *allerbest; –christlichst; allererst; –größt; allerhand* Ew.; *allerheiligst; allerheiligste,* das; –n: heiligster, innerster Raum des jüd. Tempels : (kath. K.) die in der Monstranz aufbewahrte geweihte Hostie; *allerhöchst; allerhöchstens; aufs allerhöchste* → *Allerhöchste: auf allerhöchsten Befehl:* auf königlichen, kaiserlichen Befehl; *Allerhöchstdero;* –*derselbe;* –*dieselbe;* –*selbst:* (veralt.) Anrede von Königen und Kaisern; *allerletzt; allerliebst* Ew.; *Allerliebste,* der; die; –n, –n: sehr entzückend; *allermeist; allermildest; allerwenigstens* ＊ aller-: in Zus. Gen. Ez. oder Mz.: *allerart:* von allen möglichen Arten; *allerdings* Uw.: freilich; *allerenden:* (veralt.) überall; *allerhand* Ew. (unv.): von jeder Art; *Allerheiligen,* das; –: kath. Fest (l. XI.); *Allerheiligenfest; allerlei* Ew. (unv.): von jeder Art; *Allerlei,* das; –s: Gemisch; *Allermannsharnisch:* eine Pflanze, Sieglauch; *allerorten, -orts* Uw.: überall; *Allerseelen,* das; –: kath. Fest (2. XI.); *Allerseelentag; allerseits* Uw.: auf allen Seiten; *allerwärts* Uw.: nach, auf allen Seiten; *allerwege(n);* –*wegs:* überall; *Allerweltsfreund:* einer, der mit allen Freund ist; *Allerweltskerl:* der es jedem recht macht; *Allerweltsnarr:* den keiner ernst nimmt; *Allerwerteste,* der; –n, –n: (scherzh.) Gesäß ＊ *alles:* s. all ＊ **All,** das; –s: das Ganze der Welt ＊ *Allbegriff; Allgeist:* das All umfassender Geist ＊

Allheit, die; –: das Allsein : die Ganzheit, Gesamtheit

alla bendlich: s. all

alla breve (it.) [..w..]: (Mus.) beschleunigt : mit doppeltem Zeitmaß ＊ *Alla-breve-Takt*

Allah (arab.): Name Gottes bei den Mohammedanern [arab. alder und ilah von alaha anbeten; „der Anbetungswürdige"]

Allantotoxikon (gr.), das; –, ..ka: Wurstgift [gr. allas, Gen. allantos Wurst u. toxikon Gift]

all' antico (it.): nach alter Art

alla polacca (it.): (Mus.) auf polnische Art

allargando (it.): (Mus.) breiter, langsamer werdend ＊ allargieren (dtsch.-it.) (..iert) tr.: erweitern : breiter machen

Allasch, der; –es, –e: Kümmelschnaps

Allbegriff: s. All

allda, -deutsch, -dieweil, allebendig → all leben dig: s. all

Allee (fr.), die; –, –n: Baumgang : Lustgang ＊ *Herrenhäuser Allee; Kaiser-Friedrich-Allee; Johannisallee* [fr. aller gehen]

Allegat (l.), das; –(e)s, –e: angeführte (Buch-)Stelle : Berufung auf ein Zitat ＊ Allegation, die; –, –en: Anführung eines Zitates ＊ allegieren (..iert) tr.: ein Zitat anführen [l. allegare von ad und legare absenden]

Alleghenies [älligänis]: nordamerik. Gebirge

Allegorie (gr.), die; –, ..rien: Sinnbild : sinnbildliche Darstellung : Gleichnis(rede) ＊ allegorisch Ew.: sinnbildlich ＊ allegorisieren (..iert) tr.: sinnbildlich darstellen; intr.: sich gleichnishaft ausdrücken [gr. allegoria von allegorein „etwas anders sagen"]

allegramente (it.): (Mus.) munter, lebhaft ＊ allegretto (it.): (Mus.) mäßig geschwind ＊ Allegretto, das; –s, –s: mäßig geschwindes Tonstück ＊ allegrezza, con – (it.): (Mus.) mit Munterkeit ＊ allegro (it.): (Mus.) geschwind ＊ Allegro, das; –s, –s: lebhaftes Tonstück

allein Ew. (unv., nur aussagend): für sich : ohne Hinzukommendes : ohne Begleitung : ohne fremde Hilfe : ausschließlich : einzig ＊ *Alleinbesitz; alleinerziehend* → *allein erziehend, Alleinerziehende* → *allein Erziehende; Alleingang; Alleinflug; im Alleingang:* ohne fremde Hilfe; *Alleinhandel:* Recht, eine Ware als einziger zu verkaufen; *Alleinherrscher:* einziger Herrscher; *Alleinherrschaft; Alleinkandidatur; Alleinsein; alleinseligmachend* → *allein selig machend*

Mw. Ew.: als einzige selig machend (Kirche); *Alleinsekretärin; alleinstehend* → *allein stehend* Ew.: nur für sich stehend; *Alleinstehende, auch: allein Stehende,* der; –n, –n; *Alleinverkauf:* Alleinhandel; *Alleinvertreter:* einziger Vertreter ＊

alleinig Ew.: allein (als Beifügg.) ＊ Alleinigkeit, die; –: Ausschließlichkeit

Allele (gr.) Mz.: Erbeinheiten eines Chromosomenpaares

alleluja: s. hallelujah

allemal: s. all

Allemande (fr.) [all'mangd'], die; –s, –n: altes Tonstück, Teil der Suite : deutscher Tanz [fr. allemand deutsch]

allenfalls, allenthalben: s. all

Allenthesis (gr.), die; –: Erkrankung durch im Organismus befindliche Fremdkörper

Aller, die; –: Nebenfluss der Weser

allerart, Allerbarmer, allerbest, –christlichst, –dings, –durchlauchtigst, –enden, –erst: s. all

Allergie (gr.), die; –, ..gien: übertriebene Abwehr des Körpers gegen fremde Stoffe : Überempfindlichkeit ＊ Allergiker, der; –s, –: Patient mit allergischen Reaktionen ＊ allergisch Ew.: überempfindlich [gr. allos anders und ergon Werk]

allerhand, Allerheiligen, allerheiligste, –höchst, –lei, –letzt, –liebst, –meist, –orten, –orts, Allerseelen, allerseits, –wärts, –wege(n), Allerwelts-, allerwenigstens: s. all

alles: (flekt. sächl. Form von) all ＊ allesamt: s. all

allez (fr.) [alleh]: geht! vorwärts! ＊ allons (fr.) [allong]: gehen wir! vorwärts! ＊ *Allons enfants de la patrie* (fr.) [allong sangfang d'la patrie] (Anfang des Liedes der frz. Revolution): Vorwärts, Kinder des Vaterlandes!

allezeit: s. all

Allgäu, das; –s: Landschaft im südwestl. Bayern

allgemach: s. all

allgemein Ew.: allen gemeinsam gehörig : für alle gültig ＊

im allgemeinen → *im Allgemeinen:* im ganzen → im Ganzen : üblicherweise; *das Allgemeine und das Besondere; Allgemeine Deutsche Biographie; Allgemeine Elektrizitäts-Gesellschaft* ✳ *Allgemeinbefinden:* Gesamtbefinden; *Allgemeinbrauch; allgemeingültig* → *allgemein gültig* Ew.: bei allen geltend; *Allgemeingut; Allgemeinmedizin; allgemeinverständlich* → *allgemein verständlich* Ew.: allen verständlich; *Allgemeinwohl* ✳ **Allgemeinheit,** die; –: alle
Allheilmittel: s. all
Allianz (fr.-dtsch.), die; –, –en: Bündnis ✳ *Allianzmaschine:* Dynamo ✳ *Allianzkonzern:* Versicherungskonzern ✳ **alliieren** (fr.-dtsch.) (..iert) tr., rbz.: verbinden : verbünden ✳ **Alliierte,** der; die; –n, –n: Verbündeter [fr. allier von l. alligare aus adligare anbinden]
alliebend → **all liebend:** s. all
Alligation (l.), die; –, –en: Metallmischung : Zusatz ✳ *Alligationsrechnung; -regel* (Math.): Mischungsrechnung ✳ **alligieren** (l.-dtsch.) (..iert) tr.: vermischen: beimengen; vgl. Allianz
Alligator (l.-span.), der; –s, ..toren: amerik. Krokodil [entstellt aus span. el lagarto die Eidechse]
alliieren: s. Allianz
Alliierte: s. Allianz
Alliteration (l.), die; –, –en: Stabreim ✳ **alliterieren** (..iert) intr.: staben, Stabreim bilden [l. ad- hinzu und littera Buchstabe]
alljährlich, **Allmacht,** **allmächtig,** **allmählich:** s. all
Allmende, die; –, –n: Gemeindegut
allmonatlich: s. all
allochthon (gr.) Ew.: aus ortsfremden Stoffen gebildet; vgl. autochthon
Allod (dtsch.-ml.), das; –(e)s, –e: Eigengut, Freigut, Erbgut ✳ **allodial** Ew.: lehnzinsfrei ✳ *Allodialerbe:* Erbe eines Eigengutes; *Allodialgut:* Erbgut ✳ **Allodialität,** die; –: Lehnzinsfreiheit ✳ **Allodifikation,** die; –, –en: Verwandlung in Freigut ✳ **allodifizieren**

(..iert) tr.: in ein Freigut verwandeln ✳ **Allodium,** das; –s, ..dien: Allod [urspr. deutsches Wort: ahd. al- gänzlich und ôd Gut, Besitz; „Ganzbesitz"; ins Lat. übernommen als allodium, von da wieder ins Deutsche gedrungen]
allogamisch (gr.) Ew.: von anderen Pflanzen bestäubt
Allokution (l.), die; –, –en: feierliche Ansprache : Papstrede ✳
Allolalie (gr.), die; –, ..lien: krankhafte Neigung zum Falschsprechen [gr. allos anders; lalein sprechen]
Allonge (fr.) [alongsch'], die; –, –n: Anhängsel, Verlängerung (an einem Wechsel) ✳ *Allongeperücke:* lang herabfallende Lockenperücke [fr. long lang]
allons: s. allez
Allopath (gr.), der; –en, –en: Anhänger der Allopathie ✳ **Allopathie** (gr.), die; –: Gegenmittel anwendendes Heilverfahren ✳ **allopathisch** Ew.: mit Gegenmitteln [gr. allos anders und pathos Leiden]
Allotria (gr.) Mz.: fremde Dinge : Unfug ✳ **Allotriophagie** (gr.), die; –, ..gien: das krankhafte Verlangen nach ungewöhnlichen Speisen [gr. allotrios fremd und phagein essen]
allotrop (gr.) Ew.: mehrförmig ✳ **Allotropie,** die; –, ..pien (Chem.) Auftreten eines Stoffes in mehreren Formen : die verschiedenen Zustände eines Stoffes [gr. allos anders und tropos zu trepein wenden]
allottava (it.) [..w..]: (Mus.) in der Oktave
all right (e.) [a°hl reit]: ganz recht
Allroundman, der; –s, ..men: eine Person, die auf vielen Gebieten theoretisch und vor allem praktisch gut beschlagen ist
Allroundsportler (e.) [a°lraund..] der; –s, –: vielseitiger Sportler, Mehrkämpfer
allrussisch, **allseitig,** **Allseligkeit:** s. all
Allspice (e.) [a°hlßpeis], das; –: „Allgewürz", Nelkenpfeffer
Allsportideal, **Allstromgerät, allstündlich, Alltag,**

Alltäglichkeit, allüberall: s. all
All-Star-Band (e.) [olstarbänd], die; –: aus Solisten bestehendes Jazzorchester
alludieren (..iert) intr.: auf etwas anspielen ✳ **Allusion** (l.), die; –, –en: Anspielung ✳ **allusiv, allusorisch** Ew.: anspielend, andeutend [l. ad an und ludere spielen]
allumfassend: s. all
all' unisono (it.): (Mus.) im Einklang, einstimmig
Allüre (fr.), die; –, –n (meist Mz.): Gangart : Benehmen : Umgangsformen [fr. aller gehen]
Allusion: s. alludieren
alluvial (l.) [..w..] Ew.: angeschwemmt ✳ *Alluvialboden:* angeschwemmter Erdboden ✳ **Alluvion** (l.), die; –, –en: Anschwemmung ✳ *Alluvionsrecht:* Recht, sich angeschwemmtes Land anzueignen ✳ **Alluvium** (l), das; –s, ..vien: Schwemmland: (Geol.) obere Schicht der Quartärformation (Holozän, Gegenwart) [l. alluere anspülen]
Allvater, allwissend, Allwissenheit, Allwisserei, allwöchentlich, allzeit: s. all
allzu Uw.: zu sehr ✳ (vgl. Erläuterungstext) *allzu groß; allzu schnell; allzu viele* ✳ *allzu bald:* zu bald; *allzu früh; allzu gern; allzu lange; allzu oft; allzu sehr; allzu selten; allzu viel;* aber: *allzumal*

allzu
Verbindungen von *allzu* mit Adjektiven werden behandelt wie die dritte Steigerungsform (Superlativ): *am höchsten, allzu hoch;* sie werden also stets getrennt geschrieben. Einzige Ausnahme: das zur Formel gewordene *allzumal*.
Alm, die; –, –en: Bergtrift : Gebirgsweide ✳ *Alm-, Almenrausch,* der; –es, –e: Alpenrose (Rhododendron) ✳ **Almer,** der; –s, –: Senne : Jodler ✳ **Almerin,** die; –, –nen: Sennerin
Alm, Alp, der; –(e)s: eine Art Mergel
Almagest (arab.-gr.), der; –: arab. Name des großen griech. Werks über die Sternkunde von

Ptolemäus [arab. almadschisti von gr. megiste die größte, nämlich syntaxis Sammlung]

Al|ma ma|ter *auch:* **Al|ma Ma|ter** (l.), die; – –: „nährende Mutter" : Hochschule : Ehrenname für Hochschulen

Al|ma|nach (gr.-arab.), der; –s, –e: Kalender: Jahrbuch [wahrscheinlich gr.-ägypt. almenichiaka Kalender]

Al|man|din (l.), der; –s, –e: edler Granat [nach dem Fundort Alabanda in Karien]

Al|ma|vi|va (span.), der; –s, –s: eine Art Mantel

Al|men|rausch, Al|mer: s. Alm, die

Al|mo|sen (gr.), das; –s, –: Armengabe : Wohltat * *Almosenamt:* das Armengeld verwaltende Behörde; *Almosenbüchse; Almosenempfänger; Almosenpflege:* Almosenamt; *Almosenstock:* Opferstock für Almosen * **Al|mo|se|nier** (fr.-dtsch.), der; –s, –e: Almosenverteiler : ein geistlicher Würdenträger

Al|mut: weibl. Vorname

A|loe (gr.) [alo-e], die; –, –n: dickhäutiges Liliengewächs * *Aloeextrakt:* getrockneter Aloesaft (als Abführmittel); *Aloeholz; Aloesäure:* aus Aloe gewonnene, zum Färben verwandte Säure * **A|lo|in,** das; –s: bitterer Stoff in der Aloe, Aloebitter

A|lo|gie (gr.), die; –: Unvernunft : Unsinn * **a|lo|gisch** Ew.: unvernünftig : vernunftwidrig * **a|lo|gis|tisch** Ew.: unbesonnen [gr. vern. a- und s. Logik]

A|lo|in: s. Aloe

A|lo|pe|zie (gr.), die; –: Haarausfall [eig. Fuchsräude von alopex Fuchs]

Alp, Alp|drü|cken: s. auch Alb

Alp, Al|pe (östr. nur Alpe); die; –, ..pen (meist Mz.): Bergtrift : Bergweide : (Mz.) ein mitteleurop. Gebirge * *Alpkraut:* Bittersüß; *Alprauch:* Erdrauch; *Alprute:* Drudenbusch * *Alp(en)fahrt; –hirt; Alp(en)horn:* Holzblasinstrument der Alpenhirten; *Alp(en)hütte; Alp(en)gerät:* Ausrüstung zum Bergsteigen; *Alp(en)wirtschaft:* Sennerei * *Alpenbärlapp; Alpenbirke; Al-*

pengebirge; Alpengeier; Alpengipfel; Alpenglöckchen: Soldanella; *Alpenglühen:* rötliches Erglühen der Alpengipfel vor Aufgang und nach Untergang der Sonne (Strahlenbrechung); *Alpenheide:* niedriges Strauchgewächs; *Alpenhirt:* Senner; *Alpenjäger:* Gebirgsjäger; *Alpenkette:* (Gebirgs-) Kette der Alpen; *Alpenlinse:* Schmetterlingsblütler, eine Pflanze; *Alpenorchis:* eine Orchis; *Alpenpass:* über das Alpengebirge führende Passstraße; *Alpenpfad; Alpenrebe:* eine Pflanze; *Alpenreise:* Reise in die Alpen; *Alpenrose:* Alm(en)rausch; *Alpenspitze:* Bergspitze; *Alpenstraße; Alpenveilchen:* Knollengewächs, Cyklamen; *Alpenwanderer; Alpenzug:* die Alpen durchquerender Eisenbahnzug * **äl|peln** (ich ..p[e]le) intr.: eine kleine Sennerei betreiben * **al|pin** (l.) Ew.: die Alpen, das Hochgebirge betreffend * **Al|pi|ni** (it.) Mz.: Alpenjäger * **al|pi|nisch** (l.-dtsch.) Ew.: alpin * **Al|pi|nis|mus,** der; –: Hochgebirgssport * **Al|pi|nist,** der; –en, –en: Bergsteiger : Alpenkundiger * **Al|pi|nis|tik,** die; –: Alpinismus * **Al|pi|num** (l.), das; –s: Steingarten * **Äl|pler,** der; –s, –: Alpenbewohner : Senne * **äl|ple|risch** Ew.: der Art eines Äplers gemäß

Al|pa|ka (peruan.), das; –s, –s: peruanisches Gebirgsschaf * **Al|pa|ka,** der; das; –s: Alpakawolle, Gewebe, Lüster * **Al|pa|ka,** das; –s: Neusilber * *Alpakasilber* * **Al|pa|ko,** das; –s, –s: Alpaka (Lama)

al pa|ri (it.): zum Nennwert, vollwertig

Al|pe, al|pin: s. Alp

Al|pha, das; –(s), –s: der erste griech. Buchstabe : (übertr.) Anfang * *das Alpha und das Omega:* Anfang und Ende * *Alphastrahlen:* positive Ionenstrahlen radioaktiver Stoffe * **Al|pha|bet,** das; (gr.) –s, –e: Buchstabenreihe, Abece : (Buchdrw.) Anzahl von 23 Druckbogen * **al|pha|be|tisch** Ew.: der Reihenfolge der Buchstaben, des Abeces gemäß * **al|pha|be|ti|sie|ren** (..iert) tr.: nach dem Alphabet ordnen [gr.

alpha und beta, die beiden ersten Buchstaben des griech. Alphabetes]

Al|phard, der: –: Stern in der Wasserschlange

Al|pha|strah|len: s. Alpha

Al|phe|us, der; –: peloponnesischer Fluss

al pi|a|ce|re (it.) [..tschere]: nach Belieben

al|pin: s. Alp

Al|raun, der; –(e)s, –e; Alräunchen, -lein: Wurzelstock der Mandragora, Glücksbringer: Zauberwurzel * **Al|rau|ne,** die; –, –n: Alraun * **al|rau|nen-, al|räun|chen|haft** Ew.: nach Art der Alraune [ahd. al- all und got. rûna Geheimnis]

al ri|ver|so (it.): umgekehrt : entgegengesetzt

als Uw.: (mundartl.) immer, meist, gewöhnlich [mhd. alles Gen. von all gänzlich]

als Uw.: zur Vergleichung nach dem Kompar. : zur Gleichstellung * *er lebt als Einsiedler:* er ist ein Einsiedler : er lebt wie ein Einsiedler : er lebt in der Art eines Einsiedlers; *er kam als erster* → *er kam als Erster* * Bw. zeitlich zur Einleitung eines Nebensatzes mit Impf. od. Plusqu.: nachdem, sobald * **als|bald** Uw.: sogleich * **als|dann** Uw.: darauf

Al|se, die; –, –n; Hering, Maifisch

al sec|co (it.): (Malerei) auf trocknem Grund

al seg|no (it.) [..ßenjo]: bis zum Zeichen : zum Zeichen zurück

al|so Uw.: (verst.) so : ebenso; Bw. einen Hauptsatz anknüpfend : folglich, daher : als solches häufig alleinstehend als aufmunternder Ausruf „na –!" * **al|so|bald:** (veralt. für) alsbald * **al|so|fort:** so weiter * **al|so|gleich** Uw.: (verst.) sogleich

Als|ter, die; –: Nebenfluss der Elbe

alt Ew. (älter, älteste): nicht jung : seit, vor längerer Zeit lebend, bestehend, gültig : das Alter, die Dauer von .. habend : erfahren : langgedient : unverändert : veraltet : verbraucht : altmodisch : ehemalig : (schmeichelnd) lieb : (verächtl.) unangenehm * *einen Monat alt; auf meine alten*

Tage: in meinem Alter; *alt und jung:* jedermann; *Alte und Junge; er ist der Ältere; an das Alte denken; die Alten:* alte Leute : alte Völker; *ich bin der alte →* ich bin der Alte; unverändert derselbe; *der altböse Feind:* (veralt., dichterisch) alte, u. Ä.; *beim alten →* beim Alten bleiben; es beim alten lassen →* es beim Alten lassen; *am alten →* am Alten hangen; alten Stils; Altes und Neues; etwas Altes; die alte Geschichte:* die bekannte Geschichte, Angelegenheit; *die Alte Geschichte:* Geschichte der alten Völker; *die Alte Welt:* Europa, Asien, Afrika; *das Alte Fritz:* Friedrich II. von Preußen; *Alter Herr:* (stud.) ehemaliger Verbindungsstudent : (stud.) Vater; *Alter Mann:* (bergm.) ausgehauene Lagerstätte, Schuttfeld; *Alte Land:* s. d. ∗ *altadelig* Ew.: von altem Adel; *Altarm:* ehemaliger Flußarm, der als stehendes Gewässer erhalten geblieben ist; *altbacken* Ew.: (vom Gebäck) alt, nicht frisch; *Altbau; altbekannt* Mw. Ew.; *Alt-Berlin:* das alte Berlin; *altberühmt; Altbesitz; Altbier:* obergäriges, gewöhnl. dunkles, v. a. im Rheinland gebrautes Bier; *Altbundespräsident; Altbürgermeister:* ehemaliger Bürgermeister; *altdeutsch:* deutscher Art früherer Zeit gemäß; *altehrwürdig* Ew.: durch Alter ehrwürdig; *altfränkisch* Ew.: altmodisch; *altgedient* Mw. Ew.: lange gedient habend; *Altgedinge: Altenteil; Altgesell:* ältester Geselle; *altgewohnt* Mw. Ew.: seit langem gewohnt; *Altgold; altgriechisch* Ew.: auf das alte Griechenland bezüglich; *Altgut:* Trödel; *Althändler:* Trödler; *althergebracht* Mw. Ew.: von alters her gebräuchlich; *altherkömmlich* Ew.: althergebracht; *Altherrenmannschaft; althochdeutsch* Ew.: hochdeutsch in der ältesten Zeit (Abk.: ahd.); *Althochdeutsch,* das; −en: die althochdeutsche Sprache; *Altjahrsabend:* Silvester; *altjüngferlich* Ew.: in der Weise einer alten Jungfer; *Altkatholik:* s. dort; *altklug* Ew.: (meist tadelnd) frühreif; *Altmaterial:*

Lumpen : Abfall; *Altmeister:* Vorsteher, Ältester eines Gewerbes, erfahrener Künstler, Sportler o. Ä.; *altmodisch* Ew. *(altmodischste):* nach der alten, verflossenen Mode; *Altpapiersammlung; Altphilologe:* Lehrer und Forscher der alten Sprachen; *Altphilologie; Altpreußen:* das alte Preußen (vor 1815); *Altstadt:* älterer Teil der Stadt; *Altstadtsanierung:* Modernisierung und Auflockerung der Altstadt; *Altstoffe:* Altmaterial; *Alttestamentler,* der; −s, −: Forscher des Alten Testamentes; *alttestamentlich* Ew.: im alten Testament enthalten : dem Alten Testament entsprechend; *Alttier:* Muttertier; *Altvater:* Ahn; *altväterisch* Ew.: altmodisch; *altväterlich* Ew.: ehrwürdig; *Altvordern* Mz.: (veralt., noch scherzh.) Vorfahren; *Altwaren:* gebrauchte Waren; *Altwarenhändler; Altwasser,* das; −s, ..wässer: früheres Hauptbett eines Stromes; *Altweibergeschwätz; Altweibermühle; Altweibersommer:* Spätsommertage : Sommerfäden *Alt-Wien* ∗ **Alt**|**chen,** das; −s: (als schmeichelnde Anrede) lieber Alter, liebe Alte ∗ **Alte,** der; −n, −n: Greis : Chef : Kapitän : Vater (auch von Tieren) : Kartenspielfigur : (vertraul. Anrede) Mann : (Mz.) die alten Völker, bes. Griechen und Römer ∗ *der Alte vom Berge:* Haupt der Assassinen ∗ *Altenheim; Altenpfleger(in); Altenteil,* das und der: Ausgedinge ∗ **Alte,** die; −n, −n: Greisin : Chefin : Mutter (auch von Tieren) : (vertraul. Anrede) Frau ∗ **äl**|**teln** (ich ..[e]le) intr.: ein wenig altern : ältlich erscheinen ∗ **Alter,** das; −s: Zustand des Altseins : (Lebens-) Dauer : Lebenszeit : Gesamtheit von alten Personen ∗ *von alters (her), vor alters, seit alters (her):* seit alten Zeiten ∗ *Altersgenosse:* Gleichaltriger; *altersgrau* Ew.: grauhaarig vor Alter; *altershalber:* des Alters wegen ∗ *Altersheim:* Heim für alte Leute; *altersschwach* Ew.: schwach vor Alter; *Altersschwäche; Altersversicherung:* Versicherung für das hohe Lebensalter; *Altersversorgung* ∗ **äl**|**ter** Komp. von *alt* und in

Zus.: *Ältermann:* Vorsteher; *Ältermutter:* Ahne; *Ältervater:* Ahn ∗ **Äl**|**te**|**re,** der; −n, −n: (häufig) der ältere Sohn, Bruder ∗ **Äl**|**tere,** die; −n, −n: (häufig) die ältere Tochter, Schwester ∗ **..alt(e)rig** Ew.: nur in Zus., z. B. gleichaltrig ∗ **al**|**tern** (ich ..[e]re) intr. (haben, sein): alt werden (nur von Lebewesen); tr.: (selt.) alt machen ∗ **Al**|**ter**|**tum,** das; −s, ..tümer: die alte Zeit : aus alter Zeit stammender (Kunst-)Gegenstand ∗ *Altertumsforscher; −kenner; Altertumskunde:* Wissenschaft von der alten Zeit und ihren Kunstwerken; *Altertumswissenschaft* ∗ **Al**|**ter**|**tü**|**me**|**lei,** die; −: altertümelndes Wesen ∗ **al**|**ter**|**tü**|**meln** (ich ..[e]le) intr.: das Wesen des Altertums nachahmen ∗ **al**|**ter**|**tüm**|**lich** Ew.: aus dem Altertum stammend : nach Art des Altertums ∗ **Al**|**ter**|**tüm**|**lich**|**keit,** die; −, −en: das Altertümlichsein : altertümlicher Gegenstand ∗ **Äl**|**tes**|**te,** der; −n, −n: Vorgesetzter : Kirchenältester : (häufig) ältester Sohn, Bruder ∗ **Äl**|**tes**|**te,** die; −n, −n: (häufig) älteste Tochter, Schwester ∗ **ält**|**lich** Ew.: ein wenig alt : dem Alter nahe

Alt−Berlin, Alt−Wien
Bei nichtamtlichen Zusätzen wird häufig ein Bindestrich gesetzt: *Alt−Nürnberg, Groß−Tokio usw.* Dieser Bindestrich bleibt auch bei Ableitungen erhalten: *Alt−nürnbergische, Groß−Tokio Projekt usw.*

Alt (ml.-it.), der; −: (e)s: zweite Frauen- oder Knabengesangsstimme; vgl. Alto ∗ *Altgeige:* Bratsche; *Altstimme* ∗ **Al**|**tist,** der; −en, −en: Altsänger ∗ **Al**|**tis**|**tin,** die; −, −nen: Altsängerin

Al|**tai:** zentralasiat. Gebirge

Al|**tan** (auch **Al**|**tane**), der; −s, −e: offener Vorbau im Obergeschoss : Vorbau

Al|**tar** (auch **Al**|**tar**) (l.), der; −s, ..täre: Altärchen, -lein : Opferherd : Kirchentisch : ein Sternbild ∗ *Altarbild:* den Altar schmückendes Bild; *Altardiener:* Messknabe; *Altarsakrament:* Abendmahl; *Altarstein*

Alte Land, das; −n −(e)s:

Marschlandschaft an der Unterelbe

das Alte Land, Altes Land Adjektive und Partizipien, die Teile von geographischen Namen sind, werden großgeschrieben: *das Tote Meer, der Pazifische Ozean* usw. Dies gilt auch für inoffizielle Namen: *der Nahe Osten* usw.

Al|te|na: Stadt in Westfalen

Al|ten|teil, Al|ter, äl|ter: s. alt

al|te|ra|bel (nl.) Ew.: veränderlich wandelbar ✱ **Al|te|ran|tia** Mz.: umstimmende Heilmittel ✱ **Al|te|ra|ti|on** (l.), die; —, —en: Gemütsbewegung : Aufregung ✱ **al|te|ra|to** (it.) (Mus.): verändert : in eine andere Tonart versetzt ✱ **al|te|rie|ren** (nl.) (..iert) tr.: verändern, aufregen [nl. alterare verändern, aufregen [nl. alterare verändern]

al|ter e|go (l.), das; — —: anderes, zweites Ich ✱ **al|te|ra|to, al|te|rie|ren:** s. alterabel

..alt(e)|rig: s. alt

al|tern: s. alt

Al|ter|nat (nl.), das; —(e)s, —e: Abwechslung : Veränderung ✱ **Al|ter|na|ti|on** (l.), die; —, —en: Abwechslung : Veränderung ✱ **al|ter|na|tiv** (nl.) Ew.: abwechselnd : wechselweise : nur zwei Möglichkeiten zulassend ✱ **Al|ter|na|ti|ve** (l.-fr.) [..w..], die; —, —n: Entscheidungswahl : Wahl zwischen zwei Möglichkeiten ✱ **al|ter|nie|ren** (..iert) intr.: wechseln, abwechseln ✱ *alternierendes Fieber:* Wechselfieber

al|ters|schwach, Al|ter|tum: s. alt

Al|tesse (fr.) [..teß'], die; —, —n: Hoheit [it. altezza aus l. altus hoch]

äl|tes|te: s. alt

alt|frän|kisch: s. alt

Alt|gei|ge: s. Alt

alt|grie|chisch: s. alt

Al|thaea (l.-gr.), die; —: Eibisch : Stockrose ✱ **Al|thee** (l.-gr.), die; —: Eibisch ✱ *Altheesaft; —salbe*

Alt-Hel|las: das alte Griechenland

alt|hoch|deutsch: s. alt

Al|tist(in): s. Alt

Alt|ka|tho|lik, der; —en, —en: Anhänger des Altkatholizismus ✱ **alt|ka|tho|lisch** Ew.:

dem Altkatholizismus anhangend ✱ **Alt|ka|tho|li|zis|mus,** der; —: Abzweigung des Katholizismus

ält|lich: s. alt

Al|to (it.), der; —, ..ti: Altstimme ✱ **Al|to A|di|ge** (it.) [— adidsche], das; — —: „Hochetsch", ital. Name von Südtirol

Alt|phi|lo|lo|ge: s. alt

..alt|rig: s. alt

Alt|ru|is|mus (nl.), der; —: Uneigennützigkeit : Menschenliebe ✱ **Alt|ru|ist,** der; —en, —en: uneigennütziger Mensch ✱ **alt|ru|is|tisch** Ew.: uneigennützig [l. alter das andere]

Alt|stim|me: s. Alt

Alt|tier, Alt|va|ter, Alt|vor|dern, Alt|was|ser, Alt|wei|ber-: s. alt

A|lu|del (arab.-span.), der; —s, —s und —e ✱ **A|lu|del,** die; —, —n: kurze Tonröhre, bei der Quecksilbergewinnung verwendet ✱ **A|lu|dur,** das; —s: Aluminiumlegierung [Alu Aluminium, dur (l.) hart]

A|lu|men (l.), das; —: Alaun ✱ **A|lu|mi|nat** (l.), das; —(e)s, —e: Tonerdeverbindung ✱ **A|lu|mi|nit,** der; —(e)s, —e: Gestein, schwefelsaure Tonerde ✱ **A|lu|mi|ni|um** (l.), das; —s: chem. Grundstoff, Leichtmetall der Alaunerde ✱ *Aluminiumbronze:* Mischung aus Aluminium und Kupfer; *Aluminiumdruck,* der; —(e)s, —e: s. Algraphie; *Aluminiumoxyd:* Tonerde; *Aluminiumsulfat:* schwefelsaure Tonerde

A|lum|na (l.), die; —, ..nae: Internatsschülerin ✱ **A|lum|nat** (l.), das; —(e)s, —e: Schülerheim : Stift(-schule) ✱ **Alumne** (l.-dtsch.), der; —n, —n: Internatsschüler ✱ **A|lum|nus** (l.), der; —, ..nen: Alumne [l. alere ernähren]

al|ve|o|lar (nl.) [..w..] Ew.: die Kieferzahnzellen betreffend ✱ *Alveolarlaut:* mit der Zungenspitze am Zahnfleisch gebildeter Laut; *Alveolarnerv:* Kiefernerv ✱ **Al|ve|o|le** (nl.), die; —, —n: „Fach", Zahnhöhle, -zelle : Wachszelle : Lungenbläschen [l. alveus Höhlung]

Al|weg|bahn, die; —, —en: Einschienenbahn

Al|ly|ta (gr.) Mz.: unlösbare Aufgaben : etwas Unerklärli-

ches [gr. vern. a- und lyein lösen]

am: an dem (Abk. auch bei Ortsnamen) ✱ *am 1. Januar; Köln am Rhein; am Freitag, dem (den) 15. Januar; am besten; am längsten*

a|ma|bi|le (it.): (Mus.) liebenswürdig : (Mus.) einschmeichelnd ✱ **A|ma|bi|li|tät** (l.), die; —: Liebenswürdigkeit [l. amare lieben]

A|ma|ler, der; —s, —: Angehöriger eines ostgot. Königsgeschlechts ✱ **A|me|lun|ge,** der; —n, —n: Amaler

A|mal|gam (arab.), das; —s, —e: eine Verbindung eines Metalls mit Quecksilber, Quickmetall : ein Mineral ✱ **A|mal|ga|ma|ti|on** (arab.-l.), die; —, —en: das Verbinden der Metalle mit Quecksilber, Verquickung ✱ **a|mal|ga|mie|ren** (..iert) tr.: mit Quecksilber verbinden, verquicken ✱ *Amalgamierwerk:* Anstalt, in der Metalle aus Erzen durch Amalgamieren gewonnen werden

A|ma|rant (gr.), der; —(e)s, —e: eine Pflanze, Gartenfuchsschwanz ✱ *Amarantholz:* dunkelrotes westind. Holz

A|ma|rel|le (nl.), die; —, —n: Sauerkirsche : krautartiges Gewächs in Schweden [ml. amarellum von amarus bitter]

A|ma|rin (l.), das; —s: Mandelbitterstoff [l. amarus bitter]

A|ma|ru|schlan|ge, die; —, —n: in Peru als Gottheit verehrte Schlange

A|ma|ryl, der; —s, —e: künstlicher, hellgrüner Stein, Saphir ✱ **A|ma|ryl|lis** (gr.), die; —, ..len: Narzissenlilie, Jakobslilie

a|mas|sie|ren (fr.) (..iert) tr.: aufhäufen [fr. masse Masse]

A|ma|teur (fr.) [amatöhr], der; —s, —e: Liebhaber : Nichtfachmann, Bastler ✱ *Amateurbox er; Amateurphotograph →Amateurfotograf*

A|ma|thie (gr.), die; —: Unwissenheit

A|ma|ti: (Fn.) ital. Geigenbauer ✱ *Amatigeige*

A|mau|ro|se (gr.), die; —: „Verdunkelung", schwarzer Star [gr. amauros dunkel]

A|mau|se (fr.-mhd.), die; —, —n: Edelsteinnachahmung, farbige Glaspaste

A **ma|zo|nas:** nördlichster Staat Brasiliens : größter Strom Südamerikas

A **ma|zo|ne** (gr.-l.), die; –, –n: „Brustlose", Angehörige eines sagenhaften kriegerischen Frauenvolkes [gr. Amazon von vern. a- und mazos w. Brust] : Turniereiterin

Am|bas|sa|de (fr.) [angbassahd'], die; –, –n: Gesandtschaft ✶ **Am|bas|sa|deur** (fr.) [angbassadöhr], der; –s, –e: Gesandter [auf ahd. ambaht Amt zurückgehend]

Am|be (l.), die; –, –n: Doppeltreffer im Lotto [l. ambo beide]

Am|ber (arab.), der; –s, –(n): wohlriechende Ausscheidung des Pottwals, Duftstoff ✶ **Am|bra,** der; das; –s, –s; die; –, –s: Amber ✶ **Am|brie|ren** (..iert) tr.: mit Ambra räuchern

Am|berg: Stadt in der Oberpfalz

Am|bi|dex|ter (spätl.-gr.), der; –s, –: einer, der in beiden Händen die gleiche Gewandtheit hat ✶ **Am|bi|dex|te|ri|tät,** die; –: gleiche Gewandtheit beider Hände [Nachbildung von gr. amphidexios beiderseits rechts]

Am|bi|ent (l.), der; –en, –en: Amtsbewerber ✶ **Am|bi|ti|on,** die; –, –en: „Amtsbewerbung", Ehrgeiz ✶ **am|bi|ti|o|nie|ren** (..iert) tr.: aus Ehrgeiz erstreben ✶ **am|bi|ti|ös** Ew. (..öseste): ehrgeizig [l. ambire eig. umhergehen; sich umhergehend bewerben]

am|bi|va|lent (l.): doppelwertig ✶ **Am|bi|va|lenz,** die; –, –en: Doppelwertigkeit : Doppeltgerichtetheit, psycholog. Begriff für einander entgegengesetzte Gefühle (Liebe – Hass)

Am|bo, Am|bon (gr.), der; –s, –en: erhöhter Platz : Bühne : Pult ✶ **Am|bo|no|klast,** der; –en –en: „Pultzerbrecher" : Feinde der Kirchenmusik [gr. ambainein hinaufsteigen]

Am|boß → Am|boss, der; –es, –e: eiserner Block zum Schmieden : mittleres der drei Gehörknöchelchen : Teil des Zündhütchens

Am|bra, am|brie|ren: s. Amber **Am|bro|sia** (gr.), die; –: Götterspeise : Salböl der Unsterbli-

chen ✶ **am|bro|si|a|nisch** Ew.: nach Ambrosius benannt ✶ *der Ambrosianische Lobgesang:* Te Deum laudamus: das Tedeum ✶ **am|bro|sisch** Ew.: göttlich : himmlisch [gr. ambrosios unsterblich]

am|bu|lant Ew.: wandernd : umherziehend ✶ *ambulantes Gewerbe:* Wandergewerbe; *ambulante Behandlung:* Sprechstundenbehandlung ✶ **Am|bu|lanz,** die; –, –en: Verbandstelle : Krankenwagen : Feldlazarett ✶ **am|bu|la|to|risch** Ew.: umherziehend : ambulant ✶ **Am|bu|la|to|ri|um,** das; –s, –ien: Behandlungsraum [l. ambulare hin und her gehen]

A|mei|se, die; –, –n; Ameischen, –ein im Kerbtier : ein emsiger Mensch ✶ *Ameisenbad:* aus Ameisenhaufen bereitetes Bad; *Ameisenbär:* ein ameisenfressendes Tier; *Ameisenfresser:* Ameisenbär; *Ameisenhaufen:* von Ameisen gebauter Haufen; *Ameisenigel:* ameisenfressender Igel; *Ameisenjungfer:* ein Kerbtier; *Ameisenlöwe:* ein Kerbtier, Larve der Ameisenjungfer; *Ameisensäure:* von den Ameisen abgesonderte Säure ✶ **a|mei|seln** (ich ..[e]le) intr.: sich emsig hin- und herbewegen, wimmeln ✶ **a|mei|sen|haft** Ew.: nach Art der Ameisen : wimmelnd : emsig

A|me|li|o|ra|ti|on (fr.-l.), die; –, –en: Verbesserung ✶ **a|me|li|o|rie|ren** (..iert) tr.: veredeln [fr. améliorer von l. melior besser]

A|mel|korn, das; –(e)s: Dinkel ✶ **A|mel|mehl,** das; –s: Mehl des Amelkorns [ahd. amar, mhd. amer Sommerdinkel]

a|men (hebr.): es geschehe!, wahrhaftig!, als Gebetsschluss ✶ *zu etwas ja und amen sagen auch: zu etwas Ja und Amen sagen:* seine Zustimmung geben ✶ **A|men,** das, –s, –: Zustimmung

A|men|de|ment (fr.) [amangd'mang], das; –s, –s: Änderungsantrag zu einem Gesetzesvorschlag : Zusatzantrag ✶ **a|men|die|ren** (..iert) tr.: verbessern : abändern [fr. amender von l. amendare verbessern]

A **me|nor|rhoe → A|me|nor|rhö** *auch:* A **me|nor|rhöe** (gr.), die; –; Ausbleiben der Monatsblutung [gr. vern. a- und men Monat]

Amenorrhö Mediziner und Sprachwissenschaftler haben sich darauf verständigt, die Schreibweise auf *oe* zugunsten der mit ö, fachsprachlich auch mit *öe,* aufzugeben.

A|me|ri|caine (e.) [-kehn], das; –s, –s: Mannschafts-Radrennen über mehrere Stunden

A|me|ri|ka: Erdteil ✶ **A|me|ri|ka|ner,** der; –s, –: Bewohner von Amerika : ein Gebäck ✶ **a|me|ri|ka|ni|sie|ren** (..iert) tr.: amerikanisch machen ✶ **A|me|ri|ka|nis|mus,** der; –, ..men: Eigenart des amerikan. Englisch : amerikan. Lebensart ✶ **A|me|ri|ka|nis|men** Mz.: amerikan. Redewendungen, Spracheigenheiten ✶ **A|me|ri|ka|nis|tik,** die; –: Amerikakunde

a me|tà (it.): zur Hälfte : auf gleichen Gewinn und Verlust ✶ *Ametageschäft:* (kfm.) gemeinsames Geschäft

a|me|tho|disch Ew.: lehr-, kunstwidrig : ohne Grundsätze; vgl. Methode

A|me|thyst (gr.), der; –(e)s, –e: ein Schmuckedelstein [gr. vern. a- und methyein trunken sein; der Amethyst wurde früher als Schutzmittel gegen Trunkenheit angesehen]

A|me|t|rie (gr.), die; –, ..trien: Ungleichmäßigkeit : Abweichung vom Ebenmaß ✶ **a|me|t|risch** Ew.: ungleichmäßig [gr. vern. a- und metron Maß]

A|meu|ble|ment (fr.) [amöbl'mang], das; –s, –s: Zimmereinrichtung; vgl. Möbel

Am|ha|ra: abessin. Landschaft ✶ **am|ha|risch** Ew. ✶ **Am|ha|risch,** das; –: amtl. abessin. Sprache

A|mi (fr.), der; –, –s: Freund : Liebhaber

A|mi, der; –s, –s: (volkst.) Kurzwort für Amerikaner

A|mi|ant (gr.), der; –(e)s, –en; feinfaseriger Asbest [gr. amiantos unbefleckt]

A|mi|ne Mz.: Ammoniakderivate

A|mi|no|plas|te Mz.: härtbare Kunstharze ∗ A|mi|no|säu|ren Mz.: organische Säuren, in denen ein Wasserstoffatom durch die Aminogruppe NH$_2$ ersetzt ist

A|mi|to|se (gr.), die; –: unmittelbare Zellkernteilung

Am|mann, der; –s, ..männer: (schweiz.) Amtmann

Am|me, die; –, –n: Dienerin, die ein Kind säugt : Kinderwärterin : (übertr.) Mutter, Nährerin ∗ *Ammenmärchen; Ammenmilch*

Am|mer, die; –, –n: Vogel : Sauerkirsche

Am|mer, Am|per, die; –: Nebenfluss der Isar

Am|mer|ling: s. Ammer (Vogel)

Am|mon (hebr.): „der Getreue“ : Beiname des libyschen Jupiter ∗ *Ammonshorn:* wie ein Widderhorn gewundene Versteinerung ∗ Am|mo|nit, der; –en, –en: Ammonshorn [der libysche Jupiter wurde mit einem Widderkopf dargestellt]

Am|mo|ni|ak (gr.), das; –s: gasförmige Verbindung von Stickstoff und Wasserstoff ∗ *Ammoniakalaun:* mit schwefelsaurem Ammonium vermischtes Alaun; *Ammoniakbase:* chem. Verbindung mit Ammoniak als Base; *Ammoniakgummi:* pers. Gummiharz; *Ammoniakpflanze:* eine pers. Doldenpflanze; *Ammoniaksalz:* Salz, das durch Verbindung des Ammoniaks mit Säuren entsteht; *Ammoniaksoda:* kohlensaures Ammoniak ∗ am|mo|ni|a|ka|lisch Ew.: Ammoniak enthaltend ∗ Am|mo|ni|ä|mie (gr.), die; –: Blutvergiftung durch Ammoniak ∗ Am|mo|ni|um, das; –s: chem. Verbindung von Stickstoff und Wasserstoff ∗ *Ammoniumbromid:* Verbindung von Ammonium und Bromwasserstoff; *Ammoniumchlorid:* Salmiak; *Ammoniumjodid:* Verbindung von Ammonium und Jodwasserstoffsäure

Am|mo|nit: s. Ammon

Am|mo|ni|um: s. Ammoniak

Am|mons|horn: s. Ammon

Am|ne|sie (gr.), die; –, ..sien: Gedächtnisschwund [gr. vern. a- und mnesis Erinnerung]

Am|nes|tie (gr.), die; –, ..stien: Straferlass : Begnadigung ∗ am|nes|tie|ren (..iert) tr.: begnadigen [gr. amnesteia von amnestos uneingedenk; vgl. Amnesie]

Am|ni|on (gr.), das; –s: Embryonalhülle ∗ *Amnionwasser:* Fruchtwasser

A|mö|be (gr.), die; –, –n: Wechseltierchen, Urtierchen

A|mok (auch A|mok) (malay.), das; –s: Rauschzustand, verbunden mit hemmungsloser Mordlust ∗ nur in: *Amoklaufen,* das; –s; *Amokläufer,* der; –s, –: blindwütig dahinrasender Mörder [malay. a- moq zur Raserei erregt]

a-Moll: s. a

A|mom (gr.), das; –s, –e: trop. Ingwergewächs

A|mor (l.), der; –s: römischer Liebesgott : Darstellung des Liebesgottes ∗ a|mo|re, con – (it.): mit Liebe, mit Lust ∗ A|mo|ret|te (l.-fr.), die; –, –n: kleiner Liebesgott : Putte ∗ a|mo|ro|so (it.): (Mus.) liebevoll; vgl. amabile

a|mo|ra|lisch (l.) Ew.: sittenwidrig : unsittlich ∗ A|mo|ra|lis|mus, der; –: Ablehnung der Moral ∗ A|mo|ra|li|tät, die; –: sittenwidrige Lebensführung

A|mor|ce (fr.) [amorß'], die; –, –n: Lockspeise : Köder : Zündblatt : (Baukst.) Verzahnung ∗ a|mor|cie|ren (..iert) tr.: ködern : anfeuern

A|mo|ret|te: s. Amor

A|mor|phie (gr.), die; –, ..phien: Gestaltlosigkeit : Unform ∗ a|morph, a|mor|phisch Ew.: gestaltlos : nicht kristallinisch ∗ A|mor|phis|mus, der; –, ..men: Gestaltlosigkeit [gr. vern. a- und morphe Gestalt]

A|mor|ti|sa|ti|on (l.-fr.), die; –, –en: allmähliche Schuldentilgung : Ungültigkeitserklärung von Wertpapieren ∗ a|mor|ti|sie|ren (nl.) (..iert) tr.: abzahlend tilgen : für ungültig erklären [fr. mort Tod; eig. abtöten]

A|mour (fr.) [amuhr], die; –, –en: Liebe : (Mz.) Liebschaft ∗ a|mou|rös (..mu..) Ew. (..öseste): liebreizend : verliebt : die Liebschaft betreffend

Am|pel (l.), die; –, –n: Ver-kehrssignal : Hängelampe : Hängevase

Am|per: s. Ammer

Am|père (fr.) [angpähr]: Fn.: Physiker ∗ Am|pere, das; –(s), –: Einheit der elektr. Stromstärke; Abk.: A ∗ *Amperemeter:* Stromstärkemesser; *Amperestunde:* eine Elektrizitätsmenge

Am|pfer, der; –s: Gattung der Knöterichgewächse

Am|phi|bie (gr.), die; –, –n: Lurch, Landwassertier ∗ am|phi|bisch Ew.: doppellebig : auf dem Lande und im Wasser lebend ∗ Am|phi|bi|um (gr.-l.), das; –s, ..bien: Amphibie [gr. amphi- beiderseits, zweifach und bios Leben]

Am|phi|bol (gr.), der; –s, –e: Hornblende ∗ Am|phi|bo|lie (gr.), die; –, ..lien: Zweideutigkeit : Doppelsinn ∗ am|phi|bo|lisch Ew.: zweideutig : doppelsinnig [gr. amphibolos zweideutig]

Am|phi|brach (gr.), der; –s, –en; Am|phi|bra|chys, der; –, –: ein Versfuß [gr. amphi- beiderseits und brachys kurz]

Am|phi|go|nie (gr.), die; –, –n: zweigeschlechtliche Fortpflanzung

Am|phi|gu|rie (gr.), die; –, ..rien: verworrenes Gerede, Kauderwelsch ∗ am|phi|gu|risch Ew.: verworren [gr. amphi- herum und gyros Kreis: sich im Kreise herumdrehend]

Am|phik|ty|o|ne (gr.), der; –n, –n: „Umwohner“, Angehöriger eines gr. Staatenbundes ∗ Am|phik|ty|o|nie, die; –, ..nien: gr. Staatenbund

Am|phi|ma|cer (gr.), der; –s, –: ein Versfuß [gr. amphi- beiderseits und makros lang]

Am|phi|mi|xis (gr.) der; –: Vermischung der Vererbungsstoffe bei der Befruchtung

Am|phi|the|a|ter (gr.), das; –s, –: halbrunder Schauplatz mit stufenweise aufsteigenden Sitzen ∗ am|phi|the|at|ra|lisch Ew.: nach der Art eines Amphitheaters [gr. amphi- herum]

am-phi-the-a-t-ra-lisch
Die Worttrennung erfolgt nach Sprechsilben, wobei die Herkunft des Wortes in den Hintergrund tritt: *the-at-ra-lisch, Pä-da-go-gik* usw. Hierbei dürfen

auch einzelne Vokale abgetrennt werden: *A-nar-chie* usw. Es ist jedoch auch möglich, nach den alten Regelung zu trennen, die den Silben der Herkunftssprache entspricht: *thea-tra-li-scher, Päd-ago-ge, An-archie* usw.

Am|phi|tri|te (gr.): „die Ringsumrauschte", eine Meeresgöttin

Am|phi|try|on (gr.) m. En.: Gemahl der Alkmene : (übertr.) ein Hahnrei

Am|pho|ra, Am|pho|re (gr.), die; –, ..phoren: zweihenkliger Krug

am|pho|ter (gr.) Ew.: doppelten Wesens : (Chem.) indifferent, weder basisch noch sauer

Am|p|li|fi|ka|ti|on (l.), die; –, –en: Erweiterung, ausführlichere Darlegung * **am|p|li|fi|zie|ren** (..iert) tr.: erweitern : weiter ausführen *

Am|p|li|tu|de (l.-fr.), die; –, –n: Bogenweite : Schwingungsausschlag : größte Stromstärke in einer halben Periode [l. amplus weit]

Am|pul|le (l.), die; –, –n: bauchiges Gefäß mit dünnem Hals für Salböl oder Messwein : Zugeschmolzenes Glasröhrchen für keimfreie Arzneilösung [l. ampla weit und bulla Kapsel]

Am|pu|ta|ti|on (l.), die; –, –en: Gliedabtrennung * **am|pu|tie|ren** (..iert) tr.: (Glieder) abtrennen, abnehmen

Am|rum: nordfries. Insel

Am|sel, die; –, –n: eine Vogelgattung

Ams|ter|dam: niederländ. Hauptstadt * **Ams|ter|da|mer,** der; –s, –: Einwohner Amsterdams

Amt, das; –(e)s, Ämter: Wirkungskreis : Dienstbereich : öffentliche Rechts-, Verwaltungsstelle : Verwaltungsbehörde : Verwaltungsbezirk : (kirchl.) gottesdienstl. Handlung : (kath. K.) Messe : (niederd.) Handwerksinnung * *von Amts wegen:* amtlich; *seines Amtes walten; ein Amt ausüben* * *Amtmann,* der; –(e)s, ..männer und ..leute: Vorgesetzter eines landesherrlichen Amtes : höherer Beamter : (mundartl.) Gerichtsdiener : (niederd.) Handwerksmeister; *Amtmann-*

schaft: Würde und Dienstbereich eines Amtmannes; *Amtsalter:* Dienstalter; *Amtsbefugnis:* durch ein Amt gegebene Befugnis; *Amtsblatt:* Zeitung mit amtlichen Nachrichten; *Amtsbote; Amtsbruder:* im selben Amte Tätiger; *Amtscharakter; Amtsdiener; Amtsenthebung:* Entlassung aus dem Amt; *Amtsehre; –eid; Amtsgeheimnis; amtsgemäß* Ew.; *Amtsgenosse; Amtsgericht; –gerichtsrat; Amtsgewalt; amtshalber* Uw.: von Amts wegen, aus Amtsbefugnis; *Amtshauptmann; Amtshaus:* Haus einer Behörde; *Amtsmiene:* feierlicher, dienststeifriger Ausdruck; *Amtsmißbrauch → Amtsmissbrauch:* Missbrauch amtlicher Gewalt; *amtsmüde* Ew.: dienstmüde; *Amtspflicht; Amtsrichter* (s. Amtsgericht); *Amtsschimmel:* Formkrämerei, langsame Erledigung, Schlendrian [-schimmel aus l. simile ähnlich]; *Amtsschreiber; Amtssiegel; Amtsstube; –tracht; Amtsunterschlagung:* unter Missbrauch amtlicher Vollmachten begangene Unterschlagung; *Amtsverwalter; –verweser; Amtsweg:* der vorgeschriebene Weg für amtliche Schriftstücke; *Amtswohnung:* Dienstwohnung eines Beamten * **Am|tei,** die; –, –en: Amtsraum : Amtsbezirk * **amt|lich** Ew.: zum Amt gehörig : behördlich : offiziell, von Amts wegen geschehend

A|mu|lett (arab.-l.), das; –(e)s, –e: Abwehr-, Zauberschutzmittel

A|mur, der; –s: ostasiat. Fluss

a|mü|sant (fr.) Ew.: unterhaltend : ergötzlich * **A|mü|se|ment** (fr.) [..mang], das; –s, –s: Zeitvertreib : Belustigung * **a|mü|sie|ren** (..iert) tr., rbz.: unterhalten : vergnügen [afr. muser müßig sein, zu dtsch. Muße]

a|mu|sisch Ew.: ohne Kunstsinn : undichterisch [gr. vern. a- und Musa Muse]

A|myg|da|lin (gr.), das; –s: Mandelbitterstoff

A|myl|a|ze|tat (gr.-l.), das; –(e)s: Essigsäure-Amyläther, ein Brennstoff * *Amylazetatlampe* * **A|myl|en,** das; –:

Flüssigkeit von einschläfernder Wirkung * **A|myl|o|id,** das; –(e)s, –e: stärkemehlhaltige chem. Verbindung * **A|myl|on,** das; –s: Stärkemehl

an Vw. mit Dat. (wo? *hängt an der Wand*) und Akk. (wohin? *hänge es an die Wand*): etwas berührend : nahe * Uw.: nahe : berührend (Gegs. ab) : hinan * *es ist an dem:* es verhält sich so; *an und für sich:* für sich selbst betrachtet * **an|bei** Uw.: hierbei : nebenbei

A|na|bap|tis|mus (gr.), der; –: Wiedertäuferlehre * **A|na|bap|tist,** der; –en, –en: Wiedertäufer * **a|na|bap|tis|tisch** Ew.: wiedertäuferisch : vgl. Baptist

A|na|ba|sis, die; –: „Hinaufmarsch", Kriegszug nach dem Binnenland : bes. Feldzug des jüngeren Cyrus gegen seinen Bruder : Xenophons Bericht über diesen Feldzug * **A|na|bat,** der; –en, –en: Wagensreiter * **a|na|ba|tisch** Ew.: täglich wiederkehrend, anhaltend (Fieber)

A|na|chro|nis|mus (gr.), der; –, ..men: Zeitwidrigkeit : Zeitverwechslung : Unzeitgemäßheit* **a|na|chro|nis|tisch** Ew.: zeitwidrig [gr. anachronizein in eine andere Zeit versetzen; chronos Zeit]

A|na|dy|o|me|ne (gr.): „die (aus dem Meer) Aufgetauchte", Beiname der Venus [gr. andymai auftauchen]

An|ae|ro|bi|er (gr.) Mz.: Sauerstoff fliehende, ohne Sauerstoff lebende Keime * **an|ae|rob** (Ew.): sauerstofflos

A|na|gramm (gr.), das; –s, –e: Buchstabenversetzung (Rätsel) [gr. anagraphein umschreiben]

A|na|ko|luth (gr.), das; –(e)s, –e: (Sprachl.) Folgewidrigkeit der Satzfügung * **a|na|ko|lu|thisch** Ew.: folgewidrig : unzusammenhängend [gr. vern. an- und akoluthein folgen]

A|na|kon|da, die; –, –s: Riesenschlange

A|na|kre|on: griech. Dichter * **A|na|kre|on|tik,** die; –: Dichtung des naiven heiteren Lebensgenusses * **A|na|kre|on|ti|ker,** der; –s, –: Nachahmer Anakreons * **a|na|kre|on-**

tisch Ew.: nach Art Anakreons : nach Anakreon benannt

anal (l.) Ew.: auf den After bezüglich [l. anus After]

A|na|lek|ten (gr.) Mz.: Auszüge : vermischte Schriften [gr. analegein sammeln]

A|na|lep|sis (gr.), die; –; Erholung, Wiederherstellung **※ A|na|lep|ti|kon**, das; –s, ..ka: Stärkungsmittel **※ a|na|lep|tisch** Ew.: stärkend [gr. analambanein auffrischen]

A|n|al|gen (gr.), das; –s, –e: schmerzstillendes Mittel **※ A|n|al|ge|sie**, die; –: Unempfindlichkeit gegen Schmerz [gr. vern. an- und algos Schmerz]

a|na|log (gr.) Ew.: „vernunftgemäß", ähnlich **※ A|na|lo|gie**, die; –, ..gien: Ähnlichkeit : Gleichartigkeit : Übereinstimmen von Merkmalen **※** *Analogieschluß → Analogieschluss* **※ a|na|lo|gi|sie|ren** (..iert) tr.: verähnlichen : vergleichen **※ A|na|lo|gis|mus**, der; –, ..men: Schlußfolgerung aus der Ähnlichkeit **※ A|na|lo|gon**, das; –, ..ga: etwas Ähnliches : Seitenstück : Ähnlichkeitsregel [gr. analogos von logos Vernunft]

An|al|pha|bet (gr.), der; –en, –en: des Lesens und Schreibens Unkundiger **※ An|al|pha|be|ten|tum**, das; –s: das Vorhandensein von Analphabeten

A|na|ly|sand, der; –en, –en: der psychoanalytisch zu untersuchende [zu analysierende] Patient **※ A|na|ly|se** (gr.), die; –, –n: Zerlegung : gedankliche Zergliederung, Auflösung **※** *Analysenwaage* **※ a|na|ly|sie|ren** (..iert) tr.: auflösen : zerlegen : gedanklich zergliedern **※ A|na|ly|sis**, die; –: Analyse : Zergliederung : Aufgliederung **※ A|na|ly|tik**, die; –: Zerlegungslehre, elementare Logik **※ A|na|ly|ti|ker**, der; –s, –: „Zerleger", Wissenschaftler der Analyse, der Begriffszergliederung **※ a|na|ly|tisch** Ew.: zerlegend : untersuchend : (Log.) vom Zusammengesetzten zum Einfachen rückschreitend [gr. analysein auflösen]

A|n|ä|mie (gr.), die; –: Blutarmut **※ a|n|ä|misch** Ew.: blutarm [gr. vern. an- und haima Blut]

A|na|mne|se (gr.), die; –, –n: Rückerinnerung : (Med.) Vorgeschichte einer Krankheit **※ a|nam|nes|tisch** Ew.: auf die Erinnerung bezüglich : gedächtnisstärkend : rückdeutend [gr. anamimneskein wiedererinnern]

a|na|morph(isch) (gr.) Ew.: verbildet : verzerrt **※ A|na|mor|pho|se**, die; –, –n: Verbildung : Gestaltwandel : Zerrbild **※ a|na|mor|pho|tisch** Ew.: anamorph; vgl. Morph..

A|na|nas (bras.), die; –, – und ..nasse: eine südamerikanische Pflanze : ihre Frucht **※** *Ananaserdbeere; Ananasfaser; –hanf; –torte*

A|na|päst (gr.), der; –(e)s, –e: dreisilbiger Versfuß (kurz, kurz, lang) **※ a|na|päs|tisch** Ew.: in Anapästen

A|na|pher (gr.), die; –, –n: (Redekst.) Wiederholung des Anfangswortes : (Astron.) Aufsteigen der Himmelskörper **※ A|na|pho|ra** (gr.-l.), die; –, ..rä: Anapher **※ a|na|pho|risch** Ew.: mit Wiederholung der Anfangswörter [gr. anapherein heraufholen]

A|na|pho|ra: s. Anapher

An|aph|ro|di|si|akum (gr.), das; –s, ..ka: den Geschlechtstrieb hemmendes Mittel

A|n|ar|chie (gr.), die; –, ..chien: Gesetzlosigkeit : gesetzloser Zustand **※ a|n|ar|chisch** Ew.: gesetzlos **※ A|n|ar|chis|mus**, der; –: Lehre, die für den Einzelnen uneingeschränkte Freiheit fordert : Staatsauflösung, -zerrüttung **※ A|n|ar|chist**, der; –en, –en: Umstürzler : Staatsfeind [gr. vern. an- und arche Herrschaft]

A|n|äs|the|sie (gr.), die; –: Unempfindlichkeit **※ a|n|äs|the|sie|ren** (..iert) tr.: unempfindlich machen : betäuben **※ A|n|äs|the|ti|kum** (gr.-l.), das; –s, ..ka: unempfindlich machendes Mittel **※ a|n|äs|the|tisch** Ew.: unempfindlich machend, abstumpfend [gr. vern. an- und aisthesis Empfindung]

A|n|as|tig|mat (gr.), das; –(e)s, –e: (Phot.) vollscharfe Linse **※ a|n|as|tig|ma|tisch** Ew.: vollscharf : (Med.) voll-

scharfsichtig [gr. stigma Stich, Punkt]

A|nas|to|mo|se (gr.), die; –, –n: Verbindung zweier Lymph- oder Blutgefäße durch ein drittes

A|nas|tro|phe (gr.), die; –, –en: Wortversetzung [gr. anastrephein umwenden]

A|na|them (gr.), das; –s, –e; **A|na|the|ma**, das; –s, –s und ..themata : „Aufgestelltes" : Weihgeschenk : Kirchenbann : Bannformel der kath. Kirche gegen Ketzer **※ a|na|the|ma|ti|sie|ren** (..iert) tr.: verfluchen : verbannen **※ A|na|the|ma|ti|sie|rung**, die; –, –en: Bannung [gr. anatithenai aufstellen]

a|na|ti|o|nal Ew.: nicht national (gesinnt)

A|na|to|li|en: asiat. Teil der Türkei **※ a|na|to|lisch**

A|na|tom (gr.), der; –en, –en: (Med.) Zergliederer : Lehrer der Anatomie **※ A|na|to|mie**, die; –, ..mien: (Med.) Zergliederungslehre, -kunst (vom Körper der Lebewesen) : Forschungsanstalt für die Anatomie **※ a|na|to|mie|ren** (..iert) tr.: zergliedern **※ A|na|to|mi|ker**, der; –s, –: Anatom **※ a|na|to|misch** Ew.: zergliedernd : die Anatomie betreffend [gr. anatemnein zerschneiden]

A|na|to|zis|mus (gr.), der; –, ..men: Zinsverzinsung **※ a|na|to|zis|tisch** Ew.: zinsenverzinsend [gr. ana- tokizein wiederverzinsen]

A|na|xa|go|ras: altgriech. Philosoph

an|bah|nen tr.: (übertr.) in Gang bringen : vorbereiten **※ An|bah|nung**, die; –, –en: das Anbahnen

an|bän|deln (ich bänd[e]le an) intr.: (mit jemand –) anknüpfen, sich an jemand heranmachen **※ An|bänd(e)|lung**, die; –, –en: das Anbändeln

An|bau, der; –(e)s, –e: die Bearbeitung des Ackers **※ An|bau|flä|che ※ An|bau**, der; –(e)s, –ten: das Hinzugebaute : Nebengebäude : (mundartl.) angeschwemmtes Land **※** *Anbauküche; –möbel* **※ an|bau|en** tr.: urbar machen : an etwas heran bauen : hinzubauen : (mundartl.) anschwemmen; rbz.: sich ansiedeln ✶ **an|bau|fä|hig** Ew.: zum Anbau geeignet ✶ **An|bau|er**, der; –s, –: Siedler

An|be|ginn, der; –(e)s: (selt.) erster Anfang; fast nur in der Wendung: *von Anbeginn* (an): seit Anfange der Welt, von Ewigkeit her

an|be|hal|ten tr.: nicht ausziehen

an|bei; s. an

an|bei|ßen tr.: in etwas beißen; rbz.: sich durch Beißen anhängen; intr.: zu essen anfangen (vgl. Imbiss) : (von Fischen) an die Angel beißen : (übertr.) herangehen an etwas : sich verleiten lassen ✶ **Anbiß** → **Anbiss**, der; –es, –e: das Anbeißen : das Angebissene : Köder

Anbiss

Folgt das ß einem kurzen Vokal, so wird es zu ss: *Anbiss, Fluss, Hass, Messdiener* usw. Steht das ß aber nach Diphthong (au, äu, ai, ei, eu, oi) oder langem Vokal, bleibt es erhalten: *heißen, Muße* usw.

an|be|lan|gen unp., tr.: betreffen; *fast* nur in der Wendung: *was mich (dich* usw.) *anbelangt*

an|bel|len tr.: bellend anfahren : intr.: anfangen zu bellen : bellend ankommen

an|be|rau|men (ich beraume an, anberaumt, anzuberaumen) tr.: eine Zeit festlegen für etwas ✶ **An|be|rau|mung**, die; –: das Anberaumen

an|be|ten tr.: betend verehren : zu einem beten ✶ *Angebetete*, die; –n, –n: Geliebte ✶ **Anbeter**, der; –s, –: Anbetender ✶ **Anbetung**, die; –: das Anbeten : Verehrung ✶ *anbetungswert, anbetungswürdig*

An|be|tracht, der; –(e)s: betrachtende Erwägung: nur bei: *in Anbetracht* (mit Gen.): im Hinblick auf (mit Akk.)

An|be|treff, der; –s: das Anbetreffen; nur bei: *in Anbetreff*: betreffs ✶ **an|be|tref|fen** unp., tr.: betreffen, angehen ✶ *was dich anbetrifft*

An|bet|te|lei, die; –, –en: vieles Anbetteln ✶ **an|bet|teln** (ich bett[e]le an) tr.: bettelnd anreden

an|bie|dern rbz. (ich bied[e]re mich an): sich (in biederer Art)

an jemand heranmachen ✶ **An|bie|de|rung**, die; –, –en: das Sichanbiedern

an|bie|ten tr.: hinhalten zum Nehmen oder Zurückweisen : vorschlagen : als Gabe erklären : zum Kaufe bereitstellen; intr., tr.: ein erstes Gebot auf etwas zu Kaufendes machen ✶ **An|ge|bot**, das; –(e)s, –e: das Anbieten : das Angebotene

an|bin|den tr.: bindend befestigen an etwas : (übertr.) anknüpfen ✶ *kurz angebunden sein*: abweisend, schroff sein

An|biß → **An|biss**: s. anbeißen

an|bla|sen tr.: blasend berühren: (Feuer –) durch Blasen anfachen : (übertr.) anfahren, anschnauzen

An|blick, der; –(e)s, –e: das Beschauen : das Angeschaute ✶ **an|bli|cken** tr.: ansehen

an|blin|ken tr.: blinkend anstrahlen : (zuw.) blinkend ansehen

an|blin|zeln (ich blinz[e]le an) tr.: blinzelnd ansehen

an|blit|zen tr.: blitzend anstrahlen : blitzend ansehen

an|boh|ren tr.: zu bohren anfangen : bohrend öffnen : (übertr.) anpumpen : (übertr.) (einen –) versuchend bearbeiten

an|bor|gen tr.: anpumpen

an|bras|sen tr.: (seem.) die Segel durch Anziehen der Brassen nach dem Winde richten

an|bra|ten tr.: vorbereitend braten : leicht braten lassen

an|bre|chen tr.: von etwas das erste Stück wegnehmen : eröffnen : brechend knicken; intr. (sein): anfangen zu erscheinen : beginnen ✶ **An|bruch**, der; –(e)s, ..brüche: das Anbrechen : Beginn : das erste Abgebrochene : Bruchfläche : die Erstlinge von etwas : das erste Erscheinen : das Fündigmachen von Erzen : entblößtes Erz : Fäulnis ✶ **an|brü|chig** Ew.: in Verderben übergehend, faulend

an|bren|nen intr. (sein): zu brennen anfangen : (Speise) sich am Kochtopf ansetzen; tr.: anzünden : durch Brennen zufügen

an|brin|gen tr.: an eine Stelle bringen : an etwas befestigen : vorbringen : angeben, anzeigen, denunzieren ✶ *ange-*

bracht Mw. Ew.: passend : zweckmäßig

An|bruch, an|brü|chig: s. anbrechen

an|brü|ten tr.: (Eier –) ein wenig bebrüten

An|cho|ve *auch:* **An|scho|ve** (span) [..tschowe], die; –, –n; s. Anschovis

An|ci|en|ne (fr.) [angßiänn'], die; –: „die Alte", eine Schriftart ✶ **An|ci|en|ni|tät**, die; –: Dienstalter [fr. ancien von ml. antianus zu l. ante vorher]

An|dacht, die; –, –en: Richtung aller Gedanken auf einen Gegenstand religiöser Verehrung : Anbetung : Erbauungsstunde, -gottesdienst, Gebetsstunde ✶ *Andachtsstunde; –übung; andachtsvoll* Ew. ✶ **an|däch|tig** Ew.: von Andacht erfüllt

An|da|lu|si|en: Landschaft in Südspanien ✶ **An|da|lu|si|er**, der; –, s, –: Einwohner Andalusiens ✶ **An|da|lu|sit**, der; –en, –en: ein (zuerst in Andalusien gefundenes) Mineral

an|dan|te (it.): (Mus.) „gehend", schrittmäßig ✶ **An|dan|te**, das: –s, –s: mäßig bewegtes Tonstück ✶ **an|dan|ti|no** (it.): (Mus.) mäßig gehend, etwas bewegt ✶ **An|dan|ti|no**, das; –s, –s: etwas langsames Tonstück

an|dau|ern intr.: anhaltend dauern ✶ **an|dau|ernd** Mw. Ew.: anhaltend, dauernd

An|dau|ung, die; –: chem. Teilabbau organischer Substanzen (auch Nahrungsmittel) von hierfür geeigneten Körpersäften (Fermenten)

An|den Mz.: südamerikan. Gebirge

An|den|ken, das; –s, –: Erinnerung : Erinnerungszeichen

an|d(e)|re Fw., Ew., der; –n, –n: nicht derselbe : ein verschiedener : der zweite (von zweien); *ein, kein anderer; alle (die) andern; das, alles andere; etwas, nichts anderes* auch: *etwas, nichts Anderes; der eine, der andere* auch: *der Eine, der Andere; das andere Mal (ein andermal); ein und (um) das andere Mal; von etwas ander(e)m reden; sich eines ander(e)n besinnen; unter ander(e)m* ✶ *anderlei:* von anderer Art; *andermal, ein –; andermalig* Ew.; *anderortig* Ew.; *anderorts* Uw.; *anderseitig; –seits; anderwärtig* Ew.: in anderer Richtung; *anderwärts* Uw.: woanders; *anderweitig* Uw.: in anderer Beziehung; Ew.: sonstig ✱ *ander(e)nfalls* Uw.; *ander(e)norts* Uw.; *ander(e)ntags* Uw.; *ander(e)nteils* Uw.; *and(e)rerseits* Uw. ✱ *anderthalb* Zahlw.: einundeinhalb; *anderthalbfach* Zahlw. ✱ **an|der|lei** Uw.: von anderer Art ✱ **än|dern** (ich ..[e]re) tr.: anders machen; rbz.: anders werden ✱ **an|ders** Uw.: auf andere Weise : auf verschiedene, nicht übereinstimmende Art : unter anderen Umständen : sonst ✱ *andersartig* Ew.; *andersbürtig* Ew.: von anderer Herkunft; *andersdenkend* → *anders denkend* Ew.; *andersgeartet* → *anders geartet* Ew.; *Andersgelten,* das; –s: anderweitige Geltung; *andersgerichtet* → *anders gerichtet* Ew.; *andersgesinnt* Ew.; *Andersgesinnte,* der; –n, –n; *andersgläubig* Ew.; *Andersgläubige,* der; die; –n, –n; *Anderssein,* das; –s: Andersartigkeit, Verschiedenheit; *anderswie* Uw.: auf andere Art; *anderswo* Uw.: an anderem Ort; *anderswoher* Uw.; *anderswohin* Uw. ✱ **an|dert|halb;** s. andere ✱ **Än|de|rung,** die; –, –en: das Ändern : das Geänderte

etwas anderes, etwas Anderes
Obwohl beide Schreibungen möglich sind, werden im Normalfall Zahladjektive klein geschrieben: *wenig anderes, etwas anderes* usw. Soll jedoch das Adjektiv betont werden, schreibt man es groß: *Ich dachte etwas Anderes. Er wollte etwas Anderes.*

der andere, der Andere
Beide Schreibungen sind möglich. Im Normalfall wird kleingeschrieben: *das andere (Hemd), die andere (Hose), der andere (Schuh)* usw. Soll jedoch hervorgehoben werden, dass nicht das Zahladjektiv gemeint ist, sondern eine Substantivierung vorliegt, wird großgeschrieben: *Die Wahrnehmung des Anderen (z. B. als Begriff der dialogischen Philosophie).*

An|der|matt: schweiz. Kurort
än|dern; s. andere
an|dern|falls usw.: s. andere
an|ders, an|ders|wie usw.: s. andere
Än|de|rung: s. andere
an|der|wär|tig usw.: s. andere
an|deu|ten tr.: versteckt hinweisen : etwas nur ahnen lassen ✱ **An|deuter,** der; –s, –: Andeutender ✱ **An|deu|tung,** die; –, –en: versteckter Hinweis ✱ **an|deu|tungs|wei|se** Uw.: andeutend, in Andeutungen
an|dich|ten tr.: dichtend, erfindend beilegen
an|don|nern tr.: wie donnernd anfahren
An|dorn, der; –(e)s, –e und ..dörner: eine Pflanze, Mutterkraut
An|dor|ra: Freistaat in den östl. Pyrenäen
An|drang, der; –(e)s: Massenzustrom ✱ **an|drän|gen** rbz.: drängend nahen; tr.: drängend befestigen ✱ **an|drin|gen** intr. (sein): drängend nahen
and|re; s. andere
An|dre|as (gr.): „der Manhafte" : ein Apostel ✱ *Andreaskreuz:* Kreuz mit schräggestellten Balken; *Andreasmünze:* Münze mit dem Bild des heiligen Andreas; *Andreasorden:* ein russ. Orden
and|rer|seits usw.: s. andere
an|drin|gen: s. Andrang
An|d|ro|gyn (gr.), der; –s, –e: Zwitter, ✱ **An|d|ro|gy|nie,** die; –, ..nien: Zwitterbildung ✱ **an|d|ro|gy|nisch** Ew.: zwitterhaft [gr. aner, Gen. andrós Mann und gyne Weib]
an|dro|hen tr.: drohend ankündigen : bedrohen ✱ **An|dro|hung,** die; –, –en: das Androhen
An|d|ro|ma|che (gr.): Gemahlin Hektors
An|d|ro|me|da, die; –: ein Sternbild ✱ *Andromedanebel*
An|druck, der; –(e)s, –e: erster Probeabzug eines Druckes ✱ **an|dru|cken** intr.: mit dem Drucken beginnen ✱ **an|drü|cken** tr.: gegendrücken : durch Drücken befestigen
an|dun|keln intr. (sein): (durch Alter) dunkel werden
Ä|ne|as (gr.-l.): trojan. Sagenheld ✱ **Ä|ne|i|de,** die; –: Gedicht Vergils von Äneas ✱
Ä|ne|is, die; –: Äneide

an|e|cken intr.: an eine Ecke stoßen : (übertr.) Anstoß erregen
Ä|ne|i|de: s. Äneas
an|ei|fern tr.: eifrig machen
an|eig|nen tr.: zum Eigentum machen : (häufig) unrechtmäßig an sich reißen : (übertr.) sich geistig zu eigen machen ✱ **An|eig|nung,** die; –, –en: das Aneignen
an|ein|an|der Uw.: einer am anderen ✱ *aneinander denken:* einer an den andern denken ✱ **an|ein|an|der|fü|gen** → **an|ein|an|der fügen** tr.: eins ans andere fügen ✱ **an|ein|an|der|hän|gen** → **an|ein|an|der hängen** tr.: eins ans andere hängen ✱ *aneinander hängen:* sich lieben ✱ **an|ein|an|der|rei|hen** → **an|ein|an|der rei|hen** tr.: eins ans andere reihen ✱ **an|ein|an|der|sto|ßen** → **an|ein|an|der stoßen** intr. (sein): zusammenstoßen

aneinander fügen, aneinander hängen, aneinander reihen, aneinander stoßen
Ist der erste Teil einer Wortverbindung ein mit *-einander* gebildetes Adverb, wird immer getrennt geschrieben.

A|n|ek|do|te (gr.), die; –, –n: kleine charakteristische (witzige) Geschichte ✱ *anekdotenartig* Ew.: in der Art einer Anekdote; *anekdotisch* Ew.: wie eine Anekdote [gr. anekdoten „noch nicht herausgegeben", eig. „zum erstenmal veröffentlichte Schrift"]
an|e|keln tr.: anwidern : Ekel erregen
A|ne|mo|ba|ro|me|ter (gr.), das; –s, –: Windstärkemesser ✱ **A|ne|mo|graph,** der; –en, –en: Instrument, das die Windrichtung aufzeichnet ✱ **A|ne|mo|gra|phie,** die; –: Windbeschreibung ✱ **A|ne|mo|lo|gie,** die; –: Windkunde ✱ **A|ne|mo|me|ter,** das; –s, –: Windmessgerät ✱ **A|ne|mo|me|t|rie,** die; –: Windmessung : Windmesskunst ✱ **A|ne|mo|me|t|ro|graph,** der; –en, –en: Anemograph ✱ **A|ne|mo|ne** (gr.), die; –, –n: Buschwindröschen ✱ **A|ne|mo|nin,** das; –s: (in der Anemone enthaltener) kampferähnlicher Pflanzenstoff ✱ **A|ne|mo|pa|thie** (gr.), die; –:

Heilverfahren durch Einatmen gereinigter Luft * a|ne|mo|phil (gr.) Ew.: (Bot.) windliebend, d. h. durch den Wind bestäubt * A|ne|mos|kop (gr.), das; –s, –e: Gerät zur Beobachtung des Windes; vgl. Anemobarometer * A|ne|mos|tat, der; –en, –en: Luftreiniger [gr. anemos Wind]

an|emp|feh|len tr.: empfehlend anraten

An|er|be, der; –n, –n: Haupterbe * an|er|ben tr.: erblich mitteilen; intr. (sein): als Ererbtes anhaften

an|er|bie|ten rbz. (ich erbiete mich an, habe mich anerboten, anzuerbieten): sich anbieten, bes. zu Diensten * An|er|bie|ten, das; –s, –en: Angebot * An|er|bie|tung, die; –, –en: das Anerbieten

an|er|kannt Mw. Ew.: allgemein gewürdigt, zugegeben * an|er|kann|ter|ma|ßen Uw.: wie allgemein anerkannt * An|er|kannt|heit, die; –: (gerechte) Würdigung * an|er|ken|nen (ich erkenne an, auch: ich anerkenne, anerkannt, anzuerkennen) tr.: zustimmend als richtig erklären : würdigen : sich lobend äußern über etwas * an|er|ken|nens|wert Ew.: lobenswert * An|er|kennt|nis, das; .–ses, –se : Würdigung : Zustimmung * An|er|ken|nung, die; –: das Anerkennen : Würdigung : Lob

An|e|ro|id (gr.), das; –(e)s, –e: Luftdruckanzeiger * Aneroidbarometer [gr. vern. a- und neros nass, d. h. trocken, ohne Quecksilber]

an|er|zie|hen tr. (ich erziehe an, auch: ich anerziehe): durch Erziehung beibringen * an|er|zo|gen Ew.: nur durch Erziehung gewohnt

A|neu|rie (gr.), die; –: Sehnenlähmung : Nervenschwäche [gr. vern. a- und neuron Sehne, Nerv]

A|n|eu|rys|ma (gr.), das; –s, ..men und –ta: Pulsadergeschwulst [gr. aneurynein erweitern]

A|ne|wand, die; –, ..wände: (weidm.) Feldrain, Umwendebeet * A|ne|wen|de, die; –, –n; An|ge|wen|de, das; –s, –: (weidm.) Anewand

an|fa|chen tr.: (Feuer –) anblasen : (übertr.) anreizen

an|fä|cheln (ich fäch[e]le an) tr.: fächelnd anwehen

an|fä|deln (ich fäd[e]le an) tr.: auf einen Faden ziehen : (übertr.) anfangen

an|fah|ren intr. (sein): fahrend ankommen : anlegen : (Bergb.) an die Arbeit fahren; intr. (sein, haben): fahrend an etwas stoßen : (übertr.) anstoßen, Anstoß erregen; tr.: fahrend heranbringen : heftig anreden * Anfahrschacht: Zufahrtsschacht * An|fahrt, die; –, –en: das Anfahren : Zufahrtsstraße * Anfahrtsweg * An|fuhr, die; –: das Hinfahren von Gütern an ihren Bestimmungsort

An|fall, der; –(e)s, ..fälle: das Anfallen : plötzliche, bald vorübergehende Krankheit, Erregung : (weidm.) das Einfallen der Vögel : (weidm.) der Ort des Einfallens : das Zufallen durch Erbschaft : das zufallende Erbgut : (Bergb.) die das Hangende vor dem Einstürzen schützenden Hölzer * an|fal|len intr. (sein): durch Zufall zuteil werden : einfallend anfliegen; tr.: angreifen : packen : (weidm.) suchen, verfolgen * an|fäl|lig Ew.: (gegenüber Krankheiten) wenig widerstandsfähig * An|fäl|lig|keit, die; –: Anlage zu Krankheiten

An|fang, der; –(e)s, ..fänge: der Beginn : das Erste : der erste Teil * im Anfang; zu Anfang; Anfang Mai * Anfangsbuchstabe: der erste Buchstabe; Anfangsgehalt; Anfangsgeschwindigkeit; Anfangsgründe Mz.: Grundlagen einer Wissenschaft usw.; Anfangspunkt; Anfangsstadium; –zeile * an|fan|gen tr.: beginnen, den Anfang machen : sich einlassen in etwas : treiben, tun; intr.: beginnen : zu reden anfangen : (mit jemand –) anfangen * An|fän|ger, der; –s, –: Anfangender : (bes.) einer, der etwas zu lernen anfängt * an|fäng|lich Ew. Uw.: den Anfang bildend : zuerst * an|fangs Uw.: im Anfang : zuerst

an|fas|sen tr.: anrücken, angreifen; intr.: Wurzel fassen

an|fecht|bar Ew.: so beschaffen, dass man es anfechten kann * Anfechtbarkeit * an|fech|ten tr.: angreifen : (etwas –) in seiner Gültigkeit zu erschüttern suchen * das ficht mich nicht an: das kümmert mich nicht * An|fech|tung, die; –, –en: Versuchung : Widerstand : Bekämpfung * anfechtungsberechtigt Ew.: berechtigt, etwas in Frage zu stellen : (Rechtsspr.) anfechtbar * Anfechtungsklage

an|fein|den tr.: sich feindlich erweisen : bekämpfen * An|fein|dung, die; –, –en: das Anfeinden

an|fer|ti|gen tr.: zum Gebrauch fertig herstellen * An|fer|ti|gung, die; –, –en: das Anfertigen

an|feuch|ten tr.: ein wenig befeuchten * An|feuch|ter, der; –s, –: Werkzeug zum Anfeuchten * An|feuch|tung, die; –, –en: das Anfeuchten

an|feu|ern tr.: heizen : schüren : (übertr.) anregen * An|feu|(e)|rung, die; –, –en: das Anfeuern

an|fin|den rbz.: sich vorfinden : wieder als vorhanden erscheinen

an|fle|hen tr.: flehend bitten * An|fle|hung, die; –, –en: das Anflehen

an|flie|gen intr.: fliegend nahen : sich im Flug an einen Ort ansetzen : einen Anflug bilden : plötzlich anwandeln : wie im Flug, leicht erworben werden; tr.: an etwas heranfliegen * an|ge|flo|gen Mw. Ew.: wie im Fluge erworben * An|flug, der; –(e)s, ..flüge: Heranfliegen: (Flugzeug) Start: das fliegend sich Ansetzende, Anhauch : spurhaft Vorhandenes : (Bergb.) angeflogenes Erz : (Forstw.) angeflogener Same : (Hüttw.) angeschossener Salpeter

an|flö|ßen tr.: flößend heranbringen : anschwemmen

An|flug: s. anfliegen

an|flu|ten intr.: zur Flut anschwellen : wie eine Flut herankommen

an|for|dern tr.: (etwas als sein Recht) fordern : fordernd bestellen : mahnen * An|for|de|rung, die; –, –en: Forderung : Anspruch

An|fra|ge, die; –, –en: fragende Erkundigung : Interpellation : (Kartsp.) das niedrigste Spiel * **an|fra|gen** intr.: sich fragend erkundigen

an|fres|sen tr.: ein wenig fressen : fressend benagen (auch übertr.)

an|freun|den rbz.: Freundschaft beginnen : sich vertraut machen * **An|freun|dung**, die; –, –en: Beginn einer Freundschaft

an|frie|ren intr. (sein): festfrieren

an|fri|schen tr.: durch etwas Frisches erneuern : anregen, ermuntern : (Bleiglätte –) Blei daraus herstellen * **An|fri|scher**, der; –s, –: Anfrischender : Bleihersteller * **An|fri|schung**, die; –, –en: das Anfrischen

an|fü|gen tr.: beifügen; hinzufügen * **An|fü|gung**, die; –, –en: Beilage : Zusatz

an|füh|len tr.: fühlend anfassen : (einem etwas –) fühlend anmerken

An|fuhr: s. anfahren

an|füh|ren tr.: vorangehen : leiten : (als Beispiel) nennen : zitieren * **An|füh|rer**, der; –s, –: Leiter : Führer * **An|füh|rung**, die; –, –en: das Anführen : wörtliche Wiedergabe, Zitat * *Anführungszeichen*

an|fül|len tr.: durch Neues füllen

an|fun|ken tr.: durch Funkspruch anrufen : (volkst.) barsch tadeln

An|furt, die; –, –en: Landeplatz für Schiffe

An|ga|be, die; –, –n: das Angeben : Mitteilung : Anweisung : Behauptung : Prahlerei : Handgeld * **an|ge|ben** tr.: als Anzahlung geben : (Ware –) als abzurechnenden Wert geben : Mitteilung machen : anzeigen : anordnen : entwerten : prahlen : (Ton –) ertönen lassen; (übertr.) maßgebend sein; intr.: in Tätigkeit treten : Dummheiten machen : viel wertloses Gerede machen * **An|ge|ber**, der; –s, –: Angebender : Prahler * **An|ge|be|rei**, die; –, –n: gehässiges Anzeigen : Prahlen * **an|ge|be|risch** Ew.: zum Anzeigen, zum Prahlen geneigt * **an|geb|lich** Ew.: angegeben,

angesagt, behauptet : vorgeblich

an|gaf|fen tr.: gaffend betrachten

an|gän|gig Ew.: möglich : erlaubt : zulässig * **an|ge|hen** intr.: anfangen : anfangen zu werden : (Pflanze) Wurzel fassen : faul werden : (dagegen –) bekämpfen : zu überwinden suchen; unp., intr.: *das geht mich (nichts) an:* betrifft mich (nicht); tr.: *jemanden um etwas –:* bitten : betreffen, kümmern; *es geht nicht an ..:* es darf nicht sein, kommt nicht in Frage, ist nicht erlaubt

an|ge|ben, An|ge|ber usw.: s. Angabe

An|ge|be|te|te: s. anbeten

An|ge|bin|de, das; –s, –: Geschenk zu Festtagen

an|geb|lich: s. Angabe

an|ge|bo|ren Mw. Ew.: durch Geburt anhaftend * **An|ge|bo|ren|heit**, die; –, –en: das Angeborensein : Gewohnheit von Geburt an

An|ge|bot: s. anbieten

an|ge|bracht: s. anbringen

an|ge|dei|hen intr.: anwachsen; nur in: *einem etwas angedeihen lassen:* einem etwas zuteil werden lassen

An|ge|den|ken, das; –s, –: Erinnerung : (dichterisch) Andenken; vgl. andenken

An|ge|fäl|le, das; –s, –: zufallendes Gut, Erbteil : Widerlager eines Gewölbes; vgl. Anfall

an|ge|flo|gen: s. anfliegen

an|ge|führt: s. anführen * *am angeführten Orte:* an der mitgeteilten (Buch-)Stelle; Abk.: a. a. O.

an|grif|fen: s. angreifen

an|ge|gos|sen Ew.: genau passend * *das Kleid sitzt wie angegossen*

an|ge|hei|ra|tet Ew.: infolge Heirat mit der Familie verwandt

an|ge|hen: s. Angang

an|ge|hö|ren intr.: zu etwas gehören * **an|ge|hö|rig** Ew.: angehörend * **An|ge|hö|ri|ge**, der; die; –n, –n: Verwandter : Dazugehörender

An|ge|kla|g|te: s. Anklage

an|ge|krän|kelt Ew.: krankhafte Kennzeichen aufweisend

An|gel, die; –, –n: Fenster-, Türhaken : Gelenkband : Werk-

zeug mit Haken zum Fischfang : Griffzapfen * *zwischen Tür und Angel:* in großer Eile * *Angelband:* Türgewinde; *Angelbissen:* Fischköder; *Angelblei:* Senkblei am Angelgerät; *Angelhaken; –leine; Angelpunkt:* Hauptpunkt (um den sich alles dreht); *Angelrute: Angelschnur, Angelsport; –stange; angelweit* Ew., nur in: *sperrangelweit* Ew., s. d. * **an|geln** (ich [e]le) tr.: (mit der Angel) fangen * **Ang|ler**, der; –s, –: Angelnder * *Anglerverein*

An|geld, das; –s, –er: Handgeld

an|ge|le|gen, An|ge|le|gen|heit, an|ge|le|gent|lich: s. anliegen

An|ge|li|ka, die; –: Heilpflanze : weibl. Vorname

An|ge|li|na, die; –: ein Asteroid * **An|ge|li|zin**, das; –s: ein in der Angelikawurzel enthaltener Stoff * **An|ge|lo|la|trie** (gr.), die; –: Anbetung der Engel * **An|ge|lo|lo|gie** (gr.), die; –: Lehre von den Engeln * **An|ge|lo|pha|nie** (gr.), die; –: Engelerscheinung * **An|ge|lus** (gr.-l.), das; –: (kath. K.) Gebet, das mit dem Worte „Angelus" beginnt : Glockenzeichen zur Erinnerung an dieses Gebet * *Angelusläuten* [gr. angelos Bote, Engel]

an|geln: s. Angel

An|geln Mz.: ein germ. Stamm

an|ge|lo|ben tr.: feierlich versprechen

An|gel|sach|se, der; –n, –n: Angehöriger des germanischen Mischvolks der Angelsachsen : (heute) Engländer * **an|gel|säch|sisch** Ew.: zu den Angelsachsen gehörend : englisch

An|ge|lus: s. Angelina

an|ge|mes|sen: s. anmessen

an|ge|nä|hert Uw.: ungefähr : beiläufig

an|ge|nehm Ew.: gern genommen : behaglich anmutend : (den Sinnen) gefällig : erwünscht

an|ge|nom|men: s. Annahme

an|ge|paßt → **an|ge|passt**: s. anpassen

An|ger, der; –s, –: unbebautes, grasbewachsenes Land : Grasplatz : Feld * *Angerblume; Angerfeld; Angerkraut:* Wegerich an|ge|regt: s. anregen

An|ge|schul|dig|te, der; die; –n, –n: Beschuldigte

an|ge|säu|selt Mw. Ew.: leicht betrunken

an|ge|se|hen: s. ansehen

an|ge|ses|sen Mw. Ew.: ansässig

An|ge|sicht, das; –(e)s, –e(r): Antlitz : Gesicht : Anblick dessen, was unmittelbar vor Augen liegt * *im Angesicht des Zieles:* unmittelbar vor dem Ziel * an|ge|sichts Vw. m. Gen.: im Angesicht von : gegenüber

an|ge|spannt: s. anspannen

an|ge|stammt Mw. Ew.: angeboren : von den Vorfahren erblich übernommen

an|ge|stellt, An|ge|stell|te: s. anstellen

an|ge|stie|felt Mw. Ew., nur in: *angestiefelt kommen:* (gew. R.) angelaufen kommen

an|ge|strengt: s. anstrengen

an|ge|tan: s. antun

an|ge|trun|ken: s. antrinken

an|ge|wandt Ew.: angewendet : praktisch verwertet * *angewandte Wissenschaften*

An|ge|wen|de: s. Anewand

an|ge|wen|det: s. anwenden

an|ge|wöh|nen tr., rbz.: zur Gewohnheit machen * An|ge|wohn|heit, die; –, –en: individuelle Gewohnheit * An|ge|wöh|nung, die; –, –en: das Angewöhnen

an|ge|wur|zelt Ew.: festgefügt * *wie angewurzelt stehen bleiben*

an|ge|zeigt: s. anzeigen

An|gi|ek|ta|sie (gr.), die; –, –en: (Med.) Gefäßerweiterung [gr. angeion Gefäß und ektasis Ausdehnung]

an|gie|ßen tr.: gießend anbrechen : (Pflanzen –) begießen : gießend befestigen * *wie angegossen sitzen* (Kleidungsstück) * An|guß → An|guss, der; –es, ..güsse: das Angießen : durch Gießen sich bildender Ansatz

An|gi|na (l.), die; –: Halsentzündung * *Angina pectoris:* Herzkrampf [l. angere beengen]

An|gi|o|sper|men (gr.) Mz.: bedecktsamige Pflanzen * An|gi|o|ste|no|se (gr.), die; –, –n: Gefäßverengung * An|gi-

tis (gr.), die; –: Gefäßentzündung [gr. angeion Gefäß]

Ang|lai|se (fr.) [anglähs'], die; –, –n: engl. Tanz *

Ang|le|ter|re (fr.) [angl'tähr]: England * ang|li|ka|nisch (ml.) Ew.: englisch * ang|li|ka|ni|sie|ren, ang|li|sie|ren (..iert) tr.: englisch machen : (Pferde –) den Schweif stutzen * Ang|list (l.), der; –en, –en: Wissenschaftler im Bereich der engl. Sprache und Literatur * Ang|lis|tik, die; –: wissenschaftl. Erforschung der engl. Sprache und Literatur * Ang|li|zis|mus, der; –, ..men: englische Spracheigentümlichkeit * Ang|lo|a|me|ri|ka|ner, der; –s, –: Amerikaner engl. Abstammung * ang|lo|in|disch Ew.: englisch-indisch * Ang|lo|nor|man|ne, der; –n, –n: anglisierter Normanne im späteren Mittelalter * ang|lo|nor|man|nisch Ew.: angelsächsisch und normannisch gemischt * Ang|lo|ma|ne, der; –n, –n: übertriebener Nachahmer englischen Wesens * Ang|lo|ma|nie, die; –: übertriebene Englandliebe * ang|lo|phil (l.-gr.) Ew.: englandfreundlich, -begeistert * ang|lo|phob (l.-gr.): englandfeindlich * Ang|lo|pho|bie, die; –: Abneigung gegenüber allem Englischen *

an|glei|chen tr.: gleichmachen * An|glei|chung, die; –, –en: das Gleichmachen : das Gleichwerden, -sein

Ang|ler: s. Angel

ang|li|ka|nisch usw.: s. Anglaise

an|glot|zen tr.: glotzend ansehen

an|glü|hen intr. (sein): zu glühen anfangen; tr.: anglühen machen : glühend anstrahlen

An|go|la: afrikanischer Staat

An|go|ra: alter Name von Ankara * An|go|ra|haar: Haar der Angoraziege * *Angorakatze:* langhaarige Katze; *Angorawolle:* Wolle aus Angorahaar; *Angoraziege:* langhaarige Ziege aus Angora

An|gos|tu|ra|baum, der; –s, ..bäume: Orangengewächs * An|gos|tu|ra|bit|ter: Likör aus der Rinde des Angosturabaumes

an|grau|en intr. (sein): beginnen, grau zu werden * *angegraut:* (Haar) meliert

an|grei|fen tr.: greifend anfassen : (Werk usw. –) anfassen, anfangen : etwas nehmen von : anstrengen : anfechten : missbilligen * *angegriffen* Mw. Ew.: angestrengt : abgespannt; *Angegriffenheit,* die; –: Abgespanntheit * An|grei|fer, der; –s, –: Angreifender * An|griff, der; –(e)s, –e: das Angreifen : das Beginnen mit einem Tun : der feindliche Vorstoß * *in Angriff nehmen:* anfangen * *Angriffsfläche:* verwundbare Seite, Stelle * *eine Angriffsfläche bieten* * *Angriffskrieg; Angriffslinie* (Kriegsw.); *angriffslustig* Ew.; *Angriffsplan; –punkt; –waffe; Angriffsweise; angriffsweise* Uw.: im Angriff, angreifend

an|gren|zen intr.: an etwas grenzen * An|gren|zer, der; –s, –: Grenznachbar * An|gren|zung, die; –: das Angrenzen

An|griff: s. angreifen

an|grin|sen tr.: grinsend ansehen

Angst, die; –, Ängste: Furcht : mit Angst verbundener Körperzustand : Angstbringendes * *Angst haben* (vor dir; um dich, für dich); *angst und bange machen → Angst und Bange machen; mir ist, wird angst; in Angst, Ängsten sein* * *Angstausruf; Angstbeben; angstbeklommen* Ew.; *Angstbild:* Angst erregendes Bild; *angsterfüllt* Mw. Ew.; *Angstfieber; Angstgefühl; –geschrei; Angsthase; Angstkauf; Angstneurose:* krankhaftes Angstgefühl; *Angstpsychose, Angstschrei; Angstschweiß; Angsttraum; Angstverkauf; angstvoll* Ew.; *angstzitternd* Ew.; *Angstzustand* * **angst** Ew.: angsterfüllt; vgl. Angst

ängs|t(ig)en tr.: Angst erregen : peinigen; rbz.: Angst haben * Ängs|ti|gung, die; –, –en: das Ängstigen

ängst|lich Ew.: angsterfüllt : zur Angst geneigt : Angst kundgebend : sich ängstigend * Ängst|lich|keit, die; –: das Ängstlichsein

Angst machen
Substantive werden groß geschrieben. Dies gilt fortan auch

für solche Substantive, die Bestandteil fester Gefüge sind: *Angst machen, Recht haben, Ernst machen* usw. Wird das Wort Angst (Recht, Ernst usw.) jedoch adjektivisch verwendet, schreibt man klein: *ihm war angst und bange, mir ist angst, es war unrecht, ich war ernst* usw.

Ang|s|t|röm: schwed. Physiker ✳ *Angströmeinheit:* Maßeinheit für Lichtwellenlängen; Abk.: Å

an|gu|lar (l.) Ew.: winklig : eckig

An|guß → An|guss: s. angießen

an|ha|ben tr.: am Körper tragen : (einem etwas −) Schaden zufügen

an|haf|ten intr.: haftend mit etwas verbunden sein

an|hä|gern tr.: anschwemmen

an|hä|keln tr.: häkelnd befestigen : hinzuhäkeln ✳ **An|hä|k(e)lung,** die; −, −en: das Anhäkeln : das Angehäkelte

an|ha|ken tr.: hakend befestigen

An|halt: Land in Mitteldeutschland

An|halt, der; −(e)s, −e: etwas, woran man sich halten kann : Halteplatz ✳ *Anhaltsort; −punkt* ✳ **An|hal|ter** (volkst.): mit Anhalter reisen: trampen, Fahrzeug anhalten zum Mitfahren ✳ **an|hal|ten** tr.: an etwas halten : hemmen : verhaften : (zu etwas −): antreiben; intr. stillhalten, stillstehen : innehalten : ununterbrochen fortdauern : (bei einem um etwas −) bitten, sich bewerben ✳ **an|hal|tend** Mw. Ew.: andauernd

an Hand, an|hand Vw.: mit Hilfe von : gestützt auf ✳ *an Hand des Beweises; anhand der Tatsachen*

An|hang, der; −(e)s, ..hänge: die Anhänger : Beigabe : Gefolge ✳ *anhangsweise* Uw.: als Anhang ✳ **an|han|gen** (er hängt [auch: hangt] hing an) intr.: an etwas hangen : sich zu etwas bekennen ✳ **an|hän|gen** (er hängt, hängte an) intr.: an etwas hangen; tr.: etwas an eine Stelle hängen : (Baukst.) an etwas hangend befestigen : am Schluss hinzufügen (einem et-

was −) an ihm haften machen; (übertr.) einem eine Schuld zuschieben; rbz.: sich anschließen ✳ *Anhängewagen:* an den Triebwagen angehängter Wagen ✳ **An|hän|ger,** der; −s, −: ein Anhängender : Gefolgsmann : Fan : (Gartenb.) ein in den Spalt gepfropftes Reis : Haken, an dem etwas aufgehängt wird : hängendes Schmuckstück : Anhängewagen ✳ **An|hän|ger|schaft,** die; −, −en: Gesamtheit der einer Partei o. dgl. Anhängenden ✳ **an|hän|gig** Ew.: (Rechtsspr.) bei Gericht angebracht und noch unentschieden ✳ **an|häng|lich** Ew.: sich fest anschließend : treu ✳ **An|häng|lich|keit,** die; −: anhängliche Gesinnung ✳ **An|häng|sel,** das; −s, −: Anhangendes : Zusatz : Nebensache

An|hau, der; −(e)s, −e: das Anhauen : die angehauene Stelle ✳ **an|hau|en** tr.: anhauend berühren : beginnen : durch Hauen öffnen, verletzen, antreiben : (Umgspr.) um Geld angehen : anpumpen

An|hauch, der; −(e)s: anwehender Hauch : Schimmer, Anflug ✳ **an|hau|chen** tr.: anhauchend berühren : (gew. Rede) scheltend anfahren

an|hau|en: s. Anhau

an|häu|feln tr.: mit einem Haufen umgeben ✳ **an|häu|fen** tr.: häufend an etwas legen : häufend umgeben : vorsorgend sammeln; rbz.: zu Haufen anwachsen ✳ **An|häu|fung,** die; −, −en: Ansammlung in Haufen : Vorrat

an|he|ben (du hebst an, er hebt an : du hob[e]st an, er hob an) tr., intr.: anfangen : zu reden anfangen; tr.: zu heben beginnen : ein wenig heben ✳ **An|hub,** der; −s: das Anheben, Beginnen

an|hef|ten tr.: heftend befestigen

an|hei|len intr. (sein): heilend anwachsen; tr.: heilen machen

an|heim|fal|len → an|heim fal|len: zufallen, zurückfallen an ✳ **an|heim|ge|ben → an|heim ge|ben , an|heim|stel|len → an|heim stel|len** (ich gebe anheim, anheim gegeben, anheim zu geben, gib

anheim!): zur Verfügung, zur Entscheidung überlassen

anheim fallen, anheim geben, anheim stellen Wird ein Verb mit *anheim* gebildet, wird fortan immer getrennt geschrieben.

an|hei|meln (es heimelt mich an) tr.: (wie) heimatlich anmuten

an|hei|ra|ten tr.: (ungebr.) durch Heirat verwandt machen ✳ *angeheiratet*

an|hei|schig Ew. Uw., nur in: *sich anheischig machen:* sich erbieten, sich verpflichten

an|hei|zen tr.: zu heizen beginnen : (übertr.) aufstacheln (Stimmung, öffentl. Meinung)

an|herr|schen tr.: herrisch anfahren

an|heu|ern tr.: (seem.) anwerben

An|hid|ro|se (gr.), die; −: Ausbleiben der Schweißabsonderung [gr. vern. an- und hidros Schweiß]

An|hieb, der; −(e)s, −e: (ungebr.) erster Hieb; nur in der Wendung: *auf Anhieb:* beim ersten Versuch

an|him|meln tr.: (Umgspr.) hingebungsvoll bewundern

an|hin Uw.: (schweiz.) bis dahin : bis jetzt

An|hö|he, die; −, −n: Hügel

an|hö|ren tr.: aufmerksam auf etwas hören : (einem etwas −) hörend anmerken; rbz.: so klingen ✳ **An|hö|rung,** die; −: das Anhören : Hearing

An|hub: s. anheben

An|hy|d|rid (gr.), das; −(e)s, −e: Stoff, der mit Wasser Säure bildet ✳ **An|hy|d|rie,** die; −: Wasserlosigkeit ✳ **an|hy|d|risch** Ew.: wasserfrei ✳ **An|hy|d|rit,** der; −(e)s, −e: wasserfreier, schwefelsaurer Kalk [gr. vern. an- und hydros Wasser]

Ä|nig|ma (gr.), das; −, −ta: Rätsel ✳ **ä|nig|ma|tisch** Ew.: rätselhaft

A|ni|lin, das; −s: Indigofarbe ✳ *Anilinfarbe; −rot; Anilinvergiftung*

a|ni|ma|lisch (l.) Ew.: tierisch ✳ **a|ni|ma|li|sie|ren** (..iert) tr.: in tierischen Stoff verwandeln : tierähnlich machen ✳ **A|ni|ma|lis|mus,** der; −: tierische Natur ✳ **A|ni|ma|li|tät,** die; −: tierisches Wesen

A|ni|ma|teur, der; –s, -e: Unterhalter in einer Freizeitanlage oder bei einer Reise *

A|ni|ma|ti|on, die; –, –en: Belebung : Unterhaltungsprogramm, Veranstaltungen in einer Freizeitanlage * *Computeranimation:* Bewegung der Figuren im Trickfilm *

a|ni|ma|to (it.): (Mus.) lebhaft * **A|ni|ma|tor,** der; –s, ..oren: Trickfilmzeichner * **a|ni|mie|ren** (l.) (..iert) tr.: beseelen : beleben : anreizen : ermutigen : Bewegungsphasen für Trickfilme aufnehmen * *Animierkneipe; Animierlokal; Animiermädchen* * **A|ni|mis|mus** (l.), der; –: Beseelungslehre, Anerkennung der Seelentätigkeit als Prinzip * **A|ni|mist** (l.), der; –en, –en: Anhänger des Animismus * **a|ni|mos** (l.) Ew.: leidenschaftlich : erbittert : gereizt * **A|ni|mo|si|tät** (l.), die; –, –en: Leidenschaftlichkeit : Gereiztheit : Erbitterung [l. anima Seele; animus Geist, Mut]

An|i|on (gr.), das; –s, –en: negativ geladenes Atom [gr. eig. „das Hinaufgebende" von anienai hinaufgeben]

A|nis (auch **A|nis**) (gr.-l.), der; –es, -e: eine Doldenpflanze : ihr gewürziger Same * *Anisgebäck, Anisöl; –tropfen* * **A|ni|sett** (fr.), der; –(e)s, -e; **A|ni|sette** (fr.), die; –, –n: Anisbranntwein

an|i|so|me|trisch (gr.) Ew.: ungleichmäßig

An|jou [angschuh]: franz. Landschaft an der Loire

an|kämp|fen (gegen) tr.: kämpfend angehen gegen : kämpfend zu unterdrücken suchen

An|ka|ra: türk. Hauptstadt

An|ka|the|te, die; –, –n: (Math.) Seite im Dreieck

An|kauf, der; –(e)s, ..käufe: käuflicher Erwerb * **an|kau|fen** tr.: kaufen : kaufend einen Vorrat anhäufen; rbz.: durch Grundstückskauf sich ansiedeln * *Ankäufer; Ankaufsrecht; –summe*

An|ken, der; –s: (alem.) Butter * **an|ken** intr.: buttern

An|ker, der; –s, –: ein Hohlmaß (¼ Ohm)

An|ker, der; –s, –: Eisen mit Widerhaken zum Festhalten von Schiffen im Meeresboden : ankerähnliches Werkzeug : (übertr.) Halt Gewährendes : Bewehrung eines Hufeisenmagnets : (Uhr) Vorrichtung zur Regelung der Bewegung des Steigrads * *die Anker lichten:* Anker hochziehen, um in See zu stechen * *Ankerboje:* Schwimmkörper als Zeichen für einen hinabgelassenen Anker; *ankerfest* Ew.: den Anker haltend : durch den Anker gehalten; *Ankerfliege:* Ende des Ankerarms; *Ankerkette; Ankermast:* Gitterturm zum Verankern von Luftschiffen; *ankerlos* Ew.; *Ankerplatz; Ankerschlipper:* Kran zum Auswerfen des Ankers; *Ankerspill:* Winde zum Hochziehen des Ankers; *Ankertalje,* die; –, –n: Flaschenzug zum Aufwinden des Ankers * **an|kern** (l.) (..[e]re) intr.: sich vor Anker legen : streben nach etwas; tr.: (Schiff) festankern : mit Ankern versehen : (Baukst.) mittels Anker befestigen

an|ket|ten tr.: an eine Kette legen : mit einer Kette befestigen

an|kläf|fen tr.: (Umgspr.) anbellen (Hund) : (übertr.) schimpfen

An|kla|ge, die; –, –n: Anschuldigung * *Anklageakte; Anklagebank:* Bank im Gerichtssaal, auf der der Angeklagte sitzt; *Anklagepunkt; –schrift; –verfahren* * **an|kla|gen** tr.: anschuldigend verklagen, bes. bei Gericht * **An|ge|klag|te,** der; die; –n, –n: Verklagter * **An|klä|ger,** der; –s, –: Anklagender * **an|klä|ge|risch** Ew.: in der Art eines Anklägers

an|klam|mern tr., rbz.: klammernd anheften, anhalten

An|klang, der; –(e)s, ..klänge: durch Anschlagen hervorgebrachter Klang : freundliche Aufnahme : Widerhall * *Anklang finden:* Gefallen erwecken * **an|klin|gen** intr.: anfangen zu klingen : ähnlich klingen; tr.: Körper durch Zusammenstoß klingen machen : an *klingen lassen:* vorsichtig zur Sprache bringen

an|kle|ben intr.: klebend anhaften; tr.: klebend befestigen

an|klei|den tr.: bekleiden, anziehen * *Ankleidezimmer*

an|kli|cken tr.: mit einem Klick betätigen : (EDV) mit der Computermaus eine Eingabe tätigen

an|klin|geln intr., tr.: telefonisch anrufen

an|klin|gen: s. Anklang

an|klop|fen intr.: an etwas klopfen : (übertr.) prüfend forschen; tr.: durch Klopfen befestigen * **An|klop|fer,** der; –s, –: Anklopfender : Werkzeug zum Anklopfen

an|knab|bern tr.: (Umgspr.) knabbernd abbeißen

an|knack|sen tr.: (Umgspr.) in Mitleidenschaft ziehen * *eine angeknackste Gesundheit haben*

an|knip|sen tr.: (Umgspr.) mit einem Schalter anmachen (Licht)

an|knöp|fen tr.: an einem Knopf befestigen

an|knüp|fen tr.: knüpfend anfügen : (übertr.) Verbindung herstellen * **An|knüp|fung,** die; –, –en: das Anknüpfen * *Anknüpfungspunkt:* Verbindungsstelle

an|knur|ren tr.: ärgerlich oder drohend anmurren

an|ko|chen tr.: leicht vorkochen : nicht ganz garen

an|koh|len tr.: (Umgspr.) zum Scherz etwas Unwahres sagen

an|kom|men intr.: an einen Ort kommen : eintreffen : herbeikommen : an etwas herankommen, es erreichen; tr.: innerlich ergreifen; unp.: abhängen von * *mich kommt ein Grauen an:* ein Grauen befällt mich; *es kommt darauf an:* es hängt davon ab; *es darauf ankommen lassen:* die Entscheidung dem Zufall überlassen; *es kommt mir nicht darauf an:* es hat für mich nichts zu bedeuten * **An|kömm|ling,** der; –(e)s, -e: Ankommender * **An|kunft,** die; –, ..künfte: das Ankommen * *Ankunftszeit*

an|kön|nen intr.: (Umgspr.) sich durchsetzen können

an|kop|peln tr.: mit einer Kupplung verbinden anheften

An|kö|rung, die; –, –en: Zulassung männl. Haustiere zur Zucht * **an|kö|ren** tr.: zur Zucht zulassen

an|kot|zen tr.: etwas treffen, wenn man sich übergibt : (übertr.) nerven

an|kral|len intr.: sich mit den Händen sehr festhalten (am Gitter)

an|krei|den tr.: mit Kreide anschreiben * *einem etwas ankreiden:* als Schuld im Gedächtnis bewahren

An|kreis, der; –es, –e: (Math.) Kreis, der eine Polygonseite und die Verlängerungen der beiden benachbarten Seiten berührt

an|kreu|zen tr.: mit einem Kreuz versehen : durch ein Kreuz kennzeichnen

an|kün|den, an|kün|di|gen tr.: ansagen : anmelden * **An|kün|di|gung,** die; –, –en: Anmeldung

An|kunft: s. ankommen

an|kup|peln tr.: durch Kuppelung verbinden

an|kur|beln tr.: durch Kurbeldrehung anwerfen * *den Motor ankurbeln* : (übertr.) beleben * *die Wirtschaft ankurbeln* * **An|kur|be|lung,** die; –, –en

An|ky|lo|se (gr.), die; –, –n: Krümmung : Gelenksteifheit [gr. ankylos gekrümmt]

an|lä|cheln tr.: lächelnd ansehen * **an|la|chen** tr.: lachend ansehen

An|la|ge, die; –, –n: das Anlegen : das Angelegte : angelegtes Kapital : veranlagte Steuern : Grundlage zu etwas : Neigung, Begabung : beigelegtes Schriftstück : Pflanzung * *Anlageberater:* Berater bei Kapitalanlagen * *Anlageberater; Anlagekapital; Gartenanlage* * **an|la|gern** tr.: (Chem.) ansammeln : häufen * *Anlagerung* * **an|le|gen** tr.: an einen Gegenstand legen : landen : (Feuer –) vorbereitend herrichten und anzünden : (Kleid –) anziehen : an die Kette legen : einen Entwurf machen : planmäßig einrichten : (Geld –) vorteilhaft unterbringen : (Steuer –) verteilen : verwenden auf, ausgeben für; rbz.: sich anlehnen : *Hand anlegen:* ans Werk gehen : helfend eingreifen; *darauf angelegt sein:* dahin zielen; *es darauf angelegt haben:* es darauf abgesehen haben * *Anlegeapparat; Anlegeschloß* → *An-*

legeschloss; Anlegesteg: Landungssteg

an|lan|den tr.: an Land kommen, bringen : anlegen : intr.: neues Land gewinnen (Ufer) : größer werden

an|lan|gen intr. (sein): ankommen; unp., tr.: betreffen; vgl. anbelangen

An|laß → **An|lass,** der; ..lasses, ..lässe: Art, wie sich etwas anlässt : Veranlassung : äußerer Anstoß zu etwas : Anreiz * **an|las|sen** rbz.: dem Anschein nach so und so zu werden versprechen; tr.: (Kleidungsstück) nicht ausziehen : an etwas herankommen lassen : (Wasser –) zulaufen lassen : (Metalle –) durch Erhitzen verändern : (Maschine –) in Gang bringen * **An|las|ser,** der; –s, –: eine Vorrichtung, den Motor in Bewegung zu setzen * **an|läß|lich** → **an|läss|lich** Vw. mit Gen.: aus Anlass von

an|las|ten tr.: beschuldigend zuschreiben : jemanden verantwortlich machen

An|lauf, der; –(e)s, ..läufe: Vorlauf zum Sprung : Ansetzen zum Sprechen : Anfang : schräg aufwärts gerichtete Fläche : (Baukst.) Anlassen einer Mauer * *einen Anlauf nehmen:* ansetzen, etwas zu tun * **An|laufstelle** * **an|lau|fen** tr.: (Hafen, Stadt –) landen : bestürmend anrennen; intr. (sein): anrennen, herbeilaufen : laufend anprallen : anschwellen : sich mit einem Anhauch (Kondenswasser) bedecken : ansteigend sich erheben : zu laufen anfangen (Maschine, Film)

An|laut, der; –(e)s, –e: erster Laut einer Silbe * **an|lau|ten** intr.: den Anlaut bilden : zum Anlaut haben

an|läu|ten intr.: läutend Einlass begehren; tr.: telefonisch anrufen : den Anfang von etwas läutend verkünden

An|le|ge|ap|pa|rat, an|le|gen usw.: s. Anlage

an|leh|nen rbz.: sich an etwas lehnen : (als Muster) nachahmen; tr.: (Tür –) leise anlegen, ohne zu schließen * **An|leh|nung,** die; –, –en: das Anlehnen, Stützung : (übertr.) Nachahmung * *anlehnungsbedürftig* Ew.: unselbständig

an|lei|ern tr.: (Umgspr.) auf den Weg bringen : in Gang setzen

An|lei|he, die; –, –n: Geldaufnahme : Kredit * **an|lei|hen** tr.: (selt. für) leihen

an|lei|men tr.: leimend befestigen

an|lei|nen tr.: an die Leine nehmen (Hund) : festhalten

an|lei|ten tr.: (Gärtn.) an Stangen binden : leitend zu etwas anweisen * **An|lei|ter,** der; –s, –: Anleitender * **An|lei|tung,** die; –, –en: praxisbezogene Anweisung

an|ler|nen tr.: in eine Tätigkeit einweisen, zu einer Tätigkeit anleiten : sich lernend aneignen * **An|lern|ling,** der; –s, –e: ein in der Industrie kurzfristig Anzulernender * *Anlernberuf; Anlernzeit*

an|le|sen tr.: durch Lesen aneignen

an|lie|fern tr.: liefernd heranbringen

an|lie|gen intr. (sein): angrenzen : (weidm.) lauernd verborgen liegen : (seem.) nach einer bestimmten Richtung steuern; intr. (sein, [häufiger] haben): mit Bitten bestürmen : beiliegen * *anliegend* Mw. Ew.: beiliegend * *angelegen* Mw. Ew.: am Herzen liegend, wichtig * *sich etwas angelegen sein lassen:* seine Teilnahme, Sorge, Gedanken darauf richten * **An|ge|le|gen|heit,** die; –, –en: (eine wichtige) Sache * **an|ge|le|gent|lich** Ew. Uw. (–st): besonders am Herzen liegend oder gelegen * *aufs angelegentlichste* *auch; aufs Angelegentlichste* * **An|lie|gen,** das; –s, –: Bitte * **An|lie|ger,** der; –s, –: Anwohner, Nachbar * *Anliegerstaat; Anliegerverkehr*

an|lo|cken tr.: an sich locken : mit einem Lockmittel reizen * **An|lo|ckung,** die; –, –en: das Anlocken

an|lö|ten tr.: lötend befestigen

an|lü|gen tr.: belügen : (selt.) lügend andichten

an|lu|ven tr.: (seem.) von der Windseite anfahren

An|ma|che, die; –, –n: (erotische) Ansprache von der Seite * **an|ma|chen** tr.: an etwas befestigen : (Salat usw. –) bereiten : (Feuer –) anzünden :

(übertr.) gefallen : anregen : (Umgspr.) von der Seite ansprechen

an|mah|nen tr.: wieder mahnen : mahnend bemerken

an|ma|len tr.: bemalen : malend anbringen

An|marsch, der; -es, ..märsche: das Heranmarschieren : vorgeschriebene Wegstrecke * *Anmarschstraße; Anmarschweg* * **an|mar|schie|ren** intr. (sein): marschierend herankommen

an|ma|ßen (du maßest an und maßt an) intr.: (sich etwas –) unrechtmäßig für sich in Anspruch nehmen : sich etwas herausnehmen : sich unbescheiden Unzustehendes beimessen, zuschreiben * **an|ma.ßend** Mw. Ew.: überheblich : unpassend * **an|maß|lich** Ew.: überheblich : auf Anmaßung beruhend * **An|ma|ßung,** die; –, -en: das Anmaßen

an|me|ckern tr.: (Umgspr.) schimpfen : meckernd kritisieren

an|mei|ern tr.: (Umgspr.) anlügen : betrügen

an|mel|den tr.: meldend ankündigen : anzeigen * *Anmeldeformular; Anmeldepflicht* *

An|mel|dung, die; –, -en: Ankündigung : Anzeige

an|men|gen tr.: mit Hinzugetanem mengen : anmischen

an|mer|ken tr.: (einem –) etwas an einem bemerken : bezeichnen : Bemerkung aufzeichnen * **An|mer|kung,** die; –, -en: das Anmerken : Nebenbemerkung in einem Buch : Fußnote

an|mes|sen tr.: (Kleider –) an den Leib messen : passend gestalten * **an|ge|mes|sen** Mw. Ew.: passend : gemäß : geziemend * **An|ge|mes|sen|heit,** die; –, -en: Passlichkeit : Gemäßheit

an|mie|ten tr.: durch Miete beleihen : zur Miete halten

an|mon|tie|ren tr.: befestigen

an|mot|zen tr.: (Umgspr.) anmeckern : schimpfen

an|mus|tern tr.: (seem.) anwerben * **An|mus|te|rung,** die; –, -en: Anheuerung

An|mut, die; –, –: den Sinnen wohlgefälliges Wesen : Reiz * *anmutlos* Ew.; *anmutvoll;*

–*reich* Ew. * **an|mu|ten** intr.: (einen –) sinnliche Aufmerksamkeit erwecken : das Gemüt berühren; tr.: (einem etwas –) zumuten, ansinnen, etwas von jemand verlangen * **an|mu|tig** Ew.: von Anmut erfüllt : liebreizend * **An|mu|tig|keit,** die; –, -en: Anmut : etwas Anmutiges * **An|mu|tung,** die; –, -en: Zumutung, Ansinnen, Verlangen : Eindruck

an|na|deln tr.: (östr.) mit Nadeln befestigen

an|na|geln tr.: mit Nägeln befestigen

an|na|gen tr.: nagend beschädigen

an|nä|hen tr.: nähend befestigen

an|nä|hern tr.: näher bringen; rbz.: näher kommen * **an|nä|hernd** Mw. Uw.: fast, ziemlich, beinah * **An|nä|he|rung,** die; –, -en: das Annähern * *Annäherungsversuch; annäherungsweise* Uw.: annähernd

An|nah|me, die; –, -n: das Annehmen : Stelle, wo etwas entgegengenommen wird : auf Vermutung beruhende Voraussetzung * *Annahmeerklärung; –stelle; –verweigerung* * **an|nehm|bar** Ew.: so beschaffen, dass man es annehmen kann * **an|neh|men** tr.: Dargebotenes nicht zurückweisen, nehmen : sich angewöhnen : sich zu eigen machen : etwas bisher nicht Gehabtes (an sich) nehmen : mutmaßend voraussetzen; rbz.: (sich einer Sache –) sich kümmern um * *angenommen:* (mutmaßend) vorausgesetzt, dass.. * **an|nehm|lich** Ew.: leicht annehmbar : (veralt.) angenehm * **An|nehm|lich|keit,** die; –, -en: etwas Angenehmes, Bequemes

An|na|len (l.) Mz.: Jahrbücher, Aufzeichnungen geschichtl. Ereignisse * **An|na|list,** der; –en, -en: Verfasser von Jahrbüchern [l. annales zu annus Jahr]

An|na|ten (ml.) Mz.: Jahrgelder für eine kirchl. Pfründe : (kath. K.) jährl. Messen [l. annus Jahr]

an|nehm|bar, an|neh|men usw.: s. Annahme

an|nek|tie|ren (..iert) (l.) tr.: sich (gewaltsam) aneignen :

(sich) einverleiben * **An|nex,** der; -es, –e: Anhang : Zubehör * *Annexbau:* Nebenbau * **An|ne|xi|on,** die; –, -en: (gewaltsame) Aneignung, Einverleibung [l. annectere anknüpfen] * **An|ne|xi|o|nis|mus,** der; –, –: Trachten nach Aneignung fremden Staatsgebietes

an|ni cur|ren|tis (l.): laufenden Jahres; Abk.: a. c.

an|ni fu|tu|ri (l.): künftigen Jahres; Abk.: a. f.

An|ni|hi|la|ti|on (l.), die; –, -en: Ungültigkeitserklärung : Vernichtung * **An|ni|hi|la|tor,** der; –s, ..toren: „Vernichter", Handfeuerlöscher * **an|ni|hi|lie|ren** (..iert) tr.: vernichten : für ungültig erklären [l. nihil nichts]

an|ni prae|te|ri|ti (l.): vorigen Jahres; Abk.: a. p.

An|ni|ver|sa|ri|en (l.) [..w..] Mz.: Jahrestage : jährliche Gedächtnisfeiern

an|no, An|no (l.): im Jahre; Abk.: a., A. * *anno dazumal; anno Tobak* * **An|no Do|mi|ni:** im Jahre des Herrn; Abk.: A. D.

An|non|ce (fr.) [annongß'], die; –, -n: (Zeitungs-)Anzeige * *Annoncenbüro:* Anzeigenannahme; *Annoncenexpedition:* Anzeigenvermittlung * **an|non|cie|ren** (..iert) tr.: anzeigen : eine Anzeige in die Zeitung setzen

An|no|ta|ti|on (l.), die; –, -en: Auf-, Einzeichnung, Anmerkung

an|nu|ell (fr.) Ew.: (veralt.) jährlich * **An|nu|i|tät** (nl.), die; –, -en: jährliche Zahlung : (Mz.) jährliches Einkommen

an|nul|lie|ren (..iert) (l.) tr.: für ungültig erklären * **An|nul|lie|rung,** die; –, -en: Ungültigkeitserklärung

An|nun|zi|a|ten (l.) Mz.: Nonnen des Annunziatenordens * **An|nun|ti|a|ti|on,** die; –, -en: Ankündigung : (bes.) Verkündigung an Maria

A|no|de (gr.), die; –, -n: positive Elektrode, Stromzuführer * *Anodenkreis; Anodenstrahlen* * **a|no|disch** Ew.: auf die Anode bezüglich [gr. anodos Aufgang]

an|ö|den tr.: langweilen

a|no|mal (gr.) Ew.: regelwidrig ✳ **A|no|ma|lie**, die; –, ..lien: Regelwidrigkeit ✳ **A|no|ma|lo|gie**, die; –: (Sprachl.) Lehre von Unregelmäßigkeiten und Verderbtheiten

A|no|phe|les, die; –, –: Moskitoart, Malariaüberträger

A|no|p|sie (gr.), die; –: Blindheit : Schielen nach oben [gr. vern. an- oder ano- aufwärts und opsis Gesicht]

A|no|rak, der; –s, –s: Sportjacke nach Eskimoart

an|ord|nen tr.: ordnend aneinander reihen : bestimmen : verfügen, vorschreiben ✳ **An|ord|ner**, der; –s, –: Anordnender ✳ **An|ord|nung**, die; –, –en: das Anordnen : das Angeordnete, die Vorschrift

an|or|ga|nisch (gr.) Ew.: unbelebt : die leblose Natur betreffend ✳ *anorganische Chemie*

a|nor|mal (gr.-l.): anomal

A|no|r|thit (gr.), der; –s, –e: Feldspat

A|no|s|mie (gr.), die; –: Verlust des Geruchssinns

A|no|s|to|se (gr.), die; –: Knochenschwund

an|pa|cken tr.: packend anfassen : bereitwillig zugreifen

an|pas|sen tr.: sehen, ob etwas passt : passend machen; rbz.: sich passend anschmiegen, sich angleichen ✳ **An|pas|sung**, die; –, –en: das Anpassen ✳ *Anpassungsfähigkeit; Anpassungsvermögen*

an|pei|len tr.: (Umgspr.) Kurs nehmen auf : planen

An|pfiff, der; –(e)s, –e: (Sport) Spielbeginn : (übertr.) Anschnauzer, Rüge ✳ **an|pfei|fen** tr.: (Sport) ein Spiel beginnen : (gew. Rede) heftig anfahren, ausschelten

an|pflan|zen tr.: pflanzen : bepflanzen; rbz.: sich ansiedeln ✳ **An|pflan|zer**, der; –s, –: Ansiedler ✳ **An|pflan|zung**, die; –, –en: angepflanztes Land : Ansiedlung

an|pflau|men tr.: (Umgspr.) anulken : anmeckern : beschimpfen

an|pfrop|fen tr.: (Tischl.) verbinden, verlängern : befestigen

an|pi|cken tr.: (östr.) ankleben : anpinnen

an|pin|keln tr.: mit Urin beschmutzen : (Umgspr.) anmeckern : beschimpfen

an|pin|nen tr.: (Umgspr.) mit Pinnnadeln befestigen

an|pin|seln tr.: mit dem Pinsel anstreichen ✳ **An|pins|ler**, der; –s, –: Anstreicher

an|pir|schen intr.: (volkst.) anschleichen

an|pö|beln tr.: ausfällig werden : flegelhaft belästigen ✳ **An|pö|be|lung**, **An|pö|be|lei**, die; –, –en: das Anpöbeln

an|pol|chen intr.: anklopfen

An|prall, der; –(e)s, –e: Zusammenstoß ✳ **an|pral|len** intr. (sein): prallend anstoßen

an|pran|gern tr.: s. prangern

an|prei|en tr.: (seem.) ein anderes Schiff anrufen

an|prei|sen tr.: lobend anempfehlen ✳ **An|prei|sung**, die; –, –en: das Anpreisen : die Empfehlung

An|pro|be, die; –, –n: das Anpassen eines Kleidungsstückes ✳ **an|pro|ben** tr.: zur Anprobe anziehen ✳ **an|pro|bie|ren** (..iert) tr.: ein Kleidungsstück versuchsweise anziehen

an|pum|pen tr.: von jemand borgen : jemand um Geld bitten

An|putz, der; –es: Putz ✳ **an|put|zen** tr.: mit Putz schmücken

an|quas|seln tr.: (Umgspr.) durch störendes Anreden belästigen ✳ **an|quat|schen** tr.: (volkst.) anquasseln

an|rai|nen intr.: angrenzen ✳ **An|rai|ner**, der; –s, –: Grenznachbar ✳ *Anrainerstaat*

an|ran|ken tr., rbz.: (sich) rankend befestigen

an|ran|zen tr.: scheltend anfahren ✳ **An|ran|zer**, der; –s, –: Anschnauzer

an|ra|ten tr.: raten empfehlen ✳ *auf mein Anraten*: auf meinen Rat hin

an|rau|chen tr.: (Pfeife –) zu rauchen anfangen : sich als Rauch ansetzen : rauchig machen ✳ **an|räu|chern** tr.: ein wenig räuchern

an|rau|hen → **an|rau|en** (ich raue an, angeraut): eine Fläche, einen Untergrund rau machen (z. B. zur Erhöhung der Saugfähigkeit)

anrauen
Im Zuge der Vereinheitlichung von Schreibungen werden das Adjektiv *rau* und seine Ableitungen genauso ohne *h* ge-schrieben wie schon bisher *blau, schlau, grau, genau,* also: *anrauen, aufgeraut, Raufaser* u. a.

an|rau|nzen tr.: in unfreundlichem Ton rügen

an|rech|nen tr.: (einem etwas –) auf die Rechnung setzen, als Schuld eintragen (auch übertr.) ✳ **An|rech|nung**, die; –: das Anrechnen ✳ *in Anrechnung bringen:* in die Rechnung mit einbeziehen

An|recht, das; –(e)s, –e: Recht : rechtlicher Anspruch

An|re|de, die; –, –n: an jemand gerichtete Rede : das Anreden : Bezeichnung, die man einer angeredeten Person gibt ✳ *Anredefall:* Vokativ ✳ **an|re|den** tr.: die Rede an jemand richten : (einem etwas –) durch Reden etwas (Unwahres) über ihn verbreiten oder ihm aufdrängen

an|re|gen tr.: Anstoß geben : rege machen : ermuntern : vorschlagen ✳ *angeregt* Mw. Ew.: lebhaft, rege; *Angeregtheit,* die; –: angeregter Stimmung ✳ **an|re|gend** Mw. Ew.: rege machend, ermunternd ✳ **An|re|ger**, der; –s, –: Anregender ✳ **An|re|gung**, die; –, –en: Antrieb : Veranlassung : Aneiferung : belehrende Anleitung

an|rei|chern (ich reich[e]re an) vergrößern ✳ **An|rei|che|rung**, die; –, –en: das Anreichern

an|rei|hen tr.: in Reihen aufziehen : anfügen (an eine Reihe) : mit Reihstichen aufheften

An|rei|se, die; –, –n: Hinweg : Hinfahrt

an|rei|ßen tr.: ein wenig reißen : (Tischl.) Linien andeuten : anbrechen ✳ *angerissen* Mw. Ew.: (gew. R.) betrunken ✳ **An|rei|ßer**, der; –s, –: Person oder Werbung, die zum Kauf anlockt ✳ **An|rei|ße|rei**, die; –, –en: Marktschreierei ✳ **an|rei|ße|risch** Ew.: marktschreierisch ✳ **An|riß** → **An|riss**, der; –es, –e: Vorzeichnung : das Anreißen : (Med.) Bänderanriss

An|reiz, der; –es, –e: anlockender Reiz ✳ **an|rei|zen** tr.: reizend anlocken : erregend antreiben ✳ **An|rei|zung**, die; –, –en: das Anreizen

an|rem|peln tr.: (stud.) anrennen, anstoßen ✳ **An-**

remp|lung, An|rem|pe|lung,
die; –, –en: das Anrempeln
an|ren|nen intr. (sein): rennend anlaufen
An|rich|te, die; –, –n: Tisch zum Anrichten von Speisen
* an|rich|ten tr.: (Speisen –) vorbereiten : auftischen : Böses verursachen : (Techn.) zubereiten; intr.: Essen fertig machen
* Anrichtetisch * An|rich|tung, die; –: das Anrichten
An|riß → An|riss: s. anreißen
an|rü|chig Ew.: berüchtigt : verrufen *** An|rü|chig|keit,** die; –, –en: das Anrüchigsein
an|ru|cken intr.: ruckartig losfahren *** an|rü|cken** intr.: (sein): rückend nahen; intr. (haben): (Uhr) zum Schlage ausholen; tr.: rückend heranbringen
An|ruf, der; –(e)s, –e: das Anrufen : Ruf durch den Fernsprecher *** Anrufbeantworter * an|ru|fen** intr.: rufend sich an jemand wenden : anflehend rufen : (Gericht –) (Berufung einlegen) in Anspruch nehmen : durch Fernsprecher rufen *** An|ru|fer,** der; –s, –: Anrufender *** An|ru|fung,** die; –, –en: flehentliche Bitte
an|rüh|ren tr.: berühren : (Kochkst.) unter Umrühren mischen : zusammenrührend anrichten
ans: an das
an|sä|en tr.: anpflanzend säen
An|sa|ge, die; –, –n: Ankündigung *** an|sa|gen** tr.: ankündigen *** An|sa|ger,** der; –s, –: Ausrufer : Rundfunk- und Fernsehsprecher *** An|sa|ge|rin,** die; –, –nen
an|sam|meln tr., rbz.: (sich) sammelnd anhäufen : nach und nach sammeln *** An|samm|ler,** der; –s, –: (Elektr.) Stromsammler, Akkumulator *** An|samm|lung,** die; –, –en: Anhäufung : Zusammenrottung
an|säs|sig Ew.: dauernd wohnhaft *** An|säs|sig|keit,** die; –: das Ansässigsein
An|satz, der; –es, ..sätze: etwas Angesetztes : Anlage einer weiterhin auszurechnenden Aufgabe : das sich Ansetzende : etwas Anfangendes, Keim : das Ansetzen : die Art des Ansetzens : Anlauf *** Ansatzrohr:** angesetztes Nebenrohr *** an|set|zen** tr.: haftend befesti-

gen : an eine Stelle setzen : einen Anlauf nehmen : (Bowle usw. –) Bestandteile zusammengeben : (Zeit –) festsetzen : (Betrag –) festsetzen : (Math.) Ansatz zu einer Aufgabe machen : (Spiel) mit dem Setzen der Steine beginnen *** An|set|zung,** die; –, –en: das Ansetzen
an|sau|fen rbz.: (Umgspr.) sich betrinken
an|sau|gen tr.: saugend anziehen (z. B. Flüssigkeit, Gas durch ein Rohr) rbz.: sich saugend ansetzen
an|säu|seln tr.: (Umgspr.) sich einen leichten Rausch antrinken
an|schaf|fen (ich schaffte an, angeschafft) tr.: etwas zu Besitzendes herbeischaffen, erwerben : (mundartl.) Herbeizuschaffendes bestellen *** anschaffen gehen** intr.: als Prostituierte arbeiten ***** (ich schaffe an, schuf an, angeschafft) tr.: anerschaffen *** An|schaf|fung,** die; –, –en: Beschaffung, Erwerb *** Anschaffungskosten; Anschaffungspreis; Anschaffungswert**
an|schäf|ten tr.: (Pflanzen –) veredeln : mit stützendem Schaft versehen
an|schal|ten tr.: mit Hilfe eines Schalters anmachen
an|schau|en tr.: ansehen : besehen *** an|schau|lich** Ew.: so beschaffen, dass man es anschauen kann : so deutlich, dass man es zu schauen glaubt *** An|schau|lich|keit,** die; –, –en: Deutlichkeit *** An|schau|ung,** die; –, –en: das Anschauen : die Art, wie einem etwas erscheint: Auffassung *** Anschauungsmaterial; –unterricht; Anschauungsurteil:** auf Anschauung beruhendes Urteil *** Anschauungsweise:** Art der Anschauung, Beurteilung
An|schein, der; –(e)s, –e: Schein : Täuschung : Heuchelei ***** den Anschein haben, erwecken; sich den Anschein geben *** an|schei|nen** tr.: scheinend anstrahlen *** an|scheinend** Mw. Uw.: dem Anschein nach
an|schei|ßen tr.: (Umgspr.) grob anfahren : reinlegen, übers Ohr hauen

an|schi|cken rbz.: sich bereit machen
an|schie|ben tr.: schiebend heranbringen, in Bewegung setzen (Auto) : schiebend anreihen; intr.: den ersten Schub tun
an|schie|nen tr.: mit Schienen anfügen
an|schie|ßen intr. (sein): schießend, d. h. schnell herankommen : sich ansetzen : zu schießen anfangen; tr.: anfügen : mit Schüssen begrüßen : durch einen Schuss verwunden : (übertr.) das Ansehen eines andern durch gezielten Vorwurf schmälern *** angeschossen sein:** (von Amor – –) verliebt sein *** An|schuß → An|schuss,** der; –es, ..schüsse: das Anschießen : der erste Schuss : der erste Schuss mit einem neuen Gewehr : Standplatz des angeschossenen Wildes : Schusswunde des Wildes : etwas Anschießendes, sich Ansetzendes
an|schim|meln tr.: leicht schimmeln : mit Schimmel bedecken
an|schir|ren tr.: (Pferde usw. –) anspannen
An|schiß → An|schiss, der; –es, e: (Umgspr.) scharfe Zurechtweisung
An|schlag, der; –(e)s, ..schläge: das Anschlagen : das Anschlagende : das, woran etwas angeschlagen wird : das Angeschlagene : die Art des Anschlagens : angehefteter Ankündigungszettel : Gewehrkolben : schussfertige Haltung des Gewehrs : Entwurf, Plan : (bes.) verräterischer, hinterhältiger Plan : Attentat : berechnende Abschätzung : Mitberechnetes *** Anschlagsäule:** Säule mit Ankündigungen; Anschlagtafel *** Mordanschlag; Kostenanschlag * an|schlagen** tr.: schlagend befestigen : (Feuer –) durch Schlagen anmachen : den ersten Schlag tun : schlagend treffen : (Ton –) anklingen lassen : eine Ankündigung anheften : berechnende Schätzung machen; intr.: Wurzel schlagen; intr. (haben, sein): den gewünschten Erfolg haben *** An|schlä|ger,** der; –s, –: (Bergb.) der mit dem An-

schlagen beschäftigte Arbeiter
∗ **an|schlä|gig** Ew.: voll Pläne
: schlau : anstellig

an|schlei|chen intr. (sein):
sich schleichend nähern; tr.:
(weidmänn.) (Wild –) sich
schleichend nähern

an|schlei|fen (ich schleife an,
schliff an, angeschliffen) tr.:
schleifend anfügen : ein wenig
schleifen; (ich schleife an,
schleifte an, angeschleift) tr.:
schleifend herbeibringen

an|schlep|pen tr.: schleppend
herbeibringen : mühsam heran-
tragen

an|schlie|ßen tr., rbz., intr.: an
etwas schließen : (sich) schließend anschmiegen ∗ *ein Gerät
anschließen:* mit dem Versorgungsnetz (Gas, Strom, Wasser) verbinden : folgen (auch
übertr.) ∗ **an|schlie|ßend** Mw.
Uw. Ew.: im unmittelbaren An-
schluss ∗ **An|schluß** →
An|schluss, der; –es,
..schlüsse: das Anschließen :
eine telefonische Verbindung ∗
Anschluß finden → *Anschluss
finden:* in einer neuen Umgebung mitmenschliche Beziehungen aufnehmen ∗ *An-
schlußbahn* → *Anschlussbahn;
Anschlußdose* → *Anschluss-
dose:* Steck-, Abzweigdose;
Anschlußkosten → *Anschluss-
kosten; –rohr; Anschlußstut-
zen* → *Anschlussstutzen:* kurzes Anschlussrohrstück; *An-
schlußverfahren* → *An-
schlussverfahren; Anschluß-
zug* → *Anschlusszug*

an|schmei|cheln tr.: schmei-
chelnd anreden : (einem etwas
–) schmeichelnd beibringen;
rbz.: sich zutraulich anschmiegen

an|schmie|gen tr., rbz.:
schmiegend anlehnen ∗ **an-
schmieg|sam** Ew.: sich
leicht, gern anschmiegend ∗
An|schmieg|sam|keit, die; –:
anschmiegsames Wesen

an|schmie|ren tr.: schmierend
an etwas streichen : (einen –)
mit schlechter Ware betrügen :
(einem etwas –) betrügerisch
anschwatzen; rbz.: sich
schmeichlerisch aufdrängen

an|schnal|len tr.: mit Gurt und
Schnalle festmachen

an|schnau|ben tr.: schnau-
bend anfahren

zen ∗ **An|schnau|zer,** der; –s, –:
schnauzender : grobe Schelte

an|schnei|den tr.: das Erste
abschneiden : schneidend anfügen : (Frage –) aufwerfen : anrechnen, zur Verrechnung ver-
merken ∗ **An|schnitt,** der;
–(e)s, –e: das erste abgeschnit-
tene Stück : Anrechnung

an|schnü|ren tr.: schnürend
befestigen

An|schop|pung, die; –, –en:
entzündliche Blutüberfüllung
eines Krankheitsherdes

An|scho|vis (auch
An|scho|vis) (fr.-engl.) [..w..],
die; –, –: eine Sardellenart; vgl.
Anchove

an|schrau|ben tr.: schraubend
befestigen

an|schrei|ben tr.: (Feder –) da-
mit zu schreiben beginnen :
(Schulden –) aufschreiben,
schriftlich vermerken : gut angeschrieben sein : in Gunst ste-
hen ∗ **An|schrift,** die; –, –en:
Wohnungsangabe, Adresse

an|schrei|en tr.: schreiend an-
rufen

An|schrift: s. anschreiben

an|schul|di|gen tr.: (einen ei-
nes Deliktes –) anklagen, be-
schuldigen ∗ **An|schul|di-
gung,** die; –, –en: Anklage

An|schuß → **An|schuss:** s.
anschießen

an|schüt|ten tr.: auffüllen

an|schwär|men tr.: anhim-
meln : bewundern

an|schwär|zen tr.: oberfläch-
lich schwärzen : verleumden ∗
An|schwär|zer, der; –s, –: Ver-
leumder ∗ **An|schwär|ze|rei,**
die; –, –en: Verleumderei ∗
An|schwär|zung, die; –, –en:
Verleumdung

an|schwat|zen tr.: schwat-
zend anreden : (einem etwas –)
aufreden

an|schwei|ßen tr.: schweißend
befestigen : (weidm.) durch einen Schuss verwunden

an|schwel|len (schwillt an, an-
geschwollen) intr. (sein):
schwellend anwachsen ∗ *der
Fluss schwillt an* ∗ (schwoll
an, angeschwellt) tr.: schwellen
machen ∗ *der Regen schwellt
den Fluss an*

an|schwem|men tr.: anflö-
ßen: schwemmend sich anset-

zen ∗ **An|schwem|mung,** die;
–, –en: das Anschwemmen :
das angeschwemmte Land

an|schwin|deln tr.: (Umgspr.)
anlügen : betrügen

an|schwir|ren intr.: schwir-
rend herankommen

An|schwung, der; –(e)s,
..schwünge: erster Schwung
(Schaukel)

an|se|geln intr.: segelnd her-
beikommen; tr.: segelnd anstoßen

an|se|hen tr.: den Blick richten
auf : den Blick haften lassen :
mit dem Blick prüfen : halten
für : fälschlich halten für : berücksichtigen, beachten : (einem etwas –) anmerken : (mit
–) unbeteiligt zuschauen (über
die Achsel, von oben herab –)
gering schätzen ∗ *angesehen*
Mw. Ew.: geachtet, geehrt ∗
An|se|hen, das; –s: Anschein :
Berücksichtigung, Achtung :
Achtung : *ansehenswert* ∗
an|sehn|lich Ew.: beträchtlich
: Beachtung verdienend :
(zuw.) angesehen ∗ **An|se-
hung,** die; –: nur in: *in Anse-
hung* mit Gen.: in Anbetracht ∗

An|sicht, die; –, –en: das An-
sehen : Anblick : Bild eines
Anblicks : Art, wie man etwas
ansieht : Meinung ∗ *Ansichts-
karte; Ansichtssache; Ansichts-
sendung* ∗ **an|sich|tig** Ew.: nur
in: *einer Sache ansichtig werden:* gewahr werden

an|sei|len tr.: an ein Seil bin-
den

an|sein → **an sein** intr.: (Um-
gspr.) in Betrieb sein

An|satz: s. Ansatz

an sich Ew.: gewissermaßen :
ursprünglich

An|sicht, an|sich|tig: s. anse-
hen

an|sie|deln (ich ..[e]le an) rbz.:
sich niederlassen; tr.: einem einen Wohnplatz verschaffen ∗
An|sied|lung, An|sie|de|lung
die; –, –en: das Ansiedeln : be-
siedelter Wohnplatz ∗ **An-
sied|ler,** der; –s, –: sich Ansie-
delnder : Neubauer

an|sin|gen tr.: vorsingen : ein
Lied beginnend singen : an-
stimmen

an|sin|nen tr.: (einem etwas –)
zumuten ∗ **An|sin|nen,** das;
–s, –: Zumutung ∗ *ein Ansinnen stellen*

An|sitz, der; –es, –e: (weidmänn.) Anstand * **an|sit|zen** intr.: (weidm.) auf dem Anstand sitzen

an|sons|ten Uw.: andernfalls

an|span|nen tr.: spannend anziehen : (übertr.) anstrengen : (Pferde –) an den Wagen schirren : (Wagen –) mit Pferden versehen : (übertr.) jemandes Dienste für sich in Anspruch nehmen * **An|span|nung**, die; –, –en: das Anspannen : (meist) Anstrengung

an|spei|en tr.: gegen etwas speien : anspucken * *anspeienswert* Ew.

An|spiel, das; –s, –e: (Kartensp.) erstes Spiel * **an|spie|len** intr.: zu spielen anfangen : spielend berühren : (in spielender Weise) anklingen lassen : auf etwas versteckt hindeuten; tr.: (Instrument –) versuchend spielen, anschlagen * **An|spie|lung**, die; –, –en: versteckte Andeutung

an|spin|nen tr., rbz.: spinnend anknüpfen (auch übertr.)

an|spit|zen tr.: spitz machen : (übertr.) einem die Dringlichkeit idealer und materieller Hilfe vor Augen führen : anpumpen : zurechtweisen * **An|spit|zer**, der; –s, –: Anspitzender : Werkzeug, um Bleistifte anzuspitzen

An|sporn, der; –(e)s: Antrieb, Ermutigung * **an|spor|nen** tr.: (mit den Sporen) antreiben (bes. übertr.) * **An|spor|nung**, die; –, –en: das Ansporen

An|spra|che, die; –, –n: Anrede : kleine (Begrüßungs-)Rede : (von Tonwerkzeugen) Art des Tönens : (gew. R.) das Angesprochenwerden * **an|spre|chen** tr.: sich sprechend an jemand wenden : (seem.) anrufen : (weidm.) verbellen : (einen um etwas) ersuchen, bitten : etwas erklären als : lebhaft, gewinnend entgegentreten : (Tonwerkzeuge) ertönen * *ansprechbar:* erwartungsgemäß reagierend * *ansprechend* Mw. Ew.: gewinnend, gefallend; *Ansprechpartner* * **An|spruch**, der; –(e)s, ..sprüche: Forderung vor Gericht : berechtigte oder als berechtigt angenommene Forderung * *anspruchsberechtigt; anspruchslos* Ew.: ohne Bedürf-

nisse; *Anspruchslosigkeit, die; –, –en:* Bedürfnislosigkeit; *anspruchsvoll* Ew.: viel fordernd

an|sprin|gen intr. (sein): springend herankommen : (Motor) anlaufen; tr.: springend berühren * **An|sprung**, der; –(e)s, ..sprünge: das Anspringen

an|sprit|zen tr.: bespritzen

An|spruch: s. Ansprache

An|sprung: s. anspringen

an|spu|cken tr.: gegen etwas spucken

an|spü|len intr. (sein): spülend herankommen; tr.: spülend ablagern * **An|spü|lung**, die; –, –en: das Anspülen : das Angespülte

an|sta|cheln tr.: mit dem Stachel antreiben : (übertr.) stark anreizen * **An|sta|che|lung**, die; –, –en: das Anstacheln

An|stalt, die; –, –en: Wohlfahrts-, Bildungs-, Erziehungseinrichtung : Heilstätte * *Anstalten machen:* Vorbereitungen treffen : sich anschicken * *Anstaltserziehung:* Erziehung in einem Heim; *Anstaltsessen; Anstaltsleiter; Anstaltsstube:* (bergm.) Ort, wo die Anstalt der Arbeiter geschieht

An|stand, der; –(e)s: schickliches Benehmen : Bedenken, Schwierigkeit; (Mz. Anstände): (weidm.) Ansitz, Jagdsitz * *Anstandsdame; Anstandsgefühl:* Gefühl für Schicklichkeit; *anstandshalber* Uw.: aus Gründen der Schicklichkeit; *anstandslos* Ew.: bedenkenlos; *Anstandsregel; Anstandswauwau:* (Umgspr.) Begleitperson (für junge Leute) zur Sicherung anständigen Verhaltens; *anstandswidrig* Ew.: unschicklich *

an|stän|dig Ew.: schicklich : geziemend : (Uw.) gehörig; (Umgspr.) großzügig * **An|stän|dig|keit**, die; –, –en: das Anständigsein : schickliches Benehmen : schickliche Rede : (Kant) Zweckmäßigkeit

an|stän|kern tr.: (Umgspr.) anmeckern : schimpfen

an|star|ren tr.: starr ansehen

an|statt Vw. mit Gen.: an Stelle von * *anstatt meiner* : *anstatt daß* → *anstatt dass* Bw.: an Stelle, statt, vgl. statt; Statt

an|stau|en tr.: einen Stau bil-

den : auf engem Raum sammeln

an|stau|nen tr.: staunend ansehen

an|ste|chen tr.: stechend öffnen, anbrechen : verletzend stechen : anstacheln, anspornen : anreizen * *angestochen* Mw. Ew.: betrunken : verrückt * **An|stich**, der; –(e)s, –e: Anstechen : Bier aus dem eben angestochenen Fass

an|ste|cken tr.: steckend befestigen : (Feuer –) anzünden : (Ofen –) Feuer machen : Krankheit übertragen; rbz.: nach Ansteckung erkranken * *Ansteckärmel:* anzusteckender Ärmel; *ansteckend; Anstecknadel* * **An|ste|ckung**, die; –, –en: Krankheitsübertragung * *ansteckungsfähig* Ew.; *Ansteckungsgefahr; Ansteckungsgift; –stoff*

an|ste|hen intr. (haben, sein): (wartend) in einer Reihe stehen : (Schuld) angeschrieben sein : zukommen, geziemen : genehm sein, behagen : sich verzögern : zaudern : Bedenken haben, etwas zu tun * *es steht mir nicht an:* geziemt mir nicht; *etwas anstehen lassen:* hinausschieben; vgl. Anstand

an|stei|gen intr. (sein): in die Höhe steigen : steigend nahen : steigend anwachsen * **An|stieg**, der; –(e)s, –e: das Ansteigen : der ansteigende Weg

an|stel|le *auch:* **an Stelle**, Vw. m. Gen.: an der Stelle : statt * *anstelle (an Stelle)* der Mutter

an|stel|len tr.: an eine Stelle bringen, einem eine Tätigkeit anweisen : anstiften : veranstalten, tun; rbz.: sich benehmen : sich stellen, als ob : sich wartend einer Reihe (Schlange) anschließen * **An|ge|stell|te**, der; die; –n, –n: Arbeitnehmer(in) mit festem Monatsgehalt * *Büroangestellte(r); Hausangestellte;* * **An|stel|le|rei**, die; –, –en: Getue * **an|stel|lig** Ew.: sich gut anstellen lassend : geschickt * **An|stel|lig|keit**, die; –: Geschicklichkeit * **An|stel|lung**, die; –, –en: Übertragung eines Amtes, einer Stelle * *anstellungsberechtigt* Ew.: berechtigt, angestellt zu werden oder jemanden anzustellen; *an-*

stellungsfähig Ew.; *Anstellungsurkunde; Anstellungsvertrag*

an|steu|ern tr.: auf ein Ziel zufahren

An|stich: s. anstechen

An|stieg: s. ansteigen

an|stif|ten tr.: zu Schädlichem verleiten, beeinflussen : anrichten, anstellen ✴ **An|stif|ter,** der; –s, –: Anstiftender : Anführer : Aufwiegler ✴ **An|stif|te|rei,** die; –, –en: das (viele) Anstiften ✴ **An|stif|tung,** die; –, –en: das Anstiften

an|stim|men tr.: (Instrument –) stimmen : tönen lassen : (Lied –) zu singen anheben

An|stoß, der; –es, ..stöße: das, wodurch etwas angestoßen, in Bewegung gesetzt wird : (Sport) Spielbeginn beim Fußball : (übertr.) Anregung : das, woran man sich stößt, Ärgernis : Stelle, wo etwas aneinander stößt : Stoßnaht : Aufprall ✴ *den Anstoß zu etwas geben:* bewirken, dass es getan oder in Angriff genommen wird ✴ *Anstoß nehmen an etwas:* sich über etwas ärgern; *Anstoß erregen:* Ärgernis erregen ✴ **an|sto|ßen** tr.: stoßend berühren : stoßend erschüttern : (Sport) das Fußballspiel beginnen : (Gläser) aneinander stoßen : (stoßend) anschieben : (weidm.) (Jagd –) anblasen : durch Stoßnaht verbinden; intr.: an etwas stoßen : Anstoß, Ärgernis erregen : stocken : angrenzen ✴ *angestoßen* Mw. Ew.: (Obst) angegangen, anbrüchig ✴ **an|stö|ßig** Ew.: Anstoß erregend : missfällig : unzüchtig ✴ **An|stö|ßig|keit,** die; –, –en: etwas Anstoß Erregendes : Anstandswidrigkeit

an|strah|len tr.: mit dem Scheinwerfer beleuchten : glücklich ansehen

an|strän|gen tr.: mit Strängen anschirren

an|stre|ben intr.: hinanstreben : (gegen etwas –) ankämpfen; tr.: zu erreichen streben

an|strei|chen tr.: (Farbe –) an etwas streichen : mit Farbe streichend bedecken : mit einem Strich kenntlich machen : (zuw.) ankreiden, anrechnen ✴ **An|strei|cher,** der; –s, –: einer, der anstreicht, Maler ✴ **An-**

strich, der; –s, –e: das Anstreichen (mit Farbe) : die Art, wie etwas angestrichen ist : (übertr.) Schein : Verstellung : (Mus.) Bogenstrich : (weidm.) Fährte im Tau

an|stren|gen tr., rbz.: straff anspannen : abmühen : (Prozess –) beginnen und führen ✴ *angestrengt* Mw. Ew.: abgemüht, abgespannt ✴ *Angestrengtheit,* die; –: das Angestrengtsein ✴ **an|stren|gend** Mw. Ew.: aufreibend : mühsam ✴ **An|stren|gung,** die; –, –en: mühsame Tätigkeit : das Angestrengtsein

An|strich: s. anstreichen

an|stri|cken tr.: strickend anfügen, verlängern

an|stü|ckeln (ich ..[e]le an); **an|stü|cken** intr.: ein Stück ansetzen

An|sturm, der; –(e)s, ..stürme: stürmender Andrang ✴ **an|stür|men** intr. (sein): stürmend herannahen; tr.: (selt.) stürmend angreifen ✴

an|su|chen tr.: eine Bitte an jmd. richten ✴ **An|su|chen,** das; –s, –: Forderung : Bitte : Anliegen

An|ta|go|nis|mus (gr.), der; –, ..men: Widerstreit, Gegensatz ✴ **An|ta|go|nist,** der; –en, –en: Gegner ✴ **an|ta|go|nis|tisch** Ew.: gegnerisch : feindlich [s. ant- und gr. agonizesthai kämpfen]

an|tail|lie|ren tr.: mit Taille bestücken

an|tan|zen intr.: (Umgspr.) ankommen : vorbeikommen

An|ta|res (gr.), der; –: „Gegenares", Stern im Skorpion [wegen seiner Ähnlichkeit mit dem Mars = Ares]

Ant|ark|ti|ka (gr.), die; –: Südpolarkontinent ✴ **Ant|ark|tis,** die; –: Südpolgegend ✴ **ant|ark|tisch** Ew.: am Südpol gelegen [s. ant- und gr. arktos Bär, Sternbild am Nordhimmel]

an|tas|ten tr.: betasten : verletzend angreifen

an|tau|en intr.: leicht tauen : beginnend tauen

An|tä|us (gr.) m. En.: griech. Sagenheld

an|täu|schen tr.: (Sport) andeuten : beirren

An|te (gr.), die; –, –n: Saum-, Kanten-, Türpfeiler, pfeilerarti-

ger Vorsprung ✴ **Antentempel:** Tempel mit Vorhalle(n)

an|te- (l.) in Zus.: vor-, vorher-, voran-

an|te Chris|tum [na|tum] (l.): vor Christi Geburt; Abk.: a. Chr. [n.]

an|te|da|tie|ren (..iert) (nl.) tr.: unter einem früheren Datum ausstellen [s. ante- und Datum]

An|teil, der; –s, –e: auf eine Person fallender Teil : innere Teilnahme, Mitgefühl ✴ *Anteil haben:* teilhaben; *Anteil nehmen:* mitfühlen ✴ *Anteilnahme,* die; –: innere Teilnahme; *anteilig* Ew. Uw.: dem (prozentualen) Verhältnis entsprechend; *anteillos* Ew.: teilnahmslos : nicht beteiligt; *anteil[s]mäßig* Ew.: dem Anteil gemäß; *Anteilschein:* Urkunde über Beteiligung : Aktie

an|te|le|fo|nie|ren tr.:, (Umgspr.) telefonisch anrufen

An|ten|ne (l.), die; –, –n: Segelstange, Rah : Fühlhorn : Sende- oder Empfangsvorrichtung zum Aussenden oder zur Aufnahme elektrischer Wellen

An|te|pen|di|um (ml.), das; –s, ..dien: Altarbehang [s. ante- und l. pendere hängen]

an|te por|tas (l.) Uw.: vor den Türen : im Kommen

An|the|mi|on (gr.), das; –s, ..mien: (Baukst.) Schneckenlinie, -windung ✴ **An|the|mis,** die; –, –: eine Pflanze ✴ **An|the|re,** die; –, –n: Staubbeutel ✴ **An|tho|lo|gie,** die; –, ..gien: Blumenlese : Sammlung, Auswahl ✴ **an|tho|lo|gisch** Ew.: in Form einer Blütenlese : in Auswahl

An|thrax (gr.), der; –: Kohle : Geschwür : Pestbeule ✴ **An|thra|zen,** *auch:* **An|thra|cen,** das; –s, –e: aus Steinkohlenteer gewonnene Verbindung von Kohle und Wasserstoff ✴ **An|thra|zit** *auch:* **An|thra|cit,** der; –(e)s, –e: Glanzkohle ✴ *anthrazitfarbig*

an|thro|po|gen (gr.) Ew.: von Menschen herrührend, herbeigeführt ✴ **An|thro|po|ge|nie,** die; –: Lehre von der Entwicklung des Menschen und der Menschenarten ✴ **An|thro|po|gra|phie** *auch:* **An|thro|po|gra|fie,** die; –: Menschenbeschreibung ✴ **an|thro|po|id**

Ew.: menschenähnlich ✳ **Anthropoid**, der; –en, –en: menschenähnliches Wesen : Menschenaffe ✳ **Anthropologe**, der: ..gen, ..gen: Wissenschaftler auf dem Gebiet der Menschen- und Völkerkunde ✳ **Anthropologie**, die; –: Lehre vom Menschen, Völkerkunde ✳ **anthropologisch** Ew.: menschen-, völkerkundlich ✳ **anthropomorph** Ew.: menschenähnlich ; vermenschlicht ✳ **anthropomorphisieren** (..iert) tr.: vermenschlichen ✳ **Anthropomorphismus**, der, –, ..men: Vermenschlichung der Gottheit ✳ **Anthropomorphose**, die; –, –n: Vermenschlichung ✳ **Anthropophage** der; ..gen, ..gen: Menschenfresser ✳ **Anthropophagie**, die; –: Menschenfresserei ✳ **Anthropophobie**, die; –: Menschenfurcht, -scheu ✳ **Anthroposoph**, der; –en, –en: Anhänger der Anthroposophie ✳ **Anthroposophie**, die; –: menschenkundliche Philosophie: anthropologisch-philosophische Dreigliederungslehre Rudolf Steiners ✳ **anthroposophisch** Ew. ✳ **anthropozentrisch** Ew.: den Menschen als Mittelpunkt betrachtend [gr. anthropos Mensch]

anti.. (gr.) in Zus.: gegen.. ✳ **Anti..** (gr.) in Zus.: Gegen..

Antialkoholiker, der; –s, –: Gegner des Alkohols

antiamerikanisch Ew.: gegen Amerika : gegen die Amerikaner

antiautoritär Ew.: gegen autoritäre Erziehung

Antibabypille, die; –, –n: Empfängnis verhütendes Mittel

antibakteriell Ew.: gegen Bakterien wirkend

Antibiotikum (gr.), das; –s, ..ka: von Kleinlebewesen ausgeschiedener, dem Wachstum anderer Organismen feindlicher Stoff : krankheitshemmendes Arzneimittel ✳ *antibiotisch*

Antiblockiersystem, das; –s, –e: Bremsvorrichtung im Auto; Abk.: ABS

antichambrieren (..iert) (fr.) [angtischambrieren] intr.: im Vorzimmer warten

Antichrist (gr.) [..k..], der; –s

und –en, –en: Widerchrist, Teufel ✳ *antichristlich* Ew.

antidemokratisch Ew.: gegen die Demokratie gerichtet

Antidot (gr.), das; –(e)s, –e: Gegengift ✳ **Antidoton**, das; –s, ..ta: Antidot [gr. antidoton dagegen gegeben]

Antidumpinggesetz, das; –(e)s: Gesetz gegen das Dumping

Antifaschismus, der; –,: gegen den Faschismus gerichtete Überzeugung ✳ **Antifaschist**, der; –en, –en: gegen den Faschismus Eingestellter ✳ **antifaschistisch** Ew.: gegen den Faschismus gerichtet

an-ti-fa-schis-tisch

Die Worttrennung erfolgt nach Sprechsilben. Wenn möglich, kommt ein Konsonant in die neue Zeile. Dabei dürfen *s* und *t* voneinander getrennt werden: *antifaschis-tisch, Fenster, Pis-te.*

Antigen (gr.), das; –s, –e: (Med.) artfremder Eiweißstoff, der im Blut die Bildung von Antikörpern gegen sich selbst hervorruft

Antigone (gr.): Tochter des Ödipus

Antiheld, der; –en, –en: negativer Held (Theater)

antiimperialistisch Ew: den Imperialismus ablehnend

antik (l.-fr.) Ew.: altertümlich : nach Art des (gr.-röm.) Altertums ✳ **Antike** (l.-fr.), die; –: Altertum : Denkart, Wesen des Altertums ✳ **Antike**, die; –, –n: Kunstwerk des Altertums ✳ **antikisieren** (..iert) intr.: altertümeln : den Geschmack der Alten nachahmen; tr.: antiken Vorbildern nachbilden [l. antiquus alt]

antiklerikal (gr.-l.) Ew.: kirchenfeindlich [s. anti- und Klerus] ✳ *Antiklerikalismus*

Antiklimax (gr.), die; –: (Sprachl.) Übergang vom stärkeren zum schwächeren Ausdruck [s. anti- und Klimax]

antiklinal (gr.) Ew.: sattelförmig

Antiklopfmittel, das; –s, –: Treibstoffbeimischung zur Erhöhung der Klopffestigkeit

antikonstitutionell (gr.-nl.) Ew.: verfassungswidrig [s. anti- und Konstitution]

antikonzeptionell Ew.: Empfängnis verhütend

Antikörper (gr.-dtsch.), der; –s, –: (Med.) durch ein Antigen erzeugter fremder Bestandteil im Blutkörperchen (als Schutzmittel)

Antikritik (gr.), die; –, –en: Gegenkritik, Erwiderung auf eine Beurteilung ✳ **antikritisch** Ew.: eine Kritik widerlegend : (Med.) die Krisis störend, hemmend

antiliberal (gr.-nl.) Ew.: den Freisinn bekämpfend ✳ **Antiliberalismus**, der; –: Bekämpfung des Freisinns

Antillen Mz.: westind. Inselgruppe

Antilope (gr.), die; –, –n: Hirschziege [wahrsch. von gr. antholops Blumenauge]

Antimaterie, die; –, –n: (Phys.) komplementäres Elementarteilchen

Antimilitarismus, der; –: Ablehnung des Militärs ✳ *Antimilitarist*, der; –en, –en: Gegner des Militärs ✳ *antimilitaristisch* Ew.: militärfeindlich

Antimon, **Antimonium** (arab.-ml.), das; –s: chem. Grundstoff, Spießglanzmetall; Abk.: Sb ✳ *Antimonblende*: Rotspießglanzerz; *Antimonblüte*: Weißspießglanzerz; *Antimonbutter*: Antimonchlorid; *Antimonkermes*: Antimon enthaltendes Arzneimittel

antimonarchisch (gr.) Ew.: der Alleinherrschaft abgeneigt [s. anti- und Monarch]

antimoralisch (gr.-l.) Ew.: unsittlich : die Sittlichkeit aufhebend ✳ **Antimoralismus**, der; –: den Unterschied von Gut und Böse aufhebende Lehre ✳ **Antimoralist**, der; –en, –en: Anhänger des Antimoralismus [s. anti- und Moral]

antinational (gr.-l.) Ew.: unvolkstümlich, dem Wesen einer Nation widersprechend

Antineuralgikum, das; –s, ..ka: (Med.) Schmerzmittel

Antinomie (gr.), die; –, ..mien: Widerspruch zweier (Natur-) Gesetze : (Kant) Widerspruch bei Anwendung der Vernunftgesetze auf die Sinnenwelt [s. anti- und gr. nomos Gesetz]

antiochenisch (gr.) Ew.: aus Antiochia oder Antiochien stammend * **Antiochia**: altsyr. Stadt * **Antiochien**: Land in Kleinasien

Antipapismus, der; –: Feindschaft gegen das Papsttum

Antiparallelogramm (gr.), das; –(e)s, –e: gleichschenkliges Trapez

Antipassate Mz.: aus Westen wehende Tropenwinde

Antipathie (gr.), die; –, ..thien: Abneigung : Widerwille * **antipathisch** Ew.: widerwärtig [s. anti- und gr. pathos Leidenschaft]

Antiphon(e) (gr.), die; –s, –en: Wechselgesang * **Antiphonale**, das; –s, ..lien, **Antiphonar**, das; –s, ..rien: Sammlung von Antiphonen **Antiphone**, **Antiphonie**, die; –, –: Antiphon

Antiphrase (gr.), die; –, –n: Bezeichnung durch das Gegenteil [s. anti- und Phrase]

Antipode (gr.), der; –n, –n: Gegenfüßler : Gegner * **antipodisch** Ew.: entgegengesetzt : gegnerisch [s. anti- und gr. pus, Gen. podos Fuß]

antippen tr.: vorsichtig anstoßen : sanft berühren

Antipyretikum (gr.-l.) das; –s, ..ka: Mittel gegen das Fieber * **Antipyrin**, das; –s: ein Fiebermittel [s. anti- und gr. pyr Feuer]

Antiqua (l.), die; –: Lateinschrift * *Antiquabuchstabe, Antiquakasten:* Setzkasten mit Antiquabuchstaben * **Antiquar**, der; –s, –e: Altertumskenner : Altbuchhändler * **Antiquariat**, das; –(e)s, –e: Altbuchhandel : Altbuchhandlung * **antiquarisch** Ew.: (Buch) alt, gebraucht * **antiquieren** (..iert) intr. (sein): veralten; tr.: für veraltet erklären * *antiquiert;* veraltet; *Antiquiertheit* * **Antiquität**, die; –, –en: altertümlicher Gegenstand * *Antiquitätenhandel; –händler; –handlung; –laden; –messe; –sammler* [l. antiquus alt]; vgl. antik

Antiraketenrakete, die; –, –n: ballistisches Geschoss zur Bekämpfung von gleichartigen Waffensystemen

Antiraucherkampagne, die; –, –n: koordiniertes Vorgehen gegen Raucher

Antisemit, der; –en, –en: Judenfeind * **antisemitisch** Ew.: judenfeindlich [s. anti- und Semit] * **Antisemitismus**, der; –: Judenfeindlichkeit

Antisepsis (gr.), die; –: Bekämpfung der Wundeiterung **Antiseptikum**, das; –s, ..ka: Fäulnis verhinderndes Mittel * **antiseptisch** Ew.: Fäulnis, Eiterung hindernd [s. anti- und Sepsis]

Antiserum (l.), das; –, ..ra: artfremdes Eiweiß * *Antiserumeinspritzung* [s. anti- und Serum]

antisozial (gr.-l.) Ew.: gesellschaftsfeindlich

Antispasmodika, **Antispastika** Mz.: Krampf stillende Mittel * **antispastisch** Ew.: Krampf stillend [s. anti- und spasmatisch]

antistatisch Ew.: die elektrostatische Ladung verhindernd

Antistes (l.), der; –, ..tistites: Kirchenvorsteher : Oberpfarrer

Antistrophe (gr.), die; –, –n: Gegenstrophe

Antiterroreinheit, die; –, –n: Einheit, die gegen den Terror kämpft

Antithese (gr.), die; –, –n: Gegensatz : Gegenbehauptung * **Antithetik**, die; –: Entgegenstellung : Untersuchung über Vernunftwidersprüche * **antithetisch** Ew.: gegensätzlich [s. anti- und Thesis]

Antitoxin (gr.), das; –s, –e: Gegengift [s. anti- und gr. toikon Gift]

antizipando (l.) Uw.: vorwegnehmend * **Antizipation**, die; –, –en: Vorwegnahme * **antizipieren** (..iert) tr.: vorwegnehmen [l. anticipare von ante- und capere nehmen]

antizyklisch Ew.: dem regelmäßigen Kreislauf entgegen * *antizyklische Maßnahmen:* der Konjunktur entgegengesetzte Maßnahmen der Wirtschaftspolitik, zur Konjunkturdämpfung * **Antizyklon**, **Antizyklone**, die; –, –n: Gegenwirbelsturm : Hochdruckgebiet

Antlitz, das; –es, –e: Gesicht

antönen intr. (haben, sein): ertönen; tr. (selt.): erklingen machen; tönend treffen : farblich tönen

Antonomasie (gr.), die; –, ..sien: Umschreibung eines Namens [s. anti- und gr. onoma Name] * **Antonym**, das; –s, –e: Gegensatz : Wort mit gegensätzlicher Bedeutung

antörnen tr.: (Umgspr.) anmachen : berauschen

Antrag, der; –(e)s, ..träge: Vorschlag : Angebot : Bewerbung * *einen Antrag stellen:* einen Vorschlag machen * *Antragsformular; Antragsrecht; Antragssumme; Antragsteller; Antragsvergehen* * **antragen** tr.: herbeitragen : (einem etwas –) anbieten : (Math.) anfügen (Winkel) : (mundartl.) angeben, anzeigen; intr.: (auf etwas –) beantragen * **antragsgemäß:** entsprechend dem Antrag

antrainieren tr.: durch Übung erlangen, aneignen

antrauen tr.: vermählen

antreffen tr.: vorfinden

antreiben intr. (sein): schwimmend herantreiben : (von Pflanzen) zu treiben beginnen; tr.: an etwas herantreiben : treibend anregen : forcieren : in Gang bringen : (Pflanzen –) treiben machen * **Antreiber**, der; –s, –: ein Antreibender * **Antreibung**, die; –, –en: das Antreiben * **Antrieb**, der; –(e)s, –e: etwas Antreibendes : Anreiz, Anstoß * *Antriebskraft; Antriebsscheibe; Antriebswelle*

antreten intr. (sein): dicht herantreten : sich einfinden zum Beginn einer Tätigkeit usw.; tr.: mit etwas beginnen, in etwas eintreten * **Antritt**, der; –(e)s, –e: das Antreten : (bes.) Beginn einer Tätigkeit : erste Stufe einer Treppe : Tritt : Fußbrett an der Druckerpresse : Fenstertritt : Vorsaal * *Antrittsbesuch; –gebühr; –predigt; –rede; –vorlesung*

Antrieb: s. antreiben

antrinken intr.: mit Trinken beginnen; tr.: (Becher –) zuerst daraus trinken : (sich einen Rausch –) sich betrinken * **Antrunk**, der; –(e)s: erster Trunk

An|tritt: s. antreten

an|trock|nen tr.: etwas trocknen : in der Trocknungsphase leicht festkleben (Farbe)

an|tun tr.: (Kleider –) anziehen : (einem etwas –) zufügen, zuleide tun : (es einem –) bezaubern, behexen : (sich etwas –) Selbstmord begehen ★ **an|ge|tan** Mw. Ew.: (danach –) so beschaffen, derartig : (von jemand – sein) bezaubert sein

an|tur|nen intr.: (e.) [..törn..] (Umgspr.), Gefallen finden

Ant|wer|pen: Stadt in Belgien

Ant|wort, die; –, –en: Entgegnung auf eine Frage : Erwiderung, Bescheid : (Mus.) Themawiederholung in der Fuge; Abk.: Antw. ★ *um Antwort wird gebeten;* Abk.: U. A. w. g. ★ *Antwortkarte; antwortlich; Antwortschein; Antwortschreiben* ★ **ant|wor|ten** (geantwortet) intr.: Antwort geben, erwidern, entgegnen

an und für sich: s. an

A|nu|rie (gr.), die; –, ..rien: Harnverhaltung [gr. vern. an- und *uron* Harn]

A|nus (l.), der; –, Ani: After ★ *Anus praeter,* der; – –, Ani –: künstlicher Darmausgang [l. anus After, praeter an..vorbei, daneben]

an|ver|trau|en tr.: (einem –) vertrauensvoll übergeben, überlassen, mitteilen

an|ver|wandt Ew.: verwandt ★ **An|ver|wand|te,** der; die; –n, –n: Verwandte(r) ★ **An|ver|wandt|schaft,** die; –, –en: das Verwandtsein : Verwandtschaft

an|vi|sie|ren tr.: anschauen : mit Blicken fixieren : ansteuern

an|wach|sen intr. (sein): an etwas festwachsen : sich wachsend ansetzen : wachsend größer werden : heranwachsen ★ **An|wach|sung,** die; –, –en: das Anwachsen ★ *Anwachsungsrecht:* Alluvionsrecht ★ **An|wuchs,** der; –es, ..wüchse: das Anwachsen : Wachstum : das Aufwachsen : Aufwuchs : das sich anwachsend Ansetzende : Auswuchs

an|wäh|len tr.: eine Nummer wählen : die Telefonvermittlung anrufen

An|walt, der; –(e)s, ..wälte: Rechtsvertreter : Sachverwalter : Bevollmächtigter : Verteidiger ★ *Anwaltsassessor; –büro; –kammer; –kosten; –praxis* ★ **An|wäl|tin,** die; –, ..nen: weiblicher (Rechts-)Anwalt ★ **an|walt|lich** Ew. (selt.): in der Art eines Anwalts ★ **An|walt|schaft,** die; –: Amt und Würde eines Anwalts : Gesamtheit von Anwälten ★ *Anwaltschaftsgericht* ★ **an|walt|schaft|lich** Ew.: von der Anwaltschaft ausgehend : der Anwaltschaft gemäß

an|wan|deln (ich wand[e]le an) intr. (sein): wandelnd nahen; tr.: herantreten, sich bemächtigen, innerlich ergreifen ★ **An|wand|lung, An|wan|delung** die; –, –en: plötzliche innere Neigung, Stimmung zu etwas

an|wan|dern intr. (sein): wandernd nahen

an|wär|men tr.: ein wenig warm machen : vorwärmen

An|wär|ter, der; –s, –: einer, der eine Anwartschaft auf etwas hat : Anspruch Habender ★ **An|wart|schaft,** die; –, –en: Anspruch und Aussicht auf etwas (Stelle u. dgl.)

an|we|hen tr.: wehend anhauchen : wehend anfachen : wehend anhäufen : (einem etwas –) wehend anhaften machen; intr. (sein): wehend nahen : anfliegen

an|wei|sen tr.: anleiten, belehren : zuerteilen : (Hopfen –) an die Stangen binden ★ **An|wei|ser,** der; –s, –: Anweisender ★ **An|wei|sung,** die; –, –en: Vorschrift: Anordnung : Zahlungsüberweisung (bergm.) Aussicht auf Ausbeute

an|wei|ßen tr.: weiß anstreichen

an|wen|den (er wendet; wandte an; hat angewendet, angewandt, s. d.) tr.: Gebrauch machen von etwas : verwenden : folgern ★ *Anwender* ★ **An|wen|dung,** die; –, –en: das Anwenden ★ *anwendungsbezogen* ★ **an|wend|bar** Ew.: gebrauchsmöglich ★ *Anwendbarkeit*

an|wer|ben tr.: (Soldaten, Hilfskräfte) werben und in Dienst stellen ★ **An|wer|ber,** der; –s, –: Anwerbender ★ **An|wer|bung,** die; –, –en: das Anwerben

an|wer|fen intr.: den ersten Wurf tun; tr.: werfend nähern : (Motor) in Gang bringen ★ **An|wurf,** der; –(e)s, ..würfe: das Anwerfen : erster Wurf beim Spiel : Verputz : angeschwemmtes Land : Schmähung

An|wert, der; –s, –e: (östr.) Wertschätzung

An|we|sen, das; –s, –: Besitztum, Grundstück ★ **An|we|sen|heit,** die; –: das Anwesendsein : das Vorhandensein ★ *Anwesenheitsliste* ★ **an|we|send** Ew. Mw.: zugegen seiend : gegenwärtig : vorhanden ★ **An|we|sen|de,** der; die; –n, –n: einer, der (eine, die) zugegen ist

an|wi|dern tr.: ekeln ★ *es widert mich an*

an|win|keln tr.: wie ein Winkel stellen : anziehen (Knie)

an|woh|nen intr.: angrenzend wohnen ★ **An|woh|ner,** der; –s, –: Grenznachbar : Anlieger

An|wuchs: s. Anwachs

An|wurf: s. anwerfen

an|wur|zeln intr., rbz.: wurzelnd oder wie wurzelnd sich anheften; tr.: anwurzeln machen

An|zahl, die; –: eine der Zahl nach zu bestimmende Menge : Stückzahl ★ *eine Anzahl guter Bücher*

an|zah|len tr.: die erste Zahlung für etwas leisten ★ **An|zah|lung,** die; –, –en: erster Teilzahlungsbetrag : Vorauszahlung eines Teiles des Kaufpreises ★ *eine Anzahlung leisten; Anzahlungssumme*

an|zap|fen tr.: mit dem Abzapfen anfangen : (Fass) anstechen : anpumpen : auszufragen versuchen : necken, spotten ★ **An|zap|fung,** die; –, –en: das Anzapfen : Anpumpen : Ausfrageversuch

An|zei|chen, das; –s, –: erste Spur : Symptom : Vorzeichen ★ **an|zeich|nen** tr.: durch ein Zeichen anmerken an etwas, auf etwas zeichnen

An|zei|ge, die; –, –n: das Anzeigen : die Meldung : Ankündigung ★ *Anzeigenblatt; –teil:* Ankündigungen enthaltender Teil der Zeitung; *Anzeigepflicht:* Meldungspflicht; *Anzeigetafel* ★ **an|zei|gen** tr.: melden : darauf hindeuten;

rbz.: sich kundtun : sich (im Keim) erkennen lassen ✳ *angezeigt* Mw. Ew.: angebracht, geeignet; *angezeigt erscheinen* ✳ *anzeigepflichtig* Ew. ✳ **An|zei|ger**, der; −s, −: Anzeigender : Zeitung : (Math.) Exponent ✳ **An|zei|gung**, die; −, −en: das Anzeigen

An|zet|tel, der; −s, −: (Web.) Zettel ✳ **an|zet|teln** tr.: Garn zum Gewebe aufziehen : (übertr.) anspinnen, anstiften ✳ **An|zett|ler**, **An|zett|ler**, der; −s, −: Anzettelnder, Anstifter ✳ **An|zett|lung**, **An|zett|lung**, die; −, −en: Anstiftung

an|zie|hen tr.: (Kleid −) an den Leib ziehen : mit Kleidung versehen : durch Ziehen in Bewegung setzen : durch Ziehen straff spannen : an etwas heranziehen : jemandes Mitwirkung in Anspruch nehmen : (Geruch u. a.) an sich ziehen und in sich aufnehmen : an sich ziehen : in der Rede anführen : (übertr.) fesseln, reizen ✳ intr. (haben) : den ersten Zug tun : (Preise) steigen, in die Höhe gehen; intr. (sein): ziehend nahen : in einen Ort ziehen, um dort zu wohnen : einen Dienst antreten ✳ **an|zie|hend** Mw. Ew.: (übertr.) fesselnd, reizvoll, interessant ✳ **An|zie|her**, der; −s, −: anziehender Muskel : Hilfsmittel zum Anziehen (z. B. Schuhanzieher) ✳ **An|zie|hung**, die; −, −en: Kraftwirkung aufeinander zu : (übertr.) Reiz ✳ *Anziehungskraft* ✳ **An|zucht**, die; −: das Aufziehen eines Anwuchses : der junge Anwuchs ✳ *Anzuchtgarten* ✳ **an|züch|ten** tr.: durch Anzucht hervorbringen : anerziehen ✳ **An|zug**, der; −(e)s, ..züge: Gesamtheit von Kleidungsstücken : Männeroberkleidung (das Nahen : der erste Zug beim Schachspiel ✳ *eine Gefahr (ein Gewitter, der Feind, eine Erkältung) ist im Anzug: − −* naht ✳ **an|züg|lich** Ew.: zweideutig, anstößig ✳ **An|züg|lich|keit**, die; −, −en: das Anzüglichsein : etwas Anzügliches

an|zie|len tr.: anpeilen : Ziel haben

an|zi|schen tr.: (Umgspr.) anmeckern : schelten

An|zucht, **An|zug**, **an|züg|lich**: s. anziehen

an|zün|den tr.: in Brand setzen ✳ **An|zün|der**, der; −s, −: Anzündender : Vorrichtung, Mittel zum Anzünden

an|zwän|gen tr.: nur mit Zwang anziehen können

an|zwe|cken tr.: mit Reißzwecken befestigen

an|zwei|feln tr.: an etwas zweifeln : Zweifel an etwas äußern ✳ **An|zwei|flung**, **An|zwei|fe|lung**, die; −, −en: das Anzweifeln

an|zwit|schern rbz: (sich einen −) einen Rausch antrinken

Äo|lo|di|kon, das: −s, ..ka; **Äo|lo|di|on**, das; −s, ..dien: eine orgelähnliche Windharmonika ✳ **Äo|los** (gr.): Windgott ✳ *Äolsharfe:* Windharfe

Äon (gr.), der; −s, ..onen (meist Mz.): unermesslich langer Zeitraum ✳ *äonenlang* Ew.: ewig ✳ **Äo|ni|en** Mz.: Jahrhundertfeste

Äo|rist (gr.), der; −es, −e: (Sprachl.) unbegrenzte Zeitform, bes. erzählende Zeitform

Äor|ta (gr.), die; −, ..ten: Hauptschlagader ✳ **Äor|ti|tis**, die; −, ..titionen: Entzündung der Aorta

AP [ehpi] (Abk.): Associated Press (US-Nachrichtenagentur)

Apa|che, der; −n, −n: Angehöriger des Indianerstammes der Apachen : Pariser Unterweltler

apa|ge! (gr.): fort! hebe dich weg!

Apa|go|ge (gr.), die; −: (Log.) Zurückführung auf einen Widersinn ✳ **apa|go|gisch** Ew.: durch eine Apagoge beweisend, mittelbar beweisend [gr. apagoge wegführen]

Apa|na|ge (fr.) [apanahsch(e)], die; −, −n: Abfindung : Jahrgeld ✳ **apa|na|gie|ren** (..iert) tr.: abfinden : durch ein Jahrgeld entschädigen [ml. apanagium zu panis Brot]

apart (fr.) Ew., Uw.: abgesondert : selten : einzeln : seitab : für sich ✳ **A|par|te**, das; −n: Besonderes : Eigentümlichkeit ✳ **A|part|heid**, die; −: intern. Ausdruck für Rassentrennung [e. apart getrennt und hide Haut] [l. a parte von der Seite] ✳ **A|part|heit**, die; −, −en: das

Apartsein ✳ **A|part|ment**, das; −s, −s: möblierte Einzimmerwohnung ✳ *Apartmenthaus:* Wohnhaus, das nur Apartments enthält : (verhüll.) Bordell

A|pa|thie (gr.), die; −, −n: Teilnahmslosigkeit : Unempfindlichkeit ✳ **a|pa|thisch** Ew.: teilnahmslos : unempfindlich : gleichmütig [gr. a- und pathos Leiden]

A|pa|tit (gr.), der; −s, −e: Gestein (phosphorsaurer Kalk)

A|pen|nin, der; −s (und **A|pen|ni|nen** Mz.): Hauptgebirge Italiens ✳ *Apennin(en)halbinsel*

aper (e. mundartl.): schneefrei ✳ *Aperwind:* Tauwind

A|per|çu (fr.) [aperßü], das; −s, −s: geistreicher Einfall : kurzer Überblick

A|pe|ri|en|tia (l.) Mz.: (Med.) Abführmittel ✳ **A|pe|ri|tif** (fr.), der; −s, −e und −s: Verdauungsschnaps ✳ **a|pe|ri|tiv** Ew.: abführend ✳ **a|pert** (l.) Ew.: offen : unverhohlen ✳ **A|per|tur** (l.), die; −, −en: (Phys.) Blendenöffnung bei optischen Apparaten [l. aperire öffnen, apertus offen]

a|pe|ri|o|disch (gr.) Ew.: (Phys.) schwingungsfrei

A|pe|tale (gr.), die; −, −n: Pflanze mit blattlosen Blüten ✳ **a|pe|ta|lisch** Ew.: blumenblattlos [gr. vern. a- und petalon Blatt]

A|pex (l.), der; −, ..pizes: Spitze, Gipfel : Kegelspitze : kegelförmiger Priesterhut : (Sprachl.) Längen- oder Tonzeichen: (Astron.) Zielpunkt der Erdbewegung ✳ **a|pi|kal** Ew.: die Spitze betreffend

Ap|fel, der; −s, Äpfel; Äpfelchen, Äpfelein: Frucht des Apfelbaumes : (Bot.) Name saftiger Kapselfrüchte : apfelrunder Körper : runder Fleck in der Zeichnung von Pferden ✳ *apfelartig* Ew.: in der Art eines Apfels : *Apfelbaum; Apfelblüte; Apfelblütenstecher:* ein Käfer; *Apfel-, Äpfelbrei:* Apfelmus; *apfelförmig* Ew.; *Apfelfuchs:* fuchsbraunes Pferd mit apfelrunden Flecken; *Apfelgarten; Apfelgriebs:* Samengehäuse des Apfels; *apfelgrau* Ew.: (Pferd) grau mit apfelrunden Flecken; *apfelgrün:* blassgrün; *Apfelkern; Apfelkuchen; –küchlein; Apfelmost; –mus; Apfelquitte:* eine Art runder Quitten; *Apfelrose:* Hagebuttrose; *apfelrot* Ew.; *–rund* Ew.; *Apfelsäure:* die in Äpfeln und ähnlichen Früchten enthaltene Säure; *apfelsauer* Ew.: Apfelsäure enthaltend; *Apfelschimmel; Apfelschnitte; –schnitz; Apfelstrudel:* eine Art Backwerk mit Äpfeln; *Apfeltrank; Apfelwein; Apfelwickler;* ein Schmetterling ✳ **ap|fe|lig** Ew.: mit apfelrunden Flecken ✳ **Apfel|si|ne,** die; –, –n: Sinaapfel, aus China (früher „Sina") stammende Orangenart

A|pha|gie (gr.), die; –: Unfähigkeit zu schlucken, zu essen [gr. vern. a- und phag*ein* essen]

A|phä|re|se (gr.), die; –, –n:

A|phä|re|sis, die; –, ..resen: „Abnahme": (Sprachl.) Anfangskürzung : (Med.) Abnahme eines Körperteils [gr. aphair*ein* abnehmen]

A|pha|sie (gr.), die; –..sien: Verstummen : krankhafte Verminderung des Sprachvermögens [gr. vern. a- und phem*i* ich spreche]

Aphel, das; –s, –e: Sonnenferne ✳ **Aphe|li|um** (gr.-l.), das; –s, ..lien und ..lia: Aphel [s. apo- und gr. helios Sonne]

A|pho|nie (gr.), die; –: Stimmlosigkeit : Stimmverlust ✳ **a|pho|nisch** Ew.: stimmlos ✳ **A|phon|ge|trie|be:** geräuschloses Schaltgetriebe [gr. vern. a- und phon*e* Stimme]

A|pho|ris|mus (gr.), der; –, ..men: scharf umrissener Gedanke : Gedankensplitter : Lehrspruch ✳ **a|pho|ris|tisch** Ew.: kurz : abgerissen : in Aphorismen [s. apo- und gr. horiz*ein* begrenzen]

A|phro|di|si|a|kum, das; –s, ..ka: Reizmittel zur Wollust ✳ **a|phro|di|sisch** Ew.: auf Aphrodite bezüglich : auf die Liebe bezüglich ✳ **A|phro|di|te:** griech. Göttin der Liebe

Aph|the (gr.), die; –, –n: Mundfäule ✳ *Aphthenseuche:* Maul- und Klauenseuche ✳ **aph|thös** Ew.: an Mundfäule leidend

a|phyl|lisch (gr.) Ew.: blattlos [gr. vern. a- und phyllon Blatt]

apikal: s. Apex

A|pi|rie (gr.), die; –: Unerfahrenheit [gr. vern. a- und peira Erfahrung]

A|pi|rie (gr.), die; –: Unbegrenztheit : Unbestimmtheit [gr. vern. a- und peirar Grenze]

A|pis, der; –: heiliger Stier der alten Ägypter ✳ *Apisperiode:* alt-ägypt. Jahrzeitmaß

A|pis|tie (gr.), die; –: Unglaube : Misstrauen [gr. vern. a- und pistia Glauben]

A|pla|nat (gr.-l.), der; –s, –e: photographisches Objektiv, Linse, die alle Strahlen in einem Punkt vereinigt ✳ **a|pla|na|tisch, a|pla|ne|tisch** Ew.: (Astron.) unwandelbar, nicht abweichend : (Linse) alle Strahlen in einem Punkt vereinigend [gr. vern. a- und plana*sthai* irren]

A|plomb (fr.) [aplong], der; –s: gerade Haltung : Sicherheit der Haltung, des Auftretens : Nachdruck, Betonung [fr. à plomb nach dem Senkblei, senkrecht]

a|po.. (gr.): Vw. ab, weg; als Vorsilbe auch: wieder, zurück; vgl. ap-

A|po|chro|mat (gr.), der; –s, –e: Linsenverbindung für Mikroskope ohne Farb- und Strahlenzerstreuung

a|po|dik|tisch Ew.: unwiderleglich : unbestreitbar [gr. apodeiknynai aufzeigen, erweisen]

A|po|do|sis (gr.), die; –, ..dosen: (Sprachl.) Nachsatz [eig. Zurückgabe von apodid*onai* zurückgeben]

A|po|ga|mie (gr.), die; –: ungeschlechtliche Fortpflanzung

A|po|gä|um (gr.), das; –s, ..gäen: Erdferne [s. apo- und Gäa]

A|po|gra|phon (gr.), das; –s, ..pha: Abschrift einer Urschrift [gr. apographein abschreiben]

A|po|ka|lyp|se (gr.), die; –: Offenbarung Johannis (im NT) ✳ **A|po|ka|lyp|tik,** die; –: überspannte Auslegung der messianischen Weissagungen ✳ **A|po|ka|lyp|ti|ker,** der; –s, –: Offenbarungsforscher, -gläubiger ✳ **a|po|ka|lyp|tisch** Ew.: geheimnisvoll : endzeitlich : in der Apokalypse vorkommend [gr. apokalyptein enthüllen]

A|po|ko|pe (gr.), die; –, ..ko-

pen: Abfall des Auslautes ✳ **a|po|ko|pie|ren** (..iert) tr.: ein Wort am Ende verkürzen : abkürzen [gr. apokoptein abhauen]

A|po|kryph (gr.), das; –s, –en: Schrift eines unbekannten Verfassers : von der Kirche nicht in den Kanon aufgenommene religiöse Schrift ✳ **a|po|kryph** Ew.: unecht [gr. apokryphos verborgen, untergeschoben]

A|pol|da: thüring. Stadt

A|po|lep|sis (gr.), die; –: (Med.) Unterbrechung, Hemmung, Lähmung [gr. apolambanein hemmen]

A|poll: gehobene Kurzform für Appollon : schöner junger Mann ✳ **a|pol|li|nisch, a|pol|lisch** (gr.) Ew.: Apollon betreffend : wie Apollon beschaffen ✳ **A|pol|lo,** der; –s, –s: ein Schmetterling ✳ **A|pol|lon** (gr.): Gott der Dichtkunst ✳ *Apollo-Programm:* amerikanisches Raumfahrtunternehmen für bemannte Landungen auf dem Mond ✳ **A|pol|lo|ni|kon,** das; –s, ..ken: orgelähnliches Tonwerkzeug ✳ **A|pol|lo|ni|on,** das; –s, ..nien: ein Tonwerkzeug

A|po|log (gr.), der; –s, –e: Lehrfabel ✳ **A|po|lo|get,** der; –en, –en: Verteidiger ✳ **A|po|lo|ge|tik,** die; –: Lehre von der Verteidigung [der christlichen Wahrheit] ✳ **a|po|lo|ge|tisch** Ew.: verteidigend ✳ **A|po|lo|gie,** die; –, –n: Verteidigung : Verteidigungsschrift ✳ **a|po|lo|gi|sie|ren** (..iert) tr.: verteidigen : eine Verteidigungsrede halten : eine Verteidigungsschrift verfassen [gr. apologos Erzählung; apologeisthai sich verteidigen]

A|po|phy|se (gr.), die; –, –n: Knochenfortsatz : Ausbreitung eines Gesteins [gr. apophyein anwachsen]

A|po|plek|ti|ker, der; –s, –: ein zum Schlagfluss Neigender ✳ **a|po|plek|tisch** Ew.: zu Schlagflüssen geneigt : (–es Mittel) den Schlagfluss bekämpfend, hemmend ✳ **A|po|ple|xie,** die; –, –n: Schlagfluss [gr. apoplessein niederschlagen, betäuben]

A|po|rie (gr.), die; –, –n: „Ratlosigkeit"; Unvermögen, eine philosophische Aufgabe zu lösen [gr. vern. a- und poros Weg] * A|po|re|tik, die; –: Beschäftigung mit Aporien

A|po|si|o|pe|se, A|po|si|o|pe|sis (gr.), die; –, ..sen (Redekst.) Verschweigung, Abbrechen mitten im Satz [gr. aposiopan verstummen]

A|po|sta|sie (gr.), die; –, –n: Abfall vom Glauben * a|pos|ta|sie|ren (..iert) intr.: abfallen * A|po|stat, der; –en, –en: Abtrünniger * a|pos|ta|tisch Ew.: abtrünnig [gr. apostatein abfallen]

A|po|stel (gr.), der; –s, –: Sendbote : Jünger Jesu * Apostelgeschichte: Buch des NT * A|pos|tel|tum, das; –s: Wesen, Amt eines Apostels * A|pos|to|lat (gr.-l.), das; –(e)s, –e: Apostelamt * A|pos|to|li|kum (gr.-l.), das; –s: die apostolischen Schriften des NT; das Apostolische Glaubensbekenntnis * a|pos|to|lisch Ew.: von den Aposteln herrührend : der Lehre der Apostel gemäß * das Apostolische Glaubensbekenntnis * der Apostolische Stuhl: der päpstliche Sitz in Rom

a po|s|te|ri|o|ri (l.): auf Grund von Erfahrung * A|pos|te|ri|o|ri, das; –, –: Erfahrungssatz * a|pos|te|ri|o|risch Ew.: erfahrungsgemäß : aus der Erfahrung geschlossen [l. posterior später]

A|pos|troph (gr.), der: –s, –e: Auslassungszeichen * A|pos|trophe, die; –, ..strophen: Anrede * a|pos|tro|phie|ren (..iert) tr.: ein Auslassungszeichen setzen : (feierlich) anreden [gr. apostrephein abwenden]

A|po|the|ke (gr.), die; –, –n: Einzelhandelsgeschäft für Medikamente, Arzneiladen : in Betrieb für Arzneibereitung : Arzneibehältnis (Hausapotheke) * A|po|the|ker, der; –s, –: Arzneikundiger : Inhaber einer Apotheke * Apothekerpreise: (volkst.) hohe Preise; Apothekerschwamm: Badeschwamm [eig. Niederlage von gr. apotithenai niederlegen]

A|po|the|o|se (gr.), die; –, –n:

Vergöttlichung : Versetzung eines Menschen unter die Götter * a|po|the|o|sie|ren (..iert) tr.: vergöttlichen : unter die Götter versetzen [gr. apotheun von theos Gott]

A-po-the-o-se
Zwei neue Trennmöglichkeiten beim Wort *Apotheose* verdeutlichen die Regelung, dass auch Fremdwörter nach Sprechsilben getrennt werden dürfen. Unverändert aber darf auch nach den Wortteilen *apo-* (gr. ab, weg; wieder, zurück) und *theo-* (von gr. Theos Gott) die Zeile gewechselt werden.

Ap|pa|la|chen Mz.: Gebirge im Osten Nordamerikas

Ap|pa|rat (l.), der; –(e)s, –e: Zubehör : Vorrichtung : Werkzeug : Gerät * ap|pa|ra|tiv Ew.: zugehörig : zur Vorrichtung gehörig * Ap|pa|ra|tur, die; –, –en: Gesamtheit von Vorrichtungen, Werkzeugen [l. apparare zubereiten]

Ap|pa|rat|schik (russ.), der; –s, –s (verächtl.) dem „Parteiapparat" völlig ergebener, linientreuer Funktionär im totalitären Staat

ap|pa|rent (l.) Ew.: anscheinend : augenscheinlich * Ap|pa|renz, die; –: Anschein : Wahrscheinlichkeit : (kfm.) äußeres Aussehen der Ware [l. apparere erscheinen]

Ap|par|te|ment (fr.) [apartemang], das; –s, –s [..mangs]: Wohnung : Zimmer mit Zubehör; vgl. auch Apartment

Ap|pas|si|o|na|ta (it.), die; –: (Sonata –) „die Leidenschaftliche", eine Sonate von Beethoven * ap|pas|si|o|na|to (it.): (Mus.) leidenschaftlich

Ap|peal (e.) [äpihl], der; –s: Reiz, Anziehungskraft

Ap|pease|ment (e.) [äpihs..], das; –s: politische Vorgehensweise der Beruhigung und Beschwichtigung

Ap|pell (fr.), der; –s, –e: Aufruf : Mahnruf : (militär.) Sammelruf : (Fechtkst.) kurzer Tritt mit dem vorgesetzten Fuß * ap|pel|la|bel (nl.) Ew.: angreifbar, Berufung gestattend * Ap|pel|lant (nl.), der; –en, –en: Berufungskläger * Ap|pel|la|ti|on (l.), die; –, –en: Berufung * Ap|pel|la|ti|vum (l.)

[..w..], das; –s, –ve: (Sprachl.) Gattungsname * ap|pel|la|ti|visch (l.) Ew.: als Gattungsname : die Gattung bezeichnend * ap|pel|lie|ren (..iert) intr.: Berufung einlegen : anrufen [l. appellare anreden]

Ap|pen|dix, der; –es, –e und –dizes oder ..dices: Anhängsel : Zusatz, Beigabe : Anhang : (Med.) Blinddarm * ap|pen|di|zie|ren (..iert) tr.: anhängen : beifügen : nachtragen * Ap|pen|di|zi|tis, die; –, ..itiden: Blinddarmentzündung [l. appendere anhängen]

Ap|pen|zell: schweizer. Kanton und Ort

Ap|per|zep|ti|on (nl.), die; –, –en: bewusste Wahrnehmung, klare und deutliche Auffassung * ap|per|zi|pie|ren (..iert) tr.: bewusst wahrnehmen, klar und deutlich auffassen

Ap|pe|tit (l.), der; –(e)s: Begierde : Esslust * ap|pe|tit|lich Ew.: anreizend : die Esslust anregend * Ap|pe|tit|lo|sig|keit, die; –: Essunlust [l. appetere nach etwas streben]

ap|pla|nie|ren (nl.) (..iert) tr.: ebnen, ausgleichen * Ap|pla|nie|rung, die; –, –en: Ebnung, Ausgleichung [l. planus eben]

ap|plau|die|ren (..iert) (l.) intr.: Beifall spenden : beifällig aufnehmen * Ap|plaus, der; ..plauses: Beifall : Beifallsruf : Beifallsklatschen [l. applaudere zuklatschen]

ap|pli|ka|bel (l.) Ew.: anwendbar : tauglich * Ap|pli|kant, der; –en, –en: Bewerber : Anwärter * Ap|pli|ka|ti|on, die; –, –en: Anwendung : Fleiß, Eifer * Ap|pli|ka|tur, die; –, –en: zweckmäßiger Gebrauch : (Mus.) Fingersatz * Ap|pli|qué (fr.) [..keh], das; –s: dem Neusilber ähnliche Metallmischung * ap|pli|zie|ren (..iert) tr.: anwenden : beibringen : sich befleißigen [l. applicare anwenden]

ap|port! (l.-fr.): (Zuruf an den Hund) such! bring her! * Ap|port, der; –s, –e: Einlage bei Gründung einer Gesellschaft * ap|por|tie|ren (..iert) tr.: herbeibringen [l. apportare herbeitragen]

Ap|po|si|ti|on (l.), die; –, –en: Hinzufügung : (Sprachl.) erklä-

render Zusatz, Beifügung *
ap|po|si|ti|o|nell Ew.:
(Sprachl.) als Beifügung gebraucht [l. apponere hinzufügen]
Ap|pre|hen|si|on (l.), die; –,
–en: Ergreifung : Auffassung :
Begriffsvermögen : Besorgnis :
Abneigung * **ap|pre|hen|siv**
Ew.: besorgt : furchtsam : reizbar [l. apprehendere ergreifen]
Ap|pre|teur (fr.) [..töhr], der; –s,
–e: Zurichter: Gewebebereiter *
ap|pre|tie|ren (..iert) tr.: zurich-
ten : (Gewebe –) glätten und
glänzend machen * **Ap|pre|tur,**
die; –, –en: Zurichtung : Glättung und Glänzendmachen des
Gewebes : Gewebeglätte und
Gewebeglanz [fr. prêt bereit]
Ap|proach (e.) [äprohtsch],
der; –(e)s, –s: Anspruch, Prämisse : Aufmerksamkeit erregender Werbetext : (Flugw.)
Landeanflug
Ap|pro|ba|ti|on (l.), die; –, –en:
Genehmigung : Bewilligung :
staatliche Zulassung : kirchl.
Druckerlaubnis * **ap|pro-
bie|ren** (..iert) tr.: genehmigen
: staatlich zulassen : billigen *
approbierter Arzt [l. approbare
billigen]
Ap|pro|che (fr.) [approsch],
die; –, –n: Laufgraben *
ap|pro|chie|ren (..iert) intr.
(sein): sich nähern; tr.: Lauf-
gräben anlegen [fr. approcher
sich nähern]
Ap|pro|pri|a|ti|on (l.), die; –,
–en: Aneignung : Besitzergreifung : (Chem.) Vereinigung *
ap|pro|pri|ie|ren (..iert) tr.:
sich aneignen [l. appropriare
von proprius eigen]
Ap|pro|vi|si|o|nie|rung (fr.-
dtsch.) [..w..], die; –, –en: Versorgung mit Lebensmitteln;
vgl. Provision
Ap|pro|xi|ma|ti|on (l.), die; –,
–en: Angleichung, Annäherung
* **ap|pro|xi|ma|tiv** Ew.: annä-
hernd, beinahe [l. approximare
zu proximus der nächste]
A|prés-Ski (fr.-dtsch.) [apräh-
schih], das; –s: Kleidung sowie
Amüsement nach dem Skilauf
* *Aprés-Ski-Jacke; Aprés-Ski-
Rock*
A|p|ri|ko|se (arab.-fr.), die; –,
–n: Frucht des Aprikosenbau-
mes : Aprikosenbaum [fr. abri-
cot, arab. albirqûq, l. praecox
frühreif]

A-prikose
Streng genommen ist auch die
Trennung nach dem anlautenden *A-* möglich, da eine Kombination von Mitlauten folgt,
die auch sonst einen Wortanfang bilden können. Da jedoch
schonender Gebrauch der Abtrennung von Ein-Buchstaben-
Silben empfohlen wird, ist hier
die Trennung nach *Ap-* vorzuziehen.

A|pril (l.), der; –(s): der vierte
Monat des Jahres * *April-
scherz:* am 1. April üblicher
Ulk; *Aprilwetter:* unbestand-
ges Wetter [l. Aprilis von ape-
rire eröffnen]
a pri|ma vis|ta (it.) [..w..]:
(kfm.) auf Sicht : (Mus.) vom
Blatt
a pri|o|ri (l.): von vornherein,
aus Vernunftgründen * **A|pri-
o|ri,** das; –, –: auf Vernunfter-
kenntnis gegründeter Satz *
a|pri|o|risch Ew.: aus Ver-
nunftgründen geschlossen
a|pro|pos (fr.) [apropo]: ne-
benbei bemerkt : am Rande
Ap|s|de, Ap|sis (gr.), die; –, ..si-
den: Wölbung einer Chornische :
Nischenausbau : (Astron.) Wen-
depunkt der Planetenbahn * *Ap-
sidenlinie:* große Achse einer Planetenbahn [gr. hapsis Verbindung, Rundung]
ap|tie|ren (..iert) (l.) tr.: anpas-
sen : zurechtmachen *
Ap|tie|rung, die; –, –en: An-
passung : Zurichtung [l. aptare,
von aptus passend]
A|pul|li|en (l.) südostital. Land-
schaft
A|qua des|til|la|ta (l.), das; –,
–: chemisch reines Wasser
A|quä|dukt (l.), der; –(e)s, –e:
hochgelegte Wasserleitung [l.
aqua Wasser und ducere leiten]
A|qua|ma|rin (nl.), der; –s, –e:
meergrüner Schmuckstein [l.
aqua marina Meerwasser]
A|qua|naut (l.), der; –en, –en:
Tiefseefahrer: Wissenschaftler, der an Tiefsee-Expeditio-
nen teilnimmt
A|qua|pla|ning (l.-e.), das; –s,
–s: Verlust der Bodenhaftung
von Autoreifen auf regennasser
Fahrbahn
A|qua|rell (it.-fr.), das; –s, –e:
Gemälde in Wasserfarben *
Aquarellmalerei * **a|qua|rel-
lie|ren** (..iert) tr., intr.: in Was-

serfarben malen [it. acque-
rello, von l. aqua Wasser]
A|qua|ri|um (l.), das; –s, ..rien:
Wasserbehälter : Behälter für
Wassertiere und -pflanzen :
Anstalt zur Erforschung von
Wassertieren und -pflanzen *
A|qua|ris|tik (l.), die; –: Lehre
vom artgerechten Halten von
Wasserlebewesen [l. aqua Was-
ser]
A|qua|tel (l.-fr.), das; –s, –s:
aus Hausbooten bestehendes
Hotel
A|qua|tin|ta (it.), die; –: Was-
serfarbenart in der Kupferstiche-
cherkunst [it. aqua tinta gefärb-
tes Wasser]
Äquator, der; –s: „Gleicher",
Mittellinie der Erdkugel * *Äqua-
torhöhe:* Winkel, den der Äquator mit dem Horizont bildet;
Äquatortaufe: (seem.) scherzhafte Taufsitte bei der ersten
Fahrt über den Äquator *
ä|qua|to|ri|al Ew.: zum Äquator
gehörig, den Äquator betreffend
* *Äquatorialgegenden:* Tropen;
Äquatorialsturm: (seem.) kalte
Luft- und Wasserströmungen
: Meeresströmungen vom Äquator
zu den Polen [l. aequus gleich]
a|qua|tisch (l.) Ew.: vom Was-
ser herrührend : wässerig [l.
aqua Wasser]
A|qua|vit (nl.) [..w..], der; –s:
„Lebenswasser", Kartoffel-
und Kornbranntwein
Ä|qui|li|bris|mus (nl.), der; –:
Gleichgewichtslehre : (Philos.) Indeterminismus *
Ä|qui|li|brist, der; –en, –en:
Schwebekünstler : Seiltänzer
* **Ä|qui|li|bris|tik,** die; –:
Gleichgewichtskunst * **ä|qui-
li|bris|tisch** Ew.: gleichge-
wichtskünstlerisch : seiltänzer-
artig [l. aequus gleich und libra
Waage, Gewicht]
ä|qui|nok|ti|al (l.) Ew.: zur Zeit
der Tagundnachtgleiche statt-
habend * *Äquinoktialsturm* *
Ä|qui|nok|ti|um, das; –s, ..tien:
Tagundnachtgleiche [l. aequus
gleich und nox Nacht]
ä|qui|pol|lent (l.) Ew.: gleich-
geltend
ä|qui|va|lent (l.) [..w..] Ew.:
gleichwertig * **Äquivalent,**
das; –s, –e: Ersatz : Entschädi-
gung * **Ä|qui|va|lenz,** die : –,
–en: Gleichwertigkeit (bes.
Chem.) [l. aequus gleich und
valere wert sein]

äquivok (l.) [..w..] Ew.: doppelsinnig : zweideutig, schlüpfrig [l. aequus gleich und vox Stimme]

Ar (l.), das; der; –s, –e: ein Flächenmaß (100 qm); Abk.: a [l. area Flächenraum]

Ära (l.), die; –, Ären: Zeitrechnung : Zeitalter

Ara, der; –s, –s: amerik. Papagei

Araber (hebr.), der; –s, –: semit. Volk in Nordafrika und im Südwesten Asiens ✳ **Arabeske** (arab.-fr.), die; –, –n: „arabische Figur", Laubwerk-, Rankenverzierung ✳ **Arabien**: südwestasiat. Halbinsel ✳ **Arabin**, das, –s: löslicher Gummibestandteil ✳ **arabisch** Ew.: auf Arabien, die Araber bezüglich ✳ *Vereinigte Arabische Republik* ✳ **Arabische**, das, –n: die arabische Sprache ✳ **Arabist**, der; –en, –en: Kenner der arabischen Sprache ✳ **Arabistik**, die; –: Arabienkunde **Arachis** (bras.), die; –, –: Erdnuss ✳ *Arachisöl*

Arachnide (gr.), die; –, –n: Spinnentier ✳ **Arachnit**, der; –s, –en: ein Gestein ✳ **Arachnologe**, der; ´–gen, –gen: Spinnenkundiger ✳ **Arachnologie**, die; –: Spinnenkunde

Aragonien: Landschaft im nordöstl. Spanien ✳ **Aragonier**, der; –s, –: Bewohner von Aragonien ✳ **Aragonit**, der; –s, –e: ein Gestein

Araliazee, die; –, –n: Pflanze von der Gattung der Aralien ✳ **Aralie**, die; –, –n: ein kanad. Doldengewächs

Aralsee, der; –s: See in Mittelasien

Aramäisch, das; –: semitischer Sprachzweig

Aranjuez [aranchueß]: Stadt in Spanien

Aräometer (gr.), das; –s, –: Werkzeug zur Bestimmung des spez. Gewichtes eines Körpers, Senkwaage ✳ **Aräometrie**, die; –: Dichtemessung [gr. araios dünn]

Ärar (l.), das; –s, –e: Staatsschatz : Staatskasse : Urkundenkammer ✳ **ärarial**, **ärarisch** Ew.: die Staatskasse betreffend [l. aes, Gen. aeris Geld]

Ararat, der; –s: Berg in Armenien

ärarial: s. Ärar

Araukaner: südamerikan. Indianerstamm ✳ **Araukaria**, die; –, –n: Andentanne

Arazzo (it.), der; –, ..azzi: in Arras gewirkter Teppich : (bes.) Bildterteppich im Vatikan

Arbeit, die; –, –en: körperliche oder geistige Betätigung : Gegenstand der Betätigung : Mühe, Anstrengung : zu schaffendes Werk : geschaffenes Werk : Erwerbstätigkeit : (Phys.) Produkt aus Kraft und Weg ✳ Arbeitgeber; Arbeitgeberverband; Arbeitnehmer; *Arbeitsuchende → Arbeit Suchende, die Arbeit Suchenden auch: die Arbeitsuchenden* Arbeitsamt: Vermittlungsstelle für Arbeit Suchende; *Arbeitsanzug; Arbeitsbedingungen:* Vereinbarungen, äußere Umstände und Verhältnisse, denen sich der Arbeitnehmer fügen muss; *Arbeitsbeschaffung; Arbeitsbeutel:* Handarbeitstasche; *Arbeitsbiene:* sehr fleißige Person; *Arbeitsdienst; Arbeitsdirektor; Arbeitseinheit:* (Phys.) Einheitsmaß der Arbeit; *Arbeitseinstellung:* Niederlegung der Arbeit, Streik; *Arbeitsessen; arbeitsfähig* Ew.; *Arbeitsfähigkeit; Arbeitsgemeinschaft* : gemeinsam Arbeitende ✳ *Arbeitsgerät; Arbeitsgericht:* Gericht zur Entscheidung von Streitigkeiten zwischen Arbeitgeber und Arbeitnehmer; *Arbeitshaus:* Anstalt, in der Verbrecher und Bettler zur Arbeit angehalten werden; *Arbeitshäusler:* Insasse eines Arbeitshauses; *arbeitsintensiv; Arbeitskamerad; Arbeitskampf; Arbeitskasten:* Werkzeugkasten; *Arbeitsklima; Arbeitskorb:* (meist) Handarbeitskorb; *Arbeitskraft; Arbeitslast; Arbeitsleistung; Arbeitsleute:* Arbeiter; *Arbeitslohn; arbeitslos* Ew.: ohne Erwerbstätigkeit; *Arbeitslose, der; –n, –n: einer, der keine Erwerbstätigkeit hat; Arbeitslosenquote; Arbeitslosenhilfe; -geld; -unterstützung:* staatl. Unterstützung für Erwerbslosen; *Arbeitslosenversicherung; Arbeitsmangel;*

Arbeitsmarkt: Angebot und Nachfrage nach Arbeit; *Arbeitsmoral; Arbeitsraum; Arbeitsrecht:* gesetzliche Bestimmungen über die Rechte von Arbeitgebern und -nehmern; *Arbeitsrock; Arbeitssaal; arbeitsscheu* Ew.; *Arbeitsstätte; Arbeitsstrom:* (Elektr.) Arbeit leistender Strom; *Arbeitstag:* Werktag; *Arbeitsteam; arbeitsteilig* Ew.; *Arbeitstisch; arbeitsunfähig* Ew.; *Arbeitsvertrag:* Übereinkommen zwischen Arbeitgeber und Arbeitnehmer; *Arbeitsweise; arbeitswillig* Ew.; *Arbeitswoche; Arbeitszeug:* Werkzeug; *Arbeitszimmer* ✳ **arbeiten** intr.: Kräfte zu einem Zweck anstrengen : sich mühen : wirken, schaffen : streben : in Tätigkeit sein; tr.: etwas arbeitend herstellen; rbz.: durch Arbeit an ein Ziel kommen ✳ *sich müde arbeiten:* arbeiten, bis man müde ist ✳ **Arbeiter**, der; –s, –: Arbeitender : Fabrikarbeiter : (Zoolog.) Arbeit leistende Biene (im Gegensatz zu Drohne und Königin, die nicht arbeiten) ✳ *Arbeiterfrage:* Gesamtheit der Probleme des Arbeiterstandes; *Arbeiterfrau:* Ehefrau eines Arbeiters; *Arbeitergenossenschaft; Arbeiterklasse; Arbeiterpriester; Arbeiterrückfahrkarte; Arbeiterstand; Arbeiterverein; Arbeiterviertel:* Stadtteil, in dem hauptsächlich Arbeiter wohnen; *Arbeiterwohnung* ✳ **Arbeiterin**, die; –, –nen: Arbeitende ✳ **arbeitsam** Ew.: zur Arbeit geneigt : gern arbeitend : viel arbeitend ✳ *Arbeitsamkeit*, die; –: Arbeitswilligkeit : das viele Arbeiten

Arbitrage (fr.) [arbitrahßeʼ], die; –, –n: Schätzung : Schiedsspruch : (kfm.) Ausnutzung von Wechselkursschwankungen ✳ **arbiträr** Ew.: nach Ermessen : willkürlich : annähernd, ungefähr ✳ **arbitrieren** (..iert) tr.: schätzen, bewerten : nach Gutdünken entscheiden ✳ **Arbiter** (l.), der; –s, –: Schiedsrichter ✳ *Arbiter elegantiarum:* Modefachmann, Modesachverständiger [l. arbitrari entscheiden]

Arborat (l.), das; –s, –e: Baumgarten ✳ **Arboretum**,

das; –s, ..ten: Baumschule [l. arbor Baum]

Ar|bu|se (pers.-russ.), die; –, –n: Angurie, Wassermelone

Ar|cha|ikum (gr.), das; –s: früheste Ära der Erdgeschichte * **ar|cha|isch** Ew.: altertümlich * **ar|chä|isch** Ew.: das Archaikum betreffend * **Ar|cha|ismus**, der; –, ..men: (Sprachl.) veralteter Ausdruck * **ar|cha|i|s|tisch** Ew.: altertümelnd * **Ar|chä|o|gra|phie**, die; –: Altertümerbeschreibung * **ar|chä|o|gra|phisch** Ew.: Altertümer beschreibend * **Ar|chä|o|lo|ge**, der; –n, –n: Altertumskenner, -forscher * **Ar|chä|o|lo|gie**, die; –: Altertumskunde, -forschung * **ar|chä|o|lo|gisch** Ew.: die Altertumskunde betreffend [gr. archaios alt]

Ar|chan|gelsk: russ. Stadt

Ar|chä|o|lo|ge, Ar|chä|o|lo|gie usw.: s. Archaikum

Ar|chä|o|p|te|ryx, die; –(e)s, –e und ..pteryges: fossiler Urvogel [gr. archaios alt und pterix Vogel]

Ar|che (l.), die; –, –n: Wohnschiff : Kastenschiff Noahs : eine Art Muscheln : Leinen zum Aufspannen von Jagd- und Fischzeug : Uferbefestigung gegen das Reißen des Stromes : Wehr [l. arca Kasten]

Ar|che|typ (gr.), der; –s, –en: Urbild : Urschrift : Musterdruck * **Ar|che|ty|pus** (gr.-l.), der; –, ..pen: Archetyp [gr. archetypos zuerst geprägt]

ar|chi.. (gr.) Vorsilbe: erz-, ur-, oberster [gr. archein anfangen herrschen]

Ar|chi|di|a|kon, der; –s, –e: Geistlicher, erster Amtshelfer : (England) Stellvertreter des Bischofs * **Ar|chi|di|a|ko|nat**, das; –s: Amt eines Archidiakons : Wohnung eines Archidiakons

ar|chi|lo|chisch (gr.) Ew.: in der Art des Archilochos, beißend, schmähend : (Verskst.) jambisch * **Ar|chi|lo|chos:** altgriech. Dichter

Ar|chi|man|drit (ngr.), der; –en, –en: Klostervorsteher, Abt [s. archi- und gr. mandra Hürde, Kloster]

Ar|chi|me|des: griech. Mathe-

matiker * **ar|chi|me|disch** Ew.: von Archimedes : nach Archimedes benannt * *die archimedische Schraube; das Archimedische Prinzip*

Ar|chi|pel (gr.), der; –s, –e: Inselmeer: (bes.) das griech. Inselmeer * **Ar|chi|pe|la|gus**, der; –, ..gi: Inselmeer [s. archi- und gr. pelagos Meer; eig. „Hauptmeer"]

Ar|chi|tekt (gr.), der; –en, –en: Baumeister * *Architektenleuchte* * **Ar|chi|tek|to|nik**, die; –: Wissenschaft der Baukunst * **ar|chi|tek|to|nisch** Ew.: baukünstlerisch : baulich * **Ar|chi|tek|tur**, die; –, –en: Baukunst : Bauart, -stil * *Architekturformen:* Bauformen; *Architekturmalerei:* malerische Darstellung von Bauwerken; *Architekturstudium:* s. archi- und gr. tekton Holzarbeiter]

Ar|chi|trav (gr.-l.), der; –s, –e: die Säulenknaufe verbindender Balken [s. archi- und l. trabs Balken]

Ar|chiv (gr.-l.), das; –s, –e: Urkundensammlung * **Ar|chi|va|li|en** [..w..] Mz.: Urkunden : Urkundenbestände : Archivakten * **ar|chi|va|lisch** Ew.: urkundlich * **Ar|chi|var**, der; –s, –e: Urkundenbewahrer : Archivverwalter, -beamter * **Ar|chi|vie|ren** tr.: in ein Archiv aufnehmen [l. archivum von gr. archeion Rathaus]

Ar|chi|vol|te (it.) [..w..], die; –, –n: (Baukst.) Bogenleiste, Bogensims

Ar|chont (gr.), der; –en, –en: hoher Beamter im alten Athen [gr. archein herrschen]

ar|co (it.): (Mus.) Bogen * *coll' arco:* (Mus.) mit Bogenstrich

Ar|den|nen: Teil des Rhein. Schiefergebirges

Ar|dey: Teil des Sauerlandes

ar|dent (l.) Ew.: brennend : feurig * **ar|den|te** (it.): (Mus.) feurig [l. ardere glühen]

A|rea (l.), die; –, Areen und –s: Fläche : freier (Hof-)Platz : Zirkusplatz : Kampfplatz * **A|re|al**, das; –s, –e: Flächenraum

A|re|ka (malabarisch), die; –, –s: ein asiatischer Baum, Pi-

nang * *Arekanuß → Arekanuss:* Frucht der Areka; *Arekapalme:* Areka

A|re|lat, das; –es: Gegend um Arles: Burgunderreich im 9. und 10. Jh.

A|re|na (l.), die; –, –nen: sandbestreuter Kampfplatz : Zirkusplatz : Rennbahn [l. arena Sand]

A|re|o|pag (gr.), der; –s: Ort des Blutgerichts im alt. Athen * **A|re|o|pa|git**, der; –en, –en: Richter des Areopags [gr. Areiopagos von Areios dem Ares geweiht und pagos Hügel]

A-re-o-pag
Zusätzlich zur Trennmöglichkeit in der Fuge zwischen den Wortteilen *Areo-* (gr. Areios) und *pag* (gr. Pagos) darf – je nach Zeilenfall – auch nach den Sprechsilben *A-* und *re-* getrennt werden.

A|res: griech. Kriegsgott

A|re|to|lo|gie, die; –: Tugendlehre [gr. arete Tugend]

arg Ew. (ärger, ärgste): (veralt.) schlecht : sehr böse : auf Böses bedacht : böse Gesinnung kundgebend : (abgeschwächt) schlimm, hochgradig : leichtfertig : Ärger erregend; Uw.: (verst.) sehr * *im argen liegen → im Argen liegen:* schlecht daran sein : in schlechter Verfassung sein * **Arg**, das; –s: etwas Böses : böse Gesinnung * *nichts Arges denken; kein Arg darin finden; ohne Arg* * *Arglist:* Hinterlist; *arglistig* Ew.: hinterlistig; *Arglistigkeit*, die; –, –en: arglistiges Tun : arglistige Rede, Handlung; *arglos* Ew.: ohne Arg : ohne Argwohn; *Arglosigkeit*, die; –: argloses Tun; *Argwohn* [von Argwohn], der; –s: Misstrauen : Verdacht; *argwöhnen* intr.: Argwohn hegen, tr.: misstrauisch vermuten * *argwöhnisch* Ew.: misstrauisch * **Ar|ge**, der; –n, –n: das Böse, Teufel * **Är|ger**, der; –s: Verdrossenheit; Unwille * **är|ger|lich** Ew.: Ärger erregend : zum Ärger geneigt : (meist) von Ärger erfüllt * **är|gern** (ich ..[e]re) tr.: einen ärgerlich machen; rbz.: Ärger empfinden : ärgerlich sein, werden * *sich zu Tode ärgern:* sich so sehr ärgern, dass man stirbt * **Är|ger|nis**, das; ..nisses, ..nisse: Ärger Erregendes :

Abstößiges : Verdruss, Ärger

Ar|ga|li, der; –, –s; Wildschaf in Mittelasien

Ar|gand (fr.) [argang]: fr. Physiker ∗ *Argandbrenner:* ringförmige Gaslampe, Rundbrenner

Ar|ge: s. arg

ARGE (Abk. Bauw.): Arbeitsgemeinschaft

Ar|gen|tan (nl.), das; –s: Neusilber ∗ **ar|gen|tie|ren** (..iert) tr.: versilbern ∗ **Ar|gen|tin**, das; –s: Zinnpulver : mit Silber überzogenes Porzellan ∗ **ar|gen|tin** Ew.: silberfarben : hellklingend wie Silber ∗ **Ar|gen|tit**, der; –s: silberhaltiges Mineral ∗ **Ar|gen|tum** (l.), das; –: Silber; Abk.: Ag

Ar|gen|ti|ni|en: südamerikan. Staat ∗ **Ar|gen|ti|ni|er**, der; –s, –: Bewohner Argentiniens ∗ **ar|gen|ti|nisch** Ew.: aus Argentinien stammend : zu Argentinien gehörend ∗ *das argentinische Volk;* aber: *die Argentinische Republik*

Är|ger, är|ger|lich, är|gern, Är|ger|nis: s. arg

Arg|list, arg|lis|tig: s. arg

Ar|go (gr.), die; –: sagenhaftes Schiff : ein Sternbild ∗ **Ar|go|naut**, der; –en, –en: Schiffer auf der Argo : Jasons Reisegefährten : Art Meerschnecke, Tintenfisch ∗ **Ar|go|nau|ti|ka** Mz.: Geschichte des Argonautenzugs

Ar|gon (gr.), das; –s: chem. Grundstoff, geruchloses Edelgas; Abk.: Ar

Ar|go|naut: s. Argo

Ar|gon|nen Mz.: nordostfranz. Gebirge ∗ **Ar|gon|ner Wald**, der; – –s: Argonnen

Ar|got (fr.) [argoh], das; –s, –s: Gaunersprache

Ar|gu|ment (l.), das; –(e)s, –e: Beweismittel : Beweisgrund : Beweis : unabhängige Veränderliche in einer mathem. Funktion ∗ **Ar|gu|men|ta|ti|on**, die; –, –en: logische Beweisführung : Folgerung ∗ **ar|gu|men|tie|ren** (..iert) intr.: beweisen : folgern [l. arguere anzeigen, beweisen]

Ar|gus (l.), der; –, –se: ein vieläugiger Riese ∗ *Argusaugen:* offene Augen, denen nichts entgeht

Arg|wohn, arg|wöh|nen usw.: s. arg

Ar|rhyth|mie: s. Arrhythmie

A|ri|ad|ne (gr.): Sagengestalt ∗ *Ariadnefaden:* ein Leitfaden durch Wirrnis

A|ri|a|ner, der; –s, –: Anhänger des Arius ∗ **a|ri|a|nisch** Ew.: nach Arius benannt ∗ **A|ri|a|nis|mus**, der; –: Lehre des Arius

a|rid (l.) Ew.: trocken, dürr ∗ **A|ri|di|tät**, die; –: Dürre, Trockenheit : Magerkeit [l. aridus]

A|rie (it.), die; –, –n: Lied ∗ **A|ri|et|te** (it.-fr.), die; –, –n: kleine Arie ∗ **a|ri|o|so** (it.): (Mus.) liedmäßig, sangbar ∗ **A|ri|o|so** (it.), das; –: liedmäßiger, in das Rezitativ eingeschobener Gesang [it. aria Luft; dann Melodie]

A|ri|el (hebr.): „Löwe Gottes“, Wassergeist : (Mittelalter) Luftgeist : einer der Monde des Uranus

A|ri|er, der; –s, –: Angehöriger der östlichen indogerm. Völkergruppe (Inder und Iranier) ∗ **a|risch** Ew.: zu den Ariern gehörig : (häufig falsch für) indogermanisch, nicht semitisch [skr. ârje ein Mann des iran. und ind. Stammes]

A|ries (l.), der; –: „Widder“, ein Sternbild

A|ri|et|te, a|ri|o|so, A|ri|o|so: s. Arie

A|ri|ost, A|ri|os|to: it. Dichter

A|ris|tarch: griech. Grammatiker ∗ **a|ris|tar|chisch** Ew.: in der Art des Aristarch, d. h. eines strengen Kunstrichters

A|ris|to|krat (gr.), der; –en, –en: Anhänger der Adelsherrschaft : Adliger ∗ **A|ris|to|kra|tie**, die; –, ..ien: Adelsherrschaft : Adel, Gesamtheit der Adligen ∗ **a|ris|to|kra|tisch** Ew.: vornehm : adlig : edel [gr. aristokratía Herrschaft der Besten, von aristos der Beste und kratein herrschen]

A|ris|to|pha|nes: gr. Komödiendichter ∗ **a|ris|to|pha|nisch** Ew.: nach Art des Aristophanes : von Aristophanes stammend

A|ris|to|te|les: gr. Philosoph ∗ **a|ris|to|te|lisch** Ew.: nach Aristoteles benannt ∗ **A|ris|to|te|li|ker**, der; –s, –: Anhänger der Lehren des Aristoteles

A|rith|me|tik (gr.), die; –: Rechenkunst : Zahlenkunde ∗ **A|rith|me|ti|ker**, der; –s, –: Rechenmeister : Lehrer der Rechenkunst ∗ **a|rith|me|tisch** Ew.: zur Rechenkunst gehörig : durch Zahlen dargestellt : durch Zahlen bewirkt ∗ *arithmetisches Mittel:* (Math.) Mittelwert ∗ **A|rith|mo|man|tie**, die; –: das Wahrsagen aus Zahlen [gr. arithmos Zahl]

A|ri|us: alexandrinischer Priester; vgl. Arianer

A|ri|zo|na: Staat in den USA

Ar|ka|de (fr.), die; –, –n: Schwibbbogen : Bogenwölbung : (Tanzkst.) Bogenstellung : (Mz.) Bogengang, ..halle ∗ *Arkadenmauer:* Mauer mit überwölbten Pfeilern : Mauer mit Schießscharten ∗ **Ar|ka|tur**, die; –, –en: Bogenstellung [fr. arc, l. arcus Bogen]

Ar|ka|di|en: griech. Landschaft im mittleren Peloponnes : (übertr.) Land des idyllischen Hirtenlebens ∗ **Ar|ka|di|er**, der; –s, –: Bewohner Arkadiens ∗ **ar|ka|disch** Ew.: aus Arkadien stammend : ländlich : schäferlich : unschuldig

Ar|kan|sas: Staat in den USA

Ar|ka|num (l.), das; –s, ..na: Geheimnis : Geheimmittel ∗ **Ar|ka|nist** (nl.), der; –en, –en: Geheimniskundiger [l. arcanus geheim]

Ar|ka|tur: s. Arkade

Ar|ke|bu|sa|de (fr.) [ark'büsad'], die; –, –n: Büchsenschuss : Erschießung : Schusswunde ∗ **Ar|ke|bu|se** (fr.) [ark'büs'], die; –, –n: „Hakenbüchse“, ein Gewehr ∗ **Ar|ke|bu|sier**, der; –s, –e: Scharfschütze : Büchsenmacher ∗ **ar|ke|bu|sie|ren** (..iert) tr.: standrechtlich erschießen [afr. harquebuse von ndl. haakbus „Hakenbüchse“]

Ar|ko (it.), das; –s: Rohmessing

Ar|ko|na: Vorgebirge auf Rügen

Ar|ko|graph (l.-gr.), der; –en, –en: Werkzeug zum Ziehen von Kreisbögen und Abstecken von Winkeln [l. arcus Bogen und gr. graphein schreiben]

Ar|ko|se, die; –: mit Feldspat durchsetzter Sandstein

Ark|tis (gr.), die; –: Nordpolargebiet ∗ **Ark|ti|ker**, der; –s, –: Bewohner der Arktis ∗ **ark|tisch** Ew.: am Nordpol lie-

gend : nördlich ✶ **Ark|tur**, **Ark|tu|rus**, der; –: „Bärenhüter", Stern im Bootes [gr. arktos Bär]
Arl|berg, der; –(e)s: Alpenpass
Ar|le|cchi|no (it.) [arlekkino], der; –, ..ni: Harlekin
Ar|les (fr.) [arl]: Stadt in Südfrankreich
arm Ew. (ärmer, ärmste): wenig oder nichts besitzend : vermögenslos, mittellos : (– an etwas) etwas nicht habend, entbehrend : gehaltlos : ohne Fülle : hilflos, unterstützungsbedürftig : bemitleidenswert : kümmerlich, armselig : verächtlich ✶ *bei arm und reich* → *bei Arm und Reich:* bei jedermann; *Armeleutegeruch; armer Sünder:* s. Arm(e)sünder; *arme Ritter:* Süßspeise aus Zwiebäcken ✶ *Armesünder,* der; –s, –: aus der Rechtsgemeinschaft ausgestoßener, Delinquent; *Arm(e)sünderbank; Arm(e)sünderglocke:* bei Hinrichtungen geläutete Glocke; *Arm(e)sünderkarren* ✶ **Ar|me**, der; –n, –n: ein Mitteloser, Vermögensloser : einer, der wenig Besitz hat : einer, der auf fremde Unterstützung angewiesen ist ✶ *Armenanwalt:* Rechtsanwalt für Arme; *Armenarzt:* aus öffentlichen Mitteln bezahlter Arzt für Arme; *Armeneid:* Eid, durch den man Armenrecht erlangt; *Armengeld:* für die Armen gesammeltes Geld; *Armenhaus:* aus öffentlichen Mitteln unterhaltenes Heim für Arme; *Armenkasse:* Kasse für Arme; *Armenpflege:* Fürsorge für die Armen; *Armenpfleger:* Fürsorgebeamter; *Armenrecht:* Recht des Mittellosen auf unentgeltliche Rechtspflege (heute nur noch als Prozesskostenhilfe) ✶ **ar|men** intr.: (Chem.) an Gehalt verlieren; **ärm|lich** Ew.: arm : dürftig: erbärmlich ✶ **arm|se|lig** Ew.: dürftig : kümmerlich ✶ **Ar|mut**, die; –: das Armsein : Bedürftigkeit ✶ *Armutszeugnis:* Bescheinigung über Mittellosigkeit : (übertr.) Zeichen, Beweis für geistige Armut

Armesünder
Das veraltete Wort gibt es fast nur noch in Zusammensetzungen. Allein stehend wird meist

nicht das Substantiv insgesamt gebeugt – *des Armesünders –*, sondern der adjektivische Teil verändert; dann muss getrennt geschrieben werden: *des armen Sünders, bei den armen Sündern.*

Arm, der; –(e)s, –e; Ärmchen, –lein: von der Schulter bis an die Hand reichendes Glied des menschlichen Körpers : (von Tieren) Vorderfuß, Vorderschenkel : (bei Weichtieren) Fangfaden : etwas Armartiges, z. B. Ast, Flussabzweigung, Seitenteil des Ankers : (Hebel) Strecke zwischen Angriffspunkt der Kraft und Drehpunkt : (übertr.) Macht ✶ *armamputiert* Ew.; *Armband:* Schmuckband am Arm; *Armbanduhr; Armbeuge; Armbinde:* Schlinge, in der man einen verletzten Arm trägt; am Oberarm getragene Binde als äußeres Zeichen für eine Befugnis [z. B. Ordner, Sanitäter]; *Armbruch:* Armknochenbruch; *armdick* Ew.: so dick wie ein Arm; *Armflosser:* Fischfamilie; *Armfüß(l)er,* der; –s, –: eine Art festsitzender Meerestiere; *Armgeige:* Bratsche; *Armgeschmeide:* am Arm getragener Schmuck; *armlang* Ew.: so lang wie ein Arm; *Armlehne:* Seitenlehne eines Sessels; *Armleuchter:* Leuchter mit armförmigen Haltern : einer Allgenart : (Umgspr.) tolpatschiger, dummer Mensch; *Armmuskel; Armreif:* Armring; *Armschiene:* den Arm bedeckender Teil des Harnisches : Speiche des Ellenbogens; *Armschlinge:* Armbinde; *Armsessel:* Sessel mit Armlehnen; *Armspange:* am Arm zu tragende Schmuckspange; *Armstuhl:* s. Armsessel; *Armstumpf; Armstütze:* Armlehne; *(ein) Arm voll:* so viel, wie man in einem Arm tragen kann; *ein Armvoll Blumen* → *ein Arm voll Blumen* ✶ **Är|mel**, der; –s, –: den Arm bedeckender Teil der Kleidung ✶ *aus dem Ärmel schütteln:* ohne Schwierigkeit, ohne Nachdenken hervorbringen ✶ *Ärmelkanal:* Meeresstraße zwischen England und dem europäischen Festland✶ **..ärm|lig** Ew., nur in Zus.: mit Ärmeln versehen; z. B. kurzärmelig ✶ **..ar|mig**

Ew., nur in Zus.: mit Armen versehen; z. B. dreiarmig : kurzarmig usw. ✶ **Ärm|ling**, der; –s, –e: Überstreifärmel
Ar|ma|da (span.), die; –, ..den und –s: „Rüstung", Kriegsflotte : die 1588 von Philipp II. gegen England ausgerüstete Flotte
Ar|mag|nac (fr.) [armanjak], der; –: südfranzös. Landschaft : französ. Weinbrand
Ar|ma|tur (l.), die; –, –en: Waffenrüstung : Wehrgerät : Eisenvorlage des Magnets : (Techn.) Ausstattung, Zubehör ✶ *Armaturenbrett:* Messinstrumententafel; *Armaturkammer:* Rüstkammer ✶ **ar|mie|ren** (..iert) tr.: bewaffnen : ausrüsten : (Magneten –) mit Eisenvorlage versehen : (Balken –) seine Tragkraft verstärken ✶ **Ar|mie|rung**, die; –, –en: Bewaffnung : Ausrüstung : Bewehrung ✶ *Armierungssoldat:* Arbeitssoldat [l. arma Waffen; armare bewaffnen]
Arm|brust, die; –, ..brüste: Bogen zum Schießen ✶ **Arm|brus|ter**, der; –s, –: Armbrustmacher : Armbrustschütze [falsch eingedeutscht f. l. arcuballista Wurfmaschine]
Ar|me, die; Ew.: s. arm
Ar|mee (fr.) die; –, ..meen: Heer ✶ *Armeebefehl; Armeeführer;* *Armeekorps:* größter Truppenverband; *Armeeleitung:* Gesamtheit der obersten Heerführer; *Armeeverordnungsblatt:* Heereszeitung [vgl. Armada]
Är|mel|ka|nal: s. Arm
ar|men: s. arm
Ar|me|ni|en: transkaukas. Hochland ✶ **Ar|me|ni|er**, der; –s, – ✶ **ar|me|nisch** Ew.
Ar|men|pflege,
Ar|me|sün|der: s. arm
Arm|füßer, Arm|füß|ler: s. Arm
Arm|gei|ge: s. Arm
ar|mie|ren: s. Armatur
..ar|mig: s. arm
Ar|mi|ni|a|ner, der; –s, –: Anhänger der Lehre des Theologen Jakob Arminius ✶ **Ar|mi|ni|a|nis|mus**, der; –: Lehre des Jakob Arminius
Arm|kno|chen, Ärm|lein, ärm|lig: s. Arm
ärm|lich, Ärm|ling: s. arm
Arm|schie|ne: s. Arm

arm|se|lig: s. arm

Arm|stumpf: s. Arm

Ar|mü|re (fr.), die; –, –n: Vorrichtung am Webstuhl : Webzettel : in sich gemustertes (Seiden-)Gewebe [fr. armure, eig. Rüstung, Beschlag]

Ar|mut: s. arm

Arm|voll → Arm voll: s. Arm

Ar|ni|ka (nl.), die; –, –s: eine zu Heilzwecken verwendete Pflanze, Fallkraut, Wohlverleih * **Arnikatinktur** [gr. arnos Lamm; eig. „Schafkraut"]

Ar|no: Fluss in Mittelitalien

Arns|berg: Stadt in Westfalen

A|ro|ma, das; –s, –s und –ta: Duft : Gewürzstoff der Pflanzen : Blume des Weins usw. *

A|ro|ma|lith, der; –s, –e: Würzstein, ein wohlriechender Stein * **A|ro|ma|ti|sa|ti|on** (gr.-l.), die; –, –en: Würzung *

a|ro|ma|tisch (gr.) Ew.: würzig : wohlriechend * *aromatische Verbindung* : (Chem.) Benzolverbindung * **a|ro|ma|ti|sie|ren** (..iert) tr.: würzen : wohlriechend machen [gr. aroma Würze]

A|ro|sa: schweiz. Kurort

A|ron (gr.), der; –s: eine Pflanze, Zehrwurz * *Aronstab:* Aron

Ar|pa|ne|ti|ta (it.), die; –, –s: Spitzharfe * **ar|peg|gia|to** [arpedschato], **ar|peg|gio** (it.) [arpedscho]: (Mus.) (nach Art des Harfenklangs) gebrochen *

ar|peg|gie|ren (..iert) tr.: (Mus.) (Akkordtöne) gebrochen spielen * **Ar|peg|gio** (it.) [arpedscho], das; –s, –s: harfenartiger Anschlag von Akkorden [it. arpa Harfe]

Ar|rak (arab.), der; –s, –s: indischer Reisbranntwein [arab. araq Schweiß, Saft, gebranntes Wasser]

Ar|ran|ge|ment (fr.) [arrangseh`mang], das; –s, –s: Anordnung : Einrichtung : Vergleich : (Mus.) Bearbeitung * **Ar|ran|geur** [arrangsehöhr], der; –s, –s und –e: Anordner * **ar|ran|gie|ren** [arrangseh..] (..iert) tr.: anordnen, vergleichen [fr. arranger; vgl. Rang]

Ar|ras: nordfranzös. Stadt

Ar|rest (ml.), der; –(e)s, –e: Haft : Gefangenschaft : Verhaftung : Nachsitzen * *Arrestbefehl; –hypothek; –legung; –lo-*

kal; –strafe; –zelle * **Ar|res|tant,** der; –en, –en: Verhafteter : (Rechtsspr.) der den Beschlag gerichtlich Nachsuchende * **Ar|res|ta|ti|on,** die; –, –en: Verhaftung : Festnahme * **Ar|res|ta|to|ri|um,** das; –s, ..rien: Haftbefehl : öffentl. Aufrufung der Gläubiger * **ar|re|tie|ren** (..iert) (fr.) tr.: festnehmen, verhaften : mit Beschlag belegen : anhalten, hemmen [ml. arrestum von ad- und restare bleiben]

Ar|rhyth|mie (gr.), die; –, ..mien: Unregelmäßigkeit der Bewegung : Unregelmäßigkeit des Pulsschlages [gr. vern. a- und Rhythmus]

Ar|rie|re|gar|de (fr.) [arriähr'], die; –, –n: Nachtrab, Nachhut [fr. arrière von l. ad- und retro zurück]

Ar|ri|val (e.) [äraivl], das; –s, –s: (Luftf.) Ankunft(shalle) * **ar|ri|vie|ren** (..iert) (fr.) intr. (sein): vorwärtskommen : Erfolg haben * **Ar|ri|vier|te,** der; die; –n, –n: jemand, der sich durchgesetzt hat : ein Anerkannter [fr. arriver ankommen aus l. ad-ripare ans Ufer kommen von ripa Ufer]

ar|ro|gant (l.) Ew.: anmaßend * **Ar|ro|ganz,** die; –, –en: Dünkel : anmaßende Äußerung, Handlung

ar|ron|die|ren (..iert) (fr.) [arrongd..] tr.: runden : abrunden * **Ar|ron|die|rung,** die; –, –en: Abrundung * **Ar|ron|dis|se|ment** [arrongdiss'mang], das; –s, –s [..mangs]: Abrundung : fr. Landkreis, Teil eines Departements : Stadtbezirk [fr. arrondir von rond aus l. rotundus rund]

Ar|ro|si|on (l.), die; –, –en: Knochenfraß [l. arrodere benagen]

Ar|row|root (e.) [ärrorut], das; –s: „Pfeilwurz", feines Stärkemehl aus ind. Pflanzen

Arsch, der; –es, Ärsche; Ärschchen: (gew. R.) Hinterteil, bes. Gegend um das Mastdarmende von Menschen und Tieren : (Baukst.) der in die Erde gesenkte Teil einer Säule * *Arschbacke; Arschgesicht:* Schimpfwort; *Arschkriecher:* Schmeichler; *Arschleder:* Hosenleder; *Arschloch:* Schimpf-

wort; *Arschpauker:* (veräcbt.) Schulmeister * **ärsch|lings** Uw.: mit dem Arsche zuerst, voran

Ar|schin, der; –s, –en und –: russ. Elle (0,7112 m) * *5 Arschin*

Ar|sen (gr.), das; –s: chem. Element, Scherbenkobalt; Abk.: As * **ar|sen|ig** Ew.: arsenikhaltig * **Ar|se|nik,** das; –s: Arsen * **ar|sen|ka|lisch** Ew.: arsenig * **Ar|se|nit,** das; –s, –e: Verbindung einer arsenigen Säure mit einer Base * **Ar|se|no|lith,** der; –s und –en, –e(n): ein Gestein * **Ar|se|nal** (ml.-fr.), das; –s, –e: Zeughaus, Waffenhalle [fr. arsenal, span. arsenal, verderbt aus arab. darsinah Haus der Betriebsamkeit]

ar|se|nig, Ar|se|nik, Ar|se|nit, Ar|se|no|lith: s. Arsen

Ar|sis (gr.), die; –, ..sen: (Mus.) schwerer Taktteil : (Verskst.) Hebung [gr. airein heben]

Art, die; –, –en: wesentliche Beschaffenheit : eigentümliche Wesenheit : richtige Beschaffenheit : Übereinstimmung einzelner Dinge oder Wesen in ihrer Beschaffenheit : Gesamtheit von Einzelwesen gleicher Beschaffenheit * *aus der Art schlagen:* von anderer Art sein; *auf jede Art; in der Art* * *arteigen:* der eignen Art gehörend, verwandt; *artfremd* Ew.: aus der Art schlagend, die gemeinsame Beschaffenheit nicht teilend; *artgebunden; artgleich* Ew.: von gleichem Wesen; *artverschieden* Ew.: artverwandt; *Artkennzeichen:* Artcharakter * **ar|ten** intr. (sein): eine Art haben : eine Art bekommen; tr.: (zuw.) eine Art erteilen, so beschaffen machen, gestalten * *geartet* Mw. Ew.: beschaffen * **..ar|tig** Ew., nur in Zus.: geartet, eine Art habend; vgl. eigenartig, gleichartig usw. * **ar|tig** Ew.: gute Lebensart habend : sittsam : sich gut benehmend : (veralt.) hübsch * **Ar|tig|keit,** die; –: gutes Benehmen, Sittsamkeit : zuvorkommende, schmeichelhafte Rede : Niedlichkeit : lieblicher Gegenstand, Kleinigkeit * **Ar|tung,** die; –: das Geartetsein

Art-Di|rec|tor → Art|di|rec-tor (e.) [ahtdairektr], der; –s, –s: Leiter der Grafikabteilung : Cheflayouter : gehobener Werbegrafiker

Ar|te|fakt (l.), das; –(e)s, –e: Kunstarbeit * ar|ti|fi|zi|ell (l.-fr.) Ew.: künstlich * Ar|tist, der; –en, –en: Künstler: (häuf.) Zirkuskünstler, Seiltänzer usw. * Ar|tis|tin, die; –, –nen * ar|tis|tisch Ew.: künstlerisch [l. ars, Gen. artis Kunst]

Ar|te|mis (gr.): Göttin der Jagd * Ar|te|mi|si|um (gr.-l.) Heiligtum der Artemis

ar|ten: s. Art

Ar|te|rie (gr.), die; –, –n: Puls-, Schlagader * Arterienentzündung; –verkalkung * Ar|te|ri|o|skle|ro|se, die; –, –n: Aderverkalkung * Ar|te|ri|tis, die; –, –s, ..itiden: Schlagaderentzündung

ar|te|sisch Ew.: aus Artois stammend * artesischer Brunnen: gebohrter Brunnen * Ar|tois [..twa]: nordwestfranz. Landschaft

Ar|thral|gie (gr.), die; –, ..gien: Gelenkschmerzen * Ar|thri|ti|ker, der; –s, –: Gichtkranker * Ar|thri|tis, die; –: Gelenkentzündung, Gicht * ar|thri|tisch Ew.: gichtig : die Gicht heilend * Ar|thro|plas|tik, die; –: künstl. Gliederbildung * Ar|thro|se, die; –, –n: Gelenkerkrankung * Ar|thro|zo|on, das; –, ..zoen: Gliedertier [gr. arthron Glied, Gelenk]

ar|ti|fi|zi|ell: s. Artefakt

..ar|tig, ar|tig: s. Art

Ar|ti|kel (l.), der ; –s, –: Abschnitt : Bericht : Erzeugnis : eine Warengattung, Ware : (Sprachl.) Geschlechtswort; Abk.: Art. * ar|ti|ku|lar Ew.: zum Gelenk gehörig * Ar|ti|ku|lat, das; –(e)s, –en: Gliedertier * Ar|ti|ku|la|ti|on, die; –, –en: Gliederung : Knochenfügung : Gelenkfügung : gegliederte, deutliche Aussprache * Artikulationsbasis: Grundstellung der Sprechwerkzeuge * ar|ti|ku|lie|ren (..iert) tr.: silbenmäßig, deutlich aussprechen [l. articulus, Verkl. von artus Gelenk, Glied]

Ar|til|le|rie (fr.), die; –, ..rien: (urspr.) Kriegsgerät : schweres Geschütz : Geschütz : Geschützkunst : Geschütztruppe; Ar|til|le|rist, der; –en, –en: Geschützsoldat * ar|til|le|ris|tisch Ew.: das Geschütz betreffend : die Geschützkunst betreffend

Ar|ti|scho|cke (fr.-arab.), die; –, –n: Distelart, Gemüsegewächs [fr. artichaut; it. articiocco; von arab. ar di schauki Erddorn, Erddistel]

Ar|tist, ar|tis|tisch: s. Artefakt

Art nou|veau (fr.) [ah nuhwoh], der; das; –: Kunstrichtung der Jugendstils

Ar|tois: s. artesisch

Ar|to|la|trie (gr.), die; –: Dienst ums Brot : Anbetung des Brotes, der Hostie * Ar|to|lith, der; –en, –en: Brotstein, wie Brot aussehender Stein [gr. artos Brot]

Ar|tung: s. Art

Ar|tus: sagenhafter kelt. König des Mittelalters * Artushof; Artusrunde; Artussage

Ar|ve (l.), die; –, –en: Zirbelkiefer

Arz|nei (gr.), die; –, –en: Heilmittel, Medizin * Arzneibereitung; Arzneifläschchen; Arzneiglas; Arzneikunde; Arzneikunst; Arzneimittel; Arzneiladen; Arzneiwissenschaft * arz|nei|lich Ew.: medizinisch, als Arznei zu verwenden * Arzt, der; –es, Ärzte: Heilkundiger, der das Heilen auf Grund eines Studiums als Beruf betreibt * Ärztekammer; Arzthelferin; Arzthonorar; Arztrechnung; –wahl; –zimmer * Ärz|tin, die; –, –nen: weibl. Arzt * ärzt|lich Ew.: zum Arzt gehörig : vom Arzt ausgehend : auf Heilkunde bezüglich [s. archi- und gr. iatros Arzt]

As → Ass: s. dort

as, das; –, –: (Mus.) das um einen halben Ton erniedrigte a : Molltonstufe * As, das; –, –: Durtonstufe * As-Dur, das; –: Tonart; as-Moll, das; –: Tonart

A|sa (nl.), die; –: Asant * A|sa|fö|ti|da (l.), die; –: Teufelsdreck, ein heilkräftiges Harz * A|sant, der; –(e)s: Asa-fötida

As|best (gr.), der; –es, –e: eine faserige Steinart, Steinflachs * As|bes|to|se (gr.), die; –, –en: Erkrankung der Lungen, die durch Asbeststaub ausgelöst

wird [gr. vern. a- und sbestos auslöschlich, vergänglich; „unverbrennbar"]

As|bo|lin (gr.), das; –s; ölartiger Bestandteil des Rußes [gr. asbole Ruß]

Asch, der; –es, Äsche: ein forellenartiger Fisch * Ä|sche (östr. nur so), die; –, –n: Asch

Asch, der; –es, Äsche: (veralt. selt.) Esche : (urspr. eschenes) Gefäß, irdener Napf * Aschku-chen: Napfkuchen * Asch, der; –en, –en: in Bayern ein längliches Schiff zum Salzversand

asch|bleich, -blond: s. Asche

A|sche: s. Asch (Fisch)

A|sche, die; –, –n: Rückstand verbrannter Körper : (Chem.) Oxid : Überreste eines Verstorbenen : Staub : (Landw.) staubiger Boden : (bergm.) zerfallende Erde * Aschballen: (Hüttw.) Kugel aus geschlämmter Asche; aschblond: rötlichblond; aschgrau Ew.: grau wie Asche; bis ins Aschgraue; Aschkern: (Hüttw.) das in der ausgebrochenen Asche des Treibherds enthaltene silberhaltige Blei; Aschknecht: (Hüttw.) der die Asche zum Treibherd zurichtende Arbeiter; Aschkrähe: Nebelkrähe; Aschmesser, der; –s, –: (Hüttw.) einer, der Asche misst; –, das; –s, –: (Hüttw.) krummes Messer zum Ausschneiden der aus Asche hergestellten Gefäße * Aschenbad: (Chem.) Bad in Asche; Asch(en)becher: Gefäß für Zigarrenasche; Aschenblaser: ein Gestein, Turmalin; asch(en)bleich Ew.: bleich wie Asche; Asch(en)brenner: einer, der Asche zur Benutzung bereitet; Aschenbrödel, -brötel: schmutziges Küchenmädchen, Märchenfigur; Aschenbrot: in der Asche gebackenes Brot; Asch(en)eimer; asch(en)farben Ew.: von der Farbe der Asche; Aschenfleck: durch Beimischung von Kupferasche entstehende undichte Stelle im Kupfer; Asch(en)grube; –haufe(n); –kasten; Asch(en)kraut: eine Pflanze; Aschenkrug: Urne zur Aufbewahrung der Totenasche; Aschenkuchen: in der Asche gebackener Kuchen (vgl. Asch); Aschenloch: Aschenfall : undichte Stelle in Stahl und Eisen; *Asch(en)meise:* aschfarbene Sumpfmeise; *Asch(en)ofen:* Ofen zum Aschebrennen; *Aschenputtel,* das; –s: Aschenbrödel; *Aschenzieher:* Aschenbläser * *Aschermittwoch:* Mittwoch nach Fastnacht, an dem in der kath. K. die Stirn mit Asche bestrichen wird * **Ä|schel,** der; –s: feinste Smalte beim Rösten der Kobalterze : Aschenloch im Eisen, Stahl * **Ä|scher,** der; –s, –: ein Brei von Asche und Kalk zur Fellenthaarung : Mischung von Blei- und Zinnoxid für Fayenceglasuren: Pflanzenkrankheit * *Ascherfass; Äschertuch:* Tuch zum Durchseihen des Äschers * **Ä|sche|rig,** der; –s, –e: Äscher : über Wäsche in Lauge gespanntes Tuch * **ä|sche|rig** .. : aschig * **ä|schern** (ich ..[e]re) tr.: einäschern, verbrennen : Asche bereiten : mit Asche bestreuen : (Gieß.) mit Asche bestreichen : mit Äscher bearbeiten * **a|schig** Ew.: Asche enthaltend : aschähnlich, staubig * **ä|schern, a|schig:** s. Asche

Asch|ke|na|sim (hebr.), die; nur Mz.: ost- und mitteleuropäische Juden

Asch|kuchen: s. Asche

Asch|ling: s. Asch (Fisch)

Asch|ram (Sanskrit), der; –s, –s: Zentrum der spirituellen und geistigen Übung

ä|schy|le|isch Ew.: nach Äschylos benannt * **Ä|schy|los, Ä|schy|lus:** griech. Tragödiendichter

ASCII (e.) [aßkih] (Abk.): American Standard Code for Information Interchange (EDV) codierter Zeichensatz

As|co|na: schweizerischer Kurort

As|cor|bin|säu|re: s. Askorbinsäure

As-Dur: s. as

A|se, der; –n, –n: Name der von Odin abstammenden Gottheiten * **As|gard:** Wohnung der Asen

A|se|bie (gr.), die; –: Gottlosigkeit [gr. vern. a- und sebeia]

äsen (du äsest und äst, er äst, du ästest, geäst) intr.: (weidm.) fressen; vgl. aasen * **Äsung,** die; –, –en: das Äsen

A|sep|sis (gr.), die; –: keim-

freie Wundbehandlung * **A|sep|tin,** das: –s: Fäulnisschutzmittel * **a|sep|tisch** Ew.: fäulnisfrei, unverweslich [gr. vern. a- und sepein faulen]

A|ser|beid|schan, A|ser|baid|schan: iranische Provinz sowie transkaukasische Republik

a|se|xu|al, a|se|xu|a|lisch, a|se|xu|ell (gr.-l.) Ew.: geschlechtslos [gr. vern. a- und vgl. sexual]

As|gard: s. Ase

A|si|at, der; –en, –en: Bewohner Asiens * **a|si|a|tisch** Ew.: zu Asien gehörig : aus Asien stammend * *das asiatische Russland* * **A|si|en:** Erdteil

As|ka|ri, der; –s, –s: eingeborener Soldat der Schutztruppe in (ehem. Deutsch-)Ostafrika

As|ka|ri|den (gr.), die; –: Spulwürmer, Fadenwürmer

As|ke|se (gr.), die; –: Bußübung : Enthaltsamkeit * **As|ket,** der; –en, –en: Büßer : enthaltsam Lebender * **As|ke|tik,** die; –: Lehre von der Askese * **As|ke|ti|ker,** der; –s, –: Verfasser von Lehrbüchern der Askese, von Andachtsbüchern * **as|ke|tisch** Ew.: büßend : enthaltsam : mönchisch [gr. askein üben]; auch Asz.

As|kle|pi|os: griech. Gott der Heilkunst

As|ko|my|zet (gr.), der: –en, –en: ein Schlauchpilz

As|kor|bin|säu|re, die; –: das chem. rein dargestellte Vitamin C

Äs|ku|lap: griech.-röm. Gott der Heilkunde * *Äskulapschlange; –stab*

As|mo|di (chald.): „Zerstörer“, ein böser Dämon [chald. aschmodai Zerstörer]

as-Moll: s. as

a|so|ma|tisch (gr.) Ew.: unkörperlich * **A|so|ma|ton,** das; –, ..ta: unkörperliches Wesen, Geist [gr. vern. a- und soma Körper]

Ä|sop: gr. Fabeldichter * **ä|so|pisch** Ew.: in der Art des Äsop : witzig

A|so|phie (gr.), die; –: Torheit * **a|so|phisch** Ew.: töricht [gr. vern. a- und sophia Weisheit]

A|sot (gr.), der; –en, –en: (unrettbarer) Wüstling * **A|so|tie,** die; –: Schwelgerei : Aus-

schweifung : Wüstlingsleben * **a|so|tisch** Ew.: schwelgerisch : in der Art eines Wüstlings [gr. vern. a- und sozein retten: eig. „unrettbar“]

A|sow|sche Meer, das; –n –es: Teil des Schwarzen Meeres

a|so|zi|al (gr.-l.) Ew.: unsozial : ohne Rücksicht auf die Gemeinschaft * **A|so|zi|a|lis|mus,** der; –: die Gemeinschaft nicht berücksichtigende Gesinnung; vgl. sozial

As|pa|ra|gin (gr.), das; –s, –e: Spargelstoff, harntreibender Bestandteil des Spargels * **As|pa|ra|gus,** der; –: Zierspargel, eine Zimmerpflanze [gr. asparagos Spargel]

As|pa|sia (gr.): „die Willkommene“, geistvolle Freundin des Perikles

As|pekt (l.), der; –(e)s, –e: Ansicht, Anblick : (Mz. –en) Stellung der Gestirne, Vorzeichen, Aussichten [l. aspectus von aspicere anblicken]

as|per|gie|ren (..iert) (l.) tr.: benetzen, besprengen * **As|per|gill,** (nl.), das; –s, –e: Weihwedel * **As|per|sion** (l.), die; –, –en: Besprengung mit Weihwasser * **As|per|so|ri|um** (l.), das; –s, ..rien: Weihwasserbecken [l. aspergere besprengen]

A|s|per|ma|tis|mus (l.), der; –: Fehlen des Ejakulats

As|phalt (gr.), der; –(e)s, –e: Erdpech : künstliche Straßendecke * **As|phal|ten,** das; –s: Hauptbestandteil des Asphalts * *Asphaltdecke; Asphaltstraße,* die; –, –n: mit Asphalt bedeckte Straße * *Asphaltliteratur,* die; –: Schundliteratur * **as|phal|tie|ren** (..iert) tr.: mit Erdpech bedecken * **as|phal|tisch** Ew.: Erdpech enthaltend

As|pho|dill, der; –s, –e: Goldwurz; auch Affodill

as|phyk|tisch (gr.) Ew.: scheintot : ohnmächtig * **As|phy|xie,** die; –, ..xien: Pulsstillstand : Ohnmacht : Scheintod [gr. vern. a- und sphyzein schlagen; sphygmos Puls]

As|pik (fr.), der; –s, –e: Fleisch- oder Fischsülze

As|pi|rant (l.), der; –en, –en: Bewerber : Anwärter * **As|pi|ra|ta,** die; –, ..ten und ..tä: behauchter Verschlusslaut

* **Aspiration**, die; –, –en: behauchte Aussprache : das Ansaugen : das Streben * *Aspirationsluft:* Abluft * **Aspirator**, der; –s, ..toren: Luftsauger, Saugvorrichtung zur Erzeugung eines Luftstroms * **aspiratorisch** Ew.: behaucht, mit Hauch gesprochen * **aspirieren** (..iert) tr.: ansaugen : mit einem Hauchlaut aussprechen : streben [l. adspirare anhauchen]

Aspirin, das; –s: Handelsname für ein Schmerz stillendes Mittel (Acetylsalicylsäure) * *Aspirintablette*

Aspis, die; –: ägypt. Brillenschlange

Ass, das; Asses, Asse: Gewichtseinheit für altröm. Münzen und Gewichte : das ehem. Apothekerpfund : altes dtsch. und holländ. Goldgewicht : (Kartsp.) die Eins : die höchste Karte : (Sport) der Beste : (Tennis) mit dem Aufschlag erzielter Punkt

Ass
Wegen des *s*–Auslauts und des kurzen *A* musste das bisher *As* (auch *Aß*) geschriebene Wort seinen Genitiv und seinen Plural mit *ss* bilden. Das Grundwort wurde dem angepasst.

Assagai, der; –s, –e: südafrikan. Wurfspieß

assai (it.) Uw.: (Mus.) sehr [l. ad-satis fr. assez genug]

assanieren (..iert) (l.-fr.) tr.: gesund machen : verbessern : nach den Vorschriften der Gesundheitslehre einrichten : wieder lebensfähig machen * **Assanierung**, die; –, –en: Gesundung : Aufbesserung [l. sanus gesund]

Assassinat (arab.-it.), das; –(e)s, –e: Meuchelmord * **Assassine**, der; –n, –n: Meuchelmörder; Mz.: fanatische religiöse mohammedanische Sekte

Assaut (fr.) [assoh], der; –s, –s: Angriff im Zweikampf : eine Art Fechtübung [fr. assaut von l. adsaltus Ansprung]

Assekuranz (l.), die; –, –en: Versicherung * *Assekuranzpolice:* Versicherungsurkunde [l. assecurare von securus sicher]

Assel (l.), die; –, –n: eine Gattung Ringelkrebse [l. asellus kleiner Esel]

Assemblee (fr.) [assangbleh], die; –, –bleen: Versammlung [fr. assembler von l. ad-similulare vereinigen] * **Assembler** (e.); –s, –: (EDV) maschinennahe Programmiersprache * **Assembling**, das; –s, –s: Zusammenschluss : gemeinsames Handeln von industriellen Unternehmen aus ökonomischen Gründen [e. to assemble versammeln, vereinigen]

assentieren (..iert) intr.: zustimmen : (östr. Heerw.) für tauglich erklären [l. assentire zustimmen]

Assertion (l.), die; –, –en: Behauptung : (Rechtsspr.) gerichtliche Behauptung oder Vertretung der Freiheit * **assertorisch** (nl.) Ew.: behauptend : bekräftigend [l. assertio gerichtliche Zuerkennung der Freiheit]

Asservat (l.), [..w..], das; –(e)s, –e: etwas Aufbewahrtes * *Asservatenkammer:* (Rechtsspr.) Raum zur Lagerung von Beweismitteln * **Asservation**, die; –, –en: Aufbewahrung * **asservieren** (..iert) tr.: aufbewahren [l. asservare bewahren]

Assessor (l.), der; –s, ..ssoren: Beisitzer : außerplanmäßiger höherer Beamter * *Berg-, Gerichts-, Studienassessor* * **assessoral** Ew.: von einem Assessor ausgehend * **Assessorin**, die; –, –nen: weiblicher Assessor [l. assidere aus ad- bei und sedere sitzen]

Assibilation (nl.), die; –, –en: (Sprachl.) Verbindung mit einem Zischlaut : Verwandlung in einen Zischlaut * **assibilieren** (..iert) tr.: mit einem Zischlaut begleiten [l. assibilare anzischen]

Assiduität (l.), die; –: Beharrlichkeit

Assiette (fr.), die; –, –n: Lage, Haltung (beim Reiten) : Gemütsstimmung : Schüssel, Teller [l. assettare zurechtsetzen, zu got. satjan setzen]

Assignant (l.), der; –en, –en: Anweisender, Aussteller einer Anweisung * **Assignat**, der; –en, –en: der, auf den eine Anweisung lautet * **Assignatar**, der; –s, –e: Empfänger einer Anweisung * **Assignation**, die; –, –en:

Anweisung * **Assignate**, die; –, –n: Anweisung : Staatspapier : Papiergeld der ersten franz. Republik * **assignieren** (..iert) tr.: anweisen [l. ad- und vgl. Signum]

Assimilation (l.), die; –, –en: Angleichung : Verwandlung der Nahrungsstoffe in organische Körperbestandteile : (Sprachw.) Angleichung eines Lautes an einen benachbarten, z. B. ad + simil. = assimil. * *Assimilationsprozess:* Verwandlungsvorgang der Nahrungsstoffe im Körper * **assimilatorisch** Ew.: durch Assimilation * **assimilieren** (..iert) tr.: angleichen : aneignen : einverleiben : (Nahrungsstoff –) in organischen Bestandteil verwandeln * **Assimilierung**, die; –, –en: Angleichung : Verschmelzung : (Sprachw.) Angleichung von aufeinander folgenden Konsonanten [l. assimilare von ad- und similis ähnlich]

Assise (l.), die; –, –n: Sitzung : Schwurgericht

Assisi: mittelital. Stadt

Assist (e.), der; –s, –s: (Sport) Zuspiel, das einem Korb- oder Torerfolg vorangeht * **Assistent**, der; –en, –en: Gehilfe: Mitarbeiter * **Assistentin**, die; –, –nen: Gehilfin * **Assistenz**, die; –, –en: Hilfe, Beistand, Mitarbeit * *Assistenzarzt:* Hilfsarzt; *Assistenzprediger:* Hilfsprediger; *Assistenztrainer* * **assistieren** (..iert) intr.: beistehen, helfen : zugegen sein [l. assistere von ad- und stare stehen]

Associated Press (e.) [ässossiiätet –]: (Vereinigte Presse) US-Nachrichtenagentur; Abk.: A. P.

Associé (fr.) [assoßjeh], der; –s, –s: Geschäftsteilhaber; vgl. Assoziation

Assoluta (it), die; –, –s: Opern- oder Ballettdiva

Assonanz (nl.), die; –, –en: Anklang, vokalischer Gleichklang : (Mus.) Gleichheit der Tonfiguren * **assonieren** (..iert) intr.: ähnlich lauten [l. assonare von ad- und sonus Klang]

assortieren (..iert) (fr.) tr.: nach Arten sondern : mit Waren verschiedener Sorten versehen : vervollständigen : ausstatten ✳ *wohlassortiert* Mw. Ew.: gut versehen

As|so|zi|a|ti|on (nl.), die; –, –en: Verbindung : Vergesellschaftung : Handelsgesellschaft : unwillkürl. Gedankenverknüpfung ✳ *Assoziationsrecht;* Recht, Vereine zu bilden ✳ **as|so|zi|a|tiv** Ew.: durch Gedankenketten hervorgerufen ✳ **as|so|zi|ie|ren** (..iert) tr., rbz.: sich verbinden : zu gemeinsamen Geschäften sich zusammentun ✳ **As|so|zi|ie|rung,** die; –, –en: das Verknüpfen, das Verbinden [l. associāre von ad- und socius Genosse]; vgl. Associé

ASSR (Abk.): Autonome Sozialistische Sowjetrepublik (bis 1991)

As|su|an: oberägypt. Stadt ✳ *Assuanstaudamm*

as|su|mie|ren (..iert) (l.) tr.: annehmen, gelten lassen : ergreifen, geistig auffassen : Hauptschluss des Gegners vor der Widerlegung wiederholen ✳ **As|sum|ti|on, As|sump|ti|on,** die; –, –en: Annahme : Aufnahme : Untersatz, Voraussetzung eines Vernunftschlusses : Aufnahme in den Himmel, Himmelfahrt : bildliche Darstellung der Himmelfahrt Christi ✳ **As|sump|ti|o|nist,** der; –en, –en: Angehöriger einer katholischen Ordensgemeinschaft, die die Wiedervereinigung aller Christen mit Rom anstrebt [l. ad- und sumere nehmen]

As|sy|ri|en: altes mesopotamisches Reich ✳ **As|sy|ri|o|lo|ge,** der; –en, –en: Forscher, Kenner Assyriens ✳ **As|sy|ri|o|lo|gie,** die; –: Erforschung Assyriens ✳ **as|sy|risch** Ew.: aus Assyrien stammend : zu Assyrien gehörig

Ast, der; –es, Äste; Ästchen, Ästlein: armartiges Baumglied : größerer Zweig : astähnlicher Teil eines Ganzen : Höcker, Buckel : Stelle im Holz, wo ein Ast gesessen hat ✳ *Astflechte:* eine Flechtenart; *astfrei* Ew.: (sein) Holz ohne Astlöcher; *Astgabel; Astknorren; –knorz:* Rest eines Astes im Holz(brett); *Astloch:* Loch im

Brett durch Herausfallen eines Astknorrens; *astlos* Ew.: ohne Äste; *Astmoos:* eine Moosart; *astrein* Ew.: (ugs.) völlig in Ordnung, sehr gut; *Astwerk:* Geäst; *Astwurzel:* Astknorren ✳ **äs|ten** (auch **as|ten**) rbz.: sich in Form von Ästen verzweigen; tr.: mit Ästen versehen : (Baum-)Äste abhauen ✳ **as|tig (äs|tig)** Ew.: Äste habend : astreich ✳ **Äst|ling,** der; –s, –e: Schössling : junger Vogel, der von Ast zu Ast fliegen kann

as-ten

Wie alle Konsonantenverbindungen, die zwei Laute darstellen, kann jetzt auch *st* am Zeilenende getrennt werden.

AStA (Abk.): Allgemeiner Studenten-Ausschuss

As|ta|roth: Göttin der Sidonier ✳ **As|tar|te:** griech. Liebesgöttin

As|ta|sie (gr.), die; –, ..sien: Unfähigkeit, ruhig zu stehen : unruhiges Umherwerfen bei Kranken ✳ **as|ta|tisch** Ew.: unstet : in der Schwebe : richtungslos

As|tat, As|ta|tin (gr.), das; –s: radioaktives Element; Abk.: At

as|ten intr.: (Umgspr.) abhetzen : sich abmühen

As|ter (gr.), die; –, –n: eine Blume, Sternblume ✳ **As|te|ri|as,** der; –, –: Seestern ✳ **As|te|rie,** die; –, –n: Sternstein, versteinerter Seestern ✳ **as|te|risch** Ew.: sternähnlich : von den Sternen herrührend ✳ **As|te|ris|kus,** der; –, ..ken: Sternzeichen in Schrift und Druck ✳ **As|te|ris|mus,** der; –, ..men: den Mineralien eigene Sternstrahlenbildung ✳ **As|te|ro|id,** der; –s und –en, –en: kleiner Planet [gr. aster Stern]

As|the|nie (gr.), die; –, ..nien: Kraftlosigkeit, Körperschwäche ✳ **As|the|ni|ker,** der; –s, –: schmächtiger Mensch ✳ **as|the|nisch** Ew.: kraftlos, schwach : von Schwäche herrührend ✳ [gr. vern. a- und sthenos Kraft]

Äs|the|sie, Äs|the|sis (gr.), die; –: Empfindung, Gefühl : sinnliche Wahrnehmung ✳ **Äs|thet,** der; –en, –en: Freund des Schönen : die Welt einsei-

tig unter ästhet. Gesichtspunkt Betrachtender ✳ **Äs|the|ten|tum,** das; –s: Wesen eines Ästheten, übertriebener Schönheitskult ✳ **Äs|the|tik,** die; –: Wissenschaft vom Schönen : Kunstlehre : Geschmack : (Mz. –en) Lehrbuch der Wissenschaft vom Schönen ✳ **Äs|the|ti|ker,** der; –s, –: Kunstphilosoph : Lehrer der Gesetze des Schönen, der Kunst ✳ **äs|the|tisch** Ew.: zur Lehre vom Schönen gehörig : die Kunstlehre betreffend : geschmackvoll, den Gesetzen der Schönheit entsprechend ✳ *ästhetisches Gefühl;* Schönheitssinn ✳ **äs|the|ti|sie|ren** (..iert) intr.: über Kunst, Schönheit sprechen, schreiben; tr.: verschönern : veredeln ✳ **Äs|the|ti|sie|rung,** die; –: Veredelung ✳ **Äs|the|ti|zis|mus,** der; –: Kunstanschauung mit Überbetonung des Schönen ✳ **Äs|the|ti|zist,** der; –en, –en: Anhänger des Ästhetizismus ✳ **äs|the|ti|zis|tisch** Ew.: einseitig nach ästhetischen Gesichtspunkten lebend [gr. aisthanesthai empfinden]

Asth|ma (gr.), das; –s: Engbrüstigkeit : Kurzatmigkeit : Atemnot : Brustkrampf ✳ *Asthmaanfall* ✳ **Asthma|ti|ker,** der; –s, –: Kurzatmiger : an Atemnot Leidender ✳ **asth|ma|tisch** Ew.: engbrüstig : kurzatmig ✳ *asthmatische Beschwerden:* Atembeschwerden

As|ti: norditäl. Provinz ✳ **As|ti,** der; –s: ital. Wein (aus Asti) ✳ *Asti spumante:* ital. Muskat- und Schaumwein

as|tig, äs|tig: s. Ast

a|stig|ma|tisch (gr.) Ew.: Punkte linienförmig sehen lassend : seitenstrahlig unklar ✳ **A|stig|ma|tis|mus,** der; –: Störung der Sehfähigkeit, bei der Linien statt Punkte gesehen werden [gr. vern. a- und Stigma]

Äs|ti|ma|ti|on, die; –, –en: Schätzung : Achtung ✳ **Äs|ti|ma|tor,** der; –s, ..toren: Schätzer, Wertbestimmer ✳ **äs|ti|ma|to|risch** Ew.: die Schätzung betreffend ✳ *ästimatorischer Eid:* (Rechtsspr.) Eid auf die Wertangabe einer Sache ✳ **äs|ti|mie|ren** (..iert) tr.: würdigen ✳ **Äs|ti|mie|rung,** die;

–, –en: Achtung [l. aestimare schätzen]

As|trä|a: griech. Göttin der Gerechtigkeit : Sternbild der Jungfrau

As|tra|chan: russ. Stadt im Wolgadelta ✶ **As|tra|chan,** der; –s, –s: Lammfell von südruss. Schafen : Krimmerstoff ✶ *Astrachankaviar*

as|tral (l.) Ew.: die Gestirne betreffend : sternhaft : ätherisch ✶ *Astrallampe:* Sternlampe; *Astralleib:* verklärter, übersinnlicher (Geister-)Leib; *Astrallicht:* Sternenlicht, bes. Schein der Milchstraße ✶ *Astralreligion:* relig. Verehrung von Gestirnen [l. astrum, gr. astron Gestirn]

As|tro|graph *auch:* **As|tro|graf,** der; –en, –en: Apparat zum Zeichnen von Sternkarten ✶ **As|tro|gra|phie** *auch:* **As|tro|gra|fie,** die; –, ..phien(fien): Sternbeschreibung ✶ **As|tro|la|bi|um,** das; –s, ..bien: „Sternfasser", Messapparat für Sonnen- und Sternenhöhe ✶ **As|tro|lo|ge** der; ..gen, ..gen: Sterndeuter ✶ **As|tro|lo|gie,** die; –, ..gien: Sterndeutung ✶ **as|tro|lo|gisch** Ew.: sterndeuterisch ✶ **As|tro|me|trie,** die; –: wissenschaftl. Ortsbestimmung der Gestirne ✶ **As|tro|naut,** der; –en, –en: Weltraumfahrer ✶ **As|tro|nau|tik,** die; –: Wissenschaft von der Weltraumfahrt : Weltraumfahrt ✶ **as|tro|nau|tisch** Ew.: die Astronautik betreffend ✶ **As|tro|nom,** der; –en, –en: Sternkundiger, -forscher ✶ **As|tro|no|mie,** die; –: Sternenkunde ✶ **as|tro|no|misch** Ew.: sternkundlich : ugs. sehr hoch, riesig ✶ **As|tro|pho|to|gra|phie** *auch:* **As|tro|fo|to|gra|fie,** die; –: ..phien *auch:* ..fien: Beobachtung der Gestirne mittels Lichtbildern ✶ **As|tro|pho|to|me|trie** *auch:* **As|tro|fo|to|me|trie,** die; –: Helligkeitsmessung der Gestirne : Lehre von der Helligkeitsmessung der Gestirne ✶ **As|tro|phy|sik,** die; –: Lehre von der physikalischen Beschaffenheit der Sterne

Astrograf
Die Wortbestandteile *graph,* *phon* und *phot* werden in allgemein gebräuchlichen Fremdwörtern in der Regel *graf, fon* und *fot* geschrieben, wie z. B. *Fotografie, Telefon* oder *Geografie.*

Äs|tu|ar, Äs|tu|a|ri|um (l.), das; –s, ..rien: trichterförmige Flussmündung mit offener Weitung [l. aestuare wallen]

As|tu|ri|en: nordspan. Küstenlandschaft ✶ **As|tu|ri|er,** der; –s, –: Bewohner Asturiens ✶ **as|tu|risch** Ew.: Asturien betreffend

ASU (Abk.): Abgassonderuntersuchung

Ä|sung: s. äsen

A|syl (gr.), das; –s, –e: Zufluchtsort : Heim : Heilstätte : Pflegeanstalt ✶ *Asylantrag:* Antrag auf Anerkennung als Asylberechtigter; *Asylrecht:* Recht zur Erteilung einer unbefristeten Aufenthaltsgenehmigung ✶ **A|sy|lant,** der; –en, –en: Asylbewohner : Asylbewerber : Asylsuchender [gr. asylon unberaubt, unverletzt; von vern. a- und sylan berauben, plündern]

A|sym|me|trie (gr.), die; –, ..trien: Ungleichförmigkeit : Missverhältnis ✶ **a|sym|me|trisch** Ew.: ungleichförmig, nicht spiegelgleich [gr. vern. a- und s. Symmetrie]

A|sym|pto|te (gr.), die; –, –n: (Math.) Näherungslinie : unendliches Streben ✶ **a|sym|pto|tisch** Ew.: nicht zusammenfallend : sich in der Unendlichkeit nähernd [gr. vern. a- und sympiptein zusammenfallen]

a|syn|chron (gr.) Ew.: nicht gleichzeitig ✶ **A|syn|chron|mo|tor,** der; –s, –en: Motor, dessen Drehzahl frei regelbar ist

a|syn|de|tisch (gr.) Ew.: unverbunden : (Sprachl.) ohne Bindewörter ✶ **A|syn|de|ton,** das; –s, ..ta: Unverbundenheit : (Sprachl.) Aneinanderreihung von Sätzen ohne Bindewörter [gr. vern. a- und syndein zusammenbinden]

A|s|zen|dent (l.), der; –en, –en: Vorfahr ✶ **A|s|zen|denz,** die; –: aufsteigende Verwandtenlinie ✶ **a|s|zen|die|ren** (..iert) intr.: aufsteigen : aufrücken ✶ **A|s|zen|si|on,** die; –,

–en: das Aufsteigen : Himmelfahrtstag : (Astron.) Aufgang eines Punktes des Äquators mit einem Sterne zugleich ✶ *Aszensionstheorie:* (Geol.) Lehre, nach der die Erzgänge von unten her gefüllt werden

As|ze|se, As|zet, As|ze|ti|ker, as|ze|tisch: s. Ask..

AT, A. T. (Abk.): Altes Testament

A|ta|ir (arab.), der: –s: Sternbild im Adler

a|tak|tisch (gr.) Ew.: unregelmäßig ✶ **A|ta|xie,** die; –, ..xien: Unregelmäßigkeit [gr. vern. a- und Taktik]

A|ta|man, der; –s, –e: gewählter Stammes- und Militärführer der Kosaken

A|ta|ra|xie (gr.), die; –: Leidenschaftslosigkeit : Seelenruhe [gr. vern. a- und taraxis Unruhe, von tarassein aufrühren]

A|ta|vis|mus (nl.) [..w..], der; –, ..men: Rückartung, Aufweisen von Eigenschaften der Ahnen ✶ **a|ta|vis|tisch** Ew.: rückartend, auf Rückartung beruhend [l. atavus Vater des Urgroßvaters, Vorfahr]

A|ta|xie: s. ataktisch

A|te: griech. Göttin des Unheils

A|tek|nie (gr.), die; –: Kinderlosigkeit [gr. vern. a- und teknon Kind]

A|te|lier (fr.) [ateljeh], das; –s, –s: Künstler- oder Fotografenwerkstatt : Gebäude für Filmaufnahmen [afr. artelier von ml. artiliaria zu ars, Gen. artis Kunst] ✶ *Atelieraufnahme; -fenster; -fest; Fotoatelier; Filmatelier*

A|tem, der; –s: die von lebenden Wesen eingezogene und ausgestoßene Luft : das Einziehen und Ausstoßen der Luft : das hörbare Atemholen, Keuchen : Stimme, Laut : das Belebende, der Lebenshauch, Geist ✶ *Atem holen, schöpfen; mit verhaltenem Atem:* leise aufmerksam; *außer Atem sein, kommen; in einem Atem:* „in der Zeit einmaligen Atemholens", im Nu, gleichzeitig ✶ *Atembeschwerden; Atemgymnastik; Atemholen,* das; –s: das Einatmen; *atemlos* Ew.: außer Atem : (übertr.) leise : gespannt

: ermattet; *Atemnot:* Schwierigkeit, Atem zu bekommen; *Atempause:* kurze Unterbrechung; *Atemübung; Atemwege; Atemzug:* einmaliges Einziehen und Ausstoßen des Atems; *Atemzünglein:* Kehldeckel * **a|tem(be)rau|bend** Ew. * **at|men** intr.: Atem schöpfen : keuchen : (übertr.) wehen, hauchen : leben, sich als lebendig erweisen; tr.: (Luft –) in sich einziehen : (übertr.) empfinden : ausatmen : (übertr.) ausströmen, verbreiten : (Hüttw.) abatmen * **..at|mig** Ew., nur in Zus.: Atem habend: z. B. kurz-, langatmig usw. * **At|mung,** die; –, –en: das Atmen * *Atmungsorgane; –werkzeuge*

a tem|po (it.): (Mus.) gleichzeitig : zur rechten Zeit, sofort **Ä|than,** (Chem.) **E|than** (gr.), das; –s: gasförmiger Kohlenwasserstoff

A|tha|na|si|a|ner, der; –s, –: Anhänger des Athanasius * **a|tha|na|si|anisch** Ew.: nach A. benannt * *das Athanasianische Glaubensbekenntnis* * **A|tha|na|sie,** die; –: Unsterblichkeit * **A|tha|na|tis|mus,** der; –: Unsterblichkeitsglaube : Verewigung [gr. vern. a- und thanatos Tod]

Ä|tha|nol, (Chem.) **E|tha|nol** (gr.), das; –s: chem. Verbindung (Äthylalkohol)

A|tha|pas|ke, der; –n, –n: Angehöriger einer indianischen Sprachgruppe in Nordamerika

A|thau|ma|sie (gr.), die; –: Gleichgültigkeit gegen die Welt

A|the|is|mus (gr.), der; –: Gottesleugnung * **A|the|ist,** der; –en, –en: Gottesleugner * **a|the|is|tisch** Ew.: gottesleugnerisch [gr. vern. a- und theos Gott]

A|the|nä|um, das; –s, ..näen: Athenetempel : (nach Athene benannte) höhere Lehranstalt in Rom : Gelehrtenschule : programmatische Zeitschrift der älteren Romantik * **A|then:** Hauptstadt Griechenlands * **A|the|ne:** Schutzgöttin Athens : Göttin der Weisheit; vgl. Pallas * **A|the|ner,** der; –s, –: Bewohner Athens * **a|the|nisch** Ew.: aus Athen stammend

Ä|ther, (Chem.) **E|ther** (gr.), der; –s: obere Luft : Himmelsluft : die oberen Luftschichten : Lösungsmittel von Fetten : Betäubungsmittel * *Ätherrausch:* Betäubung durch Äther * *Ätherwellenmusik:* auf radioelektrischem Wege erzeugte Musik * **ä|the|risch** Ew.: ätherartig : himmlisch : flüchtig : vergeistigt : zart * **ä|the|ri|sie|ren** (..iert) intr.: Äther anwenden; tr.: durch Äther betäuben

a|ther|man (gr.) Ew.: für Wärme undurchlässig [gr. vern. a- und thermos Wärme]

A|the|te|se (gr.), die; –, –n: Ungültigkeitserklärung [gr. athetein abschaffen]

Ä|thi|o|pi|en (gr.): Staat in Ostafrika * **ä|thi|o|pisch** Ew.: Äthiopien betreffend

Ath|let (gr.), der; –en, –en: Wettkämpfer : Kraftmensch * **Ath|le|tik,** die; –: Ringkunst : Kraftübung(slehre) * **Ath|le|ti|ker,** der; –s, –: athletisch gebauter Mensch * **Ath|le|tin,** die; –, –nen: weibl. Wettkämpferin * **ath|le|tisch** Ew.: wettkämpferisch : muskelstark

A|thos: östlichste der drei Halbinseln der Chalkidike * **A|thos|berg:** Mönchsrepublik auf der Halbinsel Athos

Ä|thyl, (Chem.) **E|thyl** (gr.), das; –s: einwertiger Kohlenwasserstoff, Bestandteil zahlreicher organischer Verbindungen * *Äthylalkohol:* gewöhnlicher Alkohol; *Äthylbromid:* ein Heilmittel; *Äthylchlorid:* ein Heilmittel * **Ä|thy|len,** das; –s: ungesättigter Kohlenwasserstoff, verwendet als Ausgangsstoff chemischer Synthesen

A|thy|mie (gr.), die; –: Mutlosigkeit : Schwermut [gr. vern. a- und thymos Mut]

Ä|ti|o|lo|gie (gr.), die; –: Lehre von Ursache und Wirkung : (Med.) Lehre von den Krankheitsursachen * **ä|ti|o|lo|gisch** Ew.: ursächlich : begründend [gr. aitia Ursache]

At|lant (gr.), der; –en, –en: männl. Figur als Gebälkträger : Atlas, Kartensammlung * **At|lan|tik,** der; –s (auch die; –): Atlantischer Ozean * *Atlantik-charta:* zwischenstaatlicher Vertrag im Jahre 1941; *Atlan-*

tikpakt: Nordatlantikpakt, NATO * **At|lan|tis,** die; –: sagenhaftes Inselland * **at|lan|tisch** Ew.: zum Atlantik gehörig * *der Atlantische Ozean:* Weltmeer zwischen Europa, Afrika und Amerika; *atlantisches Kabel:* Telegrafenleitung zwischen Europa und Amerika * **At|las,** der; –: ein den Himmel tragender Titan : (Baukst.) männl. Gestalt als Gebälkträger : (Med.) erster Halswirbel * **At|las,** der; ..lasses, ..lasse und ..lanten: Kartensammlung * **At|las,** der; –: afrikan. Gebirge

At|las (arab.), der; – und ..lasses, ..lasse: Seidengewebe * *Atlasband; –erz:* ein glänzendes Kupfererz; *Atlasholz:* kostbares Glanzholz; *Atlaspapier:* Glanzpapier; *Atlasspat, -stein:* glänzender aragonischer Kalkspat * **at|las|sen** Ew.: aus Atlas bestehend [arab. atlas abgerieben, kahl, glatt]

at|men, ..at|mig: s. Atem

At|man (skr.), der; –: (in der indischen Philosophie) Weltseele **At|mo|me|ter,** das; –s, –: Verdunstungsmesser * **At|mo|s|phä|re,** die; –, –n: Dunstkreis : Lufthülle : Druckmaß : (übertr.) Umwelt * *Atmosphärenüberdruck,* Zch. atü * **At|mo|s|phä|ri|li|en** Mz.: Bestandteile der Luft * **at|mo|s|phä|risch** Ew.: dem Luftkreis angehörig : auf die Luft bezüglich : durch Luft(druck) verursacht, bewegt [gr. atmis Dampf]

Ät|na, der; –: Vulkan auf Sizilien

At|mung: s. Atem

Ä|to|li|en: in der Antike Landschaft in Griechenland * **Ä|to|li|er,** der; –s, –: aus Ätolien stammend * **ä|to|lisch** Ew.: Ätolien betreffend

A|toll (malay.), das; –s, –e: ringförmige Koralleninsel, Lagunenriff

A|tom (gr.), das; –s, –e: kleinstes, unzerlegbares Teilchen eines chem. Urstoffes : (übertr.) ein sehr kleiner Teil * *Atomangriff; Atomantrieb; Atombombe (A-Bombe); Atombunker; Atomenergie; Atomforschung; Atomgegner; Atomgewicht:* (Chem.) Mischungsgewicht; *Atomgröße; Atomkern; Atomkraftwerk; Atommacht; Atommeiler; Atommine; Atommodell; Atommüll; Atomphysik; Atomrakete; Atomreaktor; Atomsprengkopf; Atomstrahlen; Atomstrom; Atomtechnik; Atomtest; Atomteststoppabkommen; Atomtheorie; Atom-U-Boot; Atomversuch; Atomwaffen; Atomwaffensperrvertrag; Atomwärme; Atomwirtschaft; Atomzeitalter; Atomzerfall; Atomzertrümmerung* ✽ **a|to|mar** Ew.: das Atom, die Kernenergie oder die Atomwaffen betreffend ✽ **A|to|mi|seur,** der; –s, –e: Zerstäuber ✽ **a|to|mi|sie|ren:** in Atome zerlegen : völlig zerstören ✽ **A|to|mi|sie|rung,** die; –, –en: Auflösung in Atome ✽ **A|to|mis|mus,** der; –: Urstofflehre : Weltanschauung, nach der alle Naturerscheinungen auf die Bewegung der Atome zurückgeführt werden ✽ **A|to|mist,** der; –en, –en: Anhänger des Atomismus ✽ **A|to|mis|tik,** die; –, –en: Atomtheorie ✽ **a|to|mis|tisch** Ew.: der Atomlehre entsprechend : (übertr.) auflösend, zersplitternd ✽ **a|to|misch** Ew.: unteilbar ✽ **A|to|mi|um,** das; –s: Bauwerk in Brüssel [gr. vern. a- und tome Schnitt] **a|to|nal** (gr.) Ew.: (Mus.) ohne festgelegte Tonart, tonartlos ✽ **A|to|na|list,** der; –en, –en: Komponist atonaler Musik ✽ **A|to|na|li|tät,** die; –: atonale Art zu komponieren ✽ **A|to|nie** (gr.), die; –, ..nien: „Tonlosigkeit" : (Mus.) Tonartlosigkeit : (Med.) Körperschwäche, Schlaffheit ✽ **a|to|nisch** Ew.: „tonlos" : abgespannt, matt ✽ **A|to|non,** das; –s, ..na: tonloses Wort [gr. vern. a- und tonos Spannung] **A|tout** (fr.) [atuh], das (östr. der); –s, –s: (Kartsp.) Trumpf ✽ **a|tou|tie|ren** intr.: trumpfen **à tout prix** (fr.) [atuhprih]: um jeden Preis **a|to|xisch** Ew.: nicht giftig **a tre cor|de** (it.): (Mus.) auf drei (Klavier-)Saiten, d. h. ohne Dämpfer **A|t|re|sie** (gr.), die; –: Mangel an natürlicher Öffnung, Verschluss einer Leibesöffnung,

Verwachsung [gr. vern. a- und titran durchbohren] **A|treus:** griech. Sagengestalt, Vater des Agamemnon **A|t|ri|chie, A|t|ri|cho|se** (gr.), die; –: Haarlosigkeit : Kahlheit [gr. vern. a- und trix, Gen. trichos Haar] **A|t|ri|den,** die: Söhne des Atreus **A|t|ri|um** (l.), das; –s, ..trien: Vorhalle eines röm. Hauses : Vorhof : (Med.) Vorkammern des Herzens **A|t|ro|pa** (gr.), die; –, ..pen: Tollkirsche ✽ **A|t|ro|pin,** das; –s: Alkaloid in der Tollkirsche, ein Gift [gr. atropos unabwendbar, von vern. a- und trepein wenden] **A|t|ro|phie** (gr.), die; –: Abmagerung : Schwund, Schrumpfung ✽ **a|t|ro|phisch** Ew.: abmagernd : an Abmagerung leidend [gr. vern. a- und trophe Nahrung] **ätsch!:** verhöhnender Ausruf ✽ **ät|schen** (du ätsch[e]st): verhöhnen ([aus]ätschen) **at|tac|ca** (it.): hänge an! : (Mus.) schließe unmittelbar an [it. attaccare, fr. attacher anfügen] **At|ta|ché** (fr.) [attascheh], der; –, –s: „Beigeordneter", Gehilfe : Gesandtschaftsrat ✽ **At|ta|che|ment** (fr.) [attasch'mang], das; –s, –s: Anhänglichkeit : Verbundenheit ✽ **at|ta|chie|ren** (..iert) tr.: anschließen : beigesellen **At|ta|cke** (fr.), die; –, –n: Angriff : Krankheitsanfall ✽ **at|ta|ckie|ren** (..iert) tr.: angreifen : befallen : dem Pferd die Sporen geben

At-ta-cke
Die Konsonantenverbindung *ck* wird wie *ch, ph, th* und *sch* als ein Laut angesehen und darf deshalb am Zeilenende nicht in *k-k* getrennt werden.

At|ten|tat (nl.), das; –(e)s, –e: Gewalttat : Mordanschlag (meist politisch) ✽ **At|ten|tä|ter** (nl.-dtsch.), der; –s, –: Unternehmer eines Attentates [l. attentare antasten, angreifen] **At|ten|ti|on!** (fr.) [attangsjong]: Achtung! **At|test** (l.), das; –es, –e: ärztl. Bescheinigung, Gutachten ✽ **At|tes|tat,** das; –(e)s, –e: At-

test ✽ **At|tes|ta|ti|on,** die; –, –en: (ehem. DDR) Qualifikationsnachweis ohne Prüfung nach langjähriger Tätigkeit ✽ **at|tes|tie|ren** (..iert) tr.: bescheinigen : beglaubigen; vgl. testieren **Ät|ti** (alem.): schweiz. und süddtsch. für Vater **At|ti|ka** (gr.-nl.): griech. Halbinsel ✽ **At|ti|ka,** die; –, ..ken: (Baukst.) Dachgeschoss nach attischer Bauart : Pfeileraufsatz : oberer Querbau eines Tores ✽ **at|tisch** Ew.: aus Attika stammend : zu Attika gehörig : der athenischen Bildung gemäß : geistreich ✽ *attisches Salz:* Witz ✽ **At|ti|zis|mus,** der; –, –: altgriech. Rede- und Literaturstil : Feinheit der Rede ✽ **At|ti|zist,** der; –en, –en: Anhänger des Attizismus [l. atticus zu Attika gehörig] **At|ti|la** (got.): „Väterchen", Etzel, König der Hunnen ✽ **At|ti|la,** der; –s, –s (auch die; –, –s): Husarenrock **at|tisch:** s. Attika **At|ti|tü|de** (fr.), die; –, –n: Haltung, Stellung [afr. aptitude zu l. aptus passend] **At|ti|zis|mus, At|ti|zist:** s. Attika **At|to..** (in Zus.): ein Trillionstel; z. B.: Attosekunde **At|trak|ti|on** (l.), die; –, –en: Anziehung : Anziehungskraft : etwas Anziehendes, Zugkräftiges ✽ **at|trak|tiv** Ew.: anziehend ✽ **At|trak|ti|vi|tät,** die; –, –en: Anziehungskraft [attrahere anziehen] **At|trap|pe** (ml.-fr.), die; –, –n: Falle : Täuschungsmittel : Nachbild : Schaupackung [fr. attrapper von ml. trappa Falle] **at|tri|bu|ie|ren** (l.) tr. : attribut beifügen ✽ **At|tri|but** (l.), das; –(e)s, –e: (Sprachl.) Beifügung : beigelegtes Merkmal, Sinnbild : Eigenschaft ✽ **At|tri|bu|ti|on,** die; –, –en: Bevollmächtigung : Rechtsverleihung ✽ **at|tri|bu|tiv** Ew.: beifügend ✽ *Attributivsatz, Attributsatz:* Beifügung in Form eines Gliedsatzes [l. attribuere beilegen] **At|tri|ti|on** (l.), die; –, –en: Reibung : Wundwerden der Haut : (übertr.) oberflächliche Reue [l. attritio von atterere anreiben]

a|**tü**: Kurzw. für Atmosphären-
überdruck

a|**ty|pisch** Ew.: von der Regel
abweichend

at|zen intr.: fressen : weiden;
tr.: füttern * **Atzung**, die; –,
–en: Fütterung : Nahrung (bes.
für Raubtiere)

ätz|bar Ew.: so beschaffen,
dass man es beizen kann *
ät|zen (du ätzest und ätzt) tr.,
intr.: durch Säuren zerstören,
beizen * *Ätzalkali; Ätzbeize;
Ätzdruck; Ätzflüssigkeit; Ätz-
grund:* Stoff zum Überziehen
einer zu ätzenden Kupferplatte;
Ätzkalk; Ätznatron; Ätznadel:
Nadel des Kupferstechers; *Ätz-
platte; Ätzwiege:* Brett, auf
dem die zu ätzende Kupfer-
platte gewiegt wird * **ät|zend:**
(übertr.) widrig : leidig *
Ätz|er, der; –s, –: Kupferste-
cher * **Ätzung**, die; –, –en:
Kupferstechkunst : geätzte
Kupferplatte : Behandlung mit
Chemikalien

At|zel, die; –, –n: Elster : Pe-
rücke (nach den Farben der
Elster)

au!: Ausruf des Schmerzes *
au Backe!: (volkst.) Ausruf des
Staunens * **au|weh!:** au!

Au, die; –, –en; **Aue**, die; –, –n:
wasserreiche, fruchtbare Ebene
oder Flussinsel : wasserreiche
Wiese : Torfmoor * *Auengrün
* Auenwald * Auwald*

au|ber|gi|ne (fr.) [obärschin]
Ew.: dunkel rot-violett *
Au|ber|gi|ne, die; –, –n: chi-
nes. und japan. glasierte, bläu-
lichrote Tonware : Eierfrucht

a. u. c. (Abk.): s. ab urbe con-
dita

auch Bw.: ebenfalls, gleichfalls : hinzukommend : selbst,
sogar : freilich * *auch wenn:*
Bw. zur Einleitung eines ein-
räumenden Satzes

au con|trai|re (fr.) [ohkong-
trähr]: im Gegenteil

au cou|rant (fr.) [ohkurant]:
auf dem laufenden

au|di|a|tur et al|te|ra pars (l.):
auch der andere soll gehört
werden * **Au|di|enz** (l.), die; –,
–en: Zutritt : Empfang : Unter-
redung * **Au|di|o|gramm**,
das; –s, –e: Aufzeichnungen
mit einem Audiometer *
Au|di|o|me|ter, das; –s, –:
elektroakust. Messgerät zum

Testen des Gehörs * **Au|di|on**,
das; –s, –s und ..di|onen:
(Rdfk.) Elektronenröhre zur
Gleichrichtung elektr. Schwin-
gungen * **au|di|o|vi|su|ell** Ew.:
so beschaffen, dass es gleichzeitig gehört und gesehen werden kann * *audiovisueller Unterricht * audiovisuelle Tech-
nik* * **au|di|tiv** (l.) Ew.: über-
wiegend mit Gehörsinn begabt
* **Au|di|ti|on** (l.), die; –, –en:
Vorsingen oder Vorspielen für
die Besetzung einer Rolle *
Au|di|tor (l.), der; –s, ..toren:
Zuhörer * **Au|di|to|ri|um** (l.),
das; –s, ..rien: Hörsaal : Zuhö-
rerschaft * Audimax, Kurzw. f.
Auditorium maximum: größter
Hörsaal [l. audīre hören]

Au|er, der; –s, – und –n: Ur,
Auerochse * *Auerhahn:* ein
Vogel; *Auerhenne, -huhn; Au-
erochse; Auerwild*

Au|er: Fn. * *Auerlicht:* von
Auer erfundenes Gaslicht

auf Vw.: mit Dat. (wo? *es liegt
auf dem Tisch*) und mit Akk.
(wohin? *lege es auf den Tisch*):
in Berührung mit dem oberen
Teil von etwas : an die Oberfläche : oben an etwas : (zeitl.) für
die Dauer von * *auf Abruf; auf
die Post gehen; auf der Universität; auf jeden Fall; Schlag
auf Schlag:* Schlag nach
Schlag; *auf die Art* so; *auf
deutsch* → *auf Deutsch:* in
deutscher Sprache; *auf ein
Jahr:* für ein Jahr * Uw.: oben
berührend : nach oben gerichtet
: offen * *auf und ab; auf und
davon gehen; ein Weg zum Auf
und Ab gehen; das Auf und Ab;
auf einmal; aufeinander; aufs
neue* → *aufs Neue; aufs, auf
das beste auch:* auf das Beste;
aufs äußerste auch: aufs Äußerste; *auf das Äußerste gefasst; von klein auf; die Augen
auf!* * **auf daß** → **auf dass**
Bw.: damit * **auf!:** auffordernder Anruf : vorwärts! : los!

auf
Präpositionen, die wie Substantive behandelt werden,
werden groß geschrieben, wie
*das Auf und Ab, das Hin und
Her.*

auf|ad|die|ren tr.: etwas hinzu-
addieren

auf|ar|bei|ten intr.: die Arbeit
beenden; tr.: arbeitend bewälti-

gen : arbeitend öffnen : arbei-
tend auffrischen * **Auf|ar-
bei|tung**, die; –, –en: Auffri-
schung

auf|at|men intr.: tief, befrei-
end atmen

auf|ba|cken tr.: (Brötchen –) :
Vorgebackenes zu Ende backen

auf|bag|gern tr.: mit einem
Bagger aufreißen

auf|bah|ren tr.: (einen Toten)
auf die Bahre legen *
Auf|bah|rung, die; –, –en: das
Aufbahren

auf|bam|meln tr.: (Umgspr.)
aufhängen

Auf|bau, der; –s: Errichtung,
Neugestaltung : Wiederherstellung von Zerstörtem : Plan *
Auf|bau, der; –s, –ten: auf Ge-
bäudeteile aufstocken * *Auf-
bauarbeit:* fördernde Arbeit;
Aufbaudarlehen; Aufbaudeck:
über dem Oberdeck aufgebau-
tes Deck; *Aufbaugesinnung:*
auf Förderung gerichtete Gesinnung; *Aufbauschule:* an die
Haupt- oder Realschule anschließende höhere Schule;
Aufbautraining; Aufbauwille *
auf|bau|en tr., rbz.: auf etwas
Darunterliegendes bauen : bauend aufrichten : (übertr.) planen
: anordnen : fördern : sich auf
etwas gründen

auf|bau|meln tr.: (Umgspr.)
aufhängen

auf|bäu|men intr., rbz.: baum-
gerade emporrichten : sich auf-
lehnen

auf|bau|schen tr., rbz.: bau-
schend in die Höhe gehen :
(übertr.) übertreiben

auf|be|geh|ren intr.: aufzuste-
hen begehren : auftrumpfend
fordern : zankend hochfahren

auf|be|hal|ten tr.: (Hut –) auf
dem Kopf behalten

auf|bei|ßen tr.: durch Beißen
öffnen

auf|be|rei|ten tr.: (Hüttw.) Erze
von Beimengungen scheiden *
Auf|be|rei|ter, der; –s, –: Auf-
bereitender * **Auf|be|rei|tung**,
die; –, –en: das Aufbereiten

auf|bes|sern tr.: (Lohn, Gehalt
–) bessernd in die Höhe brin-
gen * **Auf|bes|se|rung**, die; –,
–en: Lohn-, Gehaltserhöhung

auf|be|wah|ren tr.: für späte-
ren Gebrauch zurücklegen *
Auf|be|wah|rung, die; –, –en:
das Aufbewahren * *Aufbewah-*

rungsgebühr: für Aufbewahrung von Gegenständen zu zahlende Summe; *Aufbewahrungsort*

auf|bie|gen tr.: durch Biegen öffnen

auf|bie|ten tr.: auf, von hohem Platz verkünden : von der Kanzel verkünden : (Heer –) durch öffentliche Verkündigung aufbringen : zu etwas auffordern : (Kräfte –) dransetzen * **Auf|bie|tung,** die, –, –en: das Aufbieten, bes. das Dransetzen (von Kräften) * *unter Aufbietung aller Kräfte* * **Auf|ge|bot,** das; –(e)s, –e: das Aufbieten : öffentliche amtliche Bekanntgabe des Ehevorhabens : das Aufgebotene (Heer usw.)

auf|bin|den tr.: Gebundenes lösen : bindend auf etwas befestigen : in die Höhe binden : (Garben –) zusammenbinden : (übertr.) (Märchen –, Bären –): vortäuschen, vorlügen

auf|blä|hen tr., rbz.: blähend aufschwellen : (Geld –) über die Deckung hinaus in Umlauf setzen * **Auf|blä|hung,** die; –, –en: Anschwellung : Auftreibung des Leibes : Ausgabe von Zahlungsmitteln über die Deckung hinaus, Inflation

auf|bla|sen tr., rbz.: durch Blasen aufschwellen : (übertr.) sich großtun : durch Blasen öffnen : durch Blasen in die Höhe bringen : (Feuer –) anfachen : durch Spielen von Blasinstrumenten wecken; intr.: auf Blasinstrumenten aufspielen * **auf|ge|bla|sen** Mw. Ew.: dünkelhaft : wichtigtuerisch * **Auf|ge|bla|sen|heit,** die; –, –en: Dünkel : Wichtigtuerei

auf|blät|tern tr.: (Buch –) blätternd aufschlagen : (Knospe –) öffnen

auf|blei|ben intr. (sein): nicht schlafengehen : außer Bett bleiben : offenbleiben

Auf|blick, der; –s, –e: Blick nach oben * **auf|bli|cken** intr.: emporblicken : (haben, sein) aufblinken

auf|blit|zen intr.: (wie ein Blitz) kurz hell werden

auf|blü|hen intr. (sein): blühend sich entfalten : blühend emporsteigen

auf|bo|cken tr.: auf eine erhöhte Unterlage (Bock) stellen

auf|brau|chen tr.: verbrauchen

auf|brau|sen intr. (haben, sein): sieden : (übertr.) heftig, zornig hochgehen * *aufbrausend* Ew.: leicht erregbar

auf|bre|chen tr.: brechend öffnen : (weidm.) (Wild –) zum Ausweiden öffnen : (Acker –) umackern; intr. (sein): sich öffnen : weggehen, abmarschieren * **Auf|bruch,** der; –(e)s, ..brüche: das Aufbrechen : (weidm.) Eingeweide des aufzubrechenden Wildes : Brachfeld : plötzliches Weggehen * *Aufbruchstimmung:* Lust zum Weggehen : Lust auf einen neuen Anfang

auf|bren|nen intr. (sein): in Flammen aufgehen; tr.: in Flammen aufgehen lassen : Brennstoffe aufbrauchen : durch Brennen öffnen : durch Brennen auffrischen : (einem eine Kugel –) mit der Kugel treffen : (Wein –) schwefeln

auf|brin|gen tr.: mit Anstrengung öffnen : auf die richtige Stelle bringen : (Geld usw. –) auftreiben, zusammenbringen : aufregen, in Zorn bringen : großziehen : Handelsschiff im Krieg erbeuten * **Auf|brin|gung,** die; –, –en: das Aufbringen : Anstrengung * **auf|ge|bracht** Mw. Ew.: zornig erregt * **Auf|ge|bracht|heit,** die; –, –en: zornige Erregung

Auf|bruch: s. aufbrechen

auf|brü|hen tr.: aufgießen (Kaffee)

auf|brum|men intr.: brummend auffahren; tr.: (einem Arbeit –, Strafe –) zuerteilen

auf|bü|geln tr.: bügelnd auffrischen * *Aufbügelmuster:* eine Verzierung, die man auf einen Stoff bügeln kann

auf|bür|den tr.: belasten : zur Last legen

auf|däm|mern intr.: etwas nach und nach gedanklich erfassen (es dämmert ihm auf)

auf|damp|fen tr.: beschichten (Quecksilber –)

auf|de|cken tr.: deckend auflegen : Zugedecktes enthüllen : (übertr.) Verborgenes enthüllen; tr.: sich bloßstrampeln * **Auf|de|ckung,** die; –, –en: das Aufdecken : Enthüllung

auf|don|nern intr.: donnernd emporschallen; tr.: donnernd aufschrecken; rbz.: übermäßig aufputzen * *aufgedonnert* Mw. Ew.: aufgeputzt

auf|drän|gen tr., rbz.: drängend öffnen : drängend emporheben : aufnötigen * **auf|drän|geln** rbz.: sich aufnötigen

auf|dre|hen tr.: Gedrehtes öffnen : drehend öffnen : drehend auf etwas befestigen : (übertr.) aufbinden : in die Höhe drehen; intr.: (seem.) sich querlegen : (Sport) aufholen : (Musik) lauter werden lassen : (übertr.) in Fahrt kommen * *aufgedreht* Mw. Ew.: übermäßig lustig

auf|dring|lich Ew.: sich aufdrängend * **Auf|dring|lich|keit,** die; –, –en: aufdringliches Wesen

auf|drö|seln tr.: Verknotetes lösen : entwirren

Auf|druck, der; –(e)s, –e: Überdruck auf Briefmarken : kurzer aufgedruckter Text * **auf|dru|cken** tr.: durch Drucken haften machen : bedrucken * **auf|drü|cken** tr.: etwas auf etwas drücken : drückend öffnen

auf|ein|an|der: einer auf dem oder auf den andern * **auf|ein|an|der|fol|gen → auf|ein|an|der fol|gen** intr.: einer dem anderen folgen * **Auf|ein|an|der|fol|ge,** die; –: das Aufeinanderfolgen * **auf|ein|an|der|sto|ßen → auf|ein|an|der sto|ßen** intr.: einer an den andern stoßen * **auf|ein|an|der|tref|fen → aufeinander tref|fen** intr.: einer auf den andern treffen *

aufeinander
Mehrteilige Adverbien in Verbindung mit einem Verb werden immer getrennt geschrieben, wie *aufeinander folgen, aufeinander stapeln, aufeinander treffen* usw.

Auf|ent|halt, der; –(e)s, –e: Verweilen an einem Ort : Rast : Verzögerung : Hemmnis * *Aufenthaltsbewilligung, Aufenthaltserlaubnis, Aufenthaltsgenehmigung:* Erlaubnis, sich an einem Ort aufzuhalten; *Aufenthaltsdauer:* Zeit des Verweilens; *Aufenthaltsort; –zeit;* vgl. sich aufhalten

auf|er|le|gen (ich erlege auf, selt. ich auferlege) tr.: eine Last auflegen : eine Beschränkung auflegen

auf|er|ste|hen (er aufersteht, auferstanden) intr. (sein): wieder erstehen : vom Tode wieder erstehen * **Auf|er|ste|hung,** die; –, –en: das Wiedererstehen nach dem Tode * *Auferstehungsfeier; –fest; –freude*

auf|er|we|cken tr.: (vom Tode) erwecken * **Auf|er|we|ckung,** die; –, –en: Erweckung vom Tode

auf|es|sen tr.: essend aufzehren; intr.: zu Ende essen

auf|fä|deln tr.: auf einen Faden ziehen

auf|fah|ren intr. (sein): in die Höhe fahren : sich jäh emporbewegen : in Zorn geraten : in feierlichem Aufzug ziehen; intr. (haben, sein): so fahren, dass man auf etwas festsitzt; tr.: (Geschütz –) fahrend hinschaffen und aufstellen * **auf|fah|rend** Ew.: zornig, leicht erregt * **Auf|fahrt,** die; –, –en: das Auffahren : Rampe : ansteigende Straße : prächtiger Wagenzug : Himmelfahrt * *Auffahrschaden; Auffahrunfall:* Unfall durch Auffahren eines (Kraft-) Fahrzeugs auf ein anderes

auf|fal|len intr. (sein): auf etwas fallen : (weidm.) sich auf einen Baum setzen : sich fallend auftun : Aufmerksamkeit erregen; tr.: (sich den Kopf –) sich ein Loch in den Kopf fallen * **auf|fal|lend** Mw. Ew.: merkwürdig : Aufmerksamkeit erregend : befremdend : ungewöhnlich * **auf|fäl|lig** Ew.: auffallend * **Auf|fäl|lig|keit,** die; –, –en: etwas Auffallendes

auf|fan|gen tr.: Fallendes greifen : (Wort –) zufällig hören * *Auffangbecken:* Sammelbecken für Regenwasser; *Auffanglager,* das; –s, –: erstes Sammellager für heimkehrende Kriegsgefangene und heimatvertriebene Flüchtlinge; *Auffangvorrichtung*

auf|fas|sen tr.: geistig aufnehmen, verstehen * **Auf|fas|sung,** die; –, –en: Denkvermögen : Standpunkt : Meinung * *Auffassungsart; Auffassungsgabe; –kraft; –sache; –vermögen; Auffassungsweise*

auf|fe|gen tr.: zusammenkehren

auf|fin|den tr.: Verborgenes finden * **Auf|fin|dung,** die; –,

–en: das Auffinden

auf|fi|schen tr.: fischend auffangen : (übertr.) auffangen : im Vorbeigehen mitnehmen

auf|fla|ckern intr. (sein): flackernd auflodern

auf|flam|men intr. (sein): flammend auffahren : entbrennen; tr.: aufflammen machen

auf|flat|tern intr. (sein): flatternd hochfliegen

auf|flie|gen intr. (sein): in die Höhe fliegen : sich im Fluge öffnen : aufgegeben werden : entdeckt werden (die Spielhölle ist aufgeflogen) * **Auf|flug,** der; –(e)s, ..flüge: Flug aufwärts : Aufschwung : (weidm.) flügge Hühnerbrut

auf|for|dern tr.: zu etwas aufrufen : fordernd anregen * **Auf|for|de|rung,** die; –, –en: Vorladung : aufforderndes Wort : Herausforderung

auf|fors|ten tr.: Forst neu anlegen : Forst ergänzen * **Auf|fors|tung,** die; –, –en: das Aufforsten

auf|fres|sen tr.: fressend aufzehren : (übertr.) zugrunde richten : aufätzen

auf|fri|schen tr.: erneuern : erinnern : erquicken; intr. (Wind): stärker werden * **Auf|fri|schung,** die; –, –en: das Auffrischen : das Auffrischende

auf|füh|ren tr.: aufrichten : aufschichten : auf einen hochgelegenen Ort bringen : öffentlich erscheinen lassen : (schweiz.) einführen : vorführen : (Schauspiel usw. –) darstellen; rbz.: sich betragen * **auf|führ|bar** Ew.: darstellbar (Schauspiel usw.) * **Auf|führ|bar|keit,** die; –: das Aufführbarsein * **Auf|füh|rung,** die; –, –en: das Benehmen : die Darstellung (eines Schauspiels usw.) * *Aufführungsrecht*

auf|fül|len tr.: auf den Teller füllen : füllend ergänzen * **Auf|fül|lung,** die; –, –en: Wiedervollmachung : restloses Füllen : Anschüttung, Damm

auf|fut|tern tr.: futternd aufbrauchen : zu Ende futtern

auf|füt|tern tr.: fütternd großziehen : fütternd aufbrauchen : fütternd kräftig machen

Auf|ga|be, die; –, –n: Abtretung, Verzicht : Arbeit : Pflicht : Übung * *Aufgabenbuch, Auf-*

gabenheft: Schulheft zum Eintragen der Hausaufgaben; *Aufgabenbereich, -kreis:* Arbeitsbereich; *Aufgabensammlung:* Sammlung von Mathematikaufgaben; *Aufgabenstellung:* Formulierung einer Aufgabe oder eines Problems *

auf|ge|ben tr.: (Brief –) auf die Post geben : (Gepäck –) zur Beförderung der Bahn übergeben : (Essen –) auf die Teller füllen : (Ball –) in die Höhe schleudern : (etwas –) verzichten : zu tun aufhören : (einen Kranken –) für rettungslos erklären : (einem etwas –) zur Auflösung geben : zu tun auftragen, als zu leistende Arbeit übertragen * *den Geist aufgeben:* sterben * *die Hoffnung aufgeben*

auf|ga|beln tr.: auf die Gabel spießen : (übertr.) auftreiben, zufällig finden, treffen

Auf|gang, der; –(e)s, ..gänge: das Emporsteigen : das Erscheinen eines Gestirns über dem Horizont : Ort des Aufgehens der Sonne (Osten) : aufwärtsführender Gang : das Aufgehen, Sichöffnen * *Aufgangspunkt:* Ort, an dem ein Gestirn aufgeht * **auf|ge|hen** intr. (sein): (Teig) sich anschwellend heben : (bergm.) anschwellen (Grubenwasser) : emporsteigend zum Vorschein kommen : (übertr.) in den Gesichtskreis, in das Verständnis eintreten : etwas erkennen : offen werden : sich öffnen lassen : sich entfalten : frei werden von Beengung : (Math.) ohne Rest bleiben : (in Flammen –) aufgezehrt werden : (in etwas –) sich ganz einer Sache (z. B. Beruf) widmen : aufgebraucht werden * *die Augen gehen mir auf:* ich gewinne Klarheit, erkenne

auf|ge|ben: s. Aufgabe

auf|ge|bla|sen,

Auf|ge|bla|sen|heit: s. aufblasen

Auf|ge|bot: s. aufbieten

Auf|ge|bracht,

Auf|ge|bracht|heit: s. aufbringen

auf|ge|don|nert: s. aufdonnern

auf|ge|dreht: s. aufdrehen

auf|ge|dun|sen Mw. Ew.: aufgeschwellt : (übertr.) dünkel-

haft ✻ **Auf|ge|dun|sen|heit,**
die, –: Geschwollenheit : Dünkelhaftigkeit
auf|ge|hen: s. Aufgang
auf|gei|en tr.: (seem.) (Segel –)
an die Rahen binden
auf|ge|klärt: s. aufklären
auf|ge|kratzt: s. aufkratzen
Auf|geld, das; –(e)s, –er: zuzuzahlendes Geld (bei Tausch); S.
Agio
auf|ge|legt: s. auflegen
auf|ge|räumt: s. aufräumen
auf|ge|regt: s. aufregen
Auf|ge|sang, der; –s, ..sänge:
erster Teil eines mittelalterl.
Kunstliedes; vgl. Abgesang
auf|ge|schlos|sen: s. aufschließen
auf|ge|schmis|sen: s. aufschmeißen
auf|ge|schwemmt: s. aufschwemmen
auf|ge|ta|kelt: s. auftakeln
auf|ge|wärmt: s. aufwärmen
auf|ge|weckt: s. aufwecken
auf|gie|ßen tr.: auf etwas hinauf gießen, schütten : (Tee u. a.
–) durch Aufgießen von hei
ßem Wasser bereiten : gießend
befestigen ✻ *Aufgießinstrument* ✻ **Auf|guß → Auf|guss,**
der; –es, ..güsse: das Aufgie
ßen : die aufgegossene Flüssigkeit ✻ *Aufgusstierchen,* das; –s,
–: Weichtier

Aufguss
Nach kurzen Vokalen wird
grundsätzlich *ss* geschrieben.
Auch das *ß* am Wort- oder Silbenende wird zu *ss: Fluss,
dass, Nussschale.* Nach einem
langen Vokal und einem Diphthong bleibt das *ß* erhalten.

auf|glim|men intr.: glimmend
aufsteigen : erglimmen
auf|gra|ben tr.: durch Graben
öffnen : durch Graben zutage
fördern : grabend aufschütten :
(Acker –) umgraben
auf|grei|fen tr.: wieder aufnehmen : sich Darbietendes ergreifen; intr.: (weidm.) (Hund) die
Nase dicht auf der Fährte haben
auf|grund *auch:* auf Grund
Auf|guß → Auf|guss: s. aufgießen
auf|ha|ben tr.: (Hut –) auf dem
Kopfe haben : (Mund –) offenstehen haben : zu erledigen haben, als Aufgabe haben
auf|ha|cken tr.: hackend öffnen

auf|ha|ken tr.: Zugehaktes öffnen : hakend in die Höhe bringen : vom Haken losmachen
auf|hal|sen tr., rbz.: auf den
Hals legen : aufbürden
auf|hal|ten tr.: offenhalten :
(Stelle –) bereit halten : hemmen, hindern; rbz.: verweilen,
bleiben : (sich über etwas –)
spottend, abfällig reden
auf|hän|gen tr.: in die Höhe
hängen : auf eine Leine hängen
: durch Aufhängen am Hals töten : (einem etwas –) aufbürden
: (einem etwas –) vorlügen ✻
Auf|hän|ger, der; –s, –: Vorrichtung zum Aufhängen ✻
Auf|hän|gung, die; –, –en: mechan. Vorrichtung zum Aufhängen
auf|häu|feln (ich häuf[e]le
auf), **auf|häu|fen** tr.: aufschichten : häufend sammeln,
anhäufen
auf|he|ben tr.: in die Höhe heben : (Landw.) (Getreide –) auf
den Boden bringen : (bergm.)
(Stollen –) aufräumen : aufbewahren : rückgängig machen :
tilgen : (Math.) ausgleichen :
(bergm.) (Lohn –) verkürzen ✻
die Tafel aufheben: (urspr.: in
die Höhe heben) das Essen beenden ✻ **Auf|he|ben,** das; –s:
Tuerei, Prahlerei; nur in: *viel
Aufhebens machen:* viel Wesens von etwas machen
auf|hei|tern (ich heit[e]re auf)
tr.: trösten : ermuntern; rbz.: erhellen ✻ **Auf|hei|te|rung,** die;
–, –en: das Aufheitern : das
Wiederheiterwerden (Laune,
Wetter)
auf|hel|len tr.: hell machen :
klar machen; intr., rbz.: hell
werden : klar werden ✻
Auf|hel|lung, die; –, –en: die
Aufheiterung : die Aufdeckung
auf|het|zen tr.: hetzend aufwiegeln : hetzend aufreizen ✻
Auf|het|zer, der; –s, –: Aufwiegler ✻ **Auf|het|ze|rei,** die;
–, –en: Aufwiegelei ✻ **Auf|hetzung,** die; –, –en: Aufwiegelung
auf|heu|len intr.: heulend die
Stimme erheben (Mensch,
Hund, Sirene)
auf|ho|len tr.: (seem.) hissen :
(seem.) ans Ufer ziehen :
(mundartl.) nachholen :
(übertr.) den Abstand zum Führenden verringern ✻ *Aufholjagd*

auf|hor|chen intr.: horchend
aufblicken : aufmerksam werden
auf|hö|ren intr.: anhalten : enden : (– zu leben): sterben
auf|ja|gen tr.: jagend aufschrecken : jagend auffinden :
segelnd einholen : aufregen
auf|jauch|zen intr.: plötzlich vor
Freude jauchzen
Auf|kauf, der; –s, ..käufe: das
Aufkaufen ✻ **auf|kau|fen** tr.: in
Massen kaufen, um Vorrat zu
sammeln ✻ **Auf|käu|fer,** der;
–s, –: Einkäufer eines Geschäftes : Preissteigerer durch Massenkäufe
auf|kei|men intr. (sein): keimend aufsprießen (auch
übertr.)
auf|klap|pen tr.: in die Höhe
klappen : klappend öffnen :
mit einem Klapp aufschlagen;
intr. (sein): sich klappend öffnen
auf|kla|ren (es klart auf) intr.:
(seem.) (Wetter) klar werden;
tr.: aufräumen
auf|klä|ren tr.: klar machen :
einem Klarheit verschaffen :
vom Aberglauben befreien :
über das Geschlechtsleben belehren; rbz.: klar werden ✻ *aufgeklärt* Mw. Ew.: wissend, eingeweiht : vorurteilsfrei ✻ *Aufgeklärtheit,* die; –: das Aufgeklärtsein ✻ **Auf|klä|rer,** der; –s,
–: Aufklärender (Kundschafter,
Flugzeug) : (bes.) Anhänger
des Rationalismus des 18. Jhs. :
(Kriegsw.) Aufklärungsflugzeug ✻ **auf|klä|re|risch** Ew.: in
der Art eines (rationalistischen) Aufklärers ✻ **Auf|klärung,** die; –, –en: Belehrung :
Aufschluss, Auskunft : Erkundung : rationalistische Geistesrichtung des 18. Jhs. ✻ *Aufklärungsabteilung:* (Heerw.) Erkundungsabteilung; *Aufklärungsarbeit; Aufklärungsfilm;
Aufklärungsflug; Aufklärungsschrift; Aufklärungszeit*
auf|klau|ben tr.: mühsam aufsammeln
auf|kle|ben tr.: klebend auf etwas befestigen ✻ *Aufklebeadresse; Aufkleber:* Kunststoffplakette zum Aufkleben
auf|kna|cken tr.: knackend
öffnen (Nuss) : mit Gewalt öffnen (Tresor)
auf|knöp|fen tr.: Zugeknöpf

tes öffnen ✳ *aufgeknöpft* Mw. Ew.: mitteilsam, offen, frei

auf|knüp|fen tr.: knüpfend in die Höhe binden : Geknotetes auflösen

auf|ko|chen intr.: kochend aufwallen; tr.: kochend aufwallen lassen : kochend auffrischen : kochend aufbrauchen

auf|kom|men intr. (sein): entstehen : in die Höhe kommen : heranwachsen : von einer Krankheit genesen : (Wind, Unwetter) beginnen : (für etwas –) entschädigend einstehen für etwas : (seem.) einholen ✳ **Auf|kom|men**, das; –s, –: Genesung : Summe gleichartiger Zahlungseingänge aus rechtlicher Verpflichtung (Steueraufkommen, Beitragsaufkommen)

auf|krat|zen tr.: Löcher in etwas kratzen : zusammenkratzen ✳ **auf|ge|kratzt** Mw. Ew.: (meist.) guter Stimmung, aufgeräumt ✳ *Aufgekratztheit*, die; –, –: gute Stimmung

auf|krem|peln (ich kremp[e]le auf) tr.: in die Höhe krempeln (Ärmel)

auf|kreu|zen intr.: (seem.) kreuzen : (übertr.) unvermutet kommen

auf|kün|di|gen tr.: aufsagen : durch Kündigung aufheben : (übertr.) beenden (Freundschaft) ✳ **Auf|kün|di|gung**, die; –, –en: das Aufkündigen ✳ *Aufkündigungsrecht; –zeit*

auf|la|chen intr.: in Lachen ausbrechen

auf|la|den tr.: auf einen Wagen laden : (Wagen –) beladen : Strom zuführen : aufbürden ✳ *Aufladeplatz* ✳ **Auf|la|der**, der; –s, –: Aufladender : Ladegerät für Batterien und Akkumulatoren ✳ **Auf|la|dung**, die; –, –en: das Aufladen

Auf|la|ge, die; –, –n: aufgelegte Last : Steuerlast : (Buchdrw.) Menge des zu bedruckenden Papiers : Zahl der Druckabzüge vom gleichen Satz (Neuauflage) : (Drechs.) Vorrichtung zum Halten der Drehwerkzeuge : (Forstw.) jährlicher Zuwachs eines Baumes : (Kochst.) aufgelegte Beilage : (Zimm.) Holz, auf dem ein anderes ruht : Überzug ✳ *Auflagendruck; –höhe; auflagenschwach; –stark; Auflagenzif-*

fer ✳ **Auf|la|ger**, das; –s, –: (Bauw.) Stützstelle bei tragenden Konstruktionen ✳ **auf|le|gen** tr.: auf etwas legen : (Buchdrw.) drucken : herausgeben : (einem etwas –) aufbürden : (Pflaster, –) legend befestigen : (Karten) offen hinlegen : zur Schau legen : (Schiff –) auf die Werft legen : ein Schiff in Verwahrung bringen; rbz.: auf etwas legen : (Pferd) sich wuchtig ins Gebiss legen ✳ *aufgelegt* Mw. Ew.: (gut –): heiter : geneigt, in guter oder schlechter Stimmung sein ✳ *Auflegematratze:* Matratze zum Auflegen

auf|lan|dig Ew.: (seem.) zum Land hinwehend

auf|las|sen tr.: offen stehen lassen : außer Bett bleiben lassen : (Hut –) auf dem Kopf lassen : offen lassen, nicht zumachen : unausgefüllt lassen : (bergm.) (Grube –) außer Betrieb setzen : (Rechtsspr.) Eigentumsrecht an unbeweglichen Gütern aufgeben; rbz.: (schweiz.) prahlen ✳ **Auf|las|sung**, die; –, –en: gerichtliche Übertragung von Grundeigentum

auf|las|ten tr.: aufbürden

auf|lau|ern intr.: (einem –) lauernd nachstellen

Auf|lauf, der; –(e)s, ..läufe: Ansammlung : Zusammenrottung : Aufstand : das Auflaufen, Aufschwellen : (Kochkst.) in einer Form gebackene (Mehl-)Speise : Laufbrücke, Fahrbrücke ✳ *Auflaufform* ✳ **auf|lau|fen** tr.: (bergm.) aufkarren : (Hüttw.) die Gicht aufgeben : durch Anlaufen aufsprengen : (sich –) wundlaufen; intr. (sein): zunehmen : (Schiff) auf den Grund laufen : (Heerw.) in Rotten aufmarschieren : (– lassen): durch Nichtreagieren provozieren ✳ *aufgelaufen* Mw. Ew.: stillgelegt

auf|le|ben intr. (sein): verjüngen : neu beleben

auf|le|cken tr.: leckend aufzehren

auf|le|gen tr.: s. Auflage

auf|leh|nen rbz.: auf etwas lehnen : sich widersetzen : sich empören gegen ✳ **Auf|leh|nung**, die; –, –en: Empörung

auf|le|sen tr.: einzeln aufsammeln : unvermutet finden und mitnehmen (Kind) : in sich aufnehmen : (Krankheit –) unbewusst, ohne zu wissen bekommen

auf|leuch|ten intr.: leuchtend sichtbar werden

auf|lie|fern tr.: liefernd aufgeben : zur Post geben

auf|lie|gen intr. (sein): auf etwas liegen : lastend drücken : mit Besorgnis erfüllen : (seem.) in Verwahrung liegen : offen daliegen : zur Schau ausliegen; rbz.: sich wund liegen

auf|lis|ten tr.: listig aufdrängen : listenmäßig darstellen ✳ **Auf|lis|tung**, die; –, –en: (Comp.) eine mit Computer erstellte Liste

auf|lo|ckern tr.: locker machen : nachlassen ✳ **Auf|lo|cke|rung**, die; –, –en: das Auflockern

auf|lo|dern intr. (sein): lodernd aufflammen

auf|lö|sen tr.: entwirren, klären : zerlegen : schmelzen : verflüssigen : (Rätsel –) lösen : (Versammlung –) auseinander gehen heißen : (Mus.) Dissonanz beenden : (Vertrag –, Ehe –) rückgängig machen; rbz.: sich lösen, sich zerstreuen : sich zersetzen : sterben ✳ **auf|lös|bar, auf|lös|lich** Ew.: so beschaffen, dass es sich auflösen lässt ✳ **Auf|lö|sung**, die; –, –en: Lösung : Scheidung, : Zerstörung : Entzifferung : Gesetzlosigkeit : (Mus.) Beendung der Dissonanz ✳ *Auflösungszeichen:* (Mus.) Zeichen, mit dem ein Vorzeichen rückgängig gemacht wird

auf|lu|ven intr.: (seem.) Fahrtrichtung der des Windes annähern

auf|ma|chen tr.: öffnen : eröffnen : zurechtmachen, ausstatten : auf etwas befestigen, rbz.: aufbrechen : sich anschicken : (Wind) zu wehen beginnen ✳ **Auf|ma|cher**, der; –s, –: plakative Titelseite oder -geschichte einer Zeitung oder Zeitschrift ✳ **Auf|ma|chung**, die; –, –en: auffallende äußere Herrichtung : Aufstellung einer Seeschadenrechnung

auf|ma|len tr.: auf etwas malen

: übermalen : durch Malen darstellen

Auf|marsch, der; –es, ..märsche: Versammlung : Umzug : Marschplan : (Heerw.) Anmarsch * *Aufmarschplan* *

auf|mar|schie|ren (..iert) intr. (sein): marschierend aufziehen

auf|mau|ern tr.: in die Höhe mauern

auf|mei|ßeln tr.: mit einem Meißel öffnen

auf|mer|ken intr.: aufhorchen * **auf|merk|sam** Ew.: mit Bedacht : gelehrig : behutsam : zuvorkommend, höflich * **Auf|merk|sam|keit,** die; –, –en: das Aufmerksamsein : Höflichkeit : Geschenk (zur Erinnerung, als Mitbringsel)

auf|mes|sen tr.: (Getreide –) aufheben : anmessen : (eins –) prügeln

auf|mi|schen tr.: (Umgspr.) verdreschen

auf|mö|beln tr.: (Umgspr.) aufmuntern : auffrischen

auf|mot|zen tr.: (Umgspr.) auffällig aufwerten

auf|mu|cken intr.: (Umgspr.) widersprechen : sich wehren

auf|mun|tern tr.: erwecken : ermutigen : aufheitern : anreizen : (gew. Rede) auffrischen * **Auf|mun|te|rung,** die; –, –en: (meist) Aufheiterung

auf|müp|fen intr.: sich widersetzen * **auf|müp|fig** Ew.: widerborstig, rebellisch

auf|nä|hen tr.: nähend befestigen : nähend aufbrauchen * *Aufnäher:* Verzierung zum Aufnähen

Auf|nah|me, die; –, –n: das Aufnehmen : der Empfang : die Art des Empfangs : Aufzeichnung (Protokoll) : Landesausmessung, -erforschung zum Zweck der Kartenherstellung : das Photographieren : das Licht-, Filmbild : das Borgen von Geld * *in Aufnahme kommen* : emporkommen, in Erscheinung treten, in Blüte kommen * *aufnahmebereit* Ew. * *Aufnahmegerät; Aufnahmehafen; Aufnahmeland:* Land, das Flüchtlinge aufnimmt; *Aufnahmeleiter:* Leiter einer photographischen, besonders Filmaufnahme; *Aufnahmemembran:* Schall, Stimme usw. aufnehmende und festhaltende Membran; *Aufnahmeprüfung* *

auf|nah|me|fä|hig Ew.: empfänglich : aufgeschlossen * **Auf|nah|me|fä|hig|keit,** die; –, –en * **auf|neh|men** tr.: in die Höhe nehmen : (Fußboden –) von Schmutz reinigen : beginnen : empfangen : einbeziehen, gleichstellen : geistig auffassen : (Geld –) gegen Sicherheit entleihen : (Diktat, Protokoll –) aufzeichnen : (Gegend –) Kartenbild herstellen : Photographie herstellen : ein Tonband bespielen : (bergm.) eine Zeche übernehmen : (weidm.) trächtig werden; rbz.: (weidm.) wegfliegen * *es mit einem aufnehmen:* einem gewachsen sein, nicht weichen; *etwas gut, übel aufnehmen:* im Geiste günstig oder ungünstig auffassen; *sich aufnehmen lassen:* sich photographieren lassen

auf|nö|ti|gen tr.: nötigend aufdrängen

auf|ok|troy|ie|ren: oktroyieren : aufzwingen

auf|op|fern tr.: als Opfer hingeben; rbz.: sich opfernd hingeben, sich opfernd aufbrauchen * *aufopfernd* Mw. Ew.: voll Aufopferung * **Auf|op|fe|rung,** die; –, –en: selbstlose Hingabe : das Sichaufopfern * *aufopferungsfähig;* –freudig Ew.; *Aufopferungslust; aufopferungsvoll* Ew.

auf|pa|cken tr.: packend aufladen : auspacken : packend emporheben; intr.: aufbrechen

auf|päp|peln tr.: fürsorglich (gesund) pflegen

auf|pas|sen intr.: aufmerken : (einem –) auflauern * **auf|ge|paßt → auf|ge|passt!:** (Ausruf) Achtung! : Vorsicht! * **Auf|pas|ser,** der; –s, –: Beobachter : Auflauerer

auf|peit|schen tr.: durch Peitschen in die Höhe bringen : aufreizen

auf|pi|cken tr.: pickend aufheben : pickend öffnen

auf|pflan|zen tr.: (Bajonett –) auf dem Gewehr befestigen; rbz.: sich dicht vor jemandem aufstellen

auf|plus|tern rbz.: (Vögel –) Federkleid locker aufstellen : (übertr.) sich größer machen : angeben

auf|pols|tern tr.: polsternd erhöhen : neu polstern

auf|prä|gen tr.: prägend aufdrücken

Auf|prall, der; –(e)s, –e: heftiger Zusammenstoß * **auf|prallen** intr.: heftig auf etwas stoßen

Auf|preis, der; –es, –e: Mehrkosten

auf|pro|bie|ren tr.: (Hut –) probeweise aufsetzen

auf|pum|pen tr.: (Luftmatratze, Reifen –) durch Pumpen mit Luft füllen

auf|put|schen tr. rbz.: Mittel (Droge) zur Leistungs- oder Stimmungssteigerung einnehmen

auf|quel|len intr. (sein): quellend aufschwellen; tr.: aufquellen machen

auf|raf|fen tr.: raffend aufheben : raffend aufnehmen, sammeln (auch übertr.); rbz.: sich rasch erheben : seine Kräfte zusammenraffen

auf|ra|gen intr.: in die Höhe ragen

auf|rap|peln rbz.: sich wieder erholen, in die Senkrechte kommen

auf|rau|hen → auf|rau|en tr.: (Tuch –) aufkratzen, rau machen

auf|räu|men tr.: aus dem Wege räumen : durch Wegschaffen von Umherliegendem, Hemmendem frei machen : ordnen : (kfm.) mit etwas – : ausverkaufen * *in Vorräten aufräumen:* viel davon verbrauchen; *die Krankheit räumt unter der Bevölkerung auf:* fordert viele Todesopfer * *aufgeräumt* Mw. Ew.: in Ordnung : guter Stimmung, heiter * **Auf|räu|mer,** der; –s, –: ein Werkzeug, Reibahle * **Auf|räu|mung,** die; –, –en: das Aufräumen * *Aufräumungsarbeiten*

auf|reb|beln, auf|rib|beln tr.: Gestricktes wieder auflösen

auf|rech|nen tr.: rechnend aufschreiben; intr.: auf die Rechnung setzen : aufwägen * **Auf|rech|nung,** die; –, –en: Verrechnen gegenseitiger Forderungen

auf|recht Ew., meist Uw.: gerade in die Höhe gerichtet : aufrichtig * *aufrecht sitzen, stehen, gehen; sich aufrecht halten* * **auf|recht|er|hal|ten:** (meist übertr.) bestehen lassen, bei etwas beharren; rbz.: sich aufrecht halten * **Auf|rechter|hal|tung**, die; –, –en: das Bestehenbleiben, Bestehenlassen * **auf|rich|ten** tr.: in die Höhe richten : in aufrechte Stellung bringen : (übertr.) trösten, ermuntern : (durch Aufrichten) bauen, einrichten * **auf|rich|tig** Ew.: freimütig, ehrlich * **Auf|rich|tig|keit**, die; –, –en: aufrichtiges Wesen : aufrichtiges Wort

auf|re|den tr.: durch Reden aufhetzen : (einem etwas –) durch Reden aufdrängen, einreden

auf|re|gen tr.: Ruhendes rege machen : gewaltsam erregen : stark erregen; rbz.: sich stark erregen * *aufgeregt* Mw. Ew.: in Erregung * **Auf|re|gung**, die; –, –en: das Aufregen : das Aufgeregtsein : etwas Aufregendes

auf|rei|ben tr.: auf etwas reiben, reibend anfügen : wund reiben : durch Reiben aufbrauchen : aufzehren : rasch hinschwinden machen, vertilgen : durch anstrengende Tätigkeit verfallen

auf|rei|hen tr.: reihend aneinander fügen : in Reihen bringen

auf|rei|ßen tr.: reißend öffnen : (Tuch –) reißend aufkratzen : aufzeichnen : einen Aufriß machen : in die Höhe reißen; intr. (sein): reißend sich öffnen *

Aufriß → **Aufriss**, der; –es, –e: Bauzeichnung der äußeren Ansicht in senkrechter Ebene, Standriß

auf|rei|ten intr.: reitend aufrücken; rbz.: wund reiten

auf|rei|zen tr.: mutwillig aufregen : aufstacheln * **auf|rei|zend** Ew.: herausfordernd * **Auf|rei|zung**, die; –, –en: das Aufreizen

auf|rich|ten, **auf|rich|tig**, **Auf|rich|tig|keit**: s. aufrecht

auf|rie|geln tr.: Zugeriegeltes öffnen

Aufriß → **Aufriss**: s. aufreißen

auf|rit|zen tr.: ritzend öffnen

auf|rol|len intr. (sein): sich rollend emporbewegen; tr., rbz.: auf eine Rolle wickeln : Zusammengerolltes auseinander wickeln : (übertr.) (Frage –) anschneiden : (Kriegsw.) feindl. Linie auflösen

auf|rü|cken intr. (sein): näher zusammenrücken, vorrücken; tr.: in die Höhe rücken machen : durch Aufwärtsrücken öffnen, aufschieben

Auf|ruf, der; –(e)s, –e: auffordernder, mahnender Ruf: öffentliche Aufforderung: Vorladung * **auf|ru|fen** tr.: wachrufen : auffordernd, mahnend rufen : auffordern : vorladen

Auf|ruhr, der; –(e)s, –e: aufwühlende Bewegung : heftige innere Erregung : Volkserhebung * *Aufruhrstifter:* Anreizer zur Volkserhebung * **auf|rüh|ren** tr.: durch Rühren an die Oberfläche bringen : aufwühlen : aufregen * **Auf|rüh|rer**, der; –s, –: Aufruhrerreger * **auf|rüh|re|risch** Ew.: Aufruhr erregend : in Aufruhr begriffen

auf|run|den tr.: Zahlen nach oben runden

auf|rüs|ten tr.: ein Gerüst errichten : aufstellen : instand setzen : die Heeresrüstung erneuern, vergrößern * **Auf|rüs|tung**, die; –, –en: das Rüsten zur Kriegsbereitschaft

auf|rüt|teln tr.: rüttelnd aufwecken : (übertr.) erschüttern, aufregen * **Auf|rüt|te|lung**, die; –, –en: das Aufrütteln : Aufwühlung

aufs: auf das * *aufs beste* *auch: aufs Beste; aufs Geratewohl:* auf gut Glück

aufs beste
Nach Präpositionen werden substantivierte Adjektive grundsätzlich groß geschrieben. Superlative nach *aufs* können aber in feststehenden Redewendungen groß oder klein geschrieben werden, also *aufs beste* auch: *aufs Beste, aufs äußerste* auch: *aufs Äußerste.*

auf|sa|gen tr.: hersagen : (einem etwas –) aufkündigen, absagen : (einem –) den Dienst kündigen * **Auf|sa|gung**, die; –, –en: das Aufsagen, Aufkündigen

auf|sam|meln tr.: einzeln aufheben und sammeln : auflesen

auf|säs|sig Ew.: ungehorsam : widersätzlich : feindselig * **Auf|säs|sig|keit**, die; –, –en: das Aufsässigsein : Kundgebung des Aufsässigseins

auf|sat|teln tr.: (Pferd –) sat-

teln : aufladen : (bergm.) einen Sattel auf die Schachtzimmerung setzen

Auf|satz, der; –es, ..sätze: etwas Aufgesetztes : etwas Aufzusetzendes : ein Tafelgerät : Kopfputz : ein Schriftstück : eine Abhandlung * **auf|set|zen** tr.: auf etwas setzen : auf den Boden setzen : auf einen Stützpunkt setzen : (Pferd) den Kopf auf die Krippe setzen : (Miene –) annehmen : (Essen –) auf den Tisch setzen : (bergm.) in die Mittagszeit feiern : (Baukst.) aufbauen, aufbauend zufügen : (Hüttw.) (Gicht –) aufgeben : (Kochkst.) zum Kochen aufs Feuer setzen : schriftlich abfassen : schriftlich entwerfen : in die Höhe setzen, aufrichten : schichtend in Haufen setzen; intr.: sich (auf einer Grundlage) erheben; rbz.: sich aus liegender Stellung in die sitzende aufrichten : sich aufs Pferd setzen * *aufgesetzte Farbe:* durch Aufsetzen entstandene Mischfarbe * *Aufsetzstunde:* (bergm.) mittägliche Feierstunde; *Aufsetzzügel:* Zügel zum Emporrichten des Pferdekopfes

auf|sau|gen tr.: saugend aufziehen : saugend in sich aufnehmen

auf|schal|ten tr.: besetzten Telefonanschluss freischalten

auf|schau|en intr.: emporschauen : die Augen auf etwas richten : (übertr.) sich zum Vorbild nehmen

auf|schau|keln rbz.: sich gegenseitig in immer größere Erregung versetzen

auf|scheu|chen tr.: aufschrecken : scheuchend vertreiben

auf|schich|ten tr.: schichtend häufen

auf|schie|ben tr.: schiebend öffnen : (zeitlich) hinausschieben * **Auf|schieb|ling**, der; –s, –e: (Bauw.) Anschieber, Traufhaken * **Auf|schie|bung**, die; –, –en: das Hinausschieben * **Auf|schub**, der; –(e)s, ..schübe: das Hinausschieben : Frist

auf|schie|ßen tr.: durch Schüsse öffnen : durch Schüsse aufstöbern : in die Höhe schießen, fahren : emporsprießen : (seem.) (Tau –) aufrollen *

Auf|schöß|ling → Auf|schöss|ling, der; -(e)s, -e: aufgeschossene junge Pflanze

Auf|schlag, der; -(e)s, ..schläge: (Forstw.) auffallender Same : (Forstw.) Holzaufwuchs aus auffallendem Samen : (Kartensp.) das Aufdecken : (Mus.) unbetonter Taktteil : umgeschlagener Teil an Kleidern : (Sport) spieleinleitender Schlag : (Web.) Kette : (weidm.) eine Art Sprenkel : (weidm.) Vögel auf den Vogelherden : das (schlagende) Auflegen : das Aufgelegte : das Öffnen durch Schlagen : das Aufheben der Lider : Steigen der Preise : Versteigerung : Preiserhöhung : Steuerauflage : (mundartl.) Aufwand : (mundartl.) gastlicher Verkehr **★ auf|schla|gen** intr. (sein): in die Höhe schlagen : aufgehen : auflodern : schallend hervorbrechen : (Preis) höher werden : (sein, haben) auf etwas schlagend niederfallen : (haben) auf etwas schlagen; tr.: in die Höhe schlagen : (Preis –) steigern : (Buch –) entfalten, öffnen : (Spielkarten –) aufdecken : schlagend auf etwas befestigen : den spieleinleitenden Schlag tun **★ Auf|schlä|ger**, der; -s, -: Spieler, der Aufschlag hat

auf|schlie|ßen tr.: Verschlossenes öffnen : entfalten : darlegen : (bergm.) für den Abbau öffnen **★ auf|ge|schlos|sen** Mw. Ew.: aufnahmebereit für neue Eindrücke **★ Auf|ge|schlos|sen|heit**, die; -: Empfänglichkeit für neue Eindrücke **★ Auf|schlie|ßung**, die; -, -en: das Aufschließen : Eröffnung **★ Auf|schluß → Auf|schluss**, der; -es, ..schlüsse: das Aufschließen : Erklärung von Unklarem : (übertr.) Aufhellung von Dunklem : Aufgrabung zur Erkundung geologischer Schichten **★ auf|schlüs|seln** tr.: nach bestimmten Gesichtspunkten aufteilen, aufgliedern : entziffern **★ Aufschlüsselung**, die; -: Aufgliederung : Entzifferung **★ auf|schluß|reich → auf|schluss|reich** Ew.: Erkenntnis, Klarheit gebend

auf|schlit|zen tr.: schlitzend öffnen

Auf|schluck, der; -es, -e: glucksende Schluckbewegung : Schluckauf

auf|schlür|fen tr.: schlürfend aufsaugen, aufzehren

Auf|schluß → Auf|schluss: s. aufschließen

auf|schmei|ßen tr.: (gew. R.) im Glücksspiel besiegen **★ auf|geschmissen** Mw.: ratlos : hilflos

auf|schnap|pen intr.: sich schnappend öffnen; tr.: schnappend auffangen : (übertr.) zufällig hören, aufnehmen

auf|schnei|den tr.: durch Schneiden öffnen : (Wurst –) abschneiden und auf den Teller legen : übertreibend prahlen **★ Auf|schnei|der**, der; -s, -: (meist) Übertreiber : Prahler **★ Auf|schnei|de|rei**, die; -, -en: Übertreibung : Prahlerei **★ auf|schnei|de|risch** Ew.: in der Art eines Aufschneiders : prahlerisch **★ Auf|schnitt**, der; -(e)s, -: aufgeschnittener Brotbelag

auf|schnel|len tr., intr., rbz.: in die Höhe schnellen

auf|schnü|ren tr.: schnürend auf etwas befestigen : am Galgen hängen : Zugeschnürtes lösen : auf eine Schnur reihen

Auf|schöß|ling → Auf|schöss|ling: s. aufschießen

auf|schrau|ben tr.: schraubend auf etwas befestigen : Zugeschraubtes öffnen

auf|schrecken (ich schrak auf, aufgeschrocken) intr. (sein): vor Schreck auffahren; tr.: (ich schreckte auf, aufgeschreckt) durch Schreck auffahren machen

Auf|schrei, der; -(e)s, -e: plötzlich ausbrechender Schrei **★ auf|schrei|en** intr.: plötzlich laut schreien

auf|schrei|ben tr.: schriftlich aufzeichnen : durch Schreiben aufbrauchen **★ Auf|schrift**, die; -, -en: Überschrift : Inschrift : Adresse

Auf|schub: s. aufschieben

auf|schul|tern tr.: auf die Schulter nehmen; rbz.: Verpflichtungen übernehmen

auf|schür|zen tr.: in die Höhe schürzen

auf|schüt|teln tr.: durch Schütteln in die Höhe bringen :

(Bettzeug, Federn) lockermachen

auf|schüt|ten tr.: auf etwas schütten : aufhäufen : durch schüttendes Aufhäufen bilden, entstehen machen **★ Auf|schüt|tung**, die; -, -en: aufgeschüttetes Land, aufgeschütteter Wall u. a.

auf|schwat|zen tr.: (einem etwas –) schwatzend einreden

auf|schwem|men tr.: anschwemmen : schwammartig aufquellen machen : aus einer Flüssigkeit absondern **★ auf|geschwemmt** Mw. Ew.: aufgequollen

auf|schwin|gen tr., rbz., intr. (sein): emporschwingen **★ Auf|schwung**, der; -(e)s, ..schwünge: Schwung aufwärts, Auftrieb : turner. Übung : (kfm.) günstige Lage, günstige Konjunktur

auf|se|hen intr.: in die Höhe sehen **★ Auf|se|hen**, das; -s: Aufmerksamkeit; nur in der Wendung: *Aufsehen erregen, vermeiden* **★** *aufsehenerregend → Aufsehen erregend* Mw. Ew.: so beschaffen, dass es die Aufmerksamkeit erregt, auf sich zieht **★ Auf|se|her**, der; -s, -: Aufsichtführender, Bewacher, Wärter **★ Auf|se|he|rin**, die; -, -nen: weiblicher Aufseher **★ Auf|sicht**, die; -, -en: Achtsamkeit : achtsame Bewachung : Amt und Tätigkeit eines Aufsehers **★ Auf|sicht|füh|ren|de**, der; die; -n, -n: Aufseher(in) **★ Auf|sichts|beam|te**, der; -n, -n: die Aufsicht führender Beamter; *Aufsichtsbehörde* **★ auf|sichts|los** Ew.: ohne Aufsicht **★** *Aufsichtspflicht; Aufsichtsrat:* Kontrollorgan bei Aktiengesellschaften u. dgl. : Titel der Mitglieder des Aufsichtsrats

auf|sein → auf sein intr.: (Tür) offen sein : aufgestanden sein : noch nicht im Bett sein

auf seiten → auf sei|ten *auch:* **auf Sei|ten** mit Gen.: auf der Seite von : bei der Partei von

aufseiten
Sind eine Präposition und ein Substantiv zu einer selbstständigen Fügung – einem Adverb oder einer neuen Präposition – geworden, werden sie grund-

sätzlich zusammen geschrieben, wie *inmitten, infolge* und *zuliebe.* Es gibt aber Fälle, in denen eine solche Zusammenstellung auch als Wortgruppe angesehen werden kann. Dann ist es auch erlaubt, beide Wörter getrennt zu schreiben, wie *anstelle* auch: *an Stelle, aufseiten* auch: *auf Seiten, aufgrund* auch: *auf Grund.*

auf|set|zen: s. Aufsatz

auf|seuf|zen intr.: tief seufzen : erleichtert seufzen

Auf|sicht: s. aufsehen

auf|sit|zen intr.: aufrecht sitzen : zu Pferd steigen : sich auf etwas setzen : auf etwas sitzen ✶ *einen aufsitzen lassen:* betrügen ✶ **Auf|sit|zer,** der; –s, –: Übertölpelung : Reinfall : Täuschung

auf|spal|ten tr.: spaltend öffnen; rbz.: sich spaltend öffnen : teilen, trennen ✶ **Auf|spaltung,** die; –, –en : Teilung, Trennung

auf|span|nen tr.: hoch spannen : spannend ausdehnen : spannend auseinander halten : spannend öffnen : spannend auf etwas befestigen

auf|spa|ren tr.: für die Zukunft sparen : aufbewahren

auf|spei|chern tr.: speichernd aufhäufen ✶ **Auf|spei|che|rung,** die; –, –en: Aufhäufung

auf|sper|ren tr.: mit Schlüssel öffnen : (Mund, Schnabel) weit öffnen

auf|spie|len intr.: (einem –) vorspielen, zum Tanz spielen; rbz.: (sich – als) sich den Anschein geben

auf|spie|ßen tr.: spießend aufstecken

auf|spray|en tr.: mit Spray aus der Sprühdose bemalen

auf|spren|gen tr.: durch Sprengen öffnen : (Kluft –) durch Sprengen entstehen machen : (weidm.) aufspringen machen : (Flüssigkeit –) auf etwas sprengen

auf|sprin|gen intr. (sein): in die Höhe springen : springend bersten (Knospe)

auf|spu|len tr.: spulend aufwickeln, auf die Spule wickeln

auf|spü|ren tr.: spürend ausfindig machen : belauern

auf|sta|cheln tr.: stachelnd aufreizen (auch übertr.)

auf|stamp|fen tr.: stampfend auftreten

Auf|stand, der; –(e)s, ..stände: Erhebung, Aufruhr : (bergm.) Bericht über eine Zeche : Säulenuntersatz ✶ **auf|stän|disch** Ew.: im Aufstand begriffen; vgl. aufstehen

auf|sta|peln tr.: stapelnd aufschichten : anhäufen ✶ **Auf|sta|pe|lung,** die; –, –en: das Aufstapeln

Auf|stau, der; –(e)s, –e: aufgestaute Masse ✶ **auf|stau|en** tr.: stauend aufschichten : (Wasser –) durch Hemmung anschwellen machen, stauen

auf|stau|en: s. Aufstau

auf|ste|chen tr.: stechend öffnen : (übertr.) klären (Kupferplatte –) aufkratzen : mit Stichen auf etwas befestigen : aufspießen

auf|ste|cken tr.: in die Höhe stecken : steckend aufrichten : an erhöhten Platz stecken, befestigen : (Ziel –) aufrichten : (Futter –) auf die Raufe stecken : (etwas –) aufgeben, ruhen lassen : (einem ein Licht –) aufklären

auf|ste|hen intr.: offenstehen : auf etwas stehen : aus dem Bett kommen : (veralt.) emporragen : (sein) sich erheben : (gegen einen –) sich empören : *vor einem aufstehen:* einen (durch Aufstehen) ehren; *aus dem Grabe aufstehen:* auferstehen; (Hüttw.) *der Herd steht auf:* das Blei spritzt aufsteigend umher

auf|stei|gen intr. (sein): in die Höhe steigen : in eine höhere Stellung gelangen ✶ *auf- und absteigen:* aufwärts und abwärts steigen, sich heben und senken ✶ *Aufsteiger:* Sportverein, der in eine höhere Spielklasse kommt ✶ **Auf|stieg,** der; –(e)s, –e: das Aufsteigen : berufliches, soziales Aufsteigen ✶ *Aufstiegsmöglichkeit*

auf|stel|len tr.: aufgerichtet hinstellen : zur Schau stellen : (Heer –) aufbringen : (Bewerber –) auf die Wahlliste setzen : (Fragen –) aufwerfen : (Ziel –) setzen : (Rechnung –) zusammenstellen; intr.: sich in einer Reihe hinstellen ✶ **Auf|stel|lung,** die; –, –en: das Aufstellen : die Art, wie etwas

(auf)gestellt ist : Rechnungsentwurf

auf|stem|men tr., rbz.: stemmend auf etwas stützen : sich stemmend aufrichten : (Wasser –) aufstauen : mit dem Stemmeisen öffnen

Auf|stieg: s. aufsteigen

auf|stö|bern (ich stöb[e]re auf) tr.: aufstieben machen : stöbernd aufsuchen : stöbernd finden

auf|sto|cken tr., intr.: ein Stockwerk aufsetzen : (Kapital, Einlage –) erhöhen ✶ **Auf|sto|ckung,** die; –, –en: das aufgesetzte Stockwerk : Kapital-, Einlageerhöhung

auf|stöh|nen intr.: laut Seufzen : Ärger, Schmerz durch lautes Stöhnen äußern

auf|stöp|seln tr.: den Korken ziehen (Flasche) : den Verschluss öffnen

Auf|stoß, der; –es, ..stöße: das Aufstoßen : Lockvogel (auf den die Raubvögel aufstoßen) ✶ **auf|sto|ßen** tr.: durch Stoßen öffnen : in die Höhe stoßen : (weidm.) aufjagen : auf etwas niederstoßen; intr. (sein): im Fass gären : sauer werden : (Schiff) auf den Grund stoßen : (Vogel) auf die Beute niederfahren; intr. (sein, haben), unp.: (von Speisen) wieder emporsteigen, Rülpsen erregen

auf|strah|len intr.: strahlend hell werden

auf|stre|ben intr.: in die Höhe streben : (übertr.) vorwärtsstreben, sich emporarbeiten

auf|strei|chen tr.: auf etwas streichen : den Anstrich auf etwas tun; intr.: streichend aufstoßen ✶ **Auf|strich,** der; –(e)s, –e: etwas Aufzustreichendes (bes. Brotbelag) : Versteigerung, wobei der Meistbietende den Zuschlag erhält : (Mus.) Bogenstrich aufwärts

auf|strei|fen tr.: streifend hochziehen, hochschieben : streifend öffnen : streifend auf den Boden stoßen

Auf|strom, der; –(e)s, ..ströme: aufsteigender Luftstrom

auf|stu|fen tr.: eine Stufe höher stellen : (übertr.) befördern

auf|stül|pen tr.: in die Höhe stülpen : stülpend aufsetzen

auf|stüt|zen tr., rbz.: auf etwas stützen : stützend emporrichten

auf|su|chen tr.: suchen : suchend finden : (einen –) besuchen

auf|sum|men, auf|sum|mie|ren tr.: zusammen- oder abziehen : die Summe bilden

auf|ta|feln tr.: Speisen vorsetzen : bewirten

auf|ta|keln (ich ..[e]le auf) tr.: (Schiff –) mit dem Takelwerk versehen : (sich –) geschmacklos aufputzen * *aufgetakelt* Mw., Ew.: aufgeputzt *

Auf|ta|kelung, Auf|tak|lung die; –, -en: das Auftakeln : (übertr.) das Aufputzen : der Aufputz

Auf|takt, der; –(e)s, -e: (Mus.) der dem ersten vollen Takt vorausgehende Taktteil : (Verskst.) dem ersten vollen Takt (Versfuß) vorausgehende Silbe(n) : (übertr.) Einleitung, Eröffnung

auf|tan|ken tr.: ein Fahrzeug mit Treibstoff füllen

auf|tau|chen intr. (sein): emportauchen : zum Vorschein kommen : sich in der Erinnerung zeigen

auf|tau|en intr. (sein): tauend schmelzen : schmelzend vergehen : (übertr.) die Starrheit verlieren, weich werden, sich öffnen; tr., intr.: zergehen lassen : schmelzen

auf|tei|len tr.: gänzlich verteilen * **Auf|tei|lung**, die; –, -en: gänzliche Verteilung : Zerstückelung * *Landaufteilung:* Parzellierung

auf|tip|pen tr.: kurz (auf den Boden) aufkommen : *den Ball auftippen*

auf|ti|schen (du tisch[e]st auf) tr., intr.: (Speisen) auf den Tisch setzen, auftragen : servieren : darbieten : aufwarten mit

auf|top|pen tr.: (seem.) die Rahen senkrecht bewegen

Auf|trag, der; –(e)s, ..träge: aufgetragenes Geschäft : das Auftragen von Farben : aufgetragene Farbe : (Web.) Kette * *Auftraggeber; Auftragnehmer; Auftragsbestätigung; Auftragseingang; Auftragsformular; auftragsgemäß Ew.; Auftragslage; -nehmer; -rückgang* *

auf|tra|gen tr.: emportragen : (Kleider –) tragend aufbrauchen : (Math.) (Lot –) fällen :

(bergm.) (Gicht –) aufgeben : (bergm.) (Grubenseil –) um den Seilkorb befestigen : (Farben –) aufstreichen : (Speisen –) auf den Tisch setzen : servieren : (einem etwas –) als zu Tragendes auf die Schulter legen : (übertr.) auszuführen befehlen; intr.: aufbauschen, dick machen : (übertr.) (dick –) übertreiben

auf|tref|fen intr.: auf etwas treffen : gegen etwas stoßen

auf|trei|ben tr.: suchend auffinden : intr. (sein) sich treibend emporbewegen : (Same); tr.: treibend auf etwas befestigen : treibend öffnen : (Acker –) aufbrechen : schwellend ausdehnen : ausbauchen : blähen : in Bewegung bringen * *Auftreibschere:* (Glash.) Werkzeug zum Ausbauchen von Glas * **Auf|trieb**, der; –(e)s, -e: Ansporn : emporhebende Kraft der Luft und des Wassers : Hinauftreiben des Viehs auf die Almweide : (Jagd) das Auftreiben des Wildes

auf|tren|nen tr.: (Naht –) auseinander trennen

auf|tre|ten intr. (sein, haben): den Fuß auf den Boden setzen : sich (hervortretend) zeigen : (Schausp.) auf der Bühne erscheinen; tr.: durch Treten öffnen : (Web.) durch Treten bewegen * **Auf|tritt**, der; –(e)s, -e: das Auftreten : Art des Auftretens : das Erscheinen : Szene : Vorgang : heftige Auseinandersetzung : Tritt zum Aufsteigen

Auf|trieb: s. auftreiben

Auf|tritt: s. auftreten

auf|trop|fen intr. (sein): tropfend auffallen * *Auftropfstein:* Stein, auf den Wasser tropfend auffällt

auf|trump|fen tr.: (Kartensp.) einen Trumpf spielen; intr. (sein): aufbegehren; intr. (sein): derb und selbstbewusst seine Meinung sagen : prahlen

auf|tun tr.: öffnen : offen daliegen machen : eröffnen, gründen : (weidm.) aufjagen; rbz.: (mundartl.) großtun, strahlen

auf|tür|men tr.: emportürmen : türmend aufhäufen : aufstapeln : aufschichten; rbz.: aufragen

Auf und Ab, das; – – –: das Hinauf und Hinab : das Hin und Her * *auf und ab gehen:* hin und her gehen (auf und nieder –) * *auf und davon gehen:* eilends weggehen : flüchten

auf|wa|chen intr. (sein): erwachen : den Schlaf beenden

auf|wach|sen intr. (sein): wachsend groß werden : sich entwickeln * **Auf|wuchs**, der; –es, ..wüchse: das Aufwachsen : die aufwachsenden Sprösslinge

auf|wal|len intr. (sein): in die Höhe wallen : aufbrausen * **Auf|wal|lung**, die; –, -en: das Aufwallen : (bes. übertr.) das Emporsteigen eines Gefühls : Erregung

auf|wal|zen tr.: (Buchdrw.) walzend auftragen

auf|wäl|zen tr.: emporwälzen : auf etwas wälzen : (übertr.) aufbürden : (dichter.) wälzend auftürmen

Auf|wand, der; –(e)s, ..wände: Verbrauch : Ausgaben : Luxus * *Aufwand treiben:* auf großem Fuß leben * *Aufwandsentschädigung:* Vergütung für berufliche Ausgaben, z. B. Dienstkleidung * *Aufwandsteuern:* Luxussteuern * **auf|wen|den** tr.: (Geld usw. –) drangeben, hingeben * **auf|wän|dig** *auch:* **auf|wen|dig** Ew.: mit viel Aufwand verbunden * **Auf|wen|dung**, die; –, -en: Aufbietung, Hingabe : Kosten

aufwändig
Sprachverwandte Wörter werden im Stamm gleich geschrieben, gleiche Laute werden also immer durch gleiche Buchstaben wiedergegeben. Abgeleitet wird immer von der Grundform: *aufwändig, von Aufwand; Quäntchen, von Quantum; Bändel, von Band.* Die bisherige Schreibweise *aufwendig* ist jedoch als Nebenvariante möglich.

auf|wär|men tr.: (Speisen –) erneut wärmen

auf|war|ten intr.: bedienen, Dienste tun : (Hund) „schön" machen : sich jemandem ehrfurchtsvoll vorstellen : (einem mit etwas –) auftischen, darreichen * *Aufwartefrau, -mädchen:* Bedienstete zur Reini-

gung ＊ **Auf|wär|ter**, der; –s, –:
Diener ＊ **Auf|wär|te|rin**, die; –,
–nen: Dienerin ＊ **Auf|war|tung**, die; –, –en: Dienerin,
bes. stundenweise beschäftigte
Reinigungsfrau : förmlicher
Besuch : Anstandsbesuch
auf|wärts Uw.: nach oben ＊
aufwärts gehen: nach oben gehen : besser werden
auf|wa|schen tr.: waschend reinigen : waschend wund reiben :
waschend aufbrauchen ＊
Auf|wasch, der; –(e)s: zu waschendes Küchengeschirr ＊ *Aufwaschlappen; –wasser; –tuch* ＊
Auf|wä|sche|rin, die; –, –nen:
aufwaschende Küchenbedienstete
auf|we|cken tr.: wach machen
＊ *aufgeweckt* Mw. Ew.: geistig
rege ＊ **Auf|we|ckung**, die; –,
–en: das Aufwecken
auf|wei|chen tr.: weich machend auflösen : intr. (sein):
weich werdend sich auflösen
auf|wei|sen tr.: aufzeigen :
vorführen ＊ **Auf|weis**, der; –s,
–e: das Aufweisen
auf|wen|den, auf|wen|dig →
auf|wän|dig, Auf|wen|dung:
s. Aufwand
auf|wer|fen tr.: durch Werfen
öffnen : grabend öffnen : offen
hinwerfen : (Fahne –) fliegen
lassen : (Frage –) (auf)stellen :
(Lippen –) schmollen : in die
Höhe werfen : (werfend in die
Höhe wirbeln : aufsteigen lassen : (Bildh.) aufbiegen : emporheben : aufschütten : (sich
zu etwas (sich unberechtigterweise zu etwas machen ＊
Auf|wurf, der; –s, ..würfe: das
Aufwerfen : das Aufgeworfene
auf|wer|ten tr.: einen höheren
Wert geben ＊ **Auf|wer|tung**,
die; –, –en: Umwandlung einer
entwerteten Geldschuld : Verbesserung der Währungsrelation
auf|wi|ckeln rbz., tr.: wickelnd
auf eine Rolle bringen : Umwickeltes freilegen (Säugling)
auf|wie|geln tr.: aufstacheln ＊
Auf|wie|ge|lei, die; –, –en:
Aufstachelung ＊ **Auf|wieg|ler**,
der; –s, –: Aufstacheler, Unruhestifter ＊ **auf|wieg|le|risch**
Ew.: in der Art eines Aufwieglers ＊ **Auf|wie|ge|lung,**
Auf|wieg|lung, die; –, –en:
Aufstachelung

auf|wie|gen: s. aufwägen
Auf|wind, der; –(e)s, –e: (Segelfl.) aufsteigende Luftströmung ＊ **auf|win|den** tr.: auf etwas winden : in die Höhe winden : zusammenwinden
auf|wir|beln intr. (sein): wirbelnd aufsteigen : tr.: aufwirbeln machen : (Staub –) Aufsehen erregen
auf|wi|schen tr.: wischend
wegnehmen : wischend reinigen
Auf|wuchs: s. aufwachsen
auf|wüh|len tr.: in die Höhe
wühlen : wühlend aufreißen :
(übertr.) aufregen
Auf|wurf, der; –s, ..würfe:
Häufung : Ablagerung
auf|zäh|len tr.: einzeln zählend
hinlegen : einzeln zählend nennen : (Prügel –) verabreichen ＊
Auf|zäh|lung, die; –, –en: Aufreihung
auf|zäu|men tr.: den Zaum anlegen
auf|zeh|ren tr.: aufessen : aufbrauchen; intr.: dahinschwinden
auf|zeich|nen tr.: auf eine Fläche zeichnen : aufschreiben ＊
Auf|zeich|nung, die; –, –en:
das Aufzeichnen : das Aufgeschriebene
auf|zei|gen tr.: aufweisen, zeigen
auf Zeit: zeitlich begrenzt;
Abk.: a. Z.
auf|zie|hen tr.: in die Höhe ziehen : ziehend aufsteigen machen : ziehend öffnen : (Uhr
usw. –) Spannfeder aufwinden :
am Horizont, Himmel sichtbar
werden (Gewitter, Unwetter) :
straff befestigen : (seem.) (Segel –) aufholen : durch Pflege
großziehen : zum besten haben;
intr. (sein): sich ziehend bewegen, heranziehen : dahermarschieren : sichtbar werden ＊
Auf|zucht, die; –, –en: Zucht
von Tieren ＊ **auf|züch|ten** tr.:
aufziehen : züchten ＊ **Auf|zug**,
der; –s, ..züge: Fahrstuhl, Lift :
(Web.) Aufziehen des Grundgewebes : (Web.) das Grundgewebe : Aufmarsch : äußere Erscheinung, Tracht : Aufziehen
des Vorhangs : Teil eines Dramas : (weidm.) aufzuziehende
Tiere ＊ *Aufzug(s)schacht*
auf|zwän|gen, auf|zwin|gen
tr.: zwingend aufnötigen :

zwängend öffnen; rbz.: sich unabweislich geltend machen
auf|zwir|beln tr.: die Enden eines Bartes aufdrehen
Aug|ap|fel: s. Auge
Au|ge, das; –s, –n; Äug(e)lein;
Äuglechen: Sehwerkzeug mit
den äußeren umschließenden
Teilen : Sinnbild von etwas
Kostbarem : Glanz : unentwickelte Knospe : Keim im Ei :
glänzender Fleck : Loch (bes.
im Schmelzofen) : Punkt auf
dem Würfel : Zeichen auf
Spielkarten : (Baukst.) Mittelpunkt der ionischen Schnecke
＊ *Augapfel:* der kugelförmige,
in der Augenhöhle liegende
Sehkörper : Liebling ＊ *Augenarzt; Augenaufschlag; Augenblick:* kurze Zeit, Nu : Zeitpunkt : (günstige) Gelegenheit; *augenblicklich* Ew.: für einen Augenblick : sofortig; Uw.:
sofort; *Augenbogen:* Regenbogenhaut; *Augenbraue,* die; –,
–n: Haarstreifen über dem
Auge; *Augendeckel:* Lid; *Augendiagnose:* Krankheitsbestimmung durch die Augen;
Augendiener: Heuchler; *Augeneisen:* Werkzeug zum Aufstechen des Auges im
Schmelzofen; *augenfällig* Ew.:
in die Augen fallend; *Augenfarbe; Augenglas:* Brille :
(Fernrohr) das dem Auge zugewandte Glas; *Augenheilkunde;
Augenhöhle; Augenkrankheit;
Augenlicht:* Sehkraft; *Augenlid; Augenmaß; Augenmerk:*
nur in: *sein Augenmerk auf etwas richten:* etwas ins Auge
fassen, aufmerksam beobachten; *Augenpunkt:* Zielpunkt der
Augen : Gesichtspunkt; *Augenpulver:* (Umgspr.) sehr kleine
Schrift; *Augenringe; Augenschein:* unmittelbare Wahrnehmung : amtliche Besichtigung;
augenscheinlich (meist *augenscheinlich*) Ew.: offenbar : einleuchtend; *Augenschmaus:* Augenweide; *Augenschwäche;
Augenspiegel:* ärztliches Werkzeug; *Augensprache:* Zeichensprache durch Blicke; *Augenspross →* *Augenspross, -sprosse:*
unteres Ende eines Hirschgeweihs; *Augenstern:* Augapfel;
Augentierchen: Geißeltierchen;
Augentrost: Pflanzenname : etwas die Augen Erquickendes;

Augenwasser: Tränen : flüssige Augenarznei; *Augenweide:* etwas den Augen Angenehmes; *Augenwimper; Augenwinkel; Augenwischerei; Augenzahn:* Eckzahn; *Augenzeuge:* Zuschauer : Tatzeuge; *Augenzeugenbericht; Augenzwinkern* ✳ **Äu|ge|lei,** die; –, –en: das Äugeln ✳ **äu|geln** (ich ..[e]le) intr.: blicken nach etwas : mit dem Auge winken : glänzend blinken; tr.: (Gärtn.) anschilden ✳ **au|gen, äu|gen** intr.: nach einem Ziel blicken (bes. weidm.) ✳ **..äu|gig, ..äu|gig** Ew., nur in Zus.: mit Augen versehen; z. B. groß-, einäugig usw.

Au|gi|as: griech. Sagenheld ✳ *Augiasstall:* verkommene Zustände, Schmutzerei

Au|git (gr.), der; –(e)s, –e: schwarzes Mineral [gr. auge Glanz]

Aug|ment (l.), das; –(e)s, –e: Zuwachs, Vermehrung : (Sprachl.) Bildungsbestandteil am Wortanfang ✳ **Aug|men|ta|ti|on,** die; –, –en: Vermehrung : Zuwachs : (Mus.) Verbreitung, Wiederholung eines Themas durch Noten von größerem Zeitwert ✳ **aug|men|tie|ren** (..iert) tr.: vermehren : vergrößern

au gra|tin (fr.) [ohgratäng]: mit Kruste überzogen

Augs|burg: bayer. Stadt ✳ **Augs|bur|ger** Ew.: aus Augsburg stammend ✳ *Augsburger Bekenntnis* (Abk.: östr.: A. B.) ✳ **augs|bur|gisch** Ew. ✳ *die Augsburgische Konfession* (1530)

Au|gur (l.), der; –s und –(e)n, –en: Vogelschauer, Wahrsager ✳ *Augurenlächeln,* das; –s: Lächeln zweier Amtsgenossen in Erkenntnis unverdienten Ansehens : Lächeln der Eingeweihten : verständnisvolles Lächeln [l. avigur, eig. aviger von avis Vogel und gero besorge] ✳ **au|gu|rie|ren** (..iert) tr.: aus dem Vogelflug wahrsagen : mutmaßen ✳ **Au|gu|ri|um,** das; –s, ..rien: Vogelschau, Prophezeiung : Vorzeichen

Au|gust (l.), der; –(e)s und –, –e: der achte Monat des Jahres ✳ **Au|gus|ta|na,** die; –: Augsburgische Konfession ✳ **au-**

gus|te|isch Ew.: auf den Kaiser Augustus bezüglich : der Kunst und Literatur günstig ✳ **Au|gus|ti|ner,** der; –s, –: Mönch, der nach der Regel des hl. Augustinus lebt ✳ **Au|gus|ti|n(us):** Kirchenlehrer

Auk|ti|on (l.), die; –, –en: Versteigerung ✳ **Auk|ti|o|na|tor,** der; –s, ..toren: Versteigerer ✳ **auk|ti|o|nie|ren** (..iert) tr.: versteigern

Au|la (l.), die; –, ..len und –s: „Vorhof", Festsaal in Schulen und Hochschulen

au na|tu|rel (fr.) [ohnatürell]: „nach der Natur", einfach

au pair (fr.) [ohpärh]: ohne Bezahlung, auf Gegenseitigkeit ✳ *Aupairmädchen auch:* Au-pair-Mädchen

au por|teur (fr.) [ohportöhr]: auf den Inhaber ausgestellt

Au|ra (gr.), die; –, –ren: (Med.) kurze seelische Empfindungen unmittelbar vor einem epileptischen Anfall : weibliche Gestalt in der antiken Kunst als Verkörperung der milden Lüfte : (Okkultismus) seelische, oft sichtbare Ausstrahlungen [gr. aura Hauch]

Au|ra|min (l.), das; –s, –e: gelber Anilinfarbstoff

Au|re|o|le (l.), die; –, –n: Heiligenschein : Gaskegel : Wolkenhof um Gestirn

Au|rig|na|ci|en (fr.) [orinjassjäng], das; –s: Stufe des Diluviums (nach dem Fundort Aurignac)

Au|ri|kel (l.), die; –, –n: Primel ✳ **au|ri|ku|lar** Ew.: das Ohr betreffend ✳ *Aurikularkonfession:* Ohrenbeichte [l. auricula Öhrchen, von auris Ohr]

Au|rin (l.), der; –s: gelber Farbstoff : eine Pflanze ✳ **Au|ri|pig|ment,** das; –(e)s: Rauschgelb [l. aurum Gold]

Au|ro|ra: röm. Göttin der Morgenröte ✳ *Aurora australis:* Südlicht; *Aurora borealis:* Nordlicht; *Aurorafalter:* Schmetterling

Au|rum (l.), das; –s: Gold

aus Vw. mit Dat.: nicht hinein : herauskommend : hervorgehend; Uw.: (von .. aus) ausgehend, kommend von : zu Ende, vorbei : (in Zus.) heraus, zu Ende ✳ *nicht aus noch ein wissen:* ratlos sein; *aus und ein ge-*

hen: Freund im Hause sein; *aus- und eingehende Waren; aus sein:* zu Ende sein; *auf etwas aus sein:* etwas erstreben ✳ **Aus,** das; –: Raum außerhalb des Spielfeldes

aus|ar|bei|ten tr.: arbeitend vollenden ✳ **Aus|ar|bei|tung,** die; –, –en: das Ausarbeiten : das Ausgearbeitete

aus|ar|ten intr.: aus der Art schlagen, degenerieren : von der rechten Art abweichen : ungezogen werden (Kinder) ✳ **Aus|ar|tung,** die; –, –en: Entartung : Verwilderung

aus|at|men intr.: den Atem ausstoßen : den letzten Atemzug tun; tr.: atmend ausstoßen ✳ **Aus|at|mung,** die; –, –en: das Ausatmen

aus|ba|cken tr., intr.: fertigbacken

aus|ba|den intr.: zu Ende baden; tr.: büßen

aus|bag|gern tr.: baggernd reinigen : baggernd aufbringen

aus|bal|ken tr.: mit Baken versehen

aus|ba|lan|cie|ren tr.: das Gleichgewicht halten oder wiederherstellen

aus|bal|do|wern tr.: (Gaunerspr.) auskundschaften

Aus|bau, der; –s, –ten: Vorbau : Anbau : Vervollkommnung ✳ **aus|bau|en** tr.: zu Ende bauen : (bauend) ausschmücken, erweitern : durch einen Bau ausbessern : vorspringend bauen : bauend aushöhlen (Brücke –) abbrechen ✳ **aus|bau|chen** tr.: bauchig formen ✳ **Aus|bau|chung,** die; –, –en: bauchige Formung

aus|bau|en: s. Ausbau

aus|be|din|gen tr.: Bedingungen machen : vorbehalten

aus|bei|ßen tr.: mit den Zähnen entfernen : (die Zähne –) (übertr.) bis an die Grenze des Möglichen anstrengen

aus|bers|ten intr.: (in Lachen –) ausbrechen

Aus|bes|se|rin, die; –, –nen: Flickerin ✳ **aus|bes|sern** tr.: Schadhaftes wiederherstellen : flicken ✳ **Aus|bes|se|rung, Aus|be߼rung** → **Aus|bes|se|rung,** die; –, –en: das Ausbessern ✳ *ausbesserungsbedürftig* Ew.

aus|beu|len tr.: die Beule entfernen

Aus|beute, die; –, –n: Beute : Ertrag, Gewinn * **aus|beu|ten** tr.: ausnutzen * **Aus|beu|ter**, der; –s, –: Ausbeutender * **Aus|beu|tung**, die; –, –en: das Ausbeuten

aus|be|zah|len tr.: auszahlen

aus|bie|gen tr.: nach außen biegen; intr.: durch Biegen ausweichen

aus|bie|ten tr.: feilbieten : (einen –) durch Mehrgebot aus dem Besitz treiben : gehen heißen : herausfordern

aus|bil|den tr., rbz.: bildend entwickeln : schulen : bildend vollenden * **Aus|bil|der**, der; –s, –: Ausbildender : Lehrherr, Lehrer, Meister * **Aus|bil|dung**, die; –, –en: das Ausbilden : (bes.) Berufsvorbereitung * *Ausbildungsvertrag* * **Aus|zu|bil|den|de**, der, die; –n, –n: Lehrling

aus|bit|ten tr.: (sich etwas –): energisch fordern

aus|bla|sen tr.: durch Blasen leeren : durch Blasen gestalten : durch Blasen auslöschen : den Betrieb des Hochofens einstellen; intr.: zu Ende blasen

aus|blei|ben intr. (sein): nicht kommen : nicht eintreffen, nicht geschehen

aus|blei|chen intr. (sein) (blich aus, ausgeblichen): (von Farben) bleichend ausgehen; tr. (bleichte aus, ausgebleicht): bleichen machen; intr.: (haben) (bleichte aus, ausgebleicht)): zu Ende bleichen * *Ausbleichfarbstoffe:* durch Licht zerstörbare Farbstoffe

aus|blen|den tr.: langsam entfernen : den Ton (Radio) oder das Bild (TV) verschwinden lassen

Aus|blick, der; –s, –e: Blick in die Ferne : Blick in die Zukunft * **aus|bli|cken** intr.: in die Ferne blicken

aus|blü|hen intr. (haben, sein): zu Ende blühen : (an Stein- oder Betonmauer) Salze ausscheiden * **Aus|blü|hung**, die; –, –n: das Ausblühen

aus|blu|ten intr.: zu Ende bluten; tr.: (Leben –) mit dem Blut hinströmen lassen * *ausgeblutet* Mw. Ew.: durch Blutverlust geschwächt : (wirtsch.) bis zur Erschöpfung ausgebeutet

aus|boh|ren tr.: bohrend aus-

höhlen : bohrend leeren : bohrend herausschaffen : (Salz –) aus der Siedepfanne nehmen *

Aus|boh|rer, der; –s, –: einer, der das Salz ausbohrt

aus|bo|jen tr.: (seem.) die Fahrrinne mit Bojen abstecken

aus|bom|ben tr.: durch Bombenabwurf zerstören; vgl. ausgebombt

aus|boo|ten tr.: aus dem Boot ans Land bringen; intr. (haben, sein): aus dem Boot an Land kommen : (übertr.) verdrängen, entlassen * **Aus|boo|tung**, die; –, –en: das Ausbooten : (übertr.) Entlassung

aus|bor|gen tr.: verleihen, verborgen : (sich etwas –) leihen, borgen

aus|bra|ten intr. (sein): durch Braten heraussträufeln lassen (Fett) : (haben) zu Ende braten; tr.: durch Braten heraussträufeln machen : zu Ende braten

aus|bre|chen intr. (sein): gewaltsam befreien : (Vulkan –) plötzlich in Tätigkeit treten : plötzlich beginnen; tr. (haben): brechend herausnehmen : durch Brechen befreien : brechend ausspeien * **Aus|bruch**, der; –(e)s, ..brüche: das Ausbrechen : das Ausgebrochene : bester Wein aus „ausgebrochenen", vollreifen Früchten

aus|brei|ten tr., rbz.: breitend auseinander legen : (sich) entwickeln, entfalten : (sich) ausdehnend verbreiten * **Aus|brei|tung**, die; –, –en: Verbreitung, Vermehrung, Vergrößerung

aus|brem|sen tr.: (Sport) jemanden durch abbremsen behindern

aus|bren|nen tr.: brennend herauslösen, entfernen : brennend befreien von etwas : zu Ende brennen; intr. (sein)

Aus|bruch, der: s. ausbrechen

aus|brü|ten tr.: durch Brüten ausschlüpfen machen : (Eier –) durch Brüten zur Entwicklung des Kükens bringen : (übertr.) sorgfältig ausdenken; intr.: zu Ende brüten

aus|bu|chen tr.: voll besetzen : alle freien Plätze reservieren : (kfm.) aus dem Rechnungsbuch entfernen

aus|buch|ten tr.: buchtförmig

ausbauschen : aus einer Bucht entfernen : (übertr.) verdrängen, aus dem Amt bringen * **Aus|buch|tung**, die; –, –en: buchtförmige Ausbauschung

aus|bud|deln tr.: (volkst.) ausgraben

aus|bü|geln tr.: (Umgspr.) etwas bereinigen : für etwas geradestehen

aus|bu|hen tr.: durch laute Buhrufe seine Ablehnung mitteilen : mit starken Buhrufen begrüßen

Aus|bund, der; –(e)s, –e und ..bünde: das nach außen Gebundene : das Beste seiner Art (z. B. ein Ausbund von Tüchtigkeit) : das Schlechteste seiner Art (z. B. ein Ausbund von Gemeinheit) * **aus|bün|dig** Ew.: (veralt.) sehr : außerordentlich

aus|bür|gern (ich bürg[e]re aus) tr.: die Rechte eines Bürgers entziehen * **Aus|bür|ge|rung**, die; –, –en: Aberkennung der Bürgerrechte

aus|bürs|ten tr.: bürstend entfernen : bürstend reinigen

aus|bü|xen tr.: (Umgspr.) abhauen : weglaufen

aus|dämp|fen tr.: ausdampfen machen : dämpfend auslöschen : durch Dampf auslaugen : durch Dampf austreiben

aus|che|cken tr.: Formalitäten am Ende einer Reise erledigen (Flug)

Aus|dau|er, die; –: ausharrende Geduld : Beharrlichkeit * **aus|dau|ern** intr.: ausharren; tr.: ertragen : überstehen * **aus|dau|ernd** Mw. Ew.: beharrlich : zäh

aus|dehn|bar Ew.: so beschaffen, dass es sich ausdehnen lässt * **Aus|dehn|bar|keit**, die; –, –en: das Ausdehnbarsein * **aus|deh|nen** tr., rbz.: dehnend erweitern * **Aus|deh|nung**, die; –, –en: das Ausdehnen : das räumliche Ausmaß

aus|den|ken tr.: zu Ende denken : denkend ersinnen

aus|deu|ten tr.: auslegen : interpretieren * **Aus|deu|tung**, die; –, –en: Auslegung

aus|die|nen intr.: zu Ende dienen * **aus|ge|dient** Mw. Ew.: aus dem Dienst entlassen : abgetragen : nicht mehr gebrauchsfähig

aus|dis|ku|tie|ren tr.: ausführlich besprechen : im Gespräch eine Lösung finden

aus|do|cken tr.: aus dem Dock bringen

aus|dor|ren intr. (sein): austrocknen *** aus|dör|ren** tr.: ausdorren machen

aus|dre|hen tr.: drehend aushöhlen : durch Drehen eines Verschlusses auslöschen (Gas, Wasser) : (Schraube –) durch vieles Drehen unbrauchbar machen

Aus|druck, der; –(e)s, ..drücke: Sprechweise : äußeres Zeichen eines inneren Vorgangs ***** *Ausdrucksart; Ausdrucksfähigkeit; Ausdrucksfehler; Ausdrucksform; Ausdruckskunst; ausdrucksleer; –los* Ew.: ohne Ausdruck; *ausdrucksvoll* Ew.; *Ausdrucksweise* *** aus|dru|cken** tr.: fertigdrucken : deutlich drucken : durch Drucken abnutzen *** aus|drü|cken** tr.: drückend herausschaffen : drückend leeren : durch Drücken auslöschen : (Stempel –) deutlich drücken; rbz.: inneren Vorgang durch Zeichen kundtun : (bes.) sprachlich formen *** aus|drück|lich** Ew.: in bestimmten Ausdrücken : verordnet : befohlen : absichtlich

aus|dün|nen tr.: die Anzahl verringern : (einen Obstbaum –) Obst teilweise pflücken

aus|duns|ten, aus|düns|ten intr. (sein): als Dunst aufsteigen; tr.: Dunst, Geruch absondern, ausscheiden *** Aus|duns|tung, Aus|düns|tung,** die; –, –en: Hautatmung : der Dunst : Geruch

aus|ein|an|der: einer von anderen fort *** aus|ein|an|der|ge|hen** → **aus|ein|an|der ge|hen** intr. (sein): sich voneinander trennen : in seine Teile zerfallen *** aus|ein|an|der|neh|men** → **aus|ein|an|der neh|men** tr.: in seine Bestandteile zerlegen *** aus|ein|an|der|nehm|bar** Ew.: so beschaffen, dass man es auseinander nehmen kann : in Teile zerlegbar *** aus|ein|an|der|set|zen** tr.: erklären; rbz.: (sich mit jemand –) besprechen, seine Meinung klären ***** *auseinander setzen:*

getrennt setzen *** Aus|ein|an|der|set|zung,** die; –, –en: ernstes, energisches Gespräch : (Rechtsspr.) Klarstellung

aus|er|ko|ren Mw. Ew.: auserwählt

aus|er|le|sen tr.: auswählen

aus|er|le|sen Ew.: berühmt, erlaucht ***** *eine auserlesene Gesellschaft*

aus|er|se|hen tr.: auswählend zu etwas bestimmen

aus|er|wäh|len tr.: aus-, erwählen ***** *auserwählt* *** Aus|er|wähl|te,** der (die); –en, –en: der (die) Bevorzugte

aus|fä|deln, tr.: den eingefädelten Faden herausziehen : (Verkehr) eine Spur verlassen

aus|fah|ren intr. (sein): von Hause fortfahren : sich (fahrend) fortbewegen; tr.: spazieren fahren : durch Fahren aushöhlen, ausdreschen : (seem.) (Leine –) durch ein Boot an eine andere Stelle fahren ***** *ausfahrbar; ausfahrend* Ew.: beleidigend ***** *ausgefahren* Mw. Ew.: (Weg) durch Fahren abgenutzt *** Aus|fahrt,** die; –, –en: das Ausfahren : Spazierfahrt : Torweg ***** *Ausfahrtsignal:* Signal zur freien Ausfahrt (des Zuges)

Aus|fall, der; –(e)s, ..fälle: das Ausfallen : Verlust : Angriff beim Fechten : Angriff durch Schmähung : Stichelei : Art, wie etwas ausfällt, Ergebnis ***** *Ausfallbürgschaft:* Bürgschaft für etwaigen Verlust; *Ausfall(s)erscheinung; Ausfall(s)forderung; Ausfall(s)garantie:* Garantie der Lieferungsfähigkeit; *Ausfallstraße; Ausfallvergütung* *** aus|fal|len** intr. (sein): herausfallen : wegfallen, nicht statthaben : fallend oder wie fallend herauskommen : fechtend angreifen : mit Worten angreifen : ein Ergebnis liefern, haben; tr.: (etwas – lassen) versäumen *** aus|fäl|len** tr.: (Chem.) einen Stoff aus einer Lösung in eine unlösliche Verbindung überführen *** aus|fal|lend, aus|fäl|lig** Ew.: grob schmähend : stichelich *** Aus|fäl|lig|keit,** die; –, –en: grobe Schmähung

aus|fal|ten tr.: ausklappen *** aus|falt|bar** Ew.: auszuklappen

aus|fech|ten tr.: durch Fechten entscheiden : einen Streit ausführen

aus|fe|gen tr.: durch Fegen wegschaffen : durch Fegen reinigen *** Aus|fe|ger,** der; –s, –: Kehrbesen

aus|fei|len tr.: durch Feilen aushöhlen : durch Feilen wegschaffen : völlig ausarbeiten : (übertr.) glätten, vervollkommnen

aus|fer|ti|gen tr.: fertigmachen : ausstellen (meist Aktenstück u. dgl.) *** Aus|fer|ti|gung,** die; –, –en: das Ausfertigen : Ausstellung, Abfassung, Herstellung (eines amtl. Schriftstücks) : ausgefertigtes Schriftstück

aus|fet|ten tr.: (eine Backform) mit Fett einreiben

aus|fil|tern tr.: mit einem Filter selektieren

aus|fin|den tr.: herausfinden; rbz.: zurechtfinden *** aus|fin|dig** Ew., nur in: *ausfindig machen:* finden

aus|flag|gen intr.: (seem.) Signalflaggen setzen; tr.: mit Flaggen bestecken : ein Schiff unter fremdländischer Flagge fahren lassen

aus|flie|gen intr. (sein): ins Freie fliegen : einen Ausflug machen *** Aus|flug,** der; –(e)s, ..flüge: das Ausfliegen : (größerer) Spaziergang : Flugloch des Bienenstocks ***** *Ausflugslokal; Ausflugsort* *** Aus|flüg|ler,** der; –s, –: einer, der einen Ausflug macht

aus|flie|ßen intr. (sein): herausfließen : auslaufen : durch Ausfließen sich leeren *** Aus|fluß** → **Aus|fluss,** der; –es, ..flüsse: Ablauf(vorrichtung) : Ausmündung : Auswirkung : (Med.) Absonderung von Schleimhäuten

aus|flip|pen intr.: (Umgspr.) unter Drogen sein : den gesellschaftlichen Normen nicht entsprechen : aus der Haut fahren

aus|flo|cken tr.: (Butter) ausfällen : Flocken bilden

Aus|flucht, die; –, ..flüchte: Ausflugsloch : Ausrede

Aus|flug: s. ausfliegen

Aus|fluß → **Aus|fluss:** s. ausfließen

aus|fol|gen tr.: (Rechtsspr.) (östr.) aushändigen : übergeben

aus|for|mu|lie|ren tr.: in (ausführliche) Worte fassen

aus|for|schen tr.: (östr.) forschend ausfragen : durch Forschen erkunden; intr.: zu Ende forschen

aus|fra|gen intr.: zu Ende fragen; tr.: fragend ausforschen : durch Fragen ausfindig machen * **Aus|fra|ger**, der; -s, -: Ausfragender * **Aus|fra|ge|rei**, die; -, -en: lästiges, andauerndes Ausfragen, Ausgefragtwerden

aus|fran|sen tr.: in Fransen auflösen

aus|fres|sen intr.: zu Ende fressen; tr.: fressend leeren : fressend aushöhlen : (übertr.) Dummheit begehen

aus|fu|gen tr.: Mauerfugen ausfüllen

Aus|fuhr, die; -, -en: das Ausführen von Gütern (Export) : ausgeführte Ware * *Ausfuhrbewilligung; Ausfuhrland; Ausfuhrlizenz:* Ausfuhrgenehmigung; *Ausfuhrprämie:* Geldzuschuss bei der Ausfuhr bestimmter Waren; *Ausfuhrtarif; –verbot; –zoll* * **aus|führ|bar** Ew.: so beschaffen, dass es ausgeführt werden kann *

aus|füh|ren tr.: Ausfuhrhandel treiben : erledigen, verrichten : anfertigen * **aus|führ|lich** (oft **aus|führ|lich**) Ew.: genau : vollständig * **Aus|führ|lich|keit**, die; -: im Vollständigkeit (einer Darlegung usw.) * **Aus|füh|rung**, die; -, -en: das Ausführen : Ausarbeitung : Erklärung, Darlegung * *Ausführungsbestimmungen:* staatlich festgesetzte Bestimmungen des Exports

aus|fül|len tr.: gänzlich füllen : (Amt, Stellung –) erfolgreich bekleiden : (Fragebogen –) beantwortend ergänzen : aus einem Behältnis herausfüllen : (ein Behältnis –) leeren * **Aus|fül|lung**, die; -, -en: das Ausfüllen : der ausfüllende Stoff

aus|fut|tern, **aus|füt|tern** tr.: gehörig füttern : innen mit Futter(stoff) versehen * **Aus|füt|te|rung**, die; -, -en: Futter(stoff)

Aus|ga|be, die; -n, -n: Aushändigung, Verteilung : Zahlung : Verbrauch : Art der Buchherausgabe : die Nummer einer Zeitung (Abendausgabe); Abk.: Ausg. * *Ausgabe(n)buch:* Buch zum Eintragen der Geldausgaben * *Ausgabeschalter; Ausgabestelle* * **aus|ge|ben** tr.: herausgeben : (Geld –) fortgeben (gegen Ware usw.) : verbrauchen : austeilen : (Bücher –) verbreiten : (weidm.) von sich geben : Ertrag liefern : (einen für etwas –) gelten lassen wollen für etwas; rbz.: täuschen : anstrengen; intr.: (Kartsp.) zu Ende geben : (Kartsp.) austeilen * **aus|gie|big** Ew.: ergiebig, ertragreich * **Aus|gie|big|keit**, die; -: reichlicher Ertrag

Aus|gang, der; –(e)s, ..gänge: das Ausgehen : Fortzug : Ergebnis eines Ereignisses : Ende, Abschluss : Austritt * *Ausgangsbeschränkung; Ausgangslage; Ausgangspunkt:* Anfang; *Ausgangstor; Ausgangszoll:* Zoll vor Waren, die aus dem Lande gehen * **aus|gangs** Uw., Vw. m. Gen.: am Ende : am Schluss * **aus|ge|hen** intr. (sein): das Haus vorübergehend verlassen : (seem.) in See gehen : zu Ende gehen, versiegen, verblassen, erlöschen : ein Ende nehmen : (auf Fang –) ködern : locken : (frei –) straflos davonkommen : (leer –) nichts erreichen, erhalten; intr. (haben): (Teig) ganz ausgären * *Ausgehverbot* * **ein- und ausgehen;** (als Freund) verkehren

aus|gä|ren intr.: zu Ende gären; intr. (sein): durch Gären fertig werden; tr.: ausgären machen

aus|ga|sen tr.: durch Gas entseuchen

aus|ge|ben: s. Ausgabe

aus|ge|bil|det Mw. Ew.: mit Bildung versehen : eine Ausbildung abgeschlossen haben

aus|ge|bleicht,

aus|ge|bli|chen: s. ausbleichen

aus|ge|bombt Mw. Ew.: durch Bombenangriff aller Habe beraubt * **Aus|ge|bomb|te**, der; –en, –en

aus|ge|bucht: s. ausbuchen

aus|ge|bufft Ew.: (Umgspr.) raffiniert

Aus|ge|burt, die; -, -en: Erzeugnis (meist tadelnd) * *Ausgeburt der Hölle, der Phantasie*

aus|ge|dehnt: s. ausdehnen

aus|ge|dient: s. ausdienen

Aus|ge|din|ge, das; ..ges, ..ge: Altenteil

aus|ge|dorrt: s. ausdorren

aus|ge|fah|ren: s. ausfahren

aus|ge|fal|len Ew.: ungewöhnlich : merkwürdig

aus|ge|feilt: s. ausfeilen

aus|ge|flippt: s. ausflippen

aus|ge|franst: s. ausfransen

aus|ge|fuchst Ew.: (Umgspr.) raffiniert

aus|ge|gli|chen Ew.: s. Ausgleich

aus|ge|hen; s. Ausgang

aus|ge|hun|gert Ew.: extrem hungrig

aus|ge|kocht Ew.: (Umgspr.) gerissen

aus|ge|las|sen,

Aus|ge|las|sen|heit: s. auslassen

aus|ge|las|tet Ew.: ausreichend belastet

aus|ge|latscht Ew.: (Umgspr.) abgetreten : abgenutzt

aus|ge|laugt Ew.: mit Lauge ausgewaschen : (übertr.) erschöpft

aus|ge|lei|ert Ew.: (übertr.) abgenutzt

aus|ge|lernt Ew.: ausgebildet : die Ausbildung beendet haben

aus|ge|macht: s. ausmachen

aus|ge|mer|gelt Ew.: s. ausmergeln

aus|ge|nom|men: s. Ausnahme

aus|ge|picht: s. auspichen

aus|ge|po|wert Ew.: ausgenommen : erschöpft

aus|ge|prägt: s. ausprägen

aus|ge|pumpt Ew.: entleert : (übertr.) erschöpft

aus|ge|rech|net: s. ausrechnen

aus|ge|schla|fen Ew.: ausreichend geschlafen habend

aus|ge|schlos|sen: s. ausschließen

aus|ge|schnit|ten: s. ausschneiden

aus|ge|sorgt Mw. Ew.: (– haben) ausreichend Vorsorge getroffen habend

aus|ge|spielt Mw. Ew.: ein Spiel beendet habend : (– haben) (übertr.) keine Chance mehr haben

aus|ge|spro|chen: s. Aussprache

aus|ge|stal|ten tr.: formen : gestalten : einrichten * **Aus–**

ge|stal|tung, die; –, –en: Gestaltung : Einrichtung

aus|ge|stellt Ew.: zur Schau gestellt

aus|ge|steu|ert: s. Aussteuer

aus|ge|sucht: s. aussuchen

aus|ge|wach|sen Ew.: die endgültige Größe erreicht habend

aus|ge|wo|gen Ew.: ausgeglichen

aus|ge|zeich|net: s. auszeichnen

aus|gie|big: s. Ausgabe

aus|gie|ßen tr.: aus einem Behältnis herausgießen : (Behältnis –) leeren : (übertr.) ausschütten : (Feuer –) gießend löschen : gießend ausfüllen : durch Guss ausprägen * Aus|gie|ßung, die; –, –en: das Ausgießen, Ausströmen (meist übertr.) * Aus|guß → Aus|guss, der; –es, ..güsse: das Ausgießen : Ausmündung : Ausflussröhre, Abflussvorrichtung

Aus|gleich, der; –s, –e: das Ausgleichen : das Ausgleichende * Ausgleichsabgabe: einem Ausgleich dienende Abgabe; Ausgleichsfonds; Ausgleichsgetriebe: Differential; Ausgleichsrechnung; Ausgleichsrennen: Handikap; Ausgleichsrente; –sport; –steuer; –treffer; Ausgleichsverfahren: Verfahren bei Zahlungsschwierigkeiten; Ausgleichszölle * aus|gleich|bar Ew.: so beschaffen, dass es ausgeglichen werden kann * aus|glei|chen tr.: Unebenheiten wegschaffen, ebnen : (Streit usw.) schlichten : (Verlust –) ersetzen * ausgeglichen Mw. Ew.: gleichmäßig : (übertr.) abgeklärt, harmonisch * Ausgleichenheit, die; –, –en: Gleichmäßigkeit : Gleichmut * Aus|glei|chung, die; –, –en: Schlichtung * Ausgleichungspflicht (Rechtsspr.): Pflicht, sich die bei Lebzeiten des Erblassers erhaltenen Zuwendungen auf das Erbteil anrechnen zu lassen

aus|glei|ten intr. (sein): gleitend rutschen

aus|glie|dern tr.: aussortieren : aus der Reihe nehmen * Aus|glie|de|rung, die; –, –en: das Ausgliedern

aus|glit|schen intr. (sein); ausgleiten

aus|glü|hen intr. (haben): zu glühen aufhören; intr. (sein): verbrennen; tr.: durch Gluthitze reinigen : durch Gluthitze biegsam machen * Aus|glü|hung, die; –, –en: das Ausglühen

aus|gra|ben tr.: durch Graben freilegen : durch Graben aushöhlen * ausgegraben Mw. Ew.: (häufig übertr.) alt * Aus|grä|ber, der; –s, –: Archäologe, der Ausgrabungen vornimmt * Aus|gra|bung, die; –, –en: Freilegung durch Ausgrabung : Funde der Ausgrabungen

aus|gren|zen tr.: jemanden abschieben : verdrängen

aus|grü|beln tr.: durch Grübeln herausfinden

aus|grün|den tr.: (kfm.) einen Unternehmensbereich verselbstständigen

Aus|guck, der; –(e)s, –e: das Ausgucken : der Ausgucker : (seem.) Platz des Wachtpostens * aus|gu|cken intr.: hinaussehen * sich die Augen ausgucken: sich blind schauen

Aus|guß → Aus|guss: s. ausgießen

aus|ha|cken tr.: hackend herauslösen * Aus|ha|cker, der; –s, –: Werkzeug zum Aushacken

aus|ha|ken tr.: aus den Haken lösen

aus|hal|ten tr.: durchhalten : ertragen : zu Ende führen : (Ton –) lange Zeit tönen lassen : überdauern : ertragen : (einen –) erhalten * es ist nicht zum Aushalten: es ist nicht zu ertragen

aus|han|deln tr.: durch Verhandlung erreichen

aus|hän|di|gen tr.: übergeben, ausliefern * Aus|hän|di|gung, die; –, –en: das Aushändigen

Aus|hang, der; –(e)s, ..hänge: etwas Ausgehängtes : (ausgehängte) öffentliche Bekanntmachung * aus|han|gen intr.: (veralt.) ausgebreitet hangen * aus|hän|gen tr.: Eingehängtes ausheben : zur Schau hängen * Aushängebogen: ausgehängte Druckbogen; Aushängesäge: Schweifsäge mit auszuhängendem Blatt; Aushängeschild: Firmenschild : (übertr.) Deckmantel

aus|har|ren intr.: ausdauern : durchhalten : geduldig warten

Aus|hau, der; –(e)s, –e: das Aushauen : Lichtung, Rodung im Wald * aus|hau|en tr.: hauend herausschaffen : hauend von etwas befreien : hauend formen : (bergm.) abbauen : (Fleisch –) zum Verkauf herausschneiden : (Kartsp.) alle Stiche abnehmen

aus|hau|chen tr.: hauchend ausströmen : ausatmen : (sein Leben, seinen Geist –) (übertr.) sterben

aus|hau|en: s. Aushau

aus|häu|sig Ew.: (Umgspr.) außerhalb des Hauses : wenig zu Haus : viel unterwegs

aus|he|ben tr.: hebend herausnehmen : aus den Angeln nehmen : aus dem Nest nehmen : (Nest –) leeren : durch Heben aus dem Fass bringen : durch Heben aus dem Gelenk bringen : (Soldaten –) wählen und anwerben; intr.: (Uhr) anrücken vor dem Schlagen * Aus|he|ber, der; –s, –: Schöpfrad der Uhr : Gerät zum Ausheben * aus|he|bern (ich heb[e]re aus) tr.: mit einem Heber leeren * Aus|he|bung, die; –, –en: das Ausheben * Aus|hub, der; –s, –e: Ausschachtung : ausgehobene Grube

aus|he|cken tr.: (übertr.) ausbrüten : aussinnen

aus|hei|len intr. (sein): gänzlich heilen * Aus|hei|lung, die; –, –en: das Ausheilen

aus|hel|fen intr.: (einem mit etwas –) aus augenblicklicher Not helfen * Aus|hel|fer, der; –s, –: Hilfsarbeiter : Lückenbüßer : jemand, der aushilft * Aus|hil|fe, die; –, –n: Lösung einer Verlegenheit : Vertretung : Ersatz * aushilfsweise Uw.: als Aushilfe; Aushilfskraft

Aus|hil|fe: s. aushelfen

aus|höh|len tr.: hohl machen * Aus|höh|lung, die; –, –en: das Aushöhlen : die Höhlung

aus|ho|len tr.: Arm usw. weit ausstrecken zum Schlag oder Sprung * weit ausholen: (übertr.) weit zurückgreifen (Erzählung)

aus|hol|zen tr.: abholzen : (Wald –) durch Abholzen lichten

aus|hor|chen tr.: horchend ausforschen : ausfragen * Aus|hor|cher, der; –s, –: Aushorchender

aus|hun|gern tr.: durch Hunger quälen : durch Hunger willig machen

aus|hus|ten tr.: durch Husten ausspeien

aus|i|xen tr.: mit dem Buchstaben X unkenntlich machen (Schreibmaschine)

aus|ja|gen tr.: austreiben

aus|jä|ten tr.: jätend ausreißen

aus|kal|ku|lie|ren tr.: ausrechnen : rechnerisch überschlagen

aus|käm|men tr.: kämmend entfernen : kämmend reinigen

aus|kau|fen tr.: (etwas –) alles Vorhandene kaufen : (Zeit u. dgl. –) ausnutzen : (einen –) im Kauf ausstechen

aus|ke|geln tr.: als Preis für den besten Kegler aussetzen : (Arm usw. –) (Umgspr.) ausrenken

aus|keh|len tr.: mit Hohlkehlen versehen : (Techn.) fräsen ✴ **Aus|keh|lung,** die; –, –en: das Auskehlen : (Techn.) Kehle, Rinne

aus|keh|ren tr.: ausfegen ✴ **Aus|kehr|icht,** der; –s: Kehricht

aus|kei|len intr.: ausschlagen (vom Pferd) ✴ **Aus|kei|lung,** die; –, –en: Ausspitzung eines Flözes

aus|ken|nen rbz.: gut Bescheid wissen

aus|ker|ben tr.: kerbend auszacken ✴ **Aus|ker|bung,** die; –, –en: das Auskerben : Kerbe

aus|ker|nen tr.: den Kern herausnehmen : vom Kern befreien

aus|kip|pen tr.: ausschütten : entleeren

aus|kla|gen intr.: zu Ende klagen; tr.: durch gerichtl. Klage aus dem Besitz treiben ✴ **Aus|kla|gung,** die; –, –en: gerichtl. Vertreibung aus dem Besitz

aus|klam|mern tr.: aus den Klammern herausnehmen : (übertr.) beiseite lassen, da es nicht in Betracht kommt

aus|kla|mü|sern tr.: aushecken

Aus|klang, der; –(e)s, ..klänge: letzter Klang : Schluss ✴ **aus|klin|gen** intr.: (haben, sein): klingend verhallen

aus|klap|pen tr.: Klappen ausschlagen : durch Klappen vergrößern ✴ **aus|klapp|bar** Ew.: so beschaffen, dass man es ausklappen kann

aus|kla|rie|ren (..iert) (l.) tr.: Schiff und Güter bei Ausfahrt verzollen

aus|klau|ben tr.: (Erzstücke) mit der Hand auslesen

aus|klei|den tr., rbz.: entkleiden : kleidend ausputzen : (Raum –) innen bedecken, beziehen

aus|klin|gen : s. Ausklang

aus|klin|ken tr.: Türklinke aus dem Schloss bringen : (übertr.) die Gesellschaft vorzeitig verlassen

aus|klop|fen tr.: klopfend herausbringen : klopfend reinigen ✴ **Aus|klop|fer,** der; –s, –: Gerät zum Ausklopfen von Kleidern, Teppichen, Polstern

aus|klü|geln tr.: klügelnd aussinnen : ausdenken

aus|knei|fen intr.: (volkst.) entwischen : heimlich verschwinden

aus|knip|sen tr.: (Umgspr.) mittels Knipsers ausschalten, (Licht) löschen

aus|kno|beln tr.: aushandeln : ausklügeln

aus|kno|cken [noken] tr.: (Sport) durch Knockout besiegen : (übertr.) übertrumpfen, ausstechen [e. knockout]

aus|ko|chen intr.: zu Ende kochen; intr. (sein): durch Kochen aus dem Gefäß treten; tr.: Brühe aus dem Fleisch kochen : kochend gar machen ✴ *ausgekocht* Mw. Ew.: abgefeimt

aus|kof|fern tr.: Steinschlag unter Eisenbahnschwellen entfernen

aus|kol|ken tr.: auswaschen (Geologie)

aus|kom|men intr.: aus dem Ei schlüpfen : ausbrechen (Feuer) : zu Ende kommen : ausreichen : (mit jemand) friedlich fertig werden ✴ **Aus|kom|men,** das; –s: ausreichender Verdienst : Lebensunterhalt : das Vertragen ✴ **aus|kömm|lich** Ew.: ausreichend

aus|kop|peln tr.: von der Koppel nehmen : die Halterung entfernen

aus|kos|ten tr.: bis zu Ende genießen

aus|kot|zen tr.: (Umgspr.) sich übergeben

aus|kra|gen tr.: einen Kragstein hervortreten lassen; intr.: hervorragen

aus|kra|men tr.: ausräumen : Kram zur Schau auslegen : erzählen

aus|krat|zen tr.: durch Kratzen herausschaffen : kratzend reinigen; intr. (sein): fliehen ✴ **Aus|krat|zung,** die; –, –en: (Med.) Entfernung von Wucherung aus Körperhöhlen : Ausschabung

aus|krie|chen intr. (sein): kriechend ausschlüpfen

aus|kris|tal|li|sie|ren intr.: durch Kristallisation gewinnen : (übertr.) herausbilden : herauskommen

aus|ku|geln tr.: ausdrehen : aus der Verankerung lösen

aus|küh|len intr. (sein): ganz kühl werden; tr.: ganz kühl machen ✴ **Aus|küh|lung,** die; –, –en: das Auskühlen

Aus|kul|tant (l.), der; –en, –en: Anhörer, Beisitzer ohne Stimmrecht ✴ **Aus|kul|ta|ti|on,** die; –, –en: (Med.) Abhorchen, Untersuchung ✴ **aus|kul|ta|to|risch** Ew.; (Med.) durch Behorchen ✴ **aus|kul|tie|ren** (..iert) tr.: ärztlich untersuchen; intr.: zuhören

aus|kund|schaf|ten tr.: erkunden : erforschen ✴ **Aus|kund|schaf|ter,** der; –s, –: Kundschafter : Spion ✴ **Aus|kund|schaf|tung,** die; –, –en: das Erkunden

Aus|kunft, die; –, ..künfte: Belehrung : Rat : Ausweg ✴ *Auskunftsbeamter:* Beamter, der Auskunft erteilt; *Auskunftsbüro; Auskunftsmittel; Auskunft(s)stelle* ✴ **Aus|kunf|tei,** die; –, –en: Auskunftsstelle, Auskunftsbüro

aus|kup|peln : s. auskoppeln

aus|ku|rie|ren tr.: vollständig kurieren, ganz ausheilen

aus|la|chen intr.: zu Ende lachen; tr.: lachend höhnen; rbz.: sich satt lachen

aus|la|den tr.: ladend heranschaffen : entladen : (Baukst.) auskragen : (Mal.) hervortreten machen : ausbitten, Einladung rückgängig machen; intr.: hervortreten ✴ **aus|la|dend** Ew.: ausgeschweift : abschreckend ✴ **Aus|la|de|platz,** der; –es, ..plätze: Platz, auf dem etwas ausgeladen wird ✴ **Aus|la|der,** der; –s, –: Vorrichtung zum Entladen einer Leidener Flasche u. dgl. ✴ **Aus|la-**

de|ram|pe, die; –, –en: Rampe zum Ausladen * **Aus|la|dung,** die; –, –en: das Ausladen

Aus|la|ge, die; –, –en: etwas Ausgelegtes : ausgelegtes Geld : zur Schau gelegte Ware : Ort, wo Ware zur Schau gelegt wird : Art des Ausliegens beim Fechten * **aus|le|gen** tr.: ausbreitend hinlegen : zur Schau legen : ausdeuten : Verzierung in eine Vertiefung legen : (Geld –) für jemand bezahlen * **Aus|le|ger,** der; –s, –: Auslegender * **Aus|le|gung,** die; –, –en: das Auslegen : Ausdeutung

aus|la|gern tr.: an einem anderen Ort aufbewahren

Aus|land, das; –(e)s, ..länder: fremdes Land : Gesamtheit fremder Länder : Gesamtheit der Bewohner fremder Länder * **Aus|län|der,** der; –s, –: Angehöriger eines fremden Staates * *Ausländerbeauftragte; ausländerfeindlich;* * **Aus|län|de|rei,** die; –: übertriebene Schätzung des Auslands * **Aus|län|de|rin,** die; –, –nen: Angehörige eines fremden Staates * **aus|län|disch** Ew.: fremd : das Ausland betreffend * *Auslandsabsatz; Auslandsbeziehungen; Auslandsdeutscher; Auslandsgespräch; Auslandsinstitut; Auslandskorrespondenz; Auslandskunde; Auslandsorganisation; Auslandsreise; Auslandsvertretung*

Aus|laß → **Auslass,** der; –es, ..lässe: das Hinauslassen : Öffnung zum Auslassen * **aus|las|sen** tr.: weglassen : herauskommen, ausfließen lassen : (Zorn usw. –) hervorbrechen lassen : ausschmelzen : durch Auftrennen einer Naht weiter machen : (Ofen –) ausgehen lassen : (weidm.) (Hund –) ihm mehr Spielraum lassen; rbz.: (sich über etwas –) sich äußern * **Aus|las|sung,** die; –, –en: Äußerung : Weglassung * *Auslassungszeichen* * **ausge|las|sen** Mw. Ew.: ungebunden, außer Rand und Band, übermütig * **Aus|ge|las|sen|heit,** die; –, –en: übermütige Laune, Rede, Tat

aus|las|ten tr.: vollständig nutzen * **Aus|las|tung,** die; –,

–en: Nutzung aller Kapazitäten

aus|lat|schen tr.: abnutzen : austreten (die Schuhe)

Aus|lauf, der; –(e)s, ..läufe: das Auslaufen : Ort, wo Wasser ausläuft : etwas sich Abzweigendes : das Auslaufen eines Schiffes aus dem Hafen u. dgl. : Platz zum Umherlaufen (Geflügelzucht usw.) * **aus|lau|fen** tr.: (bergm.) herauskarren : (Bahn –) zu Ende laufen; rbz.: sich satt laufen; intr. (haben): zu laufen aufhören; intr. (sein): von einem Punkt aus laufen : ausfließen : durch Auslaufen leer werden : vom Mittelpunkt nach allen Seiten laufen : endigen : (Baukst.) hervorragen : (Gärtn.) Sprossen treiben : (Schiff –) in See stechen * *Auslaufhahn:* (Techn.) Abflusshahn * **Aus|läu|fer,** der; –s, –: Laufbursche : Spross : auslaufendes Reis

aus|lau|gen tr.: mit Lauge auswaschen : (übertr.) erschöpfen

Aus|laut, der; –(e)s, –e: (Sprachl.) Endlaut * **aus|lau|ten** intr.: (Sprachl.) ausgehen, enden auf

aus|läu|ten intr.: zu Ende läuten; tr.: Schluss durch Läuten kundgeben : läutend verkünden

aus|le|ben intr., rbz.: zu Ende leben, sterben; rbz.: seine Kräfte voll betätigen : sich austoben : seine (sinnl.) Lebenskraft erschöpfen

aus|le|cken tr.: herauslecken : leckend leeren; intr. (sein): leckend auslaufen

aus|lee|ren tr.: leer machen : austrinken * **Aus|lee|rung,** die; –, –en: das Ausleeren : das Herausgeschaffte

aus|le|gen, Aus|le|ger, Aus|le|gung: s. Auslage

aus|lei|ern intr.: zu Ende leiern : (übertr.) erschöpfen

aus|lei|hen tr.: leihend weggeben : verleihen : sich etwas leihen * **Aus|lei|he,** die; –, –n: Ausgabestelle in Leihbüchereien

aus|ler|nen tr., intr.: zu Ende lernen : die Lehrzeit beenden

Aus|le|se, die; –, –n: das Auslesen : das Ausgelesene : das Beste einer Art * **aus|le|sen** tr.: auswählen : zu Ende lesen

aus|leuch|ten tr.: vollständig erhellen

aus|lie|fern tr.: aushändigen * **Aus|lie|fe|rung,** die; –, –en: Aushändigung : Preisgabe : Übergabe eines Verbrechers von einem Staat an den andern * *Auslieferungsantrag; Auslieferungsschein; Auslieferungsvertrag*

aus|lie|gen intr.: zur Schau liegen : (seem.) vor dem Hafen liegen

Aus|li|nie, die; –, –n: (Sport) Feldbegrenzung

aus|lo|ben tr.: (Rechtsspr.) Belohnung durch öffentliche Bekanntmachung aussetzen * **Aus|lo|bung,** die; –, –en: (Rechtsspr.) das Ausloben

aus|löf|feln tr.: mit dem Löffel aufessen : (übertr.) eigene oder fremde Fehler (Verschulden) ausbaden, büßen

aus|lo|gie|ren (..iert) (dtsch.-fr.) [losehieren] tr.: woanders wohnen lassen

aus|loh|nen tr.: Lohn auszahlen

aus|lös|bar Ew.: so beschaffen, dass man es auslösen kann * **aus|lö|sen** tr.: freimachen : (Empfindungen usw. –) wecken, erregen : loskaufen, einlösen * **Aus|lö|ser,** der; –s, –: Vorrichtung, eine Hemmung auszuschalten : (Phot.) Knopf oder Kabel zum Auslösen des Kameraverschlusses * **Aus|lö|sung,** die; –, –en: das Auslösen : Loskaufen, Einlösen

aus|lö|schen intr. (sein) (losch aus, ..geloschen): verlöschen; tr. (löschte aus, ..gelöscht): ausgehen machen : auswischen : tilgen * **aus|lösch|lich** (auch **aus|lösch|lich**) Ew.: so beschaffen, dass es getilgt werden kann

aus|lo|sen tr.: durchs Los auswählen : verlosen * **aus|los|bar** Ew.: so geartet, dass man es auslosen kann * **Aus|lo|sung,** die; –, –en: durch Los getroffene Auswahl : Tilgung von Schuldverschreibungen durch das Auslosen

aus|lö|sen, Aus|lö|ser, Aus|lö|sung: s. auslösbar

aus|lo|ten tr.: lotrecht machen

aus|lot|sen tr.: als Lotse aus dem Hafen hinaus begleiten

Aus|lucht, die; –, –en: (norddt.) Erker, Vorbau : Quergiebel einer Kirche

aus|lüf|ten tr.: von frischer Luft durchdringen lassen : von Dumpfem frei machen

Aus|lug, der; –(e)s, –e: (veralt.) Platz zum Auslugen * **aus|lu|gen** intr.: Ausschau halten

aus|lut|schen tr.: durch Lutschen leeren : (übertr.) erschöpfen

aus|ma|chen tr.: herauslösen : zu Ende bringen : tilgen : ins Reine bringen : festsetzen : (weidm.) ausfindig machen * *das macht nichts aus:* das hat nichts zu bedeuten * *ausgemacht* Mw. Ew.: feststehend : unstreitig

aus|mah|len tr., intr.: fertigmahlen : dem Mahlzwang entziehen : zu mahlen aufhören : Wasser durch eine Mühle auspumpen : (Teich –) trockenlegen : Sand auswaschen * **Aus|mah|lung,** die; –, –en: das Ausmahlen

aus|ma|len tr.: ein Gemälde ausführen : weiße Fläche bunt bemalen : ausführlich schildern

aus|ma|nö|vrie|ren tr.: ausgleichen : das Gleichgewicht herstellen

Aus|marsch, der; –es, ..märsche: Auszug * **aus|mar|schie|ren** (..iert) intr. (sein): ausziehen

Aus|maß, das; –es, –e: Ausdehnung : Maß : Menge * **aus|mes|sen** tr.: vollständig messen : nach dem Maß austeilen u. dgl. : (bergm.) aus dem Feld treiben * **Aus|mes|sung,** die; –, –en: das Ausmessen

aus|mau|ern tr.: innen mit Mauerwerk bekleiden * **Aus|mau|e|rung,** die; –, –en: das Ausmauern : die innere Bekleidungsmauer

aus|mei|ßeln tr.: mit dem Meißel formen : aushöhlen : ausarbeiten * **Aus|mei|ße|lung,** die; –, –en: das Ausmeißeln

aus|mer|geln tr.: entkräften : abzehren * *ausgemergelt* Mw. Ew.: kraftlos

aus|mer|zen tr.: als untauglich aussondern, fortschaffen : töten * **Aus|mer|zung,** die; –, –en: das Ausmerzen

aus|mes|sen: s. Ausmaß

aus|mie|ten tr.: mietend ausleihen : aus einer gemieteten Wohnung verdrängen : jemand woanders einmieten

aus|mis|ten tr.: vom Mist reinigen : (übertr.) von Unbrauchbarem befreien

aus-mis-ten
Wörter werden nach Sprechsilben getrennt. Dabei ist es erlaubt, die Konsonantenverbindung *st* zu trennen: *ausmis-ten, Wes-ten, Aku̧s-tik, Hy̧s-terie.*

aus|möb|lie|ren tr.: mit Möbeln ausstatten

aus|mon|tie|ren tr.: abbauen : durch Montage entfernen

aus|mün|den intr.: mündend ausgehen in etwas

aus|mün|zen tr.: münzend ausprägen : verwerten, auswerten

aus|mus|tern tr.: musternd auswählen : musternd Unbrauchbares beseitigen * **Aus|mus|te|rung,** die; –, –en: Auswahl des Guten : Ausscheiden des Unbrauchbaren

Aus|nah|me, die; –, –en: Regelwidrigkeit : Vorbehalt : Seltenheit * *Ausnahmeerscheinung; Ausnahmefall; Ausnahmegesetz; Ausnahmepreis; Ausnahmetarif; Ausnahmezustand* * **aus|nahms|los** Uw.: ohne Ausnahme * **aus|nahms|wei|se** Uw.: als Ausnahme, nur für einen Fall * **aus|neh|men** tr.: herausnehmen : durch Herausnehmen leeren : (Gaunerspr.) ausrauben : (Soldaten) ausheben : ausschließen; rbz.: ein Aussehen haben : sich unterscheiden : sich auszeichnen * **aus|neh|mend** Mw. Uw.: besonders, hervorragend * **aus|ge|nom|men** Mw. Vw.: außer, nur * *ausgenommen der Kranke; den Kranken ausgenommen*

aus|nüch|tern tr.: den Rausch ausschlafen : nüchtern werden

aus|nut|zen, aus|nüt|zen tr.: Nutzen erschöpfend herausziehen : sich etwas übermäßig zunutze machen * **Aus|nut|zung, -nüt|zung,** die; –, –en: das Ausnutzen

aus|pa|cken tr.: Eingepacktes herausnehmen : (übertr.) Peinliches aufrollen

aus|par|ken tr.: aus einer Parklücke fahren

aus|peilen tr.: (seem.) peilend abmessen

aus|peit|schen tr.: derb peitschen : (einem etwas –) peit-

schend austreiben * **Aus|peit|schung,** die; –, –en: das Auspeitschen

aus|pen|deln tr.: das Gleichgewicht herstellen : (Uhr) den Pendel ausschwingen lassen

aus|pen|nen intr.: (Umgspr.) ausschlafen

aus|pfäh|len tr.: (bergm.) innen mit Pfählen versehen

aus|pfei|fen tr.: pfeifend verhöhnen

aus|pflan|zen tr.: aus dem Topf oder Mistbeet ins Freie pflanzen

Au|s|pi|zi|um (l.), das; –s, ..zien: (bayr. u. östr. nur Mz.) „Vogelschau" : Vorbedeutung : (Mz.) Aussichten : Hoffnungen

aus|plap|pern tr.: plappernd verraten; intr.: zu Ende plappern

aus|plau|dern tr.: plaudernd verraten; intr.: zu Ende plaudern

aus|plün|dern tr.: völlig plündern * **Aus|plün|de|rung,** die; –, –en: das Ausplündern

aus|pols|tern tr.: mit Polstern versehen

aus|po|sau|nen tr.: wie mit Posaunen verkünden : überall erzählen

aus|po|wern (e.-dtsch.) (ich pow[e]re aus) tr.: ausnehmen : ermatten : verelenden * **Aus|po|we|rung,** die; –, –en: Ausbeutung

aus|prä|gen tr.: fertigprägen : mit deutlichem Gepräge ausbilden; rbz.: deutliches Gepräge zeigen * *ausgeprägt* Mw. Ew.: deutlich hervortretend : unverkennbar

aus|prei|sen intr.: mit einem Preis kennzeichnen

aus|pres|sen tr.: pressend ausdrücken * **Aus|pres|sung,** die; –, –en: das Auspressen

aus|pro|ben, aus|pro|bie|ren tr.: durch Prüfen ausforschen

Aus|puff, der; –(e)s, ..püffe: das Auspuffen : Öffnung, durch die Dampf austritt * *Auspuffflamme* → *Auspuffflamme; Auspuffgas; –klappe; –rohr; –topf* * **aus|puf|fen** tr.: puffend ausfahren : puffend ausstoßen

aus|pum|pen tr.: pumpend entfernen : pumpend leeren : entziehen

aus|punk|ten tr.: (Sport) nach Punkten besiegen

aus|pus|ten tr.: ausblasen, durch Pusten löschen

Aus|putz, der; –es: das Ausputzen : Putz, Zierat *

aus|put|zen tr.: (Licht –) putzend löschen : innen putzend reinigen : putzend ausbessern : putzend ausschmücken : (einen –) (veralt.) eins auswischen *

Aus|put|zer, der; –s, –: Wischer : Verweis

aus|quar|tie|ren (..iert) tr.: außer dem Hause unterbringen *

Aus|quar|tie|rung, die; –, –en: das Ausquartieren

aus|quat|schen tr.: (sich –) aussprechen : viel besprechen

aus|quet|schen tr.: auspressen

aus|ra|die|ren tr.: durch Radieren entfernen

aus|ran|gie|ren (..iert) (fr.) [..rangseh..] tr.: aussondern *

Aus|ran|gie|rung, die; –, –en: Musterung

aus|ra|sie|ren (..iert) tr.: durch Rasieren säubern

aus|ras|ten tr.: einen Riegel aus der Verankerung heben; intr.: (übertr.) böse werden

aus|rau|ben tr.: ausplündern

aus|räu|chern tr.: einen Raum mit Rauch erfüllen : durch Rauch vertreiben : durch Rauch reinigen : (übertr.) reinigen * **Aus|räu|che|rung,** die; –, –en: das Ausräuchern

aus|rau|fen tr.: raufend ausreißen; rbz.: seine Rauflust befriedigen * *sich die Haare ausraufen:* (übertr.) verzweifeln

aus|räu|men tr.: (Möbel) entfernen : von Möbeln befreien : reinigen * **Aus|räu|mung,** die; –, –en: das Ausräumen

aus|rech|nen tr.: durch Rechnen herausfinden * *ausgerechnet* Mw. Uw.: gerade : durchaus * **Aus|rech|nung,** die; –, –en: das Ausrechnen

aus|re|cken tr.: reckend ausdehnen

Aus|re|de, die; –, –n: Ausflucht : entschuldigende Rechtfertigung * **aus|re|den** intr.: zu Ende reden; tr.: besprechen : redend ausführen : redend ausschütten : mit einer Ausflucht entschuldigen : (einem etwas –) aus dem Sinne reden; rbz.: sich im Reden ausgeben : sich herausreden : sein Herz ausschütten : sich aussprechen

aus|ree|den tr.: (Schiff –) zur Seereise ausrüsten

aus|reg|nen intr.: zu Ende regnen

aus|rei|ben tr.: (östr.) scheuern : beschmieren

aus|rei|chen intr.: genügen : (mit etwas –) auskommen * **aus|rei|chend** Ew.: genügend

aus|rei|fen intr. (sein): ganz reif werden

Aus|rei|se, die; –, –n: Wegreise : Abreise ins Ausland * *Ausreisegenehmigung; Ausreisevisum* * **aus|rei|sen** intr. (sein): wegreisen : ins Ausland reisen

aus|rei|ßen tr.: durch Reißen entfernen; intr. (sein): reißend auseinander gehen : fliehen : (sich die Beine –) sich mit allen Kräften bemühen * **Aus|rei|ßer,** der; –s, –: Fliehender : Geflohener * **Aus|rei|ße|rei,** die; –, –en: das Weglaufen; vgl. Reißaus

aus|rei|ten intr. (sein): hinausreiten : zu Pferd einen Ausflug machen; tr.: (Pferd –) reitend ins Freie bringen : (Pferd –) fertig zureiten : reitend austoben * **Aus|rei|ter,** der; –s, –: Landreiter : Aufseher * **Aus|ritt,** der; –(e)s, –e: das Ausreiten

aus|rei|zen tr.: (Karten –) bis zur letzten Möglichkeit auftrumpfen : (übertr.) eine Reaktion hervorrufen wollen : provozieren

aus|ren|ken tr.: aus der richtigen Lage renken * **Aus|ren|kung,** die; –, –en: das Ausrenken

aus|rich|ten tr.: gehörig richten, in die richtige Form, Lage bringen : (weidm.) aufspüren : (bergm.) durchforschen : bestellen : erreichen : (Gastmahl u. dgl. –) vorbereiten * **Aus|rich|tung,** die; –, –en: das Ausrichten : Haltung, Stellung

aus|rin|gen tr.: herauswinden : durch Ringen vom Wasser befreien : ringend beenden : durch Ringen gelenkig machen

aus|rin|nen intr.: auslaufen (Flüssigkeit)

Aus|ritt: s. ausreiten

aus|rö|cheln tr.: röchelnd aushauchen; intr. (haben): aufhören zu röcheln : (Umgspr.) sterben

aus|ro|den tr.: ausreuten : (Wald –) lichten * **Aus|ro|dung,** die; –, –en: das Ausroden

aus|rol|len tr.: ausbreiten : ohne Abbremsen langsamer werden

aus|rot|ten tr.: (übertr.) vernichten * **Aus|rot|tung,** die; –, –en: das Ausrotten

aus|rü|cken tr.: aus etwas herausrücken; intr. (sein): sich davonmachen : ausmarschieren

Aus|ruf, der; –s, –e: das Ausrufen : Schrei : (mundartl.) Versteigerung * **aus|ru|fen** tr.: einen Ruf ausstoßen : laut verkünden : öffentlich bekannt machen * **Aus|ru|fer,** der; –s, –: Verkünder * **Aus|ru|fung,** die; –, –en: das Ausrufen * *Ausruf(ungs)zeichen:* Satzzeichen nach einem Ausruf

aus|ru|hen intr., tr., rbz.: genügend ruhen : durch Ruhe neue Kraft sammeln : sich erholen

aus|run|den, -rün|den tr.: rund aushöhlen : abrunden * **Aus|run|dung,** die; –, –en: Ausbauchung : Aushöhlung

aus|rup|fen tr.: rupfend ausreißen

aus|rüs|ten tr.: mit einer Rüstung versehen : mit allem zu einem Zweck Nötigen versehen * **Aus|rüs|tung,** die; –, –en: das Ausrüsten : das zum Ausrüsten Dienende

aus|rut|schen intr. (sein): rutschend ausgleiten : ins Schleudern geraten * **Aus|rut|scher,** der; –s, –: (übertr.) Versehen

Aus|saat, die; –, –en: das Aussäen : das Ausgesäte * **aus|sä|en** tr.: säend ausstreuen : verbreiten

Aus|sa|ge, die; –, –en: das Aussagen : das Ausgesagte : Erklärung : (Sprachl.) Prädikat * *Aussagesatz; Aussageweise:* Modus * **aus|sa|gen** tr.: auf (gerichtl.) Vernehmung sich äußern : (etwas von jemandem –) jemand etwas zuschreiben

aus|sä|gen tr.: mit der Säge ausschneiden

Aus|satz, der; –es: das Aussetzen : ausgesetzter Gewinn : bösartige Ausschlagkrankheit (Lepra) * **aus|sät|zig** Ew.: mit Aussatz behaftet * **aus|set|zen** tr.: hinaussetzen : ausstellen : zur Schau auslegen : (Kind –) ins Freie setzen und verlassen : (jemand einer Gefahr u. a. –) preisgeben : (Preis u. dgl. –) anordnend festsetzen

: (etwas an jemand –) tadeln : (Buchdrw.) unabgekürzt setzen : (Buchdrw.) zu Ende setzen; intr.: (mit etwas –) etwas unterbrechen : (Spiel) den ersten Zug tun; rbz.: (der Gefahr –) in Gefahr begeben : (dem Klatsch –, dem Gerede –) seinen Ruf aufs Spiel setzen

aus|sau|fen tr.: austrinken : entleeren (Flasche)

aus|sau|gen tr.: saugend herausziehen : saugend leeren : (übertr.) erschöpfen : erpressen : restlos entkräften; intr.: zu Ende saugen ✳ **Aus|sau|ger,** der; –s, –: Ausbeuter : Schmarotzer

aus|scha|ben tr.: schabend aushöhlen : ausradieren ✳ **Aus|scha|bung,** die; –, –en: (Med.) das Ausschaben der Gebärmutter

aus|schach|ten tr., intr.: durch Graben einen Schacht machen : ausgraben : Erde auswerfen ✳ **Aus|schach|tung,** die; –, –en: das Ausschachten

aus|scha|len tr.: innen verschalen : aus der Schale lösen ✳ **Aus|scha|lung,** die; –, –en: innere Bekleidung

aus|schä|len tr.: das Innere herauslösen : von der Schale befreien

aus|schal|ten tr.: ausschließen : (elektr. Strom –) unterbrechen ✳ **Aus|schal|ter,** der; –s, –: Vorrichtung zum Unterbrechen des elektr. Stroms ✳ **Aus|schal|tung,** die; –, –en: das Ausschalten

Aus|schank, der; –(e)s, ..schänke: Schankrecht : Schankwirtschaft : Schanktisch ✳ **aus|schen|ken** tr.: Getränk aus dem Gefäß füllen : Getränke maßweise verkaufen

aus|schar|ren tr.: scharrend herausbringen : (stud.) durch Scharren sein Missfallen kundgeben

Aus|schau, die; –: das Ausschauen ✳ *Ausschau halten:* ausschauen ✳ **aus|schau|en** intr.: schauend suchen

aus|schau|feln tr.: schaufelnd herausbringen

aus|schei|den tr.: aussondern; intr. (sein): scheidend austreten : (mit etwas –) (seem.) aufgeben ✳ **Aus|schei|dung,** die; –, –en: das Ausscheiden ✳ *Aus-*

scheidungsdrüse; Ausscheidungskampf: Wettkampf, bei dem eine Vorauswahl für den Endkampf getroffen wird; *Ausscheidungsorgan; Ausscheidungsstoff; Ausscheidungsrennen, -spiel:* Rennen, Spiel, in dem die besten Kräfte ausgesondert werden

aus|schei|ßen tr.: (Umgspr.) den Darm entleeren

aus|schel|ten intr.: zu Ende schelten; tr.: derb schelten; rbz.: sich durch Schelten erleichtern

aus|schen|ken: s. Ausschank

aus|sche|ren intr.: (seem.) aus der Reihe weichen

aus|scheu|ern tr.: durch Scheuern reinigen

aus|schi|cken tr.: (mit einem Auftrag) aus dem Hause schicken

aus|schie|ßen tr.: (Gewehr –) durch Schüsse in Gang bringen : um einen Gewinn schießen : prüfend aussondern : (Brot –) aus dem Ofen schieben : (Buchdrw.) Kolumnen in den Formen ordnen : (Ballast –) ausladen : (Graben –) auswerfen; intr. (sein): schießend hervortreten : hervorragen : (Pflanze) schießend treiben ✳ **Aus|schuß** → **Aus|schuss,** der; –es, ..schüsse: Austrittsstelle eines Geschosses : minderwertige Ware : Personenkreis, der mit besonderen Aufgaben betraut ist, z. B. im Parlament oder in Verbänden (Haushaltsausschuss)

aus|schif|fen intr. (sein): schiffend ausfahren; tr.: an Land bringen

aus|schil|dern tr.: mit Schildern kennzeichnen

aus|schimp|fen tr.: ausschelten; intr.: aufhören zu schimpfen

aus|schir|ren tr.: (Zugtiere) aus dem Geschirr nehmen, ausspannen

aus|schlach|ten tr.: Eingeweide aus dem Schlachtviehs entfernen : (übertr.) ausnutzen, wuchern : (Buchdrw.) bestimmte Teile aus einem Schriftsatz aussondern ✳ **Aus|schlach|tung,** die; –, –en: stückweiser Verkauf (Autos, Gutes usw.) zur Erzielung höherer Preise

aus|schla|fen intr., rbz.: genügend schlafen; tr.: im Schlaf vergehen lassen

Aus|schlag, der; –(e)s, ..schläge: erster Streich : Pflanzentrieb : Hautkrankheit : etwas Hervortretendes : Wandbekleidung : Abweichung schwingender Körper von der Gleichgewichtslage : Ausgang, Ende, Ergebnis ✳ *den Ausschlag geben:* entscheiden ✳ *ausschlaggebend* Mw. Ew.: entscheidend ✳ **aus|schla|gen** tr.: schlagend forttreiben (Fechtkst.) abwehren : schlagend auslöschen : schlagend entfernen : inwendig beschlagen : Dargebotenes abweisen : hervortreten lassen; intr.: in weitem Bogen schlagend bewegen : schlagend herausfahren : beschlagen; intr. (sein): einen Ausgang nehmen, verlaufen

aus|schle|cken tr.: mit der Zunge entleeren

aus|schlie|ßen tr.: durch Schließen lösen, befreien : durch Schließen fernhalten : ausnehmen : (Buchdrw.) beim Setzen die Zeilen auf volle Breite bringen ✳ *ausgeschlossen* Mw. Ew.: ausgenommen : unter keinen Umständen möglich ✳ **aus|schließ|lich** (auch **aus|schließ|lich**) Ew.: (alles andere) ausschließend; Vw. mit Gen.: mit Ausnahme von; Uw.: nur, nichts anderes als ✳ **Aus|schließ|lich|keit,** die; –, –en: Ausnahmslosigkeit ✳ **Aus|schlie|ßung,** die; –, –en: Trennung : Ausstoßung : Verbot der Teilnahme ✳ **Aus|schluß** → **Aus|schluss,** der; –es, ..schlüsse: Ausschließung ✳ *Ausschlußkasten* → *Ausschlusskasten:* (Buchdrw.) Kasten mit Ausschluss; *Ausschlußtaste* → *Ausschlusstaste:* (Buchdrw.) an der Setzmaschine Taste zum Einschieben von Ausschluss

Ausschluss
Folgt das ß einem kurzen Vokal, wird es zu ss: *Ausschluss, Ablass, Schloss, Fluss.* Steht das ß nach einem langen Vokal oder einem Diphthong (ei, au, eu, äu), bleibt es erhalten: *Ausschließung, Fuß, Fleiß, Spieß.*

Aus|schlupf, der; –(e)s,
..schlüpfe: Schlupfloch ✳
aus|schlüp|fen intr. (sein):
schlüpfend herauskommen
aus|schlür|fen tr.: schlürfend
austrinken
Aus|schluß → **Aus|schluss:**
s. ausschließen
aus|schmie|ren tr.: (süddt.)
(Umgspr.) betrügen : überrum-
peln
aus|schmü|cken tr.: schmü-
ckend ausstatten ✳ **Aus|
schmü|ckung**, die; –, –en: das
Ausschmücken : das Aus-
schmückende
aus|schnau|ben intr., rbz.:
verschnaufen; tr., rbz.: aus-
schneuzen
aus|schnei|den tr.: schnei-
dend herausnehmen : schneidend von etwas befreien :
durch Schneiden formen : für
den Kleinverkauf zerschneiden
✳ *ausgeschnitten* Mw. Ew.:
(Kleid) mit Halsausschnitt, de-
kolletiert ✳ **Aus|schnitt**, der;
–(e)s, –e: das Herausschneiden
: die durch Ausschneiden entstandene Lücke : herausge-
schnittenes Stück ✳ *im Ausschnitt verkaufen:* im Klein-
handel verkaufen
aus|schneu|zen tr., rbz.:
schneuzend reinigen
Aus|schnitt: s. ausschneiden
aus|schöp|fen tr.: schöpfend
entfernen : schöpfend leeren :
(übertr.) gänzlich ausnutzen
aus|schrei|ben tr.: ausfertigen :
(Zeugnis –) ausstellen : zu Ende
schreiben : ohne Abkürzung
schreiben : (Zahlen –) in Worten
schreiben : aus etwas abschreiben : (Handschrift –) durch
Übung ausbilden : durch Sendschreiben bekanntmachen ✳
Aus|schrei|bung, die; –, –en:
schriftliche Bekanntmachung
aus|schrei|en tr.: ausrufen :
(Stimme –) durch Schreien tönender machen : sich heiser
schreien; rbz.: seine Schreilust
befriedigen; intr.: zu schreien
aufhören ✳ **Aus|schrei|er**, der;
–s, –: Ausrufer
aus|schrei|ten intr. (sein):
große Schritte machen : vom
rechten Wege gehen : Unfug
begehen; tr.: mit Schritten aus-
messen ✳ **Aus|schrei|tung**,
die; –, –en: Gesetzesübertretung : Gewalttätigkeit

aus|schro|ten tr.: zermahlen :
(östr.) (Fleisch –) zerlegen
aus|schu|len tr.: aus einer
Schule nehmen ✳ **Aus|schu-
lung**, die; –, –en: das Ausschu-
len
Aus|schuß → **Aus|schuss:** s.
ausschießen
aus|schüt|teln tr.: schüttelnd
entfernen : schüttelnd reinigen
aus|schüt|ten tr.: schüttend
ausleeren : (sein Herz –) sich
aussprechen : (Gewinn –) verteilen; rbz.: sich aussprechen ✳
sich ausschütten (vor Lachen):
heftig lachen ✳ **Aus|schüt-
tung**, die; –, –en: Verteilung
des Gewinnes
aus|schwär|men intr. (sein):
schwärmend ausfliegen; intr.
(haben): zu Ende schwärmen
aus|schwei|fen tr.: bogenför-
mig umreißen : ausschwenken;
intr. (sein, haben): in die Weite
schweifen : (in der Rede) ab-
schweifen : maßlos sein : maßlos sinnlich genießen ✳
aus|schwei|fend Ew.: maß-
los, übertrieben unsittlich ✳
Aus|schwei|fung, die; –, –en:
maßlose sinnliche Schwelgerei
aus|schwem|men tr.: mit
Flüssigkeit herausspülen; aus-
höhlen
aus|schwen|ken tr.: schwen-
kend ausspülen
aus|schwin|gen intr.: zu Ende
schwingen; tr.: (seem.) aussetzen
aus|schwit|zen intr.: zu Ende
schwitzen; intr. (sein): als oder
wie Schweiß ausscheiden; tr.:
durch Schwitzen wegbringen,
ausscheiden
aus|se|gnen tr.: ausweihen :
einen Toten segnen ✳ **Aus|
seg|nung**, die; –, –en: einen
Toten vor seiner Beerdigung
segnen
aus|se|hen intr.: den Eindruck
erwecken : spähen : einen Anblick bieten ✳ *sich die Augen
aussehen:* sich blind sehen ✳
Aus|se|hen, das; –s: Anschein
: äußere Erscheinung
Aus|sicht, die; –, –en: Blick
ins Freie : Landschaftsbild : die
Zukunft : Erwartung, Hoffnung
✳ *aussichtslos* Ew.: hoffnungs-
los; *Aussichtslosigkeit; aus-
sichtsreich, -voll* Ew.; *Aus-
sichtspunkt; Aussichtsturm*
au|ßen Uw.: nicht innen : an

der Oberfläche ✳ *von außen
her; nach innen und außen;
nach außen hin* ✳ Außenamt:
Amt für auswärtige Angelegenheiten; *Außenantenne; Au-
ßenaufnahme:* Filmaufnahme
außerhalb des Studios; *Außen-
bezirk; Außenbordmotor:* Motor, der an der Außenseite von
Booten angebracht werden
kann; *außenbords* Uw.: an der
Außenseite eines Schiffes; *Au-
ßendeich:* dem Meere am
nächsten zugelegter Deich; *Au-
ßendienst:* Dienst außerhalb der
Dienststelle; *Außenhafen:* nach
dem Meer zu liegender Hafen;
Außenhandel: Handel mit dem
Ausland; *Außenkurve:* bestimmte Kurvenlage der
Straße; *Außenhandelsmono-
pol:* Lenkung des Außenhan-
dels durch den Staat; *Außen-
handelspolitik; außenliegend*
→ *außen liegend* Mw. Ew.:
nicht im Innern liegend; *Au-
ßenmauer:* äußere Mauer; *Au-
ßenminister:* Minister für auswärtige Angelegenheiten; *Au-
ßenministerium; Außenpolitik;
außenpolitisch* Ew.: Auslands-
politik betreffend; *Außenseite;
Außenseiter*, der; –s, –: abseits
Stehender, Eigenbrötler; *Außen-
spiegel:* (am Auto) Spiegel, der
nicht im Innenraum ist; *Außenstände* Mz.: ausstehende Forderungen; *Außenstürmer, Rechts-
außen, Linksaußen:* (Fußball)
Flügelstürmer; *Außentempera-
tur; Außentreppe; Außentür;
Außenwand; Außenwelt; Au-
ßenwinkel:* (Math.) Nebenwin-
kel
aus|sen|den tr.: ausschicken
au|ßer Bw. mit dass oder
wenn: ausgenommen ✳ *außer
daß* → *außer dass* ✳ *morgen
wird gemäht, außer wenn es
regnet* ✳ Vw. mit Dat., (selt.)
Akk., in festen Redewendungen auch mit Gen.: (örtl.) außerhalb : aus : ausgenommen :
ausgeschlossen ✳ *außer acht
lassen* → *außer Acht lassen:*
nicht beachten; *außer allem
Zweifel; außer Dienst; außer
Landes gehen; außer Sicht
kommen; außer sich sein:* fas-
sungslos sein; *außer Fassung
kommen; außer Kurs setzen* ✳
Außerachtlassung, die; –, –en:
Nichtbeachtung; *außeramtlich*

Ew.: nicht zum Amt gehörig; *außerdienstlich* Ew.: nicht zum Dienst gehörig; *außerehelich* Ew.; *außereuropäisch* Ew.; *außergerichtlich* Ew.; *außergewöhnlich* Ew.: ungewöhnlich; *außerkirchlich* Ew.; *außerordentlich* Ew.: ungewöhnlich : besonders : hervorragend; *außerplanmäßig* Ew.: außerhalb des Geplanten; *außerschulisch* Ew.: die Schule nicht betreffend; *außersinnlich* Ew.: nicht zur Sinnenwelt gehörig; *außerstande sein* auch: *außer Stande sein:* nicht fähig sein; *außerstand setzen* auch: *außer Stand setzen:* unfähig machen; *außerwissenschaftlich* Ew.: nicht zur Wissenschaft gehörig ***** **außer|dem** Uw.: noch dazu ***** **Äuße|re,** das; ..r(e)n: äußere Erscheinung : Aussehen : Anschein ***** *sein Äußeres; ein hässliches Äußere(s); im Äußer(e)n* ***** **außer|halb** Vw. mit Gen.: nicht innen gelegen : jenseits der Grenzen von etwas ***** Uw.: nicht in der Stadt, der Heimat usw. ***** *außerhalb der Schule* ***** **äußer|lich** Ew.: nicht innerlich : oberflächlich : nicht tiefgehend ***** **Äußer|lich|keit,** die; –, –en: das Äußerliche : Unwesentliches : äußerliches Ding ***** **äu|ßern** (ich ..[e]re) tr.: nach außen hervortreten lassen : kundtun : aussprechen ***** **äu|ßerst** Ew. (Superl. zu außer): am weitesten außen gelegen : entferntest : letzt : höchst; Uw.: höchst, in höchstem Grade ***** *bis zum äußersten* auch: *bis zum Äußersten:* sehr; *aufs äußerste erschrecken* auch: *aufs Äußerste erschrecken; aufs Äußerste (alles) gefasst sein; es zum Äußersten kommen lassen; es bringt mich zum Äußersten; zuäußerst* ***** **äu|ßers|ten|falls** Uw.: im letzten, höchsten Fall ***** **Äu|ße|rung,** die; –, –en: das Äußere : das Geäußerte

außerstande sein auch: *außer Stande sein.*
aus|set|zen: s. Aussatz
Aus|sicht: s. aussehen
aus|sie|ben tr.: aussondern : (übertr.) auswählen, ausmerzen ***** **Aus|sied|ler,** der; –s, –: Heimatvertriebener ***** **Aus|sied|lung,** die; –, –en: das Ausgesiedeltwerden
aus|sin|nen tr.: ersinnen
aus|sit|zen intr.: (ugs.) abwarten, bis sich ein Problem von selbst löst
aus|söh|nen tr., rbz.: versöhnen ***** **Aus|söh|nung,** die; –, –en: Versöhnung
aus|son|dern tr.: aus einer Menge sondern : beiseite tun ***** **Aus|son|de|rung,** die; –, –en: das Isolieren von anderen
aus|sor|tie|ren (..iert) tr.: aussondern
aus|spä|hen intr.: spähend ausblicken
aus|span|nen tr.: spannend ausdehnen : Eingespanntes losmachen : (Pferd –) vom Wagen losmachen : (Wagen –) von den Pferden befreien; intr.: sich erholen : tr. (volkst.) abspenstig machen, abjagen ***** **Aus|span|nung,** die; –, –en: das Ausspannen ***** **Aus|span|nung,** die; –: Erholung, Ruhe
aus|spa|ren tr.: (Raum –) freihalten ***** **Aus|spa|rung,** die; –, –en: bewusst leer gelassene Stelle
aus|spei|en tr.: Speichel aus dem Mund werfen : speiend oder wie speiend von sich geben; intr.: zu speien aufhören
aus|sper|ren tr.: aussperren : ausschließen ***** **Aus|sper|rung,** die; –, –en: das Aussperren, bes. Ausschluss von Arbeitern aus einer Fabrik
aus|spie|len tr.: zu Ende spielen : (Karte –) aufwerfen : einsetzen : als Gewinn aussetzen : durch Spielen verbessern : durch Spielen abnutzen ***** *einen gegen den anderen ausspielen:* durch Ränkespiel zu benachteiligen suchen; *ausgespielt haben:* verloren sein
aus|spin|nen tr.: (ugs.) etwas beim Erzählen dazudichten, ausmalen
aus|spi|o|nie|ren tr.: durch Spionieren herausfinden, erforschen

Aus|spra|che, die; –, –n: Art der Lautgebung : das Sichaussprechen : Meinungsaustausch : Unterredung ***** **aus|sprech|bar** Ew.: so beschaffen, dass man es aussprechen kann ***** **aus|spre|chen** tr.: Laute einer Sprache ertönen lassen : (Wort usw. –) sprechen, sagen; rbz.: Gedanken, Meinung austauschen ***** *ausgesprochen* Mw. Ew.: entschieden : deutlich erkennbar ***** **Aus|spruch,** der; –(e)s, ..sprüche: ausgesprochene Ansicht : Urteil
aus|spren|gen tr.: sprengend herausbringen : sprengend aushöhlen : (Pferd –) in Galopp setzen : (Gerücht –) verbreiten
aus|sprin|gen intr.: zu Ende springen; intr. (sein): herausspringen : wegspringen : vorspringen; tr.: (sich ein Glied –) springend ausrenken; rbz.: seine Springlust befriedigen : durch Springen geschmeidig machen
aus|sprit|zen tr.: herausspritzen : spritzend leeren : durch Spritzen löschen : spritzend füllen : spritzend reinigen ***** **Aus|sprit|zung,** die; –, –en: das Ausspritzen : (bes.) Reinigung durch Spritzen
Aus|spruch: s. Aussprache
aus|spu|cken tr.: ausspeien
aus|spü|len tr.: spülend auswerfen : spülend aushöhlen : spülend reinigen : spülend entfernen ***** **Aus|spü|lung,** die; –, –en: das Ausspülen : (bes.) Reinigung durch Spülen
aus|spü|ren tr.: aufspüren
aus|staf|fie|ren tr.: ausstatten : ausrüsten : einkleiden ***** **Aus|staf|fie|rung,** die; –, –en: Ausstattung : Aufputz
Aus|stand, der; –(e)s, ..stände: ausstehende Forderung : Frist : Streik ***** **aus|stän|dig** Ew.: streikend ***** **Aus|länd|ler,** der; –s, –: Streikender ***** **aus|ste|hen** intr. (haben, sein): streiken : (weidm.) vom Baum wegfliegen : Außenstände haben; tr.: stehen, bis etwas vorüber ist : ertragen : standhalten ***** *nicht ausstehen können:* nicht leiden können
aus|stan|zen tr.: mit der Stanzmaschine, dem Stanzmesser ausschneiden
aus|stat|ten tr.: ausrüsten :

(Braut –) mit allem Nötigen zur Gründung eines Haushalts versehen * **Aus|stat|tung**, die; –, –en: Mitgift, Aussteuer : Aufmachung * *Ausstattungsfilm:* Film mit großer Ausstattung; *Ausstattungsstück:* prunkvolle Aufmachung

aus|stau|ben, aus|stäu|ben tr.: vom Staub befreien

aus|ste|chen tr.: durch Stechen herausbringen : durch Stechen aushöhlen : trinkend leeren : auswählend bestimmen : mit Grabsticheln ausarbeiten : (einen –) besiegen, in den Hintergrund drängen * **Aus|stich**, der; –s, –e: das Beste seiner Art (bes. vom Wein)

aus|ste|cken tr.: herausstecken

aus|ste|hen: s. Ausstand

aus|stei|gen intr. (sein): aus etwas steigen : ein Fahrzeug verlassen : etwas aufgeben * **Aus|stei|ger**, der; –s, –: jemand, der sich von seiner sozialen Stellung und Gruppe trennt und eigene Wege geht

aus|stel|len tr.: außen aufstellen : zur Schau stellen : tadeln : ausschreiben : (Urkunde) ausfertigen * **Aus|stel|ler**, der; –s, –: Schausteller : Unterzeichner * **Aus|stel|lung**, die; –, –en: Schau : Ausfertigung : Tadel * *Ausstellungsfläche; Ausstellungsgelände; Ausstellungshalle; Ausstellungskatalog; Ausstellungsraum; Ausstellungsstand; Ausstellungsstück; Ausstellungstag:* Tag der Ausfertigung (eines Passes, Dokumentes usw.)

aus|ster|ben intr. (sein): durch Tod auslöschen, vernichtet werden * *etwas auf den Aussterbeetat setzen:* eingehen lassen

Aus|steu|er, die; –, –n: Brautausstattung : Heiratsgut * *Aussteuerversicherung*

Aus|stich: s. ausstechen

aus|stop|fen tr.: durch Einstopfen füllen

Aus|stoß, der; –es, ..stöße: das Auslassen einer Flüssigkeit aus dem Fass * **aus|sto|ßen** intr.: zu Ende stoßen : (Fechtkst.) sich auslegend stoßen : intr. (sein): heftig hervorbrechen; tr.: durch Stoß wegschaffen : stoßweise hervortreten lassen :

ausweisen : verbannen * **Aus|sto|ßung**, die; –, –en: Ausweisung, Verbannung

aus|strah|len tr., intr.: (sich) strahlend verbreiten * **Aus|strah|lung**, die; –, –en: das Ausstrahlen

aus|stre|cken tr., rbz.: streckend hinhalten, ausdehnen

aus|strei|chen tr.: streichend glätten : streichend ausfüllen : ausmalen : streichend tilgen

aus|streu|en tr.: streuend verteilen : (Gerücht –) verbreiten

aus|strö|men intr. (sein): strömend ausfließen; tr.: ausströmen machen * *Ausströmrohr:* Rohr, durch das (Maschinen-) Dampf ausströmt

aus|stül|pen tr.: nach außen stülpen, kehren : aufstülpen, wölben * **Aus|stül|pung**, die; –, –en: das Ausstülpen

aus|su|chen tr.: suchend auswählen * *ausgesucht* Mw. Ew.: auserlesen, fein; Uw.: besonders

Aus|tausch, der; –(e)s: das Austauschen * *Austauschdienst:* Vermittlungsstelle für Auslandsaufenthalt auf Gegenseitigkeit; *Austauschmotor; Austauschstoff; Austauschschüler; –student; –professor* * **aus|tausch|bar** Ew.: so geartet, dass es ersetzbar durch oder einsetzbar für etwas anderes ist * **aus|tau|schen** tr.: auswechseln : wechselseitig geben und dafür nehmen

aus|tei|len tr.: in Teilen ausgeben * **Aus|tei|lung**, die; –, –en: das Austeilen

Aus|te|nit, der; –(e)s: Eisenkarbid, Mischkristall aus Eisenkarbid und Eisen

Aus|ter, die; –, –n: essbare Seemuschel * *Austernbank; Austernfang, Austernfischer; Austernsammler*

aus|tes|ten tr.: bis zu Ende überprüfen : (Comp.) vor der Übergabe in die Produktion Testläufe fahren

aus|til|gen tr.: tilgend auslöschen

aus|tol|ben tr., rbz.: ausrasen

Aus|trag, der; –(e)s, ..träge: das Austragen : Entscheidung : entscheidender Ausgang : schiedsrichterliche Entscheidung * **aus|tra|gen** tr.: hinaustragen : (Briefe –) an den Be-

stimmungsort tragen : durch Wegtragen reinigen : tragend wegschaffen : ausschwatzen, unter die Leute bringen : zu Ende tragen : (Leibesfrucht –) bis zur Reife tragen : zu Ende ertragen : zur Entscheidung bringen; rbz.: sich fruchttragend erschöpfen * **Aus|trä|ger**, der; –s, –: Austragender * *Austrägerei:* Klatsch * **Aus|träg|ler**, der; –s, –: einer, der sich auf dem Altenteil befindet * **Aus|tra|gung**, die; –, –en: Erschöpfung durch Fruchttragen : Postzustellung : das Abhalten von Veranstaltungen * *Austragungsmodus; –ort*

aus|tral (l.) Ew.: auf der südlichen Halbkugel befindlich * **Aus|tra|li|de**, der; –n, –n: Ureinwohner Australiens * **Aus|tra|li|en:** Erdteil * **Aus|tra|li|er**, der; –s, –: Bewohner Australiens * **aus|tra|lisch** Ew.: zu Australien gehörig * *Australischer Bund:* brit. Dominion * **Aus|tral|licht**, das; –(e)s: Südlicht, Polarlicht * **aus|tra|lo|id** Ew.: den Australiden gleichend * **Aus|tra|lo|i|de**, der; –n, –n: Person mit gleichartigen Merkmalen wie ein Australide

aus|trei|ben tr.: vertreiben : hervortreten lassen; intr.: Vieh auf die Weide treiben : (Hüttw.) Feuer löschen * **Aus|trei|bung**, die; –, –en: Vertreibung * *Austreibungsperiode:* Abschnitt bei der Geburt, während dessen die Leibesfrucht ausgestoßen wird

aus|tre|ten intr. (sein): mit dem Fuße ausholend einen Fußtritt versetzen : aus einem Raum heraustreten : aus der Reihe usw. treten, um ein Bedürfnis zu befriedigen : sich aus einer Verbindung, Gemeinschaft lösen : heraustreten : Grenzen übertreten; tr.: durch Treten herausbringen : durch Treten aushöhlen : tretend ausweiten : durch Treten wegschaffen : (Funken –) durch Treten löschen * **Aus|tritt**, der; –es, –e: das Hinaustreten : Kündigung einer Teilhaberschaft, einer Mitgliedschaft : Abort * *Austrittserklärung:* (Partei) ausdrückliche Kündigung der Mitgliedschaft

Aus|tria (ml.): Österreich *

Aus|tri|a|zis|mus, der; –, ..ismen: Eigentümlichkeit der östr. Mundart * **Aus|tri|en** = Austrasien * **Aus|tro|fa|schis|mus,** der; –: östr. Prägung des Faschismus

aus|trick|sen tr.: (Umgspr.) geschickt umgehen, reinlegen

aus|trin|ken tr.: trinkend leeren

Aus|tritt: s. austreten

aus|trock|nen intr. (sein): innen trocken werden; tr.: innen trocken machen * **Aus|trocknung,** die; –, –en: das Austrocknen

aus|trom|pe|ten intr.: zu Ende trompeten; tr.: trompetend verkünden

aus|tru|deln intr.: eine Bewegung langsam abebben lassen

aus|tüf|teln tr.: etwas Schwieriges ersinnen : etwas Verwickeltes herausfinden

aus|tup|fen tr.: durch Tupfen vorsichtig trocknen

aus|ü|ben tr.: tun : bewerkstelligen : verrichten, betreiben : wirken * **Aus|ü|bung,** die; –, –en: das Ausüben * *in Ausübung seines Amtes*

aus|u|fern intr.: (übertr.) überhand nehmen

Aus|ver|kauf, der; –(e)s, ..käufe: völliger Verkauf bei Geschäftsaufgabe : vollständige Aufräumung eines Warenlagers * **aus|ver|kau|fen** tr., intr.: Ausverkauf halten : völlig verkaufen * *ausverkauft:* alles verkauft

aus|ver|schämt Ew. (mundartl.): unverschämt

aus|wach|sen intr. (sein): fehlerhaft auskeimen : bucklig wachsen : (Wunde usw.) sich wachsend wieder füllen; rbz.: zur Reife wachsen * *Es ist zum Auswachsen:* zum Ärgern, dass man auswachsen könnte * **Aus|wuchs,** der; ..wuchses, ..wüchse: das Auswachsen : Geschwulst : (übertr.) Phantasiegebilde : Missstand

aus|wä|gen tr.: im einzelnen wägen : durch Wägen herausfinden * *ausgewogen* Mw. Ew.: auserlesen : genau abgewogen : gründlich überlegt

Aus|wahl, die; –, –en: das Auswählen : zum Auswählen vorliegende Menge : das Aus

gewählte * *Auswahlmannschaft; Auswahlsendung:* Warensendung zur Auswahl : Warenprobe * **aus|wäh|len** tr.: wählend auslesen

aus|wal|zen tr.: walzend strecken : walzend glätten

Aus|wan|de|rer, der; –s, –: Auswandernder : Ausgewanderter * **aus|wan|dern** intr. (sein): den Heimatstaat verlassen * **Aus|wan|de|rung,** die; –, –en: das Auswandern

aus|wär|tig Ew.: außerhalb des eigenen Landes, Wohnsitzes befindlich : auf das außerhalb Gelegene bezüglich * *das Auswärtige Amt; Minister des Auswärtigen* * **aus|wärts** Uw.: nach außen gerichtet : außerhalb des Hauses, Wohnorts * *auswärts essen:* nicht zu Hause essen; *auswärtsgehen →* auswärts gehen: mit auswärts gerichteten Füßen gehen

aus|wa|schen tr.: durch Waschen entfernen : durch Waschen reinigen : durch Waschen ausbleichen : waschend aushöhlen * **Aus|wa|schung,** die; –, –en: durch Wasser ausgehöhlte Stelle

aus|wech|seln tr.: austauschen * *Auswechselblatt:* Blatt, das gegen ein anderes ausgewechselt werden kann * *auswechselbar* Ew.: austauschbar * *Auswechselvertrag* * **Aus|wech|se|lung,** **Auswechs|lung,** die; –, –en: das Auswechseln

Aus|weg, der; –(e)s, –e: herausführender Weg : Hilfe in der Not : Ausrede : Notbehelf : List * **aus|weg|los** Ew.: ohne Ausweg : (übertr.) hoffnungslos * **Aus|weg|lo|sig|keit,** die; –: Hoffnungslosigkeit

Aus|wei|che, die; –, –n: Eisenbahnweiche : (bergm.) breitere Stelle * **aus|wei|chen** intr. (sein): aus der Richtung weichen : vom Wege weichen : umgehen : (einem –) aus dem Wege gehen * *ausweichend antworten:* ungenau antworten * *Ausweichgleis; –schiene; –vorrichtung; Ausweichlager; Ausweichmöglichkeit; Ausweichstelle; Ausweichstoffe:* Ersatzrohstoffe

aus|wei|den tr.: (Wild –) Eingeweide entfernen

aus|wei|nen tr.: durch Weinen erschöpfen : weinend Ausdruck geben; rbz.: genug weinen; intr. (haben): aufhören zu weinen

Aus|weis, der; –es, –e: Beleg durch gesetzl. Papiere, Legitimation * *Ausweispapiere* * **aus|wei|sen** tr.: verbannen; tr., rbz.: für gesetzmäßig erklären : sich legitimieren * **ausweis|lich** Uw.: laut Ausweis * **Aus|wei|sung,** die; –, –en: das Ausweisen : das Ausgewiesenwerden * *Ausweisungsbefehl:* Befehl, ein Gebiet zu verlassen

aus|wei|ten tr., rbz.: ausdehnen

aus|wen|dig Ew.: an der Außenseite befindlich * *auswendig lernen, können, sagen:* aus dem Gedächtnis lernen usw. * **Aus|wen|dig|ler|nen,** das; –s

aus|wer|fen tr.: durch Wurf herausfallen machen : hinauswerfen : ausstreuen : ausstoßend aus dem Inneren werfen : ausgrabend herausstoßen : durch Graben schaffen : durch Aufwerfen löschen : (Anker –) Schiff zum Halten bringen : (Geld –) spenden * **Aus|wurf,** der; –(e)s, ..würfe: das Auswerfen : das Ausgeworfene : die mit dem Husten entleerte Absonderung der Luftwege (Sputum) : Schund : (übertr.) Abschaum, Minderwertiges

aus|wer|ten tr.: den Wert voll ausnutzen : vorliegende Ergebnisse bewerten * **Aus|wertung,** die; –, –en: Nutzung, Verwertung : Bewertung einer Vorlage

aus|wet|zen tr.: durch Wetzen herausbringen : (übertr.) Schaden, Fehler wiedergutmachen

aus|wi|ckeln tr.: Eingewickeltes herauswickeln

aus|wie|gen tr.: das Gewicht feststellen

aus|win|den tr.: auswringen

aus|win|tern tr.: den Einwirkungen des Winters aussetzen : durch den Winter bringen; intr. (sein): die Einwirkungen des Winters erfahren * **Aus|winte|rung,** die; –: Absterben der Wintersaat durch Erfrieren : Ersticken der Fische durch Sauerstoffmangel bei andauerndem Frost

aus|wir|ken intr.: zu Ende wirken; tr.: wirkend ausgestalten : wirkend erlangen; rbz.: nachhaltig wirken * **Aus|wir|kung,** die; –, –en: Folge, nachhaltige Wirkung

aus|wi|schen intr.: entwischen; tr.: wischend entfernen : wischend reinigen : durch Wischen tilgen : verwischen

aus|wit|tern tr.: aufspüren : hervortreten machen : (bergm.) durch Witterungseinflüsse verstäuben usw. * **Aus|wit|te|rung,** die; –, –en: das Ausblühen : das Auskristallisieren von Salzen auf Mauern und Wandflächen

aus|wöl|ben tr.: mit Wölbungen ausbauen

aus|wrin|gen tr.: ausringen, auswinden

Aus|wuchs: s. auswachsen

aus|wuch|ten tr.: (Techn.) umlaufende Maschinenteile ausbalancieren

Aus|wurf: s. auswerfen

aus|wür|feln tr.: würfelnd ausspielen

aus|zah|len tr.: (einem etwas –) zahlend aushändigen : (einen –) zum Anteil zahlen * **Aus|zah|lung,** die; –, –en: Bezahlung : Lohnzahlung : Ausgleichzahlung

aus|zäh|len tr.: zu Ende zählen : zählend die Menge bestimmen : (Boxsport) Kampf beenden durch Zählen bis 10 * **Aus|zäh|lung,** die; –, –en: das zu Ende Zählen

aus|zan|ken tr.: ausschelten

aus|zeh|ren tr.: durch Zehren erschöpfen : aussaugen; intr., rbz.: hinschwinden * **Aus|zeh|rung,** die; –, –en: Schwindsucht : Abmagerung : Lungentuberkulose

aus|zeich|nen tr.: zu Ende zeichnen : bezeichnen : hervorheben; rbz.: hervortreten : sich als gut bemerklich machen * *ausgezeichnet* Mw. Ew.: vorzüglich * **Aus|zeich|nung,** die; –, –en: das Auszeichnen : das Auszeichnende, Lob, Lohn usw. * *Auszeichnungsschrift,* die; –, –en: andere Schriftart oder –größe als die des Textes * *Auszeichnungspflicht:* (– für Waren) Preisangabepflicht für Waren

aus|zieh|bar Ew.: so beschaf-

fen, dass man sie ausziehen kann * **aus|zie|hen** tr., rbz.: entkleiden; räumen : fortgehen : strecken * *Ausziehtisch* * **Aus|zug,** der; –(e)s, ..züge: Räumung : Abriss, kurze Inhaltsangabe : Fortwandern : Abmarsch : Güterbezeichnung * *auszugsweise* Uw.: nur die wichtigsten Teile * *Kontoauszug:* (kfm.) Abrechnungsbericht * *Auszug(s)mehl:* feinstes, vorzüglichstes Mehl * **Aus|züg|ler,** der; –s, –: Altenteiler

aus|zup|fen tr.: zupfend entfernen : zupfend ordnen

aut., (gr.) in Zus.: selbst

au|t|ark (gr.) Ew.: sich selbst genügend : volkswirtschaftlich unabhängig * **Au|tar|kie,** die; –, ..kien: Selbstgenügen : (wirtschaftliche) Unabhängigkeit, (Verbot der Einfuhr fremder und der Ausfuhr eigener Waren) [s. aut.. und gr. ar*k*ein genügen]

Au|then|tie (gr.), die; –: Echtheit : Rechtsgültigkeit : Machtvollkommenheit * **au|then|ti|fi|zie|ren** (..iert) (gr.-l.) tr.: die Echtheit bezeugen, beglaubigen * **au|then|tisch** (gr.-dtsch.) Ew.: echt : glaubwürdig : zuverlässig * **au|then|ti|sie|ren** (..iert) tr.: glaubwürdig machen : rechtsgültig machen * **Au|then|ti|zi|tät** (gr.-l.), die; –: Echtheit : Glaubwürdigkeit : Zuverlässigkeit

Au|tis|mus (gr.), der; –: hochgradige Kontaktunfähigkeit : krankhafte Ichbezogenheit * **Au|tist,** der; –en, –en: an Autismus Erkrankter * **au|tis|tisch** Ew.: krankhaft ichbezogen

Au|to, das; –s, –s: Kurzw. für Automobil * *Autoatlas; Autobahn; Autobahnauffahrt; –ausfahrt; –dreieck; –gebühr; –kreuz; –raststätte; –zubringer; Autobesitzer; Autobus: Autoomnibus; Autocross auch: Auto-Cross:* Geländeprüfung für Autofahrer; *Autodrom:* ringförmige Straßenanlage für Test- und Rennfahrer; *Autofahren,* das; –s, (aber: *Auto fahren); Autofahrt; Autogarage; Autohof; Autohilfe:* Hilfe für Kraftfahrer bei Unfällen und Pannen; *Autoindustrie; Autokarte; Autokino; –knacker;*

Autodieb; Autokolonne; Automechaniker; Autonummer; Autoparkplatz; Autoradio; Autoreifen; Autoreisezug; Autorennen; Autoreparatur; Autoschlange; Autoschlosser; Autoschlüssel; Autoskooter; Autostrich: (Umgspr.) Straßenprostitution; *Autotelefon; Autoverkehr; Autoverleih; Autozubehör; Autozubringer:* dem Hauptverkehrsmittel Fahrgäste zuführender Kraftwagen * **Au|to|mo|bil** (gr.-l.), das; –s, –e: Kraftwagen * *Automobilausstellung; Automobilklub; Automobilfabrikation* * **Au|to|mo|bi|list,** der; –en, –en: Autofahrer [s. auto.. und l. mobile beweglich]

au|to.., (gr.) in Zusn.: selbst

Au|to|bi|o|graf *auch:* **Au|to|bi|o|graph,** der; –en, –en: Verfasser seiner eigenen Lebensbeschreibung * **Au|to|bi|o|gra|fie** *auch:* **Au|to|bi|o|gra|phie,** die; –, ..fien *auch:* phien: selbstverfasste Lebensbeschreibung * **au|to|bi|o|gra|fisch** *auch:* **au|to|bi|o|gra|phisch** Ew.: zur eigenen Lebensbeschreibung gehörig

Autobiograf

Die häufig gebrauchten Silben *phot, phon* und *graph* in Fremdwörtern können im Zuge der Eindeutschung auch *fot, fon* und *graf* geschrieben werden. Bei besonders gängigen Begriffen gilt die Form mit *f* bereits als Hauptvariante.

au|to|chthon (gr.) Ew.: ureingeboren * **Au|to|chtho|ne,** der; –, –n: Ureinwohner

Au|to|da|fé (port.), das; –s, –s: Glaubensgericht, Ketzerverbrennung [eig. „Handlung des Glaubens"]

Au|to|di|dakt (gr.), der; –en, –en: einer, der sich durch Selbstunterricht bildet * **au|to|di|dak|tisch** Ew.: selbstlernend

au|to|dy|na|misch (gr.) Ew.: selbstwirkend

Au|to|e|ro|tik, die; –: nur Ez. Triebbefriedigung am eigenen Körper * **au|to|e|ro|tisch** Ew.: in den eigenen Körper verliebt

au|to|gen (gr.) Ew.: selbstschaffend : selbsttätig * *autogene Schweißung.* Verschmelzen zweier Metallteile; *autogenes Training:* allein auszuführendes Training, das zur inneren Entspannung führt

Au|to|gi|ro [–schiro], das; –s, –s: Trag–, Hubschrauber

Au|to|gramm (gr.), das; –s, –e: Urschrift : eigenhändige Schrift einer berühmten Persönlichkeit ✱ *Autogrammjäger*: Sammler von Autogrammen ✱ **Auto|graf** *auch:* **Au|to|graph** (gr.), das; –s, –e: Autogramm ✱ **Au|to|gra|fie** *auch:* **Au|to|gra|phie,** die; –, ..phien: Vervielfältigen durch Umdruck ✱ **au|to|gra|fie|ren** *auch:* **au|to|gra|phie|ren** (..iert) tr.: umdrucken, vervielfältigen ✱ **au|to|gra|fisch** *auch:* **au|to|gra|phisch** Ew.: eigenhändig : durch Umdruck hergestellt

Au|to|hyp|no|se (gr.), die; –, –n: Selbsteinschläferung

Au|to|in|fek|ti|on (gr.-l.), die; –, –en: Selbstansteckung

Au|to|in|to|xi|ka|ti|on (gr.-l.), die; –, –en: Selbstvergiftung

Au|to|krat (gr.), der; –en, –en: Selbstherrscher ✱ **Au|to|kra|tie,** die; –, ..tien: unumschränkte Alleinherrschaft ✱ **au|to|kra|tisch** Ew.: unumschränkt herrschend : selbstherrschend [s. auto.. u. gr. kratein herrschen]

Au|to|ly|se (gr.), die; –: Eiweißabbau ohne Bakterien

Au|to|mat (gr.), der; –en, –en: „Warengeber", selbsttätig arbeitendes Gerät : selbsttätige Maschine ✱ *Automatendiebstahl; Automatenrestaurant* ✱ **Au|to|ma|tie** (gr.), die; –: willenlose Handlung ✱ **Auto|ma|tik,** die; –: (Techn.) Selbsttätigkeit ✱ **Au|to|ma|ti|on,** die; –: automatisierte Fabrikation ✱ **Au|to|ma|ti|sa|ti|on,** die; –: das Automatisieren ✱ **au|to|ma|tisch** Ew.: selbsttätig : unwillkürlich ✱ **au|to|ma|ti|sie|ren** (..iert) tr.: selbsttätig machen : mechanisieren ✱ **Au|to|ma|ti|sie|rung,** die; –: Automatisation ✱ **Au|to|ma|tis|mus,** die; –, –men: von selbst, ohne Zutun, selbsttätig ablaufende Vorgänge

Au|to|mo|bil: s. Auto

au|to|morph (gr.) Ew.: in echten Kristallflächen gebildet

au|to|nom (gr.) Ew.: unabhängig ✱ **Au|to|no|mie,** die; –, ..mien: Selbständigkeit, Selbst-

gesetzlichkeit [s. auto.. u. gr. nomos Gesetz]

au|to|nym (gr.) Ew.: kein Anonym verwendend ✱ **Au|to|nym,** das; –s, –e: nicht anonym erschienenes Werk

Au|to|pi|lot, der; –en, –en: System zur selbsttätigen Steuerung in Flugzeugen und Raketen

Au|to|plas|tik (gr.), die; –, –en: Wiederherstellung von Haut– oder Gewebsverlusten durch Gewebe des eigenen Körpers

Au|top|sie (gr.), die; –, ..sien: Leichenöffnung : Leichenschau

Au|tor (l.), der; –s, ..toren: „Urheber" : Verfasser : Künstler ✱ *Autorreferat*: Bericht des Verfassers; *Autorengruppe; Autorenkorrektur; Autorenverband:* Schriftstellerverband ✱ **Au|to|ri|sa|ti|on** (nl.), die; –, –en: Vollmacht(erteilung) ✱ **au|to|ri|sie|ren** (..iert) tr.: bevollmächtigen ✱ **au|to|ri|tär** Ew.: mit uneingeschränkter Autorität herrschend ✱ **Au|to|ri|tät,** die; –, –en: Ansehen : Obrigkeit : maßgebende Persönlichkeit, Fachgröße ✱ **au|to|ri|ta|tiv** Ew.: maßgebend ✱ **Au|tor|schaft,** die; –, –en: Urheberschaft

Au|to|ri|sa|ti|on usw.: s. Autor

Au|tos|ko|pie (gr.), die; –, –en: unmittelbare Untersuchung des Kehlkopfes

Au|to|sug|ges|ti|on (gr.-l.), die; –, –en: Selbstbeeinflussung ✱ **au|to|sug|ges|tiv** Ew.: selbstbeeinflussend

Au|to|to|xin, das; –s, –e: (Med.) Eigengift

au|to|troph (gr.) Ew.: (Biol.) sich durch Umwandlung anorganischer Nahrung in organische Stoffe ernährend ✱ **Au|to|tro|phie,** die; –: autotrophe Ernährungsweise

Au|to|ty|pie (gr.), die; –, ..pien: „Selbstdruck", Lichtätzung, Lichtdruck

Au|to|vak|zi|ne (gr.-l.), die; (Med.) Impfstoff aus körpereigenen Erregern

autsch!: Ausruf des Schmerzes

Au|ver|gne [owärnj']: mittelfranz. Landschaft

au|weh!: Ausruf des Schmerzes

Au|xin (l.), das; –s, –e: Pflanzenwuchsstoff

a. v. (Abk.): a vista

A|val (fr.) [..w..], der; –s, –e: Wechselbürgschaft, verbürgende Mitunterschrift ✱ **a|va|lie|ren** (..iert) intr.: Wechselbürgschaft geben; tr.: als Bürge mitunterschreiben [fr. aval von l. ad vallem zu Tal, nach unten, wegen d. unten zuges. Unterschrift]

A|van|ce (fr.) [awangß], die; –, –n: Entgegenkommen : Vorschuss : Vorteil ✱ *Avancen machen:* Entgegenkommen zeigen ✱ **A|van|ce|ment** (fr.) [awangß'mang], das; –s, –s: das Aufrücken : Beförderung ✱ **a|van|cie|ren** (..iert) intr.: vorwärtskommen : aufrücken : befördert werden [fr. avancer zu avant nach vorn]

a-van-cie-ren
Die Trennung nach Sprechsilben ermöglicht auch den Zeilenwechsel nach nur einem Vokal: *A-bend, a-ber, a-vancieren, A-vantgarde, A-version* und *A-zetyl.* Mit Rücksicht auf die Lesbarkeit sollte von dieser Möglichkeit nur sparsam Gebrauch gemacht werden.

A|vant|gar|de (fr.) [awanggard'], die; –, –n: Vortrab, Vorhut : Vorkämpfer für neue Ideen, eine Bewegung ✱ **A|vant|gar|dis|mus,** der; –: Progressivität : Eintreten für fortschrittliche Ideen ✱ **A|vant|gar|dist,** der; –en, –en: Angehöriger der Avantgarde : Vorkämpfer ✱ **a|vant|gar|dis|tisch** Ew.: die Avantgarde betreffend: vorkämpferisch [fr. avant von l. ab-ante von vorn]

a|van|ti! (it.): vorwärts!, schnell!

a|ve! (l.) [..w..]: sei gegrüßt! ✱ **A|ve-Ma|ria,** das; –(s), –s: „Sei gegrüßt, Maria", Engelsgruß an die Jungfrau Maria : ein kath., mit diesen Worten beginnendes Gebet ✱ *Ave-Maria-Läuten, das; – – –s*

A|ven|tin, der; –s: einer der Hügel Roms

A|ven|tu|rin (l.) [..w..], der; –s, –e: mit Glimmer untermengter goldflimmeriger Quarz ✱ *Aventuringlas:* buntes Glas mit eingemengtem Kupferstaub; *Aventuringrund:* das Aventurin nachahmender, mit Metallspänen vermischter Lack

A|ve|nue (fr.) [aw'nüh], die; –, ..nuen: Baumstraße : Prachtstraße * **A|ve|nue** (fr.-e.) [äw'nju], die; –, –s: Prachtstraße [fr. avenir ankommen]

A|ver|bo (l.), das; –s, –s(..bi): Stammformen eines Verbs

A|ver|ro|e (arab.) [..w..], die;–, –n: ein asiat. Baum, nach dem arab. Philosophen Averroes benannt

A|vers (l.) [..w..], der; –es, –e: Vorderseite : Bildseite : Abfindung * *frei laut Avers:* frei durch Ablösung * **A|ver|sal|sum|me**, die; –, –n: Abfindungssumme : Pauschalvergütung [it. avverso von l. adversus zugekehrt]

A|ver|si|on (l.) [..w..], die; –, –en: Widerwille * **A|ver|si|o|nal|sum|me**, die; –, –n: Abfindungsbetrag * **a|ver|si|o|nie|ren** (..iert) tr.: abfinden * **A|ver|si|o|nie|rung**, die; –, –en: Abfindung, Ablösung * *Aversionierungsvermerk:* (Postw.) Ablösungsvermerk * **A|ver|sum**, das; –s, ..sa: Abfindungssumme [l. avertere abwenden]

A|ves|ta: s. Awesta u. Zendavesta

A|vi|a|tik (nl.), die; –: Flugtechnik : Flugwesen * **A|vi|a|ti|ker**, der; –s, –: Flieger : Kenner des Flugwesens * **a|vi|a|tisch** Ew.: das Flugwesen betreffend [l. avis Vogel]

A|vi|gnon [awinjong]: franz. Stadt an der Rhone

A|vis (fr.) [..w..], der; ..vises, ..vise: Meldung : (kfm.) Anzeige * *Avisbrief:* briefliche Meldung; *Avisschiff:* Postschiff * **a|vi|sie|ren** (..iert) tr.: melden : anzeigen * **A|vi|so** (it.), der; –s, –s: Schnellschiff zur Nachrichtenübermittlung [it. avviso von l. advisus gesehen; daher: Ansicht, Weisung]

a vis|ta (it.): (kfm.) auf Sicht; Abk.: a. v. * *Avistawechsel:* Sichtwechsel

A|vi|t|al|mi|no|se (l.), die; –: Vitaminmangelkrankheit

a|vi|vie|ren (fr.): (Färberei) lebhaftes Aussehen geben, schönen

A|vo|ca|do, die; –, –s: ölhaltige südamerik. Baumfrucht

A|von (e.) [eiw'n]: Name mehrerer engl. Flüsse

A|vus, die; –: Automobil-Verkehrs- und Übungsstraße (Grunewald – Wannsee) * *Avusrennen*

A|wa|re, der; –n, –n: Angehöriger des tatar. Volkes der Awaren * **a|wa|risch** Ew.: zu den Awaren gehörig

A|wes|ta, **A|ves|ta** (pers.): „Grundtext", die heiligen Schriften der Parzen * **a|wes|tisch** Ew.: das Awesta betreffend, zu ihm gehörig; s. a. Zendavesta

a|xi|al (l.) Ew.: in Richtung der (Erd-)Achse, längsachsig * *Axialturbine:* seitenschächtige Turbine; *Axialverschiebung:* längsachsige Verschiebung; *Axialsymmetrie* * **A|xi|a|li|tät**, die; –, –en: in der Richtung einer Achse angeordnet [l. axis Achse]

a|xil|lar (l.) Ew.: auf die Achsel bezüglich : achsel-, winkelständig * *Axillardrüse:* Drüse in der Achselhöhle; *Axillarknospe:* Achselknospe [l. axilla Achselhöhle]

A|xi|o|lo|gie (gr.), die;–, ..gien: Wertlehre * **a|xi|o|lo|gisch** Ew.: dem Werte nach

A|xi|om (gr.), das; –s, –e: unbezweifelbarer Grundsatz * **A|xi|o|ma|tik**, die; –: Lehre von den Grundsätzen * **a|xi|o|ma|tisch** Ew.: unbestreitbar : zweifellos, gewiss : unmittelbar einleuchtend [gr. axioma von axiun anerkennen]

Ax|mins|ter|tep|pich, der; –s, –e: nach der englischen Stadt Axminster benannter, gewebter Florteppich

A|xo|lotl (mex.), der; –s, –: eine Art Molch

A|xon (gr.), das; –s, Axone und Axonen: Zylinder einer Achse : Teil einer Nervenfaser * **A|xo|no|me|trie** (gr.), die; –, ..trien: Achsenmessung : Messbild * **a|xo|no|me|trisch** Ew.: auf die Achsenmessung bezüglich : maßbildlich

Axt, die; –, Äxte: Axtchen, –lein: scharfschneidiges, keilförmiges Eisenwerkzeug zum Hauen * *Axthammer:* Hammeraxt; *Axthelm:* Stiel einer Axt; *Axthieb:* Hieb mit einer Axt

A|ya|tol|lah, der; –s, –s: höchster schiitischer Ehrentitel; s. Ajatollah

a. Z. (Abk.): auf Zeit

A|za|lee (gr.), die; –, ..leen: chines. Heidekrautgewächs : Zierpflanze * **A|za|lie**, die; –, –n: Azalee [gr. azaleos dürr, „auf dürrem Boden wachsend"]

a|ze|phal Ew.: kopflos : (übertr.) herrenlos : (von Büchern) ohne Anfang : (–er Vers) Vers, zu dessen Beginn eine Silbe fehlt * **A|ze|pha|le** (gr.), der; –n, –n: „Kopfloser", Missgeburt ohne Kopf : Missgeburt mit mangelhafter Gehirnbildung : eine Art kopfloser Weichtiere * **A|ze|pha|lie**, die; –: Fehlen des Kopfes [gr. vern. a- und kephale Kopf]

A|ze|t|al|de|hyd, (Chem.)

A|ce|t|al|de|hyd (l.), das; –s: Sauerstoffäther * **A|zet|at**, (Chem.) **A|ce|tat**, das; –(e)s, –e: essigsaures Salz * *Azetatseide:* Kunstseide, die durch Behandlung mit Essigsäure hergestellt wird * **A|ze|ton**, (Chem.) **A|ce|ton**, das; –s: Essiggeist * **A|ze|tyl**, (Chem.) **A|ce|tyl**, das; –s: das Radikal der Essigsäure * *Azetylsäure:* Essigsäure * **A|ze|ty|len**, (Chem.) **A|ce|ty|len**, das; –s: Bestandteil des Leuchtgases * *Azetylengas; –lampe* [l. acescere sauer werden; acetum Essig; „Azetylen" genannt, weil es mit azotierenden Körpern Essigsäure gibt]

A|zid (l.), das; –(e)s: Salz der Stickstoffwasserstoffsäure * **a|ze|die|ren** (..iert) tr.: in Säure verwandeln * **A|zi|di|tät**, die; –: die Sauersein, Säuregrad * **A|zi|do|se** (l.): –: Säurevergiftung des Blutes [l. acidus sauer; vgl. Azetat]

A|zi|mut (arab.), der (auch das); –(e)s: Richtungswinkel : (Astron.) Zenitwinkel * *Azimutkreis:* Höhenkreis * **a|zi|mu|tal** Ew.: scheitelwinklig * *Azimutalwinkel:* Zenitwinkel [arab. assumût Wege; vgl. Zenit]

A|zo|ben|zo|id (gr.), das; –(e)s: eine organische Verbindung * **A|zo|farb|stoff**, der; –(e)s, –e: Teerfarbstoff * **A|zo|grup|pe**, die; –: chromophore Atomgruppe, in der zwei Atome Stickstoff unter sich doppelt gebunden sind *

A|zo|li|kum, das; –s: Erdzeitalter * a|zo|lisch Ew.: (Geol.) ohne Versteinerungen * A|zo|lo|ge|nie, die; –: Erzeugung des Leblosen : Lehre von der Erzeugung des Leblosen * A|zo|lo|sper|mie, die; –: Fehlen der männlichen Samenfäden * A|zot, A|zo|te, das; –(e)s: Stickstoff * a|zo|tisch Ew.: stickstoffhaltig * A|zo|to|me|ter, das; –s, –: Stickstoffgehaltmesser [gr. vern. a- und zan leben; „Azot", das, worin man nicht leben kann]

A|zo|ren Mz.: Inselgruppe im Atlantischen Ozean

A|zot: s. Azobenzoid

Az|te|ke, der; –n, –n: Angehöriger eines ehemaligen Indianerstammes in Mexiko

A|zu|bi, A|zu|bi, der (die); –s, –s: Kurzw. für Auszubildende(r) : Lehrling

A|zu|le|jos (span.) [aßhulechoß] Mz.: buntglasierte Tonfliesen

A|zur (pers.-it.), der; –s: Lasurstein : Himmelsbläue : blauer Farbton * azurblau Ew.: himmelblau * A|zu|ree|li|ni|en, die: schraffierte Linien auf Wertpapieren * a|zu|riert Mw. Ew.: himmelblau gefärbt * A|zu|rin, das, –s: ein blauer Farbstoff * A|zu|rit, der; –(e)s, –e: ein blaues Gestein, Kupferlasur * a|zurn Ew.: himmelblau [it. azzurro; pers. ladschuward Lasurstein]

a|zy|klisch (gr.-l.) nicht kreisförmig; zeitlich unregelmäßig; nicht im normalen Zyklus [gr. vern. a- und Zyklus]

A|zy|mon (gr.), das; –s, ..ma: ungesäuertes Brot * A|zy|mit, der; –en, –en: „Esser ungesäuerten Brotes" : Bezeichnung der abendländischen Christen (spottend durch die gr.-kath. Christen) [gr. vern. a- und zyme Sauerteig]

Az|zur|ri, (meist:) Az|zur|ris [pers.-arab.-it. „die Blauen") Mz.: Bezeichnung für Sportmannschaften in Italien

B

B, b, das; –, –: der zweite Buchstabe des Abece

b, das; –, –: (Mus.) Tonschriftzeichen des um einen halben Ton erniedrigten h : Molltonstufe * **B,** das; –, –: Durtonstufe * **B-Dur,** das; –: Tonart * b-moll, das; –: Tonart

Ba (chem.) Barium

Baal (hebr.): „Herr", phönizischer, kanaanitischer, hebräischer Gott * *Baalsdienst; Baal Sehub:* s. Beelzebub; *Baalspfaffe:* Priester des Baal : geistlicher Heuchler * **Baa|lit,** der; –en, –en: Baalspriester : heuchlerischer Priester

Baas: s. Bas

Ba|ba (pers.-türk.), der; –: „Vater", Ehrentitel von Geistlichen * *Baba Khan:* Vater des Königs

bab|beln (ich ..[e]le) tr., intr.: unverständlich schwatzen : dummes Zeug reden

Ba|bel: „Wohnung des Baal", Babylon : (Bib.) „Verwirrung" : (übertr.) Sitz der Sittenverderbnis

Ba|bu (ind.): „Herr", ind. Anrede : Hindu mit engl. Bildung

Ba|bu|sche (pers.-fr.), die; –, –n: Hausschuh [fr. babouche von pers. papusch aus pa Fuß und pusch Decke]

Ba|by (e.) [behbi], das; –s, –s: kleines Kind * *Babyausstattung; Babyjahr:* Beurlaubung einer (eines) berufstätigen Frau (Mannes), damit sie (er) ihr (sein) Kind versorgen kann; *babysitten; Babysitter:* Kleinkindhüter; *Babywäsche* * **Ba|by|doll,** das; –[s], –s: Damenschlafanzug mit kurzem Höschen und weitem Oberteil

Ba|by|lon: Babel, Hauptstadt Babyloniens * **Ba|by|lo|ni|en:** Schwemmland am Euphrat (heute Irak) * **Ba|by|lo|ni|er,** der; –s, –: Bewohner Babyloniens * **ba|by|lo|nisch** Ew.: aus Babylon(ien) : (übertr.) verwirrt (vgl. Babel) * *das Babylonische Exil*

Bac|cha|nal (gr.-l.), das; –s, –e und ..lien: dem Bacchus geweihtes Fest : Trinkgelage * **bac|cha|na|lisch** Ew.: zech-

lustig * **Bac|chant,** der; –en, –en: Bacchuspriester : Zechgenosse, trunkener Schwärmer * **Bac|chan|tin,** die; –, –nen * **bac|chan|tisch** Ew.: trunken : ausgelassen : rasend * **bac|chisch** Ew.: Bacchus betreffend * **Bac|chus:** griech.-röm. Weingott * *Bacchusfest*

Bach, der; –(e)s, Bäche; Bächlein, Bächelchen (md.: die; –: Bäche): kleines fließendes Wasser : etwas wie ein Bach Fließendes * *Bachbett; Bachblüten; Bachforelle; Bachhündlein:* Dachsschliefer zum Otter- und Biberfang; *Bachkresse:* Gründling; *Bachschnake:* eine Mücke; *Bachstelze:* Singvogel

Ba|che, die; –, –n: zwei- oder dreijährige Wildsau * **Ba|cher,** der; –s, –: zwei- oder dreijähriger wilder Eber

Ba|che|lor (e.) [bätsch'l'r], der; –s, –s: Bakkalaureus, unterster akadem. Grad engl., amerikanischer und nach deren Muster errichteter Hochschulen; Abk.: B. A., B. S., B. D. etc. (Bakkalaureus der schöngeistigen Wissenschaften, der Naturwissenschaften, der Theologie etc.)

back urspr. Uw.: hinten, zurück, nur als Bstw. in: *backbord(s); Backbord,* das; –(e)s: (seem.) linke Schiffsseite (von hinten gesehen); *backbrassen* intr.: (seem.) Rahesegel gegen die Windseite stellen * **Back|hand** (e.) [bäkhänd], der; –, –s: Rückhandschlag beim *Tennis* * *Backstags:* günstige Bedingung beim Segel (der Wind kommt so, dass die Stage [Taue] lose hängen); *Backstagswind:* mehr von hinten als von der Seite wehender, d. h. günstiger Wind

Back, der; –, –en; das; –(e)s, –e: Hohlraum : Kübel : Schüssel : (seem.) Speiseschüssel der Schiffsleute : Aufbau über dem Vorderdeck : (ostfries.) Zisterne : (seem.) Tisch, Bank zum Aufklappen : (schweiz.) (Sport) Verteidiger * *Backbank:* Essbank der Schiffsmannschaft; *Backdeck, Backgeselle, -junge, -(s)maat:* Angehöriger der Backmannschaft; *Backmannschaft:* Tischge-

meinschaft an Bord ✳
Back|schaft, die; –, –en:
Backmannschaft
Back|ap|fel: s. backen
Ba|cke, die; –, –n; Bäckchen,
–lein, Bäckelchen: Seite des
Gesichtes unter dem Auge,
fleischige Seitenwand des
Mundes : Seite des Gesäßes :
Seitenfläche des Gewehrs :
Seitenteil der Stuhllehne : (allgem. techn.) Seitenteil ✳ *die
Backen vollnehmen:* übertreiben : prahlen ✳ *Backpfeife:*
Ohrfeige; *Back(en)zahn:* an der
Backe liegender Zahn; *Backenbart:* die Backen bedeckender
Bart; *Backenbein:* Backenknochen; *Backenbremse:* Bremse,
bei der die Bremsklötze (–backen) direkt gegen das dre-
hende Rad gepresst werden;
Backenfutter: Spannfutter an
Werkzeugmaschinen, in das
mittels Backen ein Werkstück
oder Werkzeug eingespannt
wird; *Backenknochen; Backen-
schlag, -streich:* Ohrfeige; *Ba-
ckentasche* ✳ **..ba|ckig,**
..bä|ckig Ew., nur in Zus.: mit
Backen versehen; z. B. dick-,
rotbackig

Ba-cke
Da *ck* als ein Laut gilt, darf es
am Zeilenende nicht in *k-k* aufgelöst, sondern muß komplett
abgetrennt werden: *ausstrecken, ba-cken, lo-ckig.*

ba|cken (du bäckst; du back-
test, oder [veralt.] du bükest;
gebacken; back[e]!) tr.: durch
Hitze gar machen : trocknen,
dörren; intr.: zusammenkleben
: hart werden : die Einwirkung
der Hitze erfahren ✳ *Gebackene,* das; –n: Gebäck ✳ *Back-
apfel, -birne:* gedörrte(r) Apfel,
Birne; *Backfisch:* gebackener
Fisch : (scherzh.) halbwüchsi-
ges Mädchen, urspr. vielleicht
stud. = Bakkalaureus; *Backform:* Form zum Backen von
Teig; *Backhähnchen; Backhaus; Backhefe:* Hefe zum
Backen von Teig; *Backhendl;
Backhitze; Backkohle:* beim
Verbrennen zusammenschmel-
zende Steinkohle; *Backkorb;
Backmaschine; Backmulde:*
Trog zum Teigkneten; *Back-
obst:* gedörrtes Obst; *Backofen; Backpfanne; Backpul-
ver; Backrädchen:* gestieltes

Rädchen zum Teigschneiden;
*Backschaufel; –scheibe,
–schiebe; –schieße:* gestielte
Brettscheibe, mit der Gebäck in
den Ofen geschoben wird; *Back-
stein:* Ziegelstein; *Backstein-
bau; Backstube; Backtrog:*
Backmulde; *Backwaren:* Sam-
melbezeichnung für: Brot, Sem-
meln, Kuchen, kleines Gebäck;
Backwerk: Gebäck ✳
..ba|cken: in Zus. für geba-
cken; z. B. alt-, frisch-, halb-,
hart-, haus-, neubacken ✳
Bä|cker, der; –s, –: Backender
: einer, der das Backen als Beruf betreibt ✳ *Bäckerbeschnei-
der:* Bäckergeselle, der das
Mahlen und Sichten besorgt;
*Bäckerbrot; Bäckerbursch;
Bäckergeselle; Bäckerge-
werbe; –handwerk; Bäcker-
junge; Bäckerladen; Bäcker-
meister; Bäckerzunft* ✳ *Bä-
cker(s)frau* ✳ **Ba|cke|rei,** die;
–, –en: vieles Backen ✳
Bä|cke|rei, die; –, –en: Hand-
werk des Bäckers : Backhaus :
Bäckerladen ✳ **Bä|cke|rin,** die;
–, –nen: Backende : eine, die
das Backen als Beruf betreibt :
Frau des Bäckers
**Ba|cken, Ba|cken|bart,
–zahn:** s. Backe
Bä|cker: s. backen
..ba|ckig, ..bä|ckig: s. Backe
Back|gam|mon (e.) [bäkgäm-
men], das; –: ein Würfel/Brett-
spiel
Back|ground (e.) [bäk-
graund], der; –s: (Bild-,
Klang–)Hintergrund, (übertr.)
Lebenserfahrung
Back|hand: s. back
Back|list (e.) [bäk..], die; –, –s:
Liste lieferbarer Bücher
Backs|gast, Backs|maat: s.
Back
Back|zahn: s. Backe
Ba|con (e.) [beiken], der; –s:
Frühstücksspeck
Bad, das; –(e)s, Bäder: Wasser
zum Eintauchen des Körpers :
das Eintauchen des Körpers in
Wasser : Badehaus : Badezim-
mer : Ort, wo man badet, bes.
Ort mit Heilquellen : etwas den
Körper wie ein Bad Umgeben-
des : (Chem.) Flüssigkeit zum
Eintauchen eines Körpers ✳
ba|den intr.: ein Bad nehmen;
tr., rbz.: eintauchen (meist zum
Zweck der Reinigung); *baden*

gehen: ins Schwimmbad gehen;
(Umgpr.) einen Misserfolg haben, scheitern ✳ *Badeanstalt:*
Haus mit Badeeinrichtung für
viele; *Badeanzug; Badearzt:*
Arzt am Badeort während der
Kurzeit; *Badeeinrichtung; Ba-
defrau:* Aufwärterin beim Baden : Hebamme; *Badegast:* Gast
im Badeort; *Badehaube; Badehaus:* Haus mit Badeeinrichtun-
gen; *Badehose; Badekappe;
Badekopf:* Schröpfkopf; *Bade-
kur:* Kur in einem Badeort; *Bademantel; Bademeister:* Aufseher in einer Badeanstalt; *Badeort,* der; –s, –e: Ort mit Heilquellen; *Badereise:* Reise in einen Badeort; *Badesaison;
Badesalz; Badeschuhe; Bade-
schwamm:* Skelett eines Pflan-
zentieres, Wasch- u. Reini-
gungsschwamm; *Badestrand;
Badestube; Badetuch; Bade-
vorleger:* kleiner Teppich vor
der Badewanne; *Badewanne;
Badezeit; Badezelle; Badezeug;
Badezimmer* ✳ **Ba|der,** der; –s,
–: (veralt.) Badestubenbesitzer
und Heilgehilfe : Barbier ✳
Ba|de|rei, die; –, –en: vieles Ba-
den : Tätigkeit des Baders : Ba-
derstube
Ba|der: s. Bad
Bad|min|ton (e.) [bäd..] das; –:
Federballspiel : Erfrischungs-
getränk aus Gurken und Rotwein
Ba|fel (it.), der; –s, –: (kfm.)
Ausschuss, schlechte Ware;
auch Pafel
baff!: Ausruf, den Knall eines
Schusses nachahmend ✳ *baff
sein:* „getroffen“, verblüfft sein
Ba|fi|fy (e.) [bäffi], der; –, ..fies:
Golfschlagkeule
BA|föG, Ba|fög, das; –(s):
(Abk.) Bundesausbildungsför-
derungsgesetz : Geldzahlungen
nach diesem Gesetz
Ba|ga|ge (fr.) [bagahsch'], die;
–, –n: Gepäck : Feldgepäck des
Heeres : (verächtl.) Gesindel,
Pack [ml. baggagium, von afr.
bague Paket]
Ba|gas|se (fr.) [bagaß], die; –,
–n: der ausgepresste Zucker-
rohrstengel : Trauben- und Oli-
ventrester
Ba|ga|tel|le (it.-fr.), die; –, –n:
Kleinigkeit : kleines, leichtes
Tonstück ✳ *Bagatellsache, Ba-
gatellprozess:* geringfügiger

Rechtsstreit **✳ bal|ga|tel-li|sie|ren** tr.: nebensächlich behandeln

Bag|dad: Hauptstadt des Irak

Bag|ger (ndl., niederd.), der; –s, –: Maschine zum Ausheben von Erdreich : ausgebaggerter Schlamm **✳** *Baggerboden;* Schlammerde; *Baggerboot; Baggereimer; Baggerführer; Baggergut:* Baggerboden; *Baggermaschine; Baggerprahm; Baggerschaufel; Baggerschiff; Baggersee* **✳ Bag|ger|füh|rer,** der; –s, –: mit einem Bagger Arbeitender **✳ bag|gern** tr : mit dem Bagger vertiefen (ausbaggern) **✳ Bag|ge|rung,** die; –, –en: das Baggern

Bag|no (it.) [banjo], das; –s, –s und ..gni: Badehaus : Serail mit Sklavengefängnis in Konstantinopel : Kerker [ital. bagno, von l. balneum Bad]

Bag|pipe (e.) [bägpeip], der; –, –s: Dudelsack [e. bag Sack und pipe Pfeife]

Ba|guette (fr.) [..gét], das; –s, –s: franz. Stangenweißbrot

bah!: Ausruf der Verachtung; vgl. pah!

bäh!: Tonwort für den Ruf des Schafes **✳ bä|hen** intr.: blöken

Ba|ha|ma|in|seln,

Ba|ha|mas: Mz. Inselgruppe im Karibischen Meer

bä|hen: s. bäh

bä|hen tr.: erhitzen : durch Wärme erweichen : rösten : (Pflanzen –) durch Hitze zum Treiben bringen **✳** *Bähmittel* **✳ Bäh|mit|tel**

Bä|hung, die; –, –en: Heilverfahren mit feuchten Umschlägen

Bahn, die; –, –en: zubereiteter Weg : festgelegter Weg : auf der Bahn sich bewegendes Fahrzeug, bes. Eisenbahn, Straßenbahn : glatte Fläche, bes. an Werkzeugen : bestimmte Breite von Stoff : dasselbe als Maß **✳** *Bahn brechen:* den Weg zu einer Bahn ebnen **✳** *Bahnachse:* Achse der Straßenoder Eisenbahn; *Bahnarbeiter; Bahnaufseher; Bahnbau; Bahnbeamter; bahnbrechend* Ew.: von grundlegender Bedeutung : neue Wege weisend; *Bahnbrecher:* Wegbereiter, Pionier; *Bahnbus:* Bahnomnibus; *Bahndamm:* erhöhte Gleisanlage;

Bahnhof: Gebäude und Halteort der Eisenbahn für den Personen- und Gepäckverkehr; *Bahnhofsbuchhandlung; Bahnhofshalle; Bahnhofskiosk; Bahnhofsmission; Bahnhofsuhr; Bahnhofsvorsteher; Bahnkörper:* Bahndamm mit Schienen; *Bahnkorrektur; Bahnkreuzung:* Kreuzung zweier Bahnen; *bahnlagernd* Ew.; *Bahnlinie; Bahnpost:* Eisenbahnwagen und Beförderung der Post; *Bahnsteig:* erhöhter Weg zwischen den Gleisen; *Bahnsteigkarte:* Zutrittskarte für den Bahnsteig; *Bahnsteigschranke; Bahnsperre; Bahnsteig; Bahnstrecke; Bahnübergang; Bahnwärter:* Beamter, der eine Eisenbahnstrecke überwacht; *Bahnzeit:* Zeit der Bahnuhren **✳ bahnenweise** Uw.; in Bahnen (Maß) **✳ bah|nen** tr.: einen Weg gangbar machen : (übertr.) Schwierigkeiten überwinden **✳ ..bah-nig** Ew., nur in Zus.: Bahn habend; z. B. breitbahnig, schmalbahnig usw.

Bah|re, die; –, –n: Gestell zum Tragen : Traggestell für Särge : Sarg **✳** *Bahrtuch:* Leichentuch **✳** *Bahrenträger*

Bä|hung: s. bähen

Bai (fr.), die; –, –en: Meeresbucht **✳** *Baisalz:* Kochsalz aus dem Meerwasser [fr. baie, it. baja, span. baya, bask. baya Hafen]

Bai|kal|see: ostsibir. See

Bai|ram (türk.), der; –[s], –s: türkisches Fest am Ende des Fastenmonats Ramadan

bai|risch Ew.: Dialekt in Bayern

Bai|ser (fr.) [bäseh], der; das; –s, –s: Kuss : Schaumgebäck **✳** *Baisertorte:* Schaumtorte

Bais|se (fr.) [bäße], die; –, –n: das Fallen der Börsenkurse : Preissturz **✳** *auf – spekulieren* **✳ Bais|sier** (fr.) [bäßjeh], der; –s, –s: Geldhändler, der auf die Baisse spekuliert : Preisdrücker

Ba|ja|de|re (port.), die; –, –n: ind. Tempeltänzerin : öffentliche Dirne [port. bailadeira Tänzerin]

Ba|jaz|zo (it.), der; –s, –s: Possenreißer [it. baja Spaß]

Ba|jo|nett (fr.), das; –(e)s, –e: Gewehraufsatz : Seitengewehr **✳ ba|jo|nett|tie|ren** (..iert) intr.:

Seitengewehr aufpflanzen : mit dem Bajonett fechten [angeblicher Erfindungsort Bayonne]

Ba|ju|wa|re, der; –n, –n: (veralt.) Bayer **✳ ba|ju|wa|risch** Ew.: bayerisch

Ba|ke, die; –, –n: Orientierungszeichen im Verkehr zu Wasser und zu Land **✳** *Bakentonne:* (im Wasser) **✳ ba|ken** intr.: Baken anbringen

Ba|ke|lit, das; –s: ein Kunstharz

Bak|ka|lau|re|at (ml.), das; –(e)s, –e: unterster akademischer Grad (in England und Frankreich) **✳ Bak|ka|lau|re|us** (ml.), der; –, ..rei: Inhaber des Bakkalaureats

Bak|ka|rat (fr.), das; –s: Kartenglücksspiel

Bak|schisch (pers.), das; –es, –e: Gabe : Trinkgeld, Bestechungsgeld

Bak|te|ri|ä|mie (gr.), die; –, ..ien: Existenz von Bakterien im Blut **✳ Bak|te|rie** Mz.: fälschlich für Bakterium : „Stäbchen" : stäbchenförmiger Spaltpilz **✳ bak|te|ri|ell** Ew.: die Bakterien betreffend, durch Bakterien hervorgerufen **✳ Bak|te|ri|o|lo|ge,** der; ..gen, ..gen: Bakterienforscher **✳ Bak|te|ri|o|lo|gie,** die; –: Wissenschaft von den Bakterien **✳ bak|te|ri|o|lo|gisch** Ew.: die Bakteriologie betreffend **✳ Bak|te|ri|o|ly|se,** die; –, –n: Zersetzung von Bakterien **✳ Bak|te|ri|o|pha|ge,** der; –n, –n: bakterienvernichtendes Virus **✳ Bak|te|ri|o|se,** die; –, –n: durch Bakterien hervorgerufene Pflanzenkrankheit **✳ Bak|te|ri|um,** das; –s, ..ien: pflanzlicher Einzeller : Fäulnis- und Krankheitserreger **✳ bak|te|ri|zid** Ew.: bakterientötend

Ba|la|lai|ka (russ.), die; –, –s und ..ken: gitarreähnl. Instrument

Ba|lan|ce (fr.) [balangß], die; –, –n: Gleichgewicht : ein Tanzschritt : Abschluss, Vergleich **✳** *Balanceakt* **✳ Ba|lan|cé** (fr.) [balangßeh], das; –s, –s: (Tanzkst.) ein Schwebeschritt; *Balance of power* (polit.) Gleichgewicht der Kräfte **✳ ba|lan|cie|ren** (..iert) (fr.-dtsch.) intr.: Gleichgewicht halten : schwanken : ausgleichen, gleichmäßig verteilen : (kfm.) Rechnungsabschluss machen ∗ *Balancierbalken; Balancierkunst:* Schwebekunst; *Balancierstange:* Schwebestange; vgl. Bilanz [it. bilancia von l. bilanx zwei Waagschalen habend]

Ba|la|ta, die; –: Guayanakautschuk ∗ *Balatariemen; –sohle:* aus Balata hergestellte Sohle ∗ **Ba|la|tum,** das; –s: Fußbodenbelag aus mit Kautschuk getränktem Filz

Bal|bier, der; –s, –e: (volkst.) Barbier ∗ **bal|bie|ren** tr.: rasieren : (über den Löffel –) übervorteilen, betrügen

bald Uw.: in kurzer Zeit : schnell : fast : ohne Schwierigkeit ∗ *so bald wie (als) möglich;* baldmöglichst, besser: *möglichst bald* ∗ **bald .. bald:** Bw. zur Bezeichnung rascher Aufeinanderfolge (bald lacht er, bald weint er) ∗ **Bäl|de,** die; –: nur in: *in Bälde:* in kurzer Zeit ∗ **bal|dig** Ew.: in kurzer Zeit eintretend ∗ **bal|digst** Superl. Ew. u. Uw.: in kürzester Zeit eintretend

Bal|da|chin (it.-dtsch.), der; –s, –e: Thronhimmel : Traghimmel [it. baldacchino „aus Baldach" = aus Bagdad; urspr. in Bagdad hergestelltes Tuch]

bal|dig: s. bald

bal|do|wern (hebr.) (ich ..[e]re, baldowert) tr.: (Gaunerspr.) auskundschaften [hebr. baal Herr und dabar Wort; eig. „Herr des Wortes", betrügerischer Redner]

Baldr, Bal|dur: altgerman. Gott des Lichtes

Bal|d|rian (l.), der; –(e)s: Katzenkraut, Hexenkraut, Marienwurzel ∗ *Baldriantee; Baldriantropfen:* ein Beruhigungsmittel; *Baldrianwurzel:* ein krampfstillendes Mittel

Bal|dur: s. Baldr

Ba|le|a|ren Mz.: Inselgruppe im Mittelmeer

Ba|les|ter (ml.), der; –s, –: Armbrust; vgl. Balliste

Balg, der; –(e)s, Bälge, Bälglein: abgestreifte Tierhaut : (vom Menschen) Haut, Bauch, Leib : Blasebalg : ausgestopfter Körper : ausgestopfter Lederleib einer Puppe : (auch das; –s, Bälge) (verächtl.) unartiges

Kind ∗ *Balgdeckel:* Blasebalgdeckel; *Balggeschwulst; Balgtreter; Bälgetreter:* Blasebalgtreter ∗ **bal|gen** tr.: aufschwellen : den Balg abziehen; intr.: ringen : kämpfen; rbz.: sich häuten : raufen ∗ **Bal|ge|rei,** die; –, –en: Rauferei

Bal|ge, die; –, –n: Eimer : Waschfass : kleine Bucht : Wassergraben

Bal|gen, der; –s, –: ausziehbarer Balg einer Kamera

Ba|li: Kleine Sundainsel

Bal|kan, der; –s: südeurop. Gebirge : Balkanhalbinsel ∗ *Balkanstaat* ∗ **bal|ka|ni|sie|ren** (..iert) tr.: in kleine Staaten auflösen ∗ **Bal|ka|ni|sie|rung,** die; –, –en: Auflösung in kleine Staaten ∗ **Bal|ka|no|lo|ge** (türk.; gr.), der; –n, –n: Wissenschaftler auf dem Gebiet der Balkanologie ∗ **Bal|ka|no|lo|gie, Bal|ka|nis|tik** die; –: wissenschaftliche Erforschung der Balkansprachen –literaturen

Bal|ken, der; –s, –: Bälkchen, –lein: (Bauw.) Träger aus Holz, Eisen oder Beton : Heroldsstück im Wappen : die Verbindung der Großhirnhälften (Hirnbalken) : Kornboden ∗ *Balkendecke:* aus Balken gefügte Zimmerdecke; *Balkengerüst:* aus Balken gebautes Gerüst; *Balkenkonstruktion; Balkenkopf:* (hervorrag.) Balkenende : Balkenendverzierung; *Balkenrute:* Rautenprisma, dessen Länge eine Rute beträgt; *Balkenstein:* Kragstein; *Balkenwaage:* zweiarmige Waage

Bal|kon (fr.) [balkong und ..kon], der; –s, –e und –s: Ausbau, Vorbau eines Gebäudes auf Balken ruhend ∗ *Balkonfenster; Balkonloge; Balkonmöbel; –pflanze; –säule; –träger; –tür; –zimmer* [fr. balcon von dtsch. Balken]

Ball, der; –(e)s, Bälle, Bällchen: kugelförmiges gas- oder luftgefülltes Sportspielgerät ∗ *Ballspiel; Ball spielen* intr.: mit dem Ball spielen ∗ (Sport) *Ballannahme; Ballbehandlung; Ballführung; Balljunge; Ballnetz; Ballwechsel* ∗ **Bal|len,** der; –s, –: Zählmaß (ein Ballen Stoff) : die weichen

Muskelverdickungen an den Händen und Füßen, auch an Tierpfoten ∗ *Ballenbinder:* Packknecht; *Balleneisen; Ballenpresse; Ballenring:* Bandeisen; *Ballenwaren:* in Ballen verpackte Ware; *ballenweise* Uw.: in Ballen; *Ballenzinn:* zu Ballen gerolltes Zinnblech ∗ **bal|len** tr.: zum Ball od. Ballen formen : mit Geballtem werfen; intr., rbz.: zum Ball (große Menge nach beieinander) werden ∗ **bal|lig** Ew.: ballförmig : Ballen bildend ∗ **Bal|lung,** die; –, –en: das Ballen : das Geballte ∗ *Ballungsgebiet, Ballungsraum:* Großstadt

Ball (fr.), der; –(e)s, Bälle; Bällchen: Tanzfest ∗ *Ballabend; Ballanzug; Ballfest; Ballgast; Ballgesellschaft; Ballhaus; Ballkleid; Ballkönigin; Ballokal → Balllokal; Ballnacht; ballmäßig* Ew.: einem Tanzfest entsprechend; *Ballsaal; Ballschmuck; Ballstaat:* Tanzfestkleidung; vgl. Ballade, Ballett

Bal|la|de (fr.), die; –, –n: urspr. „Tanzlied" : episches Lied : lyrisch-episches Gedicht ∗ **bal|la|den|haft, bal|la|desk** (fr.) Ew.: balladenartig

Bal|last (niederd.), der; –(e)s, –e: gewichtige Last zur Schiffsbeschwerung : (übertr.) tote Last : wertlose Bürde : Hemmendes

Bäll|chen: s. Ball

Bal|lei (nl.), die; –, –en: Bezirk eines Ritterordens [nl. ballia, ballivia von baljulus (Amts-Träger)]

Bal|len, bal|len: s. Ball

Bal|ler|büch|se: s. ballern

Bal|le|ri|na, Bal|le|ri|ne (it.), die; –, ..nen: Kunsttänzerin ∗ **Bal|le|ri|no** (it.), der; –, ..ni: Kunsttänzer ∗ **Bal|lett** (it.), das; –(e)s, –e: Bühnen-, Kunsttanz : Tanzstück ∗ *Ballettmeister:* Leiter einer Tanztruppe; *Ballettänzer → Balletttänzer; Balletheater → Ballettheater; Ballettruppe* ∗ **Bal|let|teu|se** (fr.) [ballettöhs'], die; –, –n: Balletttänzerin;

Balletttänzer
Wenn bei zusammengesetzten Wörtern der erste Wortteil mit dem gleichen verdoppelten Konsonaten endet, mit dem der

folgende Wortteil beginnt, werden alle drei Konsonanten geschrieben: *Schifffahrt, Balllokal, Balletttheater, Ausschusssitzung.*

ballern (ich ..ere) intr.: lärmen : knallen * *Ballerbüchse:* Kindergewehr

Ballhorn: Lübecker Buchdrucker * **ball|hor|ni|sie|ren** (..iert) tr.: in Ballhorns Weise verbessern, d. h. verschlimmern : scheinbessern

ballig: s. Ball

Bal|lis|te (gr.-l.), die; –, –n: Wurfgeschütz, röm. Belagerungsmaschine * **Bal|lis|tik,** die; –: Lehre von der Wurf-, Geschossbahn * **bal|lis|tisch** Ew.: die Wurfkunst, die Flugbahn betreffend * *ballistische Kurve:* Geschossflugbahn : Wurflinie; *ballistisches Pendel:* Vorrichtung zur Bestimmung der Anfangsgeschwindigkeit der Geschosse; *ballistisches Problem:* Aufgabe der Berechnung der Flugbahn geworfener Körper im widerstehenden Mittel [ballista, von gr. ballein werfen]; vgl. Balester

Ballon (fr.) [ballong], der; –s, –s und –e: hohler Ball : kugelförmiges Hohlgefäß : Korbflasche : Rundlampe : Luftfahrzeug * *Ballonfahrt; Ballongas:* Steinkohlengas zur Füllung des Ballons; *Ballonmütze; Ballonrad:* Rad mit Niederdruckreifen * **Bal|lo|nett,** das; –(e)s, –e: kleiner Ballon : (Luftf.) Luftsack [von fr. balle Kugel] * *Ballonklüver:* Ballonsegel, Seitensegel; *Ballonreifen:* Niederdruckreifen für Kraftfahrzeuge und Fahrräder

Ballot (fr.) [balloh], das; –s, –s: Warenballen : ein Stückmaß * **Bal|lo|ta|de,** die; –, –n: (Reitkunst) Figur der Hohen Schule * **Bal|lo|ta|ge** (fr.) [..tahseh ̅], die; –, –n: Abstimmung mit Kugeln * **bal|lo|tie|ren** (..iert) intr.: durch Einwerfen von Kugeln in ein Gefäß abstimmen * s. Ball

Ballung: s. Ball

Bal mas|qué (fr.) [– maßkeh], der; – –, –s –s: Maskenball

Bal|ne|o|gra|fie *auch:*

Bal|ne|o|gra|phie (l.-gr.), die; –, ..fien *auch:* ..phien: Bäderbeschreibung * **Bal|ne|o-**

lo|gie, die; –, ..gien: Heilbäderkunde * **Bal|ne|o|tech|nik,** die; –, –en: Badbereitungskunst : Kunst, Badehäuser zu bauen * **Bal|ne|o|the|ra|pie,** die; –, ..pien: Behandlung mit Heilbädern [l. balneum Bad und gr. graphein schreiben]

Bal pa|ré (fr.) [bal pare], der; – –, –s –s: festlicher Ball

Bal|sa, das: sehr leichte Holzart * *Balsabaum; Balsaholz*

Bal|sam (gr.-l.), der; –(e)s, –e: wohlriechender Saft des Balsamstrauches : wohlriechende Flüssigkeit : etwas Heilendes, Labendes * *Balsamapfel:* ein Kürbisgewächs; *Balsambaum:* Balsam liefernde Pflanze * **bal|sa|mie|ren** (..iert) tr.: einsalben * **Bal|sa|mie|rung,** die; –, –en: das Balsamieren * **Bal|sa|mi|ne,** die; –, –n: eine Pflanze, Springkraut * **bal|sa|misch** Ew.: balsamduftend : lindernd

Bal|te, der; –, –n: Angehöriger der baltischen Sprachfamilie; früherer [deutscher] Bewohner des Baltikums * **Bal|ti|kum,** das; –s: Baltikumländer Lettland, Estland, Kurland * **bal|tisch** Ew.: auf die Balten bezüglich

Ba|lus|ter (gr.-fr.), der; –s, –: (Baukst.) Gitterstab * *Balustersäule* * **Ba|lus|tra|de** (fr.), die; –, –n: Brüstung : Geländer * **ba|lus|trie|ren** (..iert) tr.: mit Geländer versehen [fr. balustre Geländersäule, gr. balaustion Granatblüte, wegen der ähnlichen Form]

Balz, die; –, –en: (weidm.) Paarung größerer Vögel und der Katzen : Paarungsort und Paarungszeit * **bal|zen** (du balzest und balzt) intr.: sich paaren : den Lockruf ausstoßen : (von Katzen) rammeln : sich wälzen : springen

baml!: das Glockengeläut nachahmender Ausruf; vgl. bimbambum

Bam|bi, der; –s, –s: Filmpreis

Bam|bi|no (it.), der; –s, ..ni: kleines Kind : Christuskind [Verkl. von it. bambo Säugling]

Bam|bu|le (fr.), die; –, –n: Krawall protestierender Häftlinge

Bam|bus (malay.), der; –..busses, ..busse: ind. Rohrgewächs * *Bambushütte; Bambusrohr;*

Bambusstab; Bambusstaude [malay. bambu]

Bam|mel, die; –, –n: baumelndes Gehänge : (volkst.) Angst * **bam|meln** (ich ..ele) intr.: sich schaukelnd hin- und herbewegen : wie eine schwingende Glocke tönen

ba|nal (ml.) Ew.: bedeutungslos : fade : flach * **ba|na|li|sie|ren** (..iert) tr.: alltäglich machen : verflachen * **Ba|na|li|sie|rung,** die; –, –en: Verflachung * **Ba|na|li|tät,** die; –, –en: Flachheit : fade Rede

Ba|na|nen|fei|ge, die; –, –n: Banane * **Ba|na|ne** (arab.), die; –, –n: Frucht des Bananenpisangs, Paradiesfeige * (Elektr.) *Bananenstecker*

Ba|nau|se (gr.), der; –n, –n: Spießer : kleinlich Gesinnter * **Ba|nau|sen|tum,** das; –s: Unkultiviertheit : Mangel an Geist und Kunstverstand : handwerksmäßiges Schaffen ohne höheren Sinn * **ba|nau|sisch** Ew.: philisterhaft : kleinlich [gr. banausia gemeines Handwerk; von banausos „am Ofen arbeitend"]

Band, der; –(e)s, Bände; Bändchen, -lein: Einband eines Buches (Leinenband, Lederband) : ein Buch eines mehrbändigen Werkes * *bandweise* Uw.: in Bänden; Abk.: Bd. * **..bän|dig** Ew., nur in Zus.: Bände habend; z. B. ein-, zwei-, vielbändig * **Band,** das; –(e)s, Bänder; Bändchen, -lein, Mz. Bänderchen, -lein: zum Binden Dienendes : schmales Gewebe : Metallstreifen : (Anat.) knochenverbindendes faseriges Gewebe : (Baukst.) schrägliegendes Verbindungsholz * *am laufenden Band:* ununterbrochen; *außer Rand und Band sein, aus Rand und Band kommen:* unbändig sein, werden : sehr übermütig werden * *Bandaufnahme:* Aufnahme auf Tonband; *Bandbohrer:* (Baukst.) Werkzeug zum Bohren von Verbindungshölzern; *Bandeisen:* eiserner Reifen eines Fasses; *Bandfabrik; Bandflechte:* eine Art Flechte; *Bandgras:* eine Grasart mit bandähnlichen Streifen; *Bandhaken:* Haken des Böttchers : *Bandkegel; Bandholz:* Holz zu

Fassreifen; *Bandkeramik:* Töpferwerk mit bandähnlicher Verzierung; *Bandnagel:* (Baukst.) Nagel zur Verbindung von Bändern; *Bandrolle; Bandsäge; Bandscheibe:* (Anat.) elastische Scheibe zwischen den Wirbelkörpern; *Bandscheibenschaden:* (Med.) Schädigung, Erkrankung der Bandscheibe; *Bandtrommel:* Hohlrolle zum Aufwickeln von Band; *Bandweber; Bandweide:* Weide mit zu Bändern dienendem Holz; *Bandwirker:* Bandweber; *Bandwurm:* im Eingeweidewurm : (übertr.) etwas übermäßig Langes * *Bänderlehre:* (Anat.) Lehre von den Knochenbändern * **Band,** das; –(e)s, –e: Fessel : Verbindung : Verknüpfung * *bandenlos* Ew.: ohne Fesseln, frei * **Ban|de,** die; –, –n: Rand, Einfassung (vom Billardtisch, Reitbahn, Sportplatz) * *Bandenwerbung; Bandenspektrum:* von Molekülen erzeugtes Spektrum mit charakteristischem Muster von Linien (Banden) : Schar, Rotte * *Bandenführer; Bandenkrieg* * **Bän|del,** das; –s, –: kleines Band : Bindfaden * **ban|deln** (ich ..[e]le) intr.: binden : knüpfen * **bän|dern** (ich ..[e]re) tr.: (Wachs –) bandförmig gießen : mit Bändern versehen * **bän|di|gen** tr.: zähmen : bemeistern, beherrschen : in Schranken halten * **Bän|di|ger,** der; –s, –: ein Bändigender * **Bän|di|gung,** die; –, –en: das Bändigen * **Bän|sel,** das; –s, –: (seem.) dünnes Tau * **Band** (e.) [bänd], die; –, –s: Musikkapelle * *Jazzband* * **Band|lea|der** [..lider], der; –s, –: Leiter einer Band * **Ban|da|ge** (fr.) [bandahsche], die; –, –n: Verband : Verbandszeug : Stütz- o. Schutzverband * **ban|da|gie|ren** (..iert) [..sehieren] tr.: einen Verband anlegen : mit Radreifen versehen * **Ban|da|gist** [..sehist], der; –en, –en: Hersteller oder Verkäufer von Bandagen u. Heilbinden * **Ban|de:** s. Band, das * **Ban|deau** (fr.) [bangdoh], der; –s, –s: glatte Einfassung : Stirnband

Ban|de|lier (fr.), das; –s, –e: Wehrgehänge * **Bän|der:** s. Band, das * **Ban|de|ril|la** (span.) [..rilja], die; –, –s: Wurfspieß mit Widerhaken und Fähnchen * **Ban|de|ril|le|ro** [..riljero], der; –s, –s: Stierkämpfer mit Banderilla * **bän|dern:** s. Band, das * **Ban|de|role** (fr.), die; –, –n: Wimpel : Trompetenquaste : Wetterfahne : mit Steuerstempel versehener Papierstreifen * *Banderolensteuer;* Tabaksteuer * **ban|de|ro|lie|ren** (..iert) tr.: mit Banderole versehen, versteuern * **..bän|dig:** s. Band, der * **bän|di|gen, Bän|di|ger, Bän|di|gung:** s. Band, das * **Ban|dit** (it.), der; –en, –en: Verbannter : Straßenräuber : Mörder [it. bandito von bandire verbannen; bando von l. bannum Bann] * **Bänd|lein:** s. Band * **Ban|do|la** (span.-it.), die; –, ..len: lautenähnliches Musikinstrument * **Ban|do|ne|on,** das; –s, –s und ..nien: nach dem Erfinder Band benannte Ziehharmonika * **Ban|do|ni|on:** Bandoneon * **Ban|do|ne|o|nist:** der; –en, –en: Bandoneonspieler * **Bänd|sel:** s. Band * **Ban|du|ra** (russ.), die; –, ..ren: ukrainische Gitarrenart * **bang(e)** Ew. (banger und bänger, bangst und bängst): angsterfüllt : angsterregend : beklommen : beklemmend : besorgt * *mir ist (wird) bang; etwas macht mir bange →* etwas macht mir Bange * **Bang|büx** (nordd.), die; –, –en: Feigling * **Ban|ge,** die; –: Angst : Furcht : Sorge * **ban|gen** (intr.), unp. u. rbz.: bang sein; tr.: bang machen * **Bang|gig|keit,** die; –, –en: das Bangen : die Beklemmung : die Sorge * **Bang|nis,** das; ..nisses, ..nisse: Bangigkeit * **Ban|gert,** der; –(e)s, –e: Obstbaumgarten; vgl. Bongert * **Ban|gig|keit:** s. bange * **Ban|gla|desch:** Staat am Golf von Bengalen * **Bang|nis:** s. bange * **Ban|gui** [bangi]: Hauptstadt der Zentralafrikanischen Republik

Ban|jo, das; –s, –s: gitarrenähnliches Zupfinstrument, von den Afroamerikanern erfunden * **Ban|jul:** Hauptstadt von Gambia * **Bank** (obd.), die; –, Bänke: Bänkchen, Bänkel: Sitzgelegenheit für mehrere Personen * *Werkbank:* Werktisch; *Drehbank; Sandbank:* bis an die Wasserspiegel reichende Bodenerhebung in Gewässern : stufenförmiges Ufer : (Bergb.) feste Gesteinsschicht : sich lang hinauftürmende Wolkenschicht * **Bank** (it.), die; –, –en: Geldinstitut * *auf die lange Bank schieben:* aufschieben; *durch die Bank:* ohne Ausnahme * *Bankaktie:* Anteilschein am Grundkapital einer Bank; *Bankakzept:* Bankwechsel; *Bankanweisung:* Anweisung von einer Kreditanstalt; *Bankbeamte(r):* Beamte(r) einer (staatl.) Bank; *Bankbuch:* ein Buch, in das die Einzahlungen und Entnahmen des Bankkunden eingetragen werden; *Bankdepot; Bankdirektor:* Leiter eines Bankinstitutes; *Bankfach:* der Beruf des Bankangestellten; *Bankgeheimnis; Bankgeschäft:* Kreditanstalt; *Bankguthaben; Bankhalter* (im Spiel): der, der gegen alle anderen spielt; *Bankhammer:* Niethammer; *Bankhaus:* Kreditanstalt; *Bankhobel:* (Böttch.) großer, auf Füßen stehender Hobel; *Bankkonto:* Bankrechnung, Gegenüberstellung von Einnahmen und Ausgaben bei einer Bank; *Banknote:* v. einer Staatsbank ausgegebener unverzinslicher Geldschein; *Bankscheck:* Zahlungsanweisung auf eine Bank; *Banküberweisung; Bankverkehr* * **Bän|kel,** das; –s, –: Brettlied * *Bänkelkrämer:* Trödler; *Bänkellied; Bänkelsang; Bänkelsänger:* Brettliedsänger (der seine Lieder durch Bilder auf einer Erhöhung [Bank] erläutert); *bänkelsängerisch* Ew.: nach Art eines Bänkelsängers * **Bän|kart, Bän|kert, Bänk|ling,** der; –s, –e: uneheliches Kind * **ban|ken** intr.: (seem.) Schiff auf eine Sandbank setzen : (Spiel) die Bank halten * **Ban|kart, Ban|kert:** s. Bank

Bän|kel, ban|ken, Bän|ker: s. Bank

ban|ke|rott, bank|rott (it.) Ew.: bankbrüchig : zahlungsunfähig : zugrunde gerichtet ✻ *bankrott sein, werden* ✻ **Bank|rott,** der; –(e)s, –e: Bankbruch : Zahlungsunfähigkeit : Zahlungseinstellung ✻ *bankrott gehen* → *Bankrott gehen; Bankrott machen:* zahlungsunfähig werden ✻ *Bankrotterklärung* ✻ **Bank|rot|teur** [bank'rotöhr], **Bank|rot|tier** (e.-fr.) [bangk'rotjeh], der; –s, –s: jemand, der Bankrott macht oder gemacht hat ✻ **bankrot|tie|ren** (..iert) intr.: Bankrott machen [it. banca rotta gebrochener Bank; wahrsch. zerbrochener Zahltisch]

bankrott, Bankrott
Als Adjektiv gebraucht, wird *bankrott* klein geschrieben: *Jemand ist bankrott (oder pleite).* Im Infinitiv bleibt es vom Verb getrennt: *Er dürfte bereits bankrott (oder pleite) sein.* Das Substantiv solcher festen Wortverbindungen wird aber groß geschrieben, wenn es nicht mit anderen Bestandteilen dieser Wortverbindung zusammen geschrieben wird: *Jemand geht (oder macht) Bankrott. Jemand geht (oder macht) Pleite.*

Ban|kert: s. Bank
Bank|ett (dtsch.-fr.), das; –(e)s, –e: Festmahl : Ehrenmahl : Seitenweg ✻ **Bank|ket|te** (dtsch.-fr.), die; –, –n: erhöhter Fußweg an den Landstraßen ✻ **bank|ket|tie|ren** (..iert) intr.: ein Festmahl halten [fr. banquet von it. banco aus dtsch. Bank, erhöhter Sitz]
Bank|ier (dtsch.-fr.) [bangk|jeh], der; –s, –s: Besitzer oder Teilhaber einer Bank : Bankherr : (Spiel) Bankhalter
bank|rott: s. bankerott
Bann, der; –(e)s, –e: etwas unwiderstehlich Bindendes, zauberhafte Gewalt : durch Schranken umschlossener Bezirk : die innerhalb eines Gebietes jemandem zustehende Gewalt : Recht des Alleinverkaufs : Aufgebot : Ausschluss aus einer Gemeinschaft (Kirche, Reich) : im Nationalsozialismus eine Abteilung der Hitlerjugend ✻ *Bannbulle:* einen

Bann enthaltende päpstliche Bulle; *Bannforst:* durch Gebot geschützter Forst; *Bannfluch:* bannender Fluch des Papstes; *Banngerechtigkeit:* Gewalt über einen gewissen Bezirk; *Banngut:* Bannware; *Bannherr:* Gewalthaber über einen gewissen Bezirk; *Bannkreis:* Bezirk, auf den sich ein Recht, ein Verbot usw. erstreckt; *Bannkreuz:* Kreuz zur Abgrenzung des Bannkreises; *Bannmeile:* Bannkreis; *Bannrecht* (vgl. Bannkreuz); *Bannstrahl:* Bannfluch; *Bannvogt:* Fürschutz; *Bannwald* (vgl. Bannforst); *Bannware; Bannwart:* Bannvogt; *Bannwasser:* Wasser, in dem das Fischen verboten ist; *Bannwein* (vgl. Bannbier) ✻ **ban|nen** tr.: mit dem Bann belegen, aus der Kirche ausschließen : durch Bann oder wie durch Bann fesseln, festhalten : vertreiben, verjagen : für unverletzlich erklären
Ban|ner (fr.), das; –s, –: Fahne ✻ *Bannerherr; –träger* [fr. bannière von ml. banderium, dtsch. Band, got. bandwô Zeichen, Fahne]
Ban|se, die; –, –n ✻ **Ban|se(n),** der; ..sen, ..sen: Platz in der Scheune für Garben : Garbenhaufen ✻ **ban|sen** tr.: die Garben in der Banse aufschichten
Ban|tam|ge|wicht, das; –es: (Sport) Gewichtsklasse ✻ **Ban|tam|huhn:** Zwerghuhn, nach der javanischen Stadt Bantam benannt
Ban|tu Mz.: ca. 400 Stämme umfassende afrikan. Sprachgemeinschaft ✻ *Bantusprachen*
Ba|nu, der; –s, Bani: rumän. Münze 1/100 Leu
Ba|o|bab (äthiop.), der; –s, –s: Affenbrotbaum
Ba|pho|met, der; –(e)s: Sinnbild der Templer [wahrscheinlich aus Mohammed durch Buchstabenverstellung]
bap|tie|ren (..iert) (gr.) tr.: eintauchen : (Techn.) baden : (Techn.) färben ✻ **Bap|tis|ma,** das; –, ..tismata: Taufe ✻ **Bap|tis|mus,** der; –: christl. Freikirche, verlangt Erwachsenentaufe ✻ **Bap|tist,** der; –en, –en: Anhänger des Baptismus ✻ **Bap|tis|te|ri|um,** das; –s, ..rien: Taufkapelle [gr. baptizein untertauchen]

bar Ew.: nackt, unbedeckt : nackt, entblößt : leer : (Geld) bereitliegend : (mit Gen.) ledig, los ✻ *in bar zahlen:* mit aufgezähltem Gelde zahlen; *bar(es) Geld haben; gegen bar:* gegen bares Geld ✻ *barbeinig* Ew.: mit nackten Beinen; *barbusig; barfuß* Uw. Ew.: mit nackten Füßen; *Barfüßer,* der; –s, –: Mensch mit nackten Füßen : Franziskanermönch; *Barfüßler(in):* Barfüßer(in); *barfüßig* Ew.; *Bargeld; bargeldlos* Ew.: ohne Bargeld; *bargeldloser Zahlungsverkehr:* Zahlung durch Scheck, Giro, Wechsel u. a.; *barhaupt, -häuptig* Ew.: mit unbekleidetem Kopfe; *barköpfig* Ew. ✻ **Bar|schaft,** die; –, –en: zur Verfügung stehende Menge Bargeld; *Barscheck:* sofort einlösbarer Scheck; *Barzahlung*
..bar: Suffix bei aus Verben gebildeten Adjektiven: ..fähig, ..möglich ✻ *tanzbar, denkbar*
Bar (e.), der; –, –s: Schanktisch : Ausschank hinter einer Schranke : Trinkstube : intimes Nachtlokal ✻ *Bardame:* Schanktischbedienerin; *Barhocker; Barkeeper* (e.) [..kihper], der; –s, –s: Inhaber einer Bar; *Barmixer:* Kellner einer Bar, der die Getränke mischt ✻ *Tanzbar* [e. bar Stange]
Bar (gr.), das; –, –: (Zeichen: bar) Maßeinheit für Luftdruck [gr. baros Schwere]
Bar, der; –(e)s, –e: Meistersingerlied
Bär, der; –en, –en; –chen: ein Raubtier : (übertr.) grober, plumper Kerl : Wirtshausschild und -name : (der Große und der Kleine –) Name zweier Sternbilder : ein Nachtfalter : Name einiger Aufgußtierchen ✻ *einem einen Bären aufbinden:* aufschneiderisch lügen ✻ *bärbeißig* Ew.: bissig, grimmig; *Bärbeißigkeit,* die; –; *Bärlapp,* der; –s: eine Pflanze ✻ *Bär(en)beißer:* großer zur Bärenhatz gebrauchter Hund : grimmiger Mensch; *Bärendienst:* (Umgspr.) schlechter Dienst; *Bärenfell; Bärenführer:* mit Tanzbären umherziehender Mann; *bärenhaft* Ew.: nach Art eines Bären; *Bärenhaut; auf der Bärenhaut liegen* intr.: faulenzen; *Bärenhäuter,*

der; –s, –: Faulenzer * *Bärenhüter:* ein Sternbild; *Bäreninsel:* norweg. Polarinsel; *Bärenklau:* eine Pflanze * *Bärenlauch:* eine Pflanze * *bärenmäßig* Ew.: nach Art eines Bären : stark; *Bärennatur:* bes. kräftiger, körperlich unempfindlicher Mensch; *Bärenraupe:* Raupe des Schmetterlings Bär; *Bärenspinner:* Bär (Schmetterling); *Bärenschinken; Bärenschote:* eine Pflanze, *bärenstark* Ew.; *Bärentanz; Bärentraube:* eine Pflanze; *Bärentreiber;* Bärenführer; *Bärenzwinger:* Bärenkäfig

Bär, der; –(e)s, –e: (mundartl.) Zuchteber

Bär, der; –(e)s, –e; **Bä|re,** die; –, –n: ein Fisch

Bär, der; –en und –s, –e(n): Rammklotz

Ba|rab|bas: Gestalt in der Bibel

Ba|ra|cke (fr.), die; –, –n: leichtgebautes Haus * *Barackenlager; Barackenleben* [fr. baraque von rom. barra Stange]

ba|ra|dauz: s. bauz

Ba|ratt (it.), der; –(e)s: Warentausch * *Baratthandel:* Tauschhandel * **Ba|rat|te|rie** (fr.), die; –, ..rien: Warenfälschung : Betrug im Seehandel

Bar|bar (gr.), der; –en und –s, –en: urspr. jeder Nichtgrieche : Fremder : ungebildeter, roher Mensch * **Bar|ba|rei,** die; –, –en: barbarisches Wesen : barbarische Handlung * **Bar|barin,** die; –, –nen: weiblicher Barbar * **bar|ba|risch** Ew.: ausländisch : fremd : nach Art eines Barbaren : unmenschlich; Uw.: ungeheuer * **bar|bari|sie|ren** (..iert) tr.: roh machen : (Sprache –) verderben * **Bar|ba|ris|mus,** der; –, ..men: Roheit : Sprachwidrigkeit [gr. barbaros fremd]

Bar|ba|ros|sa (it.): „Rotbart", Beiname Kaiser Friedrichs I.

Bar|be (l.), die; –, –n: Bartfisch, Bartkarpfen : Backenkrause an Frauenhauben *

Bär|be, der; –n, –n: Bartfisch [l. barba Bart]

Bar|be|cue (e.-am.) [bahbekjuh], das; –(s), –s: Picknick im Freien, bei dem am Spieß oder auf dem Rost gebraten wird;

auch ein im Freien geröstetes und mit scharfer Sauce angerichtetes Fleischstück

Bär|ben|kraut (l.-dtsch.), das; –(e)s: eine Pflanze, Winterkresse [l. barba Bart]

Bar|bier (fr.), der; –s, –e: Bartscherer : Haar- und Bartkünstler : Bader * **bar|bie|ren** (..iert) tr.: den Bart schneiden, rasieren : (Fisch –) abschuppen [l. barba Bart]

Bar|bi|ton (gr.), das; –s, –s: altgriech. Saiteninstrument : Leier * **Bar|bi|tu|rat,** das; –s, –e: Barbitursäure enthaltendes Schlaf- und Beruhigungsmittel * **Bar|bi|tur|säu|re,** die; –: Substanz mit narkotisierender Wirkung, Grundstoff von Schlafmitteln

Bar|ce|lo|na [barßhe–]: span. Stadt, Hauptstadt Kataloniens

Barch, der; –(e)s, Bärche (md.) kastrierter Eber; auch Borch

bar|chen Ew.: aus Barchent *

Bar|chent (nl.), der; –s, –e: geköperter Baumwollstoff [ml. barracanus, arab. Ursprungs]

Bar|ches (hebr.), der; –, –: aus Weizenteig hergestelltes Segensbrot zum jüd. Sabbat

Bar Code (e.), der; – –, – –s: durch Geräte (Scanner) einlesbarer Strichcode, bes. auf Verpackungen

Bar|dak (arab.), der; –, –en: irdener Wasserkrug, als Kühlgefäß [arab. bard kühl]

Bar|da|me: s. Bar, die

bar|dauz: s. bauz

Bar|de (fr.) [bard'], die; –, –n: Speckscheibe * **bar|die|ren** (..iert) (fr.-dtsch.) tr.: in Speck hüllen : mit Speck belegen

Bar|de (kelt.), der; –n, –n: Bezeichnung der altkeltischen Sänger : (allg.) Sänger : Dichter * **Bar|diet,** das; –(e)s, –e: Dichtung in der vermuteten Art der Barden bes. Klopstocks Dramen [kelt. bardd Dichter]; vgl. Bardiet, den

Bar|diet (altn.-l.), das; –(e)s, –e: Schildgesang, -geheul, Schlachtruf der Germanen [l. barditus von altn. bardi Schild]; vgl. Barde

Bä|ren|fell, bä|ren|haft usw.: s. Bär

Ba|rents|see, die; –: Teil des Nordpolarmeeres (nach dem ndl. Seefahrer W. Barents)

Ba|rett (fr.), das; –(e)s, –e: schirmlose, flache Kopfbedeckung, bes. zur Amtstracht von Geistlichen, Richtern u. Professoren [fr. barette, it. beretta, span. biretta von l. birrus Oberkleid]

bar|fuß usw.: s. bar

Bar|geld, bar|geld|los: s. bar

Bar|ho|cker: s. Bar

Ba|ri|bal, der; –s, –s: nordamerikanischer schwarzer Bär

Bä|rin: s. Bär

Ba|ri|ton (gr.), der; –s, –e: Männerstimme zwischen Bass und Tenor : Sänger dieser Stimmlage * **Ba|ri|to|nist,** der; –en, –en: Baritonsänger * *Baritonklarinette:* tiefe Klarinette; *Baritonsänger* * **Ba|ri|to|nist,** der; –en, –en: Baritonsänger

Ba|ri|um (gr.), das; –s: ein Erdalkalimetall; Abk.: Ba

Bark (it.), die; –, –en: (dreimastiges) Schiff * *Barkholz:* Außenplanke eines Schiffes * **Bar|ka|ro|le, Bar|ke|ro|le,** die; –, –n: mastloses Lustschiff : Schiffer–, Gondellied * **Bar|kas|se** (ndl.), die; –, –n: größtes Beiboot eines Kriegsschiffes : kleines Dampfboot * **Bar|ke** (it.), die; –, –n: Gondel : kleines Schiff

Bar|kee|per: s. Bar

Bar|lach: dtsch. Bildhauer, Grafiker und Dichter

Bär|lapp: s. Bär

Bar|lauf, der; –(e)s: ein Turnspiel [zu Barre, Schranke]

Bär|me (mundartl. Barme), die; –: Hefe

bar|men intr.: klagen : jammern * **barm|her|zig** Ew.: sich erbarmend : mitleidig : mildtätig * *Barmherzige Brüder:* ein Mönchsorden; *Barmherzige Schwestern:* in Nonnenorden * **Barm|her|zig|keit,** die; –: das Erbarmen : Mitleid : Mildtätigkeit

Bar|mi|xer: s. Bar

Barn, der; –(e)s, –e (mundartl.) Futterkrippe * *Barnbeißer,* der; –s, –: in die Krippe beißendes Pferd

ba|rock (span.-fr.) Ew.: seltsam : verschroben : schnörkelhaft : überladen : in der Art des Barocks * **Ba|rock,** das; –s: Kunstrichtung des 17. Jhs. * *Barockperle:* rohe, unebene Perle; *Barockstil* [fr. baroque von port. barroco ungleiche Perle]

Ba|ro|graph *auch:* Ba|ro|graf (gr.), der; –en, –en: Luftdruckzeichner, Vorrichtung zur Messung und selbsttätigen Aufzeichnung des Luftdruckes ✳ Ba|ro|gramm [gr.-nl.], das; –s, –e: Aufzeichnung des Barographen ✳ *Barogaphenkurve auch: Barografenkurve:* Luftdrucklinie ✳ Ba|ro|me|ter (gr.), das; –s, –: Luftdruckmesser : Wetterglas ✳ *Barometerprobe:* Luftdruckmesser an der Luftpumpe; *Barometerstand:* Stand des Barometers [gr. baros Schwere]

Ba|ron (ml.), der; –s, –e: urspr. Besitzer reichsunmittelbarer Güter : Freiherr ✳ Ba|ro|neß → Ba|ro|ness, Ba|ro|nes|se (fr.), die; –, –n: Freifrau : Freifräulein ✳ Ba|ro|net (e.) [bäronett], der; –s, –s: engl. Edelmann (zwischen Baron und Ritter) ✳ Ba|ro|nie (fr.), die; –, ..nien: Land eines Barons : Freiherrschaft : Freiherrnwürde ✳ Ba|ro|nin (fr.-dtsch.), die; –, –nen: Freifrau : Freifräulein ✳ ba|ro|ni|sie|ren (..iert) tr.: zum Baron machen, in den Freiherrnstand erheben; intr.: als Baron oder wie ein Baron leben [fr. baron; it. barone'; ml. baro freier Mann]

Bar|ra|ku|da (span.), der; –s, –s: Raub- und Speisefisch

Bar|ras, der; –: Kommiss : Militär : Soldatenbrot

Bar|re (l.-fr.), die; –, –n: Riegel : Schranke ✳ *Barrenriff:* ein schrankenbildendes Riff [fr. barre von rom. barra]

Bar|reau (fr.) [barroh], das; –s, –s: Schranke : Platz der Rechtsanwälte bei der Gerichtssitzung : Gesamtheit der Rechtsanwälte; vgl. Barre

Bar|rel (e.) [bärr'l], das; –s, –s: „Fässchen", am. und brit. Hohlmaß

bar|ren tr.: einem Springpferd während des Trainings zur Fehlervermeidung mit einer Stange gegen die Beine schlagen

Bar|ren (nhd.), der; –s, –: Turngerät : Metallstange als Handelsware; vgl. Barre

Bar|ri|e|re (it.-fr.), die; –, –n: Schranke : Hindernis ✳ Bar|ri|ka|de, die; –, –n: Straßenschanze : Absperrung : Hindernis ✳ bar|ri|ka|die|ren

(..iert) tr.: sperren : verrammeln (seltener für: verbarrikadieren) [it. barricata Schlagbaum]; vgl. Bar

Bar|ris|ter (e.) [bärrist'r], der; –s, –: Rechtsanwalt in England [e. bar (Gerichts-) Schranke]

Bar|sac (fr.) [..sak], der; –: ein weißer Bordeaux wein (aus Barsac)

barsch (barscher, barschest) Ew.: beißend im Geschmack : rau : streng : unfreundlich ✳ Barsch|heit, die; –, –en: das Barschsein : eine barsche Handlung, Rede

Barsch, der; –es, –e und Bärsche: ein Raubfisch

Bar|schaft: s. bar

Bar|soi (russ.) [–seu], der; –s, –: russ. Windhund

Bar|sor|ti|ment, das; –s, –e: Buchhandelsbetrieb zwischen Verlag u. Einzelhandel

Bart, der; –(e)s, Bärte; Bärtchen: Haare an Kinn, Oberlippe und Backen des Mannes : bartähnliche Flecken im Gesicht : Backen und Kinnstreifen an Hauben : Granne : bartgleich Herabhängendes : Bienen am Korb u. Ä. : Schweif der Auster : der dem Schweif entgegenstehende Teil eines Kometen : der ins Schloss gesteckte Teil eines Gussstückes, Schlüssels ✳ *einem um den Bart gehen:* einen umschmeicheln; *in den Bart brummen:* halblaut reden ✳ *Bartaffe:* bärtiger Affe; *Bartflaum; Bartflechte:* Moosart : Bartkrankheit; *Bartgeier:* bärtiger Geier; *Bartgras; Bartgrundel:* ein Fisch; *Barthaar; Barthafer; Bartkratzer:* (scherzh.) Barbier; *Bartkünstler; bartlos* Ew.: ohne Bart; *Bartmeise; Bartmesser; Bartmoos; Bartnelke; Bartnuss:* Haselnuss; *Bartputzer:* (scherzh.) Barbier; *Bartscherer, Bartseife; Bartstern:* Komet; *Bartwachs, Bartwichse, Bartwisch:* kleiner Besen ✳ Bar|teln Mz., die; –: lange Tastfäden am Maul vieler Fische ✳ bär|tig Ew.: mit Bart

Bar|te, die; –, –n: kleines Beil : unbearbeitetes Fischbein : Hornplatte im Oberkiefer der Bartenwale ✳ *Bartenwale:* Unterordnung der Zahnwale mit Barten statt Zähnen

Bär|tier|chen: mikroskopisch kleines Gliedertier, im Wasser lebend

Ba|ruch (hebr.): „der Gesegnete", Gestalt im Alten Testament

Ba|rut|sche (lat.-it.), die; –n: alt für zweirädriger Wagen, zweirädrige Kutsche

ba|ry.. (gr.): schwer ✳ Ba|ry|etik (gr.), die; –: die Lehre von der Schwere ✳ Ba|ry|glos|sie, die; –: erschwertes Sprechen ✳ Ba|ry|me|trie, die; –: Luftdruckmessung ✳ Ba|ry|on, das; –s, ..onen: schweres Elementarteilchen mit halbzahligem Spin ✳ Ba|ry|phon, der; –en, –en: Tiefbasssänger ✳ Ba|ry|pho|nie, die; –: Tiefstimmigkeit : krankhaft harttönende Sprache ✳ Ba|ryt, der; –(e)s, –e: Schwerspat ✳ *Baryterde:* im Baryt vorkommende Schwererde ✳ Ba|ry|th|mie, die; –: Schwermut ✳ Ba|ry|ton, das; –s, –e: Saiteninstrument (vgl. Bariton) ✳ Ba|ry|to|non, das; –s, ..tona: Wort mit unbetonter Endsilbe ✳ ba|ry|zent|risch Ew.: auf den Schwerpunkt bezüglich ✳ Ba|ry|zent|rum, das; –s, ..tra und ..tren: Schwerpunkt [gr. barys schwer]

Bar|zah|lung: s. bar

ba|sal Ew.: die Basis betreffend, fundamental

Ba|salt (ml.), der; –(e)s, –e: Ergussgestein ✳ *Basaltlava; –tuff; –wacke* ✳ ba|sal|ten, ba|sal|tig, ba|sal|tisch Ew.: aus Basalt ✳ Ba|sal|tit, der; –(e)s, –e: basaltähnliches Gestein

Ba|sal|tem|pe|ra|tur, die; –, –en: (Med.) die morgens vor dem Aufstehen gemessene Körpertemperatur

Ba|sa|ne (gr.), die; –: zubereitetes Schaf- oder Kalbleder, vor allem für Bucheinbände

Ba|sar (pers.-fr.), der; –(e)s, –e: Markt : Straße mit Kaufläden : Warenverkauf zu Wohltätigkeitszwecken [fr. bazar von pers. basar]

Baschki|re, der; –n, –n: Angehöriger des tatar. Volksstammes der Baschkiren

Baschlik (türk.), der; –s, –s: Tatarenführer : ein Kapuzenschal

Ba|se (gr.), die; –, –n: Grundlage : Grundlinie : Grundfläche : Untergestell : Säulenfuß : chem. Verbindung, die mit Säuren Salze bildet : Grundzahl eines Logarithmensystems ✻ **Ba|se|ment** (e.) [beßßment], das; –s, –s: Unterbau : Tiefgeschoss (eines Kaufhauses) ✻ **ba|sie|ren** (..iert) tr.: festigen, gründen; intr.: sich gründen auf ✻ **Ba|sis**, die; –, ..sen: Base ✻ **ba|sisch** Ew.: (Chem.) sich wie eine Base verhaltend ✻ **Ba|sit**, der; –(e)s, –e: kieselarmes Gestein ✻ **Ba|si|zi|tät**, die; –: (Chem.) Alkaligehalt einer Lösung : Vorhandensein einer Grundlage [gr. basis Schritt, Boden, Grund, von bainein schreiten]

Ba|se, die; –, –n; Bäschen, –lein: Tochter des Onkels oder der Tante : (schweiz.) Tante ✻ *Klatschbase:* schwatzhaftes Weibsbild

Base|ball (e.) [behßba°hl], der; –s: nordamerik. Nationalsport, Schlagballspiel [e. base, basis, Schranke, Mal]

Base|dow-Krank|heit *auch:* **Base|dow|krank|heit:** Schilddrüsenerkrankung : (volkstüml.) Glotzaugenkrankheit

Ba|sel: schweiz. Kanton und Stadt

BASF (Abk.): Badische Anilin & Soda- Fabrik AG

ba|sic (e.) [behßik] Ew.: grundlegend, fundamental ✻ *basic sein* ✻ **Ba|sics:** Grundlagen, elementare Voraussetzungen

BASIC (Abk.): Beginner's All Purpose Symbolic Instruction Code, eine vereinfachte Programmiersprache

Ba|sic Eng|lish: von C. K. Ogden entwickeltes vereinfachtes Englisch mit nur 850 Grundwörtern

ba|sie|ren: s. Base

Ba|si|lia|ner (gr.), der; –s, –: orthodoxer Mönch vom Orden der Basilianer

Ba|si|lie (gr.), die; –, –n: eine Gewürzpflanze, Lippenblütlerart ✻ **Ba|si|li|kum**, das; –s, –s und ..ken: Basilie

Ba|si|li|ka (gr.-l.), die; –, ..ken: „Königshalle": Gerichtshalle in Athen : Börsen- und Gerichtshalle in Rom : kirchl. Ge-

bäude : altchristliche Hallenkirche : (Med.) Hauptblutader auf dem Handrücken ✻ *basilikenförmig* Ew.: hallenkirchenförmig ✻ **ba|si|li|kal** Ew.: hallen(kirchen)förmig [gr. basilikos, ..ke, ..kon königlich, von basileus König]

Ba|si|lisk, der; –en, –en: schlangenartiges Ungeheuer orientalischer Sagen : (Natw.) Königseidechse [vgl. Basilika]

Ba|si|lius: gr. Kirchenlehrer

Ba|sis, ba|sisch, Ba|si|zi|tät: s. Base

Bas|ke (span.), der; –n, –n: Angehöriger eines Volksstammes um den Golf von Biscaya ✻ *Baskenmütze* ✻ **bas|kisch** Ew.: nach Art der Basken : in der Sprache der Basken ✻ *Baskisch; das Baskische*

Bas|ket|ball (e.) [beßketba°hl], der; –s: Korbballspiel

Bas|kü|le (fr.), die; –, –n: Schaukel : Schwengel : Riegel : Basküleverschluss ✻ **Bas|kü|le|ver|schluß** → **Bas|kü|le|ver|schluss:** Riegelverschluss an Fenstern und Türen, der gleichzeitig oben und unten verschließt : Drehschloss

Bas|re|lief (fr.) [bar..], das; –s, –s: flacherhabenes Bildwerk

baß → bass Uw.: (veralt.) besser, mehr, sehr ✻ *bass erstaunt*

Baß → Bass (it-dtsch.), der; ..es, Bässe; Bässchen: tiefste Männerstimme : Grundstimme eines mehrstimmigen Satzes : Basssänger : Bassgeige ✻ *Bassbläser → Bassbläser:* Bläser eines Bassinstruments; *Baßbuffo → Bassbuffo; Baßgeige → Bassgeige; Baßgitarre → Bassgitarre; Baßhorn → Basshorn; Baßklarinette → Bassklarinette; Baßnote → Bassnote; Baßpfeife; –pommer → Basspfeife; –pommer:* eine Orgelstimme; *Baßschlüssel → Bassschlüssel:* Notenschlüssel für die tiefe Tonlage; *Baßstimme → Bassstimme* ✻ **Bas|sett** (it.), der; –(e)s, –e: dreisaitige Bassgeige ✻ *Bassetthorn:* Holzblasinstrument, Altklarinette ✻ **Bas|sist** (it.), der; –en, –en: Basssänger : Bassgeiger ✻ **Bas|so** (it.), der; –, ..ssi: Bass ✻ **Bas|son** (it.), der [..ßong], der; –s, –s: Basspfeife, Fagott [it. basso von ml. bassus niedrig]

Bas|sa (türk.), der; –s und ..ssen, –s und ..ssen: Pascha

Bas|se, der; –n, –n: (Jägerspr.) starker Keiler

Bas|se|lis|se (fr.), die; –, –n: tiefschäftiges (Teppich-)Gewebe [fr. bas, basse tief und lisse Gewebekette]

Bas|set (fr.) [bassäh], der; –s, –s: kleine engl. Hunderasse [fr. bas niedrig]

Bas|sett: s. Bass

Bas|sin (fr.) [bassäng], das; –s, –s: Behälter : Wasserbecken

Bas|sist: s. Bass

Bas|so, Bas|son: s. Bass

Bast, der; –(e)s, –e: dünnes Pflanzenband : innere Schicht der Baumrinde : aus Baumbast gefertigtes Zeug : (weidm.) das Gefege : ein zum Bastschälen benutzter Baum; *Bastdecke:* aus Bast gefertigte Decke; *Bastbohne; Bastfaser; Basthut; –matte; Bastpfeife:* aus Baumbast hergestellte Pfeife; *Bastschuh; Bastseide:* Rohseide; *Bastseil* ✻ **bas|ten** Ew.: aus Bast hergestellt ✻ *bastfarben, bastfarbig* Ew.: in der Farbe von Bast

bas|ta! (it.): genug! : Schluss jetzt!

Bas|tard (ml.-dtsch.), der; –(e)s, –e: Mischling : uneheliches Kind ✻ *Bastardfalke:* ein Vogel, Wasserweihe; *Bastardfenster:* Fenster mit gleicher oder geringerer Höhe als Breite; *Bastardwechsel:* (kfm.) Darlehnsschein; *Bastardschrift:* Schrift, die Merkmale sowohl der Fraktur als auch der Antiqua aufweist ✻ **Bas|tar|de**, die; –: (seem.) die große türk. Admiralsgaleere ✻ **bas|tar|die|ren** (..iert) intr.: sich als Abart fortpflanzen ✻ **Bas|tar|die|rung**, die; –: Züchtung von Bastarden : Rassenmischung [ml. bastardus Saumsattel]

Bas|te (fr.), die; –, –n: Trumpfkarte in einigen Kartenspielen

Bas|tei (it.), die; –, –en: vorspringender Teil an alten Festungsbauten : Bollwerk : Felsengruppe im Elbsandsteingebirge ✻ **Bas|til|le** (fr.) [bastije], die; –, –en: festes Schloss : 1789 erstürmtes Pariser Staatsgefängnis ✻ **Bas|ti|on** (it.), die; –, –en: Bollwerk : Schutzwehr

✳ bas|ti|o|nie|ren tr.: mit Bastionen versehen [it. bastia von ml. bastire bauen]

bas|teln (basseln, bosseln) tr., intr.: kleine Hand- und Flickarbeit machen : etwas zusammenfügen ✳ Bast|ler, die; –s, –: geschickter Tüftler ✳ Bas|te|lei, die; –, –en: Liebhaberarbeit

bas|ten: s. Bast

Bas|ti|lle, Bas|ti|on: s. Bastei

Bas|to|na|de (it.-fr.), die; –, –n: Prügelstrafe, bes. das Schlagen der Fußsohlen ✳ bas|to|nie|ren (..iert) tr.: prügeln : die Fußsohlen schlagen [it. bastonare von bastone aus ml. basto Stock]

Ba|su|to, der; –s, –s: Bantustamm in Südafrika

BAT (Abk.): Bundesangestelltentarif

Bat. (Abk.): Bataillon

Ba|tail|le (fr.) [bataj'], die; –, –n: Schlacht : Kampf ✳ Ba|tail|lon (fr.) [batajong, dtsch. bataljohn], das; –s, –e: Truppenabteilung ✳ Bataillonsführer; –kommandeur [fr. battre schlagen]

Ba|ta|te (südamerik. Arawakensprache), die; –, –n: süße, der Kartoffel ähnliche Knollenfrucht; vgl. Potate

Ba|ta|ver [..w..], der; –s, –: german. Volksstamm

Ba|ta|via: alter Name der Hauptstadt von Java (Jakarta)

Ba|tho|lith (gr.), der; –(e)s und –en, –e(n): erstarrte Gesteinsform, Tiefengestein ✳ Ba|tho|me|ter, das; –s, –: (Meeres-)Tiefenmesser ✳ Ba|thy|gra|phie auch: Ba|thy|gra|fie, die; –: Tiefseeforschung ✳ ba|thy|gra|phisch auch: ba|thy|gra|fisch Ew.: tiefseekundlich ✳ Ba|thy|skaph, das; –(e)s, –e: Tiefboot, Spezialtauchgerät zur Meerestiefenmessung ✳ Ba|thy|sphä|re, die; –: größte Meerestiefe [gr. bathys tief]

Ba|tik (malaiisch) der; –s, –en; auch: die; –, –en: indisches Zeugdruckverfahren : durch Batik eingefärbtes Gewebe ✳ Batikdruck: eine Art farbiger Musterdruck; Batikkunst: Kunst des Batikdrucks ✳ ba|ti|ken tr.: nach Art eines Batiks herstellen : mit Hilfe der Batik färben

Ba|tist (fr.-gr.), der; –es, –e: feine Leinwand ✳ ba|tis|ten Ew.: aus Batist [fr. batiste von fr. toile baptiste Taufleinen, womit den getauften Kindern der Kopf getrocknet wurde]

Bat|te|rie, die; –, ..rien: „Schlagerei" : kleinste Artillerieeinheit : Geschützabteilung : (Mus.) Trommelschlag : (Physik) Verbindung mehrerer Stromquellen ✳ Batteriegerät; Batteriekessel; Batterieröhre; Batteriezündung [it. battere, fr. battre schlagen]

Bat|zen, der; –s, –: Bätzchen: (Med., Techn.) zusammenhängende Masse, Klumpen : (obd., schweiz.) Münze (1/10 Franken) : (allg.) geringer Geldwert ✳ Batzenware: billige Ware

Bau, der; –(e)s, –e (Mz. bei Gebäuden: Bauten): das Bauen : das Gebäude : Bauweise : Tierhöhle (Fuchsbau) : Anbau und Bearbeitung des Landes zur Gewinnung von Früchten oder Gesteinen : Gruben der Bergleute ✳ Bauabnahme; Bauakademie; Bauamt, das; –es, ..ämter: Behörde zur Beaufsichtigung und Genehmigung von Bauten; Bauarbeiter; Bauart; Bauaufsicht; Baudenkmal; Bauentwurf; baufällig Ew.: einsturzdrohend; Baufläche; Baufirma; Baufluchtlinie: festgelegte Linie in Straßen, über die hinaus nicht gebaut werden darf; Baugrund; Baugenehmigung: behördl. Bauerlaubnis; Baugenossenschaft: Personenvereinigung zur Förderung des Wohnungsbaus; Baugewerbe: berufsmäßige Bautätigkeit; Bauherr: Auftraggeber eines Baues; Bauherrenmodell: Finanzierungsmodell für Bauobjekte; Bauholz; Bauindustrie; Bauingenieur; Baukasten; Baukosten; Baukostenzuschuß → Baukostenzuschuss; Baukredit; Baukunst; Bauland; Baumaterial: alle zum Bau notwendigen Stoffe; Baumeister: Meister im Bauhandwerk; Bauplan; Baupolizei; Baurat; Bausparkasse: Sparkasse für Baugelder; Baustelle; Baustein: Stein zum Bauen : (übertr.) förderlicher Beitrag; Baustil: Art und Weise, in der gebaut wird; Bauverein: Vereinigung Bauwilli-

ger; Bauvertrag; Bauvorhaben; Bauvorschriften; Bauweise: technische Ausführungsweise : ortsgesetzlich geregelte Bauart; Bauwerk: Gebäude ✳ bau|en tr.: errichten : nach einem Plan zusammenfügen : (Landw.) anbauen : (Bergb.) gewinnen ✳ bau|lich Ew.: das Bauen betreffend ✳ Bau|lich|keit, die; –, –en: Gebäude

Bauch, der; –(e)s, Bäuche. Bäuchlein, Bäuchelchen: der die Bauchorgane umschließende Teil des Körpers : die Eingeweide selbst : die Gebärmutter : jede hervorstehende Wölbung (Flasche, Schiff) : innerer Hohlraum ✳ Bauchbinde: Binde um den menschlichen Bauch; Bauchdecke: die beim Menschen vordere, bei Säugetieren untere Begrenzung des Bauches; Bauchfell: die Bauchorgane umschließende Haut; Bauchfellentzündung; Bauchflosser: Fisch mit Bauchflossen; Bauchfüßler: Schnecke; Bauchgegend: Bereich des Bauches u. seiner Organe; Bauchgrimmen, das; –s: Bauchweh; Bauchgurt: Teil des Pferdegeschirrs; Bauchhöhle; Bauchhöhlenschwangerschaft; Bauchklatscher: Bauchlandung beim Sprung ins Wasser; Bauchkneipen, das; –s: Bauchweh; Bauchladen; Bauchlage: die durch Bauchlandung: Landung eines Flugzeuges mit eingezogenem Fahrwerk; Bauchmuskel; bauchreden (ich bauchrede, gebauchredet, zu –): mit geschlossenem Munde reden unter angeblicher Bildung der Töne im Bauch; Bauchredner; Bauchschmerz; Bauchschnitt; Bauchspeicheldrüse; Bauchtanz; Bauchwassersucht; Bauchweh; Bauchwelle ✳ bau|chen rbz.: sich wölben ✳ bau|chig Ew.: einen Bauch habend : gewölbt ✳ ..bauchig, ..bäuchig Ew., nur in Zus.: gebaucht; dickbauchig ✳ bäuch|lings Uw.: auf dem Bauche liegend : auf den Bauch fallend ✳ Bau|chung, die; –, –en: das Bauchen : die durch Bauchen entstandene Form

Bau|de, die; –, –n: (schles.) Unterkunftshütte und Gebirgsgasthof

bau|en: s. Bau

Bau|er, der; –s (–n), –n; Bäuerchen, -lein: jeder, der eigenen Boden bewirtschaftet : Besitzer eines Bauerngutes : plumper Mensch : Bube im Kartenspiel : in der ersten Reihe stehender Stein beim Schachspiel : Art Kegelschnecke * *Bauernbrot:* vom Bauern selbst gebackenes Brot; *Bauernfänger:* Betrüger, der besonders Bauern zum Kartenspiel verleitet; *Bauernfrühstück:* Röstkartoffeln mit Eiern u. Schinken od. Blutwurst; *Bauerngut; Bauernhaus; –hof; –hufe; –hütte; Bauernjunge; –knecht; Bauernkriege; Bauernmädchen; Bauernregel:* Wetterregel; *Bauernschaft; Bauernschinder; Bauernschlauheit; –schläue; Bauernschminke:* eine Pflanze, Steinsame; *Bauernsohn; Bauernstand; Bauernstolz; Bauernstube; Bauerntheater; Bauerntochter; Bauernverband; Bauernweihrauch:* Fichtenharz * *Bauersfrau; Bauersleute; –mann* * **Bäu|e|rin,** die; –, –nen: Frau eines Bauern : Landbewohnerin * **bäu|e|risch, bäu|risch** Ew.: in der Art der Bauern : die Bauern betreffend : roh, plump * **bäu|er|lich** Ew.: ländlich * **bau|ern** (ich ..[e]re) intr.: als Bauer leben : bäurisch sein * **Bau|ern|schaft,** die; –, –en: Gesamtheit der Bauern : Bauernstand * **Bau|ern|tum,** das; –s: Wesen der Bauern

Bau|er, das; der; –s, –; –chen, –lein: Käfig für gefangene Vögel : Korb : Krätze, Steige

Bäu|e|rin: s. Bauer

Bau|haus, das; ..hauses: eine Kunstgewerbeschule * *Bauhausstil:* Stil der neuen Sachlichkeit

Baum, der; –(e)s, Bäume; Bäumchen, -lein: Holzgewächs mit Stamm und Ästen : Teil des Webstuhls : Sinnbild der Kraft * *Baumart; Baumblüte:* Blüte der Bäume : Zeit der Baumblüte; *Baumfrevel:* mutwilliges Beschädigen von Bäumen; *Baumfarn:* Farnart; *baumkantig* Ew.: (Holz) zugeschnitten, aber noch die Rundung des Baumes zeigend; *Baumkrebs; Baumkrone; Baumkuchen:* Kuchen in Baumform; *baumlang*

Ew.; *Baumläufer:* Name von Klettervögeln; *Baummarder:* Edelmarder; *Baumnuß →* *Baumnuss* (schweiz.): Walnuss; *Baumöl:* Olivenöl; *Baumpflanzung; Baumpieper:* ein Singvogel; *Baumsäge; Baumschere:* Schere zum Beschneiden der Äste; *Baumschröter:* Bäume zernagender Hirschkäfer; *Baumschule:* Baumpflanzung; *Baumstamm; Baumstumpf; baumstark* Ew.: sehr stark; *Baumwachs:* Wachspflaster für wunde Stellen an Bäumen; *Baumweißling:* ein Schmetterling; *Baumwollbaum; Baumwolle:* wollähnlicher Stoff der Samenkapseln des Baumwollbaums; *Baumwollindustrie; baumwollen* Ew.: aus Baumwolle gefertigt; *Baumwollspinnerei; –zeug; Baumwürger:* eine Pflanze; *Baumzucht* * **bäumeln** (ich ..[e]le) intr.: baumelnd hängen (bes. am Galgen) * **bau|men** intr.: (weidm.) auf einen Baum fliegen oder klettern * **bau|men, bäu|men** tr.: mit dem Wiesbaum befestigen : auf den Webebaum usw. wickeln; rbz.: sich sträuben, widersetzen : empören

Bausch, der; –es, –e bzw. Bäusche; Bäuschchen: Wulst : Fattenwurf : Knäuel * *in Bausch und Bogen:* mit allem Drum und Dran * **Bäu|schel,** der; das; –s, –: (Bergb.) großer Hammer : (mundartl.) tierische Eingeweide; vgl. Beuschel * **bau|schen** intr., rbz.: sich bauschig in Falten werfen, bauschend zusammenlegen : (Papiermach.) nasses Papier zum Auspressen zusammenlegen * **bau|schig** Ew.: gebauscht

Bau|schlos|ser, der; –s, –: im Hochbau arbeitender Schlosser

Bau|ta|stein: vorgeschichtl. Gedenkstein aus der Wikingerzeit

Baut|zen: Stadt in Sachsen

Bau|xit, der; –(e)s, –e: aluminiumhaltiges Sedimentgestein * *Bauxitstein:* feuerfester Stein

bauz!: Ausruf zur Bezeichnung von plötzlichem Geräusch, Fall usw. * *bar(a)dauz, par(a)dauz:* bauz

Ba|va|ria (nl.) [..w..]: Bayern *

Ba|va|ria, die; –: Schutzgöttin Bayerns

Bay|ern: dtsch. Bundesland * **Bay|er,** der; –n, –n: Bewohner von Bayern * **bay|e|risch, bay|risch** Ew.: aus Bayern stammend * **Bay|e|risch, Bay|risch** Ew.: zu Bayern gehörend * *Bayerische Festspiele*

Bay|reuth: Stadt in Oberfranken * *Bayreuther Festspiele:* Richard-Wagner-Festspiele

Ba|zar: s. Basar

Ba|zi (östr., bayr.), der; –s, –s: (scherzh.) Gauner

ba|zil|lär (l.) Ew.: den Stäbchenpilz betreffend : durch Bazillen hervorgerufen * **Bazil|lus,** der; –, ..llen: Stäbchenpilz * *Bazillenträger* [Verkl. von l. baculum Stab]

BBC (Abk.): British Broadcasting Corporation (brit. Rundfunkgesellschaft) : Brown, Boveri & Cie.

B. c. (Abk.): Basso continuo

B. C. (e.): (Abk.) Before Christ

BCG (Abk.): Bazillus Calmette-Guérin * **BCG-Impfung:** Tuberkulose-Impfung

Bd. (Abk.): Band

BDA (Abk.): Bund Deutscher Architekten

Bde. (Abk.): Bände

BDÜ (Abk.): Bundesverband der Dolmetscher und Übersetzer

B-Dur: s. b

Be (Abk.): chem. Zeichen für Beryllium

BE (Abk.): Broteinheit

Bé (Abk.): Baumégrad

be|ab|sich|ti|gen tr.: zur Absicht haben

be|ach|ten tr.: achten auf * **be|ach|tens|wert** Ew. * **beacht|lich** Ew.: zu beachten, wichtig * **Be|ach|tung,** die; –, –en: das Beachten; das Beachtetwerden

be|a|ckern tr.: ackernd bearbeiten : (übertr.) gründlich bearbeiten

Bea|gle (e.) [bihgl], der; –s, –: eine Spürhundrasse

be|am|peln tr.: mit einer Ampelanlage versehen

Be|am|te, der; –n, –n: Inhaber eines Verwaltungsamtes, vorwiegend im staatlichen oder kommunalen Dienst, aber auch in der Privatwirtschaft (Versicherung, Bank) : (meist) einer, der in einem gesetzlich besonders geregelten, unkündbaren

Dienst- und Treueverhältnis gegenüber Staat und Verfassung steht und Anspruch auf Ruhegehalt hat ✳ *Beamtenabbau:* Verminderung der Zahl der (staatl. und städt.) Beamten; *Beamtenanwärter; Beamtenapparat; Beamtenbeleidigung; Beamtenbestechung; Beamtendeutsch; Beamtensilo:* (Umgspr.) Behördenhochhaus; *Beamtenstand; Beamtenwitwe* ✳ **Be|am|ten|schaft,** die; –: Gesamtheit der Beamten ✳ **Be|am|ten|tum,** das; –s: Wesen eines Beamten : Stand eines Beamten : Gesamtheit von Beamten ✳ **be|am|ten** tr.: mit einem Amte versehen : in unkündbaren Dienst nehmen ✳ *beamtet* Mw. Ew.: im Amt, in der Stellung eines Beamten ✳ *Beamtete,* der; –n, –n: (selt. für) Beamte ✳ **Be|am|tin,** die; –, –nen: weibl. Beamter

be|ängs|ti|gen tr.: jmdm. Angst machen, jmdn. beklemmen ✳ **be|ängs|ti|gend** Mw. Ew.: Angst verursachend ✳ **Be|ängs|ti|gung,** die; –, –en: Verursachung von Angst

be|an|spru|chen tr.: verlangen : bedürfen ✳ **Be|an|spru|chung,** die; –: das Beanspruchen

be|an|stan|den (östr. beanständen) tr.: Bedenken erheben gegen : Mängel rügen : reklamieren ✳ **Be|an|stan|dung,** die; –, –en: Erhebung von Bedenken

be|an|tra|gen tr.: einen Antrag stellen : durch Vorschlag und Gesuch fordern

be|ant|wor|ten tr.: Antwort geben auf etwas ✳ **Be|ant|wor|tung,** die; –, –en: das Beantworten

be|ar|bei|ten tr.: durch Arbeit zurichten : zu überzeugen suchen ✳ **Be|ar|bei|ter,** der; –s, –: zuständiger Fachmann : Herrichter : Überarbeiter ✳ **Be|ar|bei|tung,** die; –, –en: das Bearbeiten : das bearbeitete Werk

be|arg|wöh|nen tr.: in Verdacht haben : jmdm. misstrauen

Beat (e.) [biht], der; –s, –s: (Jazz) Art des Drive, Betonung eines Taktteiles : von der Rhythmusgruppe gespieltes re-

gelmäßiges Grundzeitmaß : Kurzform für Beatmusik [e. beat Schlag] ✳ *Beatnik:* Angehöriger der Beatgeneration ✳ *Offbeat:* (Jazz) rhythmischer Akzent neben den Hauptzählzeit ✳ **Beat ge|ne|ra|tion** → **Beat|ge|ne|ra|tion:** radikal antibürgerliche (Schriftsteller- und Künstler-) Gruppe in Amerika der fünfziger Jahre

Beatgeneration

Auch für Lehnwörter gilt, dass Zusammensetzungen aus zwei Substantiven zusammengeschrieben werden: *Airbag, Barkeeper, Beatgeneration, Ghostwriter, Mountainbike, Nightclub, Streetworker.* Bei fremdsprachigen Zusammensetzungen von Adjektiven mit Substantiven ist die Getrenntschreibung jedoch zugelassen: *Blackbox* und *Black Box, Bigband* und *Big Band, Coldcream* und *Cold Cream.*

Be|a|ti|fi|ka|ti|on, die; –, –en: Seligsprechung ✳ **be|a|ti|fi|zie|ren** (..iert) tr.: seligsprechen

Beat|le, der; –s, –s: Angehöriger der ehemaligen engl. Beatgruppe „The Beatles": (Umgspr.) junger Mann mit Pilzkopffrisur ähnlich der der Beatles

be|at|men tr.: jmd. beatmen : jmdm. Luft in die Atemwege einführen ✳ **Be|at|mung,** die; –, –en: der Vorgang des Beatmens

Beau (fr.) [boh], der; –s, –s: „Schöner", Stutzer ✳ **Beau|té** (fr.) [bohteh], die; –: Schönheit : schöne Frau

Beau|fort (fr.) [bohfor]: Fn., engl. Admiral ✳ *Beaufort'sche Skala, auch: beaufortsche Skala:* Windstärkenskala

be|auf|schla|gen tr.: auf Turbinenschaufeln auftreffen (Wasser oder Dampf) ✳ **Be|auf|schla|gung,** die; –, –en: das Beaufschlagen : das Beaufschlagtwerden

be|auf|sich|ti|gen tr.: die Aufsicht führen über ✳ **Be|auf|sich|ti|gung,** die; –, –en: das Beaufsichtigen : die Aufsicht

be|auf|tra|gen (du beauftragtest; beauftragt) tr.: Auftrag geben ✳ **Be|auf|trag|te(r),** der; –n, –n: jmd., der einen Auftrag

auszuführen hat ✳ *Beauftragung*

be|äu|geln tr.: besehen ✳ **be|äu|gen, be|au|gen** tr.: besehen

be|au|gen|schei|ni|gen (beaugenscheinigt) tr.: in Augenschein nehmen

Beau|jo|lais (fr.) [boseholäh]: ein fr. Rotwein

Beau|té: s. Beau

Beau|ty|farm (e.) [bjuhti..], die; –, –en: Schönheitsfarm

be|bän|dern tr.: mit Bändern versehen

be|bau|en tr.: bauend bearbeiten : mit Bauwerken besetzen ✳ **Be|bau|ung,** die; –, –en: das Bebauen : das Bebautsein

be|ben intr.: heftig zittern : (um etwas) sich sorgen ✳ **Be|ben,** das; –s, –: Erdbeben ✳ *Beberesche:* Zitterpappel, Moor; *Bebeschwanz:* Bachstelze

be|bil|dern tr.: mit Bildern ausstatten (Vd. f. illustrieren) ✳ **Be|bil|de|rung,** die; –, –en: das Ausstatten mit Bildern (Vd. f. Illustration)

be|boh|len tr.: mit Bohlen auslegen

be|bop (e.) [bihbop], der; –s: nordamerik. Jazzstil

be|brillt Mw. Ew.: Brille tragend

be|brü|ten tr.: brütend sitzen auf : (übertr.) über etwas grübeln

Bé|cha|mel|kar|tof|feln (fr.-dtsch.) [beschamäl..] Mz.: Kartoffelgericht in Béchamelsoße nach Marquis de Béchamel, Haushofmeister Ludwigs XIV. ✳ **Bé|cha|mel|so|ße,** die; –, –n: Soße aus Mehl, Milch, Butter und Gewürzen

Be|cher, der; –s, –: –chen, –lein: ein Trinkgeschirr : etwas Becherförmiges : Fruchthülle ✳ *Becherblume* ✳ *Bechereisen:* Amboss der Goldschmiede für Becher u. dgl. ✳ *Becherfrucht:* becherförmige Frucht (Eichel) ✳ *Becherglas; Becherklang* ✳ **be|chern** (ich ..[e]re) intr.: zechen

be|cir|cen: s. bezirzen

Be|cken, das; –s, –: ein rundes Gefäß : Wasserbehälter (Vd. f. Bassin) : Unterleibshöhle des menschlichen und tierischen Körpers : Tschinelle ✳ *Beckenbänder; Beckenbein:* Beckenknochen; *Beckengegend; Beckenhöhle; Beckenverengung* ∗ *Beckenschläger:* Musiker, Tschinellenschläger: Blechschläger : Klempner

Beck|mes|ser, der; -s, -: Gestalt in Richard Wagners „Meistersingern" : (übertr.) Nörgler ∗ **beck|mes|sern** intr.: kleinlich kritisieren

Becque|rel [bekerell]: Fn., frz. Physiker : (Physik) Einheit für die Aktivität von radioaktiven Substanz; Abk.: Bq ∗ *Becquerelstrahl*

be|da|chen tr.: mit einem Dach versehen ∗ **Be|da|chung,** die; -, -en: das Dach : Bedeckung **Be|dacht,** der; -(e)s: Bedenken : Umsicht : Überlegung : Ruhe : Vorsicht ∗ *Bedacht haben,* nehmen *auf etwas* ∗ *bedachtlos, -voll* Ew.: ohne, mit Bedacht ∗ **be|dacht** Ew.: besonnen, überlegt : achtsam ∗ *auf etwas bedacht sein* ∗ *Bedachte,* der oder die; -n, -n: s. bedenken ∗ **Be|dacht|heit,** die; -: das Bedachtsein ∗ **be|däch|tig** Ew.: überlegen, umsichtig handelnd : ruhig : vorsichtig ∗ **Be|däch|tig|keit,** die; -en: das Bedächtigsein ∗ **be|dacht|sam** Ew.: bedächtig ∗ **Be|dacht|sam|keit,** die; -en: das Bedachtsamsein

be|damp|fen tr.: (Techn.): durch Verdampfen eines Materials mit einer (Metall-) Schicht überziehen

be|dan|ken rbz.: Dank sagen ∗ *sich bei einem -:* einem danken **Be|darf,** der; -(e)s: Bedürfnis : Erfordernis : Nachfrage ∗ *Bedarfsartikel:* notwendiger Artikel; *nach Bedarf:* wenn nötig; *im Bedarfsfalle:* wenn Mangel eintritt ∗ **be|dür|fen** unp. mit Gen. ∗ *es bedarf vieler Mühe* ∗ tr. m. Gen.: brauchen : nötig haben ∗ *einer Sache bedürfen* ∗ **Be|dürf|nis,** das; ..nisses, ..nisse: das Bedürfen : das Gefühl der Notwendigkeit ∗ *Bedürfnisanstalt:* Abort ∗ **be|dürf|tig** Ew.: bedürfend : arm ∗ **Be|dürf|tig|keit,** die; -en: Mangel : Not : Armut

be|dau|er|lich Ew.: so beschaffen, dass man es bedauern muss ∗ **be|dau|ern** (ich ..[e]re) tr.: beklagen : Mitleid empfinden ∗ *bedauernswert, -würdig*

Ew.: wert, bedauert zu werden ∗ **Be|dau|ern,** das; -s: bedauernde Teilnahme

Be|de (ndl.), die; -, -n: mittelalterliche Abgabe der Untertanen an den Guts- oder Landesherrn [niederd.: Bitte]

be|de|cken tr.: decken : mit einer Decke, Hülle schützen ∗ rbz.: den Hut aufsetzen ∗ **Be|de|ckung,** die; -, -en: das Bedecken : das Bedeckende ∗ **Be|deckt|sa|mer** (Bot.), der; -s, -: Pflanze, deren Fruchtblätter zu einem geschlossenen Fruchtknoten verwachsen sind und die Samen einschließen ∗ **be|deckt|sa|mig** Ew.: die Samenknospen im Innern des Fruchtknotens habend

be|den|ken tr.: erwägen : überlegen : für einen sorgen : (einen mit etwas -) versorgen : vererben : beschenken; rbz.: sich besinnen; intr.: übereilgend zögern ∗ *Bedachte,* der; die; -n, -n: der (die), dem (der) etwas vermacht worden ist ∗ **Be|den|ken,** das; -s, -: das Überlegen : Zweifel : Einwendung ∗ *Bedenken erheben, -äußern:* zweifeln ∗ *Bedenkzeit:* Zeit zum Überlegen ∗ **be|denk|lich** Ew.: Zweifel erregend : Zweifel hegend ∗ **Be|denk|lich|keit,** die; -, -en: Zweifel Erregendes ∗ *bedenkenlos* Ew.: ohne Bedenken

be|dep|pert Ew.: (Umgspr.): ratlos : betreten : beschämt : niedergeschlagen

be|deu|ten tr.: ein Zeichen sein für etwas : den Sinn von etwas haben : (etwas -) etwas gelten : etwas zu sagen haben : wichtig sein : mit einem Zeichen sagen : (einem etwas -) zu verstehen geben : deutlich machen ∗ **be|deu|tend** Ew.: etwas als Zeichen vorstellend, ausdrückend : einen wesentlichen Inhalt habend : vielsagend : geistig groß, berührt ∗ **be|deut|sam** Ew.: wichtig : von Bedeutung ∗ **Be|deut|sam|keit,** die; -, -en ∗ **Be|deu|tung,** die; -, -en: der in einem Zeichen liegende Sinn : das, was im Gegenstand bedeutet : das, wodurch etwas von Wert ist : Ernst : Tragweite ∗ *Bedeutungslehre:* Semantik ∗ *bedeutungslos* Ew.: ohne Be-

deutung, ohne Wichtigkeit; *bedeutungsreich; -voll* Ew. ∗ *Bedeutungswandel:* Veränderung der Wortbedeutung

be|die|nen tr.: einem Dienste erweisen : aufwarten : (Maschine -) überwachen; intr.: (Kartsp.) Karte der gleichen Farbe geben; rbz.: von etwas Gebrauch machen ∗ **be|diens|tet** Mw. Ew.: in Dienst stehend ∗ **Be|diens-te|te,** der; die; -n, -n: persönl. Diener : Bediente ∗ **Be|dien|te,** der; die; -n, -n: Diener : Dienstbote ∗ *Bedientenart* ∗ **be|dien|ten|haft** Ew.: wie ein Bediener ∗ **Be|die|nung,** die; -, -en: das Bedienen : (Gasthaus) Aufwartung : die Dienerschaft ∗ **Be|die|nungs|geld,** das; -(e)s, -er: Aufschlag auf den Preis von Waren und Dienstleistungen in Hotels und Gaststätten ∗ *Bedienungshebel; Bedienungsvorschrift*

be|din|gen (bedang und bedingte, bedungen und bedingt) tr.: (einen -) bindend verpflichten : (etwas -) bindend festsetzen : als Bedingung festsetzen : (nur schw.) abhängig sein von etwas : notwendig erfordern : verursachen ∗ **be|dingt** Mw. Ew.: unter Bedingungen : beschränkt : verursacht ∗ **Be|dingt|heit,** die; -en: das Bedingtsein ∗ **Be|din|gung,** die; -, -en: das Bedingen : das Bedingte : Abmachung : Klausel : Verpflichtung ∗ *bedingungslos* Ew.: *Bedingungssatz:* (Sprachl.) eine Bedingung enthaltende Nebensatz; *bedingungsweise* Uw.: unter, mit Bedingungen

be|drän|gen tr.: drängend bedrücken ∗ **Be|dräng|nis,** die; -, ..nisse: Bedrängung, Not ∗ **Be|drän|gung,** die; -, -en: das Bedrängen, das Bedrängende **be|dräu|en** tr.: (veraltet) bedrohen

be|dro|hen tr.: einem drohen ∗ **be|droh|lich** Ew.: bedrohend ∗ **Be|dro|hung,** die; -, -en: das Bedrohen

be|dru|cken tr.: auf etwas drucken

be|drü|cken tr.: (meist übertr.) drückend lasten auf ∗ **be|drü|ckend** Ew.: Bedrückung verursachend ∗ **Be-**

drü|cker, der; –s, –: Bedränger * **Be|drückt|heit**, die; –: das Bedrücktsein * **Bedrü|ckung**, die; –, –en: das Bedrängen : das Bedrückende : seelische Bedrängnis

Be|du|i|ne (arab.), der; –n, –n: nordafrikan. Nomade, Viehzüchter * **Be|du|i|ne**, die; –, –n: eine Art Damenmantel [arab. bedawf in der Wüste umherstreifen] * **be|du|i|nisch** Ew.: die Beduinen betreffend

be|dün|ken unp. m. Akk.: scheinen, dünken * *es bedünkt mich* * **Be|dün|ken**, das; –s: die Annahme, Ansicht * *meines Bedünkens:* nach meiner Ansicht

be|dür|fen, Be|dürf|nis, be|dürf|tig: s. Bedarf

be|du|selt Mw. Ew.: duselig : leicht betrunken

Beef|ea|ter (e.) [bihfihte(r)r], der; –s, –s: Angehöriger der königlichen Leibgarde im Londoner Tower * **Beef|steak** (e.) [bihfstehk], das; –s, –s: Rindslendenstück * **Beef|tea** (e.) [bihftih], der; –s, –s: Rindfleischbrühe [e. beef Rind]

be|eh|ren tr., rbz.: eine Ehre erweisen : die Ehre des Besuchs erweisen

be|ei|den: beschwören : **be|ei|di|gen** (östr.) beschwören : schwören lassen * **be|ei|digt** Ew.: durch Eid bekräftigt * **Be|ei|di|gung**, die; –, –en: das Beeidigen

be|ei|fern rbz.: sich eifrig bemühen * **Be|ei|fe|rung**, die; –, –en: Bemühung

be|ei|len rbz.: sich eilen

be|ein|dru|cken tr.: (starke) innere Eindrücke geben * *von etwas beeindruckt werden:* starke Eindrücke empfangen

be|ein|flus|sen (beeinflußt → beeinflusst) tr.: Einfluss ausüben auf * **be|ein|fluß|bar** → **be|ein|fluss|bar** Ew.: fähig, sich beeinflussen zu lassen : wankelmütig : ohne eigenes Urteil * **Be|ein|fluß|bar|keit** → **Be|ein|fluss|bar|keit:** Eigenschaft, sich beeinflussen zu lassen : Bestimmbarkeit : Wankelmut * **Be|ein|flus|sung**, die; –, –en: das Beeinflussen

be|ein|träch|ti|gen tr.: Eintrag tun : behindern : beschränken * **Be|ein|träch|ti|gung**, die; –,

–en: das Beeinträchtigen : das Beeinträchtigtsein

be|e|len|den tr.: dauern, mitleidig machen : grämen

Bee|l|ze|bub (auch **Be|el|ze|bub**) (hebr.), der; –: „Fliegengott", Herr der bösen Geister, Teufel

be|en|den, be|en|di|gen tr.: zu Ende führen * **Be|en|di|gung**, die; –, –en: das Beendigen

be|en|gen tr.: engend beschränken * **Be|en|gung**, die; –, –en: das Beengen : das Beengtsein

be|er|ben tr.: jemandes Erbe antreten

be|er|di|gen tr.: begraben * **Be|er|di|gung**, die; –, –en: das Begraben : Begräbnis; *Beerdigungsanstalt; Beerdigungskosten:* Kosten für eine Beerdigung

Bee|re, die; –, –n; Beerchen: kleine fleischige Frucht * *Beermelde:* eine Pflanze; *Beermost:* der von den Weinbeeren beim Keltern zuerst ablaufende Most; *Beertang:* eine Pflanze * *beerenförmig* Ew.; *Beerenfresser,* der; –s, –: beerenfressende Vogelart; *Beerengras:* eine Pflanzenart; *Beerenobst; Beerenwanze:* auf Beeren lebende Wanze; *Beerenwein*

Beet, das; –(e)s, –e; –chen: ein besonders hergerichteter, für Gewächse bestimmter Platz im Garten * *Blumenbeet; Gemüsebeet*

Bee|te, die; –, –n: rote Rübe * *Beetensuppe:* Borschtsch; s. Bete

Beet|ho|ven, Ludwig van: dtsch. Komponist

be|fä|hi|gen tr.: fähig machen * **be|fä|higt** Ew.: begabt * **Be|fä|hi|gung**, die; –, –en: Fähigkeit * *Befähigungsnachweis; Befähigungszeugnis*

be|fah|ren (befuhr, befahren) tr.: darauf fahren * *befahrbar* Ew.: so beschaffen, dass man darauf fahren kann

Be|fall, der; –s: das Erfasstsein durch eine Krankheit : Pflanzenkrankheit * **be|fal|len** tr.: jmdn. oder etwas plötzlich überkommen, erfassen : innerlich angreifen

be|fan|gen Mw. Ew.: unfrei : gehemmt : schüchtern * **Be-**

fan|gen|heit, die; –, –en: Gehemmtheit, Schüchternheit

be|fas|sen rbz.: (sich mit etwas –) sich beschäftigen; tr.: befühlen * *mit etwas befaßt sein* → *mit etwas befasst sein:* beschäftigt sein

be|feh|den tr.: bekämpfen

Be|fehl, der; –s, –e: Willenskundgebung mit Gehorsamsforderung * **be|feh|len** (du befiehlst; du befahlst, du beföhlest; befohlen; befiehl!) tr.: (einem etwas –) seinen Willen mit Gehorsamsforderung kundtun : (dichter.) beherrschen : (einen –) befehlend senden u. dgl. * **be|feh|le|risch** Ew.: befehlend * **be|feh|li|gen** tr.: den Oberbefehl über etwas führen * **Be|fehls|form**, die; –, –en: (Sprachl.) Imperativ * **Be|fehls|ha|ber**, der; –s, –: Gebieter : Kommandant : Armeeführer * **be|fehls|ha|be|risch** Ew.: in der Art eines Befehlshabers, gebieterisch * **be|fehls|wid|rig** Ew.: entgegen dem Befehl

be|fein|den tr.: feindlich behandeln, anfeinden

be|fes|ti|gen tr.: fest machen : durch Festungswerke schützen * **Be|fes|ti|gung**, die; –, –en: das Befestigen : Gesamtheit der Festungswerke einer Stadt * *Befestigungsbauten; –kunst; –werke*

be|feuch|ten tr.: feucht machen : nass machen

be|feu|ern tr.: (selt.) anfeuern : mit Leuchtfeuern versehen

Beff|chen (ml.), das; –s, –: Halsbinde eines Geistlichen

be|fie|dern tr.: mit Gefieder versehen

be|fin|den rbz.: sich aufhalten : sich fühlen, sein; tr.: (für gut usw. –) halten, beurteilen, erklären * **Be|fin|den**, das; –s: Gesundheitszustand : Gutachten * **be|find|lich** Ew.: sich (an einem Ort oder in einem Zustand) befindend * **Be|fund**, der; –(e)s, –e: das Befinden, Gutachten : Zustand, in dem man etwas vorfindet : Ergebnis einer Untersuchung : Diagnose

be|fin|gern tr.: mit den Fingern anfassen, abtasten

be|fle|cken tr.: beschmutzen (auch übertr.: Ansehen und

Ehre) * Be|fle|ckung, die; –,
–en: Beschmutzung

be|flei|ßen (du befleißest und
befleißt; ich befliss, du beflis-
sest; beflissen; befleiß[e]!)
be|flei|ßi|gen rbz.: (mit Gen.)
Fleiß auf etwas verwenden :
sich eifrig um etwas bemühen
* *sich eines guten Benehmens
befleißigen* * be|flis|sen Mw.
Ew. (häufig in Zus., vgl. dienst-
beflissen u. a.): eifrig bemüht
um : dienstfertig * Be|flis-
sen|heit, die; –: eifrige Bemü-
hung * be|flis|sent|lich Uw.:
absichtlich : eifrig bemüht; s.
geflissentlich

be|flie|gen tr.: fliegend bestrei-
chen : mit Anflug von jungem
Nadelholz bewachsen * *beflo-
gen* Mw. Ew.: (weidm.) flügge

be|flis|sen: s. befleißigen

be|flü|geln tr.: mit Flügeln ver-
sehen : beschwingen

be|flu|ten tr.: unter Wasser set-
zen

be|fol|gen tr.: folgen, nach-
kommen, gehorchen

Be|för|de|rer, der; –s, –: Beför-
dernder * Be|för|de|rin, die; –,
–nen: Befördernde * be|för-
dern tr.: fortbringen, transportieren : in eine höh. Stelle auf-
rücken lassen : (eine Sache)
vorantreiben * Be|för|de-
rung, die; –, –en: das Befördern * *Beförderungsdauer; Be-
förderungskosten;* Transportkosten; *Beförderungsmittel;
Beförderungssteuer; Beförde-
rungstarif*

be|fors|ten tr.: forstmäßig be-
wirtschaften * Be|fors|tung,
die; –, –en: forstmäßige Be-
wirtschaftung

be|frach|ten tr.: mit Fracht be-
laden (auch übertr.) *
Be|frach|tung, die; –, –en: das
Befrachten : die Fracht

be|frackt Ew.: einen Frack tra-
gend

be|fra|gen tr.: (einen –) nach
etwas fragen; rbz.: sich erkun-
digen

be|fran|sen tr.: mit Fransen
versehen

be|frei|en tr.: in Freiheit setzen
* Be|frei|er, der; –s, –: Befrei-
ender * Be|frei|ung, die; –,
–en: das Befreien * *Befrei-
ungskampf; Befreiungskrieg;
Befreiungsschlag*

be|frem|den tr.: fremd berüh-

ren, fremd erscheinen *
Be|frem|den, das; –s: Verwun-
derung * be|fremd|lich Ew.:
befremdend

be|freun|den tr., rbz.: in ein
Freundschaftsverhältnis bringen : vertraut machen *
Be|freun|de|te, der; die; –n,
–n; Freund, Freundin *
be|freun|det Ew.: sich zur Freund-
schaft verbunden, nahestehend

be|frie|den tr.: einhegen : in
Frieden versetzen * be|frie-
di|gen tr.: zufriedenstellen : ein
Verlangen erfüllen * Be-
frie|di|gung, die; –, –en: Zu-
friedenstellung * Be|frie-
dung, die; –, –en: das Bringen
des Friedens

be|fris|ten tr.: (einen –) eine
Frist gewähren oder setzen

be|fruch|ten tr.: fruchtbar ma-
chen * Be|fruch|ter, der; –s, –:
Befruchtender * Be|fruch-
tung, die; –, –en: das Befruchten * *Befruchtungsvorgang;
Befruchtungswerkzeuge*

be|fu|gen tr.: berechtigen * *be-
fugt sein:* berechtigt sein *
Be|fug|nis, die; –, ..nisse: Be-
rechtigung : Ermächtigung

be|füh|len tr.: fühlend abtasten

be|fum|meln (ich ..[e]e) tr.:
(mundartl., meist abschätzig)
befühlen : erledigen

Be|fund: s. befinden

be|fürch|ten tr.: fürchten : sor-
gend ahnen * Be|fürch|tung,
die; –, –en: schlechte Vorah-
nung

be|für|sor|gen (östr.) tr.: be-
treuen

be|für|wor|ten (befürwortet)
tr.: empfehlen : eintreten für *
Be|für|wor|tung, die; –, –en:
Empfehlung

Beg (türk.), der; –s, –s: „Herr",
türk. Titel, vgl. Bei

be|ga|ben tr.: beschenken : mit
Naturgaben, Anlagen ausstatten * *begabt* Mw. Ew.: mit reichen Natur-, Verstandesgaben
ausgestattet * Be|gab|te, der;
die; –, –n: Befähigter * *Begab-
tenauslese; –förderung* *
Be|ga|bung, die; –, –en: Na-
turanlage : Talent

be|gaf|fen tr.: gaffend be-
schauen

Be|gäng|nis, das; ..nisses,
..nisse: feierlicher Umzug :
(meist) feierliche Totenbestat-
tung * *Leichenbegängnis*

be|ge|hen tr.: auf etwas gehen
: abschreiten : (festlich –) feiern : (Sünden u. dgl. –) tun *
Be|ge|hung, die; –, –en: das
Begehen : gehende Augen-
scheinnahme : feierlicher Um-
gang

be|ga|sen tr.: Gas über oder in
etwas strömen lassen

be|gat|ten tr., rbz.: sich zur Fort-
pflanzung geschlechtlich verei-
nigen * Be|gat|tung, die; –,
–en: das Begatten * *Begat-
tungsakt; –organe; –trieb*

be|gau|keln tr.: gaukelnd be-
trügen

be|gau|nern tr.: (Umgspr.)
übervorteilen, betrügen

be|ge|ben tr.: (kfm.) ein Wert-
papier in Umlauf bringen :
(kfm.) einen Wechsel übertragen; rbz.: hingehen : (sich an
etwas –) beginnen : sich ereignen : (sich einer Sache –) auf-
geben * Be|ge|ben|heit, die;
–, –en: Ereignis * Be|ge|ber,
der; –s, –: (kfm.) einer, der einen Wechsel überträgt *
be|geb|bar Ew.: (kfm.) ver-
käuflich

be|geg|nen intr. (sein): auf
dem Weg zusammentreffen :
(einander –) sich treffen, übereinstimmen : zustoßen : sich
ereignen, vorkommen : entgegentreten * *oft begegnend* Mw.
Ew.: oft vorkommend *
Be|geg|nung, die; –, –en: das
Begegnen : (Sport) Wettkampf
* *Begegnungsstätte*

be|ge|hen: s. Begängnis

Be|gehr, das; der; –s, –e; Ver-
langen * be|geh|ren tr.: ver-
langen : streben nach etwas *
begehrenswert, -würdig Ew.:
wert, begehrt zu werden *
Be|geh|ren, das; –s, –: Verlan-
gen : Forderung * be|gehr|lich
Ew.: begehrend : gierig *
Be|gehr|lich|keit, die; –, –en:
begehrliches Wesen : Gier

be|gei|fern tr.: mit Geifer be-
sudeln : schmähen

be|geis|tern (ich ..[e]re) tr.,
rbz.: mit erhöhter Empfindung
erfüllen : hinreißen * *begeiste-
rungsfähig* * Be|geis|te|rung,
die; –, –en: das Begeistertsein :
Jubel * *Begeisterungssturm;
–taumel:* hemmungslose Begeisterung

Be|gier, die; –: Be|gier|de,
die; –, –n: heftiges (sinnliches)

Verlangen * be|gie|rig Ew.: heftig verlangend

be|gie|ßen tr.: gießend benässen : durch Trinken feiern

Be|gi|ne, die; –, –n: Angehörige eines weltl. Nonnenordens

Be|ginn, der; –(e)s: Anfang * be|gin|nen (du begannst, du begönnest [begännest]; begonnen; beginn[e]!) tr., intr.: anfangen * Be|gin|nen, das; –s: Vorhaben : Tun

be|glän|zen tr.: glänzend bescheinen

be|gla|sen tr.: glasieren : verglasen * Be|gla|sung, die; –, –en: Glasur : Verglasung

be|glau|bi|gen tr.: Glaubwürdigkeit verschaffen : als echt bezeichnen * ` Be|glau|bi|gung, die; –, –en: Echtheitserklärung * Beglaubigungsbrief; –schreiben

be|glei|chen (du begleichst; beglichen) tr.: gleichmachen, bezahlen * Be|glei|chung, die; –: Bezahlung

be|glei|ten (du begleitest; begleitet) tr.: mitgehen : (Gesang usw. –) ein Musikinstrument dazu spielen * Begleitboot; Begleitbrief: mitgesandter Brief; Begleiterscheinung: Nebenerscheinung; Begleiteffekt: Nebenwirkung; Begleitpapiere: einer Sendung beigelegte Ausweispapiere; Begleitschein; Begleitschreiben * Be|glei|ter, der; –s, –: Begleitender : Freund, Lebensgefährte * Be|glei|te|rin, die; –, –nen: Begleitende : Lebensgefährtin * Be|glei|tung, die; –, –en: das Begleiten : der, die, das Begleitende

be|glot|zen tr.: glotzend ansehen

be|glü|cken tr.: glücklich machen * Be|glü|ckung, die; –, –en: das Beglücken : das Beglücktsein * be|glück|wün|schen tr.: einem Glück wünschen

be|gna|den tr.: beschenken : begünstigen begnadet: talentiert : von herausragender Fähigkeit * be|gna|di|gen tr.: Gnade gewähren, Strafe erlassen * Be|gna|di|gung, die; –, –en: Straferlass * Begnadigungsgesuch; –recht

be|gnü|gen rbz.: (sich mit etwas –) zufrieden sein

Be|go|nie (fr.-dtsch.), die; –, –n: tropische Zierpflanze

be|gön|nern tr.: (scherzh.) gönnerhaft behandeln

be|gö|schen (nordd.) tr.: besänftigen

be|gra|ben tr.: ins Grab legen : beerdigen : (übertr.) vergessen; eine Feindschaft, Freundschaft, Liebe begraben * Be|gräb|nis, das; ..nisses, ..nisse: Beerdigung : Grabstätte, Gruft * Begräbnisfeier; –kosten; –stätte; –versicherung: Sterbegeldversicherung

be|gra|di|gen tr.: (Techn.) (Weg –) geradelegen * Be|gra|di|gung, die; –, –en: Geradelegung : Ausgleichung

be|grannt Mw. Ew.: mit Grannen versehen

be|grap|schen tr.: (abwertend) anlangen, befingern

be|grei|fen tr.: greifend betasten : umfassen, einschließen : geistig erfassen, verstehen * in etwas begriffen sein: beschäftigt sein mit : erfasst sein von * be|greif|lich Ew.: verständlich : nachvollziehbar; jemandem etwas begreiflich machen: es ihm erläutern, nahebringen * begreiflicherweise Uw.: verständlich * Be|griff, der; –(e)s, –e: abstrakte Vorstellung : (fachsprachlicher) Ausdruck für diese Vorstellung : Bedeutung, Sinn : Auffassung * im Begriff sein, stehen: eben anfangen * langsam, schwer bzw. leicht von Begriff: von geringer bzw. guter Auffassungsgabe; Begriffsbildung; Begriffsbestimmung; begriffsmäßig Ew.; Begriffsreihe; begriffsstutzig Ew.: schwerfällig im Begreifen; Begriffsverwechslung; Begriffsverwirrung * be|griff|lich Ew.: begriffsmäßig, gedanklich

be|gren|zen tr.: mit Grenzen versehen : die Grenzen von etwas sehen * be|grenzt Mw. Ew.: beschränkt : geistesarm * Be|grenzt|heit, die; –: das Begrenztsein * Be|gren|zung, die; –, –en: Gesamtheit der Grenzen : das Setzen einer Grenze; vgl. Grenze

Be|griff, be|griff|lich: s. begreifen

be|grü|nen tr.: auf festem Grund bauen : stiften, beginnen : Gründe für etwas anführen

beweisen * Be|grün|dung, die; –, –en: Angabe von Gründen, stichhaltige Erklärung : Stiftung : Beweis * Begründungssatz: Kausalsatz

be|grü|nen tr.: eine Fläche bepflanzen; rbz.: (Pflanzen, Bäume) grün werden

be|grü|ßen tr.: willkommen heißen : freundlich aufnehmen * begrüßenswert: willkommen * Be|grü|ßung, die; –, –en: Willkommensgruß * Begrüßungskuß → Begrüßungskuss; Begrüßungsschluck

be|gu|cken tr.: guckend besehen

Be|gui|ne [behgihn], die; –, –s: lateinamerikanischer Gesellschaftstanz

Be|gum, die; –, –en: Titel ind. Fürstinnen

be|güns|ti|gen tr.: fördern : vorziehen * Be|güns|ti|gung, die; –, –en: Bevorzugung : Unterstützung

be|gut|ach|ten (du begutachtetest, begutachtet) tr.: (in einem Gutachten) beurteilen * Be|gut|ach|tung, die; –, –en: das Begutachten

be|gü|tern (ich ..[e]re) tr.: mit Gütern versehen * be|gü|tert Mw. Ew.: wohlhabend

be|gü|ti|gen tr.: besänftigen

be|haa|ren rbz.: Haare bekommen * be|haart Mw. Ew.: mit Haaren bedeckt * Be|haa|rung, die; –, –en: das Behaartsein

be|hä|big Ew.: (von Sachen) bequem, behaglich : (von Personen) dicklich, schwerfällig, bequem * Be|hä|big|keit, die; –: das Behäbigsein

be|haf|tet Mw.: (mit etwas Unangenehmem) belastet * mit etwas behaftet sein

be|ha|gen intr.: gefallen : wohltun; rbz. (zuw.): sich behaglich fühlen * Be|ha|gen, das; –s: Gefallen : Wohlgefühl * nach Behagen: wie es einem gefällt * be|hag|lich Ew.: Behagen empfindend : Behagen erweckend * Be|hag|lich|keit, die; –: das Behaglichsein : Gemütlichkeit

be|hal|ten tr.: bewahren : nicht weggeben : nicht vergessen * Be|häl|ter, der; –s, –: Aufbewahrungsort : Sammelbecken * Behälterverkehr: Verkehr von Eisenbahnstückgut in Metallbehältern ∗ **Be|hält|nis**, das; –s̱es, –e: Behälter

be|hän|de Ew.: geschickt, flink

behänd, behände
Zur Verdeutlichung der Sprachverwandtschaft wird der kurze *e*-Laut mit dem Buchstaben *ä* wiedergegeben, wenn es eine Grundform mit dem Stammvokal *a* gibt: *behände* (abgeleitet von *Hand*); *überschwänglich* (von *Überschwang*); *Stängel* (von *Stange*). Das gilt auch für sprachwissenschaftlich umstrittene Ableitungen wie beispielsweise *belämmert* (vorgeblich von *Lamm*; früher *belemmert*) und *Quäntchen* (von *Quantum*; früher *Quentchen*).

be|han|deln (ich ..[e]le) tr.: umgehen : verfahren : bearbeiten : ärztlich betreuen ∗ **Be|hand|lung**, die; –, –en: das Behandeln ∗ *Behandlungsart; Behandlungsmethode*

Be|hand|lung: s. behandeln

Be|hang, der; –(e)s, ..hänge: (Schmuck-) Gehänge : (weidm.) Schlappohren ∗ **be|hän|gen** tr.: mit Hängendem bedecken : mit Behang schmücken : (weidm.) am Hängseil ausführen und abrichten ∗ *der Hund ist wohlbehangen:* hat schöne Schlappohren

be|har|ken rbz.: (Umgspr.) attackieren, kämpfen

be|har|ren intr. (haben, sein): bleiben : widerstehen : an etwas festhalten ∗ **be|harr|lich** Ew.: beharrend : mit Ausdauer festhaltend ∗ **Be|harr|lich|keit**, die; –: Ausdauer : Zähigkeit ∗ **Be|har|rung**, die; –, –en: das Beharren ∗ *Beharrungsvermögen*

be|hau|chen tr.: etwas mit Hauch bedecken : einen Konsonanten mit einem Hauchlaut aussprechen ∗ *behauchte Laute* (Sprachw.): Aspiraten

be|hau|en tr.: hauend bearbeiten ∗ *in etwas behauen sein:* (stud.) beschlagen sein

be|haup|ten tr.: sich durchsetzen : nicht aufgeben : als erwiesen aussprechen ∗ **Be|haup|tung**, die; –, –en: eine (noch) nicht bewiesene Ansicht oder Erklärung

be|hau|sen tr.: beherbergen;

rbz. (selt.): sich niederlassen ∗ *behaust* Mw. Ew.: häuslich ansässig ∗ **Be|hau|sung**, die; –, –en: Wohnung

Be|ha|vi|o|ris|mus (e.) [bihewjerismus], der; –: am. experimentelle Psychologie, die die Wirkung bestimmter Reize auf Mensch und Tier erforscht ∗ **be|ha|vi|o|ris|tisch** Ew.: den Behaviorismus betreffend : in der Methode des Behaviorismus [e. behavior: Benehmen]

be|he|ben tr.: beseitigen : erledigen ∗ **Be|he|bung**, die; –: Beseitigung : (östr.) Abholung

be|hei|ma|tet Mw. Ew.: ein Zuhause, eine Heimat habend ∗ **Be|hei|ma|tung**, die; –: Wohnsitz : Heimat

be|hei|zen tr.: mit Heizung versehen : wärmen ∗ **Be|hei|zung**, die; –: das Heizen

Be|helf, der; –(e)s, –e: (veralt., Rechtsspr.) Einwand : (veralt.) Notbehelf ∗ *Behelfsbrücke; Behelfsheim; Behelfskraft:* Hilfskraft für Notlage; *behelfsmäßig* Ew.: als Notbehelf ∗

be|hel|fen rbz.: sich so einrichten, dass man auskommt ∗ **be|hilf|lich** Ew.: helfend : hilfreich

be|hel|li|gen tr.: belästigen : beschwerlich fallen ∗ **Be|hel|li|gung**, die; –, –en: Belästigung

be|hend → **be|händ, be|hen|de** → **be|hän|de** Ew.: „bei der Hand", geschwind : gewandt ∗ **be|hen|dig** → **be|hän|dig** Ew.: behände ∗ **Be|hen|dig|keit** → **Be|hän|dig|keit**, die; –: Geschwindheit : Gewandtheit

Be|hen|nuß|baum → **Be|hen|nuss|baum**, der; –s, ..bäume: ein asiatischer Baum, dessen ölreiche Früchte viel Gerbstoff enthalten ∗ *Behennußöl* → *Behennussöl*

be|her|ber|gen tr.: Herberge geben ∗ **Be|her|ber|gung**, die; –, –en: das Beherbergen

be|herr|schen tr.: Herrschaft ausüben über : können, meistern : zügeln : örtlich überragen ∗ **be|herrscht** Mw. Ew.: gezügelt, voll Selbstzucht ∗ **Be|herr|scher**, der; –s, –: beherrschender ∗ **Be|herr|schung**, die; –, –en: das Beherrschen : Selbstzucht

be|herzt Mw. Ew.: mutig : tapfer : entschlossen ∗ **Be|herzt|heit**, die; –: Mut ∗ **be|her|zi|gen** tr.: sich zu Herzen nehmen ∗ **Be|her|zi|gung**, die; –: das Beherzigen

be|he|xen tr.: verzaubern : (übertr.) stark beeinflussen ∗ **Be|he|xung**, die; –, –en: Bezauberung

be|hilf|lich: s. Behelf

be|hin|dern tr.: hindern ∗ **Be|hin|de|rung**, die; –, –en: Hinderung : das Behindertsein ∗ *im Behinderungsfall:* falls man verhindert ist

Behm|lot, das; –s, –e: (nach dem Physiker Behm benannt) Echolot

be|ho|beln (ich ..[e]le) tr.: mit dem Hobel bearbeiten

be|hol|zen tr.: mit Holz versehen : mit Holz verkleiden : (Wald –) holzend benutzen ∗ **Be|hol|zung**, die; –, –en: das Beholzen

be|hor|chen tr.: belauschen : abhorchen

Be|hör|de, die; –, –n: öffentliche Amtsstelle (für bestimmte Angelegenheiten) ∗ **be|hörd|lich** Ew.: die Behörde betreffend ∗ **be|hörd|li|cher|seits** Uw.: von der Behörde ausgehend

be|host, tr.: (Umgspr.) eine Hose tragen

Be|huf, der; –(e)s, –e: Zweck : Nutzen : Erfordernis ∗ *zum Behuf(e); zu diesem Behuf(e)* ∗ **be|hufs** Vw. mit Gen.: zwecks ∗ **be|huft** Mw. Ew.: mit Hufen versehen

be|hü|ten tr.: bewahren : schützen : (Wiesen –) Vieh hütend darauf treiben ∗ *behüt dich Gott!:* leb wohl!; *(Gott) behüte!:* das sei ferne! ∗ **be|hut|sam** Ew.: vorsichtig : bedächtig : umsichtig ∗ **Be|hut|sam|keit**, die; –: Vorsicht : Bedachtsamkeit : Umsicht

Bei (türk.), der; –s, –e und –s: Beg, Herr, Statthalter; z. B. *Brugsch-Bei*

bei Uw.: (volkst.) dabei : als Vorwort von Verben mit der Bedeutung des Hinzutretens, Zufügens, Annäherns; Vw. m. Dat.: in der Nähe von : im Zustand von : zur Zeit von : auf Grund von : trotz ∗ *bei weitem:* weitaus, in hohem Grade; *bei* *all(e)dem*: trotz alledem; *bei dem allem; bei Kräften sein*: Kräfte haben; *bei Regenwetter; bei Nacht; bei Strafe verbieten*: unter Androhung von Strafe verbieten; *bei Wasser u. Brot sitzen*: eine Gefängnisstrafe verbüßen

bei|an|kern intr.: sich daneben vor Anker legen

bei|be|hal|ten tr.: fortfahren zu behalten : nicht abschaffen ✱ **Bei|be|hal|tung**, die; –, –en: das Beibehalten

bei|bie|gen tr.: (Umgspr.) jemandem etwas vorsichtig erklären oder vermitteln

Bei|blatt, das; –(e)s, ..blätter: Beilage einer Zeitung

Bei|boot, das; –es, –e: mitgeführtes Boot

Bei|bre|che, die; –: bei der Gewinnung von Erzen nicht nutzbares Gestein

bei|brin|gen tr.: vorbringen : herbeibringen : etwas an oder in einem haften machen : Mitgift zubringen ✱ **Bei|brin|gung**, die; –, –en: Beschaffung

Beich|te, die; –, –n: Sündenbekenntnis : Geständnis ✱ *Beichtgeheimnis; Beichtkind*: der Beichtende; *Beichtschein*: Zeugnis über abgelegte Beichte; *Beichtspiegel*: Verzeichnis zu beichtender Sünden; *Beichtstuhl*: Stuhl, in dem der Geistliche Beichte hört; *Beichtvater*: Beichte abnehmender Geistlicher; *Beichtzettel*: Beichtschein ✱ **beich|ten** tr., intr.: Beichte ablegen : (übertr.) Vergehen eingestehen ✱ **Beich|ti|ger**, der; –s, –: (veralt.) Beichtvater : Beichtkind

beid|ar|mig Mw. Ew.: (Sport) mit beiden Armen

bei|de Zahlw.: die zwei ✱ *alle beide; beide guten Vorschläge; wir beide(n); ihr beiden jungen Leute; einer von beiden; die(se) beiden; beider Eltern* ✱ **bei|de|mal** → **bei|de Mal** Uw. ✱ **bei|dent|hal|ben** Uw.: beiderseits; **bei|dent|we|gen** Uw.: aus beiden Gründen ✱ **bei|der|lei** Ew.: von beider Art; **bei|der|sei|tig** Ew.; **bei|der|seits** Ew.: auf beiden Seiten ✱ **bei|des** Zahlw.: (sächl. Ez.): die zwei Dinge (als Einheit) : so-

wohl das eine als auch das andere ✱ *beides ist mir recht; alles beides; dieses beide*

beide Mal
Mehrteilige Adverbien schreibt man klein und zusammen, wenn die Bedeutung der einzelnen Bestandteile nicht mehr deutlich erkennbar ist: *erstmal, nochmal, manchmal*. In der Fügung *beide Mal* ist die Wortbedeutung von Mal (Zeitpunkt eines Geschehens) noch deutlich, was auch daran zu erkennen ist, dass man das Plural-e anfügen kann: *beide Male*.

Bei|der|wand, die; – oder das; –(e)s: „beiderlei Stoff", Gewebe aus Wolle und Leinen

beid|hän|dig Ew.: mit beiden Händen gleich geschickt ✱ **Beid|hän|der**, der; –s, –: einer, der mit beiden Händen gleich geschickt ist.

beid|le|big Ew.: auf dem Lande und im Wasser lebend, amphibisch; doppelzüngig : falsch

bei|dre|hen intr.: (seem.) die Segel nach dem Wind richten : (seem.) Schiff zum Stillstand bringen

bei|ei|n|an|der Uw.: einander nahe, einer bei dem andern; *gut beieinander sein*: (Umgspr.) gesund, rüstig

bei|ern (ich ..[re]re) intr.: die Glocke mit dem Klöppel zum Tönen bringen

Bei|fah|rer, der; –s, –: Mitfahrender im Auto oder auf dem Motorrad ✱ **Bei|fah|rer|sitz**, der; –es, –e: Sitz neben dem Fahrersitz im Auto oder dahinter am Motorrad

Bei|fall, der; –(e)s: Äußerung der Anerkennung : Zustimmung ✱ *Beifallsäußerung; Beifallsbezeigung; Beifallsgemurmel; Beifallsruf; Beifallssturm*: stürmischer Beifall ✱ **bei|fäl|lig** Ew.: zustimmend, anerkennend ✱ **Bei|fall(s)|klat|schen**, das; –s: Applaus

Bei|fang, der; –s, ..fänge: (Fisch.) zusammen mit der Hauptbeute Gefangenes (bei Krabbenfischern z. B. Makrelen, Schollen u. Ä.)

Bei|film, der; –s, –e: kurzer Film neben dem Hauptfilm

bei|fol|gend Mw.: anbei

bei|fü|gen tr.: hinzufügen ✱

Bei|fü|gung, die; –, –en: s. Attribut

Bei|fut|ter, das; –s: Zugabe, Beigabe zum Futter

Bei|fuß, der; –es: eine Pflanze

Bei|ga|be, die; –, –n: Zugabe ✱ **bei|ge|ben** tr.: beilegen : zugeben ✱ *klein beigeben*: (Kartsp.) eine kleine Karte zugeben : (übertr.) seine Ansprüche aufgeben, sich fügen

beige (fr.) [bähseh'] Ew.: gelbgrau ✱ **Beige**, das; –, –s: gelbgraues Gewebe ✱ **beige|far|ben** tr.: in beiger Farbe

Bei|ge, die; –, –n: (mundartl.) aufgeschichteter (Holz-)Haufen ✱ **bei|gen** tr.: aufschichten

bei|ge|ben s. Beigabe

Bei|ge|ord|ne|te s. beiordnen

Bei|ge|schmack, der; –(e)s, ..schmäcke: Nebengeschmack : (übertr.) störende Nebeneigenschaft

bei|ge|sel|len rbz.: anschließen, begleiten

Beig|net (fr.) [bänjäh], der; –s, –s: Krapfen mit Füllung von Obst oder Fleisch

Bei|heft, das; –(e)s, –e: einem (Schul-)Buch beigefügter, gehefteter Teil ✱ **bei|hef|ten** tr.: etwas durch Heftung hinzufügen

Bei|hil|fe, die; –, –n: Beistand : Beisteuer : Stipendium ✱ **bei|hil|fe|fä|hig** intr.: (Rechtsspr.) einen Anspruch auf Beihilfe haben

bei|ho|len tr.: (seem.) (Segel –) einziehen

Bei|klang, der; –s, ..klänge: Nebenklang

Bei|koch, der; –s, ..köche: Hilfskoch

bei|kom|men intr. (sein): hinzugefügt werden : nahe kommen : gleich kommen : anlangen : abhelfen, Ersatz schaffen : einem etwas anhaben : in den Sinn kommen

Bei|kost, die; –: zusätzliche Kost, Nahrung

Beil, das; –(e)s, –e: axtähnliches Werkzeug ✱ *Beileisen*: zur Herstellung von Beilen verwendetes Eisen; *Beilkraut*: eine Pflanze; *Beilpicke*: ein Werkzeug

Bei|la|de, die; –, –n: Nebenlade ✱ **bei|la|den** tr.: hinzufügen, (auf-)laden ✱ **Bei|la|dung**, die; –, –en: (Rechtsspr.) Aufforderung zum Erscheinen

Bei|**la**|**ge**, die; –, –n: etwas Hinzugelegtes : (Mz.) Nebenspeisen (Gemüse, Kartoffeln u. a.) * **Bei**|**la**|**ger**, das; –s, –: (veralt.) Hochzeitslager : Vermählung * **bei**|**le**|**gen** tr.: (Tür –) anlehnen : zufügen : ins (Ehe-)Bett legen : jemand etwas zuschreiben : (Streit –) beseitigen, beenden : (Segel –) einreffen : (seem.) beidrehen * **Bei**|**le**|**gung**, die; –, –en: Versöhnung, Frieden : friedlicher Vergleich * **bei**|**läu**|**fig** Ew.: neben der Hauptsache herlaufend, nebensächlich; Uw.: nebenbei : (mundartl.) ungefähr * **Bei**|**läu**|**fig**|**keit**, die; –, –en: Nebensache

bei|**lei**|**be** Uw.: „bei meinem Leben", wahrhaftig

Bei|**leid**, das; –(e)s: Teilnahmebekundung bei Trauerfällen * *Beileidsbesuch; –bezeigung; Beileidsbrief; –karte; –schreiben*

bei|**lie**|**gen** intr.: beischlafen : dabeiliegen : (seem.) beigelegt haben * **bei**|**lie**|**gend** Mw. Ew.: beifolgend; Abk.: beil.

beim: bei dem * *beim Essen* **bei**|**men**|**gen** tr.: daruntermischen * **Bei**|**men**|**gung**, die; –, –en: Zusatz

bei|**mes**|**sen** tr.: (einem etwas –) zuschreiben

bei|**mi**|**schen** tr.: beimengen : daruntermischen * **Bei**|**mi**|**schung**, die; –, –en: Beimengung

Bein, das; –(e)s, –e: Knochen : Gliedmaßen der Menschen und Wirbeltiere : lange, dünne Stütze eines Gegenstandes * *Beinasche:* Knochenasche; *Beinbrech,* der; –s: ein Pflanzenname; *Beinbrecher:* eine Art Adler; *Beinbruch:* Knochenbruch; *Beinfraß:* Knochenfäulnis; *Beingerippe, -gerüst:* Knochengerippe; *beinhart:* (Umgspr.) sehr hart; *Beinhaus:* Haus für ausgegrabene Knochen auf Friedhöfen; *Beinkleid:* Hose; *Beinprothese; Beinschiene:* Schiene zur Richtung eines gebrochenen Beines; *Beinstumpf; Beinwell,* der; das; –s, –e: eine Pflanze : eine Mergelart; *Beinwurz,* die; –: eine Pflanze * **bei**|**ne**(**r**)**n** Ew.: aus Knochen bestehend * **bei**|**nig** Ew.: (starke) Beine ha-

bend : im Zus. mit Zahlw. und Ew.: z. B. zweibeinig, langbeinig * **Bein**|**ling**, der; –s, –e: Bekleidung des Beines : (bes.) Halbstrumpf : Beinfell des Tieres

bei|**nah**, **bei**|**na**|**he** Uw.: fast **Bei**|**na**|**me**, der; –ns, –n: Zuname

Bein|**bruch**, **bei**|**nern**, **bei**|**nig**, **Bein**|**ling**: s. Bein

bei|**n**|**hal**|**ten** unp.: (Kanzleispr.) enthalten : umfassen **bei**|**ord**|**nen** tr.: ordnend beifügen : unterordnend beifügen * *Beigeordnete,* der; die; –n, –n: behördlich Beigegebener : Stellvertreter : dem Oberbürgermeister beigegebener Sachbearbeiter * *beiordnend* Ew.: koordinierend * **Bei**|**ord**|**nung**, die; –, –en: das Beiordnen

Bei|**pack**, der; –s: etwas Beigepacktes * **bei**|**pa**|**cken** tr.: hinzu-, dazupacken **Bei**|**pack**|**zet**|**tel**, der; –s, –: einer Ware beigelegte Gebrauchsanweisungen

bei|**pflich**|**ten** intr.: beistimmen : recht geben

Bei|**rat**, der; –(e)s, ..räte: Rat eines Beistandes : *beiratende Person,* zum Rat beigegebene Person * **bei**|**ra**|**ten** intr.: Rat bei etwas geben

Bei|**ried**, das; –s, –e: (östr.) Rippenstück vom Rindfleisch **be**|**ir**|**ren** tr.: irremachen : stören : verwirren

bei|**sam**|**men** Uw.: vereint beieinander * *beisammen sein; –haben; beisammensitzen, -stehen* * **Bei**|**sam**|**men**|**sein**, das; –s: Gesellschaft

Bei|**sass** → **Bei**|**sass**, **Be**|**sas**|**se**, der; –en, –en: Beisitzer : (bes.) Einwohner ohne Bürgerrecht : Kossäte : Beisitzer beim Gericht * **Bei**|**satz**, der; –es, ..sätze: Zusatz * **bei**|**set**|**zen** tr.: ergänzend beifügen : (Speisen –) aufs Feuer setzen : (seem.) (Segel –) losmachen und aufhissen : beerdigen * **Bei**|**set**|**zung**, die; –, –en: Beerdigung : **bei**|**sit**|**zen** intr.: dabeisitzen, Beisitzer sein * **Bei**|**sit**|**zer**, der; –s, –: Beisass : (bes.) Laienmitglied eines Gerichtshofes : Vorstandsmitglied neben dem Vorsitzenden

bei|**schie**|**ßen** tr.: beisteuern : Geld hinzufügen

Bei|**schlaf**, der; –(e)s: Geschlechtsverkehr * **Bei**|**schlä**|**fe**|**rin**, die; –, –nen: Bettgenossin

bei|**schlie**|**ßen** tr.: einschließend beifügen : einem Brief beilegen * **Bei**|**schluß** →

Bei|**schluss**, der; –es: Anlage **bei**|**schrei**|**ben** tr.: (Fehlendes) hinzuschreiben : (kfm.) (Bücher –) Fehlendes darin eintragen : nachtragen

Bei|**se**|**gel**, das; –s, –: zweites, zusätzliches Segel

Bei|**sein**, das; –s: Anwesenheit **bei**|**sei**|**t**(**e**) Uw.: an die Seite, abseits : fort, weg * **bei**|**sei**|**te le**|**gen** tr.: abseits legen * *Beiseiteschaffung:* das Beseitigen * **Bei**|**sei**|**te**|**set**|**zung**, die; –, –en: das Abseitssetzen * **bei**|**seits** Uw.: (obd.) beiseite **Bei**|**sel**, das; –s, –: (östr.) Kneipe

bei|**set**|**zen**, **bei**|**sit**|**zen** usw.: s. Beisass

Bei|**spiel**, das; –(e)s, –e: Gleichnisrede : Vorbild : Muster * *zum Beispiel:* als Muster; Abk.: z. B. * *beispielgebend* Ew.: wirken; *beispielhaft* Ew.: mustergültig, vorbildlich; *beispiellos* Ew.: ohnegleichen; *beispielmäßig* Ew.: mustergültig * *Beispielsatz; Beispielsfall : beispielshalber, -weise* Uw.: als Beispiel **bei**|**sprin**|**gen** intr.: helfend herspringen, –kommen **Bei**|**ßel**, der; –s, –: (md.) Beitel, Meißel

bei|**ßen** (du beißest und beißt; ich biss, du bissest; gebissen; beiß[e]!) tr., intr.: mit den Zähnen packen : mit den Zähnen zerkleinern : essen : die Sinneswerkzeuge scharf reizen, stechen usw. : innerlich quälen, verletzen; rbz.: sich zanken * *ins Gras beißen:* sterben * *Beißkorb:* Maulkorb; *Beißkohl, Beißring, Beißrübe:* Mangold; *Beißzahn; Beißzange:* Kneipzange * **Bei**|**ßer**, der; –s, –: ein Beißender : (Kdspr.) beißender Vorderzahn : ein Fisch (auch Reißger, Beißker, Beizker) : (östr.) Hebeeisen

Bei|**stand**, der; –(e)s, ..stände: Helfer : Hilfe * *Beistand leisten:* helfen * **bei**|**ste**|**hen** intr. (haben : selt. sein): helfen * **bei**|**stän**|**dig** Ew.: (veralt.) hilfreich, behilflich

bei|stel|len tr.: (östr.) ausleihen : daneben stellen ✶ **Bei|stell|möbel**, das; –s, –: kleineres Möbelstück zur Zierde

Bei|steu|er, die; –, –n: freiwilliger Beitrag ✶ **bei|steu|ern** (ich steu[e]re bei) tr., intr.: eine Beisteuer geben

bei|stim|men intr.: seine Zustimmung geben : recht geben

Bei|strich, der; –(e)s, –e: Satztrennungsstrich, Komma

Bei|tel, der; –s, –: (nordd.) Meißel zur Bearbeitung von Holz

Bei|trag, der; –(e)s, ..träge: etwas Beigetragenes : Anteil : Aufsatz ✶ **bei|tra|gen** tr.: zu etwas zugeben : beisteuern : mitwirken ✶ **Beitrags|bemes|sungs|grenze**: maximaler Beitragssatz bei der Sozialversicherung ✶ **beitrags|pflich|tig** Ew.: zum Beitrag verpflichtet ✶ **Beitrags|zah|lung**: Zahlung eines Beitrags

bei|trei|ben tr.: (Geld –) eintreiben : einziehen ✶ **Bei|trei|bung**, die; –, –en: Einziehung, Eintreibung (von Geld usw.)

bei|tre|ten intr. (sein): Mitglied werden ✶ **Bei|tritt**, der; –(e)s, –e: das Beitreten ✶ *Bei|trittserklärung*

Bei|wa|gen, der; –s, –: Neben-, Begleitwagen

Bei|werk, das; –s, –e: Beigabe : Nebenwerk

bei|woh|nen intr.: bei etwas anwesend sein : beischlafen : in etwas vorhanden, wirksam sein

Bei|wort, das; –(e)s, ..wörter: beigelegtes Wort : Eigenschaftswort

Bei|ze, die; –, –n: das Beizen : das Beizmittel ✶ *Beizhund:* Spürhund bei der Hasenjagd; *Beizjagd; Beizmittel; Beizvogel:* Lockvogel bei der Falkenjagd ✶ **bei|zen** (du beizest und beizt) tr., intr.: beißend ätzen : Ätzendes einwirken lassen : (weidm.) ködern, locken ✶ **Beizung**, die; –, –en: Behandlung mit Beizmittel

bei|zei|ten Uw.: rechtzeitig

bei|zen: s. Beize

be|ja|hen tr.: ja zu etwas sagen : mit Ja antworten : behaupten ✶ **be|ja|hen|den|falls** Uw.: im

---

Falle der Bejahung ✶ **Be|ja|hung**, die; –, –en: das Bejahen : bejahendes Wort : bejahende Satzform

be|jahrt Mw. Ew.: alt : reiferen Alters ✶ **Be|jahrt|heit**, die; –: Alter

be|jam|mern tr.: Jammer über etwas äußern : Mitleid äußern ✶ **be|jam|merns|wert, –wür|dig** Ew.: wert, dass es bejammert wird

be|ju|beln tr.: über etwas jubeln

be|ka|keln tr.: (Umgspr.) bereden, absprechen

be|kämp|fen tr.: gegen etwas, jemand kämpfen ✶ **Be|kämp|fung**, die; –, –en: ein Kampf gegen etwas, jemand

be|kannt Mw. Ew.: zur Kenntnis gekommen : (mit etwas –) Kenntnis habend von : (mit jemandem –) durch näheren Umgang verbunden ✶ *bekannt machen:* vorstellen; *bekannt werden mit:* kennenlernen ✶ **Be|kann|te**, der; die; –n, –n: bekannte Person ✶ *jemand Bekanntes; Bekanntenkreis* ✶ **be|kann|ter|ma|ßen** Uw.: wie bekannt ist ✶ **bekannt|geben** → **bekannt geben** (ich gebe bekannt; bekannt gegeben) tr.: veröffentlichen ✶ **Bekannt|gabe**, die; –, –en: das Bekanntmachen ✶ **Bekannt|heits|grad**, der; –es, –e: Höhe der Bekanntheit ✶ **be|kannt|lich** Uw.: wie nebenkannt ist ✶ **bekannt|machen** → **bekannt machen** (ich mache bekannt; bekannt gemacht) tr.: veröffentlichen, kundgeben ✶ **Bekannt|ma|chung**, die; –, –en: Veröffentlichung ✶ **Bekannt|schaft**, die; –, –en: das Bekanntsein : der, die Bekannte : Gesamtheit der Bekannten ✶ **bekannt|werden** → **bekannt werden** (ich werde bekannt; bekannt geworden) intr. (sein) : veröffentlicht werden; vgl. bekennen

bekannt

Be|kas|se (fr.), die; –, –n: Waldschnepfe ✶ **Be|kas|si|ne**, die; –, –n; Sumpf-, Heerschnepfe

be|keh|ren tr., rbz.: zu einer anderen Meinung, bes. Religion wenden ✶ **Be|keh|rer**, der; –s, –: ein Bekehrender ✶ **Be|kehr|te**, der; die; –n, –n: einer, der –, eine, die bekehrt worden ist ✶ **Be|keh|rung**, die; –, –en: innere, bes. religiöse Wendung ✶ *Bekehrungseifer:* Eifer, zu bekehren

be|ken|nen (ich habe bekannt) tr., intr.: als Überzeugung kundgeben : (kfm.) bescheinigen : eingestehen : rbz.: (sich zu etwas –) Bekenntnis der Zugehörigkeit ablegen ✶ *sich schuldig bekennen:* gestehen, dass man schuldig ist ✶ **Be|ken|ner**, der; –s, –: Bekennender : (bes.) Glaubensbekenner, Heiliger, Märtyrer ✶ **Be|ken|ner|brief**, der; –(e)s, –e, **..schrei|ben**, das; –s, –: Schreiben, in dem sich jemand für eine Tat, ein Verbrechen verantwortlich erklärt ✶ **Be|kennt|nis**, das; –es, –se: das Bekennen : bekennende Aussage : bekennende Formel, bes. Glaubensformel ✶ **Be|kennt|nis|frei|heit**, die; –: Religionsfreiheit : Recht zur freien Ausübung eines Bekenntnisses ✶ **Be|kennt|nis|kir|che**, die; –: die den Nationalismus verwerfende evangelische christusgläubige Kirche ✶ **Be|kennt|nis|schule**, die; –, –n: Schule für Schüler und Lehrer nur des gleichen Bekenntnisses ✶ **be|kennt|nis|treu** Ew.

be|kie|ken tr.: (volkst. nordd.) anschauen, besichtigen, betrachten

be|kla|gen tr.: Klagen aussprechen über; rbz.: sich klagend äußern über : sich beschweren ✶ **be|kla|gens|wert, –wür|dig** Ew.: wert, beklagt zu werden : bedauernswert ✶ **Be|klag|te**, der; die; –n, –n: (Rechtsspr.) Verklagte

be|klat|schen tr.: applaudieren, mit Beifall ehren

be|klau|en tr.: (Umgspr.) wegnehmen, bestehlen

be|kle|ben tr.: klebend bedecken

be|kle|ckern tr.: kleckernd beflecken * **be|kle|cksen** tr.: klecksend beflecken : beschmutzen

be|klei|den tr.: mit einem Kleid versehen : wie mit einem Kleid versehen : (Amt u. a. –) einnehmen, innehaben * **Be|klei|dung**, die; –, –en: das Bekleiden : das zum Bekleiden Dienende * *Bekleidungsgegenstände; Bekleidungsindustrie*

be|klem|men tr.: zusammenpressen : beängstigend drücken * **Be|klem|mung**, die; –, –en: beklemmende Angst, beklemmendes Gefühl * **be|klem|mend** Mw. Ew.: beängstigend * **be|klom|men** Mw. Ew.: bedrückt : voll Sorge * **Be|klom|men|heit**, die; –: das Beklommensein : Angst : Bangnis

be|klop|fen tr.: abklopfen, klopfend abtasten

be|kloppt Mw. Ew.: (Umgspr.) doof, blöd

be|knackt Mw. Ew.: (Umgspr.) beschränkt, dumm

be|kni|en tr.: jemanden um etwas anflehen : dringend bitten

be|ko|chen tr.: für jemanden Essen zubereiten

be|koh|len tr.: (seem.) Kohlen laden : (Kohlenbergwerk –) mit Arbeitern belegen ; den Ofen beschicken

be|kom|men tr.: erlangen, erreichen, erhalten, kriegen; intr.: (unp.) zum Guten gereichen * **be|kömm|lich** Ew.: gesund : gut bekommend : zuträglich * **Be|kömm|lich|keit**, die; –, –en: das Bekommen

be|kom|pli|men|tie|ren (fr.) (..iert) tr.: jemandem viele Komplimente aussprechen

be|kös|ti|gen tr.: mit Nahrung versehen * **Be|kös|ti|gung**, die; –, –en: das Beköstigen : Kost

be|kräf|ti|gen tr.: Feststehendes bestärken * **Be|kräf|ti|gung**, die; –, –en: bekräftigende Aussage

be|krän|zen tr.: mit einem Kranz versehen

be|kreu|zen tr.: mit einem Kreuz bezeichnen * **be|kreu|zi|gen** tr., rbz.: mit dem Kreuzeszeichen segnen * **Be-**

kreu|zi|gung, die; –, –en: das Bekreuzigen

be|krie|gen tr.: Krieg führen gegen : bekämpfen

be|krit|teln tr.: krittelnd beurteilen : nörgeln, bemängeln * **Be|krit|te|lung**, **Be|kritt|lung** die; –, –en: krittelnde Beurteilung

be|krit|zeln (ich ..[e]le) tr.: (Umgspr.) Oberflächen (unleserlich) bemalen

be|krö|nen tr.: jemandem die Krone aufsetzen * **Be|krö|nung**, die; –, –en: das Bekrönen

be|ku|cken tr.: (nordd. für begucken) anschauen, beäugen

be|küm|mern (ich ..[e]re) tr.: Kummer machen * *das bekümmert ihn gar nicht:* das macht ihm keine Sorgen; rbz.: (sich um etwas –) für etwas sorgen * **Be|küm|mer|nis**, die; –, –se: Kummer : Sorge

be|kun|den tr.: kundtun : bezeigen * **Be|kun|dung**, die; –, –en: das Kundtun

Bel, das; –s, –: physikalische Maßeinheit für die Dämpfung von Schwingungen (nach dem amerikanischen Erfinder des Telefons, A. G. Bell)

be|lä|cheln (ich ..[e]le) tr.: lächeln über * **be|la|chen** tr.: lachen über

be|la|den tr.: eine Last aufladen * **Be|la|dung**, die; –, –en: Aufladen einer Last

Be|lag, der; –(e)s, ..läge: Deckschicht : Aufgelegtes * *Brotbelag; Fußbodenbelag; Zungenbelag;* vgl. belegen

Be|la|ge|rer, der; –s, –: Belagernder * **be|la|gern** (ich ..[e]re) tr.: mit einem Heer(lager) umgeben : (allg.) andrängend belästigen * **Be|la|ge|rung**, die; –, –en: das Belagern : das Belagertwerden * *Belagerungsarmee; Belagerungsheer; Belagerungskunst; Belagerungszustand*

Be|la|mi (fr.), der; –(s), Beaux-Amis: Frauenliebling *

Bel|es|prit (fr.) [bellespri], der; –s, Beaux|esprits [bosespri]: Schöngeist * **Bel|le|tage** (fr.) [bellehtahsehe], die; –, –n: erster Stock [fr. beau, bel schön]

Be|lang, der; –(e)s, –e: (Kanzleispr.) Bereich : Bedeutsamkeit * *von Belang sein:* von Be-

deutung sein * **belang|los** Ew.: bedeutungslos; *Belanglosigkeit*, die; –, –en * **belang|voll** Ew.: wichtig * **Be|lan|ge**, die; –, –: Vd. f. Interesse *

be|lan|gen tr.: zur Verantwortung ziehen : verklagen * **Be|lan|gung**, die; –, –en: Verklagung

be|las|sen tr.: in Ruhe lassen : bewenden lassen

be|las|ten tr.: mit einer Last beladen : bedrücken : beschuldigen : (kfm.) als Schuld buchen * **Be|las|tung**, die; –, –en: das Belasten : Last * *Belastungsfähigkeit:* Tragkraft; *Belastungsgrenze:* Grenze der Tragfähigkeit; *Belastungsprobe:* Prüfung der Tragfähigkeit; *Belastungszeuge:* Zeuge der Anklage

be|läs|ti|gen tr.: zur Last fallen * **Be|läs|ti|gung**, die; –, –en: lästige, anhaltende Störung

be|lau|ben tr., rbz.: mit Laub bedecken : (Gärtn.) entblättern * **Be|lau|bung**, die; –: das Belaubtsein, Blätterwerk

be|lau|ern (ich ..[e]re) tr.: lauernd beobachten * **Be|lau|e|rung**, die; –, –: das Belauern

Be|lauf, der; –(e)s: Betrag * **be|lau|fen** tr.: herumlaufen in, durchlaufen : etwas laufend bedecken : befruchten (zwecks Fortpflanzung); rbz.: (sich auf etwas –) Zahlangaben erreichen

be|lau|schen tr.: lauschend beobachten : belauern

Bel|che, die; –, –n: Blässhuhn : ein lachsartiger Fisch

Bel|can|to, auch: **Bel|kan|to** (it.), der; –s, –s: „schöner Gesang", Kunstgesang in it. Art

be|le|ben tr.: lebendig machen : erfrischen; (übertr.) anregen: in Schwung bringen * **belebt** Mw. Ew.: lebendig : lebhaft : verkehrsreich * **Be|lebt|heit**, die; –: Lebendigkeit : Frische * **Be|le|bung**, die; –: das Beleben * *Belebungsversuch*

be|le|cken tr.: an etwas lecken

Be|leg, der; –(e)s, –e: Beweisstück : (kfm.) Originaldokument für die Buchung * *Belegexemplar; –stück* * **bele|gen** tr.: legend bedecken : freihalten : Last auflegen : mit Arbeiten versehen : begatten (von Tieren) : (bei Tieren) das

Männchen der Begattung zuführen : (Schneidewerkzeuge –) mit Stahl an der Schneide versehen ✳ **Belleg|schaft** (die; –, –en: Gesamtheit der Arbeiter eines Betriebes (urspr.) nur von Bergwerken ✳ *Belegstation:* Station im Krankenhaus ✳ **be|legt** Mw. Ew.: mit Belag bedeckt : besetzt ✳ **Belle|gung,** die; –, –en: das Belegtsein

belleh|nen tr.: mit einem Lehen versehen : (Grundstück –) (schweiz.) beleihen ✳ **Belleh|nung,** die; –, –en: das Belehnen

belleh|ren tr.: Lehren geben : Kenntnis verschaffen ✳ *eines anderen belehren:* vom Gegenteil überzeugen; *eines Besseren belehren* ✳ **Belleh|rung,** die; –, –en: das Belehren ✳ *Belehrungseifer*

belleibt Mw. Ew.: dick ✳ **Belleibt|heit,** die; –, –en: Dicke

belleildi|gen tr.: verletzen, kränken ✳ **Belleildi|ger,** der; –s, –: ein Beleidigender ✳ **Belleildi|gung,** die; –, –en: das Beleidigen : das Beleidigende

belleilhen tr.: beleihnen : Geld leihweise auf ein Pfand geben ✳ **Belleilhung,** die; –, –en: das Beleihen

bellem|mern → **belläm|mern** tr.: (nordd.) belästigen ; mit Fragen ansehen ✳ **bellem|mert** → **belläm|mert** (Umgspr.) Ew.: kläglich : verlegen : dumm

Bellem|nit (gr.), der; –en, –en: versteinerter Teil vorweltlicher Tintenfische

belle|sen Mw. Ew.: viel gelesen habend : klug ✳ **Belle|sen|heit,** die; –: das Belesensein

Belles|prit, Belle|ta|ge: s. Belami

belleuch|ten tr.: ins helle Licht setzen : Beleuchtungskörper anbringen : (näher –) untersuchen : erforschen ✳ **Belleuch|tung,** die; –, –en: das Beleuchten : das Licht : der leuchtende Gegenstand ✳ *Beleuchtungsanlage; Beleuchtungseffekt:* Effekt durch künstliche Lichtverteilung; *Beleuchtungskörper; Beleuchtungsmesser*

belleum|den, belleulmun- den tr.: in einen Leumund bringen ✳ **belleulmun|det, belleum|det** Ew.: bekannt als : in Ruf stehend

bel|fern (ich ..[e]re) intr.: kläffend bellen : sinnlos schimpfen ✳ **bel|fzen** intr.: belfern

Bel|gi|en: Königreich in Westeuropa ✳ **Bel|gi|er,** der; –s, –: Einwohner Belgiens ✳ **bel|gisch** Ew.: aus Belgien stammend

Bel|grad: Hauptstadt Serbiens

Bel|li|al (hebr.), der; –(s): „Verderber", Teufel

bellich|ten tr.: dem Licht aussetzen ✳ **Bellich|tung,** die; –: Lichteinwirkung beim Filmen und Fotografieren ✳ *Belichtungsdauer; –messer; –tabelle; –zeit*

belllie|ben tr.: geneigt sein : für gut befinden; intr., unp.: gefallen ✳ **Belllie|ben,** das; –s: Ermessen : Gefallen ✳ *nach Belieben:* wie es gefällt ✳ **belllie|big** Ew.: irgendein : (Uw.) nach Wunsch, nach Wahl ✳ **belliebt** Mw. Ew.: (veralt.) dem Beschluss gemäß : allgemein geliebt ✳ **Belliebt|heit,** die; –: das Beliebtsein

bellie|fern tr.: versorgen, versehen mit etwas ✳ **Belllie|fe|rung,** die; –, –en

Bel|kan|to s. Belcanto

Bel|la|don|na (it.), die; –, ..nnen: Tollkirsche : aus der Tollkirsche gewonnenes Heilmittel

bel|len intr.: (vom Hund) seine Stimme ertönen lassen : (übertr.) überlaut reden : heiser reden : laut husten ✳ **Bel|ler,** der; –s, –: bellender Hund

Belle|trist (fr.), der; –en, –en: Schöngeist : Unterhaltungsschriftsteller ✳ **Belle|tris|tik,** die; –: Unterhaltungsschriftstellerei ✳ **belle|tris|tisch** Ew.: unterhaltend [fr. belles lettres schöne Wissenschaften]

Belle|vue (fr.) [bellwüh], die; –, ..vuen: „schöne Aussicht", Aussichtspunkt

bello|ben, bello|bi|gen tr.: lobend erwähnen ✳ **Bello|bi|gung,** die; –, –en: lobende Erwähnung : Lob ✳ **bel|loh|nen** tr.: mit Vergütung, Dank anerkennen ✳ **Bello|hnung,** die; –, –en: das Belohnen : das, womit belohnt wird

Belt, der; –(e)s, –e: Meerenge der Ostsee ✳ *der Große Belt; der Kleine Belt*

bellüf|ten tr.: die Luft in geschlossenen Räumen erneuern ✳ **Bellüf|tung,** die; –, –en: das Belüften

Bellu|ga (russ.), der; –s, –s: Weißfisch ✳ *Belugakaviar:* feine Kaviarsorte

bellü|gen tr.: durch Lügen täuschen

bellus|ti|gen tr., rbz.: lustig machen, ergötzen ✳ **Bellus|ti|gung,** die; –, –en: das Belustigen : etwas Belustigendes : Vergnügen

Bel|ve|de|re (it.), das; –(s), –: „schöne Aussicht", Aussichtsturm; vgl. Bellevue

bel|zen tr.: (du belzest und belzst): pelzen : (ein)pfropfen

Belz|ni|ckel, der; –s, –: westmitteldeutsch für Nikolaus

belmäch|ti|gen rbz.: (sich einer Sache –) sich zum Herrn von etwas machen

belmä|keln (ich ..[e]le) tr.: bemängeln : bekritteln ✳ **Belmä|ke|lung, Belmäk|lung** die; –, –en: Bemängelung ✳ **Belmäk|ler,** der; –s, –: ein Bemäkelnder

belmal|len tr.: malend, mit Farben bedecken ✳ **Belmal|lung,** die; –, –en: das Bemalen : die Art, wie etwas bemalt ist

belmän|geln (ich ..[e]le) tr.: Mängel an etwas finden ✳ **Belmän|ge|lung, Belmäng|lung** die; –, –en: das Bemängeln ✳ **Belmäng|ler,** der; –s, –: ein Bemängelnder

belman|nen tr.: mit Mannschaft versehen ✳ **Belman|nung,** die; –, –en: Mannschaft

belmän|teln tr.: mit einem Mantel versehen : vertuschen : beschönigen ✳ **Belmän|te|lung, Belmänt|lung** die; –, –en: das Bemänteln

belma|ßen tr.: (in einer Skizze oder Zeichnung) Maße eintragen ✳ **Belma|ßung,** die; –, –en: das Bemaßen

belmas|ten tr.: mit Mast(en) versehen ✳ **Belmas|tung,** die; –: Ausrüstung mit Mast(en)

belmeh|len tr: mit Mehl bestreuen

belmeilern (ich ..[e]re) tr.: mit einem Meier besetzen : überlisten

be|mer|ken tr.: bewusst wahrnehmen : mit einem Merkzeichen versehen : Wahrgenommenes aufzeichnen : äußern, sagen * be|mer|kens|wert Ew.: wert, bemerkt zu werden * be|merk|bar Ew.: wahrnehmbar, fühlbar * Be|mer|kung, die; –, –en: kurze Äußerung

be|mes|sen tr.: abmessen

be|mit|lei|den tr.: Mitleid empfinden mit * be|mit|lei|dens|wert Ew.: wert, bemitleidet zu werden * Be|mit|lei|dung, die; –, –en: das Bemitleiden

be|mit|telt Ew.: begütert : wohlhabend

Bem|me, die; –, –n; Bemmchen: (sächs.) Brotschnitte mit Aufschnitt

be|mo|geln tr.: (volkst.) betrügen

be|moo|sen intr. (sein), rbz: mit Moos überziehen * be|moost Mw. Ew.: mit Moos bewachsen : (stud.) alt, viele Semester zählend; (übertr.) alt

be|mü|hen tr.: Mühe machen; rbz.: sich anstrengen * Be|mü|hung, die; –, –en: das Bemühen : Anstrengung

be|mü|ßi|gen tr.: veranlassen : nötigen * sich bemüßigt fühlen, sehen: sich veranlasst fühlen

be|mus|tern (ich ..[e]re tr.: mit einem Muster versehen

be|mut|tern (ich ..[e]re) tr.: mütterlich behandeln * Be|mut|te|rung, die; –, –en: mütterliche Behandlung

be|mützt Ew.: eine Mütze tragend

Ben hebr.: Sohn, Enkel (vor hebräischen und arabischen Namen)

be|nach|bart Mw. Ew.: angrenzend

be|nach|rich|ti|gen tr.: einem Nachricht geben * Be|nach|rich|ti|gung, die; –, –en: Nachricht

be|nach|tei|li|gen tr.: schädigen : zurücksetzen * Be|nach|tei|li|gung, die; –, –en: das Benachteiligen : Schaden

be|na|geln tr.: mit Nägeln beschlagen * Be|na|ge|lung, die; –, –en: das Beschlagen mit Nägeln

be|na|gen tr.: an etwas nagen

be|na|men tr.: mit einem Na-

men versehen * be|nam|sen (du benamsest und benamst) tr.: benamen * Be|nam|sung, die; –, –en: das Benam(s)en

be|nannt: s. benennen

be|nar|ben tr.: mit Narben versehen : (Erdboden –) mit einer Pflanzenschicht bedecken; rbz., intr. (sein): sich bedecken * be|narbt Ew.: mit Narben überdeckt

be|näs|sen tr.: anfeuchten : nass machen

Ben|del, → Bän|del der; das; –s, –: Band : Schnur

be|ne|beln tr.: mit Nebel erfüllen : verwirren rbz.: (übertr.) berauschen * be|ne|belt Ew.: (volkst.) bezecht

be|ne|dei|en (du benedei[e]st, du benedeitest, benedeit) (l.) tr.: segnen : seligpreisen

Be|ne|dic|tus (l.), das; –, –: Teil der Liturgie in der kath. Messe

Be|ne|dik|ten|kraut, das; –(e)s: eine Pflanze * Be|ne|dik|ti|ner, der; –s, –: Angehöriger des Mönchsordens der Benediktiner : ein Kräuterlikör * Benediktinerabtei; –orden * Be|ne|dik|ti|on, die; –, –en: Segnung : Weihe * Be|ne|dik|ti|o|na|le, das; –, ..lia: Weihegebetbuch * be|ne|di|zie|ren (..iert) tr.: segnen : weihen [l. bene gut und dicere sagen] *

Be|ne|fiz, das; –es; –e: Wohltat : Begünstigung : Ehrenbezeigung : Pfründe * Benefizvorstellung: Vorstellung zugunsten eines Künstlers oder eines wohltätigen Zweckes * Be|ne|fi|zi|ant, der; –en, –en: Wohltäter * Be|ne|fi|zi|ar, der; –s, –e: Empfänger einer Wohltat : Pfründner * Be|ne|fi|zi|at, der; –en, –en: einer, der öffentliche Unterstützung empfängt, bes. Gelehrtenschüler : Pfründner : Titel eines kath. Geistlichen * Be|ne|fi|zi|um, das; –s, ..zien: Wohltat [l. benefacere wohltun]

be|neh|men tr.: durch Wegnehmen verkleinern (bes. Münzen) : (einem etwas –) wegnehmen, entziehen; rbz.: sich betragen, verhalten : (sich mit einem –) sich verständigen * Be|neh|men, das; –s: Betragen * sich ins Benehmen setzen mit: Verbindung aufnehmen *

be|nom|men Mw. Ew.: betäubt * Be|nom|men|heit, die; –: Betäubung

be|nei|den tr.: Neid empfinden gegen * be|nei|dens|wert Ew.: wert, beneidet zu werden

Be|ne|lux, die; –: Wirtschaftsvereinigung Belgiens, der Niederlande und Luxemburgs * Beneluxstaaten

be|nen|nen tr.: mit einem Namen belegen : namhaft machen * benannt Mw. Ew.: mit Namen * Be|nen|nung, die; –, –en: das Benennen : Name : Bezeichnung

be|net|zen tr.: nass machen

Ben|gal (e.) [bengäl], der; –s: halbseidener gemusterter Stoff * Ben|ga|len: ind. Provinz * Ben|ga|le, der; –n, –n: Einwohner aus Bengalen * Ben|ga|li, das; –(s): bengalische Sprache * ben|ga|lisch Ew.: aus Bengalen stammend * bengalisches Feuer: Buntfeuer * der Bengalische Meerbusen

Ben|gel, der; –s, –: (übertr.) ungehobelter Junge, Rüpel : (veralt.) Stock, Prügel : (veralt.) Pressstock an der Buchdruckerpresse * Ben|ge|lei, die; –, –en: Rüpelhaftigkeit * ben|gel|haft Ew.: rüpelig

be|nie|sen tr.: durch Niesen bekräftigen

Be|nig|ni|tät, die; –, –en: Güte : (Med.) Gutartigkeit (einer Krankheit) * be|nig|ne Ew.: (Med.) gutartig

Be|nimm, der; –s, –: Anstand, Benehmen, Manieren

Ben|ja|min, der; –s, –e: (übertr.) der Jüngste : m. Vn.

Ben|ne, die; –, –n: Lastkorb : Schlitten, Schubkarren

be|nom|men usw.: s. benehmen

be|no|ten tr.: eine Note vergeben : beurteilen * Be|no|tung, die; –, –en: Beurteilung durch Noten : das Benoten

be|nö|ti|gen tr.: brauchen

Ben|thos (gr.), das; –: „Tiefe", Lebewelt der Meerestiefe

be|num|mern (ich ..[e]re) tr.: mit Nummern versehen

be|nut|zen, (selt.) be|nüt|zen tr.: verwenden : gebrauchen * Be|nut|zer, der; –s, –: jemand, der etwas verwendet, gebraucht * Be|nut|zung, die; –: das Benutzen : Gebrauch : Verwendung

Ben|zin (pers.-nl.), das; -s, -e: leicht brennbare Flüssigkeit : Treibstoff * *Benzinfeuerzeug; Benzinmotor; Benzinpreis; Benzintank; Benzinuhr* * **Ben|zoe**, die; –: ein wohlriechendes Harz * *Benzoebaum; Benzoesäure* * **Ben|zol**, das; –s, -e: leicht entzündliche Flüssigkeit * **Ben|zyl**, das; –s: (Chem.) Kohlenwasserstoffverbindung * **Ben|zyl|al|ko|hol**, der; –s: einfacher aromatischer Alkohol

Beo, der; –s, –s: asiatische Starenart (Singvogel)

be|ob|ach|ten tr.: seine Aufmerksamkeit auf etwas richten : merken : wahrnehmen * **Be|ob|ach|ter**, der; –s, –: ein Beobachtender * *Beobachterstatus* * **Be|ob|ach|tung**, die; –, –en: das Beobachten : Bemerkung * *Beobachtungsgabe; –posten:* Wachtposten

be|öl|len intr.: (Umgspr.) sehr lachen : sich sehr belustigen

be|or|dern (fr.) (ich ..[e]re) tr.: verfügen : bestellen * **Be|or|de|rung**, die; –, –en: Verfügung : Bestellung

be|pa|cken tr.: (mit Gepäck) beladen

be|pfäh|len tr.: mit Pfählen versehen

be|pflan|zen tr.: darauf pflanzen * **Be|pflan|zung**, die; –, –en: das Bepflanzen : das Bepflanztsein

be|pflas|tern tr.: pflastern, mit Steinen belegen; (Umgspr.) mit Pflastern bedecken

be|pflü|gen tr.: pflügend bebauen

be|pin|keln tr.: (Umgspr.) mit Urin treffen * rbz.: sich vor Lachen –: das Wasser vor Gelächter nicht halten können

be|pin|seln tr.: pinselnd bestreichen

be|pis|sen tr.: (Umgspr.) mit Urin treffen * intr.: sich sehr amüsieren: sehr lachen

be|pols|tern tr.: mit Polstern versehen

be|pu|dern tr.: pudern, mit Puder bestäuben * *mit dem Klammerbeutel bepudert:* nicht ganz bei Trost, doof

be|quas|seln tr.: (Umgspr.) bereden : überreden

be|quat|schen tr.: (Umgspr.) bereden : abmachen

be|quem Ew.: passend : zweckmäßig : faul, langsam : leicht * *es sich bequem machen:* es sich gemütlich, leicht machen * **be|que|men** tr.: zur Fügsamkeit bringen; rbz.: sich anpassen : sich fügen ; sich herbeilassen * **be|quem|lich** Ew.: Bequemlichkeit liebend, träge * **Be|quem|lich|keit**, die; –, –en: Annehmlichkeit, Luxus : Trägheit

be|ran|ken tr.: mit einer Rankenpflanze bedecken

Be|rapp, der; –(e)s: rauher Kalkbewurf * **be|rap|pen** tr.: mit Rauputz bewerfen : Bäume zu Balken sägen : (volkst.) bezahlen (vgl. Rappen)

be|ra|ten tr., intr.: Rat erteilen : Rat holen : (über etwas –) Rat halten; sich besprechen (über), gemeinsam überlegen, beratschlagen * **Be|ra|ter**, der; –s, –: Ratgeber * *Beratervertrag* * **be|rat|schla|gen** (du beratschlagst, du beratschlagtest, beratschlagt, beratschlage!) tr.: Rat halten über * **Be|rat|schla|gung**, die; –, –en: das Beratschlagen * **Be|ra|tung**, die; –, –en: das Beraten * *Beratungsstelle; Beratungsgespräch*

be|rau|ben tr.: (einen –) einem etwas wegnehmen * **Be|rau|bung**, die; –, –en: das Berauben

be|räu|chern tr.: berauchen : beweihräuchern * **Be|räu|che|rung**, die; –, –en: Beweihräucherung

be|rau|schen tr., rbz.: betrunken machen : übermäßig begeistern * *berauschend* * **be|rauscht** Mw. Ew.: trunken

Ber|ber, der; –s, –: Urbewohner Nordafrikas * *Berberpferd* * **Ber|be|rei**, die; –: nordwestafrikan. Gebiet * **ber|be|risch** Ew.: auf die Berber bezüglich

Ber|be|ris (arab.), die; –: Sauerdorn * **Ber|be|ri|na**, die; –: gelbe Farbe aus der Berberitzenwurzel * **Ber|be|ri|tze**, die; –, –n: Berberis

Ber|ceau (fr.) [bärßoh], das; –s, ..ceaux: Wiege : Gewölbebogen : Bogenlampe, –gang * **Ber|ceu|se** [bärßöh], die; –, –n: Wiegenlied : Schaukelstuhl

be|re|chen|bar Ew.: so beschaffen, dass man es berech-

nen kann * **be|rech|nen** tr.: durch Rechnen bestimmen : durch Überlegung vorausbestimmen : (kfm.) in Rechnung stellen * **be|rech|nend** Ew.: vorausschauend, die Vorteile bedenkend * **Be|rech|nung**, die; –, –en: ein berechneter Voranschlag : genaue Überlegung

be|rech|ti|gen tr.: einem ein Recht zu etwas geben * **be|rech|tigt** Ew.: begründet, zu Recht bestehend * **be|rech|tig|ter|wei|se** Uw.: zu oder mit Recht * **Be|rech|ti|gung**, die; –, –en: Anrecht, Befugnis * *Berechtigungsschein; Berechtigungsnachweis*

be|re|den tr.: über etwas reden : (übertr.) beraten : tadelnd besprechen : eine Rede über jemand halten : durch Rede bezaubern : durch Reden überzeugen : durch Reden zu etwas bestimmen : überreden; rbz.: (sich mit einem –) sich verabreden * **be|red|sam** Ew.: fähig, gut und viel zu reden, wortgewandt * **Be|red|sam|keit**, die; –: Redegewandtheit : Redegabe : Wortreichtum * **be|redt** Ew.: beredsam * **Be|redt|heit**, die; –: Beredsamkeit * **Be|re|dung**, die; –, –en: Besprechung

be|reg|nen tr.: mit Regen treffen : bewässern

Be|reich, der; –(e)s, -e: das einer Sache zukommende Gebiet : Wirkungskreis

be|rei|chern (ich ..[e]re) tr.: reicher machen; rbz.: auf unredliche Art Reichtum erwerben * **Be|rei|che|rung**, die; –, –en: die Vergrößerung des Vermögens

be|rei|fen tr.: mit Raureif bedecken; intr. (sein): sich mit Raureif bedecken : mit Reifen versehen * **Be|rei|fung**, die; –, –en: Ausrüstung mit Reifen

be|rei|ni|gen tr.: ins Reine bringen * **Be|rei|ni|gung**, die; –: das Bereinigen

be|rei|sen tr.: reisend durchziehen * **be|reist** Mw. Ew.: bewandert * **Be|rei|sung**, die; –: das Bereisen : das Bereistwerden

be|reit Ew. (bereiter, bereiteste): fertig : in geeigneter

Verfassung ✳ *sich bereit erklären: seine Bereitschaft kundtun; sich bereit finden:* bereit sein; *bereithalten; bereit sein* ✳ be|rei|ten tr.: herstellen : herrichten : zurüsten : vorbereiten ✳ *Kummer, Freude bereiten:* –, – machen ✳ be|reit|le|gen (ich lege bereit, bereitgelegt) tr.: zum Gebrauch hinlegen ✳ Be|reit|schaft, die, –: das Bereitsein ✳ *Bereitschaftsdienst; –polizei* ✳ be|reit|ste|hen tr.: zum Gebrauch fertig dastehen ✳ be|reit|stel|len tr.: zum Gebrauch hinstellen ✳ Be|rei|tung, die, –, –en: das Bereiten ✳ be|reit|wil|lig Ew.: gern bereit zu etwas ✳ Be|reit|wil|lig|keit, die, –: freudige Bereitschaft zu etwas

bereit
Verbindungen zwischen einem Adverb und dem Verb *sein* werden getrennt geschrieben: *bereit sein, beisammen sein, fertig sein.* Ist das Adverb in einer Verbindung von Adverb und Verb nicht erweiterbar oder steigerbar, werden sie zusammengeschrieben: *bereithalten, bloßstellen, schwarzarbeiten.*

be|rei|ten (du berittest, beritten, bereite!) tr.: reitend durchreisen : (Pferd –) zureiten : als Reiter ausrüsten ✳ Be|rei|ter, der, –s, –: Zureiter ✳ Be|ritt, der, –(e)s, –e: Bezirk, den man zu bereiten hat : Trupp Berittener ✳ be|rit|ten Mw. Ew.: reitend, zu Pferd

be|reits Uw.: schon : (mundartl.) beinahe

be|ren|nen tr.: bestürmen

be|ren|ten tr.: (Rechtsspr.) eine Rente zusprechen

be|reu|en tr.: Reue empfinden über : bedauern

Berg, der, –(e)s, –e; Bergelchen, Berglein: natürliche Bodenerhebung : Schwierigkeit, die wie ein Berg lastet : großer Haufen : (bergm.) taubes Gestein neben den Gängen ✳ *Berge versetzen:* fast Unmögliches vollbringen; *dastehen wie der Ochs vorm Berge:* ratlos sein; *über den Berg sein:* eine Schwierigkeit überwunden haben; *über alle Berge sein:* weit weg sein; *hinterm Berg halten mit etwas:* geheimhalten; *zu*

Berge stehen: emporragen ✳ berg|ab, berg|ab|wärts Uw.: abwärts; *Bergadler; Bergahorn; Bergakademie:* Hochschule für Bergbau und Hüttenkunde; *Bergamt:* Verwaltungsbehörde für den Bergbau ✳ berg|an Uw.: aufwärts ✳ Berg|ar|bei|ter, der, –s, –: Bergmann ✳ berg|auf, –auf|wärts Uw.: hinauf ✳ *Bergbahn:* Gebirgsbahn ✳ Berg|bau, der, –s: Erzgewinnung u. Ä. aus Bergen ✳ *Bergbauer; Bergbeamter:* Beamter des Bergamts; *Bergbehörde:* für Angelegenheiten des Bergbaus zuständige Behörde; *Bergbesteigung; Bergbewohner; Bergblau:* als Malerfarbe benutztes Kupfererz; *Bergbock:* Steinbock; *Bergbraun, das,* –: Erdfarbe; *Bergbutter:* Gemisch aus Alaun, Eisen, Ton, Steinöl; *Bergdorf:* Gebirgsdorf; *Bergeidechse; Bergeisen:* Spitzhammer der Bergleute; *Bergerz:* unaufbereitetes Erz; *Bergfach:* Bergbaukunde; *Bergfahrt:* Fahrt zu Berg; *Bergfall:* (bergm.) Zusammenbruch eines Schachtes; *Bergfest:* Feier bei Halbzeit (einer Arbeit, des Urlaubs u. a.); *Bergfestung:* auf einem Berge liegende Festung; *Bergfex:* leidenschaftlicher Bergsteiger; *Bergflachs:* eine Pflanze : Asbest; *Bergfreiheit:* Freiheit, Bergwerke anzulegen : Vorzugsrecht einer Bergstadt; *Bergfried:* Hauptturm einer Burg ✳ Berg|füh|rer, der, –s, –: Anleiter einer Wanderung ✳ *Berggeist:* in Bergen hausender Geist ✳ Berg|gip|fel, der, –s, –: Spitze eines Berges ✳ *Berggold:* durch Grubenbau gewonnenes Gold; *Berggrün, das,* –(s): ein kohlensaures Oxydhydrat; *Berggürtel:* Reihe von Bergen; *Berghalde:* Berghang : Schutthügel; *Bergharz:* Erdharz : versteinertes Harz; *Berghauptmann:* oberster Bergwerksbeamter; *Berghaus:* Haus auf einem Berg : Hut-, Zechenhaus; *Berghenne:* Birkhenne : (scherzh.) magere Bergmannskost; *berghinab* Uw.: abwärts; *berghinan, -hinauf usw.:* bergan; *berghinunter* Uw.: bergab; *Berghöhe:* Höhe eines

Berges über dem Meeresspiegel : Berg : Berggipfel : bergehohe Erhebung; *Berghoheit:* landesherrliche Gewalt über ein Bergwerk; *Berghorn:* schroffe Bergspitze; *Berghund:* Hund zur Bewachung der Sennhütte : niedriger Wagen zur Gesteinförderung ✳ Berg|hüt|te, die, –, –n: kleines Haus auf dem Berg ✳ *Bergjoch:* Bergrücken : Bergreihe; *Bergkamm:* schmaler Bergrücken; *Bergkatze:* wilde Katze : Bleivergiftung; *Bergkessel:* von Bergen umschlossene Gegend ✳ Berg|ket|te, die, –, –n: Reihe von Bergen : Gebirgskette ✳ *Bergkorb:* Korb zur Erzförderung; *Bergkork:* eine Art Asbest; *Bergkrankheit:* Höhenkrankheit; *Bergkraxler:* eifriger Bergsteiger; *Bergkristall:* Edelquarz; *Bergkuppe:* Bergkoppe; berg|läuf(t)ig Ew.: unter Bergleuten üblich; *Berglehne:* Berghang; *Bergleute* Mz. v. Bergmann ✳ Berg|luft, die, –: ...lüfte: Luft auf einem Berg ✳ *Bergmann:* Bergwerksarbeiter : Name für Dachshunde; *bergmännisch* Ew.: nach Art der Bergleute; *Bergmassiv; Bergnot:* (lebens)gefährliche Lage beim Bergsteigen; *Bergöl:* Erdöl; *Bergordnung:* Bergwerksgesetz; *Bergpfad* ✳ Berg|pre|digt, die, –en: auf dem Berge gehaltene Predigt Christi ✳ *Bergrat:* Titel von Bergbeamten; *Bergrecht:* im Bergwesen geltendes Recht : Befugnis zum Bergbau; *Bergreigen, -reihen:* Bergmannslied; *Bergrot, -rötel:* aus dem Steinreich stammendes Rot; *Bergrute:* Wünschelrute; *Bergsache:* Bergwerksangelegenheit; *Bergsalz:* Steinsalz; *Bergschäden; Bergschuh:* derber Schuh für Bergsteiger; *Bergschule:* Fachschule zur Ausbildung von Steigern und Ingenieuren für den Bergbau; *bergschüssig* Ew.: viel taubes Gestein enthaltend; *Bergschwaden:* erstickendes Gas in Berggruben; *Bergsee; Bergseil:* Seil zum Aufziehen von Lasten aus Gruben; *Bergsilge:* eine Pflanze; ✳ Berg|stei|ger, der, –s, –: einer, der Berge besteigt ✳ *Bergstock:* mannshoher Stock mit Eisenspitze für Gebirgstouren; *Bergstraße; Bergsturz:* Herabstürzen großer Felsmassen; *Bergsucht:* Blutvergiftung durch Metalle ✳ **Berg|tour,** die; –, –en: längere Bergwanderung : Wanderung unter Anleitung eines Bergführers ✳ *bergüber* Uw.: über Berge ✳ **Berg-und-Tal-Bahn,** die; –, –en: Achterbahn ✳ *bergunter* Uw.: abwärts; *bergverständig* Ew.: bergwerkskundig; *Bergvogt:* Bergrichter ✳ **Berg|volk,** das; –s, ..völker: im Gebirge lebendes Volk : Bergknappschaft : Gesamtheit der Berggeister ✳ **Berg|wacht,** die; –, –en: Sicherheitsdienst in den Bergen ✳ *Bergwand:* steiler Berghang : taube Wand ✳ **Berg|wan|de|rung,** die; –, –en: Ausflug, Wanderung in die Berge ✳ *bergwärts* Uw.: zum Berge hin : bergan ✳ *Bergweide:* Viehweide auf den Bergen : auf Bergen wachsender Weidenbaum ✳ **Berg|welt,** die; –, –en: Welt der Berge ✳ **Berg|werk,** das; –s, –e: Bauten und Anstalten zur Erzgewinnung aus Bergen ✳ *Bergwerksbesitzer; –betrieb; –kunde; Bergwerker:* im Bergwerk Beschäftigter; *Bergwesen:* Gesamtheit des zum Bergbau Gehörigen : auf Bergen lebendes Wesen; *Bergwissenschaft:* Bergbaukunde; *Bergwolle:* Bergflachs; *Bergwurzel:* Fuß eines Berges; *Bergzug:* Bergkette; *berg(e)hoch* Ew.: so hoch wie ein Berg; *berg(e)tief* Ew.: so tief, wie ein Berg hoch ist ✳ *Berg(es)einsamkeit; Bergesgipfel; Bergeshang; –halde* ✳ **ber|gig** Ew.: mit Bergen versehen ✳ **Berg|ler,** der; –s, –: Bergbewohner

berg|ab usw.: s. Berg

Ber|ga|mas|ke, der; –n, –n: Einwohner von Bergamo : it. Bauerntanz ✳ **Ber|ga|mas|ker,** **ber|ga|mas|kisch** Ew.: aus Bergamo stammend : auf Bergamo bezüglich ✳ **Ber|ga|mo:** oberital. Stadt

Ber|ga|mot|te (türk.), die; –, –n: „Fürstenbirne", eine Birnenart ✳ *Bergamottbaum:* eine Art Pomeranze; *Bergamottöl; Bergamottzitrone:* Frucht des Bergamottbaumes

berg|an: s. Berg

ber|gen (du birgst; du bargst, du bürgest, bärgest; geborgen; birg!) tr.: in Sicherheit bringen : retten : schützen : (zuw.) verbergen ✳ *Berg(e)geld:* Lohn für die Bergung; *Berg(e)gut:* geborgenes Strandgut ✳ **Ber|ger,** der; –s, –: ein Bergender ✳ **Ber|gung,** die; –, –en: das Bergen ✳ *Bergungsdampfer; Bergungsmannschaft; Bergungskosten:* Berglohn ✳ **ge|bor|gen** Mw. Ew.: wohlbehütet ✳ **Ge|bor|gen|heit,** die; –: Schutz, Sicherheit

ber|gisch Ew.: zum Land Berg gehörend ✳ **Das Ber|gi|sche Land:** Landschaft im Rheinland ✳ **berg|un|ter:** s. Berg

Be|ri|be|ri (singhales.), die; –: Vitaminmangelkrankheit in tropischen Gegenden

Be|richt, der; –(e)s, –e: Mitteilung : Meldung : Darstellung eines Sachverhaltes ✳ *Berichterstatter,* der; –s, –: Reporter : Referent; *Berichterstattung,* die; –, –en; *Berichtsheft; Berichtsjahr* ✳ **be|rich|ten** tr.: mitteilen : aufzeichnen : darstellen, Bericht erstatten ✳ **Be|rich|ter,** der; –s, –: Erzähler : Berichterstatter ✳ **be|rich|ti|gen** tr.: richtigstellen : in Ordnung bringen : verbessern (Zeche –) zahlen ✳ **Be|rich|ti|gung,** die; –, –en: das Richtigstellen falscher Angaben : Verbesserung, Korrektur

be|rie|chen tr.: an etwas riechen : prüfend riechen

be|rie|seln (ich ..[e]le) tr.: bewässern ✳ **Be|rie|se|lung,** die; –, –en: Bewässerung ✳ *Berieselungsanlage:* Anlage zur Bewässerung

be|rin|gen (ich beringte, beringt) tr.: (Vögel) mit einem Ring versehen ✳ **Be|rin|gung,** die; –: das Beringen

Be|ring|meer, das; –(e)s: nördlichster Teil des Stillen Ozeans ✳ **Be|ring|stra|ße,** die; –: Meeresstraße zwischen Amerika und Asien

Be|ritt, be|rit|ten: s. bereiten (schw.)

Ber|kel|li|um, das; –s, –: chem. Element, Abk.: Bk

Ber|lin: Hauptstadt der Bundesrepublik Deutschland : Bundesland ✳ **Ber|li|na|le,** die;

–, –n: Filmfestspiele in Berlin ✳ **Ber|li|ner,** der; –s, –: Einwohner Berlins : Gebäck : (in Berlin erfundener) Reisewagen : ✳ *Berliner* Ew.: aus Berlin stammend ✳ *Berliner Blau* oder *Preußischblau,* das; –(s): Ferriferrocyanid, dunkelblauer Farbstoff ✳ **ber|li|nern** intr.: wie ein Berliner sprechen

Ber|litz|schu|le, die; –: (nach dem Gründer benannte) Sprachschule

Ber|lo|cke (fr.), die; –, –: Uhrkettenanhänger

Ber|me (dtsch.-fr.), die; –, –n: Wallabsatz, Weg zwischen Wall und Graben

Ber|mu|das Mz.: Inseln im Atlant. Ozean : Shorts ✳ *Bermudadreieck*

Bern: schweiz. Hauptstadt und Kanton

Bern|har|di|ner, der; –s, –: Angehöriger des Mönchsordens der Bernhardiner : Hunderasse ✳ **bern|har|di|nisch** Ew.: zu den Bernhardinern gehörig

Bern|stein, der; –(e)s: das versteinerte Harz vorzeitlicher Bäume ✳ *Bernsteinarbeiter:* einer, der B. zu Schmuckgegenständen verarbeitet; *Bernsteinerde; Bernsteinfischer; Bernsteinkette:* Kette aus Bernsteinperlen; *Bernsteinschmuck* ✳ **bern|stei|ne(r)n** Ew.: aus Bernstein bestehend ✳ **bern|stein|far|ben** Ew.: von der Farbe des Bernsteins

Be|ro|li|na, die; –, –: Sinnbild Berlins in Frauengestalt

Ber|sa|gli|e|re (it.) [bersalljere], der; –(s), ..ri: Scharfschütze

Ber|ser|ker (altn.), der; –s, –: „Bärenkleid", gefürchteter Krieger ✳ *Berserkergang:* rasender Kampf; *Berserkerwut* ✳ **ber|ser|ker|haft** Ew.: rasend

bers|ten (du birst, er birst; er barst, du barstest; du börstest und bärstest; geborsten; birst!) intr. (sein): platzend auseinanderspringen ✳ *vor Lachen bersten*

be|rüch|ti|gen tr.: (veralt.) ins (böse) Gerücht bringen ✳ **be|rüch|tigt** Mw. Ew.: in üblem Ruf stehend : gefürchtet : verrufen

be|rü|cken tr.: (Fische usw. –) (das Netz rückend) fangen :

(übertr.) bezaubern : verlocken ∗ be|**rü**|ckend Ew.: verlockend : bezaubernd

be|**rück**|**sich**|**ti**|gen tr.: Rücksicht nehmen auf : beachten : in Rechnung stellen ∗ Be|**rück**|**sich**|**ti**|gung, die; –, –en: Beachtung : Rücksichtnahme ∗ Be|**rü**|ckung, die; –, –en: (selt.) Betörung

Be|**ruf**, der; –(e)s, –e: Berufung : natürliche Bestimmung : Tätigkeit, zu der die natürliche Bestimmung treibt : zu Erwerbszwecken dauernd ausgeübte Tätigkeit ∗ *Berufsarmee; Berufsausbildung; Berufsaussichten; Berufsberatung:* öffentliche Beratung bei der Berufswahl usw.; *Berufsbezeichnung; Berufsbild:* Darstellung der Tätigkeit in einem bestimmten Beruf; *Berufsboxer:* einer, der das Boxen als Beruf betreibt; *Berufserfahrung; Berufsgeheimnis; Berufsgenossenschaft; Berufskrankheit; Berufsleben; berufsmäßig* Ew.; *Berufsorganisation:* Vereinigung Angehöriger eines Standes zur Wahrung beruflicher Interessen; *Berufsschule; Berufsspieler:* einer, der das Spielen als Beruf betreibt; *Berufssportler; Berufstätigkeit; Berufsunfähigkeit; Berufsverbot; Berufswahl* ∗ be|**ru**|fen tr.: zu sich rufen : zusammenrufen : (einen zu etwas –) als Beruf anweisen : (Bib.) ins Reich Gottes laden : durch Reden über etwas schädliche Geister wecken; rbz.: (sich auf etwas –) sich beziehen auf etwas, auf jemand als Stütze ∗ be|**ru**|fen Mw. Ew.: (veralt.) viel besprochen : inneren Beruf zu etwas habend : sachverständig ∗ be|**ruf**|lich Ew.: zum Beruf gehörend ∗ Be|**ru**|fung, die; –, –en: innere Bestimmung : Rechtsmittel zur Überprüfung eines gerichtlichen Urteils : Aufforderung zur Übernahme eines Amtes : Einspruch ∗ *Berufungsfall; Berufungsgericht:* Gericht der höheren Instanz; *Berufungsrichter; Berufungsverfahren; Berufungsschrift* ∗ *Berufung einlegen gegen:* ein gerichtliches Urteil anfechten ∗ be|**ru**|hen intr.: (in, auf etwas –) seine Grundlage in etwas ha-

ben ∗ *etwas auf sich beruhen lassen:* etwas unerörtert, unerforscht lassen; *das Urteil beruht auf:* ist begründet auf ∗ be|**ru**|**hi**|gen tr.: ruhig machen; rbz.: zur Ruhe kommen ∗ Be|**ru**|**hi**|gung, die; –, –en: das Beruhigen : Zustand des Beruhigtseins ∗ *Beruhigungsmittel; Beruhigungspille:* (übertr.) beruhigende Mitteilung

be|**rühmt** Mw. Ew.: Ruhm habend : (weit) bekannt ∗ *berühmt-berüchtigt* ∗ Be|**rühmt**|**heit**, die; –, –en: das Berühmtsein : berühmte Person

be|**rüh**|ren tr.: an etwas rühren : an etwas grenzen : anfassen : innerlich treffen : verletzend treffen ∗ Be|**rüh**|rung, die; –, –en: das Berühren ∗ *Berührungsangst; Berührungslinie; Berührungspunkt:* Punkt des Zusammentreffens : Verbindungspunkt

be|**rup**|fen tr.: rupfend berauben

be|**ru**|ßen tr.: mit Ruß beschmutzen

Be|**ryll** (gr.), der; –(e)s, –e: grüner Schmuckstein ∗ Be|**ryl**|**li**|um, das; –s, –: chem. Grundstoff; Abk.: Be

be|**sab**|**beln** tr.: (Umgspr.) bereden : überreden

be|**sab**|**bern** tr.: (Umgspr.) mit Speichel treffen

be|**säen** tr.: säend bedecken : dicht bestreuen

be|**sa**|gen tr.: angeben : von Bedeutung sein ∗ *besagt* Mw. Ew.: bekannt : im Vorhergehenden erwähnt ∗ be|**sag**|**ter**|**ma**|ßen Uw.: wie besagt

be|**sai**|ten tr.: mit Saiten versehen ∗ *besaitet* Mw. Ew.: (häufig übertr.) veranlagt

be|**sa**|men tr.: mit Samen bestreuen : befruchten ∗ Be|**sa**|mung: das Besamen, Befruchten

be|**sam**|**meln** tr.: (schweiz.) sich sammeln : versammeln (Truppen)

Be|**san**, der; –s, –e: Segel am Hintermast eines Schiffes : Hintermast; Besanmast; *Besangaffel; Besanstag*

be|**sänf**|**ti**|gen tr.: sanft machen : beruhigen ∗ Be|**sänf**|**ti**|gung, die; –, –en: das Beruhigen

Be|**satz**, der; –es, ..sätze:

Schmuck, mit dem die Kleidungsstücke besetzt werden ∗ Be|**sat**|zung, die; –, –en: das Besetzen mit einer Mannschaft, einem Heer : besetzendes Heer : besetzende Mannschaft ∗ *Besatzungsbehörde; Besatzungsdienst; Besatzungskosten; Besatzungsmacht; Besatzungsrecht:* Recht eines Staates, fremde Gebiete militärisch zu besetzen; *Besatzungsstatut; Besatzungstruppen; Besatzungszone* ∗ be|**set**|zen tr.: in Besitz nehmen; belegen : bemannen : mit Truppen belegen : garnieren, betressen ∗ *besetztes Gebiet* ∗ Be|**set**|zung, die; –, –en: Besitznahme : (– einer Stelle) Ausfüllung (– einer Stelle), eines Amtes

be|**sau**|en tr.: (Umgspr.) besudeln

be|**sau**|fen rbz.: sich durch Saufen berauschen ∗ be|**sof**|fen Mw. Ew.: berauscht ∗ Be|**sof**|fen|**heit**, die; –: das Besoffensein

be|**säu**|seln (ich ..[e]le) rbz.: sich leicht berauschen

be|**schä**|**di**|gen tr.: schadhaft machen : verletzen : Schaden zufügen ∗ Be|**schä**|**di**|gung, die; –, –en: das Beschädigen : beschädigte Stelle

be|**schaf**|fen (ich beschaffte, beschafft) tr.: herbeischaffen : anschaffen : ins Werk setzen : verschaffen ∗ be|**schaf**|fen Mw. Ew.: geartet : in solchem Zustand ∗ Be|**schaf**|fen|**heit**, die; –, –en: Art : Zustand ∗ Be|**schaf**|fung, die; –, –en: das Herbeischaffen ∗ *Beschaffungskriminalität*

be|**schäf**|**ti**|gen tr.: einem eine Tätigkeit geben : zu schaffen machen : jemandes Gedanken in Anspruch nehmen; rbz.: (sich mit etwas –) etwas tun ∗ be|**schäf**|**tigt** Mw. Ew.: in Tätigkeit : viel zu tun habend ∗ Be|**schäf**|**ti**|gung, die; –, –en: Tätigkeit : Arbeit ∗ *Beschäftigungsgrad:* Verhältnis der in Arbeit Befindlichen zu den Arbeitslosen; *Beschäftigungsstand; Beschäftigungstrieb; Beschäftigungsverhältnis* ∗ be|**schäf**|**ti**|gungs|los Ew.: ohne Arbeit, untätig

be|**scha**|len tr.: mit Schalen bekleiden ∗ be|**schä**|len tr.: stellenweise schälen be|schä|len tr.: (vom Hengst) (Stute –) decken * Beschälort; –zeit * Be|schä|ler, der; –s, –: Zuchthengst * Be|schä|lung, die; –, –en: das Beschälen [ahd. scelo Zuchthengst]

be|schal|len tr.: (Med.) mit Ultraschall behandeln : (Umgspr.) Musik laut hören * Be|schal|lung, die; –, –en: das Beschallen

be|schä|men tr.: Scham erregen : (bis zur Schamerregung) übertreffen : demütigen * beschämend; beschämenderweise * Be|schä|mung, die; –, –en: das Beschämen : das Beschämtsein

be|schat|ten tr.: in Schatten hüllen : decken : mit schattiger Färbung versehen : (bes. polizeilich) überwacht werden * Be|schat|tung, die; –, –en: das Beschatten

Be|schau, die; –: Beschauung : (bes.) Untersuchung * Beschaubefund: Untersuchungsergebnis * be|schauen tr.: prüfend besichtigen * Be|schau|er, der; –s, –: Betrachter : Prüfer * be|schau|lich Ew.: der inneren Schau hingegeben : ruhig * Be|schau|lich|keit, die; –: Nachdenklichkeit : innere Behaglichkeit, Friedlichkeit

Be|scheid, der; –(e)s, –e: entscheidender Richterspruch : entscheidende Auskunft : Mitteilung * Bescheid tun: (einem – –) erwidernd im Mann stehen, (bes.) im Trinken nachkommen * be|schei|den tr.: entscheidend ordnen : als Anteil zuweisen : Bescheid erteilen : kommen heißen; rbz. : in seinen Ansprüchen Maß halten : sich zufriedengeben * be|schei|den Ew.: klug : einsichtig : maßvoll : anspruchslos * beschieden * Be|schei|den|heit, die; –: (urspr.) das Bescheidwissen, die Einsicht : das Bescheidensein : Einfachheit * be|schei|dent|lich Ew.: bes. Uw.: bescheiden

be|schei|nen tr.: auf etwas scheinen

be|schei|ni|gen tr.: bezeugen : einen Schein über etwas ausstellen * Be|schei|ni|gung, die; –, –en: das Bescheinigen : der ausgestellte Schein

be|schei|ßen tr.: (niedr. R.) (scheißend) besudeln : arg betrügen * Be|schiß → Be|schiss, der; –es: Betrug

be|schel|ten tr.: schelten : Makel anheften * be|schol|ten Mw. Ew.: von makelhaftem Leumund

be|schen|ken tr.: einem ein Geschenk machen * Be|schenk|te, der; die; –n, –n: einer, dem eine, der etwas geschenkt worden ist

be|sche|ren (ich bescherte, beschert) tr.: schenken * Be|sche|rung, die; –, –en: Beschenkung : (übertr.) peinliche Überraschung * Weihnachtsbescherung

be|scheu|ert Ew.: (Umgspr.) dumm, begrenzt aufnahmefähig

be|schich|ten tr.: mit einer Schicht versehen * Be|schich|tung, die; –, –en: das Beschichten

be|schi|cken tr.: tun : rüsten : bereiten : versorgen : (einen –) durch Boten zu sich bestellen : (einen Markt und dgl. –) mit Hingehörigem versehen * be|schi|ckert Ew.: (Umgspr.) beschwipst * Be|schi|ckung, die; –, –en: das Einfüllen der Öfen, bes. des Hochofens

be|schie|nen tr.: mit Schienen versehen

be|schie|ßen tr.: zum Ziel von Schüssen machen : (weidm.) (Revier –) schießend begehen : zur Ehre von etwas, jemand schießen; intr. (sein): sich überziehen mit : (obd.) Nutzen bringen * beschossen sein: mit Schießvorrat versehen sein * Be|schie|ßung, die; –, –en: das Beschießen * Be|schuß → Be|schuss, der; –es: Angriff eines Ziels mit Schusswaffen * Beschußstempel → Beschussstempel: Zeichen auf geprüften Waffen

be|schif|fen tr.: schiffend befahren

be|schil|dern tr.: Schilder aushängen : mit einem Schild versehen

be|schimp|fen tr.: auf jemand schimpfen : zum Schimpf gereichen * Be|schimp|fung, die; –, –en: das Beschimpfen : beschimpfende Äußerung

be|schir|men tr.: beschützen :

(scherzh.) mit dem Regenschirm decken * Be|schir|mung, die; –, –en: das Beschirmen

be|schlab|bern (ich ..[e]re) rbz.: schlabbernd beschmutzen

be|schla|fen tr.: (Frau –) begatten : (eine Sache –): zögern : überlegen

Be|schlag, der; –(e)s; ..schläge: Metallteil zum Befestigen : Hufeisen der Pferde : (hauchartiger) Anflug : (weidm.) Begattung des Edelwildes : Beschlagnahme * mit Beschlag belegen; in Beschlag nehmen: die freie Verfügung über etwas entziehen * be|schla|gen tr.: mit einem Beschlag versehen : (Pferd –) mit Hufeisen versehen : (weidm.) befruchten : behauen : (seem.) (Segel –) festschnüren; intr. (sein): anlaufen, sich mit einem Anflug bedecken * be|schla|gen Mw. Ew.: bewandert : kenntnisreich * Be|schla|gen|heit, die; –: das Bewandertsein : Kenntnisse * Be|schlag|nah|me, die; –, –en: Verlust der freien Verfügung : Enteignung : Wegnahme * be|schlag|nah|me|frei Ew. * be|schlag|nah|men (du beschlagnahmst, beschlagnahmt) tr.: mit Beschlag belegen : konfiszieren * Be|schla|gung, die; –, –en: das Beschlagen : Beschlag

be|schlei|chen tr.: schleichend belauern : sich unmerklich bemächtigen

be|schleu|ni|gen tr., rbz.: beeilen : schneller vonstatten bringen * beschleunigt * Be|schleu|ni|gung, die; –, –en: Geschwindigkeitszunahme

be|schleu|sen tr.: mit Schleusen versehen * Be|schleu|sung, die; –: das Beschleusen

be|schlie|ßen tr.: abschließend beendigen : sich zu etwas entscheiden : Schluss machen mit * Be|schlie|ßer, der; –s, –: Be|schlie|ße|rin, die; –, –nen: Wirtschaftsaufseher(in)

be|schlos|sen Ew.: durch Beschluss bestimmt * be|schlos|se|ner|ma|ßen Uw.: so wie es beschlossen worden ist : gemäß Beschluss * Be|schluß → Be|schluss, der; -es, ..schlüsse: Entscheidung, Entschließung, Übereinkommen : Schluss, Ende : Abschluss : richterlicher Bescheid * *beschlußfähig → beschlussfähig* Ew.: fähig, berechtigt, Beschlüsse zu fassen * *Beschlußfähigkeit → Beschlussfähigkeit; beschlußreif → beschlussreif* Ew.: reif, fertig für einen Beschluss; *Beschlußfassung → Beschlussfassung*

be|schmei|ßen (ich beschmiss, beschmissen) tr.: besudeln : (übertr.) betrügen; tr.: bewerfen

be|schmie|ren tr.: schmierend bestreichen : schmierend besudeln

be|schmut|zen tr.: schmutzig machen : (übertr.) entweihen, schänden * Be|schmut|zung, die; -, -en: das Beschmutzen

be|schnei|den tr.: schneidend verkleinern : schneidend säubern : (Wein –) verfälschen : (Bib.) (einen –) ihm die Vorhaut beschneiden : (einem die Rechte –) schmälern * Be|schnei|dung, die; -, -en: das Beschneiden : (Bib.) das Vorhautbeschneiden * *Beschneidung Jesu:* kirchl. Fest

be|schnei|en tr.: mit Schnee bedecken; intr. (sein): mit Schnee bedeckt werden

be|schnüf|feln (ich ..[e]le) tr.: schnüffelnd beriechen : (übertr.) neugierig betrachten

be|schnup|pern (ich ..[e]re) tr.: schnuppernd beriechen

be|schol|ten: s. bescholten

be|schö|ni|gen tr.: mit schönem Schein bemänteln * Be|schö|ni|gung, die; -, -en: verschönernde Bemäntelung

be|schot|tern (ich ..[e]re) tr.: mit Steinen, Kies beschütten * Be|schot|te|rung, die; -, -en: das Beschottern : das, womit beschottert wird

be|schran|ken tr.: mit Schranken versehen * *beschrankt*

be|schrän|ken tr.: einengen; rbz.: (sich auf etwas –) sich bescheiden : sich begnügen * *beschränkt* Mw. Ew.: eingeengt : (übertr.) unbegabt, einfältig, geistesarm * Be|schränkt|heit, die; -, -en: Einengung : Geistesarmut * Be|schrän|kung, die; -, -en: Einengung : (übertr.) Bescheidenheit

be|schrei|ben tr.: mit Geschriebenem bedecken : in Worten darstellen : schildern : (Math.) (einen Kreis –) entstehen lassen * Be|schrei|bung, die; -, -en: das Beschreiben : Darstellung in Worten

be|schrei|en tr.: schreiend bejammern : viel und laut von etwas reden : durch Schreien bezaubern, berufen » *die vier Wände beschreien:* (vom Neugeborenen) Lebenszeichen von sich geben

be|schrei|ten tr.: schreitend betreten

be|schrif|ten tr.: mit Schrift versehen * Be|schrif|tung, die; -, -en: das Beschriften : das Beschriftetsein

be|schu|hen tr.: mit Schuhen versehen

be|schul|di|gen tr.: (einen einer Sache –) einem die Schuld für etwas zuschreiben * Be|schul|dig|te, der; die; -n, -n: Angeklagte * Be|schul|di|gung, die; -, -en: Bezichtigung

be|schu|len tr.: (Rechtsspr.) mit Schulunterricht versehen

be|schum|meln (ich ..[e]le) tr.: (Umgspr.) übervorteilen : betrügen

be|schup|pen tr.: mit Schuppen versehen : von Schuppen befreien : (volkst.) beschummeln

be|schup|sen tr.: (Umgspr.) belügen : betrügen

Be|schuß → Be|schuss: s. beschießen

be|schüt|ten tr.: überschütten, begießen, bedecken

be|schüt|zen tr.: schützend decken : schützen * Be|schüt|zer, der; -s, –: ein Beschützender * Be|schüt|zung, die; -, -en: das Beschützen

be|schwat|zen,

be|schwät|zen tr.: über etwas schwatzen : durch Schwatzen zu etwas bereden

Be|schwer, der; -; das; -(e)s: etwas Beschwerendes * Be|schwer|de, die; -, -n: beschwerliche Last : beschwerliches Leiden : Klage, durch die man sich über etwas beschwert : Reklamation * *Beschwerdebuch:* Buch für Beschwerden * be|schwe|ren tr.: lastend auf etwas liegen : belasten; rbz.:

Beschwerde führen über etwas * Be|schwe|rer, der; -s, –: etwas Beschwerendes, bes. Briefbeschwerer * be|schwer|de|füh|rend Ew.: anklagend * Be|schwer|de|schrift, die; -, -en: schriftliche Beschwerde * be|schwer|lich Ew.: lästig : anstrengend * Be|schwer|lich|keit, die; -, -en: das Beschwerlichsein : das Beschwerliche * Be|schwer|nis, das; -ses, -se » Beschwer * Be|schwer|te der; die; -n, -n: (Rechtsspr.) einer, der ein Vermächtnis auszuzahlen hat * Be|schwe|rung, die; -, -en: das Beschweren

be|schwich|ti|gen tr.: beruhigen * Be|schwich|ti|gung, die; -, -en: Beruhigung

be|schwin|deln tr.: belügen : betrügen

be|schwin|gen (ich wurde beschwingt) tr.: beflügeln * be|schwingt Mw. Ew.: voll Schwung

be|schwip|sen intr., rbz.: sich einen leichten Rausch antrinken * be|schwipst Mw. Ew.: einen Schwips habend : angeheitert

be|schwö|ren tr.: eidlich bekräftigen : durch Zauberworte bannen oder beeinflussen * Be|schwö|rer, der; -s, –: beschwörender Zauberer * Be|schwö|re|rei, die; -, -en: (vieles) Beschwören * Be|schwö|rung, die; -, -en: das Beschwören : die beschwörenden Worte * *Beschwörungsformel; Beschwörungskunst*

be|see|len tr.: mit Seele erfüllen * be|seelt Ew.: gefühlsinnerlich : gefühlsbetont * Be|seelt|heit, Be|see|lung, die; -, -en: das Beseelen : das Beseeltsein

be|se|geln tr.: mit einem Segelboot oder -schiff befahren * Be|se|ge|lung, Be|seg|lung, die; -, -en: das Besegeln : Takelage

be|se|hen tr.: genau ansehen : betrachten : (volkst.) zugeteilt bekommen * (ldschftl.) *nicht besehen können:* nicht leiden können; *Prügel besehen:* Prügel bekommen

be|sei|ti|gen tr.: beiseite schaf-

fen * **Be|sei|ti|gung,** die; –,
–en: das Beseitigen

be|se|li|gen tr.: selig, glücklich
machen * **Be|se|li|gung,** die;
–, –en: das Beseligen : das Be-
seligtsein

Be|sen, der; –s, –; Beschen,
–lein: Werkzeug zum Kehren,
Gerät zum Schaumschlagen :
(scherzh.) kratzbürstige Person * *Besenbinder:* einer, der
das Besenbinden als Beruf betreibt; *besendürr* Ew.: dürr wie
ein Besen; *Besenflachs:* eine
Art Flachs; *Besenheide:* eine
Art Heidekraut; *Besenkraut:*
eine Pflanze; *Besenreis, -rei-
sig:* Reis, Reisig zum Besenbinden; *Besenstiel; Besen-
wurf:* (Maur.) Bewerfen einer
Wand mittels Besens

be|ses|sen Mw. Ew.: in der
Gewalt von (bösen) Geistern :
(übertr.) schwärmerisch
begeistert sein * **Be|ses-
sen|heit,** die; –, –en: Wahnsinn
: Begierde : schwärmerische
Begeisterung

be|set|zen: s. Besatz

be|seuf|zen tr.: seufzend be-
klagen

be|sich|ti|gen tr.: prüfend be-
sehen * **Be|sich|ti|gung,** die;
–, –en: das Besichtigen * *Be-
sichtigungszeit:* Zeit, in der
man etwas besichtigen kann

be|sie|deln (ich ..[e]le) tr.: an-
siedelnd bevölkern * **Be-
sied|lung, Be|sie|de|lung,**
die; –, –en: das Besiedeln : das
Besiedeltsein

be|sie|geln tr.: mit einem Sie-
gel versehen : beglaubigen :
(übertr.) rechtskräftig machen
* **Be|sieg|lung, Be|sie|ge-
lung,** die; –, –en: das Besiegeln
: die Bekräftigung

be|sie|gen tr.: über etwas sie-
gen : überwinden * **Be|sie|ger,**
der; –s, –: Überwinder *
Be|sieg|te, der; –n, –n: der
Verlierer : der Überwundene *
Be|sie|gung, die; –, –en: das
Besiegen

be|sin|gen tr.: zum Gegen-
stand des Gesanges machen :
die Messe singen über : singend preisen

be|sin|nen rbz.: zum Bewusst-
sein seiner selbst kommen :
sich etwas ins Gedächtnis zurückrufen : sich erinnern :
nachdenkend zögern; tr.: über

etwas nachsinnen * **Be|sin-
nen,** das; –s: das sinnende
Nachdenken : das Überlegen *
be|sinn|lich Ew.: beschaulich :
nachdenklich * **Be|sinn-
lich|keit,** die; –: Innenschau :
Nachdenklichkeit * **Be|sin-
nung,** die; –: klares Bewusstsein seiner selbst : das Nachdenken * *besinnungslos* Ew.:
ohne klares Bewusstsein seiner selbst, ohnmächtig * *Be-
sinnungslosigkeit,* die; –: Zustand ohne Besinnung, Ohn-
macht * **be|son|nen** Mw. Ew.:
bedachtsam

Be|sitz, der; –es, –e: das Besit-
zen : Eigentum * *Besitzab-
gabe; Besitzanrecht, Besitzan-
spruch; besitzanzeigend* Ew.:
besitzanzeigendes Fürwort:
Vd. f. Possessivpronomen; *Be-
sitzbürger; Besitzergreifung;
Besitzfrage; Besitzklage; Be-
sitznahme; –recht; Besitzstand;
Besitzverhältnisse:* Gesamt-
heit des Besitzes * **be|sit|zen**
tr.: (Eier –) bebrüten : etwas
zum Eigentum haben : als etwas Anhaftendes haben *
Be|sit|zen|de, der; die; –n, –n:
Angehörige(r) der besitzenden
Klasse * **Be|sit|zer,** der; –s, –:
einer, der etwas besitzt, bes.
Landbesitzer * **Be|sitz|tum,**
das; –s, ..tümer : der Besitz,
bes. Landbesitz * **Be|sit|zung,**
die; –, –en: das Besitzen : das
Eigentum, bes. Landbesitz

be|sof|fen: s. besaufen

be|soh|len tr.: mit Sohlen ver-
sehen

be|sol|den tr.: mit Sold verse-
hen, bezahlen * **Be|sol|dung,**
die; –, –en: das Besolden : Sold
: Diensteinkommen

be|son|der Ew.: einem Gegen-
stand allein zukommend : außergewöhnlich : einzig in seiner
Art : durch seine Eigenschaften
auffallend * *im Besond(e)ren;
insbesond(e)re eine beson-
dere Gelegenheit* * **Be|son|dre,
Be|son|de|re,** das; –n: Außer-
gewöhnliche * *etwas Besonde-
res* * **Be|son|der|heit,** die; –,
–en: Eigentümlichkeit : besondere, auffällige Eigenschaft *
be|son|ders Uw. aussag.: be-
sondre; Abk.: bes.

im Besonderen
Zur Vereinfachung hatte es sich
eingebürgert, gängige Substan-
tivierungen klein zu schreiben.
Das führte zu schwankendem
Gebrauch, weil „gängig" unter-
schiedlich ausgelegt wurde.
Generell gilt nun die Regel:
Substantiviertes wird groß ge-
schrieben: *im Besonderen, den
Kürzeren ziehen, jeder Zweite.*

be|son|nen: s. besinnen

be|son|nen tr.: mit Sonnen-
schein erfüllen * *sich besonnen
lassen:* sich von der Sonne be-
scheinen lassen * **Be-
son|nung,** die; –, –en: das Be-
sonntwerden * **Be|sonnt|heit,**
die; –: das Besonntsein

be|sor|gen tr.: befürchten :
sorgen für : beschaffen : ein-
kaufen * **Be|sor|ger,** der; –s,
–: einer, der etwas besorgt, Ver-
sorger * **be|sorg|lich** Ew.:
sorgsam : ängstlich : Sorgen
verursachend * **Be|sorg|nis,**
die; –, –se: Sorge * *besorgnis-
erregend* Ew.: Sorge hervorru-
fend * **be|sorgt** Mw. Ew.: voll
Besorgnis : peinlich für etwas
sorgend * **Be|sorgt|heit,** die;
–: das Besorgtsein : Fürsorg-
lichkeit * **Be|sor|gung,** die; –,
–en: zu besorgendes Geschäft,
bes. Einkauf : Betreuung,
Pflege

be|span|nen tr.: mit An- oder
Aufgespanntem versehen *
Be|span|nung, die; –, –en: das
Bespannen : Gespann

be|spei|en tr.: anspeien

be|spi|cken tr.: vollspicken

be|spie|geln tr., rbz.: mit Spie-
geln bestrahlen : sich spiegeln
* **Be|spieg|lung, Be|spie-
ge|lung,** die; –, –en: das Be-
spiegeln

be|spie|len tr.: auf eine Schall-
platte, Kassette oder auf ein
Tonband aufnehmen : eine Fläche zum Spielen nutzen *
be|spiel|bar Ew.: zur Auf-
nahme oder zum Spielen geeignet

be|spin|nen tr.: spinnend ein-
wickeln

be|spit|zeln tr.: kleinlich, hin-
terhältig beobachten * **Be-
spit|ze|lung,** die; –, –en: das
Bespitzeln

be|spöt|teln (ich ..[e]le),
be|spot|ten tr.: spotten über

be|spre|chen tr.: (etwas, je-
manden –) durch Zaubersprüche beeinflussen, bannen, segnen : etwas zum Gesprächsge-

genstand machen : auf Schallplatte, Band sprechen : beurteilen, rezensieren; rbz.: sich unterreden ✳ **Be|spre|cher,** der; –s, –: Person, die Schallplatte, Band bespricht ✳ **Be|spre|chung,** die; –, –en: Gespräch : Beratung ✳ *Besprechungsexemplar:* eine zur Besprechung übersandte Druckschrift

be|spren|gen tr.: sprengend benetzen ✳ **Be|spren|gung,** die; –, –en: das Besprengen

be|spren|keln (ich ..[e]le) tr.: sprenklig machen

be|sprin|gen tr.: (von Tieren) begatten : (Wild –) sich springend auf Schussweite nähern

be|sprit|zen tr.: spritzend benetzen ✳ **Be|sprit|zung,** die; –, –en: das Bespritzen

be|sprü|hen tr.: sprühend bespritzen

be|spü|len tr.: anspülend berühren

Bes|se|mer: Fn. ✳ *Bessemerbirne:* Gefäß, in dem Roheisen entkohlt wird; *Bessemermethode:* von Bessemer erfundenes Verfahren zur Entkohlung von Roheisen; *Bessemerprozess:* Bessemers Röstverfahren; *Bessemerstahl:* durch Bessemermethode hergestellter Stahl

bes|ser Ew.: erste Steigerungsform zu gut, wohl : (volkst.) mehr, stärker ✳ *sich besser fühlen; das Bessere von beiden; es ist das Bessere (ist besser), dass ..; eines Besser(e)n belehren; sich eines Besser(e)n besinnen; Wendung zum Besser(e)n; besser stellen:* unter günstigere Bedingungen stellen; *besser bezahlt* Ew.; **bes|ser|ge|stellt** → **bes|ser ge|stellt:** unter günstigeren Bedingungen stehend; *das Bessere (Bessre) ist des Guten Feind* ✳ *Bessergestellte,* der; –n, –n: unter besseren Verhältnissen Lebender; *Besserwisser:* ein alles besser Wissender; *besser Verdienende auch: Besserverdienende:* Personen mit höherem Einkommen ✳ **bes|sern** (ich ..[e]re) tr.: besser machen; rbz.: besser werden ✳ **Bes|se|rung,** **Beß|rung** → **Bess|rung,** die; –, –en: das Bessern : das Bes-

serwerden ✳ *Besserungsanstalt* ✳ *besserungsfähig* Ew.: fähig, besser zu werden; *Besserungstrieb:* Trieb, besser zu werden

✳ **bes|te** Ew.: zweite Steigerungsform zu gut, wohl ✳ *es ist das Beste; es für das Beste halten; auf das, aufs Beste* auch: *beste; am besten; zum Besten dienen, gereichen, kehren, wenden; nicht zum Besten gelungen; zu meinem Besten; zum Besten der Armen; nicht im Besten; das Beste seiner Art, der erste Beste:* ein beliebiger ✳ *einen zum Besten haben:* zur Zielscheibe des Spottes machen, foppen; *etwas zum Besten geben:* etwas vortragen ✳ *bestgehasst* Ew.: am meisten gehasst ✳ *Besthaupt:* das beste Stück Vieh; *Bestmann:* den Steuermann vertretender Matrose; *Bestmarke:* Rekord; *bestmöglich* Ew.: so gut wie möglich; *Bestleistung:* höchste Leistung, Rekord; *Bestseller,* der; –s, –: das am besten zu verkaufende Buch ✳ **bes|ten|falls** Uw.: im besten Falle ✳ **bes|tens** Uw.: aufs Beste

besser, aufs Beste
Bei Fügungen mit den Steigerungsstufen von *gut* greifen mehrere Regeln: In Verbindungen mit Verben werden sie getrennt geschrieben, wenn sie als erweiterte Adjektive Verwendung finden: *Es könnte ihm nicht besser gehen.* Substantiviert werden sie groß geschrieben, selbst in so gängigen Formeln wie: *ein Lied zum Besten geben.* Nur bei der Zusammenstellung *aufs Beste* oder *aufs beste* gibt es Klein- wie Großschreibung: Beantwortet es ein Wie?, schreibt man klein: *Sie verstanden sich aufs beste.* Geht es um ein Woran? oder ein Worauf?, schreibt man groß: *Sie verständigten sich auf das Beste.*

be|stal|len tr.: in ein Amt einsetzen ✳ **Be|stal|lung,** die; –, –en: Einsetzung in ein Amt ✳ *Bestallungsurkunde*

Be|stand, der; –(e)s, ..stände: das Bestehen : Dauer : Waldteil, der durch seine besondere Art ein einheitliches Ganzes bildet : vorhandener Besitz :

(obd.) Pacht ✳ *von Bestand sein :* dauern ✳ *der eiserne Bestand:* Grundstock, nicht anzutastender Bestand ✳ *Bestandbuch; bestandfest* Ew.: dauerhaft; *Bestandgeld:* Pachtgeld; *bestandlos* Ew.: unbeständig; *Bestandstück:* Stück des vorhandenen Besitzes; *Bestandteil:* Teil des vorhandenen Besitzes : zu einem Ganzen (notwendig) gehöriger Teil; *Bestandzins* ✳ *Bestandsaufnahme:* Feststellung des vorhandenen Bestandes; *Bestand(s)verzeichnis* ✳

be|stän|den tr.: (obd.) pachten ✳ **be|stän|dig** Ew.: feststehend : dauerhaft : beharrlich ✳ **Be|stän|dig|keit,** die; –: das Beständigsein : Ausdauer ✳ **be|ste|hen** tr.: standhalten : erfolgreich sich bewähren : (obd.) pachten; intr. (sein, haben): dasein : leben : (gut, schlecht –) gut, schlecht aus etwas hervorgehen : (auf etwas [Dat. od. Akk.] –) behaupten : beanspruchen : ausbedingen : (aus etwas –) zusammengesetzt sein aus : (in etwas –) in etwas sein Wesen haben ✳ **be|ste|hen|blei|ben** → **be|ste|hen blei|ben** intr.: fortdauern ✳ *der Vertrag (das Werk) wird bestehen bleiben*

be|stär|ken tr.: ermutigen : bekräftigen : bestätigen ✳ **Be|stär|kung,** die; –, –en: das Bestärken : bestärkende Äußerung, Tat usw.

be|stä|ti|gen tr.: anerkennen : zustimmen : zur Kenntnis nehmen : rechtskräftig machen : (den Empfang) bescheinigen ✳ **Be|stä|ti|gung,** die; –, –en: das Bestätigen ✳ *Bestätigungsjagen:* Jagd zum Bestätigen des Wildes ✳ *Bestätigungsrecht*

be|stat|ten tr.: begraben : beerdigen ✳ **Be|stat|tung,** die; –, –en: Beerdigung ✳ *Bestattungsfeier; Bestattungsinstitut:* Unternehmen für Vorbereitung und Durchführung von Bestattungen

be|stau|ben tr.: mit Staub bedecken, staubig machen ✳ be|stäu|ben tr.: mit feinem Pulver oder Puder bestreuen : (Pflanze –) befruchten ✳ **Be|stäu|bung,** die; –, –en: Übertragung des Blütenstaubs auf die Narbe be|stau|nen tr.: staunend betrachten

bes|te: s. besser

be|ste|chen tr.: mit einfachen Stichen steppen : (bes. bergm.) durch Stiche untersuchen : (einen –) durch Geld sich gewogen machen, verpflichten : Anklang finden ∗ *Bestechahle; Bestechdraht; Bestechholz:* Werkzeug der Schuster zum Bestechen; *Bestechnaht* ∗ be|stech|lich tr.: der Bestechung zugänglich ∗ **Be-stech|lich|keit,** die; –: Käuflichkeit ∗ **Be|ste|chung,** die; –, –en: (widerrechtliche) Beeinflussung einer Person durch Geld : Korruption ∗ *Bestechungsgelder; Bestechungs-skandal, Bestechungsversuch*

Be|steck, das; –(e)s, –e: Gesamtheit von Werkzeugen : ärztliche Instrumente : (bes.) Essgeräte ∗ be|ste|cken tr.: spicken : abstecken

Be|steg, der; –(e)s, –e: tonhaltige Lage zwischen zwei Gesteinsschichten oder Erzgängen

be|ste|hen: s. Bestand

be|steh|len tr.: (einen –) einem etwas entwenden

be|stei|gen tr.: steigend betreten : darauf steigen ∗ **Be-stei|gung,** die; –, –en: das Besteigen

be|stel|len tr.: etwas vorrichten (z. B. den Tisch –) : gehörig besorgen : (bes.) (Feld –) bebauen : Auftrag ausrichten : (etwas –) Auftrag geben etwas zu beschaffen, zu schicken ∗ *Bestellbuch; Bestellgebühr; Bestellgeld:* Gebühr für das Bestellen; ∗ **Be|stell|lis|te,** Liste mit Bestellungen: *Bestellnummer; Bestellschein; Bestellzeit; Bestellzettel:* Zettel mit Bestellungen, bes. mit Buchtiteln in Büchereien ∗ **Be|stel|ler,** der; –s, –: der Auftraggeber ∗ **Be|stel|lung,** die; –, –en: das Bestellen : das zu Bestellende : Angabe des zu Bestellenden

Bestellliste
Hier sind gleich drei Regeln zu studieren: Obwohl ein Vokal auf das doppelte *l* folgt, wird das dritte *l* von *Liste* nicht unterschlagen. Daher wandert die Trennung hinter das zweite *l* in die Fuge zwischen den beiden Wortbestandteilen. Und: Dem *st* tut die Trennung nicht „weh", sondern es fügt sich der Trennung nach Sprechsilben.

bes|ten|falls, bes|tens: s. besser

be|sternt Mw. Ew.: mit Sternen bedeckt : geschmückt mit (Ordens-) Sternen

be|steu|ern tr.: mit Steuern belegen ∗ **Be|steu|rung, Be-steu|e|rung,** die; –, –en: das Besteuern ∗ *Besteu(e)rungsart*

bes|ti|a|lisch (l.) Ew.: tierisch : grausam ∗ **Bes|ti|a|li|tät,** die; –, –en: tierische Rohheit : rohe Handlung ∗ **Bes|ti|a|ri|um,** das; –s, ..rien: Sammlung von Tierbeschreibungen im Mittelalter : Sammlung von Prominentenkarikaturen in Tiergestalt ∗ **Bes|tie,** die; –, –n: wildes Tier : roher Mensch

be|sti|cheln (ich ..[e]le) tr.: bespötteln

be|sti|cken tr.: mit Stickerei versehen ∗ **Be|sti|ckung,** die; –, –en: das Besticken eines Deichs : das Besteckende (Deich)

Bes|tie: s. bestialisch

be|stie|len tr.: mit Stielen versehen

be|stim|men tr.: feste Anordnungen treffen : entscheiden : (einen zu etwas –) entscheidend beeinflussen : dem Wesen nach begrenzen, einordnen ∗ be|stimmt Mw. Ew.: entschieden : genau angegeben und begrenzt ∗ **Be|stimmt|heit,** die; –, –en: Entschiedenheit : Genauigkeit ∗ **Be|stim|mung,** die; –, –en: das Bestimmen : Schicksal, Verhängnis ∗ *bestimmungsgemäß* Ew.; *Bestimmungshäfen; Bestimmungsort; Bestimmungsrecht; Bestimmungswort*

be|stirnt Mw. Ew.: mit Sternen bedeckt

Best|leis|tung: s. besser

Best|mann, Best|mar|ke, best|mög|lich: s. beste

be|sto|cken tr.: bepflanzen; rbz.: sich bestauden

be|sto|ßen tr.: stoßend beschädigen : stoßend bearbeiten ∗ *Bestoßfeile, -hobel, -nagel:* Metallbearbeitungswerkzeuge

be|stra|fen tr.: mit Strafe belegen ∗ *bestrafenswert* Ew.:

wert, bestraft zu werden ∗ **Be|stra|fung,** die; –, –en: das Bestrafen : Strafe

be|strah|len tr.: strahlend bescheinen : (Med.) mit Strahlen behandeln ∗ **Be|strah|lung,** die; –, –en: das Bestrahlen : (Med.) Behandlung mit Strahlen ∗ *Bestrahlungsdosis; Bestrahlungszeit*

be|stre|ben rbz.: sich strebend, ernsthaft bemühen ∗ **Be|stre-bung,** die; –, –en: das Bestreben

be|strei|chen tr.: streichend auftragen : streifen : (Gelände –) beschießen

be|strei|fen tr.: mit Streifen versehen : streifend berühren

be|strei|ken tr.: durch Streik lahm legen

be|strei|ten tr.: bekämpfen : in Abrede stellen : Geld, Kraft für etwas aufbringen ∗ **Be|strei-tung,** die; –, –en: das Bestreiten

be|streu|en tr.: streuend bedecken

be|stri|cken tr.: mit Strickwerk umgeben : (übertr.) „wie mit Stricken fesseln", berücken ∗ be|stri|ckend Mw. Ew.: bezaubernd ∗ **Be|stri|ckung,** die; –, –en: Bezauberung

be|strumpft Mw. Ew.: mit Strümpfen bekleidet sein

Best|sel|ler: s. besser

be|stü|cken tr.: ausstatten, ausrüsten : (bes. Schiff) mit Geschützen versehen ∗ **Be|stü|ckung,** die; –, –en: das Bestücken : Gesamtheit von Geschützen eines Kriegsschiffes

be|stuh|len tr.: mit Stühlen, Sitzplätzen versehen ∗ **Be|stuh|lung,** die; –, –en: Ausstattung mit Stühlen

be|stür|men tr.: stürmend angreifen : (übertr.) stürmend befragen, bitten ∗ **Be|stür|mung,** die; –, –en: das Bestürmen

be|stür|zen tr.: (Techn.) (Ofen –) füllen : (übertr.) in Schreck und Verwirrung setzen ∗ be|stürzt Mw. Ew.: erschreckt und verwirrt sein ∗ **Be|stür|zung,** die; –, –en: das Bestürzen : das Bestürztsein

be|stußt → be|stusst Mw. Ew.: (Umgspr.) begriffsstutzig, verrückt

Best|va|ter, der; –s, ..väter: (mundartl.) Großvater

Be|**such**, der; –(e)s, –e: (weidm.) das Aufsuchen des Wildes : (weidm.) Revier, in dem Wild aufgesucht wird : das Aufsuchen eines Ortes : das Aufsuchen in der Wohnung : besuchende Gäste ✳ *auf, zu Besuch sein; Besuch abstatten, machen, empfangen* ✳ *Besuchjäger:* Wild aufsuchender Jäger ✳ *Besuchskarte:* Namenskarte, die man bei Besuchen abgibt; *Besuchsregelung:* Absprache über die Besuche von oder bei dem geschiedenen Elternteil; *Besuchsritze:* (scherzh.) Schlitz zwischen den Ehebetten; *Besuchstag; Besuchszeit; Besuchszimmer* ✳ **be**|**su**|**chen** tr.: (weidm.) durchsuchen : an einen Ort kommen : (einen –) jemandem einen Besuch machen : (Bib.) einkehren ✳ **Be**|**su**|**cher**, der; –s, –: einer, der einen Besuch macht : Gast ✳ *Besucherstrom, Besucherzahl*

be|**su**|**deln** (ich ..[e]le) tr.: beschmutzen ✳ **Be**|**sud**|**lung**, **Be**|**su**|**de**|**lung**, die; –, –en: das Besudeln

Be|**ta**, das; –(s), –s: zweiter Buchstabe des gr. Alphabets ✳ *Betablocker,* der; –s, –: Arzneimittel (u. a. gegen Bluthochdruck); *Betastrahlen:* negative Kathodenstrahlen radioaktiver Stoffe ✳ *Betatron,* das; –s, –en: Elektronenschleuder

be|**tä**|**feln** (ich ..[e]le) tr.: mit Tafelwerk versehen

be|**tagt** Mw. Ew.: alt : (Wechsel) den Verfallstag erreicht habend

be|**ta**|**keln** (ich ..[e]le) tr.: mit Takelwerk versehen : (östr.) beschwindeln, betrügen ✳ **Be**|**tak**|**lung**, **Be**|**ta**|**ke**|**lung**, die; –, –en: das Betakeln : Takelwerk

be|**tas**|**ten** tr.: tastend berühren

be|**tä**|**ti**|**gen** tr., rbz.: tätig sein : durch die Tat dartun ✳ **Be**|**tä**|**ti**|**gung**, die; –, –en: das Betätigen ✳ *Betätigungsfeld:* Wirkungskreis

be|**täu**|**ben** tr., rbz.: taub machen : in den Zustand der Bewusstlosigkeit bringen ✳ **Be**|**täu**|**bung**, die; –, –en: das Betäuben : Zustand des Betäubtseins ✳ *Betäubungsmittel:* Mittel zur Betäubung

be|**tau**|**en** tr.: mit Tau bedecken, benetzen

Bet|**bru**|**der** usw.: s. beten

Be|**te**: s. Beete

Be|**te** (fr.) [bäht] die; –, –n: das; –s, –(n): Einsatz beim Spiel ✳ *bête sein:* das Spiel verloren haben, Strafe zahlen müssen [fr. bête Tier, Dummkopf]

Be|**tei**|**geu**|**ze** (arab.), der; –: Hauptstern im Orion

be|**tei**|**li**|**gen** tr., rbz.: teilnehmen an ✳ **Be**|**tei**|**lig**|**te**, der; die: –n, –n: Teilhaber(in) ✳ **Be**|**tei**|**li**|**gung**, die; –, –en: das Teilnehmen

Be|**tel** (ind.), der; –s, –: ind. Rankengewächs : als Genussmittel benutzte Samen desselben ✳ *Betelkauen,* das; –s: das Kauen von Betelnüssen; *Betelpfefferpalme:* Betelpflanze: *Betelpfeffer:* in Indien heimische Pfefferart

be|**ten** intr.: Gedanken, Worte, Bitten an eine Gottheit richten : ein Gebet sprechen; tr.: (Gebet –) betend hersagen ✳ *Betaltar; Betbruder; Betgang:* Bittgang, Prozession; *Betglocke:* Glocke, deren Läuten zum Beten auffordert; *Bethaus; Betpult:* Pult, vor dem man kniend betet; *Betsaal; Betschemel:* Betpult; *Betschwester; Betstunde:* Zeit des Betens : gottesdienstliche Übung in dieser Zeit; *Bettag; Bettuch,* das; –(e)s, ..tücher: zum Gebet umgetanes Tuch der Juden; *Betwoche:* Woche vor Himmelfahrt ✳ **Be**|**ter**, der; –s, –: ein (oft) Betender ✳ **Be**|**te**|**rin**, die; –, –nen: Betende

be|**teu**|**ern** (ich ..[e]re) tr.: heilig versichern ✳ **Be**|**teu**|**rung**, **Be**|**teu**|**e**|**rung**, die; –, –en: das Beteuern ✳ *Beteuerungsformel:* gesetzliche Formel an Stelle des Eides für Mitglieder besonderer Religionsgesellschaften

Be|**thel**: Kranken- und Behindertenanstalt bei Bielefeld, gegründet von Pastor Bodelschwingh

Beth|**le**|**hem**: Stadt im Westjordanland, Geburtsort Jesu ✳ **Beth**|**le**|**he**|**mit**, der; –en, –en: Angehöriger des geistlichen Ritterordens der Bethlehemiten

Be|**ting**, der; –(e)s, –e: die; –,

–e: (seem.) Gerüst für Ankerketten ✳ *Betingbalken* ✳ *Betingsknie; –stütze*

Be|**ti**|**se** (fr.) [bähtihs'], die; –, –n: Dummheit [fr. bête Tier]

be|**ti**|**teln** (ich ..[e]le) tr.: mit einem Titel versehen, anreden ✳ **Be**|**ti**|**te**|**lung**, die; –, –en: Benennung mit Titel : Titel

be|**töl**|**peln** (ich ..[e]le) tr.: übertölpeln, überlisten, hereinlegen

Be|**ton** (ml.-fr.) [..tong], der; –s, –s: Gussmörtel ✳ *Betonbau:* Bau aus Beton; *Betonmischmaschine* ✳ **be**|**to**|**nie**|**ren** (..iert) tr.: mit Beton ausgießen : mit Beton unterbauen : in Beton ausführen ✳ **Be**|**to**|**nie**|**rung**, die; –, –en: Ausführung in Beton: das Ausgießen mit Beton

be|**to**|**nen** tr.: durch Betonung hervorheben : (allg.) hervorheben ✳ **be**|**tont** Ew.: auffallend : besonders ✳ **Be**|**to**|**nung**, die; –, –en: das Betonen

Be|**to**|**nie** (ml.) [..ni-e], die; –, –n: Pflanze, Zehrkraut

be|**to**|**nie**|**ren**: s. Beton

be|**ton**|**nen** tr.: mit Tonnen versehen ✳ **Be**|**ton**|**nung**, die; –, –en: Kenntlichmachung eines Wasserwegs durch Seezeichen

be|**tö**|**ren** tr.: zum Toren machen : durch Blendwerk verführen ✳ **Be**|**tö**|**rer**, der; –s, –: Betrüger, Verführer ✳ **Be**|**tört**|**heit**, die; –: das Betörtsein ✳ **Be**|**tö**|**rung**, die; –, –en: das Betören

betr. (Abk.): betreffend, betreffs ✳ **Betr.** (Abk.): Betreff

Be|**tracht**, der; –(e)s: betrachtende Erwägung; fast nur in Redensarten: *in Betracht kommen; in Betracht ziehen; außer Betracht lassen, bleiben* ✳ **be**|**trach**|**ten** tr.: bewusst beschauen : erwägen, beobachten ✳ **Be**|**trach**|**ter**, der; –s, –: ein Betrachtender ✳ **be**|**trächt**|**lich** Ew.: ansehnlich : bedeutsam: *um ein Beträchtliches mehr* ✳ **be**|**tracht**|**sam** Ew.: beschaulich ✳ **Be**|**trach**|**tung**, die; –, –en: das Betrachten : die Erwägen : Gedanken eines Betrachtenden

beträchtlich, Beträchtliches Substantivierte Eigenschaftswörter werden groß geschrieben: *Das war um ein Beträcht-*

liches weiter. Aber adverbial: *Das war beträchtlich weiter.*

Be|trag, der; –(e)s, ..träge: Höhe einer Summe *

be|tra|gen tr.: ausmachen, sich belaufen auf; rbz.: sich benehmen * **Be|tra|gen**, das; –s: Benehmen, Verhalten

be|trau|en tr.: (einen mit etwas –) anvertrauend auftragen

be|trau|ern tr.: trauern um

be|träu|feln, be|träu|fen tr.: träufe(l)nd begießen

Be|treff, der; –(e)s, –e: Anbetracht, Beziehung * *in dem Betreff:* in der Beziehung; *in betreff* → *in Betreff:* betreffs *

be|tref|fen tr.: treffen : befallen : angehen, in Beziehung stehen zu * **be|tref|fend** Mw. Ew.: in Betracht kommend : in Rede stehend * **be|tref|fen|de,** der; die; –n, –n: der, um den, um die es sich handelt * **be|treffs** Uw. m. Gen.: bezüglich, was .. angeht * *betreffs des Etats* * **be|trof|fen** Mw. Ew.: außer Fassung gebracht, verwirrt * **Be|trof|fen|heit,** die; –: Verwirrung

be|trei|ben tr.: (Felder –) beweiden : treibend, beschleunigend auf etwas wirken : treiben, tun, tätig sein in etwas * **Be|trei|bung,** die; –, –en: das Betreiben : das Tun und Treiben zu einem Zweck * **Be|trieb,** der; –(e)s, –e: Tätigkeit : Werk, Geschäftsunternehmen : lustiges Treiben * *betriebstörend* * *Betriebsangehöriger; Betriebsarzt; Betriebsaufseher; Betriebsausflug; betriebsbereit; betriebsblind:* Mängel im eigenen Bereich nicht bemerkend, befangen; *Betriebsdirektor; betriebsfähig* Ew.: arbeitsfähig; *Betriebsferien; Betriebsfest; Betriebsgeheimnis; Betriebsgemeinschaft; Betriebsingenieur; betriebsintern; Betriebskapital:* Kapital zur Aufrechterhaltung eines Betriebes; *Betriebsklima; Betriebskosten; Betriebslehre; Betriebsleiter; Betriebsnudel:* umtriebige, gesellige Person; *Betriebsobmann; Betriebsrat:* Arbeiter- und Angestelltenrat eines Betriebes; *Betriebsrätin:* Angehörige des Betriebsrats; *Betriebsruhe; Betriebsschluss; Betriebsschutz; Betriebssteuer;*

Gewerbesteuer; *Betriebssystem:* (EDV) Programm zur Computersteuerung; *Betriebstreue; Betriebsunfall:* Unfall im Betrieb, bei der Arbeit; *Betriebsverfassungsgesetz; Betriebswirt:* Wissenschaftler auf dem Gebiet der Betriebswirtschaft; *Betriebswissenschaft* * **be|trieb|sam** Ew.: geschäftig * **Be|trieb|sam|keit,** die; –: Geschäftigkeit

be|treßt → **be|tresst** Mw. Ew.: mit Tressen besetzt

be|tre|ten tr.: (Hahn) begatten : tretend beschreiten : eintreten in * **be|tre|ten** Mw. Ew.: betroffen, peinlich berührt * **Be|tretenheit,** die; –: Betroffenheit

be|treu|en tr.: treu sorgend behüten : sich kümmern um : sorgen für * **Be|treu|er,** der; –s, –: der Fürsorgende : Pfleger : Bearbeiter * **Be|treu|te,** der, die; –n, –n: umsorgte Person * **Be|treu|ung,** die; –: Fürsorge * *Betreuungsstelle:* amtl. Fürsorgestelle

Be|trieb usw.: s. betreiben

be|trin|ken rbz.: sich besaufen, berauschen * **be|trun|ken** Mw. Ew.: berauscht, nicht nüchtern * **Be|trun|ke|ne,** der; die; –n, –n: ein(e) Berauschte(r) * **Be|trun|ken|heit,** die; –: Berauschtheit

be|trof|fen usw.: s. betreffen

be|trü|ben tr.: mit Trauer erfüllen; rbz.: schmerzerfüllt sein * **be|trübt** Mw. Ew.: traurig * **be|trüb|lich** Ew.: betrübend : *betrüblicherweise* * **Be|trübnis,** die; –, –se: das Betrübtsein : das Trauererregende : Kummer * **Be|trübt|heit,** die; –: das Betrübtsein

Be|trug, der; –(e)s: Täuschung : betrügliche Handlung * *Betrugsversuch* * **be|trü|gen** tr.: übervorteilend täuschen * **Be|trü|ger,** der; –s, –: ein betrügender * **Be|trü|ge|rei,** die; –, –en: (vieles) Betrügen : betrügerische Handlung * **be|trü|ge|risch** Ew.: betrügend : zum Betrug geneigt : auf Betrug abzielend : vorgetäuscht

be|trun|ken: s. betrinken

Bet|schwes|ter, Bet|stun|de: s. beten

Bett, das; –es, –en: Ruhe-, Schlaflager : Bettstelle : Feder-

kissen : Ehebett : (übertr.) eheliche Verbindung : abgegrenzter Raum, in dem (Fluss-)Wasser fließt : (winzer.) Traubenbehältnis : (winzer.) Gesamtheit der zu kelternden Trauben : mit einem Mal auszudreschende Lage Garben : (bergm.) Schicht : (Techn.) Gestell : (weidm.) Tierlager * *das Bett hüten:* bettlägerig krank sein; *zu Bett gehen:* schlafen gehen; *zu Bett sein, liegen, bleiben; sich ins gemachte Bett legen:* sich seine Existenz nicht selbst aufbauen * *Bettbezug; Bettcouch; Bettdecke:* Decke zum Zudecken : übers Bett zu breitende Decke; *Bettflasche:* Wärmflasche; *Bettgeher:* (östr.) Schlafbursche; *Bettgestell; Betthimmel:* Dach aus Stoff über dem Bett; *Betthupferl:* letzte Leckerei beim Zubettgehen; *Bettkammer:* Schlafkammer : Kammer zur Aufbewahrung von Pfühlen; *Bettlade:* Bettgestell; *bettlägerig* Ew.: so krank, dass man zu Bett liegen muss; *Bettlaken; Bettlektüre; Bettruhe; Bettschwere:* hinreichende Müdigkeit zum Einschlafen; *Bettstatt, -stelle:* Bettgestell; *Betttuch* → *Bettuch:* Laken; *Bettüberzug:* Überzug für das Federbett; *Bettvorhang; Bettvorleger:* Teppich vor dem Bett; *Bettwäsche; Bettzeug* * **bet|ten** intr.: (einen –) ein Lager bereiten; tr., rbz.: (sich) lagern * **Bet|tung,** die; –, –en: das Betten

Bet|tag: s. beten

Bet|tel, der; –s: das Betteln : etwas Geringwertiges * *Bettelessen:* geringwertiges Essen; *Bettelhochzeit:* armselige Hochzeit * **Bet|te|lei,** die; –, –en: das (viele) Betteln : wertlose Kleinigkeit * **bet|teln** (ich ..[e]le) intr.: in erniedrigender Weise um milde Gaben bitten * *betteln gehen:* als Bettler von Tür zu Tür gehen; *sich durch das Land betteln* * *bettelarm* Ew.: so arm, dass man betteln muss; *Bettelbrief:* Brief, in dem man um etwas bettelt; *Bettelbruder:* Bettler : Bettelmönch; *Bettelleute:* Mz. von Bettelmann; *Bettelmann:* Bettler; *Bettelmönch:* von Almosen lebender Mönch; *Bettelorden:* Orden der Bettelmönche; *Bettelpack; Bettelstab:* Stab eines Bettlers : (übertr.) Bettlerstand: (sinnbildl. für) Verarmung; *jemanden an den Bettelstab bringen:* in Armut stürzen; *Bettelvogt:* (veralt.) Polizeidiener, der unbefugtes Betteln zu verhüten und zu bestrafen hat; *Bettelvolk; Bettelweib* ✳ **Bett|ler,** der; s, –: ein Bettelnder : das Betteln als Gewerbe Betreibender ✳ *Bettlerherberge; Bettlervolk* ✳ **bett|lerhaft** Ew.: in der Art eines Bettlers ✳ **Bettle|rin,** die; –, –nen: bettelnde Frau ✳ **Bettlerschaft,** die; –: das Bettlersein : Gesamtheit von Bettlern ✳ **Bettler|tum,** das; –s: Wesen der Bettler

bet|ten: s. Bett

Bett|tuch: s. Bett

Bett|tuch: s. Bett

Bet|tung: s. Bett

be|tucht (jidd.) Ew.: reich, wohlhabend

be|tu|lich Ew.: geschäftig : naiv-freundlich ✳ **Be|tu|lich|keit,** die; –: betuliches Wesen ✳ **be|tun** tr.: geschäftig-umständlich umsorgen

be|tup|fen tr.: mit Tupfen versehen : tupfend berühren : tupfend benetzen

be|tup|pen tr.: (volkst.-veralt.) betrügen

be|tü|tern, tr.: (nordd.) hätscheln, bemuttern

Beu|che, die; –, –n: Lauge zum Einweichen : das Einweichen der Wäsche : die einzuweichende Wäsche ✳ **beuchen** tr.: in Lauge einweichen

Beu|ge, die; –, –n: Biegung : Kniekehle ✳ Werkzeug zum Reifenbiegen : das Biegen als Turnübung ✳ **beu|gen** tr., rbz.: biegen : krümmen : durch Krümmen senken : demütigen : aus der Richtung biegen, abbiegen : (Sprachl.) abwandeln (konjugieren oder deklinieren): sich fügen, sich unterwerfen ✳ **ge|beugt** Mw. Ew.: niedergedrückt, gedemütigt (Sprachl.) flektiert ✳ **Beu|ger,** der; –s, –: beugender Muskel ✳ **beug|bar** Ew.: so beschaffen, dass man es leicht beugen kann : (Sprachl.) flektierbar ✳

Beug|sam|keit, die; –: das Beugsamsein ✳ **Beu|gung,** die; –, –en: das Beugen : (Sprachl.) Vd. f. Deklination, Konjugation

Beu|gel, das; –s, –: (mundartl.) ein Gebäck

Beu|le, die; –, –n: Anschwellung (durch Stoß usw.) : Höcker ✳ *Beulenpest* ✳ **beu|lig,** Ew.: voller Beulen ✳ **beu|len** rbz.: (Umgspr.) sich prügeln

be|un|ru|hi|gen tr., rbz.: unruhig machen : sich Sorgen machen ✳ **Be|un|ru|hi|gung,** die; –, –en: das Beunruhigen : Zustand des Beunruhigtseins

be|ur|kun|den tr.: urkundlich bezeugen : urkundlich beweisen ✳ **Be|ur|kun|dung,** die; –, –en: urkundlicher Beweis

be|ur|lau|ben tr.: einem Urlaub geben; rbz.: Urlaub nehmen ✳ **Be|ur|lau|bung,** die; –, –en: das Beurlauben : das Beurlaubtsein

be|ur|tei|len tr. ein Urteil fällen über : einschätzen ✳ **Be|urtei|lung,** die; –, –en: das Beurteilen : Ergebnis der Beurteilung, Zeugnis ✳ *Beurteilungsvermögen*

Beu|schel (östr.), das; –s, –: Lungenhaschee

beut, beutst: (altert., dichterisch für) bietet, bietest

Beu|te, die; –, –n: Holzgefäß : Ständer : Bienenstock der Waldbienen : zweiteiliger Backtrog ✳ **beu|ten** (du beutest, er beutet, gebeutet) intr., tr.: mit Waldbienen besetzen; *Beutenhonig* ✳ **Beut|ner,** der; –s, –: Imker

Beu|te, die; –, –n: Erbeutetes auf einem Raubzug, bei einem Einbruch usw. ✳ *Beutegier; beutegierig* Ew.; *beutelustig* Ew.: geneigt, Beute zu machen; *Beutekrieg; Beutezug:* Raubzug, um Beute zu machen ✳ **Beu|tel,** der; –s, –: kleiner Sack : (bes.) Geldsäckchen : (gew. R.) Hodensack ✳ *Beutelbär, -dachs:* zu den Beuteltieren gehöriger Bär, Dachs; *Beutelfass:* Fass mit beutelartigem Lederansatz; *Beutelkrebs:* Krebs mit beutelförmigem Schwanz; *Beutelmarder:* zu den Beuteltieren gehöriger Marder; *Beutelmeise, -star:* Meise, Star mit beutelförmi-

gem Nest; *Beutelschneider:* Taschendieb, Wucherer; *Beuteltier:* Säugetier mit Bauchtasche, in der die unentwickelt geborenen Jungen bis zur Reife getragen werden ✳ **beu|teln** (ich ..[e]le) tr.: mit Beutel versehen : durchbeuteln; intr., rbz.: wie ein Beutel werden : rbz. unp.: erschüttern; *es beutelt mich*

Beut|ner: s. Beute (Bienenstock)

beutst: s. beut

be|völ|kern (ich ..[e]re) tr.: mit Volk, Menschen besetzen : als Volk, Menge besetzen ✳ **Be|völ|ke|rung,** die; –, –en: das Bevölkern : Einwohnerschaft ✳ *Bevölkerungsbewegung; Bevölkerungsdichte; Bevölkerungsexplosion:* dramatische, bedrohliche Zunahme der Bevölkerung; *Bevölkerungspolitik; Bevölkerungsschicht; Bevölkerungsstatistik* ✳ *bevölkerungsstatistisch* Ew.: die Bevölkerungsstatistik betreffend

be|voll|mäch|ti|gen: Vollmacht geben ✳ **Be|voll|mächtig|te,** der; die; –n, –n: mit Vollmacht Ausgestatteter ✳ **Be|vollmäch|ti|gung,** die; –, –en: Erteilung einer Vollmacht

be|vor Bw.: ehe : früher als

be|vor|mun|den tr.: einem ein Vormund sein : zurechtweisen : gängeln ✳ **Be|vor|mun|dung,** die; –, –en: das Bevormunden

be|vor|ra|ten tr.: mit einem Vorrat versehen ✳ **Be|vorra|tung,** die; –: das Bevorraten

be|vor|rech|ten tr.: (veralt.) mit Vorrechten versehen : bevorzugen ✳ **Be|vor|rech|tung,** die; –: *Bevorrechtigung,* die; –, –en: die Begünstigung

be|vor|schus|sen tr. (bevorschußt → bevorschusst): auf eine vereinbarte Leistung vorauszahlen

be|vor|ste|hen intr.: in Aussicht stehen : zu erwarten sein

be|vor|tei|len tr.: übervorteilen : (selt.) in Vorteil setzen ✳ **Be|vor|tei|lung,** die; –, –en: das Bevorteilen

be|vor|wor|ten tr.: (Buch –) Vorwort schreiben : einer Sache eine Erklärung vorausschicken

be|vor|zu|gen tr.: mit einem Vorzug ausstatten : vorziehen ✳ **Be|vor|zu|gung,** die; –, –en: das Bevorzugen

be|wa|chen tr.: wachend behü-
ten * **Be|wa|chung,** die; –,
–en: das Bewachen : bewa-
chende Personen

be|wach|sen tr.: mit Pflanzen
bedecken : überziehen

be|waff|nen tr.: mit Waffen
versehen : ausrüsten : als
Schutz dienen * **Be|waff|ne|te,**
der, die; –n, –n: einer, der...,
eine, die mit Waffen versehen
ist * **Be|waff|nung,** die; –,
–en: Waffenausrüstung : Waffen

be|wah|ren tr.: hüten : aufhe-
ben, aufbewahren : (vor etwas
–) schützen * *(Gott) bewahre!:*
möge es Gott verhüten! * *Bewahranstalt:* Anstalt, wo Kinder u. a. zwangsweise unterge-
bracht werden * **Be|wah|rer,**
der; –s, –: ein Bewahrender,
Wächter * **Be|wah|rung,** die;
–, –en: das Bewahren

be|wäh|ren rbz.: als wahr er-
weisen : als gut, tüchtig erwei-
sen * **Be|wäh|rung,** die; –: das
Sichbewähren : Fähigkeits-
nachweis * *zur Bewährung
aussetzen:* eine Frist einräu-
men, in der eine Strafe durch
gute Führung abgeleistet wird;
*Bewährungsfrist, Bewährungs-
helfer; Bewährungsprobe:* Ereignis, bei dem sich jemand be-
währen kann * **be|währt** Mw.
Ew.: als tüchtig erwiesen : er-
probt * **Be|währt|heit,** die; –:
das Bewährtsein

be|wahr|hei|ten rbz.: sich als
wahr erweisen * **Be|wahr-
hei|tung,** die; –: Wahrheitser-
weis

be|wal|den tr., rbz.: mit Wald
bedecken * *bewaldet* Mw. Ew.:
mit Wald bedeckt *
Be|wal|dung, die; –, –en: das
Bewalden : Waldbestand **be-
wald|rech|ten** tr.: (Holz –) vor-
läufig baumkantig behauen

be|wäl|ti|gen tr.: bezwingen :
in seine Gewalt bringen : über-
winden : erledigen * **Be|wäl-
ti|gung,** die; –, –en: das Be-
wältigen : Bezwingung

be|wan|dern tr.: wandernd be-
gehen * **be|wan|dert** Mw. Ew.:
unterrichtet : erfahren

be|wandt Mw. Ew.: (veralt.)
sich verhaltend : beschaffen *
Be|wandt|nis, die; –, –se: Be-
schaffenheit * **be|wen|den**
intr.: genügen lassen : ruhen *

es bei etwas bewenden lassen:
etwas bei etwas bleiben lassen,
es ruhen, erledigt sein lassen *
Be|wen|den, das; –s: das Erle-
digtsein * *es hat dabei sein Bewenden:* es bleibt, wie es ist : es
ist erledigt

be|wäs|sern tr.: Wasser zulei-
ten * **Be|wäs|se|rung, Be-
wäß|rung** → **Be|wäss|rung,**
die; –, –en: das Bewässern : das
Bewässertsein * *Bewässe-
rungsanlage; –graben; –kanal*

be|we|gen (du bewegtest, be-
wegt, beweg[e]!) tr.: in Bewegung setzen : sich räumlich
verändern : Zustand der Ruhe
beenden : in Erregung versetzen; rbz.: seinen Platz, seine
Stellung verändern * *bewegt*
Mw. Ew.: innerlich erregt *
be|we|gen (du bewogst, du be-
wögest; bewogen; beweg[e]!)
tr.: zu etwas bestimmen, veranlassen * *Beweggrund* * **be-
weg|lich** Ew.: leicht zu bewe-
gen : nicht an Zeit oder Ort gebunden : rege * *bewegliche Feste:* Ostern, Pfingsten, das nicht
auf einen Kalendertag festge-
legt * **Be|weg|lich|keit,** die; –:
das Beweglichsein : Regsam-
keit * **be|wegt** Ew.: ergriffen,
gerührt : unruhig * *mit bewegten Worten; ein bewegtes Leben*
* **Be|we|gung,** die; –, –en: das
Bewegen : die innere Bewegt-
heit * *Bewegungsablauf; Be-
wegungsdrang; Bewegungs-
freiheit; Bewegungskraft; Bewegungslehre:* Vd. f. Dynamik;
*bewegungslos Ew.: ruhig; Be-
wegungslosigkeit; Bewegungs-
richtung; Bewegungsspiel:*
Lauf-, Ball- und Tanzspiele; *Be-
wegungsstörung; Bewegungs-
studie; bewegungsunfähig*

be|weh|ren tr.: mit einer Wehr
bewaffnen : mit Schützendem
ausrüsten * **Be|weh|rung,** die;
–, –en: das Bewehren : Wehr:
(Techn.) Stahleinlage in Beton

be|wei|ben tr., rbz.: (scherzh.)
verheiraten

be|wei|den tr.: (Gegend –)
weidend abgrasen

be|weih|räu|chern tr.: beräu-
chern : verhimmeln, lobhudeln
* **Be|weih|räu|che|rung,** die;
–, –en: das Anhimmeln

be|wei|nen tr.: weinend bekla-
gen * *beweinenswert, -würdig*
Ew.: wert, beweint zu werden

Be|weis, der; –es, –e: Verfah-
ren, um von der Richtigkeit oder
der Falschheit einer Annahme
zu überzeugen : (Rechtsspr.)
Feststellung von Tatsachen
durch Beweismittel : (Math.)
Begründung eines Lehrsatzes *
den Beweis antreten: den Be-
weis führen, erbringen; *Beweis-
art; Beweisaufnahme:* Vorführung der Beweismittel; *Beweis-
frist; Beweisführung:* Art des
Beweisens; *Beweisgrund; be-
weiskräftig* Ew.: geeignet, als
Beweis zu dienen; *Beweismittel, Beweisschrift; Beweis-
stelle; Beweisstück:* beweisen-
der Gegenstand; *Beweisverfah-
ren* * **be|weis|bar** Ew.: so be-
schaffen, dass es bewiesen wer-
den kann * **be|wei|sen** tr.: den
Beweis bringen; rbz.: sich erweisen als

be|wei|ßen tr.: weißen, weiß
tünchen

be|wen|den: s. bewandt

be|wer|ben tr.: (ein Produkt –)
durch Reklame anpreisen; rbz.:
(sich um etwas –) werbend zu
erreichen suchen *
Be|wer|ber, der; –s, –: einer,
der sich um etwas bewirbt :
Freier * **Be|wer|bung,** die; –,
–en: das Bewerben : Stellungs-
gesuch * *Bewerbungsschrei-
ben:* schriftliche Bewerbung;
Bewerbungsunterlagen

be|wer|fen tr.: werfend bede-
cken * **Be|wurf,** der; –(e)s,
..würfe: Putz, mit dem die
Wände beworfen werden

be|werk|stel|li|gen (bewerk-
stelligt) tr.: ins Werk setzen :
zustande bringen * **Be-
werk|stel|li|gung,** die; –, –en:
das Bewerkstelligen

be|wer|ten tr.: dem Werte nach
schätzen * **Be|wer|tung,** die;
–, –en: das Bewerten

Be|wet|te|rung, die; –, –en:
(bergm.) (Vorrichtung zur)
Frischluftversorgung der
Grube

be|wi|ckeln tr.: wickelnd um-
hüllen * **Be|wick|lung, Be-
wi|cke|lung,** die; –, –en: das
Bewickeln : das Bewickelte

be|wil|li|gen tr.: (einem etwas
–) gewähren, zugestehen *
Be|wil|li|gung, die; –, –en: das
Bewilligen * *Bewilligungs-
recht*

be|will|komm|nen tr. (bewillkommnete; bewillkommnet): willkommen heißen, begrüßen ∗ **Be|will|komm|nung**, die; –, –en: freudige Begrüßung : Empfang ∗ *Bewillkommnungskuss*

be|wim|peln (ich ..[e]le) tr.: mit Wimpeln versehen

be|wim|pert Ew.: (bei Blättern) mit haarigem Rand versehen

be|wir|ken tr.: etwas als Wirkung hervorbringen : zustande bringen : veranlassen

be|wir|ten tr.: gastlich aufnehmen und beköstigen ∗ **Be|wir|tung**, die; –, –en: das Bewirten : die Beköstigung

be|wirt|schaf|ten tr.: einen Betrieb leiten : ein Gut verwalten : Land bestellen ∗ **Be|wirt|schaf|ter**, der; –s, –: Wirtschafter, Bebauer ∗ **Be|wirt|schaf|tung**, die; –, –en: das Bewirtschaften

be|wit|zeln tr.: witzelnd bespötteln

be|wohn|bar Ew.: so beschaffen, dass man darin wohnen kann ∗ **be|woh|nen** tr.: darin wohnen : als Wohnung nutzen ∗ **Be|woh|ner**, der; –s, –: ein Bewohnender (z. B. eines Hauses) ∗ **Be|woh|ner|schaft**, die; –, –en: Gesamtheit von Bewohnern ∗ **Be|woh|nung**, die; –: das Bewohnen

be|wöl|ken tr., rbz.: mit Wolken bedecken ∗ **Be|wöl|kung**, die; –, –en: das Bewölken : das Bewölkende

be|wu|chern tr.: (von Pflanzen) wuchernd bedecken

Be|wun|de|rer, der; –s, –: ein Bewundernder ∗ **be|wun|dern** tr.: als Wunderbares ansehen : mit staunender Aufmerksamkeit betrachten ∗ *bewundernswert, -würdig* Ew.: wert, dass man es bewundert ∗ **Be|wun|de|rung**, die; –, –en: das Bewundern ∗ *Bewunderungssucht; bewunderungswert, -würdig* Ew.

Be|wurf: s. bewerfen

be|wußt → be|wusst Ew. (m. Gen.): wissend : absichtlich : bekannt ∗ *sich der Verantwortung bewusst sein; sich eine Lage bewußtmachen → bewusst machen, sich ihrer bewusst werden; eine bewusste Lüge; der bewusste Tag* ∗

Be|wußt|sein → Be|wusst|sein, das; –s: das Wissen von sich selbst ∗ *Bewusstseinserweiterung; Bewusstseinshelle; Bewusstseinsspaltung; Bewusstseinsstörung* ∗ *bewusstlos* Ew.: ohne Bewusstsein, ohnmächtig; *Bewusstlosigkeit*, die; –, –en: Zustand der Ohnmacht ∗ **Be|wußt|heit → Be|wusst|heit**, die; –: bewusstes Sein, Wissen, Handeln

bewusst machen Adjektiv-Verb-Verbindungen werden getrennt geschrieben, wenn das Adjektiv erweiterbar ist: *Sie wollte sich ihre Einsamkeit (ganz, ehrlich) bewusst machen.* Substantivisch ist jedoch Zusammenschreibung richtig: *Bewusstmachung.*

Bez. (Abk.): Bezeichnung, Bezirk

be|zah|len tr.: für Empfangenes einen Gegenwert geben : (Geld –) als Gegenwert geben : vergelten : büßen : (Schuld –) tilgen : (jemanden –) jemandem Geld für Ware, Leistung usw. zahlen ∗ *teuer bezahlen*: schwer büßen; *etwas ist gutbezahlt → gut bezahlt; sich bezahlt machen*: sich lohnen ∗ **be|zahlt**: (auf Kurszetteln, Abk.: bez. oder B) Umsätze fanden zu den genannten Preisen statt ∗ *b(ezahlt) B(rief)*: der Kurs dürfte fallen, es bestand noch Angebot; *b(ezahlt) G(eld)*: der Kurs dürfte steigen, es bestand noch Nachfrage ∗ **Be|zah|lung**, die; –, –en: das Bezahlen : das zu Bezahlende : das Zahlungsmittel : Gehalt : Entgelt

be|zähm|bar Ew.: so geartet, dass man es bezähmen kann ∗ **be|zäh|men** tr., rbz.: zähmend bezwingen ∗ **Be|zäh|mung**, die; –: das Bezähmen

be|zau|bern tr.: durch Zauber beeinflussen : blenden : bannen ∗ **be|zau|bernd** Mw. Ew.: blendend, wunderbar ∗ **Be|zau|be|rung**, die; –, –en: das Bezaubern : das Bezaubertsein : Begeisterung

be|ze|chen tr., rbz.: betrinken ∗ **be|zecht** Ew.: (Umgspr.) betrunken, besoffen

be|zeich|nen tr.: mit einem Zeichen versehen : kennzeichnen : durch Worte kenntlich

machen : ein Zeichen für etwas sein, bedeuten ∗ **be|zeich|nend** Mw. Ew.: bedeutsam, charakteristisch ∗ **be|zeich|nen|der|wei|se** Uw.: kennzeichnend ∗ **Be|zeich|nung**, die; –, –en: das Bezeichnen : das Bezeichnende : Name, Benennung ∗ *Bezeichnungsart; –weise*

be|zei|gen tr.: zu erkennen geben, bekunden; rbz.: sich zeigen als ∗ **Be|zei|gung**, die; –, –en: das Bezeigen, die Kundgebung

be|zeu|gen tr.: bezeigen : Zeugnis ablegen von etwas : durch Zeugnisse beweisen ∗ **Be|zeu|gung**, die; –, –en: das Bezeugen : die Beglaubigung

be|zich|ti|gen tr. (m. Gen.): beschuldigen ∗ *der Untreue bezichtigen* ∗ **Be|zich|ti|gung**, die; –, –en: Beschuldigung

be|zieh|bar Ew.: so beschaffen, dass man es beziehen kann ∗ **be|zie|hen** tr.: (Wohnung usw. –) einziehen in : überziehen, ziehend bedecken : mit Darauf-, Darüberzuziehendem versehen : (Waren –) entnehmen, kaufen : (kfm.) einen Wechsel auf jemand ziehen; rbz.: sich berufen auf : verweisen auf : deuten auf : (unp.) bewölken ∗ **Be|zie|hung**, die; –, –en: das Beziehen : Art des Zusammenhangs zwischen zwei Dingen : Verhältnis : (Mz.) Gönnerschaft : gesellschaftliche oder geschäftliche Verbindungen ∗ *Beziehungskiste*: Liebes-, Zweierbeziehung; *Beziehungslehre*: soziologische Theorie; *beziehungslos* Ew.: ohne Zusammenhang; *beziehungsreich* Ew.: viele Zusammenhänge habend : viele Verweise enthaltend; *beziehungsweise* Uw.: beziehentlich : oder : oder vielmehr (respektive) ∗ **Be|zo|ge|ne**, der; –n, –n: Akzeptant eines Wechsels ∗ **Be|zug**, der; –(e)s, ..züge: das Beziehen : Beziehung : Überzug : Einkauf : Einkommen ∗ *in bezug auf → in Bezug auf*: mit Beziehung auf; *mit Bezug auf* ∗ *Bezugnahme*, die; –, –n: das Sichbeziehen auf etwas ∗ *Bezugspreis*: Einkaufspreis; *Bezugsquelle*: Einkaufsquelle; *Bezug(s)schein*: Berechtigungsschein zum Einkauf von rationierten Waren * **be**|**züg**|**lich** Ew.; Vw. m. Gen.: in Beziehung auf * *bezügliches Fürwort;* (Kanzleispr.) *bezüglich Ihrer Anfrage*

be|**zif**|**fern** (ich ..[e]re) tr.: mit Ziffern versehen; rbz.: sich belaufen auf * **Be**|**zif**|**fe**|**rung,** die; –, –en: das Beziffern : die Ziffern : Schätzung

Be|**zirk,** der; –(e)s, –e: Kreis, Bereich * *Bezirksamt; Bezirksarzt; Bezirksgericht; Bezirksliga; –klasse; Bezirksvorsteher; bezirksweise* Uw. * **be**|**zir**|**ken** tr.: in einen Bezirk eingrenzen

be|**zir**|**zen** tr.: (Umgspr.) umgarnen (nach der altgr. Zauberin Circe)

Be|**zo**|**ar** (arab.-fr.), der; –s, –e: Magenstein von Wiederkäuern * *Bezoarstein*

be|**zopft** Mw. Ew.: mit Zopffrisur

be|**zu**|**ckern** tr.: mit Zucker bestreuen

Be|**zug:** s. beziehbar

be|**zu**|**schus**|**sen** tr.: einen Zuschuss gewähren * *bezuschußt* → *bezuschusst* * **Be**|**zu**|**schus**|**sung,** die; –: das Gewähren eines Zuschusses

be|**zwe**|**cken** tr.: als Zweck im Auge haben : beabsichtigen

be|**zwei**|**feln** tr.: an etwas zweifeln

be|**zwing**|**bar** Ew.: so beschaffen, dass man es bezwingen kann * **be**|**zwin**|**gen** (ich bezwang, bezwungen) tr.: bewältigen : besiegen * **Be**|**zwin**|**ger,** der; –s, –: Bewältiger * **Be**|**zwin**|**gung,** die; –, –en: das Bezwingen

BfA (Abk.): Bundesversicherungsanstalt für Angestellte

BGB (Abk.): Bürgerliches Gesetzbuch

BGBl. (Abk.): Bundesgesetzblatt

BGS (Abk.): Bundesgrenzschutz

BH (Abk.): (östr.) Bundesheer * Büstenhalter

Bhag|**wan, Bhag**|**van,** der; –s, –s: Anrede für einen Lehrer (im Hinduismus)

Bha|**rat** (amtliche Bez.) ind. Union

Bhu|**tan:** Staat im Himalaja * *Bhutaner; bhutanisch*

bi- (l.): zweifach, in Zus.; vgl. bis (l.) * (Umgspr.) *bi:* Kurzform für bisexuell; *der ist bi*

Bi: (Chem.) Zeichen für Wismut

Bi|**af**|**ra:** Teil Nigerias * *Biafrakrieg:* 1967–70 gescheiterter Bürgerkrieg für die Selbstständigkeit Biafras

Bi|**an**|**ca, Bi**|**an**|**ka:** weibl. Vorname

Bi|**an**|**drie** (l.-gr.), die; –: Zweimännerei [s. bi- und gr. an*er,* Gen. andr*os* Mann]

Bi|**ar**|**chie** (fr.-gr.), die; –, ..chien: Doppelherrschaft [s. bi- und gr. arch*e* Herrschaft]

Bi|**ath**|**lon,** der; –s, –s: nordischer Skiwettkampf aus Langlauf und Scheibenschießen * **Bi**|**ath**|**let,** der; –en, –en: Skisportler, der Biathlon betreibt

bib|**bern** (ich ..[e]re) intr.: (Umgspr.) zittern, frieren

Bi|**bel** (gr.), die; –, –n: ,,Bücher", die Heilige Schrift (der christl. Kirchen) * *Bibelanstalt:* Bibeldruckerei; *Bibelauslegung:* Erklärung der Bibel; *bibelfest* Ew.: bewandert in der Bibel; *Bibelgesellschaft:* Gesellschaft, die für Druck und Verbreitung der Bibel sorgt; *Bibelkenner; Bibelkonkordanz; Bibelleser; bibelmäßig* Ew.: der biblischen Lehre gemäß; *Bibelsprache; Bibelspruch; Bibelstelle; Bibelstunde:* Andachtsstunde mit Bibelauslegung * *Bibelübersetzung; Bibelwort* * **bib**|**lisch** Ew.: zur Bibel gehörig : den Lehren der Bibel gemäß * *eine biblische Geschichte:* Geschichte aus der Bibel * **Bi**|**bli**|**zi**|**tät** (ml.), die; –: Bibelmäßigkeit

Bi|**ber,** der; –s, –: ein Nagetier : Biberpelz : (auch: das –) gerauhtes Baumwollgewebe * *Biberbau; Biberbaum:* eine Pflanze; *Biberburg:* Biberbau; *Biberfell; Bibergeil,* das; –(e)s, –e: starkriechende Drüsenabsonderung des Bibers; *Biberhödlein:* eine Pflanze; *Biberklee:* Bitterklee; *Biberkraut:* eine Pflanze; *Biberratte:* Nutria; *Biberschwanz:* Schwanz des Bibers : eine Art Dachziegel; *Biberwurz:* eine Pflanze * **Bi**|**ber**|**rette** (fr.), die; –, –s und –n: nachgeahmtes Biberfell

Bi|**ber**|**nel**|**le** (ndl.), die; –, –n:

ein Staudengewächs, Pimpinelle [ndl. bever*nel*]

Bi|**bi** (auch **Bi**|**bi),** der; –s, –s: schmalkrempiger Hut

Bi|**bli**|**o**|**graph** *auch:* **Bi**|**bli**|**o**|**graf** (gr.), der; –en, –en: Bücherkundiger * **Bi**|**bli**|**o**|**gra**|**fie** *auch:* **Bi**|**bli**|**o**|**gra**|**phie** (gr.), die; –, –n: Bücherkunde : Beschreibung von Büchern : Verzeichnis von Büchern * **bi**|**bli**|**o**|**gra**|**phie**|**ren** *auch:* **bi**|**bli**|**o**|**gra**|**fie**|**ren** tr.: nach weiterführender Literatur suchen * **bi**|**bli**|**o**|**gra**|**phisch** *auch:* **bi**|**bli**|**o**|**gra**|**fisch** Ew.: bücherkundlich * **Bi**|**bli**|**o**|**la**|**trie** (gr.), die; –: Bibelanbetung, -verehrung * **Bi**|**bli**|**o**|**lo**|**gie** (gr.), die; –, ..gien: Bücherkunde : Lehre von Überlieferung und Bedeutung der Bibel * **Bi**|**bli**|**o**|**ma**|**ne** (gr.), der; –n, –n: (übertrieben) eifriger Büchersammler * **Bi**|**bli**|**o**|**ma**|**nie** (gr.), die; –: übertriebene Bücherliebhaberei * **Bi**|**bli**|**o**|**man**|**tie** (gr.), die; –: Weissagung aus Bibelstellen * **Bi**|**bli**|**o**|**phi**|**le** (gr.), der; –n, –n: Bücherliebhaber * **Bi**|**bli**|**o**|**phi**|**lie** (gr.), die; –: Bücherliebhaberei * **Bi**|**bli**|**o**|**pho**|**bie** (gr.), die; –: Abneigung gegen Bücher * **Bi**|**bli**|**o**|**thek** (gr.), die; –, –en: Büchersammlung : Bücherei : Haus, Raum, in dem eine Büchersammlung aufgestellt ist * *Bibliothekskatalog; –raum; –wesen* * **Bi**|**bli**|**o**|**the**|**kar** (gr.), der; –s, –e: Verwalter einer Bücherei * **bi**|**bli**|**o**|**the**|**ka**|**risch** Ew.: die Bücherei betreffend : die Büchereiverwaltung betreffend * **Bi**|**bli**|**o**|**the**|**ra**|**pie** (gr.), die; –: Wiederherstellung alter oder beschädigter Bücher

Bibliografie, Bibliophilie
Wie schon lange z. B. bei *Foto* können geläufig gewordene Fremdwörter eingedeutscht geschrieben werden. Im Fall *Bibliografie* ist diese Schreibung bereits die üblichere, bei *Bibliophilie* dominiert noch die Fremdheit. Im fachlichen Bereich kann ohnedies weiter mit *ph* geschrieben werden. Die Trennung wird ebenfalls nach der Sprachebene gewählt: Während fachlich die

Trennung nach dem Wirtstamm *Biblio-* oder nach der anlautenden Silbe *Bi-* erfolgt, kann im allgemeinen Verkehr auch nach *Bib-* oder nach *Bibli-* die Zeile gewechselt werden.

bib|lisch, Bib|li|zi|tät: s. Bibel

Bi|ci|ni|um (l.), das; –(s), ..nia und ..nien: (Mus.) zweistimmiges Singstück : Musikstück für zwei Blasinstrumente

Bick|bee|re, Bicks|bee|re, die; –, –n: (nordd.) Heidelbeere

Bi|ckel, der; –s, –: Karst : Knöchel * *bickelhart* Ew.: knochenhart

Bi|det (fr.) [..däh], das; –s, –s: Sitzbadewanne

Bi|don (fr.) [..dong], das; –s, –s: Kanister * *Bidonville*: Bez. für die Elendsquartiere in frankophonen Ländern

bie|der Ew.: ehrlich und tüchtig : (zuw.) bäurisch, roh, plump : einfältig, beschränkt * *Biedermann*, der; –es, ..männer: ehrlicher Mann * *Biedermeier*, das; –: Stilepoche (1820–1848) * *Biedermeiermöbel; Biedermeierstil; Biedermeierzeit* * **Bie|der|keit**, die; –, –en: biederes Wesen : biedere Rede oder Handlung

Bie|ge, die; –, –n: Beuge * **bie|gen** (du bogst, du bögest; gebogen; bieg[e]!) tr.: etwas aus der geraden Form bringen, krümmen : (Sprachl.) beugen, deklinieren, flektieren * *Biegscheibe:* Beuge; *Biegzange:* Zange zum Biegen * **bieg|bar** Ew.: so beschaffen, dass man es biegen kann (auch übertr.) * **bieg|sam** Ew.: biegbar, leicht zu biegen: (übertr.) fügsam : nachgiebig * **Bieg|sam|keit**, die; –: das Biegsamsein * **Bie|gung**, die; –, –en: Krümmung

Bie|le|feld: Stadt in Nordrhein-Westfalen * *Bielefelder Leinen*

Bie|ne, die; –, –n: Bienchen, –lein: ein zu den Hautflüglern gehörendes Kerbtier : (übertr.) emsig schaffende, sammelnde Person : ein Sternbild * *Bienenameise:* Ameisenwespe; *Bienenbrot:* von den Bienen bereiteter Nahrungsstoff; *Bienenfleiß; Bienenfresser:* bienenfressender Rakenvogel; *Bienenharz:* Vorwachs zur Befestigung des Bienenbaues; *Bienenhaube:* Gesichtsmaske zur Sicherung vor Bienenstichen; *Bienenhaus:* Bienenkorb; *Bienenhonig; Bienenkönigin:* Führerin des Bienenvolkes; *Bienenkorb:* geflochtenes Behältnis als Bienenwohnung; *Bienenschwarm:* Schwarm von Bienen; *Bienenschwärmer:* ein Schmetterling; *Bienensprache:* Tanzsignale der Bienen; *Bienenstich:* Stich einer Biene: (übertr.) Kuchen mit Decke aus Mandelsplittern; *Bienenstock:* Bienenwohnung : die Bienen in ihrem Bau; *Bienenvater:* Bienenzüchter; *Bienenvolk:* Bienenfamilie; *Bienenwachs:* von den Bienen hergestelltes Wachs; *Bienenzucht;* –*züchter* * **bie|nen|haft** Ew.: nach Art der Bienen *

Bie|nen|saug, der; das; –s, –e; die; –, –e: von Bienen bevorzugte Pflanzen : Taubnessel

bi|en|nal (l.) Ew.: zweijährig * **Bi|en|na|le** (it.), die; –, –n: zweijährlicher künstlerischer Wettbewerb (Film) *

Bi|en|ni|um, das; –s, ..nien: Zeitraum von zwei Jahren [s. bi- und l. annus Jahr]

Bie|nen|saug: s. Biene

Bier, das; –(e)s, –e: alkoholisches Gärungsgetränk aus Malz und Hopfen * *l Liter helles Bier* * *Bieramsel:* Pirol; *Bierarsch:* (gew. R.) sehr breites Gesäß; *Bierbaß* → *Bierbass:* (Umgspr.) durch Biertrinken erworbene rauhe Stimme; *Bierbauch; Bierbrauer; –brauerei; Bierdeckel; Biereifer:* (stud.) übergroßer Eifer; *Bierfaß* → *Bierfass; Bierflasche; Biergast; Biergeld:* Biersteuer : Trinkgeld; *Bierglas:* Trinkglas für Bier; *Bierhefe:* Hefe zur Biergärung; *Bierkasten; Bierkeller; Bierkrug; Bierlachs:* Skatspiel um Bier; *Bierleiche:* (Umgspr.) von Bier sinnlos betrunkene Person; *Bierschenke; Bierseidel; Biersteuer; Bierstube; Biersuppe; Biertisch; Biertischstratege:* Großsprecher im Wirtshaus; *Bierverlag:* Verkaufslager von Bier; *Bierwaage:* Aräometer zur Bierprobe; *Bierwirt(schaft); Bierwürze:* die durch Gärung ins Bier übergehende Flüssigkeit; *Bierzeitung:* (stud.) (beim Biertrinken verlesene) Scherzzeitung, Abiturzeitung; *Bierzelt*

Bie|se, die; –, –n: farbiger Vorstoß an der Uniform : schmale Säumchen

bie|sen (du biesest und biest) intr.: wie toll umherrennen * *Biesfliege:* Bremse, Dasselfliege

Biest, der; –(e)s: erste Kuhmilch nach dem Kalben * *Biestbutter:* Butter aus Biest; *Biestkäse; Biestmilch:* Biest * **bie|sten** tr.: den Biest abmelken

Biest, das; –es, –er: (mundartl.) Vieh : Bestie : ein grobes Schimpfwort

bie|ten (du bietest; du bot[e]st, du bötest; geboten; biet[e]!) tr.: entgegenhalten : zur Entgegennahme reichen : darreichen : gewähren : (veralt.) gebieten : (kfm.) Geld anbieten für Ware : abwehrend entgegenhalten * **Bie|ter**, der; –s, –: Bietender, bes. Geld bietender Käufer

bi|fi|lar (l.) Ew.: zweifädig : an zwei Fäden hängend * *Bifilarhygrometer; Bifilarmagnetometer:* an zwei Fäden aufgehängter Magnetkraftmesser; *Bifilarwickelung:* Zweifadenwicklung, bei der der elektrische Strom keine elektromagnetischen Wirkungen ausübt * **Bi|fo|kal|brille**, die; –, –n: Brille mit Doppelglas für Kurz- und Weitsichtigkeit

Bi|fur|ka|ti|on (l.), die; –, –en: gabelförmige Teilung [s. bi- und l. furca Gabel]

Bi|ga (l.), die; –, –gen: antikes Zweigespann

Bi|ga|mie (l.-gr.), die; –, ..ien: Doppelehe * *bigamisch* Ew.: doppelt verheiratet * **Bi|ga|mist**, der; –en, –en: einer, der in Doppelehe lebt * **Bi|ga|mis|tin**, die; –, –nen: in Doppelehe Lebende [s. bi- und gr. gamos Ehe]

Big|band *auch:* **Big Band** (e.) [bigbänt], die; –, –s: großes Jazz- oder Tanzorchester

Big Ben: Glocke im sowie der Uhrturm selbst des Parlamentsgebäudes in London

Big|busi|ness *auch:* **Big Business** (e.) [bigbisneß], das; –s: Welt der Großbetriebe

bi|gott (fr.) Ew.: frömmelnd : scheinheilig * **Bi|got|te,** die; –, –n: Betschwester * **Bi|got|te|rie,** die; –, ..rien: Frömmelei [fr. bigot; nhd. entlehnt und an „Gott" angeglichen]

Bi|jou (fr.) [bischuh], das; der; –s, –s: Kleinod * **Bi|jou|te|rie,** die; –, ..rien: Schmucksachen : Schmuckwarenhandel : Schmuckwarenladen

Bi|kar|bo|nat (nl.), das; –es, –e: doppeltkohlensaures Salz

B|iki|ni, der; –s, –s: zweiteiliger Damenbadeanzug

bi|kon|kav (l.) Ew.: doppelseitig hohl (geschliffen); vgl. konkav

bi|kon|vex (l.) Ew.: doppelseitig gewölbt (geschliffen); vgl. konvex

bi|la|bi|al (l.) Ew.: (Bot.) zweilippig : (Sprachl.) mit beiden Lippen gebildet * **Bi|la|bi|al,** (l) der; –s, –e: mit beiden Lippen gebildeter Laut

Bi|lan|der, Bi|la|n|der, der; –s, –: kleines zweimastiges Küstenfahrzeug

Bi|lanz (l.), die; –, –en: (kfm.) Schlussrechnung : Rechnungsabschluss : Überschlag * *Bilanz ziehen:* Rechnungsabschluss machen (auch übertr.) * *Bilanzbuchhalter; Bilanzprüfer:* Wirtschaftsprüfer * **bi|lan|zie|ren** (..iert) tr., intr.: eine Bilanz aufstellen über : sich ausgleichen : sich heben : abschließen [it. bilancia Waage, Gleichgewicht]

bi|la|te|ral (l.) Ew.: zweiseitig * **Bi|la|te|rat,** der; –(e)s, –en: ein in spiegelgleiche Hälften zerlegbares Tier (Wirbeltiere, Gliederfüßer, Weichtiere) [s. bi- und l. latus, Gen. lateris Seite]

Bilch, der; –(e)s, –e: ein Nagetier, Siebenschläfer * *Bilchmaus:* Bilch

Bild, das; –es, –er; Bildchen, –lein, Mz. Bilderchen, –lein: Form und Gestalt eines Gegenstandes : künstlerische, bes. malerische Darstellung von Gegenständen : Darstellung in Worten : Gleichnis : Schein * *Bildarchiv; Bildband; Bildbeilage; Bildbericht; Bildbeschreibung; Bildfläche:* Fläche, auf die ein Bild gemalt ist, auf der ein Bild (bes. Lichtbild) er-

scheint; *auf der Bildfläche erscheinen* intr.: (übertr.) auftauchen, erscheinen; *Bildfrequenz:* Zahl der in einer Sekunde aufgenommenen bzw. vorgeführten Bilder; *Bildfunk,* –s: drahtlose Bildtelegrafie; *Bildgießer; Bildgröße; Bildhauer:* Künstler, der Standbilder aus Stein u. Ä. fertigt; *Bildhauerei:* Tätigkeit des Bildhauers; *bildhauerisch* Ew.: auf die Bildhauerei bezüglich : als Bildhauerwerk; *bildhauern* (ich bildhauere; gebildhauert; zu –) intr.: Standbilder aus Stein fertigen; *bildhübsch* Ew.: zum Abbilden hübsch; *Bildplatte; Bildreporter; Bildröhre; Bildsäule:* Standbild ; *Bildschirm; Bildschirmtext (Abk.: Btx);* *–schoner:* (EDV) Programm, das den Bildschirm nach einer Frist der Untätigkeit abschaltet; *Bildschneidekunst; Bildschnitt:* Bildform; *Bildschnitzer; Bildschnitzerei; bildschön* Ew.: zum Abbilden schön; *Bildseite:* die Münzenseite, auf der sich das Bild befindet; *Bildstein:* zur Herstellung von Bildwerken verwandter Feldspat; *Bildstock:* im Freien aufgestelltes Andachtsbild; *Bildstörung; Bildstreifen:* Film; *Bildtelegrafie:* drahtlose Übermittlung von Bildern, Schriften usw.; *Bildtelefon; Bildteppich:* bebilderter Wandteppich; *Bildübertragung:* Bildfunk; *Bildumwandler:* Gerät zum Betrachten eines fotografischen Negativs als Positiv; *Bildweberei:* Herstellung von gemusterten Stoffen; *Bildwerbung; Bildwerfer:* Projektionsapparat; *Bildwerk:* Bildkunstwerk * *Bilderanbeter, -anbetung:* Götzendiener, –dienst; *Bilderbibel:* Bibel mit Bildern; *Bilderbogen:* mit Bildern bedrucktes Blatt; *Münchener Bilderbogen; Bilderbuch, -karriere:* vorbildliches Vorwärtskommen; *Bilderdeutung; Bilderdienst:* Götzendiener usw.; *Bilderfibel; Bilderfreund; Bildergalerie; –halle; Bilderhandel; Bilderrahmen; Bilderrätsel:* aus Bildern bestehendes Rätsel; *bilderreich* Ew.: reich an Bildern : anschaulich; *Bildersaal; –sammlung; Bilder-*

schrift: aus Bildern bestehende Schrift, Hieroglyphen; *Bilderstreit:* Streit über die Beibehaltung der (Heiligen-)Bilder in Kirchen; *Bildersturm:* Beseitigung der Bilder in den Kirchen; *Bilderstürmer; –stürmerei* * **bil|den** tr.: herstellen, erzeugen : darstellen : gestalten : hervorbringen : formen umgestalten : fortentwickeln, ausbilden, verfeinern; rbz.: entstehen, werden : sich verfeinernd entwickeln : höhere Kultur annehmen * *gebildet* Mw. Ew.: hochentwickelt : (geistig) ausgebildet, verfeinert : auf hoher Kulturstufe stehend * **bild|lich** Ew.: als Bild : in der Art eines Bildes : gleichnishaft * **Bild|lich|keit,** die; –: Gleichnishaftigkeit * **Bild|ner,** der; –s, –: Bildender, Erzieher : bildender Künstler * **Bild|ne|rei,** die; –, –en: Tätigkeit eines Bildners : Werk eines Bildners * **bild|ne|risch** Ew.: auf den Bildner bezüglich * **Bild|nis,** das; –ses, –se: Abbildung : (meist) Bild einer Person * **bild|sam** Ew.: sich leicht bilden lassend : leicht Bildung annehmend * **Bild|sam|keit,** die; –: bildsames Wesen * **Bil|dung,** die; –, –en: das Bilden : das Gebildete : (veralt.) Körpergestalt : geistige Ausbildung * *Bildungsanstalt:* Anstalt zur Erziehung, Ausbildung von Kindern (oder Erwachsenen); *Bildungsart:* Art geistiger Ausbildung; *Bildungsbestreben; Bildungsdünkel; Bildungserlebnis:* durch Bildungsgüter hervorgerufenes inneres Erlebnis; *bildungsfähig* Ew.: fähig, gebildet zu werden, Bildung anzunehmen : erziehbar; *Bildungsgang:* Gang der geistigen Bildung; *Bildungsgesetz:* (Natur-) Gesetz, nach dem eine Erscheinung sich bildet; *Bildungsgut:* durch geistige Bildung erworbenes Gut; *Bildungshöhe; bildungshungrig; bildungslos* Ew.: ungebildet; *Bildungslücke; Bildungsnotstand:* Schlagwort zur Kennzeichnung der Lage der Schulen in Deutschland der 1960er Jahre; *Bildungssilbe:* (Sprachl.) Ableitungssilbe: *Bildungsstufe:* Höhe geistiger Bildung; *Bildungsweg:* Verlauf der geistigen Bildung : Gang der Ausbildung; *Bildungsurlaub; Bildungswissenschaft:* das Wissen von der Bildung : Wissenschaft von der geistigen Ausbildung

Bilge, die; –, –n: (seem.) unterer Schiffsraum ∗ *Bilgepumpe:* Pumpe zum Auspumpen des Leckwassers in der Bilge; *Bilgewasser:* Leckwasser

Bilharziose, die; –, –n: (nach dem deutschen Arzt Th. Bilharz) durch einen Saugwurm ausgelöste Tropenkrankheit

biliar (nl.) Ew.: die Galle betreffend ∗ **Bilin,** das; –s: Hauptbestandteil der Galle ∗ **biliös** Ew.: gallsüchtig ∗ **Bilirubin,** das; –s: Gallenfarbstoff [l. bilis Galle]

Bilingue (l.), die; –, –n: zweisprachiger Text ∗ **bilinguisch** Ew.: zweisprachig : doppelzüngig [s. bi- und l. lingua Zunge, Sprache]

biliös, Bilirubin: s. biliar

Bill (e.), die; –, –s: Gesetzesentwurf, -antrag

Billard (fr.) [bijahr; meist billjard], das; –s, –e (östr. –s): Tafelballspiel ∗ *Billardqueue* [..köh]: Billardstock; *Billardtisch; –zimmer* ∗ **billardieren** (..iert) tr.: den Billardball (unzulässigerweise) zweimal stoßen [fr. bille, it. biglia kleine Kugel]

Bille, die; –, –n: Hacke, Steinhaue ; hintere Schiffsrundung ∗ **billen** tr.: mit der Bille schärfen

Billett (fr.) [bijäh, eingedeutscht biljätt], das; –(e)s, –e: Briefchen : Schein : Zettel : Fahrkarte, -schein : Eintrittskarte ∗ **Billetteur** [billjätöhr], der; –s, –e: Kartenausgeber : Schalterbeamter ∗ **billettieren** (..iert) tr.: mit (Preis-)Zetteln versehen [fr. billet von bille, e. bill, versiegeltes Blatt, Urkunde]

Billetdoux (fr.) [bijähduh], das; –, –: Liebesbriefchen; vgl. Billett

Billiarde (fr.), die; –, –n: 1000 Billionen ∗ **Billion** (fr.), die; –, –en: eine Million Millionen

billig Ew.: rechtmäßig : von

angemessenem Preise : von niedrigem Preise, wohlfeil ∗ *Billigangebot; um ein billiges kaufen → um ein Billiges kaufen* tr.: wohlfeil kaufen ∗ *billig denken* Mw. Ew.: rechtlich denken ∗ **billigen** tr.: für rechtmäßig erklären : zustimmen : genehmigen ∗ **billigermaßen, -weise** Uw.: rechtmäßig, mit Recht ∗ **Billigkeit,** die; –, –en: Rechtmäßigkeit : Wohlfeilheit ∗ **Billigung,** die; –, –en: das Billigen : zustimmende Erklärung : Einverständnis

Billion: s. Billiarde

Billon (fr.) [bijong], der; das; –s: geringwertige Gold- oder Silberlegierung ∗ *Billongold, Billonsilber:* mit viel Zusatz vermischtes Gold, Silber ∗ **Billonage** [bijonnahsch'], die; –: verbotener Handel mit schlechtem Geld ∗ **Billoneur** [bijonnöhr], der; –s, –s: mit verbotenem Geld Handelnder ∗ **billonieren** (..iert) intr.: mit verbotenem Geld handeln

Billrothbatist, der; –s: wasserdichter Verbandsstoff (nach dem Arzt Th. Billroth)

Bilse, die; –, –n: Bilse ∗ *Bilsenkraut:* ein Nachtschattengewächs; *Bilsenöl*

bim! Tonwort zur Bezeichnung hellen Glockengeläutes oder Schellengeklingels ∗ **bim, bam!:** Tonworte; vgl. bim

Bimbam, das; –s: das Läuten, aber: *heiliger Bimbam!:* Schreckensruf (du meine Güte!) ∗ **Bimmel,** die; –, –n: helltönende Glocke ∗ **bimmeln** (ich ..[e]le) intr.: helltönend klingeln, läuten

Bimester (l.), das; –s, –: (veralt.) eine Zeitdauer von zwei Monaten [s. bi- und mensis Monat]

Bimetall, das; –s, –e: zwei aufeinander geschweißte Metallstreifen mit verschiedenen Ausdehnungskoeffizienten ∗ **Bimetallismus** (nl.), der; –, –men: Doppelwährung

Bimmel, bimmeln: s. bim

Bims, der; –es, –e: löcheriges vulkanisches Gestein : (md.) Geld ∗ *Bimsstein* (du bimsest, bimst) tr.: mit Bimsstein abreiben, reinigen, glätten : (übertr.) schinden : quälen

binär, binar(isch) (l.) Ew.: zweiteilig [l. bini je zwei]

Binde, die; –, –n; Bindchen, –lein: schmaler (Zeug-)Streif zum Binden, Bedecken, Umwinden : Halsbinde : etwas Bindenförmiges ∗ **binden** (du band[e]st, du bändest; gebunden; bind[e]!) tr.: durch ein Band zusammenhalten : (durch ein Band) befestigen : verknüpfen : zu einem Ganzen vereinigen : vereinigend, bindend herstellen : (Buch –) Blätter zusammenheften und mit Deckel versehen : (Töne –) zusammenhängend, ohne abzusetzen erklingen lassen : fesseln : hemmen, beschränken; rbz.: sich verpflichten : sich der freien Bewegung, Verfügung berauben ∗ *gebundene Rede:* Rede in Versen, Versform ∗ *Bindaxt:* Axt zum Behauen des Bindholzes; *Bindbalken:* zwei Wände verbindender Balken ∗ *Binddraht:* Draht zum Löten; *Bindfaden:* Schnur zum Zubinden; *Bindholz:* Holz für Fassbinder : Holz zum Abbinden eines Gebäudes; *Bindloch:* rundes, rings umsäumtes Loch in Stoffen; *Bindlochstecher* (Werkzeug); *Bindriegel:* verbindender Riegel an Geländern usw.; *Bindriemen; Bindwand:* Fachwand; *Bindwerk:* Lattenwerk ∗ *Bindeband:* Band zum Binden : Band zum Zubinden von Hauben usw.; *Bindegewebe:* verbindendes Körpergewebe; *Bindeglied:* verbindendes Glied, verbindender Teil (auch übertr.); *Bindehaut:* eine Haut im Auge; *Bindehautentzündung; Bindemittel:* Stoffe zum Zusammenhalten; *Bindestein:* Mauerstein, der nach der Dicke der Mauer liegt; *Bindestrich:* (Schrift) zwei Wörter verbindender Strich; *Bindewort:* (Sprachl.) Satzteile oder Sätze verknüpfendes Wort, Konjunktion ∗ **Binder,** der; –s, –: Bindender : etwas Bindendes : (Baukst.) Bindesparren, -stein : Halsbinde, Schlips ∗ **Binderei,** die; –, –en: das (viele) Binden : Bindekunst, das Binden von Sträußen, Kränzen und dgl. ∗ **Binderin,** die; –, –nen: eine Blumen-, Buch-, Garbenbindende ∗ **Bindling,** der; –s, –e: Zaun-

winde * **Bind|sel**, das; –s, –:
Bindfaden * **Bin|dung**, die; –,
–en: Verschlingung von Fäden :
Vorrichtung zur Befestigung
des Stiefels am Ski : (Fechten)
Beiseitedrücken der gegneri-
schen Klinge : (Chem.) Vereinigung der Atome unter Bildung
von Molekülen : Verpflichtung
Bin|ge, die; –, –n: (bergm.)
trichterförmige   Vertiefung;
auch Pinge
Bin|gel|kraut,   das;   –(e)s:
Wolfsmilchgewächs
Bin|gen: Stadt am Rhein *
Binger Loch: frühere Strom-
enge unterhalb Bingens
bin|nen Vw. m. Dat. od. Gen.:
(zeitl. u. örtl.) innerhalb * *binnen kurzem:* in kurzer Zeit;
*binnen einem Jahre, – eines
Jahres; binnen drei Tagen; binnen Jahr und Tag * Binnenal-
ster:* innere, d. h. in Hamburg
gelegene Alster; *binnenbords*
Uw.: im Schiff; *Binnendeich:*
innerer Deich; *Binnenfischerei:*
Fischerei in Flüssen, Teichen
und Seen; *Binnengewässer:* innerhalb eines Festlandes gelegene Gewässer; *Binnenhafen:*
innerer Hafen; *Binnenhandel:*
Handel im Inland; *Binnenland:* vom Meere entfernt gelegenes Land; *Binnenmeer:* von
Land umschlossenes Meer;
Binnenreim: Reim innerhalb
der Verszeile; *Binnenschiffahrt
→ Binnenschifffahrt:* Schifffahrt auf Binnengewässern;
Binnensee, der; –s, –n: von
Land umschlossener See; *Bin-
nenstaat:* nicht ans Meer gren-
zender Staat; *Binnenverkehr:*
Verkehr im Innern eines Landes; *Binnenwanderung:* Bevöl-
kerungsverschiebung im Innern eines Landes
Bi|n|o|de, die; –, –n: Diode
Bi|n|o|kel (l.), das; –s, – (östr.
–s): Fernrohr für beide Augen :
Operngucker   *   **bi|no|ku|lar**
(l.) Ew.: zweiäugig : für zwei
Augen eingerichtet * *Binoku-
larteleskop:* Doppelfernrohr [l.
bini je zwei und *oculus* Auge]
Bi|n|om (gr.-l.), das; –s, –e:
zweigliedrige Zahlengröße *
bi|no|mi|al, bi|no|misch Ew.:
zweigliedrig : auf ein Binom
bezüglich [s. bi- und gr. nomos
Zugeteiltes zu nemein zuteilen]
bi|no|mi|nal (l.) Ew.: zweina-

mig [s. bi- und l. *nomen* Name]
Bin|se, die; –, –n; Binschen,
–lein: eine Sumpfpflanze * *in
die Binsen gehen:* verschwinden * *Binsendecke:* aus Binsen
geflochtene Decke; *Binsengeflecht; Binsengras:* eine
Pflanze; *Binsenhut, Binsen-
matte, Binsenstuhl:* Hut, Matte,
Stuhl aus Binsengeflecht; *Bin-
senschlank* Ew.; *Binsenwahr-
heit, -weisheit:* binsenglatte,
sofort verständliche, allgemein
bekannte Wahrheit, Weisheit
bio.. (gr.) in Zus.; das Leben
betreffend * **bio|ak|tiv** Ew.:
biologisch aktiv [gr. bios Le-
ben]
Bio|che|mie (gr.), die; –: die
Lehre von der chem. Zusammensetzung der Organismen :
nichtwissenschaftliche Heil-
weise * **Bio|che|mi|ker**, der;
–s, –: Anhänger, Anwender der
Biochemie * **bio|che|misch**
Ew.: die Biochemie betreffend
bio|ge|ne|tisch (gr.) Ew.: die
Lebensentwicklung betreffend
: entwicklungsgeschichtlich [s.
bio.. und Genese]
Bio|graph → Bio|graf (gr.),
der; –en, –en: Lebensbeschrei-
ber * **Bio|gra|phie → Bio-
gra|fie**, die; –, ..phien → ..fien:
Lebensbeschreibung * **Bio-
gra|phik → Bio|gra|fik**, die;
–: Kunst, Lebensbeschreibun-
gen zu verfassen * **bio|gra-
phisch → bio|gra|fisch** Ew.:
lebensbeschreibend : lebensge-
schichtlich : in Lebensbildern
[s.   bio..   und   Grafik]
Bio|lo|g(e) (gr.), der; ..gen,
..gen: Forscher der Lebenslehre
* **Bio|lo|gie**, die; –: Lehre von
den Lebenserscheinungen *
der Biologieunterricht [s. bio..
und Logos]

Biograf
Häufig verwendete Fremdwörter, insbesondere solche, die
keine dem Deutschen fremden
Laute enthalten, können sich
nach und nach der deutschen
Schreibweise angleichen: *Biograf, Fotografie* u. a.

Bio|me|trie (gr.), die; –, –n:
Berechnung der wahrscheinli-
chen Lebensdauer, Sterblich-
keitsberechnung *
Bio|me|trik, die; –, –en: Lehre
von den Maß- und Zahlverhält-
nissen der Lebewesen

Bio|nik (gr.-e.), die; –: an bio-
logischen Prozessen orien-
tierte Richtung der Technolo-
gie
Bio|no|mie (gr.), die; –: Wis-
senschaft von den Lebensge-
setzen [s. bio.. und gr. nomos
Gesetz]
Bio|phy|sik (gr.), die; –: Phy-
sik der Lebensvorgänge *
bio|phy|si|ka|lisch Ew.: die
Biophysik betreffend
Bi|op|sie (gr.), die; –, –n: Ge-
webeprobe
Bio|s|kop (gr.), das; –s, –e:
Vorrichtung zur Vorführung
von Lichtbildern in Bewegung
* **Bio|s|ko|pie**, die; –, –n: Un-
tersuchung über die Lebensfähigkeit eines Geschöpfes [s.
bio.. und gr. skopein sehen]
Bio|so|zio|lo|gie,   die;   –:
Lehre von den Gemeinschaften
der Lebewesen
Bio|sphä|re, die; –, –n: der
von Lebewesen bewohnte oder
bewohnbare Raum
Bio|sta|tik (gr.), die; –: Lehre
von der mittleren Lebensdauer
: Stoffwechselkunde
Bio|tech|nik (gr.), die; –:
Lehre von den Vorbildern in
der Natur für die Technik (z. B.
der Vogelflug) * *biotechnisch*
Ew.: die Biotechnik betreffend
* *Biotechnologie:* Erforschung der wirtschaftlichen
Bedeutung von Kleinstlebewe-
sen * *biotisch* Ew.: auf Lebewesen, auf das Leben bezüglich
Bio|ton|ne (gr.-dtsch.), die; –,
–n: Mülltonne für kompostier-
bare Abfälle
Bio|top (gr.), der; das; –s, –e:
Lebensraum
Bio|zö|no|se (gr.), die; –, –n:
Lebensgemeinschaft   *
bio|zö|no|tisch Ew.: in Le-
bensgemeinschaft stehend [s.
bio.. und gr. koinos gemeinsam]
Bi|pe|de (l.), der; –n, –n: Zwei-
füßer * **bi|pe|disch** Ew.: zwei-
füßig [s. bi- und l. pes, Gen. pe-
dis Fuß]
bi|po|lar (l.) Ew.: zweipolig *
Bi|po|la|ri|tät,   die;   –, –en:
Zweipoligkeit
Bi|quad|rat (l.), das; –(e)s, –e:
(Math.) Quadrat des Quadrats,
vierte   Potenz   *   **bi|qua-
d|ra|tisch** Ew.: (Math.) in der
vierten Potenz, vierten Grades

Bi|quet (fr.) [bikäh], der; –s, –s: Schnellwaage für Münzen

Bir|die (e.) [bödi], das; –s, –s: (Golf) Einlochen einen Schlag unter par

Bi|re|me (l.), die; –, –n: doppelruderiges Schiff [s. bi- und l. remus Ruder]

Bi|rett (l.-fr.), das; –(e)s, –e: Kopfbedeckung der röm.-katholischen Geistlichen

Bir|ke, die; –, –n; Birkchen, –lein: ein Laubbaum ✳ *Birkhahn; –huhn; Birkwild:* eine Wildart ✳ *Birkenbaum; Birkenhäher:* Mandelkrähe; *Birkenholz; Birkenpilz:* ein Pilz; *Birkenreis; –rinde; –rute; –saft; Birkenteer:* Teer aus Birkenrinde und -wurzel, Mittel gegen Hautkrankheit; *Birkenöl; Birkenwald; Birkenwasser:* aus Birkenharz hergestelltes Haarwasser; *Birkenwein:* gegorener Birkensaft ✳ **bir|ken** Ew.: aus Birkenholz ✳

Bir|ma|ne, der; –n, –n: Angehöriger eines tibeto-chinesischen Volkes in Birma ✳ **bir|ma|nisch** Ew.: Birma betreffend

Bir|ming|ham [börmingem]: Name von Städten in Großbritannien und den USA

Birn|baum: s. Birne

Bir|ne, die; –, –n; Birnchen, –lein: Frucht des Birnbaums : der Birnbaum : etwas Birnenförmiges, bes. Glühbirne ✳ *Birnbaum; birn(en)förmig* Ew.; *Birnmoos:* eine Moosart; *Birn(en)most; Birnenschnitz*

Birsch, bir|schen: s. Pirsch

bis: Bw., Vw. m. Akk.: örtliche und zeitliche Ausdehnung zu einem Punkt, eine Grenze bezeichnend : zu der Zeit : zu dem Ort : zu dem Grad ✳ *bis gestern; bis drei Uhr; bis ins Kleinste:* sehr genau : sehr gründlich; *sechs bis acht Mark* ✳**bis|her** Uw.: seither ✳ **bis|he|rig** Ew.: bisher bestehend ✳ **bis|lang** Uw. (veralt.): bisher ✳ **bis|wei|len** Uw.: manchmal

bis
Stellvertretend für die Präposition *bis* kann ein Strich gesetzt werden, wenn ein Zwischenwert in Zahlen angegeben wird: *50–60 Mark, 3–5-tägig.* Diese Möglichkeit entfällt,

wenn ein *von* vorangeht oder der Strich am Zeilenanfang oder -ende stünde; dann muss *bis* ausgeschrieben werden: *vom 11. bis (zum) 18. Oktober.*

Bi|sam (hebr.), der; –s, –e: Moschus : Pelz der Bisamratte ✳ *Bisamapfel:* eine Pflanze; *bisamartig* Ew.: dem Fell der Bisamratte ähnlich; *Bisamgeruch; Bisamkraut:* eine Pflanze; *Bisamratte:* Bisam lieferndes Tier; *Bisamschwein:* Pekari

bi|schen (du bischest und bischst, auch bischt) tr.: (md.) beruhigen : in den Armen wiegen

Bi|schof (gr.), der; –s, ..schöfe: „Aufseher", oberster Geistlicher eines Bistums, Vorsteher einer Diözese : Getränk aus Rotwein, Zucker und Pomeranzen ✳ **Bi|schö|fin**, die; –, –nen: weiblicher Bischof ✳ *Bischofsamt; Bischofshut:* Hut des Bischofs : (übertr.) Bischofswürde : von Pflanzen und Schnecken; *Bischofskreuz; Bischofsmütze; Bischofsring; Bischof(s)sitz:* Ort, in dem ein Bischof wohnt; *Bischof(s)stab; Bischofsstuhl:* Sitz des Bischofs in der Kirche; *Bischofswürde* ✳ **bi|schöf|lich** Ew.: einem Bischof gehörig : einem Bischof entsprechend

Bi|se: s. Biese (Wind)

Bi|seg|ment (l.), das; –s, –e: (Math.) halber Abschnitt ✳ **bi|seg|men|tal, bi|seg|men|ta|bel** Ew.: (Math.) zweiteilig ✳ **Bi|sek|ti|on**, die; –, –en: Zweiteilung [s. bi- und Sektion]

Bi|se|xu|a|li|tät, die; –: Zweigeschlechtigkeit, Zwittrigkeit : Neigung zum eigenen wie zum anderen Geschlecht ✳ **bi|se|xu|ell** (nl.) Ew.: zweigeschlechtig [s. bi- und sexual]

bis|her: s. bis

Bis|ka|ya: Meerbusen an der franz.-span. Atlantikküste

Bis|kot|te (it.), die; –, –n: Feinzwieback : Rohrporzellan ✳ **Bis|kuit** (nl.), der (östr. nur das); –(e)s, –e: feiner Zwieback ✳ *Biskuitporzellan:* zweimal gebranntes Porzellan [fr. biscuit von l. bis zweimal und fr. cuit gebacken]

bis|lang: s. bis

Bis|marck: erster Kanzler des Deutschen Kaiserreiches ✳ *Bismarckhering:* entgräteter, eingelegter Hering ✳ **bis|mar|ckisch, bis|marcksch** Ew.: nach Art Bismarcks : nach Bismarck benannt

bismarckisch, bismarcksch
Im Allgemeinen werden von Personennamen abgeleitete Adjektive auf *–(i)sch* klein geschrieben: *bismarckscher Kulturkampf.* Nur wenn sie in feste Fügungen, Eigen- oder Firmennamen eingehen oder ein Apostroph die Herkunft verdeutlicht, bleibt es bei der Großschreibung: *Ohm'sches Gesetz, Grimm'sches Wörterbuch* u. a.

Bis|mut: s. Wismut ✳ **Bis|mul|tit**, der; –(e)s, –e: Wismutkarbonatstein

Bi|son (gr.), der; –s, –s: Auerochse, am. Büffel

Biß → **Biss**, der; –es, –e; Bisschen: das Beißen : die durch Beißen erzeugte Verletzung : die gebissene Stelle ✳ *Bißwunde* → *Bisswunde* ✳ **Biß|chen** → **Biss|chen**, das; –s: „kleiner Bissen", ein wenig ✳ *ein bißchen* → *ein bisschen:* ein wenig; ✳ **bis|sel:** (obd.) bisschen ✳ **Bis|sen**, der; –s, –; Bisschen, –lein: die Speisemenge, die man mit einem Biss abbeißt : Happen : Imbiss ✳ *bissenweise* Uw.: in Bissen, Bissen für Bissen, stückweise ✳ **bis|sig** Ew.: zu beißen geneigt : (übertr.) scharf, beißend ✳ **Bis|sig|keit**, die; –, –en: bissiges Wesen

Bis|ter (fr.), der; das; –s: brauner Farbstoff [fr. bistre, zu ml. bisus schwarzbraun]

Bis|tou|ri (fr.), der; das; –s, –s: wunderärztliches Ritzmesser mit einzuschlagender Klinge

Bis|tro (fr.), der; –s, –s: kleine Gaststätte

Bis|tum (gr.), das; –(e)s, ..tümer: Gebiet eines Bischofs : (selt.) Würde, Stand eines Bischofs ✳ *Bistumsverweser*

bis|wei|len: s. bis

bi|syl|la|bisch (l.-gr.) Ew.: zweisilbig [s. bi- und gr. syllabe Silbe]

Bit (e.), das; –(s), –(s): Informationseinheit in der Nachrichtentechnik [e. Kurzwort aus: binary digit]

Bit|te, die; –, –n: das Bitten : die Art des Bittens : das, worum gebeten wird ∗ *du musst Bitte sagen auch: du musst bitte sagen* ∗ *Bittbrief; Bittgang:* Prozession mit Gebet; *Bittgesuch; Bittschreiben; Bittschrift:* schriftliche Bitte; *Bittsteller:* Bittender; *bittweise* Uw.: in bittender Weise; *Bittag* → *Bittwoche;* (kirchl.) Gebetswoche ∗ **bit|ten** (du bat[e]st, du bätest; gebeten; bitte!) tr.: sich um etwas an jemand wenden : ersuchen: einladen ∗ **Bit|ter,** der; –s, –: Bittender

bit|ter Ew.: nicht süß : beißend, scharf : quälend, verletzend : schmerz-, hass-, neiderfüllt : tief empfunden ∗ *bitterarm* Ew.: quälend arm; *bitterböse* Ew.: sehr böse; *Bitterbrunnen:* Heilquelle : bitteres Brunnenwasser; *Bittererde:* Magnesia; *bitterernst* Ew.: tiefernst ∗ *es ist mir bitterernst* ∗ *Bitterholzbaum:* Quassie; *Bitterkalk:* Steinkalk; *bitterkalt* Ew.: beißend, ganz kalt: *Bitterklee:* eine Pflanze; *Bittermandelöl; Bittersalz:* schwefelsaure Magnesia; *Bitterstoff; bittersüß auch: bitter-süß* Ew.: bitter und süß; *Bitterwasser:* Bittersalz enthaltendes Wasser; *Bitterwein:* Wermut; *Bitterwurz,* die; –: Enzian ∗ *Bitter,* das; –s: bitteren Geschmack Bewirkendes ∗ *Bitt(e)re,* der; –n, –n (ein Bitterer; zwei Bitt[e]re): (bitterer) Schnaps ∗ *Bitterheit,* *Bitterkeit,* die; –, –en: das Verbittertsein : etwas Bitteres : bitteres Gefühl : bittere Rede ∗ **bit|ter|lich** Ew.: ein wenig bitter : (übertr., meist Uw.) schmerzlich, tief empfunden ∗ *Bitterling,* der; –s, –e: Bitterwasser : Name von Fischen : Name von Pflanzen ∗ *Bitternis,* die; –, ..nisse: Bitterkeit : (bes.) schmerzliches Geschmack, Not

Bitt|schrift, Bitt|stel|ler, Bitt|tag: s. Bitte

Bi|tu|men (l.), das; –s: Erdpech, Bergteer ∗ **bi|tu|mi|nie|ren** (..iert) tr.: mit Erdpech bestreichen ∗ **bi|tu|mig, bi|tu|mi|nös** Ew.: erdpechartig, teerhaltig

bit|zeln (ich..[e]le) intr.: stechend beißen, prickeln, tr.: (mundartl.) in kleine Stücke zerschneiden ∗ *Bitzelwasser:* Mineralwasser mit Kohlensäure

bi|va|lent (l.) Ew.: (Chem.) zweiwertig ∗ *Bi|va|lenz,* die; –, –en: Zweiwertigkeit

Bi|wak (nordd.-fr.), das; –s, –e (östr. –s): „Beiwacht“, Feldnachtlager ∗ **bi|wa|kie|ren** (..iert) intr.: im Freien Zeltlager aufschlagen

bi|zarr (fr.) Ew.: launenhaft : auffallend : seltsam ∗ *Bi|zar|re|rie,* die; –, ..rien: absichtlich gezeigte Sonderbarkeit : Launenhaftigkeit : Seltsamkeit [wahrscheinl. von bask. bizarra Bart; span. bizarro bärtig]

bi|zen|trisch (l.) Ew.: mit zwei Mittelpunkten [s. bi- und Zentrum]

bi|zeps (l.) Ew.: doppelköpfig ∗ *Bi|zeps:* „Zweiköpfiger“, Beiname des Janus ∗ *Bizeps,* der; –es, –e: (Med.) zweiköpfiger Oberarmmuskel [s. bi und l. caput Kopf]

bi|zy|k|lisch (l.-gr.) Ew.: (Chem.) von Verbindungen mit zwei Ringen

Bla|bla, das; –(s): (Umgspr.) Geschwätz

blach Ew.: eben, flach ∗ *Blachfeld; Blachfrost:* Frost vor Schneefall ∗ *Blache,* die; –, –n: Blachfeld: Blahe ∗ *Blacher,* der; –s, –: Blachfrost ∗ **Black** (e.) [bläck; eingd. *blak*], das; –s: Schwärze ∗ *Blackband:* Kohleneisenstein ∗ *Blackbox auch: Black Box:* Flugschreiber; *Blackout auch: Black-out:* „Verdunkelung“ : Ausfall des Fernsehbildschirms : Kreislaufkollaps bei Rauschmittelgenuss : kurze Bewußtseinstrübung : Fehlreaktion; *Black Panthers:* radikale Bewegung der Afroamerikaner in den USA; *Blackpower auch: Black Power:* radikale Bewegung in den USA zur Durchsetzung der Gleichberechtigung der Farbigen

blaff! Tonwort zur Bezeichnung des Hundegebells ∗ **Blaff,** der; –(e)s, –e: Gebell ∗ **blaf|fen, bläf|fen** intr.: bellen, schimpfen ∗ **Blaf|fer, Bläf|fer,** der; –s, –: bellender Hund

Blaf|fert, der; –(e)s, –e: ehem. rheinische Münze : Schweizer Silbermünze; auch Blappert

Bla|ge, die; –, –n: (niederd.) kleines (lästiges) Kind

Bla|he, die; –, –n: grobe Leinwand : leinenes Jagdtuch : leinene Frachtwagendecke ∗ *Blahenherd:* mit Blahen bedeckter Kehrherd; *Blahenwagen;* vgl. Planwagen und Blache

Blä|he, die; –, –n: Blähung ∗ **blä|hen** (du blähst, er bläht) tr., rbz.: schwellend ausdehnen : tr.: den Leib auftreiben : (übertr.) aufgeblasen machen; rbz.: (übertr.) sich überheben ∗ *Blähhals:* Kropf; *Blählaut:* stimmhafter Mitlaut; *Blähsucht:* durch Blähungen verursachte Krankheit ∗ **Blä|hung,** die; –, –en: leibauftreibender Magenwind

bla|ken intr.: rußen, schwelen ∗ *Blaker,* der; –s, –: Handleuchter ∗ **bla|kig** Ew.: rußig

bla|ma|bel (fr.) Ew.: tadelnswert : beschämend ∗ *Blamage* [blamasche] die; –, –n: Schande : Bloßstellung ∗ **bla|mie|ren** (..iert) tr.: „tadeln“, bloßstellen : beschämen [fr. blâmer tadeln]

blanc (fr.) [blang] Ew.: weiß : hell : rein : unbeschrieben ∗ *en blanc:* in Blanko ∗ *Blancbec* [blanbäck], der; –, –s: Gelbschnabel, Naseweis; *Blanc de volaille* [blang de wolaj’]: Geflügelbrust; *Blanc-Manger* [..mangscheeh]: Flammeri ∗ **blan|chie|ren** (..iert) [blangschieren] tr.: weiß machen : (Fleisch, Gemüse –): kurz mit heißem Wasser abbrühen ∗ **Blan|kett,** das; –(e)s, –e: unausgefüllte Urkunde mit Unterschrift des Ausstellers : Vordruckblatt ∗ *Blan|ket|te,* die; –, –n: ein Aschensalz : eine Art Weißwein : eine Art Frikassee : wollene Bettdecke ∗ **blan|ko** (it.) Uw.: leer : unbeschrieben, unausgefüllt lassen ∗ *Blankoakzept:* unausgefülltes Akzept; *Blankogeschäft; Blankokauf:* Kauf eines im Umfang nicht feststehenden oder eines noch nicht verfügbaren Objektes; *Blankokredit:* offener, auf Vertrauen gegründeter Kredit; *Blankoscheck:* unausgefüllter, aber unterschriebener Scheck;

Blankovollmacht: unbe-
schränkte Vollmacht; *Blanko-
wechsel:* offener Wechsel
blank Ew. (blanker; blankste):
blinkend : glatt : wohlgenährt,
fett : bar, unverhüllt, entblößt :
glänzend rein ✳ *blankgeputzt*
Ew.; *blank putzen; der Blanke
Hans:* Nordsee bei Sturm;
blank stehen: mit gezücktem
Schwert stehen : in offener
Feindschaft stehen : zur Schau
stehen ✳ *Blankleder:* glänzendes Leder; *blankziehen* (ich
ziehe blank, blankgezogen,
blankzuziehen): Schwert aus
der Scheide ziehen ✳ **Blank,**
das; –s, –en: glatte Fläche :
Waldblöße ✳ **Blank** (e.)
[blänk], das; –s, –s: (EDV)
Leerschritt ✳ **Blän|ke,** die; –,
–n: das Blanksein : Waldblöße
✳ **blän|ken** tr.: blank machen;
vgl. blanc

**Blank|kett, Blan|ket|te, blan-
ko:** s. blanc

Blank|vers (e.), der; –es, –e:
ein reimloser fünffüßiger Jambus

Bla|se, die ;–, –n; Bläschen,
–lein: kugelförmiges, dünn-
wandiges Behältnis für Luft
oder Flüssigkeiten : Harnblase :
kugelförmige Hülse : luftgefüll-
ter Hohlraum : metallene Re-
torte : (stud.) zusammengehörige Gesellschaft : (übertr.) leeres Geschwätz ✳ *Blasenentzün-
dung:* Blasenkatarrh; *Blasen-
gries:* Harnblasensteine;
Blasengrün: in Blasen aufbewahrtes Saftgrün der Kreuzdornbeeren : Kreuzdorn; *Blasenkäfer:* (Hautblasen verursachende) spanische Fliege; *Bla-
senkrampf:* Harnblasenkrampf;
Blasenlähmung: Lähmung der
Harnblase; *Blasenleiden; Bla-
senpflaster:* Hautblasen ziehendes Pflaster; *Blasenspiegel:*
(Med.) Vd. f. Zytoskop: durch
die Harnröhre einzuführender
Spiegel zur Untersuchung der
Harnblase; *Blasensprung:* Platzen der Fruchtblase unmittelbar
vor der Geburt; *Blasenstein:*
Harnblasenstein; *Blasentang:*
ein Tang mit lufthaltigen
Schwimmblasen; *blasenzie-
hend* → *Blasen ziehend* Mw.
Ew.: Hautblasen verursachend;
Blasenzug: eine Blasen zie-
hende Pflanze ✳ **bla|sen** (du

bläst und selten bläsest, er bläst;
ich blies, du bliesest; geblasen;
blas! und blase!) intr.: Wind erregen : bewegte Luft mit Geräusch fortstoßen : (Mus.) durch
Luftbewegung Töne erzeugen;
tr.: durch Blasen erzeugen :
durch Blasen formen : durch
Gebläse schmelzen : durch Blasen zum Tönen bringen ✳
Blas(e)balg: Gerät zum Erzeugen von Wind; *Blashorn:* ein
Musikinstrument; *Blasinstrument:* Musikinstrument, das durch Blasen zum Tönen gebracht wird;
Blasloch: Loch, durch das man
bläst; *Blasrohr:* Rohr des Glasbläsers : Lötrohr : Rohr, durch
das man blasend Kugeln schießt
✳ **Blä|ser,** der; –s, –: Blasender :
Blasinstrumentenspieler : Gebläse : plötzlicher Austritt von
Grubengas : Turmalin : Magnet
✳ **bla|sig** Ew.: voll Blasen

bla|siert (fr.) Mw. Ew.: über-
sättigt : abgestumpft : eingebil-
det ✳ **Bla|siert|heit,** die; –,
–en: Übersättigung : Abge-
stumpftheit : Eingebildetheit
[fr. blaser abstumpfen]

bla|sig: s. Blase

Bläs|lein: s. Blase

Bla|son (fr.) [blasong und ein-
ged. ..on), der; –s, –e und –s
[..ongs]: Wappenschild ✳
bla|so|nie|ren (..iert) tr.: Wap-
pen prüfen, kunstgerecht erklä-
ren ✳ **Bla|so|nist,** der; –en,
–en: Wappenkundiger

Blas|phe|mie (gr.), die; –,
..mien: Gotteslästerung ✳
blas|phe|mie|ren (..iert) intr.:
Gott lästern ✳ **blas|phe|misch**
Ew.: gotteslästerlich ✳
Blas|phe|mist, der; –en, –en:
Gotteslästerer ✳ **blas|phe-
mis|tisch** Ew.: blasphemisch
[gr. blasphemein von blapsis
Schädigung und phemi ich
sage]

Blas|rohr: s. Blase

blaß → **blass** Ew. (blasser und
blässer; blasseste und bläs-
seste): von matter Farbe :
bleich : (übertr.) schwach, gering ✳ *blassrot* Ew.: mattrot ✳
Bläs|se, die; –: das Blasssein ✳
Bläs|se, die; –, –n: weißer
Fleck : Tier mit weißem Fleck
✳ *Bläßbock; –ente; –huhn* →
Blässbock; –ente; –huhn ✳
bläs|seln (ich ..[e]le) intr.:

blässlich sein, kränkeln ✳
blas|sen (du blassest und
blasst; geblasst) intr.: blass
sein, werden, aussehen, wirken; tr. (selt.): blass machen ✳
bläs|sen tr.: blassen ✳
Blaß|heit → **Blass|heit,** die; –,
–en: das Blasssein ✳ **bläß|lich**
→ **bläss|lich** Ew.: ein wenig
blass ✳ **Bläß|ling** →
Bläss|ling, der; –s, –e: Bläss-
huhn, Wasserhuhn : blasser
Mensch

Blas|to|ge|ne|se, die; –, –n:
ungeschlechtliche Vermehrung
durch Knospung ✳ **Blas|tom,**
das; –s, –e: echte Geschwulst,
Gewächs ✳ **Blas|to|my|zet,**
der; –en, –en: Sprosspilz, Hefe-
pilz ✳ **Blas|tula,** die; –: Blasen-
keim, frühes Entwicklungssta-
dium des Embryos

Blatt, das; –(e)s, Blätter; Blätt-
chen, –lein, Mz. Blätterchen,
–lein: Teil der Pflanze zur At-
mung, meist flach und grün :
ein Stück Papier : zwei Seiten
eines Buchs : eine Zeitung :
eine Karte des Kartenspiels :
eine Zeichnung ✳ *blatthähnli-
che Scheibe :* (weidm.) Schulterblatt des Wildes : flacher
Hauptteil mancher Werkzeuge
: Klinge vom Hirschfänger :
Teil des Webstuhls : verbreiter-
tes Ende des Ruderriemens ✳
*kein Blatt vor den Mund neh-
men:* offen sprechen; *das Blatt
wendet sich:* die Angelegenheit
ändert sich ✳ *Blattader; Blatt-
dürre:* Pflanzenkrankheit, früh-
zeitiges Welken der Blätter;
Blattfloh: schädliches Baumin-
sekt; *Blattfüßler:* ein Krebs;
Blattgerste: Staudengerste;
Blattgold: zu dünnen Blättern
geschlagenes Gold; *Blattgrün:*
Chlorophyll; *Blatthalter:*
(Buchdr.) Vorrichtung zum
Halten von Druckblättern;
Blattheber: (Buchdr.) Vorrichtung zum Heben von
Druckblättern; *Blatthornkäfer;
Blattkissen:* Kissen der Goldschläger; *blattlahm* Ew.: bug-
lahm; *Blattlaus:* auf Pflanzen-
blättern lebende Laus; *Blatt-
lauskäfer:* Marienkäfer; *Blatt-
lauslöwe:* Larve der Florfliege;
blattlos Ew.; *Blattmetall:* dünn-
gewalztes Metall; *Blattpflanze:*
wegen schöner Form oder Farbe
der Blätter gezogene Pflanze;

Blattraupe: von Blättern lebende Raupe; *Blattrippe:* Ader des Pflanzenblattes; *Blattsalat:* grüner Salat, Endiviensalat; *Blattsäge:* Säge mit breitem Sägeblatt (Ggs. Bandsäge); *Blattschneiderameise:* Ameisenart; *Blattschuß* → *Blattschuss; Blattsetzer:* Verfertiger der Rietblätter; *Blattsilber:* zu Blättern geschlagenes Silber; *Blattang* → *Blatttang; Blattute* → *Blatttute; Blatttute:* Blattscheide; *Blattvergoldung:* Vergoldung mit Blattgold; *blattweise* Uw.: Blatt für Blatt; *Blattwerk:* (Baukst.) blattförmige Verzierungen; *Blattwickeler:* ein Schmetterling; *Blattzeit:* (weidm.) Brunstzeit der Rehböcke; *Blattzinn:* fein ausgewalztes Zinn ◈ *Blattererz:* gediegenes Silbererz in Blättern; *Blättermagen:* Faltenmagen der Wiederkäuer; *Blättermeldung:* Zeitungsnachricht; *Blätterpilz; Blätterrinde:* ein Moostierchen; *Blätterschlag:* verschiedenes Aussehen der Blätterarten; *Blätterschmuck:* Schönheit der Belaubung; *Blätterteig:* Gebäck aus sich blätterndem Teig ◈ **blätt(e)rig** Ew.: blättähnlich : sich in Blätter teilend ◈ **..blätt(e)rig** Ew. in Zus.: Blätter habend; z. B. vierblättrig ◈ **blättern** (ich ..[e]re) intr.: Buchblätter umschlagen; tr., rbz.: in · dünne Schichten teilen : der Blätter berauben : (weidm.) Stand wechseln

Blatter, die; –, –n; Blätterchen: eitrige Hautblase : (Mz.) Pocken, fieberhafte Ausschlagkrankheit ◈ *Blatternarbe; blatternarbig* Ew. ◈ *Blatterngift; Blatternimpfung:* Impfung gegen Blattern ◈ **blatt(e)rig** Ew.: voll Blattern ◈ **blattern** intr.: Blattern haben : die Pocken haben

blau Ew.: Bezeichnung von einer der sieben Regenbogenfarben : die Farbe des unbedeckten Himmels ◈ *blau sein:* (volkst.) betrunken sein : *blaue Bohne:* treffende Flintenkugel ◈ *blauer Brief:* amtl. Mitteilung einer Dienstentlassung : (Schülerspr.) amtl. Warnungsbrief bei gefährdeter Versetzung ◈ *die blaue Blume:* Sinnbild der (romantischen) Dichtung; *blauen Dunst vormachen:* täuschen; *blauer Montag:* arbeitslos verbrachter Montag; *blaumachen:* (volkst.) faulenzen; *sein blaues Wunder erleben:* staunen; *blauer Zwirn:* Schnaps; *Blaues Kreuz:* Zeichen der Mäßigkeitsvereine; *die Blaue Grotte:* Grotte auf Capri; *der Blaue Fluss:* Jantsekiang, Fluss in China; *der Blaue Planet:* die Erde ◈ *blau gefärbtes Papier; blaugestreift* → *blau gestreift* ◈ *Blauamsel; blauäugig* Ew.; *Ritter Blaubart:* grausame Märchengestalt; *Blaubeere:* Heidelbeere; *Blaubleierz; Blaubuch:* Denkschrift der Regierung über wichtige politische Ereignisse in blauem Bucheinband; *Blaudruck:* mit Indigo buntgemusterte Baumwoll- und Leinengewebe; *Blaueisenerde; Blauerz; Blaufärber:* Färber, der blau färbt : (scherzh.) Lügner; *Blaufelche:* Renke; *Blaufuß:* eine Art Falke; *Blaugrund:* diamantenhaltiger Boden; *Blauhai; Blauholzbaum; Blaujacke:* Matrose; *Blaukreuz:* chem. Kampfstoff; *Blauküpe:* Küpe des Blaufärbers; *Blaulicht:* der kurzwellige Teil des sichtbaren Lichts; *Blaulichtbestrahlung; Blaumeise:* eine Meisenart; *Blauracke:* Krähenart; *Blausäure:* Zyanwasserstoff, ein Blutgift; *Blauschecke:* Schecke mit blauschwarzen Flecken; *Blauschimmel:* bläulich weißes Pferd; *Blauspecht; Blaustrumpf:* (veralt.) emanzipierte Frau, Frauenrechtlerin; *Blautaube* ◈ **Blau,** das; –s ◈ **Blaue,** das; –en: blaue Farbe : blaue Luft ◈ *in Blau gekleidet; mit Blau bemalt; Tapeten in Blau* ◈ *ins Blaue* reden: in die leere Luft, vergeblich reden ◈ **Bläue,** die; –: blaue Farbe : das Blausein ◈ **Bläuel, Bläuel,** der; –s, –: blaue Wäschestärke ◈ **blauen** intr.: blau werden; tr.: (Wäsche –) blau färben ◈ **bläuen** tr.: blau färben ◈ **bläulich** Ew.: sich dem Blau nähernd ◈ *bläulich gelb, weiß* Ew. ◈ **Blauling, Bläuling,** der; –s, –e: Blaufelche : ein Tagschmetterling

bläuen tr.: (Umgspr.) schlagen, verbläuen

Blazer (e.) [blehser], der; –, –s: Sportjacke

Blech, das; –(e)s, –e: dünn gewalztes Metall : (meist) verzinntes Eisenblech : (scherzhaft) Geld : (gew. R.) Unsinn ◈ *Blechbüchse; Blechdach; Blechfabrik; Blechhammer; Blechhandschuh, -haube:* Handschuh, Haube der Ritterrüstung; *Blechinstrument:* Blasinstrument; *Blechlawine:* endlose Autoschlange; *Blechlehre:* Messinstrument für Blechdicke; *Blechmünze:* Brakteat; *Blechmusik:* Musik mit Blechinstrumenten; *Blechnagel:* Nagel zum Befestigen des Dachblechs; *Blechschaden:* bei Autounfällen eingetretene Karosserieschäden an Kraftfahrzeugen; *Blechschere:* Schere zum Schneiden von Blech; *Blechschmied:* Klempner; *Blechwaren* ◈ **blechen** tr., intr.: (gew. R.) zahlen ◈ **blechern** Ew.: aus Blech gefertigt : hohlklappernd : (übertr.) hohl, wertlos ◈ **Blechner,** der; –s, –: Klempner

blecken tr.: blicken lassen, zeigen : (Zähne –) fletschen ◈ *Bleck(e)zahn:* bloßliegender Zahn

Blei, der; –(e)s, –e ◈ **Bleie,** die; –, –n: Fisch

Blei, das; –(e)s, –e: chem. Grundstoff, schwerstes unedles Metall (Abk.: Pb) : Bleistift : Senkblei : Richtblei : Gewehrkugel : etwas Schweres, Drückendes ◈ *Bleiader; Bleiasche; Bleibacke,* die; –, –n: (Schlosserei) Bleieinlage am Schraubstock beim Einspannen, zur Schonung weicheren Materials; *Bleibergwerk; Bleidach; Bleidraht; Bleierz; Bleiessig:* Lösung von Bleizucker in Wasser; *Bleifalk; bleifarben, -farbig* Ew.; *Bleifeder:* Bleistift; *Bleigang:* bleihaltiger Erzgang; *Bleigelb:* gelbes Bleioxyd als Malerfarbe; *Bleigießer; –gießerei; Bleiglanz:* Schwefelblei als Erz; *Bleiglas:* bleihaltiges Glas : glasiges Bleierz; *Bleiglätte:* halbgeschmolzenes Bleioxyd; *bleigrau* Ew.: grau wie Blei; *Bleigrube; bleihaltig*

Ew.; *Bleiguß* → *Bleiguss; bleihaltig* Ew.: Blei enthaltend; *Bleihütte:* Verarbeitungsstätte der Bleierze; *Bleikammer:* Kammer mit Wänden aus Blei; *Bleikehlchen:* Singvogel mit bleifarbiger Kehle; *Bleikrankheit:* durch Bleiverbindungen hervorgerufene Vergiftung; *Bleilot:* aus einem Bleigewicht an einem Faden bestehendes Richtblei; *Bleipochsand:* Rückstand beim Zerkleinern der Bleierze; *bleirecht* Ew.: lotrecht; *Bleisalz; Bleischaum:* Bleiasche; *Bleischnur:* Bleilot; *bleischwer* Ew.: schwer wie Blei : sehr schwer; *Bleisiegel:* Plombe; *Bleistift:* Zeichenstift aus Reißblei : Zeichenstift aus Grafit; *Bleistift(an)spitzer:* Werkzeug zum Spitzen von Bleistiften; *Bleiwaage:* Wassersetzwaage ❋ *Bleiweiß:* kohlensaures Bleioxyd als Malerfarbe; *Bleizucker:* ein giftiges Bleisalz; *Bleizug:* Walzwerk zum Strecken von Blei ❋ **blei**|**en** tr.: mit Blei verschließen, plombieren : nach dem Bleilot beurteilen : (selt.) bleischwer drücken ❋ **blei**|**ern** Ew.: aus Blei gefestigt : drückend : wertlos ❋ **blei**|**ig** Ew.: bleiartig : bleihaltig

Blei|**be**, die; –, –n: (volkst.) Aufenthaltsort : (volkst.) Obdach ❋ **blei**|**ben** (du bliebst, du bliebest) : geblieben; bleib[e]!) intr. (sein): an einem Ort verharren : in einem Zustand verharren : fortfahren zu sein : in der Schlacht sterben ❋ (nur noch getrennt) *bleiben lassen* (ich lasse bleiben; ich habe es bleiben lassen) tr.: unterlassen : nicht tun

bleich Ew.: aschenfarbig : farblos : von matter Farbe : blasswangig ❋ *Bleichgesicht:* Mensch mit blassem Gesicht; *bleichwangig* Ew. ❋ **Blei**|**chart, Blei**|**chert**, der; –(e)s, –e: blassroter Ahrwein ❋ **Blei**|**che**, die; –, –n: bleiche Farbe : das Bleichen : Bleichplatz ❋ *Bleichwand:* mit Lehm ausgekleibte Wand ❋ **blei**|**chen** tr.: bleich machen : entfärben; rbz.: bleich werden; intr. (haben, sein) (auch: du blichst, du blichest; geblichen; bleich[e]!): bleich sein : bleich

werden ❋ *Bleicherde:* kieselsaures Tonerdesalz, Walkerde; *Bleichgesicht; Bleichkalk:* Chlorkalk; *Bleichlauge:* zum Bleichen verwendete Lauge; *Bleichmittel:* Mittel zum Bleichen; *Bleichsoda:* Wasch- und Bleichmittel; *Bleichsucht:* eine Krankheit; *bleichsüchtig* Ew. ❋ **Blei**|**cher**, der; –s, –; ❋ **Blei**|**che**|**rin**, die; –, –nen: Person, die das Bleichen von Wäsche usw. beruflich betreibt ❋ **Bleich**|**heit**, die; –: das Bleichsein

Blei|**e**: s. Blei (Fisch)

blei|**en, blei**|**ern**: s. Blei

Blen|**de**, die; –, –n: dunkle Scheibe mit schlitzförmiger oder runder Öffnung an optischen Geräten : Iris im Auge : (Baukst.) Mauervertiefung : (Baukst.) vorgetäuschte Fenster oder Türen : Abschirmung ❋ **blen**|**den** tr.: blind machen : der Einsicht berauben : durch Glanz u. a. vorübergehend die Sehkraft schwächen : durch äußeren Schimmer täuschen : Zutritt des Lichtes abhalten, beeinträchtigen : verdeckend dem Anblick entziehen : (Baukst.) verdachen ❋ *blendend* Mw. Ew.: hellstrahlend : (volkst.) herrlich : durch äußeren Glanz täuschend ❋ *Blendfenster:* überflüssiges Scheinfenster; *Blendlaterne:* nach einer oder mehreren Seiten abgeblendete Laterne; *Blendleder:* Scheuklappe (der Pferde); *Blendrahmen:* Rahmen zum Einspannen der Leinwand beim Malen; *Blendschirm; Blendschutz; Blendstein:* dem Mauerwerk als Zierde vorgebauter (vorgeblendeter) Stein; *Blendtritt:* (weidm.) täuschende Fährte; *Blendwerk:* Festungsmauer, die die Truppen verdeckt : (übertr.) Vorspiegelung; *Blendzeug:* (weidm.) Lappen, Tücher zum Blenden ❋ **Blen**|**der**, der; –s, –: Angeber : Vortäuscher ❋ **blen**|**die**|**ren** (..iert) tr.: (Baukst.) blenden; auch blindieren ❋ **Blend**|**nis**, das; –ses, –se: etwas durch Schein Täuschendes ❋ **Blen**|**dung**, die; –, –en: das Blenden : etwas Blendendes

Bles|**se**, die; –, –n: weißer Fellfleck : Tier mit weißem

Stirnfleck; auch Blass, Bläss, Blasse, Blässe

bles|**sie**|**ren** (..iert) (fr.) tr.: verwunden ❋ **Bles**|**sur**, die; –, –en: Verwundung : Wunde

bleu (fr.) [blöh] Ew.: mattblau ❋ **bleu**|**mou**|**rant** (fr.) [blömurang] Ew.: „sterbendblau“, blassblau : leichenfarbig ❋ **blü**|**me**|**rant** Ew.: (entstellt aus) bleumourant ❋ *es wird mir blümerant vor den Augen*

Bleu|**el**, der; –s, –: hölzerner Schlegel zum Schlagen nasser Gewebe ❋ **bleu**|**en** → **bläuen** tr.: (Umgspr.) schlagen, verbläuen

Blick, der; –(e)s, –e: aufleuchtender Schein : Schimmer des Auges : schnelle Wahrnehmung durch das Auge : Ausdruck des Auges : geistiges Auge, Einsicht : Aussicht, Fernsicht ❋ *Blickrichtung; Blicksilber:* feines Silber aus der Treibarbeit hervorgehend, bei der es kurz aufleuchtet; *Blickwinkel* ❋ **bli**|**cken** intr.: aufleuchten; tr.: sehen ❋ *sich blicken lassen:* zum Vorschein kommen ❋ *Blickfang:* auffallender Punkt im Werbebild, Schaufenster, Plakat usw.; *Blickfeld:* Gesichtsfeld; *Blickfeuer:* (seem.) schnell aufblitzendes Warnungszeichen; *Blickpunkt:* Punkt, auf das Auge gerichtet ist

blind Ew. (blindeste): nicht sehend : der klaren Einsicht beraubt : verblendet : trübe, angelaufen : nicht sichtbar, versteckt : vorgetäuscht, vorgeblendet ❋ *blind blühen:* taub blühen ❋ *blinde Wand:* Wand ohne Türen und Fenster; *blinder Lärm:* falscher Lärm; *blinder Mann:* (Kartsp.) Strohmann, nur gedachter Spieler; *blinder Passagier:* nicht zahlender Reisender ❋ *Blinddarm:* blinder Teil des Dickdarms; *Blinddarmentzündung; blindfliegen* → *blind fliegen:* bei Nacht oder im Nebel fliegen mit Hilfe von Messgeräten oder durch Funkpeilung; *Blindflug; Blindgänger:* unwirksamer Schuss; *Blindholz:* vom Furnier verdecktes Holz; *Blindrahmen:* Blendrahmen; *Blindrebe:* als Senker benutzte Rebenspitze; *Blindschleiche,* die; –, –n: schlangenähnliche Eidechse ＊ *Blindekuh:* Spiel ＊ *Blindenanstalt:* Wohnheim für Blinde; *Blindenführer;* *Blindenheim; Blindenhund; Blindenschrift; Blindspiel:* Schachspiel aus dem Gedächtnis, ohne das Brett zu sehen; *Blindstrom:* Teil des Wechselstroms ＊ **Blin**|**de,** der (die); –n, –n: blinder Mensch ＊ **Blind**|**heit,** die; –: das Blindsein ＊ **Blind**|**ling,** der; –s, –e: ein Blinder : verblendeter Mensch : Blutgeschwür ＊ **blind**|**lings** Uw.: ohne zu sehen oder zu prüfen **blink** Ew.: blinkend ＊ fast nur in: *blink und blank* ＊ **blin**|**ken** intr.: funkelnd leuchten : strahlen : blinzeln ＊ *Blinkfeuer:* Blickfeuer; *Blinkgerät:* optisches Gerät zum Zeichengeben; *Blinklicht, Blinkzeichen:* Lichtsignal ＊ **blin**|**kern** (ich ..[e]re) intr.: blinken ＊ **blin**|**zeln** (ich ..[e]le) intr.: mit halbgeschlossenen Augen sehen : die Augenlider schnell auf- und abbewegen : durch einen Blick Zeichen geben ＊ **blin**|**zen** intr.: blinzeln **Blitz,** der; –es, –e: elektrischer Funke beim Gewitter : etwas sehr Schnelles : etwas leuchtend Zuckendes ＊ *Blitzableiter:* Vorrichtung, um die Elektrizität des Blitzes in die Erde zu leiten (1752 erfunden) ＊ **blitz**|**ar**|**tig** Ew.: äußerst schnell ＊ *blitzdumm* Ew.: verteufelt dumm; *blitzeinfach* Ew.: ganz einfach; *Blitzfeuer:* Blinkfeuer; *Blitzgefahr:* Gefahr des Blitzschlags; *blitzgeschwind* Ew.: schnell wie der Blitz; *Blitzgespräch:* sehr schnell vermitteltes Ferngespräch; *Blitzkerl:* Teufelskerl; *Blitzlicht; Blitzlichtaufnahme; Blitzschaden:* Schaden durch Blitzschlag; *Blitzschlag:* Auftreffen des Blitzes auf einen festen Körper; *blitzschnell* Ew.; *Blitzstrahl; Blitztelegramm; blitzwenig* Ew.: äußerst wenig; *Blitzzug:* sehr schnell fahrender Eisenbahnzug ＊ *blitzesschnell* Ew.: Blitzesschnelle ＊ **blit**|**zen** intr.: funkelnd glänzen : (unp. vom elektr. Funken beim Gewitter) sich entladen : sich blitzschnell bewegen ＊ *blitzblank* Ew.: blitzend blank;

blitzblau Ew.: ganz blau; *blitzsauber* Ew.: blitzend sauber ＊ **Blit**|**zer,** der; –s, –: (mundartl.) Blitz : (mundartl.) Blick : Nackter ＊ **blit**|**zig** Ew.: blitzähnlich : plötzlich zornig **Bliz**|**zard** (e.) [bliss'rd], der; –s, –s: Orkan in Nordamerika, verheerender Schneesturm **bloc, en —** (fr.) [ang –]: im Ganzen, in Bausch und Bogen; vgl. Block **Bloch,** der; –s: (östr.) Holzblock **Block,** der; –(e)s, Blöcke (und Blocks); Blöckchen: Klotz : großes, dickes, aber kurzes Stück eines festen Körpers : viereckiger Raum : schwarzes Viereck im Druck : viereckiger von Häusern besetzter Raum (Mz. Blocks) : Menge gleich großer, zusammengelegter Blätter : ungehobelte Person : Gruppe von Staaten, Parteien, die gemeinsam das gleiche Ziel verfolgen ＊ *Blockhaus:* Haus aus Holzblöcken : hölzernes Bollwerk : mit Kanonen besetztes Haus : Gefängnis, wo Verbrecher in den Fußblock gelegt werden; *Blockflöte:* Langflöte; *Blockpolitik; Blockrolle:* (seem.) rollenförmiges Hebewerkzeug; *Blockschiff:* Floß; *Blockschrift:* Schreibweise in Druckbuchstaben; *Blocksignal; Blockstelle:* Befehlsstelle bei der Eisenbahn zum Bedienen der Blocksignale; *Blockunterricht:* konzentrierte Vermittlung von Lehrstoff in einer durchgehenden Einheit; *Blockzinn:* Zinn in Blöcken ＊ **Blo**|**cka**|**de** (dtsch.-fr.), die; –, –n: Einschließung : (seem.) Absperrung : (Buchdrw.) Blocksatz ＊ **blo**|**cken** tr., intr.: (Eisenb.) eine Teilstrecke schließen, sperren : mit dem Blocker bohren ＊ *Blockstation:* Stelle, an der geblockt wird; *Blockwärter:* Eisenbahnbeamter der Blockstation ＊ **Blo**|**cker,** der, –s, –: schwere Bohnerbürste ＊ **blo**|**ckieren** (..iert) tr.: einschließen : absperren : (Buchdrw.) umgekehrte Typen setzen, so dass ein schwarzes Viereck entsteht : (Boxsport) einen Schlag des Gegners abfangen ＊ **Blo**|**ckie**|**rung,** die; –, –en: das

Blockieren : Blockade ＊ **blo**-**ckig** Ew.: klotzig **Blocks**|**berg,** der; –s: Name des Brockens in der Volkssage vom Hexentanz **blöd, blö**|**de** Ew.: (urspr.) schwach : kurzsichtig : einfältig : schwach an Verstand ＊ *blödsichtig* Ew.: kurzsichtig; *Blödsinn:* Schwachsinn : Unsinn; *blödsinnig* Ew. ＊ **blö**|**deln** intr.: albern sein ＊ **Blöd**|**heit,** die; –, –en: Albernheit ＊ **Blö**|**digkeit,** die; –, –en: Blödheit : Schüchternheit ＊ **Blö**|**dling,** der; –s, –e: blöder Mensch : Dummkopf **blö**|**ken** intr.: (vom Rind u. a.) schreien : tierisch schreien **blond** (fr.) Ew.: (vom Haar) hellfarbig : (scherzh. allg.) hellfarbig ＊ *blondgelockt* → *blond gelockt* Ew.; *blondhaarig* Ew.; *Blondkopf:* Mensch mit blonden Haaren; *blondlockig* Ew. ＊ **Blond**|**chen,** das; –s, –: blondes Mädchen ＊ **Blon**|**de,** die; –n, –n: blonde Frau : (scherzh., berlin.) Weißbier ＊ **Blon**|**de** (fr.) [blongd'], die; –, –n: Seidenspitzen ＊ **Blond**|**heit,** die; –: das Blondsein ＊ **blon**|**die**|**ren** tr.: künstlich aufhellen ＊ **Blon**|**dine,** die; –, –n: blonde Frau **bloß** Uw.: nur ＊ **bloß** Ew. (bloßer, bloßeste): nackt : entblößt : bar : alleinig, allein vorhanden ＊ *bloßdecken:* aufdecken, die Decke entfernen; *bloßlegen:* entblößen; *bloßliegen* rbz.: sich im Liegen entblößen; *bloßstellen* tr.: der Schande preisgeben : blamieren; *bloßstrampeln* rbz.: sich durch Strampeln aufdecken ＊ **Blö**|**ße,** die; –, –n: Nacktheit : Mangel : (Fechtkst.) ungedeckte Stelle : Waldlichtung : (Gerb.) enthaartes ungegerbtes Fell ＊ **bloß**|**erdings** Uw.: nur ＊ **Blöß**|**ling,** der; –s: (Gerb.) Blöße **Blou**|**son** (fr.), das; der; –s, –s: über der Hüfte anliegende Jacke mit Bund **Blow-up** (e.), das; –s, –s: fotomechanische Vergrößerung **blub**|**bern** (ich ..[e]re) (nordd.) intr.: den Klang platzender Blasen hervorbringen : seufzend weinen **Blue**|**jeans** *auch:* **Blue Jeans** (e.) [bluschihns] Mz.: Farmerhose, Arbeitshose aus blauem Baumwollköper

Blues (e.) [blus], der; –, –: schwermütige Weise der Afroamerikaner : Grundlage des Jazz : langsamer am. Gesellschaftstanz

Bluff (e.) [blöff, auch bluff], der; –s, –s: Verblüffung, Irreführung : prahlerische, täuschende Anpreisung * **bluffen** tr.: verblüffen : irreführen : prahlend täuschen

blühen (du blühtest; geblüht) intr.: in Blüte stehen : auf dem Höhepunkt der Entwicklung sein : (bergm.) zutage anstehen, ausschlagen * **blühend rot** Ew.: strahlend rot; vgl. Blüte

Blume, die; –, –n; Blümchen: Blüte : blühende Pflanze : Nachbildung blühender Pflanzen : weißer Fleck : weißer Stirnfleck : (weidm.) Schwanzspitze : Schwingenrand der Falken : glänzender Schaum : Duft des Weines : (Chem.) fein verteilter Stoff : Flaum : (Kürschn.) Hasenhaar : zartes Fell : das Vorzüglichste seiner Art : etwas Frisches, Unverletztes : Jungfernschaft : Menstruation : schimmernde Redewendung * **durch die Blume sagen:** verblümt, verhüllt sage * *Blumenarrangement* [-arrangehemang]; *Blumenbau:* Blumenzucht; *Blumenbeet; Blumenbinderin; Blumenbinse:* eine Binsenart; *Blumenblatt:* Blütenblatt; *Blumenbrett:* Brett für Blumen in Töpfen; *Blumenerde:* für Blumen geeignete Erde; *Blumenflor:* Blumenfülle; *Blumenfreund; Blumengarten; –gärtner; –gärtnerei; Blumengehänge; –gewinde:* Girlande; *Blumengeschäft; Blumenkasten; Blumenkelch:* äußerer Blütenteil; *Blumenkohl:* Kohl mit essbaren Blüten; *Blumenkorb; Blumenkranz; Blumenkrone:* innerer Blütenteil : aus Blumen gewundene Krone; *blumenreich* Ew.; *Blumenrohr:* eine Pflanze; *Blumenschere; Blumenschmuck; Blumensprache:* Zeichensprache mit Blumen; *Blumenstock:* Blumen tragende Pflanze : Blumenstab; *Blumenstrauß; Blumenstück:* Blumenbeet : Blumen darstellendes Gemälde : besonders

gutes Stück vom Rinderbraten; *Blumentopf:* Topf, in den Blumen gepflanzt werden : Topf mit eingepflanzter Blume; *Blumenvase; Blumenzucht; Blumenzwiebel:* Zwiebel als Wurzel eines Blumengewächses *

blumen, blümen tr.: mit Blumen schmücken : mit Blumennachbildungen versehen *

blumenhaft Ew.: in der Art der Blumen * **blumig** Ew.: blumenhaft : geblümt : bunt von Blumen : (Redekst.) verziert

blümerant: s. bleu

Bluse (fr.), die; –, –n: Kittel : Frauenoberjacke : Arbeiterkittel * *Blusenmann:* Arbeiter

Blüse (dän.), die; –, –n: (seem.) Leuchtfeuer, Flackerfeuer

Blut, das; –(e)s: rote Flüssigkeit in den Adern von Mensch und Tier : Lebenssaft : Leben : Geschlecht, Stamm : Gemütsart : etwas Blutrotes * *Gut und Blut:* Besitz und Leben; *ruhig Blut!:* ruhig : ruhigen Sinn!; *böses Blut machen:* in Erregung versetzen : Unwillen erregen * *Blutapfelsine:* Apfelsine mit teilweise rotem Fruchtfleisch; *blutarm* Ew.: arm an Blut : äußerst arm; *Blutarmut:* Blutleere, Mangel an roten Blutkörperchen; *Blutauffrischung; Blutbad:* Gemetzel; *Blutbahn:* Blutkreislauf; *Blutbank:* Sammelstelle für Blutkonserven; *Blutbann:* Gerichtsbarkeit über Leben und Tod; *blutbefleckt* Ew.; *Blutbild:* Zusammensetzung des Blutes als Ergebnis verschiedener Untersuchungen; *blutbildend →* *Blut bildend* Ew.: zur Vermehrung der roten Blutkörperchen beitragend; *Blutbildung; Blutbirke:* Birke mit rotem Laub; *Blutbrechen:* Erbrechen von Blut; *Blutbuche:* Buche mit rotem Laub; *Blutbürge:* Leibbürge; *Blutdorn:* eine Pflanze; *Blutdurst:* Mordgier; *blutdürstig* Ew.: mordgierig; *Bluteiche:* Eiche mit rotem Laub; *Blutegel:* blutsaugender Wurm : (übertr.) Aussauger; *Bluterguß → Bluterguss; Bluterz:* Rotgüldenerz; *Blutfarbe; blutfarbig* Ew.: blutrot; *Blutfaktor:* erbliche Eigenschaft der Blutkörper-

chen; *Blutfink:* Rotfink, Dompfaff; *Blutfleck; Blutfluss:* Blutung; *blutfremd* Ew.: von fremdem Blut, fremder Abstammung; *Blutgefäß:* Ader; *Blutgeld:* Geld als Sühne für Totschlag : durch Blutschuld erworbenes Geld; *Blutgericht:* Gericht über Leben und Tod; *Blutgerinnsel:* geronnenes, festgewordenes Blut; *Blutgerüst:* Schafott; *Blutgeschwür:* mit Blut gefülltes Geschwür; *blutgierig* Ew.: mordgierig; *Blutgruppe:* Gesamtheit gleichartiger Blutkörperchen; *Blutharnen:* Abgehen von Blut mit dem Harn; *Bluthochzeit:* Pariser Bartholomäusnacht 23./24.8.1572; *Blutholz:* rotes Farbholz; *Bluthund:* Jagdhund : (übertr.) blutdürstiger Mensch; *Bluthusten; Blutigel:* Blutegel; *blutjung* Ew.: sehr jung; *Blutkasten:* (weidm.) Herz; *Blutkörperchen:* Bestandteil des Blutes; *Blutkreislauf; Blutkuchen:* gerinnende Masse des Blutes; *Blutlassen:* Aderlass; *Blutlauf:* Blutumlauf : Durchfall mit Blutabgang; *Blutlauge:* Lauge aus stickstoffhaltigen organischen Stoffen; *Blutlaus:* eine Laus; *blutleer* Ew.: kein Blut enthaltend; *Blutleere; Blutliebe:* Blutgier : Liebe unter Blutsverwandten; *blutlos* Ew.: ohne Blut; *Blutplasma; Blutplättchen; Blutprobe; Blutrache:* Rache für einen Mord; *blutreich* Ew.; *blutreinigend* Mw. Ew.; *blutrot* Ew.: rot wie Blut; *Blutruhr:* Ruhr mit Blutabgang; *blutrünstig* Ew.: blutunterlaufen : mordgierig; *blutsaugend→ Blut saugend; Blutsauger:* Blut saugendes Tier : (übertr.) Aussauger; *Blutschande:* Geschlechtsverkehr von Blutsverwandten; *Blutschänder; blutschänderisch* Ew.; *Blutschuld:* Mord; *Blutschwamm:* blutstillender Baumschwamm : ein blutroter Pilz : blutgefüllte krankhafte Geschwulst; *Blutsenkung; Blutspender; Blutstallen:* (bei Pferden) Blutharnen; *Blutstein:* faseriger Roteisenstein; *blutstillend* Ew.: den Blutfluss hemmend; *Blutstrahl; Blutstuhl:* Stuhl für einen Hinzurichtenden : blutiger Stuhlgang; *Blutsturz:* heftiger Bluthusten; *Bluttat:* Mord; *Bluttransfusion:* Blutübertragung; *bluttriefend* Ew.; *Blutumlauf:* Kreislauf des Blutes; *blutunterlaufen* Ew.; *Blutuntersuchung; Bluturteil:* Todesurteil; *Blutvergießen:* Tötung; *Blutvergiftung; Blutverlust; Blutwasser:* wässeriger Bestandteil des Blutes; *Blutweiderich:* eine Pflanze; *Blutwurst:* Schwarzwurst; *Blutwurz(el):* eine blutstillende Pflanze; *Blutzersetzung; Blutzeuge:* Märtyrer; *Blutzucker; Blutzwang:* Stuhlzwang mit Blutabgang ✳ *Blutsfreund:* sehr naher Freund; *Blutstropfen; Blutsverwandter:* Stammverwandter ✳ **bluten** intr.: Blut verlieren : Saft verlieren : inneres Weh dulden : Vermögensverlust erleiden : (bergm.) blutrot erscheinen : gewaltsam sterben *: sich zu Tode bluten:* bluten, bis man stirbt ✳ **Bluter,** der; –s, –: Mensch mit schwer oder nicht gerinnendem Blut ✳ **blutig** Ew.: mit Blut befleckt : mit Blut gemischt : blutrot : blutgierig ✳ **Blutung,** die; –, –en : das Bluten : Blutverlust **Blüte,** die; –, –n; Blütchen: Befruchtungs- und Fortpflanzungswerkzeug der Pflanze : (übertr.) jugendliche Person : das Blühen : (Gaunerspr.) falsche Banknote ✳ *Blütezeit:* Zeit der Baumblüte : (übertr.) Höhepunkt einer Literatur- und Kunstperiode sowie eines Staates ✳ *Blütenast; Blütenbaum; Blütenblatt; Blütenduft; Blütenhonig:* aus Blüten gewonnener Honig; *Blütenknospe; Blütenlese:* Sammlung von Aussprüchen einer oder mehrerer bekannter Persönlichkeiten; *Blütenöl:* Blütenduftstoff; *Blütenpflanze; blütenreich* Ew.: mit vielen Blüten; *Blütenregen; Blütenstand:* Art der Blütenstellung; *Blütenstaub* ✳ **..blüten** Ew. in Zus.: mit Blüten versehen; z. B. Kirschblüten ✳ *blütenweiß* Ew.: glänzend, leuchtend weiß ✳ **..blüter, ..blütler,** der; –s, –, in Zus.: Blüten habende Pflanze; z. B. Lippenblütler **BLZ** (Abk): Bankleitzahl **b-Moll:** s. b

BMX-Rad (e.), das; –s, ..räder: dickbereiftes Fahrrad mit starkem Profil für das Querfeldeinfahren [von e. bicycle motocross] **BND** (Abk.): Bundesnachrichtendienst **Bö,** die; –, –en: (niederd.) kurzer, heftiger Windstoß ✳ **böig** Ew.: (Wind) kurz stoßend **Boa** (l.), die; –, –s: Riesenschlange ✳ **Boa,** die; –, – oder –s: schlangenartiger Pelzkragen **Boat-people → Boat|people** (e.) [bohtpihpel] die; (nur Mz.): mit Schiffen oder Booten flüchtende Menschen (Vietnamesen, Kubaner u. a.) **Bob,** der; –s, ` –s: (volkst.) Bobsleigh ✳ *Bobbahn; –fahrer* **Bob|bel,** die; –, –n: Wasserblase ✳ **bob|beln** (ich ..[e]le) intr.: Blasen werfend wallen **Bob|by** (e.), der; –s, –s: Bezeichnung für die britischen Polizisten (nach dem Innenminister Sir Robert [„Bobby"] Peel) **Bo|ber,** der; –s, –: schwimmendes Seezeichen **Bo|ber:** Nebenfluss der Oder **Bo|bi|ne** (fr.), die; –, –n: Spule : Spindel ✳ **Bob|i|net** [..näh], der; –s, –s: Tüllgewebe **Bob|sleigh** (e.) [bobßleh], der; –s, –s: Rennschlitten; vgl. Bob **Boc|cac|cio** (it.) [bokatscho]: ital. Dichter **Boc|cia** (it.) [botscha], die; –, –s: Kugel : ein Spiel ✳ **Boc|cia|spiel** **Boche** (fr.) [bosch], der; –, –s: Schwein : fr. Schimpfname für den Deutschen **Bo|chum:** Industriestadt in Nordrhein-Westfalen **Bock,** der; –(e)s, Böcke; Böckchen, –lein: Männchen der gehörnten Vierfüßler (außer Rind) : (meist) Schafbock : etwas Stoßendes : (meist übertr.) Trotz : Mauerbrecher : Rammklotz : Ramme : starkes Münchener Bier (Umdeutung aus „Einbeck") : Purzelbaum : Fehler : Gestell : erhöhter Sitz : Kutschersitz : Maschine, die Lasten emporwindet : Dudelsack : ein Orgelzug mit meckerndem Ton : Name mehrerer Kerbtiere : plattes Schiff ✳ *bockbeinig*

Ew.: steifbeinig : (übertr.) störrisch; *Bockbier:* urspr. Einbecker Bier; *Bocklamm:* männl. Lamm unter einem Jahr; *Bockleiter:* Stehleiter, zusammenklappbare Leiter; *Bockleder; bockledern* Ew.; *Bockmühle:* auf einem Bock ruhende, drehbare Windmühle; *bocksteif* Ew.; steif wie ein Bock ✳ *Bocksauge:* Auge eines Bocks : Mensch mit kleinen Augen oder einem kleineren Auge : Schlüsselmuschel; *Bocksbart, Bocksbeere:* Pflanzennamen; *Bocksbeutel:* Hodensack eines Bocks : bauchige Flasche : fränkischer Wein (nach seiner Aufbewahrung in bauchigen Flaschen) ✳ *Bocksdorn:* eine Pflanze; *Bocksfuß:* Fuß eines Bocks : Person mit Bocksfüßen (Satyr.); *Bockshorn:* Horn eines Bocks : Pflanzenname : gekrümmtes Tür-, Fensterband ✳ *in Bockshorn jagen:* ängstigen, einschüchtern ✳ *Bocks(horn)klee:* eine Pflanze; *Bockwurst* ✳ **bo|cken** intr.: (von Tieren) nach dem Bock verlangen : nach dem Bock riechen : Bocksprünge machen : sich bäumen : trotzen : wie ein Bock stoßen ✳ **bo|ckig, bö|ckig, bo|ckisch, bö|ckisch** Ew.: bockartig : steif : stoßend : eigensinnig : geil **Böck|lin:** schweiz. Maler **Bocks|beutel,** der; –s, –: (niederd.) „Buchbeutel", Kleiderordnung : (übertr.) althergebrachter Schlendrian ✳ **Bocksbeute|lei,** die; –, –en: gemächliches Wesen ✳ **bocksbeute|lig** Ew.: schlendernd, gemächlich; s. o. *Bocksbeutel* (Frankenwein) bei Bock **Bod|den,** der; –s, –: Strandsee; Bucht **Bo|de|ga** (span.), die; –, –s und ..gen: Weinstube **Bo|den,** der; –s, – und Böden: fester Grund unter den Füßen : festes Land : Erdboden : Grundstück : untere Fläche eines Raumes : untere Fläche eines Gefäßes : obere oder untere Fläche eines Fasses : Raum unter dem Dach eines Hauses ✳ *zu Boden fallen:* hinunterfallen; *zu Boden schlagen:* niederschlagen; *in Grund und Boden verdorben:* ganz und gar verdorben; *Boden gewinnen:* (übertr.) Sicherheit gewinnen : andere überzeugen ✳ *Bodenabwehr:* Abwehr von Flugzeugen vom Boden aus; *Bodenart, -beschaffenheit:* Art des Erdbodens; *Bodenerhebung:* Erhöhung des Erdbodens; *Bodenertrag:* Feldfrüchte; *Bodenfeld:* hinterstes Feld des Kanonenlaufs; *Bodenfenster:* Dachfenster; *Bodenfrost:* Frost am Erdboden; *Bodengericht:* (nahe) am Boden aufgerichtete Dohnen; *Bodengymnastik:* Bodenturnen; *Bodenholz:* Holz zu Fassböden; *Bodenkammer:* Dachkammer; bodenlos Ew.: grundlos, unermesslich tief : unausfüllbar, unersättlich : unerhört, unverschämt; *Bodennutzung:* Bewirtschaftungsart der Bodenfläche; *Bodensatz:* feste, sich am Boden absetzende Teile von Flüssigkeiten; *Bodenschatz,* der; –es, ..schätze; *Bodenschneise:* Bodengericht; *Bodenspekulation;* bodenständig Ew.: auf dem Boden befindlich : im Heimatboden wurzelnd; *Bodenstein:* Boden des Hochofens : unterer Mühlstein; *Bodentür:* Tür zum Dachboden : Öffnung im Tonnenboden; *Bodentreppe;* *Bodenturnen:* Turnübungen ohne Geräte; *Bodenuntersuchung:* Untersuchung der Bodenbeschaffenheit ✳ **bod|men,** **böd|men** tr.: mit Bodmerei belasten ✳ **Bod|me|rei,** die; –, –en (von Boden, Schiffsboden): Schiffsbeleihung, -verpfändung ✳ *Bodmereibrief:* Schiffspfandbrief

Bodo|ni: it. Fn.: it. Schriftgießer und Buchdrucker : Schöpfer der Bodoni-Antiqua

Bo|dy (e.), der; –s, –s: Kurzbez. für Bodysuit, eng sitzende einteilige Unterwäsche ✳ **Bo|dy|buil|ding** (e.), das; –: Körperbildung durch gezieltes Training ✳ **Bo|dy|check** (e.), der; –s, –s: harter, aber erlaubter Körpereinsatz im Fußball, Eishockey o. Ä. ✳ **Bo|dy-guard** (e.), der; –s, –s: Leibwächter, Sicherheitsbeamter

Bo|fist, der; –(e)s, –e: Staubpilz

Bo|gen, der; –s, – und Bögen; Bög(e)lein, Bögelchen: etwas

Gebogenes, Gekrümmtes : gekrümmte Linie, Fläche : gekrümmtes Bauwerk : gekrümmtes Werkzeug : bespanntes Holz zum Streichen der Saiteninstrumente : ein Schießwerkzeug : ein Stück (Druck-, Schreib-) Papier von bestimmter Größe ✳ *in Bausch und Bogen:* alles inbegriffen ✳ *Bogenachter:* Pflichtübung beim Eiskunstlauf; *Bogenbrücke:* aus mehreren Bögen bestehende Brücke; *Bogendecke:* gewölbte Decke eines Raumes; *Bogenfenster:* oben bogenförmiges Fenster; *Bogenfries:* eine Reihe kleiner Blendbogen; *Bogenführung:* Führung des Geigenbogens; *Bogengang:* gewölbter Gang; *Bogenkorrektur:* Korrektur eines Druckbogens; *Bogenlampe:* elektr. Lampe mit Lichtbogen; *Bogenlänge;* *Bogenlinie; Bogenpfeiler:* Gewölbepfeiler; *Bogenrolle:* rollenförmiger Zierat am Gewölbeschluss; *Bogensäge:* Säge mit bogenförmigem Gestell; *Bogenschießen; Bogenschütze:* mit dem Bogen Schießender; *Bogensehne:* Sehne zum Spannen des Schießbogens : Sehne eines Kreisbogens; *Bogenstrich:* Strich mit dem Geigenbogen; bogenweise Uw.: in einzelnen Paperbogen; *Bogenweite:* Breite eines Gewölbebogens; *Bogenzeichen:* Buchdruckerzeichen am Anfang oder am Ende eines Bogens ✳ **bo|gig** Ew.: in Bogenform

Bo|heme (fr.) [boähm'], die; –: Zigeunertum : unbürgerliche Künstlerwelt ✳ **Bo|he|mi|en** [boehmiäng], der; –(s), –s: Angehöriger der Boheme [eig. Böhmen]

Bohle, die; –, –n: dickes Brett ✳ *Bohlenwand* ✳ **boh|len** tr.: mit Bohlen belegen

Böhm, der; –en, –en: eine böhm. Münze : böhm. Drossel ✳ **Böh|me,** der; –n, –n: Bewohner von Böhmen ✳ **Böh|men, Böh|mer|land** ✳ **Böh|mer-wald:** Mittelgebirge an der böhm.-bayr. Grenze ✳ **böh-misch** Ew.: aus Böhmen stammend : auf Böhmen bezüglich : zigeunerisch : unverständlich, seltsam ✳ *böhmische Dörfer*

(volkst.): etwas Unverständliches

Boh|ne, die; –, –n; Böhnchen, -lein: längliche Hülsenfrucht mehrerer Pflanzen : Hülsenfrucht mit Schoten : bohnentragende Pflanze : bohnenförmiges Zuckerplätzchen : rundlicher Tierkot : (blaue –) Flintenkugel : Fleck in den Höhlen der Eckzähne bei Pferden : (Rote –) eine Muschel : Same des Kaffee- und Kakaostrauchs ✳ *Bohnenbaum:* Goldregen; *Bohnenkraut:* eine Gewürzpflanze; *Bohnenlied:* (in der Wendung) *das geht übers Bohnenlied:* das übersteigt alles; *Bohnenstange:* Stange, an der Bohnen emporranken; *Bohnenstroh; Bohnensuppe*

boh|nen tr.: (niederd.) mit Wachs glätten ✳ *Bohnaxt:* Breitaxt zum Glätten ✳ **Boh|ner,** der; –s, –: Gerät zum Bohnern ✳ **boh|nern** (ich ..[e]re) tr.: bohnen ✳ *Bohnerbesen; –bürste; –wachs*

boh|ren tr., u. intr.: durch drehende Bewegungen eines spitzen Werkzeugs ein Loch herstellen : ein Loch hineinstoßen : sich unablässig auf einen Punkt heften ✳ *einem ein Eselsohr, einen Esel bohren:* (durch eine bestätigende Gebärde) verhöhnen ✳ *Bohrahle; Bohrarbeit; Bohrbank:* Bank zum Ausbohren der Gewehrläufe; *Bohrfutter; Bohrhammer:* Drucklufthammer, der im Bergbau Bohrlöcher für die Schießarbeit herstellt; *Bohrkurbel; Bohrkäfer:* ein Käfer; *Bohrloch:* gebohrtes Loch; *Bohrmaschine:* Werkzeugmaschine; *Bohrmehl:* herausgebohrtes, pulverförmiges Holz; *Bohrmeißel; Bohrmuschel:* Bohrwurm; *Bohrspäne:* beim Bohren abfallende Späne; *Bohrturm:* Turm über einem Bohrloch; *Bohrwinde:* Handbohrgerät für Tischler; *Bohrwurm:* eine Röhrenmuschel, die sich ins Holz der Schiffe einbohrt ✳ **Boh|rer,** der; –s, –: Bohrender : Werkzeug zum Bohren : Name von Tieren (Bohrmuschel) ✳ **Boh|rung,** die; –, –en: das Bohren : die Durchbohrung

bö|ig; s. Bö

Boi|ler (e.) [beuler], der; –s, –: Dampfkessel: elektr. Warmwasserbereiter [e. to boil kochen, dampfen]

Bol|jar (slaw.), der; –en, –en: adliger Großgrundbesitzer

Bol|je, die; –, –n: (niederd.) Ankertonne, verankertes Seezeichen * *Bojenanker*

Bol (gr.-l.), der; –s; **Bollus**, der; –: fette Tonerde, Farberde [gr. bolos Erdscholle]

Bola (span.), die; –, –s: südam. Schleuderwaffe

Bol|ero (span.), der; –s, –s: span. Volkstanz : kuban. Tanz : kurze Jacke * *Bolerojäckchen*

Bol|le|tit (l.), der; –en, –en: versteinerter Pilz * **Bol|le|tus**, der; –, ..ti: ein essbarer Pilz : Hutpilz

Bol|li|de (gr.-l.), der; ..iden, ..iden: Rennwagen : Sternschnuppe

Bol|li|var [..w..], der; –(s), –(s): Münze in Venezuela * **Bol|li|vi|a|ner**, der; –s, –: Bewohner von Bolivien * **bol|li|vi|a|nisch** Ew.: auf Bolivien bezüglich * *Bol|li|vi|a|no*, der; –(s), –(s): bolivian. Münze * **Bol|li|vi|en**: südam. Staat

Bolk, der; –s, –e: Gebrüll : Rülps * **böl|ken** intr.: brüllen : laut rülpsen * *Bölkstoff:* (Umgspr. nordd.) Bier

Bol|land|dist, der; –en, –en: Angehöriger einer nach Johann Bolland benannten Jesuitengesellschaft, die Heiligenlegenden herausgab

Bol|le, die; –, –n; Böllchen: Knospe : Samenkapsel (des Flachses) : Wurzelknollen : Zwiebel * **Bol|len**, der; –s, –: Pflanzenknoten * **Bol|lengewächs**, das; –es, –e: Zwiebelgewächs

Bol|ler, **Böl|ler**, der; –s, –: Pflock

Böl|ler (östr. **Pöl|ler**), der; –s, –: kleine Kanone, Mörser * *Böllerschuss* * **böl|lern** (östr. **pöl|lern**) (ich ..[e]re) intr.: mit Böllern schießen

Bol|let|te (it.), die; –, –n: Zollquittung

Boll|wehr, das; –s, –e: (selt. für) Bollwerk * **Boll|werk**, das; –(e)s, –e: (veralt.) ein Belagerungswerkzeug : Verteidigungswerk, Schutzwehr * **boll|wer|ken** tr.: befestigen

Bo|log|na [bolonja]: ital. Provinz und Stadt * **Bo|log|ne|se** [-lonjese], der; –n, –n: Einwohner Bolognas : kleiner Malteserhund

Bo|lo|me|ter (gr.), das; –s, –: Messgerät kleinster Wärmeunterschiede

Bol|sche|wik, der; –en, –en und ..wiki (veralt. abwertend): russ. Kommunist * **bol|sche|wi|sie|ren** tr.: bolschewistisch machen * **Bol|sche|wi|sie|rung**, die; –, –en * **Bol|sche|wis|mus**, der; –: russ. Kommunismus * **Bol|sche|wist**, der; –en, –en: Bolschewik * **bol|sche|wis|tisch** Ew.: den Bolschewismus betreffend : wie ein Bolschewist

Bo|lus: s. Bol

Bolz, der; –es, –e; **Bol|zen**, der; –s, –; Bölzchen, –lein: walzenförmiger Armbrustpfeil : walzenförmiges Eisen zum Befestigen oder Verschließen : spitzes Eisen in einem Bügelgerät : Keil : senkrechter Balken * *bolz(en)gerade, Bolzenschloss:* ein Art Vorlegeschloss * **Bol|zen**: s. Bolz

Bo|ma, die; –, –s: mittelafrikan. Hafenstadt an der Kongomündung

Bom|bar|de (fr.), die; –, –n: ein Steinschleudergeschütz * **Bombar|de|ment** (fr.) [..mang], das; –s, –s: Beschießung (mit Bomben) * *Bombardierkäfer:* ein Dunst ausstoßender Laufkäfer * **bom|bar|die|ren** (..iert) tr.: (mit Bomben) belegen * **Bombar|die|rung**, die; –, –en: Angriff mit Bomben * **Bom|bar|don** [..dong], das; –s, –s: Basstuba *

Bom|be, die; –, –n: mit Sprengstoff gefüllte Wurfkugel : kugelförmige Glasflasche : Speiseeiskugel : kräftiger Schuss bei Ballspielen * *Bombenabwurf; Bombenangriff; Bombenanschlag; Bombenattentat; Bombenelement!:* ein Fluch; *Bombenerfolg:* Riesenerfolg; *bombenfest* Ew.: fest gegen Bombenwurf : (übertr.) felsenfest, unumstößlich; *Bombenflieger; Bombenflugzeug; Bombengeschäft:* (Umgspr.) Riesengeschäft; *Bombenlast; Bombenschaden; Bombenschuß* → *Bombenschuss; bombensicher* Ew.: bombenfest : (übertr.) ganz bestimmt; *Bom-*

bentepppich; Bombentrichter * **Bom|ber**, der; –s, –: Bombenflugzeug * *Bomberjacke:* modische Jacke im Fliegerlook *

bom|bie|ren (..iert) tr.: wölben : schweifen * *bombiertes Blech:* Wellenblech * **bom|big** Ew.: außergewöhnlich : (Umgspr.) großartig [fr. bombe von gr. bombos dumpf brummender Ton]

Bom|bast, der; –es: „mit Baumwolle ausgestopftes Zeug" : Wortschwall : Schwulst * **bom|bas|tisch** Ew.: schwülstig [gr. bombyx Seidenraupe, Seide, Baumwolle]

Bom|bay [bombeh]: vorderind. Provinz und Stadt

Bom|be, **Bom|ber**, **bom|bie|ren**: s. Bombarde

Bom|byx (gr.), der; –(es), –e: Seidenspinner : Seidenstoff : (Mus.) altgr. Blasinstrument * **bom|by|zin** Ew.: seiden : seidenraupenartig

Bon (fr.) [bong], der; –s, –s: Gutschein : Geldanweisung : Kassenzettel * **Bon|bon** [bong-bong], der; das (östr. nur so); –s, –s: Zuckerplätzchen * **Bon|bon|nie|re** [bongbonniähr'], die; –, –n: Kästchen für Zuckerwerk : eine Frauenhaube * **bon|gen** tr.: einen Kassenzettel ausstellen * *gebongt:* (Umgspr.) abgemacht, o.k. *

Bon|ho|mie [bonnomih], die; –, ..mien: Gutmütigkeit : Einfalt * **Bon|hom|me** [bonnomm], der; –, –s: Biedermann : einfältiger Mensch * **bon|jour** [bonschuhr]: guten Tag! * **Bon|jour** [bonschuhr], der; –s, –s: Überrock * **Bon|mot** [bongmoh], das; –s, –s: Witz, witziger Einfall * **Bon|ne**, die; –, –n: „die Gute", Kinderwärterin *

Bon|vi|vant [bongwiwang], der; –s, –s: Lebemann [fr. bon, bonne gut]; vgl. Bonität usw.

bo|na fi|de (l.): in gutem Glauben, guten Glaubens

Bo|na|par|tis|mus, der; –: Gesinnung der Anhänger Napoleon Bonapartes * **Bona|par|tist**, der; –en, –en: Anhänger Bonapartes * **bo|na|par|tis|tisch** Ew.: zu den Bonapartisten gehörig : im Sinne des Bonapartismus

Bon|bon, Bon|bon|nie|re: s. Bon

Bond (e.), der; –s, –s: Schuldverschreibung : Anleiheschein : Niederlage noch unversteuerter Waren

Bön|ha|se (niederd.), der; –n, –n: unzünftiger Arbeiter : Pfuscher

Bon|ho|mie, Bon|hom|me: s. Bon

Bo|ni|fa|tius (l.): „Wohltäter", Beiname des Bekehrers Winfried ✳ *Bonifatiusbrunnen; Bonifatiuspfennig:* Stielglied eines versteinerten Pflanzentiers; *Bonifatiusverein:* Teil des katholischen Piusvereins ✳

Bo|ni|fi|ka|tion, die; –, –en: Vergütung : Rückzoll ✳ **bo|ni|fi|zie|ren** (..iert) tr.: entschädigen : vergüten [l. bonus gut und facere machen]

Bo|ni|tät (l.), die; –, –en: Güte : Wert : Sicherheit einer Forderung : (Forstw.) Bodengüte : (kfm.) Zahlungsfähigkeit ✳ Boniteur (fr.) [..töhr], der; –s, –e: Abschätzer ✳ **bo|ni|tie|ren** (..iert) (nl.) tr.: abschätzen : veranschlagen ✳ **Bo|ni|tie|rung,** die; –, –en: Abschätzung [l. bonitas Güte von bonus gut]

Bon|jour, Bon|mot: s. Bon

Bonn: Stadt am Rhein, Regierungssitz der Bundesrepublik Deutschland

Bon|net (fr.) [bonnäh], das; –s, –s: Mütze : vorspringender Festungswinkel : (seem.) Beisegel

Bo|nus (l.), der; – und ..nusses, ..ni und ..nusse: Gewinnanteil

Bon|vi|vant: s. Bon

Bon|ze, der; –n, –n: buddhistischer Priester : abergläubischer Pfaffe : (verächtl.) polit. Nutznießer ✳ *Bonzenwirtschaft*

Boo|gie-Woo|gie (e.) [bugiwugi], der; –s, –s: moderner Tanz

Book|ma|ker (e.) [buckmehker], der; –s, –s: Buchmacher

Boom (e.) [buhm], der; –s, –s: plötzlicher wirtschaftl. Auftrieb, besonders der Börsenkurse ✳ **boo|men** tr.: sich gut verkaufen, Erfolg haben

Boot, das; –(e)s, –e; Bootchen, –lein: Bötchen, –lein: kleines Schiff ✳ *Bootsanker; –flagge; –haken; –haus; Bootsknecht; Bootsleute; Bootsmann;* der; –es, ..leute: Matrose : aufsichtführender Schiffsunteroffizier :

Bootssteg: Steg zum Anlegen der Boote; *Bootswächter:* auf ausgesetztem Boot Wache haltender Matrose

Boo|tes (gr.), der; –: „Ochsentreiber", ein Sternbild

Bö|o|ti|en: altgriech. Landschaft ✳ **Bö|o|ti|er,** der; –s, –: Bewohner von Böotien ✳ **bö|o|tisch** Ew.: aus Böotien stammend : (übertr.) denkfaul

Boot|leg|ger (e.) [buhtlegr], der; –s, –: Alkoholschmuggler

Bor (ml.-arab.), das; –s: chem. Grundstoff; Abk.: B ✳ *Borsalbe; Borsäure* ✳ **Bo|rat,** das; –(e)s, –e: borsaures Salz ✳

Bo|rax, der; –es: Verbindung von Borsäure und Natron ✳ **Bo|ra|zit,** der; –s, –e: Würfelstein

Bo|ra, die; –, –s: Nordostwind auf der Adria

Bo|rat, Bo|rax, Bo|ra|zit: s. Bor

Bord, das; –(e)s, –e: Brett : Bücherbrett : Regal

Bord, der; –(e)s, –e; Bördchen, –lein: Rand : Schiffsrand; –deck: Schiff : Flugzeug ✳ *an Bord gehen:* ein Schiff, ein Flugzeug besteigen; *über Bord werfen* ✳ *Bordanker; Borddienst; Bordfunker; Bordkapelle; Bordkante; Bordstein; Bordschwelle:* Einfassung des Bürgersteigs; *Bordwache; Bordwaffen:* Schusswaffen an Bord eines Flugzeugs ✳ **bör|deln** (ich ..[e]le) tr.: mit einem Rand versehen ✳ **bor|die|ren** (..iert) tr.: einfassen : (östr. nur selt. für) bortieren ✳ **Bor|die|rung,** die; –, –en: Einfassung

Bör|de, die; –, –n: fruchtbarer ebener Landstrich ✳ *Soester Börde*

Bor|deaux [bordoh]: franz. Hafenstadt ✳ **Bor|deaux,** der; –, –: franz. Weiß- und Rotwein ✳ *bordeauxrot* Ew.: weinrot; **Bor|deaux|rot,** das; –s: braunroter Teerstoff ✳ *Bordeaux brühe:* Bordelaiser Brühe (Mittel gegen Blattfallkrankheit) ✳ **Bor|de|le|se,** der; –n, –n: Einwohner von Bordeaux

Bor|dell (ml.), das; –s, –e: Hurenhaus : Freudenhaus [ml. bordellum Bretterhütte]

bör|deln: s. Bord

Bor|de|reau (fr.) [..roh], der;

das; –s, –s: Liste : Verzeichnis (z. B. der Münzsorten) : Ladeschein

bor|die|ren, Bor|die|rung: s. Bord

Bor|ding, der; –s, –s: Leichter in Ostseehäfen

Bord|stein, der; –es, –e: Begrenzung eines Fußweges

Bor|düre (dtsch.-fr.), die; –, –n: Besatz, Borte

Bo|re|a|de, der; –n, –n: Sohn des Boreas ✳ **bo|re|al** Ew.: nördlich ✳ **Bo|re|as:** griech. Gott des Nordwinds ✳ **Bo|re|as,** der; –: Nordwind

Borg, der; –(e)s: das Borgen ✳ *auf Borg:* geliehen ✳ **bor|gen** tr., intr.: ausleihen : geliehen nehmen : als Ersatz nehmen ✳ *Borgtau:* (seem.) Ersatztau ✳ **Bor|ger,** der; –s, –: Borgender ✳ **Bor|ge|rei,** die; –: vieles Borgen

Bor|ghe|se: röm. Adelsgeschlecht ✳ *Villa Borghese:* Kunstgalerie in Rom

Bor|gia (it.) [bordscha]: it. Adelsgeschlecht

Bor|gis, die; –: (Buchdrw.) Neunpunktschrift, ein Schriftgrad

Bor|ke, die; –, –n: harte äußere Baumrinde : (übertr.) Schorf ✳ *Borkenflechte:* (Med.) ansteckender Hautausschlag; *Bork(en)haus; Borkenkäfer; Borkenschokolade:* wie Borke geformte Schokolade ✳ **bor|kig** Ew.: mit Borke bedeckt : aus Borke gemacht

Bor|kum: ostfries. Insel

Born, der; –(e)s, –e; Börnchen, –lein: Quell : Brunnen : Solbrunnen ✳ *Bornfahrt:* Besichtigung der Solbrunnen

Bor|neo, größte der Großen Sundainseln

bor|nie|ren (..iert) tr.: begrenzen, beschränken ✳ *borniert* Mw. Ew.: geistig beschränkt ✳ **Bor|niert|heit,** die; –, –en: geistige Beschränktheit : beschränkter Gedanke, beschränkte Rede usw. [fr. borner]

Bor|ra|go (l.), der; –s: Küchenkraut ✳ **Bor|retsch,** der; –s: Borrago

Bor|ro|me|i|sche In|seln: Inseln im Lago Maggiore

Borschtsch (russ.), der; –es, –e: Beetensuppe, russ. Volksspeise

Bör|se (ml.), die; –, –n: Geldbeutel : Genossenschaft : Versammlungsort der Kaufleute : Haus zur Abschließung von Handelsgeschäften * *Börsenbericht; Börsengeschäft; Börsenkurs; Börsenmakler; Börsenrecht; Börsenspekulation; Börsenschiedsgericht; Börsenversammlung; Börsenverein* * **Bör|si|a|ner**, der; –s, –: an der Börse Verkehrender * **bör|sisch** Ew.: auf die Börse bezüglich
Borst, der; –(e)s, –e: Börstchen, –lein: Riss, Sprung
Bors|te, die; –, –n: Börstchen, –lein: starres Haar * *borstenartig; –förmig* Ew.; *Borstenbürste:* Bürste aus (echten) Borsten; *Borstengras:* eine Grasart; *Borstenpinsel:* aus Borsten gefertigter Pinsel; *Borstenvieh:* Vieh mit Borsten * **bors|ten** intr., rbz.: borstenartig emporrichten * **bors|tig** Ew.: mit Borsten versehen : (übertr.) grob
Bor|te, die; –, –n: als Besatz dienendes Band * **bor|tie|ren** (..iert) tr.: besetzen
Bo|rus|se (l.), der; –n, –n: Preuße * **Bo|rus|sia**, die; –: Frauengestalt als Sinnbild Preußens
bös, bö|se Ew. (böser; böseste): nicht gut : schädlich : schlimm : verdorben : sündhaft : übelwollend : zürnend * *bösartig* Ew.: von böser Art; *bösgesinnt* Ew.; *böswillig* Ew.: von böser Gesinnung * *der böse Blick:* Zauberblick, Jettatura; *die böse Sieben:* Spielkarte : böses Weib : Würfelspiel * *Bösewicht,* der; –(e)s, –e: bösartiger Mensch * **Bö|se**, der; –n: Teufel * **Bö|se**, das; –n: das Sündhafte * *jenseits von Gut und Böse* * **Bosnickel:** bösartiger Mensch * **bos|haft** Ew.: zu schaden bestrebt : arglistig : höhnisch * **Bos|haf|tig|keit**, die; –, –en: boshaftes Wesen : boshafte Rede, Tat : Schadenfreude * **Bos|heit**, die; –, –en: Boshaftigkeit
bö|schen (du bösch[e]st, auch böscht) tr.: abschrägen : steil abdachen : (Abhänge –) minder steil machen * **Bö|schung**, die; –, –en: schräge Fläche : schief gemauerte Grabenseite * *Böschungswinkel*

Bos|kett (ml.), das; –(e)s, –e: Lustwäldchen, Baumgruppe
Bos|kop (ndl.), der; –s, –: eine Apfelart
Bos|ni|ckel: s. böse
Bos|ni|a|k(e), der; –n, –n: moslem. Einwohner von Bosnien und Herzegowina : Bosnier * **Bos|ni|en:** Gebiet in Bosnien und Herzogewina * **Bos|ni|er**, der; –s, –: Einwohner von Bosnien * **bos|nisch** Ew.: auf Bosnien bezüglich
Bos|po|rus, der; –: Meerenge zwischen Europa und Asien
Boß → **Boss**, der; –es, –e: Pflugbaumklotz
Boß → **Boss** (e.), der; –es, –e: (am.) Parteiführer : Chef, Vorgesetzter
Bo|ße, der; –n, –n; die; –, –n: Flachsbündel * **bo|ßeln** (ich ..[e]le) Flachs in Büschel binden
Bos|se (dtsch.-fr.), die; –, –n: (in der Bildhauerei) die frei stehende Gestalt im Gegensatz zur Relieffigur * *Bossenquader; Bossenwerk:* rau bearbeitetes Mauerwerk * **Bos|sel**, die; –, –n: Kugel * **Bo|ßel**, die; –, –n: (niederd.) Bossel * **bos|se|lie|ren** (..iert) tr.: ausbauchen : getriebene Arbeit verfertigen : kegeln * **bos|se|lig** Ew.: kuglig * **bos|seln** (ich bossele und bossle) tr., intr.: aus weicher Masse formen : kegeln * **Bos|seln**, das; –s: Eisspiel * **bo|ßeln** (ich boss[e]le) intr.: (niederd.) mit der Bossel werfen * **bos|sie|ren** (..iert) tr.: formen * **Bos|sie|rer**, der; –s, –: Former
Bos|ton (e): Stadt in den USA : engl. Stadt * **Bos|ton**, der; –s, –s: am. Walzer
Bot, das; –(e)s, –e: Gebot : Vorladung * **Bo|te**, der; –n, –n: Auftragüberbringer : Überbringer : Gesandter * *Botendienst; Botenfrau; Botengang; Botenlohn:* Geschenk an den Überbringer einer freudigen Nachricht * **Bo|tin**, die; –, –nen: weibl. Bote * **bot|mä|ßig** Ew.: zum Gehorsam verpflichtet : untertan sein * **Bot|schaft**, die; –, –en: Amt eines Boten : Nachricht, Kunde : Landesvertretung ersten Ranges in einem fremden Staat : Amt eines Bot-

schafters : Haus des Botschafters * *Botschaftsrat:* erster Mitarbeiter eines Botschafters * **Bot|schaf|ter**, der; –s, –: erster Vertreter eines Landes in einem fremden Staat * *Botschafterkonferenz*
Bo|ta|nik (gr.), die; –: Pflanzenkunde * **Bo|ta|ni|ker**, der; –s, –: Pflanzenforscher * **bo|ta|nisch** Ew.: die Pflanzenkunde betreffend * *der Botanische Garten zu ..* * **bo|ta|ni|sie|ren** (..iert) intr.: Pflanzen sammeln * *Botanisiertrommel*
Böt|chen: s. Boot
Bo|te: s. Bot
Bot|schaft, Bot|schaf|ter: s. Bot
Bo|to|ku|de, der; –n, –n: brasil. Indianerstamm * **bo|to|ku|disch** Ew.: zu den Botokuden gehörig
Bött|cher, der; –s, –: Bottichmacher : Fassbinder : Küfer * *Böttcherarbeit; Böttcheraxt; Böttchermeister; Böttcherwaren:* Fässer, Tonnen, Bottiche, Zuber * **Bött|che|rei**, die; –, –en: Böttcherhandwerk : Böttcherwerkstatt : Kellerei * **Bot|tich**, der; –(e)s, –e: rundes, oben offenes Gefäß aus Dauben
Bot|te|ga (it.): s. Bodega * **Bot|te|lier** (fr.-ml.), der; –s, –s: Küchenmeister, Verwahrer der Schiffsmundvorräte
Bot|tich: s. Böttcher
Bott|le-Par|ty → Bot|tle|par|ty, die; –, ..ties → ..tys: Mitbringefeier, Fest, bei dem die Gäste die Getränke mitbringen
Bottleparty
Zur weiteren Integration von gängigen Fremdwörtern ins Deutsche werden bisher gekoppelt geschriebene Begriffe zusammengeschrieben: *Knowhow, Aircondition* usw. Demselben Zweck dient die neue Pluralschreibung mit *–ys* statt der englischen Form mit *–ies*.
Bott|le|rei, die; –, –en: Schiffsvorratskammer; vgl. Bottelier
Bott|ni|sche Meer|bu|sen, der; –n –s: Ostseebucht
Bou|clé (fr.) *auch:* **Bu|k|lee** [bukleh], das; –s, –s: festes Garn aus Tierhaaren * *Boucléteppich,* der; –s, –e: Haargarnteppich

Bou|doir (fr.) [budoahr], das; –s, –e und –s: Damenzimmer

Bou|gain|vil|lea [bugängw..], die; –, –s: brasil. Zierpflanze mit roten Hochblättern

Bou|gie (fr.) [buschih], die; –, –s: Kerze : Harnröhrensonde

Bouil|la|baisse (fr.) [bujabähß], die; –, –n: Fischsuppe mit Muscheln [fr. bouille-abaisse]

Bouil|lon (fr.) [bujong], die; –, –s: Fleischbrühe ✳ *Bouillonwürfel*

Boule (fr.) [buhl’], die; –, –s: (Billard-)Kugel

Boule (fr.) [buhl’]: Fn. ✳ *Boulearbeit:* eingelegte Holzarbeit (nach dem Erfinder benannt) **Boule|vard** (dtsch.-fr.) [bul’wahr], der; –s, –s: Ringstraße [Bollwerk] ✳ *Boulevardpresse:* Überwiegend auf der Straße verkaufte Sensationszeitungen und -schriften; *Boulevardtheater:* Theater mit Stücken für weniger gehobene Ansprüche

Bou|quet: s. Bukett

Bou|qui|nist (fr.), der; –en, –en: Antiquar : Büchertrödler

Bour|geois (dtsch.-fr.) [burschoa], der; –, –: Bürger ✳ **Bour|geoi|sie**, die; –, ..sien: (vermögender) Bürgerstand

Bour|rée (fr.) [burreh], die; –, –s: alter französischer Tanz

Bour|ret|te (fr.) [burrett’], die; –, –n: Abfallseide

Bou|teille (fr.) [butäj’], die; –, –n: Flasche, Buttel

Bou|tique (fr.) [butik], *auch:* **Bu|ti|ke**, die; –, ..ken: kleiner Laden, besonders für Modeartikel

Bou|ton (fr.) [butong], der; –s, –s: Knospe : Brillantknopf : Brillantohrgehänge : Blüte (im Gesicht) ✳ **bou|ton|nie|ren** (..iert) [..tonniren] tr.: zuknöpfen

Bow|den|zug (e.) [bau..], der; –(e)s, ..züge: Vorrichtung zum Übertragen von Zugbewegungen ✳ *Bowdenzugbremse*

Bo|wie|mes|ser (e.-dtsch.) [bowie-], das; –s, –: (nach dem Erfinder benanntes) Jagdmesser

Bow|le (e.) [bole], die; –, –n: Punschschale : alkohol. Getränk

Bow|ling (e.) [bohling], das;

–s, –s: Kegelspiel mit zehn Kegeln ✳ **Bow|ling|green** (e.) [bohling-grihn], das; –s, –s: Rasenplatz (zum Bowling) ✳ *Bowlingbahn*

Box (e.), die; –, –en: Pferdestand : Stand : Verschlag : (östr.) Postkasten : Kind(er)(lauf)gitter

Box|calf: s. Boxkalf

bo|xen (du boxest und boxt) intr.: faustkämpfen ✳ *Boxball:* Gummiball für Boxübungen; *Boxhandschuh; Boxkampf; Boxring:* Kampfplatz für einen Boxkampf ✳ **Bo|xer**, der; –s, –: Faustkämpfer ✳ **Bo|xe|rei**, die; –, –en: Faustkampf

Box|kalf (e.-dtsch), das; –s, –s: Kalbleder ✳ *Boxkalfschuh*

Box|kalf, der; –s, –s: Schuh aus Kalbsleder

Boy (e.) [beu], der; –s, –s: Knabe : Bursche : Diener ✳ *Boy-Scout* → *Boyscout:* Pfadfinder

Boy|kott [beu..] Name eines (1880) geächteten irischen Güterverwalters ✳ **Boy|kott**, der; –(e)s, –e: Verruf : Aussperrung ✳ **boy|kott|tie|ren** (..iert) tr.: mit Boykott belegen, aussperren

Bo|zen: Stadt in Südtirol

Bra|ban|con|ne (fr.) [-bangßon’], die; –: belgische Nationalhymne

brach Ew.: (Acker) unbebaut ✳ *Brachacker; brachackern:* den Brachacker pflügen; *Brachfeld; Brachkäfer:* Junikäfer; *brachliegen* (es liegt brach, brachgelegen, brachzuliegen): unbebaut liegen : ungenützt daliegen; *Brachmonat:* Juni; *brachpflügen:* brachackern; *Brachpieper:* ein Vogel; *Brachvogel:* Name einer Schnepfenart; *Brachweide:* Viehweide auf Brachfeldern ✳ **Bra|che**, die; –, –n: das Brachliegen : Brachacker : das Brachackern : dessen Zeit ✳ **bra|chen** tr.: brach liegen lassen : brachackern ✳ **Bra|chet**, der; –s, –e: Juni ✳ **Brach|ling**, der; –s, –e: Brach-, Ringpilz

bra|chi|al (gr.-l.) Ew.: auf den Arm bezüglich ✳ *Brachialgewalt:* Faustgewalt, rohe Gewalt [gr. brachion Arm]

Brachs, der; –es, –e; **Brach|se**, die; –, –n: **Brachsen**, der; –s, –: Brasse ✳

Brachsenkraut: eine Teichpflanze

Bra|chy|ach|se (gr.-dtsch.), die; –, –n: kürzere Achse ✳ **Bra|chy|graph** (gr.) *auch:* **Bra|chy|graf**, der; –en, –en: Kurzschreiber ✳ **Bra|chy|gra|phie** *auch:* **Bra|chy|gra|fie**, die; –: Kurzschreibekunst ✳ **bra|chy|gra|phisch** *auch:* **bra|chy|gra|fisch** Ew.: kurzschriftlich ✳ **bra|chy|ke|phal:** s. brachyz.. ✳ **Bra|chy|lo|gie**, die; –, ..gien: Kürze im Ausdruck ✳ **Bra|chy|syl|la|bus**, der; –, ..ben: aus kurzen Silben bestehender Versfuß ✳ **bra|chy|ze|phal** Ew.: kurz-, rundköpfig ✳ **Bra|chy|ze|pha|le**, der; die; –n, –n: Rundköpfige(r) ✳ **Bra|chy|ze|pha|lie**, die; –: Rundköpfigkeit [gr. brachys kurz]

Brack, das (der); –(e)s, –e: Ausschuss, Schund : natürl. Salzwasser ✳ *Brackgut:* Ausschussgut; *Brackvieh; Brackware; Brackwasser:* Salzwasser ✳ **Bra|cke**, die; –, –n: Waren prüfende Behörde : Ort der Warenprüfung ✳ **Bra|cker**, der; –s, –: die Ware Prüfender ✳ **bra|cken** tr.: aussondern : mit der flachen Hand schlagen ✳ **bra|ckig** Ew.: untrinkbar ✳ **bra|ckisch** Ew.: aus einer Mischung von Meer- und Süßwasser abgelagert

Brack, der; –s, –e: (obd.) Tierjunges

Bra|ck(e), der; –n, –n; **Bra|cke**, die; –, –n: Bräckchen, –lein: Jagdhund ✳ *Brackenleil* ✳ **Bra|ckin**, die; –, ..nen: Jagdhündin

Brä|gen: s. Bregen

Brah|ma (skr.): indische Gottheit ✳ **Brah|ma|is|mus**, der; –: moderne ind. Sekte ✳ **Brah|ma|ne**, (östr. Brahmine), der; –, –n: indischer Priester, Angehöriger der vornehmsten Kaste **Brah|ma|nis|mus**, der; –: ind. Religion ✳ **brah|ma|nisch** Ew.: dem Brahmanismus gemäß **Brah|ma|pu|tra:** heiliger Fluss der Inder

Brah|mi|ne, **Brah|mi|nis|mus**, **brah|mi|nisch:** s. Brahmane usw.

Braille (fr.) [braj]: Fn. ✳ *Braillesystem:* von Braille verbesserte Blindenschrift

Brain-Drain → **Brain|drain**
(e.), der; –s: Abwanderung von
Wissenschaftlern und Knowhow [e. brain Gehirn und drain
Abfluss]

Brain|stor|ming (e.), das; –s,
–s: Konferenz zur Ideenfin-
dung durch spontane Vor-
schläge [e. brain und storm
Sturm]

Brain-Trust → **Brain|trust**
(e.), der; –, –s: Wissenschaftler,
die eine Regierung in wirtschaftlichen Fragen beraten [e.
brain Gehirn und trust]

Brak|te|at (l.), der; –en, –en:
altdeutsche einseitig geprägte
Münzen von Silberblech [l.
bractea Blech]

Bram (ndl.), die; –, –en:
(seem.) Mastverlängerung *
*Brambrasse; –rahe; –segel;
–stange* usw.

Bra|mar|bas (span.), der; –,
–se: Großmaul, Prahler *
bra|mar|ba|sie|ren (..iert)
intr.: prahlen

Bra|me, die; –, –n: Himbeere *
Brombeere

Bram|me, die; –, –n: ausge-
walzter Eisenblock

bram|sig Ew.: (mundartl.)
protzig

Bran|che (fr.) [brangsch], die;
–, –n: „Zweig", Geschäftszweig : Fach, Beruf(szweig) *
Branche(n)kenntnis: Fach-
kenntnis; *Branchenverzeichnis:*
Adressenverzeichnis nach
Branchen; branche(n)fremd

Bran|chien (gr.) Mz.: Kiemen

Brand, der; –es, Bände: das
Brennen : Feuersbrunst : (Med.)
örtliches Absterben von Körper-
geweben : (Med.) Austrocknung,
Verschrumpfung von Körpertei-
len : Durstgefühl : Art Staubpilz :
durch Staubpilz verursachte Ge-
treidekrankheit : eine Grasmü-
ckenart * *Brand setzen* (bergm.)
intr.: höchstfestes Gestein durch
Hitze mürbe machen * *Brand-
ader:* eine Vene; *brandaktuell:*
sehr aktuell; *Brandassekuranz:*
[schweiz.] Feuerversicherung;
Brandblase: Hautblase nach dem
Verbrennen; *Brandbombe;*
Brandbrief: dringender Bettel-
brief (eigentlich eines Abge-
brannten); *Branddirektor:* amtlicher Leiter der Feuerwehr;
brandeilig Ew.: sehr eilig;
Brandeisen: Eisen zum Brand-

marken; *Branderz:* kohliger Zin-
nober; *brandfest* Ew.: feuerfest;
Brandfleck: vom Brand herrüh-
render Fleck : unfruchtbare
Ackerstelle; *Brandfuchs:* eine
Art Fuchs : braunrotes Pferd :
Student im zweiten Semester;
Brandgasse: Feuerverbreitung
hindernder Raum zwischen Häusern; *Brandgeruch:* Geruch nach
Feuer; *Brandgeschoss:* mit
Brandstoffen gefülltes Artillerie-
geschoss; *Brandgiebel:* Feuerverbreitung verhindernde Mauer
zwischen Giebeln; *Brand-
glocke:* Sturmglocke; *Brandha-
ken:* starke Stange zum Fernhal-
ten eines Brandes vom Schiff :
Feuerhaken zum Einreißen bren-
nender Gebäude; *Brandkasse:*
Feuerversicherung; *Brandkata-
strophe; Brandleder:* das Leder
zu Brandsohlen; *Brandleiter:*
Feuerleiter; *Brandmal,* das;
–(e)s, –e und ..mäler: durch
(Ein)brennen verursachtes Mal;
Brandmalerei: mit Platinstift
eingebrannte Zeichnung; *brand-
marken* (ich brandmarke; ge-
brandmarkt): mit einem Brandmal zeichnen; *Brandmauer:* gegen Feuer schützende Mauer :
äußere Mauern; *Brandmeister:*
Leiter der Löscharbeiten; *Brand-
ordnung:* Feuerlöschordnung;
Brandprobe: Erzprobe vom
Brandsilber; *Brandsalbe:* Salbe
gegen Brandwunden; *Brand-
schaden:* durch Brand entstande-
ner Schaden; *brandschatzen:*
durch Drohung des Brandlegens
erpressen; *Brandschatzung;
Brandsohle:* Innensohle des
Schuhs; *Brandstätte:* Brand-
stelle; *Brandstein:* Bachstein;
*Brandstifter; Brandstiftung;
Brandtechnik:* Holzverzierung
durch Einbrennen von Figuren,
Ornamenten; *Brandversiche-
rung; Brandvogel:* Rotkehlchen;
Brandwache: Feuerwache : ein
Wachschiff; *Brandwunde;
Brandzeichen:* Kennzeichnung
von Vieh durch Einbrennen;
Brandziemer: Schwarzdrossel *
bran|den intr.: eig. „sich wie
Flammen bewegen", (Wasser)
sich am Ufer brechen : toben *
Bran|der, der; –s, –: Schiff mit
feuerfangenden Stoffen : Brand-
fuchs * **Bran|der, Brän|der,** der;
–s, –: Zünder : halbverkohltes
Holz * **bran|dig** Ew.: angebrannt

: nach Brand riechend, schmeckend : von der Krankheit des
Brandes ergriffen * **Bran|dung,**
die; –, –en: das Brechen, Überschlagen der gegen das Meeres-
ufer getriebenen Wellen

bran|den: s. Brand

Bran|den|burg: dtsch. Bun-
desland, Stadt bei Berlin *
Bran|den|bur|ger, der; –s, –:
Bewohner von Brandenburg *
bran|den|bur|gisch Ew.;
aber: *die Brandenburgischen
Konzerte* (Joh.Seb.Bach)

Brand|mal, brand|marken: s.
Brand

Bran|dy (e.) [brändi], der; –s,
–s: Branntwein

Brannt|kalk, der; –es: Ätzkalk
* **Brannt|wein,** der; –s, –e:
„gebrannter Wein", wasserhal-
tiger Weingeist * *Branntwein-
brenner(ei); Branntweinmono-
pol:* staatl. Monopol zur Über-
wachung und Besteuerung von
Branntwein und Spiritus

Bra|sil, das; –s, –s: leichtes
Tuch * **Bra|sil,** der; –s, –e und
–s: Tabak : Kaffeesorte *
Bra|sil, die; –, –: eine Zigarre *
Bra|sil|(e)in, das; –s: roter
Farbstoff * **Bra|sil|let|to|holz,**
das; –es: unechtes Brasilholz *
Bra|si|lia: Hauptstadt von Bra-
silien * **Bra|si|li|a|ner, Bra-
si|li|er,** der; –s, –: Bewohner
von Brasilien * **bra|si|li|a-
nisch** Ew.: aus Brasilien stam-
mend * **Bra|si|li|en:** südam.
Staat * *Brasil(ien)holz; Brasi-
lienkaffee*

Braß → **Brass,** der; –es: Plun-
der : (rhein.) Ärger, Stress *
Der ist wieder voll im Brass

Bras|se, die; –, –n; **Bras|sen,**
der; –s, –: Brachse, Fisch

Bras|se, die; –, –n: (seem.)
Tau zur waagerechten Bewe-
gung der Rahen * **bras|sen**
(du brassest und brasst; ge-
brasst) tr.: die Brassen anholen

Bras|se|lett (fr.), das; –(e)s,
–e: Armgehänge : (Gaunerspr.)
Handschellen

bras|sen: s. Brasse

Brast, der; –es: Kummer,
Sorge

Brat|ap|fel, Brät|chen: s. brä-
teln usw.

brä|teln (ich ..[e]le) intr., tr.:
ein wenig braten * **bra|ten** (du
brätst, er brät; du briet[e]st, du
brietest; gebraten; brat[e]!)

intr.: durch Hitze mürbe und an der Oberfläche braun werden : großer Hitze ausgesetzt sein; tr.: braten machen * *Bratapfel:* gebratener Apfel; *Bratfett:* Fett zum Braten von Fisch, Fleisch, Kartoffeln; *Bratfisch, Brathering:* gebratener Fisch, Hering; *Brathähnchen; Bratkartoffeln:* gebratene (vorher gekochte) Kartoffeln; *Bratofen; –pfanne; –rost; Bratspieß:* Spieß zum Wenden des Bratens; *Bratwurst* * **Bra**|**ten,** der; –s, –; Brätchen, ..lein: zu bratendes oder gebratenes Stück Fleisch * *Bratenrock:* Festtagsrock, Gehrock; *Bratenschüssel; –soße; –teller; Bratenwender:* Küchengerät zum Wenden des Bratens * **Brä**|**ter,** der; –s, –: Vorrichtung zum Bratenwenden, auch (ldschftl.) Schmortopf * **Brät**|**ling,** der; –s, –e: Breitling (Fisch, Pilz) **Brat**|**sche** (it.), die; –, –n: „Armgeige", Altgeige, Viola * **Brat**|**scher,** der; –s, –: Bratschenspieler * **Brat**|**schist,** der; –en, –en: Bratscher [it. braccio Arm]

Brat|**spill:** (seem.) Ankerwinde mit waagerechter Welle **Bräu,** das; –(e)s, –s: Gebräu : Brauerei : Bierhaus * **brau**|**en** intr.: brodeln; tr.: brodeln machen : (Getränke –) durch Kochen zubereiten (bes. Bier –) * *Braugefäß; –gerät; Brauhaus; Braukessel; –pfanne* * **Brau**|**er,** der; –s, –: einer, der das Bierbrauen als Gewerbe betreibt * *Brauerschule* * **Brau**|**e**|**rei,** die; –, –en: Kunst des Brauens : Gewerbe des Brauens : Brauhaus * *Braureibedarf:* alles, was zur Brauerei gebraucht wird **Brauch,** der; –(e)s, Bräuche: Gewohnheit, herkömmliche Sitte * **brauch**|**bar** Ew.: so beschaffen, dass es gebraucht werden kann * **Brauch**|**bar**|**keit,** die; –: das Brauchbarsein * **brau**|**chen** tr.: (oft fälschlich für) gebrauchen : nötig haben * *das hättest du nicht zu tun brauchen* * **Brauch**|**tum,** das; –s, ..tümer: Sitten und Gebräuche eines Volkes **Braue,** die; –, –n: bogiger Haarstreif über dem Auge **brau**|**en:** s. Bräu

braun Ew.: Bezeichnung einer dunklen, durch Mischung von Gelb, Rot und Schwarz entstandenen Farbe : dunkelfarbig : dunkelhaarig * *braunäugig* Ew.; *Braunbär:* Hauptart der Bären verschiedener Größe und Färbung; *Braunbier; Brauneisenerz; Braunfisch:* eine Delfinart; *Braunfuchs; braungelb* Ew.; *braungebrannt* → *braun gebrannt; braun gelockt;* *Braunholz:* Brasilienholz; *Braunspat:* Dolomit; *Braunkohle; Braunstein:* Mangansuperoxyd als Mineral; *Braunwurz:* eine Pflanze **Braun,** das; –s * **Bräu**|**ne,** die; –: braune Farbe : Entzündungskrankheit der Luftröhre * **Brau**|**nel**|**le,** die; –, –n: ein Singvogel : Kohlröschen * **bräu**|**nen** intr.: (unter Sonneneinstrahlung) braun werden; tr.: braun machen * **bräun**|**lich** Ew.: dem Braun ähnlich * **Bräun**|**ling,** der; –s, –e: braunhaarige Person : eine Art Schmetterling : eine Art Käfer : eine Apfelsorte * **Bräu**|**nung,** die; –, –en: das Braunwerden : das Bräunen, *Bräunungsstudio* **Braun**|**schweig:** Stadt am Harz * **Braun**|**schwei**|**ger,** der; –s, –: Bewohner Braunschweigs * **braun**|**schwei**|**gisch** Ew. **Braus,** der; –es: das Brausen, Toben; nur in: *in Saus und Braus* * **Brau**|**se,** die; –, –n: das Brausen : durchlöcherter siebartiger Gießkopf * **brau**|**sen** (du brausest und braust) intr.: rauschen : sausen : sich laut und ungestüm bewegen; tr.: mit einer Brause besprengen : duschen * *Brausebad:* Bad unter der Dusche; *Brauseerde:* in Wasser aufbrausende Erde * *Brausegeist, -kopf:* ungestümer, leicht aufbrausender Mensch; *brauseköpfig* Ew.: leicht aufbrausend; *Brauselimonade:* mit Kohlensäure versetzte Limonade; *Brausepulver:* im Wasser aufbrausendes Kohlensäurepulver **Brau**|**sche,** die; –, –: Beule, Geschwulst * **brau**|**schen** intr. (sein): anschwellen * **brauschig** Ew.: angeschwollen **Brause, brausen** usw.: s. Braus

Braut, die; –, Bräute; Bräutchen, –lein: weibliche Person an ihrem Hochzeitstag : verlobte weibl. Person : Name einiger Tiere * *Brautausstattung:* Aussteuer; *Brautbett; Braut(be)werber; Brautleiern; Brautfahrt:* Fahrt zur Abholung der Braut : Fahrt mit der Braut; *Brautgabe; Brautgemach; Brautjungfer:* Führerin der Braut; *Brautkleid; Brautkranz; Brautkrone; Brautleute:* verlobtes Paar; *Brautmutter; Brautpaar; Brautschau:* (scherzh.) Suche nach einer Ehefrau; *Brautschleier; –schmuck; –segen; –staat; Brautstand:* Stand der Verlobten; *Brautvater:* Vater der Braut; *Brautwagen; Brautwerber; Brautzug:* Hochzeitszug * **Bräu**|**ti**|**gam,** der; –s, –e: Verlobter, Mann der Braut * *Bräutigamsstaat* * **bräut**|**lich** Ew.: wie eine Braut * **Braut**|**schaft,** die; –: Brautstand

brav (it.-fr.) Ew. (braver, bravste): tapfer : tüchtig : gehörig : (Kind) artig * **Bra**|**va**|**de** (it.) [..w..], die; –, –n: Prahlerei : Trotz * **Brav**|**heit** (fr.-dtsch.), die; –, –en: das Bravsein * **bra**|**vis**|**si**|**mo** (it.) [..w..]: gut! : ausgezeichnet! * **bra**|**vo** (it.) [..w..]: gut! : tüchtig! * **Bra**|**vo** (it.) [..w..], das; –s, –s: Beifallsruf * **Bra**|**vo** (it.) [..w..], der; –s, –s und ..vi: gedungener Mörder * **Bravour** *auch:* **Bra**|**vur** (fr.) [brawuhr], die; –: Tapferkeit : Meisterschaft * *Bravourleistung auch: Bravurleistung auch: bravurös* * *Bravourstück auch: Bravurstück:* Glanzstück [it. bravo; fr. brave] **BRD** (Abk.): Bundesrepublik Deutschland **Break** (e.) [brehk], der; –s, –s: leichter, offener Jagdwagen : Sport: Spielgewinn im Tennis * **Break**|**age** (e.) [brehkädseh], das; –s, –s: Wagenbruch * **Break**|**dance** (e.) [brehkdänz]: artistischer Tanz zu Popmusik; *Breakdancer* * **Break**|**e**|**ven-Punkt,** (e.) [brehkihwen..] der; –s, –e: Absatzmenge, bei der bei der Kalkulation aufgeht und die Gewinnzone beginnt **Brec**|**cie:** s. Brekzie

brech|bar Ew.: so beschaffen, dass man es brechen kann ✳ **Bre|che**, die; –, –n: Werkzeug zum Brechen, bes. des Flachses : Zeit des Flachsbrechens : Zeit des Blattens bei den Winzern ✳ **bre|chen** (du brichst; du brechtest; gebrecht) tr.: Flachsstengel von Holzteilen befreien ✳ **bre|chen** (du brichst, er bricht; du brachst, du brächest; gebrochen; brich!) intr. (sein): krachend entzweigehen : zusammenknicken : durchdringen : zum Vorschein kommen; intr. (haben): sich übergeben; tr.: entzweigehen machen : beugen, von der geraden Richtung abweichen machen : (Bahn –) einführen, den Anfang machen : (die Ehe –) nicht halten : (den Stab –) verurteilen : (den Streit vom Zaune –) herausfordern : (mit der Vergangenheit –) ein neues Leben beginnen ✳ *Brechbank:* Flachsbreche : Knetbank der Bäcker; *Brechbohnen;* *Brecheisen:* Werkzeug, um etwas auf-, loszubrechen; *Brechkamm:* Reißkamm der Wollkämmer; *Brechmittel:* Mittel zur Herbeiführung des Erbrechens; *Brechpunkt:* Punkt, an dem Lichtstrahlen sich brechen; *Brechreiz:* würgendes Gefühl im Rachen, sich erbrechen zu müssen; *Brechstange:* Brecheisen ✳ **Bre|cher**, der; –s, –: Sturzsee ✳ **Bre|chung**, die; –, –en: das Brechen : die Abbiegung der Lichtstrahlen ✳ *Brechungsebene:* Ebene, an der sich die Lichtstrahlen brechen; *Brechungswinkel;* vgl. Bruch **Bre|douil|le** (fr.) [br dulj'], die; –, –n: Bedrängnis, Verlegenheit **Bree|ches** (e.) [brihtsches] Mz.: Reithose : Kniehose **Bre|gen**, der; –s, –: Gehirn (von geschlachteten Tieren) ✳ *Bregenkasten:* Schädel **Bre|genz:** Stadt in Voralberg ✳ **Bre|gen|zer Wald** **Bre|gma** (gr.), das; –s: Schnittpunkt der Kranz- und der Pfeilnaht am Schädel **Brei**, der; –(e)s, –e: dickflüssige Speise : zähflüssige Masse ✳ *Breiumschlag:* Umschlag aus heißem, in ein Tuch geschlagenem Brei ✳ **brei|artig, brei|ig** Ew.: breiartig, dickflüssig

Breis|gau, das; –s: südd. Landschaft **breit** Ew.: (von Flächen und Körpern) waagerecht zur Länge ausgedehnt : große Breite habend ✳ *weit und breit:* in weitem Umkreis : überall; *groß und breit dastehen* intr.: deutlich sichtbar dastehen; *des Langen und Breiten auseinander setzen* tr.: umständlich erklären; *ein Langes und Breites sagen über etwas:* viel sagen ✳ *Breitaxt;* *Breitbandgerät;* *Breitbandkabel;* *Breitbandstraße:* Walzwerk, in dem Blech bis zu 2 m breit hergestellt werden kann; *breitbeinig* Ew.: mit gespreizten Beinen; *Breithammer:* Hammer zum Breitschlagen von Metall; *breitköpfig* Ew.: mit breiter Schädelform versehen; *breitmachen → breit machen* rbz.: großspurig auftreten; *breitmäulig* Ew.; *Breitmuschel:* Gienmuschel; *breitrandig* Ew.; *breitrückig* Ew.; *breitschlagen* tr.: (übertr.) überreden zu etwas ✳ *Metall breitschlagen* ✳ *Breitschnabel:* Name von Vögeln ✳ *breitschult(e)rig* Ew.; *Breitschwanz:* Lammfell des Karakulschafes; *Breitseite:* breite Seite von etwas, bes. von Schiffen : Geschütz an der Breitseite; *Breitspur:* breite Eisenbahnspur; *breitspurig* Ew.: mit breiter Spur : (übertr.) sich spreizend, großtuerisch; *breittreten* tr.: (übertr.) in die Breite ziehen, aufblähen : klatschen ✳ *die Schuhe breit treten:* tragen, bis sie breit sind ✳ *Breitwand:* besonders breite Leinwand im Kino; *Breitwandfilm* ✳ **Brei|te,** die; –, –n: das Breitsein : breite Fläche : (Geogr.) Abstand eines Ortes vom Äquator : (Astron.) senkrechter Winkelabstand von der Ekliptik : Bahn von Stoffen : hingebreitete Lage Flachs u. a. : Raum, den ein Mäher mit der Sense bestreichen kann : (übertr.) Weitschweifigkeit ✳ *Breitengrad:* Abstand, Raum zwischen zwei Breitenkreisen; *Breitenkreis:* gedachte Linie, parallel zum Äquator, um die Erde ✳ **brei|ten** tr.: breit machen : breit auslegen : in die Breite dehnen ✳ **Brei|tung,** die; –, –en: Breit-

ling, Flusserweiterung ✳ **Breit|ling,** der; –s, –e: eine Apfelsorte : ein Fisch : ein essbarer Pilz : ein Doldengewächs : Flusserweiterung ✳

breit

Adjektive und Partizipien, die substantivisch gebraucht werden, schreibt man groß : *Wir besprachen es des Langen und des Breiten.* Verbindungen aus Adjektiven und Verben, bei denen das Adjektiv steigerbar oder erweiterbar ist, schreibt man getrennt: *Er hat sich zu breit gemacht.*

Brek|zie (dtsch.-it.), die; –, –n: Brockengestein, Nagelfluh ✳ *Brekzienmarmor* **Bre|me**, die; –, –n: eine Stechfliege; vgl. Bremse **Bre|men:** freie Hansestadt an der Unterweser ✳ **Bre|mer|ha|ven:** Vorhafen von Bremen ✳ *bremisch* **Brem|se,** die; –, –n: Bremschen, –lein: Stechfliege ✳ *Bremsfliege; Bremsenplage* ✳ **Brem|se,** die; –, –n: Hemmschuh : Vorrichtung, die Bewegung eines Wagens zu hemmen : Klemme für Lippen und Ohren von Pferden ✳ *Bremsenwärter* ✳ **brem|sen** (du bremsest und bremst) tr.: mittels einer Bremse die Bewegung hemmen, zum Stehen bringen ✳ *Bremsbacke:* beweglicher Teil einer Bremse; *Bremsbelag; Bremsberg:* (Bergb.) Förderbahn mit zwei Geleisen; *Bremsblock; Bremshebel; Bremskeil; Bremsklotz; Bremskraft; Bremsleistung; Bremslicht; Bremsmoment; Bremsrad; –scheibe; –stange; –vorrichtung; –weg; bremssicher* Ew.: mit sicher wirkender Bremsvorrichtung versehen ✳ **Brem|ser**, der; –s, –: ein Bremssender : die Bremse bedienender Bahnbeamter ✳ *Bremserhäuschen* ✳ **Brem|sung,** die; –, –en: das Bremsen **Bren|ke**, die; –, –n: (mundartl.) Holzgefäß ✳ **Bren|kel**, das; –s, –: (mundartl.) Holzgefäß; vgl. Brente **brenn|bar** Ew.: so beschaffen, dass es brennen kann ✳ **Brenn|bar|keit,** die; –, –en: das Brennbarsein : brennbarer Stoff ✳ **bren|nen** (du brann-

test; gebrannt) intr.: in Feuer
stehen : Feuer fangen, sich entzünden : von Feuer ergriffen
und verzehrt werden : als Heiz-
stoff dienen : als Leuchtstoff
dienen : wie Feuer glühen : wie
Feuer strahlen, glänzen : von
Glut verzehrt werden : (übertr.)
wie Feuer glühen : (auf etwas
–) sich heiß nach etwas sehnen;
tr.: in Brand stecken : etwas als
Heiz- oder Leuchtstoff verwenden : etwas der Wirkung des
Feuers aussetzen : heiß, glühend, trocken machen : empfindlich stechen : seelische
Glut erregen : schmerzen :
durch Einwirkung des Feuers
hervorrufen, herstellen : rösten
: schmelzen : schwelen :
(Hüttw.) durch Feuerhitze reinigen; rbz.: sich verbrennen :
(übertr.) sich schwer beschädigen * *es brennt:* es ist Feuer;
*der Boden brennt mir unter den
Füßen:* ich kann vor Unruhe
nicht bleiben; *sich den Mund
verbrennen:* sich durch eine
unbedachte Äußerung schädi-
gen * *Brennende Liebe:* eine
Pflanze * Brennapparat: (Med.)
Glühbrenner : Apparat zur Destillation von Branntwein und
Spiritus; *Brennarbeit:* Bereitung durch Feuerhitze, bes.
Feinbrennen des Silbers;
Brennblase: Gerät zum Brannt-
weinbrennen; *Brennerde:* Torf;
Brenngas: als Brennstoff verwendetes Gas; *Brennglas:* ge-
schliff. Glas, das die Sonnenstrahlen in einem Punkt verei-
nigt; *Brennhaare:* Schmerz
verursachende Haare an den
Nesseln; *Brennholz:* Holz zum
Verbrennen; *–kolben:* Des-
tillierkolben der Branntweinbrenner; *Brennkraft:* Heizkraft;
Brennmaterial: Heizstoffe;
Brennnessel → *Brennnessel:*
eine Pflanze mit Brennhaaren;
Brennöl: Öl als Leuchtstoff;
Brennort: (bergm.) unterirdische Stelle, wo Gestein durch
Feuer zerklüftet wird; *Brennpunkt:* Strahlensammelpunkt
bei Brennglas und Brennspiegel; *Brennspiegel:* Hohlspie-
gel, der die Sonnenstrahlen in
einem Punkt sammelt; *Brenn-
spiritus; Brennstahl:* Zement-
stahl; *Brennstoff; Brennweite:*
Abstand des Brennpunktes

vom Mittelpunkt des Brenngla-
ses, -spiegels; *Brennzeit:* Zeit
der Zubereitung durch Brennen
* Bren|ner, der; –s, –: einer,
der Feuer legt, Brandstifter :
Branntweinbrenner : Aufseher
über den Schmelzofen : ein Käfer : (Chem.) Element, das sich
mit anderen unter Wärme und
Lichtentwicklung verbindet :
Teil an Beleuchtungs- und
Heizgeräten : Trommel zum
Rösten der Kaffeebohnen *
Bren|ne|rei, die; –, –en: Kunst
des Branntweinbrennens : Ort,
wo Branntwein gebrannt wird
* Bren|ner, der; –s: östr. Alpen-
pass * *Brennerbahn; Brenner-
straße*
Bren|te, die; –, –n: (mundartl.)
Holzgefäß; vgl. Brenke
Brenz, der; –es, –e: (mundartl.) Branntwein : (Mz.)
brennbare Mineralien *
brenz|lig Ew.: nach Brand rie-
chend, schmeckend, ausse-
hend : (übertr.) gefährlich,
nicht geheuer * bren|zeln (ich
..[e]le) intr.: brenzlig riechen,
schmecken
Bre|sche (dtsch.-fr.), die; –,
–n: eine geschlagene Lücke im
Mauerwerk : Riss : Ausweg *
*eine Bresche schlagen; in die
Bresche springen:* zu Hilfe
kommen
Bres|lau: polnische Stadt
Brest, der; –es, –e; Bres|te,
die; –, –n: (veralt.) Fehler, Ge-
brechen * brest|haft Ew.: mit
Gebrechen behaftet
Bre|ta|gne [bretanj']: Halbin-
sel im NW Frankreichs *
Bre|to|nen Mz.: kelt. Volks-
stamm in der Bretagne * *breto-
nisch*
Brett, das; –(e)s, –er; Brettchen, Mz. Bretterchen, Mz. von
Baumstämmen geschnittenes
Holz von geringer Dicke : hangende oder liegende Tafel :
Werktisch : Tafel zum Geld-
zählen : (in Felder eingeteilt)
Tafel zum Spiel : (Mz.) Schau-
bühne * *ein Brett vor dem Kopf
haben:* dumm sein * *Brett-
mühle:* Schneidemühle; *Brettspiel:* Spiel auf einer Tafel :
diese Tafel * *Bretterbühne:* roh
zusammengeschlagene Bühne;
*Bretterdach; Bretterhaus; bret-
terrecht* Ew.: bühnengemäß;
Bretterwagen; –wand * Bret-

tel, das; –s, –: Schneeschuh *
bret|teln (ich ..[e]le) intr.:
Brettspiel spielen : Ski laufen *
bret|ter|haft Ew.: bühnenge-
recht * bret|tern Ew.: aus
Brettern bestehend : (übertr.)
flach * Brett|l, das; –s, –:
Kleinkunstbühne : Kabarett *
Brettllied; Brettlsänger *
Brett|ling, der; –s, –e: Würfel-
tisch
Bre|ve (l.), das; –s, –n und –s:
kurzes Schreiben : päpstliches
Schreiben * Bre|vet (fr.)
[..wäh], das; –s, –s: Gnadenbrief : Bestallungsurkunde *
bre|ve|tie|ren (fr.) (..iert) tr.:
einen Gnadenbrief ausstellen
* Bre|vi|a|ri|um (l.), das; –s,
..rien: Auszug, kurze Übersicht
: altes röm. Rechtsbuch *
Bre|vier (l.), das; –s, –e: kurze
Übersicht : Gebetbuch der ka-
thol. Geistlichen * Bre|vier
(e.) [briwihr], die; –: ein engl.
Schriftgrad * Bre|vi|lo|quenz
(l.), die; –: Kürze des Aus-
drucks * bre|vi ma|nu (l.):
kurzerhand; Abk.: br. m. *
Bre|vis (l.), die; –, Breves:
(Mus.) Note mit dem Wert von
zwei Ganzen [l. brevis kurz]
Bre|zel (l.), die; –, –n: Gebäck
in Form verschlungener Ringe
u. Ä. * *Brezen*
Bri|cke, die; –, –n: Neunauge
Bridge (e.) [bridsch'], das; –,
–s: ein engl. Kartenspiel
Brief, der; –(e)s, –e: schriftliche Urkunde : (auf Kurszet-
teln) Angebot von notierten
Kurs : an einen Abwesenden
gerichtete schriftliche Mitteilung : briefartig zusammenge-
legtes Stück Papier * *Briefadel:* durch eine Urkunde er-
teilter Adel; *Briefaufschrift:*
Adresse; *Briefausgabe:* Post-
schalter, an dem Briefe ausge-
geben werden; *Briefbeschwe-
rer; Briefbogen:* Bogen Papier
zum Schreiben eines Briefes;
Briefbote: Postbote; *Briefein-
wurf:* Briefkastenöffnung;
Briefgeheimnis; Briefkasten:
Postkasten zum Hineinwerfen
von Postsendungen : Abteilung
einer Zeitung für Antworten
der Schriftleitung auf Anfragen
der Leser; *Briefkopf:* Angaben
über Absender oder Adressaten
oben auf dem Briefbogen;
Briefkurs: (Börse) angebote-

ner Preis eines Wertpapiers; *Briefmarke:* Postwertzeichen; *Briefmarkenalbum; —sammler; Briefpapier; —porto; Briefschreiber; Briefstil; Brieftasche; Brieftaube:* zur Übermittlung von Nachrichten dienende Taube; *Briefträger:* Briefe austragender Postbote; *Briefumschlag:* zuklebbare Papierhülle für Briefe; *Briefwaage; Briefwahl:* Teilnahme an einer Wahl durch Brief; *Briefwechsel:* Austausch von Briefen; *briefwechseln* (ich ..[e]le; gebriefwechselt; zu –): Briefe tauschen * **brief**lich Ew.: durch Brief * **Brief**schaft, die; –, –en (fast nur Mz.): Menge von Briefen * **Bri**enz: Stadt in der Schweiz * *Brienzer See*

Brie: franzöz. Landschaft östlich von Paris * *Briekäse*

Bries, das; –es, –e; **Brie**sel, das; –s, –: Brustdrüse junger Kälber * **Bries**chen **(Brös**chen**),** das; –s, –: Klößchen aus Bries

Briga**de** (fr.-it.), die; –, –n: größere Heeresabteilung : in der ehem. DDR kleinste Arbeitsgruppe eines Betriebes * *Brigadeführer:* Brigadegeneral * *Brigadeleiter:* Leiter einer Arbeitsbrigade * **Bri**ga**dier** (fr.) [brihgadjeh], der; –s, –s: Befehlshaber einer Brigade * **Bri**ga**dier**, der; –, –e: (östr.) Obergendarm * **Bri**gant, der; –en, –en: (Straßen-) Räuber * **Bri**gan**ten**tum, das; –(e)s: Wesen eines Briganten : Gesamtheit von Briganten * **Bri**gan**ti**ne (it.), die; –, –n: (urspr.) Raubschiff : kleiner Zweimaster [it.-ml. briga Streit; Rotte]

Brigg (e.), die; –, –s: zweimastiges Segelschiff

Brikett (fr.), das; –(e)s, –e und –s: Presskohle [fr. brique Ziegelstein]

Briko**le** (fr.), die; –, –n: (Billard) Rückprall der Kugel von der Bande * *Brikolschuss, Brikolstoß* –stoß * **bri**ko**lie**ren (..iert) tr.: zurückprallen machen : durch Abprall von der Bande treffen : (übertr.) Winkelzüge machen, unredlich verfahren [ml. bricola altes Wurfgeschütz]

brillant (fr.) [brijang, gew. briljant] Ew.: glänzend : ausgezeichnet * **Brill**ant [gew. briljant], der; –en, –en: geschliffener Diamant * *Brillantbrosche; Brillantkollier, Brillantring; Brillantschliff:* eine Schliffform für Schmucksteine, besonders für Diamanten; *Brillantstoff:* Seidenstoff mit eingewebten Figuren * **Brill**ant, die; –: ein Schriftgrad * **Bril**lan**ti**ne, die; –, –n: Glanz gebende Haarpomade : Polierstoff für Metall und Glas * **Brill**anz, die; –: Feinheit, Glanz, meisterhaftes Können * **bril**li**e**ren (..iert) [..ljieren] intr.: Aufsehen erregen : glänzen

Brille (gr.-fr.), die; –, –n; Brillchen: zwei durch Bügel verbundene, auf die Nase zu setzende Augengläser : etwas von der Form eines Augenglases, z. B. Scheuleder, Abortsitz * *Brillenbügel; Brillenetui; Brillenfassung; Brillenfutteral; Brillengestell; —glas; Brillenofen:* zweiherdiger Schachtofen; *Brillenschlange:* Schlange mit brillenförmiger Zeichnung; *Brillenschleifer; Brillenträger(in)* [gr. beryllos, l. beryllus ein Mineral, aus dem zuerst Brillengläser hergestellt wurden]; vgl. bebrillen

brilli**e**ren: s. brillant

Brimbo**rium** (nl.), das; –s: Umschweife : unwesentliches Beiwerk

Brinell**här**te, die; –, –n: Härtegrad bei Werkstoffen * *Brinellhärteprobe:* Bestimmung der Stoffhärte durch Kugeldruckversuch (nach Brinell)

bringen (du brachtest, du brächtest; gebracht; bring[e]!) tr.: zum Vorschein kommen lassen : erzeugen : gebären : an einen Ort hinschaffen : etwas zu jemand schaffen (und ihm geben) : (hinter sich –) zurücklegen, beenden : (einen um etwas –) es ihm nehmen : (es bis zu etwas –) etwas erreichen : schaffen, hervorrufen : (Zinsen –) abwerfen * *an den Mann bringen:* unterbringen : verheiraten; *beiseite bringen:* wegschaffen : beseitigen; *in Ordnung bringen:* ordnen; *ums Leben bringen:* töten; *von der*

Stelle bringen: vorwärts bringen; *zur Welt bringen:* gebären * *Bringschuld:* Schuld, die dem Gläubiger zu bringen ist (Miete, Pacht) * **Brin**ger, der; –s, –: Bringender : Überbringer * **Brin**ge**rin,** die; –, –nen: Bringende

Brink, der; –(e)s, –e: erhöhter (Gras-)Platz : Grasrain * *Brinksitzer,* der; –s, –: Häusler, Kleinbauer

Brinte: s. Brente

brio, con (it.): (Mus.) mit Feuer, lebhaft

Brio**che** (fr.) [briosch], die; –, –s: feines Gebäck : Eierbrot

brio**so** (it.): (Mus.) forsch; vgl. brio

brisant (fr.) [brisang] Ew.: zerschlagend : sprengend * *brisante Stoffe:* Sprengstoffe * **Bri**sanz, die; –, –en: Sprengkraft : Hochaktuelles * *Brisanzgeschoss* [fr. briser zerbrechen]

Brisbane [..behn]: Stadt und Fluss in Australien

Brise (fr.), die; –, –n: Seewind

Briso**lett** (dtsch.-fr.), das; –(e)s, –e; **Bri**so**let**te, die; –, –n: gebratenes Fleischklößchen

Bristol: Stadt in England

Britan**nia**me**tall,** das; –s, –e: eine Metallmischung

Britan**ni**en: Großbritannien * **Bri**te, der; –n, –n: Bewohner von Großbritannien * **Bri**tin, die; –, –nen: Bewohnerin von Großbritannien * **bri**tisch Ew.: zu Großbritannien gehörig : auf Großbritannien bezüglich * *British Broadcasting Corporation* (e.) [british bra°hdkasting korporeschn], die; –: Britische Rundfunkgesellschaft (Abk.: BBC); *das Britische Museum; das britische Reich; Britisch-Kolumbien:* kanad. Provinz

Britschka (poln.), die; –, –s: leichter offener Reisewagen

Brixen: Stadt in Südtirol

broad side (e.) [bra°hdßaid]: Breitseite eines Schiffes : Entladung aller Geschütze der Breitseite * **Broad**way [br°adweh], der; –s: Hauptstraße von New York

Bröckel, der; –s, –: kleiner Brocken * **brö**ck(e)lig Ew.: in Bröckel zerfallend : (übertr.) hinfällig * **brö**ckeln (ich

..[e]le) intr. (sein): in Bröckel zerfallen; tr.: in Bröckel brechen : Bröckel abbrechen ✻ **Bro|cken**, –en; de; –; –: Bröckchen, –lein: kleines abgebrochenes Stück (meist von Brot, Speisen, Gestein) : Bissen ✻ **bro|cken** tr.: in Brocken brechen ✻ **bro|cken|wei|se** Uw.: in Brocken : stückchenweise ✻ **Bro|cken**, der; –s: Berg im Harz

Bro|del, der; –s, –: (mundartl.) Brodem ✻ **bro|deln** (ich ..[e]le) intr. (haben, sein): mit Geräusch wallen : heftig wallen ✻ **Bro|dem, Bro|den**, der; –s, –: aufsteigender Dampf, Qualm, Nebel ✻ *Brodenfang:* Vorrichtung zum Auffangen des Brodens

Bro|de|rie (fr.), die; –, ..rien: Stickerei : Verbrämung ✻ **bro|die|ren** (..iert) tr.: sticken : einfassen

Broi|ler, der; –s, –: (regional) Brat- oder Grillhähnchen

Bro|kat (it.), der; –(e)s, –e: gold- oder silberdurchwirkter Seidenstoff ✻ *Brokatpapier:* Buntpapier mit aufgedruckten Goldfiguren ✻ **Bro|ka|tell**, das; –s, –e: brokatähnliches Halbseidenzeug [it. broccare brechen, sticken]

Bro|ker (e.) [brouker], der; –s, –: Börsenmakler

Brok|ko|li (it.) Mz.: ital. Sprossenkohl [it. brocco Sproß]

Brom (gr.), das; –s: chem. Grundstoff; Abk.: Br ✻ *Brom-Kalium; Brom-Natrium; Brom-öldruck:* fotografisches Vervielfältigungsverfahren; *Bromsäure; Bromsilberdruck:* maschinelle Anfertigung von Bromsilberkopien ✻ **Bro|mid**, das; –(e)s, –e: ein Salz ✻ **Bro|mit**, der; –(e)s, –e: ein Mineral [gr. bromos Gestank]

Bro|ma|to|lo|gie (gr.), die; –: Nahrungsmittellehre [gr. broma Speise]

Brom|bee|re, die; –, –n: Frucht des Brombeerstrauches : dieser Strauch selbst ✻ *Brombeerstrauch* ✻ **Brom|mel|bee|re**, die; –, –n: Brombeere

Bro|mid, Bro|mit: s. Brom
Brom|öl|druck,
Brom|sil|ber|druck: s. Brom
bron|chi|al (gr.) Ew.: die Luftröhre betreffend ✻ *Bronchial-*

asthma: krampfhafte Anfälle von Atemnot, Erschwerung der Ausatmung; *Bronchialkatarrh* → *Bronchialkatarr:* Luftröhrenverschleimung ✻ **Bron|chie**, die; –, –n: Luftröhrenast ✻ **Bron|chi|ek|ta|sie**, die; –, ..sien: Erweiterung der Luftröhrenäste ✻ **Bron|chi|tis**, die; –: Entzündung der Bronchien ✻ **Bron|chus**, der; –, ..chien: Kehle, Luftröhre

Bronchialkatarr
Häufig verwendete Fremdwörter, besonders solche, die dem Deutschen fremden Laut enthalten, können sich nach und nach der deutschen Schreibweise angleichen. Dabei wird z. B. der *Katarrh* zu *Katarr* oder *Myrrhe* zu *Myrre*.

Bro|ni|los (gr.): „der Lärmende", Beiname des Bacchus
Bronn, der; –(e)s, –en; **Bron|nen**, der; –s, –: (veralt., dichterisch) Brunnen
Bron|te (it.), die; –, –n: ein alkoholfreies Getränk : Aufguss der Mateblätter
Bron|te|um (gr.), das; –s, ..teen: Donnermaschine im Theater ✻ **Bron|tia** Mz.: vermeintliche Donnerkeile [gr. bronte Donner]
Bron|to|sau|rus (gr.), der; –, –rier: Riesenechse der Kreidezeit
Bron|ze (fr.) [brongse], die; –, –n: Metallgemisch aus Kupfer und Zinn : ein Gegenstand aus diesem Gemisch ✻ *Bronzedruck:* Druck mit Bronzefarben; *Bronzefarbe; bronzefarben* Ew.: rotbraun; *Bronzemedaille:* Sportliche Auszeichnung; *Bronzezeit:* vorgeschichtliches Zeitalter ✻ **bron|zen** Ew.: aus Bronze ✻ **bron|zie|ren** (..iert) tr.: mit Bronzefarbe überziehen : dunkel färben ✻ **Bron|zit**, der; –(e)s, –e: ein Gestein
Brook|lyn: Stadtteil von New York
Bro|sam, der; –(e)s, –e; **Bro|sa|me**, die; –, –n; Brosämchen, ..lein (preuß. und bayr. fast nur Mz.): Brocken : Brotkrume
Bro|sche (fr.), die; –, –n: Vorstecknadel : Spange ✻ **bro|schie|ren** (..iert) tr.: (Buch –) heften und in Papier binden :

(Zeug –) mit erhabenem Muster durchwirken : Muster aufweben ✻ **Bro|schur**, die; –, –en: das Broschieren ✻ **Bro|schü|re**, die; –, –n: geheftetes Buch : Flugschrift [it. brocco Spitze]
bro|schie|ren, Bro|schur, Bro|schü|re: s. Brosche
Brö|sel, der; –s, –; Brös(e)lein: Bröckchen ✻ **brö|seln** (ich ..[e]le) tr., intr.: bröckeln : (weidm.) die Losung fallen lassen
Brot, das; –(e)s, –e: aus gebackenem (Roggen-, Weizen-) Mehl bereitetes Backwerk : Nahrung : (übertr.) Erwerb : Laib Brot ✻ **Bröt|chen**, das; –s, –: Semmel ✻ *Brotbäcker; Brotbeutel; Brotdieb:* einer, der einem die Nahrung schmälert : einer, der sein Brot unrechtmäßig erwirbt; *Broteinheit:* (med.) Maßeinheit bei der Zusammenstellung von Diäten; *Brotfruchtbaum:* ein tropischer Baum; *Brötchengeber:* (Umgspr.) Arbeitgeber; *Brotgelehrter:* einer, der um des Broterwerbs willen Wissenschaft treibt; *Brotgetreide; Brotherr:* Dienstherr; *Brotkorb* ✻ *einem den Brotkorb höher hängen:* jemand knapper halten ✻ *Brotkorn:* zum Brotbacken verwendbares Korn; *Brotkrume:* weicher Teil des Brotes; *Brotkruste:* harter Rand des Brotes; *brotlos* Ew.: kein Brot habend : keinen Broterwerb habend : keinen Erwerb bringend; *brotlose Künste; Brotmaschine:* Haushaltgerät zum Brotschneiden; *Brotneid:* Neid auf den Erwerb; *Brotrinde:* Brotkruste; *Brotscheibe:* Brotschnitte : Wabe mit Bienenbrot : Backschaufel; *Brotteig; Brotzeit:* (bayr.) zweites Frühstück
Brow|ning (e.) [brauning], der; –s, –s: Selbstladepistole
brr!: Tonwort, das Schwirren nachahmend : Ausruf des Abscheus : Zuruf am Pferde, um sie zum Stehen zu bringen
Bruch, der; –(e)s, Brüche; Brüchlein, Brüchelchen: das Brechen : das Zerbrechen : durch Brechen entstehende Verletzung : Bergwerkseinsturz : Gesetzesübertretung : Auflösung einer Verbindung : Ent-

zweiung : (Med.) Verlagerung von Eingeweiden : das Knicken, Falten : die Knickung, Faltung : etwas Gebrochenes : (Math.) gebrochene Zahl, Teile eines in gleiche Teile geteilten Ganzen : Stelle, wo etwas auseinander bricht : Ort, wo Steine gebrochen werden ✱ *Bruchband:* Eingeweidebruch zurückdrängendes Band; *Bruchbude:* kleines Haus in schlechtem Zustand; *Bruchfläche:* durch Brechen entstandene Fläche; *Bruchkraut:* gegen Bruch heilkräftige Pflanze; *Bruchlandung; Bruchoperation; Bruchrechnung:* Rechnung mit gebrochenen Zahlen; *Bruchschaden:* (kfm.) Schaden durch Zerbrechen von Waren; *Bruchschokolade; Bruchschrift:* Fraktur; *Bruchsilber:* zerbrochenes Silbergerät zum Einschmelzen; *Bruchstein:* Stein aus dem Steinbruch : eine Art Kalktuff; *Bruchstrich:* Strich zwischen Zähler und Nenner; *Bruchstück:* unvollendeter oder unvollständig überlieferter Teil eines Ganzen; *bruchstückweise* Uw.: in Bruchstücken; *Bruchteil,* der; –s, –e: (Rechtsspr.) Verhältnisteil : kleiner Teil; *Bruchzahl* ✱ **brü|chig** Ew.: zerbrechlich : bröcklig : spröde : geschwächt : (übertr.) unzuverlässig **Bruch,** das; –(e)s, Brüche(r): Sumpfland ✱ *Bruchbeere; Bruchdrossel:* im Bruch lebende Drossel; *Bruchlandschaft:* Sumpfwald, Moor; *Bruchweide* ✱ **bru|chig, brü|chig** Ew.: sumpfig **brü|chig, brüch|ten:** s. Bruch **Brü|cke,** die; –, –n: Bauwerk zum Überwinden von Strecken, das die Ufer eines Gewässers, die beiden Seiten eines Abgrundes u. Ä. verbindet : eine Verteidigungsstellung im Ringkampf : (Zahntechn.) Haltevorrichtung für künstliche Zähne ✱ *einem eine (goldene) Brücke (Brücken) bauen:* (übertr.) einem helfend entgegenkommen ✱ *Brückenbalken; Brückenbau; Brückenbogen; –geländer; Brückengeld:* für Brückenbenutzung zu zahlendes Geld; *Brückenjoch:* zwei durch einen waagerechten Balken

verbundene Pfeiler : Raum zwischen zwei Brückenpfeilern; *Brückenkopf:* militär. Stützpunkt mit Befestigungen am feindwärts liegenden Ufer (oder Weg); *Brückenpfeiler:* Träger einer Brücke; *Brückenpfennig:* Brückengeld; *Brückentor; –turm; –wagen; Brückenwaage:* Straßenwaage; *Brückenzoll:* Brückengeld **Bru|der,** der; –s, Brüder; Brüderchen, ..lein; Abk.: Br.: männliche Person unter Geschwistern : Gleichgesinnter : Genosse, Geselle : Ordensmönch ✱ *Bruderherz:* (veralt.) vertrauliche Anrede; *„Bruder Lustig": (veralt.)* ein leichtlebiger Mensch; *Bruderkrieg; Bruderkuss:* die Freundschaft besiegelnde Kuss; *Bruderliebe; Brudermord; –mörder; Brudervolk:* nah verwandtes Volk; *Bruderzwist; Brüdergemeinde:* Gemeinde der Herrnhuter ✱ **brü|der|lich** Ew.: nach Art eines Bruders ✱ *Brüderlich|keit,* die; –: brüderliches Wesen ✱ **Bru|der|schaft,** die; –, –en: Gesellschaft von Brüdern : geistliche Gemeinschaft ✱ **Brü|der|schaft,** die; –, –en: brüderliches Verhältnis, enge Freundschaft ✱ *Brüderschaft trinken:* durch einen gemeinsamen Trunk eine Freundschaft besiegeln ✱ **Bru|der|tum,** das; –s: brüderliches Wesen, Verhältnis **Brüg|ge:** Stadt in Belgien **Brü|he,** die; –, –n: durch Kochen von tierischen oder pflanzlichen Stoffen in Wasser entstehende Flüssigkeit : Tunke : Färbeflüssigkeit u. a. ✱ **brü|hen** tr.: heiß machen : mit siedender Flüssigkeit begießen ✱ *Brühfass; Brühfutter:* Siede; *brühheiß* Ew.: siedendheiß; *Brühkartoffeln:* Kartoffeln in Fleischbrühe gekocht; *Brühsuppe:* Suppe aus Fleischbrühe; *brühwarm* Ew.: (meist übertr.) ganz frisch, nagelneu *Brühwürfel:* würfelförmiger getrockneter Extrakt aus Fleischbrühe ✱ **brü|hig** Ew.: in der Art einer Brühe **Brühl,** der; –(e)s, –e: mit Gras und Büschen bewachsenes Sumpfland : Straße, Platz auf früherem Sumpfgebiet

Brüll|af|fe: s. brüllen **brül|len** intr.: dumpf und laut schreien; tr.: (einen aus dem Schlaf –) durch Brüllen wecken : (Beifall –) brüllend Beifall kundgeben ✱ *Brüllaffe:* südam. Affengattung ✱ **Brül|ler,** der; –s, –: Brüllender **Bru|maire** (fr.) [brümähr], der; –(s), –s: „Nebelmonat", Bezeichnung für Oktober-November im Kalender der Französischen Revolution **brumm!:** das Brummen nachahmendes Tonwort ✱ **Brum|me,** die; –, –n; **Brum|mel,** die; –, –n: Brummfliege ✱ **brum|meln** (ich ..[e]le) intr.: ein wenig brummen : ein wenig brummend sprechen ✱ **brum|men** intr.: dumpfe, hohle Töne erdröhnen lassen : murmeln : unwillig, mürrisch sein : (Strafe) absitzen ✱ *Brummbär:* brummender Bär: mürrischer Mensch; *Brummbaß* → *Brummbass:* Bassgeige : brummende Bassstimme; *Brummeisen:* Maultrommel; *Brummfliege; Brummhahn:* Birkhahn; *Brummklappe:* Stimmplättchen der Fliege; *Brummkreisel; Brummochse:* Stier : (Umgspr.) Dummkopf, Trottel; *Brummschädel:* schmerzender Kopf; *Brummstall:* Gefängnis; *Brummvogel:* eine Art Kolibri : ein Schmetterling ✱ **Brum|mer,** der; –s, –: brummende Person : Brummfliege : Brummochse : brummendes Ding (Spielzeug) ✱ **brum|mig** Ew.: mürrisch **Bru|nel|le,** die; –, –n: Zierpflanze (nach dem it. Botaniker Brunelli benannt) **brü|nett** (dtsch.-fr.-it.) Ew.: bräunlich : braunhaarig ✱ **Brü|net|te,** die; –, –n: braunhaarige weibl. Person ✱ **brü|nie|ren** (..iert) tr.: bräunen : braun beizen **Brunft,** die; –, Brünfte: (weidm.) beim Wild die geschlechtliche Erregung des Männchens ✱ **brunf|ten** intr.: in die Brunft treten : sich begatten ✱ *Brunfthirsch; Brunftplatz; –ruf; –schrei; –zeit* ✱ **brunf|tig** Ew.: in der Brunft befindlich **brü|nie|ren:** s. brünett **Brün|ne,** die; –, –n: (Brust-)Panzer

Brün|nel, das; –s, –: kleiner Brunnen * **Brun|nen**, der; –s, –; Brünnchen, –lein: Quelle : Quellwasser : mineralische Quelle : Mineralwasser : künstlich gegrabene, gebohrte Quelle * *Brunnenbauer; Brunnenbecken; Brunnenbohrer; Brunnenfassung:* gemauerte Einfassung einer Quelle; *Brunnenhaus:* über einem Brunnen erbautes Haus: *Brunnenkresse:* eine Pflanze; *Brunnentrog; Brunnenvergiftung:* Vergiftung des Brunnenwassers : (übertr.) Verleumdung * *Brunnquell:* (meist übertr.) Quell, Ursprung; *Brunnenwasser:* Grundwasser, Quellwasser

Brunst, die; –, Brünste: das Brennen : innere Glut : heftiger Geschlechtstrieb : Zeit der geschlechtlichen Erregung beim männl. Wild * **bruns|ten** intr.: sich in der Brunstzeit befinden * **brüns|tig** Ew.: von Brunst erfüllt

Brunz, der; –es, Brünze; **Brun|ze**, die; –, –n: Harn * **brun|zen** intr.: harnen

brüsk (fr.-it.) Ew.: barsch, schroff, rücksichtslos * **brüs|kie|ren** (..iert) tr.: barsch, rücksichtslos behandeln * **Brüs|kie|rung**, die; –, –en [it. brusco herb, scharf]

Brüs|sel: Hauptstadt Belgiens * **Brüs|se|ler, Brüss|ler**, der; –s, –: Einwohner von Brüssel * **Brüs|se|ler, Brüss|ler, brüs|se|risch** Ew.: von, aus Brüssel; *Brüsseler Spitzen:* gehäkelte Handarbeit

Brust, die; –, Brüste; Brüstchen, –lein: Vorderkörper von Hals bis Magen : die Milchdrüse des Menschen beim weibl. Geschlecht : die Brust bedeckender Teil der Kleidung : innere Organe der Brusthöhle : Herz, Sitz des Gefühls : (Techn.) brustartig hervorragender Teil * *Brustarznei:* Lungen-, Hustenarznei; *Brustbaum:* Vorderbaum des Webstuhls; *Brustbein; Brustbeutel:* ein auf der Brust getragenes Geldtäschchen; *Brustbild:* Bild einer Person bis zur Brust; *Brustbohrer:* gegen die Brust des Bohrenden gestemmter Traubenbohrer; *Brustdrüse; Brustfell:* Rippenfell; *Brustfell-*entzündung; *Brustharnisch; Brusthöhe; Brusthöhle; Brustholz:* Krummholz am Schiffsvorderteil; *Brustkasten:* die Brusthöhle umschließende Knochen; *Brustkern:* Kernfleisch der Brust; *Brustkind:* ein an der Brust ernährtes Kind; *Brustkorb:* Knochengerippe der Brust; *brustkrank* Ew.; *Brustkrebs:* bösartiges Geschwür in der Brust; *Brustlehne:* Brüstung; *Brustmauer:* gemauerte Brüstung; *Brustnadel:* Brusttuchnadel; *Brustschwimmen; Bruststimme:* Singstimme, bei der der Brustkorb mitschwingt; *Bruststück:* Brustbild : der die Brust bildende Teil des Leibes : Brustbekleidung : Brustgeschmeide; *Brusttasche:* Innentasche des Herrenjacketts; *Brustton:* Bruststimme; *im Brustton der Überzeugung sprechen; Brusttuch; Brustumfang; Brustwarze; Brustwehr:* Erdanschüttung in Brusthöhe zum Schutz der Besatzung; *Brustwirbel* * **brüs|ten** tr.: mit einer Brust versehen; rbz.: sich in die Brust werfen : prahlen * **..brüs|tig** Ew., nur in Zus.: mit einer Brust versehen; z. B. hochbrüstig : engbrüstig : schmalbrüstig * **Brüs|tung**, die; –, –en: bis zur Brust reichende Mauer

Brut, die; –, –en: das Brüten : ausgebrütete Junge : Tierjunge : (verächtl.) Kinder : junge Pflanzen * *Brutanstalt:* Unternehmen für künstliches Brüten; *Brutapparat:* Brutofen; *Bruthitze:* zum Brüten nötige Hitze; *Brutkasten:* (Med.) Gerät zur Aufzucht von Frühgeburten; *Brutknospe:* Keimblatt der Moospflanze; *Brutmast:* Kraftfutter aus Brut von Gewürm; *Brutofen:* Vorrichtung zum künstlichen Ausbrüten von Eiern; *Brutschrank:* Schrank zum Ausbrüten von Bakterienzüchtung; *Brutstätte:* Brutplatz; *brutwarm* Ew. * **brü|ten** intr.: (von Vögeln) Erwärmung der Eier durch den Vogelleib bis zum Ausschlüpfen der Jungen : erhitzen : die Einwirkung der Hitze erfahren : den Sinn unablässig mit etwas beschäftigen; tr.: durch Brüten hervorbringen * *brütendheiß* → *brü-*tend heiß; *Brütei:* Ei, das bebrütet werden soll * **Brü|ter**, der; –s, –: (meist: *Schneller Brüter*): Kernreaktor, der mehr spaltbares Material erzeugt, als er verbraucht * **brü|tig** Ew.: voll Bruthitze, begierig zu brüten : ausgebrütet : schwül

bru|tal Ew. (l.): roh : gewalttätig : grob * **Bru|ta|li|tät**, die; –, –en: Rohheit : Rücksichtslosigkeit : Plumpheit : Gewalttätigkeit [l. brutus schwerfällig]

brü|ten, brü|tig: s. Brut

brut|to (it.): (kfm.) mit Verpackung, ohne Abzug; Abk.: btto. * *brutto für netto;* Abk.: bfn. * *Bruttoertrag:* Ertrag ohne Abzug der Kosten; *Bruttoeinkommen; Bruttoeinnahme; Bruttogehalt:* Gehalt ohne Steuerabzug; *Bruttogewicht:* Rohgewicht; *Bruttogewinn; Bruttoregistertonne;* Abk.: BRT; *Bruttolohn; Bruttosozialprodukt:* Die Summe der von den Bewohnern eines Wirtschaftsbereiches im In- und Ausland erzielten Nettoproduktionswerte, bewertet zu Marktpreisen; *Bruttovermögen:* Vermögen mit Einschluss der Schulden

brut|zeln: (ich ..[e]le) (Umgspr.): etwas in heißem Fett braten

Bru|yère (fr.) [brüjähr], die; –: Wurzelholz eines Heidekrautbaumes im Mittelmeergebiet, bes. zur Pfeifenherstellung

Bru|zin, das; –s, –e: giftiges Alkaloid * **Bru|zit**, der; –(e)s: ein Mineral

Bry|o|lo|g(e) (gr.), der; ..gen, ..gen: Kenner der Laubmoose * **Bry|o|lo|gie**, die; –: Lehre von den Laubmoosen [gr. bryon Moos]

BSE (Abk.): Bovine spongiforme Enzephalopathie, Rinderwahnsinn

Btx (Abk.): Bildschirmtext

bst!: Ausruf, Ruhe gebietend, heimlich die Aufmerksamkeit auf sich lenkend; vgl. pst!

bu: Ausruf zur Bezeichnung des Rindergebrülls : furchterregendes Geheul nachahmender Ausruf * *Bu-Ku:* (Kindersprache) muhende Kuh; *Bu-Mann:* Schreckgespenst; *Bu-Rufe*

Bu|an|su, der; –s, –s: ind. wolfsähnl. Wildhund

Bub: (obd.) Form von Bube

Büb|chen: kleiner Bube ✳
Bu|be, der; –n, –n; Bübchen,
–lein: Knabe : Geliebter :
Dienstbursche : (Kartsp.)
Karte mit männl. Bild : (verächtl.) Schandkerl ✳ *bubenmä-
ßig* Ew.: nach Art eines Bu-
ben; *Bubenstreich; Buben-
stück:* Bubenstreich ✳ **buben-
haft** Ew.: nach Art eines Bu-
ben ✳ **Bü|be|rei,** die; –, –en:
ungezogenes Treiben : Buben-
streich ✳ **Bu|bi,** der; –s, –s:
Koseform für Bube ✳ *Bubi-
kopf:* Mädchenkopf mit kur-
zen Haaren ✳ **Bü|bin,** die; –,
–nen: schändliches Weib ✳
bü|bisch Ew. (..[e]ste): bu-
benhaft : schändlich

Bu|bo(n) (gr.), der; –s, ..bonen:
(Med.) Leistenbeule : Drüsen-
geschwulst ✳ *Bubonenpest*

Buch, das; –(e)s, Bücher;
Büchlein, Büchel(chen); Mz.
Bücherchen: zusammengebundene bedruckte, beschriebene
oder leere Blätter Papier : lite-
risches Werk : größerer Abschnitt eines literarischen Werkes : Verzeichnis von abge-
schlossenen Wetten : Blättermagen der Wiederkäuer : (Mz.
Buch) Maßeinheit im Papier-
handel 1/20 Ries : (Mz. Buch)
Maß für Blattgold und -silber :
(Kartsp.) alle Blätter einer
Farbe ✳ *Buchadel:* durch ge-
lehrte Würden erworbener Adel
: Briefadel ✳ *Buchausstattung;
Buchauszug:* Auszug aus einem
Buch; *Buchbesprechung; Buchbinder:* Facharbeiter, der die
fertigen Druckbögen zum Buch
zusammenfügt; *Buchbinderei;
buchbindern* (ich ..[e]re) intr.:
sich als Buchbinder betätigen;
*Buchdecke; –deckel; Buch-
druck:* Gewerbe, das das Drucken eines Schriftsatzes ausübt;
Buchdrucker: Facharbeiter in
der Buchherstellung; *Buch-
druckerei; Bucheinband:* Rücken und Deckel eines Buches;
Buchforderung: (Rechtsspr.)
im Geschäfts- und Grundbuch
verzeichnete Geldforderung;
Buchformat; Buchführer: einer,
der die Rechnungsbücher führt;
Buchführung, aber: *Buch führen; Buchgelehrsamkeit:* nur
aus Büchern geschöpfte Gelehr-
samkeit; *buchgemäß* Ew.: dem

Eintrag in das (Rechnungs-)
Buch entsprechend; *Buchge-
meinschaft; Buchgewerbe;
Buchhalter:* Buchführer; *Buch-
haltung:* geordnete Aufzeichnung eines Kaufmannes über
alle Geschäftsvorfälle; *Buchhandel; –händler; buchhändle-
risch* Ew.; *Buchhandlung;
Buchladen; Buchmacher,* der;
–s, –: gewerbsmäßiger Wetten-
vermittler; *Buchmacherei;
Buchmalerei; Buchprüfer:*
Sachverständiger für Buchführung; *Buchrücken:* Rücken des
Bucheinbands; *Buchschmuck:*
Ausstattung eines Buches mit
Bildern usw.; *Buchschnitt:* die
drei beschnittenen Seiten des
Buchblocks; *Buchschuld:* nur in
den Handelsbüchern aufge-
führte Schuldsumme; *Buchstabe,* der; –n(s), –n: Lautzeichen in Druck und Schrift;
Buchstabenrechnung: Algebra;
buchstabieren (..iert) intr., tr.:
einzelne Buchstaben lesen :
Wörter in Buchstaben zerlegen;
*Buchstabiermethode; Buchsta-
bierung:* das Buchstabieren;
..buchstabig Ew., nur in Zus. mit
Zahlw., z. B. zweibuchstabig
usw.; aber: mit Ziffern: 4-buch-
stabig usw.; *buchstäblich* Ew.:
genau nach dem Buchstabe,
nicht übertrieben; *Buchverleih;
buchweise* Uw.: in einzelnen
Büchern; *Buchwert:* aus den
Geschäftsbüchern für die Bilanz genommener Wert eines
Unternehmens; *Buchwesen:* alles das Buch Betreffende und
mit ihm Zusammenhängende;
Buchzeichen: Lesezeichen;
Buchzwang: (HGB) Pflicht,
Geschäftsbücher zu führen ✳
*Bücherbord; –brett; Bücher-
freund; Bücherhalle:* Volksbibliothek; *Bücherkenner; Bü-
cherkunde; Bücherliebhaber;
Büchermarkt; Bücherrevisor:*
Buchprüfer; *Büchersammlung;
Bücherschrank; Bücherstube;
Bücherverzeichnis; Büchervor-
rat; Bücherwart:* Aufseher in
einer Bücherei; *Bücherwurm:*
ein in Büchern lebendes Kerbtier : Spottname für übermäßig
viel lesende Menschen ✳
bu|chen tr.: etwas in ein (Rech-
nungs-)Buch eintragen ✳
Bu|chung, die; –, –en: (kfm.)
Eintragung eines Geschäftsvor-

falls ✳ *Buchungsmaschine* ✳
Bü|che|rei, die; –, –en: Bücher-
sammlung, Bibliothek

Bu|cha|ra: Landschaft in Us-
bekistan ✳ **Bu|cha|ra,** der; –s,
–s: Teppich aus Buchara

Bu|che, die; –, –n: ein Laub-
baum ✳ *Buchampfer:* eine
Pflanze; *Buchecker, -eichel:*
Frucht der Buche; *Buchesche:*
Hagebuche : Ahorn; *Buchfink:*
ein Zugvogel; *Buchkohl:* eine
Pflanze; *Buchmarder:* Baummarder; *Buchmast,* die, –:
Früchte der Buche als Schweinemast; *Buchnuss:* Buchecker;
Buch(nuss)öl; Buchweizen:
Heidekorn; *Buchwinde:* Win-
denknöterich ✳ *Buchenast; Bu-
chenfarn:* ein Farn; *–hain; Bu-
chenhalle:* wie eine Halle wirkender Buchenwald; *Buchen-
holz; Buchenkrebs; Buchen-
laub; Buchenschatten;
Buchenwald; Buchenwipfel;
Buchenzelt:* wie ein Zelt wirkender Buchenwald ✳
Bü|chel, Bü|chel, die; –, –n:
Buchecker ✳ **bu|chen,
bü|chen** Ew.: aus Buchenholz

Buchs, der; –es, –e: immergrüner Strauch ✳ *Buchsbaum:*
Buchs; *Buchsbaumholz:* Holz
des Buchsbaumes; *buchsbau-
men* Ew.: aus Buchsbaumholz

Buch|se, die; –, –n: einen Zap-
fen umschließende metallene
Röhre an Maschinen usw. :
Büchse

Buch|sta|be, der; –n, –n: s.
Buch

Büch|se, die; –, –n: Büchs-
chen, –lein: (urspr. walzenförmiges) Gefäß : Gewehr :
(mundartl.) Hose (vielleicht urspr. „bocksledern") ✳ *Büchsen-
fleisch:* in Büchsen eingemachtes Fleisch; *Büchsengemüse:* in
Büchsen eingemachtes Ge-
müse; *Büchsenknall:* Knall eines Gewehrschusses; *Büchsen-
kraut:* eine Pflanze; *Büchsen-
lauf:* Gewehrlauf; *Büchsen-
licht:* (weidm.) zum Schießen
ausreichende Beleuchtung;
Büchsenmacher: Hersteller
von Gewehren; *Büchsenmeis-
ter:* Waffenmeister; *Büchsen-
meisterei:* Geschützkunst;
Büchsenmilch; Büchsenöffner:
Werkzeug zum Öffnen von
Konservendosen; *Büchsen-
schmied:* Büchsenmacher;

Büchsenschuss; Büchsenspanner: Jagdgehilfe, der für seinen Herrn die Büchsen spannt * buch|sen tr.: schießen

Bucht, die; –, –en: Einbiegung : Mereseinschnitt : Schlinge im Tauwerk : (übertr.) Zufluchtsort : (mundartl.) Bett : Einzäunung im Hof für Haustiere * buch|ten tr., rbz.: buchtenförmig eindringen, (Umgspr.) *jemanden einbuchten:* jemanden ins Gefängnis schicken * buch|tig Ew.: Buchten habend

Buch|te (l.), die; –, –n: schles. Hefegebäck

Buch|ung: s. Buch

Buch|wei|zen: s. Buche

Bu|cin|to|ro (it.) [butschintoro], das; –s, –s: „Buzentaur", eine prächtige Galeere des Dogen von Venedig [buzino d'oro „goldene Barke"]

Bu|ckel, der; –s, –: Höcker : unnatürliche Erhöhung des Rückens : Beule * *Buckelbiene:* Biene mit Höcker; *Buckelkeramik:* bronzezeitliche Tonwaren mit plastischem Ornament; *Buckelochse, Buckelraupe; Buckelstern:* Seetier mit Buckel; *Buckelwal* * **Bu|ckel,** der; –s, –: erhabene Metallverzierung : Erhöhung in der Mitte des Schildes * bu|ck(e)|lig Ew.: höckerig * bu|ckeln intr.: einen Buckel machen; tr.: auf dem Rücken tragen, (übertr.) sich unterwürfig verhalten * *gebuckelt* Mw. Ew.: höckerig : auf dem Buckel tragend * bü|cken rbz.: sich beugend senken * **Bück|ling,** der; –s, –e: Verbeugung : Senkrebe : Bücking

Bü|cking, der; –s, –e: geräucherter Hering [ursprl. „Bockshering" vom Geruch] auch: Bückling

Bu|cking|ham-Pa|last, der; –es: Wohnsitz des engl. Königshauses in London

Bück|ling: s. Buckel

Buck|ram (e.) [böckräm], der; –s: Steifleinen zum Bucheinband [afr. boquerant]

Buck|skin (e.), der; –s, –s: geköpertes Wollzeug : weiches Schaf- oder Hirschleder [e. buck Bock und skin Fell]

Bu|da|pest: Hauptstadt Ungarns * Bu|da|pes|ter, der; –s,

–: Bewohner von Budapest * Bu|da|pes|ter Ew.

Büd|chen: s. Bude

Bud|del, But|tel, die; –, –n: (volkst.) Flasche

bud|deln (ich ..[e]le) intr.: (niederd.) im Sand, mit Sand spielen * **Bud|de|lei,** die; –, –en: Spielen im Sand : Wühlerei in der Erde

Bud|dha: indischer Religionsstifter und Gott * **Bud|dha,** der; –s, –s: Abbild Buddhas * **Bud|dha|is|mus, Budd|his|mus,** der; –: Religionslehre Buddhas * **Bud|dhist,** der; –en, –en: Anhänger des Buddhismus * **bud|dhis|tisch** Ew.: zum Buddhismus gehörend : auf den Buddhismus bezogen [skr. buddha weise, von budh verstehen]

Bu|de, die; –, –n: Büdchen, Büdlein: Brettergestell zum Warenverkauf : Bretterhaus : (stud.) Wohnung * *Budenreihe* * **Büd|ner,** der; –s, –: Bewohner einer Bude : Kätner

Bud|get (fr.) [büdsehäh], das; –s, –s: (Staats-)Haushaltsplan * *Budgetjahr: Rechnungsjahr* * **bud|ge|tie|ren** intr.: ein Budget aufstellen, einen Voranschlag machen [fr. bougette, Verkleinerung von bouge Sack aus l. bulga; urspr. Mappe des Finanzministers]

Bu|di|ke, die; –, –n: (nordd.) kleiner Laden : Kramladen : Kneipe * **Bu|di|ker,** der; –s, –: Budikenbesitzer [fr. boutique Laden]

Büd|ner: s. Bude

Bu|do (jap.), das; –s: Sammelbezeichnung für Aikido, Judo u. ä. Sportarten * **Bu|do|ka,** der; –s, –: Sportler, der eine Budo-Sportart ausübt

Bu|e|nos Ai|res: Hauptstadt Argentiniens

Bü|fett (fr.), das; –s, –e: Geschirrschrank : Anrichtetisch : Schanktisch * *kaltes Büfett:* Tisch zum Selbstbedienen mit kalten Speisen * **Bü|fet|ti|er** (fr.) [..tjeh], der; –s, –s: Büfettbesitzer : Getränkeausgeber : Zapfer * **Bü|fet|ti|e|re** (fr.) [..tjähr'], die; –, –n: Speisenausgeberin : Getränkeausgeberin [fr. buffet, ml. bufetum; urspr. Prunktisch zu afr. buffoi Pracht]

buff: (mundartl. für) puff * **Buff, buf|fen:** (mundartl. für) Puff, puffen, auch: Fußball spielen

Buf|fa (it.), die; –, –s: Posse * **Buf|fo** (it.), der; –s, –s und ..ffi: Possensänger * *Buffotenor:* (Opern-)Tenorsänger in komischen Rollen; vgl. Opera buffa und Bouffon

Büf|fel, der; –s, –: wild lebende Rinderart : plumper Dummkopf : Art zottigen Tuchs * *Büffelfell:* Fell vom Bison; *Büffelhorn; Büffelherde; Büffeljagd; Büffelochse; Büffelrock:* Rock aus Büffeltuch * **Büf|fe|lei,** die; –, –en: das Büffeln * **büf|feln** intr. (ich ..[e]le): schwer (geistig) arbeiten : angestrengt lernen * **Büf|fler,** der; –s, –: Büffelnder

Buf|fet (fr.) [büffeh], das; –s, –s: Büfett

Büf|fler: s. Büffel

Buf|fo: s. Buffa

Bug, der; –(e)s, Büge: Biegung : Schulterstück bei Pferd und Rind : (gebogenes) Vorderteil eines Schiffes * *Bugader:* Ader an der Bugbiegung; *Bugflagge:* am Vorderteil des Schiffes befestigte Flagge; *Bugholz:* den Bug bildendes Holz; *buglahm* Ew.: gelenklahm (z. B. Pferd); *Buglähmung,* die; –, –en: Gelenklahmheit; *Bugspriet:* schräg stehender Mast am Bug *Bugstag:* Tau oder Kette zur Befestigung des Bugspriets; *Bugstück:* Bugholz : auf dem Bug stehendes Geschütz; *Bugverzierung* * **bug|sie|ren** (..iert) tr.: am Bug schleppen : ins Schlepptau nehmen : lenken : schieben * **Bug|sie|rer,** der; –s, –: Schlepper

Bü|gel, der; –s, –: gebogenes Holz oder Metall : gebogenes Holz zum Aufhängen von Kleidern : Steigbügel * *Bügelfalte; bügelfrei* Ew.: fest in den Steigbügeln sitzend; *Bügelgarn:* über Holzbügel gespanntes Garn; *bügellos* Ew.: lose in den Steigbügeln sitzend; *Bügeltasche:* durch einen Bügel verschließbare Tasche * **bü|geln** (ich ..[e]le) tr.: (Wäsche –) mit heißem Eisen plätten * *Bügelbrett; Bügeleisen:* Plätteisen; *Bügelmaschine:* elektrische

Bügelrolle ✳ **Büg|ler**, der; –s, –: Bügelnder : das Bügeln als Handwerk Betreibender ✳ **Büg|ler|in**, die; –, –nen: Bügelnde : das Bügeln als Handwerk Betreibende

Bug|gy (e.) [baggi] der; –s, –s: Wagen für Trabrennen : geländegängiges Kabriolett: Kindersportwagen

bug|sie|ren: s. Bug

Bü|hel, der; –s, –: Hügel: (veralt.) Höcker ✳ **Bühl,** der; –(e)s, –e: Bühel

bu|hen intr.: „buh" rufen, um Missfallen auszudrücken; s. bu

Buh|le, der; –n, –n: Geliebter ✳ **Buh|le,** die; –, –n: Geliebte ✳ **buh|len** intr.: Liebesspiel treiben : kosen : (um etwas –) sich bewerben : (mit etwas –) wetteifern ✳ **Buhldirne; Buhllied:** (unzüchtiges) Liebeslied; **Buhlschwester:** Dirne ✳ **Buh|ler,** der; –s, –: Buhlender : unzüchtiger Liebhaber ✳ **Buhlerblick:** unzüchtiger Blick ✳ **Buh|le|rei,** die; –, –en: unzüchtiges Treiben ✳ **buh|ler|haft** Ew.: nach Art eines Buhlers ✳ **Buh|ler|in,** die; –, –nen: unzüchtige Liebhaberin ✳ **buh|le|risch** (..ste): buhlerhaft ✳ **Buh|lin,** die; –, –nen: Buhle ✳ **Buhl|schaft,** die; –, –en: Liebschaft

Buh|mann, der; –es, ..männer: (Umgspr.) böser Mann : Schreckgespenst

Buh|ne (nd.), die; –, –n: künstlicher Damm als Uferschutz ✳ **Buhnenkopf:** äußerstes Ende der Buhne; **Buhnenkran:** Kran an der Buhne; **Buhnenmeister:** Dammaufseher

Büh|ne, die; –, –n: erhöhtes Gerüst : erhöhte Fläche im Theater, auf der die Aufführung stattfindet : Theater : Schauspielkunst : Schauplatz einer Tätigkeit : (südd. schweiz. auch für) Dachboden (*Heubühne*) ✳ *Bühnenanweisung:* einem Drama beigegebene Bemerkungen über die Aufführung; *Bühnenarbeiter:* Angestellter am Theater; *Bühnenaussprache; Bühnenausstattung; Bühnenbearbeitung:* bühnenwirksame Bearbeitung eines Schauspiels; *Bühnenbild; Bühnendekoration:* Ausstattung der Bühne, Bühnenbild; *Bühnendichter:* Theaterdichter; *Bühnendichtung; Bühneneinrichtung; bühnengerecht* Ew.: für die Bühne passend; *Bühnenheld; bühnenkundig* Ew.; *Bühnenleiter; Bühnenliteratur; Bühnenloge; bühnenmäßig* Ew.: bühnengerecht; *Bühnenraum:* Bühne mit Hinter- und Unterbühne sowie Lagerräumen; *Bühnenregulator:* Vorrichtung zur Regelung der Helligkeit auf der Bühne; *Bühnenstück:* Theaterstück; *Bühnentechnik:* alle technischen Einrichtungen und Möglichkeiten zur Erzielung der Bühnenillusion; *Bühnenvertrieb:* Vertrieb von Theaterstücken an Theater; *Bühnenwand:* Schiebewand auf der Bühne, Kulisse ✳ **büh|nen|haft** Ew.: bühnengemäß

Buh|hurt, der; –(e)s, –e: mittelalt. Turnier zweier Reiterscharen ✳ **bu|hur|die|ren** (..iert) intr.: Schar gegen Schar reiten [mhd. hurten stoßen, stoßend gegen]

Bu|ka|nier, der; –s, –: westind. Seeräuber, Flibustier

Bu|ka|rest: Hauptstadt Rumäniens ✳ **Bu|ka|res|ter,** der; –s, – ✳ **Bu|ka|res|ter** Ew.

Bu|ken|taur (gr.), der; –en, –en : sagenhaftes Ungeheuer; häufig Buzentaur; vgl. Bucintoro ✳ **Bu|ke|pha|los** (gr.): „Ochsenkopf", Pferd Alexanders des Großen ✳ **Bu|ke|pha|los** (gr.), **Bu|ke|pha|lus** (gr.-l.), der; –: ein Leibpferd; häufig Buzephalos [gr. bus Ochse und kephale Kopf]

Bu|kett (fr.-dtsch.), das; –(e)s, –s und –e: Strauß : Blume des Weines : gute Farbenzusammenstellung auf Gemälden

Bu|k|lee: auch mögliche eindeutschende Form von (s.) Bouclé

Bu|ko|li|as|mos (gr.), der; –, ..men: Hirtengesang ✳ **Bu|ko|lik,** die; –: Hirten-, Schäferdichtung; **Bu|ko|li|ker** (gr.), der; –s, –: Hirtenlieddichter ✳ **bu|ko|lisch** Ew.: schäferlich : hirtenmäßig [gr. bukolos (Rinder-)Hirt]

Bu|ko|wi|na, die; –: Karpatenlandschaft

Bul|bus (l.), der; –, ..bi: Knolle, Zwiebel : Augapfel

Anschwellung ✳ **bul|bös** Ew.: zwiebelförmig

Bu|let|te (fr.), die; –, –n: Fleischkloß [fr. boulette, Verkl. von boule Kugel]

Bul|ga|ri|en: osteurop. Land ✳ **Bul|ga|re,** der; –n, –n ✳ **bul|ga|risch** Ew.

Bu|li|mie (gr.), die; –: (Med.) Esssucht, der immer Erbrechen folgt

Bu|lin(e), die; ´–, ..nen: Schiffstau [e. bowline Bugleine]

Bulk|car|ri|er (e.), der; –s, –: Massengutfrachtschiff ✳ **Bulk|la|dung,** die; –, en: (seem.) Schüttgut

Bull|auge: s. Bulle

Bull|dog (e.), der; –s, –s: Zugkraftmaschine

Bull|dog|ge (e.-dtsch.), die; –, n: engl. Hunderasse, früher zu Stier-(Bullen-)Kämpfen verwendet

Bull|do|zer (e.), der; –s, –: schwere Zugmaschine, Planierraupe

Bul|le, der; –n, –n: männliches Zuchtrind : (Umgspr.) abwertend für Polizist ✳ *Bullauge:* rundes Schiffsfenster ✳ *Bullterrier:* Dachshund ✳ *Bullenbeißer:* Bulldogge; *Bullenochse:* im Alter verschnittener Bulle ✳ *Bullenhitze:* große Hitze ✳ *bullenstark*

Bul|le (l.), die; –, –n: erhabenes Siegel : versiegelte Urkunde : (bes.) päpstl. Verordnung ✳ **Bul|list,** der; –en, –en: päpstl. Bullenschreiber ✳ **Bul|le|tin** (fr.) [büll'täng], das; –s, –s: „kleine Bulle", Bekanntmachung : (Tages-)Bericht : Kriegsbericht ✳ **Bul|le|ti|nist** (fr.), der; –en, –en: (Tages-)Berichterstatter [l. bulla Buckel : Kapsel]

bul|le|rig Ew.: polternd, aufbrausend ✳ **bul|lern** (ich ..[e]re) intr.: poltern : aufwallen : kollern

Bul|le|tin: s. Bulle

bul|lig Ew.: untersetzt, kräftig ✳ *bullig warm*

Bull|ter|ri|er: s. Bulle, der

Bul|ly (e.), das; –s, –s: Frei- oder Anstoß beim Hockeyspiel

Bult, der; –(e)s, –e: Bultsack ✳ *Bultsack:* Seemannsmatratze ✳ **Bül|te,** die; –, –n: eine feste Stelle, eine kleine Erhebung im Moor

bum!, bum, bum!: Tonwort zur Bezeichnung eines dumpfen Klanges ✳ **bums!:** Tonwort zur Bezeichnung eines dumpfen, durch Fall oder Klopfen erzeugten Geräusches ✳ **bummern** (ich ..[e]re) intr.: „bum" machen : wiederholt klopfen ✳ **bum|sen** (du bumsest und bumst, gebumst) intr.: dröhnend (auf)schlagen ✳ (Umgspr.) koitieren

Bum|baß → Bum|bass, der; –es, –e: (mundartl.) ein Musikinstrument, Schellenbaum

Bum|boot (e.), das; –s, –e: Hafenhändlerboot, das Waren an die Schiffe bringt

Bu|me|rang (austral.), der; –s, –e: knieförmig gebogenes Wurfholz, Kehrwiederkeule

Bum|mel, der; –s, –: (stud.) Spaziergang ✳ *auf den Bummel gehen* ✳ **Bum|me|lei,** die; –, –en: Nichtstuerei : Lässigkeit ✳ **bum|m(e)lig** Ew.: bummelnd, nichtstuerisch; Vw.: (Umgspr.) etwa ✳ *bummelig 20 Mark:* etwa, an oder um die 20 Mark ✳ **bum|meln** (ich ..[e]le) intr.: baumeln : schlendern : (stud.) spazierengehen, zum Vergnügen gehen : nichtstuerisch umherstreifen : lässig arbeiten ✳ *Bummelhosen:* baumelnde Hosen; *Bummelstreik:* langsames Arbeiten zum Erzwingen von Forderungen der Arbeitnehmer; *Bummelzug:* schlendernd, langsam fahrender Eisenbahnzug ✳ **Bumm|ler,** der; –s, –: Nichtstuer ✳ *Bummlerleben*

Bums, bum|sen: s. bum

Bums, der; –es, –e: (mundartl.) Bimsstein : Lärm, Getöse ✳ *Bumskneipe:* Vergnügungslokal zweifelhafter Art

Bu|na, der; –: synthetischer Kautschuk, Ersatzmittel für Gummi

Bund, das; –(e)s, –e; Bündchen, -lein: Gebinde : (Mz. Bund) Maßeinheit (für zusammenbindbare Gegenstände) ✳ *drei Bund Rettiche ✳ bundweise* Uw.: in Gebinden

Bund, der; –(e)s, Bünde; Bündchen, -lein: Verbindung : Zusammenschluss : Gemeinschaft : bindender Vertrag : (Bib.) Vertrag zwischen Gott und Israel : (Bib.) Vertragsurkunde : Gesamtheit der durch Vertrag verbundenen Staaten oder Personen : (Techn.) etwas Bindendes ✳ *Bundaxt:* einschneidige Axt des Zimmermanns; *Bundbalken:* zum Abschluss der Fachwerkwand; *Bundpfahl:* verbindender Pfahl; *Bundriegel:* Binderiegel; *Bundriemen:* Bindriemen; *Bundschuh:* mit Riemen festzubindender Bauernschuh : Abzeichen der ersten Bauernaufruhrs : Bauernaufstand; *Bundschwelle:* verbindende Schwelle; *Bundsteg:* (Buchdrw.) der weiße Raum zwischen zwei Buchseiten; *Bundwand:* Fachwand ✳ *Bundesamt:* obere Verwaltungsbehörde in der BRD; *Bundesanstalt; Bundesanwalt:* Beamter der Staatsanwaltschaft am Bundesgerichtshof; *Bundesarchiv; Bundesbahn,* Abk.: DB; *bund(es)brüchig* Ew.: vertragsbrüchig; *Bundesbruder:* derselben Verbindung angehöriger Genosse; *Bundesfreund, –genosse; Bundesgericht; Bundesgesetz; Bundesgrenzschutz; Bundeshaus; Bundeskanzler; Bundeslade:* alttestamentliche Lade, in der die Gesetzestafeln aufbewahrt wurden; *Bundesminister; Bundespräsident; Bundesrat:* Vertretung der deutschen Bundesländer; *Bundesrepublik; Bundesstaat; Bundestag:* das vom Volk gewählte Parlament der Bundesrepublik Deutschland; *Bundesversammlung; Bundesverfassung; Bundesvertrag* ✳ **Bün|del,** das; –s, –: kleines Bund ✳ *bündelweise* Uw.: in Bündeln ✳ **Bün|de|lei,** die; –, –en: das Bündeln : Verschwörung ✳ **bün|deln** (ich ..[e]le) tr.: in Bündel packen; intr.: sich verschwören : sich zu Schlimmem verbünden ✳ **bün|dig** Ew.: bindend : rechtsverbindlich : überzeugend : (Bauw.) in gleicher Flucht liegend ✳ **Bün|dig|keit,** die; –: Überzeugungskraft ✳ **bün|disch** Ew.: zu einem Bund gehörig ✳ **Bünd|ler,** der; –s, –: Bündelnder : (spött.) Bundesangehöriger ✳ **bünd|le|risch** Ew.: (veräчtel.) bündelnd ✳ **Bünd|ner,** der; –s, –: (schweiz.) Kurzform für Graubündner ✳ **bünd|ne|risch** Ew.: (schweiz.) graubündnerisch ✳ **Bünd|nis,** das; ..nisses, ..nisse: Bund : Verbindung durch Vertrag

Bünd|te, die; –, –n: (schweiz.) eingezäuntes Stück Land

Bun|ga|low (ind.), der; –s, –s: einstöckiges, leichtes Sommerhaus

Bun|ge, die; –, –n: eine Wasserpflanze : Trommel : trommelförmige Fischreuse

Bun|gee (e.) [bandschih], das; –s, –: Gummiseil

Bun|gee|jum|ping (e.), das; –s: Springen von einem Turm oder Kran an einem Gummiseil

Bun|ker (e.), der; –s, –: Kohlenraum auf Dampfschiffen : betonierter Schutzraum ✳ **bun|kern** (ich ..[e]re) intr.: Kohlen einladen

Bun|sen: Fn. ✳ *Bunsenbrenner:* von Bunsen erfundener Gasbrenner; *Bunsenelement:* von Bunsen erfundene Vorrichtung zur Elektrizitätserzeugung; *Bunsenflamme:* Flamme des Bunsenbrenners

bunt (..est) Ew.: vielfarbig : verschiedene Bestandteile enthaltend : ungeordnet : mannigfaltig : verziert : abwechselnd ✳ *Buntaal; Buntbild; Buntdrossel; Buntdruck:* farbiger Druck : farbiges Druckbild; *Buntfütterer:* Kürschner; *buntgesprenkelt → bunt gesprenkelt* Mw. Ew.; *buntgestreift → bunt gestreift* Mw. Ew.; *Buntmacher:* Kürschner; *Buntmetall:* jedes Metall außer Eisen und Edelmetallen; *Buntpapier; Buntsandstein:* (Geol.) unterste Abteilung der Triasformation; *buntscheckig* Ew.; *Buntschwänzel:* ein Vogel; *Buntspecht:* eine Spechtart; *Buntstift:* farbiger Zeichenstift; *Buntwenzel:* ein Vogel; *Buntwerk:* Pelzwerk; *Buntwerker:* Kürschner ✳ **Bun|ter|lei,** das; –: bunte Mannigfaltigkeit ✳ **Bunt|heit,** die; –, –en: das Buntsein

Bunz|lau|er Ge|schirr, das; – –(e)s: Tonwaren, Steingut aus Bunzlau

Bu|o|nar|ro|ti, Michelangelo: it. Maler und Bildhauer

Buph|thal|mus (gr.), der; –: (Med.) Ochsen-, Glotzauge

Bur (ndl.), der; –s und –en, –en: Bauer : (ndl.) Siedler in Südafrika ✳ *Burenkrieg*

Bu|ran (russ.-türk.), der; –s: heftiger Steppensturm

Bu|rat|ti|ni (it.) Mz.: Schaupuppen ; Marionetten

Bur|ber|ry (e.) [börböri], der; –s, –s: gerauter Wollstoff

Bür|de, die; –, –n: Traglast : schwere Last (auch übertr.) **✳**

Bür|del (östr.), das; –s, –: Büdel

Bu|re: Bur, s. d.

Bü|ret|te (fr.), die; –, –n: Maßröhre : Tropfenmesser **✳** *Hahn-, Auslaufbürette*

Burg, die; –, –en; Bürglein; Bürgel: befestigtes Schloss : befestigter Wohnort : (weidm.) Bau des Bibers : Zuflucht(sort) **✳** *Burgfried*: s. Bergfried; *Burgfriede(n)*: Gebiet der Burg als Schutz vor Angriffen : der im Burggebiet herrschende Friedenszustand; *Burggraben*: vor der Burg liegender Schutzgraben; *Burggraf*: Titel; *Burgherr*: Inhaber einer Burg : Ritter; *Burgsasse*: Burgbewohner; *Burgvogt*: Burggraf; *Burgverlies*: Gefängnis **✳** *Burgemeister*: (ältere Form für) Bürgermeister **✳** **Bür|gel**, das; –s, –: kleine Burg : (weidm.) Burgstall **✳** **Bür|ger**, der; –s, –: „Burgbewohner", Städter : Inhaber des städtischen Bürgerrechts : Angehöriger des dritten Standes : Mitglied einer staatlichen Gemeinschaft : Genosse irgendeiner Gemeinschaft : Art Schmetterling **✳** *Bürgerausschuss; Bürgerbrief*: Urkunde über Verleihung der Bürgerrechte; *Bürgereid*: Eid, den der in die Bürgerschaft Aufzunehmende leistet; *Bürgerkrieg*: Krieg unter den Angehörigen eines Staates; *Bürgerkunde; Bürgermädchen*: Mädchen aus bürgerlichem Stande; *Bürgermeister*: Haupt der städtischen Obrigkeit; *bürgernah*: dem Bürger verpflicht; *Bürgerrecht; Bürgerschaft*: Gesamtheit der Bürger einer Stadt; *Bürgerschreck*: Mensch mit provokantem Verhalten; *Bürgerschule; Bürgersinn*: geistige Haltung des Bürgers; *Bürgerstand; Bürgersteig*: Gehweg der Straße; *Bürgerstolz*: Standesbewusstsein des Bürgers; *Bürgertum*: Stadtbevölkerung; *Bürgerwehr*: aus Bürgern bestehendes Heer **✳** *Bürgersfrau; –kind; –mann; –leute*: zum

Bürgerstande gehörige Frau, Kind usw. **✳** **Bür|ger|in|i|ti|a|ti|ve**, die; –, –n: Zusammenschluss von Bürgern, die ein Anliegen durchsetzen oder eine Behördenentscheidung verhindern wollen **✳** **Bür|ge|rin**, die; –, –nen: weibl. Bürger **✳** **bür|ger|lich** Ew.: aus dem Bürgerstand stammend : dem Bürgerstand gemäß : staatlich : (Rechtsspr.) das Privatrecht betreffend : (verächtl.) durch bürgerliche Standesvorurteile gehemmt **✳** *das Bürgerliche Gesetzbuch*, Abk.: BGB **✳** **Bür|ger|lich|keit**, die; –, –en: das Bürgerlichsein : Zeichen, Beweis bürgerlichen Wesens **✳** **Bür|ger|schaft**, die; –, –en: Gesamtheit der Bürger **✳** **Bür|ger|tum**, das; –s: Gesamtheit der Bürger : Wesen des Bürgers : Bürgerstand

Bür|ge, der; –n, –n: haftende Person **✳** **bür|gen** intr.: (für etwas –) haften : Sicherheit geben : gutsagen **✳** **Bür|gin**, die; –, –nen: weibl. Bürge **✳** **Bürg|schaft**, die; –, –en: Sicherheit für etwas : Haftung **✳** *Bürgschaftsbrief, -schein*: Haftungsurkunde; *Bürgschaftsnehmer*: Gläubiger

Bur|gund: Landschaft im Osten Frankreichs **✳** **Bur|gun|der**, der; –s, –: Wein : Einwohner von Burgund **✳** *Burgunderharz*: gereinigtes, gelbes Fichtenharz; *Burgunderwein*: in Burgund wachsender Wein

Bur|jä|ten, Bur|ja|ten Mz.: ein mongol. Volksstamm **✳** **bur|jä|tisch, bur|ja|tisch** Ew.

Bur|ki|na Fa|so: Staat in Westafrika (ehemals Obervolta) **✳** **Bur|ki|ner ✳ bur|ki|nisch** Ew.

Bur|lak (russ.), der; –en, –en: russ. Schiffsarbeiter **✳** Schiffsschlepper an der Wolga

bur|lesk (it.) Ew.: scherzhaft : possenhaft **✳** **Bur|les|ke** (it.), die; –, –n: Posse : scherzhaftes Tanzstück [it. burlesco von burla aus ml. burra Zote, Posse]

Bur|ma: (e. und schweiz. für) Birma, heute: Myanmar **✳** **Bur|me|se**, der; –n, –n: Birmane **✳** **bur|me|sisch** Ew.: birmanisch

Bur|nus, der; ..nusses, ..nusse: arab. weißer Wollmantel mit Kapuze

Bü|ro (dtsch.-fr.), das; –s, –s: Schreibstube : Amtszimmer : Geschäftsraum : Dienststelle **✳** *Büroangestellte; Büroartikel; Büroausgaben*: Amtskosten; *Bürobedarf; Bürochef; Bürodiener*: Amtsgehilfe; *Büromaterial(ien)*: Schreibstubenbedarf; *Büroklammer; Büromaschinen; Büromöbel; Bürostunden; Bürovorstand; Bürotätigkeit; Bürozeit; Büroarts-, Geschäftszeit* **✳** **Bü|ro|krat**, der; –en, –en: Pedant : Aktenmensch **✳** **Bü|ro|kra|tie**, die; –, ..tien: Beamtenherrschaft : strenge Formregierung **✳** **bü|ro|kra|tisch** Ew.: streng an Formen klebend **✳** **Bü|ro|kra|tis|mus**, der; –, ..men: Beamtenherrschaft : übertriebene Pedanterie **✳** **Bü|ro|kra|ti|us**: „heiliger –", scherzhaft erfundener Heiliger der Formenkrämerei [fr. bure, burat grobes Tuch; Büro eig. ein mit Tuch überzogener Tisch]

Bur|sa, Bur|se (ml.), die; –, ..sen: „Geldbeutel", studentische Genossenschaft; vgl. Bursche

Bursch, der; –en, –en: (selt. für) Bursche **✳** **Bur|sche**, der; –n, –n: Bürschchen, -lein, -el, -elchen: (urspr.) Kamerad, Geselle : junger Mann : Student : Diener, bes. Offiziersdiener **✳** **bur|schen|haft** Ew.: wie ein Bursche : burschikos **✳** **Bur|schen|schaft**, die; –, –en: studentische Verbindung **✳** **Bur|schen|schaf|ter**, der; –s, –: Angehöriger einer Burschenschaft **✳** **Bur|schen|schaf|te|rei**, die; –, –en: Treiben der Burschenschaften **✳** **Bur|schen|schaft|ler**, der; –s, –: Burschenschafter : (verächtl.) Genossenschaftskrämer **✳** **bur|schen|schaft|lich** Ew.: der Burschenschaft gemäß **✳** **bur|schi|kos** (dtsch.-l.) Ew.: studentisch : flott : derb : formlos **✳** **Bur|schi|ko|si|tät**, die; –, –en: burschikoses Wesen : burschikose Redewendung, Tat : ungezwungenes Benehmen [l. bursa Börse : eig. Zusammenkunft aur gemeinsame Kosten; dann Gesamtheit der Zusammenkommenden; dann der einzelne]

Bürs|te, die; –, –n: aus Borsten gefertigtes Reinigungsgerät * *Bürstenabzug:* (Buchdrw.) erster Abzug zur Durchsicht nach Druckfehlern; *Bürstenbad:* Bürstenmassage unter Wasser; *Bürstenbinder:* Handwerker, der Bürsten anfertigt; *Bürstenkäfer:* Käfer mit Borsten; *Bürstenhaarschnitt; Bürstenkraut:* eine Pflanze mit Borsten; *Bürstenmacher:* Bürstenbinder; *Bürstenmassage:* Heilmassage mit der Bürste; *Bürstenraupe:* Raupe mit Borsten * **bürs|ten** tr.: mit der Bürste reinigen : sich rasch bewegen : (scherzh.) zechen

..bürtig Ew., nur in Zus.: gebürtig; s. ebenbürtig usw.

Bu|run|di: Staat in Ostafrika * **Bu|run|di|er, Bu|run|der,** der; –s, –* **bu|run|disch** Ew.

Bür|zel, der; –s, –: emporragendes Steißbein von Vögeln und Säugetieren : (weidm.) kurzer Schwanz von Rot- und Schwarzwild * *Bürzeldrüse:* Fettdrüse am Bürzel von Vögeln

Bus (e.), der; –ses, –se: Kurzwort für Omnibus

Busch, der; –es, Büsche; Büschchen, -lein, Büschel: Bausch von dicht zusammenstehenden Dingen : Strauch mit dichtem Blätterwerk : Gehölz aus niederem Gesträuch : ein Bund, Bündel * *auf den Busch klopfen:* vorsichtig nach etwas forschen (eig. Vögel aufstöbern) * *Buschaffe:* Waldaffe : Orang-Utan; *Buschbaum:* Zwergbaum : buschig gezogener Obstbaum; *Buschbock:* Art Antilope; *Buscheule:* eine im niedrigen Gehölz lebende Eule; *Buschfang:* Vogelfang im Buschwerk; *Buschhemd:* Bestandteil der Dschungelkleidung; *Buschherde:* im Busch sitzende Vogelherde; *Buschholz:* Unterholz : Buschgehölz; *Buschklepper:* Wilddieb : Strauchdieb; *Buschklepperei,* die; –, -en: Strauchdieberei; *buschklepperhaft, -klepperisch* Ew.: nach Art eines Strauchdiebs; *buschkleppern* (ich ..[e]re, buschgekleppert): Strauchdiebstahl begehen; *Buschmann,* der; –(e)s, ..männer: austral. Viehzüchter : An-

gehöriger eines südwestafrikanischen Volkes; *Buschmeister:* gefährlichste Grubenotter; *Buschmesser; Buschsänger:* eine Art Singvogel; *Buschschnepfe:* Waldschnepfe; *Buschspinne:* Vogelspinne; *Buschweide:* Strauchweide : Viehweide im Busch; *Buschwerk:* Gebüsch; *Buschwindröschen:* Art Anemone

Bü|schel, das; –s, –: kleiner Busch : kleiner Bausch * *Büschelkiefer:* büschelförmig wachsende Kiefer; *Büschellicht:* büschelförmig strahlendes Licht; *Büschelmütze:* Zipfelmütze mit Quaste * **bü|sche|lig** Ew.: büschelförmig * **Bü|schen,** der; –s, –: (mundartl.) Strauß * **bü|schen** tr.: büschelweise ausraufen * **bu|schig** Ew.: buschartig : mit Gebüsch bewachsen

Bü|se (ndl.), die; –, -n: Schiff zum Heringsfang

Bu|sen, der; –s, –: Einbuchtung : (weidm.) einwärts gehende Falte im Netz : (weibl.) Brust : das Innere, der Sitz der Empfindung * *busenfrei; Busenfreund:* Herzensfreund; *Busenjünger:* (Bib.) Lieblingsjünger; *Busenkind:* Schoßkind; *Busennadel:* Brusttuchnadel; *Busenstar:* Filmschauspielerin mit auffälliger Oberweite; *Busentuch:* Brusttuch * **bu|sig** Ew. (meist in Zus.): Busen habend

Bu|shel (e.) [buschel], der; –s, –: engl. Scheffelmaß * *4 Bushel*

Bu|shi|do (jap.), das; –(s): ritterlicher Ehrenkodex in Japan

Bu|si|neß → Bu|si|ness (e.) [bisniß], das; –: Geschäft : Gewerbe : Arbeit

Bus|sard, der; –(e)s, -e: Falkenart

Bu|ße, die; –, -n: Besserung : Strafe : Vergeltung : sittliche Bekehrung * *Bußbruder:* büßender Mönch; *Bußermahnung:* Mahnung zur Besserung; *bußfällig* Ew.: straffällig; *bußfertig* Ew.: reuig; *Bußgebet; Bußgeld:* Strafsumme; *Bußlied; Bußprediger; –predigt; –psalm; Bußsakrament; Bußseite:* die schlechtere, zu bessernde Seite eines Gegenstan-

des; *Bußstück:* Flicken; *Bußtag:* zur Buße bestimmter kirchlicher Feiertag; *Bußübung:* kirchliche Übung zur Einkehr und Sühne * **bü|ßen** (du büßtest und büßt) tr.: (veralt. mundartl.) ausbessern : flicken : (Unrecht) gutmachen : Strafe leiden für etwas : Reue empfinden : eine Buße auferlegen * **Bü|ßer,** der; –s, –: Büßender * *Büßerhemd; Büßerkleid* * **Bü|ße|rin,** die; –, -nen: Büßende * **bü|ße|risch** Ew.: dem Wesen eines Büßers gemäß

Bus|sel, Bus|serl, Bus|sl, das; –s, –: (obd.) Kuss * **bus|seln** (ich bussele und bussle) tr.: küssen

Bus|so|le (fr.), die; –, -n: Kompass, Richtungsmesser in uhrförmigem Gehäuse [fr. boussole von ml. buxula, Verkl. von buxis Büchse]

Bü|s|te, die; –, -n: menschlicher Oberkörper : weibliche Brust : Nachbildung des menschlichen Oberkörpers, Brustbild * *Büstenhalter:* weibliches Kleidungsstück

Bu|ta|di|en, das; –s: gasförmiger Kohlenwasserstoff * **Bu|tan,** das; –s: ungiftiges Gas von hohem Heizwert * *Butangas*

bu|ten Uw.: (mundartl.) draußen : jenseits der Deiche

Bu|ti|ke, Bu|ti|ker: s. Budike, Budiker

But|ler (e.) [battler], der; –s, –: Haushofmeister in vornehmen engl. Häusern

Butt, der; –(e)s, -e: eine Fischart

Bütt, die; –: (mundartl.) fassartiges Podium für Karnevalsredner * *Büttenrede:* Karnevalsrede; *Büttenredner*

Büt|te (bayr. nur), **Büt|te,** die; –, -n; Büttchen, -lein: oben offenes Gefäß zur Aufbewahrung, zum Schöpfen u. a. * *Büttgeselle:* Schöpfer in der Papierfabrik * *Buttenkrämer:* Krämer, der seine Ware in einer Butte auf dem Rücken trägt; *Büttenpapier:* durch Schöpfen aus der Bütte hergestelltes Papier; * **bütten** tr.: (Trauben –) in die Bütten tun * **Bütt|ner,** der; –s, –: Büttenmacher, Böttcher

Büt|tel, der; –s, –: Gerichtsbote

: Häscher: Henker(sknecht) ✳
büt|teln tr.: (selt.) roh behandeln

Büt|ten|pa|pier: s. Butte

But|ter, die (bayr. und schwäb. mundartl. der); –: aus der Milch gewonnenes Fett : halbweiches Fett : Hautschmiere der Augenlider ✳ *Butterampfer:* Buchampfer; *Butterbemme:* mit Butter bestrichene Brotschnitte; *Butterbirne:* sehr weiche und saftige Birne; *Butterblume:* Name gelber Blumen; *Butterbrezel:* mit Butter gebackene Brezel; *Butterbrot* (Mz. ..brote, volkst. auch ..bröte): mit Butter bestrichene Brotschnitte; *Butterbrotpapier; Butterbüchse; –dose; –fach; Butterfaß → Butterfass; Butterfahrt:* Schiffsfahrt in zollfreies Gebiet, um billig einzukaufen; *Butterfrau; Buttergebackenes; Butterhandel; –händler; –handlung; Butterkrebs:* Flusskrebs kurz nach der Häutung; *Butterkuchen; Butterland:* (seem.) Wolken, die wie Land aussehen, aber wie Butter vergehen; *Buttermaschine; Buttermilch:* die nach dem Buttern übrig bleibende Milch; *Butterpilz:* Röhrenpilz; *Buttersäure; Butterschmalz; Butterschminke:* Farbstoff zum Färben der Butter; *Butterschnitte; Butterstempel; –sterl, –stirl:* durchlöcherte Scheibe am Stiel im Butterfass; *Butterstulle:* (nordd.) Butterbrot; *Butterteig:* mit Butter angerührter Teig; *Butterweck:* keilförmiges Stück Butter : Weck aus Butterteig : Name von Kegelschnecken; *butterweich* Ew.: weich wie Butter; *Butterwurz:* eine Pflanze ✳ **butt|rig, but|te|rig** Ew.: Butter enthaltend : butterartig ✳ **but|tern** Ew.: aus Butter bestehend ✳ **but|tern** (ich ..[e]re) intr.: Butter bereiten : zu Butter werden : (übertr.) vorwärts gehen ✳ **but|tern** (ich ..[e]re) tr.: (Brot) mit Butter bestreichen

But|ter|fly (e.) [batterflai], der; –s, **But|ter|fly|stil,** der; –s: Schmetterlingsstil beim Schwimmen

Butt|je(r), But(t)|scher (nordd.), der; –s, –: kleiner Junge, Kind

Büttner: s. Butte

buttrig: s. Butter

Bu|tyl|al|ko|hol (gr.), der; –s: techn. Lösungsmittel

Butz, der; –en, –en: Schreckgespenst : Kobold ✳ **But|ze,** der; –n, –n: Butz ✳ *Butze(n)mann:* Butz

But|ze, die; –, –n: dicke Masse : Klumpen : (seem.) Verschlag : Kerngehäuse : Augenbutter : Eiterstock ✳ *Butzenscheibe:* in der Mitte gewölbte, runde, bleigefasste Glasscheibe ✳ **but|zig** Ew.: verdickt : rotzig

But|zen, der; –s, –: Kerngehäuse : Verdickung im Glas : (bergm.) unregelmäßige Mineralanhäufung im Gestein

Büx, die; –, –en, **Bu|xe,** die; –, –n: (mundartl.) Hose

Bux|te|hu|de: Stadt in Norddeutschland : (volkst.) Nirgendland

Buz, der; –es, –e: kleine Pflanze : kleines Kind ✳ **Bu|zel,** der; –s, –: Buz ✳ **bu|zen** (du buzest, buzt) intr.: im Wachstum zurückbleiben

Bu|zen|taur: s. Bukentaur

Bu|ze|phalos: s. Bukephalos

bye! (e.) [bai], **bye-bye!** (e.): auf Wiedersehen!

By|pass (e.) [baipas], der; –es, ..pässe: (Med.) operativ angelegte Überbrückung eines verengten Blutgefäßes

Bys|sus (gr.), der; –: kostbares antikes Gewebe : klebrige Drüsenabsonderung von Muscheln

Byte (e.) [bait], das; –es, –s: (EDV) Informationseinheit, bestehend aus acht Bits

By|zan|ti|ner, der; –s, –: Bewohner von Byzanz : kriecherischer Schmeichler ✳ **by|zan|ti|nisch** Ew.: aus Byzanz stammend : Byzanz betreffend : unterwürfig : kriecherisch ✳ **By|zan|ti|nis|mus,** der; –: byzantinische Staatsform : Unterwürfigkeit : Kriecherei ✳ **By|zanz:** alter Name für Istanbul

C

Vgl. K, Sch, Z

C, c, das; –, –: der dritte Buchstabe des Abece : Name einiger Schmetterlinge nach einer C-

ähnlichen Zeichnung auf den Flügeln

das C Substantivisch gebrauchte Einzelbuchstaben schreibt man im Allgemeinen groß: *das A und O; ein X für ein U vormachen.* Ist aber ein Kleinbuchstabe gemeint, schreibt man auch klein: *der Punkt auf dem i; das Dehnungs-h; das x in boxen.*

C: röm. Zahlzeichen = 100 [Abk. aus l. centum hundert]

C: (ehem. dtsch. Münzzeichen) Frankfurt a. M.

C (Abk.): chem. Zeichen für Kohlenstoff : Celsius : Coulomb : Curie; s. d.

c, das; –, –: (Mus.) erster Ton der Grundtonleiter : Zeichen für c-moll ✳ **C,** das; –, –: Zeichen für C-Dur ✳ **C-Dur,** das; –, –: Tonart; **c- Moll,** das; –: Molltonart ✳ **C- Schlüs|sel:** (Mus.) Zeichen, das die Lage des c angibt

Cab (e.) [käbb], das; –s, –s: einspännige Droschke [verkürzt aus cabriolet, s. Kabriolett]

Ca|bal|le|ro (span.) [kawaljero], der; –s, –s: Ritter : Kavalier

Ca|ba|ret (fr.) [kabare], das; –s, –s: s. Kabarett

Ca|bo|chon (fr.) [kaboschong], der; –s, –s: runder Edelsteinschliff

Cab|rio, Cab|ri|o|let (fr.), das; –s, –s: s. Kabriolett

Ca|che|nez (fr.) [kasch'neh], das; –s, –s: Halstuch [eig. „Nasenwärmer"; *cacher* bergen und *nez* Nase]

Ca|chet (fr.) [kaschäh], das; –s, –s: Siegel : Gepräge : Eigentümlichkeit : Petschaft

Ca|chou (fr.) [kaschuh], das; –s: gerbstoffreicher wässeriger Extrakt aus verschiedenen ostind. Gewächsen : Stäbchen von Lakritzen, Anisöl usw. als Hustenmittel

Cad|die (e.) [käddi], der; –s, –s: Junge, der die Schläger eines Golfspielers trägt : zweirädriger Handwagen für die Golfschläger

Cad|mium s. Kadmium

Ca|dil|lac (e.) [kädiläk] (fr.) [kadijak], der; –s, –s: amerikanische Automarke

Ca|fé (fr.), das; –s, –s: Kaffee-

haus * *Café chantant,* das; –s
–, –s – [Ez. u. Mz. ..schantang]:
Sing(spiel)halle * **Ca**fe**te**r**ja**
(e.-span.), die; –, –..terien:
Café oder (Firmen-) Restaurant
* **Ca**fe**ti**er (fr.) [kaf'tjeh],
der; –s, –s: Kaffeehausbesitzer
* **Ca**fe**ti**e**re** (fr.) [..tjähr],
die; –, –n: Kaffeekanne : Kaf-
feehauswirtin

Caiss**e** (fr.) [käß], die; –, –s:
Kastentrommel : Kasse *
Caiss**on** (fr.) [kässong], der;
–s, –s.: Versenkkasten für Un-
terwasserarbeit * *Caisson-
krankheit:* Krankheit infolge
Luftdruckverringerung

Cake (e.) [kehk], der; –s, –s:
Gebäck : Kuchen * **Cake**walk
(e.) [..wa°hk], der; –s, –s: afro-
amerikanischer Tanz (eig. Ku-
chentanz)

Cal**ais** [käläh]: fr. Hafenstadt
Cala**ma**r**es** (span.) (Mz.):
Tintenfischstückchen

cal**an**do (it.): (Mus.) abnehmend an Tempo und Lautstärke
Calem**bourg** (fr.) [kalangbur],
der; –s, –s: Wortspiel mit Wörtern gleichen Klanges bei verschiedener Bedeutung [nach
dem deutschen Schwankbuch
„Der Pfaffe von Kahlenberg"]

Call**a:** s. Kalla
Call**girl** (e.) [ko°lgö°l], das; –s,
–s: durch Telefonruf bestellte
Prostituierte * *Callgirlring* *
Call**boy** (e.) [ko°lbeu], der; –s,
–s: männliches Gegenstück
zum Callgirl

Calmet**te:** fr. Bakteriologe *
Calmette-Impfung

Calu**met** (fr.) [kalyme], das;
–s, –s: Friedenspfeife der nord-
amerikanischen Indianer

Calva**dos** (fr.), der; –: Apfel-
branntwein aus dem Departe-
ment C.

Calv**in** [..w..]: Genfer Refor-
mator * cal**vi**nisch Ew.: von
Calvin   ausgehend *
Calvi**nis**mus (Kalvinismus),
der; –: evangelisch-reformier-
ter Glaube nach Calvins
Grundsätzen * **Cal**vi**nist**
(Kalvinist), der; –en, –en: Anhänger der Lehre Calvins *
cal**vi**nis**tisch** (kalvinistisch)
Ew.: der Lehre Calvins entsprechend

Calyp**so**, der; –s: Tanz von
den Antillen

Cambridge   [kehmbridseh]:

Name engl. u. am. Universi-
tätsstädte   *   **Cam**brid**ger**
Schule [kehmbridseh..], die; –
–: philosoph. Richtung an der
engl. Universität Cambridge

Camcor**der** (e.) [käm-], der;
–s, –: Videokamera mit einge-
bautem Recorder

Camem**bert** (fr.) [kamang-
bähr], der; –s, –s: eine Käsesorte

Came**ra** (l.), die; –, ..ae: „Ge-
wölbe", Gemach : Kammer :
photogr. Apparat * *Camera
obscura* (l.), die; – –, ..rae ..rae:
Dunkelkammer * **Ca**me**ra**l**ia**
(l.) Mz.: Finanzwissenschaft :
Staatswissenschaft; auch K..;
vgl. Kammer

Cami**on** (fr.) [kamiong], der;
–s, –s: (schweiz.) Lastkraftwagen * *Camionnage:* Spedition
* *Camionneur:* Spediteur

Camou**f**l**a**g**e**, (fr.) [kamuf-
laseh'], die; –, –n: Possenspiel,
Mummerei   :   Täuschung *
camou**f**l**ie**ren (..iert) tr.:
vortäuschen

Camp (e.) [kämp], das; –s, –s:
Gefangenenlager : Zeltlager
Campa**gna**, [kampanja]: ital.
Landschaft

Campa**gne:** s. Kampagne
Campa**ni**l**e** (it.), der; –; –n:
frei stehender Glockenturm einer Kirche

Campe**che**holz   [kampet-
sche..],   das;   –es: Blauholz,
Kernholz des mexikan. Blut-
baums

Camping (e.) [kämping], das;
–s, –s: Freizeitlager : Ferienlager
: Zelten * *campen:* zelten; *Cam-
per:* jemand, der campt : Wohn-
mobil; *campieren:* (schweiz.)
campen; *Campingplatz; Cam-
pingzubehör*

Campo**san**to (it.), der; –s,
–ti: Friedhof [it. campo Feld
und santo heilig]; vgl. Kampo-
santo

Cana**da** (e.): s. Kanada
Cana**il**le (fr.) [kanaj'; einged.
..alje], die; –, –n: Lumpenpack,
Schurke * *en canaille behandeln:* verächtlich behandeln
[it. canaglia zu l. canis Hund];
auch Kanaille

Cana**pé** (fr.): s. Kanapee
Cal**nas**ta (span.), das; –s: ein
Kartenspiel

Canber**ra** [kän..]: Hauptstadt
Australiens

Cancan (fr.) [kangkang], der;
–s, –s: Bühnentanz mit Hoch-
werfen der Beine

can**celn** (e.) [känzeln] tr.: zurücktreten von (Reise) : annu-
lieren

Cancer (l.) [kän-], der; –s, –: (Med.)
Krebs(geschwulst) * *Cancer-
phobie,* die; –: Angst vor
Krebserkrankung

Cande**la**, die; –, –: die Einheit
der Lichtstärke; Abk.: cd

Candi**da**tus: vgl. Kandidat
Cannabis (gr.-l.), der; –:
Hanf : Haschisch

Canne**lo**ni (it.), (Mz.): gefüllte Röhrennudeln

Cannes (fr.) [kan]: Badeort an
der Côte d'Azur

Cañon (span.) [kanjon] (e.)
[känjön], der; –s, –s: tief einge-
schnittenes, enges, steilwandi-
ges Flusstal

Cano**ni**cus (l.), der; –, –ci: s.
Kanon

Canos**sa:** s. Kanossa

Cant (e.) [känt], der; –s: Rotwelsch, Gaunersprache : Heu-
chelsprache

can**ta**bile (it.): (Mus.) singbar : in singendem Ton *
Canta**te:**   s.   Kantate *
can**tan**do (it.): (Mus.) sin-
gend * **can**ti**cum** can**ti-
co**rum (l.): das „Lied der Lieder", das Hohelied Salomos *
canto **fer**mo (it.), **can**tus
firmus (l.): (Mus.) einfache
Melodie der frühen christl. Kir-
chenmusik : Grundstimme *
Canzo**ne:** s. Kanzone [l. can-
tus Gesang, von canere, cantare
singen]

Cape (e.) [kehp], das; –s, –s:
ärmelloser Umhang

ca**pel**la: s. a capella
Cappu**ci**no   (it.)   [kaput-
schino], der; –s, –s oder ..ni:
Espresso mit einer Haube aus
geschlagener Milch und Ka-
kaopulver

Capr**ese**, der; –n, –n: Bewohner   von   Capri *
ca**pre**sisch Ew.: zu Capri gehörig * **Cap**ri: Insel vor Neapel

Capr**ic**cio (it.) [kapritscho],
das; –s, –s: „Laune" : launiges
Tonstück : launiges Gemälde *
ca**pr**ic**ci**o**so**, (it.) [kaprit-
schoso] Uw.: (Mus.) launenhaft
: heiter * **Cap**r**ice**, (fr.) [kap-
riß], die; –, –n: Laune; auch K..

Cap|ri|o|le: s. Kapriole

Cap|tain (e.) [käpt'n], der; –s, –s: Kapitän : Führer (beim Fußballspiel u. a.)

Cap|ta|tio be|ne|vo|len|ti|ae (l.), die; – –: Gunstbewerbung [l. captatio, von captare fangen; benevolentia Wohlwollen, von bene wohl und velle wollen]

Ca|pu|chon (fr.) [kapü-schong], der; –s, –s: Regenkappe : Mantel : Mönchskapuze

Ca|put mor|tu|lum (l.), das: – –: (Chem.) unverwertbare Rückstände : Kolkothar (rotes Eisenoxyd) [eig. „Totenkopf", l. caput Kopf und mortuus tot]

Car (fr.), der; –s, –s: (schweiz.) Reisebus

Ca|ra|bi|ni|e|re: s. Karabiniere

Ca|ra|cas: Hauptstadt Venezuelas

Ca|ra|van (e.), der; –s, –s: Personenwagen mit hohem Laderaum : Wohnanhänger * *Caravaning*: Leben im Wohnwagen

car|bi.., car|bo..: s. karbi.., karbo..

Care (e.) [kähr] Abk.: Cooperative for American Remittance to Europe, amerikanische Arbeitsgemeinschaft für Hilfe in Europa * *Care-Paket*

care of (e.): wohnhaft bei : per Adresse; Abk.: c/o

Ca|ril|lon (fr.) [karijong], das; –s, –s: Glockenspiel : Musikstück, in dem ein Glockenspiel nachgeahmt wird

Ca|ri|tas (l.), die; –: Nächstenliebe : (Kurzform für) Deutscher Caritasverband * *Caritasschwester*: Schwester im Dienste der Caritas; *Caritasverband*: kath. Wohltätigkeitsverband * **caritativ** Ew.: wohltätig; auch K.,

Car|ma|gno|le (it.) [karmanjole], die; –, –: franz. Revolutionslied : ärmellose Jacke der Jakobiner

Car|ne|gie: am. Milliardär, „Stahlkönig" * *Carnegiestiftung* (Friedenspalast im Haag); *Carnegie Hall*: New Yorker Konzerthalle

Ca|ro|tin: s. Karotide

Car|port (e.), der; –s, –s: überdachter Abstellplatz für Autos

Car|ra|ra: oberit. Stadt *

Car|ra|ra, das; –s: porzellanartige Masse : berühmter Marmor; auch Ka.. * *carrarischer Marmor*

Car|te blan|che (fr.) [..blangsch], die; – –, –s –s: „weiße Karte", unbeschränkte Vollmacht

car|te|si|a|nisch: s. kartesianisch

Car|toon (e.), der oder das; –s, –s: Karikatur : satirische Geschichte als Comicstrip oder Kurzfilm * *Cartoonist*: Cartoonzeichner

Ca|sa|no|va (it.), der; –s, –s: Frauenheld, Verführer [nach dem it. Abenteurer und Schriftsteller Giovanni Giacomo C.,]

Cä|sar: röm. Staatsmann und Feldherr : Ehrentitel der röm. Kaiser * **Cä|sa|ren** Mz.: vorbestimmte Thronfolger im späten Rom * *Cäsarenherrschaft*: Alleinherrschaft; *Cäsarenwahnsinn* * **Cä|sa|ren|tum**, das; –s: Würde, Wesen eines Cäsaren *

Cä|sa|ro|pa|pis|mus, der; –: weltliche und geistliche Herrschaft des Kaisers *

cä|sa|risch Ew.: von Cäsar herstammend : kaiserlich : selbstherrlich : diktatorisch * **Cä|sa|ris|mus**, der; –: Gewaltherrschaft

Cash (e.) [käsch], das; –s: bares Geld * *Cashgeschäft*: Barzahlungsgeschäft; *Cash-and-carry-Klausel* [– – kärri –]: Klausel im Überseehandel, Kauf nur gegen Barzahlung und Abholung im eigenen Schiff; *Cash before delivery*: Kaufpreis ist vor der Warenlieferung zu zahlen; *Cash on delivery*: Zahlung bei Übergabe der Ware * **cash** Ew.: bar *

Cash-flow → **Cash|flow** [käschflou], Überschuß nach Abzug aller Unkosten

Cashflow
Der Trend zur Zusammenschreibung von früher gekoppelten oder getrennt geschriebenen Fremdwörtern verstärkt sich mit zunehmender Integration in den deutschen Sprachbestand.

Ca|shew|nuß → **Ca|shew-nuss**, die; –, ..nüsse: Frucht des Acajoubaumes

cas|sa, per – (it.): gegen bar; vgl. Kasse

Cas|sa|ta (it.), die; –, –s: Eis-

spezialität mit Nüssen und kandierten Früchten

Cast (e.) [kahst], der; –s: alle Mitwirkenden eines Films

Cas|tor|be|häl|ter, der; –s, –: Transportbehälter für radioaktive Abfallstoffe

Cä|sur (l.), die; –, –en : Einschnitt im Vers : (Tonkst.) Ruhepunkt; auch Zäsur [l. caedere, Mw. Vg. caesum fällen, zerschlagen]

Ca|sus (l.), der; –, –: Vorfall : Begebenheit : (Wortbeugung) Fall * *Casus belli* (l.), der; – –: „Kriegsfall" : Ursache zum Kriege; *Casus obliquus* (l.), der; – ..qui, ..quis: (Wortbeugung) abhängiger Fall; auch Ka.,

Cat|cher (e.) [kä'tscher], der; –s, –: (Sport) Freistilringer * *catchen*: ringen * **Catch-as-catch-can** [kätsch äs – kän] (e.), das; –: am. Freistilringkampf, bei dem alle Griffe erlaubt sind

Cat|ch|up: s. Ketchup

Cat|gut (e.) [kättgatt], das; –s: „Katzendarm", feine Darmsaite zu wundärztl. Zwecken

Ca|thed|ra, die; –, ..rae: erhöhter Bischofssitz in der Kirche * *ex cathedra*: von maßgeblicher Stelle aus

Ca|to: altröm. Zensor und Schriftsteller * **Ca|to**, der; –, –s: (allg.) strenger Richter * **ca|to|nisch** Ew.: in der Art Catos : streng

Cau|sa (l.), die; –, ..sae: Ursache, Grund : Streitsache * *Causa efficiens*; – –, ..sae ..cientes: Ursache * *Causa finalis*; – –, ..sae ..les: Zweck

Cau|se (fr.) [kohs'], die; –, –s: Rechtsstreit * *Cause célèbre* (fr.) [..ßehlähb'r], die; – –, –s –s: Sensationsprozess *

Cau|se|rie (fr.), die; –, ..rien: Plauderei * **Cau|seur** (fr.) [kosöhr], der; –s, –e: Plauderer * **Cau|seu|se** (fr.) [kosöhs'], die; –, –n: „Plaudersofa", kleines Sofa

Ca|va|ti|ne: s. Kavatine

Ca|ve ca|nem! (l.): Hüte dich vor dem Hund!

Ca|yen|ne (fr.) [kajenn']: Hauptstadt von Französ.-Guayana, Deportationsort * *Cayennepfeffer*; auch K..

CD-Play|er (e.) [-plejer], der;

–s, –: Abspielgerät für Compact Discs

C-Dur: s. c

Ce|di|lle (fr.) [ßedihj'], die; –, –n: Häkchen (unter c zur Bezeichnung der s-Aussprache vor *a, o, u*; ç)

Ce|le|bes, auch: **Ce|le|bes:** Insel und Provinz Indonesiens ∗ *Celebes-See*

Ce|les|ta (nl.-it.) [tschelesta], die; –, –s und ..sten: Tasteninstrument mit Stahlstäben an Stelle der Saiten

Cel|la (l.), die; –, ..lae: „Zimmerchen" : Nische für das Götterbild in alten Tempeln : Mönchszelle : (Anat.) Zelle ∗

Cel|lu|la (l.): kleine Cella

Cel|list (it.) [tschellist], der; –en, –en: (Mus.) Kniegeigenspieler ∗ **Cel|lo,** das; –s, –s und ..lli: Kniegeige (Abk. für Violoncello)

Cel|lon (l.) [zelon], das; –s, –e: Kunststoff ∗ **Cel|lo|phan,** auch: **Z..,** das;–s, –e: durchsichtige Folie, Glashaut

Cel|si|us: Fn. : Physiker ∗ **Cel|si|us,** der; –: Wärmemesser mit Skaleneinteilung nach Celsius; Abk.: C ∗ 10° C (= 8° R) ∗ *Celsiusthermometer:* Thermometer mit 100-teiliger Skala

Cem|ba|lo (it.) [tsch..], das; –s, –s und ..li: Klavier des 18. Jahrhunderts mit harfenartigem Klang, eigentlich *Clavicembalo* ∗ *Cembalist:* Cembalospieler

Cent (e.), der; –(s), –(s): fr. wie brit. Kolonialmünze : ndl., nordamerikanische, mittelamerikanische Münze

Cen|taur: s. Z..

Cen|ta|vo [..w..], der; –(s), –(s): südam. und port. Münze

Cen|ter (e.) [ßenter], das; –s, –: (Geschäfts-) Zentrum ∗ *Einkaufscenter*

Cen|te|si|mo (it.) [tsch..], der; –s, ..mi: frühere ital. Münze

Cen|ti|me (fr.) [ßangtihm'], der; –s, –s: belg., franz., schweiz. Münze

Cen|ti|mo, der; –(s), –(s): südam. Münze

Cen|to (gr.-l.), der; –s, ..tonen und –s: aus Versen verschiedener Dichter bestehendes Gedicht

Cen|tre|court *auch:* **Cen|tre**

Court (e.) [ßenterkohrt], der; –s, –s: Hauptplatz großer Tennisanlagen

Cent|weight (e.) [ßentweht], der; –, –: engl. Zentner; Abk.: cwt.

Ce|pheus: s. Kepheus

Cer|be|rus: s. Zerberus

Cerc|le, (fr.) [ßerk'l], der; –s, –s: Empfang (bei Hofe) ∗ *Cercle halten:* Gäste um sich versammeln; *Cerclesitz:* (östr.) Sitz in den vordersten Reihen im Theater [fr. cercle von l. circulus Kreis]

Cereb..: s. Zereb..

Ce|res: röm. Göttin der Fruchtbarkeit ∗ **Ce|re|a|li|en** Mz., die; : röm. Fest zu Ehren der Ceres

Ce|ri|se (fr.) [ß'ris'], die; –: „Kirsche" : rotbraune Anilinfarbe ∗ **cerise** Ew.: kirschrot

Cer|to|sa (it.) [tsch..], die; –: Kartäuserkloster bei Pavia ∗ *Certosamosaik* (Elfenbeinmosaik)

Cer|van|tes [ßerw..]: span. Dichter

ces, das; –, –: (Mus.) das um einen halben Ton erniedrigte c (enharmonisch h) : Zeichen für ces-Moll ∗ **Ces,** das; –, –: Zeichen für ces-Dur ∗ *ceses, ces-ses,* das; –, –: um einen weiteren Halbton erniedrigtes ces, Ces

ce|te|ris pa|ri|bus (l.): unter sonst gleichen Bedingungen [l. cetera das übrige und par gleich]

ce|te|rum cen|seo (l.): übrigens meine ich ∗ **Ce|te|rum cen|seo,** das; – –: stets betonte Meinung [ständig wiederholte Redewendung des älteren Cato]

Ce|vap|ci|ci (serbokroat.) [tschewaptschitschi], Mz.: gegrillte Hackfleischröllchen

Ce|ven|nen [ßew..] Mz.: Gebirge in Südfrankreich

Ceylon [zei..]: Insel im Indischen Ozean, heute: *Sri Lanka* ∗ **cey|lo|ne|sisch** Ew.: die Insel Ceylon betreffend, zu ihr gehörig ∗ *Ceylonese* ∗ *Ceylontee*

C-Fal|ter, der; –s, –: Schmetterling mit C-ähnlicher Zeichnung auf den Flügeln; vgl. C

CGS-Sys|tem, das; –s: ein physikalisches Maßsystem,

aufgebaut auf Zentimeter, Gramm, Sekunde

Cha-Cha-Cha [tscha–], der; –s, –s: ein Tanz

Chab|lis (fr.) [schabli], der; –, –: Wein aus Chablis, weißer Burgunderwein ∗ **Chab|lis-Cobb|ler** (fr.-e.) [..kobl'r], der; –(s): Mischgetränk aus Chablis, Eis, Zucker, Zitrone [e. cobbler Schuhflicker; dann Getränk für Schuhflicker]

Cha|con|ne (fr.) [schakonn'], die; –, –s und –n: alter spanischer Reigentanz; s. auch Ciacona

chacun à son goût (fr.) [schaköng a ßong guh]: jeder nach seinem Geschmack ∗ **chacun pour soi, Dieu pour nous tous** (fr.) [schaköng pur ßoa, djö pur nu tuhs]: jeder für sich, Gott für uns alle

Cha|grin (fr.) [schagräng], der; –s, –s: genarbtes Leder ∗ *Chagrinleder* ∗ **chag|ri|nie|ren** tr.: Leder körnen : Leder narben ∗ *chagriniert* Mw. Ew.: rau, genarbt wie Leder [it. zigrino von türk. sagri Pferderücken; das Leder wird vom Rücken der Tiere genommen]

Chai|ne (fr.) [schähn'], die; –, –n: Kette : Reihe : Kettentanz : Kettfaden beim Weben [l. catena Kette]

Chair|man (e.) [tschährmän], der; –(s), ..men: Vorsitzender : Ausschussvorsitzender

Chai|se (fr.) [schäs'], die; –, –n: Stuhl, Sessel : halb offene Kutsche ∗ *Chaisewagen; Chaisenträger* ∗ **Chai|se|lon|gue** (fr.) [..long], die; –, –s: Liegesofa ohne Rückenlehne

Chak|ra (Sanskrit) [tschakra], das; –s, –s oder ..ren: (Esoterik) Energiezentren des Körpers

Chal|däa [kal..]: Babylonien ∗ **Chal|dä|er,** der; –s, –: Bewohner von Ch. ∗ **chal|dä|isch** Ew.

Cha|let (fr.) [schaläh], das; –s, –s: schweiz. Landhaus : Sennhütte

Chal|ki|di|ke [chal..]: griech. Halbinsel

Chal|ko|che|mi|gra|phie *auch:* **Chal|ko|che|mi|gra|fie** (gr.) [chal..], die; –, ..phien *auch:* ..fien; Metallgravierkunst ∗ **Chal|ko|graph** *auch:* **Chalko-**

graf, der; –en, –en: Kupferstecher * **Chal|ko|gra|phie** *auch:* **Chal|ko|gra|fie,** die; –, ..phien *auch:* ..fien: Kupferstecherei : Kupferstich * **chal|ko|gra|phisch** *auch:* **chal|ko|gra|fisch** Ew.: den Kupferstich betreffend * **Chal|ko|lith,** der; –(e)s und –en, –(e)n: Gesteinsart, ..spat * **Chal|kos** (gr.), der; –: Erz, Kupfer * **Chal|ko|ty|pie,** die; –: Hochätzverfahren in Kupfer oder Messing : Kupferdruck [gr. chalkos Erz, Kupfer]
Chal|len|ger (e.) [tschällentscher], die; –: eine am. Raumfähre [e. challenger Herausforderer]
Chal|ze|don (gr.), der; –s, –e: ein Mineral, Abart des Quarzes
Cha|mä|le|on (gr.), das; –s, –s: ostind. Eidechsenart : (übertr.) unbeständiger Mensch * **cha|mä|le|on|tisch, cha|mä|le|on|ar|tig** Ew.: die Farbe wechselnd : veränderlich [gr. chamaileon „Erdlöwe"]
Cham|bre gar|nie (fr.) [schangpanj', auch: scham..], das; – –, –s –s: möbliertes Zimmer zum Vermieten
Cham|bre sé|pa|rée (fr.) [..sehpareh], das; – –, –s –s: abgesondertes Zimmer
Chal|mois (fr.) [schamoa], das; –s: Gämsenleder * **Chamoisleder** * **chal|mois** Ew.: gämsfarben, gelbbraun [fr. chamois, it. camoscio Gämse]
Cham|pa|gne (fr.) [schangpanj', auch: scham..], die; –: franz. Landschaft * **Champa|g|ner** (dtsch.-fr.), der; –s, –: Schaumwein (urspr. aus der Champagne) * *Champagnerwein* * **cham|pa|g|ner** Ew.: zart gelblich
Cham|pi|g|non, (fr.) [schampinjong], der; –s, –s: essbarer Pilz
Cham|pi|on (fr.) [schangpjong] und (e.) [tschämpj'n], der; –s, –s: Kämpe : Sportmeister * *Championringer:* Meisterschaftsringer * **Cham|pio|nat,** das –(e)s, –e: Meisterschaft
Champs-E|ly|sées (fr.) [schangsehliseh] Mz.: „Elysäische Felder", Pariser Parkanlage und Geschäftsstraße
Chan: s. Khan
Chan|ce (fr.) [schangß], die; –,

–n: Glücksfall : Aussicht : günstige Gelegenheit : Art Würfelspiel * *eine Chance bieten, geben, haben*
Chan|cel|lor (e.) [tschahnzeller], der; –s, –s: Kanzler
Change (fr.) [schangsch'], die; – oder (e.) [tschäintsch], der; –: Tausch, Wechsel : Wechselbank * **chan|geant** [schangschang] Mw. Ew.: veränderlich : schillernd * **Changeant,** der; –s, –s: Webstoff aus Seide * **chan|gie|ren** (..iert) intr.: wechseln : schillern
Chan|son (fr.) [changßong], das; –, –s: Kabarettlied * **Chan|so|net|te,** die; –, –n: kleines Lied : Kabarettsängerin * **Chan|son|ni|er** *auch:* **Chanso|nier** [schangßonnjeh], der; –s, –s: Kabarettdichter, Sänger * **Chan|son|ni|e|re** *auch:* **Chanso|ni|e|re** [schangßonnjähr'], die; –, –n: Kabarettdichterin, Sängerin
Cha|nuk|ka (hebr.), die; –: jüd. Fest im Dezember (Tempelweihe) * **Chanukkaleuchter**
Cha|os (gr.) [kaos], das; –: Urmasse : Durcheinander : Unordnung : Umsturz * **Cha|ot,** der; –en, –en: chaotischer Mensch : polit. Umstürzler ohne Zielvorstellung * **cha|o|tisch** Ew.: wirr, ungeordnet
Cha|peau (fr.) [schapoh], der; –s, –s: Hut : (ehem.) Tanzherr : (heute) Kavalier * **Cha|peau claque** [..klack], der; – –, –x –s: Klapphut, -zylinder
Chap|lin [tschäplin]: brit. Filmschauspieler, Autor und Regisseur * **Chap|li|na|de,** die; –, –n: komische Einlage * **chap|li|nesk** Ew.: chaplinartig
Cha|rak|ter (gr.), der; –s, ..tere: Gepräge : Eigenart : sittliche Veranlagung : Wesensart : Stand, Rang und Titel * *Charakterbildung; Charakterdarsteller:* Schauspieler von Charakterrollen; *Charakterfehler; charakterfest* Ew.: willensstark; *Charakterkunde:* Persönlichkeitsforschung; *charakterlos* Ew.: ohne Grundsätze, haltlos; *Charaktermaske:* eine bestimmte Persönlichkeit darstellende Maske; *Charakterrolle:* scharf ausgeprägte Büh

nengestalt; *Charakterschwäche; charakterschwach* Ew.: willensschwach; *charakterstark; Charakterstück:* Schauspiel mit scharf ausgearbeiteter Darstellung menschlicher Wesensart; *Charakterzug:* Wesenszug, Eigenschaft * **cha|rak|te|ri|sie|ren** (..iert) tr.: kennzeichnen : schildern * **Cha|rak|te|ris|tik,** die; –, –en: Kennzeichnung : Schilderung * **Cha|rak|te|ri|s|ti|kum,** das; –s, ..ka: kennzeichnende Eigenschaft * **cha|rak|te|ristisch** Ew.: (–ste): kennzeichnend * **Cha|rak|te|ro|lo|gie,** die; –, –n: Charakterforschung, Wesenskunde * **cha|rak|te|ro|lo|gisch** Ew.: wesenskundlich
Char|don|net|sei|de (fr.) [schardonä..], die; –, –en: erste fabrikmäßig hergestellte Kunstseide
Char|ge (fr.) [scharsch'], die; –, –n: Amt : Würde : Dienstgrad : (Techn.) Beschickung eines Metallschmelzofens : (Theat.) kleine Charakterrolle : (Pharm.) gemeinsam hergestellte Menge eines Medikaments * *eine Charge fahren:* (Techn.) einen beschickten Kessel bedienen; *Chargennummer* (Pharm.) * **char|gie|ren** (..iert) tr.: (Techn.) beschicken, laden : beauftragen : (stud.) in Amtstracht oder Farben erscheinen * **Char|gier|te,** der; die; –n, –n: (stud.) Vorstandsmitglied * **Char|gie|rung,** die; –, –en: (Techn.) Beschickung
Cha|ris|ma, das; –s, ..rismen oder ..rismata: Gnadengabe, Berufung : starke persönliche Ausstrahlung * **cha|risma|tisch** Ew.: einer göttlichen Gnadengabe entsprechend *
Cha|ri|tin (gr.), die; –, –nen: Göttin der Anmut, Grazie
Cha|ri|té (fr.) [scha..], die; –, „christliche Liebe", Name für Krankenhäuser : staatl. Krankenhaus : med. Lehr- und Forschungsanstalt in Berlin [l. caritas Nächstenliebe]
Cha|ri|va|ri (ml.), das; –s, –s: Durcheinander : Katzenmusik : Uhrkettengehänge : (Kartsp.) alle Damen in einer Hand
Char|kow [charkoff] : Stadt in der Ukraine

Charles|ton (e.) [tscharl'ßt'n] der; –, –s: ein Tanz

Char|lot|te (fr.) [sch..], die; –, –n: Mehlspeise aus Brot und Äpfeln

char|mant (fr.) [scharmang, meist scharmant] Ew.: reizend, hübsch **＊ Char|me** (fr.) [scharm'], der; –s: Reiz : Anmut; auch Scharm **＊ Char|me|lai|ne** (fr.) [..lähn], die; –: leichter Kammgarnstoff **＊ Char|meur** (fr.) [..mör], der; –s, –s: Schmeichler **＊ Char|meu|se** (fr.) [..ös], die; –: leichter Seidenstoff

Char|ta (l.) [ka..], die; –, –s: mittelalterl. Urkunde, bes. Verfassungsurkunde; vgl. *Magna Charta* **＊ Char|te** (fr.) [schart'], die; –, –n: Verfassungsurkunde **＊ Chartepartie,** die; –, ..tien: (Schifffahrt) Frachtvertrag **＊ Char|ter** (e.) [tschart'r], der; –s, –s: Schutzbrief : Freibrief : Frachtvertrag **＊ *Charterflugzeug, Chartermaschine:* gemietetes Flugzeug ＊ Char|te|rer,** der; –s, –: Mieter eines Schiffes **＊ char|tern** (ich ..[e]re) (e.) tr.: Schiff befrachten : mieten **＊ Char|tist** (e.), der; –en, –en: Anhänger der engl. Volks- und Arbeiterpartei (1836–48) **＊ Char|tis|mus,** der; –: Grundsätze der Chartisten

Char|treu|se, (fr.) [schartröhs'], die; –: Kartäuserkloster in der Nähe von Grenoble : Kartäuserlikör

Charts (e.) [tscharhts] Mz.: Liste der beliebtesten Hits : (Börse) Grafik des Kursverlaufs

Cha|ryb|dis (gr.), die; –: Meeresschlund : Seeungeheuer in der Straße von Messina; vgl. Szylla

Chas|si|dim (hebr.) Mz.: Anhänger der Chassidismus **＊ Chas|si|dis|mus** (hebr.), der; –: religiöse Bewegung der osteurop. Juden, im 18. Jh. begründet

Chas|sis (fr.) [schassih], der; –, –: Tragrahmen, Einfassung : (Automobil) Fahrgestell : (Radiogerät) Montagerahmen des Rundfunkempfängers **＊** *Chassisnummer; Chassistuch* (Mz. ..tücher) [l. capsicius von capsa Behältnis]

Cha|teau (fr.) [schatoh], das;

–s, –s: Schloss, Burg : Land-, Weingut **＊ Chateau-La|fitte, Chateau-la-Ro|se, Chateau-la-Tour, Chateau-Mar|gaux** (fr.) [..fitt', ..rohs' ..tuhr, ..margo], der; –: vier verschied. Sorten Bordeauxwein, benannt nach den gleichnamigen Schlössern **＊ Cha|te|lain** (fr.) [schat'läng], der; –(s), –s: Burgvogt **＊ Cha|te|lai|ne** (fr.) [schat'lähn'], die; –, –s: Burgverwalterin : Uhrgehänge **＊ Cha|te|let** (fr.) [schat'läh], das; –s, –s: „kleines Schloss", ehem. Gerichtshof in Paris : Pariser Gefängnis

Cha|teau|bri|and (fr.) [schatohbriang], das; –s, –s: Doppelrindslendenschnitte

Cha|te|lain, Cha|te|let: s. Chateau

Chau|deau (fr.) [schodoh], der; –(s), –s: Eierpunsch : Weinschaumsoße

Chauf|feur (fr.) [schofföhr, der; –s, –e: „Heizer", Kraftwagenführer : Fahrer **＊** *Chauffeurschule* **＊ chauf|fie|ren** (..iert) intr.: den Kraftwagen lenken; auch Schofför, schoffieren

Chaus|see (fr.) [schoßeh], die; –, ..sse|en : Kunststraße, Landstraße **＊** *Chausseegeld:* Wegegeld; *Chausseegraben:* Graben zu beiden Seiten der Landstraße **＊ chaus|sie|ren** (..iert) tr.: Chaussee anlegen : beschottern : mit Fußbekleidung versehen **＊ Chaus|su|re** (fr.) [schoßür'], die; –, –n: Fußbekleidung

Chau|vi [schowi], der; –s, –s: (Umgspr.) Mann, der an überkommenen Männlichkeitsidealen festhält **＊ Chau|vin** [schowäng] : franz. Patriot **＊ Chau|vi|nis|mus** [schowi..], der; –: übertriebene Vaterlandsliebe : übertriebenes männliches Selbstwertgefühl **＊ Chau|vi|nist,** der; –en, –en: Anhänger des Chauvinismus **＊ chau|vi|nis|tisch** Ew.: einseitig : verrannt

Check (fr.) [schek], der; –s, –s: s. Scheck **＊ Check** (e.) [tschek], der; –s od. –: Prüfung, Vergleich : (Sport) Anrempeln, Behinderung **＊** *Bodycheck:* (Sport) Anrempeln; *Checkliste:* Kontrollliste; *Check-*

point: Kontrollpunkt an der Grenze **＊ che|cken** (e.) tr.: vergleichen, vergleichend prüfen : (Umgspr.) begreifen : (Sport) rempeln, zusammenstoßen **＊** *abchecken:* (Umgspr.) prüfen, abschätzen (der Situation)

che-cken Die Konsonantenverbindungen ch, ck und sch, in Fremdwörtern auch ph, rh, sh, th bezeichnen einfache Laute und bleiben ungetrennt: *Zu-cker, Fla-sche, Myr-rhe, ka-tholisch.*

Cheer (e.) [tschihr], das; –s, –s: Beifallsruf : Hoch **＊ Cheerleader** (e.) [..lihder], Mz.: (Sport) Mädchengruppe, die eine Mannschaft choreografisch geordnet anfeuert **＊ chee|ren** (dtsch.-e.) [tschihren] intr.: Beifall spenden : hochrufen **＊ cheers!** (e.) [tschihrs]: Prosit! Zum Wohl!

Cheese|bur|ger (e.) [tschihsbörger], der; –s, –: Hamburger mit eingelegter Käsescheibe

Chef (fr.) [scheff], der; –s, –s: Vorgesetzter, Leiter, Befehlshaber : Arbeitgeber, Unternehmer **＊** *Chefarzt:* leitender Arzt; *Chefetage; Chefingenieur:* leitender techn. Angestellter; *Cheflektor:* Leiter eines Verlagslektorats; *Chefpilot:* Flugkapitän; *Chefredakteur:* Hauptschriftleiter; *Chefvisite:* Visite des Chefarztes

Che|mie (gr.), die; –: Stofflehre, Teil der Naturwissenschaft **＊** *Chemiefaser; Chemieingenieur* **＊ Che|mi|graph** *auch:* **Che|mi|graf,** der; –en, –en: Ätzer in graph. Betrieben **＊ Che|mi|gra|phie** *auch:* **Che|mi|gra|fie,** die; –: Hochätzung zur Herstellung von Druckplatten **＊ Che|mi|ka|lie,** die; –, –n: chemischer Stoff **＊ Che|mi|ker,** der; –s, –: ein sich mit der Chemie beruflich Beschäftigender **＊ che|misch** Ew.: auf die Chemie bezüglich **＊** *chemisch-technisch Ew.: chemische Formel; – Grundstoffe; – Industrie; – Reinigung; – Verbindung; – Waffen* **＊ Che|mis|mus** (gr.), der; –: chemische Vorgänge bei einer Reaktion **＊ Che|mist,** der; –en, –en: Chemiker : (östr.) Apotheker * **che|mi|trop** Ew.: durch chemische Reizung der Befruchtung zugewendet * **Che|mi|ty|pie,** die; –: Verwandlung geätzter Metallplatten durch chem. Mittel in erhabene Druckstempel * **Che|mo|keu|le,** die; –, –n: durchschlagender chem. Kampf-Mittel * **Che|mo|re|zep|tor,** der; –s, –en: Sinneszelle, die auf chem. Reize (z. B. Geruch) anspricht * **Che|mo|syn|the|se,** die; –, –n: rein chem. Synthese bei Pflanzen * **che|mo|tak|tisch** Ew.: durch chemische Reizung bewirkt * **Che|mo|ta|xe, Che|mo|ta|xis,** die; –, ..taxen: chem. Fernwirkung, z. B. bei Pflanzen oder Mikroorganismen * **Che|mo|tech|nik,** die; –: praktische Verwendung der Chemie in der Technik * *Chemotechniker,* der; –s, –: an einer Fachschule ausgebildeter Chemiker * **che|mo|the|ra|peu|tisch** Ew.: nach der Chemotherapie * **Che|mo|the|ra|pie,** die; –: Krankheitsbehandlung mit chem. Mitteln * **Che|mo|tro|pis|mus,** der; –, ..men: Chemotaxe [gr. chemeia von chymos Flüssigkeit]

Che|mi|nee (schweiz.) [schemineh], das; –s, –s: offener Kamin im Wohnraum

Che|mi|se (fr.) [sch'mihs'], die; –, –n: Hemd : Schlafrock : Rasenbekleidung einer Brustwehr * **Che|mi|sett,** das; –(e)s, –s und –e, **Che|mi|set|te,** die; –, –n: „Hemdchen", Vorhemd, Hemdbrust

Che|mis|mus, Che|mist, che|mi|trop, Che|mi|ty|pie: s. Chemie

che|mo|tak|tisch usw.: s. Chemie

Che|nil|le (fr.) [sch'nij'], die; –, –n: „Raupe", Webfaden aus Seide oder Wolle mit abstehenden Fasern

Che|ops: ägyptischer König * *Cheopspyramide*

Che|que (schweiz.) [schek]: s. Scheck

Cher|chez la fem|me (fr.) [scherschee la famm]: „Sucht die Frau!", dahinter steckt bestimmt eine Frau

Cher|ry|bran|dy *auch:* **Cher|ry Bran|dy** (e.) [tscherri-

brändi], der; – –s, – –s: Kirschlikör

Che|rub (hebr.), der; –s, ..bim und ..binen: Engel, Lichtbote, auch: Kerub * **che|ru|bi|nisch** Ew.: nach Art der Lichtengel : engelhaft, engelgleich

Che|rus|ker, der; –s, –: Angehöriger des german. Volksstammes der Cherusker an der Weser

Ches|ter|kä|se [tschest'r], der; –s: nach der engl. Stadt Chester benannter Käse

che|va|le|resk (fr.) [sch'wal'resk] Ew.: ritterlich

Che|va|lier (fr.) [sch'wajeh], der; –s, –s: Ritter : Edelmann *

Che|vau|le|ger (fr.) [sch'wohlehseheh], der; –s, –s: leichter Reiter

Che|vi|ot (e.) [tschewiot], der; –s, –s: Tuchart aus der Wolle der Schafe auf den Cheviotbergen zwischen Schottland und England

Che|v|reau (fr.) [schewroh], der; –s, –s: Zicklein : feines Ziegenleder * *Chevreauleder*

Che|v|ro|let (e.) [schäwrolät]: Kraftfahrzeugmarke

Che|v|ron (fr.) [schewrong], der; –s, –s: Gewebe mit Fischgrätmuster : fr. Dienstgradabzeichen : (Heraldik) pfeilspitzenähnliche Verbindung

Che|wing|gum (e.) [tschuinggam], der; –s, –s: Kaugummi

Chi|an|ti (it.) [kjanti], der; –: italienischer Rotwein

Chi|as|mus (gr.), der; –: sprachl. Kreuzstellung von vier Satzgliedern, z. B: „Sein Alter ist groß, jedoch gering seine Weisheit." * **chi|as|tisch** Ew.: in Kreuzstellung [nach der Gestalt des Buchstabens X (chi)]

chic: s. schick, Schick

Chi|ca|go [schik–]: Stadt in den USA

Chi|co|rée *auch:* **Schi|ko|rée** (fr.) [schikoreh], der; –s, –s: Zichorie, Gemüsepflanze

Chief (e.) [tschihf], der; –s, –s: Befehlshaber : Wortführer

Chif|fon (fr.) [schiffong], der; –s, –s: Seidengewebe : Flitter

Chif|fon|nier [schiffonjeh], der; –s, –s: Lumpensammler : Schreibsekretär * **Chif|fon|ni|è|re** [schiffonjähr'], die; –, –n: Lumpensammlerin : Arbeits-, Nähtischchen *

chif|fon|nie|ren (..iert) [schif..] tr.: zerzausen : ärgern

Chif|f|re (fr.) [schiff'r], die; –, –n: Ziffer : Geheimschrift: Geheimwort * *Chiffreschrift:* Geheimschrift * **Chif|f|reur** [schiffröhr], der; –s, –e: einer, der sich der Chiffreschrift bedient: Entzifferer * *Chiffrierkunst* * **chif|f|rie|ren** (..iert) tr., intr.: in Geheimschrift abfassen

Chi|g|non (fr.) [schinjong], der; –s, –s: Nacken, Nackenzopf : Haarknoten : Nackenwulst [fr. chaînon du col Wirbelbein des Halses]

Chi|le [tsch..]: südamerikanischer Freistaat * **Chi|le|ne,** der; –n, –n: Bürger von Chile * **Chi|le|nin,** die; –, –nen; * **chi|le|nisch** Ew. * *Chilesalpeter:* Gestein * **Chi|le|nit,** der; –s, –e: Gesteinsart

Chi|li|a|de (gr.), die; –, –n: eine Zahl oder Reihe von Tausend *

Chi|li|arch, der; –en, –en: Befehlshaber über 1000 Mann in Griechenland * **Chi|li|as|mus,** der; –: Lehre vom Tausendjährigen Reich * **Chi|li|ast,** der; –en, –en: Anhänger des Chiliasmus * *chiliastisch* Ew. * **Chi|li|o|gon** (gr.), das; –s, –e: Tausendeck [gr. chilioi tausend]

Chi|mä|ra, Chi|mä|re (gr.) die; –, –n: Sagentier : Hirngespinst : (biol.) durch Mutation oder Pfropfung entstandener Organismus * **chi|mä|risch** Ew.: ungestalt : eingebildet, erträumt [gr. chimaira Ziege]

Chim|bo|ras|so (span.) [tschim..], der; –s: Berg in Südamerika

Chi|na: asiat. Staat * **Chi|ne|se,** der; –n, –n * **Chi|ne|sin,** die; –, –nen * **chi|ne|sisch** Ew. * *das chinesische Volk; die Chinesische Mauer*

Chi|na|ap|fel, der; –s, –äpfel: Apfelsine * **Chi|na-Clay** (e.) [tschain klei], die; –: bläuliches Kaolin für Tonwaren * **Chi|na|gras,** das; –es: Ramie * **Chi|na|kohl,** der; –s: ostasiatische, feine Kohlart * **Chi|na|pa|pier,** das; –s: Papier aus Bambus oder Reisstroh * **Chi|na|sil|ber:** galvanisch versilbertes Argentan (Neusilber, Weißkupfer) * **Chi|na|baum**

(Inkaspr.), der; –(e)s: Fieber-
rindenbaum ✳ **Chi|na|rin|de,**
die; –: Rinde des Chinabaums,
Fiebermittel: eine chininhaltige
Droge ✳ **Chi|nin,** das; –es: aus
Chinarinde gewonnenes Fiebermittel ✳ *Chiningrün,* das;
–s: aus Chinin hergestellte
grüne Farbe [Inkasprache
quina Rinde]
Chin|chil|la (span.) [tschin-
tschilja], das; –, –s: südam. Nagetier : dessen Pelz
Chi|né (fr.) [schineh], das; –s,
–s: Stoff mit flammigen Mustern ✳ *Chinégarn:* Ringelgarn
✳ *chiniert* Ew.: geflammt [fr.
chiner ringeln]
Chi|nin; s. China, Chinabaum
Chi|noi|se|rie (fr.) [schi-
noas'rie], die; –, ..rien: Dekora-
tionsform nach chinesischem
Vorbild: Kunstgegenstand aus
China : (übertr.) Verschroben-
heit
Chi|nook [tschinuk], der; –s:
warmer Westwind (Föhn) an
der Ostseite der Rocky Moun-
tains
Chintz (e.) [tschintz], der; –,
–e: bunt bedrucktes Baumwollgewebe mit glänzender Oberfläche
Chip (e.) [tschip], der; –s, –s:
Spielmarke (bei Glücksspielen) : Trägerplatte mit inte-
grierter elektron. Schaltung :
(nur Mz.) frittierte, dünne Kar-
toffelscheiben ✳ *Chipkarte,*
die; –, –n: Plastikkarte mit einem elektron. Chip als Ausweis, Zahlungsmittel, Telefon-
karte o. Ä.
Chip|pen|dale (e.) [tschippen-
dehl], das; –s: Möbelstil, benannt nach dem engl. Tischler
Ch. ✳ *Chippendalesofa*
Chi|ra|gon (gr.), der; –s, –e:
Handführer, Vorrichtung für
Blinde zur Handleitung beim
Schreiben ✳ **Chi|ra|gra** (gr.),
das; –s: (Med.) Handgicht ✳
Chi|ri|sis (gr.), die; –; (Med.)
Behandlung der Hand : magne-
tische Manipulation ✳ **Chi|ris-
mus** (gr.), der; –, ..men: Chiri-
sis ✳ **Chi|rit** (gr.), der; –s, –en:
handähnlicher Tropfstein ✳
Chi|ro|gram|ma|to|man|tie
(gr.), die; –: Kunst der Hand-
schriftendeutung ✳ **Chi|ro-
graph** *auch:* **Chi|ro|graf** (gr.),
der; –s und –en, –en: Hand-

schreiben : Schuldschein ✳
chi|ro|gra|phisch *auch:* **chi-
ro|gra|fisch** Ew.: handschrift-
lich ✳ **Chi|ro|log** (gr.), der;
–en, –en: Fingersprecher ✳
Chi|ro|lo|gie (gr.), die; –: Fin-
gersprache : Manipulation ✳
Chi|ro|mant (gr.), der; –en,
–en: Handliniendeuter ✳ **Chi-
ro|man|tie** (gr.), die; –, ..tien:
Wahrsagung aus den Handli-
nien ✳ **Chi|ro|no|mie,** die; –:
Handbewegungslehre, Anlei-
tung zur rednerischen Handbe-
wegung ✳ **Chi|ro|plas|tik** (gr.),
die; –: Handbildnerei : Kunst,
aus weichen Massen Bild-
werke zu formen ✳ **Chi|ro|p-
te|ron** (gr.), das; –, ..teren:
„Handflügler", Fledermaus ✳
Chi|ro|spas|mus (gr.), der; –,
..men: Schreibkrampf ✳
Chi|ro|the|ke (gr.), die; –, –n:
mittelalterlicher Prunkhand-
schuh : wundärztlicher Hand-
schuh ✳ **Chi|ro|the|sie,** die; –:
Heilung durch Handauflegen
✳ **Chi|rurg** (gr.), der; –en, –en:
Facharzt für operative Medizin
✳ **Chi|rur|gie,** die; –, ..gien:
operative Heilkunde, wund-
ärztliche Wissenschaft ✳
chi|r|ur|gisch Ew.: wundärzt-
lich [gr. cheir Hand]
Chi|tin (gr.), das; –s: Hornstoff
im Panzer von Gliederfüßlern
Chi|ton (gr.), der; –s, –e: alt-
griech. Untergewand für
Frauen und Männer
Chlad|ni (dtsch.) [kl..]: Physi-
ker ✳ **chlad|nisch** Ew.: von
Chladni herkommend ✳ *chlad-
nische Klangfiguren*
Chlor (gr.) [kl..], das; –s: chemisches Element; Abk.: Cl ✳
Chlo|r|al, das; –s: Flüssigkeit
aus Chlor und Äthylalkohol ✳
Chlo|r|al|hy|drat, das; –(e)s:
ein Schlafmittel ✳ **chlo|ren** tr.:
durch Chlor entkeimen ✳
chlo|rie|ren tr.: Chlor einer
chem. Verbindung beigeben :
(Techn.) mit Chlor behandeln
und dadurch keimfrei machen
✳ *chlorhaltig* Ew. ✳ **Chlo|rid,**
das; –s, –e: Salze der Salzsäure
✳ **Chlo|rit,** der; –s, –e: grünes
Mineral ✳ **Chlo|ro|form,** das;
–s: Betäubungsmittel ✳
chlo|ro|for|mie|ren (..iert) tr.:
mit Chloroform betäuben ✳
Chlo|ro|phyll, das; –s: Blatt-
grün ✳ **Chlo|ro|se,** die; –:

Bleichsucht ✳ **Chlo|rung,** die;
–: (Techn.) Behandlung mit
Chlor ✳ **Chlo|rür,** das; –s:
Chlormetall [gr. chloros grün]
Choi|si (fr.) [schoasi], das; –:
Art Halbporzellan [nach dem
Orte Choisy]
Choke (e.) [tschohk], der; –s,
–s, **Cho|ker** (e.) [tschohker],
der; –s, –: (Techn.) Luftklappe
am Autovergaser zur Starthilfe
Cho|lä|mie (gr.), die; –: Gelb-
sucht ✳ **Cho|le|lith,** der;
–s, –e: Gallenstein ✳ **Cho|le|ra**
(gr.) [k..], die; –: asiatische
Brechruhr ✳ *Choleraanfall;*
Choleraepidemie, Cholerage-
gend, *Choleratropfen* ✳
Cho|le|ri|ker, der; –s, –: leiden-
schaftlicher, reizbarer, jähzor-
niger Mensch ✳ **Cho|le|ri|ne,**
die; –: leichter Brechdurchfall
✳ **cho|le|risch** Ew.: heißblütig
: jähzornig ✳ **Cho|les|te|rin,**
das; –s: Gallenfett ✳ **Cho|lin,**
das; –s: organ. Base [gr. cholē
Galle, cholera Gallensucht und
haima Blut]
Cho|li|am|bus (gr.), der; –,
..ben: Hinkjambus, jambischer
Vers mit einer Trochäus statt
des letzten Jambus [gr. cholos
lahm]
Chop|per (e.) [tschopper], der;
–s, –: individuell ausgestattetes Motorrad
Chor (gr.) [k..], der; –(e)s,
Chöre; Chörchen: erhöhter
Kirchenraum : Schar von Sin-
genden : Schar von Tanzenden
: Gesamtheit der Instrumente
gleicher Gattung im Orchester :
Musikstück für Chorgesang :
die zu einer Klaviertaste gehörige Besaitung ✳ *chorartig*
Ew.: wie ein Chor; *Chorbühne:*
Bühne für den Sängerchor;
Chorfrau: Angehörige einer
religiös. Gemeinschaft; *Chor-*
führer; Chorgesang: gemeinsamer Gesang; *Chorhemd:* Hemd
des Chorknaben; *Chorherr:*
Mitglied eines Domkapitels;
Chorknabe: Knabe, der im Kir-
chenchor singt; *Chorregent:*
Leiter eines kathol. Kirchen-
chors; *Chorsänger;* *Chor-*
stuhl: Kirchenstuhl (im Chor
stehend) ✳ **cho|r|al|gisch** Ew.:
den Leiter des Chores betref-
fend ✳ **Cho|ral** (gr.), der; –(e)s,
..räle: Kirchenlied ✳ *Choral-*
buch; Choralnotation: Noten-

schrift, die nur die Tonhöhe angibt; *Choralvorspiel* * **Cho**|**ra**|**list**, der; –en, –en: Chorsänger : Leiter des Kirchengesanges * **Cho**|**rea** (gr.), die; –: (Med.) Veitstanz * **cho**|**re**|**gisch** Ew.: choragisch * **Cho**|**re**|**o**|**graph** *auch:* **Cho**|**re**|**o**|**graf**, der; –en, –en: Schöpfer eines künstlerischen Tanzstücks * **Cho**|**re**|**o**|**gra**|**phie** *auch:* **Cho**|**re**|**o**|**gra**|**fie**, die; –: Gestaltung einer Tanzvorstellung * **Cho**|**re**|**o**|**ma**|**nie**, die; –: krankhaftes Verlangen zu tanzen * **Cho**|**re**|**us**, der; –, ..re|en: Versfuß * **Cho**|**reut**, der; –en, –en: Tänzer * **Cho**|**reu**|**tik**, die; –: Tanzkunst * **Cho**|**ri**|**am**|**bus**, der; –, ..ben: viersilb. Versfuß * **..chö**|**rig** Ew.: Chöre habend, z. B. zweichörig * **Cho**|**rist**, der; –en, –en: Chorsänger * **Chör**|**lein**, das; –s, –: (Baukst.) kleiner Erker * **Cho**|**rus**, der; –, Chöre: Sängerchor [gr. choros Tanzplatz, Chortanz]

Cho|**ro**|**graph** *auch:* **Cho**|**ro**|**graf** (gr.), der; –en, –en: Landschaftsbildner * **Cho**|**ro**|**gra**|**phie** *auch:* **Cho**|**ro**|**gra**|**fie**, die; –, ..phien *auch:* ..fien: Raum- und Ortswissenschaft, bes. Geographie und Astronomie * **cho**|**ro**|**gra**|**phisch** *auch:* **cho**|**ro**|**gra**|**fisch** Ew.: landschaftsbeschreibend : länderkundlich [gr. chora Landstrich]

Chor|**da** (gr.) [k..], die; –, ..den: Darmsaite, Sehne * *Chordatiere:* Tiere, die eine den Körper durchziehende Rückensaite haben * *Chordotonalorgan:* Gehörorgan vieler Insekten

Cho|**rea:** s. Chor

cho|**re**|**gisch:** s. Chor

Cho|**ro**|**graph, Cho**|**rus:** s. Chor

Cho|**se** (fr.) [schos'], die; –, –n: Ding, Sache : Angelegenheit

Chow-Chow [tschau-–], der; –s, –s: Chinesenspitz, Hunderasse

Chres|**to**|**ma**|**thie** (gr.), die; –, ..thien: Auswahl (meist einzelner Stellen aus Schriftstellern) [gr. chrestos brauchbar und mathein lernen]

Chri|**sam** (gr.), das; –s:

Weihöl, Salböl * **Chris**|**ma** (gr.), das; –: Chrisam * **Chris**|**ma**|**rium, Chris**|**ma**|**to**|**rium** (gr.), das; –s, ..en: Behälter für Chrisam * **Chri**|**sis** (gr.), die; –: Salbung, Ölung * **Chris**|**ma**|**le** (gr.), das; –s, ..lien: weißes Tuch, das dem Gesalbten um die Stirn gebunden wird [gr. chriein salben]

Christ (gr.) [kr..]: „der Gesalbte", Beiname Jesu * **Christ**, der; –en, –en: (der heilige –) Weihnachten : Weihnachtsbescherung : das Christkind * *Christabend:* Weihnachtsabend; *Christbaum:* Weihnachtsbaum; *Christbescherung; Christdorn:* Pflanze; *Christfest; Christgeschenk; Christkatholiken:* Deutschkatholiken, freisinnige deutsche Religionsgemeinden; *Christkind:* Jesus als Kind : Weihnachtsgeschenk : dessen Überbringer; *Christmarkt; Christmesse; Christmette; Christmonat; Christnacht; Christrose:* schwarze Nieswurz; *Christtag; Christwurz:* Christrose * **Christ**, der; –en, –en: Anhänger der christlichen Glaubens * *Christengemeinde; Christenglaube(n); Christenkind:* Kind eines Christen; *Christenlehre:* Unterricht im christlichen Glauben; *Christenliebe; Christenmensch; Christenpflicht; Christenseele; Christenverfolgung* * **Christ**|**de**|**mo**|**krat**, der; –en, –en: Anhänger einer christlich-demokratischen Partei * **Chris**|**ten**|**heit**, die; –: Gesamtheit der Christen * **Chris**|**ten**|**tum**, das; –s: die christliche Religion * **chris**|**ti**|**la**|**ni**|**sie**|**ren** (..iert) tr.: zum Christentum bekehren * **Chris**|**ti**|**la**|**ni**|**sie**|**rung**, die; –, –en: Bekehrung zum Christentum * **Christ**|**ti**|**an Sci**|**ence** (e.) [krißtj'n ßai'nß], die; – –: „christliche Wissenschaft", christliche Religionsgemeinschaft * **Chris**|**tin**, die; –, –nen: weibliche Christ * **christ**|**lich** Ew.: der von Christus gestifteten Religion gemäß * *christlich-sozial* Ew.: Name einer positiv christlichen Partei; *Christlich-Soziale Union; Christliche Gewerkschaft; Christlicher Verein junger*

Menschen * **Christ**|**mas** (e.) [krißmäß]: Weihnachten * **Chris**|**to**|**lo**|**gie**, die; –, ..gien: Lehre von Christus * **chris**|**to**|**lo**|**gisch** Ew.: die Lehre von Christus betreffend * **Chris**|**to**|**pha**|**nie** [..fa..], die; –, ..nien: Erscheinung des auferstandenen Christus * **Chris**|**to**|**pho**|**rus**: „Christusträger", heiliger Nothelfer * **chris**|**to**|**zen**|**trisch** Ew.: Christus zum Mittelpunkte habend * **Chris**|**tus**: „der Gesalbte", Beiname Jesu * *Christuskopf; Christusmonogramm* (nl.-gr.): symbolische Schreibung des Namens Christi mit den vereinigten griechischen Anfangsbuchstaben X (Chi) und P (Rho); *Christusnatur:* Jesu ähnliches Wesen

Chris|**ti**|**a**|**nia:** früherer Name von Oslo * **Chris**|**ti**|**a**|**nia**, der; –s: Schwung beim Skilauf

Christian Science: s. Christ

Chrom (gr.), das; –s: chem. Element * *Chromchlorid; Chromgelb*, das; –s: neutrales chromsaures Bleioxyd; *Chromgrün:* Deckgrün, Mischfarbe aus Berliner Blau und Chromgelb; *Chromoxyd*, das; –(e)s: aus chromsaurem Kalium und Schwefelkalium hergestellte grüne Farbe (Chromgrün); *Chromrot*, das; –s: basisches chromsaures Bleioxyd * **Chro**|**ma** (gr.), das; –s: „Farbenmischung", (Med.) Hautfarbe * **Chro**|**mat**, das; –s, –e: das Salz der Chromsäure * **Chro**|**ma**|**tik**, die; –: Farbenlehre : (Mal.) Kunst der Farbenmischung : (Mus.) Veränderung der Grundtöne um Halbtonschritte * **Chro**|**ma**|**tin**, das; –s, –e: färbbares Körnchen des Zellkerns * **chro**|**ma**|**tisch** Ew.: gefärbt : (Mus.) (Tonleiter) in halben Tönen aufsteigend * *chromatische Abweichung:* Farbenabweichung bei Linsen * **chro**|**ma**|**ti**|**sie**|**ren, chro**|**ma**|**tie**|**ren** tr.: die Oberfläche von Metallen mit einer Chromatschicht zum Schutz gegen Korrosion überziehen * **Chro**|**ma**|**to**|**me**|**ter**, das; –s, –: „Farbenmesser", Apparat zur Messung von Farbstärken * **Chro**|**ma**|**to**|**phor**, das; –s, –en: (Bot.) Farbstoffträger in

der Pflanzenzelle : Farbstoff-
zelle bei Tieren *
Chro|mo|lith, der; –s und –en,
–e(n): unglasiertes Steinzeug
mit eingelegten, farbigen Ver-
zierungen * **Chro|mo|som**,
das; –s, –e: Bestandteil des
Zellkerns, Träger der Erbanlagen * *Chromosomensatz* *
Chro|mo|s|phä|re, die; –: die
den Sonnenkern umhüllende,
glühende Wasserstoffgashülle
[gr. chroma Farbe]
Chro|nik (gr.), die; –, –en:
Aufzeichnung von Ereignissen
in zeitlicher Reihenfolge *
Chro|ni|ka, die; –: zwei Ge-
schichtsbücher des A. T. *
chro|ni|ka|lisch Ew.: in der
Art einer Zeitgeschichte, einer
Ortsgeschichte * **Chro|nique
scan|da|leuse** (fr.) [kronik ßk-
angdalöhs'], die; – –: Skandal-
oder Lästergeschichte * **chro-
nisch** Ew.: andauernd, lang-
wierig, schleichend * **Chro-
nist**, der; –en, –en: Verfasser
einer Chronik * **Chro|no-
gramm**, das; –s, –e: Jahrzahl-
vers, Vers, in dem Buchstaben
Jahreszahlen bezeichnen *
Chro|no|graph *auch:* **Chro-
no|graf**, der; –en, –en: Ge-
schichtsschreiber : Chronoskop
* **Chro|no|gra|phie** *auch:*
Chro|no|gra|fie, die; –, ..phien
auch: ..fien: Geschichtsschrei-
bung in zeitlicher Reihenfolge
* **chro|no|gra|phisch** *auch:*
chro|no|gra|fisch Ew.: der
Zeitfolge nach * **Chro|no-
lo|gie**, die; –, ..gien: Lehre vom
Ausmessen und Einteilen der
Zeit : zeitliche Abfolge *
chro|no|lo|gisch Ew.: in der
Ordnung der zeitlichen Aufein-
anderfolge * **Chro|no|me|ter**,
das; –s, –: „Zeitmesser", Uhr :
Taktmesser * **chro|no|me-
t|risch** Ew.: zeitmessend *
Chro|no|s|kop, das; –s, –e:
Apparat zum Messen kleinster
Zeitabschnitte [gr. chronos
Zeit]
Chry|sa|li|de (gr.), die; –, –n:
goldgefleckte Tagfaltergruppe
* **Chry|san|the|mum** (gr.),
das; –s, ..themen: jap. Gold-
blume * **chryse|le|phan|tin**
Ew.: aus Gold u. Elfenbein *
Chry|so|be|ryll, der; –s, –e:
Schmuckstein * **Chry|so-
gra|phie** (gr.), die; –: Kunst,

mit Gold zu schreiben oder zu
malen * **Chry|so|lith**, der; –s
und –en, –e(n): ein Mineral,
Schmuckstein [gr. chrysos
Gold]
Chrysantheme: s. Chrysalide
**Chry|sos|to|mos, Chry|sos-
to|mus:** „Goldmund", kathol.
Kirchenlehrer
chtho|nisch (gr.) Ew.: der
Erde angehörig : irdisch : un-
terirdisch : unterweltlich
[chthon Erde]
Chur [kur]: Stadt im schweiz.
Kanton Graubünden *
chur|welsch Ew.: rätoroma-
nisch * **Chur|wel|sche**, das;
–(en): das Rätoromanische *
Chur|firs|ten Mz.: schweiz.
Berggruppe
Chut|ney (hindost.-e.) [tschatni],
das; –s, –s: Paste aus Früchten
Chy|lus (gr.), der; –: Speise-
brei im Darm [gr. chymos Flüs-
sigkeit]
Ci (Abk.): Curie, s. d.
CIA (Abk.): Central Intelli-
gence Agency, US-am. Ge-
heimdienst
Cia|co|na (it.) [tschakona], die;
–, –s: alter Tanz; s. Chaconne
ciao (it.) [tschau]: Gruß zum
Abschied
Ci|bo|ri|um: s. Ziborium
Ci|ce|ro [kik.., auch tsits..]:
größter röm. Redner * **Ci-
ce|ro**, die; –: (Buchdrw.)
Zwölfpunktschrift : typografi-
sches Schriftmaß * **Ci|ce|ro|ne**
(it.) [tschitsche..], der; –, –s
und ..ni: Fremdenführer *
Ci|ce|ro|ni|a|ner [kik.., auch
tsits..], der; –s, –: Anhänger der
Schreibweise Ciceros *
**ci|ce|ro|ni|a|nisch, ci|ce|ro-
nisch** Ew.: nach Art Ciceros
Cid (span.) [ßid]: „Herr", Beiname eines span. Helden [arab.
sâîd, sajjid Herr]
Ci|der, Ci|d|re: s. Zider
Cie. (fr., schweiz.) (Abk.):
Compagnie; auch Co.
cif (Abk.): cost, insurence,
freight: frei von Kosten für Versicherung, Fracht; Rechtsklau-
sel im Überseehandelsgeschäft
Cin|cin|na|ti [ßinßinäti]: Stadt
in den USA
Cine|ast (fr., gr.), der; –en,
–en: Filmexperte : Filmprodu-
zent : Filmfan * **ci|ne|as|tisch**
Ew.: das Kinofilmwesen be-
treffend * **Ci|ne|cit|tà** (it.)

[tschihnetschita]: Zentrum der
it. Filmproduktion bei Rom *
Ci|ne|ma, Ci|né|ma (gr.) [ßi..],
das; –s, –s: Lichtspieltheater,
Kino [gr. kinema Bewegung] *
Ci|ne|ma|scope (gr.) [ßine..],
das; –s: Filmwiedergabeverfah-
ren auf gewölbter Bildwand
von doppelter Breite * **Ci|ne-
ma|thek**, die; –, –en: Filmo-
thek, Sammlung von Filmen *
Cinerama: besonderes Breit-
wand- und Raumtonverfahren
Cin|que|cen|tist (it.) [tsching-
kwetsch..], der; –en, –en:
Künstler des Cinquecentos *
Cin|que|cen|to (it.), das; –s: in
Italien die Blütezeit der Re-
naissance, 16. Jh.
CIP (Abk.): cataloguing in pu-
blishing, Sofortdienst für Neu-
erscheinungen von Büchern
Ci|pol|lin (it.) [tsch..], der; –s:
mit Streifen durchsetzte Mar-
morart [eig. „kleine Zwiebel",
von cipolla Zwiebel]
cir|ca (l.) Uw.: ungefähr, etwa,
gegen; Abk.: ca. *
Cir|ce [auch K..] die; –, –n: (gr.
Sage) Zauberin : Verführerin
Cir|cu|lus vi|ti|o|sus (l.), der;
– –, ..li ..si: fehlerhafter Beweis
: Zirkelschluss : Teufelskreis,
Irrkreis; vgl. Zirkel
cis, das; –, –: (Mus.) das um einen halben Ton erhöhte c :
Molltonstufe * **Cis**, das; –, –:
Durtonstufe * **cis-Moll**, das; –:
Tonart * **Cis-Dur** (enharmo-
nisch Des-Dur), das; –: Tonart
Cis|la|weng: s. Zislaweng
ci|ta|to lo|co (l.): „angeführten
Ortes", am angegebenen Ort;
Abk.: c. l.
ci|tis|si|me (l.) Uw.: sehr eilig
* **ci|to** Uw.: schnell
Ci|toy|en (fr.) [ßitoajäng], der;
–s, –s: Staatsbürger [fr. cité
Stadt, von l. civitas]; vgl. Bour-
geois
Cit|rat: vgl. Zitrat
City (e.) [ßitti], die; –, –s:
„Stadt", meist Altstadt : innere
Stadt vor London : Geschäfts-
zentrum einer Großstadt, In-
nenstadt
Ci|vet (fr.) [ßiveh], das; –s, –s:
Wildragout
Ci|vi|tas Dei (l.), die; –: der
jenseitige Gottesstaat (nach
Augustinus)
cl (Abk.): Zentiliter
Cl: chem. Zeichen für Chlor

c. l. (Abk.): citato loco

Claim (e.) [klehm], das; –s, –s: Anspruch : Anrecht : Besitztitel : Schürfrecht (der Goldgräber)

Clair|ob|scur (fr.) [klärobßkühr], das; –s: (Buchdrw. usw.) Helldunkel : Helldunkelmalerei

Clair|vaux (fr.) [klärwoh]: ehemalige franz. Abtei

Clan (e.) [klänn], der; –s, –s: Stammesverband der Schotten und Iren : (übertr.) Gruppe, die jmd. um sich schart : (abwertend) Großfamilie ✳ *Clanverfassung; Clansman*, der; –, ..men: Stammgenosse

Claque (fr.) [klack'], die; –: Gruppe bezahlter Beifallklatscher ✳ **Cla|queur** [klacköhr], der; –s, –e: bezahlter Beifallklatscher

clean (e.) Ew.: „sauber", nicht mehr drogensüchtig : (abwertend) steril

Clea|ring (e.) [klihring], das; –s, –s: Verrechnung im bargeldlosen Zahlungsverkehr : Datenprüfung, Datenabgleich ✳ **Clea|ring|haus**, das; –es: Abrechnungsstelle des Clearings ✳ **Clea|ring|ver|kehr**, der; –s: Abrechnungsverkehr

Cle|matis: s. Klematis

Clerk (e.) [klahrk], der; –s, –s: kaufmännischer Angestellter oder Gerichtsschreiber in England und den USA : Buchhalter : Handlungsgehilfe : Schreiber

cle|ver (e.) [klewer] Ew.: gescheit : gerissen, durchtrieben : eine Sportart besonders gut beherrschend ✳ **Cle|ver|neß** → **Cle|ver|ness**, die; –: Klugheit, Gewitztheit

Cli|ché: s. Klischee

Clinch (e.) [klintsch], der; –es: Umklammerung des Gegners beim Boxen ✳ (übertr.) Streit

Cli|que (fr.) [klicke], die; –, –n: Freundeskreis junger Leute : (abwertend) zusammengehörige, meist zu einem Zweck verbundene Gruppe, Sippschaft : Bande ✳ *Cliquenbildung; Cliquenwesen*, das; –s: Absonderung von kleineren Cliquen in einer Gemeinschaft : Kastengeist; *Cliquenwirtschaft*

Cli|via, die; –, ..vien: südafrikan. Zwiebelgewächs; auch Klivie

Clo|chard (fr.) [kloschar], der; –s, –s: Landstreicher : Pennbruder unter den Brückenbogen in Paris

Clog (e.), der; –s, –s: Holzschuh

Cloi|son (fr.) [kloasong], das; –s, –s: Zimmerverschlag : Scheidewand : Zelle ✳ **Cloi|son|né** (fr.) [..sonneh], das; –s, –s: Schmelz : Emailmalerei

Clo|qué (fr.), der; –s, –s: Kleiderstoff mit blasiger Oberfläche [fr. cloque Wasserblase]

Cloth (e.) [kla°h], das; –: Futterstoff, Stoff

Clou (fr.) [kluh], der; –s, –s: Nagel : Höhepunkt : Kernpunkt

Clown (e.) [klaun], der; –s, –s: Spaßmacher im Zirkus ✳ **Clow|ne|rie** (e.-fr.), die; –, ..rien: clownshaftes Betragen, Hanswursterei ✳ **clow|nesk** [klauneßk] Ew.: clownshaft

Club (e.), der; –s, –s: geschlossener Verein; einged. Klub

Clu|ny (fr.) [klünih]: fr. Stadt : die dortige Abtei ✳ **Clu|ny|a|zen|ser**, **Klu|ni|a|zen|ser**, der; –s, –: Angehöriger einer mönchischen Reformbewegung ✳ **clu|ny|a|zen|sisch**, **klu|ni|a|zen|sisch** Ew.: die Reform der Clunyazenser betreffend oder verkörpernd

Clus|ter (e.) [klaster], der; –s, –: „Büschel", „Haufen"; (Mus.) akkordische Schichtung von Tönen geringen Abstandes, Tontraube : (Chem., Phys.) aus vielen Teilchen oder Molekülen zusammengesetztes System : (Sprachw.) Folge ungleicher Konsonanten : ungeordnete Zusammenstellung semantischer Merkmale

cm (Abk.): Zentimeter

Cm: chem. Zeichen für Curium

c-Moll: s. c

c/o (Abk.): care of

Co: chem. Zeichen für Cobaltum (Kobalt)

Co, Co. (Abk.): Compagnie

Coach (e.) [koutsch], der; –s, –s: Trainer oder Betreuer eines Sportlers oder einer Mannschaft ✳ **coa|chen** tr.: betreuen, jmdn. trainieren ✳ **Coa|ching**, das; –s: (taktische) Betreuung durch einen Trainer

Cob|bler *auch:* **Cobb|ler** (e.), der; –s, –s: „Schuhflicker",

„Getränk für Schuhflicker", Mischgetränk aus Wein oder Branntwein, Eis, Zitrone, Zucker

COBOL (e.) (Abk.): Common Business Oriented Language: Programmiersprache für betriebswirtschaftliche und kommerzielle Anwendungen

Co|burg: Stadt in Oberfranken ✳ *die Veste Coburg*

Co|ca: s. Koka

Co|ca-Cola (e.), das oder die; –, –s: amerikanisches Erfrischungsgetränk

Co|chem [ko..]: Weinstadt an der Mosel

Co|che|nil|le (span.-fr.) [kosch'nije], die; –: Scharlachrot ✳ *Cochenillelaus*; auch Koschenille

Co|chon (fr.) [koschong], der; –s, –s: Schwein, unanständiger Mensch ✳ **Co|chon|ne|rie**, die; –, ..rien: Schweinerei : Unflätigkeit

Co|cker|spa|ni|el (e.), der; –s, –s: Wachtelhund

Cock|ney (e.) [..ni], das bzw. der; –s: Londoner Dialekt : waschechter Londoner ✳ *Cockney-English*

Cock|pit (e.), der; –s, –s: Sitzplatz des Flugzeugführers : Plicht

Cock|tail (e.) [kocktehl], der; –s, –s: Halbblut : eisgekühltes Mischgetränk ✳ *Cocktailkleid; Cocktailparty; Cocktailschürze*

Coda: s. Koda

Code (fr.) [kohd'], der; –s, –s: Gesetzbuch : Telegrafenschlüssel : Chiffrierschlüssel; s. Kode ✳ *Code ci|vil* [..ßiwil], der; – –: bürgerl. Gesetzbuch in Frankreich ✳ *Code Na|po|lé|on* [..napoleong], der; – –: napoleonisches Gesetzbuch; vgl. Kode

Co|de|in: s. Kodein

co|die|ren, Co|die|rung: s. kodieren, Kodierung

Cœur (fr.) [köhr], das; –(s), –(s): Herzzeichen im Kartenspiel ✳ *Cœuras* → *Cœurass; Cœurdame*

Cof|fe|in: s. Koffein

co|g|nac (fr.) [konjak] Ew.: von der Farbe des Cognacs ✳ **Co|g|nac**: franz. Stadt im Departement Charente : franz. Weinbrand aus der Region um die Stadt Cognac (gesetzlich geschützter Warenname);

sonst s. Kognak ✴ *cognacfarben*

Coif|feur (fr.) [koafföhr], der; –s, –e: Friseur ✴ **Coif|feu|se** (fr.) [..föhs'], die; –, –n: Friseuse ✴ **Coif|fure** [koafführ'], die; –, –n: Frisierkunst

Coir (e.) [keur], die; –: Kokosfaser

Cola: Kurzform für Coca-Cola

Cold Cream → Coldcream (e.) [kohldkrihm]: „kalter Rahm" : kühlende Salbe : kosmetische Creme

Cö|les|tin (l.), der; –s: „himmelblaues Gestein"; s. Zölestin ✴ **Cö|les|tin,** der; –s, –: Mitgl. einer Kongregation des Benediktinerordens ✴ **cö|les|tisch** Ew.: himmlisch; auch zölestisch.. [spätl. c̣oelum Himmel]

Col|la|ge (fr.) [kollahsch'], die; –, –n: „Aufkleben", Klebebild aus verschiedenem Material ✴ **col|la|gie|ren** tr.: Verschiedenes zusammenkleben

Col|lege (e.) [kolledsch], das; –(s), –s: höhere Schule : Seminar : engl. Internat für Schüler und Studenten ✴ **Col|lè|ge** (fr.) [kollähsch'], das –(s), –s: fr. Gymnasium

Col|le|gium mu|si|cum (l.), das; – –, ..gia ..ca: Vereinigung von Musikinteressierten ✴ **Col|le|gium pub|li|cum** (l.), das; – –, ..gia ..ca: öffentliche Universitätsvorlesung

Col|lie (e.), der; –s, –s: schottischer Schäferhund

Col|mar [kol..]: Stadt im Elsass

Co|lom|bo [kol..]: Hauptstadt Ceylons

Co|lon, der; –(s), –(s): Münzeinheit von Costa Rica und El Salvador

Co|lo|ra|do [ko..]: nordamerikanischer Staat; auch Kolorado

Colt (e.) [kolt], der; –s, –e: am. Revolver, benannt nach seinem Erfinder Colt

Come-back *auch:* **Comeback** (e.) [kambäk], das; –(s), –s: erfolgreiches Wiederauftreten eines bekannten Künstlers, Sportlers, Politikers nach längerer Pause

Come-back / Comeback
Wortverbindungen als Verb als erstem und (Richtungs-)Adverb als zweitem Bestandteil werden mit Bindestrich gekoppelt: *Blow-up, Come-back, Coming-out, Count-down, Dropout, Fall-out, Go-in, Hand-out, Sit-in, Take-off.* Bei Wortverbindungen dieser Art, die bisher zusammengeschrieben wurden, wird die Schreibung mit Bindestrich als Hauptvariante empfohlen; die bisherige Zusammenschreibung bleibt jedoch weiterhin erlaubt: *Comeback, Countdown, Fallout, Handout.*

COMECON (Abk.): Council for Mutual Economic Assistance/Aid: engl. Bezeichnung für RGW, s. d.

Co|me|ni|us: tschech. Theologe und Pädagoge ✴ *Comeniusbücherei; –gesellschaft; –schule*

Co|mer See [ko..]: oberital. See

Co|mes (l.), der; –, ..mites: „Gefährte" : (Mus.) Wiederholung des Hauptsatzes der Fuge in einer anderen Stimme

Co|mic (e.) [komik], der; –s, –s: kurz für Comicstrip ✴ **Co|mic strip → Co|mic|strip,** der; –s, –s: Bildfortsetzungsgeschichte mit Sprechblasen : gezeichnete Karikaturenreihe in Zeitungen ✴ *Comicheft; –held*

Co|ming-out (e.): das öffentliche Sichbekennen von etwas (meist: Privatem, Intimem)

Com|me|dia dell'Ar|te (it.), die; volkstümliches Stegreifpossenspiel des 16. bis 18. Jhs. mit stehenden Charaktermasken

comme il faut (fr.) [kommil foh]: wie sich's gehört

Com|mon sense → Com|mon|sense *auch:* **Com|mon Sense** (e.) [kommen ßenß], der; – –: gesunder Menschenverstand

Com|mon|wealth (e.) [kommenuwelßh], das; –: „Gemeinwesen", kurz für British Commonwealth of Nations; Gemeinschaft der Staaten des ehemaligen britischen Weltreichs

Com|mu|ni|qué *auch:* **Kom|mu|ni|kee**(fr.) [kömünikeh], das; –s, –s: amtliche Mitteilung, Bericht

Com|pact|disc *auch:* **Compact Disc:** CD, digitaler Tonträger

Com|pag|nie: s. Kompanie

Com|pi|ler (e.) [kompailer], der; –s, –: (EDV) Programm zur Übersetzung einer Programmiersprache in eine Maschinensprache

Com|po|ser (e.), der; –s, –: halbautomatische Maschine zum Satz ✴ *Composersatz*

Com|pound|ma|schi|ne (e.) [kompaund..], die; –, –n: Verbunddampfmaschine

Com|pret|te, die; –, –n: (meist Plural) ein Medikament ✴ *Kohlecompretten*

Comp|toir (fr.) [kongtoar], das; –s, –s: s. Kontor

Com|pu|ter (e.) [-pjut'r], der; –s, –: programmgesteuerte, elektronische Rechenmaschine ✴ *Computeranimation; Computerdiagnostik; computergesteuert; –gestützt; computerisieren; Computertomographie → Computertomografie* [l. computare zusammenrechnen]

con a|ni|ma (it.): (Mus.) mit Seele ✴ **con brio:** mit Schwung, lebhaft ✴ **con calo|re:** mit Wärme ✴ **con sor|di|no:** gedämpft ✴ **con spi|ri|to:** rasant, schwungvoll

Con|cen|tus (l.), der; –, –: Teil des Gregorianischen Gesangs

Con|cept-art → Con|cept|art (e.), die; –: Richtung der modernen Kunst

Con|cep|tio im|ma|cu|la|ta (l.), die; – –: unbefleckte Empfängnis (Mariä) (Lehre der kath. Kirche)

Con|cer|to gros|so (it.), das; – –, ..ti ..ssi: (Mus.) Konzert für Soloinstrument und Orchester (bes. Barock)

Con|cierge (fr.) [kongßiersch'], der; –, –s: wachhabender Aufseher : Hauswart oder Pförtner eines Wohnhauses : Gefängniswärter ✴ **Con|cier|ge|rie** (fr.) [kongßierscherih], die; –, ..rien: Burgvogtei : Amt des Burgwarts : Gefängnis des alten frz. Hofes in Paris [ml. concergius, von cergia, cerchia, circa, von circare durchsuchend herumgehen]

Con|cor|de (fr.), die; –, –s: brit.-fr. Verkehrsflugzeug mit Überschallgeschwindigkeit

Con|cours hip|pique (fr.) [kongkuhr ippihk]: Reit- und Fahrwettrennen

Con|di|tio si|ne qua non (l.), die; – – – –: unerlässliche Bedingung

con|fer (l.): vergleiche; Abk.: cf.

Con|fé|ren|ce (fr.) [kongferangs], die; –: Ansage : Vortrag ✱ **Con|fé|ren|ci|er** (fr.) [kongferangßjeh], der; –s, –s: Ansager bei einem Vortragsabend: künstlerischer Leiter eines Kabaretts

Con|fi|se|rie: s. Konfiserie

Con|se|cu|tio tem|po|rum → **Con|se|cu|tio Tem|po|rum** (l.), die; – –: (Sprachl.) Zeitenfolge im Satzgefüge

Con|si|li|um a|be|un|di → **Con|si|li|um A|be|un|di** (l.), das; – –: Rat, wegzugehen : Androhung der Verweisung von einer (Hoch-) Schule

Con|som|mé (fr.) [kongß..], die; –, –s: Fleischbrühe; einged. auch Konsommee

con sor|di|no, con spi|ri|to: s. con anima

Con|tact|lin|se: s. Kontaktlinse

Con|tai|ner (e.) [kontehn'r], der; –s, –: Großladebehälter für den Gütertransport ✱ *Containerbahnhof; Containerhafen; Containerschiff; Containerterminal; Containerzug*

con|ti|nuo (it.) Ew.: (Mus.) anhaltend, fortwährend; vgl. Kontinua

con|tra (l.) Vw.: gegen, lat. Schreibung von kontra ✱ **Con|tra|dic|tio,** die; –: Widerspruch ✱ **Con|tra|dic|tio in ad|jec|to :** Widerspruch in sich selbst, im Beiwort (z. B. eckiger Kreis)

Con|trat so|cial (fr.) [kontra sożjal], der; – –: Gesellschaftsvertrag

Con|tre (fr.) [kongt'r], der; –, –s: Tanz; s. Kontertanz

Con|tre.. (fr.) [kongt'r]: s. Konter.. ✱ **Con|tre|coup** (fr.) [kongt'rkuh] der; –(s), –s: Gegenstoß : Rückstoß

Con|trol|ler (e.), der; –s, –: Fachmann für betriebswirtschaftliche Effizienzprüfung : Steuerungseinheit in Datenspeichern von Computern ✱ **Con|trol|ling,** das; –s: betriebswirtschaftliche Effizienzprüfung und Steuerung

cool (e.) [kuhl] Ew.: von überlegener Gelassenheit, übertrieben distanziert

Cool|jazz *auch:* **Cool Jazz** (e.) [kuhl dschäs], der; –: „kühle" Spielweise des modernen Jazz

Cop (e.), der; –s, –s: (Umgspr.) Polizist

Co|py|right (e.) [koppireit], das; –s, –s: Verlagsrecht : Urheberrecht

Coq au vin (fr.) [kok o wäng], das; – –, –s – –: Hähnchen in Weinsoße

Co|quille (fr.) [kockij'], die; –, –s oder –n: Muschel : Zündpfanne : Gussform ✱ *en coquilles* [ang–]: (Speise) in Muscheln

Co|quil|la|ge (fr.) [kockijahsch'], die; –, –n: Muschelwerk als Verzierung an Wänden

co|ram pub|li|co (l.): vor dem Volke, öffentlich

Cor|don bleu (fr.) [kordong blö]: mit Käse und gekochtem Schinken gefülltes Kalbsschnitzel

Cor|ned beef → **Cor|ned|beef** *auch:* **Cor|ned Beef** (e.) [korn'd bihf], das; –: „gesalzenes Rindfleisch", amerikanisches Büchsenfleisch

Cor|ner (e.) [kohrn'r], der; –s, –s: „Winkel", „Ecke" : Aufkäuferring

Cor|neille (fr.) [kornäj]: fr. Tragödiendichter

Corn-flakes → **Corn|flakes** (e.) [kornflehks] Mz.: geröstete Maisflocken

Cor|ni|chon (fr.) [kornisch'ong], das; –s, –s: eingemachte, kleine Pfeffergurken [fr. cornichon Hörnchen]

Corps di|plo|ma|ti|que, das; – –, – –s: Diplomatisches Korps; Abk.: CD

Cor|pus de|lic|ti → **Cor|pus De|lic|ti** (l.), das; – –, ..pora –: Beweisstück ✱ **Cor|pus ju|ris** → **Cor|pus Ju|ris** (l.), das; – –: Gesetzbuch, Gesetzessammlung [l. corpus Körper, delictum das Vergehen und ius, Gen. iuris Recht]

Cor|reg|gio [korredscho]: it. Maler

Cor|ri|da (de toros) (span.), die; –, –s: Stierkampf

Cor|ri|gen|da (l.) Mz.: Druckfehlerverzeichnis

cor|ri|ger la for|tune (fr.) [korrischeh la fortühn]: das Glück verbessern : falsch spielen

Cor|tes (span.) [korteß] Mz.: Volksvertretung in Spanien und Portugal

Cor|ti|na d'Am|pez|zo [kor..]: Luftkurort in den Dolomiten

Cor|ti|sche Or|gan → **cor|ti|sche Or|gan,** das; –n –s, –n –e: (Med.) schallempfindlicher Teil des inneren Ohres, nach dem it. Arzt Corti benannt

cortisches Organ
Von Personennamen abgeleitete Adjektive auf *–sch, –isch* und *–esk* werden kleingeschrieben: *cortisches Organ, kafkaeske Situation, kopernikanische Wende, schillersche Metapher, nachkantische Philosophie.* Der Personenname wird jedoch groß geschrieben, wenn die Adjektivendung durch einen Apostroph angefügt wird und der Name so größere Selbstständigkeit behält: *Schiller'sche Dramen, Kant'sche Ethik, Platon'sche Ideenlehre.*

Cor|ti|son: s. Kortison

Co|sa Nos|tra (it.), die; – –: „unsere Sache", organisierte kriminelle Vereinigung in den USA

Co|sì fan tut|te (it.): „So machen's alle (Frauen)", Titel einer Oper von Mozart

Cos|ta Ri|ca [ko..rika]: mittelam. Staat ✱ *Costaricaner* → *Costa-Ricaner* ✱ *costaricanisch* → *costa-ricanisch*

Cot|tage (e.) [kottädsch'], das; –, –s [..dschis]: Landhäuschen

Cott|bus [ko..]: Stadt in der Niederlausitz

Cot|ton (e.) [kötn], der oder das; –s: engl. Bezeichnung für Kattun : Baumwolle : Baumwollstoff ✱ *Cottonstuhl:* Strumpfwirkmaschine; *Cottonwood* [..wud]: Holz der kanadischen Pappel

Couch (e.) [kautsch], die; –, –(e)s und –en: Liegesofa ✱ *Couchgarnitur, Couchtisch*

Cou|é|is|mus (fr.) [kueh..], der; –: Autosuggestion, Heilverfahren nach dem Franzosen Coué

Cou|leur (fr.) [kulöhr], die; –, –s: Farbe : Trumpf : Farbe einer stud. Verbindung ✱ *Couleurband, das; –(e)s, ..bänder; Couleurmütze; –student*

Cou|loir (fr.) [kuloar], der; –s,

–s: Flur : schmaler Verbindungsgang : Klamm

Cou|lomb [kulong]: fr. Physiker ✳ **Cou|lomb,** das; –s, –s: elektr. Maßeinheit; Abk.: C ✳ *Coulombmeter,* das; –s, –; *Coulombzähler,* der; –s, –: Apparat zur Zählung der elektrischen Einheiten

Count (e.) [kaunt], der; –s, –s: Titel der nichtengl. Grafen ✳ **Coun|teß → Coun|tess** (e.) [kaunteß], die; –, ..tesses und ..tessen: Gräfin ✳ **Coun|ty** (e.), die; –s, ..ties: Grafschaft, Kreis, Verwaltungsbezirk [*lat.* conte, von l. comes, Gen. comitis Gefährte; con mit und ire gehen]

Count|down → Count-down (e.), der; das; –s, –s: lautes Rückwärtszählen von einer beliebigen Ausgangsziffer bis zum Start eines Vorgangs, um die bis dahin verbleibende Zeit anzuzeigen : die dafür festgelegte Zeitspanne

Coun|ter|te|nor (e.), der; –s, ..tenöre: (Mus.) Altist

Coun|try-mu|sic → Coun|try|mu|sic (e.), die; –: US-am. Volksmusik des 20. Jhs. ✳ *Countrysong*

Coun|ty: s. Count

Coup (fr.) [kuh], der; –s, –s: Schlag : Handstreich ✳ *einen Coup machen:* ein Unternehmen glücklich ausführen ✳ **Cou|pé** (fr.) [kupeh], das; –s, –s: Abteil : Halbkutsche; auch Kupee ✳ **Cou|pon** (fr.) [kupong], der; –s, –s: Reststück : Zinsschein ✳ *Couponschere;* auch Kupon [fr. couper schneiden, (ab)hauen, absondern]

Coup|let (fr.) [kupläh], das; –s, –s: Kehrreim : witziges Vortragslied ✳ *Coupletdichter; Couplettext*

Cou|pon: s. Coup

Cour (fr.) [kuhr], die; –: Hof ✳ *die Cour machen:* um jemandes Gunst werben ✳ *courfähig* Ew.: gesellschafts-, hoffähig; *Courmacher,* der; –s, –: Hofmacher ✳ **Cour|toi|sie** (fr.) [..oasih], die; –, ..sien: Hofsitte : Artigkeit, Höflichkeit

Cou|ra|ge (fr.) [kurahsch'], die; –: Beherztheit ✳ **cou|ra|giert** [kuraschiert] Mw. Ew.: unerschrocken

Cour|ta|ge (fr.) [kurtahsch'], die; –, –n: Maklergebühr [fr. courtier Makler, von courir laufen]

Cour|toi|sie: s. Cour

Cou|sin (fr.) [kusäng], der; –s, –s: Vetter ✳ **Cou|si|ne** (fr.) [kusine], die; –, –n: Base; auch Kusine

Cou|tu|re: s. Haute Couture ✳ **Cou|tu|ri|er** (fr.) [kuhtürieh], der; –s, –s: Modeschöpfer

Cou|vert (fr.) [kuhwer], das; –s, –s: Umschlag : Briefumschlag : Gedeck; frühere Schreibweise für Kuvert

Co|vent Gar|den: Londoner Oper

Co|ver (e.) [kawer], das; –s, –s: Schallplattenhülle : Titelbild ✳ *Covergirl* ✳ **Co|ver|coat** (e.) [kowerkoⁿt], der; –s, –s: Wollstoff : Überzieher ✳ **Co|ver-up** (e.), das; –: volle Körperdeckung beim Boxen

co|vern tr.: (musik.) nachahmen, nachspielen, abkupfern ✳ *Coverversion*

Cow|boy (e.) [kaubeu], der; –(s), –s: „Kuhjunge", nordam. Rinderhirt

Cow|per|ap|pa|rat [kau..–], der; –(e)s, –e: Winderhitzer für den Hochofen, nach dem e. Ingenieur Cowper

Crack (e.) [kräck], der; –s, –s: (Sport) Größe : bestes Pferd im Stall : bester Spieler : versetztes Kokain ✳ *cracken:* nach dem Crackverfahren veredeln; *Crackverfahren:* Verfahren zur Verwandlung minderwertiger Erzeugnisse in hochwertige ✳ **Cra|cker,** der; –s, –s: Salzgebäck, Kekse

Cra|que|lé (fr.) [krackleh], das; –s, –s: Glasur von Töpfereien mit haarfeinen Rissen [fr. craqueler dem Porzellan eine gerissene Glasur geben]; auch Krakelee

Crash (e.) [kräsch], der; –s, –s: Zusammenstoß, Zusammenbruch ✳ **Crash|kurs,** der; –s, –e: bes. intensiver Schnellkurs ✳ **Crash|test,** der; –s, –s: Erprobung des Verhaltens von Kraftfahrzeugen bei Unfällen

Crawl, crawlen: s. Kraul, kraulen

Cra|yon (fr.) [kräjong], der; –s, –s: Bleistift, Farbstift : Bleistiftzeichnung, Entwurf ✳

cra|yon|nie|ren (dtsch.-fr.) [kräjon..] tr.: mit Bleistift zeichnen [fr. crayon von craie aus l. creta Kreide]; auch k..

Cream (e.) [krihm], die; –, –s: Rahm, Sahne; vgl. Creme

Cre|do: s. Kredo

Creek (e.) [krihk], der; –s, –s: Bucht : kleiner Bach

creme (fr.) [krähm'] Ew.: mattgelb ✳ **Creme,** die; –, –s: Schaumspeise : Sahne : Hautsalbe; *Crème de la crème:* die Auslese der Auslese ✳ *Cremefarbe; cremefarben; –farbig* Ew.; auch Krem ✳ *Crème fraiche* (fr.) [krähm fräsch], die; – –: saure Sahne mit hohem Fettgehalt ✳ *Cremetorte*

Crêpe: s. Krepp ✳ **Crêpe,** die; –, –s: dünner Eierkuchen; auch Krepp ✳ **Crêpe de Chi|ne** (fr.) [kräp d' schin], der; – – –, –s – –: florartiger Seidenstoff ✳ **Crêpe Geor|get|te** (fr.) [– schorschett] der; – –, –s – : leichter Seidenkrepp ✳ **Cre|pe|li|ne** (fr.), die; –, –s: Gewebe ✳ **Crêpe Su|zet|te,** die; – –, –s – –: mit Likör flambierter fr. Pfannkuchen

cre|scen|do (it.) [kreschendo]: (Mus.) anschwellend, anwachsend ✳ **Cre|scen|do** (it.), das; –s, ..di: das Anschwellen : anschwellende Stelle in einem Tonstück [l. crescere wachsen]; auch K..

Cre|tonne: s. Kretonne

Creutz|feldt-Ja|kob-Krank|heit, die: (Med.) Nervenkrankheit

Cre|vet|te: s. Krevette

Crew (e.) [kruh], die; –, –s: Schiffs- und Flugzeugmannschaft : Kadettenjahrgang der Kriegsmarine

Croi|sé (fr.) [kroaseh], das; –s, –s: geköperter Stoff : Tanzschritt ✳ **croi|siert** (dtsch.-fr.) [kroas..] Mw. Ew.: geköpert

Crois|sant (fr.) [kroaßang], das; –s, –s: Butterhörnchen

Cro|mag|non|ras|se: Menschenrasse der jüngeren Altsteinzeit, nach dem fr. Fundort benannt

Cro|quette (fr.) [krokett'], die; –, –n: gebackenes Frikassee; vgl. Kroketten

Cro|quis (fr.) [krockih], das; –, –: Skizze : Geländezeichnung ✳ *Croquiszeichnung;* auch Kroki

cross (e.) Ew.: (Tennis) diagonal über das Spielfeld *
Cross-Coun|try → Cross-coun|try, das; –(s), –s: Querfeldeinrennen mit Pferden : Geländelauf
Crou|pier (fr.) [krupjeh], der; –s, –s: Bankhalter beim Glücksspiel : dessen Gehilfe
Crou|ton (fr.) [krutong], der; –, –s: in Butter hart gebackene Semmelscheibe
Cruise-Mis|sile → Cruise|mis|sile (e.) [kruhs mißail], das; –s, –s: (Militär) Marschflugkörper
Crux (l.), die; –: „Kreuz": Leid, Qual
Cs: chem. Zeichen für Cäsium
Csár|dás → Csar|das (ungar.) [tschardasch] der; –, –: ungar. Volkstanz; auch Tschardas
Csi|kós (ungar.) [tschikosch], der; –, ..se: ungar. Pferdehirt
c. t. (Abk.): cum tempore
Cu: chem. Zeichen für Cuprum (Kupfer)
cui bo|no? (l.): „Wem nutzt es?", „Wer hat den Vorteil?"
Cul de Pa|ris (fr.) [kü de parih], der; – – –, –s – – : „Pariser Gesäß", unter dem Kleid getragenes Gesäßpolster
Cul|tu|ral Lag (e.) [kaltscheräl läg], das; – –s, – –s: verzögerter Entwicklungsstand, insbesondere gegenüber der technisch-wissenschaftlichen Entwicklung
cum gra|no sa|lis (l.): „mit einem Korn Salz", nicht genau wörtlich in der Wiedergabe
cum lau|de (l.): „mit Lob", lobenswert (Prüfungsergebnis, drittbeste Note der Promotionsprüfung)
cum tem|po|re (l.): „mit Zeit", mit akademischem Viertel, Abk.: c. t.
Cun|ni|lin|gus (l.), der; –: Stimulierung der weibl. Geschlechtsorgane mit der Zunge; vgl. Fellatio
Cup (e.) [kap]: Pokal : Sportpreis
Cup|rum (l.), das; –s: Kupfer
Cu|ra|çao [küraßao]: Insel im Karibischen Meer * **Cura|çao**, der; –s, –s: feiner Pomeranzenlikör
Cu|ra pos|te|rior (l.), die; –: „spätere Sorge", etwas angeblich Unwichtiges
Cu|ra|re: s. Kurare

Cul|ré (fr.) [küreh], der; –s, –s: fr. kath. Geistlicher
Cul|ret|te (fr.) [kürett'], die; –, –n: ärztliches Werkzeug, Art Schablöffel [fr. curer reinigen, von l. curare pflegen, rein halten]
Cu|rie (fr.) [kürie], die; –, –: Maßeinheit für radioaktive Strahlung, benannt nach dem fr. Physikerehepaar * **Cu|ri|um**, das; –s: chem. Grundstoff, Transuran; Abk.: Cm
Curl (fr.) [kör'l], der; –(s), –s: krauser Stoff
Cur|ling (e.) [kö'ling], das; –s: ein schott. Eisspiel, Eisschießen
cur|ren|tis (l.): „des laufenden" (Monats, Jahres)
Cur|ri|cu|lum, das; –s, ...la: Theorie des Lehr- und Lernablaufs : Lehrplan, -programm *
Cur|ri|cu|lum vi|tae → Cur|ri|cu|lum Vi|tae (l.), das; – –, ..la –: Lebenslauf

Curriculum Vitae
Die Groß- und Kleinschreibung von im Deutschen gebräuchlichen fremdsprachlichen Wortgruppen richtet sich nach den Regeln für das Deutsche. Fachsprachliche Schreibungen können hiervon abweichen. Großgeschrieben wird bei mehrteiligen Substantiven immer der erste Bestandteil, aber auch jedere andere Bestandteil, sofern er substantivisch ist: *Curriculum Vitae* (von *vita*).

Cur|ry (ind.-e.) [körri, *seltener* karri], der; das; –s: ostindisches Gewürzpulver : damit gewürztes Gericht [hindost. khura genießbar]
Cur|sor (e.) [körser], der; –s, –s: (EDV) Schreibmarke auf dem Computerbildschirm
Cus|tard (e.) [kasterd], der; –, –s: Süßspeise
Cut (e.) [kött *auch* katt], der; –s, –s, **Cut|ta|way** [köttawäh], der; –s, –s: Herrenrock mit abgerundet. Vorderschößen
Cut|ter (e.) [kött'r] (e.), der; –s, –s, **Cut|ta|way** „Schneider", Tonfilmschnittmeister * **Cut|te|rin**, die; –, –nen * **cut|tern, cut|ten** tr. [cut.: ich cutte]: Filmszenen schneiden und zusammenkleben
Cux|ha|ven: Hafenstadt an der Elbmündung

CVJM (Abk.): Christlicher Verband junger Menschen, früher; .. junger Männer
Cy|bel|le: phrygische Göttin der Fruchtbarkeit : ein Kleinplanet
Cy|ber|space (e.) [ßaiberspehß], der; –, –s: (EDV) Gesamtheit von Informationen in einem virtuellen Netzwerk
Cy|cla|men: s. Zyklamen
cy|c|lisch: s. zyklisch
Cy|re|na|i|ka [zür..]: Landschaft in Libyen
Cys|te|in, das; –s: (Chem.) schwefelhaltige organ. Säure

D

D, d, das: der vierte Buchstabe des Abeces
D: als Münzzeichen f. Deutschland: München; f. Frankreich: Lyon; f. Österreich: Graz
D: röm. Ziffer = 500
d, das; –, –: der zweite Ton der natürlichen Tonleiter : Molltonstufe * **D**, das; –, –: Durtonstufe * **D-Dur**, das; –: Tonart * **d-Moll**, das; –: Tonart
da Uw.: dort : an dieser Stelle : zu dieser, jener Zeit : in solcher Lage; Bw.: (urspr.) als : weil * *dabehalten:* bei sich behalten; *da bleiben:* dort verharren; *dableiben* (ich bleibe da, da|geblieben, dazubleiben, bleib da!): verharren: bleiben; *dalie|gen:* bereit, offen liegen; *Dasein*, das; –s: Leben; *daseinshungrig* Ew.; *dasitzen* intr.: bereit sitzen; aber *da sitzen:* dort sitzen; *dastehen:* bereitstehen

da bleiben, dableiben
Partikeln (Adverbien) können mit Verben trennbare Zusammensetzungen bilden. In den infiniten Formen (Infinitiv, Partizipien) werden sie zusammengeschrieben: *dableiben, dableibend, dagebleiben*. In den finiten Formen rücken sie zur Verbalklammer auseinander: *Sie behielt das Buch noch einmal da*. Ob getrennt oder zusammen geschrieben wird, hängt vom Sinnunterschied ab, der sich auch in der Betonung

zeigt. Wird nur die Partikel betont, schreibt man zusammen: *Er möchte da̱bleiben. Er ist da̱gebliehen.* Wird das Verb (zumindest auch) betont, schreibt man getrennt. Der Sinnunterschied ist daran erkennbar, dass eine Fortsetzung der folgenden Art sinnvoll ist: *Er möchte da bleiben, wo er jetzt steht. Er ist da geblieben, wo er stand.*

da: Deziar (1/10 a)

d. Ä. (Abk.): der Ältere

DAAD (Abk.): Deutscher Akademischer Austauschdienst

DAB (Abk.): Deutsches Arzneimittelbuch

Dabb (orient.*),* der; –s, –s: Eidechsenart, Agamen

da̱|be|hal|ten: s. da

da̱|bei Uw.: bei etwas : zugegen * *es ist nichts dabei:* hat nichts zu bedeuten, steckt nichts dahinter * *dabeibleiben* (ich bleibe dabei, dabeigeblieben, bleib dabei!) intr.: bleiben : nicht fortgehen; *da̱bei bleiben* intr.: bei einer Meinung verharren; *dabei sein:* beteiligt, aufmerksam sein; *dabei̱|sitzen* intr.: sitzend zugegen sein; *da̱bei sitzen* intr.: bei einer Tätigkeit usw. sitzen; *dabei̱stehen* intr.: stehend zugegen sein; *da̱bei stehen* intr.: bei einer Tätigkeit usw. stehen

da̱|blei|ben: s. da

da ca̱|po (it.) [..ka..]: (Mus.) von vorn, noch einmal; Abk.: d. c. * **Da̱|ca̱|po,** das; –s, –s: (Mus.) Wiederholung, Zur an den oder die Musiker, das Vorgetragene zu wiederholen * **Da̱caposatz:** Tonsatz, der wiederholt wird

d'ac̱|cord (fr.) [dakor]: übereinstimmend : einverstanden; s. Akkord

Dach, das; –(e)s, Dächer; Dächelchen, Dächlein: Abschlussteil eines Gebäudes : Schale einer Schnecke : Rücken und Flügel von Vögeln : (bergm.) das Hangende eines Ganges : (nordd.) Ried, Stroh (zum Dachdecken) : (bildl.) Schirm, Schutz : (volkst.) Kopf * *einem aufs Dach steigen:* (volkst.) einem zu Leibe rücken * *einem eins aufs Dach geben:* (volkst.) einen verprügeln * *Dachaufsatz:* auf das Dach aufgesetzter Gebäudeteil;

Dachbalken; Dachboden; Dachdecker: der das Dachdecken als Beruf Betreibende; Dacherker: vorgebautes Dachfenster; Dachfenster; Dachfirst(e); Dachflechte: Dachmoos; dachförmig; Dachgarten; Dachgaupe, -gaube: Aufbau für stehende Dachfenster; Dachgebälk; Dachgeschoß → Dachgeschoss: Stockwerk unter dem Dach; Dachgesims; Dachgiebel; Dachgesparr, -gesperr: Sperrwerk des Daches; Dachgestein: (Bergb.) Gestein über einem Erzlager; Dachkammer: Bodenkammer; Dachkohle: (Bergb.) obere Schicht der Steinkohlenflöze; Dachlatte; Dachluke; Dachmuschel: Steckmuschel; Dachnase: Dachfenster mit Giebeldach; Dachorganisation: Spitzenorganisation; Dachpappe: Steinpappe zum Dachdecken; Dachpfanne: Art Dachziegel; Dachrecht: Traufrecht; Dachreiter: Turm auf dem Dachfirst : Kniehölzer auf dem First eines Strohdaches; Dachrinne: Regenrinne am Dach; Dachrohr, -röhre: Rohr der Dachrinne; Dachschaden: (übertr.) geistiger Defekt; Dachschiefer: Schiefer zum Dachdecken; Dachschilf: Schilf zum Dachdecken; Dachschindel; Dachschwelle, Dachstuhlschwelle: den Dachstuhl tragender Balken; Dachspan; Dachsparren: Dachbalken; Dachspitze; Dachstein: Gebirgsstock in den Salzburger Alpen : (Bergb.) Dachgestein; Dachstroh; Dachstube; Dachstuhl: das Dach tragendes Zimmerwerk : Gerüst der Schieferdecker : Dachgeschoss; Dachtraufe; Dachverband: Zusammenschluss von Organisationen oder Unternehmen zwecks koordinierter Interessenvertretung; Dachwerk: die Dachbalken; Dachwurz: Pflanze; Dachziegel * **da̱chen** tr.: mit einem Dach versehen

Dachs, der; –es, –e; Dächschen, Dächsel: Raubtier : Dachshund : Student, der keiner Verbindung angehört : liederliches Frauenzimmer * *Dachsbau; dachsbeinig* Ew.: mit Beinen wie ein Dachshund;

Dachseichel: Frucht der Sommereiche; Dachseisen: Dachsfalle; Dachsfalle; Dachsfang; Dachsfell; Dachsfett; Dachsgarn: Netz zum Dachsfang; Dachshaare; Dachshaube: haubenförmiges Netz zum Dachsfang; Dachshund: Hund mit kurzen, krummen Beinen, zum Dachsfang verwendet; Dachskessel: Haupteil des Dachsbaues; Dachskriecher; Dachsschliefer: Dachshund; Dachsschwarte: Dachsfell; Dachswürger: Dachshund * **da̱chs|haft** Ew.: nach Art eines Dachses * **Däcẖ|sin,** die; –, –nen: weibl. Dachs

Dacẖ|tel, die; –, –n: (mundartl.) Ohrfeige * **da̱ch|teln** (ich ..[e]le) tr.: ohrfeigen

Da̱|ckel, der; –s, –: Dachshund; auch Teckel

Da̱|da|is̱|mus, der; –: provokative mod. Bewegung, die sich aller Kunstformen bemächtigte, benannt nach dem franz. Kinderwort „Dada" = Steckenpferd * **Da̱da|is̱t** der; –en, –en: Anhänger des Dadaismus * **da̱da|is̱|tisch** Ew.: den Dadaismus betreffend, zu ihm gehörig, wie er geartet

dä̱|da|lisch: sinnreich wie Dädalus : erfinderisch * **Dä̱|da|lus, Dai̱|da|los** (gr.-l.): der sagenhafte Vertreter aller bildenden Kunst, Erfinder des Labyrinths

Daḏ|dy (e.) [däddi], der; –s, –s: (Umgspr.) Vater

Daddy, Daddys Auch auf –y endende Fremdwörter aus dem Englischen bilden im Deutschen ihren Plural durch einfaches Anhängen von –s. Das –y wird nicht wie im Englischen zu –ie: *Daddys, Hobbys, Lobbys.*

da̱|durch Uw.: durch dieses

da̱|für, da̱|für Uw.: für dies : an Stelle von etwas Erwähntem : als Ersatz * *dafür können:* an etwas schuld sein; *dafürhalten* intr : meinen; *dafür halten* tr.: ansehen als; *Dafürhalten,* das; –s: Meinung

da̱|ge|gen Uw.: gegen dies : im Verhältnis zu diesem : (veralt.) statt dessen * **da̱|ge|gen** Uw.: gegen dies; Bw.: im Gegensatz * *dagegenhalten* tr.: entgegnen : vorhalten; *dagegen halten* tr.:

gegen etwas halten (vergleichend); *dagegen handeln* intr.: zuwiderhandeln; *dagegensetzen; dagegenstellen; dagegenwirken* intr.: gegen etwas wirken, handeln

Da|**guer**|**re** [dagähr]: fr. Erfinder ✻ **Da**|**guer**|**re**|**o**|**ty**|**pie**, die; –, ..pien: Fotografie auf Jodsilberplatte ✻ **da**|**guer**|**ro**|**ty**|**pie**|**ren** (..iert) intr.: Lichtbilder auf Jodsilberplatten anfertigen

da|**ha**|**ben**: s. da

da|**heim** Uw.: zu Hause ✻ *daheim bleiben; – sein; – sitzen* ✻ *Daheimgebliebene,* der; die; –n, –n ✻ **Da**|**heim**, das; –s: Heim, das Zuhause

da|**her** Uw.: von da her; Bw.: deshalb : folglich : (veralt.) weshalb ✻ *dahereilen, daherfahren, daherfliegen, daherjagen* intr.: einhereilen, –fahren usw.; *daherreden* intr.: planlos, ohne Sinn und Gehalt reden ✻ **da**|**her** Uw.: von da, von einem bestimmten Ort her ✻ *daher kommen* (unp. und auch 3. P. Mz.) intr.: herstammen von etwas : begründet sein in : beruhen auf ✻ *es wird daher kommen, dass; er wird von daher (dort) kommen;* aber: *fröhlich daherkommen* (an-, vorbeikommen)

da|**hin** Uw.: dorthin : an einen Ort hin ✻ *dahineilen; –fahren* usw. intr.: hineilen, –fahren usw.: schnell eilen, fahren usw. ✻ *dahinfliegen* intr.: schnell vergehen; *dahingehen* intr.: vergehen; *dahingestellt bleiben, sein lassen* tr.: unentschieden bleiben, sein lassen; *dahinleben* intr.: in den Tag hineinleben : sein Dasein fristen : vegetieren; *dahinraffen* tr.: töten : vernichten; *dahinschwinden* intr.: verschwinden : vergehen; *dahinsiechen* intr.: langsam sterben ✻ **da**|**hin** Uw.: an einen bestimmten Ort ✻ *dahin kommen* intr.: so weit, zu dem Punkte kommen ✻ **da**|**hi**|**n**|**ab** Uw.: hinab an einen bestimmten Ort ✻ **da**|**hi**|**n**|**auf** Uw.: hinauf an einen bestimmten Ort ✻ **da**|**hi**|**n**|**aus** Uw.: hinaus nach einer bestimmten Richtung ✻ **da**|**hi**|**n**|**ein** Uw.: hinein in eine bestimmte Stelle ✻ **da**|**hin**|**ge**|**gen** Uw.: dagegen

da|**hin**|**ten** Uw.: auf einen hinten liegenden Ort verweisend

da|**hin**|**ter** Uw.: hinter etwas ✻ *dahinter kommen die Berge* · dahinterklemmen → dahinter klemmen, *dahinterknien* intr.: anstrengen, eine Sache durchzusetzen und abzuschließen; *dahinterkommen* → dahinter kommen intr.: erfahren : ausfindig machen : erfassen; dahinterstecken → dahinter stecken

dahinter knien, dahinter kommen

Die Partikel *dahinter* wird nie mit dem folgenden Verb zusammengeschrieben: *dahinter klemmen, dahinter knien, dahinter kommen, dahinter stecken.* Vgl. jedoch Adverbien wie *dahin* und *dahin* sowie Präpositionaladverbien wie *dabei, dafür, dagegen, daneben, daran, darum* und *davon,* die durchaus Zusammensetzungen mit Verben bilden können.

da|**hi**|**n**|**ü**|**ber** Uw.: hinüber nach dort ✻ **da**|**hi**|**n**|**un**|**ter** Uw.: dort hinunter, nach unten

Dah|**lia, Dah**|**lie,** die; –, ..lien: (nach dem schwed. Botaniker Dahl benannte) Georginenart

Da|**ho**|**me:** afrikan. Staat

Dai|**mio,** der; –, –s: Angehöriger der adligen Großgrundbesitzerkaste in Japan

Daim|**ler:** Erbauer von Motoren ✻ *Daimlermotor; Daimlerwagen*

Dai|**mon:** s. Dämon

Dain|**na,** die; –, ..nos: litauisches Volkslied

Da|**ko**|**ta:** nordam. Indianerstamm

Dak|**tyl** (gr.), der; –s, –en: „Finger", ein Versfuß ✻ **dak**|**ty**|**lisch** Ew.: aus Daktylen bestehend ✻ **Dak**|**ty**|**li**|**tis,** die; –: Fingerentzündung ✻ **Dak**|**ty**|**lo**|**gramm,** das; –s, –e: Fingerabdruck ✻ **Dak**|**ty**|**lo**|**s**|**ko**|**pie,** die; –, ..pien: Fingerabdruckverfahren : Erkennen einer Person nach dem Fingerabdruck ✻ **Dak**|**ty**|**lus** (gr.-l.), der; –, ..ty**len: Versmaß aus einer langen bzw. betonten und zwei kurzen bzw. unbetonten Silben

Da|**lai-La**|**ma,** der; –s: Oberpriester der Buddhisten in Tibet

dal|**bern** intr.: sich albern verhalten, herumalbern

da|**lie**|**gen:** s. da

Dal|**les** (hebr.), der; –: Armut, Geldmangel [hebr. dalluth Armut]

dal|**li!** (Ausruf) flink!

Dal|**ma**|**ti**|**ka** (ml.), die; –, ..ken : aus Dalmatien stammendes Gewand der Diakonen und Bischöfe der katholischen Kirche ✻ **Dal**|**ma**|**ti**|**en:** Landschaft an der östl. Adria ✻ **Dal**|**ma**|**ti**|**ner,** der; –s, –: Bewohner von Dalmatien : eine Hunderasse

Dal|**to**|**nis**|**mus** (e.), der; –: Farbenblindheit [nach dem Chemiker John Dalton]

Dam, der; –(e)s, –e; Dämlein: Hirschart ✻ *Dambock; Damgeiß; Damhirsch* (meist für Dam); *Damkalb; Damkitze; damledern* Ew.: aus Damleder; *Damtier; Damwild*(bret)

da|**ma**|**lig** Ew.: damals bestehend ✻ **da**|**mals** Uw.: zu jener (vergangenen) Zeit

Da|**mas**|**kus:** syr. Hauptstadt

Da|**mas**|**sé** (fr.), der; –(s), –s: Damast ✻ **da**|**mas**|**sie**|**ren** tr.: damastartig weben : mustern ✻ **Dal**|**mast** (it.-dtsch.) der; –es, –e: geblümter Seiden-, Woll-, Leinenstoff ✻ **da**|**mas**|**ten** Ew.: aus Damast ✻ **Da**|**mas**|**ze**|**ne,** die; –, –n: Pflaumenart ✻ **Da**|**mas**|**ze**|**ner,** der; –s, –: damaszierte Klinge ✻ **Da**|**mas**|**ze**|**ner**|**ar**|**beit,** die; –, –en: kunstreich verzierte Eisen- oder Stahlarbeit aus Damaskus ✻ **da**|**mas**|**ze**|**nisch** Ew.: aus Damaskus ✻ **da**|**mas**|**zie**|**ren** (..iert) tr.: (Stahl) flammig ätzen, blau anlaufen lassen ✻ **da**|**mas**|**ziert** Mw. Ew.: geflammt : gestriemt : geblümt : (Wappk.) mit Laubwerk verziert

Dam|**bock:** s. Dam

Da|**me** (fr.), die; –, –n; Dämchen: Frau eines Adligen : Edelfrau : Herrin : Frau von Stand : Figur im Kartenspiel : die Königin im Schach : ein Brettspiel : der wichtigste Stein in diesem : Name von Schmetterlingen, Steinen, Blumen mit dambrettartiger Zeichnung ✻ *Dam(e)brett:* Brett zum Damespiel; *Dam(e)spiel* ✻ *Damenabteil; Damenbad; Damenfrisur; damenhaft* Ew.: einer Dame entsprechend: vornehm und zurückhaltend; *Damenhandschuh; Damenhut; Damenkleid; Damenmannschaft: weibliche Sportmannschaft; Damenpferd; Damenrad; Damenrock; Damensattel; Damensalon; Damenschneider; Damenschuh; Damenwahl: Aufforderung des Herrn durch die Dame beim Tanz; Damenzimmer [l. domina Herrin]

Dämelack, Dämlack, der; –s, –s: (volkst.) Dummkopf ✳ **dämlich, dämelig, damisch** Ew.: dumm : (veralt.) schwindlig, bewusstlos ✳ **Dämling,** der; –s, –e: Dämlack

Damhirsch: s. Dam

damisch: s. Dämelack

damit Uw.; mit etwas Genanntem ✳ **damit** Bw.: zu dem Zwecke, dass..

Dämlack, dämlich: s. Dämelack

Damm, der; –(e)s, Dämme; Dämmchen: künstlich aufgeworfene, lange Erderhöhung zum Schutze gegen Wasser : (übertr.) etwas Schützendes, Einschränkendes, Hemmendes : erhöhter Fahrweg : (nordd.) gepflasterte Fahrstraße : (Anat.) Gewebe zwischen Scham und After : (Glockengieß.) Formgrube : (Orgelb.) Holz, das das Vorschieben der Registerzüge hindert ✳ auf dem Damm sein: außer Gefahr sein : wohlauf sein; auf den Damm bringen tr.: helfen : aufrichten : ermuntern : gesund machen ✳ Dammbau; Dammbruch; Dammerde; Dammgrube: Formgrube beim Glockenguss; Dammriß → Dammriss; Dammriss: (Med.) Riss des Dammes bei einer Geburt; Dammschnitt: (Med.) Einschneiden des Dammes bei drohendem Dammriss; Dammstraße: erhöhter Fahrweg; Dammweg ✳ **dämmen** tr.: mit einem Damm versehen : einen Damm entgegensetzen : hemmen, hindern : pflastern ✳ **Dämmer,** der; –s, –: Straßenpflasterer : Gerät zum Pflastern ✳ **Dämmung,** die; –, –en: das Dämmen

Dammar (malay.), das; –s: ostindisches Hartharz, Steinharz ✳ Dammarharz; Dammarfirnis: aus Dammarharz bereiteter Firnis ✳ **Dammara,** die; –, –s: Fichtenart ✳ Dammarafichte; –lack

dämmen: s. Damm

Dämmer: s. Damm

Dämmer, der; das; –s: Halbdunkel ✳ Dämmergrau; dämmerhell; Dämmerlicht; –nacht; –röte: Abend-, Morgenröte; Dämmerschein; Dämmerschlaf: Halbschlaf : leichte Betäubung; Dämmerschoppen: kleiner (oft geselliger) Trunk am späten Nachmittag; Dämmerstunde; Dämmerzustand: halb wacher Zustand ✳ **Dämmerer,** der; –s, –: ein Dämmernder ✳ **dämmerig** Ew.: matt : halbdunkel : träumend ✳ **Dämmerling,** der; –s, –e: Dämmerer : Dämmerungsfalter (Sphinx) ✳ **dämmern** (ich ..[e]re) intr.: matt erleuchtet sein: vom hellen Licht in die Dunkelheit übergehen und umgekehrt : (übertr.) träumerisch ruhen : halb bewusstlos schlendern : im Halbschlaf sein; dämmerig machen, verdunkeln ✳ es dämmert mir: fange an zu verstehen ✳ Dämmerzustand: (Med.) länger andauernde Bewusstseinsstörung ✳ **Dämmerung,** die; –, –en: das Dämmern : Halbdunkel vor Auf- und nach Untergang der Sonne ✳ Dämmerungseffekt, der; –s, –e: in der Dämmerung auftretende Störungen bei Rundfunkwellen ✳ Dämmerungsfalter, -vogel: in der Dämmerung fliegender Schmetterling; Dämmerungszeit

Dämmstoff, der; –es, –e: (Techn.) Isolierstoff zum Schall- und Wärmeschutz ✳ **Dämmung,** die; –: (Techn.) Schall- und Wärmeschutz

Damno, Damnum (it.), das; –s, –s bzw. ..na: Verlust : Abzug vom Nennbetrag eines Darlehens

Damokles (gr.): Günstling des Tyrannen Dionys von Syrakus ✳ Damoklesschwert: (sprichwörtlich) ständige, auch Glücklichen drohende Gefahr

Dämon (gr.), der; –s, ..monen: (bei den Griechen) guter oder böser Geist zwischen Gottheit und Mensch : personifizierte innere Stimme und Bestimmung eines Menschen (auch: Daimon) : (im Christentum) ein Quälgeist, Teufel ✳ Dämo-

nenglaube; Dämonenkult ✳ **Dämonie,** die; –: dämonische Kräfte ✳ **dämonisch** Ew.: teuflisch : urgewaltig : unheimlich : besessen ✳ **Dämonismus,** der; –, ..men: Glaube an Dämonen ✳ **Dämonium,** das; –s, ..ien: geheimnisvolle innere Stimme ✳ **Dämonologie,** die; –, ..gien: Lehre von den Dämonen, Geistern

Dampf, der; –es, Dämpfe: in gasförmigen Zustand übergegangene Flüssigkeit : dicke, trübe Luft : beklemmender Atem : Angst : (übertr.) Nichtiges : Rausch ✳ Dampf haben: Angst haben; Hans Dampf: sich wichtig tuender Dummkopf; Gschaftlhuber ✳ Dampfablaßrohr → Dampfablassrohr; Dampfabsperrung; –auslassung; Dampfbad: Schwitzbad in Wasserdampf; Dampfbagger: durch Dampf in Betrieb gesetzter Bagger; Dampfbehandlung: Heilbehandlung mit heißem Wasserdampf; Dampfboot: durch Dampf getriebenes Boot; Dampfbremse; dampfdicht Ew.: so dicht, dass kein Dampf hindurchdringt; Dampfdichte: spezifisches Gewicht eines Dampfes; Dampfdruck; Dampfdruckmesser; Dampfdynamo: eine unmittelbare, von einer Dampfmaschine angetriebene Dynamomaschine; Dampffähre; Dampfhahn: Hahn an der Dampfmaschine zum Ablassen des Dampfes; Dampfhammer: durch Dampfkraft bewegter Hammer; Dampfheizung: Heizung durch Wasserdampf in Röhren; Dampfkessel: Kessel der Dampfmaschine, in dem sich Wasserdampf sammelt; dampfklar Ew.: (Schiff) zur Abfahrt bereit; Dampfkochtopf: Schnellkochgerät zum Kochen mit Dampfdruck; Dampfkolben: Kolben im Zylinder der Dampfmaschine : Destillierkolben; Dampfkompresse; Dampfkraft; Dampfkraftwerk; Dampfkran; Dampfkugel: Rauchkugel : dampfgefüllte Hohlkugel; Dampflokomotive; Dampfmaschine: durch Dampfkraft getriebene Maschine; Dampfmesser: Messgerät für den Dampfdruck; *Dampfmotor; Dampfmühle:* durch Dampf getriebene Mühle; *Dampfnudel:* Gebäck; *Dampfpfeife:* durch Dampf zum Tönen gebrachte Pfeife; *Dampfpflug:* durch Dampf getriebener Pflug; *Dampfpinasse; Dampfroß → Dampfross:* Lokomotive; *Dampfschiff; Dampfschifffahrt; Dampfsägewerk; Dampfturbine; Dampfventil; Dampfwalze; Dampfzylinder:* Zylinder einer Kolbendampfmaschine * **damp|fen** intr. (sein): als Dampf aufsteigen : Dampf machen : durch Dampfkraft sich fortbewegen (meist ab-, dahin-, fortdampfen); intr., tr.: Dampf von sich geben : (Tabak) rauchen * **dämp|fen** tr.: zum Dampfen bringen : (Feuer) ersticken, unterdrücken : (allg.) unterdrücken, mäßigen : beklemmen : Dampf in etwas einströmen lassen : Dampf auf etwas einwirken lassen : (Kochkunst) unter Dampfeinwirkung langsam kochen; dünsten * *Dämpfhorn:* Horn zum Auslöschen des Lichtes : (übertr.) gebogene Nase : langschnäbelige Rohrdommel * **Damp|fer,** der; -s, -: Dampfschiff * *Dampferlinie* * **Dämp|fer,** der; -s, -: Vorrichtung zum Dämpfen, bes. an Blasebälgen und Musikinstrumenten * *einen Dämpfer aufsetzen, verpassen:* hemmen : mäßigen * **damp|fig** Ew.: mit Dampf erfüllt : dunstig * **dämp|fig** Ew.: an Kurzatmigkeit leidend : Beklemmung verursachend * **Dämp|fung,** die; -, -en: das Dämpfen : (Mus.) Vorrichtung zum Dämpfen * *Dämpfungsfaktor* **dämp|fen:** s. Dampf **Dam|wild:** s. Dam **da|nach, da|nach** Uw.: nach etwas Genanntem : gemäß etwas Genanntem **Dan** (jap.), der; -, -: Leistungsgrad in Budosportarten **Da|nae:** Geliebte des Zeus, Mutter des Perseus **Da|na|er** Mz.: dichterischer Name der Griechen (nach Danaos) * *Danaergeschenk:* Unheil bringendes Geschenk des Feindes (nach dem Trojanischen Pferd) : (übertr.) unwill-

kommenes Geschenk * **Da|na|ide,** die; -, -n: Tochter des Danaos : Name eines Schraubenwasserrades; *Danaidenarbeit:* vergebliche Arbeit; *Danaidenfaß → Danaidenfass:* durchlöchertes Fass, in das die Danaiden Wasser füllen mussten : (übertr.) nicht zu bewältigende Arbeit * **Da|na|os:** (griech. Sage) argol. König **Dan|dy** (e.) [dänndi], der; -s, -s: Geck : Modenarr * **Dan|dy|is|mus,** der; -, ..men: Stutzerhaftigkeit * **Dan|dy|tum,** das; -s: Stutzerhaftigkeit : Geckenhaftigkeit * **Dan|dy|wal|ze:** Walze zum Eindrücken des Wasserzeichens in Papier **Dä|ne,** der; -n, -n: Bewohner Dänemarks * **Da|ne|brog,** der; -s: „Dänentuch", Dänenfahne; *Danebrog(s)orden:* dän. Ritterorden * **Dä|ne|mark:** nordeurop. Königreich * **Da|ne|vir|ke, Da|ne|werk,** das; -s: dän. Schutzwall auf der jütländischen Halbinsel * **dä|nisch** Ew. * *die dänische Dogge; der Dänische Krieg* **da|ne|ben** Uw.: neben etwas * *danebenbenehmen; danebenfallen; -springen* intr. * *danebengehen* intr.: vorbeigehen, misslücken; *daneben gehen:* an der Seite neben * *danebengreifen, -liegen, -hauen* intr.: verpfuschen, sich irren; *daneben hauen:* nicht treffen * *daneben liegen:* an der Seite liegen **Dank,** der; -(e)s: Gefühl der Anerkennung für empfangene Wohltaten : Ausdruck dieses Gefühls in Worten : Lobpreisung : Ausdruck der Verpflichtung durch Tat, Lohn, Vergeltung : Siegerpreis * *Dank ernten:* Dank für etwas empfangen; *einem etwas zu Dank machen:* nach Wunsch; *jemandem Dank schulden; -wissen* * *Dankaltar:* Dank gestifteter Altar; *Dankadresse:* feierliches Dankschreiben * *dankbeflissen* Ew.; *Dankbesuch; dankerfüllt* Ew.; *Dankfest:* (religiöses) Freudenfest zum Ausdruck des Dankes für eine Wohltat; *Dankgebet; Dankgefühl; Dankopfer; Dankpsalm; danksagen* (du danksagtest, danksagst, dank-

zusagen) intr.: mit Worten danken : Dankgebet sprechen (auch [österr. nur]: Dank sagen) : *Danksagung,* die; -, -en; *Danksagungsschreiben; dankvergessen* Ew.: undankbar * *Dankesbezeigung:* Ausdruck des Dankes; *Dankespflicht; Dankesschuld* * **dank|bar** Ew.: voll Dank : befriedigend : lohnend * **Dank|bar|keit,** die; -: dankerfüllte Gesinnung * **dan|ken** intr.: (einem für etwas -) seine Verpflichtung bekennen : Dank aussprechen : (Gott) loben, preisen : Dankgebet sprechen : Dank mit der Tat abstatten : Gruß erwidern : ablehnend zurückweisen; tr.: (einem etwas -) vergelten : schuldig sein : zuschreiben müssen * **dankenswert** Ew.: des Dankes wert : angenehm : lohnend : nützlich **dank** (Vw. mit Dat.; in der Mz. überwiegend mit Gen.): wegen, infolge : durch : mit Hilfe von * *dank seiner Tatkraft* **dank|sa|gen, Dank sa|gen:** s. Dank **dann** Uw. der Zeit: zu jener Zeit : darauf : danach : ferner, außerdem * *dann und wann:* hin und wieder : (selt.) zu der und der Zeit * **dan|nen** Uw. des Ortes: von dort : von da weg; fast stets: *von dannen* * **dann|zu|mal:** Uw. (schweiz.) dann, in jenem Augenblick * *dann zumal:* besonders zu jener Zeit **Dan|se ma|ca|b|re** (fr.) [dangß' makab'r], der; - -, -s -s: Totentanz **Dan|zig:** Hansestadt an der Ostsee * **Dan|zi|ger,** der; -s, -: Bewohner Danzigs * **Dan|zi|ger Gold|was|ser:** Likör **Daph|ne** (gr.), die; -, -n: „Lorbeer" : griech. Nymphe, die in einen Lorbeerbaum verwandelt wurde **dar** Uw.: dort; nur noch in Zus. * *darlegen; darstellen; dartun* * **da|ran, da|r|an, dran** Uw.: an dieses * *es liegt einem (etwas, nichts) daran:* man legt Wert auf etwas * *d(a)ran müssen* intr.: zu etwas gezwungen sein; *d(a)ran sein:* an der Reihe sein * *d(a)rangeben:* aufgeben, opfern; *d(a)rangehen* (ich gehe d[a]ran intr.: etwas anfangen; *d(a)rankommen* intr.: an die Reihe kommen; *d(a)ranmachen* rbz.: (Umgspr.) beginnen, anfangen; *d(a)ransetzen* tr.: aufs Spiel setzen, wagen **da|r|auf, da|r|auf, drauf** Uw.: auf dieses : auf diesem ✳ *d(a)rauf ankommen* unp.: abhängen von; *d(a)rauf ausgehen* intr.: etwas erstreben, bezwecken; *d(a)rauf bestehen* intr.: bei etwas beharren, etwas durchsetzen wollen; *d(a)rauf eingehen*: sich einlassen auf etwas : sich einverstanden erklären mit; *d(a)rauf einlassen* rbz.: darauf eingehen; *d(a)rauf folgen; der darauf folgende Tag; drauf und dran sein*: im Begriff sein ✳ *draufgehen* (ich gehe drauf, draufgegangen, geh drauf) intr.: verbraucht werden : zugrunde gehen; vgl. drauf usw. ✳ **da|r|auf|hin** Uw.: daran anschließend : demzufolge : demgemäß

darauf gehen, draufgehen Verbindungen der Partikel *darauf* mit Verben werden stets getrennt geschrieben. Nur die Kurzform *drauf* geht (dann aber bedeutungsmäßig abweichende) Zusammensetzungen mit Verben ein: *darauf gehen,* aber: *draufgehen; darauf legen,* aber: *drauflegen.*

da|r|aus, da|r|aus, draus Uw.: aus diesem ✳ *daraus klug werden* intr.: verstehen **dar|ben** intr.: entbehren : Mangel, Not leiden **dar|bieten** tr.: darreichen : anbieten : vortragen ✳ **Dar|bie|tung,** die, –, –en: das Darbieten : das Dargebotene : Festvortrag **dar|brin|gen** tr.: zum Geschenk geben : opfern ✳ **Dar|brin|gung,** die, –, –en: das Darbringen **Dar|da|nel|len** Mz.: Meerenge zwischen Asien und Europa **Da|rei|ke, Da|ri|ke** (gr.), die, – –n: altpers. Goldmünze **da|r|ein, da|r|ein, drein** Uw.: in dieses (hinein) ✳ *d(a)reinfinden; d(a)reinmischen* rbz.: sich in etwas einlassen ✳ *d(a)reinreden* intr.: sich redend einmischen **Da|res|sa|lam** (arab.): ehem. Hauptstadt von Tansania

darf: s. dürfen **dar|ge|ben** tr.: geben : hingeben **dar|ge|tan:** s. dartun **da|r|in, da|r|in, drin** Uw. in diesem ✳ **dr|in|nen** Uw.: dort innen : innen ✳ *darin sitzen,* aber: *drinsitzen; darin stecken,* aber: *drinstecken* **dar|legen** tr.: erklären : klärend ausführen ✳ **Dar|le|gung,** die, –, –en: das Darlegen : Erläuterung **Dar|le|hen,** das, –s, –: geliehene Summe ✳ **Dar|lehn,** das, –(e)s, –: Darlehen ✳ *Darlehnskasse:* Kreditanstalt **Dar|lei|he,** die, –, –n: Anleihe ✳ **dar|lei|hen** tr.: leihend darreichen ✳ **Dar|lei|her,** der; –s, –: (BGB) Darlehen Gebender : Verleiher **Dar|ling** (e.), der; –s, –s: Liebling **Darm,** der; –(e)s, Därme; Därmchen: gewundener Schlauch im menschlichen und tierischen Körper zur Beförderung des Speisebreis aus dem Magen und zur Aufnahme von Nährstoffen ✳ *Darmbad:* Spülung des Mastdarms; *Darmbakterien; Darmbein:* unterst. Teil des Hüftbeins; *Darmblutung; Darmbruch:* Bruch des Darmfells; *Darmdrüse; Darmentleerung; Darmentzündung; Darmfistel; Darmflora; Darmfraisen:* Darmkrämpfe; *Darmgicht, -grimmen:* Kolik; *Darmkanal; Darmkatarrh* auch: *Darmkatarr; Darmkrebs; Darmkolik; Darmreißer:* saurer, schlechter Wein; *Darmsaite:* aus Darm hergestellte Saite; *Darmschleim; Darmschleimerei,* die; –, –en: Darmsaitenfabrik; *Darmspülung; Darmstrenge, -sucht, -weh:* Kolik; *Darmträgheit; Darmtuberkulose; Darmverschlingung; Darmverschluß* → *Darmverschluss; Darmwurm:* Eingeweidewurm; *Darmzotte* **Darm|stadt:** hess. Stadt an der Bergstraße **dar|nach, dar|ne|ben dar|nie|der** (veralt. für) danach, daneben, danieder **da|r|ob, da|r|ob, drob** Uw.: (veralt. für) darüber, deswegen **Darr|bal|ken:** s. Darre **Dar|re,** die; –, –n: das Darren :

Trocken- oder Röstvorrichtung, bes. für Obst und Getreide; Tierkrankheit (Ausdörrung d. Säfte) : darrsüchtiger Kranker ✳ *Darrbalken:* Teil der Darrvorrichtung; *Darrblech:* Blech, auf dem gedarrt wird; *Darrbrett:* Brett, auf dem gedarrt wird; *Darrfieber:* Krankheit; *Darrhaus; Darrhorde, Darrhürde:* Gestell, auf dem gedarrt wird; *Darrkammer; Darrmalz:* auf der Darre getrocknetes Malz; *Darrofen; Darrsucht:* Auszehrung; *darrsüchtig Ew.; Darrwand:* Teil der Vorrichtung zum Darren **dar|ren** tr.: dörren : austrocknen **dar|reichen** tr.: hinreichen : anbieten : geben ✳ **Dar|rei|chung,** die, –, –en: das Darreichen **Darß:** Ostseehalbinsel **dar|stellen** tr., rbz.: verkörpern : bedeuten : sich erweisen : offenbar sein : vergegenwärtigend vor Augen führen : (chem.) synthetisieren ✳ **Darsteller,** der; –s, –; **Dar|stelle|rin,** die; –, –nen: einer, der.., eine, die etwas vor Augen führt : Schauspieler(in) ✳ **Dar|stellung,** die; –, –en: das Darstellen : das Dargestellte ✳ *Darstellungsgabe:* Talent zum Schauspieler; *Darstellungskunst; Darstellungsweise .* **dar|tun** tr.: darlegen, zeigen : (veralt.) hinlegen : (veralt.) hingeben : erweisen **da|r|über, da|r|über, drüber** Uw.: über dieses ✳ *d(a)rüber hinaus:* weitergehend als dieses ✳ *d(a)rüberliegen* → *d(a)rüber liegen* intr.: über etwas Genanntem liegen; *d(a)rübermachen* → *d(a)rüber machen:* etwas beginnen; *d(a)rüberstehen* → *d(a)rüber stehen* intr.: über etwas erhaben sein : etwas überblicken : überlegen sein ✳ Zusammenschreibung nur mit der Kurzform *drüber: drüberfahren; drübersteigen; drüberstreichen; drüberziehen* **da|r|um, da|r|um, drum** Uw.: um dieses : deswegen ✳ *darumkommen* tr.: nicht bekommen, vermeiden; aber *darum kommen:* aus dem Grunde kommen; *darumlegen* tr.: um etwas herumlegen *darumstehen:* um etwas herumstehen da|r|un|ter, da|r|un|ter, drun|ter: unter diesem * d(a)runterfallen → d(a)runter fallen: etwas zuzuordnen sein; d(a)runterlegen → d(a)runter legen tr.: unter etwas legen * Zusammenschreibung nur mit der Kurzform drunter: drunterfahren; drunterfallen; drunterlegen; drunterziehen

Dar|win: e. Naturforscher *

Dar|wi|nis|mus, der; –: Darwins Lehre von der Abstammung des Menschen und der Entwicklung der Tier- und Pflanzenarten (Zuchtwahltheorie) * Dar|wi|nist, der; –en, –en: Anhänger der Lehre Darwins * dar|wi|nis|tisch Ew.: der Lehre Darwins gemäß

dar|zei|gen tr.: offen vorzeigen * Dar|zei|gung, die; –, –en: das Darzeigen

das (Gen. des; Dat. dem; Akk. das; Mz. die, deren, de(n)en, die): sächliches, hinweisendes Fw., sächlicher, bestimmter Artikel: zur Bezeichnung einer bestimmten, sächlichen Person oder Sache : zur Wiederaufnahme von Verben, Prädikatsnomina und Objekten * alles das, was * sächl. Relativpronomen: welches * das|je|ni|ge (desjenigen, demjenigen, dasjenige; Mz. diejenigen, derjenigen, denjenigen, diejenigen): bestimmendes sächl. Fw.: das * das|sel|be (desselben, demselben, dasselbe; Mz. dieselben, derselben, denselben, dieselben) Fw.: das gleiche * das|sel|bi|ge (veralt. für): dasselbe

da sein, Da|sein: s. da

da|selbst Uw.: an dem bezeichneten Orte

da|sit|zen: s. da

das|je|ni|ge: s. das

daß → dass Bw.: zur Einleitung von Subjekt- und Objektsätzen, von Folge- und Absichtssätzen, von Wunschsätzen * so daß → so dass, auch: sodaß → sodass; auf daß → auf dass; bis daß → bis dass * Daß|satz → Dass|satz, der; –es, ..sätze: durch dass eingeleiteter Nebensatz; auch: daß-Satz → dass-Satz

Das|sel, die; –, –n: Stechfliege * Dasselbeule: durch den Stich der Dassel hervorgerufene

Beule; Dasselfliege: Dassel; Dassellarve; Dasselmücke: Dassel

das|seln (ich dassele, dassle) intr.: (seem.) hin und her wanken

da|ste|hen: s. da

Da|sy|me|ter (gr.), das; –s, –: Messgerät für die Dichtigkeit der Luft

Date (e.) [deit], das; –s, –s: (Umgspr.) Treffen, Verabredung * da|ten (ich date, gedatet) tr.: sich mit jmdm. (zu einem Rendevous) verabreden

Da|tei, die; –, –en: Dokumenten- und Datensammlung, bes. in der EDV ; Sammlung von Daten auf einem Datenträger

Da|ten: Plural von Datum : Zahlenwerte : formalisierte und maschinell verarbeitbare Informationen * datenverarbeitende → Daten verarbeitende Maschine; Datenautobahn: (EDV) durch Computernetze realisierte Infrastruktur zum weltweiten Datenaustausch; Datenbank: Organisationsform von Informationsmengen, die bei Bedarf jederzeit abgerufen werden können; Dateneingabe; Datenerfassung; Datenschutz; –beauftragter; –gesetz; Datenträger; Datenübertragung; Datenverarbeitung

da|tie|ren, Da|tiv: s. Datum

Dat|tel, die; –, –n: Palmenfrucht : Palmbaum : Schmetterlingspuppe * Dattelbaum; Dattelbohne; Dattelkern; Dattelmuschel: Bohrmuschel; Dattelpalme; Dattelpflaume; Dattelschnecke: Steindattel, Dattelmuschel

Dat|scha (russ.), die; –, –s oder ..schen: Sommerhaus, Landhaus * Dat|sche, die; –, –n: (ldschftl.) bebautes Wochenendgrundstück

Da|tum, das; –s, ..ta und ..ten: kalendermäßige Bestimmung eines Tages : Zeitpunkt : „Gegebenes", Tatsache: (Statistik) Erhebungszahl * Datumsangabe; Datumsgrenze: eine Linie auf der Erdoberfläche, bei deren Überschreiten von Osten nach Westen ein Datum übersprungen und umgekehrt von

Westen nach Osten doppelt gezählt werden muss [l. dare geben] * da|tie|ren (..iert) (dtsch.-l.) intr.: herstammen; tr.: unterzeichnen : ausstellen mit Zeitangabe versehen *

Da|tie|rung, die; –, –en: Unterzeichnung : schriftliche Zeitangabe : Ermittlung des Alters (Geologie, Archäologie) *

Da|tiv, der; –s, –e: dritter Fall, Gebe-, Wemfall * Dativobjekt: Ergänzung im 3. Fall *

Da|ti|vus (l.) [..w..], der; –, ..vi: Dativ * da|to (it.): (kfm.) heute * bis dato: bis heute; de dato: von heute an * Datowechsel: Wechsel mit Verfallzeit vom Tage der Ausstellung an *

da|tum (l.): gegeben : geschrieben

Dau, Dhau, die; –, –en: arab. Segelfahrzeug

Dau|be, die; –, –en: Seitenbrett eines Fasses * Daubenholz

Dau|er, die; –: das Dauern : das Fortbestehen : Fähigkeit zu dauern : Zeit, während der etwas besteht : lange Zeit * auf die Dauer: für lange * Dauerapfel: auf lange Zeit haltbarer Apfel; Dauerausstellung: ständige Ausstellung; Dauerbeschäftigung; Dauerblütler: lange in Blüte stehende Pflanze; Dauerbrenner: besonderes Ofensystem mit langdauerndem Feuerbrand : (übertr.) Bestseller, Publikumserfolg; Dauerflug: sehr langer Flug ohne Zwischenlandung; Dauergewächs; Dauerlauf: (Sport) Lauf mit festgesetzter Zeitdauer; Dauermagnet: Stahl, der künstlich erzeugten Magnetismus beibehält; Dauermarsch: sehr langer Übungsmarsch; Dauerobst; Dauerparker; Dauerrennen; Dauerritt; Dauerschlaf: Schlafkrankheit; Dauerwelle: künstl. Haarwelle; Dauerwirkung; Dauerwurst: geräucherte, lange haltbare Wurst * dau|er|haft Ew.: Dauer habend * Dauerhaftigkeit, die; – * dau|ern (ich dau[e]re) intr.: fortbestehen : sich halten : fortwähren : keine Unterbrechung, kein Ende erfahren : währen * dauernd Mw. Ew.: fortbestehend : ununterbrochen : immer wiederkehrend

dau|ern tr.: leid tun : bedauern : Mitleid empfinden ✳ *sich etwas dauern lassen:* etwas ungern hergeben ✳ tr.: Bedauern hervorrufen, *er dauert mich:* ich bedaure ihn; *es dauert mich seiner:* ich bedaure ihn

Dau|men, der; –s, –: Däumchen: erster, nur aus zwei Gliedern bestehender Finger der Hand : (Maß) Zoll : Teil des Hobels : (Techn.) Teil einer Welle, das andere Teile empor- und niederdrückt ✳ *einem, für einen den Daumen drücken, halten:* abergläubische Gebärde des Glückwünschens, der Unterstützung ✳ *Daumenabdruck; Daumenblech:* Blech an der Flinte; *Daumenbeuger:* ein Muskel; *daumenbreit; –dick* Ew.; *Daumendreher:* Faulenzer : Schmeichler; *Daumendrücker:* jemand, der für einen den Daumen drückt; *Daumenkraft; Daumenschraube:* Folterwerkzeug : (übertr.) Hemmendes, Quälendes; *Daumenwelle:* (Techn.) Welle mit Daumen ✳ *daumesdick* Ew. ✳ **Däum|ling,** der; –s, –e: der den Daumen bekleidende Teil des Handschuhs : daumengroßer Kerl, Märchengestalt

Dau|ne (östr. auch Dune), die; –, –n: Flaumfeder ✳ *Daunenbett; –decke; –feder; –kissen; Daunenkleid:* Gefieder junger Vögel; *daunenweich* ✳ **daunen|haft** Ew.: daunenweich

Dau|phin (fr.) [dofäng], der; –s, –s: „Delphin", ehem. Titel des Kronprinzen von Frankreich

Daus, des; –, –e; Däuschen: Teufel ✳ *ei der Daus!; was der Daus!* ✳ *Dausmann:* Teufelskerl, tüchtiger Mensch

Daus, der; das; –es; –e und Däuser; Däuschen: Zwei im Würfel- und Kartenspiel : beste Karte, Ass [afr. dous, nfr. deux zwei]

Da|vid|stern, der; –es, –e: aus zwei gekreuzten gleichseitigen Dreiecken gebildeter sechszackiger Stern, altes magisches Zeichen : religiös. Symbol des Judentums

Davis-Cup → **Da|vis|cup** (e.) [dehwiß kaᴼpp], der; –s: Wanderpokal eines Tennisturniers der Nationalmannschaften : von dem Amerikaner Davis gestiftet ✳ *Davis-Pokal* → *Davispokal; Davis-Pokal-Mannschaft* → *Davispokalmannschaft*

Da|vis|stra|ße (e.) [dehwiß..]: Meeresstraße zwischen Nordamerika und Grönland, nach dem Entdecker benannt

Da|vit (e.) [dehwit], der; –s, –s: drehbarer Schiffskran

da|von, da|von Uw.: von diesem ✳ *davon haben:* (etwas – –) Nutzen haben von ✳ **da|von** Uw.: von da fort ✳ *auf und davon gehen* ✳ *davongehen* (ich gehe davon, davongegangen) intr.: weggehen ✳ *davonkommen* intr.: Glück haben : gerettet werden; *davon kommen:* von daher, dadurch kommen ✳ *davonlaufen; davonmachen* rbz.: flüchten ✳ *davonstehlen* rbz.: sich heimlich entfernen ✳ *davontragen* tr.: wegtragen : erlangen, erreichen; *davon tragen:* einen Teil von etwas tragen ✳ *davonziehen* intr.: abziehen, fort-, weggehen

da|vor, da|vor Uw.: vor diesem ✳ *davorstehen* → *davor stehen* intr.: vor etwas stehen

davonziehen, da|von ziehen, davon ziehen
Adverbien können mit Verben zusammen Wortverbindungen eingehen. Die Getrennt- bzw. Zusammenschreibung dient der Bedeutungsdifferenzierung: *Er soll eines davon ziehen* (nämlich von den Losen z. B.). *Er soll davonziehen* (nämlich von einem Ort hinweg). Eine solche Bedeutungsdifferenzierung ist bei dem Adverb *davor* nicht (mehr) gegeben; es wird daher stets vor Verb getrennt geschrieben: *davor hängen; davor laufen; davor schieben; davor stellen.*

DAX (Abk.): Deutscher Aktienindex (Durchschnittskurs der 30 wichtigsten deutschen Aktien)

Da|zi|en: im Altertum Land zw. Donau, Pruth und Dnjestr ✳ **Da|zi|er** Mz.: Bewohner von D.

da|zu, da|zu Uw.: zu diesem ✳ *dazubekommen:* etwas zusätzlich bekommen ✳ *dazugeben:* hinzufügen ✳ *dazugehören* intr.: zu etwas gehören; *dazugehörig* Ew. ✳ *dazukommen* intr.: zu vorhandenen Personen, Sachen hinzukommen : hinzugefügt werden; *dazuschreiben* tr.: zu Geschriebenem hinzufügen; *dazu schreiben:* aus dem Grunde schreiben; *dazutun* tr.: hinzufügen

da|zu|mal Uw.: damals

da|zwi|schen Uw.: zwischen etwas ✳ *sich genau dazwischen befinden* ✳ *dazwischenkommen; –treten* intr.; *Dazwischenkunft,* die; –: das Dazwischenkommen ✳ *dazwischenreden* intr.: ins Wort fallen : unterbrechen; *dazwischenrufen* intr.: durch Rufen stören, unterbrechen; *dazwischentreten* intr.: vermittelnd eingreifen : schlichten

DB (Abk.): Deutsche Bahn AG

d. c. (Abk.): da capo (it.): (Mus.) noch einmal von vorn; s. a. da capo

DDR (Abk.): Deutsche Demokratische Republik (1949 bis 1990) ✳ *DDR-Bürger*

DDT (Abk.): Dichlordiphenyltrichloräthan, als Umweltgift verbotenes Schädlingsbekämpfungsmittel

D-Dur: s. d.

de (l.) Vw.: von : aus : von .. an : (Vw, bes. in Zus.) ab-, ent-

Dead|line (e.) [dädlein], die; –, –s: Frist : letzter Termin

Deal (e.) [dihl], der; –s, –s: (ugs.) Geschäft : Handel ✳ **dea|len** [dih..] intr.: mit Rauschgift handeln ✳ **Dea|ler,** der; –s, –: Rauschgifthändler [e. deal handeln]

Dean (e.) [dihn], der; –s, –s: Dekan

De|ba|kel (fr.), das; –s, –: Zusammenbruch : Niederlage

de|bar|kie|ren (..iert) (fr.) tr.: ausschiffen; vgl. Barke

De|bat|te (fr.), die; –, –n: Erörterung : Besprechung : Streitgespräch : (parlamentarische) Verhandlung **∗** *Debatten-schrift:* Kurzschrift zur Aufzeichnung von Streitgesprächen **∗** de|bat|tie|ren (..iert) intr.: erörtern : verhandeln **∗** *Debattierklub:* Gemeinschaft zur Übung des Debattierens [fr. débat Streit]

De|bet, das; –s, –s: Soll, Schuldposten : Sollseite des Kontos **∗** De|bit, der; –(e)s: Warenabsatz, Vertrieb **∗** de|bi|tie|ren (..iert) tr.: auf die Sollseite schreiben : belasten **∗** De|bi|to (it.), der; –: Schuld **∗** De|bi|tor (l.), der; –s, ..to̲ren : Schuldner **∗** *Debitorenkonto:* Konto für Außenstände [l. debe̲re schuldig sein]

de|bil (l.) Ew.: schwach **∗** De|bi|li|tät, die; –: Schwäche

De|bit, de|bi|tie|ren, De|bi|tor: s. Debet

De|büt (fr.) [debüh], das; –s, –s: erstes öffentliches Auftreten : Antrittsrede **∗** De|bü|tant, der; –en, –en: erstmalig Auftretender **∗** De|bü|tan|tin, die; –, –nen: erstmalig Auftretende, junges Mädchen, das in die Gesellschaft eingeführt wird **∗** de|bü|tie|ren (..iert) intr.: zum erstenmal öffentlich auftreten

De|ca|me|ro|ne (it.) [..k..], das; –s: „Zehn Tage", Novellensammlung von Boccaccio

de|cem (l.) [..k..] Zahlw.: zehn **∗** *Decem,* der; –s: der Zehnte als Abgabe an Geistliche; vgl. Decher, Dezember, Dezemvir, dezi- usw.

De|cha|nat, das; –s, –e: Dekanat **∗** De|cha|nei, De|chan|tei, die; –, –en: Wohnung des Dechanten **∗** De|chant, der; –en, –en: Dekan : Superintendent : Leiter eines Domkapitels; vgl. Dekan

De|charge (fr.) [deseharsch'], die; –, –n: Entladung : Entlastung : (Baukst.) Strebeband, –bogen : (Heerw.) das Abschießen eines Geschützes **∗** *Dechargenmauer:* Festungsmauer mit Strebepfeilern **∗** de|char|gie|ren [descharsehie-ren] tr.: abladen : entlasten : tilgen : abfeuern [fr. vern. dé- und charge]

De|cher (l.), der; –s, –: Gesamtheit von 10 Stück, bes. Fellen [d. decem]

de|chif|f|rie|ren (fr.) (..iert) tr.: entziffern von Geheimschriften **∗** *Dechiffrierkunst* **∗** De|chif-f|rie|rung, die; –, –en: Entzifferung

Dech|sel, die; –, –n: (mundartl.) Deichsel : (mundartl.) Queraxt

Deck, das; –(e)s, –e und –s: waagerechte Plankenbedeckung eines Schiffes : durch waagerechte Plankenbedeckung entstehender Schiffsraum : Fell des Jagdwildes **∗** *an, auf Deck; unter Deck* **∗** *Deckbalken; Deckdienst:* Dienst auf Deck; *Decklladung; Decklast; Deckoffizier; Deckplanke* **∗** De|cke, die; –, –n; Deckchen: etwas Deckendes : etwas Bedeckendes : etwas Verdeckendes : weicher (wollener usw.) Gegenstand zum Zudecken : (Baukst.) oberer waagerechter Boden eines Raumes : (weidm., Anat.) Haut : Deckblatt der Zigarre : Bucheinband : (Winz.) Zeit des Zudeckens der Reben **∗** *an die Decke gehen:* (übertr.) aufbrausen, jähzornig sein; *einem die Decke von den Augen ziehen:* einem zu klarer Einsicht verhelfen; *mit einem unter einer Decke stecken:* in heimlichem Einverständnis stehen **∗** *Deckenbeleuchtung; Deckenfeld:* Feld einer getäfelten Zimmerdecke; *Deckenflechter; Deckengemälde:* Gemälde an der Zimmerdecke; *Deckenheizung:* in eine Betondecke eingebaute Strahlungsheizung; *decken-hoch* Ew.: bis zur Zimmerdecke; *Deckenkonstruktion; Deckenlampe; Deckenlicht:* oben von der Decke einfallendes Licht; *Deckenmalerei; Deckenriss:* architektonische Zeichnung der Zimmerdecken **∗** De|ckel, der; –s, –: fester Gegenstand zum Verschließen von Gefäßen : (volkst.) Hut : etwas Verdeckendes **∗** *Deckelfeder:* eine Feder am Pfannendeckel des Gewehrschlosses; *Deckelglas:* Glas mit Deckel; *Deckelkanne:* Kanne mit Deckel; *Deckelkorb:* Korb mit Deckel; *Deckelnase:* eine Art Fledermaus; *Deckelschnecke:* eine Art Schnecke mit Deckel als Verschluss des Schnecken-

hauses; *Deckelsieb:* Sieb mit doppeltem Boden **∗** de|ckeln (ich.. [e]le) tr.: mit einem Deckel versehen : (übertr.) mit geistigen Waffen widerlegen **∗** de|cken tr.: schützend auflegen : verhüllend auflegen : schützend, verhüllend bedecken : schützend, verhüllend auf etwas liegen : schützen : (kfm.) sicherstellen : befriedigen : (Farbe) nicht durchscheinen lassen : (Math.) den Grenzen nach zusammenfallen mit : gedanklich, dem Sinne nach zusammenfallen : (weidm.) packen und festhalten : (von Tieren) begatten **∗** *Deckadresse, Deckanschrift:* getarnte Adresse; *Deckbett:* Oberbett zum Zudecken; *Deckblatt:* etwas deckendes Blatt : äußeres Tabakblatt der Zigarre; *Deckfarbe:* eine andere überdeckende Farbe; *Deckfeder:* Flügel und Schwanz bedeckende Schaftfeder; *Deckhengst:* Hengst zur Deckung von Stuten; *Decklehm:* Formlehm; *Deckmantel:* (meist übertr.) etwas Verhüllendes; *Deckname:* angenommener Name, Pseudonym; *Deckplatte; Deckrohr:* Rohr zum Dachdecken; *Deckschein:* Belegschein über Paarungen für männliche Zuchttiere; *Deckweiß:* weiße Deckfarbe; *Deckwort; Deckzange:* Zange des Dachdeckers; *Deckzeit* **∗** De|cker, der; –s, –: Deckender **∗** De|ckung, die; –, –en: das Decken : das Deckende : Schutz : Schutzstellung : (Handel) Sicherstellung des Gläubigers : (Finanzwesen) Beschaffung von Geldmitteln zum Ausgleich eines Fehlbetrages **∗** *Deckungsausgleich; Deckungsbeitrag; Deckungsfehler; deckungsgleich:* entsprechend; *Deckungskarte; Deckungskauf:* (kfm.) Ersatzkauf, wenn eine bestellte Ware nicht geliefert worden ist; *Deckungslücke; Deckungssumme; Deckungswechsel:* Wechsel zur Sicherstellung einer Forderung

de-cken
Es ist nicht erlaubt, Konsonantenverbindungen, die nur einen Laut darstellen – ck, ch, sch

und *ph* – zu trennen. Deshalb darf auch *ck* am Zeilenende nicht in *k-k* aufgelöst werden.

de|cla|man|do (it.): (Mus.) ausdrucksvoll; vgl. Deklamation

De|co|der (e.), der; –s, –: Schaltung oder Vorrichtung für die Entschlüsselung (z. B. codierter Fernsehsendungen) * **De|co|ding**, das; –s: Entschlüsselung von Nachrichten * **de|co|die|ren** tr.: entschlüsseln : Code rückgängig machen

De|col|la|ge (fr.), die; –, –n: Kunstwerk durch Zerstörung der Materialien * **De|col|la|gist**, der; –en, –en: Künstler, der Decollagen herstellt

de|cou|ra|gie|ren (fr.) [dehkuraschieren] tr.: entmutigen : verzagt machen * **de|cou|ra|giert** (fr.) [dekuraschiert] Ew.: mutlos : verzagt

de|cre|scen|do (it.) [dekreschendo]: (Mus.) abnehmend; Abk.: decr. oder decresc.; vgl. Dekrescendo

de|cre|to, ex – (l.): gemäß der Verfügung; vgl. Dekret

de da|to (l.): vom Tage der Ausstellung an; Abk.: d. d.

De|di|ka|ti|on (l.), die; –, –en: Widmung : Einsegnung, Stiftung * *Dedikationsexemplar:* Widmungsstück * **de|di|zie|ren** (..iert) tr.: widmen : schenken

De|duk|ti|on (l.), die; –, –en: Abzug einer Summe : Herleitung des Besonderen aus dem Allgemeinen : (Rechtsspr.) Ableitung der Rechtsansprüche aus den Rechtsgrundsätzen * **de|duk|tiv** Ew.: herleitend : vom Allgemeinen ausgehend * **de|du|zie|ren** (..iert) tr.: herleiten : aus dem Allgemeinen auf das Besondere schließen : darlegen [l. deducere herabführen, ableiten]

Deep-free|zer → **Deep-free|zer** (e.) [dihp frihsᵉ]; der; –s, –: Tiefkühltruhe

Deern (niederd.), die; –, –s: Mädchen

DEFA (Abk.): Deutsche Film-AG (ehem. DDR)

de fac|to (l.): tatsächlich * *Defacto-Anerkennung*

Dé|fai|tis|mus, De|fä|tis|mus, der; –: Miesmacherei : Schwarzseherei * **Dé|fai|tist,**

De|fä|tist, der; –en, –en: Miesmacher; Schwarzseher * **de|fä|tis|tisch** Ew.: mutlos : schwarzseherisch

De|fä|ka|ti|on (l.), die; –, –en: Läuterung, Reinigung : Ausleerung * *Defäkationskalk:* bei der Leuchtgasbereitung gewonnener Kalk, Dünger

Dé|fä|tis|mus, Dé|fä|tist: s. Défaitismus

de|fekt (l.) Ew.: mangelhaft : schadhaft * **De|fekt**, der; –(e)s, –e: Fehler : Schadhaftigkeit : Lücke : Fehlbuchstabe : *Defektbogen:* Überschussbogen; *Defektbuch:* Bedarfs-, Bestellungsbuch; *Defektzettel:* (Post) Fehlzettel * *Defektenkasten:* (Buchdrw.) Kasten für Fehlbuchstaben; *Defektenverfahren:* (Rechtsspr.) Erstattungsverfahren * **De|fek|tar**, der; –s, –e: Apotheker, der mit der Defektur betraut ist * **De|fek|ti|on**, die; –, –en: Abfall, Abtrünnigkeit * **de|fek|tiv** Ew.: mangelhaft : unvollständig * *Defektivkirche:* nichtkath. Kirche * **De|fek|ti|vi|tät** [..w..], die; –, –en: Mangelhaftigkeit : Unvollständigkeit * **De|fek|ti|vum** [..w..], das; –s, ..va: unvollständiges Zeitwort : Wort, dem Beugungsformen fehlen (Durst, Leute) * **De|fek|tur**, die; –, –en: Prüfung : Ergänzung : Besorgung des Laboratoriums * **de|fi|ci|en|do** (it.) [..tschen..]: (Mus.) verlöschend * **De|ficit-spen|ding** → **De|ficit|spen|ding** *auch:* **De|ficit Spen|ding** (e.): defizitäre Haushaltspolitik zur Anregung der gesamtwirtschaftlichen Nachfrage * **de|fi|zi|ent** Ew.: unvollständig * **De|fi|zi|ent**, der; –en, –en: Fehlender : Abtrünniger : Schuldner : Entkräfteter : (östr.) dienstunfähiger Geistlicher * **De|fi|zit**, das; –s, –e (östr. auch –s): Fehlbetrag : Verlust * **de|fi|zi|tär** Ew.: mit einem Fehlbetrag belastet : ein Fehlbetrag ergebend [l. deficere, Mw. Vg. defectus fehlen]

de|fen|siv Ew.: verteidigend : zur Verteidigung dienend * *Defensivbündnis:* Schutz-, Hilfsbündnis; *Defensivkrieg:* Verteidigungskrieg; *Defensiv-*

spiel; Defensivstellung; Defensivtaktik : (Sport) nicht offensive Spieltaktik * **De|fen|si|ve** [..w..], die; –, –n: Verteidigung : Verteidigungskrieg * **De|fen|sor**, der; –s, ..soren: Verteidiger : Beschützer : Sachwalter * *Defensor fidei: „Beschützer des Glaubens", Titel des englischen Könige seit Heinrich VIII. [l. defendere verteidigen]*

de|fi|cit: s. defekt

De|fi|gu|ra|ti|on (l.), die; –, –en: Verunstaltung * **de|fi|gu|rie|ren** (..iert) tr.: verunstalten [l. vern. de- und figura Gestalt]

De|fi|lee (fr.), das; –s, ..leen: Engpass : Hohlweg : (sold.) Vorbeimarsch * **de|fi|lie|ren** (..iert) intr. (haben, sein): reihenweise vorbeiziehen : durch einen Engpass gehen; tr.: (Schanze –) durch Erhöhung sichern * *Defiliercour:* Parade, *Defiliermarsch:* Parademarsch [fr. défiler zu file Reihe; aus l. fila, Mz. von filum Faden]

de|fi|nie|ren (..iert) (l.) tr.: genau bestimmen : scharfbegrenzte mikroskopische Bilder zeigen * **de|fi|nit** Ew.: bestimmt : (Math.) (– Größen) Größen mit immer gleichen Vorzeichen * **De|fi|ni|ti|on**, die; –, –en: Begriffsbestimmung * **de|fi|ni|tiv** Ew.: entscheidend : bestimmend : bestimmt : endgültig * *Definitivfrieden:* endgültiger Friedensschluss; *Definitivurteil:* Endurteil * **De|fi|ni|ti|vum** [..w..], das; –s, ..va: endgültige Erklärung : endgültige Einrichtung : endgültiger Zustand * **de|fi|ni|to|ri|al** Ew.: abschließend, endgültig * *Definitorialprüfung:* letzte theologische Prüfung * **de|fi|ni|to|risch** Ew.: die Definition betreffend * **De|fi|ni|tum**, das; –s, ..ta: genau bestimmter Begriff [l. definire angrenzen, von finis Grenze]

De|fi|zi|ent, De|fi|zit: s. defekt

De|fla|gra|ti|on (l.), die; –, –en: Abbrennen von Sprengstoff ohne Explosion

De|fla|ti|on (l.), die; –, –en: Fortführung lockerer Teile der Erdoberfläche durch den Wind : Gegenteil der Inflation, Verringerung des Umlaufs von

Zahlungsmitteln und dadurch Geldwertsteigerung * *Deflationspolitik:* wirtschaftspolitische Maßnahme zur Verhinderung einer Inflation * **de|fla|ti|o|när,** **de|fla|ti|o|nis|tisch, de|fla|to|risch** Ew.: eine Deflation bewirkend **de|flek|tie|ren** (..iert) (l.) tr.: ablenken; intr.: abweichen * **De|flek|tor,** der; –s, ..toren: Schornsteinaufsatz : Rauchklappe : Luftzuführungsvorrichtung bei Petroleumlampen : Luftsauger : (Phys.) Vorrichtung in Kreisbeschleunigern zur Ablenkung von Elektronen [s. de- und flektieren]

De|flo|ra|ti|on (l.), die; –, –en: „Abstreifung der Blüte“, Entjungferung * **de|flo|rie|ren** (..iert) tr.: entjungfern [l. vern. de- und flos, Gen. floris Blüte]

De|for|ma|ti|on (l.), die; –, –en: Verunstaltung : Missbildung * **de|for|mie|ren** (..iert) tr.: entstellen : verformen : verunstalten * **De|for|mi|tät,** die; –, –en: das Missgestaltetsein : Hässlichkeit [l. vern. de- und forma Gestalt] * **De|for|mie|rung,** die; –, –en: die Missbildung : die Verformung

De|frau|dant (l.), der; –en, –en: Betrüger * **De|frau|da|ti|on,** die; –, –en: Betrug * **de|frau|die|ren** (..iert) tr.: betrügen

De|fros|ter, der; –s, –: Entfroster, Einrichtung zum Schutz vor Beschlagen und Frostbildung beim Auto : am Kühlschrank Vorrichtung zum Abtauen des Gefrierfachs

def|tig Ew.: (ndd.) tüchtig, kräftig : saftig : grob

De|ga|ge|ment (fr.) [dehgaseh̅'mang], das; –s, –s: Befreiung : Lossagung : Zwangslosigkeit : geheimer Ausgang * **de|ga|gie|ren** (..iert) [..gaseh..] tr.: befreien : von einer Pflicht entbinden : sein Wort einlösen : entlassen * **de|ga|giert** Mw. Ew.: frei : ungezwungen

De|gen (ahd.), der; –s, –: (urspr.) Knabe : junger Held : Held : (Buchdrw.) Setzer und Drucker zugleich [ahd. degan; zu gr. teknon Kind]

De|gen (fr.), der; –s, –: Waffe mit langer, gerader, spitzer Klinge : etwas Degenförmiges * *Degenband; degenfest* Ew.: hiebfest; *degenförmig* Ew.: in der Form eines Degens; *Degengefäß:* Vorrichtung zur Befestigung der Degenklinge; *Degengehenk; Degengriff; Degengurt:* Gurt für den Degen, *Degenklinge; Degenquaste; Degenscheide; Degenstoß*

De|ge|ne|ra|ti|on (l.), die; –, –en: Ent-, Ausartung : Rückbildung * *Degenerationserscheinungen* * **de|ge|ne|ra|tiv** Ew.: mit Degenerationen zusammenhängend * **de|ge|ne|rie|ren** (..iert) intr. (sein): entarten : sich zurückbilden

De|gout (fr.) [dehguh], der; –s: Ekel : Abneigung : Widerwille * **de|gou|tant** [dehgutang oder ..tant] Ew.: widerlich, ekelhaft * **de|gou|tie|ren** (..iert) tr.: anwidern : Ekel einflößen

De|gra|da|ti|on (l.), die; –, –en: Herabsetzung : Entwürdigung * **de|gra|die|ren** (..iert) tr.: herabsetzen : entwürdigen * **De|gra|die|rung,** die; –, –en: Rangverlust

de|grais|sie|ren (..iert) (fr.) [grässieren] tr.: entfetten : entschweißen : abschäumen * **De|gras** [dehgra], das; –: Gerberfett : Lederschmiere * **de|gras|sie|ren** tr.: degraissieren

De|greß → De|gress (l.), der; ..gresses, ..gresse: Abgang : Abschweifung * **De|gres|si|on,** die; –, –en: Verminderung der Steuerlast, der Abschreibungsmöglichkeiten : Stückkostenabnahme bei steigender Produktionsmenge * **de|gres|siv** Ew.: abnehmend : nachlassend : sinkend (Kosten)

De|gus|ta|ti|on (l.), die; –, –en: Kostprobe * **de|gus|tie|ren** (..iert) tr.: kosten : probieren : obenhin berühren * **de gus|ti|bus non est dis|pu|tan|dum** (l.): über Geschmack lässt sich nicht streiten

dehn|bar Ew.: so beschaffen, dass man es dehnen kann * **Dehn|bar|keit,** die; –, –en: das Dehnbarsein * **deh|nen** tr.: weiten; rbz.: einen größeren Raum einnehmen : sich strecken * **Deh|nung,** die; –, –en: das Dehnen : das Sichdehnen * *Dehnungs-h:* Lautdehnung be-

zeichnendes h; *Dehnungszeichen:* Schriftzeichen für Lautdehnung : Festungsaußenwerke

De|hors (fr.) [deohr] Mz.: äußerer Schein : Anstand(sregeln) : Festungsaußenwerke

De|hy|dra|se (gr.), die; –, –sen: Enzym, das Wasserstoff abspaltet * **De|hy|dra|ta|ti|on,** die; –, –en: Trocknung : Wasserentzug * **De|hy|dra|ti|on,** die; –, –en: Abspaltung von Wasserstoff * **de|hy|dra|ti|sie|ren** tr.: Wasser entziehen * **de|hy|d|rie|ren** (gr.) tr.: Wasserstoff entziehen * **De|hy|d|rie|rung,** die; –, –en: Wasserstoffentzug * **De|hy|d|rite,** die: Mz. Trockenmittel

Dei|bel, der; –s, –: (volkst.) Teufel

Deich, der; –(e)s, –e: Damm * *Deichbau; Deichbruch; Deichfuß; Deichgenossenschaft; Deichgraf, Deichhauptmann,* der; –en, –en: Deichaufseher; *Deichkrone; Deichverbände; Deichweg* * **dei|chen** tr.: einen Deich aufwerfen : einen Deich ausbessern

Deich|sel, die; –, –n: Wagenstange(n) zum Anspannen der Zugtiere * *Deichselarm: Deichselstange; Deichselbruch; Deichselpferd:* in oder an die D. gespanntes Pferd; *Deichselzunge:* Waage, mit der das Zugvieh an die Pflugdeichsel gehängt wird

Deich|sel, die; –, –n: Breitbeil * **deich|seln** (ich ..[e]le) tr.: mit der Deichsel bearbeiten : (ugs.) fertigbringen; vgl. auch Dächsel, Dechsel, Deißel, Texel

Dei|fi|ka|ti|on (l.), die; –, –en: Vergötterung * **de|i|fi|zie|ren** (..iert) tr.: vergöttern * **Dei gra|tia:** von Gottes Gnaden; Abk.: D. G. * **De|is|mus,** der; –: „Gottesglaube“, religionsphilos. Anschauung, die aus Vernunftgründen einen Weltschöpfer anerkennt, aber den Glauben an sein weiteres Einwirken auf das Weltgeschehen ablehnt * **De|ist,** der; –en, –en: Anhänger des Deismus * **de|is|tisch** Ew.: dem Deismus gemäß * **De|us:** Gott * **De|us abs|con|di|tus,** der: (Theol.) „der verborgene Gott“ * **De|us ex ma|chi|na,** der: „Gott aus der Maschine", plötzlich erscheinende Hilfe, Zufallslösung ✳ **De|us re|ve|la|tus**, der: „der geoffenbarte Gott"

deik|tisch (gr.) Ew.: hinweisend : auf Beispiele gegründet

dein, dei|ner: Gen. d. p. Fw. 2. P. Ez. ✳ **dei|net–** in Zus.: dein(er) ✳ **dei|net|hal|ben, –we|gen, –wil|len** Uw.: mit Rücksicht auf dich

dein, Dein, bes.-anz. Fw. 2. P. Ez.: dir gehörig : dir zukommend : von dir ausgehend ✳ *dein sein*: dir gehören; *Streit über mein und dein* → *Streit über Mein und Dein* : Streit über den Besitz; *das Mein und das Dein*: Besitz ✳ **dei|ne, Dei|ne**, der; die; das; –n, –n: hauptwörtl. bes.-anz. Fw. 2. P. Ez.: der, die, das der Gehörige : der, die, das dir Ergebene ✳ **dei|ner|seits, Dei|ner|seits** Uw.: auf, von deiner Seite ✳ **dei|nes|glei|chen** Fw.: deiner Art : Leute wie du ✳ **dei|nes|teils, Dei|nes|teils** Uw.: an deinem Teil ✳ **dei|ni|ge, Dei|ni|ge**, der; die; das: der, die, das deine ✳ *Deinigen* Mz.: deine Angehörigen

dein, Dein Pronomen werden, wenn sie stellvertretend für ein Substantiv stehen, klein geschrieben. In Kombination mit einem bestimmten Artikel kann aber auch großgeschrieben werden: *Du hast das deine getan auch ...das Deine...* Beim *Streit über Mein und Dein* werden *Mein* und *Dein* auch ohne Artikel immer groß geschrieben. Im Brief werden alle Formen von *du*, also auch *dein* kleingeschrieben.

dei|net|hal|ben usw.: s. dein, p. Fw.

De|is|mus usw.: s. Deifikation

Dei|wel, Dei|xel, der; –s: (volkst.) Teufel

Dé|jà-vu-Er|leb|nis (fr.), das; ..isses. ..isse: Gefühl, etwas schon einmal erlebt zu haben

De|jekt (l.), das; –(e)s, –e: Ausgeworfenes : Auswurf ✳ **De|jek|ti|on**, die; –, –en: Ausstoßung : Auswurf : Entleerung ✳ **de|jek|to|risch** Ew.: (Med.) abführend ✳ **De|jek|to|rium**, das; –s, ..ria und ..rien: (Med.) Abführmittel

De|jeu|ner (fr.) [dehsehöneh], das; –s, –s: Frühstück ✳ **de|jeu|nie|ren** intr.: frühstücken

de ju|re (l.): von Rechts wegen ✳ *De-jure-Anerkennung*: Anerkennung auf rechtlicher Grundlage

deka.. (gr.) Zahlw. in Zus.: zehn ✳ **De|ka|de**, die; –, –n: Zehnzahl : Gesamtheit von zehn Stück : Zeitraum von zehn Tagen ✳ **De|ka|dik**, die; –: Zahlensystem mit der Grundzahl 10 ✳ **de|ka|disch** Ew.: zehnteilig ✳ **De|ka|e|der**, das; –s, –: (Math.) Zehnflächner ✳ **De|ka|gon**, das; –s, –e: Zehneck ✳ **de|ka|go|nal** Ew.: auf ein Zehneck bezüglich ✳ *Dekagonalzahl*: Zahl, die sich als Zehneck darstellen lässt ✳ **De|ka|gramm**, das; –, –: Gewicht von 10 Gramm; Abk.: dag, östr. dkg ✳ **De|ka|li|ter**, der; das; –s, –: Maß(einheit) von 10 Litern; Abk.: dal. ✳ **De|ka|log**, der; –s: „zehn Worte", die Zehn Gebote im A. T. ✳ **De|ka|me|ron** (it.), das; –s: deutsche Form für Decamerone ✳ **De|ka|me|ter** (gr.), der; das; –s, –: Maß(einheit) von 10 Metern; Abk.: dam ✳ **De|kan|d|ria** (gr.) Mz.: „zehnmännige" Pflanzen ✳ **De|ka|po|de** (gr.), der; –n, –n: Maß von 10 Fuß : Zehnfüßler ✳ **De|kar**, das; –s, –e (als Maß: –); **De|ka|re**, die; –, –n ✳ *Maß (als Maß: –)*: Maß von 10 Ar ✳ *10 Dekar* ✳ **De|kas|ter**, der; –s, –e und –s (als Maß: –): Maß(einheit) von 10 cbm ✳ *10 Dekaster* ✳ **De|kas|ti|chon** (gr.), das; –s, ..cha und ..chen: Strophe aus zehn Versen ✳ **De|kas|ty|lon** (gr.), das; –s, ..stylen: Bauwerk aus zehn Säulen

De|kab|rist (russ.), der; –en, –en: „Dezembermann", Teilnehmer an dem Aufstand von 1825 in Russland [russ. dekabr Dezember]

de|ka|dent (nl.) Ew.: verfallen : im Verfall : verdorben : heruntergekommen ✳ **De|ka|denz**, die; –: Verfall : kultureller Niedergang : Entartung

de|ka|disch, De|ka|e|der, **De|ka|gon** usw.: s. deka..

De|ka|log: s. deka..

De|kal|kier|pa|pier (l. und gr.),

das; –s, –e: Papier zum Druck von Abziehbildern

De|ka|me|ron, De|ka|me|ter s. deka..

De|kan (l.), der; –s, –e: Aufseher eines Zeltes mit zehn Soldaten im röm. Lager : Amtsbezeichnung für Geistliche : Superintendent : (Italien) ältester Bediener : Fakultätsvorsteher ✳ **De|ka|nat**, das; –(e)s, –e: Verwaltung einer Fakultät : Amt oder Bezirk eines Dekans [l. decanus von decem zehn]

de|kan|tie|ren (..iert) (l.-fr.) tr.: „absingen", (Chem.) abklären, abgießen

de|ka|pie|ren (..iert) (fr.) tr.: (Metalle –) abbeizen, säubern, abklären

De|ka|pi|ta|ti|on (nl.), die; –, –en: Enthauptung ✳ **de|ka|pi|tie|ren** (..iert) tr.: enthaupten [l. vern. de- und caput Kopf]

De|ka|po|de, De|kar: s. deka..

De|ka|s|ter: s. deka..

De|ka|teur (fr.) [dehkatöhr], der; –s, –e: Dekatierer ✳ **de|ka|tie|ren** (..iert) tr.: krimpen : (Tuch –) Pressglanz entfernen : mit Wasserdampf behandeln, um das Einlaufen der Stoffe nach dem Waschen zu verhindern ✳ **De|ka|tie|rer**, –s, –: Krimper ✳ **De|ka|tur**, die; –, –en: Vorgang des Dekatierens

De|kla|ma|ti|on (l.), die; –, –en: kunstgerechter Vortrag : Redeübung ✳ *Deklamationsunterricht* ✳ **De|kla|ma|tor**, der, –s; ..toren: Vortragskünstler ✳ **De|kla|ma|to|rik** (nl.), die; –: Anweisung zum kunstgerechten Vortrag ✳ **de|kla|ma|to|risch** Ew.: vortragskünstlerisch : (Umgspr.) übertrieben pathetisch ✳ **de|kla|mie|ren** (..iert) tr.: ausdrucksvoll vortragen : hohlen Wortschwall machen [l. declamare laut reden]; vgl. declamando

De|kla|ra|ti|on (l.), die; –, –en: (Steuer- und Zollwesen) Erklärung : (Gesetzes-)Auslegung : Bekanntmachung : (kfm.) Inhaltsangabe : (kfm.) Wertangabe : (kfm.) Erklärung der Zahlungsunfähigkeit ✳ **de|kla|ra|tiv, de|kla|ra|to|risch** Ew.: erklärend ✳ **de|kla|rie|ren** (..iert) tr.: erklären : (kfm.) Inhalt angeben : (kfm.) Wert angeben

de|klas|sie|ren (..iert) (nl.) tr.: aus einer Klasse entfernen : herabsetzen : überlegen gewinnen ✱ **De|klas|sie|rung**, die; –, –en: Herabsetzung

de|kli|na|bel (l.) Ew.: (Sprachl.) veränderlich, abwandelbar : beugbar ✱ **Dekli|na|bi|li|tät**, die; –: Abwandelbarkeit ✱ **De|kli|na|ti|on**, die; –, –en: Beugung : Abweichung der Magnetnadel : Abweichung der Gestirne vom Äquator : (Sprachl.) Nominalbeugung, –abwandlung ✱ **De|kli|na|tor**, der; –s, ..toren; **De|kli|na|to|ri|um**, das; –s, ..rien: Kompass, der die waagerechte Abweichung der Magnetnadel zeigt ✱ **de|kli|na|to|risch** Ew.: abweichend ✱ **de|kli|nier|bar** Ew.: (Sprachl.) abwandelbar ✱ **De|kli|nier|bar|keit**, die; –: Fähigkeit, dekliniert zu werden ✱ **de|kli|nie|ren** (..iert) intr.: abweichen; tr.: (Sprachl.) abwandeln, beugen (Nomina)

de|ko|die|ren tr.: die Zuordnung zu einem Kode rückgängig machen : entziffern; s. a. Decoder

De|kokt (l.), das; –(e)s, –e: abgekochter Kräutertrank : Absud [l. coquere kochen]

De|kol|le|tee auch: **De|kol|le|té** (fr.), das; –s, –s: tiefer Kleidausschnitt ✱ in Dekolletee gehen: ein ausgeschnittenes Kleid tragen ✱ **de|kol|le|tie|ren** (..iert) tr.: Kleid mit Halsausschnitt versehen : Hals entblößen ✱ **de|kol|le|tiert** Mw. Ew.: mit Halsausschnitt versehen ✱ **De|kol|le|tie|rung**, die; –, –en: Entblößung des Halses : Kleiderausschnitt an Hals und Schultern

Dekolletee
Im Zuge der Integration von Fremdwörtern in die deutsche Sprache ist die eingedeutschte Schreibweise Dekolletee die Hauptvariante. Weitere Beispiele sind: Buklee vor Bouclé, Exposee vor Exposé oder Varietee vor Variété.

De|ko|lo|ni|sa|ti|on (nl.), die; –, –en: Entlassung einer Kolonie in die Unabhängigkeit ✱ **de|ko|lo|ni|sie|ren** tr.: in die Unabhängigkeit entlassen

De|kom|pen|sa|ti|on (l.), die; –, –en: Organstörung des Körpers

de|kom|po|nie|ren (l.) (..iert) tr.: zerlegen : zersetzen ✱ **De|kom|po|si|ti|on**, die; –, –en: Zerlegung : Auflösung eines Körpers in seine Bestandteile ✱ **De|kom|po|si|tum**, das; –s, ..ta: zersetzter Körper : mehrfach zusammengesetztes Heilmittel : (Sprachl.) Ableitung von einem zusammengesetzten Wort [s. de und komponieren]

De|kom|pres|si|on (l.), die; –, –en: (Techn.) Druckabfall ✱ **de|kom|pri|mie|ren** tr.: für Druckentlastung sorgen

De|kon|ta|mi|na|ti|on (l.), die; –, en: Beseitung oder Veringerung von atomaren, chem. oder biol. Verunreinigungen ✱ **de|kon|ta|mi|nie|ren** tr.: entgiften : radioaktiv Verstrahltes entseuchen ✱ **De|kon|ta|mi|nie|rung**, die; –, –en: Vorgang der Entseuchung oder Entgiftung

De|kon|zen|t|ra|ti|on (l.), die; –, –en: Zerstreuung : Zersplitterung : Verteilung : Auflösung ✱ **de|kon|zen|t|rie|ren** tr.: zerstreuen : verteilen

De|kor (fr.), der; –s, –s: Ausschmückung, Verzierung ✱ **De|ko|ra|teur** [..töhr], der; –s, –e: berufsmäßiger künstlerischer Gestalter von Schaufenstern und Innenräumen ✱ **De|ko|ra|teu|rin**, die; –, –nen: weibl. Gestalterin von Innenräumen ✱ **De|ko|ra|ti|on** (ml.-fr.), die; –, –en: Ausschmückung : Ausstattung : Ausstattung mit Orden : Orden ✱ Dekorationsmaler; Dekostoff: Kurzw. für Dekorationsstoff ✱ **de|ko|ra|tiv** Ew.: schmückend : nur der Verzierung dienend ✱ **de|ko|rie|ren** (..iert) tr.: ausschmücken : verzieren : einem einen Orden verleihen ✱ **De|ko|rie|rung**, die; –, –en: Dekoration ✱ **De|ko|rum** (l.), das; –s: äußerer Schein, Anstand [l. decorus anständig, von decus, Gen. decoris Anstand; decere sich ziemen]; vgl. dezent

De|kort (nl.-it.), der; –(e)s, –e: Zahlungsabzug wegen Mängeln : Preisnachlass ✱ **de|kor-**

tie|ren (..iert) tr.: abziehen : Rechnung kürzen [it. corto aus l. curtus kurz]

De|kor|ti|ka|ti|on (l.), die; –, –en: das Abschälen (bes. von Bäumen) : das Abhülsen : operative Ausschälung der Lunge bei chronischer Brustfelleiterung ✱ Dekortikationsmaschine: Brechmaschine [s. de und l. cortex, Gen. corticis, Rinde]

de|kre|di|tie|ren (..iert) (fr.) tr.: im Ansehen schmälern : den Kredit herabsetzen

De|kre|ment (l.), das; –(e)s, –e: Abnahme : Verminderung : Verfall : (Math.) natürlicher Logarithmus des Verhältnisses der Amplituden zweier aufeinander folgender Schwingungen; vgl. dekreszent

De|kre|pi|ta|ti|on (l.), die; –, –en: (Chem.) das Zerknistern, Verpuffen von Salzkristallen bei Erhitzung ✱ **de|kre|pi|tie|ren** (..iert) intr. (sein): zerknistern, verpuffen [l. crepitare knistern]

De|kres|cen|do (it.) [dekreschendo], das; –s, –s: das Abnehmen ✱ **de|kres|zent** (l.) [..kreßtßent] Ew.: abnehmend ✱ **De|kres|zenz**, die; –, –en: Abnahme [l. vern. de- und crescere wachsen]

De|kret (l.), das; –(e)s, –e: Beschluss : Verfügung : höherer Befehl ✱ **De|kre|ta|le**, das; –(s), –n und ..lien: päpstlicher Bescheid : (Mz.) Gesamtheit der Bestimmungen, die den zweiten Teil des Kirchenrechts bilden ✱ **De|kre|ta|list, De|kre|tist**, der; –en, –en: Kirchenrechtslehrer ✱ **de|kre|tie|ren** (..iert) tr.: bestimmen : verfügen : verordnen [l. decretum, von decernere beschließen]; vgl. Dezernent

De|ku|bi|tus (nl.), der; –: das Wundliegen von Kranken : Ablagerung von Körpersäften [l. decumbere sich legen]

De|ku|ma|ten|land, De|ku|mat|land (l.-dtsch.), das; –es: das von den Römern besetzte germanische Gebiet zwischen Rhein, Donau und Limes

de|ku|pie|ren (..iert) (fr.) tr.: ausschneiden : schweifen : zerstückeln ✱ Dekupiersäge:

Schweifsäge, Laubsäge zum Ausschneiden von Zacken usw.

De|ku|rie (l.), die; –, –en: Abteilung von zehn (Mann) *

De|ku|rio, der; –s und ..rionen, ..rionen: Vorsteher einer Dekurie [l. decem zehn]

De|kurs (l.), der; ..ses, ..se: (Krankheits-)Verlauf * **de|kur|siv** (nl.) Ew.: abwärts laufend [l. decurrere abwärtslaufen]

de|kus|sie|ren (..iert) (l.) tr.: kreuzweise durchschneiden, kreuzen * **de|kus|siert** Ew.: kreuzweise in Paaren gegenüberstehend

De|ku|vert (fr.) [dehkuwähr], das; –s, –s: Ausfall einer Einnahme : unbeglichene Schuld : (Börse) Fehlen eines zur Deckung nötigen Wertpapieres : ungedeckte Verbindlichkeit * **de|ku|v|rie|ren** (..iert) tr., rbz.: aufdecken : enttarnen : offenbaren : zu erkennen geben [fr. vern. de- und couvrir decken]

De|lak|ta|ti|on (l.), die; –, –en: Entwöhnung von der Muttermilch [l. vern. de- und lac, Gen. lactis, Milch]; s. Ablaktation

De|lat (l.), der; –en, –en: Verklagter, dem ein Eid zugeschoben wird * **De|la|ti|on** (l.), die; –, –en: verleumderische Anzeige : (Rechtsspr.) Übertragung einer Erbschaft : Zuschiebung eines Eides * **de|la|to|risch** Ew.: angeberisch : verräterisch : verleumderisch * [l. deferre, Mw. Vg. delatus angeben]; s. Deferent

De|la|ware [delewär]: Staat der USA : Fluss in den USA

de|le|a|tur: (auf Korrekturbogen) man streiche! * **De|le|a|tur**, das; –s, –: Tilgungszeichen * **de|le|tär** Ew.: (Med.) zum Tode führend : verderblich * **de|le|te|risch** Ew.: zerstörend * **de|le|te** (e.) [diliht]: (bei Computeranwendungen) löschen [l. delere zerstören, vernichten]

De|le|gat, der; –en, –en: Abgeordneter : angewiesener Schuldner : päpstlicher Bevollmächtigter * **De|le|ga|ti|on**, die; –, –en: Abordnung : (Rechtsspr.) Übertragung einer Vollmacht : Befugnis : Schuldüberweisung * *Delegationsleiter:* Leiter einer Abordnung;

Delegationsmitglied * **De|le|ga|tur**, die; –, –en: Amtsbereich eines Apostolischen Delegaten * **de|le|gie|ren** (..iert) tr.: abordnen : (Schuld, Recht –) überweisen * **De|le|gie|rung**, die; –, –en: Abordnung : Übertragung einer Vollmacht : Verteilung von Arbeit * **De|le|gier|te(r)**, die; (der); –n, –n: Abgeordnete(r) : Beauftragter : Mitglied einer Delegation * *Delegiertenkonferenz; Delegiertenversammlung*

de|lek|tie|ren (..iert) tr., rbz.: ergötzen : laben

de|le|te|risch: s. deleatur

Del|fin: s.a. Delphin

Delft: niederländ. Stadt * **Delf|ter** Ew.: aus Delft stammend * *Delfter Fayence:* glasiertes Steingutgeschirr, blau und bunt bemalt : *Delfter Kacheln*

Del|hi: Hauptstadt Indiens

De|li|be|ra|ti|on, die; –, –en: Beratung : Überlegung * *Deliberationsfrist:* Bedenkzeit * **de|li|be|ra|tiv** Ew.: beratend : überlegend : *Deliberativstimme:* nur beratende Stimme in pol. Körperschaften * **de|li|be|ra|to** (it.): (Mus.) entschlossen * **de|li|be|rie|ren** tr.: beraten [l. deliberare beraten]

de|li|ca|ta|men|te (it.) Uw.: (Mus.) zart * **de|li|ca|tez|za, con** – (it.): (Mus.) mit Zartheit * **de|li|ca|to** (it.): (Mus.) zart * **de|li|kat** (l.) Ew.: zart : wohlschmeckend : heikel : behutsam zu behandeln * **De|li|ka|tes|se** (fr.), die; –, –n: Zartheit : Zartgefühl : zarte Schonung : künstlerischer Feingeschmack : Zierlichkeit : Leckerbissen : (Mz.) Feinkost * *Delikatessengeschäft, Delikateßladen* → *Delikatessladen:* Feinkostgeschäft; *Delikatladen:* (ehem. DDR) Geschäft für teure Genussmittel * **de|li|zi|ös** (l.-fr.) Ew.: köstlich : wohlschmeckend [l. delicia Wonne]

De|likt (l.), das; –(e)s, –e: Vergehen : Verbrechen * **de|lin|quent** Ew.: kriminell : straffällig * **De|lin|quent**, der; –en, –en: Angeklagter : Verbrecher * **De|lin|quenz**, die; –: Kriminalität [l. delinquens sich vergehen]

De|li|ne|a|ti|on (l.), die; –, –en: Zeichnung : Entwurf : Grundriss * **de|li|ne|a|vit** [..w..]: (Unterschrift auf Zeichnungen usw.) „er hat (es) gezeichnet"; Abk.: delin. [l. linea Linie]

De|lin|quent: s. Delikt

de|li|ran|do (it.): (Mus.) leidenschaftlich, rasend * **De|li|rant** (l.), der; –en, –en: Wahnsinniger * **De|li|ra|ti|on** (l.), die; –, –en: Wahnsinn * **de|li|rie|ren** (..iert) intr.: irre sein : irre reden : rasen * **De|li|ri|um** (l.), das; –s, ..rien: Wahnsinn : Zustand der Geistesverwirrung * *Delirium trémens* (l.), das; – –: Säuferwahnsinn

de|lisch Ew.: von der Insel Delos * *der Delische Bund:* Attischer Bund * *das delische Problem:* im Altertum geometr. Aufgabe einer Würfelkonstruktion ohne Lineal, nur rechnerisch lösbar

de|li|zi|ös: s. delicatamente

Del|kre|de|re (it.), das; –, –: Haftung : Bürgschaft : Bürgschaftssumme * *Delkrederefonds:* Rücklage für eventuelle Verluste; *Delkredereprovision:* Vergütung für die Haftung

Del|le, die; –, –n: Vertiefung : Rinne : Beule; auch Telle

de|lo|gie|ren (..iert) [..schih..] intr. (sein): (östr.) ausziehen : aufbrechen; tr.: zum Ausziehen veranlassen; vgl. logieren * **De|lo|gie|rung**, die; –, –en: Zwangsräumung

De|los: griech. Insel im Ägäischen Meer; vgl. delisch

Del|phi: altgriechische Orakelstätte * *das Delphische Orakel* * **del|phisch** Ew.: Delphi betreffend : (übertr.) doppelsinnig : rätselhaft

Del|phin *auch:* **Del|fin**, der; –s, –e: mäßig großer Wal : ein Sternbild * *Delphinarium auch: Delfinarium:* Anlage für die Züchtung und Dressur von Delphinen * **Del|phi|no|lo|ge** *auch:* **Del|fi|no|lo|ge**, der; –n, –n: Delphinforscher * **Del|phin|schwim|men** *auch:* **Del|fin|schwim|men**, das; –s: ein bestimmter Schwimmstil * *Delphinschwimmer auch: Delfinschwimmer*

Delphin / Delfin
Im Zuge der Eindeutschung von Fremdwörtern stehen

beide Schreibweisen – *Delphin* und *Delfin* – gleichwertig nebeneinander, so ist z. B. neben *Demographie* auch: *Demografie* erlaubt.
Delta, das; –(s), –s: der vierte Buchstabe des griech. Alphabets : wie ein Delta geformtes Schwemmland an der Nilmündung : Schwemmland an einer Flussmündung ✳ *deltaförmig* Ew.: die Form eines Delta habend; *Deltametall:* Mischung aus Kupfer, Zinn und Eisen; *Deltamuskel:* deltaförmiger Oberarmmuskel; *Deltastrahlen:* Elektronenstrahlen ✳ **Deltoeder,** das; –s, –: eine Kristallform ✳ **Deltoid,** das; –s, –e: drachenförmiges Viereck ✳ *Deltoiddodekaeder:* eine Kristallform
Delusion, die; –, –en: Täuschung ✳ **delusorisch** Ew.: delusiv (l. ludere spielen)
de Luxe (fr.) [delǘx] Ew.: aufs Beste ausgestattet : luxuriös
dem p. Fw., hinw. Fw.: Dat. Ez. von der, das : Dat. Ez. von der, welcher; das, welches; das, was ✳ *dementgegen* Uw.: diesem entgegen; *dementsprechend* Uw.: diesem, dem Genannten entsprechend; *demgegenüber* Uw.: dagegen, andererseits; *demgemäß* Uw.: diesem gemäß; *demnach* Uw.: somit, nach diesem, aus diesem folgend; *demnächst* Uw.: bald; *demzufolge* Uw.: diesem zufolge, daher, deshalb
Demagoge (gr.), der; ..gen, ..gen: „Volksführer", Volksaufwiegler ✳ **Demagogie,** die; –: „Volksleitung", Volksverführung ✳ **demagogisch** Ew.: „volksleitend", volksverführerisch, aufwieglerisch; die Wahrheit verfälschend ✳ **Demagogismus,** der; –: Gesinnung und Handlungsweise eines Demagogen ✳ **Demiurg,** der; –en und –s, –en: Weltmeister, –schöpfer ✳ **Demograph** *auch:* **Demograf** (gr.), der; –en, –: jemand, der Bevölkerungsstatistiken aufstellt und analysiert ✳ **Demographie** *auch:* **Demografie,** die; –: Bevölkerungswissenschaft (vor allem der wirtschaftl. und sozialen Erscheinungen) ✳ **Demo-**

krat(in), der; (die); –en (–), –en (..innen): Anhänger(in) der Volksherrschaft ✳ **Demokratie,** die; –, ..tien: Volksherrschaft : Staatsform, in der nach dem Willen des Volkes regiert wird ✳ **demokratisch** Ew.: „volksherrlich", nach den Grundsätzen der Demokratie verfahrend ✳ *Demokratischer Block:* (in der ehem. DDR) von der SED erzwungener Zusammenschluss aller pol. Parteien ✳ **demokratisieren** (..iert) tr.: (Staat –) einem Staat eine demokratische Verfassung geben ✳ **Demokratisierung,** die; –, –en: Einleiten eines Prozesses, der zu demokratischen Verhältnissen führen soll ✳ **Demos,** der; –, ..men: altgriech. Volksgemeinde : (im jetzigen Griechenland) Verwaltungsbezirk ✳ **Demoskop** (gr.), der; –en, –en: Meinungsforscher ✳ **Demoskopie,** die; –, –n: Erforschung der öffentlichen Meinung : Meinungsumfrage ✳ **demotisch** Ew.: volkstümlich ✳ **Demotisch,** das; –: Name der altägyptischen Kursivschrift [gr. demos Volk]
Demant (gr.), der; –(e)s, –e: Diamant ✳ **demanten** Ew.: diamanten ✳ **Demantoid,** der; –(e)s, –e: Granat [gr. adamas Stahl]
demanten, Demantoid: s. Demant
Demarche (fr.) [dehmarsch], die; –, –n: (polit.) Maßregel : diplomat. Einschreiten : mündl. vorgetragener Einspruch eines Diplomaten
Demarkation (nl.), die; –, –en: Abgrenzung : Berechnung des Ortes, an dem sich ein Schiff auf See befindet ✳ *Demarkationslinie:* Grenzlinie ✳ **demarkieren** (..iert) tr.: abgrenzen : eine Grenze festsetzen; vgl. Mark(e)
demaskieren (..iert) (fr.) tr.: die Maske abnehmen, entlarven : (Truppen –) bloßlegen ✳ **Demaskierung,** die; –, –en: das Entlarven; vgl. Maske
dementgegen: s. dem
Dementi (fr.), das; –s, –s: Ableugnung : Widerruf : Berichtigung einer falschen Nachricht ✳ **dementieren** (..iert) tr.: wi-

derrufen [fr. vern. dé- und mentir lügen]
Dementia, die; –: Wahnsinn ✳ *dementia paralytica:* Gehirnerweichung; *dementia praecox* : Jugendirresein [l. mens Sinn] ✳ **Demenz,** die; –, –en: erworbener Schwachsinn
dementsprechend: s. dem
Demerit (l.), der; –en, –en: (Kaste, Kirche) straffälliger Geistlicher ✳ *Demeritenstalt:* Bußanstalt für Demeriten ✳ **demeritieren** (..iert) tr.: verschulden [l. vern. de- und meritum Verdienst]
Demeter: griech. Göttin des Erdsegens
demgegenüber: s. dem
demgemäß: s. dem
Demijohn (ind.-e.) [demidschonn], der; –s, –s: Korbflasche für Wein : Glasballon für Säuren
demilitarisieren tr.: entmilitarisieren
Demimonde (fr.), die; –: Halbwelt
Deminution usw.: s. Dimin..
demi-sec Ew.: halbtrocken (bei Schaumweinen)
Demission (l.), die; –, –en: Entlassung, Amtsniederlegung, Abschied ✳ **Demissionär,** der; –s, –e: verabschiedeter Beamter ✳ **demissionieren** intr.: seinen Abschied nehmen
Demiurg: s. Demagoge
demnach, demnächst: s. dem
Demo (l.), die; –, –s: (Umgspr.) Kurzw. für Demonstration; s. a. Demonstrant
Demobilisation (l.), die; –, –en: Abrüstung ✳ **demobilisieren** (..iert) intr.: abrüsten ✳ **Demobilisierung,** die; –, –en: Abrüstung ✳ *Demobilisierungsplan* [l. vern. de- und mobilis beweglich] ✳ **Demobilmachung,** die; –, –en: Abrüstung
Demograph *auch:* **Demograf, Demographie** *auch:* **Demografie:** s. Demagoge
Demoiselle (fr.) [d'moasäll'], die; –, –n: Fräulein : unverheiratete Frau
Demokrat, Demologie: s. Demagoge
Demokrit: griech. Philosoph
demolieren (..iert) (l.) tr.: niederreißen : zerstören : abtra-

gen : (Festung –) schleifen ✳
De|mo|lie|rung, die; –, –en:
das Demolieren [l. demolire
wegschaffen]
De|mons|t|rant(in) (l.) der,
(die); –en(–, –en(..innen):
Kundgeber(in) einer Gesinnung u. dgl. : Teilnehmer(in) an
einer Massenkundgebung ✳
De|mons|t|ra|ti|on, die; –,
–en: Beweisführung : überzeugende Darlegung : Scheinangriff : (Massen-)Kundgebung :
(Med.) anatomischer Unterricht an Hand von Präparaten :
(Rechtsspr.) Anzeige ✳ *Demonstrationsapparat; Demonstrationsmaterial; Demonstrationsobjekt ✳ Demonstrationsrecht; Demonstrationsverbot;
Demonstrationszug:* Massenzug als politische Kundgebung
✳ **de|mons|t|ra|tiv** Ew.: beweisend : darlegend : eine
Kundgebung bezweckend :
(Sprachl.) hinweisend ✳ *Demonstrativpronomen* ✳ **Demons|t|ra|tiv,** das; –s, –e:
De|mons|t|ra|ti|vum [..w..],
das; –s, ..va: (Sprachl.) hinweisendes Fürwort ✳ **Demons|t|ra|tor,** der; –s, ..toren: Darleger : Beweisführer ✳
de|mons|t|rie|ren (..iert) tr.:
darlegen : beweisen : drohende
Haltung annehmen : Missbilligung kundgeben : eine Demonstration veranstalten, an ihr
teilnehmen ✳ *ad oculos demonstrieren* [..ok..]: „vor Augen"
darlegen : anschaulich dartun
[l. demonstrare darlegen]

De-mon-s-t-rant
Bei Fremdwörtern ist sowohl
die Trennung nach Sprechsilben als auch eine Trennung
nach etymologischen Gesichtspunkten möglich. Darüber hinaus gilt das Verbot der Trennung von *st* nicht mehr. Die
neuen Trennmöglichkeiten
sind durch rote Trennstriche
gekennzeichnet.

De|mon|ta|ge (fr.) [dehmongtahsche], die : –, –n: Verlegung
: Abtragung : Abbruch (bes.
der Fabriken) : (Kriegsw.) Entziehung der Pferde ✳ *Demontageplan; –verweigerung* ✳
de|mon|tie|ren (..iert) tr.: unbrauchbar machen : zerstören :
in seine Teile zerlegen : abbauen : abbrechen ✳ **Demon**

tie|rung, die; –, –en: das Demontieren; vgl. montieren
De|mo|ra|li|sa|ti|on (fr.), die; –,
–en: Entsittlichung, Sittenverderbnis : Zuchtlosigkeit ✳
de|mo|ra|li|sie|ren (..iert) tr.:
entsittlichen : entmutigen : des
sittlichen Rückhalts berauben
✳ **De|mo|ra|li|sie|rung,** die; –,
–en: Entmutigung; vgl. Moral
de mor|tu|is nil ni|si be|ne
(l.): „von den Toten (soll man)
nur gut (sprechen)"
De|mos|ko|pie, de|mo|tisch:
s. Demagoge
De|mo|ti|va|ti|on (l.), die; –,
–en: Schwächung der Motivation ✳ **de|mo|ti|vie|ren** tr.: jemandem die Motivation nehmen
De|mut, die; –: Bewusstsein
inneren Unwertes und daraus
entspringende Bescheidenheit :
Unterwürfigkeit ✳ *Demutsgebärde; Demutshaltung; Demutsinn* ✳ *demut(s)voll* Ew.; *Demut(s)zeichen* ✳ **de|mü|tig**
Ew.: von Demut erfüllt : Demut
zeigend ✳ *de- und wehmütig*
✳ **de|mü|ti|gen** tr.: demütig machen : erniedrigen : kränkend
herabsetzen ✳ **De|mü|ti|gung,**
die; –, –en: das Demütigen :
Kränkung
dem|zu|fol|ge: s. dem
den p. Fw.: Akk. Ez. von der;
best. Art.: Akk. Ez. von der:
Dat. Mz. von die, das
De|nar (l.), der; –s, –e: „Zehner", altröm. Münze; Abk.: d
de|na|ti|o|na|li|sie|ren (..iert)
(l.) tr.: der Volkseigenheit berauben
De|na|tu|ra|li|sa|ti|on (nl.), die;
–, –en: Ausbürgerung ✳
de|na|tu|ra|li|sie|ren (..iert)
tr.: des Bürger-, Heimatrecht
entziehen ✳ **de|na|tu|rie|ren**
(..iert) intr.: entarten : seine Natur ändern; tr.: seiner natürlichen Eigenschaften berauben :
ungenießbar machen ✳
De|na|tu|rie|rung, die; –, –en:
das Denaturieren
de|na|zi|fi|zie|ren tr.: entnazifizieren ✳ **De|na|zi|fi|zie|rung,**
die; –, –en: (nach 1945) Entnazifizierung
Den|d|rit, der; –en, –en: Gestein mit baum-, strauchartiger
Zeichnung ✳ **den|d|ri|tisch**
Ew.: verästelt ✳ **dend|ro|li|disch** Ew.: baumähn

lich ✳ **Den|d|ro|lith,** der; –(e)s
und –en, –e(n): versteinerter
Baumstamm ✳ **Den|d|ro|lo|ge,**
der; ..gen, ..gen: Baumkenner
✳ **Den|d|ro|lo|gie,** die; –:
Baum- und Gehölzkunde ✳
den|d|ro|lo|gisch Ew.: baumkundlich ✳ **Den|d|ro|me|ter,**
das; –s, –: Baummesser, Gerät
zum Messen der Höhe und
Stärke stehender Bäume ✳
Den|d|ro|me|trie, die; –:
Baummesskunst [gr. dendron
Baum]
De|neb (arab.), der; –:
„Schwanz", hellster Stern im
Schwan ✳ **De|ne|bo|la,** die; –:
Stern im Löwen
Den|gel, der; –s, –: Schneide
einer Sense, Sichel o. Ä. ✳
Dengelamboss; Dengelhammer; Dengelstock ✳ **den|geln**
(ich ..[e]le) tr.: hämmernd
klopfen : (Sense –) klopfend
schärfen
Den Haag: niederländ. Residenzstadt
De|nier (l.-fr.) [denjeh], das;
–s, –s: Maßeinheit für die Fadenstärke von Seidengarnen
und Chemiefasern
Denk|art: s. denkbar
denk|bar Ew.: was sich denken
lässt : vorstellbar, möglich ✳
den|ken (du dachtest, du dächtest; gedacht; denk[e]!) intr.:
urteilend geistestätig sein : Absichten haben : Pläne entwerfen : sich zurückerinnern : gesinnt sein : (Bff.) aufmerken :
meinen, glauben, annehmen; tr.
(oder mit abh. Satz oder Inf.
mit zu): vorstellen : annehmen :
beabsichtigen : im Sinn haben :
sich etwas lebendig vorstellen;
intr.: (an etwas, einen –) seine
Gedanken richten auf : sich erinnern : (auf etwas –) bedacht
sein auf : (über etwas gut usw.
–) eine gute usw. Meinung haben : (etwas unter etwas –) sich
darunter vorstellen : (von jemand gut usw. –) von jemand
eine gute usw. Meinung haben
✳ *denk an!* (Bff.): denke!, merk
auf!, stell dir vor! ✳ *denkste!*
(Umgspr.) das täte dir so passen, daraus wird nichts ✳ *gedacht* Mw. Ew.: nur in Gedanken vorhanden : erwähnt ✳
Denkanstoß: Anstoß zum
Nachdenken; *Denkart:* Gesinnung; *Denkaufgabe; Denk-*

blatt: Erinnerungsblatt; *denkfähig* Ew.; *Denkfähigkeit; Denkfehler; denkfaul* Ew.: faul im Denken; *Denkfreiheit:* Freiheit im Denken; *Denkform:* Art des Denkens : Anschauung; *Denkkraft; Denkkunst; Denklehre:* Logik; *Denkmal,* das; –s, ..mäler und ..male: Erinnerungs-, Ehrenmal, bes. Standbild zur Erinnerung, Ehrung : Erinnerungszeichen; *Denkmalkunde; –pflege; Denkmalschutz; Denkmalschändung; denkmäßig* Ew.: dem Denken gemäß, logisch; *Denkmodell; Denkmuster; Denkmünze:* Erinnerungs-, Ehrenmünze; *Denkpause; Denkprozess; Denkpsychologie:* Lehre, die die geistigen Vorgänge mit experimentellen Mitteln untersucht; *Denkrede:* Gedächtnisrede; *denkste!:* (ugs.) „das hast du dir so gedacht!"; *Denkschrift; Denkspiel:* Spiel zur Schulung des Gedächtnisses; *Denksport, -aufgabe; Denkspruch:* dem Gedächtnis einzuprägender Spruch; *Denkstein:* Erinnerungs-, Ehrenstein; *Denkübung; Denkvermögen; Denkweise:* Gesinnung; *denkwürdig* Ew.: bemerkenswert, erwähnenswert; *Denkwürdigkeit,* die; –, –en: etwas Denkwürdiges, (Mz.) Bericht, Aufzeichnung von denkwürdigen Ereignissen; *Denkzeichen:* Erinnerungszeichen; *Denkzettel:* Erinnerungszettel : eindringliche Lehre ✶ **Den|ken,** das; –s: Tätigkeit des Denkens : Gesamtheit der Gedanken : Gedanke(n) ✶ **Den|ker,** der; –s, –: ein Denkender, Philosoph ✶ *Denkerstirn* ✶ **Den|ke|rin,** die; –, –nen: eine Denkende, Philosophin ✶ **den|ke|risch** Ew.: in der Art eines Denkers ✶ *Denkungsart, -weise:* Denkart

denn Bw. zur Bezeichnung des Grundes: (nach Kompar.) als; (angelehnt an Fragewort) also, nämlich : (im konjunktivischen Nebensatz) außer wenn ✶ *warum denn?; wo denn?* ✶ *warum denn?:* aus welchem anderen Grunde? ✶ *wo denn?:* an welchem anderen Ort? ✶ **den|noch** Bw.: trotzdem

De|no|mi|na|ti|on (l.), die; –, –en: Bezeichnung : Anzeige :

Ernennung zu einem Amt : am. christl. Sekte ✶ **De|no|mi|na|tiv,** das; –s, ..ve; **De|no|mi|na|ti|vum** [..w..], das; –s, ..va: (Sprachl.) von einem Nomen abgeleitetes Wort ✶ **de|no|mi|nie|ren** (..iert) tr.: benennen : ernennen [l. nomen Name]

De|no|ta|ti|on, die; –, –en: (Sprachw.) Bedeutung eines Begriffes

Den|si|me|ter, das; –s, –: Messgerät für die Dichte von Flüssigkeiten ✶ **Den|si|tät,** die; –: Dichte ✶ **Den|si|to|me|ter, Den|so|me|ter,** das; –, –: Gerät zum Messen der Dichte (Schwärze) einer fotografischen Schicht [l. densus dicht]

Dent (fr.) [dang], der; –, –s: scharfkantiger Berggipfel ✶ *Dent du Midi:* schweiz. Gebirgsstock ✶ **den|tal** (l.) [den..] Ew.: die Zähne betreffend : (Sprachl.) an den Zähnen gebildet : *Dentallabor; Dentallaut* ✶ **Den|tal,** der; –(e)s, –e; **Den|ta|lis,** die; –, ..les: Zahnlaut ✶ **Den|tal|gie** (l. gr.), die; –, –en: Zahnschmerz ✶ **Den|ta|lit,** der; –en, –en: versteinerter Zahn aus Meeresablagerungen ✶ **Den|ta|ti|on,** die; –, –en: Auszackung : zackenförmiger Muschelansatz ✶ **den|tel|lie|ren** (..iert) (fr.) [dang..] tr.: auszacken ✶ **Den|tin** (nl.), das; –s: Zahnbein ✶ **Den|tist** (nl.), der; –en, –en: Zahntechniker ✶ **Den|ti|ti|on,** die; –, –en... das Zahnen : Zahndurchbruch ✶ **Den|to|lo|gie,** die; –: Zahnheilkunde ✶ **Den|tur** (l.), die; –, –en: Zahnbestand : Beschaffenheit der Zähne [l. dens, Gen. dentis Zahn]

De|nun|zi|ant (l.), der; –en, –en: Verräter : heimlicher Ankläger ✶ **De|nun|zi|a|ti|on,** die; –, –en: Anschwärzung : Anzeige : Anklage ✶ **De|nun|zi|a|tor,** der; –s, ..toren: Denunziant ✶ **de|nun|zie|ren** (..iert) tr.: angeben : anzeigen : heimlich anklagen [l. nuntiare melden]

Deo, das; –s, –s: Kurzw. für Deodorant ✶ *Deoroller; Deospray; Deostift* ✶ **De|o|do|rant** (e.), das; –s, –e und –s: Körpergeruch verhinderndes kosmeti-

sches Mittel ✶ *Deodorantspray* **Deo gra|ti|as** (l.): Gott sei Dank!

De|par|te|ment (fr.) [dehpart'mang], das; –s, –s: Verwaltungsbezirk : Geschäftskreis, Fach ✶ *Departementschef:* Vorsteher eines Geschäftszweiges : Bezirksvorstand ✶ **De|par|t|ment** (e.), das; –s, –s: englische Form von Departement [l. partiri teilen zu pars Teil]

De|pen|dan|ce (fr.) [..pangdangss], die; –, –n: „Abhängigkeit", Nebengebäude ✶ **De|pen|denz** (l.), die; –, –en: Abhängigkeit : Zubehör : (östr.) (Mz. ..zien) Nebengebäude ✶ *Dependenzgrammatik:* Forschungsrichtung der modernen Linguistik [l. dependere abhängig sein]

De|per|so|na|li|sa|ti|on, die; –: Verlust des Ichbewusstseins **De|pe|sche** (fr.), die; –, –en: amtliche Eilnachricht : Drahtnachricht, Funkspruch ✶ *Depeschenanweisung:* telegrafische Postanweisung; *Depeschenwechsel:* Verständigung zwischen Diplomaten durch Depeschen ✶ **de|pe|schie|ren** (..iert) tr., intr.: eilig absenden : drahten : telegrafieren [fr. dépêcher beeilen]

De|pi|la|ti|on (l.); –, –en: Enthaarung ✶ **De|pi|la|to|ri|um,** das; –s, ..rien: Enthaarungsmittel ✶ **de|pi|lie|ren** (..iert) tr.: der Haare berauben : enthaaren [l. vern. de- und pilus Haar]

De|pla|ce|ment (fr.) [deplaß'mang], das; –s, –s: Verdrängung : Versetzung : verkehrte Stellung : (seem.) Wasserverdrängung, Taucherraum eines Schiffes : Tauchgewicht ✶ **de|pla|cie|ren** (..iert) [..ßieren], **de|pla|zie|ren** → **de|pla|zie|ren** tr.: verrücken : versetzen : verdrängen ✶ **de|pla|ciert, de|pla|ziert** → **de|pla|ziert** Mw. Ew.: am falschen Platz stehend : unangebracht ✶ **De|pla|zie|rung** → **De|pla|zie|rung,** die; –, –en: Versetzung : Verdrängung [fr. deplacer vom Platz rücken]

deplaziert
Um die Verwandtschaft mit dem Wortstamm deutlich zu machen, werden auch die Ab-

leitungen so geschrieben wie der deutsche Wortstamm, in diesem Fall ist *Platz* der Wortstamm, der in *deplatziert* wiederzuerkennen ist.

De|po|la|ri|sa|ti|on (fr.), die; –, –en: Aufhebung der Polarität * **de|po|la|ri|sie|ren** (..iert) tr.: der Polarität berauben * **De|po|la|ri|sa|tor**, der; –s, –en: Stoff, der die Polarisation verhindert; vgl. polar

De|po|nens (l.), das; –, ..nenzien: (Sprachl.) Zeitwort in passivischer Form mit aktivischer Bedeutung

De|po|nent, der; –en, –en: (Rechtsspr.) Hinterleger

De|po|nie, die; –, ..ien: Schutthalde, Müllabladeplatz

de|po|nie|ren (..iert) tr.: niederlegen : in Verwahrung geben : aussagen * **De|po|nie|rung**, die; –, –en: Hinterlegung * **De|po|si|tar, De|po|si|tär**, der; –s, –e: (Rechtsspr.) Verwahrer : Empfänger eines Depositums * **De|po|si|ten**: s. Depositum * **De|po|si|ti|on**, die; –, –en: Hinterlegung * **De|po|si|to|ri|um**, das; –s, ..rien: Aufbewahrungsort : Verwahrgelass * **De|po|si|tum**, das; –s, ..sita und ..siten: etwas zur Aufbewahrung Übergebenes : hinterlegtes Geld * *Depositenbank; Depositengeld; –kasse; –konto* * **De|pot** (fr.) [dehpoh], das; –s, –s: Niederlage : Lagerplatz : Aufbewahrung von Wertstücken in einer Bank : Straßenbahnhof : (Med.) Ablagerung * *Depothehandlung; Depotbuch:* Verzeichnis aller deponierten Gegenstände, Gelder usw.; *Depotfund; Depotgebühr; Depotpräparat; Depotschein:* Hinterlegungsschein, Pfandschein; *Depotwirkung:* Wirkung eines als Depot im Körper angelegten Medikaments (Depotpräparates) [l. deponere niederlegen]

De|por|ta|ti|on (l.), die; –, –en: Verbannung mit zwangsweiser Fortschaffung und Festhaltung * *Deportationslager* * **de|por|tie|ren** (..iert) (l.) tr.: verbannen, zwangsweise verschicken * **De|por|tier|te**, der, die; –n, –n: in eine Strafkolonie Verbannte(r) [l. deportare wegtragen]

De|po|si|tar, De|po|si|ti|on: s. Deponens

De|pot: s. Deponens

Depp, der; –s, –e: (mundartl.) einfältiger Mensch : Dummkopf : Tölpel; s. Tepp

De|pra|va|ti|on (l.) [..w..], die; –, –en: Sittenverderbnis : Entartung * **de|pra|vie|ren** (..iert) tr.: schlechter machen : verderben; intr. (sein): schlechter werden : entarten [l. pravus schlecht]

De|pres|si|on (nl.), die; –, –en: Niedergeschlagenheit : krankhafte Verstimmung : Einsenkung des Landes unter den Meeresspiegel : Stockung in der Wirtschaft : Tiefdruckgebiet * *Depressionsgebiet:* Gebiet des niedrigsten Luftdrucks; *Depressionswinkel:* Senkwinkel * **de|pres|siv** Ew.: niedergeschlagen : gedrückt : verstimmt * **De|pres|si|vi|tät**, die; –: Schwermütigkeit : Anlage zur Depression (Niedergeschlagenheit)

de|pri|mie|ren (..iert) tr.: niederdrücken : entmutigen [l. deprimere herabdrücken]

de|pri|mie|ren: s. Depression

De|pri|va|ti|on (nl.) [..w..], die; –, –en: Beraubung : Absetzung

de pro|fun|dis (l.), das: „Aus der Tiefe (rufe ich, Herr, zu dir)" (Anfang des 130. Psalms) : Klageruf

De|pu|tat (l.), das; –(e)s, –e: Anteil : Lohn in Naturalien * **De|pu|ta|ti|on**, die; –, –en: Abordnung : Ausschuss : Abteilung einer Behörde * **de|pu|tie|ren** (..iert) tr.: abordnen * **De|pu|tier|te**, der; –n, –n: Abgeordnete(r) * *Deputiertenkammer* [l. deputare anweisen, bestimmen]

der (Gen.; Dat. dem; Akk. den; Mz. die, der, den, die): männl. best. Artikel * *derjenige* (desjenigen, demjenigen usw.): bestimmendes Fw.; *derselb(ig)e* (desselb[ig]en, demselb[ig]en usw.): der gleiche * **der:** hinweis. Fw. Ew. (des, dem, den; die, der, den, die): dieser, jener; hinweis. Fw. Hw. (dessen, dem, den; die, deren oder derer, denen, die): dieser : jener : ein bestimmter : irgendeiner, jeder * **der** (Gen. dessen;

Dat. dem; Akk. den; Mz. die, deren, denen, die) männl. bez. Fw.: welcher * **der|art** Uw.: von solcher Art : so, so sehr; **der|ar|tig** Ew.: so beschaffen * *etwas Derartiges* * **der|einst** Uw.: einst * **der|eins|tig** Ew.: einst seiend * **der|ge|stalt** Uw.: auf solche Weise, so * **der|glei|chen:** von welcher Art : von solcher Art * **der|hal|ben** (veralt.) Uw.: deshalb * **der|lei:** von der Art * **der|ma|l|einst** Uw.: dereinst; *dermalen* Uw. (veralt.): jetzt; *dermalig* Ew.: einstig * **der|ma|ßen** Uw.: in solchem Maße * **der|weil** Uw.: währenddessen * **der|zeit** Uw.: einst : jetzt * **der|zei|tig** Ew.: einstig : jetzig * **de|rent|hal|ben, –we|gen:** wegen dieser * **de|rent|wil|len, um –:** derentwegen * **derenthalben, derentwegen:** um welcher willen * **derentwillen, um –:** derentwegen

etwas Derartiges

Alle substantivierten Adjektive und Adverbien werden groß geschrieben, also auch in Verbindung mit *etwas, allerlei, alles, nichts, viel, wenig* oder *genug*.

De|ran|ge|ment (fr.) [dehrangseh'mang], das; –s, –s: Unordnung : Störung : Verwirrung : Zerrüttung * **de|ran|gie|ren** (..iert) [..rangsehiren] tr.: in Unordnung bringen : stören : verwirren : zerrütten; vgl. rangieren * **de|ran|giert** Ew.: verwirrt : in Unordnung : zerzaust

der|art: s. der

derb Ew.: von zusammengepresster Masse, fest und schwer : stark, kräftig : roh, grob : plump * **Derb|heit**, die; –, –en: das Derbsein : derbes Wesen : derbe Äußerung

Der|by (e.) [dahrbi oder dörbi], das; –(s), –s: vom Grafen D. gegründetes jährliches Pferderennen in Epsom * *Derbyrennen; Derbytag* * **Der|by:** Stadt in England

De|re|gu|lie|rung, die; –: Regeln und Vorschriften außer Kraft setzen

der|einst: s. der

de|ren, de|rer hinw. Fw. * *Gedenket derer!* * *das Gestüt derer von Bredow* * bez. Fw.:

Gen. Mz. männl., weibl., sächl.; vgl. das, der, die * *die Brüder, deren Vater*

de|ren|hal|ben: s. der

der|ge|stalt, der|glei|chen: s. der

De|ri|vat (l.) [..w..], das; –s, –a und –e: (Chem.) aus anderem hergestellter Stoff : (Sprachl.) abgeleitetes Wort * De|ri|va|ti|on, die; –, –en: Ableitung * de|ri|va|tiv Ew.: ableitend : durch Ableitung entstanden * De|ri|va|tiv, das; –s, –e: De|ri|va|ti|vum, das; –s, ..va: (Sprachl.) abgeleitetes Wort * de|ri|vie|ren (..iert) tr.: ableiten, herleiten [l. derivare ableiten]

der|je|ni|ge, der|lei: s. der

Der|ma (gr.), das; –s, –ta: Haut * der|mal Ew.: zur Haut gehörig * Der|mal|gie, die; –, ..ien: Hautnervenschmerz * Der|ma|ti|kum, das; –s, ..ika: Hautmittel * der|ma|tisch Ew.: die Haut betreffend * Der|ma|ti|tis, die; –: Hautentzündung * Der|ma|to|id, das; –(e)s, –e: lederartiges Leinen zu Bucheinbänden * Der|ma|to|lo|ge, der; –en, –en: Hautarzt * Der|ma|to|lo|gie, die; –: Lehre von den Haut- und Geschlechtskrankheiten * der|ma|to|lo|gisch Ew.: nach den wissenschaftlichen Erkenntnissen über die Haut * Der|ma|tom, das; –, –e: Hautgeschwulst : Hautsegment * Der|ma|to|my|ko|se, die; –, –n: Hautpilzflechte * Der|ma|to|plas|tik, Der|mo|plas|tik die; –: künstliche Erneuerung von Hautteilen * Der|ma|to|se, die; –, –n: Hautkrankheit * Der|ma|to|zo|on, das; –s, ..zoen: Hautschmarotzer [gr. derma Haut]

Der|nier cri → Der|nier Cri (fr.) [dernjeh kri], der; – –, –s, –s: „letzter Schrei" (der Mode): neueste Mode

de|ro, (Anrede) De|ro: (veralt. für) deren * de|ro|hal|ben Uw.: (veralt. für) derenthalben * de|ro|we|gen Uw.: (veralt. für) derentwegen

De|ro|ga|ti|on (l.), die; –, –en: Schmälerung : Nachteil : Teilaufhebung eines Gesetzes * de|ro|ga|tiv, de|ro|ga|to|risch Ew.: beeinträchtigend : aufhebend * de|ro|gie|ren (..iert) tr.: schmälern : beeinträchtigen : teilweise aufheben

de|ro|hal|ben: s. dero

De|route (fr.) [dehrut'], die; –, –n: Umweg : Abweg : Verfall : Verwirrung : Flucht : Kurssturz * de|rou|tie|ren (..iert) tr.: vom rechten Wege abbringen : in Verwirrung bringen : zerstreuen : vereiteln; vgl. Route

de|ro|we|gen: s. dero

der|sel|be, der|weil: s. der

Der|wisch (pers.), der; –es, –e: mohammedanischer Bettelmönch

der|zeit usw.: s. der

des best. Art., hinweis. Fw.: Gen. von der, das; Uw.: für diesen Fall * des|glei|chen Uw.: wie : so, ebenso; Abk.: desgl. * des|halb Bw.: darum * des|sel|ben: Gen. von derselbe * des|sel|bi|gen|glei|chen Uw.: (veralt. für) ebenso * des|we|gen Uw.: deshalb

des, das; –, –: (Mus.) das um einen halben Ton erniedrigte d : Molltonstufe * Des, das; –, –: Durtonstufe * Des-Dur, das; –: eine Tonart * des-Moll: enharmonisch cis-Moll

des- (fr.) Vorsilbe; ent-, Bezeichnung der Aufhebung, Verneinung

des|ar|mie|ren (fr.) (..iert) tr.: entwaffnen, abrüsten

De|sas|ter (fr.), das; –, –: Missgeschick : Zusammenbruch

des|a|vou|ie|ren (..iert) tr.: [..wu..] tr.: ableugnen : nicht anerkennen : in Abrede stellen : im Stich lassen

Des|car|tes, René [dekart, reneh]: fr. Mathematiker und Philosoph (1596–1650)

de|sen|si|bi|li|sie|ren tr.: (Med.) unempfindlich machen : Auswirkungen von Allergien reduzieren : (Phot.) Filme weniger lichtempfindlich machen * De|sen|si|bi|li|sie|rung, die; –: das Unempfindlichmachen

de|sert (l.) Ew.: unbewohnt : wüst * De|ser|teur (fr.) [..töhr], der; –s, –e: Fahnenflüchtiger : Überläufer * de|ser|tie|ren (..iert) (fr.) intr. (sein): ausreißen, fahnenflüchtig werden * De|ser|ti|on (l.), die; –, –en: Fahnenflucht [l. deserere verlassen]

des|falls: s. des

des|glei|chen, des|halb: s. des

de|si|de|ra|bel Ew.: begehrenswert * De|si|de|rat, das; –(e)s, –e; De|si|de|ra|tum, das; –s, ..ta: etwas Erwünschtes : Mangel : Lücke * *Desideratenbuch:* Wunschbuch * De|si|de|ra|ti|on, die; –, –en: das Vermissen : das Verlangen * De|si|de|ri|um, das; –s, ..ria: Wunsch : Verlangen : Forderung [l. desiderare wünschen]

De|sign (e.) [disain], das; –s, –s: Plan : Entwurf : Muster : Modell * *Designerdroge:* synthetisch hergestelltes, neuartiges Rauschmittel * De|si|gner (e.) [disainer], der; –s, –: Formgestalter für Gebrauchs- und Verbrauchsgüter * *Designermode*

De|si|gna|ti|on (l.), die; –, –en: Bezeichnung : Bestimmung : vorläufige Ernennung, Berufung * de|si|gna|tus (l.), der; –, ..ti: zu einem Amte ernannter, noch nicht tätiger Beamter * de|si|gnie|ren (..iert) tr.: bezeichnen : bestimmen : kenntlich machen : im Voraus ernennen : für ein Amt vorsehen [l. signum Zeichen]

Des|il|lu|si|on (fr.), die; –, –en: Enttäuschung : Ernüchterung * des|il|lu|si|o|nie|ren (..iert) tr.: enttäuschen; vgl. Illusion * Des|il|lu|si|o|nie|rung, die; –, –en: enttäuschende Erfahrung : Ernüchterung * Des|il|lu|si|o|nis|mus, der: illusionslose Weltanschauung

Des|in|fek|ti|on (l.), die; –, –en: Vernichten von Krankheitserregern : Entkeimung * *Desinfektionsgut; Desinfektionslösung; Desinfektionsmittel* * Des|in|fek|tor (l.), der; –s, ..toren: Vorrichtung zum Abtöten von Keimen * Des|in|fi|zi|ens (l.), das; –, ..zienzien: keimtötendes Mittel * des|in|fi|zie|ren (..iert) tr.: von Ansteckungsstoffen befreien : entseuchen * Des|in|fi|zie|rung, die; –, –en: Desinfektion [fr. vern. des- und Infektion]

Des|in|for|ma|ti|on (l.), die; –, –en: bewusst falsche Information

Des|in|te|gra|ti|on (l.), die; –,

–en: Spaltung : Auflösung eines Ganzen in seine Teile ✱ **Des|in|te|gra|tor** (fr.-l.), der; –s, ..toren: Schleudermühle ✱ **des|in|te|grie|ren** (tr.): auflösen ✱ **des|in|te|grie|rend** Ew.: nicht wesentlich

Des|in|te|r|es|se (fr.), das; –s: Gleichgültigkeit : Unbeteiligtsein ✱ **des|in|te|r|es|siert** [..in..] Ew.: unbeteiligt : gleichgültig : unparteiisch [s. des- und Interesse]

de|skri|bie|ren (..iert) (l.) tr.: beschreiben ✱ **De|skrip|ti|on**, die; –, –en: Beschreibung ✱ **de|skrip|tiv** Ew.: beschreibend [l. describere beschreiben]

Desk|top publi|shing → **Desk|top|pu|bli|shing** auch: **Desk|top-Pu|bli|shing** (e.) [–pablisching], das: (EDV) Erstellen von Drucksachen mit Hilfe eines Personal Computers; Abk.: DTP

Des|o|do|rant (fr.-l.), das; –s: Mittel zum Desodorieren; vgl. Deodorant ✱ **des|o|do|rie|ren**, **des|o|do|ri|sie|ren** (..iert) tr.: geruchlos machen; vgl. deodorieren [fr. vern. dés- und l. odor Geruch]

de|so|lat (l.) Ew.: vereinsamt : wüst : trostlos : traurig ✱ *Desolatkloster:* eingegangenes Kloster [l. desolare einsam machen, von solus allein]

Des|ord|re (fr.), der; –s, –s: Verwirrung : Unordnung : Störung

Des|or|ga|ni|sa|ti|on (fr.), die; –, –en: Zerstörung eines Organismus : Auflösung : Zerrüttung ✱ **des|or|ga|ni|sie|ren** (..iert) tr.: zerstören : auflösen : umbilden [s. dés- und Organ] ✱ **des|or|ga|ni|siert** Ew.: unordentlich : schlecht organisiert **des|o|ri|en|tie|ren** (..iert) tr.: verwirrt machen : aus der Richtung bringen ✱ **des|o|ri|en|tiert** Ew.: nicht oder falsch unterrichtet : nicht im Bilde

Des|o|xi|da|ti|on auch: **Des|o|xy|da|ti|on** (gr.-fr.), die; –, –en: Sauerstoffentzug ✱ **des|o|xi|die|ren** auch: **des|o|xy|die|ren** (..iert) tr.: von Sauerstoff befreien [s. des- und Oxyd] **de|s|pek|tier|lich** Ew.: respektlos : geringschätzig : verächtlich [l. despicere verachten]

der; –s, –e: Branntweinbrenner : Branntweinausschenker ✱ **De|s|til|la|ti|on** (l.), die; –, –en: das Abtröpfeln, Überdampfen : Branntweinausschank ✱ **De|s|til|le**, die; –, –n (volkst.) Branntweinausschank ✱ **de|s|til|lie|ren** (..iert) (l.) tr.: abtröpfeln : abdampfen : ausscheiden ✱ *Destillierapparat;* –kolben; –ofen [l. stilla Tropfen]

De|s|ti|na|tar, **De|s|ti|na|tär** (l.-fr.), der; –s, –e: Empfänger von Schiffsfrachtgütern ✱ **De|s|ti|na|ti|on**, die; –, –en: Bestimmung : Endzweck **de|s|ti|tu|ie|ren** (..iert) (l.) tr.: absetzen ✱ **De|s|ti|tu|ti|on** (l.), die; –, –en: Amtsenthebung, Absetzung [l. destituere hinstellen, verlassen]

des|to Bw. vor Komp.: um so ✱ *desto besser; desto mehr*

de|stru|ie|ren (..iert) (l.): zerstören ✱ **de|struk|ti|bel** Ew.: zerstörbar ✱ **De|struk|ti|on**, die; –, –en: Zerstörung: (Geol.) Abtragung der Erdoberfläche durch Verwitterung ✱ *Destruktionsmoment,* das; –(e)s, –e: Zerstörungskraft ✱ **de|struk|tiv** Ew.: zerstörend : auf Umsturz gerichtet

de|sul|to|risch (l.) Ew.: abspringend : ohne Ausdauer : unbeständig

des|un|ge|ach|tet, des|we|gen: s. des

de|s|zen|dent (l.) Ew.: nach unten sinkend ✱ **De|s|zen|dent**, der; –en, –en: Nachkomme : Abkömmling ✱ **De|s|zen|denz**, die; –, –en: Herkunft : Nachkommenschaft ✱ *Deszendenztheorie:* Abstammungslehre ✱ **de|s|zen|die|ren** (..iert) intr. (sein): herabsteigen : abstammen ✱ *deszendierend*

De|tache|ment (fr.) [deh-tasch'mang], das; –s, –s: vom Hauptheer abgeschickte Abteilung Soldaten ✱ **De|ta|cheur** [..schör], der; –s, –e: Fleckenreiniger : Auflockerungsmaschine ✱ **De|ta|cheu|se** [..schöse], die; –, –n: Fleckenreinigerin ✱ **de|ta|chie|ren** (..iert) [..schi..] tr.: loslösen, entfernen : (zu einer Sonderaufgabe) absenden ✱ *Detachierapparat:* Detacheur

der; –s, –e: Branntweinbrenner : Branntweinausschenker ✱ **Des|til|la|ti|on** (l.), die; –, –en:

Des pe|ra|do (span.), der; –s, –s: „Verzweifelter“, politischer Heißsporn : Räuber ✱ **des pe|rat** (l.) Ew.: verzweifelt : hoffnungslos [l. vern. de- und sperare hoffen]; vgl. desesperieren

Des|pot (gr.), der; –en, –en: „Herr des Hauses“, Gewaltherrscher ✱ **De|s|po|tie**, die; –, ..tien: Gewalt-, Willkürherrschaft ✱ **de|s|po|tisch** Ew.: selbstgewaltig : selbstherrlich : willkürlich ✱ **de|s|po|ti|sie|ren** (..iert) intr.: eigenmächtig herrschen; tr.: gewalttätig behandeln ✱ **De|s|po|tis|mus**, der; –: System der Gewaltherrschaft : unumschränkte Gewalt [gr. despotes (Sklaven-) Herr]

Des|sau: anhalt. Stadt an der Mulde

des|sel|ben: Gen. von derselbe

des|sel|bi|gen|glei|chen: s. des

des|sen bez. Fw.: Gen. von welcher, der; welches, das ✱ **des|sent|hal|ben, des|sent|we|gen** Bw.: wegen dessen ✱ **des|sent|wil|len,** um –: dessentwegen ✱ **des|sen|un|ge|ach|tet** Bw.: ohne das zu beachten, trotzdem

Des|sert (fr.) [dessähr, auch dessärt], das; –s, –s: Nachtisch ✱ *Dessertbesteck; –gabel; –löffel; –messer; –teller; –wein*

Des|sin (it.-fr.) [dessäng] –s, –s: Muster : Entwurf ✱ *Dessinmaschine:* Maschine zum Weben gemusterter Stoffe ✱ **Des|si|na|teur** (dessinatöhr], der; –s, –e: (Muster-)Zeichner ✱ **des|si|nie|ren** (..iert) tr.: (Muster) zeichnen : Entwürfe machen ✱ **Des|si|nie|rung**, die; –, –en: das Dessinieren ✱ *Dessinierungsmaschine:* Maschine zur Herstellung von Gewebemustern [l. designare bezeichnen]

Des|sous (fr.) [dessuh], das; –, –: Frauenunterkleidung **de|s|ta|bi|li|sie|ren** (l.) tr.: Ausgewogenheit zerstören : instabil machen ✱ **De|s|ta|bi|li|sie|rung**, die; –, –en: Hervorrufung eines ungleichgewichtigen Zustands

De|s|til|lat (l.), das; –(e)s, –e: geläuterte Flüssigkeit ✱ **De|s|til|la|teur** (fr.) [..töhr],

De|tail (fr.) [detaj], das; –s, –s: Einzelheit : Kleinhandel ✳ *en détail* [ang ..]: im Einzelverkauf ✳ *Detailfrage; detailgetreu; Detailhandel; –kenntnis* ✳ **de|tail|lie|ren** (..iert) [..taj..] tr.: im kleinen verkaufen : zergliedern : auseinander setzen ✳ *detailliert* ✳ **De|tail|list** [detajist], der; –en, –en: Kleinhändler, Krämer

de|te|gie|ren (..iert) (l.) tr.: aufdecken, enthüllen ✳ **De|tek|tei,** die; –, –en: Arbeitsraum eines Detektivs, Ermittlungsbüro ✳ **De|tek|tiv** (nl.), der; –s, –e: „Entdecker", Geheimpolizist ✳ *Detektivbüro; Detektivgeschichte* ✳ **De|tek|tor,** der; –s, ..toren: „Entdecker", Funkwellenempfänger ✳ *Detektorgerät* [l. vern. de- und tegere bedecken]

Dé|tente (fr.) [detangt], die; –, –n: Abzug (eines Gewehrs) : polit. Entspannung

De|ter|gens, das; –, ..gentia: Reinigungsmittel, Spülmittel, Waschmittel

De|te|ri|o|ra|ti|on (l.), die; –, –en: Verfall einer Sache : Verschlechterung ✳ **de|te|ri|o|rie|ren** (..iert) tr.: verschlechtern; intr.: sich verschlechtern ✳ *Deteriorierung*

de|ter|mi|na|bel (nl.) Ew.: bestimmbar ✳ **De|ter|mi|nan|te** (l.), die; –, –n: (Math.) Bestimmungszahl in der Algebra ✳ **De|ter|mi|na|ti|on** (l.), die; –, –en: Bestimmung : Festsetzung durch ein Merkmal : Entschluss ✳ **de|ter|mi|na|to** (it.): (Mus.) entschlossen ✳ **de|ter|mi|na|tiv** Ew.: bestimmend : klar begrenzt : entschlossen ✳ *Determinativpronomen:* bestimmendes Fürwort ✳ **de|ter|mi|nie|ren** (..iert) tr.: begrenzen : abgrenzen : bestimmen : entscheiden ✳ **De|ter|mi|nis|mus,** der; –: Lehre von der Vorbestimmtheit, Unfreiheit des Willens ✳ **De|ter|mi|nist,** der; –en, –en: Anhänger des Determinismus ✳ **de|ter|mi|nis|tisch** Ew.: den Determinismus betreffend : Willensfreiheit ausschließend [l. determinare begrenzen von terminus Grenze]

de|tes|ta|bel (l.) Ew.: abscheulich : verabscheuenswert ✳

De|tes|ta|ti|on, die; –, –en: Abscheu : Verwünschung ✳ **de|tes|tie|ren** (..iert) tr.: verabscheuen : verfluchen

De|thro|ni|sa|ti|on (l.-gr.), die; –, –en: Entthronung ✳ **de|thro|ni|sie|ren** (..iert) tr.: entthronen

De|to|na|ti|on (l.), die; –, –en: (Chem.) Knall : Verpuffung ✳ (Mus.) das Falschsingen ✳ **De|to|na|tor,** der; –s, ..toren: Entzünder, Zündpatrone ✳ **de|to|nie|ren** (..iert) intr.: losknallen : explodieren : falsch singen; vgl. Ton

de|tra|hie|ren (..iert) (l.) tr.: abziehen : entziehen : verleumden ✳ **De|trak|ti|on,** die; –, –en: Abzug : Wegnahme : Aderlass : Verleumdung ✳ **De|trak|tor,** der; –s, ..toren: Verleumder [l. detrahere herabziehen, wegziehen]

De|tri|ment (l.), das; –(e)s, –e: (veralt.) Schaden : Verlust ✳ **De|tri|tus,** der; –: zerriebenes Gestein [l. deterere abreiben]

det|to, dit|to (it.): das Besagte, „Genannte", dasselbe : ebenso ✳ *6 kg Kaffee, 9 kg detto (ditto) a detto* (kfm.) desselben Tages; Abk.: do

De|tu|mes|zenz (l.), die; –, –en: Abschwellung ✳ *Detumeszenztrieb:* Geschlechtstrieb ✳ **de|tu|mes|zie|ren** (..iert) intr.: abschwellen

Deu|bel, der; –s, –: s. Deiwel

deucht: du dünken

De|us ex ma|chi|na: s. Deifikation

Deut, der; –(e)s, –e und –s: kleine niederländ. Münze : Kleinigkeit ✳ *kein Deut:* nichts ✳ **Deu|te,** die; –, –n: Auslegung ✳ **Deu|te|lei,** die; –, –en: kleinliche, spitzfindige Auslegung : Tüftelei ✳ **deu|teln** (ich ..[e]le) tr., intr.: kleinlich, spitzfindig denken ✳ **deu|ten** intr.: zeigen auf, hinweisen : vorbedeutend hinweisen; tr.: erklären, auslegen ✳ **Deu|ter,** der; –s, –: ein Deutender : etwas zum Zeigen Dienendes ✳ **Deu|te|rei,** die; –, –en: Auslegung ✳ **..deu|tig** Ew., nur in Zus.: Deutung habend, z. B. eindeutig ✳**Deut|ler,** der; –s, –: ein Deutelnder ✳ **deut|lich** Ew.: keiner Deutung bedürfend : klar erkennbar : klar unterscheidbar ✳

Deut|lich|keit, die; –: das Deutlichsein ✳ **deut|lich|keits|hal|ber** Uw. ✳ **Deu|tung,** die; –, –en: das Deuten, die Auslegung ✳ *Deutungsgabe; Deutungskunst*

Deu|te|ra|go|nist (gr.), der; –en, –en: zweiter Schauspieler im griechischen Drama ✳ **Deu|te|ro|ga|mie,** die; –, ..mien: zweite Verheiratung ✳ **Deu|te|ri|um,** das; –s: schwerer Wasserstoff; Abk.: D ✳ **Deu|te|ro|no|mie,** die; –, ..mien: zweite Gesetzgebung ✳ **Deu|te|ro|no|mi|on, Deu|te|ro|no|mi|um,** das; –: „zweites Gesetz", das fünfte Buch Mose ✳ **Deu|ton,** das; –s, –en: Kern des Deuteriumatoms ✳ *Deutonenstrahlen* [gr. deutero der Zweite]

Deu|te|rei: s. Deute

Deu|te|ro|no|mi|on: s. Deuteragonist

Deut|ler, deut|lich: s. Deute

Deu|ton: s. Deuteragonist

deutsch Ew.: zu Deutschland gehörig : den Deutschen eigentümlich, ihrem Wesen gemäß ✳ **Deutsch** Ew..: (in Namen und Titeln) deutsch ✳ *auf deutsch* → *auf Deutsch:* in deutscher Sprache: *Deutsch sprechen, schreiben; Deutsch mit jemand reden:* jemand die Wahrheit sagen ✳ *die deutsche Bundesrepublik* (kein offizieller Titel)*; das Deutsche Reich; der deutsche Bundespräsident; Deutsche Forschungsgemeinschaft; Deutsche Lufthansa AG (DLH); Deutscher Gewerkschaftsbund (DGB); Deutscher Normenausschuss (DNA); Deutscher Sprachatlas (DSA); Deutscher Turnerbund (DTB)* ✳ *Deutschamerikaner:* Amerikaner deutscher Herkunft; *deutschamerikanisch* Ew.: zwischen Deutschland und Amerika bestehend : die Deutschamerikaner betreffend; *das Deutsche Museum; deutschfeindlich* Mw. Ew.; *Deutschherren* Mz.; *Deutschmeister:* Deutschordensmeister; *Deutschordensritter; deutschschweizerisch* Ew.: die deutschsprachige Schweiz betreffend : zwischen Deutschland und der Schweiz bestehend; *deutschsprachig* Ew.:

deutsch sprechend; *deutschsprachlich* Ew.: die deutsche Sprache betreffend ✳ **Deutsch**, das; –(s); **Deut|sche**, das; –n: deutsche Sprache ✳ *gutes Deutsch; ins Deutsche übertragen; im Deutschen; Deutsch verstehen* ✳ *Deutschkunde:* Wissenschaft von der deutschen Sprache, Literatur usw.; *Deutschlehrer; Deutschunterricht* ✳ **Deut|sche**, der; die; –n, –n: Bewohner Deutschlands ✳ *Deutschenfeind* ✳ **Deutschheit**, die; –: deutsches Wesen ✳ **Deutsch|land** ✳ *Deutschlandlied* ✳ **Deutsch|tum**, das; –s: deutsches Wesen ✳ **Deutschtü|me|lei**, die; –: Vortäuschung deutschen Wesens : übertriebene Betonung deutschen Wesens ✳ **Deutschtümeln** der; –s, –: ein Deutschtümelnder [ahd. diutisk zu diot Volk; „volkstümlich"]
Deu|tung: s. Deute
Deut|zie, die; –, –n: ein Zierstrauch
Deux-pièces, das, –, –: (Mz.) zweiteiliges Damenkleid
De|val|va|ti|on (l.) [..walw..], die; –, –en: Herabsetzung des Wertes einer Währung, Abwertung ✳ *devalvatorisch; devalvationistisch* ✳ **de|val|vie|ren** tr.: abwerten : (Währung) den Wert herabsetzen
De|vas|ta|ti|on (l.) [..w..], die; –, –en: Zerstörung : Verwüstung ✳ **de|vas|tie|ren** (..iert) tr.: zerstören : verwüsten [l. devastare verwüsten]
De|ver|ba|tiv, **De|ver|ba|tivum** (l.), das; –s, ..va: Substantiv oder Adjektiv, das von einem Verb abgeleitet ist: *hörig, von hören; Bestimmung, von bestimmen*
de|ves|tie|ren (..iert) (l.) [..w..] tr.: der Priesterwürde entziehen ✳ **De|ves|ti|tur**, die; –, –en: Entziehung der Priesterwürde
de|vi|a|bel (l.) [..w..] Ew.: ablenkbar ✳ **De|vi|a|ti|on** (l.), die; –, –en: Abweichung (von der Richtung, von der Bahn) : (Astron.) scheinbare Bewegung der Fixsterne ✳ **de|vi|a|tiv** (l.) Ew.: ablenkend : abweichend ✳ **de|vi|ie|ren** (..iert) intr.: abweichen (von der Richtung, Bahn) [l. via Weg]

De|vi|se (fr.) [..w..], die; –, –n: Wahlspruch : alle ausländischen Zahlungsmittel : Auslandswechsel ✳ *Devisenbestimmungen; Devisenbewirtschaftung; Devisengesetz; Devisenhandel; Devisenkurs: Wechselkurs; Devisenschiebung; Devisensperre; Devisenvergehen; Devisenzwangswirtschaft*
De|vo|lu|ti|on (l.) [..w..], die; –, –en: Abwälzung : (Rechtsspr.) Vererbung eines Rechtes oder Gutes, Rechtsübertragung ✳ *Devolutionsrecht* ✳ **de|volvie|ren** (..iert) [..w..w..] tr., intr.: abwälzen : vererben : in eine höhere Instanz gehen
De|von [..w..], das; –s: Erdzeitalter ✳ **de|vo|nisch** Ew.: zum Devon gehörig [nach der engl. Grafschaft Devonshire benannt]
de|vot (l.) [..w..] Ew.: gottergeben : fromm : unterwürfig ✳ **De|vo|ti|on**, die; –, –en: (bei den Römern) freiwillige Hingabe des Lebens als Sühneopfer : Gottergebenheit : Unterwürfigkeit : Kriecherei ✳ **De|vo|ti|o|na|li|en** (l.) Mz.: Andachtsgegenstände, z. B. Rosenkranz, Heiligenbilder [l. devotus geweiht von devovere weihen]
De|wa|na|ga|ri, das; –: „Götterschrift", Sanskritschrift
De|xi|o|gra|fie *auch:* **De|xio|gra|phie** (gr.), die; –: das Schreiben von links nach rechts ✳ **De|xi|o|kar|die** (gr.), die; –, ..dien: Lagerung des Herzens in der rechten Brusthöhle [gr. dexios rechts]
dex|tral Ew.: rechtsliegend ✳ **Dex|t|rin**, das; –s, –e: Stärkegummi, künstlicher Klebstoff ✳ *dextrogyr* ✳ **Dex|t|ro|kar|die** (l.-gr.), die; –, ..dien: s. Dexiokardie ✳ **Dex|t|ro|se** (nl.), die; –: Traubenzucker [l. dexter rechts, rechtshändig, geschickt]
De|zem|ber, der; –(s), –: der zwölfte, urspr. zehnte Monat des Jahres ✳ **De|zem|vir** [..w..], der; –n und –s, –n: Mitglied einem aus zehn Männern bestehenden altröm. Behörde ✳ **De|zem|vi|rat** [..w..], das; –(e)s, –e: Zehnmännerherrschaft ✳ **De|zen|ni|um**, das; –s,

..nien: Jahrzehnt [l. decem zehn]
de|zent (l.) Ew.: anständig : unaufdringlich : zurückhaltend : abgetönt : zart : (Mus.) gedämpft ✳ **De|zenz**, die; –, –: Anstand : Sittsamkeit : Zurückhaltung
de|zen|tral Ew.: vom Zentrum entfernt ✳ **De|zen|tra|li|sa|ti|on** (nl.), die; –, –en: Lockerung eines Verbandes : Zersplitterung : Überweisung von Geschäften an Unterbehörden ✳ **de|zentra|li|sie|ren** (..iert) tr.: aufgliedern, lockern, vom Zentrum wegrücken : an Unterbehörden überweisen ✳ *Dezentralisierung*
De|zenz: s. dezent
De|zer|nat (nl.), das; –(e)s, –e: Amtsbereich, Geschäftskreis ✳ **De|zer|nent**, der; –en, –en: Sachbearbeiter : Berichterstatter für einen Geschäfts-, Amtszweig : (Rechtsspr.) Urteilsverfasser ✳ **de|zer|nie|ren** (..iert) tr.: beschließen : entscheiden : zuerkennen; vgl. Dekret
De|zi.. (l.) Zahlw. in Zus.: Zehntel; Abk.: d ✳ **De|zi|bel**, das; –, –: 1/10 Bel, Dämpfungseinheit in der Hochfrequenztechnik; Abk.: db ✳ **De|zi|gramm**, das; –s, –e: 1/10 Gramm; Abk.: dg ✳ **De|zi|li|ter**, der; das; –s, –: 1/10 Liter; Abk.: dl ✳ **De|zi|mal** Ew.: zehnteilig ✳ *Dezimalbruch:* Bruch, dessen Nenner eine Potenz von 10 ist; *Dezimalklassifikation; Dezimalmaß:* Einteilung der Maße in 10 Einheiten; *Dezimalrechnung:* Rechnung mit Dezimalbrüchen; *Dezimalsystem:* zehnteilige Zahlenordnung; *Dezimalwaage:* Brückenwaage, bei der die Gewichte 1/10 der Last angeben ✳ *Dezimalzahl* ✳ **De|zi|me**, die; –, –n: eine zehnteilige Strophe : (Mus.) der zehnte Ton vom Grundton aus ✳ *Dezimensprung* (Mus.) ✳ **De|zi|me|ter**, der; das; –s, –: 1/10 Meter; Abk.: dm ✳ *Dezimeterwelle:* ultrakurze Welle von einer Länge zwischen 10 cm und 1 m ✳ **de|zi|mie|ren** (..iert) tr.: den Zehnten erheben : den zehnten Mann auslosen : jeden zehnten Mann hinrichten : durch Seuchen u. dgl. an Zahl stark vermindern ✳ *dezimiert* ✳

De|zi|mie|rung, die; –, –en: das Dezimieren : starke Verminderung an Zahl

de|zi|die|ren (..iert) (l.) tr.: entscheiden : schlichten *

de|zi|diert Mw. Ew.: entschieden, bestimmt, kurz entschlossen * **De|zi|si|on,** die; –, –en: (richterliche) Entscheidung *

de|zi|siv (l.) Ew.: entscheidend

De|zi|gramm, de|zi|mal: s. dezi..

De|zi|si|on, de|zi|siv: s. dezidieren

di.., dif.., dis.. (l.) Vorsilbe: zer.., ent.

di.., dis.. (gr.) Vorsilbe: zweimal, doppelt

dia.. (gr.) Vw.: durch-, auseinander

Dia, das; –s, –s: Diapositiv

Di|a|bas (gr.), der; ..bases, ..base: vulkanisches Übergangsgestein : Grünstein

Di|a|be|tes, der; –: (Med.) Harnruhr, Zuckerkrankheit * **Di|a|be|ti|ker,** der; –s, –: Zuckerkranker * *Diabetikerbrot; Diabetikerschokolade* * **di|a|be|tiert** Mw. Ew.: zuckerkrank [gr. diabaínein durch-, übergehen] * *diabetisch*

Di|a|bo|lie, Di|a|bo|lik, die; –, –: teuflisches Verhalten * **di|a|bo|lisch** Ew.: teuflisch * **di|a|bo|li|sie|ren** (..iert) intr.: teuflisch handeln * **Di|a|bo|lo,** das; –: ein Wurfspiel * **Di|a|bo|lo|gie,** die; –, ..gien: Lehre vom Teufel * **Dia|bo|lus,** der; –, –: der Teufel

Di|a|chro|nie, die; –, –: sprachgeschichtliche Entwicklung

Di|a|dem (gr.), das; –s, –e: Kopfschmuck : Stirnreif

Di|a|do|che, der; –n, –n: Nachfolger (Alexanders des Großen)

Di|a|ge|ne|se (gr.), die; –: (Geol.) Umwandlung in festes Gestein

di|a|gly|phisch (gr.) Ew.: eingeschnitten, gestochen * **Di|a|gly|pten** Mz.: vertieft gearbeitete Figuren

Di|a|gno|se (gr.), die; –, –n: das Erkennen einer Krankheit : Krankheitsbestimmung *

Di|a|gnos|tik, die; –: Lehre von der Erkennung einer Krankheit * **Di|a|gnos|ti|ker,** der; –s, –: Arzt, der Diagnosen

stellt * **di|a|gnos|tisch** Ew.: die Krankheitserkennung begründend * **di|a|gnos|ti|zie|ren** (..iert) tr.: Krankheiten erkennen

di|a|go|nal (gr.) Ew.: schräglaufend * *Diagonalmaschine:* Maschine zur Veranschaulichung des Gesetzes vom Parallelogramm der Kräfte; *Diagonalrad:* schräglaufendes Rad; *Diagonalschritt:* Schrägzug, Querschritt; *Diagonalverband:* Kreuzverband *

Di|a|gramm (gr.), das; –s, –e: Schaubild : zeichnerische Darstellung statistischer Angaben : (Bot.) Grundriss von Blüten : *Kreisdiagramm; Kurvendiagramm; Säulendiagramm* *

Di|a|graf *auch:* **Di|a|graph,** der; –en, –en: Vorzeichner : Entwerfer : ein Gerät zur mechanischen Zeichnung der Perspektive * **Di|a|gra|phik** → **Di|a|gra|fik,** die; –: Kunst des Entwerfens

Di|a|kaus|tik (gr.), die; –, –en: Brennlinie, -fläche (bei der Lichtbrechung) * **di|a|kaus|tisch** Ew.: auf die Diakaustik bezüglich * *diakaustische Linie:* Brennlinie bei der Lichtbrechung [gr. dia und kaíein durchbrennen]

Di|a|kon (gr.), der; –s und –en, –e(n): „Diener", Angestellter der evangel. Kirche für den praktischen Dienst in der Inneren Mission : (kathol. Kirche) Vorstufe zum Priester * **Di|a|ko|nat,** das; –(e)s, –e: Diakonenamt : Diakonenwohnung * **Di|a|ko|nie,** die; –, ..nien: Amt eines Diakons : Armen- und Krankenpflege : *Diakonieverband:* ein evangel. Schwesternverband; *Diakonieschwester* * **di|a|ko|nie|ren** (..iert) intr.: den Dienst eines Diakons verrichten *

Di|a|ko|ni|kon, das; –s, –ka: kurzes Gebet eines Diakons : *Diakonin; diakonisch* *

Di|a|ko|nis|se, die; –, –n: evangel. Armen- und Krankenpflegerin * *Diakonissenanstalt, Diakonissenhaus* *

Di|a|ko|nis|sin: Diakonisse

Di|a|ko|nus: Diakon

Di|a|kri|se, Di|a|kri|sis (gr.), die; –, ..krisen: Unterscheidung von Krankheiten *

di|a|kri|tisch Ew.: die Unterscheidung begründend : unterscheidend : zum richtigen Verständnis der Wörter notwendig [gr. dia und krínein unterscheiden]

Di|a|kus|tik (gr.), die; –: Lehre von der Fortpflanzung des Schalles [gr. di- und akúein hören]

Di|a|lekt (gr.), der; –(e)s, –e: Mundart * *dialektal:* mundartlich; *dialektfrei* * **Di|a|lekt|ge|o|gra|phie** *auch:* **Di|a|lekt|ge|o|gra|fie,** die; –: Lehre von der geografischen Verbreitung einer Mundart, ihrer Wörter, Wortformen und Laute *

Di|a|lek|tik, die; –: Denklehre : Redekunst : wissenschaftliche Methode streng logischer Begriffsbildung * **Di|a|lek|ti|ker,** der; –s, –: Meister der Redekunst : Anhänger der Dialektik * **di|a|lek|tisch** Ew.: mundartlich : begriffl. zergliedert : die Dialektik betreffend : folgerichtig gedacht : spitzfindig * **Di|a|lek|to|lo|gie,** die; –, ..gien: Mundartforschung, –kunde [gr. dialegesthai sich unterreden] * *dialektologisch*

Di|al|lag (gr.), der; –(e)s: ein Mineral

Di|al|le|le (gr.), die; –, –n: logisch falscher Zirkelschluss

Di|a|log (gr.), der; –s, –e: Zwiegespräch * *Dialogbereitschaft; Dialogform:* Gesprächsform; *Dialogkunst:* Kunst, Dialoge zu führen * **di|a|lo|gie|ren** (..iert) intr.: mehrere Personen redend einführen * **di|a|lo|gisch** Ew.: in Gesprächsform * **di|a|lo|gi|sie|ren** (..iert) tr.: in Gesprächsform abfassen * **Di|a|lo|gis|mus,** der; –, ..men; Dichtung in Gesprächsform [gr. dialogos Gespräch]

Di|a|ly|sa|tor (gr.), der; –s, ..toren: „Auflöser", Apparat zur Auflösung chemischer Verbindungen * **Di|a|ly|se,** die; –, –n: Trennung zweier verschiedenartiger Substanzen einer chem. Verbindung : (Med.) Blutwäsche * *Dialysestation* *

di|a|ly|sie|ren tr.: durch Dialyse trennen ✳ **di|a|ly|tisch** Ew.: auflösend : zerstörend [gr. dia und lyein auflösen]

di|a|ma|gne|tisch (gr.) Ew.: quermagnetisch : mit dem Magnetismus entgegengesetzter Wirkung

Di|a|ma|gne|tis|mus, der;–, ..men: abstoßende Einwirkung von Magneten auf gewisse Elemente

Di|a|mant (gr.), die; –: (Buchdrw.) kleinster Schriftgrad ✳ **Di|a|mant**, der; –en, –en: ein Edelstein ✳ *Diamantbohrer:* Bohrer mit Diamantspitze; *Diamantkette; Diamantkreuz; Diamantring; Diamantschliff:* dem Brillantschliff ähnlicher rautenförmiger Schliff; *Diamantschmuck; Diamantenstaub* ✳ **di|a|man|ten** Ew.: von, mit, (wie) aus Diamanten ✳ *diamantene Hochzeit:* 60. Hochzeitstag

Di|a|mat (russ.), der; –: Kurzwort für dialektischer Materialismus

Di|a|me|ter (gr.), der; –s, –: Durchmesser ✳ **di|a|me|tral** Ew.: entgegengesetzt: *diametral entgegengesetzt:* von allergrößtem Gegensatz ✳ **Di|a|me|tra|le**, die; –, –n: Durchschnittslinie ✳ **di|a|me|trisch** Ew.: dem Durchmesser entsprechend

Di|a|na: röm. Göttin der Jagd

Di|a|pa|son (gr.), der; das; –s, –s und ..sone: ein Maß von Orgelpfeifen, Oktave

di|a|phan (gr.) Ew.: durchscheinend, durchsichtig ✳ *Diaphanbild:* durchscheinendes Glasbild; *Diaphanpapier* ✳ **Di|a|pha|nie**, die; –, ..nien: durchscheinendes Bild : Glasbild ✳ **Di|a|pha|ni|tät**, die; –: Durchsichtigkeit

Di|a|pho|nie, die; –, ..nien: Mißklang : Uneinigkeit ✳ **di|a|pho|nisch** Ew.: unharmonisch [gr. diaphonein auseinander klingen]

Di|a|pho|ra (gr.), die; –: Unterschied : Uneinigkeit : (Redekst.) Wiederholung desselben Wortes in verschiedener Bedeutung innerhalb eines Satzes ✳ **Di|a|pho|re|se**, die; –: das Durchschwitzen : (Med.) das Schwitzen ✳ **Di|a|pho|re|ti|kum**, das; –, –ka: schweißtreibendes Mittel ✳

di|a|pho|re|tisch Ew.: zerteilend : schweißtreibend [gr. dia und pherein auseinander tragen]

Di|a|phrag|ma (gr.), das; –s, ..agmen: Scheidewand : Zwerchfell : mech. Empfängnisverhütungsmittel

Di|a|po|si|tiv (gr.-l.), das; –(e)s, –e: fotografisches Glasplattenbild zur Projektion

Di|ä|re|se (gr.), die; –, –n: Trennung : (Sprachl.) Auflösung eines Doppellautes in zwei Selbstlaute : (Med.) Zerreißung (von Blutgefäßen) [gr. di- und airein auseinander nehmen]

Di|a|ri|um (l.), das; –s, ..rien: Tagebuch : Kladde : Schul-, Schreibheft [l. dies Tag]

Di|ar|rhoe → Di|ar|rhö, (gr.), die; –, –n: „Durchfluss“ : Durchfall [gr. dia und rhein durchfließen]

Di|a|skop (gr.), das; –s, –e: Bildwerfer für Diapositive : Projektionsapparat ✳ **Di|a|sko|pie** (gr.), die; –, ..pien: Durchleuchtung

Di|a|spo|ra, die; –: „Zerstreuung“, die als konfessionelle Minderheit im Gebiet einer anderen Konfession lebenden Anhänger eines Glaubensbekenntnisses [gr. dia und speirein zerstreuen]

di|a|stal|tisch (gr.) Ew.: sich ausdehnend ✳ **Di|a|sto|le**, die; –, ..stolen: Dehnung, Erweiterung (des Herzmuskels) ✳ **Di|a|sto|lik**, die; –: Lehre von den Einschnitten und Verbindungen der Tongänge oder musikalischen Perioden [gr. dia und stellein auseinander tun] ✳ *diastolisch*

Di|a|sto|le: s. diastaltisch

Di|ät, die; –: zweckmäßige Ernährung : Krankenkost : Schonkost ✳ *Diätfehler:* Fehler in der Ernährungsweise; *Diätkur; Diätplan; Diättherapie:* Behandlung mit Krankenkost; *Diätistin:* Diätassistentin; *diätisch* ✳ Tagung : Sitzungszeit eines Abgeordnetenhauses ✳ **Di|ä|ten**, (l.) (nur Mz.) Taggelder für Beamte und Abgeordnete ✳ **di|ä|ta|risch** Ew.: gegen Tagegeld ✳ **Di|ä|te|tik**, die; –, –en: Lehre von der gesunden Ernährung und Lebensweise ✳

Di|ä|te|ti|ker, der; –s, –: Anhänger und Lehrer der Diätetik ✳ **di|ä|te|tisch** Ew.: der Diät entsprechend, auf sie bezüglich

Di|a|thek, die; –, –en: Sammlung von Diapositiven

di|a|ther|man (gr.) Ew.: Wärmestrahlen durchlassend ✳ **Di|a|ther|mie**, die; –: Wärmedurchdringung : (Med.) Behandlung mit Wärmedurchströmung

Di|a|the|se (gr.), die; –, –n: Krankheitsveranlagung : (Med.) Disposition [gr. dia und tithenai anordnen]

di|a|tom (gr.) Ew.: nach einer Richtung leicht spaltbar ✳ **Di|a|to|mee**, die; –, –n: Kieselalge ✳ *Diatomeenerde:* Kieselgur

Di|a|to|nik, die; –, –: System der Tonarten Dur und Moll ✳ **di|a|to|nisch** (gr.) Ew.: (Mus.) in ganzen oder halben leitereigenen Tönen einer Dur- oder Mollart fortschreitend

Di|a|tri|be (gr.), die; –, –n: kritische Schrift : Schmähschrift

Di|a|vo|lo (it.) der; –s, ..li: Diabolus : Teufel

dib|beln (ich ..[e]le) (e.) tr.: „Pflanzenstecken“, mit der Dibbelmaschine säen ✳ *Dibbelmaschine:* Sämaschine

Di|bra|chys (gr.), der; –, –: ein Versfuß

dich p. Fw.: Akk. von du

dich

Die Anredeformen *dich/du/ deine/dir* werden auch in Briefen kleingeschrieben.

Di|cho|to|mie (gr.), die; –, ..mien: Zweiteilung : Gabelung ✳ **di|cho|to|misch** Ew.: zweigeteilt : dichotom

Di|chro|is|mus (gr.), der; –: Zweifarbigkeit (von Kristallen) ✳ **di|chro|ma|tisch** Ew.: zweifarbig ✳ **Di|chro|skop**, der; –s, –e: Vergrößerungsglas zur Prüfung der Zweifarbigkeit von Diamanten ✳ **di|chro|sko|pisch** Ew.

dicht Ew.: aus Teilen bestehend, die in engem Raum nahe zusammenliegen : gut schließend : nichts durchlassend; Uw.: nahe : kurz ✳ *man war ihm dicht auf den Fersen; dicht vor seines Vaters Tode* ✳ *dichtbehaart → dicht behaart* Mw. Ew.; *dichtbelaubt → dicht be-*

laubt Mw. Ew.; *dichtbesetzt* → *dicht besetzt* Mw. Ew.; *dichtbewachsen* → *dicht bewachsen* Mw. Ew.; *dichtbevölkert* → *dicht bevölkert* Ew.; *dichtbewölkt* → *dicht bewölkt* Ew.; *dichtgedrängt* → *dicht gedrängt* Ew.; *dichtgeschlossen* → *dicht geschlossen* Mw. Ew.; *dichthalten* Ew.: verschwiegen sein; *dicht halten* tr.: nicht durchlassen; *dichtmachen:* schließen, abdichten; *dichtverwachsen* → *dicht verwachsen* Mw. Ew. ✳ **Dich|te**, die, –, (–n): das Dichtsein : Masse der Raumeinheit eines Körpers : spezifisches Gewicht ✳ *Dichtemesser:* Aräometer ✳ **dich|ten** tr.: dicht, undurchlässig machen ✳ *Dichteisen; Dichthammer; Dichtmeißel; Dichtwerk* ✳ **Dicht|heit, Dich|tig|keit,** die, –, –: Dichte ✳ **Dich|tung,** die, –, –en: das Dichtmachen : Abdichtung ✳ *Dichtungsfläche; Dichtungsmaterial; Dichtungsmittel; Dichtungsring; Dichtungsscheibe*

dicht besiedelt
Konstruktionen mit *dicht* schreibt man getrennt, wenn der erste Teil erweitert oder gesteigert werden kann: *dicht besiedelt, dicht behaart, dicht bevölkert.*

Dich|te|lei, die, –, –en: stümperhaftes Dichten ✳ **dich|ten** intr., tr.: seinen Sinn auf etwas richten : sinnen, denken : denkend schaffen : einbildend vorspiegeln : erdichten : das Ergebnis seiner Einbildungskraft (in künstlerischer Form) aussprechen, niederschreiben : Verse machen, reimen ✳ *Dichtkunst:* Poesie; *Dichtwerk* ✳ **Dich|ter,** der, –s, –: ein Dichtender : Poet ✳ *Dichterfürst; Dichterkomponist; Dichterkreis; Dichterlesung; Dichterseele; Dichtersprache; Dichterwort* ✳ **Dich|te|rei,** die, –, –en: Dichtelei : (verächtl.) das (zu viele) Dichten ✳ **dich|te|risch** Ew.: poetisch ✳ **Dich|tung,** die, –, –en: Dichtwerk : das Dichten : Erzeugnis der Einbildungskraft

dick Ew.: umfangreich : massig : angeschwollen : schwanger, trächtig : voll, satt : bedeutend, stark, groß : hart : unemp-

findlich : massenhaft, haufenweise : häufig : reichlich : dicht : breit : drückend, schwer, lästig : geronnen : fest ✳ *dicketun:* (volkst.) sich brüsten, prahlen ✳ *dickbäuchig* Ew.; *dickbauchig* Ew.; *dickbeinig* Ew.; *dickbusig* Ew.; **Dickdarm:** Mastdarm; *dickfellig* Ew.: unempfindlich; *dickflüssig* Ew.; *Dickhäuter; dickhäutig* Ew.; **Dickkopf:** Starrkopf; *dickköpfig* Ew.; *dickleibig* Ew.; *Dickmilch; Dickschädel; dickschalig* Ew.; *Dickschnabel; dickstirnig:* dumm, dickköpfig; *Dicktuer(ei):* Prahler(ei); *dicktuerisch* Ew.; *Dicktun; Dickwanst* ✳ **Di|cke,** die, –: das Dicksein : Modell einer Lehmform ✳ **Di|cke,** der; (die); –, –n: dicker Mann (dicke Frau) ✳ **Dick|heit,** die, –: das Dicksein ✳ **Di|ckicht,** das; –(e)s, –e: dichtes Gebüsch ✳ **dick|lich** Ew.: ein wenig, ziemlich dick ✳ **Dick|te,** die, –, –n: Dicke ✳ **Di|ckung,** die, –, –en: Dickicht

dic|tan|do (l.) Ew.: diktierend : während des Diktierens

Di|dak|tik (gr.), die, –: Unterrichtslehre, Erziehungskunde ✳ **Di|dak|ti|ker,** der; –s, –: Erziehungswissenschaftler ✳ **di|dak|tisch** Ew.: unterrichtskundlich : belehrend : lehrhaft

di|del|dum|dei!: Ausruf zur Nachahmung lustiger Musik

Di|do: sagenh. Gründerin Karthagos

Di|dot [dido] franz. Buchdruckerfamilie ✳ *Didotantiqua:* (Buchdrw.) Antiquadruckschrift ✳ *Didotpunkt; Didotsystem:* typografisches Punktsystem

Di|duk|ti|on (l.), die, –, –en: das Ausdehnen : Trennung der Teile ✳ **di|du|zie|ren** (..iert) tr.: auseinander ziehen : zerteilen

die (Gen. der; Dat. der; Akk. die; Mz. die, der, den, die): weibl. best. Artikel ✳ **die|je|ni|ge** (diejenige; derjenigen; derjenigen; diejenige; Mz. diejenigen): bestimmendes Fw. ✳ **die|sel|be** (derselben; derselben; dieselbe; Mz. dieselben): die gleiche ✳ **die** hinweis. Fw. Ew. (der, der, die; Mz. die, der, den, die): diese : jene; hinweis. Fw. Hw. (derer, der, die; Mz. die, deren oder

derer, denen, die): diese : jene : einige gewisse : irgendeine, jede ✳ **die|weil** Uw. (veralt.): inzwischen; Bw. (veralt.): während weil ✳ **alldieweil** ✳ **die** rel. Fw. (deren, der, die; Mz. die, deren, denen, die): welche

Dieb, der; –(e)s, –e: jemand, der stiehlt : Schelm : Spitzbube ✳ *Diebstahl:* Entwendung von fremdem Eigentum : begangene diebische Handlung; *Diebesbande; Diebesglück; Diebesgut; Diebeshandwerk; Diebeshöhle; Diebesschlüssel:* Dietrich; *diebessicher; Diebesvolk; Diebeswerkzeug; Diebstahlversicherung* ✳ **Die|be|rei,** die, –, –en: das Stehlen, Diebstahl : diebisches Wesen ✳ **Die|bin,** die, –, –nen: weibl. Form von Dieb ✳ **die|bisch** Ew.: in der Weise eines Diebes : häufig stehlend : verstohlen; Uw. (verstärkend): ungemein

Di|e|ge|se (gr.), die, –, –n: Erzählung, Ausführung ✳ **di|e|ge|tisch** Ew.: darstellend : erzählend, entwickelnd [gr. diund egeisthai erzählen]

die|je|ni|ge: s. die

Die|le, die, –, –n: Brett, dünne Bohle : Fußboden : Vorraum, breiter Flur : Dreschtenne : über einem Raum befindl. Decke : oberes Gelass : Gaststätte : Vergnügungsstätte ✳ *Dielenkopf:* Balkenkopf ✳ **die|len** tr.: mit Dielen versehen ✳ **Die|lung,** die, –, –en: Täfelung

Di|e|lek|tri|kum (gr.), das; –s, ..ken und ..ka: Nichtleiter der Elektrizität ✳ **Di|e|lek|trin,** das; –(e)s: Mischung aus Schwefel und Paraffin ✳ **di|e|lek|trisch** Ew.: nichtleitend ✳ **Di|e|lek|tri|zi|tät,** die; –, –en: Zustand eines Nichtleiters, wenn sich auf seinen beiden Seiten entgegengesetzte elektrische Ladungen befinden ✳ *Dielektrizitätskonstante:* Verhältniszahl, welche angibt, wieviel mal stärker ein elektrischer Kondensator geladen werden kann, wenn jener Nichtleiter statt Luft die Zwischenschicht bildet

Die|me, die; –, –n: Diemen ✳ **Die|men,** der; –s, –: Getreideschober, –miete ✳ **die|men** tr.: schobern

die|nen intr.: jemandem unterstellt sein : in abhängiger Verhältnis sein : einem seine Untergebenheit, Ergebenheit tätig beweisen : gehorsam sein : verehren : im Dienstverhältnis stehen : Soldat sein : jemandem nützlich sein : zu etwas zu brauchen sein : aufwarten : zu etwas gereichen * Die|ner, der; –s, –: ein Dienender : Angestellter in Instituten : Verbeugung * Dienergefolge; Dienerschar; Dienertracht * Die|ne|rei, die; –, –en: Dienerschaft : fortgesetztes Dienen : Dienerhaftigkeit * die|ner|haft Ew.: in der Weise eines Dieners * die|nern (ich ..ere) intr.: dienerhaft sein : eine Verbeugung machen * Die|ner|schaft, die; –, –en: Gesamtheit der Diener (eines Hauses): das Dienersein * Die|ner|tum, das; –(e)s Die; –, –en: Verpflichtung zum nerschaft * dien|lich, diensam Ew.: geeignet, nützlich, förderlich * Dienst (mundartl.), der; –en, –e: Dienstbote : Dienerschaft * Dienst, der; –es, –e: Abhängigkeitsverhältnis : auf Grund eines Abhängigkeitsverhältnisses vollbrachte Handlung : Ausübung der Amtsverrichtung : Verehrung : Äußerung der Ergebenheit : Gefallen : das Erfüllen eines Zweckes * Dienst tun; Dienst haben; im Dienst sein; einem einen Dienst erweisen * Dienstabteil: (Eisenb.) Abteil für die diensttuenden Beamten; Dienstadel: Teil des Briefadels, dessen Adelssprung auf dem Staat geleistete Dienste zurückzuführen ist; Dienstalter: Zahl der Dienstjahre eines Beamten u. dgl.; Dienstälteste(r); –angelegenheit; –antritt; Dienstanweisung; Dienstarbeit; Dienstauffassung; Dienstaufsicht; Dienstauszeichnung; Dienstbeginn; dienstbeflissen Ew.; dienstbereit Mw. Ew.; Dienstbote; Diensteid: der von Beamten zu leistende Eid auf gewissenhafte Erfüllung der Dienstpflichten; Diensteifer; diensteifrig Ew.; Dienstentlassung; dienstgeben Mw. Ew.; dienstfähig Ew.; dienstfertig Ew.; dienstfrei Ew.; Dienstgeheimnis: Amtsgeheimnis; Dienstge-

spräch; Dienstgrad: Rang; diensthabend → Dienst habend Mw. Ew.; Dienstherr(schaft); Dienstjahr; Dienstjubiläum; Dienstkleidung; Dienstleistung; Dienstmädchen; Dienstmann; Dienstordnung; Dienstpersonal; Dienstpflicht; Dienstplan; Dienstraum; Dienstreise; Dienstsache; Dienstschluss; Dienststelle; Dienststempel; Dienststunden; Diensttag: Frontag; diensttauglich Ew.; dienstunfähig; Dienstunfähigkeit; Dienstvorschrift; dienstwidrig Ew.; dienstwillig Ew.; Dienstwohnung: dem Beamten während seiner Dienstzeit zur Verfügung gestellte Wohnung; Dienstzeit * dienst|bar Ew.: dienend, unterwürfig : Dienste zu leisten, Lasten zu tragen verpflichtet * Dienst|bar|keit, die; –, –en: Verpflichtung zum Dienen * dienst|lich Ew.: zum Dienst gehörig : amtlich : dienend, förderlich * Diens|tag, der; –(e)s, –e: der dritte Tag der Woche * am Dienstagabend; dienstagsabends auch: dienstags abends * diens|tä|gig, diens|täg|lich Ew.; diens|tags Uw.: an jedem Dienstag

dies, die|ses (Gen. dieses; Dat. diesem; Akk. dies, diese; Mz. diese, dieser, diesen, diese) sächl. hinw. Fw., Ew. u. Hw.: zur Bezeichnung eines vorliegenden Gegenstandes durch Hinzeigen : (zeitl.) gegenwärtig : (zeitl.) letztvergangen : (zeitl.) nächstkünftig ; dies|be|züg|lich Ew.: (Kanzleispr.) sich auf dieses, auf etwas Genanntes beziehend, hierhergehörig * dies|jäh|rig Ew.: aus diesem, dem laufenden Jahr stammend * dies|mal Uw.: dieses Mal; diesmalig Ew.: dieses Mal stattfindend * dies|seits Vw. m. Gen.: auf dieser Seite; diesseitig Ew.: auf dieser Seite liegend; Diesseitigkeit, die; –: Verwurzelung im Irdischen * Dies|seits, das; –: irdische Welt; Diesseitsglaube; vgl. diese, dieser

Dies a|ca|de|mi|cus: Feiertag der Universität (vorlesungsfrei) * Di|es a|ter, der; –, –: Pechtag, „schwarzer Tag" *

di|es I|rae [..ä], di|es Il|la: „Tag des Zornes, jener Tag", Teil des Requiems

die|se (Gen. dieser; Dat. dieser; Akk. diese; Mz. diese, dieser, diesen, diese) weibl. hinw. Fw., Ew. u. Hw.: zur Bezeichnung eines vorhandenen Gegenstandes : (zeitl.) gegenwärtig : (zeitl.) letztvergangen : (zeitl.) nächstfolgend * die|ser|halb Uw. (veralt.): deswegen * dieserlei Ew.: derlei; dieserwegen Uw. (veralt.): deswegen; vgl. dies, dieser

Die|se, Die|sis (gr.), die; –, ..sen: (Mus.) Erhöhung um einen halben Ton : Vorzeichen

Die|sel: Erbauer von Motoren : Kurzform von Dieselkraftstoff : Auto mit Dieselmotor * die|selelektrisch Ew.: mit Dieselmotor betrieben * Dieselkraftstoff; Diesellokomotive: Lokomotive mit Dieselmotor * Die|sel|mo|tor, der; –s, –e: Verbrennungskraftmaschine (nach dem Erfinder benannt) * die|seln intr.: ohne Zündung weiterlaufen * Dieselöl

die|sel|be: s. die * die|sel|bi|ge: s. derselbige

die|ser (Gen. dieses; Dat. diesem; Akk. diesen; Mz. diese, dieser, diesen, diese) männl. hinw. Fw., Ew. u. Hw.: zur Bezeichnung eines vorliegenden Gegenstandes : (zeitl.) gegenwärtig : (zeitl.) letztvergangen : (zeitl.) nächstfolgend; vgl. dies, diese

die|sig, Ew.: dunstig, neblig : (übertr.) unklar

Die|sis: s. Diese

dies|jäh|rig: s. dies

Diet|rich, der; –(e)s, –e: Diebeshaken: Nachschlüssel

die|weil: s. die

dif..., di..., dis.. (l.) Vorsilbe vor f.: s. dis..

Dif|fa|ma|ti|on (l.), die; –, –en: Verleumdung : Herabsetzung * dif|fa|ma|to|risch Ew.: verleumderisch * Dif|fa|mie, die; –, ..mien: Beschimpfung * dif|fa|mie|ren (l.) tr.: verleumden : Übles nachreden * Dif|fa|mie|rung, die; –, –en: Verleumdung

dif|fe|rent (l.) Mw. Ew.: ungleich : unterschiedlich * dif|fe|ren|zi|al auch: dif|fe|ren|ti|al Ew.: einen Unterschied begründend, darstellend : (Techn. z. B. Maschine) mit Schwächung der Hauptbewegung durch entgegengesetzte Bewegung, so dass nur die Differenz beider Bewegungen zum Ausdruck kommt ✳ **Dif|fe|ren|zi|al** *auch:* **Dif|fe|ren|ti|al,** das; ..s, ..e: unendlich kleine Änderungen veränderlicher Größen ✳ *Differenzialbremse:* doppelwirkende Bremse; *Differenzialdiagnose:* (Med.) verfeinerte, gegen ähnliche Krankheiten abgrenzende Diagnose; *Differenzialgeometrie; Differenzialgetriebe; Differenzialgleichung:* (Math.) Gleichung zwischen einer Funktion und ihren Differentialquotienten; *Differenzialquotient:* (Math.) das Verhältnis der Variabeln in der Differenzialrechnung; *Differenzialrechnung:* (Math.) Teil der höheren Mathematik, der sich mit der Aufgabe beschäftigt, aus einer Gleichung zwischen Variabeln das Verhältnis der unendlich kleinen Änderungen der Variabeln zu berechnen: *Differenzialschaltung; Differenzialstrom:* eine Wechselstrommenge; *Differenzialtarif:* System in der Berechnung der Frachtsätze, nach welchen bei Massentransporten die Frachtsätze mit zunehmender Entfernung billiger werden; *Differenzialthermometer:* Feinthermometer; *Differenzialwinde:* Verbundwalzengewinde; *Differenzialzoll:* Unterscheidungszoll : Kampfzoll : Begünstigungszoll ✳ **dif|fe|ren|zi|ell** *auch:* **dif|fe|ren|ti|ell** Ew.: einen Unterschied begründend, darstellend ✳ **Dif|fe|renz,** die; –, –en: Unterschied : Rest : Uneinigkeit ✳ *Differenzgeschäft:* Börsengeschäft, bei dem es nicht auf Lieferung des Kaufobjektes ankommt, sondern nur die Differenz zwischen dem vereinbarten Preis und dem Tagespreis zu zahlen ist ✳ **dif|fe|ren|zie|ren** intr.: Unterschiede hervorheben : trennen : abstufen : (Math.) nach der Differentialrechnung rechnen ✳ **Dif|fe|ren|ziert|heit,** die; –, –en: Abgestuftsein : Unterschiedlichkeit ✳ **dif|fe|rie|ren**

(..iert) intr.: abweichen : anderer Meinung sein
Dif|fi|denz, die; –, –en: Misstrauen ✳ **dif|fi|die|ren** (..iert) intr.: misstrauen
dif|fi|zil Ew.: schwierig : peinlich : empfindlich
dif|form (nl.) Ew.: missgestaltet ✳ **Dif|for|mi|tät,** die; –, –en: Missgestalt : Missbildung
Dif|frak|ti|on (l.), die; –, –en: Strahlenbrechung, Ableitung des Lichts
dif|fun|die|ren (..iert) (l.) tr.: ausgießen : (Chem.) durchdringen ✳ **dif|fus** Ew.: zerstreut : weitschweifig : verschwommen ✳ **Dif|fu|si|on,** die; –, –en: Ergießung : Ausbreitung : Weitschweifigkeit : (Chem.) Vermischung ✳ **Dif|fu|sor,** der; –s, ..soren: Zerstreuer
Di|gam|ma, das; –s, –(s): gr. Buchstabe (Doppelgamma)
di|gen (gr.) Ew.: durch Vereinigung von zwei Eizellen gezeugt
di|ge|rie|ren (l.) (..iert) tr.: zerteilen : auflösen : verdauen ✳ **Di|gest** (e.) [daitschest], der; –s, –s: Abriss, Auswahl : Sammlung von Auszügen aus Veröffentlichungen ✳ **Di|ges|ten** Mz.: Teil des Corpus juris ✳ **di|ges|ti|bel** Ew.: verdaulich ✳ **Di|ges|ti|on,** die; –, –en: (Chem.) Ablassen (giftiger) Gase : Verdauung ✳ **di|ges|tiv** Ew.: Verdauung bewirkend ✳ **Di|ges|ti|vum,** das; –s, ..va: Mittel, das die Verdauung anregt
di|gi|tal (l.) Ew.: (Techn.) ziffernmäßig : in Ziffern dargestellt : (Med.) mit den Fingern ✳ **Di|gi|ta|lis,** die; –, –: Heilpflanze ✳ **Di|gi|tal|com|pu|ter,** der; –s, –: Ziffernrechner : Ziffern verarbeitende Datenverarbeitungsanlage; *Digitalrechner; Digitaluhr; Digitalverfahren* ✳ **di|gi|ta|li|sie|ren** tr: in Ziffern darstellen : in ein digitales Zeichen umwandeln
Di|glot|te (gr.), die; –, –n: in zwei Sprachen geschrieb. Buch [s. di- und gr. glossa Sprache]
Di|glyph (gr.), der; –s, –e: (Baukst.) Zweischlitz (Zierrat des dorischen Frieses)
Dig|ni|tar (nl.), der; –s, –e: Würdenträger ✳ **Dig|ni|tät,** die; –, –en: (meist mit einem

kirchlichen Amt verbundene) Würde
dig|re|die|ren (l.) (..iert) intr.: abschweifen ✳ **Dig|res|si|on,** die; –, –en: Abschweifung : astronom. Abweichung
DIHT (Abk.): Deutscher Industrie- und Handelstag
di|hyb|rid Ew.: sich in zwei Erbmerkmalen unterscheidend ✳ **Di|hyb|ri|de** (l.), der; –en, –en: Mischling, dessen Eltern sich in zwei Erbmerkmalen unterscheiden
Di|jam|bus, Di|jam|bus (gr.), der; –, ..ben: Doppeliambus, ein Versfuß
Di|ju|di|ka|ti|on (nl.), die; –, –en: Aburteilung ✳ **Di|ju|di|ka|tor,** der; –s, ..toren: Urteilssprecher ✳ **di|ju|di|zie|ren** (..iert) tr.: beurteilen, entscheiden
Di|ke: griech. Göttin der Gerechtigkeit
di|klin Ew.: (Med.) eingeschlechtlich : gleichen Geschlechts
Di|ko|lon (gr.), das; –s, ..len: Strophe aus zweierlei Versarten
Di|ko|ty|le, Di|ko|ty|le|do|ne (gr.), die; –, –n: Gattung der zweisamenlappigen Pflanzen [gr. di- und kotyledon hohles Knöpfchen]
Dik|ta (l.), ..tae, ..tae: die Vorgenannte, Vorhererwähnte ✳ **Dik|ta|fon** *auch:* **Dik|ta|phon** (l.-gr.), das; –s, –e: Diktiergerät ✳ **dik|tan|do** Uw.: diktierend, beim Diktieren ✳ **Dik|tat,** das; –(e)s, –e: Diktiertes : Nachgeschriebenes ✳ *Diktatfrieden:* aufgezwungener Frieden ✳ **Dik|ta|tor,** der; –s, ..toren: unumschränkter Gebieter ✳ **dik|ta|to|risch** Ew.: gebieterisch ✳ **Dik|ta|ti|on,** die; –, –en: das Vorsagen, das Diktieren ✳ **Dik|ta|tur,** die; –: totalitäre Staatsform, in der die Gewalt in einem Staatsorgan zusammengefasst ist ✳ **dik|tie|ren** (..iert) tr.: zum Nachschreiben vorsagen : aufzwingen, auferlegen ✳ *Diktiergerät, -maschine:* Büromaschine zum Aufnehmen und zur Wiedergabe gesprochener Worte ✳ **Dik|ti|on,** die; –en: Stil : Schreibart : Ausdrucksweise : Sprechweise ✳ **Dik|ti|o|när,** der; –s –e: Wörterbuch ✳

Diktum, das; ..ti, ..ta: das Vorgenannte : Befehl : Schriftstelle [l. dicere sagen]

diktando, Diktat usw.: s. Dikta

dilatabel (l.) Ew.: dehnbar * **Dilatabilis**, der, –, ..les: breitgezogener Buchstabe * **Dilatation**, die; –, –en: künstliche Erweiterung : Ausdehnung * **dilatieren** tr.: erweitern [l. dilatare dehnen]

Dilation, die; –, –en: Aufschub : Frist * **dilatorisch** Ew.: verzögernd, aufschiebend [l. differre. Mw. Vg. dilatus trennen, aufschieben]

Dilemma (gr.), das; –s, –s und ..ta: Klemme : Wechselschluss : Zwangslage

Dilettant (it.), der; –en, –en: jemand, der, etwas aus Liebhaberei betreibt : Nichtfachmann : Laie : Liebhaber * *Dilettantenvorstellung:* Vorstellung auf einer Laienbühne * **Dilettantin**, die; –, –nen: weibl. Form von Dilettant * **dilettantisch** Ew.: laienhaft, oberflächlich * **Dilettantismus**, der;–, ..men: Kunstliebhaberei : Oberflächlichkeit * **dilettieren** (..iert) intr.: sich als Dilettant betätigen

Diligence (fr.) [dilischang:s], die; –, –n: Schnelligkeit : (veralt.) Postwagen : Eilwagen

Dill, der; –(e)s, –e; **Dille**, die; –, –n: Gurkenkraut * *Dillkraut; Dillöl; Dillraupe*

Diludium (l.), das; –s, ..dien: Zwischenspiel

diluendo (it.): (Mus.) verlöschend, verhallend * **diluvial** (l.) [..w..] Ew.: zum Diluvium gehörig * *Diluvialmenschen:* die Menschen der Eiszeit; *Diluvialzeit:* Eiszeit * **Diluvium** (l.) [..w..], das; –s: Überschwemmung : Eiszeitalter

Dime (fr.-e.) [deim'], der; –s, –s; nordam. Silbermünze

Dimension (l.), die; –, –en: Ausdehnung : Ausmaß : Bereich * **dimensional** Ew.: die Ausdehnung bestimmend, ausgedehnt * **dimensionieren** tr.: ausmessen : das Ausmaß bestimmen

dimer (gr.) Ew.: zweiteilig erblich, aus zwei Gliedern bestehend [gr. di doppelt, meros Teil]

Dimeter (gr.), der; –s, –: zweimetriger iambischer Vers

diminuendo (it.): (Mus.) abnehmend * **diminuieren** (..iert) (l.) tr.: verringern, verkleinern * **Diminution**, die; –, –en: Verminderung : Abnahme * **diminutiv** Ew.: verkleinernd * **Diminutiv**, das; –s, –e: Verkleinerungsform * *Diminutivform; Diminutivum*

Dimission (Demission) (l.) die; –en: Entlassung : Abschied * **Dimissionär**, der; –s, –e: verabschiedeter Beamter * **dimittieren** (..iert) tr., intr.: entlassen : abdanken : absetzen : verabschieden [l. dimittere wegschicken]

Dimmer, der; –s, –: Lichtschalter, der die Helligkeit stufenlos regelt

dimorph (gr.) Ew.: zweigestaltig * **Dimorphie, Dimorphismus**, der; –, ..men: Zweigestaltigkeit

DIN, die; –: Abkürzung für Deutsche Industrie-Norm * *DIN-Format:* ein genormtes Papierformat; *DIN-Grad:* nach DIN festgelegte Maßeinheit für die Lichtempfindlichkeit eines Films

Dinar, der; –s, –e: ehem. jugoslawische Münze : iran., irak. Münze

dinarisch Ew.: zur dinarischen Rasse gehörig * *die dinarische Rasse:* europäische Menschenrasse im Südosten Europas

Diner (fr.) [dineh], das; –s, –s: Hauptmahlzeit des Tages : Festmahl * **dinieren** (..iert) intr.: speisen * **Dining-car** → **Diningcar** (e.) [daining-kahr], die; –, –s: Speisewagen * **Dining-room** → **Diningroom** (e.) [daining-ruhm], –s, –s: Speisesaal * **Dinner** (e.) [dinn'r], das; –s, –s: Mittagessen, Mahl * *Dinnerjacket* [..dsehäcket]: Gesellschaftsanzug

Ding, das; –(e)s, –e und (verächtl.) –er: Rechtssache, Gericht, Gerichtsverhandlung, Gerichtstag, Gerichtsstätte : Gegenstand (der Verhandlung) : Sache : Mädchen : etwas, was man nicht näher bezeichnen will : (mundartl.) zur Stellvertretung eines Hauptwortes * *Dingwort:* Substantiv * *das*

Ding wird mir zu bunt; aller guten Dinge sind drei; guter Dinge sein * **Dingelchen**, das; –s, –, ..gerchen: kleines Mädchen * *ein reizendes Dingelchen* * **dingen** (du dangst und dingtest, du ding[e]test, [nicht düngest und dängest]; gedungen, selt. gedingt; ding[e]!) tr., intr.: in Dienst nehmen : mieten : verhandeln * **dingfest** Ew.: rechtlich festgesetzt : verhaftet * **dinglich** Ew.: (Rechtsspr.) an den Dingen haftend * *dingliche Klage:* eine Klage aus dem Sachenrecht * **Dings**, das; –: (verächtl. für) Ding: etwas, was einem gerade nicht einfällt * *Dingsbums; Dingsda; Dingskirchen:* Ort, dessen Namen einem entfallen ist

Dingelchen: s. Ding

Dingi, Dinghi (orient.), das; –s, –s: kleines Beiboot

Dingo, der; –s, –s: austral. Wildhund

Dings, Dingsbums, Dingsda: s. Ding

dinieren usw.: s. Diner

Dinkel, der; –s, –: Spelt. eine Getreideart * *Dinkelgerste; Dinkelmehl; Dinkelweizen*

Dinner usw.: s. Diner

Dinosaurier (gr.-l.), der; –s, –: urweltliche Tierart (Kurzform: Dino) * *Dinosaurus* * **Dinotherium**, das; –s, ..rien: schreckliches Tier, Säugetier der späten Tertiärzeit

Diode, die; –, –n: Zweipolröhre

Diogenes: griech. Naturphilosoph

Dionysien Mz.: Dionysosfest * **dionysisch**, Ew.: freudetrunken : wie im Rausch * **Dionysos:** gr. Gott des Weines

diophantisch (gr.) Ew.: nach Diophantos benannt * *diophantische Gleichung:* Gleichung, bei der die Anzahl der Unbekannten größer ist als die Anzahl der zu erfüllenden Gleichungen * **Diophantos:** ein griech. Mathematiker

Diopter (gr.), das; –s, –: Visiervorrichtung * **Dioptrie**, die; –, ..trien: Lichtbrechungskraft einer Linse : Maß zum Einsichten * **Dioptrik**, die; –: Lehre von der Lichtbrechung *

di|opt|risch Ew.: die Lichtbrechungslehre betreffend

Dio|ra|ma (gr.), das; –s, ..men: „Durchsicht", Durchscheinbild mit Farbwirkungen durch Lichtwechsel : Gemälde von plastischer Formwirkung

Di|o|ris|mus (gr.) der; –, ..men: Unterscheidung * Begriffsbestimmung

di|o|ris|tisch Ew.: erklärend

Di|o|rit (gr.) der; –(e)s, –e: ein Eruptivgestein

Dio|s|ku|ren (gr.): Kastor und Pollux : (übertr.) unzertrennliche Freunde

Di|o|xid (gr.), das; –s, –e: Oxid mit zwei Sauerstoffatomen

Di|ö|ze|san (gr.), der; –en, –en: Angehöriger einer Diözese : Geistlicher eines Sprengels * *diözesan:* zu einer Diözese gehörend * *Diözesanrecht:* amtliches Recht eines Bischofs; *Diözesanversammlung:* Versammlung der Kirchenvorstände (unter einer Superintendentur); *Diözesanverwaltung:* Verwaltung einer Diözese * **Di|ö|ze|se,** die; –, –n: Amtsbereich eines Bischofs oder Superintendenten

Di|ö|zie (gr.) Mz.: Gattung zweihäusiger Pflanzen * **di|ö|zisch** Ew.: zweihäusig

Dip, der; –s, –s: Soße zum Eintippen (von Brot u. a.) *

dip|pen tr.: eintauchen : eintunken : (seem.) niederholen : durch Senken der Flagge grüßen

Diph|the|rie, Diph|the|ri|tis, die; –: (Med.) Rachenbräune, eine Infektionskrankheit * *Diphtherieserum; diphtherisch*

Di|ph|thong (gr.), der; –(e)s und –en, –en: Zwielaut * **di|ph|thon|gie|ren** (..iert) tr.: (einen Laut –) vom einfachen Vokal zum Zwielaut übergehen * **Di|ph|thon|gie|rung,** die; –, –en: Umwandlung eines einfachen Lautes in einen Doppellaut * *diphthongisch*

Di|plex.., Dup|lex.. (l.) in Zus.: doppelt.., Doppel.. * *Diplex-, Duplexbetrieb; Diplex-, Duplexschaltung*

Di|p|lo|do|kus (gr.), der; –, ..ken: ein urweltliches Riesentier

di|p|lo|id (gr) Ew.: mit dem doppelten Chromosomensatz

Di|p|lom (gr.), das; –s, –e: „doppelt Gefaltetes", ein Schriftstück : Urkunde; Abk.: Dipl. * *Diplomand; Diplomarbeit; Diplomhandelslehrer; Diplomingenieur:* akadem. Grad einer Techn. Hochschule; *Diplomkaufmann; Diplomlandwirt; Diplomvolkswirt* * **Di|p|lo|mat,** der; –en, –en: hoher Staatsbeamter im auswärtigen Dienst : (übertr.) klug, geschickt Verhandelnder * *Diplomatenlaufbahn* * **Di|p|lo|ma|tie,** die; –: Inbegriff der beim völkerrechtlichen Verkehr geltenden Grundsätze : Gesamtheit der zum völkerrechtlichen Verkehr berufenen Amtsorgane : Weltgewandtheit und Weltklugheit * **Di|p|lo|ma|tik,** die; –: Urkundenlehre * **Di|p|lo|ma|ti|ker,** der; –s, –: Urkundenforscher, –kenner * **di|p|lo|ma|tisch** Ew.: urkundlich : staatsmännisch : klug berechnend * *Diplomatisches Korps:* Gesamtheit der Gesandtschaften am Regierungssitz * **di|p|lo|ma|ti|sie|ren** (..iert) intr.: staatsmännisch verhandeln

Di|po|die (gr.), die; –, ..dien: „Doppelfuß", Verbindung von zwei Versfüßen * **di|po|disch** Ew.: (Vers) doppelfüßig, in Dipodien gebaut

Di|pol, der; –s: wellengleiche Ladungsbereiche * *Dipolantenne:* doppelpolige Antenne für Kurzwellen; *Dipolmolekül:* ein Dipol bildendes Molekül

Dip|pel (obd.), der; –s, –: Dübel : Zapfen * *Dippelbaum:* Deckenbalken

dip|pen tr.: s. Dip

Dip|so|ma|ne (gr.), der; –n, –n: ein von periodischer Trunksucht Befallener * **Dip|so|ma|nie,** die; –, ..nien: Trunksucht : Säuferwahnsinn

Dip|tam, (gr.) der; –s, –: eine Zierpflanze : Diktam

Di|p|te|ra (gr.) Mz.: Insektengattung mit zwei unbedeckten Flügeln * **Di|p|te|ral|tem|pel,** der; –s, –: griechischer Tempel mit zweifacher Säulenreihe * **Di|p|te|ren:** s. Diptera * **Di|p|te|ros,** der; –, ..roi: Dipteraltempel

Di|p|ty|chon (gr.), das; –s, ..chen und ..cha: Schreibtafel der Alten zum Zusammenklappen : Flügelaltar

Di|py|lon: „Doppeltor" in Athen (Fundort von Erzeugnissen nachmykenischer Zeit)

dir p. Fw.: Dat. von du

Di|rec|toire (fr.) [..toahr'], das; –s: oberste Behörde z. Z. der ersten franz. Republik : franz. Modetracht (1795–1799) * **di|rekt** (l.) Ew., Uw.: unmittelbar : geradezu : ohne Umschweife : geradewegs : aus erster Hand * *Direktsendung; –übertragung:* direkt über den Sender übertragenes Programm : Live-Sendung * **Di|rek|ti|on,** die; –, –en: Richtung : Leitung : Verwaltung : Vorstand * *direktionslos* Ew.: richtungslos : ohne Leitung : ungehörig * **Di|rek|ti|ve** (nl.) [..w..], die; –, –n: Anleitung, Verhaltensmaßregel : Richtschnur * *Direktmandat* * **Di|rek|tor,** der; –s, ..toren: Vorsteher, Leiter . Umgspr.: Direx * **Di|rek|to|rat,** das; –(e)s, –e: Leitung : Amt und Dienstraum eines Direktors * **di|rek|to|ri|al** Ew.: dem Vorsteher zustehend, von ihm ausgehend * **Di|rek|to|rin,** die; –, –nen: Vorsteherin * **Di|rek|to|ri|um,** das; –s, ..rien: aus mehreren Personen bestehender Vorstand *

Di|rek|t|ri|ce (fr.) [..trihß], die; –, –n: Leiterin, bes. in einem Modegeschäft

Dir|ham, Dir|hem, der; –s, –s: arabische Münz- und Währungseinheit

Di|ri|gent, der; –en, –en: Kapellmeister * *Dirigentenpult; –stab* * **di|ri|gie|ren** (..iert) tr.: leiten * **Di|ri|gis|mus,** der; –: staatliche Lenkung der Wirtschaft

Dirn, die; –, –en: s. Dirne * **Dirndl,** das; –s, –: junges Mädchen : bayer. Trachtenkleid * *Dirndlkleid* * **Dir|ne,** die; –, –n: (mundartl.) junges Mädchen, Magd : Prostituierte * *Dirnenhaus*

dis.., di.. (gr.) Vorsilbe in Zus.: zweimal, doppelt

dis.., dif.., di.. (l.) Vorsilbe in Zus.: zer.., ent.., auseinander.., um.., nicht

dis, das; –, –: (Mus.) das um einen halben Ton erhöhte d : Molltonstufe * **Dis,** das; –, –:

Durtonstufe * **dis-Moll**, das; –:
Tonart * **Dis-Dur:** enharmonisch Es-Dur

Dis|a|gio (it.) [..adscho], das;
–, –: Abzug : Verlust

Dis|ap|pro|ba|ti|on (nl.), die;
–, –en: Missbilligung

Disc, die, –, –: Kurzform für
Compactdisc; Abk.: CD

Disc|jo|ckey: s. Diskjockey

Dis|count|la|den (e.) [diskaunt
..], der; –s, ..läden: Laden, in
dem die Waren sehr billig verkauft werden * *Discounter:* Inhaber eines Discountladens [e.
discount Abzug, Rabatt]

Dis|en|ga|ge|ment (e.) [dis-
singe'dschmn't], das; –(e)s:
Loslösung von Verbindlichkeiten

Di|seur (fr.) [disör] der; –s, –e;
Vortragskünstler, Kabaretten-
sager * **Di|seu|se**, die; –, –n:
weibl. Diseur

Dis|har|mo|nie (l.-gr.), die; –,
..nien: Missklang : Uneinigkeit
* **dis|har|mo|nie|ren** (..iert)
intr.: missstimmen : uneinig
sein * **dis|har|mo|nisch** Ew.:
einen Missklang bildend : nicht
zusammenstimmend : zwie-
trächtig

dis|jun|gie|ren (..iert) (l.) tr.:
auseinander bringen, trennen
* **Dis|junk|ti|on**, die; –, –en:
Absonderung, Trennung *
dis|junk|tiv Ew.: trennend :
verschieden * *disjunktive
Frage:* Doppelfrage * **Dis-
junk|tor**, der; –s, ..toren: eine
Art elektrischer Unterbrecher

Dis|kant (ml.), der; –(e)s, –e:
Oberstimme, hohe Tonlage :
Sopran * *Diskantschlüssel:* So-
pranschlüssel; *Diskantstimme:*
höchste Stimmlage *
Dis|kan|tist, der; –en, –en: So-
pransänger

Dis|ket|te, die; –, –n: Datenträ-
ger für den Computer

Disk|jo|ckey *auch:* **Disc-
jo|ckey** (e.), der; –s, –s: Ansa-
ger beim Rundfunk : jemand,
der in der Diskothek die Musik
auflegt * **Dis|ko|thek** *auch:*
Dis|co|thek, die; –, –en: Ton-
trägersammlung [e. disc
Scheibe gr. theke Aufbewah-
rungsort] : Tanzlokal * *Disko-
grafie auch:* Diskographie;
Diskomusik

Dis|kos, Dis|kus, der; –, ..ken:
Wurfscheibe * *Diskuswerfer*

Dis|kont (it.), der; –(e)s, –e:
Dis|kon|to, der; –s, –s und ..ti:
Abzug : Zinsabzug beim An-
kauf nicht fälliger Wechsel *
Diskontbetrag: Zinsbetrag;
Diskontgeschäft: Wechselge-
schäft; *Diskontrate; Diskont-
satz:* Zinssatz, der beim Kauf
von Diskontpapieren gültig ist
* **Dis|kon|ten** Mz.: Wechsel *
dis|kon|ta|bel Ew.: (mit großer
Wahrscheinlichkeit) zahlbar *
dis|kon|tie|ren (..iert) tr.: ab-
ziehen, abrechnen : (Wechsel)
vor der Verfallzeit gegen Abzug kaufen

Dis|kon|ti|nu|i|tät (l.), die; –,
–en: Zusammenhanglosigkeit
* **dis|kon|ti|nu|ier|lich** Ew.:
unzusammenhängend

dis|kor|dant (l.) Mw. Ew.:
nicht stimmend : verstimmt
und uneins * **Dis|kor|danz**,
die; –, –en: Missklang : unre-
gelmäßige Lage von Gesteins-
schichten * **dis|kor|die|ren**
(..iert) intr.: (Mus.) vom richtigen Ton abweichen, nicht stimmen : uneins sein

Dis|ko|rol|ler, der, –s, –: Roll-
schuh

Dis|ko|thek: s. Diskjockey

Dis|kre|dit (nl.), der; –(e)s: üb-
ler Ruf : Mangel an Kredit od.
Zutrauen * **dis|kre|di|tie|ren**
(..iert) tr.: in üblen Ruf bringen,
verleumden

dis|kre|pant (l.) Mw. Ew.: ab-
weichend : zwiespältig *
Dis|kre|panz, die; –, –en: Ab-
weichung : Zwiespalt : Widerspruch : Missverhältnis

dis|kret (l.) Ew.: rücksichtsvoll
: verschwiegen : schonend, taktvoll : (Math.) gesondert, nicht
stetig : (Phys.) elastisch * **Dis-
kre|ti|on**, die; –: Verschwiegen-
heit : Zurückhaltung * *nach
Diskretion:* nach Belieben

Dis|kri|mi|nan|te, die; –, –n:
Trennungsgröße * **Dis|kri|mi-
na|ti|on, Dis|kri|mi|nie|rung**,
die; –, –en: Sonderung, Unterscheidung : Herabsetzung *
dis|kri|mi|nie|ren tr.: herabset-
zen : verdächtigen : unter-
schiedlich behandeln

dis|kur|rie|ren: (..iert) (l.) tr.:
durchgehen : unterreden, ver-
handeln * **Dis|kurs**, der; –es,
–e: Gespräch : Verhandlung :
Unterredung * **dis|kur|siv**
Ew.: gesprächsweise

Dis|kus: s. Diskobolie

Dis|kus|si|on (l.), die; –, –en:
Besprechung, Auseinandersetzung : Erörterung : Meinungs-
austausch * *Diskussionsabend;
–beitrag; diskussionsfreudig;
Diskussionsrunde* * **dis|kus-
siv** Ew.: erörternd : zerteilend
* **dis|ku|ta|bel** Ew.: erörte-
rungswert : erwägenswert, an-
nehmbar * **dis|ku|tie|ren**
(..iert) tr.: untersuchen : erörtern

Dis|lo|ka|ti|on (nl.), die; –,
–en: Lageveränderung : (Truppen) Verteilung : Verrenkung *
dis|lo|zie|ren (..iert) tr.: verle-
gen : versetzen : verrenken *
Dislozierung

Dis|mem|bra|ti|on (nl.), die;
–, –en: Zerteilung : Zerstücke-
lung * **Dis|mem|bra|tor**, der;
–s, ..toren: Zerteiler : Schleu-
dermühle : Entschaler *
dis|mem|brie|ren (..iert) tr.:
zergliedern : zerstücken

dis-Moll: s. dis

Dis|pa|che (fr.) [..pasch], die;
–, –n: Seeschadensverteilung *
Dis|pa|cheur [..ör], der; –s, –e:
Sachverständiger für Seescha-
densberechnung und –verteil-
lung auf die Beteiligten *
dis|pa|chie|ren (..iert) intr.:
Seeschaden verteilen

dis|pa|rat (l.) Ew.: ungleichar-
tig : unvereinbar : nicht zuein-
ander passend * **Dis|pa|ri|tät**
(nl.), die; –, –en: Ungleichheit,
Verschiedenheit

Dis|pat|cher (l.-e.), der; –s, –:
Produktionslenker in Großbe-
trieben

Dis|pens (l.-fr.), der; –es, –e:
Erlass : Urlaub : Befreiung von
einer Verpflichtung * **dis|pen-
sa|bel** Ew.: erlässlich *
Dis|pen|saire|be|treu|ung
(fr.-dt.), die; –, –en: vorbeu-
gende med. Betreuung *
Dis|pen|sa|ti|on, die; –, –en:
Befreiung * **Dis|pen|sa|tor**,
der; –s, ..toren: mittelalterl.
Hofbeamter : Hausverwalter *
Dis|pen|sa|to|ri|um, das; –s,
..rien: Arzneibuch, Apotheker-
buch * **dis|pen|sie|ren** (..iert)
tr.: befreien : Arzneien bereiten, ausgeben

Dis|per|gens (l.), das; –, –en,
..zien: Lösungsmittel *
dis|per|gie|ren (..iert) (l.) tr.:
zerstreuen, verbreiten, fein ver-

teilen ✶ **Dis|per|si|on**, die; –, –en: Lichtzerstreuung : Verbreitung : feinste Verteilung eines Stoffes ✶ *Dispersionsfarbe* ✶ (Phys.) Abhängigkeit der Fortpflanzungsgeschwindigkeit einer Welle von der Wellenlänge : Lichtbrechung

Dis|per|mie (gr.), die; –, ..ien: Eindringen zweier Samenfäden in eine Eizelle

Dis|placed per|son →

Dis|placed Per|son (e.) [dißpläist pörs'n], die; – –, – –s: „verschleppte Person", Nichtdeutsche, die während des Zweiten Weltkriegs nach Deutschland oder in von deutschen Truppen besetzte Gebiete verschleppt wurden

Dis|play (e.) [displäi], das; –s, –s: Gerät zur Anzeige von Daten : werbewirksame Ausstellung von Waren im Schaufenster oder Laden

Dis|play|er, der; –s, –: Gestalter von Verpackungen und Dekorationen

Dis|pon|de|us (gr.), der; –, ..deen: Doppelspondeus, ein Versfuß von vier langen Silben

Dis|po|nen|de (l.), die; –, –n (meist Mz.): Verfügbares (Buchhandel) zur Verfügung des Verlegers stehendes, vom Sortimentsbuchhändler nicht verkauftes Buch ✶ **Dis|po|nent**, der; –en, –en: Angestellter, Abteilungsleiter mit bes. Vollmacht ✶ **dis|po|ni|bel** Ew.: verfügbar, zu Gebot stehend ✶ **Dis|po|ni|bi|li|tät**, die; –: Verfügbarkeit ✶ **dis|po|nie|ren** (..iert) intr.: verfügen : anordnen, verteilen, gliedern ✶ **dis|po|niert** Mw. Ew.: aufgelegt, gelaunt : empfänglich, anfällig (für Krankheiten); vgl. indisponiert ✶ **Dis|po|si|ti|on**, die; –, –en: Anordnung : Verfügung : Plan : Krankheitsveranlagung : Eigenart ✶ *jmdn. zur Disposition stellen:* auf Wartegeld im einstweiligen Ruhestand; Abk.: z. D. ✶ *Dispositionsfonds:* Verfügungsgelder; *dispositionsfähig* Ew.: verfügungsfähig ✶ *Dispositionskredit:* Überziehungskredit ✶ **dis|po|si|tiv** Ew.: verordnend : entscheidend

Dis|pro|por|ti|on (l.), die; –, –en: Missverhältnis : schlechte

Proportion ✶ **dis|pro|por|ti|o|nal** Ew.: unverhältnismäßig ✶ **Dis|pro|por|ti|o|na|li|tät**, die; –, –en: Unverhältnismäßigkeit ✶ **dis|pro|por|ti|o|niert** Mw. Ew.: unproportional : unverhältnismäßig : ungleich

Dis|put (l.-fr.), der; –(e)s, –e: Wortgefecht : Streitgespräch ✶ **dis|pu|ta|bel** Ew.: erörterungsfähig, –bedürftig : zweifelhaft ✶ **Dis|pu|tant**, der; –en, –en: ein seine Meinung Verfechtender : Wortfechter ✶ **Dis|pu|ta|ti|on**, die; –, –en: gelehrtes Streitgespräch : Verteidigung einer Dissertation (im Rahmen der Promotionsprüfung) ✶ **dis|pu|tie|ren** (..iert) intr.: wissenschaftlich streiten : seine Meinung verfechten ✶ **Dis|pu|tie|rer**, der; –s, –: Rechthaber

Dis|qua|li|fi|ka|ti|on (nl.), die; –, –en: Unfähigkeit : Untauglichkeit : (Sport) Ausschließung ✶ **dis|qua|li|fi|zie|ren** (..iert) tr.: für untauglich erklären : vom Wettbewerb ausschließen

Diss (Abk.): Dissertation

Dis|se|ka|ti|on, Dis|sek|ti|on, die; –, –en: (Anat.) Zerlegung : Leichenöffnung [l. *secare* schneiden]

Dis|se|mi|na|ti|on (l.), die; –, –en: Ausstreuung (von Krankheitserregern im Körper) : Ausbreitung eines Gerüchts ✶ **dis|se|mi|nie|ren** (..iert) tr.: aussäen, ausstreuen [l. *seminare* säen]

Dis|sens (l.), der; –es, –e: Meinungsverschiedenheit ✶ **Dis|sen|ter** (e.), der; –s, – (meist Mz.): nonkonformistischer englischer Protestant, der nicht der anglikanischen Kirche angehört ✶ **dis|sen|tie|ren** (..iert) intr.: anderer Meinung sein : sich von der Kirche trennen

Dis|ser|tant (l.), der; –en, –en: jmd., der eine Doktorarbeit schreibt, Doktorand ✶ **Dis|ser|ta|ti|on**, die; –, –en: wissenschaftliche Abhandlung, Doktorarbeit ✶ **dis|ser|tie|ren** (..iert) intr.: wissenschaftlich behandeln ✶ *über ein Thema dissertieren*

Dis|si|dent (l.), der; –en, –en: „getrennt Sitzender", Anders-

gläubiger : ein aus der Kirche Ausgetretener : Bezeichnung für Bürger sozialistischer Staaten, die die Politik und Parteidoktrin öffentlich kritisieren ✶ **Dis|si|denz**, die; –, –en: Spaltung, Trennung in religiösen Ansichten : öffentliche Kritik an der sozialistischen Partei- und Staatsdoktrin ✶ **Dis|si|di|en** Mz.: Streitpunkte ✶ **dis|si|die|ren** (..iert) intr.: anders denken : aus der Kirche austreten [l. *dissidere* von einander getrennt sitzen]

dis|si|mi|lär (spätl.) Ew.: „entähnlich", ungleichartig ✶ **Dis|si|mi|la|ti|on**, die; –, –en: Ungleichartigkeit : (Sprachl.) Umwandlung von Lauten : Stoffwechsel : Zerfall kultureller Gepflogenheiten durch Angleichung an eine andere Kultur

Dis|si|mu|la|ti|on (l.), die; –, –en: Verhehlung, Verheimlichung von Krankheitssymptomen : Verstellung ✶ **dis|si|mu|lie|ren** (..iert) intr.: verhehlen : sich verstellen

Dis|si|pa|ti|on (l.), die; –, –en: Vergeudung : Zerstreuung der Gedanken : Unaufmerksamkeit : (Phys.) (nicht vollständig reversibler) Übergang einer Energieform in Wärme ✶ **dis|si|pie|ren** (..iert) tr.: zerstreuen : verschwenden [l. dissipare wegwerfen]

dis|so|lu|bel (l.) Ew.: löslich, schmelzbar : zerlegbar ✶ **dis|so|lut** Mw. Ew.: haltlos : zügellos ✶ **Dis|so|lu|ti|on**, die; –, –en: Auflösung : Zügellosigkeit ✶ **dis|so|lu|tiv** Ew.: auflösend ✶ **Dis|sol|vens**, das; –, ..ventia oder ..venzien: Lösungsmittel ✶ **dis|sol|vie|ren** (..iert) [..w..] tr.: auflösen : schmelzen

dis|so|nant (l.) Mw. Ew.: misstönend ✶ **Dis|so|nanz**, die; –, –en: Missklang : Zwiespalt ✶ **dis|so|nie|ren** (..iert) intr.: nicht übereinstimmen : misstönen

Dis|so|zi|a|ti|on (l.), die; –, –en: Auflösung (einer Gesellschaft) : Zerfall (einer chem. Verbindung) ✶ **dis|so|zi|ie|ren** (..iert) tr.: trennen : auflösen

Dis|streß → **Dis|stress** (gr.-e.), der; –es, –e: starke Überbeanspruchung

Disstress
Die Umwandlung des *ß* nach kurzem Vokal in *ss* erfasst auch Fremdwörter, die ursprünglich der Eindeutschung halber im Wort- oder Silbenauslaut mit *ß* geschrieben wurden.

dis|tal (l.) Ew.: vom Körpermittelpunkt entfernt liegend * **Dis|tanz** (l.). die; –, –en: Entfernung : Abstand * *Distanzgeschäft:* Geschäft zwischen Personen an verschiedenen Orten; *Distanzmesser:* Entfernungsmesser; *Distanzritt:* Dauerritt; *Distanzschuß* → *Distanzschuss:* Schuss aus großer Torentfernung; *Distanzwechsel:* Wechsel, bei dem verschiedene Ausstellungsort und Zahlungsort verschieden sind * **dis|tan|zie|ren** (..iert) tr.: im Rennen überholen : überbieten; rbz.: Abstand wahren : zu etwas oder jmdm. auf Abstand gehen * **Dis|tel**, die; –, –n: Gattung stacheliger Pflanzen * *Distelfalter:* im Tagschmetterling; *Distelfink:* Stieglitz; *Distelhörnchen:* eine Schnecke * *Distelschnecke; Distelvogel* * **Dis|then** (gr.), der; –s, –e: ein Mineral, Aluminiumsilikat * **dis|ti|chisch** (gr.) Ew.: zweizeilig : in der Art des Distichons * **Dis|ti|chon**, das; –s, ..chen: ein Doppelvers (meist Hexameter mit Pentameter) * **dis|tin|gu|ie|ren** [..gih..] (..iert) (l.) tr.: unterscheiden : auszeichnen * *distinguiert* Mw. Ew.: ausgezeichnet : vornehm * **dis|tinkt** Ew.: unterschieden : deutlich : verständlich * **dis|tink|tiv** Ew.: unterscheidend : auszeichnend * **Dis|tink|ti|on**, die; –, –en: Auszeichnung : (hoher) Rang : Vornehmheit * *Distinktionswinkel:* Sehwinkel [l. stinguere stehen] * **Dis|tor|si|on**, die; –, –en: Verstauchung, Verrenkung : Verdrehung [l. torquere drehen] * **dis|tra|hie|ren** (..iert) (l.) tr.: auseinander ziehen : trennen : zerstreuen * **Dis|trak|ti|on**, die; –, –en: Zerstreuung : (Med.) Behandlung von Knochenbrüchen mit Streckverband * **Dis|trak|tor**, der; –s, ..toren: (Pfand-) Verkäufer * **Dis|tri|bu|ent** (l.), der; –en,

–en: Verteiler * **dis|tri|bu|ie|ren** (..iert) tr.: verteilen : austeilen * **Dis|tri|bu|teur** (fr.) [..bütöhr], der; –s, –e: Austeiler : Vorrichtung zur gesonderten Entnahme einzelner Papierblätter * **Dis|tri|bu|ti|on**, die; –s, –en: Verteilung : Austeilung : Auflösung * **dis|tri|bu|tiv** Ew.: verteilend * *Distributivgesetz:* Rechenregel für die Verknüpfung von Addition und Multiplikation * **Dis|tri|bu|ti|vum** (l.), das; –s, ..va: Zahlwort * **Dis|trikt** (ml.), der; –(e)s, –e: Verwaltungsbezirk : abgeschlossener Bereich * *Distriktsvorsteher* * **dis|ze|die|ren** (..iert) (l.) intr.: auseinander gehen : abweichen * **Dis|zes|si|on**, die; –, –en: Weggang : Abzug : Übertritt zu einer andern Partei * **Dis|zi|pel** (l.), der; –s, –: Schüler : Lehrling * **Dis|zi|plin**, die; –, –en: Zucht : Ordnung (nur Ez.) : wissenschaftl. Lehrfach * *disziplinlos* Ew.; *disziplinwidrig* Ew. * **Dis|zi|pli|nar..** (in Zus.): dienstlich * *Disziplinargericht:* Gericht für Disziplinarvergehen, Dienststrafgericht; *Disziplinargesetz; Disziplinargewalt; Disziplinarordnung; Disziplinarstrafe; Disziplinarverfahren; Disziplinarvergehen* * **dis|zi|pli|na|risch** Ew.: dienstlich, im Dienststrafwege : (übertr.) streng * **dis|zi|pli|nie|ren** tr.: in Disziplin halten : maßregeln * **Di|te|tro|de** (gr.), die; –, –n: Elektronenröhre mit zwei Vierpolröhren * **Dith|mar|schen:** holstein. Landschaft und Kreis * **Di|thy|ram|be** (gr.), die; –, –n: Loblied auf Dionysos : übertriebenes Lob * **di|thy|ram|bisch** Ew.: begeistert : überschwänglich * **Di|thy|ram|bus**, der; –, ..ben: Dithyrambe * **di|to:** s. detto * **Di|to**, das; –s, –s: dasselbe : Einerlei * **Di|to|nus** (gr.), der; –, ..ni: (Mus.) aus zwei Tönen bestehendes Intervall : große Terz * **Di|tro|chä|us** (gr.), der; –, ..äen: doppelter Trochäus * **dit|to:** s. detto * **Dit|to|gra|phie** *auch:* **Ditto-**

gra|fie (gr.), die; –, –n: fehlerhafte Doppelschreibung eines oder mehrerer Buchstaben im Text : Doppellesart bei antiken Schriftstellern * **Dit|to|lo|gie**, die; –, –n: fehlerhaftes Aussprechen, Stottern * **Di|u|re|se** (gr.), die; –n, –n: (Med.) Harnentleerung * **Di|u|re|ti|kum**, das; –s, ..ka: harntreibendes Mittel * **di|u|re|tisch** Ew.: harntreibend * **Di|ur|nal** (nl.), das; –s, –e und **Di|ur|na|le**, das; –, ..lia: „das Tägliche", ein Gebetbuch der katholischen Geistlichen * **Di|ur|na|list, Di|ur|nist**, der; –en, –en: Tagelohnschreiber, Hilfsschreiber * **Di|va** (l.) [..wa..], die; –, –s und ..ven: „die Göttliche", gefeierte Schauspielerin, Sängerin * **Di|van:** s. Diwan * **di|ver|gent** (l.) [..wär..] Mw. Ew.: auseinander strebend : abweichend : in entgegengesetzter Richtung gehend * **Di|ver|genz**, die; –, –en: das Auseinanderstreben : Abweichung : Meinungsverschiedenheit * **di|ver|gie|ren** (..iert) intr.: auseinander gehen : abweichen : anderer Meinung sein [l. vergere sich neigen, richten] * **di|vers** (l.) [..w..] Ew.: verschieden * **Di|ver|si|fi|ka|ti|on**, die; –, –en: Veränderung : Verschiedenheit : Ausweitung der Geschäftstätigkeit eines Unternehmens in neue Bereiche * *Diversifikationsquotient:* (Psych.) Anzahl der verschiedenen Wörter im Verhältnis zur Anzahl der überhaupt gebrauchten (Intelligenztest) * **di|ver|si|fi|zie|ren** tr.: ein Unternehmen in neuen Produktionsbereichen und Märkten tätig werden lassen * **Di|ver|si|on**, die; –, –en: Ablenkung : Richtungsänderung : (Kriegskst.) unerwarteter Angriff von der Seite oder im Rücken * **Di|ver|si|tät**, die; –, –en: Verschiedenheit * **di|ver|tie|ren** (..iert) tr.: trennen : entfernen : ablenken : belustigen : vergnügen * **Di|ver|ti|kel**, das; –s, –: (Med.) Ausbuchtung * **Di|ver|ti|men|to** (it.), das; –s, ..ti: (Mus.) Unterhaltungsstück : suitenartige Komposition : Zwischenspiel in

der Oper ✳ **Di|ver|tis|se|ment** (fr.) [..mang], das; –s, –s: Divertimento
Di|ver|sant (russ.) [..w..ß..], der; –en, –en: (im kommunist. Sprachgebrauch) Saboteur [l. diversus entgegengesetzt, feindlich]
Di|ver|ti|kel: s. divers
di|vi|da|tur (l.) [..w..]: man teile! ✳ **di|vi|de et im|pe|ra:** „teile und herrsche!" ✳ **Di|vi|dend** [..w..], der; –en, –en: zu teilende Zahl : Grundwert : (Bruchrechnung) Zähler ✳ **Di|vi|den|de**, die; –, –n: Gewinnanteil ✳ *Dividendenausschüttung;* *Dividendenpapiere:* Wertpapiere mit Anspruch auf Gewinnanteil; *Dividendenschein:* Gewinnanteilschein ✳ **di|vi|die|ren** (..iert) tr.: teilen, zerteilen : (Math.) eine Zahl durch eine andere teilen ✳ **Di|vi|du|lum**, das; –s, ..dua: etwas Teilbares ✳ **Di|vis** (fr.) [..w..], das; – und ..vises, – und ..vise: Teilungszeichen : Bindestrich ✳ **di|vi|si|bel** (l.) Ew.: teilbar ✳ **Di|vi|si|on** (l.), die; –, –en: das Dividieren : Teilung : Truppenverband : Geschwader ✳ **Di|vi|si|o|när** (fr.), der; –s, –e: Divisionskommandeur ✳ **Di|vi|sor** (l.), der; –s, ..soren: teilende Zahl : Teiler : (Bruchrechnung) Nenner ✳ **Di|vi|so|ri|um** (l.), das; –s, ..rien: Teilungswerkzeug : Teilscheibe : (Buchdrw.) Klammer am Manuskripthalter des Setzers
Di|vi|di|vi (indian.-span.) [..w..w..] Mz.: Schoten des westind. Schlehdorns, ein Gerbemittel
di|vin (l.) [..w..] Ew.: göttlich : himmlisch ✳ **Di|vi|na Com|me|dia** (it.) [..w..], die; –: Dantes „Göttliche Komödie" ✳ **Di|vi|na|ti|on** (l.), die; –, –en: Ahnung : Ahnungsvermögen ✳ *Divinationsgabe:* Weissagungskraft ✳ **Di|vi|na|tor** (l.), der; –s, ..toren: Wahrsager ✳ **di|vi|na|to|risch** (l.) Ew.: vorahnend : seherisch ✳ **di|vi|nie|ren** (..iert) (l.) tr.: vorahnen ✳ **Di|vi|ni|tät** (l.), die; –, –en: Göttlichkeit
Di|vis: s. dividatur
Di|vul|si|on (spätl.) [..w..], die; –, –en: Zerreißung ✳ **di|vul|siv**

Ew.: zerreißend : losreißend [l. di|vellere zerreißen]
Di|wan (pers.), der; –s, –e: türk. Hof- oder Staatsrat : Ruhesofa ✳ *Westöstlicher Diwan:* eine Gedichtsammlung Goethes
di|xi (l.): ich hab's gesagt : basta!
Di|xie, der; –s: (Umgspr.) kurz für Dixielandjazz ✳ **Di|xie|land:** das; –(s): (nur Ez.) Südstaaten der USA ✳ **Di|xie|land**, der; –(s), **Di|xie|land-Jazz →** **Di|xie|land|jazz:** Spielweise des Jazz, in den amerikanischen Südstaaten entstanden : New-Orleans-Jazz ✳ *Dixielandmusik* ✳ *Dixie-Lied:* Lied aus dem Freiheitskrieg der Südstaaten
d. J. (Abk.): dieses Jahres : der Jüngere
DJH (Abk.): Deutsches Jugendherbergswerk
dkr (Abk.): dänische Krone (Münze)
dl (Abk.): Deziliter
dm (Abk.): Dezimeter
DM (Abk.): Deutsche Mark
d. M. (Abk.): dieses Monats
d-Moll: s. d
DNA (e.), **DNS** (Abk.) (Chem.): Desoxyribonukleinsäure
Dö|bel, der; –s, –: Dickkopf, karpfenartiger Süßwasserfisch : Dübel
Dobermann, der; –s, –s̄: Hunderasse, Kreuzung von Pinscher und Schäferhund, nach dem Züchter benannt ✳ *Dobermannpinscher*
Dob|rud|scha, die: rumän. Landschaft
doch Bw.: jedoch, aber : Uw.: Verstärkungspartikel ✳ **doch!:** verstärktes Ja, bes. nach verneinender Frage
doch|misch (gr.) Ew.: in die Quere gehend ✳ **Doch|mi|us**, der; –, ..mien: ein fünfsilbiger Versfuß
Docht, (mundartl.) **Dacht**, der; –(e)s, –e: Döchtlein: gedrehte Fäden aus Baumwolle oder anderem Stoff in einer Kerze oder Lampe, die den entzündlichen Stoff aufziehen ✳ *Dochtbaumwolle; Dochtgarn; Dochthalter; Dochtschere*
Dock, das; –(e)s, –e und –s: Anlage zur Trockenlegung von Schiffen zwecks Ausbesse-

rung ✳ *Dockschiff:* Schiff zum Heben und Senken von U-Booten ✳ *Schwimmdock; Trockendock* ✳ **do|cken** tr.: ein Schiff ins Dock bringen
Do|cke, die; –, –n: Döckchen: Puppe : Spielfigur, bes. im 16. u. 17. Jh. Nürnberger Spielzeug : Garnmaß : gebündelter Tabak : Getreidepuppe : Strohfackel ✳ *Dockengarn:* in Strähnen gelegtes Garn ✳ *Dockenwerk:* Spielwerk ✳ **do|cken** tr.: (Garn) in Docken abteilen, zusammenlegen, aufteilen; intr.: mit Puppen spielen ✳ **Do|cker**, der; –s, –: Arbeiter in einem Dock ✳ **Do|cking** das; –s, –s: Ankoppelung eines Raumfahrzeugs an ein anderes ✳ *Dockingmanöver*
doc|ta ig|no|ran|tia (l.), die; – –: „gelehrte Unwissenheit", (Philos.) Wissen um das menschliche Nichtwissen
do|de|ka (gr.) Zahlw.: zwölf ✳ **Do|de|ka|dik**, die; – (nur Ez.): Duodezimalsystem ✳ **do|de|ka|disch** Ew.: je zwölf Einheiten umfassend ✳ **Do|de|ka|e|der**, das; –s, –: Zwölfflächner, von zwölf Flächen begrenzter Körper ✳ **Do|de|ka|pho|nie** (gr.), die; –: Zwölftonmusik
Do|do, der; –s, –s: Dronte, eine ausgestorbene Taubenart in Schwanengröße
Do|do|na: gr. Zeusheiligtum in Epirus
Doe|skin (e.) [dohskin], der; –(s), –s: starkes, glattes Wollgewebe für Herrenmäntel
Do|ga|res|sa, Do|ges|sa (it.) [dodsehessa], die; –, ..gessen: Gemahlin eines Dogen ✳ **Do|gat**, der; –s, –e: Amt und Würde eines Dogen ✳ **Do|ge** [..dsehe], der; –, –n: „Herzog", Titel des ehemaligen Oberhauptes von Venedig und Genua ✳ *Dogenmütze:* Würdezeichen des Dogen; *Dogenpalast*
Dog|cart (e.), der; –s, –s: „Hundekarren", offener leichter, meist zweirädriger Einspänner mit Verschlag für Jagdhunde ✳ **Dog|skin** (e.), das; –s, –s: Hundeleder
Dog|ge (e.), die; –, –n: eine Hunderasse : Fassung für Edelsteine während des Schleifens
Dog|ger (e.), der; –s: (Geol.)

brauner Jura, mittlere Schicht der Juraformation

Dog|ger, der; –s, –: holländ. Fischerfahrzeug ✳ **Dogger-bank,** die; –: eine Sandbank in der Nordsee

Dög|ling, der; –s, –e: Entenwal

Dog|ma (gr.), das; –s, ..men: Kirchenlehre : Glaubenssatz : Lehrsatz ✳ (übertr., meist abwertend) starre unhinterfragte Lehrmeinung ✳ *Dogmenge-schichte* ✳ **Dog|ma|tik,** die; –, –en: (Theol.) wissenschaftliche Darstellung und Begründung der kirchlichen Glaubenslehre : (Rechtswiss.) Lehre vom Recht in seiner wesentlichen Auslegung und in seinem systematischen Zusammenhang ✳ **Dog|ma|ti|ker,** der; –s, –: Lehrer der Dogmatik : starrer Verfechter bestimmter Dogmen ✳ **dog|ma|tisch** Ew.: auf einem Dogma beruhend : lehrhaft ✳ **dog|ma|ti|sie|ren** (..iert) intr.: einen Lehrsatz aufstellen : denselben unkritisch verfechten : lebhaft streiten ✳ **Dog|ma|tis|mus,** der; –: wissenschaftliche Methode, die von Dogmen ausgeht und erneute Prüfung dieser Dogmen ablehnt : starre Buchstabengelehrsamkeit

Dog|skin: s. Dogcart

Doh|le, die; –, –n: ein krähenartiger Vogel : liederliches Frauenzimmer

Doh|ne, die; –, –n: eine Vogelschlinge ✳ *Dohnenfang; Dohnenschneise; Dohnensteig; Dohnenstrich:* mit Dohnen versehener Waldsteig : Dohnenreihe an einem Waldsteig

do it your|self (e.) [du it jorself]: „tu es selbst"; Schlagwort für handwerkliche Eigentätigkeit ✳ **Do-it-your|self-Bewe-gung,** die; –: von den USA ausgehende Bewegung der handwerklichen Selbsthilfe

Do|ket (gr.), der; –en, –en: Anhänger des Doketismus ✳ **Do|ke|tis|mus,** der; –: christliche Glaubenslehre, die dem menschgewordenen Christus nur einen Scheinkörper zuschreibt ✳ **do|ke|tisch** Ew.: auf dem Schein beruhend

Do|ki|ma|sie (gr.), die; –: Befähigungsprüfung zu einem öffentlichen Amt in Athen : Probierkunde ✳ **do|ki|ma|tisch**

Ew.: prüfend, durchprobierend

dok|tern (l.) (ich ..[e]re) intr.: den Arzt spielen ✳ **Dok|tor,** der; –s, ..toren: „Gelehrter", ein Hochschultitel; Abk.: Dr.; Mz. Abk.: Ddr. oder Dr. mult.; Abk. für mehrere promovierte Personen Dres.: (Umgspr.) Arzt ✳ *Doktorarbeit:* Dissertation zur Erwerbung der Doktorwürde; *Doktordiplom; Doktorexamen; Doktorgrad; Doktorhut; Doktorjubiläum:* Wiederkehr der Verleihung des Doktortitels; *Doktorpromotion:* Erlangung der Doktorwürde; *Doktorprüfung; Doktortitel; Doktorwürde* ✳ **Dok|to|rand,** der; –en, –en: Bewerber um die Doktorwürde; Abk.: Dd. ✳ **Dok|to|rat,** das; –(e)s, –e: Doktorwürde ✳ **dok|to|rie|ren** (..iert) intr.: (veralt.) Doktor werden ✳ **Dok|to|rin,** die; –, –nen: weibl. Doktor

Dok|t|rin (l.), die; –, –en: Lehrsatz : Lehrbehauptung ✳ **dok|t|ri|när** Ew.: fanatisch an einer Theorie festhaltend : vorurteilsvoll ✳ **Dok|t|ri|när,** der; –s, –e: blindwütiger Verfechter einer Theorie ✳ **Dok|t|ri|na|ris|mus,** der; –: gelehrte, aber einseitige, verbohrte Denk- und Handlungsweise

Dok-t-rin
Da auch nach Sprechsilben getrennt werden darf, kann bei drei Konsonanten der dritte abgetrennt werden. Daher entstehen bei manchen Fremdwörtern neue, hier rot markierte Möglichkeiten der Abtrennung.

Do|ku|ment (l.), das; –(e)s, –e: Urkunde : Beweis : Schriftstück ✳ *Dokumentenmappe* ✳ **Do|ku|men|ta|list,** der; –en, –en: fachlich oder wissenschaftlich ausgebildeter Mitarbeiter einer Dokumentationsstelle ✳ *Dokumentarbericht; Dokumentarfilm:* Film, der die Wirklichkeit von Mensch und Landschaft wiedergibt ✳ **do|ku|men|ta|risch** Ew.: urkundlich : unter Verwendung von Dokumenten ✳ **Do|ku-men|ta|ti|on,** die; –, –en: Zusammenstellung, Ordnung und Nutzbarmachung von Dokumenten und Materialien jeder Art ✳ **do|ku|men|tie|ren**

(..iert) tr.: beurkunden : rechtsgültig beweisen

Dol|by-Sys|tem, das; –s: Verfahren zur Rauschunterdrückung bei Tonbandaufzeichnungen; nach dem am. Erfinder benannt

dol|ce (it.) [doltsche]: (Mus.) süß : sanft ✳ **dol|ce far ni|en|te:** es ist süß, nichts zu tun ✳ **Dol|ce|far|ni|en|te,** das; –: süßes Nichtstun ✳ **Dol|ce vi|ta** → **Dol|ce|vi|ta,** das oder die; –: „süßes Leben"; Müßiggang ✳ **Dol|ci|an** [doltßian], das; –s, –e: ein Blasinstrument aus Holz (Fagott) : eine Orgelstimme

Dolch, der; –(e)s, –e: Dölchlein: zweischneidige Stoßwaffe mit Griff ✳ *Dolchklinge; Dolchstich; Dolchstoß* ✳ **dol|chen** intr., tr.: mit einem Dolch (er)stechen

Dol|ci|an: s. dolce

Dol|de, die; –, –n; Döldchen: büschelige od. wurmförmiger Blütenstand ✳ *doldenartig* Ew.; *Doldenblume; Doldenblüter; doldenförmig* Ew.; *Doldengewächs; Doldenrispe; Doldenträger; Doldentraube* ✳ **dol|dig** Ew.: Dolden tragend

Dol|d|rum (e.) [–drᵉm], das; –s, –s: Windstille am Äquator, Kalmenzone

do|len|te, con do|lo|re (it.): (Mus.) mit Schmerz. bewegt ✳ **Do|lo|ro|sa** (l.): „Schmerzensreiche", Beiname der Maria

Do|le|rit (gr.), der; –(e)s, –e: grobkörniger Basalt

Do|li|chos (gr.), der; –: eine Gattung Schmetterlingsblütler mit langer Schotenfrucht ✳ **Do|li|cho|ke|pha|le, Do|li|cho|ze|pha|le,** der; –n, –n: Langschädel

Do|li|ne (slowen.), die; –, –n: (Geol.) trichter-, kesselförmige Wanne in Kalkgebieten

doll Ew. (nordd., Umgspr.) toll, irre

Dol|lar (e.), der; –s, –: Münzeinheit am. Länder ✳ *Dollaranleihe; dollarkräftig* Ew.: reich; *Dollarkurs; Dollarstand; Dollarwährung*

Dol|lart, der; –s: Nordseebucht an der Emsmündung

Doll|bord, das; –(e)s, –e: oberste Planke des Bootes ✳ **Dol|le,** die; –, –n: eiserne Ga-

bel zum Halten der Ruder : (Zimm.) hölzerner Nagel ✳ *Dollbaum; Dollfuß:* Klumpfuß
Dölling, der; –s, –e: junger Zander : Hechtbarsch
Dollman (türk.), der; –s, –e: Husarenjacke : alttürk. Männerrock
Dollmen (kelt.), der; –s, –: „Steintisch", Druidenaltar : Grabkammer vorgeschichtlicher Menschen
Dollmetsch (slaw.), der; –es und –en, –e(n): (östr.) berufsmäßiger Gesprächsübersetzer : Fürsprecher : Ausleger ✳ **dollmetschen** (du ..tsch[e]st und ..tscht) intr., tr.: Dolmetsch sein : mündlich übersetzen ✳ **Dollmetscher:** s. Dolmetsch ✳ *Dolmetscherinstitut; –schule*
dollo mallo (l.): (Rechtsspr.) mit böswilligem Vorsatz ✳ **dollos** Ew.: (Rechtsspr.) arglistig ✳ **Dollus,** der; –: Arglist : Vorsatz
Dollomit, der; –(e)s, –e: Bitterkalk, Rautenspat ✳ **Dollomiten** Mz.: Südtiroler Alpen
dollos: s. dolo
Dom (l.), der; –(e)s, –e: hohe Kirche, Bischofs-, Hauptkirche : Kuppeldach : gewölbeartiger Deckel : Jahrmarkt in Hamburg ✳ *Domarchiv; Domchor; Domdechant; Domfreiheit:* im MA die eigene Gerichtsbarkeit im Bereich des Doms; *Domherr; Domhof; Domkapellmeister; Domkapitel; Domkapitular:* Mitglied des Domkapitels; *Dompfaff(e):* Domgeistlicher : Gimpel (ein Vogel); *Domprediger; Dompropst; Domschule; Domstift* ✳ **Doma** (gr.), das; –s, –s, auch ..men: Kristallform
Dom (port.), der; –: Herr
Doma; s. Dom
Dolmäne (ml.-fr.), die; –, –n: Staatsgut : (übertr.) Arbeitsgebiet : Wissensgebiet, auf dem man besonders gut Bescheid weiß ✳ *Domänenamt; Domänenpächter* ✳ **domanial** Ew.: die Domäne betreffend
Dolmestik (l.-fr.), der; –en, –en: „Hausgenosse", Dienstbote ✳ *Domestikenstube:* Gesindestube ✳ **Dolmestikation,** die; –, –en: Zähmung eines Tieres ✳ **dolmestizieren** (..iert) tr.: zähmen [l. domus Haus]

Dolmicella (ml.), die; –, ..llae: Herrin : Stiftsfräulein ✳ **Dolmina,** die; –, ..nae: Stiftsvorsteherin : Äbtissin : Prostituierte, die an Masochisten sadistische Handlungen vornimmt ✳ **dolminant** Ew.: vorherrschend : andere Erbfaktoren überdeckend ✳ **Dolminante,** die; –, –n: (Mus.) reine Quinte : Akkord auf dieser Stufe ✳ *Dominantakkord; Dominantseptakkord:* Septakkord auf der Dominante : vorherrschendes Merkmal ✳ **Dolminanz,** die; –: en: Eigenschaft, im Verhalten auf das Beherrschen anderer gerichtet zu sein : Beherrschtsein von etwas : Vorherrschen bestimmter Erbanlagen ✳ **dolminieren** (..iert) intr., tr.: herrschen : beherrschen ✳ **dolminikal** Ew.: den Herrn betreffend ✳ **Dolminikale,** das; –s, –n: Kommunionstuch ✳ **Dolminikaner,** der; –s, –: Angehöriger des Predigerordens der Dominikaner : Einwohner der Dominikanischen Republik ✳ **Dolminikanerin,** die; –, –nen: Angehörige des Nonnenordens der Dominikanerinnen ✳ **dolminikanisch** Ew.: von, aus Santo Domingo ✳ **Dolminion** (e.) [domini'n], das; –s, –s: brit. Oberherrschaft unterstellter Staat mit Selbstverwaltung ✳ **Dolminium** (l.), das; –s, ..nien: Eigentum : Rittergut : Herrschaftsgebiet ✳ **Dolmino** (it.), der; –s und –, –s: urspr. Kapuzenmantel der Mönche : Maskentracht, Karnevalskostüm : eine mit einem Domino bekleidete Clownsfigur; –s, das; –s, –s: ein Gesellschaftsspiel ✳ **Dolminus** (l.), der; –: „Herr", Christus ✳ **Dolminus vobiscum!** [..w..k..]: (kath. Liturgie) „Der Herr sei mit euch!" ✳ **Dolmizil** (l.), das; –s, –e: Wohnsitz : Zahlungsort (von Wechseln) ✳ **dolmizilieren** (..iert) (nl.) intr.: ansässig sein : wohnen : Wechsel an einen Wechselort anweisen [l. domus Haus; dominus Herr]
Dolmizil usw.: s. Domicella
Dolmmel, die; –, –n: ein Sumpfvogel, Rohrdommel
Domkapitel, Dompfaff

usw.: s. Dom
Dompteur (fr.) [domptöhr], der; –s, –e: Tierbändiger ✳ **Dompteuse,** die; –, –n: Tierbändigerin
Don, der; –(s): russ. Strom
Don (span.), der; –: Herr ✳ *Don Juan* [..chuan]: ein Liebesheld; *Don Quijote* [..kichote]: ein Romanheld bei Cervantes ✳ *Donquichotterie* (span.-fr.) [dongkisch..]: Torheit : abenteuerliches Unternehmen; *Donquichottismus:* Abenteuerei ✳ **Donja** (span.), die; –, ..jen: Herrin ✳ **Donna** (it.), die; –, –s und Donnen: Herrin
Donar: ahd. Name für Thor (Gewittergott)
Dolnarium (l.), das; –s, ..aria oder ..arien: Weihgeschenk
Donatar (l.), der; –s, –e: (Rechtsspr.) Beschenkter
Dolnation, die; –, –en: Schenkung ✳ **Dolnator,** der; –s, ..toren; Schenker : Stifter
Dolnau, die; –: europ. Strom ✳ *Donau-Dampfschiffahrtsgesellschaft* → *Donau-Dampfschifffahrtsgesellschaft* ✳ **Donaueschingen:** Stadt in Baden-Württemberg ✳ **Donaumonarchie,** die; –: die östr.-ungar. Doppelmonarchie von 1869 bis 1918 ✳ **Donauwörth:** bayer. Stadt
Donja: s. Don
Donjon (fr.) [dongschong], der; –s, –e: Bergfried : Wohnturm
Don Juan: s. Don
Donkey (e.) [dön'ki], der; –s, –s: Hilfsmaschine auf Handelsschiffen
Donkolsak, der; –(e)s, –en: Angehöriger eines Kosakenstammes am Don ✳ *Donkosakenchor*
Donna: s. Don
Donner, der; –s, –: durch Erschütterung der Luft infolge des Blitzes entstehendes rollendes, krachendes Geräusch : etwas Donnerähnliches : Ausruf des Fluches oder der Verwunderung ✳ *Donnerbalken:* (Soldatenspr.) primitive, nur aus einem Balken bestehende Latrine; *Donnerbart:* eine Pflanze; *Donnerbesen:* Backsteinornament an der Giebelseite niederdt. Häuser : wirres Gestrüpp an Bäumen : Hexen-

besen : Alprute : Drubenbusch;
Donnerbohne: eine Pflanze;
Donnerbüchse: alter Vorderlader : ein Geschütz; *Donnerdistel; Donnerfluch; Donnergott; Donnergrün:* Donnerbart;
Donnerkeil: Keil des Donnergottes : (volkst. für) Belemnit;
Donnerlüttchen!: (lschftl.)
Ausruf des Erstaunens; *Donnermaschine:* Maschine zum
Erzeugen von Donnergeräusch;
Donnernelke: eine Pflanze;
Donnernessel: große Nessel;
Donnerpfeil: Donnerkeil; *Donnerrose:* Alpenrose; *Donnerschlag; Donnerstimme; Donnerstrahl:* Blitzstrahl; *Donnerwetter; Donnerwolke; Donnerwurz:* Name von Pflanzen;
Donnerziege: Himmelsziege,
Heerschnepfe ✳ *Donnersjunge,
Donnerskerl:* Teufelskerl ✳
Don|n(e)rer, der; –s, –: ein
Donnernder : Polterer : Donnergott ✳ **don|nern** (ich ..[e]re)
intr.: Donner erschallen lassen :
laut, heftig, mächtig reden :
wettern, fluchen
Don|ners|tag, der; –es, –e: der
fünfte Tag der Woche ✳ *donnerstags:* vgl. Dienstag [ahd.
Donar]
Don|qui|chot|te|rie: s. Don
Dont|ge|schäft (fr.-dt.), das;
–s, –e: Börsengeschäft, von
dem der Käufer gegen eine gewisse Zahlung (Dont) zurücktreten kann
Dönt|je (mundartl.), das; –s,
–s: Witz : scherzhafte Erzählung : Anekdote
doof (mundartl.) Ew.: tölpelhaft : dumm
do|pen (e.) tr.: (Sport) durch
verbotene Anregungsmittel
Höchstleistungen zu erzielen
versuchen ✳ **Do|ping,** das; –s,
–s: (Sport) Steigerung der Leistungsfähigkeit durch verbotene Reizmittel
Dop|pel, das; –s, –: der Urschrift gleiche Abschrift,
zweite Ausfertigung einer
Schrift usw. : in den Rückschlagspielen (Tennis usw.)
ein Spiel von je zwei Spielern
gegeneinander ✳ *gemischtes
Doppel:* Spiel zweier gemischter Paare gegeneinander ✳
Doppeladler: Wappentier;
Doppelahle: ein Schuhmacherwerkzeug; *Doppelbier:* starkes

Bier; *Doppelboden; Doppeldach:* Dach mit doppelter Ziegelreihe; *Doppeldecker:* ein
Flugzeug mit zwei Tragflächen
übereinander; *doppeldeutig*
Ew.; *Doppeldraht; Doppelehe;
Doppelfenster; Doppelflinte:*
Flinte mit Doppellauf; *Doppelgänger:* eine Person, die einer
anderen zum Verwechseln ähnlich sieht; *Doppelgeige:* siebensaitige Geige; *Doppelgestirn; Doppelgewebe; doppelseitig* Ew.; *Doppelgold:* starkes
Blattgold; *Doppelgriff:* gleichzeitiges Greifen mehrerer Töne
auf einem Instrument; *Doppelheirat, Doppelhochzeit:* gemeinsame Trauung zweier
Paare; *Doppelkinn; Doppelkolbenmotor:* ein Zweitaktdieselmotor; *Doppelkopf:* ein Kartenspiel; *Doppelkorn:* Korn mit
einem Alkoholgehalt von mindestens 38 Vol. %; *Doppelkreuz:* (Mus.) ein Versetzungszeichen : *Doppellauf; Doppellaut(er):* Diphthong; *Doppel-*✳*ben; Doppellinie; Doppelnaht; Doppelnelson:* (Ringen)
doppelter Nackenhebel; *Doppelpaß* → *Doppelpass; Doppelposten; Doppelpunkt:* ein
Interpunktionszeichen : Kolon; *Doppelschlag:* eine Art
musikalischer Verzierung;
Doppelsehen; doppelsinnig
Ew.: zweideutig; *Doppelspat:*
Kalkspat; *Doppelstern; Doppelsteuerung:* doppelte Steuerung im Auto oder Flugzeug
für Fahr- bzw. Flugschüler und
–lehrer; *Doppeltaler; Doppel-
T-Träger; Doppeltür; Doppelverdiener; Doppelversicherung; Doppelweiche; doppelzüngig* Ew.: falsch, verräterisch; *Doppelzentner;* Abk.: dz
✳ **dop|peln** (ich ..[e]le) tr.:
doppelt machen : verzweifachen, verdoppeln; intr.: würfeln, Hasardspiele spielen ✳
Doppelbecher: Würfelbecher
✳ **dop|pelt** Ew.: zweifach : von
bes. Größe, Stärke, Güte ✳
doppeltkieselsauer → *doppelt
kieselsauer* Ew.; *doppeltkohlensauer* → *doppelt kohlensauer* Ew.; *doppeltwirkend* →
doppelt wirkend ✳
Dop|pe|lung, die; –, –en: das
Doppeln : Verdoppeln : ein
Würfelspiel

doppelt wirkend
Getrenntschreibung ist der
Normalfall auch bei Adverb
und Partizip, wenn ein Teil erweiterbar ist oder sich steigern
läßt: *doppelt (so schnell) wirkend.*

dop|pen, düp|pen tr.: eichen
Dop|pik, die; –: (östr.) doppelte
Buchführung
Dopp|ler, s. Doppel
Dopp|ler|ef|fekt, der; –es: eine
Erscheinung bei der Wellenausbreitung zwischen bewegten Gegenständen (nach dem
Physiker Doppler)
Do|ra|de, die; –, –n: Goldmakrele
Do|ra|do (span.), das; –s, –s:
erträumtes Goldland
Dorf, das; –(e)s, Dörfer; Dörfchen: ländliche Siedlung : die
Bewohner eines Dorfes ✳ *spanische, böhmische Dörfer:* etwas Fremdes, Unbekanntes ✳
*Dorfbewohner; Dorfgemeinde; Dorfgeschichte; Dorfjugend; Dorfkirche; Dorfkrug;
Dorfleute; Dorflinde:* alte
Linde im Dorf (ehemals Gerichtsstätte); *Dorfmark:* eine
Dorfflur; *Dorfschenke; Dorfschöne; Dorfschule; Dorfschullehrer; Dorfschultheiß;
Dorfschulze; Dorftrottel* ✳
Dörf|ler, Dörf|ner, der; –s, –:
Dorfbewohner : Bauer ✳
dörf|lich Ew.: aus einem Dorf :
bäuerlich : bäurisch
Do|ri|er, Do|rer, der; –s, –:
griech. Volksstamm ✳ **do|risch**
Ew.: den Doriern eigen ✳
Do|ris|mus, der; –: dorischer
Dialekt : sprachlicher Typus
Dor|ment (ml.), das; –s, –e:
Korridorgang längs der Zellen
im Kloster ✳ **Dor|meu|se** (fr.)
[..möhs’], die; –, –n: bequemer
Schlafstuhl : Reisewagen ✳
Dor|mi|tiv, das; –s, –e: Einschläferungsmittel ✳ **Dor|mi-
to|ri|um,** das; –s, ..torien:
Schlafsaal im Kloster oder Internat : Gebäude mit Schlafstätten [l. dormire schlafen]
Dorn, der; –(e)s, –en und Dörner; Dörnchen: in stechende
Spitze auslaufender Ast : Dorngewächs : (übertr.) etwas Stechendes, Verwundendes,
Schmerzendes : etwas Dornenähnliches, Spitzes, Stacheliges
: (Techn.) zugespitzter stähler-

ner Stahlstab ✳ *Dornapfel:* Stechapfel; *Dornbaum:* Christusakazie; *Dornbusch; Dorndreher:* ein Vogel, Neuntöter; *Dornfarn; Dornfisch:* Stichling; *Dornfortsatz:* spitzer, hervorragender Knochenteil : spitzer Knochenvorsprung der Wirbelsäule; *Dorngebüsch; Dorngewächs; Dorngrundel:* Steinbeißer; *Dornhai; Dornröschen:* eine Märchenfigur; *Dornröschenschlaf:* (Umgspr.) Untätigkeit : anhaltende Unaufmerksamkeit; *Dornstein:* Inkrustation der Salzsole in Gradierwerken; *Dornstock; Dornstrauch; Dornwand:* Wand im Gradierwerk ✳ *Dornenbahn; Dornengang; Dornenhecke; Dornenkranz; Dornenkrone; dornenlos* Ew.; *Dornenpfad; Dornenstock; dornenvoll* Ew.; *Dornenweg; Dornenzaun* ✳ **dor|nen, dör|nen** tr.: mit Dornen versehen ✳ **dor|nen, dör|nen** Ew.: voll Dornen, dornig ✳ **Dor|nicht,** das; –(e)s, –e : Dorngesträuch ✳ **dor|nicht, dor|nig** Ew.: voller Dornen : schwierig : unangenehm : heikel

Dor|ni|er [..jeh] (Fn.): Flugzeugbauer ✳ *Dornierflugzeug* ✳ *Dornierwal:* ein Riesenflugzeug; *Dornierwerft*

Dör|per (niederd.), der; –s, –: Bauer : Tölpel ✳ **dör|per|lich** Ew.: bäuerisch : tölpelhaft

Dör|re, Dar|re, die; –, –n: eine Krankheit, Darrsucht : Trockenvorrichtung für vegetabile Stoffe ✳ **dor|ren** intr.: dürr werden ✳ **dör|ren** tr.: dürr machen ✳ *Dörrfisch; Dörrfleisch; Dörrgemüse:* getrocknetes Gemüse; *Dörrkammer:* Raum zum Dörren; *Dörrobst; Dörrpflaume*

dor|sal (nl.) Ew.: auf den Rücken bezüglich : (Sprachw.) auf dem Zungenrücken gebildet ✳ **Dor|sa|lia** Mz.: Altarbehänge ✳ **Dor|sal|laut,** der; –(e)s, –e: auf dem Zungenrücken gebildeter Laut

Dorsch, der; –es, –e: Angehöriger einer großen Familie von Seefischen [zu Dörrfisch]

dort, dor|ten Uw.: an jenem Ort, da ✳ *dortbehalten* → *dort behalten; dortbleiben* → *dort bleiben* ✳ *dorther:* von dort;

dortherab; dortherein; dorthin; dorthinab; dorthinein; dorthinwärts; dortlands; dort oben (droben); dortseits; dortseitig Ew.; *dortunten (drunten); dortwärts; dortzulande auch: dort zu Lande* ✳ **dort|ig** Ew.: dort befindlich : von dort

dort|her: s. dort

Dort|mund: westfäl. Industriestadt ✳ *Dortmunder Bier; Dortmund-Ems-Kanal*

dort|seitig: s. dort

Do|ry|pho|re (gr.), der; –n, –n: Speerträger, Bronzestandbild eines Jünglings von Polyklet

Dos (l.), die; –, Doten: (Rechtsspr.) Mitgift : Wittum; vgl. dotal usw.

DOS (Abk.) (EDV): Disc Operating System, Betriebssystem

dos a dos (fr.) [dosadoh]: Rücken an Rücken

Do|se, die; –, –n : Döschen: verschließbare Büchse : Dosis ✳ *Dosenmilch; Dosenöffner*

Dö|se (nordd.), die; –, –n: kufenartiges Holzgefäß : Gärbottich ✳ **do|sie|ren** (..iert) tr.: abmessen ✳ **Do|si|me|t|rie** (gr.), die; –: Bemessung der Strahlendosis bei Röntgenbestrahlung ✳ **Do|sis,** die; –, ..sen: Gabe: (Med.) zugemessene Menge einer Arznei [gr. didonai geben]

Dö|se: s. Dose

dö|sen (du dösest und döst) intr.: im Wachen träumen ✳ **dö|sig** Ew.: stumpf vor sich hindämmernd : stumpfsinnig ✳ *Dösbaddel, Döskopf*

do|sie|ren, Do|sis usw.: s. Dose

Do|si|me|t|rie: s. Dose

Dos|si|er (fr.) [dosjeh], der; –s, –s: Aktenheft : Aktenbündel ✳ **dos|sie|ren** (..iert) tr.: abschrägen, böschen ✳ **Dos|sie|rung,** die; –, –en: flache Böschung

Dost, der; –(e)s, –e; **Dos|te,** die; –, –n; (**Dos|ten,** der; –s, –): eine Gewürzpflanze, Oregano

do|tal (l.) Ew.: das Heiratsgut betreffend : zinspflichtig ✳ *Dotalbauer:* Pfarrbauer: *Dotalgerichtsbarkeit:* zur Dotierung (einer Pfarre) gehörende Gerichtsbarkeit; *Dotalgut:* Pfründengut; *Dotalklage:* Klage auf Rückgabe der Dos; *Dotalsystem:* dem römischen Recht an-

gegliedertes eheliches Güterrecht ✳ **Do|ta|ti|on,** die; –, –en: Ausstattung mit Sach- und Geldwerten, außerordentliche Zuwendung (für besondere Verdienste) : Mitgift, Aussteuer ✳ **do|tie|ren** (..iert) tr.: ausstatten : mit Einkünften versehen ✳ *der Hauptpreis ist mit ... dotiert* ✳ **Do|tie|rung,** die; –, –en: Schenkung

Dot|ter, der; das; –s, –: Eigelb : selten angebaute Ölpflanze ✳ *Dotterblume; Dotterbrot:* ein Gebäck; *dottergelb* Ew.; *Dotteröl:* Hohldotteröl; *Dotterweide* ✳ **dot|te|rig, dott|rig** Ew.: wie Dotter, dotterfarben

Dou|ane (fr.) [duan'], die; –, –n: Zoll : Zollamt

dou|beln (fr.) [dubeln] tr.: einen Schauspieler ersetzen ✳ **Double** (fr.) [dub'l], das; –s, –s: (Film) Ersatzdarsteller

Doub|lé (fr.), das; –s: s. Dublee

Doug|las|fich|te, Doug|la|sie, Doug|las|tan|ne [du..], die; –, –n: nordamerikanischer Nadelbaum, auch in Deutschland verbreitet

Do|ver [..wer]: engl. Hafenstadt

Dow-Jones-In|dex (e.) [dau dschohns..], der; –: Durchschnittswert der 30 wichtigsten Aktien der USA (nach der Firma Dow, Jones & Co.)

down! (e.) [daun]: nieder! ab! leg dich! (zum Hund)

Dow|ning Street [dauning striht]: eine Hauptstraße Londons : Sitz der Premierministers : (übertr.) die britische Regierung

Do|xa|le (ml.), das; –: in Barockkirchen das Gitter zwischen hohem Chor und Hauptschiff

Do|xo|lo|gie (gr.), die; –, ..gien: Lobpreisung (kath. K.) Gebet ✳ **do|xo|lo|gisch** Ew.: lobpreisend

Doy|en (fr.) [doajäng], der; –s, –s: Dekan : Dienstältester : Führer der Diplomatischen Korps

Do|zent (l.), der; –en, –en: (Hochschul-)Lehrer ✳ *Dozentenschaft* ✳ **Do|zen|tur,** die; –, –en: Lehrauftrag eines Dozenten : Lehrstuhl ✳ **do|zie|ren** (..iert) tr.: lehren : unterrichten ✳ **do|zil** Ew.: gelehrig [l. docere lehren]

dpa (Abk.): Deutsche Presse-Agentur ✳ *dpa-Meldung*

Dr (Abk.): Drachme

Dr. (Abk.): Doktor

d. R.: (Abk.) (Milit.): der Reserve

Dra|che (mh.), der; –n, –n;
Dra|chen, der; –s –; Drächlein:
sagenhaftes Ungetüm :
(übertr.) wütiger, unzugänglicher Mensch : (schweiz.) reißender Bergstrom : Sternbild :
Flugapparat : ein in die Luft
steigendes Spielzeug : eine chinesische Münze : chinesisches
Hoheitszeichen als Sinnbild
der Fruchtbarkeit : Flugeidechse : Wurm ✳ *Drachenampfer:* Pflanze; (Heerw.)
(Heerw.) Beobachtungsballon
: mit Registrierapparaten versehener Ballon für meteorologische Zwecke; *Drachenbaum;*
Drachenblut: dunkelrotes
Harz, das vom Drachenbaum :
Rheinweinsorte; *Drachendollar:* eine chinesische Münze :
Drachenfänger: Pflanze; *Drachenfisch; Drachenflieger;*
Drachengift; Drachenhure:
eine Libelle; *Drachenkopf:*
Kopf eines Drachen : wasserspeiendes Ende einer Dachrinne : eine Gattung Fische :
eine Pflanzengattung; *Drachenmaul; Drachennest; Drachenorden:* chinesische Auszeichnung; *Drachensaat:* Saat
der Zwietracht : Teufelssaat;
Drachentöter; Drachenwurz:
Schlangenwurz; *Drachenzahn:* versteinerter Zahn

Drach|me (gr.), die; –, –n: eine
griechische Münze : ein Apothekergewicht

Dra|gee *auch:* **Dra|gée** (fr.)
[draseeh], das; –s, –s: urspr.
Zuckermandel : überzuckerte
Frucht oder Süßigkeit :
(Pharm.) Pille oder Tablette mit
Zuckerüberzug ✳ **Dra|geur,**
der; –s, –e: jmd., der Dragées
herstellt ✳ **dra|gie|ren** tr.: etwas
mit Zucker überziehen

Drag|ge, Dreg|ge, die; –, –n:
Anker für kleinere Fahrzeuge :
Greifwerkzeug zum Absuchen
des Meeresbodens ✳ *Dragganker, Dregganker* ✳ **drag|gen** tr.:
mit der Dragge auffrischen

Dra|go|man (arab.), der; –s,
–e: Dolmetscher, Übersetzer
im Vorderen Orient

Dra|gon, Dra|gun (arab.), der;
das; –s: (seltener für) Estragon

Dra|go|na|de (fr.), die; –, –n:
gewaltsame (ehedem durch
Dragoner ausgeführte) Regierungsmaßnahme ✳ **Dra|go|ner,** der; –s, –: leichter Reiter

Draht, der; –(e)s, Drähte;
Drähtchen: (Web.) gedrehter
Faden : Metallfaden : (Gaunerspr.) Geld ✳ *Drahtanschrift:*
Anschrift für Telegramme;
Drahtantwort: telegrafische
Antwort; *Drahtarbeit; Drahtbank:* Werkbank der Drahtzieher; *Drahtbericht:* telegrafischer Bericht; *Drahtbohrer:*
Bohrer, um für Drahtstifte Löcher vorzubohren; *Drahtbrief:*
Depesche; *Drahtbürste;*
Drahtesel: (Umgspr.) Fahrrad;
Drahtfenster: Fliegenfenster;
Drahtfunk: Rundfunkübertragung über das Fernsprechnetz;
Drahtgeflecht; Drahtgitter;
Drahtglas: auf Draht gezogenes splittersicheres Glas;
Drahthaar; Drahthaardackel;
Drahthaarterrier; Drahthindernis: Drahtverhau; *Drahtlehre:* Messgerät für die Drahtstärke; *drahtlos* Ew.: über
Funk; *Drahtmeldung:* telegrafische Meldung; *Drahtnachricht:* Depesche; *Drahtnagel:*
Drahtstift; *Drahtnetz; Drahtpuppe:* Marionette; *Drahtrolle;*
Drahtschere; Drahtschneider:
Werkzeug zum Drahtschneiden; *Drahtseil(bahn); Drahtsieb; Drahtstift; Drahttongerät:* ein Magnettongerät, bei
dem die Schallwellen auf einem Stahldraht gespeichert
werden; *Drahtverhau:*
(Kriegskst.) Schanzwerk aus
spanischen Reitern und Stacheldraht; *Drahtwurm:* Larve
des Saatschnellkäfers; *Drahtzange; Drahtzieher:* Arbeiter
im Drahtwalzwerk : Puppenspieler : ein im Hintergrund
Wirkender; *Drahtzieherei* ✳
drah|ten intr., tr.: telegrafieren
: mit Draht zusammenflechten :
auf Draht ziehen ✳ **drah|ten,**
dräh|ten Ew.: von Draht ✳
draht|tig, dräh|tig Ew.: (Web.)
gedreht ✳ **..dräh|tig** Ew., nur in
Zus.: z. B. dreidrähtig ✳
draht|lich Ew.: telegrafisch ✳
Draht|tung, die; –, –en: Telegramm

Drain, Drainage: s. Drän

Drai|si|ne [draisine], die; –, –n:
Laufmaschine, Vorläufer des
Fahrrades (nach dem deutschen
Erfinder Drais) : kleines Schienenfahrzeug zur Streckenkontrolle

Dra|kon: athen. Gesetzgeber ✳
dra|ko|nisch Ew.: in der Art
des Gesetzgebers Drakon und
seines sehr harten und strengen
Gesetzbuchs

Drall, der; –(e)s, –e: Windung,
Drehung der Züge im Lauf der
Feuerwaffen : Drehung bei
Garn : Drehung eines fliegenden oder rollenden Gegenstandes um sich selbst ✳ **drall** Ew.:
rund : fest : derb : stramm :
munter ✳ **Drall|heit,** die; –,
–en: Strammheit

Dra|lon, das; –s: eine Kunststofffaser und ein Gewebe daraus (Warenname)

Dra|ma (gr.), das; –s, Dramen:
„Handlung“, Schauspiel, Bühnendichtung : (übertr.) erschütterndes Geschehen ✳ **Dra|ma|tik,** die; –: dramatische
Dichtkunst : Spannungsreichtum, Bewegtheit eines Vorgangs ✳ **Dra|ma|ti|ker,** der; –s,
–: Dramendichter ✳ **dra|ma|tisch** Ew.: in Dramenform : auf
das Drama oder die Dramatik
bezogen : erregend, spannend,
mitreißend ✳ **dra|ma|ti|sie|ren**
tr.: etwas als Schauspiel für die
Bühne ausarbeiten : übertreibend als schlimm darstellen ✳
Dra|ma|ti|sie|rung, die; –; –en:
Vorgang oder Resultat des Dramatisierens ✳ **dra|ma|tis per|so|nae → Dra|ma|tis Per|so|nae** (l.), die (Mz.): die in einem
Theaterstück vorkommenden
Personen ✳ **Dra|ma|turg,** der;
–en, –en: literaturwiss.-künstlerischer Berater bei Theater
oder Film ✳ *Dramaturgin* ✳
Dra|ma|tur|gie, die; –, –n: die
für literaturwiss.-künstlerische
Beratung zuständige Abteilung bei Theater und Film : der
innere Aufbau eines Theaterstückes oder Films : Gestaltung
und Bearbeitung eines Stückes
für die Aufführung : Wissenschaft vom Drama und seinen
Wirkungsgesetzen : Sammlung von Theaterkritiken ✳
dra|ma|tur|gisch Ew.: die Dramaturgie betreffend : zu ihr ge-

hörig ✳ **Dram|ma per musi|ca** → **Dram|ma per Musi|ca** (it.): ital. Frühform der Oper ✳ **Dra|mo|lett**, das; –s, –e: kleines Theaterstück

dran Uw.: (Umgspr.) daran : *dran sein:* an der Reihe sein : etwas Unangenehmes zu erwarten haben; *dran glauben müssen:* sterben müssen, etwas Unangenehmes erdulden müssen ✳ *das Drum und Dran:* die weitläufigen Begleitumstände **Drän** *auch:* **Drain** (e.-fr.), der; –s, –s und –e: Abflussrohr, Entwässerungsgraben, Entwässerungsröhre : (Med.) Abzugsrohr für Wundflüssigkeit ✳ *Dränrohr; Dränröhre* ✳ **Drä|na|ge** *auch:* **Drai|na|ge** (e.-fr.) [..asch], die; –, –n: Entwässerung(svorrichtung) : Ableitung von Wundabsonderungen : Siel ✳ **drä|nie|ren** (..iert) tr.: entwässern ✳ **Drä|nie|rung**, die; –, –en: Entwässerung

Drän
Eindeutschende Schreibung gilt bei gängigen Fremdwörtern als erste Wahl: *Dragee, Drän, Porträt, Portmonee.* Es bleibt aber auch die Schreibung nach der Herkunftssprache möglich: *Dragée, Drain, Porträt, Portemonnaie.*

dran|blei|ben intr.: eine bestimmte Stelle nicht verlassen : am Telefon bleiben

drang (selt.) Ew.: eng, nahe ✳ *drangvoll* Ew.; *drangmäßig* Ew. ✳ **Drang**, der; –(e)s, (selt. Dränge): Gedränge, dichter Haufen : das Bedrängende : Druck : Trieb : Streben : Sehnsucht ✳ **drän|geln** (ich ..[e]le) intr., tr.: drängen, um vorwärts zu kommen : sich in einer Menge vorschieben ✳ **drän|gen** tr.: so viel Raum einnehmen, dass etwas gedrückt wird : treiben : schieben : (übertr.) bedrängen : nötigen : zwingen ✳ **Drän|ger**, der; –s, –: ein Drängender ✳ **Drän|ge|lei**, die; –, –en: anhaltendes, lästiges Drängen : Bedrückung ✳ **Drang|sal**, das; –(e)s, –e; die; –, –e: Drang : Bedrängnis : Bedrückung : Not : Kummer ✳ **drang|sa|len** tr.: bedrängen : quälen ✳ **drang|sa|lie|ren** (..iert) tr.: drangsalen

dran|ge|ben, dran..: vgl. daran

Drap (fr.) [dra], der; –s, –s: ein lederähnlich gemachtes Gewebe ✳ **Dra|pé** *auch:* **Dra|pee**, der; –s, –s: ein Wollstoff ✳ **Dra|peau** [..poh], der; –s, –s: (veraltet) Fahne : Banner ✳ **Dra|pe|rie**, die; –, ..ri|en: malerischer Behang : Faltenwurf ✳ **dra|pie|ren** (..iert) tr.: raffen : in Falten legen : ausschmücken : behängen ✳ **Dra|pie|rung**, die; –, –en: künstler. Stoffanordnung, Behängung

drapp, drapp|far|ben Ew.: (östr.) sandfarben

dras|tisch (gr.) Ew.: sehr wirksam : handgreiflich

Drau, die; –: Nebenfluss der Donau

dräu|en intr.: drohen

drauf Uw.: (Umgspr.) darauf ✳ *drauf und dran sein:* nahe daran sein ✳ *Draufgänger:* unbesonnener, stürmischer Mensch; *Draufgängertum; draufgängerisch* Ew.; *drauflos* Uw.: unbesonnen voranstürmend; *drauflosgehen; drauflosschlagen; draufloswirtschaften; Draufgabe:* Handgeld : Anzahlung als Zeichen des Vertragsabschlusses **drauf|ge|hen:** s. daraufgehen **Drauf|sicht**, die; –, –en: Ansicht von oben her

draus Uw.: (Umgspr.) daraus

drau|ßen Uw.: da außen : dort außen (vgl. draus)

Dra|wi|da, der; –s, –: Angehöriger einer Völkergruppe Vorderindiens ✳ **dra|wi|disch** Ew.: in der Sprache der Drawida

Dra|wing|room (e.) [droing ruhm], der; –s, –s: Empfangszimmer

Dread|nought (e.) [dredna°t], der; –(s), –s: „Fürchtenichts", ein altes englisches Großkampfschiff

Dream|team *auch:* **Dream-Team** (e.) [drihm tihm], das; –s, –s: „Traum-Mannschaft", überragend besetzte Sportmannschaft

Drech|se|lei, die; –, –en: das Gedrechsel (von Versen) ✳ **drech|seln** (ich ..[e]le) tr.: mittels Umdrehens auf der Drehbank runden : (übertr.) künstlerisch gestalten : steif, hölzern hervorbringen ✳ *Drechsel-*

bank; Drechseleisen; Drechselmühle; Drechselmüller; Drechselstahl ✳ **Drechs|ler**, der; –s, –: ein Drechselnder : Handwerker, der drechselt : Name von Tieren ✳ *Drechslerarbeit; Drechslerdocke; Drechslereisen; Drechslergeselle; Drechslerhandwerk; Drechslerpuppe; Drechslerdocke; Drechslerwaren; Drechslerwerkstatt; Drechslerwerkzeug* ✳ **Drechs|le|rei**, die; –, –en: Drechslerhandwerk : Drechslerwerkstatt

Dreck, der; –(e)s: Kot : Auswurf : (verächtl.) etwas Schlechtes, Wertloses : Schmutz ✳ *Dreckfink:* Schimpfwort; *Drecksarbeit:* schmutzige unangenehme Arbeit; *Dreckskerl; Dreck(s)nest:* (übertr.) elendes Dorf, erbärmlicher Ort; *Drecksau; Dreckseele; Dreckspatz* ✳ **dre|ckig** Ew.: schmutzig

Dredsche, Dreg|ge (e.), die; –, –n: Schleppnetz ✳ *Dredsch(anker):* Schleppanker; *Dreggnetz* ✳ **dreg|gen** tr.: mit der Dregge fischen [e. dredge Schleppnetz]

Dreesch, Dreisch, Driesch, der; –es, –e: Brachfeld : die in der Dreifelderwirtschaft jeweils als Weide genutzte Fläche ✳ *Dreeschsystem; Dreeschwirtschaft:* Bodennutzung mit längerer Grünlandperiode

Dreh, der; –(e)s, –s: (Umgspr.) Kunstgriff : Drehung ✳ **dreh|bar** Ew.: sich drehen lassend ✳ **Dre|he**, die; –: Drehkrankheit (der Schafe) : (mundartl.) Gegend ✳ **dre|hen** tr., rbz.: in einem Kreis, Bogen bewegen : sich hin und her winden : wenden : durch Drehen erzeugen, drechseln ✳ (übertr.) *sich drehen um:* hauptsächlich behandeln ✳ *einem eine Nase drehen :* einem etwas aufbinden ✳ *Dreharbeit:* Arbeit beim Film; *Drehbahn:* Seilerbahn; *Drehbank:* Werkzeugmaschine; *Drehbaum; Drehbogen:* Drill-, Bohrbogen; *Drehbohrer:* Bohrer zum Tiefbohren; *Drehbrücke:* drehbare Brücke : Drehscheibe bei der Eisenbahn; *Drehbuch:* Manuskript eines Films; *Drehbuchautor; Drehbühne:* drehbare

Bühne; *Drehhaken:* hakenförmiges Dreheisen der Seiler und Drechsler; *Drehkappe:* Kappe auf Schornsteinen; *Drehkolbenmotor; Drehkran; Drehkrankheit:* tödliche Gehirnkrankheit der Schafe; *Drehkreuz:* kreuzförmiger Drehbaum : drehbare Sperrvorrichtung zum Durchlassen von jeweils einer Person; *Drehlade:* Drehbank; *Drehmangel:* Wäscherolle; *Drehmeißel; Drehmoment:* (Phys.) das Produkt aus einer Kraft und dem senkrechten Abstand ihrer Wirkungslinie vom Drehpunkt; *Drehorgel:* Leierkasten; *Drehpunkt:* Angelpunkt; *Drehrad:* Rad, das mittels eines Riemens andere Körper dreht; *Drehscheibe; Drehstrom:* Dreiphasenstrom; *Drehstuhl:* Stuhl mit drehbarem Sitz : Drehbank für Feinmechanik; *Drehtür; Drehtor; Drehwurm:* Quesenbandwurm, Erreger der Drehkrankheit : (übertr.) Schwindel infolge häufigen Drehens und Wendens; *Drehwurz; Drehzahl; Drehzahlmesser* ✳
Dre|her, der; –s, –: Drechsler : Drehgriff, bes. an Türen : ein Tanz : Metallarbeiter an der Drehbank : Triebrad im Mühlenbau : zweiter Halswirbel : Fortsatz des oberen Teiles des Schenkelbeines ✳ **Dre|hung,** die; –, –en: Wendung : das Drehen ✳ *Drehungsvermögen; Drehungswaage*
Dre|her|ge|we|be, das; –s, –: in Dreher- oder Schlingbindung gewebte Stoffe mit durchbrochenen Mustern für Gardinen
Drei, die; –, –en: Wort für die Zahl 3 : etwas von der Form der Ziffer 3 : Bezeichnung dreier zusammengehöriger Wesen oder Dinge ✳ **drei,** (alleinst. häufig) **dreie** Zahlw. (Gen. dreier; Dat. drei, alleinst. dreien; Akk. drei) ✳ *zu dreien; dreier großer (großen) Männer; nicht bis drei zählen können:* vor Dummheit nicht das Geringste zustande bringen; *ehe man bis drei zählen konnte:* im Nu ✳ *dreiachsig* Ew.; *Dreiachteltakt; Dreiangel:* (Vd. für) Triangel; *dreiarmig* Ew.; *Dreibein:* Schemel mit drei

Beinen; *dreibeinig* Ew.; *Dreiblatt:* Kleeart : ein Kartenspiel; *Dreibund; Dreidecker:* Schiff mit drei Kanonendecken : Flugzeug mit drei übereinander liegenden Tragflächen; *dreidimensional; Dreieck; dreieckig* Ew.; *Dreiecksgeschäft:* Rohstoffkreditgeschäft; *dreieinhalb* Zahlw.: dreiundeinhalb; *dreieinig* Ew.: (christl. Lehre) drei in einem enthaltend; *Dreieinigkeit:* (christl. Lehre) Gott Vater, Sohn und Heiliger Geist; *dreifach* Ew.; *dreifältig* Ew.; *Dreifaltigkeit:* Dreieinigkeit; *dreifarbig* Ew.; *Dreifarbendruck; Dreifelderwirtschaft:* (früher) Bestellung der Felder mit Winter- und Sommergetreide sowie Brache im dreijährigen Wechsel : (heute) statt Brache Bestellung mit Hackfrüchten oder Futterpflanzen; *Dreifuß:* Gestell mit drei Füßen; *dreifußig* Ew.: drei Fuß lang; *dreifüßig* Ew.: mit drei Füßen; *Dreigespann:* Gespann mit drei Pferden : Troika; *dreigestrichen:* (Mus.) mit drei Strichen zur Bezeichnung der Höhe der Oktave, also zwei Oktaven über den eingestrichenen Mittelpunkt; *Dreigitterröhre; dreigliedrig* Ew.; *dreihundert* Zahlw.; *dreijährig* Ew.: drei Jahre alt; *dreijährlich* Ew.: alle drei Jahre; *Dreikant(n)er:* pyramidgestaltiges Geschiebe; *dreikantig* Ew.: drei Flächen und drei Ecken habend; *Dreikäsehoch,* der; –s, –: Knirps; *Dreiklang; Dreikönige* Mz.: (schweiz.) Dreikönigsfest; *Dreikönigsfest:* Fest der Heiligen Drei Könige; *dreiköpfig* Ew.; *Dreilaut(er); dreimäh(d)ig* Ew.: dreimal jährlich zu mähen; *dreimal* Uw.; *dreimalig* Ew.; *Dreimaster:* dreimastiges Schiff; *dreimastig* Ew.; *Dreimeilenzone; dreimonatig* Ew.: vgl. monatig; *dreimonatlich* Ew.: vgl. monatlich; *Dreipaß* →*Dreipass:* (Baukst.) dreibogige Verzierung an gotischen Bauten; *dreipfündig* Ew.; *Dreiphasenstrom:* Drehstrom; *dreiprozentig* Ew.; *Dreirad; dreirädrig* Ew.; *Dreisatz:* mathematischer Regelsatz; *Dreischlitz:* Zierrat am Fries der dorischen Gebälke (Triglyph);

Dreischneider: Buchbindereimaschine zum Beschnitt der drei Seiten des Buchblocks; *dreisilbig* Ew.; *dreisitzig* Ew.; *dreispaltig* Ew.; *Dreispänner; dreispännig* Ew.; *Dreispitz:* dreispitziger Hut; *Dreisprung; Dreistachel:* Dreizack (zum Fischfang); *dreistimmig* Ew.; *dreistöckig* Ew.: drei Stockwerke hoch; *dreistündig* Ew.: drei Stunden dauernd; *dreistündlich:* alle drei Stunden; *dreitägig* Ew.; *dreitäglich* Ew.; *dreitausend* Zahlw.; *dreiteilig* Ew.; *dreiunddreißig* Zahlw.; *dreiundeinhalb* Zahlw.; *dreiviertel* →*drei viertel* Zahlw.; *in dreiviertel Größe* → *in drei viertel Größe* auch: *in Dreiviertelgröße; Dreiviertellänge; Dreiviertelmehrheit; Dreiviertelstunde:* vgl. viertel, Viertel; *Dreivierteltakt; Dreiweg:* Kreuzweg; *Dreiwegekatalysator; Dreizack; dreizackig* Ew.; *Dreizahl; Dreizahn; dreizehn* Zahlw.; *dreizellig* Ew.; *Dreizimmerwohnung* ✳
Dreier, der; –s, –: eine alte Münze : Kleinigkeit : Ruderboot für drei : Wein aus dem Jahre 3 : Angehöriger des Regiments Nr. 3 ✳ **dreierlei** Uw.: dreimal verschieden ✳ **Dreiheit,** die; –, –en: Gesamtheit von dreien
drein Uw.: (Umgspr.) darein
Dreisch: s. Dreesch
drei|ßig Zahlw.: zehnmal drei ✳ *dreißigjährig:* 30 Jahre alt : 30 Jahre dauernd; *der Dreißigjährige Krieg:* der Krieg von 1618 bis 1648 : *dreißigmal* Uw. ✳ **Drei|ßi|ger,** der; –s, –: Mann von dreißig Jahren : Wein aus dem Jahre 30 : Angehöriger des Regiments Nr. 30; vgl. achtziger, Achtziger
dreist Uw.: keck : ohne Schüchternheit : zuversichtlich : frech ✳ **Dreist|heit, Dreistig|keit,** die; –, –en: dreistes Wesen : dreiste Handlung
drei|tau|send: s. drei
Drell, Drill, der; –(e)s, –e: Drilch ✳ **drell** Ew.: drall
drem|meln intr.: (ldschftl.) drängen, heftig bitten
Drem|pel, der; –s, –: Mauer zur Vergrößerung des Dachraumes : hölz. Säule : Spreize ✳ *Drempelmauer; Drempelschleuse*

Dres. (Abk.): doctores; vgl. Doktor

Dre|sche, die; –, –n: Dreschmaschine : das Dreschen : das Gedroschene : Zeit und Ort des Dreschens : (mundartl.) Haue, Hiebe, Prügel * **dre|schen** (du drisch[e]st, er drischt; du drosch[e]st; du dröschest, dreschest; gedroschen; drisch!) tr.: Körner aus Ähren entfernen : (übertr.) mühsam arbeiten : (mundartl.) schlagen, prügeln * *leeres Stroh dreschen:* fruchtlose Arbeit verrichten : Altbekanntes wiederholen * *Dreschboden, Dreschdiele:* Tenne; *Dreschflegel; Dreschmaschine* * **Dre|scher,** der; –s, –: ein Dreschender * *Drescherarbeit; Drescherhebe:* Drescherlohn

Dres|den: Hauptstadt Sachsens * *Dresden-Altstadt; Dresden-Neustadt* * **Dresd|ner, Dres|de|ner,** der; –s, – * **Dresd|ner** Ew. * *Dresdner Bank*

Dreß → **Dress** (e.), der; –(es), –e; (östr.) die; –, –en: (Sport) Bekleidung

Dres|seur (fr.) [..ßöhr], der; –s, –e: Tierabrichter * **dres|sie|ren** (..iert) tr.: drillen, abrichten : (Speisen) gefällig anrichten * **Dres|sing,** das; –s, –s: Salatsoße * **Dress|man,** der; –s, ..men: Mann, der auf Modenschauen Kleidung vorführt : männl. Fotomodell * *Dressiermaschine:* Hutpresse * **Dres|sur,** die; –, –en: Abrichtung * *Dressurakt:* Vorführung der Kunststücke eines dressierten Tieres; *Dressurkunststück; Dressurprüfung*

Drey|fus|af|fä|re [draifuß..], die; –: die Spionagevorwürfe gegen den franz. Offizier Dreyfus, der Prozess und sein antisemitischer Hintergrund (1894–1906)

drib|beln (e.) tr.: (Ballspiele) den Ball mit kurzen Kontakten vor sich her treiben, dabei Gegner umspielend * **Dribbling,** das; –s, –s: Umspielen von Gegnern im Ballspiel

Driesch usw.: s. Dreesch

Drie|sel, der; –s, –: etwas sich im Kreis Herumdrehendes : Drehscheibe : Kreisel : Wasserwirbel : Schwindel * **drie|seln** (ich ..[e]le) tr.: wirbelnd drehen

: drillen : (unp.) in starken Güssen regnen

Drift, der; –(e)s, –e: schlechter Torf : Küpennetz des Färbers

Drift, die; –, –en: (seem.) vom Wind bewirkte Strömung an der Meeresoberfläche : das Abtreiben : auch Abtrift * *Drifteis:* Treibeis; *Driftströmung* * **drif|ten** intr.: treiben

Drilch, Dril|lich, der; –(e)s, –e: dreifädiges Gewebe : fester Leinen- oder Baumwollstoff für Arbeitskleidung * *Dril(li)chhose* * **dril|chen** Ew.: aus Drilch gefertigt

Drill: s. Drell * **Drill,** der; –(e)s, –e: (Heerw.) körperlich beanspruchende stereotype Einübung * **dril|len** tr.: „drehen", stereotyp einüben : martern : (Landw.) in Reihen säen * *Drillbogen; Drillbohrer; Drillmaschine; Drillmeister; Drillplatz; Drillsäge*

Dril|lich: s. Drilch

Dril|ling, der; –s, –e: eins von drei zugleich von einer Mutter geborenen Kindern : dreiläufiges Gewehr * *Drillingsbüchse:* Jagdgewehr mit drei Läufen; *Drillingsgeburt*

drin Uw.: (Umgspr.) darin * *drinsein* → **drin sein;** *drinsitzen; drinstecken; drinstehen*

drin|gen (du drangst, du drängest, gedrungen, dring[e]!) intr. (sein): sich einen Weg bahnen : vordringen : (auf etwas –) darauf bestehen : (in einen –) einen bittend bestürmen * *gedrungen* Mw. Ew.: durch Dringendes bewogen : dicht zusammengedrängt : untersetzt : kernhaft * *Gedrungenheit,* die; –: das Gedrungensein * **drin|gend** Ew.: eilig, unaufschiebbar * *auf das dringendste auch: auf das Dringendste* * **dring|lich** Ew.: dringend : eilig * **Dring|lich|keit,** die; –: Inständigkeit : Eile : Wichtigkeit

Drink (e.), der; –s, –s: alkohol. Getränk : Mischgetränk

drin|nen Uw.: (Umgspr.) darin(nen)

dritt: Ordnungszahl zu drei; *dritt(e)halb* Ew.: *drittletzt* Ew.; *Drittteil; zu dritt antreten* * **drit|te, Drit|te,** der; –n, –n * *jeder Dritte erhält einen Reifen; von den dreien ist er der Dritte;*

er kam als drittletzter an * *ihr beide und ein Dritter; ist er der Dritte oder Drittletzte in der Klasse?; ein Drittes gibt es nicht; Drittenabschlagen:* ein Spiel * **Drittteil** → **Drit|teil,** der; –s: ein Drittel * **Drit|tel,** das, –s, –: **drit|tel** Ew.: dritter Teil vom Ganzen * *Drittelbauer; Drittelgeviert; Drittelgut; Drittelsatz* * **drit|teln** (ich ..[e]le) tr.: in Drittel teilen * **drit|tens** Uw.: an dritter Stelle

dritte, Dritte Die Ordinalzahl wird klein geschrieben: *die dritte Kugel; der dritte Mann.* Groß geschrieben wird sie in substantivischer Verwendung: *der Dritte im Bunde; wenn zwei sich streiten, freut sich der Dritte* sowie als Bestandteil von Eigennamen: *das Dritte Reich; die Dritte Welt.*

Drive (e.) [draiw], der; –s, –s: Treibschlag beim Golf und Tennis : (Mus.) als scheinbare Beschleunigung wirkender rhythmischer Akzent kurz vor der Hauptzählzeit : Elan, Tatkraft * **Dri|ver,** der; –s, –: Golfschläger für die großen Strecken

Drive-in-Ki|no (e.) [draiw..], das, –s, –s: Autokino, Kino, bei dem man im Auto hineinfahren und sitzen bleiben kann * *Drive-in-Restaurant*

DRK (Abk.): Deutsches Rotes Kreuz

drob Uw.: (volkst.) darob *

dro|ben Uw.: da oben

Dro|ge (nl.-fr.), die; –, –n: Arzneirohstoffe, Apothekerware : Rauschmittel * *drogenabhängig; Drogenberatung; Drogengeschäft; Drogenhändler; Drogenhandlung; Drogensucht* * **Dro|ge|rie,** die; –, ..rien: Fachgeschäft für nicht apothekenpflichtige Drogen, Körperpflegemittel und chem.-techn. (Haushalts-) Artikel * **Dro|gist,** der; –en, –en: Inhaber einer Drogerie : Fachverkäufer in einer Drogerie

drö|ge Ew.: (nordd.) trocken, langweilig

dro|hen intr.: Furcht erwecken * *Drohbrief; Drohgebärde; Drohwort* * **Dro|hung,** die; –, –en: das Drohen * *Drohungswort*

Drohn, der; -en, -en, **Droh|ne,** die; -, -n: männl. Biene : (übertr.) unnützer Müßiggänger ∗ *Drohnenbrut; Drohnendasein:* (übertr.) Faulenzerleben : Leben des Müßiggangs auf Kosten anderer; *Drohnenschlacht:* die Vertreibung der überlebenden Drohnen nach der Triebzeit durch die Arbeitsbienen

dröh|nen intr.: durchdringend tönen : vibrierend schallen : erschüttern : (mundartl.) eintönig sprechen : (nordd.) Belangloses reden ∗ *die Droge dröhnt:* hat eine starke Rauschwirkung ∗ **Dröh|nung,** die; -, -en: (Umgspr.) Rauschwirkung von Drogen : Rauschzustand

Drole (fr.) [drol], der; -s, -s: Schalk : Spaßvogel ∗ **Dro-le|rie,** die; -, -rien: Drolligkeit, Schwank ∗ **drol|lig** Ew.: possierlich ∗ **Drol|lig|keit,** die; -, -en: Possierlichkeit

Dro|me|dar (gr.-span.), das; -s, -e: „Läufer“, einhöckriges Kamel

Dron|te, die; -, -n: ausgestorbener Vogel

Dront|heim: norweg. Stadt ∗ *Drontheimfjord*

Drop (e.), der; -(s), -s: (Schlägersport) Ball, den man vom Schläger nur „abtropfen“ lässt : kurzer Schlag [e. to drop (ab)tropfen] ∗ **Drop|kick,** der; -s, -s: (Fußball, Schlägersport) Schuss oder Schlag, bei dem der Ball sofort nach der Bodenberührung [=drop] getroffen wird ∗ **Drop-out** (e.) [drop aut], der; -s, -s: sozialer Aussteiger : (Tontechn.) Aussetzer der Schallaufzeichnung

Drops (e.), der; das; -, -: Fruchtbonbon(s)

Drosch|ke (russ.), die; -, -n: Mietfuhrwerk : Mietauto : Taxi ∗ *Droschkenfahrt; Droschkengaul; Droschkenkutscher; Droschkenpferd*

drö|seln (ich ..[e]le) tr.: drehen; intr.: (mundartl.) trudeln, schlendern

Dro|se|ra (gr.), die; -, ..rae: Sonnentau ∗ **Dro|so|graph** *auch:* **Dro|so|graf,** der; -en, -en: Taumessgerät ∗ **Dro|so|me|ter** (gr.), das; -s, -: Waage zur Messung der Menge fallenden Taus ∗

Dro|so|phi|la, die; -, ..lae: Taufliege

Dros|sel, die; -, -n: ein Singvogel : Luftröhre, Kehlkopf des Wildes : Sperrvorrichtung in Rohrleitungen ∗ *Drosselbahn:* Drahtseilbahn mit Bremsvorrichtung; *Drosselbeeren; Drosselbein:* Schlüsselbein; *Drosselfang* ∗ **dros|seln** (ich ..ele und drossle) tr.: (Zufluss) verengen, verringern : bremsen ∗ *Drosselklappe:* Hemmklappe an Dampfmaschinen; *Drosselspule:* Vorrichtung zum Verringern von Wechselstrom; *Drosselventil:* Klappe zur Durchflussregelung ∗ **Dros|se|lung, Droß|lung → Dross|lung,** die; -, -en: das Drosseln, Abdrosseln

Drost(e), der; -es und -en, -e(n): Amtshauptmann ∗ **Dros|tei,** die; -, -en: Amtshauptmannschaft, Landratsamt

drü|ben Uw.: auf der anderen Seite ∗ **drü|ber** Uw.: (Umgspr.) darüber

Druck, der; -(e)s, (Buchdrw.) Drucke und Drücke : das Drucken : das Drückende : Nachdruck : das Eindrucken : das Gedruckte ∗ *Druckabfall; Druckanstieg; Druckauflage; Druckausgleich; Druckballen; Druckberechtigter; Druckbeule; Druckbewilligung; Druckbohrer:* durch Druck bewegter Bohrer; *Druckbogen; Druckbuchstabe; Druckelemente:* die druckenden Teile des Schriftsatzes; *druckempfindlich* Ew.; *Druckfarbe; Druckfeder; Druckfehler; druckfertig* Ew.; *Druckfirma; Druckform; Druckfreiheit; Druckgenehmigung; Druckknopf; Druckkosten; Drucklegung; Druckluft; Druckmaschine; Druckmodell; Druckort; Druckpapier:* ungeleimtes Papier zum Druck; *Druckpresse; Druckprobe; Druckpumpe; druckreif* Ew.; *Drucksache:* nur gedruckte Schriften enthaltende Postsendung; *Druckschraube:* Klemmschraube; *Druckschrift; Druckseite; Druckstock:* Klischee; *Druckspiel; Drucktastenempfänger; drucktechnisch* Ew.; *Drucktype; Druckverband:* (Med.) Verband zur Blutstil-

lung; *Druckverbot; Druckverfahren:* Verfahren zur Herstellung beliebig vieler Abzüge von einer Druckform (Hochdruck, Flachdruck, Tiefdruck); *Druckversuch:* Verfahren der Werkstoffprüfung; *Druckvorlage; Druckwalze; Druckwerk* ∗ **druk|ken** tr.: mit der Druckerpresse (Schriftzeichen) aufdrucken ∗ **drü|cken** tr.: pressen, drängen, einengen : schwer auf etwas lasten : mit Anwendung von Kraft setzen, bringen, bewegen : (Mal.) als beschattet hervorheben; rbz.: sich einprägen : sich ducken, verneigen : sich (unbemerkt) wegbegeben : nicht teilnehmen; intr.: Gewicht, Nachdruck auf etwas legen : drucksen, zaudern : sich Rauschgift injizieren ∗ **Dru|cker,** der; -s, -: ein Druckender : Buchdrucker : Kattundrucker ∗ *Druckerballen; Druckerbursche; Druckerfarbe; Druckerpresse; Druckersaal; Druckerschwärze; Druckerzeichen:* Signet, meist künstlerisch gestaltetes Bild- oder Schriftzeichen, mit dem die Buchdrucker oder Verleger ihre Druckwerke kennzeichnen ∗ **Drü|cker,** der; -s, -: Werkzeug zum Drücken : Handhabe zum Aufdrücken : Korridorschlüssel : Klinke : Abzug am Gewehr ∗ *am Drücker sein:* (Umgspr.) dran sein, entscheidungsbefugt sein ∗ **Dru|cke|rei,** die; -, -en: Druckerkunst : Druckerwerkstatt ∗ *Druckereibesitzer* ∗ **druck|sen** (du drucksest und druckst) intr.: sich lange besinnen, zaudern : dabei nicht-sprachliche Laute von sich gebend ∗ **Druck|ser,** der; -s, -: ein sich lange Besinnender ∗ **Druck|se|rei,** die; -, -en: das Zögern, Zaudern

Drud, der; -en, -en: **Dru|de,** die; -, -n: zauberhaft wirkendes Wesen : meist bösartiger weibl. Nachtgeist ∗ *Drudenbusch:* Alprute, Donnerbesen; *Drudenfuß:* Zeichen gegen Zauberei : Pentagramm; *Drudenkraut; Drudenstunde:* Elfenstunde

Drug|store (e.) [dragstohr], der; -s, -s: „Drogenladen“, nordamerikanische Gemischt-

warenhandlung mit Imbiss-
raum

Dru|ide, der; –n, –n: kelt.
Priester * *Druidenstein:* Opferaltar

drum Uw.: (volkst.) darum *
sei's drum!: es macht nichts,
und wenn schon; *das Drum
und Dran:* Nebenumstände

Drum (e.) [dram], die; –, –s:
Trommel * **Drums,** die; (nur
Mz.): Schlagzeug * **Drum|mer**
[drammer], der; –[s], –s: Schlag-
zeuger

Drum|lin (e.) [dröm..], der; –s,
–s und Drums: langgestreckter
Moränenhügel

Drum|pel: s. Drempel

drun|ten Uw.: (volkst.) da un-
ten * **drun|ter** Uw.: (volkst.)
darunter

Drusch, der; –es: das Dreschen : Dreschertrag : das Ge-
droschene

Dru|se, die; –, –n: mit Kristal-
len ausgekleideter Hohlraum
im Gestein * *Drusenkobalt;
Drusenloch; Drusenmarmor;
Drusenraum* * **dru|sig** Ew.:
mit Drusen versehen

Dru|se, die; –, –n: Drüse :
schnupfenartige Krankheit bei
Pferden (selten bei Menschen)
* **dru|sig** Ew.: mit der Druse
behaftet

Dru|se, der; –n, –n: Angehöri-
ger einer in Syrien lebenden islamischen Völkerschaft und
Sekte

Drü|se, die; –, –n: Absonde-
rungsorgan des menschlichen
und tierischen Körpers * *Drü-
senanschwellung; Drüsenge-
schwulst; Drüsenkrankheit;
Drüsentherapie* * *Drüswurz:*
eine Art Hahnenfuß, eine
Pflanze * **drü|sig** Ew.: voll
Drüsen : drüsenartig

Dru|sen (Mz.): Weinhefe, Bo-
densatz

drü|sig: s. Drüse

dry (e.) [drei]: trocken : (bei
Schaumwein und bei anderen
alkoholischen Getränken) herb

Dry|a|de, (gr.), die; –, –n:
griech. Baumgottheit, Wald-
nymphe : Silberwurz (eine Po-
lar- und Hochgebirgspflanze)

Dry|it, der; –s: versteinertes Ei-
chenholz

DSA (Abk.): Deutscher
Sprachatlas

Dscha|mi (arab.), die; –: „Ver-

sammlungshaus", größeres tür-
kisches Bethaus

Dsche|ma|di (arab.), der; –:
„Frostmonat", der Name des
fünften und sechsten Monats
im mohammedanischen Kalender

Dschi|bu|ti: Staat und dessen
Hauptstadt im nordöstlichen
Afrika

Dschig|ge|tai, der; –s, –s: mit-
telasiatische Eselrasse

Dschinn (arab.-l.), der; –s, –
und –en: ein Dämon : Quälgeist : (Mz.) Geister des arabischen Volksglaubens *
Dschin|ni|s|tan: pers. Geister-
wüste

Dschin|gis-Khan, mongol.
Eroberer

Dschiu Dschit|su: s. Jiu Jitsu

Dschun|gel, (ind.), der; –s, –:
sumpfiger Buschwald in subtropischen Gebieten

Dschun|ke, Dschon|ke, die;
–, –n: chin. Segelschiff

DSG (Abk.): Deutsche Schlaf-
wagen- und Speisewagen-Ge-
sellschaft mbH; s. Mitropa

DTB (Abk.): Deutscher Turnerbund

dto. (Abk.): dito: noch einmal

du, (Gen. dein[er]; Dat; dir;
Akk. dich; Mz. ihr; eu[r]er;
euch; euch): p. Fw. 2. P. Ez. *
*jemanden du nennen; du zu ei-
nem sagen; mit jemandem auf
Du und Du stehen:* auf vertrau-
tem Fuß stehen; *mir nichts, dir
nichts:* ohne weiteres; *was du
kannst:* aus Leibeskräften *

Du, das; –: die Anrede mit Du :
der (zum Ich in Beziehung stehende) andere * *jemandem das
Du anbieten*

du, Du
Pronomen werden, wenn sie
stellvertretend für ein Substantiv stehen, (auch in Briefen!)
klein geschrieben. Diese Regelung gilt nicht für feste Fügungen oder substantivierte Pronomen: *Wir standen auf Du und
Du; jmdm. das Du anbieten.*

Du|al (l.), der; –s, –e: Zweiheit,
Zweizahl * **Du|a|lis,** der; –, ..
..le: Dual * **Du|a|lis|mus,** der;
–: Zwiespältigkeit : philosoph.
Lehre von der doppelten Welt-
grundlage : Gegensätzlichkeit
Duales System: System der
Abfallverwertung und –verar-
beitung * **Du|a|list,** der; –en,

–en: Anhänger des Dualismus
* **du|a|lis|tisch** Ew.: dem
Dualismus entsprechend *
Du|a|li|tät, die; –: Doppelheit,
Zweiheit : Wechselseitigkeit *
Dualsystem: (Math.) auf der
Basis 2 aufbauendes Zahlen-
system, das nur die Ziffern 1
und 0 zur Darstellung von Zah-
len benutzt

Dü|bel, der; –s, –: kleiner
Holzkeil als Verbindung von
Hölzern : eingegipster Holzpflock zum Befestigen von Nägeln u. Ä. : metallenes Verbindungsstück von Werksteinen *
dü|beln tr.: mit einem Dübel
einschlagen, mit einem Dübel
befestigen, (meist:) *eindübeln*

du|bi|os, du|bi|ös (l.) Ew.:
zweifelhaft * **Du|bi|o|sen**
Mz.: unsichere Außenstände :
zweifelhafte Dinge *
Du|bi|ta|ti|on, die; –, –en: Un-
gewissheit * **du|bi|ta|tiv** Ew.:
zweifelhaft, Zweifel ausdrückend

Dub|lee (fr.), das; –s, –s: Plat-
tierung : plattierte Ware : (Billardspiel) Ball, der nach der
Berührung einer Bande ge-
macht wird * *Dubleegold:* mit
dünner Goldschicht überzoge-
nes minderwertiges Metall *
Dub|let|te, die; –, –n: doppelt
Vorhandenes : ein doppeltes
Stück * **du|b|lie|ren** (..iert) tr.:
verdoppeln : füttern : (Billardspiel) einen Ball mittels Rückprall von der Bande machen *
Dubliermaschine: eine Spinn-
maschine * **Dub|lo|ne,** die; –,
–n: „Doppelstück", altes Gold-
stück * **Du|b|lü|re,** die; –, –n:
Unterfutter : Aufschlag am
Soldatenrock : Tapetenlein-
wand

Dub|lin [dablin]: Hauptstadt
der Republik Irland

Duc (fr.) [dück], der; –s, –s:
„Herzog", Führer * **Du-
chesse** (fr.) [düschäß'], die; –,
–n: Herzogin; ein Kleiderstoff

Ducht, die; –, –en: Ruderbank

Duck|dal|be, Dück|dal|be
(nied.) (meist Mz.) die; –, –n:
Pfahlbündel in den Hafengrund
eingerammt zum Anlegen von
Schiffen [nach dem Duc
d'Albe, Herzog von Alba be-
nannt]

du|cken intr.; tr.; rbz.: ein-
schüchtern : drücken, nieder-

drücken : sich beugen * *Duckmäuser:* ein hinterlistig Heimlicher : Schleicher : Kopfhänger; *Duckmäuserei; duckmäus(er)ig* Ew.; *duckmäusern* * **Du**|**cker**, der; –s, –: ein Duckender : eine Antilopenart : Haubentaucher (ein Vogel)
Duck|**stein**, der; –(e)s, –e: Tuff : Trass
Du|**del**|**dei**, **Du**|**del**|**dum**, das; –s: durch Gedudel erzeugter Ton * **Du**|**del**|**lei**, die; –, –en: Gedudel * **Dud**|**(e)ler**, der; –s, –: ein Dudelnder * **dy**|**deln** (ich ..[e]le) intr., tr.: auf dem Dudelsack spielen : (verächtl.) auf Blasinstrumenten schlechte Musik machen * **Du**|**del**|**sack:** altes schott. Blasinstrument; *Dudelsackpfeifer*
Du|**den**, der; –s: Nachschlagewerk zur deutschen Rechtschreibung [nach dem Herausgeber Konrad Duden, 1829–1911]
due (it.): zwei * **due cor**|**de:** (Mus.) auf zwei Saiten *
Du|**ett**, das; –(e)s, –e: Doppelgesang, Zweigesang : Zweispiel * **Du**|**et**|**tist**, der; –en, –en: Duettsänger * **duo** (l.): zwei * **Duo**, das; –s, –s: Musikstück für zwei
Du|**ell** (l.), das; –s, –e: Zweikampf * **Du**|**el**|**lant**, der; –en, –en: Kämpfer im Duell * **duel**|**lie**|**ren** (..iert) intr.: sich schlagen : einen Zweikampf ausfechten
Du|**eña** [duenja]: span. Form für Duenna * **Du**|**en**|**na**, die; –, –s und ..jen: Herrin : Hüterin : Ehrenwächterin * **Du**|**eño** [duenjo]: span. Form für Duenno * **Du**|**en**|**no**, der; –, –s: Herr : Besitzer
Du|**ett:** s. due
duff Ew.: matt : glanzlos : dumpf
Düf|**fel**, der; –s, –: tuchartiges Gewebe für Kleider * *Duffel:* dickes Wollgewebe; *Dufflecoat* (e.) [daffelcout]: kurzer sportlicher Mantel
Duft, der; –(e)s, Düfte; Düftchen: auf den Geruchssinn wirkender zarter Hauch : etwas Hauchähnliches : feiner Dunst : Reif * *Duftgebilde; Duftgewebe; duftgewebt* Ew.; *duftgewoben* Ew.; *Dufthauch; duftlos* Ew.; *Duftorgan:* tierische

Drüse, die Duft absondert; *duftreich* Ew.; *duftschwer* Ew.; *Duftstoff:* Parfüm; *duftvoll* Ew.; *Duftwässerchen* (Umgspr.) Parfüm; *Duftwolke* * **duf**|**te** (Gaunerspr.) Ew.: fabelhaft : gerissen : (mundartl.) toll * **duf**|**ten**, **düf**|**ten** tr.: als Duft aufsteigen : Duft aushauchen * **duf**|**tig** Ew.: mit Duft versehen : voller Duft : wie ein Hauch
Du|**gong** (malay.), der; –s, –e und –s: ostindische Seekuh
duhn Ew.: erschöpft, völlig ermattet : betrunken
Duis|**burg** [düß..]: Stadt im Ruhrgebiet; *Duisburger Hafen*
du jour (fr.) [düsehuhr]: „vom Tage", vom Dienst
Du|**ka**|**ten** (ml.), der; –(s), –: eine Goldmünze * *Dukatengold:* 23,5-karätiges Gold; *Dukatenfalter:* Dukatenvogel (ein Schmetterling); *Dukatenesel, Dukatenscheißer* (derbe Umgspr.)
Duke [djuhk], der; –, –s: „Herzog", höchster Rang des englischen Adels
Dü|**ker** (niederd.), der; –s, –: gebogenes Rohr für unterird. Wasserleitung : Tauchente
duk|**til** (l.) Ew.: dehnbar, hämmerbar * **Duk**|**ti**|**li**|**tät**, die; –: Verformbarkeit (besonders metallener Werkstoffe) * **Duk**|**tor**, der; –s, ..toren: (Masch.) Zugführer * *Duktorlineal; Duktorwalze* * **Duk**|**tus**, der; –: Schriftzug : Schriftart
Dul|**ci**|**an** (nl.), der; –s, –s: Orgelstimme * **Dul**|**ci**|**nea**, die; –: „Süße, Holde", Don Quijotes Erwählte : (spött.) plumpes Landmädchen : Geliebte * **dul**|**ci**|**fi**|**zie**|**ren** (..iert) tr.: versüßen
duld|**bar** Ew.: erträglich * **dul**|**den** tr., intr.: mit Geduld tragen : ertragen : sich gefallen lassen : ausharren : erlauben, zulassen * **Dul**|**der**, der; –s, –: ein Duldender * *Duldermiene; Duldersinn* * **Dul**|**de**|**rin**, die; –, –nen: weibl. Dulder * **duld**|**sam** Ew.: tolerant * **Duld**|**sam**|**keit**, die; –: duldsames Verhalten : Toleranz * **Dul**|**dung**, die; –, –en: stillschweigende Hinnahme : Toleranz
Dult (mundartl.), die; –, –e(n): Messe : Jahrmarkt : Kirchweih

Du|**ma**, die; –, –s: Volksvertretung im zaristischen Russland; seit 1993 russ. Parlament
Dum|**dum**, das; –(s), –(s): ein Sprengmittel * *Dumdumgeschoss:* Halbmantelgeschoss
dumm Ew. (dümmer, dümmste): (veralt.) ohne hervorragende Kraft, Wirksamkeit : dumpf : stumpf : taub : stumm : einfältig : unangenehm : betäubt, schwindlig : mit Schwindel, Drehkrankheit, Koller behaftet * *Dummbart; dummdreist* Ew.; *Dummdreistigkeit; Dummerchen:* (Umgspr.) kleines, noch dummes Kind : naive kleine Person; *Dummkopf; dummköpfig; Dummlack:* Dummkopf; *Dummejungenstreich* * **dümm**|**lich** Ew.: dämlich, dumm * **Dum**|**me**|**ling**, der; –s, –e: Zaunkönig (ein Vogel) * **Dum**|**mer**|**jan**, der; –s, –e: dummer Kerl, Dummchen * **Dumm**|**heit**, die; –, –en: das Dummsein : etwas Dummes : dummer Streich * **Dümm**|**ling**, der; –s, –e: Dämelack : dummer Kerl * **Dumm**|**(r)i**|**an**, der; –s, –e: Dummerjan
Dum|**my** (e.) [dammi], der; –s, –s : Puppe als künstliche Testperson : Schaustück ohne Inhalt
Dum|**per** (e.) [damper], der; –s, –: Fahrzeug mit Kippvorrichtung
düm|**peln** (ich ..[e]le) (seem.) intr.: auf- und niedertauchen : wiegend fahren
dumpf Ew.: moderig : muffig : stockig : gedämpft : verhalten : hohl : stumpf : unklar (empfunden) : beschränkt : bedrückt : beängstigt : unempfindlich : (übertr.) stumpf : starr : betäubt : beschränkend, einengend : schwül * **Dumpf**|**heit**, die; –: das Dumpfsein : etwas Dumpfes : Schwüle : Gedämpftheit * **dumpf**|**ig** Ew.: dumpf : muffig * **Dumpf**|**ig**|**keit**, die; –, –en: Dumpfheit : Moderigkeit
Dum|**ping** (e.) [damping], das; –s: Unterbieten der Preise zur Bekämpfung der Konkurrenz
Dü|**ne**, die; –, –n: Flugsandhügel am Meer * **Dü**|**nung**, die; –, –en: tiefgehende Wogen der See nach dem Sturm * *dünen-

artig Ew.; *Dünengras; Dünen-*
käfer; Dünenrose

Dung, der; –(e)s: Ersatz für die
dem Boden durch Pflanzenan-
bau entzogenen Nährstoffe :
Dünger * *Dungablage; Dung-*
fliege; Dunggabel; Dung-
grube; Dungkäfer * **dün|gen**
tr., intr.: Dung auf ein Feld
bringen : als Dung dienen *
Düngekalk; Düngemittel *
Dün|ger, der; –s, –: Dung *
Düngerhaufen: Misthaufen
zum Düngen; *Düngerschim-*
mel * **Dün|gung,** die; –, –en:
das Düngen : Dung

dun|kel Ew.: nicht hell : tief ge-
färbt : wenig erleuchtet : unver-
ständlich : unklar : rätselhaft :
trüb, duster : das Licht scheuend
: wenig bekannt : unkenntlich :
(Mus.) unklar, dumpf * *ein*
dunkler Punkt: etwas, woran
man nicht gern erinnert ist *
dunkelblau Ew.; *dunkelblond*
Ew.; *dunkelbraun* Ew.; *dunkel-*
farbig Ew.; dunkel gelockt Ew.;
dunkelhaarig Ew.; *Dunkelkam-*
mer: dunkler Raum (zur Entwicklung von Lichtbildern);
dunkellockig Ew.; *Dunkel-*
mann: Mensch mit mysteriöser
Existenz : Aufklärungsfeind *
Dun|kel, das; –s: dunkler Raum
: Dunkelheit : Unklarheit : Mys-
terium, Verborgenheit *
Dun|kel|heit, die; –, –en: das
Dunkelsein : etwas Dunkles *
dun|keln (ich ..[e]le) tr.: ver-
dunkeln, dunkel machen : dunkel erscheinen lassen; intr.: dunkel erscheinen : dunkel werden *
Dün|kel, der; –s: das Dünken :
Wahn : Einbildung : Selbst-
überhebung * **dün|kel|haft**
Ew.: voll Dünkel * **Dün-**
kel|haf|tig|keit, die; –: Hoch-
mut * **dün|keln** (ich ..[e]le)
intr.: dünken : dünkelhaft wäh-
nen * **dün|ken** (mich [auch
mir] dünkt [selt. auch deucht]
mich, mir dünkte [auch
deuchte]; mir, mich hat ge-
dünkt [auch gedeucht]) intr.: so
erscheinen, so vorkommen :
dafür halten : eine hohe Meinung von sich haben : glauben

dünn Ew.: nicht dick : mager :
schwach; fein : zierlich :
schmal : inhaltlos : wenig *
dünnbevölkert, -besiedelt, -be-
wachsen → dünn bevölkert, be-
siedelt, bewachsen Ew.; *Dünn-*

bier: Kofent; *Dünndarm;*
Dünndruck(papier); *Dünn-*
druckausgabe: Buch in Dünn-
druckpapier; *dünnflüssig* Ew.;
dünnhäutig Ew.; *dünnhülsig*
Ew.; *dünnschalig* Ew.; *dünn-*
schenklig Ew.; *Dünnschiß →*
Dünnschiss: (Umgspr.) Durchfall; *Dünnschliff; Dünnschnäb-*
ler: eine Gattung Singvögel;
dünnwandig Ew.: mit dünnen
Wänden versehen; * *dünn ma-*
chen tr., rbz.: zu flüssig machen
: wenig Platz einnehmen * *sich*
dünn(e) machen: davonlaufen
* **Dün|ne,** die; –, –n: das
Dünnsein, Dünnheit : schmale
Stelle : Dünnigkeit, Dünnung :
Schläfe : Flanke : Weiche :
Griff des Gewehrkolbens :
(mundartl.) Durchfall *
Dünn|heit, die; –: das Dünn-
sein * **dünn|lich** Ew.: ein we-
nig dünn

Dunst, der; –s, Dünste: von einem Körper aufsteigender
Hauch feinster Teilchen :
Dampf : Trübung der Luft : etwas in nichts Zerfließendes :
(Müll.) das zwischen Grieß und
Mehl stehende Produkt :
(weidm.) feinster Schrot, Vo-
geldunst * *auf den tauben*
Dunst: ins Blaue hinein; *jeman-*
dem (einen) blauen Dunst vor-
machen: die Wirklichkeit ver-
schleiern : etwas vorflunkern *
Dunstart; Dunstbild: Nebel-
bild; *Dunstflimmer:* Irrlicht;
Dunstflinte: Vogelflinte; *dunst-*
frei Ew.; *Dunstgebilde; Dunst-*
gestalt; Dunsthaube; Dunst-
glocke: Ansammlung von Ab-
gasen über Städten; *Dunst-*
höhle; Dunstkreis: Atmosphäre; *Dunstloch; Dunstobst:*
gedünstetes Obst; *Dunstrohr;*
Dunstschicht; Dunstschweif:
Kometenschweif; *Dunsttrop-*
fen; Dunstwolke * **duns|ten**
intr.: als Dunst aufsteigen :
Dunst aushauchen * **düns|ten**
intr.: dunsten; tr.: (Kochkst.)
dämpfen * **duns|tig, düns|tig**
Ew.: dunsterfüllt : in Dunstform
: trüb * **Dünst|ling,** der; –s, –e:
Phantast : einer, der Dunst
macht

Dü|nung: s. Düne

Duo (it.), das; –s, –s: Musikstück für zwei Instrumente
du|o|de|nal Ew.: den Zwölf-
fingerdarm betreffend *

Du|o|de|ni|tis, die; –: Entzün-
dung des Zwölffingerdarms *
Du|o|de|num, das; –s: Zwölf-
fingerdarm

Du|o|dez (l.), das; –es: Zwölf-
telbogengröße, ein Buchformat; Abk.: 12° : (übertr.) unbe-
deutend : klein * **du|o|de-**
zi|mal Ew.: zwölfteilig * *Duo-*
dezimalsystem: Zahlensystem,
bei dem die Einheiten nach Po-
tenzen von 12 fortschreiten
Du|o|de|zi|me, die; –, –n:
(Mus.) der zwölfte Ton vom
Grundton gerechnet * *Duode-*
zimole, Duole: Tonfiguren

Du|o|dra|ma, das; –s, –s und
..dramen: Melodrama mit zwei
sprechenden Personen

Du|plet (l.), das; –(e)s, –e:
Vergrößerungsglas aus zwei
Linsen zusammengesetzt *
Du|plex: s. Diplex.. *
du|plie|ren (..iert) tr.: verdop-
peln * **Du|plie|rung,** die; –,
–en: Verdoppelung * **Du|plik,**
die; –, –en: Antwort auf die Re-
plik

Du|pli|kat, das; –(e)s, –e:
Doppel einer Urkunde, eines
Schriftstückes : Abschrift, Kopie, Durchschlag eines Schrift-
stückes * **Du|pli|ka|ti|on,** die;
–, –en: Verdoppelung *
Du|pli|ka|tor, der; –s, ..toren:
(Elektr.) Verdoppler, Verstärker
* **Du|pli|ka|tur,** die; –, –en:
Verdoppelung * **du|pli|zie|ren**
(..iert) tr.: verdoppeln : eine Re-
plik nochmals beantworten *
Du|pli|zi|tät, die; –, –en: Dop-
pelheit : Zweizüngigkeit :
Zweideutigkeit * **du|plo, in**
du|plo (l.): doppelt (ausgefer-
tigt) * **Du|plum,** das; –s, ..pla:
„Doppeltes", Duplikat

Du-p-la-, Du-p-le-, Du-p-li-,
Du-p-lu-
Bei der Trennung von Worten
mit diesen Wortteilen kann
man, entgegen der sonst üblichen Trennung nach Sprechsilben, auch nach dem Wortteil
Dup- trennen.

Dur (l.), das; –, –: (Mus.)
„harte" Tonart, Tonart mit großer Terz * *Durtonleiter; Dur-*
akkord

du|ra|bel (l.) Ew.: dauerhaft :
beständig * **Du|ra|bi|li|tät,** die;
–: Dauerhaftigkeit : Beständigkeit

Du|r|a|lu|min(ium) (l.), das;

–s: aushärtbare Aluminiumlegierung * **Du**|**ra**|**na**|**me**|**tall,** das; –s: eine sehr feste, schmiedbare Metalllegierung * **Du**|**rax**|**glas,** das; –es: hartes Jenaer Glas (Boraxsilikatglas) **durch** Vw. mit Akk.: vom Ausgangspunkt zum Ziel (mit Überwindung dazwischenliegender Widerstände) : von einer Seite zur anderen : über die ganze Ausdehnung von etwas : von Anfang bis Ende : vermittels; Uw.: vom Ausgangspunkt bis ans Ziel : von Anfang bis zu Ende : ganz, vollständig : nach allen Seiten und Richtungen * *durch und durch:* ganz und gar **durch sein** Fügungen aus *durch* und *sein* werden, wie alle Kombinationen von Adverbien mit *sein,* stets getrennt geschrieben: *Der Braten wird schon durch sein.* **durch**|**a**|**ckern** tr.: mit dem Pflug gut umarbeiten : durchwühlen : durcharbeiten, verbessern * **durch**|**a**|**ckern** tr.: zu Ende ackern : durcharbeiten **durch**|**a**|**dern, durch**|**ä**|**dern** tr.: von oder wie von Adern durchzogen **durch**|**ar**|**bei**|**ten** tr.: gründlich bearbeiten : durch Arbeit stählen : etwas gründlich studieren * **durch**|**ar**|**bei**|**ten** intr.: pausenlos arbeiten * **Durch**|**ar**|**bei**|**tung,** auch **Durch**|**ar**|**bei**|**tung,** die; –, –en: das Durcharbeiten **durch**|**at**|**men** tr.: mit dem Atem durchdringen, erfüllen * **durch**|**at**|**men** tr.: tief atmen **durch**|**ät**|**zen** tr.: ätzend durchlöchern * **durch**|**ät**|**zen** tr.: ganz durchfressen lassen **durch**|**aus** Uw.: vollständig : schlechterdings : unbedingt : trotz aller Hindernisse : absolut **durch**|**ba**|**cken** tr.: gut ausbacken * **durch**|**ba**|**cken** tr.: backend durchdringen **durch**|**be**|**ben** tr.: bebend durchfahren, durchziehen : von Beben durchdrungen sein **durch**|**bei**|**ßen** intr.: beißend hindurchdringen : durch Beißen trennen; rbz.: mit Mühe hindurchdringen : Widerstände überwinden; tr.: so beißen, dass man hindurchdringt : zerbeißen * **durch**|**bei**|**ßen** tr.: entzweibeißen

durch|**bei**|**zen** tr.: mit Beizen durchlöchern : ganz und gar beizen * **durch**|**bei**|**zen** tr.: durchdringend beizen **durch**|**be**|**kom**|**men** tr.: durch eine Öffnung, bis zu Ende, über eine Gefahr, Notzeit hinwegbringen **durch**|**be**|**ra**|**ten** tr.: vollständig erörtern **durch**|**bet**|**teln** rbz.: sich bettelnd durchschlagen * **durch**|**bet**|**teln** tr.: bettelnd durchwandern **durch**|**bie**|**gen** tr.: ganz biegen, bis zum Anschlag biegen **durch**|**bil**|**den** tr., rbz.: gänzlich ausbilden * **Durch**|**bil**|**dung,** die; –, –en: das Durchbilden : das Durchgebildetsein : Ausbildung **durch**|**bla**|**sen** tr.: (Musikstück) zu Ende blasen : blasend spalten : blasend durchdringen * **durch**|**bla**|**sen** tr.: blasend durchdringen **durch**|**blät**|**tern,** * **durch**|**blät**|**tern** tr.: (Schrift –) blätternd, flüchtig durchsehen **durch**|**bleuen** → **durch**|**bläu**|**en** tr.: durchprügeln **Durch**|**blick,** der; –(e)s, –e: durchdringender Blick : Blick durch etwas hindurch * **durch**|**bli**|**cken** intr.: hindurchblicken, erscheinen * *durchblicken lassen:* andeuten * **durch**|**bli**|**cken** tr.: mit Blicken durchdringend ansehen : erkennen * *eine Absicht durchblicken* **durch**|**blin**|**ken,** **durch**|**blit**|**zen** intr.: blinkend, blitzend hindurchdringen * **durch**|**blin**|**ken,** **durch**|**blit**|**zen** tr.: blinkend, blitzend durchschimmern, durchzucken **durch**|**blu**|**ten** tr.: Blut nach außen dringen lassen * **durch**|**blu**|**ten** tr.: mit Blut versorgen * **durch**|**blu**|**tet** Mw. Ew.: von Blut durchlaufen, erfüllt * **Durch**|**blu**|**tung,** die; –: das Durchblutetsein * *Durchblutungsstörung:* (Med.) Störung des Blutkreislaufs **durch**|**boh**|**ren** intr.: bohrend hindurchdringen : (Loch –) bohrend einen Durchbruch machen; rbz.: bohrend sich durchdrängen * **durch**|**boh**|**ren** tr.: bohrend zerteilen, öffnen :

(übertr.) wie bohrend durchdringen **durch**|**bo**|**xen** tr.: (Umgspr.) eine Sache energisch durchsetzen; rbz.: sich boxend durchdrängen, nach vorn drängen **durch**|**bra**|**ten** tr. * **durch**|**bra**|**ten** intr. (sein): so braten, dass die Hitze alles durchdringt **durch**|**brau**|**sen** intr.: rasch hindurchfahren, ohne anzuhalten * **durch**|**brau**|**sen** tr.: heftig hindurchwehen **durch**|**bre**|**chen** tr.: entzweibrechen : (Loch –) brechend hindurchgehen machen; rbz.: brechend sich hindurcharbeiten, befreien; intr. (sein): hindurchbrechen, brechend hindurchkommen, -gelangen * **durch**|**bre**|**chen** tr.: brechend spalten, Öffnungen, Löcher hineinmachen * **Durch**|**bre**|**chung,** die; –, –en: das Durchbrechen * **durch**|**bro**|**chen** Mw. Ew.: künstl. durchlöchert und ausgefüllt in bestimmter Form und an bestimmten Stellen * **Durch**|**bruch,** der; –(e)s, Durchbrüche: das Durch- und Hindurchbrechen : Bresche : Lücke : durchbrochene Arbeit : plötzlicher Ausbruch einer Krankheit, einer Leidenschaft * *Durchbruch(s)arbeit:* eine Handarbeit **durch**|**bren**|**nen** tr.: (Loch –) brennend durchgehen machen; rbz.: brennend sich Bahn machen; intr. (sein): so brennen, dass ein Loch entsteht : (übertr.) heimlich durchgehen, auskratzen * **durch**|**bren**|**nen** tr.: brennend durchlöchern : brennend durchdringen : durchglühen **durch**|**brin**|**gen** tr.: durchbekommen (z. B. Pflanzen) : (Geld –) aufbrauchen durch Verschwendung : mit Mühe am Leben erhalten * **Durch**|**brin**|**ger,** der; –s, –: Verschwender : Lebenserhalter **durch**|**bro**|**chen,** * **Durch**|**bruch:** s. durchbrechen **durch**|**che**|**cken** (e.) [–tschekn], tr.: etwas bis zum Ende überprüfen : (Gepäck) bis zur Endstation abfertigen **durch**|**däm**|**mern** intr.: dämmernd hindurchscheinen * **durch**|**däm**|**mern** tr.: allmählich mit Dämmerlicht erfüllen

durch|damp|fen tr.: (Umgspr.) schnell hindurchfahren *
durch|damp|fen tr.: mit Dampf erfüllen
durch|den|ken, durch|den|ken tr.: allseitig bedenken, überlegen
durch|dis|ku|tie|ren tr.: etwas bis zum Ende besprechen
durch|drän|gen tr., rbz.: sich durch etwas hindurcharbeiten : mit Mühe hindurchschieben
durch|dre|hen intr.: (seem.) das Ruder falsch benutzen, so dass das Schiff rückwärts segelt : (Fleisch –) durch die Maschine zum Zerkleinern drehen : (Umgspr.) den Verstand verlieren * *durchgedreht* Mw. Ew.: wie durch die Maschine gedreht, zermürbt : verrückt
durch|dre|schen tr.: gut dreschen : durchprügeln * *durchgedroschen* Mw. Ew.: abgeleiert, abgedroschen
durch|dring|bar Ew.: so beschaffen, dass man hindurchdringen kann * **durch|drin|gen** intr. (sein): hindurchdringen, zum Ziele gelangen *
durch|drin|gen tr.: etwas ganz und gar erfassen, davon erfüllt sein * **durch|drin|gend, durch|drin|gend** Mw. Ew.: tiefeindringend, scharf *
durch|dring|lich Ew.: durchdringend * **durch|dring|lich** Ew.: durchdringbar * **Durch|drin|gung, die; –, –en**: das Durchdringen : das Durchdrungensein * **durch|drun|gen** Ew.: ganz erfüllt von etwas
durch|dröh|nen tr.: dröhnend übertönen
durch|dru|cken tr.: einen Durchdruck, Abzug herstellen * **durch|drü|cken** tr.: drückend durchbringen : durchsetzen; rbz.: sich durchschlagen : sich wund drücken
durch|drun|gen: s. durchdringen
durch|dür|fen tr.: (Umgspr.) durch etwas hindurchgelangen
durch|ei|len intr.: hindurcheilen * **durch|ei|len** tr.: eilend durchschreiten
durch|ei|n|an|der Uw.: eins mit dem andern vermischt : verwirrt : ungeordnet * *durcheinander bringen*: in Unordnung bringen : (übertr.) nervös machen, aufregen; *durcheinan-*

der laufen; durcheinander liegen; durcheinander mengen; durcheinander reden; durcheinander schreien; durcheinander werfen * **Durch|ein|an|der, Durch|ein|an|der, –s, –**: Wirrwarr, Vermischung

durcheinander
Besteht eine Wortverbindung aus einem zusammengesetzten Adverb und einem Verb, so wird getrennt geschrieben: *Alle haben durcheinander geredet.* Aber substantiviert: *Sie verstand nicht vor lauter Durcheinanderreden.*

durch|es|sen rbz.: (Umgspr.) sich essend hindurcharbeiten : von allem kosten
durch|e||x|er|zie|ren tr.: (übertr.) etwas zur Probe durchgehen : zuvor überdenken
durch|fah|ren intr.: durch etwas hindurchfahren; tr.: tief ausfahren, zu tiefe Furchen hineinbringen, über einen langen Zeitraum hinweg fahren *
durch|fah|ren tr.: mit großer Eile durchdringen : fahrend durchmessen * **Durch|fahrt, die; –, –en**: das Hindurchfahren : Ort zum Hindurchfahren : *Durchfahrtsrecht; Durchfahrtsstraße; Durchfahrtsverbot*
Durch|fall, der; –(e)s, ..fälle: das Durchfallen : Diarrhö *
durch|fal|len intr.: durch eine Öffnung fallen : Misserfolg haben : eine Prüfung nicht bestehen * **durch|fal|len** tr.: fallend einen Raum durchmessen
durch|fau|len intr. (faulte durch, durchgefault) (sein): durch Fäulnis zerstört werden * **durch|fau|len** intr. (durchfaulte, durchfault) (sein): ganz von Fäulnis ergriffen werden
durch|fa|xen tr.: (Umgspr.) etwas per Faxgerät übermitteln
durch|fech|ten tr.: etwas fechtend durchführen, zu Ende bringen : alles nacheinander bekämpfen; rbz.: sich durchschlagen : sich durchbetteln
durch|fe|gen tr.: alles von Anfang bis zu Ende fegen * **durch|fe|gen** tr.: flüchtig durchstreifen
durch|fei|ern tr.: während einer langen Zeit feiern * *die Nacht durchfeiern*
durch|fei|len tr.: feilend trennen : feilend sich durcharbeiten

durch|feuch|ten intr.: durch und durch feucht werden *
durch|feuch|ten tr.: durch und durch feucht machen
durch|feu|ern tr.: (Ofen –) vollständig heizen; intr.: durch eine Öffnung schießen *
durch|feu|ern tr.: durch und durch erhitzen, entflammen
durch|fil|zen tr.: (Umgspr.) etwas sehr genau untersuchen
durch|fin|den rbz.: sich zurechtfinden
durch|flech|ten tr.: etwas flechtend hindurchziehen : etwas fertigflechten * **durch|flech|ten** tr.: mit etwas sich Hindurchziehendem verflechten
durch|flie|gen intr. (sein): hindurchfliegen: (übertr.) (in einer Prüfung) durchfallen * **durch|flie|gen** tr.: im Fluge durchmessen, durcheilen * **Durch|flug, der; –(e)s, ..flüge**: das Hindurchfliegen
durch|flie|ßen intr. (sein): hindurchfließen : abfließen * **durch|flie|ßen** tr.: durch etwas fließen, es fließend durchschneiden, durchströmen : (übertr.) durchströmen * **Durch|fluss →** **Durch|fluss, der; –es, ..flüsse**: das Hindurchfließen
durch|flu|ten tr.: flutend durchdringen : (übertr.) erfüllen
durch|for|men tr.: vollständig formen * **Durch|for|mung, die; –, –en**: das Durchformen
durch|for|schen tr.: ganz erforschen * **durch|for|schen** tr.: forschend durchsuchen, durchsehen : tief bis auf den Grund erforschen * *Durchforschung, die; –*: das Durchforschen
durch|fors|ten tr.: planmäßig den Wald ausholzen * **Durch|fors|tung, die; –**: das Durchforsten
durch|fra|gen tr.: von Anfang bis zu Ende fragen; rbz.: fragend sich durchfinden * **durch|fra|gen** tr.: fragend durchgehen
durch|fres|sen tr.: ein Loch durch etwas nagen; rbz.: sich kläglich durchbeißen : sich durchbeißen * **durch|fres|sen** tr.: fressend durchlöchern
durch|frie|ren tr.: mit Frost durchdringen

durch|frös|teln tr.: fröstelnd durchzittern ✱ **durch|fros|ten** tr.: mit Frost durchdringen

durch|füh|len tr.: etwas hindurchfühlen durch eine Verhüllung; rbz.: fühlend sich zurechtfinden ✱ **durch|füh|len** tr.: mit dem Gefühl allseitig durchdringen, erschöpfend fühlen

Durch|fuhr, die; –, –en: Transit, der fremde Warenverkehr durch ein Zollgebiet ✱ *Durchfuhrerlaubnis; Durchfuhrgebiet; Durchfuhrhandel; Durchfuhrtarif; Durchfuhrzoll* ✱ **durch|führ|bar** Ew.: so beschaffen, dass es durchgeführt werden kann ✱ **Durchführ|bar|keit,** die; –: Möglichkeit zur Durchführung ✱ **durch|füh|ren** tr.: hindurchführen : Angefangenes zu Ende führen, ausführen ✱ **Durch|füh|rung,** die; –, –en: das Durchführen : das Durchgeführtsein ✱ *Durchführungsbestimmung:* Bestimmung, wie etwas durchgeführt werden soll

durch|fur|chen tr.: furchend durchziehen

durch|füt|tern tr.: fütternd durchbringen ✱ **durch|füt|tern** tr.: (Kleid –) ganz mit Futter versehen

Durch|gang, der; –(e)s, ..gänge: das Hindurchgehen : (Astron.) Vorübergehen eines Gestirns vor der Sonne : der Durchweg ✱ *Durchgangsbahnhof; Durchgangsinstrument:* astronomische Instrumente; *Durchgangslager; Durchgangspunkt; Durchgangsstraße; Durchgangsverkehr; Durchgangswagen; Durchgangszoll:* Zoll auf durchgehende Waren; *Durchgangszug:* Zug mit miteinander verbundenen Wagen zum Durchgehen, D-Zug ✱ **Durch|gän|ger,** der; –s, –: ein Ausreißer, Entfliehender ✱ **durch|gän|gig** Ew.: einen Durchgang habend : sich quer hindurch erstreckend : allgemein hindurch geltend

durch|ge|hen intr. (sein): hindurchgebracht werden können : hindurchkommen : sich von einem Ende bis zum andern der Breite nach hindurch erstrecken : allgemein gelten : entschieden und offen handeln :

(Gesetz, Wahl usw.) in einer Versammlung angenommen werden : so hingehen : entfliehen; tr.: durch Gehen zerschleißen : in der ganzen Ausdehnung durchschreiten : (übertr.) prüfend, besprechend durchsehen ✱ **durch|ge|hend** Uw.: durchgängig

durch|ge|ben tr.: telefonisch weitergeben, mitteilen

durch|geis|t(ig)en tr.: ganz und gar mit Geist füllen ✱ **durch|geis|tigt** Ew.: geistvoll, von Geist erfüllt

durch|glie|dern tr.: vollständig gliedern, unterteilen

durch|glü|hen tr.: zum vollen Erglühen bringen ✱ **durch|glü|hen** tr.: mit durchdringender Glut erfüllen; *von Leidenschaft durchglüht*

durch|gra|ben tr.: (Loch –) durch etwas graben; rbz.: grabend sich hindurcharbeiten ✱ **durch|gra|ben** tr.: grabend durchlöchern oder durchwühlen

durch|grei|fen tr.: hindurchgreifen : (übertr.) tatkräftig eingreifen

durch|grü|beln tr.: grübelnd verbringen ✱ **durch|grü|beln** tr.: grübelnd durchdenken

durch|ha|ben tr.: durchgelesen haben : durchgezogen haben : durchgestochen haben : durchgebracht haben u. a. : fertig sein mit etwas

durch|hal|ten tr.: etwas bis zu Ende halten, durchführen; intr.: aushalten

durch|hau|chen tr.: mit seinem Hauch durchdringen, erfüllen

durch|hau|en intr.: hindurchhauen; tr.: (Loch –) durch etwas hauen : durchprügeln : (veralt.) verleumden : durch Niederhauen sich einen Weg bahnen, frei machen : spalten, entzweihauen ✱ **durch|hau|en** tr.: hauend spalten usw.

durch|he|cheln tr.: durch die Hechel ziehen : (übertr.) zum Besten haben : (Umgspr.) klatschen

durch|hei|zen, durch|hei|zen tr.: durchwärmend heizen : Feuer über eine gewisse Zeit nicht ausgehen lassen

durch|hel|fen intr.: jemandem helfen, Schwierigkeiten zu überwinden

Durch|hieb, der; –(e)s, –e: Schneise

durch|hin Uw.: hindurch, durch und durch, verwirrt

durch|hit|zen tr.: sehr stark erhitzen

durch|höh|len tr.: höhlend durchbohren : untergraben

durch|ho|len tr.: hindurchholen : (übertr.) durchhecheln : durchprügeln : (Wind) durchdringend umwehen : (niederd.) überstehen

durch|hun|gern rbz.: sich hungernd durchs Leben schlagen, sehr kärglich leben

durch|ir|ren tr.: ruhelos durchschweifen, durchziehen

durch|ja|gen intr. (sein): jagend hindurcheilen; tr.: etwas hindurchjagen ✱ **durch|ja|gen** tr.: in Hast etwas durchsehen, durchlaufen

durch|jam|mern, durch|jauch|zen, durch|ju|beln tr.: jammernd, jauchzend, jubelnd durchleben, zubringen

durch|käl|ten tr., intr.: durchdringend kalt machen : bis ins Innerste kalt werden, völlig auskühlen

durch|käm|men, durch|käm|men tr.: vollständig, ganz auskämmen : (übertr., Umgspr.) einzeln, sorgfältig durchsuchen : kontrollieren

durch|kämp|fen tr.: etwas kämpfend durchmachen, bis zu Ende kämpfen; (zuw.) *durchkämpfen* rbz.: sich kämpfend durchschlagen

durch|kau|en tr.: kauend zerkleinern; rbz.: bis ins Kleinste durcharbeiten

durch|klin|gen intr.: (übertr.) sich andeuten, ✱ **durch|klin|gen** tr.: durchtönen

durch|kne|ten, durch|kne|ten tr.: knetend durchwirken

durch|kom|men intr. (sein): hindurchkommen : (bes.) Widerstände glücklich überwinden : (übertr.) sich retten : Prüfung bestehen

durch|kos|ten, durch|kos|ten tr.: von Anfang bis zu Ende kosten : (übertr.) zu spüren bekommen, erleiden müssen

durch|kreu|zen tr.: quer durchschneiden : (übertr.) störend dazwischentreten

durch|krie|chen intr. (sein): durch etwas hindurchkriechen

✳ **durch|krie|chen** tr.: kriechend durchmessen

durch|krie|gen tr.: durchbekommen

durch|län|gen tr.: (Bergb.) in einer Lagerstätte Strecken herstellen

Durch|laß → **Durch|lass**, der; ..lasses, ..lässe: das Hindurchlassen : Abzugsgraben für kleine Wasserläufe ✳ **durch|las|sen** tr.: hindurchlassen, durchgehen lassen ✳ **durch|läs|sig** Ew.: durchdringen, eindringen lassend : undicht : porös ✳ **Durch|läs|sig|keit**, die; –, –en: das Durchlässigsein

Durch|laucht, die; –, –en: „Durchleuchtet“, Titel fürstlicher Personen ✳ **durch|lauch|tig** Ew.: fürstlich : erhaben ✳ **durch|lauch|tigst** tr.: in der Anrede **Durch|lauch|tigst** Ew.: Titel fürstlicher Personen

durch|lau|fen intr. (sein): hindurchlaufen; tr.: durch Laufen durchlöchern : durch etwas in ganzer Ausdehnung laufen ✳ **durch|lau|fen** tr.: in ganzer Ausdehnung laufend durchmessen ✳ **Durch|lauf|er|hit|zer**, der; –s, –: ein elektrisch oder gasbeheiztes Gerät, in dem das Wasser beim Durchlaufen erhitzt wird

durch|la|vie|ren tr.: (Umgspr.) sich durch eine Situation mogeln

durch|le|ben tr.: lebend durchgenießen, durcherfahren ✳ **durch|le|ben** tr.: bewusst von Anfang bis Ende erleben

durch|le|sen tr.: von Anfang bis zu Ende lesen; rbz.: lesend sich hindurcharbeiten

durch|leuch|ten intr.: hindurchleuchten ✳ **durch|leuch|ten** tr.: mit Licht durchdringen, erfüllen : röntgen ✳ **Durch|leuch|tung**, die; –, –en: Röntgendurchstrahlung

durch|lie|gen rbz.: sich wundliegen; tr.: (ein Bett –) liegend abnutzen

durch|lo|chen tr.: ein Loch in etwas schlagen : durch Löcher kennzeichnen ✳ **durch|lö|chern** tr.: löchrig machen

durch|lüf|ten tr.: gründlich lüften ✳ **durch|lüf|ten** tr.: von der Luft durchziehen lassen ✳

Durch|lüf|ter, Durch|lüf|ter, der; –s, –: Lüftungsvorrichtung, Ventilator ✳ **Durch|lüf|tung**, die; –, –en: Zuführung frischer Luft

durch|lü|gen rbz.: mit Lügen sich durchhelfen

durch|ma|chen tr.: durch etwas hindurchgehen machen : (Lehre –) ganz durchlaufen : erdulden

durch|mah|len tr.: (Getreide –) mahlend zerkleinern

Durch|marsch, der; –es, ..märsche: Durchzug (bes. von Truppen) : Diarrhö ✳ **durch|mar|schie|ren** (..iert) intr. (sein): militärisch durchwandern

durch|men|gen tr.: gehörig durcheinander mengen ✳ **durch|men|gen** tr.: mit etwas die einzelnen Teile Durchdringendem mengen

durch|mes|sen tr.: nach allen Seiten hin messen ✳ **durch|mes|sen** tr.: durchschreiten ✳ **Durch|mes|ser**, der; –s, –: gerade Linie, die eine Fläche durch den Mittelpunkt laufend durchschneidet

durch|mi|schen tr.: völlig durcheinander mischen ✳ **durch|mi|schen** tr.: mit etwas die einzelnen Teile Durchdringendem mischen

durch|müs|sen intr.: hindurchdringen, -fahren, -gehen usw. müssen

durch|mus|tern, durch|mus|tern tr.: musternd eins nach dem andern durchsehen

durch|na|gen intr.: nagend hindurchdringen; rbz.: sich nagend hindurchbringen; tr.: so nagen, dass man hindurchdringt : entzweinagen, zerstören

durch|nä|hen tr.: nähend verletzen : ganz durch benähen

durchnaß → **durch|nass** Ew.: durch und durch nass, patschnass ✳ **durch|näs|sen** tr.: durch und durch nass machen; intr.: nässend hindurchdringen ✳ **durch|näs|sen** tr.: durchnass machen

durch|neh|men tr.: vornehmen, durchprüfen, -hecheln : besprechen : erörtern ✳ **Durch|nah|me**, die; –, –n: erklärende Besprechung

durch|net|zen tr.: durchnässen

durch|nu|me|rie|ren →
durch|num|me|rie|ren tr.: von Anfang bis Ende fortlaufend nummerieren ✳ **Durch|nu|me|rie|rung** → **Durch|num|me|rie|rung**, die; –, –en: Nummerierung von Anfang bis Ende

durchnummerieren
Der Konsonant, der einem betonten kurzen Vokal folgt, wird verdoppelt: *Ass, Stopp, Nummer.* Dies gilt jedoch nicht für die Konsonanten *k* und *z.* Deren Verdoppelung wird nicht zu *kk* bzw. *zz*, sondern zu *ck* bzw. *tz: Zucker, Spitze, Katze.*

durch|or|ga|ni|sie|ren tr.: etwas von Anfang bis Ende regeln, vorbereiten

durch|ör|tern tr.: (bergm.) durchfahren, einen Grubenbau durch eine Lagerstätte betreiben ✳ **Durch|ör|te|rung**, die; –, –en: das Durchörtern : Kreuzungspunkt zweier Bergwerksgänge

durch|pau|sen tr.: durchzeichnen

durch|peit|schen tr.: mit kräftigen Hieben peitschen : peitschend hindurchtreiben : hastig durchbringen (z. B. ein Gesetz im Parlament) : wiederholt durchnehmen ✳ **durch|peit|schen** tr.: eilend durchnehmen : durchsausen

durch|pflü|gen, durch|pflü|gen tr.: gründlich mit dem Pfluge durchschneiden, durchackern

durch|pil|gern, durch|pil|gern intr., tr.: pilgernd durchziehen

durch|pres|sen tr.: hindurchpressen

durch|pro|ben, durch|pro|ben, durch|prü|fen, durch|prü|fen tr.: prüfend durchforschen : vollständig prüfen : durch genaue Forschung prüfen

durch|prü|geln tr.: tüchtig prügeln

durch|pul|sen tr.: (übertr.) durchströmen : beleben : durchfluten

durch|que|ren tr.: quer, von einem Ende zum anderen durchlaufen

durch|ra|sen intr. (sein): hindurchrasen, rasend durchlaufen, -eilen : rasend verbringen ✳ **durch|ra|sen** tr.: rasend durchziehen, -rennen : in rasender Hast durchmachen : (Zeit) rasend verbringen

durch|ras|seln intr.: (Umgspr.) durchfallen

durch|räu|chern, durch|räu|chern tr.: scharf räuchern

durch|rau|schen intr.: rauschend hindurchdringen ✳ **durch|rau|schen** tr.: mit Rauschen erfüllen

durch|rech|nen, durch|rech|nen tr.: zu Ende rechnen : nachrechnen : (Zeit –) rechnend verbringen

durch|reg|nen intr.: durch etwas hindurchregnen ✳ **durch|reg|nen** tr.: regnend durchnässen

durch|rei|ben tr.: so reiben, dass ein Loch entsteht : zerreibend durch einen Durchschlag rühren, treiben : durchdringend einreiben ✳ **durch|rei|ben** tr.: durchdringend einreiben

Durch|rei|che, die; –, –n: Durchbruch zwischen zwei Räumen zum Durchreichen von Speisen etc. ✳ **durch|rei|chen** tr.: durch eine Öffnung hindurchreichen

Durch|rei|se, die; –, –n: Reise durch einen Ort, ein Land ✳ *Durchreiseerlaubnis; Durchreisevisum* ✳ **durch|rei|sen** intr. (sein): hindurchreisen : durch etwas in seiner ganzen Ausdehnung hindurchreisen ✳ **durch|rei|sen** tr.: durch etwas in seiner ganzen Ausdehnung hindurchreisen

durch|rei|ßen tr., intr. (sein): mit einem Riss entzweireißen; rbz.: sich hindurchreißen; intr.: reißend hindurchdringen ✳ **durch|rei|ßen** tr.: auseinander reißen, entzweireißen

durch|rei|ten intr. (sein): hindurchreiten; tr., rbz.: beim Reiten durchscheuern ✳ **durch|rei|ten** tr.: von einem Ende bis zum anderen reiten : durch etwas in der ganzen Ausdehnung reiten ✳ **Durch|ritt**, der; –(e)s, –e: das Durchreiten

durch|ren|nen intr., tr.: hindurchrennen; tr.: rennend durchlöchern : gegenrennend zerstören ✳ **durch|ren|nen** tr.: rennend durchmessen, -schreiten : rennend durchstoßen

durch|rie|seln, durch|rin|nen intr.: rieselnd, rinnend durch-

fließen ✳ **durch|rie|seln, durch|rin|nen** tr.: rieselnd, rinnend durchfließen

durch|rin|gen rbz.: durchkämpfen

Durch|ritt: s. durchreiten

durch|ros|ten intr.: durch Rost entzweigehen

durch|ru|dern intr. (sein), **durch|ru|dern** tr.: rudernd an das Ziel kommen

durch|rüh|ren tr.: gehörig durcheinander rühren : rührend durch ein Sieb treiben

durch|rüt|teln, durch|rüt|teln tr.: durcheinander rütteln

durchs: durch das

durch|sa|cken intr.: schnell nach unten sinken

Durch|sa|ge, die; –, –n: Weitersage, Bekanntgabe (durch Fernsprecher oder Rundfunk) ✳ **durch|sa|gen** tr.: weitersagen (telefonisch oder durch Rundfunk)

durch|sä|gen, durch|sä|gen tr.: sägend zerschneiden

Durch|satz, der; –es: die Menge, die eine Anlage in bestimmter Zeit durchläuft (z. B. Öl einer Raffinerie)

durch|säu|ern tr.: durchdringend, ganz und gar säuern

durch|sau|sen intr. (sein): sausend hindurchdringen : (übertr.) durchfallen (in einer Prüfung)

durch|schal|ten intr.: (Fernspr.) Nebenverbindung herstellen

durch|schau|(d)ern tr.: durchbeben

durch|schau|en, durch|schau|en intr., intr.: hindurchschauen : (übertr.) etwas erkennen, verstehen ✳ **durch|schau|en** tr.: schauend durchmustern : mit durchdringendem Blick durch und durch erkennen

Durch|schein, der; –(e)s, –e: hindurchdringender durchschimmernder Schein ✳ **durch|schei|nend** Ew.: durchsichtig ✳ **durch|schei|nen** intr., **durch|schei|nen** tr.: durchleuchten

durch|scheu|ern tr.: entzwei-, wund scheuern

durch|schie|ben tr.: (Umgspr.) durch eine Öffnung hindurchschieben, rbz.: sich hindurchdrängen ✳ **durch|schie|ßen** intr.: hin-

durchschießen mit Gewehren; intr. (sein): hindurchschießen, sich blitzschnell hindurchbewegen; tr.: schießend durchbohren ✳ **durch|schie|ßen** tr.: schießend durchbohren : schießend, blitzschnell durchfahren : sich in die Zwischenräume hineinschiebend durchdringen : dies bewirken (Buchdrw.) die Zeilen mit Durchschuss (zwischengeschobenen Metallstreifen) versehen, auch zwischen frische Druckbogen Papier einlegen ✳ **durch|schos|sen** Mw. Ew.: vom Schuss durchbohrt : dazwischengeschoben ✳ **Durch|schuß → Durch|schuss**, der; –es, ..schüsse: das Dazwischengeschobene : (Buchdrw.) Material zum Durchschießen, Zeilenabstand : Schuss durch etwas hindurch

durch|schif|fen intr.: durch etwas hindurchschiffen ✳ **durch|schif|fen** tr., intr. (sein): mit dem Schiff durchqueren

durch|schim|mern intr., **durch|schim|mern** tr.: schimmernd durchleuchten

durch|schla|fen intr.: ohne Unterbrechung schlafend verbringen; rbz.: schlafend durch etwas hindurch-, drüberwegkommen ✳ **durch|schla|fen** tr.: schlafend verbringen

Durch|schlag, der; –(e)s, ..schläge: Handgerät zum Durchlochen : eine Zweitschrift (Durchschrift) : Art Sieb : das Durchschlagen : das Durchschlagene ✳ *Durchschlaghammer; Durchschlagpapier* ✳ *Durchschlagskraft*: Kraft eines Geschosses : (übertr.) Überzeugungskraft, großer Erfolg ✳ **durch|schla|gen** intr.: schlagend hindurchdringen : durchdringende Wirkung, Erfolg haben; tr.: durchprügeln : schlagend in etwas ein Loch machen : schlagend durch etwas hindurchtreiben : (Zimmer –) durch eine Scheidewand teilen; rbz.: sich mit Überwindung von Widerständen hindurcharbeiten ✳ **durch|schla|gen** tr.: schlagend durchbohren usw. ✳ **durch|schlä|gig** Ew.: (leicht) durchzuschlagen : durchschlagend : logisch zwingend : durchgängig ✱ *durchschlägig werden:* (Bergb.) dem letzten Durchschlag nicht mehr hinderlich sein, sich gegen einen anderen Gang öffnen

durch|schlän|geln rbz.: sich schlängelnd hindurchziehen : Schwierigkeiten geschickt umgehen ✱ **durch|schlän|geln** tr.: schlängelnd durchziehen

durch|schlei|chen intr. (sein), rbz.: hindurchschleichen ✱ **durch|schlei|chen** tr.: schleichend durchmessen

durch|schlei|fen tr. (schliff durch, durchgeschliffen): schleifend zerstören : (schleifte durch, durchgeschleift) : etwas schleifend hindurchschaffen : durchschmuggeln : etwas wie eine Schleife durch etwas hindurchziehen

durch|schlep|pen tr., rbz.: hindurchschleppen : mühsam für jemandes Unterhalt mitsorgen : einen Teil der Arbeit von jemandem miterledigen

durch|schleu|sen tr.: durch eine Schleuse hindurchfahren

durch|schlin|gen intr. (sein), rbz.: hindurchschlingen ✱ **durch|schlin|gen** tr.: mit etwas Durchgeschlungenem versehen; rbz.: sich durcheinander schlingen

durch|schlum|mern intr.: durchschlafen

Durch|schlupf, der; –es, –e: das Durchschlüpfen : der Ort dazu ✱ **durch|schlüp|fen** intr. (sein), **durch|schlüp|fen** tr.: schlüpfend durchkriechen

durch|schmel|cken intr., tr.: herausschmecken

durch|schmel|zen tr.: schmelzend zerstören

durch|schmug|geln tr.: durch etwas (Zoll, Kontrolle) heimlich hindurchbringen

durch|schnei|den rbz.: schneidend sich hindurchbringen, frei machen (bes. weidm.); tr.: entzweischneiden ✱ **durch|schnei|den** tr.: entzweischneiden : kreuzen ✱ **Durch|schnitt**, der; –(e)s, –e: das Durchschneiden : Lochmaschine : (Techn.) Profil : Mittelwert : das mittlere Ergebnis ✱ *Durchschnittsbetrag; Durchschnittsbürger; Durchschnittseinkommen; Durchschnittsertrag; Durchschnittsgewicht;*

Durchschnittsleistung; Durchschnittsmensch; Durchschnittspreis; Durchschnittsrechnung; Durchschnittstemperatur; Durchschnittswert; Durchschnittszahl; Durchschnittszeichnung; Durchschnittszeit ✱ **durch|schnitt|lich** Ew.: mittel, im Mittelwert

Durch|schnitt: s. durchschneiden

durch|schnüf|feln tr.: schnüffelnd durchsuchen

durch|schos|sen: s. durchschießen

durch|schrei|ben tr.: durch etwas hindurchschreiben ✱ *Durchschreibeblock; Durchschreibebuchführung; Durchschreibeverfahren* ✱ **Durchschrift**, die; –, –en: das Durchschreiben : das Durchgeschriebene

durch|schrei|ten tr.: durch etwas in ganzer Ausdehnung schreiten

Durch|schuß → **Durchschuss:** s. durchschießen

durch|schüt|teln, durch|schüt|teln, tr.: durchrütteln; intr. (sein): durchgerüttelt werden

durch|schwär|men tr.: bis ans Ende schwärmen ✱ **durch|schwär|men** tr.: schwärmend verbringen

durch|schwe|ben tr. (zuw. sein): schwebend durchmessen

durch|schwei|fen tr. (zuw. sein): schweifend durchmessen

durch|schwim|men tr. (zuw. sein): schwimmend durchqueren

durch|se|geln tr.: segelnd durchfahren

durch|se|hen intr., tr.: durch etwas hindurchsehen; tr.: mit dem Blick durchdringen : prüfend, stückweise ansehen ✱ **Durchsicht**, die; –, –en: Aussicht durch eine Lichtung, Öffnung : das Überprüfen ✱ **durch|sich|tig** Ew.: die Lichtstrahlen hindurchlassend : hell : augenfällig ✱ **Durch|sich|tig|keit**, die; –: das Durchsichtigsein

durch|sei|hen intr. (sein): hindurchsickern; tr.: sickernd, tröpfelnd durchdringen : durch ein Sieb (einen Durchseiher) laufen lassen

durchsein → **durch sein** s. *durch*

durch|set|zen tr.: durchführen : (Willen –) zur Geltung bringen; rbz.: sich behaupten : seinen Willen geltend machen ✱ **durch|set|zen** tr.: hineindringend erfüllen : (bes. bergm.) in einen Hochofen zur Gewinnung von Metallschmelzen beschicken ✱ **durch|setz|bar** Ew.: mit einiger Energie zu verwirklichen ✱ **Durch|setz|bar|keit**, die, –: Möglichkeit der Verwirklichung eines Plans o. Ä.

durch|seu|chen tr.: mit einer Krankheit, Seuche infizieren ✱ **Durch|seu|chung**, die; –, –en: Verseuchung, Vergiftung

Durch|sicht: s. durchsehen

durch|si|ckern intr.

durch|si|ckern tr.: tropfenweise hindurchfließen, intr. (übertr.): allmählich bekannt werden

durch|sie|ben, durch|sie|ben tr.: durch ein Sieb laufen lassen

durch|sin|gen tr.: von Anfang bis zu Ende singen

durch|sin|ken intr.: bis auf den Grund einsinken, durch etwas hindurchsinken

durch|sit|zen tr.: sitzend durchreiben

durch|spä|hen, durch|spä|hen tr.: durchforschen

durch|spal|ten, durch|spal|ten, tr.: spaltend trennen

durch|spie|len tr.: von Anfang bis zu Ende spielen : spielend durchüben : proben ✱ **durch|spie|len** tr.: (Zeit –) mit Spielen verbringen : (Wind) spielend durchwehen

durch|spie|ßen, durch|spie|ßen tr.: (mit einem Spieß) durchbohren

durch|spre|chen tr.: nach allen Seiten besprechen : diskutieren : beraten; intr., tr.: telefonieren

durch|sprin|gen intr. (sein): hindurchspringen ✱ **durch|sprin|gen** tr.: springend durchmessen

durch|spü|len tr.: gründlich spülen

durch|stamp|fen tr., rbz., **durch|stamp|fen** tr.: stampfend zerbrechen, durchstoßen, durchtreten

durch|ste|chen tr.: hindurchstechen; intr.: hervorbrechen, durchblicken, sich bemerkbar machen ✱ **durch|ste|chen** tr.: stechend durchbohren * **Durch|ste|che|rei**, die; –, –en: das Durchstechen : geheimes Einverständnis zu Täuschung und Betrug * **Durch|stich**, der; –(e)s, –e: das Durchstechen : die dadurch entstandene Öffnung

durch|ste|cken tr.: durch etwas hindurchstecken, durch eine enge Öffnung schieben

durch|ste|hen tr.: aushalten: bis zu Ende ertragen

durch|stei|gen intr. (sein): hindurchsteigen, (übertr.) verstehen * **durch|stei|gen** tr.: steigend durchwandern

durch|step|pen, durch|step|pen tr.: mit Steppstichen durchnähen

Durch|stich: s. durchstechen

durch|sti|cken tr.: durch und durch mit Stickerei versehen

durch|stö|bern, durch|stö|bern tr.: stöbernd durchforschen, durchsuchen

durch|sto|chern tr.: stochernd durchsuchen

Durch|stoß, der; –es, ..stöße: das Durchstoßen : die durch Stoßen entstandene Öffnung * **durch|sto|ßen** intr., intr. (sein), **durch|sto|ßen** tr.: stoßend durchstechen : Landung mit Durchstoßen der Wolken bei schlechtem Wetter

durch|strah|len intr. (sein und haben), **durch|strah|len** tr.: strahlend durchleuchten

durch|strei|chen tr.: mit einem Strich ausstreichen, tilgen * **durch|strei|chen** tr.: streichend, streifend durchwandern : durchstreifen : durch etwas in ganzer Ausdehnung schweifen

durch|strei|fen tr.: (selt.) mit Streifen durchziehen : ziellos umherwandern in : durchqueren

durch|strö|men, durch|strö|men tr.: als Strom durchfließen

durch|stür|men intr. (sein): hindurchstürmen; tr.: stürmend verbringen * **durch|stür|men** tr.: stürmend durchziehen, durchdringen, beenden

durch|struk|tu|rie|ren tr.: von Anfang bis Ende die Aufteilung bestimmen

durch|su|chen, durch|su|chen tr.: durchforschen : sorgfältig absuchen * **Durch|su|chung**, die; –, –en: das Durchsuchen von Personen oder Sachen durch die Polizei * *Durchsuchungsbefehl; Durchsuchungsrecht*

durch|tan|zen tr.: ununterbrochen tanzend verbringen; tr.: entzweitanzen * **durch|tan|zen** tr.: tanzend durchmessen

durch|to|ben intr., tr.: bis zu Ende tobend verbringen * **durch|to|ben** tr.: tobend durchziehen : (Nacht) tobend, lärmend verbringen

durch|tö|nen intr.: hindurchtönen * **durch|tö|nen** tr.: tönend durchziehen, durchdringen

durch|tra|gen tr.: hindurchtragen : abnützen : jemandem in Schwierigkeiten helfen

durch|trän|ken tr.: mit Feuchtigkeit vollsaugen

durch|träu|men tr.: träumend zu Ende bringen * **durch|träu|men** tr.: träumend zubringen : träumend durchstreifen

durch|trei|ben tr.: hindurchtreiben : durchsetzen * **Durch|trieb**, der; –(e)s, –e: Weg zum Hindurchtreiben des Viehs : das Recht dazu * **durch|trie|ben** Mw. Ew.: gerissen, verschlagen * **Durch|trie|ben|heit**, die; –, –en: das Durchtriebensein

Durch|trieb: s. durchtreiben

durch|ü|ben tr.: von Anfang bis zu Ende, sehr gründlich üben

durch|wa|chen intr., tr.: ununterbrochen wachen * **durch|wa|chen** tr.: wachend verbringen

durch|wach|sen intr. (sein): hindurchwachsen * **durch|wach|sen** tr.: wachsend durchdringen, durchschlingen * *durchwachsenes Fleisch:* von fetten und mageren Schichten durchzogenes Fleisch

durch|wa|gen rbz.: sich hindurchwagen

durch|wäh|len intr.: (Telefon) im Selbstwählfernverkehr wählen **Durch|wahl**, die; –, –: Anwahl einer Telefonnummer ohne eine Vermittlung * *Durchwahlnummern*

durch|wal|ken, durch|wal|ken tr.: gehörig walken, durchhauen

durch|wan|deln, durch|wan|deln tr.: wandelnd durchziehen : durch etwas in ganzer Ausdehnung wandeln

durch|wan|dern, durch|wan|dern tr.: wandernd durchziehen : durch etwas in ganzer Ausdehnung wandern

durch|wär|men, durch|wär|men rbz., tr.: sich gründlich wärmen : mit durchdringender Wärme erfüllen

durch|wa|schen tr.: etwas zügig (mit der Hand) waschen

durch|wa|ten intr. (sein); **durch|wa|ten** tr.: watend durchgehen

durch|we|ben tr.: etwas so einweben, dass es sich durchs Ganze hindurchzieht * **durch|we|ben** tr.: durchwirken

durch|weg Uw.: durchgehend, durchaus : ausnahmslos

durch|we|hen intr.: hindurchwehen; tr.: wehend durchdringen * **durch|we|hen** tr.: wehend durch und durch dringen

durch|wei|chen, durch|wei|chen intr. (sein), tr.: durch und durch aufweichen : nass werden

durch|wei|nen tr.: unaufhörlich weinen * **durch|wei|nen** tr.: weinend durchleben

durch|wer|fen tr.: hindurchwerfen * **Durch|wurf**, der: –(e)s, ..würfe: feststehende Vorrichtung zum Durchwerfen

durch|wet|zen tr.: wetzend durchlöchern

durch|win|den tr.: sich hindurchwinden * **durch|win|den** tr.: windend durchziehen

durch|win|tern, durch|win|tern tr.: fürsorglich durch den Winter hindurchbringen, überwintern

durch|wir|ken intr.: (Zeit –) mit Wirken erfüllen : (Teig –) durchkneten * **durch|wir|ken** tr.: (Teig –) durchkneten : mit oder wie mit Eingewirktem, Eingewobenem durchziehen : wirkend, wirksam durchdringen, erfüllen

durch|wi|schen tr.: etwas in ganzer Länge und Breite sauber wischen

durch|wit|schen tr. (sein): auswischen : durchschlüpfen : Unangenehmem entwischen, unbemerkt entkommen

durch|wüh|len rbz.: sich wühlend durcharbeiten; tr.: wühlend durchdringen, aufwühlen * **durch|wüh|len** tr.: ganz aufwühlen

Durch|wurf: s. durchwerfen

durch|wursch|teln, durch|wurs|teln intr., tr.: mit Mühe Schwierigkeiten überwinden

durch|zäh|len tr.: durchgehend, der Reihe nach zählen ✳ **Durch|zäh|lung,** die; –: das Durchzählen

durch|ze|chen, durch|ze|chen intr., tr.: eine Zeit ununterbrochen zechen : zechend verbringen

durch|zeich|nen tr.: alles zu Ende zeichnen : durch ein Durchzeichenpapier nachzeichnen ✳ **Durch|zeich|nung,** die; –, –en: das Durchzeichnen : das Durchgezeichnete

durch|zie|hen tr.: hindurchziehen : durch die Hechel ziehen, durchhecheln; rbz.: sich der Richtung nach durch etwas hin erstrecken; intr. (sein): ziehend sich durch einen Raum bewegen, hindurchziehen : in etwas einziehen und es durchdringen ✳ **durch|zie|hen** tr.: gemächlich durchwandern, durch etwas hindurchziehen ✳ **Durch|zie|her,** der; –s, –: (stud.) Hieb bei der Schlägermensur ✳ **Durch|zug,** der; –(e)s, ..züge: das Durchziehen : Durchmarsch : Durchgang : Luftzug ✳ *die Ohren auf – stellen:* so tun, als höre man nichts ✳ *Durchzugsrecht*

durch|zi|schen tr.: zischend durchdringen, durchfahren usw.

durch|zu|cken, durch|zü|cken tr.: zuckend, blitzschnell durchfahren

Durch|zug: s. durchziehen

durch|zwän|gen tr., rbz.: durchschieben : hindurchzwängen

Dü|rer, Albrecht: deutscher Maler und Kupferstecher ✳ *Dürerbund; Dürerhaus*

dür|fen (du darfst, er darf; du durftest, du dürftest; gedurft; ich habe nicht gedurft; ich habe nicht kommen dürfen) tr. (meist mit Inf.): die Erlaubnis zu etwas haben; intr. mit Gen. (veralt.): bedürfen ✳ **dürf|tig** Ew.: Mangel leidend : ärmlich ✳ **Dürf|tig|keit,** die; –: Ärmlichkeit

dürr Ew.: unfruchtbar, ausgetrocknet, saftlos, ohne die nötige Feuchtigkeit zum Leben :

dürr machend : mager : ohne Umkleidung und Umstände : nackt und offen : (Bergb.) nicht viel Metall haltend ✳ *dürrbeinig* Ew.; *Dürrfleisch:* geräuchertes Fleisch; *Dürrsucht:* Darre (mit Ausdorrung der Säfte verbundene Krankheit); *Dürrwurz,* die; –: eine Pflanze ✳ **Dür|re,** die; –, –n: das Dürrsein, Trockenheit : Unfruchtbarkeit : Dürrsucht : (mundartl.) Därre, *Dürrekatastrophe* ✳ **dür|ren** intr. (sein), tr.: dorren, dörren

Dur|ra, die; –: Getreidegras, Hirse

Durst, der; –(e)s: Begierde nach Trank : (übertr.) jede auf Befriedigung dringende Begier ✳ *durstlöschend* Ew.; *durststillend* Ew.; *Durststrecke* ✳ **durs|ten, dürs|ten** intr., tr.: Durst empfinden ✳ **durs|tig** Ew.: dürstend : Durst habend

Dur|ton|art, ✳ **Dur|ton|lei|ter:** s. Dur

Du|sche (fr.), die; –, –n: Brausebad, Strahlbad ✳ *Duschbad; Duschecke; Duschgel:* Körperpflegemittel zum Duschen; *Duschgelegenheit* ✳ **du|schen** (du dusch[e]st und duscht) intr.: ein Brausebad nehmen; tr.: jemanden, etwas in einem Strahlbad baden

Dü|se, die; –, –n: verengtes Rohrstück einer Druckleitung (Druckdüse, Saugdüse) ✳ *Düsenantrieb* ✳ **Dü|sen|flug|zeug,** das; –s, –e: durch Düsenantrieb bewegtes Flugzeug; *Düsenmaschine* ✳ **Dü|sen|jä|ger,** der; –s, –: Jagdflugzeug mit Düsenantrieb ✳ **Dü|sen|trieb|werk,** das; –s, –e: Antriebsvorrichtung ✳ **dü|sen** (ich düse, du düst) intr.: (Umgspr.) schnell umhersausen

Du|sel, der; –s: Schwindel : Zustand der Betäubung : Rausch : Träumerei : Halbschlaf, dämmerndes Hinleben : unverdientes Glück ✳ *Duselhans* ✳ **Dus|ler, Du|se|ler,** der, –s, –: Träumer ✳ **dus|lig,** **du|se|lig** Ew.: träumerisch : betäubt : gedankenlos ✳ **du|seln** (ich ..[e]le) intr.: im Dusel sein, träumen; intr. (sein): im Dusel sich fortbewegen; tr.: duselnd gehen ✳ **Du|se|lei,** die; –, –en: das Du-

seln : das Duseligsein : Unachtsamkeit

Dus|lig: s. Dusel

Dus|sel, der; –s, –(s): Dummkopf

Dus|sel|dorf: Hauptstadt Nordrhein-Westfalens

Dust (niederd.), der; –(e)s: Staub

dus|ter (niederd.), **düs|ter** Ew.: dunkel, trübe, finster : schwermütig ✳ **Düs|ter,** das; –s: das Düstersein, das Dunkel ✳ **Düs|te|re,** das; –n; **Düs|ter|heit, Düs|ter|keit, Düs|tern|heit, Düs|ter|nis,** die; –: Dunkelheit : Schwermut ✳ **Düs|ter|ling,** der; –s, –e: ein finsterer düsterer Mensch ✳ **düs|tern** (ich ..[e]re) intr., rbz.: düster sein, werden; tr.: düster machen

düs-ter
Anders als etwa *ck,* das als Einzellaut nicht getrennt werden darf, wird *st* als Zwielaut gesprochen und bildet daher in vielen Wörtern eine Fuge, in der getrennt wird: *Mus-ter, Fens-ter, Schwes-ter.*

Dutch|man (e.) [datschman], der; –, ..men: Niederländer : nordam. Schimpfwort für die deutschen Matrosen

Dutt, der; –(e)s, –e (ldschftl.): Haarknoten

Du|ty-free-Shop, *auch:* **Du|ty|free|shop** (e.) [dju:tifri:schopp], der; –s, –s: Geschäft zum Einkauf zollfreier Waren auf Flughäfen oder in Häfen

Dut|zend, das; –s, –e (–): ein Ganzes von zwölf Stück als Maß ✳ *Dutzendware:* gewöhnliche billige Ware; *Dutzenddichter:* sehr gewöhnlicher Dichter; *dutzendfach; Dutzendkarte:* zwölfmal zu benutzende Fahrkarte; *dutzendmal, ein –;* aber: *mehrere Dutzend Male; Dutzendmaler:* gewöhnlicher Maler; *dutzendweise* Uw.: in Dutzenden; Abk.: Dtzd.

Du|um|vir (l.) [..w..], der; –n und –s, –n: Mitglied des Duumvirats zur Verwaltung eines Amtes ✳ **Du|um|vi|rat,** das; –(e)s, –e: röm. Zweimänneramt

Du|vet (fr.) [düwäh], der; –(e)s: Flaum : Milchhaare :

Wolle an Pflanzen und Früchten ✳ **Du|ve|ti|ne**, das; –s: wildlederartiger Stoff

Du|wak, Du|wock, der; –s, –s: Schachtelhalmpflanze

Dux (l.), der; –, –: Anführer, Herzog : (Mus.) Thema einer Fuge in der Grundform

du|zen (du duzest und duzt) tr.: mit du anreden ✳ *Duzbruder; Duzfreund; Duzfreundin; Duzfuß*, nur in der Wendung: *auf dem Duzfuß steh(e)n:* sich duzen

Dwai|del, der; –s, –: (seem.) Besen oder Wischer aus Lumpen und Lappen

dwars Uw.: (seem.) quer ✳ *Dwarsbalken; Dwarslinie; dwarsschiffs* Uw.; *Dwarswind*

Dweil, der; –(e)s, –e: Dwaidel ✳ **dwei|len** tr., intr.: mit dem Dweil putzen

Dy: (Chem.) Zeichen für Dysprosium

dy|a|disch (gr.) Ew.: auf die Dyas bezüglich ✳ **Dy|ar|chie**, die; –, ..chien: Regierung zweier Gewalthaber ✳ **Dy|as**, die; –, Dyaden: Zweiheit : Paar : (Geol.) Permformation ✳ *Dyasformation*

Dyn (gr.), das; –s, –: **Dy|ne**, die; –, –n: Maßeinheit der Kraft ✳ **Dy|na|me|ter**, das; –s, –: Vergrößerungsmesser ✳ **Dy|na|mik**, die; –: „Kraftlehre", Bewegungslehre, Lehre von den bewegenden Kräften : Triebkraft, Schwung ✳ **dy|na|misch** Ew.: die Kraft betreffend : innere Kraft besitzend : statisch ✳ *dynamische Bilanz; dynamische Rente* ✳ **Dy|na|mis|mus**, der; –: Lehre, die alles Geschehen und Sein auf wirkende Kräfte zurückführt : Vorstellung primitiver Völker, dass manche Personen oder Dinge mit übernatürlichen Kräften belebt sind ✳ **Dy|na|mit**, das (der); –(e)s: gefährl. Sprengstoff ✳ *Dynamitpatrone* ✳ **Dy|na|mo**, der; –s, –s: Dynamomaschine ✳ *Dynamomaschine:* Stromerzeuger ✳ **Dy|na|mo|me|ter**, das; –s, –: Kraft-, Stärkemesser ✳ **Dy|na|mo|me|trie**, die; –, ..trien: Kraftmessung ✳ **Dy|nast**, (gr.), der; –en, –en: Herrscher, kleiner Fürst ✳ **Dy|nas|tie**, die; –, ..stien:

Herrschergeschlecht, -haus ✳ **dy|nas|tisch** Ew.: das Herrschergeschlecht betreffend [gr. dynamai ich kann]

Dy|ne usw.: s. Dyn

dys.. griechische Vorsilbe: schlecht, miss.. ✳ **Dys|ä|mie**, die; –, ..mien: krankhafte Beschaffenheit des Blutes, Blutentmischung ✳ **Dys|chro|ma|top|sie**, die; –: Farbenblindheit ✳ **Dys|chy|mie**, die; –: schlechte Beschaffenheit des Speisebreies, der Körpersäfte ✳ **Dys|en|te|rie**, die; –: Ruhr, Rotlauf ✳ **Dys|hä|mie**: s. Dysämie ✳ **Dys|kra|sie**, die; –, ..sien: (Med.) fehlerhafte Mischung der Körpersäfte, Schwer- oder Dickblütigkeit ✳ **dys|kra|tisch** Ew.: schlechtsaftig, schwer- oder dickblütig ✳ **Dys|me|nor|rhö(e)** (gr.), die; –: Unregelmäßigkeit der Menstruation ✳ **Dys|op|sie**, die; –: Schwachsichtigkeit ✳ **Dys|pep|sie**, die; –, ..sien: unregelmäßige Verdauung ✳ **dys|pep|tisch** Ew.: schwer verdaulich : schwer verdauend ✳ **Dys|pha|gie**, die; –: Schlingbeschwerde(n) ✳ **Dys|pha|sie**, die; –: Sprachstörung(en) ✳ **Dys|pnoe**, die; –: Atemnot ✳ **Dys|thy|mie**, die; –: Trübsinn ✳ **Dys|to|kie**, die; –: erschwerte Geburt ✳ **Dys|to|nie**, die; –: anomales Verhalten besonders der Muskeln und Gefäße ✳ **Dys|tro|phie**, die; –, ..phien: Ernährungsstörung ✳ **Dys|pro|si|um** (gr.), das; –s: ein chemischer Grundstoff; Abk.: Dy ✳ **Dys|u|rie**, die; –, ..rien: Störung der Harnentleerung : krankhafte Beschaffenheit des Harns

dz (Abk): Doppelzentner

dz., (dzt.) (Abk.): derzeit

D-Zug, der; –(e)s, D-Züge: (Eisenbahn) Durchgangszug, Schnellzug ✳ **D-Zug-ar|tig** Ew.: wie ein D-Zug ✳ *D-Zug-Lokomotive; D-Zug-Wagen*

E

E, e, das; –, –: der fünfte Buchstabe des Abeces

E (Abk.): (Metereol.) *East* (e.) Osten, *Est* (franz., span.) Ost ✳ **E** (Abk.): Kfz.-Länderkennzeichen für Spanien, *España* ✳ **E** (Abk.): *Europastraße*

E.: (ehem. preuß. Münzzeichen) Königsberg : (ehem. deutsches Münzzeichen) Dresden, von 1872 bis 1886; seit 1887 Freiberg : (östr. Münzzeichen) Karlsburg : (franz. Münzzeichen) Tours

e, das; –, –: (Mus.) der dritte Ton der Grundtonleiter : Molltonstufe ✳ **E**, das; –, –: Durtonstufe ✳ **E-Dur**, das; –: Tonart ✳ **e-Moll**, das; –: Tonart

Ea|gle (e.) [igel], der; –s, –s: „Adler", Zehndollarstück : Name der Landefähre des Unternehmens Apollo 11 bei der ersten bemannten Mondlandung 1969

EAN (Abk.): Europäische Artikel-Nummerierung (13-stelliger Strichkode auf Waren)

Earl (e.) [örrl], der; –s, –s: Graf

Ea|sy-Ri|der → Ea|sy|ri|der (e.) [ihsiraider], Motorrad mit hohem Lenker und hoher Rückenlehne

Eau de Co|log|ne (fr.) [oh d' kolonje], die; das; – – –: Kölnischwasser, ein Riechwasser ✳ **Eau de Toi|let|te** (fr.) [oh d'toalett], das; – – –: Duftwasser ✳ **Eau d'or** (fr.) [oh dor], die; – –: Goldwasser

Eb|be, die; –, –n: Zurückweichen des Meerwassers im Gezeitenwechsel : (übertr.) das Abflauen : (übertr.) Leere : Geldmangel ✳ *Ebbanker* ✳ *Ebbeströmung:* zurückflutendes Meerwasser; *Ebbetor:* ein Schleusentor; *Ebbezeit* ✳ **eb|ben** intr.: sinken

ebd. (Abk.): ebenda

e|ben Ew.: gleich : (Fläche) ohne Erhöhung und Vertiefungen : gleichmäßig : (mundartl.) genau : (ztl.) gerade : knapp ausreichend ✳ *Ebenbild; ebenbürtig* Ew.: durch Geburt gleich : gleichstehend; *Ebenbürtigkeit; ebenda; ebenerdig* Ew.; *ebenfalls* Uw.: auch; *eben-*

flächig Ew.; *ebenjener:* derselbe; *Ebenmaß:* Gleichmaß; *ebenmäßig* Ew.; *ebenso* Uw.: gleichartig; *ebensogut* → *ebenso gut* Uw.: gleichwohl, geradeso gut; *Ebensohle:* Horizontalebene; *ebensolang:* *ebensolange* Uw.: die gleiche Zeit dauernd (aber: *eben so lange Bretter); ebensooft* → *ebenso oft* Uw.; *ebenso sehr* Uw.; *ebenso viel* Uw.; *ebenso wenig* Uw. (er hat ebensowenig Glück) (aber: *eben so wenige* Anzüge); *ebenermaßen* Uw.: gleicherweise ✱ **E|be|ne,** die; –, –n: ebene Fläche ✱ **eb|nen** tr.: eben machen : glätten

ebenso
Wenn ebenso in Kombination mit einem Adverb auftaucht, wird getrennt geschrieben: *Er war ebenso oft hier wie ich.*
E|ben|e|zer (hebr.): „Stein der Hilfe", Denkstein für Hilfeleistung
E|ben|holz, das; –es, ..hölzer: Holz des Ebenbaumes ✱ **e|ben|ie|ren** (..iert) tr.: mit Ebenholz auslegen ✱ **E|be|nist,** der; –en, –en: Kunsttischler
e|ben|je|ne, **e|ben|je|nes,** **e|ben|je|ner** Fw.: genau diese, dieser, dieses
E|ben|maß, das, –es, –: Proportion ohne Fehl ✱ **e|ben|mä|ßig** Ew.: untadelig proportioniert ✱ *Ebenmäßigkeit*
e|ben|so, e|ben|so gut etc.: s. eben
E|ber, der; –s, –: männliches Schwein ✱ *Eberhirsch; Eberschwein*
E|ber|esche, die; –, –n: ein Laubbaum, Vogelbeerbaum
eb|nen, Eb|nung: s. eben
E|bo|nit, das; –(e)s: schwarz glänzendes Hartgummi
Eb|ro, der; –s: span. Fluss
EC (Abk.) der, –s, –: EuroCity : Zug für den innereuropäischen Verkehr
EC-Au|to|mat, der; –en, –en: Geldausgabegerät einer Bank, Zugang mit Scheckkarte
Ec|ce-Ho|mo (l.) [ektse..], das; – –s, – –s: „Sieh, welch ein Mensch", (Kunst) Darstellung Jesu mit der Dornenkrone
Ec|cle|sia (gr.-l.), die; –: Kirche : Darstellung der Kirche ✱

Ec|cle|sia mi|li|tans, die; –: die kämpfende, streitbare Kirche
E|chauf|fe|ment (fr.) [ehschof'mang], das; –s, –s: Erhitzung ✱ **e|chauf|fie|ren** (..iert) tr.: erhitzen, erregen
E|chec (fr.) [ehscheck], der; –(s): Schach : Schlappe
E|che|ve|ria, die; –, ..rien: Zimmerpflanze : Dickblattgewächs
E|chi|nit (gr.), der; –en und –(e)s, –e(n): versteinerter Seeigel ✱ **E|chi|no|der|me,** der; –n, –n: Stachelhäuter ✱ **E|chi|no|der|mit,** der; –en, –en: Echinoderme ✱ **E|chi|no|kok|kus,** der; –, ..kken: Blasen-, Hülsenwurm
E|chi|nus, der; –, ..ni: Seeigel : Wulst am Säulenkapitell
E|cho: „Schall", griech. Nymphe ✱ **E|cho,** das; –s, –s: Widerhall ✱ **e|cho|en** (s. echot) intr.: widerhallen ✱ **E|chol|lot,** das; –es, –e: Gerät zur Tiefenmessung durch Schallberechnung ✱ **E|cho|me|ter,** das; –s, –: Schallmesser
Ech|se, die; –, –n: Eidechse, Name einer Ordnung von Kriechtieren
echt (–est) Ew.: rechtmäßig : wirklich seiend : wahr : dauernd : gehaltvoll ✱ *Der Mann ist echt christlich.* Aber: *Ein echtchristlicher Mann.* ✱ *echtdeutsch; echtfarbig; echtmenschlich; echtsilbern* Ew.: s. echtchristlich ✱ **Echt|heit,** die; –: das Echtsein : Unverfälschtheit : Glaubwürdigkeit
Eck, das; –(e)s, –e: (fast nur in Ortsnamen und Zus. für) Ecke ✱ **E|cke,** die; –, –n: Eckchen: Stelle, wo die Kanten eines Körpers zusammenstoßen : Winkel ✱ *über Eck:* querüber; *an allen Ecken und Enden:* überall; *um die Ecke bringen:* heimlich töten ✱ *Eckbalken; Eckball; Eckbrett; Eckfeile:* eckige Feile; *Eckfenster; Eckhaus; Ecklohn:* in einem Tarifvertrag festgesetzter Lohn für die typische Arbeit im Tarifbereich; *Eckpfeiler; Eckpfosten; Eckplatz; Ecksatz:* erster oder letzter Satz eines mehrsätzigen Musikstücks; *Ecksäule; Eckschrank; Eckspind:* in die Ecke eines Zimmers zu stellendes

Spind; *Eckstein:* Stein an der Ecke : (übertr.) etwas Haltgebendes; *Eckstoß; Eckstube; Ecktisch; Eckzahn; Eckzins* ✱ *Eckenbeschlag; eckenlos; Eckensteher:* an den Ecken stehender Dienstmann ✱ **e|cken** tr.: mit Ecken versehen ✱ **e|ckig** Ew.: Ecken habend

E-cke
Buchstabenkombinationen, die wie ein Laut gesprochen werden, werden nicht getrennt. Dazu gehören *ch, ck, ph, rh, sch, th: E-cke, kni-cken, wa-schen, Ste-phan, Zi-ther.* Eine nur aus einem Vokal bestehende Silbe kann hingegen abgetrennt werden: *E-cke, A-bitur.* Es empfehlen sich jedoch übersichtlichere Trennungen, damit der Lesefluss nicht stockt.
E|cker, die; –, –n: Frucht der Buche und Eiche : eine Farbe im dtsch. Kartenspiel ✱ *Eckersaat; Eckerober:* Karte im dtsch. Kartenspiel
E|ckern|för|de: schlesw.-holstein. Stadt ✱ *Eckernförder Bucht*
Eck|mann|schrift: nach dem Grafiker E. benannte Schrift
E|clair (fr.) [ehklähr], das; –s, –s: längliches mit Krem gefülltes Tortenstückchen
E|co|no|my|class, die; –, –: Billigklasse im Flugverkehr
E|cos|sai|se: s. Ekossaise
E|cra|sé (fr.) [ehkraseh], das; –, –s: ein Tanzschritt : Glanzleder ✱ **e|cra|sie|ren** (..iert) tr.: zerquetschen
Ecs|ta|sy, (e.) die; –, –s: eine Droge
Ecu, ECU, der; –s, –s: „European Currency Unit", europäische Währungseinheit
ed.: edidit (l.): „hat (es) herausgegeben" ✱ **Ed.:** editio (l.): Ausgabe; vgl. edieren
E|dam: niederländ. Stadt ✱ **E|da|mer** Ew. ✱ *Edamer Käse*
e|da|phisch (gr.) Ew.: vom Erdboden abhängig ✱ **E|da|phon,** das; –s: Gesamtheit der Kleinlebewelt im Erdboden
edd.: ediderunt (l.): „haben (es) herausgegeben"
Ed|da, die; –: Sammlung altnord. Götter- und Heldensagen ✱ **ed|disch** Ew.: zur Edda gehörend

ede, bibe, lude (l.): iss, trink, spiel

Edelka: Einkaufsgenossenschaft deutscher Kaufleute

edel Ew. (ed[e]ler, edelste): von hoher Abkunft : vortrefflich durch Geburt : vortrefflich durch innere Eigenschaften ✳ *edelbürtig; Edeldame:* adlige Dame; *Edelfalke; Edelfrau:* adlige Frau; *Edelfräulein; Edelgas:* chemisch indifferentes Gas, das mit anderen Gasen sich nicht verbindet; *edelherzig; Edelhirsch:* Rothirsch; *Edelhölzer; Edelknabe:* Page; *Edelkastanie; Edelleben:* Ritterleben; *Edelleute:* Mz. von Edelmann: Adliger ✳ *Edelmann; Edelmarder:* Baummarder; *Edelmetall; Edelmut; edelmütig* Ew.; *Edelobst:* auf Größe und guten Geschmack gezüchtetes Obst; *Edelraute:* Alpenpflanze; *Edelrost; edelsinnig* Ew.; *Edelstahl; Edelstein; Edeltanne; Edelweiß:* eine Alpenpflanze; *Edelwild:* Hirschwild ✳ **Edelling,** der; –s, –e: Adliger ✳ **Edle,** der; die; –n, –n: Adliger

Eden (hebr.), das; –s: „Wonne", Lustgarten, Paradies : (übertr.) herrlicher Ort

Edentate, der; –n, –n: (Zool.) Säugetiere mit fehlenden oder mangelhaft ausgebildeten Zähnen (Zahnarme)

edieren (..iert) (l.) tr.: herausgeben : ausliefern ✳ **Edition,** die; –, –en: Herausgabe : Ausgabe ✳ **Editio princeps,** die; – –, ..tiones ..cipes: Erstausgabe (eines Buches) ✳ **ediert** Ew.: herausgegeben [l. edere herausgeben] ✳ **editieren** tr.: (EDV) Daten eingeben und bearbeiten ✳ **Editor,** der; –s, ..toren: Herausgeber

Edikt (l.), das; –(e)s, –e: Erlass, Verordnung

Edinburg, (e.) **Edinburgh** [ᵉdinbᵉrᵉ]: Hauptstadt Schottlands

Edison [ediss'n]: am. Erfinder ✳ *Edisonakkumulator; Edisoneffekt; Edisonfassung; Edisongewinde*

Edition, Editor: s. edieren

Edle: s. edel

Edom (gr.): Land am Toten Meer im A.T.

Edukation (l.), die; –, '–en:

Erziehung ✳ **Edukator,** der; –s, ..toren: Erzieher

Edukt (l.), der; –(e)s, –e: Auszug : ausgeschiedener Stoff (aus Rohstoffen) ✳ **eduzieren** (..iert) tr.: ausziehen

E-Dur: s. e

EDV (Abk.), die; –: Elektronische Datenverarbeitung : Computeranlage

EEG (Abk.): Elektroenzephalogramm

Efendi (türk.), der; –s, –s: „Herr", Titel ✳ *Efendim:* in der Anrede als Beiwort zum Titel

Efeu, der; –s: ein holziges Schlinggewächs mit immergrünen Blättern ✳ *efeubekränzt* Ew.; *Efeugitter; Efeukranz; Efeulaube; Efeuranke; Efeuwand*

Effeff, das; nur in der Wendung: *etwas aus dem Effeff versteh(e)n:* gründlich versteh(e)n [von der Abkürzung f: fein, ff: sehr fein]

Effekt (l.), der; –(e)s, –e: Wirkung : Leistung : Ergebnis : Erfolg : (Phys.) in einer Sekunde geleistete Arbeit ✳ *Effektbeleuchtung; Effekthascherei:* auffälliges Streben nach Wirkung; *effektvoll* Ew.: wirkungsvoll ✳ **Effekten** Mz.: Vermögen : Gepäck : Wertpapiere ✳ *Effektenbank; Effektenbörse; –handel; –makler* ✳ *effektiv* Ew.: wirklich : tatsächlich ✳ *Effektiv(be)stand:* (Heerw.) wirklicher (Heeres)bestand; *Effektivlohn; Effektivnutzen:* reiner Nutzen ✳ **Effektivität,** die; –, –en: Wirkung, Erfolg ✳ **Effektor,** der; –s, ..toren: Urheber : Erzeuger ✳ **effektuieren** (..iert) tr.: zustande bringen : ausführen ✳ *effektvoll* Ew.: wirkungsvoll ✳ **effizient** Ew.: wirkungsvoll : wirtschaftlich ✳ **Effizienz,** die; –: Wirksamkeit ✳ **effizieren** (..iert) tr.: bewirken [l. efficere; Mw. Vg. effectus bewirken]

effeminieren (..iert) (l.) tr.: verweichlichen [l. femina Frau]

Effet (fr.) [äffäh], der; –s: Wirkung ✳ *Effet geben:* (Billardspiel) Seitenstoß geben; vgl. Effekt ✳ **Efficiency,** (e.) die; –, –s: Wirksamkeit : Wirtschaftlichkeit

effilieren (fr.) tr.: die Haare

ausdünnend schneiden ✳ *Effilierschere*

Effizienz, effizieren: s. Effekt

Effloreszenz (nl.), die; –, –en: Aufblühen : Blütezeit : Redeblume : (Med.) Hautausschlag : Hervortreten von Salzkristallen auf festen Körpern ✳ **effloreszieren** (..iert) intr.: aufblühen : auswittern [l. florere blühen]

Effusion (l.), die; –, –en: Erguss : Leidenschaftsausbruch ✳ **effusiv** Ew.: sich ergießend ✳ *Effusivgestein:* Ergussgestein

EFTA (Abk.): European Free Trade Association

e. G. (Abk.): eingetragene Genossenschaft

EG (Abk.): Europäische Gemeinschaft

egal (fr.) Ew.: gleich : gleichförmig : gleichgültig ✳ **egalisieren,** **egalisieren** (..iert) tr.: gleichmachen ✳ **Egalisator,** der; –s, ..toren: (Elektr.) Stromspannung ausgleichender Transformator ✳ **egalitär** Ew.: auf Gleichheit zielend ✳ **Egalität** (fr.-nl.), die; –: Gleichheit : Gleichmäßigkeit ✳ **Egalité** (fr.), die; –: Gleichheit (Schlagwort der Französischen Revolution)

Egart, die; –: (bayr.) ungebrochenes Grasland ✳ *Egartwirtschaft:* Feldwechselwirtschaft

Egel, der; –s, –: ein zur Blutentziehung benutzter Saugwurm

Eger: Stadt in Tschechien : Nebenfluss der Elbe ✳ *Egerland; Egerländer*

Egerling, der; –s, –e: ein essbarer Pilz

Egge, die; –, –n: kammartiges Feldgerät zur Ebnung des gepflügten Ackers ✳ *Eggebalken; Eggehaken; Eggenband; Eggerechen; Eggeschiene; Eggezinke* ✳ **eggen** tr., intr.: den Acker mit der Egge bearbeiten

Egghead, (e.) der; –s, –s: „Eierkopf", verächtliche Bezeichnung für Intellektueller

ego (l.): ich ✳ **Ego,** das; –s, –s: das Ich ✳ **Egoismus** (nl.), der; –: die Ich-, Selbstsucht, übertriebene Eigenliebe ✳ **Egoist,** der; –en, –en: Selbstsüchtiger ✳ **ego-**

is|tisch Ew.: selbstsüchtig : ei- gensüchtig ∗ **E|go|the|is|mus** (l.-gr.), der; –: Selbstvergötte- rung ∗ **E|go|tis|mus**, der; –: Neigung, von sich selbst zu sprechen ∗ **E|go|tist**, der; –en, –en: Verfasser von Romanen in Ich-Form ∗ **E|go|trip**, der; –s, –s: (Umgspr.) egoistisch sein : sich egozentrisch benehmen ∗ **E|go|zen|trik**, die; –: das ego- zentrische Verhalten : Ichsucht ∗ **E|go|zen|tri|ker**, der; –s, –: ein ich-bewusster Mensch ∗ **e|go|zen|trisch** Ew.: ich-be- wusst, sein Ich in den Mittel- punkt stellend

e|gre|nie|ren (..iert) (fr.) tr.: Baumwolle auskornen, reini- gen ∗ Egreniermaschine

E|gyp|ti|en|ne (fr.) [eschip- tiänn], die; –: lat. Druckschrift, Antiqua-Zierschrift

eh: (östr.) sowieso

eh!: Ausruf der Überraschung

eh, e|he, Uw. (eher): in frühe- rer Zeit : eher als heute : (übertr.) lieber : mehr : leichter; Bw.: bevor ∗ **ehedem** Uw.: frü- her; ehegestern: vorgestern; ehemals: in früherer Zeit; ehe- malig Ew.: früher ∗ **e|hes|ten, am** –: am leichtesten, am bes- ten ∗ **e|hes|tens** Uw.: nächs- tens

E|he, die; –, –n: gesetzmäßige Verbindung von Mann und Frau ∗ eheähnlich Ew.; Ehe- band; Eheberatung; Ehebett; ehebrechen (ich breche die Ehe, habe die Ehe gebrochen, die Ehe zu brechen); Ehebre- cher(in); ehebrecherisch Ew.; Ehebruch; Eheband; Ehefrau; Ehegatte; Ehegattin; Ehegeld; Ehegemahl(in); Ehegemein- schaft; Ehegericht: über Ehesa- chen urteilendes Gericht; Ehe- glück; Ehehafen; Ehehinder- nis; Ehejoch; Ehekrach; Ehe- krise; Eheleben; eheleiblich Ew.: ehelich und leiblich (von Kindern); Eheleute; ehelos Ew.; Ehelosigkeit; Ehemann; ehemännlich Ew.; Ehename; Ehepaar; Ehepartner; Ehe- recht; Ehering; Eheschänder: Ehebrecher; Ehescheidung; Ehescheu; ehescheu Ew.; Ehe- schließung; Ehesegen: Kinder als Segen der Ehe; Ehestand; Ehestreit; Ehetragödie; Ehe- vermittlung; Eheversprechen;

Ehevertrag; Ehevogt: gesetzli- cher Vertreter einer Ehefrau; Eheweib; ehewidrig Ew. ∗ **e|he|lich** Ew.: zur Ehe gehörig ∗ **e|he|li|chen** tr.: heiraten ∗ **E|he|lich|keit**, die; –: Abkunft aus einer Ehe

e|her: s. eh

e|hern Ew.: aus Erz bestehend : (übertr.) unbeugsam

ehr|bar Ew.: Ehre verdienend : der Ehre gemäß : würdevoll : sittsam, züchtig : (veralt.) (Ti- tel) geehrt ∗ **Ehr|bar|keit**, die; –: das Ehrbarsein ∗ **Eh|re**, die; –, –n: Gefühl für Würde : Würde : Achtung : Anerkennung : Ruf : Ansehen : Rücksicht : Aus- zeichnung : Auszeichnung Er- schaffendes ∗ zu Ehren des Gastes; die Ehre haben; Euer Ehren (Mz.): veralt. Anrede ∗ Ehrabschneider; Ehrbegriff; ehrerbietig Ew.: bereit, einem Ehre zu erweisen : respektvoll; Ehrerbietigkeit; Ehrerbietung; Ehrfurcht: höchste Achtung : Ew.; ehrfürchtig Ew.: ehrfurchtslos Ew.; ehrfurchtsvoll Ew.; Ehrge- fühl; Ehrgeiz; ehrgeizig Ew.; Ehrliebe; ehrliebend Ew.; ehr- los Ew.; Ehrlosigkeit; Ehrsucht; ehrsüchtig Ew.; ehrvergessen; Ehrverlust; Ehrwürden: Titel Geistlicher; ehrwürdig Ew. ∗ **Ehrenabend:** (Theater) ge- schlossene Vorstellung für gela- dene Gäste; Ehrenamt; ehren- amtlich Ew.; Ehrenbeleidigung; Ehrenbezeigung; Ehrenbühne; Ehrenbürger: einer, dem das Bürgerrecht als Ehrenzeichen verliehen ist; Ehrendame; Eh- rendoktor: ehrenhalber verlie- hener Doktortitel; Ehrenerklä- rung: öffentlicher Widerruf ei- ner Ehrenkränkung; Ehren- gabe; Ehrengast; Ehrengeleit; Ehrengericht; Ehrenhalle; Eh- renkodex; Ehrenkompanie; Eh- renlegion; Ehrenmahl: Fest- mahl zu jemandes Ehren; Eh- renmal: Denkmal; Ehrenmann; Ehrenmitglied; Ehrennadel; Ehrenname; Ehrenpflicht; Eh- renplatz; Ehrenposten; Ehren- preis: ehrenvolle Auszeich- nung : eine Pflanze; Ehrenrecht; Ehrenrede; ehrenreich Ew.; Eh- renrettung: Verteidigung der angegriffenen Ehre; ehrenrüh- rig Ew.: jemandes Ehre verlet- zend; Ehrenrunde; Ehrensache;

Ehrensalve; Ehrenschänder; ehrenschänderisch Ew.; Ehren- schuld: Schuld, deren Bezah- lung Ehrensache ist; Ehrensitz; Ehrensold; Ehrenstrafe; Ehren- tafel; Ehrentag; Ehrentanz; Eh- rentitel; Ehrenurkunde; ehren- voll Ew.; Ehrenwache; Ehren- wächter; Ehrenweg; ehrenwert Ew.; Ehrenwort; ehrenwürdig Ew.; Ehrenzeichen ∗ **eh|ren** tr.: in Ehren halten, Rücksicht und Achtung widmen ∗ **eh|ren|haft** Ew.: der Ehre gemäß ∗ **Eh|ren|haf|tig|keit**, die; – ∗ **eh|ren|hal|ber** Uw.: um der Ehre willen, Abk.: e. h. ∗ **ehr|lich** Ew.: (veralt.) rühmlich : (veralt.) ehrenvoll : (veralt.) anständig : die Treue haltend : die Wahrheit sagend ∗ **Ehr|lich|keit**, die; –: ehrliches Wesen ∗ **ehr|sam** Ew.: (veralt.) ehrbar ∗ **Eh|rung**, die; –, –en: sichtbarer Beweis der Achtung für jemanden

ehr|er|bie|tig, Ehr|furcht: s. Ehre

Ei, das; –(e)s, –er; Eichen, Mz. Eierchen: weibl. Geschlechts- zelle, aus der sich ein neues In- dividuum entwickelt : länglich runder Körper, von weibl. Vö- geln und anderen Tieren gelegt, aus dem sich das Junge entwi- ckelt : (Bot.) Keim des Samen- korns : eiförmige Körper (z. B. Schneckenarten, ältere Nürn- berger Taschenuhren) ∗ Ei des Kolumbus: einfache Problem- lösung, die doch nur der Kluge findet; wie aus dem Ei ge- schält: fein, sauber; wie auf Ei- ern gehen: kaum aufzutreten wagen; sich um ungelegte Eier kümmern: sich überflüssiger- weise Sorgen machen ∗ Eidot- ter; Eiform, eiförmig; Eigelb, das; –s: das Gelbe des Eis, Dot- ter; Eileiter, der; –s, –: vom Ei- erstock abgehender Kanal; Ei- linie: eiförmige Linie; Eipul- ver: Trockenei; eirund Ew.; Ei- rund, das; –s: eirunde Form; Eiweiß, das; –es: das Weiße des Eis : Eiweißkörper, Proteine; Eizelle ∗ Eierbecher: Gefäß für ein gekochtes Ei; Eier- birne: eiförmige Birne; Eier- brot: mit Ei angerührtes Weiß- brot; Eierfladen: Eierkuchen; Eierfrau; Eierkäse: Speise aus geronnener Milch und Eiern;

Eierkognak; Eierkopf: s. Egghead; *Eierkuchen:* scheibenförmiges Gebäck aus Eiern, Mehl und Butter; *Eierlaufen; Eierlikör; Eierlöffel; Eiermann; Eierpilz:* Pfifferling; *Eierpfannkuchen; Eierpunsch:* mit Eiern angerührter Punsch; *Eierschale:* Kalkbedeckung des Vogeleis; *Eierschaum:* geschlagenes Eiweiß; *Eierschnee; Eierschaum; Eierspeise; Eierstich; Eierstock:* weibl. Körperteil, in dem sich die Eier bilden; *Eiertanz:* Tanz zwischen Eiern; *Eieruhr; Eierwärmer* ✳ **ei|ern** intr.: sich einförmig bewegen : sich unregelmäßig bewegen : nicht kreisrund gehen

ei|a|po|peia: Ausruf in Wiegenliedern

Ei|be, die; –, –n: ein Nadelbaum, Taxus ✳ *Eibenbaum; Eibenholz* ✳ **ei|ben** Ew.: aus Eibenholz

Ei|bisch, der; –es, –e: Malvengewächs ✳ *Eibischstrauch; Eibischtee*

Eich|amt: s. eichen

Eich|ap|fel, Eich|bock: s. Eiche (Baum)

Ei|che, die; –, –n: das Eichen, die Eichung : Eichmaß : Eichstempel ✳ **ei|chen** tr.: Maß und Gewicht von etwas bestimmen : das gesetzliche Maß und Gewicht einem Gegenstand geben und einstempeln ✳ *Eichamt:* öffentl. Eichstelle; *Eichelle; Eichgewicht; Eichherr; –maß; –meister:* Beamter auf dem Eichamt; *Eichpfahl, Eichschale, -stab:* Urmaße; *Eichstempel* ✳ **Ei|cher,** der; –s, –: ein Eichender ✳ **Ei|chung,** die; –, –en: das Eichen: amtliche Prüfung von Maßen und Gewichten

Ei|che, die; –, –n: Laubbaum : oft als deutsches Sinnbild der Freiheit ✳ *Eichapfel:* Gallapfel; *Eichbaum; Eichbock:* essbarer Schwamm; *Eichhase:* Eichbock : Eichhorn; *Eichhorn, -hörnchen:* Nagetier; *–katze:* Eichhorn; *–ochse:* Hirschkäfer; *–vogel:* Habicht; *–wald* ✳ *Eichenbaum; –blatt; –brett; –falter:* ein Schmetterling; *Eichenfarn:* Farnart; *Eichenfaß* → *Eichenfass:* Fass aus Eichenholz; *–grund:* mit Eichen bestandenes Tal; *Eichenhain; Eichenholz; Eichenkranz; Eichenlaub; Eichenpilz; Eichenplanke; Eichenrose:* Gallapfel; *Eichenstab, –stock; –stumpf; –wald; Eichenwickler:* Schmetterlingsart; *Eichenzweig* ✳ **Ei|chel,** die; –, –n: Frucht der Eiche : eichelförmige Verzierung : vorderer Teil des männl. Gliedes : Farbe im dtsch. Kartenspiel ✳ *Eichelacht,* die; –, –en: im dtsch. Kartenspiel die Karte mit 8 Eicheln; *Eichelbrot:* aus Eicheln gebackenes Brot; *Eichelhafer:* Art glatter, schwarzer Hafer; *Eichelhäher:* Vogel; *Eichelkaffee:* Getränk aus gebrannten Eicheln; *Eichelkönig:* Karte im dtsch. Kartenspiel; *Eichelmast,* die; –, –en: Mast der Schweine mit Eicheln; *Eichelmaus:* Haselmaus; *Eichelober:* Karte im dtsch. Kartenspiel; *Eichelsau, -schwein:* in der Eichelmast befindliche Sau usw.; *Eichelunter:* Karte im dtsch. Kartenspiel ✳ **ei|chen** Ew.: aus Eichenholz bestehend

Eid, der; –(e)s, –e: heilige Versicherung, Schwur : Formel des Schwures ✳ *an Eides Statt →* *an Eides statt* ✳ *Eidbruch:* Verletzung des Schwures; *eidbrüchig* Ew.; *Eidgenosse:* durch Eid verbundene Gefährte; *eidgenössisch* Ew.; *Eidgenossenschaft; Eidschwur; eidvergessen* Ew. ✳ *Eidesablegung; Eidesablehnung; Eidesantrag:* Antrag einer Partei im Zivilprozess auf Auferlegung eines richterlichen Eides oder Verteidigung eines Zeugen; *Eidesbelehrung:* Hinweis auf die Bedeutung des Eides und Meineides; *Eidesformel; Eid(es)helfer:* mit dem Verklagten schwörende Person; *Eidesleistung; Eidespflicht; eidesstattlich* Ew.: einen Eid vertretend; *Eidesverwarnung:* Hinweis durch den Richter auf die Folgen etwaiger Eidesverletzung; *Eidesverweigerung:* Weigerung, einen Eid abzulegen ✳ **eid|lich** Ew.: durch Eid

Ei|dam (mdh.), der; –(e)s, –e: Schwiegersohn

Ei|dech|se, die; –, –n: Eidechschen, –lein: kleines Kriechtier : Echse

Ei|der (isländ.), der; –s, –: die; –, –n: Tauchente : Eiderdaun(en) ✳ *Eiderdaun(e):* Flaumfeder des Eiders; *Eiderdun,* das; –s, –e und –s: geköpertes Streichgarngewebe; *Eiderdune:* (östr.) Eiderdaune: *Eiderente; –gans; –vogel*

Ei|der, der; –: Grenzfluss zwischen Holstein und Schleswig

Ei|de|tik, die; –: Begriff der modernen Psychologie ✳ **Ei|de|ti|ker,** der; –s, –: Mensch mit der Fähigkeit, Bilder oder Wahrnehmungen als „optische Anschauungsbilder" zu sehen und wiederzugeben ✳ *Eidetikertyp* ✳ **ei|de|tisch** Ew.: anschaulich : bildhaft

Ei|do|graph *auch:* **Ei|do|graf** (gr.), der; –en, –en: eine Kopiermaschine **Ei|do|lon** (gr.), das; –s, ..oia: Abbild ✳ **Ei|do|phor,** das; –s, –e: Anlage für Fernsehgroßbilder ✳ **Ei|do|phor|ver|fah|ren,** das; –s: ein Verfahren, Fernsehbilder auf einen großen Bildschirm zu projizieren, darzustellen [gr. eidos Bild und graphein schreiben]

Ei|fer, der; –s: heftige Gemütserregung : heftiges Streben : (veralt.) Eifersucht ✳ **Ei|fe|rer,** der; –s, –: ein Eifernder ✳ **ei|fern** (ich ..[e]re) intr.: in Eifer geraten : eifersüchtig sein : Wetteifer zeigen : eifrig streben; tr.: (mundartl.) etwas mit Eifer betreiben : äfern, aufrühren ✳ **Ei|fer|sucht,** die; –: leidenschaftliche Besorgnis, im Besitz eines geliebten Menschen durch andere beeinträchtigt zu werden ✳ **ei|fer|süch|tig** Ew.: neidisch ✳ *Eifersüchtelei; eifersüchteln* ✳ **eif|rig** Ew.: von Eifer erfüllt ✳ **Eif|rig|keit,** die; –, –en: eifriges Wesen

Ei|ffel|turm, der; –(e)s: 320 m hoher Turm in Paris, heute Aussichtsturm mit Wetterwarte und Funkstation, Wahrzeichen von Paris

ei|för|mig: s. Ei

eif|rig Ew.: s. Eifer

Ei|gelb: s. Ei

ei|gen Ew.: einem zu –, angehörig : sonderbar, befremdend : genau, peinlich, starr, unbeugsam ✳ *sich zu eigen geben →* *sich zu Eigen geben; sich zu eigen machen →* *sich zu Eigen* machen; *sein eigen nennen* → *sein Eigen nennen* ✱ **Eigen,** das; -s: Besitz ✱ *er tritt mir sein Eigen (seinen Besitz) ab* ✱ *Eigenart:* Eigentümlichkeit; *eigenartig* Ew.; *Eigenbedarf; Eigenbericht; Eigenbesitz; Eigenbrötler,* der; -s, -: „einer, der sein Brot selbst bäckt", einer, der sich nicht beeinflussen lässt : Sonderling; *eigenbrötlerisch* Ew.; *Eigendünkel; eigengemacht* Ew.: selbst hergestellt; *Eigenfinanzierung:* Selbstfinanzierung; *Eigengewicht; eigenhändig* Ew.: mit eignen Händen, in eigner Person; *Eigenheim; Eigenhilfe:* eigenmächtige Hilfe; *Eigeninitiative; Eigenkapital; Eigenleben; eigenlebig* Ew.; *Eigenleistung; Eigenliebe; Eigenlob:* Selbstlob; *eigenmächtig* Ew.: aus eigener Machtvollkommenheit handeln; *Eigenmächtigkeit:* eigenmächtiges Wesen : eigenmächtige Handlung; *Eigenname:* name eines Einzelwesens; *eigennützig* Ew.: voll Eigennutz; *Eigennützigkeit,* die; -, -en: eigennütziges Wesen : eigennützige Handlung; *Eigenproduktion; Eigensinn:* seltsamer, besonderer Sinn : hartnäckiges Bestehen auf der eignen Meinung : eigensinniger Mensch; *eigensinnig* Ew.; *Eigenstaatlichkeit; eigenständig* Ew.; *Eigensucht:* Selbstsucht; *Eigentor; eigenverantwortlich; Eigenverbrauch; Eigenwärme:* Wärme des eigenen Körpers; *Eigenwechsel:* Zahlungsversprechen des Schuldners in Form des Wechsels; *Eigenwerbung; Eigenwert; Eigenwille; eigenwillig* Ew.; *Eigenwirtschaft:* eigene Bewirtschaftung; *eigenwüchsig* Ew.: ureigen ✱ **Eigen|heit,** die; -, -en: (Rechtsspr.) ausschließendes Recht auf eine Sache : etwas, was eine Person oder Sache von der anderen unterscheidet, Eigentümlichkeit : Wunderlichkeit ✱ **eigens** Uw.: besonders, absichtlich ✱ **Eigen|schaft,** die; -, -en: das, worin das Eigensein begründet ist ✱ *Eigenschaftswort:* (Sprachl.) eine Eigenschaft angebendes Wort, Vd. f. Adjektiv ✱ **eigent|lich** Ew.: einem Ge-

gen stande wesentlich eigen : (bes. Uw.) genau, wirklich, ursprünglich ✱ **Eigen|tum,** das; -(e)s, ..tümer: das ausschließliche Recht am Wesen einer Sache : eigener Besitz : die Gesamtheit derer, die Eigentum besitzen ✱ *Eigentumserwerb; Eigentumsklage; eigentumslos; Eigentumsrecht; Eigentumsvergehen; Eigentumsvorbehalt:* Vorbehalt, dass Käufer Eigentümer bleibt, bis der Kaufpreis bezahlt ist; *Eigentumswohnung* ✱ **Eigen|tümer,** der; -s, -: einer, der etwas als Eigentum besitzt ✱ **Eigen|tümerin,** die; -, -nen: weibl. Person, der etwas als Eigentum besitzt ✱ **eigen|tümlich** Ew.: einem als Eigentum gehörend ✱ **eigen|tümlich** Ew.: einer Person oder Sache als wesentliches Merkmal gehörig zukommend ✱ **Eigen|tümlichkeit,** die; -, -en: wesentliches Merkmal ✱ **eignen** tr.: etwas einem zu eigen geben : etwas nach seinem eigentümlichen Wesen einer Bestimmung anpassen; intr.: etwas sein : eigentümlich sein; rbz.: passen : tauglich sein zu etwas ✱ **geeignet** Mw. Ew.: passend, tauglich ✱ **Eigner,** der; -s, -: Besitzer ✱ **Eignung,** die; -, -en: Tauglichkeit ✱ *Eignungsprüfung; Eignungsuntersuchung:* sportärztliche Untersuchung und Beratung eines Sportlers

eigen
Wird das Wort *eigen* als Adjektiv oder Adverb gebraucht, schreibt man es klein: *Das Kind ist sehr eigen.* Die substantivische Verwendung verlangt dagegen Großschreibung: *mein Eigen, das Eigene.* Dies gilt auch in festen Gefügen: *sich etwas zu Eigen machen, etwas zu Eigen geben, etwas sein Eigen nennen.*

Eiklar, das; - s, -: (östr.) Eiweiß

Eiland (mhd.), das; -(e)s, Eilande: allein liegendes Land, Insel

Eile, die; -: das Eilen : das Streben, in kurzer Zeit am Ziel zu sein : Schnelligkeit ✱ *Eilangebot; Eilavis:* Schnellüberweisung; *Eilbestellung; Eilbote; Eilbrief; eilfertig* Ew.:

schnelle Bereitschaft zeigend; *Eilfertigkeit; Eilfracht; Eilfuhre; Eilgut; Eilgüterzug; Eilmarsch; Eilpost; Eilschrift:* stark verkürzte Kurzschrift; *Eilschritt; Eilsendung; Eiltempo; Eilzug; Eilzustellung* ✱ **eilen** tr. (veralt.): drängen, treiben; intr.: schnell gehen, sich schnell fortbewegen; rbz.: sich hasten, mit etwas zu Ende kommen ✱ **eilend** Ew.: schnell ✱ **eilends** Uw.: eilig ✱ **eilig** Ew.: in Eile, schnell ✱ **Eiligkeit,** die; -, -en: das Eiligsein

Eileiter: s. Ei

Eimer, der; -s, -: Gefäß mit halbkreisförmigem Handgriff, früheres Flüssigkeitsmaß ✱ *Eimerkettenbagger; Eimerkette; eimerweise* ✱ **..eimerig** Ew., in Zus.: einen Eimer enthaltend, z. B. zweieimerig

ein Zahlw.: Bezeichnung der kleinsten ganzen Zahl : einfach an Zahl : einzeln : irgendein : ein gewisser : der eine von zweien : der gleiche, derselbe : unbestimmter Artikel ✱ *in einem Zug:* ununterbrochen; *in einem fort, weg:* ununterbrochen; *in ein(er) und einer halben Minute; ein und derselbe; ein(en) und denselben; ein(em) und demselben; ein(e) und dieselbe; ein für allemal* → *ein für alle Mal; du bist mein ein und alles* → *..mein Ein und Alles; ein bis zwei Stunden lang* ✱ **eineinhalb** Zahlw.: ein Ganzes und ein Halbes; *eineinhalbmal* Uw.; *einhundert* Zahlw.; *einundzwanzig, einunddreißig* usw. Zahlw.; *einundeinhalb:* eineinhalb; *eintausend* Zahlw.: tausend ✱ **eine** Zahlw. Hw., der; die; das; -n, -n: eine Person oder Sache : ein gewisser : einer von zweien : (ohne Art., m.) man; vgl. eins ✱ **einen** tr.: zu einer Einheit verbinden : in Übereinstimmung bringen ✱ **einer:** s. eine, der ✱ **Einer,** der; -s, -: Zahl von 1 bis 9 in den höheren Zahlen über 10 ✱ **einerlei** Ew.: von einer Art ✱ *es ist mir einerlei:* es ist mir gleichgültig ✱ **einerseits** Uw.: auf der einen Seite ✱ **einesteils** Uw.: an einem Teile, einerseits ✱

Ein|heit, die; –, –en: das Einssein : Gleichform : militär. Verband : (Math.) Einer * *Einheitskleidung; Einheitspreis; Einheitsschule; Einheitsstaat; Einheitstarif; Einheitswert* * **ein|heit|lich** Ew.: in Form einer Einheit : der Einheit gemäß * **Ein|heit|lich|keit**, die; –, –en: das Einheitlichsein * **ei|nig** Ew.: übereinstimmend : (Bib., veraltet) einzig : (Mz., unbest. Fw.) eine mäßig große Zahl, mehrere : (Ez., unbest. Fw.) ein wenig, etwas, mäßig groß, mäßig lang * *nach einiger Zeit:* nach kurzer Zeit; *einiges:* etwas; *einige tausend auch: einige Tausend; einigge*hen → einig gehen: (landschaftl., kfm.) einig sein * *einigermaßen* Uw.: in mäßigem Grade * **ei|ni|gen** tr., rbz.: einen * **Ei|nig|keit**, die; –, –en: Eintracht : Übereinstimmung : das Einigsein * **Ei|ni|gung**, die; –, –en: das Einigen * **eins** Zahlw.: die kleinste ganze Zahl : das eine : dasselbe * *es ist eins:* es ist ein Uhr; *halb eins; es läuft auf eins hinaus:* es kommt auf dasselbe heraus; *eins sein, werden:* eines Sinnes sein, werden : miteinander verschmelzen; *es ist mir alles eins:* mir ist alles gleichgültig; *eins geben:* einen Schlag geben; *eins trinken:* ein Glas trinken * **Eins**, die; –, –en: die Ziffer Eins : (in Zeugnissen usw.) die Note „Eins" * **ein|sam** Ew.: allein : verlassen : menschenleer * **Ein|sam|keit**, die; –, –en: das Einsamsein : einsame Gegend * **Ein|ser**, der; –s, –: Einer : (meist) Note „Eins" * **Ein|tel**, das; –s, –: ein Ganzes * **Ei|nung**, die; –, –en: Einigung * **ein|zel** Ew., nur in Zus.: einzeln * *Einzelantrieb:* jede Maschine wird durch einen Elektromotor angetrieben; *Einzelbeitrag; Einzeldarstellung; Einzelfall; Einzelgänger; Einzelhaft; Einzelhandel; Einzelhandelspreis; Einzelkosten; Einzelrichter; Einzelstehende,* der; die; –n, –n: allein stehender Mensch; *Einzelteil; Einzelverkauf; Einzelwesen; Einzelzimmer* * **Ein|zel|heit**, die; –, –en: (selt.) das Einzelsein : etwas Einzelnes, Beson-

deres : ein einzelner Teil * **ein|zeln** Ew.: für sich allein seiend : für sich genommen : abgesondert : auf Besonderes bezogen : nicht auf das Ganze, sondern nur auf das Teile bezogen : zerstreut vorkommend * *der, die, das einzelne → der, die, das Einzelne; einzelnes → Einzelnes; einzelne → Einzelne* Mz.: *jeder einzelne → jeder Einzelne; bis ins einzelne → bis ins Einzelne; alles einzelne → alles Einzelne* * *vom Einzelnen zum Ganzen schreiten* * *einzelnstehend → einzeln stehend* Ew.: allein stehend * **ein|zig** Ew.: nur einmal vorhanden : ausgezeichnet * **ein|zig|ar|tig** Ew.: einmalig * **Ein|zig|ar|tig|keit**, die; –: Einmaligkeit * **Ein|zig|keit**, die; –, –en: Einmaligkeit

einzeln
Das Zahlwort *einzeln* schreibt man klein: *einzelne Bilder gefallen; eine einzelne Tasse.* Die substantivische Form schreibt man dagegen groß: *der Einzelne; bis ins Einzelne; jeder Einzelne.* Die Partizipform wird getrennt geschrieben: *einzeln vorkommend; einzeln lebend.*

ein Uw.: darinnen befindlich : hineingehend; Ggs. aus * *er geht ein und aus bei uns; er weiß nicht mehr ein noch aus* * **ein** Uw.: (örtlich) daher, einen Weg entlang * *einherfahren, -gehen, -kommen, -laufen* intr. * **ein|ach|sig** Ew.: mit (nur) einer Achse * *Einachsanhänger; Einachsschlepper;* Zugmaschine * **Ein|ak|ter**, der; –s, –: Schauspiel in einem Akt * **ein|ak|tig** Ew.: aus einem Akt bestehend * **ein|an|der** Fw.: einer den (dem) anderen, wechselseitig * **ein|ar|bei|ten** tr.: zu einer Arbeit anleiten; rbz.: sich arbeitend in etwas heimisch machen * **Ein|ar|bei|tung**, die; –: das Einarbeiten * **ein|ar|mig** Ew.: mit nur einem Arm versehen * **ein|ä|schern** tr.: verbrennen * **Ein|ä|sche|rung**, die; –, –en: Leichenverbrennung * *Einäscherungshalle:* Krematorium * **ein|at|men** tr.: atmend einziehen * **Ein|at|mung**, die; –, –en: das Einatmen

ein|ato|mig Ew.: (Chem.) bestehend aus einem Atom * **ein|ät|zen** tr.: ätzend eindrücken * **ein|äu|gig** Ew.: nur ein Auge habend * **Ein|back**, der; –(e)s, –e: einmal gebackenes Gebäck; vgl. Zwieback * **ein|ba|cken** tr.: hineinbacken; rbz.: beim Backen an Gewicht verlieren * **Ein|bahn(straße)**, die; –, –(e)n: nur in einer Richtung benutzbarer Fahrweg * *einbahnig* * **ein|bal|len**, **ein|bal|lie|ren** (..iert) tr.: in Ballen schlagen * **ein|bal|lig** Ew.: nur auf einen Fuß passend * **ein|bal|sa|mie|ren** (..iert) tr.: mit Balsam einreiben zum Schutz vor Verwesung * **Ein|bal|sa|mie|rung**, die; –, –en: das Einbalsamieren * **Ein|band**, der; –(e)s, ..bände: das Einbinden eines Buches : der Buchumschlag * *Einbanddecke; Einbandentwurf;* * **ein|bin|den** tr.: bindend befestigen : bindend einhüllen : (Buch –) mit Deckeln versehen : (selt.) einschärfen * **ein|bän|dig** Ew.: nur ein Band habend : nur einen Band habend * **ein|ba|sig, ein|ba|sisch** Ew.: (Chem.) aus einer Base bestehend * **ein|bau|en** tr.: hineinbauen * **Ein|bau**, der; –s, ..bauten: das Eingebaute * *einbaufertig; Einbaumöbel; Einbauregal; Einbauschrank* * **Ein|baum**, der; –(e)s, ..bäume: aus einem Baumstamm ausgehöhlter Kahn * **ein|be|din|gen** tr.: bedingend mit einschließen, festsetzen * **Ein|bee|re**, die; –, –n: eine Giftpflanze, Liliengewächs * **ein|be|grif|fen** Ew.: eingeschlossen, einschließlich * **ein|be|hal|ten** tr.: behalten, zurückbehalten * **ein|bei|nig** Ew.: nur ein Bein habend * **ein|bei|zen** intr.: beizend eindringen; tr.: beizend eindringen lassen * **ein|be|ken|nen** tr.: (österr.) eingestehen : zugeben * **ein|be|kom|men** tr.: einholen : einnehmen * **ein|be|rech|nen** tr.: einkalkulieren : einplanen

ein|be|ru|fen tr.: zusammenrufen : zum Wehrdienst auffordern ∗ **Ein|be|ru|fung,** die; –, –en: Aufforderung zum Erscheinen : Aufforderung zur Ableistung des Wehrdienstes

ein|be|stel|len tr.: (Rechtsspr.) zu einer Amtshandlung zitieren

ein|be|to|nie|ren tr.: in Beton einbetten : mit Beton bedecken

ein|bet|ten tr.: in ein Bett legen, bringen

ein|beu|len tr.: mit einer Beule versehen : eindrücken

ein|be|zie|hen tr.: einrechnen : hinzunehmen

ein|bie|gen intr.: hineinlenken; tr.: einwärts biegen

ein|bil|den tr., rbz.: ein Gebilde machen : eine anschauliche Vorstellung erwecken : vorstellen; etwas einreden : *sich viel einbilden:* sich groß dünken, arrogant ∗ *eingebildet* Ew.: nur in der Vorstellung bestehend, unwirklich : dünkelhaft : (– sein) arrogant ∗ *Eingebildetheit,* die; –, –en: Dünkelhaftigkeit ∗ **Ein|bil|dung,** die; –, –en: das Einbilden : Vorstellung : unbegründete Vorstellung ∗ *Einbildungskraft; –vermögen*

ein|bim|sen tr.: (Umgspr.) lernend einprägen : unter Anstrengung merken

ein|bin|den: s. Einband

Ein|biß → **Ein|biss,** der; –es, –e: Höhlung in den oberen Eckzähnen der Pferde

ein|bla|sen tr.: durch Blasen zuführen : zuraunen, einflüstern : umblasen ∗ **Ein|blä|ser,** der; –s, –: Zuflüsterer, Vd. f. Souffleur ∗

Ein|blatt|druck, der; –es, –e: wertvolles, aus der Anfangszeit des Buchdrucks stammendes einseitig bedrucktes Blatt

ein|bläu|en tr.: (Wäsche –) mit Bläue behandeln : durch Prügel beibringen : (übertr.) einpauken

ein|blen|den tr.: zwischenschalten bei Ton- und Bildaufnahmen

ein|bleu|en → **ein|bläu|en:** s. einbläuen

Ein|blick, der; –(e)s, –e: Blick in etwas hinein : geistiges Erfassen durch Augenschein

ein|boh|ren tr., rbz.: bohrend hineinbringen

ein|boo|ten tr.: (seem.) Passagiere an Bord nehmen

ein|bre|chen tr.: etwas zum Umsinken bringen, umlegen, zerstören; intr. (sein) brechend einsinken : unerwartet schnell erscheinen; (haben, sein): gewaltsam eindringen, um zu stehlen ∗ **Ein|bre|cher,** der; –s, –: gewaltsam Eindringender : Dieb ∗ **Ein|bruch,** der; –(e)s, ..brüche: das Einbrechen : Diebstahl ∗ *Einbruchsdiebstahl; Einbruchsfront:* Kaltluftfront; *Einbruchsversicherung*

Ein|bren|ne, die; –, –n: geröstetes Mehl ∗ **ein|bren|nen** tr.: brennend eindrücken; intr.: brennend einwirken; rbz.: durch Brennen an Gewicht verlieren ∗ *Einbrennlackierung; –suppe*

ein|brin|gen tr.: in einen geschlossenen Raum bringen : beteiligen : Geld eintragen : Nutzen bringen : nachholen ∗ *Eingebrachte,* das; –n: Mitgift ∗ **ein|bring|lich** Ew.: Gewinn bringend : ertragreich ∗ **Ein|brin|gung,** die; –, –en: das Hineinbringen

ein|brö|ckeln, ein|bro|cken tr.: in Brocken hineintun : (übertr.) sich, jmdm. eine Ungelegenheit machen

ein|buch|ten intr.: eine Bucht einschlagen, bilden : (übertr.) gefangen nehmen ∗ **Ein|buch|tung,** die; –, –en: Bucht : Gefangennahme

ein|bud|deln tr.: (Umgspr.) eingraben : (übertr.) zuwühlen : mit Arbeit zuschütten

ein|bü|geln tr.: eine Falte mit dem Bügeleisen erstellen

ein|bun|kern tr.: (Umgspr.) gefangen nehmen : ins Gefängnis stecken

ein|bür|gern tr.: Bürgerrechte erwerben; rbz.: heimisch werden ∗ *eingebürgert* Mw. Ew.: einheimisch geworden ∗ **Ein|bür|ge|rung,** die; –, –en: Aufnahme in den Staatsverband, Naturalisation

Ein|bu|ße, die; –, –n: Verlust : Schaden ∗ **ein|bü|ßen** tr.: Schaden erleiden : verlieren

ein|che|cken tr.: abfertigen : Vorbereitungen zur Abreise treffen (Flug, Schiff)

ein|cre|men *auch:* **ein|kre|men** tr.: mit Creme bedecken : ölen

ein|däm|men tr.: durch einen Damm beschränken : (übertr.) einschränken, beschränken ∗ **Ein|däm|mung,** die; –, –en: das Eindämmen

ein|däm|mern intr. (sein): dämmernd einschlafen; tr.: einschläfern

ein|damp|fen intr. (sein), tr.: verdampfend eintrocknen

ein|de|cken tr.: deckend schützen : die Ziegel auf ein Dach legen; rbz.: sich mit ausreichendem Vorrat versehen

Ein|de|cker, der; –s, –: Flugzeug mit einer Tragfläche : Schiff mit nur einem Deck

ein|dei|chen tr.: eindämmen ∗ **Ein|dei|chung,** die; –, –en: das Eindeichen

ein|del|len tr.: mit einer Delle, Vertiefung versehen

ein|deu|tig Ew.: nur eine Deutung zulassend : unmissverständlich ∗ **Ein|deu|tig|keit,** die; –, –en: das Eindeutigsein : eindeutige Äußerung

ein|deut|schen tr.: der deutschen Sprache anpassen ∗ **Ein|deut|schung,** die; –, –en: das Eindeutschen

ein|di|cken tr.: (Flüssigkeit –) bis zu einer gewissen Festigkeit einkochen

ein|di|men|si|o|nal Ew.: eine Dimension betreffend, enthaltend

ein|do|cken tr.: ins Dock bringen

ein|do|sen tr.: in Dosen einkochen

ein|dö|sen intr.: (Umgspr.) einschlafen : in leichten Schlaf fallen

ein|drän|gen tr., rbz.: hineindrängen : auf jemanden eindringen

ein|dre|hen tr.: hineindrehen; (Haare –) aufwickeln

ein|dre|schen tr.: (Umgspr.) auf etwas einschlagen

ein|dril|len tr.: Lernstoff einpauken : (Militär) einüben

ein|drin|gen intr. (sein): hineindrängen : mit Gewalt eintreten : rücksichtslos Zutritt verschaffen : (übertr.) ergründen ∗ **ein|dring|lich** Ew.: nachdrucksvoll ∗ **Ein|dring|lich|keit,** die; –: Nachdrücklichkeit

Ein|dring|ling, der; -s, -e: Fremdling : sich unerwünscht Eindrängender

Ein|druck, der; -(e)s, ..drücke: das Eingedrückte, Druckspur : tiefe Wirkung : Anschein * *Eindruck schinden:* Eindruck machen, sich hervortun wollen * *Eindruckskunst:* Vd. f. Impressionismus * **ein|dru|cken** tr.: in etwas hineindrucken * **ein|drü|cken** tr.: in etwas hineindrücken : drückend einprägen : durch Druck zerbrechen * **ein|drück|lich** Ew.: eindringlich * **ein|drucks|fähig** Ew.: fähig, beeindruckt zu werden * **ein|drucks|voll** Ew.: stark beeindruckend

ein|dü|beln tr.: mit Hilfe von Dübeln fixieren

ein|dru|seln intr. (sein): eindämmern

ein|duns|ten, -düns|ten tr.: etwas in Dunstform eindringen lassen : durch Verdunstung eintrocknen machen : einwecken; intr. (sein): durch Verdunstung eintrocknen

ein|du|seln intr.: in leichten Schlaf fallen : eindämmern

ei|ne: s. ein (Zahlw.)

ein|eb|nen tr.: dem Boden gleichmachen

Ein|ehe die; -, -n: Monogamie

ein|ei|ig Ew.: aus einem Ei hervorgehend * *eineiige Zwillinge*

ein|ein|deu|tig Ew.: (Mathematik, Logik) präzise, eindeutig

ein|ein|halb Zahlw.: einundeinhalb, ein Ganzes und ein Halbes

ei|nen; s. ein (Zahlw.)

ein|en|gen tr.: in eine Enge bringen : einschränken * **Ein|en|gung,** die; -, -en: das Einengen

ei|ner, Ei|ner, ei|ner|lei: s. ein (Zahlw.)

ei|ner|seits, ei|nes|teils: s. ein (Zahlw.)

ein|ex|er|zie|ren tr.: (Heerw.) ausbilden : einüben

ein|fach Ew.: nur einmal vorhanden : nicht zusammengesetzt : leicht begreiflich : ungekünstelt, schlicht * **Ein|fach|heit,** die; -: das Einfachsein : die Genügsamkeit

ein|fä|chern tr.: in Fächer einsortieren

ein|fä|deln tr.: den Faden in die Nadel bringen : (übertr.) anzetteln

ein|fah|ren intr. (sein): hineinfahren; tr.: einernten : durch Anfahren zum Einsturz bringen : fahrend einüben * **Ein|fahrt,** die; -, -en: das Einfahren : der Ort für das Einfahren * *Einfahrtserlaubnis; Einfahrtsignal; Einfahrtstor* * **Ein|fuhr,** die; -, -en: das Hineinbringen, -fahren : das Einführen von Waren aus dem Ausland : Gesamtheit der eingeführten Waren * *Einfuhrbeschränkung; Einfuhrerlaubnis; Einfuhrhandel; Einfuhrverbot; Einfuhrzoll* * **ein|füh|ren** tr.: hineinbringen : (Ware –) aus dem Ausland beschaffen : in Brauch bringen : (einen redend –) jemandem Worte in den Mund legen : zu etwas anleiten * **Ein|füh|rung,** die; -, -en: das Einführen : (bes.) Anleitung * *Einführungsgesetz:* dem Hauptgesetz beigegebenes, erklärendes Gesetz; *Einführungskurs:* Kurs bei der Einführung von Wertpapieren an der Börse; *Einführungspreis:* niedriger Preis zur Einführung eines neuen Artikels

Ein|fall, der; -(e)s, ..fälle: das Hereinfallen : Einsturz : feindlicher Angriff : plötzlicher Gedanke * *einfallslos; Einfallslosigkeit; Einfallstor; Einfallswinkel* * **ein|fal|len** intr. (sein): hineinfallen : plötzlich und unerwartet kommen : plötzlich erinnern : plötzlich mitsingen : sich senken : einstürzen : nach innen fallen, so dass Höhlungen entstehen; tr.: durch Fall eindrücken * **ein|falls|reich** Ew.: voller Ideen

Ein|falt, die; -: Einfachheit : Natürlichkeit : Ungekünsteltheit : Schlichtheit : Arglosigkeit : Unschuld : Beschränktheit des Geistes * *Einfaltspinsel:* beschränkter Mensch * **ein|fäl|tig** Ew.: einfach : beschränkten Geistes * *Einfältigkeit*

ein|fal|zen tr.: (Buchb.) an den Rücken fügen, einfalten

Ein|fa|mi|li|en|haus, das; ..hauses, ..häuser: Wohnhaus für nur eine Familie

ein|fan|gen tr.: fangen und einschließen : umschließen

ein|fär|ben tr.: mit Farbe versehen : tönen * *Einfärbung* * **ein|far|big** Ew.: nur eine Farbe habend

ein|fas|sen tr.: einschließend fassen : umrahmen : umranden : umgeben * **Ein|fas|sung,** die; -, -en: zierende Umrahmung

ein|fen|zen (e.) tr.: einzäunen

ein|fet|ten tr.: mit Fett einreiben

ein|feuch|ten tr.: mit Feuchtigkeit benetzen

ein|feu|ern intr.: stark einheizen : in Glut versetzen

ein|fil|trie|ren tr.: (Umgspr.) einfüllen, eintrichtern

ein|fin|den rbz.: sich einstellen, eintreffen

ein|flech|ten tr.: zusammenflechten : hineinflechten, einschieben

ein|fli|cken tr.: einsetzen : ein-, aufnähen : (übertr.) ungeschickt einflechten, einschalten, hinzufügen

ein|flie|gen intr.: hineinfliegen : (Flugzeug –) durch Fliegen auf seine Tauglichkeit prüfen : in fremdes Gebiet fliegen * **Ein|flug,** der; -(e)s, ..flüge: das Einfliegen * *Einflugschneise; Einflugzeichensender:* Ultrakurzwellensender in der Flugschneise von Flughäfen

ein|flie|ßen intr. (sein): hineinfließen : münden : einlaufen * **ein|flö|ßen** tr.: tröpfelnd eindringen lassen : (Furcht –) wachrufen * **Ein|fluß** →

Ein|fluss, der; -es, ..flüsse: das Hineinfließen : die Mündung : Einwirkung * *Einflußnahme →* *Einflussnahme:* Einwirkung; *einflußreich → einflussreich* Ew.: von starker Einwirkung : von großem Einwirkungsbereich; *Einflusssphäre:* Einflussbereich

ein|flö|ßen: s. einfließen

ein|fluch|ten tr.: nach der Fluchtlinie einrichten

ein|flü|ge|lig, ein|flüg|lig Ew.: mit einem Flügel

Ein|fluß → Ein|fluss: s. einfließen

ein|flüs|tern tr.: heimlich zuflüstern, bearbeitend beeinflussen * **Ein|flüs|te|rung,** die; -, -en: Beeinflussung durch Einflüstern

ein|for|dern tr.: Forderungen eintreiben, einziehen

ein|för|mig Ew.: nur eine Form habend ; (übertr.) eintönig, langweilig ✳ **Ein|för|mig|keit,** die; –, –en: das Einförmigsein

ein|fres|sen tr.: etwas in sich fressen : ein-, verschlucken : ätzend Eindrücke hervorbringen; intr., rbz.: ätzend eindringen

ein|frie|den, ein|frie|di|gen tr.: schützend einschließen, einhegen ✳ **Ein|frie|dung,** die; –, –en: Umzäunung

ein|frie|ren intr. (sein): festfrieren : (Bankguthaben) nicht verfügbar sein; tr.: Lebensmittel haltbar machen ✳ *eingefrorene Kredite*

ein|fuch|sen tr.: (Umgspr.) einarbeiten : auf etwas einstellen

ein|fü|gen tr.: einfugen : passend einschieben; rbz.: sich fügend einordnen ✳ **Ein|fü|gung,** die; –, –en: das Einfügen : Einschaltung : Einschub

ein|füh|len rbz.: sich in etwas hineinfühlen, sich ganz daran gewöhnen ✳ **Ein|füh|lung,** die; –: Anpassung : das Einfühlen ✳ **Ein|füh|lungs|ver|mö|gen,** das; –s: Anpassungsfähigkeit

Ein|fuhr, ein|füh|ren: s. einfahren

ein|fül|len tr.: hineinfüllen

ein|füt|tern tr.: (EDV) Daten eingeben

Ein|ga|be, die; –, –n: schriftliches Gesuch an eine Behörde ✳ **ein|ge|ben** tr.: Einzunehmendes geben : hineingeben : in den Sinn geben : eine Eingabe einreichen ✳ **Ein|ge|bung,** die; –, –en: das Eingeben : das Eingegebene : plötzlich auftauchender (entscheidender) Gedanke

Ein|gang, der; –(e)s, Eingänge: das Hineingehen : Ort des Hineingehens : Einleitung : (kfm.) Einnahme : Eintreffen einer Ladung : das Zugrundegehen ✳ *Eingangsbestätigung; Eingangsdatum; Eingangstor; Eingangszoll:* Einfuhrzoll ✳ **ein|gangs** Uw.: im Eingange, einleitend ✳ **ein|ge|hen** intr. (sein): aufhören zu sein : verdorren : zerfallen : (– auf) Gehör schenken : einlassen auf : in die Einzelheiten gehen : eindringen; tr.: auf sich nehmen, über-

nehmen : (weidm.) einkreisen ✳ **ein|ge|hend** Ew.: genau

ein|ge|ä|schert Ew.: verbrannt (Tod)

ein|ge|ben: s. Eingabe

ein|ge|bet|tet Ew.: eingefügt, umgeben ✳ *eingebettet in ein grünes Tal*

ein|ge|bil|det Ew.: arrogant : etwas auf sich haltend

Ein|ge|bin|de, das; –(e)s, –e: Patengeschenk

ein|ge|bo|ren Ew.: als einziges Kind geboren : einheimisch ✳ **Ein|ge|bo|re|ne,** der; –n, –n: im Lande Geborener : Einheimischer ✳ *Eingeborenenfrage; Eingeborenensprache*

Ein|ge|brach|te: s. einbringen

Ein|ge|bung: s. Eingabe

ein|ge|bür|gert: s. einbürgern

ein|ge|denk Vw. m. Gen.: sich erinnernd

ein|ge|fal|len Ew.: faltig : abgemagert (Gesicht)

ein|ge|fleischt Ew.: Fleisch geworden : eingewurzelt : abgefeimt : überzeugt

ein|ge|fuchst Ew.: eingearbeitet

ein|ge|hen: s. Eingang

ein|ge|keilt Ew.: eingeklemmt : eng umgeben

Ein|ge|mach|tes: s. einmachen

ein|ge|mein|den tr.: in eine größere Gemeinde aufnehmen ✳ **Ein|ge|mein|dung,** die; –, –en: das Eingemeinden

ein|ge|nom|men Ew. ✳ *eingenommen für:* zugetan; *eingenommen gegen:* voll Vorurteil ✳ **Ein|ge|nom|men|heit,** die; –: das Eingenommensein

ein|ge|rech|net Ew.: einbezogen : eingeplant

ein|ge|sandt: s. einsenden

ein|ge|schlech|tig: (Bot.) nur Staubblätter oder nur Stempelblüten habend

ein|ge|schlos|sen Ew.: eingesperrt : umgeben von

ein|ge|schos|sig Ew.: aus einer Etage bestehend

ein|ge|schränkt: s. einschränken

ein|ge|schwo|ren Ew.: extrem eingestellt auf : begeistert von

ein|ge|ses|sen Ew.: einheimisch

ein|ge|spielt Ew.: (Mus.) zur Vorbereitung gespielt : eingestimmt (Team)

ein|ge|sprengt: s. einsprengen

ein|ge|stan|de|ner|ma|ßen Uw.: wie zugestanden ist ✳ **ein|ge|stän|dig** Ew.: geständig ✳ **Ein|ge|ständ|nis,** das; –es, –se: Geständnis ✳ **ein|ge|ste|hen** tr.: gestehen : mit Überwindung zugeben : bekennen : gestehen

ein|ge|stri|chen Ew.: musik. Bezeichnung zur Bestimmung der Tonhöhenlage

ein|ge|tra|gen Ew.: behördlich gebucht ✳ *eingetragener Verein;* Abk.: e. V.

Ein|ge|wei|de, die; –s, –: die in der Bauch- und Brusthöhle enthaltenen inneren Körperteile : das Innere ✳ *Eingeweidebruch; –senkung; –wurm*

Ein|ge|weih|te(r), der u. die; –n, –n: jemand, der informiert ist : Involvierte(r) : Bescheidwissende(r)

ein|ge|wöh|nen tr., rbz.: an etwas gewöhnen, einleben ✳ **Ein|ge|wöh|nung,** die; –: das Eingewöhnen, Einleben

ein|ge|wur|zelt Ew.: sehr fest sitzend : (Brauch) seit alters geübt : (Hass) sehr tief sitzend

ein|ge|zo|gen: s. einziehen

ein|gie|ßen tr.: hineingießen : einflößen ✳ **Ein|guß** →| **Ein|guss,** der; –es, ..güsse: das Eingießen : einzugießender Trank : Gießloch : Gießform

ein|gip|sen tr.: mit Gips umgeben, mit Gips befestigen

ein|git|tern tr.: mit einem Gitter umgeben : einsperren

Ein|glas, das; –ses, ..gläser: Augenglas für nur ein Auge, Monokel

ein|glei|sen (du gleisest und gleist ein, eingegleist) tr.: ins Gleis bringen ✳ **ein|glei|sig** Ew.: nur ein Gleis habend

ein|glie|dern tr.: einordnen ✳ **Ein|glie|de|rung,** die; –, –en: Einordnung

ein|gra|ben tr., rbz.: in etwas hineingraben : unter die Erde graben : sich verschanzen

ein|gra|vie|ren tr.: in Metall, Stein o. Ä. einritzen, eingraben

ein|grei|fen intr.: in etwas hineingreifen : einwirken : sich mit beteiligen ✳ **Ein|griff,** der; –(e)s, –e: das Eingreifen : (bes.) ärztliche Verrichtung, Operation

ein|gren|zen tr.: abgrenzend einschließen

Ein|griff: s. eingreifen

ein|grup|pie|ren tr.: in Gruppen einteilen : einordnen

Ein|guß → **Ein|guss:** s. eingießen

ein|ha|cken tr.: (Vogel) mit dem Schnabel auf etwas hauen

ein|ha|ken tr., rbz.: (sich) hakend in etwas festmachen : eingreifen

ein|halb|mal Uw.: ein halbes Mal

Ein|halt, der; –(e)s: das Inschrankenhalten : das Hindernis : Einschränkung ✳ *einer Sache Einhalt tun:* etwas einschränken, zum Stillstand bringen : nicht geschehen lassen

ein|hal|ten tr.: nicht herauslassen : hemmen : (Verabredung –) pünktlich befolgen : (Verpflichtung –) ihr nachkommen, sie erfüllen; intr.: innehalten : aufhören : pausieren

ein|häm|mern tr.: mit dem Hammer treffen : einschlagen : (übertr.) einpauken : lernend einprägen

ein|han|deln tr.: durch Handeln in seinen Besitz bringen : handelnd einbüßen

ein|hän|dig Ew.: nur eine Hand habend : mit einer Hand ausübend

ein|hän|di|gen tr.: in die Hände geben : überliefern ✳ *Einhändigung*

ein|hän|gen tr.: hineinhängen : den Buchblock in die Einbanddecke kleben : den Telefonhörer auf die Gabel legen

ein|hau|chen tr.: hauchend einatmen : hauchend einflößen

ein|hau|en tr.: auf etwas schlagen, jdn. verprügeln

ein|häu|sig Ew.: (Bot.) auf einem Gewächs männliche und weibliche Blüten habend

ein|he|ben tr.: hebend hineinbringen

ein|hef|ten tr.: heftend in etwas befestigen

ein|he|gen tr.: in einen Hag einschließen : einzäunen : umfrieden

ein|hei|len intr. (sein): bei Heilung einer Wunde mit einwachsen

ein|hei|misch Ew.: in einem Ort daheim sein ✳ *Einheimischer* ✳ **ein|heim|sen** tr.: ins

Heim schaffen, einernten : nehmen

ein|hei|ra|ten intr.: durch Heirat in eine Stelle bringen; rbz.: durch Heirat in eine Stelle kommen ✳ **Ein|hei|rat,** die; –, –en: die Übernahme eines Geschäftes durch Heirat mit einer Erbin

Ein|heit: s. ein (Zahlw.)

ein|hei|zen intr.: Feuer machen : den Kopf warm machen, bedrängen

Ein|hel|fer, der; –s, –: Zusprecher : Vd. f. Souffleur ✳ **Ein|hil|fe,** die; –, –n: das Einhelfen

ein|hel|lig Ew.: einmütig : übereinstimmend ✳ **Ein|hel|lig|keit,** die; –: Einstimmigkeit

ein|hen|ke|lig, ein|henk|lig Ew.: mit nur einem Henkel versehen ✳ **ein|hen|keln** (ich henk[e]le ein) tr.: (scherzh.) unterfassen

ein|her Uw.: heran : herbei ✳ *einherbrausen; einhergehen*

ein|herbs|ten tr.: einernten

Ein|he|ri|er, der; –s, –: (nord. Göttersage) gefallener Held in Walhall

ein|her|schrei|ten, ein|her|stol|zie|ren intr.: (veralt.) gehobenen Hauptes gehen : aufrecht schreiten

Ein|hieb, der; –es, –e: das Einhauen : das Eingehauene

ein|hie|ven tr.: (seem.) die Ankerkette mit der Ankerwinde eindrehen

Ein|hil|fe: s. einhelfen

ein|hö|cke|rig, ein|höck|rig Ew.: (Zool.) mit nur einem Hocker

ein|ho|len tr.: entgegengehen : nacheilend erreichen : nachholen : einfordern : (seem.) einziehen : Einkäufe machen ✳ *Einholtasche* ✳ **Ein|ho|lung,** die; –: das Einholen

ein|hö|ren tr.: (Mus.) durch das Hören vertraut machen

Ein|horn, das; –s, ..hörner: sagenhaftes Tier mit einem Horn : der Narwal ✳ **ein|hör|nig** Ew.: nur ein Horn habend

Ein|huf, der; –es, –: Säugetier mit nur einem Huf ✳ **ein|hu|fig** Ew.: mit einem Huf versehen

ein|hül|len tr., rbz.: hüllend bedecken, vermummen

ein|hun|dert: s. ein (Zahlw.)

ein|hü|ten intr.: das Haus hüten : aufpassen

ein|hut|zeln (ich hutz[e]le ein) intr. (sein): einschrumpfen

ei|nig, ei|ni|gen usw.: s. ein (Zahlw.)

ein|imp|fen tr.: impfend einpflanzen : (übertr.) einprägen ✳ **Ein|impf|ling,** der; –(e)s, –e: eingeimpfter Zweig ✳ **Ein|impf|ung,** die; –: das Einimpfen

ein|ja|gen tr.: hineinjagen : (Schrecken, Angst –) einflößen : zur Jagd einüben; intr. (sein): in stürmischer Eile hineinrasen

ein|jäh|rig Ew.: ein Jahr alt : ein Jahr dauernd, ein Jahr lang ✳ **Ein|jäh|ri|ge,** der; –n, –n: (Heerw.) einer, der nur ein Jahr dient ✳ *Einjährigenzeugnis; einjährigfreiwillig* Ew.: freiwillig nur ein Jahr dienend; *Einjährig-Freiwillige,* der; –n, – –n: (Heerw.) nur ein Jahr lang freiwillig Dienender ✳ *Einjährig-Freiwilligen-Dienst; –Prüfung* ✳ **Ein|jäh|ri|ge,** das; –n: die zum einjährigen Heeresdienst berechtigende Prüfung : mittlere Reife

ein|jo|chen tr.: in ein Joch spannen

ein|ka|cheln intr.: einheizen

ein|kal|ku|lie|ren tr.: vorab einplanen : einberechnen

Ein|kam|mer|sys|tem, das; –(e)s, –e: Regierungssystem mit nur einer Kammer

ein|kap|seln tr.: in oder wie in eine Kapsel einschließen

Ein|ka|rä|ter, der; –s, –, **ein|ka|rä|tig** Ew.: s. Karat

ein|kas|sie|ren (..iert) tr.: Geld eintreiben, einziehen, erheben ✳ **Ein|kas|sie|rung,** die; –, –en: das Einkassieren

ein|kas|teln (ich kast[e]le ein) tr.: in einen Kasten legen

Ein|kauf, der; –(e)s, ..käufe: das Einkaufen : das Eingekaufte : das Erkaufen der Mitgliedschaft in eine Gesellschaft ✳ *Einkaufsbeutel; –bummel; Einkaufsgeld; Einkaufsgenossenschaft; Einkaufskorb; Einkaufspreis; Einkaufswagen* ✳ **ein|kau|fen** tr.: kaufend einhandeln; tr., rbz.: sich durch eine Kaufsumme in eine Genossenschaft hineinbringen ✳ **Ein|käu|fer,** der; –s, –: der Einkaufende

Ein|kehr, die; –: das Einkehren : Herberge, Wirtshaus :

das Insichgehen * **ein|keh|ren** intr. (sein, haben): als Gast eintreten : sich von dem Äußeren abkehren und in sich gehen : sich in sein Inneres vertiefen * *Einkehrhaus:* Wirtshaus

ein|kei|len tr.: keilend einzwängen

ein|keim|blätt|rig Ew.: (Bio.) nur ein Keimblatt habend

ein|kel|lern tr.: zur Aufbewahrung in den Keller schaffen * **Ein|kel|le|rung,** die; –, –en: das Einkellern * *Einkellerungskartoffeln*

ein|ker|ben tr.: eine Kerbe einschneiden * **Ein|ker|bung,** die; –, –en: das Einkerben : eingekerbtes Zeichen : Kerbe

ein|ker|kern tr.: in einen Kerker einschließen * **Ein|ker|ke|rung,** die; –: das Einkerkern

ein|kes|seln tr.: in einen Kessel einschließen * **Ein|kes|se|lung,** die; –, –en: das Einkesseln

ein|kip|pen tr.: (Umgspr.) eingießen : viel trinken

ein|kit|ten tr.: kittend in etwas befestigen

ein|kla|gen tr.: (Außenstände –) durch eine Klage eintreiben

ein|klam|mern tr.: durch Klammern einschließen

Ein|klang, der; –(e)s, Einklänge: Zusammenklang : Gleichklang : Übereinstimmung * **ein|klin|gen** intr. (sein): klingend einstimmen : zusammenklingen

ein|klap|pig Ew.: mit nur einer Klappe versehen

ein|klas|sig Ew.: mit nur einer Klasse versehen

ein|kle|ben tr.: klebend in etwas befestigen

ein|klei|den tr.: mit Kleidern (Uniform, Priestergewand) versehen * **Ein|klei|dung,** die; –, –en: das Einkleiden

ein|klem|men tr.: klemmend einzwängen

ein|klin|gen: s. Einklang

ein|klin|ken intr. (sein): (Klinke) einfallen; tr.: (Klinke –) einfallen lassen

ein|klop|fen tr.: durch Klopfen hineindrücken, hineintreiben

ein|knei|fen tr.: kneifend zusammendrücken

ein|kne|ten tr.: hineinkneten

ein|kni|cken tr.: einen Knick

in etwas machen; intr. (sein): knickend zusammensinken

ein|knöp|fen tr.: mit Knöpfen innen befestigen (Fell, Futter)

ein|knüp|fen tr.: knüpfend einbinden

ein|knüp|peln tr.: auf jemanden einschlagen

ein|ko|chen intr. (sein): durch Kochen vermindern; tr.: kochend vermindern : kochend einmachen

ein|kom|men intr. (sein): (mundartl.) hineinkommen : eine Eingabe machen : (Geld) eingenommen werden : in den Sinn kommen * **Ein|kom|men,** das; –s, –: das Einkommende : Geld, das man einnimmt : Einkünfte * *Einkommensgrenze; Einkommensteuer; Einkommensteuererklärung; Einkommensverhältnisse*

ein|köp|fen tr.: (Sport) köpfend den Ball ins Tor bringen

Ein|korn, das; –(e)s: eine Weizensorte

ein|kra|chen tr.: (Umgspr.) krachend einbrechen : krachend zusammenbrechen

ein|krat|zen tr.: in etwas hineinkratzen, einritzen; rbz.: sich einschmeicheln, sich lieb Kind machen

ein|krei|sen tr.: (weidm.) umkreisend einschließen : isolieren * **Ein|krei|sung,** die; –, –en: Umzingelung : Isolierung * *Einkreisungspolitik*

ein|kre|men: s. eincremen

ein|kreu|zen tr.: Abwandeln der Erbinformation durch Kreuzung

ein|krie|gen tr.: (Umgspr.) rennend einholen : (übertr.) wieder einrenken : sich beruhigen

ein|küh|len tr.: tieffrieren : kühlend einlagern

Ein|künf|te: s. Einkommen

ein|kup|peln tr., intr.: die Kupplung einlegen

ein|ku|scheln tr.: (Umgspr.) kuschelig gemütlich machen

ein|la|den tr.: ladend hineintun, -bringen : zu Besuch bitten * **Ein|la|dung,** die; –, –en: Aufforderung zu kommen * *Einladungskarte*

Ein|la|ge, die; –, –n: etwas Eingelegtes : der in eine Kasse eingelegte Geldanteil : das Innere einer Zigarre : etwas Beigelegtes : zwischengeschobene Zu-

lage bei Vorträgen usw. * **ein|le|gen** tr.: hineinlegen : beilegen : etwas schriftlich oder mündlich äußern : mit buntem Holz auslegen : (Esswaren –) zur Aufbewahrung in Essig o. dgl. legen * *für jemand eine Lanze einlegen:* sich für jemand einsetzen; *für jemand ein gutes Wort einlegen:* Fürbitte leisten; *Ehre, Schande mit etwas einlegen:* Ehre, Schande erwerben * *Einlegesohle; Einlegetisch:* Tisch mit zusammenschiebbaren Platten * **Ein|le|ger,** der; –s, –: Einlieger : Einschub : Einlage : Ableger

ein|la|gern tr.: auf ein Lager geben: (Obst, Kartoffeln) einkellern * **Ein|la|ge|rung,** die; –, –en: das Einlagern

Ein|laß → **Ein|lass,** der; –es, ..lässe: das Ein-, Hineinlassen : Pforte : Zutritt * *Einlaßbegehren* → *Einlassbegehren; Einlaßkarte* → *Einlasskarte:* Eintrittskarte * **ein|las|sen** tr.: den Eingang gestatten : eindringen lassen : bewirken, dass etwas eingeht : einfügen : versenkend befestigen, dass keine Hervorragung entsteht : einlaufen lassen (Stoff); rbz.: sich mit etwas abgeben * **ein|läß|lich** → **ein|läss|lich** Ew.: eingehend, gründlich * **Ein|las|sung,** die; –, –en: Antwort auf eine Klage * *Einlassungsfrist*

Ein|lauf, der; –(e)s, ..läufe: das Hineinlaufen : Einspritzung : Darmspülung * *Einlaufsuppe; Einlaufwette:* Wette auf die Reihenfolge der ersten zwei (oder drei) Pferde am Ziel * **ein|lau|fen** tr.: laufend, rennend einstoßen; intr. (sein): hineinlaufen : eingehen : zusammenschrumpfen : in die Kasse kommen

ein|läu|ten tr.: den Beginn eines Festes läutend verkünden

ein|le|ben rbz.: (sich in etwas –) sich eingewöhnen und heimisch machen

ein|le|gen: s. Einlage

ein|lei|ten tr.: beginnen, in Gang bringen : einführen * **Ein|lei|ter,** der; –s, –: ein Einleitender : eine Einleitendes * *Einleiterkabel* * **Ein|lei|tung,** die; –, –en: etwas Einführendes : Vorwort : Vorrede : Vorspiel

ein|len|ken tr., intr.: in die

Bahn lenken : (übertr.) nachgeben

ein|**ler**|**nen** tr.: sich lernend einüben oder aneignen

ein|**le**|**sen** rbz.: sich hineinlesen : lesend einsammeln : vertraut werden mit

ein|**leuch**|**ten** intr.: klar und deutlich sein * *einleuchtend* Mw. Ew.: klar

ein|**lie**|**fern** tr.: an den Bestimmungsort hinliefern * **Ein**|**lie**|**ferung,** die; –, –en: das Einliefern * *Einlieferungsschein*

ein|**lie**|**gen** intr. (sein): eingelegt sein : bei einem seine Wohnung, Schlafstelle haben *
ein|**lie**|**gend** Ew.: eingelegt sein : beigefügt : beigelegt *
Ein|**lie**|**ger,** der; –s, –: landwirtschaftlicher Gelegenheitsarbeiter, der als Lohn mietfrei wohnt : Kostgänger * *Einliegerwohnung*

ein|**li**|**nig** Ew.: aus einer Linie bestehend

ein|**lo**|**chen** tr.: (Golf) den Ball in das Loch treiben : (volkst.) gefangen setzen, inhaftieren

ein|**lo**|**gie**|**ren** tr.: eine Unterkunft geben

ein|**lö**|**sen** tr.: eine Schuld bezahlen : ein Pfand gegen Zahlung zurücknehmen * **Ein**|**lö**|**sung,** die; –: das Einlösen

ein|**lö**|**ten** tr.: durch Löten in etwas befestigen

ein|**lot**|**sen** tr.: in den Hafen lotsen

ein|**lul**|**len** tr.: in Schlaf lullen : (seem.) nachlassen (vom Winde)

ein|**ma**|**chen** tr.: hineintun : etwas so zubereiten, dass es sich lange Zeit hindurch gut erhält * *Einmachglas:* Glas für Eingemachtes; *Einmachtopf* *
Ein|**ge**|**mach**|**te,** das; –n: eingemachte Früchte u. a.

ein|**mäh**|**dig** Ew.: einmahdig

ein|**mah**|**nen** tr.: mahnend eintreiben

ein|**mal** Uw.: ein (einziges) Mal stattfindend : (unbest.) irgendwann in der Vergangenheit, irgendwann in der Zukunft * *nun einmal:* nun eben; *nicht einmal:* sogar nicht; *auf einmal:* plötzlich; *noch einmal so viel; ein für alle Mal;* vgl. Mal * *Einmaleins,* das; –: das Multiplizieren je zweier Zahlen von 1 bis 20 (1 bis 10: kleines Einm., 10 bis 20:

großes Einmaleins) * **ein**|**ma**|**lig** Ew.: einmal stattfindend : einmal vorhanden : einzig * **Ein**|**ma**|**lig**|**keit,** die; –, –en: Einzigkeit

ein|**män**|**nig,** **ein**|**män**|**nisch** Ew.: nur einen Mann erfordernd : (Bot.) nur einen Staubfaden habend * *Einmannbetrieb:* Betrieb, der nur eine Person beschäftigt * *Einmanngesellschaft:* Gesellschaft, deren Anteile, Aktien in einer Hand liegen * *Einmannwagen:* Straßenbahnwagen ohne Schaffner

ein|**ma**|**ri**|**nie**|**ren** (..iert) tr.: in Essig legen

Ein|**mark**|**stück,** das; –(e)s, –e: Geldstück im Werte von einer Mark

Ein|**marsch,** der; –es, ..märsche: Einzug * **ein**|**mar**|**schie**|**ren** (..iert) intr. (sein): marschierend einziehen

ein|**mas**|**sie**|**ren** tr.: massierend einreiben

Ein|**mas**|**ter,** der; –s, –: Fahrzeug mit nur einem Mast *
ein|**mas**|**tig** Ew.: mit nur einem Mast versehen

ein|**mau**|**ern** tr.: in die Mauer einfügen : mauernd ein-, umschließen * **Ein**|**mau**|**e**|**rung,** die; –: das Einmauern

ein|**mei**|**ßeln** tr.: durch Meißeln eingraben, einstemmen

ein|**men**|**gen** tr., rbz.: unter, in etwas mengen

Ein|**me**|**ter**|(**sprung**)|**brett,** das; –(e)s, –er: Sprungbrett für Schwimmer, das einen Meter über dem Wasser befestigt ist

ein|**mie**|**ten** tr.: Feldfrüchte in Mieten einlagern; rbz., tr.: einquartieren

ein|**mi**|**schen** tr., rbz.: daruntermengen : (übertr.) dazwischentreten, eingreifen : (übertr.) vermitteln * **Ein**|**mi**|**schung,** die; –, –en: das Einmischen

ein|**mo**|**na**|**tig** Ew.: einen Monat dauernd * **ein**|**mo**|**nat**|**lich** Ew.: sich jeden Monat wiederholend

ein|**mon**|**tie**|**ren** tr.: montierend befestigen

ein|**mo**|**to**|**rig** Ew.: nur einen Motor habend

ein|**mot**|**ten** tr.: mottensicher einpacken, einkoffern

ein|**mum**|**me**(**l**)**n** tr., rbz.: sehr warm einhüllen

ein|**mün**|**den** intr.: in etwas münden : einbiegen *
Ein|**mün**|**dung,** die; –, –en: Mündung: Zusammenfluss

ein|**mü**|**tig** Ew.: einträchtig : ein und dasselbe wollend * **Ein**|**mü**|**tig**|**keit,** die; –: Eintracht

ein|**na**|**geln** tr.: nagelnd in etwas befestigen

ein|**nä**|**hen** tr.: hineinnähen : durch Nähen verkürzen

Ein|**nah**|**me,** die; –, –n: das Einnehmen : Entgegennahme : Einkommen : Geldeingänge * *Einnahmequelle:* Verdienstmöglichkeit; *Einnahmeseite:* Habenseite, Kreditseite eines Kontobuches * **ein**|**neh**|**men** tr.: empfangen : verdienen : erobern : zu sich nehmen, genießen : kassieren : (Platz –) besetzen : (für sich –) schmeicheln, gewinnen * **ein**|**neh**|**mend** Mw. Ew.: gewinnend * **Ein**|**neh**|**mer,** der; –s, –: Beamter, der Steuern usw. einzieht * **Ein**|**neh**|**me**|**rei,** die; –, –en: Amt eines Einnehmers : Amtsgebäude eines Einnehmers

ein|**näs**|**sen** tr.: (Med.) ins Bett machen

ein|**ne**|**beln** tr.: durch künstlichen Nebel verhüllen, tarnen

ein|**neh**|**men** tr.: s. Einnahme

ein|**ni**|**cken** intr. (sein): einschlummern

ein|**nis**|**ten** rbz.: sein Nest machen : sich festsetzen

Ein|**öde,** die; –, –n: einsame, öde Gegend : eine unbewohnte Gegend : eine Wüste * *Einödhof:* einsam gelegenes Gehöft; *Einödsiedlung*

ein|**ö**|**len** tr.: mit Öl einschmieren

ein|**ord**|**nen** tr.: einreihen; rbz.: sich einfügen * **Ein**|**ord**|**nung,** die; –, –en: Einfügung, das Einordnen

ein|**pa**|**cken** tr.: in etwas hineinpacken : (scherzh.) essen; rbz.: recht einmummen

ein|**par**|**ken** tr.: in eine Parklücke fahren

Ein|**par**|**tei**|**en**|**re**|**gie**|**rung,** die; –, –en: Regierung bestehend aus einer Partei * *Einparteiensystem*

ein|**pas**|**sen** intr. (haben): genau in etwas passen; tr.: einfügen

ein|**pau**|**ken** tr.: einbläuen :

einüben * **Ein|pau|ker,** der; –s, –: (stud.) Repetitor

ein|peit|schen tr.: einpauken : einhetzen * **Ein|peit|scher,** der; –s, –: (Jagd) Pikör : (engl. Parlament) Eintreiber der Parteifreunde bei wichtigen Sitzungen

ein|pen|deln tr.: das Gleichgewicht finden : (übertr.) sich normalisieren

ein|pen|nen intr.: (Umgspr.) einschlafen

Ein|per|so|nen|haus|halt, der; –s, –e: Haushalt bestehend aus einer Person * *Einpersonenstück*

ein|pfäh|len tr.: mit Pfählen umgrenzen

ein|pfar|ren tr.: in einen Kirchensprengel einweisen

Ein|pfen|nig|stück, das; (e)s, –e: kleinste deutsche Münze

ein|pfer|chen tr.: in einen Pferch einschließen : einsperren

ein|pflan|zen tr.: (Pflanzen –) in die Erde pflanzen : einprägen : (Med.) in einen anderen Körper übertragen

ein|pfrop|fen tr.: einimpfen : eng einstopfen : einpelzen

Ein|pha|sen|strom, der; –(e)s, ..ströme: Wechselstrom

ein|pin|seln tr.: mit dem Pinsel etwas auftragen

ein|pla|nen tr.: in einer Planung (mit) berücksichtigen, planen

ein|plump|sen intr. (sein): plumpsend einfallen

ein|pö|keln tr.: in Salz einlegen, haltbar machen

Ein|pol|de|rung, die; –, –en: Eindeichung * *einpoldern*

ein|po|lig Ew.: mit nur einem Pol versehen (elektr. Leitung)

ein|prä|gen tr.: einpressen : eindrücken : dem Gedächtnis fest eindrücken * **ein|präg|sam** Ew.: leicht einzuprägen : eindrucksvoll : leicht zu merken * *Einprägsamkeit; Einprägung*

ein|pras|seln intr.: niederhageln

ein|pres|sen tr.: zusammenpressen : aufpressen

ein|pro|gram|mie|ren tr.: (EDV) speichern : installieren

ein|prü|geln tr.: einbläuen

ein|pu|dern tr.: mit Puder bestreuen

ein|pum|pen tr.: hineinpumpen

ein|pup|pen tr., rbz.: in die Puppenhülle einhüllen, verpuppen

ein|quar|tie|ren (..iert) tr., rbz.: unterbringen : einmieten * **Ein|quar|tie|rung,** die; –, –en: Einmietung : das Unterbringen (von Gästen) : (sold.) Belegen von Wohnraum

ein|quet|schen tr.: quetschend hineinbringen : zerquetschen

ein|rah|men tr.: in einen Rahmen einfassen

ein|ram|men tr.: mit der Ramme eintreiben

ein|ran|gie|ren (..iert) [..rangschieren] tr.: einordnen, einreihen

ein|ras|ten intr.: ineinander greifen und sich dadurch befestigen (z. B. Verschluss, Zahnrad) : (übertr.) beleidigt sein

ein|räu|chern tr.: eindringendem Rauch aussetzen

ein|räu|men tr.: in einen Raum bringen : (Wohnung –) mit Möbeln füllen : zugestehen * **Ein|räu|mung,** die; –, –en: das Einräumen : Zugeständnis

ein|rech|nen tr.: in die Rechnung einbeziehen

Ein|re|de, die; –, –n: Einwand : Einwurf : (Rechtsspr.) Entgegnung auf Klage * **ein|re|den** tr.: (einem etwas –) durch Reden einflößen : einen zu etwas bereden; intr.: zureden : sich redend einmischen : Einwürfe geltend machen

ein|reg|nen intr.: durch den Regen an einem Ort festgehalten sein

ein|rei|ben tr.: reibend in die Haut eindringen machen * **Ein|rei|bung,** die; –, –en: das Einreiben : Einreibemittel

ein|rei|chen tr.: einliefern : übergeben

ein|rei|hen tr.: in eine Reihe einfügen * **Ein|rei|her,** der; –s, –: Jackett mit einer Knopfreihe * **ein|rei|hig** Ew.: nur eine Reihe habend * *einreihiger Anzug*

Ein|rei|se, die; –, –n: das Hineinreisen in ein fremdes Land * *Einreisebestimmung; Einreiseerlaubnis*

ein|rei|ßen tr.: einen Riss machen : herunterreißen : ein-

zeichnen; intr.: Riss nach innen bekommen : Gewohnheit werden

ein|rei|ten tr.: üben zu reiten : aufwärmend reiten

ein|ren|ken tr.: Ausgerenktes wieder in die richtige Lage bringen : (übertr.) zurechtrücken, in Ordnung bringen

ein|ren|nen tr.: durch Dagegenrennen öffnen : (übertr.) schnell ankommen

ein|rich|ten tr.: einrenken : seinem Zweck gemäß gestalten, ordnen : (Wohnung –) ausstatten; intr.: sich vorbereiten : sich in etwas schicken, fügen * **Ein|rich|tung,** die; –, –en: das Einrichten : das Eingerichtete : zum Einrichten Dienendes, bes. Möbel * *Einrichtungsgegenstand*

Ein|riß → **Ein|riss,** der; –es, –e: eingerissene Stelle

ein|rit|zen tr.: in etwas hineinritzen : ritzend eingraben

ein|rol|len tr.: wie eine Rolle einwickeln; intr.: hineinrollen, ins Tor rollen

ein|ros|ten intr. (sein): sich mit Rost bedecken : (übertr.) alt, matt, unbrauchbar werden

ein|rü|cken tr.: hineinrücken : (Zeile –) einwärts rücken : (etwas in eine Zeitung usw. –) einsetzen; intr. (sein): an eine Stelle rücken : einmarschieren * **Ein|rü|ckung,** die; –, –en: das Einrücken * *Einrückungsgebühr:* Druckgebühr für eine Zeitungsnotiz

ein|rüh|ren tr.: hineintun und umrühren : einbrocken

ein|rüs|ten tr.: mit einem Gerüst versehen

eins, Einser: s. ein (Zahlw.)

Ein|saat, die; –, –en: das Einsäen : das Gesäte * **ein|sä|en** tr.: (Feld –) besäen : (Samen –) hineinsäen * **Ein|sä|ung,** die; –, –en: das Einsäen

ein|säc|keln tr.: Geld in den Säckel streichen, einnehmen

ein|sa|cken tr.: in den Sack stecken : einpacken : einheimsen : essen; intr. (sein): sinkend umfallen

ein|sa|gen tr.: einflüstern, soufflieren * **Ein|sa|ger,** der; –s, –: Vorsager : Souffleur

ein|sä|gen tr.: mit der Säge einschneiden

ein|sal|ben tr.: mit Salbe einschmieren: (übertr.) jemanden umschmeicheln, um ihn für einen Plan zu gewinnen

ein|sal|zen tr.: in Salzlauge konservieren ; einpökeln

ein|sam, Ein|sam|keit: s. ein

ein|sam|meln tr.: in ein Behältnis sammeln : sammelnd eintreiben

ein|sar|gen tr.: in den Sarg legen

Ein|saß → Ein|sass, der; –en, –en: Insasse

ein|sat|teln rbz.: sich sattelförmig einsenken * **Ein|satt|lung, Ein|sat|te|lung,** die; –, –en: das Einsatteln : sattelförmige Vertiefung

Ein|satz, der; –es, ..sätze: eingesetzter Behälter : Teilnehmergebühr bei Wetten oder Spielen : eingesetztes Stück im Kleid : (übertr.) Mitwirkung, Beistand, Anstrengung : (Mus.) das Einsetzen einer Stimme, eines Instrumentes * *einsatzbereit* Ew.: bereit : fertig zum Einsatz : hilfsbereit; *Einsatzbereitschaft; Einsatzschüssel* * **ein|set|zen** tr.: in etwas hineinsetzen : etwas einführend in bestimmter Form festsetzen : sich mit Geld an etwas beteiligen : in eine Lücke setzen : in ein Behältnis setzen; intr.: nach einer Pause eintreten : (plötzlich) beginnen; rbz.: (sich für jemand –) für jemand (verteidigend, befürwortend usw.) eintreten * **Ein|set|zung,** die; –, –en: das Einsetzen

ein|sau|en tr., rbz.: schmutzig machen, beschmutzen

ein|säu|ern tr.: Grünfutter haltbar machen

ein|sau|gen tr.: saugend einziehen; rbz.: sich in etwas festsaugen

ein|säu|men tr.: säumend einfassen

ein|säu|seln intr.: säuselnd einströmen; tr.: einlullen

ein|schach|teln tr.: in eine Schachtel schließen : ineinander fügen * **Ein|schach|te|lung, Ein|schacht|lung,** die; –, –en: das Einschachteln : das Eingeschachteltsein

ein|scha|len tr.: (Baukst.) (zur Vorbereitung des Betongusses) verschalen * **Ein|scha|ler,** der; –s, –: ein Bauarbeiter *

Ein|scha|lung, die; –, –en: Verschalung

ein|schal|ten tr.: (elektr. Strom) durch Schalterdrehung zum Fließen bringen : ein Gerät in Betrieb setzen : etwas zwischen etwas einfügen ; rbz. in einen Vorgang eingreifen * **Ein|schal|tung,** die; –, –en: das Einschalten : das Hinzugefügte

ein|schan|zen tr.: verschanzend einschließen

ein|schär|fen tr.: eindringlich sagen : einprägen

ein|schar|ren tr.: oberflächlich vergraben

ein|schät|zen tr.: nach Vermögen und Werten abschätzen : abschätzend würdigen * **Ein|schät|zung,** die; –, –en: das Einschätzen

ein|schau|en intr.: hineinschauen

ein|schau|feln tr.: mit der Schaufel vergraben

ein|schen|ken tr.: (Getränk –) eingießen

ein|sche|ren tr.: sich in eine Reihe einordnen : (seem.) (Taue –) Tauenden durch das Auge eines Blocks stecken : (seem.) in Richtung zurückbringen; intr.: (seem.) in Richtung zurückkehren

ein|schich|ten tr.: schichtend einpacken

ein|schich|tig Ew.: nur eine Schicht habend : (östr.) vereinzelt : ledig : verwitwet : abgelegen

ein|schil|cken tr.: schickend einliefern

ein|schie|ben tr.: dazwischenschieben : einfügen * **Ein|schieb|sel,** das; –s, –: etwas Eingeschobenes : Zugabe : Apposition * **Ein|schie|bung,** die; –, –en: Dazwischengeschobenes * **Ein|schub,** der; –(e)s, ..schübe: eingeschobene Deckenbalken : Zwischendecke : Einschiebung

Ein|schie|nen|bahn, die; –, –en: auf nur einer Schiene fahrende Bahn * **ein|schie|nig** Ew.: nur eine Schiene habend

ein|schie|ßen intr.: anschießen : die Zielentfernung für Geschütze ermitteln : Veredeln von Pflanzen * *die Milch schießt ein:* in die Brust, bei werdenden Müttern; rbz.: sich

schießend auf ein Ziel einstellen * **Ein|schuß → Ein|schuss,** der; –es, ..schüsse: das Einschießen : eingeschossenes Geld : Stelle, wo eine Kugel durchgedrungen ist : (Web.) Einschlag

ein|schif|fen rbz. (haben), intr. (sein): in den Hafen einlaufen : an Bord gehen * **Ein|schif|fung,** die; –, –en: das Einschiffen

ein|schir|ren tr.: ins Geschirr spannen

einschl. (Abk.): einschließlich

ein|schla|fen intr. (sein): in Schlaf fallen : (Glieder) gefühllos werden : sterben * **ein|schlä|fe|rig, ein|schläf|rig** Ew.: Bett oder Bettzeug für nur eine Person * **ein|schlä|fern** tr.: einschlafen machen : (Tiere) durch Medikament schmerzlos töten * **Ein|schlä|fe|rung,** die; –: das Einschläfern

Ein|schlag, der; –(e)s, Einschläge: Treffstelle eines Geschosses : Wendigkeit der Vorderachse beim Kraftfahrzeug . : Hülle, Umschlag : Beimischung, Zusatz, Bestandteil : (Web.) quer durch eine Kette gelegte Fäden : Menge des geschlagenen Holzes * **ein|schla|gen** tr.: entzweischlagen : gewaltsam öffnen : einhüllen, einwickeln : (Bäume –) einstweilen nur lose mit Erde bedecken : (Kleidersaum –) umnähend verkürzen : (Weg –) die Richtung nehmen : (Geschoss) das Ziel treffen : (übertr.) für Sensation sorgen * *es schlägt ein:* der Blitz schlägt ein * intr. (sein): arten, geraten, sich entwickeln : (Krankheiten) sich nach innen werfen : (Farben) matt werden * **ein|schlä|gig** Ew.: hingehörig : zutreffend

ein|schlei|chen intr. (sein), rbz.: schleichend eindringen

ein|schlei|fen tr.: hineinschleifen : einschlingen : durch wiederholtes Üben automatisieren

ein|schlep|pen tr.: schleppend hineinbringen, hineinziehen : (Krankheit) unbemerkt hereinbringen

ein|schleu|sen tr.: durch eine Schleuse hineinbringen : unbemerkt durch eine Kontrolle hindurchbringen

ein|schlie|ßen tr.: etwas in einen geschlossenen Raum bringen : (Kriegsw.) belagern : in sich begreifen : mit einbegreifen **✶ ein|schließ|lich** Ew.: eingeschlossen, mit einbegriffen **✶ Ein|schlie|ßung**, die; –, –en: Absperrung : Mitberücksichtigung : Belagerung **✶ Ein|schluß → Ein|schluss**, der; –es, ..schlüsse: Beigeschlossenes : das Einschließen in Klammern **✶ Ein|schlüs|se**, Mz.: fremde Bestandteile, die in Mineralien eingewachsen sind

ein|schlin|gen tr.: ineinander schlingend verbinden, einflechten : gierig einschlucken

ein|schlum|mern intr. (sein): einschlafen

ein|schlür|fen tr.: schlürfend einsaugen

Ein|schluss: s. einschließen

ein|schmei|cheln tr.: schmeichelnd aufdrängen; rbz.: sich beliebt machen **✶ Ein|schmei|che|lung**, die; –, –en: das Einschmeicheln **✶ Ein|schmeich|ler**, der; –s, –: buhlerisch-kriecherischer Mensch

ein|schmei|ßen tr.: einwerfen

ein|schmel|zen intr. (sein): zusammenschmelzen, tr.: (Geld –) außer Kurs bringen : in den Schmelztiegel werfen (auch übertr.) **✶ Einschmelzungsprozeß → Einschmelzungsprozess**

ein|schmet|tern intr. (sein): schmetternd einstürzen : mit schmetternden Tönen einfallen; tr.: zerschlagen : (Schlägersport) Schmetterschläge üben

ein|schmie|ren tr.: in den Mund schmieren : schmierend einreiben

ein|schmug|geln tr.: heimlich, ohne Verzollung widerrechtlich einführen

ein|schmut|zen tr.: gänzlich beschmutzen

ein|schnal|len tr.: festschnallen

ein|schnei|den tr.: einen Schnitt in etwas machen :

(Korn –) schneiden und einernten; intr.: schneidend eindringen **✶ ein|schnei|dend** Ew.: wirksam : durchschlagend **✶** *einschneidende Maßnahmen treffen* **✶ Ein|schnitt**, der; –(e)s, –e: Ernte, Ernteertrag : durch Einschneiden erzeugte Vertiefung : (übertr.) Veränderung, Wandlung

ein|schnei|dig Ew.: nur eine Schneide habend

ein|schnei|en tr.: nach und nach in Schnee einhüllen; intr. (sein): in Schnee eingehüllt werden : im Schnee stecken bleiben

Ein|schnitt: s. einschneiden

ein|schnit|zen tr.: einschneiden

ein|schnup|fen tr.: schnupfend einziehen

ein|schnü|ren tr.: schnürend hineinbinden, einpressen **✶ Ein|schnü|rung**, die; –, –en: das Einschnüren

ein|schöp|fen tr.: mit dem Schöpflöffel eingießen

ein|schrän|ken tr., rbz.: in Schranken einschließen : einengen : beschränken **✶ Ein|schrän|kung**, die; –, –en: das Einschränken

ein|schrau|ben tr.: durch Schrauben befestigen oder einpressen

ein|schrei|ben tr., rbz.: in ein Buch usw. hineinschreiben **✶ Ein|schrei|ben**, das; –s, –: eingeschriebene Postsendung **✶** *Einschreib(e)brief;* *Einschreib(e)gebühr;* *Einschreib(e)geld* **✶ Ein|schrei|bung**, die; –, –en: die Eintragung : Immatrikulation an einer Hochschule

ein|schrei|ten intr. (sein): hineinschreiten : einherschreiten : eingreifend sich in etwas einmischen

ein|schrump|fen intr. (sein): schrumpfend kleiner werden : zusammenschrumpfen

Ein|schub: s. einschieben

ein|schüch|tern tr.: schüchtern machen : unsicher, verlegen machen : jemandem Angst machen **✶ Ein|schüch|te|rung**, die; –, –en: das Einschüchtern **✶** *Einschüchterungsversuch*

ein|schu|len tr.: schulend abrichten : in eine bestimmte

Schule einweisen **✶ Ein|schu|lung**, die; –: das Einschulen : das Eingeschultwerden

Ein|schuss: s. einschießen

ein|schüt|ten tr.: eingießen

ein|schwär|zen tr.: tiefschwarz färben : einschmuggeln **✶ Ein|schwär|zer**, der; –s, –: Schmuggler

ein|schwat|zen, -schwät|zen tr.: schwatzend einreden

ein|schwe|feln tr.: mit Schwefel bestäuben : mit Schwefel ausräuchern

ein|schwen|ken tr.: hineinschwenken; intr. (sein): die Richtung ändern : (übertr.) die Meinung ändern

ein|schwö|ren rbz.: sich schwörend oder wie schwörend zu etwas verpflichten **✶** *auf etwas eingeschworen sein:* (wie) durch Schwur an etwas festhalten

ein|seg|nen tr.: segnend weihen : firmen : konfirmieren **✶ Ein|seg|nung**, die; –, –en: das Einsegnen : das Eingesegnetwerden : Konfirmation

ein|se|hen intr.: in etwas hineinsehen : mit Blicken eindringen : besuchend eintreten : aufsehend einschreiten; tr.: prüfend einen Blick in etwas tun : ins Innere von etwas eindringen : etwas begreifen, fassen **✶ Ein|sicht**, die; –, –en: Einblick : Erkenntnis : Verständnis **✶** *Einsichtnahme:* Einblick zur Belehrung **✶** *einsichtsvoll* Ew. **✶ ein|sich|tig** Ew.: verständnisvoll

ein|sei|fen tr.: mit Seife einreiben : einschmieren : übervorteilen : (übertr.) mit Schnee einreiben

ein|sei|tig Ew.: nur eine Seite habend oder betreffend : parteiisch befangen : schief, verzerrt **✶ Ein|sei|tig|keit**, die; –, –en: Parteilichkeit : Voreingenommenheit : einseitiges Verhalten

ein|sen|den tr.: einschicken **✶ Ein|sen|der**, der; –s, –: Einsendender **✶ Ein|sen|dung**, die; –, –en: das Einsenden : die eingesandte Sache **✶** *Einsendeschluß →Einsendeschluss*

ein|sen|ken tr., rbz.: in etwas hineinsenken **✶** *Einsenkpfanne* **✶ Ein|sen|kung**, die; –, –en: das Einsenken : das Eingesenkte : Vertiefung

Ein|ser: s. ein (Zahlw.)

ein|set|zen: s. Einsatz

Ein|sicht: s. einsehen

ein|si|ckern intr. (sein): langsam eindringen (bes. Flüssigkeiten oder Nachrichten)

Ein|sie|del, Ein|sied|ler, der; –s, –: einer, der für sich in der Abgeschiedenheit lebt ✶ *Einsiedlerkrebs:* eine Art Krebs; *Einsiedlerleben:* weltabgewandtes Leben ✶ **Ein|sie|de|lei,** die; –, –en: Wohnung eines Einsiedlers ✶ **ein|sied|le|risch** Ew.: nach der Art eines Einsiedlers ✶ **ein|sied|lern** (ich einsiedlere; geeinsiedlert) intr.: (selt.) als Einsiedler leben

ein|sie|den tr.: einkochen ✶ **Ein|sie|de|glas,** das, –es, ..gläser: Einmachglas

ein|sie|geln tr.: einpacken und versiegeln

Ein|sil|ber, Ein|silb|ler, der; –s, –: einsilbiges Wort ✶ **ein|sil|big** Ew.: nur eine Silbe habend : wenig sprechend ✶ **Ein|sil|big|keit,** die; –, –en: Schweigsamkeit

ein|sin|gen tr.: in Schlaf singen : ins Herz singen : singend einüben

ein|sin|ken intr. (sein): hineinsinken : zusammensinken

ein|sin|tern intr.: einsickern

Ein|sit|zer, der; –s, –: Fahroder Flugzeug mit nur einem Sitz ✶ **ein|sit|zig** Ew.: nur einen Sitz habend

ein|soh|lig Ew.: nur eine Sohle habend

ein|som|me|rig, ein|söm|me|rig Ew.: (Fisch.) einjährig

ein|sor|tie|ren tr.: in eine bestehende Sortierung einordnen

ein|spal|tig Ew.: in nur einer Spalte gedruckt

ein|span|nen tr.: in etwas hineinspannen, anstrengen

Ein|spän|ner, der; –s, –: einläufiges Vorderladegewehr : mit nur einem Pferd bespannter Wagen : Sonderling : (östr.) Glas Kaffee mit Schlagsahne

ein|spa|ren tr.: einschränken : sparen ✶ **Ein|spa|rung,** die; –, –en: das Einsparen

ein|sper|ren tr.: gefangen setzen : einschließen

ein|spie|len tr., rbz.: ins Spiel einüben : hereinspielen : spielend hereinbringen : sich mit geltend machen

ein|spin|nen tr.: in Gespinst hüllen : (volkst.) einsperren, in Haft setzen; rbz.: zurückgezogen leben, sich abschließen

Ein|spra|che, die; –, –n: Einspruch : Beschwerde ✶ **ein|spre|chen** intr.: sich ins Gespräch mischen : Einspruch erheben : (auf jemanden →) überzeugend einreden ✶ **Ein|spruch,** der; –(e)s, ..sprüche: Einwand : Widerspruch : Veto ✶ *Einspruchsfrist; Einspruchsrecht*

ein|spren|gen tr.: sprengen : einfeuchten : einmischen : hineinjagen ✶ **Ein|spreng|ling,** der; –s, –e: größerer Kristall, der aus einem Schmelzfluss von Magma ausgeschieden wurde ✶ **Ein|spreng|sel,** das; –s, –: eingesprengtes Teilchen : Einsprengling

ein|sprin|gen intr. (sein): hineinspringen, losspringen : Risse bekommen : aushelfend jemanden vertreten; tr.: springend zerstören

ein|sprit|zen tr.: hineinspritzen ✶ *Einspritzdüse; Einspritzpumpe:* Kolbenpumpe bei Verbrennungsmotoren; *Einspritzvergaser* ✶ **Ein|sprit|zung,** die; –, –en: das Einspritzen : Injektion

Ein|spruch: s. Einsprache

ein|spun|den, ein|spün|den tr.: mit einem Spundzapfen verschließen

ein|spu|rig Ew.: nur eine Spur habend ✶ *Einspurbahn* ✶ *einspurige Straße*

einst Uw.: irgendwann in der Vergangenheit : irgendwann in der Zukunft ✶ **Einst,** das; –: die Vergangenheit : die Zukunft ✶ **eins|tens** Uw. (veralt.): einst ✶ **einst|ig** Ew.: ehemals, früher ✶ **einst|ma|lig** Ew.: einstig ✶ **einst|mals** Uw.: einst ✶ **einst|wei|len** Uw.: inzwischen, vorläufig

ein|stamp|fen tr.: hineinstampfen : zu Brei stampfen : vernichten : Druckerzeugnisse recyclen

Ein|stand, der; –(e)s, ..stände: Eintritt in eine neue Stelle : Einzug : (Tennis) Gleichheit der Punkte, Deuce ✶ *Einstandsgeld; Einstandspreis:* Anschaffungspreis; *Einstandsrecht:* Vorkaufsrecht

ein|stän|kern tr.: mit eindringendem Gestank erfüllen

ein|stau|ben intr. (sein): mit Staub bedeckt werden : tr.: pudern, einpudern

ein|stäu|ben tr.: eindringend bestäuben

ein|ste|chen tr.: hineinstechen

ein|ste|cken tr.: hineinstecken : Beleidigendes geduldig hinnehmen ✶ *Einsteckalbum; Einsteckbogen* (Buchdrw.); *Einstecktuch*

ein|ste|hen intr.: an die Stelle treten : haften, bürgen

ein|steh|len rbz.: sich heimlich einschleichen

ein|stei|gen intr. (sein): hineinsteigen ✶ **Ein|stieg,** der; –(e)s, –e: das Hineinsteigen

Ein|stei|ni|um, das; –s: ein Transuran (nach dem Physiker A. Einstein); Abk.: Es ✶ *Einsteinsche Gleichung* → *einsteinsche Gleichung*

ein|stel|len tr.: mit Netzen umstellen : hineinstellen : (Arbeiter →) in Arbeit nehmen : eine Stockung eintreten lassen : in die richtige, zweckmäßige Stellung bringen : (Betrieb, Tätigkeit →) aufhören; rbz.: sich einfinden : sich anpassen ✶ *Einstellhalle:* Halle zum Einstellen von Wagen; Vd. f. Garage; *Einstellraum:* Raum zum Einstellen, Unterbringen von Sachen ✶ **Ein|stel|lung,** die; –, –en: Anpassung : Indienstnahme : Stilllegung : Haltung

ein|stem|men tr.: stemmend einsetzen : einstoßen : einmeißeln

eins|tens, eins|tig: s. einst

ein|sti|cken tr.: durch Stickerei hineinbringen

Ein|stieg: s. einsteigen

ein|stim|men intr. (haben): gleichstimmig ertönen : (übertr.) einwilligen; tr.: in Einklang oder Stimmung bringen ✶ *auf etwas eingestimmt sein:* mit etwas durch Gewöhnung usw. übereinstimmen ✶ **Ein|stim|mung,** die; –, –en: das Einstimmen ✶ **ein|stim|mig** Ew. (Mus.) nicht mehrstimmig : übereinstimmend : von allen gebilligt ✶ **Ein|stim|mig|keit,** die; –: Übereinstimmung

ein|stip|pen tr.: eintunken

einst|ma|lig: s. einst

ein|stö|ckig Ew.: nur ein Stockwerk habend

ein|sto|ßen tr.: hineinstoßen : durch Stoßen zum Einsturz bringen

ein|strah|len intr. (sein): strahlend einströmen

ein|strei|chen tr.: streichend hineintun : (Geld –) einnehmen

ein|streu|en tr.: hineinstreuen : einmischen : (übertr.) untermengen : einflechten, hinzufügen * **Ein|streu|ung**, die; –, –en: Durchsetzung * **Ein|streu|sel**, das; –s, –: etwas zum Einstreuen

ein|strö|men intr. (sein): strömend einfließen; tr.: einfließen machen

ein|stü|cke(l)n tr.: ein Stück einsetzen

ein|stu|die|ren (..iert) tr.: gründlich einüben * **Ein|stu|die|rung**, die; –, –en: das Einstudieren

ein|stu|fen tr.: einreihen : einordnen * **Ein|stu|fung**, die; –, –en: das Einstufen * **Gehaltseinstufung**

ein|stün|dig Ew.: nur eine Stunde dauernd

ein|stür|men intr. (haben, sein): stürmend eindringen : stürmend zum Einstürzen bringen

Ein|sturz, der; –es, ..stürze: das Einstürzen * **Einsturzgefahr** * **ein|stür|zen** intr. (sein): in sich zusammenstürzen; tr.: einstürzen lassen

einst|wei|len: s. einst

ein|tä|gig Ew.: nur einen Tag dauernd * **Ein|tags|blu|me**, die; –, –n: nur einen Tag blühende Blume * **Ein|tags|flie|ge**, die; –, –n: nur einen Tag lebende Fliege * **Ein|tags|ge|schöpf**, das; –(e)s, –e: nur einen Tag lebendes Geschöpf

Ein|tän|zer, der; –s, –: bezahlter Gesellschaftstänzer

ein|tau|chen tr., intr. (sein): hineintauchen

ein|tau|schen tr.: umtauschen

ein|tau|send: s. ein

ein|tee|ren tr.: mit Teer beschmieren

ein|tei|gen tr.: einkneten

ein|tei|len tr.: planmäßig in Teile teilen : ordnen * **Ein|tei|lung**, die; –, –en: das

Einteilen : die durch Einteilen entstandene Ordnung * **Einteilungsgrund**: Gesichtspunkt, nach dem man einteilt

ein|tei|lig Ew.: nur ein(en) Teil habend

Eintel: s. ein

ein|tö|nig Ew.: (selt.) einstimmig : einförmig : langweilig * **Ein|tö|nig|keit**, die; –, –en: Einförmigkeit

ein|ton|nen tr.: in Tonnen tun

Ein|topf, der; –s, ..töpfe: in einem Topf gekochtes Gericht * **Eintopfessen; Eintopfgericht**

Ein|tracht, die; –: Übereinstimmung : Einigkeit : Name von Vereinen * **ein|träch|tig** Ew.: einig : friedlich * **Ein|träch|tig|keit**, die; –, –en: einträchtiges Wesen

Ein|trag, der; –(e)s, ..träge: das Eintragen : das Eingetragene : Strafvermerk : Schaden * **ein|tra|gen** tr.: hineintragen : hineinbringen : einschreiben : einbringen * **ein|träg|lich** Ew.: Ertrag bringend * **Ein|tra|gung**, die; –, –en: eingeschriebener Vermerk : schriftliche Festlegung in öffentliche Register

ein|träu|fe(l)n tr.: eintröpfeln

ein|tref|fen intr.: an einem Ort anlangen : in Erfüllung gehen

ein|trei|ben tr.: hineintreiben : (Bib.) zur Geltung bringen : einkassieren * **Ein|trei|bung**, die; –, –en: das Eintreiben

ein|tre|ten intr. (sein): einen Raum betreten : Mitglied einer Gesellschaft, eines Vereins werden; tr.: tretend eindrücken : zertreten : sich ereignen : (– für) fürsprechen, vermitteln * **ein|tre|ten|den|falls** Uw. *

Ein|tritt, der; –s, –e: das Eintreten : der Beginn : Eintrittsgeld * **Eintrittsgeld**: Geld, durch das man das Recht einzutreten erwirbt; **Eintrittskarte**

ein|trich|tern tr.: durch einen Trichter eingießen : (übertr.) einschärfen

Ein|tritt: s. eintreten

ein|trock|nen intr. (sein): trocknend schrumpfen; tr.: dorren

ein|tröp|fe(l)n intr. (sein): tröpfelnd einfließen; tr.: tropfenweise eingießen

ein|trü|ben intr.: trübe werden; tr.: trübe machen *

Ein|trü|bung, die; –, –en: das Eintrüben

ein|tun|ken tr.: eintauchen

ein|tur|nen rbz., tr.: (sich) turnend vorbereiten

ein|tü|ten tr.: in Tüten verpacken

ein|ü|ben tr., rbz.: bis zum Können üben

ein und aus ge|hen: s. ein Uw.

ein und das|sel|be: genau dasselbe

ein|(und)|ein|halb: s. ein

Ei|nung: s. ein

ein|ver|lei|ben tr.: in einen Leib bringen : einfügen : zum Glied eines Ganzen machen * **Ein|ver|lei|bung**, die; –, –en: das Einverleiben

Ein|ver|nah|me, die; –, –n (veralt.): Vernehmung, Verhör, Erhebung, Feststellung * **ein|ver|neh|men** tr.: (selt. für) vernehmen, verhören : die Ansicht erforschen * **Ein|ver|neh|men**, das; –s, –: Einigkeit, Übereinstimmung. Einverständnis

ein|ver|stan|den Mw. Ew.: mit jemandem in Übereinstimmung seiend * **Ein|ver|ständ|nis**, das; –ses, –se: das Übereinstimmen : die Einwilligung * **Einverständniserklärung**

Ein|waa|ge, die; –, –n: Gewichtsbetrag, den eine Ware beim Verwiegen einbüßt : Nettogewicht ohne Flüssigkeit und Verpackung (bei Konserven)

ein|wach|sen tr.: mit Wachs bestreichen

ein|wach|sen intr. (sein): in etwas festwachsen

Ein|wand, der; –(e)s, Einwände: vorgebrachter Gegengrund : Widerspruch * **einwandfrei** Ew.: so beschaffen, dass man nichts dagegen einwenden kann * **ein|wen|den** tr.: Gegengründe vorbringen * **Ein|wen|dung**, die; –, –en: Einwand : der Gegengrund * **Ein|wan|de|rer**, der; –s, –: ein Einwandernder : ein Eingewanderter * **ein|wan|dern** intr. (sein): zuziehen, in einem fremden Land sich niederlassen * **Ein|wan|de|rung**, die; –, –en: das Einwandern * **Einwanderungsbehörde; Einwanderungsland; Einwanderungsquote; Einwanderungsstrom**: Masse von Einwanderern

ein|wärts Uw.: nach innen gekehrt, gewendet ∗ *einwärtsdrehen → einwärts drehen; einwärtsgehen → einwärts gehen* intr.: mit einwärts gerichteten Füßen gehen; *einwärtsgebogen → einwärts gebogen* Mw. Ew.

einwärts drehen Wortverbindungen von Verben mit auf *-wärts* endenden Adverbien als erstem Bestandteil werden stets getrennt geschrieben: *aufwärts gehen; einwärts biegen; rückwärts laufen.* Das gilt auch für die Partizipien: *einwärts drehend; einwärts gedreht.* In substantivierter Form werden jedoch beide Bestandteile jedoch zusammengeschrieben: *das Rückwärtslaufen; das Einwärtsdrehen.*

ein|we|ben tr.: webend in eine Hülle hineinbringen : einem Gewebe einfügen : (allg.) einem Ganzen einfügen; rbz.: durch Weben einlaufen

ein|wech|seln tr.: (Münzen –) eintauschen : (Sport) einen Spieler als Ersatz für einen anderen ins Spiel bringen ∗ **Ein|wech|se|lung,** die; –, –en: das Einwechseln

ein|we|cken tr.: einkochen, durch Hitze sterilisieren (bes. Obst und Gemüse), nach dem Erfinder J. Weck benanntes Verfahren ∗ *Einweckapparat;* Weckapparat; *Einweckglas; Einweckgummi; Einweckring*

Ein|weg..: (nur in Zus.) vom Erzeuger zum Verbraucher gehend, um dann weggeworfen zu werden : zu einmaliger Benutzung bestimmt ∗ *Einwegbehälter; Einwegflasche; Einwegglas; Einwegspritze:* nur in einer Richtung funktionierend; *Einweghahn:* Hahn in Rohrleitungen, der den Fluss nur in einer Richtung gewährleisten kann; *Einwegscheibe:* in nur einer Richtung durchsichtige Glasscheibe; *Einwegspiegel:* Spiegel, der in einer Richtung durchsichtig ist

ein|wei|chen tr.: etwas in Flüssigkeit legen, damit es weich wird : weich machen ∗ **Ein|wei|chung,** die; –, –en: das Einweichen

ein|wei|hen tr.: einsegnen : feierlich in Gebrauch nehmen :

jmdm. ein Geheimnis anvertrauen ∗ **Ein|wei|hung,** die; –, –en: das Einweihen ∗ *Einweihungsfeier*

ein|wei|sen tr.: anweisen : in etwas einführen ∗ **Ein|wei|sung,** die; –, –en: Anleitung : Einführung

ein|wen|den: s. Einwand

ein|wer|fen tr.: durch treffenden Wurf einstürzen machen : in etwas hineinwerfen : Einwürfe machen ∗ **Ein|wurf,** der; –es, ..würfe: das Einwerfen : Stelle, wo etwas eingeworfen wird : Einwand : Zwischenruf

ein|wi|ckeln tr.: wickelnd einhüllen : (übertr.) täuschen, (schmeichelnd) beschwatzen ∗ **Ein|wi|cke|lung, Ein|wick|lung,** die; –, –en: das Einwickeln, Einpacken ∗ *Einwickelpapier*

ein|wie|gen tr.: in den Schlaf wiegen : einlullen : einwägen

ein|wil|li|gen intr.: (in etwas –) sich damit einverstanden erklären ∗ **Ein|wil|li|gung,** die; –, –en: das Einwilligen : Erklärung der Einwilligung

ein|win|deln tr.: in Windeln einwickeln

ein|win|ken tr.: durch Winken an eine bestimmte Stelle weisen

ein|win|tern unp.: Winter werden; intr. (sein): einfrieren : infolge Winterkälte sein Tun einstellen müssen; tr.: an den Winter gewöhnen : heil durch den Winter bringen : winterfest machen

ein|wir|ken tr.: einweben : einkneten; intr.: Einfluss ausüben; ∗ **Ein|wir|kung,** die; –, –en: das Einwirken : Einfluss

ein|wö|chent|lich Ew.: jede Woche wiederkehrend

ein|wö|chig Ew.: eine Woche dauernd

ein|woh|nen intr. (haben): als Mieter wohnen : in etwas wohnen, wirken; rbz.: heimisch werden : sich durch Wohnen eingewöhnen ∗ **Ein|woh|ner,** der; –s, –: Bewohner ∗ *Einwohnermeldeamt:* Behörde einer Gemeinde, bei der alle Einwohner verzeichnet sind; *Einwohnerzahl* ∗ **Ein|woh|ner|schaft,** die; –, –en: Gesamtheit der Einwohner

ein|wüh|len tr., rbz.: wühlend eingraben

Ein|wurf: s. einwerfen

ein|wur|zeln intr. (sein, zuw. haben), rbz.: festwurzeln; tr.: festwurzeln machen

Ein|zahl, die; –: (Sprachl.) Singular

ein|zah|len tr.: in eine Kasse zahlen ∗ **Ein|zah|lung,** die; –, –en: Zahlung an eine Bank : Postgeldzahlung ∗ *Einzahlungsgebühr; Einzahlungsschalter; Einzahlungsschein*

ein|zäu|nen tr.: mit einem Zaun umschließen ∗ **Ein|zäu|nung,** die; –, –en: das Einzäunen : Zaun

ein|zeich|nen tr.: hineinzeichnen : einschreiben ∗ **Ein|zeich|nung,** die; –, –en: das Einzeichnen : das Eingezeichnete ∗ *Einzeichnungsliste*

ein|zei|lig Ew.: nur eine Zeile habend : in einfachem Zeilenabstand geschrieben oder schreibend

ein|zel: s. einzeln

Ein|zel|ler, der; –s, –: einzelliges Lebewesen ∗ **ein|zel|lig** Ew.: (Biologie) aus nur einer Zelle bestehend

ein|zeln: s. ein

ein|zie|hen tr.: (Geld –) eintreiben : (Geld –) außer Kurs setzen : verhaften : sammeln : einsaugend in sich ziehen : einwärts ziehen : einrücken : zusammenziehen : sich einschränken, in sich selbst zurückziehen : eingehen lassen; intr. (sein): ziehend sich wohin begeben : ein Haus, eine Wohnung beziehen ∗ **Ein|zie|hung,** die; –, –en: Eintreiben von Geld : Ungültigmachung : Wegnahme, Konfiskation ∗ *eingezogen* Mw. Ew., meist Uw.: zurückgezogen, für sich lebend ∗ *Eingezogenheit,* die; –: eingezogenes Leben ∗ **Ein|zug,** der; –(e)s, ..züge: das Beziehen einer Wohnung : das Einmarschieren : (Buchdrw.) das Einrücken ∗ *Einzugsfeier; Einzugsmarsch; Einzugsgebiet:* Entwässerungsgebiet eines Flusses : Wirtschaftsgebiet einer Stadt

ein|zig: s. ein

ein|zu|ckern tr.: in Zucker einmachen : mit Zucker bestreuen

Ein|zug: s. einziehen

ein|zwän|gen tr., rbz.: zwängend einpressen

e|is [eïs] das; –: (Mus.) das um einen halben Ton erhöhte e (enharmonisch f) : Molltonstufe ✳ **E|is** [eïs], das; –: Durtonstufe

Eis, das; –ses: gefrorenes Wasser : (bildl.) unempfindliche Kälte : künstlich gefrorene Flüssigkeit, Speiseeis ✳ *Eisbahn; Eisbank; Eisbär:* am Eismeer lebender Bär; *Eisbaum:* Pfahl zum Abhalten des Treibeises; *eisbedeckt* Ew.; *eisbehangen* Ew.; *Eisbein:* gepökelte Schweinshaxe; *Eisberg; Eisbeutel; Eisblick, Eisblink:* Widerschein des Polareises an den Wolken; *Eisblock; Eisblume:* am Fenster niedergeschlagenes Eis; *Eisboden, Eisbombe:* hohe Torte aus Speiseeis; *Eisbosseln:* Eisschießen; *Eisbrecher:* Schiff mit Vorrichtung zum Durchbrechen des Eises; *Eiscreme; Eisdecke; Eisdiele:* Gaststätte, in der Speiseeis verkauft wird; *Eisfarben:* Azofarbstoffe; *Eisfeld; Eisgang; Eisgebirge; eisgekühlt* Ew.; *Eisgetränk:* Getränk mit Speiseeis oder kleinen Eisstückchen; *eisgrau* Ew.; *Eisheiligen:* Maifröste; *Eishockey:* auf dem Eis gespieltes Hockey; *Eiskaffee; eiskalt* Ew.; *Eiskeller:* Keller zur Aufbewahrung von Eis im Sommer; *Eiskraut:* Mittagsblume; *Eiskunstlauf; Eislauf:* Schlittschuhlaufen; *eislaufen* → *Eis laufen* intr. (ich laufe Eis, Eis gelaufen, um Eis zu laufen); *Eisläufer; Eismaschine; Eismeer:* Polarmeer; *Eismonat:* Januar; *Eispalast; Eispickel; Eispflug:* Maschine zum Aufbrechen des Eises; *Eispunkt:* Gefrierpunkt am Wärmemesser; *Eisschießen; Eisspiel; Eisschnellauf* → *Eisschnelllauf; Eisschnellläufer* → *Eisschnellläufer; Eisschrank:* Kühlschrank; *Eissporn:* Sporn zum sicheren Gehen auf Eis; *Eissegeln; Eisverkäufer; Eisvogel:* ein Vogel; *Eiswasser:* eiskaltes Wasser; *Eiszapfen; Eiszeit:* Glazialzeit ✳ *Eisesblick:* eisiger Blick; *Eiseshauch; Eiseskälte* ✳ **ei|sen** (du eisest und eist) tr.: zu Eis machen; intr. (sein): zu Eis werden ✳ **ei|sig** Ew.: mit Eis bedeckt : eiskalt ✳ *eisigkalt* → *eisig kalt*

Eis laufen
Wortverbindungen mit Verb als zweitem und Substantiv als erstem Bestandteil werden getrennt geschrieben, wenn das Substantiv eindeutig als solches gebraucht wird: *Auto fahren, Rad fahren, Eis laufen, Ski laufen.* Im Hauptsatz werden sie ebenfalls getrennt geschrieben; das Verb wird vorangestellt: *er fährt Auto; sie läuft Eis.* Dies ist aber z. B. bei *schlafwandeln* nicht der Fall.

eisig kalt
Wortverbindungen mit Adjektiv oder Partizip als zweitem Bestandteil werden immer dann getrennt geschrieben, wenn der erste Bestandteil eine auf *-ig, -isch* oder *-lich* endende Ableitung ist. Das gilt auch für die attributive Stellung der Wortverbindung: *die eisig kalten Tage; die himmlisch guten Pralinen; die leidlich gelungene Arbeit.*

eisch (nwd.) Ew.: garstig

ei|sen, ei|sig: s. Eis

Ei|sen, das; –s, –: chem. Grundstoff, wichtiges Schwermetall; Abk.: Fe (f. Ferrum) : Gegenstand aus Eisen, bes. Fessel, Falle zum Raubtierfang : Schwert : eisenhaltige Arznei ✳ *Eisenader; Eisenazetat:* Eisensalz der Essigsäure; *Eisenbahn:* (urspr.) Dampfmaschine : Schienenbahn : Schienenbahnzug : alles zur Eisenbahn Gehörige ✳ *Eisenbahnarbeiter; Eisenbahnbau; Eisenbahnbeamter; Eisenbahnbetriebsamt; Eisenbahnbrücke; Eisenbahndirektion; Eisenbahnfahrplan; Eisenbahnfahrt; Eisenbahngeleise; Eisenbahngesellschaft; Eisenbahnlinien; Eisenbahnnetz; Eisenbahnschienen; Eisenbahnschranke; Eisenbahnverbindung; Eisenbahnverkehr; Eisenbahnwagen; Eisenbahnzug* ✳ *Eisenbahner:* Eisenbahnbeamter ✳ *Eisenbau; Eisenbeißer:* derber Mensch : Prahlhans; *Eisenbergwerkstätte; Eisenbeschlag; Eisenblech; Eisenblüte:* Aragonit; *Eisendraht; Eisenerde; Eisenerz; Eisenfle-*

ckigkeit: eine Kartoffelkrankheit; *eisenfleckig* Ew.; *Eisenfresser:* Bramarbas, der gleichsam Eisen frisst; *Eisengang:* Eisenader im Bergwerk; *Eisengewinnung; Eisengießer(ei); Eisengitter; Eisenglimmer:* eine Eisenerzart; *Eisengrube:* Grube, in der Eisenerz gegraben wird; *Eisenguß* → *Eisenguss:* das Gießen des Eisens : Gusseisen; *eisenhaltig* Ew.; *Eisenhammer:* Hammer zum Schmieden des Stabeisens : Eisenschmiedewerk; *Eisenhandel; Eisenhändler; eisenhart* Ew.; *Eisenhart,* der; –(e)s, –e: eine Pflanze ✳ –, das; –(e)s: Art eisenschüssiger Goldsand; *Eisenhartguß* → *Eisenhartguss; Eisenhut:* Helm : eine Pflanze; *Eisenhütte:* Schmelzhütte für Eisen; *Eisenhydroxyd; Eisenindustrie:* Schwerindustrie; *Eisenkalk:* Eisenoxyd(ul); *Eisenkies:* Schwefelkies (aus Schwefel u. Eisen gemischt); *Eisenklinker:* Klinker aus eisenhaltigem Ton; *Eisenkraut:* eine Pflanze; *Eisenlack; Eisenlunge:* Staubeinatmungskrankheit; *Eisenmangan:* eine Eisenlegierung; *Eisenmennige:* rotbraune Anstreichfarbe aus Eisenoxyd; *Eisenocker:* Berggelb; *Eisenoxyd* auch: *Eisenoxid; Eisenpecherz; Eisenphosphate:* Eisensalze in der Phosphorsäure; *Eisenpräparate:* eisenhaltige Arzneimittel; *Eisenrindenholz; Eisenrost:* Eisenoxydhydrat : Rost, Gatterwerk aus Eisen; *Eisensäuerling:* Mineralwasser; *Eisenschiefer:* Plättchen und Schuppen von Hämatit; *Eisenschimmel:* Pferd mit gemischt schwarzen und weißen Haaren; *Eisenschlacke, Eisenschlag:* Hammerschlacke des Eisens; *Eisenschmelzhütte; Eisenschmiede; Eisenschneider:* Stempelschneider; *Eisenschuß* → *Eisenschuss:* Eisenglanz; *eisenschüssig* Ew.: von Oxyden durchdrungen; *Eisenschwärze:* schwarzer Eisenglimmer : Bronzefarbe zum Schwärzen; *Eisenspäne:* Abfall beim Feilen von Eisen : *Eisenspat:* Spateisenstein; *Eisensulfate:* die Eisensalze der Schwefelsäure; *Eisenträger:*

tragender Balken aus Eisen; *ei-senverarbeitend* → *Eisen ver-arbeitend* Ew.; *Eisenvitriol; Ei-senzeit:* vorgeschichtliches Zeitalter der eisernen Geräte * **ei|sern** Ew.: aus Eisen gemacht : (übertr.) fest, hart, unerschüt-terlich, dauerhaft : (übertr.) un-verändert zu erhalten * *der Ei-serne Kanzler:* Bismarck; *ei-serne Ration:* unverändert zu erhaltender Mundvorrat des Soldaten; *das Eiserne Tor:* Durchbruchstal der Donau; *das Eiserne Kreuz:* ein deutscher Orden * *eiserne Lunge:* (Med.) Gerät für künstliche Atmung * *der eiserne Vorhang:* Sicher-heitsvorhang im Theater; *der Eiserne Vorhang:* bildhafter Ausdruck für die politische Trennung zwischen den West- und Ostblockstaaten nach dem Zweiten Weltkrieg

Ei|sen|bahn usw.: s. Eisen

Ei|se|nach: Stadt in Thürin-gen

ei|sern: s. Eisen

ei|sig Ew.: s. Eis

Eis|le|ben: Stadt im Bezirk Halle

Eiß, der; –es, –e; **Ei|ße,** die; –, –n: (südd., schweiz.) Blutge-schwür

ei|tel Ew.: leer : nichts sagend : nichtig : wertlos : gefallsüchtig : von äußerer, vergänglicher Pracht : nur auf Äußerlichkei-ten sehend : selbstgefällig : (veraltend) ungetrübt, lauter * *eitel Freude, – Gold:* nichts als Freude, Gold; *eitel Sonnen-schein:* ungetrübte Freude * **Ei|tel|keit,** die; –, –en: das Ei-telsein : etwas Eitles, Wertloses

Ei|ter, der; –s: dicke, gelblich weiße Absonderung aus Blut-bestandteilen, die sich in Wun-den und Geschwüren bildet * *Eiterbeule; Eiterfluß* → *Eiter-fluss; Eiterherd; Eitergrind:* (Med.) Hautkrankheit * **ei|te|rig, eit|rig** Ew.: eiterähn-lich : Eiter enthaltend * **ei|tern** intr. (haben, sein): Eiter abset-zen * **Ei|te|rung,** die; –, –en: das Absondern von Eiter

Ei|weiß, Ei|zel|le: s. Ei

E|ja|ku|la|tio prae|cox (l.), die; – –: (Med.) verfrühter Sa-menerguss * **E|ja|ku|la|tio re|tar|da,** die; – –: (Med.) ver-späteter Samenerguss * **E|ja-**

ku|lat, das; –s, –e: ausge-spritzte Samenflüssigkeit * **E|ja|ku|la|ti|on** (nl.), die; –, –en: das Ausspritzen : Samen-erguss : ein kurzes Stoßgebet * **e|ja|ku|lie|ren** (..iert) tr.: aus-spritzen

E|jek|ti|on (l.), die; –, –en: das Auswerfen : Ausweisung aus dem Besitz * **E|jek|tor,** der; –s, ..oren: Dampfstrahlpumpe, Ausspritzer * **e|ji|zie|ren** (..iert) tr.: hinauswerfen : aus dem Besitz stoßen : aussaugen : absaugen

ek.. (gr.) Vw. in Zus.: aus, he-raus

EK (Abk.): Eisernes Kreuz

E|kart (fr.) [ekahr], der; –s, –s: Abstand : Kursunterschied * **E|kar|té,** das; –s, –s: französ. Kartenspiel : (Ballett) Absprei-zen des gestreckten Beins

Ek|chon|drom (gr.), das; –s, –e: übermäßiges Wachstum von Knorpel * **Ek|chon-dro|se,** die; –, –n: Erkrankung mit Knorpelgeschwulst

Ek|chy|mo|se (gr.), die; –, –n: Blutergießung ins Zellgewebe

EKD (Abk.): Evangelische Kir-chen Deutschlands

ek|de|misch (gr.) Ew.: aus-wärts befindlich, nicht anwe-send

E|kel, der; –s, –s: Gefühl des Widerwillens : Übelkeit : Un-lust und Übelsein : Überdruss : etwas Ekel erregendes * *Ekel-farbe:* Ekel erregende Farbe ei-niger Schmetterlingsarten; *Ekelgeruch; Ekelkur:* Kur mit Brechmitteln * **E|kel,** das; –: ekelhafter Mensch * **e|kel** Ew.: Ekel erregend : leicht Ekel empfindend : wählerisch : leicht verletzt, schwer zu be-handeln * **e|kel|haft, e|ke|lig, e|klig** Ew.: Ekel erregend * **E|kel|haf|tig|keit,** die; –, –en: das Ekelhaftsein : ekelhafte Tat oder Rede * **e|keln** tr., intr., unp.: Ekel erregen, anwidern * *es ekelt mich* (selt. mir) * rbz.: (sich vor etwas –) Ekel empfin-den * *ekelerregend* → *Ekel er-regend*

E|kel|name (niederd.), der; –ns, –n: Spitzname [Umdeutg. aus niederd. oekelname „Auch-name“, Beiname]

EKG, Ekg (Abk.): Elektrokar-diogramm

Ek|kle|sia (gr.), die; –: einge-deutschte Schreibweise von Ecclesia, s. d. * **Ek|kle-si|as|tik, Ek|kle|si|o|lo|gie,** die; –: Lehre von der Kirche * **Ek|kle|si|arch,** der; –en, –en: Kirchenvorsteher in der griech. Kirche * **Ek|kle|si|ar|chie,** die; –: Kirchenherrschaft : Kirchen-aufsicht * **Ek|kle|si|ast,** der; –en, –en: Weltgeistlicher : (Bib.) Buch Jesus Sirach * **ek|kle|si|as|tisch** Ew.: kirch-lich : geistlich [l. ecclesia, gr. ekklesia Volksversammlung, Kirche]

Ek|ky|kle|ma (gr.), das; –s, –s und ..klemen: Aufzug, Roll-oder Drehmaschine auf der al-ten griechischen Bühne

Ek|lamp|sie (gr.), die; –: (Med.) Schwangerschafts-krämpfe * *eklamptisch*

E|klat (fr.) [ehkla], der; –s, –s: Ausbruch : Knall : Aufsehen : Skandal * **e|kla|tant** Ew.: Auf-sehen erregend : auffallend : offenkundig

Ek|lek|ti|ker (gr.), der; –s, –: „Auswähler“, Philosoph, der aus verschiedenen Lehren das ihm Gemäße heraussucht : An-hänger der bolognesischen Ma-lerschule * **e|klek|tisch** Ew.: auswählend * **E|klek|ti|zis-mus,** der; –: Auswahl in Bezug auf philosophische Lehren : Streben, aus allem das Beste auszuwählen : (abwertend) Be-liebigkeit, unschöpferische Übernahme von Ideen anderer * **e|klek|ti|zis|tisch** Ew.: aus-wählend : Vorhandenes kombi-nierend : (abwertend) beliebig, unschöpferisch [gr. eklegein auswählen]

e|klig; s. Ekel

E|klip|se (gr.), die; –, –n: das Ausbleiben, Verschwinden : Sonnen- und Mondfinsternis * **E|klip|tik,** die; –: scheinbare Sonnenbahn * **e|klip|ti|kal** Ew.: die Ekliptik betreffend * **e|klip|tisch** Ew.: auf die Ver-finsterung eines Himmelskör-pers bezogen

E|klo|ge (gr.), die; –, –n: Hir-tengedicht, Idylle

E|ko|no|mi|ser *auch:* **E|co-no|mi|ser** (fr.) [ekonomeis'r], der; –s, –: „Sparer“, Vorwärm-vorrichtung an einem Dampf-kessel

E|kos|sai|se (fr.) [ekoßäs], die; –, –n: „Schottisch", ein Tanz

Ek|pho|rie (gr.) die; –: Vorgang der Erinnerung

E|kra|sit (fr.), das; –s: Sprengstoff [fr. écraser zermalmen]

Ekrü|sei|de (fr.), die; –, –n: Rohseide

Eks|ta|se, Eks|ta|sis (gr.), die; –, ..asen : Entrückung : Verzückung * **Eks|ta|tik,** die; –: Lehre von der Ekstase * **Eks|ta|ti|ker,** der; –s, –: verzückter Mensch, begeisterter Prediger, Weissager : Schwärmer * **eks|ta|tisch** Ew.: verzückt, schwärmerisch

Eks|tro|phie (gr.), die; –, ..phien: Ausrenkung

Ek|ta|se, Ek|ta|sis (gr.), die; –, ..tasen: Ausdehnung, Verlängerung * **Ek|ta|sie,** die; –, ..sien: (Med.) Erweiterung

ek|to.. (gr.) Uw. in Zus.: außen * **Ek|to|blast** (gr.), der; –s, –e; **Ek|to|derm** (gr.), das; –s, –e: äußeres Keimblatt des Embryos * *Ektodermzelle* * **Ek|to|kar|die,** die; –, ..dien: krankhafte Veränderung der Herzlage

Ek|to|mie (gr.), die; –, ..mien: (Med.) Ausschneidung [gr. ek-und temnein schneiden]

Ek|to|pa|ra|sit, der; –en, –en: Schmarotzer, der nicht in den Körper seines Wirtes eindringt (z. B. Floh, Laus)

Ek|to|pie (gr.), die; –, ..pien: (Med.) Lageveränderung eines Organs, Ausstülpung [gr. ek-und topos Ort]

E|ku|a|dor: eingedeutschte Schreibweise von Ecuador

Ek|zem (gr.), das; –s, –e: nicht ansteckende, juckende, oft in Schüben auftretende Hautkrankheit, Ausschlag, nasse Flechte * **Ek|ze|ma|ti|ker,** der; –s, –: an einem Ekzem Leidender * **ek|ze|ma|tisch, ek|ze|ma|tös** Ew.: wie ein Ekzem : durch ein Ekzem verursacht [gr. ekzema „durch Sieden Ausgeworfenes"]

E|la|bo|rat (l.), das; –(e)s, –e: das Ausgearbeitete, die Arbeit : (meist abwertend) Machwerk * **e|la|bo|rie|ren** (..iert) tr.: verfertigen, ausarbeiten

E|la|i|din, das; –s, –e: ein bei der Einwirkung salpetriger Säure auf das Elain fetter Öle entstehender Fettstoff * **E|la|i|din|säu|re,** die; –, –n: feste Form der Ölsäure * **E|la|in,** das; –s: techn. Ölsäure

E|lan (fr.) [ehlang], der; –s: Sprung : Schwung, begeistertes Ungestüm * **E|lan vi|tal,** der; –: Lebenskraft, Vitalität

e|las|tisch Ew. (gr.-fr.): spann-, prall- oder federkräftig : federnd : dehnbar * **E|las|tik,** die; –, –en; das; –s, –s: dehnbares Gewebe * **E|las|ti|zi|tät,** die; –, –en: Feder-, Spannkraft : Dehnbarkeit : Schwung * **E|las|tin,** das; –s: Grundstoff, der in den tierischen elastischen Fasern enthalten ist * **E|las|to|mer,** das; –s, –e: elastischer, gummiartiger Kunststoff [gr. elaunein treiben]

E|la|tiv (l.), der; –s, –e: (Sprachw.) Superlativ ohne Vergleich

E|la|tit (gr.), der; –s, –e: versteinertes Tannenholz

El|ba: ital. Mittelmeerinsel

El|be, die; –: mitteleurop. Strom * *elbabwärts* Uw.; *elbaufwärts* Uw.; *Elbe-Lübeck-Kanal, Elb(e)mündung; Elbeseitenkanal; Elbflorenz:* (scherzh.) Dresden; *Elbsandsteingebirge; Elbkahn*

El|brus, der; –: Berg im Kaukasus

El|burs: Gebirge in Nordiran

Elch (veralt. **Elk),** der; –(e)s, –e: hirschartiges nordisches Tier mit Schaufelgeweih; vgl. Elen

El|do|ra|do (span.): das Dorado; s. d.

E|le|a|te, der; –n, –n: Angehöriger einer altgriech. Philosophenschule * **e|le|a|tisch** Ew.: den Eleaten gemäß

E|le|fant (gr.-l.), der; –en, –en: großes Säugetier mit Rüssel und Stoßzähnen * *Elefantenbulle; Elefantenführer:* Treiber, Wärter eines Elefanten; *Elefantengras; Elefantenhaut; Elefantenhochzeit:* Zusammenschluss sehr großer Unternehmen; *Elefantenkalb; Elefantenkuh; Elefantenrobbe:* eine zu den Seehunden gehörende Robbe; *Elefantenschildkröte:* sehr große Schildkröte; *Elefantenzahn* * **E|le|fan|ti|a|sis** *auch:* **E|le|phan|ti|a|sis** (gr.),

die; –, ..asen: (Med.) Dickhäutigkeit, unförmig geschwollene Füße und Beine * **El|fen|bein,** das; –s: „Elefantenknochen", Knochenmasse der Stoßzähne des Elefanten * *Elfenbeinpapier:* elfenbeinfarbenes Papier * **el|fen|bei|nern** Ew.: aus Elfenbein bestehend

e|le|gant Ew. (l.-fr.): fein, geschmackvoll, vornehm * der; –s, –s: Stutzer * **E|le|ganz** (l.), die; –: gewählte und geschmackvolle Form des äußeren Erscheinens : Vornehmheit : Zierlichkeit

E|le|gi|am|bus *auch:* **El|leg|jam|bus** (gr.), der; –, ..ben: archilochischer, aus Daktylen und Jamben bestehender Vers * **E|le|gie** (gr.), die; –, –n: im griech. Altertum ein lyrischepisches Gedicht in Distichen : Klagelied * *Elegiendichter* * **E|le|gi|ker,** der; –s, –: Klagelieddichter * **e|le|gisch** Ew.: aus Distichen bestehend : (übertr.) klagend, schwermütig

E|lei|son (gr.), das; –s, –s: „Erbarme dich", kirchlicher Gesang; vgl. Kyrie eleison

E|lek|ti|on (l.), die; –, –en: die Wahl, Erwählung : Auswahl * **e|lek|tiv** Ew.: auswählend * **E|lek|to|rat,** das; –(e)s, –e: Kurfürstentum : Kurfürstenwürde

E|lek|tra: (gr. Sage) Tochter Agamemnons

e|lek|tri|fi|zie|ren (..iert) (gr.-l.) tr.: auf elektrischen Betrieb umstellen * **E|lek|tri|fi|zie|rung,** die; –: Umstellung eines Betriebes auf elektrischen Antrieb * **E|lek|trik,** die; –: Kurzform für die elektrische Ausstattung einer Anlage * **E|lek|tri|ker,** der; –s, –: (volkst.) Elektrotechniker, bes. Elektroinstallateur, Elektromechaniker und Elektromonteur * **e|lek|trisch** Ew.: Elektrizität erzeugend : durch Elektrizität betrieben * *elektrische Fische; elektrische Beleuchtung; elektrische Maschinen; elektrischer Stuhl; elektrischer Widerstand; elektrisches Bad; elektrisches Feld* * **E|lek|tri|sche,** die; –, –n (veraltend) elektrisch betriebene Straßenbahn * *zwei Elektri-*

sche ✳ e|lek|tri|sie|ren (..iert) tr.: Elektrizität erregen : Elektrizität übertragen : elektrisch behandeln : elektrisch machen : (übertr.) aufrütteln, begeistern ✳ *Elektrisiermaschine* ✳ E|lek|tri|zi|tät (nl.), die; –: eine Naturerscheinung : Energieform : elektrischer Strom ✳ *Elektrizitätsatom:* Elektron; *Elektrizitätsanalyse; Elektrizitätsversorgung; Elektrizitätswerk; Elektrizitätszähler:* Vorrichtung zur Messung verbrauchter elektrischer Energie; *Elektrizitätszentrale:* elektrisches Zentralwerk ✳ E|lek|tro|a|nal|y|se, die; –: Mengenbestimmung von Metallen durch Elektrolyse ✳ E|lek|tro|che|mie, die; –: Lehre vom Einfluss des elektrischen Stroms auf chemische Verbindungen ✳ E|lek|tro|chir|ur|gie, die; –: (Med.) Anwendung des elektrischen Stromes bei Operationen ✳ E|lek|tro|de, die; –, –n: Stromgeber : Pol eines galvanischen Elements ✳ E|lek|tro|di|ag|no|se: Feststellung, Erkennen einer Krankheit mit Hilfe von Elektrizität ✳ E|lek|tro|dy|na|mik, die; –: Lehre von den Gesetzen der Elektrizität im Zustande der Bewegung ✳ e|lek|tro|dy|na|misch Ew.: stromerzeugend ✳ E|lek|tro|en|ze|pha|lo|gramm, das; –s, –e: Kurve der Aktionsströme des Gehirns ✳ *Elektroenzephalographie auch: Elektroenzephalografie* ✳ E|lek|tro|e|ro|si|on, die; –: Verfahren zur Bearbeitung sehr harter Werkstoffe ✳ E|lek|tro|gra|phie *auch:* E|lek|tro|gra|fie, die; –: galvanische Hochätzung ✳ E|lek|tro|in|ge|ni|eur, der; –s, –e: akademisch vorgebildeter Ingenieur der Elektrotechnik ✳ E|lek|tro|kar|di|o|gramm, das; –s, –e: grafische Darstellung der Herztätigkeit mittels Aktionsstroms *Elektrokardiograph, Elektrokardiographie auch: Elektrokardiograf, Elektrokardiografie* ✳ E|lek|tro|ly|se, die; –, –n: die Zersetzung chemischer Verbindungen durch Elektrizität ✳ E|lek|tro|lyt, der; –s, –e: Stoff, der in wässriger Lösung oder Schmelze in Ionen disso-

ziiert und dadurch Strom leitet ✳ E|lek|tro|mag|net, der; –en, –en: Spule mit Eisenkern, der bei Stromdurchgang magnetisch wird ✳ E|lek|tro|mag|ne|tis|mus, der; –: durch elektrische Ströme erzeugter Magnetismus ✳ E|lek|tro|me|tall|ur|gie, die; –: Gewinnung von Metallen durch Elektrolyse ✳ E|lek|tro|me|ter, das; –s, –: elektrostatisches Messgerät ✳ E|lek|tro|mo|bil, das; –s, –e: elektrisch betriebener Wagen ✳ E|lek|tro|mo|tor (gr.l.), der; –s, ..toren: elektrische Kraftmaschine ✳ *e|lek|tro|mo|to|ri|sche Kraft,* die; –n –, –n Kräfte: durch elektrochemische oder magnetische Vorgänge entstandene Spannung; Abk.: EMK ✳ E|lek|tron, das; –s, ..tronen (bei den Griechen) Bernstein : negativ geladenes Elementarteilchen mit geringer Masse : (nur Ez.) natürlich vorkommende Gold-Silber-Legierung : Magnesium-Legierung ✳ *Elektronenakzeptor:* chem. Verbindung, die Elektronen aufnimmt; *Elektronenaustauscher:* Kunstharze, die die Eigenschaft haben, Elektronen abzugeben und wieder aufzunehmen und dadurch oxidierend oder reduzierend zu wirken; *Elektronenblitz(gerät):* Gerät zur Erzeugung von Elektronenblitzen; *Elektronendonator:* chem. Verbindung, die Elektronen spendet; *Elektronenemission; Elektronengehirn:* Daten verarbeitende Maschine mit Hilfe von Elektronen ✳ *Elektronenmikroskop:* Vergrößerungsapparat mit Hilfe von Elektronenstrahlen; *Elektronenoptik:* Bildherstellung mit Hilfe von Elektronen; *Elektronenoptik; Elektronenpaar; –bindung; Elektronenröhre; Elektronenschleuder:* Betatron; *Elektronenstrahlen; Elektronentheorie; Elektronenvolt:* Maßeinheit der Kernphysik; *Elektronenwolke:* (Atomphys.) bildliche Vorstellung von der Aufenthaltswahrscheinlichkeit der Elektronen ✳ E|lek|tro|nik, die; –: Lehre von der Bewegung und Wirkung der Elektronen ✳ E|lek|tro|op|tik, die; –: Beein-

flussung des Lichts durch elektrische Felder ✳ e|lek|tro|phob Ew.: Elektronen abweisend ✳ E|lek|tro|phor, der; –s, –e: „Elektrizitätsträger“, Vorrichtung zur Erzeugung und Erhaltung von Elektrizität ✳ E|lek|tro|pho|re|se, die; –: Bewegung kolloider oder suspendierter Teilchen im elektrischen Feld zu einer der beiden Elektroden ✳ E|lek|tro|punk|tur, die; –, –en: (Med.) Zerstören kranken Gewebes durch Anstechen mit einer elektrischen Nadel ✳ E|lek|tro|schock, der; –s, –s: medizinisches Heilverfahren ✳ E|lek|tros|kop, das; –s, –e: Vorrichtung zum Nachweisen von Elektrizität ✳ E|lek|tro|stahl: auf elektrischem Wege gewonnener Stahl ✳ E|lek|tro|sta|tik, die; –: Lehre von den Gesetzen der Elektrizität im Zustande der Ruhe ✳ E|lek|tro|tech|ni|ker, der; –s, –: einer, der die technische Verwendung der Elektrizität als Beruf ausübt ✳ E|lek|tro|the|ra|pie, die; –, ..pien: Krankheitsbehandlung durch Elektrizität ✳ E|lek|tro|to|mie, die; –, –n: Herausschneiden von Gewebswucherungen mit einer nadelartigen Elektrode ✳ E|lek|trum, das; –s: Bernstein

E-lek-t-ri.., E-lek-t-ro.. Zusätzlich zu der bisherigen Trennung *(Elek-tri..)* bestehen folgende Möglichkeiten: *E-lek-tri.., E-lek-tro..* Die Trennung zwischen *t* und *r* folgt der Regel, dass in deutschen Wörtern bei mehreren aufeinander folgenden Konsonanten der letzte getrennt wird. Die erlaubte Trennung zwischen *t* und *r* suggeriert hier jedoch eine falsche Wortherkunft (l. *electio,* Wahl) gegenüber der richtigen Bedeutungsverwandtschaft (gr. *elektron,* Bernstein). Die Trennung sollte daher wie die Abtrennung der allein aus dem *E-* bestehenden ersten Silbe nur notfalls eingesetzt werden.

E|le|ment (l.), das; –(e)s, –e: Grundstoff, Urstoff : (Grund-)Bestandteil : Bauteil : erster Anfang : (Mz.) Naturkräfte :

(Mz.) Anfangsgründe * **elementar**, **elementarisch** Ew. (l.): zu den Elementen gehörig : uranfänglich : anfangsmäßig : naturhaft * *Elementaranalyse:* chemische Zerlegung eines Körpers in Grundstoffe; *Elementargeister:* in den Grundstoffen der Natur lebende Geister; *Elementargewalt:* Naturgewalt; *Elementarschule:* Grundschule, Anfängerschule

Elemi (arab.-span.), das, –s: ein blassgelbes, weiches, tropisches Harz, reich an ätherischen Ölen * *Elemiöl:* Elemi

Elen, der; das; –s, –: Elch * *Elenhirsch; Elentier* * **Elenantilope**, die; –, –n: zu den Waldböcken gehörendes Horntier

Elend, das; –s: die Fremde, Verbannung : unglücklicher Zustand, Not, Jammer * *Elendsquartier:* kümmerliche, baufällige Wohnung; *Elendsviertel:* Armenviertel einer Stadt * **elend** Ew.: im Elend befindlich : bejammernswert : unglücklich : hilflos : krank : niedrig * **elenden** tr.: (stud.) quälen, belästigen, plagen : langweilen * **elendig** Ew.: elend * **elendiglich** Uw.: elend

Eleusinien (gr.) Mz.: Mysterienfeiern für die Fruchtbarkeitsgöttin Demeter in Eleusis * **eleusinisch** Ew.: aus Eleusis (im alten Attika bei Athen) stammend * *die Eleusinischen Mysterien*

Elevation (l.) [..w..], die; –, –en: die Erhebung, Erhöhung : (Astron.) Höhe eines Sternes über dem Horizont : (kath. K.) Erhebung der Hostie : Erhabenheit, Größe, Rang : (Baukst.) Aufriss, Standriss : (Bühnenwesen) Schwung, Leichtigkeit * *Elevationswinkel:* Erhöhungswinkel * **Elevator** (nl.), der; –s, ..toren: Hebemuskel : Hebemaschine, Aufzug * **Eleve** (fr.), der; –n, –n: Zögling : Lehrling : Schüler * **elevieren** (..iert) (l.) tr.: hochheben : den zurückgewiesenen Wechsel durch die nächste Post zurücklaufen lassen * **Elevin**, die; –, –nen: Schülerin : weibl. Lehrling

Elf, der; –en, –en: kleiner Naturgeist * **Elfe**, die; –, –n; **Elfin**, die; –, –nen: weibl. Elf * *Elfenkönigin; Elfenplatz; Elfenreigen; –tanz* * **elfenhaft** Ew.: in der Art eines Elfen : (bes.) zart, leichtfüßig

elf, (volkst., allein stehend auch **elfe**) Zahlw.: eins über zehn * *Elfeck:* Figur mit elf Ecken; *elfeckig* Ew.; *elfeinhalb:* elf und ein Halbes; *elffach* Ew.; *elfhundert* Zahlw.: elf mal hundert; *elfjährig* Ew.; *elfmalig* Ew. * **Elf**, die; –, –en: Zahl : Fußball- oder Feldhandballmannschaft * **Elfer**, der; –s, –: Kurzform für Elfmeter-Strafstoß im Fußball * *Elfmeterschießen; Elfmeterschuß* → *Elfmeterschuss* : Wein aus dem Jahre 11 eines Jahrhunderts * *Elferrat:* die elf Vorsitzenden einer Fastnachtsgesellschaft * **elferlei** Ew.: elffach * **elfte:** Ordnungszahl zu elf * **elftel** Ew.: den elften Teil betragend * **Elftel**, das; –s, –: der elfte Teil * **elfteln** (ich ..[e]le) tr.: in elf Teile teilen * **elftens** Uw.: an elfter Stelle

Elfe: s. Elf

Elfenbein: s. Elefant

Elfin: s. Elf

elfte: s. elf

elidieren (..iert) (l.) tr.: ausstoßen : wegwerfen : auslassen * **Elision**, die; –, –en: (Sprachw.) das Ausstoßen oder Auslassen eines (vor allem unbetonten) Buchstabens

eligieren (..iert) (l.) tr.: auswählen

Elimination (l.), die; –, –en: die Verweisung : Verbannung : Tilgung : Vernichtung : Entfernung : (Med.) Abstoßung : Ausstreichung * **eliminieren** (..iert) (l.) tr.: aus dem Hause stoßen : verweisen : verbannen : tilgen : entfernen : ausstreichen

elisabethanisch Ew.: auf Elisabeth I., Königin von England, bezogen * *das elisabethanische England*

Elision: s. elidieren

elitär Ew.: Teil einer Elite seiend : (oft abwertend) die Zugehörigkeit zu einer Elite beanspruchend * **Elite** (fr.), die; –, –n: die Auswahl : das Auserlesene * *Elitemannschaft; Elitetruppe*

Elixier (arab.), das; –s, –e: Heiltrank : Zaubertrank

Elk, der; –s, –e: (veralt. für) Elch

Ellbogen: s. Elle

Elle, die; –, –n: Unterarm : der längere Unterarmknochen : ein veraltetes Längenmaß : etwas von der Länge einer Elle * *Ell(en)bogen:* Stelle der Armbiegung, mittleres Armgelenk; *Ell(en)bogenfreiheit:* Bewegungsfreiheit; *Ell(en)bogengesellschaft:* Gesellschaft, in der Stärke und Rücksichtslosigkeit siegen; *Ell(en)bogenrecht:* das Recht des Stärkeren * *ellenbreit* Ew.; *ellenhoch* Ew.; *ellenlang* Ew.; *ellentief* Ew.; *Ellenmaß; ellenweise* Ew.: nach der Elle gemessen

Eller, die; –, –n: ein Baum, Erle * **ellern** Ew.: aus Ellernholz

Elleritze: s. Elritze

Ellgriff, der; –s, –e: (Turnen) Griffart, bei der die Ellenknochen einander zugewandt sind * **Ellhang**, der; –s: Hang im Ellgriff

Ellipse (gr.), die; –, –n: (Sprachl.) die Auslassung eines leicht ergänzbaren Wortes : Kegelschnittlinie * *Ellipsenbahn; Ellipsenbogen; ellipsenförmig* Ew.; *Ellipsenzirkel* * **Ellipsoid**, das; –(e)s, –e: ein Körper, der durch Umdrehung einer Ellipse um ihre Achse erzeugt wird * **elliptisch** Ew.: unvollständig [gr. elleipein auslassen]

Elmsfeuer, das; –s, –: elektr. Lichterscheinung bei Gewittern an aufragenden Spitzen, z. B. Kirchtürmen (nach dem hl. Elmo)

Eloah (hebr.), der; –, Elohim: „der Starke", Gott

Eloge (fr.) [ehlohsch'], die; –, –n: Lobrede, Lobspruch : Schmeichelei

E-Lok, die; –s, –s: Kurzform für elektrische Lokomotive

Elokation (l.), die; –, –en: Verpachtung, Ausstattung * **elozieren** (..iert) tr.: vermieten : verpachten : ausstatten

Elokution (l.), die; –, –en: rednerischer Ausdruck : Ausführung der Gedanken * **eloquent** Ew.: beredt * **Eloquenz**, die; –: Beredsamkeit

E|lon|ga|ti|on (l.), die; –, –en: Verlängerung : Ausdehnung : der anscheinend weitmöglichste Abstand eines Planeten von der Sonne : größte Entfernung eines schwingenden Pendels von der Gleichgewichtslage ✳ e|lon|gie|ren (..iert) tr.: verlängern, ausdehnen

e|lo|quent, E|lo|quenz: s. Elokution

E|lo|xal, das; –s: (Kurzwort für elektrisch oxydiertes Aluminium) (Wz.) Schutzschicht aus Aluminiumoxyd auf Aluminium ✳ e|lo|xie|ren tr.: (elektrisch oxydieren) Oberfläche von Aluminium veredelnd überziehen

e|lo|zie|ren: s. Elokation

El|rit|ze, die; –, –n: Pfrille, kleiner Karpfenfisch

El Sal|va|dor: mittelam. Staat; vgl. Salvadorianer

El|saß → El|sass, das; – und –es: franz. Landschaft ✳ El|säs|ser, der; –s, – ✳ El|säs|se|rin, die; –, –nen ✳ el|säs|sisch Ew. ✳ El|saß-Lo|th|rin|gen → El|sass-Lo|th|rin|gen ✳ el|saß-lo|th|rin|gisch → el|sass-lo|th|rin|gisch

Els|ter, die; –, –n: ein krähenartiger Vogel : (übertr.) geschwätzige Frau : jmd., der rabisch wie eine Elster ist ✳ Elsterauge: Hühnerauge; elsterbunt Ew.; Elsterspecht: Buntspecht; Elsternest ✳ deutscher Fluss: Weiße Elster, Schwarze Elster ✳ els|ter|haft Ew.: nach Art der Elster

El|ter, der, das; –s: (naturwissenschaftl. und statistisch) eines der beiden Eltern ✳ el|ter|lich Ew.: von den Eltern ausgehend : den Eltern gehörig, zukommend : nach Art der Eltern ✳ Eltern Mz.: die Erzeuger, Vater und Mutter ✳ Elternabend; Elternbeirat; Elternhaus; Elternliebe; elternlos Ew.; Elternrecht ✳ El|tern|schaft, die; –: die Gesamtheit der Eltern (einer Schule z. B.)

E|lu|at (l.), das; –s, –e: Mischung aus dem aus einem Adsorbens gelösten Stoff mit dem herauslösenden Mittel ✳ e|lu|ie|ren tr.: aus einem Adsorbens herausspülen ✳

E|lu|ti|on, die; –, –en: das Herausspülen aus einem Adsorbens ✳ e|lu|vi|al (l.) Ew.: am Ursprungsort verblieben ✳ E|lu|vi|um, das; –s: (Geol.) grobkörniger, am Bildungsort verbliebener Erosionsrückstand [l. eluere (her)auswaschen]

e|ly|sä|isch, e|ly|sisch (gr.) Ew.: wonnig, reizend : paradiesisch ✳ elysäischer Frühling; elysäische Gefilde: paradiesische Gefilde ✳ die Elysäischen Felder: Gärten in der Nähe des Elysees in Paris ✳ E|ly|see (fr.) [ehliseh], das; –s: Kurzform für den Elysée-Palast in Paris, Wohnung des Präsidenten von Frankreich ✳ E|ly|si|um (gr.), das; –s: Insel der Seligen

E|ly|tron (gr.), das; –s, –en: (meist Mz.) Deckflügel der Insekten

El|ze|vir: ndl. Verleger und Buchdruckerfamilie ✳ El|ze|vir, die; –: eine Art lat. Druckschrift ✳ El|ze|vi|ri|a|na Mz.: Bücher aus der Druckerei Elzevirs

Em: chem. Zeichen für Emanation

em. (Abk.): emeritiert

E-Mail (e.) [ih mehl], die; –, –s: „elektronische Post", Daten- und Nachrichtenaustausch über Computernetze

E|mail (fr.) [ehmaij], das; –s, –s; E|mail|le (fr.) [..maj']; einged. [ehmalje], die; –, –n: Schmelz : Schmelzglas : Schmelzüberzug ✳ Emailfarbe; Emaillack: hochglänzender Lack ✳ E|mail|leur [..majöhr], der; –s, –e: Schmelzarbeiter ✳ e|mail|lie|ren (..iert) (fr.) [..majieren] tr.: mit Schmelz überziehen : in Schmelz arbeiten ✳ Emaillierwerk

E|ma|na|ti|on (l.), die; –, –en: Ausfluss, das Ausströmen : (Rechtsspr.) Bekanntmachung ✳ Emanationslehre: ein christliches Dogma : Lichtausströmungslehre Newtons ✳ e|ma|nie|ren (..iert) intr. (sein): ausfließen : ausstrahlen; tr.: ausstreuen : (Rechtsspr.) erlassen

E|man|ze, die; –, –n: (Umgspr., abwertend) emanzipierte Frau : Frauenrechtlerin ✳ E|man|zi|pa|ti|on (l.), die; –,

–en: Entlassung der Sklaven aus der Leibeigenschaft : Entlassung der Kinder aus der väterlichen oder vormundschaftlichen Gewalt : (allg.) Freilassung : Erteilung gleicher Rechte, Gleichstellung ✳ e|man|zi|pie|ren (..iert): frei-, losgeben, gleichstellen ✳ emanzipiert Mw. Ew.: frei, ungebunden : selbständig; emanzipatorisch

Em|bal|la|ge (fr.) [angballahseh'], die; –, –n: Verpackung : Packzeug : Packlohn ✳ em|bal|lie|ren (..iert) tr.: verpacken

Em|bar|go (span.), das; –s, –s: Beschlagnahme von Schiffen, Schiffshaft : Hafensperrung : Ausfahr-, Ausfuhrverbot ✳ em|bar|kie|ren (..iert) (fr.) [ang..] tr.: einschiffen, zu Schiffe bringen ✳ em|bar|ras|sie|ren (..iert) (fr.) [ang..] tr.: verwirren, hindern : in Verlegenheit bringen ✳ Em|bar|ras (fr.) [angbarra], das; –: Verwirrung, Verlegenheit, Wirrwarr

Em|blem (gr.), das; –s, –e: angelegte Arbeit : Hoheitszeichen : Sinnbild, Wahrzeichen ✳ em|ble|ma|tisch Ew.: sinnbildlich

Em|bo|lie (gr.), die; –, –lien: (Med.) das Eindringen fester Körperchen in die Blutwege ✳ Em|bo|lus (gr.), der; –,..li: Keil, Pflock : Kolben in Spritzen und Luftpumpen : Seitengang in alten griechischen Kirchen [gr. emballein hineinwerfen]

Em|bon|point (fr.) [angbongpoäng], das; –s: Wohlbeleibtheit, Körperfülle

Em|bryo (gr.), der; –s, –s oder ..onen: Tier- oder Menschenkeim, Leibesfrucht ✳ Em|bry|o|lo|gie, die; –,..gien: Lehre von der Entwicklung der Leibesfrucht ✳ em|bry|o|nal, em|bry|o|nisch Ew.: keimhaft : im Zustande des Embryos : unentwickelt : unreif [gr. bryein quellen, keimen]

Em|den: Stadt an der Emsmündung

E|men|da|ti|on (l.), die; –, –en: Verbesserung : Textberichtigung ✳ e|men|die|ren (..iert) tr.: verbessern, berichtigen

e|mer|gie|ren (..iert) (l.): auf-

tauchen, sich hervortun *
E|mer|si|on, die; –, -en: das
Emporkommen

E|me|rit (l.), der; -en, -en;
E|me|ri|tus, der; –, ..ti: „Ausgedienter", ein Emeritierter;
Abk.: em. * e|me|rie|ren
(..iert): sich verdient machen *
e|me|ri|tie|ren tr.: einen Geistlichen in den Ruhestand versetzen : einen Hochschullehrer
von der Lehrverpflichtung entbinden

E|mer|si|on: s. emergieren

E|me|sie (gr.), die; –, ..sien:
Neigung zum Erbrechen *
E|me|ti|kum, das; –s, ..ka:
Brechmittel

E|meu|te (fr.) [ehmöht], die; –,
–n: Empörung, Meuterei

E|mi|grant (l.), der; -en, -en:
Auswanderer, bes. aus politischen oder religiösen Gründen
: Vaterlandsflüchtiger * E|mi|gra|ti|on, die; –, -en: Auswanderung * e|mi|grie|ren (..iert)
intr. (sein): auswandern

e|mi|nent Ew. (l.): ausgezeichnet : hervorragend * E|mi|nenz, die; –, -en: Erhöhung :
Vorzüglichkeit, Erhabenheit :
Titel für Kardinäle

E|mir (arab.), der; –s, -e und
Omrah: ein arab. Fürst, Kriegsbefehlshaber, Statthalter *
E|mi|rat, das; –(e)s, -e: Fürstentum

E|mis|sär (l.), der; –s, -e: geheimer Sendling : Kundschafter * E|mis|si|on, die; –, -en:
Aussendung : die Ausgabe
neuer Staatspapiere, Aktien u.
dgl. : Ausstrahlung * Emissi|onskurs: Ausgabekurs von
Wertpapieren; Emissions|schutz: Schutz gegen Schäden
durch Emissionen (z. B.
Rauchgas, Lärm) * E|mit|tent,
der; -en, -en: Ausgeber : Aussender * e|mit|tie|ren (..iert)
tr.: ausschicken, ausstrahlen :
Wertpapiere in Umlauf setzen

Emm|chen, das; –s, –: Scherzform für Mark (M)

Em|men|tal, das; –(e)s:
schweiz. Landschaft, Tal der
Emme * Em|men|ta|ler, der;
–s, –: Emmentaler Käse

Em|mer, der; –s: eine Weizenart

e-Moll, E-Dur: s. e

E|mo|ti|on (nl.), die; –, -en:
Gefühl : (heftige) Gemütsbewegung, Aufregung : Volksaufstand, Gärung * e|mo|ti|o|nal,
e|mo|ti|o|nell Ew.: die Gefühlserregungen betreffend :
gefühlsmäßig * E|mo|ti|o|na|li|tät, die; –: Gefühlsbetontheit

EMPA, Em|pa (Abk.): Eidgenössische Materialprüfungs-
und Forschungsanstalt

Em|pa|thie (gr.), die; –: Einfühlungsvermögen * em|pa|thisch Ew.: sich einfühlend :
zur Einfühlung fähig

Emp|fang, der; –(e)s, ..fänge:
das Empfangen : Empfangsfeier * Empfangnahme: das Inempfangnehmen * Empfangs|antenne: Antenne für die Aufnahme von Funksendungen;
Empfangsapparat; empfangs|berechtigt Mw. Ew.: zum Empfangen berechtigt; Empfangs|bescheinigung; Empfangsbe|stätigung; Empfangschef;
Empfangsdame; Empfangs|schein; Empfangsgerät; Empfangsstation; –verstärker;
Empfangszimmer * emp|fan|gen (du empfängst; du empfingst; du empfingest; empfangen; empfang[e]!) tr.: von außen Kommendes an-, auf-, entgegennehmen : (Gäste –) bewillkommnen, aufnehmen;
intr.: schwanger werden *
Emp|fän|ger, der; –s, –: Empfangender : Radiogerät *
Emp|fän|ge|rin, die; –, -nen:
eine, die empfängt *
Emp|fäng|nis, die; –, -se: das
Empfangen : das Insichaufnehmen : das Schwangerwerden *
Empfängnisoptimum; empfängnisverhütend Ew.; Empfängnisverhütung * emp|fäng|lich Ew.: etwas leicht aufnehmend : zugänglich *
Emp|fäng|lich|keit, die; –,
-en: das Empfänglichsein

emp|feh|len (du empfiehlst,
ich empfahl, du empföhlst,
auch empfählest, empfohlen,
empfiehl!) tr.: (einem etwas –)
lobend anraten : anvertrauend
übergeben * empfehlenswert,
-würdig Ew.: wert, empfohlen
zu werden * Emp|feh|lung,
die; –, -en: das Empfehlen :
empfehlendes Schreiben : achtungsvoller Gruß * Empfehlungsbrief; Empfehlungs|schreiben

emp|find|bar Ew.: so beschaffen, dass es empfunden werden
kann : fühlbar, spürbar *
emp|fin|deln (ich ..[e]le) intr.:
rührselig sein : kleinlich empfinden * emp|fin|den (du empfand[e]st, du empfändest, empfunden, empfind[e]!) tr.: sinnlich wahrnehmen : seelisch erregt werden : erdulden, leiden :
fühlen; intr.: mit Empfindung,
Gefühl begabt sein * empfunden Mw. Ew.: tief gefühlt *
Emp|fin|den, das; –s: Empfindung, Gefühl * emp|find|lich
Ew.: mit Empfindung begabt :
für Eindrücke leicht empfänglich : empfindsam : leicht verletzt : tief empfunden : verletzend * Emp|find|lich|keit, die;
–, -en: das Empfindlichsein :
Äußerung des Empfindlichseins : Verletzbarkeit *
emp|find|sam Ew.: gefühlvoll
: empfindlich * Emp|find|sam|keit, die; –, -en: das Empfindsamsein : Äußerung des
Empfindsamseins * Emp|fin|dung, die; –, -en: das Empfinden : Gefühl * empfindungsfä|hig Ew.; Empfindungskraft;
empfindungslos Ew.; Empfindungslosigkeit; Empfindungs|nerven; Empfindungsvermö|gen; empfindungsvoll Ew.;
Empfindungswort

Em|pha|se (gr.), die; –, -n:
Nachdruck im Reden : gewichtige Bedeutung eines Ausdrucks * em|pha|tisch Ew.:
nachdrücklich

Em|phy|sem (gr.), das; –s, -e:
abnorme Ansammlung von
Luft und anderen Gasen in Geweben oder Organen, vor allem
in der Lunge

Em|pire (fr.) [angpihr'], das;
–s: „Kaiserreich", Stil des ersten fr. Kaiserreichs unter Napoleon I. * Empirestil

Em|pire (e.) [empeier], das; –s:
das britische Weltreich

Em|pi|rie, Em|pi|rik (gr.), die;
–: Erfahrung, Belehrung durch
beobachtete Tatsachen : Erfahrungswissenschaft : das sinnlich Erfahrbare * Em|pi|ri|ker,
der; –s, –: einer, der sich auf
Erfahrungswissen stützt *
Em|pi|ri|o|kri|ti|zis|mus, der;
–: philosophische Richtung,
die als Grundlage jeglicher Erkenntnis nur die kritische Er-

fahrung zulässt * **em|pi|risch** Ew.: erfahrungsmäßig * **Em|pi|rist**, der; –en, –en: Vertreter des Empirismus * **Em|pi|ris|mus**, der; –: philosophische Richtung, die alle Erkenntnis nur aus der sinnlichen Erfahrung herleitet : (oft abwertend) eine bloß dem unmittelbar Erfahrbaren huldigende Denkart * **em|pi|ris|tisch** Ew.: zum Empirismus gehörend : den Empirismus verkörpernd **Em|plo|yé** (fr.) [angploajeh], der; –s, –s: Angestellter, Beamter

em|por Uw. (bes. als trennbares Vorw. vor Verben): in die Höhe * *emporarbeiten; emporblicken; emporbringen; empordrängen, empordringen; emporfahren; emporflattern; emporfliegen; emporgehen; emporhalten; emporheben; emporhelfen; –klettern; –klimmen; –kommen; Emporkömmling*, der; –s, –e (meist verächtl.) einer, der sich aus kleinen Verhältnissen in die Höhe gearbeitet hat; *emporquellen; emporragen; emporranken; emporrichten; emporschauen; emporschießen; emporschnellen; emporschweben; emporschwingen, emporsprossen; emporstarren; emporsteigen; emporstreben; emportragen; emporwachsen; emporziehen* * **Em|po|re**, die; –, –n: erhöhter Raum in der Kirche, im Saal : Nebengalerie * *Emporenkirche* * **em|pö|ren** tr.: „in die Höhe bringen", das Gefühl aufregen, entrüsten; rbz.: sich auflehnen gegen : einen Aufstand machen * **em|pö|rend** Ew.: schändlich, abscheulich * **Em|pö|rer**, der; –s, –: Aufrührer : Aufwiegler * **Em|pö|rung**, die; –, –en: Entrüstung : Aufruhr : Meuterei **Em|po|ri|um** (gr.-l.), das; –s, ..rien: Stapelplatz : Handelsplatz

Em|py|em (gr.), das; –s, –e: Eiterbildung in einer Körperhöhle [gr. em- und pyon Eiter] **em|py|re|isch** (gr.) Ew.: himmlisch * **Em|py|re|um**, das; –s: der Feuerhimmel, Sitz der Seligen * **Em|py|rie**, die; –, ..rien: Wahrsagung aus dem Opferfeuer **Ems:** Fluss in Nordwest-

deutschland * *Ems-Kanal; Dortmund-Ems-Kanal* * **Ems:** Kurort in Hessen * **Em|ser**, der; –s, –: Bewohner von Ems * **Em|ser** Ew. * *Emser Kränchen; Emser Salz*

Em|se, die; –, –n: Ameise * **em|sig** Ew.: fleißig * **Em|sig|keit**, die; –: das Emsigsein : Eifer : Unermüdlichkeit

E||mu, der; –s, –s: australischer Kasuar

E||mu|la|ti|on (l.-e.), die; –, –en: (EDV) Entwicklung (und Ausführung) eines Programms auf einem Computer für einen anderen [l. aemulatio Streben, es einem anderen gleich zu machen, Wetteifer]

E||mul|ga|tor (l.), der; –s, ..oren: für die Bildung einer Emulsion notwendiger Stoff * **e||mul|gie|ren** (..iert) (l.) tr.: in Emulsion verwandeln * **E||mul|sin**, das; –s: eiweißhaltiges Ferment bitterer Mandeln * **E||mul|si||on** (Chem.) feinste Verteilung einer Flüssigkeit in einer anderen : Pflanzenmilch, milchartige Flüssigkeit : (Fotografie) lichtempfindliche fotografische Schicht

E-Mu|sik: Kurzbezeichnung für ernste Musik im Ggs. zur Unterhaltungs- oder U-Musik **en..** (gr.) Vorsilbe in Zus.: ein, hinein; vgl. em..

en.. (fr.) [ang] Vorsilbe in Zus.: ein, hinein; vgl. em..

E||nak|i|ter, **E||naks|kin|der**, **E||naks|söh|ne** Mz.: Volk von Riesen in der Bibel **En|al|la|ge** (gr.), die; –, ..gai: Vertauschung, Verwechslung : (bes. Sprachl.) „Verschiebung" von Wörtern an eine andere als die logisch zugehörige Stelle, z. B. *der gelbe Zorn des Löwen* **En|an|them** (gr.), das; –s: Schleimhautausschlag **en|an|ti||o|trop** (gr.) Ew.: vorund rückwärts wandelbar * **En|an|ti||o|tro|pie**, die; –, –: Umwandelbarkeit von Zustandsformen oder Aggregatzuständen

en a|vant (fr.) [angnawang]: vorwärts! **en bloc** (fr.) [ang block]: im Ganzen, in Bausch und Bogen * **En-bloc-Ab|stim|mung**, ..-

An|nah|me, die; –, –n: Annahme eines Gesetzentwurfs im Ganzen **en ca|naille** (fr.) [angkannaj']: pöbelhaft, schurkisch * *enca-naillieren* (..iert) rbz.: sich mit verächtlichen Menschen gemein machen; vgl. Kanaille **en car|riè|re** (fr.) [ang karrjähr]: in vollem Laufe **En|cein|te** (fr.) [angßängt'], die; –, –n: Umwallung : Außenwerke einer Festung : Einkreisung des Wildes : die Umstellung

en|chan|té (fr.) [angschangteh] Mw.: „verzückt", „bezaubert", eine Höflichkeitsformel * **En|chan|te|ment** [angschangt'mang], das; –s, –s: Zauber : Bezauberung * **en|chan|tiert** Mw. Ew.: entzückt : begeistert **En|chi|ri|don** (gr.), das; –s, ..dien: Handbuch, kurzes Lehrbuch einer Wissenschaft **en|co|die|ren:** s. enkodieren **En|coun|ter** (e.), das; der; –s, –: (Psych.) Selbsterfahrungsund Sensibilisierungstraining in bzw. für Gruppen * *Encountergroup:* Selbsterfahrungsgruppe **En|cou|ra|ge|ment** (fr.) [angkuraseh'mang], das; –s, –s: Aufmunterung * **en|cou|ra|gie|ren** (..iert) tr.: ermuntern, antreiben : anfeuern **End..:** s. Ende

En|de, das; –s, –n: Endchen: Grenze, Grenzpunkt eines Gegenstandes : (ztl.) das Letzte, Schluss : kurzes Stück von etwas : etwas Hervorragendes, Spitze : Ausgang, Ergebnis : (seem.) ganzes Tau * *am Ende:* zuletzt : im Grunde; *letzten Endes:* schließlich : im Grunde; *zu Ende sein, gehen, bringen; Ende des Monats; Ende März* * *Endabsicht:* letzter Zweck; *Endausspruch; Endbahnhof; Endbescheid:* endgültiger Bescheid; *Endbestimmung; endbetont* Ew.: auf der letzten Silbe betont; *Endbuchstabe:* letzter Buchstabe; *Endeffekt; Endergebnis; endgültig* Ew.: entscheidend, unabänderlich; *Endkampf; endlos* Ew.: ohne Ende, ohne Aufhören; *Endlospapier; Endlösung:* endgültige Lösung eines Problems : im na-

tionalsozialistischen Sprachgebrauch verhüllende Bezeichnung für die Vernichtung der Juden; *Endmoräne:* Geröllwall am Ende eines Gletschers; *Endpunkt; Endreim:* Reim am Ende eines Verses; *Endrunde; Endsilbe; Endspiel:* Finale : (Schach) Schlussphase des Spiels, während der die Könige eingreifen; *Endspurt:* (Sport, Pferderennen) letzte Beschleunigung kurz vor dem Zieleinlauf; *Endstation; Endstück; Endsumme; Endurteil:* letztes Urteil; *Endverbraucher; Endzeit; Endziel; Endziffer; Endzweck:* letzter, höchster Zweck ✳ *Endesunterzeichnete,* der; die; –n, –n: (Kanzleispr.) der am Ende (des Briefes, der Urkunde usw.) seinen Namen unterzeichnet hat ✳ **en|den** tr.: zu Ende bringen : abschließen : einer Sachen Enden (Spitzen, Kanten usw.) geben; intr.: zum Schluss kommen : aufhören : ein Ende haben : auslaufen in ✳ *nicht enden wollender Applaus* ✳ **..en|der** in Zus.: Enden, Spitzen habend; z. B. *Achtender:* Hirsch mit acht Enden besitzendem Geweih ✳ **en|di|gen** intr.: enden ✳ **En|di|gung,** die; –, –en: das Endigen ✳ **end|lich** Ew.: ein Ende habend : eine bestimmte Größe habend, begrenzt, beschränkt : letzt : nach langer Zeit erfolgend ✳ **End|lich|keit,** die; –: das Endlichsein ✳ **En|dung,** die; –, –en: das, womit etwas endet : (Sprachl.) Wortausgang **En|de|mie** (gr.), die; –, ..mien: in einem begrenzten Gebiet auftretende Krankheit ✳ **en|de|misch** Ew.: einheimisch, örtlich ✳ **En|de|mis|mus,** der; –: (Biologie) örtlich begrenztes Vorkommen von Tieren und Pflanzen
en dé|tail (fr.) [ang dehtaj]: im Einzelnen, im Kleinen ✳ **En|de|tail|han|del,** der; –s: Einzelhandel
end|gül|tig usw.: s. Ende
En|di|vie (l., it., span.) [..w..], die; –, ..vien: krauser Lattich, eine Salatpflanze ✳ *Endivien-salat*
en|do.. (gr.) Vors. in Zus.: innen ✳ **En|do|der|mis,** die; –: innerste Wurzelhautschicht ✳

En|do|ga|mie, die; –, –n: soziale Ordnung bei Naturvölkern, die die Heirat nur innerhalb der eigenen Gruppe zulässt : Verwandtenehe ✳ **en|do|gen** Ew.: inwendig wachsend oder entstehend ✳ **En|do|kard,** das; –(e)s, –e; **En|do|kar|di|um,** das; –s, ..dien: innere Herzhaut ✳ **En|do|kar|di|tis,** die; –: Entzündung der Herzinnenhaut, zu Herzklappenfehlern führend ✳ **En|do|karp,** das; –(e)s, –e; **En|do|kar|pi|um,** das; –s, ..pien: innerste Fruchthülle ✳ **en|do|krin** Ew.: mit innerer Sekretion ✳ **En|do|kri|no|lo|gie,** die; –: Lehre von der inneren Sekretion ✳ **En|do|pro|the|se,** die; –, –n: in den Körper eingepflanztes künstl. Gelenk oder Knochenersatz ✳ **En|do|phyt,** der; –en, –en: niedere Pflanze, die in Gewebehöhlen anderer Pflanzen oder Tiere lebt ✳ **En|dor|phin,** das; –s, –e: (Med., Biologie) Kurzform für endogenes Morphin : dem Morphium verwandter körpereigener Eiweißstoff mit schmerzstillender Wirkung ✳ **En|dos|kop,** das; –s, –e: „Hineinblicker“, ein ärztl. Instrument mit Spiegel und Lichtquelle ✳ **En|dos|ko|pie,** die; –, –n: Untersuchung mit dem Endoskop ✳ **En|do|sperm,** das; –s, –e: Nährgewebe in den Pflanzensamen ✳ **En|do|thel,** das; –s, –e; **En|do|the|li|um,** das; –s, ..lien: zarte Innenhaut der Blutgefäße ✳ **en|do|therm, en|do|ther|misch** Ew.: Wärme bindend : durch Wärme wirkend
En|dos|se|ment, en|dos|sie|ren: s. Indossament usw.
en|do|ther|misch Ew.: s. endo..
End|ziel usw.: s. Ende
E|n|er|ge|tik (gr.), die; –: Lehre von der Energie und ihren Wandlungen ✳ **e|n|er|ge|tisch** Ew.: die Energetik betreffend ✳ **E|n|er|gie,** die; –, ..gien: Wirksamkeit : Tatkraft : Spannkraft : Arbeitsfähigkeit des Körpers, einer Kraftanlage : (Phys.) eine Maßeinheit wirkender Kraft ✳ *Energiefaktor:* Verhältnis der scheinbar verbrauchten elektr.

Energie zur wirklichen; *energielos* Ew.: ohne Tatkraft; *Energielosigkeit,* die; –: Willensschwäche, Unschlüssigkeit; *Energiemesser:* Elektrizitätszähler ✳ **e|n|er|gisch** Ew.: wirksam : tatkräftig : willensstark : entschlossen [gr. energeia Wirksamkeit]
E|n|er|va|ti|on, die; –, –en: nervliche Überbelastung : (Med.) fehlende Verbindung von Nerv und Organ ✳ **e|n|er|vie|ren** (..iert) (l.) [..w..] tr.: entnerven, entkräften ✳ *Enervierung*
en face (fr.) [ang fahß]: von vorn : gegenüber
en fa|mille (fr.) [ang famij']: in der Familie : unter sich
En|fants per|dus (fr.) [angfang perdüh] Mz.: „verlorene Kinder“, (übertr.) leichte Vortruppen, die zuerst angreifen ✳ **En|fant ter|rible** (fr.) [angfang tärrib'l], das; – –, – –s: „Schreckenskind“, ein Mensch, der seine Freunde (Partei) in Verlegenheit setzt und in Angst hält
En|fi|la|de (fr.), die; –, –n: Zimmerflucht mit geöffneten Türen ✳ **en|fi|lie|ren** (..iert) tr.: einfädeln : anreihen : jemanden in eine Gefahr, in ein Unternehmen verwickeln : (Heerw.) der Länge nach beschießen
eng, enge Ew.: klein, knapp : nicht weit ausgedehnt : dicht : gedrängt : wenig umfassend : beschränkt : drückend, beklemmend ✳ *eng, auf das (aufs) engste befreundet sein* ✳ *eng-anliegend →eng anliegend* Ew. und Mw.: (Kleid) dicht am Körper liegend; *engbegrenzt → eng begrenzt* Mw. Ew.: von den Grenzen eng eingeschlossen; *engbrüstig* Ew.: schmalbrüstig; *Engführung:* (Mus.) Anheben eines Fugenthemas, bevor es in der vorher einsetzenden Stimme ganz zu Ende geführt ist; *engherzig* Ew.: (übertr.) kleinlichen Sinn habend, großer Gefühle unfähig; *engmaschig* Ew.: eng beieinander liegende Maschen habend; *Eng-paß → Engpass:* schmaler Pass, enger Durchgang; *engsichtig* Ew.: beschränktes Blickfeld habend; *engstirnig:* borniert, von begrenztem geis-

tigen Vermögen; *engumgrenzt*
→ *eng umgrenzt; engverwandt*
→ *eng verwandt* ∗ En|ge, die;
–, –n: das Engsein : Beschränkung : enger Raum: bes. enger
Durchgang ∗ en|gen tr.: enge
machen : drängen : drücken :
beschränken

eng befreundet, engstirnig
Wortverbindungen aus Adjektiv und Partizip bzw. einem
weiteren Adjektiv werden getrennt geschrieben, wenn zu
dem ersten Adjektiv ein sinnvoller Komparativ gebildet
werden kann: *Wir sind eng be-*
freundet; sie sind noch enger
befreundet. Die Wortverbindung wird zusammengeschrieben, wenn ein solcher Komparativ nicht sinnvoll gebildet
werden kann: *engherzig, eng-*
stirnig. In diesen Fällen wird
die Wortverbindung als ganze
gesteigert: *engherziger, eng-*
stirniger.

En|ga|din: schweiz. Land-
schaft
En|ga|ge|ment (fr.) [an-
gaseh'mang], das; –s, –s: Verpflichtung : Anwerbung :
Dienst, Stellung (insbes. von
Künstlern) : Geschäftsab-
schluss : Aufforderung zum
Tanz ∗ en|ga|gie|ren (..iert) tr.:
verpflichten : anwerben : anstellen, mieten : zum Tanz auffordern : verdingen ∗ überreden; rbz.: sich einlassen : sich
binden
En|gel (gr.), der; –s, –; Engel-
chen, Engelein: „Bote", Him-
melsbote, geflügelter Him-
melsgeist : (übertr.) überaus
schöner Mensch : (übertr.) reiner, schuldloser Mensch :
Name einiger Tiere ∗ *ein Engel*
fliegt durchs Zimmer: es
herrscht heilige Stille ∗ *Engel-*
blume: eine Pflanze; *Engel-*
brot: Manna; *Engelfisch:* ein
Fisch; *engelfromm* Ew.: fromm
wie ein Engel; *engelgleich* Ew.;
Engelhai: Hai mit flügelförmi-
gen Brustflossen; *Engelma-*
cher: (volkst.) jmd., der ille-
gale Abtreibungen vornimmt,
Kurpfuscher; *engelrein* Ew.;
Engelschar; Engelsüß: eine
Pflanzengattung; *Engelwurz:*
eine Pflanze; *Engelszunge:* en-
gelhafte Sprache ∗ *Engelsant-*
litz: Antlitz eines Engels : en-

gelhaft schönes Antlitz; *En-*
gelsbild; Engelsgeduld; En-
gelsgüte: sehr große, selbstlose
Güte; *Engelskopf; Engelsrein-*
heit; Engelsstimme ∗
en|gel|haft Ew.: einem Engel
ähnlich ∗ eng|lisch Ew.: von
Engeln kommend : engelhaft :
s. England ∗ *der Englische*
Gruß: Kunstwerk von Veit
Stoß : kathol. Gebet, das Ave-
Maria ∗ *Englische Fräulein*
Mz.: Nonnenorden [Lw. aus gr.
angelos Bote]
En|ger|ling, der; –s, –e: ein
auf Angern wachsender essbarer Pilz, Champignon : sechs-
füßige Kerbtierlarve : (Gerb.)
durch Kerbtierlarven verursachte Löcher in Häuten
Eng|füh|rung: s. eng
Eng|land: südl. Teil Großbri-
tanniens ∗ Eng|län|der, der;
–s, –: Bürger Englands : jmd.,
der aus England stammt : ver-
stellbarer Schraubenschlüssel
∗ Eng|län|de|rei, die; –, –en:
Nachäffung der Engländer ∗
eng|län|dern (ich ..[e]re) intr.:
die Engländer nachahmen ∗
eng|lisch Ew.: aus England
stammend : auf England bezüglich : in der Art der Engländer ∗ *englische Broschur:*
ein Bucheinband; *der engli-*
sche Garten: ein im englischen Stil angelegter Land-
schaftsgarten; *der Englische*
Garten: Park in München; *die*
englische Krankheit: Rachitis;
die englische Sprache; das
Englische Parlament ∗ *Eng-*
lischblau, das; –: Porzellan-
blau; *Englischhorn:* ein Holzblasinstrument; *Englischle-*
der: starkes Baumwollgewebe
für Arbeitskleidung; *Englisch-*
pflaster: Heftpflaster; *Eng-*
lischrot: rote Farbe aus Eisenoxyd zum Streichen und Ma-
len ∗ eng|li|sie|ren tr.: einem
Pferd die niederziehenden
Schweifmuskeln durchschneiden, damit es den Schwanz
hoch trägt : den Schweif stutzen
eng|lisch: s. England
En|go|be (fr.) [anggob'] die;
–: farbiger Überguss bei Töp-
ferwaren ∗ en|go|bie|ren tr.:
mit Engobe überziehen
Eng|pass: s. eng
En|gramm (gr.), das; –s, –e:

„Inschrift", Gehirneindrucks-
spur : bleibende Erinnerung
en gros (fr.) [angroh]: im Großen ∗ *Engrosgeschäft:* Groß-
handelsgeschäft; *Engroshan-*
del; Engrospreis: Großhan-
delspreis ∗ En|gros|sist: s.
Grossist
En|har|mo|nik (gr.), die; –:
Gleichklang ∗ en|har|mo-
nisch Ew.: (Mus.) „in der Har-
monie liegend", gleichklingend
∗ *enharmonische Töne:* Töne,
deren Name sich ändert je nach
ihrer Zugehörigkeit zu der einen oder anderen Tonleiter,
z. B. fis und ges; *enharmoni-*
sche Tonarten Mz.: Tonarten,
die enharmonische Töne enthalten, z. B. Fis-Dur und Ges-
Dur; *enharmonische Verwechs-*
lung: klangneutrale Umdeu-
tung eines Tones oder Ak-
kords; nur in temperierter
Stimmung möglich
e|nig|ma|tisch: s. änigmatisch
En|jam|be|ment (fr.)
[angschangb'mang], das; –s,
–s: „das Hinüberschreiten", das
Übergreifen des Sinnes eines
Verses in den folgenden Vers,
sog. Zeilensprung
en|kaus|tie|ren (..iert) tr.: ein-
brennen : in Wachs eintauchen :
mit enkaustischen Farben ma-
len ∗ En|kaus|tik, die; –, –en:
alte Kunst, mit erhitztem Wachs
zu malen ∗ en|kaus|tisch Ew.:
eingebrannt : die Enkaustik betreffend ∗ *enkaustische Farben:*
mit Wachs verschmolzene und
dadurch gegen Feuchtigkeit un-
empfindliche Farben
En|kel, der; –s, –: Fußknöchel
En|kel, der; –s, –; Enkelchen,
Enkelein: des Kindes Kind ∗
Enkelfrau: Frau des Enkels;
Enkelkind; Enkelsohn: männlicher Enkel; *Enkeltochter:*
weiblicher Enkel ∗ En|ke|lin,
die; –, –nen: weiblicher Enkel
En|ke|pha|li|tis, En|ze|pha-
li|tis (gr.), die; –: Gehirnent-
zündung [gr. en- und kephalos
Kopf]
En|kla|ve (nl.) [..w..], die; –,
–n: in fremdem Gebiet einge-
schlossener Landesteil
En|kli|se (gr.), die; –, –n;
En|kli|sis, die; –, ..klisen: (im
Griechischen) das Zurückwerfen des Akzents eines Wortes
auf das vorhergehende :

(Sprachl.) Anlehnung eines unbetonten Wortes an das vorausgehende betonte: „willste" statt „willst du" ✳ **En|kli|ti|ka**, die; –, ..ken; **En|kli|ti|kon**, das; –s, ..ken und ..ka: enklitisches Wort ✳ **en|kli|tisch** Ew.: (Sprachl.) unter Tonverlust sich an das vorhergehende Wort anlehnend

en|ko|die|ren (e.) *auch:* encodieren tr.: eine Nachricht verschlüsseln

En|ko|mi|ast (gr.), der; –en, –en: Lobredner ✳ **En|ko|mi|as|tik**, die; –: Lobrednerei ✳ **En|ko|mi|on, En|ko|mi|um**, das; –s, ..mien: Lobschrift : Lobgedicht

en masse (fr.) [ang mass']: massenhaft

en mi|ni|a|ture (fr.) [ang miniatühr]: im Kleinen : verkleinert

en|net Vw. mit Dativ: (schweiz.) hinter, jenseits ✳ *ennet dem Haus* ✳ **en|net|bir|gisch** Ew.: jenseits der Berge, hinter den Bergen

en|nu|yant (fr.) [angnüijang] Mw. Ew.: langweilig : verdrießlich ✳ **en|nu|yie|ren** (..iert) tr.: langweilen : ärgern : lästig sein

e|norm (l.) Ew.: sehr groß, riesig : ungeheuer, unerhört : herrlich, wunderbar ✳ **E|nor|mi|tät**, die; –, –en: das Übermaß

en pas|sant (fr.) [ang passang]: beiläufig : flüchtig : ein Zug mit Figurengewinn im Schachspiel

en pro|fil (fr.) [ang..]: im Profil, von der Seite gesehen

En|que|te (fr.) [angkäht], die; –, –n: (amtliche oder gerichtliche) Untersuchung, Erhebung, Nachforschung ✳ *Enquetekommission*

en|ra|gie|ren (..iert) tr.: rasend, toll machen, in Wut bringen ✳ **en|ra|giert** Mw. Ew.: leidenschaftlich eingenommen : wütend

en|rol|lie|ren (..iert) (fr.) [ang..] tr.: in die Rolle oder Liste schreiben : anwerben (von Truppen)

en route (fr.) [ang rut]: unterwegs

ens (l.): das Seiende : absolut reales, vollkommenes Wesen :

Gott ✳ **ens ra|ti|o|nis** (l.): Gedankenwesen, bloß in der Vorstellung vorhandenes Ding

En|sem|ble (fr.) [angßangb'l], das; –s, –s: ein Ganzes : Gruppe zusammenwirkender Künstler : Zusammenspiel : mehrteiliges Kleidungsstück für Damen ✳ *Ensemblemusik:* Tanz- und Unterhaltungsmusik; *Ensemblespiel*

En|si|la|ge (fr.) [angßilasch'], die; –: die Bereitung des Gärfutters in den Silos; s. Silage

en suite (fr.) [angßüitt]: in einem fort, in steter Folge : im Folgenden

ent|am|ten tr.: des Amtes entsetzen

ent|ar|ten intr. (sein), rbz.: die wesentlichen Eigenschaften der Art verlieren : aus der Art schlagen : degenerieren ✳ **ent|ar|tet** Ew.: degeneriert ✳ **Ent|ar|tung**, die; –, –en: das Entarten ✳ *Entartungserscheinungen*

Ent|a|se, En|ta|sis (gr.), die; –, ..tasen: (Baukst.) Bauchung der Säulen

ent|as|ten, ent|äs|ten tr.: der Äste berauben

ent|äu|ßern rbz. mit Gen.: sich von etwas befreien : etwas weggeben : entsagen ✳ **Ent|äu|ße|rung**, die; –: Verzicht, Weggabe

ent|beh|ren (veralt.) intr. mit Gen., tr.: etwas (Notwendiges) nicht haben, missen; (etwas –können) nicht brauchen, nicht nötig haben ✳ **ent|behr|lich** Ew.: leicht zu entbehren ✳ **Ent|behr|lich|keit**, die; –: das Entbehrlichsein ✳ **Ent|beh|rung**, die; –, –en: das Entbehren : Not

ent|bei|nen tr.: von Knochen befreien

ent|bie|ten tr.: (einem etwas –) melden : (einen –) kommen lassen ✳ *einen Gruß entbieten:* jmdn. grüßen

ent|bin|den tr.: losbinden, befreien : lossprechen ✳ *eine Frau (von einem Kind) entbinden:* einer Frau bei der Geburt helfen; intr.: gebären ✳ **Ent|bin|dung**, die; –, –en: Freimachung : Geburt ✳ *Entbindungsheim; Entbindungsstation*

ent|blät|tern tr.: der Blätter be-

---

rauben; rbz.: sich entkleiden ✳ **Ent|blät|te|rung**, die; –, –en: das Entblättern : das Entblättertwerden

ent|blö|den rbz.: die Blödigkeit ablegen : (nur in Verneinung) *er entblödete sich nicht zu behaupten..:* er war so dreist zu behaupten..

ent|blö|ßen tr.: bloßmachen, entkleiden : abnehmen ✳ **Ent|blö|ßung**, die; –, –en: das Entblößen

ent|bren|nen intr. (sein): in Flammen ausbrechen : (übertr.) sich mächtig regen, in heftige innere Erregung und Leidenschaft geraten

ent|bü|ro|kra|ti|sie|ren tr.: den Verwaltungsweg vereinfachen

Ent|chen: s. Ente

ent|chlo|ren tr.: von Chlor befreien

ent|dä|mo|ni|sie|ren (..iert) (dtsch.-gr.) tr.: von einem Dämon befreien

ent|de|cken tr.: die Decke von etwas abnehmen : etwas Unbekanntes zur Kenntnis bringen; rbz.: sich offenbaren ✳ **Ent|de|cker**, der; –s, –: ein Entdeckender, bes. Forscher, der etwas Neues findet ✳ *Entdeckerfreude:* Freude beim Entdecken ✳ **Ent|de|ckung**, die; –, –en: das Entdecken : das Entdeckte ✳ *Entdeckungsreise:* Forschungsreise; *Entdeckungszeitalter*

En|te, die; –, –n; Entchen: in der Gans ähnlicher Vogel : falsche Zeitungsmeldung, lügenhaftes Gerücht (eig.: n. t. = non testatum [l.] nicht verbürgt) [Übertr. aus fr. le canard] ✳ *kalte Ente:* Getränk ✳ *Entenbeize:* Entenjagd mit Falken; *Entenbraten; Entenbürzel; Entenfang:* das Fangen wilder Enten : der Ort dazu; *Entenflott:* Wasserlinse; *Entenflug; Entengras, Entengrün, Entengrütze:* Entenflott; *Entenjagd; Entenmuschel; Entenpfuhl; Entenschnabel; Ententeich; Entenwal:* Pottwal ✳ **En|te|rich**, der; –(e)s: Männchen der Ente, Erpel

ent|eh|ren tr.: der Ehre berauben, schänden ✳ **Ent|eh|rer**, der; –s, –: Schänder ✳ **Ent|eh|rung**, die; –, –en: das Entehren : das Entehrtwerden

ent|eig|nen tr.: der Eigentums-

rechte berauben * **Ent|eig|nung**, die; –, –en: das Enteignen * *Enteignung(s)verfahren*
ent|ei|len intr. (sein): wegeilen, eilend entfliehen
ent|ei|sen tr.: vom Eis befreien * **Ent|ei|sung**, die; –, –en: das Enteisen
ent|ei|se|nen tr.: vom Eisen befreien * **Ent|ei|se|nung**, die; –, –en: das Enteisenen * *ent|ei|sent:* von Eisen befreit (Mineralwasser)
En|te|le|chie (gr.), die; –, ..chien: (Philos.) die jedem Lebewesen innewohnende Kraft, sich seinen Anlagen gemäß zu entwickeln : eine Stufe dieses Entwicklungsvorgangs : bei Aristoteles erscheint die Seele als Entelechie des Leibes
En|ten|flott, **En|ten|grün** usw.: s. Ente
En|ten|te (fr.) [angtangt'], die; –, –n: Einverständnis : Staatenbündnis * *die Große Entente:* im ersten Weltkrieg gegen Deutschland handelndes Staatenbündnis; *die Kleine Entente:* Bündnis von Tschechoslowakei, Polen, Rumänien und Jugoslawien nach dem ersten Weltkrieg * *Ententemächte* * **En|ten|te cor|di|ale** [..kordjal], die; – –: „herzliches Einverständnis", Bündnis zwischen England und Frankreich nach 1904 * **En|ten|tist**, der; –en, –en: Mitglied der Großen Entente
En|ter, der; das; –s, –: einjähriges Pferd oder Rind
En|ter|tas|te, die; –, –n: Taste zur Eingabebestätigung am PC
En|te|ral|gie (gr.), die; –, ..gien: Darmschmerz * **en|te|risch** Ew.: die Eingeweide betreffend : von den Eingeweiden herrührend * **En|te|ri|tis**, die; –: Darmentzündung * **en|te|ro|gen** Ew.: im Darm seinen Ursprung habend * **En|te|rok|ly|se**, die; –, –en: Darmspülung * **En|te|ro|lo|gie**, die; –: Lehre von den Eingeweiden * **En|te|ros|kop**, das; –s, –e: mit Spiegel und Lichtquelle ausgestattetes Instrument zur Darmuntersuchung * **En|te|ros|ko|pie**, die; –, –n: Darmuntersuchung mittels Enteroskop * **En|te|ros|to|mie**, die; –,

..mien: Anlegung eines künstlichen Afters * **En|te|ro|to|mie**, die; –, ..mien: Darmschnitt
ent|er|ben tr.: von der Erbschaft ausschließen * **Ent|er|bung**, die; –, –en: das Enterben
En|ter|ha|ken: s. entern
En|te|rich: s. Ente
en|te|risch usw.: s. Enteralgie
en|tern (ich ..[e]re) tr.: „hineingehen", feindliches Schiff durch Haken heranziehen und besteigen; intr.: (seem.) klettern * *Enterbeil:* Beil zum Kappen der Taue des feindlichen Schiffes beim Entern; *Enterbrücke:* Schiffsbrücke; *Enterdregge; Enterhaken; Entermesser,* das; –s, –: ehem. Waffe beim Entern * **En|te|rer**, der; –s, –: ein Enternder * **En|te|rung**, die; –, –en: das Entern [l. entrare eintreten]
En|te|rok|ly|se usw.: s. Enteralgie
En|ter|tai|ner, der; –s, –: Conferencier, Unterhaltungskünstler
ent|fa|chen tr.: anfachen
ent|fah|ren intr. (sein): herausfahren : ungewollt entwischen
ent|fal|len intr. (sein): fallend verlorengehen : dem Gedächtnis entschwinden : (Wort) entschlüpfen : zuteil werden
ent|fal|ten tr.: auseinander falten : darlegen, entwickeln; rbz.: aufblühen (von Knospen) * *entfaltbar; Entfaltungsmöglichkeit*
ent|fär|ben tr.: die Farbe wegnehmen; rbz.: Farbe verlieren * **Ent|fär|bung**, die; –: das Entfärben * *Entfärbungsmittel:* chemische Mittel zum Entfärben
ent|fer|nen tr.: in die Ferne bringen : wegschaffen; rbz.: weggehen : von etwas abkommen * *entfernt* Mw.: abgelegen : fern * *nicht im entferntesten → nicht im Entferntesten:* nicht im Geringsten * **Ent|fer|nung**, die; –, –en: das Entfernen : das Entferntsein : Abstand * *Entfernungsmesser:* Gerät zum Messen von Entfernungen, Abständen, Strecken
ent|fes|seln tr.: von den Fesseln befreien : (übertr.) frei machen, entbinden * *Entfesselung; -skünstler; Entfeßlung;*

–skünstler → *Entfesslung; –skünstler*
ent|fet|ten tr.: von Fett befreien * **Ent|fet|tung**, die; –, –en: das Entfetten : das Magerwerden * *Entfettungsbad; Entfettungskur*
ent|feuch|ten tr.: (Raumluft) von Feuchtigkeit befreien * *Entfeuchter, Luftentfeuchter:* Gerät zum Entfeuchten der Raumluft
ent|flam|men tr.: in Flammen setzen, rbz., intr. (sein): entbrennen
ent|flat|tern intr. (sein): flatternd entfliegen
ent|flech|ten tr.: auseinander flechten
ent|fle|cken tr.: von Flecken befreien
ent|flie|gen intr. (sein): fliegend entkommen
ent|flie|hen intr. (sein): fluchtartig zu entkommen suchen : fliehend entweichen
ent|flie|ßen intr. (sein): fließend entströmen
ent|flüch|ten intr. (sein): entfliehen
ent|frem|den tr.: (einem etwas –) fremd machen : entwenden; intr. (sein): fremd werden * **Ent|frem|dung**, die; –, –en: das Entfremden : das Fremdwerden
ent|fros|ten tr.: von Vereisung befreien
ent|füh|ren tr.: einen Menschen rauben * **Ent|füh|rer**, der; –s, –: ein Entführender * **Ent|füh|rung**, die; –, –en: das Entführen
ent|fu|seln tr.: vom Fuselöl reinigen
ent|ga|sen tr.: von Gas entleeren, säubern * **Ent|ga|sung**, die; –: das Entgasen
ent|ge|gen Uw.: sich zu etwas hinbewegend * *entgegenbringen* tr. (ich bringe entgegen, entgegengebracht, entgegenzubringen): einem Kommenden sich nähernd etwas bringen; *entgegeneilen* intr.: eilend entgegengehen; *entgegenfahren* intr.: einem Kommenden sich fahrend nähern; *entgegenführen* tr.; *entgegengehen* intr.: sich einem Kommenden (ein Stück Weges) nähern; *entgegenharren* intr.: sich harrend zu jemand hinsehen; *entgegen-*

jauchzen intr.: jauchzend entgegenkommen : jauchzend begrüßen; *entgegenkommen* intr.: sich einem Kommenden nähern : nachgeben : die ersten Schritte tun zur Verständigung : Milde zeigen, helfen; *Entgegenkommen,* das, –s: Nachgiebigkeit : Gefälligkeit; *entgegenkommenderweise* Uw.: in entgegenkommender Weise; *entgegenlaufen* intr.; *entgegennehmen* tr.: in Empfang nehmen; *entgegenreisen* intr.; *entgegensehen* intr.: abwarten : erwarten; *entgegentragen* tr.; *entgegenziehen* intr.: entgegengehen ∗ **ent|gegen** Uw. Vw. mit Dat.: gegensätzlich : etwas bekämpfend, ihm zuwider handelnd ∗ *einem, einer Sache entgegen sein:* bekämpfen ∗ *entgegenarbeiten* intr.: in feindlich bekämpfender Absicht arbeiten; *entgegengesetzt* Mw. Ew.: gegensätzlich; *entgegengesetztenfalls* Uw.: im entgegengesetzten Falle; *entgegenhandeln* intr.: das Gegenteil des Geforderten oder Erwarteten tun; *entgegensetzen* tr.: als Gegensatz aufstellen; *entgegenstellen* tr.: feindlich gegenüberstellen; rbz.: sich widersetzen; *entgegentreten* intr.: angriffsbereit gegenübertreten; *entgegenwirken* intr.: entgegenarbeiten ∗ **ent|geg|nen** tr., intr.: erwidern ∗ **Ent|geg|nung,** die; –, –en: Erwiderung : Antwort : Einwendung

ent|ge|hen intr. (sein): entweichen : entkommen : nicht bemerken, übersehen ∗ *sich etwas nicht entgehen lassen*

ent|geis|tern tr.: bestürzen : der Lebensgeister berauben ∗ **ent|geis|tert** Ew.: unangenehm überrascht : bestürzt : wie vor den Kopf geschlagen ∗ **Ent|geis|te|rung,** die; –: das Entgeistertsein ∗ **ent|geis|ti|gen** tr.: ungeistig machen ∗ **Ent|geis|ti|gung,** die; –: das Entgeist(ig)en

Ent|gelt, das; der; –(e)s, –e (östr. nur das): Ersatz : Lohn ∗ **ent|gel|ten** tr.: Ersatz leisten : bezahlen : leiden, büßen für etwas ∗ **ent|gelt|lich** Ew., meist Uw.; gegen Bezahlung

ent|gif|ten tr.: des Gifts berauben ∗ **Ent|gif|tung,** die; –, –en: das Entgiften

ent|glei|sen (du entgleisest und entgleist) intr. (sein): aus dem Gleis kommen : (übertr.) vom rechten Weg abkommen ∗ **Ent|glei|sung,** die; –, –en: das Entgleisen : unschickliches Verhalten

ent|glei|ten intr. (sein): gleitend entweichen

ent|glit|schen intr.: entgleiten

ent|glo|ri|fi|zie|ren tr.: jmdm. oder etwas den (falschen) Glorienschein nehmen

ent|göt|tern tr.: der Götter berauben ∗ **Ent|göt|te|rung,** die; –, –en: das Entgöttern

ent|got|ten tr.: des Gottes, des Göttlichen berauben

ent|gra|ten tr.: überstehende Grate von einem bearbeiteten Metallstück entfernen

ent|grä|ten tr.: (Fische) Gräten herausnehmen

ent|gür|ten tr.: den Gurt lösen

ent|haa|ren tr.: der Haare befreien ∗ **Ent|haa|rung,** die; –: das Enthaaren ∗ *Enthaarungskrem; –mittel*

Ent|hal|pie (gr.), die; –: physikalische Zustandsgröße (Wärmeinhalt bei konstantem Druck)

ent|hal|ten tr.: etwas als Inhalt haben : entfernt halten von etwas : vor etwas bewahren; rbz. mit Gen.: sich fernhalten von etwas : einer Sache entsagen ∗ **ent|halt|sam** Ew.: sich eines Genusses, bes. des Alkohols, ganz enthaltend ∗ **Ent|halt|sam|keit,** die; –: das Enthaltsamsein : Entsagung, Verzicht : Mäßigkeit, Bescheidenheit ∗ **Ent|hal|tung,** die; –, –en: das Enthalten, bes. bei der Stimmabgabe

ent|här|ten tr.: der Härte berauben : im Wasser gelöste Mineralsalze entfernen ∗ *Wasserenthärter*

ent|haup|ten tr.: einem (zur Strafe nach richterlichem Spruche) das Haupt vom Rumpf schlagen ∗ **Ent|haup|tung,** die; –, –en: das Enthaupten

ent|häu|ten tr.: die Haut abziehen

ent|he|ben tr.: wegheben : (einen einer Verpflichtung –) entbinden : (einen eines Amtes –) absetzen ∗ **Ent|he|bung,** die; –, –en: das

Entheben : Entlassung : Absetzung

ent|hei|li|gen tr.: der Heiligkeit berauben, entweihen ∗ **Ent|hei|li|gung** die; –, –en: das Entheiligen

ent|hem|men tr.: lösen : von Hemmungen befreien (auch med.)

ent|hül|len tr.: etwas durch Wegnahme der Hülle sichtbar machen ∗ **Ent|hül|lung,** die; –, –en: das Enthüllen

ent|hül|sen tr.: der Hülse berauben

ent|hu|ma|ni|sie|ren tr.: jmdn. seiner Menschlichkeit berauben : etwas seines humanen Gehalts berauben ∗ *enthumanisierende Arbeitsbedingungen* ∗ *Enthumanisierung*

en|thu|si|as|mie|ren (..iert) (gr.) tr.: begeistern ∗ **En|thu|si|as|mus** (gr.), der; –: Begeisterung, Hochgefühl : Schwärmerei ∗ **En|thu|si|ast,** der; –en, –en: Begeisterter : Schwärmer ∗ **en|thu|si|as|tisch** Ew.: begeistert, entflammt : schwärmerisch [gr. *enthus* von *entheos* gottvoll]

En|thy|mem (gr.), das; –s, –e: das zu Beherzigende, die Betrachtung : ein unvollständiger Vernunftschluss, der nur einen der beiden Vordersätze enthält

ent|i|de|o|lo|gi|sie|ren tr.: von ideologischem Ballast befreien

En|ti|tät (ml.), die; –, –en: das Dasein eines Dinges im Unterschied zu seiner Wesenheit

ent|jo|chen tr.: des Jochs entledigen

ent|jung|fern tr.: der Jungfernschaft berauben ∗ **Ent|jung|fe|rung,** die; –, –en: das Entjungfern

ent|kal|ken tr.: dem Boden künstlich Kalk entziehen : Wasser führende Leitungen von Kalkablagerungen befreien ∗ *Kaffeemaschinenentkalker*

ent|kei|men intr. (sein): einem Keim entsprießen : von Keimen befreien, desinfizieren

ent|ker|nen tr.: von Kern(en) befreien ∗ **Ent|ker|ner,** der; –s, –: Gerät zum Entkernen von Kernobst

ent|kirch|li|chen tr.: der Kirche entfremden

ent|klei|den tr.: der Kleidung berauben; rbz.: sich auszuziehen ent|knäu|eln (ich ..[e]le) tr.: abwickeln : entflechten

ent|knech|ten tr.: aus Knechtschaft befreien

ent|knos|pen intr. (sein): aufblühen : knospend entsprießen; tr.: der Knospen berauben ✳ Ent|knos|pung, die; –, –en: das Entknospen

ent|kno|ten tr.: einen Knoten auflösen ✳ Ent|kno|tung, die; –, –en: das Entknoten

ent|kof|fe|i|nie|ren tr.: vom Koffein befreien ✳ entkoffeinierter Kaffee

ent|koh|len tr.: vom Kohlenstoff frei machen ✳ Ent|koh|lung, die; –, –en: das Entkohlen

ent|ko|lo|ni|a|li|sie|ren tr.: von kolonialer Herrschaft befreien

ent|kom|men intr. (sein): entfliehen ✳ Ent|kom|men, das; –s: das Entfliehen

ent|kop|peln tr.: von einer Kopplung befreien ✳ Ent|kopp|ler, der; –s, –: funktechnisches Gerät

ent|kor|ken tr.: vom Kork(en) befreien

ent|kräf|ten tr.: der Kraft berauben : widerlegen ✳ Ent|kräf|tung, die; –, –en: das Entkräften : Kraftlosigkeit

ent|kramp|fen tr.: von krampfartiger Spannung befreien ✳ Ent|kramp|fung, die; –, –en: das Entkrampfen, Entspannen

ent|krie|chen intr. (sein): kriechend entschlüpfen

ent|la|den (entlud, entladen) tr.: von etwas Drückendem befreien : (Gewehr, Transportmittel) von der Ladung befreien : von Elektrizität befreien; rbz. mit Gen.: sich von etwas befreien (oft explosionsartig) ✳ Ent|la|der, der; –s, –: Arbeiter, der Wagen oder Schiffe entlädt : Docker ✳ Ent|la|dung, die; –, –en: das Entladen

ent|lang Uw. Vw. mit (meist vorangehendem) Akk.: in die Länge sich erstreckend : längs : (ztl.) hindurch ✳ den Weg entlang; Vw. mit Gen.: längs ✳ entlang des Weges; (selten und nur in gesprochener Sprache mit Dat.) am Weg –; – dem Weg ✳ entlangfahren tr., intr.; entlanggehen intr.; entlanglaufen intr.

ent|lar|ven tr.: die Larve abnehmen : enthüllen, überführen ✳ Ent|lar|vung, die; –, –en: das Entlarven : Enthüllung

ent|las|sen tr.: erlauben zu gehen : Arbeitsverhältnis lösen ✳ Ent|las|sung, die; –, –en: das Entlassen : Kündigung des Dienstverhältnisses ohne Einhaltung der Kündigungsfrist ✳ Entlassungsfeier; Entlassungsgesuch; Entlassungspapiere; Entlassungsschein

ent|las|ten tr.: entbürden, von der Last befreien ✳ Ent|las|tung, die; –, –en: das Entlasten : das Entlastetsein ✳ Entlastungsbogen; Entlastungszeuge; Entlastungszug

ent|lau|ben tr.: entblättern

ent|lau|fen intr. (sein): davonlaufen : Mw.: davongelaufen ✳ ein entlaufener Sträfling

ent|lau|sen tr.: von Läusen befreien ✳ Ent|lau|sung, die; –, –en: das Entlausen

ent|le|di|gen tr., rbz. mit Gen.: frei machen ✳ sich einer Sache entledigen ✳ Ent|le|di|gung, die; –, –en: das Entledigen

ent|lee|ren tr., rbz.: ausleeren ✳ Ent|lee|rung, die; –, –en: das Entleeren : das Entleerte

ent|le|gen Ew.: entfernt gelegen ✳ Ent|le|gen|heit, die; –, –en: das Entferntgelegensein : Abgelegenheit

ent|leh|nen tr.: entleihen ✳ Ent|leh|nung, die; –, –en: das Entlehnen

ent|lei|ben tr.: des Lebens berauben : vom Leibe losmachen ✳ Ent|lei|bung, die; –, –en: das Entleiben

ent|lei|hen tr.: leihend entnehmen ✳ Ent|lei|her, der; –s, –: ein Entleihender : einer, der etwas entliehen hat

Ent|lein: Entchen, s. Ente

ent|lo|cken rbz.: die Verlobung auflösen ✳ Ent|lo|bung, die; –, –en: Lösen der Verlobung

ent|lo|cken tr.: weglocken : (Töne –) hervorlocken

ent|loh|nen tr.: den Lohn geben ✳ Ent|loh|nung, die; –, –en: das Entlohnen : Lohn für geleistete Arbeit

ent|lüf|ten tr.: (Raum –) von verbrauchter Luft befreien ✳ Ent|lüf|ter, der; –s, –: Luftreinigungsapparat : Exhaustor ✳ Ent|lüf|tung, die; –, –en: das

Entlüften ✳ Entlüftungsanlage

ent|mach|ten tr. (sein): der Macht berauben ✳ Ent|mach|tung, die; –: das Entmachten

ent|mag|ne|ti|sie|ren tr.: in einen unmagnetischen Zustand versetzen ✳ Ent|mag|ne|ti|sie|rung, die; –, en: das Entmagnetisieren

ent|man|nen tr.: einen Mann seiner Geschlechtsteile oder Fortpflanzungsfähigkeit berauben : der Manneskraft berauben ✳ Ent|man|nung, die; –, –en: das Entmannen : Sterilisation

ent|ma|te|ri|a|li|sie|ren (..iert) tr.: von der Materie befreien : entstofflichen ✳ Ent|ma|te|ri|a|li|sie|rung, die; –, en: das Entmaterialisieren

ent|men|schen (du entmensch[e]st),

ent|mensch|li|chen tr.: der Menschlichkeit berauben, zum Unmenschen machen ✳ entmensch Mw. Ew.: unmenschlich : viehisch roh

ent|mie|ten tr.: Gebäude oder Wohnungen von Mietern befreien, um sie einer rentableren Nutzung zuzuführen

ent|mi|li|ta|ri|sie|ren tr.: vom militärischen Einfluss frei machen : abrüsten ✳ entmilitarisierte Zone ✳ Ent|mi|li|ta|ri|sie|rung, die; –: das Entmilitarisieren

ent|mi|nen tr.: von Minen säubern

ent|mi|schen tr.: Bestandteile eines Gemischs voneinander trennen

ent|mis|ten tr.: von Mist befreien : (übertr.) aufräumen

ent|mün|di|gen tr.: unter Vormundschaft stellen : (übertr.) jmdm. die Mündigkeit absprechen : jmdn. bevormunden ✳ Ent|mün|di|gung, die; –, –en: das Entmündigen

ent|mu|ti|gen tr.: des Mutes berauben : mutlos machen ✳ Ent|mu|ti|gung, die; –, –en: das Entmutigen : das Entmutigtsein, Mutlosigkeit

ent|mys|ti|fi|zie|ren tr.: von Mystifikationen befreien : aufklären

ent|my|thi|sie|ren, ent|my|tho|lo|gi|sie|ren tr.: von irrationalen mythologischen Vorstellungen befreien ✳ Ent|my-

tho|lo|gi|sie|rung, die; –, –en: das Entmythologisieren

Ent|nah|me, die; –, –n: das Entnehmen : das Entnommene **✻ ent|neh|men** tr.: aus einem Behältnis, aus einer Menge herausnehmen : Informationen gewinnen : (zuw.) entziehen **✻ Ent|neh|mer**, der; –s, –: ein Entnehmender

ent|na|ti|o|na|li|sie|ren (..iert) tr.: reprivatisieren : der nationalen Eigenart berauben

ent|na|zi|fi|zie|ren tr.: frei machen von nationalsozialistischen Gedanken und Einflüssen : freisprechen vom Nationalsozialismus **✻ Ent|na|zi|fi|zie|rung**, die; –: das Entnazifizieren **✻** *Entnazifizierungsgesetz; Entnazifizierungskommission*

ent|neh|men: s. Entnahme

ent|ner|ven tr.: entkräften **✻ ent|nervt** Ew.: geschwächt : übernervös **✻ Ent|ner|vung**, die; –, –en: das Entnerven : das Entnervtsein

En|to|blast, En|to|derm, das, –s, –e: (Biologie) inneres Keimblatt des Embryos

ent|öl|len tr.: (Kakao) von Ölen befreien

En|to|mo|lith (gr.), der; –(e)s, –e: versteinertes Kerbtier **✻ En|to|mo|lo|gie**, die; –, ..gien: Lehre von den Insekten **✻ en|to|mo|lo|gisch** Ew.: die Insektenkunde betreffend **✻ En|to|mon** (gr.), das; –s, ..tomona: Insekt

en|to|pisch (gr.) Ew.: am Orte befindlich : einheimisch

En|to|plas|ma, das, –s, –men: innere Schicht des Protoplasmas

ent|op|tisch (gr.) Ew.: im Inneren des Auges gelegen

en|to|tisch (gr.) Ew.: innen befindlich **✻** *entotische Geräusche:* Geräusche im Ohr

En|tout|cas (fr.) [angtuhka], der; –, –: „für alle Fälle", großer Schirm gegen Sonne und Regen

En|to|xis|mus (gr.), der; –, ..men: Vergiftung

En|to|zo|on, das; –s, ..zoen und ..zoa: Eingeweidewurm, Schmarotzer

ent|per|sön|li|chen tr.: der Persönlichkeit berauben **✻ Ent|per|sön|li|chung**, die; –:

Persönlichkeitszerfall, Selbstentfremdung

ent|pflich|ten tr.: der Pflicht entbinden : emeritieren

ent|po|li|ti|sie|ren tr.: der politischen Bedeutung berauben

ent|pup|pen tr., rbz.: von der Puppenhülle frei machen : sich überraschend als etwas zeigen

ent|quel|len intr. (sein): quellend entströmen

ent|raf|fen tr., rbz.: entreißen

ent|rah|men tr.: den Rahm abschöpfen **✻ Ent|rah|mer**, der; –s, –: Schleuder zum Entrahmen der Milch **✻ Ent|rah|mung**, die; –: das Entrahmen

ent|ra|ten intr. mit Gen.: entbehren **✻** *einer Sache nicht entraten können*

ent|rät|seln (ich ..[e]le) tr.: Rätselhaftes enthüllen **✻ Ent|rät|se|lung**, die; –, –en: das Enträtseln

ent|rau|ben tr.: raubend nehmen

en|tre (fr.) [ant'r]: zwischen : unter : in der Mitte

En|tre|akt (fr.) [angtr'akt], der; –s, –e: Zwischenspiel, Zwischenakt

En|tre|chat (fr.) [angt'rscha], der; –s, –s: ein künstl. Tanzsprung, Kreuzsprung

ent|rech|ten tr.: eines Rechtes berauben **✻ Ent|rech|tung**, die; –, –en: das Entrechten

En|tre|cote (fr.) [angt'koht'], der; das; –s, –s: Rippenstück vom Rind

En|tree (fr.) [angtreh], das; –s, –s: Eingang : Vorzimmer : Zutritt bei großen Herren : Vorspeise : die Einleitung, Eröffnungsstück : Eintrittsgeld **✻** *Entreetür*

En|tre|filet (fr.) [angt'rfiläh], das; –s, –s: zwischen den Zeilen zu lesende Mitteilung : Anzeige im Textteil

En|tre|mets (fr.) [angt'rmäh], das; –, –: Zwischengericht : Süßspeise

en|tre nous (fr.) [angt'rnuh]: unter uns, im Vertrauen : ungezwungen

En|tre|pot (fr.) [angt'rpoh], das; –s, –s: Lagerhaus : Warenspeicher beim Zoll

En|tre|pre|neur (fr.)

[angt'rprenöhr], der; –s, –s: Unternehmer : Veranstalter **✻ en|tre|pre|nie|ren** [angt'r.] (..iert) tr.: unternehmen, übernehmen **✻ En|tre|pri|se** [..prihs'] die; –, –n: Unternehmung

En|tre|sol (fr.) [angt'rßoll], das; –s, –s: Halbgeschoss, Zwischenstock

ent|rich|ten tr.: das Schuldige zahlen **✻ Ent|rich|tung**, die; –, –en: das Entrichten

ent|rie|geln tr.: aufriegeln

ent|rie|seln intr. (sein): rieselnd entströmen

ent|rin|den tr.: von der Rinde befreien

ent|rin|gen tr., rbz.: ringend entziehen : absichtslos, aber mühsam herauskommen

ent|rin|nen intr. (sein): entfahren : entwischen : fliehend entkommen

ent|rip|pen tr.: ausrippen (z. B. Tabaksblätter)

ent|rol|len intr. (sein): rollend entfallen, niederrollen : weg-, dahinrollen; tr., rbz.: rollend entfalten

En|tro|pie (gr.), die; –, ..pien: (Thermodynamik) Zustandsgröße, die die atomare oder molekulare Unordnung eines Systems beschreibt : (Kybernetik) mittlerer Informationsgehalt einer Nachricht **✻ En|tro|pi|um** (gr.), das; –s, –pien: (Med.) krankhafte Einwärtsdrehung des Augenlides

ent|ros|ten tr.: von Rost befreien **✻ Ent|ros|tung**, die; –: das Entrosten **✻** *Entrostungsmittel:* Mittel zum Entfernen von Rost

ent|rü|cken tr., rbz.: mit oder wie mit einem Ruck fortbewegen **✻ ent|rückt** Ew.: fern : verträumt : versunken **✻ Ent|rückt|heit**, die; –: das Entrücktsein

ent|rüm|peln tr.: von Gerümpel befreien **✻ Ent|rüm|pe|lung**, die; –, –en: das Entrümpeln

ent|ru|ßen tr.: von Ruß befreien

ent|rüs|ten tr.: „aus der Rüstung bringen", empören, erzürnen **✻ ent|rüs|tet** Ew.: empört : erbost **✻ Ent|rüs|tung**, die; –, –en: Zorn, Unwille

ent|saf|ten tr.: Saft gewinnen

aus ✳ **Ent|saf|ter,** der; –s, –: Gerät zum Gewinnen des Saftes aus Obst und Gemüse

ent|sa|gen (intr.): verzichten ✳ **Ent|sa|gung,** die; –, –en: das Entsagen ✳ *Entsagungsurkunde; entsagungsvoll* Ew.

ent|sal|zen tr.: von Salz befreien, Salz entfernen aus ✳ *Meerwasserentsalzungsanlage*

Ent|satz, der; –(e)s: Befreiung (Befreier) einer belagerten Festung ✳ *Entsatzarmee*

ent|set|zen tr.: von Belagerern befreien : absetzen : heftig erschrecken; rbz.: vor Schreck außer sich geraten ✳ **Ent|set|zen,** das; –s: höchster Schreck ✳ *Entsetzenstat; entsetzensvoll* Ew.: ✳ **ent|setz|lich** Ew.: Entsetzen erregend, schrecklich; Uw.: (volkst.) ungemein, sehr ✳ **Ent|set|zung,** die; –, –en: Befreiung von Belagerern

ent|säu|ern tr.: von Säure befreien

ent|sau|gen tr.: saugend entziehen

ent|schä|di|gen tr.: einem einen Schaden ersetzen ✳ **Ent|schä|di|gung,** die; –, –en: das Entschädigen : die Entschädigungssumme ✳ *Entschädigungsforderung; Entschädigungsklage*

ent|schär|fen tr.: (bei Sprengkörpern) den Zünder unwirksam machen : einer Sache das provokative Moment nehmen

Ent|scheid, der; –(e)s, –e: Entscheidung ✳ **ent|schei|den** tr.: (veralt.) unterscheiden : den Ausschlag geben; rbz.: entschieden werden : zum festen Urteil, Entschluss kommen ✳ **ent|schei|dend** Mw. Ew.: Ausschlag gebend, endgültig ✳ **Ent|schei|dung,** die; –, –en: Vorgang oder Resultat des Entscheidens ✳ *Entscheidungsfrist; Entscheidungsspiel*

ent|schie|den Mw. Ew.: sicher : fest : bestimmt ausgeprägt ✳ **Ent|schie|den|heit,** die; –: Bestimmtheit : Sicherheit : Festigkeit

ent|schla|cken tr.: von Schlacken befreien

ent|schla|fen intr. (sein): einschlafen : (bes.) sterben ✳ **Ent|schla|fe|ne,** der; die; –n, –n: der, die Tote, Verstorbene

ent|schla|gen rbz.: sich von etwas losmachen

ent|schlei|ern (ich ..[e]re) tr., rbz.: enthüllen

ent|schlie|ßen (er entschloss sich) tr.: öffnen; rbz.: sich entscheiden ✳ **Ent|schlie|ßung,** die; –, –en: Entschluss ✳ **ent|schlos|sen** Mw. Ew.: mit festem Willen, entschieden ✳ **Ent|schlos|sen|heit,** die; –: Entschiedenheit ✳ **Ent|schluß →** **Ent|schluss,** der; ..schlusses, ..schlüsse: Beschluss : das, wozu man sich entschließt ✳ *entschlußfreudig →* *entschlussfreudig; Entschlußkraft →* *Entschlusskraft; entschlußlos →* *entschlusslos*

ent|schlos|sen, Ent|schluss: s. entschließen

ent|schlum|mern intr. (sein): einschlummern

ent|schlüp|fen intr. (sein): schlüpfend entweichen

ent|schlüs|seln tr.: in lesbaren, verständlichen Text umwandeln ✳ **Ent|schlüs|se|lung,** die; –, –en: das Entschlüsseln, das Entschlüsselte ✳ *Entschlüßlung →* *Entschlüsslung*

ent|schuld|bar Ew.: so beschaffen, dass es entschuldigt werden kann ✳ **ent|schul|den** tr.: (selt.) von Schuld frei machen : von Geldschulden befreien ✳ **ent|schul|di|gen** tr.: von einer Schuld freisprechen, eine Schuld nicht anrechnen : von einer Verbindlichkeit freimachen; rbz.: um Nachsicht, Verzeihung bitten ✳ **Ent|schul|di|gung,** die; –, –en: das Entschuldigen : das zur Entschuldigung Dienende ✳ *Entschuldigungsgrund; Entschuldigungsschreiben* ✳ **Ent|schul|dung,** die; –, –en: das Entschulden

ent|schwe|ben intr. (sein): davonschweben : davoneilen

ent|schwe|feln tr.: von Schwefel bzw. Schwefelwasserstoff befreien

ent|schwei|ßen tr.: Wolle von Schweiß reinigen

ent|schwin|den intr. (sein): verschwinden

ent|see|len tr.: der Seele, dem Lebens berauben ✳ **ent|seelt** Mw. Ew.: leblos, tot ✳ **Ent|see|lung,** die; –, –en: das Entseelen : das Entseeltsein

ent|sen|den tr.: wegsenden ✳ **Ent|sen|dung,** die; –: die Absendung : Bevollmächtigung

ent|set|zen usw.: s. Entsatz

ent|seu|chen tr.: von ansteckenden Krankheitskeimen befreien ✳ **Ent|seu|chung,** die; –, –en: das Entseuchen : Desinfizierung

ent|si|chern tr.: von der Sicherung befreien : (Waffe –) schussfertig machen

ent|sie|geln tr.: vom Siegel befreien

ent|sin|nen rbz.: sich besinnen

ent|sinn|li|chen tr.: einer Sache ihren sinnlichen Charakter nehmen : abstrahieren

ent|sitt|li|chen tr.: unsittlich machen ✳ **Ent|sitt|li|chung,** die; –: das Entsittlichen : das Entsittlichtsein

ent|sor|gen tr.: (Müll, Abfall) beseitigen : etwas von Müll bzw. Abfall befreien

ent|span|nen tr.: von Spannung befreien : lockern : erholen : spannend ausbreiten ✳ **Ent|span|nung,** die; –, –en: Lösung : Erholung : Lockerung der Muskeln ✳ *Entspannungsgymnastik; Entspannungspolitik; Entspannungsübung*

ent|spie|geln tr.: optische Gläser oder Prismen so beschichten, dass Reflexion verhindert wird

ent|spin|nen tr., rbz.: (übertr.) anspinnen : entwickeln

ent|spre|chen intr. (haben): gemäß sein ✳ *entsprechend* Mw. Ew.: vergleichbar, parallel : angemessen; Vw. mit Dat. gemäß

ent|sprie|ßen intr. (sein): hervorsprießen

ent|sprin|gen intr. (sein): entfliehen : springend entweichen : (Quelle) aus dem Boden hervorkommen

ent|spru|deln intr. (sein): sprudelnd hervorgehen

ent|staat|li|chen tr.: als Staat auflösen : (Betrieb) aus Staatsbesitz in Privatbesitz überführen

ent|sta|li|ni|sie|ren tr.: die Entstalinisierung vollziehen ✳ **Ent|sta|li|ni|sie|rung,** die; –: Abkehr von stalinistischen Herrschaftsmethoden (in den Staaten des ehem. Warschauer Pakts nach 1956)

ent|stam|men intr.: herkommen von : sich herleiten von

ent|stau|ben, **ent|stäu|ben** tr.: von Staub befreien ✷ **Ent|stau|ber**, **Ent|stäu|ber**, der; –s, –: ein Entstaubender : Gerät zum Entstauben ✷ **Ent|stau|bung**, **Ent|stäu|bung**, die; –, –en: das Entstauben ✷ *Entstaubungsverfahren*

ent|ste|hen intr. (sein): ins Dasein treten ✷ **Ent|ste|hung**, die; –, –en: das Entstehen ✷ *Entstehungsart; Entstehungsgeschichte; Entstehungsgrund; Entstehungsursache*

ent|stei|gen intr. (sein): aus etwas hervorsteigen

ent|stei|nen tr.: Obst von Steinen befreien (Kirschen)

ent|stel|len tr.: verunstalten : falsch darstellen ✷ **Ent|stel|lung**, die; –, –en: Verunstaltung : falsche Darstellung

ent|stö|ren tr.: Elektrogeräte so mit Kondensatoren ausstatten, dass sie keine störenden elektromagnetischen Wellen aussenden ✷ *Entstörungsdienst; Entstörungsstelle*

ent|strö|men intr. (sein): strömend entfließen

ent|süh|nen tr.: sühnend reinigen : Schuld von jmdm. nehmen

ent|sump|fen tr.: (sumpfiges Land –) bewohnbar machen, trockenlegen

ent|sün|di|gen tr.: entsühnen

ent|ta|bu|ie|ren, **ent|ta|bu|i|sie|ren** tr.: von einem Tabu befreien ✷ **Ent|ta|bu|ie|rung**, **Ent|ta|bu|i|sie|rung**, die; –, –en: Befreiung von Tabus

ent|tau|meln intr. (sein): forttaumeln

ent|täu|schen tr.: ernüchtern : Hoffnung vernichten ✷ **ent|täuscht** Mw. Ew.: traurig über die Zerstörung einer Täuschung : ernüchtert : entzaubert ✷ **Ent|täu|schung**, die; –, –en: das Enttäuschen : das Enttäuschtsein : das Enttäuschende

ent|tee|ren tr.: Teer entfernen von, aus

ent|thro|nen tr.: des Thrones entsetzen ✷ **Ent|thro|nung**, die; –, –en: das Entthronen

ent|trüm|mern tr.: von Trümmern frei machen

ent|völ|kern tr.: der Bevölkerung berauben : öde machen ✷ **Ent|völ|ke|rung**, die; –, –en: das Entvölkern : das Entvölkertsein

ent|wach|sen intr. (sein): wachsend entsprießen : über etwas hinauswachsen

ent|waff|nen tr.: waffenlos machen; rbz.: die Waffen ablegen ✷ **Ent|waff|nung**, die; –, –en: das Entwaffnen

ent|wal|den tr.: der Bewaldung berauben ✷ **Ent|wal|dung**, die; –, –en: das Entwalden

ent|war|nen intr.: nach einem Alarm die Warnung aufheben ✷ **Ent|war|nung**, die; –, –en: das Entwarnen

ent|wäs|sern tr.: das Wasser ableiten : kanalisieren ✷ **Ent|wäs|se|rung**, die; –, –en: das Entwässern ✷ *Entwässerungsanlage; –graben*

ent|we|der Bw.: mit nachfolgendem oder, zur nachdrücklichen Hervorhebung, dass nur eins vor zwei Dingen gültig ist ✷ **Ent|we|der-Oder** →; **Ent|we|der-o|der**, das; –: Notwendigkeit, sich zwischen zwei Möglichkeiten zu entscheiden

ent|wei|ben tr.: des Weibes berauben : der Weiblichkeit berauben

ent|wei|chen intr. (sein): entfliehen : ausströmen ✷ **Ent|wei|chung**, die; –, –en: das Entweichen

ent|wei|hen tr.: schänden : entheiligen ✷ **Ent|wei|her**, der; –s, –: ein Entweihender ✷ **Ent|wei|hung**, die; –, –en: Schändung

ent|wen|den tr.: stehlen : wegnehmen ✷ **Ent|wen|dung**, die; –, –en: das Entwenden : Diebstahl

ent|wer|fen tr.: Plan, Anordnung und Darstellung von etwas in Umrissen machen : planen ✷ **Ent|wurf**, der; –(e)s, ..würfe: etwas Entworfenes : Skizze : Plan

ent|wer|ten tr.: des Wertes berauben : im Werte mindern ✷ **Ent|wer|tung**, die; –, –en: das Entwerten, das Entwertetsein

ent|we|sen tr.: von Ungeziefer befreien

ent|wi|ckeln tr.: auseinander wickeln : entwirren : (Fotogra-

fie) das Negativ herstellen; rbz.: sich aus dem Keim zur Reife entfalten ✷ **Ent|wick|ler**, der; –s, –: jmd., der etwas entwickelt ✷ *Produktentwickler* ✷ Chemikalie zur Entwicklung fotografischer Negative ✷ *Entwicklerbad; Entwicklerdose; Filmentwicklung* ✷ **Ent|wick|lung**, die; –, –en: das Entwickeln ✷ *Entwicklungsalter; Entwicklungsgang; –gesetz; Entwicklungsgeschichte; Entwicklungshelfer; –hilfe:* Hilfe bei der Entwicklung von Wirtschaft und Bildungswesen gegenüber rückständigen Ländern; *Entwicklungsjahre:* Jahre der geschlechtlichen Reifung; *Entwicklungskrankheit:* Krankheit der Entwicklungsjahre : *Entwicklungsland:* wirtschaftlich und infrastrukturell rückständiges Land; *Entwicklungslehre; Entwicklungspsychologie; Entwicklungsroman; Entwicklungsstörung; Entwicklungsstufe*

ent|win|den tr.: windend, ringend losmachen; rbz.: sich (windend) losmachen

ent|wir|ren tr., rbz.: Verwirrtes lösen ✷ **Ent|wir|rung**, die; –, –en: das Entwirren

ent|wi|schen intr. (sein): entkommen, entfahren

ent|wöh|nen tr.: von Gewohntem befreien : einem Säugling die Mutterbrust entziehen ✷ **Ent|wöh|nung**, die; –, –en: das Entwöhnen

ent|wöl|ken rbz.: unbewölkt werden

ent|wür|di|gen tr.: entehren ✷ **Ent|wür|di|gung**, die; –, –en: Entehrung

Ent|wurf: s. entwerfen

ent|wur|zeln tr.: mit der Wurzel ausreißen : gesicherten Verhältnissen entziehen ✷ **Ent|wur|ze|lung**, (selten) **Ent|wurz|lung**, die; –, –en: das Entwurzeln

ent|zau|bern tr.: vom Zauber frei machen : den Zauber einer Sache zerstören ✷ **Ent|zau|be|rung**, die; –, –en: das Entzaubern

ent|zer|ren tr.: von Verzerrungen befreien ✷ **Ent|zer|rer**, der; –s, –: Gerät, das einen verzerrt aufgenommenen Film bei der Breitwandprojektion entzerrt :

Schaltung zur Entzerrung von Frequenzen in Verstärkern ✳ *Entzerrervorverstärker* ✳ **Ent|zer|rung**, die; –, –en: Befreiung von Verzerrungen

ent|zie|hen tr.: wegnehmen; rbz.: sich von etwas entfernen, frei machen ✳ **Ent|zie|hung**, die; –, –en: das Entziehen ✳ *Entziehungskur:* planmäßige Entwöhnung von Suchtmitteln ✳ **Ent|zug**, der; –es: Entziehung ✳ *Entzugserscheinungen:* Symptome der Vorenthaltung von Suchtmitteln; *Entzugsschmerzen*

ent|zif|fer|bar Ew.: so beschaffen, dass es entziffert werden kann ✳ **Ent|zif|fe|rer**, der; –s, –: ein Entziffernder ✳ **ent|zif|fern** (ich ..[e]re) tr.: Ziffer für Ziffer, Buchstabe für Buchstabe lesen : (Geheimschrift –) deuten ✳ **Ent|zif|fe|rung**, die; –, –en: das Entziffern

ent|zü|cken tr.: mit einem Ruck entziehen : jemand vor Freude außer sich versetzen ✳ **Ent|zü|cken**, das; –s: hoher Grad der Freude : Gegenstand der Freude ✳ **ent|zü|ckend** Ew.: begeisternd : reizend : wunderschön ✳ **Ent|zü|ckung**, die; –, –en: das Entzücken : Begeisterung

Ent|zug: s. entziehen

ent|zünd|bar Ew.: so beschaffen, dass es entzündet werden kann

✳ **ent|zün|den** tr.: in Brand setzen : (übertr.) erregen; rbz.: in Brand geraten : (Med.) Abwehrreaktion des Körpers gegen Reize biologischer, chemischer oder mechanischer Art, oft mit Fieber verbunden ✳ **ent|zünd|lich** Ew.: leicht zu entzünden : (Med.) die Merkmale einer Entzündung habend ✳ **Ent|zün|dung**, die; –, –en: das Entzünden : (Med.) krankhafter Zustand, der sich durch Rötung, Schwellung mit Fieber und Schmerzen äußert ✳ *Entzündungsfieber; entzündungshemmend*

ent|zwei Uw.: nur aussag. in (zwei) Stücke : zerbrochen ✳ *entzwei sein:* zerbrochen sein ✳ *entzweibeißen; entzweibrechen; entzweidrücken; entzweifallen; entzweigehen:* zerbrechen; *entzweihauen; ent-*

zweimachen; entzweireißen; entzweischlagen; entzweischneiden; entzweispringen ✳ **ent|zwei|en** tr.: in Unfrieden bringen; rbz.: uneins werden ✳ **Ent|zwei|ung**, die; –, –en: das Entzweien : Zwiespalt

E|nu|me|ra|ti|on (l.), die; –, –en: Aufzählung ✳ **e|nu|me|rie|ren** (..iert) tr.: aufzählen

E|n|u|re|se (gr.), die; –: Bettnässen

En|ve|lop|pe (fr.) [angw'lopp'], die; –, –n: Briefumschlag, Hülle

En|vers (fr.) [angwähr], der; –, –: Kehrseite

En|vi|ron|ment (e.) [enwaiernment], das; –s, –s: künstlerische Gestaltung von Räumen, häufig Alltagsdinge in neue Beziehungen setzend [e. „Umgebung" zu fr. *environ* „um... herum"] ✳ **en|vi|ron|men|tal** Ew.: in der Art des Environments

En|vi|ron|to|lo|gie (fr.) [angwirong..], die; –: Umweltforschung

en vogue (fr.) [ang wog']: beliebt, in Mode, im Schwange, im Umlauf

En|vo|yé [angwoajeh], der; –s, –s: Gesandter zweiten Ranges, Geschäftsträger ✳ **en|vo|yie|ren** (..iert) [angwoaji..] tr.: schicken

En|ze|pha|li|tis (gr.), die; –: Gehirnentzündung ✳ **En|ze|pha|lo|gramm** (gr.), das; –s, –e: Aufzeichnung einer Gehirnuntersuchung mittels Enzephalographie ✳ **En|ze|pha|lo|gra|phie**, die; –: Untersuchung elektrischer Potentialveränderungen im Gehirn (Elektroenzephalogramm, Abk.: EEG) : Ultraschalluntersuchung nach raumgreifenden Prozessen (Echoenzephalographie) : röntgenologische Darstellung des Gehirns (Pneumenzephalographie)

En|zi|an (l.), der; –(e)s, –e: Alpenpflanzengattung : aus dem Wurzelextrakt des Gelben Enzians hergestellter Schnaps ✳ *Enzianbranntwein*

En|zy|k|li|ka (gr.), die; –, ..ken: (päpstl.) Rundschreiben ✳ **en|zy|k|lisch** Ew.: im Kreise umlaufend ✳ **En|zy|k|lo|pä|die**, die; –, ..dien: allge-

meine Grundwissenschaft : Gesamtwissenschaft : Wissenschaftskunde : umfassendes Sachwörterbuch ✳ **En|zy|k|lo|pä|di|ker**, der; –s, –: Verfasser einer Enzyklopädie ✳ **en|zy|k|lo|pä|disch** Ew.: alle Wissenschaften umfassend ✳ **En|zy|k|lo|pä|dist**, der; –en, –en: Herausgeber und Mitarbeiter der großen französ. Enzyklopädie des 18. Jhs. ✳ **En|zy|k|lo|pä|dis|mus**, der; –: enzyklopädische Lehrform : (bes.) philosophische Grundsätze der französ. Enzyklopädisten [gr. enkyklios; vgl. Zyklus]

En|zym (gr.), das; –s, –e: Ferment, körpereigener Stoff, der die chem. Reaktionen im Körper beschleunigt ✳ **En|zy|mo|lo|gie**, die; –: Lehre von den Fermenten

eo ip|so (l.): eben dadurch, selbstverständlicherweise

E|o|li|enne (fr.), die; –: Gewebe aus Seide und Kammgarn

E|o|lith (gr.), der; –en, –en: „Stein der Morgenröte" : feuersteinernes Hausgerät der Steinzeit ✳ **E|os**: griech. Göttin der Morgenröte ✳ **E|o|sin**, das; –s: roter Teerfarbstoff ✳ *Eosingerste:* mit Eosin verfärbte Futtergerste

e|o|zän (gr.) Ew.: dem Eozän angehörig ✳ **E|o|zän**, das; –s: (Geol.) zweitunterste Abteilung der Tertiärformation ✳ *Eozänformation* ✳ **E|o|zo|i|kum**, das; –s: (Geol.) Erdzeitalter (s. Algonkium) ✳ **e|o|zo|isch** Ew.: (Geol.) Lebewesen der Frühzeit enthaltend [gr. eos Morgenröte, Frühe]

ep.. (gr.) Vors. vor Vokalen: epi.., s. d.

E|pa|go|ge (gr.), die; –, –n: Induktion ✳ **e|pa|go|gisch** (gr.) Ew.: anziehend : induktiv, vom Einzelnen zum Allgemeinen führend

E|pa|na|lep|sis (gr.), die; –, ..sen: (Redekst.) das Wiederaufnehmen eines Wortes oder einer Wortgruppe im Satz

E|p|arch (gr.), der; –en, –en: Bischof der gr.-orthodoxen Kirche : byzantin. Statthalter ✳ **E|p|ar|chie**, die; –, ..chien:

Statthalterschaft, Sprengel eines Bischofs in der griech. Kirche

E|pau|let|te (fr.) [epolett'], die; –, –n: Schulterstück auf Uniformen

E|pen: s. Epos

E|pen|these, E|pen|the|sis (gr.) die; –, –thesen: (Sprachl.) Einschaltung eines Buchstabens, einer Silbe in ein Wort zur Erleichterung der Aussprache ∗ e|pen|the|tisch Ew.: eingeschaltet

E|pe|xe|ge|se (gr.), die; –, –n: erklärender Zusatz ∗ e|pe|xe|ge|tisch Ew.: erklärend

eph.. (gr.) Vors. in Zus. vor h-Laut: epi.., s. d.

E|phe|be (gr.), der; –n, –n: wehrfähiger Jüngling ∗ E|phe|bie, die; –: Jünglingsalter

e|phe|mer (gr.) Ew.: eintägig ∗ E|phe|me|re, die; –, –n: eintägiges Fieber : Eintagsfliege : eine Pflanze, Zeitlose ∗ E|phe|me|ri|den Mz.: Tagebücher : astronomische Tabellen ∗ e|phe|me|risch Ew.: ephemer [gr. hemera Tag]

E|phe|ser (gr.), der; –s, –: Einwohner von Ephesos ∗ *Epheserbrief:* Brief des Paulus an die Epheser, Neues Testament ∗ e|phe|sisch Ew.: Ephesos betreffend

E|phor, (gr.), der; –en, –en: „Aufseher", hoher spartanischer Beamter ∗ *Ephorenamt* ∗ E|pho|rat, das; –(e)s, –e: Amt eines Ephoren : Amt eines Ephorus ∗ E|pho|rie, die; –, ..rien: Aufsichtsbezirk (eines Ephorus) ∗ E|pho|rus, der; –, Ephoren: Kirchen- und Schulaufseher [gr. ephoran beaufsichtigen]

E|phra|li|mi|ten Mz.: geringwertige (vom Juden Ephraim geschlagene) Münzen im Siebenjährigen Krieg

epi.. (gr.) Vors. in Zus.: bei : zu : hinzu : an : auf : daneben : über : darüber; vgl. ep.., eph..

E|pi|dei|xis, die; –, ..xen: das Schaustellen : schwülstige Redeweise : Prunkrede ∗ e|pi|dei|k|tisch Ew.: aufzeigend : prunkend

E|pi|de|mie (gr.) die; –, ..mien: „Volkskrankheit", Massenkrankheit : Seuche ∗

E|pi|de|mi|o|lo|gie, die; –: Lehre von den Epidemien ∗ e|pi|de|mi|o|lo|gisch, e|pi|de|misch Ew.: in einem Lande herrschend : seuchenartig [gr. epidemios über das Volk verbreitet; von demos Volk]

E|pi|den|d|ron (gr.), das; –, ..dren: tropisch-am. Schmarotzerpflanze

e|pi|der|mal Ew.: zur Oberhaut gehörig ∗ E|pi|der|mis (gr.), die; –: Oberhaut, oberste Hautschicht ∗ E|pi|der|mo|phyt, der; –s, –en: Hautpilz beim Menschen

E|pi|di|a|s|kop (gr.), das; –(e)s, –e: Projektionsapparat, der als Diaskop und als Episkop verwendet werden kann

E|pi|ge|ne|se (gr.), die; –, ..nesen: Entwicklung durch Neubildung ∗ e|pi|ge|ne|tisch Ew.

e|pi|go|nal (gr.) Ew.: epigonenhaft ∗ E|pi|go|ne, der; –n, –n: Nachkomme : Nachahmer großer Vorbilder ∗ E|pi|go|nen|tum, das; –s: Art, Wesen der Epigonen ∗ e|pi|go|nen|haft Ew.: nachgeahmt : unschöpferisch nachahmend

E|pi|gramm (gr.), das; –(e)s, –e: Auf-, Inschrift : Sinngedicht : Spruch : Spottgedicht ∗ *Epigrammdichter* ∗ E|pi|gram|ma|ti|ker, der; –s, –: Verfasser von Epigrammen ∗ e|pi|gram|ma|tisch Ew.: nach Art eines Sinngedichtes : in schlagender Kürze : treffend, geistreich ∗ E|pi|graph, das; –(e)s, –e: (bes. antike) Inschrift : Denkspruch ∗ E|pi|gra|phik, die; –: Inschriftenkunde ∗ E|pi|gra|phi|ker, der; –s, –: Inschriftenforscher

E|pik (gr.), die; –: erzählende Dichtung ∗ E|pi|ker, der; –s, –: Verfasser epischer Werke ∗ e|pisch Ew.: erzählend ∗ E|po|pö|e, die; –n, –n: erzählende Dichtung, Heldengedicht ∗ E|pos, das; –, Epen: Epopöe

E|pi|kard (gr.), das; –s: inneres Hautblatt des Herzbeutels

E|pi|karp (gr.), das; –(e)s, –e: (Bot.) die Oberhaut der Fruchthülle

E|pi|ker: s. Epik

E|pi|kle|se (gr.), die; –, –n: in der katholischen und orthodoxen Kirche die Anrufung des Heiligen Geistes beim Abendmahl

E|pi|kon|dy|li|tis (gr.), die; –, ..itiden: Entzündung des Ellenbogengelenks, Tennisellenbogen

e|pi|kon|ti|nen|tal (gr., l.) Ew.: von Flachmeeren überflutet ∗ E|pi|kon|ti|nen|tal|meer, das; –es, –e: Flachmeer

E|pi|kri|se (gr.) die; –, –n: Entscheidung : abschließendes Urteil über eine Krankheit : Ergebnisse der Obduktion

E|pi|ku|re|er (gr.), der; –s, –: Anhänger der Philosophie Epikurs : (verfälschend übertr.) lebensfreudiger Mensch, Genießer ∗ e|pi|ku|re|isch Ew.: nach Epikurs Art : wollüstig

E|pi|ky|k|lo|i|de: s. Epizykloide

E|pi|la|ti|on, die; –, –en: das Enthaaren : künstliche Entfernung von Haaren ∗ e|pi|lie|ren tr.: enthaaren

E|pi|lep|sie (gr.), die; –: Krankheit mit anfallweise auftretenden Krämpfen und Bewusstlosigkeit, Fallsucht ∗ E|pi|lep|ti|ker, der; –s, –: Fallsüchtiger ∗ e|pi|lep|tisch Ew.: fallsüchtig

E|pi|log (gr.), der; –(e)s, –e: Schlusswort : Nachrede : Nachspiel eines Theaterstücks

E|ping|le (fr.) [epängleh], das; –s: unregelmäßig gerippter Kleider- oder Möbelstoff, Nadelrips

E|pi|ni|ki|on (gr.), das; –s, ..kien: altgriech. Siegeslied

E|pi|pha|ni|as (gr.), das; –, ..kien: Fest der Erscheinung Christi am 6. Januar; Fest der Heiligen Drei Könige ∗ E|pi|pha|nie (gr.), die; –, ..nien: Erscheinung eines Gottes, bes. Christi ∗ *Epiphaniasfest, Epiphanienfest:* Dreikönigsfest

E|pi|pho|ra (gr.), die; –: Wiederholung eines Wortes am Ende mehrerer aufeinander folgender Sätze : (Med.) Tränenfluss

E|pi|phyl|lum (gr.), das; –s, –len: Weihnachtskaktus, ein Blattkaktus

E|pi|phy|se (gr.), die; –, –n: Gelenkende : Knochenende : Zirbeldrüse ∗ E|pi|phyt (gr.), der; –en, –en: (Bot.) Scheinschmarotzer

e|pi|ro|gen, e|pi|ro|ge|netisch (gr.) Ew.: durch Epirogenese entstanden *
E|pi|ro|ge|ne|se, die; –, –n: Verschiebung und Niveauänderung der Erdoberfläche
E|pi|rot (gr.), der; –en, –en: Einwohner von Epirus *
E|pi|rus: gr. Landschaft
e|pisch: s. Epik
E|pis|kop (gr.), das; –s, –e: „Betrachter", optisches Gerät zur Projektion nichtdurchsichtiger Vorlagen (z. B. Bücher) *
e|pis|ko|pal (gr.) Ew.: bischöflich * Episkopalkirche: bischöfliche Kirche (bes. in England); Episkopalsystem: (kath. Kirche) Episkopalismus : (ev. Kirche) kirchenrechtliche Ordnung, nach der die Landesherren bischöfliche Gewalt haben * Episkopalen Mz.: Mitglieder der Episkopalkirche in England * E|pis|ko|pa|lismus, der; –: kirchenrechtliche Ordnung, nach der die höchste Kirchengewalt beim Konzil der Bischöfe liegt, also des Streitfragen über dem Papst steht *
E|pis|ko|pa|list, der; –en, –en: Anhänger des Episkopalismus * E|pis|ko|pat, der; das; –(e)s, –e: Gesamtheit der Bischöfe : Bistum : bischöfliche Würde : Bischofsamt *
e|pis|ko|pisch Ew.: bischöflich * E|pis|ko|pos, E|pis|ko|pus, der; –, ..pi: Bischof [eig. „Aufseher", gr. episkopein auf etwas sehen]
E|pi|so|de (gr.), die; –, –n: Einschiebsel, Zwischenstück : Beiwerk : Neben-, Zwischenhandlung in einem Drama : gelegentliches Vorkommnis, nebensächliches Erlebnis * episodenartig Ew.; Episodenfilm * e|pi|so|den|haft Ew.: in der Art einer Episode : kurz, nebensächlich * e|pi|so|disch Ew.: eingeschaltet : nebensächlich
E|pis|tel (gr.-l.), die; –, –n: Sendschreiben, längerer Brief : (bes.) Apostelbrief im Neuen Testament : liturgisch vorgeschriebene Lesung aus den Apostelbriefen oder aus der Apostelgeschichte : Strafpredigt, Verweis * Epistelseite: (kath. Kirche) rechte Altarseite * e|pis|to|lar, der; –s, –e:

(kath. Kirche) Geistlicher, der beim Hochamt die liturgische Epistel aus dem Messbuch vorliest * E|pis|to|la|rium, das; –s, ..rien: Buch, das die biblischen Episteln enthält *
e|pis|to|lisch Ew.: brieflich : zur Epistel gehörig *
E|pis|to|lo|graph, der; –en, –en: Briefschreiber *
E|pis|to|lo|gra|phie, die; –: Briefschreibekunst
E|pis|te|mo|lo|gie (gr.), die; –, –n: (Philos.) Erkenntnistheorie * e|pis|te|mo|lo|gisch Ew.: erkenntnistheoretisch [gr. episteme Wissenschaft]
E|pis|tro|pheus (gr.) [..fois], der; –: zweiter Halswirbel, der bei den höheren Wirbeltieren zusammen mit dem ersten Wirbel das Drehgelenk des Kopfes bildet
E|pis|tyl (gr.), das; –s, –e: auf Säulen ruhender Unterbalken, Architrav
E|pi|taph (gr.), das; –(e)s, –e ; E|pi|ta|phi|um, das; –s, ..phien (bayr. u. östr. nur so): Grabinschrift : Denkschrift : verzierte Gedenktafel innerhalb einer Kirche : Grabmal mit Inschrift
E|pi|tha|la|mion, E|pi|tha|la|mium (gr.), das; –s, ..mia und ..mien: (in der Antike) Hochzeitsgedicht, Hochzeitslied
E|pi|thel (gr.), das; –s, –e, E|pi|the|lium, das; –s, ..lien: Oberhaut der Schleimhäute : oberste Zellenschicht der Haut * E|pi|the|liom, das; –s, –e: Epithelgeschwulst
E|pi|the|ton, das; –s, ..ta: (Sprachl.) Beiwort, Attribut * E|pi|the|ton or|nans (gr.-l.), das; – –, ..ta ..nantia: schmückendes Beiwort
E|pi|to|ma|tor (gr.-l.), der; –s, ..toren: Verfasser einer Epitome * E|pi|to|me, die; –, ..tomen: Auszug aus einem größeren Schriftwerk * E|pi|to|mie|ren (..iert) tr.: kurz zusammenfassen * E|pi|trit (gr.), der; –en, –en: aus drei Längen und einer Kürze bestehender antiker Versfuß
E|pi|zen|trum (gr.-l.), das; –s, ..tren: senkrecht über dem Erdbebenherd gelegener Punkt der Erdoberfläche * Epizentralentfernung: Entfernung zwischen

Erdbebenherd und Epizentrum
e|pi|zo|isch (gr.) Ew.: von Tieren übertragen * E|pi|zo|on (gr.), das; –s, ..zoen und ..zoa: Tier, das auf anderen Lebewesen nistet, ohne zu schmarotzen * E|pi|zo|o|no|se, die; –, –n: durch Epizoen hervorgerufene Hautkrankheit * E|pi|zo|o|tie (gr.), die; –, ..tien: Tierseuche mit größerer Ausdehnung * e|pi|zo|o|tisch Ew.: seuchenartig
E|pi|zy|kel (gr.), der; –s, –: (Math., Astron.) ein Nebenkreis, dessen Mittelpunkt in der Peripherie eines anderen Kreises sich bewegt * e|pi|zy|k|lisch Ew.: neben- oder beikreisig * E|pi|zy|k|lo|i|de, die; –, –n: (Math.) geometrische Kurve, Aufradlinie; auch Epikykloide
e|po|chal (gr.-l.) Ew.: für einen Zeitabschnitt geltend : aufsehenerregend * E|po|che (gr.), die; –, –n: bedeutsamer Zeitabschnitt * Epoche machen: Aufsehen erregen * epochemachend Mw. Ew.: Aufsehen erregend, denkwürdig
E|p|o|de (gr.), die; –, –n; Nach-, Abgesang : Schlussgesang in altgriech. Chorgesängen : Gedicht, in dem längere und kürzere Verse wechseln * e|p|o|disch Ew.: mit einem Nachgesang versehen : in der Art einer Epode
E|po|pöe, E|pos: s. Epik
Ep|pich, der; –(e)s, –e: Sellerie : (dichterisch) Efeu
E|p|rou|vette (fr.) [ehpruwett], die; –, –n: Testrohr : Reagenzglas
E|qua|li|zer (e.), der; –s, –: Gerät zur Klangsteuerung
E|ques (l.), der; –, Equites. „Reiter", „Ritter", Angehöriger der Mittelklasse im römischen Freistaat * Equestrik
E|qui|li|b|rist: s. Äquilibrismus
E|qui|pa|ge (fr.) [ehkipahsch'], die; –, –n: herrschaftliche Pferdekutsche : Schiffsbesatzung : Ausrüstung *
E|qui|pe [ekipe], die; –, –n: Reitermannschaft : (östr.) ausgewählte Mannschaft für einen Wettkampf : (schweiz.) Sportmannschaft, Künstlergruppe *
e|qui|pie|ren tr.: ausrüsten :

ausstatten * **E|qui|pie|rung,** die; –, –en: Ausrüstung

er (Gen. seiner; Dat. ihm; Akk. ihn): p. Fw. 3. P. Ez. m. * **Er:** (veralt.) als Anrede

Er: Erbium, s. d.

er|ach|ten tr.: dafür achten : ermessen * **Er|ach|ten,** das; –s: das Ermessen, Meinung * *meines Erachtens:* nach meiner Meinung; Abk.: m. E.

e|ra|die|ren (..iert) (l.) tr.: auskratzen : vernichten

er|ah|nen tr.: ahnend erwarten : vorausfühlen

er|ar|bei|ten tr.: durch Arbeit erreichen : erwerben * **Er|ar|bei|tung,** die; –, –en: das Erarbeiten

e|ras|misch Ew.: nach der Art des Erasmus von Rotterdam : duldsam : ausgleichend

E|ra|to (gr.): Muse der lyrischen Dichtung

Erb|a|cker usw.: s. Erbe

er|bar|men rbz.: in Taten sich äußerndes Mitleid empfinden; tr.: Mitleid erregen * **Er|bar|men,** das; –s, –: tätiges Mitleid * **Er|bar|mer,** der; –s, –: einer, der sich erbarmt * **er|bärm|lich** Ew.: Erbarmen erregend : jämmerlich * **Er|bärm|lich|keit,** die; –, –en: das Erbärmlichsein : etwas Erbärmliches * **Er|bar|mung,** die; –, –en: Erbarmen * *erbarmungslos* Ew.; *Erbarmungslosigkeit; erbarmungsreich; –voll; –wert* Ew.

er|bau|en tr.: bauend erlangen : bauend errichten : geistig emporrichten, trösten, zufriedenstellen * **Er|bau|er,** der; –s, –: Bauherr : Gründer * **er|bau|lich** Ew.: zur geistigen Erbauung dienend * **Er|bau|ung,** die; –, –en: die Errichtung : Andachtsstimmung * *Erbauungsbuch; Erbauungsschrift; Erbauungsstunde*

Er|be, der; –n, –n: Person, die erbt oder zu erben berechtigt ist : leibliches Kind * **Er|be,** das; –s: angestammtes Gut : ererbter Besitz : zu ererbendes Gut * *Erbadel; Erbamt:* erbliches Amt; *Erbanspruch; Erbanteil; Erbbaurecht; Erbbegräbnis:* Familienbegräbnis; *erbberechtigt* Ew.; *Erbberechtigung; Erbbiologie:* Erblehre; *Erbbuch:* Grundbuch; *erbeigen*

Ew.: angestammt; *Erbeigentum; erbeingesessen* Mw. Ew.: seit Generationen eingesessen; *Erbeinsetzung; Erbfaktor; Erbfall:* Todesfall, der einen zum Erben macht; *Erbfehler:* erblich anhaftender Fehler; *Erbfeind:* Todfeind; *Erbfeindschaft; Erbfolge:* Eintreten in einen Besitz oder ein Amt durch Erbschaft : Reihenfolge der Erbberechtigten; *Erbfolgekrieg; Erbfolgestreit; erbgesund* Ew.: frei von erblichen Krankheiten; *Erbgrund:* ererbter Grundbesitz; *Erbgut; Erbhof; Erbkauf:* Kauf, bei dem das Gekaufte erblich wird; *Erbkönigreich; Erbkrankheit:* erbliche Krankheit; *Erbland; Erblasser:* einer, der ein Erbe hinterlässt; *erblos* Ew.: ohne ein Erbe : ohne einen Erben; *Erbmasse; Erbonkel:* (Umgspr.) reicher Onkel, den man zu beerben hofft; *Erbpacht; Erbpächter; Erbpflicht:* erbliche Pflicht; *Erbprinz; Erbprinzessin; Erbrecht:* Rechtsbestimmungen über Erbschaften : Recht des Erben : etwas nach dem Erbrecht Gebührendes; *Erbschein; Erbschicht(ung):* Erbschaftsteilung; *Erbschleicher:* einer, der sich in eine Erbschaft einschleicht; *Erbschleicherei; Erbschuld; Erbstreit; Erbstreitigkeit; Erbstück:* Stück aus einer Erbschaft : etwas Ererbtes; *Erbsünde:* (christl. Dogma) Sünde als Erbteil des menschlichen Geschlechtes; *Erbtante:* (Umgspr.) reiche Tante, die man zu beerben hofft; *Erbteil; Erbteilung; Erbtochter; Erbübel; Erbunwürdigkeit; Erbverbrüderung, -(ver)einigung:* Vertrag zwischen Fürstenhäusern, wonach beim Aussterben einer Linie die andere rechtmäßig erbt; *erbverbrüdert* Mw. Ew.; *erbvereinigt* Mw. Ew.; *Erbvergleich; Erbvertrag; Erbvermächtnis; Erbverzicht:* Verzicht auf ein Erbe durch Erbvertrag; *Erbwissenschaft; Erbzins* * **er|ben** tr.: etwas von einer Person nach ihrem Tode als Eigentum bekommen : etwas von jemandem durch Abstammung bekommen; intr. (sein), rbz.: als Erbschaft zuteil wer-

den : erblich fortgepflanzt werden * **Er|bin,** die; –, –nen: weibliche Person, die erbt * **erb|lich** Ew.: von Eltern auf Kinder vererbt * **Erb|lich|keit,** die; –, –en: das Erblichsein * **Erb|schaft,** die; –, –en: die Hinterlassenschaft eines Verstorbenen, die den Erben zukommt * *Erbschaftsangelegenheit; Erbschaftsanspruch; Erbschaftsklage; Erbschaftsmasse; Erbschaftssteuer; Erbschaftsteilung* * **Erb|tum,** das; –(e)s ..tümer: ererbtes Eigentum * **erb|tüm|lich** Ew.: als Erbtum * *erb- und eigentümlich*

er|be|ben intr. (sein, haben): in Furcht geraten : sehr beben : wackeln

er|be|ten tr.: betend erlangen

er|bet|teln tr.: durch Betteln erlangen

er|beu|ten tr.: als Beute erwerben

er|bie|ten rbz. (selt. tr.): freiwillig anbieten * **er|bie|tig** Ew.: (veralt.) erbötig

er|bit|ten tr.: durch Bitten erlangen oder zu erlangen suchen : durch Bitten zur Gewährung bewegen * **er|bitt|lich** Ew.: durch Bitten zu erweichen

er|bit|tern tr.: einen bitter, feindlich stimmen; rbz., intr. (sein): in bittere, zornige Stimmung kommen * **Er|bit|te|rung,** die; –, –en: das Erbittern : das Erbittertsein : Groll

Er|bi|um, das; –s: chem. Element, seltenes Metall; Abk.: Er

er|blas|sen intr. (sein): blass werden : verschwinden : erlöschen : sterben

er|blei|chen (erbleichte; erblich, erblichen) intr. (sein): bleich werden

erb|lich: s. Erbe

er|bli|cken tr.: mit den Augen wahrnehmen, entdecken : (übertr.) erkennen

er|blin|den intr. (sein): blind werden * **Er|blin|dung,** die; –, –en: das Blindwerden

er|blü|hen intr. (sein): aufblühen : (übertr.) heranwachsen, sich entfalten

er|bo|sen tr.: böse machen : mit Wut erfüllen; rbz., intr. (sein): böse werden

er|bö|tig Ew.: sich zu etwas anbietend; vgl. erbieten

er|brau|sen intr.: zu brausen beginnen : brausend ertönen

er|bre|chen tr.: brechend öffnen : brechend von sich geben : sich übergeben * Er|bre|chen, das; –s, –: das gewaltsame Öffnen : das Sichübergeben

er|brin|gen tr.: herbeischaffen

er|brü|ten tr.: bis zum Ende brüten : ausbrüten

Erb|schaft: s. Erbe

Erb|se, die; –, –n: eine Hülsenfrucht : (meist Mz.) das die Hülsenfrucht tragende Gewächs : etwas, was die Form der Erbse hat : Warze * *Erbsenbaum; Erbsenbein:* Knochen der Handwurzel; *Erbsenbrei; erbsenförmig* Ew.; *erbsengroß* Ew.; *Erbsenkäfer; Erbsenmehl; Erbsenmus; Erbsenschote; Erbsenstrauch; Erbsenstroh; Erbsensuppe* * *Erbswurst*

er|buh|len tr.: durch Buhlen gewinnen

erb- und ei|gen|tüm|lich: s. Erbe

er|dacht: s. erdenken

er|dar|ben tr.: darbend ersparen

Er|de, die; –, –n: der von den Menschen bewohnte Weltkörper : die Erdoberfläche oder ein Teil derselben : Stoff, aus dem die Erdoberfläche besteht : fester Boden (im Gegensatz zum Wasser) : Boden eines Zimmers : Erdgeschoss : ein bestimmtes Land : Erdenwelt, im Gegensatz zum Himmel : (Chem.) Name gewisser Sauerstoffverbindungen * *Erdachse; Erdapfel:* Kartoffel; *Erdarbeit; Erdatmosphäre; Erdbahn:* (Astron.) die Bahn der Erde um die Sonne; *Erdball:* (dichter.) Erdkugel; *Erdbeben; Erdbebenherd; Erdbebenmesser,* der; –s, –; *Erdbenwarte; Erdbeere; Erdbeerbowle; Erdbevölkerung; Erdbewegung; Erdbewohner; Erdbirne:* Knolle der knolligen Sonnenblume : Kartoffel; *Erdboden; Erdbohrer:* Handbohrgerät zur Entnahme von Bodenproben; *Erddruck; Erddurchmesser; Erdfunkstelle; Erdeichel; Erderhöhung; Erderschütterung:* Erdbeben * *erdfarben* Ew.; *Erdferne:* der der Erde fernste Punkt der

Mondbahn; *Erdfeuer:* Feuer im Erdinnern; *Erdgas; erdgeboren* Mw. Ew.: irdisch; *Erdgeborene,* der; die; –n, –n; *Erdgebundenheit; –gefilde; Erdgeist; Erdgeschichte; Erdgeschoß* → *Erdgeschoss:* Stockwerk zu ebener Erde; *Erdkern; Erdkreis:* die Erde und die Gesamtheit ihrer Bewohner; *Erdkugel; Erdkunde:* Geografie; *erdkundlich* Ew.; *erdmagnetisch; Erdmännchen:* Zwerg; *Erdmaus; Erdmessung; Erdmetalle; Erdnähe* Ew.: in Erdnähe stehend; *erdnah:* der Erde nächste Punkt der Mondbahn; *Erdnuß* → *Erdnuss; Erdoberfläche; Erdöl; Erdölvorkommen; erdölexportierende Staaten* → *Erdöl exportierende Staaten; Erdpech:* Asphalt; *Erdrauch:* eine Pflanze; *Erdraum; Erdreich:* Erdkreis; *Erdrinde:* oberste Schicht der Erde; *Erdrutsch:* Fall einer Erdmasse; *Erdsatellit; Erdschatten; Erdschicht; Erdspalte; Erdstoß; Erdstrahlen; Erdströme; Erdteil; Erdtoffel:* (mundartl.) Kartoffel; *Erdtrabant; Erdumfang; Erdumkreisung; Erdumsegelung; Erdumsegler; erdwärts* Ew.; *Erdzeitalter* * *Erdenbahn; Erdenbürger; Erdengast:* Mensch; *Erdengeschöpf; Erdenglück; Erdengott:* mächtiger Gebieter; *Erdengut; Erdenjahr:* Umlaufzeit der Erde um die Sonne; *Erdenjammer; Erdenkind:* Mensch; *Erdenlast; Erdenlauf(bahn); Erdenleben; Erdenleid(en); Erdenlicht; Erdenluft; Erdenlust; Erdenmal:* irdisches Mal, Fleck; *erdennah* Ew.; *Erdennähe:* nahes Verhältnis zum Irdischen : (auch für) Erdnähe; *Erdenrund:* Erdkreis; *Erdensohn:* Mensch; *Erdensonne; Erdenstaub; Erdenstoff; Erdental:* irdisches Jammertal; *erdenwärts* Uw.; *Erdenweisheit; Erdenwinkel; Erdenwurm:* Mensch * er|den tr.: mit der Erde verbinden * er|den Ew.: (veralt. für) irden * erd|haft, er|dig Ew.: erdartig * Erd|ling, der; –s, –e: Erdbewohner; vgl. irden, irdisch

er|den|ken tr.: durch Denken hervorbringen, ersinnen : ausdenken * er|denk|lich Ew.:

sich erdenken lassend : möglich : begreiflich

er|dich|ten tr.: sich mit Hilfe der Phantasie ausdenken, erfinden * Er|dich|tung, die; –, –en: das Erdichten : das Erdichtete * *Erdichtungsgabe; Erdichtungskraft*

Erd|männ|chen, Erd|öl usw. s. Erde

er|dol|chen tr.: mit dem Dolch erstechen * Er|dol|chung, die; –, –en: das Erdolchen

er|don|nern intr.: donnernd ertönen

er|dreis|ten rbz.: sich erkühnen

er|dre|schen tr.: dreschend gewinnen * Er|drusch, der; –es: das Ausgedroschene

er|dröh|nen intr.: dröhnend widerhallen : zu dröhnen beginnen

er|dros|seln tr.: die Kehle zuschnürend erwürgen * Er|dros|se|lung, die; –, –en: das Erdrosseln

er|drü|cken tr.: durch Drücken vernichten : ersticken : totdrücken * er|drü|ckend Ew. Mw.: übermäßig : zu viel

Erd|rusch: s. erdreschen

Erd|rutsch: s. Erde

er|dul|den tr.: duldend ertragen : erleiden

E|re|bos, E|re|bus (gr.), der; –: Unterwelt, unterirdische Finsternis

E|rech|the|um (gr.), das; –s: ionischer Tempel des Erechtheus auf der Akropolis von Athen * E|rech|the|us: König von Attika, der den Dienst der Athene einführte

er|ei|fern rbz., intr. (sein): in Eifer geraten, entbrennen * Er|ei|fe|rung, die; –, –en: das Ereifern

er|eig|nen rbz.: sich zutragen, abspielen : geschehen : vorkommen * Er|eig|nis, das; ..nisses, ..nisse: etwas sich Ereignendes : wichtige Begebenheit : großes, eindrucksvolles Erlebnis * *ereignisreich*

er|ei|len tr.: eilend, plötzlich erreichen : überraschen

e|rek|til (l.) Ew.: aufrichtbar : schwellfähig * E|rek|ti|on, die; –, –en: die Anschwellung : Steifwerden * e|ri|gi|bel (l.) Ew.: aufrichtbar * e|ri|gie|ren (..iert) tr.: emporrichten : steif werden

E|re|mit (gr.), der; –en, –en:
Einsiedler, Klausner ✳
E|re|mi|ta|ge (fr.) [..tahseh'],
die; –, –n: Einsiedelei : Name
von Schlössern : Gartenhaus in
Parkanlagen

E|ren, Ern (obd.), der; –, –:
Hausflur des fränk. Bauernhauses

er|er|ben tr.: etwas als Erbschaft erhalten

E|re|thi|sie (gr.), die; –, ..sien:
Reizung : krankhaft erhöhte
Erregbarkeit ✳ **E|re|this|mus**
(gr.), der; –: Reizbarkeit ✳
e|re|this|tisch Ew.: gereizt :
reizbar

er|fah|ren tr.: erreichen : (fahrend) einholen : von etwas
Kenntnis erlangen : erleiden :
durch Fahren erwerben ✳
er|fah|ren Mw. Ew.: Erfahrung habend : kundig ✳
Erfah|re|ne, der u. die; –n, –n:
Person mit Erfahrung ✳
Er|fah|ren|heit, die; –: das Erfahrensein ✳ **Erfah|rung**, die;
–, –en: auf Erlebnisse gegründete Kenntnis : das Erfahren ✳
erfahrbar; Erfahrungsaustausch; erfahrungsgemäß Ew.;
erfahrungslos Ew.; *erfahrungsmäßig* Ew.; *erfahrungsreich*
Ew.; *Erfahrungssatz; Erfahrungstatsache; Erfahrungswert; Erfahrungswissenschaft:*
nur auf Erfahrung beruhende
Wissenschaft

er|fas|sen tr.: fassend erreichen, erlangen, ergreifen : denkend begreifen ✳ **Er|fas|sung**,
die; –, –en: das Erfassen :
(EDV) Aufnahme, Speicherung von Daten ✳ *erfaßbar* →
erfassbar

er|fech|ten tr.: (Sport) mit
Fechten erreichen : (übertr.)
verbal erkämpfen

er|fin|den tr.: finden, bes. als
Ergebnis einer Forschung : findend erzeugen, hervorbringen
: auffinden ✳ **Er|fin|der**, der;
–s, –: einer, der (auf Grund von
Forschungen) etwas erfindet
oder erfunden hat ✳ *Erfindermesse; Erfinderschutz:* Schutz
des Erfinders vor unberechtigter Benutzung seiner Erfindung
✳ **er|fin|de|risch** Ew.: reich an
eigenen neuen Einfällen ✳
er|find|lich Ew.: unverständlich ✳ **Er|fin|dung**, die; –, –en:
das Erfinden : das Erfundene ✳

Erfindungsgabe; Erfindungsgeist; Erfindungskraft; Erfindungspatent; erfindungsreich
Ew.: erfinderisch : einfallsreich; *Erfindungsvermögen*

er|fle|hen tr.: erbitten : durch
Flehen erlangen

er|flie|gen tr.: fliegend erreichen

Er|folg, der; –(e)s, –e: (meist)
gutes Ergebnis : Ausgang : Folgewirkung ✳ *Erfolgsaussicht;
Erfolgsdenken; Erfolgserlebnis, Erfolgshascherei; erfolglos* Ew.; *Erfolgosigkeit; Erfolgsrechnung; erfolgreich*
Ew.: *erfolgssicher* Ew.; *erfolgversprechend auch: Erfolg versprechend* Ew. ✳ **er|fol|gen**
intr. (sein): als Wirkung eines
Vorangegangenen eintreten :
beifolgen (von Sendungen)

er|for|der|lich Ew.: notwendig
: unerlässlich ✳ **er|for|der|lichen|falls** Uw. ✳
er|for|dern tr.: notwendig machen : bedürfen : nötig haben ✳
Er|for|der|nis, das; ..nisses,
..nisse: das Erfordern : Bedingung : Voraussetzung

er|for|schen tr.: durch Forschen erkennen, erfahren oder
zu ergründen suchen ✳
er|forsch|lich, er|forsch|bar
Ew.: so beschaffen, dass es erforscht werden kann ✳
Er|for|scher, der; –s, –: Forscher ✳ **Er|for|schung**, die; –:
Ergründung : Forschung

er|fra|gen tr.: durch Fragen erforschen, ausfindig machen

er|fre|chen rbz.: (veralt.) sich
frech erdreisten

er|freu|en tr.: froh, heiter machen; rbz.: sich ergötzen : genießen ✳ **er|freu|lich** Ew.: froh machend : angenehm : günstig ✳
er|freu|li|cher|wei|se Uw.

er|frie|ren intr. (sein): durch
Frost erstarren : verderben :
sterben; tr.: erfrieren machen ✳
Er|frie|rung, die; –, –en: das
Erfrieren : Absterben durch
Kälte ✳ *Erfrierungstod*

er|fri|schen tr.: frisch machen :
erquicken : beleben : ermutigen
✳ **er|fri|schend** Ew.: belebend
: erquickend ✳ **Er|fri|schung**,
die; –, –en: etwas Erfrischendes : kühlendes Getränk ✳ *Erfrischungsraum*

er|füh|len tr.: ertasten : fühlend
erkennen

er|fül|len tr.: füllen, ganz ausfüllen : eine Bitte, einen
Wunsch ausführen : das Erwartete verwirklichen : das Verlangte gewähren : der Pflicht
Genüge leisten ✳ **er|füll|bar**
Ew. ✳ **Er|füllt|heit**, die; –: das
Erfülltsein ✳ **Er|fül|lung**, die;
–: das Erfüllen : Verwirklichung ✳ *Erfüllungshoffnung;
Erfüllungsort; Erfüllungspolitik; Erfüllungstag*

er|fun|keln intr. (sein): funkelnd erglänzen

Erg, das; –s, –: physikal. Einheit der Arbeit; Abk.: erg

er|gän|zen tr.: das zum Ganzen
Fehlende ersetzen : vervollständigen ✳ **Er|gän|zung**, die;
–, –en: das Ergänzen : das Ergänzende : Objekt ✳ *Ergänzungsband; Ergänzungsfrage;
Ergänzungsfarben:* Komplementärfarben; *Ergänzungsver-*

er|gat|tern tr.: durch List verschaffen ✳ **Er|gat|te|rung**, die;
–, –en: das Ergattern

er|gau|nern rbz.: sich durch
Gaunerei verschaffen

er|ge|ben tr.: zur Folge haben :
(Math.) ein Ergebnis liefern;
rbz.: die Waffen strecken : sich
in etwas fügen : sich ganz hingeben ✳ **er|ge|ben** Mw. Ew.:
fügsam, demütig ✳ **Er|ge|ben|heit**, die; –, –en: ergebene
Treue : Demut : Fügsamkeit ✳
Er|geb|nis,
das; ..nisses, ..nisse: Ertrag :
Ausfall : (Math.) Resultat ✳
er|geb|nis|los Ew.: ohne Erfolg ✳ **er|geb|nis|reich** Ew.:
erfolgreich ✳ **Er|ge|bung**, die;
–, –en: widerspruchsloses Einverständnis : Unterwerfung ✳
er|ge|bungs|voll Ew.: ergebig Ew.: reichen Ertrag ergebend ✳ **Er|gie|big|keit**, die; –,
–en: das Ergiebigsein

er|ge|hen rbz.: seiner Neigung
folgen : spazierengehen : (sich
in etwas –) ausführlich schildern; intr. (sein): erlassen werden : verhängt werden : geschehen, erfolgen ✳ **Er|ge|hen**, das;
–s: Befinden

er|gie|big: s. ergeben

er|gie|ßen tr., rbz.: ausgießen :
münden : strömen : heftig fließen ✳ **Er|gie|ßung**, die; –, –en:
das Ergießen ✳ **Er|guß** →
Er|guss, der; –es, ..güsse: Er-

gießung : Auswurf : Gefühlsäußerung, Gerede

er|glän|zen intr. (haben, sein): im Glanz erscheinen, hervortreten : erstrahlen

er|glim|men intr. (sein): in glimmenden Brand geraten

er|glü|hen intr. (sein): in Glut geraten : sich begeistern : leidenschaftlich lieben

er|go (l.): folglich, daher, also ∗ **er|go|tie|ren** (..iert) intr.: über jede Kleinigkeit streiten ∗ **Er|go|tis|mus,** der; –: Rechthaberei

Er|go|graph *auch:* **Er|go|graf** (gr.), der; –en, –en: Gerät zur Prüfung der Muskelarbeit ∗ **Er|go|lo|gie,** die; –: Erforschung historischer Werkzeuge ∗ **Er|go|me|ter,** das; –s, –: s. Ergograph ∗ **Er|gono|mie,** die; –: Wissenschaft, die sich mit dem optimalen Verhältnis von Arbeit und Mensch befasst ∗ **er|go|nomisch** Ew. ∗ **Er|go|s|tat,** der; –(e)s, –e: Kraftmesser

Ergograph
Die aus dem Griechischen stammende Silbe *graph* kann auch eindeutschend mit *f* geschrieben werden. In gängigen Fremdwörtern ist dies sogar vorzuziehen: *Geografie, Fotograf.* Fachsprachlich und bei entlegenen Begriffen dominiert jedoch die *ph*-Schreibung: *Ergograph, Enzephalographie.*

er|go|tie|ren: s. ergo

Er|gos|te|rin (fr.), das; –s: Vorstufe des Vitamins D2 ∗ **Er|go|tin** (fr.), das; –s: wirksamer Bestandteil des Mutterkorns [fr. ergot Mutterkorn]

er|göt|zen tr.: entschädigen : erfreuen; rbz.: sich erfreuen ∗ **Er|göt|zen,** das; –s: das Erfreuen; Wohlgefallen ∗ **er|götz|lich** Ew.: ergötzend ∗ **Er|götz|lich|keit,** die; –, –en: etwas Ergötzliches ∗ **Er|götzung,** die; –, –en: Erheiterung : Belustigung

er|grau|en intr. (sein): grau, alt werden ∗ **er|graut** Ew.: grau, alt geworden

er|grei|fen tr.: greifend fassen und halten : sich entschließend wählen, benutzen : innerlich bewegen, erschüttern ∗ **er|grei|fend** Ew.: innerlich erschütternd ∗ **Er|grei|fung,** die;

–, –en; das Ergreifen, Fassen ∗ **er|grif|fen** Mw. Ew.: innerlich bewegt ∗ **Er|grif|fen|heit,** die; –: innere Bewegtheit

er|grim|men intr. (sein): in Grimm geraten, zornig werden

er|grün|den tr.: etwas bis auf den Grund ermessen, erforschen ∗ **er|gründ|lich** Ew.: erforderlich, feststellbar

er|grü|nen intr. (sein): grün werden

Er|guß → Er|guss: s. ergießen

er|ha|ben Mw. Ew.: von der Oberfläche hervortretend, ausgeprägt : eindrucksvoll : darüberstehend : großartig ∗ **Er|ha|ben|heit,** die; –, –en: das Hervortretende : Eindrucksfähigkeit : Adel der Gesinnung

Er|halt, der; –s: das Erhalten : Empfang ∗ **er|hal|ten** tr.: etwas im Besitz bewahren : in dem Stand, worin es sich befindet, bewahren : in einen Stand halten : nicht zugrunde gehen lassen : als Besitz bekommen : etwas erreichen ∗ **Er|hal|ter,** der; –s, –: Bewahrer : Ernährer ∗ **Er|hal|tung,** die; –, –en: das Erhalten ∗ *Erhaltungstrieb; erhaltungswert* Ew.: wert, erhalten zu werden ∗ **er|hält|lich** Ew.: zu erhalten, zu bekommen

er|han|deln tr.: durch Handeln erwerben

er|hän|gen tr., rbz.: durch Aufhängen ums Leben bringen ∗ **Er|häng|te,** der; die; –n, –n: Selbstmörder : einer, der erhängt worden ist

er|här|ten tr.: hart machen : feststellen : bekräftigen : bestätigen ∗ **Er|här|tung,** die; –, –en: das Erhärten

er|ha|schen tr.: haschend ergreifen : (übertr.) aufschnappen, auffangen

er|he|ben tr.: in die Höhe bringen : vergötten : rühmen : heben : hervortreten lassen, beginnen : ermitteln, feststellen, untersuchen; rbz.: emporbewegen : wachsen : überheben : hervortreten, entstehen ∗ **er|he|bend** Ew.: hochgemut : feierlich ∗ **erheb|lich** Ew.: wichtig : bedeutsam ∗ **Er|heb|lich|keit,** die; –, –en: Anhöhe : (Steuer-)Einziehung : Aufruhr : Erbauung : Untersuchung ∗ **Er|he|bung,** die; –, –en: Anhöhe : Berg : Ermittlung : Untersuchung

er|hei|ra|ten tr.: durch Heiraten erwerben

er|hei|schen tr.: als notwendig erfordern

er|hei|tern tr.: heiter stimmen; rbz.: heiter werden ∗ **Er|heite|rung,** die; –, –en: das Erheitern

er|hel|len tr.: hell machen, beleuchten; intr.: deutlich sich ergeben, sich klären

er|hen|ken tr.: erhängen

er|heu|cheln tr.: durch Verstellung etwas erreichen

er|hit|zen tr., rbz.: heiß machen : in Aufregung, Zorn bringen, geraten ∗ **Er|hit|zung,** die; –, –en: das Erhitzen ∗ *Erhitzer*

er|hof|fen tr.: hoffend erwarten

er|hö|hen tr.: in die Höhe bringen : hochheben : höher machen : steigern : preisen ∗ **er|höht** Ew.: gesteigert ∗ **Er|hö|hung,** die; –, –en: das Erhöhen : das Erhöhte : Hügel

er|ho|len tr.: holen, holend erlangen; rbz.: zu Kräften kommen : Schäden ausgleichen ∗ **er|hol|sam** Ew. ∗ **Er|ho|lung,** die; –, –en: das Sicherholen ∗ *Erholungsaufenthalt; erholungsbedürftig* Ew.: erschöpft, überanstrengt; *Erholungsheim; Erholungsort; Erholungspause; Erholungsreise; Erholung Suchende auch:* Erholungsuchende; Erholungsurlaub; Erholungszeit

er|hor|chen tr.: durch Horchen entdecken, erlauschen

er|hö|ren tr.: hören : erhorchen : hören und das Gewünschte gewähren ∗ **Er|hö|rung,** die; –, –en: Gewährung ∗ *Erhörungswonne*

E|ri|da|nus (gr.), der; –: Sternbild am Südhimmel

e|ri|gi|bel, e|ri|gie|ren: s. erektil

E|ri|ka, das; –s: ein Farbstoff: Heidekraut

er|in|ner|lich Ew.: in der Erinnerung, im Gedächtnis vorhanden ∗ **er|in|nern** (ich ..[e]re) tr.: (einen an etwas –) einem etwas ins Gedächtnis rufen; rbz.: sich etwas ins Gedächtnis rufen : etwas im Gedächtnis haben : sich entsinnen ∗ **Er|in|ne|rung,** die; –, –en: das Erinnern : das, woran man sich erinnert ∗ *Erinnerungsbild; Erinnerungsfeier;*

Erinnerungskraft; Erinne-rungsschreiben; Erinnerungs-traum; Erinnerungsvermögen ✳ *erinnerungsweise* Ew.: in der Erinnerung

E|rin|nye, E|rin|nys (gr.), die; –, ..nnyen: griech. Rachegöttin

El|ris: griech. Göttin der Zwietracht ✳ E|ris|tik (gr.), die; –: Kunst des wissenschaftlichen Streitgesprächs ✳ e|ris|tisch Ew.: zänkisch

er|ja|gen tr.: durch Jagen erlangen : durch eifrige Bemühung erlangen

er|kal|ten intr. (sein): kalt werden, die Wärme verlieren ✳ **Er|kal|tung,** die; –, –en: das Kaltwerden und -sein

er|käl|ten tr.: erkalten machen; rbz.: sich ein Unwohlsein zuziehen ✳ **Er|käl|tung,** die; –, –en: Unwohlsein durch Erkälten

er|kämp|fen tr.: durch Kampf erwerben

er|kau|fen tr.: durch Kauf erwerben ✳ **er|käuf|lich** Ew.: feil

er|ke|cken rbz.: sich erdreisten

er|kenn|bar Ew.: so beschaffen, dass es zu erkennen ist ✳ **er|ken|nen** tr.: die Vorstellung erlangen, dass etwas vorhanden und wie beschaffen es ist : einen Betrag als bezahlt gutschreiben : ein richterliches Urteil fällen : (verhüll.) beschlafen ✳ **er|kennt|lich** Ew.: erkennbar : anerkennend : sich dankbar äußern ✳ **Er|kennt-lich|keit,** die; –, –en: das Erkenntlichsein : anerkennende Erwiderung des Guten : Dankbarkeit ✳ **Er|kennt|nis,** die; –, ..nisse: die selbsttätig in etwas eindringende Kenntnis : wahres, sicheres Wissen : gefälltes Urteil, richterlicher Spruch ✳ *Erkenntnisfähigkeit; Erkennt-nislehre; erkenntnistheore-tisch; Erkenntnisvermögen:* Fähigkeit zur Erkenntnis ✳ **Er|ken|nung,** die; –, –en: das Erkennen ✳ *Erkennungs-dienst:* Polizeiabteilung zum Erkennen von Toten usw.; *Er-kennungsmerkmale; –zeichen*

Er|ker, der; –s, –: vorspringender Ausbau an einem Haus ✳ *Erkerfenster; Erkerturm; Er-kerzimmer*

er|kie|sen (erkor und erkieste,

erkoren [erkiest]) tr.: erküren : prüfend wählen

er|klär|bar Ew.: so beschaffen, dass es erklärt werden kann ✳ **er|klä|ren** tr.: etwas klarmachen : gestehen : Neigung oder Abneigung bekunden : mit Bestimmtheit sagen; rbz.: klar und bindend sagen : freien, werben ✳ *einen Ausdruck er-klären; den Krieg erklären; je-manden für schuldig erklären; seine Liebe erklären:* darlegen ✳ **Er|klä|rer,** der; –s, –: ein Erklärender ✳ **er|klär|lich** Ew.: leicht erklärbar, verständlich ✳ **er|klär|li|cher|wei|se** Uw. ✳ **er|klärt** Ew.: offenkundig : überzeugt ✳ *erklärterweise* ✳ **Er|klä|rung,** die; –, –en: das Erklären : das Erklärende : Auslegung : Erläuterung ✳ *Er-klärungsart; Erklärungs-grund; Erklärungsversuch*

er|kleck|lich Ew.: ausreichend : viel : bedeutend

er|klet|tern tr.: kletternd erreichen : ersteigen : bis auf den Gipfel gelangen

er|klim|men tr.: erklettern

er|klin|gen intr. (sein): zu klingen beginnen, ertönen

er|klü|geln tr.: klügelnd ersinnen : austüfteln

er|ko|ren: s. erkiesen

er|kran|ken intr. (sein): krank werden ✳ **Er|kran|kung,** die; –, –en: das Erkranken ✳ *Erkran-kungsfall*

er|küh|nen rbz.: sich etwas Gewagtes erlauben oder herausnehmen

er|kun|den tr.: durchforschen : auskundschaften : erfragen ✳ **Er|kun|dung,** die; –, –en: Auskundschaftung ✳ *Erkundungs-flug:* Aufklärungsflug ✳ **er-kun|di|gen** tr., rbz.: forschend erfahren oder zu erfahren suchen ✳ **Er|kun|di|gung,** die; –, –en: das Nachfragen : Nachforschung ✳ **er|kund|schaf|ten** tr.: kundschaftend ausforschen

er|küns|teln tr.: künstelnd erzeugen

er|kü|ren tr.: erkiesen : erwählen

er|la|ben tr., rbz.: gründlich laben : erquicken

er|lah|men intr. (sein): lahm, müde werden : lahm machen ✳ **Er|lah|mung,** die; –, –en: das Erlahmen : Ermüdung

er|lan|gen tr.: durch Ausstrecken der Hand erreichen : in den Besitz von etwas Erstrebtem gelangen ✳ **Er|lan|gung,** die; –: das Erreichen, Bekommen von Erstrebtem

Er|laß → Er|lass, der; ..sses, ..sse: das Erlassen : behördliche Verfügung ✳ *Erlaßjahr → Erlassjahr* ✳ **er|las|sen** tr.: (einem etwas –) jemanden von der Verbindlichkeit frei erklären : verordnen ✳ **Er|las|sung,** die; –, –en: das Erlassen ✳ **er|läß|lich → er|läss|lich** Ew.: so beschaffen, dass es erlassen werden kann : verzeihlich

Er|laub, der; –(e)s, (selt. für) Erlaubnis ✳ **er|lau|ben** tr.: (einem etwas –) einem die Freiheit und das Recht geben, etwas zu tun oder über etwas zu schalten; rbz.: sich etwas herausnehmen ✳ **Er|laub|nis,** die; –, ..nisse: Bewilligung : Zustimmung : Genehmigung ✳ *Erlaubnisschein:* Schein, Ausweis, der zu etwas berechtigt

er|laucht Ew.: „erleuchtet", ein Titel fürstlicher Personen ✳ **Er|laucht:** Anrede fürstlicher Personen (niederen Ranges als Durchlaucht)

er|lau|fen tr.: laufend erreichen : rennend ankommen

er|lau|schen tr.: abhorchen

er|läu|tern tr.: anschaulich machen : klarmachen, erklären ✳ **Er|läu|te|rung,** die; –, –en: Erklärung

Er|le, die; –, –n: ein Birkengewächs (Eller, Else) ✳ *Erlen-baum; Erlenbusch; Erlenholz; Erlenteich* ✳ **er|len** Ew.: aus Erlenholz (ellern)

er|le|ben tr.: so lange leben, bis man etwas eintreten und wirklich werden sieht : fühlend und denkend beobachten ✳ *Erlebensfall; Erlebens-weise:* Art, wie man etwas erlebt ✳ **Er|le|ben,** das; –s ✳ **Er|leb|nis,** das; ..nisses, ..nisse: etwas, was man erlebt ✳ *Erlebnisbericht; erlebnis-hungrig*

er|le|di|gen tr.: besorgen : befreien : beendigen : vernichten : beseitigen ✳ **er|le|digt** Mw. Ew.: abgetan : (übertr.) überanstrengt ✳ **Er|le|di|gung,** die; –, –en: Fertigstellung : Beendigung ✳ *Erledigungsvermerk:*

Vermerk, dass etwas (z. B. Akte) erledigt ist

er|le|gen tr.: (Geld) hinterlegen : (Wild) zur Strecke bringen, töten * **Er|le|gung**, die; –, –en: Tötung (von Wild)

er|leich|tern tr.: leichter machen : von einer Last befreien; rbz.: seine Notdurft verrichten : sich seinen Kummer von der Seele reden * **Er|leich|te|rung**, die; –, –en: das Erleichtern : das Erleichtertsein

er|lei|den tr., intr. (sein): Böses, Trauriges erfahren : etwas sich gefallen lassen

er|len: s. Erle

er|lern|bar Ew.: so beschaffen, dass man es erlernen kann *

er|ler|nen tr.: lernend erwerben, sich aneignen * **Er|ler|nung**, die; –, –en: das Erlernen

er|le|sen tr.: sichten : absondern : auswählen : durch Lesen erwerben * **er|le|sen** Ew.: auserwählt : untadelig

er|leuch|ten tr.: mit Licht erfüllen : hell machen : plötzlich erkennen lassen * **Er|leuch|tung**, die; –, –en: das Erleuchten : Erkenntnis

er|lie|gen intr. (sein): unterliegen : hinsinken

er|lis|ten tr.: durch List erwerben, erreichen

Erl|kö|nig, der; –s: (Erlenkönig) : Umdeutung von dän. ellerkonge: Elfenkönig

er|lo|gen: s. erlügen

Er|lös, der; ..ses, ..se: die aus etwas Verkauftem gelöste Bareinnahme * **er|lö|sen** tr.: frei machen : lösen * **Er|lö|ser**, der; –s, –: ein Erlösender : (bes.) Heiland * **Er|lö|sung**, die; –, –en: Befreiung * *Erlösungskraft; Erlösungswerk*

er|lö|schen (du erlisch[e]st [Preuss. auch: erlischt], er erlischt; du erloschest, du erlöschest; erloschen; erlisch!) intr.: zu brennen, zu leuchten aufhören : zu Ende sein : still und matt werden : sterben : aussterben

er|lö|sen: s. Erlös

er|lü|gen tr.: lügend sagen oder ersinnen : durch Lügen erwerben * **er|lo|gen** Ew.: durch Lügen erreicht, erworben : erdacht

er|mäch|ti|gen tr.: die Macht ergreifen : sich in den Besitz

setzen; rbz.: sich erkühnen * **Er|mäch|ti|gung**, die; –, –en: Vollmacht : Berechtigung : Erlaubnis * *Ermächtigungsgesetz*

er|mah|nen tr.: zum pflichtgemäßen Handeln zu bewegen suchen * **Er|mah|nung**, die; –, –en: das Ermahnen

er|man|geln intr. (haben): entbehren : nicht haben * **Er|man|ge|lung, Er|mang|lung** die; –, –en: Unterlassung : das Nichtvorhandensein

er|man|nen tr.: mit männlichem Mut erfüllen; rbz.: sich aufraffen : sich zusammenreißen

er|mä|ßi|gen tr.: einschränken : auf ein geringeres Maß zurückführen : herabsetzen * **Er|mä|ßi|gung**, die; –, –en: das Ermäßigen : Nachlass : Herabsetzung

er|mat|ten tr.: matt machen; intr. (sein): matt werden * **Er|mat|tung**, die; –, –en: das Ermatten : das Ermattetsein

er|mes|sen tr.: umfassend messen : durchschreiten : erkennen : erwägen : erreichen * **Er|mes|sen**, das; –s: erwägendes Erkennen : Urteil : Gutdünken * *Ermessensfrage*

er|mi|ta|ge, die; –: s. Eremitage

er|mit|teln tr.: feststellen : herausbringen, -finden * **Er|mitt|lung**, die; –, –en: Erkundung : Nachforschung : Feststellung * *Ermittlungsbeamter; Ermittlungsdienst; Ermittlungsverfahren*

er|mög|li|chen tr.: möglich machen * **Er|mög|li|chung**, die; –, –en: das Ermöglichen

er|mor|den tr.: morden * **Er|mor|dung**, die; –, –en: Mord : vorsätzliche Tötung

er|mü|den intr. (sein): müde werden; tr.: müde machen * **Er|mü|dung**, die; –, –en: das Ermüden : die Müdigkeit * *Ermüdungserscheinung*

er|mun|tern tr., rbz.: aufmuntern : Mut machen : beleben : aufheitern * **Er|mun|te|rung**, die; –, –en: das Ermuntern : freundliche Aufforderung

er|mu|ti|gen tr.: mit Mut erfüllen * **Er|mu|ti|gung**, die; –, –en: das Ermutigen

Ern: s. Eren

er|näh|ren tr.: versorgen; rbz.: Nahrung aufnehmen : für den

Unterhalt sorgen * **Er|näh|rer**, der; –s, –: Versorger : Brotherr * **Er|näh|rung**, die; –, –en: das Ernähren : das Ernährende * *Ernährungsbehandlung:* Diätbehandlung; *Ernährungskrankheit; Ernährungslehre; Ernährungsstörung; Ernährungsweise; Ernährungszustand*

er|nen|nen tr.: auswählend bestimmen : Stellung, Amt verleihen * **Er|nen|nung**, die; –, –en: das Ernennen : Verleihung eines Amtes, einer Ehre * *Ernennungsschreiben; Ernennungsurkunde*

er|neu|en, er|neu|ern tr., rbz.: aufs Neue hervorrufen : erwecken : etwas wiederholen : an die Stelle des Früheren etwas Neues treten lassen : auffrischen * **Er|neu|e|rer, Er|neu|rer** der; –s, –: ein Erneuernder * **Er|neu|e|rung**, die; –, –en: das Erneuern : das Erneuertsein * *erneuerungsbedürftig* * **er|neut** Ew.: wiederholt * *auf erneutes Bitten*

er|nied|ri|gen tr., rbz.: niedrig machen : herabsetzen : demütigen * **Er|nied|ri|gung**, die; –, –en: das Erniedrigen : das Erniedrigtsein

Ernst, der; –es: beharrliche Zielstrebigkeit : Gesetztheit : feste Gesinnung : Bedrohlichkeit * *im Ernst sprechen; einen Spaß für Ernst nehmen; allen Ernstes daran denken* * *Ernstfall:* Fall der Bewährung * *ernstgemeint → ernst gemeint* Ew. * **ernst** Ew.: Ernst habend, zeigend : zum Ernst stimmend : Ernst veranlassend * *etwas nicht ernst nehmen; ernstzunehmend → ernst zu nehmend; es steht ernst; aufs Ernsteste gefährdet sein* * **ernst|haft** Ew.: Ernst habend, zeigend, erregend * **Ernst|haf|tig|keit**, die; –, –en: ernsthaftes Wesen * **ernst|lich** Ew.: mit Ernst : eifrig und nachdrücklich

ernst gemeint Das Adjektiv *ernst* wird kleingeschrieben. Da es steigerbar und erweiterbar ist (*ernster; sehr ernst*), wird die Verbindung mit einem Partizip oder einem Verb getrennt geschrieben: *ernst gemeint, genau nehmen, nahe bringen.*

Ern|te, die; –, –n: Einbringen der Feld- und Gartenfrüchte : Zeit der Einsammlung : das Eingesammelte : das Einzusammelnde : (übertr.) Ertrag, Erfolg der Mühe ∗ *Erntearbeiter; Erntedankfest; Erntejubel; Erntekranz; Erntelied; Erntemonat; erntereif* Ew.; *Erntetag; Erntewagen; Erntezeit* ∗ ern|ten tr., intr.: Ernte halten : Früchte einsammeln ∗ Ern|ting, der; –s, –e: August [Monat]

er|nüch|tern tr.: nüchtern machen; rbz., intr. (sein): nüchtern werden : enttäuscht sein

Er|o|be|rer, der; –s, –: ein Erobernder ∗ er|o|bern (ich ..[e]re) tr.: durch Waffengewalt überwinden, einnehmen : unterwerfen : durch eigene Anstrengung erringen, gewinnen ∗ Er|o|be|rung, die; –, –en: das Erobern : das Eroberte ∗ *Eroberungsgeist; Eroberungsgier; Eroberungskrieg; Eroberungslust; eroberungslustig* Ew.; *Eroberungssucht; eroberungssüchtig* Ew.; *Eroberungszug*

e|ro|die|ren (..iert) (l.) tr.: abnagen : wegbeizen : wegfressen

er|öff|nen tr.: öffnen, bekanntmachen : beginnen : mitteilen ∗ Er|öff|nung, die; –, –en: das Eröffnen : Mitteilung : (Med.) Durchstich, Erweiterung, Öffnung ∗ *Eröffnungsansprache; Eröffnungsbeschluß → Eröffnungsbeschluss; Eröffnungsbilanz; Eröffnungskurs:* Kurs zu Beginn des Börsengeschäfts

e|ro|gen Ew.: geschlechtlich erregend

E|ro|i|ka (it.), die; –: „die Heldenmäßige“, 3. Symphonie Beethovens

er|ör|tern (ich ..[e]re) tr.: allseitig erwägen : besprechen ∗ Er|ör|te|rung, die; –, –en: das Erörtern : Besprechung : Debatte

E|ros (gr.), der; –: Liebe, Liebesgott ∗ *Eroscenter,* das; –s, –: Bordell ∗ E|ro|tik, die; –: Lehre von der Liebe : Liebesdichtung ∗ E|ro|ti|ka, die; –: Mittel, die sexuell erregen ∗ E|ro|ti|ker, der; –s, –: Liebeskünstler : Dichter von Liebesliedern : erotischer Mensch ∗ e|ro|tisch Ew.: auf die Liebe

bezüglich : die Liebe betonend ∗ e|ro|ti|sie|ren tr.: sexuell reizbar machen : anregen ∗ E|ro|to|ma|nie, die; –: Liebeswahnsinn

E|ro|si|on (l.), die; –, –en: abtragende Tätigkeit fließenden Wassers, des Windes und Eises

E|ro|te|ma (gr.), das; –s, ..temata: Frage : Fragesatz ∗ E|ro|te|ma|tik, die; –: Fragekunst ∗ e|ro|te|ma|tisch Ew.: in Frageform ausgedrückt

E|ro|tik, E|ro|to|ma|nie usw. s. Eros

Er|pel, der; –s, –: Enterich

er|picht Ew.: verpicht : gierig : versessen auf etwas

er|preß|bar → er|press|bar Ew.: so beschaffen, dass es erpresst werden kann : unter Druck setzbar ∗ Er|preß|bar|keit → Er|press|bar|keit, die; –, –en ∗ er|pres|sen tr.: unter Drohung oder Gewalt abverlangen : abnötigen ∗ Er|pres|ser, der; –s, –: einer, der durch Gewalt und Drohen abnötigt ∗ *Erpresserbrief* ∗ er|pres|se|risch Ew.: in der Art eines Erpressers ∗ Er|pres|sung, die; –, –en: das Erpressen ∗ *Erpressungsversuch*

er|pro|ben tr.: etwas prüfen : etwas auf die Probe stellen : durch die Probe bewährt finden : erlebend erfahren ∗ *erprobt; erproberweise* ∗ Er|pro|bung, die; –, –en: Prüfung : das Erproben ∗ *erprobungshalber*

er|qui|cken tr., rbz.: erfrischend und stärkend die gesunkenen Lebensgeister aufrichten : beleben ∗ er|quick|lich Ew.: erfreulich : belebend ∗ Er|qui|ckung, die; –, –en: das Erquicken : etwas Erquickendes : Stärkung, Erfrischung

er|raf|fen tr.: raffend sich aneignen

er|rat|bar Ew.: so beschaffen, dass es erraten werden kann ∗ er|ra|ten tr.: durch Raten das Richtige treffen, finden

Er|ra|tum (l.), das; –s, ..ta: Irrtum, Druckfehler ∗ er|ra|tisch Ew.: verirrt : zerstreut ∗ *erratischer Block:* Findlingsblock

er|rech|nen tr.: durch Rechnen finden

er|reg|bar Ew.: leicht zu erregen ∗ Er|reg|bar|keit, die; – ∗

er|re|gen tr.: erwecken : anregen : aufregen ∗ Er|re|ger, der; –s, –: einer, der erregt : Krankheitskeim: Erzeuger : Verursacher ∗ *Erregermaschine:* (Elektr.) ein Generator; *Erregerstrom; Erregerstromkreis* ∗ Er|regt|heit, die; –: Zustand des Erregtseins ∗ Er|re|gung, die; –, –en: das Erregen : Aufgeregtheit ∗ *Erregungszustand*

er|reich|bar Ew.: so beschaffen, dass es erreicht werden kann ∗ er|rei|chen tr.: an ein Ziel gelangen : erlangen : erwirken : antreffen ∗ Er|rei|chung, die; –, –en: das Erreichen

er|ret|ten tr.: retten : rettend helfen ∗ Er|ret|ter, der; –s, –: Retter ∗ Er|ret|tung, die; –, –en: das Gerettetsein

er|rich|ten tr.: aufrichten : erbauen : aufstellen ∗ Er|rich|tung, die; –, –en: das Errichten

er|rin|gen tr.: gewinnen : erwerben ∗ Er|run|gen|schaft, die; –, –en: Erwerbung : schwer erworbene Erneuerung : Fortschritt

er|rö|ten intr. (sein): (scham)rot werden

Er|run|gen|schaft: s. erringen

Er|satz, der; –es: etwas, das Fehlendes ersetzt : Entschädigung ∗ *Ersatzanspruch; Ersatzbank; Ersatzdienst; Ersatzdroge; Ersatzkasse:* Krankenkasse der Angestellten; *ersatzlos; Ersatzmann; Ersatzpflicht; Ersatzreifen; Ersatzspieler; Ersatzteil; ersatzweise* ∗ er|set|zen tr.: an die Stelle von etwas Fehlendem treten : eine Lücke ausfüllen ∗ er|setz|lich Ew.: so beschaffen, dass es ersetzt werden kann

er|sau|fen intr. (sein): ertrinken (Grube) : unbrauchbar werden durch Wassereinbruch ∗ er|säu|fen tr.: ersaufen machen : durch Trinken betäuben

er|schaf|fen tr.: schaffen : ins Dasein treten lassen : erfinden ∗ Er|schaf|fer(in), der (die); –s (–), – (–nen): einer, der (eine, die) etwas erschafft ∗ Er|schaf|fung, die; –, –en: das Erschaffen : Schöpfung

er|schal|len intr. (sein): schallend erklingen : ertönen

er|schau|dern intr. (sein): in die Empfindung des Schauderns geraten

er|schau|en tr.: mit den Augen wahrnehmen : erblicken

er|schau|ern intr.: erschaudern

er|schei|nen intr. (sein): als daseiend sichtbar hervortreten : sich sehen lassen : in die Öffentlichkeit kommen * **Er|schei|nung,** die; –, –en: das Äußere der Dinge : das Hervortreten : Veröffentlichung * *Erscheinungsbild:* äußere Erscheinung eines Lebewesens; *Erscheinungsform; Erscheinungsjahr:* Jahr, in dem ein bestimmtes Buch veröffentlicht wird; *Erscheinungslehre:* Lehre von den äußeren Erscheinungen; *Erscheinungsort; Erscheinungswelt:* die sichtbare Welt

er|schie|ßen tr.: durch einen Schuss töten* **Er|schie|ßung,** die; –, –en: das Erschießen

er|schlaf|fen intr. (sein): schlaff werden; tr.: schlaff machen * **er|schlafft** Mw. Ew.: ermattet, ermüdet * **Er|schlaf|fung,** die; –: das Erschlaffen : das Erschlafftsein

er|schla|gen tr.: gewaltsam töten : schlagend zerstören, nieder-, zerschlagen

er|schlei|chen tr.: schleichend oder auf Schleichwegen erreichen, sich zu eigen machen * **Er|schlei|chung,** die; –, –en: das Erschleichen

er|schlie|ßen tr.: zugänglich machen : öffnen * **Er|schlie|ßung,** die; –, –en: das Öffnen : Zugänglichmachung

er|schmei|cheln tr.: durch Schmeicheln erreichen

er|schöp|fen tr.: ausschöpfen : kraftlos machen : vollständig behandeln : bis zum letzten verbrauchen (z. B. Kredit, Lager, Mittel) * **er|schöp|fend** Ew.: vollständig, nach allen Seiten * **er|schöpft** Ew.: kraftlos * **Er|schöpft|heit,** die; –en: das Erschöpftsein; Kraftlosigkeit * **Er|schöp|fung,** die; –, –en: das Erschöpftsein * *Erschöpfungstod; Erschöpfungszustand*

er|schre|cken intr. (sein) (erschrak, erschrocken): in Schreck geraten; tr. (erschreckte, erschreckt): in Schreck versetzen * **er|schre|ckend** Mw. Ew. * **er|schro|cken** Mw. Ew.: in

Schreck versetzt * **Er|schro|cken|heit,** die; –: das Erschrockensein

er|schüt|tern tr.: schüttelnd bewegen : innerlich stark erregen * **Er|schüt|te|rung,** die; –, –en: das Erschüttern : das Erschüttertsein * **er|schüt|te|rungs|frei** Ew.: schlag- und stoßfest

er|schwe|ren tr.: schwer, schwierig, mühevoll machen * **er|schwe|rend** Ew.: belastend * *erschwerende Umstände:* Strafverschärfungsgründe * **Er|schwer|nis,** die; –, –se: erschwerte Lage : erschwerende Tatsache * *Erschwerniszulage* * **Er|schwe|rung,** die; –, –en: das Erschweren

er|schwin|deln tr.: durch Lügen erreichen

er|schwing|bar Ew.: erreichbar : erwerbbar * **er|schwin|gen** tr.: (Landw.) schwingend Futter reinigen : bezahlen können : mit äußerster Anstrengung erreichen * **er|schwing|lich** Ew.: bezahlbar

er|se|hen tr.: gewahren : erblicken : erkennen, wahrnehmen * **er|sicht|lich** Ew.: klar erkennbar : deutlich : offenbar

er|seh|nen tr.: herbeisehnen

er|set|zen: s. Ersatz

er|sicht|lich: s. ersehen

er|sin|gen tr.: durch Singen erwerben

er|sin|ken intr. (sein): erliegend sinken; tr.: (Bergb.) in die Tiefe grabend erreichen

er|sin|nen tr.: aussinnen, ausdenken * **er|sinn|lich** Ew.: aus-, erdenkbar

er|sit|zen tr.: durch langjährigen Besitz erwerben * **Er|sit|zung,** die; –, –en: das Ersitzen

er|sor|gen tr.: (schweiz.) sorgend entgegensehen : sorgend erwarten

er|spä|hen tr.: spähend erforschen : erblicken

er|spa|ren tr.: sparend gewinnen : unterlassen : verschonen * **Er|spar|nis,** die; –, –nisse; das; –nisses, –nisse: das Ersparte : das Ersparen * **Er|spa|rung,** die; –, –en: Verschonung

er|spie|len tr.: etwas durch Spielen erwerben

er|spie|ßen tr.: spießend erstechen

Er|sprieß, der; –es, ..ße: das Ersprießen : gedeihlicher Erfolg * **er|sprie|ßen** intr. (sein): entsprießen : gedeihlich sein : frommen * **er|sprieß|lich** Ew.: nutzbringend : gedeihlich : vorteilhaft

er|spü|ren tr.: finden : aufspüren

erst Uw.: zuerst : vorhin : vorher : noch nicht mehr als : nicht weiter als * *erst recht:* nun gerade * **ers|te** Ew.: Ordnungszahl zu eins : beste * *zum Ersten; zum ersten Mal, Male; das erste Mal; der erste Mal; der erste beste → der erste Beste, der erstbeste → der Erstbeste:* jeder beliebige; *der erste.., zweite.., dritte in der Klasse → der Erste.., Zweite.., Dritte in der Klasse; Otto der Erste; das Erste und das Letzte:* die Hauptsache, das Endgültige; *die erste Hilfe:* das erste Helfen bei Unglücksfällen vor Ankunft des Arztes; *die Ersten werden die Letzten sein; der erste Januar; fürs erste → fürs Erste:* vorläufig * *Erstaufführung; Erstausgabe; Erstdruck; ersterwähnt* Mw. Ew.: vorher erwähnt : als Erstes erwähnt; *erstgeboren* Mw. Ew.: als erstes Kind geboren; *Erstgeburt; erstgenannt* Mw. Ew.: als erstes genannt : vorher genannt; *erstklassig* Ew.: hervorragend gut, beste; *erstmals* Uw.: zum ersten Male; *erstmalig* Ew.: zum ersten Male stattfindend; *erstrangig* * **Ers|te,** der; –n, –n: der erste Tag des Monats * **ers|tens** Uw.: als Erstes * *erstere → Erstere,* der oder die; –n, –n: der Erstgenannte * **erst|lich** Uw.: zuerst : erstens * **Erst|ling,** der; –s, –e: erstes Kind : erstes Erzeugnis : Säugling in der ersten Lebenszeit : Anfänger * *Erstlingsarbeit; Erstlingsausstattung* * **Erst|ling|schaft,** die; –, –en: das Erstlingsein : Gesamtheit der Erstlinge : erstes Beginnen

er|star|ken intr. (sein): stark, kräftig werden * **Er|star|kung,** die; –, –en: das Erstarken

er|star|ren intr. (sein): starr werden : starr machen * **Er|star|rung,** die; –, –en: das Erstarren : das Erstarrtsein

er|stat|ten tr.: ersetzen : vergelten : heimzahlen : bezahlen ∗ *Bericht erstatten:* Bericht geben; *Dank erstatten:* Dank sagen ∗ **Er|stat|tung,** die; –, –en: das Erstatten

er|stau|nen intr. (sein), zuw. rbz.: in Staunen geraten; tr.: in Staunen versetzen ∗ **Er|stau|nen,** das; –s: das Erstauntsein : Gegenstand des Erstaunens ∗ *erstaunungsvoll* Ew.; *erstaunenswert* Ew.; *erstaunenswürdig* Ew. ∗ **er|stau|nend** Mw. Ew.: Erstaunen erregend ∗ **er|staun|lich** Ew.: Erstaunen erregend : bewundernswert ∗ *erstaunlicherweise* Uw.

er|ste|chen tr.: totstechen

er|ste|hen tr.: aus-, überstehen : ertragen : kaufen : auferstehen

er|stei|gen tr.: hinaufsteigen, hinaufklettern ∗ **er|steig|bar** Ew.: so beschaffen, dass man es ersteigen kann

er|stel|len (mundartl.) tr.: herstellen : hinstellen

er|ster|ben intr. (sein): langsam sterben ∗ **er|stor|ben** Mw. Ew.: abgestorben : leblos

er|sti|cken intr. (sein): an Luftmangel sterben : vergehen; tr.: erwürgen : unterdrücken : zum Stillschweigen bringen ∗ **Er|sti|ckung,** die; –, –en: das Ersticken : das Erstkicktwerden ∗ *Erstickungstod*

er|stin|ken intr. (sein): stinkend werden : (übertr.) lügen ∗ **er|stun|ken** Mw. Ew.: erlogen

er|strah|len intr. (sein): strahlend erglänzen

er|stre|ben tr.: zu erreichen streben : strebend erreichen ∗ **er|stre|bens|wert** Ew.: so geartet, dass man es erstrebt : lohnend

er|stre|cken rbz.: sich ausdehnen : liegen : betreffen

er|strei|ten tr.: streitend erringen

er|stun|ken: s. erstinken

er|stür|men tr.: im Sturm erobern : stürmend erlangen ∗ **Er|stür|mung,** die : –, –en: das Erstürmen : die Eroberung durch Stürmen

er|su|chen tr.: höflich um etwas bitten : auffordern

er|tap|pen tr.: überraschend antreffen und ergreifen : erwischen

er|tas|ten tr.: tastend ergreifen : erspähen : wahrnehmen

er|tau|ben intr.: taub werden : das Gehör verlieren

er|tei|len tr.: zukommen lassen : geben ∗ **Er|tei|lung,** die; –, –en: das Erteilen

er|tö|nen intr.: tönend erklingen : erschallen

er|to|sen intr. (sein): tosend erschallen

er|tö|ten tr.: abtöten : vertilgen : ausrotten ∗ **Er|tö|tung,** die; –, –en: das Abtöten

Er|trag, der; –(e)s, ..träge: Gewinn : Nutzen ∗ *ertragfähig; ertraglos; ertragreich* Ew.; *Ertragsaussichten; Ertragslage; Ertragsminderung; Ertragssteigerung* ∗ **er|tra|gen** tr.: aushalten, erdulden : (veralt.) einbringen, als Ertrag liefern ∗ **er|träg|lich** Ew.: so beschaffen, dass es auszuhalten ist, mittelmäßig, nicht besonders gut ∗ **Er|träg|nis,** das; ..nisses, ..nisse: Ertrag

er|trän|ken tr.: ersäufen

er|träu|men tr.: träumend ersehnen, ersinnen

er|trin|ken intr. (sein): im Wasser ums Leben kommen

er|trot|zen tr.: durch Trotzen erlangen, erzwingen

er|trun|ken Mw. Ew: durch Ertrinken ums Leben gekommen sein

er|tüch|ti|gen tr.: tüchtig, stark machen ∗ **Er|tüch|ti|gung,** die; –: Hebung der Leistungsfähigkeit

er|üb|ri|gen intr. (haben): übrig sein; tr.: ersparend übrig behalten; rbz.: überflüssig sein

e|ru|die|ren (..iert) (l.) tr.: ausbilden, unterrichten ∗ **E|ru|di|ti|on** (l.), die; –, –en: gelehrte Bildung, Gelehrsamkeit

e|ru|ie|ren (..iert) (l.) tr.: herausbringen, erforschen, ergründen

e|rum|pie|ren (..iert) (l.) tr.: durchbrechen : ausbrechen : herausfallen ∗ **E|rup|ti|on,** die; –, –en: der Ausbruch : (Med.) Ausbruch : Hautausschlag ∗ **e|rup|tiv** Ew.: durch Emporheben aus dem Erdinnern gebildet ∗ *Eruptivgestein:* Ergussgestein

Er|ve, die; –, –n: Bergerbse, rote Waldwicke

er|wa|chen intr. (sein): wach werden : aufwachen

er|wach|sen intr. (sein): aus

dem Keim hervorgehen und sich entwickeln : auswachsen ∗ **er|wach|se|ne,** der; die; –n, –n: ausgereifter, voll entwickelter Mensch ∗ **Er|wach|sen|heit,** die; –: das Erwachsensein

er|wä|gen tr.: etwas im Geiste wägend bedenken : in Betracht ziehen : prüfen ∗ **er|wä|gens|wert** Ew.: wert, erwogen zu werden : in Frage kommend ∗ **Er|wä|gung,** die; –, –en: Überlegung : Bedenken

er|wäh|len tr.: wählen, auswählen ∗ **Er|wähl|te,** der; –n, –n ∗ **Er|wäh|lung,** die; –, –en: das Erwählen

er|wäh|nen tr.: einer Sache mit kurzen Worten gedenken : kurz nennen ∗ **er|wäh|nens|wert** Ew.: nennenswert ∗ **er|wäh|n|ter|ma|ßen** Uw.: wie erwähnt worden ist ∗ **Er|wäh|nung,** die; –, –en: Bemerkung, Nennung

er|wah|ren tr.: (schweiz.) die Wahrheit amtlich bestätigen : ein Wahlergebnis bekräftigen

er|wan|dern tr.: wandernd kennenlernen, erleben

er|war|men, er|wär|men intr. (sein): warm werden; rbz.: sich allmählich interessieren, begeistern ∗ **Er|wär|mung,** die; –: das Erwärmen : das Anteilnehmen

er|war|ten tr.: warten auf : ersehnen : zuversichtlich hoffen ∗ *es nicht erwarten können:* ungeduldig warten ∗ **Er|war|tung,** die; –, –en: das Erwarten : Hoffnung : Spannung ∗ *erwartungsgemäß; Erwartungshaltung; erwartungsvoll* Ew.: gespannt : ungeduldig

er|we|cken tr.: wach machen : erregen ∗ **Er|we|ckung,** die; –, –en: Wiederbelebung : Auferstehung

er|weh|ren rbz.: fernhalten : abwehren

er|weich|bar Ew.: so beschaffen, dass er erweicht werden kann ∗ **er|wei|chen** intr. (sein), rbz.: weich werden; tr.: milde stimmen ∗ **er|wei|chend** Ew.: rührend ∗ **Er|wei|chung,** die; –, –en

Er|weis, der; –es, –e: Nachweis : Beweis ∗ **er|wei|sen** tr.: bezeigen : beweisen; sich zeigen ∗ **er|weis|lich** Ew.: sich er-

oder beweisen lassend : nachweislich ∗ **Er|wei|sung,** die; –, –en

er|wei|tern tr., rbz.: weiter machen, ausdehnen ∗ **Er|wei|te|rung,** die; –, –en: das Erweitern : das durch Erweitern Entstandene

Er|werb, der; –(e)s, –e: Lohn, Verdienst : Anschaffung : Kauf ∗ *Erwerbsbeschränkung:* körperliche oder seelische Beeinträchtigung der Leistungsfähigkeit; *erwerbsfähig; erwerbsgemindert; erwerbslos* Ew.; *Erwerbslosigkeit; Erwerbslosenunterstützung; Erwerbstätigkeit; erwerbsunfähig* Ew.; *Erwerbszweig* ∗ **er|werben** (du erwirbst; du erwarbst; erworben; erwirb!) tr.: durch Arbeit, Bemühung verdienen : kaufen ∗ **Er|wer|bung,** die; –, –en: Anschaffung

er|wi|dern tr.: zurückgeben : entgegnen : antworten : dafür geben ∗ **Er|wi|de|rung,** die; –, –en: Antwort : Entgegnung : Vergeltung

er|wie|sen Mw.: begründet : nachgewiesen ∗ *erwiesenermaßen* Uw.: wie bewiesen : nachweislich

er|wir|ken tr.: erreichen

er|wirt|schaf|ten tr.: Ertrag erzielen : wirtschaftlich erwerben : erarbeiten

er|wi|schen tr.: mit unerwarteter Schnelle ergreifen, fangen : ertappen

er|wünscht Ew.: gewünscht : angenehm ∗ **Er|wünscht|heit,** die; –, –en: das Erwünschtsein

er|wür|gen intr. (sein): ersticken; tr.: ersticken machen : gewaltsam töten

E|ry|si|pel (gr.), das; –: Rotlauf, Wundrose (Krankheit) ∗ **E|ry|them,** das; –s, –e: Rötung der Haut ∗ **E|ryth|rin,** das; –s: ein roter Farbstoff ∗ **E|ryth|ro|zy|ten** Mz.: rote Blutkörperchen [gr. erythros rot]

Erz, das; –es, –e: metallhaltiges Mineral : Mineralgemenge ∗ *Erzader; Erzaufbereitung; Erzbergbau; erzbeschlagen* Ew.; *Erzblüte:* Grünspan; *Erzförderung; erzgebildet* Ew.; *erzgegossen* Ew.; *Erzgewinnung; Erzgießer; Erzgrube; erzhaltig* Ew.; *Erzhütte; Erz-*

mutter: Gestein, das dem Erz als Lagerstatt dient; *Erzprobe; Erzschrift:* in oder wie in Erz gegrabene Schrift ∗ **er|zen** Ew.: ehern : aus Erz gefertigt ∗ **erz|haft** Ew.: erzähnlich : erzhaltig

erz.. (gr.) Vorsilbe in Zus.: vorzüglich, best : hochgradig, stark, groß ∗ *Erzbischof; erzdumm* Ew.: sehr dumm; *Erzbistum; Erzengel:* oberster Engel; *erzfaul* Ew.; *Erzfeind; Erzgauner:* großer Gauner; *Erzhalunke:* besonders durchtriebener Spitzbube, Betrüger; *Erzherzog; erzkonservativ; Erzschelm; Erzvater* [gr. archi-]

er|zäh|len tr.: herzählen, aufzählen, kundtun : Bericht erstatten ∗ *erzählenswert* Ew.: wert, erzählt zu werden ∗ **Er|zäh|ler,** der; –s, –: einer, der erzählt ∗ **Er|zäh|lung,** die; –, –en: das Erzählen : erzählte Geschichte

er|zei|gen tr., rbz.: verdeutlichen : zum Ausdruck bringen ∗ *sich dankbar erzeigen; die Achtung erzeigen*

er|zeu|gen tr.: zeugend hervorbringen : schaffen ∗ **Er|zeu|ger,** der; –s, –: Hersteller : Urheber : (bes.) Vater : (Mz.) Eltern ∗ *Erzeugerland; Erzeugerpreis* ∗ **Er|zeug|nis,** das; ..nisses, ..nisse: das Erzeugte ∗ **Er|zeu|gung,** die; –, –en: das Erzeugen : Herstellung, Schaffung ∗ *Erzeugungskosten; Erzeugungslizenz; Erzeugungsort*

er|zie|hen tr.: abrichten : schulen : aufziehen : bilden ∗ **Er|zie|her,** **Er|zie|he|rin,** der (die); –s (–), – (..innen): der (die) Erziehende ∗ **er|zie|he|risch,** **er|zieh|lich** Ew.: bildend : der Erziehung dienend ∗ **Er|zie|hung,** die; –, –en: das Erziehen ∗ *Erziehungsanstalt; Erziehungsbeihilfe; Erziehungsbeitrag; Erziehungsberechtigte(r); Erziehungsgrundsätze; erziehungslos* Ew.; *Erziehungsschwierigkeiten; Erziehungsurlaub; Erziehungswerk; Erziehungswissenschaft*

er|zie|len tr.: etwas zum Schlussziel nehmen : es als Ziel treffen : erzeugen : etwas züchten als Erzeugnis gewinnen : erstreben : strebend erlangen

er|zit|tern intr. (sein, haben): zu zittern beginnen

er|zür|nen intr. (sein): in Zorn geraten : ergrimmen; tr.: zornig machen; rbz.: sich ereifern : sich entzweien

er|zwin|gen tr.: mit zwingender Gewalt erreichen ∗ *erzwungenermaßen*

es: p. Fw. 3. P. Ez. sächl.; verkürzt: 's ∗ **Es,** das; –: etwas Unbestimmtes

es, das; –, –: (Mus.) das um einen halben Ton erniedrigte e : Molltonstufe ∗ **Es,** das; –, –: Durtonstufe ∗ **Es-Dur,** das; –: Tonart ∗ **es-Moll,** das; –: Tonart

ESA (Abk.): European Space Agency : Europäische Weltraumorganisation

Es|cha|to|lo|gie (gr.), die; –: Lehre von den letzten Dingen

E|sche, die; –, –n: eine Baumart ∗ *Eschenbaum; Eschenholz; Eschenspeer* ∗ **e|schen** Ew.: aus Eschenholz bestehend

E-Schicht, die; –: Ionosphärenschicht (100–150 km)

Es|co|ri|al, der; –s, –s: span. Schloss bei Madrid

E|sel, der; –s, –: einhufiges Säugetier : Traggestell : Name einiger Tiere nach einer Ähnlichkeit mit dem Esel : (Schimpfwort) Dummkopf ∗ *Eselsbrücke:* Hilfsmittel zur Gedächtnisstärkung; *eselgrau* Ew.; *eselhaft; Eselsmilch; Eselsohr:* umgeknickte Ecke eines Buchblattes; *Eselsrücken:* eine spätgotische Bogenform; *Eselstreppe:* stufenlose, schraubenförmige Rampe ∗ **E|se|lei,** die; –, –en: Dummheit ∗ **E|se|lin,** die; –, ..innen: Eselsstute ∗ **e|seln** intr.: schwer arbeiten : grobe Fehler begehen; tr.: jemanden Esel schimpfen

Es|ka|der, die; –, –s: Schiffsgeschwader ∗ **Es|ka|dron,** die; –, –en und –s: Schwadron, kleinste taktische Kavallerieeinheit

Es|ka|la|de (fr.), die; –, –n: Erstürmung mit Sturmleitern ∗ **es|ka|la|die|ren** (..iert) tr.: erklettern, erstürmen ∗ *Eskaladierwand* ∗ **Es|ka|la|ti|on,** die; –, –en: stufenweise Zunahme : Steigerung ∗ **es|ka|lie|ren** tr.: ausufern : anwachsen

Es|ka|mo|ta|ge (fr.) die; [..tahsch'],

die; –, –n: Gaunerei : Taschenspielerei ✳ **Es|ka|mo|teur** [..töhr], der; –s, –e: Taschenspieler ✳ **es|ka|mo|tie|ren** (..iert) tr.: wegzaubern

Es|ka|pa|de (fr.), die; –, –n: (Reitkst.) falscher Sprung ✳ (übertr.) dummer Streich ✳

Es|ka|pis|mus, der; –: Realitätsflucht, Aufbau einer Scheinwelt

Es|ka|ri|ol, der; –s: eine Gemüsepflanze

Es|kar|pe (fr.), die; –, –n: innere Böschung eines Grabens : unterste Brustwehr ✳ **es|kar|pie|ren** (..iert) tr.: steil machen, böschen

Es|kar|pin (fr.) [eskarpäng], der; –s, –s: Schnallen-, Tanzschuh

Es|ki|mo, der; –s, –s: Volksstamm im arktischen Nordamerika und Grönland ✳ **es|ki|mo|isch** Ew.: die Eskimos betreffend ✳ *Eskimosprache:* zu den paläoasiatischen Sprachen gehörende Sprache der Eskimos

Es|komp|te (ml.-fr.) [eskongt], der; –s: Rabatt, Abzug ✳ **es|komp|tie|ren** (..iert) [..kongt..]: abziehen ✳

Es|kont, der; –(e)s (span.) ✳ **es|kon|tie|ren** (..iert) tr.: abrechnen

Es|kor|te (fr.), die; –, –n: Geleit : Bedeckung : Ehrengeleit ✳ **es|kor|tie|ren** (..iert) tr.: geleiten : abführen : bewachen

Es|ku|do, der; –(s), –(s): (einged. f.) Escudo, portugies. Geldeinheit

Es|me|ral|da, die; –: eine span. Polka

E|so|te|rik, die; –, –en: Wissenschaft des Geheimen ✳ **E|so|te|ri|ker** (gr.), der; –s, –: in eine Geheimlehre Eingeweihter ✳ **e|so|te|risch** Ew.: für Eingeweihte bestimmt : geheim

Es|pa|gno|le (fr.) [espanjol], die; –, –n: ein span. Tanz ✳ **Es|pa|gno|let|te**, die; –, –n: ein Wollenzeug : Drehriegel ✳ *Espagnolettenverschluß → Espagnolettenverschluss*

Es|pan, der; –s: Gemeindegrundbesitz ✳ *Espanrecht:* Nutzungs- und Weiderecht an einem Espan

Es|par|set|te (span.-fr.)

[..ßett], die; –: Futterklee ✳ **Es|par|to**, der; –s: span.-nordafrikanische Gräser

Es|pe, die; –, –n: ein Baum, Zitterpappel ✳ *Espenbaum; Espenholz; Espenlaub ✳ zittern wie Espenlaub* ✳ **es|pen** Ew.: aus Espenholz gefertigt

es|pe|ran|tisch (rom.) Ew.: das Esperanto betreffend ✳ **Es|pe|ran|tist**, der; –en, –en: Anhänger des Esperantos ✳ **Es|pe|ran|to**, das; –s: die bekannteste Welthilfssprache

Es|pla|na|de (fr.), die; –, –n: großer, freier Platz

es|pres|si|vo (it.) [..w..] Ew.: (Mus.) ausdrucksvoll

Es|pres|so, der; –s, ..pressi: nach ital. Art schnell zubereiteter Kaffee ✳ *Espressobar; Espressomaschine*

Es|prit (fr.) [..prih] der; –s, –s: Geist : Witz : Scharfsinn

Es|qui|re (e.) [eskweir], der; –s, –s: Adliger niederen Ranges : heute Höflichkeitstitel in englischen Anschriften; Abk.: Esq.

Es|say (e.-fr.) [esseh], der; –s, –s: Versuch : Abhandlung ✳ **Es|say|ist**, der; –en, –en: Verfasser von Abhandlungen ✳ **es|say|is|tisch** Ew.: abhandlungsartig : gemeinverständlich

eß|bar → ess|bar Ew.: so beschaffen, dass es gegessen werden kann ✳ **Eß|bar|keit →** **Ess|bar|keit**, die; –: Genießbarkeit ✳ **es|sen** (du issest und isst, er isst; ich aß, du aßest; du äßest; gegessen; iss!) tr.: Nahrung zu sich nehmen ✳ *sich satt essen; zu Mittag essen ✳ Eßbesteck → Essbesteck; Eßgerät → Essgerät; Eßgier → Essgier; Eßlöffel → Esslöffel:* größerer Löffel, Suppenlöffel; *Eßlust → Esslust; Eßtisch → Esstisch; Eßwaren → Esswaren:* Lebensmittel; *Eßzimmer → Esszimmer* ✳ **Es|sen**, das; –s, –: Mahlzeit : zubereitete Speise ✳ *Essenszeit ✳* **Es|ser**, der; –s, –: ein Essender

Es|se, die; –, –n: Feuermauer mit Herd : Schmiedewerkstatt : Schornstein ✳ *Essenfeger*

es|se (l.): sein ✳ **Es|se**, das; –, –: das Sein, das Wesen ✳ **es|sen|zi|ell** *auch:* **es|sen|ti|ell** Ew.: wesentlich ✳ **Es|senz**,

die; –, –en: Wesen, Wesenheit : Kraftauszug : Duft

es|sen, Es|sen usw.: s. essbar

Es|se|ner, Es|sä|er (hebr.) Mz., die; –: Angehörige einer altjüdischen Sekte

es|sen|ti|ell, Es|senz: s. Esse

Eß|gier → Ess|gier usw.: s. essbar

Es|sig, der; –s, –e: Essigsäure enthaltendes Konservierungs- und Würzmittel ✳ *Essigbaum:* Sumach; *Essigbrauer(ei); Essigessenz; Essigfrüchte; Essiggärung; Essiggurke:* in Essig eingelegte Gurke; *Essigsäure* ✳ **es|sig|ar|tig** Ew.: sauer wie Essig

Es|tab|lish|ment (e.) [eßtáblischmᵉnt], das; –s, –s: Gesamtheit der Personen, die in einer modernen Gesellschaftsordnung einflussreiche Stellen innehaben : die bestehende Gesellschaftsordnung

E|sta|fet|te: s. Stafette

Es|tam|pe (fr.) [estangp], die; –: Kupferstich : Abdruck

Es|tan|zia (span.), die; –, –s: Meierhof, Gehöft (in Südamerika)

Es|te, der; –n, –n: Estländer ✳ **Est|land ✳ Est|län|der**, der; –s, – ✳ **est|län|disch** Ew. ✳ **est|nisch** Ew.

Es|ter, der; –s: (chem.) zusammengesetzter Äther

Es|tra|de (fr.), die; –, –n: erhöhter Platz

Es|tra|gon (fr.) [..gong], der; –s: eine Gewürzpflanze zur Essigbereitung

Es|tre|ma|du|ra: Landschaft in Mittelspanien ✳ *Estremaduragarn:* das; –s: sechsfaches Strickgarn (nach einer Landschaft in Spanien benannt)

Es|trich, der; –s, –e: Glattstrich : gegossener zementierter Fußboden

Es|zett, das; –(e)s, –e: Buchstabe ß

et (l.): und ✳ **Et-Zei|chen**, das; –s, –: Zeichen & : und

e|tab|lie|ren (..iert) (fr.) tr.: festsetzen : gründen : einrichten; rbz.: sich (geschäftlich) selbständig machen : ein Geschäft eröffnen ✳ **E|tab|lis|se|ment** [..bliss'mang], das; –s, –s: Einrichtung, Betrieb, meist Vergnügungsstätte

E|ta|ge (fr.) [ehtàh'sch], die; –, –

–n: Stockwerk * *Etagenbett:* Stockwerkbett; *Etagenheizung; Etagenwohnung* * **E|ta|ge|re** [ehtaßehähr], die; –, –n: Stufengestell : Glasschrank mit vielen Fächern

E|ta|la|ge (fr.) [ehtalah'sch'], die; –, –n: Schaufensterausstellung : Auslage * **e|ta|lie|ren** (..iert) tr.: ausstellen

E|ta|lon (fr.) [ehtalong], der; –s, –s: Mustergewicht : Eichmaß

E|ta|min (fr.), das; –s: durchsichtiger, grobfädiger Stoff

E|tap|pe (fr.), die; –, –n: (Teil-) Strecke : Rastort : Warenniederlage * *Etappenflug:* Flug mit Zwischenlandungen; *Etappensieg; Etappenstation:* Streckenziel * **e|tap|pen|wei|se** Ew.: in Abschnitte aufgegliedert

E|tat (fr.) [etah], der; –s, –s: Kostenvoranschlag, Haushaltsplan : Staatshaushalt * *etatmäßig* Ew.: dem Voranschlag gemäß : fest angestellt * *Etataufstellung; Etatjahr:* Haushaltsjahr; *Etatposten:* Betrag im Etat; *Etatrat:* Staatsrat * **e|ta|ti|sie|ren** (..iert) tr.: Überschlag machen : in den Etat aufnehmen * **E|ta|tis|mus,** der; –, ..men: Verstaatlichung von Wirtschaftseinrichtungen : staatliche Eingriffe in die Privatwirtschaft

et ce|te|ra (l.): und so weiter; Abk.: etc.

e|te|pe|te|te Ew.: zimperlich : mit viel Getue

e-te-pe-te-te
Eine Silbe, die nur aus einem Vokal besteht, darf abgetrennt werden: *e-tepetete, A-bitur, E-cke.* Aus Gründen der Lesbarkeit sollte hiermit aber sparsam umgegangen werden.

E|ter|nel|le (fr.), die; –, –n: Dauerblume * **e|ter|ni|sie|ren** (..iert) tr.: verewigen [l. aeternus ewig]

E|ter|nit das od. der; –s: feuerfester Werkstoff aus Zement

E|te|si|en (gr.) Mz.: „Jahreswinde", sommerliche Nordwinde in Griechenland

E|thik (gr.), die; –: Sittenlehre : Teilgebiet der Philosophie * **E|thi|ker,** der; –s, –: Sittenlehrer * **e|thisch** Ew.: sittlich * **E|tho|kra|tie,** die; –: Tugend-

herrschaft * **E|thos,** das; –: Sitte : sittliche Sinnesart : bleibende Charaktereigentümlichkeit

eth|nisch Ew.: völkisch : volkseigentümlich * **Eth|no|graf** *auch:* **Eth|no|graph,** der; –en, –en: Völkerforscher * **Eth|no|gra|fie** *auch:* **Eth|no|gra|phie,** die; –: Völkerkunde, –beschreibung * **eth|no|gra|fisch** *auch:* **eth|no|gra|phisch** Ew.: völkerkundlich * **Eth|no|lo|ge,** der; ..gen, ..gen: Völkerkundler, –kenner * **Eth|no|lo|gie,** die; –: vergleichende Völkerkunde * **eth|no|lo|gisch** Ew.: völkerkundlich [gr. ethnos Volk]

E|tho|kra|tie usw., **E|thos:** s. Ethik

E|tho|lo|gie (gr.), die; –: Lehre von den Sitten und Bräuchen eines Volkes : Persönlichkeitsforschung : Lehre von der Lebensweise der Tiere

E|thos: s. Ethik

E|ti|enne, die; –: eine Antiquaschrift (nach einem franz. Drucker)

E|ti|kett (dtsch.-fr.), das; –(e)s, –en : Preiszettel : Aufschrift : Warenzeichen * **E|ti|ket|te,** die; –, –n: höfische Sitte * **e|ti|ket|tie|ren** (..iert) tr.: mit Etikett versehen : kennzeichnen

e|ti|o|lie|ren tr.: (Bot.) ohne Licht bleichen und wachsen

et|li|che unbest. Fw., meist Mz.: einige * *etliche Mal(e)* *

et|li|ches: einiges, etwas

Et|mal, das; –(e)s, –e: (seem.) Essenszeit : (seem.) Zeit von Mittag bis Mittag : Schiffstagereise

E|ton [it'n]: Englands ältestes College

E|tru|ri|en: ital. Landschaft * **E|trus|ker:** Bewohner Etruriens * **e|trus|kisch** Ew.

Etsch, die; –: norditaл. Fluss

Et|ter, der; –s, –: Zaun : Grenzscheide

E|tü|de (fr.), die; –, –n: musikal. Übungsstück

E|tui (fr.) [etwih], das; –s, –s: Behältnis : Futteral : Kapsel, Gehäuse : Besteck

et|wa Uw.: irgendwo : irgendwann : ungefähr : vielleicht * **et|wa|ig** Ew.: vielleicht eintretend * **et|was** unbest. Fw.: ir-

gendeine Sache : ein bisschen, ein Stück : ein wenig; Uw.: ein bisschen * *etwas Gutes; etwas anderes; das ist etwas:* das ist etwas Gutes, Anerkennenswertes usw.; *ein gewisses Etwas:* etwas Besonderes, eine Eigenart * **et|welch** unbest. Fw. (veralt.): irgendein

E|ty|mo|lo|ge (gr.), der; ..gen, ..gen: Wortforscher * **E|ty|mo|lo|gie,** die; –, ..gien: Wortforschung : Wortdeutung : Lehre von der Herkunft der Wörter * **e|ty|mo|lo|gisch** Ew.: die Abstammung der Wörter betreffend * **e|ty|mo|lo|gi|sie|ren** (..iert) intr.: die Abstammung der Wörter angeben * **E|ty|mon,** das; –s, ..ma: „Echtes", Grundbedeutung : Wurzelwort

Et-Zei|chen: s. et

eu.. (gr.) Vorw. in Zus.: wohl.., gut..

EU (Abk.): Europäische Union

Eu|bi|o|tik (gr.), die; –: Lehre von der gesunden Lebensweise

Eu|böa: griech. Insel

Eu|bu|lie (gr.), die; –: kluges Beraten : Einsicht : Klugheit

euch p. Fw.: Dat. u. Akk. von ihr

euch, euer
In schriftlichen Mitteilungen wird die Anrede *du* oder *ihr,* wie auch alle abgeleiteten Formen, also auch *euch* und *euer,* grundsätzlich . kleingeschrieben. Seltene Außnahmen: *Euer Hoheit, Euer Gnaden.*

Eu|cha|ris|tie (gr.), die; –, ..stien: Dankgebet beim Abendmahl : Altarsakrament * **eu|cha|ris|tisch** Ew.: das heilige Abendmahl betreffend

Eu|dä|mo|nie (gr.), die; –: Glückseligkeit, Wohlbehagen * **Eu|dä|mo|nis|mus,** der; –: Glückseligkeitslehre * **eu|dä|mo|nis|tisch** Ew.: die Glückseligkeitslehre betreffend

Eu|do|xie (gr.), die; –, ..ien: der gute Ruf : gutes, richtiges Urteil

eu|er p. Fw.: Gen. von ihr * **Eu|er →** *euer* p. Fw.: euer in der schriftlichen Anrede * **eu|er** (der, die, das eu[e]re, eurer, eure): bes.-anz. Fw. 2. P. Mz. * **Eu|er** bes.-anz. Fw.: euer in der Anrede * *die Euren auch: die euren:* eure Angehörigen; *das Eure auch: das eure:* eure Habe : das euch Gebührende; *Eure Hoheit; Eure, Euer Hochwohlgeboren;* Abk. von Eurer, Eure. Ew. ✳ eu|er|seits, eu|rer|seits Uw.: auf eurer Seite, von euch aus ✳ eu|ers|glei|chen, eu|res|glei|chen Fw.: Leute wie ihr ✳ eu|ert|hal|ben, eu|ret|hal|ben, eu|ert|we|gen, eu|ret|we|gen Uw.: wegen euch ✳ eu|ert|wil|len, eu|ret|wil|len, um −: wegen euch ✳ eu|rig Ew.: euch gehörig : euch ergeben ✳ *der Eurige auch: der eurige; das Eurige auch: das eurige:* eure Habe

Eu|ge|ne|tik, Eu|ge|nik, die; −: (Lehre von der) Erbgesundheit ✳ eu|ge|ne|tisch, eu|ge|nisch Ew.: die Eugenik betreffend, auf ihr beruhend : erbgesund

Eu|ka|lyp|tus (gr.), der; −, ..ten: eine Baumgattung der Myrtengewächse ✳ *Eukalyptusbonbon; Eukalyptusöl*

Eu|k|lid: griech. Mathematiker ✳ eu|k|li|disch Ew.: von Euklid erdacht ✳ *euklidische Geometrie*

Eu|ko|lie (gr.), die; −: Heiterkeit : Zufriedenheit

Eu|k|ra|sie (gr.), die; −, ..sien: die gute Mischung der Körpersäfte : glückliche Gemütsstimmung

Eu|k|ra|tie (gr.), die; −, ..tien: gute Verwaltung oder Regierung

Eu|le, die; −, −n: Name der Familie der nachtaktiven Greifer : Art Besen mit weichem Borstenhaar : ein Nachtschmetterling ✳ *Eulen nach Athen tragen:* Überflüssiges tun (Eulen, die heiligen Vögel der Athene, Schutzgöttin dieser Stadt, waren in Athen sehr zahlreich); *Eulenart; Eulenfalter; Eulenflucht:* Zeit der Dämmerung; *Eulennest; Eulenspiegel:* Held eines alten Volksbuchs : ein Schalksnarr; *Eulenspiegelei:* Narretei; *Eulenspiegelstreich;* vgl. Uhle

Eu|len|spie|gel: s. Eule

Eu|mel, der; −s, −: (Umgspr.) Dummerchen

Eu|me|ni|de (gr.), der; −, −: die „Wohlwollende", schonende Benennung einer der griech. Rachegöttinnen

eu|me|t|risch (gr.) Ew.: wohlgemessen, von gutem Versmaße

Eu|no|mia: antike griech. Göttin der gerechten Ordnung

Eu|nuch (gr.), der; −en, −en: Eu|nu|che, der; −n, −n: entmannter Haremswächter ✳ *Eunuchenstimme:* hohe Stimmlage bei Männern ✳ *eunuchenhaft* Ew. ✳ Eu|nu|cho|i|dis|mus, der; −ses: unvollkommene Geschlechtsentwicklung : Form des Infantilismus

Eu|phe|mie (gr.), die; −: beschönigender, mildernder Ausdruck ✳ Eu|phe|mis|mus, der; −, ..men: verhüllende Umschreibung ✳ eu|phe|mis|tisch Ew.: beschönigend : verhüllend, umschreibend

Eu|pho|nie (gr.), die; −, ..nien: Wohllaut ✳ eu|pho|nisch Ew.: wohlklingend ✳ Eu|pho|ni|um, das; −s, ..nien: Baritonhorn : ein Orgelregister

Eu|phor|bia, Eu|phor|bie (gr.), die; −, ..bien: Pflanzenart, Wolfsmilch

Eu|pho|rie (gr.), die; −: Gefühl gesteigerten Wohlbefindens ✳ Eu|pho|ri|kum, das; −s, ..ka: Mittel mit euphorisierender Wirkung ✳ eu|pho|risch Ew.: in Hochstimmung

Eu|ph|rat, der; −s: vorderasiat. Strom

Eu|ph|ro|sy|ne: eine der drei griech. Grazien

Eu|phu|is|mus (gr.-e.), der; −: Schönrednerei, gespreiztes, geziertes Sprechen ✳ eu|phu|is|tisch Ew.: schönrednerisch : geziert

Eu|p|noe (gr.), die; −: leichtes, gutes Atmen

Eu|ra|si|en: die zusammenhängende Landmasse Europa und Asien ✳ Eu|ra|si|er, der; −s, −: Mischling zwischen einem Europäer und einer Asiatin ✳ eu|ra|sisch Ew.: Eurasien betreffend

Eu|ra|tom, die; −: (Kurzwort aus Europäische Atomgemeinschaft), Europäische Gemeinschaft für Atomenergie

eu|rer, eu|rer|seits, eu|res|glei|chen usw.: s. euer

Eu|rhyth|mie *auch:* Eu|rythmie (gr.), die; −, ..mien: das richtige und schöne Verhältnis, besonders in der Bewegung :

Ebenmaß : (Med.) regelmäßiger Blutumlauf : (bei den Anthroposophen) Zusammenspiel von tänzerischer Bewegung und Sprache

Eurythmie
Die Anthroposophen schreiben dieses Wort als ihren Fachbegriff ohne *h* hinter dem *r*. Grundsätzlich bleibt bei Fremdwörtern das griechische *rh* erhalten, bei gängigen Begriffen ist jedoch auch eindeutschende Schreibung möglich: *Katarrh/Katarr; Myrrhe/ Myrre.*

eu|rig: s. euer

eu|ri|pi|de|isch (gr.) Ew.: in der Art des Euripides ✳ Eu|ri|pi|des: griech. Trauerspieldichter

Eu|ro, der; −s, −s: westeuropäische Währungseinheit ✳ Eu|ro|card, die; −, −s: Kreditkarte ✳ Eu|ro|cheque (fr.) [..schäk], die; Eu|ro|scheck, der; −s, −s: Scheck, der von den Banken fast aller europäischen Länder eingelöst wird ✳ *Eurochequekarte:* bargeldloses Zahlungsmittel : Karte, mit der man Geld aus einem Geldautomaten bekommen kann ✳ Eu|ro|ci|ty|zug, der; −es, ..züge; Eu|ro|ci|ty, der; −s, −s: Intercityzug, der europaweit verkehrt; Abk.: EC ✳ Eu|ro|dol|lars, die; (Mz.): europ. Bankguthaben in Dollar ✳ Eu|ro|kom|mu|nis|mus, der; −: Kommunismus westeuropäischer Prägung ✳ Eu|ro|pa: „die Weithinschauende", griech. Frauengottheit : Erdteil ✳ *Europameister; −meisterschaft:* europaweite sportl. Wettkämpfe; *europamüde:* des Lebens in Europa überdrüssig ✳ *Europaparlament; Europapokal; Europarat; Europakord; Europastraße; Europaunion* ✳ Eu|ro|pä|er, der; −s, −: Bewohner Europas ✳ Eu|ro|pä|e|rin, die; −, −nen: Bewohnerin Europas ✳ eu|ro|pä|id Ew.: Europäern ähnlich ✳ *Europäide* ✳ eu|ro|pä|isch Ew.: aus E. stammend : zu E. gehörig ✳ *die Europäische Gemeinschaft,* Abk.: EG; *Europäische Union,* Abk.: EU ✳ eu|ro|pä|i|sie|ren (..iert) tr.: an europäische Verhältnisse angleichen * **Eu|ro|pä|i|sie-rung**, die; –: Angleichung an europäische Verhältnisse * **Eu|ro|pi|um**, das; –s: ein chem. Grundstoff; Abk.: Eu * **eu|ro|po|id** Ew.: zu den Europäern gehörend * **Eu|ro|tun-nel**, der; –s: Verbindung zwischen Großbritannien und dem europäischen Festland unter dem Ärmelkanal * **Eu|ro|vi-si|on**, die; –: intereuropäischer Fernseh-Programmaustausch * *Eurovisionssendung*

Eu|ry|di|ke (gr.): Gattin des Orpheus

eu|ry|ök (gr.) Ew.: (Bot., Zool.) fähig, sich an unterschiedliche Lebensbedingungen anzupassen

eu|ry|phag (gr.) Ew.: anpassungsfähig im Hinblick auf die Nahrung

eu|ry|therm (gr.) Ew.: widerstandsfähig gegenüber Temperaturschwankungen

eu|ry|top (gr.) Ew.: weit verbreitet

Eus|ta|chi|sche Röh|re *auch:* **eus|ta|chi|sche Röh|re, Eus|ta|chi|sche Tu|be** *auch:* **eus|ta|chi|sche Tu|be**, –n –, –n –n: (Med.) Ohrtrompete, benannt nach dem ital. Arzt Eustacchi(o)

Eu|ter, das; –s, –: milchbildende Drüsen der größeren Säugetiere

Eu|ter|pe (gr.): Muse der lyrischen Dichtung

Eu|tha|na|sie (gr.), die; –: Todesbehagen, leichter Tod : Sterben mit schmerzbetäubenden Mitteln : bewusste Herbeiführung des Todes

Eu|thy|mie (gr.), die; –: Seelen-, Gemütsruhe : Heiterkeit

eu|troph Ew.: nährstoffreich * **Eu|tro|phie** (gr.), die; –: Wohlgenährtheit : gesunde, reichliche Nahrung

ev. (Abk.): evangelisch (Glaubensrichtung)

e. V. (Abk.): eingetragener Verein

E|va: in der Bibel die erste Frau, Mutter der Menschheit * *Evaskostüm:* weibl. Nacktsein; *Evastochter:* (Umgspr.) Mädchen, Frau

E|va|ku|a|ti|on (l.) [..w..], die; –, –en: Entleerung : Räumung : Absaugung : Aussie-delung * **e|va|ku|ie|ren** (..iert) tr.: leer, luftleer machen : (Raum) leerpumpen : abführen : (Einwohner besetzter Gebiete) aussiedeln und verpflanzen : jemanden zur Räumung seiner Wohnung veranlassen * **E|va|ku|ier|te**, der; –n, –n: jemand, der zum Verlassen seiner Wohnung oder Heimat gezwungen wurde * **E|va|ku|ie|rung**, die; –, –en: (vorübergehende) Räumung bewohnter Gebiete

E|va|lu|a|ti|on [..w..], die; –, –en: die Preisbestimmung : Währung * **e|va|lu|ie|ren** (..iert) tr.: schätzen : würdigen : berechnen * **E|va|lu|ie|rung**, die; –, –en: Beurteilung

E|val|va|ti|on (fr.-l.) [..walw..], die; –, –en: Schätzung : Wertbestimmung

E|van|ge|li|ar (gr.-l.), das; –s, –e oder –ien, **E|van|ge|li|a|ri|um**, das: –s, ..rien: Buch mit den vier Evangelien, Evangelienbuch * **E|van|ge|li|ka|le**, der; –n, –n: jemand, der einer fundamentalistischen, nur auf die Bibel gründenden christl. Bewegung angehört * **E|van|ge|li|sa|ti|on** (gr.) [..w..], die; –, –en: Bekehrung zum Evangelium, Christentum, zur evangelischen Kirche * **e|van|ge|lisch** Ew.: christlich : protestantisch * *evangelisch-lutherisch; evangelisch-reformiert; der Evangelische Bund; die Evangelische Akademie; die Evangelische Akademieschaft; die Evangelische Kirche in Deutschland, Abk.: EKD* * **e|van|ge|li|sie|ren** (..iert) tr.: zum Christentum, zur evangelischen Kirche bekehren * **E|van|ge|list**, der; –en, –en: Verfasser eines Evangeliums : Reiseprediger * **E|van|ge|li|um**, das; –s, ..lien: „frohe Botschaft", Botschaft von Jesus : Bericht von Jesus : Neues Testament * *Evangelienbuch; Evangelienharmonie*

E|va|po|ra|ti|on, die; –, –en: Ausdünstung, Verdampfung * **E|va|po|ra|tor**, der; –s, –en: Gerät zum Evaporieren : Verdampfer * **e|va|po|rie|ren** intr.: abdampfen, ausdünsten * **E|va|po|ri|me|ter**, der od. das; –s, –: Gerät zum Messen der Verdunstung

E|va|si|on, (l.) die; –, –en: Flucht größerer Bevölkerungsgruppen

e|ven|tu|al (l.) [..w..] Ew.: möglicherweise eintretend * *Eventualantrag:* bedingter Antrag; *Eventualfall:* möglicher Fall; *Eventualprojekt:* Nebenentwurf * **E|ven|tu|a|li|tät**, die; –, –en: Möglichkeit, möglicherweise eintretender Fall * **e|ven|tu|a|li|ter** Uw.: (veralt.) für eventuell * **e|ven|tu|ell** Ew.: unter Umständen eintretend; Uw.: vielleicht : unter Umständen; Abk.: evtl. [l. eventus Begebenheit]

E|ver|green (e.) [äw^egrihn], der, das; –s, –s: beliebter, nicht veraltender Schlager

e|vi|dent (l.) [..w..] Mw. Ew.: augenscheinlich : offensichtlich : einleuchtend * **E|vi-denz**, die; –: die offenbare Gewissheit : Augenschein

E|vik|ti|on (l.) [..w..], die; –, –en: (veralt.) Erweis : (Rechtsspr.) Gewähr : Sicherstellung : Bürgschaft * **e|vin|zie|ren** (..iert) tr.: (Rechtsspr.) Gewähr leisten, bürgen : Besitz entziehen : (auch) ausklagen

ev.-luth. (Abk.): evangelisch-lutherisch

E|vo|ka|ti|on (l.) [..w..], die; –, –en: (Rechtspr.) Vorladung (eines Beklagten) : Hervorrufen von Vorstellungen oder Erlebnissen beim Betrachten von Kunstwerken * **e|vo|zie|ren** (..iert) tr.: eine Evokation bewirken

E|vo|lu|ti|on (l.) [..w..], die; –, –en: Entwicklung * *Evolutionstheorie:* Abstammungslehre, kosm. Theorie der ständigen Ausdehnung des Weltalls * **e|vo|lu|ti|o|när** Ew.: sich vervollkommnend * **E|vo|lu|ti|o|nis|mus**, der; –: naturphilos. Richtung des 19. Jhs., die den Evolutionsgedanken auf die Entwicklung der Kultur übertrug * **E|vo|lu|ti|o|nist**, der; –en, –en: Anhänger der Entwicklungslehre (Ggs. bibl. Schöpfungslehre) * **E|vol-ven|te** [..wolw..], die; –, –n: eine mathematische Linie, Kurve * **e|vol|vie|ren** (..iert) [..wolw..] tr.: entwickeln : nacheinander präsentieren

e|vo|zie|ren: s. Evokation

ev.-ref. (Abk.): evangelisch-reformiert

evtl. (Abk.): eventuell

E|we, das; –: Sprache eines gleichnamigen westafrik. Volkes

E|wer, der; –s, –: ein- und zweimastiges Schiff

e|wig Ew.: der Zeit nach unendlich : immerwährend : unvergänglich : (als Verstärkung) sehr lange : (übertr.) räumlich endlos * *der Ewige Jude:* Ahasver; *die Ewige Stadt:* Rom * *Ewiglicht, das ewige Licht:* immer brennendes Kirchenlicht; *das Ewiggestrige auch: Ewig-Gestrige; das Ewigweibliche auch: Ewig-Weibliche:* die unvergängliche Weiblichkeit * **E|wig|keit,** die; –, –en: ewige Zeit, zeitliche Unendlichkeit : sehr lange Zeit * **e|wig|lich** Uw.: ewig

EWS (Abk.): Europäisches Währungssystem

ex! (l.): aus! : vorbei! * *(– trinken):* austrinken * **ex est** (l.): es ist aus

ex.. (gr.-l.) Vorsilbe in Zus.: aus-, von-, ent-, weg- : ehemalig * *Exkaiser:* ehemaliger Kaiser; *Exminister:* ehemaliger Minister; vgl. e.., ek..

ex ab|rup|to (l.): plötzlich, unversehens

e|x|ag|ge|rie|ren (..iert) (l.) tr.: übertreiben

e|x|akt (l.) Ew.: genau : sorgfältig : pünktlich * *exakte Wissenschaften:* Naturwissenschaften * **E|x|akt|heit,** die; –, –en; Genauigkeit

E|x|al|ta|ti|on (l.), die; –, –en: Erhöhung, Begeisterung : Überspanntheit * **e|x|al|tie|ren** rbz.: sich überschwänglich begeistern : sich hysterisch erregen * **e|x|al|tiert** Mw. Ew.: überspannt * **E|x|al|tiert|heit,** die; –, –en: Überspanntheit

E|x|a|men (l.), das; –s, ..mina: Prüfung : Untersuchung : Verhör * *Examensarbeit*

E|x|a|mi|nand, der; –en, –en: Prüfling * **E|x|a|mi|na|ti|on,** die; –, –en: Prüfung * **E|x|a|mi|na|tor,** der; –s, ..toren: Prüfer : Untersucher * **E|x|a|mi|na|to|ri|um,** das; –s, ..rien: Prüfungskommission : Vorprüfung * **e|x|a|mi|nie|ren** (..iert) tr.: prüfen : untersuchen : verhören

E|x|an|them (gr.), das; –s, –e: Hautausschlag, Pustel

E|x|an|thro|pie (gr.), die; –: Scheu vor menschlicher Gesellschaft * **e|x|an|thro|pisch** (gr.) Ew.: menschenscheu

E|x|a|ra|ti|on (l.), die; –, –en: Bodenabschürfung durch Gletscher

E|x|arch (gr.), der; –en, –en: Vorsteher : höherer Erzbischof * **E|x|ar|chat,** das; (–e)s, –e: Amt(sbezirk) des Statthalters

Ex|ar|ti|ku|la|ti|on (nl.), die; –, –en: Verrenkung : Abtrennung eines Gliedes im Gelenk

E|x|au|di (l.): „erhöre!", Name des Sonntags vor Pfingsten

exc., ex|cud. (Abk.): s. a. excudit

ex ca|the|dra (l.): vom Lehrstuhl (Petri) herab entscheiden : unfehlbar : unanfechtbar

ex|cel|lence (fr.): [ekßelangß], nur in: *par –:* im höchsten Grade

Ex|change (e.) [ekstschehndßeh], die; –, –n: Austausch : Geldwechsel : Wechselstube : Börse : Kurs

ex con|sen|su (l.): nach Zustimmung, nach Übereinstimmung

ex|cu|dit (l.): (auf Kupferstichen) „er hat's gestochen"

E|x|ed|ra (gr.), die; –, ..dren: Sitznische eines gr. Gymnasiums : Apsis im Kirchenbau

E|x|e|ge|se (gr.), die; –, –n: (Bibel-)Erklärung : Ausdeutung * **E|x|e|get,** der; –en, –en: Erklärer * **E|x|e|ge|tik,** die; –: Auslegungskunst : wissenschaftl. Bibelauslegung * **e|x|e|ge|tisch** Ew.: erklärend : deutend

e|x|e|ku|tie|ren (..iert) (l.-fr.) tr.: vollstrecken * **E|x|e|ku|ti|on,** die; –, –en: Vollstreckung eines Urteils u. dgl.: (Rechtsspr.) Hinrichtung : (Rechtsspr.) Zwangsvollstreckung, Pfändung * *Exekutionskommando* * **e|x|e|ku|tiv** Ew.: ausführend : vollstreckend * *Exekutivgewalt* * **E|x|e|ku|ti|ve** [..w..], die; –: vollziehende Gewalt im Staate * **E|x|e|ku|tor,** der; –s, ..toren: Vollstrecker : Gerichtsvollzieher * **e|x|e|ku|to|risch** Ew.: gerichtlich : durch Zwangsvollstreckung * **E|x|e|qua|tur** (l.), das; –s, ..turen:

Bestätigung eines ausländ. Konsuls : Vollstreckungwirkung eines Gerichtsurteils * **E|x|e|qui|en** Mz.: Leichenfeier : Totenmesse

E|x|em|pel (l.), das; –s, –: Vorbild : Aufgabe : Vorschrift : Lehre * *ein Exempel statuieren:* ein warnendes Beispiel geben * **E|x|em|plar,** das; –s, –e: ein einzelnes Stück : Abzug : Abdruck : Nummer : Ausfertigung; Abk.: Expl. * **e|x|em|pla|risch** Ew.: musterhaft : warnend : abschreckend * **e|x|em|p|li cau|sa:** beispielshalber, Abk.: e. c. * **E|x|em|p|li|fi|ka|ti|on,** die; –, –en: Erläuterung durch Beispiele * **e|x|em|p|li|fi|zie|ren** (..iert) tr.: durch Beispiele erläutern : sich auf Beispiele berufen

e|x|emt (l.) Mw. Ew.: frei von * **E|x|em|ti|on,** die; –, –en: Befreiung von bestimmten Lasten oder Pflichten * **e|x|i|mie|ren** tr.: von einer Pflicht befreien

E|x|e|pis|tu|lis (l.), das; –, –: Briefeignerzeichen

E|x|e|qua|tur, E|x|e|qui|en: s. exekutieren

e|x|er|zie|ren (..iert) (l.): üben : (bes.) Waffenübungen vornehmen * *Exerzierplatz* * **E|x|er|zi|ti|en** Mz.: geistliche Übungen in strenger Zurückgezogenheit * **E|x|er|zi|ti|um,** das; –s, ..tien: Übung : Übungsstück : (Schule) Hausarbeit

Ex|ha|la|ti|on (l.), die; –, –en: Ausatmung : Ausdünstung : Dunst

Ex|haus|tor (nl.), der; –s, ..toren: Saugmaschine : Entlüfter

ex|hi|bie|ren (l.) (..iert) tr.: herausgeben : einreichen : ausstellen * **Ex|hi|bit,** das; –(e)s, –e; **Ex|hi|bi|tum,** das; –s, ..te(n) und ..ta: Eingabe * **Ex|hi|bi|ti|on,** die; –, –en: (Rechtsspr.) Vorweisung : öffentliche Ausstellung * *Exhibitionsklage:* Klage auf Aushändigung einer Sache * **Ex|hi|bi|ti|o|nis|mus,** der; –: krankhafte Entblößungssucht * **Ex|hi|bi|ti|o|nist,** der; –en, –en: an Exhibitionismus Erkrankter * **ex|hi|bi|ti|o|nis|tisch** Ew.: süchtig nach Entblößung

ex|hu|mie|ren (..iert) (nl.) tr.: wieder ausgraben ✳ **Ex|hu|mie|rung,** die; –, –en: das Wiederausgraben von Leichen

E|xil (l.), das; –s, -e: Verbannung : Verbannungsort : Zufluchtstätte ✳ *Exilliteratur; Exilregierung* ✳ **e|xi|lie|ren** (..iert) tr.: verbannen, des Landes verweisen

e|xi|mie|ren: s. exemt

e|xis|tent (l.) Ew.: wirklich vorhanden ✳ **e|xis|ten|ti|al, e|xis|ten|zi|ell** *auch:* **e|xis|ten|ti|ell** Ew.: die Existenz betreffend ✳ *Existenzialphilosophie auch: Existentialphilosophie;* Existenzialismus ✳ **E|xis|tenz,** die; –, –en: Dasein : Leben : Wirklichkeit : Lebensunterhalt ✳ *Existenzangst; existenzberechtigt:* berechtigt zu leben, da zu sein; *Existenzberechtigung; existenzfähig* Ew.: daseinsfähig : lebensfähig; *Existenzkampf; Existenzminimum:* Mindestbedarf für den Lebensunterhalt ✳ *Existenzphilosophie,* die; –: eine weltanschauliche Richtung der Gegenwart ✳ **E|xis|ten|zia|lis|mus** *auch:* **E|xis|ten|ti|a|lis|mus,** der; –: eine von Frankreich ausgehende philosophische Zeitströmung ✳ **E|xis|ten|zi|a|list** *auch:* **E|xis|ten|ti|a|list,** der; –en, –en: Anhänger des Existenzialismus ✳ **e|xis|tie|ren** (..iert) intr.: bestehen : auskommen

Existenzialismus
Neben der eindeutschenden Schreibung *Existenzialismus* ist auch die nach der Herkunftssprache geschriebene Form *Existentialismus* erlaubt; ebenso *existenziell/existentiell.*

E|xit, E|xi|tus (l.), der; –: Ausgang : Ende : Erfolg : (Med.) Tod

Ex|ka|va|ti|on (l.) [..w..], die; –, –en: Aushöhlung : Vertiefung : Ausgrabung : (Med.) Ausbohrung ✳ **ex|ka|vie|ren** tr.: aushöhlen : ausschachten : ausgraben

exkl. (Abk.): exklusive

Ex|kla|ma|ti|on (l.), die; –, –en: Ausruf : Geschrei

Ex|kla|ve (nl.) [..w..], die; –, –n: Gebietsausschluss : eigenstaatliches Gebiet im fremden Staat

ex|klu|die|ren (..iert) (l.) tr.: ausschließen : ausnehmen : absondern ✳ **Ex|klu|si|on,** die; –, –en: Ausschließung : Ausschluss ✳ **ex|klu|siv** Ew.: ausschließend : sich abschließend ✳ **ex|klu|si|ve** [..w..] Uw.: mit Ausschluss von : ausgenommen ✳ **Ex|klu|si|vi|tät** [..w..], die; –: Ausschließlichkeit : Abgeschlossenheit

Ex|kom|mu|ni|ka|ti|on (l.), die; –, –en: Ausschließung : Kirchenbann ✳ **ex|kom|mu|ni|zie|ren** (..iert) tr.: aus der Kirchengemeinschaft ausschließen

Ex|ko|ri|a|ti|on (l.), die; –, –en: Hautabschürfung : Enthäutung : Erpressung

Ex|kre|ment (l.), das; –(e)s, -e: Ausleerung : Kot ✳ **Ex|kret,** das; –(e)s, -e: Auswurfstoff ✳ **Ex|kre|ti|on,** die; –, –en: Ausscheidung ✳ **ex|kre|to|risch** Ew.: ausscheidend

Ex|kret: s. Exkrement

Ex|kul|pa|ti|on (nl.), die; –, –en: Entschuldigung : Freisprechung ✳ **ex|kul|pie|ren** tr.: entlasten : rechtfertigen

Ex|kurs (l.), der; –es, -e: Abschweifung : beigegebene Abhandlung : Erörterung ✳ **Ex|kur|si|on,** die; –, –en: Ausflug : Streifzug

ex|ku|sa|bel (l.) Ew.: entschuldbar

ex|lex (l.) Ew.: geächtet : vogelfrei

Ex|li|b|ris (nl.), das; –, –: „aus den Büchern" : Eigentumszeichen in Büchern

Ex|ma|t|ri|kel (nl.), die; –, –en: Bescheinigung (beim Abgang von der Hochschule) ✳ **Ex|ma|t|ri|ku|la|ti|on,** die; –, –en: Streichung aus der Hochschulliste ✳ **ex|ma|t|ri|ku|lie|ren** (..iert) tr.: aus der Hochschulliste streichen [lat. ex und mater Mutter]

Ex|mis|si|on, die; –, –en: Zwangsräumung : gerichtliche Ausweisung ✳ *Exmissionsklage:* Räumungsklage ✳ **ex|mit|tie|ren** (..iert) tr.: hinauswerfen : vertreiben ✳ **Ex|mit|tie|rung,** die; –, –en: gerichtl. Verfügung zur Räumung [lat. ex und mittere schicken]

ex nunc (l.): von nun an

E|xo|bi|o|lo|gie (gr.), die; –: Erforschung von Leben im Weltall

E|xo|dus (gr.), der; –: „Auszug", Name des zweiten Buches Mose

ex of|fi|cio (l.): von Amts wegen, ohne Antrag, dienstlich

E|xo|ga|mie (gr.), die; –, –n: Heirat außerhalb des eigenen Stammes, der eigenen sozialen Schicht

e|xo|gen (gr.) Ew.: (Bot.) von außen her wirkend : außerhalb entstehend

E|xo|karp (gr.), das; –s, -e: Außenschicht der Fruchtwand

e|xo|krin (gr.) Ew.: nach außen absondernd, abgesondert

E|xo|nym (gr.), das; –s, -e: Ortsname, der anders lautet als die amtliche Version

e|xor|bi|tant (l.) Mw. Ew.: außerordentlich : ungeheuer : übertrieben ✳ **E|xor|bi|tanz,** die; –, –en: Übertreibung : Übermaß

E|xor|di|um (l.), das; –s, ..dien und ..dia: Eingang einer Rede : Einleitung

ex ori|en|te lux (l.): „aus dem Osten [kommt] das Licht", Redewendung über Sonnenaufgang und später über das Christentum und seine Kultur

e|xor|zie|ren, e|xor|zi|sie|ren (..iert) (nl.) tr.: böse Geister beschwören, austreiben ✳ **E|xor|zis|mus,** der; –, ..men: Geisterbeschwörung ✳ **E|xor|zist,** der; –en, –en: Geisterbeschwörer

E|xo|s|phä|re (gr.), die; –: oberste Schicht der Atmosphäre

E|xot (gr.), der; –en, –en: **E|xo|te,** der; –n, –n: Fremder aus einem fernen Land ✳ **E|xo|te|ri|ker,** der; –s, –: Uneingewehrter : Außenstehender ✳ **e|xo|te|risch** Ew.: für Uneingeweihte verständlich ✳ **E|xo|tik,** die; –: die faszinierende Fremdartigkeit ✳ **E|xo|tin,** die; –, –nen: Ausländerin fremder Rasse ✳ **e|xo|tisch** Ew.: ausländisch, fremdartig

e|xo|therm (gr.) Ew.: Wärme abgebend : unter Wärmeentwicklung

Ex|pan|der, der; –s, –: Sportgerät ✳ **ex|pan|die|ren** (..iert) (l.) tr.: ausdehnen ✳

ex|pan|si|bel Ew.: ausdehnbar
✳ Ex|pan|si|on, die; –, –en:
Ausdehnung : Spannung, Ausbreitung ✳ *Expansionsbestre-
bungen; Expansionsgeschwin-
digkeit; Expansionskraft; Ex-
pansionsmaschine; Expansi-
onspolitik; Expansionstheorie*
✳ ex|pan|siv Ew.: ausdehnend
✳ *Expansivkraft*

ex|pat|ri|ie|ren (..iert) (nl.) tr.:
aus dem Vaterland ausweisen :
ausbürgern

Ex|pe|di|ent, der; –en, –en:
Ausschreiber : Abfertigungs-
beamter ✳ ex|pe|die|ren (..iert)
tr.: abfertigen : absenden : aus-
rüsten : befördern ✳ Ex|pe-
di|ti|on, die; –, –en: Zug : Aus-
fertigung : Absendung : Ver-
sandabteilung : Forschungs-
reise ✳ *Expeditionsleiter; Ex-
peditionsstelle* ✳ Ex|pe|di|tor,
der; –s, ..toren: Absender

Ex|pek|to|rans (l.), das; –,
..ranzien: Ex|pek|to|ran|ti|um,
das; –s, ..tia (Med.) schleimlö-
sendes Mittel ✳ Ex|pek|to-
ra|ti|on (l.), die; –, –en: (Med.)
Auswurf : Herzensergießung ✳
ex|pek|to|rie|ren (..iert) tr.:
(Med.) aushusten; rbz.: seinem
Herzen Luft machen

Ex|pel|len|ti|um (l.) , das; –s,
..tia auch ..zien: (Med.) abtrei-
bendes Mittel

Ex|pen|sa|ri|um (nl.), das; –s,
..rien: Kostenaufstellung ✳
Ex|pen|sen Mz.: Kosten : Aus-
lagen ✳ ex|pen|siv Ew.: kost-
spielig, teuer

Ex|pe|ri|ment (l.), das; –(e)s,
–e: Versuch : Probe : (übertr.)
gewagtes Unternehmen ✳
ex|pe|ri|men|tal, ex|pe|ri|men-
tell Ew.: auf Erfahrung beruhend : erfahrungsgemäß : auf
prakt. Versuchen aufbauend ✳
*Experimentalchemie; Experi-
mentalphysik* ✳ Ex|pe|ri|men-
ta|tor, der; –s, ..oren: jemand,
der Versuche durchführt ✳
ex|pe|ri|men|tie|ren (..iert)
intr.: Versuche anstellen ✳ *Ex-
perimentierbühne:* Bühne, auf
der experimentelles Theater
aufgeführt wird ✳ ex|pert Mw.
Ew.: sachkundig : erfahren ✳
Ex|per|te, der; –n, –n: Sach-
verständiger : Fachmann ✳ *Ex-
pertensystem* (EDV) ✳
Ex|per|ti|se, die; –, –n: Unter-
suchung durch Sachverstän-

dige : Begutachtung : Gutach-
ten ✳ ex|per|ti|sie|ren (..iert)
tr.: durch Sachverständige untersuchen, begutachten

Expl. (Abk.): Exemplar

Ex|pla|na|ti|on (l.), die; –, –en:
Erklärung : Auslegung von
Texten ✳ ex|pla|na|tiv Ew.: er-
klärend ✳ ex|pla|nie|ren tr.:
auslegen : erklären

Ex|plan|ta|ti|on (l.), die; –,
–en: künstlche Gewebezüch-
tung : Verpflanzung ✳ ex|plan-
tie|ren tr.: Gewebe verpflanzen

Ex|pli|ka|ti|on (l.), die; –, –en:
Erklärung : Erläuterung ✳
ex|pli|zie|ren (..iert) tr.: erklä-
ren : erläutern ✳ ex|pli|zit,
ex|pli|zi|te Uw.: ausdrücklich,
deutlich

ex|plo|die|ren (..iert) (l.) intr.
(sein): zerspringen : losknallen
: zerplatzen ✳ ex|plo|si|bel
Ew.: selbstentzündlich ✳
Ex|plo|si|on, die; –, –en:
Sprengung : Knall : Ausbruch :
Selbstentzündung ✳ *explosi-
onsartig; Explosionsgefahr;
Explosionsherd; Explosionska-
tastrophe; Explosionsmotor;
explosionssicher* ✳ ex|plo|siv
Ew.: leicht explodierend ✳ *Ex-
plosivgeschoss; Explosivkör-
per; Explosivlaut:* (Sprachl.)
Sprenglaut; *Explosivstoff* ✳
Ex|plo|si|vi|tät, die; –: explo-
sive Beschaffenheit

Ex|ploi|ta|ti|on [exploataß-
jong], die; –, –en [..ionen]:
Nutzbarmachung : Ausbeutung
✳ ex|ploi|tie|ren (..iert) tr.: aus-
beuten

Ex|plo|ra|ti|on (l.), die; –, –en:
Ausforschung : Prüfung ✳
ex|plo|rie|ren (..iert) tr.: erfor-
schen : prüfen

ex|plo|si|bel, Ex|plo|si|on
usw.: s. explodieren

Ex|po|nat (l.), das; –(e)s, –e:
Ausstellungsstück ✳ Ex|po-
nent (l.), der; –en, –en: „Zeiger“, (Math.) Zahl, die den
Grad einer Potenz oder Wurzel
angibt : im Licht der Öffentlichkeit stehender Vertreter ei-
ner Gruppe ✳ ex|po|nen|ti|al
Ew.: (Math.) den Exponenten
betreffend ✳ *Exponentialfunk-
tion; Exponentialgleichung;
Exponentialgröße; Exponenti-
alröhre* ✳ ex|po|nie|ren (..iert)
tr.: auslegen : (einer Gefahr)
aussetzen ✳ ex|po|niert Mw.

Ew.: hervorgehoben : deutlich
sichtbar : gefährdet ✳ Ex|po-
see (l.) *auch:* Ex|po|sé (fr.), das;
–s, –s: Darlegung : Auseinandersetzung : Denkschrift : Be-
richt ✳ Ex|po|si|ti|on (l.), die;
–, –en: Ausstellung : Einleitung : Darlegung : Belichtung
✳ Ex|po|si|tur, die; –, –en: aus-
wärtiges Zweiggeschäft ✳
Ex|po|si|tus, der; –, ..ti: Geist-
licher an einer Filialkirche

Ex|port (l.), der; –(e)s, –e:
Ausfuhr ✳ *exportabhängig;
Exportabhängigkeit; Export-
anteil; Exportartikel; Export-
geschäft; Exporthandel; Ex-
portkaufmann; Exportquote;
Exportüberschuss; Exportun-
ternehmen; Exportware* ✳
Ex|por|te, Mz.: Ausfuhrartikel
✳ Ex|por|teur (fr.) [..töhr], der;
–s, –e: Ausfuhrhändler ✳
ex|por|tie|ren (..iert) tr.: Waren
ausführen

Ex|po|see auch: Ex|po|sé,
Ex|po|si|ti|on usw.: s. Exponat
ex|preß → ex|press (l.) Uw.:
ausdrücklich; Ew.: eilend ✳ *Ex-
preßbild → Expressbild:* eilig
hergestelltes Lichtbild; *Ex-
preßbote → Expressbote; Ex-
preßbrief → Expressbrief; Ex-
preßgut → Expressgut; Ex-
preßzug → Expresszug* ✳ Ex-
preß → Express, der; –, –e:
Schnellzug ✳ Ex|pres|si|on,
die; –, –en: Ausdruck ✳
Ex|pres|si|o|nis|mus, der; –:
Kunstrichtung Anfang des 20.
Jhs. ✳ Ex|pres|si|o|nist, der;
–en, –en: Vertreter des Expres-
sionismus ✳ ex|pres-
si|o|nis|tisch Ew.: der Kunst-
richtung des Expressionismus
zugehörig ✳ ex|pres|sis
ver|bis: "mit Worten ausge-
drückt", ausdrücklich, mit
Nachdruck ✳ ex|pres|siv Ew.:
ausdrucksvoll

✳ ex pro|fes|so (l.): vorsätz-
lich : von Berufs wegen

Ex|pro|mis|si|on (nl.), die; –,
–en: Übernahme einer fremden Schuld

Ex|pro|p|ri|a|ti|on (nl.), die; –,
–en: Zwangsenteignung ✳
ex|pro|p|ri|ie|ren (..iert) tr.:
enteignen

Ex|pul|si|on (l.), die; –, –en:
Austreibung : Verstoßung ✳
ex|pul|siv Ew.: austreibend :
(Med.) abführend

Ex|qui|sit (l.) Mw. Ew.: ausgesucht : vorzüglich ∗ *Exquisitladen:* (ehem. DDR) Geschäft für teure Waren

Ex|sik|kans (l.), das; –, ..antia oder ..zien: Mittel zum Austrocknen ∗ **Ex|sik|ka|ti|on,** die; –, –en: Austrocknung : das Austrocknen ∗ **ex|sik|ka|tiv** Ew.: austrocknend ∗ **Ex|sik|ka|tor,** der; –s, ..toren: Gerät zum Austrocknen, Apparat zum Entfeuchten

Ex|spek|tant (l.), der; –en, –en: Anwärter ∗ **Ex|spek|tanz,** die; –, –en: Anwartschaft ∗ **ex|spek|ta|tiv** Ew.: in Aussicht stehend : (Med.) abwartend ∗ **ex|spek|tie|ren** (..iert) tr.: Hoffnung hegend

Ex|spi|ra|ti|on (l.), die; –, –: Ausatmung ∗ **ex|spi|ra|to|risch** Ew.: auf starker Ausatmung beruhend ∗ **ex|spi|rie|ren** (..iert) tr.: ausatmen

Ex|stir|pa|ti|on (l.), die; –, –en: Ausrottung ∗ **ex|stir|pie|ren** (..iert) tr.: ausrotten : entwurzeln : ausschneiden

Ex|su|dat (l.), das; –(e)s, –e: Ausgeschwitztes ∗ **Ex|su|da|ti|on,** die; –: krankhafte Ausschwitzung

Ex|tem|po|ra|le (l.), das; –s, ..lien: Probearbeit : Stegreifaufsatz ∗ **ex tem|po|re:** auf der Stelle : aus dem Stegreif ∗ **ex|tem|po|rie|ren** (..iert) tr.: aus dem Stegreif reden, schreiben usw.

Ex|ten|ded (e.), die; –: Schriftgattung ∗ **ex|ten|si|bel** Ew.: vergrößerungsfähig, dehnbar ∗ **Ex|ten|si|bi|li|tät,** die; –: Dehnungsvermögen ∗ **Ex|ten|si|on** (l.), die; –, –en: Ausdehnung : Ausbreitung ∗ **Ex|ten|si|vi|tät** (l.), die; –: Ausdehnung : Umfang ∗ **ex|ten|siv** Ew.: umfassend ∗ **ex|ten|si|vie|ren** tr.: breit werden lassen ∗ **Ex|ten|sor,** der; –s, ..oren: Streckmuskel

Ex|te|ri|eur (fr.) [extehriöhr], das; –s: äußere Erscheinung: Außenseite ∗ **Ex|te|ri|o|ri|tät** (nl.), die; –, –en: Oberfläche

Ex|ter|mi|na|ti|on (nl.), die; –, –en: Landesverweisung : Ausrottung : Zerstörung ∗ **ex|ter|mi|nie|ren** (..iert) tr.: vertreiben : zerstören

ex|tern (l.) Ew.: äußerlich :

auswärtig : fremd : von außen ∗ *Externverkehr:* Fernverkehr ∗ **Ex|ter|nat,** der; –(e)s, –e: Schule, deren Schüler außerhalb der Schule wohnen ∗ **Ex|ter|ne,** der, die; –n, –n: Auswärtige(r) : Schüler(in) eines Internats, der(die) außerhalb wohnt

ex|ter|ri|to|ri|al (nl.) Ew.: den Landesgesetzen nicht unterworfen ∗ **Ex|ter|ri|to|ri|a|li|tät,** die; –, –en: Vorrecht der in einem fremden Lande beglaubigten Gesandten, von den dort herrschenden Abgaben und Gesetzen befreit zu sein

Ex|tink|ti|on, die; –, –en: Auslöschung : Schwächung, die ein Lichtstrahl beim Durchgang eines trüben Körpers erfährt

ex|tor|qui|e|ren (..iert) (l.) tr.: erpressen : erzwingen ∗ **Ex|tor|si|on,** die; –, –en: Erpressung : Abzwingung

ex|tra (l.) Uw.: außerdem : nebenbei ∗ **ex|tra.., Ex|tra..** Vorw. in Zus.: besonders, Sonder.. ∗ *Extraausgabe; Extrablatt:* Sonderausgabe einer Zeitung; *extra dry:* besonders trocken (bei alkohol. Getränken; *extrafein; extragroß; extrahart; Extraklasse; Extrapost; Extratour:* besonderes Verhalten und Handeln; *Extrawurst:* besondere Behandlung; *Extrazimmer*

ex|tra|ga|lak|tisch: jenseits des Milchstraßensystems gelegen

Ex|tra|hent (l.), der; –en, –en: Verfertiger eines Auszuges : Absender : einer, auf dessen Verlangen eine gerichtliche Ausfertigung erlassen wird ∗ **ex|tra|hie|ren** (..iert) tr.: einen Auszug machen (Buch) : herausziehen (Zahn) : (Rechtsspr.) eine Vollstreckungsmaßregel erwirken : herauslösen ∗ **Ex|trakt,** der; –(e)s, –e: Kraftauszug : Auszug aus einem Buch usw. : Hauptinhalt, Kern ∗ **Ex|trak|ti|on,** die; –, –en: das Herausziehen, Herauslösen ∗ **ex|trak|tiv** Ew.: herausziehend ∗ *Extraktivstoff:* Stoff, der aus einem anderen herausgelöst wurde

ex|tra|mun|dan (l.) Ew.: außerweltlich

ex|tran (l.) Ew.: auswärtig : fremd ∗ **Ex|tra|n(e)er,** der; –s, –: auswärtiger Schüler, Prüfling

ex|tra|or|di|när (l.) Ew.: ungewöhnlich : außerordentlich ∗ **Ex|tra|or|di|na|ri|um,** das; –s, ..rien: außerordentlicher Etat : das Ungewöhnliche, Einmalige ∗ **Ex|tra|or|di|na|ri|us,** der; –, ..rien: außerordentlicher Professor an einer Hochschule

Ex|tra|po|la|ti|on (l.), die; –, –en: (Math.) Übertragung von Funktionswerten aus einem Bereich in den anderen ∗ **ex|tra|po|lie|ren** (..iert) tr.: Funktionswerte übertragen

ex|tra|ter|ris|tisch Ew.: außerhalb der Erde

ex|tra|u|te|rin (l.) Ew.: außerhalb der Gebärmutter liegend ∗ *Extrauterinschwangerschaft:* Bauchhöhlenschwangerschaft

ex|tra|va|gant (nl.) [..w..] Mw. Ew.: überspannt : übertrieben : närrisch : albern ∗ **Ex|tra|va|ganz,** die; –, –en: Ausschweifung : Überspanntheit : Streich

Ex|tra|ver|si|on, Ex|tro|ver|si|on (l.), die; –: nach außen gerichtetes Verhalten ∗ **ex|tra|ver|tiert, ex|tro|ver|tiert** Ew.:aufgeschlossen, an der Außenwelt interessiert ∗ **Ex|tra|ver|tiert|heit, Ex|tro|ver|tiert|heit,** die; –: das grundsätzliche Interesse an der Außenwelt

ex|trem (l.) Ew.: äußerst übertrieben : radikal : an der äußersten Grenze liegend ∗ *Extremfall; Extremsituation; Extremwert* ∗ **Ex|trem,** das; –s, –e: höchster Grad : Übertreibung : äußerste Grenze ∗ *von einem Extrem ins andere fallen* ∗ **Ex|tre|mis|mus,** der; –: übersteigert extreme, radikale Haltung ∗ **Ex|tre|mist,** der; –en, –en: Anhänger einer extremen Richtung : radikal eingestellter Mensch ∗ **ex|tre|mis|tisch** Ew.: extreme Positionen vertretend ∗ **Ex|tre|mi|tät,** die; –, –en: äußerstes Ende : das Äußerste : (Mz.) die äußersten Körperteile, Hände und Füße

Ex|tro|ver|si|on, ex|tro|ver|tiert: s. Extraversion

Ex|tru|si|on (nl.), die; –, –en: Ausstoßung

e|x|u|be|rans (l.) Ew.: stark
wuchernd

E|x|u|lant (l.), der; –en, –en:
Verbannter : Ausgewiesener

Ex-und-hopp-Fla|sche, die; –
– –, – – –n: (Umgspr.) Ein-
wegflasche, die man nicht zurückgeben kann

ex u|su (l.): durch Übung

E|x|u|vien (l.) [..w..] Mz., die,
–: Kleider als Reliquien: abgestreifte Haut : Siegesbeute

ex vo|to (l.) [..w..]: nach
Wunsch : einem Gelübde ge-
mäß * Ex|vo|to, das; –s, ..ten:
Weihgeschenk

Ex|ze|dent (l.), der; –en, –en:
Betrag, der über die Versiche-
rungssumme hinausgeht

ex|zel|lent (l.) Mw. Ew.: ausge-
zeichnet : vortrefflich *
Ex|zel|lenz, die; –, –en: Vor-
trefflichkeit : ein Ehrentitel;
Abk.: Exz. * ex|zel|lie|ren
(..iert) intr.: hervorragen : glänzen; rbz.: sich auszeichnen

Ex|zen|ter (nl.), der; –s, –;
Ex|zen|ter|scheibe, die; –,
–n: Steuerungsscheibe, Schei-
benkurbel * Exzenterpresse:
Werkzeugmaschine zum Pres-
sen, Stanzen * Ex|zen|trik, die;
–: mit Komik dargebotene
Artistik * Ex|zen|tri|ker, der;
–s, –: Possenspieler, Varieté-
künstler : jemand, der über-
spannt ist * ex|zen|trisch Ew.:
vom Mittelpunkte abweichend
: (übertr.) überspannt *
Ex|zen|tri|zi|tät, die; –: Abwei-
chung vom Mittelpunkt : Überspanntheit

Ex|zep|ti|on (l.), die; –, –en:
Ausnahme : (Rechtsspr.) Ausflucht, Verantwortung *
ex|zep|ti|o|nell Ew.: aus-
nahmsweise * ex|zep|tiv Ew.:
ausschließend * ex|zi|pie|ren
tr.: als Ausnahme hinstellen

ex|zer|pie|ren (..iert) (l.) tr.:
herausschreiben, herausziehen
: Auszüge machen * Ex|zerpt,
das; –es, –e: Auszug

Ex|zeß → Ex|zess (l.), der;
–es, –e: Ausschreitung, Aus-
schweifung : Maßlosigkeit :
Unfug : Gewalttätigkeit * bis
zum Exzess: über jedes Maß
hinaus : bis zum Überdruss *
exzessiv Ew.: maßlos : aus-
schweifend

ex|zi|die|ren (..iert) (l.) (Med.)
tr.: aushauen : herausschnei-

den * Ex|zi|si|on, die; –, –en:
Ausschneidung, das Ausschälen

ex|zi|pie|ren: s. Exzeption

Ex|zi|si|on: s. exzidieren

* Ex|zi|ta|bi|li|tät (l.), die; –:
Erregbarkeit * Ex|zi|ta|ti|on,
die; –, –en: Erregung : Anre-
gung * ex|zi|ta|tiv Ew.: aufre-
gend : belebend * ex|zi|tie|ren
tr.: erregen : anregen

Eye|li|ner (e.) [eileiner], der;
–s, –: Stift oder Pinsel zum
Umranden des Auges

Ey|rir, das; –s, Aurar: „Erz“, is-
länd. Münze (1/100 Krone)

E|ze|chi|el: der bibl. Prophet
Hesekiel im AT

F

F, f, das; –, –: der sechste Buchstabe des Abeces * F-Loch: F-
förmiges Loch der Geige; F-
Schlüssel: Bassschlüssel

f, das; –, –: (Mus.) der vierte
Ton der Grundtonleiter : Molltonstufe * F, das; –, –: Durtonstufe * F-Dur, das; –: Tonart *
f-Moll, das; –: Tonart

fa (it.): der vierte Ton der
Grundtonleiter

Fa, (Abk.): Firma

Fa|bel (l.), die; –, –n: erdich-
tete Erzählung : Stoff einer
Dichtung : Erdichtung * Fabel-
buch; Fabeldichter; fabelhaft;
Fabelreich; Fabeltier; Fabel-
welt; Fabelwesen * Fa|be|lei,
die; –, –en: das Fabeln : das
Gefabelte * fa|beln (ich ..[e]le)
intr.: Fabeln dichten : faseln *
Fa|bu|lant, der; –en, –en:
Schwätzer * fa|bu|lie|ren
(..iert) (l.) tr., intr.: erdichten *
Fa|bu|list, der; –en, –en: Fabel-
dichter * fa|bu|lös Ew.: mär-
chenähnlich, unwahrscheinlich

Fa|b|rik (l.-fr.), die; –, –en: mit
Maschinen ausgestatteter Ge-
werbebetrieb, in dem unter
fachmännischer Leitung mehr
als zehn Arbeiter tätig sind *
Fabrikanlage; Fabrikarbeiter;
Fabrikbesitzer; Fabrikge-
bäude; Fabrikgeheimnis; Fab-
rikgelände; Fabrikhalle; fab-

rikmäßig Ew.: wie in einer Fabrik, im Großen; Fabrikmarke;
fabrikneu; Fabrikpreis; Fabrik-
schornstein; Fabriksirene;
Fabrikstadt; Fabrikware; Fab-
rikzeichen * Fa|b|ri|kant, der;
–en, –en: Fabrikbesitzer : Her-
steller * Fa|b|ri|kat, das; –(e)s,
–e: Fabrikware * Fa|b|ri-
kati|on, die; –, –en: Verferti-
gung : fabrikmäßige Herstellung * Fabrikationsfehler; Fab-
rikationsgeheimnis; Fabrika-
tionsmethode; Fabrikations-
prozeß → Fabrikationsprozess
* fa|b|ri|zie|ren (..iert) tr.: ver-
fertigen : herstellen

Fa|bu|lant usw.: s. Fabel

Fach, das; –(e)s, Fächer: Be-
hältnis : Wissenschaftsgebiet :
Arbeits-, Geschäftszweig *
Facharbeit; Facharbeiter;
Facharzt; fachärztlich Ew.;
Fachausbildung; Fachaus-
druck; Fachausstellung; Fachbegriff; Fachberater; Fachbi-
bliothek; Fachbuch; Fachbü-
cherei; Fachfrau; Fachgebiet;
fachgemäß Ew.; fachgerecht;
Fachgestell; Fachgruppe;
Fachhochschule; Fachidiot;
Fachjargon; Fachkenntnisse;
Fachkraft; Fachkreis; fachkun-
dig; Fachlehrer; Fachleute;
Fachliteratur; Fachmann: Gutachter : Kenner; fachmännisch
Ew.; Fachpresse; Fachrich-
tung; Fachschaft; Fachschule;
Fachschüler; Fachsimpelei:
Unterhaltung ausschließlich
über Berufsangelegenheiten;
fachsimpeln; Fachsprache;
fachübergreifend; Fachunter-

richt; *Fachwerk:* ein in Fächer abgeteiltes Ganzes : (bes.) in Fächer geteilte Lehmwand : fachwissenschaftliches Schriftwerk ✳ *Fachwerkhaus; Fachwissen; Fachwissenschaft; Fachwörterbuch; Fachzeitschrift* ✳ **..fach** Ew. in Zus.: ..mal; z. B. einfach, zweifach usw. ✳ **fa|chig** Ew.: in Fächer geteilt ✳ **fach|lich** Ew.: einem bestimmten Fach angehörig

fä|cheln (ich ..[e]le) intr., tr.: sanft wehend hin und her bewegen : mit dem Fächer kühle Luft zuwehen ✳ **fä|chen** intr., tr.: stark fächeln : (Haare, Wolle –) zum Verfilzen wirbelnd emporschnellen : anfachen ✳ **Fä|cher,** der; –s, –: Gerät zum Fächeln : Schwanz des Auerhahns : dritter Magen der Wiederkäuer ✳ *fächerförmig* Ew.; *Fächerpalme:* Palme mit fächerförmigen Blättern; *Fächergewölbe* ✳ **fä|che|rig** Ew.: fächerförmig ✳ **fä|chern** (ich ..[e]re) tr., intr.: mit dem Fächer wedeln

Fa|ckel, die; –, –: hell leuchtendes Licht, meist brennender Kienspan, der mit der Hand getragen wird und dem Wind widersteht ✳ *Fackeldistel:* eine Pflanze; *Fackeljagd; Fackellicht; Fackelschein; Fackelstuhl:* Halter für eine Fackel; *Fackeltanz; Fackelträger; Fackelzug* ✳ **fa|ckeln** (ich ..[e]le) intr.: flackern : schwanken : zögern

Fa–ckel
Die Konsonantenverbindung *ck* darf am Zeilenende nicht wie bisher *k-k* getrennt werden, weil *ck* – wie auch *ch, sch, ph* und *th* – einen Laut darstellt.

Falcon (fr.) [faßong], die; –: Art und Weise : Haltung

Fact (l.), das; –s, ..ten: Tatsache; s. Faktion ✳ **de fac|to:** tatsächlich ✳ **Fac|to|ring** (e.) [fäctoring], das; –s: Absatzfinanzierung mit Absicherung des Kreditrisikos

Fa|cul|tas do|cen|di (l.), die; –: Lehrbefähigung : Berechtigung, (an einer Hochschule) zu lehren ✳ *examen pro facultate docendi:* philologisches Staatsexamen

fad, fa|de (fr.) Ew.: albern : schal ✳ **Fad|heit,** die; –, –en: das Fadesein : etwas Fades

Fäd|chen: s. fädeln
fä|deln (ich ..[e]le) tr.: auf-, einfädeln : in Fäden auflösen : aufdröseln : ausfädeln, rbz., intr.: (Flüssigkeit) sich in Fäden ziehen ✳ **Fa|den,** der; –s, Fäden; Fädchen: ein dünner, lang ausgezogener Körper zum Binden, Nähen usw. : Längenmaß für Garn : (seem., Forstw.) Klafter ✳ *Fadendichte; fadendünn* Ew.; *fadenförmig* Ew.; *Fadenführer:* Ring an Spinnmaschinen; *fadengerade* Ew.; *Fadenglas; Fadengold; Fadenheftung:* Art des Bindens von Büchern; *Fadenkreuz; Fadenlauf; Fadenleiter:* Fadenführer; *Fadenmolekül; fadennackt* Ew.: bis auf den letzten Faden entblößt; *fadennass* Ew.: ganz nass; *Fadennudeln:* sehr dünne Nudeln; *Fadenpilz; fadenrein* Ew.: fadengerade; *fadenscheinig* Ew.: (Gewebe) dünn, abgetragen; *Fadenschlag:* lockere geheftete Naht, Vorbereitung; *Fadensilber:* Silber in Fäden; *Fadensommer:* das beim Nähen und Scheiden des Sommers umherfliegende Gewebe einer Spinne; *fadenweise* Ew.: in Fäden; *Fadenwurm; Fadenzähler* ✳ **..fä|dig** Ew., nur in Zus.: Fäden habend; z. B. dünnfädig, langfädig usw.

Fa|ding (e.) [fehding], das; –s: Schwunderscheinung beim Funkempfang ✳ *Fading-Kompensation:* (Funk) Schwundausgleich

Fa|gott (fr.), das; –(e)s, –e: Reisbündel : Holzblasinstrument ✳ **Fa|got|tist,** der; –en, –en: Fagottbläser

Fä|he, Fe|he, Fo|he, die; –, –n: Weibchen des Dachses, Fuchses, Wolfes und vierfüßiger kleiner Raubtiere

fä|hig Ew.: fassend : imstande seiend : geeignet : begabt ✳ **Fä|hig|keit,** die; –, –en: das Fähigsein : Anlage

fahl Ew.: blass, matt, ohne bestimmte Farbe : verschossen ✳ *Fahlband:* fahlfarbiges Erzlager; *fahlbraun* Ew.; *fahlgelb* Ew.; *fahlgrau* Ew.; *Fahlerz:* Art stahlgraues Erz; *Fahlleder:* zu Oberleder gegerbtes Rind-, Kalbleder; *Fahlwild:* Steinwild, Steinbock

Fahl|heit, die; –: das fahle Aussehen

Fähn|chen: s. Fahne
fahn|den tr., intr.: jemand zu ermitteln und fangen suchen ✳ *nach jemandem fahnden* ✳ **Fahn|der,** der; –s, –: Ermittler ✳ **Fahn|dung,** die; –, –en: das Fahnden ✳ *Fahndungsapparat; Fahndungsbuch; Fahndungsdienst; Fahndungsfoto; Fahndungsliste*

Fah|ne, die; –, –n: Fähnchen: an einer Stange wehendes Tuch als Feld- oder Stammeszeichen : der weiche Teil der Vogelfedern zu beiden Seiten des Kiels : (verächtl.) Kleid : mehrere Arten von Blasenschnecken, Schmetterlingen : das oberste Blütenblatt bei Schmetterlingsblütlern : (Buchdr.) Bürstenabzug : langer behaarter Schwanz des Hasen, Eichhorns, Hundes ✳ *Fahnenabzug:* (Buchdrw.) Vorabdruck; *Fahneneid; Fahnenflucht; fahnenflüchtig* Ew.; *Fahnenjunker:* Anwärter auf die aktive Offizierslaufbahn : Fahnenträger; *Fahnenkorrektur:* (Buchdrw.) Korrektur des Fahnenabzugs; *Fahnenmast; Fahnenstange; Fahnenstock; Fahnenträger; Fahnenwache; Fahnenwacht; Fahnenweihe* ✳ **Fähn|lein,** das; –s, –: kleiner Trupp Soldaten (der sich um die Fahne schart) ✳ **Fähn|rich,** der; –(e)s, –e: Fahnenträger, Offiziersanwärter

fahr|bar Ew.: so beschaffen, dass es befahren, gefahren werden kann ✳ **Fäh|re,** die; –, –n: flaches Fahrzeug zur Überfahrt ✳ *Fährbetrieb; Fährboot; Fährkahn; Fährgeld; Fährgerechtigkeit; Fährmann; Fährmeister; Fährschiff; Fährseil* ✳ **fah|ren** (du fährst; du fuhr[e]st, du führest; gefahren; fahr[e]!) intr. (sein): sich fortbewegen : sich auf einem Fahrzeug fortbewegen : ein Fahrzeug fortbewegen ✳ *im Wagen, auf dem Moped fahren; über den Fluss fahren; aus dem Hafen fahren; in die Kleider fahren:* schnell anziehen; *zur Hölle fahren; gen Himmel fahren; aus der Haut fahren; gut (schlecht) bei (mit) etwas, jemandem fahren:* gut (schlecht) mit jemandem auskommen ✳ *das Auto, den Kinderwagen fahren; radfahren → Rad fahren; spazierenfahren → spazieren fahren* ✳ *fahren lassen:* abfahren lassen; *fahrenlassen* tr.: (volkst.) aufgeben; *totfahren:* durch Überfahren töten ✳ *Fahrbahn; fahrbar* Ew.; *Fahrbarkeit; fahrbereit; Fahrbereitschaft; Fahrbuch:* Buch, das den Bericht des die Gruben befahrenden Berggeschworenen enthält; *Fahrdamm:* Straßendamm; *Fahrdienst; Fahrdienstleiter; Fahrensmann; Fahrerlaubnis; Fahrgast; Fahrgefühl; Fahrgeld; Fahrgelegenheit; Fahrgemeinschaft; Fahrgeschwindigkeit; Fahrgestell; Fahrkarte; Fahrkartenausgabe; –automat; –kontrolle; –schalter; Fahrkomfort; Fahrkosten; Fahrkunst; fahrlässig* Ew.: unachtsam : durch Unachtsamkeit Schaden veranlassend; *Fahrlässigkeit; Fahrlehrer; Fahrleder; Fahrleute:* an Gesäß der in die Grube fahrenden Bergleute; *fahrlos* Ew.: sorglos; *Fahrmaus:* Maulwurfsgrille; *Fahrnagel:* Deichselnagel; *Fahrplan; Fahrpreis; Fahrpreisanzeiger; Fahrprüfung; Fahrrad:* Zweirad; *Fahrradnabe; Fahrradreifen; Fahrradschlauch; Fahrradschlüssel; Fahrradständer; Fahrrinne:* Fahrwasser; *Fahrschein:* Fahrkarte; *Fahrschule; Fahrschüler; Fahrsicherheit; Fahrspur; Fahrstil; Fahrstraße; Fahrstuhl:* Aufzug, Lift : fahrbarer Stuhl : Schwebesitz des Dachdeckers; *Fahrstunde; fahrtauglich* Ew.; *Fahrtauglichkeit; Fahrtechnik; fahrtechnisch* Ew.; *Fahrtest; Fahrtreppe:* Rolltreppe; *fahrtüchtig* Ew.; *Fahruntüchtigkeit; Fahrverbot; Fahrverhalten; Fahrvorschrift; Fahrwasser; Fahrweg; Fahrweise; Fahrwerk; Fahrwind; Fahrzeit; Fahrzeug:* Auto : Fuhrwerk; *Fahrzeugbau; Fahrzeughalter;* ✳ **fah|rend** Mw. Ew.: umherschweifend, ohne festen Wohnsitz ✳ *fahrendes Volk:* Zigeuner ✳ **Fah|rer,** der; –s, –: einer, der fährt : Fahrzeugführer ✳ *Fahrerflucht; fahrerisch* Ew.; *Fahrersitz* ✳ **Fah|re|rei,** die; –: das

ständig Unterwegssein ✳ **fah|rig** Ew.: unstet, ohne Ausdauer ✳ **Fah|rig|keit,** die; –: Zerstreutheit : **Fahr|nis,** die; –, –se; das; –ses, –se: fahrende Habe : Möbel (bes. südd.) ✳ **Fahrt,** die; –, –en: das Fahren : Reise : Lauf des Schiffes : das Ein- und Ausfahren in die Grube : das Pflügen : Ort des Fahrens : (bergm.) Leitern zum Auf- und Abfahren : unterirdische Gänge mancher Tiere ✳ *mit Hab und Fahrt:* mit unbeweglichem und beweglichem Gut ✳ *Fahrtdauer; Fahrtenbuch; Fahrtenschwimmer; Fahrthindernis; Fahrtkosten; Fahrtrichtung; Fahrtunterbrechung; Fahrtwind; Fahrtzeichen* ✳ **Fähr|te,** die; –, –n: Abdruck der Sohlen im Erdboden oder Schnee : Spur des Wildes : (beim Feldwild) Geläuf ✳ *Fährtensucher*
Fah|ren|heit, das; –, –: Maßeinheit auf der 180-teiligen Temperaturskala; Abk.: F
Fähr|nis, die; –, –se: (dicht.) Gefahr
Fai|ble (fr.) [fä'bl], das; –: Schwäche, Neigung, kleine Leidenschaft
fair (e.) [fähr] Ew.: fein : anständig : schön ✳ *fair play →* *Fairplay auch: Fair Play:* ehrliches Spiel ✳ **Fair|ness,** die; –: Ehrlichkeit : Anständigkeit
Fai|seur (fr.) [fäsöhr], der; –s, –e: Anstifter : dunkler Geschäftemacher : geschäftlicher Wichtigtuer
Fait ac|com|pli (fr.) [fätackongpli], das; – –, – –s: vollendete Tatsache
fä|kal (l.) Ew.: den Auswurf betreffend : Kot enthaltend ✳ *Fäkaldünger:* Naturdünger ✳ **Fä|ka|li|en,** die; Mz.: Auswurfstoffe : Kot
Fa|kir (arab.), der; –s, –e: Zauberkünstler : ind. Asket
Fak|si|mi|le (nl.), das; –s, –s und ..milia: genaue Nachbildung einer Handschrift, eines Bildes : Handschriftendruck ✳ *Faksimileausgabe; –druck; Faksimilestempel:* originalgetreuer Stempel des Namenszuges ✳ **fak|si|mi|lie|ren** (..iert) tr.: genau nachbilden [l. fac simile mache ähnlich]
Fakt (l.), der, das; –(e)s, –en

auch –s; **Fak|tum,** das; –s, ..ta: unwiderlegbarer Sachverhalt ✳ *Faktenwissen* ✳ **Fak|ti|on,** die; –, –en: agitierende Partei ✳ **fak|ti|ös** Ew.: aufwieglerisch : meuterisch : aufrührerisch ✳ **fak|tisch** Ew.: tatsächlich ✳ **fak|ti|tiv** Ew.: bewirkend ✳ **Fak|ti|tiv,** das; –s, ..va: (Sprachl.) von einem Adjektiv abgeleitetes Verb ✳ **Fak|ti|zi|tät,** die; –, –en: Tatsächlichkeit ✳ **Fak|tor,** der; –s, ..toren: „Macher“, Triebfeder : (Buchdrw.) Werkmeister in einer Setzerei : Vervielfältigungszahl : Hauptpunkt ✳ **Fak|to|rei,** die; –, –en: eine Handelsniederlassung ✳ **Fak|to|tum,** das; –s, –s: „mach alles“, Allerweltsperson, Diener für alles ✳ **Fak|tur,** **Fak|tu|ra** (l.) die; –, ..ren: Warenverzeichnis mit Rechnung ✳ *Fakturenbuch* ✳ **fak|tu|rie|ren** (..iert) tr.: berechnen
Fa|kul|tas (l.), die; –, ..täten: Lehrbefähigung; vgl. Facultas docendi ✳ **Fa|kul|tät,** die; –, –en: Hochschulfachgruppe : Lehrkörper einer Hochschulfachgruppe : Gebäude einer Hochschulgruppe : Produkt der Glieder einer natürlichen Zahlenreihe ✳ **fa|kul|ta|tiv** Ew.: wahlfrei
Fa|lan|gist, der; –en, –en: Mitglied der faschistischen Partei Spaniens
falb Ew.: fahl : hellfarbig (von Haar) ✳ **Fal|be,** der; –n, –n: falbes Pferd ✳ **Fal|ber,** **Fäl|ber,** der; –s, –: weißer Weidenbaum ✳ **Fal|bel** (fr.), die; –, –n: Faltensaum ✳ **fäl|beln** (ich ..[e]le) tr.: mit Falbeln versehen
Fa|ler|ner, der; –s, –: Bewohner von Falerno : ital. Wein aus Falerno
fä|lisch Ew.: zu Westfalen, der westfälischen Rasse gehörig ✳ *die fälische Rasse*
Fal|ke, der; –en, –en: ein Greifvogel : eine Art Geschütz : falbes Ross ✳ *Falkenauge; Falkenbeize; Falkenblick; Falkenjagd* ✳ **Fal|ke|nier,** der; –s, –s; **Falk|ner,** der; –s, –: einer, der Falken zur Beize abrichtet ✳ **Falk|ne|rei,** die; –, –en: Falkenbeize
Falk|ner usw.: s. Falke
Fall, der; –(e)s, Fälle: das Fal-

len : Sturz : herabstürzendes Wasser : Fallvorrichtung für die Sole im Gradierwerk : das Niedrigerwerden : unverschuldetes Sinken in Sünde : etwas Vorfallendes, sich Ereignendes : Lage : Glückswechsel : Sinken der Stimme : (Sprachl.) Beugungsform der Nomina, Kasus : das Sterben des Viehs ✳ *Fallbaum:* Schlagbaum : Baum neben dem Vogelherd, auf den sich die Vögel setzen sollen; *Fallbeil:* Hinrichtungsmaschine; *Fallbeschleunigung;* *Fallbrücke:* Zugbrücke; *Fallendung:* Kasusendung; *Fallgatter:* herabfallendes Torgatter; *Fallgeschwindigkeit; Fallgesetz; Fallgrube:* Grube, in die zu fangende Tiere fallen sollen; *Fallgut:* Lehen; *Fallhaus:* Haus des Abdeckers; *Fallhöhe:* Höhe, um die etwas fällt; *Fallholz; Fallklappe:* herabfallende Klappe über einer Grube u. dgl.; *Fallinie* → *Falllinie; Fallnetz:* bei Berührung niederfallendes Fangnetz; *Fallobst; Fallraum:* von fallenden Körpern durchlaufener Raum; *Fallreep:* eine türartige Öffnung in der Bordwand : Klimmtau; *Fallrohr:* Abfallrohr; *Fallrückzieher:* (Sport) besonderer Fußballstoß; *Fallschirm:* Vorrichtung zum Absprung oder Abwurf aus Flugzeugen; *Fallschirmjäger; Fallschirmspringen; Fallschirmtruppe; Fallstrick:* Fallnetz : (bes. übertr.) Falle; *Fallstudie; Fallsucht:* eine Krankheit, Epilepsie; *fallsüchtig* Ew.; *Falltreppe:* Treppe unter einer Falltür; *Falltür:* im Fußboden liegende Tür; *Fallübel:* Fallsucht: *Fallwild:* nicht weidmännisch geschossenes Wild : Steinbock; *Fallwind; Fallzeit:* Zeit, in der ein Körper einen gewissen Raum durchfällt ✳ **Fall,** das; –(e)s, –en : Tau ✳ *Fallhorn:* (seem.) Kopf des Stagsegels ✳ **Falle,** die; –, –n: Vorrichtung zum Fangen ✳ *Fallbrett:* als Falle aufgestelltes Brett; *Fallensteller* ✳ **fallen** (du fällst, er fällt; du fielest, du fielest, er fiel; gefallen; fall[e]!) intr. (sein): sich abwärts bewegen : sinken : sich werfen : auf dem Schlachtfeld sterben : die Ehre, Un-

schuld verlieren : gestürzt werden ✳ *fallenlassen* → *fallen lassen* ✳ **fällen** tr.: fallen machen : umhauen : zum Stürzen bringen : töten : zu Fall bringen : schwängern : (Chem.) ausscheiden : (Math.) (Senkrechte –) von einem Punkte außerhalb ziehen : (Urteil –) aussprechen ✳ *Fällkessel; Fällmittel* ✳ **fällig** Ew.: zu bezahlen ✳ **..fällig** Ew., nur in Zus.: fallend, z. B. rückfällig, hinfällig ✳ **Fälligkeit,** die; –, –en: das Fälligsein ✳ *Fälligkeitstermin; Fälligkeitszeit* ✳ **Fallout** *auch:* **Fall-out** (e.) [foalaut], der; –s, –s: radioaktive Verseuchung nach Atomwaffenexplosionen ✳ **falls** Bw.: in dem Fall, dass ✳ **Fällung,** die; –, –en: das Fällen

fallibel (nl.) Ew.: trügerisch : dem Irrtum unterworfen ✳ **Fallibilität,** die; –, –en: Trüglichkeit, Fehlbarkeit ✳ **fallieren** (..iert) (it.) intr.: zahlungsunfähig werden ✳ **Falliment** (it.), das; –(e)s, –e; **Fallissement** (fr.) [falliß'mang], das; –s, –s: Zahlungseinstellung, -unfähigkeit ✳ **fallit** (it.) Ew.: zahlungsunfähig ✳ **Fallit** (it.), der; –en, –en: ein Zahlungsunfähiger

falls: s. Fall

Fällung: s. Fall

falsch Ew. (..est): unecht : nachgemacht : zum Betrug dienend : unrichtig : fehlerhaft : irrig : betrügerisch : heuchlerisch : (mundartl.) unwillig, zornig, feindlich gesinnt ✳ *Falschaussage; Falschbuchung; Falscheid; Falschgeld; falschgläubig* Ew.; *falschherzig* Ew.; *Falschmeldung; falschliegen* → *falsch liegen; Falschmünzer; Falschmünzerei; Falschparker; falschspielen* → *falsch spielen* intr.; *Falschspieler* ✳ **Falsch,** das; der; –: Falschheit, Betrug, Arg ✳ *ohne Falsch sein* ✳ **fälschen** tr. (auch intr.): betrügerisch falsch machen : durch Falsches betrügen ✳ **Fälscher,** der; –s, –: jemand, der etwas fälscht ✳ **Falschheit,** die; –, –en: das Falschsein : Trug : etwas Falsches ✳ **fälschlich** Ew.: irrig : betrügerisch ✳ *fälschlicherweise* ✳ **Fälschung,** die; –, –en: das Fäl-

schen : etwas Gefälschtes ✳ *fälschungssicher*

Falsett (it.), das; –(e)s, –e: „falsche Stimme", Fistelstimme ✳ *Falsettstimme* ✳ **falsettieren** (..iert) intr.: mit Kopfstimme singen ✳ **Falsettist,** der; –en, –en: männl. Sänger von Alt- oder Sopranstimmen ✳ **Falsifikat** (nl.), das; –(e)s, –e: Fälschung, Gefälschtes ✳ **Falsifikation** (l.), die; –, –en: das Fälschen : Fälschung ✳ **falsifizieren** (..iert) tr.: fälschen : als falsch erweisen ✳ **Falsum,** das; –, ..sa: „Falsches", Gefälschtes [l. falsus falsch]

Falstaff humoristische Gestalt bei Shakespeare : witziger Prahlhans

..falt Ew., nur in Zus.: ..malig, ..fältig ✳ **Falte,** die; –, –n; Fältchen: Biegung in weichem Körper : Kniff : Spur des Biegens, Kniffens ✳ *Faltenbildung; Faltengebirge; Faltenkleid; faltenlos* Ew.; *Faltenmagen:* Blättermagen; *faltenreich* Ew.; *Faltenrock; Faltenwurf:* gefällige Ordnung der Falten ✳ **fälteln** (ich ..[e]le) tr.: in Fältlein legen ✳ **falten** tr.: übereinander legen, so dass Falten entstehen : runzeln ✳ *Faltarbeit; faltbar; Faltblatt; Faltboot; Faltkarte; Faltkarton; Faltschachtel; Faltstuhl; Faltasche; Falttür* ✳ **faltig** Ew.: Falten habend ✳ **..fältig** Ew., nur in Zus.: ..malig; z. B. vielfältig ✳ **Faltung,** die; –, –en: das Falten

Falsum: s. Falsett

Falter, der; –s, –: Schmetterling

Falz, der; –es, –e; **Falze,** die; –, –n: Verbindung von Blechrändern durch Umbiegen : die durch das Absperren des Buches entstandene Erhöhung zu beiden Seiten des Buchrückens : Nut ✳ **fal̲zen** tr.: falten : mit einem Falz versehen : durch einen Falz verbinden : (Leder –) mit dem Falzmesser bearbeiten ✳ *Falzamboss:* Amboss zum Umbiegen von Blech; *Falzbein:* Gerät zum Papierfalzen; *Falzhobel:* Hobel zum Herstellen von Falzen an Brettern; *Falzeisen; Falzmaschine; Falzmesser:* Gerbermesser mit umgelegter Klinge; *Falzziegel:* falzartig verbundene Dachziegel ✳ **Fal̲zer,** der; –s, –: ein Falzender ✳ **fal̲zig** Ew.: mit einem Falz versehen ✳ **Fal̲zung,** die; –, –en: das Falzen : das Gefalzte

Fa̲ma (l.), die; –: Gerücht, Ruf ✳ **fa̲mo̲s** Ew.: berühmt : berufen : berüchtigt : (volkst.) fein, vortrefflich

fa̲mi̲li̲är Ew.: vertraut : vertraulich : traulich : heimisch : zudringlich : zwanglos ✳ **fa̲mi̲li̲a̲ri̲si̲e̲ren** (..iert) tr.: vertraut machen ✳ **Fa̲mi̲li̲a̲ri̲tät,** die; –, –en: Vertraulichkeit ✳ **Fa̲mi̲li̲e** (l.), die; –, –n: Lebensgemeinschaft von Ehegatten und Kindern : Verwandtschaft : Sippe ✳ *Familienähnlichkeit; Familienalbum; Familienangehörige(r); Familienangelegenheit; Familienanschluß → Familienanschluss; Familienbesitz; Familienbetrieb; Familienbild; Familienfeier; Familienfest; Familienforschung; Genealogie; Familienfürsorge; Familiengeschichte; Familiengesetzbuch:* (ehem. DDR); *Familienglück; Familiengrab; Familienhilfe; Familienkreis; Familienkunde:* Familienforschung; *Familienlastenausgleich; Familienleben; Familienministerium; Familienmitglied; Familienname; Familienrecht; Familienoberhaupt; Familienpackung; Familienplanung; Familienrat; Familiensinn; Familienstand; Familientag; Familienvater; Familienverhältnisse; Familienvorstand; Familienwappen; Familienzusammenführung; Familienzuwachs*

fa̲mos: s. Fama

Fa̲mu̲la̲tur (l.), die; –, –en: Krankenhauspraktikum ✳ **fa̲mu̲li̲e̲ren** (..iert) intr.: Hilfs-

dienst leisten ✳ **Fa̲mu̲lus,** der; –, ..li: Diener : Gehilfe eines Gelehrten : Medizinstudent während eines Praktikums

Fan (e.) [fän], der; –s, –s: (Sport, Film usw.) fanatisch begeisterter Anhänger ✳ *Fanbetreuer; Fanklub*

Fa̲nal (fr.), der; das; –s, –e: Leuchtfeuer : (übertr.) Zeichen

Fa̲na̲ti̲ker (l.), der; –s, –: Eiferer : Schwärmer : Schwarmgeist ✳ **fa̲na̲tisch** Ew.: hitzig : eifrig ✳ **fa̲na̲ti̲si̲e̲ren** (..iert) tr.: in blinde Begeisterung versetzen ✳ **Fa̲na̲tis̲mus,** der; –: blinder Eifer für eine Überzeugung

Fan̲dan̲go (span.), der; –s, –s: ein span. Volkstanz

Fan̲fa̲re (fr.), die; –, –n: Trompetensignal ✳ *Fanfarenbläser; Fanfarenstoß; Fanfarenzug:* Musikkapelle aus Fanfarenbläsern

Fang, der; –(e)s, Fänge: das Fangen : Art des Fangens : das Gefangene : Rachen von Jagdhund, Fuchs und Wolf : Werkzeuge der Raubtiere zum Fangen (Mz.) ✳ *Fangarm:* Greifarm des Tintenfischs u. a.; *Fangball:* eine Art Ballspiel; *Fangbaum; Fangdamm:* Sicherung einer Baustelle gegen offenes Gewässer; *Fangeisen:* Sauspieß; *Fangfrage:* Frage, mit der man jemanden prüfen oder hereinlegen will; *Fanggerät; Fanggrube; Fanggründe; Fangkorb; Fangleine:* Leine für einen Hund; *Fangmesser:* kurzer Hirschfänger; *Fangnetz; Fangreuse:* Legereuse zum Fischfang; *Fangschnur; Fangschuß → Fangschuss; Fangspiel; Fangtuch:* Sprungtuch; *Fangvorrichtung; Fangzahn* ✳ **fang̲bar** Ew.: so beschaffen, dass man es fangen kann ✳ **fan̲gen** (du fängst; du fingst, er fing, du fingest; gefangen; fang[e]!): fassen und halten : festnehmen, gefangennehmen : in die Gewalt bekommen : befestigen : unabsichtlich aufnehmen : Geworfenes im Wurf greifen ✳ *fangfrisch; fangsicher* ✳ **Fän̲ger,** der; –s, –: ein Fangender : Gerät zum Fangen : Vorrichtung zum Fassen und Halten; vgl. fangen

Fan̲go (it.), der; –s: heißer,

vulkanischer Schlamm ✳ *Fangopackung*

Fant (it.), der; –(e)s, –e: junger Bursche : Geck [it. fante Knabe]

Fan̲ta̲sia (it.), die; –, –s: Reiterschaukampf ✳ **Fan̲ta̲sie,** die; –, ..sien: Musikstück in freier Form ✳ **Fan̲ta̲sie** *auch:* **Phan̲ta̲sie,** die; –, –n: Vorstellungskraft : Einbildungskraft ✳ *fantasielos auch: phantasielos* Ew.; *Fantasielosigkeit auch: Phantasielosigkeit; fantasievoll auch: phantasievoll* Ew. ✳ **fan̲ta̲si̲e̲ren** *auch:* **phan̲ta̲si̲e̲ren** (..iert) intr.: aus dem Stegreif spielen : etwas Märchenhaftes erzählen : sich etwas vorstellen, träumen ✳ **Fan̲tast** *auch:* **Phan̲tast,** der; –en, –en: Träumer, Spinner, realitätsferner Mensch ✳ **Fan̲tas̲te̲rei** *auch:* **Phan̲tas̲te̲rei,** die; –, –en: Überspanntheit : Luftschlösser ✳ **fan̲tas̲tisch** *auch:* **phan̲tas̲tisch** Ew.: nur in der Einbildung vorhanden : (Umgspr.) unübertroffen

Fa̲rad, das; –(s), –: elektr. Messeinheit; Abk.: F ✳ **Fa̲ra̲day** [faradeh]: engl. Chemiker ✳ *Faradaysche Gesetze → faradaysche Gesetze; Faradaykäfig* ✳ **Fa̲ra̲di̲sa̲ti̲on,** die; –, –en: Behandlung mit Faradismus ✳ **fa̲ra̲disch** Ew.: Induktion habend ✳ *faradische Ströme;* Induktionsströme ✳ **fa̲ra̲di̲si̲e̲ren** tr.: Induktionsstrom verwenden

Far̲be, die; –, –n: Art, wie das von einem Gegenstand zurückgeworfene Licht dem Auge erscheint, z. B. blau, grün usw. : zum Färben dienender Stoff : (übertr.) Kennzeichen, Merkmal : (Kartsp.) Art ✳ *Farbabstimmung; Farbabweichung; Farbaufnahme; Farbband; Farbbeutel; Farbbezeichnung; Farbbild; Farbdruck; Farbdrucker; farbecht; Farbeffekt; Farbenblindheit:* Unfähigkeit, gewisse Farben zu unterscheiden; *Farbenbrechung; Farbendruck:* Buntdruck; *Farbenerscheinung; Farbenfreudig, farbenfroh* Ew.: bunt; *Farbengebung; Farbenglanz; Farbenglut; farbenhell* Ew.: *Farbenindustrie; Farbenkasten*

Tuschkasten; *Farbenlehre:* der Teil der Optik, der sich mit den Farben beschäftigt; *Farbenpracht; farbenprächtig* Ew.; *Farbenprobe; farbenreich* Ew.; *Farbenreichtum; Farbensinn; Farbenspiel; Farbensymbolik; Farbfernsehen; Farbfilm; Farbfilter; Farbfotografie auch: Farbphotographie:* fotografische Wiedergabe in natürlichen Farben; *Farbgebung; Farbkontrast; Farbholz:* Färbeholz; *farblos* Ew.: keine Farbe habend : (übertr.) ausdruckslos; *Farblosigkeit; Farbmine; Farbmonitor; Farbnuance; Farbstoff:* färbender Stoff; *Farbton; Farbtopf; Farbtupfer; Farbwalze* **fär|ben** tr.: Farbe geben, auftragen : mit Farbstoff durchtränken : anstreichen; rbz.: Farbe annehmen * *Färbebrühe; Färbe(r)ginster; Färbeholz; Färbekessel; Färbekunst; Färbelehre;   Färbemittel* **Fär|ber,** der; –s, –: ein Färbender * *Färberbaum:* eine Pflanze; *Färberflechte; Färberfamilie;   Färberkamille:* eine Pflanze; *Färberpflanze; Färberrinde; Färberröte; Färberwaid, Färberwau:* zu Farbstoffen benutzte Pflanzen * **Fär|be|rei,** die; –, –en: Kunst, Geschäft und Werkstatt des Färbers * **..far|ben** Ew., nur in Zus.: farbig, z. B. goldfarben * **far|big** (östr. auch färbig) Ew.: mit einer hervortretenden Farbe : mehrere Farben habend : nicht weiß oder schwarz * *der Farbige:* dunkelhäutiger Mensch * **Farb|big|keit,** die; –: das Mehrfarbigsein * **farb|lich** Ew.: auf die Farbe bezogen * **Fär|bung,** die; –, –en: das Färben : Farbengebung : Farbe **Far|ce** (fr.) [farß'], die; –, –n: Füllsel : Posse : lächerlicher Streich * **far|cie|ren** (..iert) [..ßieren] tr.: (Kochkst.) mit Fleisch füllen **Fa|rin** (l.), der; –s: Staubzucker * *Farinzucker:* Puderzucker * **Fa|ri|na|de,** die; –, –n: Puderzucker **Farm** (e.), die; –, –en: Meierhof : Pachtgut : Betrieb zur Zucht von Geflügel, Pelztieren usw. * **Far|mer,** der; –: Landwirt * *Farmersfrau*

Farn, der; –(e)s, –e: eine Pflanzenklasse * *Farnkraut; Farnmoos; Farnwedel* **Far|ne|se,** der; –, –: ital. Fürstengeschlecht * **far|ne|sisch** Ew.: zu den Farnesen gehörig * *Farnesischer Herkules:* berühmtes Werk der Bildhauerkunst **Far nien|te** (it.), das; – –: Nichtstun * *Dolce far niente* (it.) [doltsche], das; – – –: das süße Nichtstun **Far|re,** der; –en, –en: junger Stier * *Farrenauge; farrenäugig* Ew., *Farrenschwanz* * **Fär|se,** die; –, –n: junges weibliches Rind vor dem Kalben * *Färsenkalb* **Fa|san** (l.), der; –(e)s, –en; Fasänchen: hühnerartiger Jagdvogel * *Fasanengarten; Fasanengehege; Fasanenpflege; Fasanenzucht* * **Fa|sa|ne|rie,** die; –, ..ien: Fasanengehege **Fa|sche,** die; –, –n: Stück Leder * **fa|schen** (du fasch[e]st) tr.: mit Binden umwickeln **Fäs|chen:** s. fasen, Faser **fa|schie|ren** tr.: Fleisch fein hacken * *Faschiermaschine:* Fleischwolf * *Faschiertes:* Hackfleisch **Fa|schi|ne** (fr.-it.), die; –, –n: Reisigbündel aus Weidenruten (bei Uferbefestigungen verwendet) * *Faschinenholz:* Reisig; *Faschinenmesser:* Messer zum Herstellen von Faschinen : Seitengewehr; *Faschinendamm; Faschinenwerk* **Fa|sching,** der; –s, –e: die Zeit der Lustbarkeiten vor dem Fasten : Karneval * *Faschingsball; Faschingsdienstag; Faschingskostüm; Faschingslarve; Faschingslaune; Faschingsprinz; Faschingsscherz; Faschingszeit; Faschingszug* **Fa|schis|mus** (it.), der; –: radikale nationalistische und demokratiefeindliche Staatsauffassung * **Fa|schist,** der; –en, –en: Anhänger des F. * **fa|schis|tisch** Ew.: auf den F. bezogen * **fa|schis|to|id** Ew.: den Faschismus nachahmend **fa|sen** (du fasest und fast; du fasest, gefast) tr., intr.: fäseln * **Fa|ser,** die; –, –n: Fäschen, Fäserchen: Faden * *Faserbündel; Fasergewebe; fasernackt* Ew.: ganz nackt; *Fasergips; Faser-*

kalk; Faserkohle; Faserquarz; Fasertorf * **fa|se|rig** Ew.: Fasern habend : sich in Fasern auflösend * **fa|sern** tr., rbz., intr.: in Fasern auflösen **Fa|se,** die; –, –n: Ecke * **fa|sen** (du fasest und fast; du fastest; gefast) tr.: abkanten **Fa|sel,** der; –s, –: Zucht, Fortpflanzung : Zuchtstier * *Faselbock; Faselhengst; Faselkuh:* junge, nichtträchtige Zuchtkuh; *Faselvieh* * **fa|seln** (ich ..[e]le) intr.: (von Tieren) Junge werfen : Frucht bringen : anschlagen, gedeihen **Fa|se|lei,** die; –, –en: das Faseln : Albernheit * **Fa|se|ler, Fa|sler,** der; –s, –: Schwätzer * **fa|se|lig** Ew.: ohne Ernst * **fa|seln** intr.: trunken umherschwärmen : albern, oberflächlich reden : phantasieren * *Faselhans; Faselnacht:* Fastnacht; *Faselochs* **fa|sen:** s. Fase **Fa|shion** (e.) [fäschen], die; –, –s: Mode : Lebensart * **fa|shio|na|ble** Ew.: modisch : elegant **Faß → Fass,** das; –es, Fässer; Fässchen: (veralt.) Gefäß : aus Dauben mittels Reifen zusammengesetztes bauchiges Holzgefäß : ein Flüssigkeitsmaß : eine dicke Person : ein Schneckenname * *dem Fass den Boden ausschlagen:* etwas ganz unbrauchbar machen : etwas auf die Spitze treiben * *Faßband → Fassband:* Reifen um ein Fass; *Faßbier → Fassbier:* Bier aus dem Fass (aber ein Fass Bier); *Faßbinder → Fassbinder:* Böttcher; *Faßbohrer → Fassbohrer; Faßbutter → Fassbutter:* Butter in Fässern; *Faßdaube → Fassdaube:* gebogenes Brett für die Seitenwände eines Fasses; *faßweise; Faßholz → Fassholz:* Holz für Dauben; *Faßreif(en) → Fassreif(en); Faßwein → Fasswein; faßweise → fassweise; Faßwerk → Fasswerk:* Gesamtheit von Fässern **faß|bar → fass|bar** Ew.: so beschaffen, dass es gefasst werden kann : verständlich * **Faß|bar|keit → Fassbarkeit,** die; –: das Fassbarsein * **fas|sen** (du fassest und fasst; er fasst; du fasstest; gefasst;

fasse! und fass!) tr.: (veralt.) in ein Fass füllen : einfassen : Raum gewähren : ergreifen, packen : geistig aufnehmen, verstehen; rbz.: sich zusammennehmen : sich beruhigen * *gefaßt → gefasst* Mw. Ew.: besonnen : innerlich (auf Schweres) vorbereitet * *Gefaßtheit → Gefasstheit,* die; –: das Gefasstsein * *in Worte fassen:* in Worten ausdrücken; *einen Beschluß fassen → Beschluss:* etwas beschließen; *ins Auge fassen:* fest auf etwas blicken : planen * *sich ein Herz fassen:* sich zusammenraffen : beherzt an etwas herangehen; *sich kurz fassen:* ohne Umschweife antworten; *sich an der Nase fassen;* reumütig in sich gehen * **faß|lich → fass|lich** Ew.: greifbar : verständlich * **Faß|lich|keit → Fass|lich-keit,** die; –: Verständlichkeit * **Fas|sung,** die; –, -en: das Fassen : Rahmen : Darstellungsform : Gemütsstimmung : Begriffskraft * *Fassungsgabe; Fassungskraft; fassungslos* Ew.; *Fassungslosigkeit; Fassungsraum:* Raum, eine bestimmte Menge aufzunehmen; *Fassungsvermögen*

Fas|sa|de (fr.) die; –, -n: die Schauseite, Vorderseite * *Fassadenkletterer:* Einbrecher, der außen am Haus hochklettert; *Fassadenreinigung*

Fas|set|te: s.a. Facette

Fas|son (fr.) [fassong] die; –, -s: Form : Gestalt : Zuschnitt : Lebensart * *Fassonschnitt:* Männerhaarschnitt * **fas|so-nie|ren** (..iert) tr.: formen : bearbeiten : gestalten : mit Verzierungen versehen

fast Uw.: beinahe

Fast|food *auch:* **Fast Food** (e.) [fahstfuhd]: „schnelles Essen", Essen im Schnellimbiss

Fas|te, die; –, -n: das Fasten : die Zeit dafür : (bes.) die den Osterfest voraufgehenden vierzig Tage * **Fas|ten,** die; –, – (meist Mz.): Faste * *Fastenabend:* Tag vor Beginn der Fasten; *Fastenblume:* Primel; *Fastenbrezel; Fastenmonat; Fast(en)nacht:* Tag vor Aschermittwoch; *Fastenprediger; Fastenpredigt; Fastenregel; Fastensonntag; Fastenspeise;*

Fastenzeit * **fas|ten** intr.: sich eine Zeit hindurch gewisser (oder aller) Speisen enthalten * *Fastenkur; Fasttag*

Fas|zes, Fas|ces (l.) Mz.: Strafbündel : mit einem Beil versehenes Bund Holzstäbe der röm. Liktoren * **fas|zi|al** Ew.: in Bündeln, gebündelt * **Fas|zi|a|ti|on,** die; –, -en: Umwicklung mit Binden * **Fas|zie,** die; –, –n: Hülle aus Bindegewebe : wundärztliche Binde * **Fas|zi|kel,** der; –s, –: Bündel : Heft : Teillieferung eines in Fortsetzungen erscheinenden wissenschaftlichen Werkes * **fas|zi|ku|lie|ren** (..iert) tr.: bündeln

Fas|zi|na|ti|on (gr.-l.), die; –, -en: Bezauberung : Gebanntsein * **fas|zi|nie|ren** (..iert) tr.: bezaubern : fesseln : bannen

fa|tal (l.) Ew.: verhängnisvoll : unselig, misslich * **Fata-lis|mus,** der; –: Schicksalsglaube, Glaube an Vorherbestimmung * **Fa|ta|list,** der; –en, -en: Anhänger des Fatalismus * **fa|ta|lis|tisch** Ew.: an ein Verhängnis glaubend : sich dem Schicksal hingebend * **Fa|ta|li|tät,** die; –, -en: Verhängnis : Missgeschick * **Fa|tum,** das; –s, ..ta: Schicksal * **Fa|ta Mor|ga|na** (it.-kelt.), die; –, –, ..nen und – –s: „Fee Morgana", Luftspiegelung : (übertr.) Sinnestäuschung, Wahn-, Traumbild * *Fata-Morgana-ähnlich*

fa|tie|ren tr.: (veraltet) bekennen : (östr.) die Steuererklärung einreichen * *Fatierung*

fa|ti|gant (l.-fr.) Mw. Ew.: ermüdend : lästig * **fa|ti|gie|ren** (..iert) tr.: ermatten

Fa|tum: s. fatal

Fatz|ke, der; –n und –s, –n und –s: eitler Mensch : Possenreißer : Geck * **fat|zen** (veralt.) intr.: Possen reißen * *Fatzbube; Fatzwort*

Faul|bourg (dtsch.-fr.) [foh-buhr], der; –s, –s: Vorstadt

fau|chen (du fauchst) intr.: zischende Laute von sich geben (wie z. B. Katzen): (obd.) pfauchen, pfauchzen

faul Ew.: in Gärung befindlich : brüchig : schlecht : (seem.) schmutzig : in Stockung geraten : träge : der Arbeit abge-

neigt * *Faulbaum; Faulbrut:* Bienenpest; *faulbrütig* Ew.; *Faulbutte:* Behälter zum Faulen von Lumpen zur Papierbereitung; *Faulpelz:* Faulenzer; *Faulpelzerei; Faulschlamm:* Bodensatz bei der Abwasserreinigung : organische Restsubstanzen auf dem Grund stehender Gewässer; *Faultier:* ein Säugetier * **Fäu|le,** die; –: das Faulen * **fau|len** intr.: faul werden * **fäu|len** tr.: durch Gärung erweichen, etwa Lumpen zur Papierherstellung * **Fau|len|zer,** der; –s, –: Nichtstuer * **Fau|len|ze|rei,** die; –, -en: das Nichtstun : Müßiggang * **fau|len|ze|risch** Ew.: nach Art eines Faulenzers : träge : arbeitsscheu * **fau|len-zen** (du faulenzst und faulenzt) intr.: nichts tun * **Faul|heit,** die; –, -en: das Nichtstun : Trägheit : Bequemlichkeit * **fau|lig** Ew.: angefault * **Fäul|nis,** die; –: Verwesung * *Fäulniserreger:* ein Bakterium

Faun, der; –(e)s, -e: röm. Waldgott mit Bocksfüßen : lüsterner Mensch * **Fau|na** (nl.), die; –, ..nen: „Tierwelt", Gesamtheit der in einem Gebiet einheimischen Tiere * **fau|nisch** Ew.: lüstern : unzüchtig : sinnlich

Fausse [fohß'], die; –, -n: leere Karte : Fehlfarbe : Dirne; einged. Foße

Faust, die; –, Fäuste: Fäustchen: geballte Hand : kleiner Amboss * *sich ins Fäustchen lachen:* sich heimlich freuen; *Faustball; Faustbirne:* große Pfundbirne; *Faustbüchse:* Pistole; *Faustdegen:* Dolch; *faustdick* Ew.: sehr dick; *es faustdick hinter den Ohren haben:* verschlagen, hinterlistig sein; *Fausteisen:* kleiner Amboss; *faustgroß* Ew.; *Fausthammer:* mit einer Hand zu handhabender Hammer : Hammer zum Schlagen, Streithammer : (veralt.) damit bewaffneter Gerichtsdiener; *Fausthandschuh:* Handschuh ohne gesonderte Finger; *Fausthobel:* kurzer, dicker Hobel; *Faustkampf:* Boxen : (Altertum) Kampf mit dem Cästus; *Faustkämpfer; Faustkeil:* vorgeschichtliches Steinwerkzeug; *Faustpfand:*

bewegliches Pfand; *Faustrecht:* Recht des Stärkeren; *Faustregel:* grobe Regel; *Faustriemen; Faustschlag:* Schlag mit der Faust; *Faustwaffe:* Handwaffe ✳ **Fäus|tel,** das (der); -s, -: (Bergb.) eiserner Hammer ✳ **Fäust|ling,** der; -s, -e: Pistole : Stecken : Fausthandschuh : etwas Faustgroßes ✳ **fäust|lings** Uw.: mit Fäusten

Faust: in die Weltliteratur eingegangener sagenhafter Schwarzkünstler Dr. Faust (1480 bis 1540) : Tragödie von Goethe ✳ **faus|tisch** Ew.: nach Art des Faust : in titanischer Selbstüberhebung die Geheimnisse des Lebens enträtseln wollend

Fäust|chen: s. Faust, die

faute de mieux (fr.) [foht d' mjöh]: in Ermangelung eines Besseren : im Notfall

Fau|teuil (dtsch.-fr.) [fotöj], der; -s,-s: Armstuhl, Lehnsessel

Faut|fracht (fr.-dtsch.), die; -, -en: vom Befrachter an den Reeder zu zahlende Vertragsrücktrittssumme

Fau|ves (fr.) [fohw], die; Mz.: „die Wilden" : Gruppe bildender Künstler zu Beginn des 20. Jhs. ✳ **Fau|vis|mus,** der; -: künstlerische Bewegung und Malweise der Fauves

Faux|pas (fr.) [fohpah], der; -, -: Fehltritt : Taktlosigkeit : Verstoß gegen gesellschaftliche Umgangsformen

Fa|ve|la (port.), die; -, -s: Elendsviertel brasilianischer Metropolen

Fa|veur (fr.) [fawöhr], die; -, -s: Wohlwollen : Gunst ✳ *en faveur:* zugunsten ✳ **fa|vo|ra|bel** (l.) [..w..] Ew.: günstig : vorteilhaft : geneigt ✳ **fa|vo|ri|sie|ren** (..iert) tr.: begünstigen : bevorzugen ✳ **Fa|vo|rit,** der; -en, -en: Günstling : bestes Rennpferd : mutmaßlicher Sieger beim Sportkampf ✳ **Fa|vo|ri|tin,** die; -, -nen: Geliebte (bes. eines Fürsten)

Fa|vus (l.), der; -, ..vi: Honigscheibe : (Med.) Kopfgrind

Fax (Kunstwort), das; -, -e: kurz für Telefax ✳ *Faxanschluß* → *Faxanschluss; Faxmodem; Faxnummer* ✳ **fa|xen** tr.: eine Kopie per Telefax übermitteln, telekopieren

Fa|xe, die; –, –n: Begaukelung : alberner Spaß ✳ *Faxenmacher:* Grimassenschneider : Spaßmacher ✳ **fa|xig** Ew.: dumm spaßend

fa|xen tr.: s. Fax

Fay|ence (fr.) [fajangß], die; -, -n: feine, glasierte Töpferware, Majolika (nach der Stadt Faenza benannt)

Fa|zen|da (port.), die; –, –s: brasilianischer Großgrundbesitz

Fä|zes (l.) Mz.: Ausscheidungen : Kot, Stuhl

Fa|ze|tie (l.), die; –, –n: lustiger Einfall : Schwank

fa|zi|al (nl.) Ew.: das Gesicht betreffend ✳ **Fa|zi|a|lis, Faci|a|lis,** der; –: Gesichtsnerv ✳ *Fazialislähmung* ✳ **fa|zi|ell** Ew.: zur Fazies zählend ✳ **Fa|zi|es** (l.), die; –, –: Angesicht : (Geol.) Gesamtheit der Merkmale eines Sediments hinsichtlich Gesteinsaufbau und Sedimentationsbedingungen : (Bot.) kleinste Einheit einer Pflanzengesellschaft

Fa|zi|li|tät (l.), die; –, –en: Leichtigkeit : Gewandtheit : Freundlichkeit : (Wirtschaft, Bankwesen) einem Kunden eingeräumter Kreditspielraum

Fa|zit (nl.), das; -s, -e und -s: „es macht", Schlusssumme : Ergebnis

FBI (Abk.), der; das; –: Federal Bureau of Investigation, Bundeskriminalpolizei der USA

FCKW (Abk.): Fluorchlorkohlenwasserstoff; Stoffgruppe der sogenannten Treibhausgase

FDGB (Abk.): Freier Deutscher Gewerkschaftsbund (ehem. DDR)

FDJ (Abk.): Freie Deutsche Jugend (ehem. DDR)

FDP, F.D.P. (Abk.): Freie Demokratische Partei (Deutschlands)

F-Dur: s. f

Fe: Ferrum; chem. Zeichen für Eisen

Fea|ture (e.) [fihtscher], das; -s, -s: für diverse Medien bearbeitete Dokumentation

Fe|ber (östr.), der; -s, –: Februar

feb|ril (nl.) Ew.: fieberhaft

Feb|ru|ar, meist **Feb|ru|ar** (l.), der; –(s), –e: der zweite Monat des Jahres

fec. (Abk.): fecit

fech|sen (du fechsest und fechst) tr.: einernten ✳ **Fech|ser,** der; -s, –: Ableger einer Pflanze : Setzling von Reben; auch fächsen

fech|ten (du fichst, er ficht; du focht(e)st, du föchtest; gefochten; ficht!) intr.: fuchteln : Hieb- und Stoßwaffen handhaben : streiten : betteln ✳ *Fechtauslage:* Ausgangsstellung beim Fechten; *Fechtbahn; Fechtboden; Fechthandschuh; Fechtdegen; Fechtkunst; Fechtlehrer; Fechtmaske; Fechtmeister; Fechtschule; Fechtunterricht* ✳ **Fech|ter,** der; -s, –: ein Fechtender : ein bettelnder Handwerksbursche ✳ *Fechterhandwerk; Fechterkunst; fechtermäßig* Ew. ✳ **Fech|te|rei,** die; –, –en: das (viele) Fechten ✳ **fech|te|risch** Ew.: auf Fechten bedacht : in der Art eines Fechters : der Fechtkunst gemäß

fe|cit (l.): (auf Kunstwerken) „er hat es geschaffen"; Abk.: fec.

Fe|da|jin (arab.), der; -s, –: Freischärler, palästinensischer Kämpfer

Fe|der, die; –, –n: Einzelteil des Gefieders der Vögel : (weidm.) Borsten der Wildschweine : (weidm.) Stachel des Igels : (weidm.) Zacken des Rückgrats und die Rippen : (weidm.) Knebelspieß bei Sau- und Bärenjagd : Staub der Schmetterlingsflügel : (Bot.) der obere Teil des Keims : Schreibgerät : Stahlgerät zum Schreiben : elastischer Metallstreifen : in die Nut eines anderen Brettes eingreifende Holzleiste ✳ *ein Mann von der Feder:* Schriftsteller; *nicht aus den Federn können:* nicht aus dem Bett finden; *eine scharfe Feder führen:* einen scharfen Stil schreiben ✳ *Federball; Federbesen; Federbett; Federbüchse; Federbusch:* Büschel auf dem Kopf von Vögeln; *Federfuchser:* Spottname für Schreiber; *federführend* Ew.: verantwortlich : zuständig; *federgewandt* Ew.: schriftstellerisch gewandt; *Federgewicht:*

(Sport) Gewichtsklasse in der Schwerathletik; *Federgras: Pfriemengras; Federhalter:* Gerät zum Halten der Schreibfeder; *Federhandel; Federhändler;* **feder**r Ew.: (Stahl) so hart, dass er federt; *Federhut; Federkiel; Federkissen; Federkraft:* Schnellkraft : Biegsamkeit, Geschmeidigkeit; *Federkrieg:* mit der Schreibfeder geführter, d. h. literarischer Streit; *federleicht* Ew.; *Federleinwand:* Inlett; *Federlesen:* Abklauben der Federchen : das Schmeicheln : das Zaudern; *federlos* Ew.; *Federmatratze; Federmesser:* feines Taschenmesser; *Federschmuck; Federspiel:* Vogelbeize : Vögel, die zur Vogelbeize dienen; *Federvieh:* zahmes Geflügel (scherzh.) Leute von der Feder; *Federvolk:* Vögel; *Federwaage:* das Gewicht durch den Druck einer Feder anzeigende Waage; *federweich* Ew.; *Federweiß:* Talkum; *Federweiße(r):* Traubenmost in Gärung; *Federwild; Federwisch:* Federwisch; *Federwolke:* Zirrus; *Federzeichnung:* Handzeichnung in Strichmanier * **fe**|**de**|**rig, fed**|**rig** Ew.: federartig : mit Federn versehen * **Fe**|**der**|**ling**, der; –s, –e: Ungeziefer auf Hühnern * **fe**|**dern** (ich ..[e]re) intr.: die Federn verlieren : fedrig werden : biegsam, nachgiebig sein : schnellen; tr.: fedrig machen : (Vogel –) rupfen : (Bett –) mit Federn stopfen * **fe**|**dernd** Ew.: elastisch * **Fe**|**de**|**rung**, die; –, –en: Sprungkraft, Elastizität

Fee, (fr.), die; –, –n: weibl. Märchengestalt, Zauberin * *Feenland; Feenmärchen; Feenreich* * **fe**|**en**|**haft** Ew.: zart, anmutig wie eine Fee : zauberhaft * **Fe**|**e**|**rie**, die; –, ..rien: Zauberei : Feenwelt : Märchenspiel

Feed-back *auch:* **Feed**|**back** (e.) [fihdbäck], das; –s, –s: (Kybernetik) Rückkopplung in selbststeuernden Systemen : (Psych.) Antwort des anderen auf eine Äußerung * **Fee**|**der** (e.) [fihder], der; –s, –: Energieversorgungsleitung für Antennen

Fee|**ling** (e.) [fihling], das; –s, –s: Sensibilität : Gefühl

Fe|**ge**, die; –, –n: Werkzeug zum Getreidereinigen * **fe**|**gen** tr.: säubern : läutern : (übertr.) tüchtig mitnehmen : blank scheuern : putzen : bürsten : leeren : berauben : (meist) den Fußboden mit Besen reinigen : (Staub –) mit Besen zusammenkehren : die Waben beschneiden; intr. (haben, sein): streifen : jagen * *Fegehader:* Wischlappen; *Fegehammer:* Werkzeug zur Reinigung der Salzpfanne; *Fegemühle:* Kornfege mit Mühlenwerk * **Fe**|**ge**|**feu**|**er**, das; –s: (kath. Religion) Läuterungsort der „armen Seelen" vor Eintritt in den Himmel * *Fegefeuer:* Fegefeuer * **Fe**|**ger**, der; –s, –: Gerät zum Fegen, Besen : Handfeger * **Feg**|**nest**, das; –(e)s, –e: (schweiz.) unruhiger Mensch : unruhiges Kind * **feg**|**nes**|**ten** intr.: (schweiz.) nervös sein * **Feg**|**sel**, das; –s, –: Kehricht

Feh, das; –(e)s: Pelz des sibir. Eichhorns, Grauwerk * *Fehwerk:* Pelzwerk aus Feh

Feh|**de**, die; –, –n: Streit * *Fehdebrief; Fehdehandschuh; Fehderecht; Fehdezeichen; Fehdezeit*

Fehl, der; –(e)s, –e: Fehler : Mangel : Gebrechen * *ohne Fehl (und Tadel) sein* * **fehl** Uw., häufig in Zus.: falsch : vergeblich : erfolglos; *fehl am Platze* * *Fehlabschluß* → *Fehlabschluss:* Abschluss mit Defizit; *Fehlanzeige; Fehlbetrag:* fehlender Betrag; *Fehlbitte:* vergebliche Bitte; *fehlbitten* (ich bitte fehl; fehlgebeten; fehlzubitten): vergeblich bitten; *Fehldiagnose; Fehlfarbe:* (Kartsp.) Farbe, die nicht Trumpf ist : Zigarre mit missfarbigem Deckblatt; *fehlfarben* Ew.; *Fehlfunktion; Fehlgeburt:* Geburt einer noch nicht lebensfähigen Frucht; *fehlgehen* intr. (sein): sich irren; *fehlgreifen* intr.; *Fehlgriff:* falscher Griff : falsche Maßnahme; *Fehlinterpretation; Fehlkonstruktion; fehlleiten* tr.; *Fehllos:* Niete; *fehlmelden* intr.: eine Fehlanzeige machen; *Fehlpaß* → *Fehlpass:* (Ballspiele) missglückter Pass zum Mitspieler; *Fehlschlag:* Misserfolg; *fehlschlagen* intr. (sein): misslin-

gen; *fehlschließen* tr.: einen falschen Schluss ziehen; *Fehlschluß* → *Fehlschluss; Fehlschuß* → *Fehlschuss; fehlsprechen* intr.; *Fehlspruch:* falscher Urteilsspruch; *Fehlstart:* (Sport) irregulärer verfrühter Start; *fehltreten* intr. (haben, sein); *Fehltritt:* falscher Tritt : (übertr.) Sünde; *Fehlurteil; Fehlversuch; Fehlwurf; Fehlzündung* * **fehl**|**bar** Ew.: einem Fehl tragend : dem Irrtum unterworfen * **Feh**|**le**, die; –, –n: Fehl * **feh**|**len** tr.: nicht treffen : falsch handeln : irren : sündigen; intr.: fehlschlagen : trügen : nicht vorhanden sein * *Fehlbetrag:* nicht vorhandener Betrag * **Feh**|**ler**, der; –s, –: etwas, das nicht so ist, wie es sein sollte * *fehlerfrei* Ew.; *fehlerlos* Ew.; *Fehlerquelle* * **feh**|**ler**|**haft** Ew.: Fehler habend * **Feh**|**ler**|**haf**|**tig**|**keit**, die; –, –en: das Fehlerhaftsein

Fehl|**marn:** Ostseeinsel

Fehn, das; –(e)s, –e: Moor-, Bruch-, Torfland : Marschland : Fenn : Gräben * *Fehnkultur:* Moorkultur mit Torfgewinnung

Fei, die; –, –en: Fee * **fei**|**en** tr.: bezaubern : unverletzlich machen

Fei|**er**, die; –, –n: Ruhe nach der Arbeit : Fest * *Feierabend:* Vorabend eines Feiertages : Zeit nach der täglichen Arbeit : Arbeitsschluss : (Umgspr.) Schluss, Ende; *feierabendlich* Ew.; *Feiergeläut; Feierglocke; Feierjahr:* Jahr, in dem der Boden brachliegt; *Feierjubel; Feierklang; Feierkleid; feiermäßig* Ew.; *Feierstille; Feierstunde; Feiertag; feiertägig* Ew.; *feiertäglich* Ew.; *feiertags* Uw.; *Feierzug* * **fei**|**er**|**lich** Ew.: festlich : weihe-, würdevoll : ernst * **fei**|**ern** (ich ..[e]re) intr.: rasten : ruhen : müßig sein; tr., intr.: feierlich begehen : verherrlichen : huldigen

Fei|**fel**, der; –s, –: Ohrdrüse des Pferdes : eine Pferdekrankheit

fei|**ge, feig** Ew.: ohne inneren Halt : (bergm.) faul (Gestein) : mutlos, zaghaft, memmenhaft : hinterhältig * *feigherzig* Ew.; *Feigherzigkeit* * **Feig**|**heit**, die; –, –en: das Feigsein : feige Handlung * **Feig**|**ling**, der; –s, –e: feige Person

Fei|ge (l.), die; –, –n: Frucht des Feigenbaumes : Feigenbaum : (vulgär) Vagina * *die Feige bieten:* verhöhnen; *Feigenblatt; Feigenkaffee:* Ersatzkaffee aus gerösteten Feigen; *Feigenkaktus; Feigwarze:* (Med.) eine Hautgeschwulst

feil Ew.: (ver)käuflich * *feilbieten* (ich biete feil; feilgeboten; feilzubieten): zum Verkauf anbieten * *Feilmarkt* *

feil|schen tr.: feilbieten : kaufen wollen; intr.: einen guten Preis aushandeln

Fei|le, die; –, –n: stählernes Werkzeug zum Glätten harter Körper : das Feilen * *Feilkloben:* Kloben zum Festschrauben des zu feilenden Stückes; *Feilkluppe; Feilmaschine; Feilstaub; Feilstock; Feilstrich:* Strich mit der Feile * **fei|len** tr.: mit der Feile bearbeiten

feil|schen = s. feil

Feim, der; –(e)s: Mast der Schweine * *Feimgeld; Feimmal:* Erkennungszeichen der Feimschweine

Feim, der; –(e)s, –e; **Fei|me,** die; –, –n = **Fei|men,** der; –s, –: Getreideschober : Miete *

fei|men tr.: schobern

Feim, der; –(e)s, –e: Schaum * **fei|men** intr.: schäumen * *abgefeimt*

fein Ew.: dünn und zart : zierlich : aus kleinen Teilen bestehend : sauber : vorzüglich : rein : gut : hübsch : weltmännisch : vornehm : schlau : scheinheilig : versteckt * *feinadrig* Ew.; *Feinarbeit:* sorgfältige Kleinarbeit; *Feinbäcker:* Bäcker für feine Backwaren; *feindrähtig* Ew.; *feinfädig* Ew.; *feinfühlend* Ew.; *feinfühlig* Ew.; *feingeädert → fein geädert; Feingefühl:* Takt : Einfühlungsvermögen : verfeinerter Geschmack; *Feingehalt:* Gehalt an reinem Edelmetall; *feingemahlen → fein gemahlen; feingestaltet* Mw. Ew.; *feingliederig* Ew.; *Feingold:* reines Gold; *Feinkeramik; feinkörnig* Ew.; *Feinkost:* Delikatessen; *Feinkostgeschäft; Feinkupfer:* bes. reines Kupfer; *feinmachen → fein machen; Feinmechanik:* Herstellung von Präzisionsmaschinen; *Feinmeßgeräte → Feinmessgeräte:* sehr empfindliche

Messgeräte; *feinnervig* Ew.: empfindsam; *Feinschmecker; Feinsilber:* reines Silber; *feinsinnig* Ew.; *Feinunze:* Goldgewicht; *Feinwäsche * Feinsliebchen:* Geliebte * **Fei|ne,** die; –: Feinheit * **fei|nen** tr.: fein, feiner machen : Metall veredeln *

Fein|heit, die; –, –en: das Feinsein : etwas Feines

feinadrig, fein geädert
Wortverbindungen aus Adjektiv und Verb (bzw. zweitem Adjektiv) werden getrennt geschrieben, wenn der erste Bestandteil für sich steigerbar oder erweiterbar ist: *fein geädert, feiner geädert; fein gemahlen, feiner gemahlen.* Wortverbindungen wie *feinadrig, feinfühlend, feinkörnig* werden zusammengeschrieben, weil sie als ganze gesteigert werden: *feinadriger, feinfühlender, feinkörniger.*

feind Ew. (nur aussag.): Hass empfindend * *jemandem feind sein:* böse, feindlich gesinnt sein * *feindselig* Ew.: von feindlicher Gesinnung erfüllt : feindlich; *Feindseligkeit,* die; –, –en: das Feindseligsein : Streitigkeit * **Feind,** der; –(e)s, –e: Gegner : Widersacher * *Feindeinwirkung; Feindmächte * Feindesangriff; Feindeshand; Feindesheer; Feindeslager; Feindesland; Feindesliebe; Feindesmacht * **feind|lich** Ew.: in Feindes Weise * **Feind|schaft,** die; –, –en: Gegnerschaft : Unfriede * **feind|schaft|lich** Ew.: Feindschaft verratend

Fein|heit usw.: s. fein

feist Ew.: fett : gemästet *

Feist, das; –es: (weidm.) Fett *

Feis|te, Feis|tig|keit, die; –: das Feistsein : Zeit des Feistseins der Hirsche * *Feistejagen; Feistezeit*

Fei|tel, das; –s, –: (landschaftl.) Messer : Taschenmesser

fei|xen (du feixest und feixt) intr.: grinsen, verbissen lachen

Fel|bel (it.), der; –s, –; die; –, –n: ein samtartiger Stoff (u. a. für Zylinderhüte)

Fel|ber, der; –s, –: Weidenbaum

Felch, der; –(e)s, –e; **Fel|che,** die; –, –n; **Fel|chen,** der; –s, –: ein lachsartiger Fisch

Feld, das; –(e)s, –er: ausgedehnte Fläche : (bes.) zum Ackerbau dienendes Land : (veralt.) ein Längenmaß : abgegrenzter Teil einer Fläche : Kampfplatz : Krieg : (bergm.) bebauter oder zu bebauender Teil eines Gebirges : (übertr.) Gebiet geistiger Tätigkeit : Wirkungsbereich einer physikalischen Kraft * *Kraftfeld; elektrisches Feld; Magnetfeld * Feldaltar:* tragbarer Altar für Feldgottesdienste; *Feldarbeit; Feldarzt:* Militärarzt; *Feldbau:* Ackerbau; *Feldbereinigung:* das Zusammenlegen von Feldern; *Feldbett:* zusammenlegbares Bett; *Feldbinde:* Offizierschärpe; *Feldbischof:* oberster kath. Heeresgeistlicher; *Felddienst:* Kriegsdienst; *feldein* Uw.: ins Feld hinein; *Feldflasche:* flache, stoffüberzogene Metallflasche; *Feldflüchter:* Taube, die aufs Feld fliegt und dort ihre Nahrung sucht; *Feldfrevel:* mutwillige Beschädigung eines Feldes, der Feldfrüchte; *Feldfrucht; Feldgeistlicher:* Geistlicher beim Heer im Kriege; *Feldgerät:* Ackergerät : Kriegsgerät; *feldgrau* Ew.: grau wie die Kriegsuniform; *Feldherr:* Befehlshaber im Krieg; *Feldherrnhalle; Feldjäger:* Kurier : zum Kriegsdienst herangezogener Jäger : Truppen, die die Aufrechterhaltung der militärischen Ordnung und Disziplin sichern, Militärpolizei : feldgerechter Jäger; *Feldkeller:* im Feld gegrabener Keller : Flaschenkeller; *Feldküche:* Soldatenküche; *–lager:* Heereslager; *–mark:* Grenze eines Feldes : Feldflur; *Feldmarschall:* höchster militär. Rang; *Feldmarschalleutnant → Feldmarschallleutnant; Feldmaß:* Ackermaß : (Bergb.) Grubenmaß; *feldmäßig* Ew.; *Feldmaus; Feldmeister:* Abdecker; *Feldmesser; Feldmeßkunst → Feldmesskunst; Feldmessung; Feldort:* das in einem Grubenbau an seinem Ende anstehende Gestein : Grubenbau; *Feldpost:* Kriegspost; *Feldposten:* Vorposten; *Feldrain; Feldrute:* Grasstreifen an der Ackergrenze; *Feldrute:* altes nassauisches Längenmaß; *Feldsalat;*

Feldscher: niederer Militärchirurg; *Feldscheune:* Kornspeicher auf dem Acker; *Feldschlange:* im Felde lebende Schlange : eine Art Geschütz; *Feldschütze:* Feldhüter : im freien Felde schießender Soldat; *Feldspat:* ein Mineral; *Feldspiegel:* (schweiz.) Fernrohr; *Feldstecher:* Fernglas; *Feldstein:* Grenzstein; *Feldtheorie;* *Feldvogt:* Feldhüter; *feldwärts* Uw.: ins Feld hinein; *Feldwebel:* höchste Rangstufe der Unteroffiziere; *Feldweg:* schmaler Weg zwischen Feldern; *Feldzeichen:* Fahne; *Feldzeugmeister:* General der Artillerie (in Östr. auch der Infanterie); *Feldzug:* Kriegszug
Fel|ge, die; –, –n: äußerer kreisförmiger Teil des Rades : Radkranz, der den Reifen hält : (Turnkst.) Bauchwelle ✻ *Felgaufschwung;* *Felgenbremse;* *Felgenhauer:* Stellmacher; *Felgenkranz;* *Felgumschwung* ✻ **fel|gen** tr.: mit Felgen versehen
Fel|ge, die; –, –n: das Brachen : der gebrachte Acker ✻ **fel|gen** tr.: (Acker –) bearbeiten
Fell, das; –(e)s, –e: mit Haaren bedeckte Tierhaut : gegerbte Tierhautdecke ✻ *Felleisen:* s. d.; *fellgar* Ew.: so gegerbt, wie ein Fell sein muss; *Fellhandel; Fellhändler*
Fel|la|chin (arab.), die; –, –nen: ägypt. Bäuerin ✻ **Fel|lah, Fel|lach,** der; –s, –s und –en: ägypt. Bauer
Fel|la|tio (l.), die; –, ..ones: sexuelle Reizung des männlichen Gliedes mit dem Mund
Fel|lei|sen (fr.), das; –s, –: Reisesack, Ranzen [Umdeutschung aus fr. valíse Koffer]
Fel|low (e.) [felloh], der; –s, –s: „Bursche", Gefährte : Mitglied einer wissenschaftlichen Gesellschaft : Mitglied eines Colleges : Stipendiat ✻ *Odd Fellows* [od fellohs] Mz.: „merkwürdige Gesellen", ein der Freimaurerei ähnlicher Orden ✻ **Fel|low|ship,** die; –, –s: Mitgliedschaft als Fellow : Stipendium an einem College ✻ **Fel|low-Tra|vel|ler,** der; –s, –: Sympathisant einer politischen Partei
Fe|lo|nie (fr.), die; –: Lehnsuntreue : (England) Todesverbrechen

Fels, der; –en, –en; Felschen; **Fel|sen,** der; –s, –: schroffe Gesteinspartie : (übertr.) etwas Hartes, Unerschütterliches ✻ *felsab, -abwärts* Uw.: den Fels hinab; *Felsblock; Felsgestein; Felsinschrift:* in Fels eingeritzte Schriftzeichen; *Felsspalte; Felsspitze; Felswand; Felszeichnungen:* altsteinzeitl. Malereien und Ritzzeichnungen auf Felsen ✻ *Felsenbein:* das harte Schläfenbein; *Felsenbett:* Strombett in Felsen; *Felsendom;* *Felseneinschnitt:* Spalte, Einschnitt in einer Felswand; *felsenfest* Ew.; *Felsengeklüft; Felsengewinde; Felsengipfel; Felsengrab:* in einen Felsen gehauenes Grab; *Felsengrotte; Felsengruft; Felsengrund; Felsenhalde; felsenhart* Ew.; *Felsenhöhle; Felseninsel; Felsenklippe; Felsenkluft; Felsenkuppe; Felsenlast; Felsenmasse; Felsenmauer; Felsenmispel; Felsennest; Felsenpaß* →*Felsenpass:* Durchgang zwischen Felsen; *Felsenpfad; Felsenpforte; Felsenquelle; Felsenriff; Felsenritze; Felsenrücken; Felsenschlucht; Felsenschlund; felsenschwer* Ew.; *felsenstarr* Ew.; *Felsentaube; Felsenwand; Felsenwohnung:* in den Felsen gehaue Behausung; *Felsenzacke; Felsmassiv; Felsspalte; Felsvorsprung; Felswand; Felszeichnung* ✻ **fel|sig** Ew.: felsenähnlich : Felsen habend : aus Felsen bestehend
Fe|lu|ke (arab.), die; –, –n: kleines Küstenfahrzeug des Mittelmeers
Fe|me, die; –, –n: heimliches Freigericht, das den Blutbann übt ✻ *Fememord; Femegericht*
Fe|mel, der; –s: männliche Hanfpflanzen, die aufgrund ihres kleinen Wuchses ursprünglich für weibliche gehalten wurden ✻ **Fe|mel|be|trieb,** der; –s, –e: (Forstwirtschaft) Hochwaldbetrieb, bei dem die Bäume altersmäßig gemischt stehen und einzeln herausgeschlagen werden : Fischzucht mit mehreren Arten unterschiedlichen Alters in einem Teich ✻ **Fe|mel|wald,** der; –es, –wälder: Hochwald im Femelbetrieb

fe|mi|ni|e|ren (l.) tr.: (Med., Biologie) verweiblichen ✻ **fe|mi|nin** Ew.: weiblich : weibisch ✻ **Fe|mi|ni|num** (l.), das; –s, ..na: (Sprachl.) weibliches Geschlecht : (Sprachl.) Wort weiblichen Geschlechts ✻ **Fe|mi|nis|mus,** der; –: Frauenbewegung : Betonung des Weiblichen : weibisches Wesen bei Männern ✻ **Fe|mi|nis|tin,** die; –, ..nen: aktiv an der Frauenbewegung Teilnehmende **fe|mi|nis|tisch** Ew.: auf die Frauenbewegung bezogen
Femme fatale (fr.) [famm fatal], die; – –, –s –s: reizvolle Frau, die ihre Partner ausnützt
Fench, der; –(e)s, –e: ein Doldengewächs, eine Hirseart
Fen|chel, der; –s, –: eine Heilpflanze ✻ *Fenchelsame; Fenchelgurke:* mit Fenchel eingemachte Gurke; *Fenchelöl; Fencheltee; Fenchelwasser:* über Fenchel abgezogenes Wasser
Fen|nich, der; –(e)s, –e: Fench
Fen|dant (fr.) [fangdang], der; –s: in Teilen der Schweiz und Frankreichs angebaute Rebsorte
Fen|der (e.) [..der], der; –(s), –s: (seem.) Puffer, Schutzkissen
Fe|nek, der; –s, –s und –e: Ohrenfuchs : Ohrenaffe
Fenn, das; –(e)s, –e: Moor-, Brach-, Torfland; auch Fehn
Fen|nek: s. Fenek
Fen|nich: s. Fench
Fen|rer, Fen|rir, der; –s, –s: (nord. Sage) Ungeheuer ✻ *Fenriswolf*
Fens|ter (l.), das; –s, –: verglaste Licht- und Lüftungsöffnung in Gebäuden : Öffnung in der Trommelhöhle des Ohrs : Auge ✻ *Fensterbank:* Bank am Fenster : Fensterbrett; *Fensterbeschlag; Fensterbogen; Fensterbrett; Fensterbriefumschlag:* Briefumschlag mit durchsichtigem Ausschnitt; *Fensterbrüstung; Fensterflügel; Fenstergeld:* Fenstersteuer; *Fenstergitter; Fensterglas; Fenstergriff; Fensterhaken; Fensterheber; Fensterkitt; Fensterklappe; Fensterkreuz.; Fensterladen; Fensterleder; Fenstermantel:* Schutzdecke gegen Zug vor dem Fenster; *Fensternische; Fensteröffnung; Fensterpfeiler;*

Fensterpfosten; Fensterplatz; Fensterputzer; Fensterrahmen; Fensterriegel; Fensterrose: rundes, gotisches Fenster; *Fensterscheibe; Fenstersims; Fensterspiegel; Fenstersteuer:* nach der Anzahl der Fenster zu entrichtende Steuer; *Fenstertritt:* Fensterbank; *Fenstervorhang* ✳ **fens|terln** (ich ..[e]rle) intr.: die Geliebte nachts (durchs Fenster) besuchen ✳ **fens|trig** Ew., nur in Zus.: Fenster habend; z. B. zweifenstrig

Fenz (e.), die; –, -en: Umzäunung

Fer|ge, der; –n, -n: Fährmann ✳ **ferg|gen** tr.: (schweiz.) (ab)fertigen : fortschaffen ✳ **Ferg|ger**, der; –s, –: (schweiz.) „Abfertiger", Vermittler : Spediteur

fe|ri|al (l.) Ew.: (östr.) die Ferien betreffend ✳ **Fe|ri|en**, die; Mz.: Feierzeit bei Schulen und Gerichten : Urlaub ✳ *Ferienarbeiten; Ferienheim; Ferienreise; Ferienzeit; Feriensonderzug:* Eisenbahnzug für Ferienreisende

Fer|kel, das; –s, –: junges Schwein : ein Sternbild; der Hyaden : schmutziger Mensch : Fehler : Schmutzfleck ✳ *Ferkelkraut:* eine Pflanze; *Ferkelstecher:* Pfuscher bei den Metzgern : Winkeladvokat ✳ **Fer|ke|lei**, die; –, -en: Sauerei ✳ **fer|keln** intr.: Ferkel werfen : schmutzig sein, auch im Reden und Benehmen

Fer|man (türk.), der; –(e)s, -e: Erlass des Landesfürsten in islamischen Ländern

Fer|me (fr.), die; –, -n: Meierei : Landgut : Pachtgut : Pacht

Fer|ment (l.), das; –(e)s, -e: Gärstoff : Hefe ✳ **Fermen|ta|ti|on**, die; –, -en: das Gären ✳ **fer|men|tie|ren** (..iert) intr.: gären

Fer|mi|um, das; –s: chem. Element, nach dem Physiker Fermi benannt; Abk.: Fm

fern(e) Ew. Uw.: nicht nahe : entlegen : weit ✳ *fernab* Uw.: weit entfernt; *Fernamt; Fernanruf; Fernaufnahme; Fernbahnhof; -bahnsteig; Fernbeben:* vom Erdbebenmesser angezeigtes Erdbeben in großer

Ferne; *fernbleiben* intr.: nicht erscheinen; *Fernblick:* weiter Ausblick; *Fernempfang; des ferneren → des Ferneren:* des Weiteren; *Fernfahrer:* Fahrer von Fernlastwagen; *Fernflug; Ferngespräch:* Telefongespräch zwischen verschiedenen Ortsnetzen; *ferngesteuert* Ew.: durch Fernsteuerung gelenkt; *Fernglas; fernhalten* tr.; *fernheizen* tr.; *Fernheizung; fernher* Uw.: von weit her; *fernhin* Uw.: in die Ferne; *Fernkurs:* Lehrgang beim Fernstudium; *Fernlaster; Fernleitung; Fernlenkung:* Steuerung von unbemannten Fahrzeugen durch elektr. Wellen; *fern liegend →* *fern liegend* Ew.: weit entfernt liegend : belanglos; *Fernmeldetechnik; fernmündlich* Ew.: telefonisch; *Fernost:* der Ferne Osten, Ostasien; *fernöstlich* Ew.; *Fernrohr:* Fernglas; *Fernruf:* Telefonanruf; *Fernschreiber; Fernsehen,* das; –s: Übertragung von ruhenden und bewegten Bildern mittels Funk, Kabel oder Satellit; *Fernsehapparat; -aufzeichnung; Fernsehempfänger; fernsehen* intr.: eine Fernsehsendung anschauen; *Fernsehfilm; Fernsehkamera; Fernsehmuffel; Fernsehprogramm; Fernsehschirm; Fernsehsender; Fernsehstudio; Fernsehtechnik; Fernsehübertragung; Fernsicht:* fern reichender Ausblick : dem Blick sich zeigende weite Gegend; *Fernsprechamt:* Ferngespräche vermittelndes Amt ; *Fernsprechanschluß →* *Fernsprechanschluss; Fernsprechapparat; Fernsprechautomat; Fernsprechbuch; fernsprechen* (ich spreche fern; ferngesprochen; fernzusprechen) intr.; *Fernsprecher:* Vd. f. Telefon, Vorrichtung zum Sprechen über große Entfernungen; *Fernsprechnetz; Fernsprechstelle; Fernsprechteilnehmer; fernstehen → fern stehen* intr.: (übertr.) fremd sein; *fernsteuern; Fernsteuerung:* (Flugzeug) Fernlenkung; *Fernstudium; Fernunterricht; -verkehr* ✳ **Fer|ne**, die; –, -n: Entfernung : das Fernsein : etwas Fernes : (Mal.) Hintergrund ✳

fer|ner Uw.: außerdem ✳ **ferner|hin** Uw.: künftig : ferner
fernsteuern, fern liegen
Wortverbindungen aus Adjektiv und Verb werden getrennt geschrieben, wenn das Adjektiv steigerbar oder erweiterbar ist: *fern liegen, ferner liegen.* Sonst wird die Wortverbindung zusammengeschrieben: *fernbleiben; fernheizen; fernsehen.*

Fer|nam|buk, der; –(e)s: Brasilienholz; auch Pernambuko

Fer|ner: s. Firner

Fer|rit (l.), der; –(e)s, -e: reines kristallisiertes Eisen : magnetischer Werkstoff ✳ *Ferritantenne* ✳ **Fer|ro|graph** *auch:* **Fer|ro|graf,** der; –en, -en: Messgerät für den Ferromagnetismus ✳ **fer|ro|mag|ne|tisch** Ew.: den Ferromagnetismus betreffend, auf ihm beruhend ✳ **Fer|ro|mag|ne|tis|mus,** der; –: an den festen, kristallinen Zustand gebundener (permanenter) Magnetismus einiger Stoffe ✳ **Fer|rum,** das; –s: Eisen; Abk.: Fe

Fer|se, die; –, -n: Hacke, hinterer Teil des unteren Fußes : der diesen bedeckende Teil des Strumpfes ✳ *Fersengeld geben:* fliehen ✳ *Fersenbein*

fer|tig Ew.: (urspr.) zur Fahrt bereit : gerüstet : bereit : zu Ende, ans Ende gelangt : geübt, gewandt in etwas ✳ *fertig sein, werden* ✳ *fertigbringen →* *fertig bringen* (ich bringe fertig; fertig gebracht; fertig zu bringen) tr.: schaffen, zustande bringen; *Fertigbauweise; Fertigfabrikat; Fertighaus; Fertigkleidung; fertigmachen →* *fertig machen, fertigstellen →* *fertig stellen* tr.: gänzlich ausführen, herstellen; *Fertigstellung; Fertigware:* fertig hergestellte Ware ✳ **fer|ti|gen** tr.: herstellen : fördern ✳ **Fer|tig|keit,** die; –, -en: bis zum Fertigen gesteigerte Fähigkeit, Gewandtheit, praktisches Vermögen ✳ **Fer|ti|gung,** die; –, -en: durch die Unterschrift fertiggemachte Schrift : Anfertigung : Verfertigung ✳ *Fertigungskosten:* Herstellungskosten; *Fertigungsprozeß →* *Fertigungsprozess*

fer|til (l.) Ew.: ergiebig : fruchtbar ✳ **Fer|ti|li|tät,** die; –: Fruchtbarkeit

Fes, das; –, –: (Mus.) das um einen halben Ton erniedrigte f (enharmonische) e): Molltonstufe ✳ **Fes**, das; –, –: Durtonstufe

Fes (türk.), der; das; – und –es, – und –se; (östr. auch)

Fez, der; –, –: rote Filzkappe mit Quaste (nach der Stadt Fes benannt)

Fes, Fez: Stadt in Marokko

fesch (..ste) Ew.: frisch : elegant : schick : keck ✳ **Fe|schak**, der; –s, –s: (östr. Umgspr.) charmanter, schicker Mann [e. fashionable]

Fes|sel, die; –, –n: Bande, Kette : Teil des Fußes unterhalb des Schien- und oberhalb des Kronbeins ✳ *Fesselader; Fesselbein; fesselfrei* Ew.; *fessellos* Ew.; *fesselwund* Ew. ✳ **fes|seln** (ich fessele und fessle) tr.: Fesseln anlegen ✳ **Fes|selung, Feß|lung** → **Fess|lung**, die: –, –en: die Fesseln : das Gefesseltsein

Fest, das; –(e)s, –e: Feier ✳ *Festabend; Festansprache; Festaufzug; Festausschuß* → *Festausschuss; Festbankett; Festbeleuchtung; Festdekoration; Festessen; Festgelage; Festgeläute; Festgewand; Festgottesdienst; Festhalle; Festkleid; Festmahl; Festordner; Festplatz; Festpredigt; Festrede; Festschrift; Festspiel; Festtag; Festtafel; festtäglich* Ew.; *festtags* Uw.: an Festtagen; *Festzeit; Festzug* ✳ **festlich** Ew.: festmäßig : feierlich ✳ **Fest|lich|keit**, die; –, –en: Fest : das Festlichsein

fest Ew. (–est): von solchem Zusammenhalt, dass eine Trennung schwierig ist : unwandelbar : unlöslich : dauernd : gehärtet : sicher ✳ *festangestellt* → *fest angestellt* Ew. Mw.; *Festangestellte; fest beißen* tr.: mit Kraft beißen; *festbeißen* rbz.: so in etwas beißen, dass man daran festhängt; *festbinden* tr.: anbinden; *fest binden* tr.: nicht lose binden; *festbleiben*: standhaft bleiben, nicht nachgeben; *fest gefügt* Ew. Mw.; *fest geschnürt* Ew. Mw.; *festgründig*, *.festhalten* tr., rbz.: etwas so halten, dass man es nicht verliert; *fest halten* tr.: mit Kraft halten; *fest-*

klammern tr., rbz.; *festkleben* tr.; *festklopfen* tr.; *Festland; festlegen* tr., rbz.; *festmachen* tr.; *Festmahl; Festmeter*: Kubikmeter; *festnageln* tr.; *festnähen* tr.; *Festnahme; festnehmen* tr.: gefangennehmen; *Festplatte*: (EDV) Speichermedium; *Festpreis; festsaugen* rbz.; *festschnallen* tr.: anschnallen; *festschreiben* tr.; *Festschreibung; festsetzen* tr.: bestimmen : gefangennehmen; rbz.: sich einnisten; *Festsetzung*: Anordnung : Bestimmung : Terminierung; *festsitzen* intr.; *feststehen*: sicher sein; *feststehend* Ew.; *Feststellbremse; feststellen* tr.: klären : bemerken; *Feststellung; festtreten* tr.; *fest umrissen* Ew. Mw.; *festverzinslich* Ew.; *fest verwurzelt* Ew. Mw.; *festwurzeln* intr. ✳ **Fes|te**, die; –, –n: Festigkeit : (Bergb.) Gestein von beträchtlichem Umfang : Festland : Festung : Firmament ✳ **fes|ten** tr.: (schweiz.) ein Fest feiern : festmachen; rbz.: fest werden ✳ **fes|ti|gen** tr.: befestigen ✳ **Fest|heit, Fes|tig|keit**, die; –, –en: das Festsein ✳ **Fes|tung**, die; –, –en: Schutzbau gegen feindliche Angriffe ✳ *Festungsarbeit; Festungsbau; Festungsgraben; Festungshaft; Festungskrieg; Festungsmauer; Festung(s)strafe*: auf einer Festung zu verbüßende Strafe; *Festungswall; Festungswerk*

Fes|ti|vi|tät, die; [..w..], die; –, –en: Festlichkeit ✳ **Fes|ti|val** (e.), das; –s, –s: musikalische Großveranstaltung ✳ **fes|ti|vo** (it.) [..w..]: (Mus.) festlich ✳ **fes|tum, post –** (l.): „nach dem Fest“, zu spät

Fest|me|ter: s. fest

Fes|ton (fr.) [festong], das; –, –s: Blumengirlande oder Laubgewinde als Gebäudeverzierung, Buchdekor oder Stickerei ✳ *Festonstich*: Zierstich ✳ **fes|to|nie|ren** (..iert) tr.: mit Festons schmücken : ausbogen : umrändern ✳ *Festonierapparat*: Ausboger an der Nähmaschine

fes|tum: s. Festivität

Fes|tung: s. fest

fe|tal, fö|tal Ew.: zum Fötus gehörig

Fe|te (fr.), die; –, –n: Fest

Gastmahl : Geburtstag : Namenstag

Fe|tisch (port.-fr.), der; –es, –e: Zaubermittel : Götzenbild ✳ **Fe|ti|schis|mus**, der; –: Verehrung von Fetischen : (Psych.) sexuelle Erregbarkeit durch stark besetzte Gegenstände, z. B. Kleidungsstücke ✳ **Fe|ti|schist**, der; –en, –en: Benutzer von Fetischen

Fett, das; –(e)s, –e: ein organisches Produkt des menschlichen und tierischen Körpers : ähnlicher Stoff im Pflanzenreich ✳ *Fettablagerung; Fettansatz; fettarm; Fettauge; Fettdarm*: Mastdarm; *Fettdrüse; Fettfleck; Fettgans*: Pinguin; *Fettgehalt; Fettgewebe; Fetthenne; Fettherz; Fettkloß; Fettklumpen; Fettkohle; Fettleber; fettlöslich; Fettnäpfchen; Fettpolster; Fettsäure; Fettschicht; Fettseife; Fettsucht; Fetttusche* → **Fetttusche**; *Fettwanst* ✳ *Fetthenne*: Mauerpfeffer : Fettpflanze ✳ **fett** Ew.: Fett enthaltend, habend : wohlgenährt : stark : viel Nahrungsstoff enthaltend : einträglich : reichlich : üppig wuchernd : plump : breit ✳ *fettgedruckt* → *fett gedruckt* ✳ **fet|ten** tr.: fett machen : mit Fett einschmieren ✳ **fet|tig** Ew.: dem Fett ähnlich : mit Fett beschmutzt, bestrichen, eingerieben, ölig, schmierig ✳ **Fet|tig|keit**, die; –, –en: das Fettigsein ✳ **fett|lei|big** Ew.: an Fettleibigkeit leidend ✳ **Fett|lei|big|keit**, die; –, –en: starke Leibesfülle mit hohem Anteil an Fettgewebe

Fe|tus: s. Fötus

Fet|zen, der; –s, –: Fetzchen: vom Ganzen abgerissenes Stück : (östr.) Scheuerlappen ✳ **fet|zen** tr.: Fetzen machen; rbz.: sich heftig streiten ✳ **Fet|zer**, der; –s, –: Werkzeug zum Hauen, Schneiden : Gesäß : Prügel

feucht (–est) Ew.: ein wenig nass, benetzt ✳ *feuchtfröhlich* Ew.: ausgelassen, beim Zechen; *feuchtkalt* Ew.: feucht und kalt zugleich; *feuchtwarm* Ew. ✳ **Feuch|te**, die; –, –n: Feuchtigkeit ✳ **feuch|ten** tr.: feucht machen ✳ **Feuch|tig|keit**, die; –, –en: das Feuchtsein : ein feuchter Körper * *Feuchtigkeitsgehalt:* Bestand an Feuchtigkeit; *Feuchtigkeitsmesser:* Gerät zum Messen des Wassergehaltes der Luft

Feu|da (ml.) Mz.: Sammlung der langobardischen Lehnsrechte : Lehnsgüter * **feu|dal** (l.) Ew.: das Lehnswesen betreffend, adlig * *Feudalrecht; Feudalstaat; Feudalsystem; Feudalwesen* *

Feu|da|lis|mus, der, –: Lehnswesen : System, in dem der grundbesitzende Adel weitreichende Hoheitsrechte besitzt * **feu|da|lis|tisch** Ew.: das Lehnswesen betreffend * **Feu|da|li|tät,** die, –: Lehnsherrlichkeit : (übertr.) Prunk, Vornehmheit *

Feu|del, der, –s, –: Scheuerlappen

Feu|er, das, –s, –: Verbrennung unter Licht- und Wärmeentwicklung : (übertr.) Eifer, Begeisterung : hitzige Krankheit * *Feuer!:* Ruf bei einem Brand : Befehl zum Schießen; *Feueralarm; Feueranbeter; Feueranzünder; feuerbeständig* Ew.: durch Feuer nicht zerstörbar; *Feuerbestattung:* Leichenverbrennung; *Feuerbohne:* eine rotblühende Bohne; *Feuerdrache:* feuerspeiender Drache; *Feuereifer:* heftiger Eifer; *Feuereimer:* Löscheimer; *feuerfest* Ew.: feuerbeständig; *feuergefährlich* Ew.: leicht Feuer verursachend, leicht in Brand geratend; *Feuergefecht:* Gefecht mit Schießwerkzeugen; *Feuerhaken; Feuerhorn:* bei Feuergefahr geblasenes Horn; *Feuerkopf:* Hitzkopf; *Feuerkröte:* eine Kröte; *Feuerkugel:* Meteor; *Feuerkult; Feuerlärm:* Alarm bei einem Brand; *Feuerleiter:* beim Feuerlöschen benutzte Leiter; *Feuerlilie:* eine rote Lilie; *Feuerlöscher:* einer, der Feuer löscht : Gerät zum Feuerlöschen; *Feuermal:* Brandmal : feuerrotes Muttermal; *Feuermauer:* Brandmauer; *Feuermelder:* Vorrichtung, um Feuergefahr über Entfernungen hin der Feuerwehr anzuzeigen; *Feuerpolizei; Feuerprobe:* Prüfung (von Metallen u. a.) durch Feuer : eine Art des Gottesgerichts : (übertr.)

harte Prüfung; *Feuerrad; Feuerraum; Feuerrohr:* Gewehr; *feuerrot* Ew.; *Feuerrüpel:* (sächs.) Schornsteinfeger; *Feuersalamander; Feuerschaden:* Schaden durch Brand; *Feuerschiff:* schwimmender Leuchtturm : Schiff mit Feuersignalen; *Feuerschutz; Feuerschwamm:* Feuerzunder : ein Pflanzenname; *feuersicher* Ew.: unverbrennlich; *feuerspeiend → Feuer speiend* Mw. Ew.: (Berg) Feuer auswerfend; *Feuerspritze:* Löschspritze; *Feuerstahl:* Stahl zum Anschlagen von Feuer mit Feuerstein; *Feuerstätte:* Herd; *Feuerstein:* Stein zum Feueranschlagen : ein Gestein; *Feuertaufe:* erste Teilnahme an einem Gefecht; *Feuertod:* Tod durch Verbrennen; *Feuerversicherung:* Versicherung gegen Schaden durch Feuer; *Feuerwache; Feuerwaffe:* Schusswaffe; *Feuerwehr:* Löschmannschaft und zum Löschen dienende Einrichtung; *Feuerwehrmann; Feuerwerk:* Kunstfeuer, Lustfeuer; *feuerwerken* intr.; *Feuerwerker; Feuerwerkskörper; Feuerzange:* Zange zum Anfassen von etwas Glühendem; *Feuerzauber; Feuerzeichen:* feuriger Meteor : durch Feuer gegebenes Fernzeichen : Signal bei Feuersbrunst; *Feuerzeug* * *Feuersbrunst:* Brand; *Feuersnot* * *Feu|rio!:* Ruf bei Feuersgefahr * **feu|ern** (ich ...[e]re) intr.: Feuer machen, heizen : schießen : zünden : wie Feuer glühen, brennen; tr.: anfeuern : (zuw.) den Wirkungen des Feuers aussetzen * **Feu|e|rung,** die; –, –en: das Feuern : Brennstoff * **feu|rig** Ew.: Feuer in sich habend : brennend : glühend

Feuer speiend
Wortverbindungen von Substantiv und Verb werden getrennt geschrieben, außer wenn durch Zusammenschreibung ein Artikel oder eine Präposition eingespart werden kann: *Der Vulkan speit Feuer.* Daher: *Feuer speiend.* Aber: *Der See ist mondbeschienen (= vom Mond beschienen).*

Feuil|la|ge (fr.) [föjahseh'], die; –, –n; das; –s, –n: Laub-

werk als Ornament in Plastik und Malerei

Feuil|le|ton (fr.) [föjetong], das; –s, –s: der kulturelle Teil einer Zeitung : Plauderei : Aufsatz [Verkleinerungsform zu fr. feuille „Blatt"]

feu|rig: s. Feuer

Fex, der; –es und –en, –e(n): Narr : (östr.) Kretin

Fez: s. Fes

ff (Abk.): fortissimo : feinfein, Qualitätsstufe

ff. (Abk.): folgende (Seiten)

FF (Abk.): fr. Franc

FH (Abk.): Fachhochschule

Fi|a|ker (fr.), der; –s, –: Mietkutsche, Pferdedroschke

Fi|a|le (gr.), die; –, –n: gotisches Spitztürmchen

fi|an|chet|tie|ren (it.) [..kett..] intr.: einen Fianchetto spielen * **Fi|an|chet|to,** der; –s, –s oder ..etti (Schach) Eröffnung mit einem oder beiden Springerbauern zwecks Vorbereitung eines Läuferangriffs über die Flanke

Fi|as|ko (it.), das; –s, –s: Misserfolg

fi|at (l.): „es werde!" * **Fi|at,** das; –(s), –(s): Einwilligung : Genehmigung

Fi|bel (gr.-l.), die; –, –n: Lesebuch für Anfänger : frühgeschichtliche Sicherheitsnadel : Brosche

Fi|ber (l.), die; –, –n: Faser * **Fib|ril|le,** die; –, –n: feinste Zellgewebfaser * **Fib|rin,** das; –s: Blutfaserstoff * **Fi|bro|in,** das; –s: Hauptstoff der Seidenfaser * **Fib|rom,** das; –s, –e: (Med.) Geschwulst des Bindegewebes * **fib|rös** Ew.: faserig : aus Bindegewebe bestehend

Fi|bula (l.), die; –, Fibuln: Spange : Klammer : Schloss an Büchern; vgl. Fibel

Fi|che (fr.) [fisch], die; –, –n: (schweiz.) Karteikarte : Mikrofilmkarte als Datenträger : (militär.) Absteckpfahl : Spielmarke

Fich|te, Joh. Gottlieb: deutscher Philosoph

Fich|te, die; –, –n: Fichtchen: ein Nadelbaum * *fichtenbewachsen* Mw. Ew.; *Fichtengehölz; Fichtenhain; Fichtenharz; Fichtenholz; Fichtennadelöl; Fichtenspinner:* ein

Schmetterling; *Fichtenspargel:* ein Wintergrüngewächs; *Fichtenstamm; Fichtenwald(ung); Fichtenzapfen* **fich|ten** Ew.: aus Fichtenholz bestehend

Fich|tel|ge|bir|ge, das; –s: dtsch. Mittelgebirge

Fi|chu (fr.) [fischüh], das; –s, –s: Spitzentuch : Schulterkragen

Fick, der; –s, –s: (vulgär) Koitus * **Fi|cke,** die; –, –n: Kleidertasche * **fi|cken** intr., tr.: kurze, rasche Bewegungen machen : hin- und herrutschen : reiben : mit der Rute züchtigen : ärgern : (vulgär) koitieren * *Fickmühle:* Zwickmühle * **fi|ckeln** (ich ..[e]le) tr.: züchtigen * **Fi|cker,** der; –s, –: Züchtiger * **fi|cke|rig** Ew.: nervös, unruhig : (vulgär) geil * **Fick|fack,** der; –s: das Hin- und Herziehen : Ausflucht * **fick|fa|cken** intr.: unstet hin- und herlaufen : Ausflüchte machen * **Fick|fa|cker,** der; –s, –: Betrüger * **Fick|fa|cke|rei,** die; –, –en: das Fickfackmachen

Fi|cus (l.), der; –, ..ci: Baumart, die auch als Zimmerpflanze gedeiht

Fi|dei|kom|miß → **Fi|de|i|kom|miss** (l.), das; –es, –e: unveräußerliches Stammgut, das nur im Ganzen vererbt werden kann * **Fi|de|is|mus** (l.), der; –: Lehre, dass religiöse Wahrheiten nur dem Glauben, nicht der Vernunft zugänglich seien * **Fi|de|ist,** der; –en, –en: Anhänger des Fideismus * **fi|del** (l.) Ew.: „treu", lustig : vergnügt * **Fi|de|li|tät,** die; –: Treuherzigkeit : Lustigkeit * **Fi|des,** die; –: Treue, Glaube * *bona fide:* im guten Glauben

Fi|del, die; –, –n: geigenartiges Streichinstrument

Fi|di|bus (nl.), der; – und ..busses, – und ..busse: Papierstreifen zum Anzünden von Pfeifen usw.

Fi|d|schi: Inselgruppe im Stillen Ozean

Fi|duz (l.), das; –es: (stud.) Vertrauen * **Fi|du|zi|ant,** der; –en, –en: Treugeber * **Fi|du|zi|ar,** der; –s, –e: Treuhänder * **fi|du|zit!:** (stud.) „Es herrsche Vertrauen!", Antwort auf den Trinkgruß „schmollis!"

Fie|ber, das; –s, –: erhöhte Körpertemperatur * *Fieberanfall; Fieberangst; fieberfrei* Ew.; *fieberheiß* Ew.; *fieberkrank* Ew.; *Fieberkurve; Fiebermessung; Fiebermittel; Fieberfantasie auch: Fieberphantasie:* Wahnvorstellung im Fieber; *Fieberrinde:* Chinarinde; *Fieberschauer; Fiebertabelle; Fieberthermometer* * **fie|bern** intr.: Fieber haben : heißes Verlangen haben * **fie|be|rig, fieb|rig** Ew.: fieberhaft : unduldig

Fie|del, die; –, –n: Geige * *Fiedelbogen* **Fied|ler,** der; –s, –: schlechter Geiger * **fie|deln** (ich ..[e]le) intr., tr.: geigen

Fie|der, die; –, –n: Federchen * **fie|de|rig** Ew.: gefiedert * **fie|dern** (ich ..[e]re) tr., rbz.: mit Federn versehen * *gefiedert* Mw. Ew.: Fiedern habend : fiederförmig

Field|re|search *auch:* **Field Re|search** (e.) [fihld-rihßörtsch], die; –: (Soziologie, Marktforschung) Feldforschung durch Interview und Gespräch * **Field|work** [fihld-wörk], das; –s: „Feldarbeit", persönliche Befragung in der Markt- und Meinungsforschung * **Field|wor|ker,** der; –s, –: Meinungsforscher, der mit Interviews arbeitet

fie|pen intr.: schreien, einen hohen klagenden Ton von sich geben (weidm. vom Reh und allgemein)

Fie|ra (it.), die; –, ..ren: Festzeit : Jahrmarkt * **Fie|rant,** der; –en, –en: Jahrmarktshändler

fie|ren tr.: herablassen : (seem.) (Tau) ablaufen lassen

fies Ew.: ekelhaft : gemein * **Fies|ling,** der; –s, –e: ekelhafter oder gemeiner Mensch

Fies|ta (span.), die; –, –s: Volksfest

FIFA, Fi|fa (Abk.), die; –: Fédération Internationale de Football Association; Internationaler Fußballverband

fif|ty-fif|ty [fiftih –]: halb und halb : zu gleichen Teilen

Fi|ga|ro (span.-it.), der; –s, –s: (scherzhaft) Friseur : Figur aus Mozarts Oper „Figaros Hoch-zeit" : gewandter Unterhändler : Zwischenträger, Schelm

Fight (e.) [fait], der; –s, –s: Kampf : Boxkampf * **figh|ten** [faiten] tr., intr.: kämpfen : boxen * **Figh|ter,** der; –s, –: Draufgänger : Angreifer (bes. beim Boxkampf)

Fi|gur (l.), die; –, –en; Figürchen : Gestalt, Form : Abbild : Bildwerk : Redeform : (Mus.) Verzierung : (Tanz, Eislauf) Bewegungsablauf * **Fi|gu|ra:** Figur; in der Wendung: *wie Figura zeigt:* wie offenbar ist * **fi|gu|ral** (nl.) Ew.: mit Figuren, Verzierungen versehen * *Figuralmusik:* alte Kirchenmusik, reich an Figurationen * **Fi|gu|rant,** der; –en, –en: (Bühnenspr.) stummer Darsteller : Statist : Gruppentänzer im Ballett * **Fi|gu|ra|ti|on,** die; –, –en: Gestaltung : Ausschmückung einer Melodie durch Begleitfiguren * **fi|gu|ra|tiv** Ew.: anschaulich verdeutlichend : konkret, bildlich * **fi|gu|rie|ren** (..iert) tr.: abbilden : in die Augen fallen : wirken, eine Rolle spielen; intr.: Lückenbüßer sein * **fi|gu|riert** Mw. Ew.: gemustert : (Mus.) verziert * **Fi|gu|ri|ne,** die; –, –en: Musterpuppe : Kostümzeichnung eines Bühnenmalers : kleines Standbild * **fi|gür|lich** Ew.: bildlich

Fik|ti|on (l.), die; –, –en: Annahme : Erdichtung : Einbildung : Lüge * **Fik|ti|o|na|lis|mus,** der; –: philos. Lehre, derzufolge alle Erkenntnis auf Annahmen, Fiktionen aufgebaut ist * **fik|tiv** Ew.: erdichtet : nur angenommen

Fil (fr.), der; –(e)s, –s: Faden : Draht * **Fil d'Ecosse** (fr.) [fildehkoß], der; – –: Gespinst aus Leinen mit Baumwolle * **Fi|la|ment** (nl.), das; –(e)s, –e: Fadengewebe : feines Gefaser

File (e.) [fail], das; –s, –s: (EDV) Datei

Fi|let (fr.) [fileh], das; –s, –s: Goldstrichverzierung auf Bucheinbänden : entgrätete Fleischstreifen vom Fischrücken : Lendenbraten : feines Netzwerk * *Filetspitze* * **fi|le|tie|ren** (..iert) (fr.) tr.: Filets herausschneiden : mit Gold verzieren * **fil|lie|ren** (..iert)

intr.: Netzwerk machen ✴ *filiert* Mw. Ew.: netzartig ✴ **Fi|li|gran** Ew.: sehr zart : sehr fein gearbeitet ✴ **Fi|li|gran**, das; –s, –e: feine Gold- oder Silberdrahtarbeit ✴ *Filigranarbeit; Filigranglas* ✴ **Fi|lü|re**, die; –, –n: Gewebe : Gespinst

Fi|lia (l.), die; –, ..ae: Tochter ✴ **Filia hos|pi|ta|lis**, die; – –, ..ae ..les: (stud.) Tochter der Wirtsleute ✴ **Fi|li|a|le**, die; –, –n: Nebengemeinde : Zweiggeschäft ✴ *Filialkirche:* Tochterkirche ohne eigenen Pfarrer; *Filialleiter:* Vorsteher einer Filiale ✴ **Fi|li|a|list**, der; –en, –en: Unternehmer, der mehrere Filialen besitzt : Filialleiter ✴ **Fi|li|a|ti|on**, die; –, –en: Kindschaft : kindliche Verpflichtung : rechtliche Abstammung : Einrichtung einer Filialkirche : Gliederung des Staatshaushalts

Fi|li|bus|ter (ndl.), der; –s, –: karibischer Seeräuber des 17. Jhs.; [..baster], das; –s, –: Versuch, im US-Senat die Verabschiedung von Gesetzen durch übermäßig lange Reden zu verhindern ✴ **fi|li|bus|tern** tr.: durch lange Reden im Parlament eine fällige Entscheidung verschleppen

fi|lie|ren, Fi|li|gran: s. Filet

Fi|li|pi|no (span.), der; –s, –s: Bewohner der Philippinen

Fi|li|us (l.), der; –, –se: (scherzh.) Sohn

Fil|lér (ung.) [fihlehr], der; –(s), –: ungarische Münze

Film (e.) der; –s, –e: sehr dünne Schicht ✴ *Fettfilm; Schmutzfilm; Ölfilm* ✴ elastisches Zelluloidband mit lichtempfindlicher Schicht : kinematografische Aufnahme : Laufbild ✴ *Filmabkommen:* Vereinbarung über den Austausch von Filmen; *Filmatelier; Filmaufnahme; Filmfestspiele; Filmindustrie; Filmprüfstelle; Filmregisseur; Filmschauspieler; Filmstadt:* Stadt, in der Filmaufnahmen gemacht werden; *Filmstar; Filmverleih; Filmvorführung; Filmwissenschaft:* Lehre von der Geschichte, Technik, künstlerischen Gestaltung usw. des Films; *Filmzensur* ✴ **fil|men** tr., intr.: (für den Film) aufnehmen; intr.: in einem

Film mitspielen ✴ **fil|misch** Ew.: den Film betreffend : für den Film geeignet

Fi|lou (fr.) [filuh], der; –s, –s: Betrüger : Schelm

Fil|ter (ml.), der; (Techn.) das; –s, –: (Techn.) durchlässiges Material, mit dem feste Stoffe aus Flüssigkeiten und Gasen entfernt werden : (Optik) gefärbte oder anderweitig behandelte (Glas-)Scheibe, die für bestimmte Wellen des sichtbaren Spektrums undurchlässig ist und diese so aus den Lichtstrahlen entfernt : (Phys.) Gerät, das für bestimmte Wellenbereiche weniger durchlässig ist ✴ **fil|tern** (ich ..[e]re) tr.: sehen : aus einem Gemisch entfernen ✴ **Fil|te|rung**, die; –, –en: das Filtern ✴ **Filt|rat**, der; –(e)s, –e: das Durchgeseihte ✴ **Filt|ra|ti|on**, die; –, –en: Durchseihung ✴ **filt|rie|ren** (..iert) tr.: filtern ✴ *Filtrierapparat:* Gerät zum Filtrieren; *Filtrierbecken* ✴ **fil|trie|rung**, die; –, –en: das Filtrieren [l. filtrum „Seihgerät aus Filz“]

fil-t-rie-ren
Bisher üblich war nur die Trennung zwischen *l* und *t*. Zusätzlich ist jetzt auch die Trennung zwischen *t* und *r* möglich, die der für deutsche Wörter gewohnten Trennregel folgt und den letzten Konsonanten einer Konsonantengruppe auf die neue Zeile setzt.

Fi|lü|re: s. Filet

Filz, der; –es, –e: dicker Stoff aus einem Gewirr von Wolle und Haaren : Filzhut : Name von Pflanzen mit filzigen Haaren : mit filzigen Pflanzen bedeckter Torfgrund : schmutziger Geizhals : schmutziger Geiz : roher Mensch : derber Verweis : (übertr.) Gruppe von Menschen in Politik oder Wirtschaft, die einander in dunkler und unseriöser Weise Vorteile verschaffen ✴ *Filzblume; Filzdecke; Filzhut; Filzlaus; Filzmantel; Filzmühle:* Walkmühle; *Filzmütze; Filzrock; Filzraupe; Filzschreiber:* Schreibstift mit Spitze aus Filz; *Filzschuh; Filzsocke; Filzsohle; Filzstiefel* ✴ **fil|zen** Ew.: aus Filz ✴ **fil|zen** (du filzest und filzt) tr.: zu Filz zusam-

menwirren : jemanden durchsuchen; intr.: geizen ✴ **Fil|zer**, der; –s, –: Knauser : jmd. (bes. Polizist oder Zollbeamter), der einen anderen durchsucht ✴ **Fil|ze|rei**, die; –, –en: Knauserei ✴ **fil|zig** Ew.: filzähnlich : verfilzt : knauserig

Fim|mel, der; –s, –: Hanf ✴ **fim|meln** (ich ..[e]le) tr.: Hanf rupfen : hin und her bewegen; auch Femel

Fim|mel, der; –s, –: Eisenkeil : schwerer Hammer : Leidenschaft, Versessenheit ✴ *einen (den) Fimmel haben:* auf etwas versessen sein : (durch Versessenheit) verrückt sein

Fin (fr.) [fäng], das; –: Ende ✴ **Fin de siè|cle → Fin de Siè|cle** [– deßjäkl'], das; – – –: „Ende des Jahrhunderts", das ausgehende 19. Jh. unter dem Aspekt bestimmter kultureller Dekadenzphänomene betrachtet ✴ **fi|nal** (l.) Ew.: am Ende befindlich : zweckbestimmt ✴ *Finalbeschluß → Finalbeschluss:* Endbeschluss; *Finalsatz:* Zwecksatz ✴ **Fi|na|le** (it.), das; –s, –: (Mus.) Schlussteil, letzter Satz eines Musikstücks : (Sport) Schlussrunde, Endkampf, Endspiel ✴ **Fi|na|lis|mus**, der; –: philos. Lehre, dass, im Ggs. zum Kausalismus, alles Geschehen in Natur und Geschichte durch ein Entwicklungsziel bestimmt sei ✴ **Fi|na|list**, der; –en, –en: Vertreter des Finalismus : Teilnehmer an der Endausscheidung ✴ **Fi|na|li|tät** (l.), die; –, –en: das Zuletztsein : Zweckbestimmtheit : Zielbezogenheit ✴ **fi|ne** (it.): (Mus.) Ende ✴ **al fi|ne:** bis zum Ende ✴ **Fi|nis** (l.), das; –: „Ende" (unter Schriftwerken)

Fi|nanz (it.), die; –, –en: Geldwesen : Gesamtheit der Finanzleute : Bankwelt, Geldmacht : (Mz.) Vermögenslage : (Mz.) Staatshaushalt ✴ *Finanzamt; Finanzausgleich; Finanzbuchhaltung; Finanzfrage; Finanzgenie; Finanzkrise; Finanzlage; Finanzminister; Finanzplan; Finanzpolitik; Finanzverwaltung; Finanzwirtschaft* ✴ **Fi|nan|zer**, der; –s, –: (volkst.) Steuerbeamter : (östr.) Zollbeamter ✴ **fi|nan|zi|ell** Ew.: den Geldpunkt, das Vermögen betreffend ✳ **Fi|nan|zi|er** *auch:* **Fi|nan|ci|er** [..nanßjeh], der; –s, -s: Geldgeber ✳ **fi|nan|zie|ren** (..iert) [..nan..] tr.: Geld beschaffen : durch Geldmittel ermöglichen ✳ **Fi|nan|zie|rung**, die; –, –en: das Finanzieren

Fin|del, der (das); –s, –: ein von den Eltern ausgesetztes und von anderen gefundenes und aufgezogenes Kind ✳ *Findelhaus; Findelmutter* ✳ **Fin|del|kind**, das; -es, -er: Findel ✳ **fin|den** (du find[e]st; du fand[e]st, du fändest; gefunden; find[e]!) tr.: etwas gesuchtes erhalten : entdecken : ermitteln : meinen, dafürhalten : erlangen ✳ **Fin|der**, der; –s, –: jemand, der etwas findet ✳ *Findergeld; Finderlohn* ✳ **fin|dig|keit**, die; –, -en: Schlauheit : Einfallsreichtum ✳ **Find|ling**, der; –s, -e: Findelkind : durch eiszeitliche Gletscher verschleppter Felsbrocken ✳ *Findlinge, Findlingsblöcke:* erratische Blöcke; vgl. Fund

Fines herbes → **Fines Herbes** (fr.) [fängßerb] Mz.: gehackte Kräutermischung

Fi|nes|se (fr.), die; –, -n: Feinheit : Schlauheit : Zartheit : Kniff, Trick

Fin|ger, der; –s, –: eins der beweglichen Glieder an der Hand : den Finger bekleidender Teil des Handschuhs : ein Längenmaß ✳ *zwei Finger breit:* vgl. fingerbreit; *keinen Finger dick:* vgl. fingerdick; *zwei Finger lang:* vgl. fingerlang ✳ *Fingerabdruck; fingerbreit* Ew.: so breit wie ein Finger; *Fingerbreit*, der; –: Breite eines Fingers; *fingerdick* Ew.: so dick wie ein Finger; *fingerfertig* Ew.: geschickt mit den Fingern; *Fingerfertigkeit; Fingergelenk; Fingerglied; Fingerhaltung:* Haltung der Finger beim Spielen eines Instruments; *Fingerhandschuh; Fingerhut:* den Finger beim Nähen schützende Kapsel : ein kleines Maß : eine Pflanze; *Fingerkuppe:* Fingerspitze; *Fingerkraut:* eine Pflanze; *fingerlang* Ew.: so lang wie ein Finger; *Fingernagel; Fingerreif; Fin-*

gerring; Fingersatz: Art, wie die Finger beim Spiel eines Musikinstruments gesetzt werden; *Fingerspitze; Fingerspitzengefühl:* gesteigertes Gefühl für Unterschiede : Takt; *Fingersprache:* Zeichensprache; *Fingerübung:* Übung zur Geläufigkeit auf einem Instrument; *Fingerzeig:* hindeutender Wink ✳ **Fin|ge|rei**, die; –, –en: das Fingern ✳ **Fin|ger|ling**, der; –s, -e: Handschuhfinger : Name eines Pilzes ✳ **fin|gern** (ich ..[e]re) intr.: die Finger rühren; tr.: geschickt fertigbringen : mit Mädchen handgreiflich scherzen ✳ **..fin|ge|rig** Ew., nur in Zus.: mit Fingern versehen, z. B. rosenfingerig ✳ **ge|fin|gert** Mw. Ew.: (wie) mit Fingern versehen : geordnet

zwei Finger breit, fingerbreit, kein Fingerbreit Die Schreibung richtet sich nach den Bedeutungsunterschieden. Das klein und zusammen geschriebene Adjektiv benennt die Eigenschaft, so breit wie ein Finger zu sein; analog: *fingerdick; fingerlang.* Tritt ein Zahladjektiv hinzu, so wird die substantivische Bedeutung von *Finger* hervorgehoben, deshalb getrennt geschrieben: *zwei Finger breit, drei Finger dick; einen Finger lang.* Die Wortverbindung kann jedoch auch als ganze substantivisch aufgefasst (*Fingerbreit*) und erweitert werden: *Er wich keinen Fingerbreit zurück.*

fin|gie|ren (..iert) (l.) tr.: erdichten : vortäuschen; vgl. Fiktion

Fi|nis: s. Fin

Fi|nish (e.) [finnisch], das; –s, –s: letzter Schliff, Vollendung : (Sport) Endkampf ✳ **Fi|ni|sher**, der; –s, –: ein besonders spurtstarkes Pferd

fi|nit (l.) Ew.: (Sprachl.) durch Person und Numerus bestimmt (vom Verb); Ggs. infinit

Fink, der; –en, –en: ein Singvogel : Scheltwort : Student, der keiner Verbindung angehört ✳ *Finkenbauer; Finkenschlag:* Finkensang ✳ **Fin|k|ler**, der; –s, –: Vogelfänger

Fin|ne, die; –, -n: Flosse der

Haie und Wale ✳ *Finnfisch; Finnwal:* Art großer Wale ✳ **fin|nig** Ew.: flossenartig

Fin|ne, die; –, -n: blasenartige Larve des Bandwurms ✳ **fin|nig** Ew.: voll Finnen

Fin|ne, der; –n, –n: Angehöriger der finnisch-ugrischen Völkergruppe : Einwohner Finnlands ✳ **fin|nisch** Ew.: *die finnische Sprache; der Finnische Meerbusen* ✳ **Finn|land:** Suomi, nordeurop. Staat ✳ **Finn|län|der**, der; –s, –: aus Schweden eingewanderter Bewohner Finnlands

fins|ter Ew.: lichtlos : sündig : verborgen : unbekannt : trübe : düster ✳ *im Finstern:* in der Finsternis; *im finstern tappen* → *im Finstern tappen* intr.: unsicher sein ✳ **Fins|ter|heit**, **Fins|ter|keit**, die; –, –en: das Finstersein ✳ **Fins|ter|ling**, der; –s, -e: Dunkelmann ✳ **fins|tern** (ich ..[e]re) tr.: finster machen; rbz., intr.: finster werden ✳ **Fins|ter|nis**, die; –, -se: Dunkelheit : (Astron.) Verdeckung eines Himmelskörpers durch einen andern (von der Erde aus gesehen) ✳ *(ewige –)* Reich der Verdamnnis

Fin|te (it.), die; –, -n: Verstellung : List, Vorwand : Trugstoß beim Fechten ✳ *fintenreich*

Fi|o|ret|te (it.), die; –, -n: „Blümchen" : (Mus.) Verzierung beim Kunstgesang ✳ **Fi|o|ri|tur**, die; –, –en: Fiorette

Fips, der; –es, -e: unscheinbarer Mensch : Schnipser mit Daumen und Mittelfinger : Spottname für Schneider ✳ **fip|sen** (du fipsest und fipst) intr.: mit Daumen und Mittelfinger schnellen : sich ohne Übersicht in Kleinigkeiten verlieren : (derb) beschlafen ✳ **fip|sig** Ew.: klein, winzig : unbedeutend

Fir|le|fanz (fr.), der; –es, -e: mittelalterl. Tanz : Tand : Possen : Albernheit ✳ **Fir|le|fan|zer**, der; –s, –: Laffe ✳ **Fir|le|fan|ze|rei**, die; –, –en: Possenreißerei : Dummheit, Albernheit

firm (l.) Ew.: kenntnisreich : sicher : beschlagen; auch ferm (fr.) ✳ **Fir|ma** (it.), die; –, ..men: Geschäfts-Handelsname : Geschäft : Unternehmen * *Firmeninhaber; Firmenregister:* amtliches Firmenverzeichnis; *Firmenschild; Firmenverzeichnis:* Verzeichnis aller Firmen (einer Stadt usw.) * **Fir**|**ma**|**ment** (l.), das; -(e)s, -e: Himmelsgewölbe * **fir**|**meln** (nl.) (ich ..[e]le), **fir**|**men** tr.: Firm(el)ung erteilen * **Fir**|**me**|**lung**, **Fir**|**mung**, die; -, -en: kath. Sakrament : Einsegnung * **fir**|**mie**|**ren** (..iert) intr.: einen Geschäftsnamen führen, mit diesem unterzeichnen * **Firm**|**ling** (nl.), der; -s, -e: der zu Firmende [l. firmus fest; firmare befestigen]

fir|**mie**|**ren:** s. firm

Firm|**ling:** s. firm

firn Ew.: vorjährig : alt * *Firnewein* * **Firn**, der; -(e)s, -e: vorjähriger Schnee : mit Firn bedeckter Berg * *Firnbrücke; Firnschnee* * **Fir**|**ne**, die; -, -n: Reife des Weins : mit Firn bedeckter Berg * *Firnelicht; Firneschein* * **fir**|**nen** intr.: firn werden, reifen (vom Wein) * **Fir**|**ner**, der; -s, -: mit Firn bedeckter Berg, Gletscher

Fir|**nis** (ml.), der; -ses, -se: schnell trocknender Schutzanstrich * **fir**|**nis**|**sen** (du firnissest und firnißt; du firnissest, gefirnißt) tr.: mit Firnis überziehen

First, der; -(e)s, -e: Gipfel : oberster, waagerechter Balken des Dachstuhls * *Firstbalken; Firstziegel*

first (e.) [föh̅rst]: der Erste * **first-class** (e.) [..klaß]: erstklassig * **First-class-Hotel** → **First-Class-Ho**|**tel**, das; -s, -s: Luxushotel * **First**|**flush** *auch:* **First Flush**, der; - -: erster Schössling an zurückgeschnittenen Teesträuchern : erste Pflückung * **First La**|**dy**, die; - -, -Ladies *auch:* Ladys: Gattin des Staatsoberhauptes

fis, das; -, -: (Mus.) das um einen halben Ton erhöhte f : Molltonstufe * **Fis**, das; -, -: Durtonstufe * **Fis-Dur**, das; -: Tonart * **fis-Moll**, das; -: Tonart

Fisch, der; -es, -e: eine kaltblütige, im Wasser lebende Wirbeltiergattung : Mz. ein Sternbild : Mz. ein Tierkreiszeichen * *Fischadler; Fischangel; Fischbein:* Stäbe aus Wal-

barten; *fischbeinern* Ew.; *Fischbesteck; Fischblase:* Schwimmblase; *Fischblut; fischblütig* Ew.: kaltblütig; *Fischbrut; Fischdampfer; Fischfang; Fischflosse; Fischgabel; Fischgeschäft; Fischgräte; Fischgrube:* Sammelplatz der Fische beim Ablassen eines Teiches; *Fischhändler; Fischhandlung; Fischköder; Fischkonserve; Fischköpfe:* (süddtsch., scherzh.) Norddeutsche; *Fischkorb:* Fischreuse; *Fischlaich; Fischmarkt; Fischmesser; Fischmolch:* Olm; *Fischmilch; Fischotter; Fischpastete; fischreich* Ew.; *Fischreiher; Fischreuse; Fischrogen; Fischtreppe; Fischvergiftung; Fischweiher:* Fischteich; *Fischzucht; Fischzug:* Zug mit einem Fischnetz zum Fang * **fi**|**schen** (du fisch[e]st, auch fischt) intr., tr.: Fische fangen oder zu fangen suchen : erlangen : in seine Gewalt bekommen oder zu bekommen suchen * **Fi**|**scher**, der; -s, -: ein Fischender * *Fischeramt; Fischerbarke; Fischerboot; Fischerdorf; Fischerfalke; Fischergilde; Fischerhamen; Fischerinnung; Fischerring:* Ring des Papstes, mit dem Bild des heiligen Petrus als Fischer * **Fi**|**sche**|**rei**, die; -, -en: das Fischen : Fischgewerbe : Recht des Fischens : Ort zum Fischen * *Fischereirecht; Fischereiwissenschaft:* Lehre von der Fischerei * **fi**|**schig** Ew.: fischähnlich : nach Fisch riechend oder schmeckend

Fi|**sett**|**holz**, das; -es, ..hölzer: ungar. Gelbholz

Fi|**si**|**ma**|**ten**|**ten** Mz.: Höflichkeitsfloskeln : Ausflüchte, Flausen

Fis|**kal** (l.), der; -s, -e: Anwalt der Staats- oder Steuerkasse * **Fis**|**kal..** (in Zus.): Staat und Staatsvermögen betreffend * *Fiskaljahr* * **fis**|**ka**|**lisch** Ew.: die Staatskasse betreffend : den öffentlichen Ankläger betreffend : staatseigen * **Fis**|**kus**, der; -, - und ..ken: Staatsvermögen : Staat

fis|**sil** (l.) Ew.: spaltbar : spaltig * **Fis**|**sur**, die; -, -en: Spalte : Riss : (Med.) Haut- oder Knochenriss

Fis|**tel** (l.), die; -, -n: Röhrchen : Geschwür mit Eitergang : von einer Körperhöhle ausgehender krankhafter Kanal zu einer zweiten Körperhöhle oder zur Körperoberfläche : Kopfstimme * **fis**|**teln** (ich ..[e]le) intr.: mit Kopfstimme singen * *Fistelstimme:* Kopfstimme * **fis**|**tu**|**lie**|**ren** (..iert) intr.: mit Kopfstimme singen

fit (e.) Ew.: (Sport) in Form : leistungsfähig * **Fit**|**neß** → **Fit**|**ness**, die; -: körperlich gute Verfassung, sportliches Leistungsvermögen

Fi|**tis**, der; - und -ses, -se: Weidenzeisig

Fit|**tich**, der; -(e)s, -e: Flügel : (übertr.) Schützendes * **fit**|**ti**|**chen** intr.: fliegen; tr.: beschwingen

Fit|**ting** (e.), das; -s, -s: vorgefertigtes Material zur Verbindung von Rohrleitungen

Fitz|**boh**|**ne**, die; -, -n: Veitsbohne, spätgepflanzte Bohne * *Fitzchen*, das; -s, -: „Fädchen", Kleinigkeit * **Fit**|**ze**, die; -, -n: Faden : das Umbundene : Runzel : Gesichtsfalte * *Fitzgerte:* Gerte zum Durchflechten von Lehmwänden : mit Gerten durchflochtene Lehmwand * **fit**|**zen** (du fitzest und fitzt) tr.: (Garn -) zu Fitzen bündeln : verwirren * **Fit**|**zer**, der; -s, -: Rutenschlag

Five o'clock tea (e.) [feiw o'klock ti], der; - - -: Fünfuhrtee

fix (l.) Ew.: fest(stehend), fixiert, starr : schnell, gewandt * *fixe Idee:* Wahnvorstellung; *Fixpunkt:* fester Punkt; *Fixstern:* scheinbar fest stehender Stern * **Fix**|**a**|**teur** (fr.) [..töhr], der; -s, -e: (Chem.) Parfümzusatz, der das schnelle Verdunsten verhindert : Zerstäuber zum Auftragen von Fixativ * **Fix**|**a**|**ti**|**on**, die; -, -en: Festigung : das Festhalten * **Fix**|**a**|**tiv**, das; -s, -e: Befestigungsmittel * **fix**|**a**|**tiv** Ew.: befestigend * **fi**|**xen** (du fixest u. fixt) tr.: (Börse) Kurs in die Höhe treiben : (meist) Zeitkäufe machen : Rauschdrogen injizieren * **Fi**|**xer**, der; -s, -: einer, der Zeitkäufe macht, Börsenspekulant : jmd., der sich Rauschdrogen injiziert * **fi**|**xie**|**ren** (..iert) tr.: festhalten : festmachen : feststellen : anstarren * *Fixiersalz* * **Fi**xie**rung,** die; –, –en: das Fixieren : (Psych.) das Stehenbleiben auf einer früheren Entwicklungsstufe : (Psych.) Gebanntsein durch bestimmte Arten von Objekten * **Fi**xing, das; –s, –s: Festsetzen der Börsenkurse am Schluss eines Börsentages * **Fi**xum, das; –s, ..xa: etwas Festes : festes Gehalt : feste Geldmenge **Fizz** (e.), der; –: alkoholisches Mischgetränk mit Zitronensaft und Mineralwasser **Fjäll, Fjell** (norw.), der; –(e)s, –e: baumlose Hochfläche Skandinaviens **Fjeld** (dän.): Fjäll, s. d. **Fjord** (schwed., norw.), der; –(e)s, –e: langer, schmaler Meeresarm **FKK** (Abk.): Freikörperkultur * *FKK-Strand* **fl., Fl.** (Abk.): Florin, Gulden **flach** Ew.: ohne merkliche Erhebung oder Vertiefung : eben : wenig Tiefe habend : von der Seite kommend : (übertr.) seicht, oberflächlich * *Flachbauweise; Flachdach; Flachbogen;* flach gewölbter Bogen, Segmentbogen; *Flachdruck; Flacheisen:* Walzeisen : Stemmeisen mit gerader Schneide; *flachgehend* Mw. Ew.: (Schiff) geringen Tiefgang habend; *Flachglas; Flachkopf:* Mensch mit niedrigem Schädel : oberflächlicher Mensch; *Flachkultur:* Bodenbearbeitung in geringer Tiefe; *Flachküste; Flachland; Flachmann:* flache Flasche für die Jackentasche; *Flachrennen; Flachschuß → Flachschuss; Flachzange; Flachziegel* * **Flach,** das; –(e)s, –e: etwas Flaches : (seem.) Untiefe * **Flä**che, die; –, –n: Flachheit : etwas Flaches : (Math.) Ausdehnung nach Länge und Breite : Ebene * *Flächenbrand; flächendeckend* Ew.; *Flächeninhalt; Flächenmaß* * **flä**chen, fla**chen** tr.: flach machen * **Flach**heit, die; –, –en: das Flachsein : etwas Flaches * **flä**chig Ew.: flach : dünn : oberflächlich : nicht voll * *..flächner:* nur in Zus. * *Sechsflächner*

Flachs, der; ..ses, (..se): Bast der Leinpflanze : Leinpflanze * *Flachsbart; flachsblond* Ew.; *Flachsbrecher:* Gerät zum Flachsbrechen; *Flachsdarre; flachsfarben* Ew.; *Flachsfaser; Flachsgarn; Flachshechel:* Gerät zum Hecheln des geschwungenen Flachses; *Flachskopf:* Mensch mit flachsfarbenem Haar : jmd., der Unsinn redet oder Scherze macht; *Flachskraut; Flachsseide; Flachsspinnerei* * **fläch**sern, flach**sen** Ew.: aus Flachs gefertigt : flachsartig * **flach**sen tr.: durchhecheln : Unsinn reden : scherzen **Fläch**se: s. Flechse **fla**cken intr.: faulenzend liegen, ruhen : lodernd sich bewegen; tr.: (Baumwolle –) zu Flocken schlagen : spaltend aufreißen * *Flackfisch:* aufgerissener Stockfisch; *Flackmaschine* * *Flackenhering:* Flickhering * **fla**ckern (ich ..[e]re) intr. (haben, sein): flacken : fackeln * *Flackerfeuer* * **fla**cke**rig** Ew.: lodernd sich bewegend : flunkernd : sich unstet hin und her bewegend **Fla**con auch: **Fla**kon (fr.) [flakong], das; –s, –s: Fläschchen : Riechfläschchen **Fla**den, der; –s, –: rundes, plattes Backwerk * *Fladenbrot* * Kot des Rindviehs : *Kuhfladen* **Fla**der, **Fla**ser, die; –, –n: Maser, Ader im Holz, Gestein : Ahorn * *Flaserholz* * **fla**de**rig,** fla**se**rig Ew.: maserig **Fla**gel**lant** (nl.), der; –en, –en: Geißler; Mönch, der sich zur Sündenvergebung geißelt (Mittelalter) * **Fla**gel**lan**ten**tum,** das; –s: Geißelschwärmerei * **Fla**gel**lat,** der; –en, –en: „Geißelschwärmer" : (Biologie) Geißeltierchen [l. flagellum Geißel] **Fla**geo**lett** (fr.) [flaschelott], das; –(e)s, –e: Flötenton : kleine Schnabelflöte : kleine Orgelstimme * *Flageoletton → Flageolettton auch:* Flageolett-Ton **Flag**ge, die; –, –n: Hoheitszeichen eines Staates : Schiffsfahne * *Flaggoffizier:* Admiral; *Flaggenehrung; Flaggengruß; Flaggenleine; Flaggen-*

mast; Flaggensignal; Flaggentuch; Flaggschiff: Kriegsschiff mit der Flagge des Befehlshabers * **flag**gen intr.: als Flagge wehen : Flaggen wehen lassen : ein Schiff mit Flaggen behängen : Flaggenzeichen geben : Fahnen aushängen **fla**g**rant** (l.) Mw. Ew.: „brennend", heftig : deutlich, offenkundig * **in fla**g**ran**ti: auf frischer Tat **Flair** (fr.) [flähr], das; –s: Ahnungsvermögen : Spürsinn : Atmosphäre **Flak,** die; –: Kurzwort für Flugzeugabwehrkanone * *Flakbatterie; Flakgeschütz* **Fla**ke, die; –, –n: (Holz-)Geflecht : Netz **Fla**kon: deutsche Schreibung für Flacon, s. d. **Flam**beau (fr.) [flangboh], der; –, –s: Fackel : mehrarmiger hoher Leuchter * **flam**bie**ren** (..iert) tr.: (ab)sengen : (Speisen) mit Alkohol übergießen und brennend auf den Tisch bringen [fr. flamber flammen] **Flam**berg (fr.-dtsch.), der; –(e)s, –e: großes Schwert **Fla**me, der; –n, –n: Angehöriger der german. Bevölkerungsgruppe und Sprachfamilie in Belgien * **flä**misch Ew.: zu den Flamen gehörig * **Flam**län**der, der; –s, –: Flame * **flam**län**disch** Ew.: flämisch **Flä**ming: brandenburg. Landrücken **Fla**min**go** (span.), der; –s, –s: im Kranichvogel **Flam**me, die; –, –n: Flämmchen: der leuchtende Teil des Feuers : hellbrennendes Feuer : Liebschaft, Geliebte(r) : rote Augenhaut der Auer- und Birkhühner : (bergm.) geringe Spur Erz * *Flammenauge:* leuchtendes Auge; *Flammenblick; Flammenblitz; Flammenblume; Flammeneifer; Flammenfeuer; Flammenlohe; Flammenmeer; flamm(en)rot* Ew.; *Flammenschrift; Flammenschwert; Flammenstrom; Flammentod; Flammenwerfer:* Nahkampfmittel; *Flammenzeichen* * **flam**men intr.: in Flammen stehen, hell brennen : blitzen : glühen : auflodern : feurig sein; intr. (haben, sein): wie eine Flamme sich hin und her bewegen : blitzgleich einen Raum durchfahren; tr.: in Brand setzen : flammen lassen : rasch und feurig etwas von sich ausgehen lassen : etwas flammenähnlich aussehen machen : (Zeug –) wässern : mit krausen Reifen versehen : kerben ✳ *Flammkohle:* Kohle zum Kerben; *Flammofen:* Einschmelzofen; *Flammpunkt:* Temperatur, bei der ein Stoff beginnt, brennbare Gase zu bilden; *Flammrohr* ✳ **flam|mern** (ich ..[e]re) intr.: flimmern ✳ **Flam|mert,** der; –(e)s, –e: (geflammte) Damaszener Klinge ✳ **flam|mig** Ew.: flammenähnlich : geflammt : mit Flammen versehen

Flam|me|ri (e.), der; –(s), –s: gekochte Süßspeise, einem Pudding ähnlich

Flam|mert, flam|mig: s. Flamme

Flan|dern: belg., fr., ndl. Nordseelandschaft ✳ **flan|d|risch** Ew.

Fla|nell (e.), der; –, –e: grauter Wollstoff ✳ **fla|nel|len** Ew.: aus Flanell

Fla|neur (fr.) [flanöhr] der; –s, –e: Bummler : Spaziergänger der Großstadt ✳ **fla|nie|ren** (..iert) intr. (haben, sein): umherschlendern

Flan|ke (fr.) die; –, –n: Seite : Weiche, Seitenteile unterhalb der Rippen : Streichlinie einer Festung : äußerstes Ende eines Heerflügels : eine Turnübung : (Fußball) ein weiter Pass von der Spielfeldseite ✳ **flan|kie|ren** (..iert) tr.: umfassen : einfassen : seitlich decken : von der Seite bestreichen ✳ *flankierende Maßnahme*

Flansch, der; –es, –e: ringförmige Scheibe an Rohrenden zum Zusammenschrauben ✳ **flan|schen** tr.: mit einem Flansch versehen

Flap|pe, die; –, –n: hängendes Maul ✳ **flap|pen** intr., tr.: schlaff herabhängend an etwas anschlagen ✳ **Flaps,** der; –es, –e und Fläpse: Lümmel ✳ **flap|sig** Ew.: in der Weise eines Flapses; unreif : flegelhaft

Fläsch|chen: s. Flasche

Fla|sche, die; –, –n: Fläsch-

chen: Gefäß mit Hals : wässerige Geschwulst des Schafes bei Fäule : Daumen einer Welle : Kloben eines Hebezeuges (Flaschenzugs) : (mundartl.) Kürbis : (Umgspr.) Versager : untauglicher, unsportlicher Mensch ✳ *Bologneser Flasche:* Springkolben; *Leidener Flasche:* elektr. Stromspeicher, Kondensator; *Flaschenbier;* *Flaschenbürste:* Bürste zum Reinigen von Flaschen; *Flaschenfutter:* Behältnis für eine Flasche; *Flaschenkürbis:* als Flasche ausgehöhlter Kürbis; *Flaschenpost:* in eine Flasche gesteckte Nachricht Schiffbrüchiger; *Flaschenständer; Flaschenzug:* ein Hebewerk

Flasch|ner (obd.) der; –s, –: Klempner ✳ **Flasch|ne|rei,** die; –, –en: Klempnerei

Flat|te|rer, der; –s, –: ein Flatternder ✳ **flat|ter|haft** Ew.: unbeständig ✳ **Flat|ter|haf|tig|keit,** die; –: Unbeständigkeit ✳ **flat|te|rig, flat|trig** Ew.: flatterhaft: aufgeregt ✳ **Flat|te|rig|keit, Flat|trig|keit,** die; –: Unbeständigkeit ✳ **Flat|ter|ling, Flät|ter|ling,** der; –s, –e: Flatterer : Schmetterling : (Landw.) Taube ✳ **flat|tern** (ich ..[e]re) intr. (haben, sein): unruhig fliegen : die Flügel in der Luft mit Geräusch bewegen : unstet umhergaukeln ✳ *Flatterechse; Flatterespe: Flattergeist; Flattergras; Flattermine; Flatterruß: Flugruß; Flattersegel; Flattersinn; flattersinnig* Ew.; *Flattertiere:* Fledermäuse

Flat|te|rie (fr.), die; –, ..rien: Schmeichelei : Liebkosung ✳ **flat|tie|ren** (..iert) (dtsch.-fr.) tr.: streicheln : schmeicheln : liebkosen : schöntun

Fla|tu|lenz (l.), die; –: Blähsucht ✳ **Fla|tus** (l.), der; – : (Med.) Blähung

flau Ew.: schwach : unentschieden : matt : lau : (Börse) still ✳ *Flaumacher* ✳ **Flaue, Fläue,** die; –: das Flausein : Geschäftsstille ✳ **flau|en** intr.: flau sein : flau werden; tr.: (bes. bergm.) waschen, spülen ✳ *Flaufaß ‣ Flaufass; –trog* ✳ **Flau|heit, Flau|ig|keit,** die; –, –en: das Flausein ✳ **Flau|te,** die; –, –n: flaues Wetter : Windstille

Flaum, der; –(e)s, –e und –en: zarte, weiche und wollige Federn : weiches Haar : Bartanflug ✳ *Flaum(en)bart; Flaum(en)bett; Flaumfeder; Flaumstreicher:* Schmeichler; *flaumenweich* Ew. ✳ **flau|mig** Ew.: mit Flaum versehen : flaumweich

Flaum, Flom, der; –(e)s; **Flo|men,** der; –s: Bauch- und Nierenfett des Schweines, der Gans

Flaus, der; ..ses, ..se; **Flausch,** der; –es, –e und Fläusche: Büschel : Woll-, Haarflocke : langhaariger Stoff : Rocke aus langhaarigem Zeug ✳ *Flaus-, Flauschrock* ✳ **flau|schig** Ew.: aus Flausch bestehend : flauschartig ✳ **flausch|wei|se** Uw.: büschelweise

Flau|se, die; –, –n: (meist Mz.) Geschwätz : Gaukelei : Ränke : Ausflüchte ✳ *Flausenmacher*

Flausch: s. Flaus

Flau|te, die; –, –n: Windstille : (kfm.) geschäftsstille Zeit : niedergedrückte Stimmung : vgl. flau

Flau|to i|ta|li|co (it.), der; – –: „italienische Flöte“, ein Orgelregister ✳ **Flau|to pic|co|lo** (it.), der; – –: „kleine Flöte“, kleinste Querpfeife ✳ **Flau|to tra|ver|so** (it.) [– ..w..], der; – –: Querflöte

Fläz, der; –es, –e: Flegel ✳ **flä|zen** (du fläzest und fläzt) rbz.: sich flegelhaft hinstrecken ✳ **flä|zig** Ew.: flegelhaft

Fleb|be, die; –, –n: (Gaunerspr.) Ausweispapier : Wanderbuch

fle|bi|le (it.): (Mus.) kläglich, flehend

Flè|che (fr.) [fläsch], die; –, –n: Pfeilschanze ✳ **Fle|sche,** die; –, –: einged. Form von Flèche

Flech|se, die; –, –n: Sehne ✳ *Flechsenhaut:* mit Sehnen durchzogene Haut ✳ **flech|sig** Ew.: sehnig

Flech|te, die; –, –n; Flechtchen: etwas Geflochtenes : geflochtene Haare : Geflecht aus Weidenruten : ein Gebäck : eine Pflanzenart : Hautausschlag : Krätzmilbe ✳ **flech|ten** (du flichtst, er flicht; du flochtest, du flöchtest; geflochten; flicht!) tr.: etwas Biegsames in, durch, um etwas schlingen : knüpfen * *Flecht-arbeit; Flechtband; Flecht-seide; Flechtwagen:* Wagen aus Flechtwerk; *Flechtweide; Flechtwerk:* geflochtene Reiser * **Flech**|**ter,** der; –s, –: einer, der flicht, bes. Korbflechter

Fleck, der; –(e)s, –e: Stück : Abschnitt : Teil des Raumes : Stelle : (bes.) von der Umgebung verschiedene Stelle : scheckiges Tier : Flicken : (Kochkst.) zerschnittene Kaldaunen * *Fleckfieber, Flecktyphus:* eine Infektionskrankheit; *Fleckseife, Fleckstift:* Seife, Stift zum Fleckenentfernen; *Fleckvieh:* schweiz. Rinderrasse mit geflecktem Fell * **fle**|**ckeln** (ich ..[e]le) tr.: Flecken auf Schuhe setzen; intr.: nach der schwarzen Scheibe schießen * **Fle**|**cken,** der; –s, –: Fleck : (Mz.) Masern : großes Dorf * *Fleck(en)ent-ferner, Fleckenwasser:* Mittel zum Entfernen von Schmutzflecken usw. * **fle**|**cken** tr.: mit Flecken versehen : flicken; intr.: Flecken verursachen : leicht Flecken annehmen : Masern haben : vorwärtskommen * **fle**|**cken**|**los** Ew.: rein : (übertr.) rechtschaffen * **fle**|**ckig** Ew.: Flecken habend

fled|**dern** (ich ..[e]re) tr.: (Gaunerspr.) ausplündern, berauben (bes. Tote) * **Fled**|**de**|**rer,** der; –s, –: Leichenausplünderer

Fle|**der**|**maus,** die; –, ..mäuse: Gattung fliegender Säugetiere : Zwitterwesen * **fle**|**dern** intr. (haben, sein): flattern; tr.: reinigen : prügeln * *Flederwisch:* Gänseflügel o. Ä. als Kehrwisch : etwas Federleichtes : magere Person : Werkzeug zum Prügeln

Fleece (e.) [fliß] das; –: flauschiges Gewebe aus Synthetik

Fleet (niederd.), das; –(e)s, –e: schiffbarer Zweigkanal

Fle|**gel,** der; –s, –: Werkzeug zum Dreschen : Lümmel; *Flegelkappe:* das den Flegel und die Handrute verbindende Leder; *Flegeljahre:* Lebensalter der Flegelhaftigkeit; *Flegelstreich* * **fle**|**ge**|**lei,** die; –, –en: Flegelhaftigkeit : Ungezogenheit * **fle**|**gel**|**haft, fle**|**ge**|**lig** Ew.: ungeschliffen : grob * **Fle**|**gel**|**haf**|**tig**|**keit, Fle**|**ge**|**lig-**

keit, die; –, –en: das Flegeligsein : flegelige Tat * **fle**|**geln** (ich ..[e]le) tr.: dreschen : prügeln : Flegel schimpfen; intr.: Flegeleien begehen; rbz.: sich flegelhaft hinsetzen, stellen

fle|**hen** tr., intr.: dringend demütig bitten * **fle**|**hent**|**lich** Ew.: flehend : eindringlich : inständig

Flei|**er,** der; –s, –: Flyer

Fleisch, das; –es: Muskelgewebe von Tier und Mensch : (allg.) alle Weichteile der Wirbeltiere, Nahrungsmittel der Menschen : körperliche Begierden : Blutsverwandte (Mz.) : fleischähnliche Teile von Früchten und Pflanzen * *Fleischbank:* Verkaufstisch für Fleisch; *Fleischbeschau:* amt. Untersuchung des zu verkaufenden Fleisches; *Fleischbeschauer; Fleischblock:* Hackklotz der Fleischer; *Fleischbrühe; Fleischeisen:* Werkzeug der Gerber zum Abfleischen der Häute; *Fleischextrakt; Fleischfarbe; fleischfarben, fleischfarbig* Ew.; *Fleischfaser; Fleischfliege:* Schmeißfliege; *fleischfressend* → *Fleisch fressend; Fleischfresser; Fleischgericht; Fleischhauer; Fleischkloß; Fleischklotz:* Hackklotz der Fleischer : Fleischklumpen; *Fleischkonserve; Fleischlake; fleischlos* Ew.; *Fleischmade:* im Fleisch lebende Made; *Fleischmarkt; Fleischpastete; Fleischpreis; Fleischsaft; Fleischsalat; Fleischschauer:* Fleischbeschauer; *Fleischseite:* Aasseite des Fells; *Fleischspeise; Fleischsuppe; Fleischtopf; Fleischvergiftung; Fleischwerdung:* Verkörperung, Inkarnation; *Fleischwolf:* Gerät zum Zerkleinern des Fleisches; *Fleischwunde; Fleischwurst* * **flei**|**schen** tr.: (Gerb.) aasen * **Flei**|**scher,** der; –s, –: Schlachter, Metzger * *Fleischerbeil; Fleischergeselle; Fleischergilde; Fleischerhund; Fleischerknecht; Fleischermeister; Fleischervogel:* ein Vogelname * *Fleischeslust:* Sinneslust * **flei**|**schern** Ew.: aus Fleisch bestehend * **flei**|**schig** Ew.: viel Fleisch habend * **fleisch**|**lich** Ew.: dem Fleische nach : leiblich : sinnlich

Fleiß, der; –es: eifrige Tätigkeit : ernste, anhaltende, zielstrebige Betätigung * **flei**|**ßen** (du fleißest und fleißt; du flissest; geflissen; fleiß[e]!) (veralt.) rbz.: Fleiß auf etwas verwenden * **flei**|**ßig** Ew.: eifrig : strebsam * *Fleißiges Lieschen:* Zimmerpflanze * **flei**|**ßig**|**en** rbz.: (veralt.) sich befleißigen

Flei|**ver**|**kehr,** der; –s: Flug-Eisenbahn-Güterverkehr

flek|**tier**|**bar** (l.) Ew.: biegsam : (Sprachl.) abwandlungsfähig * **flek**|**tie**|**ren** (..iert) tr.: (Sprachl.) biegen, beugen, abwandeln (deklinieren oder konjugieren) * **fle**|**xi**|**bel** Ew.: biegsam : (Sprachl.) veränderlich, abwandelbar * **Fle**|**xi**|**on,** die; –, –en: (Sprachl.) Beugung, Abwandlung * *flexionsfähig* Ew.: beugbar; *Flexionslehre:* Formenlehre; *flexionslos* Ew. unbeugbar * **fle**|**xi**|**visch** Ew. [..w..]: die Abwandlung betreffend * **Fle**|**xor,** der; –s, ..xoren: (Med.) Beugemuskel

Fle|**xur,** die; –, –en: Biegung, Krümmung (bes. von Gesteinsschichten) [l. flexus, Mw. zu flectere biegen]

flen|**nen** intr. (haben): widerlich weinen, heulen * **Flen**|**ne**|**rei,** die; –: das (viele) Flennen

Flens|**burg:** Stadt in Schleswig-Holstein

flen|**sen** (du flensest und flenst) tr.: (seem.) zerstücken : abschneiden : das Flenswerk des Wales abschneiden und ins Boot holen * *Flensmesser; Flenswerk:* Speckstück (des Wales)

fle|**trie**|**ren** (..iert) (l.) tr.: brandmarken : entehren

Flet|**sche,** die; –, –n: Schleuder

flet|**schen** (du fletsch[e]st und fletscht) tr.: (Maul –) in die Breite ausdehnen : (Zähne –) blecken

Flet|**scher:** Fn. * **flet**|**schern** (ich ..[e]re) tr., intr.: in der von Horace Fletscher (am. Soziologe) angegebenen Art sorgfältig kauen

Flett|**ner:** deutscher Maschinenbauer und Erfinder * *Flettnerrotor; Flettnerschiff:* Rotorschiff

fleucht: (dichterisch u. veralt. für) fliegt; s. fliehen

fleugt: (dichterisch u. veralt. für) fliegt; s. fliegen

Fleu|**ret**|**te** (fr.) [flör..], die; –, –n: Schmeichelei : Lieblingsgedanke ✳ **fleu**|**riert** (fr.-dtsch.) [flör.,] Ew.: geblümt ✳ **Fleu**|**rist** [flör..], der; –en, –en: Blumenfreund : Blumenkenner : Blumengärtner : Blumenmaler ✳ **Fleu**|**rop** [flör..], die; –: Internationale Blumengeschenkvermittlung [fr. fleur Blume]

fleußt: (dichterisch u. veralt. für) fließt; s. Fließ

Fleu|**te** (niederd.), die; –, –n: dreimastiges Lastschiff : Flüte

fle|**xi**|**bel, Fle**|**xi**|**on** usw.: s. flektierbar

Fli|**bus**|**tier** (niederd.), der; –, –: westindischer Freibeuter und Seeräuber

Flic (fr.) [fliek], der; –s, –s: (Umgspr.) französischer Polizist

Flick, der; das; –(e)s, –e; **Fli**|**cke,** die; –, –n; **Fli**|**cken,** der; –s, –: Lappen : Stück Zeug (bes. zum Ausbessern) ✳ **fli**|**cken** tr.: in Lappen reißen : in Stücke reißen : mit Flicken ausbessern : (allg.) ganzmachen, zusammenstückeln ✳ *Flickaal:* aufgeschnittener und dann geräucherter Aal; *Flickarbeit; Flickhering:* (vgl. Flickaal); *Flickschneider; Flickschuster; Flickstein:* Füllstein zwischen den Werksteinen; *Flickvers:* Vers, der nur zum Füllen von Strophen oder des Reimes wegen eingefügt ist; *Flickwerk:* etwas Geflicktes; *Flickwort:* überflüssigerweise eingeflicktes Wort : (Sprachl.) (Abtönungs-)Partikel (halt, leider, eben u. a.) ✳ **Fli**|**cker,** der; –s, –: ein Flickender : (bes.) Flickschuster ✳ **Fli**|**cke**|**rei,** die; –, –en: das Flicken : das Geflickte

fli|**ckern** (ich ..[e]re) intr.: flackern : nur in der Verbindung: *flickern und flackern:* heftig flackern

Flie|**boot** (niederd.), das; –(e)s, –e: kleines, schnelles Fischerboot

Flie|**der,** der; –s, –: Strauch, Syringe : Holunder ✳ *Fliedertee* ✳ **flie**|**der**|**far**|**ben, –far**|**big** Ew.: von der Farbe des Flieders

Flie|**ge,** die; –, –n: eine Gat-

tung Kerbtiere : ein Sternbild : Flügel des Ankers : Korn am Gewehr : lustige, leichtfertige Person : quer gebundene Krawatte : Kolibri : kleiner Kinnbart ✳ *Fliegenbaum:* Ulme; *Fliegendreck:* Fliegenschmutz : kleine, unleserliche Buchstaben; *Fliegenfänger:* Vorrichtung (meist Leimpapier) zum Fliegenfangen : eine Gattung Vögel : (Sport, Umgspr.) unfähiger Torwart; *Fliegenfenster:* Fliegen nicht durchlassendes Gitter; *Fliegengarn:* dünnmaschiges, Fliegen nicht durchlassendes Netz; *Fliegengewicht:* (Sport) untere Gewichtsklasse; *Fliegenklappe, Fliegenklatsche:* Gerät, Fliegen totzuschlagen; *Fliegenpilz:* ein Giftpilz; *Fliegenschimmel:* weißes, schwarzgepünkteltes Pferd : eine Pflanze; *Fliegenschnäpper:* Singvogel; *Fliegenschrank:* Schrank mit Fliegenfenstern; *Fliegenvogel:* Kolibri ✳ **flie**|**gen** (er fliegt [veralt. fleugt]; du flog[e]st, du flögest; geflogen, flieg[e]!) intr. (sein, haben): sich mittels Flügel oder flügelartiger Vorrichtungen in der Luft schwebend fortbewegen : (geworfener Körper) schnell durch die Luft fahren : (einseitig befestigter Körper) hin und her flattern ✳ *sich müde fliegen:* fliegen, bis man müde ist ✳ **flie**|**gend** Mw. Ew.: schnell errichtet und schnell beseitigt : rasch kommend und gehend : von vorübergehendem Bestand ✳ *in fliegender Eile* ✳ *Der Fliegende Holländer:* Oper von R. Wagner; *Fliegende Fische:* aus dem Wasser schnellende Fische ✳ **Flie**|**ger,** der; –s, –: ein Fliegender, bes. Flugzeugführer, Pilot : Soldat der Luftwaffe : Rennpferd : Rennfahrer ✳ *Fliegerabwehr; Fliegeralarm; Fliegerangriff; Fliegeraufnahme; Fliegerausrüstung; Fliegerbombe; Fliegerhorst; Fliegerschule* ✳ **flie**|**ge**|**risch** Ew.: das Fliegen betreffend

Fliegende Fische Bei Wortverbindungen, die in ihrer Zusammensetzung als Name angesehen werden, schreibt man die dazugehörigen Adjektive, Partizipien

oder Zahlwörter groß: *Der Alte Fritz, das Zweite Deutsche Fernsehen, Fliegende Fische,* aber: *fliegender Wechsel.*

flie|**hen** (er flieht [veralt. fleucht]; du floh[e]st, du flöhest; geflohen; flieh[e]!) intr. (sein): sich schnell entfernen (aus Angst, um sich zu retten usw.); tr.: vor etwas zurückweichen : meiden ✳ *Fliehkraft:* Zentrifugalkraft

Flie|**se,** die; –, –n; Flieschen: Steinplatte zum Belegen von Fußböden u. dgl. ✳ *Fliesenleger:* Handwerker, der Fliesen legt

Fließ, das; –es, –e (veralt.) kleiner Bach ✳ **flie**|**ßen** (du fließest und fließt, er fließt [veralt. fleußt]; du flossest, du flössest, er floss; geflossen; fließ[e]!) intr. (sein): (flüssige Körper) sich fortbewegen, strömen : (feste Körper) flüssig werden : in einer Flüssigkeit (wie) gebadet sein : (übertr.) sich wie flüssig auflösen und fortbewegen : sich wie eine Flüssigkeit wallend bewegen : (Worte, Töne) leicht hervorgehen : hervorgehen aus etwas : (Zeit) hinschwinden ✳ *Fließarbeit:* Arbeit am laufenden Band; *Fließband; Fließbandarbeiter; Fließblatt:* Löschblatt; *Fließfertigung:* Produktion von Massengütern am Fließband; *Fließgold:* Waschgold; *Fließgrenze:* Elastizitätsgrenze fester Körper; *Fließheck:* schräg abfallende, leicht gewölbte Hinterseite eines Kraftfahrzeuges; *Fließpapier:* Löschpapier; *Fließpocken:* Blattern

Flim|**mer,** der; –s, –: zitterndes Licht : Glimmer : etwas Wertloses ✳ *Flimmerbewegung; Flimmerepithel:* (Biol.) mit Wimpern versehene Zellschicht; *Flimmerglanz; Flimmerkiste:* (Umgspr.) Fernsehgerät; *Flimmerlicht; Flimmerschein* ✳ **flim**|**mern** (ich ..[e]re) intr.: flimmern : schimmern : flittern : flirren

Flin|**der,** der; –s, –; die; –, –n: Flitter : glitzerndes Metallplättchen : (weidm.) Schrecktücher ✳ **flink** Ew.: (urspr.) glänzend : hurtig : munter : gewandt ✳ **Flin**|**ke,** die; –, –n: eine Art

Weißfisch : Erz, das in glänzenden Stücken auf dem Gestein liegt * *Flinkenerz* * **flin|ken**, **flin|kern** (e.) intr.: flimmern : blinke(r)n : glänzen * **Flin|ker**, der; –s, –: Flinkenerz : Flitter * **Flink|heit**, die; –: Schnelligkeit : Geschicklichkeit

Flint, der; –(e)s, –e: Feuerstein * *Flintglas:* Bleiglas; *Flintstein:* Feuerstein; *Flintware:* Steingut * **Flin|te**, die; –, –n: Gewehr * *Flintenhahn; –kolben;–kugel; Flintenlauf; Flintenrohr; Flintenschloß * Flintenschloss; Flintenschrot; Flintenstein:* Feuerstein im Flintenschloss; *Flintenweib:* (abwertend) weibl. Soldat

Flip, der; –s, –s: Bargetränk, Mischgetränk * **Flip|chart** (e.) [flipptschart], die; –, –s: Papierseitenabreißblock auf einem Ständer zu Demonstrationszwecken

Flip|per, (e.) der; –s, –: elektr. betriebener, die Geschicklichkeit bewertender Spielautomat * **flip|pern**, tr.: am Flippergerät spielen * **flip|pig** Ew.: (Umgspr.) modisch ausgefallen aussehend

flir|ren intr.: flimmern

Flirt (e.) [flirt oder flöhrt], der; –s, –s: Liebelei * **flir|ten** [flirten und flöhrten] intr.: liebeln, den Hof machen : poussieren

Flit|ter, der; –s, –: das Flimmernde : glitzerndes Metallplättchen : Tand * *Flitteramboß →* *Flitteramboss:* Amboss zum Schlagen der Flitter mit dem Flitterhammer; *Flitterband:* Band mit Metallplättchen; *Flitterglanz; Flittergold:* Rauschgold; *Flitterhammer:* Hammer zur Herstellung der Flitter; *Flitterkram; Flitterkranz; Flitterputz; Flittersand:* Glimmersand; *Flitterschein; Flitterschmuck; Flittersilber; Flitterwochen:* Erste Zeit nach der Hochzeit * **flit|ter|haft**, **flit|te|rig** auch **flitt|rig** Ew.: nach Art von Flittern nur auf Schein gegründet * **flit|tern** Ew.: aus Flittern bestehend * **flit|tern** (ich ..[e]re) intr.: glänzen; tr.: mit Flitter versehen : (veralt.) für kosen, die Zeit der Flitterwochen verbringen

Flitz, der; –es, –e: Pfeil *

flit|zen (du flitzest und flitzt) intr. (sein): pfeilschnell sich bewegen * *Flitzpfeil; Flitz(e)bogen; Flitzer:* (Umgspr.) kleines schnelles Auto

floa|ten (e.) [flouten], intr.: (Wechselkurs) freigegeben sein, schwanken * **Floa|ting**, das; –s: vorübergehende Freigabe des Wechselkurses einer Landeswährung

Flo|bert|flin|te (fr.) [..bär..], die; –, –n: nach dem Erfinder benannte kleinkalibrige Waffe

Flo|cke, die; –, –n: Flöckchen: lockere Masse (von Schnee usw.) : kleiner Büschel : beim Walken entstandene falsche Falten in den Tüchern : (Bergb.) festeres Gestein, das unter lockerem gleichsam angeflogen ist * **Flo|cken** Mz.: gewalztes und getrocknetes Nährmittel aus Getreide und Kartoffeln * *Flockasche:* Loderasche; *Flockseide; Flockenblume; Flockenflachs; Flockengestöber; Flockengewimmel; Flockenhanf; Flockenkraut:* eine Pflanze; *Flockenschnee; Flockenstoff, Flockentuch:* dickes, weiches, aufgerauhtes Tuch; *Flockenwolle:* Schurwolle * **flo|cken** tr.: flackern : wie Flocken umhertreiben; intr. (haben, sein): wie Flocken umherfliegen; rbz.: sich zu Flocken ballen * **flo|ckig** Ew.: in Flocken : mit Flocken versehen

Flo|con|né (fr.) [..k..], der; –, –s: geflockter Mantelstoff

Flö|del, der; –s, –: schmaler schwarz-weißer Doppelstreifen an Streichinstrumenten

Floh, der; –(e)s, Flöhe: ungeflügeltes Kerbtier * *Flöhe husten hören:* sich einbilden, alles zu wissen; einem etwas Beunruhigendes mitteilen; *Flohbeutel:* einer, der voller Flöhe sitzt; *Flohbiß → Flohbiss; Flohjagd; Flohkraut:* eine Pflanze; *Flohkrebs:* sehr kleine Krebsart; *Flohmarkt:* Markt mit Trödelwaren; *Flohzirkus:* eine Schaubude aus Jahrmärkten * **flö|hen** tr., rbz.: die Flöhe absuchen * **flöhig, flo|hig** Ew.: voll Flöhe

Flo|ka|ti (gr.), der; –s, –s: langhaariger Wollteppich

Flom auch **Flo|men:** s. Flaum

Flop (e.), der; –s, –s: Reinfall, Misserfolg * (Sport) *Fosburyflop:* s. Fosburyflop* **flop|pen** tr., rbz.: (Umgspr.) ein Misserfolg sein * **Flop|py-disk →** **Flop|py|disk** *auch:* **Flop|py Disk**; die; –, –s: (EDV) Datenspeicher auf Magnetplatte, Diskette

Flor (l.), der; –s, –e: Blütezeit : Blütenfülle : (übertr.) Zierde, Schmuck : zartes Gewebe (meist aus Seide, Nesselgarn oder Wolle) * *Florband; Florgewebe; Florgewand; Florschleier; Florseide; Florweber * **Flo|ra**, die; –, Floren: Pflanzenwelt : Gesamtheit der in einem Gebiet vorkommenden Pflanzen : ein Asteroid * **Flo|re|al**, der; –(s), –s: „Blütenmonat", Bezeichnung für April-Mai im Kalender der Französischen Revolution * **Flo|res|zenz**, die; –: das Blühen : Blütenart : Blütenstand : Blütezeit * **Flo|rett** (ml.), der; –(e)s, –e: grobes Seidengespinst : Abfall von guter Seide * **Flo|rett** (it.), das; –(e)s, –e: Stichdegen * **flo|rid** Ew.: blumig : blühend : blumenreich * **Flo|ri|da**, der; –(s), –: Einlagestoff, Versteifungsstoff * **flo|rie|ren** (..iert) intr.: blühen : gedeihen : in Aufnahme kommen : in Mode sein * **Flo|ri|le|gium**, das; –s, ..gien: Blumen-, Blütenlese : Sammlung schöner Stellen aus Dichtungen usw. * **Flo|rist**, der; –en, –en: Blumenfreund : Blumengärtner : Blumenmaler * **flo|ri|s|tisch** Ew.: die Blumenzucht betreffend

Flos|kel (fr.), die; –, –n: überflüssige Redensart * **flos|kel|haft** Ew.: voll überflüssiger Redensarten [l. flos, Gen. floris Blume]

Flo|ren|ti|ne (fr.) [florangtin'], die; –: Florentiner Atlas * **Flo|ren|ti|ner** (it.-dtsch.), der; –s, –: breitkrempiger Strohhut : Einwohner von Florenz

Flo|renz: Stadt in Mittelitalien * **Flo|rin**, der; –s, –e und –s: (urspr. in Florenz geprägte) Münze: Gulden; Abk.: fl.

Flo|res|zenz, Flo|rett usw.: s. Flor

Flo|ri|da: Staat der USA

flo|rie|ren: s. Flor

Flo|rist usw.: s. Flor

Floß, das; –es, Flöße: Fahrzeug aus zusammengebundenen Baumstämmen ✳ *Floßband:* Querbaum, der die Stämme des Floßes verbindet; *Floßboot:* Schlauchboot; *Floßbrücke:* Brücke aus zusammengebundenen Baumstämmen; *Floßgebau:* Wald, wo Floßholz geschlagen wird; *Floßgerechtigkeit:* Flößrecht; *Floßhaken:* Haken zum Lenken und Abstoßen der Flöße vom Land; *Floßhandel:* Handel auf Flößen; *Floßherr; Floßhieb:* Floßgebhau; *Floßmeister; Floßordnung; Floßstechen:* Wehr zum Aufhalten des Flöß- und Triftholzes; *Floßscheit* ✳ **flöß|bar** Ew.: mit Flößen befahrbar ✳ **Flö|ße,** die; –, –n: Anstalt an und auf einem Fluss, Holz zu flößen : das Recht dazu : das geflößte Holz : Blockschiff (Floß) : (Fisch.) leichte Körper, die ein Garn schwimmend erhalten ✳ **flö|ßen** (du flößest und flößt) tr.: schwimmend fortschaffen : (selt. für) einflößen : abflößen, das oben Schwimmende abnehmen, abrahmen : mit dem Flößgarn fischen ✳ **Flö|ßer,** der; –s, –: ein Floßfahrer ✳ **Flö|ße|rei,** die; –: Beförderung von Holz auf dem Wasser : Beförderung mit Flößen

Flos|se, die; –, –n: Bewegungsorgane der Fische : Steuerungsteil am Flugzeug : (scherzh.) Hand ✳ **..flos|ser** in Zus.: Flossen habend; z. B. Bauchflosser usw. ✳ **flos|sig** Ew.: mit Flossen versehen

flö|ßen, Flö|ßer usw.: s. Floß

Flo|ta|ti|on (l.), die; –, –en: Erzaufbereitungsverfahren ✳ **flo|tie|ren** tr.: schwemmen

Flö|te, die; –, –n: ein Holzblasinstrument : eine Orgelstimme : (Web.) Garnspule : Trinkglas mit langem, spitzem Kelch ✳ *die erste Flöte spielen:* sich in den Vordergrund bringen : süß reden; *jemandem die Flötentöne beibringen:* ihn Höflichkeit lehren : zurechtweisen ✳ *Flötenbläser; Flötengesang; Flötengetön; Flötenklang; Flötenspiel; Flötenspieler; Flötenton; Flötenuhr:* Spieluhr; *Flötenwerk:* Flötenpfeifen der Or-

gel; *Flötenzug:* Registerzug des Flötenwerks ✳ **flö|ten** intr.: auf der Flöte blasen : in flötenähnlichen Tönen singen, sprechen : pfeifen ✳ *flötengehen →* *flöten gehen:* (ich gehe flöten; flöten gegangen; flöten zu gehen) intr.: (volkstüml.) verloren gehen : entzweigehen ✳ **Flö|tist,** der; –en, –en: Flötenspieler

flo|tie|ren: s. Flotation

flott Ew.: (urspr.) oben auf dem Wasser schwimmend : ungebunden : leicht : leichtlebig : frei : flink : gewandt : schick, elegant ✳ *flottmachen* tr.: (Schiff –) zur Fahrt bereitmachen ✳ *flott von der Hand gehen:* flink arbeiten; *flott leben:* leichtsinnig leben; *flottweg* Uw.: schnell ✳ **Flott,** das; –(e)s, –e: (urspr.) etwas obenauf Schwimmendes : (meist) Milchrahm : (seem.) Floß ✳ **Flot|te,** die; –, –n: Schiffsbestand eines Staates : größerer Schiffsverband : Flottenhafen: Dock ✳ *Flottenabkommen; Flottenarzt:* Sanitätsoffizier der Marine; *Flottenführer; Flottenmanöver; Flottenstützpunkt; Flottenverband* ✳ **flot|tie|ren** (..iert) intr.: schwimmen : schwanken ✳ **Flot|til|le** (fr.) [..ije], die; –, –n: Flottenverband : Verband kleiner Kriegsschiffe

Flotz|maul, das; –(e)s: Nasenspiegel bei Rindern

Flöz, das; –es, –e: waagerechte Fläche : (Bergb.) tafelförmiges Lager : abbauwerte Gesteinsschicht ✳ *flözartig* Ew.; *Flözberg; Flözgebirge; Flözlage; Flözschicht; flözweise* Uw.: in waagerechten Lagern

Flu|at (l.), das; –(e)s, –e: Mittel zur Haltbarmachung von verwittertem Gestein : kieselfluorwasserstoffsaure Salze

Fluch, der; –(e)s, Flüche: Verwünschung : Schwur mit Selbstverwünschung : großes Übel als Folge einer Verwünschung : Gotteslästerung : fluchbringende oder vom Fluch getroffene Person ✳ *fluchabwendend* Ew.; *fluchbefreit* Ew.; *fluchbeladen* Ew.: *fluchbelastet* Ew.; *Fluchgeschick; fluchwürdig* Ew. ✳ **flu|chen** tr.: einen Fluch tun; intr.: verwünschen ✳

fluchenswert Ew.: wert, dass man es verwünscht ✳ **Flu|cher,** der; –s, –: einer, der flucht : Gotteslästerer

Flucht, die; –, –en: das Fliehen : (weidm.) Ort des Fliehens : das schnelle Hinschwinden : ein Haufe zusammenfliegender Vögel : Zeit des Fliegens : Spielraum eines sich bewegenden Gegenstandes : Richtung einer geraden Linie : ununterbrochene Reihe ✳ *fluchtartig* Ew.: wie fliehend : überstürzt ✳ *Fluchtbau:* Notbau für den fliehenden Fuchs; *Fluchtbild:* perspektivisches Bild; *Fluchtburg:* Burg als Sicherheit bietendes Ziel einer Flucht; *Fluchtgeschwindigkeit; Fluchthelfer; Fluchtlinie; Fluchtpunkt; Fluchtröhre:* Fluchtbau; *Fluchtverdacht; fluchtverdächtig* Ew.; *Fluchtversuch* ✳ **fluch|ten** tr.: in eine gerade Linie bringen : (Eisspiel) werfen ✳ **flüch|ten** intr. (sein): fliehen : durch Flucht in Sicherheit bringen oder zu bringen suchen; rbz.: fliehen ✳ **flüch|tig** Ew.: fliehend : dahinschwindend : vergänglich : schnell : gewandt : flink : oberflächlich : (Mal.) fliegend : (bergm.) brüchig : (Web.) leicht ✳ **Flüch|tig|keit,** die; –, –en: das Flüchtigsein : (bes.) Oberflächlichkeit, Achtlosigkeit : etwas achtlos Gemachtes ✳ *Flüchtigkeitsfehler* ✳ **Flücht|ling,** der; –s, –e: flüchtige Person : Heimatvertriebener ✳ *Flüchtlingselend; Flüchtlingskommissar:* behördlicher Sachbearbeiter für Flüchtlingsfragen; *Flüchtlingslager*

Flu|der, der; –s, –: offene Wasserrinne ✳ **flu|dern** (ich ..[e]re) tr.: (Holz –) mittels der Wetterbäche in Gewässer flößen

Flug, der; –(e)s, Flüge: das Fliegen : (mundart., Wappk.) Flügelpaar der Vögel : Haufe von zusammen fliegenden Vögeln : Zeit und Ort der Flüge ✳ *Flugabwehr; Flugasche:* Flockasche; *Flugbahn:* Bahn eines Geschosses oder eines Flugzeugs; *Flugbegleiter, Flugbegleiterin:* Steward, Stewardess; *Flugblatt:* einzeln veröffentlichtes Druckblatt; *Flugbereich:* Aktionsradius eines Flugzeugs; *flugbereit* Ew.: fertig zum Abflug; *Fluggast:* Gast eines Flugzeugs; *Flugge-*

schwindigkeit; *Flughafen:* Start- und Landeplatz für Flugzeuge, Anlage für den Luftverkehr; *Flughafer:* ein Unkraut mit fliegendem Samen; *Flughaut:* zum Fliegen dienende Haut der Fledermäuse; *Flugkapitän; Flugkarte; Flugkörper; Fluglehrer; Fluglinie:* Flugbahn : Gesellschaft für Flugverkehr*; Flugloch:* Loch zum Hinaus- und Hineinfliegen in Taubenschlägen usw.*; Flugmaschine:* (Bühnenw.) Vorrichtung, Gegenstände oder Personen fliegend erscheinen zu lassen : Flugzeug; *Flugmehl:* beim Mahlen umherfliegendes Staubmehl; *flugmüde* Ew.: müde vom Fliegen; *Flugplan; Flugplatz:* Start- und Landeplatz für Flugzeuge; *Flugpost:* durch Flugzeuge beförderte Postsendung(en); *Flugsand:* loser, vom Wind fortgetriebener Sand; *Flugschrift:* Flugblatt; *Flugschüler; Flugsport; Flugstützpunkt; Flugstrecke; Flugtechnik; Flugverkehr; Flugweite:* Entfernung der Enden der ausgespannten Flügel eines Vogels; *Flugwesen; Flugwetter:* günstiges Wetter zum Fliegen; *Flugwoche:* Woche, in der Schauflüge stattfinden u. Ä.; *Flugzeug,* das; –es, –e; *Flugzeugabsturz; Flugzeugabwehrkanonen, -batterie* (Abk.: Flakbatterie); *Flugzeugbau; Flugzeugentführung; Flugzeugführer:* Pilot; *Flugzeugmutterschiff; Flugzeugträger* ✳ **Flü⎮gel,** der; –s, –: Flugwerkzeug fliegender Tiere : Lungenlappen : Seitengebäude : bewegliche Fenster-, Türhälfte : Tastensaitenmusikinstrument : Kronenblatt einer Schmetterlingsblume : äußerstes Ende eines aufgestellten Heeres : Wind auffangende Vorrichtung an der Windmühle : flügelförmiges Klavier : (weidm.) eine Seite eines Jagens : (weidm.) die auf einer Seite eines Jagens befindlichen Leute : (weidm.) von einem Ende des Waldes zum anderen durchgehauener Weg : Windfähnchen an der Mastspitze ✳ *Flügeladjutant:* dem obersten Kriegsherrn beigegebener Adjutant; *flügelähnlich*

Ew.; *Flügelaltar:* Altar mit zusammenklappbaren Seitenteilen; *flügelartig* Ew.; *Flügeldecke:* deckende Flügel eines Käfers : Decke eines Flügelklaviers; *flügelförmig* Ew.; *Flügelfenster:* Fenster mit zwei beweglichen Hälften; *Flügelhaube:* Haube mit fliegenden Bändern; *Flügelhorn:* ein Blechblasinstrument; *Flügelkleid:* ehemalige Kindertracht mit flügelähnlichen Streifen; *flügellahm* Ew.; *Flügelmann:* am Flügel eines Trupps marschierender Soldat : Führer; *Flügelschlag:* Bewegung mit den Flügeln; *flügelschlagend* Ew.; *Flügelschnecke:* eine Schnecke; *Flügelschraube:* Schraube mit Flügelmutter; *Flügeltür:* Tür mit zwei beweglichen Hälften; *Flügelwelle:* Wellbaum mit flügelähnlichen Ansätzen ✳ **flü⎮gel⎮haft** (selt.) Ew.: geflügelt ✳ **..flü⎮ge⎮lig** Ew. in Zus.: Flügel habend; z. B. einflüg[e]lig usw. ✳ **flü⎮geln** (ich ..[e]le) tr.: mit Flügeln versehen : (weidm.) in die Flügel schießen ✳ *geflügelt* Ew.: Flügel habend ✳ *geflügelte Worte:* allbekannte Redensart, Zitat ✳ **Flu⎮ger,** der; –s, –: Wappenwimpel ✳ **flüg⎮ge** Ew.: (junger Vogel) zum Flug ausreichend befiedert : (übertr.) selbständig; auch *flück* ✳ **..flüg⎮ler** in Zus.: Flügel Habender, z. B. Hautflügler u. a. ✳ **flugs** Uw.: im Fluge : schnell : sofort **Fluh, Flüh** (schweiz.), die; –, –e (–n): Fels : Felswand ✳ *Flühlerche; Flühvogel*

flu⎮id (l.) Ew.: flüssig : fließend : ungezwungen ✳ *Fluidextrakt* ✳ **Flu⎮i⎮di⎮tät,** die; –: Flüssigkeit : Leichtigkeit (einer Rede usw.) ✳ **Flu⎮i⎮dum,** das; –s, ..da: Flüssigkeit : Strom unwägbarer Stoffe : geistige oder körperlich wirkende Ausstrahlung einer Person oder einer Sache

Fluk⎮tu⎮a⎮ti⎮on (l.), die; –, –en: das Wallen : Schwankung : Unentschiedenheit : Wechsel der Mitarbeiterschaft ✳ **fluk⎮tu⎮ie⎮ren** (..iert) intr.: wallen : hin und her fluten : schwanken ✳ **fluk⎮tu⎮ös** Ew.: wogend

Flun⎮der, die; –, –n: der; –s, –: ein schollenartiger Fisch ✳ *Flundernfang; –fischerei*
Flun⎮ker, der; –s, –: Flimmer : Blendwerk ✳ **Flun⎮ke⎮rei,** die; –, –en: Lügerei ✳ **flun⎮ker⎮haft** Ew.: flunkernd ✳ **flun⎮kern** (ich ..[e]re) intr.: flimmern : täuschen : lügen : übertreiben
Flunsch, der; –es, –e: mürrisch verzogener Mund
Flu⎮or (nl.), der; –s: ein chem. Element; Abk.: F : (Med.) Ausfluss ✳ *Fluorkalzium:* Flussspat; *Fluorsilikat:* ein Härtungsmittel; *Fluorwasserstoff; Fluorid:* Salz des Fluorwasserstoffes ✳ **Flu⎮o⎮res⎮zenz** (l.), die; –: farbige Zerlegung des Lichtes : das Selbstleuchten eines Stoffes ✳ **Flu⎮o⎮res⎮ze⎮in,** das; –s: ein Teerfarbstoff ✳ **flu⎮o⎮res⎮zie⎮ren** intr.: schillern : durch Bestrahlung aufleuchten [l. fluere fließen]

Flur, die; –, –en: Bodenfläche : bewachsenes Gefilde : zu einer Ortschaft gehörige Feldmark ✳ *Flurbegang; –bereinigung; –besichtigung; Flurbuch; Flurgrenze; Flurhüter; Flurkarte; Flurnamen:* Namen einzelner Flurteile; *Flurscheide; Flurschaden; Flurschütze* ✳ **Flur,** der; –(e)s, –e (veralt. die; –, –en): gepflasterter Fußboden : Raum mit gepflastertem Fußboden : Vorplatz im Hause : Vorplatz in der Wohnung : Diele, Korridor ✳ *Flurgarderobe* ✳ **flu⎮ren** tr.: mit Fliesen pflastern : (Feldmark –) mit Grenzen versehen : Grenzen begehen; intr.: Flur hüten
Flu⎮se, die; –, –n: Staubflocke : Fadenstück
Fluß → **Fluss,** der; –es, Flüsse; Flüsschen : größeres fließendes Wasser : das Schmelzen : Masse, die die Schmelzbarkeit erhöht : geschmolzener Körper; durch das Schmelzen erzeugter Körper : das Fließen : leichte Beweglichkeit : das Hinschwinden : Menstruation : (Med.) krankhafter Ausfluss u. dgl. ✳ *Flußaal* → *Flussaal:* in einem Fluss lebender Aal; *flußab(wärts)* → *flussab(wärts)* Uw.; *Flußanwohner* → *Flussanwohner; Flußarm* → *Flussarm; flußauf(wärts)* → *flussauf(wärts)* Uw.; *Flußbad* →

Flussbad; Flußbarsch →
Flussbarsch; Flußbau →
Flussbau: bauliche Maßnah-
men zur Flussregulierung;
Flußbett → *Flussbett:* Raum, in
dem ein Fluss fließt; *Flußdamp-
fer* → *Flussdampfer; Flußerde*
→ *Flusserde:* als Schmelzmittel
dienende Erde; *Flußfieber* →
Flussfieber: Fieber mit krank-
haftem Säfteandrang; *Flußge-
biet* → *Flussgebiet; Flußgold* →
Flussgold: in Flüssen gefunde-
nes Gold; *Flußmittel* →
Flussmittel: Schmelzmittel;
Flußmündung → *Flussmün-
dung; Flußperlmuschel* →
Flussperlmuschel; Flußpferd
→ *Flusspferd:* Nilpferd; *Fluß-
schiffahrt* → *Flussschifffahrt;*
Flußspat → *Flussspat:* Fluorit,
Kalziumfluorit; *Flußstahl* →
Flussstahl; Flußwasser →
Flusswasser; Flußweg →
Flussweg: Wasserstraße *
flüs|sig Ew.: (Körper) nicht fest
und nicht gasförmig, von locke-
rem Zusammenhang der Teile,
fließend : (Rede) leicht dahin-
fließend : (Gelder) zur freien
Verfügung stehend : (Laut) gleitend : mit einer Flusskrankheit
behaftet * *flüssigmachen* →
flüssig machen tr.: Geld be-
schaffen * **Flüs|sig|keit,** die; –,
–en: das Flüssigsein : ein flüssiger Körper

Flüs|te|rer, der; –s, –: ein Flüs-
ternder * **flüs|tern** (ich ..[e]re)
intr., tr.: leise sprechen : heimlich bereden * *Flüsterpropa-
ganda; Flüsterstimme; Flüs-
terton; Flüstertüte:* (volkst.)
Megafon
Flut, die; –, –en: das Anschwellen des Meeres (Ggs.
Ebbe) : starkbewegte große
Flüssigkeitsmasse : etwas in
mächtiger Fülle Dahinströmen-
des * *Flutanker; Flutbett;
Flutbrecher; Flutdeich:* Notdeich zur Abhaltung der Flut;
Fluthafen: Hafen, in den man
nur mit der Flut einlaufen
kann; *Fluthöhe; Flutkatastro-
phe; Flutlicht:* Licht auf Plät-
zen und vor Gebäuden aus
breitstrahlenden Scheinwer-
fern; *Flutkraftwerk:* durch
Wasserflut betriebenes Kraft-
werk; *Flutmesser:* Pegel; *Flut-
strom; Fluttor:* ein Schleusen-
tor, das zum Schutz vor Flut-

wellen geschlossen wird; *Flutwelle:* Erhebung des Meeres-
spiegels infolge der Gezeiten;
Flutzeit * **flu|ten** intr. (haben,
sein): anschwellen : strömen :
wogen : sich auf der Flut bewegen, schwimmen; tr.: schwem-
men : strömen machen * **flu|tig**
Ew.: flutend : in Fluten
Flü|te, die; –, –n: ein dreimas-
tiges Lastschiff zum Walfang
flut|schen (du flutsch[e]st und
du flutschst) (md.): rutschen,
gleiten : fluschen: rasch von
der Hand gehen
flu|vi|al (l.) [..w..] Ew.: den
Fluss betreffend : zum Fluss
gehörig : vom Fluss gebildet :
im Fluss, im Wasser lebend *
Flu|vi|o|graph *auch:* **Flu-
vi|o|graf,** der; –en, –en: Was-
serstandsmesser * **flu|vi|o-
ma|rin** Ew.: aus Fluss- und
Meerwasser gemischt, brackig
[l. fluvius Fluss]
Flux (l.), der; –es, –e; **Flu|xus,**
der; –, –: das Fließen : Strom,
Kraftstrom * **Flu|xi|on,** die; –,
–en: das Fließen : Blutandrang
* *Fluxionsrechnung:* Infinitesimalrechnung
Fly|boat (e.) [fleiboht], das;
–(e)s, –e: Eilboot, kleine Jacht
Fly|er (e.) [fleier], der; –s, –:
Vorspinnmaschine
Flying Dutch|man (e.) [flei-
ing datschmän], der; –, ..men:
Segelbootklasse für zwei Personen
Fly-o|ver (e.) [flei-ouwer],
der; –s, –s: Straßenüberführung
Flysch, das; –es: sandig-tonige
Gesteinsablagerung
Fm *auch:* **fm** (Abk.): Festmeter
Fmk (Abk.): Finnmark; finni-
sche Landeswährung
f-Moll: s. f
fob (Abk.): free on board (e.)
[frih on bohrd]: frei an Bord
(des Schiffes zu bringen) ohne
Transportkosten
Fock *auch:* **Fo|cke,** die; –;
Focken: unteres viereckiges
Segel am Vordermast * *Fock-
mast; Fockrahe; Focksegel*
Fö|de|ra|lis|mus (nl.), der; –:
Streben der Gliedstaaten eines
(Bundes-)Staates nach mög-
lichster Selbständigkeit *
Fö|de|ra|list (nl.), der; –en,
–en: Anhänger des Föderalis-
mus * **Fö|de|ra|ti|on** (nl.), die;

–, –en: Verbündung : Bund,
Staatenbund * **fö|de|ra|tiv** (nl.)
Ew.: bündnismäßig : bundes-
staatlich * *Föderativstaat:*
Bundesstaat; *Föderativsystem:*
Staatenbund : Bundesverfas-
sung * **fö|de|rie|ren** (..iert)
(nl.) tr.: verbünden * *Föde-
rierte,* der; die; –n, –n: Verbün-
dete(r)
Fog (e.), der; –s: dichter Nebel
Fo|gosch, der; –, –: ein Fisch,
Zander
Foh|le, die; –, –n: weibliches
Fohlen * **Foh|len,** das; –s, –:
das Junge einer Stute, Füllen *
Fohlengift: zähe Masse im Magen des Fötus der Pferde *
foh|len tr., intr.: (Stute) Junge
werfen
Föhn, der; –(e)s, –e: trockener,
warmer Fallwind * *Föhn-
krankheit:* auf Föhneinfluss beruhende Beschwerden; *Föhn-
wind* * **föh|nen** intr., unp.:
(Föhn) wehen; vgl. fönen *
föh|nig Ew.: (Luft) auf Föhn
deutend, warm; vgl. Fön
Föhr: nordfriesische Insel
Föh|re, die; –, –n: Forelle
Föh|re, Föh|re, die; –, –n: ein
Nadelbaum, Kiefer * *Föhren-
holz; Föhrenwald* * **föh|ren**
Ew.: aus Föhrenholz bestehend
* *Föh|richt,* das; –(e)s, –e:
Föhrendickicht
fo|kal (nl.) Ew.: auf den Brenn-
punkt bezüglich * *Fokaldis-
tanz, -länge:* Brennweite; *Fo-
kalinfektion:* Herdinfektion,
von einem Streuherd ausge-
hende chronische Infektion *
Fo|ko|me|ter (l.-gr.), das; –s, –:
Gerät zum Messen der Brenn-
weite * **Fo|kus** (l.), der; –, –:
„Herd", Brennpunkt : (Med.)
Krankheitsherd * *Fokusdiffe-
renz:* Brennweitenschwan-
kung * **fo|kus|sie|ren** tr.:
(Lichtstrahlen, Wellen) sammeln
Fok|ker: Fn. * **Fok|ker,** der;
–s, –: einsitziges Jagdflugzeug
fol. (Abk.): folio
Fol. (Abk.): Folio; s. Foliant
Fo|ko|me|ter, Fo|kus: s. fokal
Fol|ge, die; –, –n: das Folgen :
Gehorsam : Reihe : aufeinander folgende Dinge : Zukunft :
das Hervorgehen aus etwas :
das Hervorgehende, die Wirkung : Schlussfolgerung : Verpflichtung zu folgen : Recht,

Folge zu fordern : (weidm.) Recht der Verfolgung von Wild auf fremdem Jagdgebiet : Geleit : Gefolge ✳ *zur Folge haben:* hinauslaufen auf; *Folge leisten:* gehorchen; *die Folgen tragen:* die Verantwortung auf sich nehmen ✳ *Folgeerscheinung:* Nachwirkung; *folgegemäß* Ew.: Vd. f. konsequent; *folgerecht, -richtig* Ew.; *Folgesatz:* Konsekutivsatz; *Folgeschaden; Folgestern:* Vd. f. Trabant; *Folgewelt:* Nachwelt; *folgewidrig* Ew.: Vd. f. unlogisch; *Folgezeit:* Zukunft ✳ *folgenlos* Ew.: ohne Wirkung; *folgenschwer* Ew.: mit starker Wirkung ✳ **fol|gen** intr. (haben, sein): sich an Vorangehendes anreihen : hinter jemand hergehen : geleitet : sich nach etwas richten : gehorchen : aus etwas hervorgehen : sich ergeben aus etwas ✳ *folgende Seite,* Abk.: f.; *folgende Seiten,* Abk.: ff.; *der folgende → der Folgende:* der nächste in der Reihe; *folgendes → Folgendes:* (meist) die folgenden Worte; *im folgenden → im Folgenden; durch folgendes → durch Folgendes; das Folgende:* das Künftige ✳ *folgendergestalt, folgendermaßen, -weise* Uw.: in der im Folgenden beschriebenen Art ✳ **Fol|ger,** der; –s, –: ein Folgender : ein Werkzeug der Reepschläger : ein Schieber an engl. Uhren ✳ **fol|gern** (ich ..[e]re) tr.: denkend, durch Vernunftschlüsse herleiten ✳ **Folge|rung,** die; –, –en: das Folgern : das Gefolgerte ✳ **folg|lich** Bw.: daher : (veralt.) Uw.: künftig ✳ **folg|sam** Ew.: gehorsam : (zuw.) fügsam ✳ **Folg|sam|keit,** die; –: Gehorsam

Folgendes
Die substantivierte Form von Adjektiven und Partizipien, die wie Adjektive angewendet werden, schreibt man groß: *Folgendes bleibt zu sagen; alle Folgenden kommen später.*

Fol|i|ant (l.), der; –en, –en: großformatiges, dickes Buch (in Folio) ✳ **Fol|lie,** die; –, –n: Blättchen : dünn ausgewalztes Metall- oder Kunststoffblatt : Hintergrund (der einen Gegenstand stärker zur Geltung bringt) ✳ *Folienschweißgerät:*

Gerät zum lagerfertigen Verpacken von Ware in Folie ✳ **fo|li|ie|ren** (..iert) tr.: Blätter eines Buches beziffern : Spiegelglas mit Stanniol belegen ✳ **Fol|io,** das; –s, ..lien und –s: Halbbogengröße (eine Buchseite); Abk.: Fol. oder 2° ✳ *Folioband; Folioblatt; Folioformat* ✳ **fol|li|ös** Ew.: blattreich : blättrig ✳ **Fol|li|um,** das; –s, ..lia und ..lien: Blatt

Folk (e.) [fouk], der, –s, nur Ez.: aus Volksmusik entstandene englischsprachige Rockmusik ✳ *Folksong*

Fol|ke|ting (dän.), das; –s: dänisches Parlament

Fol|klo|re (e.), die; –: Volkskunst (besonders: Lied, Tanz, Musik) ✳ **Folk|lo|rist,** der; –en, –en: Volkskundler : Kenner, Erforscher der Folklore ✳ **Folk|lo|ris|tik,** die; –: Sagenkunde, Volkskunde ✳ **folk|lo|ris|tisch** Ew.: volkskundlich

Folk|wang: Palast der Freyja (isländ. Sage) ✳ *Folkwangmuseum:* Nordlandmuseum in Essen, früher in Hagen i. W.

Fol|lia (it.-span.), die; –, ..lien: „Torheit", heiteres spanisches Musikstück

Fol|li|kel (l.), der; –s, –: Drüsensäckchen : Hülle der reifenden Eizelle im Eierstock : (Bot.) Balgfrucht ✳ *Follikelhormon; Follikelsprung* ✳ **fol|li|ku|lar, fol|li|ku|lär** Ew.: auf den (die) Follikel bezüglich [l. follis Beutel]

Fol|ter, die; –, –n: ehemaliges Marterwerkzeug : gerichtliche Peinigung : Marter : heftiger Schmerz ✳ *Folterbank; Folterreisen; Foltergerät; Folterkammer; Folterpein; Folterqual; Folterschmerz; Folterschraube; Folterwerkzeug* ✳ **fol|tern** (ich ..[e]re) tr.: martern : peinigen : quälen ✳ **Fol|te|rer,** der; –s, –: Peiniger ✳ **Fol|te|rung,** die; –, –en: das Foltern : gefoltert werden

Fo|ment (l.), das; –(e)s, –e: warmer Umschlag ✳ **Fo|men|ta|ti|on,** die; –, –en: Wärmung ✳ **fo|men|ta|tiv** Ew.: Wärme bewirkend ✳ **fo|men|tie|ren** (..iert) tr.: durch Wärme lindern

fon.., Fon..: s. phon.., Phon..

fon.., Fon..
Im Zuge der Integrierung von Fremdwörtern in den deutschen Sprachbestand ist die eindeutschende Schreibweise *fon..* oder *Fon..* am Wortanfang möglich. Anders als im Wortinneren (z. B. *Telefon*) gilt jedoch die Schreibung mit *ph/Ph* weiterhin als Hauptvariante.

Fön *auch:* **Föhn,** der; –, –s oder ..apparate: elektrischer Heißluftapparat (Warenzeichen) ✳ **fö|nen** *auch:* **föh|nen** tr.: mit dem Fön trocknen; vgl. Föhn

fon|cé (fr.) [fongßeh] Ew.: von dunkler Farbe ✳ **fon|cie|ren** (..iert) tr.: grundieren ✳ *Fonciermaschine*

Fond (fr.) [fong], der; –s, –s: Grund : Hintergrund : Bühnenhintergrund : Hintersitz einer Kutsche : einreduzierte Fleischbrühe ✳ *au fond* [o –]: im Grunde ✳ *fondamento* (it.), der; –, ..ti: (Mus.) Grundstimme ✳ **Fonds** (fr.) [fong], der; –, –: Geldvorrat : Grundvermögen : Kapital ✳ *à fonds perdu* [a fong perdüh]: unverzinslich und nicht rückzahlbar ✳ *Fondsbörse:* Börse für staatl. Wertpapiere; *Fondsgeschäft:* Handel mit Staatswertpapieren [fr. fond, l. fundus Grund, Boden]

Fon|dant (fr.) [fondang], der; –s, –s: gefülltes Zuckerwerk ✳ **Fon|de|rie** [fong..], die; –, ..rien: Gießerei, Schmelzhütte ✳ **Fon|due** [fongdüh], das; – : (Kochkst.) schweiz. Käsegericht [fr. fondre schmelzen]; *Fonduegabel*

Fon|tä|ne (fr.) [fongtähne], die; –, –n: Springbrunnen ✳ **Fon|ta|nell** [fong..], das; –s, –e; **Fon|ta|nel|le** [fong..], die; –, –n: weiche Lücke zwischen den Schädelknochen bei Neugeborenen : künstliche Eiterwunde zur Ableitung von Krankheitsstoffen

Fon|taine|bleau (fr.) [fontengbloh]: Stadt und Schloss bei Paris

Foot (e.) [futt], der; –, Feet [fiet]: englisches und amerikanisches Längenmaß ✳ **Foot|ball** (e.) [futba°hl], der; –, –s: amerikanisches Mannschaftsballspiel

Fop (e.), der; –s, –s: Narr : Geck ✳ **fop\|pen** tr.: necken ✳ **föp\|peln** (ich ..[e]le) tr.: foppen ✳ **Fop\|per**, der; –s, –: ein Foppender ✳ **Fop\|pe\|rei**, die; –, –en: das Necken

Force (fr.) [forß], die; –, –n: Gewalt : Zwang : ein Pariser Gefängnis ✳ *par force*: mit Gewalt; vgl. Parforce.. ✳ *Force majeure* [– maßehöhr], die; – –: höhere Gewalt, zwingende Umstände ✳ **for\|cie\|ren** (..iert) [..ß..] tr.: erzwingen : gewaltsam vorantreiben : (Whist) zum Stechen mit Trumpf nötigen ✳ **for\|ciert** Ew.

For\|che, die; –, –n: Föhre, Kiefer

For\|ceps (l.), der (die); –, –: (Med.) geburtshilfliche Zange

for\|ci\|e\|ren: s. Force

Förde, die; –, –n: tiefeinschneidende, schmale Meeresbucht

För\|de\|rer, der; –s, –: ein Fördernder ✳ **För\|de\|rin**, die; –, –nen: weibl. Förderer ✳ **för\|der\|lich** Ew.: fördernd : nützlich : zweckmäßig : hilfreich ✳ **för\|dern** (ich ..[e]re) tr.: vorwärts schaffen : in Gang bringen : machen, dass einer vorwärts kommt, dass etwas Fortgang hat, gedeiht : (Erz →) zutage schaffen ✳ *Förderanlage*: industrielle Anlage zum Fortbewegen von Massengütern; *Förderband; Fördereimer; Förderkohle; Förderkorb; Förderkreis*: Kreis von Menschen, die ideelle und finanzielle Hilfe zu etwas leisten; *Fördermaschine; Förderschacht; Förderseil; Fördersohle*: Sohle, auf der gefördert wird; *Förderstollen; Förderturm; Förderwagen; Förderwerk* ✳ **För\|der\|nis**, das; ..nisses, ..nisse: das Fördern : das Fördernde ✳ **för\|der\|sam** Ew.: fördernd : förderlich ✳ **För\|de\|rung**, die; –, –en: das Fördern

for\|dern (ich ..[e]re) tr.: (urspr.) (das Hervorkommen) verlangen : erfordern : etwas notwendig machen : in Anspruch nehmen : zum Kampf, Wettbewerb herausfordern ✳ **For\|de\|rung**, die; –, –en: Anspruch auf Zahlung einer Leistung : Ansage eines Duells : Verlangen

Fore\|che\|cking (e.) [fohr tschecking], das; –s, –s: (Eishockey, Fußball) frühes Stören des Gegners

Fore\|hand (e.) [fohrhänd], die; –: Spiel mit der Vorhand bei Tennis, Tischtennis oder Federball

Fo\|reign Of\|fice (c.) [forren offiß], das; – –: brit. Auswärtiges Amt

Fo\|rel\|le, die; –, –n: ein Fisch ✳ *Forellenbach; Forellenbarsch; Forellenfang; Forellenstör*: geräucherter Seeteufel; *Forellenzucht*

fo\|ren\|sal (l.) Ew.: die Fremden angehend ✳ *Forensalbesitz*: Grundbesitz eines Auswärtigen ✳ **Fo\|ren\|se**, der; –n, –n: Fremder [l. foris draußen]

fo\|ren\|sisch (l.) Ew.: gerichtlich [l. forum Macht, Gericht] ✳ *forensische Medizin; forensische Psychologie*

Fo\|rint der; –s, –s: ungarische Landeswährung

For\|ke (l.), die; –, –n: große Gabel : Furke ✳ **For\|kel**, die; –, –n: (Bergb.) gabelförmige Stange zum Abheben der Steine : (weidm.) Stellgabel zum Auflegen der Leinen und des Zeugs ✳ **for\|keln** (ich ..[e]le) tr.: auf die Gabel spießen : (weidm.) auf die Hörner spießen

Forle, die; –, –n: Föhre, Kiefer ✳ *Forleule* (mundartl.): ein Schmetterling

Form (l.), die; –, –en: Gestalt : Art der äußeren Beschaffenheit : Vorbild, Muster : Hohlgefäß der Gießer : Rahmen zum Schöpfen des Büttenpapiers : (Buchdrw.) ein in einen Formrahmen eingespannter Schriftsatz : inhaltlose Äußerlichkeit, Höflichkeit : (gute) Art des Benehmens ✳ *Formbank*: Diebank zur Herstellung von Gießformen; *formbar* Ew.: so beschaffen, dass man es formen kann; gestaltbar; *Formbarkeit; formbeständig* Ew.: die Form behaltend; *Formblech; Formbrett; Formeisen*: eiserner Träger von bestimmter Form (vgl. formen); *Formfehler; formgewandt* Ew.: gewandt in äußeren Höflichkeitsformen; *Formgewölbe*: Hohlraum in Schmelzöfen; *formlos* Ew.: ohne Höf-

lichkeitsformen : Schriftstück in nicht formaler Form; *Formlosigkeit; Formmaschine; Formpresse; Formsache*: (inhaltlose) Höflichkeit; *Formschneider; Formstück; Formveränderung; formvollendet* Ew.: von vollendet schöner Form ✳ *Formenlehre*: (Sprachl.) Lehre von der Wortbeugung : Kompositionslehre: *formenreich* Ew.: reich an verschiedenen Formen; *Formenreichtum; Formenschneider; Formenschönheit; Formensinn*: Verständnis für (künstlerische) Form(en) ✳ **for\|ma, pro –** (l.): nur der Form wegen, zum Schein ✳ **for\|mal** Ew.: auf die Form bezüglich ✳ *Formalausbildung*: Exerzieren ✳ **For\|ma\|le**, das; –n: Form, Gestalt(ung) ✳ **For\|ma\|li\|en** Mz.: Förmlichkeiten ✳ **for\|ma\|li\|sie\|ren** (..iert) tr.: in strenge Form bringen; rbz.: sich über etwas aufhalten ✳ **For\|ma\|lis\|mus**, der; –, ..men: Formenkram, übertriebene Berücksichtigung der Form ✳ **For\|ma\|list**, der; –en, –en: Formenmensch, einer, der sich zu stark an Äußerliches hält ✳ **for\|ma\|lis\|tisch** Ew.: in der Art eines Formalisten ✳ **For\|ma\|li\|tät**, die; –, –en: Förmlichkeit, leere Höflichkeit ✳ **for\|ma\|li\|ter** Uw.: der Form nach : in aller Form ✳ **For\|mat**, das; –(e)s, –e: Gestalt : (bes.) Größenform, Bedeutung, geistige Form ✳ **for\|ma\|tie\|ren** tr.: (EDV) ein Speichermedium (Diskette, Festplatte u. a.) zur Aufnahme von Daten vorbereiten ✳ **For\|ma\|ti\|on**, die; –, –en: Gestaltung : (Heeres-)Aufstellung : Form : (Geol.) Erdzeitalter ✳ **for\|ma\|tiv** Ew.: auf die Gestaltung bezüglich : gestaltend ✳ **For\|mel**, die; –, –n: feststehende Form : festumrissene Vorschrift : feststehender Ausdruck : (Chem.) durch Berechnung gefundene allgemeine Regel ✳ *Formel-1-Wagen*: Rennwagen; *Formelkram; Formelwesen* ✳ **for\|mel\|haft** Ew.: nach Art einer festen Formel ✳ **for\|mell** Ew.: die Höflichkeitsformen streng beachtend : zum Schein ✳ **for\|meln** (ich ..ele) tr.: in feste Ausdrucksformen fassen ✳ **for\|men** tr.: gestalten, bilden ✳ *Formeisen*: Eisen zum

Runddrehen von Kugelformen; *Formenhammer:* Hammer zum Schlagen des Goldes zu Blättern **∗ For|mer,** der; –s, –: ein Formender : Formengießer **∗ Form|me|rei,** die; –, –en: das Formen : Kunst des Formens : Anstalt, in der in Gussformen hergestellt werden **∗ form|haft** Ew.: Form habend **∗ for|mie|ren** (..iert) tr.: bilden : formen : gestalten : herstellen : in Reih und Glied aufstellen : (kfm.) buchen **∗ For|mie|rung,** die; –, –en: Gestaltung : Bildung : Herstellung **∗** *Formierungsplatz* **∗ ..för|mig** Ew., nur in Zus.: eine Form habend; z. B. kreisförmig usw. **∗ förm|lich** Ew.: die (Höflichkeits-) Formen streng beachtend : (Rechtsspr.) in aller Form, deutlich ausgedrückt : steif, ungewandt : buchstäblich **∗ Förm|lich|keit,** die; –, –en: förmliches Wesen : förmliche Äußerung **∗ For|mo|si|tät,** die; –, –en: Schönheit, Wohlgestalt **∗ For|mu|lar** (nl.), das; –s, –e: vorgeschriebene Form : Muster, Vordruck(blatt) **∗ for|mu|lie|ren** (..iert) (l.) tr.: in die richtige Form bringen : ausdrücken : in Worte fassen : abfassen **∗ For|mu|lie|rung,** die; –, –en: das Formulieren : das Formulierte : Art des Ausdrucks **∗ For|mung,** die; –, –en: das Formen : die Form [l. forma Gestalt]

Form|al|de|hyd, das; –s: giftiges Gas, keimtötendes Mittel **∗ For|mi|ka|ti|on** (l.), die; Hautjucken („Ameisenlaufen") **∗ For|myl|säu|re,** die; –: Ameisensäure [l. formica Ameise]

For|ma|li|en: s. Form

For|ma|lin das; –s: chem. Lösung, zur Desinfektion und Konservierung verwendet

for|ma|li|sie|ren;

For|ma|lis|mus: s. Form

For|mat usw., **For|mel, for|mell** usw.: s. Form

for|mi|da|bel (l.) Ew.: furchtbar : unglaublich : gewaltig

for|mie|ren: s. Form

For|mi|ka|ti|on: s. Formaldehyd

For|mo|si|tät, **For|mu|lar** usw.: s. Form

For|myl|säu|re: s. Formaldehyd

forsch (fr.) Ew.: kräftig : derb :

frisch : kühn **∗ For|sche,** die; –: (volkst.) Kraft : Nachdruck : Wagemut : Draufgängertum

för|scheln (ich ..[e]le) intr.: kleinlich und wiederholt nach etwas forschen **∗ for|schen** (du forsch[e]st, auch forscht) intr.: wissenschaftlich verstehen lernen : gewissenhaft suchen **∗** *forsch(be)gierig* Ew.: *Forschgewicht:* Senkblei; *Forschlust; forschlustig* Ew. **∗ For|scher,** der; –s, –: wissenschaftlich Forschender : Entdecker **∗ For|sche|rin,** die; –, –nen **∗** *Forscherblick; Forschergeist;* *Forscherpfad;* *–trieb* **∗ forsch|sam** (selt.) Ew.: zum Forschen geneigt : forschend **∗ For|schung,** die; –, –en: planmäßig wissenschaftliche Untersuchung und Entdeckung **∗** *Forschungsauftrag; Forschungseifer; Forschungsergebnis; Forschungsgebiet; Forschungsgeist; Forschungsinstitut; Forschungslabor; Forschungsreise; Forschungssemester:* Freistellung während eines Studiensemesters zur Forschung; *Forschungsschiff; Forschungstrieb; Forschungszentrum*

Forst, der; –es, –e: bewirtschafteter Wald : Wald **∗** *Forstamt; Forstaufseher; Forstbeamter; Forstbetrieb; Forstbezirk; Forstdieb; Forstdiebstahl; Forstdienst; Forstfach:* Fachgebiet: Beruf der Förster und Forstmeister; *Forstfrevel; Forstgericht; Forstgesetz; Forstgrenze; Forsthammer:* Stempelaxt zum Anschlagen der verkauften oder zu verkaufenden Bäume; *Forsthaus; Forstherr; Forsthüter; Forstkultur:* Forstwirtschaft; *Forstkunde; Forstmann:* des Forstwesens Kundiger; *forstmännisch* Ew.; *Forstmeister; Forstordnung; Forstrat:* ein Titel; *Forstrecht; Forstrevier; Forstschule:* Schule für die Ausbildung von Förstern; *Forstschütze;* *Forstverwaltung;* *Forstwesen; Forstwirt:* Titel eines Forstkundigen; *Forstwirtschaft; Forstwissenschaft* **∗ Forst|tei,** die; –, –en: (selt.) Forstrevier : Amtswohnung des Försters **∗ forst|tei|lich** (selt.) Ew.: forstlich **∗ fors|ten** tr.:

(Wald –) die forstliche Obrigkeit darüber beanspruchen : jemandem Anrecht am Forst geben **∗ Förs|ter,** der; –s, –: einer, der Anteil am Forst hat **∗ Förs|ter,** der; –s, –: Forstbeamter **∗** *Försterhaus* **∗ Förs|te|rei,** die; –, –en: Försterwohnung : Forstrevier : Forstgericht **∗ förs|ter|lich** Ew.: forstmännisch **∗ forst|lich, först|lich** Ew.: auf einen Forst bezüglich : das Forstwesen betreffend : forstmännisch **∗ Forst|tung,** die; –, –en: das Forsten : Forst **∗ For|sy|thia,** die; –, ..thien: ein „Goldflieder", ein Zierstrauch

fort Uw.: vorwärts : ferner, weiter : weg **∗** *fort mit dir!:* geh weg!; *und so fort:* und so weiter; Abk.: usf.; *in einem fort:* ununterbrochen weiter **∗** *fortab* Uw.: von jetzt an; *fortan* Uw.: künftig; *fortbegeben* rbz.; *Fortbestand; fortbestehen* intr.; *Fortbewegung; fortbilden* tr., rbz.: weiterbilden; *Fortbildung:* über die Schulbildung hinausgehende Bildung; *Fortbildungskurs;* *Fortbildungsschule; fortblasen* tr.: wegblasen; *fortblasen* intr.: weiter blasen; *fortbringen* tr.: wegbringen; *Fortdauer:* das Weiterdauern; *fortdauern* intr.: weiter dauern; *forteilen* intr.: wegeilen; *fortfahren* tr., intr.: wegfahren : fortsetzen, nicht aufhören; *fortfallen* intr.: wegfallen; *fortfliegen* intr.; *fortführen* tr.: wegführen : weiter führen, betreiben; *Fortgang:* Weggang : das Weitergehen; *fortgehen* intr.: weggehen : weitergehen; *forthelfen* intr.: helfen zum Wegkommen : helfen zum Weiterkommen; *forthin* Uw.: weiterhin, künftig; *fortjagen* tr.: wegjagen; *fort jagen* intr.: weiter jagen; *fortkommen* intr.: wegkommen : vorwärts kommen; *fortkriechen* intr.: wegkriechen; *fortlaufen* intr.: weglaufen; *fortlegen* tr.: weglegen; *fortpeitschen* tr.: mit Peitschenhieben fortjagen; *fortpflanzen* tr., rbz.: Sprößlinge, Nachkommen erzeugen; *Fortpflanzung; Fortpflanzungsorgan; –trieb; fortreißen* tr.: wegreißen; *fortreiten* intr.: wegreiten; *fortrennen* intr.: wegrennen; *fortrücken* tr.: wegrücken, an eine andere Stelle rücken; *Fortsatz:* Verlängerung, Ansatz, angesetztes Stück; *fortschaffen* tr.: wegschaffen; *fortscherzen* intr.: durch Scherz vertreiben; *fortschicken* tr.: wegschicken : absenden; *fortschreiten* intr.: vorwärts kommen; *Fortschritt; Fortschrittspartei; Fortschrittler:* fortschrittlich Gesinnter; *fortschrittlich* Ew.; *fortschwemmen* tr.: hinwegschwemmen, fortspülen; *fortschwimmen* intr.: wegschwimmen; *fortsetzen* tr.: weitertun, zu tun nicht aufhören : (Geschichte usw. –) verlängern; *Fortsetzung:* das Fortsetzen : (meist) Verlängerung eines Romans usw. : folgender Teil eines in Abschnitten abgedruckten Romans usw.; *fortspringen* intr.: wegspringen; *fortstecken* tr.: wegstecken; *fortstellen* tr.: wegstellen; *forttreiben* tr.: wegtreiben; *fortwähren* intr.: fortdauern; *fortwährend* Mw. Ew.: dauernd; *fortweisen* tr.: wegschicken; *fortwerfen* tr.; *fortwollen* intr.

Fort (fr.) [fohr], das; –s, –s: kleine Festung : Außenwerk einer Festung * **for∣te** (it.) Uw.: (Mus.) laut : stark * *fortepiano* Uw.: (Mus.) laut und gleich wieder leise * **For∣te∣pi∣a∣no**, das; –s, –s: Klavier * **For∣ti∣fi∣ka∣ti∣on** (l.), die; –, –en: Befestigung : Befestigungswerk : Befestigungskunst * **for∣ti∣fi∣ka∣to∣risch** (l.) Ew.: die Befestigung betreffend * **for∣ti∣fi∣zie∣ren** (..iert) (l.) tr.: stark machen : befestigen * **for∣tis∣si∣mo** (it.) Uw.: (Mus.) sehr stark [l. fortis stark]

fort∣ab usw.: s. fort

fort∣brin∣gen usw.: s. fort

Fort∣gang usw.: s. fort

For∣ti∣fi∣ka∣ti∣on usw.: s. Fort

for∣tis∣si∣mo s. Fort

fort∣kom∣men usw.: s. fort

Fort∣satz usw.: s. fort

For∣tu∣na (nl.), die: römische Göttin des Glücks * **For∣tune** (fr.) [fortühn], die; –: Glück haben

fort∣wäh∣rend usw.: s. fort

Fo∣rum (l.), das; –s, ..ra: altröm. öffentlicher Platz : Gerichtsstand : Markt

for∣zan∣do (it.): (Mus.) stärker, Abk.: fz. * **for∣za∣to:** s. sforzato

Fo∣ße (fr.), die; –, –n: leere Karte : Fehlfarbe

fos∣sil (l.) Ew.: ausgegraben : versteinert : vorweltlich

Fos∣sil (l.), das; –s, ..lien: versteinerter Rest von Tieren oder Pflanzen : Bergwerksgut

Fos∣bu∣ry-Flop → **Fos∣bu∣ry∣flop** (e.) [fosböriflop], der; –s, nur Ez.: Hochsprungart im Stil des amerikanischen Leichtathleten Fosbury, Überqueren der Hochsprunglatte in Rückenlage

fö∣tal (l.) Ew.: die Leibesfrucht betreffend * **Fö∣ta∣ti∣on**, die; –, –en: Fruchtbildung * **Fö∣tus**, der; ..tusses, ..sse und ..ten: Leibesfrucht

foto.., Foto..
Gängige Zusammensetzungen mit dem griechischen Wortbestandteil *photo/Photo* (Licht) werden eindeutschend *foto/Foto* geschrieben. Wörter des Bildungssprachbestands sowie Fachwörter erscheinen bevorzugt in *ph*-Schreibweise. Gegebenenfalls muss an beiden Stellen nachgeschlagen werden.

Fo∣to, das; –s, –s: (mundartl.) Fotografie * **Fo∣to∣ap∣pa∣rat**, der; –es, –e: Lichtbildaufnahmegerät * **fo∣to..** Vors.: licht.. * **Fo∣to∣che∣mie**, die; –: Lehre von den chemischen Eigenschaften und Wirkungen des Lichts * **fo∣to∣e∣lek∣t∣risch** Ew.: durch Licht einen elektr. Impuls auslösend * **fo∣to∣gen** Ew.: zum Fotografieren geeignet : auf Fotos besonders gut aussehend * **Fo∣to∣graf**, der; –en, –en: Lichtbildner : Hersteller von Lichtbildern * **Fo∣to∣gra∣fie**, die; –, ..fien: Lichtbildkunst : Lichtbild * *Fotografiealbum* * **fo∣to∣gra∣fie∣ren** (..iert) tr.: Lichtbilder aufnehmen * **fo∣to∣gra∣fisch** Ew.: im Lichtbild (dargestellt), lichtbildlich : zu Lichtbildern dienlich * **Fo∣to∣ko∣pie**, die; –, –n: Papierkopie einer Vorlage durch Belichten * **fo∣to∣ko∣pie∣ren** tr.: eine Fotokopie machen * **fo∣to∣me∣cha∣nisch** Ew.: Bez. für ein Reproduktionsverfahren, das Fotografie und Mechanik verbindet * **Fo∣to∣mo∣dell**, das; –s, –e: jmd., der beruflich für Werbeaufnahmen posiert * **Fo∣to∣**

mon∣ta∣ge [..tahsche], die; –, –n: Technik der Zusammenstellung von Lichtbildern zu einer Aufnahme * **Fo∣to∣re∣por∣ter**, der; –s, –: Bildberichter für Zeitschriften * **Fo∣to∣satz**, der; –es: durch Belichtung von Filmmaterial erzeugte Schrift * **Fo∣to∣zeit∣schrift**, die; –, –en: Fach- oder Hobbyzeitschrift für Fotografie * **Fo∣to∣zel∣le**, die; –, –n: Gerät zur Erzeugung von elektr. Stromschwankungen aus Lichtschwankungen

Fot∣ze, die; –, –n: (vulgär) Vagina

Fou∣cault [fukoh]: franz. Physiker * *Foucaultstrom:* elektrischer Wirbelstrom * *Foucaultsches Pendel* → *foucaultsches Pendel:* von F. erfundenes Pendel zur Veranschaulichung der Erddrehung

Foul (e.) [faul], das; –s, –s: Verstoß beim Sport * **foul** Ew.: (Sport) regelwidrig, unfair * **fou∣len** intr., tr.: regelwidrig, unfair spielen

Fou∣lard (fr.) [fulahr], der; –s, –s: indischer bunter, leichter Seidenstoff * **Fou∣lar∣di∣ne** [fu..], die; –: ein seidenartiger Stoff * **Fou∣lé** [fuleh], der; –(s), –s: ein gewalkter Stoff

Fou∣ra∣ge: s. Furage

Four∣gon (fr.) [furgong], der; –s, –s: Packwagen : Schießbedarfswagen : (östr.) Leichenwagen

Fox∣ter∣ri∣er (e.), der; –s, –: kleine engl. Hunderasse

Fox∣trott (e.), der; –(e)s, –e: Tanzrhythmus im 4/4-Takt * **fox∣trot∣ten** (ich foxtrotte, gefoxtrottet; zu –) intr.: Foxtrott tanzen

Fo∣yer (fr.) [foajeh], das; –s, –s: Vorhalle : Wandelhalle (bes. im Theater)

FPÖ (Abk.): Freiheitliche Partei Österreichs

fr (Abk.): Franc, der, –, –s: französische, belgische und luxemburgische Landeswährung

Fra (it.), der; –: Bruder, Ordensbruder * *Fra Diavolo:* ital. Räuberhauptmann : Oper von Auber [Verkürzung aus it. fra∣ter Bruder]

Fracht, die; –, –en: zu befördernde Waren : Lohn für die Beförderung von Waren : Warenladung * *Frachtbrief:* eine vom Absender ausgestellte Urkunde über die Frachtsendung; *Frachtdampfer:* Dampfer zur Beförderung von Waren; *Frachter:* Frachtdampfer; *frachtfrei* Uw.: Frachtlohn bezahlt; *Frachtführer; –fuhrmann; Frachtgeld; Frachtgut:* zu befördernde Ware; *Frachtlohn; Frachtsatz:* festgesetzter Frachtlohn; *Frachtschiff; –schiffer; Frachtstück:* Stück Frachtgut; *Frachttarif:* festgesetzte Preise für Frachten; *Frachtübernahme:* das Einladen der Fracht; *Frachtverkehr; –vertrag; Frachtwagen; Frachtzettel:* Frachtbrief * **fracht|bar** Ew.: als Fracht zu befördern * **frach|ten** tr., intr.: befördern * **Frach|ter, Fräch|ter,** der; –s, –: einer, der Frachten befördert : Inhaber eines Frachtschiffes

Frack, der; –(e)s, –s und Fräcke; Fräckchen, –lein: schwarzer Gesellschaftsanzug mit Schößen * *Frackhemd; Frackhose; Fracksausen haben:* (Umgspr.) Angst haben [fr. frac aus e. frock Mönchskutte, von l. froccus, floccus Kleid aus flockigem Stoff]

Fra|ge, die; –, –n: Äußerung, auf die man eine Antwort erwartet : Gegenstand dieser Äußerung : eines Ungewisses : (Rechtsspr.) (peinliche –) Folter : (Kartsp.) niedrigstes Spiel * *in Frage kommen auch: infrage kommen:* in Betracht kommen; *in Frage stehen auch: infrage stehen; Frage- und-Antwort-Spiel* * **fraglos** Ew.: unzweifelhaft; *fragwürdig* Ew.: zweifelhaft : verdächtig * **fra|gen** (du fragst, er fragt; du frag[e]st, du fragtest; gefragt; frag[e]!) tr., intr.: eine Frage tun, äußern : (nach etwas –) sich kümmern um * *es fragt sich:* es ist die Frage : es handelt sich um * *fragenswert* Ew.: wert, dass man danach fragt * *Fragebogen:* Vordruck für amtliche Feststellungen; *Fragefürwort:* fragendes Fürwort; *Fragesatz:* Interrogativsatz; *Fragespiel; Frage-Antwort-Spiel; Fragesteller; Fragestellung; Frageton:* Ton des Fragesatzes; *Fragewort:*

Interrogativpronomen; *Fragezeichen:* Zeichen am Ende eines Fragesatzes * **Fra|ger,** der; –s, –: ein Fragender * **Fra|ge|rei,** die; –, –en: vieles Fragen * **frag|lich** Ew.: in Frage stehend : unentschieden * *die fragliche Person:* die betreffende Person * **frag|los** Ew.: ohne Frage : selbstverständlich * **frag|wei|se** Uw.: in Form einer Frage * **frag|wür|dig** Ew.: bedenklich : zweifelhaft : verdächtig

fra|gil (l.) Ew.: sehr zart : zerbrechlich : hinfällig * **Fra|gi|li|tät,** die; –: Zerbrechlichkeit, Hinfälligkeit : Zartheit

Frag|ment (l.), das; –(e)s, –e: Bruchstück : Rest * **frag|men|ta|risch** Ew.: abgebrochen : in Bruchstücken : lückenhaft * **Frag|men|tist,** der; –en, –en: Bruchstückschreiber [l. fragilis zerbrechlich, zu frangere brechen]

Frag|ner (eig. Pfragner), der; –s, –: (bayr. und östr.) Kleinhändler * **Frag|ne|rei,** die; –, –en: Kramladen [zu Pfragen: Marktbude]

fra|grant (l.) Mw. Ew.: wohlriechend * **Fra|granz,** die; –: Wohlgeruch [l. fragrare duften]

frais (fr.) [frähs] Ew.: erdbeerfarben * *fraisfarben* Ew.

Frai|se, die; –, –n (veralt.): Schrecken * **Frai|sen** Mz.: Kinderkrankheit mit Krämpfen * *Fraisenanfall; Fraisenkraut* * **frais|lich** Ew.: schrecklich : schreckhaft

Frak|ti|on (l.), die; –, –en: „Bruchteil“ : (Math.) Bruch : Parteigruppe, Abteilung, Vertretung einer politischen Partei im Parlament : Brechung der Lichtstrahlen * *Fraktionsausschuß → Fraktionsausschuss; Fraktionsberechnung:* Durchschnittsberechnung; *Fraktionsbeschluß → Fraktionsbeschluss; Fraktionssitzung; Fraktionsvorstand; Fraktionszwang* * **frak|ti|o|nie|ren** (..iert) tr.: (Chem.) (Überdampfung) unterbrechen * *Fraktionierapparat* * **Frak|ti|o|nis|mus,** der; –, ..men: Ausartung des Fraktionswesens

Frak|tur, die; –, –en: Bruch : Knochenbruch : deutsche Druckschrift * *Frakturkasten:* (Buchdrw.) Setzkasten für Frakturschrift * **frak|tu|rie|ren**

(..iert) tr.: brechen (Knochen usw.)

Fram|bö|sie (fr.) die; –, –ien: tropische Hautkrankheit mit einem aus himbeerähnlichen Knötchen bestehenden Hautausschlag

Frame (e.) [frehm], der; –n, –n: (Maschinenb.) Rahmen, Gestell

Fran|çai|se (fr.) [frangbäs'], die; –, –n: ein fr. Kontertanz

Fran|chi|se (fr.) [frangschis'], die; –, –n: Freiheit : Freimütigkeit : Abgabenbefreiung : vom Versicherer nicht zu zahlender Teilbetrag * **Fran|chi|sing** (e.) [fräntscheising], das; –s: (Wirtsch.) Handel aufgrund von vergebenen Konzessionen

Frank, der; –en, –en * **Fran|ken,** der; –, –: schweizerische Münzeinheit; Abk.: sfr., sFr.

frank Ew.: frei : offen : aufrichtig * **Fran|ka|tur** (dtsch.-l.), die; –, –en: Freimachung der Briefe * **fran|kie|ren** (..iert) tr.: (Briefe –) freimachen * *Frankiermaschine:* Maschine zum Freimachen von Postsendungen * **fran|ko** (dtsch.-it.) Uw.: frei : kostenfrei : freigemacht (von Postsendungen) * *franko Berlin; franko dort:* kostenfrei nach dort zu senden * *Frankomarke; Frankostempel:* Freistempel als Wertzeichen auf Briefen

Fran|ka|tur: s. frank

Fran|ke, der; –n, –n: Angehöriger des deutschen Stammes der Franken * **Fran|ken:** bayer. Land * **Frän|kin:** Frau aus Franken * **frän|kisch** Ew.: zu den Franken gehörig : aus Franken stammend * *die Fränkische Schweiz; Frankenwein; Frankenstein:* Literarische Gestalt eines Schauerromans

Frank|furt: Stadt am Main : Stadt an der Oder * **Frank|fur|ter,** der; –s, –: Einwohner von Frankfurt * **Frank|fur|ter,** die; –, –: Fr. Würstchen * **Frank|fur|ter** Ew.: aus Frankfurt stammend * *Frankfurter Schwarz,* das; – –: Rebschwarz, eine Malerfarbe * **frank|fur|tisch** Ew.: nach Frankfurter Art

fran|kie|ren: s. frank

Frank|lin: Benjamin; nordamerikanischer Staatsmann und Physiker * *Franklinpresse* * **Frank|li|ni|sa|ti|on**, die; –, –en: Erzeugung von statischer Elektrizität

fran|ko: s. frank

Fran|ko|ka|na|di|er, der; –s, –: französisch sprechender Kanadier * *frankokanadisch*

Fran|ko|ma|nie (l.-gr.), die; –: übertriebene Vorliebe für das Französische * **fran|ko|phil** Ew.: französenfreundlich * **fran|ko|phon** Ew.: französischsprachig * *Frankophonie* * **Frank|reich:** westlich gelegener europäischer Staat

Frank|ti|reur (fr.) [frangtirör], der; –s, –e: Freischärler : Partisan

Fran|se (fr.), die; –, –n; Fränschen, –lein: Fadensaum * **fran|sen** (du fransest und franst; gefranst) tr.: mit Fransen versehen * **fran|sig** Ew.: mit Fransen : gefranst : [fr. frange]

Franz|band usw.: s. Franze, der

Fran|ze, der; –n, –n: (verächtl. für) Franzose * *Franzband*, der; –(e)s, ..bände: Bucheinband aus Kalbsleder mit Vergoldung; *Franzbaum:* Zwergbaum, am Spalier gezogener Obstbaum; *Franzbranntwein:* aus Wein destillierter Spiritus; *Franzbrot:* feines rundes Weißbrot; *Franzmann:* Franzose; *Franzobst:* Obst vom Franzbaum; *Franzwein:* Franzbranntwein * **fran|zen** (du franzest und franzt) tr.: anhand von Kartenmaterial und Wegbeschreibung die richtige Route finden * **Franz|ling**, der; –s, –e: Französling * **Fran|zo|se**, der; –n, –n: Einwohner von Frankreich * *französenfreundlich* Ew. * *Franzosenkrankheit:* (Umgspr.) Syphilis * **fran|zö|seln** (ich ..[e]le) intr.: französische Sitten (Sprache) nachahmen * **fran|zö|sie|ren** (..iert) tr.: zum Franzosen machen : französisch umbilden * **Fran|zö|sin**, die; –, –nen: Frau aus Frankreich * **fran|zö|sisch** Ew.: aus Frankreich stammend : auf das Volk der Franzosen bezüglich * *das französische Volk; die französische Schweiz; die*

Französische Revolution (1789–1794); französisch sprechen intr. * **Fran|zö|sisch**, das; –en: die franz. Sprache

Fran|zis|ka|ner, der; –s, –: Bettelmönchsorden : Angehöriger des Ordens des heiligen Franziskus * *Franziskanerkloster;* *Franziskanerorden* * **Fran|zis|ka|ne|rin**, die; –, –nen: Angehörige des Nonnenordens der Franziskanerinnen

Franz-Jo|seph-Land: Inselgruppe im Nördlichen Eismeer

Franz|mann, **Fran|zo|se** usw.: s. Franze

frap|pant (fr.) Mw. Ew.: auffallend : überraschend : treffend, schlagend * **frap|pie|ren** (..iert) tr.: befremden : überraschen : ergreifen : gefrieren lassen : im Eis kühlen * **Frap|piert|heit**, die; –: Betroffenheit : Ergriffenheit [fr. frapper, schlagen, treffen]

Fräs|dorn: s. Fräse

Frä|se, die; –, –n: Hobelgerät : Bodenbearbeitungsmaschine : Feilmaschine : Halskrause * **frä|sen** (du fräsest und fräst) tr., intr.: mit der Fräse oder dem Fräser ausbohren, erweitern * *Fräsdorn;* *Fräsmaschine;* *Fräsmesser;* *Frässpindel;* *Frästisch* * **Frä|ser**, der; –s, –: Bohrer

Fraß, der; –es, –e: das zu Fressende : Futter für Tiere (Raubtiere) : schlechtes Essen

Fra|ter (l.), der; –s, ..tres: Klosterbruder * **fra|ter|ni|sie|ren** (..iert) tr., intr.: Brüderschaft schließen, sich verbrüdern * **Fra|ter|ni|tät**, die; –, –en: Brüderschaft : Brüderlichkeit

Fratz, der; –es und –en, –en: Frätzchen: Zerrbild : Geck : Narr : (auch liebkosend) Schelm * **Frat|ze**, die; –, –n; Frätzchen, –lein: Gesichtsverzerrung : tolle Gebärde : Zerrbild : Narretei : hässliches Gesicht * *Fratzen(an)gesicht;* *Fratzenbild;* *Fratzenmacher;* *–schneider:* einer, der Fratzen, Grimassen schneidet; *Fratzenspiel;* *–stück;* *–wesen:* Narretel(en) * **frat|zen|haft**, **frat|zig** Ew.: verzerrt : närrisch

Frau, die; –, –en; Frauchen: erwachsener Mensch weiblichen Geschlechts : Hausherrin : Ehefrau : Jungfrau Maria *

Junge Frau: Schmetterling; *Schöne Frau:* eine Pflanze : Walzenschnecke; *Frauenabteil:* für Frauen bestimmtes Eisenbahnabteil; *Frauenarbeit; Frauenarzt:* Arzt für Frauenkrankheiten, Gynäkologe; *Frauenbeauftragte:* Politikerin, die sich mit Frauenfragen beschäftigt; *Frauenberuf; Frauenberufsschule; Frauenbewegung:* geistiger Kampf für Unabhängigkeit und Gleichberechtigung der Frau; *Frauenbirke; –biß* → *–biss; –blatt; –blume; –distel:* Namen von Pflanzen; *Frauenemanzipation:* Kampf um die Gleichberechtigung der Frau; *Frauenflachs:* eine Pflanze; *Frauenfrage:* Frage der Gleichstellung von Mann und Frau im 19. Jahrh.; *Frauenfunk; Frauengefängnis; Frauengemach; Frauengruppe; Frauenhaus:* Zufluchtstätte für misshandelte Frauen, auch mit ihren Kindern; *–holz; –hopfen:* Pflanzen; *Frauenklinik; Frauenkloster:* Nonnenkloster; *Frauenkrankheiten; Frauenküchlein:* Marienkäfer; *Frauenleiden:* Krankheit der weiblichen Geschlechtsorgane; *Frauenliebe:* Liebe von Frauen : Liebe zu Frauen; *Frauenmantel, Frauenminze, Frauennabel:* Pflanzen; *Frauenparkplatz:* nur für die Benutzung durch Frauen reservierter Parkplatz; *Frauenrechte; Frauenrechtlerin*, die; –, –nen: Kämpferin für Gleichberechtigung der Frau; *Frauenschuh:* eine Pflanze; *Frauenspiegel:* eine Pflanze; *Frauenstimmrecht; Frauenstudium; Frauensport; Frauenüberschuß* → *Frauenüberschuss; Frauenverein;* . *Frauenvolk:* Gesamtheit von Frauen; *Frauenwürde; Frauenzimmer:* (veralt.) Frauengemach : Gesamtheit von weibl. Personen : (veralt.) eine gebildete Frau : (verächtl. für) Frau * *Frauensperson:* (verächtlich für) Frau; *Frauensleute, -volk, -zeug:* (verächtl. für) Frauen * **frau|en|haft** Ew.: nach Art der Frauen * **Frau|en|haf|tig|keit**, die; –: frauenhaftes Wesen * **Frau|en|tum**, das; –s: weibliches Wesen * **Fräu|lein**, das;

–s, –: unverheiratete Frau, heute im allgemeinen Sprachgebrauch durch „Frau" ersetzt : Kellnerin * *Ihr Fräulein Schwester; Fräuleinstift* **frau|lich** Ew.: weiblich, nach Art der Frau

Fraun|ho|fer: deutscher Physiker * *Fraunhofersche Linien → fraunhofersche Linien*

frdl. (Abk.): freundlich

frech Ew.: (veralt.) überkühn : unverschämt : taktlos, schamlos * *Frechdachs:* frecher Kerl : (Umgspr.) scherzh.: freches Kind * **Frech|heit,** die; –, –en: freches Wesen : freche Handlung, Rede : Unverschämtheit * **Frech|ling,** der; –s, –e: frecher Mensch

Freak (e.) [frihk], der; –s, –s: Exzentriker, Fanatiker, extrem Begeisterter

Free-clim|bing → Free|climbing (e.) [frihkleiming], das; –s: Klettern am Berg mit bloßen Händen, ohne Gerät

Free|hol|der (e.) [frihhohlder], der; –s, –s: wahlberechtigter Grundbesitzer

Free|kick (e.) [frihkick], der; –: Freistoß (beim Fußballspiel)

Free-jazz → Free|jazz (e.) [fridschäß], der; –: moderne Spielweise des Jazz

Free|sie, die; –, –n: Schnittblume

Free-style → Free|style (e.) [frihsteil], der; –: Ausführung von sportlichen Übungen nach eigenen Vorstellungen (im Gegensatz zum Pflichtprogramm)

Free|town: Hauptstadt von Sierra Leone

Free|ze (e.) [frihs], das; –: „Einfrieren", Stilllegung von Atomwaffen

Fre|gat|te (fr.) die; –, –n: altes kleines dreimastiges Kriegssegelschiff : ein Seevogel * **Fre|gatt|on** [..tong], der; –s, –s: kleine Fregatte

frei Ew. (–[e]st): ungebunden : nicht gefangen : unbeschränkt : unabhängig : ungehindert : ungezwungen : offen : erlaubt : unbesetzt : unversperrt : allen offenstehend : ohne Bezahlung zugänglich * *frei sein und bleiben; frei sprechen:* ungehindert sprechen : ohne Vorlage sprechen; *Freie und Hansestadt * Freiantenne:* Antenne im Freien; *Freibad; Freiball:* für Tänzer kostenlos zu besuchender Ball; *Freibank:* vom städtischen Zunftzwang freie Schlachtbank : bewegliche Bank für zu bauende Bildsäulen : Sitz der freien Bauern in Versammlungen; *freibekommen → frei bekommen* tr.: befreien : Urlaub bekommen; *Freibetrag:* der Betrag, der nicht der Besteuerung unterliegt; *freiberuflich* Ew.: selbstständig arbeitend; *Freibeuter:* Seeräuber; *Freibeuterei:* Beutezug, Plünderung; *freibeuterisch* Ew.; *freibeweglich → frei beweglich; Freibezirk:* unabhängiges Gebiet; *Freibier:* steuerfreies Bier : ohne Bezahlung zur Verfügung gestelltes Bier; *freibleibend* Mw. Uw.: (kfm.) ohne Verbindlichkeit, ohne (Kauf-)Zwang; *Freibord:* der oberhalb des Wassers bleibende Schiffsteil; *Freibrief:* Freiheit(en) gewährleistende Urkunde; *Freibürger:* Bürger einer freien Stadt : freier Bürger : Schutzbürger; *Freidemokrat:* Mitglied der FDP; *Freidenker:* einer, der in Glaubenssachen nur die eigene Vernunft gelten lässt; *Freidenkerei; freidenkerisch* Ew.; *Freiexemplar:* kostenlos geliefertes Exemplar; *Freifahrkarte:* Karte für Freifahrt(en); *Freifahrt:* kostenlose Fahrt; *Freifrau; Freifräulein:* Freiin; *Freigabe:* das Freigeben : Aufhebung der Beschlagnahme : Freilassung (von Sklaven) : Aushändigung (einer Leiche); *Freigänger:* Strafgefangener, der zur Arbeit das Gefängnis verlassen darf; *freigeben* tr.: befreien : (aus der Haft) entlassen; *freigebig* Ew.: gern und vielgebend; *Freigebigkeit:* freigebiges Wesen; *Freigehege:* freie Anlage für Tiere : eingezäuntes Waldstück; *Freigeist:* Freidenker; *Freigeisterei; freigeistig* Ew.: (meist tadelnd) übertrieben freidenkerisch; *freigeistig* Ew.: frei denkend; *Freigelassene,* der; die; –n, –n: aus der Gefangenschaft Entlassene(r); *Freigraf:* Vorsitzender im Femegericht; *Freigut:* zollfreie Ware; *freihaben → frei haben; Freihafen:* Schiffen aller Völker zum Handel offenstehender Hafen; *freihalten* tr.: (einen –) für jemanden bezahlen : (Platz u. a. –) belegen, unbesetzt halten; *frei halten* tr.: ohne Stütze halten : (von etwas – –) schützen vor; *Freihandbibliothek, Freihandbücherei:* Bibliothek, in der man sich die Bücher selbst aus den Regalen nehmen kann; *Freihandel, Freihandelszone:* Handel ohne Beschränkungen durch Schutzzölle; *freihändig* Ew.: mit freier, ungestützter, zwanglos bewegter Hand; *Freihandzeichen; freiheraus* Uw.: offen, unumwunden; *Freiherr:* Baron; *Freijahr:* Jahr mit Steuerfreiheit : Gnadenjahr : im alten Judentum ein Jahr, in dem alle Sklaven freigelassen wurden; *Freikarte:* zu freiem Eintritt berechtigende Karte; *Freikirche:* vom Staat unabhängige Kirche; *freikommen* intr.: loskommen, befreit werden; *Freikörperkultur (FKK); Freikorps:* Korps von Freiwilligen; *Freiland; Freilandgemüse:* Gemüse, das nicht im Gewächshaus gezogen wurde; *freilassen* tr.: aus der Gefangenschaft entlassen; *frei lassen* tr.: (Platz – –) unbesetzt, unbeschrieben lassen; *Freilassung; Freilauf; freilaufen; Freilaufbremse; Freilaufnabe* (am Fahrrad); *freilebend → frei lebend* Ew.: in der Freiheit lebend (Tiere); *freilegen* tr.: Hüllen u. dgl. entfernen, so dass etwas offen daliegt; *Freilichtbühne:* eine Bühne unter freiem Himmel; *Freilichtkino; Freilichtmalerei; Freilichtmuseum, Freilichttheater; Freilos; Freiluftbehandlung; –kultur:* Pflege des Körpers unter freiem Himmel; *Freiluftschule; freimachen* tr.: (Brief –) mit Wertmarken versehen; *frei machen* tr.: befreien; *Freimarke:* Briefmarke; *Freimaurer:* Mitglied des Geheimordens der Freimaurer; *Freimaurerei; freimaurerisch* Ew.; *Freimaurerloge; Freimaurertum; Freimut,* der: rückhaltlos offener Sinn; *freimütig* Ew.; *Freimütigkeit; Freipaß → Freipass:* zu freiem Ein- und Ausgehen berechtigender Pass; *Freiplatz:* unentgeltlicher Platz (im Theater usw.); *freipressen:* erpressen, um jemanden frei zu bekommen; *Freiraum; freireligiös* Ew.: von nicht dogmatisch gebundener Religiosität; *Freisaß* → *Freisass(e):* Besitzer eines Freigutes : freier Einwohner : von Schutzgebühren freier Einwohner einer Stadt : einer, der für gewisse Zeit auf fremdem Gut sitzt; *freischaffend* Ew.: freischaffender Künstler; *Freischar:* Schar freiwilliger Soldaten : eine Jugendgruppe in der Art des Wandervogels; *Freischärler:* Angehöriger einer Freischar; *Freischießen:* Schützenfest; *Freischütz:* eine Art Bogenschütze des 15. Jhs. : Oper von C. M. v. Weber; *freischwimmen* rbz.: die Schwimmprüfung machen; *frei schwimmen:* ohne Hilfe, ungehindert schwimmen; *Freischwimmer; Freisinn; freisinnig* Ew.; *Freisinnigkeit; freisprechen* tr.: von einer Anklage, Schuld lossprechen; *frei sprechen* intr.: ungehindert sprechen; *Freispruch:* gerichtliche Feststellung der Unschuld des Angeklagten; *Freistaat:* Volksstaat, Republik; *Freistatt, -stätte:* Zufluchtsstätte; *freistehen* intr.: zur Verfügung stehen; *frei stehen* intr.: ohne Stütze stehen; *Freistelle:* unentgeltlich gewährte Stelle; *freistellen* tr.: anheimstellen, zur Wahl überlassen; jemanden entlassen; *frei stellen* tr.: nicht anlehnen; *Freistellung:* Entlassung; *Freistempel:* Poststempel auf der Briefmarke; *Freistilringen; Freistilschwimmen; Freistoß:* (Fußballsp.) Strafstoß; *Freistunde:* eine Schulstunde, die ausfällt; *Freitisch:* unentgeltlich gewährte Kost; *Freitod:* Selbstmord; *freitragend* Ew.: (Brücken, Treppen); *Freitreppe:* an der Außenseite eines Gebäudes liegende Treppe; *Freiübung:* Turnübung ohne Geräte; *Freiwild; freiwillig* Ew.: aus freiem Willen; *Freiwillige, der; -n, -n:* freiwillig Dienender, Helfender; *Freizeichen:* Rufton im Telefon; *Freizeit:* Erholungszeit, Ruhezeit; *Freizeitgestaltung:* sinnvolle Gestaltung der arbeitsfreien Zeit; *Freizeitbeschäftigung;*

Freizeiteinrichtung, Freizeitpark: organisierte Anlage, in der man seine Freizeit verbringen kann; *freizügig* Ew.: unbehindert in der Wahl des Wohnortes; *Freizügigkeit* ✳ **Freie,** das; -n: die freie Natur ✳ *ins Freie gehen* ✳ **freien** (veralt.) tr.: befreien; vgl. Gefreiter; tr., intr.: um ein Mädchen zur Ehe werben : heiraten ✳ *freiwerben* intr.: für einen anderen werben; *Freiwerber:* einer, der für einen anderen wirbt ✳ **Freier,** der; -s, -: Bewerber um ein Mädchen : Kunde einer Prostituierten ✳ *auf Freiersfüßen gehen* ✳ *Freiersmann:* Freier ✳ **Freiheit,** die; -, -en: das Freisein : Vorrecht : ein mit Vorrechten ausgestatteter Ort ✳ *Freiheitsberaubung:* widerrechtlicher Entzug der Bewegungsfreiheit; *Freiheitsdrang; Freiheitsfreund; Freiheitsgefühl; Freiheitsgesang; Freiheitskampf; -krieg; Freiheitsliebe; Freiheitsrechte; Freiheitsstrafe* ✳ **freiheitlich** Ew.: auf die Freiheit bezüglich : die Freiheit liebend, erstrebend ✳ **Freiherr,** der; -en, -en: Adliger, Baron ✳ **Freiin,** die; -, -nen: Freifräulein ✳ **freilich** Uw.: selbstverständlich : durchaus : Bezeichnung eines Zugeständnisses mit nachfolgendem aber, allein, doch, dennoch, wenn, nur ✳ **Freite,** die; -, -n: Brautwerbung

frei
Das Adjektiv *frei* wird nur großgeschrieben, wenn es in einem mehrteiligen Namen steht oder substantiviert ist. In einem Gefüge mit einem Verb wird getrennt geschrieben, wenn das Adjektiv steigerbar oder erweiterbar ist: *frei bekommen, frei beweglich, frei haben, frei lebend.* Je nach Sinnzusammenhang kommt auch Zusammenschreibung vor: *Er ist frei (ohne Hilfe) geschwommen,* aber: *Er hat sich freigeschwommen* (den Freischwimmer gemacht, den Durchbruch geschafft).
Frela, Freya, Freyja: altnord. Göttin der Fruchtbarkeit und Liebe, Schwester des Gott **Freir, Frey, Freyr:** altnord. Gott der Fruchtbarkeit und des Lichts

Freitag, der; -(e)s, -e: der Ehegöttin Freia geheiligter sechster Tag der Woche ✳ **freitags:** vgl. dienstags
fremd Ew. (-[e]st): fernstehend, nicht zur Familie, zur Bekanntschaft, zum Volk usw. gehörend : auswärtig : kalt, zurückhaltend : ungewöhnlich, wunderlich : einem nicht gehörend : ungehörig : einem als Eigenschaft nicht anhaftend : störend ✳ *Fremdarbeiter; fremdartig* Ew.; *Fremdartigkeit; Fremdbestäubung:* Bestäubung durch fremde Pflanze oder Tier; *Fremdfinanzierung:* Finanzierung durch nicht betriebseigene Mittel; *Fremdherrschaft; Fremdkörper; fremdländisch* Ew.: eine fremde Sprache sprechend; *Fremdsprache; fremdsprachlich* Ew.: auf die fremden Sprachen bezüglich; *Fremdstämme; fremdstämmig* Ew.; *Fremdtümelei:* übertriebene Vorliebe für alles Fremde; *Fremdwort:* aus einer fremden Sprache stammendes Wort; *Fremdwörterbuch; Fremdwörtelei, fremdwörteln, Fremdwörterei:* starke Benutzung von Fremdwörtern; *Fremdwörterbuch; fremdwortfrei* Ew. ✳ **Fremde,** der; die; das; -n, -n: Nichteinheimische : Auswärtige : Unbekannte ✳ *Fremdenbuch:* Buch im Gasthaus, in das sich Fremde eintragen; *Fremdenführer; Fremdenfeindlichkeit; Fremdenlegion; Fremdenlegionär:* Polizei für Ausländer; *Fremdenverkehr; Fremdenzimmer* ✳ **Fremde,** die; -: fernes Land : Ausland ✳ **Fremdheit,** die; -: das Fremdsein ✳ **Fremdling,** der; -s, -e: ein Fremder : eine fremde Sache
frenetisch (gr.) Ew.: tobend : rasend
frequent (l.) Ew.: häufig : zahlreich : stark besucht ✳ **Frequentant,** der; -en, -en: häufiger Besucher ✳ **Frequentation,** die; -, -en: häufiger Gebrauch : häufiger Verkehr ✳ **Frequentativum** (nl.), das; -s, -.va: Zeitwort, das ein öfter wiederholtes Tun ausdrückt ✳ **frequentieren** (..iert) (l.-dtsch.) tr.: oft aufsu-

chen * **Fre|quenz** (l.), die; –,
–en: öftere Wiederholung :
häufiger Besuch : Besucher-
zahl : (Phys.) Anzahl der Peri-
oden eines Wechselstroms in
der Sekunde * *Frequenzbe-
reich; Frequenzliste:* Besucher-
liste; *Frequenzmesser:* Schwin-
gungsmesser

fres|co (it.) [..k..]: (Mus.)
frisch, lebhaft * **fres|co, al −**
(it.): (− malen) auf frischen
Kalk malen * **Fres|ke,** die; –,
–n; **Fres|ko,** das; –s, ..ken: auf
frischen Kalk gemaltes Bild,
Wandgemälde * *Freskomale-
rei* [dtsch. frisch]

Fres|sa|li|en, die (nur Mz.):
(ugs.) scherzhaft für „Esswa-
ren" * **Fres|se,** die; –, –n:
(niedr. R.) Maul * **fres|sen** (du
frissest u. frißt → frisst, er frißt
→ frisst; du fraßest, du fräßest;
gefressen; friß! → friss) tr.:
(vom Tier) essen, verzehren :
(vom Menschen) tierisch (gierig, übermäßig) essen : zerstören : (etwas in sich fressen)
ohne Äußerung innerlich verar-
beiten * *einen Narren an etwas
fressen:* sich in etwas vernar-
ren; *Freßgier → Fressgier;
freßgierig → fressgierig* Ew.;
*Freßlust → Fresslust; Freß-
napf → Fressnapf; Freßpaket
→ Fresspaket:* (Umgspr.) Paket
mit Lebensmitteln; *Freßsack →
Fresssack:* (Schimpfwort) un-
flätiger, maßloser Esser; *Freß-
sucht → Fresssucht; Freßtrog
→ Fresstrog; Freßwerkzeuge
→ Fresswerkzeuge; Freßzelle
→ Fresszelle* * **Fres|sen,** das;
–s: Tätigkeit des Fressens : das
zu Fressende, der Fraß *
Fres|ser, der; –s, –: ein Fres-
sender : eine Baumkrankheit
(Krebs) * **Fres|se|rei,** die; –,
–en: das (viele) Fressen

Frett (it.), das; –(e)s, –e;
Frett|chen, das; –s, –: Iltisart
fret|ta, con − (it.): (Mus.) eilig
fret|ten, frit|ten (mundartl.) tr.:
rbz. sich quälen : sich kümmerlich fortbringen

fret|tie|ren (mundartl.) tr.: mit
Frettchen jagen
Freud: Mediziner, Begründer
der Psychoanalyse * *Freudsche
Fehlleistung →freudsche Fehl-
leistung →* **Freu|di|a|ner,** der;
–s, –: Anhänger Freuds
Freu|de, die; –, –n: das Gefühl
des Frohseins : Kundgebung
froher Empfindung : etwas
frohe Empfindung Erregendes :
Wollust * *freudebebend* Ew.;
freudebringend Ew. *auch:*
Freude bringend; *Freudebrin-
ger;* *freudehell* Ew.;
*freud(e)los; Freudeschrecken;
freudestrahlend* Ew.; *freudetrunken* Ew.; *Freudetrunken-
heit; freudeweinend* Ew.; *freu-
dezitternd* Ew. * *freudenarm*
Ew.; *Freudenbecher; Freuden-
bezeigung; Freudenbezeugung;
Freudenblick; Freudenbote;
Freudenbotschaft; Freudenfest;
Freudenfeier; Freudenfeuer;
Freudengeheul; Freudenge-
sang; Freudengeschrei; Freu-
denhaus:* Bordell; *freudenhell*
Ew.; *freudenleer* Ew.; *Freuden-
lied; freud(en)los* Ew.; *Freu-
denmädchen:* Hure; *Freuden-
mahl; Freudenpost; freuden-
reich* Ew.; *Freudenruf; Freu-
densaal:* Himmel; *Freuden-
schrei;* *Freudenspender;
Freudenspiel; Freudensprung;
Freudenstrom;* *Freudentag;
Freudentanz; Freudentaumel;
Freudenträne;* *freud(en)voll*
Ew.; *Freudenzähre* * **freu|dig**
Ew.: froh : sich freuend :
Freude erregend : mutig *
Freu|dig|keit, die; –: freudiges
Wesen * **freu|en** tr.: Freude er-
regen, froh machen : erfreuen;
rbz.: froh sein

Freund, der; –(e)s, –e: (urspr.)
ein Liebender : der Geliebte :
(Bib.) Verwandter : eine durch
Wohlwollen und Zuneigung
verbundene Person : Gast-
freund : Geschäftsfreund : Ka-
merad, Genosse : (− von etwas)
einer, der etwas liebt, schätzt :
etwas Nützliches, Günstiges *
*mit jemand gut Freund sein →
jemandem freund bleiben,
sein, werden → ..Freund bleiben, sein, werden* * *Freunds-
arm; Freundesblick; Freundes-
dienst; Freundesgruß; Freun-
deshand; Freundeskreis:* Gesamtheit der Freunde; *Freun-

despflicht; Freundestreue* *
freundlos Ew.: ohne
Freund(es); *freundnachbarlich*
Ew.: in der Art eines befreun-
deten Nachbars * *Freund-
Feind-Denken*
Freund|chen: (Umgspr.) nur
als Anrede, scherzhafte Ein-
schüchterung * **Freun|din,** die;
–, –en: weibl. Freund : Geliebte
* **freund|lich** Ew.: liebevoll :
dem Wesen eines Freundes gemäß : gefällig : angenehm : er-
freuend : (Bergb.) metallhaltig
* *freundlicherweise* * **Freund-
lich|keit,** die; –, –en: das
Freundlichsein * **Freundschaft,** die; –, –en: das Verhältnis des Freundseins : Verwandtschaft : Liebe : Gesamtheit von Freunden * *Freund-
schaftsband; Freundschaftsbe-
weis;* *Freundschaftsdienst;
Freundschaftsgabe; Freund-
schaftspfand; Freundschafts-
probe;* *Freundschaftsring;
Freundschaftssinn;* *Freund-
schaftsspiel; Freundschaftsver-
sicherung:* Beteuerung der
Freundschaft; *Freundschafts-
vertrag:* politischer Vertrag,
der die Freundschaft zwischen
Staaten festigen soll; *Freund-
schaftszeichen* * **freund-
schaft|lich** Ew.: der Freund-
schaft gemäß
fre|vel Ew.: übermütig : mut-
willig : von strafbarem Leichtsinn : absichtlich Böses bege-
hend * *frevler Hochmut* *
Fre|vel, der; –s, –: Übermut :
Leichtsinn : Mutwille : vorsätz-
lich begangenes Vergehen *
Frevelhandlung; *Frevelmut;
Frevelsinn; Freveltat; Frevel-
wort* * **Frev|ler,** der; –s, –: ein
Frevelnder * **frev|el|haft,** Ew.:
frevelnd * **Fre|vel|haf|tig|keit,**
die; –: das frevelhafte Vorgehen
* **fre|vent|lich** (ich ..[e]le) intr.:
Freveltaten begehen * **fre-
vent|lich** Ew.: frevelhaft *
frev|le|risch Ew.: frevelhaft
Frey(r): s. Freir * **Frey|ja:** s.
Freia
Fri|de|ri|cus (l.): Friedrich *
Fridericus Rex: Friedrich der
Große * **fri|de|ri|zi|a|nisch**
Ew.: auf Friedrich den Großen
bezüglich
Frie|de(n), der; ..ens: (urspr.)
Zaun : (veralt.) Schutz : Zustand
des Geschütztseins vor Angrif-

fen : Zustand der Ruhe : Zustand, wo keine Feindseligkeiten herrschen, Waffenruhe (bes. zwischen Staaten) : Friedensschluss * *friedfertig* Ew.: zum Frieden geneigt; *Friedfertigkeit; Friedhof:* urspr. „eingefriedeter Hof", Kirchhof; *Friedhofsgärtner; –gärtnerei; –kapelle; –mauer; –ruhe; friedliebend* Ew.; *friedlos* Ew.: ruhelos : schutzlos, vogelfrei; *friedselig* Ew.: sehr friedlich; *friedvoll* Ew. * *Friedensbedingungen; Friedensbereitschaft; Friedensbewegung; Friedensbote; Friedensbrecher; Friedensbruch; friedensbrüchig* Ew.; *Friedensengel; Friedensfahne; Friedensfahrt; Friedensfest; Friedensforschung; Friedensfreund; Friedensfürst:* Frieden bringender Fürst; *Friedensgrenze:* (ehem. DDR) Grenze zu Polen; *Friedensgöttin; Friedensinitiative; Friedenskonferenz; Friedenskurs; Friedenskuß → Friedenskuss; Friedenslager; Friedensliebe; Friedensnobelpreis; Friedensordnung; Friedenspfeife:* Tabakspfeife als Friedenspfand bei den Indianern; *die Friedenspfeife rauchen:* Frieden schließen, sich versöhnen; *Friedenspflicht; Friedensrichter:* Beamter, der für Aufrechterhaltung der Ruhe zu sorgen hat; *Friedensschluß → Friedensschluss:* Abschluss des Waffenruhe nach einem Krieg; *Friedensstifter; Friedensstörer; Friedenstaube; Friedensverhandlung; Friedensvertrag; Friedensvorschlag; Friedenswille; Friedenszeichen; Friedenszeit; Friedenszustand* * **frie|den** tr.: (selt.) für einfrieden * **fried|lich** Ew.: im Zustande des Friedens : zum Frieden geneigt : ruhig * **Fried|lich|keit,** die; –: das Friedlichsein * **fried|sam** Ew.: friedlich **fried|lich:** s. Frieden **Fried|rich:** m. Vn. * *Friedrichsdor,* der; –s, –e: „Goldfriedrich", eine ehemal. preußische Goldmünze; *20 Friedrichsdor* **fried|sam:** s. Frieden **frie|ren** (du frierst; du frorst, du frörest; gefroren; frier[e]!) intr.: Empfindung von Kälte

hervorbringen : erstarren machen; intr., unp.: Kälte empfinden : gefrieren * *Gefrorene,* das; –n: Speiseeis * **Frie|ren,** das; –s: Zustand des Frierens : kaltes Fieber **Fries,** der; –es, –e: kraushaariger Zeugstoff : (Baukst.) Gesimsstreifen * *Friesdecke; Friesmacher; Friesrock* **Frie|se,** der; –n, –n: Angehöriger des german. Stammes der Friesen * **Frie|sin,** die; –, –nen: weibl. Friese * **friesisch** Ew.: zu den Friesen gehörend * **Fries|land:** niederländ. Provinz * **Fries|län|der,** der; –s, –: Bewohner von Friesland * **fries|län|disch** Ew.: zu Friesland gehörig **Frie|sel,** der; das; –s, –n: harmlose Hautkrankheit : (Mz.) Hautbläschen * *Frieselfieber* **Frigg, Frig|ga:** (altnord.) Göttin des häusliche Herdes und der Fruchtbarkeit, Gemahlin Odins; vgl. Frija **fri|gid** (l.) Ew.: frostig : herzlos : ohne geschlechtliches Empfinden * **Fri|gi|daire** [fridschidähr], **Fri|gi|där** (fr.), der; –s, –s: Kühlschrank * **Fri|gi|da|ri|um,** das; –s, ..rien: in altröm. Bädern der Raum für das kalte Bad : ein kaltes Gewächshaus * **fri|gi|de** Ew.: frigid * **Fri|gi|di|tät,** die; –: Herzlosigkeit : geschlechtliche Empfindungslosigkeit [l. frigidus kalt] **Fri|ja:** altdtsch. Name für Frigg **Fri|ka|del|le** (fr.), die; –, –n: gebratene Fleischklößchen * **Fri|kan|deau** [frikangdoh], das; –s, –s: gespickte und gebratene Kalbsschnitte : Kalbskeulenstück * **Fri|kan|del|le,** die; –, –n: Scheibe aus gedämpftem Fleisch * **Fri|kas|see,** das; –s, –s: gewürztes, geschnittenes Fleisch in heller, säuerlicher Soße * **fri|kas|sie|ren** (..iert) tr.: klein schneiden : als Frikassee bereiten : übel zurichten **fri|ka|tiv** (l.) Ew.: auf Reibung beruhend * **Frikativlaut:** Reibelaut * **Frik|ti|on,** die; –, –en: Reibung : Misshelligkeit * *Friktionsantrieb:* Antrieb mittels Reibungskupplung; *Friktionsrad* * **Frik|to|ri|um,** das; –s, ..rien: Raum zum Abreiben (im altröm. Bad)

Fri|maire (fr.) [frimähr], der; –(s), –s: Frostmonat im Kalender der Französ. Revolution, November–Dezember **Fris|bee** (e.) [..bi], das; –s, –s: Wurfscheibenspiel **frisch** Ew.: erquickend kühl : belebend : belebt : gekräftigt : unverbraucht : munter : (Hüttw.) flüssig : (Hüttw.) nicht oxydiert : (Salzwasser) süß : vor kurzem geschehen : erst kurze Zeit vorhanden, neu * *das Frische Haff; die Frische Nehrung* * *frischauf!:* (Ausruf) munter!, los!; *frischbacken* Ew.: gerade erst gebacken; *frischgebacken → frisch gebacken:* eben erst gebacken; *Frischei; Frischgemüse; Frischhaltebeutel, Frischhaltepackung:* für längere Zeit haltbar verpackte Lebensmittel; *Frischkäse; Frischkost:* Rohkost; *Frischluft; Frischmalerei:* Malerei auf frischem Kalk; vgl. Freske; *frischmelkend, Frischmilch; frisch milchend:* erst kurze Zeit milchend; *Frischwasser:* (an Bord von Schiffen) Süß-, Trinkwasser; *frischweg; Frischzellenbehandlung, –kur, –therapie:* Stoffwechselbelebung durch Einspritzen von lebenden Zellen * **Fri|sche,** die; –, –n: das Frischsein : die Frischheit : Ort, wo es frisch ist : (weidm.) wasserreicher Ort * **fri|schen** (du frisch[e]st und frischt) tr.: (Wildsau) Junge werfen : (Metall) reinigen * *Frischblei; Frischblut; Frischhütte; Frischofen; Frischprozeß → Frischprozess; Frischstahl; Frischverfahren;* * **Frisch|ling,** der; –s, –e: eben aus der Schule Entlassene(r) : Junges des Wildschweins

frisch gebacken
Adjektiv und Partizip werden getrennt geschrieben, wenn das Adjektiv steigerbar oder erweiterbar ist, also *froh gelaunt,* *frisch gebacken,* aber *frisch-backene Brötchen.*

Fris|co: Kurzname für San Francisco **Fri|seur** [frisöhr], der; –s, –e: Haarkünstler, Haarpfleger, Haarschneider * **Fri|seu|rin,** die; –, –nen, **Fri|seu|se** [frisöhs'], die; –, –n: Haarkünstlerin, -pflegerin, -schneiderin * fri|sie|ren (..iert) tr.: Haar pflegen ∗ *Frisierhaube; Frisiersalon; Frisierumhang* ∗ **Fri|sur**, die; –, –en: Haartracht

Fri|sör: eingedeutschte Schreibweise für Friseur

Frist, die; –, –en: Zeitpunkt : bestimmter Zeitraum : Aufschub ∗ *Fristenlösung; Fristenregelung:* (Abtreibungsgesetz) Zeit, in der ein Embryo abgetrieben werden darf; *Fristgesuch; fristgemäß, fristgerecht* Ew.; *Fristgewährung; fristlos* Ew.; *Fristtage; Fristüberschreitung; Fristverlängerung* ∗ **fris|ten** tr.: auf eine spätere Frist hinausschieben : (Leben –) erhalten

Fri|sur: s. Friseur

Fri|teu|se → **Frit|teu|se:** s. Frittate

fri|tie|ren → **frit|tie|ren:** s. Frittate

Frith|jof|sa|ga, die; –: isländ. Sage

Fritt: s. Frett (Säge)

Frit|ta|te (it.), die; –, –n: Eierkuchen ∗ **Frit|te,** die; –, –n: „Gebackenes", Glasmasse : (ugs.) Mz. für Pommes frites ∗ **frit|ten** tr., intr.: eine Fritte herstellen : (ugs.) für frittieren ∗ *Frittofen* ∗ **Frit|teu|se** → **Frit|teu|se** (fr.) [..töse], die; –, –n: Behälter zum Ausbacken ∗ **frit|tie|ren** → **frit|tie|ren** tr.: schwimmend im Fett braten ∗ **Fri|tü|re** → **Frit|tü|re** (fr.), die; –, –n: in Fett oder Öl gebackenes Fleisch- oder Fischgericht

Frit|te: s. Frittate

frit|ten: s. Frittate

Frit|tung, die; –: Schmelzen und Zusammenkleben von Gestein

Fri|tü|re → **Frit|tü|re:** s. Frittate

fri|vol (l.) Ew.: leichtfertig : schlüpfrig : zweideutig ∗ **Fri|vo|li|tät,** die; –, –en: Leichtfertigkeit : Schlüpfrigkeit : (Mz.) eine Schiffchenhandarbeit, Spitzen

froh Ew. (..est): Freude empfindend : Freude erregend ∗ *Frohbotschaft:* das Evangelium; *Frohgefühl; frohgelaunt* → *froh gelaunt; frohgemut* Ew.: frohen Sinnes; *frohherzig* Ew.; *Frohmut,* der; –(e)s: Frohsinn; *frohmütig* Ew.; *Frohsinn; frohsinnig* Ew. ∗ **Fro|heit,** die; –: das Frohsein : Freude ∗

fröh|lich Ew.: das Gefühl des Wohlbefindens habend und äußernd : froh machend ∗ **Fröh|lich|keit,** die; –, –en: das Fröhlichsein : Fest ∗ **froh|lo|cken** (auch **froh|lo|cken**) intr.: lebhafte Freude äußern

Fro|mage de Brie (fr.) [fromahseh' d'brih], der; – – –: Käse aus der franz. Landschaft Brie

fromm (frömmer, frömmst) Ew.: (urspr.) nützlich, tauglich, tapfer : gottesfürchtig : (von Gott) gerecht, gut : Religionssatzungen eifrig beachtend : scheinheilig : mitleidig : friedlich : gehorsam : harmlos ∗ **From|me** (veralt.), der; –n, –n: Vorteil : fast nur in der Wendung: *zu Nutz und Frommen* ∗ **Fröm|me|lei,** die; –, –en: frömmelndes Wesen ∗ **fröm|meln** (ich ..[e]le) intr.: sich fromm gebaren ∗ **from|men** intr.: zum Nutzen gereichen : das Wohl befördern ∗ **Fromm|heit,** die; –, –en: das Frommsein : fromme Handlung ∗ **Fröm|mig|keit,** die; –, –en: das Frommsein : fromme Handlung ∗ **Frömm|ler,** der; –s, –: ein Frömmelnder ∗ **frömm|le|risch** Ew.: in der Art eines Frömmlers

fron Ew.: (veralt.) auf den Herrn bezüglich : heilig : herrschaftlich : öffentlich ∗ *Fronaltar; Fronamt:* Hochamt; *Fronfasten:* (kath. K.) Quatember; *Fronleichnam:* Fest des „Leibes des Herrn"; *Fronleichnamsprozession;* ∗ **Fron,** die; –, ..nen: Herrendienst, Zwangsdienst ∗ *Fronarbeiter; Fronbauer; Frondienst; Frongut; –hof; –pflicht; fronpflichtig* Ew.; *Fronvogt; Fronwald* ∗ **Fron|bo|te,** der; –n, –n: Gerichtsbüttel : Gerichtsbote ∗ **Fron|de,** die; –, –n: Frondienst ∗ **fron|den:** s. fronen ∗ **Fro|ne,** die; –, –n: s. Fron(e): öffentliches Gefängnis ∗ **fro|nen, frö|nen** intr.: Frondienste tun : sklavisch dienen : sich von etwas beherrschen lassen ∗ **Frö|ner,** der; –s, –: einer, der front : Zwangsarbeiter

Fron|de: s. fron

Fron|de (fr.) [frongd'], die; –: Spottname der Adelspartei in Frankreich im 17. Jh. : Oppositionspartei gegen die Regierung ∗ **Fron|deur** [frongdöhr],

der; –s, –e: Anhänger der Fronde ∗ **fron|die|ren** (..iert) [frong..] intr.: Unzufriedenheit, Widerspruch bekunden : Opposition treiben (bes. gegen die Regierung)

Fron|dienst, Fro|ne usw.: s. fron

fron|die|ren: s. Fronde (fr.)

Front (fr.), die; –, –en: „Stirn", Vorderseite : vorderste Heereslinie, Kampfstellung ∗ *Front machen:* (Heerw.) stramm stehen : sich widersetzen ∗ *Frontabschnitt:* Teil des Kampfgebiets; *Frontantrieb:* Vorderradantrieb (von Kraftwagen); *Frontangriff; Frontbericht; Frontbogen:* Stirnbogen; *Frontdienst; Fronteinsatz; Frontkämpfer; Frontlader:* Schleppfahrzeug; *Frontleben:* Leben in der vordersten Heereslinie; *Frontlinie; Frontmann, -frau:* Musiker(in), der(die) im Vordergrund agiert; *Frontmauer:* Außenmauer; *Frontsoldat; Frontwechsel:* Gesinnungswandel ∗ **fron|tal** (l.) Ew.: an der Außenseite liegend : auf die Vorderseite bezüglich : von vorn ∗ *Frontalarterie:* Stirnschlagader ∗ **Fron|tis|piz** (fr.), das; –es, –e: Vordergiebel : Titelblatt eines Buches

Frosch, der; –es, Frösche; Fröschchen; Fröschlein : ein nackter Lurch : Name verschiedener Schnecken : ein Feuerwerkskörper : Anschwellung im Mund : (Techn.) hervorragender Teil : (Landwirtsch.) ein Arm voll abgeschnittener Halme ∗ *Froschader; Froschauge; Froschbiß* → *Froschbiss:* eine Pflanze; *Froschblut:* kaltes Blut; *Froschgequake; Froschkeule; Froschkönig; Froschkrebs; Froschlaich; Froschlöffel:* eine Pflanze; *Froschlurch; Froschmann:* Taucher; *Froschperspektive; aus der Froschperspektive sehen:* von unten sehen; *Froschschenkel; Froschtest:* ein Schwangerschaftstest

Frost, der; –(e)s, Fröste: strenge Kälte : Schauder : Mangel an warmem Gefühl : etwas Gefrorenes : gefrorener Boden : Frostbeulen ∗ *Frostaufbrüche:* Aufbrüche der Straßendecke durch Frost; *frostbeständig; Frostbeule; Frostge-*

fahr; Frostgemüse: Gemüse als Frostkonserve; *Frostmittel:* Mittel gegen Frostbeulen; *Frostperiode:* Zeitraum anhaltenden Frostes; *Frostpflaster; Frostpunkt:* Gefrierpunkt; *Frostsalbe; Frostschaden; Frostschutzmittel; Frostspanner:* im Winter schwärmende Schmetterlinge; *Frostwetter* **frös∣teln** (ich ..[e]le) tr., unp.: Schauder erregen; intr., unp.: vor Frost zittern : leicht frieren *** frös∣telig, fröst∣lig** Ew.: Schauer erregend *** fros∣ten** intr.: einfrieren : zum Gefrieren bringen *** Fros∣ter,** der; –s, –: (Techn.) Tiefkühlfach im Kühlschrank *** fros∣tig** Ew.: sehr kalt : ohne warme Empfindung : leicht frierend *** Frostig∣keit,** die; –: innere Kälte **Frot∣tee** (fr.), das; –(s), –s: Kräuselstoff für Badewäsche : rauhes Baumwollgewebe *** Frotteehandtuch; Frotteekleid; Frotteemantel:** Bademantel aus Frottee; *Frotteestoff* *** frot∣tie∣ren** (..iert) tr.: mit einem Frotteetuch abreiben *** Frottierhandschuh; Frottiertuch** **Frot∣ze∣lei,** die; –, –en: Veralbern, Spötterei *** frot∣zeln** (ich ..[e]le) tr.: (mundartl.) necken, veralbern **Frucht,** die; –, Früchte; Früchtchen: Embryo bei Mensch und Tier : Samenhülle : Obst : Körner : Getreide : Ertrag : Ergebnis : (geistiges) Erzeugnis : die befruchtende Kraft *** Fruchtast; Fruchtauge; Fruchtbaum; Fruchtblase:** (Med.) mit Fruchtwasser gefüllte Eihülle des Embryos; *Fruchtboden:* Grund, auf dem die Frucht einer Pflanze steht; *Fruchtbonbon; fruchtbringend auch:* Frucht bringend; *Früchtebrot; Fruchtessig; Fruchtfeld; Fruchtfleisch; Fruchtfolge; Fruchtgarten; Fruchtgeschmack; Fruchthandel; Fruchthülle; Fruchtkelch; Fruchtknoten; fruchtlos* Ew.: ohne Früchte : ergebnislos : nutzlos; *Fruchtlosigkeit; Fruchtmark; Fruchtpresse:* Gerät zum Auspressen, Entsaften von Früchten; *fruchtreich* Ew.: viele Früchte tragend : nützlich : ergebnisreich; *Fruchtsaft; Fruchtschnur; Fruchtgehänge; Fruchtspei-*

cher; Fruchtstück: eine Fruchtgruppe darstellendes Gemälde; *fruchttragend auch: Frucht tragend; Fruchtwasser:* (Med.) den Embryo in der Eihülle umgebende Flüssigkeit; *Fruchtwechsel; Fruchtwein; Fruchtzeit; Fruchtzucker* *** frucht∣bar** Ew.: ergiebig : ertragreich *** Frucht∣bar∣keit,** die; –, –en: Fruchtbarsein *** Fruchtbarkeitszauber** *** fruch∣ten** intr.: Frucht bringen : Nutzen bringen : wirken *** ..frucht∣ig** Ew., nur in Zus.: Frucht, Früchte habend; z. B. einfruchtig **Fruc∣to∣se** (l.), die; –: Fruchtzucker **fru∣gal** (l.) Ew.: mäßig : einfach : genügsam *** Fru∣ga∣li∣tät,** die; –: Einfachheit : Genügsamkeit [l. frux, Gen. frugis Nutzen] **früh** Ew.; Uw. (..st): vor der festgesetzten Zeit : in den Anfang einer Entwicklung fallend : kurz nach einem Geschehnis : nicht spät : am Morgen *** Frühapfel:** früheifer Apfel; *Früharbeit:* Morgenarbeit; *von frühauf:* von Kind an; *Frühaufsteher; Frühbeet; früher:* von früher her; *Früherkennung:* (Med.) sehr frühe Diagnose einer Erkrankung; *früh(e)stens:* zum erstmöglichen Zeitpunkt; *Frühgebet:* Morgengebet; *Frühgeburt, Frühchen:* vor der rechten Zeit erfolgende Geburt : ein vor der Zeit Geborener; *Frühgeschichte:* Zeitabschnitt nach der Vorgeschichte; *Frühinvalidität; Frühjahr:* Frühling; *Frühjahrskollektion:* Modevorstellung für den Sommer; *frühkartoffel; frühkindlich; Frühkirche:* Morgengottesdienst; *Frühkirsche:* frühreife Kirsche; *Frühkost:* Morgenmahlzeit; *Frühmesse:* Morgenmesse; *Frühmette; frühmorgens* Uw.; *Frühnebel:* Morgennebel; *Frühobst; frühreif* Ew.: früher reif, als zu erwarten; *Frühreif:* gefrorener Tau am Morgen; *Frühreife; Frührente; Frührot:* Morgenrot; *Frühschicht; Frühschoppen; Frühsport; Frühstadium:* (Med.) Anfangsstadium einer Erkrankung; *Frühstart; Frühstück:* Morgenbrot; *frühstücken; Frühstücksbrot; Frühstücksfernsehen:* Fernsehprogramme am frühen Morgen;

Frühstückspause; Frühtau: Morgentau; *Frühtrunk:* Morgentrunk; *frühvollendet → früh vollendet; Frühwarnsystem; frühzeitig* Ew.: früh *** Frü∣he,** die; –: erste Tageszeit *** Früh∣ling,** der; –s, –e: Lenz, auf den Winter folgende Jahreszeit : ein frühgeborenes Wesen : ein zu kurze Zeit nach der Trauung geborenes Kind : Blütezeit des Lebens, des Geistes *** Frühlingsanfang; Frühlingsblume; Frühlingsfeier; Frühlingsfest; Frühlingsfrüchte; Frühlingsgefühl; Frühlingsjahre; Frühlingskinder; Frühlingskleid; Frühlingsluft; Frühlingslust; Frühlingsmarkt; Frühlingsmesse; Frühlingsmonat:* März; *Frühlingspunkt:* der Punkt des Tierkreises, in den die Sonne mit dem Beginn des Frühlings eintritt; *Frühlingsregen; Frühlingsrolle:* mit gefüllte Blätterteigrolle als Vorspeise; *Frühlingssaat; Frühlingstag; Frühlingswetter; Frühlingszeichen:* die drei Zeichen des Tierkreises, die die Sonne während des Frühlings durchläuft; *Frühlingszeit; Frühlings-Tag-und-Nachtgleiche* *** früh∣lings∣haft** Ew.: frühlingsartig **Fruk∣ti∣dor** (l.), der; –(s), –s: „Fruchtmonat" (Aug.–Sept.) im Kalender der Französischen Revolution *** Fruk∣ti∣fi∣ka∣ti∣on,** die; –, –en: Befruchtung : Nutzbarmachung : Ausnutzung *** fruk∣ti∣fi∣zie∣ren** (..iert) intr.: Frucht tragen; tr.: nutzbar machen : befruchten *** Fruk∣to∣se,** die; –: Fruchtzucker s.a. (Chem.) Fructose [l. fructus Frucht] **Frust, Frus∣tra∣ti∣on** (l.), die; –, –en: Vereitelung : Behinderung : Enttäuschung durch erzwungenen Verzicht *** frus∣t∣rie∣ren** (..iert) tr.: vereiteln : in den Erwartungen enttäuschen : einen Verzicht aufzwingen [l. frustra vergebens] **Frut∣ti** (it.) Mz.: Früchte *** Frut∣ti di ma∣re → Frut∣ti di Ma∣re** (it.) Mz.: „Meeresfrüchte", Meereserzeugnisse **F-Schlüs∣sel:** s. F **Fuchs,** der; ..ses, Füchse; Füchschen, Füchslein: ein zum Hundegeschlecht gehöriges Raubtier : Fuchspelz: Name von

roten Tagfaltern : eine rote Porzellanschnecke : eine rote Feldtaube : Pferd mit roten Haaren : rote oder gelbe Münze : (Färb.) ins Rötliche spielende Farbe : Mensch mit rotem Haar : listiger Mensch : (Korps-)Student im ersten Semester : (Billardspiel) nicht beabsichtigter Treffer : (Kegelsp.) das Vorbeigehen der nicht treffenden Kugel hinterm letzten Kegel : Kanal im Ofen : (Hüttw.) unschmelzbarer Klumpen im Hochofen : sich stauender Flößholzhaufen * *Fuchsbalg; Fuchsbau; Fuchseisen; -falle; Fuchsgrube; Fuchshaar:* rötliches Haar; *Fuchshöhle; Fuchshütte:* Hütte für Fuchsjäger; *Fuchsjagd; Fuchsjäger; Fuchskopf:* Rot-, Schlaukopf; *Fuchspelz; Fuchsräude:* Krankheit des Fuchses; *fuchsrot* Ew.; *Fuchsschecke:* rotscheckiges Pferd; *Fuchsschwanz:* Säge, die in ihrer Form einem Fuchsschwanz ähnelt; *fuchs(teufels)wild* Ew.: außer sich vor Wut; *Fuchstürmchen:* eine Art Schnecke * **fuch|sen**, rbz.: quälen : ärgern : betrügen : heimlich entwenden : (unp.) ärgern, wurmen * **fuch|sig** Ew.: rothaarig : wütend * **Füch|sin,** die; –, –nen: weibl. Fuchs
Fuch|sia, Fuch|sie [..je], die; –, ..sien: eine Blume, nach dem Naturforscher Leonhard Fuchs benannt
Fuch|sin, das; –s: Farbstoff (Anilinrot)
Fuch|tel, die; –, –n: Degen, bes. mit stumpfer Klinge als Strafwerkzeug : Strafe durch Fuchtelschlag : scharfe Zucht * **fuch|teln** (ich ..[e]le) intr.: in rascher Bewegung hin und her fahren : mit der Fuchtel züchtigen * **fuch|tig** Ew.: (volkst.) wütend : zornig
Fu|der, das; –s, –; Füderchen: Fuhre : ein Maß für Flüssigkeiten, auch für Getreide, Erz, Salz, Wiesen * *Fuderfaß* → *Fuderfass; fuderweise* Uw.: in Fudern
fu|dit (l.): „hat (es) gegossen" Hinweis auf den Künstler bei Gusswerken; Abk.: fud.
Fuld|schi|ja|ma, der; –s: Vulkan in Japan
Fuff|zi|ger, der; –s, –: (Umg-

spr.) Fünzigpfennigstück * *falscher Fuffziger:* unaufrichtiger Mensch
Fug, der; –(e)s, –e: Passlichkeit : Erlaubnis : Berechtigung : Recht, fast nur in der Wendung: *mit Fug und Recht* *
Fu|ge, die; –, –n: Stelle, wo die Teile ineinander gefügt sind : Verbindung : Lücke : Stelle, wo sich etwas passend einfügen lässt * *fugenlos* * **fu|gen** tr.: in Fugen aneinander schließen : Fugen verstreichen : fügen * *Fugenzeichen:* Silbe oder Laut, die als Bindezeichen bei einem zusammengesetzten Wort angesehen werden, z. B. Liebe-s-dienst * **fü|gen** tr.: zusammensetzen : hinzubringen und verbinden : ordnen : die Anordnung treffen; rbz.: sich gestalten : sich passend anschließen : sich in etwas schicken : nachgeben : sich begeben * *Fügebank:* Bank zum Behobeln zusammenzufügender Bretter; *Fügeeisen:* Eisen in der Fügebank; *Fügehobel:* Hobel an der Fügebank; *Fügemaschine:* Holzbearbeitungsmaschine; *Fügewort:* Bindewort * **füg|lich** Ew.: in passender Weise : schicklich * **füg|sam** Ew.: sich fügend : gehorsam : anpassungsfähig * **Füg|sam|keit,** die; –: fügsames Wesen * **Fu|gung, Fü|gung,** die; –, –en: das Fügen : das Gefügte : Ordnung des Geschicks
Fu|ga, Fu|ge (nl.), die; –, ..gen: Musikstück, in dem jeder Satz von den einzelnen Stimmen nacheinander wiederholt wird * *fugal, fugenartig* Ew.: in der Art einer Fuge; *Fugenform; Fugenstil* * **fu|ga|to** (it.): fugenartig * **Fu|ga|to** (it.), das; –(s), ..ti: fugenartiger Satz in einem Tonstück * **fu|gie|ren** (..iert) (l.-dtsch.) tr.: musikal. Thema nach Art einer Fuge setzen [l. fuga Flucht]
Fug|ger: Augsburger Großkaufmann(sfamilie) im Spätmittelalter * **Fug|ge|rei,** die; –: ehem. Armensiedlung in Augsburg
fu|gie|ren: s. Fuga
füg|lich, füg|sam, Fü|gung: s. Fug
fühl|bar Ew.: so beschaffen, dass es gefühlt werden kann :

fühlend, gefühlvoll : spürbar * **Fühl|bar|keit,** die; –, –en: das Fühlbarsein * **füh|len** tr.: das Bewusstsein einer Empfindung haben : wahrnehmen : merken; intr.: fassen, um zu fühlen : im Empfindungsvermögen berührt werden; rbz.: sich seines Wertes fühlend bewusst sein * *fühlend* Mw. Ew.: reich an Gefühl; *gefühlt* Mw. Ew.: tief empfunden; *Fühlfaden, Fühlhorn:* Tastwerkzeuge der Kerbtiere; *fühllos* Ew.: gefühllos : herzlos; *Fühllosigkeit* * **Füh|ler,** der; –s, –: ein Fühlender : Tastwerkzeug der Kerbtiere * **fühl|sam** Ew.: gefühlvoll * **Fühl|ung,** die; –: das Fühlen * *Fühlungnahme; Fühlung nehmen:* in körperliche Berührung treten : sich innerlich zu nähern suchen
Füh|lung: s. fühlbar
Fuh|re, die; –, –n: einmaliges Fahren : auf einmal zu befördernde Ladung : Fuhrwerk * *Fuhrfrone:* Spanndienst; *Fuhrgeld; Fuhrgeschäft; Fuhrknecht; Fuhrlohn; Fuhrmann:* Wagenlenker : Fuhrunternehmer : ein Sternbild in der Milchstraße; *Fuhrleute; Fuhrpark:* Gesamtheit der Wagen eines Unternehmens; *Fuhrunternehmen; Fuhrwerk:* Wagen mit Bespannung; *fuhrwerken* (gefuhrwerkt) intr.: mit einem Fuhrwerk fahren : lebhaft sich betätigen; * **füh|ren** tr.: den richtigen Weg weisen : geleiten : leiten : befördern : handhaben : sich einer Sache bedienen : in Ordnung halten oder bringen : verwalten : gelangen lassen : zum Verkauf haben; intr.: eine Richtung haben; rbz.: sich betragen * *einen Blinden führen; zum Altar führen; eine Kompanie führen; Briefwechsel mit jmdm. führen; den Beweis führen; alberne Reden führen; jmdn. hinters Licht führen; jmdn. betrügen; Krieg führen; das Zepter führen; einen Prozess führen; der Weg führt in die Stadt; du hast dich gut geführt* * **Füh|rer,** der; –s, –: der Führende : Name von Maschinenteilen : (Buchtitel) Handbuch, Weiser * *führerlos* Ew.; *Führernatur:* Charakter der sich zum Anführer eignet; *Füh-

rerschein: Ausweis, der zum Führen eines Kraftfahrzeugs berechtigt; *Führerstand* ✳ **Führerschaft,** die; –, –en: das Führersein : Gesamtheit der Führer ✳ **führrig** Ew.: (weidm.) sich führen lassend (Hund z. B.) ✳ **Führung,** die; –, –en: das Führen : ein Maschinenteil : Betragen, Verhalten ✳ *Führungsakademie:* Bildungsanstalt für Offiziere; *Führungsanspruch; Führungsaufgabe; Führungskraft:* leitender Angestellter; *Führungsleiste; Führungsschiene; Führungsspitze:* oberste Hierarchiestufe in einem Unternehmen; *Führungsstange; Führungstor:* (Sport) Treffer, mit dem eine Mannschaft in Führung geht; *Führungszeugnis:* polizeiliches Zeugnis über das Verhalten

Fuji-Yama: s. Fudschijama

Fullbe Mz.: Volksstamm in Afrika

Fulgurit (nl.), der; –(e)s, –e: Blitzröhre, ein Sprengmittel : Pressmasse für elektrische Isolierungen [l. fulgur Blitz]

Fulldreß → Fulldress (e.), der; – –, – –es: „ganzer Anzug", Ballstaat, Gesellschaftsanzug

Fülle, die; –: Gefäß zum Aus- und Einfüllen : der erfüllende Inhalt : der reiche Vorrat : das Vollsein : auszufüllende Grube im Meiler ✳ **füllen** tr., rbz.: etwas voll machen : einen Raum einnehmen : (veralt.) trunken machen : gießen ✳ *Füllbier:* Bier zum Auffüllen der Fässer; *Fülleimer; Füller; Füll(feder)halter:* Tintenschreibgerät; *Füllhaare:* Haare zum Auspolstern; *Füllhals:* Holztrichter; *Füllhorn:* Fruchthorn als Sinnbild der Fülle; *Füllager → Fülllager:* Lager für das aus dem Gärbottich zu füllenden Fässer; *Füllöffel → Fülllöffel:* Schöpflöffel; *Füllmittel; Füllofen; Füllort:* (bergm.) Füllbank zum Füllen der Fördergefäße; *Füllschrift:* in der Schallplattenherstellung verwendetes Verfahren; *Füllstein:* Flickstein; *Füllstimme:* (Mus.) ausfüllende Begleitungsstimme; *Füllstoff; Füllstrich:* Maßstrich an geeichten Gläsern; *Füllwein:* Wein zum Auf-

füllen der Fässer; *Füllwort:* Flickwort ✳ **füllig** Ew.: etwas korpulent ✳ **Fülligkeit,** die; –: Korpulenz : Dicksein ✳ **Füllsel,** das; –s, –: Füllstoff ✳ **Füllung,** die; –, –en: das Füllen : das, womit etwas gefüllt wird : (Baukst.) das Füllende

Füllen, das; –s, –; Füllchen: Fohlen

Fulltime Job → Fulltimejob *auch:* **Full-Time-Job** (e.) [fultaim..]: Ganztagsbeschäftigung

Fulltimejob
Gängige Fremdwörter, die aus einer Aneinanderreihung einzelner Wörter bestehen, werden zusammengeschrieben; es können aber auch die einzelnen Teile mit Bindestrich gekoppelt und großgeschrieben werden.

fulminant (l.) Mw. Ew.: blitzend : blendend : auffallend : durchschlagend : zündend ✳ **Fulminanz,** die; –: das Auffallende, Durchschlagende ✳ **Fulmination,** die; –, –en: das Blitzen : das Toben : Bannstrahl ✳ **fulminieren** (..iert) intr.: blitzen : knallen : den Bannstrahl schleudern [l. fulmen Blick]

Fumarole (it.), die; –, –n: Dampfquelle, Gasausströmung aus Spalten erstarrender Lavamassen ✳ **Fumé** (fr.) [fümeh], der; –(s), –s: Rußabdruck, Rauchdruck ✳ **Fumet** (fr.) [fümäh], der; –: Wohlgeruch (von Speisen usw.): Blume des Weins [l. fumus Rauch]

Fummel (mundartl.), der; –s, –; die; –, –n: dürftiges Kleid : Glättholz ✳ **Fummelei,** die; –, –en: das Herumfummeln ✳ **fummeln** (ich ..[e]le) tr.: suchen : entwirren, untersuchen wollen, blankreiben : befühlen : betasten

Fund, der; –(e)s, –e; Fündchen, Fündlein: Handlung des Findens : das Gefundene : Erfindung : das Erfundene : List ✳ *Fundbüro; Fundgegenstand; Fundgeld:* Finderlohn; *Fundgrube:* Grube, wo Erz gefunden wird : (übertr.) Reichtümer bergende Stätte u. dgl.; *Fundort; Fundrecht:* Recht des Finders auf den Fund; *Fundregister; Fundsache; Fundstätte; Fundstelle; Fundunterschla-*

gung; Fundzettel ✳ **fündig** Ew.: ergiebig : (– werden) ausfindig machen

Fundament (l.), das; –(e)s, –e: Unterbau : Grundlage : Grundbegriff : Grundplatte der Buchdruckerpresse ✳ *Fundamentplatte* ✳ **fundamental** Ew.: zur Grundlage gehörig : grundlegend : die Anfangsgründe betreffend ✳ *Fundamentalbegriff:* Grundbegriff; *Fundamentalsatz; Fundamentaltheologie:* Apologetik ✳ **Fundamentalismus,** der; –: auf die Bibel als Grundlage aufbauende amerikanische Glaubenslehre : (allg.) das kompromisslose Festhalten an (pol. oder relig.) Grundsätzen ✳ **Fundamentalist,** der; –en, –en: Anhänger des Fundamentalismus ✳ **fundamentieren** (..iert) tr.: den Grund legen : untermauern ✳ **Fundation,** die; –, –en: Begründung : Grundlegung : Stiftung ✳ **Fundi,** der; –s, –s: (Umgspr.) Fundamentalist, Anghöriger einer Gruppierung innerhalb der Grünen ✳ **fundieren** (..iert) tr.: begründen : stiften : mit Mitteln versehen ✳ **fundiert** Mw. Ew.: mit guter Grundlage : gut ausgestattet ✳ **Fundus,** der; –, –: Grundstück : Grundlage : Bestand : Vorrat : Bühnenausstattung eines Theaters [l. fundus Grund, Boden]

fundieren: s. Fundament

Fündlein: Fündchen, s. Fund

Fundus: s. Fundament

funebre (f.) [fünäbre]: ernst, wehmütig, traurig ✳ **Funeralien** (l.) Mz.: Leichenbegängnis : Trauerfeier

fünf, (vokst.) **fünfe** (alleinst.) Zahlw.: die auf 4 folgende Grundzahl ✳ *zu fünfen, zu fünft* ✳ **Fünfeck,** das; –s, –e: fünfeckige Fläche; *fünfeckig* Ew.: fünf Ecken habend; *fünfeinhalb* Zahlw.: fünfundeinhalb; *fünffach* Ew.: fünfmal vorhanden; *Fünfflächner:* Pentaeder; *Fünffrank(en)stück:* Münze im Wert von 5 Franken; *fünfhundert* Zahlw.: fünfmal hundert (röm. Ziffer D); *fünfhundertmal* Uw.; *fünfhundertste* O.-Zahlw.; *Fünfjahresplan; Fünfkampf:* leichtathletischer Wettbewerb; *fünfmal; fünfmännig*

Ew.: (Bot.) fünf Staubfäden habend, *Fünfmarkstück:* Münze im Wert von 5 Mark; *Fünfpaß* → *Fünfpass;* *Fünfpfennigstück:* Münze im Wert von 5 Pfennigen; *Fünfpolröhre; Fünfprozentklausel:* Regel, nach der eine Partei nur dann ein Mandat erhält, wenn sie mind. 5% der Stimmen erhält; *fünfsaitig* Ew.; *fünfseitig* Ew.; *fünfstellig* Ew.; *fünfstimmig* Ew.; *Fünfstromland:* das Pandschab (ind. Landschaft); *Fünftagefieber; fünftausend* Zahlwort: fünf Mal tausend; *Fünftonmusik; Fünfuhrtee; fünf(und)einhalb* Zahlw.; *fünfundzwanzig* Zahlw.; *fünfweibig* Ew.: (Bot.) fünf Stempel habend; *fünfzehn* Zahlw.: fünf und zehn **✳ Fünf,** die: –, –en: Ziffer 5 : Schulnote : Bus- oder Straßenbahnlinie **✳ Fün|fer,** der; –s, –: ein aus fünf Einheiten bestehendes Ganzes : (bes.) Fünfmarkstück : einer aus einer Genossenschaft von fünfen : Wein aus dem Jahre 05 : Schulnote **✳** *fünferlei* Ew.: von fünf Arten **✳ fünft:** nur in der Wendung: *zu fünft:* zu fünfen **✳** *Fünfte Republik* (in Frankreich) **✳ fünf|tel** Ew.: den fünften Teil von etwas betragend **✳** *ein fünftel Pfund* **✳ Fünf|tel,** das; –s, –: der fünfte Teil **✳ fünf|teln** (ich ..[e]le) tr.: in fünf Teile teilen **✳ fünf|tens** Uw.: an fünfter Stelle **✳ funf|zig, fünf|zig** Zahlw.: zehnmal fünf (röm. Ziffer L) **✳** *Fünfzigmarkschein; Fünfzigpfennigstück; Fünfzigtonner,* der; –s, –: Bahn-, Kraftwagen für 50 t **✳ fünf|zigs|tel** Ew.: den fünfzigsten Teil betragend **✳ Fünf|zigs|tel,** das; –s, –: der fünfzigste Teil **✳ fünf|zigs|tens** Uw.: an fünfzigster Stelle

fun|gi|bel (nl.) Ew.: (BGB) vertretbar : durch Gebrauch aufzehrbar **✳ fun|gie|ren** (..iert) (l.) intr.: in Amt verwalten : eine Tätigkeit verrichten : wirksam sein **✳ Funk|ti|on** (l.) die; –, –en: Verrichtung : Dienstleistung : Amt : Obliegenheit : (Heerw.) Dienststellung : (Math.) eine von einer anderen abhängige Größe **✳** *Funktionszulage:* Dienstzulage **✳** *außer Funktion:* außer

Dienst : außer Gebrauch; *Funktionsprüfung; Funktionsstörung; Funktionsverb; Funktionswechsel* **✳** *funk|ti|o|nal* (nl.) Ew.: (selt. für) funktionell **✳ Funk|ti|o|na|lis|mus,** der; –: Architektur- und Designstil, der die Form der Funktion unterordnet : psycholog. Lehre, die die psycholog. Funktionen in Abhängigkeit von den biologischen Anlagen sieht **✳ Funk|ti|o|na|list,** der; –en, –en: Anhänger des Funktionalismus **✳ funk|ti|o|na|lis|tisch** Ew.: zweckmäßig gestaltet **✳ Funk|ti|o|na|li|tät** (nl.), die; –, –en: von anderen Kräften abhängige Wirkungsmöglichkeit **✳ Funk|ti|o|när** (nl.), der; –s, –e: Beauftragter : aktiv tätiges Parteimitglied **✳ funk|ti|o|nell** (nl.) Ew.: auf die Funktion bezüglich **✳ funk|ti|o|nie|ren** (..iert) intr.: tätig sein : wirksam sein : in Ordnung sein : reibungslos ablaufen

Fun|gin (l.), das; –s: „Schwammstoff", ein Pflanzenstoff in Schwämmen und Pilzen **✳ fun|gi|zid** Ew.: pilztötend **✳ Fun|gi|zid,** das; –s, –e: Mittel zur Pilzbekämpfung **✳ Fun|gus,** der; –, –: Pilz : Erdschwamm : schwammige Geschwulst

Funk, der; –(e)s: Rundfunkwesen, drahtlose Telegrafie **✳** *Funkabteilung:* Abteilung für drahtlose Telegrafie im Heer; *Funkamateur; Funkanlage; Funkausstellung; Funkbericht; Funkberichterstatter; Funkbild; Funkdienst; Funkentstörung, -sdienst; Funkgerät; Funkhaus:* Radioanstalt; *Funkimpuls; Funkkolleg; Funkkontakt; Funkmeßgerät* → *Funkmessgerät; Funkmeßtechnik* → *Funkmesstechnik; Funkortung; Funkpeilung; Funkreportage; Funksendung; Funksprechgerät; Funksprechverkehr; Funkspruch:* drahtloser Fernspruch; *Funkstation:* Sendestation für drahtlose Wellen; *Funkstille:* Rundfunkpause; *Funkstörung; Funkstreife, –nwagen; Funktaxi; Funktechnik; Funktelegramm:* Funkspruch; *Funktelefon; Funkturm:* Teil einer Sendeanlage; *Funkuhr; Funkverbin-*

dung; *Funkverkehr; Funkwagen; Funkwerbung; Funkwesen* **✳ Fun|ke,** der; –ns, –n; *Fun|ken,* der; –s, –; Fünkchen, Fünklein: kleiner Teil eines Feuers oder eines brennenden Körpers : geringe Spur von etwas **✳** *Funkenfänger:* Vorrichtung zum Auffangen von Funken; *Funkenflug; Funkeninduktor:* Stromerreger bei der drahtlosen Telegrafie; *Funkenmariechen:* Tänzerin im Karneval; *funkensprühend* → *Funken sprühend* **✳ fun|keln** (ich ..[e]le) intr.: hell leuchtend glänzen **✳** *funkelnagelneu* Ew.: ganz neu (so neu, dass es noch funkelt) **✳ fun|ken** intr.: Funken sprühen : tr., intr.: drahtlos telegrafieren **✳ Fun|ker,** der; –s, –: Soldat der Heeresabteilung für drahtl. Telegrafie : Funktelegrafist

Funk|ti|on, Funk|ti|o|när: s. fungibel

Fun|sel, die; –, –n; **Fun|zel,** die; –, –n: (mundartl.) schlecht leuchtende Lampe

fuo|co, con – ** (it.) [..ko]: (Mus.) mit Feuer, leidenschaftlich **✳ fu|o|co|so (it.) [..koso]: (Mus.) leidenschaftlich

für Vw. mit Akk.: (urspr.) vor : (veralt.) fort, weiter : an Stelle von : zum Schutz von : zum Nutzen von, zugunsten **✳** *für und für:* fort und fort, immer; *für und wider; das Für und Wider:* das Dafür- und das Dagegensprechende **✳** *fürbaß* → *fürbass* (veralt.) Uw.: vorwärts; *Fürbitte:* Bitte zu jemandes Gunsten; *fürbitten* (nur in der Nennform: fürzubitten) intr.: Fürbitte tun; *Fürbittengebet; Fürbitter(in); füreinander:* einer für den anderen; *Fürsorge:* Sorge für jemand, bes. staatliche Aufsicht über gefährdete Jugendliche; *Fürsorgeamt; Fürsorgeerziehung; Fürsorger(in):* Wohlfahrtspfleger(in); *fürsorgerisch* Ew.: zur Fürsorge gehörend; *Fürsorgeunterstützung; fürsorglich* Ew.: liebevoll besorgt; *Fürsorglichkeit; Fürsprache:* Rede zum Vorteil von jemand anders; *Fürsprech,* der; –s, –e: ein Fürsprechender, Wortführer, Anwalt; *fürsprechen* (ich fürspreche, fürgesprochen, fürzusprechen): zu jemandes

Gunsten reden, sich für jemand verwenden; *Fürsprecher(in):* Fürsprech; *Fürtuch:* „Vortuch", Brusttuch; *fürwahr:* Ausdruck der Beteuerung, wahrlich; *Fürwitz:* Vorwitz; *Fürwort:* (Sprachl.) Pronomen ∗ **fürs:** (volkst.) für das ∗ *fürs Erste*

Fu|ra|ge (fr.) [furahsch'], die; –: Viehfutter : Verpflegung der Armee ∗ *Furagehandlung:* Futterhandlung ∗ **fu|ra|gie|ren** (..iert) [..seh..] intr.: Futter holen : Lebensmittel auftreiben

für|baß → **für|bass, Für|bit|te:** s. für

Fur|che, die; –, –en; Fürchlein: mit der Pflugschar auf dem Acker gezogene Vertiefung : Längseinschnitt : Gesichtsrunzel ∗ *Furchenrain; Furchentreter:* (scherzh. für) Landwirt; *furchenweise* Uw.: in Furchen, Furche für Furche ∗ **fur|chen** tr.: Furchen schneiden : etwas mit Furchen versehen : Vertiefung in etwas machen ∗ **fur|chig** Ew.: Furchen habend : mit Furchen versehen

Furcht, die; –: Angst vor etwas Drohendem : Scheu : das Furcht Erregende : Besorgnis ∗ *furchteinflößend* → *Furcht einflößend; furchterregend* → *Furcht erregend; Furchtgespenst; Furchtgestalt; furchtlos* Ew.; *Furchtlosigkeit* ∗ **furcht|bar** Ew.: Furcht erregend : (bes. Uw.) ungemein groß : (übertr.) sehr, tüchtig : schrecklich, gewaltig ∗ **Furcht|bar|keit,** die; –, –en: das Furchtbarsein ∗ **fürch|ten** tr., rbz., intr.: Furcht haben : (für jemand –) besorgt sein um jemand ∗ **fürch|ter|lich** Ew.: furchtbar : schrecklich ∗ **furcht|sam** Ew.: Furcht hegend : zur Furcht geneigt : zaghaft ∗ **Furcht|sam|keit,** die; –: das Furchtsamsein

für|der Uw.: weiter : vorwärts : künftig ∗ **für|der|hin** Uw.: in Zukunft

für|ein|an|der: s. für

Fu|rie, die; –, –n: röm. Rachegöttin : boshaftes Weib : Wut ∗ **fu|ri|os** (l.) Ew.: wütend ∗ **fu|ri|o|so** (it.): (Mus.) leidenschaftlich : stürmisch : wild : zornig ∗ **Fu|ror,** der; –s: Wut ∗ **Fu|ror Teu|to|ni|cus** (l.), der; – –: „teutonische Wut", deut-

sches, alles überwindendes Ungestüm, Begeisterung ∗ **Fu|ro|re** (it.), das; –s: rasender Beifall ∗ *Furore machen:* großen Beifall ernten, Aufsehen erregen

Fu|rier (l.-fr.), der; –s, –e: (Heerw.) Quartiermacher : mit den Verpflegungsgeschäften beauftragter Unteroffizier ∗ *Furieramt*

fu|ri|os usw.: s. Furie

für|lieb: s. für

Fur|nier (fr.), das; –s, –e: dünnes Edelholzblatt ∗ *Furnierholz:* edles Holz zum Furnieren ∗ **fur|nie|ren** (..iert) tr.: mit Furnieren belegen ∗ **Fur|nie|rung,** die; –, –en: (dünner) Holzbelag : das Furnieren

Fu|ror: s. Furie

fürs: s. für

Fürst, der; –en, –en: der Vorderste : der Oberste : regierender Landesherr : Mitglied des zwischen Grafen und Kurfürsten stehenden Adelsstandes : regierender Herr eines Fürstentums ∗ *Fürstabt; –bischof; –erzbischof:* gefürsteter Abt; Bischof; Erzbischof ∗ *Fürstenbund; Fürstendiener; Fürstendienst; Fürstengeschlecht; Fürstenhaus; Fürstenhof; Fürstenhut:* Hut als Zeichen der fürstlichen Würde; *Fürstenschule; Fürstensitz; Fürstenspiegel:* ein Buch als Richtschnur für das Verhalten von Fürsten; *Fürstenstand; Fürstentage:* Zusammenkünfte der deutschen Reichsfürsten ∗ **fürs|ten** tr.: zum Fürsten machen ∗ **Fürs|ten|tum,** das; –s, ..tümer: Fürstenschaft : Gebiet eines Fürsten ∗ **Fürs|tin,** die; –, –nen: Frau als Fürst : Gemahlin eines Fürsten ∗ *Fürstinmutter* ∗ **fürst|lich** Ew.: einem Fürsten gehörig, gemäß ∗ **Fürst|lich|keit,** die; –, –en: fürstliches Wesen : Fürst ∗ **Fürst-Pück|ler-Eis,** das; –es: Kombination von Vanille-, Erdbeer- und Schokoladeneis

Furt, die; –, –en: seichte, durchfahrbare Stelle in einem Gewässer

Für|tuch: s. für

Fu|run|kel (l.), der; –s, –: Blutschwäre, Blutgeschwür ∗ **Fu|run|ku|lo|se,** die; –, –n: Furunkelbildung

für|wahr: s. für
Für|wort: s. für

Furz, der; –es, Fürze: (derb volkst.) abgehende Blähung : Darmwind ∗ **fur|zen** (du furzest und furzt) intr.: (derb) Darmwind abgehen lassen

Fu|sche|lei, die; –, –en: betrügerisches Verhalten : Pfuscherei ∗ **fu|scheln** (ich ..[e]le) intr.: betrügerisch hantieren : pfuschen, ungeschickt arbeiten ∗ **fu|scheln** ∗ **fu|schern** (ich ..[e]re): fuscheln

Fu|sel, der; –s, –: bei der Destillation des Branntweins entstehender Gärungsamylalkohol : Fusel enthaltender, schlechter Branntwein ∗ *Fuselgeruch; Fuselgeschmack; fuselhaltig* Ew.; *Fuselöl; Fuselschnaps* ∗ **fu|se|lig** Ew.: Fusel enthaltend : von Fusel benebelt ∗ **fu|seln** (ich ..[e]le) intr.: oberflächlich, schlecht arbeiten : (volkst.) Fusel trinken : nach Fusel riechen

Fü|si|lier (fr.), der; –s, –e: „Schütze", leichter Soldat zu Fuß ∗ **fü|si|lie|ren** (..iert) tr.: standrechtlich erschießen ∗ **Fü|sil|la|de,** die; –, –n: Massenerschießung [fr. fusil Gewehr]

Fu|si|on (l.), die; –, –en: Verschmelzung politischer Parteien : Zusammenlegung mehrerer Wirtschaftsunternehmen ∗ **fu|si|o|nie|ren** (..iert) tr.: verschmelzen : vermischen : zusammenlegen ∗ **Fu|si|o|nie|rung,** die; –, –en: das Fusionieren ∗ **fu|si|o|nis|tisch** Ew.: auf Verschmelzung hinwirkend

Fuß, der; –es, Füße; Füßchen, Füßlein: zum Gehen dienendes Körperglied, unterster Teil des Beines : der den Fuß bedeckende Teil des Strumpfes : Unterteil, auf dem etwas steht : ein Längenmaß : Maßstab : Teile eines Verses ∗ *zu Fuß gehen; zu Füßen fallen; einen Fuß breit; keinen Fußbreit; drei Fuß lang* ∗ *Fußabstreicher, -abstreifer, -abtreter:* Türvorleger; *Fußabwehr; Fußangel:* Falle, in der sich der Fuß fängt; *Fußarbeit:* mit Schäften und Tritten gewebte Arbeit; *Fußbad; Fußball:* ein Ballspiel : Ball zum Fußballspie-

len; *Fußballer(in):* Fußball-
spieler(in); *Fußballen; Fußballspiel; Fußbank; Fußbekleidung; Fußblatt:* Sohle : eine
Pflanze; *Fußboden:* Boden eines Zimmers; *fußbreit* Ew.;
Fußbreit, der; –s: einen Fuß
breite Fläche; *Fußbremse;
Fußdecke; Fußende; Fußeisen:*
Fußfessel : Fußangel : am
Schuh zu befestigendes Eisen
zum Gehen auf glatter Fläche;
Fußfall: Kniefall; *fußfällig*
Ew.; *Fußfessel; fußfrei* Ew.:
(Kleid) die Füße freilassend;
*Fußgänger; Fußgängerüber-
weg; Fußgängerzone:* Straße,
durch die keine Autos fahren
dürfen; *fußgerecht; Fußge-
sims:* Gesims am Unterteil einer Säule; *Fußgestell:* Gestell,
auf dem etwas fußt, ruht; *Fuß-
gicht; Fußhader:* Wischlappen
für die Fußbekleidung; *Fußhe-
bel; fußhoch* Ew.: einen Fuß
hoch; *fußkalt; Fußkissen;
–knöchel; fußkrank* Ew.; *Fuß-
kuß → Fußkuss; fußlang; Fuß-
lappen; –leiden:* Erkrankung
der Füße; *Fußleiste:* Wand-
leiste über dem Fußboden;
Fußmarsch; –maß; –note: Anmerkung unter einer Druck-
oder Schriftseite; *Fußpfad:*
Pfad nur für Fußgänger; *Fuß-
pflege; –pfleger; Fußpilz; Fußpunkt:* (Astron.) Nadir :
(Math.) Fußpunkt einer gefäll-
ten Senkrechten; *Fußreise;
Fußreisender; Fußsack:* Sack
zum Schutz der Füße gegen
Kälte; *Fußschelle:* Fußfessel;
*Fußschemel; Fußschweiß;
Fußsohle; Fußsoldat; Fuß-
spitze; Fußspur; Fußstab:*
Maßstab; *Fuß(s)tapfe,
Fuß(s)tapfen:* Fußspur; *Fußsteig:* Fußpfad; *Fußtaste; Fuß-
teppich; Fußton:* Bezeichnung
der Tonhöhe bei den Orgelpfeifen; *Fußtour:* Fußwanderung;
Fußtritt: Tritt des Fußes : mit
dem Fuß versetzter Tritt : *Fußschemel; Fußtruppen; Fuß-
volk:* Fußsoldaten; *Fußwande-
rer; Fußwanderung; Fuß-
wanne:* Wanne zum Fußwa-
schen; *Fußwärmer; Fußwa-
schung; Fußweg:* Weg für
Fußgänger; *Fußwerk:* Fußbe-
kleidung; *fußwund* ✶ **fü|ßeln**
(ich füßle und füßele) intr.: die
Füße hin und her bewegen :

einander mit den Füßen berühren; tr.: durch Bewegung der
Füße einstampfen ✶ **fu|ßen** (du
fußest und fußt) intr.: den Fuß
aufsetzen auf etwas : mit dem
Fuß auf etwas ruhen : stehen
bleiben; rbz.: sich stützen; tr.:
gründen, auf eine Grundlage
bauen ✶ **..fü|ßig** Ew., nur in
Zus.: mit Füßen versehen; z. B.
kurzfüßig, langfüßig, leichtfü-
ßig, schnellfüßig ✶ **..füß|ler,**
der; –s, –: nur in Zus.: Füße
Habender; z. B. Tausendfüßler
✶ **Füß|ling,** der; –s, –e: der den
Fuß bedeckende Teil des
Strumpfes
Fus|sel, Fu|zel, die; –, –n; der;
–s, –n: Fluse, Faser ✶
fus|se|lig, fuß|lig → fuss|lig
Ew.; voller kleiner Fasern ✶
fus|seln intr.: Fusseln abgeben
Fus|ta|nel|la, die; –, ..llen:
weißes Baumwollhemd der
Nationaltracht der Albaner
Fus|ti (it.) Mz.: Abfall : alles
Unbrauchbare : Preisnachlass
für schadhafte Ware
Fus|tik|holz (e.), das; –es,
..hölzer: echtes, altes am. Gelb-
holz, das Farbstoff liefert
Fu|thark (skand.) [fußark],
das; –s, –e: Runenalphabet
Fu|ton (jap.), der; –s, –s: jap.
harte Matratze
futsch: (volkst.) kaputt : verloren : weg : (ugs.) futschi, fut-
schikato
Fut|ter, das; –s, –: Nahrungs-
mittel für Tiere : Handlung des
Fütterns : (scherzh., verächtl.)
(geistige) Nahrung : Bekleidung, Einfassung, etwas Um-
kleidendes : (veralt.) äußere
Hülle : (Schneid.) Stoff zum
Füttern ✶ *Futterage:* (ugs.) Essen, Lebensmittel; *futterarm*
Ew.; *Futterbank:* Bank zum
Häckselschneiden; *Futterbo-
den:* Speicher für Viehfutter;
Futterbohne; Futterbrei: Bie-
nenbrot; *Futtererbse; Futterge-
treide; Futtergras; Futterhänd-
ler; Futterhäuschen; Futter-
kartoffel; Futterkasten; Futter-
klee; Futterklinge:* Futtermesser zum Häckselschneiden an
der Futterbank; *Futterknecht:*
Knecht, der das Vieh füttert;
*Futterkohl; Futterkorn; Futter-
kraut; Futterkrippe; Futter-
lade:* Futterbank; *Futterman-
gel; Futtermauer:* Verstär-

kungsmauer; *Futtermesser:*
Futterklinge; *Futtermittel; Fut-
ternapf; Futterneid:* auf die
Nahrung, den Lebensunterhalt
anderer gerichteter Neid; *Fut-
ternetz:* netzartiger Maulsack;
*Futternot; Futterplatz; Futter-
pflanze; Futterraufe:* Raufe
zum Aufstecken des Rauffut-
ters; *Futterrübe; Futtersack:*
Futter enthaltender Sack; *Fut-
terschneide:* Futterbank; *Fut-
terschneidemaschine, Futter-
schneider:* Häckselschneider;
Futterschwinge: Futterwanne,
um schwingend das Futter zu
säubern; *Futterseide; –stoff;
Futterstroh; Futtertrog; Futterwanne:* Futterschwinge;
Futterwicke: eine Pflanze ✶
Fut|te|ral, das; –(e)s, –e: Be-
hältnis : Schutzkapsel :
Schachtel ✶ **futtern** (ich
..[e]re) tr., intr.: Futter geben :
mit Nahrung versehen : mit
Zeugfutter versehen; intr.: als
Futter dienen : (stud.) essen ✶
füttern (ich ..[e]re) tr.: Futter
geben : mit Nahrung versehen :
mit Zeugfutter versehen ✶
Füt|te|rung, die; –, –en: das
Füttern : das Futter
Fu|tur (l.), das; –s, –a:
(Sprachl.) Zukunftsform ✶
Fu|tu|ra, die; –: (Buchdrw.)
eine Schriftart ✶ **fu|tu|risch**
Ew.: das Futur betreffend, im
Futur auftretend ✶ **Futu-
ris|mus,** der; –: Zukunftskunst,
Literatur- und Kunstrichtung
Anfang des 20. Jhs. ✶ **Fu-
tu|rist,** der; –en, –en: Anhän-
ger des Futurismus ✶
fu|tu|ris|tisch Ew.: in der Art
des Futurismus ✶ **Futuro-
lo|ge,** der; –n, –n; Zukunftsfor-
scher ✶ **Futu|ro|lo|gie,** die; –:
Zukunftsforschung ✶ **futu-
ro|lo|gisch** Ew.: die Zukunft
betreffend ✶ **Fu|tu|rum,** das;
–s, ..ra: (Sprachl.) Zukunftsform ✶ *Futurum exactum,* das;
– –, ..ra ..ta: (Sprachl.) vollen-
dete Zukunft
Fu|zel, der; –s, –: (östr.) Fussel,
Fädchen; s.a. Fussel
Fu|zzi, der; –s, –s: (ugs.) leicht
trotteliger Mensch
Fu|zzy|lo|gik (e.-gr.) [fazi..],
die; –: Nachahmung des
menschl. Verstandes in EDV-
Systemen

G

G, g, das; –, –: der siebente Buchstabe des Abece

g, das; –, – (Mus.) der fünfte Ton der Grundtonleiter : Molltonstufe ✻ **G,** das; –, –: Durtonstufe ✻ **G-Dur,** das; –: Tonart ✻ **g-Moll,** das; –: Tonart

g (Abk.): Gramm

G (Abk.): Gauß : Giga

Gäa (gr.), die; –: Erde : Göttin der Erde : Erd(schichten)kunde [gr. gaia Erde]

Gabardine (fr.) [..di:n], der; –s: schwerer Kammgarnstoff ✻ *Gabardinemantel*

Gabbro (it.), der; –s: kristallinisch-körniges Gestein

Gabe, die; –, –n: etwas zu Gebendes : etwas Gegebenes : von der Natur verliehene Anlage : (Med.) einzugebende Arzneimenge ✻ *Gabenfresser:* ein Bestechlicher; *Gabensammlung; Gabentisch* ✻ **gäbe** Ew.: leicht zu geben; nur in: *gang und gäbe:* gebräuchlich

Gabel, die; –, –n: Gäbelchen, Gäbelein: Werkzeug mit zwei oder mehr Zinken zum Aufspießen oder Aufheben : etwas Gabelförmiges : Deichsel eines Einspänners ✻ *in die Gabel ziehen:* (Schachsp.) von einem Feld aus zweifach in schräger Richtung angreifen ✻ *Gabelanker:* (Baukst.) gabelförmige Vorrichtung zur Verbindung von Steinen usw.; *Gabelast:* gabelförmiger Ast; *Gabelbein:* die zusammengewachsenen Schlüsselbeine der Vögel; *Gabelbissen; Gabelbock:* junger Rehbock, dessen Gehörn nur je zwei Enden hat : Antilope mit gegabelten Hörnern; *Gabeldeichsel:* zweiarmige Einspännerdeichsel; *gabelförmig* Ew.; *Gabelfrühstück:* zweites Frühstück; *Gabelgehörn, –geweih; Gabelhirsch:* Hirsch mit Gabelgehörn; *Gabelholz:* gabelförmiger Balken; *Gabelkreuz:* Kreuz in Form eines Y; *Gabelschlüssel; Gabelschwanz:* gegabelter Schwanz: Name von Tieren mit gegabeltem Schwanz (Vogel, Falter, Assel, Fisch); *Gabelstapler:* Hebemaschine; *Gabelweih(e):* ein Vo-

gel; *Gabelzacke; Gabelzahn:* eine Moosart; *Gabelzinke* ✻ **Gabler,** der; –s, –: dreijähriger Edelhirsch : ein Fisch ✻ **gabelig, gablig** Ew.: gabelförmig : mit einer Gabel versehen ✻ **gabeln** (ich ..[e]le) tr.: auf (oder wie auf) eine Gabel aufspießen; rbz.: sich in mehrere Arme teilen ✻ *gegabelt* Mw. Ew.: gabelförmig ✻ **Gabelung,** die; –, –en: das Sichgabeln : die Stelle des Sichgabelns : Abzweigung

gack: Tonwort zur Bezeichnung des Geschreis des Huhns, der Gans ✻ **Gackei,** das; –s, –er: (Kinderspr.) Hühnerei ✻ *vergackeiern:* veräppeln, „auf den Arm nehmen“ ✻ **Gackelei,** die; –: Gegacker ✻ **gackeln** (ich ..[e]le); **gackern, gackern** (ich ..[e]re); **gacksen** (du gacksest, gackst) intr.: (von Vögeln) den Laut „gack“ hervorbringen : laut schwatzen : laut lachen

Gaden, der; –s, –: einräumiges Haus : Gemach : Haus : Hütte : Verkaufsladen

Gadolinit, der; –en, –e: Mineral zur Gewinnung von Yttererde ✻ **Gadolinium,** das; –s: chem. Grundstoff; Abk.: Gd

Gaffel (ndl.), die; –, –n: gabelförmiges Werkzeug : Segelstange : eine Turnübung ✻ *Gaffelmast:* Besan; *Gaffelschoner; Gaffelsegel*

gaffen intr.: den Mund aufsperren : spähen : neugierig oder bewundernd anstarren ✻ *sich blind gaffen:* unverwandt anstarren ✻ **Gaffer,** der; –s, –: ein Gaffender ✻ **Gafferei,** die; –: (übertriebenes) Gaffen

Gag (e.) [gäg], der; –s, –s: (Filmw.) witziger Einfall ✻ **Gagman** [gägmän], der; –, ..men: einer, der Einfälle liefert (beim Film)

Gagat (gr.), der; –(e)s, –e: Pechkohle, Jett, schwarzer Bernstein ✻ *Gagatkohle* [von Gagas, Fluss und Stadt in Lykien, urspr. Fundort]

Gage (fr.) [gahsch'], die; –, –n: Lohn : Besoldung (von Künstlern) [it. *gaggio* von ml. *vadium* zu *vadimonium* zu *vas, vadis* Bürge; zu got. *wadi,* ahd. *wetti* Pfand]

Gagliarde (it.), **Gaillarde** (fr.) [gajard'], die; –, –n: lusti-

ges altes Volkslied : Springtanz : Satz einer Suite [it. *gagliardo* lustig)

gähnen intr.: den Mund unwillkürlich mit tiefem Atemzug aufsperren vor Müdigkeit : klaffen ✻ *Gähnaffe:* Maulaffe; *Gähnmuschel:* Gaffmuschel; *Gähnsucht:* krankhaftes Gähnen ✻ **Gähnerei,** die; –: dauerndes Gähnen

Gaillarde: s. Gagliarde

Gala (it.), die; –: Hofpracht : Hoffest : Festkleidung : Festuniform ✻ *Galaabend; Galaanzug; Galadiner:* Festessen; *Galaempfang; Galakonzert; Galaoper:* Festoper; *Galauniform:* Festuniform; *Galavorstellung* (im Theater); *Galawagen:* Prachtwagen ✻ **Galan** (span.), der; –s, –e: Liebhaber ✻ **galant** (it.) Ew.: geschmackvoll gekleidet : höflich, ritterlich : verliebt : leichtsinnig : rücksichtsvoll : aufmerksam ✻ **Galanterie** (fr.), die; –, ..rien: Putz : Höflichkeit : Liebelei : Liederlichkeit ✻ *Galanteriekrankheit:* Geschlechtskrankheit; *Galanteriewaren:* (veralt.) Schmuck-, Kurzwaren ✻ **Galanthomme** (fr.) [galangtom'], der; –s, –s: Ehrenmann ✻ **galaktisch** (gr.) Ew.: zur Galaxie gehörend ✻ **Galaktometer** (gr.), das; –s, –: „Milchmesser“, Messgerät zur Bestimmung des Fettgehalts der Milch ✻ **Galaktorrhö(e)** (gr.), die; –, –n: Milchfluss, krankhaft vermehrte Milchabsonderung nach dem Stillen ✻ **Galaktose** (gr.), die; –: Milchzucker ✻ **Galalith** (gr.), der; –s, –e: Milchstein, eine Kunstmasse, Ersatz für Horn u. a. ✻ **Galaxie** (gr.), die; –n: Milchstraße am Himmel [gr. gala, Gen. galaktos Milch]

Galan: s. Gala

galant usw.: s. Gala

Galapagosinseln: Schildkröteninseln, Inselgruppe von 13 größeren und vielen kleineren vulkanischen Inseln im Stillen Ozean

Galatea (gr.): w. En. : griech. Meernymphe : ein Asteroid; auch Galateia

Galater, der; –s, –: Kelte, bes. kleinasiatischer ✻ *Galater-*

brief: Brief des Paulus an die Galater

Gala|xie: s. Galaktin

Gal|ban(um) (hebr.-l.), das; –s: Gummiharz des Galbankrautes

Gä|le, der; –n, –n: Angehöriger des keltischen Volkes in Schottland und Irland ∗ **gä|lisch** Ew.: die Gälen betreffend ∗ **Gä|lisch, Gä|li|sche,** das; –n: Zweig der keltischen Sprachen

Gale|as|se (fr.), die; –, –n: mehrmastiges Segelschiff ∗ **Gale|ere** (fr.-span.), die; –, –n: Ruderkriegsschiff ∗ *Galeerensklave, -strafe, -sträfling:* zum Ruderdienst auf einer Galeere verurteilter Sklave, Sträfling ∗ **Gale|o|ne** (span.), **Gali|o|ne** (fr.), die; –, –n: span. Segelkriegsschiff ∗ **Gale|ot** (span.), **Gali|ot** (fr.), der; –en, –en: Galeerenruderer ∗ **Gale|o|te** (span.), **Gali|o|te** (fr.), die; –, –n: kleines Küstenschiff ∗ **Gal|lion** (span.), das; –s, –e und –s: Schiffsschnabel : Schiffsschnabelverzierung [arabisch chalí-jah großes Schiff]

Gale|ere: s. Galeasse

Galen: s. Galenos ∗ **Gale|ni|ca** (gr.), die; –, ..cae: vierte Schlussform in der Logik ∗ **Gale|ni|kum,** das; –s, ..ika: (Med.) galenische Arznei (nach Galenos) ∗ **gale|nisch** Ew.: nach Art des Galenos : nach Galenos benannt ∗ *galenische Schriften* ∗ **Gale|nos:** griech. Arzt ∗ **Gale|nus:** lat. Form für Galenos

Gale|on, Gale|o|ne, Gale|o|te: s. Galeasse

Gale|rie (fr.-ml.), die; –, ..rien: Gang : Säulenhalle : Bildersaal : Empore : Theaterplätze über den Logen : Minengang in einer Festung

Gal|gen, der; –s, –: Gerüst zum Aufhängen von Verbrechern : etwas Galgenförmiges : Balken für den Schwengel des Schöpfbrunnens : Halterung für ein Schwenkmikrofon ∗ *Galgenberg:* Berg, auf dem ein Galgen steht; *Galgenbraten:* (scherzh.) Übeltäter, der an den Galgen gehört; *Galgendieb:* Galgenbraten; *Galgenfrist:* Aufschub der Galgenstrafe : Aufschub von etwas Unangenehmem;

Galgenhumor: bitterer Humor gleichsam eines zum Galgen Verurteilten; *Galgenmännlein:* Alraun; *galgenmäßig* Ew.: (veralt.) henkenswert; *Galgenmundstück:* bogenförmiges Pferdezaumstück; *Galgenschelm; –schwengel:* Galgenbraten; *Galgenstrafe; Galgenstrick, -vogel:* Galgenbraten

Gali|ci|en: span. Provinz ∗ *Galicier,* der; –s, –: Bewohner Galiciens ∗ *galicisch* Ew.

Gali|läa: Land im Nahen Osten ∗ *Galiläer,* der; –s, –: Bewohner Galiläas ∗ *galiläisch* Ew. ∗ *Galiläisches Meer:* See Genezareth

das Galiläische Meer
Adjektive und Partizipien, die zu einem geogr. Namen gehören, werden großgeschrieben: *die Schwäbische Alb, das Rote Meer, der Ferne Osten, die Neue Welt.*

Gali|lei, Galileo: it. Physiker

Gali|ma|thi|as (gr.-fr.), der; –: verworrenes Geschwätz

Gali|pot (fr.) [galipo] der; –s: weißes Kiefernharz, Scharrharz

gä|lisch: s. Gäle

Gali|zi|en: Karpatenvorland ∗ *Galizier,* der; –s, –: Bewohner Galiziens ∗ *galizisch* Ew.

Gal|jaß → Gal|jass (niederd.), die; –, –en: Küstenschiff, Segelschiff

Gall, der; –(e)s, –e (veralt.): Schall

Gall|ap|fel: s. Galle

Gal|le, die; –, –n: von der Leber ausgesonderter, bitterer Saft im menschlichen und tierischen Körper: etwas sehr Bitteres : Missstimmung : durch Kerbtiere verursachter Auswuchs an Pflanzen : Harzfleck im Holz : Niere im Mineralreich : härtere Stelle im Sandstein : steiniger Fleck im Acker : sumpfige Stelle im Acker : kleine Höhlung im Kanonenlauf : Name einiger Pferdekrankheiten : Schaummasse beim Glasschmelzen : unvollständiger Regenbogen ∗ *Gallapfel:* von Gallwespen verursachter Auswuchs an Eichen; *Gallblüte:* durch Wespen angestochene Blüte; *Gallinsekt:* Gallen verursachendes Insekt; *Gallmilbe; Gallwasser:* beim

Teerschwelen zuerst abfließende milchige Flüssigkeit; *Gallwespe; galle(n)bitter* Ew.; *Gallenblase:* die Gallenflüssigkeit enthaltende Blase im menschlichen und tierischen Körper; *Gallenblasenentzündung; Gallenfarbstoff; Gallengang; Gallengrieß:* kleine Gallensteine; *Gallenkolik; gallenkrank* Ew.; *Gallensäure; Gallenstein:* steinige Absonderung in der Gallenblase; *Gall(en)sucht:* Gelbsucht; *gallentreibend; Gallenwege* ∗ **gal|len** tr.: (Seide –) durch ein Bad von Galläpfelsud ziehen : (Fisch –) Galle herausnehmen; intr.: (Wild) das Wasser lassen ∗ **gäl|len** tr.: verbittern : vergällen; intr.: bitter werden ∗ **gal|lig** Ew.: übellaunig : bitter : von der Galle herrührend ∗ **gal|lie|ren** (..iert) tr.: mit Galläpfelabsud beizen, gerben ∗ **Gal|lig|keit,** die; –: Übellaunigkeit : Giftigkeit

Gal|lert (l.), das; –(e)s, –e; **Gal|ler|te,** die; –, –n: sülzartige Masse : eine Gattung Aftermoose ∗ *gallertartig* Ew.; *Gallertgewebe:* Zwischensubstanz, z. B. im Glaskörper des Auges; *Gallertschwamm; Gallerttierchen*

Gal|li|en: röm. Provinz : röm. Name für Frankreich, Belgien, Schweiz und Oberitalien ∗ **Gal|li|er,** der; –s, –: ältester keltischer Bewohner Galliens : Franzosen ∗ **gal|li|ka|nisch** Ew.: französisch-katholisch ∗ **gal|lisch** Ew.: das alte Gallien betreffend : französisch ∗ **Gal|li|zis|mus,** der; –, ..men: französische sprachliche Wendung ∗ **Gal|li|ko|ma|ne, Gallo|ma|ne,** der; –en, –en: übertreibender Bewunderer französischen Wesens ∗ **Gal|li|ko|ma|nie, Gallo|ma|nie,** die; –: übertriebene Vorliebe für französisches Wesen ∗ **gal|lo|phil** Ew.: franzosenfreundlich ∗ **Gallo|phi|le,** der; –n, –n: Franzosenfreund ∗ **gal|lo|ro|ma|nisch** Ew.: in Gallien aus dem Latein entstanden

gal|lie|ren, gal|lig: s. Galle
gal|li|ka|nisch, Gal|li|ko..: s. Gallien

gal|lisch: s. Gallien
gal|li|sie|ren (..iert) tr.: (Wein

–) künstlich verbessern [nach Gall, dem Erfinder des Verfahrens, benannt]

Gallium, das; –s: ein chem. Grundstoff, seltenes Zinkmetall; Abk.: Ga

Gallizismus, Gallomane usw.: s. Gallien

Gallon (e.) [gällonn], der; –s, –s; **Gallone,** die; –, –n: ein englisches Hohlmaß

gallophil: s. Galle

Gallup-Institut → Gallupinstitut (e.) [gälep –], das; –(e)s: am. Institut für Meinungsforschung, nach dem Begründer benannt

Gallsucht: s. Galle

Gallussäure, die; –: Galläpfelsäure * **Gallustinte**

Gallwespe: s. Galle

Galmei (dtsch.-ml.), der; –(e)s, –e: Zinkerz

Galon (fr.) [galong], der; –s, –s; **Galone,** die; –, –n: Borte : Tresse : Streifen (an der äußeren Hosennaht) * **galonieren** (..iert) tr.: mit Borten, Tressen, Streifen besetzen

Galopp (dtsch.-fr.), der; –s, –e und –s: schnellste Gangart des Pferdes : ein Tanz * **Galoppade,** die; –, –n: ein schneller Tanz * **Galopper,** der; –s, –: Rennpferd * **galoppen** (selt.), **galoppieren** (..iert) intr. (haben, sein): im Galopp reiten : schnell laufen, jagen * **galoppierende Schwindsucht:** schnell zum Tode führende Lungenschwindsucht

Galosche (fr.), die; –, –n: Überschuh aus Gummi

galsterig Ew.: (mundartl.) ranzig : gelb (wie ranziger Speck) * **galstern** (ich ..[e]re) intr.: ranzig werden

Galt, der; –s: (bayr., östr., schweiz.) Phase des Milchviehs ohne Milchproduktion * **galt** Ew.: zeitweise unfähig, Milch zu geben * **Galtvieh,** das; –(e)s: Milchvieh im Galt

Galvani [..w..], Luigi; it. Physiker * **Galvanisation,** die; –: Anwendung des galvan. Stromes zu Heilzwecken * **galvanisch** Ew.: zur Kontaktelektrizität gehörig : den Galvanismus betreffend * **Galvaniseur,** der; –s, –e: in der Galvanotechnik ausgebildeter

Facharbeiter * **Galvanisieranstalt:** Betrieb für Galvanisierung * **galvanisieren** (..iert) tr.: (Med.) mit galvan. Strom behandeln : (Techn.) auf elektrochem. Wege mit einer Metallschicht überziehen * **Galvanisierung,** die; –, –en: das Galvanisieren : das Galvanisiertwerden * **Galvanismus,** der; –: die Lehre von der galvanischen Elektrizität * **Galvano,** das; –s, –s: auf galvanoplast. Wege hergestellte Kopien von Druckplatten * **Galvanochromie,** die; –: galvan. Färbung von Metallen * **Galvanographie** auch: **Galvanografie,** die; –, ..phien auch: ..fien: galvan. Übertragung eines Bildes auf eine Druckplatte * **galvanographisch** auch: **galvanografisch** Ew.: (Bild) durch Galvanografie hergestellt * **Galvanokaustik,** die; –: (Med.) Anwendung des galvan. Stroms mittels glühenden Drahtes als Ätzmittel zur Zerstörung kranker Gewebe * **Galvanokauter,** das; –s, –: (Med.) glühender Platindraht zur Durchbrennung kranker Gewebe * **Galvanomagnetismus,** der; –: Elektromagnetismus * **Galvanometer,** das; –s, –: Stärkemesser des elektr. Stroms * **galvanometrisch** Ew.: das Galvanometer betreffend ; mit seiner Hilfe * **Galvanoplastik,** die; –: Herstellung von Kopien von Münzen und Plastiken durch galvan. Niederschläge * **galvanoplastisch** Ew.: die Galvanoplastik betreffend : durch Galvanoplastik entstanden * **Galvanopunktur,** die; –, –en: Punktur mit Nadeln, die durch galvan. Strom erhitzt wurden * **Galvanoskop,** das; –s, –e: Instrument zum Messen des galvanischen Stroms * **galvanoskopisch** Ew.: mit Hilfe des Galvanoskops * **Galvanotherapie,** die; –, –n: Heilbehandlung mit elektrischem Strom * **Galvanotropismus,** der; –: Neigung von Wasserpflanzen nach dem elektrischen Strome hin * **Galvanotypie,** die; –, ..pien: Galvano

Galmander (gr.), der; –s, –: „Erdeiche", Katzenkraut, Ehrenpreis

Galmasche (fr.), die; –, –n: „Überstrumpf", Unterbeinbekleidung * **Gamaschendienst:** Soldatendienst in Friedenszeiten

Gambe (it.), die; –, –n: Kniegeige : ein Orgelregister * **Gambist,** der; –en, –en: Gambenspieler [it. gamba Bein]

Gambia: Staat in Westafrika * **Gambier,** der; –s, –: Bewohner von Gambia * **gambisch** Ew.

Gambit (it.), das; –s, –s: eine verfängliche Eröffnung im Schachspiel

Gambrinus (ml.): sagenhafter niederländ. König, der das Bier erfunden haben soll

Gameboy (e. Warenzeichen) [gehmboi], der; –s, –s: kleines Videospielgerät

Gamelan(g), das; –s, –s: javan. und balines. Orchester, aus zahlreichen Instrumenten bestehend

Gamelle (fr.), die; –, –n: (schweiz.) Feldausrüstung zum Kochen

Gameshow (e.) [gehmschou], die; –, –s: Fernsehunterhaltung mit Kandidaten, die Preise gewinnen können

Gamet (gr.), der; –en, –en: (Biol.) männl. oder weibl. Geschlechtszelle, Fortpflanzungszelle

Gamma, das; –(s), –s: gr. Buchstabe : das mit G anfangende Guidonische Tonsystem * **Gammametall:** Legierung aus Kupfer und Zinn, für Münzen; **Gammastrahlen:** sehr kurzwellige elektromagnetische Strahlen * **Gamme** (fr.), die; –, –n: Tonleiter

Gammel, das; –s, –: (mhd.) ungeschickt wirkendes Kind (bes. Mädchen) in den Flegeljahren * **Gammel,** der; –s: (dän.) Kram : wertlose Arbeit : (mhd.) Spaß : Fröhlichkeit * **Gammelei,** die; –, –en: (Umgspr.) Unlust : eintönige Gewohnheit * **Gammeltimpe:** langweiliges Lokal * **gammelig, gammlig** Ew.: verdorben : abgestanden * **Gammler,** der; –s, –: Herumtreiber : liederlicher Mensch * **gammeln** intr.:

faul werden: liederlich leben :
unzweckmäßig arbeiten :
(mundartl.) lärmend raufen
Gams, Gemse → **Gäm**|**se,**
die; –, –en: eine Antilopenart *
Gamsbart; Gamsbock; Gams-
geiß; Gamsleder: weiches Leder aus dem Fell der Gemse;
Gamswild; Gemsbart → *Gams-*
bart; Gemsbock → *Gämsbock:*
männl. Gämse; *Gemsgeiß* →
Gämsgeiß: weibl. Gämse;
Gemshorn → *Gämshorn;*
Gemsjagd → *Gämsjagd; Gems-*
kitz → *Gämskitz:* Junges der
Gämse; *Gemstier* → *Gämstier;*
Gemswurz → *Gämswurz;*
Gemsziege → *Gämsziege* *
gems|**far**|**ben** → **gäms**|**far-**
ben, gems|**far**|**big** → **gäms-**
far|**big** Ew. gelbbraun, chamois
* **gäms**|**en**|**haft** → **gäm**|**sen-**
haft Ew.: nach Art einer Gämse
Gämse
Wörter, die von anderen abgeleitet sind, werden der Stammform so weit wie möglich angeglichen. So wird z. B. als Vokal ein Umlaut des Vokals der
Stammform benutzt: *Gämse*
von *Gams, Bändel* von *Band.*
Gan|**dhi,** Mahatma: Führer der
ind. Unabhängigkeitsbewe-
gung
Ga|**neff** (hebr.), der; –s, –e oder
–s * **Ga**|**no**|**ve** [..w..], der; –n
–n: Dieb : Gauner * **gan**|**fen**
tr.: (Gaunerspr.) stehlen, mau-
sen **Gan**|**er**|**be** (mhd.), der; –n,
–n: Miterbe : zu einer Schutz-
gemeinschaft gehöriger mittelalterlicher Grundbesitzer *
Ganerbschaft
Gang, der; –(e)s, Gänge; Gän-
gelchen; Gänglein: das Gehen :
Art des Gehens : Weg : Bahn :
(Maschinen usw.) Bewegung :
(Maschinen usw.) Art der Bewegung : (fortschreitende) Tätigkeit : langer, schmaler, seitlich geschlossener Weg :
(Anat., Bot.) Röhre, Kanal :
eine Verbindung zwischen
Räumen herstellender Weg,
Korridor : (bergm.) Spaltun-
gen und Trennungen des Ge-
steins : (bergm.) eine Spaltun-
gen füllende Gesteinsmasse :
(Fechtkst.) einmaliges Fechten
bis zum Ruhepunkt : Mine : Allee : (Kochkst.) auf einmal auf-
getragene Gerichte : (Müll.)
das Gehen des Kornes durch

den Rumpf : das zu einem
Mühlenrad gehörige Getriebe :
(Mus.) Reihe von Tönen : Windung : Weg eines Schiffes beim
Lavieren : Reihe gleich breiter
Planken vom Vor- bis zum Hin-
tersteven : Gewinde einer
Schraube : Anzahl von Strick-
nadeln, die zum Strumpfstri-
cken gehören : Hemmung der
Uhr : (Web.) gewisse Anzahl
Fäden : (weidm.) Fährte :
(weidm.) Schritt : (weidm.)
Reihe aufgestellter Klebgarne
: die Geschwindigkeit beein-
flussende Art der Schaltung
im Kraftwagengetriebe * *im
Gange sein:* in Bewegung sein
: in Entwicklung sein * *in
Gang bringen (setzen):* in Be-
wegung bringen (setzen) *
Gangart, Gangbau; Gang-
bahn: Steig für Fußgänger;
Gangbord: feste Planke im
Kahn : lose Planke zum Lan-
den; *Gangerz; Gangfisch:*
Name verschiedener Fische;
Ganggestein: Ergussgesteins-
ader in einem Hauptgestein;
Ganghäuser: Erzgänge bearbei-
tender Häuer; *Gangkluft;*
Gangkreuz: Fadenkreuz;
Gangpfosten, -säulen: einen
Gang stützende(r) Pfosten,
Säule; *Gangrad:* durch Gehen
in Bewegung gebrachtes Rad;
Gangschaltung: Schaltung für
Wechselgetriebe an Kraftfahr-
zeugen; *Gangspill:* Schiffs-
winde; *Gangsteig:* Fußsteig;
Gangstein; Gangway (e.)
[gängwei], die; –, –s: Laufsteg
zum Schiff oder Flugzeug;
Gangweise; Gangwoche: Fest-
woche mit Prozessionen;
Gangzahl: Anzahl der Gänge
des Wechselgetriebes von
Kraftfahrzeugen * **Gang** (e.)
[gäng], die; –, –s:. Gruppe von
Kriminellen * **gang,** (östr.)
gäng Ew.: gangbar : üblich;
fast nur in der Wendung: *gang
und gäbe* * **gang**|**bar** Ew.: zum
Begehen geeignet : im Gang :
üblich : viel benutzt : guten Absatz findend : verbreitet : gültig
(von Münzen) * **Gang**|**bar-**
keit, die; –: das Gangbarsein *
Gän|**gel,** der; –s, –: bogenför-
miges Brettstück, auf dem eine
Wiege steht * **Gän**|**ge**|**lei,** die;
–, –en: das Gängeln *
gän|**geln** (ich ..[e]le) intr.

(sein): wie ein kleines Kind gehen; tr.: ein kleines Kind gehen
lassen : wie am Gängelband
leiten, bevormunden : liebevoll
verziehen : in schaukelnde Bewegung versetzen : (Kochkst.)
wiegen * *Gängelband; Gän-*
gelmesser: Wiegemesser; *Gän-*
gelwagen: eine Art Laufkorb *
Gän|**ger,** der; –s, –: einer, der
geht * **gang**|**haft** Ew.: gangbar
: (bergm.) in Gängen * **gän**|**gig**
Ew.: gangbar : gehend :
(weidm.) rasch : (weidm.) füh-
rig : (Wort) gebräuchlich, üblich : (Ware) gut gehend, gern
gekauft
Gan|**ges,** der; –: vorderind.
Strom
Gang|**li**|**en, Gang**|**li**|**itis:** s.
Ganglion
Gang|**li**|**on** (gr.), das; –s,
..lien: Nervenknoten : Nerven-
geflecht : Saugaderdrüse :
Überbein * **Gang**|**li**|**en** Mz.:
Nervenzellen * *Gangliensys-*
tem; Ganglienzelle * **Gang-**
g|**li**|**itis, Gang**|**li**|**io**|**n**|**itis,** die;
–: Nervenknotenentzündung *
Gang|**grän** (gr.), das; –(e)s, –e;
Gang|**grän, Gang**|**grä**|**ne,** die;
–, –(e)n: Gewebeentzündung,
Brand * **gang**|**grä**|**nös** Ew.:
brandig
Gan-g-li.., Gan-g-rä..
Zusätzlich zur gewohnten Art
der Trennung (Gan-gli.., Gan-
grä..) ist auch die Trennung
nach der Aussprache bzw. nach
der Pauschalregel möglich,
dass bei Konsonantenverbindungen jeweils der letzte Konsonant nach dem Trennstrich
steht: *gang-li.., gang-rä..*
Gang|**spill** (ndl.), das; –s, –e:
Ankerwinde
Gangs|**ter** (e.) [gängst'r], der;
–s, –: Mitglied einer Verbre-
cherbande : Straßenräuber :
Verbrecher * *Gangsterbande;*
Gangsterboß → *Gangster-*
boss; Gangsterbraut; Gangs-
termethode; Gangstertum
Gang|**way** s. Gang
Gan|**ner, Gan**|**ter:** s. Gans
Ga|**no**|**ve:** s. Ganeff
Gans, die; –, Gänse; Gäns-
chen: ein Schwimmvogel :
Binsenbündel zum Schwim-
menlernen : Platte an der
Schraubenspindel bei Pressen :
Eisenstück als Ballast :
(übertr.) dumme Person *

Gansbraten; Gansjung: (bayr.) Gänseklein; *Gansjunges* (östr.) Gänseklein; *Gansleber:* (bayr.-östr.) Gänseleber ✳ *Gänseaar; Gänseblümchen; Gänseblume:* Maßliebchen; *Gänsebraten; Gänsebrust; Gänsedistel; Gänseei; Gänsefeder; Gänsefett; Gänseschmalz; Gänsefingerkraut:* eine Pflanze; *Gänsefuß:* Fuß der Gans : eine Pflanze : eine Art Weinstock : eine Art Flügelschnecke : (Feuerw.) drei verbundene Zünder; *Gänsefüßchen:* (Umgspr.) Anführungszeichen; *Gänsehabicht:* Gänseaar; *Gänsehaut:* Haut der Gans : Zusammenziehung der kleinen Hautmuskeln an den behaarten Körperstellen beim Gefühl der Kälte, des Schauderns; *Gänseherde; Gänsehirt(in); Gänsekeule:* Schenkel der Gans; *Gänsekiel; Gänseklein; Gänsekohl:* Gänsedistel; *Gänsekopf:* Kopf der Gans : eine Art Herbstbirne : Dummkopf; *gänsekötig* Ew.: (bes. von silberhaltigem Erz) die Farbe von Gänsekot habend; *Gänseküken; Gänseleberpastete; Gänsemarsch:* das Gehen einzelner hintereinander; *Gänseschmalz; Gänseschwarz:* mit Blut bereitetes Gänseklein; *Gänsespiel:* ein Gesellschaftsspiel; *Gänsewein:* Wasser; *Gänslein:* (östr.) Gänseklein ✳ **gän|se|haft** Ew.: nach Art der Gänse : einfältig ✳ **Gän|se|rich,** der; –s, –e: das Männchen der Gans : ein Pflanzenname ✳ **gän|sig** Ew.: gänsehaft ✳ **Gan|ter,** der; –s, –: Gänserich ✳ **Gänt|rich, Gän|te|rich,** der; –(e)s, –e: Gänserich

Gant (l.-it.), die; –, –en: (schweiz.) gerichtliche Zwangsversteigerung : Konkurs ✳ *Gantregister; Gantverfahren* ✳ **gan|ten** intr.: die Gant verfügen : bei einer Gant bieten **Gan|ter:** s. Gans

Ga|ny|med: gr. Sagengestalt, Mundschenk des Zeus : (übertr.) Kellner

ganz Ew.: alle zugehörigen Teile enthaltend : heil, unzerbrochen : vollständig; Uw.: durchaus, völlig : ziemlich : *im ganzen → im Ganzen; im großen (und) ganzen → im*

Großen (und) Ganzen; ganz Deutschland; ganz und gar; die ganzen Leute: (mundartl. für) alle Leute; *aufs Ganze gehen; ein großes Ganze(s); das Ganze* ✳ *Ganzfabrikat:* Fertigfabrikat; *ganzjährig* Ew.: das ganze Jahr über; *Ganzlederband; Ganzleinen; ganzleinen* Ew.: aus reinem Leinen bestehend; *Ganzmetallflugzeug; Ganzpackung:* Umschlag um den ganzen Körper; *Ganzpacht:* Pacht, bei der der Pächter die Einkünfte ganz hat; *Ganzsache:* (Briefmarkenk.) Karten, Umschläge mit eingeprägten Marken; *Ganztagsschule; Ganzton; Ganzwortmethode:* Methode des Erstlese- und -schreibunterrichts, bei der mit dem Erlernen ganzer Wörter und kurzer Sätze begonnen wird ✳ **gänz|lich** Ew.: vollständig **Gän|ze:** s. ganz

gar Ew.: fertig zubereitet; Uw.: sehr : in hohem Grade : sogar : (östr.) verbraucht, zu Ende gegangen ✳ *gar nicht; gar nichts; halb gar:* nicht fertiggekocht; *gargekocht → gar gekocht:* fertig gekocht; *Gararbeit:* das Garmachen der Darrlinge ✳ *Garbrühe; Garfaß → Garfass; Gargang:* ein ganzes Erzeugnis liefernder Gang des Schmelzofens; *Garherd:* Herd zum Garen des Kupfers; *Garkoch:* Speisewirt; *Garküche:* Speisewirtschaft; *Garkönig, Garkupfer:* das vom Garmacher im Garherd oder -ofen von Beimengungen gereinigte Kupfer; *Garleder:* gegerbtes Leder; *Garzeit:* Zeit, in der etwas gar gekocht ist ✳ **Ga|re,** die; –: das Zurechtmachen (bes. des Leders) : günstiger, lockerer Zustand des Bodens : Fettigkeit des Bodens : Dünger ✳ **ga|ren** tr.: gar machen, fertig zubereiten

Ga|ra|ge (fr.) [garaseh'], die;

–, –n: Autoschuppen : Kraftwageneinstellraum ✳ **ga|ra|gie|ren** tr.: Wagen in die Garage stellen

Ga|ra|mond (fr.) [garamong], die; –: (nach dem fr. Schriftgießer) eine Antiqua-Druckschrift

Ga|rant (it.), der; –en, –en: Bürge : Gewährsmann ✳ **Ga|ran|tie,** die; –, ..tien: Bürgschaft : Bürggeld : Haftungsübernahme : Zusicherung ✳ *Garantiefrist:* Zeit, für die eine Garantie gilt; *Garantieschein; Garantieuhr:* Uhr, auf die Garantie geleistet wird ✳ **ga|ran|tie|ren** (..iert) tr., intr.: bürgen : sich verbürgen : gewährleisten : haften für

Ga|raus nur in der Wendung: *jemandem (oder einem Tier) den Garaus machen:* völlig vernichten : töten

Gar|be, die; –, –n: Name von Pflanzen ✳ **Gar|be,** die; –, –, –n: Armvoll abgeschnittener und zusammengebundener Getreidehalme : etwas in Form einer Garbe ✳ *Garbenband; Garbenbindemaschine; Garbenbinder(in)* ✳ **Gar|be,** die; –: mehrere zusammengeschweißte Stahlstangen ✳ **gar|ben** tr.: in Garben binden ✳ **garben, gär|ben** tr.: (Stahl –) zusammenschweißen : (Metall –) polieren : (Korn –) zwischen den Mühlsteinen aus den Bälgen drücken : (Brot –) in den Ofen schieben ✳ *Gärbehammer:* Schweißhammer; *Gärbehobel:* Hobel zum Glätten der inneren Fasswände; *Gärbestahl:* geschweißter Stahl : Werkzeug zum Brünieren

Gär|bot|tich: s. Gare

Gar|çon (fr.) [garßong], der; –s, –s: Knabe : Kellner : Junggeselle : Gehilfe ✳ **Gar|çonne** [garßon'], die; –, –n: jungenhaftes Mädchen : Junggesellin ✳ **Gar|çon|ni|ère** [garßonjähr], die; –, –n: Junggesellenwohnung, Einzimmerwohnung

Gar|da|see, der; –s: oberit. See

Gar|de (dtsch.-fr.), die; –, –n: Wache, bes. die Leibwache der Fürsten : Kerntruppe : Gruppe von bewährten Freunden und Mitarbeitern („die alte Garde") ✳ *Gardekorps; Gardemaß:* Mindestgröße, um Mitglied der

Garde zu werden; *Gardeoffizier;* *Garderegiment* ✳ **Garde|du|korps** [gard'dükohr], das; –: ehem. preuß. Kürassierregiment ✳ *Gardedukorpsregiment* ✳ **Gar|dist**, der; –en, –en: Soldat der Garde [ahd. warta Wache]

Gar|de|nia, Gar|de|nie, die; –, ..nien: tropische Strauchpflanze, Krappgewächs

Gar|de|ro|be (fr.), die; –, –n: Kleidung : Aufbewahrungsraum dafür : Kleiderablage : Ankleidezimmer : Umkleideraum (bes. von Schauspielern) ✳ *Garderobenfrau; Garderobenhaken; Garderobenmarke; Garderobe(n)schrank; Garderobe(n)ständer* ✳ **Gar|de|robi|er** [..bjeh], der; –s, –s: (Theater) Kleiderausgeber, Aufseher über die Garderobe, Gewandmeister ✳ **Gar|de|robi|e|re,** (östr.) **Gar|de|robi|è|re** [garderobjär'], die; –, –n: Garderobenfrau : (Theater) Gewandmeisterin [fr. garder bewahren und robe Kleid]

gar|dez! (fr.) [gardeh]: Achtung! Hütet euch! : (Schach) Ihre Königin ist in Gefahr! ✳ **gar|dez la re|ine** [– – rähn']: (Schach) schützt die Königin

Gar|di|ne (ml.-ndl.), die; –, –n: (Fenster-)Vorhang ✳ *Gardinenpredigt:* strafende Rede (urspr. Predigt hinter der Bettgardine); *Gardinenschnur; Gardinenstange:* Stange zum Befestigen der Gardine

Gar|dist: s. Garde

Ga|re, ga|ren: s. gar

Gä|re, Gä|re, die; –: Gärung : Gärung Bewirkendes, z. B. Sauerteig : Hefe ✳ **gä|ren** (es gor [gärte], es göre [gärte]; gegoren [gegärt]) intr.: innerlich erregt und bewegt sein : (Chem.) sich zersetzen; tr.: gären machen ✳ *Gärbottich:* Bottich, in dem das Bier gärt; *Gärfutter; Gärkammer; Gärmittel; Gärstoff;* –teig ✳ **Gä|rung,** die; –, –en: das Gären ✳ *Gärungsmittel; gärungsfähig* Ew.: imstande zu gären; *Gärungsprozeß* → *Gärungsprozess:* Vorgang der Gärung; *Gärungsstoff*

Gar|koch, Gar|küche: s. gar

Gar|mond (fr.) [..mong], die; –: ein Schriftgrad, meist Korpus genannt

Garn, das; –(e)s, –e: gesponnener oder zusammengedrehter Faden : Netz : (übertr.) etwas Berückendes, Fangendes : zweiter Magen der Wiederkäuer ✳ *Garnbaum:* Kettenbaum am Webstuhl; *Garngabel:* (weidm.) Werkzeug zum Stellen der Garne; *Garnhandel; Garnhaspel:* Garnwinde; *Garnknäuel; Garnmeister:* Fischer; *Garnreuse; Garnrolle; Garnsack; Garnspule; Garnstange; Garnwaage; Garnweife:* Garnwinde; *Garnzug:* Fischzug ✳ **gar|nen** Ew.: aus Garn gefertigt

Gar|ne|le (ndl.), die; –, –n: kleiner langschwänziger, zehnfüßiger Krebs

gar|ni (fr.) Mw. Ew.: möbliert ✳ *Chambre garnie* [schangb'r garni]: möbliertes Zimmer ✳ *Hotel garni:* möbliertes Gasthaus, das Übernachtung und Frühstück anbietet ✳ **gar|nie|ren** (..iert) tr.: einfassen : ausstatten : schmücken ✳ **Gar|nie|rung,** die; –, –en: das Garnieren : das Garnierende, Schmuck, Ausstattung ✳ **Gar|ni|son,** die; –, –en: Standort militärischer Verbände ✳ *Garnisonspfarrer; Garnison(s)kirche* ✳ **gar|ni|so|nie|ren** (..iert) intr.: in Garnison stehen ✳ **Gar|ni|tur,** die; –, –en: Einfassung : Besatz : Verzierung : Besteck : Anzahl oder Satz zusammengehöriger Gegenstände : (Heerw.) Ausrüstung ✳ *Bekleidungsgarnitur:* (Heerw.) Uniform; *Polstergarnitur*

Ga|ron|ne: fr. Fluss : fr. Provinz

Ga|rot|te, Gar|rot|te (span.), die; –, –n: Würgeschraube, Halseisen zum Hinrichten ✳ **Ga|rot|ter,** der; –s, –: Erwürger, Straßenräuber ✳ **gar|rot|tie|ren** (..iert) tr.: würgen, knebeln : mittels der Garrotte hinrichten

Garst, der; –es: (veralt.) Ekel Erregendes : Fäulnis : Kot : schlechter Geruch : schmutziger Mensch ✳ *Garsthammel:* ein Schimpfwort; *Garstvogel:* ein Schimpfwort ✳ **gars|tig** Ew.: ranzig : widrig : abscheulich : hässlich : abstoßend : (Kind) böse, ungezogen ✳ **Gars|tig|keit,** die; –, –en: das Garstigsein

Gärt|chen: s. Garten

Gar|ten, der; –s, Gärten; Gärtchen: umzäuntes Stück Land zum Anbau von Gemüse und Blumen ✳ *Gartenamsel:* Singvogel; *Gartenanlage; Gartenarbeit; Gartenarchitekt; Gartenbau; Gartenbauausstellung; Gartenbeet; Gartenblume; Gartenerde:* humusreiche Erde; *Gartenfeld:* Feld mit Gartenrecht; *Gartenfest; Gartenfink:* Buchfink; *Gartenfrucht; Gartengerät:* Gerät zum Gartenbau; *Gartengewächs; Gartenhaus:* Landhaus; *Gartenkolonie:* größere Gruppe zusammenliegender Kleingärten; *Gartenkunst:* Gärtnerkunst; *Gartenlaube; Gartenmauer; Gartenmesser:* Messer mit sichelförmiger Klinge; *Gartenpflanze; Gartenrecht:* das Recht zur Einzäunung eines Feldstückes oder zur Benutzung eines Feldstückes als Garten; *Gartenrestaurant:* Restaurant mit Garten; *Gartensaal:* Saal im Gartenhaus : nach dem Garten sich öffnender Saal; *Gartenschere; Gartenschlauch; Gartentür; Gartenwerk:* allerlei : Gärten : Gärtnerei; *Gartenzaun; Gartenzwerg* ✳ **gär|teln** (intr.): Gartenarbeit als Hobby betreiben✳ **Gärt|ner,** der; –s, –: gewerbsmäßig Gartenbau Treibender : Gartenfachmann ✳ *Gärtnerbursche; Gärtnerkunst; Gärtnersfrau* ✳ **Gärt|ne|rei,** die; –, –en: Gärtnerkunst : Beschäftigung im Garten : Gartenbaubetrieb : Anwesen eines Gärtners ✳ **Gärt|ne|rin,** die; –, –nen: weibl. Gärtner ✳ **gärt|ne|risch** Ew.: auf Gärtner und Gärtnerei bezüglich : gartenbaulich ✳ **gärt|nern** (ich ..ere) intr.: sich als Gärtner beschäftigen

Gä|rung: s. Gare

Gar|zeit: s. gar

Gas, das; –es, –e: luftförmiger Körper : Brennstoff : Tragstoff für Flugzeuge ✳ *Gasalarm; Gasangriff:* (Kriegsw.) Fliegerangriff mit Gasbomben; *Gasanstalt:* Anlage zur Gasherstellung und Gasversorgung einer Stadt; *Gasanzünder; gasartig* Ew.; *Gasbadeofen; Gasbeleuchtung; Gasbeton; Gasbrenner; Gasdruck; Gasfernversorgung; Gasfeuerzeug;*

Gasflamme; Gasflasche; gasförmig Ew.; *Gasgemisch; Gasgenerator:* Gaserzeuger; *Gasglühlicht; Gashahn; gashaltig* Ew.; *Gasheizung; Gasherd; Gashülle:* Atmosphäre; *Gasinterferometer:* Schlagwetteranzeiger; *Gaskocher; Gaskohle; Gaslampe; Gasleitung; Gaslicht; Gas-Luft-Gemisch:* (Auto) Produkt des Vergasers; *Gasmann:* Ableser des Gaszählers; *Gasmaske; Gasmesser:* Vorrichtung zur Messung der verbrauchten Leuchtgasmenge; *Gasmotor; Gasofen; Gasöl:* Erdölfraktion mit einem Siedepunkt zwischen 250°C und 400°C; *Gaspedal; Gaspistole; Gasrohr; Gasschutz; Gasstrumpf:* Glühkörper im Gasglühlicht; *Gastechnik; Gastod; Gasvergiftung; Gaswerk; Gasuhr; Gaszähler:* Gasmesser; *Gaszelle:* Luftsack (eines Luftschiffes) ✳ ga|sen (intr.:) Gas geben ✳ ga|seln (intr.): (schweiz.) Gasgeruch verbreiten ✳ ga|sie|ren (..iert) tr.: sengen, glattbrennen : Garne durch Absengen von Faserenden befreien ✳ Ga|si|fi|ka|ti|on, die; –: Luftentwicklung ✳ ga|si|fi|zie|ren (..iert) tr.: vergasen, in Gas verwandeln ✳ ga|sig Ew.: gasartig : gasförmig ✳ Ga|so|lin, das; –s: Leichtbenzin, flüssiger Teil des Erdöls ✳ Ga|so|me|ter, der; –s, –: Gasmesser : Gasbehälter

Gas|co|gne [gaskonje]: fr. Landschaft ✳ Gas|co|gner [..konjer], der; –s, –: Bewohner der Gascogne : Prahler, Aufschneider ✳ Gas|co|na|de, Gas|ko|na|de, die; –, –n: Prahlerei : Aufschneiderei

Ga|sel, das; –s, –e ✳ Ga|se|le, die; –, –n: „Gespinst“, arab.-pers. Versform; vgl. Ghaselform

ga|sie|ren, Ga|si|fi|ka|ti|on: s. Gas

Ga|so|lin, Ga|so|me|ter: s. Gas

gaß|aus → gass|aus: s. Gasse
Gäß|chen → Gäss|chen: s. Gasse

Gas|se, die; –, –n; Gässchen: schmale Straße : (schmaler) Durchgang ✳ *Gassenbube:* Gassenjunge; *Gassenbüberei:* derber Streich; *Gassenge-*

spann: (Buchdrw.) Arbeitskollege in einer Gasse; *Gassenhauer:* auf den Gassen gesungenes Lied; *Gassenhure; Gassenjunge:* frecher, unerzogener Junge; *Gassenkehrer; Gassenlied:* Gassenhauer; *Gassenmädchen; Gassenmensch:* Gassenhure; *Gassenpöbel; Gassenwitz:* roher Witz ✳ *gaßaus, gaßein → gassaus, gassein* Uw. ✳ gas|seln, gäs|seln (ich gassle, gässle und gassele, gässele) intr.: auf der Gasse spazierengehen : fensterln ✳ Gas|si: nur in *„Gassi gehen“*: den Hund ausführen

Gas|strumpf: s. Gas

Gast, der; –(e)s, Gäste: (urspr.) der Fremde : der im Hause Aufgenommene : eingeladener Besuch : ein Besuchender : fremder Schauspieler : am Unterricht vorübergehend Teilnehmender : Matrose in einer zeitweiligen Beschäftigung ✳ *Gastarbeiter; Gastbett; Gastdozent; Gästebett; Gästebuch; Gästehandtuch; Gästehaus; Gästeheim; Gästetoilette; gastfrei* Ew.: gastfreundlich; *Gastfreiheit:* gastfreies Wesen; *Gastfreund:* durch Gastlichkeit verbundener Freund; *gastfreundlich* Ew.: gern Gäste aufnehmend; *Gastfreundschaft; Gastgeber:* Gastwirt : Speisewirt : Gastherr; *Gastgeschenk:* dem Gastfreund gegebenes Geschenk; *Gasthalter:* Gastwirt; *Gasthaus:* Wirtshaus; *Gastherr:* Gastgeber; *Gasthof:* großes Gasthaus; *Gasthörer; Gastmahl:* Mahlzeit, zu der man Gäste einlädt; *Gastpflanze:* Schmarotzer; *Gastrecht:* dem dem Gast, Gastfreund gebührende Recht : Fremdenrecht; *Gastredner; Gastrolle:* Rolle eines Gastschauspielers; *Gastspiel:* Spiel oder Auftritt eines fremden Schauspielers; ˈ *Gaststätte; Gaststättengewerbe; Gaststube; Gasttier:* Schmarotzer; *Gastvortrag; Gastwirt:* einer, der gewerbsmäßig Gäste beherbergt, *Gastwirtschaft, Gastwort:* geläufiges Fremdwort; *Gastzimmer* ✳ gas|ten intr. (haben): als Gast weilen : schmausen : einen Schmaus geben : Gäste bewirten (auch

tr.) ✳ Gas|te|rei, die; –, –en: Gastmahl : Schmauserei ✳ gas|tie|ren (..iert) tr., intr.: als Schauspieler Gastrollen geben ✳ gast|lich Ew.: gastfreundlich ✳ Gast|lich|keit, die; –, –en: das Gastlichsein : Gastfreundlichkeit

Gas|te|rei: s. Gast
gas|tie|ren: s. Gast

Gas|t|rä|a (gr.), die; –, ..äen: Urdarmtier, eine tierische Urform ✳ ga|s|t|ral Ew.: das Magen-Darm-System betreffend ✳ Ga|s|t|r|al|gie, die; –, ..gien: Magenkrampf ✳ Ga|s|t|r|ek|to|mie, die; –, –n: operative Entfernung des Magens ✳ ga|s|t|ren|te|risch Ew.: Magen und Därme betreffend ✳ Ga|s|t|ren|te|ri|tis, die; –: Magen- und Darmentzündung ✳ Ga|s|t|re|pa|ti|tis, die; –: Magen- und Leberentzündung ✳ Ga|s|t|ril|log, der; –en, –en: Bauchredner ✳ Ga|s|t|ri|lo|gie, die; –: Bauchrednerei ✳ ga|s|t|risch Ew.: den Magen betreffend : den Unterleib betreffend : *gastrisches Fieber:* fieberhafter Magenkatarr ✳ Ga|s|t|ri|tis, die; –: Magenschleimhautentzündung ✳ ga|s|t|ro|du|o|de|nal Ew.: Magen und Zwölffingerdarm betreffend ✳ Ga|s|t|ro|du|o|de|ni|tis, die; –: Schleimhautentzündung von Magen und Zwölffingerdarm ✳ Ga|s|t|ro|la|t|rie, die; –: Bauchdienst, Schwelgerei ✳ Ga|s|t|ro|lith, der; –en, –en: Magenstein ✳ Ga|s|t|ro|lo|gie, die; –: Magenlehre ✳ Ga|s|t|ro|ma|nie, die; –: Gastrolatrie ✳ Ga|s|t|ro|my|zet, der; –(e)s, –e: Bauchpilz ✳ Ga|s|t|ro|nom, der; –en, –en: Feinschmecker : Kochkünstler : Gastwirt ✳ Ga|s|t|ro|no|mie, die; –, ..mien: Feinschmeckerei : feine Kochkunst ✳ ga|s|t|ro|no|misch Ew.: feinschmeckerisch : die feine Kochkunst betreffend ✳ Ga|s|t|ro|pa|thie, die; –: Magenleiden ✳ Ga|s|t|ro|po|de, die; –, –n: Bauchfüßer ✳ Ga|s|t|ror|rha|gie, die; –: Blutbrechen aus dem Magen ✳ Ga|s|t|ro|sis, die; –, ..strosen: Magenkrankheit ✳ Ga|s|t|ro|skop, das; –s, –e: Magenspiegel ✳ Ga-

s|t|ro|sko|pie, die; –, ..pien: Magenuntersuchung mittels eines Gastroskops * **Ga|s|t|ro|so|phie,** die; –: Kunst, die Freuden der Tafel weise zu genießen * **Ga|s|t|ro|ste|no|se,** die; –, –n: Magenverengung * **Ga|s|t|ro|sto|mie,** die; –, ..mien: Anlegung einer Magenfistel zur Ermöglichung der Ernährung * **Ga|s|t|ro|to|mie,** die; –, ..mien: Magenschnitt, –öffnung * **Ga|s|t|ro|ze|le,** die; –, –n: Magenbruch * **Ga|s|t|ru|la,** die; –: Wachstumsstadium hochentwickelter Lebewesen * **Ga|s|t|ru|la|ti|on,** die; –: Entstehung der Gastrula durch Einstülpung der Blastula [gr. gaster, Gen. gastros Magen, Bauch]

Ga-s-t-ri-tis, Ga-s-t-ro-no-mie, Ga-s-t-ro-sto-mie
Bei Fremdwörtern kann die Trennregel nach Wortbestandteilen (Ga-strostomie) oder nach der Aussprache angewendet werden (Gas-tronomie). Darüber hinaus gilt die Regel, nach welcher der letzte Konsonant einer Konsonantengruppe auf die nächste Zeile kommt: Gast-ritis.

Gat: s. Gatt

Gatt (nordd.), das; –(e)s, –en und –s: Loch : Öse : enger Durchgang : Durchfahrt : Raum im Hinterteil des Schiffes

Gat|te, der; –n, –n: Ehemann : (Mz.) Ehepaar * *Gattenliebe; Gattenmord:* Ermordung des Ehepartners; *Gattentreue; Gattenwahl* * **gat|ten** tr., rbz.: paaren : verbinden * **Gat|tin,** die; –, –nen: Ehefrau * **Gat|tung,** die; –, –en: Gesamtheit zusammengehöriger Arten des Pflanzen-, Tierlebens und der Gesteine * *Gattungsbegriff; Gattungsname; Gattungswort*

Gat|ter, das; –s, –: Holzzaun : grobes Gitter : durch ein Gatter abgeschlossener Raum * *Gatterbalken:* Gattersäbe; *Gattersäge:* Sägewerk mit parallelen Sägen zur Herstellung von Brettern; *Gattertor; Gattertür; Gatterwerk* * **gat|tern** (ich ..[e]re) intr.: auflaufen (schweiz.): klaffen : auseinander fallen; tr.: gatterförmig machen : mit einem Gatter versehen

gat|tie|ren (..iert) tr.: (Erzarten –) mischen

Gat|tung: s. Gatte

Gau, der (das); –(e)s, –e (–en): Landschaft : Bezirk : Gesamtheit der Gaubewohner * *Gaudieb:* verschlagener Dieb; *Gauding:* Gaugericht; *Gaugraf:* Vorsitzender eines Gaugerichts; *Gaugrafschaft:* Gebiet des Gaugrafen; *Gauleiter; Gauwort:* landwirtschaftlicher oder mundartlicher Ausdruck * **Gäu,** das; –(e)s, –e: (ldschftl.) Gau * *Allgäu* * **Gau|schaft,** die; –, –en: gesamte Einwohnerschaft eines Gaues * **gau|wei|se** Uw.: nach Gauen geordnet

Gau|be, die; –, –n: (mundartl.) Dachluke, Fenster, Fensterchen am abgeschrägten Dach; s. Gaupe

Gauch, der; –(e)s, –e und Gäuche: Name mehrerer Vögel : (höhnisch) Hahnrei : Tropf : Betrüger : wunderlich seltsamer Mensch : Flaum : Betrug * *Gauchampfer; Gauchbrot:* eine Pflanze; *Gauchheil,* das; der; –(e)s, –e: eine Pflanze; *Gauchklee; Gauchnelke*

gauche, à (fr.) [– gohsch]: links

Gau|cho (span.) [gautscho], der; –s, –s: spanisch-indianischer Mischling Südamerikas, meist als Viehhirt lebend

Gau|de|a|mus (l.), das; –: „Lasst uns lustig sein!", Anfang eines Studentenliedes

Gau|di, die; –: (mundartl.) Hauptspaß : Ausgelassenheit * **gau|die|ren** (..iert) intr.: sich freuen * **Gau|di|um,** das; –: Freude : Spaß

gau|f|rie|ren (..iert) (fr.) [gofr..] tr.: prägen : rillen : das Aufprägen erhabener Muster auf glatte Gewebe und Papier * *Gaufrage:* geprägte Musterung auf Papier und Gewebe; *Gaufré:* Gewebe mit eingeprägtem Muster; *Gaufriermaschine:* Gaufrierkalander * **Gau|f|rier|ka|lan|der,** der; –s, –: Walzengerät zum Narben und Prägen von Papier und Gewebe

Gau|kel, die; –, –n: schlechtes Talglicht * **Gau|ke|lei,** die; –, –en: Treiben eines Gauklers : Blendwerk : Vorspiegelung :

Zauberei * **gau|kel|haft, gau|k(e)|lig** Ew.: gaukelnd * **gau|keln** (ich ..[e]le) intr.: sich leicht hin und her bewegen : blenden : Possenspiel treiben; tr.: betrügen : gaukelnd schaffen; rbz.: sich wiegen * *Gaukelbild; Gaukelbude:* Gauklerbude; *Gaukelkunst; Gaukellicht; Gaukelspiel; Gaukelspieler; Gaukelspielerei; Gaukeltanz; Gaukelwerk:* Gaukelei * **Gauk|ler,** der; –s, –: Possentreiber : Betrüger : Zauberkünstler * *Gauklerbude; Gauklerspiel; Gauklertruppe* * **Gauk|le|rei,** die; –, –en: das Treiben eines Gauklers * **Gauk|le|rin,** die; –, –nen: Betrügerin * **gauk|ler|haft, gauk|le|risch** Ew.: gaukelhaft

Gaul, der; –(e)s, Gäule: Gäulchen : Arbeitspferd

Gaul|lis|mus (fr.) [gol..], der; –: vom ehem. fr. Staatspräsidenten Charles de Gaulle geprägte Politik * **Gaul|list:** Anhänger des Gaullismus; *gaullistisch* Ew.

Gau|men, der; –s –: obere Wölbung im Munde : Geschmack : (Bot.) aufgeblasener Teil der Unterlippe bei larvenförmigen Blumen * *Gaumenbein; Gaumenflügel; Gaumenkitzel:* Geschmacksreiz; *Gaumenlaut:* am Gaumen gebildeter Laut; *Gaumenmandel; Gaumensegel; Gaumenzäpfchen; gaumig* Ew.: am Gaumen (sprechen) * **Gau|ming** (selt.), der; –s, –e: Gaumenlaut .

Gau|ner, der; –s, –: Spitzbube : listiger Betrüger : Dieb : Landstreicher * *Gaunerbande; Gaunergesicht; Gaunersprache:* Sondersprache der Gauner; *Gaunerstreich; Gaunerzinken:* bildliche Zeichen der Gauner * **Gau|ne|rei,** die; –, –en: Betrügerei * **gau|ner|haft, gau|ne|risch** Ew.: spitzbübisch * **gau|nern** (ich ..[e]re) intr.: als Gauner handeln

Gau|pe, die; –, –n: (mundartl.) Dachzimmer ; s. Gaube

Gaur (ind.), der; –s, –(s): sehr großes ind. Wildrind

Gauß, Friedrich: dtsch. Mathematiker * **Gauß,** das; –, –: magnetische Maßeinheit; Abk.: G

Gautsch|brett: s. Gautsche

Gaut|sche, die; –, –n: (Papiermach.) Maschine mit zwei Walzen, zwischen denen die nasse Papierbahn ausgepresst wird : (südd.) Schaukel : (südd.) Liege ✳ **gaut|schen** (du gautsch[e]st) tr.: (Papiermach.) Papier zum Pressen auflegen : (mundartl.) schaukeln : (mundartl.) hänseln : den Druckerlehrling zur Zunfttaufe in ein Wasserbad tauchen ✳ *Gautschbrett; Gautschbrief:* Urkunde über bei Buchdruckern übliche Berufstaufe; *Gautschfest* ✳ **Gaut|scher**, der; –s, –: ein Gautschender

Ga|vot|te (fr.) [..w..], die; –, –n: ein alter Figurentanz : Suitensatz

Ga|ze (fr.) [gas'], die; –, –n: (urspr. aus Gaza bezogenes) durchsichtiges Gewebe : Schleierstoff : Verbandmull

Ga|zel|le (fr.-arab.), die; –, –n: eine Antilopenart

Ga|zet|te (it.), die; –, –n: Zeitung

G-Dur: s. g

Ge|äch|te|te, der; die; –n, –n: einer, der (oder eine, die) in die Acht erklärt ist

Ge|ächz, **Ge|äch|ze**, das; ..zes: wiederholtes Ächzen

Ge|a|cker, das; –s: andauerndes Ackern

Ge|ä|der, das; –s: Gesamtheit der Adern : aderförmige Verzierung ✳ **ge|ä|dert** Ew.: mit Adern durchzogen

Ge|äf|ter, das; –s: (weidm.) die kleinen Klauen des Rot- und Schwarzwildes und ihre Spuren

Ge|al|be|re, das; ..bers: albernes Verhalten

ge|ar|tet Ew.: beschaffen : veranlagt

Ge|ä|se, das; –s, –: Atzung : Maul der Hirsche, Rehe und Gämsen

Ge|äst, **Ge|äs|te**, das; –s: Astwerk : Säulenordnung

Ge|bab|bel, das; –s: (ldschftl.) oberflächliches Gerede

Ge|back, **Ge|ba|cke**, das; –(e)s: das fortwährende Backen ✳ **Ge|bäck**, das; –(e)s, –: Backwerk : Backware ✳ **Ge|bäck|sel**, das; –s: Backware

Ge|bal|ge, das; –s: Prügelei

Ge|bälk, das; –(e)s, –e: Gesamtheit von Balken : Verbindung von Säulen und Dach

Ge|bam|mel, das; –s: das Hin-und-her-Bewegen : etwas Baumelndes

Ge|bän|de, das; –s, –: Bandwerk : Kopfputz mit Kinnbinde : Abgesang

Ge|bär|de, die; –, –n: das Aussehen : Miene : Bewegungen der Gesichtszüge : Ausdrucksbewegung ✳ *Gebärdenausdruck; Gebärdenkunst; Gebärdenspiel; Gebärdensprache* **ge|bär|den** rbz.: sich benehmen : sich verhalten **ge|bär|dig** Ew.: manierlich : freundlich ✳ **Ge|bär|dung**, die; –, –en: Gebärde ✳ **ge|ba|ren** rbz.: sich benehmen : sich zeigen ✳ **Ge|ba|ren**, das; –s: **Ge|ba|rung**, die; –, –en: Benehmen : Verhalten

ge|ba|ren: s. Gebärde

ge|bä|ren (du gebierst; du gebarst, du gebärest; geboren [Abk.: geb. oder ✳]; gebier!) tr.: (Kind –) zur Welt bringen (von der Mutter) : erzeugen, entstehen lassen ✳ *Gebärklinik; Gebärmutter:* die Frucht umschließendes weibliches Geschlechtsorgan; *Gebärstuhl:* (veralt.) für erleichterte Entbindung eingerichteter Stuhl; *Gebärzeit* ✳ **Ge|bä|re|rin**, die; –, –nen: werdende Mutter : Wöchnerin

Ge|ba|rung: s. Gebärde

Ge|bäu, das; –(e)s, –e: **Ge|bäu|de**, das; –s, –: Bauwerk : (weidm.) Biberbau : Bienen-, Ameisenbau : Gesamtheit der Gruben und Gänge eines Bergbaues : kunstvoll zusammengefügtes Ganzes : (selt.) Bauart ✳ *Gebäudekomplex:* mehrere zusammenstehende Gebäude; *Gebäudeteil* ✳ **Ge|baue**, das; –s: fortwährendes Bauen

ge|bauch|kit|zelt Ew.: (volkst.) geschmeichelt

ge|be|freu|dig Ew.: gerne gebend ✳ **Ge|be|freu|dig|keit**, die; –: gebefreudiges Verhalten

Ge|bein, das; –(e)s, –e: Gesamtheit der Knochen : ein Knochen : (Med.) Körper

Ge|bel|fer, das; –s: wiederholtes Belfern, Bellen : Gekläff : Gezanke : Gekeife

Ge|bell, **Ge|bel|le**, das; –(e)s: andauerndes Bellen

ge|ben (du gibst, er gibt; du gabst, du gäbest; gegeben; gib!) tr.: zur Annahme darreichen : zuteil werden lassen : einem etwas zuschreiben, beilegen : einem etwas zukommen lassen : liefern : zahlen : schenken : (Theaterstück –) darstellen : (Rolle –) spielen : (Karten –) verteilen : in ein Behältnis tun, gießen, schütten : sprachlich ausdrücken : (von sich –) weggeben : (von sich –) erbrechen; intr.: Karten verteilen : freigebig sein; rbz.: sich zu eigen geben : sich als etwas darstellen : sich als etwas erklären : nachlassen; unp. tr.: vorhanden sein : sich ereignen : zuteil werden ✳ *sich den Anschein geben:* sich verstellen : sich ausgeben für; *zum Besten geben:* vortragen : spenden; *viel auf etwas geben:* großen Wert auf etwas legen; *sich zu erkennen geben:* sagen, zeigen, wer man ist; *einem den Abschied geben:* einem verabschieden; *Gesetze geben:* Gesetze erlassen; *den Laufpaß geben* → *den Laufpass geben:* entlassen : fortjagen ✳ **Ge|ber**, der; –s, –: ein Gebender ✳ *Geberfreude; Geberlaune* ✳ **ge|ge|be|nen|falls** Uw.: sofern, eventuell ✳ **Ge|ge|ben|heit**, die; –, –en: das Tatsächliche, Wirkliche

Ge|ben|de → **Ge|bän|de:** s. Gebände

Ge|be|ne|dei|te, die; –n: die „Seliggepriesene", die Gottesmutter

Ge|bet, das; –(e)s, –e: Handlung des Betens : Inhalt des Betens : Formel des Betens ✳ *ins Gebet nehmen* tr.: jemandem ins Gewissen reden ✳ *Gebetbuch; Gebetformel; Gebetzeit* ✳ *Gebetsmantel; Gebetsmühle; Gebetsnische; Gebetsriemen; Gebetsteppich*

Ge|bet|tel, das; –s: andauerndes Betteln

ge|beult Mw. Ew.: mit Beulen behaftet

ge|beut: (veralt.) gebietet

Ge|biet, das; –(e)s, –e: Herrschaftsbereich : Bereich : (übertr.) Sachbereich : Fach ✳ *Gebietsanspruch; Gebietsausschluß* → *Gebietsausschluss:* außerhalb des Hauptgebietes liegender Landesteil; *Gebietseinschluß* → *Gebietseinschluss; Gebietshoheit; Gebietserweiterung; Gebietskrankenkasse* (östr.); *Gebietsreform* ∗ **ge|bie|ten** tr., intr.: herrschen : befehlen : heischen ∗ **Ge|bie|ter,** der; –s, –: der Gebietende : Herr : Herrscher ∗ **Ge|bie|te|rin,** die; –, –nen: die Gebietende : Herrin : Herrscherin ∗ **ge|bie|te|risch** Ew.: Unterwerfung fordernd : Folgsamkeit heischend ∗ **Ge|bie|ti|ger,** der; –s, –: Gebieter : Komtur eines Ordens ∗ **ge|biet|lich** Ew.: auf das Gebiet bezüglich ∗ **ge|biets|wei|se:** ein Gebiet nach dem anderen

Ge|bild, Ge|bil|de, das; –(e)s, –e: Bild : geformtes Erzeugnis : gemustertes Gewebe ∗ *Gebildbrot:* symbolisch geformtes Festtagsgebäck

Ge|bil|de|te: s. bilden

Ge|bim|mel, das; –s: anhaltendes helles Läuten

Ge|bind, Ge|bin|de, das; –(e)s, –: andauerndes Binden : Einheit verbundener Dinge : Behälter ∗ *Blumengebinde*

Ge|bir|ge, das; –(e)s, –: Einheit einer Anzahl hoher Berge : (bergmänn.) Gestein ∗ *Gebirgsamsel:* Bergamsel; *Gebirgsart; Gebirgsbahn; Gebirgsbewohner; Gebirgsdorf; Gebirgsfluß* → *Gebirgsfluss; Gebirgsgegend; Gebirgsjäger; Gebirgskette; Gebirgsklima; Gebirgskunde; gebirgskundig* Ew.; *Gebirgslandschaft; Gebirgsmassiv; Gebirgsort; Gebirgsspaß* → *Gebirgspass; Gebirgsstock; Gebirgszug* ∗ **ge|bir|gig** Ew.: reich an Gebirgen oder Bergen ∗ **Gebir|gig|keit,** die; –: Reichsein an Gebirgen oder Bergen ∗ **ge|bir|gisch** Ew.: zum Gebirge gehörend, dort wohnend, von dort herstammend ∗ **Ge|birgler,** der; –s, –; **Ge|birg|le|rin,** die; –, –nen: Bergbewohner(in) ∗ **ge|birg|lich** Ew.: auf Gebirge bezüglich

Ge|biß → **Ge|biss,** das; Gebisses, Gebisse: Gesamtheit der Zähne : künstliche Zahnreihe : Mundstück am Pferdezaum

Ge|blaf|fe, das; –s: andauerndes Bellen

Ge|bla|se, das; –s: andauerndes Blasen ∗ **Ge|blä|se,** das; –s, –: Apparat, Maschine zum Ansaugen oder Einpressen von Luft

Ge|blök, Ge|blö|ke, das; –(e)s: andauerndes Blöken : (übertr.) Geplärr, Geschrei

ge|blümt, (östr.:) **ge|blumt** Mw. Ew.: mit Blumenmuster verziert

Ge|blüt, das; –(e)s: Abstammung : Erbmasse : Veranlagung ∗ *Geblütsrecht:* Vorrang der Geburt

ge|bo|ren Mw. Ew.: s. gebären; Abk.: geb. ∗ *sie ist eine gebor(e)ne Müller; geb. Müller* ∗

Ge|bo|ren|zei|chen, das; –s, –: Zeichen für „Geburtsdatum" (∗), z. B. in Lexikoneinträgen

ge|bor|gen Mw. Ew.: sicher : wohlbehütet ∗ **Ge|bor|genheit,** die; –: das Geborgensein

Ge|bot, das; –(e)s, –e: Befehl : Aufgebot : Preisangebot ∗ *zu Gebote stehen:* zur Verfügung stehen ∗ *Gebotsbrief; Gebotsschild:* eine Art Verkehrsschild

ge|bräch, ge|brech Ew.: (bergm.) leicht brechend, von geringer Festigkeit ∗ **Gebräch, Ge|brä|che, Ge|brech, Ge|bre|che,** das; –(e)s, –e: Gebräch, (bergm.) mürbes Gestein : (weidm.) Stelle, wo Schwarzwild der Boden aufgebrochen hat : Hauer des Wildschweins

Ge|brä|me, das; –s, –: Verbrämung : Saum

Ge|bra|te|ne, das; –n: gebratene Speise

Ge|bräu, das; –(e)s, –e; **Ge|bräu|de,** das; –s, –: gebrautes Getränk

Ge|brauch, der; –(e)s, Gebräuche: Benutzung : Gewohnheit ∗ *Gebrauchsanweisung; Gebrauchsartikel; gebrauchsfertig; Gebrauchsgegenstand; Gebrauchsgraphik* → *Gebrauchsgrafik; Gebrauchsgut; Gebrauchsmusik; Gebrauchsmuster; Gebrauchsmusterschutz; Gebrauchsordnung; Gebrauchsvorschrift* ∗ *Gebrauchtwagen; Gebrauchtwagenmarkt* ∗ **gebrau|chen** tr.: anwenden : benutzen : sich einer Sache bedienen ∗ **ge|bräuch|lich** Ew.: in Gebrauch : üblich : hergebracht ∗ *Gebräuchlichkeit*

Ge|braus, das; –; **Ge|brau|se,** das; –es: anhaltendes Brausen

ge|brech, Ge|brech, Ge|breche: s. gebräch

ge|bre|chen intr.: fehlen : mangeln ∗ *es gebricht an* ∗ **Ge|bre|chen,** das; –s, –: Mangel : (Körper-) Fehler : Übel ∗ **ge|brech|lich** Ew.: mit Gebrechen behaftet : schwach ∗ **Ge|brech|lich|keit,** die; –, –en: das Gebrechlichsein

Ge|breit (schweiz., sonst veralt.), das; –(e)s, –e; **Ge|brei|te,** die (das); –(s), –n: Ebene : (veralt.) Feld von bestimmter Größe

Ge|brest, Ge|bres|te, das; –(e)s, –e; **Ge|bres|ten,** das; –s, –: Gebrechen, Krankheit

ge|bro|chen Ew.: s. brechen ∗ *gebrochene Zahlen:* Bruch; *gebrochene Farben:* Farben ohne Leuchtkraft

Ge|brö|ckel, das; –s, –: viele Bröckel : dauerndes Bröckeln

Ge|bro|del, das; –s: andauerndes Brodeln

Ge|brü|der Mz.: mehrere Brüder, Abk.: Gebr.

Ge|brüll, Ge|brül|le, das; –(e)s: andauerndes Brüllen

Ge|brumm, Ge|brum|me(l), das; –(e)s: das Brummen

ge|buch|tet Ew.: mit Buchten oder Bögen versehen

Ge|bück, Ge|bü|cke, das; –(e)s: Verhau : (Schutz-) Hecke

Ge|bühr, die; –, –en: Anspruch : Abgabe : Zuschlag : öffentliche Abgabe : Beitrag : Kosten ∗ *nach Gebühr* (Verdienst) *gelobt werden;* Gebühren entrichten: Abgaben zahlen ∗ *Gebührenerlaß* → *Gebührenerlass:* Befreiung von Gebühren; *gebührenfrei* Ew.: kostenlos; *Gebührenfreiheit; Gebührenordnung; gebührenpflichtig* Ew.: nicht kostenlos; *Gebührensatz; Gebührenzähler* ∗ **ge|büh|ren** intr., rbz.: geziemen, zukommen ∗ **ge|bührend** Mw. Ew.: gehörig, geziemend ∗ *gebührende Anerkennung* ∗ **ge|büh|ren|derma|ßen** Uw.; **ge|büh|ren|derwei|se** Uw. ∗ **ge|bühr|lich** Ew.: geziemend

Ge|bums, Ge|bum|se, das; –(e)s: andauerndes dumpfes Klopfgeräusch : andauerndes Bumsen

Ge|bund, das; –(e)s, –e: Bündel ∗ **ge|bun|den** Mw. Ew.: s.

binden **∗ Ge|bun|den|heit,** die; –, –en: Abhängigkeit : Unfreiheit

Ge|burt, die; –, –en: das Geborenwerden : Entstehung : Abstammung : Herkunft : Leibesfrucht : Erzeugnis **∗** *Geburtenhäufigkeit; Geburtenkontrolle; Geburtenregelung:* Beschränkung auf eine gewünschte Kinderzahl; *Geburtenrückgang; Geburtenstatistik; Geburtenüberschuß* → *Geburtenüberschuss; Geburtenzahl; Geburtenziffer; Geburtenzuwachs* **∗** *Geburtsadel:* Erbadel; *Geburtsanzeige; Geburtsdatum; Geburtsfehler; Geburtshaus; Geburtshelfer; Geburtshilfe; Geburtsjahr:* Jahr, in dem jemand geboren ist; *Geburtsland:* Land, in dem jemand geboren ist; *Geburtsliste:* Liste der Geborenen; *Geburtsmal:* Muttermal; *Geburtsort:* Ort, in dem jemand geboren ist; *Geburtsrecht:* Recht, das man mit der Geburt erhält; *Geburtsregister:* Register der Geburten auf dem Standesamt; *Geburtsschein:* Zeugnis über Zeit und Ort der Geburt; *Geburtsschmerz:* Geburtswehen; *Geburtsstadt:* Vaterstadt; *Geburtsstunde; Geburtstag; Geburtstagskind; Geburtsurkunde; Geburtswehen; Geburtszange:* Zange des Geburtshelfers **∗ ge|bür|tig** Ew.: der Geburt nach herstammend

Ge|büsch, das; –(e)s, –e: Buschwerk

Geck, der; –en (–s), –en (–e): Modenarr : selbstgefälliger Mensch : Spaßmacher : Art Deckel auf dem Schornstein der Schiffsküche **∗** *Geckenart; Geckenstock:* Hebel der Schiffspumpe; *Geckenstolz* **∗ geck** Ew.: (ldschftl.) läppisch : albern : eingebildet : verrückt **∗ ge|cken** intr.: Narretei treiben; tr.: sich lustig machen : verspotten **∗ ge|cken|haft** Ew.: in der Art eines Gecken **∗ Ge|cken|haf|tig|keit,** die; –, –en: das Geckenhaftsein **∗ Ge|cken|tum,** das; –(e)s **∗ Ge|cke|rei,** die; –, –en: geckenhaftes Treiben **∗ Geck|heit,** die; –, –en: das Gecksein **∗ ge|ckig, ge|ckisch** Ew.: geckenhaft

Ge|cko, der; –s, –s und ..onen: Haftzeher, eine Familie kleiner Eidechsen

ge|dacht Mw. Ew.: erwähnt; vgl. denken

Ge|dächt|nis, das; –ses, –se: das Ge-, Andenken : Erinnerung : Erinnerungsvermögen : (zuw.) Erinnerungszeichen **∗** *Gedächtnisbild:* Denkmal; *Gedächtnisbuch; Gedächtnisfehler; Gedächtnisfeier; Gedächtnisfest; Gedächtnishilfe; Gedächtniskunst; Gedächtnismahl:* zum Gedächtnis von etwas veranstaltetes Mahl; *Gedächtnismünze; Gedächtnispredigt; Gedächtnisprotokoll:* nachträgliches Protokoll aus dem Gedächtnis; *Gedächtnisrede; Gedächtnisschwäche; Gedächtnisschwund; Gedächtnisstörung; Gedächtnisstütze; Gedächtnistag; Gedächtniswerk*

ge|dackt Mw. Ew.: (Orgelpfeife) mit einem Deckel versehen

Ge|dan|ke, der; –ns, –n; (östr.) **Ge|dan|ken,** der; –s, –: Äußerung der Verstandestätigkeit : Erzeugnis des Denkvermögens : Vorstellung : nur Gedachtes : Gegenstand des Denkens : Ansicht, Meinung : Wille, Absicht, Plan **∗** *Gedankenarbeit:* geistige Arbeit; *gedankenarm* Ew.; *Gedankenarmut; Gedankenaustausch; Gedankenblitz:* blitzartig auftauchender Gedanke; *Gedankending:* etwas nur in Gedanken Vorhandenes; *Gedankenfolge; Gedankenfreiheit:* Denkfreiheit; *Gedankenfülle; Gedankengang:* Reihenfolge der Gedanken; *Gedankengut; gedankenhaft* Ew.; *Gedankenleere:* Gedankenarmut; *gedankenlos* Ew.; *Gedankenlosigkeit; gedankenreich* Ew.; *Gedankenreichtum; Gedankenspiel; Gedankensplitter; Gedankensprung; Gedankenstrich:* Strich als Satzzeichen zur Bezeichnung der Unterbrechung eines Gedankenganges; *Gedankenübertragung; Gedankenverbindung:* Verbindung von Vorstellungen; *gedankenverloren* Ew.: in Gedanken versunken; *gedankenvoll* Ew.; *Gedankenwelt* **∗ ge|dank|lich** Ew.: Gedanken betreffend : in Gedanken : denkend

Ge|därm, Ge|där|me, das; –(e)s, –(e): Eingeweide

Ge|deck, das; –(e)s, –e: Essbesteck und Serviette für eine Person zu einer Mahlzeit : Speisenfolge : Menü **∗** *trockenes Gedeck:* Mahlzeit ohne Getränke

Ge|deih, der; –s: Wachstum; (nur in:) *auf Gedeih und Verderb:* auf Leben und Tod **∗ Ge|dei|hen,** das; –s: guter Fortgang : das Wachsen **∗ ge|dei|hen** (du gediehst, du gediehest; gediehen; gedeih[e]!) intr. (sein): zunehmen, wachsen : guten Fortgang nehmen, geraten : (zu etwas –) gereichen, dienen **∗ ge|deih|lich** Ew.: gedeihend, ersprießlich : heilsam

ge|den|ken tr., intr.: sich erinnern : erinnernd erwähnen : beabsichtigen **∗** *gedenke meiner; etwas zu tun gedenken* **∗** *Gedenkfeier; Gedenkmünze; Gedenkrede; Gedenkstätte; Gedenkstunde; Gedenktafel; Gedenktag* **∗ Ge|denkemein,** das; –s, –: eine Pflanze **∗ Ge|den|ken,** das; –s: Andenken : Erinnerung

ge|deucht: s. dünken

Ge|deu|tel, das; –s: Deutelei

Ge|dicht, das; –(e)s, –e: Dichtung, poetisches Erzeugnis **∗** *Gedichtsammlung*

ge|die|gen Mw. Ew.: (Metall) rein : zuverlässig : solide : (volkst.) wunderlich **∗ Ge|die|gen|heit,** die; –, –en: das Gediegensein

ge|dient Mw. Ew.: s. dienen

Ge|ding, Ge|din|ge, das; –(e)s, –: Stückarbeit : Akkordarbeit, bes. im Bergbau : Gesinde **∗** *Gedingearbeit; Gedinggehäuer; Gedinglohn; Gedingstufe*

Ge|don|ner, Ge|don|ne|re, das; –s: andauerndes Donnern

Ge|döns, das; –es: Getue, Aufhebens **∗** *viel Gedöns um etwas machen*

ge|dop|pelt Mw. Ew.: doppelt

ge|drang Ew.: eng **∗ Ge|drän|ge,** das; –s: dauerndes Drängen : dicht gedrängter Haufe : Drangsal **∗ Ge|drän|gel,** das; –s: andauerndes Drängeln **∗ ge|drängt** Mw.

Ew.: dicht geschart : gedrungen : zusammengedrängt * **Ge|drängt|heit**, die; –: das Gedrängtsein

Ge|dröhn, Ge|dröh|ne, das; –(e)s andauerndes Dröhnen

ge|drückt Mw. Ew.: niedergeschlagen * **Ge|drückt|heit**, die; –: das Gedrücktsein : Niedergeschlagenheit

Ge|druck|te, das; –n: das, was gedruckt ist

ge|drun|gen Mw. Ew.: dicht zusammengedrängt : untersetzt * **Ge|drun|gen|heit**, die; –: das Gedrungensein

Ge|du|del, Ge|dud|le, das; –s: andauerndes Dudeln

Ge|duld, die; –: ruhig ausharrende Gemütsstimmung : Langmut : (veralt.) Schutzort vor der Witterung * *Gedulds-arbeit; Geduldsfaden; Geduld(s)spiel; Geduldsprobe* * **ge|dul|den** rbz.: Geduld haben * **ge|dul|dig** Ew.: Geduld habend * **ge|dul|dsam** Ew.: duldsam

ge|dun|gen Mw. Ew.: für eine Aufgabe angestellt * *ein gedungener Mörder*

ge|dun|sen Mw. Ew.: geschwollen : aufgeblasen * **Ge|dun|sen|heit**, die; –: das Gedunsensein

Ge|lehr|te, das; –n: (veralt.) Schreiben, Brief * *Ihr Geehrtes*

ge|eig|net Mw. Ew.: passend : tauglich * *am geeignetsten* * *geeignetenorts* Uw.: an passender Stelle

Geest, die; –, –en: (niederd.) trockenes, sandiges Land an der Nordseeküste * *Geestland*

Ge|fach, das; –(e)s, ..fächer: Fachwerk : Gefüge von Fächern

Ge|fahr, die; –, –en: schwierige, Furcht erregende Lage : drohendes Übel : Wagnis * *gefahrbringend* → *Gefahr bringend* Mw.; *Gefahrdeich*: Deich ohne Vorland; *gefahrdrohend* → *Gefahr drohend* Mw.; *gefahrlos* Ew.; *gefahrvoll* Ew. * *Gefahrenherd; Gefahrenquelle*: Ursache einer Gefahr; *Gefahrenzone; Gefahrenlage* * **Ge|fähr|de**, die; –, –en: Gefahr : Arglist : Betrug * **ge|fähr|den** tr.: in Gefahr bringen; intr. (sein) (selt.): Gefahr

laufen * **Ge|fähr|dung**, die; –, –en: das Gefährden : das Gefährdetsein * **ge|fähr|lich** Ew.: Gefahr bringend : gefahrvoll * **Ge|fähr|lich|keit**, die; –, –en: das Gefährlichsein : etwas Gefährliches

Gefahr drohend
Ist das Substantiv als solches eindeutig erkennbar, wird eine Verbindung aus Substantiv und Verb getrennt geschrieben: *Die Lage ist Gefahr drohend. Eimer schwenkend lief sie zum Stall. Die Ader ist Erz führend.*

Ge|fahr, Ge|fähr, das; –(e)s: unnützes, fortwährendes Fahren : schlechtes Fahren * **Ge|fährt, Ge|fähr|te**, das; –(e)s, –(e): Fuhrwerk : Spur : Fährte * **Ge|fähr|te**, der; –n, –n: Begleiter : Genosse : Kamerad : (bergm.) Gang : (Mus.) Antwort oder Wiederholung des Fugenthemas * *Lebensgefährte* * **Ge|fähr|tin**, die; –, –nen: weibl. Gefährte

Ge|fal|len, der; –s, –: eine Tat, die gefällt : Liebesdienst * **ge|fal|len** intr.: gemäß sein : angenehm sein : Vergnügen bereiten * *Gefallsucht*: Sucht, anderen zu gefallen; *gefallsüchtig* Ew. * **ge|fäl|lig** Ew.: (veralt.) fällig : gefallend, recht : entgegenkommend * **ge|fäl|ligst** Uw.: wenn es gefällt, bitte * **Ge|fäl|lig|keit**, die; –, –en: freundschaftlicher Dienst : Gefallen * *Gefälligkeitswechsel* * **Ge|fäl|le**, das; –s, –: Höhenunterschied : Abschüssigkeit : Strömung : Abgaben * *Gefällemesser*: Gerät zum Messen einer Neigung

Ge|fal|le|ne, der; –n, –n: im Kampf getöteter Soldat * *Gefallenendenkmal; Gefallenengedenkfeier* * **Ge|fal|le|ne**, die; –n, –n: enthirtes Mädchen : Straßendirne

Ge|fäl|tel, das; –s: Faltenwerk

ge|fan|gen Mw. Ew.: festgenommen : ertappt : verhaftet * *gefangenhalten; –nehmen; –setzen* → *gefangen halten; – nehmen; – setzen; Gefangennahme; Gefangensetzung* * **Ge|fan|ge|ne**, der; (die); –n, –n: Häftling * *Gefangenenaufseher; Gefangenenfürsorge; Gefangenenhaus; Gefangenenwärter; Gefangen(en)lager* *

Ge|fan|gen|schaft, die; –, –en: das Gefangensein : Haft * **Ge|fäng|nis**, das; –ses, –se: Ort der Gefangenschaft : Freiheitsstrafe * *Gefängnisgeistlicher; Gefängnisstrafe; Gefängniswärter; –zelle*

ge|färbt Mw. Ew.: farbig, s. färben

Ge|fa|sel, das; –s: das (viele) Faseln : Geschwätz

Ge|fa|ser, das; –s: viele Fasern

Ge|fäß, das; –es, –e: (urspr.) Degenhandgriff : Behältnis : Ader : pflanzl. Bestandteile, die die Nährstoffe der Pflanzen leiten * *Gefäßbündel; Gefäßchirurgie; Gefäßerweiterung; Gefäßgewebe; Gefäßhaut; Gefäßkrampf; Gefäßkrankheit; Gefäßlehre; gefäßlos* Ew.; *Gefäßnetz; Gefäßpflanzen; gefäßreich* Ew.; *Gefäßverengung*: Verengung der Blutgefäße * **ge|faßt** → **ge|fasst** Mw. Ew.: s. fassen * **Ge|faßt|heit** → **Ge|fasst|heit**: s. fassen

Ge|fecht, das; –es, –e: Kampf * *Gefechtsausbildung; gefechtsbereit* Ew.; *Gefechtsbereitschaft; Gefechtsflagge; gefechtsklar* Ew.: gefechtsbereit; *Gefechtskopf*: Raketenspitze mit Sprengstoff und Zünder; *gefechtsmäßig* Ew.; *Gefechtsmast*: ein Mast auf Kriegsschiffen; *Gefechtspause; –übung* * **Ge|fech|te**, das; –s: andauerndes Fechten : schlechtes Fechten

Ge|fel|ge, das; –s: die behaarte Haut am neuwachsenden Geweih des Wildes : andauerndes Fegen

ge|feit Mw. Ew.: unverletzlich : widerstandskräftig

Ge|fer|tig|te, der; die; –n, –n: (Kanzleispr., veralt.) Unterzeichnete(r)

Ge|fie|del, das; –s: andauerndes Fiedeln

Ge|fie|der, das; –s, –: Federkleid der Vögel * **ge|fie|dert** Mw. Ew.: s. Fieder, die

Ge|fil|de, das; –s, –: Gesamtheit von Feldern : (geh. Stil) Feld, Landschaft

ge|fin|gert: s. Finger

ge|fir|nißt → **ge|fir|nisst** Mw. Ew.: mit Firnis versehen

Ge|fla|cker, das; –s: andauerndes Flackern

ge|flankt Mw. Ew.: mit einer Flanke versehen : begleitet

ge|flammt Mw. Ew.: mit Flammenmuster versehen

Ge|flat|ter, das; –s: andauerndes Flattern

Ge|flecht, das; –(e)s, –e: verschlungene Fäden : Flechtwerk

ge|fleckt Mw. Ew.: mit Flecken versehen oder gemustert ∗ *rotgefleckt* → *rot gefleckt*

rot gefleckt, rotfleckig
Die Verbindung eines Adjektivs mit einem Verb wird getrennt geschrieben, wenn das Adjektiv durch *sehr* erweiterbar bzw. steigerbar ist: *Das Kleid war (sehr) rot gefleckt; (höchst) bunt gefärbte Wäsche.* Gleichrangige Adjektive wie *rotfleckig* werden dagegen zusammengeschrieben.

Ge|flen|ne, das; –s: andauerndes Heulen

Ge|fli|cke, das; –s: andauerndes Flicken

Ge|flim|mer, das; –s: andauerndes Flimmern

ge|flis|sen Ew.: (veralt. für) beflissen ∗ **Ge|flis|sen|heit,** die; –, –en: (veralt. für) Beflissenheit ∗ **ge|flis|sent|lich** Ew.: absichtlich, vorsätzlich

ge|flockt Mw. Ew.: aus Flocken bestehend

Ge|flu|che, das; –s: andauerndes Fluchen

Ge|flu|der, das; –s, –: Abflussrinne bei Bergwerksstollen

Ge|flü|gel, das; –s: Gesamtheit von Federvieh ∗ *Geflügelfarm:* großer Betrieb für Geflügelzucht; *Geflügelfleisch; Geflügelsalat; Geflügelschere:* Schere zum Tranchieren von Geflügel; *Geflügelzucht; Geflügelzüchter* ∗ **ge|flü|gelt** Mw. Ew.: mit Flügeln versehen ∗ *geflügelte Worte:* weitbekannte Worte, Zitate

Ge|flun|ker, das; –s: andauerndes Flunkern

Ge|flüs|ter, das; –s: andauerndes Flüstern

Ge|fol|ge, das; –s, –: Begleiter einer Persönlichkeit ∗ *im Gefolge von etwas:* etwas begleitend : aus etwas hervorgehend, folgend ∗ **Ge|folg|schaft,** die; –, –en. Gefolge : Angehörige eines Betriebes : (übertr.) Anhängerschaft ∗ *Gefolgsmann; Gefolgsleute*

Ge|fra|ge, das; –s: dauerndes Fragen : dummes Fragen ∗

ge|fragt Uw. Ew.: sehr begehrt

Ge|fräß, das; –es, –e: Fraß : Futter : Maul ∗ **ge|frä|ßig** Ew.: gierig fressend : unmäßig essend ∗ **Ge|frä|ßig|keit,** die; –: das Gefräßigsein

Ge|frei|te, der; –n, –n: unterer Dienstgrad der Bundeswehr

ge|frie|ren intr. (sein): zu Eis erstarren : einfrieren ∗ *Gefrieranlage; Gefrierapparat; Gefrierfleisch; Gefriergemüse; –obst; Gefrierkette:* System für Lagerung und Transport tiefgekühlter Lebensmittel; *Gefrierpunkt:* der das Gefrieren des Wassers bezeichnende Punkt des Thermometers; *Gefrierschrank; Gefrierschutzmittel; Gefriertrocknung; Gefriertruhe; Gefrierverfahren* ∗ **ge|fro|ren** Mw. Ew.: zu Eis erstarrt ∗ **Ge|fro|re|ne, Ge|fror|ne** das; –n: Speiseeis

Ge|frieß, Gfrieß, das; –es, –e: (bayr.-östr. verächtl.) Gesicht

ge|frit|tet Mw. Ew.: zusammengebacken, nicht verschmolzen

Ge|fu|ge, das; –s (selt. für) Gefüge ∗ **Ge|fü|ge,** das; –s: Fugen in ihrer Gesamtheit : Verbindung eines aus ineinander passenden Teilen bestehenden Körpers : innere Ordnung, Struktur ∗ **ge|fü|ge, ge|fü|gig** Ew.: sich leicht fügend : willfährig : nachgiebig : gehorsam : anpassungsfähig ∗ **Ge|fü|gig|keit,** die; –: das Gefügigsein

Ge|fühl, das; –(e)s, –e: körperliches, durch die Nerven vermitteltes Empfindungsvermögen : Tastsinn : seelisches Empfinden, Erregtsein : triebhaftes Bewusstsein ∗ *gefühllig* Ew.; **gefühllos** Ew.; *Gefühllosigkeit; gefühlvoll* Ew. ∗ *gefühlsarm* Ew.; *Gefühlsart; gefühlsbedingt* Ew.; *Gefühlsbetont* Ew.; *Gefühlsduselei; gefühlsecht* Ew. (Kondome); *Gefühlseindruck; Gefühlsleben; Gefühlsmangel; gefühlsmäßig* Ew.; *Gefühlsmensch* (Ggs. Verstandesmensch); *Gefühlsnerv; Gefühlsregung; Gefühlssache; Gefühlssinn; Gefühlswärme; Gefühlswert*

ge|füh|rig Ew.: (Schnee) gleitfähig für Skier und Kufen ∗ *Geführigkeit*

Ge|fum|mel, das; –s: andauerndes Fummeln

Ge|fun|kel, das; –s: andauerndes Funkeln

ge|furcht: s. Furche

Ge|ga|cker, das; –s: andauerndes Gackern : albernes Gelächter

Ge|gau|kel, das; –s: Gaukelwerk

ge|ge|ben: s. geben

Ge|gei|ge, das; –s: andauerndes Geigen

ge|gen Vw. mit Akk.: (urspr.) hin zu : annähernd : in Bezug auf : im Vergleich zu : widerstrebend, feindlich bekämpfend : ablehnend ∗ *Gegenabdruck:* das Spiegelbild zeigender Abdruck; *Gegenangebot; Gegenangriff; Gegenantrag; Gegenantwort; Gegenaussage; Gegenbefehl:* Aufhebung eines Befehls; *Gegenbemerkung:* Erwiderung; *Gegenbesuch:* Besuch in Erwiderung eines anderen; *Gegenbewegung:* entgegengesetzt gerichtete Bewegung; *Gegenbeweis:* Beweis des Gegenteils; *Gegenbild:* ein zu einem anderen in Beziehung stehendes Bild; *Gegenblick:* erwidernder Blick : Rückstrahlung des Spiegels; *Gegenbuch:* die Gegenrechnung enthaltendes Buch; *Gegenbund:* einen anderen bekämpfender Bund; *Gegenbürge:* für einen anderen Bürgen einstehender Bürge; *Gegendampf:* Dampf, der die Bewegung der Dampfmaschine hemmt; *Gegendarstellung; Gegendienst:* Erwiderung eines Dienstes; *Gegendruck:* entgegengesetzter Druck : Gegenabdruck; *gegeneinander* Uw.: einer gegen den andern; *gegeneinanderdrücken; –halten; –prallen; –stellen; –stoßen* → *gegeneinander drücken; – halten; – prallen; – stellen; – stoßen; Gegeneinanderstellung; Gegenfahrbahn; Gegenfahrt:* Fahrt stromaufwärts; *Gegenfall:* entgegengesetzter Fall; *Gegenforderung:* Forderung an einen Fordernden; *Gegenfrage:* Frage statt Antwort auf eine Frage; *Gegenfüßler:* Bewohner der einem gerade gegenüberliegenden Gegend der Erde : jemand mit entgegengesetzten Ansichten; *Gegengabe:* Gabe als Erwiderung einer Gabe; *Gegengefälligkeit:* gegendienst; *Gegengefühl:* einem anderen entgegensetztes Gefühl : Erwiderung eines Gefühls; *Gegengerade:* (Sport) die gerade Rennbahnstrecke gegenüber der Zielgeraden; *Gegengeschenk:* Gegengabe; *Gegengewicht:* Gewicht, das einem anderen das Gleichgewicht hält; *Gegengift:* die Wirkung eines Giftes aufhebendes Gift; *Gegengroll:* Groll auf Grollende; *Gegengrund:* gegen etwas geltend gemachter Grund; *Gegengruß:* Erwiderungsgruß; *Gegengunst:* Erwiderung einer Gunst; *Gegenhall:* Echo; *Gegenhalt:* Stütze (bes. für Wankendes usw.); *gegenhalten* intr.: gegen etwas standhalten; *Gegenhieb:* erwidernder Hieb; *Gegenkaiser:* gegen einen Kaiser aufgestellter Kaiser; *Gegenkandidat; Gegenklage:* Klage gegen einen Kläger; *Gegenkläger; Gegenklang:* Echo; *Gegenkönig:* (vgl. Gegenkaiser); *Gegenkraft:* einer anderen entgegenwirkende Kraft; *Gegenleistung:* als Erwiderung einer Leistung zu leistender Dienst; *Gegenlicht:* Widerschein : von entgegengesetzter Seite einfallendes Licht; *Gegenliebe:* Liebe zu einem Liebenden; *Gegenlist:* einer anderen entgegensetzte List; *Gegenliste:* Liste zur Kontrolle für eine andere Liste; *Gegenlob:* Lob als Erwiderung eines Lobes; *Gegenmacht:* feindliche Macht; *Gegenmaßnahme:* Maßnahme gegen eine Maßnahme; *Gegenmeinung:* entgegengesetzte Meinung; *Gegenmine:* gegen den Angreifer gerichtete Mine; *Gegenmittel:* ein die Wirkung eines anderen aufhebendes Mittel; *Gegenneigung:* Gegenliebe; *Gegenpapst:* der gegen einen gewählten aufgestellte Papst; *Gegenpart, das; -s, -e:* Gegenteil; *Gegenpart, der; -s, -e:* Gegner; *Gegenpartei:* feindliche Partei; *Gegenpfand:* Pfand für ein Pfand; *Gegenpflicht:* auf Gegenseitigkeit beruhende Pflicht; *Gegenpol:* entgegengesetzter Magnetpol; *Gegenprall:*

Rückprall; *Gegenprobe:* Abdruck : Probe zur Entscheidung über die Richtigkeit früherer Proben; *Gegenrechnung:* Prüfung einer Rechnung : Forderung eines Schuldners gegen seinen Gläubiger; *Gegenrecht:* auf Gegenseitigkeit beruhendes Recht; *Gegenrede:* Erwiderung; *Gegenreformation; Gegenruf:* antwortender Ruf; *Gegenrüstung:* Rüstung gegen die Rüstung eines Feindes; *Gegensatz:* das Entgegengesetztsein : das Entgegengesetzte; *gegensätzlich* Ew.: auf Gegensätzen beruhend; *Gegenschale:* entgegengesetzte Waagschale; *Gegenschall:* Echo; *Gegenschein:* Widerschein : (Astron.) Opposition : Revers; *Gegenschlag:* Gegenprall : Schlag als Erwiderung auf einen empfangenen; *Gegenschrift:* schriftliche Entgegnung; *Gegenschuld:* Forderung eines Schuldners an den Gläubiger; *Gegenseite:* entgegengesetzte Seite; *gegenseitig* Ew.: entgegengesetzt : wechselseitig; *Gegenseitigkeit:* das Entgegengesetztsein : Wechselseitigkeit; *Gegenseitigkeitsgeschäft, -vertrag; gegenseits* Uw.: von der entgegengesetzten Richtung : wechselseitig; *Gegensonne:* Lichterscheinung am Himmel gegenüber der Sonne, Antihelium; *Gegenspiel:* Gegenteil : Spiel gegen jemand; *Gegenspieler; Gegenspionage:* Spionageabwehr, die mit den Mitteln der Spionage arbeitet; *Gegenstand:* an der Wahrnehmung sich darbietendes Etwas, Objekt : Zweck; *gegenstandslos* Ew.: ohne Gegenstand : ohne Zweck : überflüssig; *gegenständig* Ew.: gegenüber stehend; *gegenständlich* Ew.: sich auf einen Gegenstand beziehend : anschaulich : sachlich; *Gegenständlichkeit; Gegenstellung:* Gegeneinander-, Gegenüberstellung; *Gegenstimme:* (Mus.) zu einer anderen in Beziehung gesetzte Stimme; *gegenstimmig* Ew.: ohne Übereinstimmung; *Gegenstoß:* dem Stoßenden versetzter Stoß; *Gegenstrom:* entgegengesetzt gerichteter Strom; *Gegenströmung:* Ge-

genstrom : entgegengesetztes Wirken; *Gegenstück:* zu einem anderen in Beziehung stehendes Stück : entgegengesetztes Stück; *Gegenteil:* etwas Entgegengesetztes; *gegenteilig* Ew.: entgegengesetzt; *Gegenthese:* Antithese * **gegenüber** Vw. (mit Dat.): auf der entgegengesetzten Seite * *gegenüberliegen* intr.: (Haus) auf der anderen Straßenseite liegen; *gegenübersitzen* intr.: (einander –) so sitzen, dass man einander ins Gesicht sieht; *gegenüberstehen* intr.: (übertr.) so freundlich –) in freundlichem Verhältnis zueinander stehen; intr.: auf der anderen Seite stehen; *gegenüberstellen* tr.: (zwei Dinge, Personen –) zum Vergleich, zur Auseinandersetzung zusammenbringen * **Gegenüber,** das; -s, –: das, der gegenüber Befindliche * *Gegenufer:* gegenüber liegendes Ufer; *Gegenunterschrift:* Unterschrift einer zweiten Person unter demselben Schriftstück; *Gegenvermächtnis:* (Rechtsspr.) der Frau zum Entgelt für ihre Aussteuer ausgesetzter Betrag; *Gegenversicherung:* Rückversicherung; *Gegenversprechen:* in Erwiderung eines Versprechens gegebenes Versprechen; *Gegenversuch:* nachprüfender Versuch; *Gegenvormund:* zweiter Vormund zur Unterstützung des Vormundes; *Gegenvorschlag:* einem Vorschlag entgegengesetzter Vorschlag; *Gegenwart:* Anwesenheit : schnelles Sichfassen : das Jetzt; *gegenwärtig* Ew.: anwesend : voll Gegenwart des Geistes : augenblicklich : hier befindlich; Uw.: jetzt : hier : hierbei; *Gegenwartsform:* Zeitform des Verbums, Präsens; *gegenwartsnahe* Ew.; *Gegenwehr:* Wehr gegen einen Angriff; *Gegenwelt:* Gegensatz zu „Mitwelt" : (Philos.) entgegengesetzte Weltanschauung; *Gegenwind:* entgegenwehender Wind; *gegenwirken* intr.: entgegengesetzt wirken; *Gegenwirkung; Gegenwohner:* Gegenfüßler, Antipode; *gegenzeichnen:* seine Gegenunterschrift geben; *Gegenzeichnung; Gegenzeuge:* gegen einen ande-

ren Zeugender; *Gegenzug:*
Zug in entgegengesetzter Richtung : Zug zur Unwirksammachung des Gegners; *Gegenzusage;* Gegenversprechen ✳
Geg|ner, der; –s, –: Person mit
entgegengesetzten Ansichten :
Feind ✳ **Geg|ne|rin,** die; –,
–nen: weibl. Gegner ✳ **geg-
ne|risch** Ew.: vom Gegner herrührend : feindlich ✳ **Geg-
ner|schaft,** die; –, –en: Gesamtheit der Gegner : Feindschaft
Ge|gend, die; –, –en: nicht begrenzter Teil einer Fläche :
Landschaft : Gebiet : Bewohnerschaft : Umgebung, Bereich
ge|gen|ü|ber usw.: s. gegen
Ge|gir|re, das; –s: andauerndes
Girren
Ge|git|ter, das; –s, –: Gitterwerk
Ge|glit|zer, das; –s, –e: andauerndes Glitzern
Geg|ner usw.: s. gegen
ge|go|ren: s. gären
Ge|grö(h)|le, das; –s: andauerndes Grö(h)len
Ge|grun|ze, das; –s: andauerndes Grunzen
Ge|ha|be, das; –s: gespreiztes
Benehmen : Getue ✳ **ge|ha-
ben** (du gehabst dich, du gehabtest dich, gehabt) rbz.: sich
gehaben : sich benehmen; befinden ✳ *Gehab dich wohl!:*
Lass es dir gut gehen! ✳
Ge|ha|ben, das; –s: Benehmen
Ge|ha|cke, das; –s: andauerndes Hacken ✳ **Ge|hack|te,** das;
–n: Hackfleisch
Ge|ha|der, das; –s: andauerndes Zanken
Ge|halt, das (auch der) : –(e)s,
–e und Gehälter: Bezahlung,
Besoldung ✳ *Gehaltsabzug;
Gehaltsanspruch; Gehaltsempfänger; Gehaltserhöhung des
Gehaltsforderung; Gehaltskonto;
Gehaltsnachzahlung; Gehaltsstufe; Gehaltsverbesserung;
Gehaltsvorrückung:* Gehaltserhöhung der östr. Beamten; *Gehaltszahlung; Gehaltszulage* ✳
Ge|halt, der; –(e)s, –e: Inhalt an
wesentlichen Bestandteilen : innerer Wert ✳ **Ge|halt|los** Ew.: *gehaltlosigkeit; gehaltreich* Ew.;
gehaltvoll Ew. ✳ **ge|hal|ten**
Mw. Ew.: s. halten ✳ **ge|hal|tig**
Ew. gehaltreich : haltig

Ge|häm|mer, das; –s: andauerndes Hämmern
ge|han|di|kapt (e.) [gehändikäpt] Ew.: beeinträchtigt, benachteiligt : behindert
Ge|hän|ge, das; –s, –: Waffengurt : Behang : hängende Ohren des Jagdhundes : Eingeweide des Schlachtviehs
ge|har|nischt Mw. Ew.: im
Harnisch : gepanzert : kriegerisch
ge|häs|sig Ew.: hassend :
feindselig : bösartig : verhasst
✳ **Ge|häs|sig|keit,** die; –, –en:
das Gehässigsein
Ge|hau, das; –(e)s, –e: wiederholtes Hauen : (Forstw.) Revier
für die Holzung
Ge|häu|se, das; –s, –: Behausung : Behältnis : Kapsel : das
Umschließende
geh|bar Ew.: gangbar
geh|be|hin|dert Ew.: unfähig
zu gehen ✳ **Geh|be|hin|der|te,**
der, die; –n, –n: jemand, der
unfähig ist zu gehen ✳ **Geh-
be|hin|de|rung,** die; –, –en:
Unfähigkeit zu gehen
Ge|heck *auch:* **Ge|he|cke,**
das; –(e)s, –e: wiederholtes
Hecken : Wurf, die von einer
Tiermutter gleichzeitig geborenen Jungen ✳
ge|hef|tet: s. heften
Ge|he|ge, das; –s, –: Einfriedigung : Bezirk : Revier ✳ *Gehegeaufseher; Gehegebereiter:*
berittener Gehegeaufseher ✳
ge|hei|ligt: s. heiligen
ge|heim Ew.: nicht öffentlich,
heimlich : zahm, traulich : vertraut ✳ *Geheimbefehl; Geheimbrief; Geheimbuch; Geheimbund; Geheimdienst; Geheimfach:* verborgenes Fach; *geheimhalten →* geheim halten
tr.: nicht veröffentlichen; *Geheimhaltung; Geheimlehre;
Geheimmittel; Geheimpolizei;
Geheimpolizist; Geheimrat:*
ein Titel (urspr. mit geheimen
Angelegenheiten betrauter Rat)
✳ *Geheimer Rat; Herrn Geheimen Rat X. Y., Herrn X. Y., Geheimen Rat; auch: Herrn Geheimrat X. Y.; Geheimschreiber; Geheimschrift; Geheimsekretär; Geheimsender; Geheimsprache; Geheimtip →
Geheimtipp; Geheimtür* ✳ *im
geheimen → im Geheimen:*
verborgen ✳ **Ge|heim|nis,** das;

–ses, –se: das Geheimsein : etwas Geheimes ✳ *Geheimniskrämerei:* (Umgspr.) geheimnisvolles Getue; *Geheimnisträger:* einer, der Geheimnisse erfährt, über die zum Stillschweigen verpflichtet ist;
Geheimnistuer; Geheimnisverrat: Preisgabe von Dienst- oder
Staatsgeheimnissen; *geheimnisvoll* Ew. ✳ **ge|heim|nis|sen,**
ge|heim|tun → ge|heim tun
intr.: ein Geheimnis in etwas
hineinlegen : geheimnisvoll
tun ✳ *insgeheim:* (Uw.): im
Stillen
Ge|heiß, das; –es: Weisung :
mündlicher Befehl ✳ *auf dein
Geheiß*
ge|hemmt Ew.: gehindert; eingeengt ✳ **Ge|hemmt|heit,** die,
–: Zustand des Gehemmtseins
ge|hen (du gehst; du gingst, du
gingest; gegangen; geh[e]!)
intr.: sich mit den Füßen
fortbewegen : sich bewegen :
im Gang sein : (Wind) wehen :
weggehen (Ggs. kommen) :
(Ware) Absatz haben : gerichtet
sein : sich erstrecken, reichen :
sich machen lassen : (unp. mit
Dat.) sich befinden; tr.: (einen
Gang –) einen Gang tun; rbz:
(sich müde –) gehen, bis man
müde ist ✳ *jemanden gehenlassen → jemanden gehen lassen:*
einen in Ruhe lassen; *sich gehenlassen → sich gehen lassen:*
nachlässig sein; *du sollst ihn
gehen lassen:* weggehen lassen; *sichergehen:* keine Gefahr
laufen; aber: *sicher gehen:* in
etwas sicher laufen; *einer Sache verlustig gehen:* etwas verlieren; *verlorengehen → verloren gehen* intr.: verloren werden; *es geht gut:* es gedeiht, hat
guten Fortgang; *es geht mir
gut:* ich befinde mich wohl;
eine Stunde gehen: eine Stunde
lang gehen; *eine Strecke gehen;
keinen Schritt gehen; seines
Weges gehen:* davongehen; *es
geht:* es lässt sich machen, ist
möglich : es geht mäßig gut,
beträgt nicht viel u. dgl. ✳ *an
etwas gehen* intr.: beginnen;
auf etwas gehen intr.· (Fenster)
gerichtet sein : in etwas enthalten sein; *draufgehen* intr.: verbraucht werden; *in Erfüllung
gehen* intr.: sich erfüllen; *in
sich gehen* intr.: Reue empfin-

den; *in Stücke gehen* intr.: zerbrechen; *vor sich gehen* intr.: geschehen ✳ *Geher:* jemand, der die Leichtathletiksportart Gehen betreibt; *Gehgips:* Gipsverband, der beim Gehen damit zulässt; *Gehrock:* eine Art langer Männerrock; *Gehsteig; Gehweg; Gehwerk:* Getriebe einer Uhr u. dgl.

Ge|henk, das; –(e)s, –e: s. Gehänge

Ge|henk|te, der; die; –n, –n: der Aufgehängte : durch den Strang Hingerichtete

Ge|hen|na (hebr.), das; –: Hölle

Ge|het|ze, das; –s: andauerndes Hetzen

ge|heu|er Ew. (veralt.): sicher : heimelig ✳ *nicht geheuer:* unheimlich

Ge|heul, das; –(e)s: andauerndes Heulen : heulende Stimme

Ge|hil|fe, der; –n, –n: Helfer : Geselle : Angestellter ✳ *Gehilfenprüfung; –verband* ✳ **Ge|hil|fen|schaft,** die; –, –en: Gehilfenverband : Gesamtheit von Gehilfen ✳ **Ge|hil|fin,** die; –, –nen: weiblicher Gehilfe

Ge|hirn, das; –(e)s, –e: weiße, weiche Masse in der Schädelhöhle, Sitz der Denkvermögens ✳ *Gehirnakrobatik:* (scherzh.) schwierige Denkrätsel; *Gehirnblutung; Gehirnchirurgie; Gehirnerschütterung; Gehirnerweichung:* Geisteskrankheit; *Gehirnhautentzündung; Gehirnkrämpfe; Gehirnschlag; Gehirnschwund; Gehirnwäsche:* Brechung des menschlichen Willens und Zerstörung der Persönlichkeit durch physische und psychische Foltern

gehl Ew.: (veralt.) Nebenform von gelb

ge|ho|ben: s. heben

Ge|höft, das; –(e)s, –e: sämtliche zu einem Bauernhof gehörenden Gebäude : Hof, Gut

Ge|höh|ne, das; –(e)s: andauerndes Höhnen

Ge|hölz, das; –es, –e: Waldstück, kleiner Wald : Holzwerk : Gebüsch ✳ *gehölzreich* Ew.

Ge|hör, das; –(e)s: Vermögen des Hörens : Zustand des Hörens : das Anhören : Beachtung : Ohren des Schwarz- und Raubwildes ✳ *Gehörbildung:* Schulung des musikalischen

Gehörs: *Gehörfehler; Gehörgang:* Gang im Ohr; *Gehörknöchelchen:* Knöchel im Ohr; *gehörig* Ew.; *Gehörlosenschule:* Schule für gehörlose Kinder; *Gehörlosigkeit; Gehörmangel; Gehörorgan; Gehörsinn* ✳ **ge|hö|ren** intr.: (urspr.) „auf jemandes Ruf hören“: einem zu eigen sein : zukommen, gebühren; rbz., unp.: geziemet sich : ist in Ordnung ✳ **ge|hö|rig** Ew.: gehörend : geziemend; Uw.: tüchtig, sehr

ge|hor|chen intr.: folgsam sein, willfahren ✳ **ge|hor|sam** Ew.: „auf den Ruf hörend“, gehorchend : fügsam ✳ **Ge|hor|sam,** der; –s: das Gehorsamsein ✳ *Gehorsamspflicht:* Pflicht zum Gehorsam ✳ *Gehorsamsverweigerung*

Ge|hörn, das; (e)s, –e: das verästelte Geweih bei Hirschwild ✳ **ge|hörn|sam:** s. Gehör

Geh|re, die; –, –n, **Geh|ren,** der; –s, –: (ldschftl.) Gabel zum Stechen von Fischen : ste : Diagonale : spitz zulaufendes Stück Land : (Baukst.) Zwickel, Schräglinie ✳ **geh|ren** tr.: (Tischler) (Leisten –) nach der Diagonale schneiden ✳ *Gehrfuge; Gehrhobel; Gehrschnitt* ✳ **geh|rig** Ew.: keilförmig ✳ **Geh|rung,** die; –, –en: das Schneiden der Leisten eines Rahmens ✳ *Gehrungshobel; Gehrungslade:* Vorrichtung zum exakten Führen eines Holzes während der Gehrung; *Gehrungslinie; Gehrungssäge; Gehrungswinkel:* Holzoder Stahlwinkel zum Anreißen oder Prüfen der Gehrung

Geh|rock: s. gehen

Ge|hu|del, das; –s: Hudelei

Gei, die; –, –en: Tau zum Geien der Segel ✳ **gei|en** tr.: (seem.) (Segel –) zusammenschnüren ✳ *Geitau*

Gei|er, der; –s, –: ein Greifvogel : Teufel : (mundartl.) eine Art Wasserschwalben ✳ *Geieradler; Geierblick:* gieriger Blick; *Geiereule; Geiergriff:* räuberischer Griff; *Geierkönig; Geiernase:* sehr große Nase

Gei|fer, der; –s, –: unbeabsichtigter Speichelfluss : Speichelschaum : Wutausbruch ✳ *Geiferlappen, Geiferlatz:* zum Schutz gegen Geifer vorgebun-

dener Latz; *Geifermaul:* einer, dem Geifer aus dem Mund fließt; *Geifertuch:* Geiferlatz ✳ **Gei|fe|rer,** der; –s, –: geifernde Person : Schmähsüchtiger ✳ **gei|fe|rig** Ew.: voll Geifer : geiferähnlich ✳ **gei|fern** (ich ..[fe]re) intr.: seine Wut auslassen : geiferig sein; wie Geifer ausspeien

Gei|ge, die; –, –n: Saiteninstrument, Violine : geigenähnliches Folterwerkzeug ✳ *Geigenbauer; Geigenbogen; Geigenbohrer:* Drillbohrer; *Geigenfutter; Geigenhülle; Geigenharz:* Terpentinharz für Geigenbögen; *Geigenholz:* Holz für Geigen : ein Baum; *Geigenkasten; Geigenmacher; Geigensaite; Geigensattel:* Geigensteg; *Geigenschlüssel:* ein Notenschlüssel; *Geigenschule:* Unterrichtsheft für den Geigenunterricht; *Geigenspiel; Geigenspieler; Geigensteg:* Brettchen, auf dem die Saiten liegen; *Geigenstrich; Geigenwerk:* Gesamtheit der Musik für das Geigenspiel; *Geigenwirbel:* Festhaltevorrichtung der Geigensaiten am oberen Ende des Steges; *Geigenzug:* ein Orgelregister ✳ **gei|gen** tr., intr.: auf der Geige spielen; intr.: (mundartl.) (Mücken) sich spielend bewegen ✳ **Gei|ger,** der; –s, –: Geigenspieler : Bockkäfer (wegen seines zirpenden Tones)

Gei|ger|zäh|ler, der; –s, –: nach dem Erfinder benannter Apparat, der das Vorhandensein radioaktiver Stoffe anzeigt ✳ *Geigerzählrohr*

geil Ew.: von üppiger Kraft erfüllt : fett : voll Begier : von übermäßigem Geschlechtstrieb erfüllt : übermäßig geschlechtlich erregt und erregend : (Umgspr. der Jugend): großartig, wunderbar ✳ **Gei|le,** die; –, –n: das Geilsein, Geilheit : Dung : der aus der Scheide begattungsgieriger Tiere laufende Schleim : (weidm.) Hoden : Gartenwanze ✳ **gei|len** intr. (haben): buhlen : betteln : gierig etwas zu bekommen suchen; tr.: düngen : kastrieren; rbz.: (weidm.) den Samen von sich lassen ✳ **Geil|heit,** die; –: das Geilsein ✳ **Gei|sel,** die; –, –n: Gefangener,

der als Bürge für bestimmte Forderungen mit seinem Leben einstehen muss ✳ *Geiseldrama; Geiselgangster; Geiselhaft; Geiselnahme* ✳
Gei|sel|schaft, die; –, –en: das Geiselsein : Bürgschaft

Gei|ser, Gey|sir (isländ.), der –s, –: Sprudel : heiße Springquelle

Gei|sha (e.-jap.) [geescha], die; –, –s: japanische Tänzerin, Sängerin und Gesellschafterin, bes. in Teehäusern

Gei|son (gr.), das; –s, –s und ..sa: Kranzgesims

Geiß, die; –, –en: Weibchen der Gämse, Ziege und des Damwildes ✳ *Geißbart:* Bart der Geiß : eine Pflanze; *Geißbaum:* Ahorn; *Geißblatt:* eine Pflanze; *Geißbock:* Ziegenbock; *Geißbohne:* Mist der Geißen; *Geißfuß:* Stein-, Brecheisen : ein Pflanzenname; *Geißherde; Geißhirt; Geißhuhn; Geißkäse:* Ziegenkäse; *Geißklee:* eine Pflanze; *Geißleder:* Ziegenleder; *Geißlein:* junge Gämsen oder Ziegen; *Geißmelker; Geißmilch; Geißtöter:* Geißenschinder; *Geißenschinder:* (lschaftl.) ein den Geißen schädlicher Wind

Gei|ßel, die; –, –n: Peitsche : Plage : Züchtigung ✳ *Geißelbruder:* Flagellant; *Geißelfahrt:* Fahrt der Flagellanten; *Geißelhieb; Geißelmönch:* Geißelbruder; *Geißelrute; Geißelstiel; Geißeltrich; Geißelstrauch:* eine Pflanze; *Geißeltiere:* eine Klasse der Urtiere ✳ **gei|ßeln** (ich ..[e]le) tr.: peitschen : züchtigen : (übertr.) scharf tadeln, anprangern ✳
Gei|ße|lung, die; –, –en: das Geißeln ✳ **Geiß|ler,** der; –s, –: Büßer : (bes.) Geißelbruder

Geist, der; –es, –er und ..er chen; Mz. Geisterchen: die belebende Grundkraft der Welt : Leben : Lebenskraft: der denkende, fühlende, wollende Teil des Menschen (Ggs. Körper) : Seele : Gedanken : Urteilskraft: geistiges Wesen : Mut : Sinn, Gesinnung : flüchtige Flüssigkeit, Spiritus : Hauptinhalt, Kern : (Mz. Geister) überirdisches Wesen : Engel : Teufel : Gott : eine Art Nachtfalter : eine Art Spinne ✳ *geistbildend* Mw. Ew.; *geistlos*

Ew.; *geistreich* Ew.; *Geistreichheit; Geistreichtum; geisttötend* Mw. Ew.; *geistvoll* Ew. ✳ *geistesabwesend* Mw. Ew.; *Geistesabwesenheit; Geistesanstrengung; Geistesarbeit; Geistesarbeiter:* jemand, der geistige Arbeit leistet (Kopfarbeiter); *geistesarm* Ew.; *Geistesarmut; Geistesbildung; Geistesblitz:* plötzlicher Gedanke; *Geistesflug; Geistesfreiheit; Geistesfunke; Geistesgabe; Geistesgegenwart; geistesgestört* Mw. Ew.; *Geistesgestörtheit; Geistesgröße; Geisteshaltung:* geistige Ausrichtung; *Geisteskraft; geisteskrank* Ew.; *Geisteskranker; Geisteskrankheit; Geistesleben:* alle Vorgänge auf wissenschaftlichem und kulturellem Gebiet; *Geistesnahrung; Geistesreichtum; Geistesruhe; Geistesschärfe; geistesschwach* Ew.; *Geistesschwäche; Geistesstärke; Geistesstörung; geistesträge* Ew.; *Geistesträgheit; geistesverwandt* Ew.; *Geisteswelt; Geisteswissenschaften* (Ggs. Naturwissenschaften); *Geisteszerrüttung; Geisteszustand* ✳ *Geisterbahn:* Fahrgeschäft auf dem Rummelplatz; *Geisterbeschwörer; Geisterbeschwörung; geisterbleich* Ew.; *Geistererscheinung; Geisterfahrer:* Autofahrer auf der falschen Seite der Autobahn oder Straße; *Geisterfurcht; Geisterfürst; Geistergeschichte; Geisterglaube; Geisterhand:* (wie von..: unerklärlich) *Geisterlehre; geistermäßig* Ew.; *Geisterreich; Geisterroman; Geisterseher; Geisterseherei; Geisterstunde; Geisterwelt;* ✳ **geis|tern,** (ich ..[e]re) intr.: spuken ✳ **geis|ter|haft** Ew.: geistermäßig : gespenstisch : spukhaft ✳ **Geis|ter|schaft,** die; –, –en: Gesamtheit von Geistern ✳ **geis|tig** Ew.: spiritushaltig : unkörperlich : sich auf den Geist beziehend : *geistig-seelisch* ✳ **Geis|tig|keit,** die; –: die Geistigsein : geistiges Wesen ✳ **geis|tisch** Ew.: zu den Geistern gehörig : (selt.) geistig ✳ **goist|lich** Ew.: (veralt., Bib.) geistig : auf Gottesverehrung bezüglich : sich auf den Priesterstand beziehend : kirchlich : priesterlich ✳ **Geist|li|che,** der; –n, –n: Seelsorger, Priester ✳

Geist|lich|keit, die; –: Gesamtheit der Geistlichen : Klerus : geistliche Wesensart ✳ **geistlos** Ew.: ohne Geist : (übertr.) nichtssagend, langweilig ✳ **geistreich** Ew.: klug : einfallsreich ✳ **geist|tö|tend** Ew.: sehr langweilig ✳ **geist|voll** Ew.: geistreich

Gei|tau: s. Gei

Geiz, der; –es: gieriger Wunsch nach Reichtum : niedriges Verlangen : (schweiz.) Essgier : Knauserei : Habgier : Auswüchse, Seitentrieb an Pflanzen ✳ *Geizhals; Geizhammel; Geizkragen; Geizteufel; Geizwanst:* Bezeichnung geiziger Personen ✳ **gei|zen** (du geizest und geizt) tr.: den Geiz ausbrechen ; intr.: geizig sein : knausern : (mit etwas –) sparsam umgehen : (nach etwas –) mit heftigem Verlangen erstreben ✳ **geiz|haft** Ew.: (selt.) geizig ✳ **gei|zig** Ew.: Geiz habend : gierig : karg

Ge|jam|mer, das; –s: andauerndes Jammern

Ge|jauch|ze, das; –s: andauerndes Jauchzen

Ge|jo|del, das; –s: andauerndes Jodeln

Ge|joh|le, das; –s: andauerndes Johlen

Ge|ju|bel, das; –s: andauerndes Jubeln

Ge|kei|fe, das; –s: andauerndes Keifen

Ge|keu|che, das; –s: andauerndes Keuchen

Ge|kläf|fe, Ge|kläff, das, –(e)s: andauerndes Kläffen

Ge|klap|per, das; –s: andauerndes Klappern

Ge|klat|sche, Ge|klatsch, das; ..sch(e)s: andauerndes Klatschen

Ge|klim|per, das; –s: andauerndes Klimpern

Ge|klin|ge, das; –s: andauerndes Klingen ✳ **Ge|klin|gel,** das; –s: andauerndes Klingeln

Ge|klir|re, Ge|klirr, das; ..klirr(e)s: andauerndes Klirren

Ge|klop|fe, Ge|klopf, das; ..pf(e)s: andauerndes Klopfen

Ge|klüf|te, Ge|klüft, das; t(e)s, ..te: Gesamtheit von zerklüfteten Felsen

Ge|knack, das; –(e)s: andauerndes Knacken

Ge|knat|ter, das; –s: andauerndes Knattern

Ge|knir|sche, das; –s: andauerndes Knirschen

Ge|knis|ter, das; –s: andauerndes Knistern

ge|konnt Ew.: mit Fertigkeit und Geschick ausgeführt

ge|kö|pert Mw. Ew.: köperartig gewebt

ge|körnt Mw. Ew.: wie Körner : körnig

Ge|ko|se, das; –s: andauerndes Kosen

Ge|krach, das; –(e)s: andauerndes Krachen

Ge|kräch|ze, Ge|krächz, das; –es: andauerndes Krächzen

Ge|kra|kel, das; –s: Krakelei : Vogelschrei

ge|kränkt Ew.: gedemütigt : beleidigt ＊ **Ge|kränkt|heit**, die; –: Beleidigtsein

Ge|kras|sel, das; –s: (lschftl.) Gerümpel

Ge|krat|ze, Ge|kratz, das; ..tzes: andauerndes Kratzen

Ge|krät|ze, Ge|krätz, das; ..tzes, ..tze: (Hüttw.) Metallabfall bei der Bearbeitung von Metall ＊ *Gekrätzofen; Gekrätzschlich:* Erzmehl; *Gekrätzschmelzer; Gekrätzwäscher*

Ge|krau|se, das; –s: etwas Gekraustes ＊ **Ge|kräu|se**, das; –s: dauerndes Kräuseln ＊ **Ge|kräu|sel**, das; –s: Kräusel : andauerndes Kräuseln

Ge|krei|sche, Ge|kreisch, das; ..sches: andauerndes Kreischen

Ge|kreu|zig|te, der; –n: der an das Kreuz Geschlagene : Bezeichnung für Jesus von Nazareth

Ge|krit|zel, das; –s: Kritzelei

Ge|kröpf, das; –s: Nahrung der Greifvögel

Ge|krö|se, das; –s, –: das Krausfaltige : häutige Verdoppelung des Bauchfells : Darmnetz : Eingeweide ＊ *Gekrösader; Gekrösdrüse; Gekrösentzündung; Gekrösfell; Gekröshaut; Gekrösstein:* eine Art Anhydrit

ge|küns|telt Ew.: unnatürlich, geziert ＊ *gekünsteltes Benehmen*

Ge|küs|se, das; –s: Küsserei

Gel, das; –s: gelatineartiges Kolloid ＊ **Ge|la|ti|ne** (fr.) [sehelatihne], die; –: Gallerte, Geronnenes : Knochenleim :

Hausenblase ＊ *Gelatinekapsel:* Leimkapsel ＊ **ge|la|ti|nie|ren** (..iert) [sehe..] intr. (sein): zu Gallerte erstarren, gerinnen ＊ **ge|la|ti|nös** [sehe..] Ew.: gallertartig ＊ **Gel|ee** [seheleh], das; –s, –s: „Gefrorenes": Eingedickte Sülze : Gallerte : eingedickter Obstsaft [fr. geler gefrieren]

Ge|lab|ber, das; –s: (ldschftl.) Getränk ohne Aroma

Ge|la|ber, das; –s: (Umgspr.) oberflächliche Äußerungen

Ge|la|che, das; –s: andauerndes Lachen ＊ **Ge|läch|ter**, das; –s: das Lachen : Ausbruch lauter Heiterkeit : Spott

ge|lack|mei|ert Ew.: (volkst.) genasführt : irregeführt : hereingelegt, betrogen ＊ **Ge|lack|mei|er|te**, der, die; –n, –n: Genasführter, Irregeführter

ge|la|den Ew.: (Umgspr.) wütend, böse, zornig

Ge|la|ge, das; –s, –: Lage : üppiges Gastmahl : Schwelgen in Essen und Trinken

Ge|lä|ger, das; –s: Gärniederschlag

ge|lähmt Ew.: bewegungsunfähig ＊ **Ge|lähmt|heit**, die; –: Bewegungsunfähigkeit

ge|lahrt Mw. Ew.: (veralt. für) gelehrt ＊ **Ge|lahrt|heit**, die; –: das Gelahrtsein

Ge|lal|le, das; –s: andauerndes Lallen

Ge|län|de, das; –s, –: Landschaft in Bezug auf ihre techn. und militär. Brauchbarkeit : (selt. für) Geländer ＊ *ebenes (hügeliges) Gelände* ＊ *Geländeaufnahme:* Fotografie für Landvermessung für Landkarten; geländegängig Ew.: (Fahrzeug) geeignet für jedes Gelände; *Geländelauf; Geländemarsch; Geländeritt; Geländespiel; Geländeübung; Geländewagen* ＊ **Ge|län|der**, das; –s, –: Gerüst zum Anlehnen oder Festhalten ＊ *Geländerfenster:* Balkonfenster ＊ **ge|län|dert** Mw. Ew.: mit einem Geländer versehen

Ge|län|ge, das; –s, –: Stück Acker, das sich in die Länge dehnt

ge|lan|gen intr. (sein): ein Ziel erreichen : wohin kommen

Ge|läp|pe, das; –s, –: Gehänge : **..ge|lappt** Ew., nur in Zus.: mit

Lappen versehen, z. B. dreigelappt

Ge|lär|me, das; ..m(e)s: andauerndes Lärmen

Ge|laß→ Ge|lass, das; –es, –e: Gemach : Räumlichkeit

ge|las|sen Mw. Ew.: nicht außer sich geraten : beherrscht ＊ **Ge|las|sen|heit**, die; –, –en: das Gelassensein

Ge|la|ti|ne usw.: s. Gel

Ge|lau|fe, das; –s: andauerndes Hin- und Herlaufen ＊ **Ge|läuf**, das; –(e)s, –e: Boden für Pferderennbahn : (weidm.) Ort, an dem Federwild gelaufen ist : zum Laufen für Hunde geeigneter Boden ＊ **ge|läu|fig** Ew.: vertraut : gut bekannt : leicht flüssig ＊ **Ge|läu|fig|keit**, die; –, –en: das Geläufigsein : Gewandtheit : Fingerfertigkeit

ge|launt Mw. Ew.: in Laune : aufgelegt : in Stimmung ＊ *gutgelaunt→ gut gelaunt Ew.; schlechtgelaunt→ schlecht gelaunt Ew.*

Ge|laut, das; –(e)s: (weidm.) Gebell der Jagdhunde ＊ **Ge|läu|te**, das; –s, –: das anhaltende Läuten ＊ **Ge|läut**, das; –es, –e: Gesamtheit läutender Glocken : Gesamtheit der Glocken einer Kirche

gelb Ew.: Bezeichnung der im Spektrum zwischen Orange und Grün liegenden Farbe ＊ *das gelbe Plakat; das Plakat in Gelb; Gelb ist die Mode; das Gelbe Meer:* Teil des Chines. Meeres ＊ *Gelbbeere; Gelbbein:* ein Vogel; *Gelbbeize; gelbbraun* Ew.; *Gelbfieber:* eine Infektionskrankheit; *gelbgrün* Ew.; *Gelbholz:* Holz zum Gelbfärben; *Gelbkörperhormon:* Sexualhormon; *Gelbkreuz:* Kampfgas; *gelbreif* Ew.: (Getreide) durch gelbe Farbe die Reife bekundend; *gelbrot* Ew.; *Gelbschopf, Gelbschwanz, Gelbsteiß:* Name von Vögeln; *Gelbsucht:* Krankheit, bei der die Galle ins Blut tritt; *gelbsüchtig* Ew.: krank an Gelbsucht; *Gelbwurz:* zum Färben verwendete Pflanze ＊ **Gel|be, Gil|be**, die; –, –n: das Gelbe : Gelbsucht : etwas gelb Färbendes ＊ *Gelbe Rübe*, die; –n –, –n –n: Speisewurzel, Möhre ＊ *Gelbe Engel:* Hilfsorganisation des Allgemeinen Deutschen Automobil-Clubs (ADAC) ✻ **gel|ben** tr.: gelb machen; rbz., intr. (haben, sein): gelb werden ✻ **gelb|lich** Ew.: ein wenig gelb : ins Gelbe spielend ✻ *gelblichgrün* → *gelblich grün, gelblichrot* → *gelblich rot* ✻ **Gelb|ler,** der; -s, -: Goldammer ✻ **Gelb|ling,** der; -s, -e: ein Pilz : Name gelber Tiere

gelblich grün
In Verbindungen mit einem Adjektiv oder Partizip als zweitem Bestandteil schreibt man getrennt, wenn der erste Bestandteil auf *-ig, -isch* oder auf *-lich* endet: *das Haus ist gelblich grün; der Duft war verführerisch schön; eine kindlich naïve Freude.* Bei einfacher Farbkomposition gilt jedoch: *Ein gelbgrünes Haus.*

Geld, das; -(e)s, -er: Wertmaßstab für Güter : Wertausgleichungsmittel, Zahlungsmittel : Vermögen : Kasse : Summe ✻ *Geldadel:* gekaufter Adel; *Geldangelegenheit; geldarm* Ew.: arm an Geld; *Geldausgabe; Geldauslage; Geldbedarf; Geldbeitrag; Geldbeutel; Geldbombe:* Metallenes Transportbehältnis für große Geldbestände; *Geldbörse; Geldbrief; Geldbriefträger; Geldbuße; Geldsatz; Geldeinlage:* Sparguthaben; *Geldeinnahme; Geldentwertung; Gelderwerb; Geldforderung; Geldgeber; Geldgeschäft; Geldgeschenk; Geldgewinn; Geldgier; geldgierig* Ew.; *Geldgurt; Geldgürtel:* Gurt, in dem Geld verwahrt wird; *Geldhandel:* Handel mit Geld und Geldwerten; *Geldheirat:* Heirat um des Geldes willen; *Geldherrschaft:* Herrschaft der Reichen im Staat; *Geldhilfe; Geldkasten; Geldkatze:* Geldgurt; *Geldinstitut:* Bank, Sparkasse; *Geldklemme, -mangel; -makler; -markt; Geldnot; Geldquelle; Geldsache:* Geldangelegenheit; *Geldsack; Geldschein:* Banknote; *Geldschneiderei:* Übervorteilung eines anderen, um an dessen Geld zu gelangen; *Geldschrank:* Safe; *Geldschrankknacker:* Einbrecher;

Geldschuld; Geldsendung; Geldsorte; Geldspiel: Spiel um Geld; *Geldstrafe; Geldstück:* Münze; *Geldsumme; Geldtasche; Geldumlauf:* die im Umlauf befindliche Menge an Zahlungsmitteln; *Geldumsatz:* Kauf und Verkauf von Geld; *Geldverkehr:* inner- oder zwischenstaatlicher Verkehr mit Geld; *Geldverlegenheit:* Geldmangel; *Geldverpraß* → *Geldverprass:* Geldverschwendung; *Geldwäsche:* Tausch von unversteuertem oder illegal erworbenem Geld gegen einwandfreies; *Geldwechsler; Geldwesen; Geldwirtschaft; Geldzählmaschine; Geldzulage* ✻ **geld|lich** Ew.: Geld betreffend

Ge|leckt|heit, die; -: Zustand peinlichster Sauberkeit
Ge|lee: s. Gel
Ge|le|ge, das; -s, -: dauerndes Legen : kleiner Haufen Getreide : Gesamtheit von gelegten Eiern : Weinstöcke, von denen Ableger genommen werden ✻ **ge|le|gen** Mw. Ew.: liegend zu finden : bequem, passend ✻ *das kommt mir gelegen:* es liegt mir daran, ist mir wichtig ✻ **Ge|le|gen|heit,** die; -, -en: (veralt.) Lage, Gegend : (veralt.) Art, wie ein Ort gelegen ist : zufällig eintretender Umstand : günstiger Augenblick : (verhüll.) Abort ✻ *Gelegenheitsarbeit; Gelegenheitsarbeiter:* einer, der nur gelegentlich arbeitet; *Gelegenheitsdichter:* einer, der zu bestimmten Anlässen (Festen u. dgl.) dichtet; *Gelegenheitsdichtung; Gelegenheitsgedicht; Gelegenheitskauf:* Einkauf zu günstigen Bedingungen; *Gelegenheitsmacher:* Kuppler ✻ **ge|le|gent|lich** Ew.: zufällig; Uw.: bei Gelegenheit, nun und wieder : demnächst ✻ *gelegentlich seines Besuches*
ge|leh|rig Ew.: leicht zu belehren : leicht auffassend und aufnehmend ✻ **Ge|leh|rig|keit,** die; -, -en: das Gelehrigsein
Ge|lehr|sam|keit, die; -: reiches Wissen : erlernte Kenntnisse ✻ **ge|lehrt** (veralt. **ge|lahrt**) Mw. Ew.: erfahren : gründlich wissenschaftlich gebildet ✻ **Ge|lehr|te,** der; die;

-n, -n: Wissenschaftler(in) ✻ *Gelehrtenfeind; Gelehrtenstand; Gelehrtenstreit* ✻ **Ge|lehrt|heit** (veralt. **Ge|lahrt|heit),** die; -: das Gelehrtsein
Ge|lei|er, das; -s: andauerndes Leiern : das Spielen auf der Leier : Getrödel
Ge|lei|se, Ge|leis, das; -s, -: Einschnitte eines Gefährtes auf dem Wege : Abstand der Wagenräder, Schlittenkufen usw. : bestimmter Weg, Bahn : Gang : die paarweise liegenden Schienen; vgl. Gleis
Ge|lei|te, Ge|leit, das; ..t(e)s, ..te: das Geleiten : geleitete Personen : Recht, Reisende auf unsicheren Straßen zu beschirmen : gesicherter Bezirk : Zoll für das Geleit : Begleitung : Gefolge ✻ *freies Geleit:* sicheres Geleit; *letztes Geleit:* Leichenzug ✻ *Geleit(s)brief; geleitsfrei* Ew.; *Geleitsgebiet; Geleitsgeld; Geleitsherr; Geleitsmann; Geleit(s)schein; Geleitschutz; Geleitwort; Geleitzoll* ✻ **ge|lei|ten** tr.: das Geleit geben : begleiten ✻ **Ge|lei|ter,** der; -s, -: ein Geleitender, Begleiter
ge|lenk Ew.: beweglich : sich leicht und gewandt biegend ✻ **Ge|lenk,** das; -(e)s, -e: bewegliche Verbindung zweier Knochen : bewegliche Verbindung zwischen Maschinenteilen ✻ *Gelenkband; Gelenkbus; Gelenkentzündung; Gelenkfahrzeug:* Fahrzeug mit beweglichen Gliedern; *Gelenkkapsel; Gelenkkopf; Gelenkpfanne; Gelenkpuppe:* Puppe mit beweglichen Gliedern; *Gelenkrheumatismus; Gelenkschmiere; Gelenksteifheit; Gelenkwassersucht; Gelenkwelle:* bewegliches Maschinenelement zur Übertragung von Drehkräften, Kardanwelle ✻ **ge|len|kig** Ew.: mit Gelenken versehen : gelenk ✻ **Ge|len|kig|keit,** die; -: Biegsamkeit : Beweglichkeit
ge|lernt, Ew.: ausgebildet, vertraut mit ✻ *gelernter Maurer*
Ge|ler|ne, das; -s: andauerndes Lernen
Ge|le|se, das; -s: andauerndes Lesen : (Web.) das Einlesen der Kettenfäden und die Vorrichtung dazu

Ge|leuch|te, Ge|leucht, das; ..(e)s, ..te: das Leuchten : Licht : Gesamtheit von Lampen

Ge|lich|ter, das; –s: verabscheuenswertes, lichtscheues Gesindel

ge|liebt, Ge|lieb|te: s. lieben

ge|lie|fert Ew.: (volkst.) verloren, nicht mehr zu retten

ge|lin|de, ge|lind Ew.: linde : weich : milde : sanft : mürbe : mäßig : nicht hart : nicht heftig ✳ **Ge|lin|dig|keit**, die; –: das Gelindesein

ge|lin|gen (es gelang, es gelänge; gelungen; geling[e]!) intr. (sein, haben): den beabsichtigten Erfolg haben : zustande kommen ✳ **ge|lun|gen** Mw. Ew.: geglückt : vortrefflich ; (spött.) seltsam ✳ **Ge|lin|gen**, das; –s: der Erfolg

Ge|lis|pel, das; –s: dauerndes Lispeln : leises Sprechen

gell?: Nbf. von gelt?

gell Ew.: helltönend ✳ **gel|len** intr.: durchdringend tönen

Gel|ler, der; –s, –: Prellschuss ✳ **gel|lern** (ich ..[e]re) tr.: Prellschuss schießen

Gel|ling, der; –s, –e: Zwiebel : gelbe Ringelblume

ge|lo|ben tr., rbz.: (sich) durch ein heiliges Versprechen verpflichten : versprechen : sich zu eigen geben ✳ *Gelobhudelei:* übertriebenes, lächerliches Loben; *das Gelobte Land:* (Bibl.) Israel ✳ **Ge|löb|nis**, das; –ses, –se: feierliches Versprechen : Gelübde

Ge|lo|cke, Ge|lock, das; –(e)s: wiederholtes Locken : etwas dazu Dienendes : das Lockigmachen des Haares : das lockige Haar

Gel|se, die; –, –n: (östr.) Mücke : eine Fischart

gelt Ew.: (Landw., weidm.) unfruchtbar : nicht trächtig : keine Milch gebend ✳ *Geltkuh; Geltschaf; Geltschwein; Gelttier:* weibl. Hirsch; *Geltvieh; Geltziege* ✳ **gel|ten** (geltete, gegeltet) tr.: kastrieren

gelt, (ldschftl.) **gel|le:** nicht wahr?

Gel|te, die; –, –n: ein hölzernes Schöpfgefäß

gel|ten (du giltst, er gilt; du galt[e]st, du göltest u. gältest; gegolten; gilt!) tr., intr.: (urspr.) zahlen : Einfluss, Ansehen ha-

ben : im Wert anerkannt werden : herrschen : zur Geltung bringen : gebraucht werden dürfen : Genehmigung finden : (für etwas –) gehalten werden für : Kraft, Gültigkeit haben : mit Recht gesagt werden : einbringen; intr.: bestimmt sein für : betreffen ✳ *Geltendmachung:* Anspruch geltend machen auf etwas ✳ *es gilt:* es kann so geschehen : es handelt sich darum : es kommt darauf an ✳ **Gel|ter**, der; –s, –: Zahler ✳ **Gel|tung**, die; –: Wert : Bedeutung ✳ *Geltungsbedürfnis; Geltungsbereich:* Bereich, in dem etwas gilt, Bedeutung hat; *Geltungsdauer; Geltungstrieb:* gesteigertes Geltungsbedürfnis; *Geltungssucht*

Ge|lüb|de, das; –s, –: das Geloben

Ge|lum|pe, das; –s: Plunder : das Herumlumpen

Ge|lün|ge, das; –s: Wildeingeweide

ge|lun|gen Mw. Ew.: s. gelingen

Ge|lüs|te, Ge|lüst, das; ..st(e)s, ..ste: die Lust nach etwas : Verlangen ✳ **ge|lüs|ten** tr., unp.: Gelüst haben ✳ **ge|lüs|tig** Ew.: lüstern

Gel|ze, die; –, –n: kastriertes Schwein : junge Sau ✳ **gel|zen** tr.: (Vieh –) kastrieren ✳ **Gel|zer**, der; –s, –: einer, der Schweine verschneidet

GEMA (Abk.): Gesellschaft für musikalische Aufführungs- und mechanische Vervielfältigungsrechte

ge|mach Ew.: (veralt.) bequem : gelinde : langsam, ruhig; Uw.: nach und nach : allmählich; *gemach!:* nur nichts überstürzen! Moment! ✳ **Ge|mach**, das; –(e)s, ..mächer u. (dichter.) –e: Behagen : ein Raum, Gelass : ge**mäch|lich** Ew.: gemach : bequem : ruhige Behaglichkeit liebend ✳ **Ge|mäch|lich|keit**, die; –: das Gemächlichsein : etwas Gemächliches

ge|macht: s. machen ✳ **ge|macht** Mw. Ew.: unnatürlich, geziert ✳ **Ge|macht|heit**, die; –: das Gemachtsein : das Gemachte ✳ **Ge|mäch|te, Ge|mächt**, das; –(e)s, –e: (veralt.) Machwerk : männl. Geschlechtsteil

Ge|mahl, der; –(e)s, –e: Ehemann ✳ **Ge|mah|lin**, die; –, –nen: Ehefrau

ge|mah|nen tr.: (geh. Stil) lebhaft erinnern ✳ *Das Bild gemahnt mich an ein Ereignis*

Ge|mäl|de, das; –s, –: Darstellung in Farben : Schilderung in Worten : gemaltes Bild ✳ *Gemäldeausstellung; Gemäldegalerie; Gemäldekonservierung:* Pflege und Erhaltung von Gemälden; *Gemäldesaal; Gemäldesammlung*

Ge|man|sche, das; –s: anhaltendes Manschen : Mancherei

Ge|mar|kung, die; –, –en: Grenze : abgegrenztes Gebiet : Gemeindebezirk

ge|ma|sert: s. masern

ge|mäß Ew.: entsprechend : angemessen ; Vw. m. Dat.: nach, zufolge ✳ **Ge|mäß|heit**, die; –: das Gemäßsein : Entsprechung ✳ **ge|mä|ßigt**: s. mäßigen

Ge|mäu|er, das; –s, –: Mauerwerk

Ge|mau|schel, das; –s: (Umgspr.) Flüstern : Hantieren im Verborgenen

Ge|me|cker, das; –s: das Nörgeln

ge|mein Ew.: bei vielen übereinstimmend vorhanden : der Gesamtheit eigentümlich : der Gesamtheit gehörend : die Gesamtheit betreffend : allgemein : gewöhnlich, häufig : (Bib.) weltlich : alltäglich : zur großen Masse gehörig : unfein : unedel : pöbelhaft ✳ *Gemeinacker; Gemeindeutsch:* deutsche Gemeinsprache; *Gemeineigentum; gemeinfaßlich → gemeinfasslich;* Ew.: für alle fasslich; *gemeingefährlich* Ew.: allen gefährlich; *Gemeingefühl:* Gefühl einer Gesamtheit; *Gemeingeist:* Sinn fürs Gemeinwohl; *Gemeingut:* allen gehöriges Gut; *gemeinhin* Uw.: gewöhnlich; *gemeinnützig, gemeinnützlich* Ew.: den allgemeinen Nutzen fördernd; *Gemeinplatz:* für eine Menge von Fällen geltender, nichtssagender Satz; *gemeinschädlich; Gemeinsinn; gemeinsinnig; Gemeinsprache:* den gemeinsame Sprache (Ggs. Mundart.); *Gemeinspruch:* Gemeinplatz; *gemeinverständlich* Ew.; *Ge-*

meinwert; Gemeinwesen; Ge-
meinwohl * **Gelmeilne**, der;
–n, –n: gewöhnlicher Soldat
* **Gelmeilne**, das; –n: das Un-
edle ; das Pöbelhafte * **Ge-
meinlde**, die; –, –n: (polit.,
kirchl.) ein geschlossenes Ganzes bildende Gesellschaft, Genossenschaft * Gemeindeab-
gaben; Gemeindeacker; Ge-
meindeamt; Gemeindebezirk;
Gemeindeglied; Gemeindegut;
Gemeindehaus; Gemeindehel-
fer; Gemeindemitglied; Ge-
meindeordnung; Gemeinde-
schule; Gemeindeschwester;
Gemeindeverwaltung; Ge-
meindevorsteher; Gemeinde-
weg; Gemeindezentrum: Zen-
trale Anlage kirchlicher oder
politischer Art * **Gelmeinl-
heit**, die; –, –en: das Gemein-
sein : Kundgebung eines uned-
len Wesens : (veralt.) Gemeinde und deren Besitz *
gelmeinlhin Uw.: gewöhnlich :
(mundartl.) insgesamt * **ge-
meinlnütlzig** Ew.: den allgemeinen Nutzen fördernd *
gelmeinlsam Ew.: gemein-
schaftlich : zusammen * **Ge-
meinlsalme**, die; –, –n:
(schweiz.) Gemeinde : Versammlung von Gemeinden *
Gelmeinlschaft, die; –, –en:
Zustand des Gemeinsamseins :
Verbindung * Gemeinschaftsarbeit; Gemeinschafts-
tenne; Gemeinschaftsgedanke;
Gemeinschaftserziehung: gemeinschaftliche Erziehung
von Jungen und Mädchen; Ge-
meinschaftsgeist; Gemein-
schaftsgefühl; Gemeinschafts-
kunde: Schulunterrichtsfach;
Gemeinschaftspraxis: Zusammenschluss verschiedener
Arztpraxen unter einem Dach;
Gemeinschaftsraum; Gemeinschaftssinn; Gemeinschaftsver-
pflegung * **gelmeinlschaftl-
lich** Ew.: in Gemeinschaft *
Gelmeinlschaftllichlkeit, die;
–, –en: das Gemeinschaftlich-
sein
Gelmenlge, das; –s, –: das
Mengen : das Gemengte : Vertrag zwischen Herrn und Scha-
fer in großen Schäfereien * Ge-
mengschäfer * **Gelmenglsel**,
das; –s, –: Gemenge : (übertr.)
Mischmasch : Durcheinander
gelmeslsen Mw. Ew.: genau

bestimmt : in festen Formen
sich bewegend : zurückhaltend
* **Gelmeslsenlheit**, die; –: das
Gemessensein * **gelmeslsenltlich** Uw.: gemessen
Gelmetlzel, das; –s, –: andau-
erndes Metzeln : Blutbad
Gelmilnaltilon (l.), die; –, –en:
Konsonantenverdopplung *
Gelmilni (l.) Mz.: Zwillinge :
(Raketentechn.) Weltraumbe-
gegnung zweier Flugkörper :
doppelte Bemannung einer
Raumkapsel * Geminiflug:
Flug der am. Astronauten in ei-
ner Geminikapsel; Geminipro-
jekt: Weltraumflug mit doppelt
bemannter Kapsel *
Gelmilnilden Mz.: Stern-
schnuppenschwarm aus dem
Sternbild der Zwillinge *
gelmilnielren (..iert) tr.: ver-
doppeln
Gelmisch, das; –es, –e: etwas
Vermischtes : ein Durcheinan-
der * Gemischtwarenhandlung
Gemlma (l.), die; –: „Edelstein", Stern in der nördl.
Krone * **Gemlme**, die; –, –n:
Schmuckstein mit vertieftem
Bild * **Gemlmollolgie**, die; –:
Edelsteinkunde
Gemlmo-Porlzelllan, das; –
–s: Porzellan, dessen Material
in Gravurschliff veredelt wird
Gelmorlde, das; –s: wiederhol-
tes Morden : Gemetzel
Gems, der; –es, –e: (Bergb.)
das unter der Dammerde anfan-
gende Gestein
Gemlse → Gämlse s. Gams
Gämse
Dem Stammprinzip folgend
werden Ableitungen und Zu-
sammensetzungen mit dem je-
weiligen Vokal des Stammwor-
tes geschrieben: Gämse
(Gqms), behände (Hand).
Gelmunlkel, das; –s: heimli-
ches Gerede : Heimlichkeit
Gelmurlmel, das; –s: dauern-
des Murmeln
Gelmurlre, das; –s: dauerndes
Murren : Unwillen
Gelmülse, das; –s, –: essbare
Feld- und Gartengewächse : zur
Nahrung des Menschen daraus
bereitete gekochte Gerichte *
Gemüseanbau; Gemüsebau;
Gemüsebeet; Gemüseeintopf:
Zubereitung eines Gerichtes aus
verschiedenen in einem ge-
meinsamen Topf gekochten Ge-

müsen; Gemüsefrau; Gemüse-
händler; Gemüsegarten, Gemü-
semarkt; Gemüsepflanzen; Ge-
müseplatte; Gemüsesaft; Ge-
müsesuppe
gelmülßigt: bemüßigt, s. be-
müßigen
gelmuslltert Ew.: mit einem
Muster versehen : bunt
gelmut Ew., nur in Zus.: ge-
tet, gestimmt; z. B. frohgemut,
wohlgemut * **Gelmüt**, das;
–(e)s, –er: inneres Gefühl :
Seele : Herz : Stimmung : Fähigkeit zum Fühlen : Innigkeit :
Gefühlswärme * gemütlos
Ew.; gemütvoll Ew. * gemüts-
arm Ew.; Gemütsarmut: Mangel an Gemüt; Gemütsart; Gemütsbewegung; Gemütserre-
gung; Gemütskraft: Empfin-
dungsfähigkeit; gemütskrank
Ew.; Gemütsleben: seelisches
Empfinden; Gemütsleiden; Ge-
mütsmensch: durch das Gefühl
mehr als durch den Verstand
bestimmter Mensch; Gemüts-
ruhe; –stärke; Gemütsstimmung; –wallung; –verfassung;
–zustand * **gelmütllich** Ew.:
das Gemüt betreffend : das Gemüt angenehm berührend : be-
hagliche Stimmung hervorru-
fend * **Gelmütllichlkeit**, die; –:
gemütliches Wesen : gemütli-
che Stimmung
Gen, das; –s, –e: Erbanlage :
Erbfaktor
Gen. (Abk.): Genitiv : Genosse
: Genossenschaft
gen Vw. (veralt., dichterisch):
gegen, in der Richtung nach
gen. (Abk.): genannt
gelnalbelt: s. nabeln
Gelnälhe, das; –s: vieles Nähen
gelnannt: s. nennen
gelnant (fr.) [schenant] Mw.
Ew.: belästigend : peinlich : be-
schämend * **Gêne** [schähn'],
die; –: Zwang : Peinlichkeit :
Verlegenheit * sans gêne [Bang
schähn']:   ungezwungen,
zwanglos * **gelnielren** (..iert)
[sch..] tr.: belästigen : hindern :
in Verlegenheit bringen : stören; rbz.: sich scheuen : sich
Zwang antun : schüchtern auftreten : verlegen sein [afr. geéne
aus hebr. gehenna Hölle, Pein]
gelnälschig Ew.: naschhaft *
Gelnälschiglkeit,   die;   –:
Naschhaftigkeit

Ge|nä|sel, das; –s: das Näseln, näselndes Sprechen

ge|nau Ew. (–[e]st): körperlich sich eng anlegend : eng verbunden : streng übereinstimmend : ins Einzelne gehend : sorgfältig : streng : pünktlich : äußerst haushälterisch; Uw.: gerade *das ist nichts Genaues; mit genauer Not:* gerade so, kaum; *aufs, auf das genau(e)ste* → *aufs, auf das Genau(e)ste, auch: genau(e)ste; genau genommen* → *genau genommen* Uw.: eigentlich : im tiefsten Grunde; *genauso* Uw.: ebenso, desgleichen ✳ **Ge|nau|ig|keit,** die; –: das Genausein : Gewissenhaftigkeit : Pünktlichkeit; *mit großer Genauigkeit*

genau genommen; auf das Genaueste

Ist in einer Wortverbindung aus Adjektiv und Verb/Partizip das Adjektiv durch *sehr* erweiterbar, so wird getrennt geschrieben: *Er hat den Rat (sehr) genau genommen.* Die Substantivierung des Wortgefüges wird dagegen mit großem Anfangsbuchstaben geschrieben: *Sie war die Genaueste.* Feste adverbiale Wendungen im Superlativ können allerdings kleingeschrieben werden: *Er war auf das genaueste darüber informiert.*

Gen|bank (gr.), die; –, –en: Aufbewahrungsort für gentechnisch aufbereitete Einzelgene im Zusammenhang mit medizinischen oder biologischen Versuchen

Gen|darm (fr.) [schangdarm], der; –en, –en: Wachtmeister : Polizist ✳ **Gen|dar|me|rie,** die; –, ..rien: Truppe für den ländlichen Polizeidienst [fr. gens d'armes; gens Leute; armes Waffen]

Gêne: s, genant

Ge|ne|a|log, Ge|ne|a|lo|ge (gr.), der; ..gen, ..gen: Stammbaum-, Geschlechtsforscher ✳ **Ge|ne|a|lo|gie,** die; –, ..gien: Familienforschung : Geschlechtskunde : Abstammung : Stammbaumforschung ✳ **ge|ne|a|lo|gisch** Ew.: den Stammbaum betreffend : die Geschlechterkunde betreffend [gr. geneá Geschlecht]

ge|nehm Ew.: gern genommen : willkommen : passend : bequem ✳ **ge|neh|mi|gen** tr.: etwas für genehm erklären : annehmen : erlauben, einwilligen; rbz.: sich etwas Besonderes leisten ✳ **Ge|neh|mi|gung,** die; –, –en: Annahme : Einwilligung : Zustimmung

ge|neigt, Ge|neigt|heit: s. neigen

Ge|ne|ra: Mz. von Genus, s. genuin

Ge|ne|ral (l.), der; –s, –e (auch ..räle): „allgemein" Befehlender : Oberster : hoher Militärrang ✳ **ge|ne|ral** Ew. in Zus.: allgemein befehlend, den Oberbefehl habend : die höchste Stufe innehabend : hauptsächlich : allgemein, allumfassend ✳ *Generalabsolution:* allgemeine Sündenlossprechung; *Generalagentur:* Hauptgeschäftsstelle; *Generalamnestie:* allgemein geltende Begnadigung; *Generalangriff; Generalarzt; Generalbaß* → *Generalbass:* (Mus.) bezifferter Bass : (zuw.) Harmonielehre : (zuw.) Kompositionslehre; *Generalbevollmächtigter; Generaldirektor; Generalfeldmarschall; Generalgouverneur; Generalintendant; Generalkommando; Generalkonsul; Generalkonsulat; Generalleutnant; –major; Generalnenner:* (Math.) kleinster gemeinschaftlicher Nenner mehrerer Brüche; *Generaloberst; Generalpardon:* Steuerpardon, Steuernachsicht; *Generalprobe:* Hauptprobe; *Generalsekretär; Generalstaaten:* niederländ. Parlament; *Generalstaatsanwalt; Generalstab:* Gesamtheit der obersten Heerführer; *Generalstabskarte:* Landkarte mit festgelegtem Maßstab; *Generalstäbler;* der; –s, –: Angehöriger des Generalstabs; *Generalstreik:* allgemeiner Streik; *Generalsynode; Generalversammlung:* Hauptversammlung; *Generalvertretung; Generalvikar:* (kath. Kirche) Vertreter des Bischofs in Verwaltungs- und Rechtsvertretungsfragen; *Generalvollmacht:* Vollmacht zum Abschluss sämtlicher Geschäfte ✳ **Ge|ne|ra|le,** das; –s, ..lien und ..lia: allgemein Gültiges : allgemeine Angelegenheit ✳ **Ge|ne|ra|lia:** Generale ✳ **Ge|ne|ra|li|sa|ti|on,** die; –, –en:

Verallgemeinerung ✳ **ge|ne|ra|li|sie|ren** (..iert) tr.: verallgemeinern ✳ **Ge|ne|ra|lis|si|mus,** der; –, ..mi: selbständiger Oberbefehlshaber ✳ **Ge|ne|ra|list,** der; –en, –en: auf vielen Gebieten kundiger Mensch, kein Spezialist ✳ **Ge|ne|ra|li|tät,** die; –, –en: Generalschaft : Gesamtheit der Generale : Allgemeinheit ✳ **Ge|ne|ral|schaft,** die; –, –en: Würde eines Generals : Gesamtheit der Generale ✳ **ge|ne|rell** (fr.) Ew.: allgemein : allgemeingültig : gattungsmäßig [l. generalis die Gattung betreffend, zu genus, Gen. generis Gattung]

Ge|ne|ra|ti|on (l.), die; –, –en: Abstammung : Geschlechterfolge : Altersgenossenschaft : Menschenalter ✳ *Generationenvertrag:* ungeschriebene Vereinbarung zwischen der jeweils erwerbstätigen und der Renten empfangenden Generation; *Generationskonflikt:* sich aus dem Zusammenleben zweier und mehr Generationen ergebende Streitfragen; *Generationsproblem; Generationswechsel* ✳ **ge|ne|ra|tiv** Ew.: sich aus einer Entwicklung heraus ergebend ✳ **Ge|ne|ra|tor,** der; –s, ..toren: Erzeuger : ein Strom-, Gaserzeuger ✳ *Generatorgas:* Heiz-, Treibgas ✳ **ge|ne|rie|ren** (..iert) tr.: erzeugen : hervorbringen ✳ **ge|ne|risch** Ew.: die Gattung betreffend : das Geschlecht betreffend [l. genus, Gen. generis Geschlecht, Gattung]

ge|ne|rell: s. General

ge|ne|rös (fr.) Ew. [schenerös]: großzügig : edel : freigiebig ✳ **Ge|ne|ro|si|tät,** die; –: Großmut : Edelmut : Freigebigkeit ✳ **ge|ne|ro|so** (it.) [dsche..]: (Mus.) edel, in edlem Ton [fr. généreux, von l. generosus von genus, Gen. generis Geburt, Geschlecht]

Ge|ne|se (gr.), die; –, –n: Erzeugung : Entstehung : Entstehungsgeschichte ✳ **Ge|ne|sis,** die; –, ..nesen: Genese : Schöpfungsgeschichte : das 1. Buch Mose ✳ **Ge|ne|tik,** die; –: Vererbungslehre ✳ **ge|ne|tisch** Ew.: entwicklungsgeschichtlich : vererbungsmäßig : erblich bedingt [gr. gignesthai werden, entstehen]

ge|ne|sen (du genesest und genest; du genasest, er genas, du genäsest; genesen; genese!): (veralt.) am Leben bleiben, gerettet werden : (veralt.) gedeihen : gesund werden : *eines Kindes genesen;* ein Kind gebären * **Ge|ne|sung,** die; –, –en: das Genesen * *Genesungsheim; Genesungsprozeß* → *Genesungsprozess; Genesungsurlaub*

Ge|ne|sis, Ge|ne|tik, ge|ne|tisch: s. Genese

Ge|ne|ver (ndl.); **Ge|nè|vre** (fr.) [sehenähw'r]; **Ge|niè|vre** (fr.) [seheniähw'r], der; –(s), –: Wacholderschnaps

Ge|ne|za|reth, See: (bibl.) Name für den See Tiberias in Israel

Genf: schweiz. Kanton und Stadt * *Genfer See; Genfer Konvention:* in Genf abgeschlossener Vertrag über den Schutz der Verwundeten im Kriege

ge|ni|al (l.) Ew.: geistvoll : schöpferisch begabt * **ge|ni|a|lisch** Ew.: in der Art des Genies : schöpferisch : (übertr.) überschwänglich * **Ge|ni|a|li|tät,** die; –: schöpferische Veranlagung : Schöpferkraft * **Ge|nie** (fr.) [seh..], das; –s, –s: Schöpferkraft : Geistesgröße : nicht vererbbare Begabung : (veralt.) Ingenieurskunst : schöpferischer Mensch * *Geniekorps:* Gesamtheit der Ingenieuroffiziere; *Geniestreich:* geglückte originelle Tat * **Ge|ni|us** (l.) [g..], der; –, ..njen: Geist : Schöpferkraft : schöpferischer Mensch : Schutzgeist * *genius loci* (l.) [– loki], der; – –: Schutzgeist des Ortes [l. genius angeborener Geist, von gignere zeugen]

Ge|nick, das; –(e)s, –e: Nacken * *Genickbruch; Genickfang:* (weidm.) Stich ins Genick; *Genickfänger:* Jagdmesser; *Genickschuß* → *Genickschuss; Genickstarre:* Nackenstarre, Hirnhautentzündung

Ge|nie: s. genial

ge|nie|ren: s. genant

ge|nieß|bar Ew.: für den Genuss geeignet, essbar * **Ge|nieß|bar|keit,** die; –: das Genießbarsein * **ge|nie|ßen** tr., (veralt.) mit Gen.: etwas ge-

währt bekommen : sich einer Sache erfreuen : erhalten : etwas essend oder trinkend zu sich nehmen * **Ge|nie|ßer,** der; –s, –; der Genießende * **ge|nie|ße|risch** Ew.: in der Art eines Genießers : schlemmerhaft * **Ge|nuß** → **Ge|nuss,** der; –es, ..nüsse: das Genießen : das Befriedigende : (weidm.) Magen des Wildbrets * *genußfähig* → *genussfähig* Ew.; *Genußfähigkeit; genußfreudig* → *genussfreudig* Ew.; *Genußgift* → *Genussgift; Genußliebe* → *Genussliebe; Genußmensch* → *Genussmensch; Genußmittel* → *Genussmittel; genußreich* → *genussreich* Ew.; *Genußsucht* → *Genusssucht; genußsüchtig* → *genusssüchtig* Ew.

Ge|nüß|ling → **Ge|nüss|ling,** der; –s, –e: Lebemann

Ge|ne|vre: s. Genever

ge|ni|tal (l.) Ew.: die Geschlechtsteile betreffend * *Genitaltheorie* * **Ge|ni|ta|li|en** Mz.: Geschlechtsteile [l. gignere, Mw. Vg. *genitus* erzeugen]

Ge|ni|tiv (l.), der; –s, –e: (Sprachl.) „Ursprungsfall", zweiter Fall, Wesfall [l. gignere erzeugen]

Ge|ni|us: s. genial

Gen|ma|ni|pu|la|ti|on (nl.-gr.), die; –, –en: Künstlich herbeigeführte Veränderung am Erbgut

Gen|mu|ta|ti|on (nl.-gr.), die; –, –en: erblich bedingte Veränderung des Erbgutes

Ge|nör|gel, das; –s: andauerndes Nörgeln

ge|normt Ew. Mw.: nach Einheitsnorm hergestellt

Ge|nos|se, der; –n, –n: Glied einer Gemeinschaft : Parteigenosse : Kamerad * **Ge|nos|sin:** Parteigenossin * **Ge|noß|sa|me** → **Ge|noss|sa|me,** die; –, –n: (schweiz.) Genossenschaft : Gemeindebezirk : Häuser, im Genuss gemeinschaftlicher Dinge verbunden * **Ge|nos|sen|schaft,** die; –, –en: Gemeinschaft : gemeinschaftsunternehmung * *Genossenschaftler:* Mitglied einer Genossenschaft; *Genossenschaftsbank; Genossenschaftsbauer* * **ge|nos|sen|schaft|lich** Ew.: die Genossenschaft

betreffend : in Form einer Genossenschaft

Ge|no|ty|pus, Ge|no|typ (gr.), der; –, ..pen: Erbwesen : Erbbild, ererbtes Gepräge * **ge|no|ty|pisch** Ew.: zum Genotypus gehörend

Gen|re (fr.) [sehang're], das; –s, –s: Geschlecht : Gattung * *Genrebild:* Bild mit Szenen aus dem täglichen Leben; *Genremaler* * **gen|re|haft** Ew.: alltäglich : volksmäßig

Gent (e.) [dschent], der; –s, –s: (Abk.) Gentleman : übertrieben modisch gekleideter Mann

Gen|tech|nik (gr.), die; –, –en: biochem. Verfahren zur Erforschung und Veränderung von Erbsubstanz * **Gen|tech|no|lo|gie** (gr.), die; –, –gien: Methoden der Gentechnik * **gen|tech|no|lo|gisch** Ew.: Gentechnologie anwendend

Gen|ti|a|ne (l.), die; –, –n: Enzianart

gen|til (l.) Ew.: liebenswürdig : gut erzogen : fein : höflich : freigebig * **Gen|ti|lis|mus,** der; –: Heidentum * **Gen|til|homme** (fr.) [sehangti-jomm'], der; –s, –s: Ehrenmann * **Gent|le|man** (e.) [dschentelmähn], der; –s, ..men: Mann von Lebensart und Anstand * **gent|le|man|like** (e.) [..leik] Ew.: nach Art eines Gentlemans * **Gent|le|man's A|gree|ment** *auch:* **Gent|le|men's A|gree|ment** (e.) [..ägriment], das; – –, – –s: diplomatische Abmachung ohne schriftliche Festlegung : Übereinkunft unter Ehrenmännern : Vereinbarung auf Treu und Glauben

Gen|trans|fer (gr.-e.), der; –, –s: (Biol.) Vermischung von Erbgut durch Übertragung von Genen

Gen|try (e.) [dschentri], die; –: Stand des Wappen tragenden niederen Adels in England [l. gens, Gen. gentis Geschlecht, Sippe]

Ge|nua: ital. Hafenstadt * *Golf von Genua*

ge|nug, (veralt.) Ew., Uw.: soviel, wie nötig ist : hinlänglich : ausreichend * *genug!:* kurz und gut, *genug Gutes; Gutes genug; genug des Scherzes* * **genutun** (ich tue genug; genuggetan; tu genug!) intr.: befriedigen, Genugtuung gewähren; *genug tun* (genug getan): genügend arbeiten; *Genugtuung*, die; –, –en: Bußleistung : Satisfaktion : Befriedigung : Wiedergutmachung * **Ge|nü|ge**, die (das); –, (–s): Befriedigung * **ge|nü|gen** intr.: genug sein : befriedigen * **ge|nug|sam** Ew.: genug : genügend * **ge|nüg|sam** Ew.: zufrieden : anspruchslos * **Ge|nüg|sam|keit**, die; –: das Genügsamsein

ge|nu|in (l.) Ew.: angeboren : echt : natürlich * **Ge|nus**, das; –, Genera: Geschlecht : Art * **Ge|nus Ver|bi** (nl.), das; – –, Genera Verbi (Sprachw.) Zustand des Verbs: Aktiv oder Passiv

Ge|nuß → Ge|nuss: s. genießen

Ge|o|bo|ta|nik (gr.), die; –: Wissenschaft, die das geografische Vorkommen der Pflanzen als Gegenstand hat

Ge|o|che|mie (gr.), die; –: Wissenschaft von der chemischen Beschaffenheit der Erde

Ge|o|dä|sie (gr.), die; –: „Landteilung", Lehre von der Feld- und Landvermessung * **Ge|o|dät**, der; –en, –en: Land-, Feldvermesser * **ge|o|dä|tisch** Ew.: zur Geodäsie gehörend * **Ge|o|dreieck**, die; –, –e: Zeichengerät zum Konstruieren von Winkeln * **Ge|o|dy|na|mik**, die; –: Erdkraftlehre * **Ge|o|ge|nie, Ge|o|go|nie**, die; –: Erdentwicklungslehre * **Ge|o|gno|sie**, die; –: Gesteins-, Erdschichtenkunde * **Ge|o|gnost**, der; –en, –en: Forscher der Gesteinskunde * **ge|o|gnos|tisch** Ew.: auf Gesteins-, Erdschichtenkunde bezüglich * **Ge|o|graph → Ge|o|graf**, der; –en, –en: Erdkundiger * **Ge|o|gra|phie → Ge|o|gra|fie**, die; –: Erdbeschreibung : Erdkunde * **ge|o|gra|phisch → ge|o|gra|fisch** Ew.: erdkundlich * **Ge|o|id**, das; –s, –e: die wahre Erdoberfläche * **Ge|o|lo|ge**, der; –n, ..gen, ..gen: Erdgeschichtskundiger * **Ge|o|lo|gie**, die; –: Erdgeschichte : Lehre vom Bau und von der Beschaffenheit der Erde * **ge|o|lo|gisch** Ew.: erdge-

schichtlich * **Ge|o|man|tie**, die; –: Kunst (der Araber), aus Sandfiguren wahrzusagen * **Ge|o|me|di|zin**, die; –: Lehre von den geografischen Bedingtheiten der Krankheiten und ihrer Verbreitung auf der Erde * **Ge|o|me|ter**, der; –s, –: Feldvermesser, Landvermesser * **Ge|o|me|trie**, die; –: Raumlehre * **ge|o|me|trisch** Ew.: zur Raumlehre gehörig * **Ge|o|mor|pho|lo|gie**, die; –: Lehre vom Äußeren der Erde * **Ge|o|nom**, der; –en, –en: Erdbaukundiger * **Ge|o|phy|sik**, die; –: „Erdphysik", Lehre von den physikal. Eigenschaften des Erdkörpers * **Ge|o|plas|tik**, die; –: Erdoberflächenkunde * **Ge|o|po|li|tik**, die; –: Lehre von der Abhängigkeit der Politik von geograf. Verhältnissen * **Ge|o|psy|cho|lo|gie**, die; –: Lehre von der Beeinflussung der Seele durch Klima, Wetter, Jahreszeiten, Landschaft * **Ge|o|s|kop**, der; –(e)s, –e: Vorrichtung zur Erdbeobachtung * **Ge|o|sta|tik**, die; –: Erdgleichgewichtslehre : Lehre vom Gleichgewicht der festen Körper * *geostationär* Ew.: an fester Stelle über der Erde stehend (Satellit in 36 km Höhe) * **Ge|o|ther|mo|me|ter**, das; –s, –: Erdwärmemesser * **Ge|o|tro|pis|mus**, der; –: (Bot.) „Erdwendigkeit", Richtungsumstellung der Pflanzen nach der Schwerkraft der Erde * **ge|o|zent|risch** Ew.: auf den Mittelpunkt der Erde bezüglich * **ge|o|zyk|lisch** Ew.: auf den Umlauf der Erde bezüglich [gr. gea, ge Erde]

Ge|o|graph → Ge|o|graf usw.: s. Geodäsie

Ge|o|id, Ge|o|lo|ge usw.: s. Geodäsie

ge|ord|net Ew.: sauber und ordentlich hergerichtet

Geor|gette (fr.) [schorschett.], die; –: Seidengewebe

Geor|gia [dschordscha]: Staat der USA

Ge|or|gien: Staat am südlichen Kaukasus * **Ge|or|gier**, der; –s, –: Einwohner von Georgien * **Ge|or|gi|en**, das, ..sche: Sprache der Georgier (auch: Grusinisch) * **ge|or|gisch** Ew.: Georgien, die Georgier betreffend

Ge|or|gi|ne, die; –, –n: Name einer Dahlienart, benannt nach dem Russen Georgi

Ge|o|s|kop, **Ge|o|sta|tik**, **Ge|o|ther|mo|me|ter** usw.: s. Geodäsie

Ge|päck, das; –(e)s: Gesamtheit zusammengepackter Dinge : (bes.) Gesamtheit von Reisekoffern und –taschen * *Gepäckabfertigung; Gepäckannahme; Gepäckaufbewahrung; Gepäckausgabe; Gepäckausgabe; Gepäckfracht; Gepäckkontrolle; Gepäcknetz; Gepäckraum; Gepäckschalter; Gepäckschein; Gepäckträger; Gepäckversicherung; Gepäckwagen*

Ge|pard (fr.), der; –(e)s, –e: Jagdleopard

Ge|pau|ke, das; –s: andauerndes Pauken

ge|pfef|fert Mw. Ew.: mit Pfeffer gewürzt : (übertr.) derb, zotig : (übertr.) schwierig : (Preis, Rechnung) sehr hoch

Ge|pfei|fe, das; –s: andauerndes Pfeifen

Ge|pflegt|heit, die; –, –en: Pflege des Äußeren : (– der Sprache) Formsicherheit, Sprachreinheit

Ge|pflo|gen|heit, die; –, –en: Gewohnheit : Brauch : Sitte

Ge|plän|kel, das; –s: Plänkelei

Ge|plap|per, das; –s: das andauernde Plappern : Geschwätz

Ge|plär|re *auch:* **Ge|plärr**, das; –(e)s: plärrendes Geschrei

Ge|plät|scher, das; –s: das Plätschern : plätschernder Schall

Ge|plau|der, das; –s: die Plauderei

Ge|po|che, das; –s: fortwährendes Pochen

Ge|pol|ter, das; –s: andauerndes Poltern

Ge|prä|ge, das; –s, –: das Prägen : Prägung : durch Prägen erzeugtes Bild : hervortretendes Merkmal : das Geprägte

Ge|prah|le, Ge|prahl, das; ..l(e)s: Prahlerei

Ge|prän|ge, das; –(e)s: das Prangen : zur Schau getragene Pracht : Prunk

Ge|pras|sel, das; –s: prasselnder Lärm

Ge|pri|ckel, das; –s: andauerndes Prickeln

ge|punk|tet Mw. Ew.: mit Punkten versehen

Ge|qua|ke, das; –s: das (viele) Quaken ∗ Ge|quäk, das; –(e)s: das (viele) Quäken

Ge|quas|sel das; –s: andauerndes dummes Reden

Ge|quie|ke, das; –s: fortwährendes Quieken

Ger, der; –(e)s, –e: Wurfspieß ∗ Gerwerfen, das; –s: eine Turnübung

ge|ra|de, ge|rad Ew.: nicht krumm : nicht gebogen : nicht schräg : in einer Richtung sich erstreckend : rückhaltlos : offen, ehrlich : derb, plump; Uw.: genau : eben, soeben ∗ Geradbohrer; Geradflügler: Libelle; geradläufig Ew.: in gerader Richtung laufend; geradlinig Ew.; geradsinnig Ew.: aufrichtig : ehrlich ∗ geradeaus Uw.: in gerader Richtung vorwärts; Geradeausrichtung; geradebiegen → gerade biegen tr.: eine Krümmung entfernen, aber: g(e)radebiegen tr.: (Umgspr.) klären : in Ordnung bringen : ein Problem bereinigen; geradeheraus Uw.: ehrlich, ohne Umschweife; geradelegen → gerade legen tr.: in gerade Richtung legen, ordnen; gerade legen tr.: soeben legen; geradesitzen → gerade sitzen intr.: aufrecht, nicht krumm sitzen; gerade sitzen intr.: sich soeben gesetzt haben; geradeso Uw.: genau, ebenso; geradesoviel → geradeso viel; geradeso viele; geradestellen → gerade stellen tr.: aufrecht stellen; gerade stellen tr.: soeben stellen; geradewegs: (selt. für) geradeswegs; geradezu Uw.: frei heraus, ohne Umschweife ∗ geradenwegs, geradeswegs Uw.: auf geradem Wege, ohne Umwege ∗ Ge|ra|de, die; –n, –n: gerade Linie : Boxschlag ∗ Ge|ra|de, die; –: das Geradesein ∗ Ge|rad|heit, die; –: Offenheit : das Geradesein

ge|ra|de Ew.: (Math.) aus Zahlpaaren bestehend, durch Zwei ohne Rest teilbar ∗ fünf gerade sein lassen: es nicht so genau nehmen; eine gerade Zahl

Ge|ra|de, die; –: Habe, (altgerm. Recht) die bewegliche, nur für die Frau bestimmte Habe (Kleider, Schmuck)

ge|rä|dert, Ew.: müde, überanstrengt sein

ge|ram|melt, Ew. (in der Wendung mit voll): voll bis an die Grenze des Fassbaren

Ge|ra|ni|a|zee (gr.), die; –, –n: Storchschnabelgewächs ∗ Ge|ra|nie, die; –, –n, Ge|ra|ni|um, das; –s, ..nien: Storchschnabel, eine Zierpflanze ∗ Ge|ra|nit, der; –(e)s, –en: Versteinerung

Ge|ran|ke, das; –s: das Ranken : Gesamtheit von Ranken

Ge|rant (fr.) [scherang], der; –en, –en: (schweiz.) persönl. haftender Geschäftsführer bei Kommanditgesellschaften

Ge|ra|schel, das; –s: ständiges Rascheln (von Papier)

Ge|ras|sel, das; –s: rasselnder Lärm

Ge|rät, das; –(e)s, –e: Gegenstand zur Aus- und Zurüstung : Werkzeug : Vorrichtung ∗ Gerät(e)schuppen; Gerätholz: zu Gerät verarbeitbares Holz; Gerätekammer; Gerätekasten: zur Aufbewahrung von Gerät; Gerät(e)turnen: das Turnen an Geräten ∗ Ge|rät|schaft, die; –, –en: Ausrüstungsgegenstände aller Art

ge|ra|ten (es gerät; geriet; geraten) intr. (sein, obd. haben): ohne bestimmte Absicht wohin gelangen : sich entwickeln : gut werden, gelingen ∗ Geratewohl, das; –(e)s: in der Wendung: aufs Geratewohl: auf gut Glück, aufs blinde Ungefähr

Ge|räu|cher|te, das; –n: geräuchertes Fleisch

Ge|rau|fe, das; –s: dauerndes Raufen

ge|raum Ew.: Raum habend : weit und offen : (zeitl.) sehr ausgedehnt ∗ Ge|räum|de, Ge|räum|te, das; –s, –: abgeholztes Waldstück ∗ ge|räu|mig Ew.: geraum ∗ Ge|räu|mig|keit, die; –: das Geräumigsein

Ge|rau|sche, das; –s: das Rauschen

Ge|räusch, das; –es, –e: Schallgewirr : das Geschlinge eines Tiers : (veralt.) Eingeweide ∗ Geräuscharchiv: Archiv in Film-, Rundfunk- und Fernsehstudios, in dem die Geräusche des täglichen Lebens auf Tonbändern gespeichert und geordnet sind; geräuscharm Ew.: mit wenigen Geräuschen verbunden; Geräusch-

dämmung; geräuschempfindlich Ew.: empfindlich gegen Geräusche; Geräuschkulisse: (Film, Theater) Untermalung einer Szene durch Geräusche; geräuschlos Ew.: ohne Geräusch; Geräusch(e)macher; Geräuschpegel: mit einem Aufzeichnungsgerät: Sichtbarmachung der Schallwellen der Geräusche; geräuschvoll Ew.: mit viel Geräusch verbunden : laut

Ge|räus|per, das; –s: das Räuspern

Ger|be, die; –: Gerbung ∗ ger|ben tr.: „gar machen“, Häute zu Leder zubereiten ∗ Gerbsäure; Gerbstoff ∗ Gerbebank; Gerbebaum; Gerb(e)eisen: Falzeisen, Haareisen ∗ Ger|ber, der; –s, –: der Gerberbende : (bes.) das Gerben als Gewerbe Betreibender ∗ Gerberbock: Bockkäfer; Gerbergesell; Gerbergrube; Gerberhund; Gerberkalk; Gerberlohe; Gerbermeister; Gerbermesser ∗ Ger|be|rei, die; –, –en: das Gerben : Handwerk des Gerbers : Gerberwerkstatt ∗ Ger|bung, die; –, –en: das Gerben

ge|recht Ew. (gerechtest): (veralt., mundartl.) gerade, eben : passend : genehm : (in etwas –) geübt : im Recht begründet, rechtmäßig : schuldlos : das nach dem Recht Gebührende zuteilend : den Verhältnissen angemessen, verdient ∗ einem gerecht werden: jemandes rechtmäßige Ansprüche anerkennen ∗ Ge|rech|tig|keit, die; –, –en: das Gerechtsein : das Rechttun : (von Gott) Güte, Milde, Huld, Gnade : Berichtigung : Vorrecht ∗ Gerechtigkeitsliebe; gerechtigkeitsliebend Ew.: rechtlich denkend und handelnd; Gerechtigkeitssinn ∗ Ge|recht|sa|me (veralt.), die; –, –n: Vorrecht

Ge|re|de, das; –s: nachteiliges Reden : Geschwätz

ge|rei|chen intr.: zur Folge haben

Ge|rei|me, das; s: (verächtl.) das Reimen : dessen Erzeugnis ∗ Ge|reim|sel, das; –s, –: Gereime

ge|reizt, Ge|reizt|heit: s. reizen

Ge|ren|ne, das; –s: anhaltendes Rennen, Rennerei

ge|reu|en tr., unp.: leid tun ✳ *es gereut mich: ich bereue*

Ger|fal|ke, der; –n, –n: Jagdfalke

Ger|har|di|ner, der; –s, –: Angehöriger der Sekte der Gerhardiner

Ge|ri|a|ter (gr.), der; –s, –: (Med.) Facharzt für Altersheilkunde ✳ **Ge|ri|a|trie**, die; –: (Med.) Altersheilkunde ✳ **Ge|ri|a|tri|kum**, das; –s, –ka: Arznei gegen altersbedingten Leistungsabfall ✳ **ge|ri|a|trisch** Ew.: sich auf die Geriatrie beziehend, s. Geront

Ge|richt, das; –(e)s, –e: (weidm.) aufgestellte Dohne : Speise zu einer Mahlzeit : Recht sprechende Versammlung oder Behörde : Ort der Gerichtsverhandlung : Gerichtssitzung : das gefällte Urteil : (Gott) verhängte Strafen und Plagen : (ewige) Verdammnis : (Bibl.) Gerechtigkeit : Galgen : Gerichtsbarkeit : Gerichtsbezirk : (ldschftl.) Gerichtsperson ✳ *Gerichtsakten; Gerichtsarzt; gerichtsärztlich* Ew.; *Gerichtsbehörde; Gerichtsbeschluß → Gerichtsbeschluss; Gerichtsbezirk; Gerichtsdiener; Gerichtsferien; Gerichtsgebäude; Gerichtshof; Gerichtskammer; Gerichtskanzlei; Gerichtskosten; gerichtskundig* Ew.; *Gerichtsmediziner:* Arzt für gerichtliche Medizin; *gerichtsnotorisch* Ew.: vom Gericht zur Kenntnis genommen; *Gerichtsobrigkeit; Gerichtsordnung; Gerichtsplatz; Gerichtsrat:* Richtertitel; *Gerichtssaal; Gerichtsschreiber; Gerichtssiegel; Gerichtssitzung; Gerichtssprache; Gerichtsstil; Gerichtssprengel:* Gerichtsbezirk; *Gerichtsstand:* Ort, dessen Gericht bei einer Rechtssache zuständig ist; *Gerichtstag; Gerichtstermin; Gerichtsverfahren; Gerichtsverfassung; Gerichtsverhandlung; Gerichtsverwalter; Gerichtsvollzieher; Gerichtswesen; Gerichtszwang:* Gerichtsbarkeit, der jemand unterworfen ist : der Bezirk ✳ **ge|rich|tet** Mw. Ew.: die angegebene Richtung einschlagend : der und der Partei angehörend : abgeurteilt ✳

ge|richt|lich Ew.: dem Gericht gemäß : vor Gericht verhandelt ✳ **Ge|richt|sa|me** (schweiz.), die; –, –n: Gerichtsbezirk ✳ **Ge|richts|bar|keit**, die; –, –en: Befugnis der Rechtsprechung : ihr Bezirk

ge|rie|ben Ew.: listig : verschlagen ✳ **Ge|rie|ben|heit**: Verschlagenheit

ge|rie|ren (l.) (..iert) tr.: führen : verwalten; rbz.: sich benehmen : für etwas ausgeben

Ge|rie|sel, das; –s: Rieseln : das Rieselnde

ge|ring Ew.: (veralt.) leicht an Gewicht : (veralt.) leicht zu tun : (veralt.) leicht beweglich : (veralt. weidm.) klein und schmächtig : wenig wert : unbedeutend : von niedrigem Stand : von niedrigem Grad; Uw.: (selt.) wenig ✳ *vornehm und gering:* jedermann; *Vornehme und Geringe; nichts Geringes; um ein geringes vergrößern → um ein Geringes vergrößern:* um etwas ein wenig vergrößern; *um ein Geringes streiten:* um etwas Unbedeutendes streiten; *nicht im geringsten → nicht im Geringsten:* gar nicht; *nicht das geringste → nicht das Geringste:* gar nichts; *das Geringste beachten:* das Unbedeutendste beachten ✳ *geringachten → geringachten* tr.; *Geringachtung; geringfügig* Ew.: unbedeutend; *Geringfügigkeit, die; –, –en:* das Unbedeutendsein : etwas Unbedeutendes; *geringhaltig* Ew.: geringen Wert habend ✳ **geringschätzen → gering schätzen** tr.: missachten : niedrig veranschlagen; *geringschätzig* Ew.: verächtlich; *Geringschätzung*

gering schätzen
Lässt sich das Adjektiv in einer Verbindung von Adjektiv und Verb steigern oder z. B. durch *sehr* oder *höchst* erweitern, wird getrennt geschrieben: *Es wurde (sehr) gering geschätzt.*

Ge|rin|gel, das; –s, –: Gesamtheit von Ringeln : das Ringeln

ge|rinn|bar Ew.: leicht gerinnend ✳ **Ge|rin|ne**, das; –s, –: Rinne : das Rinnen : rinnende Flüssigkeit ✳ **ge|rin|nen** (du gerinnst; gerann[e]st, geronnest; geronnen; gerinne!) intr.

(sein): sich in eine dichtere Masse zusammenziehen ✳ **Ge|rinn|sel**, das; –s, –: rinnendes Wasser : gerinnende oder geronnene Flüssigkeit ✳ *gerinnungsfähig* Ew.: fähig zum Gerinnen; *Gerinnungsfähigkeit*

Ge|rip|pe, das; –s: –: Knochengerüst : Skelett : Stützwerk : Plan, Anordnung : Gerüst ✳ **ge|rippt** Mw. Ew.: mit Rippen versehen (Stoff)

Ge|riß → Ge|riss, das; –es, –e: Gereiße ✳ **ge|ris|sen** Mw. Ew.: sehr schlau : nur auf den eigenen Vorteil bedacht ✳ **Ge|ris|sen|heit**, die; –: große Schlauheit : sehr große Geschäftstüchtigkeit

Germ, der; –(e)s; die; –: (mundartl.) Hefe

Ger|ma|ne, der; –n, –n: Angehöriger des indogermanischen Volksstammes der Germanen ✳ **Ger|ma|nia**, die; –: das als Sinnbild dargestellte Deutschland ✳ **Ger|ma|ni|en:** Deutschland zur Römerzeit ✳ **ger|ma|nisch** Ew.: die germanischen Volksstämme betreffend : zu den Germanen gehörig ✳ *das Germanische Museum in Nürnberg* ✳ **ger|ma|ni|sie|ren** (..iert) tr.: deutsch machen : verdeutschen ✳ **Ger|ma|nis|mus**, der; –, ..men: deutsche Redewendung in anderen Sprachen ✳ **Ger|ma|nist**, der; –en, –en: Deutschkundler ✳ **Ger|ma|nis|tik**, die; –: Wissenschaft von den germanischen Sprachen, von der deutschen Sprache und Literatur ✳ **ger|ma|nis|tisch** Ew.: die Germanistik betreffend

Ger|ma|nin, das; –s: Mittel gegen Schlafkrankheit

Ger|ma|ni|um, das; –s: ein chem. Grundstoff; Abk.: Ge

Ger|mer, der; –s, –: weiße Nieswurz

Ger|mi|nal (fr.) [ṣeher..], der; –(s), –s: „Keimmonat", 7. Monat des franz. Revolutionskalenders ✳ **Ger|mi|na|ti|on** (l.), die; –, –en: Keimung : Sprossung ✳ **ger|mi|na|tiv** [germ..] Ew.: keimend : sprossend

ger|ne, gern Ew. (lieber, am liebsten): (urspr.) begierig : mit Lust : dem Begehren folgend : immerhin : wunschgemäß : mit

Absicht : mit Fleiß : in der Regel : leicht * *Gernegroß, Gerneklug,* der; –: Kind, das gern groß (klug) sein möchte : Besserwisser * *gern haben; gern geschehen; gern tun; gerngesehen → gern gesehen:* ein gern gesehener Freund

Ge|**rö**|**chel**, das; –s: dauerndes Röcheln

ge|**ro**|**chen**: s. rächen und riechen

Ge|**röhr**, das; –(e)s, –e: schilfbewachsener Fleck : Schilfdickicht : einzelnes Rohr : Röhre : Hirschgeschrei * **Ge**|**röh**|**richt**, das; –(e)s: schilfbewachsener Fleck : Gesamtheit von Schilf : Rohrdickicht

Ge|**rol**|**le, Ge**|**roll,** das; –(e)s: das dauernde Rollen : etwas Rollendes * **Ge**|**röl**|**le, Ge**|**röll,** das; –(e)s, –e: in Stücken Rollendes : Gerümpel * *Geröllhalde; Geröllmasse; Geröllschutt*

ge|**ron**|**nen**: s. rinnen

Ge|**ront** (gr.), der; –en, –en: Volksältester in Sparta, Mitglied der Gerusia * **Ge**|**ron**|**to**|**kra**|**tie,** die; –, ..tien: Herrschaft eines Rates der Alten * **Ge**|**ron**|**to**|**lo**|**ge,** der; –n, –n: Wissenschaftler der Altersforschung * **Ge**|**ron**|**to**|**lo**|**gie,** die; –: Wissenschaft zur Erforschung des Alterns, s. Geriater * **Ge**|**ru**|**sia, Ge**|**ru**|**sie,** die; –, ..sien: Rat der Alten in Sparta : neugriechischer Staatsrat

Gersch, Giersch, der; –(e)s, –e: eine Pflanze

Gers|**te,** die; –: eine Getreideart (Pflanze und Frucht) : feine Perlgraupe (Kochkst.) geriebener und abgekochter Teig : Gericht von Mehl, Eiern und Milch * *Gerstammer; Gerstvogel* * *Gerstenacker; Gerstenbrot; Gerstenernte; Gerstengraupe; Gerstengrütze; Gerstenkorn:* entzündete Talgdrüse in der Größe eines Gerstenkorns am Auge; *Gerstenmalz; Gerstenmehl; Gerstensaft:* (scherzh.) Bier; *Gerstenschleim:* Brühe von Gerstengraupen; *Gerstenschrot; Gerstenzucker:* Malzzucker * **gers**|**ten** Ew.: (ldschftl.) aus Gerste bereitet

Ger|**te,** die; –, –en: biegsamer Zweig : Rute : Längen- und

Flächenmaß * *Gertenkraut:* eine Pflanze * *gertenschlank* Ew.

Ge|**ruch,** der; –(e)s, Gerüche: Sinn und Empfindung des Riechens : Duft : das Duftende : Ruf, Ansehen * *einen feinen Geruch haben; in üblem Geruch stehen:* schlechten Ruf haben * *geruchlos* Ew. * *Geruchsempfindung; Geruchsnerven; Geruchsorgan; Geruch(s)sinn; Geruchswerkzeug*

Ge|**rücht,** das; –(e)s, –e: umlaufendes Gerede : unverbürgte Nachricht * *Gerüchtemacher; Gerüchteküche:* (Umgspr.) Ort, an dem wiederholt Gerüchte entstehen * *gerüchtweise* Uw.: in Form von Gerüchten

Ge|**ru**|**fe,** das; –s: wiederholtes Rufen

ge|**ru**|**hen** intr.: huldvoll tun, für etwas Sorge tragen

ge|**ru**|**hig** Ew.: (veralt.) ruhig * **ge**|**ruh**|**lich, ge**|**ruh**|**sam** Ew.: ruhig : behaglich : ohne Aufregung

Ge|**rum**|**pel,** das; –s: das Rumpeln * **Ge**|**rüm**|**pel,** das; –s: wertlose Sachen : alte Gerätschaften * **Ge**|**run**|**di**|**um** (l.), das; –s, ..dien: (Sprachl.) Beugungsfall der Nennform * **Ge**|**run**|**di**|**vum, Ge**|**run**|**div** (l.) [..w..], das; –, ..va und ..ve: (Sprachl.) Mittelwort der Leideform der Zukunft

Ge|**ru**|**sia:** s. Geront

Ge|**rüst,** das; –(e)s, –e: aufgerichtetes Gestell : Hilfsbau * **Ge**|**rüs**|**te,** das; –s: das dauernde Rüsten

Ge|**rüt**|**tel,** das; –s: das dauernde Rütteln

Ger|**vais** (fr.) [scherwäh], der; –, –: Weichkäse

Ger|**va**|**si**|**us** (l.) [..w..]: ein Heiliger * *Gervasiustag*

Ger|**wer**|**fen:** s. Ger

ges (enharmonisch fis), das; –, –: (Mus.) das um einen halben Ton erniedrigte g : Molltonstufe * **Ges,** das; –, –: Durtonstufe

Ge|**sab**|**ber,** das; –s: (Umgspr.) übermäßiger Speichelfluss : sinnloses Gerede

Ge|**sä**|**ge,** das; –s: das dauernde Sägen

Ge|**salb**|**te:** s. salben

ge|**sal**|**zen, Ge**|**sal**|**ze**|**ne:** s. salzen

Ge|**sä**|**me,** das; –s, –: Gesamtheit von Pflanzensamen

ge|**samt** Ew.: als Einheit zusammengefasst : ganz : alles Zugehörige umfassend * *Gesamtansicht; Gesamtausgabe:* Ausgabe aller Werke eines Dichters; *Gesamtbetrag; Gesamtbild; Gesamtdeutschland; Gesamteindruck; Gesamteinkommen; Gesamteinnahme; Gesamterbe; Gesamtergebnis; Gesamtertrag; gesamteuropäisch:* das globale gesamte Europa betreffend; *Gesamtgewicht; Gesamtherrschaft; Gesamtinhalt; Gesamtkatalog; Gesamtkunstwerk:* die Einheit von Kunst, Musik und Sprache ergeben ein großes Kunstwerk; *Gesamtlage; Gesamtmacht; Gesamtmasse:* die ganze Vermögensmasse; *Gesamtschuldner:* für die ganze Schuld Haftender; *Gesamtschule:* Schulform, bei der die trad. weiterführenden Schulen eine Einheit bilden; *Gesamtstrafe; Gesamtsumme; Gesamtsumma); Gesamturteil; Gesamtverband; Gesamtwohl:* Wohl aller; *Gesamtzahl* * **Ge**|**samt**|**heit,** die; –: alle, alles umschließende Einheit

Ge|**sand**|**te,** der; –n, –n: Vertreter eines Staates bei einer fremden Regierung * **Ge**|**sandt**|**schaft,** die; –, –en: Vertretung eines Staates in einem fremden Staat : das Gebäude und die Gesamtheit der Beamten dieser Vertretung * *Gesandtenposten:* Arbeitsposten eines Gesandten; *Gesandtschaftsrat:* beruflicher Titel

Ge|**sang,** der; –(e)s, Gesänge: (weidm.) singender Lockvogel : das Singen : das Gesungene : Lied : Liedvortrag : Dichtung : (Dichtkst.) Teil eines großen epischen Gedichtes * *Gesangbuch; Gesang(s)lehrer(in); gesanglos* Ew.; *gesangreich* Ew.; *Gesang(s)stück; Gesang(s)stunde; Gesang(s)unterricht; Gesang(s)verein* * **ge**|**sang**|**lich** Ew.: den Gesang betreffend

Ge|**säß,** das; –es, –e: der Hintere, die Sitzmuskeln : (selt.) Sitz

Ge|**sau**|**fe,** das; –s: das Saufen, Sauferei

Ge|säu|ge, das; –s, –: Euter bei Wild und Hund

Ge|sau|se, das; –s: ununterbrochenes Sausen

Ge|säu|sel, das; –s: andauerndes Säuseln

ge|schacht Mw. Ew.: wie ein

Ge|schä|dig|te, der; die; –n, –n: Person, der Schaden zugefügt worden ist

Ge|schäft, das; –(e)s, –e: Tätigkeit, Arbeit : Berufstätigkeit : Geschäftshaus : das Entleeren des Leibes ✳ Geschäft(e)l-, Geschäft(e)lhuber, der; –s, –: übermäßig betriebsamer Mensch ✳ Geschäftsabschluß → Geschäftsabschluss; Geschäftsanteil; Geschäftsaufgabe; Geschäftsauftrag; Geschäftsbedingungen; Geschäftsbereich; Geschäftsbericht; geschäftserfahren Ew.; Geschäftserfahrung; geschäftsfähig Ew.; Geschäftsfreund; Geschäftsführer; Geschäftsführung; Geschäftsgeheimnis; Geschäftsgeist; Geschäftshaus; Geschäftsjahr; Geschäftskapital; Geschäftskarte; Geschäftskosten; Geschäftskunde; geschäftskundig Ew.; Geschäftslage; Geschäftsleben; Geschäftsmann; Geschäftsordnung; Geschäftspapiere; Geschäftsraum; Geschäftsreise; Geschäftsschluß → Geschäftsschluss ; Geschäftsstelle; Geschäftsträger; Gesandter; geschäftstüchtig Ew.; Geschäftsübernahme; Geschäftsunfähigkeit; Geschäftsverbindung; Geschäftsviertel; Geschäftswelt; Geschäftszimmer ✳ ge|schäf|tig Ew.: tätig, regsam, betriebsam ✳ Ge|schäf|tig|keit, die; –, en: das Geschäftigsein ✳ ge|schäft|lich Ew.: auf das Geschäft(sleben) bezüglich

Ge|schä|ker, das; –s: Flirterei, Poussiererei

ge|schä|mig Ew.: schämig, schüchtern

Ge|schar|re, das; –s: dauerndes Scharren

Ge|schau|kel, das; –s: dauerndes Schaukeln

ge|scheckt Ew.: bunt : fleckig

ge|sche|hen (es geschieht; es geschah, es geschähe, es geschehe!) intr. (sein): (auch unp.) sich ereignen : zugefügt werden ✳ es ist um ihn geschehen: er ist verloren ✳ Ge|sche|hen, das; –s, –: Vorgang, Ereignis ✳ Ge|scheh|nis, das; –ses, –se: Ereignis

Ge|schei|de, das; –s, –: Magen und Gedärm bei Wild und Hund

Ge|schein, das; –(e)s: Blütenstand der Weinrebe

ge|scheit Ew.: klug : vernünftig : intelligent ✳ Ge|scheit|heit, die; –, –en: das Gescheitsein : Klugheit : Intelligenz

Ge|schenk, das; –(e)s, –e: das Geschenkte, unentgeltlich Gegebene ✳ Geschenkartikel; Geschenkpackung; geschenkweise Uw.: als Geschenk

ge|schert Ew.: (mundartl.) dumm

Ge|schich|te, die; –, –n: das Geschehene : Vorfall : (verallgem.) Sache : Reihe von Begebenheiten : Erzählung : zusammenhängende Darstellung der Begebenheiten in der Entwicklung der Menschheit : Gesamtheit der Entwicklung der Menschheit ✳ Geschichtsatlas; Geschichtsbewußtsein → Geschichtsbewusstsein; Geschichtenbuch: Erzählungen enthaltendes Buch ✳ Geschichtsbuch: Lehrbuch der Geschichte; Geschichtsforscher; Geschichtskenner; Geschichtsklitterung: verfälschende Geschichtsschreibung; Geschichtskunde; Geschichtslehrer; geschichtsmäßig Ew.; Geschichtsphilosophie; Geschicht(s)schreiber; Geschichtsstudium; Geschichtsstunde; Geschichtsunterricht; Geschichtswerk ✳ ge|schicht|lich Ew.: der Geschichte angehörig : auf Geschichte bezüglich

Ge|schick, das; –(e)s, –e: rechte Art, Tauglichkeit : Fähigkeit, Gewandtheit : Schicksal, Schickung : (Bergb.) erzführende Gänge : (Bergb.) das Erzführen ✳ ge|schick|lich (selt.) Ew.: geschickt ✳ Ge|schick|lich|keit, die; –, –en: das Geschicktsein : Fertigkeit, Gewandtheit ✳ ge|schickt Mw. Ew.: tauglich : fertig, gewandt : (übertr.) schlau : durchtrieben

Ge|schie|be, das; –s, –: das Schieben : (Geol.) losgelöste und fortgeschobene Mineralien

ge|schie|den Ew.: (Abk.: gesch.); nicht mehr verheiratet ✳ Ge|schie|de|ne, der; die; –n, –n: nicht mehr Verheiratete/r

Ge|schie|ße, das; –s: dauerndes Schießen

Ge|schimp|fe, das; –s: Schimpferei

Ge|schirr, das; –(e)s, –e: Gerät : Gesamtheit von Haushaltsgefäßen : Maschinenteile zur Erzeugung bestimmter Bewegungen : volle Schiffsausrüstung : Leder- und Reienwerk bei Reit- und Zugpferden : Fahrzeug : Wagen und Gespann ✳ Geschirraufzug: Aufzug zur Beförderung des Geschirrs (in Hotels); Geschirrbürste: Bürste zum Reinigen von Pferdegeschirren; Geschirrholz; Geschirrkammer; Geschirrmacher: Verfertiger von Maschinenteilen : Sattler; Geschirrmeister: Aufseher über Ackerpferde und -geschirr; Geschirreiniger → Geschirrreiniger; Geschirrschrank; Geschirrspülmaschine; Geschirrtuch

Ge|schlab|ber, das; –s: (Umgspr.) dauerndes Schlabbern

ge|schla|gen Ew. Mw.: (Sahne) steif gerührt : verprügelt ✳ eine geschlagene Stunde

ge|schlämmt s. schlämmen

Ge|schlam|pe, Ge|schlamp, das; –(e)s: das Schlampen

Ge|schlecht, das; –(e)s, –er (–e): Gesamtheit von Gattungen : Unterschied zwischen männlich und weiblich : (Sprachl.) Unterschied zwischen männlich, weiblich und sächlich : Abstammung : Reihe voneinander Abstammender : Gesamtheit der zur selben Zeit lebenden Menschen : Menschenalter ✳ Geschlechtsakt; Geschlechtsart: Gesamtheit zusammengehöriger Wesen oder Arten; Geschlechtsfolge; Geschlechtsglied: Zeugungs-, Geburtsglied; Geschlechtsgut: Erbgut einer Familie; Geschlechtskrankheit; Geschlechtskunde; Geschlechtsleben; geschlecht(s)los Ew.: weder männlich noch weiblich; Geschlechtsname: Name, nach dem ein ganzes Geschlecht benannt ist : Familienname; Geschlechtsmerkmal; Geschlechtsorgan; Geschlechtsregister; Geschlechtsreife: Reife zur Fortpflanzung; Geschlechtstafel: Verwandtschaftsübersicht : Stammbaum; Geschlechtsteil; Geschlechtstrieb: Fortpflanzungstrieb; Geschlechtsunterschied; Geschlechtsverirrung; Geschlechtsverkehr; Geschlechtswort: das grammatische Geschlecht angebende Wort, Artikel **＊ geschlechtlich** Ew.: auf das Geschlecht bezüglich

Ge|schleck, **Ge|schle|cke**, das; –(e)s: Schleckerei

Ge|schleif, **Ge|schleife**, das; –(e)s, –e: (weidm.) Röhre zum Einschlüpfen des Tieres : Dachsbau

Ge|schlen|der, das; –s: dauerndes Schlendern

Ge|schlep|p, **Geschleppe**, das; –(e)s, –e: Schlepperei

ge|schlif|fen, **Ge|schlif|fen|heit**: s. schleifen

Ge|schlin|ge, das; –s, –: Schlingen : Schlund, Herz, Lunge und Leber der Schlachttiere

ge|schlos|sen, **Ge|schlos|sen|heit**: s. schließen

Ge|schluch|ze, das; –s: dauerndes Schluchzen

Ge|schmack, der; –(e)s, Geschmäcke: Sinn und Empfindung des Schmeckens : Empfindung und Urteil über das Schöne : das Gefallen : das, was man schmeckt : (obd.) Geruch **＊** geschmacklos Ew.: keinen Geschmackssinn habend : nicht auf den Geschmackssinn wirkend : (übertr.) dem Urteil über das Schöne nicht gemäß **＊** Geschmacklosigkeit; geschmackwidrig Ew.: (übertr.) dem Urteil über das Schöne zuwiderlaufend **＊** Geschmacksempfindung; Geschmacksknospen; Geschmacksnerv; Geschmacksrichtung; Geschmackssache, -sinn; Geschmacksstoff; Geschmackstest; Geschmacksverirrung; Geschmacksverstärker; geschmackvoll Ew.

Ge|schmat|ze, das; –s: das (dauernde) Schmatzen

Ge|schmau|se, das; –s: das Schmausen

Ge|schmei|chel, das; –s: dauerndes Schmeicheln

Ge|schmei|de, das; –s, –: (veralt.) schmiedbares Metall : aus Metall Geschmiedetes (mundartl.) : Hand- und Fußschellen : Goldschmiedearbeit : kostbarer (bes. Hals-)Schmuck **＊** Geschmeidehändler; Geschmeidekästchen **＊ ge|schmei|dig** Ew.: schmiegsam **＊ Ge|schmei|dig|keit**, die; –: das Geschmeidigsein

Ge|schmeiß, das; –es: (weidm.) Kot : ekle Brut : Auswurf der Menschheit

Ge|schmet|ter, das; –s: das Schmettern

Ge|schmier(e), das; –(e)s: das Schmieren : Sudelei : gesudelte Schrift

Ge|schmor|tes: s. schmoren

Ge|schmun|zel, das; –s: Schmunzelei

Ge|schmu|se, das; –es: das Schmusen : einschmeichelnde Zärtlichkeit

Ge|schnä|bel, das; –s: Schnäbelei

Ge|schnar|che, das; –s: das (viele) Schnarchen

Ge|schnat|ter, das; –s: das (dauernde) Schnattern

Ge|schnet|zel|te, das; –n: Speise aus kleingeschnittenem Fleisch mit Soße

Ge|schnau|be, das; –s: das Schnauben

ge|schnie|gelt: s. schniegeln

Ge|schnör|kel, das; –s: das Schnörkeln : das Geschnörkelte

Ge|schnüf|fel, das; –s: das (dauernde) Schnüffeln

Ge|schöpf, das; –(e)s, –e: Lebewesen, Kreatur : Mensch : (verlorenes –) Dirne

Ge|scho|re|ne: s. scheren

Ge|schoß → Ge|schoss (östr. auch Geschoß), das; –es, –e: Teil der Patrone, der beim Abschuss fortgeschleudert wird : Stockwerk, Etage **＊** Geschoßbahn → Geschossbahn; Geschoßgarbe → Geschossgarbe; Geschoßhagel → Geschosshagel; 3geschossig → 3-geschossig Ew., nur in Zus.: Stockwerke habend; z. B. zweigeschossig

3-geschossig
Zusammensetzungen mit Ziffern, Einzelbuchstaben oder Formelzeichen werden gekoppelt (mit Bindestrich geschrie-

ben): 3-geschossig, 17-jährig, x-beliebig u. a.

ge|schraubt Ew.: (Redeweise) unnatürlich, gestelzt **＊ ge|schraubt|heit**, die; –: das Geschraubtsein

Ge|schrei, das; –(e)s: andauerndes Schreien : Lärm : Gerücht

Ge|schrei|be, das; –s: Schreiberei : das Schreiben : geschriebenes Machwerk **＊ Ge|schreib|sel**, das; –s: –(e)s

Ge|schütz, das; –(e)s, –e: Feuerwaffe für schwere Geschosse : Kanone **＊** Geschützdonner; Geschützfeuer; Geschützführer; Geschützrohr; Geschützwesen

Ge|schwa|der, das; –s, –: Verband von Kriegsschiffen oder Flugzeugen **＊** Geschwaderchef; Geschwaderflug

Ge|schwa|fel, das; –s: törichtes Geschwätz

ge|schwänzt: s. schwänzen

Ge|schwätz, das; –es: leeres Gerede **＊ Ge|schwat|ze**, **Ge|schwät|ze**, das; –s: das dauernde Schwatzen **＊ ge|schwät|zig** Ew.: schwatzhaft **＊ Ge|schwät|zig|keit**, die; –: das Geschwätzigsein

ge|schwei|ge (denn) Bw.: noch viel weniger **＊** diese Frage ist bisher kaum beachtet, geschweige denn beantwortet worden **＊ ge|schwei|gen** intr.: (veralt.) schweigen; tr. (schweige; geschweigt): zum Schweigen bringen, beschwichtigen

Ge|schwel|ge, das; –s: Schwelgerei

ge|schwind(e) Ew. (–[e]st): schnell, hurtig **＊ Ge|schwin|dig|keit**, die; –, –en: das Geschwindsein : Maß der Schnelligkeit, Verhältnis der Zeit zum durchmessenen Raum **＊** Geschwindigkeitsbegrenzung; Geschwindigkeitsmesser: Tachometer; Geschwindigkeitsüberschreitung

Ge|schwirr, das; –(e)s: das (dauernde) Schwirren

Ge|schwis|ter, das; –s, –: (Mz.) Personen mit gleichen Eltern : Gesamtheit von Brüdern und Schwestern : (selt.) Bruder : (selt.) Schwester **＊** Geschwisterkinder: Kinder, deren Eltern Geschwister sind **＊**

Geschwisterliebe; Geschwisterpaar: Bruder und Schwester ✳ **ge|schwis|ter|lich** Ew.: in der Art von Geschwistern ✳ **Ge|schwis|ter|lich|keit,** die; –: das Geschwisterlichsein

ge|schwol|len Ew. Mw.: (Redeweise) prahlend, Bedeutung vortäuschend

Ge|schwo|re|ne, der; die; –n, –n: Laienrichter(in) bei den Schwurgerichten

Ge|schwulst, die; –, Geschwülste: fehlerhafte Geschwollenheit : krankhafte körperliche Anschwellung ✳ **ge|schwulst|ar|tig** Ew. ✳ **Ge|schwulst|bil|dung,** die; –, –en ✳ **Ge|schwür,** das; –(e)s, –e: Schwäre : Eiterung : (übertr.) anhaltender Missstand ✳ **ge|schwü|rig** Ew.: voll von Geschwüren; auch Geschwär

Ges-Dur, das; –: Tonart **Ges–Dur–Ton|lei|ter**

ge|seg|nen tr.: segnen ✳ **ge|seg|net** Ew. Mw. ✳ *gesegnete Mahlzeit*

Ge|sei|re (jüd.), das; –s: Geschwätz

Ge|sel|chte, das; –en: (bayr.) getrocknetes und geräuchertes Fleisch

Ge|sell, Ge|sel|le, der; ..sellen, ..sellen: (eig.) Saalgenosse : Genosse : Kamerad : Bursch : ein ausgelernter Arbeiter im Handwerk ✳ *Gesellenbrief; Gesellenjahre; Gesellenprüfung; Gesellenstück; Gesellenzeit* ✳ **ge|sel|len** tr.: vereinigen; rbz.: zusammentreten, zusammenkommen ✳ **ge|sel|len|haft** Ew.: in der Weise eines Gesellen ✳ **Ge|sell|schaft,** die; –, –en: das Gesellsein : Gesellenstand : Genossenschaft von Gesellen ✳ **Ge|sel|len|tum,** das; –s: Gesellenstand ✳ **ge|sel|lig** Ew.: sich anschließend : Gesellschaft suchend ✳ **Ge|sel|lig|keit,** die; –, –en: das Geselligsein : geselliges Beisammensein ✳ **Ge|sel|lin,** die; –, –nen: weibl. Gesell ✳ **Ge|sell|schaft,** die; –, –en: Kreis gleichgesinnter Menschen : die gebildeten, höheren Stände : Vereinigung zu gemeinsamen gewerblichen oder ideellen Zwecken : festlicher Empfang von Gästen ✳ *einem Gesellschaft leisten:* sich zu je-

mand gesellen, um ihm das Gefühl des Alleinseins zu nehmen ✳ *Gesellschaftsabend; Gesellschaftsanzug; Gesellschaftsform; Gesellschaftslehre; Gesellschaftsordnung; Gesellschaftsreise; Gesellschaftsspiel:* Unterhaltungsspiel; *Gesellschaftssystem; Gesellschaftstanz; Gesellschaftston:* Ton der guten Gesellschaft; *Gesellschaftsvertrag:* der der bürgerlichen Gesellschaft zugrunde liegende Vertrag : Vertrag einer Handelsgesellschaft o. Ä.; *Gesellschaftswissenschaft:* Gesellschaftslehre, Soziologie ✳ **Ge|sell|schaf|ter,** der; –s, –: ein unterhaltender Mensch : Teilhaber ✳ **Ge|sell|schaf|te|rin,** die; –, –nen ✳ **ge|sell|schaft|lich** Ew.: in Gesellschaft : auf die Gesellschaft bezüglich ✳ **Ge|sell|schaft|lich|keit,** die; –, –en: das Gesellschaftlichsein ✳ **Ge|sel|lung,** die; –, –en: das Gesellen

Ge|senk, Ge|sen|ke, das; ..k(e)s, ..ke: Senkung eines Geländes : Vertiefung im Innern eines Bergwerks : unterster Teil eines Schachts : schwerer Gegenstand, durch den Fischergeräte zum Sinken gebracht werden : vertiefte Form, in der etwas ausgeschmiedet wird : Senke : (Weinb.) Senker ✳ *Gesenkamboß* → *Gesenkamboss*

Ge|setz, das; –es, –e: (obd.) Absatz einer Rede, eines Liedes : Gebot, Satzung der Obrigkeit : Gesamtheit obrigkeitlicher Satzungen : natürlicher Grundsatz, Richtschnur ✳ *Gesetzauslegung; Gesetzblatt; Gesetzbuch; gesetzgebend* Mw. Ew.; *Gesetzentwurf; Gesetzkunde; gesetzkundig* Ew.; *gesetzlos* Ew.; *Gesetzlosigkeit; gesetzmäßig* Ew.; *Gesetzmäßigkeit; Gesetzvollstrecker; Gesetzvollzieher; gesetzwidrig* Ew. ✳ *Gesetzeskraft; Gesetzeskunde; Gesetzessammlung; Gesetzessprache; Gesetzesvorlage* ✳ **ge|setz|lich** Ew.: dem Gesetz gemäß

ge|setzt Ew.: besonnen : maßvoll ✳ **ge|setzt (dass)** Bw.: für den Fall, dass : angenommen, dass ✳ **ge|setz|ten|falls** Uw.: angenommen, dass; vorausgesetzt, dass ✳ **Ge|setzt|heit,** die;

–: Besonnenheit : Abgeklärtheit

Ge|seufz|e(n), das; ..zes: anhaltendes Seufzen

ges. gesch. (Abk.): gesetzlich geschützt

Ge|sicht, das; –(e)s, –er (–e): das Sehvermögen : dessen Organe : der vordere Teil des Kopfes : Miene : Aussehen : Ansehen : Visier an Gewehren : Erscheinung, Vision : (selt.) Aussicht, Fernsicht ✳ *Gesichtsausdruck; Gesichtsbildung; Gesichtsfarbe; Gesichtsfeld:* mit unbewegtem Auge oder mit optischer Linse übersehbarer Raum; *Gesichtshaut; Gesichtsknochen; Gesichtskrampf; Gesichtskrebs; Gesichtskreis:* Horizont : (übertr.) geistige Weite; *Gesichtslähmung; Gesichtslinie; Gesichtsmaske; Gesichtsmassage; Gesichtsmilch; Gesichtsmuskel; Gesichtsnerv; Gesichtspunkt:* geistige Einstellung : mögliche Betrachtungsweise; *Gesichtssinn:* Fähigkeit des Sehens; *Gesichtstäuschung; Gesichtswahrnehmung; Gesichtswasser; Gesichtswinkel:* Sehwinkel : (übertr.) Standpunkt; *Gesichtszug* ✳ *Gesichterschneider:* einer, der sein Gesicht verzerrt

Ge|sims, das; –es, –e: Sims, hervorragende Einfassung : abschließende gegliederte Verzierung : Vorragung an Gebirgswänden ✳ *Gesimsstein* ✳ **ge|simst** Ew.: mit einem Gesims versehen

Ge|sin|de, das; –s, –: Dienerschaft : Gesamtheit der Dienstboten ✳ *Gesindebier; Gesindekost; Gesindelohn; Gesindeordnung; Gesindestube* ✳ **Ge|sin|del,** das; –s: heruntergekommene Menschen, Pack

Ge|sin|ge, das; –s: andauerndes Singen : Singerei

ge|sinnt Mw. Ew.: die oder die Gesinnung habend ✳ *schlechtgesinnt* → *schlecht gesinnt, gutgesinnt* → *gut gesinnt* ✳ **Ge|sin|nung,** die; –, –en: Sinnesart ✳ *Gesinnungsgenosse; Gesinnungslosigkeit; Gesinnungstreue; gesinnungstüchtig* Ew.; *Gesinnungstüchtigkeit; Gesinnungswandel* ✳ **ge|son|nen:** s. sinnen

gut gesinnt
Da das Adjektiv getrennt gesteigert wird: *besser gesinnt* und nicht *gutgesinnterer*, wird getrennt geschrieben. Zusammen dagegen schreibt man das Substantiv: *ein Gutgesinnter*, das nur insgesamt gebeugt wird: *eines Gutgesinnten.*

ge|sit|tet Mw. Ew.: mit guter Lebensart : mit feinen Sitten, gutem Benehmen ＊ **Ge|sit|tet|heit,** die; –, –en: das Gesittetsein ＊ **Ge|sit|tung,** die; –, –en: Zustand des Gesittetseins und Gesittetwerdens : Zivilisation

Ge|socks, das; –(es) (Umgspr.) Gesindel

Ge|söff, das; –(e)s, –e: das dauernde Trinken : schlechter Trunk : Mischgetränk

ge|son|dert Mw. Ew.: getrennt
ge|son|nen: s. sinnen

Ge|sot|tel|ne, das; –n: Siede : zur Siede dienende Spreu ＊ ge|sot|ten: s. sieden

ge|spal|ten Mw. Ew.: zerteilt

Ge|span, der; –(e)s, –e: Gefährte, Genosse : (in Ungarn) Graf, Bezirksvorstand ＊ **Ge|span|schaft,** die; –, –en: (Ungarn) Grafschaft, Komitat

Ge|spän|ge, das; –s: Gesamtheit von Spangen

Ge|spann, das; –(e)s, –e: Zugtier und Gefährt : Gefährt : Paar : (Bergb.) kupferne Schüsseln, die zugleich ausgetieft werden : Tagesabteilung ländlicher Arbeiter

ge|spannt Ew.: straff : Streit drohend, uneinig : neugierig auf etwas ＊ *auf gespanntem Fuße stehen; gespanntes Verhältnis; auf etwas gespannt sein* ＊ **Ge|spannt|heit,** die –: das Gespanntsein

Ge|spar|re, das; –(e)s, –e: Gesamtheit der Dachsparren ＊ **Ge|spärr,** das; –(e)s, –e: Gesparre

Ge|spa|ße, das; –es: das Spaßen : Spaß

Ge|spenst, das; –es, –er: unkörperliche Erscheinung : Trugbild : unholder Geist : etwas einem Gespenst Ähnliches : eine Kegelschnecke : eine Holzwespe : Fangheuschrecke : Faultieraffe ＊ *Gespenstkäfer:* Fangheuschrecke; *Gespensttier:* eine Art Faultieraffe ＊ *Gespensterballade; Ge-*spenstererscheinung; *Gespenstergeschichte; Gespensterglaube; Gespenstermärchen; Gespensterreich; Gespensterstunde* ＊ **ge|spens|ter|haft, ge|spens|te|risch, ge|spens|ter|lich, ge|spens|tig, ge|spens|tisch** Ew.: spukhaft

Ge|sperr, das; –(e)s, –e: Gesparr : das Sperren, Sichsperren : das Sperrende : Sperrwerk : zum sperrenden Verschluss Dienendes : Klausur am Einband von Büchern : (weidm.) im Freien ausgebrachtes Fasanengeheck ＊ *Gesperrmacher:* Hersteller von Klausuren am Einband von Büchern

Ge|spie|le, der; –n, –n: Spiel : dauerndes Spielen : Spielgefährte : Jugendfreund ＊ **Ge|spie|lin,** die; –, –nen: Spielgefährtin : Jugendfreundin

Ge|spinst, das; –(e)s, –e: Erzeugnis des Spinnens, Gewebe

ge|spon|sert Mw. Ew.: von einem Geldgeber gefördert, unterstützt

Ge|spött, das; –(e)s: Spott : Gegenstand des Spottes ＊ **Ge|spott(e), Ge|spöt|tel,** das; –s: das Spötteln : dessen Gegenstand

Ge|spräch, das; –(e)s, –e: Gedankenaustausch in Unterredung : allgemein Besprochenes ＊ *Gesprächsaufforderung; Gesprächseinheit; Gesprächsform; Gesprächsgegenstand; Gesprächspartner; Gesprächsstoff; Gesprächston; Gesprächsthema; gespräch(s)weise* Uw. ＊ ge|sprä|chig Ew.: sich gern in ein Gespräch einlassend : (veralt.) geschwätzig ＊ **Ge|sprä|chig|keit,** die; –, –en: das Gesprächigsein

ge|spreizt Ew.: geziert : aufgeblasen ＊ **Ge|spreizt|heit,** die; –: das Sichspreizen

Ge|spren|ge, das; –s: das Sprengen : (Bergb.) Fehler des Nichtdurchschlägigwerdens : (Baukst.) Bedachung mit Sprengwerk

ge|spren|kelt: s. sprenkeln

Ge|spritz|te (bayr., östr.), der; –n, –n: Wein mit Sodawasser

Ge|spru|del, das; –s: das Sprudeln : das Sprudelnde

Ge|spür, das; –s: Gefühl für etwas

Geß|ner, Salomon: schweiz. Schriftsteller, Maler

Gest (niederd.), die; –: Hefe

gest. (Abk.): gestorben

Ge|sta|de, das; –s, –: (dichter.) Küste : Ufer

Ges|ta|gen (l.), das; –s, –e: weibl. Hormon, das eine Schwangerschaft ermöglicht

Ge|stalt, die; –, –en: Art der äußeren Erscheinung : (von Personen) Wuchs : gehörige Art : Form (Ggs. Stoff) : Erscheinung, Wesen ＊ *Gestaltlehre:* Morphologie; *Gestaltlos* Ew.: formlos ＊ *Gestaltwandel:* Wandel, Veränderung der Gestalt; ＊ *gestaltenreich* Ew.; *gestaltenvoll* Ew. ＊ **ge|stalt** Ew.: geartet, beschaffen; nur noch in Zus., z. B. dergestalt, solchergestalt u. a. ＊ **ge|stal|ten** tr.: in eine Gestalt bringen, formen, bilden; rbz.: bestimmte Gestalt gewinnen ＊ **ge|stal|te|risch** Ew.: schöpferisch ＊ **ge|stal|tet** Mw. Ew.: in eine Gestalt gebracht, zur Gestalt geworden : (in Zus.) *mißgestaltete → missgestaltet; vielgestaltet* ＊ **Ge|stal|ter,** der; –s, –: Former : Schöpfer ＊ **Ge|stal|tung,** die; –, –en: Formung : Bildung : Beschaffenheit ＊ *Gestaltungskraft; Gestaltungstrieb; Gestaltungsweise; Gestaltungswille*

Ge|stam|mel, das; –s: das Stammeln

Ge|stampf(e), das; ..pf(e)s: wiederholtes Stampfen

Ge|stän|de, das; –s, –: (weidm.) Füße größerer Vögel : Lager, Nest des Wildes : Stand im Pferdestall

ge|stän|dig Ew.: eingestehend ＊ **Ge|ständ|nis,** das; –ses, –se: das Eingestehen ＊ **ge|ste|hen** intr. (sein): fest werden, gerinnen; tr.: bekennen : eingestehen : (veralt.) bewilligen ＊ **Ge|ste|hung,** die; –, –en: das Gestehen ＊ *Gestehungskosten:* Selbstkosten eines hergestellten oder gekauften Gegenstandes

Ge|stän|ge, das; –s, –: Gruppe von Stangen : (Masch.) Stangen zur Leitung einer Bewegung : (weidm.) Hirschgeweih

Ge|stank, der; –(e)s: stinkender Geruch : etwas Widriges : übler Ruf

Ge|sta|po: (Kurzw.) Geheime Staatspolizei in der Zeit des Nationalsozialismus

ge|stat|ten tr.: erlauben : (zuw.) zugestehen
Ges|te (l.), die; –, –n: Gebärde : Miene : Handbewegung *
Ges|tik, die; –, –en: Gesamtheit der Gesten : Gebärdenspiel : Zeichensprache * **Ges|ti|ku|la|ti|on**, die; –, –en: das Gestikulieren : Gebärdensprache * **ges|ti|ku|lie|ren** (..iert) tr.: Gebärden, Handbewegungen machen * **Ges|tus**, der; –: körperliche Stellung : Bewegung : Gebärde
Ge|steck, das; –(e)s, –e: (mundartl.) Besteck : Blumenarrangement
ge|stehen, usw.: s. gestündig
Ge|stein, das; –(e)s, –e: Gesteinsmasse : Gruppe von Steinen * *Gesteinsarbeit:* Bergmannsarbeit; *Gesteinsbohrmaschine; Gesteinskarte:* Gebirgskarte mit farbiger Unterscheidung der Gesteinsarten; *Gesteinskunde; Gesteinslehre; Gesteinsreich:* Mineralreich
Ge|stell, das; –(e)s, –e: Ständer, auf dem in etwas gestellt wird : Schneise * *Gestellmacher:* Stellmacher; *Gestellstein:* Glimmerschiefer zu den Gestellen der Hochöfen
Ge|stel|lung, die; –, –en: (Heerw.) das Gestellen * *Gestellungsbefehl*
ges|tern Uw.: am Tage vor heute * *nicht von gestern sein:* erfahren sein * **Ges|tern**, das; –s: das Vergangene * **ges|t|rig** Ew.: von gestern herrührend : gestern gewesen seiend
gestern Abend
Großgeschrieben werden die Bezeichnungen von Tageszeiten nach den Adverbien *vorgestern, gestern, heute, morgen* und *übermorgen;* aber: *gestern früh.*
Ge|sti|chel, das; –s: Stichelei
ge|stie|felt: s. stiefeln
ge|stielt, Ew.: einen Stiel habend
Ges|tik, **Ges|ti|ku|la|ti|on**, **ges|ti|ku|lie|ren:** s. Geste
Ge|stirn, das; –(e)s, –e: (allg.) jeder Weltkörper : (bedeutungsvoller) Stern * *Gestirnstand* * **ge|stirnt** Mw. Ew.: voll von Sternen : (dichter.) als Gestirn glänzend
Ge|stö|ber, das; –s, –: störbernde Massen : starker Schneefall

ge|sto|chen Mw. Ew.: im Stichverfahren reproduziert : genau und sauber * *eine gestochen scharfe Handschrift*
ge|stockt: s. stocken
Ge|stöhn(e), das; –(e)s: das (dauernde) Stöhnen
Ge|stol|per, das; –s: fortwährendes Stolpern
ge|stor|ben: s. sterben
Ge|stör, das; –(e)s, –e: Verbindung mehrerer Stämme beim Flößen
Ge|stö|re, das; –s: vieles Stören
Ge|stot|ter, das; –s: das Stottern
Ge|stram|pel, das; –s: das (viele) Strampeln
Ge|sträuch, das; –(e)s, –e: Strauchwerk
Ge|strei|chel, das; –s: das (dauernde) Streicheln
ge|streckt Ew. Mw.: gerade, ausgestreckte Körperhaltung * *gestreckter Galopp*
ge|streift: s. streifen
Ge|strei|te, das; –s: das (dauernde) Streiten
ge|streng Ew.: (veralt.) streng * *die Gestrengen Herren:* die Eisheiligen
Ge|streu, das; –(e)s: das Streuen
ge|stri|chelt: s. stricheln
ges|t|rig: s. gestern
Ge|ström, das; –(e)s: Strömung
Ge|stru|del, das; –s: das (starke) Strudeln : Strudel
Ge|strüpp, das; –(e)s, –e: struppiges Gesträuch
Ge|stü|be, das; –s: (bergm.) Gemenge aus Kohlenstaub und Ton
Ge|stü|ber, das; –s, –: (weidm.) Kot (von Federwild)
Ge|stühl, das; –(e)s, –e: Stuhl : Gestell : Reihen zusammenhängender Stühle (z. B. in Kirchen, Chorgestühl)
Ge|stüm|per, das; –s: (Umgspr.) Stümperei
ge|stun|den, Ge|stun|dung: stunden, Stundung
Ges|tus: s. Geste
Ge|stüt, das; –(e)s, –e: Anstalt für Pferdezüchtung : Zuchtpferde * *Gestütgarten; Gestüthengst* * *Gestütsherr; Gestütsmeister; Gestütspferd; Gestütsverwalter; Gestütszeichen:* Brandzeichen des Gestüts

Ge|such, das; –(e)s, –e: anhaltendes Suchen : (meist schriftlich abgefasste) Bitte, Eingabe * *Gesuchsteller:* Bittsteller
ge|sucht Mw. Ew.: Vornehmheit vorspielend, gestelzt * *Gesuchtheit*, die; –: Weithergeholtheit
Ge|su|del, das; –s: das Sudeln : Sudelei
Ge|sum|m(e), das; ..m(e)s;
Ge|sums, das; –es: das (dauernde) Summen
ge|sund Ew. (–er und gesünder; ..[e]st und gesünd[e]st): ohne Krankheiten : dem Körper zuträglich : heilsam * *Gesundbad; Gesundbetung; Gesundbrunnen; Gesundwasser; –werdung* * **ge|sun|den** intr. (sein): gesund werden : genesen : (selt.) heilsam sein, frommen * **Ge|sund|heit**, die; –: Zustand der Krankheitslosigkeit : (körperliches) Befinden : Heilsamkeit, Zuträglichkeit (für den Körper) * *Gesundheit!:* Zuruf an Niesende : Zuruf beim Zutrinken * *Gesundheitsamt:* Behörde zur Überwachung der Gesundheit der Bevölkerung; *Gesundheitsattest; Gesundheitsdienst; gesundheitshalber* Uw.: um der Gesundheit willen; *Gesundheitslehre; Gesundheitspaß → Gesundheitspass; Gesundheitspflege; Gesundheitsregel; Gesundheitswesen; –zeugnis; Gesundheitszustand* * **ge|sund|heit|lich** Ew.: den Gesundheitszustand betreffend * **Ge|sun|dung**, die; –: Genesung : Heilung
Ge|sur|r(e), das; ..rr(e)s: das (dauernde) Surren
get. (Abk.): getauft
Ge|ta|del, das; –s: wiederholtes Tadeln
Ge|tä|fel, das; –s, –: Täfelung : Honigscheiben
Ge|tän|del, das; –s: das Tändeln
Ge|tan|ze, das; –s: dauerndes Tanzen : Tanzerei
Ge|tau|mel, das; –s: dauerndes Taumeln, Taumelei
Geth|se|ma|ne: Garten am Ölberg bei Jerusalem
Ge|tier, das; –(e)s: Gesamheit von Tieren : einzelnes Tier
ge|ti|gert: s. tigern : gestreift wie das Fell eines Tigers

Ge|to|be, das; –s: das (dauernde) Toben : ausgelassenes und lärmendes Treiben (von Kindern)

Ge|tön, das; –(e)s: dauerndes Tönen

Ge|to|se, Ge|tö|se, das; –s, Getöse : tosender Lärm

Getrabe, das; –s: das Traben

ge|tra|gen Ew.: würdevoll, gemächlich ✳ *eine –e Redeweise; eine –e Melodie*

Ge|tram|pel, das; –s: das (dauernde) Trampeln

Ge|tränk, das; –(e)s, –e: Flüssigkeit zum Trinken ✳ *Getränkesteuer:* Steuer auf geistige Getränke; *Getränkeautomat; Getränkekarte*

Ge|trap|pel, das; –s: das (dauernde) Trappeln

ge|tratsch(e), das; ..sch(e)s: Geklatsche

ge|trau|en rbz.: (sich [Dat. u. Akk.] – zu tun) Mut haben : (sich [Dat.] etwas –) sich zutrauen, wagen ✳ *ich getraue mir (mich) zu sagen; ich getraue mir die Behauptung; ich getraue mich hin:* ich wage hinzugehen

Ge|träu|fel, das; –s: das Träufeln : träufelnde Flüssigkeit

Ge|trei|de, das; –s, –: (urspr.) Erträgnis : Körner liefernde Gräser : ihre mehlhaltigen Fruchtkörner ✳ *Getreideausfuhr; Getreidebau; Getreidebeize:* Mittel zum Entkeimen der Getreidesaat; *Getreideboden; Getreidebrand; Getreidefeld; Getreidehandel; Getreidehändler; Getreidemarkt; Getreidemaß; Getreidepreis; Getreideschober; Getreidespeicher; Getreidewaage; Getreidewirtschaft; Getreidezins:* in Getreide entrichteter Zins

ge|trennt Ew., Uw.: für sich : abgesondert : weit voneinander : geschieden ✳ *getrennt leben; getrennt schreiben* ✳ *Getrenntschreibung*

ge|treu Ew.: treu : genau entsprechend ✳ **Ge|treue,** der (die); –n, –n: Freund : Gefolgsmann ✳ **ge|treu|lich** Uw.: in Treue

Ge|trie|be, das; –s, –: ineinander greifendes Räderwerk : Maschinerie : reges Treiben : (Bergb.) Holzpfähle zum Schutz gegen das Einstürzen ✳ *Großstadtgetriebe; Getriebelehre:* Kinematik; *Getriebeöl; –schaden*

Ge|tril|ler, das; –s: Trillerei

Ge|trip|pel, das; –s: das (dauernde) Trippeln

ge|trost Ew.: voll Zuversicht : (selt.) bei Trost ✳ **ge|trös|ten** rbz.: sich trösten : Trost aus etwas nehmen : mit Zuversicht hoffen : sich gedulden

Get|to, Ghet|to (hebr., it.), das; –s, –s: abgeschlossenes Stadtviertel (ehem. bes. für Juden)

Getto / Ghetto
Die in die deutsche Sprache integrierte Form *(Getto)* wird vorrangig benutzt; die Nebenvariante *(Ghetto)* ist aber weiterhin zulässig.

Ge|tue, das; –s: Wichtigtuerei : lärmendes Tun und Gehaben

Ge|tüm|mel, das; –s: wirres Durcheinander : durcheinander wogende Menge

Ge|tu|schel, das; –s: leises, für Außenstehende unverständliches Gerede

Ge|tu|te, das; –s: fortwährendes Tuten

Ge|übt|heit: s. üben

Geu|se (fr.), der; –n, –n: „Bettler" : Freibeuter : Name der niederländischen Edelleute, die im 16. Jh. gegen die spanische Herrschaft kämpften

Ge|vat|ter, der; –s und –n, –n: Taufzeuge : Befreundeter ✳ *(zu) Gevatter stehen* intr.: Taufzeuge sein ✳ *Gevatterbrief:* Brief, durch den man jemand zu Gevatter bittet; *Gevatterschmaus* ✳ *Gevattersleute; Gevattersmann* ✳ **ge|vat|ter|haft** Ew.: in der Weise von Gevattern ✳ **Ge|vat|te|rin,** die; –, –nen: weibl. Taufzeuge : Klatschbase ✳ **Ge|vat|ter|schaft,** die; –, –en: Gesamtheit von Gevattern

Ge|viert, das; –(e)s, –e: Vierung : Gevier : Viereck : (Buchdrw.) zum Ausfüllen leerer Zwischenräume dienende Viereckchen ✳ **ge|viert** Ew.: in vierfacher Zahl : in vier Teile geteilt : viereckig ✳ **Ge|viert|schein:** (Astron.) Stellung eines Planeten im Verhältnis zu Sonne und Erde

Ge|wächs, das; –es, –e: Pflanzenertrag : Pflanze : das im Wachstum Begriffene : Auswuchs : Zucht, Züchtung : Art : Wuchs ✳ *Gewächserde; Gewächshaus; Gewächskunde; Gewächslehre; gewächsreich* Ew.; *Gewächssammlung* ✳ **Ge|wüchs,** das; –es; **Ge|wüch|se,** das; –s: Gewächs : Wuchs

ge|wachst: s. Wachs

Ge|wa|ckel, das; –s: das (dauernde) Wackeln, Wackelei

Ge|waff, das; –(e)s: (weidm.) große Eckzähne beim Wildschwein

ge|wahr Ew.: durch die Sinne gewahrend; fast nur in der Wendung: *gewahr werden:* (mit Gen. u. Akk.) etwas gewahren ✳ **ge|wah|ren** tr.: wahrnehmen, erkennen; rbz.: (sich eines Dinges –) sich auf etwas gefasst machen und dagegen vorsehen ✳ **ge|wahrsam** Ew.: (selt.) achtsam, wachsam ✳ **Ge|wahr|sam,** der; –(e)s, –e: Aufsicht : Haft : Obhut ✳ **Ge|wahr|sam,** das; –(e)s, –e: (veralt.) Gefängnis

Ge|währ, die; –: das Bürgen, Bürgschaft : (veralt., Rechtsspr.) rechtlicher Besitz : Sicherheit : (veralt.) Hab und Gut ✳ **ge|währ|leis|ten** (ich gewährleiste; gewährleistet; zu gewährleisten) *auch:* **Ge|währ leis|ten** (ich leiste Gewähr, Gewähr geleistet, Gewähr zu leisten) tr.: bürgen ✳ *Gewährfrist;* **Ge|währ|leis|tung** ✳ *Gewährsmangel; Gewährsmann:* Bürge ✳ **ge|währ|bar** Ew.: so beschaffen, dass es gewährt werden kann ✳ **ge|wäh|ren** tr.: zuteil werden lassen : bewilligen; intr.: (– lassen) ohne Eingriff fortwirken lassen ✳ **Ge|wäh|rung,** die; –: das zu Gewährende

Ge|walt, die; –, –en: (Staats–, richterliche –, polizeiliche –, elterliche –) Macht, der man sich fügen muss : Nötigung, Zwang des Stärkeren : große Kraft ✳ *Gewalt anwenden:* Machtzwang ausüben; *einer Sache Gewalt antun:* gewaltsam damit verfahren, unbefugt in etwas eingreifen; *einer Frau Gewalt antun:* sie notzüchtigen; *mit Gewalt:* mit Machtzwang : stark : sehr, durchaus ✳ *Gewalttakt:* Anwendung von

Gewalt; *Gewaltanmaßung; Gewaltbrief:* Vollmachtsurkunde; *Gewaltgeber:* Bevollmächtigender; *Gewaltgericht:* über Gewalttaten urteilendes Gericht; *Gewalthaber:* Machthaber : (Rechtsspr.) einer, der (elterliche) Gewalt hat : (obd.) Bevollmächtigter; *Gewalthandlung; Gewaltherrscher; Gewaltmarsch; Gewaltmaßnahme; Gewaltmaßregel; Gewaltmensch;; Gewalttat; Gewalttäter; gewalttätig* Ew.; *Gewalttätigkeit:* Anwendung von Gewalt : brutales Vorgehen ***** ge|wal|tig Ew.: riesenhaft : sehr groß ***** ge|walt|sam Ew.: mit Gewalt *** Ge|walt|sa|me,** die; –: (veralt.) Gewalt *** Ge|walt|sam|keit,** die; –, –en: das Gewaltsamsein : gewaltsame Handlung

Ge|wand, das; –(e)s, Gewänder; (veralt.) Tuch : (geh. Stil) Kleid : Festkleid : (übertr.) äußere Erscheinungsform ***** *Gewandhaus:* Tuchhalle; *Gewandhaussaal:* ehem. Konzertsaal in Leipzig; *Gewandhauskonzert; Gewandhausorchester,* das; –es; *gewandlos* Ew.; *Gewandschneider* ***** *gewandweise* Uw.: (Umdeutung von quantsweise) zum Schein : ungefähr : nebenbei ***** ge|wan|den tr.: (geh. Stil) kleiden ***** Ge|wan|dung, die; –, –en: (geh. Stil) Kleidung

Ge|wän|de, das; –s, –: Seitenwände einer Tür : Fensteröffnung

ge|wandt Mw. Ew. (–est): beweglich : geschickt *** Ge|wandt|heit,** die; –, –en: das Gewandtsein

Ge|wann, das; –(e)s, –e; Ge|wan|ne, die; –, –n: viereckiger Streifen der Feldflur (Gewannflur) : Ackergrenze, an der „gewendet" wird

ge|wär|tig Ew. (mit Gen.): pflichtgemäß bereit : gewartend : gefasst ***** ge|wär|ti|gen tr.: erwarten : gefasst sein (auf)

Ge|wäsch, das; –es: Geschwätz

Ge|wäs|ser, das; –s, –: Sammelbezeichnung für die Wasser (See, Fluss, Bach) *** Ge|wäs|ser|kun|de:** Zweig der allgemeinen Geografie *** Ge|wäs|ser|schutz,** der; –es

Ge|we|be, das; –s, –: Verbindung gleichartiger Zellen : aus Fadenverschlingungen entstandene Stoffe : das innig Verschlungene, Gefüge ***** *Gewebebreite:* Stoffbreite; *Gewebekultur; Gewebelehre; Gewebsflüssigkeit; Muskelgewebe; Lügengewebe*

ge|weckt Ew.: geistig rege

Ge|wehr, das; –(e)s, –e: eine Handfeuerwaffe : Klauen und Zähne der Raubtiere : Hauzähne des Wildschweins ***** *Gewehrabzug; Gewehrfabrik; Gewehrfeuer; Gewehrkolben; Gewehrlauf; Gewehrmagazin; Gewehrschaft; Gewehrschloß* → Gewehrschloss; *Gewehrschmied; Gewehrschuß* → Gewehrschuss; *Gewehrschütze; Gewehrstütze*

Ge|weih, das; –(e)s, –e: Gehörn der Hirscharten

Ge|wen|de, das; –s, –: das Wenden : ein Ackermaß : Ackergrenze : Gespann : Garnitur : (weidm.) Spur des zu Holz ziehenden Hirsches

Ge|wer|be, das; –(e)s, –e: berufsmäßige Tätigkeit und Wirksamkeit : berufsmäßige Bearbeitung und Verarbeitung von Rohstoffen ***** *Gewerbeaufsicht; Gewerbeausstellung; Gewerbebank; Gewerbebetrieb; Gewerbefleiß; Gewerbefreiheit; Gewerbegeld; Gewerbegericht; Gewerbehygiene; Gewerbekammer; Gewerbekunde; Gewerbelehrer; Gewerbeordnung; Gewerberecht; Gewerbeschein; Gewerbeschule; Gewerbesteuer; Gewerbetreibende,* der; die; –n, –n; *Gewerbeverein; Gewerbewesen* ***** *Gewerbsleute:* Gewerbetreibende; *Gewerbsmann; gewerbsmäßig* Ew.; *Gewerbszweig* ***** ge|werb|lich Ew.: dem Gewerbe angehörig, gemäß, darauf bezüglich

Ge|werk, das; –(e)s, –e: Werk : Bauwerk : Fabrik : Erzeugnis einer Arbeit : Handwerk : Zunft ***** *Gewerksgenossenschaft; Gewerksmann; Gewerksverein* *** Ge|wer|ke,** der; –n, –n: Bergbautreibender : Mitglied einer bergrechtlichen Gewerkschaft ***** *Gewerkentag* *** Ge|wer|ker,** der; –s, –: Gewerksmann *** Ge|werk-**

schaft, die; –, –en: Zusammenschluss von Arbeitnehmern zur Regelung der Arbeits- und Lohnverhältnisse ***** *Gewerkschaftsbank; Gewerkschaftsbewegung; Gewerkschaftsbund; Gewerkschaftsführer; Gewerkschaftshaus; Gewerkschaftsmitglied; Gewerkschaftsversammlung* ***** ge|werk|schaft|lich Ew.: die Gewerkschaft betreffend *** Ge|werk|schaft|ler,** der; –s, –: Angehöriger der Gewerkschaft

Ge|we|se: das; –s, –; Anwesen : Getue : Gehabe

Ge|wicht, das; –(e)s, –e: Größe der Schwere : Grundlage für die Bestimmung der Grundeinheit dieses Gewichts : Körper von bestimmter Schwere als Maß beim Wiegen : schwerer Körper als wirkende Kraft an Maschinen : (übertr.) Bedeutung ***** *gewichtlos* Ew.; *Gewichtheben:* Leibesübung ***** *Gewichtsabnahme; Gewichtsbestimmung; Gewichtsklasse; Gewichtskontrolle; Gewichtssatz; Gewichtstabelle; Gewichtsverlust; Gewichtszoll; Gewichtszunahme* ***** ge|wich|tig Ew.: wichtig : bedeutend an Gewicht : schwer : (übertr.) bedeutend *** Ge|wich|tig|keit,** die; –, –en: Wichtigkeit : Bedeutung *** Ge|wich|tig|keit,** die; –

ge|wieft Mw. Ew.: (volkst.) gewandt, schlau, geschickt, durchtrieben

ge|wiegt: s. wiegen

Ge|wie|her, das; –s: das Wiehern

ge|willt Mw. Ew.: willens, entschlossen

Ge|wim|mel, das; –s: das Wimmeln : Gewühl

Ge|wim|mer, das; –s: das (dauernde) Wimmern

Ge|win|de, das; –s, –: das Sichwinden : (Techn.) geschnittene Schraubenlinie in oder um einen Körper : etwas Ineinandergeschlungenes : mit Tauen umwundener Teil des Mastes : Maß für Garn ***** *Gewindebohrer; Gewindegelenk:* Scharnier

Ge|winn, der; –(e)s, –e: Mehrertrag : Ausbeute, Nutzen ***** *Gewinnanteil; Gewinnbeteiligung* ***** ge|winn|brin|gend *auch:* Ge|winn brin|gend, *sein Geld Gewinn bringend an-legen,* aber: *höchst gewinn-bringend;* Gewinngemein-schaft; Gewinnspanne; Ge-winnsucht; *gewinnsüchtig* Ew.; *Gewinn-und-Verlust-Rechnung* ✱ **ge|win|nen** (ich gewann, du gewann[e]st, du gewönnest und gewännest; ge-wonnen; gewinn[e]!) tr.: Er-strebtes erlangen, erwerben : herrschenden Einfluss erlangen : (auch nicht Erstrebtes) be-kommen, erlangen : (eine Ei-genschaft –) annehmen : (Spiel) den Preis gewinnen, Sieger sein; intr.: (Pflanzen) treiben : den Preis, Sieg davon-tragen : einen Lotteriegewinn erlangen : sich zum Vorteil ver-ändern : (von etwas –) Nutzen ziehen ✱ *Vorteil gewinnen; die Oberhand gewinnen; viel über einen gewinnen:* großen Ein-fluss über einen haben; *jemand zum Freund gewinnen:* jeman-des Freundschaft erlangen; *je-mand liebgewinnen* → *lieb ge-winnen:* sich zu jemandem hin-gezogen fühlen; *an Klarheit gewinnen:* klarer werden ✱ **ge|win|nend** Mw. Ew.: anzie-hend, einnehmend ✱ **Ge|win|ner,** der; –s, –: ein Ge-winnender ✱ **Ge|win|nung,** die; –, –en: das Gewinnen **Ge|win|sel,** das; –s: das (dau-ernde) Winseln **Ge|wir|bel,** das; –s: das Wir-beln : das Durcheinanderwir-belnde **Ge|wirk,** das; –(e)s, –e: Ge-webe : Art des Wirkens : Wabe **Ge|wirr,** das; –es, –e: wirres Durcheinander : Wirrstroh **Ge|wis|per,** das; –s: das (dau-ernde) Wispern **gewiß** → **ge|wiss** Ew. (gewis-ser; gewisseste) (mit Gen.): fest und zuverlässig wissend, fest überzeugt : sicher, be-stimmt, zweifellos; Uw.: (un-betont) sicherlich, wahrschein-lich ✱ *ein gewisser Jemand:* ir-gendeiner; *etwas, nichts Ge-wisses; zu gewissen Zeiten:* zu bestimmten, nicht näher zu be-zeichnenden Zeiten; *das ist ihm gewiß* → *gewiss:* das wird ihm sicher zuteil ✱ **ge|wis|ser-ma|ßen** Uw.: bis zu einem ge-wissen Maße, gleichsam, sozu-sagen ✱ **Ge|wiß|heit** →

Ge|wiss|heit, die; –, –en: Si-cherheit : feste Überzeugung : festes Wissen, feste Kenntnis ✱ **ge|wiß|lich** → **ge|wiss|lich** Uw.: sicherlich **Ge|wis|sen,** das; –s, –: eigene Erkenntnis unseres Handelns und Fühlens als recht oder un-recht ✱ *sich kein Gewissen aus, über etwas machen:* keine sitt-lichen Bedenken haben, etwas zu tun usw.; *einen auf sein Ge-wissen fragen:* einen unter Mahnung an die sittliche Pflicht zur Wahrheit fragen; *et-was auf dem Gewissen haben:* an etwas schuld sein ✱ *gewis-senlos* Ew.; *Gewissenlosigkeit* ✱ *Gewissensangst; Gewissens-bedenken; Gewissensbiß* → *Gewissensbiss; Gewissens-frage; Gewissensfreiheit; Ge-wissenskonflikt; Gewissens-pein; Gewissenspflicht; Gewis-sensqual; Gewissensruhe; Ge-wissenssache; Gewissensskru-pel; Gewissenswurm:* (Umgspr.) nagendes schlech-tes Gewissen; *Gewissens-zwang; Gewissenszweifel* ✱ **gewissenhaft** Ew.: sich nach dem Gewissen richtend : sehr sorgfältig ✱ **Gewissenhaftig-keit,** die; –: Zuverlässigkeit : Genauigkeit **Ge|wit|ter,** das; –s, –: (veraltet) Wetter, Witterung : Entladung der Erd- und Luftelektrizität mit Blitz und Donner ✱ *Gewit-tergewölk; Gewitterluft; Gewit-terneigung; Gewitterregen; Gewitterschauer; gewitter-schwül* Ew.; *Gewittersturm; Gewitterwolke* ✱ **ge|wit|ter-haft** Ew.: gewitterdrohend ✱ **ge|wit|te|rig** Ew.: gewitterhaft ✱ **ge|wit|tern** intr., unp.: ein Gewitter geben **Ge|wit|zel,** das; –s: Witzelei ✱ **ge|wit|zigt, ge|witzt** Ew.: klug, schlau **GewO** (Abk.): Gewerbeordnung **Ge|wo|ge,** das; –(e)s: das Wo-gen : das Wogende : Woge **ge|wo|gen** Mw. Ew.: geneigt, zugetan ✱ **Ge|wo|gen|heit,** die; –, –en: das Gewogensein **ge|wöh|nen** tr., mit Gen.: (selt.) gewohnt werden; tr.: (an etwas –) vertraut machen durch dauernden Umgang, durch Wiederkehr des Gleichen usw.;

rbz.: (sich an etwas –) vertraut werden ✱ **Ge|wohn|heit,** die; –, –en: das Gewohntsein : ge-wohntes Sein, Tun : herkömm-licher Brauch ✱ *gewohnheits-mäßig* Ew.: der Gewohnheit gemäß; *Gewohnheitsmensch:* einer, der schwer von seinen Gewohnheiten lässt; *Gewohn-heitsrecht:* auf langen Ge-brauch begründetes Recht; *Ge-wohnheitstier:* (scherzh. für) Gewohnheitsmensch; *Gewohn-heitstrinker; Gewohnheitsver-brecher* ✱ **ge|wöhn|lich** Ew.: wie etwas im allgemeinen be-schaffen ist : herkömmlich : mittelmäßig, alltäglich : un-fein, grob ✱ **Ge|wöhn-lich|keit,** die; –, –en: das Ge-wöhnlichsein : etwas Gewöhn-liches ✱ **ge|wohnt** Mw. Ew.: (eine Sache –) herkömmlicher-weise vertraut mit etwas : durch häufige Wiederkehr be-kannt ✱ **ge|wohn|ter|ma|ßen** Uw.: wie gewohnt, wie üblich ✱ **Ge|wöh|nung,** die; –: das (Sich-)Gewöhnen : das Ge-wohntsein **Ge|wöl|be,** das; –s, –: ge-mauerte, gebogene Decke ei-nes Raumes : Raum mit ge-wölbter Decke ✱ *Gewölbebo-gen; Gewölbepfeiler; Gewöl-bestein; Gewölbeträger* **Ge|wölk(e),** das; ...k(e)s: An-sammlung von Wolken : etwas das Licht Trübendes : leichte Umhüllung : etwas Ver-schwommenes **Ge|wöl|le,** das; –s: Unverdauli-ches, das Greifvögel ausbre-chen **Ge|wühl,** das; –(e)s: Wühlerei : Gewimmel : dichtgedrängte Menge **ge|wür|felt:** s. würfeln **Ge|wür|ge,** das; –s: das (dau-ernde) Würgen **Ge|würm,** das; –(e)s: Gesamt-heit der Würmer : einzelner Wurm : Gezücht **Ge|würz,** das; –es, –e: (obd.) Wurzeln, Wurzelwerk als wür-zige Speisenzutat : (geh. Stil) etwas würzig Riechendes ✱ *Gewürzessig; Gewürzextrakt; Gewürzgurke; Gewürzhandel; Gewürzhändler; Gewürzkrä-mer; Gewürzladen; Gewürz-nelke:* eine Pflanze : deren Blüte; *Gewürzstrauch*

ge|**wür**|zig Ew.: nach Art des Gewürzes, würzig

Ge|**wu**|sel, das; –s: dichtes Durcheinander von Dingen und Menschen

Gey|sir: s. Geiser

GEZ (Abk.): Gebührenein-zugszentrale

ge|**zackt**: s. zacken

Ge|**zäh**(e), das; ..h(e)s, ..he: (bergm.) Arbeitsgeräte : (mundartl.) sparriges Astwerk

ge|**zahnt**, ge|**zäh**|n(el)t: s. zahnen

Ge|**zank**, Ge|**zänk**, das; –(e)s: andauernder Zank

Ge|**zap**|pel, das; –s: Zappelei

Ge|**zau**|der, das; –s: das Zaudern

ge|**zeich**|net: s. zeichnen

Ge|**zeit**, die; –, –en: Zeitdauer einer Ebbe und einer Flut : (meist Mz.) Ebbe und Flut zusammen * *Gezeitenberech-nung; Gezeitentafel; Gezeiten-wechsel; Gezeitenwelle; Gezei-tenkraftwerk*

Ge|**zer**|r(e), das; ..rr(e)s: das Zerren

Ge|**zet**|er, das; –s: andauerndes Zetergeschrei

Ge|**zie**|fer, das; –s: unnützes Getier

ge|**zie**|men rbz. * *es geziemt sich*: es gehört, gebührt sich

ge|**zie**|mend Ew.: mit aller Achtung : nach Verdienst

Ge|**zie**|re, das; –s: das (dauernde) Sichzieren * ge|**ziert**, Ge|**ziert**|heit: s. zieren

Ge|**zirp**(e), das; –(e)s: das Zirpen

Ge|**zisch**(e), das; ..sches: das Zischen * Ge|**zi**|schel, das; –s: das Zischeln : heimlicher, bös-artiger Klatsch

ge|**zo**|gen: s. ziehen

Ge|**zücht**, das; –(e)s, –(e) : lebende Wesen nach Herstam-mung geordnet : Brut

Ge|**zün**|gel, das; –s: das Zün-geln : züngelnde Flammen

Ge|**zweig**, das; –es: Gesamt-heit der Zweige eines Baumes : Zweigwerk

Ge|**zwit**|scher, das; –s: das Zwitschern

ge|**zwun**|gen Ew.: unter Zwang : unnatürlich : unfrei, steif * ge|**zwun**|ge|ner|ma-**ßen** Uw. * Ge|**zwun**|gen|heit, die; –: Unnatürlichkeit, Steif-heit (des Benehmens, Spre-chens, Stils)

Gha|na: Staat im Westen Afri-kas; **Gha**|na|er; **Gha**|na|e|rin; **Gha**|ne|se; gha|na|isch

Ghetto: s. Getto

Ghost|wri|ter (am.) [go[a]strei-ter], der; –s, –: literarischer Handwerker : einer, der für an-dere Reden, Lebenserinnerun-gen usw. schreibt

G.I., **GI** (am.) [djihai], der; –(s), –(s) : volkstümliche Bezeich-nung für amerikanischen Sol-dat (von am. Government issue Regierungsausgabe)

Gi|**aur** (türk.) [gjaur], der; –s, –s: Ungläubiger, Nicht-Mo-hammedaner

gib: s. geben

Gib|**bon**, der; –s, –s: zur Gruppe der Schmalnasen gehö-render Langaraffe

Gib|**ral**|tar: Halbinsel an der span. Südküste * *Straße von Gibraltar*

Gicht, die; –, –en (Hüttw.) oberer Teil des Hochofens : die Öffnung des Hochofens : *Gichtboden; Gichtbrücke; Gichtgas; Gichtmaß; Gicht-mauer; Gichtturm*

Gicht, die; –: eine Krankheit mit Gelenkentzündungen usw. * *Gichtanfall; gichtartig Ew.; gichtbrüchig* Ew.: (veraltet) durch Schlaganfall gelähmt : durch Gicht gelähmt; *Gichtfie-ber; Gichtknoten; Gichtkörner*: als Mittel gegen Gicht verwen-dete Samenkörner der Gicht-rose; *gichtkrank* Ew.; *Gichtmit-tel; Gichtpflaster; Gichtpulver; Gichtschmerz* * **gich**|tig, **gich**|tisch Ew.: mit der Gicht behaftet : gichtartig

gick: Tonwort zur Bezeich-nung des Gänsegeschreis * **Gi**|**ckel**, der; –s, –: Hahn * *Gickelhahn* * *Gickelsfeder* * **gi**|**ckeln** (ich ..[e]le), **gi**|**ckern** (ich ..-[e]re) intr.: kichern * **Gick**|**gack**, das; –(s): Gänsege-schrei : Gans * **gicks**: gick * *gicks und gacks* * **gick**|**sen** (du gicksest und gickst) intr.: einen Schrei ausstoßen : stoßen, um zum Schreien zu bringen : vgl. gack und kicksen

Gie|**bel**, der; –s, –: Dachspitze : dreieckige Wand zwischen ei-nem Satteldach : (ldschftl.) Vorderseite eines Hauses : gie-belförmige Verzierung : höchste Spitze * *Giebelbalken;*

Giebelbogen; Giebeldach; Giebelfeld; Giebelfenster; Gie-belhaus; Giebelmauer; giebel-reich Ew.; *Giebelseite; Giebel-spitze; Giebelwand; Giebel-wohnung; Giebelzimmer* * ..**gie**|be|lig, ..**gieb**|lig Ew., nur in Zus.: Giebel habend; z. B. zweigiebelig

Gie|**bel**, der; –s, –: mit der Karausche verwandter Fisch

Giek, **Giep**, das; –s, –e: (seem.) Rundholz für Segel * *Giekbaum*: Giek; *Gieksegel; Giektau*

Gie|**men**, das; –s: trockenes Rasselgeräusch der Luftröhren

Gien, das; –s, –e: starker Fla-schenzug * *Gienblock; Gien-läufer; Gientau* * **gie**|**nen** (du gien[e]st; gien[e]!) tr.: mit dem Gien schleppen, heben

giep|**rig** Ew.: (mundartl.) gie-rig : happig

Gier, die; –, –en: (seem.) Gie-rung, Abweichung vom Kurs * *Gierbrücke, Gierfähre*: flie-gende, schräg abgetriebene Brücke; *Giermast; Gierwinde* * *Gierenziegel*: winkliger Zie-gel * **gie**|**ren** intr.: (seem.) von der graden Richtung abwei-chen * **Gie**|**rung**, die; –, –en: Gier

Gier, die; –: heftiges Begehren, Verlangen * *Gierblick; gierer-füllt* Ew. * **gie**|**ren** intr.: (nach etwas –) gierig verlangen, be-gehren * **gie**|**r(ig)** Ew.: Gier habend * **Gie**|**rig**|keit, die : –, –en: das Gierigsein * **Gier**|**ling**, der; –s, –e: gierige Person

Giersch: s. Gersch

Gieß|**bach**: s. Gieße

Gie|**ße**, die; –, –n: etwas zum Gießen Dienendes, z. B. Gieß-kanne, Gefäßtülle u. a. : (zuw.) Gießerei * **gie**|**ßen** (du gießest und gießt, [veralt.] du geußt, er gießt, [veralt.] er geußt; ich goss, du gossest, du gössest; gegossen; gieß[e]!, [veralt.] geuß!) tr.: ausfließen machen : begießen : (voll –) gießend fül-len : (übertr.) ausströmen las-sen : etwas durch Gießen for-men, bilden, erzeugen : (übertr.) formen; intr., unp.: heftig regnen : (Regen usw.) strömen * *Gießbach*: Regen-bach; *Gießbad; Gießbecken; Gießbeckenknorpel*: Teil des

Kehlkopfs; *Gießblech; Gießfaß; Gießflasche:* Formflasche; *Gießform; Gießgrube; Gießkanne; Gießkannenprinzip; Gießkasten; Gießkelle; Gießofen:* Ofen der Erzgießerei; *Gießpfanne; Gießtiegel; Gießwanne; Gießzange* ✶ **Gießer,** der; –s, –: Schaufel zum Begießen der Segel : Gießtiegel : ein Gießender : einer, der das (Erz-)Gießen als Gewerbe betreibt ✶ **Gie|ße|rei,** die; –, –en: Kunst des Gießens : Werkstatt des Gießers: vgl. Gosse und Guss

Gie|ßen: hess. Universitätsstadt

Gift, die; –, –en (veralt.): Mitgift, Gabe ✶ **Gift,** der; –[e]s: volkst.): Zorn, Wut, Bosheit ✶ **Gift,** das; –(e)s, –e: das Leben zerstörender Stoff : zerstörende Wut ✶ *Giftbecher:* Becher mit Gifttrank; *Giftbeere:* eine Pflanze; *Giftgas; giftgrün* Ew.: von der Farbe des Grünspans; *giftlos* Ew.; *Giftmischer; Giftmittel; Giftmord; Giftnattern; Giftnudel:* (Umgspr.) Zigarre, Zigarette : boshafter Mensch; *Giftpfeil:* Pfeil mit vergifteter Spitze : (übertr.) boshafte Bemerkung; *Giftpflaster; Giftpflanze; Giftpilz; Giftpulver; Giftschlange; Gifttrank; Gifttropfen; Giftzahn:* Gift enthaltender Schlangenzahn ✶ **gif|ten** intr.: boshaft reden; rbz. sich ärgern ✶ **gif|tig** Ew.: Gift enthaltend : aufs Leben zerstörend einwirkend : von Wut erfüllt : böswillig, gehässig

Gig (e.), das; –s, –s: zweirädriger, einspänniger Wagen : kleines Boot

Gi|ga.. (gr.): das Milliardenfache einer Einheit ✶ *Gigabyte:* 1 Mrd. Bytes; *Gigameter:* das Milliardenfache eines Meters [gr. gigas Gigant]

Gi|gant (gr.), der; –en, –en: Sohn der Gaia, der Göttin der Erde : Riese ✶ **gi|gan|tisch** Ew.: gewaltig : ungeheuer ✶ **Gi|gan|tis|mus,** der; – : (Med.) übermäßiges Längenwachstum : Überbewertung von Größe ✶ **Gi|gan|to|ma|chie,** die; –: Kampf der Riesen gegen die olymp. Götter [gr. gigas, Gen. gigantos Riese]

Gi|gerl, der; –(e)s, –(e): (östr.)

„Hähnchen", Modenarr ✶ **gi|gerl|haft** Ew.: wie ein Gigerl

Gi|go|lo (fr.) [schigolo], der; –, –s: Eintänzer

Gi|got (fr.) [schigoh], der; –, –s: Keule ✶ *gigot de mouton* [.. de mutong]: Hammelkeule

Gigue (fr.) [schig], die; –, –n: Spottname für Geige : französischer Tanz

Gilb|blu|me: s. gilben

gil|ben intr.: gelb werden ✶ *Gilbblume*

Gilb|hart, der; –s, –e: deutscher Name für Oktober

Gil|de, die; –, –n: geschlossene Gesellschaft : Zunft : Versammlung der Gilde ✶ *Gildebrief; Gildebruder; Gildegenoß* → *Gildegenoss; Gildemeister; Gildenhalle; Gildensozialismus:* eine Art des Sozialismus ✶ **Gil|den|schaft,** die; –, –en : Gilde, Genossenschaft

Gi|let (fr.) [schiläh], das; –s, –s: Weste : Westenjacke

Gil|ling, die; –, –en: (seem.) Verjüngung der Bordwand

Gil|lung, die; –, –en: (seem.) die zerstiebende Woge

Gim|pe, die; –, –n: Besatzborte ✶ **Gimpf,** der; –(e)s, –e: Gimpe ✶ **Gim|pel,** der; –s, –: Finkenart : Dummkopf ✶ *Gimpelfang:* Dumme zu betrügen versuchen ✶ **gim|pel|haft** Ew.: in der Weise eines Gimpels

Gin (e.) [dschin], der; –s: Wacholderschnaps : Genever ✶ **Gin|fizz** *auch:* **Gin-Fizz,** der; –, –: ein Cocktail mit Gin, Zitrone, Soda- und Zuckerwasser

Gin|gang (jav.), der; –s, –s: Baumwollstoff

Gin|ger-ale → **Gin|ger|ale, Gin|ger-beer** → **Gin|ger|beer,** (e.) [dschinscherbihr], das; –s, –s: schäumendes Ingwerbier

Gink|go *auch:* **Gin|ko** (jap.), der; –s, –s: ein Zierbaum ✶ *Ginkobaum*

Gin|seng [schin.., jin..], der; –s, –s: Kraftwurz, Wurzel eines ostasiat. Araliengewächses ✶ **Gins|ter,** der; –s, –; die –, –n): Strauchgewächs ✶ *Ginsterblüte; Ginsterstrauch*

gio|con|do|so (it.) [dschok..] Ew.: anmutig ✶ *gioco|so* (it.) [dschok..] Ew.: scherzhaft : lustig

Gip|fel, der; –s, –: höchste

Spitze, Höhe z. B. eines Berges : Höhepunkt : (das ist der –) (übertr.) eine Unverschämtheit ✶ *Gipfelbruch:* das Brechen von Baumgipfeln unter Schneelast; *Gipfelbuch:* auf Berggipfeln in wetterfester Umhüllung niedergelegtes Buch; *Gipfelkonferenz:* (übertr.) Konferenz führender Staatsmänner; *Gipfelkreuz:* Kreuz auf dem Gipfel eines Berges; *gipfelreich* Ew.; *Gipfelleistung:* Höchstleistung; *Gipfelpunkt; gipfelsprossig, gipfelständig* Ew.: (Pflanzenteil) am Gipfel stehend; *Gipfeltreffen* ✶ **gip|fe|lig, gipf|lig** Ew.: einen Gipfel habend ✶ **gip|feln** (ich ..[e]le) tr.: mit einem Gipfel versehen : emportreiben (als Gipfel); rbz., intr.: den Höhepunkt erreichen

Gips (gr.), der; –es, –e: schwefelsaurer Kalk : Gegenstand aus Gips ✶ *Gipsabdruck; Gipsabguss; Gipsarbeit(er); Gipsbinde; Gipsbrei; Gipsdecke; Gipsfigur; Gipsform; Gipsgrube; Gipskrawatte:* Gipsverband für den Hals; *Gipsofen:* Ofen zum Gipsbrennen; *Gipsverband; Gipswand* ✶ **gip|sen** tr.: mit Gips überziehen ✶ **gip|sern, gip|sig** Ew.: aus Gips : gipsartig

Gip|sy (e.) [dschipsi], der; –s, –s: Zigeuner

Gi|pü|re (fr.) [dsch..], die; –, –n: eine Spitzenart ✶ *Gipürarbeit*

Gi|raf|fe (arab.), die; –, –n: afrikan. Wiederkäuer ✶ *Giraffengazelle:* Antilopenart mit stark verlängertem Hals

Gi|ran|de (fr.) [schirangd'], die; –, –n: Drehspringbrunnen ✶ **Gi|ran|del** (fr.-dtsch.), das; –s, –: Girande ✶ **Gi|ran|do|la** (it.) [schi.., dsch.. ..dolen]: Feuersonne : Feuerwerk : Diamantschmuck ✶ **Gi|ran|do|le,** die; –, –n; Girandola

Gi|rant (it.) [dsehi.., meist schi..], der; –en, –en: (bei Wechseln) der Übertragende ✶ **Gi|rat,** der; –en, –en: derjenige, an den ein Wechsel übertragen wird ✶ **Gi|ro** [dsehiro], das; –s, –s: „Kreislauf": Übertragungsvermerk auf einem Wechsel oder Wertpapier : Form bargeldloser Zahlung ✶ *Giro-*

bank; Girogeschäft; Giro-
konto; Giroverkehr; Girozen-
trale ✱ **Giro d'Italia:**
wichtigstes italienisches Etap-
penradrennen

gi|rie|ren: s. Girant

Girl (e.) [göhrl], das; –s, –s:
Mädchen ✱ *Tanzgirl*

Gir|lan|de (fr.), die; –, –n:
(Blumen-)Gewinde : Stangen-
gewinde

Gir|litz, der; –(es), –e: Garten-
zeisig

Gi|ro: s. Girant

Gi|ron|dist (fr.) [sehirong..],
der; –en, –en: Angehöriger einer
gemäßigten Partei in der Franz-
zös. Revolution, deren Führer
aus der Gironde stammten

gir|ren intr.: (Tauben) gurren :
klagen, seufzen, schmachten;
tr.: girrend äußern

gis, das; –, –: (Mus.) das um
einen halben Ton erhöhte g :
Molltonstufe ✱ **Gis,** das; –, –:
Durtonstufe ✱ **gis-Moll,** das; –:
eine Tonart

gi|schen (du gisch[e]st, auch
gischt) intr.: aufschäumen ✱
Gischt, der; –es, –e: gischende
Flüssigkeit

gis|sen (du gissest, gisst; du
gisstest; gegisst) tr.: „ahnen“,
(seem.) annähernd schätzen

Gi|tar|re (it.), die; –, –n: Zupf-
geige

Git|ter, das; –s, –: feines Gitter
✱ *gitterartig* Ew.: einem Gitter
ähnlich; *Gitterbett:* mit einem
Gitter umgebenes Bett; *Gitter-*
fenster; gitterförmig Ew.; *Git-*
terleiter: Turngerät; *Gitternetz;*
Gitterschmied; Gittertierchen:
Urtier mit Gitterschale; *Gitter-*
tor; Gittertür; Gitterver-
schlag; Gitterwerk; Gitterzaun
✱ **gittern** (ich ..[e]re) tr.: mit
einem Gitter versehen oder verschließen

gius|to (it.) [dsehusto] Ew.:
angemessen passend ✱ *tempo*
giusto: (Mus.) in angemessenem Zeitmaß

Glace (fr.) [glaß], das; –s: Eis :
Gefrorenes : Zuckerguss

Gla|cé *auch:* **Gla|cee** (fr.)
[glaßeh], das; –, –s: Glanzleder
✱ *Glacéhandschuh* ✱ **Gla-**
ce|rie (fr.) [glaß'rih], das; –,
..rien: Spiegelgießerei ✱ **gla-**
ce|ren (..iert) tr.: mit einer
glatten, glänzenden Fläche
überziehen; vgl. glazial

Glacis (fr.) [..ßih], das; –, –:
Abdachung der äußeren Brust-
wehr einer Festung

Gla|di|a|tor (l.), der; –s, ..toren:
Schaukämpfer im alten Rom ✱
Gladiatorenkampf ✱ **gla|dia-**
to|risch Ew.: in der Art eines
Schaufechters ✱ **Gla|di|o|le,**
die; –, –n: eine Schwertlilienart
[l. gladius Schwert]

gla|go|li|tisch Ew.: eine altsla-
wische Schriftart betreffend

Gla|mour (e.) [glehmer], der;
das; –s: Blendwerk ✱ **Gla-**
mour|girl, das; –s, –s: mit allen
Mitteln aufgemachtes schönes
Mädchen in Film, Variété und
Werbung

Glanz, der; –es: Strahlung, helles Licht, das ein Körper aus-
strahlt oder zurückwirft : Eigenschaft des Glänzens : etwas
Glänzendes ✱ *Glanzappretur:*
Bearbeitung von Geweben, um
sie glänzend zu machen;
Glanzauge: ein Schmetterling,
Art Pfauenauge; *glanzberaubt*
Ew.; *glanzerhellt* Ew.; *Glanz-*
erz; Glanzfarbe; Glanzform:
(Umgspr.) Zeit großer Leistungsfähigkeit; *glanzhell* Ew.;
Glanzkopf: Glaskopf, ein Eisenerz; *Glanzleder; Glanzleis-*
tung: ausgezeichnete Leistung; *Glanzlicht; glanzlos* Ew.;
Glanznummer: besonders wir-
kungsvolle Darbietung; *Glanz-*
papier; Glanzpuppe; Glanz-
punkt: Höhepunkt; *glanzreich*
Ew.; *glanzvoll* Ew.; *Glanzzeit:*
Zeit der Höchstleistungen ✱
glän|zen (du glänzest und
glänzt) intr.: strahlen : leuchten
: durch Auffallendes hervorragen, die Aufmerksamkeit auf
sich ziehen; tr.: strahlen lassen :
glänzend machen ✱ *Glänz-*
bürste; Glänzhammer; Glänz-
kugel; Glänzstahl

Glar|ner Al|pen: schweiz. Al-
pengürtel

Gla|rus: schweiz. Kanton und
Stadt

Glas, das; –es, Gläser, Gläschen: alkalische, feste durchsichtige Masse : gläserne Gefäß : gläserne Brille : gläserne
Scheibe : Sanduhr aus Glas :
(seem.) (Mz. Glasen) ein Zeitmaß, eine halbe Stunde : etwas
Glasartiges, z. B. Eis : (bergm.)
Erz von glasigem Aussehen :
(weidm.) (Mz.) Augen des Hir-

sches : Hornhaut des Auges
beim Pferd ✱ *ein Glas voll;*
drei Glas Wein ✱ *Glasarbeit;*
Glasarbeiter: Hersteller von
Glas; *glasartig* Ew.; *Glasauge:*
künstliches Auge aus Glas :
Auge mit starrem Blick : Auge
mit glasigem Ring um den
Stern (bes. bei Pferden); *Glas-*
bläser: Hersteller von gläser-
nen Gegenständen durch Blasen aus flüssigem Glas; *Glas-*
bruch; Glasersatz: Kunststoffe : blättrige Mineralien;
Glaserz: Silbererz; *Glasfa-*
brik; Glasfaden: zu Faden
gesponnenes Glas; *Glasfaserka-*
bel: Kabel aus Glasfasern zur
Übermittlung von Nachrichten;
Glasfenster; *Glasfiberstab:*
Gerät für den Stabhochsprung;
Glasflasche; Glasfluß → *Glas-*
fluss: flüssige Glasmasse;
Glasgalle: beim Glasschmel-
zen sich absetzender Schaum :
Mittelpunkt von Glastafeln, die
durch Schwingen in der Luft
hergestellt werden; *Glasge-*
mälde: Gemälde auf Glas;
Glasgerät; Glasglocke: gläser-
ner glockenförmiger Deckel;
Glasgriff: Werkzeug zum Formen von Glas; *glashart* Ew.;
Glashaus: gläsernes (Ge-
wächs-)Haus; *Glashaut:* den
Glaskörper umschließende
Haut im Auge; *glashell* Ew.:
durchsichtig; *Glashütte:* Werkstatt zur Glasherstellung; *Glas-*
kirsche: (fast) glashelle Kirsche; *Glasknopf; Glaskopf:*
eine Art Eisenerz, Glanzkopf;
Glaskörper: ein Körper aus
Glas : durchsichtige Kugel im
Auge; *Glaskraut:* ein Pflanzenname; *Glaskugel; Glaslinse:*
optische Linse; *Glasmacher;*
Glasmasse: flüssige Masse,
aus der Glas hergestellt wird;
Glasmaler: Maler, der auf Glas
malt; *Glasmalerei; Glasmeis-*
ter: Meister der Glashütte;
Glasofen: Ofen der Glashütte;
Glasperle: künstliche Perle aus
Glas; *Glasröhre; Glassatz:*
Glasmasse; *Glasschale; Glas-*
scheibe: gläserne Fenster-
scheibe; *Glasscherbe; Glas-*
schere: Schere zum Schneiden
und Formen des noch dickflüs-
sigen Glases; *Glasschleifer;*
Glasschliff; *Glasschneider:*
Werkzeug zum Schneiden von

Glas; *Glasschrank:* Schrank mit Glaswänden oder Glastüren : Schrank zur Aufbewahrung von Glasgefäßen; *Glasseife:* (die Glasmasse reinigender) Braunstein; *Glasspinnerei:* Ausziehen von Glasstäben in feine Fäden für Glaswolle; *Glastier:* Wasserfloh : Seescheide; *Glastür:* Tür mit Glasscheiben; *Glasversicherung:* Versicherung gegen Bruchschäden von Glas; *Glaswand:* Wand aus Glastafeln; *Glasware; Glasweide:* Weide mit brüchigen Zweigen; *Glaswolle:* Vlies aus Glasfaser; *Glaszange:* Werkzeug zur Herstellung von Glasgeräten ✳ *Gläserklang:* Klang der Trinkgläser beim Anstoßen ✳ **gla|sen** Ew.: (selt. für) gläsern ✳ **gla|sen** (du glasest und glast) intr.: (seem.) die halbe Stunde schlagen : glasig starren; intr., tr.: Glaserarbeit machen : mit Glas versehen ✳ **Gla|ser,** der; -s, -: einer, der die Arbeit mit fertigem Glas, bes. Fensterscheiben usw., als Gewerbe betreibt ✳ *Glaserhandwerk; Glaserkitt; Glasermeister* ✳ **Gla|se|rei,** die; -, -en: Arbeit des Glasers : Werkstatt des Glasers ✳ **gla|sern** (ich ..ere) intr.: das Gewerbe eines Glasers betreiben ✳ **glä|sern** Ew. (ohne Steig.): aus Glas bestehend, gefertigt : (übertr.) zerbrechlich : vergänglich : durchsichtig : (Auge, Blick) starr ✳ **gla|sie|ren** (..iert) tr.: glasig machen : mit einem Schmelz überziehen ✳ **gla|sig** Ew.: glasartig : verglast ✳ **Gla|sur** (dtsch.-l.), die; -, -en: glasartiger Überzug ✳ *Glasurbrand; Glasurofen*

Glas|nost, die; -; (russ.) „Öffentlichkeit", politische Öffnung, Schlagwort der Reformpolitik in der UdSSR in der Mitte der 80er Jahre

Glast, der; -(e)s: (dichter., obd.) Glanz ✳ **glas|ten** intr.: glänzen

Gla|sur: s. Glas

glatt Ew. (er und glätter; est und glättest): frei von Unebenheiten, so dass man darüber hingleiten kann : frei von Runzeln, jugendlich frisch, hübsch : schlüpfrig : ungehindert, ohne

Anstoß vonstatten gehend : (Rede usw.) einschmeichelnd : (Gewehr) mit ungefurchtem Lauf : ohne Verzierung, ohne Muster : (Buchdrw.) nur einerlei Schrift enthaltend : (Vieh) glattes Fell habend, wohlgenährt; Uw.: durchaus, ohne weiteres ✳ *Glattbutt:* Scholle; *Glatteis:* dünne Eisschicht auf dem Erdboden; *jemand aufs Glatteis führen:* jemand in eine gefährliche Lage bringen; *glatthobeln → glatt hobeln* (ich hob[e]le glatt, glatt gehobelt, glatt zu hobeln) tr.: hobeln, bis es glatt ist; *glattlegen →glatt legen* tr.: so legen, dass es glatt ist; *glattmachen* tr.: ausgleichen : bezahlen; *Glattnasen* Mz.: eine Art Fledermäuse; *Glattroche:* ein Plattfisch; *glattstellen* tr.: (Börse) erledigen; *glattweg* Uw.: ohne Anstoß : ohne Umstände; *glattziehen → glatt ziehen* tr.: so lange (so) ziehen, bis (dass) es glatt ist; *glattzüngig* Ew.: einschmeichelnd ✳ **Glät|te,** die; -: das Glattsein : (Hüttw.) beim Treiben ablaufendes Bleioxyd ✳ *Glättgasse:* Weg der abfließenden Glätte am Treibherd ✳ **glät|ten** tr.: glatt machen; rbz.: glatt werden ✳ *Glättbein; Glätteisen; Glättfeile; Glätthammer; Glätthobel; Glättholz; Glättkolben; Glättkugel; Glättmühle; Glättplatte; Glättpresse; Glättschiene; Glättstahl; Glättstein; Glättisch → Glätttisch* ✳ **Glät|terin,** die; -, -nen: Büglerin ✳ **Glatt|heit,** die; -, -en: Glätte ✳ **Glat|tig|keit,** die; -, -en: Glätte ✳ **Glat|ze,** die; -, -n: Haarschwund : kahler Kopf ✳ *Glatzkopf:* Mensch mit Glatze; *glatzköpfig* Ew. ✳ **glat|zig** Ew.: kahlköpfig

glatt hobeln, glatt rühren, glattmachen
Man schreibt Adjektiv und Verb getrennt, wenn das Adjektiv in dieser Verbindung erweiterbar oder steigerbar ist (wenigstens durch *sehr* oder *ganz*) wie bei *glatt hobeln.* Man schreibt zusammen, wenn der erste Bestandteil bedeutungsverstärkende oder -mindernde Funktion hat wie bei *glattmachen.*

Gla|tze, glat|zig: s. glatt

Glau|be(n), der; ..bens: vertrauensvolles Fürwahrhalten, besonders von etwas durch Vernunftgründe nicht Erkennbarem : Vertrauen : Glaubwürdigkeit : Gegenstand des Glaubens : Religion : Glaubensbekenntnis : (veralt.) Kredit ✳ *glaubenslos* Ew.; *glaubensvoll* Ew. ✳ *Glaubensabfall; Glaubensänderung; Glaubensartikel; Glaubensbekenntnis; Glaubensbewegung; Glaubensdruck; Glaubenseifer; Glaubensfeind; glaubensfeindlich* Ew.; *Glaubensfestigkeit; Glaubensformel; Glaubensfrage; Glaubensfreiheit; Glaubensgrund; Glaubensheld; Glaubensirrtum; Glaubenslehre; Glaubenspflicht; Glaubensregel; Glaubenssache; Glaubenssatz; Glaubensspötter; Glaubensstärke; Glaubensstreit; Glaubenstreue; Glaubensverfolgung; glaubensverwandt* Ew.: von ähnlichem oder gleichem Glauben; *Glaubensvorbild; Glaubensvorschrift; Glaubenswahrheit; Glaubenswechsel; glaubenswert* Ew.; *Glaubenswut; Glaubenszeuge; Glaubenszwang; Glaubenszweifel; Glaubenszwist* ✳ **glau|ben** tr.: für Glauben haben : etwas vertrauensvoll für wahr halten : von der Wahrheit einer Behauptung überzeugt sein : das Dasein von etwas Nichterkennbarem annehmen : annehmen : halten für; intr.: (einem) jemandes Worte für wahr halten : (an etwas -) etwas als bestehend annehmen ✳ *einen im Recht glauben:* annehmen, dass einer im Recht sei; *daran glauben müssen* intr.: einem unausweichlichen Schicksal verfallen sein : sterben müssen ✳ *glaubwürdig* Ew.: Glauben, Vertrauen verdienend; *Glaubwürdigkeit,* die; -: das Glaubwürdigsein ✳ **glaub|haft** Ew.: glaubwürdig ✳ **Glaub|haft|ma|chung,** die; -, -en: Wahrscheinlichkeitsnachweis ✳ **gläu|big** Ew.: Glauben hegend : vom rechten Glauben erfüllt : im rechten Glauben begründet ✳ **Gläu|bi|ge,** der; die; -n, -n: ein(e) Fromme(r) ✳ **Gläu|bi|ger,** der; -s, -: jemand, der eine Schuldforderung an einen andern hat ✳ *Gläubigerausschuß*

→ *Gläubigerausschuss:* Organ des Konkursverfahrens; *Gläubigerbegünstigung; Gläubigerversammlung; Gläubigerverzug* ✳ **Gläu**|**bi**|**ge**|**rin,** die; –, -nen: weibl. Gläubiger ✳ **Gläu**|**big**|**keit,** die; –: das Gläubigsein ✳ **glaub**|**lich** Ew.: so beschaffen, dass man es glauben kann : glaubhaft

Glau|**ber**|**salz,** das; -es: schwefelsaures Natron als Abführmittel sowie zur Soda- und Glasherstellung [nach dem Erfinder Glauber benannt]

glaub|**haft, gläu**|**big:** s. Glaube

Glau|**kom,** das; -s: grüner Star, eine gefährliche Augenkrankheit ✳ **glau**|**ko**|**ma**|**tös** Ew.: mit dem grünen Star behaftet ✳ **Glau**|**ko**|**nit,** der; -(e)s, -e: ein Gestein ✳ **Glau**|**ko**|**sis,** die; –: Entstehung des grünen Stars [gr. glaukos graublau]

gla|**zi**|**al** (l.) Ew.: das Eis betreffend : zur Eiszeit gehörig ✳ *Glazialkosmogonie:* Welteislehre; *Glazialpflanze:* Eispflanze; *Glazialzeit:* Eiszeit ✳ **Gla**|**zi**|**o**|**lo**|**g(e)** (l.-gr.), der; ..gen, ..gen: Kenner der Eisbildung und Vergletscherung ✳ **Gla**|**zi**|**o**|**lo**|**gie,** die; –: Gletscherkunde

gleich Ew.: nicht verschieden, dieselbe Beschaffenheit habend : übereinstimmend : einander entsprechend : von höchster Ähnlichkeit : stets dasselbe bleibend, stets dieselbe Beschaffenheit zeigend : eben : ebenbürtig; Uw.: sofort : ebenso; Bw.: obgleich, obschon : (mit Dat. oder wie, als) wie ✳ *der Gleiche:* derselbe; *es kommt aufs gleiche hinaus* → *es kommt aufs Gleiche hinaus; gleich und gleich gesellt sich gern* → *Gleich und Gleich gesellt sich gern; Gleiches mit Gleichem vergelten* ✳ *gleichalt(e)rig* Ew.; *gleicharmig* Ew.: (Hebel) gleich lange Arme habend; *gleichartig* Ew.: von derselben Art; *gleichberechtigt* Mw. Ew.; *gleichberechtigt* Mw. Ew.; *gleichbleiben* (ich bleibe mir gleich; gleichgeblieben; gleichzubleiben) rbz.: unverändert bleiben; *gleich bleiben* intr.: sofort bleiben; *gleichdenkend* → *gleich denkend* Ew.: in

der Denkungsart übereinstimmend; *gleichempfindend* → *gleich empfindend* Ew.; *gleichermaßen* Uw.; *gleicherweise* Uw.; *gleichfalls* Uw.: ebenso; *gleichfarbig* Ew.; *gleichförmig* Ew.; *gleichgeltend* Mw. Ew.: von gleichem Wert; *gleichgesinnt* → *gleich gesinnt* Mw. Ew.; *gleichgeschlechtlich* Ew.; *gleichgestimmt* → *gleich gestimmt* Mw. Ew.; *Gleichgewicht:* Zustand, bei dem kein Teil überwiegt; *Gleichgewichtskünstler; Gleichgewichtslehre; Gleichgewichtsorgan; Gleichgewichtsstörung; gleichgradig* Ew.: (Karte) mit überall gleich gezeichneten Breitengraden; *gleichgültig* Ew.: (veralt.) gleichgeltend : weder Lust noch Unlust erregend : ohne Anteilnahme; *Gleichgültigkeit,* die; –: das Gleichgültigsein : etwas Gleichgültiges; *Gleichklang:* Einklang; *gleichkommen* (vgl. gleichbleiben) intr.: erreichen, gleichwertig sein; *gleich kommen* intr.: sofort kommen; *gleichlaufend* Mw. Ew.: (Math.) die gleiche Richtung habend, parallel; *gleich laut* Ew.; *gleichlautend* → *gleich lautend* Mw. Ew.: aus den gleichen Lauten bestehend : (Bericht usw.) aus dem gleichen Text bestehend; *gleichmachen* (vgl. gleichbleiben) tr.: angleichen; *gleich machen* tr.: sofort machen; *Gleichmaß:* Ebenmaß, Gleichförmigkeit; *gleichmäßig* Ew.: immer in derselben Weise stattfindend : gleichförmig, dem Gleichmaß entsprechend; *Gleichmut:* immer gleichbleibender Sinn, Gelassenheit; *gleichmütig* Ew.; *gleichnamig* Ew.; *Gleichrichter:* (Elektr.) Gerät zur Umwandlung von Wechselstrom in Gleichstrom; *gleichschalten* tr.: in Einklang bringen : auf einen Nenner, in eine Richtung bringen; *Gleichschaltung; gleichschenklig* Ew.: (Dreieck) zwei gleich lange Schenkel habend; *gleichsehen* (vgl. gleichbleiben) intr.: ähnlich sein; *gleich sehen* intr.: sofort sehen; *gleichseitig* Ew.: (Math.) lauter gleiche Seiten habend; *gleichsetzen* tr.: auf die gleiche Stufe

setzen; *gleich setzen:* sofort setzen; *Gleichstand:* das gleiche Ergebnis habend; *gleichstehen* (vgl. gleichbleiben) intr.: gleich sein; *gleich stehen* intr.: sofort stehen; *gleichstellen* (vgl. gleichbleiben) tr.: gleichmachen, gleich werten; *gleich stellen* tr.: sofort stellen; *gleichstimmen* tr.: auf gleiche Stimmung bringen; *gleich stimmen* tr.: sofort stimmen; *Gleichstrom:* gleichbleibende Richtung und Stärke beibehaltender elektrischer Strom; *Gleichstromgenerator; Gleichstrommotor; gleichtun* (vgl. gleichbleiben): (es einem –) ihn (an Leistung usw.) erreichen; *gleich tun* tr.: sofort tun; *gleichviel* Uw.: einerlei; *gleich viel:* ebensoviel; *gleichwertig* Ew.; *gleichwie* Bw.: ebenso wie; *gleichwink(e)lig* Ew.: (Math.) gleiche Winkel habend; *gleichwohl* Uw.: trotzdem, dennoch; *gleichzeitig* Ew.: zur gleichen Zeit stattfindend; *Gleichzeitigkeit,* die; –: das Gleichzeitigsein ✳ *gleichermaßen, gleicherweise* Uw.: ebenso ✳ **Glei**|**che,** die; –: das Gleichsein ✳ **..glei**|**chen** unveränderl. Ew., in Zus. mit Gen.: von derselben Art; z. B. meinesgleichen, deinesgleichen usw. ✳ **glei**|**chen** (du glich[e]st, geglichen, [veralt.] gegleicht; gleich[e]!) tr.: gleich, eben, glatt machen : einem Muster, Maß gleichmachen : gleichstellen; intr.: gleich sein ✳ **Gleich**|**heit,** die; –, -en: das Gleichsein : das Übereinstimmende ✳ **Gleich**|**nis,** das; -es, -se: Erzählung oder sinnbildliche Darstellung als Erklärung eines schwer verständlichen Vorgangs ✳ *gleichnisrede* Uw.: wie : im Gleichnis gesprochen ✳ **Glei**|**chung,** die; –, -en: das Gleichen : deckende Brustwehr : (Math.) Formel, die zwei Ausdrücke dem Werte nach gleichsetzt (durch das Zeichen = repräsentiert)

gleich / der, die, das Gleiche Substantivisch gebrauchte Adjektive und Partizipien werden großgeschrieben: *Gleich und Gleich; ein Gleiches tun.* Bei der Verwendung als Adjektiv

oder Adverb gilt die Kleinschreibung: *Sie sind gleich
denkend; das Wetter war gleich
bleibend. Bei Verbindungen
mit einem Verb als zweitem
Bestandteil wird getrennt geschrieben, wenn gleich* erweiterbar ist: *Die Wörter sind völlig gleich geblieben.* Aber: *Sie
waren gleichberechtigte
Freunde.*

Gleis, das; –es, –e: Schienen-
strang : (übertr.) Denkbahn ✳
Gleisanschluß → *Gleisan-
schluss; Gleisarbeiter; Gleis-
bett:* Schotteraufschüttung zur
elastischen Lagerung der
Schienen; *Gleisdreieck* ✳
..gleisig Ew.: in einem oder
mehreren Gleisen angelegt
Gleisner, der; –s –: Heuchler
✳ **Gleis**ne**rei,** die; –, –en: Heuche-
lei : Verstellung ✳ **gleis**ne-
risch Ew.: heuchlerisch : trügerisch
..gleisig: s. Gleis
Gleiß, der; –es: etwas Schimmerndes, Schein ✳ **Glei**ße,
die; –, –n: Gartenschierling,
Glanzpetersilie ✳ **glei**ßen (du
gleißest und gleißt; er gleißt;
ich gliss und gleißte, du glissest
und gleißtest; geglissen und ge-
gleißt; gleiß[e]!) intr.: glänzen,
hell scheinen; tr.: mit Gleiße
überziehen ✳ *Gleißhammer;
Gleißkäfer; Gleißwurm*
gleiten (ich glitt, auch glei-
tete, du glitt[e]st; geglitten;
gleit[e]!) intr.: auf glatter Fläche sich fortbewegen : rutschen
✳ *gleitende Lohnskala; gleitender Zoll* ✳ **Gleit**bahn; *Gleit-
boot; Gleitbügel; Gleitfläche;
Gleitflug:* Abwärtsgleiten eines
Flugzeugs ohne Motor; *Gleit-
klausel:* Vertragsklausel, bei
der ein Verhandlungspunkt von
späteren Umständen abhängig
gemacht wird; *Gleitlager;
Gleitmittel; Gleitschuh:* win-
terliches Sportgerät; *Gleit-
schutz:* Sicherungsvorrichtung
am Auto gegen das Rutschen;
Gleitzeit: gleitender Arbeits-
zeitbeginn ✳ **Glei**ter, der; –s,
–: Gleitflugzeug
Glencheck (e.) [gländschock],
der; –s: Gewebeart [e. check
kariertes Zeug]
Gletscher, der; –s, –: Eis-
ströme, die durch Umwand-
lung des Schnees in Firnschnee

und Gletschereis in den Hoch-
gebirgen entstehen ✳ *Glet-
scherberg; Gletscherbrand:*
Sonnenbrand aufgrund der ver-
mehrten Widerspiegelung des
Sonnenlichts auf einem Gletscher; *Gletscherfeld; Glet-
scherkunde; Gletscherspalte;
Gletschertisch; Gletscherzunge*
Gleve (fr.) [..w..], die; –, –n:
hellebardenähnliche Lanze,
Schwert ✳ *Glevenbürger:* ein
die Gleve führender Patrizier;
Glevner: ritterbürtiger Reiter
Glia**din** (gr.), das; –s, –e: Kle-
ber, nahrhafter Bestandteil des
Getreides
Glibber, der; –s, –: gallertar-
tige Masse ✳ **glib**be**rig** Ew.:
gallertartig, glitschig
Glied, das; –(e)s, –er: Teil eines Ganzen : (bes.) Teil des
Körpers : Zeugungsglied : Mitglied : Ring einer Kette : Ab-
stufung der Geschlechtsfolge ✳
künstliches Glied: Prothese ✳
Gliedsatz: (Sprachl.) Neben-
satz; *Gliedmaße,* die; –, –n
(meist Mz.): äußere Körper-
glieder; *gliedweise* Uw. ✳ *Glie-
derbau; Gliederfüß(l)er:* Getier; *Gliederkette; gliederkrank*
Ew.; *gliederlahm* Ew.; *Glieder-
puppe:* Puppe mit beweglichen
Gliedmaßen; *Gliederreißen:*
Rheumatismus; *Gliedersatz:*
künstliches Glied, Prothese;
Gliederschmerz ✳ **glied**rig,
gliede**rig** Ew.: gegliedert;
²glied(e)rig → *2-glied(e)rig* ✳
gliedern (ich ..[e]re) tr.: einteilen : Unterteilungen machen
✳ **Glie**de**rung,** die; –, –en:
Plan : Einteilung
2-glied(e)rig
Wird eine Zahl in Ziffern geschrieben, setzt man bei Zusammensetzungen mit ihr einen Bindestrich: *2-tägige Verhandlungen; 3-spaltige Tabelle; 10-wöchige Reise; 50-
fache Vergrößerung.*
glimmen (du glimmst,
glimmtest, du glömmst und
glimmtest; geglommen und ge-
glimmt; glimm[e]!) intr.: ohne
helle Flammen brennen : glühen ✳ *Glimmlampe:* mit Edel-
gasen gefüllte Glühbirne, die
bei Stromdurchlass leuchtet;
Glimmstengel → *Glimmstän-
gel:* (scherzh.) Zigarette ✳
Glimmer, der; –s, –: Schim-

mer : ein glänzendes Mineral,
Katzensilber, Mariengold ✳
*Glimmerblättchen; Glimmer-
erde; Glimmerschiefer* ✳ **glim-
m(e)rig** Ew.: glimmernd :
glimmerhaltig ✳ **glim**mern
(ich ..[e]re) intr.: zitternden
Lichtschein werfen : sanft
schimmern
glimpflich Ew.: ohne Schaden : rücksichtsvoll ✳ **Glimpf-
lich**keit, die; –: das Glimpf-
lichsein
Gliom (griech.), das; –s, –e:
(Med.) Geschwulst im zentra-
len Nervensystem oder am
Auge
Glissa**de** (fr.), die; –, –n: das
Ausgleiten : ein Tanzschritt :
(Fechtkst.) das Abgleiten der
Degenklinge ✳ **glis**san**do**
(it.): (Mus.) gleitend, sanft ✳
glissie**ren** (..iert) intr. (sein):
ausgleiten : abgleiten
glitsch!: Ausruf zur Bezeichnung eines rutschenden Körpers ✳ **glit**schen intr. (haben,
sein): rasch gleiten : rutschen
✳ *Glitschbahn* **glit**sch**(e)rig,**
glitschig Ew.: schlüpfrig, glatt
: klitschig
Glitzer, der; –s, –: etwas Fun-
kelndes ✳ **glit**z(e)rig Ew.:
funkelnd ✳ **glit**zern (ich
..[e]re) intr.: blitzend funkeln ✳
Glitzertand
global (nl.) Ew.: erdumfas-
send : gesamt : allgemein ✳
Globe**trot**ter (e.) [globtr..],
der; –s, –: Weltenbummler
Globin (nl.), das; –s: Eiweiß-
bestandteil des Hämoglobins ✳
Globu**lin** (nl.), das; –s: Ei-
weißart, Bestandteil des Blut-
plasmas ✳ **Glo**bus (l.), der; –
und –ses, ..ben und ..busse:
„Kugel", Nachbildung der Erdkugel
Glocke, die; –, –n; Glöck-
chen: hohles, aus Metall gebildetes Schallgerät mit Klöppel :
helltönende Kanone : glockenförmiger Gegenstand, z. B.
Blumenkelch, Behältnis für einen Taucher, halbkugelförmi-
ger Glasdeckel : Gefäß, Korb
eines Rapiers : Warze am Hals
der Ziegen ✳ *glockenähnlich*
Ew.; *Glockenbalken:* Balken,
an dem eine Glocke hängt;
*Glockenblume; Glockenform;
glockenförmig* Ew.; *Glocken-
garn:* Garn zum Rebhühner-

fang; *Glockengehäuse:* Glockenstuhl; *Glockengeläute;*
Glockengetön; Glockengießer;
Glockengießerei; Glockenguß;
→ *Glockenguss; Glockenhaus:*
Haus, in dem eine Glocke
hängt; *Glockenhelm:* oberster
Teil der Glocke mit dem Hen-
kel zum Aufhängen; *glocken-*
hell Ew.: hell tönend wie eine
Glocke; *Glockenklang; Glo-*
ckenklöppel; Glockenläuten;
Glockenmantel: aus Lehm ge-
brannte Form der Glocke, in
die das flüssige Metall gegos-
sen wird; *Glockenrock:* weit-
schwingender Rock; *Glocken-*
schlag; Glockenschwengel;
Glockenseil: Seil, mit dem die
Glocke in Bewegung gesetzt
wird; *Glockenspeise:* das flüssige Metall zum Gießen der
Glocke; *Glockenspiel:* Ton-
werkzeug aus abgestimmten
Glocken; *Glockenstube:* Raum
(im Kirchturm), in dem die
Glocke hängt; *Glockenstuhl:*
Gerüst, an dem die Glocke
hängt; *Glockenton; Glocken-*
turm; Glockenweihe; Glocken-
zug: Glockenseil ∗ **Glo│cke-**
nist, der; –en, –en: einer, der
das Glockenspiel spielt ∗
Glöck│ner, der; –s, –: Küster,
Kirchendiener, der die Kir-
chenglocke läutet

Glo│ria (lat.), das; –s, –s: Lob-
gesang · in der katholischen
Messe ∗ **Glo│rie** (l.), die; –, –n:
Ruhm : Ehre : Herrlichkeit :
Glanz : Heiligenschein ∗ *glo-*
ria in excelsis Deo [..ekßz..]:
Ehre sei Gott in der Höhe!;
Glorienschein: Heiligenschein
∗ **Glo│ri│fi│ka│ti│on,** die; –, –en:
Verherrlichung : Verklärung ∗
glo│ri│fi│zie│ren (..iert) verherr-
lichen ∗ **Glo│ri│olle** (l.-fr.), die;
–, –n: Strahlenkranz : Heiligenschein ∗ **glo│ri│os** (l.) Ew.:
ruhmvoll : ruhmwürdig : ver-
klärt : ruhmredig ∗ **Glo│ri│o│sa,**
die; –, ..sen: eine Zierblume ∗
glor│reich Ew.: ruhmreich :
(Umgspr.) herrlich, großartig

Glo│se, die; –, –n: Funken ∗
glo│sen (du glosest und glost)
intr.: glühen, glimmen

Glos│sar (gr.-l.), das; –s, –e
und ..rien: Erklärungswörter-
buch : Sammlung von Glossen
∗ **Glos│sa│tor,** der; –s, ..toren:
Worterklärer, Ausleger ∗

Glos│se (gr.), die; –, –n: Wort-
erklärung : Anmerkung : Rand-
bemerkung ∗ **glos│sie│ren**
(..iert) tr.: mit Randbemerkun-
gen versehen ∗ **Glos│so│graph**
→ **Glos│so│graf,** der; –en, –en:
Glossenschreiber ∗ **Glos│so-**
la│lie, die; –: das Reden in
fremden Sprachen : (Bib.) Zun-
genreden ∗ **Glos│so│spas-**
mus, der; –, ..men: Zungen-
krampf ∗ **Glot│tal** (gr.), der; –s,
–e: Kehlkopflaut ∗ **Glot│tis,**
die; –, ..tes: Stimmritze im
Kehlkopf

Glot│ze, die; –, –n: das Hinstarren mit gläsernem Blick :
Glotzauge : (Umgspr.) Fern-
sehgerät ∗ **glot│zen** (du glot-
zest und glotzt) intr.: mit gläsernem Blick hinstarren ∗
Glotzauge; Glotzaugenkrank-
heit: Basedowsche Krankheit;
glotzäugig Ew.; *Glotzophon* →
Glotzofon: (Umgspr.) Fernseh-
apparat ∗ **Glot│zer,** der; –s, –:
der Glotzende : das Glotzen

Glo│xi│nie, die; –, –n: eine
südam. Zierpflanze

gluch│sen (du gluchsest und
gluchst) intr.: glucken

gluck!: Tonwort zur Nachahmung des Geschreis der Henne
∗ **Glu│cke,** die; –, –n: brütende
Henne : Henne mit Küken :
Sternbild : Nachtfalter ∗
gluk│cken intr.: den Ton
„gluck" hervorbringen : trinken ∗ **gluk│ckern** (ich ..[e]re)
tr.: trinken ∗ **gluck│sen** (du
glucksest und gluckst) intr.:
den Ton „gluck" hervorbringen
: Schluckauf haben : unter-
drückt lachen

Glück, das; –(e)s: günstiger Zufall : begünstigendes Schicksal :
beglückender Gegenstand : Zustand dessen, dem es nach
Wunsch geht ∗ *Glückab!:* Luft-
schiffergruß; *Glückauf!:* Berg-
mannsgruß; *glückbegünstigt*
Mw. Ew.; *glückbringend* ∗
Glück bringend; glückerfüllt
Mw. Ew.; *glückselig* Ew.: hohes
Glück genießend; *Glückselig-*
keit, die; –, –en: das Glückse-
ligsein; *glückverheißend* ∗
Glück verheißend; Glück-
wunschtelegramm ∗ *Glücks-*
bote; Glücksbude: Bude, in der
Glücksspiele gespielt werden,
Würfelbude; *Glücksfall;*
Glücksgöttin; Glückshand;

Glück bringende Hand : hand-
förmige Wurzel, die Glück
bringt; *Glücksjäger:* dem Glück
nachjagender Abenteurer;
Glückskind: vom Schicksal be-
günstigter Mensch; *Glücks-*
männchen: glückbringendes
Wurzelmännchen; *Glückspilz:*
Glückskind; *Glücksrad:* Rad
bei Glücksspielen; *Glücksrit-*
ter: Glücksjäger; *Glückssache;*
Glücksspiel: Spiel, bei dem der
Gewinn vom Zufall abhängt;
Glücksstern; Glückssträhne:
(Umgspr.) kurze Zeit, in der einem alles glückt; *Glückstag;*
Glückwunsch ∗ **glü│cken** intr.
(haben, sein): gelingen : nach
Wunsch geschehen oder erge-
hen ∗ **glück│lich** Ew.: Glück habend : im Glück : beglückt :
beglückend

Glü│cke, glü│cken usw.: s.
gluck

glüh Ew.: glühend ∗ **Glü│he,**
die; –, –n: Zustand des Glühens
: Glühherd ∗ **glü│hen** intr.:
(ohne Flamme) vom Feuer
durchdrungen sein : brennen :
leuchten, glänzen : leidenschaftlich erregt sein : glühend
machen : glühend äußern, aus-
strömen ∗ **glühendheiß** → *glü-*
hend heiß; Glühbirne; Glüh-
brenner: glühender Metall-
draht zum Zerstören von Körpergewebe durch Hitze; *Glüh-*
faden; Glühfarbe; Glühhitze;
Glühkörper; Glühlampe;
Glühlicht; Glühofen; Glüh-
wein: heißer, gewürzter und ge-
süßter Wein; *Glühwürmchen:*
Leuchtwürmchen, Johanniskä-
fer

Glu│ko│se: s. Glykose

glu│pen intr.: finster blicken ∗
Glupauge ∗ **glup(i)sch** Ew.:
(mundartl.) glupend, heimtü-
ckisch ∗ **glup│schen** (du glup-
schest und glupscht) intr.:
glup(i)sch blicken

Glut, die; –, –en: das Glühen :
das Glühende : (übertr.) sehr
starkes Gefühl, Leidenschaft,
Begeisterung ∗ **glu│ten** intr.:
glühend brennen : glühend
strahlen; tr.: (selt.) mit Glut füllen

Glu│tin (l.), das; –s: Pflanzenleim, Knochenleim

Gly│kä│mie (gr.), die; –: Zu-
ckergehalt des Blutes ∗
Gly│ko│gen (gr.), das; –s: Le-

berstärke (Kohlenhydrat), Speicherstoff für den tierischen Körper ∗ Gly|ko|me|ter, der; –s, –: "Süßigkeitsmesser", Vorrichtung zur Prüfung des Zuckergehaltes des Weins ∗ Gly|ko|se, die; –: Traubenzucker ∗ Gly|ko|su|rie, die; –: Ausscheidung von Zucker im Urin ∗ Gly|ze|rin, das; –s: Ölsüß, der den Fetten zugrunde liegende Alkohol ∗ Glyzerin|sei|fe ∗ Gly|zi|nie, die; –, –n: Süßholzwicke, eine Pflanze [gr. glykys süß]

Glyp|te (gr.), die; –, –n: geschnittener Stein, Skulptur ∗ Glyp|tik, die; –: Steinschneidekunst ∗ Glyp|to|thek, die; –, –en: Sammlung geschnittener Steine und Skulpturen in München [gr. glyphein eingraben]

Gly|san|tin, das; –s: Frostschutzmittel für Kraftfahrzeuge

Gly|ze|rin, Gly|zi|nie: s. Glykogen

G-Man, (e.) [dschi:män], der; –s, G-Men: Kurzw. Government man: (am.) Regierungs- oder Geheimdienstmitarbeiter GmbH (Abk.): Gesellschaft mit beschränkter Haftung GMD (Abk.): Generalmusikdirektor g-Moll: s. g

Gna|de, die; –, –n: unverdient zuteil werdende(s) Wohlwollen, Gunst, Barmherzigkeit : unverdient zuteil werdende Gabe : Begnadigung : (Mz.) ehem. Ehrentitel von Fürsten usw. ∗ Gnadenakt; Gnadenbelohnung: aus Gnade gewährte Belohnung; Gnadenbeweis; Gnadenbild; Gnadenbrief: Urkunde über Vorrechte; Gnadenbrot: aus Gnade gewährter Unterhalt; Gnadenfrist; Gnadengeschenk; Gnadengesuch; Gnadenhochzeit: 70. Hochzeitstag; Gnadenjahr: Jahr, in dem man etwas noch genießt, was einem eigentlich nicht mehr zukommt; Gnadenlohn; Gnadenpfennig; Gnadenpfand; gnadenreich Ew.; Gnadensold; Gnadenstoß: Stoß, durch den ein todeswundes Tier von seiner Qual befreit (getötet) wird; Gnadenverheißung; Gnadenweg: Recht erbitten mit Hilfe eines Gnadengesuchs;

gnadenvoll Ew.; Gnadenzeichen; Gnadenzeit ∗ gnä|dig Ew.: Gnade habend, zeigend : aus Gnade hervorgegangen

Gna|gi, das; –s: (schweiz.) kaltes Gericht aus Schweinefleisch

Gnatz, der; –es, –e: Grind, Ausschlag : mürrische Person ∗ Gnatzkopf ∗ Gnat|ze, die; –, –n: Gnatz : Stechfliege ∗ gnat|zen (du gnatzest und gnatzt) intr.: sich mürrisch zeigen ∗ gnat|zig, gnät|zig Ew.: grindig, krätzig : mürrisch

Gneis, der; –es, –e: kristallines Schiefergestein ∗ gnei|sig Ew.: Gneis enthaltend : dem Gneis ähnlich

Gnit|ze, die; –, –n: kleine, in Mengen auftretende Mücke (Kriebelmücke)

Gnom (ml.), der; –en, –en: Erdgeist, Kobold ∗ gno|men|haft Ew.: koboldartig

Gno|me (gr.), die; –, –n: Sinnspruch ∗ Gno|mi|ker, der; –s, –: Gnomendichter ∗ gno|misch Ew.: der Spruchweisheit entnommen ∗ gnomischer Dichter: Spruchdichter ∗ Gno|mon, der; –s, ..mone: Schattenstab der Sonnenuhr ∗ Gno|mo|nik, die; –, –en: Sonnenuhrkunst ∗ Gno|sis, die; –: "Erkenntnis", Offenbarung, Geheimkunde : Religionsphilosophie des frühen Christentums ∗ Gnos|tik, die; –: Erkenntnislehre ∗ Gnos|ti|ker, der; –s, –: Geheimwisser, Anhänger des Gnostizismus ∗ gnos|tisch Ew.: die Gnosis, den Gnostizismus betreffend, darauf beruhend ∗ Gnos|ti|zis|mus, der; –: Lehre der Gnostiker ∗ gno|thi se|au|ton: (Spruch des griech. Weisen Chilon) "Erkenne dich selbst!"

Gnu, das; –s, –s: ein afrikanischer Wiederkäuer, Art Antilope

Go, das; –s: Brettspiel, altes japanisches Nationalspiel

Goa: Land an der ind. Westküste

Goal (e.) [gohl], das; –s, –s: (Sport) Mal, Ziel, Tor ∗ Goalgetter: Torschütze; Goalkeeper: Torwart

Go|be|lin (fr.) [go:bläng], der; –s, –s: Bildgewebe : Wandteppich

Go|ckel, der; –s, –: Hahn ∗ Gockelhahn

God (e.): Gott ∗ Goddam [goddämm]: Gott, verdamm mich! [entst. aus God damn] ∗ God save the King (Queen) [god ßehw the king (kwihn)]: "Gott schütze den König" ("... die Königin"), Anfang der englischen Nationalhymne

Go|de, Gö|de, der; –n, –n; Go|del, die; –, –n: (ldschftl.) Pate, Patin; vgl. Gote

God|ron (fr.) [godrong], das; –s, –s: (Baukst.) Eierleiste : (Goldschm.) ausgeschweifter Rand ∗ god|ro|nie|ren (..iert) tr.: fälteln : ausschweifen : mit Buckeln versehen

Goe|the: deutscher Dichter (1749–1832) ∗ Goetheausgabe; Goethegesellschaft; Goethehaus; Goethe-Institut: Einrichtung zur Verbreitung der deutschen Sprache im Ausland ∗ Goe|the|a|num, das; –s: von Rudolf Steiner gegründetes anthroposophisches Zentrum bei Dornach in der Schweiz ∗ goe|thesch Ew.: goethisch ∗ goe|thisch Ew.: nach Art Goethes : nach Goethe benannt

Gog (hebr.): gefährlicher, verheerender Feind (bei Ezechiel)

Go-go-Girl (e.) [gogo:görl], das; –s, –s: Tänzerin in Nachtbars

Goi (hebr.), der; –(s), Gojim: Volk : Heidenvolk : Nichtjude

Go-in (e.), das; –s, –s: gewaltsame Störung einer geschlossenen Gesellschaft, um eine zuvor abgelehnte Diskussion herbeizuführen

Go-Kart → Go|kart (e.) [go-kaht], der; –s, –s: kleines motorisiertes Rennfahrzeug

go|keln (ich ..[e]le) intr.: (md.) unvorsichtig mit Licht umgehen

Gold, das; –(e)s: Edelmetall : etwas aus Gold Gefertigtes : etwas wie Gold Glänzendes : (übertr.) etwas Köstliches, Wertvolles ∗ Goldader: goldhaltige Erzader; Goldader: Steinadler; Goldammer: Vogelart; Goldarbeit; Goldarbeiter; Goldbarren; Goldbarsch; Goldbasis; goldbehängt Ew.; Goldbergwerk; Goldbestand; Goldblatt: dünnes Blattgold;

Goldblech; goldblond Ew.; *Goldborte; goldbraun* Ew.; *Goldbrokat; Goldbronze; Golderz; goldfarb(en)* Ew.; *goldfarbig* Ew.; *Goldfasan; Goldfeder:* Schreibfeder für Füllfederhalter; *Goldfinger:* Ringfinger; *Goldfisch; Goldflimmer; Goldflitter; Goldfolie:* Blattmetall; *Goldfuchs:* goldbraunes Pferd : *Goldstück; goldgelb* Ew.; *Goldgespinst; goldglänzend* Mw. Ew.; *Goldgräber; Goldgrube:* Goldbergwerk : etwas, was reichen Gewinn liefert; *Goldgulden; Goldhaar; goldhaltig* Ew.; *Goldhamster; Goldkäfer:* Rosenkäfer; *Goldkies:* goldhaltiger Kies; *Goldklausel:* Bestimmung bei Kaufverträgen, in Gold oder zum Tageskurs zu zahlen; *Goldklumpen; Goldkönig:* gediegenes Gold; *Goldkörnchen; Goldkrone:* Krone aus Gold : eine Art Goldmünze : Zahnüberkronung; *Goldlack:* goldglänzender Lack : eine Pflanze; *Goldlegierung; Goldleiste; goldlockig* Ew.; *Goldlösung; Goldmacher:* Alchimist; *Goldmark:* Rechnungseinheit im Deutschen Reich d. Inflationszeit: 1 Goldmark = 1/2790 kg Feingold, 10/42 amerikanische Dollar; *Goldmünze; Goldpapier:* vergoldetes Papier; *Goldparität:* Verhältnis der Währungen untereinander, an ihrem Goldwert gemessen; *Goldregen:* eine Art Feuerwerk : eine Art Kegelschnecke : eine Pflanze; *goldreich* Ew.; *Goldreif; Goldrenette:* Apfelsorte; *Goldreserve; goldrot* Ew.; *Goldsand; Goldschaum:* Blattgold; *Goldschläger:* Hersteller von Blattgold; *Goldschmied; Goldschmiedearbeit; Goldschmiedekunst; Goldschnitt:* vergoldeter Schnitt an Büchern; *Goldstandard:* Goldwährung; *Goldstern:* eine Pflanze; *Goldstück:* Goldmünze; *Goldtresse; Goldvorkommen; Goldwaage; Goldwährung; Goldwert* ✴ **golden** (dichterisch **gülden**) Ew.: aus Gold : goldglänzend : goldfarben : hell strahlend : vergoldet : köstlich : prächtig : teuer, lieb : schön : reichen Gewinn bringend ✴

goldene Hochzeit: 50. Hochzeitstag; *das Goldene Kalb:* Tiergötze im A.T.; *die Goldene Bulle:* Urkunde über Kaiserwahl 1356; *das Goldene Vlies:* (gr. Sage) Widderfell; *das Goldene Vließ:* Habsburger Hausorden; *das goldene Zeitalter:* (gr. Sage) glückliche Urzeit; *Goldener Sonntag:* letzter Sonntag vor Weihnachten ✴ **goldig** Ew.: golden

die goldene Hochzeit; die Goldenen Zwanziger

Stehen Adjektive in festen Wortverbindungen und bilden sie in diesen keinen Eigennamen, schreibt man klein: *das goldene Zeitalter.* Im anderen Falle werden die Adjektive großgeschrieben: *Die Goldenen Zwanziger.*

Golem (hebr.), der; −s, −s: im jüd. Volksglauben durch Zaubersprüche zu belebende menschliche Tonfigur

Golf (ml.), der; −(e)s, −e: Meerbusen ✴ *Golfstrom:* vom Golf von Mexiko ausgehende warme Meeresströmung ✴ *Golfkrieg; Golfkrise*

Golf (e.), das; −(e)s: ein Rasenspiel ✴ *Golfplatz; Golfschläger; Golfspiel*

Golgatha (aram.): „Schädelstätte", Richtstätte bei Jerusalem

Goliath *auch:* (ökumen.) **Goliat** der; −s: Riese im A.T.

Gonagra (gr.), das; −s: (Med.) Kniegicht

Gondel (it.), die; −, −n: venezianisches Boot : Korb am Freiballon : Kabine am Luftschiff : Seilbahnkabine ✴ *Gondoliere,* der; −s, −s: Gondelführer ✴ **gondeln** (ich ..[e]le) intr. (sein): Gondel fahren

Gonfaloniere (it.), der; −s, −s und ..ri: ital. Bannerherr (im Mittelalter)

Gong (malay.), der; (selt.) das; −s, −s: Schlagbecken ✴ *Gongschlag; Gonguhr* ✴ **gongen** intr.: den Gong schlagen

Goniometer (gr.), das; −s, −: Winkelmesser ✴ *Goniometrie,* die; −: Lehre von der Messung der Winkel ✴ **goniometrisch** Ew.: die Goniometrie betreffend, auf ihr beruhend

gönnen tr.: aus Geneigtheit

erlauben, zuteil werden lassen : gern sehen, dass einer etwas hat oder erhält ✴ **Gönner,** der; −s, −: ein Gönnender, (bes.) Förderer, Schutzherr ✴ *Gönnermiene* ✴ **gönnerhaft** Ew.: in der Art eines Gönners : herablassend ✴ **Gönnerin,** die; −, −nen: eine Gönnende, (bes.) Förderin, Schutzherrin ✴ **gönnerisch** Ew.: gönnerhaft ✴ **Gönnerschaft,** die; −, −en: das Gönnersein : Gesamtheit der Gönner

Gonokokkus (gr.), der; −, ..kken: Spaltpilz, der die Gonorrhöe verursacht ✴ **Gonorrhöe, Gonorrhö** (gr.), die; −, −n: Tripper, eine Geschlechtskrankheit

Gonorrhö

Bei medizinischen Fachausdrücken wurde die Endform −rhoe festgelegt auf die Schreibung −rhö, fachsprachlich auch −rhöe.

good bye → **goodbye** (e.) [gudd bai]: leb(t) wohl!

Goodwill (e.) [gudwill], der; −s: Kundschaft : Ruf, ideeller Wert einer Firma : Wohlwollen ✴ *Goodwillreise:* Reise einer einflussreichen Person, um freundschaftliche Beziehungen zu einem anderen Land herzustellen oder zu festigen

Göpel, der; −s, −: Maschine, deren Welle durch lange Hebel bewegt wird ✴ *Göpelbaum; Göpelkette; Göpelwelle; Göpelwerk*

Gör, das; −(e)s, −en; **Göre,** die; −, −n: kleines Kind : (oft) ungezogenes Kind

Gording (niederd.), die; −, −e(n): (Schiffb.) Tau zum Aufholen, zum Raffen der Segel

gordisch Ew.: auf den phrygischen König Gordius bezüglich ✴ *gordischer Knoten:* unauflöslicher Knoten : eine große Schwierigkeit

Gorgo (gr.), die; −: weibliches Ungeheuer der griech. Sage : Schreckgespenst ✴ *Gorgonenhaupt*

Gorgonzola, der; −s, −s: eine it. Käsesorte

Gorilla, der; −s, −s: ein menschenähnlicher Affe in Afrika : (Umgspr.) brutal aussehender Leibwächter

Gösch (ndl.), die; −, −en:

kleine viereckige Flagge am Bugspriet von Kriegsschiffen ✳ **Göschstock**

Go|sche, Gu|sche, die; –, –n: (mundartl.) Mund ✳ **Go|sche(r)l,** das; –s, –: (mundartl.) Mündchen : (mundartl.) Kuss

Go|se, die; –, –n: eine Art Weißbier

Gos|lar: Stadt am Harz

Gos|pel (am.), der; –s, –s: „Evangelium", Gesang, in dem sich Blues mit abendländ. Harmonien mischt (Vorform des Jazz) ✳ **Gospelsänger; Gospelsong**

Gos|po|dar, der; –s, –e: „Herr", slaw. Fürstentitel ✳ **Gos|po|din,** der; –s, ..da: (russ. Anrede) Herr

Goß → **Goss,** der; –es, –e: Mühltrichter ✳ **Gos|se,** die; –, –n; Gößchen: Abfluss zum Ausgießen von Schmutzwasser : Rinnstein; vgl. Gieß; Guss

Gös|sel, Gus|sel, das; –s, –(n): Gänschen : Gänseküken

Got(e), der; ..ten, ..ten: Pate ✳ **Got(e),** die; –, ..ten: Patin ✳ **Got|te,** die; –, –n: (schweiz.) Patin

Go|te, der; –n, –n: Angehöriger des ostgerman. Volkes der Goten ✳ **Go|tik,** die; –: mittelalterlicher Kunst- und Lebensstil ✳ **go|tisch** Ew.: den Goten eigentümlich : die Gotik, das Gotische betreffend ✳ **Go-tisch,** das; –: eine Schriftart

Go|tha: Stadt in Thüringen ✳ **Go|tha|er,** der; –s, –: Bewohner von Gotha ✳ **go|tha|isch,** Ew.: Gotha betreffend

Go|tik usw.: s. Gote

Got|land: schwed. Insel

Gott, der; –es, Götter: ein höheres Wesen : das höchste Wesen : etwas wie eine Gottheit Verehrtes : Vollkommenes : Anbetenswertes ✳ *in Gottes Namen:* bei Beginn eines Unternehmens gebrauchter Segenswunsch : immerhin, meinetwegen; *Gottes Wort:* Bibel; *leider Gottes!:* verstärktes leider ✳ *gottähnlich* Ew.; *gottbegeistert* Mw. Ew.: von Gott begeistert; *gottbegnadet* Mw. Ew.: von Gott begnadet; *gottbewahre!:* Ausruf, Wunsch, dass etwas nicht geschehen möge; *Gott bewahre dich vor*

allem Übel!; Gotterbarmen; gottgegeben Mw. Ew.; *gotterzeugt* Mw. Ew.: von Gott erzeugt; *gottgeboren* Mw. Ew.: aus Gott geboren; *gottgefällig* Ew.: Gott wohlgefallend; *gottgesandt* Mw. Ew.: von Gott gesandt; *gottgesegnet* Mw. Ew.: von Gott gesegnet; *gottgeweiht* Ew.: für den Dienst Gottes bestimmt; *gottgläubig* Ew.; *gottlob!:* ein Ausruf; *Gott Lob und Dank!; gottlos* Ew.: Gott nicht anerkennend : Gott nicht achtend : sündhaft : (zuw.) leichtfertig; *Gottlosigkeit; Gottmensch:* Mensch, der zugleich Gott ist, Bezeichnung Jesu; *gottnah* Ew.; *Gottseibeiuns,* der; –: Teufel; *gottselig* Ew.: fromm; *Gottseligkeit; Gottvater; gottverflucht* Mw. Ew.: von Gott verflucht; *gottvergessen* Ew.: von Gott vergessen; *gottverhasst* Mw. Ew.: von Gott verlassen; *Gottvertrauen:* Vertrauen auf Gott; *gottvoll* Ew.: voll göttlichen Geistes : (volkst.) herrlich, köstlich ✳ *Gottesacker:* Friedhof; *Gottesanbeterin:* eine Art Heuschrecke; *Gottesbeweis:* Versuch, die Existenz Gottes durch Verstandes- und Vernunftgründe zu beweisen; *Gottesbild:* (A.T.) Mensch; *Gottesdiener:* Priester; *Gottesdienst:* Gottesverehrung : äußere Kundgebung der Gottesverehrung als kirchliche Veranstaltung; *Gottesdienstordnung; gott(e)serbärmlich* Ew.: elend zum Gotterbarmen; *Gottesfurcht:* Ehrfurcht vor Gott; *gottesfürchtig* Ew.; *Gottesgabe:* Gabe von Gott : Abgabe an die Kirche; *Gottesgelehrtheit:* Theologie; *Gottesgericht:* Strafgericht Gottes : Gottesurteil, Prüfung, deren Ausgang als Urteil Gottes gilt; *Gottesglaube; Gottesgnade; Gotteshaus:* Kirche; *Gottesherrschaft; gott(e)sjämmerlich* Ew.: gott(e)serbärmlich; *Gotteskindschaft; Gotteslamm:* Beiname Jesu; *Gotteslästerer; gotteslästerlich* Ew.; *Gotteslästerung; Gottesleugner; Gotteslohn:* in der Wendung: *für einen Gotteslohn tun* tr.: unentgeltlich tun; *Gottesmann:* frommer Mann : Geistlicher;

Gottesmutter: die Jungfrau Maria; *Gottesreich; Gottesschühlein:* (schweiz.) Enzian; *Gottessohn:* Jesus; *Gottestisch:* Altar; *Gottesurteil:* s. Gottesgericht; *Gottesverehrung* ✳ *götterähnlich* Ew.; *Götterberg:* Olymp; *Götterbild:* Bildnis eines Gottes : göttlich schöne Gestalt; *Götterbote:* Hermes; *Götterdämmerung:* in der nord. Sage der Jüngste Tag, Ragnarök; *Götterfunke:* von den Göttern entfachter Funke, Genie; *Göttergeschenk; Götterlehre; Göttermahl:* Mahl der Götter : göttlich schönes Mahl; *Göttersagen; Göttersitz:* ein Tempel : Olymp; *Götterspeise:* lukullische Mahlzeit : eine Süßspeise; *Götterzeit:* Zeit, da Götter herrschten : sorglos glückliche Zeit ✳ **göt|ter|haft** Ew.; den Göttern gleich ✳ **Göt|ter|schaft,** die; –: Götterwürde : Gesamtheit der Götter ✳ **Göt|ter|tum,** das; –s: Götterwürde ✳ **gott|haft** Ew.: göttlich ✳ **Gott|heit,** die; –, –en: das Gottsein : ein Gott, eine Göttin ✳ **Göt|tin,** die; –, –nen: weibl. Gott ✳ **gött|lich** Ew.: Gott oder einem Gott eigen : von (einem) Gott herrührend : (einem) Gott ähnlich : vollkommen, sehr schön ✳ **Gött|lich|keit,** die; –, –en: das Göttlichsein

Got|te, Göt|te, der; –n, –n: (mundartl.) Pate; vgl. Gote

Göt|tin: s. Gott

Göt|ze, der; –n, –n: ein als Gottheit verehrtes Bild : Abgott : etwas göttlich Verehrtes : dummer und fauler Mensch ✳ **Götzenbild; Götzendiener; Götzendienst; Götzenopfer; Götzentempel** ✳ **Göt|zen|tum,** das; –(e)s: Götzendienst ✳ **Göt|ze|rei,** die; –, –en: Götzendienst

Gou|lache (fr.) [guasch], die; –, –s: Maltechnik, Wassermalerei mit Deckfarben; vgl. Guasch

Gou|da [chauda]: Stadt in Südholland ✳ *Goudakäse*

Gould|ron (ml.-fr.) [gudrong], der; –s: dickflüssiger Rückstand bei der Teerdestillation ✳ **gould|ro|nie|ren** (..iert) [gudron..] tr.: teeren

Gour|de [gurd'], der; –, –: span. Münze in Haiti

Gour|mand (fr.) [gurmong], der; –s, –s: Vielesser : (zuw.) Feinschmecker ✳ **Gour|man|di|se** [gurmang..], die, –: Völlerei : Feinschmeckerei : Leckerbissen ✳ **Gour|met** [gurmäh], der; –s, –s: Feinschmecker : (bes.) Weinkenner

Gout (fr.) [guh], der; –s, –s: Geschmack : Wohlgefallen ✳ **gou|tie|ren** (..iert) [gu..] tr.: kosten : schmecken : vespern : Behagen finden : billigen

Gou|ver|nan|te (fr.) [guw..], die; –, –n: Erzieherin, Hauslehrerin : Oberhofmeisterin ✳ **Gou|ver|ne|ment** [guwern'mang], das; –s, –s: Statthalterschaft : Verwaltungskreis : Landvogtei : Staatsverwaltung : Regierung ✳ **gou|ver|ne|men|tal** [..mang..] Ew.: von der Regierung ausgehend : die Regierung betreffend : regierungsfreundlich ✳ **Gou|ver|neur** [guvernöhr], der; –s, –e: Statthalter : Vorgesetzter einer Provinz : Landvogt : Erzieher : Führer ✳ **gou|ver|nie|ren** (..iert) [guw..] tr.: verwalten : gebieten : regieren

Grab, das; –(e)s, Gräber; Grube zur Beerdigung eines Toten : Ort des Todes oder der Verborgenheit ✳ *Grabdenkmal; Grabgefilde; Grabgeläute; Grabgesang; Grabgewölbe; Grabhügel; Grabinschrift; Grabkapelle; Grablegung:* Bestattung; *Grablied; Grabmal; Grabmonument; Grabplatte; Grabrede; Grabschändung; Grabschaufel; Grabschrift; Grabstätte; Grabstein; Grabtuch; Graburne* ✳ *Grabesgewölbe; Grabeshügel; Grabesmoder; Grabesnacht; Grabesrand; Grabesruhe; Grabesschlummer; Grabesstille* ✳ *Gräbergeruch; Gräbernacht; Gräberschau; Gräberstille; Gräberweide* ✳ **Gra|ben**, der; –s, Gräben; Gräbchen: Vertiefung zur Wasserableitung ✳ *Grabenbord; Grabendamm; Grabenleitung; Grabenmauer:* äußere Mauer des Festungsgrabens; *Grabenzug:* Grabenleitung ✳ **gra|ben** (du gräbst; du grub[e]st, du grübest; gegraben; grab[e]!) intr.: mit spitzem Werkzeug eine Vertiefung (in die Erde) machen : den Boden mit dem Spaten bearbeiten; tr.:

(Loch, Grube usw. –) grabend herstellen : (Erz usw. –) grabend zutage fördern : (Acker –) umgraben ✳ *Grabeisen; Grabkelle:* Werkzeug zum Ausgraben von Pflanzen : *Grabmeißel; Grabscheit:* Spaten; *Grabstichel:* Meißel für Metallarbeit ✳ **Grä|ber**, der; –s, –: ein Grabender : grabendes Tier : Werkzeug zum Graben ✳ **Gräb|ling**, der; –s, –e: Grille ✳ **Gra|bung**, die; –, –en: das Graben : das Gegrabene : Ausgrabung; vgl. Grube, Gruft

Grac|che (nl.) [graxe], der, –n, –n, (meist Pl.): Angehöriger eines römischen Geschlechts

Gracht (ndl.), die; –, –en: schiffbarer Kanal innerhalb der Stadt

grad. (Abk.): graduiert: mit abgeschlossenem Fachhochschulabschluss

Grad (l.) [graxe], der; –(e)s, –e: Abstufung : Stärke : Messzahl : Maßeinheit der Temperatur; Abk.: ° ✳ *Gradabteilung; Gradbogen; Gradeinteilung; Gradmesser; Gradmessung; gradweise* Uw.: in Graden; *Gradunterschied* ✳ *5° Wärme; 5 Grad Kälte; der 50. Grad* ✳ *in hohem Grade:* in hohem Maße, sehr ✳ **gra|da|tim** Uw.: stufenweise ✳ **Gra|da|ti|on**, die; –, –en: Steigerung : Abstufung ✳ **Gra|di|ent** (fr.), der; –en, –en: (barometrisches) Gefälle ✳ **Gra|di|en|te**, die; –, –n: (Eisenbahn) Gefälllinie ✳ *Gradientenzeiger:* Neigungsweiser ✳ **gra|die|ren** (..iert) tr.: abstufen : auf einen höheren Grad bringen : verstärken : (Sole) konzentrieren ✳ *Gradierfaß →* *Gradierfass; Gradierhaus; Gradierherd; Gradierpfanne; Gradierröhre; Gradierwasser:* Wasser zum Gradieren des Goldes; *Gradierwerk:* Salzwerk ✳ **Gra|die|rung**, die; –, –en: das Gradieren : Verstärkung : Verdunstung ✳ **..gra|dig** Ew., nur in Zus.: Grade habend; z. B. hundertgradig ✳ **gra|du|al** Ew.: stufenweise, nach Graden ✳ *Gradualsystem:* Erbfolge nach dem Grade der Verwandtschaft zum Erblasser ✳ **Gra|du|a|le**, das; –s, – und ..lien: (kath. K.) „Stufengesang“, kurzer Zwischengesang

in der Messe nach der Lesung ✳ **Gra|du|a|ti|on** (ml.), die; –, –en: Einteilung in Grade : (Elektr.) Ermittlung des Zusammenhanges zwischen Zeigerausschlag und Stromstärke beim Galvanometer : (Sprachl.) Steigerung : Verleihung einer Hochschulwürde ✳ **gra|du|ell** Ew.: grad-, stufenweise ✳ **gra|du|ie|ren** (..iert) tr.: in Grade teilen : einen Hochschulrang verleihen ✳ **Gra|du|ier|te**, der; die; –n, –n: Inhaber(in) einer Hochschulwürde ✳ **Gra|dus ad Par|nas|sum** (l.), der; – – –: „Aufstieg zum Parnass“, Benennung von Hilfsbüchern

grad(e) usw.: s. gerade ✳ **gra|de|vol|le** (it.) [..w..] Ew.: (Mus.) angenehm : anmutig ✳ **gra|di|ta|men|te** (it.) Uw.: (Mus.) auf gefällige Weise

Grae|ca (l.) Mz.: griech. Schriften oder Werke ✳ **Grae|cum** (l.), auch: Graekum, das; –s, ..ca: besondere Nachprüfung im Griechischen für nicht humanistisch gebildete Studenten; vgl. gräko.., gräz..

Graf, der; –en, –en: (urspr.) Befehlender in einem Gau : Adliger, unter den Fürsten stehend : Besitzer einer Grafschaft : ein Ehrentitel ✳ *Grafenkrone; Grafenstand; Grafentitel* ✳ **Grä|fin**, die; –, –nen: Gattin eines Grafen ✳ **gräf|lich** Ew.: auf einen Grafen bezüglich ✳ **Graf|schaft**, die; –, –en: Gebiet eines Grafen : ehemals Gerichtsbezirk eines Grafen : Grafenwürde

..gra|fie (gr.), die; –, ..fien: in Zus.: ..(be)schreibung (Biografie; Geografie etc.) ✳ **Gra|fik**, die; –, –en: Schreib-, Zeichen- und Griffelkunst : Vervielfältigung von Kunstblättern ✳ **Gra|fi|ker**, der; –s, –: Zeichner, der Vorlagen zum Vervielfältigen herstellt ✳ **gra|fisch** Ew.: die Grafik betreffend ✳ *grafische Künste; grafisches Gewerbe* ✳ **Gra|fit**, der; –(e)s, –e: ein Mineral : Schreib-, Reißblei ✳ **gra|fi|tie|ren** (..iert) tr.: mit dem Reißblei zeichnen : (Buchdruckw.) mit Grafit bestreichen ✳ **Gra|fo|lo|ge**, der; –n, –n: Handschriftendeuter ✳

Gra|fo|lo|gie, die; –, ..gien: Handschriftendeutung

Grafik
Häufig gebrauchte Fremdwörter können sich nach und nach der deutschen Schreibweise angleichen: *Fotografie, Grafik, Orthografie.* Nur Wörter des sogenannten Bildungswortschatzes behalten die Original-Schreibweise: *Kalligraphie, Seismograph.*

Gra|fi|to (it.), das; –s, –s: eingekratztes Bild; vgl. Sgraffito

Gra|fit: s. ..graphie

Gra|fo|lo|ge, Gra|fo|lo|gie: s. ..grafie

Gra|ham|brot (e.-dtsch.), das; –(e)s, –e: (nach dem Erfinder benanntes) Brot aus geschrotetem Getreide ohne Sauerteig

Grain (e.) [grähn], der; –s, –s: „Korn", kleines englisches Gewicht für feine Wägungen; vgl. Gran ✱ **grai|nie|ren** tr.: körnen : riffeln

grä|ko|la|tei|nisch Ew.: griechisch-lateinisch ✱ **Grä|ko|ma|nie** (gr.), die; –: Leidenschaft für das Griechentum : Sucht, die Griechen nachzuahmen; vgl. graeca, gräzisieren ✱ **Grä|kum:** dtsch. Schreibweise für Graecum; s. Graeca

Gral, der; –(e)s: urspr. Schüssel voll verschiedener Gerichte ✱ *der Heilige Gral:* Abendmahlsschale Christi in der mittelalterlichen Dichtung : kostbarer, vom Himmel gefallener Gegenstand, Sinnbild der Erlösung ✱ *Gralsburg:* Burg der Gralsritter, Hüter des Heiligen Grals; *Gralsritter; Gralssage*

gram Ew., nur aussag.: tiefe Abneigung oder Groll empfindend ✱ **Gram,** der; –(e)s: tiefinnere Betrübnis ✱ *gramerfüllt* Mw. Ew.; *gramgebeugt* Ew.; *gramvoll* Ew.; *gramversunken* Ew.; *Gramfärbung (nach dem dän. Arzt H. C. J. Gram):* Methode zur Untersuchung und Unterscheidung von Bakterien; *grampositiv* Ew.: sich bei der Gramfärbung blau färbend; *gramnegativ* Ew.: sich bei der Gramfärbung rot färbend ✱ **Grä|me|lei,** die; –, –en: mürrische Art, Verdrießlichkeit ✱ **Grä|mler,** der; –s, –: ein Gramelnder : eine Gattung Fledermäuse ✱ **grä|meln** (ich

..[e]le) intr.: übellaunig, mürrisch sein ✱ **grä|men** tr.: Gram erregen; rbz.: sich härmen ✱ **grä|misch, gräm|lich** Ew.: mürrisch, verdrießlich ✱ **Gräm|lich|keit,** die; –, –en: grämliches Wesen ✱ **Gräm|ling,** der; –s, –e: Gram(e)ler

Gramm (gr.), das; –(e)s, –e: Gewichtseinheit; Abk.: g ✱ *3 Gramm* ✱ *Grammäquivalent:* in der Chemie übliche Einheit der Stoffmenge; *Grammatom:* soviel Gramm eines Elementes, wie sein Atomgewicht angibt; *Grammkalorie:* kleine Wärmeeinheit; Abk.: cal; *Grammolekül* → *Grammmolekül:* soviel Gramm eines Stoffes, wie sein Molekulargewicht angibt

Gram|ma (gr.), das; –s, –ta: Schriftzeichen : Inschrift ✱ **Gram|ma|tik,** die; –, –en: Sprachlehre ✱ **gramma|ti|ka|lisch** Ew.: auf die Sprachlehre bezüglich : sprachlich richtig ✱ **Gram|ma|ti|ker,** der; –s, –: Sprachgelehrter ✱ **gram|ma|tisch** Ew.: zur Sprachlehre gehörig ✱ **Gram|ma|ti|zi|tät,** die; –: das Grammatische in der Sprache ✱ **Gram|mo|phon** → **Gram|mo|fon,** das; –s, –e: Sprechmaschine : Schallplattenspieler ✱ *Grammophonnadel* → *Grammofonnadel; Grammophonplatte* → *Grammofonplatte* [gr. *gramma* Schriftzeichen, von *graphein* schreiben]

Gran (l.), das; –(e)s, –e und (als Maß) –: „Korn", ehemaliges kleines Apothekergewicht ✱ *2 Gran* ✱ **Grän** (fr.), das; –(e)s, –e: ehemaliges kleines Gewicht für Edelmetalle und Juwelen (1/3 Grän) ✱ **Gra|na|da** : spanische Provinz Granada und deren Hauptstadt ✱ **Gra|nat** (l.), der; –(e)s und –en, –e und –en: dunkelroter Schmuckstein : Krabbe, Krebsart ✱ **Gra|na|te** (it.), die; –, –n: vielkernige Frucht des Granatbaumes : Artilleriegeschoss ✱ *Granatapfel:* Frucht des Granatbaums ✱ *Granatfeuer; Granatsplitter; Granatrichter; Granatwerfer* ✱ **Gra|na|tin** (l.), das; –(e)s: Bitterstoff aus dem Granatapfel : Mannastoff ✱ **gra|nie|ren** (..iert) (l.) tr.: kör-

nig oder pulverig machen ✱ **gra|niert** Mw. Ew.: gekörnt : gerauht ✱ **Gra|nit** (nl.), der; –(e)s, –e: ein kristallinisches Gestein ✱ *Granitquader* ✱ **gra|nit|ar|tig** Ew.: dem Granit ähnlich ✱ **gra|ni|ten** Ew.: aus Granit ✱ **Gra|nu|la|tion** (nl.), die; –, –en: Körnung : (Med.) körnige Fleischwärzchen ✱ **gra|nu|lie|ren** (..iert) (nl.) tr.: körnen : zerstoßen : zerkleinern ✱ **Gra|nu|lit,** der; –(e)s, –e: Weißstein ✱ **gra|nu|lös** Ew.: körnig ✱ **Gra|nu|lo|se,** die; –: Körnerbildung : (Med.) Körnerkrankheit, eine Augenkrankheit [l. *granum* Korn]

Gra|na|le usw.: s. Gran

Grand, der; –(e)s: Kiessand ✱ *Grandschüttung; Grandstraße* ✱ **gran|dig** Ew.: kiesig : sandig : (obd.) mürrisch

grand (fr.) [grang] Ew.: groß : wichtig : vornehm ✱ **Grand** (fr.), der; –s, –s: Spiel beim Skat und Whist ✱ **Gran|de** (span.) [gran..], der; –n, –n: Hochadliger ✱ **Gran|dez|za** (it.), die; –: Hoheit : steife Würde ✱ **gran|di|os** (it.) Ew.: großartig : überwältigend ✱ **Grandhotel** (fr.) [granghotel], das; –s, –s: Luxushotel ✱ **Grand Prix** (fr.) [grangprih], der; – –, – –: Hauptpreis, Großer Preis ✱ *Grand-Prix-Formel:* Rennformel ✱ **Grandseigneur** (fr.) [grangbänjöhr], der; –s, –s und –e: Edelmann, vornehmer Herr ✱ **Grand Slam** → **Grandslam** (e.) [grändsläm], der; –s, –s: wichtige Tennis- und Golfturniere ✱ **gra|nie|ren, Gra|nit** usw.: s. Gran

Gran|ne, die; –, –n: Ährenstachel ✱ *Grannenhaare:* die längeren Haare des Wildes im Winterpelz ✱ **gran|nig** Ew.: mit Grannen versehen : borstig ✱ **Gran|ter,** der; –s, –: Fischbehälter

gran|tig: s. grandig

Gra|nu|la|tion usw.: s. Gran

Grapefruit (e.) [grehpfruht], die; –, –s: eine Art Orange, Pampelmuse

Gra|pen, der; –s, –: eiserner Topf

..gra|phie → **..gra|fie:** s. d.

Gra|phik → **Gra|fik:** s. d.

Gra|phi|ker → **Gra|fi|ker:** s. d.

* gra|phisch → gra|fisch:
s. d. * graphische Künste →
grafische Künste; graphisches
Gewerbe → grafisches Ge-
werbe * Gra|phit → Gra|fit:
s. d. * gra|phi|tie|ren →
gra|fi|tie|ren: s. d. * Gra|pho-
lo|g(e) → Gra|fo|lo|ge: s. d. *
Gra|pho|lo|gie → Gra|fo|lo-
gie: s. d.
Grap|pe (fr.), die; –, –n:
Traube : Traubenkamm
grap|schen (du grapsch[e]st
und grapscht); grap|sen (du
grapsest und grapst) tr.: hastig
nach etwas greifen
Grap|to|lith (gr.), der; –en,
–en: kleines versteinertes Urtier
Gras, das; –es, Gräser; Gräs-
chen; Mz. Gräserchen: Be-
zeichnung der Gewächse mit
röhrigem, knotigem Halm, un-
geteilten und ungestielten Blättern, rispen- oder ährenförmi-
gem Blütenstand : dem Vieh
als Futter dienende, wild wachsende Halmgewächse * das
Gras wachsen hören: überklug
sein: darüber ist Gras gewachsen: das ist vergessen; ins Gras
beißen intr.: sterben * Gras-
affe: liebkosende, leicht höhni-
sche Bezeichnung junger Menschen; Grasähre; Grasanger;
grasartig Ew.; Grasbank: Ra-
senbank; grasbewachsen Mw.
Ew.; Grasboden: Rasen; Gras-
butter: Butter von Kühen, die
frisches Gras fressen; Grasfal-
ter: ein Schmetterling; Gras-
fläche; Grasfleck: grasbewach-
sene Stelle : von Gras herrüh-
render Schmutzfleck; Gras-
frosch: der gemeine Frosch;
Grasfutter; Grasfütterung;
Grasgarten; grasgrün Ew.;
Grashahn: eine Pflanze; Gras-
hähnchen: ein Käfer; Gras-
halm; Grashering: ein vor der
eigentlichen Fangzeit gefangener Hering; Grashirsch: mage-
rer Hirsch; Grashuhn: Wachtelkönig; Grashüpfer: Heuschrecke; Grasland; Grasläu-
fer: Grashuhn; Grasmetze: Libelle; Grasmücke: eine
Gattung Singvögel; Gras-
narbe: Rasendecke; Gras-
pferd: grasendes Pferd : Heuschrecke; Grassamen; Gras-
specht: Grünspecht; Gras-
steppe; Grasstück: Grasplatz

in Gärten; Graswirtschaft;
–wucht * gra|sen (du grasest
und grast) intr.: Gras abschneiden oder fressen; tr.: (Getreide
–) absicheln : mit Gras bedecken * Grasefleck: Weide-
fleck; Grasejunge: Hüter der
grasenden Pferde * Gra|se|rei,
die; –, –en: das Grasschneiden :
das Recht dazu : Graseplatz :
das dort Wachsende : allerlei
Gras und Kraut * gra|sig Ew.:
grasbewachsen : grasartig *
Gra|sung, die; –, –en: das Gra-
sen : Viehweide : Graswuchs
graß * grass Ew. (grasser;
grassest): schrecklich, Furcht
erregend : (Blick) starr, wild *
Graß|heit → Grass|heit, die;
–, –en: das Grasssein : das
Grasse * gräß|lich → gräss-
lich Ew.: im höchsten Grade
schrecklich, ekelhaft *
Gräß|lich|keit → Grass|lich-
keit, die; –, –en: Scheußlich-
keit, Ekelhaftigkeit
Gras|sa|ti|on (l.), die; –, –en:
Überhandnahme * gras|sie-
ren (..iert) intr.: verbreitet sein,
wüten, sich ausbreiten (von
Seuchen)
Grat, der; –(e)s, –e: scharfe
Kante : scharfkantiger Bergrücken : Schärfe an Werkzeugen : Schneide : (Baukst.) First
: (Anat.) Rückgrat : (Anat.)
hervorragender scharfer Teil
des Nasenbeins, Schienbeins,
Achselbeins * Gratbalken;
Gratblech; Grateisen: Werkzeug der Fassbinder zum Ausschneiden des Schlosses am
Reifen; Grathobel: Werkzeug
des Zimmermanns zum Beseitigen des Grates; Gratleiste: in
eine Rinne passende Leiste;
Gratsäge; Gratsparren; Grat-
verbindung * Grä|te, die; –,
–n: knorpliger Knochen der Fi-
sche * grä|tig Ew.: voll Gräten
* Grä|ting, die; –, –e: Latten-
rost : Gatter : (seem.) Gitter-
werk auf Schiffen * Grät|ling,
der; –s, –e: kleiner grätiger
Fisch
Gra|tia (l.), die; –: Gunst,
Gnade : Dank : Anmut : Schön-
heit * Gra|ti|al(e) (nl.), das;
..les, ..le und ..lien: Dankge-
schenk : Tischgebet * Gra-
ti|a|nus: „der Anmutige", m.
Vn. * Gra|ti|as, das; –, –:
Dankgebet * Gra|ti|fi|ka|ti|on,

die; –, –en: Vergütung : (Gna-
den-)Geschenk : Belohnung :
Sonderzuwendung * gra|ti|fi-
zie|ren (..iert) tr.: vergüten *
gratis Ew.: unentgeltlich, um-
sonst * gratis und franko: unentgeltlich und portofrei *
Gratisaktie; Gratisbeilage;
Gratissendung; Gratiszugabe
* Gra|tu|i|tät (nl.), die; –, –en:
unverdiente Liebe oder Gnade
[l. gratus angenehm]
Gra|tin (fr.) [gratäng], der; –s,
–s: (Kochkst.) Kruste * au
gra|tin [oh –]: mit einer Kruste
* gra|ti|nie|ren (..iert) tr.: an-
krusten, überbacken
Grä|ting: s. Grat
Grät|sche, die; –, –n: Turn-
übung, das Auseinandersprei-
zen der Beine * grät|schen
(du grätsch[e]st und grätscht)
intr.: die Beine spreizen : mit
gespreizten Beinen gehen :
(Turnkst.) beide Schenkel
gleichzeitig nach entgegengesetzter Richtung bewegen *
grätschbeinig Ew.: mit gespreizten Beinen; Grätschstel-
lung: Stellung mit seitwärts gespreizten Beinen
Gra|tu|lant (nl.), der; –en, –en:
Glück Wünschender * Gra|tu-
la|ti|on (l.), die; –, –en: Glück-
wunsch * Gratulationsbesuch;
Gratulationscour: offizielle
Beglückwünschung durch
viele Gratulanten; Gratulati-
onskarte * gra|tu|lie|ren (..iert)
intr.: Glück wünschen
grau Ew.: Benennung einer
Farbe zwischen Weiß und
Schwarz : (übertr.) Bezeichnung des Unentschiedenen,
Elends, Eintönigen, Trüben,
längst Vergangenen, des Leblo-
sen, der Dämmerung * grau-
äugig Ew.; Graubart: Mensch
mit grauem Bart; graubärtig
Ew.; Graufuchs: Griesfuchs;
Graugans; graugelockt Mw.
Ew.; grauhaarig Ew.; Graukopf: Greis; graumeliert →
grau meliert Ew.: (von Haaren)
angegraut; Graurock: Wolf;
grauscheckig Ew.; Grautier:
Esel; Grauspecht; Grau-
wacke: Ablagerungsgestein;
Grauwerk: Pelzwerk des im
Winter grau gewordenen Eichhorns : graue Bruchsteine;
Grauzone: Bereich zwischen
Legalität und Illegalität *

graue Eminenz: Bezeichnung für eine nach außen kaum in Erscheinung tretende, aber sehr einflußreiche Persönlichkeit * Graue Panther: Name des Seniorenschutzbundes * Grauer Star: (Med.) Augenkrankheit * Grau, das; -(e)s: graue Farbe * grauen intr.: grau werden : altern : dämmern * graulich, gräulich Ew.: etwas grau : ins Graue fallend * Gräuling der; -s, -e: etwas Graues : Grautier : eine Gattung Schmetterlinge Graubünden: Kanton der Schweiz

grauen rbz. (m. Akk.), unp. (m. Dat.): Furcht, Widerwillen, Abscheu haben * mir graut vor ihm; ich graue mich davor * Grauen, das; -s: Empfindung der Furcht, des Widerwillens, des Abscheus : etwas Grauen Erregendes * grauendrohend Mw. Ew.; grauenvoll Ew. * grauenhaft Ew.: Grauen erregend, entsetzlich, fürchterlich * graulen rbz. (m. Akk.), unp. (m. Dat.): sich fürchten * graulich Ew.: Grauen erweckend : unheimlich, * Gräuel, der, -s, -: das Grauen : Empfindung der Abscheu : Widerwille : Grauen erregender Gegenstand * Gräuelpropaganda; Gräueltat * gräuelhaft Ew.: gräulich * gräulich Ew.: Grauen erregend : ekelhaft : abscheulich : (selt.) sich leicht grauend : Grauen hegend

graunzen (du graunzest und graunzt) intr.: keifen Graupe, die; -, -n; Gräupchen: enthülstes Getreidekorn : ein Stück gepochtes Erz * Graupenmühle; Graupenschleim; Graupenseim; Graupensuppe * Graupel, die; -, -n: etwas der Graupenform Ähnliches, bes. kleines Hagelkorn : Erzkorn * graupeln, gräupeln unp.: hageln * Gräupelerz: Erz in Körnern * graupig Ew.: graupenartig Graus, der; -es: Geröll : Verfallenes, Schutt : Zerstörung * grausen tr.: zu Graus zermalmen; intr. (sein): zu Graus zerfallen; vgl. Grus

graus Ew. (grausest): Grausen erregend : grausig : schrecklich * Graus, der; -es: das Grausen

etwas Grausen Erregendes : Schrecken : Entsetzen * grausam Ew.: graus : schrecklich : roh, gefühllos : mit Lust Leid zufügend * Grausamkeit, die; -, -en: das Grausamsein : grausame Handlung : Unmenschlichkeit * grauselig Ew.: gruselig, leichtes Grausen erregend oder empfindend * grauseln intr., rbz.: leicht graulen * grausen unp. (mit Dat.): stark grauseln * grausig Ew.: grausend : Grausen erregend * grauslich Ew.: grauselig; vgl. gruselig usw.

Gravamen (l.) [..w..], das; -s, ..mina: Beschwerde : Erschwerung * Gravitation, die; -, -en: Erschwerung : Belastung * grave, gravamente (it.) [..w..]: (Mus.) ernsthaft, feierlich, mit Würde * gravelent (l.) [..w..] Ew.: stark und widerlich riechend * Gravidität [..w..], die; -: die Schwere : Schwangerschaft * gravieren (..iert) [..w..] tr.: beschweren : drücken : bedrängen : belasten : zur Last fallen * gravierend Ew.: belastend, erschwerend * Gravimeter: Instrument zur Messung der Veränderlichkeit der Schwerkraft; Gravimetrie: Messung der Veränderlichkeit der Schwerkraft * gravis [..w..], der; -, -ves: Zeichen für den Tiefton einer Silbe * Gravität [..w..], die; -: Ernsthaftigkeit : Wichtigkeit : angenommene Würde : Steifheit : (Mus.) Tiefe * Gravitation [..w..], die; -: Schwerkraft * Gravitationsgesetz * gravitätisch Ew.: würdevoll : ernst * gravitieren (..iert) intr.: hinneigen [l. gravis schwer]

Gravation (l.) [..w..], die; -, -en: das Gravieren * Graveur (fr.) [..wöhr], der; -s, -e: Kupferstecher : Kunststecher : Stempelschneider * gravieren (..iert) (fr.) [..w..] tr.: mit dem Grabstichel stechen oder schneiden * Gravur, Gravüre (fr.) [..w..], die; -, (c)n: Stich : Kupfer , Stahlstich : Tiefdruckform, die auf fotomechanischem Wege hergestellt wurde : Erzeugnis der Gravierkunst [fr. graver von dtsch. graben]

grave usw.: s. Gravamen Gravensteiner, der; -s, -: Apfelsorte gravelolent: s. Gravamen Graves (fr.) [graw], der; -: weißer Bordeauxwein aus der Gironde Graveur: s. Gravation Gravidität usw.: s. Gravamen Gravüre: s. Gravation grazia, con - (it.): (Mus.) mit Anmut * Grazie (l.), die; -, -n: Anmut : Liebreiz : röm. Huldgöttin * grazil Ew.: geschmeidig, schlank * graziös Ew.: anmutig * grazioso (it.) Ew.: (Mus.) gefällig : angenehm

gräzisieren (..iert) (nl.) tr.: griech. Vorbild, griech. Ausdrucksweise nachahmen * Gräzismus, der; -, ..men: dem Griechischen eigentümliche Ausdrucksweise * Gräzist, der; -en, -en: Kenner des Altgriechischen * gräzistisch Ew.: das Altgriechische betreffend * Gräzität, die; -: Gräzismus : vgl. graeca, gräko..

Great Britain (e.) [greht britt'n], das; - -s: Großbritannien grec, grecque (fr.) [greck]: griechisch * à la grecque: auf griech. Weise : Verzierung aus rechtwinklig sich durchkreuzenden Linien Greenback (e.) [grihnbäck], der; -s, -s: am. Banknote Greenhorn (e.) [grihnhorn] das; -s, -s: Neuling : Grünschnabel Greenpeace (e.) [grihnpihß]: Internationale Umweltschutzorganisation Greenwich (e.) [grihnitsch]: östlicher Vorort Londons mit Sternwarte; Abk.: Gr. * Greenwicher Zeit Grège (fr.) [gräsch], die; -: Bastseide gregorianisch: auf Gregor bezüglich : von Papst Gregor begründet * der Gregorianische Kalender Greif, der; -(e)s und -en, -e(n): Fabeltier, ein Vogel * Greif, der; -s: ein Hundename : (selt.) Henkel : Schnabel des Schiffes * greifbar Ew.: fassbar, fühlbar : (Geld) zur Verfügung * greifen (du griff[e]st, du griffest; gegriffen : greif[e]!) tr., intr.: fassen und festhalten : nehmen : (Mus.) angeben, spielen * *Platz greifen:* eine feste Stelle gewinnen, sich behaupten; *um sich greifen* intr.: sich verbreiten; *einem unter die Arme greifen:* einen stützen (auch übertr.); *ans Herz greifen:* ins Herz dringen, das Gefühl angreifend erregen : zu etwas greifen intr.: etwas wählend nehmen * *Greifbagger; Greifbühne; Greifholz:* Holzgriff an der Schere des Tuchscherers; *Greifklaue:* Klaue der Greifvögel; *Greifschnabel; Greifzange; Greifzirkel:* Taster, Dickzirkel * **Grei|fer**, der; –s, –: ein Greifender : ein Fördergefäß zum Greifen und Heben von Massengütern * **greif|fig** Ew.: (Forstw.) griffig, mit einem Griff zu umfassen : greifisch * **greif|lich** Ew.: sich leicht greifen lassend : greifbar; vgl. Griff, Gripp

Greifs|wald: Universitätsstadt in Mecklenburg-Vorpommern * *Greifswalder* Ew.

grei|nen intr.: widerlich weinen : grinsen * **Grei|ner**, der; –s, –: Zänker : Beiname Eberhards von Württemberg

greis Ew.: alt : hochbetagt * **Greis**, der; –es, –e: alter Mann * *Greisenalter* * **grei|sen** intr.: greis werden * **grei|sen|haft** Ew.: nach Art der Greise * **Grei|sen|tum**, das; –(e)s: Greisenalter * **Grei|sin**, die; –, –nen: alte Frau

Grei|sen, der; –s, –s: Gesteinsart aus Glimmer und Quarz

grell Ew.: unangenehm hell : schrill : scharf, durchdringend : (Eisen) zwischen Weiß und Grau * *grelläugig* Ew. * **grel|len** intr.: grell tönen, schrillen * **Grell|heit**, die; –, –en: das Grellsein : etwas Grelles

Gre|mi|um (l.), das; –s, ..mien: „Schoß": Verein : Körperschaft : Gesellschaft

Gre|na|dier (fr.), der; –s, –e: (urspr.) Granatenwerfer : Fußsoldat

Gre|na|dil|le (fr. und span.) [grenadije], die; –, –n: meist essbare Frucht der Passionsblume

Gre|na|din (fr.) [grenadäng],

das; –s, –s: gespickte und gedämpfte Fleischschnitte * **Gre|na|di|ne** (fr.) [..dihn.], die; –: leichter, spröder Gitterstoff : damastartig gewebte Leinwand : Sirup aus Granatäpfeln

Gren|ze, die; –, –n: das Äußerste, Rand, Ende eines Gebietes : Merkzeichen des räumlichen Aufhörens : nahe der Staatsgrenze gelegenes Gebiet * *Grenzacker; Grenzaufseher; Grenzbach; Grenzbahnhof; Grenzbaum; Grenzbefestigung; Grenzbereiter:* berittener Grenzaufseher; *Grenzberechtigung; Grenzbesichtigung; Grenzbevölkerung; Grenzbewohner; Grenzbezirk; Grenzdorf; Grenzfestung; Grenzflecken; Grenzfluß → Grenzfluss; Grenzgänger; Grenzgebiet; Grenzgebirge; –graben; Grenzhaus; Grenzkontrolle; Grenzland; Grenzlinie; Grenzmal; Grenzmark; Grenzmauer; Grenzmesser:* der Feldmesser; *Grenznachbar; Grenzort; Grenzpfahl; Grenzplatz; Grenzposten; Grenzpunkt; Grenzrecht; Grenzregulierung; Grenzscheide; Grenzschutz; Grenzsoldat; Grenzsperre; Grenzstadt; Grenzstein; Grenzstreit; Grenzstreitigkeit; Grenztruppen:* Truppen an der Grenze der ehem. DDR; *Grenzübertritt; Grenzverkehr; Grenzverletzung; Grenzvertrag; Grenzwache; Grenzwächter; Grenzwall; Grenzzaun; Grenzzeichen; Grenzzoll* * *grenzenlos* Ew.: ohne Grenzen, unbeschränkt, unendlich * **gren|zen** (du grenzest und grenzt) intr.: mit den Grenzen sich erstrecken : (an etwas –) mit der Grenze daran stoßen : tr.: begrenzen : abgrenzen * **Gren|zer**, der; –s, –: Grenzbewohner : Grenzwachtposten

Gret|chen|fra|ge, die; –, –n: entscheidende Gewissensfrage

Greu|el → Gräu|el: s. d. * *Greuelpropaganda → Gräuelpropaganda; Greueltat → Gräueltat* * **greu|el|haft →** **gräu|el|haft:** s. d. * **greu|lich → gräu|lich:** s. d.

Grey|hound (e.) [gräihaund] der; –s, –s: englischer Windhund : amerikanische Überlandbuslinie

Grib|let|te (dtsch.-fr.), die; –, –s oder –n: auf dem Rost gebratenes Fleisch

Grie|be, die; –, –n: Rückstand von ausgebratenem Fett * *Griebenmasse;* vgl. auch *Griefe*

Griebs, der; –es, –e: Kerngehäuse des Obstes

Grie|che, der; –n, –n: Bewohner von Griechenland * **grie|cheln** (ich ..[e]le) intr.: die Griechen nachahmen * **Grie|chen|land:** südosteurop. Staat * **grie|chisch**, das; –en: griech. Sprache * **grie|chisch** Ew.: aus Griechenland : auf Griechenland bezüglich * *griechisch-katholisch* Ew.; Abk.: gr.-kath.; *griechisch-orientalisch* Ew.; Abk.: gr.-or.; *griechisch-orthodox* Ew.; *griechisch-uniert*

Grie|fe, die; –, –n: (md.) Griebe, s. d.

Grieg, Edvard: norwegischer Komponist

grie|meln (ich ..[e]le) intr.: verdrießlich sein

grie|nen intr.: (mundartl.) weinen : (niederd.) lächeln, grinsen

gries Ew. (grieser; griesest): (mundartl.) grau : (mundartl.) greis * *Griesbart; Griesfuchs; Griesgram*, der; –s, –e: dauernd unzufriedene Stimmung : Mensch mit dauernd brummiger Stimmung; *griesgrämeln* (ich ..[e]le, gegriesgrämelt, zu griesgrämeln) intr.: griesgrämig sein; *griesgrämig, griesgrämisch, griesgrämlich* Ew.: unwirsch, brummig, missgestimmt

grie|seln unp., intr.: frösteln * *mich grieselt* * *Grieselfieber*

Grieß, der; –es: grobkörniger Sand : grob geschrotetes Getreide : krankhafte Körnerablagerung in Niere und Blase : staubartiger Anflug * *Grießasche:* kalzinierter Weinstein; *Grießbrei; Grießkleie; Grießkloß; Grießmehl; Grießsemmel; Grießsuppe* * **grie|ße|lig** Ew.: wie Grieß aussehend : Grießkörner enthaltend * **grie|ßeln** intr. (haben, sein): körnig werden : in grießähnlichen Körnern fallen, rieseln; tr.: zu Grieß machen, malmen, zerkleinern * **grie|ßig** Ew.:

grießelig * **Grie|ßig**, das; –(e)s: Unrat unter den Bienenstöcken, Schmutz, Bienendreck

Griff, der; –(e)s, –e: das Greifen : Zupacken : Handhabe : Fingersatz : Greifvogelklaue : vorderer Teil des Hufeisens * *griffbereit* Ew.; *Griffbrett*: Saitenbrett der Geige usw.; *griffest* → **grifffest** Ew.: (Messer) im Griff feststehend; *Griffloch*: Flötenloch; *grifflos* Ew.: keinen Griff habend; *griffrecht* Ew.: zum Greifen gerichtet; *griffsicher* Ew.; *Grifftabelle*: Schemazeichnung der Fingergriffe für Musikinstrumente; *Grifftechnik*: (Sport) Technik beim Ringen * **Grif|fel**, der; –s, –: Schreibstift : Schieferstift : etwas ähnlich Geformtes *

grif|fig Ew.: greifig, handlich : (Stoff) nicht knitternd; vgl. Greif, Gripp

Grif|fon (fr.) [griffong], der; –s, –s: Pinscherhund : Jagdhund mit Schäferhundeinschlag

Grill (fr.-e.), der; –s, –s: Bratrost * *Grillfest; Grillgerät; Grillgericht; Grillroom* (e.) [..ruhm], der; –s, –s: Rostbratküche, -stube * **Gril|la|de** (fr.) [grijad'], die; –, –n: Rostbratstück * **Gril|la|ge** (fr.) [grijahsch'], die; –, –s oder –n: Rösten : Rost * **gril|len**, **gril|lie|ren** (..iert) (fr.) [grij..] tr.: rösten : auf dem Rost braten

Gril|le, die; –, –n: Grillchen: eine Heuschreckenart : (bes. Mz.) wunderlicher Einfall * *Grillenfänger*: Mensch mit wunderlichen, bes. schwermütigen Launen; *Grillenfängerei*: Schwermütigkeit; *Grillensucht*: Schwermut; *grillensüchtig* Ew. * **gril|len|haft** Ew.: Grillen habend : auf Grillen beruhend : launisch : sonderbar * **Gril|len|haf|tig|keit**, die; –, –en: das Grillenhafte : trübsinniges Wesen * **gril|lig** Ew.: launisch : mürrisch * **Gril|lig|keit**, die; –, –en: das Grilligsein : etwas Grilliges * **gril|li|sie|ren** (..iert) intr.: (selt.) wunderliche Einfälle haben, äußern

Gri|mas|se (fr.), die; –, –n: Gesichtsverzerrung : Fratze * *Grimassenschneider*

Grim|bart, der; –s: Name des Dachses in der Tierfabel

Grimm, der; –(e)s: anhaltende Zorneswut : zerstörende Gewalt * *grimmschäumend* Mw. Ew.; *grimmschnaubend* Mw. Ew.; *grimmvoll* Ew. * **grimm** Ew.: grimmig * **grim|men** tr.: heftige Schmerzen empfinden; intr.: (veralt.) ergrimmen, ärgern * *Grimmdarm*: Teil des Dickdarms vor dem Mastdarm * **grim|mig** Ew.: wild : böse : schrecklich * **Grim|mig|keit**, die; –, –en: etwas Grimmiges : das Grimmigsein

Grimm, Jacob und Wilhelm: Brüder, Begründer der deutschen Sprachforschung * **grimmsch** Ew.: von Grimm herrührend * *das grimmsche Wörterbuch; die Grimm'schen Märchen auch: die grimmschen Märchen*

Grind, der; –(e)s, –e: Schorf, bes. Kopfausschlag : (mundartl.) Kopf : Schmarotzerpflanze : Flachsseide : eine Art Robbe : Grütze : Schmutz * *Grindkopf*: Mensch mit Grind; *Grindsalbe; Grindwal*: Zahnwal; *Grindwurz*: Skabiose; *Grindwurzbitter*: Bitterstoff des Grindwurz, Lapathin * **grin|dig** Ew.: mit Grind behaftet

Grind, das; –(e)s, –e: (nordd.) Bretterzaun

Grin|go (span.), der; –, –s: herabsetzende Bezeichnung der Lateinamerikaner für Menschen nichtromanischer Herkunft

Grin|sel, das; –s, –: (östr.) Kimme des Visiers

grin|sen (du grinsest und grinst), **grin|zen** (du grinzest und grinzt) intr., tr.: das Gesicht höhnisch lachend verzerren

Grinzing, der; –s: Stadtteil Wiens

Gripp, die; –, –en: (altmärk.) Ackerrinne für das Sammelwasser

Grip|pe, die; –, –n: Infektionskrankheit, Influenza * *Grippeanfall; Grippeepidemie; Grippefieber; Grippewelle* * **grip|pal** Ew.: grippeartig * **grip|pe|ar|tig** Ew.: der Grippe ähnlich

Grips, der; –es: (Umgspr.) Gehirn : Verstand

Gri|saille (fr.) [grisaj'], die; –: schwarz-weißer Seidenstoff :

Malart in überwiegend grauen Tönen

Gri|set|te (fr.), die; –, –n: Putzmacherin : Näherin : leichtfertige Dirne

Gris|ly|bär *auch:* **Grizz|ly|bär** (e.), der; –en: ein nordam. dunkelbrauner Bär

Grit (e.), der; –s, –e: am. Mühlensandstein

gri|ve|lier (fr.-dtsch.) Ew.: weiß und grau gesprenkelt

grob Ew. (gröber; gröbste): derb : plump : stark : nicht fein ausgearbeitet : (Bergb.) geringhaltige Silbererze führend : stark in die Sinne fallend : handgreiflich : übertrieben : unfein, unhöflich : roh : ungebildet : (veralt.) hoch * *Grobdraht; grobdrähtig* Ew.; *Grobeisen; grobfädig* Ew.; *Grobfaser; grobfaserig* Ew.; *Grobfeile; grobglied(e)rig* Ew.; *grobjährig* Ew.: (Holz) starke Jahresringe habend; *Grobkalk*: grobkörniger Kalk; *Grobkeramik; Grobkohle; grobkörnig* Ew.; *grobschlächtig* Ew.: von grober Art; *Grobschmied; grobschrötig* Ew.: von grober Art; *Grobzeug*: Pack * *grob gemahlenes Korn; aus dem Gröbsten heraus sein; aufs Gröbste beleidigen* (auch: aufs gröbste) * **Grö|be**, die; –: grobe Beschaffenheit * **Grob|heit**, die; –, –en: das Grobsein : grober Ausdruck : grobe Handlung * **Grob|i|an**, der; –(e)s, –e: grober Kerl * **gröb|lich** Ew.: ein wenig grob : stark : ungemein * **Gröb|ling**, der; –s, –e: (veralt.) Grobian : essbares Gewächs aus zusammengewachsenen Stockschwämmen * **grob|tüm|lich** Ew.: (selt.) groben Wesens

Gro|den, der; –s, –: (ldschftl.) angeschwemmtes, grasbewachsenes Neuland am Deich oder in einem Fluss

Grog, der; –(e)s, –s: heisses Rumgetränk

grog|gy (e.) [..gi] Ew.: taumlig, betrunken : (Boxen) angeschlagen : (Umgspr.) erschöpft, matt

gröl|len intr., tr.: mit widerlicher Stimme laut schreien, singen * **Grö|le|rei**, die; –, –en: Brüllerei

Groll, der; –(e)s: heimlicher,

verhaltener Zorn ✳ **grol|len** intr., zuw. tr.: dumpf rollend tönen : grollend sprechen : Groll hegen und äußern

Grön|land: größte Insel der Erde, Teil Dänemarks ✳ **Grön|län|der,** der; –s, –: Einwohner von Grönland : ein Kajak ✳ **Grön|län|der** Ew.: aus Grönland : auf Grönland bezüglich ✳ **grön|län|disch** Ew.: Grönland betreffend

Groom (e.) [gruhm], der; –s, –s: Diener : Reitknecht

Grop|pe, die; –, –n: ein Fisch, Kaulkopf

Gros (fr.) [groh], das; –: größter Teil : Überzahl : Masse ✳ *en gros* (fr.) [ang groh]: im Großen; *Gros der Armee:* Hauptheer

Gros (ml.), das; Grosses, Grosse: zwölf Dutzend ✳ *8 Gros*

Gro|schen (ml.), der; –s, –; Gröschchen: eine kleine Münze im Wert von 10 Pf. : (Mz.) Geld ✳ *Groschenbrot; Groschenblatt* ✳ *groschenweise* Uw.: in einzelnen Groschen: (übertr.) nach und nach, allmählich

groß Ew. (größer, größte): (mit Maßbestimmung) räumlich ausgedehnt : (ohne Maßbestimmung) nicht klein, das Gewöhnliche überragend : an Umfang, Ausdehnung bedeutend : (übertr.) umfassend : (übertr.) folgenreich : erwachsen : bedeutend an Zahl, Menge : bedeutend an Wert : überragend : vornehm : bedeutend durch innere Eigenschaften : bedeutend der Stärke, dem Grade nach ✳ *am größten; im Großen:* groß, en gros; *im Großen und Ganzen:* im Allgemeinen; *Groß und Klein:* jedermann; *im Großen wie im Kleinen:* in großen wie in kleinen Dingen; *die Großen und die Kleinen; die Großen der Welt; ein Zug ins Große; Karl der Große; Karls des Großen; der Große Bär; das Große Los; der Große Ozean:* Weltmeer zwischen Asien und Amerika ✳ *Großabnehmer; Großadmiral:* ein Titel; *großartig* Ew.: von großer Art : bedeutend : (volkst.) herrlich, fein, famos; *Großaufnahme:* (Film) vergrö-

ßertes Teilbild; *Großaktionär; Großbetrieb; Großbrand; Großbuchstabe; großbürgerlich; Großeltern:* Eltern der Eltern; *Großfamilie; Großfeuer; Großformat; Großfürst, Großfürstin:* Titel, bes. der russ. Prinzen; *Großglockner; großgesinnt →* groß gesinnt: großdenkend, edelmütig; *Großgrundbesitz(er); Großhandel; Großhandelspreis; Großhändler; großherzig* Ew.: groß gesinnt; *Großherzog:* regierender Fürst, über dem Herzog stehend; *Großherzogtum:* Würde eines Großherzogs : Land eines Großherzogs; *Großindustrie; Großindustrieller; großjährig* Ew.: mündig; *großkalibrig* Ew.; *Großkampftag; Großkapital; Großkapitalismus; Großkaufmann; Großkotz; großkotzig; Großkreuz,* das: höchste Klasse vieler Orden; *Großloge:* Hauptloge der Freimaurer; *Großkundgebung; Großmacht:* Weltmacht, ein Staat, der die Weltpolitik maßgebend beeinflusst; *großmächtig* Ew.: sehr mächtig; *Großmachtpolitik; Großmachtstellung; Großmannssucht:* übertriebenes Streben nach Reichtum, Adel usw.; *Großmarkt; Großmast:* der höchste Mast eines Schiffes; *Großmaul:* Wesen mit großem Maul, z. B. eine Art Harfenschnecke, Bartkuckuck : Prahler; *Großmut,* die; –: hochherzige Gesinnung, selbstlose Opferbereitschaft : Freigebigkeit; *großmütig* Ew.; *Großmutter:* Mutter der Mutter oder Mutter des Vaters; *Großneffe:* Sohn des Neffen, der Nichte; *Großnichte:* Tochter der Nichte, des Neffen; *Großonkel:* Bruder des Großvaters, der Großmutter; *Großoktav:* ein Buchformat, Abk.: Gr.-8°; *Großquart:* ein Buchformat, Abk.: Gr.-4°; *Großraumbüro; Großreinemachen,* das; –s; *Großschifffahrtsweg:* Wasserstraße für große Schiffe; *großschnauzig* Ew.: prahlerisch; *Großschreibung; Großsegel; Großsiedlung; großsprecherisch* Ew.: prahlerisch; *großspurig* Ew.: anmaßend : prahlerisch; *Großstadt; Großstädter; Großstadtluft; Großtante;*

Schwester der Großmutter; *Großtat:* bedeutende Tat; *großtun* (er tut groß, er hat großgetan, großzutun) intr.: prahlen; *Großtuer:* Prahler; *großtuerisch* Ew.; *Großvater:* Vater des Vaters oder der Mutter; *Großverkauf; Großwesir:* Titel des türk. Ministerpräsidenten; *Großwetterlage:* Wetterlage in einem größeren Gebiet; *Großwild:* großziehen (er zieht groß, er hat großgezogen, großzuziehen) tr.: aufziehen, erziehen bis zur Mündigkeit; *großzügig* Ew.: in großen Zügen : nicht kleinlich denkend; *Großzügigkeit:* großzügiges Wesen ✳ *großenteils* Uw.: zum großen Teil : vielfach ✳ *größer(e)nteils* Uw.: zum größeren Teil : häufiger; *größtenteils* Uw.: am häufigsten ✳ **Grö|ße,** die; –, –n: das Großsein : Eigenschaft einer Person : eine bedeutende Persönlichkeit : mathemat. Begriff ✳ *Größenlehre:* Mathematik; *Größenverhältnis; Größenwahn* ✳ **Gros|sist,** der; –en, –en: Großhändler

groß

Die substantivierten Formen von *groß* werden großgeschrieben: *im Großen und Ganzen; die Großen und Kleinen.* Ist das Adjektiv *groß* erweiterbar, wird die Verbindung mit einem Verb oder Partizip getrennt geschrieben: *groß werden; groß schreiben* (insgesamt mit großen Buchstaben schreiben); *groß gesinnt.* Sonst schreibt man die Verbindung zusammen: *großschreiben* (mit großem Anfangsbuchstaben schreiben); *großtun.*

Groß|glock|ner: Berg in den Hohen Tauern

Grot, der; –(e)s, –e: alte Münze **gro|tesk** (it.) Ew.: wunderlich : phantastisch : überspannt ✳ **Gro|tesk,** die; –: (Buchdrw.) eine Antiquaschrift ohne Serifen ✳ **Gro|tes|ke,** die; –, –n: phantastisches Bildwerk : witzige kurze Erzählung : komisch verzerrter Tanzschritt ✳ *groteskerweise* Uw. ✳ **Grot|te,** die; –, –n: Tropfsteinhöhle : Kunsthöhle ✳ *Grottenwerk:* künstliche Grotte

Grot|zen, der; –s, –: Griebs, Samengehäuse

Ground (e.) [graund], das; –s,

–s: Grund und Boden : ein Feldmaß in Madras

Ground|hos|teß → Ground-hos|tess (e.) [groundhoss-täss], die; –, ..tessen: Angestellte, der die Betreuung der Fluggäste auf dem Flughafen obliegt

Grou|pie (e.), das; –s, –s: weibl. Fan, der eine sexuelle Beziehung mit seinem Schwarm sucht

Gro|wi|an, der; –s, –e: (Kurzwort) große Anlage zur Erzeugung von Windenergie

Grub, der; –(e)s, –e: Schürfstelle ✳ **Grub|ber** (e.) [gröbb'r], der; –s, –: landwirtschaftliches Ackergerät zum Lockern des Bodens ✳ **grub|be(r)n** tr.: mit dem Grubber bearbeiten ✳ **Gru|be**, die; –, –n; Grübchen: gegrabene Vertiefung : Fuchsbau : Grab : natürliche Vertiefung am Körper : (Bergb.) Bau zur Gewinnung von Berggut ✳ *Grubenarbeit; Grubenbahn; Grubenbau; Grubenbetrieb; Grubenexplosion; Grubenfeld; Grubengas:* Stickgas im Bergwerk; *Grubenholz; Grubenkatastrophe; Grubenkohle; Grubenlampe; Grubensteiger; Grubenwagen; Grubenwasser;* *Grubenwetter:* Explosion durch Grubengas; *Grubenzimmerung:* Abstützung der Stollen mit Holzbalken ✳ **Grü|be|lei**, die; –, –en: das Grübeln : das Nachsinnen ✳ **Grüb|ler**, der; –s, –: ein Grübelnder ✳ **grü|beln** (ich ..[e]le) intr.: (Kinderspiel) Kugeln in ein Grübchen werfen : grabend in etwas herumstochern : nachsinnen : sich dem Gram hingeben, sich in nutzloses Sinnen verlieren ✳ *Grübelkopf:* ein Grübelnder ✳ **grü|ble|risch** Ew.: grübelnd wie ein Grübler ✳ **Gru|de**, die; –, –n: Koksstaub als Brennstoff, brennt ohne Flamme : Grudeherd ✳ *Grudeherd:* rostloser Eisenblechherd, in dem die Grude ständig glimmt; *Grudekoks*

grü|e|zi : schweiz. Gruß

Gruft, die; –, Grüfte; Grüftchen: Höhle : Grabgewölbe : Grab : düsterer Aufenthaltsort; vgl. Grab, Grube ✳ **Gruf|tie**, der; –s, –s: (Umgspr. der Ju-

gend) ein den Zeitgeist nicht mehr kennender Mensch

grum|meln intr.: knurren : leise donnern : (übertr.) leise reden : schlecht gelaunt sein

Grum|met, Grumt das; –(e)s: (östr.) Heu der zweiten Ernte ✳ *Grummetboden;* *Grummeternte; Grummetheu; Grummetwiese*

grün Ew.: eine Farbe zwischen Gelb und Blau im Spektrum : frisch gedeihend : neu : jugendlich : unreif : unerfahren : jungenhaft : giftig ✳ *einem grün sein:* gewogen, günstig sein; *der grüne Tisch:* der mit grünem Tuch beschlagene Tisch der Beamtenstube; *die Grüne Insel:* Irland; *die Grünen:* ökologische Partei; *das Grüne Gewölbe:* Dresdner Kunstsammlung; *die Grüne Woche:* jährl. in Berlin stattfindende Landwirtschaftsausstellung ✳ *Grünanlage:* Rasenplatz; *grünblau* Ew.; *Gründonnerstag:* Donnerstag vor Ostern; *Grünfläche; Grünfutter; Grünkernmehl:* aus den unreifen Körnern des Dinkelweizens bereitetes Mehl; *Grünkohl; Grünland:* Wiesenland; *Grünling; Grünschnabel:* unreifer Junge : junger Besserwisser; *Grünspan,* der; –(e)s: spanisches Grün, essigsaures Kupferoxid, ein gefährliches Gift; *Grünspecht; Grünstreifen:* die beiden Fahrbahnen der Autobahn trennender Streifen; *Grünzeug:* Menge von Suppenkräutern ✳ **Grü|ne,** der; –n, –n: Person in grüner Tracht, z. B. Jäger, Polizist ✳ **Grü|ne,** das; –n: die grüne Natur, das Freie ✳ **Grü|ne,** die; –: das Grünsein : das Grüne, bes. grünes Gras : grasbewachsener Platz ✳ **grü|neln** (mundartl.) intr.: nach frischem Grün riechen ✳ **grü|nen** intr.: grün sein oder werden : gedeihen ✳ **Grün|heit,** die; –, –en: die Grüne ✳ **grün|lich** Ew.: ins Grüne fallend ✳ **Grün|ling,** der; –s, –e: Pilz: Hänflingsart : junger Laffe : eine Art Quarz ✳ *Grünlingsjahre*

Grund, der; –(e)s, Gründe; Gründchen: Mulm, Erde : Erdboden : Bodenbesitz, Grundstück : Boden eines Behältnis-

ses : Boden von Meer, See, Fluss : (bes. Mz.) Untiefe : Bodensatz : die Tiefe (Ggs. Oberfläche) : Vertiefung, Tal, Schlucht : das Innere : Grundlage : Ursache : Unterlage : Hintergrund : Fläche, auf die gemalt wird : (Buchdr.) Tafel, auf die die Schrift gesetzt wird : rechte Tuchseite ✳ *auf Grund von auch; aufgrund von; von Grund auf, aus:* aus der Tiefe, von Anfang an; *im Grunde (genommen):* eigentlich, im wirklichen Sinn; *aus welchem Grunde?:* warum?; *zu Grunde gehen auch:* zugrunde gehen intr.: untergehen, vernichtet werden; *zu Grunde legen auch:* zugrunde legen tr.: als Ausgangspunkt wählen; *zu Grunde liegen auch:* zugrunde liegen intr.: der Untergrund, Ausgangspunkt sein; *zu Grunde richten auch:* zugrunde richten tr.: vernichten; *Grund und Boden:* Grundbesitz ✳ *Grundakkord; Grundausbildung; Grundausstattung; Grundbedarf; Grundbedingung; Grundbegriff:* wesentlicher, einfacher Begriff, aus dem andere hervorgehen; *Grundbesitz:* Bodenbesitz; *Grundbesitzer; Grundbrief:* Urkunde über Grundbesitz; *Grundbuch:* Verzeichnis von Grundstücken und ihren Steuern usw.; *Grundbuchamt; grundehrlich* Ew.: bis in den Grund, ganz ehrlich; *Grundeigentum:* Grundbesitz; *Grundeinheit:* Maßeinheit, auf die sich alle weiteren aufbauen; *Grunderwerb; Grunderwerbssteuer; Grundeinstellung:* Einstellung in wesentlichen Dingen; *grundfalsch* Ew.: ganz falsch; *Grundfarbe; Grundfehler:* entscheidender Fehler; *Grundfeste:* Grundbau; *Grundfläche:* Unterlage, tragende Fläche, Basis; *Grundform:* Form zum Bedrucken des Grundes von Stoffen; *Grundfrage; Grundgebühr:* zu zahlende Mindestgebühr; *Grundgedanke:* Hauptgedanke; *Grundgehalt:* Vergütung ohne Leistungs- und andere Zuschläge; *Grundgesetz,* das; –es: Verfassung der Bundesrepublik Deutschland,

Abk.: GG; *grundgütig* Ew.: durch und durch gütig; *Grundhaltung; Grundholde,* der; –n, –n: an Grund und Boden gebundener Höriger; *Grundirrtum:* Hauptirrtum; *Grundkapital:* Stammkapital : Anfangskapital; *Grundkurs; Grundlage; Grundlagenforschung:* Erforschung der Grundlagen einer Wissenschaft; *grundlegend; Grundlinie:* (Math.) Basis; *grundlos* Ew.: unbegründet; *Grundmauer:* unterste Mauer; *Grundnahrungsmittel; Grundordnung; Grundpfeiler; Grundrecht:* Hauptrecht : (Mz.) Menschenrechte; *Grundregel:* Hauptregel; *Grundrente; Grundriss:* Zeichnung der Grundfläche eines Gebäudes : Skizze des Wesentlichen; *Grundsatz:* unbestreitbare Behauptung : Richtsatz des Handelns; *grundsätzlich* Ew.: nach Grundsätzen handelnd, auf Grundsätzen beruhend; Uw.: gemäß den Grundsätzen; *Grundschuld:* auf Grundbesitz ruhende Schuld; *Grundschule; grundsolide; Grundstein:* erster Stein einer Grundmauer: (übertr.) Beginn, Anfang; *Grundsteinlegung; Grundsteuer:* Steuer auf Grundbesitz; *Grundstimme:* tiefste Stimme eines Tonsatzes; *Grundstock:* Grundlage : feste Summe; *Grundstoff:* Stoff, aus dem andere hervorgehen; *Grundstrich:* abwärts gerichteter Schreibstrich; *Grundstück:* Stück Bodenbesitz; *Grundstücksmakler; Grundstufe:* unterste Stufe : (Sprachl.) die ungesteigerte Form des Eigenschaftsworts; *Grundtendenz; Grundtext:* Urtext; *Grundton:* Anfangston einer Tonleiter; *Grundumsatz:* (Med.) die Wärmemenge in Kalorien, die von einem Körper bei absoluter Ruhe in nüchternem Zustand in 24 Stunden erzeugt wird; *Grundursache:* Hauptursache; *Grundverkehr; Grundwahrheit:* unbezweifelbare Wahrheit; *Grundwasser; Grundwasserspiegel; Grundwehrdienst; Grundzahl; Grundzins:* Grundsteuer; *Grundzug:* Haupt(charakter)zug ✷ **Grun|del, Grün|del,** der; –s, –n; die; –,

–n: Gründling ✷ **grün|deln** (ich ..[e]le) intr.: (Enten z. B.) unter Wasser nach Nahrung suchen ✷ **grün|den** tr.: die Grundlage legen : (übertr.) schaffen, stiften : ergründen : den Grund messen : den Grund kunstgemäß zubereiten : etwas an dem Grunde bearbeiten; rbz.: sich stützen; intr.: Grund finden ✷ **Grün|der,** der; –s, –: ein Begründer, Unternehmer ✷ *Gründerzeit:* Zeit nach dem Krieg 1870–71 ✷ **grund|haft** Ew.: Grund habend : begründet : gründlich ✷ **grün|die|ren** (..iert) tr.: (Mal.) den Grund machen, Grundfarbe auftragen ✷ **grun|dig** Ew.: schlammig : Bodensatz habend ✷ **gründ|lich** Ew.: tief eindringend : gewissenhaft ✷ **Gründ|lich|keit,** die; –, –en: das Gründlichsein ✷ **Gründ|ling,** der; –s, –e: Name mehrerer Fischarten : (scherzh.) Publikum am Grund des Theaters ✷ **Grün|dung,** die; –, –en: Schaffung : Aufbau ✷ *Gründungsaktie; Gründungskapital; Gründungsversammlung*

Grüne, grü|neln usw.: s. grün
Grunge (e.) [grandsch], der; –: Variante der Rockmusik
grun|zen (du grunzest und grunzt) intr.: Tonwort zur Bezeichnung der Stimmen von Schweinen und Bären, auch ähnlicher Laute ✷ *Grunzochse:* Jak ✷ **Grun|zer,** der; –s, –: ein Grunzender
Grup|pe, die; –, –n; Grüppchen: sich absonderndes Ganzes : durch gemeinsame Interessen verbundener Personenkreis : durch gleiche Art oder nach bestimmten Regeln verbundener Sachkreis : kleinste Kampfeinheit des Heeres ✷ *Gruppenaufnahme; Gruppenbild; Gruppendynamik; Gruppenführer; Gruppenleiter; Gruppensex; Gruppenunterricht; gruppenweise* Ew.: in Gruppen ✷ **grup|pie|ren** (..iert) tr.: ordnen, zusammenstellen : vereinigen : zusammenhäufen ✷ **Grup|pie|rung,** die; –, –en: das Gruppieren : Ordnung, Zusammenstellung
Grüp|pe, die; –, –n: (mundartl.) ein kleiner Abzugsgraben
Grus, der; ..ses: zerfallenes

Gestein; vgl. Graus ✷ *Gruskohle* ✷ **gru|sen** tr.: zu Grus zermalmen
gru|se|lig Ew.: grauselig : unheimlich ✷ **gru|seln** (ich ..[e]le mich) rbz., unp., intr.: grauseln ✷ *Gruselfilm; Gruselkabinett; Grusical:* (Umgspr.) Gruselfilm mit Musik
Gruß, der; –es, Grüße; Grüßchen: Wunsch des Wohlergehens, den man beim Kommen und Gehen jemandem ausspricht : Willkomm : Empfang ✷ *Grußformel* ✷ **grü|ßen** (du grüßest und grüßt) tr., auch intr.: Verbeugung machen : Heil wünschen : Gruß bieten : willkommen heißen : (freundlichen) Empfang bieten : freundlich entgegentreten ✷ *Grüß Gott!*
Grüt|ze, die; –, –n: grob gemahlenes und ausgehülstes Getreide : davon gekochte Speise : etwas der Grütze Ähnliches : (volkst.) Verstand ✷ *Grützbeutel:* Breigeschwulst (meist unter der Kopfhaut); *Grützhafer; Grützkopf:* Dummkopf; *Grützmühle; Grützsuppe; Grützwurst; Grütze im Kopf haben:* (volkst.) begabt sein
Gruy|ère (fr.) [grüjähr], der; –s, –s: Art Schweizer Käse aus dem gleichnamigen Dorf
Gschaftl|hu|ber, der; –s, –: (südd.) Aufschneider : Aktionismus verbreitender Mensch
G-Schlüs|sel, der; –s, –: (Mus.) Zeichen, auf welcher Linie der Ton G liegen soll
Gspu|si, das; –s, –s: (südd.) (östr.) Liebling : Liebesbeziehung
Gu|a|jak|baum, der; –(e)s, ..bäume: westindisches Franzosenholz, Heiligenholz ✷ *Guajakharz; Guajakholz*
Gu|a|na|ko, der; –s, –s: Lama
Gu|a|no (span.), der; –s: Seevogelkot auf Inseln und Küstenstrichen von Peru und Afrika : Düngemittel
Gu|a|ra|ni, der; –(s), –s: südam. Indianer
Gu|ar|di|an (dtsch.-it.), der; –s, –e: „Wächter", Klostervorsteher der Franziskaner ✷ *Guardia civil:* spanische Polizei
Gu|asch, die; –, –en: einged. Form von Gouache
Gu|a|te|ma|la: Staat Mittelamerikas ✷ **Gu|a|te|mal|te|ke,**

der; –n, –n: Einwohner Guatemalas

Gu|a|ya|na: Landschaft in Südamerika

Guck, der; –(e)s, –e: das Gucken : Blick * **gu|cken** intr.: sehen : die Augen scharf auf etwas richten : hervorsehen : sichtbar werden * *Guckauge; Guckfenster; Guckglas; Guckindiewelt,* der; –, –e: unerfahrene Person * *Guckkasten:* Kasten, in dem man Bilder sieht; *Guckloch* * **Gu|cker,** der; –s, –: ein Guckender : etwas zum Gucken Dienendes : (Mz.) Augen : Guckglas : Guckfenster * **Gu|cke|rin,** die; –, –nen: eine Guckende

Gul|dok, der; –s, –s: russ. Geige mit drei Saiten

Gu|el|fe, der; –n, –n: päpstlicher Anhänger im Mittelalter

Gue|ril|la (span.) [gherilja], der; –, –s: Kleinkrieg : (Mz.) Banden * *Guerillakämpfer;* Freischärler : Partisan; *Guerillakrieg*

Gu|gel, die; –, –n: Kappe, Kapuze : Backwerk * *Gugelhopf, Gugelhupf,* der; –en und –(e)s, –e(n): ein Napfkuchen

Gui|de (fr.) [gihd’] und (e.) [gaid], der; –s, –s: Bote : Reiseführer : Begleiter

Guil|lo|che (fr.) [gijosch’], die; –, –n: verschlungene Linienzeichnung : Werkzeug zum Anbringen von Schlangenlinien * **guil|lo|chie|ren** (..iert) tr.: mit Schlangen- und Kreislinien verzieren

Guil|lo|ti|ne (fr.) [gijotihn’], die; –, –n: Fallbeil * **guil|lo|ti|nie|ren** (..iert) tr.: mit dem Fallbeil hinrichten

Gui|nea [gi..]: westafrik. Küstengebiet

Gui|nee [gineh], die; –, –n: ehem. engl. Goldmünze, jetzt noch Rechnungseinheit

Gu|lasch (ungar.), das; –es: „Pfefferfleisch", ein ungar. Fleischgericht * *Gulaschkanone:* (volkst.) Feldküche

Gul|den, der; –s, –: alte deutsche Münzeinheit : niederl. Münzeinheit, Abk.: hfl.

gül|den: s. golden

Gül|le, die; –, –n: (schweiz.) Lache : Jauche darin * *Güllenfass*

Gul|ly (e.) [gulli], der (das); –s,

–s: Rinneneinlass, Schlammfang

Gült, Gül|te, die; –, ..ten: früher von Bauerngütern erhobener Grundzins : Grundschuld * *Gültbauer; Gültbuch; Gültherr* * **gül|ten** intr.: die Gülte entrichten * **gül|tig** Ew.: Geltung habend * **Gül|tig|keit,** die; –: das Gültigsein * *Gültigkeitsdauer*

Gum|mi (gr.), das (der); –s, –(s): klebriger Pflanzenstoff : (der) Radiergummi * *Gummiadler:* (Umgspr.) zähes Brathähnchen * *Gummiarabikum* (gr.-l.), das; –s: ein Klebstoff * *Gummiball; Gummiband; Gummibaum; Gummiboot; Gummidruck:* Offsetdruck; *Gummielastikum,* das; –s: Kautschuk; *Gummigutt,* das; –(e)s: gelbe Farbe : ein Abführmittel; *Gummihandschuh; Gummiknüppel; Gummimantel; Gummipuppe; Gummiring; Gummischuh; Gummisohle; Gummistrumpf; Gummiware* * **gum|mie|ren** (..iert) tr.: mit Gummi bestreichen

Gum|pe, die; –, –n: (bergm.) Schlammkasten : tiefe Stelle im Wasser

Gun|del|rebe, die; –, –n; **Gun|der|mann,** der; –(e)s: ein Lippenblütler

Gun|kel (oberbayr.), die; –, –n: kesselförmige Bodensenkung

Gün|sel, der; –s, –: eine Pflanze

Gunst, die; –: (veralt.) das Gönnen : Wohlwollen, Geneigtheit : schriftl. Einwilligung : geneigte Gesinnung : parteiische Vorliebe : etwas aus Gunst Gewährtes : Nutzen, Förderung * *in Gunst stehen; mit Gunst(en); zugunsten der Armen* auch: *zu Gunsten der Armen:* zum Besten der Armen, für die Armen; *zu meinen, meines Vaters Gunsten* * *Gunstbemühung; Gunstbeweis; Gunstbezeigung; Gunsterschleichung* * **güns|tig** Ew.: das Gedeihen fördernd : gewogen, geneigt : vorteilhaft

Günst|ling, der; –s, –e: in Gunst stehende Person * *Günstlingswirtschaft*

Gup|py, der; –s, –s: Aquarienfisch

Gur, die; –: aus Gestein durch

Zersetzung entstehender Schlamm : See-, Sumpferz * *Kieselgur*

Gur|gel, die; –, –n: Gegend des Kehlkopfes : eine Röhre am Pumpwerk * *Gurgelader; Gurgelbein; Gurgelklappe* * **gur|geln** (ich ..[e]le) intr.: Tonwort zur Bezeichnung tief aus der Gurgel hervorkommender Töne : den Hals unter gurgelnden Tönen ausspülen * *Gurgelhahn:* Auerhahn; *Gurgelwasser*

Gur|ke, die; –, –n: Gürkchen : ein Rankengewächs : dessen Frucht : eine Art Walzenschnecke : (scherzh., volkst.) Nase * *Sauregurkenzeit:* geschäftlich stille Zeit; *Gurkenfaß* → *Gurkenfass; gurkenförmig* Ew.; *Gurkenkern; Gurkenkraut; Gurkensalat; Gurkentopf*

Gur|kha, der; –s, –s: Angehöriger eines Volksstammes in Nepal

Gur|re, die; –, –n: altes, überhaupt schlechtes Pferd : gemeines Weibsstück * **gur|ren** intr., tr.: dumpf girren, murren, knurren * **gur|rig** Ew.: knurrig

Gurt, der; –(e)s, –e: Gürtchen : Binde zu verschiedenem Stoff um den Leib : Band, das den Sattel hält : Tragband : Sicherheitsvorrichtung zum Anschnallen in Fahrzeugen * *Gurtband; Gurtbogen; Gurtförderer:* Förderband mit endlosem Gurt; *Gurtgesims; Gurthaken; Gurtring; Gurtschnalle* * **Gür|tel,** der; –s, –: zierlicher Gurt als Schmuck : Gurt : Erdzone : Art Flechte oberhalb der Hüftengegend * *Gürtelbahn; Gürtelflechte; gürtelförmig* Ew.; *Gürtelhaken; Gürtelkette; gürtellos* Ew.; *Gürtelmagd; Gürtelring; Gürtelrose:* schmerzhafte ansteckende Krankheit; *Gürtelschnalle; Gürtelschnecke:* eine Art Schnirkelschnecke; *Gürteltier:* Panzertier * **gür|teln** (ich ..[e]le) tr.: mit einem Gürtel versehen (Baum –) Rinde gürtelförmig abschälen, so dass er abstirbt * **gur|ten** tr., intr.: (Tischl.) überschneiden, überblatten * **gür|ten** tr.: mit einem Gurt umgeben; rbz.: sich bereit machen : sich waffnen, rüsten

* **Gürt|ler,** der; -s, -: (früher) Handwerker, der metallene Waffengürtel und Schnallen machte : (jetzt) Gelbgießer *
Gur|tung, die; –, -en: das Gurten : das Gegürtete

Gu|ru, der; -s, -s: Glaubenslehrer des Hinduismus

GUS (Abk.): Gemeinschaft Unabhängiger Staaten (Verbindung einiger Staaten der ehemaligen UdSSR)

Gu|sche: s. Gosche

Guß → **Guss,** der; Gusses, Güsse; Güsschen: das Gießen : in eine Form gegossenes flüssiges Metall : heftiger Regen : heftiges Gießen : Zuckerüberzug beim Backwerk : das Herstellen eines Körpers durch Gießen : der in eine Form gebrachte Gegenstand : Öffnung zum Aus- und Eingießen : Trichter zum Aufschütten des Getreides in der Mühle * *Guß*eisen → *Gusseisen:* gegossenes Eisen; *Gußfehler* → *Gussfehler:* Fehler in einem gegossenen Gegenstand; *Gußform* → *Gussform; Gußrohr* → *Gussrohr:* Rohr aus Gusseisen; *Gußstahl* → *Gussstahl:* gegossener Stahl; *Gußwachs* → *Gusswachs:* durch Schmelzen gereinigtes Wachs; *Gußwaren* → *Gusswaren:* gegossene Gegenstände; *Gußwerk* → *Gusswerk*

güst Ew.: (Tier, Pflanze) unfruchtbar * **Güst|ling,** der; -s, -e: güstes Tier

Güs|ter, der; -s, -: Weidenbaumart : Name von Fischen

gus|tie|ren (..iert) tr.: kosten : Geschmack an etwas finden : billigen * **gus|ti|ös** Ew.: schmackhaft : angenehm *
Gus|to (it.), der; -s, -s und ..sti: Geschmack : Geschmacksrichtung * *nicht nach meinem Gusto*

gut (besser, best) Ew.: vollkommen : tüchtig, gehörig : vortrefflich : taugend, fördernd, heilsam : erwünscht, angenehm, erfreulich : abgemacht : anständig, tadellos : sicher : den Forderungen des Sittengesetzes, der Religion gemäß : nach den Forderungen des Sittengesetzes, der Religion handelnd : bestrebt, das Wohl anderer zu fördern,

selbstlos : wohlwollend, freundlich, milde : arglos * *Gut Freund!:* Antwort auf die Frage: Wer da?; *der Gute Hirt:* Christus; *zum Guten lenken; alles Gute wünschen; Gutes tun; des Guten zu viel tun; im Guten, im Guten sagen:* in friedlicher Weise sagen : *jenseits von gut & böse; etwas, nichts Gutes; einem etwas zugute halten:* zum Vorteil anrechnen; *zugute kommen:* Vorteil, Nutzen bringen; *einem etwas zugute tun:* Angenehmes bereiten : *zu guter Letzt:* zum Schluss; *gute Nacht, guten Morgen sagen; Gutenmorgengruß; einem gut sein:* ihn gern haben; *einem wieder gut sein, werden:* aufhören, ihm zu grollen : *etwas gut sein lassen:* sich mit etwas zufriedengeben; *kurz und gut:* ohne weiteres, schließlich; *so gut wie:* ebenso wie : etwas ersetzend; *gut reden haben:* leicht reden können : vergeblich reden; *hier ist gut bleiben:* hier kann man leicht, bequem bleiben * *Gutachten:* Beurteilung eines Sachverständigen, eines Fachmannes; *Gutachter:* Sachverständiger : *gutachtlich* Ew.: in Form eines Gutachtens: *gutartig* Ew.: gutmütig : (Med.) ungefährlich, harmlos; *Gutartigkeit,* die; –: das Gutartigsein; *gut aussehend; gutbürgerlich; Gutdünken,* das: Belieben, Ermessen : Mutmaßung über das Gute, Zweckmäßigkeit usw.; *gut gelaunt* Ew.; *gut gemeint* Ew.: in guter Absicht getan; *gutgesinnt* → *gut gesinnt* Ew.: edel, wohlwollend; *gutgläubig* Ew.: nichts Böses ahnend : in gutem Glauben handelnd : vertrauensvoll: *Gutgläubigkeit; Guthaben,* das; -s, –: zu fordernde Schuldsumme; *guthaben* (ich habe gut, gutgehabt, gutzuhaben) tr.: zu fordern haben; *es gut haben:* gut behandelt werden : ein gutes Leben führen; *gutheißen* (du heißt gut und heißt gut, gutgeheißen, gutzuheißen) tr.: billigen; *Gutheißung:* Billigung; *gutherzig* Ew.: *Gutherzigkeit; Gutleuthaus:* Armenkrankenhaus : Altersheim; *gutmachen* (ich mache gut, gutgemacht, gutzumachen) tr.: auf

gütliche Weise erledigen, beilegen : (Fehler wieder –) verbessern, sühnen; *etwas gut machen:* gut ausführen, arbeiten usw.; *gutmütig* Ew.: arglos, vertrauensvoll : leicht von andrem beeinflussbar, sich viel gefallen lassend; *Gutmütigkeit,* die; –: das Gutmütigsein; *gutsagen* (ich sage gut, gutgesagt, gutzusagen) intr.: bürgen : haften; *gut sagen:* in guter Weise sagen, sprechen; *Gutschein:* Dokument, das einem Anspruch auf etwas bescheinigt; *gutschreiben* (ich schreibe gut, gutgeschrieben, gutzuschreiben) tr.: (einem etwas –) zu seinen Gunsten anrechnen, auf sein Habenkonto schreiben; *gut schreiben:* schön, gute Schrift, guten Stil schreiben : *Gutschrift:* Guthaben; *gut situiert* Ew.: wohlhabend, gut gestellt; *gutsprechen* (ich spreche gut, gutgesprochen, gutzusprechen): bürgen : *gut sprechen:* schön, richtig sprechen; *gut tun* (ich tue gut, gutgetan, gutzutun) intr.: folgsam sein, (m. Dat.) wohltun, angenehm sein, heilsam sein; *gut tun:* gut ausführen; *gutwillig* Ew.: von gutem Willen beseelt : freiwillig, gern willfahrend; *Gutwilligkeit,* die; –: das Gutwilligsein *
Gutenachtkuss; Gutenmorgengruß * **Gut,** das; -(e)s, Güter; Gütchen: etwas Förderndes und Wünschenswertes : Vermögen, Besitztum : natürliches oder gewerbliches Erzeugnis : Ware : bes. lagernde oder versandte Ware : Grundstück größeren Umfangs : Herrenhaus auf dem Gut : (seem.) das gesamte Tauwerk : Arbeitsstoff * *Gutsbesitzer; Gutsherr; Gutsherrschaft; Gutspächter; gutspflichtig* Ew.: der Gutsherrschaft (zins)pflichtig * *Güterabfertigung; Güterbahnhof; Gütergemeinschaft; güterlos* Ew.; *Güterschuppen; Güterspeicher; Gütertrennung:* Ausschluss der Gütergemeinschaft; *Güterverkehr; Güterwagen; Güterzug* * **Gü|te,** die; –: das Gutsein : gute Beschaffenheit : gütige Gesinnung : Gefälligkeit : Glimpf, friedlicher Weg * *gütevoll* Ew. * **Gut|heit,** die; –, -en: Güte *

gül|tig Ew.: gefällig : wohlwollend * **Gül|tig|keit,** die; –: das Gütigsein : Gefälligkeit * **güt|lich** Ew.: friedlich, glimpflich * *sich gütlich tun:* sich ein gutes Leben bereiten, in Genuss leben * **Güt|lich|keit,** die; –, –en: das Gütlichsein * **Gut|sel,** das; –s, –: **Gut|serl,** das; –s, –: (ldschftl.) Leckerbissen, Süßigkeit

gut
Wird das Adjektiv gut substantivisch verwendet, schreibt man es groß: das Gute; etwas im Guten sagen; etwas zum Guten wenden; im Guten wie im Bösen. In Verbindungen, in denen trotz substantivischer Verwendung kein Artikel vor dem Adjektiv steht, wird das Adjektiv kleingeschrieben: jenseits von gut und böse. Je nach Bedeutung wird zusammen- oder getrennt geschrieben: Die werden es gut haben, die etwas bei mir guthaben. Das Buch wird gut gehen, und dem Verlag wird es entsprechend gutgehen.

Gu|ten|berg: Erfinder der Buchdruckerkunst * *Gutenbergbibel; Gutenberg-Museum* **Gut|ta|per|cha** (malay.), die; (das); –: Gummimasse aus Pflanzenmilchsaft **Gut|temp|ler,** der; –s, –: Angehöriger des Guttemplerordens * **Gut|temp|ler|orden,** der; –s: Alkoholgenuss bekämpfende Vereinigung, Abstinenzbewegung **Gut|ti|fe|re** (malay.-l.), die; –, –n: Gummiträger als Pflanze **gut|tu|ral** (l.) Ew.: aus der Kehle kommend * **Guttu|ral|laut** * **Gut|tu|ral,** der; –s, –e; **Gut|tu|ra|lis,** die; –, ..les und ..len: Kehl-, Gaumenlaut **gym|na|si|al** (gr.) Ew.: das Gymnasium betreffend * *Gymnasialbildung; Gymnasiallehrer* * **Gym|na|si|ast,** der; –en, –en: Schüler eines Gymnasiums * **Gym|na|si|um,** das; –s, ..sien: (in Altgriechenland) „Turnplatz", Schule für körperliche Bildung : höhere Schule * **Gym|nas|tik,** die; ; Turnkunst : Turnen * **Gym|nas|ti|ker,** der; –s, –: Turnkünstler * **gym|nas|tisch** Ew.: turnerisch [gr. gymnasion: öffentlicher Platz, auf dem man

nackt turnte] * **Gym|no|sper|me,** die; –, –n: „nacktsamige" Pflanze

Gy|nä|kei|on (gr.), das; –s, ..keien: griech. Frauengemach * **Gy|nä|ko|kra|tie,** die; –, ..tien: Weiberherrschaft * **Gy|nä|ko|lo|ge,** der; ..gen, ..gen: Frauenarzt * **Gy|nä|ko|lo|gie,** die; –: Lehre von den Frauenkrankheiten * **gy|nä|ko|lo|gisch** Ew.: Frauenkrankheiten betreffend * **Gy|n|an|d|rie,** die; –, ..drien: Zwitterbildung mit Vorherrschen der weiblichen Geschlechtsteile * **Gy|n|an|thro|pos,** der; –, ..thropen: (veralt.) Zwitter * **Gy|nä|ze|um,** das; –s, ..zeen: Gynäkeion * **Gy|no|kra|tie,** die; –, ..tien: Mutterrecht [gr. gyne, Gen. gynaikos Weib]

Gy|ro|man|tie (gr.), die; –: Wahrsagerei aus einem Kreise * **Gy|ro|me|ter,** das; –s, –: Drehungsmesser * **Gy|ros,** das; –: griechisches Fleischgericht * **Gy|ros|kop,** das; –s, –e: ein waagerecht drehbarer Kreisel, eine Vorrichtung in Torpedos zur Einhaltung der Richtung : Apparat, um die Achsendrehung der Erde nachzuweisen * **gy|ros|ko|pisch** Ew.: mit Hilfe des Gyroskops * **Gy|ro|s|tat,** der; –s, –e: Schiffskreisel

H

H, h, das; –, –: der achte Buchstabe des Abece * **H-Eisen:** wie ein H geformter Tragbalken **H:** römisches Zahlzeichen, 200 **h,** das; –: (Mus.) der siebente Ton der Grundtonleiter : Molltonstufe * **H,** das; –, –: Durtonstufe * **H-Dur,** das; –: Tonart **h-Moll,** das; –: Tonart **ha** (Abk.): Hektar **ha!:** Ausruf der Freude, der Überraschung, des Staunens, des Spottes, des Triumphes, des Unwillens u. a. : Ruf für Zugtiere: links; auch *har,* s. hott * *haha!* **hä!:** höhnender Ausruf

Haar, die; –: Teil des nördl. Sauerlandes * *Haarstrang:* Haar **Haar,** das; –(e)s, –e; Härchen. - lein: Horngebilde auf der Haut bei Säugetieren und Menschen : Gesamtheit der auf dem Kopf des Menschen wachsenden Haare : Pflanzenfasern : etwas Faserförmiges : etwas Haarähnliches : (Gerb.) Haarseite der Haut : (Web.) rauhe Seite der Wolle : Fasern der Wolle * *Haare auf den Zähnen haben:* angriffslustig sein : sich (mit Worten) zu wehren wissen; *die Haare stehen mir zu Berge:* Zeichen der Angst; *sich die Haare ausraufen:* Ausdruck der Verzweiflung; *sich in den Haaren liegen:* miteinander streiten; *Haare lassen:* Schaden erleiden; *an den Haaren herbeiziehen:* gewaltsam herbeiziehen : ausdenken; *mit Haut und Haar:* ganz und gar; *an einem Haar hängen:* in größter Gefahr sein; *auf ein Haar, aufs Haar, um ein Haar:* beinahe * *Haaransatz; Haarausfall; Haarband:* Band zum Binden der Haare; *Haarbesen:* Besen aus feinen Borsten; *Haarbreit:* um ein Haarbreit; *Haarbürste:* Bürste für das Haar; *haardünn* Ew.; *Haarentferner; Haarersatz:* Perücke; *Haarfarbe; haarfein* Ew.; *Haarfestiger; haarförmig* Ew.; *haargenau; Haarkamm; Haarklammer; Haarklauberei,* die; –, –en: Kleinigkeitskrämerei; *haarklein* Ew.: ins Einzelne gehend; *Haarkrankheit; Haarkranz; Haarkünstler:* Friseur; *Haarlocke; haarlos* Ew; *Haarnadel:* ins Haar zu steckende Nadel; *Haarnetz; Haarpflege; Haarpinsel:* aus Haaren gefertigter Pinsel; *Haarriß → Haarriss; haarscharf* Ew.: so scharf, dass die Schneide ein Haar spalten könnte : sehr genau; *Haarschere:* Schere zum Haarschneiden; *Haarschleife:* Schleife aus Haaren : Schleife zum Binden der Haare; *Haarschmuck; Haarschneider; Haarschnitt; Haarschopf; Haarspalter:* Haarklauber; *Haarspalterei,* die; –, –en; *Haarspange; Haarspitze; Haarspitzenkatarrh* auch:

Haarspitzenkatarr: (Umgspr.) Kater nach durchzechter Nacht; *Haarspray:* Haarfestigungsmittel; *Haarsträhne; Haarstrang:* Doldenblütlergewächs : die Haar; *haarsträubend* Mw. Ew.: so dass sich einem die Haare sträuben : empörend; *Haartolle:* Haarbüschel; *Haartracht; Haartrockner:* Fön; *Haarvieh:* Vieh mit Fell (Ggs. Federvieh); *Haarwaschmittel; Haarwasser; Haarwachs:* Salbe fürs Haar; *Haarweide:* eine Art Weidenbaum; *Haarwickel:* Gegenstand, auf den man zu kräuselnde Haare aufwickelt; *Haarwuchs; Haarwurzel; Haarzelle; Haaresbreite; um Haaresbreite:* um ein ganz geringes Maß ❋ **haa|ren** intr., rbz.: Haare verlieren; tr.: enthaaren ❋ **ge|haart** Mw. Ew.: mit Haaren versehen ❋ **haa|rig** Ew.: behaart : (seem.) neblig : (Umgspr.) unglaublich : außerordentlich : kritisch ❋ **Haar|ling,** der; –s, –e: eine Pelzfresserart ❋ **Haar|lem:** niederl. Stadt ❋ *Haarlemer Meer*

Ha|ba|ne|ra, die; –, –s: span. Tanz

Ha|be, die; –; **Hab,** das; –es: Besitztum: Vermögen ❋ *mein Hab und Gut* ❋ **ha|ben** (du hast, er hat; du hattest, du hättest; gehabt; habe!): Hilfszeitwort zur Bildung der Vergangenheitszeiten; tr.: besitzen : Gefasstes halten : in sich fassen, enthalten : bekommen, erhalten : gelangen : (verhüll.) zum Beischlaf kommen; rbz.: sich gebärden, benehmen : sich übertrieben empfindlich zeigen ❋ *Glück haben:* vom Glück begünstigt sein; *Fieber haben:* von Fieber befallen sein; *Hunger haben:* hungrig sein; *Mitleid haben:* Mitleid empfinden; *lieb haben:* lieben; *gern haben:* gut leiden können; *zum Besten haben:* verspotten; *etwas nötig haben:* brauchen; *etwas nicht wahr haben wollen:* etwas nicht für wahr gelten lassen wollen, etwas nicht eingestehen wollen; *etwas vor sich haben:* etwas zu erwarten haben; *etwas zu verkaufen haben:* etwas zum Verkauf Bestimmtes haben; *etwas zu essen haben;*

etwas Essbares haben, sein Auskommen haben : *zu tun haben:* Arbeit haben; *für etwas zu sorgen haben:* die Verpflichtung haben, für etwas zu sorgen ❋ *es im Magen haben:* Magenschmerzen fühlen; *es zu haben:* einen weiten Weg gehen müssen; *es gut haben:* sich in guter Lage befinden; *es eilig haben:* in Eile sein; *es hat:* (mundartl.) es gibt; *es hat nichts auf sich:* es ist belanglos; *es hat nichts zu bedeuten:* es ist bedeutungslos; *es hat seine Richtigkeit:* es ist richtig; *es hat den Anschein:* es scheint ❋ *Habgier:* gieriges Verlangen nach Besitz; *habgierig* Ew.: voll Habgier; *Habseligkeit,* die; –, –en: (meist Mz.. verächtl.) geringe Habe; *Gott hab' ihn selig →* *Gott hab ihn selig:* der Herr nehme den Verstorbenen gnädig auf; *Habsucht:* Habgier; *habsüchtig* Ew.: habgierig ❋ *Habenichts,* der; –, ..se: einer, der nichts besitzt ❋ **Ha|ben,** das; –s: (kfm.) Besitz : Guthaben ❋ *Soll und Haben* ❋ **hab|haft** Ew.: habend; nur in der Redensart ❋ *einer Sache habhaft werden:* in den Besitz einer Sache gelangen ❋ **hab|lich** Ew.: (schweiz.) wohlhabend ❋ **Hab|schaft,** die; –, –en: Habe

Gott hab ihn selig
Der Apostroph (das Auslassungszeichen) wird nur gesetzt, wenn es der besseren Verständlichkeit dient oder Missverständnisse ausschließen hilft: *'s ist schwer.* Bei *hab* ist er unnötig; das *e* wird ohnehin vielfach verschluckt.

Ha|be|as|cor|pus|ak|te, Ha|be|as|kor|pus|ak|te, die; –: englisches Staatsgrundgesetz zum Schutze der persönlichen Freiheit [beginnend mit den Worten: habeas corpus (l.): habe deinen Körper]

Ha|be|nichts usw.: s. Habe

Ha|ber, der; –s: (mundartl. für) Hafer ❋ *Haberfeldtreiben.* das : –s: bayr. volkstümlicher Gerichtsbrauch : *Haberrohr:* Hirtenpfeife : Hirtenlied ❋ **Ha|be|rer,** der; –s, –: (östr. Umgspr.) Kumpel : Galan

Ha|ber|geiß, die; –, –en: Art Schnepfe : die letzte Garbe, die

als Kornmuhme eingebracht wird : Spukgestalt [Haber zu l. caper Bock]

Hab|gier: s haben

Ha|bicht, der; –s, –e: Falken-, Greifvogel : (zuw.) Habichtsschwamm ❋ *Habichtsauge:* Auge des Habichts : sehr scharfes Auge; *Habichtskraut:* Korbblütler; *Habichtsnase:* gebogene Nase

ha|bil (fr.) Ew.: fähig : geschickt : tauglich ❋ **Ha|bi|li|tät** (l.-fr.), die; –, –en: Geschicklichkeit : Tüchtigkeit: Tauglichkeit ❋ **Ha|bi|li|tand,** der; –en, –en: jemand, der zur Habilitation zugelassen wird ❋ **Ha|bi|li|ta|ti|on** (l.-fr.), die; –, –en: Befähigung : Zulassung zum Hochschullehramt ❋ *Habilitationsschrift:* schriftliche Arbeit für die Habilitation ❋ **ha|bi|li|tie|ren** (..iert) rbz.: den Befähigungsnachweis für die Lehrberechtigung an Hochschulen erbringen [fr. habile; l. habilis; eig. „gut zu halten, zu handhaben"; zu habere haben]

Ha|bit (l.-fr.), das (östr. der) : –s, –e: Anzug : Amtstracht [urspr. Habitus]

ha|bi|ta|bel (l.) Ew.: bewohnbar ❋ **Ha|bi|tat,** das; –s, –e: Wohnort : Wohngegend ❋ **Ha|bi|tant** (l.), der; –en, –en: Bewohner : Einwohner ❋ **Ha|bi|ta|ti|on** (l.), die; –, –en: Wohnung : Wohnrecht [l. habitare bewohnen] ❋ **ha|bi|tu|a|li|sie|ren** intr.: sich angewöhnen, eine Gewohnheit annehmen

Ha|bi|tué (fr.) [abitüeh], der; –s, –s: ständiger Besucher : Stammgast ❋ **ha|bi|tu|ell** [abitüell] Ew.: gewohnheitsmäßig : ständig ❋ **Ha|bi|tus** (l.), der; –: Aussehen : Haltung : Benehmen [l. habere haben, sich gehaben]

hab|lich: s. Habe

Habs|burg, die; –: Burg in der Schweiz, die Stammsitz des deutschen Fürstengeschlechts Habsburg ist ❋ **Habs|bur|ger,** der; –s, –: Angehöriger des Fürstengeschlechts Habsburg

Hab|schaft, Hab|se|lig|keit, Hab|sucht: s. Habe

Hab|t|acht|stel|lung, die; –en: (östr.) militärische Haltung des Gehorsams

Háček, (tschech.) das; –s, –s: (eingedeutscht: Hatschek) Zeichen (umgedrehter Zirkumflex) über c , z und r in einigen slawischen Sprachen; Aussprache: [tsch], [sch], [rsch]

Haché (fr.) [ascheh], das; –, –s: Hackfleisch : Gericht aus gehacktem Fleisch ✳ **halchieren** (dtsch.-fr.) [hasch..] tr.: hacken [fr. hacher von dtsch. hacken]; vgl. Haschee, haschieren

Halchel, die; –, –n: Granne ✳ *Hachelkraut:* eine Pflanze

Hachlse, Halxe, die; –, –n: Kniebug ✳ *Kalbshachse*

Hack, das; –s: Hackfleisch ✳ **Halcke,** die; –, –n : Häckchen, -lein: Werkzeug zum Zerkleinern : Axt : Karst : Bearbeitung der Erde mit dem Karst ✳ **halcken** intr.: haften : festsitzen : tr., intr.: ein scharfes Werkzeug in etwas hineinschlagen : hauend zerkleinern : mit dem Schnabel picken : Schnabel und Klauen in etwas einschlagen : (Wurst –) zerkleinernd herstellen : die Erde mit dem Karst bearbeiten ✳ *Hackbank:* Bank, auf der man hackt; *Hackbau:* Bodenbearbeitung mit der Hacke; *Hackbeil:* Beil zum Hacken; *Hackbraten:* Gericht aus gehacktem Fleisch; *Hackbrett:* Brett, auf dem man hackt : ein mittelalterliches Saiteninstrument; *Hackeisen;* Hackbeil; *Hackfleisch; –klotz; –messer* ✳ *Hackebank; –beil; –brett; –messer;* Hackepeter, der; –s: Gericht aus Hackfleisch ✳ **Halckel,** der; –s, – : Hackender : Winzer ✳ **Häckerlling,** der; –s: gehacktes Stroh : etwas Wertloses ✳ *Häckerling(s)bank, -lade:* Bank, Lade zum Hacken von Stroh; *Häckerlingschneider* ✳ **Häcksel,** der; das (östr. nur das); –s: gehacktes Stroh ✳ *Häckselbank:* Häckerlingbank ✳ **häckseln** intr.: Häcksel schneiden

Halcke, die; –, –n; **Halcken,** der; –s, –; Häckchen, -lein: Ferse : Schuhabsatz : (Schiffb.) hinteres Teil des Ruders, einer Stange usw. ✳ *Hackenleder:* die Ferse bedeckendes Leder im Schuh; *Hackenstück:* die Ferse bedeckender Teil des Strumpfes

Halcker, Häckerlling: s. Hack

Halder, der; –s, –: Stück Zeug : Lappen : Lumpen : (von Pers.) Lump ✳ *Haderlumpen; Hadermesser; Haderschneider:* Vorrichtung zum Zerschneiden von Lumpen

Halder, der; –s: Zank : Streit ✳ *Hadergeist:* zänkischer Sinn : zänkische Person : *Hadersucht:* Streitsucht; *hadersüchtig* Ew.; *Hadersuppe:* (scherzh.) Prügel ✳ **Haldelrei,** die; –, –en: das Hadern ✳ **Haldeirer, Hadlrer,** der; –s, –: zänkischer Mensch : (weidm.) Stoßzahn des Wildschweins ✳ **haldern** (ich ..[e]re) intr.: zanken : streiten : (veralt.) grollen

Haldes (gr.), der; –: Gott der Unterwelt : Totenreich

Hadsch (arab.), der; –: Pilgerfahrt der Mohammedaner nach Mekka ✳ **Haldlschi** (arab.), der; –s, –s: Ehrentitel der Mekkapilger

Halfen, der; –s, Häfen; Häfchen, Häf(e)lein: Bucht zum Ankern für Schiffe : Lande-, Ruheort ✳ *Hafenamt:* Aufsichtsbehörde des Hafens; *Hafenanlage; Hafenarbeiter; Hafeneinfahrt; Hafengast:* in einen Hafen einlaufender Schiffer; *Hafengebühr; Hafengeld, Hafenzoll; Hafenkommandant; Hafenpolizei; Hafenrundfahrt; Hafensperre; Hafenstadt; Hafenumschlag; Hafenviertel; Hafenwache; Hafenzeit:* Zeit, in der ein Hafen Hochwasser hat

Halfer, der; –s; Häferchen: eine Getreideart ✳ *ihn sticht der Hafer:* er ist übermütig ✳ *Haferbrei; Haferbrot; Haferernte; Haferflocken; Hafergrütze; Haferkorn; Hafermehl; Haferpflaume:* Mirabelle; *Haferreis; Hafersaat; Hafersack:* Sack mit Hafer : (schweiz.) Ranzen; *Haferschleim; Haferspreu; Haferstroh; Hafersuppe; Haferweide:* Stoppelweide des Haferfeldes

Haferl, Häferl das; –s, –: (östr.) Tasse, Becher ✳ **Haferllschuh;** der; –s, -e: der Sporthalbschuh

Haff, das; –(e)s, -e: durch einen Dünenwall (Nehrung) von der offenen See abgetrennte

Ostseebucht ✳ *das Frische Haff; das Kurische Haff*

Halfis: ein persischer Dichter : Ehrenname eines Gelehrten, Korankenner

Haflinlger, der; –s, –: robuste Pferderasse

Halfner, Häflner, der; –s, –: Töpfer ✳ **Hafnelrei,** die; –, –en: Töpfergeschäft

Hafnilum, das; –s: chem. Grundstoff; Abk.: Hf

..haft in Zus. Ew. bildend: urspr. habend, haltend; z. B. glaubhaft, habhaft, nahrhaft

Haft, der; –(e)s, –(en): (veralt.) der Halt : Haken und Spangen zur Befestigung von etwas (vgl. Heftel unter Heft)

Haft, die; –: Gefangenhaltung : Zustand des Gefangenseins : (zuw.) Pfand ✳ *Haftanstalt; Haftbedingung; Haftbefehl; Haftbrief:* Steckbrief; *Haftentlassung:* Entlassung aus der Haft; *haftfähig* ✳ *Haftpflicht; haftpflichtig* Ew.; *Haftpflichtversicherung; Haftpflicht-Versicherungsgesellschaft; Haftrichter; Haftstrafe; haftunfähig; Hafturlaub* ✳ **haftlbar** Ew.: für etwas haftend : für etwas zu haften verpflichtet ✳ **Haftlbarlkeit,** die; –, –en: das Haftbarsein : Schadenersatzpflicht ✳ **häftteln** (ich ..[e]le) tr.: mit einem Haft befestigen ✳ **haflten** intr.: fest an etwas kleben, hängen : sich nicht trennen lassen von etwas : (für etwas –) bürgen, einstehen ✳ *haften bleiben* intr.: haften : im Gedächtnis behalten ✳ **Häftlling,** der; –(e)s, -e: Gefangener ✳ **Haftung,** die; –, –en: das Haften, Bürgen : Schadenersatz

Hag, der; –(e)s und (–en), -e: Einfriedung : Hecke : Gebüsch : Weideplatz : Waldbezirk ✳ *Hagebuche:* Weißbuche; *hagebuchen, hagebüchen* (umgeformt zu: hanebüchen) Ew.: knörrig : derb : grob; *Hagebutte:* Frucht der Hagerose; *Hagedorn:* Weißdorn; *Hagestolz:* (veralt.) Junggeselle

Halgalnah *auch:* **Halgalna,** die; –: milit. Organisation zum Schutz vor arab. Angriffen, die zur israel. Armee wurde

Halgel, der; –s: Niederschlag von Eiskörnern : etwas Niederschmetterndes : massenweise geschossene Kugeln : aus Büchsen geschossenes Schrot : Gerstenkorn am Auge : das den Dotter mit dem Eiweiß verbindende Schwebeband : ein Fluch, Ausruf der Verwunderung : (schweiz.) verfluchter Kerl * *hageldicht* Ew.: in dichter Menge wie Hagel; *Hagelkorn; Hagelschaden; Hagelschauer; Hagelschlag; Hagelschloße; Hagelsturm; Hagelversicherung:* Versicherung gegen Hagelschaden; *hagelweiß* Ew.: schlossenweiß; *Hagelwetter; Hagelwolke* * **hageln** unp. (es hagelt): es fällt Hagel herab : (übertr.) wie Hagel niederfallen und wirken * *es hagelt Vorwürfe, Schläge*

hager Ew.: mager : schmal und knochig * **Hagerkeit**, die; –: Magerkeit

Hagestolz: s. Hag

Haggadah (hebr.), die; –: rabbinische Erzählung zur Auslegung alttestamentlicher Schriften : (bes.) Erzählung vom Auszug aus Ägypten

Hagia Sophia, die; –: „heilige Weisheit", Kirche in Istanbul * **Hagiograf**, der; –en, –en: Lebensbeschreiber der Heiligen : (Mz.) die heiligen Schriften des A. T. außer den mosaischen und prophetischen Büchern * **Hagiographie** *auch:* **Hagiografie**, die; –, ..phien *auch:* ..fien: Lebensbeschreibung von Heiligen * **Hagiolatrie**, die; –: Heiligenverehrung * **Hagiologe**, der; ..gen, ..gen: Hagiograph * **hagiologisch** Ew.: die Lebensbeschreibung von Heiligen betreffend * **Hagiologium**, das; –s, ..gien: Heiligenkalender

haha!: s. ha!

Häher, der; –s, –: Name von raben- und elsterartigen Vögeln

Hahn, der; –(e)s, Hähne; Hähnchen: das Männchen des Huhns : Männchen der hühnerartigen Vögel : Männchen der Singvögel : männlicher Flachs : altes, scherzhaftes Kartenspiel : (zuw. von Streithähnen auf Menschen) kecker, übermütiger Gesell : (zuw.) gutmütiger Mensch, der sich alles gefallen lässt : Name von Fischen : Bezeichnung und Sinnbild des französischen Volkes : Wetterfahne auf Häusern und Türmen : (Techn.) beim Gewehrschloss der bewegliche anschlagende Teil : Vorrichtung, eine Röhre zu öffnen und zu verschließen * *es kräht kein Hahn danach:* es kümmert sich niemand darum, fragt niemand danach; *Hahn im Korbe sein:* der einzige Mann unter vielen Frauen sein; *einem den roten Hahn aufs Dach setzen:* ihm das Haus in Brand stecken * *Hahnenbalken:* die Dachsparren im Giebel des Hauses verbindender Balken : Schlafstelle der Hühner; *Hahnenfeder; Hahnenfuß:* Name von Pflanzen; *Hahnenkamm:* der ausgezackte Fleischlappen auf dem Kopfe des Hahnes; *Hahnenkampf; Hahnenkräh*, die; –: das Krähen des Hahnes : die Zeit des Krähens; *Hahnenschrei:* Krähen des Hahns am Morgen; *Hahnenspornmispel:* eine Pflanze; *Hahnentritt:* Keim im Ei : Zuckfuß, überhohes Heben der Hinterbeine beim Pferd; *Hahnenwackel, -wecker:* Frühstück nach durchschwärmter Nacht * **Hahnrei**, der; –(e)s, –e: betrogener Ehemann * **Hahnreischaft**, die; –: das Hahnreisein

Hai, der; –(e)s, –e: ein Raubfisch * *Haifisch; Hairoche*

Haifa: Stadt in Israel

Haimonskinder, die; –, –: (übertr.) dicke Freunde : eng gebundene Geschwister : nach karolingischer Sage die 4 Söhne des Grafen Haimon

Hain, der; –(e)s, –e: ein gepflegter Wald : ein Lustwäldchen : Gehölz : (dichter.) Wald * *Hainblume:* eine Zierpflanze; *Hainbuche:* Weißbuche; *Hainbund:* deutscher Dichterbund um den Dichter Klopstock; *Hainhecke; Hainsalat*

Hainleite: thüring. Höhenzug

Hairoche: s. Hai

Hairstylist, (e.) der; –en, –en: Friseur, der sein Handwerk als Kunst betrachtet

Haïti: Insel der Großen Antillen * **Haïtianer**, der; –s, –: Bewohner von Haiti * **haïtianisch**, **haïtisch** Ew.: Haiti betreffend : von dort stammend

Häkel, der; –s, –: hakiges Werkzeug * **Häkelei**, die; –, –en: Häkelarbeit : (übertr.) Meckerei : scherzhafter Streit * *Häkelgarn; Häkelnadel*; **häkelig** Ew.: voll kleiner Häkchen : schwierig zu behandeln : mäkelig, tadelsüchtig * **häkeln** (ich ..[e]le) tr.: eine Handarbeit mit der Häkelnadel machen : sticheln : mäkeln * **Haken**, der; –s, –: Häkchen: etwas am Ende Gebogenes zum Aufhängen, Ziehen u. dgl. : krumme Linie, Wendung : Stoß beim Boxen : eine Art Pflug ohne Räder : ein Ackermaß : ein gebogener Knochen : (Sprachl.) Auslassungszeichen (') : eine Feuerwaffe : (übertr.) Schwierigkeit * *ein Häkchen haben:* nicht ganz richtig im Kopfe sein; *etwas hat einen Haken:* es ist eine Schwierigkeit dabei, es stimmt etwas nicht * *Hakenbolzen:* hakenförmiger Bolzen; *Hakenbüchse:* eine Art Gewehr; *hakenförmig* Ew.: gekrümmt; *Hakenkreuz; Hakennadel; Hakennase; Hakenpflug; Hakenschlüssel:* Dietrich; *Hakenzahn:* hakenförmiger Pferdezahn * **haken** tr.: mit Haken fassen, festmachen : mit dem Hakenpflug pflügen * **hakig** Ew.: mit Haken versehen : wie ein Haken

Haken: s. Häkel

Hakim (arab.), der; –s, –s: Weiser : Arzt : Richter

Halali, auch **Hallali**, das; –, –(s): Jagdruf

halb Ew.: (urspr.) von einer Seite : der Teil eines in zwei gleiche Teile geteilten Ganzen : zur zugrunde liegenden Einheit sich wie 1 zu 2 verhaltend : in der Mitte eines Ganzen liegend : nicht das Ganze betragend : nicht die dem Gegenstand zukommende Größe, Stärke habend : mangelhaft, ungenügend, geringwertig : unentschieden, schwankend * *es ist halb eins; alle halbe(n) Stunden; ein halbes Dutzend; halb und halb:* teils so, teils anders, einigermaßen; *nicht halb so gut:* bei weitem nicht so gut *

Halbaffe; halbamtlich; Halbbild: Darstellung eines Menschen vom Kopf bis zu den Hüften; *Halbbildung; halbbitter; Halbblut:* (Pferdezucht) nur von einer Seite von edlem Geschlecht; *Halbbruder* (vgl. Halbgeschwister); *Halbdrehung:* Drehung um 180°; *Halbdunkel:* Dämmerung; *Halbedelstein; Halbfabrikat; halbfett; Halbfinale; Halbfranz,* das; –: Halbleder; *Halbfranzband:* Bucheinband, dessen Rücken und Ecken mit Leder bezogen sind; *Halbflügler:* Schnabelkerf; *halb gar* Ew.; *halbgebildet; Halbgeschwister:* nur väterlicher- oder mütterlicherseits Verschwisterte; *Halbglatze; Halbgold:* eine Legierung von goldähnlichem Aussehen; *Halbgott:* unter die Götter aufgenommener Sohn eines Gottes oder einer Göttin : ein vergötterter Mensch; *halbherzig; Halbinsel; Halbjahr:* Zeit von 6 Monaten; *halbjährig* Ew.: ein halbes Jahr dauernd; *halbjährlich* Ew.: jedes Halbjahr wiederkehrend; *Halbkreis:* Kreishälfte; *Halbkugel:* Kugelhälfte; *halb laut* Ew.: *halb leise* Ew.; *halbleer* → *halb leer; Halbleinen; halb links* Uw.: nicht ganz links; *halbmast* Uw: (seem.) in halber Höhe des Mastes; *Halbmesser:* halber Kreisdurchmesser; *Halbmetall:* chem. Element, das zwischen den Metallen und Nichtmetallen steht; *Halbmond:* nur zur Hälfte beleuchteter Mond : etwas Halbmondförmiges : Sinnbild und Zeichen der Türken; *Halbmutter:* Stiefmutter; *halbnackt* → *halb nackt* Ew.: fast nackt; *Halbpension:* Wohnung mit Frühstück und einer warmen Mahlzeit; *Halbpart:* halber Teil; *halbrechts* → *halb rechts; halbrund* Ew.: zur Hälfte rund; *Halbrund,* das: Halbkreis; *Halbschatten; Halbschlaf; Halbschlummer; Halbschuh; Halbschwergewicht; Halbschwester* (vgl. Halbgeschwister); *Halbseide:* Gemisch von Seide und Baumwolle; *halbseiden* Ew.; *halbseitig* Ew.; *halbstaatlich; Halbstarker:* undisziplinierter Halbwüchsiger;

Halbstiefel: Stiefel mit kurzem Schaft; *Halbstock:* Zwischenstockwerk; *halbstock* Uw.: halbmast; *halbstündig* Ew.: eine halbe Stunde dauernd; *halbstündlich* Ew.: jede halbe Stunde einmal; *Halbtagsarbeit; Halbtagsschule; Halbton:* (Mus.) in der Mitte zwischen zwei ganzen Tönen liegend; *halbtot* → *halb tot* Ew.: fast tot; *halbtrocken; halbverhungert* → *halb verhungert; Halbverrückter; halbvoll* → *halb voll* Ew.; *halbwach* → *halb wach* Ew.: nicht ganz wach; *Halbwahrheit; Halbwaise:* Kind, dessen Vater oder Mutter gestorben ist; *halbwegs* Uw.: auf halbem Wege : einigermaßen, beinah; *Halbwelt:* die nur dem Scheine nach vornehme Welt der Abenteurer usw.; *Halbwertszeit; Halbwissen; halbwüchsig* Ew.: noch nicht voll ausgewachsen; *Halbzeit:* die Hälfte der Gesamtzeit bei Mannschaftsspielen; *Halbzeug:* halb zerstampfte Lumpen zur Papierfabrikation : (Eisengieß.) Eisengerät in der Rohform ∗ **halb.., halb..** (Uw. Bw.): zur einen Hälfte .., zur anderen Hälfte ..; einesteils .., andernteils.. ∗ **..halb, ..halben, ..halber** Vw. in Zus.: von seiten : wegen : in betreff; z. B. meinethalb(en), beispielshalber ∗ **Halbe,** das; –n, –n: Hälfte ∗ **halben** (veralt.) tr., rbz.: (sich) in zwei gleiche Teile teilen ∗ **halber** Vw. m. Gen.: wegen : betreffend : mit Rücksicht auf ∗ *des Spaßes halber* ∗ *beispielshalber* Uw.; *spaßeshalber* Uw.; *umständehalber* Uw. ∗ **Halbheit,** die; –, –en: etwas Halbes : Unentschiedenheit, Lauheit ∗ **halbieren** (..iert) tr.: halben, hälften ∗ **Halbierung,** die; –, –en: das Halbieren

halbhoch
Die Verbindung von *halb* und einem Adjektiv wird zusammen geschrieben, wenn *halb* die Bedeutung abschwächt: *halbhoch* (nicht sehr hoch), *halbdunkel* (nicht sehr dunkel); *halbgebildet* (nicht sehr gebildet). Ist dieses nicht der Fall, werden Verbindungen mit *halb* getrennt geschrieben: *halb*

blind; halb leer; halb rechts; halb wach.

Hal|de, die; –, –n: die steile Seite eines Berges : Hügel : (Bergb.) Schutthügel

Hal|fa, die; –: Alfa, Espartofaser; vgl. Alfa

Hälf|te, die; –, –n: der halbe Teil : Mitte : eine Person eines Paares ∗ *hälftewegs* Uw.: halbwegs ∗ **hälf|ten** tr.: halbieren ∗ **hälf|tig** Ew.: halb ∗ **Hälf|tung,** die; –, –en: das Hälften : das Halbe

Half|ter, die; –, –n; der; das; –s, –: Zaum ohne Gebiss : Kummet : Halsjoch : Futteral für die Pistolen zu beiden Seiten des Sattels ∗ *Halfterband; Halfterkette; Halfterriemen; Halfterring; Halfterstrick* ∗ **half|tern** (ich ..[e]re) tr.: Halfter anlegen

Half-Time → **Halftime** (e.) [hahftaim], die; –, –: (Sport) Halbzeit

hal|li|tie|ren (..iert) (l.) tr.: anhauchen, dünsten

Hal|ky|o|ne: s. Alcyone

Hall, der; –(e)s, –e: Schall ∗ *Halleffekt; Hallhorn, Halljahr:* Jubeljahr; *Hallaut* → *Hallaut* ∗ **hal|len** intr.: schallen; tr.: schallen lassen

Hal|le: Stadt an der Saale ∗ **Hal|len|ser,** der; –s, –: Einwohner von Halle ∗ **hal|lisch** Ew.

Hal|le, die; –, –n: überdachter Saal : an einer oder zwei Seiten offener Raum ∗ *Hallenbad; Hallenhandball; Hallenschwimmen:* Schwimmen in der Schwimmhalle; *Hallensport; Hallentennis:* Tennisspiel in bedecktem Raum

hal|le|lu|ja(h) (hebr.): „lobet den Herrn!" ∗ **Hal|le|lu|ja(h),** das; –(s), –(s): Loblied auf Gott ∗ auch **al|le|lu|ja(h)**

hal|len: s. Hall

Hal|ley, Edmund: e. Astronom ∗ *Halleyscher Komet*

Hal|lig, die; –, –en: unbedeichter Festlandsrest im nordfriesischen Wattenmeer

Hal|li|masch, der; –(e)s, –e: essbarer Pilz

hal|lo!: lauter Anruf ∗ **Hal|lo,** das; –s, –s: Ruf : Lärm ∗ *mit Hallo empfangen* ∗ *Halloruf* ∗ **Hal|lo|d|ri,** der; –s, –s: (bayr.) übermütiger leichtsinniger Bursche

Hal|lo|re, der; –n, –n: Arbeiter

in den Salinen von Halle a. d. Saale

Hall|statt|zeit, die; –, –en: erste Phase der Eisenzeit

Hal|lu|zi|na|ti|on (l.), die; –, –en: Wahnvorstellung, Trugbild ✳ **hal|lu|zi|nie|ren** (..iert) intr.: träumen : Sinnestäuschungen haben

Halm, der; –(e)s, –e(n); Hälmchen: Stengel von Gras und Getreide : Düne ✳ *Halmfrucht; Halmhütte; Halmlese:* Ährenlese ✳ *Halmendach* ✳ **hal|mig** Ew.: mit Halmen versehen (auch gehalmt)

Hal|ma (gr.), das; –s: „Springkampf", jap. Brettspiel

Ha|lo (gr.), der; –(s), ..lonen; **Ha|lon**, die; –, ..lonen: Lichthof um den Mond oder die Sonne

Ha|lo|che|mie (gr.), die; –: Salzscheidekunst ✳ **ha|lo|che|misch** Ew.: zur Salzscheidekunst gehörig ✳ **Ha|lo|gen**, das; –s, –e: Salzstoff : salzbildender Stoff ✳ *Halogenlampe; Halogenscheinwerfer* ✳ **ha|lo|gen** Ew.: salzbildend ✳ **Ha|lo|id**, das; –(e)s, –e: Salzbildner ✳ *Haloidsalz* ✳ **Ha|lo|me|ter**, das; –s, –: Salzwaage, -messer ✳ **Ha|lo|phyt**, der; –en, –en: Pflanze, die eine hohe Salzkonzentration des Bodens benötigt ✳ **Ha|lo|ther|me**, die; –, –n: warme Salzquelle

Ha|lon: s. Halo

Hals, der; –es, Hälse; Hälschen: Körperteil zwischen Kopf und Rumpf, der Dreher des Kopfes : das den Hals Umgebende : die Verlängerung des Schallkörpers bei Saiteninstrumenten : halsförmiger Teil an Flaschen, Säulen, Knochen usw. ✳ *sich einem an den Hals werfen; Hals über Kopf:* in größter Eile; *jemand auf dem Halse haben:* jemand nicht wieder loswerden; *einem etwas an den Hals schwatzen:* aufschwatzen; *sich etwas vom Halse schaffen:* abschütteln, wegbringen; *den Hals wagen:* das Leben wagen; *einem den Hals brechen:* ihm den Garaus machen ✳ *Halsabschneider:* Wucherer; *Halsader; Halsausschnitt; Halsband:* um den Hals (als

Schmuck) getragenes Band : (scherzh.) Strick zur Hinrichtung : lederner oder metallener Ring zum Anbinden der Hunde; *Halsberge,* die; –, –n: Teil der Rüstung, Panzerhemd; *Halsbinde:* Krawatte; *halsbrechend, halsbrecherisch* Ew.: lebensgefährlich; *Halseisen:* Eisenfessel um den Hals, bes. bei am Pranger Stehenden; *Halsentzündung; halsfrei* Ew.: (Kleid) den Hals freilassend; *Halsgericht:* hochnotpeinliches Gericht; *Halsgeschwür; Halsjoch:* auf den Hals gelegtes Joch; *Halskette; Halskragen; –krause; –leiden; –muskel; Hals-Nasen-Ohren-Arzt; Halsschlagader; Halsschmerzen; Halsschmuck; Halsstarre:* Lähme der Halsmuskeln; *halsstarrig* Ew.: unbeugsam; *Halstuch; –weh; –weite; Halswirbel* ✳ **Hal|se**, die; –, –n: (veralt.) etwas den Hals Umgebendes : (seem.) Tau ✳ **hal|sen** (du halsest und halst) tr.: umarmen : (seem.) die Halsen anziehen und vor dem Winde wenden; rbz.: sich emporrecken ✳ **ge|hal|st** Mw. Ew.: mit einem Hals versehen ✳ **hal|sig** Ew.: mit einem Hals versehen ✳ *langhalsig* ✳ **Hal|sung**, die; –, –en: (weidm.) Hundehalsband

halt Uw. (mundartl.): wohl, ja, eben

halt!: Ausruf, durch den Stillstand geboten wird ✳ *Halt! Wer da?* ✳ **Halt**, der; –(e)s, –e: Unterbrechung, Ruhzustand : Stütze : Bindekraft ✳ **halt|los** Ew.: ohne Stütze : ohne innere Festigkeit; *Haltlosigkeit; haltmachen → Halt machen* (ich mache Halt; Halt gemacht; Halt zu machen) intr.: stillstehen ✳ **halt|bar** Ew.: so beschaffen, dass es sich halten od. behaupten lässt : dauerhaft : widerstandsfähig ✳ **Halt|bar|keit**, die; –: Dauerhaftigkeit : Widerstandsfähigkeit ✳ **hal|ten** (du hältst, er hält; du hielt(e)st, er hielt; du hieltest; gehalten; halt[e]!) tr.: nicht weglassen : nicht loslassen : etwas ergreifen, um es vor dem Fall zu bewahren : (Vorschrift usw. –) einhalten, befolgen, nicht davon abweichen : nicht ausflie-

ßen lassen : (einen für etwas –) glauben, denken, dass es ist : (einen wert –) achten, ehren : (viel auf einen –) hochschätzen : hinhalten : bewahren : verteidigen; intr.: haften, nicht abfallen : enthalten, fassen : stillstehen, sich nicht fortbewegen : (auf etwas zu –) sich auf etwas als Ziel hin bewegen : (auf etwas –) achten auf etwas; rbz.: (sich nach Norden –) sich (in einer Richtung) dauernd fortbewegen : (sich an etwas –) sich stützen auf (auch übertr.) : feststehen, dauerhaft sein, standhalten : (sich [tapfer] –) sich (tapfer) benehmen ✳ *kurz halten* tr.: wenig Spielraum zu freier Bewegung lassen; *knapp halten* tr.: geringe Mittel zur Verfügung stellen; *sich heran, dazu halten:* sich beeilen; *es mit einem halten:* auf jemandes Seite stehen; *Rast halten:* rasten; *eine Rede halten; Wort, ein Versprechen halten* ✳ *gehalten sein:* verpflichtet sein; *gehalten* Mw. Ew.: in Schranken haltend, gemessen, besonnen ✳ *Halt(e)ort, -platz:* Stelle, an der Halt gemacht wird; *Haltepunkt; Haltestelle:* Halteplatz des Omnibusses, der Straßenbahn : kleiner Bahnhof; *Haltesignal, -zeichen:* Zeichen, dass ein Fahrzeug halten soll ✳ **Hal|ter**, der; –s, –: ein Haltender : Werkzeug zum Halten : Behältnis : (mundartl.) ✳ **..hal|tig** Ew., nur in Zus.: enthaltend, fassend; z. B. mehlhaltig ✳ **Hal|tung**, die; –, –en: das Halten : Art der Körperhaltung : Art des inneren, sittlichen Verhaltens : etwas Halt Gebendes

Halt machen, halt machen

Wird *halt* in Verbindung mit einem Verb substantivisch gebraucht, schreibt man es groß: *Halt machen; Halt rufen; Halt geben.* Dabei ist die Kleinschreibung *(halt machen, halt rufen, halt geben)* als alternative Schreibweise erlaubt.

Hal|te|ren (gr.) Mz.: Bleikugeln an Springstangen, Hanteln : Schwingkölbchen als Ersatz für das zweite Flügelpaar bei Zweiflüglern

Ha|lun|ke (slaw.), der; –n, –n: Schuft, erbärmlicher Mensch

Schlingel * *Halunkenstreich* *
ha|lun|ken|haft Ew.: wie ein
Halunke

Ha|ma|me|lis, (gr.) die; –:
Zierpflanze; Heilpflanze

Ham and Eggs (e.) [Häm'n
äks], die; (nur Mz.): englisches
und amerikanisches Frühstück
mit Schinken und Spiegeleiern

Hä|ma|tin das; –s: Blutstoff *
Hä|ma|ti|non das; –s: eine
brennend rote Glasmasse,
Glasporphyr * Hä|ma|tit, das;
–(e)s, –e: Blutstein, Roteisen-
stein * hä|ma|to|gen Ew.: vom
Blute herrührend : blutbildend
* Hä|ma|to|gen, das; –s: ein
Mittel gegen Blutarmut *
Hä|ma|to|glo|bin, das; –s:
Blutfarbstoff * Hä|ma|to-
lo|ge, der; –n, –n: Facharzt für
Blutkrankheiten * Hä|ma|to-
lo|gie, die; –: Lehre vom Blut
* Hä|ma|tom, das; –s, –e:
Bluterguss * Hä|ma|tor|rhö,
die; –, –n: Blutfluss * Hä|ma-
to|s|ko|pie, die; –, n: Blutun-
tersuchung * Hä|ma|to|zo|on,
das; –s, ..zoen: Bluttier *
Hä|ma|tu|rie, die; –: Bluthar-
nen * Hä|min, das; –s: eine
chemische Verbindung

Ham|burg: freie Hansestadt an
der Unterelbe * *Hamburg-
Amerika-Linie* * Ham|bur|ger,
der; –s, –: Einwohner der Stadt
Hamburg : [oft e. ausgesprochen: hämbörger] mit Fleisch
belegtes Brötchen * ham|bur-
gern (ich ..[e]re) intr.: in der Art
der Hamburger sprechen : ein
Art Kegel-, Würfelspiel spielen
* ham|bur|gisch Ew.

Hä|me, die; –: Schadenfreude :
Garstigkeit * hä|misch Ew.:
versteckt, boshaft, heimtü-
kisch, schadenfroh

Ha|meln: Stadt in Niedersach-
sen * *der Rattenfänger von
Hameln*

Ha|men, der; –s, –: Fangnetz :
Angelhaken

Hä|min: s. Hämatin

Ha|mit, der; –en, –en: Angehö-
riger eines afrikanischen
Volksstamms

Häm|ling, der; –s, –e: Eunuch,
Entmannter

Ham|mel, der; –s und Hämmel;
Hämmelchen, Hämm(e)lein:
Schöps, verschnittener Schafbock : Bezeichnung eines dum-
men Menschen * *Hammelbein;*

Hammelbraten; *Hammel-
fleisch; Hammelkeule; Ham-
melsprung:* Art der parlamen-
tar. Abstimmung; * ham|meln
tr. zum Hammel machen : zum
Hämling machen

Ham|mer, der; –s, Hämmer;
Hämmerchen: ein Werkzeug
zum Schlagen : Hammerwerk :
etwas Hammerähnliches, z. B.
Hölzchen im Klavier : leicht-
athletisches Wurfgerät : Gehör-
knöchelchen * *unter den Hammer kommen:* versteigert werden * *Hammeraxt, -beil:* mit
axtartiger Schärfe versehener
Hammer; *Hammerhai:* Hai mit
hammerförmigem Kopf; *Ham-
merklavier:* cembaloähnliches
Klavier; *Hammerschlag:*
Schlag mit dem Hammer : Zu-
schlag des Versteigerers : Hammerschlacke : Hammerzuge-
richt; *Hammerschmied:*
Schmied in einem Hammer-
werk; *Hammerwerfen:* (Sport)
Werfen mit dem Hammer;
Hammerwerk: Schmiede zur
Metallbearbeitung mit großen
Hämmern; *Hammerzange:*
Zange des Hammerwerks zum
Festhalten der zu bearbeiten-
den Hämmer; häm|mer|bar
Ew.: sich hämmern lassend *
Häm|mer|lein, der; –s, –;
Häm|mer|ling, der; –s, –e: Ko-
bold : Hanswurst, lustige Per-
son im Puppenspiel *
häm|mern (ham|mern) (ich
..[e]re) tr.: mit dem Hammer
schlagen : mit dem Hammer
schlagend bearbeiten; intr.:
heftig klopfen wie mit einem
Hammer

Ham|mond|or|gel, die; –, –n:
elektronische Heimorgel

Hä|mo..., hä|mo... (gr.) in
Zus.: Blut..., blut... * Hä|mo-
dy|na|mo|me|ter, das; –s, –:
Vorrichtung zur Messung des
Blutdrucks * Hä|mo|glo|bin,
das; –s: roter Blutfarbstoff *
Hä|mo|me|ter, das; –s, –: Gerät
zur Bestimmung der Dichtig-
keit des Blutes * Hä|mo-
pa|tho|lo|gie, die; –: Lehre von
den Blutkrankheiten * Hä|mo-
phi|lie, die; , n: Bluterkrank-
heit * Hä|mor|rhal|gie, die; –,
..gien; Hä|mor|rhö, die; –, –n:
Bluterguss, Blutung * hä-
mor|rho|i|dal Ew.: die Hämor-
rhoiden betreffend * *Hämor-

rhoidalfluß → Hämorrhoidal-
fluss:* Hämorrhoiden; *Hämor-
rhoidalleiden* * Hä|mor-
rho|i|da|ri|us, der; –, ..rien: ein
an Hämorrhoiden Leidender :
Gemütskranker, Schwermüti-
ger * Hä|mor|rho|i|den *auch:*
Hä|mor|ri|den Mz.: Krankheit
der Mastdarmvenen, Blutabgang durch den After : (übertr.)
Schwermut * Hä|mo|s|ta|se,
die; –, –n: Blutstockung *
Hä|mo|s|ta|ti|ka Mz.: blutstil-
lende Mittel * hä|mo|s|ta-
tisch Ew.: blutstillend *
Hä|mo|zyt, der; –en, –en: Blut-
zelle [gr. haima, Gen. haimatos
Blut]

ham|peln (ich ..[e]le) intr.:
zappeln * *Hampelmann:* komische Frankfurter Bühnenfigur:.
Pappfigur mit beweglichen
Gliedern : (übertr.) wankelmü-
tiger, leicht zu beeinflussender
Mensch

Hams|ter, der; –s, –: ein Nage-
tier : Fell des Hamsters : gierig
Vorräte sammelnde Person *
Hamsterbacke: Backentasche
des Hamsters für Vorräte;
Hamsterbau; *Hamsterfell;*
Hamsterware: (Umgspr.) ge-
hamsterte Ware, besonders Le-
bensmittel * Hams|te|rer, der;
–s, –: einer, der Vorräte sammelt und aufhäuft *
hams|tern (ich ..[e]re) tr.: Vor-
räte zusammenschleppen

Hand, die; –, Hände; Händchen: vorderer Teil des Armes
vom Knöchel an mit den Fingern : (übertr.) Schutz, Obhut :
schaffende Person * *Hand und
Fuß haben:* auf sicherer
Grundlage ruhen : klar, sinnvoll, einleuchtend sein; *anhand
auch: an Hand:* unter Heran-
ziehung : auf Grund von etwas;
Hand in Hand: vereint : einträchtig : förderlich; *freie Hand
haben:* unabhängig handeln
können; *etwas an, bei, unter
der Hand haben:* zur Verfügung haben; *seine Hand ins
Feuer legen für etwas, jemanden:* restlos einstehen für –, –;
eine lockere Hand haben:
(Umgspr.) leicht Ohrfeigen
austeilen; *eine offene Hand ha
ben:* freigiebig sein; *die öffentliche Hand:* Behörde : Regierung : Verwaltung; *von der
Hand weisen:* ablehnen; *kur-*

zerhand: kurzweg, ohne Weitläufigkeit; *von langer Hand (her):* seit langem vorbereitet; *unterderhand* → *unter der Hand* Uw.: im Stillen, heimlich; *zuhanden, zu Händen von, des ..:* für, in den Besitz von ..; *nachderhand* Uw.: später; *vorderhand* Uw.: einstweilen; *überhandnehmen* → *überhand nehmen* (s. d.); *abhanden kommen* (s. d.); *vorhanden* (s. d.); *allerhand* (s. d.) ✳ *um die Hand eines Mädchens anhalten, werben:* um ein Mädchen als Gattin werben; *eine gute Hand schreiben:* eine gute Handschrift haben; *jemandes rechte Hand sein:* jemandes unentbehrlicher Helfer sein; *Hand anlegen:* tätig zugreifen, helfen; *die Hand bieten:* mit Handschlag grüßen : sich mit Handschlag versöhnen : behilflich sein; *die Hand auf etwas legen:* durch Handschlag versprechen; *sich die Hände reiben:* Schadenfreude zeigen; *sich die Hände waschen:* (übertr.) seine Unschuld beteuern; *jemanden auf Händen tragen:* jemand mit liebevoller Sorgfalt behandeln; *auf eigene Hand tun:* auf eigene Rechnung, Gefahr tun; *in Händen haben:* in festem Besitz haben; *jemandem in die Hand arbeiten:* ihn fördern; *mit Händen greifen:* deutlich einsehen, erkennen; *etwas geht einem von der Hand:* etwas geht flink vonstatten ✳ *Handamboß* → *Handamboss:* kleiner, tragbarer Amboss; *Handarbeit:* Arbeit mit der Hand : Stick-, Strick-, Näh- usw. Arbeit : das mit der Hand Verfertigte; *Handarbeitsunterricht; Handauflegen:* Auflegen der Hand zum Vermitteln höherer Kräfte (z. B. beim Weihen, Segnen); *Handausgabe:* Ausgabe eines Werkes in handlicher Größe; *Handball:* ein Ballspiel; *Handballer; Handbecken:* kleines Waschbecken; *Handbesen; Handbetrieb:* Betrieb ohne Maschinen; *Handbewegung; handbreit* Ew.: so breit wie eine Hand; *ein handbreiter Saum; eine Handbreit; zwei Handbreit Stoff; das Brett ist zwei Hände breit; Handbremse;*

Handbuch: umfassend belehrendes Buch über ein Wissensgebiet; *Händchen; Händchenhalten; Handcreme; Handfeger; handfertig* Ew.: fingerfertig, schlagfertig : geschickt mit den Händen; *Handfesseln; handfest* Ew.: kräftig : überzeugend : stark, derb; *Handfeste,* die; –, –n: Bekräftigung durch Handschlag : durch eigenhändige Unterschrift verbriefte Urkunde; *Handfläche:* innere flache Hand; *handgearbeitet; Handgebrauch:* durch Handlichkeit bequemer Gebrauch; *handgebunden* Ew.: (Buch) mit der Hand eingebunden; *Handgeld:* angezahltes Geld : Pfand; *Handgelenk; handgemein werden:* in unmittelbarster Nähe miteinander kämpfen; *Handgemenge:* Nahkampf; *Handgepäck:* in der Hand zu tragendes Gepäck; *handgerecht* Ew.: handlich; *handgeschrieben; handgewebt* Ew.: mit der Hand gewebt; *Handgranate:* mit der Hand zu werfende Granate; *handgreiflich* Ew.: sehr deutlich : in tätlicher Auseinandersetzung; *Handgriff:* das Greifen mit der Hand : durch Übung erlangte Fertigkeit und Geschicklichkeit : Handhabe : der zum Halten eingerichtete Teil von etwas; *handgroß* Ew.; *Handhabe:* Griff zum Halten : Hilfe : Möglichkeit; *handhaben* (du handhabst; du handhabtest; gehandhabt; zu –) tr.: ein Werkzeug gebrauchen, anwenden ✳ **Hand|ha|bung,** die; –, –en: Gebrauch : Behandlungsweise; *das Hand-in-Hand-Arbeiten; Hand-in-Hand-Gehen; im Handkehrum:* im Handumdrehen; *Handkoffer; Handkorb:* in der Hand zu tragender Korb : Degen-, Rapiergefäß zum Schutz der Hand; *Handkuß* → *Handkuss; handlang* Ew.: so lang wie eine Hand; *Handlanger:* untergeordneter Hilfsarbeiter; *Handleserin:* Frau, die aus den Handlinien Charakter und Zukunft einer Person deutet; *Handleuchter; Handlexikon; handlich; Handlichkeit; Handmalerei; Handorgel:* (schweiz.: Ziehharmonika); *Hand-out* auch: *Handout* (e.): Handzettel : ver-

teiltes Manuskript; *Handpferd:* mit- oder nachgeführtes Ersatzpferd : Pferd rechts vom Sattelpferd; *Handpflege; Handpuppe; Handreichung:* Hilfe, Beistand; *Handrücken; Handsatz:* der Hand im Winkelhaken gesetzter Drucksatz; *Handschaufel; Handschelle:* Fessel; *Handschlag:* das Einschlagen in jemandes Hand bei Gelöbnissen, Abschluss eines Vertrages, Handels usw.; *Handschreiben:* persönliches Schreiben einer hoch gestellten Persönlichkeit; *Handschrift:* Art der Schriftzüge des Schreibenden : schriftliche Urkunde : mit der Hand geschriebenes Manuskript; *Handschriftendeutung:* deutsches Wort für Grafologie; *Handschriftenkunde:* deutsches Wort für Paläographie; *handschriftlich* Ew.: mit der Hand geschrieben; *Handschuh; handsigniert; Handspiegel; Handstand:* das Stehen auf den Händen; *Handsteuerung:* mit der Hand bewegte Steuerung; *Handstreich:* (mundartl.) Handschlag : kühnes, rasches, auf Überrumpelung abgesehenes Unternehmen; *Handstuhl:* mit der Hand bewegter Webstuhl; *Handtasche; Handteller:* Handinnenfläche; *Handtrommel:* Tamburin; *Handtuch:* Tuch zum Trocknen der Hände, des Körpers; *im Handumdrehen:* im Nu; *Handverkauf:* Verkauf nach dem nur durch die Hand geprüften Gewicht : Einzelverkauf; *Handvogel:* Beizvogel : ein Schmetterling; *Handvoll* → *Hand voll,* die: so viel, wie eine Hand halten kann *(eine, zwei Handvoll* → *Hand voll; die Hand voll Geld haben); Handwagen:* mit der Hand gezogener Wagen; *Handwäsche:* Pelzwäsche der Schafe mit der Hand; *Handwerk:* Werk der Hand : Kleingewerbe : Gesamtheit der Meister : deren zunftmäßige Versammlung oder ihre Vertretung; *Handwerker:* Handwerksmann; *handwerklich* Ew.: handwerksmäßig; *Handwerksbetrieb; –bursche; –geselle; –kammer; –meister;*

–zeug; Handwurzel: Teil der Hand am Knöchel; *Handzeichen:* Schriftzeichen als Unterschrift; *Handzeichnung:* Zeichnung aus freier Hand; *Handzettel* ✶ Händedruck: gegenseitiges Drücken der Hände als Gruß, Freundschaftszeichen usw.; *Händeklatschen; Händeringen,* das; *–s* Ringen der Hände, Gebärde der Verzweiflung; *Händewaschen,* das; *–s* ✶ ..hän|dig Ew. in Zus.: Hand, Hände habend; z. B. feinhändig : zweihändig ✶ hand|lich Ew.: handgerecht, bequem zu handhaben oder zu behandeln : ziemlich, mäßig : (schweiz.) tüchtig, rüstig : (schweiz.) flink, unruhig : (schweiz.) leutselig, freundlich : handgreiflich ✶ Hand|lung (e.) [händling], das; –s: Vorgehensweise ✶ hand|sam Ew.: handlich; vgl. Handel, Handlung

Han|del, der; –s, Händel : Vorgang, Geschichte : Streitsache : (meist Mz.) Zwist, Streit : Geschäft zwischen Käufer und Verkäufer : Geschäftsverkehr : Verkehr ✶ *Handel treiben:* kaufmännische Geschäfte machen ✶ *handeltreibend → Handel treibend* Ew. ✶ *Handelsabkommen; Handelsartikel; Handelsattaché:* wirtschaftlicher Berater eines Gesandten oder Botschafters; *Handelsbank; Handelsbeschränkung:* Beschränkung der Wareneinfuhr durch Schutzzölle; *Handelsbeziehungen; Handelsbilanz; handelseinig* Ew.; *Handelsembargo; Handelsflotte; Handelsfreiheit; Handelsgericht; Handelsgesellschaft; Handelsgesetz; Handelsgesetzbuch; Handelshafen; Handelshaus:* wohlbegründetes, großes (erbliches) Geschäft; *Handelshochschule; Handelskammer:* Gesamtheit der Vertreter des Handels; *Handelslehrer; Handelsmann:* ein Handeltreibender, Hausierer; *Handelsmarine; Handelsminister; Handelsorganisation; Handelsplatz; Handelspolitik; Handelsrecht; Handelsregister; Handelsreisender; Handelsschiff; Handelsschule; Handelsspanne; Handelssperre; Handelssprache:* im internationalen Handel vorwiegend gesprochene Sprache; *Handelsstand; Handelsstraße; handelsüblich, Handelsunternehmung; Handelsverbot; Handelsverkehr; Handelsvertrag; Handelsvertreter:* Agent; *Handelsvolumen; Handelsware; Handelsweg; Handelszweig* ✶ Händelsucht: Streitsucht; *Händelstifter:* Anstifter von Streitigkeiten ✶ han|deln tr.: (veralt.) feilschend kaufen; intr.: in angegebener Weise verfahren: Kraft tätig äußern: (über etwas –) etwas zum Gegenstand der Untersuchung machen, um zu einem Ergebnis oder zu einer Einigung zu gelangen : feilschen, markten : Handel treiben; rbz., unp.: in Frage, auf dem Spiel stehen ✶ *es handelt sich um dies* ✶ Han|del|schaft, die; –: Gesamtheit der Handeltreibenden eines Ortes, Landes : Handelsstand : Tauschhandel, Machenschaft ✶ Händ|ler, der; –, –: Handelsmann ✶ Händ|ling, der; –s, –e: (elsäss.) händelsüchtiger Mensch ✶ Hand|lung, die; –, –en: Handel treiben : Anstalt zum Geschäftsbetrieb : Geschäft : das Tun, die Tat : das durch Tun Bewirkte : (Dichtkst.) Reihe von aufeinander folgenden Veränderungen, die aus der Tätigkeit mit Absicht wirkender Wesen hervorgehen : (veralt.) (Bühnenw.) Aufzug ✶ hand|lungs|fä|hig Ew.: in der Lage zu handeln ✶ Hand|lungs|fä|hig|keit, die; –, –en ✶ *Handlungsart; Handlungsablauf; Handlungsbedarf; Handlungsbevollmächtigter; Handlungsfreiheit; Handlungsreisender; Handlungsspielraum; handlungsunfähig; Handlungsvollmacht; Handlungsweise*

Han|di|kap *auch:* Han|di|cap (e.) [händikäp], das; –s, –s: Benachteiligung: (Sport) Ausgleichrennen, Vorgabe gegenüber benachteiligten Teilnehmern ✶ han|di|ka|pen *auch:* han|di|ca|pen (gehandikapt) (e.-dtsch.) tr.: (Sport) ausgleichen : aufhalten, hemmen : benachteiligen ✶ Han|di|kap|per *auch:* Han|di|cap|per, der; –s, –: Ausgleicher, Unparteiischer

Han|dy (e.), das; –s, –s: Funktelefon ohne Schnur

ha|ne|bü|chen Ew.: knorrig wie ein Stock der Hagebuche : (übertr.) grob : unerhört

Hanf, der; –(e)s: einjährige Faserpflanze : Name von Pflanzen mit ähnlichem Bast : bis aufs Spinnen zubereiteter Bast : Same der Hanfpflanze ✶ *Hanfbau; Hanffeld; Hanfgarn; Hanfkorn; Hanfleinen; Hanföl:* Öl aus Hanfsamen; *Hanfpflanze; Hanfsamen; Hanfseil:* aus Hanffasern gedrehtes Seil ✶ han|fen, hän|fen Ew.: aus Hanfbast gefertigt ✶ Hän|fling, der; –s, –e: ein Singvogel : männl. Hanf

Hang, der; –(e)s, Hänge: das Hangen : starke innere Neigung : Abhang ✶ *hangabwärts; Hanglage* ✶ han|geln (ich ..[e]le) intr. (haben, sein): (Turnkst.) sich im Hang fortbewegen ✶ han|gen (du hängst, er hängt; du hing[e]st, er hing; du hingest; gehangen; hang[e]!): (dichter.) schweben ✶ *hangen und bangen:* in Ungewissheit schweben ✶ Hang|en|de, das; –s, –n: (bergm.) die über einem Erzlager befindlichen Schichten ✶ hän|gen (du hängst, du hängtest, gehängt) tr.: befestigen : aufhängen; (du hängst, du hingst, gehangen) intr.: schwebend an einer Stelle befestigt sein : baumeln ✶ *an die große Glocke hängen:* kein Geheimnis daraus machen, ausposaunen; *die Flügel hängenlassen → die Flügel hängen lassen:* mutlos sein, erlahmen; *hängenlassen → hängen lassen:* gleichgültig sein : bummeln, schlampen : (Umgspr.) jmd. im Stich lassen ✶ *hängenbleiben → hängen bleiben* (ich bleibe hängen; hängen geblieben; hängen zu bleiben) intr. (sein): hangen bleiben : (übertr.) in der Erinnerung bleiben ✶ *Hängebacken; Hängebahn; Hängebank:* an der Wand befestigte Bank zum Aufklappen; *Hängebauch; Hängeboden:* Boden in halber Zimmerhöhe (bes. in Küchen und Badezimmern der Großstädte); *Hängebrücke:* Kettenbrücke; *Hängebusen:* herabhängende weibliche Brust;

Hängelampe; Hängematte:
hängendes Lager oder Bett,
bes. im Schiff; *Hängepartie;*
Hängeschloß → Hängeschloss:
Vorlegeschloss; *Hänge-*
schrank; Hängeweide: Trauer-
weide * **Hän|ger,** der; –s, –:
lose hängendes Kleid (bes. für
kleine Mädchen) : (Umgspr.)
Fahrzeuganhänger * **hän|gig**
Ew.: abschüssig : (Rechtsstreit)
schwebend * **Häng|sel,** das;
der; –s, –: zum An- und Aufhängen Dienendes (bes. Band
am Kragen von Kleidungsstücken)

hängen lassen
Die Verbindung zweier Verben
wird getrennt geschrieben,
wenn das erste im Infinitiv
steht: *hängen lassen; hängen*
bleiben; kennen lernen; sitzen
bleiben; spazieren gehen.
Han|gar (pers.-fr.), der; –s, –s:
Schutzdach : Flugzeugschup-
pen

Han|no|ver: niedersächs.
Hauptstadt * **Han|no|ve|ra-**
ner: Bewohner von Hannover
* **han|no|ve|risch** Ew.

Hans: männl. Vorname : Bezeichnung einer lächerlichen
Person * *Hans im Glück;*
Hansdampf in allen Gassen;
Hans Guckindieluft; Hans-
narr; Hanswurst: lustige Person des deutschen Lustspiels;
Hanswurstiade: Streich; *der*
Blanke Hans: (norddt.) raue See
Han|sa, Han|se, die; –, ..sen:
„Genossenschaft", im 13. Jh.
unter Lübecks Vorsitz begrün-
deter Handelsbund * **Han-**
se|at, der; –en, –en: Hanse-
städter * *Hanseatengeist; Hans-*
seatin; Hansebund; Hanse-
kogge; Hansestadt * **han-**
se|a|tisch, han|sisch Ew.: die
Hanse betreffend * **hän-seln**
(ich ..[e]le) tr.: (veralt.) „einen
in eine Genossenschaft (Hanse)
neu Eintretenden foppen" :
foppen, necken; intr., rbz.: sich
hin und her bewegen *
Hän|se|lei, die; –, –en * *Han-*
selmann: Stehaufmännchen
Han|som (e.) [hänßöm], der;
–s, –s: zweirädrige englische
Droschke
Han|tel, die; –, –n: (Turnkst.)
Gerät zur Stärkung der Arm-
muskeln * **han|teln** (ich
..[e]le) intr.: mit der Hantel

Übungen machen
han|tie|ren (..iert) (fr.) intr., tr.:
geschäftig sein : ein Gewerbe,
einen Handel, sein Wesen treiben : wirtschaften : handhaben
* **Han|tie|rung,** die; –, –en: das
Handhaben : Gewerbe
han|tig Ew.: (östr.) scharf : bit-
ter : zickig : unwillig
Ha|pax|le|go|me|non (gr.),
das; –, ..na: nur einmal vorkommendes Wort (in der Literatur, in einem Text) *
hap|lo|id Ew.: (Med.) beste-
hend aus einem einfachen
Chromosomensatz * **Hap|lo-**
lo|gie, die; –, ..gien: einfache
Aussprache von zwei aufeinander folgenden gleichen Lauten
oder Silben
ha|pe|rig Ew.: stockend, stöck-
rig * **ha|pern** (ich hap[e]re)
intr., meist unp.: mangeln :
nicht vonstatten gehen
Ha|plo|lo|gie: s. Hapaxlego-
menon
Hap|pen, der; –s, –; Häppchen:
Bissen * **hap|pen** intr.:
(nordd.) mit dem Munde
schnappen * **hap|pig** Ew.:
(veralt.) zugreifend, gierig :
(übertr.) zu stark, zu groß
Hap|pe|ning (e.) [häppening],
das; –s, –s: spontane oder im-
provisierte öffentliche Veranstaltung, die als Kunstereignis
mit überraschender oder scho-
ckierender Wirkung betrachtet
werden kann
hap|py (e.) [häppi] Ew.: (Umg-
spr.) froh : glücklich * **Happ-**
py|end *auch:* **Hap|py End** (e.)
[häppi end]: glückliches Ende :
guter Ausgang
hap|tisch (gr.-dtsch.) Ew.: den
Tastsinn betreffend
Ha|ra|ki|ri (chin.-jap.), das;
–(s): ritueller Selbstmord durch
Bauchaufschlitzen in Japan
ha|ran|gie|ren (..iert) (fr.) intr.:
eine Ansprache halten : langweilig reden
Ha|raß → Ha|rass, der; ..ras-
ses, ..rasse: „Glaskorb", Kiste
zum Verpacken von Glas oder
Porzellan
Här|chen: s. Haar
Hard|co|ver *auch:* **Hard**
Co|ver (e.) [hartkawer], das;
–s, –: fest eingebundenes Buch
* *Hardcovereinband auch:*
Hard-Cover-Einband
Har|de, die; –, –n: (im Nord-

friesischen) Verwaltungsbezirk von mehreren Dörfern *
Har|des|vogt, der; –s, ..vögte:
Amtmann einer Harde
Hard|li|ner (e.) [hardleiner],
der; –s, –: Anhänger einer
strengen Bewertung
Hard|rock *auch:* **Hard Rock**
(e.) [hardrock], der; –s: kräftige
Rockmusik, die durch einfache
Rhythmen und Harmonien gekennzeichnet ist
Hard|stuff *auch:* Hard Stuff
(e.) [hardstaf], der; –, –s: starkes Rauschgift (z. B. Heroin,
LSD)
Hardt: Teil der Schwäb. Alb;
vgl. Haardt
Hard|top (e.) [haʳdtop], das;
der; –s, –s: abnehmbares, nicht
faltbares Verdeck von Kraftwagen (bes. Sportwagen)
Hard|ware (e.) [haʳdwäʳ], die;
–, –s: (EDV) die apparativen
Bestandteile der Anlage in der
Datenverarbeitung
Ha|rem (türk.), der; –s, –s:
„das Verbotene", Frauenge-
mach * *Haremsdame; Harems-*
wächter
hä|ren: s. Haar
Hä|re|sie, die; –, ..sien: Ketze-
rei * **Hä|re|ti|ker,** der; –s, –:
Ketzer * **hä|re|tisch** Ew.: ket-
zerisch
Har|fe, die; –, –n: uraltes Sai-
teninstrument : etwas von ähnlicher Gestalt, z. B. eine Korn-
fege : eine Art Fisch * *Harfen-*
klang; Harfensaite; Harfen-
schlüssel: Stimmschlüssel der
Harfe; *Harfenspiel* * **har|fen**
intr.: Harfe spielen; tr.: mit der
Harfe sieben * **Har|fe|nist,** der;
–en, –en; **Har|fe|nis|tin,** die; –,
–nen: Harfenspieler(in) *
Harf|ner, der; –s, –; **Harf-**
ne|rin, die; –, –nen: Harfen-
spieler(in) : Sänger(in), Dich-
ter(in)
hä|rig Ew.: haarig; s. Haar
Har|ke, die; –, –n: (nordd.) Re-
chen, Gartengerät : ähnliches
Gerät * **har|ken** tr.: mit der
Harke (be-)arbeiten, rechen
Har|le|kin (it.), der; –s, –e:
Hanswurst : eine Clownfigur
im italienischen Lustspiel *
Harlekinade: Hanswurstiade,
Possenreißerei
Harm, der; –(e)s: (veralt.)
Leid, anhaltender Gram *
här|men rbz.: Harmempfin-

den, sich grämen; tr.: einem Harm zufügen : betrüben, Unrecht, Leid bringen ✳ **harm|los** Ew.: ohne Harm : bieder : leichtgläubig ✳ **Harm|lo|sig|keit,** die; –, -.ken ✳ **Har|mo|nie** (gr.), die; –, ..nien: Einklang, Eintracht, Übereinstimmung ✳ *Harmonielehre:* (Mus.) Lehre von Aufbau, Beziehungen und Gesetzen der Töne und ihrer Zusammenklänge ✳ **har|mo|nie|ren** (..iert) intr.: einig sein : übereinstimmen ✳ **Har|mo|nik,** die; –: Wohlklanglehre, Lehre von den Verhältnissen der Töne ✳ **Har|mo|ni|ka,** die; –, ..ken und –s: ein Musikinstrument ✳ **har|mo|nisch** Ew.: zusammenklingend, wohllautend, übereinstimmend ✳ **har|mo|ni|sie|ren** (..iert) tr.: in Einklang bringen, stehen ✳ **Har|mo|ni|um,** das; –s, –s (und ..nien): Zimmerorgel

Harn, der; –(e)s: flüssige Ausscheidung des Körpers, Urin ✳ *Harnblase; Harndrang; Harnleiter:* Harngang; *Harnmittel:* harntreibendes Mittel; *Harnorgane; Harnröhre:* Ausführungsgang der Harnblase; *Harnruhr:* Diabetes; *Harnsäure; harntreibend* Mw. Ew.; *Harnvergiftung; Harnwege; Harnzwang* ✳ **har|nen** intr.: den Harn lassen

Har|nisch (kelt.), der; –es, –e: Brustpanzer ✳ *in Harnisch geraten* intr.: in Zorn geraten ✳ *jemanden in Harnisch bringen:* erzürnen

Harp|si|chord (gr.), das; –s, –e: Cembalo : Klavizimbel

Har|pu|ne (e.), die; –, –n: Wurfspieß mit Widerhaken ✳ **Har|pu|nier, Har|pu|nie|rer,** der; –s, –: Spießwerfer : (bes.) Walfänger ✳ **har|pu|nie|ren** (..iert) tr.: mit dem Wurfhaken fangen

Har|py|ie, die; –, –n: raubgierige Unholdin der griech. Sage : südam. Adler

har|ren intr.: warten, in Erwartung : nicht weichen : (veralt.) zögern, zaudern

ha|rooh Ew.: hart und rau : vereist ✳ **Harsch,** der; –s: zu Eis gefrorener Schnee ✳ **har|schen** intr. (sein, haben): harsch werden, sein, machen : vereisen **Harst,** der; –es, –e: (schweiz.)

Kriegshaufe, -schar : Heerhaufen

hart Ew. (härter, härtest): dem Eindringen eines anderen Körpers widerstehend, nicht weich : schwer, drückend : bedrängt, unangenehm : (Wetter) anhaltend kalt und rau : nicht verzärtelt, nicht weichlich : ohne Mitgefühl oder Mitleid : nicht zu rühren : üblen Einflüssen mit Festigkeit widerstehend : anmutslos, schroff : (Wasser) kalkige Bestandteile enthaltend : (Wein) säuerlich : (Puls) gespannt : (Geld) geprägt, gesichert : (Sprachlaute) ohne Schwingen der Stimmbänder gesprochen ✳ *Hartbrandziegel; Hartfaser:* aus Blättern tropischer Pflanzen gewonnene Faser für grobe Gewebe; *Hartfaserplatte; Hartgeld; hartgesotten; Hartgummi; hartherzig* Ew.: streng : lieblos; *Hartzigkeit; Hartheu:* Kräuter- oder Halbsträucherart; *Hartholz; harthörig* Ew.: schwerhörig; *hartköpfig* Ew.: schwer beeinflussbar : schwer lernend; *hartleibig* Ew.: harten Stuhlgang habend; *hartlöten* Ew.; *hartmäulig* Ew.: (Pferd) im Maul unempfindlich; *Hartmetalle; hartnäckig* Ew.: „einen harten Nacken habend", unnachgiebig; *Hartriegel,* der; –s, –: eine Pflanze; *hartrindig; hartschälig; hartschlächtig* Ew.: von harter Art ✳ **Här|te,** die; –, –n: das Hartsein : etwas Hartes ✳ **här|ten** tr.: hart machen, eine größere Widerstandsfähigkeit geben; rbz., intr. (sein): hart werden ✳ *Härteausgleich; Härtefall; Härtegrad; Härteofen:* Ofen zum Härten von Stahl; *Härteparagraph auch: Härteparagraf; Härteprüfung; Härteskala* ✳ **Härt|ling,** der; –s, –e: eine Apfelsorte : eine Pfirsichsorte : herbe Traube : harte, das Zinn spröde machende Schlacke ✳ **Här|tung,** der; –s, –e: alter deutscher Name für Januar ✳ **Här|tung,** die; –, –en: das Härten

Hart|oo|hier (it.), der; s, e: Bogenschütze, fürstl. Leibwächter [it. arciere zu arco Bogen]

Ha|ru|s|pex (l.), der; –, –e und ..spizes: „Eingeweidebe-

schauer", Wahrsager ✳ **Ha|ru|s|pi|zi|um,** das; –s, ..zien: Wahrsagung aus den Eingeweiden der Opfertiere

Har|vard|u|ni|ver|si|tät [..w..], die; –: berühmteste am. Universität in Cambridge in Massachusetts (mitbegründet von J. Harvard)

Harvardu-niversität
Senkrechte Striche geben die Trennmöglichkeiten an. Das Beispiel zeigt aber, dass davon vernünftiger Gebrauch zu machen ist: *Havardu-* am Zeilenende stört den Lesefluß. Die Trennung ist möglich, aber nicht zu empfehlen.

Harz, das; –es, –e: Nadelbaum- und Pflanzensaft : deutsches Gebirge ✳ *Harzbaum:* Harz liefernder Baum; *Harzfluß →* *Harzfluss:* Gummifluss; *Harzsäure* ✳ **har|zen** tr., intr.: die Harzbäume aufreißen : Harz ausscheiden : Harz abzapfen; tr.: mit Harz bestreichen; intr.: (mundartl.) wie Harz kleben : (übertr.) hapern ✳ **har|zig** Ew.: harzähnlich, -haltig

Har|zer Ew.: aus dem Harzgebirge ✳ *Harzer Käse; Harzer Roller:* Kanarienvogel

Ha|sard (arab.-fr.) [asahr], das; –s: Würfel-, Glücksspiel ✳ *Hasardspiel* ✳ **Ha|sar|deur,** der; –s, –e: Glücksspieler ✳ **ha|sar|die|ren** (..iert) intr.: aufs Spiel setzen : wagen

Hasch, das; –s: (Umgspr.) Haschisch ✳ **ha|schen** (du hasch[e]st) tr., intr.: Bewegendes rasch ergreifen und festhalten : (spielend) zu ergreifen streben : (Umgspr.) Haschisch rauchen ✳ **Ha|scher,** der; –s, –: der Haschende : armer, ohnmächtiger Mensch : (Umgspr.) Haschischraucher ✳ **Ha|sche|rei,** die; –, –en: das Haschen ✳ **Hä|scher,** der; –s, –: Hascher : (bes.) Gerichts-, Polizeidiener, Scherge

Ha|schee (fr.), das; –s, –s: Hackfleisch : Gericht aus gehacktem Fleisch ✳ **ha|schie|ren** (..iert) tr.: hacken : Haschee zubereiten

Ha|schisch (arab.), das; –: Rauschgift aus indischem Hanf

Hasch|mich, der; –: nur in der Wendung: *einen Hasch-*

mich haben: nicht ganz normal sein

Ha|se, der; −n, −n; Häschen: dem Kaninchen ähnliches Nagetier : ein Sternbild am Südhimmel : (übertr.) Feigling : spaßhafter Mensch : Dummkopf * *ein alter Hase:* ein erfahrener Mensch; *ein falscher Hase:* Hackbraten; *da liegt der Hase im Pfeffer:* das ist die Ursache, der Grund * *Hasenbraten; Hasenbrot:* feines Weißbrot : (volkst.) die wieder heimgebrachte Wegzehrung; *Hasenfuß:* Fuß des Hasen : Name von Pflanzen : Feigling; *hasenfüßig; Hasengehege; Hasenherz:* feiges Herz : Feigling; *Hasenhetze; Hasenjagd; Hasenjunges; Hasenklee:* ein Pflanzenname; *Hasenklein:* Hasenpfeffer; *Hasenpanier:* nur in der Wendung: *das Hasenpanier ergreifen:* fliehen; *Hasenpfeffer:* Hasenfleisch mit Pfefferbrühe; *hasenrein* Ew.: (Jagdhund) auf Hasen abgerichtet; *Hasenscharte:* angeborene Spaltung der Oberlippe : eine Pflanze; *Hasenschlaf:* Schlaf mit offenen Augen *
Hä|sin, die; −, −nen: weibliche Hase

Ha|sel, die; −, −n: ein Nüsse tragendes Staudengewächs * *Haselbusch; Haselhuhn:* jagdbares Waldhuhn; *Haselmaus; Haselnuß → Haselnuss:* Frucht der Hasel : Haselstaude; *Haselstaude; Haselwurm:* Blindschleiche * **Has|lin|ger**, der; −s, −s: (ldschftl.) Haselrute

Ha|sel, der; −s, −: Name karpfenartiger Fische

Ha|se|lant (fr.), der; −en, −en: Spaßmacher * **ha|se|lie|ren** (..iert) intr.: Possen treiben : toben : sich töricht benehmen, schäkern [fr. harceler necken] *
Has|lin|ger: s. Hasel(-nuss)

Has|pe, Häs|pe, die; −, −n; Türangel, Angel : das Türband : etwas Ähnliches * **Has|pel**, der; −s −; die; −, −n: Haspe : drehbare Winde : Drehkreuz zur Sperrung von Fußwegen für Wagen : Fördervorrichtung : Trog mit Rührschaufeln : Vorrichtung zum Aufwickeln von Garn auf Spulen : früheres Garnmaß : verdrehte Person * **Has|pe|lei**, die; −, −en: Fahrig-

keit : Verhedderung * **has|pe|lig** Ew.: fahrig, hastig * **has|peln** (ich ..[e]le), **has|pen** tr.: mit einem Haspel aufwinden : (Umgspr.) fahrig reden : stottern

Haß → Hass, der; Hasses: heftige Abneigung und feindliche Gesinnung * *haßerfüllt → hasserfüllt* Ew.; *Haßliebe → Hassliebe; haßverzerrt → hassverzerrt* * **has|sen** (du hassest und hasst; gehasst; hasse!) tr.: Hass gegen etwas, jemand haben * *hassenswert, hassenswürdig* Ew.: wert, dass es gehasst wird * **Has|ser**, der; −s, −: ein Hassender, Feind * **häß|lich → häss|lich** Ew.: (veralt.) verhasst : unangenehm, widrig : unschön * **Häß|lich|keit, → Häss|lich|keit**, die; −, −en: das Hässlichsein : etwas Hässliches, Unschönes, Gemeines

Hast, die; −: Eile aus innerer Aufregung * *hastlos* Ew.: ruhig * **has|ten** intr.: sehr eilig etwas verrichten; rbz.: sich sputen, beeilen; intr.: eilen : hastig sprechen, tun * **has|tig** Ew.: aus innerer Aufregung eilig : auffahrend, überstürzt * **Has|tig|keit**, die; −, −en: das Hastigsein, hastiges Wesen : etwas Hastiges

Hat|schek: s. Háček

Hät|schel|chen, das; −s, −: verzärteltes Kind * **Hät|sche|lei**, die; −, −en: das dauernde Hätscheln * *Hätschelkind* = *hät|scheln* (ich ..[e]le) tr.: liebkosen : mit übertriebener zärtlicher Sorgfalt behandeln : verwöhnen

hat|schen intr.: humpeln : schlurfen

Hat|schi: (Tonwort) Ausruf des Niesens

Hat|schier: s. Hartschier

Hat|trick (e.), der; −s, −s: (Sport) drei Tore, die von einem Spieler in einer Halbzeit erzielt werden

Hatz, die; −, ..tzen: (südd.) Hetzjagd, Hetze : (übertr.) lärmendes Vergnügen * *Hatzleine; Hatzrüde*

Hau, der; −(e)s, −e: (veralt.) Schlag des Hauenden, Hieb : (Forstw.) das Hauen oder Fällen des Holzes im Forst : der Ort für die Holzung * **hau|bar**

Ew.: so beschaffen, dass es gehauen werden kann (bes. Forstw.) * *Haubarkeitsalter* *
Haue, die; −, −n: (südd.) Hacke : Breitbeil : (Umgspr.) Hiebe, Schläge * **hau|en** (du haust; du hiebst und [häufig] hautest; du hiebest; gehauen; hau[e]!) intr.: einen Schlag führen; tr.: schlagen : abhauen, fällen, kleinhauen; rbz.: hauend einen Kampf bestehen * *einen mit dem Stock hauen; einem auf die Hand hauen; einen zum Krüppel hauen:* betrügen; *Bäume hauen:* Bäume fällen; *ein Standbild hauen:* hauend herstellen * *Haudegen:* Kraftmensch : Draufgänger; *Hauhechel:* dorniger Halbstrauch; *Hauklotz; Hauzahn:* Hauer * **Hau|er**, der; −s, −: hauende Person : (weidm.) Keiler : etwas zum Hauen Dienendes, z. B. Eckzahn des Ebers

Hau|be, die; −, −; Häubchen: Kopfbedeckung, bes. für Frauen und Kinder : etwas wie eine Haube Umschließendes : Federbusch auf dem Kopf von Vögeln : den Berggipfel umgebende Wolken : gewölbte Baumwipfel : (Baukst.) Kuppeldach : oberer Teil des Mühlgehäuses an holländ. Windmühlen : bedeckender Teil an Maschinen usw. : oberer Teil der Glocke : haubenförmiges Netz * *Haubenkönig:* Zaunkönig, Vogel; *Haubenlerche:* ein Vogel * *Haubentaucher:* ein Vogel; *unter die Haube bringen:* verheiraten

Hau|bit|ze (tschech.), die; −, −n: Wurfgeschoss, grobes Geschütz

Hauch, der; −(e)s: das Ausstoßen des Atems durch den Mund : ausgestoßener Atem : leises Wehen der Luft : Duft : der hörbare Lauf des Ausatmens : Bezeichnung des Leichtesten, schnell Hinschwindenden * *hauchdünn* Ew.: extrem dünn; *hauchfein* Ew.: fein wie ein Hauch; *Hauchlaut:* (Sprachl.) der durch bloßen Hauch hervorgebrachte Laut „h"; *hauchzart* Ew. * **hau|chen** intr.: einen Hauch ausstoßen; tr.: hauchend ausstoßen, ausgießen : einatmen

(Sprachl.) mit einem Hauch aussprechen : mit einem Hauch beleben ; mit einem Hauch verbreiten * **Hau**|**cher**, der; –s, –: der Hauchende : Hauchlaut
Hau|**de**|**rer**, der; –s, –: (nwd.) Lohnfuhrmann : (übertr.) Zögerer * **hau**|**dern** (ich ..[e]re) intr.: als Hauderer oder mit Hauderern fahren : zögern ; tr., rbz.: vorwärtsschaffen
Haue: s. Hau
Hau|**fe**, der; –s, –n; **Hau**|**fen**, der; –s, –; Häufchen: Menge von zusammenliegenden Dingen : Menge beieinander befindlicher Dinge, Wesen : gedrängte Schar * *in Haufen*: scharenweise; *zuhauf* Uw.: zusammen * *Haufendorf*: unregelmäßig angelegtes Dorf; *haufenweise* Uw.: in Haufen, in Menge(n); *Haufenwolken*; *Haufwerk*: Hauwerk, durch Hauerarbeit losgetrenntes Gestein * **häu**|**feln** (ich ..[e]le tr.: Häuflein machen * **häu**|**fen** tr.: zu einem Haufen machen : in Menge zusammenbringen : aufstapeln; rbz.: sich in Menge ansammeln * **häu**|**fig** Ew.: in Menge vorkommend : oft sich zeigend * **Häu**|**fig**|**keit**, die; –, –en: das häufige Vorkommen * **Häu**|**fung**, die; –, –en: das Häufen : das Gehäufte
Hau|**he**|**chel**, die; –: eine Heilpflanze
Haupt, das; –(e)s, Häupter: Kopf : Sitz des Geistes : (geh. Stil) Leben : hervorragende Persönlichkeit, Führer, Gebieter : etwas Wichtiges, Bedeutsames : Person : (geh. Stil) Kopf größerer Tiere : Stück großes Vieh : hervorragender Teil : oberster Teil von Dingen : (bes. in Zus.) das Wichtigste, Wesentlichste von etwas * *zu Häupten*: am Kopfende; *3 Haupt Rinder* * *Hauptaltar*; *hauptamtlich*; *Hauptaugenmerk*: besondere Aufmerksamkeit; *Hauptbahnhof; hauptberuflich; Hauptbeschäftigung; Hauptbestandteil; Hauptbuch*: wichtigstes Buch, Rechnungsbuch für den Jahresabschluss; *Hauptdarsteller; Haupteingang; Häuptel*: (südd., östr.) Kopf eines Salats o. Ä.; *Haupterbe; Haupteslänge; Hauptfach; Hauptfeldwebel; Haupt-*

figur; Hauptfilm; Hauptgebäude; Hauptgeschäftszeit; Hauptgewinn; Haupthaar; Haupthahn: Absperrvorrichtung einer Rohrleitung; *Hauptmahlzeit; Hauptmann*: Führer : Anführer einer Kompanie; *Hauptmieter; Hauptnenner; Hauptperson*: im Mittelpunkt stehende Person; *Hauptportal; Hauptpostamt; Hauptquartier; Hauptreisezeit; Hauptrolle; Hauptsache*: das Wichtigste; *hauptsächlich* Ew.: die Hauptsache betreffend; Uw.: besonders; *Hauptsaison; Hauptsatz; Hauptschlagader; Hauptschule; Hauptstadt*: Sitz der Regierung eines Landes; *hauptstädtisch* Ew.: die Hauptstadt betreffend; *Hauptstraße; Hauptteil; Hauptthema; Haupt- und Staatsaktion; Hauptverantwortlicher; –verdiener; Hauptverhandlung; Hauptverkehrsstraße; Hauptverkehrszeit; Hauptversammlung*: Generalversammlung; *Hauptverwaltung; Hauptwerk; Hauptwohnsitz; Hauptwort*: wichtigstes Wort; Vd. für Substantiv, Dingwort; *Hauptzeuge* * **Häupt**|**ling**, der; –s, –e: Führer, Anführer * **häupt**|**lings** Uw.: kopfüber * **Häupt**|**ling**|**schaft**, die; –, –en: Würde und Herrschaft eines Häuptlings
hau ruck!: (Tonwort) Anfeuerungsruf * **Hau**|**ruck**, das; –s * *Hauruckverfahren*
Haus, das; ..ses, Häuser; Häuschen: zu Wohn- oder Wirtschaftszwecken errichtetes Bauwerk : Wohnung : Heimat : Hauswesen : gesamte häusliche Einrichtung : Familie : (kfm.) Handelshaus : bleibender Aufenthaltsort : Bau mancher Tiere : (zuw.) Gehäuse : Zeichen des Tierkreises * *zu Hause; nach Hause; von Hause aus*: von Geburt; *von Haus zu Haus*: von einem zum andern * *sein Haus bestellen*: seine letzten Verfügungen treffen; *ein großes Haus führen*: Geselligkeit im Haus pflegen; *altes Haus*: (scherzh.) alter Freund; *ein gelehrtes Haus*: (scherzh.) ein sehr gelehrter Mensch; *öffentliches Haus*: Bordell * *Häuschen*: (verhüll.)

Abort * *aus dem Häuschen sein*: außer sich sein * *Hausangestellte; Hausanzug*: bequemer Anzug für daheim; *Hausapotheke*: Schrank mit Medikamenten für den Hausbedarf; *Hausarbeit; Hausarrest*: Verbot, das Haus zu verlassen; *Hausarzt*: ständiger ärztlicher Berater einer Familie; *Hausaufgaben; hausbacken* Ew.: (Brot) im Hause gebacken, kräftig : (übertr.) derb, altfränkisch; *Hausbar*: Möbelstück mit einem kleinen Vorrat an alkoholischen Getränken; *Hausbau; Hausbesetzer; Hausbesitzer; Hausbesuch*: Besuch des Arztes in der Wohnung; *Hausbewohner; Hausbuch*: Grundbuch : Haushaltungsbuch; *Hausdame*: Haushälterin : Gesellschafterin; *Hausdrache*: (Umgspr.) böse Ehefrau; *Hausdurchsuchung; Hauseigentümer*: Hausbesitzer; *Hausflur*: Hausdiele; *Hausfrau; Hausfreund; Hausfriede*: den Hausbewohnern zukommender Schutz; *Hausfriedensbruch*: (Rechtsspr.) Verletzung des Hausrechts durch unbefugtes Eindringen; *Hausgebrauch; hausgemacht* * **Haus**|**halt**, der; –s, –e: Wirtschaft, Hauswesen * *Haushaltdebatte* * **haus**|**hal**|**ten** *auch:* **Haus** **hal**|**ten** (er haushaltet; hausgehalten, hauszuhalten; halt[e] haus!; er hält Haus, hat Haus gehalten) intr.: gut wirtschaften, sparsam, vorsichtig verfahren * *Haushälterin; haushälterisch, -hältig* Ew.: wirtschaftlich, sparsam; *Haushaltskasse; Haushaltsplan* (Haushaltungsplan): Haushaltsvoranschlag; *Haushaltsschule; Haushaltswaren; Haushaltung*: Haushalt; *Haushaltungsvorstand*: Vorsteher des Haushalts; *Hausherr*: Eigentümer eines Hauses : Haupt der Familie; *haushoch* Ew. * **..häu**|**sig** Ew.: z. B. aushäusig * *hausintern; Hauskatze; Hauslehrer(in); Hausmacherart*: selbstgemachte Art; *Hausmann; Hausmannskost*: gut bürgerliches Essen; *Hausmarke; Hausmeister*: Türwächter : Hausverwalter, Haushofmeister : Mietsmann : Einlieger : Diener : Hausvater;

Hausmittel: Arznei für den Hausbedarf; *Hausmusik; Hausmütterchen; Hausnummer; Hausordnung; Hausrat:* Hausgerät : Möbel; *Hausratversicherung; Hausrecht:* das Recht des freien Schaltens und Waltens in der eigenen Wohnung; *hausschlachten* Ew.: im Hause zubereitet, selbstgeschlachtet; *Hausschlachtung; Hausschlüssel; Hausschuh; Hausschwamm:* holzzerstörender Schwamm oder Pilz; *Haussegen:* Segensspruch über der Tür eines Hauses; *Hausstand:* der Stand jemandes, der ein Haus oder eigenen Herd hat : Haushaltung; *Haussuchung:* polizeiliche Durchsuchung eines Hauses; *Haustier; Haustür; Haustyrann; Hausvater:* Familienvater : Heimleiter; *Hausverbot; Hausverwalter; Hauswart:* Pförtner; *Hauswirt; Hauswirtschaft; Hauswirtschaftsschule; Hauszins:* Miete für ein Haus ∗ **hau|sen** (du hausest und haust) tr.: (veralt.) Wohnung geben; intr.: weilen, seinen Wohnsitz haben : haushalten : häuslich zusammenleben : sparen : sein Wesen oder Unwesen treiben : rumoren, toben ∗ **hau|sie|ren** (..iert) intr.: Waren von Haus zu Haus feilbieten ∗ **Hau|sie|rer,** der; –s, –: Wanderhändler ∗ **häus|lich** Ew.: zum Hause, zum Hauswesen gehörig, darauf bezüglich, ihm gemäß : im Haus seiend oder statthabend : wirtschaftlich, sparsam : viel, gern im Hause lebend ∗ **Häus|lich|keit,** die; –, –en: das Häuslichsein : häusliche Angelegenheit : Hausstand, Wohnung : Zustand des Zusammenlebens der Hausgenossen ∗ **Hau|sung,** die; –, –en: Wohnung

zu Haus(e)
Adverbiale Verbindungen, die die Situation oder die Richtung genauer beschreiben, werden getrennt geschrieben: *nach Haus(e); von zu Haus(e); zu Haus(e); zu Ende; zu Hilfe.* In Österreich und in der Schweiz können derartige Verbindungen mit *Haus* auch zusammengeschrieben werden: *nachhause; von zuhause; zuhause.*

Hau|sen, der; –s, –: ein größerer Störfisch ∗ *Hausenblase:* innere Haut der Schwimmblase des Hausens : daraus bereiteter Fischleim

hau|sie|ren: s. Haus

Haus|man|nit, der; –(e)s, –e: ein Mineral, Manganerz

Haus|sa, der; –(s), –: Angehöriger eines Volkes in Nordwestafrika : Sprache der Haussa

Haus|se (fr.) [hohß'], die; –, –n: Anziehen, Steigen der Kurses der Wertpapiere ∗ **Haus|sier** (fr.) [hoßjeh], der; –s, –s: Börsenspekulant ∗ **haus|sie|ren** intr.: zunehmen im Kurswert

hau|ßen Uw.: (mundartl.) hier außen

Haus|sier: s. Hausse

Haut, die; –, Häute; Häutchen: Schutzdecke des menschlichen und tierischen Körpers : (übertr.) künstl. Umkleidung : die sich über Flüssigkeiten, namentlich durch Verdunstung bildende dünne Decke ∗ *seine Haut zu Markte tragen:* für andere herhalten : etwas riskieren; *aus der Haut fahren:* wütend werden; *mit Haut und Haar:* ganz und gar ∗ *Hautabschürfung; Hautarzt:* Facharzt für Hautkrankheiten; *Hautausschlag; Hautcreme; hauteng* Ew.: dicht am Körper anliegend; *Hautfarbe; Hautfetzen; Hautflügler:* eine Ordnung der Kerbtiere; *hautfreundlich; Hautgewebe; Hautjucken; Hautkrankheit; Hautkrebs; hautnah; Hautpflege; Hautrötung; Hautsalbe; hautschonend; Hauttransplantation* ∗ **häu|ten** tr., rbz.: die Haut abstreifen; tr.: mit einer Haut versehen ∗ **häu|tig** Ew.: mit Haut versehen, hautartig ∗ **Häu|tung,** die; –, –en: Abstreifen der Haut : Vorgang des Häutens

Haute   Coif|fure   →
Haute|coif|fure (fr.) [oht'kofführ'], modische Friseurkunst ∗ **Haute Couture → Haute-couture** [oht'kutühr'], die; –: Pariser tonangebendes Modeschaffen ∗ **Haute|fi|nance** [ohtfinangss'], die; –: Hochfinanz, Geld-, Börsenfürsten ∗ **Haute|lisse** [ohtliss], die; –, –n: (Web.) hochstehende Kette ∗ *Hautelisseweberei:* Hochket-

tenweberei ∗ **Haute|vo|lee** [ohtwoleh], die; –: vornehmste Gesellschaft ∗ **Haut|gout** [ohguh], der; –s: "Hochgeschmack", Wildgeschmack : Anrüchigkeit ∗ **Haut|re|lief** [ohreljäf], das; –s, –s: Hochrelief ∗ **Haut-Sau|ternes** [ohßotern'], der; –: ein südwestfranzösischer Weißwein

Hau|werk: Haufwerk, s. Haufe

Ha|van|na [..wa..]: Hauptstadt von Kuba ∗ **Ha|van|na,** die; –, –s: Zigarre aus Kuba ∗ *Havannazigarre*

Ha|va|rie (fr.-dtsch.), die; –, ..rien: Hafengeld : Schaden, von dem Schiff und Ladung auf einer Seereise betroffen werden ∗ **ha|va|riert** Mw. Ew.: beschädigt, verdorben [arab. arvar Schaden, Mangel] ∗ **Ha|va|rist,** der; –en, –en

Ha|vel: Nebenfluss der Elbe ∗ *Havelland; Havelländischer Kanal; Havel-Oder-Kanal*

Ha|ve|lock (e.) [häw'lock], der; –s und –s: (nach dem Erfinder benannter) Mantel

Ha|waii-In|seln → Hawaii-inseln: nordam. Territorium im Stillen Ozean ∗ *Hawaiigitarre*

Ha|xe: s. Hachse

Ha|zi|en|da (span.) [asshienda], die; –, –s: Meierei, Landgut (bes. in Brasilien)

Hbf (Abk.): Hauptbahnhof

H-Bom|be, die; –, –n: Wasserstoffbombe

H-Dur: s. h

he!, he|da!, Hel|da!: Ausruf zur Erregung der Aufmerksamkeit usw.

Head|hun|ter (e.) [hädhanter], der; –s, –: Vermittler von Führungskräften

Head|line (e.) [hädlein], die; –, –s: Schlagzeile

Hea|ring (e.) [hihring], das; –s, –s: Verhör : öffentliche, parlamentarische Anhörung von Experten

Hea|vi|side|schicht [häwisaid..], die; –: Ionosphäre, Teil der Wasserstoffsphäre (benannt nach dem engl. Physiker Heaviside)

Heavy Me|tal → Hea|vy|me|tal (e.) [häwimätell] das; –s: (Mus.) Stilrichtung des Hardrock, gekennzeichnet von der Sologitarre

He|bam|me, die; –, –n: Geburtshelferin ✱ *Hebammenschwester*

He|be: Jugendgöttin der alten Griechen

He|be, die; –, –n: (Bib.) mit Emporheben dargebrachtes freiwilliges Opfer : Anteil : emporragende Enden eines Kahns ✱ He|bel, der; –s, –: (Techn.) um eine feste Achse drehbarer, starrer Körper ✱ *Hebelarm; Hebelkraft:* Leistung eines Hebels ✱ he|beln (ich ..[e]le) tr.: einen Hebel anwenden : mit dem Hebel in Bewegung setzen ✱ he|ben (du hob[e]st, du höbest; gehoben; hebe!) tr.: emporbewegen : emporbewegend wegschaffen : (Math.) (Größen aus einer Gleichung – usw.) wegschaffen : (Bruch) aufheben : Vorhandenes stärker hervortreten lassen; rbz.: emporsteigen : (Math.) wegfallen, sich ausgleichen ✱ *ein Kind aus der Taufe heben:* Gevatter stehen; *einen heben:* (volkst.) trinken ✱ *gehoben* Mw. Ew.: (übertr.) über dem Gewöhnlichen stehend ✱ *Hebearm; Hebebalken:* Balken an Zugbrücken; *Hebebühne:* (Techn.) Aufzug für Autos und andere schwere Gegenstände; *Hebeleiter:* Hebelatte : Hebewinde; *Hebemagnet:* elektromagnetischer Tragkörper zum Heben eiserner Lasten; *Hebeprahm:* Prahm zum Heben von Schiffen; *Hebepunkt:* Stützpunkt eines Hebels; *Hebeschmaus:* Richtfest; *Hebestelle:* Kassenstelle eines Finanzamts; *Hebewerk:* Aufzug für Schiffe; *Hebewinde* ✱ He|ber, der; –s, –: Röhre zum Heben einer Flüssigkeit ✱ He|bung, die; –, –en: das Heben : das zu Hebende : das Geoder Erhobene : die Erhöhung

He|be|phre|nie (gr.), die; –: Jugendirresein

He|brä|er, der; –s, –: alter Name der Juden ✱ *Hebräerbrief* ✱ He|bra|i|kum, das; –s, ..ka: Examen in der hebräischen Sprache ✱ he|brä|isch Ew.: in hebräischer Sprache ✱ He|brä|isch, das; –n: die hebräische Sprache ✱ He|bra|ist, der; –en, –en: Kenner der hebräischen Sprache ✱ He|bra-

is|tik, die; –: Lehre der hebräischen Kultur und Sprache

He|bri|den Mz.: Inselgruppe Schottlands ✱ **Neue He|bri|den:** Inselgruppe im Stillen Ozean

He|bung, die; –, –en: durch Betonung hervorgehobene Silbe im Vers

He|chel, die; –, –n: Gerät zum Auskämmen von Flachs oder Hanf : (übertr.) spitze, scharfe Rede ✱ He|che|lei, die; –, –en: wiederholtes Hecheln : (übertr.) scharfe Stichelei ✱ he|cheln (ich ..[e]le) tr.: durch die Hechel ziehen : mit hängender Zunge atmen (Hund) : (übertr.) mit spitzen Reden verhöhnen

Hecht, der; –(e)s, –e: ein Raubfisch ✱ *Hechtangel; hechtblau* Ew.; *Hechtrolle:* eine Turnübung; *Hechtsprung:* Turnsprung : Kopfsprung ins Wasser; *Hechtsuppe* ✱ hech|ten intr.: (Umgspr.) mit einem Hechtsprung springen : (übertr.) extrem schnell sein

Heck, das; –(e)s, –e und –s: Hecke, Einfriedung : Eingang : versperrende Vorrichtung : (seem.) äußerer, oberster Teil des Hinterschiffs : Endteil eines Autos, Flugzeugs ✱ *Heckantrieb; Heckfenster; Heckklappe; Heckmotor:* Motor im hinteren Teil des Fahrzeuges; *Heckscheibe; Hecktor:* Gattertür

He|cke, die; –, –n: Einfriedung aus Strauchwerk : Gebüsch ✱ *Heckenbeere:* Stachelbeere; *Heckenrose; Heckenschere:* Schere zum Beschneiden der Gartenhecken; *Heckenschütze:* einer, der aus dem Hinterhalt schießt; *Heckenzaun; Heckicht:* Dickicht aus Hecken ✱ he|ckig Ew.: wie eine Hecke : mit Hecken bewachsen

He|cke, die; –, –n: das Hecken, Zeit des Heckens : der zum Hecken angelegte Ort : die auf einmal ausgeheckten Vögel ✱ he|cken tr.: (Vögel) nistend sich fortpflanzen, Junge erzeugen (mit dem Begriff der raschen und zahlreichen Vermehrung) : (scherzh.) viele Kinder gebären : (übertr.) reichlich wuchernd erzeugen, aussinnen ✱ *Heckmutter:* Frau mit vielen

Kindern; *Heckpfennig, -taler:* eine einzelne, nach Volksaberglauben immer neues Geld hervorbringende Münze

Heck|meck, der; –s: (Umgspr.) übertriebene Aufregung : unnötige Unruhe ✱ *Mach nicht so ein Heckmeck!*

he|da!: Ausruf, um sich oder etwas bemerkbar zu machen

He|de, die; –: (nordd.) Werg, der Abgang beim Schwingen und Hecheln des Flachses und Hanfs ✱ he|den Ew.: aus Hede bestehend

He|de|rich, der; –(e)s, –e: Gundelrebe, Ackersenf, Unkraut

He|do|ni|ker, (gr.), der; –s, –: Anhänger des Hedonismus ✱ He|do|nis|mus, der; –: griech. Lehre, nach der Vergnügen das höchste Gut ist ✱ He|do|nist, der; –en, –en: Hedoniker [gr. hedone Vergnügen]

He|d|schra (arab.), die; –: Auswanderung Mohammeds von Mekka nach Medina (Juli 622 n. Chr.): Beginn der mohammedanischen Zeitrechnung

Heer, das; –(e)s, –e: die bewaffnete Landstreitmacht eines Staates : große Menge lebender oder belebt oder persönlich gedachter Wesen ✱ *Heerbann:* Aufgebot zum Heer : aufgebotenes Heer : Befugnis zum Aufgebot; *Heerfahrt:* Feldzug; *Heerführer; Heerlager; Heerschar; Heerstraße:* Fahrstraße, die breit genug für Heerzüge ist; *Heerwagen:* Kriegswagen : ein Sternbild, Himmelswagen; *Heerwesen:* alles, was mit einem Heer zusammenhängt; *Heerzug:* Feld-, Kriegszug : ziehendes Heer ✱ *Heeresbericht; Heeresdienst; Heeresgruppe; Heeresleitung; Heeresmacht; Heereszug* ✱ hee|ren intr., tr.: mit einem Heer überziehen, verwüsten : verheeren

He|fe, die; –, –n: Gärstoff : Bodensatz einer Flüssigkeit : die niedrigsten, schlechtesten Schichten des Volks ✱ *Hefebrot; Hefekloß; Hefekuchen; Hefepilz; Hefeteig; Hefezopf*

Hef|ner|ker|ze, die; –, –n: Normalkerze, Einheit für Lichtstärke; Abk.: HK

Heft, das; –(e)s, –e: Griff eines

Werkzeugs : zusammengeheftete oder zu heftende Papierbogen zum Schreiben, Drucken ✶ *das Heft in der Hand behalten:* die Führung behalten ✶ **Heftel,** der; das; –s, –; die; –, –n: Haken und Öse an Kleidern (s. Häftel unter Haft) : spangenartige Nadel : Spange, Klammer : Ausläufer, Ranke an Pflanzen : (weidm.) Spannstock, Pflock mit Haken ✶ **hefteln** (ich ..[e]le) tr.: mit Hefteln befestigen ✶ **heften** tr.: haften machen : annageln : mit Hefteln befestigen : mit Stecknadeln stecken : anbinden : mit weiten Stichen (vorläufig) zusammennähen ✶ *Heftfaden:* Nähfaden zum Heften; *Heftklammer; Heftmaschine:* Maschine zum Heften der Druckbogen für den Bucheinband; *Heftpflaster:* aufzuklebendes Pflaster; *Heftzwecke,* die; –, –n: kurzer Nagel : Reißzwecke ✶ **Hefter,** der; –s, –: Aktenordner

heftig Ew.: (eig.) haftend, beharrlich, ausdauernd : ungestüm : jähzornig, auffahrend; Uw.: (Umgspr.) sehr : schlimm ✶ **Heftigkeit,** die; –, –en: das Heftigsein

Hegau: Landschaft am Bodensee

Hege, die; –: Hegung, Aufbewahrung : (weidm.) Schonzeit des Wildes : (weidm.) Pflanzenschonung ✶ *Hegemeister:* (berittener) Forstaufseher, Förster; *Hegesäule:* Grenze eines Jagdgeheges bezeichnende Säule ✶ **Hegeling,** der; –s, –e: Fichtenstämmchen, das zur Umzäunung dienen kann : ein kleiner Weißfisch ✶ **hegen** tr.: (eig.) mit einem Hag als schützender Umzäunung einschließen : für etwas schützende Sorge tragen : (niederd.) sparen : in sich schließen, bewahren ✶ *Hegeschlag:* Schlag, in dem nicht geholzt werden darf; *Hegewald:* Bannwald; *Hegeweide:* Weide, die fürs Viehweiden geschlossene Zeiten hat; *Hegezeit:* Schonzeit des Wildes (auch Fische) ✶ **Heger,** der; –s, –: Hüter : Flurwächter : Aufseher eines Geheges ✶ **Hegering,** das; –s, –e: kleinster Bezirk eines Jagdkreises

hegemonial Ew.: bezüglich des staatlichen Herrschaftsbereichs ✶ **Hegemonie** (gr.), die; –, ..nien: Oberherrschaft (bes. eines Staates über andere) ✶ **hegemonisch** Ew.: die Oberherrschaft innehabend

Hehl, das; –(e)s: das Verheimlichen : Geheimnis ✶ *kein Hehl daraus machen:* nichts verheimlichen ✶ **hehlen** tr., intr.: durch Heimlichkeit der Öffentlichkeit entziehen ✶ **Hehler,** der; –s, –: Diebeshelfer ✶ **Hehlerei,** die; –, –en: Begünstigung von Vergehen oder Verbrechen des eigenen Vorteils wegen

hehr Ew.: erhaben : Ehrfurcht gebietend

heil! Ausruf der Freude usw. ✶ *Heia:* (Kdspr.) Bett ✶ *heida!, heidi!, heisa!, heißa!:* Ausrufe der Freude oder Ermunterung ✶ *heiapopeia!*

Heide, der; –n, –n: (früher) Nichtchrist : Nichtjude : der nicht an einen Gott Glaubende ✶ **Heiden..:** (volkst.) gewaltig, riesig ✶ *Heidenangst:* übergroße Angst; *Heidenarbeit; Heidenchrist:* zum Christentum bekehrter Heide; *Heidengeld:* sehr viel Geld; *Heidenlärm:* sehr großer Lärm; *Heidenschreck:* sehr großer Schreck; *Heidenspaß:* sehr großer Spaß; *Heidenvolk; Heidenzeit* ✶ **Heidentum,** das; –(e)s: Gesamtheit der Heiden : heidnischer Glaube ✶ **Heidin,** die; –, –nen: weibl. Heide ✶ **heidnisch** Ew.: den oder zu den Heiden gehörig : nach Art der Heiden : (Mittelalter) mohammedanisch

Heide, die; –, –n: trockene, unbaute Gegend mit sandigem Boden, auf dem Heidekraut wächst : (Norddtschl.) Nadelwaldung : Wald : Heidekraut ✶ *Heidebusch:* Heidekraut; *Heidehonig:* Honig der Heidebienen; *Heidekorn:* Buchweizen; *Heidekraut:* Heiderose; *Heideland; Heidelbeere:* Rauch aus den Heidebränden; *Heideröschen* ✶ *Heidschnucke:* Schafrasse der Lüneburger Heide

Heidelberg: Universitätsstadt am unteren Neckar

heidi!: s. hei

Heider, der; –s, –: Bewohner der Lüneburger Heide

Heidschnucke: s. Heide

Heiduck (slaw.), der; –en, –en: ungar. (Grenz-)Soldat : Läufer, Bedienter in ungarischer Tracht

Heiermann, der; –s, ..männer: (volkst.) Fünfmarkstück

heikel Ew.: wählerisch, leicht Ekel empfindend : empfindlich, schwer zu behandeln : (übertr.) brenzlich : unsicher

heil Ew.: ganz : unverletzt : von einer Verletzung wiederhergestellt ✶ **Heil,** das; –(e)s: Gesundheit und ihre Herstellung : Zustand des Wohlergehens : Rettung, Befreiung von Verderblichem : ein Gruß, Segenswunsch : das das Heil Bewirkende : Name von Heilpflanzen ✶ *heilbringend* Mw. Ew.; *heillos* Ew.: unheilbar schlimm : ohne Heil der Seele, gottlos : verflucht; Uw.: hochgradig, sehr ✶ *Heilsarmee:* aus der englischen Methodistenkirche hervorgegangene Freikirche, Mitglied der Evangelischen Allianz und des Weltkirchenrats ✶ *Heiland,* der; –(e)s: „Erretter", Bezeichnung Christi ✶ **heilbar** Ew.: so beschaffen, dass es geheilt werden kann ✶ **heilen** intr. (sein): heil werden; tr. (haben): heil machen : (mundartl.) verheilen : kastrieren ✶ *Heilanstalt; Heilbad:* Kurort mit Heilquelle; *Heilerde; Heilerfolg; heilfroh; Heilfürsorge:* unentgeltliche ärztliche Betreuung; *Heilgymnastik; Heilklima:* gesundheitsstärkendes Klima; *Heilkraft; heilkundig* Ew.; *Heilmethode; Heilmittel; Heilmittellehre:* Pharmakologie; *Heilpädagogik; Heilpflanze; Heilpraktiker:* ein die Heilkunde Ausübender ohne Medizinstudium; *Heilquelle; Heilserum:* Impfstoff; *Heilverfahren; Heilwirkung* ✶ **heilig** Ew.: heilbringend, heilsam : sittlich gut : das Heil der Menschen fördernd : göttlich : von göttlichem Geist erfüllt : von Gott herrührend : unverletzlich : fromm bewahrt : hohe Ehrerbietung einflößend : aus hoher Ehrerbietung hervorgegangen; Abk.: hl. ✶ *der heilige Paulus, Franz; das* heilige Abendmahl; die heilige Taufe; der Heilige Abend: Weihnachtsabend; der Heilige Christ; die Heilige Dreifaltigkeit: Gott Vater, Sohn und Heiliger Geist; die Heilige Familie: Familie Christi; die Heilige Jungfrau: Maria; die Heiligen Drei Könige; das Heilige Land: Palästina: das Heilige Römische Reich; die Heilige Schrift: Bibel; die Heilige Stadt: Jerusalem : Rom; der Heilige Vater: der Papst * Heiligabend, der; –s: Weihnachtsabend; heilighalten →, heilig halten; heiligsprechen → heilig sprechen (ich spreche heilig, heilig gesprochen; heilig zu sprechen) tr.: (kath. K.) zum oder zur Heiligen erklären; Heiligsprechung * Hei|li|ge, der; die; –n, –n: (kath. K.) als heilig Verehrte(r) * Heiligenbild; Heiligenschein; Heiligenverehrung; Heiliggeistkirche * hei|li|gen tr.: heilig machen : für heilig erklären : verherrlichen : als unverletzlich feststellen * Hei|lig|keit, die; –, –en: das Heiligsein : das Heilige : Titel für den Papst * Seine Heiligkeit * Hei|lig|tum, das; –(e)s, Heiligtümer: heiliger Ort oder Gegenstand : (Bib.) Tempel : geweihter Ort * heil|sam Ew.: heilbringend : fördernd, nützlich * Hei|lung, die; –, –en: das Heilen * Heilungskraft; Heilungskunst; Heilungsprozeß: Verlauf der Heilung

Heilig
Bei einem sakralen Eigenschaftswort wie heilig gibt es besonders viele feste Fügungen, die großgeschrieben werden: der Heilige Abend, das Heilige Land, der Heilige Vater. Bezeichnet die feste Fügung keinen Eigennamen, wird kleingeschrieben: der heilige Krieg (des Islam).

Heil|bronn: Stadt in Baden-Württemberg

Heim, das; –(e)s, –e: Wohnsitz : Heimat : das Daheim : Wohnstätte für einen bestimmten Personenkreis * Heimabend: geselliger Abend in einem Heim; Heimarbeit: Erwerbsarbeit im Hause; Heimbürgin; (sächs.) Totenfrau; Heimfahrt:

Fahrt nach Hause, in den Heimatort; heimlos Ew.; Heimlose, der; die; –n, –n; Heimkehr: Rückkehr in die Heimat; heimkehren (vgl. heimbringen) intr.: nach Hause zurückkommen; Heimkehrer: aus der Kriegsgefangenschaft Zurückkommender; heimwärts Uw.: nach Hause zu; Heimweh: Sehnsucht nach der Heimat * heim Uw.: zu Hause : nach Hause * heimbringen (ich bringe heim; heimgebracht; heimzubringen) tr.: nach Hause bringen; Heimfall: das Anheimfallen; heimführen (vgl. heimbringen) tr.: als Gattin ins Haus führen; Heimgang: Tod; heimgehen (vgl. heimbringen) tr.: (einem etwas –) vergelten; heimgegangen Mw. Ew.: verstorben; Heimgegangene, der; die; –n, –n: Verstorbene(r); heimgehen (vgl. heimbringen) intr.: nach Hause gehen : sterben; heimholen tr. (vgl. heimbringen); Heimindustrie; Heimkunft; heimleuchten (vgl. heimbringen) intr.: (einem –) (spött.) mit derber Abfertigung nach Hause schicken; Heimreise; Heimschule: Internat; Heimstätte; heimsuchen (vgl. heimbringen) tr.: (südd.) daheim aufsuchen : (Ort –) aufsuchen : sich in unangenehmer Weise geltend machen : strafen; Heimtrainer: Heimübungsgerät zum Ausgleichstraining oder für heilgymnastische Zwecke; Heimtücke, die; –, –: versteckte, verborgene, hinterhältige Tücke; heimtückisch Ew.; Heimweg; heimzahlen (vgl. heimbringen) tr.: (einem etwas –) vergelten; heimzu Uw.: nach Hause zu * Hei|mat, die; –, –en: Geburtsort, -gegend, -land : Elternhaus * Hei|mat, das; –(e)s, –en: (schweiz.) Heimwesen, Hof, Gut * heimatberechtigt Ew.; Heimatberechtigung: Wohnberechtigung; Heimatdichter; Heimaterde; Heimatfilm; Heimathafen; Heimatklänge: Sprachlaute oder Lieder aus der Heimat; Heimatkunde; Heimatkunst; Heimatland; Heimatliebe; heimatlos Ew.; Heimatlose, der, die; –n, –n; Heimatmuseum; Heimatort; Heimatrecht; Heimat-

schutz: Bewahrung der Heimat in ihrer natürlichen und künstlerischen Eigenart; Heimatstaat; Heimatvertriebener: aus seiner Heimat Ausgewiesener * hei|mat|lich Ew.: der Heimat gehörig : wie die Heimat : an die Heimat mahnend * Hei|mat|lich|keit, die; –, –en: das Heimatlichsein : das Heimatliche * Hei|m|chen, das; –s, –: Grille * hei|me|lig Ew.: zum Hause gehörend : nicht fremd, vertraut : traut, traulich * hei|meln (unp.): (schweiz.) anheimeln * hei|misch Ew.: zum Heim gehörig : das Heim bildend : wie ein Heim * heim|lich Ew.: versteckt : geheim * heimlichtun → heimlich tun (heimlich getan, heimlich zu tun) * Hei|m|lich|keit, die; –, –en: das Heimlichsein : die Heimlichtuerei
Hei|mat, Heim|bür|gin: s. Heim

Heim|skring|la (altn.), die; –: Weltkreis, Erdkreis
Heim|trai|ner, Heim|tü|cke, Heim|weg, heim|zahlen: s. heim
Hein: Freund H.: der Tod
Hei|ne, Heinrich: dtsch. Schriftsteller (1797–1856) * die Heinesche Lyrik → die heinesche Lyrik
Hein|zel|männ|chen, das; –s, –: Kobold
Hei|rat, die; –, –en: Verbindung von Mann und Frau zur Ehe * Heiratsalter; Heiratsangelegenheit; Heiratsantrag; Heiratsanzeige; Heiratserlaubnis; heiratsfähig Ew.; Heiratsfähigkeit: Ehemündigkeit * hei|rats|lus|tig Ew.; Heiratsregister: standesamtliches Verzeichnis der Eheschließungen; Heiratsschwindler; Heiratsurkunde; Heiratsversprechen; Heiratsvermittler * hei|ra|ten tr.; intr.: Ehe schließen : erheiraten, durch Heirat erwerben oder erstreben; rbz.: (mundartl.) sich verheiraten
hei|sa, hei|ßa!: Ausruf der Freude, des Frohlockens
hei|schen (du heischest und heischt) tr.: fordern, verlangen, gebieterisch begehren * Heischesatz: (Sprachl.) Begehrsatz

hei|ser (Ew.: Stimme) rauh, unrein, stimmbelegt ✳ **Hei|ser|keit,** die, –; –: das Heisersein
heiß (–est) Ew.: in hohem Grad warm : siedend : glühend : feurig : (übertr.) leidenschaftlich ✳ *heißblütig* Ew.; *Heißblütigkeit:* leidenschaftliches Temperament; *heißfleht → heiß erfleht* Ew.; *heißersehnt → heiß ersehnt* Ew.; *heißgeliebt → heiß geliebt* Ew.; *Heißhunger; Heißlaufen:* überstarke Erwärmung von beweglichen Maschinenteilen; *Heißluftbad:* Heilbehandlung mit trockner Wärme; *Heißluftbehandlung:* Behandlung mit Heißluft zu Heilzwecken; *Heißmangel:* Maschine zum Glätten der Wäsche; *Heißsporn:* Hitzkopf; *heißumstritten → heiß umstritten; Heißwasserspeicher:* Boiler
hei|ßa, hei|ßas|sa: Ausruf der Freude, des Frohlockens
hei|ßen (du heißest und heißt, er heißt; ich hieß, du hießest; geheißen; heiß[e]!) tr.: befehlen : benennen; intr.: einen Namen führen, so genannt werden : bedeuten
hei|ßen (du heißest und heißt, er heißt; du heißtest; geheißt; heiße!) tr.: hissen
Heis|te, die, –, –n: erhöht liegender Gang auf Bauernhöfen
Heis|ter, der, –s, –; die, –, –n: junger Baum : junge Buche
hei|ter Ew. (heit[e]rer, heiterst): (schweiz.) hell : unbewölkt : von ungetrübter Gemütsruhe, froh : frohstimmend : von Frohsinn zeugend ✳ **Hei|te|re, Heit|re,** die, –: Heiterkeit : heitere Himmelsluft ✳ **Hei|ter|keit,** die, –, –en: Fröhlichkeit : heiteres Wesen : frohe Stimmung : Gelächter ✳ **hei|tern** (ich ..[e]re) (selt.) tr.: heiter machen; rbz.: heiter werden; intr.: heiter sein
heiz|bar Ew.: so beschaffen, dass es geheizt werden kann ✳ **hei|zen** (du heizst und heizt) tr.: erwärmen : intr.: (Umgspr.) rasen (mit einem Kraftfahrzeug) ✳ *Heizanlage; Heizapparat; Heizbatterie; Heizbrenner; Heizfläche; Heizgas; Heizkissen:* elektr. Wärmekissen; *Heizkörper:* Wärmespender : Teil der Zentralheizung; *Heiz-*

material; Heizmethode; Heizöl; Heizplatte; Heizsonne. elektr. Wärmespender mit Reflektor; *Heizwert* ✳ **Hei|zung,** die, –, –en: Erwärmung : Heizungsanlage ✳ **Hei|zer,** der, –s, –: der Heizende : Vorrichtung zum Heizen
He|ka|te (gr.): Nacht- und Unterweltsgöttin
He|ka|tom|be, die, –, –n: Opfer von hundert Tieren : erschütternd große Zahl von Opfern
hekt.., hek|to.. (gr.) Zahlwort in Zus.: hundert ✳ **Hek|tar, Hek|tar,** das oder der, –s, –e: Flächenmaß von 100 Ar; Abk.: ha ✳ *3 Hektar gutes Land oder guten Landes; Hektarertrag:* Erntemenge pro Hektar ✳ **Hek|to|gramm,** das; –s, –e: Gewicht von 100 Gramm; Abk.: hg ✳ **Hek|to|graph** *auch:* **Hek|to|graf,** der, –en, –en: Vervielfältigungsgerät für Schriftstücke ✳ **Hek|to|gra|fie, Hek|to|gra|phie** *auch:* die, –, ..phien: Vervielfältigung ✳ **hek|to|gra|phie|ren** *auch:* **hek|to|gra|fie|ren** (..iert) tr.: vervielfältigen ✳ **Hek|to|li|ter,** das; –s, –: 100 Liter; Abk.: hl ✳ **Hek|to|me|ter,** das; –s, –: 100 Meter; Abk.: hm [gr. hekaton hundert]
Hek|tik (gr.), die, –: Schwindsucht : Auszehrung : wirre Umtriebigkeit ✳ **Hek|ti|ker,** der; –s, –: Schwindsüchtiger : Nervösling ✳ **hek|tisch** Ew.: schwindsüchtig : fieberhaft erregt
hek|to..: s. hekt..
Hek|tor (gr.): trojan. Held
He|ku|ba (l.), **He|ka|be** (gr.): Gattin des Priamos
Hel: (nord. Sage) Göttin des Totenreichs; Unterwelt
Hel|an|ca (Warenzeichen), das; –: elastischer Stoff aus Nylon
Held, der, –en, –en: einer, der sich durch Stärke oder Tapferkeit auszeichnet : gefeierte Person : Hauptperson in einer Erzählung, einem Schauspiel, einem Schriftwerk ✳ *Heldenalter:* Zeitalter der Helden; *Heldenbrief:* Heroide, eine Dichtungsgattung; *Heldendarsteller:* Schauspieler, der eine Heldenrolle spielt; *Heldendichtung; Heldenepos; Hel-*

dengedenktag; Heldengestalt; Heldenkraft; Heldenlied: Heldengedicht; *heldenmäßig* Ew.: in der Art eines Helden; *Heldenmut:* heldenhafter Mut; *heldenmütig* Ew.; *Heldenrolle:* Rolle eines Helden im Schauspiel; *Heldensage:* in dichterischer Form überlieferte Taten der Helden eines Volkes; *Heldentat; Heldentod; Heldenzeitalter* ✳ **hel|den|haft** Ew.: wie ein Held ✳ **Hel|den|tum,** das, –s: heldenhaftes Wesen
hel|disch Ew.: heldenhaft ✳ **Hel|din,** die, –, –nen: weibl. Held
Hel|der, der oder das; –s, –: noch nicht eingedeichtes Marschland
He|le|na: (gr. Sage) Tochter des Zeus
He|le|nin, das; –s: Alantkampfer ✳ **He|le|ni|um,** das; –s: Alant
He|le|nit, der; –(e)s, –e: ein Sonnenstein, Adular
hel|fen (du hilfst; du halfst, du hülfest; geholfen; hilf!) intr., rbz.: fördern : nützen, dienen : beistehen sein : unterstützen ✳ *es hilft nichts:* es gibt keinen Ausweg, es muss sein usw.; *es hilft viel, wenig; einem in den Mantel helfen; sich zu helfen wissen:* um Rat nicht verlegen sein ✳ **Hel|fer,** der, –s, –: der Helfende : Beistand ✳ *Helfershelfer:* Helfer, Mitschuldiger ✳ **Hel|fe|rin,** die, –, –nen: weiblicher Helfer; vgl. Hilfe
Hel|go|land: Nordseeinsel ✳ **Hel|go|län|der,** der, –s, –: Bewohner Helgolands ✳ **hel|go|län|disch** Ew.
He|li|and, der; –s: „Heiland", altsächsisches Gedicht des 9. Jh.
He|li|an|the|mum, das; –: Sonnenröschen ✳ **He|li|an|thus,** das; –, ..then: Sonnenblume
He|li|o|chro|mie, die; –, ..mien: fotograf. Darstellung farbiger Lichtbilder ✳ **He|li|o|gnost,** der, –en, –en: Sonnenkundiger : Sonnenanbeter ✳ **He|li|o|graph** *auch:* **He|li|o|graf,** der, –en, –en: astronomisches Fernrohr mit fotografischem Gerät für Aufnahmen von der Sonne : Blinkzeichengerät zur Nachrichtenübermittlung mit Hilfe des Sonnenlich-

tes * He**li**o**gra**phie *auch:*
He**li**o**gra**fie, die; –, ..phien
auch: ..fien: Lehre von der
Sonne als Weltkörper : fotograf. Verfahren zur Herstellung von Tiefdruckplatten : das
Telegraphieren mittels eines
Sonnenspiegels * he**li**o**gra**-
phisch *auch:* he**li**o**gra**-
fisch Ew.: als Lichtdruck *
He**li**o**gra**vüre (gr.-fr.) [..w..],
die; –, –n: durch Heliographie
hergestellte Bilder * He-
lio**la**trie (gr.), die; –: Sonnen-
anbetung * He**li**o**lith**, der;
–(e)s, –en: Sonnenstein, eine
Versteinerung * He**li**o-
plas**tik**, die; –, –en: fotografi-
sche Darstellung von Reliefbil-
dern * He**li**os: gr. Sonnengott
* He**li**os**kop**, das; –s, –e:
Zusatzgerät an Fernrohr zur
Lichtabschwächung bei Sonnenbeobachtungen * He**li**o-
s**tat**, der; –, –en: „Sonnenstel-
ler", optisches Spiegelgerät bei
Sonnenbeobachtungen * He-
lio**the**ra**pie, die; –, ..pien:
Anwendung des Sonnenlichts
zu Heilzwecken * He**li**o**trop**,
das; –s, –e: Sonnenwendstein,
ein Mineral : eine Pflanzengattung : ein Sonnenspiegel zur
Erzeugung von Lichtsignalen *
He**li**o**tro**pis**mus, der; –:
Streben eines Pflanzenteils,
sich zur Sonne oder von der
Sonne weg zu wenden *
he**li**o**zen**t**risch Ew.: auf
den Sonnenmittelpunkt bezüglich * He**li**um, das; –s: ein
chem. Grundstoff : gasförmi-
ges Element; Abk.: He
He-li-o-s-tat
Am griechischen Wortteil *he-
lio-* (Sonnen-) lässt sich die
Vielfalt der Trennmöglichkeiten studieren, die durch die
Sprechsilbenregelung entstanden ist. Neben der fachsprachlich weiter bevorzugten Trennungen nach der Wortherkunft
he-lio- ist die Zäsur nach *heli-
möglich. Beim Wort *Heliostat*
kommt noch die Trennmög-
lichkeit zwischen *s* und *t* hinzu,
obwohl das *s* zum zweiten
Wortteil gehört.
He**li**ko**ide** (gr.), die; –, –n:
Schneckenlinie * He**li**ko-
me**trie**, die; –, ..trien: Lehre
von den Schnecken- und
Schraubenlinien * He**li**kon,

das; –s, –s: ein großes Blechblasinstrument * He**li**kon,
der; –s: Gebirge in Böotien,
Griechenland : (im Altertum)
Sitz der Musen * He**li**kop**ter,
der; –s, –: Hubschrauber *
He**li**port (am.), der; –s, –s:
Landeplatz für Hubschrauber *
He**li**-skiing → He**li**skiing
(e), das; –s: Ski-Abfahrt nach
Absetzen durch einen Hub-
schrauber * He**li**zit, der; –en,
–en: versteinerte Schnirkel-
schnecke : Pfennigstein [gr. he-
lix Schneckenlinie]
He**li**o**chro**mie usw.: s. Heli-
anthemum
He**li**zit: s. Helikoide
Hel**ko**se, Hel**ko**sis (gr.), die;
–, ..kosen: Eiterung *
hel**ko**tisch Ew.: ziehend : Ge-
schwüre bewirkend
hell Ew.: (Mus.) klangvoll :
(Farbe) viel Licht zurückwer-
fend, stark leuchtend : heiter,
klar, licht * *hellauf* Uw. in
Wendungen wie: *hellauf lachen* intr.: fröhlich lachen,
aber: *hell auflachen* intr.: plötzlich laut lachen; *helläugig* Ew.:
hellfarbige Augen habend :
klaren Geistesblick habend;
hellblau Ew.; *hellblickend* →
hell blickend Mw. Ew.; *hell-
blond* Ew.; *hellbraun* Ew.; *hell-
dunkel* Ew.: dämmernd; *Hell-
dunkel, das;* –s: (Mal.) Däm-
merigkeit; *hellfarbig* Ew.; *hell-
gelb* Ew.; *hellgrau* Ew.; *hell-
grün* Ew.; *hellhörig* Ew.: gut
hörend : sehr schalldurchlässig
: aufmerksam geworden; *hell-
leuchtend* → *hell leuchtend,*
aber: *hellicht* → *helllicht;* *helllila* → *helllila,* aber: *hellodernd*
→ *hell lodernd; Hellsehen,*
das; –s: das Sehen von Verbor-
genem, Künftigem; *Hellseher;
Hellseherei; hellsichtig* Ew.:
scharfsichtig; *hellwach* Ew. *
Hel**le**, die; –: das Hellsein *
Hel**le**, das; –n, –n: ein Glas
helles Bier * hel**len** Ew.: pfiffig, klug * hel**len** tr., rbz.:
(dichter. für) erhellen : hell
werden * Hel**l**heit, die; –:
Helle * Hel**lig**keit, die; –,
–en: das Hellsein : Lichtfülle *
*Helligkeitsgrad; Helligkeits-
wert:* Stärke der Helligkeit
Hel**las:** Griechenland *
Hel**le**ne, der; –n, –n: Grieche
* Hel**le**nin, die; –, –nen: Grie-

chin * hel**le**nisch Ew.: griechisch * hel**le**ni**sie**ren
(..iert) tr.: griechisch machen *
Hel**le**nis**mus, der; –: die Eigentümlichkeit griechischer
Sprache und Literatur *
Hel**le**nist, der; –en, –en: Kenner des Altgriechischen *
hel**le**nis**tisch Ew.: das nach-
klassische Griechentum bezeichnend
Hel**le**: s. hell
Hel**le**bar**de, die; –, –n: Stoßwaffe
Hel**le**gatt, Hell**gat das; –(e)s,
–s: (seem.) Aufbewahrungs-
raum
hel**len**: s. hell
Hel**ler, der; –s, –: östr. Kupfermünze : tschech. Münze : alter
deutscher Pfennig, erst Silber-,
dann Kupfermünze
Hel**les**pont (gr.), der; –(e)s:
Straße der Dardanellen
Hel**ling, der; –s, –e; die; –, –n: und
Helligen: schräge Bau-
und Ablaufstelle für Schiffe;
vgl. Helge
Hell**weg:** fruchtbare Landschaft in Westfalen : Landstraße
Helm, der; das; –(e)s, –e: Stiel
: Ruderpinne : Steuerruder *
hel**men** tr.: mit einem Stiel
versehen
Helm, der; –(e)s, –e: metallene
Kopfbedeckung als Schutz : etwas Schirmendes : ein Helm-
bewaffneter : etwas Helmför-
miges * *Helmbiene:* Drohne;
Helmbusch: Federbusch auf
Helmen; *Helmdach:* Kuppeldach; *Helmschieber:* Visier;
Helmzimier: Schmuck oben
auf dem Helm * hel**men** tr.:
mit einem Helm versehen
Hel**min**the (gr.), die; –, –n:
Eingeweidewurm * Hel**min**-
thi**a**sis, die; –: Wurmkrank-
heit * Hel**min**tho**lith**, der;
–(e)s und –en, –e(n): Wurm-
stein
Helm**stedt:** Stadt in Niedersachsen
He**lot(e), der; –..ten, ..ten:
Staatssklave in Sparta *
he**lo**tisch Ew.: sklavisch *
He**lo**tis**mus, der; –: Unter-
drückungssucht, Sklaverei
Hel**sing**fors: schwed. Name
für Helsinki * Hel**sin**ki:
Hauptstadt Finnlands
Hel**ve**tien (l.) [..w..]:

Schweiz * **Hel|ve|ti|er,** der; –s, –: Schweizer * **hel|ve|tisch** Ew.: schweizerisch
hem, hm!: Ausruf bei Überlegung, Stocken usw.; vgl. hm, hum
Hemd, das; –(e)s, –en; **Hem|de,** das; –s, –n: (im Altertum) Untergewand der höheren Stände : Leibwäschestück * **Hemdbluse; –hose; –kragen** * **hemd(s)ärmlig** Ew.: in Hemdsärmeln, d. h. ohne Überjacke (von Männern) * **Hemdenknopf; Hemdenmatz,** der; kleines Kind im Hemd
Hel|me|ro|se (gr.), die; –, –n: Zähmung : Veredlung : Selbstbeherrschung
hel|mi.. (gr.) Zahlw. in Zus.: halb., einseitig.. * **Hel|mi|anthrop,** der; –en, –en: Halbmensch * **hel|mi|el|drisch** Ew.: (Kristall) mit halb soviel Flächen wie der ganze Kristall * **Hel|mi|glob,** der; –en, –en: Halbkugel * **Hel|mi|kra|nie,** die; –, ..nien: einseitiger Kopfschmerz * **Hel|mi|ol|pie,** die; –: Halbsehen, eine Sehstörung * **Hel|mi|ple|gie, Hel|mi|ple|xie,** die; –, ..gien (..xien): einseitiger Schlagfluss, halbseitige Lähmung * **Hel|mi|pte|re,** der; –n, –n: Halbflügler, Wanze * **Hel|mi|sphä|re,** die; –, –n: (Erd.) Halbkugel * **hel|misphä|risch** Ew.: halbkuglig * **Hel|mi|sti|chi|on,** das; –s, ..chien: Vershälfte * **hel|mi|tropisch** Ew.: (Kristallkunde) halbgewendet, um die Hälfte verschoben * **Hel|mi|ze|pha|le,** der; –n, –n: Missgeburt mit halbem Kopf * **hel|mi|zyk|lisch** Ew.: halbkreisförmig
Hem|lock|tan|ne, die; –, –n: Nadelbaum Nordamerikas und des Himalajas
Hem|me, die; –, –n: Hemmvorrichtung an Wagenrädern * **hem|men** tr.: zurück-, abhalten : behindern * **Hemmgabel, Hemmkette; Hemmklotz; Hemmschuh:** Hemme; **Hemmvorrichtung** * **hem|mend** Mw. Ew.: bremsend, erschwerend * **Hemm|nis,** das; –ses, –se; **Hem|mung,** die; –, –en: Unterbrechung von Körperbewegungen durch bestimmte Nerven : Störung eines seelisch bedingten Vorgangs : Teil der

Uhr * **Hemmungslaut:** Verschlusslaut; *hemmungslos* Ew.: unbeherrscht, maßlos : haltlos; *Hemmungslosigkeit,* die; –: Mangel an Beherrschung
Hen|di|a|dy|oin (gr.), das; –s: **Hen|di|a|dys,** das; –: (Sprachl.) Redefigur, Bezeichnung eines Begriffs durch zwei Hauptwörter
Hengst, der; –es, –e: männliches Pferd : Männchen pferdeartiger Tiere * **Hengstfohlen; Hengstfüllen**
Hen|kel, der; –s, –: steifgebogene Handhabe zum Fassen, Aufhängen usw. * **Henkelglas; Henkelkorb; Henkelkrug; Henkeltasse; Henkeltopf:** Topf mit zwei Henkeln * **..hen|ke|lig** Ew., nur in Zus.: Henkel habend; z. B. großhenkelig, zweihenkelig * **hen|keln** (ich ..[e]le) tr.: mit einem Henkel versehen : am Henkel aufhängen * **hen|ken** tr.: hängen : (bes.) durch die Strafe des Stranges töten * **Hen|ker,** der; –s, –: der Henkende : Vollstrecker des Todesurteils : Peiniger * *Henkersbeil:* Beil zum Enthaupten; *Henkersfrist:* Galgenfrist; *Henkersknecht; Henkersmahl(zeit):* letzte Mahlzeit des Verbrechers vor der Hinrichtung; *henkermäßig* Ew.: wie ein Henker : verflucht * **Hen|ke|rei,** die; –, –en: Scharfrichterei : Wohnung des Henkers : Henker mit seinen Zugehörigen : Marter von Henkershand * **hen|ke|risch** Ew.: henkermäßig * **Hen|ker|tum,** das; –(e)s: henkermäßiges Treiben
Hen|na, die; –: oriental. Verschönerungsmittel zum Rotfärben * *Hennastrauch*
Hen|ne, die; –, –n: ausgewachsenes Weibchen des Hahns : ein Sternbild
Hen|ne|gatt, das; –s, –s: (seem.) Öffnung für den Ruderhals
Hen|ning: der Hahn in der Tierfabel
Hel|no|se, Hel|no|sis (gr.), die; –, ..osen: Vereinigung : Versöhnung * **Hel|no|the|is|mus,** der; –: Verehrung eines einzigen Gottes * **Hel|no|ti|kon,** das; –s, –s: Sühneversuch : Einigungsschrift * **hel|no|tisch** Ew.: eini-

gend, bes. in Glaubenssachen [gr. hen eins]
Hen|ri|dor [ang..], der; –s, –e: ehem. französ. Goldmünze
Hen|ri|qua|tre [angrikatt'r], der; –s, –s: „Heinrich IV.", eine Bartmode
Hen|ry: am. Physiker * **Henry,** das; –s, –: elektr. Selbstinduktion; Abk.: H
He|or|to|lo|gie, die; –: Lehre von den kirchlichen Feiertagen * **He|or|to|lo|gikum** (gr.), das; –s, ..gia und ..gien: Festkalender, Festtageverzeichnis
He|pa|tal|gie (gr.), die; –, ..gien: Leberleiden * **He|pa|ti|ka:** (Med.) Mittel gegen Leberkrankheiten * **He|pa|ti|ka,** die; –, ..ken: Leberblümchen * **He|pa|tit,** der; –(e)s, –e: Leberstein, eine Art Schwerspat * **He|pa|ti|tis,** die; –: Entzündung der Leber [gr. hepar, Gen. hepatos Leber]
He|phais|tos, He|phäs|t(us): griech. Gott des Feuers, der Schmiedekunst
hepp!: verhöhnender Ausruf * (meist) *hepp, hepp!*
Hep|ta|chord (gr.), der; das; –(e)s, –e: (Mus.) große Septime : Lyra mit sieben Saiten * **Hep|ta|e|der,** das; –s, –: Siebenflächner, von sieben Flächen begrenzter Körper * **Hep|ta|gon,** das; –s, –e: Siebeneck * **Hep|ta|me|ron,** das; –s: „Erzählungen der sieben Tage", unvollendete Novellensammlung der Margarete von Navarra (1492–1549) * **Hep|ta|me|ter,** der; –s, –: Siebenfüßler, ein Vers * **hep|ta|syl|la|bisch** Ew.: siebensilbig * **Hep|ta|teuch,** der; –s: die sieben ersten Bücher der Bibel * **Hep|to|de,** die; –, –n: Siebenpolröhre

her Uw.: nach dem Orte hin, an dem der Sprechende sich befindet oder an dem er sich in Gedanken versetzt : (m. Akk. der Zeit) bis zur Gegenwart : (in Zus.) häufig Bezeichnung des Ursprungs * *hin und her gehen* intr.: auf und ab gehen ohne Ziel; *hin- und hergehen* intr.: zu einem Ziele gehen und wieder zum Ausgangspunkt zurück * *herbemühen* rbz.: sich freundlichst herbegeben; *herbeordern* (ich beordere her; herbeordert;

herzubeordern) tr.; *herbestellen* tr.; *herbitten* tr.; *herbuchstabieren* tr.: buchstabierend aufsagen; *hererzählen* tr.: erzählen : (oft) ausdruckslos erzählen; *Herfahrt; herfallen* intr.: (über jemand –) überraschend angreifen; *Hergang:* Gang her, nach hier : Verlauf, Art des Geschehens : das Geschehen, Ereignis; *hergeben* tr.: (Festgehaltenes) geben; *hergebracht* Mw. Ew.: herkömmlich; *hergehen* intr.: nach hier gehen : (unp.) (es geht über einen her) angegriffen werden : (unp.) (es geht hoch her) es wird viel Aufwand getrieben; *hergelaufen* Mw. (verächtl.) fremd, unbekannt; *herhaben* tr.: herbekommen haben : gefunden haben : erworben haben; *herhalten* intr.: büßen : leiden; *herholen* tr.; *herkommen* intr.; *Herkommen:* Brauch; *herkömmlich* Ew.: althergebracht, gebräuchlich; *Herkunft:* Abstammung; *Herreise; hersagen* tr.: aufsagen : (meist) leiernd, ausdruckslos aufsagen; *herstammen* intr.: abstammen; *herstellen* tr.: verfertigen, anfertigen; *Herstellung; Herstellungskosten; hertragen* tr.; *herwärts* Uw.: nach hier gerichtet; *Herweg:* Weg nach hier; *herzählen* tr.: aufzählen; *herziehen* tr.; vgl. herab, heran, herauf, heraus, herbei, herein, herfür, hernach, hernieder, herüber, herum, herunter, herwärts, herwieder, herzu

He|ra, He|re: höchste griech. Göttin, Gemahlin des Zeus

her|ab Uw.: abwärts, von oben nach unten ✱ *herabbeugen* tr.: zum Sprechenden herunterbeugen; *herabblicken* (ich blicke herab; herabgeblickt; herabzublicken) intr.; *herabbringen* tr.; *herabeilen* intr.; *herabfahren* intr.; *herabfallen* intr.; *herabflehen* tr.; *herabfließen* intr.; *herabführen* tr.; *herabgießen* tr.; *herabgleiten* intr.; *herabholen* tr.; *herabkommen* intr.: von oben nach unten kommen : (übertr.) sinken; *herabgekommen* Mw. Ew.: gesunken (im Glück, in der Sittlichkeit); *herablassen* tr.: herabgleiten lassen : (übertr.) sich zu einem Tieferstehenden nei-

gen; *herablassend* Mw. Ew.: mit Leuten niedrigeren Standes leutselig, aber würdevoll verkehrend; *Herablassung:* herablassendes Wesen; *herabrufen* tr.; *herabschicken* tr.; *herabschwingen* tr.; *herabsehen* intr.; *herabsetzen* tr.: erniedrigen; *Herabsetzung:* Erniedrigung; *herabspringen* intr.; *herabsteigen* intr.; *herabströmen* intr.; *herabstürzen* intr.; *herabtropfen* intr.; *herabwürdigen* tr.: missachten

he-rab, her-ab
Ist das Gefühl dafür verloren gegangen, daß ein Wort durch Zusammensetzung entstanden ist, wird auch die Trennung nach Sprechsilben erlaubt: *he-rab, he-raus, he-runter.*

He|rak|lea: Name vieler antiker Städte in Sizilien, Mazedonien und Bithynien ✱ **he|rak|le|isch** Ew.: aus H. stammend ✱ **He|rak|les:** griech. Sagenheld

He|ral|dik (germ.-ml.), die; –: Wappenkunde ✱ **He|ral|di|ker,** der; –s, –: Wappenkundiger ✱ **he|ral|disch** Ew.: wappenkundlich

he|r|an Uw.: nach hier : in die Nähe ✱ *heranarbeiten* rbz.; *heranbilden* tr.; *heranbringen* (ich bringe heran; herangebracht; heranzubringen) tr.; *herandringen* intr.; *heraneilen* tr.; *heranfahren* intr; *heranführen* tr.; *herankommen* intr.: näher kommen; *an sich herankommen lassen:* sich Zeit nehmen, abwarten; *heranreifen* intr.; *heranrücken* tr., intr.; *heranschleichen* intr.; *heranschwimmen* intr.; *heransein → heran sein; herantragen* tr.; *herantreten* intr.; *heranwachsen* intr.: zur Reife erwachsen

he|r|auf Uw.: von unten nach oben ✱ *heraufarbeiten* rbz.; *heraufbefördern* tr.; *heraufbemühen* tr., rbz.; *heraufbeschwören* tr.; *heraufbringen* (ich bringe herauf; heraufgebracht; heraufzubringen) tr.; *heraufkommen* intr.; *heraufsteigen* intr.

he|r|aus Uw.: von innen nach außen ✱ *herausarbeiten* (ich arbeite heraus; herausgearbeitet; herauszuarbeiten) tr.: etwas durch Arbeit hervortreten

lassen : durch Arbeit verschwinden machen; *herausbeißen* tr., rbz.: sich durchbringen durch eine gefährliche oder anstrengende Sache : sich fein anziehen; *herausbekommen* tr.: erfahren : erforschen; *herausfinden* tr.: Verstecktes finden; rbz.: sich zurechtfinden; *herausfordern* tr.: reizen; *Herausforderung; Herausgabe:* Auslieferung : Veröffentlichung einer Druckschrift; *herausgeben* tr.: (Bücher –) veröffentlichen; *Herausgeber; herausgehen* intr.: ins Freie gehen : aus etwas gehen, etwas verlassen : (aus sich –) sich frei äußern; *heraushängen:* nach außen hängen; *zum Halse heraushängen:* (volkst.) einer Sache überdrüssig sein; *herauskommen* intr.: aus etwas kommen : (Bücher) erscheinen : ruchbar werden : (Äußerungen) in angegebener Weise klingen : ein Ergebnis liefern; *herauslassen* tr.: herausgehen lassen : wegbleiben lassen; *herauslaufen* intr.; *herauslegen* tr.; *herauslügen* rbz.: sich durch Lügen herauswickeln, frei machen; *herausnehmen* rbz.: (sich etwas –) (übertr.) sich anmaßend etwas erlauben; *herauspressen* tr.; *herauspumpen* tr.; *herausputzen* tr.: etwas augenfällig schmücken; *herausrücken* intr., tr.: vorrücken; intr.: zum Vorschein kommen; *heraussagen* tr.: frei, offenherzig sagen; *herausschlagen* tr.: (Geld) aus etwas gewinnen; *heraussein → heraus sein; herausstellen* tr.: hervorheben, an die Öffentlichkeit bringen; *herausstreichen* tr.: loben, rühmen

herb Ew.: nicht süß : ernst : abweisend : verschlossen : (übertr.) streng ✱ **Her|be,** die; –: das Herbsein, Herbheit ✱ **Herb|heit,** die; –, –en: Strenge : Zurückhaltung : (Wein) nicht süßlicher Geschmack ✱ **herblich** Ew.: wenig herbe ✱ **Herb|ling,** der; –s, –e: ein Pilz : nicht ganz reifes Obst, Herling ✱ **Her|ba|ri|um** (l.), das; –s, ..rien: Sammlung getrockneter Pflanzen ✱ **her|ba|ri|sie|ren** (..iert) intr.: zum Kräutersammeln ausgehen ✱ **Her|bi|vo|re** [..w..], der; –n, –n: pflanzenfressendes Tier * **her|bös** Ew.: gras-, kräuterreich [l. herba Kraut]

Herb|heit: s. herb

her|bei Uw.: nach hier * *herbeibringen* (ich bringe herbei; herbeigebracht; herbeizubringen) tr.; *herbeikommen* intr.; *herbeilassen* rbz.; *herbeirennen* intr.; *herbeirufen* tr.; *herbeischleppen* tr.; *herbeisehnen* tr.; *herbeitragen* tr.; *herbeiwinken* tr.; *herbeiwünschen* tr.

her|be|mühen rbz.

Her|ber|ge, die; –, –n: Ort, wo man übernachtet : schirmendes Obdach : gastliche Aufnahme : öffentliches Wirtshaus : Nachtquartier für wandernde Handwerksgesellen * *Herbergsvater; Herbergswirt(in)* * **her|ber|gen** (du herbergtest; geherbergt) intr.: in einer Herberge wohnen, verweilen; tr.: beherbergen

her|ba|ri|sie|ren, Her|bi|vo|re, usw.: s. Herbarium

Herb|ling: s. herb

Herbst, der; –(e)s, –e: Ernte : Zeit der Ernte : Jahreszeit zwischen Sommer und Winter : Lebenszeit zwischen Mannesjahren und Greisenalter * *Herbstabend; Herbstanfang; Herbstblume; Herbstfärbung:* Verfärbung der Blätter im Herbst; *Herbstherd:* Vogelherd für Zugvögel im Herbst; *herbstmäßig* Ew.: wie im Herbst; *Herbstmonat, -mond:* deutscher Name für September; *Herbst-Tag-und-Nacht-Gleiche; Herbstwind; Herbstzeichen* Mz.: die Zeichen des Tierkreises, die die Sonne im Herbst durchläuft; *Herbstzeitlose:* giftiges Liliengewächs auf Wiesen * **herbst|teln** (es herbstelt) intr., unp.: herbstlich werden * **herbst|ten** intr., unp.: Herbst werden; tr.: ernten * **herbst|lich** Ew.: wie im Herbst * *herbstlichgelb* → *herbstlich gelb* * **Herbst|ling,** der; –s, –e: im Herbst geborenes Vieh : Herbstobst : ein essbarer Pilz, Reizker

Herd, der; –(e)s, –e: offene Feuerstelle zum Kochen : Kohlen-, Gas-, Elektrokochstelle : (übertr.) Wohnsitz, Haus, Heimat : (übertr.) Schutzort : (übertr.) Ursprungsort, Mittel-

punkt (einer Bewegung, einer Krankheit und dgl.) : (Hüttw.) Ofen : (Hüttw.) Brettergerüst zum Schlagen von Erzen : (Gieß.) geebneter Boden : (Bergb.) runder ebener Platz für die den Göpel bewegenden Pferde : ebener, erhöhter Platz zum Vogelfang * *Herdasche:* Asche des Treibherdes; *Herdblei:* (Hüttw.) Blei, das bei der Treibarbeit sich in den Herd zieht; *Herdfeuer:* Feuer des offenen Herdes; *Herdfink:* Lockfink; *Herdfrischen:* das Frischen des Herdbleis; *Herdgrube:* vorgeschichtl. Wohngrube mit Herd; *Herdplatte:* Kochplatte beim elektrischen Herd; *Herdvogel:* Lockvogel : auf dem Vogelherd gefangener Vogel

Her|de, die; –, –n: zusammengehörige Menge Vieh : (verächtl.) Horde, Volksmenge, Volkshaufen * *Herdbuch:* Zuchtstammbuch; *Herdenmensch:* „unheldischer Mensch", Massenmensch; *Herdentrieb; Herdentier; herdenweise* Uw.: in Herden

he|re|die|ren (l.) (..iert) tr.: erben * **he|re|di|tär** Ew.: erblich * **He|re|di|tät,** die; –: Erblichkeit

her|ein Uw.: sich in einen Raum oder auf etwas zu bewegend * *hereinbrechen* (ich breche herein; hereingebrochen; hereinzubrechen) intr.: plötzlich hervorbrechen : plötzlich eindringen; *hereinfallen* (vgl. hereinbrechen) intr.: (volkst.) getäuscht werden : durchfallen; *hereinfließen* intr.; *hereinführen* tr.; *hereinkommen* intr.; *hereinschauen* intr. * **He|r|ein,** das; –: der Hereinruf * *ich rufe „Herein!"*

He|re|ro, der; –(s), –s: Angehöriger eines Bantustammes in Südwestafrika

Her|fahrt: s. her

her|für (veralt.): hervor

her|gang: s. her

her|hal|ten, her|ho|len: s. her

He|ring, der; –s, –e: Fisch : (übertr.) magerer Mensch : Zeltpflock * *Heringsbändiger:* (scherzh.) Fischhändler, Fischverkäufer; *Heringsblick:* blinkender Schein der massenweise einherschwimmenden Heringe; *Heringsfang; He-*

ringskönig: Fisch, der sich von Heringen nährt; *Heringssalat; Heringsseele:* Blase im Hering : ein Schimpfwort

He|ri|s|lau: Ort in der Schweiz

Her|kom|men: s. her

Her|ku|la|ne|um: 79 n. Chr. durch den Vesuv verschüttete it. Stadt

Her|ku|les: lat. Name für Herakles * **Her|ku|les,** der; –: ein Sternbild * *Herkulesarbeit:* schwere Arbeit * **her|ku|lisch** Ew.: riesenstark, hünenhaft

Her|kunft: s. her

Her|ling, der; –s, –e: herbe, unreife Weintraube; vgl. Herbling

Her|lit|ze, die; –, –n: Kornelkirsche, Hornkirsche

Her|man|dad (span.), die; –: „Brüderschaft": (spött.) Polizei

Her|m|a|phro|dit (gr.), der; –en, –en: Doppelgeschlechtiger, Zwitter * **her|m|a|phro|di|tisch** Ew.: doppelgeschlechtig, zwitterartig * **Her|m|a|phro|di|ti|s|mus,** der; –, ..men: Zwitterzustand *

Her|me, die; –, –n: Standsäule des Hermes : Büstensäule

Her|mes: griech. Gott des Handels und Götterbote * *Hermesstab:* von zwei Schlangen umwundener Stab als Symbol des Handels * **Her|mo|ko|pi|de,** der; –n, –n: Verstümmler der athen. Hermessäulen

Her|me|lin, das (der); –(e)s, –e: großes Wiesel : dessen Pelz : Pferd von schwachgelber Färbung : Person von weißer, zarter Farbe * *Hermelinfell; Hermelinpelz*

Her|me|neu|tik (gr.), die; –: Deutungslehre * **her|me|neu|tisch** Ew.: erklärend

Her|mes: s. Hermaphrodit

Her|me|ti|ker, der; –s, –: Goldmacher * **her|me|tisch** (gr.) Ew.: luft- und wasserdicht (schließend) [nach dem ägypt. Weisen Hermes Trismegistus]

Her|mi|tage (fr.) [er-mitahseh'], der; –: fr. Weinbaugebiet : ein fr. Rotwein

Her|mo|ko|pi|de: s. Hermaphrodit

her|nach Uw.: nachher : später : darauf folgend : (ldschftl.) außerdem, ferner * *hernachmals* Uw.: später

Her|ne: westfäl. Industriestadt

Her|nie (l.) [..ni-e], die; –, –n: Bruch, Leibschaden ✳ **her|ni|ös** Ew.: brüchig, gebrochen, mit einem Bruch behaftet ✳ **Her|ni|o|to|mie,** die; –, ..mien: Bruchschnitt

her|nie|der Uw.: herab ✳ *herniederkommen* (ich komme hernieder; herniedergekommen; herniederzukommen); *herniedersteigen* (vgl. herniederkommen) **her|ni|ös** usw.: s. Hernie

He|roe (gr.), der; –n, –n: (aus der Mz. Heroen fälschlich gebildete Ez.) Heros ✳ **He|ro|i|de,** die; –, –n: Heldin : eine Dichtungsgattung, „Heldenbrief" ✳ **He|ro|in,** das; –s: wegen zu großer Suchtgefahr kaum noch in der Heilbehandlung angewendetes Rauschgift ✳ **He|roin,** die; –, –nen: Heldin ✳ **He|ro|i|ne,** die; –, –n: Heldendarstellerin ✳ **he|ro|isch** Ew.: heldenmütig ✳ **He|ro|is|mus,** der; –: Heldenmut ✳ **He|ros,** der; –, ..roen: Held : Halbgott ✳ *Heroenkult*

He|rold, der; –(e)s, –e: „Heeresbeamter" : Ausrufer : (übertr.) Verkünder : Vorläufer ✳ *Heroldsamt; Heroldsstab*

He|ro|s|trat, He|ro|s|tra|tos: ein Grieche, der den Artemistempel anzündete, um dadurch berühmt zu werden ✳ **he|ros|tra|tisch** Ew.: ruhmsüchtig **He|ro-und-Le|an|der-Sa|ge:** altgriech. Sage

Her|pes (gr.), die; –: Flechte mit Bläschenbildung : der Haar- oder Wolfswurm ✳ **Her|pes|zos|ter:** Gürtelrose ✳ **Her|pe|ta|ri|um,** das; –s, ..rien: Sammlung von Kriechtieren : Anstalt zur Erforschung der Kriechtiere ✳ **Her|pe|to|lo|gie,** die; –, ..gien: Flechtenlehre : Kriechtierlehre

Herr, der; –n (–en), –en: einer, der über etwas zu befehlen, zu gebieten hat : der oberste Gebieter : Gott : (früher) reichsunmittelbarer, reichsfreier Adeliger : (heute) Mann, der nicht den untersten Ständen angehört : (in vielen Gegenden) geistlicher Herr ✳ *Herrgott,* der; –(e)s: Gott : Bild Gottes; *Herrgottsblume:* Johanniskraut; *in aller Herrgottsfrühe:* sehr früh; *Herrgottskäfer; Herrgottsschnitzer:*

Holzschnitzer, der Kruzifixe und Heiligenfiguren schnitzt; *Herrgottsvogel:* Name verschiedener Vögel; *Herrgottswinkel:* Zimmerecke, in der ein Kruzifix hängt; *herrje!, herrjemine!:* Ausruf der Verwunderung, des Schreckens usw. (entst. aus *Herr Jesus; Herr Jesus Domine*) ✳ *Herrenabend:* Gesellschaftsabend ohne Frauen; *Herrenanzug; Herrenartikel; Herrenfeste:* Feste des Kirchenjahres, die sich auf Christus beziehen; *Herrenhaus:* Haus eines Herren, bes. eines Gutsherrn : (ehem. Preußen) die dem englischen Oberhaus entsprechende Vertreterschaft; *Herrenhemd; Herrenleben:* bequemes Wohlleben; *herrenlos* Ew.: keinen Besitzer habend; *Herrenmode; Herrenrad:* Fahrrad für Herren; *Herrenreiter:* nicht berufsmäßiger Rennreiter; *Herrensitz:* vornehmes Landgut : Reitsitz für Männer; *Herrenvogel:* Holzhäher ✳ **Her|ren|tum,** das; –(e)s: das Herrsein ✳ **Her|rin,** die; –, –nen: Gebieterin ✳ **her|risch** Ew.: in der Weise von Herren : gebieterisch : barsch ✳ **herr|lich** Ew.: über andere hervorragend : ausgezeichnet : schön : prächtig ✳ **Herr|lich|keit,** die; –, –en: das Herrlichsein : das Verherrlichende : große Freude, etwas Erfreuendes : etwas Herrliches : (veralt.) Titel ✳ **Herr|schaft,** die; –, –en: das Recht und die Macht zu befehlen : Gewalt des Herrschers : Großgrundbesitz : Dienstgeber : vornehme Personen ✳ *Herrschaftsrecht* ✳ **herr|schaft|lich** Ew.: einer Herrschaft gehörig : einer Herrschaft gemäß ✳ **herr|schen** (du herrsch[e]st, auch herrscht) intr.: als Herr schalten und walten : (örtlich) über etwas hervorragen : in hervorragender Weise vorhanden sein : sein Wesen treiben : herrisch gebieten ✳ *Herrschbegier(de); Herrschsucht; herrschsüchtig* Ew. ✳ **Herr|scher,** der; –s, –: der Herrschende : bes. Landesherr ✳ *Herrschergeschlecht; –gewalt; –haus:* Fürstenhaus; *–würde*

Her|ren|chiem|see: Schlossanlage auf der Herreninsel im Chiemsee

Herrn|hut: Stadt in der Lausitz ✳ **Herrn|hu|ter,** der; –s, –: Angehöriger der Brüdergemeine ✳ **Herrn|hu|ter, herrn|hu|tisch** Ew.: aus Herrnhut stammend : der Brüdergemeine angehörig : der Brüdergemeine entsprechend

Herr|schaft: s. Herr

her|stel|len: s. her

Hertz, das; –, –: Maßeinheit der elektr. Frequenz (nach dem Erfinder Hertz), Abk.: Hz ✳ *hertzsche Wellen*

he|r|über Uw.: von der entgegengesetzten Seite nach hier ✳ *herüberbringen* (ich bringe herüber; herübergebracht; herüberzubringen) tr.; *herüberhängen* intr.; *herüberholen* tr.; *herüberklettern* intr.; *herüberkommen* intr. (vgl. herüberbringen)

he|r|um Uw.: im Kreis, wie im Kreis sich bewegend : hin und her ✳ *herum sein:* verbreitet, unter die Leute gedrungen sein ✳ *herumbekommen* (ich bekomme herum; herumbekommen; herumzubekommen) tr.: (volkst.) umstimmen, für etwas gewinnen usw.; *herumbessern* intr.: (an etwas –) bald hier, bald da bessern; *herumbewegen* (vgl. herumbekommen) tr.; *herumgehen* (vgl. herumbekommen) intr.: hin und her gehen; *herumkommen* (vgl. herumbekommen) intr.: um die Ecke kommen; *herumkriegen* (vgl. herumbekommen) tr.: herumbekommen; *herumsein* → *herum sein; herumtreiben* rbz.: bummeln; *herumzanken* (vgl. herumbekommen) rbz.: (sich mit jemand –) erfolglos zanken

he|r|un|ter Uw.: von oben nach unten, herab ✳ *heruntersein* → *herunter sein:* ohne Körperkraft sein : ohne Geldmittel sein ✳ *heruntergehen* (ich gehe herunter, heruntergegangen; herunterzugehen) intr.; *herunterkommen* intr.: nach unten kommen : (übertr.) körperlich oder seelisch; *heruntermachen* tr.: (volkst.) derb schelten; *heruntermalen* tr.: flott, unsorgfältig malen; *herunternehmen* tr.; *herunterreichen* tr.; *herunterspielen* tr.: (Mus.) flott spielen : ohne Ausdruck spielen; *herunterspringen* intr.

her|vor Uw.: von innen heraus : (selt.) von hinten nach vorn * *hervorbringen* (ich bringe hervor; hervorgebracht; hervorzubringen) tr.: ins Dasein treten lassen : erzeugen; *Hervorbringung:* das Erzeugen : das Erzeugte; *hervorbrechen* intr.; *hervordringen* intr.; *hervorheben* tr.: hebend hervorholen : besonders betonen; *Hervorhebung:* das Betonen : das Betonte; *hervorleuchten* intr.; *hervorragend* Ew.: herausragend : vorzüglich : in hohem Maße; *hervorrufen* tr.; *hervorstechen* intr.: in die Augen fallen, auffallen; *hervortun* rbz.: sich auszeichnen

her|wärts, Her|weg: s. her
her|wie|der Uw.: (veralt. für) wieder her, zurück

Herz, das; –ens, –en: Hauptorgan für den Blutumlauf in der Brusthöhle : Sitz der Lebensgeister, des Gefühls, (Bibl.) des Verstandes : tiefstes Empfinden, Empfindungskraft : Mut : das Innere, Kern, Mittelpunkt : Stelle, wo etwas tödlich zu verwunden ist : (Bot.) Kern, Mark : Kernholz : (Bot.) innere zarte Blätter : etwas Herzförmiges * *sein Herz ausschütten:* sich aussprechen; *das Herz auf dem rechten Fleck haben:* treffsichere Einstellung zum Leben haben; *ein Herz und eine Seele sein;* übereinstimmen; *das Herz auf der Zunge haben:* seine Gefühle leicht verraten; *etwas auf dem Herzen haben:* ein Anliegen, einen Wunsch haben * *Herzas → Herzass:* Spielkarte; *Herzasthma; Herzbeklemmung; Herzbeschwerden; Herzbeutel:* Herzhaut, die das Herz einschließt; *herzbewegend* Mw. Ew.: innerlich ergreifend, erschütternd; *Herzblatt:* unentwickeltes, von anderen Blättern umschlossenes Blatt : innig geliebte Person : blattähnlicher Teil des Herzens, Herzkammer : mit Herzen bezeichnetes Kartenblatt : ein Pflanzenname; *Herzblut:* Lebensblut; *herzbrechend* Mw. Ew.: überwältigend schmerzlich; *herzerfreuend* Mw. Ew.; *herzquickend* Mw. Ew.; *Herzerweiterung; Herzfehler; herzförmig* Ew.; *Herz-*

frequenz: Anzahl der Herzschläge in der Minute; *Herzgegend; Herzgeräusche; Herzgrube:* äußerlich, zwischen Magen und Brust gelegene Grube; *Herzhorn:* eine Art Schnecke; *Herzinfarkt; herzinnig* Ew.: sehr innig; *Herzkammer:* einer der Hohlräume im Herzen; *Herzkatheter; Herzklappenfehler; Herzklopfen:* stark erregter Herzschlag, bes. als krankhafter Zustand; *Herzkrämpfe; Herzkrankheit; Herzlähmung:* Herzschlag; *Herzlappen:* muskulöser Anhang der Vorkammern des Herzens; *herzlieb* Ew.: sehr lieb : herzallerliebst; *herzlos* Ew.: ohne Mitgefühl : mutlos; *Herzmuskelentzündung; Herzneurose:* nervöse Herzbeschwerden; *Herzoperation; Herzschlag:* Schlagen des Herzens : Herzlähmung; *Herzschwäche; Herztöne; Herztransplantation; Herzverfettung; Herzwassersucht; herzzerreißend* Ew. Mw.: herzbrechend * *Herzensbändiger:* einer, der die Gemüter zu fesseln versteht; *Herzenblatt:* Kartenblatt mit Herzen * *Herzensangelegenheit; Herzensangst; Herzensbruder:* innig geliebter Bruder; *Herzensdieb:* einer, der leicht die Liebe der Menschen gewinnt; *Herzensfreund:* bester Freund; *Herzensgüte; Herzensmeinung:* wahre Meinung; *Herzenswunsch* * *Herzensleid:* tiefes, herzverzehrendes Leid * **her|zen** (du herzest und herzt) tr.: liebkosen : (veralt.) herzen, beherzt machen * **herzhaft** Ew.: ohne Furcht : beherzt : tüchtig, gehörig, entschieden : (mundartl.) herzstärkend : nahrhaft, würzig * **Herzhaftig|keit,** die; –, –en: das Herzhaftsein : etwas Herzhaftes * **her|zig** Ew.: herzlich : gut, lieb, traut : (von Bäumen) Kernholz habend * **herz|lich** Ew.: von Herzen kommend : innig, wahr und warm empfunden, liebevoll; Uw.: hochgradig, sehr * **Herz|lich|keit,** die; –, –en: das Herzlichsein : herzliches Wort

Her|zog, der; –(e)s, –e (Herzöge): (ehem.) der Anführer eines Heeres : hoher Adelsrang :

große Ohreule : eine Art Klippfisch * **Her|zo|gin,** die; –, –nen: Gattin eines Herzogs : Titel mancher Prinzessinnen : eine Art Klippfisch : Art Ruhebett mit einer Lehne * **her|zog|lich** Ew.: einem Herzog gehörend : in der Art eines Herzogs, mit der Würde eines Herzogs vereinbar * **Her|zog|tum,** das; –(e)s, ..tümer: das einen Herzog als Herrscher habende Land

her|zu Uw.: (selt. für) her * *herzukommen* intr.: herkommen : zum Vorschein kommen

he|ses, das; –: (Mus.) um zwei halbe Töne erniedrigtes h

Hes|pe|ri|de (gr.), die; –, –n: (gr. Sage) Tochter des Hesperos * *Hesperidenäpfel* * **Hes|pe|ri|din,** das; –s: Pomeranzenstoff * **Hes|pe|ri|en:** Abendland : Italien, Spanien * **Hes|pe|ros, Hes|pe|rus,** der; –: Abend : Abendgegend : Westen

Hes|sen: dtsch. Bundesland * **Hes|se,** der; –n, –n: Einwohner von Hessen * **Hes|sin,** die; –; –en: Einwohnerin von Hessen * **hessisch** Ew.: aus Hessen stammend, zu Hessen gehörig

Hes|tia: griech. Göttin des Herd- und Opferfeuers

He|sy|chast (gr.), der; –en, –en: „Ruhender", Angehöriger einer christlichen Sekte

He|tä|re (gr.), die; –, –n: Freundin, Buhlerin : Kurtisane * **He|tä|rie,** die; –, –rien: Genossenschaft : Freundesbund : Name mehrerer polit. Geheimbünde im 19. Jh.

He|te|r|ar|chie (gr.), die; –, ..chien: Herrschaft eines anderen, Fremdherrschaft * **he|te|ro..** Ew. in Zus.: anders, fremd * **he|te|ro|dox** Ew.: andersgläubig, irrgläubig * **He|te|ro|do|xie,** die; –, ..xien: Irrglaube : Irrlehre * **he|te|ro|dy|na|misch** Ew.: fremdkräftig * **He|te|ro|ga|mie,** die; –, ..mien: Bildungsabweichung : Annahme anderer Geschlechtsausbildung der Geschlechtsorgane eingeschlechtiger Pflanzenblüten * **he|te|ro|gen** Ew.: verschiedenartig, ungleichartig * **He|te|ro|ge|ni|tät, He|te|ro|ge|ne|se,**

die; –: Ungleichartigkeit : sprunghafte Veränderung einer Art ∗ **He|te|ro|go|nie,** die; –: Auftreten verschiedenartiger Fortpflanzung : Auftreten nicht beabsichtigter Wirkungen ∗ **he|te|ro|kli|tisch** Ew.: (Sprachl.) unregelmäßig gebeugt, von der Regel abweichend : seltsam, wunderlich ∗ **He|te|ro|la|lie,** die; –: unrichtiges Sprechen, das Sichversprechen ∗ **he|te|ro|morph(isch)** Ew.: anders oder verschieden gestaltet ∗ **he|te|ro|nom** Ew.: von fremden Gesetzen abhängig ∗ **He|te|ro|no|mie,** die; –, –mjen: fremde Gesetzgebung : Abhängigkeit von fremden Gesetzen : Unselbständigkeit der menschlichen Vernunft ∗ **He|te|ro|phyl|lie,** die; –: Verschiedengestaltigkeit der Blätter ein und derselben Pflanze ∗ **He|te|ro|pla|sie,** die; –, ..sien: fremdartige oder regelwidrige organische Bildung ∗ **He|te|ro|plas|tik,** die; –, –en: Überpflanzung von artfremdem Gewebe auf den Menschen ∗ **he|te|ro|plas|tisch** Ew.: aus ungleichartigen Zellen zusammengesetzt ∗ **He|te|ro|se|xu|a|li|tät,** die; –: auf das andere Geschlecht gerichtetes Empfinden ∗ **he|te|ro|se|xu|ell** Ew.: geschlechtlich auf das andere Geschlecht bezogen ∗ **he|te|ro|to|misch** Ew.: ungleich eingeschnitten oder gekerbt ∗ **He|te|ro|to|pie,** die; –, ..pien: abnorme Behaarung eines normalerweise unbehaarten Körperteils ∗ **he|te|ro|trop** Ew.: (Lichtstrahlen) ungleich brechend ∗ **he|te|ro|troph** Ew.: anders ernährend, von organischen Stoffen ernähren ∗ **He|te|ro|ze|te|se,** die; –, –n: Neigung, paradoxe Behauptungen aufzustellen : verfängliche Frage ∗ **he|te|ro|zy|kl|isch** Ew.: (Bot.) (Blütenkreise) von ungleicher Gliederzahl : (Chem.) (zyklische Verbindung) ein fremdes Atom enthaltend

He|thi|ter: s. Hettiter

Het|man, der, –s, –e: (Polen) oberster Heerführer : Oberhaupt der Kosaken

Het|ti|ter, der; –s, –: Angehöriger eines alten Kulturvolkes in Vorderasien

Het|ze, die; –, –n: Hatz(e), Hetzjagd, Jagd auf Wild durch Hunde : wilde Verfolgung : wildes Rennen : Eile : Ort des Hetzens : Jagdrecht des Hetzens : Koppel Hetzhunde ∗ **het|zen** (du hetzest und hetzt) intr.: hasten : aufwiegeln : verfolgend losstürmen; tr.: verfolgend losstürmen lassen; intr., rbz.: sich eilen : sich durch Eile abmatten ∗ *Hetzbahn; Hetzblatt:* aufhetzerische Zeitung; *Hetzpresse:* der Aufwiegelung dienende Presse; *Hetzrede; Hetzschrift; Hetzzwinger:* Zwinger zum Hetzen eingefangener Tiere ∗ **Het|zer,** der; –s, –: Aufwiegler ∗ **Het|ze|rei,** die; –, –en: das (dauernde) Hetzen ∗ **het|ze|risch** Ew.: aufwiegelnd

Heu, das; –(e)s: gemähtes und getrocknetes Gras, bes. als Viehfutter ∗ *Geld wie Heu:* Geld in Fülle; *Heubaum:* Stange zum Festhalten des Heues auf einem Wagen; *Heublumen; Heuboden; Heudorn:* (ldschftl.) Bezeichnung der Hauhechel; *Heufieber:* Heuschnupfen; *Heugabel; Heumahd:* das Heumähen : Heuwiese; *Heumonat:* Juli; *Heuochse:* ausgewachsener Ochse : dummer, plumper Kerl; *Heupferd:* Heuschrecke : Libelle; *Heureiter:* (obd.) Pfahl mit Querhölzern zum Trocknen des Gemähten; *Heuschober; Heuschnupfen; Heuschreck,* der; –(e)s, –en; *Heuschrecke,* die; –, –n: der Grille verwandtes Kerbtier, Heupferd, Heuspringer; *Heuspeicher; Heustadel; Heutierchen:* Aufgusstierchen; *Heuvogel:* eine Art Specht : eine Art Schmetterling; *Heuwagen; Heuwender:* landwirtschaftliche Maschine zum Wenden des Heues; *Heuwiese; Heuwurm:* Raupe des Sauerwurms; *Heuzeit:* Zeit des Heuens ∗ **heu|bar** Ew.: Heu bringend : zu heuen ∗ **heu|en** intr.: Heu machen ∗ **Heu|er,** der, –s, –: das Heuende ∗ **Heu|e|rin,** die; –, nen: die Heuende ∗ **Heu|e(r)t,** der; –s, –e: Juli ∗ **Heu|et,** der; –s; die; –: (schweiz. u. südd.) Heuernte

Heu|che|lei, die; –, –en: das Heucheln : das Geheuchelte ∗

heu|cheln (ich ..[e]le) intr.: vortäuschen : sich verstellen : schmeichlerisch betören; tr.: erheucheln ∗ *Heuchlerchrist:* Frömmler; *Heuchlerträne* ∗ **Heu|chel|tum,** das; –(e)s: heuchlerisches Wesen, Heuchelei ∗ **Heuch|ler,** der; –s, –: der Heuchelnde : Scheinheiliger ∗ **heuch|le|risch** Ew.: wie ein Heuchler, täuschend

Heu|er, die; –, –n: (niederd., bes. seem.) Miete, Pacht eines Grundstücks : Lohn der Seeleute : Dienst ∗ *Heuerbaas,* der; –es, –e: Stellenvermittler für Seeleute; *Heuerbüro:* Stellenvermittlung für Seeleute; *Heuervertrag,* der; –s, –e: Mietsmann : Gutstagelöhner ∗ **heu|ern** (ich ..[e]re) tr.: pachten, mieten : (seem.) anwerben

heu|er Uw.: in diesem Jahr : jetzt ∗ **Heu|er|ling,** der; –s, –e: Frucht von diesem Jahr, bes. junger Fisch ∗ **heu|rig** Ew.: diesjährig : jetzig ∗ **Heu|ri|ge,** der; –n, –n: Wein der letzten Lese

heu|len intr., zuw. tr.: in langgezogenen Tönen schreien oder weinen : (Bib.) laut klagen und weinen ∗ *Heulaffe:* Brüllaffe; *Heulboje:* Boje mit automatisch tönender Sirene; *Heulkreisel:* Brummkreisel, Hohlkreisel ∗ **Heu|ler,** der; –s, –: der Heulende : (spött.) Rückschrittler 1848 : von der Mutter angenommenes zweites Junges eines Wurfs bei Seehunden

heu|re|ka! (gr.): „ich hab's gefunden!" ∗ **Heu|ris|tik,** die; –: Erfindungskunst oder Anweisung zur methodischem Wege wissenschaftliche Forschungen zu machen ∗ **heu|ris|tisch** Ew.: erfinderisch : richtungsgebend ∗ *heuristisches Verfahren:* wissenschaftliches Verfahren [gr. heurískein finden]

Heu|rei|ter: s. Heu

heu|rig: s. heuer

Heu|ris|tik usw.: s. heureka

heut(e) Uw.: am gegenwärtigen Tage ∗ *heute abend, mittag, morgen, nacht* → *heute Abend, Mittag, Morgen, Nacht* ∗ *heutzutage* Uw.: in heutiger Zeit ∗ **Heu|te,** das; –: Gegenwart ∗ **heu|tig** Ew.: heute vorhanden : heute geschehen(d) : auf die Gegenwart bezüglich, modern ✳ *heutigentags* Uw.; *heutigestags* Uw.: heutzutage

heute Abend

Nach den Adverbien *vorgestern, gestern, heute, morgen, übermorgen* wird die Angabe der Tageszeit großgeschrieben: *Vorgestern Abend lief die Frist ab. Ein Stelldichein heute Nacht.*

He|xa|chord (gr.), der und das; –(e)s, –e: (Mus.) große Sexte : sechssaitiges Musikinstrument ✳ He|xa|e|der, das; –s, –: Sechsflächner, Würfel ✳ he|xa|e|drisch Ew.: sechsflächig : würfelförmig ✳ He|xa|e|me|ron, das; –s: das „Sechstagewerk" der Schöpfung ✳ He|xa|gon, das; –s: Sechseck ✳ he|xa|go|nal Ew.: sechseckig ✳ He|xa|gramm, das; –s, –e: sechszeilige Figur : Davidstern, Figur aus zwei ineinander geschobenen, gleichseitigen Dreiecken ✳ He|xa|ko|ral|le, die; –, –n: „Sechsstrahler", eine Korallenart ✳ He|xa|me|ron, das; –s: eine Sechstagegeschichte ✳ He|xa|me|ter, der; –s, –: sechsfüßiger Vers ✳ he|xa|me|trisch Ew.: (Vers.) sechsfüßig ✳ He|xan, das; –s, –e: ein Kohlenwasserstoff ✳ he|xan|gu|lär (gr.-l.) Ew.: sechswinklig ✳ he|xa|pe|ta|lisch (gr.) Ew.: sechsblumenblättrig ✳ he|xa|phyl|lisch Ew.: sechsblättrig ✳ He|xa|pla Mz.: „Sechsfaches", in sechs Sprachen abgefasste Bibel des Kirchenlehrers Origenes ✳ he|xa|syl|la|bisch Ew.: sechssilbig [gr. hex sechs] He|xe, die; –, –n: angeblich im Bunde mit bösen Geistern wirkende Zauberin : ein Schimpfwort : ein Vogel : Schnacke : eine Art Schnecke : Hauptfigur in einem Kartenspiel (Hexenspiel) ✳ *Hexenbesen:* Besen, auf dem die Hexen reiten : (ldschftl.) Mistel; *Hexenbuch:* Buch mit Zauberformeln; *Hexen-Einmaleins:* magisches Quadrat; *Hexenfahrt:* Hexenritt zum Blocksberg; *Hexenfinger:* eine Art Versteinerung; *Hexengeschichte; Hexenglaube; Hexenjagd:* Verfolgung und Verurteilung angeblicher Hexen;

Hexenkessel: (Umgspr.) lärmende Zusammenkunft : gefährlicher politischer Brennpunkt; *Hexenküche; Hexenkunst:* Zauberei; *Hexenmehl:* Bärlappsame; *Hexenmeister:* des Hexens kundiger Mann; *Hexensabbat:* Hexenversammlung : (übertr.) wüstes Durcheinander; *Hexenschuß* → *Hexenschuss:* plötzlicher Muskelschmerz in der Kreuz- und Lendengegend; *Hexenstich:* kunstreicher Nähstich; *Hexentanzplatz; Hexenverbrennung; Hexenwahn:* Irrglaube an Hexen ✳ he|xen (du hexest und hext) intr.: wie eine Hexe wirken : zaubern ✳ he|xen|haft Ew.: in der Art einer Hexe He|xer, der; –s, –: der Hexende, Hexenmeister ✳ He|xe|rei, die; –, –en: Wirksamkeit und Wirkung einer Hexe : Zauberei

He|xis (gr.), die; –: Beschaffenheit, Zustand des Körpers; vgl. Hektik

Hg: chem. Zeichen für Hydrargyrum (Quecksilber)

hg. (Abk.): herausgegeben

Hg. (Abk.): Herausgeber

HGB (Abk.): Handelsgesetzbuch

hi!: Ausruf, meist höhnend ✳ *hi, hi!* ✳ (e.) [hai]: saloppe Begrüßung, hallo!

Hi|a|tus (l.), der; –, –: Spalt: (Med.) Zwerchfellspalt : (Sprachl.) Zusammentreffen von zwei Selbstlauten

hi|ber|nal (l.) Ew.: winterlich ✳ Hi|ber|na|ti|on, die; –: Winterschlaf der Tiere : (Med.) Heilschlaf [l. hiems Winter]

Hi|bis|kus (gr.), der; –, ..bisken: Eibisch, eine Pflanzengattung

Hi|cko|ry, der; –s, –s: nordam. weißer Walnussbaum

hic Rho|dus, hic sal|ta! (l.): „*hier* ist Rhodus, *hier* springe!", (in Äsops Fabeln) sprichwörtliche Redensart, um angeblich vorhandene Geschicklichkeit an Ort und Stelle augenblicklich zu beweisen

Hi|dal|go, der; –s, –s: span. Titel des niederen Adels

Hid|den|see: Ostseeinsel vor Rügen

hie Uw.: (südd. für) hier ✳ *hiebei; hiebevor; hiedurch; hiefür; hiegegen; hieher; hiemit;*

hienach; hieneben; hienieden: (allg.) hier auf der Erde : *hieselbst; hievon; hiewider; hiezu*

Hieb, der; –(e)s, –e: der Hau : Schlag : das Hauen : (übertr.) tadelnde Bemerkung, Anspielung : Rausch : durch einen Hieb bewirkte Vertiefung, Verwundung : (Forstw.) Schlag, Bezirk des Holzhauens : Berechtigung zum Holzfällen : *hiebfest* Ew.; *Hiebwaffe; Hiebwunde*

hie|bei, hie|be|vor, hie|für, hie|ge|gen usw.: s. hie

Hie|mant (l.), der; –en, –en: (in der alten christl. Kirche) vom Teufel Besessener [eig. „Stürmender", von hiemare wintern, stürmen, zu hiems Winter]

hie|nie|den: s. hie

hier Uw.: an diesem Ort : an dieser Stelle eines Buches : zu diesem Zeitpunkt : in dieser Sache : in diesem Fall : in diesem Punkt : in dieser Beziehung ✳ *hier an dieser Stelle; von hier aus; hier und dort; hieran* Uw.: an diese Sache; *hierauf* Uw.: auf dieses hin, nach diesem; *hieraus* Uw.: aus diesem; *hierbehalten* → *hier behalten* (ich behalte hier; hierbehalten; hierzubehalten) tr.: zurückbehalten, nicht weglassen : *hierbei* Uw.: bei diesem; *hierbleiben* → *hier bleiben* (vgl. hierbehalten) intr.: nicht weggehen; *hierdurch* Uw.: durch dieses; *hierfür* Uw.: für dieses; *hiergegen* Uw.: gegen dieses; *hierher* Uw.: nach hier, zu diesem Ort; *hierherbemühen* → *hierher bemühen* tr.; *hierherbitten* → *hierher bitten* tr.; *hierherbringen* → *hierher bringen* tr.; *hierherfahren* → *hierher fahren* intr.: hierhergehörend* → *hierher gehörend; hierherkommen* → *hierher kommen* (vgl. hierbehalten) intr.; *hierherauf* Uw.: an dieser Stelle herauf, herauf nach hier; *hierhin* Uw.: nach diesem Orte; *hierhin kommen* (vgl. hierbehalten) intr.; *hierhinter* Uw.: hinter diesem; *hierin, hierinnen* Uw.: in diesem; *hierlands* Uw.: in diesem Lande; *hiermit* Uw.: mit diesem; *hiernach* Uw.: nach diesem; *hierneben* Uw.: neben diesem; *hierorts*

Uw.: an diesem Orte; hier; *hierselbst* Uw.: (Kanzleispr.) allhier; *hierüber* Uw.: über dies : über diesem; *hierum* Uw.: um dies; *hierunter* Uw.: unter diesem; *hiervon* Uw.: von diesem; *hiervor, hiervor* Uw.: vor diesem : vor dieser Zeit; *hierwider* Uw.: hiergegen; *hierzu* Uw.: zu diesem; *hierzulande auch: hier zu Lande* Uw.: in diesem Lande; *hierzwischen* Uw.: zwischen diesen Dingen ✳ **hiesig** Ew.: hier befindlich : von hier stammend ✳ **Hiesige**, der; –n, –n: Ortsansässiger

hierzulande / hier zu Lande Ob eine Fügung als Zusammensetzung (ein Wort) oder als Wortgruppe (mehrere Wörter) empfunden wird, ist in manchen Fällen individuell und regional verschieden. In einem solchen Fall ist Zusammenwie Getrenntschreibung möglich.

Hie|r|ar|chie (gr.), die; –, ..chien: Rangordnung : Aufbau in verschiedenen Stufen; (die katholische –) der gesamte Aufbau der katholischen Kirche ✳ **hie|r|ar|chisch** Ew.: die Hierarchie betreffend : der Rangordnung entsprechend ✳ **hie|ra|tisch** Ew.: priesterlich ✳ **Hie|ro|du|le**, der; –n, –n: Tempelsklave : Tempeldiener : niederer Kirchendiener der griech. Kirche ✳ **Hie|ro|gly|phe**, die; –, –n: „heilige Eingrabung", altägyptisches Bildschriftzeichen ✳ (Mz.) rätselhafte Schrift ✳ **hie|ro|gly|phisch** Ew.: in Bildschrift : rätselhaft, dunkel ✳ **Hie|ro|graph** *auch:* **Hie|ro|graf**, der; –en, –en: Beschreiber heiliger Dinge ✳ **Hie|ro|krat**, der; –en, –en: priesterlicher Herrscher ✳ **Hie|ro|kra|tie**, die; –, ..tien: Priesterherrschaft : Kirchenherrschaft ✳ **hie|ro|kra|tisch** Ew.: priesterherrschaftlich ✳ **Hie|ro|mant**, der; –en, –en: aus den Opfern Weissagender ✳ **Hie|ro|man|tie**, die; –: Wahrsagerei aus Tieropfern ✳ **Hie|ro|phant**, der; –en, –en: Oberpriester des Cereskultes [gr. hieros heilig] **hie|sig**: s. hier **hie|ven** tr.: (seem.) (mit der Ankerwinde) heben

hie|von, hie|vor usw.: s. hie **Hi-Fi** (e.) [haifi auch: haifai]: (Kurzwort) Highfidelity ✳ **Hi-Fi-Anlage; Hi-Fi-Boxen; Hi-Fi-Tower** **Hift**, der; –(e)s, –e: Ton des Jagdhorns : das damit gegebene Zeichen ✳ *Hifthorn* **high** (e.) [hai] Ew.: berauscht : (Umgspr.) aufgedreht, verklärt ✳ **high-browed** (e.) [haibraut] Ew.: aufdringlich intellektuell : arrogant, hochnäsig ✳ **High Church** (e.) [haitschörtsch], die; –: „Hochkirche", englische Staatskirche ✳ **High|fi|de|li|ty** *auch:* **High Fi|de|li|ty** (e.) [haifidäliti], die; –: größtmögliche Wiedergabetreue bei Schallplatten, Abk.: Hi-Fi : Lautsprechersystem zur originalgetreuen Wiedergabe ✳ **High|life** (e.) [hailef], das; –s: das exklusive Leben der vornehmen Gesellschaftsschicht ✳ **High So|ci|e|ty** (e.) [haißeßeieti], die; –: die vornehme Gesellschaft der Zehntausend ✳ **High-Tech → Hightech** (e.) [haitek], das; die; –: Hochtechnologie ✳ *Hightech-Sektor, -Industrie* **hi|hi!**: Ausruf: s. hi **Hi|ja|cker**, der; (e.-am.) [haidschäkᵉr], der; –s, –: jemand, der ein Flugzeug während des Fluges in seine Gewalt bringt und den Piloten zur Kursänderung zwingt : Luftpirat **Hi|la|ri|en** (nl.); (Mz.) Freudenfeste ✳ **Hi|la|ri|tät**, die; –: Heiterkeit **Hil|da, Hil|de, Hil|de|brand, Hil|de|gard** Vn. **Hil|fe**, die; –, –n: Befreiung aus einem üblen Zustand, Rettung : Förderung : das Befreien usw. Bewirkende : das Mitwirken zu jemandes Zwecken : Beistand, Unterstützung : Beitrag, Beisteuer ✳ *Hilfeleistung; hilfesuchend → Hilfe suchend; hilflos* Ew.: ohne Hilfe : sich nicht zu helfen wissend; *Hilflosigkeit; hilfreich* Ew.: helfend; *Hilferuf* ✳ *Hilfsarbeiter; hilfsbedürftig* Ew.; *hilfsbereit* Ew.; *Hilfsdienst; Iilfsheer; Hilfslehrer; Hilfsmittel; Hilfsquelle; Hilfsschule:* Sonderschule für lernbehinderte Kinder; *Hilfssprache:* künstliche Sprache; *Hilfstruppen; Hilfszeitwort:* zur Ab-

wandlung anderer Zeitwörter dienendes Zeitwort **Hill|bil|ly-mu|sic → Hill|bil|ly-mu|sik** (e.), die; –: ländlicher nordam. Musikstil ✳ *Hillbilly-Gitarre* **Hil|le|bil|le**, die; –, –n: altes Gerät (Schallbrett) zur Nachrichtenübermittlung **Hi|lum** (l.), das; –s, ..la: Pflanzennabel ✳ **Hi|lus**, der; –, ..li: Eintrittsstelle der Gefäße in ein Organ ✳ **Hi|lus|drü|se:** Lymphdrüse an der Austrittsstelle der Luftröhre aus der Lunge **Hi|ma|la|ja:** Gebirge in Asien **Hi|ma|ti|on** (gr.), das; –s, ..tien: altgriech. weites Gewand **Him|bee|re**, die; –, –n: essbare Beere : Beerenstrauch ✳ *Himbeergeist:* Himbeerschnaps; *Himbeersaft;* Himbeerstrauch **Him|mel**, der; –s, –: scheinbare hohle Halbkugel über der Erde : Raum, in dem sich alle Gestirne bewegen : (mythol., kirchl.) Aufenthalt der Götter oder der Gottheit, der Engel und der Seligen : Seligkeit : etwas Beseligendes : oberer Bettvorhang, Baldachin : (weidm.) ausgespannte Garne im Fang von Feldhühnern und Lerchen : (Bergb.) First ✳ *unter freiem Himmel:* im Freien; *in den Himmel erheben:* überschätzen ✳ *himmelab* Uw.: vom Himmel her; *himmelan* Uw.: himmelwärts, zum Himmel steigend, gen Himmel; *Himmelangst:* sehr große Angst; *mir ist himmelangst; Himmelbett; Himmelbrand:* eine Pflanze, Königskerze; *Himmelfahrt:* Auffahrt gen Himmel, bes. Christi oder Aufnahme Mariä in den Himmel; *himmelfroh* Ew.: froh wie im Himmel; *himmelhoch* Ew.: sehr hoch; *himmelhochjauchzend* Ew.; *Himmelreich:* Himmel als Reich der Seligkeit : Seligkeit; *himmelschreiend* Ew.: zum Himmel schreiend und von dort Ahndung fordernd; *himmelstürmend* Ew.: verwegen; *himmelwärts* Uw.; *himmelweit* Ew. ✳ *Himmelsachse:* Weltachse; *Himmelsangel:* Weltpol; *Himmelsbesen:* Himmelsbogen:* Himmelsgewölbe : Regenbogen; *Himmelsbote:* Engel; *Himmelsbraut:* Nonne;

Himmelsfeste: Himmelsge-
wölbe; *Himmelsgegend:* Welt-
gegend : Gegend des Gesichts-
kreises; *Himmelskönigin:* die
Jungfrau Maria; *Himmelskörper:* Weltkörper, Gestirn; *Him-
melskunde:* Astronomie; *Himmelsrichtung; Himmelsschrei-
ber:* Reklameflugzeug; *Him-
melsspur:* (weidm.) Spur des
ziehenden Hirsches, der das
Laub streifend umkehrt; *Him-
melsstürmer:* Idealist : Titane;
Himmelswagen: ein Sternbild;
Himmelszeichen: Zeichen des
Tierkreises; *Himmelszelt; Himmelsziege:* Sumpfschnepfe **⋆**
Him|me|lei, die; –, -en: him-
melndes Wesen : Anschwärme-
rei **⋆ him|meln** (ich ..[e]le)
intr.: (obd.) wetterleuchten :
umherfliegen : (weidm.) (tödlich getroffener Vogel) noch
einmal in die Höhe steigen :
sterben : frömmeln; tr.: mit einem Himmel (Baldachin usw.)
versehen **⋆ himm|lisch** Ew.: an
der Himmelsfeste sich zeigend
: zum Weltraum gehörend : im
Himmel wohnend : ewig, un-
vergänglich : wunderbar schön
: aufs Göttliche, Ewige bezüglich : auf die Seligkeit gerichtet
hin Uw.: vom Orte des Sprechenden weg einem Ziele zu :
sich ausdehnend über oder
durch einen Raum ohne be-
stimmtes Ziel : (zeitl.) sich ausdehnend durch einen Zeitraum
: fort, weg, verschwunden **⋆**
hin und her laufen intr.: ziellos
auf und ab gehen; *hin- und her-
laufen* intr.: zu einem Ziele hin
und wieder zum Ausgangs-
punkt zurück laufen; *hin und
wieder:* zuweilen; *Hin und Her,*
das; – – –: Bewegung, Unruhe
⋆ hin|altern (ich altere hin, hin-
gealtert, hinzualtern) intr.: al-
ternd hinsiechen; *hinarbeiten*
rbz.: sich gänzlich abarbeiten;
intr.: (auf etwas –) arbeitend zu
einem Ziele streben; *Hinblick:*
Blick auf etwas; *im Hinblick
auf:* mit Rücksicht auf; *hin-
bringen* tr.: zu einem Ziele
bringen : (Zeit –) verbringen;
hinführen tr.; *Hingang:* Gang
zu einem Ziel : Tod; *hingeben*
tr.: weggeben; rbz: sich opfern;
hingehen intr.: *hingegossen*
Ew.: gelöst daliegen; *hingeris-
sen* Ew.: ganz begeistert; *hin-*

halten tr.: (übertr.) durch Ver-
sprechungen vertrösten : haltend hinreichen; *hinknien; hin-
kommen* intr.; *hinlangen* tr.,
intr.: hinreichen; *hinlänglich*
Ew.: genügend; *Hinnahme;
hinnehmen* tr.: annehmen : sich
ruhig gefallen lassen; *hinraffen*
tr.: raffend wegnehmen; *hinreichen* tr.: zu etwas hin reichen :
genügen; *hinreichend* Mw.
Ew.: ausreichend; *Hinreise:*
Reise zum Ziel; *hinreißend*
Mw. Ew.: (übertr.) stark fortrei-
ßend, entzückend; *hinsagen* tr.:
gedankenlos sagen; *hinsein →
hin sein* intr.: (Umgspr.) völlig
erschöpft sein; *Hinsicht:* Betracht, Beziehung; *hinsichtlich*
Uw. (meist Gen.): betreffs; *hin-
setzen* rbz.: sich (wieder) setzen; *hinsiechen* intr.: siechend
zugrunde gehen; *hinschwinden*
intr.: schwindend zugrunde gehen; *hinwärts* Uw.: zum Ziele
hin; *Hinweis,* der; -es, -e: das
Hinzeigen : das Hinzeigende;
hinweg Uw.: weg; *hinwie-
der(um)* Uw.: dagegen; *hinziehen* tr., intr.: zu einem Ziele
ziehen; rbz.: sich verzögern,
lange dauern; *Hinzug:* Marsch
zum Ziele; vgl. hinab, hinan
usw.

hin|ab Uw.: abwärts **⋆** *hinab-
gehen* usw. vgl. die Zus. mit
herab; *hinabwärts* Uw.: abwärts

hin|an, hin|auf Uw.: auf-
wärts **⋆** *hinan-, hinaufbringen*
usw. vgl. herab

hin|aus Uw.: nach außen, weg
⋆ *über etwas hinaus sein:* etwas verwunden haben **⋆** *hinausgehen* usw. vgl. heraus

hinc il|lae la|cri|mae! (l.) [– ..ä
..ä]: „daher jene Tränen“, das
also ist der Grund!

Hind, das; –(e)s, -e; **Hin|de,**
die; –, -n; **Hin|din,** die; –,
-nen: Weibchen des Hirsches
oder des Rehes : kosende Bezeichnung der Geliebten

hin|der|lich Ew.: hindernd **⋆**
hin|dern (ich ..[e]re) tr.: hem-
mend zurückhalten **⋆ Hin|der-
nis,** das; -ses, -se: Hemmnis :
Sperre : (Sport) Hürde **⋆** *Hin-
dernislauf:* Wettlauf mit Hin-
dernissen; *Hindernisrennen:*
Pferderennen über Hürden :
Jagdrennen über Wälle und
Gräben **⋆ Hin|de|rung,** die; –,

-en: Erschwernis : Hemmung :
Zurückhaltung **⋆** *Hinderungs-
grund*

Hin|di, das; –(s): neuindische
Sprache, geschrieben mit Sans-
kritschrift

Hin|din: s. Hind

Hin|dos|tan, Hin|dus|tan:
Vorderindien **⋆ Hin|du,** der; –s,
–s: Anhänger des Hinduismus
⋆ Hin|du|is|mus, der; –: Form
des Brahmanismus, ind. Volks-
religion **⋆ hin|du|is|tisch**
Ew.: den Hinduismus betreffend, auf ihm beruhend **⋆**
Hin|dus|tani, das; –: Um-
gangssprache in Nordindien

hin|durch Uw.: durch etwas
durch **⋆** *hindurchgehen* usw.
vgl. hinab

hin|ein Uw.: in etwas eindrin-
gend **⋆** *hineingehen* usw. vgl.
herein

hin|fort Uw.: in Zukunft **⋆**
hin|fü|ro Uw.: (veralt. für) hin-
fort

hin|ge|gen Uw.: dagegen
**hin|ge|hen, hin|ge|ris|sen,
hin|halten:** s. hin

Hin|ke|bein: s. hinken

Hin|kel, Hün|kel, das; –s, –:
(mundartl.) Hühnchen

hin|ken intr. (haben, sein):
lahm gehen : (übertr.) nicht
gleichförmig gehen, schwanken **⋆** *Hinkebein, Hinkefuß:* ein
Hinkender

**hin|läng|lich, Hin|nah|me,
hin|neh|men:** s. hin

hin|nen Uw.: (veralt.) hier in-
nen **⋆ von hin|nen:** (veralt.)
von hier fort

hin|raf|fen, hin|rei|chend: s.
hin

Hin|sicht, hin|sicht|lich: s. hin

hint|an Uw.: an letzte(r) Stelle
: hinweg, fort, beiseite **⋆** *hintanlassen* (ich lasse hintan; hint-
angelassen;   hintanzulassen)
tr.: beiseite lassen; *hintansetzen*
(vgl. hintanlassen) tr.: an letzte
Stelle setzen, kaum berücksichtigen; *Hintansetzung:* Zurückstellung; *hintanstellen* tr.:
an das Ende einer Schlange
stellen

hin|ten Uw.: Gegensatz von
vorn : der Vorderseite entgegengesetzt **⋆** *hintenan* Uw.;
hintendrauf Uw.; *hintendrein*
Uw : dahinter : danach; *hinten-
herum* Uw.; *hintenhin* Uw.:
nach hinten; *hintennach* Uw.:

danach; *hintenrum* Uw.: (Umgspr.) hintenherum; *hintenüber* Uw.: nach hinten geneigt; *hintenüberfallen* intr.: auf den Rücken fallen ✳ **hin|ter** Vw. mit Dat. und Akk.: Ggs. von vor, auf, nach der Vorderseite entgegengesetzten Seite; Uw.: nach hinten; Ew.: hinten befindlich ✳ *Hinterachse; Hinteransicht; Hinterausgang; Hinterbacke:* Gesäßbacke; *hinterbleiben* (ich hinterbleibe: hinterblieben; zu –) intr.: zurückbleiben; *Hinterbliebene,* der; die; –n, –n: nach jemandes Tode Zurückgebliebene(r); *hinterbringen* (ich bringe hinter; hintergebracht; hinterzubringen) tr.: nach hinten bringen ✳ *hinterbringen* (ich hinterbringe; hinterbracht; zu hinterbringen) tr.: heimlich melden; *Hinterbringung:* heimliche Meldung; *hinterdrein* Uw.: hinterher : danach; *hinterdreinlaufen* intr.: hinterherlaufen ✳ **hin|ter|ei|n|an|der** Uw.: nacheinander : in Folge ✳ *hintereinanderfahren → hintereinander fahren; hintereinanderschalten → hintereinander schalten; hintereinanderstellen → hintereinander stellen ✳ Hintereingang; hinteressen* (vgl. hinterbringen) tr.: hinunterschlucken; *hinterfotzig* Ew.: (Umgspr.) arglistig : unfair : heimtückisch; *hinterfragen* tr.: nach den Hintergründen von etwas fragen; *Hintergebäude; hintergedanke:* heimlicher, hinterhältiger Gedanke; *hintergehen* (vgl. hinterbringen) intr.: nach hinten gehen; *hintergehen* (vgl. hinterbringen) tr.: betrügen; *Hintergehung:* Betrug; *Hintergrund; hintergründig; Hintergrundinformation; Hinterhalt:* Versteck des Feindes : versteckte Sinnesart; *hinterhalten* (vgl. hinterbringen) tr.: nach hinten halten; *hinterhalten* (vgl. hinterbringen) tr.: (selt. für) vorenthalten; *hinterhältig* Ew.: versteckt, lauernd; *Hinterhand:* hintere Hand: Teil der Hand zwischen Handwurzel und Fingern : (Kartsp.) Stelle hinter dem Ausspielenden; *Hinterhaupt; Hinterhaus; hinterher* Uw.: hinter etwas her; *hinterherlaufen* (vgl. hinter-

bringen) intr.; *hinterher sein; Hinterhof; Hinterkopf; Hinterlader:* von hinten zu ladendes Gewehr; *Hinterland:* hinter einem Hauptort gelegenes, von diesem abhängiges Land; *hinterlassen* (vgl. hinterbringen) tr.: nach hinten (gehen usw.) lassen; *hinterlassen* (vgl. hinterbringen): (Nachricht usw. –) zurücklassen : vererben; *Hinterlassenschaft:* das Erbe; *hinterlegen* (vgl. hinterbringen) tr.: nach hinten legen; *hinterlegen* (vgl. hinterbringen) tr.: als Pfand geben : in Verwahrung geben; *Hinterlist:* heimtückische List; *hinterlistig* Ew.; *Hintermann:* der hinter einem Befindliche; *Hinterrad; Hinterreifen; hinterrücks* Uw.: hinter jemandes Rücken : heimlich (in böser Absicht); *Hintersaß → Hintersass, -sasse:* Schutzverwandter : Untertan; *hinterschlingen, -schlucken* (vgl. hinunterbringen) tr.: schlingend, schluckend essen; *hintersinnig* Ew.: schwermütig; *Hinterstube:* nach hinten gelegene Stube; *Hinterteil,* der; das; –s: Hintere; *Hintertreffen:* hintere Linie einer Schlachtordnung : (Jagd) Anschluss; *ins Hintertreffen geraten:* den Anschluss verlieren; *hintertreiben* (vgl. hinterbringen) tr.: nach hinten treiben; *hintertreiben* (vgl. hinterbringen) tr.: vereiteln; *Hintertreppe; Hintertreppenliteratur:* Schundliteratur; *Hintertür; Hinterwäldler* (am.): ein in den Urwäldern Nordamerikas Wohnender : unwissender Mensch; *hinterwäldlerisch* Ew.: wildfremd, ungehobelt; *hinterwärts* Uw.: nach hinten : hinterrücks; *hinterziehen* (vgl. hinterbringen) tr.: nach hinten bringen; *hinterziehen* (vgl. hinterbringen) tr.: unterschlagen : *Hinterziehung:* Unterschlagung ✳ **Hin|te|re,** der; –n, –n; **Hin|tern,** der; –, –: Gesäß ✳ **hin|terst** Ew.: Superlativ zu hinter, am weitesten nach hinten liegend

hintereinander

Steht *hintereinander* in Verbindung mit einem Verb, wird diese Konstruktion wie bei allen Kombinationen mit dem Wortteil *einander* getrennt ge-

schrieben: *hintereinander gehen; hintereinander laufen; hintereinander schalten; hintereinander stehen.*

hin|term: (volkst.) hinter dem ✳ **hin|tern:** (volkst.) hinter den ✳ **hin|ters:** hinter das

hi|n|ü|ber Uw.: über etwas hin : nach drüben; *hinübergehen* usw. vgl. die Zus. von herüber

hi|n|un|ter Uw.: nach unten ✳ *hinuntergehen* usw. vgl. die Zus. von herunter

hin|wärts, hin|weg, hin|wie|der(um): s. hin

hin|zau|bern tr.: mit wenig Mitteln etwas sehr Gutes oder Schönes zustande bringen

hin|zie|hen tr.: in die Länge ziehen, verzögern

hin|zie|len intr.: zum Ziel haben

hin|zu Uw.: zu etwas zukommend ✳ *hinzufügen* tr.: dazutun; *Hinzufügung; hinzugesellen; hinzukommen* intr.: dazutreten; *hinzulernen; hinzurechnen* tr.; *hinzutreten; hinzuziehen* tr.; *Hinzuziehung,* die; –, –en; vgl. herzu

Hinz und Kunz (nicht flektierbar): (Umgspr.) jeder beliebige Mensch : ein jeder

Hi|ob (hebr.) : „der Angefeindete", bibl. En. ✳ *Hiobsbotschaft, Hiobspost:* Unglücksbotschaft

Hip-Hop (e.), der; –s: Tanzstil der Popmusik

hipp!: Ausruf; bes. *hipp, hipp, hurra!* als Hochruf

Hip|p|an|throp (gr.), der; –en, –en : Rossmensch, Zentaur ✳ **Hip|p|arch,** der; –en, –en: griechischer Reiteroberst ✳ **Hip|p|a|ri|on** (gr.), das; –s, ..rien: fossiles Pferd ✳ **Hip|p|i|at|rik,** die; –: Rossheilkunst ✳ **Hip|po|drom,** der; –s, –e: Reitbahn ✳ **Hip|po|gryph,** der; –s und –en, –e(n): Flügelross ✳ **Hip|po|kra|tes:** berühmter Arzt des Altertums (460–377 v. Chr.) ✳ **Hip|po|kra|ti|ker,** der; –s, –: Anhänger des Hippokrates ✳ **hip|po|kra|tisch** Ew.: in der Weise des Hippokrates : von Hippokrates herrührend ✳ **Hip|po|lo|gie,** die; –, ..gien: Pferdekunde ✳ **hip|po|lo|gisch** Ew. ✳ **Hip|po|po|ta|mus,** der; –, –: Fluss-, Nilpferd ✳ **Hip|p|u|rit,** der; –en, –en: fos-

sile Urmuschel * **Hip|pur|-
säu|re**, die; –, –n: Pferdeharn-
säure

Hip|pe, die; –, –n: Gärtner-,
Winzermesser mit gebogener
Klinge : Sense, bes. des Todes :
in eisernen Formen gebackener, oblatendünner, harter Kuchen * **Hippeneisen:** eiserne
Form zum Backen der Hippe

Hip|pe, die; –, –n: Ziege

Hip|pie, der; –s, –s: Jugendli-
cher einer Gruppe, die durch
einfaches Leben, gewaltlosen
Widerstand und zum Teil Verwendung bewußtseinserwei-
ternder Drogen gegen die bürgerliche Gesellschaft protes-
tiert; Anhänger einer ursprünglich von Amerika und England
ausgehenden Bewegung: „Blu-
menkind"

Hip|po|drom, Hip|po|gryph
usw.: s. Hippanthrop

Hi|ral|ga|na, das; –(s): Silben-
schrift der Japaner

Hirn, das; –(e)s, –e: Gehirn :
quer durchschnittenes Holz, an
dem die Jahresringe sichtbar
sind * *Hirnanhangdrüse; Hirn-
erschütterung; Hirngespinst:*
Phantasie, Phantom; *Hirnhaut-
entzündung; Hirni:* (Umgspr.)
einfältiger Mensch; *hirnlos;
Hirnschale; Hirnschlag; Hirn-
tod; hirnverbrannt* Ew.:
(hirn)toll

Hi|ro|schi|ma, Hi|ro|shi|ma:
japanische Stadt, die 1945 zum
Ziel der ersten Atombombe
wurde

Hirsch, der; –es, –e: zweihufi-
ges, wiederkäuendes Säugetier
: Edel- oder Rothirsch *
Hirschbock; Hirschbock: Männ-
chen des Hirsches : Art Stein-
bock; *Hirschfänger:* Seitenge-
wehr der Jäger zum Abfangen
jagdbarer Hirsche; *Hirschge-
weih; Hirschhorn:* Geweih des
Hirsches; *Hirschhornsalz;
Hirschkäfer; Hirschkalb;
Hirschkuh; Hirschleder;
Hirschruf:* Ruf des Hirsches :
Werkzeug zum Nachahmen des
Hirschgeschreis als Lockruf

Hir|se, die; –; der; –n (–s): Ge-
treideart * *Hirsebrei; Hirse-
korn*

Hirt; Hir|te, der; ..t(e)n, ..t(e)n:
der Hütende, bes. Viehhüter :
Leiter und Führer : Seelsorger,
Lehrer : Beiname von Christus

* *Hirtenamt; Hirtenbrief:*
Sendschreiben eines Bischofs;
Hirtendichtung: Schäferdich-
tung; *Hirtenflöte; Hirtengott:*
Pan; *Hirtenstab:* Krummstab
des kathol. Bischofs; *Hir-
tentäschelkraut:* Kreuzblütler;
Hirtenvolk: Nomaden *

Hir|tin, die; –, –nen: weibl. Hirt

his, das; –, –: (Mus.) das um
einen halben Ton erhöhte h (enharmonisch c) : Molltonstufe *

His, das; –, –: Durtonstufe

His|bol|lah, die; –: radikale
Partei und militante Gruppe is-
lamischer Fundamentalisten

His|pa|ni|en (l.): Spanien *
his|pa|nisch Ew.: spanisch *
His|pa|ni|stik, die; –: Teilge-
biet der Romanistik, die sich
mit spanischer Sprache und Literatur befasst

his|sen tr.: (seem.) emporwin-
den : die Flagge hochziehen

His|ta|min, der; –s, –e: Hor-
mon der Gewebe * **His|to-
lo|ge**, der; –n, –n: Wissen-
schaftler, der sich mit der Gewebelehre beschäftigt * **His-
tol| o|gie**, die; –, ..gien: (Med.)
Gewebelehre * **His|to|ge|nie**,
die; –: regelmäßige Entwicklung der Gewebe in allem Le-
bendigen * **His|to|no|mie**, die;
–, ..mien: (Med.) Gewebelehre
[gr. histos Gewebe]

His|tör|chen (gr.-l.), das; –s,
–: Geschichtchen * **His|to|rie**,
die; –, –n: Geschichte : Begebenheit * *Historienmaler* *
His|to|rik, die; –: Geschichts-
forschung * **His|to|ri|ker**, der;
–s, –: Geschichtsforscher *
His|to|ri|o|graph *auch:* **His-
to|ri|o|graf**, der; –en, –en: Ge-
schichtsschreiber * **his|to-
risch** Ew.: geschichtlich *
his|to|ri|sie|ren tr.: das Ge-
schichtliche betonen, anstreben
* **His|to|ris|mus**, der; –,
..men: zu starke Bewertung des
Geschichtlichen, Gewesenen
* **his|to|ris|tisch** Ew.: in der
Art des Historismus

His|tri|o|ne, der; –n, –n:
Schauspieler im alten Rom

Hit (e.), der; –s, –s: Schlager,
Spitzenschlager : (übertr.) Sache mit Erfolg * *Hitliste; Hit-
parade* [e. to hit schlagen, tref-
fen]

Hitsche, Hut|sche, Hüt|sche,
die; –, –n: (md.) Fußbank

Hit|ze, die; –: hoher Grad der
Wärme : (übertr.) hoher Grad
ungestümer Begierden und
Leidenschaften : Heftigkeit,
Aufregung * **hitzeabweisend**
Ew.; hitzebeständig Ew.; *Hitze-
bläschen; hitzefrei* Ew.:
(Schulw.) wegen Hitze unter-
richtsfrei; *Hitzeperiode; Hitze-
schild; Hitzewelle; hitzköpfig*
Ew.: leicht in Hitze, Eifer gera-
tend; *Hitzpocke; Hitzschlag* *
hit|zen (du hitzest und hitzt)
tr.: heiß machen : in Glut, Hitze
bringen * **hit|zig** Ew.: Hitze er-
regend und habend : heftig, eifrig, leidenschaftlich erregt und
ungestüm : leicht in Hitze, in
Zorn geratend * **Hit|zig|keit**,
die; –, –en: das Hitzigsein :
dessen Äußerung

HIV (Abk.), das; –s, –s: human
immunodeficiency virus : Erreger der Immunschwäche Aids
* **HIV-negativ** * **HIV-positiv**

Hi|wi, der; –s, –s: (Umgspr.)
Aushilfskraft mit oft geringem
Lohn : Praktikant

hm!: Ton des Räusperns; vgl.
hem und hum

H-Milch, die; –: Bez. für durch
Homogenisieren haltbar gemachte Milch

h-Moll: s. h

HNO-Arzt, der; –es, ..ärzte:
Kurzform für Hals-Nasen-Oh-
ren-Arzt

ho!: Ausruf des Staunens usw.,
meist *hoho!*

Ho|ang|ho: „Gelber Fluss",
Strom Chinas; vgl. Hwangho

Hob|bock, der; –s, –s: großes
zylindrisches Versandgefäß aus
Eisenblech

Hob|by (e.), das; –s, –s: Stec-
kenpferd, Liebhaberei * *Hob-
bygärtner; Hobbykeller; Hob-
byraum:* Spiel- oder Bastelzim-
mer, Werkraum

Ho|bel, der; –s, –: ein Werk-
zeug der Tischler * *Hobel-
bank:* Bank, auf der das zu Be-
hobelnde liegt; *Hobelma-
schine:* mechanischer Hobel in
der Metallbearbeitung; *Hobel-
span* * **ho|beln** (ich ..[e]le) tr.:
mit dem Hobel (be)arbeiten :
(übertr.) von Unebenheiten und
Rauheiten befreien

Ho|boe: s. Oboe

hoc, ad - (l.): hierfür, zu diesem (bestimmten) Zweck *
hoc anno (l.): in diesem Jahre;

Abk.: h. a. * *hoc est:* das ist;
Abk.: h. e. * *hoc loco:* an diesem Orte, hier; Abk.: h. l.

hoch Ew. (höher, höchst) (in allen Formen mit Biegungs-e tritt statt des ch ein h ein): nach oben ausgedehnt: nach oben hin sehr ausgedehnt, emporragend, sich über das gewöhnliche Maß erhebend : (Ton) mit großer Schwingungszahl : groß, stark; Uw.: sehr, in großem Maße * *hoch und heilig:* nachdrücklich, feierlich; *Hoch und Niedrig:* jedermann; *Hohe und Niedrige; hochrufen:* (eig. „er lebe hoch!" rufen) Wunsch des Wohlergehens laut rufen * *hochachten → hoch achten* (ich achte hoch, hochgeachtet, hochzuachten) tr.: sehr achten; *Hochachtung; hochachtungsvoll* Ew.: mit Hochachtung (Briefunterschrift); *Hochadel; hochaktuell* Ew.; *Hochaltar:* Hauptaltar; *Hochamt* (kath. K.) Messe am Hochaltar; *hocharbeiten; hochbefindliche Bahn; Hochbau:* der Teil des Bauwesens, der sich auf Bauten über der Bodenfläche bezieht; *hochbegabt → hoch begabt; hochbeglückt; hochbesteuert → hoch besteuert* Mw. Ew. (höherbesteuert, höchstbesteuert): mit hohen Steuern belegt; *hochbetagt* Mw. Ew.: sehr alt; *Hochbetrieb:* sehr starker Betrieb; lebhaftes Treiben; *hochbringen* (vgl. hochachten) tr.: in die Höhe bringen : wieder in Gang, in guten Zustand bringen; *Hochburg:* hochgelegene Burg : (bes. übertr.) Sammel-, Verteidigungsplatz, Mittelpunkt einer geistigen Bewegung; *hochdeutsch* Ew.: aus dem höher gelegenen, südlichen Deutschland : (Sprachl.) von der Lautverschiebung betroffen; *Hochdeutsche,* das; –n: hochdeutsche Sprache, Schrift- und Gemeinsprache in Deutschland; *hochdrehen; Hochdruck:* (Dampfmaschine) Druck über der Spannung von einer Atmosphäre : Reliefdruck; *Hochebene,* Hochehrwürden: Anrede für evangelische Geistliche; *hochentwickelt → hoch entwickelt; hochexplosiv; hochfahrend* Mw. Ew.: hochmütig; *hochfliegend* Mw.

Ew.: (meist übertr.) versiegen; *Hochfrequenzstrom:* Wechselstrom mit sehr hohen Schwingungen in der Sekunde; *hochgebildet* Mw. Ew.: sehr gebildet; *Hochgebirge; hochgeboren* Mw. Ew.: von hoher Geburt; in der Anrede: *Euer Hochgeboren; hochgeehrt → hoch geehrt* Mw. Ew.; *Hochgefühl; hochgelehrt* Mw. Ew.: sehr, gründlich gelehrt; *hochgemut* Ew.: von freudigem Mut erfüllt; *Hochgenuß → Hochgenuss:* besonders großer Genuss; *Hochgericht:* hohe Gerichtsbarkeit : Galgen; *hochgesteckt → hoch gesteckt; hochgestellt → hoch gestellt* Mw. Ew. (höher gestellt, höchst gestellt): hoch stehend; *hochgestochen; Hochglanz; hochglanzpoliert* Ew.; *hochgradig* Ew.: in hohem Maße, stark; *hochhackig; hochhalten* (vgl. hoch achten) tr.: hoch schätzen; *Hochhaus:* Turmhaus, Haus mit mehr Stockwerken als üblich; *hochheben* (vgl. hoch achten): in die Höhe heben; *hochherrschaftlich; hochherzig* Ew.: edelgesinnt; *hochindustrialisiert → hoch industrialisiert; hochintelligent* Ew.; *hochinteressant* Ew.; *hochjagen; hochjubeln; hochkant* Ew. Uw.: auf der Kante hochstehend; *hochkantig* Ew.: hochkant; *hochkarätig; hochkommen; hochkrempeln; Hochland:* über 200 m hoch gelegenes Land; *Hochländer,* der; –s, –: Bewohner des Hochlands; *hochleben lassen* tr.: einem ein Hoch ausbringen; *Hochleistung; Hochleistungssport; Hochmeister:* Oberhaupt eines Ritterordens; *hochmodern* Ew.; *hochvermögend* Mw. Ew.: vielvermögend; nur noch als Titel; *Hochmoor:* Moor in weit fortgeschrittenem Stande der Vertorfung; *Hochmut,* der; Dünkel, überheblicher Stolz; *hochmütig* Ew.; *hochnäsig* Ew.: dünkelhaft, eingebildet; *hochnehmen* (vgl. hochachten) tr.: (volkst.) überforteilen; *hochnotpeinlich* Ew.: strafgerichtlich; *Hochofen:* Schachtofen zur Gewinnung von Eisen aus Erzen; *hochoffiziell; hochpäppeln; Hochparterre:* erstes Stock-

werk eines Hauses; *hochpreisig; hochprozentig* Ew.; *hochqualifiziert → hoch qualifiziert; hochrangig; hochrechnen* tr.: aus repräsentativen Teilergebnissen das Gesamtergebnis vorausberechnen; *hochrot* Ew.; *Hochsaison; hochschätzen → hoch schätzen* (vgl. hoch achten): sehr schätzen; *hochschaukeln; hochscheuchen; hochschrecken; Hochschule:* Universität; *Hochschullehrer; Hochschulreform; hochschultrig* Ew.; *hochschwanger; Hochseefischerei; Hochsicherheitstrakt; Hochsitz; Hochsommer; Hochspannung; Hochspannungsleitung; hochspielen; Hochsprache:* Sprache des öffentlichen Lebens, der Schriftwerke; *Hochsprung; Hochstapler:* vornehm scheinender Gauner; *hochstehend → hoch stehend* Mw. Ew. (höher stehend, höchst stehend): vornehm : gutgestellt; *hochsteigen* (vgl. hoch achten) intr.: nach oben steigen; *hochstellen; hochstilisieren; Hochstimmung; Hochstraße; hochtönend* Mw. Ew.: von hohem Klang; *hochtonig* Ew.: den Hochton tragend; *hochtönig* Ew.: hochtönend; *Hochtourist; hochtrabend* Mw. Ew.: stolz, überheblich; *hochverdient; hochverehrt* Mw. Ew.: sehr verehrt, in der Anrede; *Hochverrat:* Verbrechen gegen den Staat; *Hochverräter; hochverräterisch* Ew.; *Hochwald:* Wald aus hochstämmigen Bäumen; *Hochwasser:* Überschwemmung; *hochwertig* Ew.; *Hochwild; hochwillkommen* Ew.; *hochwohlgeboren* Ew.; *Euer Hochwohlgeboren; Hochwürden:* Anrede höherer Geistlicher; *Hochzeit:* Vermählungsfest; *hochzeitlich* Ew.; *Hochzeitsfeier; –geschenke; –kleid; –kutsche; –reise; –tag; hochziehen*

Hoch, das; –s: Hochruf *
Hoch, das; –, –s: hoher Luftdruck (Klima) * **höch‖lich** Uw.: sehr * **höchst** Ew.: Superlativ zu hoch * *aufs höchste* *auch: aufs Höchste:* in höchstem Maße * *Höchstbietende,* der; die; –n, –n: einer, der das höchste Angebot abgibt;

höchstmöglich; höchsteigen Ew.: (verst.) eigen; *Höchstgeschwindigkeit; Höchstleistung; höchstpersönlich; Höchstpreis; Höchststrafe; höchstwahrscheinlich* Uw.: sehr wahrscheinlich ∗ **Höchst**, das; –(s), –(s): Höchstleistung ∗ **höchstens** Uw.: im äußersten Falle; vgl. Höhe usw.

hochrechnen, hoch achten Steht das Adjektiv *hoch* in Verbindung mit einem Verb gilt die Zusammenschreibung, wenn *hoch* nicht steigerbar oder erweiterbar ist: *hochrechnen; hochverehrt.* Ist das Adjektiv *hoch* in einer derartigen Verbindung steigerbar (*höher; sehr hoch*), wird getrennt geschrieben: *hoch achten; hoch industrialisiert; hoch qualifiziert; hoch stehend.*

Hoch|hei|mer, der; –s, –: Wein aus Hochheim
Hoch|kirche, die; –: engl. Staatskirche (s. High Church)
Hock, der; –s, Höcke: (schweiz.) geselliges Treffen ∗ **Ho|cke,** die; –, –n: Haufen zum Trocknen zusammengestellter Garben : (Turnkst.) hockende Stellung : Ecke beim Brettspiel ∗ *Hockstellung* ∗ **ho|cken** intr.: auf jemandes Rücken sitzen oder sich setzen : kauern : sitzen, sich setzen : hockend, sitzend lange verweilen; tr.: auf den Rücken nehmen und tragen : in Hocken setzen ∗ **Ho|cker,** der; –s, –: der Hockende : Schemel ∗ **Hö|cker,** der; –s, –: hügelartige Erhöhung : Buckel ∗ **Ho|cke|rei,** die; –, –en: das Hocken : das Stillsitzen ∗ **hö|cke|rig** Ew.: Höcker habend, uneben, bucklig
Ho|ckey (e.) [hokil], das; –s: Stockball, ein Rasenballspiel ∗ *Hockeyfeld; Hockeyschläger; Hockeyspieler*
hoc lo|co (l.): an diesem Orte; Abk.: h. l.
Hol|de, die; –, –n; **Holden,** der; –s, –: den Samen bildender Körperteil des Mannes und der männlichen Tiere ∗ *Hodenbruch; Hodensack*
Hol|do|me|ter, das; –s, –: Wegmaß, Wegmesser, Schrittzähler [gr. hodos Weg]
Hol|d|scha, der; –s, –s: islamischer geistlicher Lehrer

Hoek van Hol|land [huk – –]: niederl. Hafenstadt
Hof, der; –(e)s, Höfe: rings eingeschlossener nach oben offener Platz : Ring um den Mond usw. : Kreis um die Brustwarze : ländliches Besitztum : Hofstaat, Gefolge eines Fürsten : hohes Gericht ∗ *Hofburg:* ehemaliges Kaiserschloss in Wien; *Hofdame:* adlige Dame zur Bedienung und Gesellschaft der Fürstin; *hoffähig* Ew.: zum Zutritt beim fürstlichen Hof berechtigt; *hofhalten* → *Hof halten; Hofknicks; Hofmarschall; Hofmeister:* (veralt.) Hauslehrer : Gutsverwalter; *Hofnarr; Hofprediger:* Geistlicher an Königs- oder Fürstenhöfen; *Hofrat:* Beamtentitel; *Hofschranze* (der, die): (verächtl.) *Höfling; Hofstaat; Hoftor* ∗ **ho|fie|ren** (..iert) intr.: dienen : schmeicheln : stattlich Hofhalten, prangen : (veralt.) schmausen : (veralt.) zur Kurzweil beitragen; tr.: freihalten ∗ **hö|fisch** Ew.: vom Hof stammend : der Hofsitte gemäß ∗ **höf|lich** Ew.: gesittet im Benehmen : (veralt.) fein, gehörig ∗ **Höf|lich|keit,** die; –, –en: das Höflichsein : dessen Kundgebung ∗ *Höflichkeitsbesuch; Höflichkeitsfloskel; höflichkeitshalber* ∗ **Höf|ling,** der; –s, –e: Hofmann : der gewandte Weltmann

Hof halten Verbindungen aus Substantiv und Verb werden getrennt geschrieben: *Hof halten; Diät halten; Eis laufen; Not tun; Walzer tanzen.* Das gilt auch für Partizip und Infinitiv: *Hof gehalten, Hof zu halten.*

Hof|fart, die; –: hochfahrendes Wesen ∗ **hof|fär|tig** Ew.: hochmütig
hof|fen tr.: erwarten, dass etwas Erwünschtes Erfolg habe oder haben werde : vertrauen : mit Verlangen warten, ersehnen ∗ **hof|fent|lich** Uw.: nach meinem Hoffen ∗ **höff|lich** Ew.: (bergm.) zu Hoffnung auf Ausbeute berechtigend ∗ **Hoff|nung,** die; –, –en: das Hoffen : das Gehoffte ∗ *hoffnungslos* Ew.; *Hoffnungsschimmer, Hoffnungsstrahl; Hoffnungsträger; hoffnungsvoll* Ew.
Hof|gas|tein: östr. Badeort

Höft, das; –es, –e: (nordd.) Landzunge : Haupt
hö|gen rbz.: (nordd.) erfreuen : begeistern
ho|he Ew.: hoch ∗ *das hohe Haus:* das hochgebaute Haus; *das Hohe Haus* → *das hohe Haus:* das Parlament; *die hohe See:* das offene Meer; *die Hohe Schule* → *die hohe Schule:* Reitkunst; *Hohepriesteramt,* das; –(e)s, ..ämter; *hohepriesterlich* Ew. ∗ **Ho|heit,** die; –, –en: Fürstentitel : höchste Staatsgewalt ∗ *hoheitlich; Hoheitsakt; Hoheitsgebiet; Hoheitsgewässer; Hoheitsrecht; hoheitsvoll; Hoheitszeichen*
Hö|he, die; –, –n: das Hochsein : das Hohe : Maß des Emporragens : hoher Standpunkt : Gesamtzahl : (Mal.) das stark ins Gesicht Fallende und Hervortretende : (Math.) senkrechter Abstand : (seem.) geografische Breite ∗ *Höhenangabe; Höhenangst; Höhenflug; Höhenkrankheit; Höhenkurort:* hochgelegener Gebirgskurort; *Höhenlage:* Lage in der Höhe; *Höhenluft:* Bergluft; *Höhenmessung; Höhenrekord; Höhenrücken:* Höhenzug; *Höhenruder:* Höhensteuer; *Höhensonne:* Hochgebirgssonne : (Med.) elektrischer Lichtapparat; *Höhensteuer:* Steuer am Flugzeug; *Höhenunterschied; Höhenzug:* niederer Gebirgszug ∗ *Höhepunkt:* Gipfel
Hohe|lied, das; des Hohelied(e)s; die Hohelieder *auch:* **Hohe Lied,** des Hohen Liedes, die Hohen Lieder; des Alten Testaments ∗ **Hohe|pries|ter,** der; des Hohepriesters, die Hohepriester *auch:* **Hohe Pries|ter,** der; des Hohen Priesters, die Hohen Priester: Oberpriester

Hohelied / Hohe Lieder Die bisherige Schreibweise *das Hohelied* ist weiter gültig, wenn der erste Teil nicht gebeugt wird: *des Hohelied(e)s; ein Hohelied.* Wird der erste Wortteil gebeugt, schreibt man getrennt: *des Hohen Lied(e)s; ein Hohes Lied.*

Hohen|stau|fe, der; –n, –n: schwäb. Fürstengeschlecht ∗ **Hohen|stau|fen,** der; –: Berg in Württemberg

Hohen|twiel, der; –: Bergkegel im Hegau

Hohen|zoller, der; –n, –n: dtsch. Herrschergeschlecht * **hohen|zol|le|risch** Ew.; zu den H. gehörend * **Hohen|zollern:** Gebietsteil der Schwäb. Alb : Stammburg der Hohenzollern

Hö|he|punkt: s. Höhe

hö|her Ew. * _höhere Bildung; höhere Gewalt; höheren Ortes; das höhere Schulwesen; eine höhere Schule; die Höhere Schule in Fürth_ * _höhergestellt_ → _höher gestellt; höherstufen_ → _höher stufen_

hohl Ew.: im Innern einen leeren Raum habend : ohne wesentlichen Inhalt, leer, nichtig : vertieft : gekrümmt, konkav : eingefallen : tiefliegend : dumpf * _hohläugig_ Ew.; _Hohleisen:_ Hohlmeißel, –bohrer; _Hohlflöte:_ eine Art Orgelpfeife; _Hohlglas:_ inwendig hohles Glasgefäß : vertieft geschliffene Glaslinse; _Hohlkehle:_ Hohlleiste, Hohlfalz; _Hohlkopf:_ Dummkopf; _Hohlkörper; Hohlkugel; Hohlmaß:_ hohles Gefäß als Maß; _Hohlnadel; Hohlraum; Hohlsaum:_ eine Art Ziersaum; _Hohlschliff; Hohlspiegel:_ Konkavspiegel; _hohlwangig_ Ew.; _Hohlweg; Hohlziegel_ * **Höh|le,** die; –, –n: umschlossener leerer Raum in der Erde : schlechter Wohnplatz : (Bergb.) Maß für sechzehn Zentner Erz * _Höhlenbär; Höhlenbewohner; Höhlenforscher; Höhlenmalerei; Höhlenmensch_ * **höh|len** tr.: hohl machen, rbz.: hohl werden * _gehöhlt_ Mw. Ew.: hohl * **Hohl|heit,** die; –, –en: das Hohlsein, Leere * **Hohl|lung,** die; –, –en: hohler Raum * **Höh|lung,** die; –, –en: das Höhlen : das Hohle

Hohn, der; –(e)s: (veralt.) erniedrigende Schmach und Schande : Geringschätzung, Spott, Verachtung : Gegenstand des Hohns : schlimme Behandlung * _Hohn lachen auch: hohnlachen_ (ich lache Hohn auch: ich hohnlache); _höhnend auslachen; Hohngelächter; Hohn sprechen auch: hohnsprechen_ (ich spreche Hohn auch: ich hohnspreche)

intr.: höhnen * **höh|nen** tr., intr.: (veralt.) beschimpfen, entehren : mit Hohn verspotten : nicht achten : Trotz bieten * **Höh|ne|rei,** die; –, –en: höhnische Spötterei * **höh|nisch** Ew.: höhnend, spöttisch, hämisch

hoi|ho!: Ausruf, bes. von Schiffern

hö|ken, hö|kern (ich ..[e]re) intr.: als Kleinkrämer einen Handel treiben * **Hö|ker,** der; –s, –: Kleinkrämer * **Hökerweib** * **Hö|ke|rei,** die; –, –en: das Hökern

Ho|kus|po|kus, der; –: sinnlose Zauberformel der Taschenspieler : Gaukelei

hold Ew.: wohlwollend, geneigt, freundlich : anhänglich, ergeben : freundlichen Eindruck erregend, anmutig, lieblich * _holdselig_ Ew.: sehr hold * **Hol|de,** der, die; –(n), –n(en): anmutreiche Person : Geliebte

Hol|da, Hol|le: german. Göttin * _Frau Holle:_ Märchengestalt

Hol|der, der; –s, –: Holderbaum, Holunder

Hol|ding|ge|sell|schaft (e.-dtsch.): Unternehmen zur Finanzierung und Überwachung anderer Betriebe

hol|drio: Ausruf der Freude * **Hol|drio,** der; –s, –s: leichtlebiger Mensch

hold|se|lig Ew.: (veralt.) anmutig, lieblich

ho|len tr.: zu sich hinbewegen, zu etwas hingehen, es mit sich nehmen * _holüber!:_ Ruf an den Fährmann

Ho|lis|mus, der; –: philosophische Lehre der Ganzheit

Holk, der (das); –(e)s, –e(n): Last-, Zugschiff

hol|la!: Ausruf, um jemand herbeizurufen, zum Stillstand zu gebieten usw.

Hol|land: Name für die Niederlande * **Hol|län|der,** der; –s, –: Bewohner von Holland : Käse aus Holland : zur holländischen Schule gehöriger Maler : (Müll.) holländische Windmühle mit drehbarem Kopf : ein Kinderfahrzeug * _Holländer Käse_ * **Hol|län|de|rei,** die; –, –en: Landwirtschaft mit großer Viehzucht : Pacht der Viehbenutzung *

hol|län|dern (ich ..[e]re) intr.: Heftverfahren in der Buchbinderei : Bogenfahren beim Eislauf * **hol|län|disch** Ew.: aus Holland * **Hol|län|disch,** das; –en: Sprache in Holland : Niederländisch

Höl|le, die; –, –n: Unterwelt, Schattenreich : qualvoller Aufenthalt der Verdammten und der Teufel : (thüring.) eingebauter Ofenplatz * _Höllenangst; Höllenbrut:_ Teufelsbrut; _Höllenfahrt; Höllenhund:_ Zerberus : strenger Wächter; _Höllenlärm; Höllenmaschine:_ mit Sprengstoff gefüllte Vorrichtung zu Zerstörungen; _Höllenqual; Höllenspektakel:_ Riesenlärm; _Höllenstein:_ salpetersaures Silberoxid zum Ätzen * **höl|lisch** Ew.: teuflisch : der Hölle entstammend : sich auf die Hölle beziehend : verdammt, verflucht : hochgradig; Uw.: sehr : extrem

Hol|ler: s. Holder

Hol|le|rith|sys|tem, das; –s, –e: Lochkartenmaschine (nach dem Erfinder H.)

Hol|ly|wood: Filmstadt in den USA, nordwestlicher Stadtteil von Los Angeles/Kalifornien * _Hollywoodschaukel:_ hängende, schwingende Sitzbank

Holm, der; –(e)s, –e: Querholz über zwei Pfählen : Hügel : Flussinsel oder Halbinsel : Schiffswerft * _Holmgang:_ (altnord.) Zweikampf, der auf dem Holm ausgetragen wurde

Hol|mi|um, das; –s: ein chem. Element; Abk.: Ho

Ho|lo|caust (e.), der; –s, –s: Vernichtung einer Gruppe Menschen aufgrund ihres Glaubens oder ihrer Herkunft, v. a. im Dritten Reich

ho|lo|e|d|isch (gr.) Ew.: alle um eine Achse vereinbart Flächen habend * **Ho|lo|gramm:** Speicherbild * **Ho|lo|gra|phie** _auch:_ **Ho|lo|gra|fie:** fotografisches Verfahren zum Erzeugen räumlicher Bilder mittels Laserstrahlen * **ho|lo|gra|phie|ren** _auch:_ **ho|lo|gra|fie|ren** (..iert) (gr.) tr.: mit eigener Hand schreiben * **ho|lo|gra|phisch** _auch:_ **ho|lo|gra|fisch** Ew.: eigenhändig geschrieben * **Ho|lo|gra|phon,** das; –s, ..graphen: eigenhändige Urkunde, Vermächtnis ∗ **hollo-kris|tal|lin** Ew.: ganz aus Kristall ∗ **Hol|lo|thu|rie,** die; –, ..rien: Seegurke ∗ **Hol|lo|zän,** das; –s: Erdzeitalter [gr. holos ganz]

hol|pe|rig, hol|prig Ew.: uneben, höckerig : holpernd ∗ **Holperigkeit, Holprigkeit,** die; –, –en ∗ **hol|pern** (ich ..[e]re) intr.: holperig sein : stolpern

Hols|te, der; –n, –n: Holsteiner ∗ **Hol|stein:** Teil des Bundeslandes Schleswig-Holstein ∗ **hol|stei|ner,** der; –s, –: Bewohner von Holstein : Pferderasse ∗ **hol|stei|nisch** Ew.

Hols|ter, der; –s, –: (niederd.) Tornister : (Pistolen-)Halfter

hol|ter!: Ausruf, nur in: *holterdiepolter!* : Tonwort zur Bezeichnung von etwas sich Hals über Kopf polternd Überstürzendem

hol|über!: Ruf an den Fährmann; s. holen

Hol|un|der, der; –s, –: Geißblattgewächs, Strauch oder Baum ∗ *Holunderbeere; Holundertee*

Holz, das; –es, Hölzer; Hölzchen: Hauptbestandteil des Baumstammes : (Mz.) Holzarten : (Gärtn.) Äste : etwas aus Holz Gefertigtes : Baum oder Strauch : Wald, Gehölz ∗ *Holzapfel:* unveredelter Apfel; *Holzbein; Holzbildhauer; Holzblasinstrument; Holzbock:* hölzerner Tragebock : Feuer oder Brandbock : ein Käfer : störrische Person; *Holzboden; Holzeinschlag; Holzfäller; holzfrei; Holzfrevel:* Frostfrevel; *Holzgeist:* Methylalkohol; *Holzgerüst; Holzgraupen:* Erz in Gestalt versteinerter Ästchen; *Holzhacker; Holzhammer; Holzhaus; Holzkiste; Holzklotz; Holzkohle; Holzkopf:* Dummkopf; *Holzpantoffel; Holzpflock; Holzscheit; Holzschliff; Holzschnitt:* in Holz geschnittene Zeichnung : der Abdruck davon; *Holzschnitzerei; Holzschuh; Holzspan; Holzstapel; Holzstoß:* aufgeschichtete Holzhaufen, bes. Scheiterhaufen; *Holztreppe; holzverarbeitend →Holz verarbeitend; Holzweg:* Weg im Walde zur Holzabfuhr;

auf dem Holzweg sein: auf einem falschen Weg sein; *Holzwolle; Holzwurm:* holzzerstörender Wurm, Totenuhr ∗ **hol|zen** (du holzest und holzt) intr.: (weidm.) auf einen Baum klettern oder springen : Holz fällen oder sammeln; tr.: (Bäck.) feuern : mit Holz bekleiden : (stud.) prügeln ∗ **Holz|ze|rei,** die; –, –en: Prügelei ∗ **höl|zern** Ew.: von Holz : (übertr.) steif, unbeholfen, wie von Holz : klanglos, ohne Metall im Ton : saftlos ∗ **hol|zig** Ew.: holzartig, Holz habend ∗ **Hol|zung,** die; –, –en: das Abholzen : Gehölz

Hom|burg, der; –s, –s: Hut der Diplomaten, benannt nach dem Herstellungsort

Home|land (e.) [hohmländ], das; –s, –s: Gebiete Südafrikas, die der schwarzen Bevölkerung zugewiesen wurden

Ho|mer: griech. Dichter ∗ **Ho|me|ri|de,** der; –n, –n: Nachkomme, Abkömmling Homers ∗ **ho|me|risch** Ew.: in der Art von Homer : von Homer abstammend ∗ *homerisches Gelächter:* starkes Gelächter; *homerische Dichtungen*

Home|rule (e.) [hohmruhl], die; –: Selbstregierung : Schlagwort der irischen Unabhängigkeitsbewegung ∗ **Home-ru|ler,** der; –s, –: Angehöriger einer Selbstregierung erstrebenden politischen Partei ∗ **Home|spun** [hohmspan], das; –s, –s: „Hausgespinst", ein Wollgewebe ∗ **Home|trai|ner,** der; –s, –: Heimübungsgerät (z. B. Fahrrad, Rudergerät) zum Konditions- und Ausgleichstraining oder für heilgymnastische Zwecke

Ho|mi|let (gr.), der; –en, –en: Kanzelredner : Lehrer der geistlichen Beredsamkeit ∗ **Ho|mi|le|tik,** die; –: Prediger-, Kanzelredekunst ∗ **Ho|mi|lie,** die; –, ..lien: Predigt oder Betrachtung zur Erläuterung einer Bibelstelle

Ho|mi|ni|den (l.), Mz.: die heutige Menschheit und ihre ausgestorbenen Formen ∗ **Ho|mi|nis|mus** (l.), der; –: Vermenschlichung : Erkenntnistheorie, die den Menschen in den Mittelpunkt stellt

Hom|ma|ge (fr.), die; –, –n: kulturelles Ereignis zu Ehren einer Person

ho|mo.. (gr.) Ew. in Zus.: gleich ∗ **Ho|mo,** der; –s, –s: (Umgspr.) Homosexueller ∗ **Ho|mo|e|ro|tik,** die; –: auf das eigene Geschlecht bezogene Erotik ∗ **ho|mo|gen** Ew.: gleichartig ∗ **ho|mo|ge|ni|sie-ren:** ein einheitliches Ergebnis herstellen ∗ **Ho|mo|ge|ni|sie-rung,** die; –, –en: Gleichmachung : gleichmäßige Verteilung ∗ **Ho|mo|ge|ni|tät,** die; –, –en: Gleichartigkeit ∗ **ho|mo-log** Ew.: gleichliegend, gleichlautend, gleichnamig, gleiche Beziehungen habend ∗ **Ho|mo|lo|gie,** die; –, ..gien: Übereinstimmung ∗ **Ho|mo|lo|gu-me|non,** das; –s, ..mena: allgemein anerkannte oder für echt gehaltene Schrift des N. T. ∗ **Ho|mo|nym,** das; –s, –e: gleichlautendes und doppelsinniges Wort : eine Rätselart ∗ **ho|mo|nym** Ew.: gleichnamig : gleichlautend, aber von mehrfacher Bedeutung ∗ **ho|mo-phil** Ew.: homosexuell ∗ **Ho|mo|phi|lie,** die; –: Homosexualität ∗ **ho|mo|phon** *auch:* **ho|mo|fon** Ew.: gleichlautend : einstimmig ∗ **Ho|mo|pho|nie** *auch:* **Ho|mo|fo|nie** (gr.), die; –: musikalische Satzweise ∗ **Homo sapiens,** der; –, –: wissenschaftlicher Ausdruck für den Menschen ∗ **Ho|mo|se-xu|a|li|tät** (gr.-l.), die; –: gleichgeschlechtliche Liebe ∗ **ho|mo|se|xu|ell** Ew.: gleichgeschlechtlich ∗ **Ho|mo|se-xu|el|le,** der u. die; –n, –n ∗ **ho|mo|zen|t|risch** Ew.: einen gemeinschaftlichen Mittelpunkt habend ∗ **ho|mo|zy|got** Ew.: gleichanlagig : reinrassig [gr. homos gleich]

ho|mö|o.. (gr.) Ew. in Zus.: ähnlich ∗ **Ho|mö|o|path,** der; –en, –en: Anhänger der Homöopathie ∗ **Ho|mö|o|pa|thie,** die; –: Ähnliches mit Ähnlichem heilen, ein Heilverfahren ∗ **ho|mö|o|pa|thisch** Ew.: Ähnliches leidend, in ähnlichem Zustande sich befindend, gleichgesinnt : die Homöopathie betreffend

Ho|mun|ku|lus (l.), der; –, ..lusse o. ..li: „Menschlein", auf alchimistischem Wege erzeugter Mensch

Ho|nan: chines. Provinz * **Ho|nan|sei|de,** die; –: eine chines. Rohseide

Hon|du|ras: mittelamerikanischer Staat

ho|nen tr.: äußerst sorgfältig schleifen

ho|nes|tie|ren (..iert) (l.) tr.: ehren, beehren * **ho|nett** (fr.) Ew.: anständig : ehrenhaft : rechtschaffen

Hong|kong: chines. Hafenstadt

Ho|nig, der; –s: süßer dickflüssiger Saft, den die Bienen aus dem eingesogenen Blütensaft herstellen und in Waben sammeln * **Honigbiene;** *honigfarben* Ew.; *Honigglas; Honigkuchen:* Lebkuchen; *wie ein Honigkuchenpferd strahlen; Honigmond:* Flitterwochen; *das ist kein Honigschlecken; Honigtau:* von Blattläusen herrührende süße klebrige Feuchtigkeit auf Pflanzen; *Honigwabe:* aus Wachszellen bestehende honiggefüllte Scheibe oder Tafel des Bienenbaus; *Honigwein; Honigzelle:* Zelle aus Wachs in der Honigwabe * **ho|nig|süß** Ew.

Hon|neur (fr.) [onnöhr] das; –s, –s: Ehre : die Ehrenerweisung * *die Honneurs* [..öhrß] *machen:* die Gäste willkommen heißen; vgl. honestieren, honorabel

Ho|no|lu|lu: Hauptstadt Hawaiis

ho|no|ra|bel (l.) Ew.: ehrenvoll, ehrenwert, ehrbar, schätzbar * **Ho|no|rar,** das; –s, –e: „Ehrensold", Gebühren : Bezahlung, Vergütung für Arbeiten geistiger Art * *Honorarkonsul; Honorarprofessor:* Professor ehrenhalber

Ho|no|rat (l.), der; –en, –en: ein oberer Ordensgeistlicher * **Ho|no|ra|tio|re,** der; –n, –n: der Vornehme, ein Mitglied der höheren Stände * **ho|no|rie|ren** (..iert) tr.: ehren, hochschätzen, bezahlen, vergüten * **Ho|no|rie|rung,** die, , en * **ho|no|rig:** (stud.) ehrenhaft * **ho|no|ris cau|sa** (l.): ehrenhalber; Abk.: h. c.; vgl. honestieren; Honneur

Hon|véd [..w..], die; –: ungar.

Landwehr * **Hon|véd,** der; –s, –s: ungar. Landwehrmann

Hook (e.) [huhk], der; –s, –s: (Boxen) Haken : (Med.) hakenartiges Ansatzstück an Kunstarmen zum Greifen und Halten : Drogenabhängigkeit

Hoo|li|gan, der; –s, –s: aggressiver, gefährlicher Unruhestifter, besonders als Fußballfan

Hoorn, Kap: Südspitze Südamerikas

Hop|fen, der; –s, –: ein Hanfgewächs : die zum Brauen wichtigen Blütenkätzchen der weibl. Hopfenpflanze * *Hopfenmehl:* harzartiger Staub auf Früchten und Deckblättern des Hopfens; *Hopfenstange:* Stange zum Emporranken der Hopfenpflanzen : (spött.) lange, dünne Person; *Hopfenzapfen:* Blütenkätzchen * **hop|fen** tr.: mit Hopfen bittern * **Hop|lit** (gr.), der; –en, –en: schwerbewaffneter Fußkämpfer

hopp! (Befehlsform von hoppen): Ausruf zur Bezeichnung der raschen Bewegung * **hoppa, hopphopp, hopphei, hoppla, hop(p)s; hopsala; hopsasa:** hopp * **Hops,** der; ..ses, ..se: rascher Sprung * *hopsgehen* → *hops gehen:* verloren gehen : sterben; *hopsnehmen* → *hops nehmen:* festnehmen * **hop|sen** (du hopsest und hopst) intr. (sein) : hüpfen, springen * **hop|peln** (ich ..[e]le) intr. (sein): (vom Hasen) hüpfen * **Hop|ser,** der; –s, –: der Hopsende : Hops

Hop|pel|pop|pel, das; –s: ein Mischgetränk : eine Speise aus Eiern, Kartoffeln, Speck

Ho|ra (gr.-l.), die; –, Horen: Stunde : Betstunde * *Horen:* Göttinnen der Jahreszeiten : Titel einer Zeitschrift von Schiller * **Ho|ro|log,** das; –s, –e; **Ho|ro|lo|gi|um,** das; –s, ..gien: Stundenausrufer (Sklaven) * **Ho|ro|s|kop,** das; –s, –e: „Stundenzeiger", astrolog. Schicksalsdeutung aus der Geburtsstunde * *das Horoskop stellen:* das Schicksal aus der Stellung der Gestirne in der Geburtsstunde deuten [gr. hora Jahreszeit, Stunde]

hör|bar Ew.: so beschaffen, dass man es hören kann *

hö|ren tr., intr.: Gehörsinn haben : durch das Ohr wahrnehmen : folgen, gehorchen : gehören : durch andere vernehmen, erfahren * **Hört-Hört-Ruf** → *Hörthörtruf,* der; –(e)s, –e: Zwischenruf; *vom Hörensagen wissen* tr.: nur durch fremde Mitteilung wissen; *das läßt* → *lässt sich hören:* das klingt gut : das verdient Gehör, Beachtung * *Hörapparat; Hörbereich:* Gebiet des Hörens; *Hörbild; Hörbrille; Hörfehler; Hörfunk; Hörgerät;* hörgeschädigt; *Hörmuschel:* Teil des Telefons; *Hörnerv; Hörorgan; Hörrohr:* Hörapparat; *Hörsaal:* Vorlesungsraum; *Hörspiel:* durch Radio übertragenes Spiel, nur für das Gehör; *Hörsturz; Hörweite:* Hörbereich * **Hö|rer,** der; –s, –: ein Hörender, Zuhörender : Hörmuschel am Fernsprecher * *Hörerschaft* * **Hö|re|rin,** die; –, –nen: weibl. Hörer * **hö|rig** Ew.: unfrei, in einem gewissen Abhängigkeitsverhältnis stehend * **Hö|rig|keit,** die; –, –en: das Hörigsein

hor|chen intr.: mit gespannter Aufmerksamkeit hören : heimlich zuhören; tr.: behorchen * *Horchgerät:* (Kriegsw.) Apparat zur Feststellung feindlicher Flugzeuge; *Horchposten* * **Hor|cher,** der; –s, –: der Horchende * **Hor|che|rei,** die; –, –en: das (dauernde) Horchen

Hor|de, die; –, –n: Gestell zum Trocknen von Obst, Käse und Kräutern

Hor|de, die; –, –n: Schar, umherstreifende, ungebundene Gemeinschaft : Nomadenstämme * *hordenweise* Uw.: in Horden

hö|ren, hö|rig: s. hörbar

Ho|ri|zont (gr.-nl.), der; –(e)s, –e: Gesichts-, Sehkreis : (seem.) Kimmung; scheinbare Begrenzungslinie zwischen Himmel und Erde * **ho|ri|zon|tal** Ew.: waagerecht, wasserrecht * **Ho|ri|zon|ta|le,** die; –, –n: Waagerechte

Hor|mon (gr.), das; –s, –e: im Körper abgesondertes lebenswichtiges Drüsenprodukt * **Hor|mon|be|hand|lung:** ärztl. Behandlung durch Zufuhr von Hormonen * *Hormonfor-*

schung; Hormonhaushalt; Hormonpräparat; Hormonspiegel * hor|mo|nal, hor|mo|nell Ew.

Horn, das; –(e)s, Hörner, Hörnchen, (Mz.) Hörnerchen: spitz zulaufender Knochenfortsatz an der Stirn der Wiederkäuer : Geweih : hornharter Auswuchs : hornähnliches Gebilde : ein Blasinstrument, urspr. ein Tierhorn, dann der Hornform ähnlich : Hornmasse : Körper von hornartiger Masse : hornförmiger Gegenstand, z. B. Gebäck, Trinkgefäß, Landspitze, Bergspitze * die Hörner bieten: sich zur Wehr setzen; einem Hörner aufsetzen: jemanden belügen; sich die Hörner abstoßen: durch Schaden zahm werden * Hornblende: eine Gesteinsart; Hornbrille: Brille mit hörnerner Fassung; Hörndlbauer: (östr.) Hornvieh züchtender Bauer; Hornhaut: hornartige Haut : durchsichtiger Teil der den Augapfel umschließenden harten Haut; Hornochse: (Umgspr.) einfältiger Mensch; Hornsignal; Hornstoß: Stoß mit einem Horn oder ins Horn; Horntier; Hornvieh; * hör|nen tr.: mit Hörnern versehen : mit Hörnern stoßen : zum Hahnrei machen : hornig machen; rbz.: (Hirsche) das Gehörn abwerfen und wechseln; intr.: auf dem Horn blasen * hor|nen, hör|nern Ew.: aus Horn gefertigt oder bestehend * hor|nig Ew.: hornartig, hornhart : gehörnt * Hor|nist, der; –en, –en: Hornbläser
Hor|nis|se, die; –, –n: eine Wespenart * Hornissennest
Horn|pipe (e.) [hornpeip], die; –, –s: Blasinstrument, Hornpfeife : ein Matrosentanz
Hor|nung, der; –s, –e: deutsche Benennung für Februar
Hor|nuss, Hor|nuß, der; –es, –e: (schweiz.) scheibenartiges Sportgerät für ein Mannschaftsspiel * Hor|nus|sen, Hor|nußen, tr.; –s: (schweiz.): mit dem Schlagball verwandter Sport

Ho|ro|log: s. Hora
Ho|ro|s|kop: s. Hora
hor|rend (l.) Ew.: schauderhaft : fürchterlich * hor|ri|bel Ew.: grausig, abscheulich : entsetzlich : furchtbar * hor|ri|bile dic|tu: schrecklich zu sagen * Hor|ror, der; –s: Schauder * Horrorfilm; Horrortrip: von Angst- und Schreckensgefühlen verbundener Drogenrausch * Hor|ror va|cui, der; – –: Scheu vor dem Leeren
Hor|ri|do, das; –s, –s: Jagdruf
Hor|ror: s. horrend
hors de con|cours (fr.) [ohr d'kongkuhr]: außer Mitbewerb, außer Wettstreit, Bezeichnung höchster Anerkennung : (bei Ausstellungen) zur Ausstellung, aber nicht zur Preisbewerbung zugelassen * **Hors|d'œuv|re** [ohr dow'r], das; – –s, – –s: Nebenwerk, Nebensache : Vorgericht
Horst, der; –(e)s, –e: Busch : Gesträuch : Hecke : Gestrüpp : Stelle üppiger Pflanzenwuchses : großes aus Reisig hergestelltes Nest (der Greifvögel) * horsten intr.: nisten
Hort, der; –(e)s, –e: Schatz : Schutz : Kindertagesheim : (Bibl.) Gott * hor|ten tr.: (Waren, Geld) aufspeichern * Hort|ne|rin, die; –, –nen: Kindergärtnerin im Hort * Hor|tung, die; –, –en: das Einbehalten : das Horten
Hor|ten|sie (l.), die; –, –n: Zierpflanze mit kugeligen Blütendolden
Ho|rus, Ho|ros: altägypt. Sonnengott
ho|san|na!: s. hosianna!
Ho|se, die; –, –n; Höschen: Beinkleid : Blumenstaub an den Beinen der Bienen : verschlossene Blattscheide einiger Grasarten : sich fortwirbelnde Sand-, Wassersäule : längliches Fässchen für Butter * Hosenanzug; Hosenband; Hosenbandorden: höchster engl. Orden; Hosenbein; Hosenboden; Hosenknopf; Hosenladen: (Umgspr.) Hosenschlitz; Hosenlatz: niederzuklappender Teil der Hose; Hosenmatz:

(Umgspr.) niedliches Kleinkind in Hosen; Hosenrock; Hosenrolle: Männerrolle für eine Schauspielerin; Hosenscheißer: (Umgspr.) Angsthase; Hosenschlitz; Hosenstall: (Umgspr.) Hosenschlitz; Hosentasche; Hosenträger: Tragband der Hose
ho|si|an|na!, ho|si|an|nah! (hebr.): „Hilf ihm!", „Gib Heil!", ein Freudenruf * Ho|si|an|na(h), das; –s, –s: Freudenruf : Teil der christlichen Liturgie
Hos|pi|tal (l.), das; –s, –e und ..täler: Kranken-, Armenhaus * Hos|pi|ta|lis|mus, der; –: durch dauerhaften Krankenhaus- oder Heimaufenthalt bedingte Schäden * Hos|pi|ta|li|tät, die; –: Gastfreundschaft * Hos|pi|tant, der; –en, –en: Gastschüler : Gasthörer an Hochschulen: Parlamentarier, der sich einer Fraktion anschließt, ohne Mitglied der betreffenden Partei zu sein * hos|pi|tie|ren (..iert) intr.: als Gast (Vorlesung) besuchen * Hos|piz, das; –es, –e: (christl.) Herberge, Gasthaus
Hos|po|dar (slaw.), der; –s, –e: „Herr", Titel der ehemaligen Fürsten in der Moldau und Walachei * Hos|po|da|rat, das; –(e)s, –e: Würde und Land des Hospodaren; vgl. Gospodar
Hos|teß → Hos|tess, die; –, –en: Betreuerin von Kongress- oder Ausstellungsbesuchern, Begleiterin, Führerin, Auskunftsdame
Hos|tie (l.), die; –, –n: Opfertier, Abendmahlsbrot, -oblate, das Altarsakrament * Hostienkelch; Hostienschrein
hos|til Ew.: feindschaftlich * Hos|ti|li|tät, die; –, –en: Feindseligkeit, Feindlichkeit
Hot (am.), der; –s: Kurzform für Hotjazz
Hot|dog auch: Hot Dog (am.), das; –s, –s: Sandwich : Brötchen mit heißem Würstchen
Ho|tel (fr.), das; –s, –s: Gasthaus, vornehmer Gasthof mit Fremdenzimmern : Palast : Hotelbar; Hotelbesitzer; Hoteldirektor; Hotelfach; Hotelgewerbe; Hotelhalle; Hotelrechnung; Hotelzimmer * Hôtel gar|ni, das; –

–, –s –s: Hotel, das nur Wohnung und Frühstück gewährt *

Ho|te|lier [..jeh], der; –s, –s: Gastwirt

Hot|jazz *auch:* **Hot Jazz** (am.) [hottdschäß] der; –s: Stil der Jazzimprovisation, gekennzeichnet durch synkopische Akzente

Hot|line (e.) [hottlein], die; –, –s: Servicetelefone zur schnellen Beratung

Hot|pants *auch:* **Hot Pants** (am.) [hottpäntß], Mz.: „heiße Höschen", modische, kurze und enge Damenhosen

Hotpants / Hot Pants
Die Hauptvariante ist die eingedeutschte Form, nach der zusammengeschrieben wird: *Hotpants; Hotdog; Hotjazz.* Als Nebenvariante ist die Getrenntschreibung aber zulässig: *Hot Pants; Hot Dog; Hot Jazz.*

hott! (Fuhrmannsruf) vorwärts! : rechts! * **hot|te|hü!**, **hot|te|har!** hott * **Hot|to**, das; –s, –s (Kdspr.) Pferdchen

Hot|te, die; –, –n: Butte, Fässchen, Kiepe

hot|ten (am.) intr.: nach Hotjazz tanzen : (Umgspr.) heftig und ausgiebig tanzen

Hot|ten|tot|te, der; –n, –n: Angehöriger des südafrik. Hirtenmischvolkes * **hot|ten|tot|tisch** Ew.: zu den Hottentotten gehörig

Hot|ter, der; –s, –: (östr.) Hutweide, Grenzweide, Feldgrenze

Ho|ver|craft (e.) [howakrahft], das; –s, –s: Luftkissenboot

Hptst. (Abk.): Hauptstadt

Hra|d|schin [chr..] (tschech.), der; –s: hochgelegener Teil von Prag mit Burg und Domkirche

hrsg. (Abk.): herausgegeben

hsch! Ruf, um etwas zu verscheuchen

hu! Ausruf des Schauders * *huhu!*

hü! (Fuhrmannsruf) links! : (mundartl.) vorwärts

Hub, der; –(e)s, Hübe: (meist techn.) das Heben : dessen Höhe : einmaliges Auf- und (oder) Niederbewegen eines Kolbens : die dadurch gehobene Menge : Höhe der Flut * *Hubbrücke:* hebbare Brücke; *Hubhöhe; Hublänge; Hubraum; Hubraumsteuer; Hub-*

schrauber: Windmühlenflugzeug, Helikopter; *Hubstapler; Hubvolumen:* gehobene Menge

Hub|bel, der; –s, –: kleine Erhebung : unebene Stelle * **hub|be|lig** Ew: uneben

Hu|be, Hu|fe, die; –, –en: Stück Ackerland von bestimmter Größe : Maßbezeichnung für Wiesen * **Hu|ber, Hüb|ner**, **Hüf|ner**; –s, –: Besitzer einer Hube

Hü|bel, der; –s, –: kleiner Hügel

hü|ben Uw.: (mundartl.) auf dieser Seite

Hu|ber|tus|man|tel, der; –s, ..mäntel: (östr.) Mantel aus Loden * **Hu|ber|tus|tag**, der; –es, –e: 3. November : Tag des heiligen Hubertus

Hüb|ner: s. Hube

hübsch Ew.: artig, nett, manierlich : so, wie es sich gehört : gehörig, bedeutend : einen angenehmen, gefälligen Eindruck hervorbringend : schön * **Hübsch|heit**, die; –: das Hübschsein

Hub|schrau|ber: s. Hub

huch! Ausruf der Freude und des Unbehagens

Hu|chen, der; –s, –: ein lachsartiger Fisch

Hu|cke, die; –, –n: Rückenkorb : Rücken * **huckepack** Uw.: auf dem Rücken getragen; *Huckepackverkehr:* Transport von Straßenfahrzeugen auf Waggons * **hu|cken** intr.: hocken

Hu|de, die; –, –n: Herde : Viehweide

Hu|del, der; –s, – (–n): Lappen, Fetzen, Lumpen : Lump * *Hudelbube; Hudelgesind; Hudelpack* * **Hu|de|lei**, die; –, –en * **Hu|de|ler**, der; –s, –: der Hudelnde, Stümper, Pfuscher * **hu|de|lig** Ew.: lotterig, lumpig * **hu|deln** (ich ..[e]le) intr.: lottern, schlottern : Hudel sein, faulenzen; tr.: pfuschen, stümpern : wie einen Hudel behandeln; rbz.: sich scheren, packen **hu|dern** (ich ..[e]re) intr.: (von Vögeln) im Sand baden

Hud|son|bai [hödß'n..]: nordam. Binnenmeer

Hu|er|ta (span.), die; –, –s: Garten : künstlich bewässerte Länderei im südl. Spanien

Huf, der; –(e)s, –e (–n): hornar-

tiger Überzug der äußeren Fußglieder, bes. bei den Einhufern : gehuftes Tier : Hufeisen * *Hufbeschlag; Hufeisen:* Hufbeschlag von Pferden und Arbeitsrindern; *hufeisenförmig; Huflattich:* eine Pflanze; *Hufnagel:* Nagel zur Befestigung des Hufeisens; *Hufschlag:* Hufbeschlag : Tritt des Pferdehufs, Spur : Weg für die Schiffpferde; *Hufschmied:* Pferde beschlagender Schmied; *Huftiere:* Säugetiere, deren Zehenendglieder von Hufen umhüllt sind * **hu|fen** intr.: zurückgehen; tr.: zurückgehen machen : mit einem Huf versehen

Hu|fe: s. Hube

Hüf|ner: s. Hube

Hüf|te, die; –, –n: erhabener Körperteil unter der Weiche : (Bib.) Sitz der Zeugungskraft * *Hüftgelenk; Hüftgürtel; Hüfthalter:* Strumpfhaltergürtel; *hüfthoch; Hüftknochen; hüftlahm* Ew.; *Hüftleiden; Hüftpfanne:* Knochen im Hüftbein; *Hüftweh:* (volkst.) Ischiasschmerzen

Hü|gel, der; –s, –: kleiner Berg * *hügelan; Hügelkette; Hügelland* * **hü|ge|lig** Ew.: hügelartig, mit Hügeln versehen

Hu|ge|not|te, der; –n, –n: franz. Protestant * **hu|ge|not|tisch** Ew.: zu den Hugenotten gehörig : den Hugenotten gemäß

Hughes, David E. (e.) [hjuhs]: engl. Physiker * *Hughesapparat:* von H. erfundenes telegrafisches Gerät

Hu|gin (altnord. Sage) einer der beiden Raben Odins (s. Munin)

Huhn, das; –(e)s, –er: Hühnchen: Name einer Vogelgattung, Haustier * *ein Hühnchen zu rupfen haben:* mit jemandem abrechnen, ihn zur Rede stellen * *Hühnerauge:* Auge eines Huhns : Leichdorn; *Hühnerbrühe; Hühnerbrust:* Brust eines Huhns : krankhafte Entstellung des menschlichen Brustkastens; *Hühnerdreck; Hühnerei; Hühnerfarm:* Zuchtanstalt für Hühner; *Hühnerfrikassee:* eine Speise; *Hühnerhabicht; Hühnerhof; Hühnerleiter; Hühnerschrot:* Schrot, Rebhühner zu schießen; *Hüh-*

nerstall; Hühnervogel; Hüh-
nerzucht
hu|hu!, hui!: Ausrufe zur Be-
zeichnung der Eile usw.
hu|ius an|ni (l.): dieses Jahres
∗ hu|ius men|sis: dieses Mo-
nats ∗ hu|ius lo|ci: dieses Or-
tes
Hu|ka, die; –, –s: ind. Wasser-
pfeife mit langem Rohr
Huk|boot, das; –(e)s, –e: (nie-
derd.) Fischerfahrzeug mit
Gaffelsegeln
Hu|la (hawaiisch), die; –, –s;
der; –s, –s: Eingeborenentanz
auf Hawaii ∗ Hula-Hoop-Rei-
fen; Hula-Mädchen → Hula-
mädchen
Huld, die; –: das Holdsein :
wohlwollende Geneigtheit :
liebevolle Güte : Gewogenheit
: Gunst : Holdseligkeit, Anmut,
Liebreiz ∗ huldreich Ew.; huld-
voll Ew. ∗ hul|dig Ew.: hold ∗
hul|di|gen intr.: den Oberherrn
anerkennen und ihm Treue ge-
loben ∗ Hul|di|gung, die; –,
–en: das Huldigen ∗ Hul|din,
die; –, –nen: Holdin : anmuti-
ges weibl. Wesen
Hulk: s. Holk
Hül|le, die; –, –n: etwas Um-
schließendes, Bedeckendes ∗
die Hüllen fallen; die sterbli-
che Hülle: der Leichnam; in
Hülle und Fülle: im Überfluss
∗ Hüllkelch: Außenkelch der
Blumen ∗ hüllenlos Ew. ∗
hül|len tr., rbz.: mit einer Hülle
be- oder verdecken
Hül|se, die; –, –n: umhüllende
Schale von Früchten : Teil des
Gewehrverschlusses : Stechpalme ∗ Hülsenfrucht; Patro-
nenhülse; Hülsen(band)wurm:
Finne ∗ hül|sen (du hülsest
und hülst) tr.: enthülsen; rbz.:
die Hülsen absondernd fahren
lassen : (von Gewächsen) Hül-
sen bekommen ∗ hül|sig Ew.:
hülsenartig, mit Hülsen versehen
hu|man (l.) Ew.: menschlich,
mild ∗ Humangenetik; Human-
medizin; Humanwissenschaft ∗
Hu|ma|ni|o|ra Mz.: Studium
der schönen Künste und Wis-
senschaften, soweit sie die
Ausbildung des Menschen för-
dern ∗ hu|ma|ni|sie|ren
(..iert) tr.: gesittet machen ∗
Hu|ma|nis|mus, der; –: wis-
senschaftl. Richtung, die in der

Antike das Vorbild menschl.
Vollkommenheit sieht ∗
Hu|ma|nist, der; –en, –en:
Kenner der alten Sprachen :
Vertreter des Humanismus ∗
hu|ma|nis|tisch Ew.: im Geist
des Humanismus : altsprach-
lich ∗ hu|ma|ni|tär Ew.: men-
schenfreundlich, wohltätig ∗
Hu|ma|ni|ta|ri|er, der; –s, –: ei-
ner, der den sozialen Missstän-
den abzuhelfen wünscht ∗
Hu|ma|ni|tät, die; –: Men-
schentum, Gesittung, Bildung
∗ Humanitätsdenken; Humani-
tätsideal
Hu|ma|ti|on (l.), die; –, –en: Be-
erdigung ∗ Hu|mi|fi|ka|ti|on
(l.), die; –: Vermoderung ∗
hu|mi|fi|zie|ren (..iert) tr.: ver-
modern ∗ hu|mos (l.) Ew.:
reich an Humus ∗ Hu|mus, der;
–: fruchtbarer Boden, Dammerde, Gewächserde ∗ Humusboden; –erde; humusreich
Hum|boldt, W. v.: dtsch. Ge-
lehrter und Politiker ∗ hum-
boldtisch; Humbold-Universi-
tät
Hum|bug (e.), der; –s: Schwin-
del, Blödsinn
Hu|me|rale (nl.), das; –s, –:
Schultertuch unter dem Messgewand des katholischen Priesters [l. humerus Schulter]
Hu|mi|da|ti|on (l.), die; –, –en:
Anfeuchtung ∗ hu|mid,
hu|mi|de Ew.: feucht, nass,
wässerig
Hu|mi|fi|ka|ti|on usw.: s. Hu-
mation
hu|mil (l.) Ew.: niedrig : demü-
tig ∗ hu|mi|li|ant Ew.: (veralt.)
erniedrigend ∗ Hu|mi|li|a|ti|on,
die; –, –en: Demütigung, Erniedrigung, Kränkung ∗
Hu|mi|li|tät, die; –: Demut
Hum|mel, der; –s, –: Zuchtstier
∗ Hum|mel, die; –, –n; (der; –s,
–): Bienengattung, Kerbtier :
(übertr.) wild umherschwär-
mende Person : Name von Mu-
sikinstrumenten ∗ hum|meln
(ich ..[e]le) intr.: brummeln :
wild schwärmen
Hum|mer, der; –s, –: eine Art
großer Seekrebs ∗ Hummer-
majonnaise; Hummersalat;
Hummersuppe
Hu|mor (l.), der; –: Feuchtig-
keit, Körperflüssigkeit ∗ Humor, der; –s: (urspr. aus der
Säftemischung des Körpers er-

klärte) Laune : scherzhafte,
gute Laune : Scherz ∗ humor-
los; humorvoll Ew. ∗ hu-
mo|ral Ew.: die Körperfeuch-
tigkeit betreffend ∗ Humoral-
pathologie: Lehre von den
Körpersäften als Ausgangspunkt der menschlichen
Krankheiten ∗ Hu|mo|res|ke,
die; –, –n: scherzhafte Erzählung : Musikstück von komi-
schem Charakter ∗ hu|mo|rig
Ew.: launig : mit Humor ∗
Hu|mo|rist, der; –, –en:
Stimmungsmacher : ein launi-
ger Schriftsteller ∗ Humoristi-
kum ∗ hu|mo|ris|tisch Ew.:
launig, scherzhaft
hu|mos: s. Humation
Hüm|pel, der; –s, –: (niederd.)
Haufen
Hum|pe|lei, die; –, –en: das
Gehumpel ∗ hum|pe|lig, hum-
plig Ew.: holperig : humpelnd
∗ hum|peln (ich ..[e]le) intr.
(haben, sein): hinkend gehen
Hum|pen, der; –s, –: großer
Becher
Hu|mus: s. Humation
Hund, der; –(e)s, –e: Hünd-
chen : ein dem Wolf verwand-
tes Haustier : (übertr.) Name
von Sternbildern : hundeartiges
Säugetier : Art Förderwagen
im Bergbau (vgl. Hunt) : von
außen heizbarer eiserner Ofen :
(verächtl.) Mensch, gemeiner
Kerl ∗ auf den Hund kommen:
in Not geraten; keinen Hund
vom Ofen locken: es ist unwichtig, belanglos ∗ Hundear-
beit: schwere Arbeit; Hunde-
art; Hundebiß → Hundebiss;
hundeelend: (Umgspr.) sehr
elend; Hundehalter; Hunde-
hütte; hundekalt Ew.: sehr kalt;
Hundekuchen; Hundeleine;
Hundemarke; hundemüde;
Hunderasse; Hundesalon;
Hundescheiße; Hundeschlit-
ten; Hundeschnauze; Hunde-
steuer; Hundewache: (bes. auf
Schiffen) um Mitternacht beginnende Wache; Hundewet-
ter: sehr schlechtes Wetter;
Hundezucht ∗ Hundsfott, der;
–s, ..fötter: (eig.) Schamteil der
Hündin : niederträchtiger, feiger Mensch; hundsgemein Ew.:
grundgemein, pöbelhaft;
hundsmiserabel; hundsmüde
Ew.: sehr müde; Hundsrose;
Hundstage: Zeit des Sommers,

wo die Sonne in der Nähe des Hundssterns steht; *Hundswut:* Tollwut der Hunde und der Menschen, die von tollen Hunden gebissen sind * **hün|disch** Ew.: (verächtl.) wie ein Hund : gemein, kriechend

hun|dert Zahlw.: zehnmal zehn; römisches Zahlzeichen: C * *einhundert; zweihundert; einige, ein paar hundert auch: Hundert Menschen; eins von hundert* * *hundertfach Ew.; das Hundertfache; hundertfältig Uw.; Hundertjahrfeier; hundertjährig, 100jährig → 100-jährig Ew.; der Hundertjährige Krieg; hundertmal Uw.; hundertprozentig Ew.; hunderttausend; hundertundeins; hundert und eine Seite; auf hundert und ein Seiten; hundertunderste Seite* * *hunderterlei:* hundert Arten * **Hun|dert,** die, –: die Ziffer 100 * **Hun|dert,** das, –s: Einheit von 100 Teilen * *einige Hunderte; ein halbes Hundert; eins von Hundert; Hunderte von Büchern; zu Hunderten;* in großen Mengen * **Hun|der|ter,** der; –s, –: (Math.) Ziffer an einer Stelle, wo sie so viel Hunderte bedeutet, wie sie Einheiten anzeigt : Hundertmarkschein : ein zu einer Hundertschaft Gehörender * **Hun|dert|schaft,** die; –, –en: altgerm. Gauabteilung : (Schutzpolizei) unterste Organisations- und Verwaltungseinheit * **hun|der|ter|lei:** s. hundert * **hun|dertst** Ew.: Ordnungszahl zu hundert * *die hundertste Seite; das hundertste Tausend; vom Hundertsten ins Tausendste kommen:* übermäßig weitläufig werden * **Hun|derts|tel,** das; –s, –: der hundertste Teil * **hun|derts|tens** Uw.: an hundertster Stelle

hunderte Männer; einige Hundert Frauen/einige hundert Frauen.

Hund|red|weight (e.) [hand-rädweit], das; –, –s: Handelsgewicht in England

Hü|ne, der; –n, –n: Riese (bes. aus sagenhafter Zeit) * *Hünengestalt; Hünengrab:* mit großen Steinen bedecktes vorzeitliches Grab; *Hünenstärke* * **hü|nen|haft** Ew.: wie ein Hüne, riesenhaft

Hun|ger, der; –s: Begier nach Speise : (übertr.) gieriges Verlangen * *am Hungertuche* (urspr. Name für einfache Altardecke zur Fastenzeit) *nagen:* arm, kümmerlich leben; *vor Hunger sterben; Hungers sterben → hungers sterben* * *Hungerdasein; Hungergefühl; Hungerjahr:* Jahr, in dem Hungersnot herrscht; *Hungerkur:* Abmagerungskur; *Hungerleider:* armer Teufel : Geizhals; *Hungerlohn; Hungerödem:* durch Hunger erzeugte Wassersucht; *Hungerstreik; Hungertod:* Tod durch Verhungern; *Hungertuch; Hungerturm:* Gefängnis * *Hungersnot:* Mangel an Lebensmitteln in einem Land, Bezirk * **hung|rig** Ew.: Hunger habend : kümmerlich, wenig Nahrung gebend * **hun|gern** (ich ..[e]re) intr., unp.: Hunger haben; rbz.: (sich zu Tode –) hungern, bis man tot ist

Hun|ne, der; –n, –n: mongol. Nomaden- und Reitervolk : (übertr.) grausamer Mensch * *Hunnenkönig; Hunnenzug* * **hun|nisch** Ew.: wie die Hunnen

Huns|rück: Teil des Rhein. Schiefergebirges

Hunt, der; –(e)s, –e: (Bergb.) Förderwagen (auch Hund, s. d.)

Hun|ter (e.) [hanter], der; –s, –: Jagdpferd : Jagdhund : Jäger

hun|zen (du hunzest und hunzt) tr.: jemand Hund schimpfen

Hu|pe, die; –, –n: Signalinstrument (an Kraftwagen usw.) * **hu|pen** intr.: die Hupe ertönen lassen * **Hu|pe|rei,** die; –, –en: das Gehupe * *Hupkonzert:* (scherzh.) wildes Hupen

Hupf, der; –(e)s, –e: kurzer Sprung * **hup|fen, hüp|fen** intr.: kurz und stoßweise sprin-

gen * *Hüpfkäfer* * **Hüp|fer,** der; –s, –: hüpfendes Wesen : kleiner Sprung in die Höhe : das kürzere Ende der Angel für Sprungfische * **Hüp|fer|ling,** der; –s, –e: Ruderfüßer, eine Art Krebse : (ldschftl.) eine Pflanze, Rührmichnichtan

Hür|de, die; –, –n: geflochtene Wand : Pferch : Pferderennenhindernis : Hindernis beim Hürdenlauf : Hindernis * *eine Hürde nehmen* * *Hürdenlauf; Hürdenrennen* * **hür|den** tr.: in Hürden einschließen : mittels des eingehürdeten Viehs düngen

Hu|re, die; –, –n; Hürchen: feile Dirne : Name von Muscheln : (volkst.) Libelle * *Hurenbock:* ein Schimpfwort; *Hurenkind:* (Buchdrw.) einen Absatz beschließende Einzelzeile am Anfang einer neuen Seite oder Spalte; *Hurenhaus; Hurensohn:* ein Schimpfwort * **hu|ren** intr.: außerehelichen Beischlaf treiben : Unzucht treiben * **Hu|re|rei,** die; –, –en: außerehelicher Beischlaf : (Bib.) Abgötterei * **hu|re|risch, hu|risch** Ew.: unzüchtig

Hu|ri, die; –, –s: nach dem Koran eine Jungfrau in Mohammeds Paradies

hür|nen Ew.: (veralt.) bestehend aus Horn

Hu|ro|ne, der; –n, –n: Angehöriger eines nordamerikanischen Indianerstammes * **hu|ro|nisch** Ew.: (Geol.) obere Formation des Azoikums betreffend

hur|ra!: Ausruf, Freuden- und Grußruf * **Hur|ra,** das; –s, –s: Hurraruf * *Hurrapatriotismus:* oberflächliche, leichtentflammte Vaterlandsliebe; *Hurraschreier:* schnell begeisterter, überschwenglicher Mensch

Hur|ri|kan (indian.), der; –s, –e: Wirbelsturm im Golf von Mexiko und im Antillenmeer

hur|ten tr.: (Turnkst.) mit Anlauf stoßen * **hur|tig** Ew.: rasch, flink * **Hur|tig|keit,** die; –, –en: das Hurtigsein

Hu|sar (ungar.), der; –en (–s), –en: leichter Reiter in ungar. Tracht : (volkst.) derbes, keckes Frauenzimmer : wildes Kind * *Husarenritt; Husarenstreich; Husarenstück*

husch!: Ausruf zum Gebieten von Stille, zur Bezeichnung großer Geschwindigkeit * **Husch,** der; -es, -e; **Hu|sche,** die; –, –en: unerwartet rasche Bewegung : rasch vorübergehender Regenschauer : Ohrfeige : Rauferei * **Hu|sche|lei,** die; –, –en: das Huscheln : rasche und oberflächliche Arbeit * **hu|sche|lig** Ew.: flüchtig und oberflächlich * **hu|scheln** (ich ..[e]le) intr.: sich mit leisem Rascheln bewegen : huschelig arbeiten * **hu|schen** (du husch[e]st und huscht) tr.: ohrfeigen : stibitzen; intr. (sein): mit flüchtiger, leise raschelnder Bewegung dahineilen : eilig haschen : flüchtig hinwegeilen * **hu|schig** Ew.: huschelig
Hus|ky (e.) [haski], der; -s, -s: Hunderasse
huß → huss!, hus|sa!, hus|sas|sa!: Ausruf beim Hetzen * **hus|sen** tr.: (östr.) jagen : hetzen
hüs|teln (ich ..[e]le) intr.: ein wenig husten * **hus|ten** intr.: durch einen Reiz der Atmungsorgane die Luft mit Geräusch aus der Lunge stoßen; tr.: hustend auswerfen * *einem etwas husten:* abweisen : missachten * **Hus|ten,** der; -s (–): das Husten, bes. als Krankheitserscheinung * *Hustenanfall; Hustenbonbon; Hustenmittel; Hustenreiz; Hustensaft*
Hut, der; -(e)s, Hüte; Hütchen: Kopfbedeckung : etwas Hutförmiges : etwas Bedeckendes, z. B. Nebel um Berggipfel, Oberteil eines Pilzes : Decke der Orgelpfeife u. a. * *Hutabteilung; Hutband; Hutform:* Form eines Hutes; *Hutkoffer; Hutkrempe; Hutmacher; Hutnadel; Hutschachtel; Hutschnur * das geht mir über die Hutschnur:* das geht mir zu weit
Hut, die; –: Bewachung : Schirm, Schutz : etwas Schirmendes : (örtl.) Wachtposten : (niederd.) Herde : Recht zum Weiden des Viehs auf fremdem Boden * *auf der Hut sein:* wachsam sein * *Hutgerechtigkeit:* das Recht, Vieh auf fremdem Boden zu weiden; *Hutweide* * **hü|ten** tr.: beaufsichti-

gen : bewahren; rbz.: sich in Acht nehmen * **Hü|ter,** der; -s, –: der Hütende : Wächter, Hirt * *Hüthund* * **Hu|tung,** die; –, –en: der Hutgerechtigkeit unterworfene Weide zum Hüten : Viehweide * **Hü|tung,** die; –, –en: Bewachung
Hut|sche: s. Hitsche * **hut|schen** (du hutschest und hutscht) intr. (sein): kriechen, rutschen
Hüt|te, die; –, –n: leichtes einfaches Gebäude : menschlicher Leib als gebrechlicher Aufenthalt der Seele : das zur Kajüte dienende oberste Stockwerk des Hinterschiffs : (Bergb.) Gebäude über der Erde, bes. zur Bearbeitung der Metalle : Bauhütte * *Hüttenarbeiter; Hüttenbetrieb; Hüttendorf; Hüttenindustrie; Hüttenkäse; Hüttenkunde:* Metallurgie; *Hüttenrauch:* aus einer Hütte aufsteigender, (in Schmelzhütten) sich niederschlagender Rauch, bes. vom Giftmehl; *Hüttenwerk:* Eisenschmelzwerk; *Hüttenwesen:* Wissenschaft der gesamten Metallgewinnung * **hüt|ten** tr.: Metalle aus Erzen darstellen *
Hütt|ner, der; -s, –: Hüttenbewohner, kleiner Landwirt
Hu|tung usw.: s. Hut, die
Hut|zel, die; –n: gedörrtes Obst : runzlige Person * *Hutzelbrot:* Brot mit eingebackenem Obst; *Hutzelmännchen; Hutzelweib(chen)* * **hut|ze|lig, hutz|lig** Ew.: runzlig, zusammengeschrumpft * **hut|zeln** (ich ..[e]le) tr.: (Obst) dörren; intr.: ein-, zusammenschrumpfen; auch Hotzel
Hut|zu|cker, der; -s: gepresster Zucker, der durch Erhitzen zum gleichmäßigen Schmelzen gebracht wird
huy|gens|sches Prin|zip [heu.. –], das; –n –es: Wellentheorie des Lichts
Hu|zu|le, der; –n, –n: Angehöriger eines ruthenischen Volksstammes
Hwang|ho: s. Hoangho
Hy|a|den (gr.) Mz.: eine Sterngruppe
hy|a|lin Ew.: glasfarbig, glasartig * **Hy|a|lit,** der; -(e)s, -e: Glasstein, Glasopal * **Hy|a|li|tis,** die; –: (Med.) Ent-

zündung des Glaskörpers im Auge * **Hy|a|lo|gra|phie** *auch:* **Hy|a|lo|gra|fie,** die; –, ..phien *auch:* ..fien: Mosaik aus Bernstein, Glas und Kristall * **hy|a|lo|id** Ew.: wie aus Glas : glasähnlich * **Hy|a|lo|phan,** der; -s, -e: ein Gestein
Hy|ä|ne (gr.), die; –, –n: ein Raubtier : ein raubgieriges Wesen
Hy|a|zinth (gr.), der; -(e)s, -e: Schmuckstein * **Hy|a|zin|the,** die; –, –n: ein Liliengewächs
hy|b|rid Ew.: von zweierlei Abkunft * **Hy|b|ri|de** (l.), die; –, –n; der; –n, –n: Blendling, eine Mischlingspflanze * *Hybridenwein:* Wein von Rebenmischlingen; *Hybridzüchtung* * **Hy|b|ri|di|sa|ti|on,** die; –, –en: Zwitterbildung : Kreuzung * **hy|b|ri|di|sie|ren** tr.: bastardisieren : kreuzen * **Hy|b|ri|di|sie|rung,** die; –, –en: Hybridisation
Hy|b|ris (gr.), die; –: „Übermut", frevelhafte Selbstüberhebung
hyd.. (gr.) in Zus.: auf Wasser bezogen * **Hy|d|arth|ro|se, Hy|d|arth|ro|sis,** die; –, ..throsen (Med.) Gelenkwassersucht * **Hy|da|ti|de,** die; –, –n: Finne des Hülsenbandwurms * **hy|da|ti|risch** Ew.: wasserähnlich * **Hy|d|ra,** die; –, ..dren: (gr. Sage) Wasserschlange : Polyp : Wasserkrug * **Hy|d|rä|mie,** die; –, ..mien: krankhafte Verdünnung des Blutes * **Hy|d|rant,** der; –en, –en: Wasserzapfstelle mit Anschlussstück für Sprengschläuche * **Hy|d|rar|gy|rum,** das; -s: Quecksilber * **Hy|d|rat,** das; -(e)s, -e: (Chem.) Wasserstoffverbindung * **Hy|d|ra|ta|ti|on, Hy|d|ra|ti|on,** die; –, –en: Hydratbildung * **hy|d|ra|ti|sie|ren** tr.: Hydrate bilden * **Hy|d|rau|lik,** die; –: Lehre von den Bewegungsgesetzen der Flüssigkeiten * **hy|d|rau|lisch** Ew.: durch Wasserkraft bewirkt * **Hy|d|ra|zin,** das; -s, -e: Stickstoff-Wasserstoff-Verbindung * **Hy|d|ria,** die; –, –s: altgriech. Wasserkrug * **Hy|d|rid,** das; -s: die Verbindung der Metalle mit Wasserstoff * **hy|d|rie|ren** intr.: Wasserstoff an Elemente oder chem. Ver-

bindungen anlagern * *Hydrier-*
benzin; Hydrierung, Hydrier-
verfahren; Hydrierwerk *
Hyd|ro|bi|o|lo|gie (gr.) die; –:
Lehre von den im Wasser lebenden Organismen * **Hyd-**
ro|chi|non, das; –s: ein chem.
Stoff : fotografischer Entwick-
ler * **Hyd|ro|dy|na|mik**, die;
–: die Lehre von der Kraft des
Wassers * *hydrodynamisch* *
Hyd|ro|gen, **Hyd|ro|ge|ni-**
um, das; –s: Wasserbildner,
Wasserstoff; Abk.: H *
Hyd|ro|gra|phie *auch:* **Hyd-**
ro|gra|fie, die; –: Gewässer-
kunde * **hyd|ro|gra|phisch**
auch: **hyd|ro|gra|fisch** Ew.:
gewässerkundlich * *hydrogra-*
phische auch: hydrografische
Karte: Flusskarte * **Hyd|ro-**
kul|tur (gr.) die; –, –en: Was-
serkultur; Pflanzenzucht in
Nährlösungen ohne Erde *
Hyd|ro|lo|gie, die; –, ..gien:
Wasserkunde * **hyd|ro|lo-**
gisch Ew.: wasserkundlich *
Hyd|ro|lo|gi|um (nl.), das; –s,
..gia und ..gien: Wasseruhr *
Hyd|ro|ly|se, die; –: Spaltung
chem. Verbindungen durch
Wasseraufnahme * *hydroly-*
tisch * **Hyd|ro|me|cha|nik**,
die; –: Lehre von der Einwirkung von Kräften auf das Wasser * *hydromechanisch* *
Hyd|ro|me|te|o|re Mz.: Nie-
derschläge, z. B. Nebel, Regen
* **Hyd|ro|me|ter**, das; –s, –:
Wassermesser * *Hydrometrie;*
hydrometrisch * **Hyd|ro|oxy-**
gen (gr.), das; –s: Knallgas *
Hyd|ro|path (gr.), der; –en,
–en: Wasserheilkundiger *
Hyd|ro|pa|thie, die; –: Was-
serheilkunde * **hyd|ro|pa-**
thisch Ew.: auf die Wasserbehandlung bezüglich * *hydropa-*
thische Kur: Wasserkur *
hyd|ro|phil Ew.: (Bot.) auf
Wassernähe angewiesen * *Hy-*
drophilie * **Hyd|ro|pho|bie**,
die; –: Wasserscheu, Hundswut
* *hydrophob* * **Hyd|roph-**
thal|mie, die; –; **Hyd|roph-**
thal|mus, der; –: Wasseran-
sammlung * **Hyd|ro|phyt**, der;
–s, –en: Pflanze, die im Wasser
lebt * **hyd|ro|pisch** Ew.: was-
sersüchtig * **Hyd|ro|plan**, der;
–s, –en: Wassergleitboot *
hyd|ro|pneu|ma|tisch Ew.:
Wasser und Luft betreffend :

durch Wasser und Luft getrie-
ben * **Hyd|ro|pneu|mo|nie**,
die; –: Lungenwassersucht *
Hyd|ro|po|nik, die; –: Auf-
zucht von Nutzpflanzen ohne
Erde in Nährlösungen *
Hyd|rops, der; –: Wasser-
süchtiger * **Hyd|rop|sie**, die;
–: Wassersucht * **Hyd|ro-**
s|phä|re, die; –: Dampfhülle,
Wasserdampf in der Luft : die
Wasserumhüllung des Erd-
balls, das Weltmeer *
Hyd|ro|s|ta|tik, die; –, –en:
Wasserdrucklehre * **hyd|ro-**
s|ta|tisch Ew.: die Wasser-
drucklehre betreffend : durch
Wasserdruck bewirkt *
Hyd|ro|tech|nik, die; –: Was-
serbaukunst * *hydrotechnisch*
* **Hyd|ro|the|ra|pie**, die; –,
..pien: Wasserheilkunde : Wasserkur * *hydrotherapeutisch* *
Hyd|ro|tho|rax, der; –: Brust-
wassersucht * **Hyd|ro|xid**,
das; –(e)s, –e: eine chem. Verbindung mit Hydroxyl *
Hyd|ro|xyl|grup|pe, die; –,
–en: einwertige Gruppe aus einem Atom Sauerstoff und einem Atom Wasserstoff; Abk.
Hydroxyl: OH * **Hyd|ro|ze|le**,
die; –, –: (Med.) Wasserbruch
* **Hyd|ro|ze|pha|le**, der; –n,
–n: Wasserkopf, Gehirnwasser-
sucht * **Hyd|ro|zo|on**, das; –s,
..zoen: Nesseltier [gr. hydro
Wasser]
Hyde|park (e.) [heid'park],
der; –(e)s: Volkspark im westl.
London
Hye|to|gra|phie *auch:* **Hye-**
to|gra|fie (gr.), die; –: Lehre
von der Regenverteilung *
Hye|to|me|ter, das; –s, –: Nie-
derschlagsmesser
Hy|gie|a: griech. Göttin der
Gesundheit * **Hy|gie|ne**, die;
–: Gesundheitslehre, -pflege *
Hy|gie|ni|ker, der; –s, –: ein
Lehrer der Gesundheitslehre *
hy|gie|nisch Ew.: gesundheit-
lich
Hy|g|ro|me|ter (gr.), das; –s, –:
ein Luftfeuchtigkeitsmesser *
Hy|g|ro|phyt, der; –en, –en:
(Bot.) Landpflanze mit hohem
Wasserverbrauch * *hygrophil:*
Feuchtigkeit mögend; *Hygro-*
philie: Feuchtigkeitsliebe *
Hy|g|ro|s|kop, das; –s, –e: ein
Luftfeuchtigkeitsanzeiger *
hy|g|ro|s|ko|pisch Ew.:

Feuchtigkeit anziehend [gr. hy-
gros nass]
Hy|le (gr.), die; –, –n: Wald,
Holz : Stoff : Urstoff *
Hy|lis|mus, der; –: Lehre vom
Stoff als Wirklichkeitsgrund-
lage * **Hy|lo|ge|nie**, die; –:
Stoffbildung * **Hy|lo|lo|gie**,
die; –, ..gien: Stofflehre *
Hy|lo|tro|pie, die; –: Ände-
rungsfähigkeit eines Stoffes
ohne chemischen Einfluss *
Hy|lo|zo|is|mus, der; –: alt-
griechische Lehre vom beleb-
ten Urstoff
Hy|men: griech. Gott der Ehe
* **Hy|men** (gr.), der; –s, –:
Hochzeitsgesang, später Hoch-
zeitsgott * **Hy|men**, das; –s, –:
Jungfernhäutchen * **Hy|me|nä-**
os, der; –, ..näen: Hochzeitsge-
sang * **Hy|me|no|p|te|re**, der;
–n, –n: Hautflügler, Imme
Hym|ne (gr.), die; –, –n: Fest-
gesang : christlicher Lobge-
sang * **hym|nisch** Ew.: lob-
preisend * **Hym|nos**, **Hym-**
nus, der; –, ..nen: s. Hymne
Hym|no|lo|gie, die; –: Kennt-
nis der geistlichen Lieder *
hym|no|lo|gisch Ew.
Hy|os|cy|a|min, **Hy|os|zy|a-**
min (gr.), das; –s: giftiges Alkaloid in den Blättern mancher Nachtschattengewächse;
Heil- und Rauschmittel
hyp.., **hyph..**, **hy|po..** (gr.)
Vw. in Zus.: unter *
Hy|pal|la|ge, die; –: Wortver-
kehrung, -verwechslung *
Hy|päs|the|sie, die; –: über-
mäßige Empfindlichkeit *
Hy|phä|mie, die; –: Blutunter-
laufung * **Hy|po|ba|se**, die; –,
–n: Unterlage, Grundlage :
Fußgestell * **Hy|po|chon|der**,
der; –s, –: Milzsüchtiger :
Schwermütiger : eingebildeter
Kranker * **Hy|po|chon|d|rie**,
die; –, ..drien: krankhafte
Schwermütigkeit, Nervenlei-
den : Einbildung, krank zu sein
* **hy|po|chon|d|risch** Ew.:
schwermütig * **Hy|po|ga-**
s|t|rium, das; –s, ..stren: Un-
terleib : die untere Bauchge-
gend * **Hy|po|gä|um**, das; –s,
..gäen: unterirdisches Grab,
Gruft * **hy|po|gy|nisch** Ew.:
(Bot.) unterweibig, -ständig *
Hy|po|kaus|tum, das; –s, ..ten:
altröm. Zentralheizung, Warm-
luft-, Fußbodenheizung

Hy|po|ko|ris|ti|kon, das; –s, ..ka: Verkleinerungs- oder Verniedlichungsform eines Wortes bzw. Namens ✶ **hy|po|ko|ris|tisch** Ew.: schmeichelnd, beschönigend ✶ **Hy|po|ko|tyl**, das; –(e)s, –e: (Bot.) Keimblattstamm ✶ **Hy|po|kri|sie**, die; –: Heuchelei ✶ **Hy|po|krit**, der; –en, –en: Heuchler ✶ *hypokritisch* ✶ **Hy|po|phy|se**, die; –: (Bot.) Keimteil : (Anat.) Hirnanhang ✶ **Hy|po|so|mie**, die; –, –n: Kleinwuchs ✶ *hyposom* ✶ **Hy|po|s|ta|se**, die; –, –n: Unterstellung : Bodensatz : Blutstauung : Stoff : Wesen : Verdinglichung von Begriffen ✶ **hy|po|s|ta|sie|ren** (..iert) tr.: etwas zum Gegenstand machen : verdinglichen ✶ **hy|po|s|ta|tisch** Ew.: gegenständlich : wesentlich : grundursächlich ✶ **Hy|po|s|thylon**, das; –s, ..la: bedeckter Säulengang : Säulenhalle ✶ **hy|po|tak|tisch** Ew.: unterordnend, nachstehend ✶ **Hy|po|ta|xe**, **Hy|po|ta|xis**, die; –, ..taxen: Unterordnung, das Nachstehen ✶ **hy|po|te|nu|se**, die; –, –n: (Math.) die dem rechten Winkel gegenüberliegende Dreiecksseite ✶ **Hy|po|thek**, die; –, –en: Unterpfand : Grundverpfändung : Grundschuld : (übertr.) : ständige Belastung ✶ **hy|po|the|ka|risch** Ew.: grundpfandmäßig ✶ *Hypothekenbank; –brief; –zins* ✶ **Hy|po|ther|mie**, die; –: mangelhafte Körperwärme ✶ **Hy|po|the|se**, die; –, –n: Annahme : Voraussetzung, Unterlage : Bedingung ✶ **hy|po|the|tisch** Ew.: bedingt : zweifelhaft : auf Voraussetzung beruhend ✶ **hy|po|the|sie|ren** (..iert) tr.: voraussetzen, annehmen ✶ **Hy|po|to|nie**, die; –: (Med.) Verminderung des Blutdrucks : verminderte Gewebespannung ✶ **Hy|po|tra|che|li|on**, das; –s, ..lien: (Baukst.) Säulenunterhals ✶ **Hy|po|tro|phie**, die; –, –en: unzureichende Ernährung : unzureichende Entwicklung ✶ **Hy|po|vi|t|a|mi|no|se**, die; –: Vitaminmangel ✶ **Hy|po|zen|t|rum**, das; –s, ..tren: Erdbebenherd ✶ **hy|per..** (gr.) Vw. in Zus.: über,

übermäßig ✶ **Hy|per|al|ge|sie**, die; –, –n: (Med.) starke Empfindlichkeit für Schmerzen ✶ *hyperalgetisch* ✶ **Hy|per|äl|mie**, die; –: örtliche Blutüberfüllung ✶ *hyperämisch* ✶ **Hy|per|as|the|nie**, die; –, ..nien: völlige Entkräftung ✶ **Hy|per|äs|the|sie**, die; –: Überempfindlichkeit, gesteigerte Reizbarkeit ✶ **hy|per|äs|the|tisch** Ew. ✶ **Hy|per|bel**, die; –, –n: **Hy|per|bo|le**, die; –, ..bolen: Übertreibung, Kraftausdruck : Kegelquerschnitt ✶ **hy|per|bo|lisch** Ew.: hyperbelartig : übertrieben ✶ **Hy|per|bo|lo|id**, das; –(e)s, –e: (Math.) Fläche zweiten Grades ✶ **Hy|per|bo|re|er**, der; –s, –: Angehöriger eines sagenhaften Volkes des hohen Nordens ✶ **hy|per|bo|re|isch** Ew.: im Norden vorkommend ✶ **Hy|per|bu|lie**, die; –: Starrsinn ✶ **Hy|per|dak|ty|lie**, die; –, –n: Entwicklung von mehr als 20 Fingern und Zehen ✶ **Hy|per|eme|sis**, die; –: sehr starkes Erbrechen ✶ **hy|per|e|ner|gisch** Ew.: über das gewöhnliche Maß hinaus ✶ **Hy|per|funk|ti|on**, die; –, –en: Funktion eines Organs über das gewöhnliche Maß hinaus ✶ **Hy|per|gly|kä|mie**, die; –: Erhöhung des Blutzuckergehaltes ✶ **hy|per|go|lisch** Ew.: hoch entzündlich bei Berührung mit Sauerstoff (Raketentreibstoff) ✶ **Hy|per|hi|dro|sis**, die; –: übermäßiges Schwitzen ✶ **Hy|per|i|on:** „der über uns Gehende“, Vater des Helios ✶ **hy|per|ka|ta|lek|tisch** Ew.: überzählig ✶ **hy|per|kor|rekt** Ew.: über das gewöhnliche Maß hinaus korrekt ✶ **hy|per|kri|tisch** Ew.: überstreng, tadelsüchtig ✶ **Hy|per|kul|tur**, die; –, –en: Überfeinerung, Überbildung ✶ **hy|per|lo|gisch** Ew.: übervernünftig ✶ **Hy|per|me|ter**, der; –s, –: ein um eine Silbe zu langer Vers ✶ **hy|per|me|t|risch** Ew.: übermäßig ✶ **Hy|per|me|t|ro|pie**, die; –: Weit-, Übersichtigkeit ✶ *hypermetropisch* ✶ **hy|per|mo|dern** Ew.: übermodern, übertrieben neuzeitlich ✶ **Hy|per|no|ia**, die; –: Krankheit mit übermäßig gesteigerter

Geistestätigkeit ✶ **Hy|per|i|on**, das; –s, ..onen: sehr schweres Elementarteil ✶ **Hy|per|o|xyd**, das; –(e)s, –e: (Chem.) Sauerstoffverbindung ✶ **Hy|per|pla|sie**, die; –, –n: gesteigerte Zellenvermehrung ✶ **hy|per|phy|sisch** Ew.: übersinnlich, übernatürlich ✶ **hy|per|sen|si|bel** Ew.: extrem empfindlich ✶ **Hy|per|so|mie**, die; –, –n: Wachstum über das gewöhnliche Maß hinaus ✶ **Hy|per|so|phie**, die; –: Überweisheit ✶ **Hy|per|ten|si|on**, die; –, –n: erhöhte Spannung : erhöhter Blutdruck ✶ *Hypertoniker; hypertroph* ✶ **Hy|per|tro|phie**, die; –, ..phien: übermäßige Ernährung : das Dickwerden ✶ **Hy|per|vi|t|a|mi|no|se**, die; –, –n: Krankheit, die durch überreichliche Versorgung mit Vitaminen entsteht ✶ **Hy|phä|mie**: s. hyp.. **Hy|phe** (gr.), die; –, –n: Zellfaden der Pilze, Pilzfaden ✶ **Hy|phen** (gr.), das; –s, –: (Sprachl.) Bindestrich in einem Kompositum ✶ **Hyp|na|zee**, die; –, –n: Laubmoos ✶ **Hyp|no|pä|die** (gr.), die; –: das Lernen im Schlaf ✶ **Hyp|nos:** griech. Gott des Schlafes ✶ **Hyp|no|se**, die; –, –n: schlafähnlicher willenloser Zustand durch (fremde) Suggestion ✶ **Hyp|no|tik**, die; –: wissenschaftliche Erforschung der Hypnose ✶ **Hyp|no|ti|kum**, das; –s, ..ka: Schlafmittel ✶ **hyp|no|tisch** Ew.: einschläfernd : auf die Hypnose bezüglich ✶ **Hyp|no|ti|seur** (gr.-fr.) [..söhr], der; –s, –e: Mensch mit hypnotischen Fähigkeiten ✶ **hyp|no|ti|sie|ren** (..iert) tr.: in Zwangsschlaf versetzen, einschläfern : beeinflussen, widerstandslos machen ✶ **Hyp|no|tis|mus**, der; –: Lehre von der Hypnose : das Einschläfern : Beeinflussung [gr. hypnos Schlaf] **Hyp|o|thek** usw.: s. hyp.. **Hyp|si|pho|bie**, die; –, –n: (Med.) Angst vor der Höhe ✶ **Hyp|so|me|ter** (gr.), das; –s, –: Höhenmesser ✶ **Hyp|so|me|t|rie**, die; –: Höhenmessung, Höhenmesskunde ✶ **hyp|so|me|t|risch** Ew.

hys|ter.. (gr.) Ew. in Zus.: letzt ∗ **Hys|te|ra,** die; –: Gebärmutter : Nachgeburt ∗ **Hys|te|ral|gie,** die; –, ..gien: Gebärmutterschmerz ∗ **Hys|te|rek|to|mie,** die; –, –n: Entfernung der Gebärmutter durch Operation ∗ **Hys|te|re|sis,** die; –: Nachwirkung der magnetischen Kraft : Fortdauer einer Wirkung nach Aufhören der Ursache ∗ **Hys|te|rie,** die; –, ..rien: Nerven-, Gemütskrankheit ∗ *Hysteriker; Hysterikerin* ∗ **hys|te|risch** Ew.: an Hysterie leidend, schwermütig : launisch ∗ **hys|te|rol|gen** Ew.: nachgeboren : später entstanden ∗ **Hys|te|ron-Pro|te|ron,** das; –s, Hystera-Protera: „das Spätere voran", (Log.) umgekehrte Folge : Redefigur, bei der die Tatsachen entgegen ihrer logischen Abfolge umgestellt worden sind ∗ **Hys|te|rop|to|se,** die; –, –n: Gebärmuttersenkung ∗ **Hys|te|ros|ko|pie,** die; –, ..pien: Untersuchung der Gebärmutter vermittels des Gebärmutterspiegels ∗ **Hys|te|ro|tom,** der; –(e)s, –e: zum Kaiserschnitt gebräuchliches Messer ∗ **Hys|te|ro|to|mie,** die; –: (Med.) Gebärmutterschnitt

I

I, i, das; –, –: der neunte Buchstabe des Abece : Ausruf des Widerwillens ∗ *das Tüpfelchen auf dem I:* das Letzte zur Vollendung Fehlende ∗ *i bewahre!:* Gott bewahre!

I: röm. Zahlzeichen, 1, I ∗ *Ia:* prima

I: (deutsches Münzzeichen) Hamburg : (französisches Münzzeichen) Limoges

i|ah!: Bezeichnung des Eselschreis ∗ **i|a|hen** (er iaht; bei iaht) intr.: (vom Esel) schreien : wie ein Esel schreien

lam|be: s. Jambe

I|at|rie (gr.), die; –: Heilung : Heilkunde ∗ **I|at|rik,** die; –: Kunst des Heilens : Heilkunde ∗ **i|at|risch** Ew.: ärztlich ∗

I|at|ro|che|mie, die; –: medizinische Chemie ∗ **i|at|ro|gen** Ew.: entstanden durch Einwirkung des Arztes ∗ **I|at|ros,** der; –: Arzt

I|be|rer, der; –s, –: Ureinwohner Spaniens ∗ **I|be|ria,** die; –: Pyrenäenhalbinsel ∗ **I|be|ro|a|me|ri|ka:** Lateinamerika ∗ **i|be|ro|a|me|ri|ka|nisch** Ew.: lateinamerikanisch

i|bi|dem Uw.: an derselben Stelle; Abk.: ib.

I|bis, der; –es, –e: afrik. Storchvogel

I|bi|za: Insel der Balearen

Ibn (arab.), der; –: Sohn

IC, der; –s, –s: Intercity : innerdeutscher Zug ∗ **ICE,** der; –s, –s: Intercityexpress : innerdeutscher Schnellzug

ich (mein[er], mir, mich): p. Fw. 1. P. Ez. ∗ **Ich,** das; –(s), –(s): Person ∗ *mein anderes, zweites Ich:* mein Ebenbild : eine Person, in der ich lebe; *das liebe Ich* ∗ **Ich|be|wußt|sein** → **Ich|be|wusst|sein,** das; –s: Entwicklungsstufe des Selbstbewusstseins; *ichbezogen; Icherzählung auch: Ich-Erzählung; Ichform auch: Ich-Form; Ich-Roman → Ichroman:* in der Ichform erzählter Roman; *Ichsucht auch: Ich-Sucht,* die; –: Selbstsucht; *ichsüchtig* Ew.: selbstsüchtig ∗ **Ich|heit,** die; –, –en: (Vd. f. Individualität) Gesamtheit der Wesenszüge des Ichs : Selbstsucht

Ich|neu|mon (gr.), der; das; –s, –e und –s: Pharaonsratte, Spürwiesel ∗ **Ich|no|graph** *auch:* **Ich|no|graf,** der; –en, –en: Grundrisszeichner ∗ **Ich|no|gramm,** das; –s, –e: Fußabdruck

Ichor (gr.), das; –s: „Götterblut" : (Med.) Blutwasser : Eiter ∗ **i|cho|rös** Ew.: eitrig

Ich|thya (gr.), die; –, ..yen: trockene Fischhaut : (Med.) Geburtshaken ∗ **Ich|thy|odont,** der; –en, –en: versteinerter Fischzahn ∗ **Ich|thy|ol,** das; –s: aus bituminösen Schiefern gewonnene Flüssigkeit als Heilmittel ∗ **Ich|thy|o|lith,** der; –(e)s und –en, –e(n): versteinerter Fisch : Abdruck eines Fisches in Schiefer ∗ **Ich|thy|o|lo|ge,** der; –n, –n: Fischkundiger ∗ **Ich|thy|o-**

lo|gie, die; –: Fischkunde ∗ **Ich|thy|o|pha|ge,** der; –n, –n: Fischesser, von Fischen lebender Mensch ∗ **Ich|thy|o|sau|rus,** der; –, ..rier und ..re: urweltliche Fischeidechse ∗ **Ich|thy|o|se, Ich|thy|o|sis,** die; –, ..osen: Fischschuppenaussatz (Hautkrankheit) ∗ **Ich|thys|mus,** der; –: Fischvergiftung

I|cing (e.) [aißing] das; –s, –s: (Sport) Verteidigungsschlag im Eishockey

I|da|ho: Staat im Nordwesten der USA

i|de|al (gr.) Ew.: vollkommen : vorbildlich : auf höhere Werte gerichtet ∗ *Idealbild; Idealfall; Idealfigur; Idealgewicht; Ideallösung; Idealmaß; Idealstaat:* Musterstaat; *idealtypisch; Idealvorstellung; Idealwert:* Kunstwert; *Idealzustand* ∗ **I|de|al,** das; –s, –e: Gedankenbild : Wunschbild : Vorbild : Vollkommenes ∗ **i|de|a|li|sie|ren** (..iert) tr.: zur Idee machen : dem Urbild annähern : veredeln : verschönen ∗ *Idealisierung* ∗ **I|de|a|lis|mus,** der; –: Lehre von der Ursprünglichkeit der Vernunftbegriffe : erhabene Lebensauffassung ∗ **I|de|a|list,** der; –en, –en: Anhänger des Idealismus : Mensch mit hoher Lebensauffassung ∗ **i|de|a|lis|tisch** Ew.: dem Idealismus gemäß : den Idealismus betreffend : von hoher Denkart ∗ **I|de|a|li|tät,** die; –: Begriffsmäßigkeit : höchste Vollkommenheit ∗ **I|de|e,** die; –, Ideen: Begriff : Urbild : Gedanke : Einfall : Plan : (Umgspr.) ein wenig ∗ *fixe Idee:* Wahnvorstellung; *eine Idee Salz:* ein wenig Salz; *ideenarm* Ew.: arm an Einfällen; *Ideenassoziation:* unwillkürliche Gedankenverbindung; *Ideenflucht; Ideenfülle; Ideengang:* Gedankengang; *Ideengehalt; Ideengut; ideenlos* Ew.: ohne Einfälle; *ideenreich* Ew.; *Ideenwelt* ∗ **i|de|ell** Ew.: nur in Gedanken vorhanden : geistig, begrifflich ∗ **I|de|o|gramm,** das; –s, –e: Begriffszeichen ∗ **I|de|o|gra|phie** *auch:* **I|de|o|gra|fie,** die; –, ..phien *auch:* ..fien: Begriffsschrift ∗ **I|de|o|gra|phik** *auch:* **I|de|o|gra|fik,**

die; –, –en: Begriffsschreibe-
kunst * **i**|**de**|**o**|**gra**|**phisch**
auch: → **i**|**de**|**o**|**gra**|**fisch** Ew.:
begriffsschriftlich * **i**|**de**|**o**|**kra**|**tie**, die; –, ..tien: Herrschaft
der Vernunftbegriffe *
I|**de**|**o**|**lo**|**ge**, der; –n, –n: Träu-
mer : Schwärmer *
I|**de**|**o**|**lo**|**gie**, die; –, ..gien: Be-
griffslehre : Wissenschaft von
den Gründen der Erkenntnis *
i|**de**|**o**|**lo**|**gisch** Ew.: die Ideo-
logie betreffend : der Ideologie
gemäß : schwärmerisch : un-
klar * **i**|**de**|**o**|**mo**|**to**|**risch** (gr.-
l.) Ew.: unbewusst in Bewe-
gung, Handlung umgesetzt [gr.
idéa von idein sehen]
i|**dem** (l.): derselbe : dasselbe
I|**den**, **I**|**dus** (l.) Mz.: der 15.
oder 13. Monatstag im altröm.
Kalender
I|**den**|**ti**|**fi**|**ka**|**ti**|**on**, die; –, –en:
Gleichsetzung : Verschmel-
zung * **i**|**den**|**ti**|**fi**|**zie**|**ren** (..iert)
tr.: gleichmachen : wieder er-
kennen : unter einen Begriff
bringen * **I**|**den**|**ti**|**fi**|**zie**|**rung**,
die; –, –en: Identifikation *
i|**den**|**tisch** Ew.: gleich : gleich
geltend : völlig übereinstim-
mend : ein und dasselbe seiend
* **I**|**den**|**ti**|**tät**, die; –: Gleichheit
: Wesenseinheit : völlige Übereinstimmung * *Identitäts-*
krise; Identitätsnachweis; In-
dentitätsverlust
I|**de**|**o**..: s. ideal
id est (l.): das ist, das heißt;
Abk.: i. e.
i|**di**|**o**.. (gr.) Ew. (in Zus.): ei-
gen, eigentümlich, sonder.. *
I|**di**|**o**|**blast**, der; –en, –en: ei-
genartige Pflanzenzelle *
i|**di**|**o**|**e**|**lek**|**trisch** Ew.: von
selbst elektrisch werdend *
i|**di**|**o**|**gra**|**phisch** *auch:* **i**|**di**|**o**-
gra|**fisch** Ew.: eigenhändig
(geschrieben) * **I**|**di**|**o**|**gra**-
phon *auch:* **I**|**di**|**o**|**gra**|**fon**,
das; –s, ..pha *auch:* ..fa: eigen-
händige Unterschrift * **I**|**di**|**o**-
la|**trie**, die; –, ..trien: Selbst-
vergötterung; vgl. Idolatrie und
Idolatrie * **I**|**di**|**o**|**lekt** (gr.),
der; –(e)s, –e: (Sprachw.) indi-
viduelle Sprachgebrauch *
I|**di**|**om**, das; –s, –e: Eigentüm-
lichkeit : Spracheigenheit :
Landessprache : Mundart *
I|**di**|**o**|**ma**|**tik**, die; –: Lehre von
den Idiomen * **i**|**di**|**o**|**ma**|**tisch**
Ew.: einer Sprache eigen :

mundartlich * **i**|**di**|**o**|**morph**
Ew.: in mineraltypischer Art
geformt * **i**|**di**|**o**|**pa**|**thie**, die;
–, ..thien: örtliche Krankheit ei-
nes Körperteils * **i**|**di**|**o**-
pa|**thisch** Ew.: unmittelbar aus
den Krankheitsursachen her-
vorgehend * **I**|**di**|**o**|**plas**|**ma**,
das; –s, ..men und ..mata: der
Teil des Plasmas, aus dem ein
Lebewesen hervorgeht
* **i**|**di**|**o**|**syn**|**kra**|**sie**, die; –,
..sien: eigentümliche Mischung
der Säfte, Empfindungseigen-
heit : Sonderheit der Neigung :
Naturhang : natürlicher Wider-
wille * **i**|**di**|**o**|**syn**|**kra**|**tisch**
Ew.: natureigen : einen Natur-
hang oder -widerwillen betreffend : in einem Naturhang oder
-widerwillen begründet : über-
empfindlich * **I**|**di**|**ot**, der; –en,
–en: „Abgesonderter“ : Unwis-
sender : Dummkopf :
Schwachsinniger * *Idiotenhü-*
gel; idiotensicher; Idiotentest
* **I**|**di**|**o**|**tie**, die; –, ..tien:
Schwachsinn : blödsinniger
Gedanke : blödsinnige Tat *
I|**di**|**o**|**ti**|**kon**, das; –s, ..ken und
..ka: ein mundartl. Wörterbuch
* **I**|**di**|**o**|**tin**, die; –, –nen:
Schwachsinnige * **i**|**di**|**o**|**tisch**
Ew.: einfältig : schwachsinnig
* **I**|**di**|**o**|**tis**|**mus**, der; –, ..men:
mundartl. Spracheigenheit :
(Med.) Schwachsinn * **I**|**di**|**o**-
ty|**pus**, der; –, ..pen: Gestal-
tungsgleichheit : Erbbild *
idiotypisch [gr. idios ei-
gen(tümlich)]
I|**do**, das; –(s): künstliche
Welt(hilfs)sprache
I|**do**|**kras** (gr.), der; –, –e: eine
Steinart
I|**dol** (gr.-fr.), das; –s, –e:
„Bild“, Götzenbild : Abgott :
Trugbild * **I**|**do**|**la**|**trie**: Ver-
kürzung und östr. Form von
Idolatrie * **i**|**do**|**li**|**sie**|**ren**
Ew.: vergöttern * **I**|**do**|**lo**-
la|**trie**, die; –, ..trien: „Bilder-
dienst“, Götzendienst
i-Döt|**zchen** (nur Mz.) (rhein.):
Schulanfänger : Verkehrsan-
fänger
I|**dun**, **I**|**du**|**na**: german. Göttin
der ewigen Jugend
I|**dus**: s. Iden
i|**dyll** (gr.-l.), das; –s, –e;
I|**dyl**|**le**, die; –, –n: „Bildchen“,
Darstellung ländlichen Lebens
: Hirtengedicht : Gemälde des

Landlebens * **i**|**dyl**|**lisch** Ew.:
ländlich-schäferlich : einfach *
i|**dyl**|**li**|**sie**|**ren** (..iert) tr.: ver-
einfachen : friedlich auffassen
I|**for** (Abk.), die; –: Implemen-
tation Force : internationale
NATO-Friedenstruppe in Bos-
nien-Herzegowina * *Ifor-Frie-*
denstruppe
i-för|**mig** Ew.: in der Form ei-
nes I
I|**gel**, der; –s, –: ein mit Sta-
cheln bedecktes Säugetier : ein
Muschelname : eine Art Backwerk : ein Trinkgefäß : etwas
Stachliges * *weiße Igel* : ein
Blattlausfresser * *Igelfisch;*
–kaktus; Igelkopf; –kraut; Igel-
stellung * **i**|**gel**|**haft**, **i**|**ge**|**lig**
Ew.: igelartig : stachlig : wider-
spenstig
I|**glu**, der; –s, –s: runde
Schneehütte der Eskimos
I|**gna**|**ti**|**a**|**ner**, der; –s, –: Jesuit
* *Ignatiusbaum:* ein trop.
Baum, Siegerich; *Ignatius-*
bohne: Frucht des Ignatius-
baums
i|**gno**|**ra**|**bi**|**mus** (l.): „wir wer-
den (es) nicht wissen“ *
i|**gno**|**ra**|**mus**: „wir wissen
(es) nicht“ * **i**|**gno**|**rant** Mw.
Ew.: unwissend : kenntnislos *
I|**gno**|**rant**, der; –en, –en: Un-
wissender * **I**|**gno**|**ranz**, die;
–: Unwissenheit * **i**|**gno**-
rie|**ren** (..iert) tr.: nicht wissen :
nicht wissen wollen : mit Ab-
sicht übersehen [l. ignorare
nicht wissen, zu vern. in und
gnarus kundig]
I|**gu**|**a**|**na** (span.), die; –, ..nen:
eine Art essbare Eidechse *
I|**gu**|**a**|**ni**|**den** Mz.; urzeitl. Rie-
seneidechsen
Ih|**le**, der; –n, –n: junger Hering
ihm p. Fw.: Dat. von er : Dat.
von es
ihn p. Fw.: Akk. von er
ih|**nen** p. Fw.: Dat. der 3. P.
Mz. von sie * **Ih**|**nen** p. Fw.:
Dat. des Fw. der Anrede (Sie)
* **ihr** p. Fw.: Dat. 3. P. Ez. w. :
Nom. 2. P. Mz. * bes.anz. Fw.:
3. P. Ez. w. : 3. P. Mz. * **Ihr** p.
Fw.: 2. P. Mz. in der Anrede :
(veralt.) Anrede für *eine* Per-
son * **ih**|**rer** p. Fw.: Gen. 3. P.
Ez. w. sie : Gen. 3. P. Mz. sie *
Ih|**rer** p. Fw.: Gen. 2. P. Mz. in
der Anrede (Ihr Mz. und Sie) *
ih|**re**, **ih**|**rer**, **ih**|**res**: hptw.
bes.anz. Fw. 3. P. Ez. : hptw.

bes.anz. Fw. 3. P. Mz. * Ihre,
Ihrer, Ihres: bes.anz. Fw. 2. P.
Mz. in der Anrede : hptw.
bes.anz. Fw. der Anrede Sie *
ihrerseits Uw.: von ihrer
Seite * Ihrerseits: von Ihrer
Seite (Anrede) * ihres-
gleichen: Leute von ihrer Art
* Ihresgleichen: Leute von
Ihrer Art * ihresteils Uw.: an
ihrem Teile * Ihresteils Uw.:
an Ihrem Teile * ihret-
halben, ihretwegen Uw.:
wegen ihr (Ez.) : wegen ihrer
(Mz.) * Ihrethalben, Ihretwegen Uw.: wegen Ihrer *
ihretwillen Uw. nur in um ihretwillen: ihretwegen *
Ihretwillen Uw. nur in um Ihretwillen: Ihretwegen * ihrig
Ew.: ihr gehörig : ihr ergeben :
* ihnen gehörig : ihnen ergeben * Ihrig Ew.: Ihnen ergeben
* Ihro bes.anz. Fw.: (veralt.
Hofstil) Ihr * ihrzen (du ihr-
zest und ihrzt) tr.: mit „Ihr" anreden

ihr, Ihr
Je nach Sinnzusammenhang
kommt ihr, Ihr im Brief groß-
oder kleingeschrieben vor: Ist
er an mehrere Personen gerichtet, die man duzt, schreibt man
klein als Mehrzahl: Warum ant-
wortet ihr nicht? Handelt es
sich beim Adressaten um eine
Person, die man siezt, ist es das
Possessivpronomen zu der
Höflichkeitsanrede Sie: Ich
habe Ihr Schreiben erhalten.

ikarisch Ew.: von Ikarus herrührend : Ikarus betreffend :
das Ikarische Meer: ein Teil
des Ägäischen Meeres *
Ikaros: gr. Sagengestalt *
Ikarus: lat. Form von Ikaros
Ikebana (jap.), das; -(s):
Kunst des Blumensteckens
Ikone (gr.-l.), die; -, -n: Hei-
ligenbild der byzantin. und
Ostkirche * Ikonenmalerei *
Ikonodule, der; -n, -n: Bilderanbeter * Ikonodulie,
die; -, ..lien: Bilderanbetung *
Ikonograph auch: Ikono-
graf, der; -en, -en: Bilderbe-
schreiber * Ikonographie
auch: Ikonografie, die; ,
..phien auch: ..fien: Kenntnis
und Beschreibung der Bild-
werke früherer Zeiten *
Ikonoklast, der; -en, -en:
Bilderzerstörer, Bilderstürmer

* Ikonoklastie, die; -,
..stien: Bildersturmerei * Iko-
nolatrie, die; -, ..trien: Bilderanbetung * Ikonologie,
die; -: Sinnbilderdeutung *
Ikonoskop, das; -s, -e:
speichernde Fernsehaufnahme-
röhre * Ikonostas, der; -,
-en: Bilderwand mit Ikonen
Ikosaeder (gr.), das; -s, -:
Zwanzigflächner * Ikositet-
raeder, der; -s, -: Vierund-
zwanzigflächner
ikterisch (gr.) Ew.: gelbsüch-
tig * Ikterus, der; -: Gelb-
sucht
Iktus (l.), der; -, - und ..ten:
Stoß : Schlag : Hebung der
Stimme
il.. (l.): (Vorsilbe vor l) s. in.. (l.)
Ilang-Ilang, das; -, -s: Or-
chideenart : Orchideenöl *
Ilang-Ilang-Öl
Ileitis, die; -: Entzündung
des Krummdarms * Ileus,
der; -, Ileen: Darmverschluss
ilen tr.: abschaben * Iler, der;
-s, -: (Kammmacherei) Schab-
eisen
Ilex (l.), die; der; -: Stechpalme
Iliade, Ilias, die; -: Helden-
gedicht Homers über den Tro-
janischen Krieg * Ilium:
Stadt (Troja) * ilisch Ew.: tro-
janisch
Illation (l.), die; -, -en: Ein-
bringung : Schlussfolge *
Illatum, das; -s, ..ta: Einge-
brachtes, Heiratsgut
illegal (nl.) Ew.: ungesetzlich
: unrechtmäßig * illegalisie-
ren (..iert) tr.: gesetzwidrig
machen * Illegalität, die; -,
-en: Ungesetzlichkeit *
illegitim Ew.: ungesetzlich :
unehelich : unecht * Illegiti-
mität (nl.), die; -, -en: Ungül-
tigkeit : Unechtheit
illiberal (l.) Ew.: unedel :
engherzig * Illiberalität,
die; -, -en: Engherzigkeit : Un-
freigebigkeit
illimitiert (l.) Ew.: unbegrenzt
Illinois: zentraler Nordstaat
der USA
illiquid (nl.) Ew.: nicht flüssig
: zahlungsunfähig * Illiqui-
dität, die; -, -en: Geldknapp-
heit : Zahlungsschwierigkeit
Illiterat (l.), der; -en, -en:
Ungelehrter

illoyal (fr.) [illoajahl] Ew.:
unehrlich : gesetzwidrig : übel
gesinnt * Illoyalität, die; -,
-en: Gesetzwidrigkeit : Pflicht-
vergessenheit
Illuminat (l.), der; -en, -en:
der Erleuchtete, Aufgeklärte *
Lichtbruder (Mitglied des Illu-
minatenordens) * Illuminaten-
orden * Illumination, die; -,
-en: Festbeleuchtung : Ausma-
lung : Inspiration * Illumi-
nator (l.), der; -s, ..oren:
der Erleuchter : Ausmaler von
Bildern : Kupfer- oder Stein-
druck-Ausmaler * illumi-
nieren (..iert) tr.: festlich er-
leuchten : bunt (aus-)malen *
Illuminierung * illuminiert
Mw. Ew,: (scherzh.) berauscht :
festlich erleuchtet
Illusion, die; -, -en: Täuschung, Trug, Wahnbild *
illusionär Ew.: Scheinwir-
kungen erzeugend * illusio-
nieren tr.: in die Irre führen :
täuschen * Illusionismus *
Illusionist, der; -en, -en:
Zauberkünstler * illusio-
nistisch Ew.: täuschend : auf
Illusionen aufbauend * illusi-
onslos * illusorisch (..ste)
Ew.: täuschend : trügerisch :
eingebildet
illuster (l.) Ew.: glänzend :
erlaucht : vornehm * illustre
Gesellschaft * Illustration,
die; -, -en: Erläuterung : Bil-
derschmuck * illustrativ
(nl.) Ew.: erklärend : anschaulich * Illustrator, der; -s,
..toren: Künstler, der Bücher
illustriert * illustrieren
(..iert) tr.: bebildern : durch
Bilder erklären * illustriert
Ew.: bebildert * Illus-
trierte, die; -n, -n: bebilderte
Zeitschrift * Illustrierung,
die; -, -en: das Illustrieren :
Illustration
Illyrer, der; -s, -: Angehöriger
eines Volksstamms auf dem
Balkan (heutiges Albanien) *
illyrisch
Ilm: Nebenfluss der Saale *
Ilm-Athen: Weimar
Ilmenit, der; -s, -e: Titanei-
senerz, Mineral
Iltis, der; -ses, -se: Stinkmar-
der * Iltisfalle; Iltisfell; Iltis-
pelz
im.. (l.): (Vorsilbe vor Lippen-
buchstaben) s. in.. (l.)

im: in dem; Abk.: i. ∗ *im Auftrag(e);* Abk.: i. A. ∗ *im Begriff(e) sein; im Stich lassen* ∗ *im allgemeinen → im Allgemeinen; im besonderen → im Besonderen; im einzelnen → im Einzelnen; im ganzen → im Ganzen; im großen → im Großen; im Grunde; im Jahre, im klaren sein → im Klaren sein; im reinen sein → im Reinen sein; im übrigen → im Übrigen; im voraus → im Voraus; im vorhinein → im Vorhinein*

im Übrigen

Steht ein substantiviertes Adjektiv im Zusammenhang mit *im,* wird es großgeschrieben: *im Übrigen; im Allgemeinen; im Einzelnen; im Klaren; im Reinen; im Voraus.*

I|mage (e.) [imidsch], das; –(s), –s: Persönlichkeitsbild : Vorstellung, die andere von einem selbst haben sollen ∗ *Imagepflege*

i|ma|gi|na|bel (l.) Ew.: vorstellbar : denkbar ∗ **i|ma|gi|när** Ew.: eingebildet : vermeintlich, scheinbar : (Math.) unmöglich, bildlich ∗ **I|ma|gi|na|ti|on,** die; –, –en: Einbildung : Einbildungskraft ∗ **i|ma|gi|nie|ren** (..iert) tr.: vorstellen : einbilden ∗ **I|ma|go,** die; –, ..gines: symbolhaltiges Bild : fertig entwickeltes Kerbtier

I|mam (arab.) der; –s, –s und –e: mohammedan. Priester und Vorbeter : Titel für Gelehrte des Islams : arab. Herrschertitel ∗ **I|ma|mat,** das; –s, –e: Vorsteheramt über Moscheen ∗ **I|mam-Effen|di,** der; –s, –s: Priester im Serail ∗ **I|man,** das; –s: Beteurung : Glaube (im Islam)

im|be|zil, im|be|zill (l.) Ew.: mittelgradig schwachsinnig ∗ **Im|be|zil|li|tät,** die; –: Schwachsinn : Verstandesschwäche : Dummheit

im|bi|bie|ren (..iert) (l.) tr.: einsaugen, einziehen : (Mal.) anfeuchten, durchweichen, sättigen ∗ **Im|bi|bi|ti|on,** die; –, –en: Einsaugung : Durchfeuchtung : Eintränkung

Im|biß → Im|biss, der; –es, –e: kleine Mahlzeit ∗ *Imbißhalle → Imbisshalle; Imbißstand → Imbissstand; Imbißstube → Imbissstube*

Im|bro|g|lio (it.) [..broljo], der; –s, –s: Verwirrung : (Mus.) Mischung verschiedener Taktarten

i|mi|ta|bel (l.) Ew.: nachahmbar ∗ **I|mi|ta|ti|on,** die; –, –en: Nachahmung : Nachfolge : das Nachgeahmte : Nachbild ∗ **i|mi|ta|tiv** (nl.) Ew.: nachahmend : Nachahmung bewirkend ∗ **I|mi|ta|tor,** der; –s, ..toren: Nachahmer ∗ **i|mi|ta|to|risch** Ew. ∗ **i|mi|tie|ren** (..iert) tr.: nachahmen : nachbilden : nachäffen ∗ **i|mi|tiert** Ew.

Im|ker, der; –s, –: Bienenzüchter ∗ **Im|ke|rei,** die; –, –en: Bienenzucht, Bienenzüchterei ∗ **im|kern** (ich ..[e]re) intr.: Bienen züchten ∗ **Im|me,** die; –, –n: Biene ∗ *Immenstand; Immenblatt:* eine Pflanze ∗ **Im|mer,** der; –s, –: von Bienen bewohnte Beute (Bienenstock)

Im|ma|cu|la|ta (l.), die; –, ..tae: die vom Makel der Erbsünde befreit Gebliebene

im|ma|nent (l.) Mw. Ew.: innewohnend : in etwas enthalten ∗ **Im|ma|nenz,** die; –: das Innewohnen : das Anhaften ∗ **im|ma|nie|ren** (..iert) (spätl.) intr.: darin bleiben : innewohnen : anhaften

im|ma|te|ri|ell (nl.) Ew.: unkörperlich : stofflos : geistig ∗ **Im|ma|te|ri|a|lis|mus,** der; –, ..men: Lehre von der Unkörperlichkeit der Seele, Spiritualismus ∗ **Im|ma|te|ri|a|list,** der; –en, –en: Anhänger des Immaterialismus

Im|ma|t|ri|ku|la|ti|on (nl.), die; –, –en: Einschreibung (in die Liste der Studierenden) : Aufnahme an einer Hochschule ∗ **im|ma|t|ri|ku|lie|ren** (..iert) intr.: (in die Liste der Studierenden) einschreiben : als Student aufgenommen werden

Im|me; s. Imker

im|me|di|at (nl.) Ew.: unmittelbar : augenblicklich : sofortig ∗ *Immediatgesuch:* unmittelbar der obersten Stelle vorgelegtes Gesuch ∗ **im|me|di|a|ti|sie|ren** (..iert) tr.: unmittelbar machen, frei machen

im|me|mo|ra|bel (l.) Ew.: undenkwürdig : nicht nennenswert ∗ **im|me|mo|ri|al** (nl.) Ew.: undenkbar : undenklich

im|mens (l.) Ew.: unermesslich, unendlich ∗ **Im|men|si|tät,** die; –, –en: Unermesslichkeit ∗ **im|men|su|ra|bel** (nl.) Ew.: unmessbar ∗ **Im|men|su|ra|bi|li|tät,** die; –, –en: Unmesslichkeit

im|mer Uw.: beständig : stets : zu jeder Zeit : jedes Mal : häufig : vielmals : unaufhörlich : (beim Komparativ) zur Bezeichnung der fortwährenden Steigerung : (bei Zahlwörtern) je : (zur Verallgemeinerung von Sätzen) auch : jedenfalls, dennoch, doch ∗ *immerdar* Uw.: fortwährend; *Immergrün,* das; –s, –e: ein Gewächs; *immerhin* Uw.: (etwa) trotzdem; *immerwährend → immer während* Mw. Ew.: dauernd : ewig; *immerzu:* fortwährend : immer wieder

im|mer|gie|ren (..iert) tr.: eintauchen : untertauchen : versenken ∗ **Im|mer|si|on,** die; –, –en: Eintauchung : das Versenken : Taufe durch Untertauchen : (Astron.) das Eintreten eines Planeten in die Schatten eines anderen : (Med.) Dauerbad ∗ *Immersionsbad; Immersionstaufe*

Im|mi|g|rant (l.), der; –en, –en: Einwanderer ∗ **Im|mi|g|ra|ti|on,** die; –, –en: Einwanderung ∗ **im|mi|g|rie|ren** (..iert) intr. (sein): einwandern

im|mi|nent (l.) Mw. Ew.: bevorstehend : drohend ∗ **Im|mi|nenz,** die; –: das Bevorstehen : drohende Nähe

Im|mis|si|on (l.), die; –, –en: Besitzeinweisung ∗ *Immissionstermin:* Termin zur gerichtl. Einweisung in den Besitz

im|mo|bil (l.) Ew.: unbeweglich : ungerüstet : nicht kriegsfertig ∗ **im|mo|bi|li|ar** Ew., fast nur in Zus.: die unbeweglichen Güter betreffend ∗ *Immobiliarexekution:* Zwangsvollstreckung an den unbeweglichen Gütern; *Immobiliarkredit:* Kredit auf Liegenschaften; *Immobiliarvermögen:* Grundbesitz; *Immobiliarversicherung:* Versicherung von Gebäuden gegen Feuerschäden ∗ **Im|mo|bi|li|en** Mz.: unbewegliche Güter : Grundbesitz : Liegenschaften ∗ *Immobilienhandel:* Grundstückshandel ∗

im|mo|bi|li|sie|ren (..iert) tr.: bewegliche Güter zu unbeweglichen machen : festlegen * Im|mo|bi|li|tät, die; –: Unbeweglichkeit

im|mo|ra|lisch (nl.) Ew.: unsittlich * Im|mo|ra|lis|mus, der; –: moralische Grundsätze ablehnende Weltanschauung * Im|mo|ra|li|tät, die; –, –en: Sittenlosigkeit

Im|mor|ta|li|sa|ti|on (spätl.), die; –, –en: Verewigung * im|mor|ta|li|sie|ren (..iert) tr.: unsterblich machen * Im|mor|ta|li|tät, die; –: Unsterblichkeit * im|mor|tell (fr.) Ew.: unsterblich : endlos * Im|mor|tel|le, die; –, –n: eine Pflanze mit unverwelklichen Blüten, Strohblume

im|mun (l.) Ew.: geschützt (gegen Ansteckung) gefeit, unempfänglich : unverletzlich * im|mu|ni|sie|ren (..iert) tr.: sichern : unempfänglich machen : impfen * Im|mu|ni|sie|rung, die; –, –en: Schutzimpfung * Im|mu|ni|tät, die; –, –en: Unantastbarkeit : Unempfänglichkeit : Persönlichkeitsschutz der Abgeordneten und Diplomaten * Immunbiologie; Immunitätsforschung; Immunkörper; Immunologie; Immunschwäche; Immunsystem

im|pair (fr.) [ängpähr] Ew.: ungerade

Im|pa|ri|tät (nl.), die; –, –en: Ungleichheit

im|par|ti|al (nl.) Ew.: unparteiisch : gerecht * Im|par|ti|a|li|tät, die; –, en: Unparteilichkeit

im|par|ti|bel (nl.) Ew.: unteilbar * Im|par|ti|bi|li|tät, die; –, –en: Unteilbarkeit

im|pas|tie|ren (..iert) (it.) tr.: kneten : (Baukst.) Mauerkitt machen : (Mal.) untermalen : Farben dick auftragen * Im|pas|to, das; –s, –s und ..sti: dickes Auftragen der Farben

im|pa|ti|bel (l.) Ew.: unverträglich * Im|pa|ti|bi|li|tät (nl.), die; –, –en: Unverträglichkeit

Im|pe|danz, die; –, –en: elektronischer Scheinwiderstand

Im|pe|di|ment (l.), das; –(e)s, –e: Hindernis * im|pe|die|ren (..iert) tr.: hindern * Im|pe|di|ti|on, die; –, –en: Verhinderung : Verwicklung

im|pe|ne|tra|bel (l.) Ew.: undurchdringlich

im|pe|ra|tiv (l.) Ew.: befehlend : zum Befehl dienend * Im|pe|ra|tiv, der; –s, –e: (Sprachl.) Befehlsform * im|pe|ra|ti|visch Ew.: (Sprachl.) imperativ * Im|pe|ra|tor, der; –s, ..toren: Oberfeldherr : Herrscher : Kaiser * Imperator Rex, der; – –: (Titel) Kaiser und König; Abk.: I. R. * im|pe|ra|to|risch Ew.: gebieterisch : kaiserlich * Im|pe|ri|al, das; –s: größter Schriftgrad : Kammgarngewebe : alkoholhalt. Getränk * im|pe|ri|al Ew.: kaiserlich : stattlich : herrlich * Im|pe|ri|a|lis|mus, der; –: Kaiserherrschaft : willkürliche, unbeschränkte Herrschergewalt : Streben nach Weltherrschaft * Im|pe|ri|a|list, der; –, –en: Anhänger des Imperialismus * im|pe|ri|a|lis|tisch Ew. * Im|pe|ri|um, das; –s, ..rien: Oberherrschaft : Kaiserreich : Weltreich

Im|per|fekt, (häuf.) Im|per|fekt (l.), das; –(e)s, ..fekta: (Sprachl.) Zeitform der unvollendeten Handlung in der Vergangenheit * im|per|fek|ti|bel Ew.: nicht vervollkommnungsfähig * Im|per|fek|ti|on, die; –, –en: Mangel * Im|per|fek|tum, das; –s, ..ta: Imperfekt

im|pe|ri|al usw.: s. imperativ

im|per|me|a|bel (nl.) Ew.: undurchdringlich : undurchlässig * Im|per|me|a|bi|li|tät, die; –, –: Undurchlässigkeit

im|per|so|nal (nl.) Ew.: unpersönlich * Im|per|so|na|le, das; –s, ..lia und ..lien: (Sprachl.) unpersönliches Zeitwort * Im|per|so|na|li|tät, die; –: Unpersönlichkeit * im|per|so|nell (fr.) Ew.: unpersönlich

im|per|ti|nent (nl.) Ew.: ungehörig : ungesittet : unverschämt : frech : unausstehlich * Im|per|ti|nenz, die; –, –en: Ungebühr : Ungezogenheit

im|per|zep|ti|bel (nl.) Ew.: unbemerkbar : nicht wahrnehmbar

im|pe|ti|gi|nös (l.) Ew.: räudig : eitrig * Im|pe|ti|go, die; –, ..gines: (Med.) langwieriger Hautausschlag

im|pe|tu|o|so (it.): (Mus.) feurig : stürmisch * Im|pe|tus,

der; –, –: heftiger Anfall : Antrieb : Drang : Schwung

impf|en (l.): (Gärtn.) (ein Reis –) einfügen : hineintun : (Med.) Impfstoff zum Schutz verabreichen * Impfarzt; Impfpflicht; Impfpocken; Impfschein; Impfstelle; Impfstoff; Impfzwang * Impf|ling, der; –s, –e: der zu Impfende : (Gärtn.) Pfropfreis * Impf|ung, die; –, –en: das Impfen

Im|pi|e|tät (l.), die; –: Gottlosigkeit : Ehrfurchtlosigkeit

Im|plan|tat, das; –s, –e: in den Körper eingepflanztes Gewebestück * Im|plan|ta|ti|on (nl.), die; –, –en: Einpflanzung : (Med.) Gewebeüberpflanzung * im|plan|tie|ren (..iert) tr.: einpflanzen : überpflanzen

im|ple|men|tie|ren tr.: einbauen : einarbeiten * (EDV) ein Programm implementieren * im|ple|men|tie|rung, die; –, –en: Einfügung

Im|pli|ka|ti|on (l.), die; –, –en: Verflechtung : Verwicklung * im|pli|zie|ren (..iert) tr.: einschließen : umfassen : hineinziehen * im|pli|zit Ew.: eingeschlossen : inbegriffen * im|pli|zi|te Uw.: mitinbegriffen : einschließlich

im|plo|die|ren tr.: durch äußeren Luftdruckeinfluss zerstört werden * Im|plo|si|on, die; –, –en: Zerstörung durch äußeren Luftdruckeinfluss

Im|plu|vi|um (l.) [..w..], das; –s, ..via oder ..vien: Regenfang, unbedeckter Raum in der Vorhalle altrömischer Häuser : Kircheneingang

im|pon|de|ra|bel (nl.) Ew.: unwägbar * Im|pon|de|ra|bi|le, das; –, ..bilien oder ..bilia: unwägbarer Stoff : etwas Unwägbares, Gefühle, Stimmungen usw. * Im|pon|de|ra|bi|li|tät, die; –: Unwägbarkeit

im|po|nie|ren (..iert) (l.) intr.: Achtung einflößen oder fordern : sich der menschlichen Gemüter bemächtigen * im|po|sant (fr.) Mw. Ew.: auffallend : Ehrfurcht gebietend : Eindruck machend : überwältigend * Imponiergehabe

Im|port (nl.), der; –(e)s, –e: Einfuhr : (Mz.) Einfuhrwaren * importabhängig; Importbeschränkung; Importgeschäft;

Importhandel ∗ **Im|por|ta|ti|on,** die; –, –en: Wareneinfuhr ∗ **Im|por|te,** die; –, –n: Zigarre aus eingeführten Tabaken ∗ **Im|por|teur** (fr.) [..töhr], der; –s, –e: (Waren-) Einführer : Einfuhrhändler ∗ **im|por|tie|ren** (..iert) tr.: fremde Waren einführen : Einfuhrhandel treiben

im|por|tant (fr.) Mw. Ew.: wichtig : bedeutend ∗ **Im|por|tanz,** die; –: Wichtigkeit : Erheblichkeit

im|por|tun (l.) Ew.: ungeeignet : ungelegen : unpassend : ungestüm ∗ **Im|por|tu|ni|tät,** die; –, –en: Beschwerlichkeit : Lästigkeit : ungestümes Wesen

im|po|sant: s. imponieren

im|pos|si|bel (l.) Ew.: unmöglich : untunlich ∗ **Im|pos|si|bi|li|tät** (spätl.), die; –, –en: Unmöglichkeit

im|po|tent (l.) Ew.: unvermögend : zeugungsunfähig ∗ **Im|po|tenz,** die; –, –en: Zeugungsunfähigkeit : weibliche Unfähigkeit zum Empfangen : geistiges Unvermögen

Im|prä|gna|ti|on (nl.), die; –, –en: Schwängerung, Eintränkung : (Chem.) Sättigung mit einer Flüssigkeit ∗ **im|prä|g|nie|ren** (..iert) tr.: schwängern, befruchten : (Chem.) tränken, für Wasser undurchlässig machen : unverbrennbar ∗ *Imprägnieranstalt; Imprägniermaterial* ∗ **Im|prä|g|nie|rung,** die; –, –en: das Imprägnieren

im|prak|ti|ka|bel (nl.) Ew.: untunlich, unausführbar : unwegsam : unverträglich, schwer zu behandeln

Im|pre|sa, Im|pre|se (it.), die; –, –en: Unternehmen ∗ **Im|pre|sa|rio,** der; –s, –s und ..ri: Geschäftsführer künstlerischer Unternehmungen oder einzelner Künstler

Im|pres|si|on (l.), die; –, –en: Eindruck : Einprägung ∗ **im|pres|si|o|na|bel** Ew.: für Eindrücke empfänglich : erregbar : reizbar ∗ **Im|pres|si|o|nis|mus,** der; –: Eindruckskunst : Kunstrichtung, die den subjektiven äußeren Augenblickseindruck festzuhalten sucht ∗ **Im|pres|si|o|nist,** der; –en, –en: Vertreter des Impressio-

nismus ∗ **im|pres|si|o|nis|tisch** Ew. ∗ **Im|pres|sum,** das; –s, ..ssen: in Büchern Vermerk mit dem Copyright, Verlagsort und (meist) Erscheinungsjahr, der Auflagenhöhe und dem Namen der Druckerei ∗ **Im|pri|ma|tur,** das; –s: Druckgenehmigung, Druckerlaubnis ∗ **im|pri|mie|ren** tr.: zum Druck freigeben

Im|promp|tu (fr.) [ängprongtüh], das; –s, –s: „in Bereitschaft", Komposition aus dem Stegreif : kurzes Tonstück in Liedform

Im|pro|vi|sa|ti|on (ml.) [..w..], die; –, –en: unvorbereitete Handlung : Spiel, Leistung aus dem Stegreif ∗ *Improvisationstalent* ∗ **Im|pro|vi|sa|tor,** der; –s, ..toren: Stegreifdichter, –sänger ∗ **im|pro|vi|sa|to|risch** Ew. ∗ **im|pro|vi|sie|ren** (..iert) tr.: eine Stegreifleistung erfinden, tun

im|pu|dent (l.) Ew.: unverschämt : schamlos

Im|puls (l.), der; –es, –e: Antrieb, Anstoß ∗ **im|pul|siv** Ew.: feurig, rasch, triebhaft handelnd ∗ **Im|pul|si|vi|tät** [..w..], die; –: impulsives Wesen

im|pu|ta|bel (nl.) Ew.: zurechnungsfähig, verantwortlich ∗ **Im|pu|ta|bi|li|tät,** die; –: Zurechnungsfähigkeit ∗ **Im|pu|ta|ti|on,** die; –, –en: Beschuldigung : Ausgleichung gegenseitiger Forderungen ∗ **im|pu|tie|ren** (..iert) tr.: zurechnen : anschuldigen : zur Last legen

im Ru|he|stand (Abk.: i. R.): s. Ruhestand

im|stan|de *auch:* **im Stan|de,** nur in: *imstande sein auch: im Stande sein:* fähig sein

imstande / im Stande
Das Adverb *imstande* kann sowohl klein- und zusammen- als auch groß- und getrenntgeschrieben werden: *Sie ist imstande/im Stande zu sprechen. Du bist imstande/im Stande, die Tasche zu tragen. Ich bin imstande/im Stande und laufe davon.* Dabei bleibt die kleingeschriebene Zusammensetzung *imstande* vorzuziehen.

in Vw.: (mit Dat.) innerhalb : in einem Raum befindlich : von etwas umhüllt : umschlossen : an

einem Ort verweilend ∗ *er ist in dem Hause; ich bin in großer Verlegenheit* ∗ (mit Akk.) in etwas eindringen : hinein; *ich gehe in das Haus; ich geriet in große Verlegenheit* ∗ Abk.: i. (bei Ortsnamen, z. B. Freiburg i. Breisgau); vgl. im, ins

in.. (l.) (vern. Vors.): un.., nicht; Abk.: i.; vgl. il.., im.., ir..

in.. (l.) (Vw. als Vorw.): in, hinein : an, bei

in ab|sen|tia (l.): in Abwesenheit

in abs|trac|to (nl.): im Allgemeinen betrachtet : ohne Berücksichtigung der besonderen Lage

in|ad|ä|quat (nl.) Ew.: ungleich : unangemessen : nicht entsprechend

in ae|ter|num (l.) [– ät..]: in Ewigkeit : auf ewig

in|ak|ku|rat (nl.) Ew.: ungenau, nachlässig, unordentlich

In|ak|ti|on (nl.), die; –, –en: Untätigkeit : Ruhe : Trägheit ∗ **in|ak|tiv** Ew.: untätig : (stud.) nicht mehr zur Teilnahme verpflichtet : außer Dienst : beurlaubt : verabschiedet ∗ **in|ak|ti|vie|ren** (..iert) [..w..] tr.: von einem Amt oder Dienst freimachen, in den Ruhestand versetzen ∗ **In|ak|ti|vie|rung,** die; –, –en: Unwirksammachung (eines Medikaments) ∗ **In|ak|ti|vi|tät,** die; –, –en: Untätigkeit : Ruhestand

in|ak|tu|ell (l.) Ew.: nicht zeitgemäß : nicht auf dem aktuellen Stand

in|ak|zep|ta|bel (nl.) Ew.: unannehmbar ∗ **In|ak|zep|ta|bi|li|tät,** die; –, –en: Unannehmbarkeit

in|a|li|e|na|bel (nl.) Ew.: unveräußerlich : unübertragbar ∗ **In|a|li|e|na|bi|li|tät,** die; –, –en: Unveräußerlichkeit

in|al|te|ra|bel (nl.) Ew.: unveränderlich : unwandelbar ∗ **In|al|te|ra|bi|li|tät,** die; –: Unveränderlichkeit : Unwandelbarkeit

i|nan (l.) Ew.: leer : eitel ∗ **I|na|ni|tät,** die; –, –en: Eitelkeit : Leere : Nichtigkeit

In|an|griff|nah|me, die; –: das Inangriffnehmen, Beginn

In|an|spruch|nah|me, die; –: Benützung : Beschäftigung : Anforderung

in|ap|pel|la|bel (nl.) Ew.: endgültig : nicht anfechtbar

In|ar|ti|ku|la|ti|on (nl.), die; –, –en: mangelnde Gliederung : Undeutlichkeit der Aussprache * in|ar|ti|ku|lie|ren (..iert) tr.: mangelhaft gliedern : undeutlich aussprechen

In|au|gen|schein|nah|me, die; –, –n: das Inaugenscheinnehmen, Besichtigung : Betrachten * in Augenschein nehmen tr.: besichtigen

In|au|gu|ra|ti|on (l.), die; –, –en: Einweihung, Einweisung in ein hohes Amt * in|au|gu|rie|ren (..iert) tr.: feierlich einführen, einsetzen * Inauguraldissertation: wissenschaftl. Abhandlung : Doktorarbeit; Inauguralrede: Antrittsrede

in bar: mit barem Geld

in Bausch und Bogen: mit allem Drum und Dran

In|be|griff, der; –(e)s, –e: Gesamtheit : das Höchste * in|be|grif|fen Mw. Ew.: einbegriffen, mit eingeschlossen : mitgezählt

In|be|sitz|nah|me, die; –, –n: etwas als Besitz übernehmen

in be|treff → in Betreff (mit Gen.): hinsichtlich

In|be|trieb|nah|me, die; –, –n: das Inbetriebnehmen * In|be|trieb|set|zung, die; –, –en: Betriebsanfang

in be|zug → in Be|zug: bezüglich : hinsichtlich

in bre|vi (l.): (veralt.) in kurzer Zeit

In|brunst, die; –: Seelengut : innere Leidenschaft * in|brüns|tig Ew.: von Inbrunst erfüllt : leidenschaftlich

In|bus|schlüs|sel, der; –s, –: Handelsname für Innensechskantschlüssel (Zusammensetzung aus der Vorsilbe In- und den Initialen der Herstellfirma Bauer und Schaurig)

Inch (e.) [intsch], der; –, –es: englischer Zoll (25,4 mm)

in|cho|a|tiv (l.) Ew.: anfangend : einleitend * In|cho|a|ti|ve (nl.) [..w..], die; –, –n: Einleitung : das Beginnen * In|cho|a|tiv, In|cho|a|ti|vum [..w..], das; –s, ..va: Beginnzeitwort

in|ci|dit (l.): „hat es gestochen" (bei Kupferstichen)

in|ci|pit (l.): „hier beginnt", Anfangsworte alter Handschriften

in con|cert (e.) [in konzert]: bei, in einem Live-Konzert

in con|cre|to (nl.): in einem bestimmten Fall, in Wirklichkeit : im Besonderen

in con|tu|ma|ci|am (l.): (Rechtsspr.) wegen Nichterscheinens vor Gericht (verurteilen)

in|cor|po|ra|ted (e.) [inkorporetid]: jurist. Bezeichnung am. Aktiengesellschaften : eingetragen

in cor|po|re (l.): in Gesamtheit, alle gemeinsam

In|da|min, das; –s: Teerfarbstoff * In|dan|thren, das; –s: wasch- und lichtechter Farbstoff * indanthrenfarbig Ew.

In|da|zin, das; –s: Teerfarbstoff

In|de|fi|nit|pro|no|men (l.), das; –s, ..mina: unbestimmtes Fürwort

in|de|kli|na|bel (l.) Ew.: (Sprachl.) unbiegsam, unwandelbar

in|de|li|kat (nl.) Ew.: unzart, unfein, unschicklich

in|dem Bw.: während, zur selben Zeit, wo ..; Uw.: in diesem Augenblick

In|dem|ni|sa|ti|on (l.), die; –, –en: Entschädigung : Vergütung : Schadloshaltung * in|dem|ni|sie|ren (..iert) tr.: entschädigen : vergüten : außer Schuld setzen * In|dem|ni|tät, die; –: Ersatz : Schadenvergütung * Indemnitätsbill (e.), die; –: Gesetzesbeschluss über die Rechtfertigung und Straflosigkeit von eigenmächtigen Handlungen des Ministeriums

in|dem|ons|tra|bel Ew.: nicht nachweisbar : nicht zu demonstrieren : nicht vorführbar

In-den-Al|pril-Schi|cken, das; –s: Scherz zum ersten April

In|dent|ge|schäft (e.), das; –(e)s, –e: eine Form der Warenausfuhr im Überseehandel mit ungleichen Bedingungen für Käufer und Verkäufer

in|de|pen|dent (nl.) Ew.: unabhängig * In|de|pen|den|tis|mus, der; –: Unabhängigkeit : Streben nach Unabhängigkeit * In|de|pen|denz, die; –: Unabhängigkeit * In|de|pen-

dence Day (e.) [indipändens däi], der; –, –: amerikanischer Unabhängigkeits- und Nationalfeiertag am 4. Juli

In|der, der; –s, –: Bewohner Indiens * In|di|a|na: Staat in den USA * In|di|en: „Indische Union", asiat. Bundesstaat * in|disch Ew.: Indien eigen : aus Indien stammend * der Indische Ozean; die indische Kunst; Indischgelb, das; –s; Indischrot, das; –s * In|do|eu|ro|pä|er Mz.: Völker und Sprachenstamm, der über Asien und Europa verbreitet ist * In|do|ger|ma|ne, der; –n, –n: Angehöriger des indogermanischen (indoeuropäischen) Volksstammes * In|do|ger|ma|nist, der; –en, –en: Erforscher, Kenner der indogermanischen Sprachen * In|do|ger|ma|nis|tik, die; –: sprachvergleichende Wissenschaft von den indogermanischen Sprachen * In|do|lo|ge, der; –n, –n: Forscher und Kenner der indischen Sprache und Kultur * In|do|lo|gie, die; –: Wissenschaft von der indischen Sprache und Kultur

in|des, in|des|sen Uw. und Bw.: indem : trotzdem

in|de|ter|mi|na|bel (l.) Ew.: unbestimmbar * In|de|ter|mi|na|ti|on, die; –, –en: Unbestimmtheit, Unentschlossenheit * in|de|ter|mi|niert Ew.: unbestimmt, unentschlossen * In|de|ter|mi|nis|mus, der; –: Lehre von der unbedingten Willensfreiheit * In|de|ter|mi|nist, der; –en, –en: Anhänger des Indeterminismus

In|dex (l.), der; –, –e (..dizes): Namen-, Sach-, Stichwörterverzeichnis : Register : statische Wertmessziffer : Verzeichnis der von der kathol. Kirche verbotenen Bücher : (Med.) Zeigefinger * Indexwährung: Währung, die sich nach der Preisgestaltung richtet; Indexziffer: Kennziffer * In|dik|ti|on, die; –, –en: Zusammenberufung : kirchliches Aufgebot * In|diz, das; –es, –ien: Anzeichen : Verdacht erregender Umstand * Indizienbeweis * in|di|zie|ren (..iert) tr.: andeuten : anzeigen : hinweisen auf * in|di|ziert Mw.

Ew.: angezeigt : den Umständen angemessen ✳ **Indizium**, das; –s, ..zien: Anzeichen : Verdachtsgrund

indezent (l.) Ew.: unschicklich : unpassend : unanständig, unehrbar ✳ **Indezenz**, die; –, –en: Unschicklichkeit, Ungebührlichkeit

Indianer, der; –s, –: Ureinwohner Amerikas ✳ *Indianerbuch; Indianerhäuptling:* Häuptling eines Indianerstammes; *Indianerreservat; Indianerschmuck; Indianerstamm* ✳ **indianisch** Ew.: die Indianer betreffend : von ihnen stammend ✳ **Indianist**, der; –en, –en: Kenner oder Erforscher der indianischen Sprachen und Kulturen

Indienstnahme, die; –, –n: Einstellung ✳ **Indienststellung**, die; –, –en: Anstellung

indifferent (l.) Ew.: gleichgültig : teilnahmslos : (Chem.) wirkungslos ✳ **Indifferentismus**, der; –: Gleichgültigkeit ✳ **Indifferenz**, die; –, –en: Gleichgültigkeit : Wirkungslosigkeit ✳ *Indifferenzpunkt:* Nullpunkt

Indig, das; –s, –e: natürl. Farbstoff ✳ **Indigo** (l.), der; –s, –s: „Indisches", blauer Farbstoff ✳ *indigoblau* Ew.; *Indigodruck,* der; –(e)s, –e: Blaudruck; *Indigopapier; Indigoschwarz; Indigoweiß* ✳ **Indigolith**, der; –s und –e, –e(n): Blaustein, blauer Turmalin ✳ **Indigotin**, das; –s: Indigoblau

indigen (l.) Ew.: eingeboren : inländisch ✳ **Indigenat** (nl.), das; –(e)s, –e: Bürger-, Heimatrecht ✳ *Indigenatsrecht*

Indigestion (l.), die; –, –en: Nichtverdauung : Unverdaulichkeit

Indignation (l.), die; –, –en: Unwille, Entrüstung : Missfallen ✳ **indignieren** (..iert) tr.: ungehalten, unwillig machen, empören ✳ **indigniert** Mw. Ew.: ungehalten, beleidigt ✳ **Indignität**, die; –, –en: Unwürdigkeit, Schändlichkeit, Beleidigung

Indigo: s. Indig

Indikat (l.), das; –s: das Angezeigte ✳ **Indikation**, die; –, –en: Anzeige : Vermutungsgrund : Krankheitsmerkmal ✳ **indikativ** Ew.: anzeigend ✳ **Indikativ**, **Indikativus**, der; –, ..ve: Wirklichkeitsform ✳ **indikativisch** [..w..] Ew.: auf die Wirklichkeitsform bezogen ✳ **Indikator**, der; –, ..toren: Druckänderungsanzeiger an Maschinen : Farbstoff, der die Reaktion einer chem. Lösung anzeigt ✳ *Indikatordiagramm:* Leistungsbild einer Maschine ✳ **Indikatrix**, die; –: (Math.) Anzeigende

Indiktion: s. Index

Indio, der; –s, –s: Ureinwohner Mittel- und Südamerikas

indirekt (nl.) Ew.: auf nicht geradem Wege : mittelbar : abhängig ✳ *indirekte Rede:* nicht wörtlich wiedergegebene Rede ✳ *Indirektheit*

indiskret (l.) Ew.: unvorsichtig : nicht verschwiegen : taktlos ✳ **Indiskretion**, die; –, –en: Vertrauensbruch : Ausplauderei : Taktlosigkeit

indiskutabel (nl.) Ew.: nicht zu erörtern : nicht in Frage kommend

indispensabel (nl.) Ew.: unerlässlich ✳ **Indispensabilität**, die; –, –en: Unerlässlichkeit

indisponibel (nl.) Ew.: unverfügbar : nicht verwendbar ✳ *indisponible Dinge* ✳ **Indisponibilität**, die; –, –en: Unverfügbarkeit : Unveräußerlichkeit ✳ **indisponiert** Ew.: verstimmt : unpässlich ✳ **Indisposition**, die; –, –en: Verdrießlichkeit : Unpässlichkeit

indisputabel (nl.) Ew.: unbestreitbar, unstreitig ✳ **Indisputabilität**, die; –: Unbestreitbarkeit

Indisziplin (nl.), die; –, –en: Zuchtlosigkeit ✳ **indiszipliniabel** Ew.: unlenksam : unbändig ✳ **indiszipliniert** Ew.: ungezügelt

Indium, das; –s: metall. Grundstoff, weiches, zähes Metall; Abk.: In

individual (l.) [..w..] Ew., fast nur in Zus.: das Individuum betreffend : vom Individuum ausgehend ✳ *Individualakt; Individualpädagogik:* auf die Berücksichtigung persönlicher Eigentümlichkeiten gegründete Pädagogik; *Individualphilosophie; Individualpsychologie:* eine Richtung der modernen Psychologie; *Individualrecht:* Recht des Menschen als Persönlichkeit ✳ **Individualisation**, die; –, –en: Vereinzelung, Betrachtung nach der Eigenart : Beschränkung auf ein Einzelwesen ✳ **individualisieren** (..iert) tr.: vereinzeln : nach der Eigenart sondern, auffassen ✳ **Individualisierung**, die; –, –en: Individualisation ✳ **Individualismus**, der; –: Streben nach Eigenheit, Eigenem, Besonderem ✳ **Individualist**, der; –en, –en: Einzelgänger ✳ **individualistisch** Ew.: auf dem Individualismus beruhend, ihm entsprechend ✳ **Individualität**, die; –, –en: persönliche Eigenart : Einzelpersönlichkeit ✳ **individuell** Ew.: dem Einzelwesen zugehörig, eigentümlich : persönlich ✳ **Individuum**, das; –s, ..duen: Einzelwesen : Person

indivisibel Ew.: nicht zu teilen

Indiz usw.: s. Index

Indoktrination, die; –, –en: extrem einseitige Beeinflussung im ideologischen Denken ✳ **indoktrinieren** tr.: extrem beeinflussen

Indol, das; –s: eine chem. Verbindung

indolent (nl.) Ew.: schmerzlos : gleichgültig : träge : schlaff ✳ **Indolenz** (l.), die; –, –en: Schmerzlosigkeit : Gleichgültigkeit : Schlaffheit

Indologe: s. Inder

Indonesien: südostasiat. Staat, umfasst die Inselwelt zwischen Asien und Australien ✳ **Indonesier**, der; –s, –: Einwohner von Indonesien ✳ **indonesisch** Ew.: Indonesien betreffend

Indossament, **Indossement** (it.), das; –s, –e: Übertragungsvermerk auf der Rückseite eines Wechsels ✳ **Indossant**, **Indossent**, der; –en, –en: der einen Wechsel überträgt ✳ **Indossat**, der; –en, –en: der einen Wechsel übernimmt ✳ **Indossatar**, der; –s, –e: Indossat in|dos|sie|ren (..iert) intr.: Wechsel durch eine Erklärung (auf der Rückseite) übertragen ✳ **In|dos|so**, das; –s, –s (..dossi): s. Indossament

in du|bio (l.): im Zweifelsfalle ✳ **in du|bio pro re|o**: im Zweifelsfalle für den Beklagten (zu entscheiden) ✳ **in|du|bi|ta|bel** Ew.: unzweifelhaft : zuverlässig ausgemacht

In|duk|tanz (nl.), die; –, –en: (Elektr.) induktiv bedingter Widerstand eines Wechselstromkreises ✳ **In|duk|ti|on**, die; –, –en: Überleitung : Folgerung aus Einzelfällen : Erregung von Elektrizität ✳ *Induktionsapparat; Induktionsbeweis; Induktionskrankheit; Induktionsmaschine; Induktionsofen; Induktionsstrom* ✳ **in|duk|tiv** Ew.: bewirkend : gefolgert : aus der Erfahrung geschöpft ✳ **In|duk|ti|vi|tät** [..w..], die; –: (Phys.) Größe der Selbstinduktion ✳ **In|duk|tor**, der; –s, ..toren: „Einführer" : Stromgeber, Induktionsapparat ✳ **in|du|zie|ren** (..iert) tr.: hineinführen : aus Einzelfällen Schluss ziehen

in dul|ci ju|bi|lo (l.): in süßem Jubel ✳ *in dulci jubilo leben* intr.: in Saus und Braus leben

in|dul|gent (l.) Ew.: nachsichtig : milde ✳ **In|dul|genz**, die; –, –en: Nachsicht : Straferlass : Ablass ✳ *Indulgenzbrief:* Ablassbrief ✳ **In|dult** (spätl.), der; –(e)s, –e: Vergünstigung : Aufschub : Frist (für Erfüllung einer Verbindlichkeit)

In|dult: s. indulgent

in du|p|lo (l.): doppelt, in zwei Ausfertigungen, zweifach

In|du|ra|ti|on (nl.), die; –, –en: (Med.) Verhärtung, besonders von Geweben

In|dus: ind. Strom

In|du|si|um (l.), das; –s, ..sien: Schleier, hautartiger Bezug auf Farnblättern ✳ *Indusienkalk:* (Geol.) Süßwasserkalkbänke der Tertiärformation

In|dus|tri|al|de|sign *auch:* **In|dus|tri|al De|sign** (e.) [in-dastriel-disain], das; –s: Gestaltung von Bedarfsgütern ✳ **in|dus|tri|a|li|sie|ren** (nl.): die Industrie zum Vorherrschen bringen ✳ *Industrialisierung* ✳ **In|dus|tri|a|lis|mus** (nl.), der;

–: einseitiges Vorherrschen der Industrie ✳ **In|dus|trie** (fr.), die; –, ..strien: Fleiß : (bes.) Großgewerbe ✳ *Industrieaktien; Industrieanlage; Industriearbeiter; Industrieausstellung; Industriebetrieb; –ge-biet; –gewerkschaft; Industriekapitän; –magnat:* Großindustrieller; *Industrieladen:* (ehem. DDR) Laden eines VEBs; *Industrieprodukt; Industrieroboter; Industriestaat; Industriestadt; Industriesystem; Industrie- und Handelskammer; Industriewirtschaft; Industriezentrum; Industriezweig:* Teil der Industrie ✳ **in|dus|tri|ell** (fr.) Ew.: gewerbtätig : die Industrie betreffend ✳ **In|dus|tri|el|le**, der; –n, –n: Besitzer, Leiter eines Industriebetriebes

in-du-s-t-ri-a-li-sie-ren
An diesem Fremdwort-Beispiel lassen sich neue Trennmöglichkeiten zeigen: Neben den bisherigen Fugen nach Wortteilen, gibt es nun die Trennung zwischen *s* und *t: indus-trialisieren*, die Möglichkeit, einen einzelnen Vokal als Silbe abzutrennen: *industri-ali-sien* neben *industria-lisieren* sowie die optionale (in den vorangegangenen Beispielen vernachlässigte) Trennung hinter dem *r* nach dem Prinzip, den letzten Laut einer Konsonatengruppe in die neue Zeile zu nehmen: *indust-rialisieren.*

in|du|zie|ren: s. Induktanz

In|e|di|tum (l.), das; –s, ..dita: nicht veröffentlichte Schrift

in|ef|fek|tiv (nl.) Ew.: unwirksam, fruchtlos : nutzlos

in ef|fi|gie (l.): im Bilde : in Abwesenheit des Betreffenden

in|e|gal (fr.) Ew.: ungleich ✳ **In|e|ga|li|tät**, die; –, –en: Ungleichheit

in|ein|an|der: einer im anderen : zusammen : gegenseitig ✳ *in-einandergreifen* → *ineinander greifen* intr.

in eins Uw.: nur in der Verbindung: *in eins setzen:* gleichsetzen

in|ert (l.) Ew.: untätig, träge ✳ **In|er|tie**, die; –: Untätigkeit, Trägheit : Beharrungsvermögen

in|es|sen|zi|ell *auch:* **in|es-**

sen|ti|ell (ml.) Ew.: unwesentlich

in|e|x|akt (nl.) Ew.: ungenau : nachlässig : fehlerhaft

in|e|x|is|tent Ew.: nicht vorhanden ✳ **In|e|x|is|tenz**, die; –: Nichtvorhandensein : (Philos.) das in etwas Enthaltensein

in|ex|plo|si|bel (nl.) Ew.: nicht zerspringend : nicht zerplatzend ✳ *inexplosible Hülle*

in ex|ten|so (l.): ausführlich, vollständig, ausgedehnt

in ex|tre|mis (l.): in den letzten Zügen (liegend)

in|fal|li|bel (nl.) Ew.: unfehlbar ✳ **In|fal|li|bi|lis|mus**, der; –: Unfehlbarkeitslehre ✳ **In|fal|li|bi|list**, der; –en, –en: Anhänger des Infallibilismus ✳ **In|fal|li|bi|li|tät**, die; –: Unfehlbarkeit (bes. vom Papst in Glaubenssachen)

in|fam (l.) Ew.: ehrlos, schändlich, verrufen, abscheulich, niederträchtig ✳ **In|fa|mie**, die; –, ..mien: ehrlose Handlung : Schande

In|fant (l.), der; –en, –en: „Kind", Titel der spanischen Prinzen ✳ **In|fan|te|rie**, die; –, ..rien: Fußvolk : Fußsoldaten ✳ *Infanterieregiment* ✳ **In|fan|te|rist**, der; –en, –en: Soldat zu Fuß ✳ **in|fan|til** Ew.: kindlich : in der Entwicklung stehen geblieben ✳ **In|fan|ti|lis|mus**, der; –, ..men: durch innersekretorische Störungen bedingtes körperl. und geist. Stehenbleiben auf kindlicher Entwicklungsstufe ✳ **In|fan|tin**, die; –, –nen: Titel spanischer Prinzessinnen

In|farkt (nl.), der; –(e)s, –e: Verstopfung von Blutgefäßen durch einen Embolus

In|fekt (l.), der; –(e)s, –e ✳ **In|fek|ti|on**, die; –, –en: Ansteckung : Vergiftung ✳ *Infektionserreger; Infektionsherd; Infektionskrankheit* ✳ **in|fek|ti|ös** Ew.: ansteckend ✳ **In|fek|ti|o|si|tät**, die; –: Fähigkeit zur Ansteckung ✳ **in|fi|zier|bar** Ew.: ansteckbar ✳ **in|fi|zie|ren** (..iert) tr.: anstecken : verpesten : vergiften ✳ **In|fi|zie|rung**, die; –, –en: Infektion

In|fel, In|ful (l.), die; –, –n: Priesterbinde : Bischofsmütze ✳ **in|fu|lie|ren** (ml.) tr.: zum Bischof machen

in**fe**ri**or** (l.) Ew.: untergeordnet : unterlegen * In**fe**ri**o**ri**tät**, die; –, –en: Minderwertigkeit : Unterordnung

in**fer**nal, in**fer**na**lisch** (l.) Ew.: höllisch, teuflisch : (Umgspr.) unerträglich * In**fer**no (it.), das; –s: Hölle : (übertr.) Höllenqual

in**fer**til (nl.) Ew.: unfruchtbar : unergiebig * In**fer**ti**li**tät, die; –, –en: Unfruchtbarkeit

In**fight** (e.) [infait], der; –(s), –s; In**figh**ting, das; –, –s: (Boxen) Nahkampf

In**fil**trat (l.), das; –(e)s, –e: Flüssigkeit, die in ein Gewebe eindringt * In**fil**tra**ti**on (nl.), die; –, –en: Einflößung : Eindringen : (Med.) Erguss von Lymphe, Blut, Eiter usw. * In**fil**trationsanästhesie * in**fil**trie**ren** (..iert) tr.: einflößen : eindringen; intr.: sich ergießen

in**fi**nit (l.) Ew.: unbegrenzt : unaufhörlich * in**fi**ni**te**si**mal** (spätl.) Ew.: unendlich klein, ins Unendliche gehend * Infinitesimalrechnung: Rechnung mit unendlich kleinen Größen * In**fi**ni**tiv**, der; –s, –e: (Sprachl.) „Nennform" des Zeitworts * Infinitivkonjunktion; Infinitivsatz * In**fi**ni**tum**, das; –s, ..ta: das Unendliche * in infinitum: endlos, unaufhörlich

In**fir**mi**tät**, die; –, –en: Gebrechlichkeit

In**fix** (ml.), das; –es, –e: (Sprachl.) in ein Wort eingefügter Buchstabe oder Silbe

in**fi**zie**ren**: s. Infektion

in fla**gran**ti (l.): auf frischer Tat

in**flam**ma**bel** (nl.) Ew.: entzündbar * In**flam**ma**bi**li**tät**, die; –: das Entzündbarsein : Brennbarkeit * in**flam**mie**ren** (..iert) tr.: entzünden

in**fla**tie**ren**, in**fla**ti**o**nie**ren** (..iert) (nl.) tr.: aufblähen : Zahlungsmittel über den wirtschaftl. Bedarf hinaus in Umlauf setzen * In**fla**ti**on**, die; –, –en: künstliche Steigerung des Geldumlaufes : Geldentwertung * Inflationszeit * in**fla**ti**o**när, in**fla**ti**o**nis**tisch, in**fla**to**risch** Ew.: die Inflation betreffend, sie bewirkend * In**fla**ti**o**nis**mus**, der; –: Geldmengenerhöhung zur Belebung der Wirtschaft

in**fle**xi**bel** Ew.: unbiegsam : unveränderlich : unerschütterlich : (Sprachl.) nicht beugbar * In**fle**xi**bi**li**tät**, die; –: Unbeugsamkeit : Unbeweglichkeit : Starrheit

In**flo**res**zenz** (nl.), die; –, –en: Blütenstand

In**flu**enz (nl.), die; –, –en: Einwirkung : Erzeugung eines magnet. Feldes durch elektr. Strom * Influenzmaschine: Elektrisiermaschine * In**flu**en**za**, die; –: ein Katarrfieber: Grippe

In**fo**, das; –s, –s: Kurzw. für Information

in**fol**ge (Vw. mit Gen. oder mit von): folgend aus * infolge eines Unfalles; infolge von Krankheit * in**fol**ge**des**sen Uw.: aus dem Vorhergehenden folgend, folglich

In**fo**mo**bil**, das; –s, –e: Auto mit Informationsstand

In**for**mand (l.), der; –en, –en: einer, der von einem anderen zu informieren ist * In**for**mant, der; –en, –en: jemand, der einen anderen informiert * In**for**ma**ti**on (l.), die; –, –en: Belehrung : Auskunft * Informationsaustausch; Informationsbedürfnis; Informationsblatt; Informationsbüro; Informationsfluß → Informationsfluss; Informationsgehalt; Informationsmaterial; Informationsquelle; Informationstheorie; Informationsverarbeitung * In**for**ma**tik**, die; –: Vorgehensweise und Anwendungsmöglichkeiten der elektr. Datenverarbeitung als Wissenschaft * In**for**ma**ti**ker, der; –s, –: Kommunikationswissenschaftler : Computerwissenschaftler * in**for**ma**tiv** Ew.: belehrend : Auskunft gebend : aufschlussreich * In**for**ma**tor**, der; –s, ..toren: jemand, der Auskunft gibt * in**for**ma**to**risch, in**for**mell Ew.: aufklärend : belehrend : informierend * in**for**mie**ren** (..iert) tr.: benachrichtigen : unterrichten * Informiertheit: das Informiertsein; Informierung: Erklärung : Benachrichtigung

In**fo**tain**ment** (e.-dtsch.) [..tehnment], das; –s: zusammengesetztes Kurzw. aus „Information" und „Entertainment": Informationen unterhaltsam aufbereitet und dargeboten

in**for**mell (fr.) Ew.: ohne Formen

in**fra**ge Uw. *auch:* in Fra**ge:** anzweifeln : möglich * *infrage stellen auch: in Frage stellen; infrage kommen auch: in Frage kommen; das Infragestellen*

infrage
Adverb und Verb werden nur zusammen- und großgeschrieben, wenn sie substantiviert sind, wie *das Infragestellen.* Für die adverbiale Bestimmung selbst sind beide Schreibweisen erlaubt: *infrage stellen* und *in Frage stellen, infrage kommen* und *in Frage kommen.*

in**fra**rot (nl.) Ew.: (Optik) ultrarot * Infrarot: Kurzw. für Infrarotstrahler; Infrarotfilm; Infrarotstrahler; Infrarotbestrahlung: Heilbehandlung mit infrarotem Licht * In**fra**schall, der; –(e)s: Schallwellen unterhalb der hörbaren Grenze, Ultraschall * In**fra**struk**tur**, die; –, –en: notwendiger wirtschaftlicher und organisatorischer Unterbau einer hochentwickelten Wirtschaft (z. B. Verkehrsnetz, Arbeitskräfte usw.) : militärische Anlagen * in**fra**struk**tu**rell Ew.: die Infrastruktur betreffend

In**ful**: s. Infel

in**fun**die**ren** (..iert) (l.) tr.: aufgießen, eingießen * Infundierapparat * In**fus**, das; –es, –e, In**fu**sum, das; –s, ..sa: Aufguss * In**fu**si**on**, die; –, –en: Eingießung : Aufguss : (Med.) intravenöse Flüssigkeitszufuhr zu Therapiezwecken * In**fu**si**ons**tier**chen**, das; –s, –, In**fu**so**ri**um, das; –s, ..rien: Aufgusstierchen

Ing. (Abk.): Ingenieur

In**gang**hal**tung**, die; –: das In-Bewegung-Halten * *Ingangsetzung*

In**ge**brauch**nah**me, die; –, –: Benutzung

in ge**ne**re (l.): im Allgemeinen * in**ge**ne**riert** Ew.: angeboren : eingepflanzt

In**ge**ni**eur** (fr.) [inßehenjöhr], der; –s, –e: Techniker mit wissenschaftl. Ausbildung auf

Technikum oder techn. Hochschule; Abk.: Ing. * *Ingenieurakademie; Ingenieurbau:* Fachrichtung im Hoch- und Tiefbau; *Ingenieurbüro; Ingenieurschule* * In|ge|ni|eu|rin, die; –, ..innen: Technikerin
in|ge|ni|ös (l.) Ew.: sinnreich : geistvoll : erfinderisch * In|ge|ni|o|si|tät, die; –, ..en: Erfindungsgabe : Scharfsinn * In|ge|ni|um, das; –s, ..nien (..nia): Geist : Talent
In|ge|nu|i|tät (l.) [ingenui..], die; –: Freimütigkeit, Offenheit, Ehrlichkeit
In|ge|sin|de, das; –s: die Hausangestellten
In|ges|ti|on, die; –, –: (Med.) Einführung durch den Mund : Nahrungsaufnahme * *Ingestionsallergie:* Allergie gegen Stoffe in der Nahrung
in glo|bo (l.): insgesamt
In|got (e.), der; –s, –s: ein roher Gussblock * *Ingoteisen:* Flusseisen
In|grain|fär|bung (e.) [ingrein..], die; –, –en: auf der Faser erzeugte Färbung * *Ingrainpapier*
In|gre|di|ens (l.), das; –, ..dienzien: das „Hineingehende" : Zutat : Bestandteil * In|gre|di|enz, die; –, –en: s. Ingrediens * In|greß →
In|gress, der; ..sses, ..sse: Eingang : Aufnahme einer Nonne ins Kloster * In|gres|si|on, die; –, –en: das Hineingehen : Einfließen : Anfang * *Ingressionsmeer*
In|grimm, der; –(e)s: verbissener Zorn : ingrimmige Person * in|grim|mig Ew.: verbissen
in gros|so: im Großen : en gros
in|gui|nal (l.) Ew.: (Med.) die Leistengegend betreffend * *Inguinalbruch; Inguinalgegend:* die Leistengegend
Ing|wer (skr.), der; –s, –: die gewürzhafte Wurzel eines ostind. Gewächses : ein Schnaps * *Ingwerbier; Ingwerkraut; Ingwermus; Ingweröl; Ingwerpflanze; Ingwerwein*
In|ha|ber, der; –s, –: Besitzer; Abk.: Inh. * *Inhaberpapier*
in|haf|tie|ren (..iert) (dtsch.-l.) tr.: verhaften * In|haf|tier|te, der; –n, –n: Verhafteter * In|haf|tie|rung, die; –, –en:

das Inhaftieren, das Inhaftiertwerden
In|ha|la|ti|on (l.), die; –, –en: (Med.) Einatmung * *Inhalationsapparat; Inhalationskrankheit; Inhalationskur* * In|ha|la|to|ri|um, das; –s, ..rien: Raum zum Einatmen von Heilmitteln in Dampfform * in|ha|lie|ren (..iert) tr.: Heilmittel einhauchen : einatmen : mit Lungenzügen rauchen
In|halt, der; –(e)s, –e: das Enthaltene und der umschlossene Raum : Inbegriff einer Rede oder einer Schrift * *Inhaltsangabe; inhaltsarm* Ew.; *Inhaltsarmut; inhaltsgleich* Ew.; *inhaltsleer* Ew.; *inhaltslos* Ew.; *inhaltsreich* Ew.; *Inhaltsreichtum; inhaltsschwer* Ew.; *Inhaltsschwere; Inhaltsübersicht; Inhaltsverzeichnis; inhaltsvoll* Ew. * in|halt|lich Ew.: dem Inhalte nach * in|halts Uw.: (Kanzleispr.) nach Inhalt
in|hä|rent (l.) Ew.: anhaftend : innewohnend * In|hä|renz, die; –: das Anhängen : das Anhaften * in|hä|rie|ren (..iert) tr.: ankleben : eigen sein : (Rechtsspr.) auf etwas bestehen
in|hi|bie|ren (..iert) (l.) tr.: hemmen : verhindern : verbieten * In|hi|bi|ti|on, die; –, –en: Verbot, Untersagung : Hinderung * In|hi|bi|tor, der; –s, ..oren: (Chem.) Hemmstoff * in|hi|bi|to|risch Ew.: verhindernd, verzögernd
in hoc sa|lus: „in diesem (ist) Heil", eine Deutung der Abk. IHS für Jesus
in hoc sig|no (vin|ces) (l.): „in diesem Zeichen (wirst du siegen)", eine Deutung der Abk. IHS für Jesus
in|ho|mo|gen (gr.-l.) Ew.: nicht vom gleichen Stoff : ungleichartig : heterogen * In|ho|mo|ge|ni|tät, die; –: Ungleichartigkeit
in ho|no|rem (l.): zu Ehren
in|hu|man (l.) Ew.: unmenschlich : unbarmherzig : rücksichtslos * In|hu|ma|ni|tät, die; –, –en: Unmenschlichkeit : Unfreundlichkeit : Rücksichtslosigkeit : Härte
in in|fi|ni|tum (l.): s. infinit
in in|te|g|rum (l.): (Rechtsspr.) – – *restituieren* tr.: wieder in

den vorigen Rechtsstand versetzen
In|i|ti|al, das; –s, –e: In|i|ti|a|le (l.), die; –, –n: großer Anfangsbuchstabe * *Initialbuchstabe; Initialsprengstoff; Initialwort:* Akronym, z. B. UNO; *Initialzellen; Initialzündung*
In|i|ti|and, der; –en, –en: Aufzunehmender * In|i|ti|ant, der; –en, –en: jemand, der die Initiative ergreift * In|i|ti|a|ti|on, die; –, –en: Einweihung * *Initiationsriten* * in|i|ti|a|tiv Ew.: Anstoß gebend, anregend : aus eigenem Antrieb * *Initiativantrag; Initiativrecht* * In|i|ti|a|ti|ve (nl.), die; –, –n: Einleitung : Recht und die Fähigkeit eigenmächtigen Handelns : Entschlusskraft : Unternehmungsgeist * *die Initiative ergreifen:* den Anstoß geben; *aus eigener Initiative:* aus eigener Entschlusskraft * In|i|ti|a|tor, der; –s, ..oren: Anstifter : Urheber * In|i|ti|a|to|rin, die; –, ..innen: Urheberin * In|i|ti|en Mz.: Anfangsgründe * in|i|ti|ie|ren (..iert) tr.: in die Wege leiten : einführen : einweihen : feierlich aufnehmen
In|jek|ti|on (l.), die; –, –en: Einspritzung * *Injektionslösung; Injektionspumpe; Injektionsspritze* * In|jek|tor, der; –s, ..toren: Einspritzer, Dampfstrahlpumpe * in|ji|zie|ren (..iert) tr.: einspritzen
In|ju|ri|ant (nl.), der; –en, –en: Beleidiger * In|ju|ri|at, der; –en, –en: Beleidigter * In|ju|rie, die; –, –n: Unrecht : Beleidigung * *Injurienklage; Injurienprozess* * in|ju|ri|e|ren (..iert) tr.: beleidigen * in|ju|ri|ös Ew.: beleidigend : ehrenrührig
In|ka, der; –(s), –s: Angehöriger eines ehemals in Peru herrschenden Geschlechtes * *Inkabein, -knochen:* Schädelknochen
in|kal|ku|la|bel (l.) Ew.: nicht zu berechnen : nicht zu messen
In|kar|di|na|ti|on, die; –, –en: Besetzung einer Diözese mit einem Geistlichen der kath. Kirche
in|kar|nat (l.) Ew.: fleischfarben : (bei den Färbern) hochrot * In|kar|nat, das; –(e)s:

Fleischton, Fleischfarbe ✳ *Inkarnatklee:* Blutklee: *Inkarnatrot* ✳ **In|kar|na|ti|on**, die; –: „Fleischwerdung" (Christi) : Menschwerdung ✳ **in|kar|nie|ren** (..iert) intr.: Fleischfarbe annehmen ✳ inkarniert Uw.: (christl.) Fleisch geworden

In|kar|ze|ra|ti|on (nl.), die; –, –en: Einkerkerung : (Med.) Einklemmung ✳ **in|kar|ze|rie|ren** (..iert) tr.: einkerkern : (Med.) einklemmen

In|kas|so (it.), das; –s, –s: Erhebung, Einziehung von Geldforderungen ✳ *Inkassopapier; Inkassovollmacht:* Vollmacht, Außenstände einzuziehen

In|kauf|nah|me, die; –: das widerstandslose Sichfügen

inkl., incl. (Abk.): s. a. inklusive

In|kli|na|ti|on, die; –, –en: Neigung : Neigungswinkel : Zuneigung ✳ *Inklinationsnadel* ✳ **in|kli|nie|ren** (..iert) intr.: Neigung haben

in|klu|si|ve (l.) Uw. [..w..]: einschließlich : mitgerechnet; Abk.: inkl., incl.

in|kog|ni|to (it.) Ew.: unerkannt : unter anderem Namen ✳ **In|kog|ni|to**, das; –s, –s: Unerkanntsein : unter fremdem Namen

in|ko|hä|rent (nl.) Ew.: unzusammenhängend : locker : folgewidrig ✳ **In|ko|hä|renz**, die; –, –en: Zusammenhanglosigkeit : Schlusswidrigkeit

In|koh|lung, die; –: Umwandlung pflanzlicher Reste in Kohle

in|kol|le|gi|al (nl.) Ew.: unkameradschaftlich ✳ **In|kol|le|gi|a|li|tät**, die; –, –en: unkameradschaftlicher Sinn

in|kom|men|su|ra|bel (nl.) Ew.: unabmessbar : unvergleichbar : (Math.) nicht durch die gleiche Maßeinheit messbar

in|kom|mo|die|ren (..iert) tr.: belästigen : Mühe verursachen : Ungelegenheiten machen ✳ **In|kom|mo|di|tät**, die; –, –en: Beschwerlichkeit : Unbequemlichkeit

in|kom|pa|ra|bel (l.) Ew.: unvergleichbar : nicht steigerungsfähig ✳ **In|kom|pa|ra|bi|le**, das; –, ..bilia und ..bilien:

ein nicht steigerungsfähiges Eigenschaftswort ✳ **In|kom|pa|ra|bi|li|tät**, die; –, –en: Unvergleichbarkeit, Vortrefflichkeit

in|kom|pa|ti|bel (fr.) Ew.: unvereinbar : unverträglich : (EDV) nicht zusammenpassend ✳ **In|kom|pa|ti|bi|li|tät** (spätl.) die; –, –en: Unverträglichkeit : Unvereinbarkeit

in|kom|pe|tent (nl.) Ew.: nicht zuständig : unbefugt ✳ **In|kom|pe|tenz**, die; –, –en: Nichtberechtigung : Unzuständigkeit

in|kom|plett (l.) Ew.: unvollständig : unvollzählig

in|kom|pres|si|bel (l.) Ew.: nicht zusammenpressbar

in|kon|gru|ent (l.) Ew.: sich nicht deckend : nicht übereinstimmend ✳ **In|kon|gru|enz**, die; –, –en: Mangel an Übereinstimmung

in|kon|se|quent (l.) Ew.: folgewidrig : widersprechend : unbeständig ✳ **In|kon|se|quenz**, die; –, –en: Folgewidrigkeit : Widerspruch mit sich selbst

in|kon|sis|tent (nl.) Ew.: ohne Bestand : unhaltbar : unverträglich : widersprechend ✳ **In|kon|sis|tenz**, die : –, –en: Unbeständigkeit : Misshelligkeit

in|kon|stant (l.) Ew.: unbeständig, veränderlich ✳ **In|kon|stanz**, die : –, –en: Unbeständigkeit, Veränderlichkeit

In|kon|sti|tu|ti|o|na|li|tät (nl.), die; –, –en: Verfassungswidrigkeit ✳ **in|kon|sti|tu|ti|o|nell** Ew.: verfassungswidrig

in|kon|ti|nent (l.) Ew.: unenthaltsam ✳ **In|kon|ti|nenz**, die; –, –en: Unenthaltsamkeit : (Med.) das Unvermögen, ein natürliches Bedürfnis aufzuhalten

in|kon|ve|ni|ent (l.) [..w..] Ew.: nicht passend, unschicklich, ungelegen

in|kon|ver|ti|bel (spätl.) Ew.: unbekehrbar : unveränderlich : nicht umtauschbar (Währungen)

in|kon|zi|li|ant (l.) Ew.: zu keinem Kompromiss bereit

In|ko|or|di|na|ti|on, die; –, –en: unharmonischer Bewegungsablauf ✳ **in|ko|or|di|niert** Ew.:

keine Einheit bildend

in|kor|po|ral (l.) Ew.: im Körper befindlich ✳ **In|kor|po|ra|ti|on** (nl.), die; –, –en: Einverleibung : Aufnahme in eine Verbindung : Eingemeindung ✳ **in|kor|po|rie|ren** (..iert) tr.: einverleiben : in eine Verbindung aufnehmen : eingemeinden

in|kor|rekt (l.) Ew.: unrichtig : unordentlich ✳ **In|kor|rekt|heit**, die; –, –en: Unrichtigkeit : Ungenauigkeit

in Kraft: in den Zusammensetzungen: *Inkraftsetzung, aber: das Inkrafttreten →* *In-Kraft-Treten:* Beginn der Rechtsgültigkeit

In|kreis, der; –es, –e: (Math.) Kreis in einem Polygon

In|kre|ment (l.), das; –(e)s, –e: Zuwachs, Zunahme ✳ **In|kret**, das; –(e)s. –e: Drüsenabsonderung ✳ **In|kre|ti|on**, die; –, –en: innere Sekretion ✳ **in|kre|to|risch** Ew.: auf die Inkretion bezogen

in|kri|mi|nie|ren (..iert) (nl.) tr.: beschuldigen

In|krus|ta|ti|on, die; –, –en: Überkrustung : Steinüberzug ✳ *Inkrustationsmaschine* ✳ **in|krus|tie|ren** (..iert) tr.: überkrusten : mit Rind, Mörtel, Gips usw. überziehen

In|ku|ba|ti|on (l.), die; –, –en: das Sichfestsetzen von Krankheitserregern im Körper : Bebrütung von Vogeleiern : Tempelschlaf in der Antike, um durch den Gott Heilung oder Belehrung zu erfahren ✳ *Inkubationszeit:* Zeit von der Ansteckung bis zum Ausbruch einer Krankheit ✳ **In|ku|ba|tor**, der; –s, ..toren: Brutkammer : Eierbrütmaschine ✳ **In|ku|bus**, der; –, ..ben: nächtlicher Alpdruck ✳ **In|ku|ben** Mz: (mitelalterl. Hexenglaube) Buhlteufel

in|ku|lant (nl.-fr.) Ew.: unnachgiebig : ungefällig ✳ **In|ku|lanz**, die; –, –en: Unnachgiebigkeit : mangelndes Entgegenkommen

In|kul|pant (nl.), der; –en, –en: Ankläger ✳ **In|kul|pat**, der; –en, –en: Angeschuldigte

In|ku|na|bel (l.), die; –, –n: „Windel", erster Anfang : Wiegendruck, Erstlingsdruck :

Frühdruck * **In|ku|na|bel|list**, der; –en, –en: Wissenschaftler auf dem Gebiet der Inkunabelkunde

in|ku|ra|bel (nl.) Ew.: unheilbar

In|land, das; –(e)s: heimisches Land * *Inlandanleihe; Inlandflug; Inlandhandel; Inlandsbrief; Inlandsgespräch; Inlandsmarkt; Inlandspaß →* Inlandspass; Inlandsporto; *Inlandsreise* * **In|län|der**, der; –s, –: Bewohner des Inlands : Einheimischer * **in|län|disch** Ew.: auf das Inland bezogen : einheimisch

In|laut, der; –(e)s, –e: (Sprachl.) Laut innerhalb einer Silbe oder eines Wortes * **in|lau|tend** Mw. Ew.: innerhalb einer Silbe liegend

In|lay (e.) [inlei], das; –s, –s: Zahnfüllung

In|lett, das; –s, –s: Stoffhülle des Federbettes

in|lie|gend Uw.: eingelegt * **In|lie|gen|de**, das; –n: eingelegter Inhalt

In|line-Skates (e.) [inlainskeits], nur Mz.: Rollschuhe mit vier hintereinander liegenden Rollen * *Inline-Skater*

in ma|io|rem Dei glo|ri|am (l.): „zum größeren Ruhme Gottes"

in me|di|as res (l.): unmittelbar zur Sache

in me|mo|ri|am (l.): „zum Gedächtnis"

in|mit|ten Vw. (mit Gen.): in der Mitte von * *inmitten seiner Freunde*

in na|tu|ra (l.): leibhaftig : nackt : in Waren

in|ne Uw.: in einem umschlossenen Raum : in Besitz, eingenommen * *von (nach) innen; innen und außen* * *innehaben* tr.; *innehalten* tr.; *innesein →* inne sein; *innewerden* tr.: gewahr werden; *innewohnen* intr.; *Innewohnen*, das * **in|nen** Uw.: innen, in * *Innenantenne; Innenarbeiten; Innenarchitekt; Innenaufnahme; Innenausstattung; Innenbahn; Innendekoration; Innendienst; Inneneinrichtung; Innenfläche; Innenhof; Innenkante; Innenkurve; Innenleben; inneliegend* Mw. Ew.; *Innenminister; Innenpolitik; innenpolitisch* Ew.; *Innen-*

raum; Innenseite; Innenspiegel; Innenstadt; Innensteuerung; Innenstück; Innentasche; Innentemperatur; Innentür; Innenwelt * **in|ner** Vw.: innerhalb : binnen; Ew.: innerlich, innen befindlich, von innen wirkend : verborgen : wesentlich : geistig * *Innerasien; die innere Medizin:* Heilkunde für die inneren Organe; *die Innere Mission; die innere Stimme* * *innerbetrieblich* Ew.; *innerdeutsch* Ew.; *innerdienstlich* Ew.; *innerorts* Uw.; *innerparteilich* Ew.; *innerstaatlich* Ew.; *innert* Vw. u. Uw. * **In|ne|re**, das; –n: Kern : Inhalt : Seele : Herz * **In|ne|rei**, die; –, –en: Geschlinge des Schlachtviehs und Wildbrets * **in|ner|halb** Uw. u. Vw. m. Gen.: binnen * *innerhalb dreier Jahre;* aber: *innerhalb von drei Jahren* * **in|ner|lich** Ew.: auf das Innere bezogen * **In|ner|lich|keit**, die; –, –en: das Innerliche : Gemütstiefe * **In|ners|te**, das; –n: das Tiefste, z. B. Art, Sinn usw. * *das Innerste seines Herzens; bis ins Innerste getroffen sein; zuinnerst* Uw. * **in|nig**, das; –s, –s: auf das Innere bezogen : herzlich * *innigst* Ew. * **In|nig|keit**, die; –: aus tiefstem Gemüt kommende Herzlichkeit

In|ner|va|ti|on (nl.), die; –, –en: (Med.) Zutritt der Nerven zu Muskeln und Organen * **in|ner|vie|ren** tr.: (Med.) mit Nerven oder Nervenreizen versehen : anregen

in|nig: s. inne

in no|mi|ne Dei (l.): „im Namen Gottes"; Abk.: I.N.D. * *in nomine Domini:* „im Namen des Herren"

In|no|va|ti|on (l.), die; –, –en: Neuerung : Veränderung * **in|no|va|tiv** Ew.: neue Ideen habend : Neuerungen einführend

in nu|ce (l.): in Kürze, im Kern

In|nu|it, der; –en, –en: Eigenbenennung der Eskimos; s. a. Inuit

In|nung, die; –, –en: Handwerkervereinigung, gewerbliche Körperschaft * *Innungsbrief; –geld; –meister*

in|of|fen|siv (l.) Ew.: nicht angriffslustig

in|of|fi|zi|ell (fr.) Ew.: nicht streitbar, keinen Angriff suchend

In|o|ku|la|ti|on (l.), die; –, –en: Einimpfung * **in|o|ku|lie|ren** (..iert) tr.: einimpfen : aufpfropfen

in|o|pe|ra|bel (l.) Ew.: nicht mit Erfolg zu operieren

in|op|por|tun (l.) Ew.: unbequem, ungelegen * **In|op|por|tu|ni|tät**, die; –, –en: Ungelegenheit : Unzweckmäßigkeit

In|o|sit, der; –s: Fleischzucker * **In|o|sit|u|rie**, **In|o|su|rie**, die; –: (Med.) Inosit im Urin

in par|ti|bus in|fi|de|li|um (l.): in Gebieten der Ungläubigen, Nichtchristen; Abk.: i.p.i.

in per|pe|tu|um (l.): auf immer

in per|so|na (l.): persönlich, selbst

in pe|tto (it.): in Bereitschaft : im Sinne : beabsichtigt : geplant

in ple|no (l.): in oder vor der Vollversammlung : vollzählig

in pon|ti|fi|ca|li|bus (l.): im Festgewand : im Amts- oder Staatskleid

in pra|xi (l.-gr.): in der Ausübung, im wirklichen Leben

in punc|to (l.): in Betreff * **in punc|to punc|ti:** in Betreff der Keuschheit

In|put (e.), der; das; –s: Eingangsenergie : die einem Sender zugeführte Energie : (EDV) Dateneingabe in einen Computer : (Wirtschaft) Einsatzfaktor bei der Produktion * *Input-Output-Analyse:* (Wirtschaft) gesamtwirtschaftl. Analyse

In|quil|lin (l.), der; –en, –en: (Natw.) Schmarotzerinsekt

in|qui|rie|ren (..iert) (l.) tr.: nachforschen : gerichtlich untersuchen, verhören * **In|qui|sit**, der; –en, –en: der Angeklagte * **In|qui|si|ti|on**, die; –, –en: Untersuchung, Verhör : Ketzergericht * *Inquisitionsgericht* * **In|qui|si|tor**, der; –s, ..toren: (Glaubens-) Richter : strenger Untersuchungsrichter * **in|qui|si|to|risch** Ew.: streng ausfragend

In|ri, I.N.R.I.: „Jesus Nazarenus Rex Judaeorum" (l.): Jesus von Nazareth, der König der Juden (Inschrift über dem Kreuz Jesu)

ins: in das ✻ *eins ins andere; ins Grüne:* in die freie Natur ✻ *insbesondere* Uw.: besonders; *insgeheim* Uw.: im Geheimen; *insgemein, insgesamt* Uw.: zusammen, alle

in sal|do (it.): im Rest : im Rückstand : noch zu zahlen

In|san Ew.: geistig krank ✻ **In|sa|nia,** die; –: Wahnsinn, Irrsinn

In|sas|se, der; –n, –n: Heim-, Anstaltsbewohner : in einem Fahrzeug Befindlicher ✻ *Insassenversicherung* ✻ **In|sas|sin,** die, –, –nen

ins|be|son|de|re: s. ins

in|schal|lah (arab.): „wie Allah will"

In|schrift, die; –, –en: angebrachte oder eingegrabene Schrift auf Grab- und Denkmälern ✻ *Inschriftenkunde:* Epigraphik; *Inschriftensammlung* ✻ **in|schrift|lich** Ew.: als Inschrift

In|sekt (l.), das; –(e)s, –en: Kerbtier, Kerf ✻ *Insektenbekämpfung; insektenfressend* → *Insekten fressend* Mw. Ew.: *Insektenfresser; Insektengift; Insektenkunde; Insektenplage; Insektenpulver; Insektenstaat; Insektenstich; Insektenvertilgungsmittel* ✻ **In|sek|ti|vor** (nl.), der; –en, –en: Insektenfresser (Pflanzen u. Tiere) ✻ **In|sek|ti|zid,** das; –s, –e: Insekten tötendes Mittel ✻ **In|sek|to|lo|ge,** der; –n, –n: Kerbtierforscher ✻ **In|sek|to|lo|gie,** die; –, ..gien: Lehre von den Kerbtieren

In|sel (l.), die; –, –n: rings von Wasser umgebenes Land : das Abgeschlossene : erhöhter Platz für Fußgänger auf Straßenübergängen ✻ *Inselbahnhof; Inselbahnsteig; Inselbewohner; Inselflur; Inselgruppe; Inselhaufen; Insellage; Inselland; Inselmeer; inselreich* Ew.; *Inselstaat; Inselstadt; Inselvolk; Inselwelt* ✻ **In|su|la|ner** (l.), der; –s, –: Inselbewohner ✻ **in|su|lar** Ew.: Insel betreffend : inselartig

In|se|mi|na|ti|on, (l.) die; –, –en: künstl. Befruchtung : Befruchtung

in|sen|si|bel (l.) Ew.: unempfindlich ✻ **In|sen|si|bi|li|tät**

(nl.), die; –, –en: Unempfindlichkeit: Gefühllosigkeit

In|se|pa|ra|bles (fr.) [ängßehparab'l] Mz.: „die Unzertrennlichen" : Papageienart in Ostindien

In|se|rat (nl.), das; –(e)s, –e: das Eingerückte : Anzeige (in einer Zeitung) : Beilage ✻ *Inseratenteil* ✻ **In|se|rent,** der; –en, –en: der Aufgeber eines Inserates ✻ **in|se|rie|ren** (..iert) tr.: „einrücken", ein Inserat aufgeben ✻ **In|sert** (e.) [..sört], das; –s, –s: Tafel oder kurzer Beitrag (z. B. Werbung), in eine Sendung eingeklinkt ✻ **In|ser|ti|on,** die: –, –en: „Einrückung" : Anzeige ✻ *Insertionsgebühr : Insertionskontrolle:* Verzeichnis der Anzeigen; *Insertionspreis, -taxe:* Anzeigengebühr

ins|ge|heim usw.: s. ins

In|side (e.) [..said], der; –(s), –s: Innenstürmer ✻ **In|si|der,** (e.) der; –s, –: Eingeweihter : jemand, der die internen Angelegenheiten eines Unternehmens o. Ä. gut kennt ✻ *Inside(r)story*

In|si|di|en (l.) Mz.: Nachstellungen : Hinterhalt

In|sie|gel, das; –s, –: Siegel : (weidm.) Fährte des Hirsches

In|si|g|ni|en (l.) Mz.: Ehrenzeichen, Würde-, Machtzeichen

In|si|mu|la|ti|on (l.), die; –, –en: grundlose Beschuldigung : Verdächtigung

in|sis|tent (l.) Ew.: beharrlich : nachdrücklich ✻ **In|sis|tenz,** die; –: Beharrlichkeit : Hartnäckigkeit ✻ **in|sis|tie|ren** (..iert) intr.: auf etwas bestehen : dringen

in si|tu (l.): in der (ursprünglichen) Lage : an Ort und Stelle

in|skri|bie|ren (..iert) (l.) tr.: einschreiben : überschreiben : widmen ✻ **In|skrip|ti|on,** die; –, –en: Einschreibung : Inschrift : Eintragung in eine Liste ✻ *Inskriptionsbogen; Inskriptionsliste*

in|so|fern Bw.: wenn, falls

In|so|la|ti|on (l.), die; –, –en: das Sonnen, das Verdunsten : das Hervorrufen der Phosphoreszenz : (Med.) Sonnenstich ✻ *Insolationsfieber:* Hitzschlag, Sonnenstich

in|so|lent (l.) Ew.: ungewöhnlich handelnd : anmaßend ✻ **In|so|lent** (fr.) [ängßolang], der; –s, –s: der Übermütige, Unverschämte ✻ **In|so|lenz,** die; –, –en: Ungebührlichkeit, Unbescheidenheit, Übermut

in|so|lu|bel (l.) Ew.: unauflöslich : unerklärlich : (Chem.) unlöslich ✻ **In|so|lu|bi|li|tät,** die; –: Unauflöslichkeit

in|sol|vent (nl.) Ew.: zahlungsunfähig ✻ **In|sol|venz** (ml.), die; –, –en: Zahlungsunfähigkeit, Zahlungseinstellung

in|son|der|heit → **in Son|der|heit** Uw.: besonders

in|so|weit Uw., Bw.: in welchem Maße : bis dahin : sonst

in spe (l.): zukünftig

In|spek|teur (fr.) [..töhr], der; –s, –e: Dienstrang hoher Offiziere in der deutschen Bundeswehr : Aufsichtsbeamter ✻ **In|spek|ti|on** (l.), die; –, –en: Besichtigung : Prüf-, Aufsichtsstelle : (Kriegskst.) Musterung ✻ *Inspektionsdienst; Inspektionsreise* ✻ **In|spek|tor,** der; –s, ..toren: Aufsichtsbeamter ✻ **In|spi|zi|ent,** der; –en, –en: der Beaufsichtigende : Spielwart beim Theater ✻ **in|spi|zie|ren** (..iert) (l.) tr.: einsehen : überprüfen : beaufsichtigen : überwachen

In|spi|ra|ti|on (l.), die; –, –en: (göttliche) Eingebung, Erleuchtung : Begeisterung : Beeinflussung : Einfall ✻ **In|spi|ra|tor,** der; –s, ..oren: Ideengeber ✻ **in|spi|ra|to|risch** Ew.: Ideen gebend ✻ **in|spi|rie|ren** (..iert) tr.: eingeben : anfeuern : anregen : einflößen

In-s-pi-ra-ti-on Zusammengesetzte Wörter mit einer Vorsilbe werden nach der Vorsilbe getrennt. Möglich ist allerdings auch (die hier vernachlässigte) Trennung bei einer folgenden Konsonantenverbindung: *In-spi-ra-ti-on* und *Ins-pi-ra-ti-on, In-spek-teur* und *Ins-pek-teur, In-sta-la-teur* und *Ins-ta-la-teur.*

In|spi|zi|ent, in|spi|zie|ren: s. Inspekteur

in|sta|bil (l.) Ew.: unbeständig ✻ **In|sta|bi|li|tät,** die; –, –en: Unbeständigkeit

In|stal|la|teur (ml.-fr.) [..töhr], der; –s, –e: Verfertiger : Handwerker für verschiedene Installationen (z. B. Wasser, Heizung, Gas, Elektrizität u. a.) ✱ **In|stal|la|ti|on**, die; –, –en: Einrichtung : Einbau einer techn. Anlage : Bestallung ✱ **in|stal|lie|ren** (..iert) tr.: einsetzen : einweisen : einrichten ✱ **in|stand** *auch:* **in Stand** Uw.: in gutem Zustand ✱ *instand halten auch: in Stand halten; instand setzen auch: in Stand setzen; Instandbesetzer:* Hausbesetzer, die alte Häuser erhalten und renovieren wollen; *Instandhaltung; Instandhaltungskosten; Instandsetzung* ✱ **in|stän|dig** Ew.: eindringlich : flehentlich ✱ **In|stän|dig|keit**, die; –: das Dringendsein und das Dringende ✱ **In|stant|ge|tränk** (e.) [..stänt..], das; –s, –e: Getränk, das rasch aus Pulver und Wasser hergestellt wird ✱ *Instanttee; Instantkaffee* ✱ **In|stanz**, die; –, –en: Gerichtsstand, zuständige Behörde ✱ *Instanzenweg; Instanzenzug:* vorgeschriebener Rechtsgang ✱ **in sta|tu nas|cen|di** (l.): im Zustand des Entstehens ✱ **in sta|tu quo** (l.): im gegenwärtigen Zustand ✱ **in sta|tu quo an|te** (l.): im früheren Zustand ✱ **In|stil|la|ti|on** (l.), die; –, –en: Einträufelung ✱ **in|stil|lie|ren** (..iert) tr.: einflößen, einträufeln ✱ **In|stinkt** (l.), der; –(e)s, –e: Naturtrieb : Ahnungsvermögen : (übertr.) sicheres Gefühl ✱ *instinktartig* Ew.; *instinkthaft* Ew.; *instinktmäßig* Ew.; *instinktlos* Ew.; *Instinktlosigkeit* ✱ **in|stink|tiv** (nl.) Ew.: aus natürlichem Gefühl : unwillkürlich ✱ **in|sti|tu|ie|ren** (..iert) (l.) tr.: errichten : anordnen : anführen : unterweisen ✱ **In|sti|tut**, das; –(e)s, –e: Einrichtung : Anstalt (bes. für Erziehung und Unterricht) ✱ *Institutsbibliothek; Institutsdirektor; Institutsleiter* ✱ **In|sti|tu|ti|on**, die; –, –en: Einrichtung : Anstalt : Stiftung, Einsetzung ✱ **In|sti|tu|ti|o|na|li|sie|ren** tr.: in eine Institution verwandeln ✱ **In|sti|tu|ti|o|na|li|sie|rung**, die; –: die Verwandlung in eine Institution ✱ **In|sti|tu|ti|o|na|lis|mus**, der; –: Teilgebiet der Wirtschafts-

wissenschaften in den USA ✱ **in|sti|tu|ti|o|nell** Ew.: in Zusammenhang mit einer Institution stehend ✱ **in|stru|ie|ren** (l.) (..iert) tr.: anweisen, unterrichten ✱ **In|struk|teur** (fr.) [..töhr], der; –s, –e; **In|struk|tor** (l.) der; –s, ..to-ren: Lehrer : Ausbilder : Kursleiter : Anleiter ✱ **In|struk|ti|on**, die; –, –en: Unterweisung : Anleitung : Vorbereitung einer Rechtssache ✱ *Instruktionsloge:* Loge in der Freimaurerei; *instruktionsmäßig* Ew.; *Instruktionsstunde; instruktionswidrig* Ew. ✱ **in|struk|tiv** (nl.) Ew.: lehrreich, unterrichtend ✱ **In|stru|ment** (l.), das; –(e)s, –e: Werkzeug : Musikgerät : Urkunde, Beweis ✱ *Instrumentenbau; Instrumentenbrett:* Armatur; *Instrumentenflug* (beim Flugzeug); *Instrumentenmacher* ✱ **in|stru|men|tal** Ew.: als Mittel oder Werkzeug dienend : durch Instrument verrichtet ✱ *Instrumentalbegleitung; Instrumentalmusik; Instrumentalphilosophie:* Logik; *Instrumentalsatz* ✱ **In|stru|men|tal**, der; –s, –e, **In|stru|men|ta|lis**, der; –, ..tales: (Sprachl.) Fall auf die Frage „wodurch?", „womit?" ✱ **In|stru|men|ta|lis|mus**, der; –: Auffassung vom Denken und von seinen Formen als zweckbestimmte Werkzeuge des Lebens ✱ **In|stru|men|ta|list**, der, –en, –en: Spieler eines Instruments : Anhänger des Instrumentalismus ✱ **In|stru|men|ta|ri|um**, das; –s, ..rien: zweckgebundene Zusammenstellung von Instrumenten ✱ **In|stru|men|ta|ti|on**, die; –, –en: Verteilung eines Tonstücks auf die verschiedenen Instrumente ✱ **in|stru|men|tie|ren** (..iert) tr.: für Instrumente setzen : eine Urkunde abfassen ✱ **In|stru|men|tie|rung**, die; –, –en: Instrumentation ✱ **In|sub|or|di|na|ti|on** (nl.), die; –, –en: Ungehorsam gegen Vorgesetzte : Gehorsamsverweigerung (im Dienst) ✱ **in|suf|fi|zi|ent** (l.) Ew.: unzulänglich : untüchtig ✱ **In|suf|fi|zi|enz** (l.), die; –, –en: Unzulänglichkeit : (Rechtspr.)

Überschuldung : Untüchtigkeit : (Med.) unzureichende Leistungsfähigkeit eines Organs ✱ **In|su|la|ner, in|su|lar:** s. Insel ✱ **In|su|lin**, das; –s: im Pankreas gebildetes Hormon : Heilmittel gegen Zuckerkrankheit ✱ *Insulinmangel; Insulinpräparat; Insulinschock; Insulinspritze* ✱ **In|su|lin|de:** malaiischer Archipel ✱ **In|sult** (l.), der; –(e)s, –e: Verhöhnung : Beleidigung : (Med.) Verletzung, Unfall : Anfall ✱ **In|sul|ta|ti|on**, die; –, –en: Beleidigung : Belästigung ✱ **in|sul|tie|ren** (..iert) tr.: verspotten : beschimpfen ✱ **in sum|ma** (l.): insgesamt, im Ganzen : mit einem Wort ✱ **in|sur|gent** (l.), der; –en, –en: der Empörer, Aufrührer ✱ **in|sur|gie|ren** (..iert) tr.: sich empören : aufwiegeln ✱ **In|sur|rek|ti|on**, die; –, –en: Aufstand, Aufruhr ✱ **in sus|pen|so** (nl.): unentschieden : zweifelhaft ✱ **in|sze|na|to|risch** (l.-gr.) Ew.: die Inszenierung betreffend ✱ **in|sze|nie|ren** (..iert) (nl.) tr.: in Szene setzen : bühnenfertig machen ✱ **In|sze|nie|rung**, die; –, –en: das In-Szene-Setzen : Vorbereitung zur Aufführung eines Theaterstückes ✱ **In|tag|lio** (it.) [intaljo], das; –s, ..glien: Gemme, vertieft geschnittener Stein ✱ **in|takt** (l.) Ew.: unberührt : unversehrt : heil ✱ **In|takt|heit**, die; –, –en; **In|takt|sein**, das; –s: guter Zustand, Unversehrtheit ✱ **In|tar|sia** (it.), **In|tar|sie** [..sie], die; –, ..sien: eingelegte Arbeit mit vielfarbigem Holze und Perlmutter ✱ *Intarsienarbeit; Intarsienmalerei* ✱ **In|tar|si|a|tor**, der; –s, ..oren: Verfertiger eingelegter Arbeiten ✱ **in|tar|sie|ren** tr.: mit Intarsien etwas verzieren ✱ **in|te|ger** (l.) Ew.: unbescholten : unangetastet : charakterfest : achtbar ✱ **in|te|gral** Ew.: ein Ganzes ausmachend, für sich bestehend : vollständig ✱ **In|te|gral**, das; –s, –e: (Math.) aus unendlich kleinen Teilen berechnete, endliche Größe : mathematischer Summenausdruck ✱ *Integralgleichung; In-*

tegralhelm: Helm, der Kopf und Hals bedeckt; *Integralrechnung* ∗ In|te|gra|ti|on, die; –: Vereinigung einer Vielheit zu einem Ganzen : (polit.) Zusammenschluss, Verbindung wirtschaftlich oder politisch selbständig nebeneinander bestehender Gruppen zu einem übergeordneten Ganzen : (Math.) Berechnung eines Integrals ∗ in|te|gra|tiv Ew.: eine Eingliederung bewirkend ∗ In|te|gra|tor, der; –s, ..oren: Rechenmaschine ∗ in|te|grier|bar Ew.: einfügbar ∗ in|te|grie|ren (..iert) tr.: ergänzen : erneuern : zusammenschließen : (Math.) eine endliche Größe aus ihren unendlich kleinen Teilen berechnen ∗ *Integrieranlage:* elektron. Maschine zum Addieren; *integrierte Schulklasse:* Klasse mit behinderten und nicht behinderten Kindern; *integrierte Schaltung* ∗ in|te|grie|rend Mw. Ew.: zur Vollständigkeit unerlässlich, notwendig : Vereinigung bewirkend ∗ In|te|gri|tät, die; –: Unversehrtheit : Unbescholtenheit

In|te|gu|ment (l.), das; –s, –e: äußere Körperhülle

In|tel|lekt (l.) der; –(e)s: Verstand, Denkvermögen ∗ in|tel|lek|tu|al (spätl.), in|tel|lek|tu|ell (fr.) Ew.: den Verstand betreffend : begrifflich : betont geistig : (Philos.) durch begriffliches Denken gewonnen ∗ *intellektuelle Bildung:* Verstandesbildung; *Intellektualphilosophen* ∗ In|tel|lek|tu|a|li|sie|rung, die; –, –en: das Auflösen in Begriffe oder Gedanken ∗ In|tel|lek|tu|a|lis|mus, der; –: philosophische Weltanschauung, die alles Geschehen verstandesmäßig erfasst ∗ In|tel|lek|tu|a|list, der; –en, –en: Anhänger des Intellektualismus ∗ in|tel|lek|tu|a|lis|tisch Ew.: den Intellektualismus betreffend : das Verstandesmäße überbetonend ∗ In|tel|lek|tu|el|le, der; die; –n, –n: Verstandesmensch : Geistesarbeiter ∗ in|tel|li|gent Mw. Ew.: vernünftig : klug ∗ In|tel|li|genz, die; –, –en: Einsicht : Verstand : Klugheit : Gesamtheit der geistig Arbeiten-

den ∗ *Intelligenzbestie:* unfreundlich für jemanden, der besonders intelligent zu sein scheint; *Intelligenzblatt; Intelligenzgrad; Intelligenzleistung; Intelligenzquotient:* Maß für die Intelligenzleistung, die jemand in einem Test zeigt; Abk.: IQ; *Intelligenztest:* Prüfung zur Feststellung der geistigen Begabung ∗ In|tel|li|genz|ler, der; –s, –: Verstandesmensch ∗ in|tel|li|gi|bel Ew.: verständlich : (philos.) nicht sinnlich wahrnehmbar

In|ten|dant (fr.), der; –en, –en: Leiter einer Intendantur, eines Theaters, Rundfunks ∗ In|ten|dan|tur (spätl.), die; –, –en: Wirtschaftsverwaltung (eines Heeres, Theaters usw.) ∗ *Intendanturrat* ∗ In|ten|danz, die; –, –en: Oberaufsicht : Verwaltung : Verwaltungsräume ∗ in|ten|die|ren (..iert) (l.) tr.: beabsichtigen : bezwecken : planen

In|ten|si|me|ter (l.), das; –s, –: Strahlungsmesser (bes. für Röntgenstrahlen)

In|ten|si|on, die; –, –en: Ausdehnung : Anspannung : Innigkeit : Heftigkeit : Inhalt ∗ In|ten|si|tät, die; –, –en: innere Stärke : Wirksamkeit : Gewalt : Nachdruck : Spannkraft ∗ in|ten|siv (nl.) Ew.: angestrengt : stark : durchdringend ∗ in|ten|si|vie|ren tr.: steigern : verstärken ∗ In|ten|si|vie|rung, die; –, –en: Verstärkung ∗ In|ten|si|vum, das; –s, ..ve und ..va: Verstärkungszeitwort ∗ in|ten|so (it.): (Mus.) erhöht, verstärkt, kräftig

In|ten|ti|on (l.), die; –, –en: Absicht : das Vorhaben : Zweck ∗ in|ten|ti|o|nal, in|ten|ti|o|nell Ew.: zweckbestimmt : auf etwas gerichtet ∗ In|ten|ti|o|na|lis|mus (nl.), der; –, ..men: Ansicht, dass der Zweck die Mittel heilige ∗ In|ten|ti|o|na|li|tät, die; –: Zielbewußtsein ∗ in|ten|ti|o|nie|ren tr.: anstreben : beabsichtigen : planen

in|ter|a|gie|ren (l.): aufeinander bezogen (wechselweise) handeln ∗ In|ter|ak|ti|on, die; –, –en: Gruppendynamik ∗ in|ter|ak|tiv Ew.: gruppendynamisch : wechselweise

in|ter|al|li|iert (nl.-fr.) Ew.: zu den verbündeten Mächten gehörig, auf diese bezogen

In|ter|ci|ty-Zug (e.-dtsch.) [..ziti-..], der; –es, ..-Züge: schneller Eisenbahnzug, der in regelmäßigen Abständen zwischen Großstädten verkehrt; Kurzw. Intercity; Abk.: IC ∗ *Intercityexpresszug:* besonders schneller Zug; Abk.: ICE

in|ter|den|tal (l.) Ew.: zwischen den Zähnen gebildet ∗ *Interdentallaut:* z. B. englisches 'th'

in|ter|de|pen|dent (l.) Ew.: voneinander abhängig ∗ In|ter|de|pen|denz, die; –: gegenseitige Abhängigkeit

In|ter|dikt (l.), das; –(e)s, –e: Verbot : Kirchenstrafe ∗ In|ter|dik|ti|on, die; –, –en: Untersagung : Entmündigung ∗ in|ter|di|zie|ren tr.: untersagen, verbieten

in|ter|dis|zi|pli|när (l.) Ew.: übergreifend über mehrere wissenschaftl. Disziplinen

in|te|r|es|sant (fr.) Mw. Ew.: Teilnahme erweckend : unterhaltend : hinreißend : anziehend : fesselnd ∗ *interessanterweise* ∗ In|te|r|es|se, das; –s, –n: Vorteil : Anteil : Vorliebe : Anteilnahme : Reiz : Wissbegierde ∗ *interessehalber; interesselos* Ew.; *Interesselosigkeit:* Mangel an Interesse; *Interessenausgleich; Interessengebiet; Interessengemeinschaft:* Zweckverband; *Interessengruppe; Interessenkonflikt; Interessenlage; Interessensphäre:* Einflussgebiet; *Interessenverband; Interessenvertreter* ∗ In|te|r|es|sen Mz.: Zinsen ∗ In|te|r|es|sent, der; –en, –en: ein sich Interessierender : (kfm.) Kauflustiger ∗ *Interessentenkreis* ∗ in|te|r|es|sie|ren (..iert) tr.: Teilnahme erregen : fesseln : Wissbegier reizen; rbz. Anteil nehmen ∗ in|te|r|es|siert Ew.: einer Sache seine Aufmerksamkeit schenkend ∗ In|te|r|es|siert|heit, die; –: Anteilnahme : Wissbegierde

In|ter|face (e.) [..fehß], das; –, –s: (EDV) Schnittstelle zwischen Hardware-Teilen oder zwischen verschiedenen Software-Produkten

In|ter|fe|renz, die; –, –en: Zusammentreffen mehrerer

(Licht-, Schall-, Wasser-) Wellen * *Interferenzröhre:* akustisches Gerät zur Klanganalyse * in|ter|fe|rie|ren intr.: überlagern : sich gegenseitig beeinflussen * In|ter|fe|ro|me|ter, das; –s, –: Gerät zum Abmessen der Lichtwellenstärke * In|ter|fe|ro|me|t|rie, die; –: Interferenzmessung * In|ter|fe|ron, das; –s, –e: körpereigener Abwehrstoff gegen Infektionen (auch künstl. herstellbar) In|ter|flug, die; –: staatl. Fluggesellschaft in der ehem. DDR in|ter|frak|ti|o|nell (l.) Ew.: den Fraktionen mehrerer Parteien gemeinsam in|ter|ga|lak|tisch (l.-gr.) Ew.: zwischen den Galaxien liegend in|ter|gla|zi|al (nl.) Ew.: (Geol.) zwischen den beiden Vereisungen der Diluvialzeit liegend * *Interglazialzeit* In|ter|ho|tel, das; –s, –s: (ehem. DDR) Hotel, das für ausländ. Gäste reserviert war In|ter|ri|eur (fr.) [ängtehriöhr], das; –s, –e: das Innere : Innenansicht : Innenraum In|ter|im (l.), das; –s, –s: Zwischenzeit : vorläufiger Zustand * *Interimsaktie; Interimsbescheid:* vorläufiger Bescheid; *Interimskonto; Interimslösung; Interimsregierung; Interimsschein* * in|te|rims|tisch Ew.: vorläufig : einstweilig : vorübergehend In|ter|jek|ti|on (l.), die; –, –en: (Sprachl.) Ausrufwort : Empfindungswort in|ter|ka|lar (l.) Ew.: eingeschaltet * *Interkalarzinsen:* Zwischenzinsen * In|ter|ka|la|ri|en Mz.: Interkalarzinsen : Zinsen während der Bauzeit in|ter|kan|to|nal (nl.) Ew.: zwischen den Kantonen : allgemein In|ter|ko|lum|nie (l.), die; –, ..nien: Säulenabstand * In|ter|ko|lum|ni|um, das; –s, ..nia (..nien): Säulenweite in|ter|kom|mu|nal (nl.) Ew.: zwischen Gemeinden bestehend In|ter|kom|mu|ni|ka|ti|on (nl.), die; –, –en: Gemeinschaft : Zusammenhang * in|ter|kom|mu|ni|zie|ren (..iert) intr. (sein): Gemeinschaft haben in|ter|kon|fes|si|o|nell (nl.)

Ew.: das Verhältnis der Glaubensbekenntnisse zueinander betreffend in|ter|kon|ti|nen|tal (nl.) Ew.: zwischen den Erdteilen bestehend : mehrere Kontinente betreffend : von einem zum anderen Kontinet wirkend * *Interkontinentalrakete* in|ter|kos|tal (nl.) Ew.: (Med.) zwischen den Rippen liegend * *Interkostalneuralgie* in|ter|kur|rent (l.) Ew.: hinzukommend * *interkurrente Krankheit:* (Med.) Krankheit, die zu einer bestehenden hinzukommt in|ter|li|ne|ar (nl.) Ew.: zwischenzeilig * *Interlinearglosse:* zwischen die Zeilen geschriebene Bemerkung; *Interlinearübersetzung; Interlinearversion* (auch *Interversion*) In|ter|lock|wa|re (e.-dtsch.), die; –: feine Wirkware ohne Naht für Unterwäsche In|ter|lu|di|um (nl.), das; –s, ..dien: Zwischenspiel In|ter|lu|ni|um (l.), das; –s, ..nien: Neumondzeit In|ter|ma|xil|lar|kno|chen (l.-dtsch.), der; –s, –: Zwischenkieferknochen in|ter|me|di|är (l.) Ew.: dazwischen befindlich * In|ter|me|dio, In|ter|me|di|um, das; –s, ..dien: Zwischenspiel bei Hoffesten (16. Jh.) In|ter|mez|zo (it.), das; –s, –s und ..zzi: Zwischenspiel : (Mus.) heiteres, kurzes Musikstück : lustiger Zwischenfall In|ter|mis|si|on (l.), die; –, –en: Unterlassung : das Nachlassen * in|ter|mit|tie|rend Ew.: zeitweilig aussetzend * *intermittierendes Fieber* in|ter|mo|le|ku|lar (l.) Ew.: zwischen den Molekülen wirkend In|ter|mun|di|um (l.), das; –s, ..dien: Raum zwischen den Welten in|tern (l.) Ew.: innerlich : innere Angelegenheiten betreffend : vertraulich * In|ter|nat, das; –(e)s, –e: Lehranstalt mit Kost und Wohnung für die Schüler * in|ter|na|li|sie|ren intr.: verinnerlichen In|ter|ne, der; die; –n, –n: Schüler im Internat * in|ter|nie|ren (..iert) tr.: ein-

sperren : in Haft nehmen * In|ter|nie|rung, die; –, –en: Haft * *Internierungslager* * In|ter|nist, der; –en, –en: Facharzt für innere Krankheiten * In|ter|num, das; –s, ..na: Inneres : innere Angelegenheit : Vertrauliches in|ter|na|ti|o|nal (nl.) Ew.: den Verkehr der Völker untereinander betreffend : über die Grenzen der Nation hinausgehend : bei allen Völkern üblich, gültig * In|ter|na|ti|o|na|le, die; –, –n: allgemeine, überstaatliche Verbindung : Kurzw. für die Internationale Arbeiterassoziation : (nur Ez.) internationales Kampflied der sozialistischen Arbeiterbewegung * *die Rote Internationale:* überstaatliche Vereinigung der Arbeiterschaft * in|ter|na|ti|o|na|li|sie|ren tr.: staatenübergreifend gestalten * In|ter|na|ti|o|na|li|sie|rung, die; –: staatenübergreifende Gestaltung In|ter|na|ti|o|na|lis|mus, der; –: Gesinnung, die den Zusammenschluss aller Staaten anstrebt * In|ter|na|ti|o|na|list, der; –en, –en: Anhänger des Internationalismus * In|ter|na|ti|o|na|li|tät, die; –, –en: Völkerverkehr : Weltbürgertum, überstaatliche Gesinnung In|ter|net (e.), das; –s, –s: (Comp.) weltweites Netz zur Kommunikation über Computer In|ter|no|di|um (l.), das; –s, ..dien: (Bot.) Gelenk, Knotenabstand In|ter|nun|ti|us (l.), der; –, ..tien: außerordentlicher Botschafter des Päpstlichen Stuhles in|ter|o|ze|a|nisch (nl.) Ew.: Weltmeere verbindend in|ter|par|la|men|ta|risch (l.-e.) Ew.: für die Parlamente mehrerer Staaten bedeutsam seiend * *Interparlamentarische Union:* Vereinigung von Parlamentariern verschiedener Staaten; Abk.: IPU In|ter|pel|lant (l.), der; –en, –en: der Anfragende In|ter|pel|la|ti|on, die; –, –en: parlamentarische Anfrage : Aufschlussbegehren : Zwischenfrage * in|ter|pel|lie|ren (..iert) intr.: Anfrage stellen : Aufschluss fordern

in|ter|pla|ne|tar, in|ter|pla|ne|ta|risch Ew.: zwischen den Planeten befindlich

In|ter|pol, die; –: Kurzw. für Internationale kriminalpolizeiliche Kommission * **In|ter|po|la|ti|on** (l.), die; –, –en: (Math.) Schluss von bekannten Werten auf Zwischenwerte * **in|ter|po|lie|ren** (..iert) tr.: einschieben, ergänzen : verfälschen : (Math.) einen Zwischenwert feststellen

In|ter|pret (l.), der; –en, –en: Ausleger : Übersetzer : Dolmetscher * **In|ter|pre|ta|ti|on,** die; –, –en: Auslegung : Erklärung : künstlerische Wiedergabe von Musik * **in|ter|pre|ta|tiv, in|ter|pre|ta|to|risch** Ew.: auslegend : erklärend * **in|ter|pre|tie|ren** (..iert) tr.: auslegen, erklären, deuten

in|ter|punk|tie|ren (l.) tr.: durch ein Satzzeichen abteilen * **In|ter|punk|ti|on** (nl.), die; –, –en: Zeichensetzung * *Interpunktionsregel; Interpunktionszeichen:* Satzzeichen

In|ter|rail|kar|te (e.-dtsch.) [..rehl..], die; –, –n: europaweit geltende Jugendfahrkarte für die Eisenbahn

In|ter|re|gio, der; –s, –s: schneller Eisenbahnzug, der nicht nur Großstädte bedient; Abk.: IR

In|ter|reg|num (l.), das; –s, ..gnen und ..gna: Zwischenherrschaft : kaiserlose Zeit (1254–1273)

in|ter|ro|ga|tiv (spätl.) Ew.: fragend * **In|ter|ro|ga|tiv,** das; –s, –ve; **In|ter|ro|ga|ti|vum** [..w..], das; –s, ..va: fragendes Fürwort * *Interrogativadverb; Interrogativpronomen:* fragendes Fürwort; *Interrogativsatz:* Fragesatz

In|ter|rup|ti|on (l.), die; –, –en: Unterbrechung, Störung : Abbruch (z. B. Schwangerschaft, Koitus)

In|ter|sex (l.), das; –es, –e: Organismus mit einer Mischung von weibl. und männl. Merkmalen * **In|ter|se|xu|a|li|tät,** die; –: Auftreten von Intersex * **in|ter|se|xu|ell** Ew.: zwischengeschlechtlich

In|ter|shop (e.) [..schop], der; –s, –s: (ehem. DDR) Laden mit Luxusgütern, die nur gegen

eine konvertierbare Währung zu kaufen waren

in|ter|stel|lar (l.) Ew.: zwischen den Fixsternen befindlich

in|ter|sti|ti|ell (l.) Ew.: dazwischen befindlich * **In|ter|sti|ti|um,** das; –s, ..tien: Zwischenraum

in|ter|sub|jek|tiv Ew.: mehreren Personen gemeinsam bewusst

in|ter|ter|ri|to|ri|al (nl.) Ew.: zwischenstaatlich

In|ter|tri|go (l.), die; –, ..gines: (Med.) das Wundsein : der Reitwolf (am Gesäß)

In|ter|type-Fo|to|set|ter (e.) [..taip-..], der; –s, –: Lichtsetzmaschine

in|ter|ur|ban (l.) Ew.: zwischen Städten liegend

In|ter|ul|su|ri|um, das; –s, ..rien: die Zwischenzinsen

In|ter|vall (l.), das; –s, –e: Zwischenraum : Zeitspanne : (Mus.) Tonabstand * *Intervalltraining:* sportliches Training mit Perioden stärkerer und geringerer Belastung

In|ter|ve|ni|ent (l.), der; –en, –en: Schiedsmann * **in|ter|ve|nie|ren** (..iert) intr.: sich einmengen : vermittelnd auftreten : zurückgewiesenen Wechsel einlösen * **In|ter|ven|ti|on,** die; –, –en: Vermittlung : Einmischung : Beitritt eines Dritten in eine Klagesache * *Interventionsklage; Interventionskrieg; Interventionsprinzip* * **In|ter|ven|ti|o|nis|mus,** der; –: pol. System, das zur Produktionssteigerung der Marktwirtschaft beeinflusst * **In|ter|ven|ti|o|nist,** der; –en, –en: Befürworter des Interventionismus * **in|ter|ven|tiv** (l.) Ew.: vermittelnd

In|ter|ver|si|on: s. interlinear

In|ter|view (e.) [interwjuh], das; –s, –s: Unterredung : Befragung, die einem Pressevertreter gewährt wird * **in|ter|view|en** [interwjuen] tr.: befragen, ausfragen * **In|ter|view|er** [interwjuer], der; –s, –: Ausfrager : Befrager * **In|ter|view|te,** die; der; –n, –n: Befrager oder Befragte in einem Interview

in|ter|ze|die|ren (..iert) intr.: für jemanden eintreten : sich

verbürgen : sich für jemand verwenden * **In|ter|zes|si|on,** die; –, –en: Vermittlung : Schuldübernahme

in|ter|zel|lu|lar, in|ter|zel|lu|lär (nl.) Ew.: zwischenzellig * *Interzellularraum:* Raum zwischen den Zellen; *Interzellularsubstanz:* der Stoff, der die Zellen verbindet

in|ter|zo|nal (l.) Ew.: zwischen den Zonen bestehend : mehrere Zonen betreffend * *Interzonenabkommen; Interzonenhandel; –pass; –verkehr; –zug*

in|tes|ta|bel (l.) Ew.: zeugnis- oder testamentsunfähig

in|tes|tat Ew.: ohne Testament * *Intestaterbe:* gesetzl. Erbe

in|tes|ti|nal (nl.) Ew.: zum Darmkanal gehörig

In|thro|ni|sa|ti|on (nl.), die; –, –en: Thronerhebung : Einsetzung * **in|thro|ni|sie|ren** (..iert) tr.: auf den Thron erheben, Bischof in sein Amt einsetzen

in|tim (l.) Ew.: vertraut, innig, behaglich, befreundet * *Intimbereich; Intimhygiene; Intimsphäre; Intimspray* * **In|ti|mal|ti|on,** die; –, –en: (veralt.) gerichtliche Ankündigung * **In|ti|mi|tät** (nl.), die; –, –en: Innigkeit : Vertrautheit * **In|ti|mus,** der; –, ..mi: Vertrauter : inniger Freund

in|to|le|ra|bel (l.) Ew.: unerträglich, unleidlich * **in|to|le|rant** Ew.: unduldsam * **In|to|le|ranz,** die; –, –en: Unduldsamkeit

In|to|na|ti|on (l.), die; –, –en: das Anstimmen : Tonansatz, Toneinsatz * *Intonationskurve:* die Sprechtonbewegung bezeichnende Kurve : kurzes Orgelvorspiel * **in|to|nie|ren** (..iert) tr.: anstimmen, einen Ton angeben

in to|to (l.): im Ganzen : ganz und gar

In|to|xi|ka|ti|on (gr.-nl.), die; –, –en: Vergiftung

in|tra.. (l.): (in Zus.) zwischen : innen : innerhalb

In|tra|da, In|tra|de (it.-span.) die; –, –n: kleines Vorspiel : Einleitungsstück

in|tra|kar|di|al (gr.) Ew.: im Herzen

in|tra|ku|tan (l.) Ew.: in die Haut (Einspritzung)

in|**tra**|**mo**|**le**|**ku**|**lar** (l.) Ew.: innerhalb der Moleküle

in|**tra**|**mon**|**tan** (l.): zwischen Bergen gelegen

in|**tra**|**mun**|**dan** (nl.) Ew.: in der Welt befindlich

in|**tra mu|ros** (l.): innerhalb der Mauern, ohne Zeugen : nicht öffentlich

in|**tra**|**mus**|**ku**|**lär** (l.) Ew.: in die Muskeln (Einspritzung)

in|**tran**|**si**|**gent** (nl.) Ew.: unversöhnlich : starr ∗ *Intransigent:* starrer Parteimann ∗ **In**|**tran**|**si**|**genz,** die; –: Unversöhnlichkeit : Unnachgiebigkeit

in|**tran**|**si**|**tiv** (l.), das; –(e)s, –e; **In**|**tran**|**si**|**ti**|**vum,** das; –s, ..va: (Sprachl.) Verbum ohne Objekt im Akkusativ : zielloses Zeitwort

in|**tra**|**o**|**ku**|**lar** (nl.) Ew.: (Zool.) innerhalb des Auges gelegen

in|**tra**|**o**|**ral** (l.) Ew.: innerhalb der Mundhöhle

in|**tra**|**u**|**te**|**rin** (l.) Ew.: innerhalb der Gebärmutter

in|**tra**|**va**|**gi**|**nal** (l.) Ew.: innerhalb der Scheide

in|**tra**|**ve**|**nös** (l.) Ew.: in. die Vene (Einspritzung)

in|**tra**|**zel**|**lu**|**lar,**
in|**tra**|**zel**|**lu**|**lär** (nl.) Ew.: innerhalb der Zelle(n) gelegen

in|**tri**|**gant** (fr.) Mw. Ew.: arglistig : verstrickt ∗ **In**|**tri**|**gant,** der; –en, –en: Ränkeschmied ∗ **In**|**tri**|**ganz,** die; –: hinterlistige Vorgehensweise ∗ **In**|**tri**|**ge,** die; –, –n: Verwicklung : Ränkespiel : listiger Streich : Liebeshandel ∗ *Intrigenspiel; Intrigenstück; Intrigenwirtschaft* ∗ **in**|**tri**|**gie**|**ren** (..iert) tr.: Ränke schmieden

in|**tri**|**kat** (l.) Mw. Ew.: verwickelt, verworren, heikel

in|**tro..** (l.): (in Zus.) hinein
In|**tro**|**duk**|**ti**|**on** (l.), die; –, –en: Einführung, Einleitung ∗ **in**|**tro**|**du**|**zie**|**ren** (..iert) tr.: einführen

In|**tro**|**i**|**tus** (l.), der; –, –: musikal. Einleitung : Vorbereitung (der kath. Messe)

In|**tro**|**spek**|**ti**|**on** (nl.), die; –, –en: Selbstbeobachtung ∗ **in**|**tro**|**spek**|**tiv** Ew.: selbstbeobachtend [l. introrsus hinein und spectare sehen]

In|**tro**|**ver**|**si**|**on** (l.), die; –: nach innen gerichtetes Verhalten ∗ **in**|**tro**|**ver**|**tiert** (l.) Ew.: nach innen gewandt

In|**tru**|**der** (e.), der; –s, –: Aufklärungsflugzeug ∗ **in**|**tru**|**die**|**ren** (..iert) (l.) tr.: einschieben : eindringen ∗ **In**|**tru**|**si**|**on** (nl.), die; –, –en: (Geol.) Eindringen, Einschieben ∗ **in**|**tru**|**siv** Ew.: einschiebend, eindrängend ∗ *Intrusivgestein*

In|**tu**|**ba**|**ti**|**on** (nl.), die; –, –en: (Med.) Einführen einer Röhre ∗ **in**|**tu**|**bie**|**ren** tr.: eine Röhre einführen

In|**tu**|**i**|**ti**|**on** (nl.), die; –, –en: geistige Anschauung : unmittelbare, gefühlsmäßige Eingebung ∗ **in**|**tu**|**i**|**tiv** Ew.: gefühlsmäßig erkennend

In|**tu**|**mes**|**zenz,** **In**|**tur**|**ges**|**zenz** (nl.), die; –, –en: Anschwellung : Aufblähung

in|**tus** (l.) Ew.: innen : inwendig ∗ *Intussuszeption:* innere Aufnahme, innere Aneignung

I|**nu**|**it** (eskim.): nur Mz. „Menschen" (Eigenbenennung der Eskimos); s. a. Innuit

I|**nu**|**lin** (nl.), das; –s: stärkeähnlicher Bestandteil einiger Korbblütlerwurzeln

In|**un**|**da**|**ti**|**on** (l.), die; –, –en : Überschwemmung, Flut : Schwarm ∗ *Inundationsgebiet*

In|**unk**|**ti**|**on** (l.), die; –, –en: Einsalbung : Einreibung

in usum Delphini (l.): „zum Gebrauche des Dauphins", nur zum Gebrauch des Schülers

In|**va**|**gi**|**na**|**ti**|**on** (nl.) [..w..], die; –, –en: (Med.) Einstülpung eines Darmabschnitts in einen anderen

in|**va**|**lid,** **in**|**va**|**li**|**de** Ew.: schwach : unvermögend : dienstunfähig ∗ **In**|**va**|**li**|**de,** der; –n, –n: Ausgedienter : Dienstunfähiger : verwundeter Soldat ∗ *Invalidenheim; Invalidenmarke; Invalidenrente; –versicherung* ∗ **in**|**va**|**li**|**di**|**sie**|**ren** (..iert) tr.: dienstunfähig schreiben ∗ **In**|**va**|**li**|**di**|**sie**|**rung,** die; –: amtl. Erklärung, dass Invalidität vorliegt ∗ **In**|**va**|**li**|**di**|**tät,** die; –: Arbeitsunfähigkeit

in|**va**|**ri**|**a**|**bel** (nl.) [..w..] Ew.: unveränderlich ∗ **In**|**va**|**ri**|**a**|**bi**|**li**|**tät** (nl.), die; –, –en: Unveränderlichkeit ∗ **in**|**va**|**ri**|**ant** Ew.: sich nicht ändernd ∗

In|**va**|**ri**|**an**|**te,** die; –, –n: (Math.) unveränderliche Größe ∗ *Invariantentheorie* ∗ **In**|**va**|**ri**|**anz,** die; –: Unveränderlichkeit

In|**va**|**si**|**on** (l.) [..w..], die; –, –en: feindlicher Einfall ∗ *Invasionsarmee:* Einfallheer; *Invasionskrieg:* ein Angriffskrieg durch plötzlichen Einfall ∗ **In**|**va**|**sor,** der; –s, ..oren: meist Mz. grenzüberschreitender Feind

In|**vek**|**ti**|**ve** (l.), die; –, –n: Schmährede, Schmähung

In|**ven**|**tar** (l.) [..w..], das; –s, –e: „das Vorgefundene", Einrichtung : Bestand : Sachverzeichnis ∗ *Inventaraufnahme:* Bestandsaufnahme; *Inventarerbe; Inventarrecht; Inventarverzeichnis* ∗ **In**|**ven**|**ta**|**ri**|**sa**|**ti**|**on,** die; –, –en: Bestandsaufnahme ∗ **in**|**ven**|**ta**|**ri**|**sie**|**ren** (..iert) (spätl.) tr.: den Bestand aufnehmen ∗ **In**|**ven**|**ta**|**ri**|**sie**|**rung,** die; –: Bestandsaufnahme ∗ **in**|**ven**|**tie**|**ren** (..iert) (fr.) tr.: erfinden, aussinnen ∗ **In**|**ven**|**ti**|**on,** die; –, –en: Erfindung, Kunstgriff ∗ **In**|**ven**|**tur,** die; –, –en: Bestandsaufnahme ∗ *Inventurausverkauf; Inventurprüfung*

in|**vers** (l.) [..w..] Mw. Ew.: umgekehrt ∗ **In**|**ver**|**si**|**on,** die; –, –en: Umstellung ∗ **in**|**ver**|**tie**|**ren** (..iert) tr.: umstellen, versetzen ∗ **in**|**ver**|**tiert** Ew.: sexuell auf das eigene Geschlecht ausgerichtet

In|**ver**|**te**|**brat** (nl.) [..w..], der; –en, –en: wirbelloses Tier ; s. a. Evertebrat

In|**ver**|**ter** (e.), der; –s, –: (Comp.) Gerät für die Datenverschlüsselung

In|**ver**|**tin** (nl.) [..w..], das; –s: Ferment

in Ver|**tre**|**tung** Uw.: Abk.: i.V.

In|**vert**|**zu**|**cker** (nl.) [..w..], der; –s: Gemenge von Trauben- und Fruchtzucker

in|**ves**|**tie**|**ren** (..iert) (l.) [..w..] tr.: einkleiden : (Geld) anlegen ∗ **In**|**ves**|**tie**|**rung** (l.), die; –, –en: Kapitalanlage ∗ **In**|**ves**|**ti**|**ti**|**on,** die; –, –en: langfristige Kapitalanlage ∗ *Investitionsgüter; Investitionshilfe; Investitionslenkung; Investitionsmittel; Investitionsprogramm* ∗ **In**|**ves**|**ti**|**tur** (ml.), die; –, –en:

Einkleidung, Einsetzung, Belehnung ∗ **In|vest|ment** (e.), das; –s: Geldanlage ∗ *Investmentfonds:* Anteilsbestand bei einer Gesellschaft für Kapitalanlage; *Investmentgesellschaft; Investmentpapier; Investment-Trust → Investmenttrust:* Finanzierungsgesellschaft ∗ **In|ves|tor,** der; –s, ..oren: jemand, der Geld investiert

in vi|no ve|ri|tas (l.) [– w.. w..]: im Wein (ist) Wahrheit

in|vi|si|bel (l.) [..w..] Ew.: unsichtbar

in vi|tro (l.) Uw: Versuch im Reagenzglas oder Labor ∗ *In-vitro-Fertilisation:* künstliche Befruchtung; Abk.: IVF

in vi|vo (l.) Uw.: „im Lebendigen", am lebenden Organismus wissenschaftlich erforscht

In|vo|ka|ti|on (l.) [..w..], die; –, –en: Anrufung Gottes ∗ **In|vo|ka|vit** [..w..w..]: „er hat angerufen", erster Passionssonntag

In|vo|lu|ti|on (l.) [..w..], die; –, –en: „Einhüllung" : Verwicklung : (Med.) Rückbildung ∗ *Involutionsform* ∗ **in|vol|vie|ren** (..iert) tr.: einwickeln : in sich begreifen

in|wärts Uw.: nach innen ∗ **in|wen|dig** Ew.: im Innern ∗ **in|wie|fern, in|wie|weit** Bw. u. Uw.: insoweit, soweit

In|zest (l.), der; –es, –e: Blutschande ∗ *Inzesttabu; Inzestzucht* ∗ **in|zes|tu|ös** (nl.) Ew.: blutschänderisch

in|zi|dent (l.) Mw. Ew.: einfallend, beiläufig, zufällig ∗ *Inzidentwinkel* ∗ **In|zi|denz** (nl.), die; –, –en: Einfall, Vorfall : Einrückung, Berührung ∗ *Inzidenzfall:* Zufallsfall; *Inzidenzwinkel:* Einfallswinkel

in|zi|die|ren tr.: einschneiden : einkerben ∗ **In|zi|si|on** (l.), die; –, –en: (Med.) Einschnitt : Einschneiden ∗ **in|zi|siv** (nl.) Ew.: einschneidend ∗ *Inzisivzahn:* Schneidezahn ∗ **In|zi|sur** (l.), die; –, –en: gemachter Einschnitt

In|zucht, die; –, –en: Fortpflanzung unter Blutsverwandten

in|zwi|schen Uw., Bw.: in der Zwischenzeit : indessen

IOC, IOK (Abk.): International Olympic Committee, Internationales Olympisches Komitee

I|on (gr.), das; –s, –en: elektrisch geladenes Atom, Molekül ∗ *Ionenantrieb; Ionenaustausch; Ionenaustauscher* Mz.: hochmolekulare Stoffe; *Ionenstrahlen; Ionentheorie; Ionenwanderung* ∗ **I|o|ni|sa|ti|on** (gr.-l.), die; –, –en: Übergang von Atomen in Ionen ∗ **i|o|ni|sie|ren** (..iert) tr.: elektrisch aufladen ∗ *Ionisierung,* die; –, –en: das elektr. Aufladen ∗ **I|o|ni|um,** das; –s: radioaktives Zerfallsprodukt des Uran ∗ **I|o|nos|phä|re** (gr.), die; –: oberste Schicht der Atmosphäre

I|o|ni|en: Landschaft Kleinasiens ∗ **I|o|ni|er,** der; –s, –: Bewohner Ioniens ∗ **i|o|nisch** Ew.: mit Bezug zu Ionien ∗ *Ionische Inseln; ionische Säulen; ionischer Stil*

I|pe|ka|ku|an|ha (port.) [..anja], die; –: eine Pflanze, Brechwurz

ip|se fe|cit: er hat es selbst gemacht ∗ **ip|so fac|to:** durch die Tat selbst, eigenmächtig ∗ **ip|so ju|re:** durch das Recht selbst, an und für sich

I-Punkt → i-Punkt: s. I

IQ (Abk.): Intelligenzquotient

ir.. (l.): Vorsilbe (statt in.. vor r): ent.., un..

i. R. (Abk.): im Ruhestand

IR (Abk.): s. Interregio

IRA (Abk.): Irisch-Republikanische Armee

I|ra|de (arab.), der; das; –s, –n: Befehlschreiben, Rückschreiben

I-ra-de
Von der Möglichkeit, nach der Sprechsilbenregelung vor einen Vokal als Silbe abzutrennen, sollte aus Gründen der Lesbarkeit möglichst sparsam Gebrauch gemacht werden: *I-ra-de, I-rak, I-ran.*

I|rak: vorderasiat. Staat ∗ **I|ra|ker,** der; –s, –: Bewohner Iraks ∗ **i|ra|kisch** Ew.

I|ran: Persien, vorderasiat. Staat ∗ **I|ra|ner,** der; –s, –: Bewohner Irans ∗ **i|ra|nisch** Ew. ∗ **I|ra|nist,** der; –en, –en: Kenner oder Erforscher der Iranistik ∗ **I|ra|nis|tik,** die; –: Lehre von den iranischen Sprachen und Kulturen

Ir|bis, der; –ses, –se: Schneeleopard

ir|den Ew.: (veralt.) aus Erde gefertigt : aus Ton gefertigt ∗ *Irdengeschirr; Irdenware* ∗ **ir|disch** Ew.: der Erde angehörig : vergänglich; vgl. Erde

I|re, der; –n, –n: Bewohner Irlands ∗ **i|risch** Ew. ∗ *die Irische See; die Irische Republik; die Irische See; Irisch-Republikanische Armee* (Abk.: IRA); *die irische Sprache;* **I|rish|cof|fee:** auch: **I|rish Cof|fee** [airisch koffi], der; –, –s: mit Whisky und Sahne verfeinerter Kaffee ∗ **I|rish-stew** auch: **I|rish Stew** (e.) [airisch stjuh], das; –s, –s: Hammelfleischeintopf ∗ **Ir|land:** Insel westlich von Großbritannien ∗ **Ir|län|der,** der; –s, –: Ire ∗ **ir|län|disch** Ew.: Irland oder das Irländer betreffend ∗ *Irländisches Moos*

I|re|nik, die; –: Friedenslehre ∗ **i|re|nisch** Ew.: friedlich

ir|gend verallgemeinerndes Uw.: (etwa) „überhaupt" ∗ *wenn irgend möglich* ∗ *irgend etwas → irgendetwas* unbest. Fw.; *irgend jemand → irgendjemand* unbest. Fw.; *irgendeiner* unbest. Fw.; *irgendeinmal* Uw.; *irgendwann* Uw.; *irgendwas* unbest. Fw.; *irgendetwas; irgendwelcher* unbest. Fw.; *irgendwer* unbest. Fw.; *irgendwie* Uw.; *–woher; –wohin; –woran* Uw.

I|ri|dek|to|mie, die; –, ..mien: Ausschneiden der Regenbogenhaut ∗ **I|ri|di|um,** das; –s: chem. Grundstoff; Abk.: Ir ∗ **I|ri|do|lo|ge,** der; –n, –n: Augendiagnostiker ∗ **I|ri|do|lo|gie,** die; –: Augendiagnostik ∗ **I|ris,** die; –, –: Regenbogen : Regenbogenhaut im Auge : Schwertlilie : ein kleiner Planet ∗ *Irisblende; Irisdruck:* Zeugdruck mit ineinander übergehenden Farben; *Irisglas:* schillernd. Glas; *Irisöl:* äther. Öl aus der Iriswurzel; *Irisstein:* schillernder Stein ∗ **i|ri|sie|ren** (..iert) intr.: in den Regenbogenfarben schillern ∗ **I|ri|tis,** die; –, ..tiden: Entzündung der Regenbogenhaut

Iris, lat.; **I|ri|tis:** s. Iridektomie

Ir|land: s. Ire

IRK (Abk.): Internationales Rotes Kreuz

IRO (Abk.): International Refugee Organization

Iro|ke|se, der; –n, –n: Angehöriger eines nordam. Indianerstamms * *Irokesenhaarschnitt*

Iro|nie (gr.), die; –, ..nien: versteckter, überheblicher Spott * **iro|nisch** Ew.: spöttisch * **iro|ni|sie|ren** (..iert) tr.: verspotten : ins Lächerliche ziehen [gr. eiron*ei*a, von *eiron* einer, der sich in seiner Rede verstellt]

irr, **ir|re** Ew.: vom rechten Weg abführend : im Irrtum : unschlüssig : geistig gestört * *Irrbeere;* Tollbeere; *Irrblock:* erratischer Block; *Irrfahrt:* lange Hin- und Herfahrt; *Irrgang:* ein verwickelter Weg; *Irrgarten, Irrgebäude:* Labyrinth; *Irrglaube(n):* falscher Glaube; *Irrläufer:* falsch beförderte Postsache; *Irrlehre:* falsche Lehre; *Irrlicht:* irrlichteliger Spuklicht; *irrlichteligen* (..iert), *irrlichteln* (ich ..[e]le), *irrlichtern* (ich ..[e]re), *irrlichterieren* (..iert) intr.: sich irrlichtartig bewegen; *Irrpfad:* Irrweg; *Irrrede:* sinnlose Rede; *Irrsinn:* Geistesgestörtheit : irrsinnige Rede; *irrsinnig* Ew.; *Irrwahn:* falscher Glaube; *Irrweg:* falscher Weg; *Irrwisch:* Irrlicht * *irrefahren* intr. (sein): fahrend vom rechten Wege abkommen; *irreführen* tr.: vom rechten Wege abführen; *Irreführung:* Täuschung; *irregehen* intr.: vom rechten Wege abkommen; *irreleiten* tr.: irreführen; *irremachen* tr.: verwirren; *irrereden* intr.: irre Reden führen; *irre sein* intr; *irre werden* → *irrewerden* tr.: an seinem Verstand zweifeln * **Ir|re**, die; –: das Irren : das Irrsein : Irrweg : Irrfahrt * **Ir|re**, der; die; –n, –n: Geisteskranke(r) * *Irrenanstalt; Irrenarzt; Irrenhaus; Irrenhäusler* * **ir|ren** intr. (haben, zuw. sein): irregehen : irre sein : im Irrtum sein; tr.: irremachen, verwirren; rbz.: einem Irrtum unterliegen * **ir|rig** Ew.: irrtümlich * *irrigerweise* * **Irr|nis**, das, –ses, –se: Irrtum * **Irr|sal**, das; –(e)s, –e: das Irren : Irrfahrt : etwas Irriges * **Irr|tum**, der; –s, ..tümer: falsche Ansicht, Handlung * **irr|tüm|lich** Ew.: auf einem Irr-

tum beruhend * *irrtümlicherweise* * **Ir|rung**, die; –, –en: Irrtum : das Irresein : Missverständnis

Ir|ra|di|a|ti|on (nl.), die; –, –en: (Med.) Ausstrahlung von Schmerzen in benachbarte Nervenzweige

ir|ra|ti|o|nal (l.) Ew.: vernunftwidrig : mit der Vernunft nicht erfassbar : unberechenbar * *Irrationalzahl:* unberechenbare Zahl * **Ir|ra|ti|o|na|lis|mus**, der; –: Vernunftwidrigkeit : Ausschaltung der Vernunft * **ir|ra|ti|o|nell** Ew.: vernunftwidrig : mit dem Verstand nicht erfassbar

ir|re, **Ir|re**: s. irr

ir|re|al (nl.) Ew.: nicht wirklich : nicht real * **Ir|re|a|lis**, der; –, ..les: (Sprachl.) Aussageform der Nichtwirklichkeit * **Ir|re|a|li|tät**, die; –, –en: Nichtwirklichkeit

Ir|re|den|ta (it.), die; –: (zu ergänzen „Italia") „Unerlöstes Italien", polit. Bund, der die Wiedervereinigung abgetrennter Gebiete mit dem Mutterland anstrebt * **Ir|re|den|tis|mus**, der; –: Ideologie und polit. Bewegung der Irredenta * **Ir|re|den|tist**, der; –en, –en: Anhänger der Irredenta

ir|re|du|zi|bel (l.) Ew.: nicht zurückführbar : nicht darstellbar : nicht wiederherstellbar

ir|re|for|ma|bel (l.) Ew.: unabänderlich : unverbesserlich

ir|re|gu|lär (nl.) Ew.: unregelmäßig : ungesetzmäßig * **Ir|re|gu|la|ri|tät**, die; –, –en: Unregelmäßigkeit : (kath. Kirche) Mangel einer zum Empfangen der Weihen notwendigen Eigenschaft

ir|re|la|tiv (nl.) Ew.: beziehungslos * **Ir|re|la|ti|vi|tät**, die; –, –en: Beziehungslosigkeit

ir|re|lei|ten: s. irr

ir|re|le|vant (nl.) [..w..]: unerheblich : belanglos * **Ir|re|le|vanz**, die; –, –en: Unerheblichkeit, Belanglosigkeit

ir|re|li|giös Ew.: religionslos * **Ir|re|li|gi|o|si|tät**, die; –: Religionslosigkeit

ir|ren: s. irr

ir|re|pa|ra|bel (nl.) Ew.: unersetzlich : nicht wieder gutzumachen * **Ir|re|pa|ra|bi|li|tät**, die; –: Unersetzlichkeit

ir|re|po|ni|bel (nl.) Ew.: (Med.) nicht einrenkbar

ir|re|sis|ti|bel (nl.) Ew.: unwiderstehlich * **Ir|re|sis|ti|bi|li|tät**, die; –: Unwiderstehlichkeit

ir|re|spi|ra|bel (l.) Ew.:(Med.) nicht zum Einatmen geeignet

ir|re|ver|si|bel (l.) Ew.: unanfechtbar, nicht umkehrbar

ir|ri|die|ren (..iert) (l.) tr.: verspotten * **Ir|ri|si|on**, die; –, –en: Verspottung * **ir|ri|so|risch** Ew.: spottend

ir|rig: s. irr

Ir|ri|ga|ti|on (l.), die; –, –en: Bewässerung : (Med.) Ausspülung * **Ir|ri|ga|tor**, der; –s, ..to|ren: Schlauchspritze : Wunddusche * **ir|ri|gie|ren** (...iert) tr.: bewässern : (Med.) ausspülen

ir|ri|ta|bel (l.) Ew.: reizbar : erregbar * **Ir|ri|ta|bi|li|tät**, die; –: Reizbarkeit, Empfindlichkeit * **Ir|ri|ta|ti|on**, die; –, –en: Reiz : Reizung : Erbitterung * **ir|ri|ta|tiv** (nl.) Ew.: reizend, erregend * **ir|ri|tie|ren** (..iert) tr.: reizen : erbittern : (fälschl. volkst.) beirren : verwirren : ablenken

Ir|vin|gi|a|ner, der; –s, –: Anhänger Irvings * **Ir|vin|gi|a|nis|mus**, der; –: Lehre des Erweckungspredigers Irving

I|sa: mohammedan. Name Jesu

I|sa|bel|le, die; –, –n: blassgelbes Pferd * *isabell(en)farben* Ew.: blassgelb; *Isabellenorden*

I|sa|bey|pa|pier (fr.-dtsch.) [isabä..], das; –(e)s, –e: glattes Papier für Kreidezeichnung

I|sa|go|ge (gr.), die; –, –n: Einleitung in eine Wissenschaft * **I|sa|go|gik**, die; –: Einleitungs-, Einführungskunst * **i|sa|go|gisch** Ew.: einführend, einleitend

I|sal|me|tral|le (gr.), die; –, –n: Verbindungslinie von Orten mit gleicher Abweichung von der Durchschnittswärme

I|sa|ne|mo|ne (gr.), die; –, –n: Verbindungslinie von Orten mit gleicher Windstärke

I|sa|no|mal|le (gr.), die; –, –n: Verbindungslinie von Orten mit gleicher Abweichung von einem (Wärme-)Normalwert

I|sar, die; –: Nebenfluss der Donau

I|sa|tin, das; -s: geläuterter Indigo * **I|sa|tis,** die; -: Färberwaid, eine Pflanze

I|sau|ri|er, der; -s, -: Angehöriger eines alten Volkes in Kleinasien

ISBN (Abk.): Internationale Standardbuchnummer

I|scha|ri|ot: Judas Ischariot, der Jünger Jesu, der ihn verriet

Is|chä|mie (gr.), die; -: (Med.) Blutleere, Blutzuflusshemmung * **is|chä|misch** Ew.: örtlich blutleer * **Is|chä|mon,** das; -: Blut stillendes Mittel [gr. ischein hemmen und haima Blut]

Is|chia: it. Insel

Is|chi|a|gra (gr.), das; -: (Med.) Hüftnervenschmerz * **Is|chi|al|gie,** die; -; **Is|chi|as,** die; -: Hüftweh, Neuralgia des Ischiasnerves; *Ischiasnerv* [gr. ischion Hüfte]

Ischl: Bad, Kurort in Österreich

Is|chu|re|ti|ka (gr.) Mz.: (Med.) harnverhaltende Mittel * **is|chu|re|tisch** Ew.: harnverhaltend * **Is|chu|rie,** die; -: Harnverhaltung [gr. ischein hemmen]

ISDN (Abk.): Integrated Services Digital Network (e.) [intigrehtet ßerwissis didschitel nätwörk] Dienste integrierendes digitales Nachrichtennetz; Kommunikationsnetz zur schnellen Übermittlung von Daten

I|sel|grim, der; -s, -e: Name des Wolfs in der Tiersage : (übertr.) bärbeißiger Mensch [ahd. îsan Eisen; grim zu ags. grima Helm]; urspr. Krieger

I|sel: Berg in Tirol

I|ser, die; -: Nebenfluss der Elbe * **I|ser|ge|bir|ge,** das; -s: Gebirge zwischen Lausitzer Neiße und Riesengebirge

I|serl|ohn: Stadt im Sauerland

I|sis: altägyptische Göttin

Is|lam (arab.), der; -s: „Hingebung", Lehre Mohammeds * **Is|la|ma|bad:** Hauptstadt Pakistans * **is|la|mi|sie|ren** (..iert) tr.: unter den Einfluss des Islams bringen * **Is|la|mis|mus,** der; -: (früher für) Islam * **Is|la|mit,** der; -en, -en: Mohammedaner * **is|la|mi|tisch, is|la|misch** Ew.: mohammedanisch

Is|land: Inselreich im Nordat-

---

lantik * **Is|län|der,** der; -s, -: Bewohner Islands * **is|län|disch** Ew. * *die isländische Tierwelt; Isländisches Moos:* Brockenmoos, Flechtenart

Isländisches Moos
Adjektive, Partizipien oder Zahlwörter, die zu einem mehrteiligen Namen gehören, werden großgeschrieben: *Isländisches Moos, der Große Bär, Römisch-Germanisches Museum.*

Is|ma|e|lit, der; -en, -en: Nachkomme Ismaels : Angehöriger einer schiitischen Sekte

Is|mus, (gr.) der; -, ..men: (spött.) bloße Theorie (nach der häufig verwendeten Endung „...ismus")

ISO (Abk.): International Organization for Standardization [internäschenel organisehsen foa ständedisehschen], Internationale Organisation für Standardisierung, Internationaler Normenausschuss

i|so.. (gr.) Ew. in Zus.: gleich [gr. isos gleich]

I|so|ba|re (gr.), die; -, -n: Verbindungslinie von Orten mit gleichem Luftdruck * **i|so|ba|ro|met|risch** Ew.: Ort mit gleichem Luftdruck verbindend * **I|so|ba|the,** die; -, -n: Verbindungslinie zwischen Punkten gleicher Wassertiefe * **I|so|bron|te,** die; -, -n: Verbindungslinie von Orten, an denen der erste Donner eines Gewitters hörbar wird * **I|so|bu|tan,** das; -s: für die Erzeugung von Flugbenzin verwendetes, brennbares Gas * **I|so|chas|me,** die; -, -n: Verbindungslinie von Orten gleicher Polarlichthäufigkeit * **I|so|chil|me|ne,** die; -, -n: Verbindungslinie von Orten mit gleicher mittlerer Winterwärme

I|so|chi|no|lin, das; -s: (Chem.) Base im Steinkohlenteer

I|so|chi|o|ne (gr.), die; -, -n: Verbindungslinie von Orten mit gleicher Höhe der Schneegrenze * **i|so|chro|ma|tisch** Ew.: gleichfarbig : (Brille) mit Plangläsern vor farbigen Gläsern versehen * **i|so|chron** Ew.: gleichzeitig, gleich lang dauernd * **I|so|chro|ne,** die; -,

---

-n: Linie des gleichzeitigen Falles, Zykloide : Verbindungslinie von Orten, die von einem Punkt in derselben Zeit erreichbar sind * **I|so|chro|nis|mus,** der; -: gleiche Schwingungsdauer, z. B. der Unruhschwingungen der Uhr * **i|so|chro|nis|tisch** Ew.: gleichzeitig : gleich lang dauernd * **I|so|dy|na|me,** die; -, -n: Verbindungslinie von Orten mit gleich starkem Erdmagnetismus * **i|so|dy|na|misch** Ew.: gleichwertig für die Wärmeerzeugung (bei der Verbrennung im Körper) * **I|so|ge|o|ther|me,** die; -, -n: Verbindungslinie von Orten mit gleicher Bodenwärme * **I|so|gon,** das; -s, -e: (Math.) Gleicheck * **I|so|go|ne,** die; -, -n: Verbindungslinie von Orten mit gleicher magnetischer Deklination * **i|so|go|nisch** Ew.: gleicheckig : gleichwinklig : Orte mit gleicher magnetischer Abweichung verbindend * **I|so|gra|phie** *auch:* **I|so|gra|fie,** die; -, ..phien *auch:* ..fien: „Gleichschrift", Handschriftennachbildung * **i|so|gra|phisch** *auch:* **i|so|gra|fisch** Ew.: gleich gezeichnet * **I|so|he|lie,** die; -, -n: Verbindungslinie zwischen Orten gleicher mittlerer Sonnenscheindauer * **I|so|hy|e|te,** die; -, -n: Verbindungslinie von Orten mit gleicher Regenmenge * **I|so|hyp|se,** die; -, -n: Verbindungslinie von Orten gleicher Höhe * **I|so|hy|te:** s. Isohyete * **I|so|kli|ne,** die; -, -n: Verbindungslinie von Orten mit gleicher magnetischer Inklination * **i|so|kli|nisch** Ew.: Orte mit gleicher magnetischer Inklination verbindend * **I|so|ko|lon,** das; -s, -s und ..kola: Gleichheit der Satzglieder * **I|so|kry|me,** die; -, -n: Verbindungslinie von Orten mit gleicher Meereskälte

I|so|la|ti|on (it.-nl.), die; -, -en: Absonderung * *Isolationsmauer:* Mauer mit leerem Zwischenraum * **I|so|la|ti|o|nis|mus,** der; -, -men: politische Haltung, die keinen Kontakt mit dem Ausland sucht * **I|so|la|tor,** der; -s, ..toren: Nichtleiter der Elektrizität *

isol|lie|ren (..iert) tr.: abriegeln : abdämmen : abdichten : den Abfluss von Wärme oder Elektrizität sperren * *Isolierband;* *Isolierhülle:* (Elektr.) nicht leitende Hülle; *Isoliergriff:* (Elektr.) nicht leitender Griff; *Isolierhaft:* Haft in Einzelzelle; *Isolierschicht:* (Elektr.) Schicht nicht leitender Körper; *Isolierstation:* Krankenhausstation mit von ansteckenden Krankheiten befallenen Patienten; *Isolierstuhl:* (Elektr.) Stuhl mit leitenden Füßen; *Isolierzelle:* Einzelzelle * iso|lie|rung, die, –, –en: Absonderung : Abdichtung : Absperrung * *Isolierungssystem:* Strafsystem der Einzelhaft

iso|me|re (gr.) Mz.: Stoffe, die sich bei gleicher Zusammensetzung chemisch und physikalisch verschieden verhalten * iso|mer, die iso|me|risch Ew.: (Chem.) bei gleicher Zusammensetzung verschiedene Eigenschaften habend * iso|me|rie, die, –: verschiedenes Verhalten bei gleichen Eigenschaften * iso|me|trie, die, –: Messung nach gleichen Teilen * iso|me|trisch Ew.: gleiches Maß habend : gleiche Ausdehnung habend * iso|morph Ew.: gleichgestaltig * iso|mor|phie, die, –, ..phien: Gleichförmigkeit * iso|mor|phis|mus, der, –, ..men: (Chem.) Gleichgestaltung bei verschiedener Zusammensetzung * iso|ne|phe, die, –, –n: Verbindungslinie von Orten mit gleicher Bewölkung * iso|no|mie, die, –, ..mien: Gesetzesgleichheit * iso|no|misch Ew.: überall rechtsgültig * iso|pa|thie (gr.), die, –: Heillehre, die Gleiches durch Gleiches heilen will * iso|pa|thisch Ew.: durch den gleichen Krankheitsstoff (wirkend) * iso|pe|ri|me|trie, die, –: Umfangsgleichheit * iso|pe|ri|me|trisch Ew.: umfangsgleich

iso|phon (gr.), das, –s, –e: Zusatzgerät zum Telefon, das Gespräche aufzeichnet und weitergibt

iso|pren, das; –s: eine chem. Verbindung, Kohlenwasserstoff

isor|rha|chie (gr.), die, –, –n: Verbindungslinie von Orten mit gleichzeitiger Ebbe und Flut * iso|sta|sie, die, –: dauernde Gleichgewichtshaltung der Erde * iso|tal|lan|to|se, die, –, –n: Verbindungslinie von Orten mit gleicher Wärmeschwankung * iso|tel|lie, die, –: Gleichheit der Abgaben an den Staat * iso|the|ral Ew.: Orte mit gleicher mittlerer Sonnenwärme verbindend * *Isotherallinie* * iso|the|re, die, –, –n: Verbindungslinie von Orten mit gleicher mittlerer Sommerwärme * iso|the|risch Ew.: die Isothere betreffend * iso|ther|me, die, –, –n: Verbindungslinie von Orten mit gleicher Wärme * iso|ther|mie, die, –, –ien: gleich bleibende Temperaturverteilung : (Med.) Erhaltung der normalen Körpertemperatur * iso|ther|misch Ew.: die Isotherme betreffend * iso|to|nisch Ew.: gleich tönend : gleich lautend * iso|top, das, –s, –e: chem. Grundstoffe von gleichem Verhalten, aber verschiedenem Atomgewicht * iso|trop Ew.: physikal. gleich beschaffen sein * iso|zyk|lisch: (Bot.) gleich viele Kelch- und Fruchtblätter habend : (Chem.) nur aus Kohlenstoffatomen bestehend

Is|ra|el: Staat in Vorderasien * Is|ra|eli, der; –s, –s: Bewohner Israels * is|ra|elisch Ew. * Is|ra|eli|ten: (A.T.) das jüdische Volk im alten Palästina

ist: 3. P. Ez. Ggw. von sein *
Ist, das; (im Verwaltungswesen) die tatsächlichen Einnahmen und Ausgaben * *Istaufkommen:* auch: *Ist-Aufkommen:* tatsächlicher Steuerertrag; *Istbestand* auch: *Ist-Bestand:* tatsächlicher Kassen-, Lagerbestand; *Iststärke* auch: *Ist-Stärke:* tatsächliche Stärke von Truppen u. Ä. (im Gegensatz zur *Sollstärke*)

Is|tan|bul: Stadt in der Türkei, früher Konstantinopel

Isth|mus, der; –, –men: Landenge (bes. die von Korinth) * isth|misch Ew.: auf den Isthmus bezüglich * *die Isthmischen Spiele:* altgr. Festspiele und Wettkämpfe

Ist|ri|en: Halbinsel im Adriatischen Meer

Is|wes|ti|ja (russ.), die, –: „Nachrichten", russische Tageszeitung

I|ta|la (l.), die, –: älteste lat. Bibelübersetzung * I|ta|ler, der; –s, –: Angehöriger des Volkes der Italer im Altertum * I|ta|li|en: südeurop. Halbinsel * I|ta|li|e|ner, der; –s, –: Bewohner Italiens * i|ta|li|e|nisch Ew.: aus Italien stammend : zu Italien gehörig * *italienische Schweiz* * i|ta|li|e|ni|sie|ren, i|ta|li|a|ni|sie|ren (..iert) tr.: italienisch machen * i|ta|li|en|ne (fr.), die, –: Schriftart * i|ta|li|que (fr.) [..lik], die, –: Kursivschrift

italisch Ew.: auf das alte Italien bezogen * I|ta|lo|wes|tern, der; –s, –: durch italienische Regisseure geprägtes Genre des Westernfilms

i|tem (l.): ebenso : ferner; Abk.: it. * I|tem, das; –s: das Ebenso, das Weitere

I|te|ra|ti|on (l.), die, –, –en: Verdoppelung, Wiederholung einer Silbe oder eines Wortes * i|te|ra|tiv Ew.: wiederholend, mehrmalig, nochmalig * I|te|ra|ti|vum [..w..], das; –s, ..va: Wiederholungswort, bes. Wiederholungszeitwort * i|te|rie|ren (..iert) tr.: wiederholen; intr.: sich wiederholen

I|tha|ka: griech. Insel

I|ti|ne|rar (l.), das; –s, –e, I|ti|ne|ra|ri|um, das; –s, ..rien: altröm. Straßenverzeichnis : Reisebuch mit den Routen zurückgelegter Reisen : Reisegebet katholischer Geistlicher [l. iter, Gen. itineris Weg]

i. Tr. (Abk.): in der Trockenmasse; Angabe bei Nahrungsmitteln

i-Tüp|fel|chen, das; –, –: (Umgspr.) bis aufs i-Tüpfelchen genau, sehr sorgfältig

itzt: alte Form von jetzt

i. v. (Abk.): intravenös

i. V. (Abk.): in Vertretung : in Vollmacht, vor der Unterschrift unter einem Brief

IVF (Abk.): In-vitro-Fertilisation (Befruchtung außerhalb des Mutterleibes)

Iwrith (hebr.); das; –s: Neuhebräisch, Umgangssprache in Israel

Ixiolith (gr.), der; –s und –en,
–e(n): ein Gestein
Izmir: Stadt in der Türkei, früher Smyrna

J

J, j, das; –, –: der zehnte Buchstabe des Abece [gr. iota]
J (Abk.): (Chem.) Jod : Joule
ja: Wort der Einwilligung, Zustimmung, Bekräftigung : Wort der nachdrücklichen Wiederholung * **Ja,** das, –, –s: Zustimmung * *bei Ja und Nein:* (statt eines Schwures) wahrlich; *jawohl:* verstärktes Ja : (oft höhnisch) nein; *ja freilich; ja und nein, ja und amen zu etwas sagen auch: Ja und Nein, Ja und Amen zu etwas sagen:* zustimmen, für gut befinden; *mit (einem) Ja antworten; mit Ja oder Nein stimmen* * *Jabruder, -sager:* einer, der zu allem Ja sagt; *Jawort:* Zustimmung
Ja sagen
Die Partikel *ja* und *nein* als Bestandteil einer Antwort werden klein-, die substantivierte Form mit großem Anfangsbuchstaben geschrieben: *Ist deine Antwort nun ja oder nein? Er stimmte mit Nein. Das Ja gilt ohne Einschränkung.*
Jab (e.) [dschäb], der; –s, –s: (Boxsport) kurzer Haken aus geringer Distanz
Jabot (fr.) [schaboh], das; –s, –s: Brustkrause, Hemdkrause, Spitzenkragen
jache(r)n, jachtern intr., rbz.: (sich) wild umherjagen
Jacht, die; –, –en: Rennsegler : leichtes Motorboot zu Vergnügungsfahrten * *Jachtklub; Segeljacht;* (seem.) auch: Yacht
Jack (e.) [dschäck]: Spitzname der engl. Matrosen * *Jackmaschine:* Vorspannmaschine : Spulenmaschine; *Jack Pudding* (e.): Hanswurst; *Jackstag:* Stange zum Befestigen des Segels an der Rahe; *Jack Tar* (e.) [.. tahr]: „Hans Teer", Spitzname der Matrosen (missdeutet: Teerjacke)

Jacke, die; –, –n; Jäckchen: den Oberkörper bedeckendes Kleidungsstück * *Jackenhund:* Jagdhund : der durch eine panzerartige Jacke vor den Schlägen des Wildschweins geschützt ist; *Jackenkleid:* Kleid mit dazugehöriger Jacke; *Jackentasche* * **Jackett** (fr.), das; –(e)s, –e: Jäckchen, Jacke
Jackettkrone (e.-dtsch.) [dschähäkett..], die; –, –n: natürlich aussehender Schutzüberzug für die Zähne
Jackpot (e.) [dschäkpott], der; –s, –s: angesammelter Hauptgewinn bei Glücksspielen
Jacquard (fr.) [schakahr], der; –s, –s: ein großgemustertes Gewebe * *Jacquardgewebe:* Bildgewebe; *Jacquardmaschine:* Webmaschine, nach dem Erfinder benannt
Jade (fr. u. e.), der; –(s): lauchgrüner Stein, Nephrit * *jadegrün* Ew. * **Jadeit,** der; –s, –e: eine Art Augit
Jade: Fluss in Oldenburg * *Jadebusen:* Nordseebucht bei Wilhelmshaven
Jaffa: Stadt in Israel, heute Teil der Stadt Tel Aviv * *Jaffaapfelsine*
jagbar Ew.: jagdbar * **Jagd,** die; –, –en: das Jagen : Weidmannskunst : Jagdgerechtigkeit : das zu jagende Wildbret : erlegtes Wildbret : Jagdbezirk * *Jagdanzug; Jagdaufseher; Jagdbeamter; Jagdbezirk; Jagdbeute; Jagdbomber:* Kampfflugzeug; *Jagdeifer; Jagdfalke; Jagdfieber; Jagdflieger:* zu einer Jagdstaffel gehörender Flieger; *Jagdflinte; Jagdflugzeug; Jagdfrevel:* Verstoß gegen Jagdverordnung; *Jagdgehege; jagdgerecht* Ew.: jagdverständig; *Jagdgesellschaft; Jagdgeschwader:* größerer Jagdfliegerverband; *Jagdgewehr; Jagdglück; Jagdgrenze; Jagdgründe:* (übertr.) in die ewigen Jagdgründe gehen: sterben; *Jagdhaus:* Jägerhaus; *Jagdhorn; –hund; –hut; –hütte; jagdkundig* Ew.; *Jagdmesser; Jagdpächter; Jagdprüfung; Jagdrecht; Jagdschein; Jagdschloß* → *Jagdschloss; –springen:* besondere Form des Pferderennens; *Jagdstaffel:* Formationsbezeich-

nung für Jagdfliegerverband; *Jagdstück:* Jagdabenteuer : Jagdgemälde : Tonstück bei der Jagd; *Jagdverbot; Jagdvergehen; Jagdwissenschaft; Jagdwurst:* Wurstspezialität; *–zeit; –zelt; Jagdzeug* * **jagdlich** Ew.: auf die Jagd bezogen * **jagen** tr.: zu jäher Eile veranlassen : heftig und schnell treiben : als Beute verfolgen und erlangen; intr. (haben, sein): ungestüm eilen : ein Ziel durch Eile zu erreichen streben : auf die Jagd gehen: rbz.: einander (herum)jagen * **Jagen,** das; –s, –: Jagd : Raum, aus dem Wild getrieben wird : abgegrenzter Teil des Forstes *
Jäger, der; –s, –: ein Jagender : (Schiffb.) jede der beiden vordersten Kanonen : äußerstes Stagsegel, Klüverbaum : schnell segelndes Fahrzeug *
Jäger, der; –s, –: die Jagende : Weidmann : Jagdflieger : Polizeisoldat : Möwe : Käferarten * *Jägerbursch; Jägerhaus; –hof; –hund; –hut; –kleid; –kunst; –latein; –mantel; jägermäßig* Ew.; *Jägersprache* * **Jägerei,** die; –, –en: Weidmannskunst : Gesamtheit der Jäger : Wohnung eines Jägers * **jägerhaft** Ew.: auf einen Jäger bezogen : einem Jäger gemäß * **Jägerling,** der; –s, –e: (verächtl.) Jäger, der das Weidwerk nicht versteht * **Jägerschaft,** die; –, –en: Gesamtheit der Jäger : der Jägerstand
Jagiellone, Jagellone, der; –n, –n: Angehöriger eines litauisch-polnischen Königsschlechtes (bis zum Ende des 16. Jh.)
Jagst: Nebenfluss des Neckars
Jaguar, der; –s, –e: größte am. Raubkatze
jäh, jähe Ew.: schnell und plötzlich, mit Heftigkeit hervortretend : sehr abschüssig * *Jähzorn; jähzornig* Ew. * **Jähheit,** die; –: das Jähsein * **jählings** Uw.: in jäher Art
Jahr, das; –(e)s, –e; Jährchen: Umlaufzeit der Erde um die Sonne : gewöhnliches Maß des Lebensalters : Zeitdauer, Alter : (Ackerbau) Art, Schlag : (Astron.) Umlaufzeit eines Planeten um die Sonne * *im Jahre;* Abk.: i. J.; *laufenden*

Jahres; viele Jahre lang; über Jahr und Tag: (alte Rechtsspr.) *über eine lange Zeit; seine Jahre voll haben:* volljährig, mündig sein; *in die Jahre kommen:* alt werden ✳ *jahraus, jahrein* Uw.: jahrelang, ununterbrochen; *Jahrbuch:* jedes Jahr erscheinende Chronik; *–feier; Jahrgang:* ein Zeitmaß, Altersklasse : (Wein) Erzeugnis eines bestimmten Jahres; *Jahrgewächs:* heurige Ernte in Bezug auf den Ertrag; *Jahrhundert:* Zeitraum von hundert Jahren : die in einem Jahrhundert Lebenden; *jahrhundertealt* Ew.; *jahrhundertelang* Ew.; *drei Jahrhunderte lang; Jahrhundertfeier:* Feier zum Gedenken eines Ereignisses vor 100 Jahren; *Jahrhundertsommer:* Sommer von besonderer Schönheit und Länge; *Jahrhundertwende:* ein oder einige Mal im Jahre stattfindender Markt; *Jahrmillionen:* (Pl.) ein übergreifender Begriff, z. B. für die Einteilung und Entwicklung der Erdgeschichte, *vor Jahrmillionen; Jahrpacht:* Zeitpacht; *Jahrtausend:* Zeitraum von tausend Jahren; *jahrtausendelang* Uw. Ew.; *Jahrtausendfeier; Jahrwuchs:* Jahrgewächs : Jahrring : Jahrschuss; *Jahrzehnt:* Zeitraum von zehn Jahren; *jahrzehntelang* Uw. Ew.; *jahrelang* Uw. Ew.: Jahre dauernd, lange ✳ *Jahresabonnement; –abschluß →–abschluss; –anfang; –bericht; –bilanz; –einkommen; –feier; –frist; –gehalt; –karte; Jahresring:* jährlicher, ringförmiger Holzzuwachs eines Baumes; *Jahrestag:* jährlich wiederkehrender Festtag; *Jahresumsatz; Jahreswechsel; Jahreswende; Jahreszahl:* Zahl des Jahres in der bürgerlichen Zeitrechnung; *Jahreszeit:* einer der vier Abschnitte, in die das Jahr eingeteilt wird ✳ **jäh|ren (jah|ren)** rbz.: jährig werden : nach Jahresfrist wieder eintreten ✳ **jäh|rig** Ew.: ein Jahr her seiend ✳ **..jäh|rig** Ew., nur in Zus.: soundso viele Jahre alt : sich jährend, z. B. einjährig; (in Ziffern: *3-jährig, 10-jährig*) ✳ **jähr|lich** Ew.: in Bezug auf ein Jahr : jedes Jahr

wiederkehrend ✳ **Jähr|ling,** der; –s, –e: einjähriges Tier ✳ *Jährlingsbock*

Jah|ve, Jah|we (hebr.): Jehova, Name Gottes im Alten Testament

Jäh|zorn: s. jäh

Jak, der; –s, –s: tibetisches Hochlandrind, Grunz-, Ziegenochse

Ja|ka|ran|da|holz (indian.), das; –es, ..hölzer: dunkles Palisanderholz aus Brasilien

Ja|ko, der; –s, –s: ein Graupapagei

Ja|kob (hebr.): jüd. Patriarch ✳ *Jakobsbruder; Jakobskraut; Jakobsleiter:* (Himmelsleiter im Alten Testament) Strickleiter an der Außenseite von Schiffen*; Jakobsstab:* altes Messinstrument zur Bestimmung der Höhe von Gestirnen und der Winkel zwischen ihnen*; Jakobstag* ✳ *der billige Jakob:* (volkst.) Jahrmarktshändler ✳ **Ja|ko|bi,** das; –: Tag des Jakobus, 25. Juli ✳ **Ja|ko|bi|ner,** der; –s, –: Angehöriger einer franz. Revolutionspartei; *Jakobinermütze; Jakobinertum* ✳ **ja|ko|bi|nisch** Ew.: die Partei der Jakobiner betreffend ✳ **Ja|ko|bus,** der; Apostel Jesu; *Jakobus der Ältere; Jakobus der Jüngere*

Ja|kut, das; –, –e: mit Leder überzogenes, hölzernes Schiff in Ostsibirien ✳ **Ja|ku|te,** der; –n, –n: Angehöriger eines sibirischen Volksstammes ✳ **ja|ku|tisch** Ew.: die Jakuten betreffend : zu ihnen gehörig

Ja|la|pe (span.), die; –, –n: tropische Pflanze

Ja|lon (fr.) [s̶c̶h̶along], der; –s, –s: Absteckpfahl : Richtfähnchen ✳ **ja|lon|nie|ren** (..iert) tr.: mit Pfählen usw. abstecken und bezeichnen

Ja|lou|sie, Ja|lou|set|te (fr.) [s̶c̶h̶alusih, s̶c̶h̶alusett], die; –, ..sien bzw. ..etten: Roll-Gleitladen, Fensterschutz ✳ *jalousieartig* Ew.; *Jalousietür; –verschluß →–verschluss*

Jal|ta: Stadt auf der Krim ✳ *Jalta-Abkommen auch: Jalta-abkommen, 1945*

Jam (e.) [d̶s̶c̶h̶äm], das; –s: Fruchtmus, Marmelade

Ja|mai|ka [d̶s̶c̶h̶ameika]**:** zu den Großen Antillen gehö-

rende Insel : Staat auf dieser Insel ✳ **Ja|mai|ka|ner** *auch:* **Ja|mai|ker,** der; –s, –: Bewohner von Jamaika ✳ **ja|mai|ka|nisch** *auch:* **ja|mai|kisch** Ew.: Jamaika oder Jamaikaner betreffend ✳ *Jamaikapfeffer; Jamaikarum*

Jam|be (gr.), die; –, –n; **Jam|bus,** der; –, ..ben: Versfuß ✳ **jam|bisch** Ew.: in Jamben

Jam|bo|ree (e.) [d̶s̶c̶h̶ämbo-rie], das; –s, –s: intern. Pfadfindertreffen : Lustbarkeit

Jam|mer, der; –s: tief ergreifendes Elend : Gefühl des Elends : Wehklagen : verächtlich bedauerndes Gefühl für Erbärmliches; Kummer : Verzweiflung ✳ *Jammeranblick; Jammerbild; jammerbleich* Ew.; *Jammerblick; jammhrerfüllt* Mw. Ew.; *Jammergeheul; –geschrei; –gestalt; –leben; –lied; jammermüde* Ew.; *Jammerruf; jammerschade* Ew.; *Jammertal:* theol. Bezeichnung der Erde ✳ **jäm|mer|lich** Ew.: bejammernswert : erbärmlich : kläglich ✳ **Jäm|mer|lich|keit,** die; –, –en: das Jämmerlichsein : das Jämmerliche ✳ **Jäm|mer|ling,** der; –s, –e: erbärmlicher Mensch ✳ **jam|mern (ich ..[e]re) intr.:** Jammer empfinden : schmerzlich klagen; tr.: Mitgefühl erregen : Mitleid aus Verachtung der Armseligkeit haben ✳ *mich jammert seiner:* (veralt. für) er jammert mich

Jam-Ses|sion → Jam|ses|sion (e.) [d̶s̶c̶h̶äm ßeschen], die; –, –s: Treffen von Jazzmusikern zum freien Improvisieren über eine Melodie

Jams|wur|zel (e.), die; –, –n: ein Tropengewächs

Jan. (Abk.): Januar

Jang|tse, Jang|tse|ki|ang [jangzekjang], der; –: Fluss in China

Jan|ha|gel (ndl.), der; –s: Pöbel : rohe Menge ✳ **Jan|maat:** Mustermatrose, ganzer Kerl

Jan|tje, der; –n, –n: kleiner Johann : Kellner : Aufwärter

Ja|ni|cu|lus mons (l.), der; –: Hügel in Rom ✳ **Ja|ni|ku|lus,** der; –: deutsche Bezeichnung für Janiculus mons

Ja|nit|schar, der; –en, –en: „neuer Krieger", Soldat der ehemal. Kerntruppe des türk. Fußvolks ✶ *Janitscharen-Aga*, der; –, –s: Janitscharenführer; *Janitscharenmusik:* türkische Kriegsmusik

Jan|ker, der; –s, –: (östr.) kurzer Leibrock, Jacke : Trachtenjacke

Jän|ner, der; –s, –: (östr.) Januar

Jan|se|nis|mus, der; –: Lehre des holl. Bischofs Jansenius ✶ **Jan|se|nist**, der; –en, –en: Anhänger des Jansenismus ✶ **jan|se|nis|tisch** Ew.: den Jansenismus betreffend

Ja|nu|ar (l.), der; –(s), –e: der erste Monat des Jahres, Eismonat ✶ **Ja|nus:** röm. Gott der Zeit und des Anfangs ✶ *Januskopf:* Kopf mit zwei entgegengesetzt gerichteten Gesichtern; *januskӧpfig; Januspolitik:* schwankende Politik ✶ **Ja|nus**, der; –, –se: gewölbter Straßendurchgang

Ja|pan: Nippon : ostasiatisches Kaiserreich ✶ *japanische Kunst; Japanisches Meer* ✶ *Japanpapier; Japanseide* ✶ **Ja|pa|no|lo|gie**, die; –: Wissenschaft von der japanischen Sprache, Schrift und Literatur

jap|pen, jap|sen (du japsest und japst) intr. (haben): nach Luft schnappen; intr. (sein): (Schuh) vom Fuße rutschen

Jar|di|ni|e|re (fr.) [~dinijähr'], die; –, –n: Gärtnerin : Blumenschale : Randstickerei

Jar|gon (fr.) [~schargong], der; –s, –s: Ausdrucks-, Sprechweise in Berufs- oder Volkskreisen

Jarl, der; –s, –s: Graf : (altskandinav.) Statthalter

Ja|ro|wi|sa|ti|on (russ.), die; –: durch Kältebehandlung die Entwicklung von Saatgut beschleunigen ✶ **ja|ro|wi|sie|ren**

Ja|sa|ger: s. ja

Jas|min (arab.-pers.), der; –, –e: ein Ölbaumgewächs mit stark duftenden Blüten

Jas|mund: Halbinsel Rügens ✶ *Jasmunder Bodden:* Strandsee in Rügen

Jas|per|wa|re (e.) [~schäspe-wär], die; –, –n: farbiges Steingutgeschirr mit weißen Ausschmückungen

jas|pie|ren (gr.-arab.) (..iert) tr.: sprenkeln ✶ **Jas|pis** (gr.),

der; – und ..spisses, ..spisse: Abart des Quarzsteins ✶ *Jaspisporzellan:* sehr zartes, durchsichtiges Porzellan, engl. Fayence

Jaß → **Jass**, der; –es: (schweiz., westöstr., süddtsch.) Kartenspiel ✶ **jas|sen**, (du jasst; du jasstest; gejasst; jass!) tr.: Jass spielen

Ja|stim|me, die; –, –n: zustimmende Äußerung

Ja|ta|gan, der; –s, –e: ein oriental. krummer Säbel, Dolch

jä|ten tr.: Unkraut ausreißen ✶ *Jätgras; Jäthacke; Jäthaue*

Jau|che, die; –, –n: stinkende, unreine Flüssigkeit : (Landw.) als flüssiger Dünger benutzter tierischer Harn ✶ *Jauchefaß* → *Jauchefass; Jauchegrube* ✶ **jau|chen** tr.: mit Jauche düngen ✶ **jau|chig** Ew.: wie Jauche ✶ **jauch|zen** (du jauchzest und jauchzt) intr.: lauten Ruf der Freude erschallen lassen : jodeln; tr.: etwas jauchzend äußern ✶ **Jauch|zer**, der; –s, –: der Jauchzende : Juchzer : Jubelruf

jau|len (ich jaule) intr.: winseln : (Hund) heulen

Jau|se, die; –, –n: (östr.) Zwischenmahlzeit, Vesper ✶ **jau|sen** (du jausest und jaust) intr.: Vesper einnehmen ✶ *Jausenbrot; Jausenstation*

Ja|va: eine der großen Sundainseln : Provinz Indonesiens ✶ **Ja|va|ner**, der; –s, –: Bewohner Javas ✶ **ja|va|nisch** Ew.

ja|wohl: s. ja

Ja|wort: s. ja

Jazz (e.) [~schäs, auch: jatz], der; –: (urspr.) Musik- und Tanzart, entwickelt aus der Tradition der Kirchen- und Arbeitsmusik der Schwarzen aus dem Süden der USA ✶ *Jazzfan:* Jazzfreund; *Jazzfestival; Jazzgymnastik:* rhythmische Gymnastik zur Jazzmusik; *Jazzkapelle; Jazzkeller; Jazzmusik; Jazztrompeter* ✶ **Jazz|band**, die; –, –s: Orchester in Jazzbesetzung ✶ **jaz|zen** [~schäßen, auch: jatzen],(du jazzst; er jazzt; gejazzt) tr.: Jazzmusik spielen

je!: Ausruf, Umbildung von Jesus ✶ *Herr Je!* ✶ **je|mi|ne!:** o Herr Jesus! [umgebildet aus Jesus Domine: Jesus, Herr]; *herrjemine!*

je: Nebenform von ja ✶ *je nun:* Äußerung des Zweifelns

je Uw.: allzeit, immer : zu irgendeiner Zeit : zuweilen, (verteilend bei Haupt- und Ordnungszahlen) jedes Mal; Bw.: bei Vergleichungen, z. B. *je mehr, je lieber; je mehr, desto lieber; je nachdem:* in dem Maße wie; *jedenfalls* Uw.: auf jeden Fall ✶ **je|den|noch, je|doch** Bw.: doch ✶ **je|her** Uw.; von –: seit immer ✶ **Je|län|ger|je|lie|ber**, der; das; –s, –: Geißblatt ✶ **je|mals** Uw.: irgendwann ✶ **je|mand:** s. d. ✶ **je|weils** Uw.: je zur Zeit ✶ **je|wei|lig** Ew.: je zur Zeit stattfindend

Jean (fr.) [schang]: Johann ✶ *Jean Potage* [.. potasch']: Hanswurst ✶ **Jeanne d'Arc** (fr.) [~schandark], die; Jungfrau von Orleans ✶ **Jean|nets** [schannähs] Mz.: eine Art Baumwollzeug

Jeans (am.) [~schihns] Mz.: Baumwollhose ✶ *Blue Jeans auch: Bluejeans:* Farmerhose aus blauem Köper ✶ *Jeanskleid; Jeansjacke*

je|den|noch; s. je

je|der (w. **je|de,** sächl. **je|des)** Fw. Hw.; Fw. Ew.: alle, einzeln genommen ✶ *ein jeder; jeder beliebige; jedweder; ein jedes Mal; Leute jedes Stammes auch: Leute jeden Stammes; jeder zehnte:* immer der zehnte ✶ *jedenfalls* Uw.: in jedem Falle : wahrscheinlich ✶ *jederlei* Ew.: von jeder Art; *jedermann* Fw.: alle; *Jedermannsfreund; jederzeit* Uw.: immer ✶ **je|des|mal** → *jedes Mal* Uw.: bei jedem Mal, immer; *jedesmalig* Ew.: immer stattfindend

jeder, jedes Mal
Stehen Pronomen als stellvertretend für Substantive, schreibt man sie klein: *Das muss jeder selber wissen.* Das gilt auch für mehrteilige Adverbien: *Du kannst jederzeit kommen.* Erweiterungen schreibt man getrennt und das Substantiv groß: *Sie ist zu jeder Zeit willkommen; es wurde jedes Mal besser.*

je|doch: s. je

Jeep (e.) [~schiep], der; –s, –s: am. Geländeauto (General Purpose: Mehrzweck-Wagen; (e.)

GP [dschihpi], daraus entstand Jeep]

jeg|li|cher: jeder

je|her: s. je

Je|ho|va(h): s. Jahve

jein: (Umgspr.) unentschiedene Meinungsäußerung (zusammengesetzt aus *ja* und *nein*)

Je|län|ger|je|lie|ber: s. je

je|mals: s. je

je|mand unbest. Fw. (Gen. jemand[es]; Dat. jemand[em]; Akk. jemand[en]): zur Bezeichnung einer Person im Allgemeinen, irgendeiner * *irgend jemand → irgendjemand; jemand anders; jemand Fremdes * ein gewisser Jemand:* eine Person, die man nicht näher nennen will

Je|men, der; –s: arab. Staat *

Je|me|ni|te, der; –n, –n: Bewohner Jemens * **je|me|ni|tisch** Ew.

je|mi|ne!: s. je!

Je|na: thüring. Stadt a. d. Saale * **Je|na|er, Je|nen|ser,** der; –s, –: Bewohner Jenas * **Je|na|er, jena|isch** Ew. * *Jenaer Glas:* hitzebeständige Glaswaren, urspr. aus Jena

je|ner, je|ne, je|nes: hinzeigendes Fw. zur Hervorhebung durch Hinzeigen, zur Andeutung des Entfernteren, während „dieser" das Nähere bezeichnet, zur Hervorhebung einer entfernten Vergangenheit oder Zukunft * **jen|sei|tig** Ew.: auf der anderen Seite liegend : gegenüberliegend (häuf.) das Leben nach dem Tode betreffend * **jen|seits** Vw. mit Gen.: auf der anderen Seite * *jenseits des Baches* * **jen|seits** Uw.: drüben * **Jen|seits,** das; –: Ort des Lebens nach dem Tode

je|nisch (rotwelsch) Ew.: zum fahrenden Volk gehörend unter Ausschluss der Zigeuner * *jenische Sprache:* Gauner-, Händlersprache

Je|nes|sei, Je|nis|sej [jenißej] der; –s: Strom in Sibirien

jen|sei|tig usw.: s. jener

Je|re|mia, Je|re|mi|as: biblischer Prophet im Alten Testament * *Klagelieder Jeremias* *

Je|re|mi|a|de, die; –, –n: Klagelied

Je|rez [chereßh], der; –: span. Wein : Sherry * *Jerezwein* *

Je|rez de la Fron|te|ra: Stadt in Spanien

Je|ri|cho: Stadt in der Jordanebene * *Jerichorose:* Moosfarn * **Je|ri|chow:** Stadt an der Elbe

Jer|sey (e.) [dschörsi], der; –s: eine Stoffart * **Jer|sey** (e.) [dschörßi], das; –, –s: Trikot eines Sportlers

Je|ru|sa|lem: die Heilige Stadt der Christen, Juden und Moslems * *Jerusalemsblume:* Feuernelke

Je|sa|ja, I|sa|ias: biblischer Prophet im Alten Testament

Je|su|it, der; –en, –en: Angehöriger des kathol. Ordens „Gesellschaft Jesu" * *Jesuitenorden; Jesuitenpulver:* Chinarinde; *Jesuitenschule* * **Je|su|i|ter,** der; –s, –: Intrigant, Leisetreter * **Je|su|i|te|rei,** die; –, –en: Sinn und Zweck der Lehre Loyolas, des Stifters des Jesuitenordens * **je|su|i|tisch** Ew.: spitzfindig : falsch : gleißend * **Je|su|i|tis|mus,** der; –: Wortspalterei : Schlauheit

Je|sus (hebr.): der Helfer, Retter, Heiland, Erlöser : m. En. * *Jesuskind:* Jesus Christus als Kind * **Je|sus Chris|tus** (Gen. Jesu Christi; Dat. Jesu Christo; Akk. Jesum Christum; im Anruf: Jesu Christe): Stifter des Christentums * **Je|sus Na|za|re|nus Rex Ju|dae|o|rum** (l.): Jesus von Nazareth, König der Juden; Abk.: INRI * **Je|sus Peo|ple** (e.) [dschis'ß pihpl] Mz.: weltweit verbreitete Jesusbewegung der Jugend * **Je|sus Si|rach:** Verfasser einer Spruchsammlung, die nicht in die Heilige Schrift aufgenommen wurde

Jet (e.) [dschät], der; –s, –s: (Umgspr.) Düsenflugzeug * **Jet-Lag → Jetlag** *auch:* **Jet|lag** (e.) [dschätläg], der; –s, –s: körperliches Unwohlsein durch veränderten Zeitrhythmus bei Langstreckenflügen

Je|to|lin (nl.), das; –s: Anilinschwarz

Je|ton (fr.) [sch'tong], der; –s, –s: Spielpfennig, Spielmarke

Jet-Set → Jetset *auch:* **Jet|set** (e.) [dschätßet], der; –, –setter: Sammelbezeichnung für reiche Leute, die ständig mit dem Jet unterwegs sind, um

im Mittelpunkt des gesellschaftlichen Lebens zu sein

Jet-stream → Jet|stream (e.) [dschätstrihm], der –, –s: Strahlstrom in der höheren Atmosphäre

Jett (l.-e.), das; –s, –s: schwarzer Bernstein : Guss aus Gummi * **jettartig** Ew.; *Jettkamm*

jet|ten (e.) [dschätten] tr.: per Jet reisen * *Er jettet in der Welt umher*

jet|zig Ew.: jetzt seiend : gegenwärtig * **jetzt** Uw.: gegenwärtig; Bw. (jetzt .. jetzt): bald .. bald * *Jetztzeit; jetztzeitlich* Ew. * **Jetzt,** das; –: Gegenwart * **jetzo** (veralt.) für jetzt

Jeu (fr.) [schöh], das; –s, –s: Spiel : Glücksspiel : Scherz * **jeulen** intr.: am Glücksspiel teilnehmen

Jeu|nes|se do|rée (fr.) [schöness doreh], die; – –: genusssüchtige Jugend der oberen Stände

je|wei|len: s. je

Je|zi|ra (hebr.), die; –: „Schöpfung"

Jg. (Abk.): Jahrgang * **Jgg.** (Abk.): Jahrgänge

Jh. (Abk.): Jahrhundert

jid|disch Ew.: jüdisch-deutsche Sprache * **Jid|disch,** Jid|di|sche, das; –: jüdischdeutsche Kultur und Mundart in Osteuropa

Jig (e.) [dschigg], der; –, –: ein Tanz : Ballade

Jig|ger (e.) [dschigger], der; –s, –: kleines Fischerboot : Färbereimaschine * *Jiggermast:* hinterster Mast einer Bark

Ji|me|nes (span.) [chim..], der; –: Malagawein

Jing|le (e.) [dschingl], der; –s, –s: eingängige Melodie mit hohem Wiedererkennungswert in der Werbung

Jit|ter|bug (am.) [dschitterbag], der; –s: amerikanischer Jazztanz

Ji|u-Jit|su (jap.) [dschiudschitsu], das; –(s): japan. Kunst der waffenlosen Selbstverteidigung

Jive (e.) [dscheif], der, –: amerikanischer Tanz

Job (e.) [dschob], der; –s, –s: Geschäft : Gelegenheitsarbeit * **Job|ber** (e.) [dschob'r], der; –s, –: Makler, Börsenspekulant

: (Umgspr.) jemand, der jobbt ✳ **Job**|**be**|**rei**, die; –, -en: Börsenspekulation : (Umgspr.) Gelegenheitsarbeiten ✳ **Job**|**hop**|**ping** (e.) [d̶s̶c̶h̶obhopping], das; –s, –s: dauernder Arbeitsplatzwechsel ✳ **Job**|**kil**|**ler** (e.) [d̶s̶c̶h̶obkiller], der; –s, –: (Umgspr.) jemand oder etwas, der oder das zum Abbau von Arbeitsplätzen beiträgt ✳ **Job**|**sha**|**ring** (e.) [d̶s̶c̶h̶obschäring], das; –s, –: das Aufteilen einer Arbeitsstelle zwischen zwei oder mehr Arbeitnehmern **Job**|**si**|**a**|**de**, die; –: komisches Heldengedicht **Joch**, das; –(e)s, -e: Gestell zum Anspannen der Last- und Zugtiere : das Auferlegte, Knechtschaft : ein Paar Zugtiere, Gespann : Feldmaß : Schulterholz zum Tragen von Wassereimern : (Baukst.) waagerechter Tragbalken : (bergm.) Querholz in Grubenzimmerungen : im Altertum Querholz, unter dem die Besiegten hindurchschreiten mussten : Gestell zum Aufbinden von Reben : (Schiffb.) kurze Stange am Steuerruder : Blasenschnecke : Blättchenpaar bei gefiederten Blättern : Bergrücken zwischen zwei Tälern : emporragender Fels : **Jochbein**: Wangenknochen; *jochbeladen* Mw. Ew.; *Jochbogen*; *Jochbrücke*; *Jochgeier*: auf Bergen hausender Lämmergeier; *Jochrebe*; *Jochseil*; *Jochspannung*; *Jochträger*: Holm; *Jochweite*: Bogenweite; *Jochwiede*: Eisenring zum Halten der Deichsel ans Joch ✳ **jo**|**chen** tr.: ins Joch bringen **Jo**|**ckey** *auch:* **Jo**|**ckei** (e.) [d̶s̶c̶h̶ockie], der; –s, –s: Berufsrennreiter ✳ *Jockeyklub* **Jod**, das; –(e)s: chem. Grundstoff; Abk.: J ✳ *Jodblei; Jodeisen; Jodkalium; Jodpräparat; Jodprobe; Jodsilber; Jodsalz; Jodstärke; Jodtinktur; Jodvergiftung; Jodwasser* ✳ **Jod**|**a**|**sep**|**tol** (gr.), das; –s: Mittel gegen Fäulnis ✳ **Jo**|**dat**, das; –(e)s, -e: jodsaures Salz ✳ **Jo**|**did**, das; –(e)s, -e: Jodmetall ✳ **jo**|**die**|**ren** (..iert) tr.: mit Jod überziehen ✳ **Jo**|**din**, das; –s: Jod ✳ **Jo**|**dis**|**mus**, der; –:

Jodvergiftung ✳ **Jo**|**dit**, das; –(e)s, -e: Gestein ✳ **Jo**|**do**|**form** (nl.), das; –s: Wundstreumittel ✳ **Jo**|**dol**, das; –s: Jodverbindung **Jo**|**del**, der; –s, –: jodelnder Ruf ✳ **Jod**|**ler**, der; –s, –: jodelnde Person : Jodel ✳ **jo**|**deln** intr., tr.: jauchzen, mit schnellem Überschlagen aus der Brust- in Kopfstimme singen **Jo**|**did** usw., **Jo**|**do**|**form** usw.: s. Jod **Jo**|**ga** *auch:* **Yo**|**ga**, der; das; –s: Meditation, Selbstversenkung, indische Weisheitslehre ✳ *Jogaübung* ✳ **Jo**|**gi**, der; –s, –s: Jogaanhänger [skr. yoga Joch] **jog**|**gen** (e.) [d̶s̶c̶h̶oggn] (ich jogge; du joggst; gejoggt) tr.: im langsamen Dauerlauf laufen ✳ **Jog**|**ger**, der; –s, –: jemand, der joggend läuft ✳ **Jog**|**ging**, das; –s: das joggende Laufen als sportliche Ertüchtigung ✳ *Jogginganzug; Jogginghose; Joggingschuhe* **Jog**|**hurt** *auch:* **Jo**|**gurt** (türk.), das; –s: unter Einfluss von Bakterien hergestellte, eingedickte Sauermilch **Jo**|**han**|**nes**|**burg**: Stadt in Südafrika **jo**|**han**|**ne**|**isch** Ew.: nach Art des Apostels Johannes : von Johannes kommend ✳ *johanneische Frage* ✳ **Jo**|**han**|**nes**, der; –, –: Apostel Jesu und Evangelist im Neuen Testament ✳ *Johannes der Täufer; Johannesevangelium; Johannespassion:* Oratorium von Johann Sebastian Bach nach den Worten des Johannesevangeliums ✳ **Jo**|**han**|**ni**, das; –: Johannistag (24. Juni) ✳ *Johannisapfel; -beere; Johannisbrot; Johannisfest; Johannisfeuer:* Feuer zur Feier des Johannistages; *Johanniskäfer; Johanniskraut; -nacht; -trunk; Johanniswein:* am Johannistage geweihter Wein; *Johanniswürmchen* **Jo**|**han**|**ni**|**ter**, der; –s, –: Angehöriger des ältesten geistlichen evangelischen Ritterordens ✳ *Johanniterkreuz; -orden; Johanniter-Unfall-Hilfe:* Rettungs- und Hilfsorganisation **Jo**|**han**|**nis**|**berg**: hess. Stadt ✳ **Jo**|**han**|**nis**|**ber**|**ger**, der; –s, –: ein Rheinwein

joh|**len** intr.: wild lärmend singen, schreien **Joint** (e.) [dschoint], der; –s, –s: selbst gedrehte übergroße Zigarette, in die Haschisch oder Marihuana gemischt wurde **Joint-ven**|**tu**|**re** → **Joint**|**ven**|**tu**|**re** *auch:* **Joint Ven**|**tu**|**re** (e.) [dschointwentscher], der; –, –s: organisierte Zusammenarbeit verschiedener Wirtschaftsunternehmen mit abgestimmter Konzeption und Zusammenarbeit **Jo-Jo** *auch:* **Yo-Yo** (e.), das; –, –: (e.) Geschicklichkeitsspiel mit Schnur und Holzscheibe **Jo**|**ker** (e.) [d̶s̶c̶h̶ok'r], der; –s, –: für jede Karte einzusetzende Spielkarte im Poker oder Rommé etc. **Jo**|**jo**|**ba** (mex.) die; –, –s: Buchsbaumart ✳ **Jo**|**jo**|**ba**|**öl**, das; –s, -e: Öl des Jojobagewächses, verwendet für Kosmetikprodukte **jo**|**kos** (l.) Ew.: scherzhaft : spaßig ✳ **Jo**|**ku**|**la**|**tor**, der; –s, ..toren: Spaßmacher : Gaukler in der Spätantike und im Mittelalter ✳ **jo**|**ku**|**lie**|**ren** (..iert) intr.: scherzen ✳ **Jo**|**kus**, der; –: Scherz : Jux **Jol**|**le**, die; –, –n: kleines Segel- oder Ruderboot ✳ *Jollentau; Jollenkreuzer* **Jom Kip**|**pur**, der; –: hoher jüdischer Feiertag : Versöhnungsfest (hebr.: Tag der Buße) **Jo**|**na**, **Jo**|**nas**: biblischer Prophet im Alten Testament **Jo**|**na**|**than**: ältester Sohn des Königs Saul ✳ *Bruder Jonathan:* (scherzh.) Nordamerika und Nordamerikaner **Jon**|**gleur** (fr.) [schonglöhr], der; –s, -e: Geschicklichkeitskünstler : Gaukler ✳ **jon**|**glie**|**ren** (..iert) tr.: werfen und wieder auffangen **Jop**|**pe**, die; –, –n: Jöppchen: kurze Haus-, Reise- oder Jagdjacke **Jor**|**dan**, der; –s: Fluss durch Syrien, Libanon, Jordanien und Israel ✳ **Jor**|**da**|**ni**|**en**: arab. Königreich ✳ **Jor**|**da**|**ni**|**er**, der; –s, –: Bewohner Jordaniens ✳ *jordanisch* Ew. **Jo**|**se**|**phi**|**nis**|**mus**, der; –, ..men: Kircheneinrichtung Kaiser Josephs II. in Österreich ✳

Jo|se|fi|nos Mz.: span. Anhänger von Josef, König von Spanien (1803 bis 1813) ✳
Jo|se|phit, der; –en, –en: Mitglied eines Mönchsordens
Jot: der Buchstabe J, j
Jo|ta usw.: s. Iota
Joule (e.) [dschaul]: engl. Physiker ✳ **Joule**, das; –(s), –: Einh. der elektrischen Arbeit; Abk.: J
Jour (fr.) [schuhr], der; –s, –s: Tag, Empfangstag ✳ *du* [dü]*jour oder de* [dö] *jour sein:* den Tagesdienst haben; *à jour gefaßt* → *à jour gefasst:* durchsichtig, am Rande gefasst; *Jour fixe,* der; fester wöchentlicher Empfangstag ✳ **Jour|nail|le** [schurnalje]: wegwerfende Bezeichnung für Hetz- und Schundpresse ✳ **Jour|nal**, das; –s, –e: Tagebuch : Zeitung ✳ **jour|na|li|sie|ren** (..iert) tr.: eintragen : buchen ✳ **Jour|na|lis|mus**, der; –: Presse-, Zeitungsschriftstellerei ✳ **Jour|na|list**, der; –en, –en: Zeitungsschriftsteller ✳ **Jour|na|lis|tik**, die; –: Zeitungswesen; Zeitungswissenschaft ✳ **jour|na|lis|tisch** Ew.: auf das Zeitungswesen bezüglich
jo|vi|al (l.) [..w..] Ew.: gemütlich, heiter : leutselig ✳ **Jo|vi|a|li|tät**, die; –: Frohsinn : Leutseligkeit ✳ *Joviallinie:* zweite Hauptlinie des Gesichtes von der Stirn an nach unten
Joy|stick (e.) [dschoistick], der; –s, –s: (EDV) Griff zur Steuerung von PC-Spielen
jr. (Abk.): junior
ju!: Ruf des Jauchzens
Ju|bel, der; –s: lauter Ausbruch ungebundener Freude : Fest zur Erinnerung an etwas Denkwürdiges ✳ *Jubelbraut; Jubelgesang; –geschrei; –getön; –greis; Jubelhochzeit; Jubeljahr:* bei den Juden das alle fünfzig Jahre gefeierte große Erlassjahr : (Umgspr.) alle Jubeljahre einmal: im Abstand von mehreren Jahren; *Jubellaut; –lied; –lust; –paar; –stimme; –tag; –ton; jubeltrunken* Mw. Ew.; *jubelvoll* Ew. ✳ **ju|beln** (ich ..[e]le) intr., tr.: Freude in Jubel äußern ✳ **Ju|bi|lar**, der; –s, –e: der Gefeierte ✳ **Ju|bi|la|rin**, die; –, –nen: die Gefeierte ✳ **Ju|bi|la|te**: der

Name des dritten Sonntags nach Ostern ✳ **Ju|bi|lä|um**, das; –s, ..läen: Jubelfest : Gedenkfeier ✳ *Jubiläumsausgabe; Jubiläumsausstellung* ✳ **ju|bi|lie|ren** (..iert) intr., tr.: jubeln, jauchzen
ju|chen, juch|hei|en, juch|zen intr.: fröhlich schreien, jauchzen ✳ *Juchhe; Juchhei; Juchheißa; Juchheissassa*
Juch|zer, der; –s, –: Jauchzer
Ju|chart, Ju|chert, die; –(e)s, –e, (–): altes südd. Feldmaß, (im Allgem.) Morgen
Juch|ten, das; –s: Art Kalbleder ✳ *Juchtenleder; –stiefel* ✳ **juch|ten, juf|ten** Ew.: aus Juchten
juch|zen: s. juchen
ju|cken intr.: reizendes Prickeln und Stechen empfinden : Verlangen empfinden; tr.: Jucken erregen; tr. u. rbz.: kratzen ✳ *Juckbohne; Juckflechte; Juckpulver; Juckreiz* ✳ **Ju|cker**, der; –s, –: feuriges Wagenpferd ✳ *Juckergespann*
Ju|da: (Bib.) Gebiet des Stammes Juda mit Jerusalem als Zentrum ✳ **ju|da|i|sie|ren** (..iert) intr.: zum Judentum neigen ✳ **Ju|da|i|ka**, nur Mz.: Gegenstände und Sammelobjekte jüdischer Kultur und Religion ✳ **Ju|da|is|mus**, der; –, ..men: jüdische Religion ✳ *Judasbaum:* ein Farbholzgewächs; *Judas Ischariot:* Jünger, Verräter Jesu; *Judaskuß* → *Judaskuss; Judaslohn:* Bezahlung für Verrat; *Judasstreich* ✳ **Ju|de**, der; –n, –n: Angehöriger eines semit. Volksstammes : Anhänger des mosaischen Bekenntnisses ✳ *Judenapfel:* Adams-, Paradiesapfel; *Judenbart:* (langer –) Steinbrechart, Rankgewächs; *Judenchrist:* zum Christentum übergetretener Jude; *Judendorn:* eine Pflanze; *Judengasse:* Ghetto; *Judenstern:* Davidstern; *Judenverfolgung; Judenviertel:* Ghetto ✳ **Ju|den|tum**, das; –(e)s: jüd. Religion : jüd. Kultur ✳ **Jü|din**, die; –, –nen ✳ **jü|disch** Ew.: Juden eigen : auf Juden bezüglich
Ju|di|ka (l.): „richte", fünfter Fastensonntag ✳ **Ju|di|ka|ti|on**, die; –, –en: Beurteilung :

Aburteilung ✳ **Ju|di|ka|ti|ve**, die; –: richterliche Gewalt eines Staates (im Zusammenhang mit *Legislative* und *Exekutive*) (spätl.) Ew.: richterlich ✳ **ju|di|ka|to|risch** (spätl.) Ew.: richterlich ✳ **Ju|di|ka|tur**, die; –, –en: Rechtsprechung ✳ *Judikaturbank:* Handelsgericht ✳ **Ju|diz** (l.), das; –es: Urteil ✳ **ju|di|zi|al, ju|di|zi|a|risch** Ew.: die Gerichte betreffend : gerichtlich : richterlich ✳ *Judizialtransaktion:* gerichtlich abgeschlossener Vergleich ✳ **ju|di|zi|är** Ew.: gerichtlich ✳ **ju|di|zi|ell** Ew.: richterlich ✳ **ju|di|zie|ren** (..iert) intr.: urteilen ✳ **ju|di|zi|ös** Ew.: urteilsfähig ✳ **Ju|di|zi|um**, das; –s, ..zien: Gericht : Rechtshandel
Ju|do (jap.), das; –: waffenloser sportl. Zweikampf, hervorgegangen aus dem Jiu-Jitsu ✳ **Ju|do|ka**, der; –s, –s: Judosportler
Ju|gend, die; –: das Jungsein und dessen Zeit : Gesamtheit junger Leute ✳ *Jugendalter; Jugendamnestie; –amt; Jugendarbeitslosigkeit; –arrest; Jugendbewegung; Jugendbildnis; –buch; –erinnerung; Jugendfreund; jugendfrisch Ew.; Jugendfunk; Jugendfürsorge; jugendgefährdend Ew.: Prädikat für Filme und Literatur; Jugendgefährdung; Jugendherberge; Jugendkraft; Jugendkriminalität; Jugendmusikschule; Jugendorganisation; Jugendpflege; Jugendpsychologie; Jugendring:* Zusammenschluss von Jugendverbänden; *Jugendschutz; Jugendsekte; Jugendsendung; Jugendstil:* Kunststil um 1900; *Jugendstrafe; Jugendstreich; Jugendverband; Jugendweihe; Jugendwerk; Jugendwohnheim* ✳ **ju|gend|haft** Ew.: wie die Jugend ✳ **ju|gend|lich** Ew.: jugendhaft ✳ **Ju|gend|lich|keit**, die; –: jugendliches Wesen
Ju|go|sla|wi|en: ehem. südosteuropäische Republik ✳ **Ju|go|sla|we**, der; –n, –n: Bewohner Jugoslawiens ✳ **ju|gos|la|wisch** Ew.
Juice (e.) [dschuhß], der; –, –s: Saft aus Obst oder Gemüse gepresst
Juist [jüßt]: Nordseeinsel

Juke|box (e.) [dschuhk-bocks], die; –, –es: Musikautomat

Jul, das; –s: Mittwinterfest ∗ *Julfest; Julklapp* (skand.), der; ins Zimmer geworfenes Weihnachtsgeschenk; *Julbock*

Ju|li (l.), der; –(s), –s: der siebente Monat des Jahres : Heumonat ∗ **Ju|li|an:** röm. Kaiser ∗ **ju|li|a|nisch** Ew.: nach der Art des Julian ∗ *der julianische Kalender:* von Cäsar stammender Kalender (Jahr zu 365 1/4 Tagen) ∗ *Julei:* verdeutlichende Aussprache von Juli (im Gegensatz zu Juni)

Ju|li|enne (fr.) [schüjenn']: die; –: Gemüsesuppe

Jum|bo, Jum|bo-Jet → **Jum|bo|jet** (e.-am.), der; –s, –s: Großraumdüsenflugzeug

jum|pen (niederd.) intr. (haben, sein): springen : sich flink im Takelwerk bewegen ∗ **Jum|per** (e.) [dschamp'r], der; –s, –: über den Kopf zu ziehende Jacke

jung (jünger, jüngste) Ew.: sich noch fortentwickelnd : in der ersten Zeit des Daseins stehend : frisch und kräftig ∗ *jung und alt* → *Jung und Alt:* jedermann; *von jung auf; Junge und Alte; Jungbier:* Bier nach der Hauptgärung; *Jungbrunnen; Jungfrau; jungfräulich* Ew.; *Junggeselle:* unverheirateter Mann; *Junggesellenstand; Junggesellenwirtschaft; Junggesellenwohnung; Junggesellenzeit; jungmädchenhaft* Ew.; *Jung Siegfried; Jungsozialisten:* Vereinigung der jüngeren Mitglieder der SPD, Abk.: Jusos; *Jungsteinzeit; Junge Union:* Vereinigung der jüngeren Mitglieder der CDU und CSU; *Jungunternehmer; Jungverheiratete; Jungvieh; Jungwähler; Jungwald; Jungwuchs* ∗ **Jun|ge,** der; –n, –n (Umgspr. –ns); Jünglein, Jüngelchen: Person bis zur männl. Reife : (mundartl.) Geliebter : junger Bursche : Lehrling ∗ *Jungenstreich* ∗ **Jun|ge,** das; –n, –n: gezeugtes Tier ∗ **jun|gen|haft** Ew.: in der Weise eines (Gassen-)Jungen ∗ **Jun|gen|tum,** das; –(e)s: das Jungesein ∗ **Jün|ger,** der; –s, –: Schüler : Anhänger ∗ **jün|ger|haft** Ew.: in der Weise

eines Jüngers ∗ **Jün|ger|schaft,** die; –, –en: Stand, Wesen eines Jüngers : Gesamtheit der Jünger ∗ **Jung|fer,** die; –, –n; Jüngferchen: (veralt.) unverheiratete Frau : Dienerin höheren Ranges : das Reine, Unverletzte : Wärmflasche : Klotz, woran Gefangene geschmiedet sind : Hinrichtungswerkzeug : Handramme : ein Pflanzenname ∗ *Jungfernbiene; Jungfernfahrt:* erste Fahrt eines Schiffes; *Jungfernglas:* Marienglas; *Jungfernhaar:* Pflanzenname; *Jungfernhaut, Jungfernhäutchen:* Hymen; *Jungfernhering:* vor der Laichzeit gefangener Hering; *Jungfernhonig:* Honig von Jungfernbienen, der ungepresst aus den Waben fließende Honig; *Jungfernkranz:* Kopfschmuck für jungfräuliche Bräute; *Jungfernmilch:* mit Wasser verm. weingeistige Auflösung von Benzoe; *Jungfernquecksilber:* reines Quecksilber; *Jungfernstand; Jungfernwachs:* von jungen Bienen erzeugtes, helles Wachs ∗ **jung|fer|lich, jung|fern|haft** Ew.: in der Weise einer Jungfrau ∗ **Jung|fern|schaft,** die; – ∗ **Jüng|ling,** der; –s, –e: junger Mann zwischen Knaben- und Mannesalter ∗ *Jünglingsalter; jünglingsmäßig* Ew.; *Jünglingsverein* ∗ **jüng|lings|haft** Ew.: jünglingsmäßig ∗ **jüngst** Ew.: letzt : in Zukunft sich ereignend; Uw.: neulich, letzthin ∗ *jüngstvergangen* Ew.

jun|gie|ren (..iert) (l.) tr.: verbinden ∗ **Junk|tur,** die; –, –en: Verbindung, Fuge, Gelenk, Lage, Umstand

Ju|ni (l.), der; –(s), –s: der sechste Monat des Jahres : Brachmonat ∗ *Junikäfer*

ju|ni|or (l.) Ew.: jünger, Abk.: jr. und jun. ∗ **Ju|ni|or,** der; –s, ..nioren: der „Jüngere", der Sohn, Lehrling, Gehilfe ∗ *Juniorenrennen:* (Sport) Jugendrennen ∗ **Ju|ni|o|rat** (nl.), das; –(e)s, –e: Erbfolge des Jüngsten ∗ **Ju|ni|or|chef,** der; –s, –s: der in einem Unternehmen mitarbeitende Sohn des Inhabers ∗ *Juniorenmannschaft; Juniorenmeister:* sportlicher Titel; *Juniorenmeisterschaft*

Jun|ker, der; –s, –: junger, vornehmer Herr : adliger Großgrundbesitzer ∗ *junkermäßig* Ew.; *Junkervorurteil; Junkerwirtschaft* ∗ **jun|ker|haft, jun|ker|lich** Ew.: in der Weise eines Junkers ∗ **Jun|ker|schaft,** die; –: Gesamtheit der Junker : (verächtl.) Adel ∗ *Junkertum,* das; –(e)s: Junkerschaft : Landadel

Jun|kie (e.) [dschanki], der; –s, –s: (Umgspr.) Drogensüchtiger

Junk|tim (l.), das; –s: Verkoppelung zweier oder mehrerer Anträge im Parlament ∗ *Junktimsvorlage:* Gesetzesvorlage in einem Junktim

Ju|no: röm. Himmelsgöttin : verdeutlichende Aussprache für Juni (im Gegensatz zu Juli) ∗ **ju|no|nisch** Ew.: der Juno ähnlich : groß, stolz, fürstlich, stattlich, üppig

Jun|ta (span.) [ch..], die; –, Junten: Verein, Volksausschuss : (Kurzw.) Militärjunta

Jüp|chen, das; –s, –: Jäckchen ∗ **Ju|pe,** die; –, –s: (schweiz.) Frauenrock ∗ **Ju|pon** (fr.) [schüpong], der; –s, –s: Unterrock

Ju|pi|ter, der; –: oberster röm. Gott : ein Planet ∗ *Jupiterlampe*

Ju|ra (l.) Mz. von Jus: die Rechte : die Rechtswissenschaft ∗ *Jurastudent* ∗ **Ju|ra|ment** (l.), das; –(e)s, –e: Eid ∗ **Ju|rat,** der; –en, –en: Beeidigter : Geschworener ∗ **Ju|ra|ti|on,** die; –, –en: das Schwören : Beeidigung ∗ **Ju|ra|tor,** der; –s, ..toren: Schwörer, geschworener Zeuge ∗ **ju|ra|to|risch** Ew.: eidlich ∗ **ju|ri|disch** Ew.: rechtlich, rechtskräftig ∗ **Ju|ris|con|sul|tus,** der; –, ..ti: Rechtsgelehrter, Rechtserfahrener ∗ **Ju|ris|dik|ti|on,** die; –, –en: Rechtsprechung : Gerichtsbarkeit : Gerichtsbezirk, Vogtei ∗ **Ju|ris|pru|denz,** die; –: Rechtswissenschaft ∗ **Ju|rist,** der; –en, –en: Rechtskundiger ∗ *Juristendeutsch:* schwer verständliches Deutsch der Juristen ∗ **Ju|ris|te|rei,** die; –: Jurisprudenz ∗ **ju|ris|tisch** Ew.: rechtswissenschaftlich ∗ **Ju|ry** (e.) [dschühri], die; –, –s: Schwur-, Preisgericht ∗ *juryfrei,* Ew.: (Kunstausstellung) frei von fachmännischer Prüfung und Begutachtung; *Juryman* (e.) [dsehuhrimän], der; –, ..men: Geschworener * **Jus** (l.), das; –: Jura: Recht * **Jus**|ti|tia, die; –: altröm. Göttin der Gerechtigkeit : Rechtspflege : Gerichtsverwaltung : Gerichtshof * **Jus**|ti|ti|a|bel *auch:* **jus**|ti|zi|a|bel, Ew.: durch eine richterliche Entscheidung abzuurteilen * **Jus**|ti|ti|ar *auch:* **Jus**|ti|zi|ar (nl.), der; –s, –e: Rechtsbeistand : Syndikus * *Justitiariat auch: Justiziariat;* Amt des Justitiars * **Jus**|ti|ti|um *auch:* **Jus**|ti|zi|um, das; –s, ..tien bzw. ..zien: Stillstand der Rechtspflege (infolge von Krieg u. a.) * **Jus**|tiz, die; –: Rechtspflege : Gericht * *Justizamtmann; Justizbeamter; Justizbehörde; Justizgewalt; Justizirrtum; Justizkollegium:* Gerichtsamt : Gerichtsrat : Regierung * *Justizministerium; Justizmord:* Hinrichtung trotz nicht erwiesener Schuld; *Justizrat; Justizreform*

Ju|ra, der; –s: Name von Gebirgen * *der Fränkische, der Schwäbische Jura* * **Ju**|ra: Erdformation * **Ju**|ra|for|ma|ti|on, die; –, –en: (Geol.) mittlere Formation des Mesozoikums

ju|ra|re in ver|ba ma|gis|tri (l.) [..w..]: auf des Meisters Worte schwören

Jur|te (russ.), die; –, –n: rundes Fellzelt mittelasiatischer und südsibirischer Nomaden

Jus (l.-fr.) [sehüh], das; –: Saft von gebratenem Fleisch, Gallerte

Jus: s. Jura

Jus|si|on (l.), die; –, –en: Befehl * **Jus**|siv, der; –s, –e: Befehlsform

just (l.) Uw.: eben, gerade * **jus**|ta|ment Uw. (entstellt aus justement): genau * **jus**|te|ment (fr.) [sehüst'mang] Uw.: s. justament * **jus**|tie|ren (..iert) (ml.) tr.: zurichten : berichtigen : abmessen : ausgleichen : eichen * **Jus**|tie|rer, der; –s, –: Eicher * **Jus**|tie|rung, die; –, –en: Eichung * *Justierblock; –brettchen; –feile; –schraube; Justierwaage:* Münzkontrollwaage;

Justierzeiger * **Jus**|ti|fi|ka|ti|on, die; –, –en: Rechtfertigung * **Jus**|ti|fi|ka|to|ri|um, das; –s, ..rien: Rechnungsbeleg, Kassenverfügung [l. justus recht, gerecht]

Ju|te, die; –: Faser des ind. Flachses : grobes Gewebe * *Jutespinnerei; Jutetasche* * **Jüt**|land: dän. Halbinsel * **Jü**|te, der; –n, –n: Einwohner von Jütland * **jü**|tisch Ew.

Ju|ve|nil (l.) [..w..], der; –s: Jüngling * **ju**|ve|nil Ew.: jugendlich

Ju|wel (fr.), der; das; –s, –e(n), ..len) * **Ju**|we|le, die; –, –n: geschliffener und gefasster Schmuckstein : etwas von hohem Wert * *Juwelendiebstahl; Juwelenhandel; Juwelenhändler; Juwelenkästchen; Juwelenring; Juwelenschmuck* * **ju**|we|len Ew.: aus Juwelen bestehend * **ju**|we|len|haft Ew.: juwelenartig * **Ju**|we|lier, der; –s, –e: Goldschmied : Juwelenhändler * *Juwelierarbeit; Juweliergeschäft; Juwelierladen; Juwelierwaren:* Schmuck : Goldwaren

Jux, der; –es, –e: (volkst.) Scherz : lustiger Streich : Ulk * *Juxding(s); Juxzeug* * **ju**|xen intr., tr.: Jux machen : foppen * **Ju**|xe|rei, die; –, –en: Fopperei * **ju**|xig Ew.: spaßig

jux|ta (l.) Vw.: nahebei, zunächst * **Jux**|ta, **Jux**|te (l.), die; –, ..ten: Stammleiste * **jux**|ta|po|nie|ren (..iert) tr.: nebeneinander stellen * **Jux**|ta|po|si|ti|on, die; –, –en: Nebeneinanderstellung : Vergrößerung durch äußeren Anwuchs

JVA (Abk.): Justizvollzugsanstalt

jwd (Abk.): (scherzh.) *janz weit draußen:* sehr abgelegen, schwer zu erreichen

K

vgl. C und Z

K, k, das; –, –: der elfte Buchstabe des Abece
K (Abk.): chemisches Zeichen

für Kalium
K: (ehem. deutsches Münzzeichen) Straßburg
k (Abk.): Kilo(gramm)

Ka|a|ba (arab.), die; –: „Würfel", moham. Hauptheiligtum in Mekka

Ka|ba|che, **Ka**|ba|cke (russ.), die; –, –n: (Branntwein-) Schenke * **Ka**|back, **Ka**|bak, der; –s, –en: Kabache * **Ka**|bat|schok, der; –, –en: kleine Schenke

Ka|ba|le (hebr.-fr.), die; –, –n: tückischer Anschlag, Ränke * **Ka**|ba|list, der; –en, –en: Ränkeschmied, s. Kabbala

Ka|ba|ne (kelt.), die; –, –n: Hütte : Schiffskammer : überdachtes Flussfahrzeug

Ka|ba|rett (fr.) [kabareh], das; –s, –e: Kleinkunstbühne : drehbare Speiseplatte * **Ka**|ba|ret|tier [kabaretjeh], der; –s, –s: Inhaber eines Kabaretts * **Ka**|ba|ret|tist, der; –en, –en: Kabarettkünstler * **ka**|ba|ret|tis|tisch Ew.

Ka|bäus|chen, das; –s, –: kleines Wohnhaus

Kab|ba|la (hebr.), die; –: „Überlieferung", die mündlich fortgepflanzte Geheimlehre der Juden * **Kab**|ba|list, der; –en, –en: jüdischer Geheimlehrer * **kab**|ba|lis|tisch Ew.: auf die Kabbala bezüglich [arab. kabala aufnehmen]

kab|bel (niederd.) Uw., nur in: *kabbel gehen* intr.: (seem.) Wellen gegeneinander laufen * **Kab**|be|lei, die; –, –en: Zank * **kab**|beln (ich ..[e]le) intr.: zanken : (Würfelspiel) Entscheidungswurf tun : (seem.) kabbel gehen * **Kab**|be|lung, die; –, –en: Wellenkräuselung * **kab**|be|lig Ew.: (seem.) unruhig, gegeneinander laufend * *Die See ist kabbelig*

Ka|bel (niederd.) die; –, –n: Anteil : Los * **ka**|beln (ich ..[e]le) intr.: losen : verlosen

Ka|bel (ml.-fr.), das; –s, –: starkes Tau : unterseeische Telegrafenleitung : (Elektr.) mehrere zusammengefasste und isolierte Leitungsdrähte * *Kabelanschluss:* Empfangsmöglichkeit von Fernseh- und Rundfunkprogrammen über ein in der Erde verlegtes Glasfaserkabel; *Kabeldienst:* Telegrammdienst; *Kabelfernse-hen:* Fernsehen über Kabelan-schluss; *Kabelgatt:* die Tau-kammer in Schiffen; *Kabel-länge;* *Kabelmantel:* Isolierhülle für Kabel; *Kabel-nachricht:* Nachricht per Tele-gramm * **Ka|be|lar,** das; –s, –e: Tau * **ka|beln** (ich ..[e]le) tr., intr.: über See drahten : telegra-fieren * **ka|blie|ren** (..iert) tr.: ein Tau drehen [fr. câble von ml. caplum Fangseil, zu capere fangen]

Ka|bel|jau (ndl.), der; –s, –e und –s: Dorsch

Ka|bi|ne (e.), die; –, –n: Kam-mer : Schlafraum auf Schiffen und in Luftfahrzeugen * *Kabi-nenkoffer:* Schrankkoffer * **Ka|bi|nen|rol|ler,** der; –s, –: kleines dreirädriges Auto * **Ka|bi|nett** (fr.), das; –(e)s, –e: kleines Zimmer : geheime fürstliche Kanzlei : Staatsregie-rung : Ministerium : Sammlung * *Kabinettauslese:* besonders guter Wein; *Kabinettsbeschluß* → *Kabinettsbeschluss; Kabi-nettformat:* Bildgröße; *Kabi-nettmalerei:* Glasmalerei mit Schmelzfarben; *Kabinettmeis-ter:* Goldschmiedemeister; *Ka-binettstück:* Prachtstück (einer Sammlung) : besondere Leis-tung * *Kabinettsfrage:* Ver-trauensfrage; *Kabinettskrise:* Krise im Ministerium; *Kabi-nettsorder:* Thronbefehl; *Kabi-nettssitzung; Kabinettsvorlage:* von einem Minister im Kabi-nett gestellter Antrag auf Be-schlussfassung

Ka|bo|ta|ge (fr.) [..taseh'], die; –: Küstenschiffahrt : Küsten-handel * **ka|bo|tie|ren** (..iert) intr.: Küstenhandel treiben [span. cabo Kap]

Ka|bri|o|lett (fr.) [kabrioleh], das; –s, –e: kleiner einspänni-ger Wagen : Auto mit zurück-klappbarem Verdeck]

Ka|bul: Hauptstadt Afghanis-tans

Ka|by|se (ndl.), die; –, –n: Ver-schlag : kleine Kammer

Ka|by|le, der; –n, –n: Angehö-riger eines nordafrik. Berber-stammes

Ka|chek|ti|ker (gr.), der; –s, –: Bleichsüchtiger * **ka|chek-tisch** Ew.: bleichsüchtig : blut-arm * **Ka|che|xie,** die; –:

Körperverfall : Blutarmut [gr. kakos schlecht und hexis Zu-stand]

Ka|chel, die; –, –n: Platte aus gebranntem Ton * *Kachelofen* * **ka|cheln** (ich ..[e]le) tr.: mit Kacheln auslegen

Kack, der; –(e)s, **Ka|cke,** die; –: Kot * **ka|cken** intr., tr.: seine Notdurft verrichten * *kackfi-del;* (Umgspr.) besonders lustig

Ka|da|ver (l.) [..w..], der; –s, –: toter Körper : Leichnam : Aas (vom Vieh) * *Kadavergehor-sam:* bedingungsloser Gehor-sam * **ka|da|ve|rös** Ew.: lei-chenartig [l. cadere fallen]

Kad|dig|öl (niederd.), das; –(e)s: Öl aus Wacholderholz

Kad|disch (aram.), das; –s: „heilig", jüd. Gebetsgesang : Totenklage

ka|dent (l.) Mw. Ew.: fallend : sinkend * **Ka|denz** (l.-it.), die; –, –en (Mus.) Tonabfall zum Ende einer Tonfolge hin : (Mus.) Improvisation eines So-listen innerhalb eines Satzes im Orchesterkonzert * **ka|den-zie|ren** (..iert) intr.: mit einer Kadenz abschließen : eine Pause im Reden abmessen [l. cadere fallen]

Ka|der (l.-fr.), der; –s, – (östr. –s): Rahmen : (Truppen-) Stamm einer Truppenabtei-lung : ehem. DDR: Stamm von besonders geschulten Nach-wuchs- und Führungskräften in Bereichen des Staates, der Wirtschaft und Bildung * *Ka-derabteilung:* (ehem. DDR) Personalabteilung; *Kaderakte:* (ehem. DDR) Personalunterla-gen; *Kaderreserve:* (ehem. DDR) Personalbestand für be-sondere Aufgaben; *Kader-schmiede:* (Umgspr.) Ausbil-dungsstätte für Funktionäre

Ka|dett (fr.), der; –en, –en: „Jüngster", Zögling einer Ka-dettenanstalt * *Kadettenan-stalt:* Offiziersschule; *Kadet-tenkorps; Kadettenschule*

Ka|di (arab.), der; –s, –s: Rich-ter in islamischen Ländern

Ka|di|nen Mz.: Terpene, aro-matische Kohlenwasserstoffe : Lieblingsklavinnen des Sul-tans

kad|mie|ren, (..miert) (griech.) tr.: Metalle mit einer Kadmi-umschicht überziehen *

Kad|mi|um, das; –s: chem. Grundstoff; Abk.: Cd

kald|rie|ren (..iert) (l.-fr.) intr.: „vierteilen", übereinstimmen [fr. quatre vier]

ka|duk (l.) Ew.: hinfällig : ver-fallen : verloren * **ka|du|zie-ren** (..iert) (nl.): Rechtsfälle für ungültig, verfallen erklären * **Ka|du|zie|rung,** die; –, –en: Verfallserklärung * **Ka|du|zi-tät,** die; –: Hinfälligkeit : das Verfallensein : Baufälligkeit

Kä|fer, der; –s, –: Kerbtier : (Umgspr.) Volkswagenmodell * *Käferblume:* eine Pflanze; *Käferlaus; Käfersammlung*

Kaff, der; –(e)s: Spreu : leeres Geschwätz : (Mz. –s und –e) armseliges Dorf

Kaf|fee (fr.), der; –s, –s: eine Pflanze : Getränk aus Kaffee-bohnen : Kaffeegesellschaft * *Kaffeebaum; Kaffeebohne:* Frucht des Kaffeebaumes; *Kaf-fee-Ernte auch: Kaffeeernte; Kaffee-Ersatz auch: Kaffeeer-satz; Kaffee-Export auch: Kaf-feeexport; Kaffee-Extrakt auch: Kaffeeextrakt; Kaffee-fahrt:* Ausflugsfahrt mit Kaf-feetrinken; *Kaffeefilter; Kaf-feegarten; Kaffeegrund; Kaf-feesatz; Kaffeehaus:* Bezeich-nung für Café; *Kaffeekanne; Kaffeeklatsch; Kaffeekränz-chen; Kaffeelöffel; Kaffeema-schine:* Vorrichtung zum Kaf-feekochen; *Kaffeemühle:* Gerät zum Mahlen der Kaffeeboh-nen; *Kaffeesatz:* nach dem Aufbrühen zurückbleibender Bodensatz; *Kaffeeschwester; Kaffeetante:* Person, die den Kaffee liebt; *Kaffeewicke:* Pflanze; *Kaffeewirtschaft:* Kaf-feehaus * **Kaf|fe|in:** s. Koffein

Kaffeeersatz Treffen bei Zusammensetzun-gen drei gleiche Buchstaben aufeinander, darf keiner von ih-nen wegfallen: *Betttuch, Kaf-feeersatz, Teeecke, Zooorches-ter.*

Kaf|fer, der; –s, –n: Bantu in Südafrika; meist Ackerbauern und Viehzüchter * *Kaffern-land; Kaffernbüffel:* Wildrind in Südafrika

Kaf|fer (hebr.), der; –s und –n: (Gaunerspr.) „Bauer", Dumm-kopf; ungebildeter, einfältiger Mensch [hebr. kaphar Dorf]

Kä|fig, der; –s, –e: Behältnis für gefangene Tiere ✳ Käfighaltung

Kaf|il|ler (hebr.), der; –s, –: (Gaunerspr.) Abdecker ✳ **Kaf|il|le|rei**, die; –, –en: Abdeckerei, Schinderei

Ka|fir (arab.), der; –s, –n: „Ungläubiger", Nichtmohammedaner

Kaf|tan (pers.-arab.), der; –s, –e: Obergewand : langer Oberrock der orthodoxen Juden

Käf|ter|chen, das; –s, –: kleine Kammer

kahl Ew. (kahler, kahlste): haar-, feder-, blattlos : ohne Pflanzenwuchs : (Schiff) ohne Takelwerk ✳ **kahle Tiere**: (weidm.) Schmaltiere; kahl gehen intr.: (Hüttenw.) ohne Schlacke geschmolzen werden ✳ Kahlbüchse: eine Moospflanze; kahlfressen → kahl fressen; Kahlkopf: Glatze; kahlköpfig Ew.; Kahlköpfigkeit; kahlscheren → kahl.scheren; Kahlschlag: abgeholzter Waldbezirk

Kahm, der; –(e)s, –e: Schimmelpilz ✳ **kah|men** intr.: schimmelig werden ✳ **kah|mig** Ew.: Kahm habend, schimmelig

Kahn, der; –(e)s, Kähne: ein Wasserfahrzeug : Trog für Sole : Schneckenname ✳ Kahnbein: Knochen der Hand- und Fußwurzel; Kahnfahrt; Kahnschnecke ✳ **kah|nen** intr. (sein): mit einem Kahn fahren ✳ **kahn|för|mig** Ew.: in der Form eines Kahnes

Kai, der; –s, –s (selten –e): Ufermauer in Häfen zum Anlegen der Schiffe : Uferstraße ✳ Kaiarbeiter: Dockarbeiter; Kaideich: an der See aufgeworfener Vordeich; Kaimeister: Aufseher des Kais ✳ **Ka|je**, die; –, –n: (mundartl.) Kai

kai|en (ndl.) intr.: die Rahen (Segelstangen) senkrecht stellen

Ka|ik, Ka|jik (türk.), der; –s, –e und –s: Barke : Ruderboot

Kai|ma|kam (arab.), der; –s, –s: Geheimschreiber, Stellvertreter

Kai|man (indian.-span.), der; –s, –e: ein Alligator (Krokodil)

Kain (hebr.) [kein]: bibl. En. ✳ Kainsmal; Kainszeichen: (übertr.) Schandmal

Kai|i|nit (gr.), der; –s, –e: ein Mineral

Kai|phas: jüd. Hoherpriester

Kai|ro: Hauptstadt Ägyptens ✳ **Kai|ro|er**, der; –s, –: Einwohner Kairos

Kai|ser (l.), der; –s –: Herrscher eines Reiches, höheren Ranges als ein König ✳ Kaiser-Friedrich-Museum; Kaiser-Wilhelm-Kanal: früherer Name des Nord-Ostsee-Kanals; Kaiseradler: Adler im Wappen des Kaisers; Kaiserhaus; Kaiserkrone; Kaisermantel: Schmetterling; Kaiserpfalz: Palast des Kaisers; Kaiserreich; Kaiserschmarren: in Stücke gezupfter dünner Eierpfannkuchen; Kaiserschnitt: Entbindung eines Kindes über einen Bauchschnitt; Kaiserschwamm: ein Pilz; –thron; –titel; –würde ✳ **kai|ser|haft** Ew.: wie ein Kaiser ✳ **Kai|se|rin**, die; –, –nen: Herrscherin : Gattin eines Kaisers ✳ Kaiserinmutter ✳ **kai|ser|lich** Ew.: in der Würde des Kaisers begründet ✳ **kai|ser|lich-kö|nig|lich**, Ew.; Abk.: k.k.; im Titel: **Kai|ser|lich-Kö|nig|lich**, Abk.: K.K. ✳ **Kai|ser|tum**, das; –(e)s, ..tümer: Kaiserwürde : von einem Kaiser regiertes Land

Kai|sers|lau|tern: Stadt in Rheinland-Pfalz

Kai|ser|stuhl: Gebirge in der Oberrhein. Tiefebene ✳ **Kai|ser|stüh|ler**, der; –s: Weinsorte

Ka|jak, der; das; –s, –s: grönländischer einsitziger Fischerkahn : Sportpaddelboot

Ka|jal (sanskr.), das; –s: Kosmetikfarbe zur Betonung der Augen

Ka|je|put|baum (malay.-dtsch.), der; –(e)s, ..bäume: ein tropischer Baum

ka|jol|lie|ren (..iert) (fr.) [kaschol..] tr.: liebkosen

Ka|jü|te, die; –, –n; Kajütchen: kleines Schiffszimmer ✳ Kajütboot; Kajütdeck

Ka|ka|du (malay.), der; –s, –s: ostind. Papagei

Ka|kao (mex.), der; –s: Frucht des Kakaobaumes : Getränk ✳ Kakaobaum; Kakaobohne: Frucht des Kakaobaumes; Kakaobutter: ölige Bestandteile der Kakaobohne; Kakaopul-

ver; Kakaostube: Kakaoausschank

ka|keln (ich ..[e]le) intr.: gackern : über Belangloses schwatzen

Ka|ke|mo|no (jap.), das; –s, –s: Rollbild im Hochformat

Ka|ker|lak, der; –s, –en: ein lichtscheues Kerbtier : Küchenschabe : Menschen mit vollständigem Albinismus

Ka|ki: s. Khaki

Ka|kis|to|kra|tie (gr.), die; –, ..tien: Herrschaft der Schlechtesten [gr. kakistos schlechteste und kratein herrschen]

ka|ko.. (gr.) Ew. in Zus.: schlecht, miss.. ✳ **Ka|ko|dä|mo|nie**, die; –, ..nien: Besessenheit von bösen Geistern ✳ **Ka|ko|do|xie**, die; –, ..xien: übler Ruf ✳ **Ka|ko|dyl**, das; –s, –e: organische Arsenverbindung ✳ **Ka|ko|gra|phie** *auch:* **Ka|ko|gra|fie**, die; –, ..phien *auch:* ..fien: gegen Rechtschreibung verstoßendes Schreiben ✳ **Ka|ko|kra|tie**, die; –, ..tien: Missherrschaft ✳ **Ka|ko|lo|gie**, die; –, ..gien: fehlerhafte Sprechweise ✳ **Ka|ko|mor|phie**, die; –, ..phien: Missbildung von Körperteilen ✳ **Ka|ko|pa|thie**, die; –, ..thien: Verstimmung : Schwermut ✳ **Ka|ko|pho|nie** *auch:* **Ka|ko|fo|nie**, die; –, ..nien: Missklang ✳ **ka|ko|pho|nisch, ka|ko|phon** *auch:* **ka|ko|fo|nisch, ka|ko|fon**, Ew.: missklingend ✳ **Ka|ko|sper|ma|sie**, die; –, ..sien: schlechte Beschaffenheit des Samens ✳ **Ka|ko|syn|the|ton**, das; –s, ..ta: fehlerhaft zusammengesetztes Wort ✳ **Ka|ko|tro|phie**, die; –, ..phien: Missbildung ✳ **Ka|ko|thy|mie**, die; –, ..mien: Missmut : Niedergeschlagenheit [gr. kakos schlecht]

Kak|tee, die; –, –n: eine Fettpflanze ✳ **Kak|tus**, der; – (auch ..tusses), ..tusse (auch ..tusse: Kaktee ✳ Kaktusfeige

Ka|ku|mi|nal|laut (l.), der; –es, –e: mit dem Vordergaumen hervorzubringender Laut

Ka|la|bas|se, Ka|le|bas|se (span.), die; –, –n: aus einem Flaschenkürbis hergestelltes Gefäß

Ka|la|b|re|se, der; –n, –n: Bewohner von Kalabrien, Kalabrier * **Kalabreser**, der; –s, –: breitkrempiger Hut : (spött.) abgetragener Hut * **Kalabrien**: ital. Landschaft

Kalahari, die; –: Trockensteppe in Südafrika

Kalam (gr.), der; –s, –s: Schreibrohr der Morgenländer * **Kalamarie** (gr.-nl.), die; –, ..rien: Schachtelhalmversteinerung * **Kalamit** (gr.), der; –en, –en: versteinerter Schachtelhalm [gr. kalamos Rohr]

Kalamajka, die; –, –en: ein Tanz der karpatischen Slawen

Kalamanderholz, das; –es, ..hölzer: Holzart

Kalamistrum (l.), das; –s: „Brenneisen" : schwülstige Rede

Kalamität (l.), die; –, –en: Schaden : üble Verlegenheit : Notlage * **Kalamitose**, der; –n, –n: ein Verunglückter

Kaland (l.), der; –s: erster Tag des römischen Monats : (mundartl.) Schmaus * **kalandieren** (..iert) intr.: schmausen

Kalander (l.-fr.), der; –s, –: Appreturmaschine, Glättmaschine * **kalandern** (ich ..[e]re) tr.: mangeln, rollen, pressen

Kalandsbruder (l.), der; –s, ..brüder; Angehöriger einer geistlichen Brüderschaft

Kalasche (russ.), die; –, –n: eine Tracht Prügel * **kalaschen** tr.: prügeln, verprügeln

Kalaschnikow, die; –, –s: (nach dem russ. Erfinder) Maschinenpistole

Kalata (it.), die; –, –s: ein rascher Tanz

Kalauer, der; –s, –: läppischer Wortwitz * **kalauern** (ich ..ere) intr.: witzeln

Kalb, das; –(e)s, Kälber; Kälbchen; Kälblein: junges Rind : ungeschlachter Mensch * *Kalbsauge:* Auge eines Kalbes : kalbsaugenähnlich: Pflanze : Schnecke; *Kalbsbraten; Kalbsbriesel, -bröschen:* Brustdrüse des Kalbes; *Kalbsbrust:* Bratenstück der Kälberbrust; *Kalbsfell:* Fell vom Kalb : Trommel; *Kalbsfrikassee:* Speise mit Kalbsfleisch; *Kalbsfüße; Kalbsgeschlinge:* Geweide des Kalbes; *Kalbshaxe:* Kalbsfuß, Speise; *Kalbskopf:* Kopf des Kalbes : Dummkopf;

Kalbslab: Kälberlab; *Kalbsschnitzel* * *Kälberbrust:* Brust eines lebenden Kalbes; *Kälberdrüse:* Brustwarze des Kalbes; *Kälberfang:* das unweidmännische Töten eines Tieres; *Kälbergekröse:* Eingeweide des Kalbes; *Kälberlad; Kalbsleberwurst; –magen; Kalbsnuß → Kalbsnuss:* Innenseite der Kalbskeule, Speise; *Kälberrohr:* Pflanze; *Kälbertanz:* ein ausgelassener Tanz : (seem.) Kabbelsee; *Kälberzahn:* Milchzahn beim Rindvieh : (Baukst.) unteres Kranzglied : (bergm.) Kristallzacke

Kalbe, die; –, –n: junge Kuh * **kalben, kälbern** (ich ..[e]re), **kälbern** ich ..[e]re) intr.: ein Kalb werfen : (stud.) erbrechen : sich albern benehmen * **kälberhaft, kälbrig** Ew.: albern * **Kälberei**, die; –, –en: albernes Benehmen * **kälbern** Ew.: aus Kalbfleisch

Kalceat (l.), das; –s, –en: Fußbekleidung der Barfüßermönche

Kaldarium (l.), das; –s, ..rien: Treibhaus : Warmbad

Kaldaune, die; –, –n (meist Mz.): Eingeweide, Kuddeln * *Kaldaunenschlucker:* Armer

Kaledonien, das nördl. Schottland * **kaledonisch** Ew.: aus Kaledonien stammend * *der Kaledonische Kanal*

Kaleidoskop, das; –s, –e: „Schönbildseher", opt. Bild-Zauberrohr * **kaleidoskopisch** Ew.: in buntem Wechsel

Kalendarium (l.), das; –s, ..rien: kirchliches Festverzeichnis * **Kalenden**, die; nur Mz.: erster Tag des römischen Monats : Abgabetermin *

Kalender, der; –s, –: Zeitweiser : Zeittabelle : Einteilung der Zeit nach astronom. feststehenden Daten * *Kalenderjahr; Kalendermacher; Kalendermonat; Kalenderreform; Kalenderschreiber; Kalenderspruch; Kalenderzeichen:* astronomische Zeichen * *der gregorianische Kalender; der julianische Kalender; der hundertjährige Kalender* * **kalendern** (ich ..[e]re) intr.: Kalender machen : (volkst.) sinnen [l. calendae erster Monatstag]

Kalesche (slaw.-fr.), die; –, –n: leichter Halbverdeckwagen

Kaleszenz (l.), die; –, –en: das Warmwerden

Kalewala, das; –s: finnisches Volksepos

Kalfakter, der; –s, –;
Kalfaktor, der; –s, –en: (volkst.) jemand, der allerlei Arbeiten und Dienste verrichtet

Kalfateisen (arab.-ndl.), das; –s, –: Werkzeug des Kalfaterers * **Kalfaterer**, der; –s, –: Schiffsausbesserer * **kalfatern** (ich ..[e]re) intr.: die Schiffsfugen verstopfen

Kali (arab.), der; –s: Sammelbegriff für Kaliumsalze * *Kalidünger; Kalihydrat; Kaliindustrie; Kalilauge; –salpeter; –salz; –werk*

Kalian, Kaliun, der, das; –s, –e: persische Wasserpfeife

Kaliban, der; –s, –e: halbtierisches Ungeheuer (in Shakespeares „Sturm")

Kaliber (fr.), das; –s, –: Geschützrohrweite : Format : Bohrmessgerät * **kalibrieren** (..iert) tr.: nach richtigem Maß einrichten : Kugelmaß, Geschützweite suchen * *kalibrierte Röhren:* Zylinder von gleicher Weite * **kalibrig** Ew. * *großkalibrig* [l. qua libra von welchem Gewicht? oder arab. kalis Gussform]

kalieren (..iert) (l.-it.) intr.: sinken : zu wenig wiegen

Kalif (arab.), der; –en, –en: „Nachfolger" Mohammeds : Titel eines morgenländischen Herrschers

Kalifornien: Staat in den USA * **Kalifornier**, der; –s, –: Bewohner Kaliforniens * **kalifornisch** Ew.

Kaliko (ostind.-fr.), der; –s, –s: ein Baumwollgewebe

Kalium (nl.), das; –s, Kali: chem. Grundstoff; Abk.: K * *Kaliumbromid; Kaliumchromat; Kaliumchlorat; Kaliumchlorid; Kaliumnitrat; Kaliumoxyd auch: Kaliumoxid; Kaliumpermanganat; Kaliumsulfat*

Kalixtiner (nl.), der; –s, –: Angehöriger einer Partei der Hussiten, die den Laienkelch zum Abendmahl verlangte [l. calix Becher]

Kalk (l.), der; –(e)s: ein Gestein * *gebrannter Kalk:* durch

Glühhitze von Kohlensäure befreiter Kalk; *gelöschter Kalk:* Mischung von gebranntem Kalk und Wasser (Kalziumhydroxyd) * Kalkalpen; Kalkanstrich: Anstrich von weißer Kalkfarbe; *kalkartig* Ew.; *Kalkasche:* reine, gesiebte Asche mit Kalkmilch zur Herstellung von Ziegeln; *Kalkbeule:* kalkgefüllte Beule bei Gichtkranken; *Kalkboden:* kalkhaltiger Boden; *Kalkbrenner(ei); Kalkerde; –farbe; –felsen; –gebirge; –gestein; Kalkgicht; Kalkgrube:* Vertiefung, in der Kalk gelöscht wird; *kalkhaltig* Ew.; *Kalkhütte:* Kalkbrennerei; *Kalkinfarkt; Kalkkasten:* Behälter zum Mischen von Kalk und Sand; *Kalklicht; Kalklunge:* Erkrankung der Lunge durch Kalkablagerungen; *Kalkmehl:* pulverförmiger Kalk; *Kalkmilch:* milchige Mischung von Kalk mit Wasser; *Kalkmörtel:* Mischung von Kalk und Sand; *Kalkofen:* Ofen zum Kalkbrennen; *Kalksalz:* Salz des Kalziums; *Kalkschwamm:* ein Pilz; *Kalksinter, Kalkspat, Kalktuff:* Gesteinsarten; *Kalkwand:* getünchte Wand; *Kalkwasser:* Kalklösung * **Kalk|brek|zie** (dtsch.-it.), die; –, –n: ein Gestein * **kal|ken, käl|ken** tr.: mit Kalk bestreichen : düngen * **kal|kig** Ew.: Kalk enthaltend : kalkartig * **Kal|ku|lo|se,** die; –, –n: Verkalkung * **Kal|ku|ro|njt,** der; –s, –en: ein Gestein

Kalk|ant (l.), der; –en, –en: Bälgetreter beim Orgelspielen * **Kal|ka|tur,** die; –: das Treten, Keltern [l. calcare treten] **Kal|kül** (fr.), das; –s, –e: Rechnung : Berechnung : Überschlag * **Kal|ku|la|ti|on,** die; –, –en: Berechnung, Kostenanschlag * **Kal|ku|la|tor,** der; –s, ..oren: Rechner, auch Rechnungsprüfer * **kal|ku|la|to|risch** Ew.: einen Kostenanschlag betreffend * **kal|ku|lie|ren** (..iert) tr.: berechnen, ermitteln, veranschlagen * *kalkulierbar* Ew.. berechenbar : vorhersehbar **Kal|ku|lo|se:** s. Kalk **Kal|kut|ta:** Hafenstadt und wirtschaftliches Zentrum in Indien * *kalkuttisch* Ew.

kall.. (gr.) Ew. in Zus.: schön.. **Kal|la** (nl.), die; –, –s: eine Zierpflanze, Tütenblume, auch: Calla **Kal|le** (hebr.-jidd.), die; –, –n: Braut **Kal|li|graph** *auch:* **Kal|li|graf** (gr.), der; –en, –en: Schönschreiber * **Kal|li|gra|phie** *auch:* **Kal|li|gra|fie,** die; –, ..phien *auch:* ..fien: Schönschreibkunst * **kal|li|gra|phie|ren** *auch:* **kal|li|gra|fie|ren** (..iert) intr.: schönschreiben * **kal|li|gra|phisch** *auch:* **kal|li|gra|fisch** Ew.: in schöner Schrift * **Kal|li|lo|gie,** die; –, ..gien: Schönschreiberei : Beredsamkeit [gr. kallos schön] **Kal|li|o|pe** (gr.): Muse der epischen Dichtung **Kal|lis|the|nie,** die; –, ..nien: Körperschule zur Erhöhung der Kraft und Schönheit

kal|lös (l.) Ew.: mit schwieligen Rändern * **Kal|lo|si|tät,** die; –, –en: Hautverhärtung * **Kal|lus,** der; –, Kallusse: Schwiele : Knorpel : nach Knochenbrüchen entstehendes Gewebe : an Wundrändern von Pflanzen entstehendes Gewebe, Wundholz : Knochengeschwulst **Kal|mar** (l.), der; –s, ..are: ein Tintenfisch **Kal|me** (fr.), die; –, –n: Windstille * Kalmengürtel; Kalmenzone: windstilles Gebiet * **kal|mie|ren** (..iert) (ml.-it.) tr.: beruhigen, stillen [fr. calme, it. calma Windstille] **Kal|muck,** das; –(e)s, –e: stark gerautes Strickgarn- und Baumwollgewebe * **Kal|muck, Kal|mü|cke,** der; –en, –en: Angehöriger eines mongolischen Volksstammes **Kal|mus** (gr.), der; –, ..musse: würziges Schilfrohr, Heilpflanze * Kalmusöl: [gr. kalamos Rohr] **Ka|lo** (it.), der; –s, –s: Mangel an Gewicht : Abgang von Roheisen : Schwund (durch Eintrocknen oder Auslaufen) **Ka|lo|mel** (gr.), das; –s: eine Quecksilberverbindung **Ka|lo|res|zenz** (nl.), die; : Erglühen : Wärmestrahlung * **Ka|lo|rie,** die; –, ..rien: Wärmeeinheit : Maßeinheit für den Energiewert der Nahrungsmittel; Abk.: cal * *kalorienarm*

Ew.; *kalorienbewußt* Ew.; *Kaloriengehalt; Kalorientabelle* * **Ka|lo|ri|fi|ka|ti|on,** die; –, –en: Wärmeerzeugung * **Ka|lo|rik,** die; –: Wärmelehre * **Ka|lo|ri|me|ter,** das; –s, –: Wärmemesser * **Ka|lo|ri|me|trie,** die; –, ..trien: Wärmemengenmessung * **ka|lo|ri|me|trisch** Ew.: die Wärmemenge messend * **ka|lo|risch** Ew.: durch Heißluft bewegt * *kalorisches Äquivalent; kalorische Maschine:* Heißluftmaschine * **ka|lo|ri|sie|ren** tr.: Metall gegen Wärmeeinflüsse schützen durch Aluminiumüberzug [l. calor Hitze] **Ka|lot|te** (arab.-fr.), die; –, –n: Käppchen : (Math.) Oberfläche eines Kugelabschnittes : (Med.) Schädeldach **Kal|pak, Kol|pak** (türk.), der; –s, –e und –s: tartarische Lammfellmütze : armenische Filzmütze : ungarische Husarenmütze : davon herabhängender Tuchzipfel **kalt** (kälter, kälteste) Ew.: wenig Wärme habend, erregend : ohne Feuer : von geringer Gefühlswärme : teilnahmslos : keine starke Erregung bewirkend : ausdruckslos * *kalt bleiben:* ungerührt bleiben : nicht warm werden; *kaltstellen* tr.: aus dem Wettbewerb werfen; *kalt keilen* tr.: (bergm.) (Gestein – –) ohne Sprengung gewinnen * *kaltblasig* Ew.: (Hüttw.) schwer zu erblasen; *Kaltblüter:* wechselwarmes Tier; *kaltblütig* Ew.: herzlos : leidenschaftslos : gleichgültig; *Kaltblütigkeit; kaltbrüchig* Ew.: (Eisen) gut schweißbar, aber beim Hämmern zerspringend; *Kaltfront; kaltgründig* Ew.: mit kaltem Boden; *Kalthaus:* (Gärtn.) kaltes Gewächshaus; *kaltherzig* Ew.: seelenlos; *Kaltherzigkeit:* gefühlloses Wesen; *kaltlächelnd* → *kalt lächelnd:* nicht durch Gefühle beeinflußt; *Kaltlager:* Salzsiederei, in der nicht gesotten wird; *Kaltluft; Kaltlufteinbruch; kaltmachen* tr.: (gew. R.) töten; *kalt machen:* abkühlen; *Kaltmeißel:* Gerät zum Durchhauen des Eisens; *Kaltschale:* kühle Suppe; *Kaltschmied:* Kesselflicker; *kalt-

schnäuzig: ungerührt : ohne Gefühl; *Kaltsinn; kaltsinnig* Ew.; *kaltstellen* tr.: einflusslos machen; *kalt stellen:* zum Abkühlen hinstellen; *Kaltwasserheilanstalt* ✶ **Käl**te, die; –: das Kaltsein ✶ *Kältebehandlung:* Anwendung von Kälte zu Heilzwecken; *kältebeständig* Ew.; *Kälteeinbruch; Kältepol; Kältestarre; Kältesturz:* plötzliches Eintreten von Kälte; *Kältetod* ✶ **käl**ten tr.: kalt werden ✶ **käl**ten tr.: kühlen ✶ **kält**lich Ew.: ein wenig kalt, kühl

Kalumet, das; –s, –s: Friedenspfeife der nordam. Indianer

Kaluppe, die; –, –n: (östr.) baufälliges, liederliches Haus

Kalvarienberg, der; –(e)s, –e: Golgatha, Richtplatz außerhalb Jerusalems : Berg mit Kreuzwegkapellen [l. calvaria Hirnschädel]

Kalvill (l.-fr.) [..w..], der; –s, –en; **Kalvil**le, die; –, –n: Erdbeerapfel

Kalvinismus, der; –: evangel. reformierte Richtung nach Calvin, auch: Cal.. ✶ **Kalvi**nist, der; –en, –en: Anhänger des schweiz. Reformators Calvin, auch: Cal.. ✶ **kalvi**nistisch Ew.: den Kalvinismus betreffend, auch: cal..

Kalykanthazee (gr.), die; –, –n: eine Arzneipflanze

Kalypso: griech. Nymphe: (Astron.) ein Asteroid

Kalyptrolgen (gr.), das; –s: ein Laubmoos

Kalzeolalrie (l.), die; –, –n: Pantoffelblume

Kalzifikatilon (nl.), die; –, –en: Verkalkung ✶ **kalzi**fizielren (..iert) intr. (sein): verkalken ✶ **Kalzi**nation, **Kalzi**nierung, die; –, –en: Zersetzen einer chem. Verbindung durch Erhitzen zu kalkähnlichen Substanz ✶ **kalzi**nielren (..iert) tr.: zu Kalk brennen : (Metalle –) oxydieren ✶ **Kal**zit, der; –s, –e: ein Gestein ✶ **Kal**zium, das; –s: chem. Grundstoff; Abk.: Ca ✶ *Kalziumchlorid:* eine chem. Verbindung [l. calx, Gen. calcis Kalk]

Kamaldulenlser (ml.), der; –s, –: Angehöriger des it. geist-

lichen Ordens der Kamaldulenser

Kamarilla (span.) [..rillja], die; –, ..rillen: Geheimherrschaft : einflussreiche Hofpartei

Kamasutlra (ind.), das; –s: ind. Lehrbuch der körperlichen Liebe

kambilal (it.) Ew.: Wechselgeschäfte betreffend : (Bot.) aus einer Gewebeart bestehend ✶ **kam**bielren (..iert) intr.: Wechselgeschäfte treiben ✶ **Kam**bio, der; –s, ..bi oder –s: Wechsel, Schuldverschreibung ✶ **Kam**bium, das; –s: (Bot.) Gewebe höherer Pflanzen ✶ *Kambiumschicht:* Wachstumsschicht [l. cambire wechseln, tauschen]

Kambodlscha: Staat in Hinterindien ✶ **Kambo**dlschaner, der; –s, –: Einwohner von Kambodscha ✶ **kam**bodlschalnisch Ew.

Kambrai (fr.) [kangbräh], **Kam**brik (e.) [kämbr..], der; –s, –s: Leinengewebe ✶ *Kambrikbatist*

kamblrisch Ew.: zum Kambrium gehörig ✶ **Kam**blrilum, das; –s: (Geol.) unterste Schicht des Paläozoikums

Kambulse (fr.) [..büse], die; –, –n: Schiffsküche, auch: Kombüse

Kamee (ml.), die; –, –n: erhaben geschnittener Schmuckstein ✶ *Kameenschneider*

Kamel (gr.), das; –(e)s, –e: ein wiederkäuendes Säugetier : Schiffheber : (stud.) Philister : (stud.) keiner Verbindung angehörender Student : (Schimpfwort) Dummkopf ✶ *Kamelfliege; Kamelfüllen:* junges Kamel; *Kamelgarn:* Garn aus dem Haar des Kamels oder der Kamelziege; *Kamelhaar:* Haar des Kamels und der Kamelziege; *Kamelhals:* Kamelziege : eine Narzissenart: *Kamelheu:* arab. Grasart; *Kamelkuh:* weibl. Kamel; *Kamelmotte; Kamelparder:* Giraffe; *Kamelraupe; Kamelstute:* Kamelkuh; *Kameltreiber; Kamelziege:* Angoraziege ✶

Kamelolpard, der; –(e)s: Sternbild der Giraffe ✶ **Kame**lott (fr.), der; –s, –e: feines Wollgewebe : (fr.) Straßen-

verkäufer

Kamelie [..lje], die; –, –n: eine Zierpflanze

Kamelle (niederd.), die; –, –n: Karamellbonbon : (Mz.) Geschichten ✶ *olle Kamellen:* alte Geschichten

Kamelott s. Kamel

Kamenz: Stadt in Sachsen

Kamera (gr.-l.), die; –, –s: fotografischer Apparat ✶ *Kameramann, Kamerafrau, Kameraleute* (Mz.) ✶ **Kame**rallia, **Kame**rallien (nl.) Mz.: Volkswirtschaft : Verwaltungslehre : Staatswissenschaft ✶ **Kame**rallist, der; –en, –en: Kenner der Staatswissenschaftslehre ✶ **kamera**lisltisch Ew.: staatswissenschaftlich : staatswirtschaftlich ✶ **Kame**ralwissenschaft, die; –: (veralt.) Staatsverwaltungslehre

Kamerad (fr.), der; –en, –en: (urspr. Stubengenosse) : Genosse : Freund ✶ *Kameraderie:* (abwertend) Kameradschaft : Cliquengeist ✶ **Kame**raldin, die; –, –nen: Genossin : Freundin ✶ **Kame**radschaft, die; –, –en: Gemeinschaft Gleichgesinnter : das Kameradsein ✶ *Kameradschaftsehe:* Freundschaftsehe ohne Trauung; *Kameradschaftsgeist* ✶ **kame**radlschaftlich Ew.: der Kameradschaft gemäß ✶ **Kame**radlschaftlichlkeit, die; –, –en: das freundschaftl. Wesen

Kamerun: westafrikan. Republik ✶ **Kame**rulner, der; –s, –: Bewohner Kameruns : Gebäck ✶ **kame**runisch Ew. ✶ *Kamerunnuß → Kamerunnuss:* Erdnuss

kaminielren, **kami**lnielren (..iert) (it.) intr.: (Fechtkst.) einen Scheinstoß schlagen : s.

Kamikalze (jap.), der; –, –: jap. Kampfflieger im 2. Weltkrieg, der sich mit seinem explosiven Flugzeug auf feindliche Ziele stürzte

Kamille (gr.), die; –, –n: Heilpflanze ✶ *Kamillenöl; Kamillentee*

Kamin (l.), der; –s, –e: offene Feuerstelle : Schornstein : schmaler senkrechter Felsspalt : (schweiz.) Ausgang einer Schlucht ✶ *Kaminfeger; -feuer;*

Kaminherd: Kaminofen; Kaminkehrer; Kaminpfeiler; –sims [gr. kaiein brennen] **kaminie|ren:** (Alpinistik) im Kamin hoch|klettern : s. kamieren
Ka|mi|sol (ml.-fr.), das; –s, –e: Ärmeljäckchen, Westchen, Unterjacke
Kamm, der; –(e)s, Kämme; *Kämmchen, –lein:* zackiges Gerät zum Ordnen des Haares : (Anat.) kammähnlicher Teil : (Baukst.) Verbindung rechtwinkliger Balken : (Bergb.) feste Gesteinsmasse : (Geol.) oberster Teil einer Erhöhung : (Maschine) Zahnkranz an Rädern : (Web.) fädensondernder Rahmen : (Winz.) Traubenstiel : (Wollfabr.) Kämmwerkzeug für Wolle : (Zool.) kammähnlicher Kopflappen der Hühnervögeln : Halsband des Pferdes *ihm schwillt der Kamm:* er wird übermütig : er wird zornig; *alle über einen Kamm scheren:* alle gleich behandelt *kammähnlich* Ew.: kammartig; *Kammblatt:* Zinken eines Kammes : ein Muschelname; *Kammeidechse; Kammfarn; kammförmig* Ew.; *Kammgarn:* Garn aus gekämmter Wolle; *Kammgras:* eine Grasart; *Kammhaar:* Pferdemähne; *Kammhorn:* ein Käfer; *Kammmacher* → *Kammmacher; Kamminze* → *Kamminze:* eine Pflanze; *Kammuschel* → *Kammmuschel; Kammrad:* Zahnrad; *Kammsassen:* Balkeneinschnitte, die zwei Balken verbinden; *Kammtopf:* (Web.) Eisentopf zum Erwärmen der Wollkämme; *Kammwolle:* (Web.) ausgekämmte Wolle; *kammwollen* Ew. **käm|meln** tr. (ich ..[e]le): Wolle fein auskämmen *Kämmelgarn:* s. Kammgarn; *Kämmelhaar:* Kamelhaar; *Kämmelkamm* **käm|men** tr.: mit dem Kamm bearbeiten : arg mitnehmen : zwei Hölzer durch einen Kamm verbinden *Käm|mer,* der; –s: Wollkämmer : Wollverfertiger *Käm|me|rei,* die; –, –en: Wollverarbeitung : s. Kammer *Käm|me|rer,* der; –s, –e (meist Mz.): Wollabfall *Käm|ma|schi|ne* → *Kämmma|schi|ne,* die; –, –n: Maschine zum Auskämmen der

kurzen Wollfasern
Käm|mel|garn, käm|meln, käm|men: s. Kamm
Kam|mer (l.), die; –, –n; Kämmerchen: Nebengelass : (veralt.) Gemach für Kunstschätze : Schiffskammer : Abteilung in Schalen mancher Weichtiere : umschließender Raum im Leibbesinnern : Raum für Zündpulver : Finanzbehörde : Versammlung und Sitzungsort der Landesvertreter in Verfassungsstaaten : Gericht *Kammeramt:* Ort der Finanzbehörde; *Kammerauflösung; Kammerband:* Geschützteil; *Kammerdiener:* persönl. Diener; *Kammerfrau:* Bediente; *Kammergericht:* ein Gerichtshof; *Kammergut:* eine Domäne; *Kammerherr:* Adliger für persönliche Dienste von Fürstlichkeiten; *Kammerjäger:* beruflicher Vernichter von Ungeziefer; *Kammerjungfer:* Kammerfrau; *Kammerkätzchen:* hübsche, junge Kammerzofe; *Kammerkonzert; Kammerlakai:* Kammerdiener; *Kammerlehen:* Kammergut; *Kammermitglied; Kammermusik:* Konzert mit wenigen Instrumenten; *Kammermusiker:* Kammerpräsident: Beamter der Finanzbehörde : Leiter des Kammergerichtes : Leiter der Landesvertretersitzung; *Kammersänger(in):* früherer Ehrentitel; *Kammerschauspieler:* von einer Behörde verliehener Titel für hervorragende Schauspieler; *Kammerschreiber:* Sekretär der Finanzbehörde des Kammergerichtes; *Kammersitzung; Kammerspiel:* kleines Bühnenwerk : kleines Bühnenhaus; *Kammerstück:* Tonstück für Kammermusik; *Kammerton:* der ursprünglich für Kammermusik geltende Stimmton : das eingestrichene A (440 bzw. 432 Schwingungen); *Kammerverhandlung:* Verhandlung der Landeskammern; *Kammerziel:* Zahlungsfrist der Reichsstände für den Unterhalt des Kammergerichts; *Kammerzofe:* Kammerjungfer **Kämme|rei,** die; –, –en: städt. Finanzverwaltung : s. Kamm *Kämmereivermögen:* Vermögen einer Stadt *Käm|me|rer,*

der; –s, –: Rechnungsführer
Kämm|lein, Kämm|ling: s. Kamm
Ka|mor|ra, Ca|mor|ra (it.), die; –: historischer Geheimbund im Königreich Neapel : heute: Teil der Mafia *Ka|mor|rist, Ca|mor|rist,* der; –en, –en: Mitglied der Kamorra
Kamp (l.-nordd.), der; –(e)s, Kämpe: eingefriedetes Feld *Kam|pa|gne* (fr.) [kampanj'], die; –, –n: Landsitz : Feldzug : polit. Aktion, z. B. Wahlkampagne : Werbefeldzug : jährl. Stoßarbeit in der Wirtschaft, z. B. Zuckerkampagne *kam|pie|ren* (..iert) (fr.): im Felde lagern : übernachten
Kam|pa|ni|le (it.), der; –, –: frei stehender Glockenturm
Kam|pan|je (l.-nordd.), die; –, –n: (seem.) Aufbau auf Oberdeck *Kampanjeflagge:* Heckflagge
Kam|pa|nu|la (it.-nl.), die; –, –s: Glockenblume *Kam|panu|la|te, Kam|pa|nu|li|ne,* die; –, –n: Glockenblütler *Kam|pa|nu|la|zee,* die; –, –n: Glockenblütler
Käm|pe, der; –n, –n: Kämpfer, Streiter *Kam|pel,* der; –s, –: (mundartl.) tüchtiger Kerl : Kumpel *kam|peln* (ich ..[e]le) rbz.: (mundartl.) sich streiten *Kampf,* der; –(e)s, Kämpfe: Bemühung, etwas zu überwinden : Streit : Schlacht : Krieg *Kampfabstimmung; Kampfansage; Kampfanzug; Kampfbahn:* Sportplatz : Rennplatz; *Kampfbegier(de); kampfbegierig* Ew.; *kampfbereit* Ew.; *kampffroh* Ew.; *Kampfflugzeug; Kampfgefährte; -gespann; Kampfgeschrei; Kampfgericht:* Gruppe von Sportlern, die den Wettkampf bewertet und für einen reibungslosen Ablauf sorgt; *Kampfgetümmel:* das Durcheinander beim Kampfe; *Kampfhahn:* Haushahn für Hahnenkämpfe : Art Strandläufer : streitsüchtiger Mensch; *Kampfhandlung:* Schlacht, Gefecht; *kampflos* Ew.; *Kampflust; kampflustig* Ew.: kampfflüstern; *Kampfmaßnahme; Kampfmoral; kampfmüde* Ew.; *Kampfpause;*

Kampfplan; Kampfplatz; Kampfpreis; Kampfrichter; Kampfruf; Kampfspiel; Kampfsport; Kampfstoff; kampftüchtig Ew.; *kampfunfähig* Ew. * *Kampfeslärm; Kampfeslust; kampfesmüde* Ew. * **kämp|fen** intr.: etwas gewaltsam überwinden wollen : streiten; tr.: niederwerfen; rbz.: (sich müde –) kämpfend ermüden * **Kämp|fer,** der, –s, –: ein Kämpfender : (schweiz.) Kragstein

Kam|pel: s. Kämpe

Kam|pe|sche: Ort in Mexiko * *Kampeschenholz:* Blau-, Blutholz zum Färben

Kampf usw.: s. Kämpe

Kam|pfer (arab.-nl.), der, –s: flüchtiger Harzstoff des Kampferbaumes * *Kampferöl*

Käm|pfer: s. Kämpe

kam|pie|ren: s. Kamp

Kam|sin (arab.), der, –s, –e: ägyptischer heißer Südostwind, Chamsin

Kamt|schat|ka (russ.): asiat. Halbinsel * **Kamt|schat|da|le** (russ.)

Ka|muf|fel, das, –s, –: (Schimpfwort) Dummkopf

Ka|na|an: ehem. Name für Palästina * *Kanaanäer:* Kanaaniter; *kanaanäisch* Ew.; kanaanitisch * **Ka|na|a|ni|ter,** der, –s, –: Bewohner Kanaans * *kanaanitisch* Ew.: Kanaan betreffend

Ka|na|da: Staat in Nordamerika * **Ka|na|di|er,** der; –s, –: Bewohner Kanadas : Sportboot * *kanadisch* Ew.

Ka|na|ille (fr.) [kanalj], die; –, –n: Lumpenpack : Schurke

Ka|na|ke, der; –n, –n: Eingeborener der Südseeinsel Neukaledonien : Schimpfwort

Ka|nal (l.), der; –s, Kanäle; Kanälchen: Kunstgraben : künstlicher Fluss : Meeresenge : Säulenrinne : Rinne einer Schusswunde * *Kanaldeckel:* Abdeckung einer Kanalisationsöffnung auf der Straße; *Kanalgas:* übelriechendes Gas aus Kanalisation und Senkgruben * **Ka|na|li|sa|ti|on,** die; –, –en: Röhrenanlage zur Beseitigung der Abwässer * **ka|na|li|sie|ren** (..iert) tr.: einen Flusslauf regeln : Kanalisation anlegen * **Ka|na|li|sie|rung,** die; –, –en: das Kanalisieren

Ka|na|pee (fr.), das; –s, –s: Ruhebett mit Lehnpolstern : (Kochks.) Blätterkuchen : pikant belegte (geröstete) Weißbrotscheibe [ml. canopeum] Betthimmel von gr. konopeion Bett mit Vorhängen]

Ka|na|ren Mz.: Kanarische Inseln an der nordwestafrikan. Küste * **Ka|na|ri|en|baum,** der; –(e)s, ..bäume: eine Nussbaumart auf den Kanaren * **Ka|na|ri|en|vo|gel,** der; –s, ..vögel: auf den Kanaren heimischer Singvogel : Zuchtrasse des Girlitzes * **Ka|na|ri|er,** der; –s, –: Bewohner der Kanarischen Inseln * *kanarisch* Ew.

Ka|nas|ter, Knas|ter (span.), der; –s: „Korbtabak", (schlechter) Rauchtabak

Kan|da|re (ungar.), die; –, –n: Gebissstange an Pferdezügeln * *an die Kandare nehmen:* hart anpacken * *Kandare reiten*

Kan|del (l.), der; –s, –n: auch die; –, –n: Dachrinne : Rinne : (ldschftl.) Kanalisationsdeckel * **kan|deln** (ich ..[e]le) tr.: eine Rinne machen, auskehlen

Kan|del (gr.-l.), die; –, –n: Kanne

Kan|de|la|ber (l.), der; –s, –: mehrarmiger Kerzenständer

Kan|del|zu|cker: s. kandieren

Kan|di|dat, der; –en, –en: Amtsbewerber, Anwärter, Wahlbewerber, Prüfungsbewerber; Abk.: cand. * *Kandidatenliste* * **Kan|di|da|tur,** die; –, –en: Anwartschaft * **kan|di|die|ren** (..iert) intr.: sich bewerben

kan|die|ren (..iert) (arab.) tr.: überzuckern : durch Zuckerüberzug haltbar machen * **Kan|dis,** der; –: kristallisierter Zucker * *Kandiszucker:* Kristallzucker : Kandelzucker * **Kan|di|ten** Mz.: kandierte Früchte : Zuckersachen

Ka|neel, der; –s, –e: Zimtrinde, weißer (chin.) Zimt, auch: Kanehl, Kanell * *Kaneelstein; Kaneelblume*

Ka|ne|pho|re (gr.), die; –, –n: Korbträgerin : (Baukst.) Korbträgerinnengestalt, oft als Gebälkträgerin

Ka|ne|vas (ml.-fr.) [..wah], der; ..vasses, ..vasse: Hanfgewebe : Gitterstoff * **ka|ne|vas|sen** Ew.: aus Kanevas

Kän|gu|ruh → **Kän|gu|ru** (austr.), das; –s, –e und –s: Beuteltier

Känguru

Ka|ni|den (l.) Mz.: (Zool.) Sammelbezeichnung für hundeartige Tiere

Ka|nin (l.-iber.), das; –(e)s, –e: Kaninchenfell * **Ka|nin|chen,** das; –s, –: ein Nagetier * *Kaninchenfell; Kaninchenjäger:* Frettchen

Ka|nis|ter (l.), der; –s, –: festes, tragbares Gefäß für Flüssigkeiten

Kan|ker (l.), der; –s, –: „Krebs", eine Spinnenart, Weberknecht : krebsartige Nelkenkrankheit * **Kank|ro|id,** der; –(e)s, –e: Hautkrebs * **kan|k|rös** Ew.: krebsartig

Kan|na, Can|na (l.), die; –, –s: eine Pflanze : Rohr : Spazierstock

Kann|be|stim|mung *auch:* **Kann-Be|stim|mung,** die; –, –en: eine Bestimmung, der gefolgt werden kann, aber nicht muß

Kan|ne, die; –, –n; Kännchen : ein Gefäß * *Kannenbrett, Kannenrück:* (mundartl.) Regal zum Aufstellen von Kannen; *Kannenbäcker:* Töpfer; *Kann(en)gießer:* Zinnkannenverfertiger : politischer Schwätzer; *Kanne(n)gießerei; kanne(n)gießern* (ich ..[e]re, gekannengießert) intr.: Kannen herstellen : viel über politische Dinge schwatzen; *Kannenkraut:* eine Schachtelhalmart, zum Scheuern von Zinn verwendet; *Kannenpflanze:* trop., Fleisch fressende Kletterpflanze; *kannenweise* Uw.: je eine Kanne voll

Kan|nel, Kän|nel (fr.), die; –, –n: Rinne * **Kan|nel|lé** (fr.), das; –s: geripptes Kammgarn * **kan|nel|lie|ren** (..iert) tr.: mit Hohlkehlen versehen : auskehlen, riefeln * **Kan|nel|lie|rung,** die; –, –en: Auskehlung, Riefelung * **Kan|nel|lü|re,** die; –, –n: Rille, Hohlkehle

Kan|nel|koh|le, Kän|nel|koh|le: s. Kennel.

Kan|nen|bä|cker|land, das;

–(e)s: tonreiche hess. Landschaft

Kan|ni|ba|le (span.), der; –n, –n: Menschenfresser : (allg.) wilder, grausamer Mensch * **kan|ni|ba|lisch** Ew.: wild, grausam * **Kan|ni|ba|lis|mus**, der; –: Menschenfresserei : Unmenschlichkeit : (Zool.) das Fressen von Artgenossen

Kann|nit|ver|stan (ndl.), der; –s, –e: „kann nicht verstehen", eine Schwankfigur

Kann|vor|schrift auch: **Kann-Vor|schrift**, die; –, –en: eine Vorschrift, die befolgt werden kann, aber nicht muß

Ka|non (gr.), der; –s, –s und Kanones: Regel : Ordensvorschrift : Kirchengesetz : Verzeichnis der Bücher der Heiligen Schrift : der mittlere Teil einer Messe : Grundzins : (Mus.) mehrstimmiges Stück, dessen Stimmen nacheinander einsetzen, sonst aber gleich sind : (Buchdrw.) große Letternart : Monochord * sub omni canone: (Schülerlatein) unter jedem Maßstab : „unter aller Kanone" (Volksetymologie) * **Ka|no|nik** (gr.), die; –: (Philos.) Erkenntnislehre : (Mus.) Tonlehre * **Ka|no|ni|kat** (nl.), das; –(e)s, –e: Stifts-, Domherrenstelle * **Ka|no|ni|ker**, der; –s, –: Dom-, Stiftsherr * **Ka|no|ni|kus**, der; –, ..niker: Weltgeistlicher, der die Pfründe einer Stiftskirche besitzt * **Ka|no|ni|sa|ti|on**, **Ka|no|ni|sie|rung**, die; –, –en: Heiligsprechung * **ka|no|nisch** Ew.: kirchlich anerkannt : (Mus.) im Kanon geführt (Stimmen) * kanonisches Recht; kanonische Schriften * **ka|no|ni|sie|ren** (..iert) tr.: heiligsprechen, in den Kanon der Heiligen aufnehmen * **Ka|no|nis|sin**, die; –, –nen: Stiftsfrau : Chorfrau * **Ka|no|nist**, der; –en, –en: Kirchenrechtslehrer * **Ka|no|ni|zi|tät**, die; –: Inbegriff der Eigenschaften, die den kirchlichen Regeln entsprechen

Ka|no|na|do (it.), die; –, –n: Geschützkampf : Geschützfeuer * **Ka|no|ne**, die; –, –n: Kanönchen: schweres Geschütz : (stud.) hoch hinaufreichender Stiefel * unter aller

Kanone: s. Kanon * **Kanonen|boot:** kleines Kriegsschiff; **Kanonendonner; Kanonenfeuer; Kanonenfieber:** Aufregung vor der Schlacht beim Kanonendonner; **Kanonenfutter:** Soldaten, die geopfert werden; **Kanonenkugel; Kanonenlauf:** Geschützrohr; **Kanonenofen:** runder eiserner Ofen; **Kanonenschlag:** Feuerwerkskörper * **Ka|no|nier**, der; –s, –e: Soldat an der Kanone * **ka|no|nie|ren** (tr.): einen Kanonenangriff vornehmen : (Sport) den Ball mit aller Kraft spielen

Ka|no|nik, Ka|no|ni|sa|ti|on usw.: s. Kanon

Ka|no|pe, die; –, –n: altägypt. Totenurne für die Eingeweide einer Mumie * **Ka|no|pus**, der; –: Stern in Argo : ägypt. Götzenbild

Ka|nos|sa: alte nordital. Felsenburg (berühmt durch den Bußgang Heinrichs IV.) * **Ka|nossa|gang:** Demütigung

Ká|no|zo|i|kum: s. Zäno..

Kan|sas: Staat der USA

kan|ta|bel Ew.: (Mus.) gesanglich * **Kan|ta|bi|le** (it.), das; –s, –s: (Mus.) gesangliches, mäßig bewegtes Musikstück * **kan|ta|bi|le:** (Mus.) gesanglich, ruhig fließend * **Kan|ta|bi|li|tät**, die; –: Gesanglichkeit, Sangbarkeit : Ausdruck im Gesang

Kan|ta|brer, der; –s, –: Bewohner Kantabriens * **Kan|ta|bri|en:** Landschaft in Spanien * **kan|ta|brisch** Ew.: Kantabrien betreffend

Kan|tar, der; –s, –e: arab. Gewicht

Kan|ta|te (it.), die; –, –n: mehrteiliges Tonstück für Gesang mit Instrumentalbegleitung * **Kan|ta|te** (l.): „singet", vierter Sonntag nach Ostern * **kantate**, das; –: Buchhändlerzusammenkunft zu Kantate * **Kan|ta|to|ri|um** (nl.), das; –s: kathol. Kirchenbuch * **Kan|ta|tri|ce** (it.) [..tritsche], die; –, –en: Sängerin * **Kan|ti|ka**, die; –: Gesang, Abschnitt eines epischen Gedichts * **Kan|ti|le|ne** (l.-it.), die; –, –n: sangbare Melodie, liederartige Tonfolge * **Kan|til|la|ti|on** (nl.), die; –, –en: Gesangsvortrag geistlicher Texte vom Altar *

Kan|tor (l.), der; –s, ..toren: „Sänger", Schullehrer, der zugleich Organist ist : Leiter des Kirchenchores und Organist * **Kan|to|rat**, das; –(e)s, –e: Amt eines Kantors * **Kan|to|rei**, die; –, –en: Kirchenchor : Wohnung des Kantors * **Kan|tus** (l.), der; –, ..tusse: (stud.) Gesang [l. cantare singen]

Kan|te, die; –, –n; Käntchen: (Math.) Schnittlinie zweier Ebenen : scharfe Ecke : Beet : Besatz * auf die hohe Kante legen tr.: sparen * Kantholz: Kantel; Kantenbesatz: Spitzenbesatz an Kleidern; Kantenhaube; Kantenzwirn * **Kan|tel**, das; –s, –: balkenförmiges Stück Holz : Lineal * **kan|teln** (ich ..[e]le) tr.: mittels des Kantels liniieren : mit Schlingenstich umsäumen * **kan|ten** tr.: kantig machen : einen Körper drehen, umwälzen, auf die Kante stellen * **Kan|ten**, der; –s, –: Brotkruste : Brotanschnitt * **Kan|ter**, der; –s, –: (Web.) Schweifgestell * **kan|tig** Ew.: eckig

Kan|te|le, die; –, –n: finnisches zitherartiges Instrument

Kan|ter (l.), der; –s, –: Kellerlager : Gestell für Bierfässer

Kan|ter (e.) [käntr], der; –s: (Rennsp.) langsamer Galopp * **kan|tern** (ich ..[e]re) intr. (sein): kurzen Galopp reiten

Kant|ha|ken, der; –s, –: Kenterhaken, Werkzeug zum Umwälzen von Balken * jemanden beim Kanthaken nehmen: jemanden zurechtweisen

Kan|tha|ri|de (gr.), die; –, –n: spanische Fliege, Blasenkäfer * Kantharidenpflaster: Pflaster aus Käferstirne * **kan|tha|ri|din**, das; –s: heilkräftiges Harz der spanischen Fliege

Kan|tha|ros, **Kan|tha|rus** (gr.), der; –, ..haroi und ..hari: Kanne : Humpen mit zwei Henkeln : Wasserbecken : Messkännchen

Kan|ti|la|ner, der; –s, –: Anhänger des deutschen Philosophen Kant * **kan|tisch** Ew.: im Sinne Kants

Kan|ti|ka, Kan|ti|le|ne usw.: s. Kantate

Kan|til|le (l.-fr.), die; –, –n: Raupe, Gold- oder Silberdrahtschnur

Kan|ti|ne (fr.), die; –, –n: Flaschenkeller : Speiseraum in Betrieben und Kasernen : höchste Saite der Saiteninstrumente * *Kantinenessen; Kantinenwirt:* Kantinenpächter

Kan|ton (fr.), der; –s, –e: (Schweiz) Bundesland : (Frankr.) Bezirk * *Kantonsgericht; –rat; schule; –spital* * **kan|to|nal** Ew.: zum Kanton gehörig, den Kanton betreffend * *Kantonalbank; kantonalisieren:* in die Zuständigkeit des Kantons stellen * **Kan|to|ni|e|re** (it.), die; –, –n: Straßenwärterhaus * **kan|to|nie|ren** (..iert) tr.: Truppen einquartieren, auf Standorte verteilen * **Kan|to|nie|rung**, die; –, –en: Unterbringung von Truppen in Ortschaften * **Kan|to|nist**, der; –en, –en: Heerespflichtiger * *unsicherer Kantonist:* unzuverlässiger Geselle, Nichtskönner * **Kan|tön|li|geist**, der; –es: (schweiz.) Sonderbündelei : Kirchturmspolitik * **Kan|ton|ne|ment** [..mang], das; –s, –s: Ortsunterkunft für Truppen **Kan|ton:** chin. Stadt

Kan|tor: s. Kantate

Kant|schu (türk.-slaw.), der; –s, –s: kurze Peitsche

Kant|stein, der; –(e)s, –e: Begrenzungsstein des Bürgersteigs : Anschlagstein für Torflügel vor der Mauer

Kan|tus: s. Kantate

Ka|nu [..nu)) (karib.-ecх.), das; –s, –s: Einbaum : Kajak : Paddelboot : Kanadier * **Ka|nu|te**, der; –n, –n: (Sport) Kanufahrer [e. canoe Einbaum]

Ka|nü|le (fr.), die; –, –n: (Med.) Hohlnadel zu Injektionen : (Med.) Röhrchen zum Durchleiten von Luft und Nahrung

Kan|zel (l.), die; –, –n: „umgitterter Raum", Lehrstuhl an einer Hochschule : Predigtstuhl : Führersitz im Flugzeug * *Kanzelandacht; Kanzelrede; Kanzelredner; Kanzelsprung:* Verkündigung eines Brautpaares von der Kanzel; *Kanzelvortrag; Kanzelschwalbe:* (scherzh.) eifrige Kirchgängerin * **Kan|zel|la|ri|at**, das; –(e)s, –e: Kanzlerwürde : Kanzleramtssitz * **Kan|zel|le**, die; –, –n: (Basilika) Schranke

vor dem Chor : (Orgelbau) Windkammer * **kan|zel|lie|ren** (..iert) tr.: eingittern * **kan|zeln** (ich ..[e]le) tr.: von der Kanzel sprechen : einem eine Strafpredigt halten (ab-, herunterkanzeln) * **Kanz|lei**, die; –, –en: Amtsstube : Schreibstube einer Behörde * *Kanzleibeamter; Kanzleibote; Kanzleideutsch:* steifes, mit Fremdwörtern durchsetztes Deutsch; *Kanzleidiener; Kanzleipapier:* Papier von dem in Kanzleien üblichen Format; *Kanzleirat:* Beamter in einem Provinzialobergericht; *Kanzleischreiber; Kanzleischrift:* die in der Kanzlei übliche Schrift; *Kanzleisprache; Kanzleistil:* s. Kanzleideutsch; *Kanzleivorsteher:* Leiter einer Kanzlei * **Kanz|ler**, der; –s, –: (urspr.) Hofbeamter, der die Staatsurkunden ausfertigte : leitender Staatsmann : Vorstand einer Kanzlei * *Kanzlerkandidat;* * *Kanzlerschaft* * **Kanz|list**, der; –en, –en: Kanzleischreiber

Kanz|lei: s. Kanzel

kan|ze|ro|gen Ew.: krebsauslösend, karzinogen

Kan|ze|rom (l.), das; –s, –e: Krebsgeschwür

Kan|zo|ne (it.), die; –, –n: it. Gedichtsform : ein- oder mehrstimmiges Lied : gesangliches Instrumentalstück : (seit dem 18. Jh.) Lied mit Instrumentalbegleitung * **Kan|zo|net|ta**, **Kan|zo|net|te** (it.), die; –, ..ten: kleines Musikstück

Ka|o|lin (chin.), das; –s: Porzellanerde * *kaolinisieren:* Kaolin bilden; *Kaolinit:* mineral. Hauptbestandteil des Kaolins; *Kaolinsandstein*

Kap (l.-fr.), das; –s, –s: „Gipfel", Vorgebirge * *Kap der Guten Hoffnung:* Südspitze Afrikas; *Kap Hoorn:* Südspitze Südamerikas * *Kapkolonie* * **Kap Ver|de** [– w..], das; – –: „grünes Vorgebirge", an der Westküste Afrikas * *Kapverden:* Kapverdische Inseln; *Kapverdier; kapverdisch* Ew.; *Kapverdische Inseln* * *Kapwein:* Wein aus Kapland

ka|pa|bel (fr.) Ew.: fähig : geschickt * **Ka|pa|zi|tät** (l.), die; –, –en: Aufnahmefähigkeit :

Fassungsvermögen : Befähigung : Tüchtigkeit : hervorragender Fachmann auf einem wissenschaftlichen Gebiet : Umfang der Produktion * *Kapazitätsausnutzung:* Ausnutzung der Kapazität eines Betriebes * **ka|pa|zi|ta|tiv**, **ka|pa|zi|tiv** Ew. (Kondensator) hinsichtlich der Kapazität * **ka|pie|ren** (..iert) tr.: erfassen, begreifen * *schwer von Kapee:* begriffsstutzig [l. capere fassen]

Ka|paun (rom.), der; –s, –e(n): verschnittener Hahn : verschnittenes Huhn * **ka|pau|nen**, **ka|pau|ni|sie|ren** tr.: verschneiden

Ka|pa|zi|tät: s. kapabel

Ka|pel|lan (fr.), der; –s, –e: Lachsart, Zwergdorsch

Ka|pel|la (l.), die; –: Stern im Fuhrmann

Ka|pel|le (ml.), die; –, –n: kleine Kirche : kleines Heiligtum : Nebenraum einer großen Kirche : Gesamtheit von Musikern * *Kapellmeister:* Leiter einer Musikkapelle

Ka|pel|le, **Ku|pel|le** (ml.), die; –, –n: Schmelzschale : Versuchstiegel

Ka|per (arab.), die; –, –n: Gewürz, marinierte Knospe des Kapernstrauches * *Kapernstrauch:* Gewürzstrauch, der Kapern liefert

Ka|per (ndl.), der; –s, –: Freibeuter : Schiff mit Kaperbrief (Kaperschiff) * *Kaperbrief:* staatl. Berechtigung zur Teilnahme am Handelskrieg; (Kriegsw.) *Kaperkrieg:* Aufbringung feindlicher Handelsschiffe; *Kaperschiff* * **Ka|pe|rei**, die; –, –en: Seeräuberei : Aufbringung feindlicher Handelsschiffe aufgrund des Kaperbriefes einer kriegführenden Macht * **ka|pern** (ich ..[e]re) tr.: Seeräuberei treiben : als Kaper Beute machen : (übertr.) sich etwas aneignen : sich einer Sache bemächtigen

Käp|fer, der; –s, –: Kämpfer : (Baukst.) Zwischenstück zwischen Bogen und Säule

ka|pie|ren: s. kapabel

ka|pil|lar (l.) Ew.: zum Haar gehörig : haarfein * *Kapillardepression:* Haarröhrchenabwendung, Fallen von Flüssigkeiten in engen Gefäßen; *Kapillarelektrometer:* Messinstrument für kleinste Spannungen; *Kapillargefäß:* enges Röhrchen : haarfeines Blutäderchen * **Kapillare,** die; –, –n: Haarröhrchen : sehr feines Blutgefäß * **Kapillarität,** die; –: Ansaugkraft in Haarröhrchen **Kapital** (l.), das; –s, –e und ..ien: Geldbetrag : Grundvermögen : Stamm : (Buchdrw.) Steg bei Zurichtung einer Form * *Kapital(s)anlage:* Anlage des Vermögens; *Kapitalaufwendung:* Anlage von Kapital; *Kapitalbildung; Kapitalerhöhung; Kapitalertragssteuer; Kapitalflucht:* Kapitalanlage im Ausland; *Kapitalgesellschaft; kapitalintensiv* Ew.: eher Kapital als Arbeitskraft erfordernd; *Kapitalkonto; Kapitalmarkt:* Markt für langfristige Kredite; *kapitalkräftig* Ew.; *Kapitalschwund:* Wertverlust des Kapitals; *Kapitalvermögen:* Hauptvermögen * **kapital** Ew.: hauptsächlich : vortrefflich * *Kap(i)talband:* Zier- und Schutzband am Buchrücken; *Kapitalbuchstabe:* Haupt-, Anfangsbuchstabe; *Kapitalfehler; Kapitalhirsch:* Hirsch mit kapitalem Geweih; *Kapitalverbrechen* * **Kapitälchen,** das; –s, –: kleiner Versalbuchstabe * **Kapitale** (fr.), die; –, –n: Hauptstadt * **kapitalisieren** (..iert) tr.: zu Geld machen; intr.: Kapital anlegen * **Kapitalisierung, Kapitalisation,** die; –: Errechnung des gegenwärtigen Geldwertes eines Grundbesitzes u. a. aus dem Reinertrag * **Kapitalismus,** der; –: liberalistische Wirtschaftsform, jede Kapitalanwendung ist in das freie Belieben des Einzelnen gestellt * **Kapitalist,** der; –en, –en: Vertreter des Kapitalismus * **kapitalistisch** Ew.: geldwirtschaftlich **Kapitän** (fr.), der; –s, –e: Schiffsführer : Chefpilot : (Sport) Führer einer Mannschaft * *Kapitänleutnant:* ein Seeoffiziersrang * **Kapitänspatent,** das; –(e)s –e: Berechtigungsnachweis des Kapitäns **Kapitel** (ml.), das; –s, –: Abschnitt eines Buches : Ver

sammlung geistlicher Körperschaften * *kapitelfest* Ew.: fest im Wissen : bibelfest; *Kapitelsaal:* Versammlungsraum des Kapitels; *Kapitelüberschrift:* Titel eines Kapitels **Kapitell, Kapitäl** (l.), das; –s, –e: Säulenabschluss **Kapitol** (l.), das; –s: Burg von Rom : Stadthaus : Kongresspalast in Washington * **kapitolinisch** Ew.: zum Kapitol gehörig * *der Kapitolinische Hügel* **Kapitulant** (nl.), der; –en, –en: (veralt.) Soldat, der sich zu längerem Heeresdienst verpflichtet : jemand, der vor etwas kapituliert * **Kapitular,** der; –s, –e: Stiftsherr * **Kapitular,** das; –s, ..rien: Erlass der Karolinger * **Kapitulation,** die; –, –en: (Übergabe-)Vertrag, Übereinkommen : Unterwerfung, Ergebung : Aufgabe * **kapitulieren** (..iert) intr.: sich unterwerfen : (ehem.) sich weiter verpflichten : unterhandeln : aufgeben **Kaplan,** (östr. auch Kapelan) (ml.), der; –s, ..pläne: Kaplänchen: kathol. Hilfsgeistlicher **Kapland:** Provinz der südafrik. Republik * *kapländisch* Ew. **Kapo** (it.), der; –s, –s: (sold.) Unteroffizier : Häftling im Konzentrationslager, der ein Arbeitskommando leitet **Kapodaster** (it.), der; –s, –: äußeres Ende des Griffbrettes : Vorrichtung an Saiteninstrumenten zum pauschalen Verkürzen des Griffbrettes [it. capo di tasto Anfang des Greifens] **Kapok** (malay.), der; –s: feine Stopfbaumwolle, Pflanzendunen * *Kapokbaum:* trop. Baum, Baumwollbaum **kapores** (hebr.) Ew.: zugrunde gegangen, kaputt **Kaposisarkom,** das; –s, –e: (Med.) ein Hautkrebs, der häufig bei Aidspatienten auftritt **Kapotas|to:** s. Kapodaster **Kapotte** (ml.-fr.), die; , –n: (Frauen-)Regenmantel mit Kapuze : kleiner Damenhut mit Kinnbinde * *Kapotthut; Kapotttuch:* dunkelfarbiges Tuch

Kappa, das; –(s), –s: der zehnte Buchstabe des griechischen Alphabetes **Kappadozien, Kappadokien:** Gebiet in Kleinasien * *Kappadozier; kappadozisch* Ew. **Kappe** (l.), die; –, –n; Käppchen : urspr. mantelförmiges Gewand mit Kopfbedeckung : Mantelkapuze : Mütze : Kopfbedeckung der Hofnarren (Schellenkappe) : Kopftracht zum Karneval, der Mönche * *etwas auf seine eigene Kappe nehmen:* verantworten * *Kappentaube:* eine Taubenart * **kappen** tr.: mit einer Kappe versehen sein : (scherzh.) prügeln : oberes und unteres Ende abschneiden : Geflügel beschneiden (kastrieren) * *Kappbaum:* verschnittener Baum; *Kappbeil; Kapphahn:* verschnittener Hahn; *Kapphuhn; Kapplaken:* Vergütungsgeld; *Kappnaht:* doppelt genähte Naht * **Käppi,** das, –s, –s: kleine Kappe **Kappes, Kappus** (it.), der; –, –: Weißkohl **Käppi, Kapplaken** usw.: Kappe **Kapporeth** (hebr.), der; –(e)s: Deckel der Bundeslade **Kapprovinz:** Provinz der Republik Südafrika **Kappziegel** (it.), der; –s, –: luftdurchlässiger, wasserdichter Dachziegel **Kapriccio** (it.) [..itscho] das; –s, –s: „Laune", launenhaftes Gemälde : lustiges Tonstück * **Kaprice** (fr.) [kaprihß], die; –, –n: Laune : Grille * **Kapriole** (it.), die; –, –n: Luftsprung, Gaukelsprung : (Reitsport) Sprung aus der hohen Schule * **kapriziieren** (fr.) (..iert) rbz.: eigensinnig auf etwas beharren * **kapriziös** Ew.: launenhaft, starrköpfig [l. caper Bock] **Kaprifikation** (l.), die; –, –en: künstliche Veredelung der Früchte wilder Feigenbäume * **Kaprifolia|zee,** die; –, –n: Geißblattgewächs * **Kaprifolium,** das; –s, ..lien: Geißblatt **Ka-p-ri.., Ka-p-ro.** In Fremdwörtern kann eine Verbindung aus einem Konsonanten und l, n oder r als zusammengehörig behandelt (*Ka-pri.., Ka-pro..*) oder auch nach der Sprechsilbenregelung getrennt werden (*Kap-ri.., Kap-ro..*).

Kap|ri|kor|nus (l.), der; –: Sternbild des Steinbocks

Kap|ri|o|le usw.: s. Kapriccio

Kap|ron|säu|re (l.), die; –, –n: chem. Verbindung * *Kaprolactum:* aus Kapronsäure gewonnener Ausgangsstoff für Perlon etc.

Kap|sel (l.), die; –, –n; Käpselchen: Kästchen : Hülle : Gehäuse : (Anat.) Überzug innerer Körperteile : Samenbehältnis * *Kapselfrucht; Kapselriß* → *Kapselriss:* (Med.) Riss in der Gelenkkapsel * **kaps|lig,** **kap|se|lig** Ew.: wie eine Kapsel * **kap|seln** (ich ..[e]le) tr.: mit einer Kapsel versehen * *Kapselung*

Kap|si|kum (nl.), das; –s span. Pfeffer * *Kapsikumpflaster*

Kap|stadt: Hauptstadt der Kapprovinz

Kap|stein, der; –(e)s, –e: südafrikanischer Diamant

Kap|tal, das; –s, –e: Kaptalband, s. kapital

Kap|ta|ti|on (l.), die; –, –en: Erschleichung * **kap|ta|to|risch** Ew.: erschleichend, angelnd * **Kap|ti|on,** die; –, –en: Trugschluss : kaptiöse Frage * **kap|ti|ös** Ew.: verfänglich * **Kap|ti|va|ti|on** [..w..], die; –, –en: Gefangennehmung : Bestechung durch Redensarten * **kap|ti|vie|ren** (..iert) tr.: gefangen nehmen : für sich einnehmen * **Kap|ti|vi|tät** [..w..], die; –: Haft * **Kap|tur,** die; –, –en: Beschlagnahme * *Kapturbefehl:* (im Völkerrecht) Beschlagnahmen * **Kap|tus,** der; –: Fassungskraft [l. captare haschen, fangen]

Ka|put (ml.), der; –s, –e: (schweiz.) Soldatenmantel

ka|putt (fr.) Ew.: verloren (im Spiel) : entzwei, zerbrochen : müde : entkräftet : tot * *kaputtgehen* intr.; *kaputtlachen* rbz.; *kaputtmachen; kaputtschlagen; kaputttreten*

Ka|pu|ze (ml.), die; –, –n: Kopfbedeckung, die meist an Mantel oder Anorak befestigt ist : Kopfbekleidung der Mönche * *Kapuzenmantel*

Ka|pu|zi|na|de, die; –, –n: Kapuzinerpredigt : Strafpredigt * **Ka|pu|zi|ner,** der; –s, –: Angehöriger des Ordens der Kapuziner * *Kapuzineraffe; Kapuzinerkresse*

Kap Ver|de: s. Kap

Kar, das; –(e)s, –e: Zuber, Kessel : Gebirgskessel

Ka|ra|bi|ner (rom.), der; –s, –: kurze Reiterflinte * *Karabinerhaken:* Federhaken * **Ka|ra|bi|ni|er** (fr.) [..binjeh], der; –s, –s: leichter Reiter : (später) Jäger zu Fuß * **Ka|ra|bi|nie|re,** der; –(s), ..ri: ital. Polizist

Ka|ra|cho, das, –: (Umgspr.) große Geschwindigkeit : Rasanz

Ka|rä|er (hebr.), der; –s: Angehöriger einer jüd. Sekte

Ka|raf|fe (arab.-it.), die; –, –n: Kristallflasche mit geschliffenem Stöpsel * **Ka|raf|fi|ne,** die; –, –n: Fläschchen

Ka|ra|gös, der; –: (Schattenspiel) türk. Hanswurst, Possenreißer

Ka|ra|i|be: Karibe * *karibisch* Ew.

Ka|ra|kal (arab.), der; –s, –s: Wüstenluchs * **Ka|ra|kal|pa|ke,** der; –n, –n: Angehöriger eines Turkvolkes * *karakalpakisch* Ew.

Ka|ra|kul (türk.), der; –s: Persianer, Fell des Fettschwanzschafes (Karakulschaf)

Ka|ram|bo|la|ge (fr.) [karangbolahsch'], die; –, –n: Zusammenprall : (Billard) Zusammenstoß des Spielballes mit den beiden anderen Bällen * **Ka|ram|bo|le** [..ram..], die; –, –n: Zusammenstoß : (Billard) roter Spielball : flandr. Taler * **ka|ram|bo|lie|ren** (..iert) intr.: (scherzh.) zusammenprallen : (Billard) mit dem Spielball mehrere Bälle treffen * **Ka|ram|bo|li|ne,** die; –, –n: Billardspiel mit fünf Bällen : (Billard) gelber Ball

Ka|ra|mel — **Ka|ra|mell** (nl.), der; –s: brauner Zucker * *Karamelbonbon* → *Karamellbonbon; karameli(si)eren* → *karamelli(si)eren* tr. * **Ka|ra|mel|le,** die; –, –n: Zuckerwerk [l. canna mellis Honigrohr]

Ka|ra|o|ke (jap.), die; –(s): Unterhaltung in Bars, bei der die Gäste mit Play-back singen

Ka|rat (arab.), das; –(e)s, –e: Samenkorn im Johannisbrot : Gewicht für Gold, Perlen und Diamanten: 1k = 0,2g : Maß für die Reinheit von Gold: 24k = 100% * **..ka|rä|ter,** der; –s, –, **..ka|rä|tig** Ew., nur in Zus.: Karat habend

Ka|ra|te (jap.) das; –(e)s: System waffenloser Selbstverteidigung * **Ka|ra|te|ka,** der; –s, –s: Karatekämpfer

Ka|rat|schi: ehemalige Hauptstadt von Pakistan

Ka|rau|sche (l.), die; –, –n: ein Fisch, Bauernkarpfen

Ka|ra|vel|le (gr.-span.) [..w..], die; –, –n: Leichtsegler (15. u. 16. Jh.)

Ka|ra|wa|ne (pers.), die; –, –n: Handels-, Pilgerzug durch unbewohnte Gebiete (Wüsten) * *Karawanenhandel; Karawanenstraße; Karawanenzug* * **Ka|ra|wan|se|rei,** die; –, –en: Karawanenherberge [pers. karwan durch viele Gegenden reisen]

Ka|ra|wan|ken Mz.: Berggruppe in den südl. Kalkalpen

Kar|bat|sche (tatar.), die; –, –n: Riemenpeitsche * **kar|bat|schen** (du karbatsch[e]st, [auch] du karbatscht) tr.: mit der Riemenpeitsche schlagen : peitschende Worte sagen

kar|bi.., kar|bo.. Ew. in Zus.: kohlen.. * **Kar|bid,** das; –s, –e: eine Kohlenstoffverbindung * *Karbidlampe* * **Kar|bi|nol,** das; –s, –e: eine chem. Verbindung * **Kar|bo|dy|na|mit,** das; –s, –e: Dynamit aus Korkkohle und Nitroglyzerin * **Kar|bo|id,** der; –(e)s, –e: künstlicher Stein * **Kar|bol,** das; –s: (volkst.) Karbolsäure * *Karbolsäure:* keimtötende Flüssigkeit; *Karbolwatte* * **Kar|bo|li|ne|um,** das; –s: holzerhaltende Lösung * **Kar|bon,** das; –s (Geol.) Steinkohlenformation : Kohlenstoff * *Karbonpapier:* Kohlepapier; * **Kar|bo|na|de,** die; –, –n: gebratene Hammel-, Schweinerippchen * **Kar|bo|na|ro,** der; –s, ..ri: Kohlenbrenner : Mitglied eines ital. Geheimbundes * **Kar|bo|nat** (l.), der; –s, –e: Abart der Diamanten * **Kar|bo|nat,** das; –s, –e: kohlensaures Salz *

Kar|bo|nid, das; –s: eine chem. Verbindung ✳ **Kar|bo|ni|kum** (nl.), das; –s: Kohlenstoff ✳ **Kar|bo|ni|sa|ti|on**, die; –, –en: Verkohlung ✳ **kar|bo|nisch** Ew.: kohlenartig : zum Karbon gehörend ✳ **kar|bo|ni|sie|ren** (fr.) (..iert) tr.: verkohlen lassen ✳ **Kar|bo|nit**, das; –s, –e: ein Sprengstoff ✳ **Kar|bo|rund**, das; –s: Schleif-, Poliermittel ✳ **Kar|bun|kel**, der; –s, –: „kleine Kohle", brandiges Geschwür ✳ **Kar|bu|ra|tor**, der; –s, ..to|ren: (Techn.) Vergaser ✳ **kar|bu|rie|ren** (..iert) tr.: (Leuchtgase) mit Kohlenstoff sättigen; vgl. Carboneum

Karch, der; –(e)s, Kärche: (mundartl.) Karte ✳ **Kär|cher**, der; –s, –: Fuhrmann

Kar|da|mom (gr.-l.), der; das; –s, –e: Gewürz

Kar|dan|ge|lenk, das; –(e)s, –e: nach dem Erfinder Cardano benanntes Kugelgelenk ✳ **kar|da|nisch** Ew.: nach Cardano benannt ✳ *kardanische Formel:* (Math.) Formel zur Berechnung von Gleichungen dritten Grades; *kardanische Aufhängung:* in alle Richtungen drehbewegliche Aufhängung ✳ *Kardanantrieb; Kardanwelle*

Kar|dät|sche (it.), die; –, –n: Distelkamm : Wollkamm : Pferdebürste : (Bauw.) Streichbrett (zum Auftragen und Verteilen des Putzes) ✳ **kar|dät|schen** (du kardätsch[e]st) tr.: karden, striegeln ✳ **Kar|de**, die; –, –n: Distelkohl : Weberdistel : Gerät zum Teilen von Faserbüscheln ✳ *Kardendistel* ✳ **kar|den** (fr.) tr.: rauen ✳ **Kar|di**, der; –s, –s: (östr.) (Speise-)Distel ✳ **kar|die|ren** (..iert) tr.: karden ✳ **Kar|do|bel|ne|dik|ten|kraut** (l.), das; –(e)s: Heildistel ✳ **Kar|do|ne** (l.), die; –, –n: Speisedistel ✳ **Kar|deel** (ndl.), die; –, –e: Schiffstau aus Kabelgarnen

kar|den, kar|die|ren: s. Kardätsche

Kar|di: s. Kardätsche

kar|di.. (gr.) Ew. in Zus.: das Herz betreffend : (auch) den Magen betreffend ✳ *Kardiasthma:* ein Herzleiden; *Kardiatrophie:* Herzschwund ✳ **Kar|di|a|kum**, das; –s, ..ka: herzstärkendes Mittel ✳

kar|di|al Ew.: das Herz betreffend : von ihm ausgehend ✳ **Kar|di|al|gie**, die; –, ..gien: Herzschmerzen, Herzdrücken : Magendrücken, Magenkrampf ✳ **Kar|di|o|gramm** (gr.), das; –s, –e: grafische Darstellung von Herzbewegungen ✳ **Kar|di|o|graph** *auch:* **Kar|di|o|graf**, der; –en, –en: Gerät zur Aufzeichnung der Herzbewegungen ✳ **Kar|di|o|i|de**, die; –, –n: Herzkurve ✳ **Kar|di|o|lo|gie**, die; –: die Lehre vom Herzen und von den Herzkrankheiten ✳ **kar|di|o|lo|gisch** Ew.: die Kardiologie betreffend ✳ **Kar|di|o|me|ga|lie**, die; –, ..lien: Herzvergrößerung ✳ **Kar|di|o|pa|thie**, die; –, ..thien: Herzleiden ✳ **Kar|di|o|spas|mus**, der; –, ..men: Krampf am Mageneingang ✳ **Kar|di|o|ste|no|se, Kar|di|o|ste|no|sis**, die; –, ..nosen: Herzverengung ✳ **kar|di|o|vas|ku|lär** Ew.: Herz und Blutgefäße betreffend ✳ **Kar|di|o|zen|te|se**, die; –, –n: (Med.) Eingriff am Herzen ✳ **Kar|di|tis**, die; –: Herzentzündung ✳ **Kar|di|ten** (Mz.): versteinerte Herzmuscheln [gr. kardia Herz]

kar|di|nal: s. Kardätsche

kar|di|nal (l.) Ew.: wichtigst : vornehmlich ✳ *Kardinalfehler:* grundlegender Fehler; *Kardinalpunkt:* Hauptpunkt; *Kardinaltugend; Kardinalzahl* ✳ **Kar|di|nal**, der; –s, ..näle; kardinälchen: Titel kath. Kirchenfürsten : Getränk : Vögel ✳ *Kardinalblume; Kardinal-Fürsterzbischof;* hoher kath. Würdenträger; *Kardinalshut* ✳ **Kar|di|na|lia** Mz.: Grundzahlen

Kar|di|o|gramm: s. kardi..

Kar|do|bel|ne|dik|ten|kraut: s. Kardätsche

Kar|dol (l.), das; –s: öliger Bestandteil der Anakardienfrüchte [gr. kardia Herz u. l. oleum Öl]

Kar|do|ne: s. Kardätsche

Ka|re|li|en: nordosteurop. Landschaft ✳ **Ka|re|li|er**, der; –s, –: Bewohner von Karelien ✳ **ka|re|lisch** Ew.

Ka|renz (l.), die; –, –en: Entbehrung : Verzicht : Wartezeit : Sperrzeit ✳ *Karenzjahr:* Warte-

jahr; *Karenztage:* Ausfalltage; *Karenzzeit:* Ausfallzeit, Fehlzeit

ka|res|sie|ren (..iert) (fr.) tr.: liebkosen, schmeicheln [fr. caresser liebkosen]

Ka|ret|te (nl.), die; –: Schildpatt ✳ *Karettschildkröte*

Kar|fi|ol (süddtsch., östr. **Kar|vi|ol** (it.): der; –s, –e: Blumenkohl

Kar|frei|tag, der; –(e)s, –e: Leidensfreitag, Todestag Christi, Freitag vor Ostern ✳ **Kar|sams|tag**, der; –(e)s, –e: auf Karfreitag folgender Samstag ✳ **Kar|wo|che**, die; –, –n: die Woche vor Ostern [ahd. kara Trauer]

Kar|fun|kel (l.), der; –s, –: Art Edelstein, roter Granat : Karbunkel ✳ *karfunkelrot* Ew.; *Karfunkelstein* ✳ **kar|fun|keln** (ich ..[e]le) intr.: wie ein Karfunkel glänzen

karg (kärger, kärgste) (östr. karger, kargste) Ew.: knapp : spärlich zugemessen : armselig ✳ **kar|gen** intr.: sparen, geizen ✳ **Karg|heit**, die; –: das Kargsein : Dürftigkeit ✳ **Kar|ge|rei**, die; –: Kargheit ✳ **kärg|lich** Ew.: ärmlich ✳ **Kärg|ling**, der; –s, –e: (veralt.) Geizhals

Kar|ga|deur (span.-fr.), der; –s, –e: Schiffsbefrachter, -makler : Begleiter einer Schiffsladung

kar|gen, Karg|heit, kärg|lich: s. karg

Kar|go *auch:* **Car|go** (span.), der; –s, –s: Schiffsladung : Frachtverzeichnis

Ka|ri|be, Ka|ra|i|be, der; –n, –n: Angehöriger eines mittelam. Indianervolkes ✳ **Ka|ri|bik**, die; –: die Antillen und das Karibische Meer ✳ **ka|ri|bisch** Ew. ✳ *Karibisches Gebirge; Karibisches Meer*

ka|rie|ren (östr. **kar|rie|ren**) (..iert) (fr.) tr.: gewürfelt mustern, in Rautenform zeichnen ✳ **ka|riert** Ew.: würfelförmig gemustert ✳ **Ka|ro**, das; –s, –s: schiefes Viereck, bes. ein rotes auf franz. Spielkarten

Ka|ri|bu (Indian.), das; –s, –s: nordam. Rentier

Ka|ri|en: Küstenlandschaft im südwestlichen Kleinasien ✳ **ka|risch** Ew. ✳ *das Karische Meer*

Ka|ri|es (l.), die; –: Knochenfraß : Zahnfäulnis ∗ **ka|ri|ogen** Ew.: Karies hervorrufend ∗ **ka|ri|ös** Ew.: angefressen, angefault

Ka|ri|ka|tur (it.), die; –, –en: Spottbild, Zerrbild, Fratze ∗ *Karikaturenzeichner* ∗ **Ka|ri|ka|tu|rist**, der; –s, –en: Zerrbild-, Fratzenmaler ∗ **ka|ri|ka|tu|ris|tisch** Ew.: in der Art einer Karikatur ∗ **ka|ri|kie|ren** (..iert) tr.: verzerrt, lächerlich darstellen

ka|ri|ös, ka|ri|ogen: s. Karies

Ka|ri|tas (l.), die; –: Nächstenliebe : Wohltätigkeit : Caritas, Kurzausdruck für den Dtsch. Caritasverband ∗ **ka|ri|ta|tiv** Ew.: mildtätig

Kar|kas|se (it.), die; –, –: Tiergerippe : Drahtgestell in Hüten, Gummireifen etc.

kar|lin|gisch: s. Karolinger

Karls|bad: Kurort in Böhmen ∗ *Karlsbader Salz*

Karls|kro|na: schwed. Hafenstadt

Karls|ru|he: Stadt in Baden-Württemberg

Karls|preis, der; –es: von der Stadt Aachen verliehener Preis für Verdienste um die politische Einigung Europas

Karls|sa|ge, die; –, –n: Sagen mit Karl dem Großen als Mittelpunkt

Kar|ma(n) (ind.), das; –s: (Buddhismus) Schicksal des Menschen in seinen Wiedergeburten, abhängig von seinen Taten

Kar|me|li|ter, der; –s, –, und **Kar|me|lit**, der; –en, –en: Angehöriger des Mönchsordens der Karmeliter ∗ *Karmelitergeist*: in den Karmeliterklöstern hergestelltes Melissenwasser; *Karmeliterorden*: sehr strenger Mönchsorden, im 12. Jahrhundert auf dem Berg Karmel in Palästina gegründet ∗ **Kar|me|li|tin**, die; –, –nen: Angehörige des Ordens der Karmelitinnen

Kar|men (östr. **Car|men**) (l.), das; –s, ..mina: Festgedicht : Gelegenheitsgedicht

Kar|me|sin (arab.), das; –s: roter Farbstoff ∗ *karmesinrot* Ew. ∗ **Kar|min** (arab.), der; das; –s: roter Farbstoff ∗ *Karminlack*; *karminrot* Ew.; *Karminsäure;*

Karminspat: ein Gestein

Karn, Kirn, die; –s, –en: (mundartl.) Gefäß zum Buttern ∗ **Kar|ne, Kir|ne**, die; –, –n: Karn, Kirn ∗ *Karn-, Kirnmaschine:* Buttermaschine; *Karn-, Kirnmilch:* Buttermilch ∗ **kar|nen, ker|nen, kir|nen:** buttern

kar|nal (spätl.) Ew.: fleischlich, leiblich ∗ **Kar|na|li|tät**, die; –: Fleischlichkeit ∗ **Kar|na|ti|on**, die; –, –en: Fleischfarbe, Fleischton ∗ **Kar|ne|ol**, der; –s, –e: blutroter Schmuckstein ∗ **Kar|ni|fex** (l.), der; –, –e: Henker : Abdecker ∗ **Kar|ni|fi|ka|ti|on**, die; –, –en: Verfleischung ∗ **kar|ni|vor** [..w..] Ew.: fleischfressend ∗ **Kar|ni|vo|re**, der; –n, –n: fleischfressendes Tier ∗ **kar|nös** Ew.: fleischig durch Krankheit : saftig ∗ **kar|no|si|tät** (nl.), die; –, –en: Fleischlichkeit : fleischige Geschwulst [l. caro Gen. carnis Fleisch]

Kar|na|ti|on: s. karnal

Kar|nau|ba|wachs (indian.-dtsch.), das; –es: Pflanzenwachs aus der Karnaubapalme

Kar|ne|ol: s. karnal

Kar|ner, Ker|ner (östr. nur Karner) (l.), der; –s, –: Beinhaus : Fleischkammer : Räucherkammer

Kar|ne|val (it.) [..w..], der; –s, –e (östr. –s): „Fleisch lebe wohl", Fastnacht : Faschingszeit ∗ *Karnevalsgesellschaft; Karnevalsverein; Karnevalszug* ∗ **Kar|ne|va|list**, der; –en, –en: einer, der am Karneval teilnimmt ∗ **kar|ne|va|lis|tisch** Ew.

Kar|ni|ckel, das; –s, –: (mundartl.) Kaninchen : (übertr.) Sündenbock : Dummkopf

Kar|nies (l.-it.), das; ..nieses, ..niese: Glockenleiste : Gesimsteil ∗ **Kar|nie|se, Kar|ni|sche** (östr.), die; –, –n: Gardinenstange

kar|nisch Ew.: eine rätoroman. Mundartengruppe betreffend

kar|ni|vor: s. karnal

Kärn|ten: Bundesland in Österreich ∗ **Kärnt|ner, Kärnt|ner**, der; –s, –: Bewohner Kärntens ∗ **kärn|tisch, kärnt|ne|risch** Ew.

Ka|ro: s. karieren

Ka|ro|be, Ka|ru|be (arab.), die; –, –n: Johannisbrot

Ka|ro|li|nen Mz.: Inselgruppe im Stillen Ozean

Ka|ro|lin|ger, der; –s, –: Angehöriger eines fränk. Hausmeier- und Herrschergeschlechts ∗ *Karolingerzeit* ∗ **ka|ro|lin|gisch** Ew.: zu den Karolingern gehörig ∗ *karolingische Minuskel:* Schriftart im Vierzeilenschema, Mutterschrift der gesamten abendländischen Schriftenfamilie ∗ **ka|ro|li|nisch** Ew.: in Zusammenhang mit dem fränk. Herrscher Karl stehend

Ka|ros|se (fr.), die; –, –n: Prunkwagen : Staatskutsche ∗ **Ka|ros|se|rie**, die; –, ..rien: der Oberteil bei Kraftwagen ∗ **Ka|ros|sier** [..ßjeh], der; –s, –s: (veralt.) Kutschpferd : Karosseriedesigner ∗ **ka|ros|sie|ren** tr.: mit einer Karosserie versehen

Ka|ro|ti|de (gr.), die; –, –n: Halsschlagader ∗ **Ka|ro|ti|kum**, das; –s, ..ka: Betäubungsmittel ∗ **Ka|ro|tin**, das; –s: chem. Stoff ∗ **Ka|ro|tis**, die; –, ..tiden: die zum Kopf führende Halsarterie ∗ **Ka|rot|te** (gr.), die; –, –n: Mohrrübe : zarte, kugelförmige Mohrrübenart ∗ *Karottenhose, Karottenjeans:* Hose, die an der Hüfte weit, an den Fesseln eng geschnitten ist ∗ **ka|rot|tie|ren** (..iert) tr.: (Tabak) rippen

Kar|pa|ten: mitteleurop. Gebirge ∗ **kar|pa|tisch** Ew.: auf die Karpaten bezogen

Kar|pen|ter|brem|se, die; –, –n: Luftdruckbremse (für Eisenbahnzüge); benannt nach dem am. Erfinder Carpenter

Karp|fen, der; –s, –: Süßwasserfisch ∗ *Karpfenbrut; Karpfenhalter:* Karpfenteich; *Karpfenkönig:* Spiegelkarpfen; *Karpfensalz:* Karpfenbrut; *Karpfenteich:* Teich, in dem Karpfen gehalten werden; *Karpfenzucht*

Kar|pho|lith (gr.), der; –(e)s und –en, –(e)n: Strohstein [gr. karphos Stroh, Flocken]

Kar|po|lith (gr.), der; –s und –en, –e(n): Fruchtversteinerung ∗ **Kar|po|lo|gie**, die; –: Fruchtkunde [gr. karpos Frucht]

Kar|ra|g(h)een (ir.), das; –s: Irlandmoos, Trockenalgen-Heilmittel

Kar|re (l.), die; –, –n; Kärrchen: einrädriger Schubkarren : zweirädriges Fuhrwerk : (verächtl.) Fuhrwerk, altes Auto ✳ **Kar|ren,** der; –s, –: Karre ✳ *Karrenführer:* Kärrner; *Karrengaul; Karrengefangener:* Verbrecher, der mit der Schubkarre arbeiten muss; *Karrenstrafe:* Schubkarrenarbeit ✳ **kar|ren** tr.: etwas mit Karren befördern ✳ **Kärr|ner,** der; –s, –: Karrenschieber : hart Arbeitender ✳ *Kärrnerarbeit; Kärrnerdienst*

Kar|ree (fr.), das; –s, –s: Viereck : (Heerw.) Igelstellung : Rippenstück vom Schwein

kar|ren: s. Karre

Kar|ren Mz.: rinnenförmige, ausgetiefte Höhlungen in Kalkgebirgen ✳ *Karrenfeld*

Kar|re|te (it.), die; –, –n: schlechter Karren, Wagen

Kar|ret|te (schweiz.), die; –, –n: Schubkarre : Einkaufswägelchen mit zwei Rädern : schmalspurige Transportkarre der Gebirgstruppen

Kar|ri|e|re (fr.), die; –, –n: (beim Pferd) voller Lauf : bedeutende, erfolgreiche Laufbahn ✳ *Karriere machen:* schnell befördert werden; *Karrierefrau; Karrieremacher* ✳ **Kar|ri|e|ris|mus,** der; –: rücksichtsloses Karrierestreben ✳ **Kar|ri|e|rist,** der; –en, –en: rücksichtsloser Karriremacher ✳ **kar|ri|e|ris|tisch** Ew.: nach Art eines Karrieristen

Kar|ri|ol (fr.), das; –s, –s: leichtes zweirädriges Fuhrwerk : Postwagen ✳ *Karriolpost* ✳ **Kar|ri|o|le,** die; –, –n: Karriol ✳ **kar|ri|o|len** intr. (sein): (mundartl.) schnell fahren : laufen : sinnlos herumfahren

Kärr|ner: s. Karre

Kar|sams|tag: s. Karfreitag

Karst, der; –es, –e: Erdhacke mit zwei Zinken ✳ *Karsthaus:* Bauer ✳ **kars|ten** tr.: mit der Hacke bearbeiten

Karst, der; –es: Teil der Alpen an der Adria : von Erde entblößte, meist leblose Landschaft in Kalkgebirgen ✳ *Karsterscheinungen:* (Geol.) typische Formen des Karstgebirges; *Karstlandschaft* ✳

kars|tig Ew.: wie im Karst

Kars|te|nit, der; –s, –e: schwefelsaurer Kalk

kart.: kartoniert, s. Karte

Kar|tät|sche (fr.), die; –, –n: „Tüte", Hagelgeschoss : veraltetes Geschoss ✳ *Kartätschenfeuer; Kartätschenkugel* ✳ **kar|tät|schen** (du kartätsch[e]st) intr.: mit Kartätschen schießen

Kar|tau|ne (it.), die; –, –n: (veralt.) Geschütz, Kanone

Kar|tau|se (it.), die; –, –n: Mönchskloster ✳ **Kar|täu|ser,** der; –s, –: Kartäusermönch : ein Kräuterlikör

Kar|te (gr.), die; –, –n; Kärtchen: ein Blatt steifes Papier : Spielkarte : Blatt mit Namensaufdruck : Fahr-, Kredit-, Muster-, Telefonkarte, Post-, Landkarte ✳ *ein Spiel Karten* ✳ *in die Karten sehen* intr.: in geheimes Treiben blicken; *nach der Karte speisen; mit offenen Karten spielen:* nichts vertuschen; *seine Karten aufdecken:* seine Verhältnisse offen darlegen ✳ *Kartenbild:* Bild der Spielkarte; *Kartenbrief:* Karte und Umschlag; *Kartengeld:* dem Wirt für Karten gezahltes Geld; *Kartenhaus:* Haus aus Karten; *Kartenkönig:* der König auf Spielkarten : Schattenkönig; *Kartenkunststück; Kartenlegerin, Kartenleserin:* Wahrsagerin aus Karten; *Kartenmaler; –papier; Kartenprojektion:* Oberflächendarstellung der Erdkugel auf einer Landkarte; *Kartenschlägerin:* Kartenlegerin; *Kartenskizze; Kartenspiel(er); Kartenstecher:* Hersteller einer Landkarte; *Kartentelefon:* öffentl. Telefon, das die Gebühr von Telefonkarten abbucht; *Kartenwerk:* Atlas; *Kartenzeichner* ✳ **Kar|tei,** die; –, –en: Kartenfach : Kartenkasten : Kartenverzeichnis ✳ *Karteikarte; Karteikasten; Karteileiche:* inaktives Mitglied eines Vereins, einer Partei o. Ä., das nur noch in der Kartei geführt wird ✳ **Kar|tell,** das; –s, –e: Kampfforderung beim Turnier : Zweckverband zur gemeinsamen wirtschaftlichen Förderung : Freundschaftsbund zwischen Studentenverbindungen ✳ *Kartellträger:* Überbringer

einer Zweikampfforderung ✳ *Kartellverband* ✳ **Kar|tel|lie|rung,** die; –, –en: Zusammenfassung in Wirtschaftsgruppen ✳ **kar|ten** intr.: Karten spielen : (tr.) Karten zweckmäßig ordnen ✳ **kar|tie|ren** (..iert) tr.: eine Karte entwerfen : eine Landkarte anfertigen ✳ **Kar|ti|sa|ne,** die; –, –n: auf ausgeschnittene Karten gewickelter Faden ✳ **Kar|to|gramm,** das; –s, –e: Landkarte, die statist. Verhältnisse darstellt ✳ **Kar|to|graph** *auch:* **Kar|to|graf,** der; –en, –en: Landkartenzeichner ✳ **Kar|to|gra|phie** *auch:* **Kar|to|gra|fie,** die; –: Anfertigung von Landkarten und Plänen ✳ **kar|to|gra|phisch** *auch:* **kar|to|gra|fisch** Ew.: die Kartenzeichnung betreffend ✳ **Kar|to|man|tie,** die; –: Kartenwahrsagekunst ✳ **Kar|to|me|ter,** das; –s, –: Kurvenmesser für Karten ✳ **Kar|to|met|rie,** die; –: Kartenmessung ✳ **kar|to|met|risch** Ew.: die Kartenmessung betreffend ✳ **Kar|ton** [..tong], der; –s, –s: ein Bogen starkes steifes Papier : Bucheinband : Pappschachtel : Entwurf zu einem Bild in Kreide, Stift oder Kohle ✳ **Kar|to|na|ge** [..tonahseh'], die; –, –n: Pappkästen ✳ *Kartonagearbeit; Kartonagenfabrik* ✳ **kar|to|nie|ren** (..iert) tr.: in Pappe einbinden, einheften ✳ **kar|to|niert** Mw. Ew.: leicht gebunden ✳ **Kar|to|thek** (gr.), die; –, –en: Kartei, Zettel-, Kartenkasten

Kartograph / Kartograf
Die Schreibweise bei Zusammensetzungen mit der griechischen Silbe *graph* richtet sich nach der Gängigkeit des Fremdworts. Bei Fachwörtern ist die fremdsprachige Schreibweise (*Kartograph*) die Hauptvariante, die eingedeutschte Form (*Kartograf*) die Nebenform.

kar|te|si|a|nisch, kar|te|sisch Ew.: nach dem Philosophen Cartesius (=Descartes) benannt ✳ *kartesianischer Teufel, Taucherchen:* ein Puppenspielzeug **Kar|tha|ger,** der; –s, –: Bewohner Karthagos ✳ **kar|tha|gisch** Ew.: auf Karthago bezogen ✳ **Kar|tha|go:** nordafrikan. Stadt des Altertums, Hauptgegner Roms

Kar|tha|min (arab.-nl.), das; –s: der rote Farbstoff der Saflorblumen

kar|tie|ren: s. Karte

Kar|ting (e.), das; –s: der Gokartsport

Kar|ti|sa|ne: s. Karte

Kar|tof|fel (it.), die; –, –n; Kartoffelchen, Kartöffelchen: essbare Knolle * *Kartoffelacker; –bau; –branntwein; –brei; –ernte; Kartoffelfäule:* eine Krankheit der Kartoffel; *Kartoffelfeld; –käfer; –kloß; –krankheit; –mehl; –pilz; –puffer; –püree; Kartoffelsalat; Kartoffelschäler:* messerartiges Werkzeug zum Schälen von rohen Kartoffeln; *Kartoffelschnaps:* Wodka; *Kartoffelstärke:* Stärke der Kartoffelknolle; *Kartoffelstock:* (schweiz.) Kartoffelbrei; *Kartoffelsuppe*

Kar|ton, Kar|to|thek: s. Karte

Kar|tusche (fr.), die; –, –n: Randverzierung : Ballonschrift der Bildstreifen : Hülse mit Pulverladung im Artilleriegeschoss : Patronentasche

Ka|run|kel (l.), die; –, –n: Fleischwarze : warzenähnliches Gebilde * *Tränenkarunkel:* Talgdrüse im Augenwinkel

Ka|rus|sell (it.), das; –s, –s und –e: ein Reiterspiel : Ringelbahn : sich drehendes Jahrmarktsgerät mit stehenden oder hängenden Sitzen, Holzpferden etc. * *Karussellpferd*

Kar|vi|ol, der; –s: Blumenkohl

Kar|wen|del, das; –s: Gebirge der Nordtiroler Kalkalpen

Kar|wo|che: s. Karfreitag

Ka|ry|a|ti|de, die; –, –n: altgriech. Tänzerin aus Karyá bei Sparta : Lastträgerin, weibl. Säulenfigur

Ka|ry|o|ga|mie (gr.), die; –, ..mien: Verschmelzung der Kerne von Eizelle und Spermium * **Ka|ry|o|ki|ne|se, Ka|ry|o|ki|ne|sis,** die; –, ..esen: indirekte Zellteilung * **ka|ry|o|ki|ne|tisch** Ew.: durch Kernteilung entstanden * **Ka|ry|o|lo|gie,** die; –: Lehre vom Zellkern * **Ka|ry|o|lym|phe,** die; –: flüssiger Hauptbestandteil des Zellkerns * **ka|ry|o|phag** Ew.: den Kern zerstörend *

Ka|ry|o|plas|ma, das; –s: Kernplasma * **Ka|ry|o|phyl|la|zee,** die; –, –n: Nelkengewächs * **Ka|ry|op|se,** die; –, –n: Schließfrucht

Kar|zer (l.), der; das; –s, (östr. nur der): Haftraum (früher bes. an Universitäten und Schulen) : (früher) Haftstrafe an Schulen

Kar|zi|nit (gr.), der; –en, –e(n): eine Krebsversteinerung * **kar|zi|no|gen** Ew.: krebserzeugend * **Kar|zi|no|lo|ge,** der; –n, –n: Krebsforscher : Spezialist für Krebskrankheiten * **Kar|zi|no|lo|gie,** die; –: Krebslehre * **Kar|zi|nom,** das; –s, –e: Krebsgeschwulst * **kar|zi|no|ma|tös** Ew.: krebsartig * **Kar|zi|no|se,** die; –, –n: multiple Krebserkrankung [gr. karkinos Krebs]

Ka|sack (türk.), der; –s, –s: dreiviertellange Bluse : Russenbluse

Ka|san: russ. Stadt an der Wolga

Ka|sat|schok (russ.), der; –s, –s: temperamentvoller russischer Tanz

Kasch, Ka|scha (russ.), die; –: Grütze : Grützbrei : Wirrwarr

ka|scheln (ich ..[e]le) intr.: (mundartl.) auf Eis schlittern

Ka|schel|ott (e.), der; –(e)s, –e: Pottwal

Ka|schem|me (poln.), die; –, –n: (Gaunerspr.) Verbrecherkneipe, Verbrecherkeller : schlecht beleumdetes Lokal

ka|schen: tr.: fangen : verhaften : einholen

Kä|scher: s. Kescher

ka|schie|ren (..iert) (fr.) tr.: verstecken, verbergen : (Buchdrw.) mit Papier etc. beschichten : (Theater) mittels Kaschiermasse verändern * *Kascheur:* Bühnenbild-Handwerker; *Kaschiereisen:* Kratzeisen * **Ka|schier|mas|se,** die; –: Grundstoff für Bühnenbilder aus Gips, Leim, Sägespänen [fr. cacher verbergen]

Kasch|mir: ehem. Fürstentum im Himalaja * **Kasch|mir,** der; –s, –e: weiches Wollgewebe * *Kaschmirschal; Kaschmirziege:* eine Ziegenart, die Kaschmirwolle liefert

Ka|schol|long, Ka|chol|long, der; –s, –s: milchweiße Abart des Opals [Casch, ein Bach,

und kalmück. cholong Stein]

Ka|schott (fr.), das; –(e)s, –e: (volkst.) Strafzelle

Ka|schu|be, Kas|su|be, der; –n, –n: Angehöriger eines slaw. Volksstammes in Polen * *Kaschubei; kaschubisch*

Kä|se (l.), der; –s, –: Käschen: Nahrungsmittel aus dem Käsestoff der Milch * *Käseblättchen:* (verächtl.) Bezeichnung einer kleinen Zeitung * *käsebleich* Ew.; *Käseblume:* Anemonenart; *Käsebutter:* Schmierkäse, Quark : *Käsegebäck; Käseglocke; käsehaltig* Ew.; *Käsehandel; –höker; Käsekuchen:* Gebäck mit Belag von weißem Käse, Quarkkuchen; *Käselab; Käselaib; Käsemade:* Made, die im Käse lebt; *Käsemagen:* Labmagen der Wiederkäuer; *Käsemesser:* (verächtl.) Degen; *Käsepappel:* Malve; *Käsestoff:* gerinnbarer Teil der Milch; *Käsetüte:* eine Schnecke; *Käsewasser:* Molke; *käseweich* Ew.; *käseweiß* Ew. * **Ka|se|in,** das; –s, –e: Käsestoff * **kä|sen** tr.: Käse bereiten; intr. (haben, sein): gerinnen * **Kä|ser,** der; –s, –: Käsebereiter * **Kä|se|rei,** die; –, –en: Ort der Käsebereitung * **kä|sig** Ew.: käseartig : käsehaltig : käsehaft : käsebleich

Ka|sel (l.), die; –, –n: (kath. K.) Messgewand

Ka|se|mat|te (it.), die; –, –n: bombensicheres Gewölbe in Festungen : (auf Kriegsschiffen) gepanzerter Raum für Geschütze * **ka|se|mat|tie|ren** (..iert) tr.: unterwölben [it. casa Haus und matto dunkel, verdeckt]

Ka|ser|ne (it.), die; –, –n: Wohngebäude für Soldaten [it. caserma entweder von casa d'armes Waffenhaus oder von l. caverna Höhle] * *Kasernenhof; Kasernenhofton:* Kommandoton; *Kasernenhofblüte:* Witzwort vom Kasernenhofe * **Ka|ser|ne|ment** (fr.) [..mang], das; –s: Soldatenbelegschaft in Kasernen * **ka|ser|nie|ren** tr.: in Kasernen unterbringen

Ka|si|no (it.), das; –s, –s: Speise-, Klubhaus : Offiziersheim : öffentlicher Betrieb für Glücksspiele

Kas|ka|de (it.), die; –, –n:

künstl. oder natürl. Stufenwasserfall : (Artistik) gefährlicher Sprung ✳ *kaskadenförmig* Ew.; *Kaskadenschaltung:* Hintereinanderschaltung bei der Umformung von Dreh- in Gleichstrom; *Kaskadenverstärker:* (Funkw.) mehrere hintereinander geschaltete Widerstandsverstärker; *Kaskadeur:* (Artistik) Springer von Kaskaden

Kas|ka|ra (span.), die; –, –s: Rinde, Schale ✳ **Kas|ka|ril|la, Kas|ka|ril|le,** die; –: magenstärkendes Mittel aus einer Baumrinde aus Peru und Indien ✳ *Kaskarillöl*

Kas|kett (fr.), das; –s, –e: Helm : Eisenhut zum Kopfschutz gegen Säbelhiebe [fr. casquette Helm]

Kas|ko (span.), der; –s, –s: (im Versicherungswesen) das Beförderungsmittel mit allem Zubehör, Ggs.: Ladung ✳ *Kaskoversicherung:* Versicherung des Fahrzeuges selbst

Kas|perl, Kas|per|le, der; das; –s: die lustige Person im Puppenspiel ✳ *Kasperletheater:* Puppenspieltheater ✳ **kas|pern** intr.: sich kasperhaft benehmen

Kas|pi|sche Meer, das; –(e)s, **Kas|pi|see,** der; –s: Binnensee östl. vom Kaukasus

Kas|sa, die; –, Kassen: (in Österreich gebräuchliche Form für) Kasse ✳ *Kassabuch; Kassageschäft:* Geschäft mit sofortiger Ausführung

Kas|san|d|ra (gr.): trojanische Seherin, Tochter des Königs Priamos ✳ *Kassandraruf:* warnende Prophezeiung kommenden Unheils

Kas|sa|ti|on (nl.), die; –, –en: Amts- oder Dienstentsetzung : Aufhebung eines Urteils : (Mus.) mehrsätziges Tonstück leichteren Charakters (18. Jh.) ✳ *Kassationshof:* Berufungsgericht ✳ **kas|sa|to|risch** Ew.: Rechtsspruch aufhebend : verpflichtungslösend ✳ *kassatorische Klausel:* Aufhebungsklausel ✳ **kas|sie|ren** (..iert) tr.: für ungültig erklären ✳ **kas|sie|rung,** die; –, –en: Kassation [l. cassare vernichten]

Kas|sa|wa (indian.), die; –, –s: Maniokwurzel

Kas|se (it.), die; –, –n; Kässchen: Geldkasten : das verwahrte Geld selbst : Geldvorrat : Raum zur Einnahme und Verwaltung bestimmter Gelder : Zahlungsschalter : Krankenkasse, Rentenkasse etc. ✳ *Kassenanweisung:* Kassenschein; *Kassenarzt:* für Krankenkassen zugelassener Arzt; *Kassenbeamter; –bestand; –bon; –bote; –buch; –erfolg; –führer; Kassenschein:* Anweisung auf öffentliche Kasse; *Kassenschlüssel:* Schlüssel des Geldkastens; *Kassenschrank; Kassenstück:* Zugstück, das die Theaterkasse füllt; *Kassensturz:* Aufnahme des Kassenbestandes; *Kassenzettel; Kassenzwang* ✳ **Kas|set|te** (fr.), die; –, –n: Kästchen : Geldkästchen : (Baukst.) vertiefte Felder zur Deckenverzierung ✳ *Kassettendecke:* Felderdecke ✳ *Kassettenrecorder* ✳ **kas|set|tie|ren** (..iert) tr.: mit Feldern versehen ✳ **Kas|sier** (it.), der; –s, –e: Rechnungsführer, Kassenwart ✳ **Kas|sie|rer,** der; –s, –: Person, die Einnahme und Ausgabe bei einer Kasse innehat ✳ **kas|sie|ren** (..iert) tr.: Geld einnehmen [l. capsa Behältnis]

Kas|sel: Stadt in Hessen ✳ **Kas|se|ler, Kaß|ler → Kass|ler,** der; –s, –: Bewohner Kassels ✳ **Kas|se|ler** Ew.: aus Kassel stammend ✳ **Kas|se|ler, Kaß|ler → Kass|ler,** das; –s: Rippe(n)speer, gepökelte Schweinsrippe

Kas|se|rol|le (fr.), die; –, –n: Brat- und Schmorgefäß

Kas|set|te usw.: s. Kasse

Kas|sia, Kas|sie (gr.), die; –, ..ssien: eine Pflanzenfamilie ✳ *Kassienbaum:* Mutterzimtbaum ✳ *Kassiaöl; Kassiarinde*

Kas|si|ber (hebr.), der; –s, –: (Gaunerspr.) Brief (in Geheimschrift) an Untersuchungsgefangene oder von solchen

Kas|si|de, die; –, –n: arab. Gedicht mit gleichem Endreim aller Verse

Kas|sier usw.: s. Kasse

Kas|sie|ren: s. Kassation und Kasse

Kas|si|o|peia, die; –: ein Sternbild am nördlichen Himmel

Kas|sis (fr.), der; –: Johannisbeerlikör

Kas|si|te|ri|den (gr.) Mz.: Zinninseln des Altertums, wahrscheinlich an der Bretagneküste ✳ **Kas|si|te|rin,** das; –s: eine Zinnmischung ✳ **Kas|si|te|rit,** der; –s, –e: Zinnerz

Kas|su|be: s. Kaschube

Kas|ta|g|net|te (span.) [kastanjette], die; –, –n: spanische Hand- oder Tanzklapper

Kas|ta|lia: griech. Nymphe ✳ **Kas|ta|li|de,** die; –, –n: Muse ✳ *Kastalischer Quell:* Quelle am Parnass : Musensitz

Kas|ta|nie (gr.-l.), die; –, –n: ein Baum : Frucht des Baumes ✳ *Kastanienbaum* ✳ **Käs|te,** die; –, –n: (mundartl.) Kastanie

Käst|chen: s. Kasten

Kas|te (port.), die; –, –n: Stamm, erblicher Stand : Familienstamm : Klasse, Zunft ✳ *Kasteneinteilung; Kastengeist:* Zunftgeist : Standesdünkel; *Kastenwesen:* strenge Abtrennung der einzelnen Kasten, bes. im Hinduismus ✳ **Kas|ten|tum,** das; –s: strenge Klasseneinteilung

Käs|te: s. Kastanie

kas|tei|en (l.) (kasteit) tr.: sich züchtigen : klösterlich geißeln ✳ **Kas|tei|ung,** die; –, –en: Qual : Peinigung des Fleisches

Kas|tell (l.), das; –s, –e: befestigter Platz : Burg : Schloss : Festung : (Schiffbau) Vorderdeck : Hinterdeck ✳ **Kas|tel|lan,** der; –s, –e: Burgvogt : Schlossverwalter : Hausmeister [l. castellum kleine Festung]

Kas|ten, der; –s, Kästen; Kästchen: viereckiges Behältnis : Aufbewahrungsort ✳ *Kastendeckel; Kastenschloß → Kastenschloss:* viereckiges, wuchtiges Schloss; *Kastenwagen:* Wagen mit kastenförmigem Oberteil

Kas|ti|ga|ti|on (l.), die; –, –en: Züchtigung ✳ **kas|ti|gie|ren** (..iert) tr.: züchtigen

Kas|ti|li|en: span. Landschaft ✳ *Kastilier; kastilisch*

Kas|tor (gr.), der; –s, –s: Biber : Biberfelle ✳ **Kas|to|re|um,** das; s, ..reen: Bibergeil, Nervenheilmittel ✳ **Kas|to|rin,** das; –s: Bibergeilstoff ✳ **Kas|to|ri|ne,** die; –: ein Wollstoff für Winterkleider ✳ **Kas|tor|öl,** das; –(e)s, –e: Rizi-

nusöl, starkes Abführmittel aus dem Samen der Kastorbohne
Kas|tor: gr. Sagenheld : Stern in den Zwillingen * *Kastor und Pollux:* Söhne des Zeus
Kas|trat (l.), der; –en, –en: Entmannter * **Kas|tra|ti|on,** die; –, –en: Verschneidung, Entmannung * **kas|trie|ren** (..iert) tr.: entmannen
Kas|trum (l.), das; –s Festung : Burg : feste Stadt

Kas-t-rät, Kas-t-rum
Da das Trennungsverbot von *st* aufgehoben ist, entfällt die frühere Trennung vor dem *st.* Hier vernachlässigt ist die zulässige, aber optionale Regel, nach der in Fremdwörtern eine Verbindung aus einem Konsonanten und *l, n* oder *r* als zusammengehörig behandelt (*Kas-trat, Kas-trum*) oder auch getrennt werden kann (*Kast-rat, Kast-rum*).

kasu|al (l.) Ew.: zufällig * *Kasualrede:* Gelegenheitsrede * **Kasu|a|li|en,** die, Mz.: Zufälligkeiten : gottesdienstliche Amtshandlungen auf äußere Veranlassung wie Taufe, Trauung, Beerdigung etc. : Vergütung für besondere Amtshandlungen * **Kasu|a|lis|mus** (nl.), der; –: Zufallslehre, Annahme des Zufalls als Grund aller Dinge * **Kasu|a|list,** der; –en, –en: Anhänger des Kasualismus * **Kasu|a|li|tät,** die; –, –en: Zufälligkeit * **kasu|ell** Ew.: auf den Kasus bezogen * **Kasu|ist,** der; –en, –en: Gewissensgängler : Kenner verwickelter Rechtsfälle : (übertr.) Haarspalter, Wortklauber * **Kasu|is|tik,** die; –: Kunst, Gewissensfragen, Rechtsfälle günstig zu entscheiden : (verächtl.) Kniffflehre : Morallehre * **Kasu|is|ti|ker,** der; –s, –: Kasuist * **kasu|is|tisch** Ew.: die Kasuistik betreffend : haarspalterisch * **Kasus** (l.), der; –, –: Vorfall : Begebenheit * *Kasusbildung:* (Sprachl.) Wortbeugung
Kasu|ar, der; –s, –e: straußähnlicher Vogel
Kasu|a|ri|na, Kasu|a|ri|ne, die; –, ..nen: schachtelhalmartige Baumgattung * **Kasu|a|ri|na|zee,** die; –, –n: Pflanze

Kasu|ist usw.: s. kasual
kat.., kalta.. (gr.) Ew. in Zus.: herab.., herunter..
Kat, der; –s, –s: (Kurzwort) Autokatalysator
Kalta|ba|si|on (gr.), das; –s, ..sia: abführender Weg : Höhleneingang : Reliquienaufbewahrungsort [gr. katalbainein hinabgehen]
Kalta|bo|lis|mus (gr.), der; –: stoffwechselbedingter Stoffabbau im Körper
Kaltach|re|se, Kaltach|re|sis (gr.), die; –, ..chresen: (Sprachl.) unrechter Gebrauch eines Beiwortes : Bildbruch * **kaltach|res|tisch** Ew.: missbräuchlich, gezwungen
Kalta|falk (it.), der; –s, –e: Aufbaugerüst für einen Sarg
Kalta|ka|na, die; –: japanische Silbenschrift
Kalta|kau|ma, Kalta|kau|sis (gr.), die; –: tiefe Einbrennung * **kalta|kaus|tisch** Ew.: einbrennend * *katakaustische Linie:* Linsenbrennlinie
Kaltak|la|se (gr.), die; –, –n: (Med.) Knochenbruch : Augenliderkrampf : tektonische Gesteinszermahlung * *Kataklasstruktur:* Trümmerstruktur * *kataklastisch* Ew.
Kaltak|lys|ma (gr.), das; –, ..klysmen: (Med.) Darmbad, Klistier [gr. kataklyzein überschwemmen, bespülen]
Kalta|kom|be (gr.-l.), die; –, –n (meist Mz.): unterirdische Grabanlage
Kalta|kus|tik (gr.), die; –: Lehre vom Widerhall oder Echo
Kalta|la|ni|en, Kalta|la|ne, kalta|la|nisch: s. Katalonien
Kalta|la|se (gr.), die; –, –n: Ferment in tierischen und pflanzlichen Flüssigkeiten zur Förderung der Oxydation
Kalta|lek|ten (gr.) Mz.: gesammelte Bruchstücke : unvollständige Überbleibsel * **kalta|lek|tisch** Ew.: (Verskst.) verkürzt, unvollständig * **Kalta|le|xe, Kalta|le|xis** (gr.), die; –, ..lexen: mangelhafter Versschluss
Kalta|le|p|sie, Kalta|le|p|sis (gr.), die; –: (Med.) Starrsucht, Schlafsucht * **kalta|le|p|tisch** Ew.: (Med.) starrsüchtig [gr. katalepsis das Fassen, Greifen]

Kalta|le|xe: s. Katalekten
Kalta|log (gr.), der; –s, –e: Verzeichnis * **kalta|lo|gi|sie|ren** (..iert) tr.: in ein Verzeichnis bringen * **Kalta|lo|gi|sie|rung,** die; –, –en: das Verzeichnen [gr. katalegein aufzählen]
Kalta|lo|ni|en: span. Landschaft * **Kalta|la|ne,** der; –n, –n: Bewohner Kataloniens * **kalta|la|nisch** Ew.
kalta|lo|tisch (gr.) Ew.: narbentilgend [gr. kat-aloan zermalmen, unterdrücken]
Kaltal|pa, Kaltal|pe, die; –, ..pen: Trompetenbaum
Kalta|ly|sa|tor (gr.-l.), der; –s, ..toren: Stoff, der die Geschwindigkeit einer chem. Reaktion ändert, selbst aber anscheinend unverändert bleibt : Instrument zur Reinigung von Autoabgasen * **Kalta|ly|se** (gr.), die; –, –n: (Chem.) Auflösung, Beschleunigung chem. Stoffe durch Katalysatoren * **kalta|ly|tisch** Ew.: auflösend : durch Berührung zersetzend
Kalta|me|ni|en (gr.), die; Mz.: Menstruation, Monatsfluß
Kalta|pep|sis (gr.), die; –: vollständige Verdauung * **kalta|pep|tisch** Ew.: die Verdauung befördernd
Kalta|pho|ra (gr.), die; –: Schlafsucht : Totenschlaf * **Kalta|pho|re|se,** die; –: Elektroosmose * **kalta|pho|risch** Ew.: mit Schlafsucht behaftet : Schlafsucht verursachend
Kaltaph|rakt (gr.-l.), der; –(e)s –e: Harnisch, Brustbinde : (Med.) Rippenverband
Kalta|plas|ma (gr.), das; –s, ..asmata (Med.) Breiumschlag
kalta|plek|tisch (gr.) Ew.: (Med.) zur Erstarrung neigend * **Kaltap|le|xie,** die; –, ..xien: (Med.) Erstarren des Körpers durch Schlagfluss : Schreckstarre [gr. kataplessein niederschlagen, erschrecken]
Kalta|po|lis (gr.), die; –: Unterstadt : Unterstadt Athens im Gegensatz zur Akropolis, s. d.
Kalta|pult (gr.-l.), das; –(e)s, –e: armbrustartige Wurfmaschine : Startvorrichtung für Wasserflugzeuge auf Schiffen * **Kalta|pul|te,** die; –, –n: Katapult * *Katapultflugzeug* **kalta|pul|tie|ren** tr.: mit einem Katapult wegschleudern

Ka|ta|rakt, Ka|ta|rak|ta, Ka|ta|rak|te (gr.), die; –: (Med.) grauer Star * ka|ta|rak|tisch Ew.: (Med.) zum Star gehörig, vom Star befallen

Ka|ta|rakt, der; –(e)s, –e: Wasserfall : (Schiffb.) Steuervorrichtung * Kataraktsteuerung; Katarakttopf: Übersturzkochtopf

Ka|tarrh auch: Ka|tarr (gr.), der; –s, –e: (Med.) Schleimhautentzündung : Flussfieber : Schnupfen * ka|tar|rha|lisch auch: ka|tar|ra|lisch Ew.: schnupfenartig : flussartig [gr. katarrhus Herabfluss]

Katarrh / Katarr
Beide Varianten sind zulässig, wobei die fremdsprachige Form (Katarrh) der integrierten, d. h. die der deutschen Schreibweise angeglichenen Form (Katarr), voruziehen ist. In fortlaufenden Texten ist auf eine einheitliche Verwendung zu achten.

Ka|ta|s|ta|se (gr.), die; –, –n: bleibende Körperbeschaffenheit : (Dichtkst.) Höhepunkt des Dramas

Ka|tas|ter (ml.), der; das; –s, –: Kopfsteuerbuch : Acker-, Grund- oder Flurbuch : Urliste * Katasteramt; Katasterauszug: Auszug aus dem Grundbuch * ka|tas|tral Ew.: auf das Kataster bezüglich * ka|tas|trie|ren (..iert) tr.: im Flurbuch eintragen

ka|ta|s|tro|phal (gr.) Ew.: verhängnisvoll : niederschmetternd * Ka|ta|s|tro|phe (gr.), die; –, –n: Wende- oder Entscheidungspunkt : Zusammenbruch : Unheil : Untergang : Schicksalsschlag : Verhängnis

Ka|ta|to|nie (gr.), die; –: (Med.) Spannungsirresein

Ka|te, die; –, –n: kleines Bauernhaus * Kät(e)ner, der; –s, –: Besitzer einer Kate

Ka|te|che|se (gr.), die; –, –n: religiöse Belehrung in Fragen und Antworten : Unterweisung * Ka|te|chet, der; –en, –en: Religionslehrer * Ka|te|che|tik, die; –: Lehre von der Katechese * ka|te|che|tisch Ew.: fragend * Ka|te|chi|sa|ti|on (gr.-l.), die; –: Religionsunterricht * Ka|te|chis|mus, der; –, ..men: Lehrbuch für den Reli-

gionsunterricht * Ka|te|chist, der; –en, –en: Laienhelfer in den Missionsländern * Ka|te|chu|me|nat, das; –: Vorbereitungsunterricht für die Taufe Erwachsener * Ka|te|chu|me|n(e), der; ..nen, ..nen: Schüler des Katecheten : Konfirmand : durch Unterricht auf die Taufe vorbereitete Gläubige

Ka|te|chu (skr.), das; –s, –s: ind. Palmengewächs : Gerbstoff * Katechusäure: Gerbsäure

Ka|te|chu|men: s. Katechese

ka|te|go|rial (gr.-l.) Ew.: bestimmt : entscheidend * Ka|te|go|rie, die; –, ..rien: Art, Sorte : Klasse : Denk-, Anschauungsweise * ka|te|go|risch Ew.: bestimmt : entscheidend : unbedingt gültig * kategorischer Imperativ: Kants unbedingte sittliche Forderung * ka|te|go|ri|sie|ren (..iert) tr.: nach Klassen ordnen

Ka|te|na|ria (l.), die; –, ..rien: Kettenlinie * ka|te|na|risch Ew.: kettenartig * Ka|te|ne, die; –, –n: Kette

Kä|te|ner, Kät|ner: s. Kate

Ka|ter, der; –s, –: männl. Hauskatze : mürrischer Mensch : (stud.) Katzenjammer

ka|te|xo|chen (gr.) Uw.: vorzugsweise, schlechthin

kath. (Abk.): katholisch

Ka|tha|rer (gr.), der; –s, –: Angehöriger der Sekte der „Reinen" * Ka|thar|sis, die; –: (Med.) Reinigung des Darmes : seelische Läuterung durch das Trauerspiel * Ka|thar|tin, das; –s: ein Abführmittel * ka|thar|tisch Ew.: reinigend : läuternd [gr. katharos rein]

Ka|thä|re|se (gr.), die; –, –n: (Med.) Schwächung : Tötung [gr. kathairein herunternehmen, vernichten]

Ka|the|der (gr.-l.), der; das; –s, –: Rednerpult, Lehrstuhl * Kathederheld: tatenloser Schwätzer; Kathederpoesie: lebensfremde Poesie; Kathedersozialist: Theoretiker des sozialen Idee; Kathederweisheit: Weisheit, die der praktischen Anwendung nicht standhält * Ka|the|d|ra, die; –: Lehrstuhl : Bischofssitz : Stuhl Petri * ka|the|d|ral Ew.: zum Bi-

schofssitz gehörig * Ka|the|d|ra|le, die; –, –n: Dom : Hauptkirche * Kathedralentscheidung: unwiderrufliche Entscheidung

Ka|the|get (gr.), der; –en, –en: Führer, Lehrer [gr. kathegeisthai anführen]

Ka|the|te (gr.), die; –, –n: Senklinie, Lot : (Math.) Dreiecksseite, die am rechten Winkel liegt * Ka|the|ter, der; –s, –: (Med.) Sonde, Harnröhrchen * ka|the|te|ri|sie|ren (..iert) tr.: (Med.) Sonde, einen Katheter einführen * Ka|the|to|me|ter, das; –s, –: Gerät zum Messen kleinster Höhenunterschiede

Ka|tho|de (gr.), die; –, –n: (Elektr.) Stromausführer : negativ geladene Elektrode * Kathodenstrahlen Mz.: von der Kathode ausgehende Strahlen * Ka|tho|do|phon auch: Ka|tho|do|fon, das; –s, –e: Messgerät

Ka|tho|lik (gr.), der; –en, –en: „allgemein Gläubiger", Anhänger der kath. Kirche * Katholikentag * Ka|tho|li|kon, das; –s, ..ka: etwas Allgemeines, bes. allgem. Wörterbuch * Ka|tho|li|kos, der; –: oberster Bischof der armenischen Kirche * ka|tho|lisch Ew.: allumfassend, allgemein : die kath. Kirche angehörig * die katholische Aktion * ka|tho|li|sie|ren (..iert) tr.: katholisch machen * Ka|tho|li|zis|mus, der; –: der kathol. Glaube * Ka|tho|li|zi|tät, die; –: Allgemeinheit : Rechtgläubigkeit der kath. Kirche [gr. kata über hin und holos ganz]

Ka|ti|on (gr.) [katjon], das; –s, –en: positiv geladenes Ion

Kät|ner: s. Kate

ka|to|gen (gr.) Ew.: (Geol.) sich durch Einwirkung von oben (Luft, Wasser) bildend

ka|to|nisch: s. Cato

Ka|to|po|de (gr.), die; –, –en: Unterfüßler (Zool.) Bauchflosser

Ka|t|op|trik (gr.), die; –: Lehre von der Spiegelung, Reflexion des Lichts * ka|t|op|trisch Ew.: den Spiegel, die Spiegellehre betreffend [gr. katoptron Spiegel]

Kä(t)|scher: (richtig:) Kescher

Kat|schiff, das; –(e)s, –e: nordisches Handelsschiff

Katt (niederd.), die; –, –en: Katze : (seem.) Geißel aus Tauenden ✳ *Kattblock:* Gerät zum Aufwinden des Ankers ✳ **kat|ten** tr.: Anker hochziehen

Kat|te|gat, das; –s: „Katzenloch", Meerenge zwischen Ostsee und Nordsee

Kat|tun (arab.-ndl.), der; –s, –e: Baumwollgewebe ✳ **kat|tu|nen** Ew.: aus Kattun

katz|bal|gen: s. Katze

Kat|ze, die; –, –n: Kätzchen: ein Haustier : katzenartiges Raubtier : falsche, schmeichlerische Person : Sternbild : Ballspiel : ährenförmiger Blütenstand (Kätzchen) ✳ *Katzab:* ein Ballspiel; *katzbalgen* (gekatzbalgt) rbz.: sich raufen : sich zanken; *Katzbalgerei:* Zank; *katzbuckeln* intr.: sich kriecherisch benehmen; *katzenartig* Ew.: wie eine Katze; *Katzenauge:* Auge einer Katze : Schlusslicht am Fahrrad : Schmuckstein; *Katzenbalg:* Katzenfell; *Katzenbalsam:* eine Pflanze; *Katzenbuckel:* krummer Rücken; *Katzendreck; Katzeneule; Katzenfell; katzenfreundlich* Ew.: scheinheilig freundlich; *Katzenfuß:* Pfote der Katze : Austernart : Pflanzenname; *Katzenglas:* Marienglas; *Katzenglimmer, Katzengold:* gleißende Gesteinsart ohne Goldgehalt : (mundartl.) Harz an Kirschbäumen; *Katzenhai:* Raubfisch; *Katzenigel:* Pflanze; *Katzenjammer:* unangenehmer Zustand nach einem Rausch; *Katzenkäse:* essbare Samenkörner der Malve; *Katzenkerbel:* eine Pflanze; *Katzenklee:* in Hahnenfußgewächs; *Katzenkonzert:* Katzengeschrei; *Katzenkopf:* Kopf der Katze : Name von Apfel-, Birnen-, Kartoffelsorten : Holz zum Anbinden des Ankertaus : Ohrfeige : Böller, kleine Kanone : Kanonenschlag; *Katzenminze:* eine Pflanze; *Katzenmusik:* misstönendes, entehrendes Ständchen; *Katzenohr:* Pflanzenname : Art Dachziegel; *Katzenpfote, Katzenpfötchen:* Fuß der Katze : eine Pflanze : Schaumstreifen der Wogen; *katzenrein*

Ew.: ganz rein; *Katzenschwanz:* Schwanz der Katze : Schachtelhalmart : geringfügige Kleinigkeit; *Katzensilber:* ein Gestein : ein Putzmittel; *Katzensprung:* kurze Entfernung : Kleinigkeit; *Katzentisch:* Kindertisch; *Katzenträublein:* Pflanze; *Katzenwäsche:* (Umgspr.) oberflächliche Körperwäsche; *Katzenwedel, Katzenzagel:* Schwanz der Katze; *Katzenzunge:* kleine Schokoladenstückchen

kat|zen|haft, kat|zig Ew.: in der Art einer Katze

Kaub: Stadt am Rhein

kau|dal (nl.) Ew.: auf den Schwanz bezüglich

Kau|der, der; –s: Werg ✳ **kau|dern** (ich ..[e]re) intr.: Zwischenhandel treiben

kau|dern (ich ..[e]re) intr.: unverständlich sprechen ✳ **Kau|der|wel|sch(e)**, das; –s: die unverständliche Sprache der welschen Händler ✳ **kau|der|wel|schen** (du kauderwelsch[e]st, auch ..welscht) intr.: unverständlich sprechen

kau|di|nisch (l.) Ew.: demütigend, schmachvoll ✳ *ein kaudinisches Joch:* eine Demütigung

Kaue, die; –, –n: Hütte : Käfig : (bergm.) Hütte über einem Schacht

kau|en (käu|en) tr.: Speisen im Munde zermahlen : geistige Speisen aufnehmen : vor Ungeduld an Nägeln beißen : mühsam sprechen ✳ *Kaugummi:* Gummimasse mit Pfefferminzgeschmack; *Kaumagen:* Magen der Kerbtiere; *Kaumuskel; Kautabak; Kauzähne:* breite Backenzähne

kau|ern (ich ..[e]re) intr.: hocken

Kauf (l.), der; –(e)s, Käufe; Käufchen: Erwerb eines Gegenstandes für Geld : abgeschlossenes Geschäft ✳ *in Kauf nehmen:* sich widerstandslos in etwas fügen; *leichten Kaufes davonkommen:* ohne Schwierigkeiten erledigen ✳ *Kaufabschluß : Kaufabschluss; Kaufbedingung; Kaufbrief:* Kaufurkunde über Güter; *Kauffahrer:* Kauffahrteischiff(er); *Kauffahrtei:* Handelsschifffahrt; *Kaufgeld; Kaufhandel; Kaufhaus:* großer

Laden : Warenhaus; *Kaufherr:* Besitzer eines großen Handelshauses; *Kaufkraft; kaufkräftig* Ew.: vermögend; *Kaufladen:* Raum, in dem Waren verkauft werden; *Kaufliebhaber:* Person, die gern kauft; *Kauflust; kauflustig* Ew.; *Kaufmann,* der; –(e)s, (Mz. Kaufleute): Person, deren Beruf der Warenumsatz ist; *kaufmännisch* Ew.; *Kaufmannschaft:* Gesamtheit der Kaufleute : das kaufmännische Gewerbe; *Kaufmannssprache; Kaufmannsstand; Kaufpreis; Kaufschilling:* Kaufgeld; *Kaufvertrag; Kaufwert; Kaufzwang:* Verpflichtung zum Kauf (z. B. bei einer Besichtigung) ✳ **kau|fen** (du kaufst, er kauft) tr.: etwas für Geld erwerben ✳ **Käu|fer**, der; –s, –: Person, die etwas kauft oder kaufen will ✳ **Käu|fe|rin**, die; –, –nen: weibl. Käufer ✳ **käuf|lich** Ew.: feil, leicht zu kaufen

Kau|fun|ger Wald: Teil des Hess. Berglandes

Kau|ka|sien: Gebiet zwischen dem Schwarzen und Kaspischen Meer ✳ **Kau|ka|sier**, der; –s, – ✳ **kau|ka|sisch** Ew.

Kau|ka|sus, der; –: vorderasiat. Gebirge

Kaul, der; –s, –en: (mundartl.) kleine Kugel ✳ *Kaulbarsch:* ein Fisch; *Kaulhuhn:* schwanzloses Huhn; *Kaulkopf:* Kaulquappe; *Kaulquappe:* Larve des Frosches : unförmiges Geschöpf ✳ **Kau|le**, die; –, –n: Grube : Loch ✳ **Käu|ling**, der; –s, –e: Fisch : Pilz

Kau|lom (l.), das; –s: (Bot.) Achsengebilde [l. caulis Stängel]

kaum Uw.: fast nicht : mit knapper Not : (zeitl.) gerade

Kau|ma|zit (gr.), der; –s, –e: rauchlos brennender Koks

Kau|pe, die; –, –n: Büschel : bewachsener Hügel : (mundartl.) Binse ✳ **kau|pig** Ew.: mit Grasbüscheln bewachsen : binsig

Kau|pe|lei, die; –, –en: (md.) unerlaubter Handel : Tauschhandel ✳ **kau|peln** (ich ..[e]le) intr.: unerlaubterweise Handel treiben

kau|pig: s. Kaupe

Kau|ri (ind.), der; –s, –s; die; –,

–s: Porzellanschnecke : Muschelmünze

Kau|sal (l.) Ew.: ursächlich, begründet * *Kausalbegriff;* *–gesetz* * **Kau|sa|li|tät**, die; –, –en: Ursächlichkeit * *Kausalnexus, Kausalzusammenhang:* Zusammenhang von Ursache und Wirkung * **kau|sa|tiv** Ew.: bewirkend : verursachend * **Kau|sa|ti|vum**, das; –s, ..ve oder ..va: (Sprachl.) Bewirkungswort * **Kau|sa|tor**, der; –s, ..toren: Urheber [l. causa Ursache]

Kau|sch(e), die; –, ..schen: außen ausgekehlter Ring

Kaus|tik (gr.), die; –: Ätz- oder Beizkunst : Lehre von den Brennlinien * **Kaus|ti|kum**, das; –s, ..ka: Ätz-, Beizmittel * **kaus|tisch** Ew.: ätzend [gr. kaiein brennen]

Kau|ta|bak: s. kauen

Kau|te, Ku|te, die; –, –n: Grube : Loch

Kau|tel (l.), die; –, –en: Vorsichtsmaßregel, Vorbehalt

Kau|te|ri|sa|ti|on (nl.), die; –, –en: (Med.) Zerstörung durch Ätzmittel * **kau|te|ri|sie|ren** (..iert) tr.: brennen : ätzen * **Kau|te|ri|um**, das; –s, ..rien: Ätzmittel : Brandeisen

Kau|ti|on (l.), die; –, –en: Gewähr, Bürgschaft : (BGB) Haftsumme * *Kautionsschein:* Haft-, Bürgschein; *Kautionssumme* * **kau|ti|o|nie|ren** (..iert) intr.: sich für jemand verbürgen [l. cavere sich hüten]

Kaut|schuk (südam.), der; –s, –e: Gummirohstoff * *Kautschukparagraph* auch: *Kautschukparagraf:* Paragraph, der beliebig ausgelegt werden kann; *Kautschukware* * **kaut|schu|kie|ren** (..iert) tr.: mit einer Kautschukschicht belegen : mit Kautschuk zubereiten : aus Kautschuk herstellen

Kauz, der; –es, Käuze; Käuzchen: Eule : sonderbarer, wunderlicher Mensch * **Kau|zen** intr. (haben, sein): kauern, hocken

Ka|val (it.) [..w..], der; –s, –s: Ritter im Tarockspiel * **Ka|val|lett**, das; –s, –e: „Pferdchen" : hölzernes Pferd zum Voltigieren : Staffelei der Maler * **Ka|va|lier** (fr.), der; –s, –e: Reiter : Ritter : Edelmann : Begleiter einer Dame : (Schachsp.) Springer : (Baukst.) Vorderschanze, Katze (Wall) in einer Festung : (Baukst.) rund gebogene Blechplatte des Dachfirstes * **Ka|val|ka|de**, die; –, –n: prächtiger Reiteraufzug * **Ka|val|le|rie**, die; –, ..rien: Reiterei : (Tarock) vier Bilder derselben Farbe * **Ka|val|le|rist**, der; –en, –en: Reiter : Kavalleriesoldat [it. cavallo Pferd]

Ka|val|tschi|nel (it.) [..w..], die; –, –n: schlichter Gesangssatz

Ka|ve|ling (ndl.), die; –, –en: Los : Anteil : kleinste Warenmenge bei Versteigerungen

Ka|vent (l.) [..w..], der; –en, –en: Gewährsmann : Bürge * *Kaventsmann:* beleibter, wohlhabender Mann : Prachtexemplar : (seem.) sehr hoher Wellenberg

Ka|ver|ne (l.) [..w..], die; –, –n: Grotte : (Med.) Hohlgeschwür, krankhafter Hohlraum in der Lunge * **Ka|ver|nom**, das; –s, –e: gutartige Blutgefäßgeschwulst * **ka|ver|nös** Ew.: voll Höhlungen * *kavernöse Respiration:* (Med.) Höhlenatmung * **Ka|vi|tät** (nl.), die; –, –en: Höhlung, bes. im Körper * **Ka|vi|ta|ti|on**, die; –: Hohlraumbildung in Wasser- und Luftströmungen [l. cavus hohl]

Ka|ver|ti|ne (fr.) [..w..], die; –, –n: eine Gewebeart

Ka|vi|ar (türk.) [..w..], der; –s, –e: eingemachter Störrogen

Ka|vi|tät: s. Kaverne

Ka|wa, die; –, –s: austral. Pflanze : berauschendes Getränk * *Kawastrauch:* Pfeffergewächs, aus dem Kawa gewonnen wird

Ka|waß → Ka|wass, Ka|was|se (arab.), der; ..wassen, ..wassen: orient. Polizeisoldat

Ka|wi|spra|che, die; –: alte javanische Literatursprache

Ka|zan, Ka|san (hebr.), der; –s, –e: jüd. Vorsänger

Ka|zi|ke, der; –n, –n: Indianerhäuptling in Mittelamerika

Ke|bab (türk.), der; –s: gebratene Stückchen Hammelfleisch am Spieß

Ke|blah, Ki|blah (arab.), die; –: Ziel : Richtung nach Mekka : der in dieser Richtung stehende Koranschrank

Keb|se (Keb|sin), die; –, –n (–nen): Nebenweib : Beischläferin * *Kebsehe;* *–frau;* *–mann;* *–weib* * **keb|sen** tr.: zur Kebse machen

keck Ew.: mutvoll : unbefangen : unverzagt : vorwitzig * **Keck|heit**, die; –, –en: das Kecksein * **keck|lich** Uw.: keck

Ke|der, der; –s, –: Randverstärkung des Schuhsohlenrandes

ke|ckern, kö|ckern (ich ..[e]re) intr.: (Fuchs) schreien

Keep, die; –, –en: (seem.) die Kerben * **kee|pen** tr.: (seem.) kerben

Kee|per (e.) [kihper], der; –s; –: (Sport) Tormann

Keep-smi|ling → Keepsmi|ling (e.) [kihpsmeiling], das; –s: durch äußere Umstände nicht zu beeinflussende positive Lebenseinstellung

Kees, das; –es, –e: (tirol.) Gletscher * *Keeswasser:* Gletscherwasser

Kef|fe|kil, Kil|kef|fi (pers.-türk.), der; –: Meerschaum

Ke|fir, der; –s: gegorenes Getränk aus Stuten- oder Kuhmilch

Ke|gel, der; –s, –: mathematischer Körper : kegelförmiger Gegenstand : (Anat.) Vorarm, Speiche, bes. des Pferdes : walzenförmige Holzpuppe im Kegelspiel als Ziel : (weidm.) der lauschend aufgerichtete Hase : uneheliches Kind : (Buchdrw.) Schriftgröße * *mit Kind und Kegel* (unehelichem Kind): mit allen Familienmitgliedern * *Kegelachse:* (Math.) Achse des Kegels; *Kegelbahn:* Rollbahn im Kegelspiel; *Kegelberg:* kegelförmiger Berg; *Kegelbruder:* Kegelspieler; *Kegelbube:* Junge, der die Kegel aufsetzt; *Kegelfels; Kegelfläche:* Kegelmantel; *kegelförmig* Ew.; *Kegelkugel; –mantel:* den Kegel begrenzende Fläche; *kegelschieben → Kegel schieben* (ich schiebe Kegel, ich habe Kegel geschoben, um Kegel zu schieben) intr.: Kegel spielen; *Kegelschnäbler:* Vögel mit kegelförmigem Schnabel, *Kegelschnitt:* (Math.) ebener Schnitt durch einen mathematischen Kegel : Schnittkurve des Kegels; *Kegelspiel; Kegelstuhl:* Art Webstuhl; *Kegelzug:* kegelförmige Vorrichtung zum Ziehen ✳ ke|gel|ig Ew.: kegelförmig ✳ ke|geln intr.: Kegel spielen; rbz.: sich kugeln ✳ **Keg|ler,** der; –s, –: Kegelspieler

Kehl: Stadt am Rhein

Keh|le, die; –, –n: der vordere Teil des Halses : röhrenförmige Vertiefung ✳ *Kehlabschneider:* Mörder; *Kehldeckel:* Abschluss der Luftröhre; *Kehleisen:* Messer des Kehlhobels; *Kehlflosser:* Fisch mit ganz vorn stehenden Bauchflossen; *Kehlhobel:* Werkzeug zum Kehlen; *Kehlkopf:* der obere Teil der Luftröhre; *Kehlkopfentzündung; Kehlkopfkatarrh* auch: *Kehlkopfkatarr:* eine Erkrankung; *Kehlkopfkrebs; Kehlkopfmikrophon* auch: *Kehlkopfmikrofon; Kehlkopfspiegel; Kehllaut; Kehlleiste:* Kehlung, Vertiefung; *Kehlstimme:* Fistelstimme; *Kehlzeug:* Kehlhobel ✳ **keh|len** tr.: mit einer Rinne versehen ✳ **keh|lig** Ew.: ausgekehlt ✳ **Keh|ling,** der; –s, –e: Kehllaut ✳ **Keh|lung,** die; –, –en: Höhlung : Rille

Kehr, Keh|re, die; –, ..ren: Wendung einer ansteigenden Straße : turnerische Übung ✳ **keh|ren** tr.: entgegengesetzte Richtung geben : in umgekehrte Lage bringen : zurückkommen; rbz.: (sich – an) sich kümmern um, fragen nach : umwenden ✳ *kehrt!* (Bff.): (Heerw.) wendet euch! ✳ *Kehrrad:* nach entgegengesetzten Richtungen bewegliches, oberschlächtiges Wasserrad; *Kehrreim:* (Dichtkst.) am Strophenschluss wiederkehrender Reim; *Kehrseite:* Rückseite, Gegenseite; *Kehrum:* Sackgasse; im *Kehrum:* im Nu; *kehrum* Uw.: reihum ✳ **Kehrt,** das; –s: Wendung ✳ **kehrt|ma|chen** (ich mache kehrt, kehrtgemacht, kehrtzumachen): sich in die entgegengesetzte Richtung wenden

keh|ren tr.: mit dem Besen reinigen, fegen ✳ *Kehraus:* Verweis : Schlusstanz einer Lustbarkeit : Schluss, Ende : Aus-, Zusammenfegen; *Kehrbesen; Kehrherd:* (Hüttw.) Waschherd, von dem das Erzmehl

weggefegt wird; *Kehrmaschine; Kehrwisch:* Besen ✳ **Keh|richt, Keh|rig,** der; das; –(e)s, –e: Unrat, Müll ✳ *Kehrichtabfuhr; –faß* → *–fass; –haufen; –kasten; –schaufel; –schippe; Kehrichtwinkel:* Ecke, in der Kehricht zusammengefegt wird

Kei|be, der; –n, –n: (schwäb.-alem.) Kerl, Schinder, Lump

Keich, Keuch, der; –(e)s, –e: Brustbeklemmung : Asthma

Keif, der; –(e)s, –e; **Kei|fe,** die; –, –: das Keifen, Zank ✳ **kei|fen** (keifte; gekeift) intr.: kleinlich zanken ✳ **Kei|fe|rei,** die; –, –en: Zänkerei ✳ **kei|fig,** **kei|fisch** Ew.: zänkisch

Keil, der; –(e)s, –e: spitzer, kantiger Körper : keilförmiges Werkzeug : spitze Erzader : Zwickel im Strumpf : Schlussstein eines Gewölbes : Muschelname ✳ *Keilabsatz:* keilförmiger Schuhabsatz; *Keilbein:* Knochen im Fuß, in der Hirnschale; *Keilfäustel:* Hammer zum Verkeilen der Zapfen in der Welle; *keilförmig* Ew.; *Keilhacke:* Gerät mit keilförmiger Schneide : eine Brachvogelart; *Keilhaue:* Keilhacker; *keilhauig* Ew.: mit der Hacke zu gewinnen; *Keilhose; Keilkissen; Keilrad; Keilrahmen:* Rahmen mit Spannkeilen; *Keilriemen:* Riemen zum Übertragen großer Kräfte; *Keilschrift:* oriental. Schrift mit keilförmigen Schriftzeichen; *Keilstück:* keilförmiges Stück ✳ **Kei|le,** die; –: Prügel, Schläge ✳ **kei|len** tr.: einen Keil eintreiben : (stud.) schlagen : (stud.) anwerben ✳ **Kei|ler,** der; –s, –: ein Keilender : männl. Wildschwein ✳ **Kei|le|rei,** die; –, –en: Prügelei

Keim, der; –(e)s, –e: Anfangsstadium eines zukünftigen Wesens ✳ *Keimbläschen:* Teil des Eies; *Keimblase; Keimblatt:* Samenlappen bei Pflanzen; *Keimdrüse; keimfähig* Ew.: imstande zu keimen; *Keimfähigkeit; Keimfleck:* Teil des Eies; *keimfrei machen:* sterilisieren; *keimtötend* Ew.: Krankheitserreger zerstörend; *Keimträger:* Bazillenträger; *Keimzelle:* Urzelle ✳ **kei|men** intr.: Keim treiben ✳ **keim|haft** Ew.: in

keimendem Zustande ✳ **Keim|ling,** der; –s, –e: Pflanzenkeim : Samenkeim ✳ **Kei|mung,** die; –, –en: Entwicklung eines Keims

kein, w. **kei|ne,** sächl. **kein,** Mz. **kei|ne** Fw. Ew.: nicht ein, nicht etwas, nicht welche : **kei|ner, kei|ne, keins, kei|ne** Fw. Hw.: niemand, nicht einer ✳ *keins von beiden; kein and(e)rer; in keinem Falle* ✳ **kei|nen|falls** Uw.: in keinem Falle ✳ **kei|ner|lei** Ew.: von keiner Art ✳ **kei|ner|seits** Uw.: von keiner Seite ✳ **kei|nes|falls** Uw.: in keinem Falle ✳ **kei|nes|wegs** Uw.: durchaus nicht ✳ **kein|mal** Uw.: nie

Keks, der; des; – und –es, –e: Kleingebäck

Kelch (l.), der; –(e)s, –e: Trinkgefäß mit hohem Fuß : (Natw.) Teil der Blüte : (Bib.) Leid, Kreuz ✳ *der Kelch des Leidens* ✳ *Kelchblatt:* (Natw.) Blatt am Blütenkelch; *Kelchblume; Kelchdeckel; kelchförmig* Ew.; *Kelchglas* [l. calix Kelch]

Kelheim: Stadt in Bayern

Ke|lim (pers.-türk.), der; –(s), –(s): buntes Wollgewebe für Teppiche und Decken : Straminstickerei

Kel|le (l.), die; –, –n: größerer langstieliger Löffel : Werkzeug des Maurers zum Anwerfen des Putzes an die Mauer : Stab, mit dem das Abfahrtszeichen gegeben wird ✳ **kel|len** tr.: mit der Kelle entnehmen

Kel|ler (l.), der; –s, –: meist unterirdischer gleich kühler Vorratsraum : Kellergeschoss eines Hauses : (schweiz.) kristallhaltige Höhlen in Bergen ✳ *Kellerassel:* Kerbtier; *Kellerfenster; Kellergeschoß* → *Kellergeschoss:* Erdgeschoss; *Kellerhals:* vorspringender Bau über der Kellertreppe : eine Pflanze; *Kellerlaus:* Kellerassel; *Kellerloch:* Luft-, Lichtloch im Keller; *Kellerluft; Kellermeister:* Verwalter, Weinpfleger der Kellerei; *Kellerschabe; Kellerschnecke; Kellerspinne; Kellerwechsel:* auf falschen Namen ausgestellter W.; *Kellerwirt; Kellerwohnung; Kellerwurm:* Assel : (verächtl.) Bezeichnung eines Kellerbewohners

Kel|le|rei, die; –, –en: Weinlager : Weinhandlung * Kelle|rer, der; –s –: Kellermeister * Kell|ner, der; –s –: aufwartender Angestellter in Gasthäusern * Kell|ne|rin, die; –, –nen: weibl. Bedienerin eines Gasthauses

Kel|logg-Pakt → Kel|logg-pakt: Kriegsächtungspakt von 1928

Kelloggpakt
Wird aus einem Familien- oder Personennamen und einem Substantiv eine gängige Bezeichnung gebildet, schreibt man zusammen: *Kelloggpakt, Ottomotor, Schubertsonate* usw.

Kelt, der; –(e)s, –e: vorgeschichtliche Axt

Kel|te, der; –n, –n: Angehöriger einer indogerman. Völkergruppe * keltisch Ew.: zu den Kelten gehörig * Kel|to|lo|ge, der; –n, –n: Kenner, Forscher im Bereich der keltischen Sprachen und Literaturen * Kel|to|lo|gie, die; –: Lehre von den keltischen Sprachen und Literaturen * kel|to|lo|gisch Ew.: die Keltologie betreffend * kel|to|ro|ma|nisch Ew.: aus Kelten und Romanen gemischt

Kel|ter (l.), die; –, –n: Wein-, Ölpresse * *Kelterbaum:* Pressbaum; *Kelterknecht* Kel|t(e)|rer, der; –s, –: ein Keltertender : Kelterknecht * kel|tern (ich ..[e]re) tr.: mittels Kelter auspressen; intr.: Kelter treten

kel|tisch: s. Kelte

Ke|me|na|te (it.), die; –, –n: heizbares Gemach einer Burg : Frauengemach

Ke|naf, das; –s: Juteersatz

Ken|dal|green (e.) [kendälgrihn], das; –: grünes Tuch

Ke|nia: s. Kenya

kenn|bar Ew.: was zu (er)kennen ist

Ken|nel (e.), der; –s, –: Hundezwinger für die Jagdmeute

Ken|nel|koh|le, die; –, –n: Steinkohlenart

ken|nen (du kennst, du kanntest; gekannt; kenn[e]!) u.. von etwas wissen : bekannt sein mit etwas : (selt.) erkennen * kennenlernen → kennen lernen (ich lerne kennen, kennen gelernt, kennen zu lernen) tr.: Be-

kanntschaft machen mit * *Kennkarte:* Personalausweiskarte; *Kennummer* → *Kennnummer;* *Kennwort,* das; –(e)s, ..wörter; *Kennzeichen,* das; –s, –: Merkmal; *kennzeichnen* (gekennzeichnet) tr.: mit einem Merkmal bezeichnen; intr.: als Merkmal erscheinen; *Kennziffer* * Ken|ner, der; –s, –: Person, die eine gründliche Kenntnis besitzt : (mundartl.) Kerl * *Kennerblick;* *Kennermiene;* *Kennerurteil* * ken|ner|haft, ken|ne|risch Ew.: wie ein Kenner * Ken|ne|rin, die; –, –nen: weibl. Kenner * Ken|ner|schaft, die; –; Ken|ner|tum, das; –s, –: das Wesen, Wissen eines Kenners : Gesamtheit von Kennern * kennt|lich Ew.: leicht erkennbar * kenntlichmachen → *kenntlich machen* tr.; *Kenntlichmachung* * Kennt|nis, die; –, –se: das Wissen und um etwas * kenntnisarm; –begierig; –los Ew.; *Kenntnisnahme:* das Aufnehmen einer Kunde; *kenntnisreich* Ew. * Ken|nung, die; –, –en: Kennzeichen : Merkzeichen für die Bedeutung eines Seezeichens oder Leuchtfeuers

kennen lernen
Wird ein im Infinitiv stehendes Verb mit einem Verb oder dessen Partizip verbunden, so schreibt man getrennt: *Ich wollte sie kennen lernen. Er hat es liegen lassen. Du bist spazieren gegangen.*

Ke|no|ta|phi|on, ..phi|um: s. Zen..

Kent: engl. Landschaft

Ken|taur: s. Zentaur

ken|tern (ich ..[e]re) intr.: (seem.) umkippen : untergehen

Ken|tu|cky [..taki]: USA-Staat

Ke|nya: ostafrikan. Land

Ke|pha|lo|po|de: s. Zeph..

Ke|pheus: ein Sternbild

Ke|po|taph (gr.), das; –s, –e: Gartengrabmal [gr. kepos Garten und taphos Grab]

Ke|ra|mik (gr.), die; –, –en: Kunsttöpferei * Ke|ra|mi|ker, der; –s, –: jemand, der in der Keramik arbeitet * ke|ra|misch Ew.: auf Keramik bezüglich * Ke|ra|mo|gra|fie *auch:* Ke|ra|mo|gra|phie, die; –, ..fien *auch:* ..phien; Ke|ra-

mo|gra|fik *auch:* Ke|ra|mo|gra|phik, die; –, –en: Malerei auf Tongefäßen [gr. keramos Ton]

Ke|ra|tin, das; –s: Hornstoff * Ke|ra|ti|tis, die; –; Hornhautentzündung * Ke|ra|to|lith, der; –en, –en: versteinertes Horn * Ke|ra|tom, das; –s, –e: Geschwulst der Hornhaut * Ke|ra|to|plas|tik, die; –, –en: Hornhautübertragung * Ke|ra|to|se, die; –, –n: Hornhautbildung * Ke|ra|tos |kop, das; –s, –e: Apparat zur Prüfung der Augenhornhaut * Ke|ra|to|tom, das; –s, –e: Instrument zum Durchschneiden der Hornhaut * Ke|ra|to|to|mie, die; –, ..mien: Hornhautschnitt [gr. keras Horn]

Ke|rau|nia Mz.: Donnerkeile * Ke|rau|no|s |kop, das; –s, –e: Vorrichtung zur Beobachtung des Donners : (Theat.) Donnermaschine [gr. keraunos Donnerschlag]

Kerb, der; –(e)s, –e: Ke̲r|be, die; –, –n: spitzer Einschnitt * *Kerbholz:* ehemals Stock mit Kerben, deren Zahl die Schulden angab; *Kerbschnitt; Kerbschnitzer:* Kerbschnitzereien ausführender Handwerker; *Kerbtier:* Insekt; *Kerbzettel:* Urkunde in zwei Ausfertigungen, die, ausgekerbt, genau aufeinander passen * ker|ben intr.: Kerben einschneiden; tr.: Kerbholz mit Kerben versehen * ker|big Ew.: mit Kerben versehen * Kerf, der; –(e)s, –e; Ker|fe, die; –, –n: Insekt

Ker|bel (l.), der; –s, –: eine Küchenpflanze * *Kerbelkern:* eine Pflanze; *Kerbelkraut; Kerbelsuppe*

Ker|be|ros: s. Z..

Ke|ren Mz.: griech. Schicksalsgöttinnen

Ker|ker (l.), der; –s, –: Gefängnis * *Kerkerhaft:* eine Freiheitsstrafe; *Kerkermeister:* Gefängniswärter; *Kerkerstrafe:* Kerker [l. carcer Gefängnis]

Ker|kops (gr.), der; –s, ..kopen: langgeschwänzter Affe

Ker|ky|ra: altgriech Name für Korfu

Kerl, der; –(e)s, –e: kräftiger kerniger Mann : grober Mensch

Ker|mes (arab.), der; –, –:

Schildlaus : roter Farbstoff ✳ *Kermesbeere:* Pflanze; *Kermeseiche:* Scharlacheiche

Kern, der; –(e)s, –e: Zellkern : innerer Bestandteil eines Atoms : Samenkorn im Fruchtfleisch : das Beste, Vorzüglichste : (übertr.) der wesentliche Inhalt, Sinn ✳ *kernästig* Ew.: mit aus dem Kern hervortretenden Ästen versehen; *Kernbeißer* (Mz.): eine Vogelgattung : Larve des Palmkäfers; *Kernchemie; kerndeutsch* Ew.: echt deutsch; *Kernenergie:* Atomenergie; *Kernexplosion:* Zertrümmerung eines Atomkerns; *Kernforschung:* Atomforschung; *Kernfrage:* Hauptfrage; *Kernfrucht:* Frucht mit Kernen; *Kerngedanke; Kerngehäuse:* Gehäuse des Kernes, Griebs; *Kerngerste; Kerngeschütz:* im Lauf überall gleich weites Geschütz; *kerngesund* Ew.: ganz gesund; *Kernhaus:* Kerngehäuse; *Kernholz:* festes Markholz : Föhre; *Kernkraftwerk; Kernleder:* bestes Leder; *Kernmannschaft:* die tüchtigste Mannschaft; *Kernobst; Kernphysik:* Lehre von den Atomkernen und ihren Reaktionen; *Kernphysiker; Kernproblem; Kernpunkt; Kernreaktion; Kernreaktor; Kernschuß →* Kernschuss: Schuss, der genau das Ziel trifft; *Kernspaltung; Kernsprache:* die vorzüglichste Sprache; *Kernspruch:* Hauptspruch; *Kernstück; Kerntechnik; Kernteilung:* Zellkernteilung : (Biol.) Teilung der tier. und pflanzl. Zelle; *Kerntruppen:* (Kriegsw.) bester Truppenteil; *Kernwaffen:* Atomwaffen ✳ *kernen* tr.: Kerne aus der Schale nehmen : das Beste vom Schlechten sondern : mit Kernen versehen; vgl. Karn ✳ **Kernen,** der; –, –: (südd.) enthülster Dinkel ✳ *kernhaft* Ew.: markig : fest : gedrungen ✳ *kernig* Ew.: kernhaft : viele Kerne habend ✳ **Kernling,** der; –s, –e: aus einem Kern gezogener Baum

Kerner: s. Karner

Kerographie *auch:* **Kerografie** (gr.), die; –, ..phien *auch:* ..fien: Wachsmalerei ✳ **Keroplastik,** die; –, –en: Wachsbildekunst ✳ **Kerosin,**

das; –s, –e: Leuchtstoff, aus amerik. Steinöl : ein Treibstoff [gr. keros Wachs]

Kerreffekt, der; –es, –e: (Bildtelegrafie) Verhalten des Lichtes zu seiner Schwingungsebene

Kerryktik (gr.), die; –: Predigtkunst [gr. keryssein laut verkündigen]

Kerze, die; –, –en: langes gerades Wachslicht : Beleuchtungskörper : (Gymn.) Nackenstand aus der Rückenlage ✳ *Kerzenbeere; Kerzenbeleuchtung; Kerzengießer:* Kerzenmacher; *kerzengerade* Ew.; *Kerzenhalter; Kerzenlicht; Kerzenschein; Kerzenständer*

Kescher, Kesser, Ketscher, der; –s, –: Beutelnetz mit langem Stiel ✳ **keschern, kessern, kestern, ketschern** tr., intr.: mittels eines Keschers fangen : (allg.) fangen

keß → kess (hebr.) Ew. (kesser; kessest): (mundartl.) fertig : dreist : frech

Kessel (l.), der; –s, –: tiefes Metallgefäß in Halbkugelform ohne Füße : tiefer Raum : kesselförmige Vertiefung : (weidm.) vertieftes Lager der Wildschweine ✳ *Kesselarbeiter:* am Dampfkessel beschäftigter Arbeiter; *Kesselasche:* Pottasche; *Kesselbier:* in Kesseln selbstgebrautes Bier; *Kesselboden; Kesselexplosion; Kesselflicker:* Mann, der alte Kessel flickt : (übertr.) Schwätzer; *Kesselgewölbe:* Kuppelgewölbe; *Kesselhaken:* Aufhängehaken für Kessel; *Kesselhaus; Kesseljagd:* Jagd, wobei das Wild in einen eingeschlossenen Platz getrieben wird : Saujagd; *Kesselloch:* Teichloch, als Fischlager dienend; *Kesselpauke:* kesselartige Pauke; *Kesselruß; Kesselschmied; Kesselstein:* Steinkruste, die sich allmählich in Kesseln absetzt; *Kesseltreiben:* Kesseljagd; *Kesselwind:* schwankender Wind ✳ **Kesseler, Keßler →**

Kessler, der; –s, –: Kupferschmied : Kesselflicker ✳ **kesseln** (ich kessele, kessle) rbz.: sich kesselförmig austiefen: intr.: sich ein Lager ma-

chen (Wildschwein) : (Wind) schwanken, bald von hier, bald von da kommen

Kesser: s. Kescher

Ketchup (e.-ind.) [..tschup], das; –s, –s s. Ketschup

Keton (nl.), das; –s, –e: chem. Verbindung : Arzneistoff

Ketsch, die; –, –en: Küstenfahrer mit flachem Boden

Ketsche, die; –, –n: Geschirr ✳ **ketschen** (du ketsch[e]st) tr.: (mundartl.) kauen

Ketscher: s. Kescher

Ketschua, der; –s, –s: Indianerstamm in Peru

Ketschup *auch:* **Ketchup** (ind.-e.) [..tschup], der; das; –(s), –s: konzentrierte kalte Soße aus Gewürzen und Tomaten [ind. kitjap]

Ket-schup / Ketch-up
Beide Schreibweisen sind zulässig, wobei die eindeutschende Form *(Ketschup)* die Hauptform, die fremdsprachige Schreibung *(Ketchup)* die Nebenvariante ist. Bei der Trennung wird die integrierte Form nach Sprechsilben *(Ket-schup),* die fremdsprachige nach den Silben der Herkunftssprache *(Ketch-up)* getrennt.

Kette, die; –, –n: (weidm.) eine zusammengehörige Menge Federwild, bes. Feldhühner

Kette (l.), die; –, –n; Kettchen: Reihe ineinander greifender Glieder oder Ringe : Volk jagdbaren Federwildes : kleinste Einheit der Luftwaffe (drei Flugzeuge) : (Maschin.) Getriebe, kinematische Ketten : (Web.) Gesamtheit der Längsfäden : Dekameter ✳ *Kettenanker:* durch Ketten mit anderen Ankern verbundener Hafenanker; *Kettenantrieb; Kettenbaum:* Garnbaum des Webstuhls; *Kettenbrief; Kettenbruch:* (Math.) Bruch mit Brüchen im Nenner; *Kettenbrücke:* an Ketten hängende Brücke; *Kettenfaden:* (Web.) Längsfaden; *Kettengeklirr; Kettenglied:* einzelner Ring der Kette; *Kettenhandel; Kettenhund:* an der Kette liegender Hund; *Kettennaht:* Naht aus Kettenstichen; *Kettenpanzer; Kettenrad:* Zahnrad; *Kettenraucher:* ununterbrochen Rauchender; *Ket-*

tenreaktion: eine ausgelöste Wirkung, die andere reihenweise auslöst (bes. bei der Kernspaltung); *Kettenreim:* Wiederkehr des Schlussreims einer Zeile in der Mitte der nächsten; *Kettenring; Kettensatz:* Umrechnungsverfahren von einer Währung in die andere; *Kettenscherer; Kettenschlepper:* Raupenfahrzeug; *Kettenschluß → Kettenschluss:* Reihe von Schlussfolgerungen; *Kettenschutz; Kettenstich:* eine Stichart beim Nähen; *Kettenstrafe:* Strafe der Fesselung mit einer Kette; *Kettenstuhl:* Webstuhl; *Kettenzug:* Flaschenzug ✳ **Ket|tel,** der; –s, –; die; –, –n (selt. das; –s, –): Krampe, eisernes Band an Türen und Fenstern zum Einhängen in die Haspe ✳ **ket|teln** tr.: mit einer Kettel verbinden : Maschen miteinander vereinigen ✳ *Kettelmasche; Kettelnadel* ✳ **ket|ten** tr.: mit einer Kette anschließen; rbz.: sich binden an ✳ **Ket|tung,** die; –, –en: Bindung

Ket|zer (ml.), der; –s, –: vom Glauben Abweichender, Abtrünniger ✳ *Ketzerbuch:* Buch mit ketzerischem Inhalt; *Ketzergericht:* Gericht der kath. Kirche über Ketzer; *Ketzermeister:* Inquisitor; *Ketzertaufe; Ketzerverfolgung* ✳ **Ket|ze|rei,** die; –, –en: Ketzersein ✳ **ket|zer|haft** Ew.: nach Art eines Ketzers ✳ **ket|ze|risch** Ew.: nach Art eines Ketzers ✳ **ket|zern** (ich ..ere) intr.: ne Ketzer sein : ketzersche Meinungen haben; tr.: als Ketzer erklären ✳ **Ket|zer|tum,** das; –s: Wesen des Ketzers [gr. katharos rein]

keu|chen intr.: mit Anstrengung, laut atmen : schwer husten : (Atem) schwer ausgestoßen werden; tr.: etwas keuchend hervorstoßen ✳ **Keuch|hus|ten,** der; –s: Infektionskrankheit, bes. bei Kindern

Keu|le, die; –, –n: Keulchen: nach unten dicker werdendes Schlagwerkzeug : etwas Keulenförmiges : Oberschenkel : Art Flaschenkürbis : Schneckenarten ✳ *keulenförmig* Ew.; *keulenhörnig* Ew.: mit keulen-

förmigen Hörnern; *Keulenkürbis; Keulenmohn:* Mohn mit keulenförmigen Kapseln; *Keulenpilz:* Ziegenbart; *–schlag; –schwamm:* Pilz ✳ **keu|lig** Ew.: (selt.) keulenförmig

Keu|per, der; –s: roter, sandiger Ton : (Geol.) oberste Abteilung der Triasformation

keusch (–este) Ew.: züchtig : jungfräulich : rein ✳ *Keuschbaum, -lamm:* Pflanze ✳ **Keu|sche,** die; –, – (selt.) Keuschsein ✳ **Keusch|heit,** die; –: das Keuschsein

Keu|sche, die; –, –n: (mundartl.) Einzelhof ✳ **Keusch|ler,** der; –s, –: Besitzer einer Keusche

Ke|ve|laer [kewelar]: Stadt in Nordrhein-Westfalen

Key|board (e.) [kihbord], das; –s, –s: elektr. Musikinstrument mit Klaviatur

Kha|bir (arab.), der; –s, –s: Führer der Reisenden in der Wüste [arab. khabara wissen]

Kha|ki *auch:* **Kaki** (ind.), das; –: Schmutz ✳ **Kha|ki** *auch:* **Kaki** (pers.), der; –: erdfarbenes Gewebe für Tropenuniformen ✳ *Khakianzug auch: Kakianzug; khakifarben auch: kakifarben* Ew.; *Khakijacke auch: Kakijacke; Khakiuniform auch: Kakiuniform*

Khaki / Kaki
Häufig gebrauchte Fremdwörter können besonders dann, wenn sie keine dem Deutschen fremden Laute enthalten, der deutschen Schreibweise angeglichen werden. Bei der Verwendung innerhalb eines Textes sollte auf Einheitlichkeit geachtet werden.

Khan (tatar.; türk.), der; –s, –e: Fürst oder Oberhaupt der Tataren ✳ **Khanat,** das; –(e)s, –e: Würde, Gebiet eines Khans

Khan (pers.), der; –s, –s: öffentliche Herberge : Markt

Kha|radsch (arab.), der; –: türk. Kopfsteuer ✳ **Kha|ra|d|schi,** der; –: Einnehmer der Kopfsteuer

Khar|tum: Hauptstadt der Republik Sudan

Khe|di|ve (pers.), der; –s und –n, –n: früherer Titel des Vizekönigs von Ägypten

Khmer, der; –, –: Angehöriger eines Volkes in Kambodscha

Kho|d|scha (pers.), der; –: Ehrentitel eines Kaufmanns, Professors usw. [pers. khodschah Greis, Herr]

Khot|bah, Khut|beh (arab.), das; –, –: wöchentl. Gebet der Mohammedaner für den Fürsten

Kia|fir (türk.), der; –, –: Kuffar oder Kefern: Ungläubiger, Schimpfname für die Christen

Kiaut|schou [kiautschau]: Gebiet in China am Gelben Meer ✳ *Kiautschou-Bucht*

Ki|be|rer, der; –s, –: (östr.) Polizeibeamter

Ki|bit|ka, Ki|bit|ke (russ.), die; –, ..kas und ..ken: Zelt aus Fellen : leichter Wagen : Reiseschlitten : rundes Verdeck, Mattendecke über einem russ. Wagen

Kib|buz (hebr.), der; –, ..uzim oder –e: landwirtschaftliches freiwilliges Kollektiv in Israel ✳ **Kib|buz|nik,** der; –s, –s: Angehöriger eines Kibbuz

Ki|cher (l.), die; –, –n: Platterbse ✳ *Kichererbse:* Art Erbse ✳ **Ki|cher|ling,** der; –s, –e: Erbsenart : essbarer Pilz [l. cicer, cicera Erbse]

ki|chern (ich ..[e]re) intr.: leise lachen : in sich hineinlachen

ki|cken (e.) tr.: stoßen ✳ **Ki|cker,** der; –s, –: Fußballspieler ✳ **Kicks,** der; –es, –e: Fehlstoß beim Billardspiel : Fehler ✳ **kick|sen** (du kicksest und kickst) intr.: fehlstoßen; vgl. gicksen ✳ **Kick|ser,** der; –s, –: Fehler ✳ **Kick|star|ter,** der; –s: Motorradhebel zum Anwerfen des Motors [e. to kick mit dem Fuße stoßen]

Kick|xia, die; –, ..xien: Art Kautschukbaum

Kid (e.), das; –s, –s: Zicklein : (volkst.) Gör, Kind : (meist Mz.) Jugendliche ✳ *Kidleder:* Ziegenleder; *Kidnapper* (e.) der; –s, –: [kidnäp'r] (Kindes-)Entführer

kie|big Ew.: frech

Kie|bitz, der; –es, –e: Sumpfvogel : (übertr.) treuloser Liebhaber : störender Zuschauer ✳ *Kiebitzblume:* Fortillaria; *Kiebitzei;* Ei des Kiebitzes : Kiebitzblume: Art Schnecke ✳ **kie|bit|zen** (du kiebitzest und kiebitzt) intr.: störend zusehen (beim Karten- oder Schachspiel)

Kie|fe, Kie|fer, die; –, –:n:
Fischkieme * Kiefenfuß:
Krebsart; Kiefer(n)deckel:
Hülle der Fischkiemen : Kiefer(n)wurm: Fisch

Kie|fer, der; –s, –: Kauwerkzeug : Kinnbacken * Kieferdrüse; Kieferhöhlenentzündung; Kieferknochen; Kiefermuskel; Kieferwinkel: Winkel, den die Kiefer beim Sprechen bilden

Kie|fer, die; –, –:n: Nadelbaum, Kienföhre * Kiefer(n)gehölz; Kiefernholz; Kiefernschwärmer, -spanner, -spinner: Schmetterlingsarten; Kiefernstubben; Kiefernwald; Kiefernzapfen * kie|fern Ew.: aus Kiefernholz

Kie|ke, die; –, –:n: (niederd.) Kohlenbecken zum Fußwärmen

kie|ken intr.: (niederd.) schauen * Kie|ker, der; –s, –: (seem.) Ausguck : (seem.) Fernrohr * auf dem Kieker haben tr.: besonderes Augenmerk darauf haben

Kiek|in|die|welt auch: Kiek-in-die-Welt, der; –s, –s: (niederd.) junger, unerfahrener Mensch

Kiel: Hauptstadt Schleswig-Holsteins * Kie|ler, der; –s, –: Bewohner Kiels * Kie|ler Ew. * Kieler Bucht; Kieler Sprotten; Kieler Woche

Kiel, der; –(e)s, –e: Zwiebel * Kielwerk: Zwiebelgewächse

Kiel, der; –(e)s, –e: Hornschaft der Vogelfeder : etwas Kielförmiges, z. B. enge Röhren, Pflanzenhalme * kie|len intr. (sein): sprossen (von Federkielen); intr. (haben): Kielfedern bekommen; tr.: mit Kielen versehen

Kiel, der; –(e)s, –e: Grundbalken des Schiffes : (dichter.) Schiff : unterer Teil einer Schmetterlingsblume, einer Muschel * Kielboot: Boot mit Grundbalken; kielbrüchig Ew.: mit zerbrochenem Kiel; Kielflügel: Art Flügelschnecke; kielförmig Ew.; Kielgang: die äußersten Planken des Schiffes; kielholen (ich kielhole; gekielholt; zu kielholen) tr.: Schiff auf die Seite legen, um den Kiel auszubessern : einen unterm Schiff durchziehen :

(übertr.) hart strafen; Kiellinie: Wasserfurche hinter dem Schiff * kieloben Uw.: mit dem Kiel nach oben; kieloben treiben intr.; Kielplanken: die am Kiel befestigten untersten Planken; Kielraum: unterster Schiffsraum; Kielschwein: Block, in dem der Mast steht; Kielschwert; Kielwasser: Strudel hinter dem Schiff * kie|len intr.: den Kiel fortbewegen : kielholen

Kiel|kropf, der; –(e)s, ..kröpfe: Wechselbalg * kiel|kröp|fig Ew.: wie ein Kielkropf

Kie|me, die; –, –:n: Atmungsorgan der Fische und anderer Wassertiere * Kiemenatmer, der; –s, –; Kiemendeckel: Hülle der Kiemen; Kiemenhaut; Kiemenbusch: Olm; Kiemenwurm: durch Kiemen atmender Wurm

Kien, der; –(e)s: harzreiches Holz, namentlich Kiefernholz * Kienapfel: Samenbehältnis der Kiefer; Kienbaum: Kienföhre; Kienbohrer: Holzkäfer; Kienfackel: brennender Kienspan; Kienholz; Kienöl: aus Kienholz gewonnenes Öl; Kienruß: durch Verbrennen von Kienholz entstehender Ruß, als Farbe; Kienspan: Scheit aus Kienholz; Kienstock: Stumpf eines Kienbaumes : Schlackenkupfer * kie|nen intr.: aus Kienholz * kie|nig Ew.: harzreich

Kie|pe, die; –, –:n: Rückentragkorb : (verächtl.) Frauenhut : (übertr.) Abweisung

Kies, der; –es, –e: grobkörniger, steiniger Sand : Sandbank : metallglänzende, meist gelbe Mineralien : (stud. und volkst.) Geld * Kiesgrube; Kiessand; Kiesweg * Kie|sel, der; –s, –: kleiner, abgerundeter Stein, bes. Quarzstein : chem. Grundstoff: Abk.: Si : Strudel im Wasser * Kieselerde: chem. Verbindung; Kieselglas: aus reinstem Quarz hergestelltes Glas; Kieselgur: Infusorienerde; kieselhaft, kieselig Ew.: kieselartig, -haltig; kieselhart Ew.; Kieselsäure: chem. Verb.; Kieselschiefer; Kieselstein: kleiner runder Stein * Kie|se|ling, Kies|ling, der; –s, –e: Kieselstein * kie|seln, kie|sen (ich kies[e]le, du kie-

sest, kiest) tr.: mit Kies beschütten; intr.: wie einen Kiesel schleudern * kie|sig Ew.: kiesähnlich

kie|sen (du kiesest, kiest; kost, köret; gekoren; kies[e]!) tr.: prüfend wählen; vgl. küren

Kie|se|rit, der; –(e)s, –e: Mineral

Ki|ew: Hauptstadt der Ukraine

Kietz, Kiez, der; –es, –e: (nordd.) Wohnviertel der Fischer : (verächtl.) Winkel, Stall : entlegene (Slawen-) Vorstadt

Ki|kel|ka|kel, das; –s: Gekakel

ki|k(e)|ri|ki!: Tonwort, bezeichnet Hahnruf * Ki|ke|ri|ki, das; –s, –s: Hahnenschrei * Ki|ke|ri|ki, der; –s, –s: (Kinderwort) Hahn

Kil|be, die; –, –:n: (alem.) Kirchweih

Kilch|berg: (schweiz.) Kirchberg : Ortschaft bei Zürich

Ki|lim: s. Kelim

Ki|li|man|d|scha|ro: höchster Berg Afrikas

Kil|ka (russ.), die; –, ..ki: Strömling (Fisch)

kil|le|kil|le: Kinderwort, das Kitzeln bezeichnend * killekille machen * kil|len (e.) tr.: töten : umbringen * Kil|ler, der; –s, –: Mörder

Kill|kef|fi: s. Keffekil

Kiln (e.), der; –(e)s, –e: Röstofen für Kies, Korn

Ki|lo (gr.), das; –, –(s): Kilogramm * Ki|lo|byte [-beit], das; –s, –s: (EDV) Einheit von 1024 Byte * Ki|lo|gramm, das; –s, –: 1000 Gramm, Gewichtseinheit; Abk.: kg * 8 Kilogramm * Ki|lo|gramm|me|ter → Ki|lo|gramm|me|ter, das; –s, –: Meterkilogramm, techn. Arbeitseinheit, d. h. die Arbeit, die nötig ist, um ein Kilogramm 1 m hoch zu heben; Abk.: kgm * Ki|lo|hertz: 1000 Hertz; Abk.: kHz * Ki|lo|ka|lo|rie, die; –, –:n: Maßeinheit für eine Wärmemenge; 1 kcal = 1000 cal * Ki|lo|li|ter, das; –s, –: 1000 Liter; Abk.: kl * Ki|lo|me|ter, der; –s, –: 1000 Meter; Abk.: km * Ki|lo|me|terfresser: eine Höchstzahl von km zurücklegender Kraftfahrer; Kilometergeld; Kilometergeldpauschale; Kilometerstein: Messstein an Landstraßen; Kilometerzähler: Messge-

rät in Kraftfahrzeugen *
Ki|lo|ohm, das; –s: –: 1000
Ohm * **Ki|lo|pond**, das; –s –s:
Maßeinheit für Kraft und Ge-
wicht; Abk.: kp * **Ki|lo|volt**,
das; –s, –: 1000 Volt; Abk.: kV
* *Kilovoltampere:* Abk.: kVA
* **Ki|lo|watt**: 1000 Watt; Abk.:
kW * *Kilowattstunde:* Elektri-
zitätsmenge; Abk.: kWh [gr.
chilioi tausend]
Kilt (schweiz.), der; –(e)s, –e:
abendliches Zusammentreffen
der Burschen und Mädchen *
Kiltgang * **kil|ten** intr.: zur
abendlichen Verabredung gehen
Kilt (skand.-e.), der; –(e)s, –e:
kurzer Rock der Bergschotten
Ki|me|lien: s. Zimelium
Kimm, der; –(e)s: Sehkreis *
Kim|me, die; –, –n: scharfer
Einschnitt, Kerbe an der Ein-
stellvorrichtung des Visiers am
Gewehr * *Kimmhobel* *
Kim|mung, die; –, –en: (seem.)
Kimme : Luftspiegelung
Kim|me|ri|er, der; –s, –: Ange-
höriger des sagenhaften thraki-
schen Volkes am Bosporus *
kim|me|risch Ew. * *kimmeri-
sche Finsternis:* schwere,
ewige Finsternis [gr. Kimme-
rioi]
Ki|mo|lo: eine Zyklade *
ki|mo|lisch Ew.: Kimolo be-
treffend * *kimolische Erde:*
Walkererde; auch zimolisch
Ki|mo|no (auch Kimono), der;
–s, –s: japan. Kleidungsstück
Kin, das; –, –: chinesisches
hölzernes Saiteninstrument :
chinesisches Gewicht; vgl. Gin
Ki|nä|de (gr.), der; –n, –n: Pä-
derast * **Ki|nä|die**, die; –: Kna-
benliebe
Ki|n|äs|the|sie (gr.), die, –:
Gefühl für Muskeln und Bewe-
gung * **Ki|n|äs|the|tik**, die; –:
Lehre der Bewegungsempfin-
dung
Kind, das; –(e)s, –er; –chen:
junger Mensch : Nachkomme :
liebevolle Anrede : (schönes –)
junges Mädchen : Bezeichnung
von Abstammung und Zugehörigkeit : *Berliner Kind; Kind
dieser Welt; Kind der Sünde;
usw.:* (übertr.) junges Tier,
sprießende Pflanze, etwas Er-
zeugtes * *an Kindes Statt annehmen → an Kindes statt annehmen* tr.; *von Kind auf; sich*

bei einem lieb Kind machen
intr.: sich einschmeicheln; *ein
Kind seiner Zeit:* moderner
Mensch * *Kindbett:* Wochen-
bett; *Kindbetterin:* Wöchne-
rin; *Kindbettfieber; Kindtaufe*
* *Kindelbier:* Taufschmaus *
Kindelmarkt: Weihnachtsmarkt; *Kindelmutter:* Hebamme; *Kindelvater:* Vater des
Täuflings beim Kindelbier *
Kinderarbeit: Erwerbsarbeit
von Kindern; *Kinderarzt; Kin-
derbett; Kinderblick; Kinderbuch; Kinderdorf; Kindererzie-
hung; Kinderfrau:* Kinderwärterin; *Kinderfreund:* kinderlie-
ber Mensch; *Kindergarten:* Be-
wahr- und Erziehungsanstalt
für Kleinkinder; *Kindergeld;
Kindergeschichte; Kinder-
glaube:* kindlicher, kritikloser
Glaube; *Kinderheim; Kinder-
hort:* Bewahranstalt für schul-
pflichtige Kinder; *Kinderjahre;
Kinderkleidung; Kinderkrankheit; Kinderlähmung:* schwere
Kinderkrankheit; *Kinderlehre:*
religiöse Unterweisung für
Kinder, Sonntagsschule; *kin-
derleich* Ew.: so leicht, dass es
ein Kind kann; *kinderlieb* Ew.:
die Kinder liebend; *Kinder-
liebe:* Liebe der Kinder zu den
Eltern : Liebe der Eltern zu den
Kindern : Liebe in den Kinder-
jahren : in oder seit den Kinder-
jahren geliebte Person; *kinder-
los* Ew.; *Kindermagd:* Kinder-
mädchen; *Kindermärchen;
Kindermund; Kindernarr:* lei-
denschaftlicher Kinderfreund;
Kinderpocken: Kinderblattern;
Kinderposse; Kinderreichtum:
Reichtum an Kindern; *Kinderschreck:* Schreckgestalt; *Kinderschule (die Kinderschuhe
ausgezogen haben):* kein Kind
mehr sein); *Kinderschule:* Kindergarten; *Kinderspiel:* Spiel :
Kleinigkeit : etwas sehr Leichtes, Einfaches; *Kindersprache;
Kinderstreich; Kinderstube;
–trommel; –wagen; –wärterin;
Kinderwelt:* Vorstellungskreis
des Kindes : Gesamtheit der
Kinder; *Kinderzimmer; Kin-
derzucht* * *Kindesalter; Kin-
desbeine* (in der Wendung: *von
Kindesbeinen an); Kindes-
kind:* Enkel; *Kindesliebe:*
Liebe des Kindes zu den Eltern; *Kindesmißhandlung →*

*Kindesmisshandlung; Kindes-
mord:* Tötung der Leibesfrucht
oder des neugeborenen Kindes
durch die Mutter : Ermordung
von Kindern; *Kind(e)smörde-
rin; Kindesnot, ..nöte:* Wehen
der Gebärenden; *Kindespflicht:*
Pflicht des Kindes den Eltern
gegenüber; *Kindesteil:* pflicht-
mäßig dem Kinde zukommen-
des Erbe; *Kindesunschuld* *
Kindskopf: kindischer Mensch;
Kindstaufe * **Kin|de|rei**, die; –,
–en: etwas Kindisches *
kin|der|haft Ew.: nach Art der
Kinder * **kin|des|tüm|lich**
Ew.: dem Kinde angemessen,
fasslich * *Kindestümlichkeit* *
kind|haft Ew.: kindlich *
Kind|heit, die; –, –en: Zeit der
ersten Entwicklung * **kindisch** Ew.: dumm : albern :
närrisch : unüberlegt * **kindlich** Ew.: dem Wesen eines
Kindes gemäß * *Kindlichkeit* *
Kind|schaft, die; –: Verhältnis
des Kindes zu den Eltern *
kind|schen intr.: albern, kin-
disch tun
Ki|ne|ma|tik (gr.), die; –: Be-
wegungslehre : Bewegungs-
kunst * **ki|ne|ma|tisch** Ew.:
Bewegungslehre oder -kunst
betreffend : zwangsläufig *
Ki|ne|ma|to|graph *auch:* **Ki-
nematograf**, der; –en, –en:
Projektionsapparat, Lichtbild-
apparat * **Ki|ne|ma|to|gra-
phie** *auch:* **Ki|ne|ma|to|gra-
fie**, die; –, ..ien: Lichtbildwe-
sen : Kunde von der Lichtbild-
herstellung * **ki|ne|ma|to|gra-
phisch** *auch:* **ki|ne|ma|to|gra-
fisch** Ew.: die Kinematogra-
phie betreffend * **Ki|ne|sis**,
die; –: Bewegung * **Ki|ne-
si|a|trik**, die; –: gymnastische
Heilmethode * **Ki|ne|tik**, die;
–: Kinematik : Zwangslauf-
lehre * **ki|ne|tisch** Ew.: be-
weglich : auf die Kinetik bezüglich * *kinetische Energie:*
Bewegungsenergie * **Ki|ne|to-
graph** *auch:* **Ki|ne|to|graf**,
der; –en, –en: Vorrichtung zur
Aufnahme von Bildern *
Ki|ne|to|gramm, das; –(e)s,
e: Bewegungsskizze, schriftliche Festlegung bestimmter
Hand- und Fußbewegungen *
Ki|ne|tos|kop, das; –s, –e:
Apparat zur Vorführung von
Lichtbildern * **Ki|no**, das; –s,

–s: Lichtspielhaus ✳ *Kinobesitzer; Kinobesucher; Kinokarte; Kinoprogramm; Kinotechnik; Kinovorstellung; Kinowerbung; Kintopp:* (berlin.) Kino (aus Kino-Topp, nach dem ersten Berliner Kino bei dem Wirt Topp) [gr. ki*nein* bewegen]

Kings (chin.) Mz.: die fünf ältesten Bücher der Chinesen

King-size → **Kingsize** (e.) [kingseiz], die; das; –: großes Format : überlange Zigaretten

Kink, die; –, –en: (seem.) Knoten im Tau : Hindernis ✳ *sich aus den Kinken machen:* sich in Sicherheit bringen

Kin|ker|litz|chen Mz.: Nichtigkeiten : Albernheiten

Kinn, das; –(e)s, –e: Teil des Gesichts unterhalb des Mundes (auch bei Tieren) : (Baukst.) untere Fläche einer Kranzleiste : (Schiffb.) vorderes Kielende ✳ **Kinn|back**, der; –s, –en: Kiefer : vorderes Kielende ✳ **Kinn|ba|cke**, die; –, –n, **Kinn|ba|cken**, der; –s, –: Kinnback ✳ *Kinnbacksblock:* (seem.) Schiffskielblock, Hebewerkzeug; *Kinnbart; Kinnhaken; Kinnlade*, die; –, –n: Kinnback; *Kinnreif:* Pferdezaum

Ki|no, das; –s: ein getrockneter Pflanzensaft (als Heilmittel)

Ki|no: s. Kinematik

Ki|non|glas, das; –es: unzerbrechliche Glasart

Kin|sha|sa [..sch..]: Hauptstadt von Zaire

Kin|zig, die; –: ein Nebenfluß des Rheins : ein Nebenfluß des Mains

Kin|zi|git, der; –(e)s, –e: ein Gestein

Ki|osk (türk.-pers.), der; –es, –e: Gartenhaus, Gartenzelt : Verkaufsstempel, -häuschen

Kipf, der; –(e)s, –e: Hörnchen (kleines Weißbrot) : längliche Brotform ✳ **Kip|fel**, das; –s, –: Kipf

Kip|fe, die; –, –n: Bergspitze

Kip|pe (jüd.), die; –: Kompaniegeschäft

Kip|pe, die; –, –n: Spitze : äußerstes Ende : schaukelndes Brett : Waagebalken : turnerische Schwungübung : (volkst.) Zigarren-, Zigarettenstummel ✳ *auf der Kippe stehen* intr.: in

Gefahr sein, zu stürzen ✳ **kip|p(e)|lig** Ew.: leicht umkippend : schwankend ✳ **kip|pen** intr.: sich nach der einen Seite neigen; tr.: neigend heben : an der Spitze abhauen, kappen : Münzen verschlechtern durch Beschneiden usw.; intr.: (volkst.) abtreiben ✳ *einen kippen:* Schnaps trinken ✳ *Kipplore:* Kipper; *Kippplug:* Pendelpflug zum Pflügen an Berghängen; *Kippregel:* Messwerkzeug der Landmesser; *Kippschalter;* (Flugzeug) *kippsicher; Kippsicherheit; Kippsicherung:* Dämpfungsflosse : Gleichgewichtssicherung; *Kippvorrichtung; Kippwagen* ✳ **Kip|per**, der; –s, –: Münzverschlechterer (im Dreißigjähr. Krieg) : Kippwagen : Umsturzvorrichtung ✳ **Kip|pe|rei**, die; –, –en: Treiben eines Münzverschlechterers ✳ **kip|pern** intr.: ein Kipper sein : Wucherhandel treiben

Kips (e.), das; –es, –e (meist Mz.): ostind. getrocknete Rinderhäute

Ki|rag|gi (türk.), der; –, –: türk. Karawanenführer

Ki|rat, das; –: Karat : ägypt. Feldmaß

Kir|che (gr.), die; –, –n; Kirchlein: christliches Gotteshaus : durch gemeinsame Religion verbundene Genossenschaft : Gottesdienst : (Rechtsspr.) juristische Person der Kirche : kirchenturmförmige Zacke an Kristallen (auch Kirchel) ✳ *Kircheule:* Steineule (Eulenart); *Kirchgang:* Gang zur Kirche; *Kirchhof:* Friedhof; *Kirchschwalbe:* Mauerschwalbe; *Kirchspiel;* *Kirchsprengel:* Pfarrgemeinde und ihr Bezirk; *Kirchturm; Kirchturmpolitik:* engherzige Politik; *Kirchweih(e)*, die; –, ..hen: Kirchmesse; *Kirchweihfest* ✳ *Kirchenälteste*, der; –n, –n: Kirchenvorsteher; *Kirchenamt; Kirchenaustritt; Kirchenbann; –bau; –besuch; Kirchenbuch:* Buch mit Eintragungen über kirchliche Amtshandlungen; *Kirchenbuße:* von der Kirche auferlegte Buße; *Kirchenchor; Kirch(en)diener:* Angestellter, der für Ordnung in der Kirche sorgt;

Kirch(en)dienst: Kirchenamt; *Kirchenfahne:* Wallfahrts-, Kirchturmfahne; *Kirchenfalk:* Turmfalk; *Kirchenfest; Kirchenfürst:* hoher kirchlicher Würdenträger; *Kirch(en)gänger:* Gottesdienstbesucher; *Kirchengebet; –gebot; –gebrauch; Kirch(en)geld; Kirchengemeinschaft; Kirch(en)gerät; Kirchengericht; –gesang, –geschichte, –gesetz; Kirchenglocke; Kirch(en)gut; Kirch(en)herr:* Schutzherr der Kirche; *Kirchenjahr:* Jahreseinteilung der Kirche, am ersten Advent beginnend; *Kirchenlehre:* Glaubenslehre einer Kirche; *Kirchenlehrer:* einer, der in der Kirche lehrt : Kirchenvater; *Kirchenlicht:* Kerze in der Kirche : bedeutende kirchliche Persönlichkeit; *Kirchenlied; Kirch(en)maus:* in der Kirche lebende Maus : (übertr.) sehr armer Mensch; *Kirchenmeister:* Kirchenältester; *Kirchenmusik; Kirchenordnung:* Liturgie; *Kirchenpfleger:* Kirchenältester; *Kirchenpolitik:* Politik der Kirche; *Kirchenrat:* Gesamtheit der Vorsteher einer Kirche; *Kirchenraub; Kirchenrecht:* Vorrecht der Kirche : kanonisches Recht; *Kirchensache; Kirchensatz:* Tonsatz für Kirchenmusik : Recht auf Besetzung eines Kirchenamts; *Kirchensatzung; Kirchensitz:* Stuhl in der Kirche; *Kirchenspaltung; Kirchensprengel; Kirchenstaat:* weltliches Gebiet des Papstes; *Kirchenstaat; Kirchenstand:* Kirch(en)stuhl; *Kirchensteuer; Kirchentür; Kirchenvater; Kirchenvorsteher; Kirchentum; Kirchenältester* : Kirchenlehrer aus den ersten Jahrhunderten des Christentums; *Kirchenversammlung:* Versammlung der Vertreter einer Kirche; *Kirchenvorstand; Kirchenvorsteher; Kirchenzucht:* Vorschriften für das Verhalten der Mitglieder einer Kirche ✳ **Kir|chel**, das; –s, –: kirchturmförmige Zacke an Kristallen ✳ **Kir|chen|tum**, das; –(e)s, (selt.) ..tümer: das für die Kirche Eigentümliche : kirchlicher Sinn ✳ **kirch|lich** Ew.: zur Kirche gehörig : mit der Kirchenlehre übereinstim-

mend * **Kirch|lich|keit**, die; –:
kirchlicher Sinn * **Kirch|ner**
(veralt.), der; –s, –: Kirchen-
diener : Küster * **Kirch|ne|rei**,
die; –, –en: (veralt.) Amt des
Kirchners : Amtswohnung des
Kirchners [gr. kyriakē zum
Herrn gehöriges (Haus)]
Kir|gi|se, der; –n, –n: Angehö-
riger eines mongoliden Volkes
in Zentralasien
Kir|ke: vgl. Circe
Kir|mes, Kir|mes|se, die; –,
..messen: Kirchweih * *Kirmes-
kuchen* * **Kirm|se**, die; –, –n:
(mundartl.) Kirmes
Kirn usw.: s. Karn
kir|r(e) Ew.: zahm : zutraulich
* **Kir|re**, die; –: das Kirresein
* **kir|ren** tr.: kirre machen : lo-
cken * **Kir|rung**, die; –, –en:
Lockfutter : Platz, wo gekirrt
wird
Kir|re, die; –, –n: Turteltaube *
kir|ren intr.: girren
Kirsch (l.), der; –(e)s, –e:
Kirschbranntwein * **Kir|sche**,
die; –, –n; Kirschchen, -lein:
Art Steinobst, Frucht des
Kirschbaums : Kirschbaum :
Kirschenholz * *Kirsch(en)-
baum; Kirschenbeißer;* Kirsch-
fink; *Kirschblüte; kirschblüten*
Ew.: in der Farbe der Kirsch-
blüten; *Kirschbranntwein;*
Kirschfliege: Fliege, deren
Larve in Kirschen lebt;
Kirsch(en)geist: Kirschbrannt-
wein; *Kirsch(en)harz:* Harz von
Kirschbäumen; *Kirsch(en)-*
holz: Holz des Kirschbaums;
Kirsch(en)kern; Kirschenkern-
beißer: Kirschfink; *Kirschku-*
chen; Kirschlikör; kirschrot
Ew.; *Kirschsaft; Kirsch(en)-*
stein; Kirschsuppe; Kirschvo-
gel: Pirol : Art Schmetterling;
Kirschwasser: Kirschbrannt-
wein * **kir|schen** Ew.: aus
Kirschbaumholz bestehend
Kirs|te, die; –, –n: (niederd.)
Kruste
Kis|lew, der; –(s): dritter Mo-
nat des jüd. Kalenders, Novem-
ber-Dezember
Kis|met (arab.), das; –s: „Zu-
teilung", unvermeidliches von
Allah bestimmtes Schicksal
Kis|sen (fr.), das; –s, –: weich-
gefüllte Unterlage : (Schiffbau)
weiche Holzstücke als Schutz
vor Abnutzung * *Kissenbe-*
zug; –büre; Kissenfüllung; Kis-

senhülle; Kissenplatte: Vorderseite des Kissenbezugs; *Kis-*
senüberzug, -zieche [fr. coussin
Kissen]
Kis|te (l.), die; –, –n; Kistchen,
-lein: Bretterkasten mit Deckel
: Behältnis bestimmter Größe *
Kistendeckel; Kistenfüllung:
(niederd.) Wäscheausstattung
der Braut; *Kistenpfand:* beweg-
liches Pfand * **Kis|ter**,
Kist|ler, Kist|ner, der; –s, –:
Kistenmacher
Ki|su|a|he|li, das; –(s): Spra-
che des afrikan. Volks der Suahe-
li
Ki|tha|ra (gr.), die; –, ..ren: alt-
griech. Saiteninstrument *
Ki|tha|rö|de, der; –n, –n: Zi-
therspieler und Sänger
Kits, Kitz (türk.), die; –, –e:
Fahrzeug, Jacht mit zwei Masten
Kitsch, der; –es: Schund : ge-
schmacklose Kunst * **kit|schig**
Ew.: minderwertig
Kitt, der; –(e)s, –e: Klebemasse
: (übertr.) Bindendes * **kit|ten**
tr.: mit Kitt verbinden, befestigen : (übertr.) verbinden
Kitt|chen, das; –s, –: (volkst.)
Gefängnis, Zuchthaus
Kit|te, Küt|te, die; –, –n:
(weidm.) Kette, Schar, Reihe
Kit|tel, der; –s, –: hemdartiger
Überwurf * *kittelrein* Ew.:
(übertr.) tadellos * *Kittel-*
schürze
Kitt|fuchs, der; –es, ..füchse:
sibir. Steppenfuchs
Kitz, das; –(es), –es, –e; Kit|ze,
die; –, –n: junges Reh : junge
Ziege * **kit|zen** intr.: Junge
werfen
Kit|zel, der; –s, –: Nervenreiz,
der zum Lachen zwingt : etwas
den Sinnen Angenehmes :
übermütiger Reiz * *Kitzelhus-*
ten: Hustenreiz * **kit|z(e)|lig**
Ew.: gegen das Kitzeln empfindlich : (übertr.) leicht reizbar
* **kit|zeln** (ich ..[e]le) intr.:
(selt.) einen Kitzel fühlen; tr.:
Kitzel, Lust erregen; rbz.: (an,
mit, über etwas) schadenfroh
lachen * **Kitz|ler**, der; –s, –:
Teil der weibl. Scham, Klitoris
Ki|wi, der; –s, –s: neuseeländ.
Schnepfenstrauß
Ki|wi, die; –, –s: längliche, exo-
tische Frucht
Kjök|ken|möd|din|ger (dän.)
[kö..] Mz.: in Dänemark gefun-

dene Abfallhaufen von Mahl-
zeitresten und Hausgerät aus
der Steinzeit
kla|bas|tern (ich ..st[e]re)
intr.: (mundartl.) schwerfällig
gehen
Kla|bau|ter|mann, der; –(e)s,
..männer: Schiffskobold :
(nordd.) Seele eines Toten
klack!: Tonwort zur Bezeich-
nung des Falles * **klack|cken,
klack|sen** intr. (sein): schal-
lend fallen; tr.: kleck(s)en
Klad|de, die; –, –n: (niederd.)
Unreines : erster Entwurf eines
Schriftstücks : Buch für vorläufige Geschäftseintragungen
klad|de|ra|datsch!: Tonwort
zur Bezeichnung eines Kraches
* **Klad|de|ra|datsch**, der;
–(e)s, –e: Zusammenbruch :
Skandal : polit.-satirisches
Witzblatt
Kla|do|nie (gr.), die; –, –n:
Säulenflechte, Korallenmoos
* **Kla|do|ze|re**, die; –, –n: Was-
serfloh
klaff!: Tonwort zur Bezeichnung des Hundegebells; vgl.
kliff * **Klaff**, der; –(e)s: Gebell
* *mit Kliff und Klaff* * **klaf|fen**
intr.: gespalten sein : offen stehen * *eine klaffende Wunde;*
Klaffmuschel: Art Muschel *
kläf|fen intr.: heftig bellen :
(selt.) klaffen machen *
Klaf|fer, der; –s, –: Klaffmu-
schel : klaffender Hund *
Kläf|fer, der; –s, –: kläffender
Hund : schreiend zankender
Mensch * **Kläf|fe|rin**, die; –,
–nen: weibl. Kläffer *
Klaf|fe|rei, die; –, –en: Gezänk
Klaf|ter, die; –, –n; der; das; –s,
–: altes Längenmaß : altes
Raummaß * *10 Klafter Holz* *
klafterlang Ew.; *klafterlanger*
Riss; 4 Klafter lang; klaftertief
Ew. * **klaf|t(e)|rig** Ew.: eine
Klafter haltend * **klaf|tern** (ich
..[e]re) intr.: mit ausgespannten
Armen oder Flügeln messen;
tr.: Holz in Klaftern setzen; vgl.
aufklaftern
klag|bar Ew.: so beschaffen,
dass darüber geklagt werden
kann : vor Gericht klagend *
Klag|bar|keit, die; –, –en:
Möglichkeit, etwas als klagbar
zu betrachten usw. * **Kla|ge**,
die; –, –n: Schmerzäußerung :
(mundartl.) Beileid : (mundartl.) Trauer um einen Toten :

(mundartl.) Totenkleider : Beschwerde (vor Gericht) ✳ *Klag(e)erhebung:* (Rechtsspr.) Vorbringung einer Beschwerde ✳ *Klaggeläut(e); Klaggesang; Klaggeschrei; klaglos* Ew.: nicht klagend : schadlos; *klaglos stellen* tr. (Rechtsspr.); *klagsam* Ew.: klagend ✳ *Klagefrau:* zur Totenklage bestellte Frau : Toteneule; *Klagepunkt:* Ursache der gerichtlichen Beschwerde; *Klageruf; Klageschrei; Klageschrift:* schriftliche Beschwerde ✳ *klagenreich* Ew. ✳ **kla|gen** intr.: Schmerz äußern : Klage beim Gericht anbringen; tr.: (einem etwas –) Schmerz äußern : (mundartl.) verklagen; rbz.: sich beklagen (in Redensarten wie: *sich müde klagen* u. a.) : (mundartl.) über schlechtes Befinden klagen ✳ **Kla|ger,** der; –s, –: Wehklagender ✳ **Klä|ger,** der; –s, –: gerichtlich Klagender ✳ **Klä|ge|rin,** die; –, –nen: gerichtlich Klagende ✳ **klä|ge|risch** Ew.: in der Weise eines Klägers ✳ *klägerischerseits* Uw.: von seiten eines Klägers ✳ **kläg|lich** Ew.: klagend : erbärmlich ✳ **Kläg|lich|keit,** die; –, –en: kläglicher Zustand **Kla|gen|furt:** Hauptstadt Kärntens
Kla|mauk, der; –s: (nordd.) Geschrei : Lärm : Ulk ✳ **kla|mös** (l.) (..öseste) Ew.: sich lärmvoll verhaltend [l. *clamor* Lärm]
klamm Ew.: klemmend : beklommen : fest, knapp : vor Kälte steif ✳ **Klamm,** die; –, –en: (bayr.) Bergspalte, Schlucht ✳ **Klam|me,** die; –, –n: (mundartl.) Zange : Halter ✳ **klam|men** tr.: eng zusammenfügen; intr.: verklammen ✳ **Klam|mer,** die; –, –n: etwas, das festhält : Art Haken zum Festhalten : (übertr.) etwas fest Umschließendes : (Buchdrw.) Bogen vor und hinter Einschaltungen : Satzzeichen : arithmetisches Zeichen ✳ **klam|mern** (ich ..[e]re) tr.: fest anschließen; rbz.: sich festhalten ✳ *Klammeraffe; Klammerbeutel; Klammerfuß:* zum Festhalten geeigneter Vogelfuß; *Klammerwurzel:* sich anklammernde Wurzel (Efeu)

Kla|mot|te, die; –, –n: zerbrochener Mauerstein : (Mz.) (verächtl.) schlechte Gegenstände aller Art : (Umgspr.) alte Kleidungsstücke : (Gaunerspr.) Geld
Klam|pe, die; –, –n: Holz zum Festhalten : (Schiffb.) Seitenrippe ✳ **Klamp|fe,** die; –, –n: (bayr.-östr.) Zupfgeige, Gitarre
kla|mü|sern intr.: (mundartl.) herumprobieren : austüfteln
klan|des|tin (l.) Ew.: geheim
klang: Tonwort zur Bezeichnung des klingenden Schalles ✳ **Klang,** der; –(e)s, Klänge; Klängchen: klingender Ton : (übertr.) (guter –) Ruf, Gerücht ✳ *Klangboden:* Resonanzboden; *Klangeffekt; Klangfarbe:* Art eines Tones; *Klangfigur:* (Physik) bildliche Klangdarstellung; *Klangformung:* Klangbildung; *Klangfülle; Klangkörper; Klanglein:* Leinpflanze; *klanglos; –reich* Ew.; *Klangschönheit; klangvoll* Ew.; *Klangwirkung; Klangwort:* klangvolles tonnachmendes Wort ✳ **klang|lich** Ew.: auf den Klang bezüglich
Klank, der; –(e)s, Klänke; **Klan|ke,** die; –, –n: (mundartl.) Schleife
klapp: Tonwort zur Bezeichnung eines schallenden Schlages u. Ä. ✳ **Klapp,** der; –(e)s, –e: schallender Schlag ✳ **Klap|pe,** die; –, –n: Kläppchen, -lein: Werkzeug zum Schlagen, bes. Fliegenklappe : an einer Seite befestigter, beweglicher Verschluss : Ventil : (volkst.) Mund : (volkst.) Bett ✳ *Klapp(en)horn:* altes Blechblasinstrument; *Klapphornverse:* holprige Scherzverse; *Klappenventil:* Öffnung mit nach einer Seite beweglicher Klappe als Verschluss ✳ *Klappenfeder:* Drahtfeder zum Verschluss einer Klappe; *Klappenfehler:* Herzklappenkrankheit ✳ **klap|pen** intr.: schlagend Töne hervorbringen : klopfen : schlagend den Takt angeben : gut zusammenpassen; intr., rbz.: sich wie eine Klappe bewegen ✳ *Klappdeckel; Klappholz:* Daubenholz; *Klapphut:* zusammenklappbarer Hut; *Klappmesser:* zusammenklappbares Messer; *Klapprad;*

Klappsitz: zusammenklappbarer Sitz; *Klappstiefel:* Stulpenstiefel; *Klappstuhl; Klapptisch; Klappverdeck* ✳ **Klap|per,** die; –, –n: Werkzeug zum Klappern : Kinderspielzeug ✳ **Klap|pe|rei,** die; –, –n: wiederholtes Klappern : nichtiges Geschwätz ✳ **klap|pe|rig, klapp|rig** Ew.: klappernd : hinfällig ✳ **klap|pern** intr.: anhaltend klappen : schwatzen; intr. (sein): sich klappernd bewegen; tr.: durch Klappern stören u. dgl.; rbz., in Wendungen wie: sich müde klappern u. Ä. ✳ *aus dem Schlaf klappern* tr. ✳ *Klapperbein:* Tod; *klapperdürr* Ew.: so dürr, dass die Knochen aneinander klappern; *Klapperjagd:* Treibjagd; *Klapperkasten:* schlechtes Klavier; *Klapperkraut:* Pflanze; *Klappermann* (Mz. ..leute): Tod : Schwätzer : Jagdtreiber; *Klappermaul:* Schwätzer; *Klappermühle:* klappernde Mühle : Vogelscheuche : (übertr.) Schwätzer; *Klapperrose:* Feldmohn; *Klapperschlange:* Schlangenart : (scherzh.) Maschinenschreiberin; *Klapperschuld:* aus kleinen Posten bestehende Schuld; *Klapperstorch* ✳ **kläp|pern** intr.: mit hellem Laut klappern ✳ **..klap|pig** Ew., nur in Zus.: mit Klappen versehen; z. B. zweiklappig ✳ **klaps:** Tonwort zur Bezeichnung eines klappenden Schalls ✳ **Klaps,** der; –es, –e und **Kläpse;** Kläpschen: schallender Schlag : (übertr.) Schlappe ✳ *einen Klaps haben:* (angeschlagen), nicht normal sein ✳ *Klapsmann:* (Umgspr.) Verrückter; *Klapsmühle:* (Umgspr.) Irrenanstalt ✳ **klap|sen** (du klapsest und klapst) tr.: einen Klaps geben
klar (-er; -ste) (l.) Ew.: frei von Trübem : durchsichtig : rein : glänzend hell : glänzend weiß : klar sehend : (übertr.) deutlich : eindeutig : offenbar : gut geordnet : hell tönend : (mundartl.) fein ✳ *im klaren sein über etwas → im Klaren sein über etwas:* etwas deutlich erkannt haben; *ins klare kommen über etwas → ins Klare kommen über etwas:* etwas deutlich erkennen; *etwas ins klare brin-*

gen → *etwas ins Klare bringen*
tr.: aufklären * *klaräugig* Ew.;
klarblickend : *klar blickend*
Mw. Ew.; *klardenkend* → *klar
denkend* Mw. Ew.; *klarlegen*
(ich lege klar, klargelegt, klar-
zulegen) tr.: verdeutlichen;
klarmachen (ich mache klar,
klargemacht, klarzumachen)
tr.: erklären : (Schiff) fahrtbe-
reit machen; *klar machen*: rein,
durchsichtig machen; *Klar-
schiff*: (seem.) „klargemachtes
Schiff", Gefechtsbereitschaft;
Klarschlag: (Forstw.) für den
Ackerbau gerodetes Waldge-
biet; *Klarschriftleser*: EDV-
Eingabegerät, das Daten in les-
barer Form verarbeitet; *klarse-
hen* → *klar sehen* (ich sehe
klar, klar gesehen, klar zu sehen) intr.: (in einer Sache –) etwas deutlich durchschauen;
Klarsichtpackung; *klarstellen*
(ich stelle klar, klargestellt,
klarzustellen) tr.; *Klartext*: ent-
zifferter Text; *klarwerden* →
klar werden (ich werde [mir]
klar, klargeworden, klarzuwer-
den) intr.: (sich über etwas –)
verstehen : erkennen * **Kläre**,
die; –, –n: (selten) Klarheit *
klären tr.: klar machen; rbz.:
klar werden : (Techn.) läutern,
raffinieren * *Kläranlage*:
techn. Anlage; *Klärbassin*;
–kessel; *–mittel*; *Klärpfanne* *
Klarheit, die; –, –en: Helle :
Reinheit : Deutlichkeit : Verständlichkeit * **klärlich** Ew.:
klar : deutlich * **Klärsel**, das;
–s, –: der in der Klärpfanne ge-
klärte Zuckersaft * **Klärung**,
die; –, –en: das Klären

**klar, ins Klare kommen, im
Klaren sein**
Das Adjektiv *klar* schreibt man
klein: *Mir war klar, dass ich
mich beeilen musste.* Wird das
Adjektiv substantiviert, wird
großgeschrieben: *Ich war mir
im Klaren, dass ich mich beeilen musste.*
Klarett (fr.), der; –s, –s und –e:
leichter, halbroter Wein
klarieren (..iert) tr.: klären :
den Zoll ein Schiff bezahlen
Klarinette (it.), die; –, –n.
Holzblasinstrument * **Klari-
nettist**, der; –en, –en: Klari-
nettenbläser
Klarissin, die; –, –nen: Angehörige des Klarissenordens

klarlegen, klar machen
usw.: s. klar
Klasis (gr.), die; –: das Abbrechen, Bruch * **Klasma** (gr.),
das; –, ..men: Bruchstück *
klastisch Ew.: zerbrechlich *
klastisches Gestein: Trümmergestein
Klasse (l.), die; –, –n: zusammengehörige Abteilung von
Pflanzen und Tieren : soziale
Schicht : Rang : (volkst.) hoher
Rang : gemeinsam unterrich-
tete Anzahl von Schülern *
Klassenarbeit; *Klassenbewußt-
sein* → *Klassenbewusstsein*;
Klassenbuch: Buch für Eintra-
gungen über eine Schulklasse;
Klasseneinteilung; *Klassen-
erste*, der; –n, –n: Erster einer
Schulklasse; *Klassengesell-
schaft*; *Klassenhaß* → *Klassen-
hass*: Hass zwischen sozialen
Schichten; *Klasseninteresse*;
Klassenjustiz: die eine soziale
Schicht bevorzugende Rechtsprechung: *Klassenkamerad*;
Klassenkampf: Kampf sozialer
Schichten untereinander; *Klas-
senlehrer*: Lehrer, der eine
Schulklasse leitet; *Klassenlei-
ter*; *Klassenlotterie*: Lotterie
mit mehreren Abteilungen bei
der Ziehung; *Klassensieger*;
Klassensprecher; *Klassen-
staat*; *Klassentreffen*; *Klassen-
ziel*; *Klassenzimmer*: Zimmer
einer Schulklasse * **klasse**
Ew.: (Umgspr.) hervorragend :
großartig * **Klassement** (fr.)
[kläß'mang], das; –s, –s: Ein-
reihung : Reihenfolge *
klassieren (..iert) tr.: klassifizieren * **Klassierung**, die; –,
–en: Klassifizierung *
Klassifikation, die; –, –en:
Anordnung : Einteilung *
klassifizieren (..iert) tr.: anordnen : einteilen : sondern *
Klassifizierung, die; –, –en:
Klassifikation * **..klassig** Ew.,
nur in Zus.: Klassen habend *
einklassig * **Klassik**, die; –:
Höhepunkt, Blütezeit der
griech.-röm. Literatur und
Kunst : jeder Höhepunkt einer
Entwicklung der Kunst und
Wissenschaft * **Klassiker**,
der; –s, –: hervorragender
Schriftsteller, Künstler (bes.
der Zeit der Klassik) *
klassisch Ew. (–[e]ste): mus-
tergültig : (Zeuge) vollglaub-

würdig * **Klassizismus**,
der; –: das klassische Altertum
nachahmender Kunststil *
klassizistisch Ew. (–[e]ste)
* **Klassizität**, die; –: Muster-
gültigkeit
klastisch: s. Klasis
Klater, der; –s: (niederd.)
Schmutz * **klaterig, klatrig**
Ew.: schmutzig : jämmerlich
klatsch: Tonwort zur Bezeichnung des Schalls * **Klatsch**,
der; –es, –e: Schall : schallender Schlag : Peitschenknall :
Geschwätz * **Klatsche**, die; –,
–n: Gegenstand zum Klat-
schen : Fliegenklappe :
schwatzhafte Person *
klatschen (du klatsch[e]st)
intr.: schallend aufschlagen :
(übertr.) geschwätzig plaudern
: verleumderisch reden; tr.:
klatschend schlagen : (Fliegen
– und übertr.) totschlagen : (etwas –) ausplaudern, angeben *
Klatschbase: geschwätziges
Weib; *Klatschgeschichte*;
–maul; *klatsch(e)naß* →
klatsch(e)nass (→); *Klatsch-
nest*: Ort, wo viel geschwatzt
wird; *Klatschrose*: Feldmohn;
Klatschspalte; *Klatschsucht*:
krankhafte Neigung zum
Schwatzen; *klatschsüchtig* Ew.
* **Klatscher**, der; –s, –: klat-
schende Person * **Klatsche-
rin**, die; –, –nen: weibl. Klatscher * **Klatscherei**, die; –,
–en: Geschwätz * **klatsch-
haft, klatschig** Ew.: geschwätzig * **Klatschhaf-
tigkeit**, die; –: geschwätziges
Wesen
Klau, die; –, –en: das beweglich gegabelte untere Gaffelteil
klauben tr.: mühsam abtrennen, lösen : mühsam zusammenlesen : mühsam heraussu-
chen u. Ä. * *Klaub(e)arbeit*:
(Bergb.) Absonderung des hal-
tigen vom tauben Gestein;
Klaub(e)bühne: (Bergb.) Boden für Klaubearbeit;
Klaub(e)junge; *Klaub(e)tisch*
* **Klauber**, der; –s, –: Klau-
bender * **Klauberei**, die; –,
–en: mühselige Kleinarbeit
Klaue, die; –, –n: Kläuchen:
krallenbesetzter Zeh : Fuß mit
krallenbesetzten Zehen (Vögel,
Raubtiere) : Huf (vom Vieh) :
(verächtl.) Hand : schlechte
Handschrift : klauenförmiges

Ding ✱ *Klauengeld:* Viehsteuer; *Klauenhammer:* Splitthammer; *Klauenhorn:* eine Art Schnecke; *Klauenmuschel:* eine Muschel; *Klauenseuche:* Viehkrankheit; *Klauensteuer:* Viehsteuer; *Klauenvieh:* Vieh mit Hufen, bes. Kleinvieh ✱ **klau|en** tr.: mit den Klauen packen : schlecht schreiben : stehlen; intr.: watschelnd gehen ✱ **klau|ig** Ew., **ge|klaut** Mw. Ew.: mit Klauen versehen : gestohlen

Klau|se (l.), die; –, –n; Kläuschen: enge Höhle : Felsenspalte : Schleuse : Zelle : Einsiedelei

Klau|sel, die; –, –n: Nebenbestimmung in einem Vertrag u. dgl.: Einschränkung ✱ **Klau|si|lie,** die; –, –n: Schließschnecke ✱ **Klaus|ner,** der; –s, –: Bewohner einer Klause : Einsiedler ✱ **klaus|nern** (ich ..[e]re) intr.: als Klausner leben ✱ **Klaus|tro|phi|lie,** die; –: krankhafte Sucht, sich abzusondern ✱ **Klaus|tro|pho|bie,** die; –: Angstzustand in geschlossenem Raum ✱ **Klau|sur,** die; –, –en: Einschließung : gesperrter Teil eines Klosters : in geschlossenem Raum zu schreibende Prüfungsarbeit ✱ *Klausurarbeit* ✱ **Klaus|trum,** das; –s, ..stren: verschlossener Raum : Kloster [l. *clausum* geschlossen zu *claudere* schließen]

Klau|sen|paß → **Klau|sen|pass:** Passstraße in den Glarner Alpen

Klaus|tal, der; –(e)s, –e: Selenblei

Kla|vi|a|tur (nl.) [..w..], die; –, –en: Griffbrett : Gesamtheit der Tasten eines Tasteninstrumentes ✱ **Kla|vi|chord** [..wikord], das; –(e)s, –e: Vorläufer des Klaviers ✱ **Kla|vier,** das; –s, –e: Tasteninstrument, Pianoforte ✱ *Klavierabend; Klavierauszug:* Bearbeitung eines Orchesterwerks für Klavier; *Klavierbegleitung; Klavierkonzert; Klavierlehrer; Klaviersonate; Klavierspiel; –spieler; –stimmer; –stunde* ✱ **kla|vie|ren** (..iert) tr.: (Web.) aufnadeln ✱ **kla|vi|ku|lar** Ew.: das Schlüsselbein betreffend ✱ **Kla|vis** (l.) [..w..], die; –, ..ves: Schlüssel :

Taste : Notenschlüssel ✱ **Kla|vi|zim|bel** (it.) [..w..], das; –s, –n: älteres Saiteninstrument

kle|ben intr.: zäh haften : klebrig sein; tr.: durch klebende Masse befestigen; intr.: Versicherungsmarken einkleben ✱ *Klebstoff* ✱ *Klebeauster:* eine Austernart; *Klebegarn:* leimbestrichenes Garn zum Vogelfang; *Klebegras:* Klettengras; *Klebelaus:* Filzlaus; *Klebemittel; Klebenetz:* geleimtes Vogelnetz; *Klebepflaster; Klebestreifen* ✱ **Kle|ber,** der; –s, –: ein Klebender : Eiweißart im Getreidemehl, Gluten : ein Pflanzenname : eine Art Klettervogel : (volkst.) Dauergast ✱ **Kle|be|rich,** der; –s: Klebekraut ✱ **kle|be|rig, kleb|rig** Ew.: leicht klebend : mit Klebstoff bestrichen

kle|cken tr., intr.: klecksen : schlecht schreiben; intr.: tönend fallen (von Nassem) ✱ **Kle|cker,** der; –s, –: ein Kleckender : Klecks ✱ **Kle|cke|rei,** die; –, –en: Kleckserei ✱ **kle|ckern** (ich ..[e]re) intr.: sich beim Essen beschmutzen ✱ *Kleckerhans; –liese* ✱ **Klecks,** der; –es, –se: Fleck ✱ **kleck|sen** (du klecksest und kleckst) intr.: malen, schmieren : hudeln ✱ **Kleck|ser,** der; –s, –: Schmierer : Farbenklecker ✱ **Kleck|se|rei,** die; –, –en: vieles Klecksen ✱ **kleck|sig** Ew.: mit Klecksen behaftet

kle-cken, Kle-cker
Grundsätzlich werden Wörter nach Sprechsilben getrennt. Da *ck* nur ein Laut ist, entfällt die früher aus Gründen der Wortherkunft übliche Trennung *k-k*.

kle|cken intr.: fördern : ausreichen : genügen ✱ **kleck|lich** Ew.: reicht : erklecklich

Kle|da|sche, die; –, –n: (volkst.) Kleidung

Klee, der; –s: Kleearten : Futterpflanze : eine Farbe im Kartenspiel ✱ *Kleeacker; Kleeblatt; Klee-Ernte* → *Kleeernte; –feld; –futter; kleerot* Ew.; *Kleesalz:* Verbindung von Kleesäure und Kali; *kleesauer* Ew.: Kleesäure enthaltend; *Kleeseide:* eine Schmarotzerpflanze; *Kleewiese*

Klei, der; –(e)s: (nordd.) fette

Tonerde : Marschboden ✱ *Kleiboden; Kleierde; Kleiland* ✱ **klei|en** tr.: (Graben –) von Klei reinigen : (Acker –) Kleigrund nach oben bringen ✱ **Klei|er,** der; –s, –: Pflüger, der kleit ✱ **klei|ig** Ew.: kleihaltig

klei|ben (veralt. du klieb[e]st, geklieben; meist kleibtest, gekleibt) intr.: klebenbleiben, festkleben ✱ **Klei|ber,** der; –s, –: Lehmarbeiter : Spechtmeise

Kleid, das; –(e)s, –er; –chen; Mz. –erchen: Gewand : Gesamtheit der Kleidungsstücke : (übertr.) etwas Bedeckendes, Verhüllendes : (seem.) Tauumwickelung ✱ *Kleiderablage:* Vd. f. Garderobe; *Kleiderbad; Kleiderbügel; Kleiderbürste; Kleiderhaken; Kleidernarr:* einer, der übertriebenen Wert auf Kleider legt; *Kleiderschrank* ✱ **klei|den** tr., rbz.: Kleider anziehen : (einen [gut] –) einem gut stehen ✱ **kleid|sam** Ew.: gut kleidend, stehend ✱ **Kleid|sam|keit,** die; –: das Kleidsamsein ✱ **Klei|dung,** die; –, –en: das Kleiden : Gesamtheit der Kleider ✱ *Kleidungsstück*

Kleie, die; –, –: Müllereiabfall : Kraftfutter ✱ *Kleienbrot; Kleienflechte:* eine Hautflechte ✱ **klei|en** Ew.: aus Kleie bestehend ✱ **klei|ig** Ew.: Kleie enthaltend : mit Kleie, wie mit Kleie bedeckt

klein Ew.: gering an Ausdehnung, Größe, Menge : unbedeutend ✱ *von klein auf:* von Jugend auf; *klein und groß* → *Klein und Groß:* jedermann; *ein klein wenig:* ein kleines bisschen; *um ein kleines* → *um ein Kleines, über ein kleines* → *über ein Kleines:* bald; *bei kleinem* → *bei Kleinem:* in kleinen Teilen : allmählich; *bis ins kleinste* → *bis ins Kleinste:* bis in alle Einzelheiten ✱ *Kleine und Große; die Kleinen und die Großen; im Kleinen treu sein; Klein Roland; der Kleine Bär* ✱ kurz und klein schlagen tr.: in kleine Stücke zerschlagen, gänzlich zerstören; *klein kriegen* tr.: überwinden; *klein machen* rbz.: sich demütigen; *klein beigeben* intr.: nachgeben ✱ *Kleinarchitektur; Kleinarbeit; Kleinbahn:* Eisenbahn auf

Nebenstrecken; *Kleinbauer; Kleinbetrieb; Kleinbildkamera; Kleinbinder:* Fassbinder; *Kleinbuchstabe; Kleinbürger; kleinbürgerlich* Ew.; *kleindenkend* Mw. Ew.; *Kleinempfänger:* Rundfunkgerät; *Kleinfafel,* das; –s, –: Läuferschwein im ersten Jahr; *Kleinformat; Kleingarten; Kleingärtner; Kleingeist:* kleinlicher Geist; *Kleingeld; kleingemustert →* *klein gemustert; Kleingewerbe; kleingläubig* Ew.: schwachgläubig; *Kleinhandel; kleinjährig* Ew.: (Holz) kleine Jahresringe habend; *kleinkalib(e)rig* Ew.; *–kariert* Ew.: engstirnig : borniert; *klein kariert:* ein kleines, kariertes Muster habend; *Kleinkind; Kleinkraftwagen; Kleinkram; Kleinkunst:* an kleinen Gegenständen ausgeübte Kunst; *kleinlaut* Ew.: kleinmütig, bescheiden; *Kleinleutegeruch; –möbel; Kleinmut,* der; –(e)s: Verzagtheit; *kleinmütig* Ew.; *Kleinoktav,* das; –s: ein Buchformat; Abk.: Kl.-8°; *Kleinpflaster; Kleinrentner; Kleinschlag:* kleingeklopfte Steine zur Beschotterung von Straßen; *Kleinschreibung; Kleinsiedler; Kleinstaat; Kleinstaaterei; Kleinstadt; –städter; kleinstädtisch* Ew.; *Kleinstwohnung; Kleintierzucht; Kleinvieh; Kleinwagen* **Klein,** das; –s: (aus kleinen Stücken bestehendes) Gericht * **Klei|ne,** das; –n, –n: Kind * **Klei|ne,** der; –n, –n: kleiner Knabe * **Klei|ne,** die; –n, –n: kleines Mädchen * **Klei|ne,** die; –: Kleinheit * **Klein|heit,** die; –, –en: das Kleinsein : kleinliche Gesinnung * **Klei|nig|keit,** die; –, –en: etwas Kleines : etwas Unbedeutendes * *Kleinigkeitskrämer:* einer, der sich übermäßig mit Kleinigkeiten beschäftigt, Pedant * **klein|lich** Ew.: zu sehr an Kleinigkeiten haftend : unwichtig, beschränkt * **Klein|lich|keit,** die; –, –en: Unwichtigkeit, Belanglosigkeit * **Klein|od,** das; –(e)s, –e und ..odien: Zierliches : Kostbarkeit : Schmucksache **Klei|ster,** der; –s, –: zäher Brei zum Kleben * *Kleistertopf* *

kleis|te|rig, kleis|trig Ew.: mit Kleister beschmiert : kleisterartig * **kleis|tern** (ich ..[e]re) tr.: kleben **kleis|to|gam** (gr.) Ew.: geschlossenblütig **Kle|ma|tis** (gr.), die; –, –: ein Rankgewächs, Waldrebe **klemm** Ew.: (mundartl.) klamm : knapp : einengend * **Klem|me,** die; –, –n: etwas Klemmendes : Enge : sperrender Krampf : beengender Mangel * *in der Klemme sein:* in einer Notlage sein * *Klemmschraube; Klemmspannung:* elektr. Stromspannung an den Klemmen * **klem|men** tr., intr.: drückend einschließen, zusammendrängen : (stud.) klauen, stehlen; rbz.: durch etwas geklemmt fest * **Klem|mer,** der; –s, –: Zwicker, Augenglas * **klem|mig** Ew.: (bergm.) (Gestein) fest **klem|pern** (ich ..[e]re) intr.: hellklappernden Ton erzeugen **Klemp|ner,** der; –s, –: Blechschmied * *Klempnerarbeit; Klempnerladen:* (Umgspr.) viele Orden und Ehrenzeichen auf der Brust; *Klempnermeister* * **Klemp|ne|rei,** die; –, –en: Handwerk, Werkstatt eines Klempners * **klemp|nern** (ich ..nere) intr.: Klempnerarbeit verrichten **Klen|gan|stalt,** die; –, –en: Darre zur Gewinnung von Nadelholzsamen * **klen|gen** tr.: klingen lassen : Tannenzapfen entsamen **Klep|per,** der; –s, –: verbrauchter Gaul : viel laufende Person : Kirschfink * **klep|pern** (ich ..[e]re) intr. (haben, sein): sich tummeln **Klep|per|boot,** das; –es, –e: Faltboot der Firma Klepper * **Klep|per|man|tel,** der; –s, ..mäntel: wasser- und winddichter Wettermantel der Firma Klepper **Klep|sy|dra** (gr.), die; –, ..ydren: Wasseruhr * **klep|tisch** Ew.: diebisch : verstohlen * **Klep|to|ma|ne,** der; –n, –n: an Kleptomanie Leidender * **Klep|to|ma|nie,** die; –: krankhafter Hang zum Stehlen * **klep|to|ma|nisch** Ew.: die Kleptomanie betreffend * **Klep|to|pho|bie,** die; –, ..ien:

krankhafte Furcht, zu stehlen oder bestohlen zu werden [gr. kleptein stehlen] **kle|ri|kal** (gr.-l.) Ew.: den geistlichen Stand betreffend : kirchlich, päpstl. gesinnt * **Kle|ri|ka|len** Mz.: Geistlichkeit : Anhängerschaft der Geistlichkeit * **Kle|ri|ka|lis|mus,** der; –: polit. Machtbestreben der Geistlichkeit * **Kle|ri|kat,** das; –(e)s: geistlicher Stand * **Kle|ri|ker,** der; –s, –: Geistlicher * **Kle|ri|sei,** die; –, –en: die gesamte Geistlichkeit * **Kle|ro|ga|mie,** die; –, ..mjen: Priesterehe * **Kle|ro|kra|tie,** die; –, ..tien: Priesterherrschaft * **Kle|rus,** der; –: Geistlichkeit **Klet|te,** die; –, –n: Klettchen: Vogel : Distel : deren leicht anhaftender Blütenkelch : Aufdringlicher * *Klettenkurbel:* eine Pflanze; *Klettenstange:* Leimstange der Vogelsteller; *Klettenwurzelöl* * **klet|ten** rbz.: sich wie eine Klette anhängen **Klet|te|rei,** die; –, –en; das (viele) Klettern * **Klet|te|rer,** der; –s, –: ein Kletternder * **klet|tern** (ich ..[e]re) intr. (haben, sein): sich festhaltend auf- oder abwärts steigen * *sich müde klettern* * *Kletterpartie; Kletterpflanze; Kletterrose; Kletterstange; Klettertour; Kletterübung; Klettervogel; Kletterweste* **Kle|ve:** Stadt in Nordrhein-Westfalen **kli|cken** intr.: einen hellen, kurzen Ton geben **Kli|cker,** der; –s, –: kleine Glas- oder Tonkugel zum Spielen, Murmel * **kli|ckern** (ich ..[e]re) intr.: mit Klickern (Murmeln) spielen **klie|ben** (du klobst und kliebtest, du klöbest und kliebtest; gekloben und gekliebt; klieb[e]!) tr.: spalten * **klie|big** Ew.: leicht spaltbar **Kli|ent** (l.), der; –en, –en: Hörender, Schützling : Kunde (eines Rechtsanwalts) * **Kli|en|tel,** die; –, –en: Verhältnis des Schützlings zum Schutzherrn : gesamte Kundschaft eines Rechtsanwalts **kliff:** Tonwort zur Bezeichnung hellen Gebells * **Kliff,** der; –(e)s: helles Gebell * *mit Kliff und Klaff*

Kliff, das; –(e)s, –e: (niederd.) Klippe, felsiges Seeufer

Kli|ma (gr.), das; –s, –s und ..mate: Gesamtheit der Witterungsverhältnisse eines Ortes * *Klimaänderung; Klimaanlage:* Einrichtung zur Regelung der Temperatur und Luftfeuchtigkeit * *Klimagase; Klimakur:* Anwendung der Wirkungen der Klimate zur Heilung; *Klimaschwankung; Klimawechsel* * **kli|mak|te|risch** Ew.: stufenartig, eine Stufe bildend : die Witterung betreffend * *klimakterische Jahre* Mz.: Wechseljahre der Frau * **Kli|mak|te|rium,** das; –s, ..rien: Wechseljahre * **kli|ma|tisch** Ew.: das Klima betreffend * **Kli|ma|to|lo|gie,** die; –, ..gien: Lehre vom Klima * **Kli|ma|to|the|ra|pie,** die; –, ..pien: Heilung durch klimatische Einwirkungen * **Kli|max,** die; –, –e: Stufenfolge, Steigerung, bes. der Ausdrücke in einer Rede : Höhepunkt [gr. klin- ein neigen]

Klim|bim, der; das; –s: (volkst.) überflüssiges Beiwerk, nebensächliches Drum und Dran

Klim|me, die; –, –n: Kletterstrauch : Klimmzug * **klim|men** (du klomm[e]st und klimmtest, du klömmest und klimmtest; geklommen und geklimmt; klimm[e]!) intr. (sein): klettern : mit Mühe klettern * *Klimmzug:* Aufzug am Reck

Klim|pe|rei, die; –, –en: das (viele) Klimpern * **Klim|pe|rer,** der; –s, –: ein Klimpernder * **klim|pern** (ich ..[e]re) intr.: hellklappernde Töne hervorbringen : schlecht Klavier spielen * *Klimperkasten:* (scherzh.) Klavier; *klimperklein* Ew.: winzig klein

kling: Tonwort zur Bezeichnung eines hellen Klanges * **Klin|ge,** die; –, –n: schneidendes Eisen des Schwertes * *Klingenprobe; Klingenschmied; Klingenstock:* Stockdegen * **Klin|gel,** die; –, –n: helltönende metallene Glocke * *Klingelbeutel:* Sammelbeutel mit Klingeln in der Kirche; *Klingeldraht; –leitung; –schnur* * **klin|geln** (ich ..[e]le) intr.: hellklingende Töne hervorbringen

klin|gen (du klangst, du klängest; geklungen; kling[e]!) intr.: hell tönen : (Ohren) mit hellen Tönen sausen : (schön usw. –) lauten, sich anhören : guten Klang haben * *Klingklang,* der; –s: Geklinge

Klin|ge, die; –, –n: (obd.) Talenge, Schlucht

Kling|sor, Kling|sohr: ungar. Zauberer, Gestalt der Gralssage

Kli|nik (gr.), die; –, –en: medizinischer Unterricht am Krankenbett : Krankenhaus * **Kli|ni|ker,** der; –s, –: Lehrer an einer Klinik : Medizinstudent als Lernender an der Klinik * **Kli|ni|kum,** das; –s: Klinikkomplex : Teil der Ausbildung zum Mediziner * **kli|nisch** Ew.: auf die Klinik bezüglich : in Krankenhausbehandlung : durch medizinische Untersuchung feststellbar * **Kli|no|me|ter,** das; –s, –: Neigungsmesser (Werkzeug)

Klin|ke, die; –, –n: Türdrücker * **klin|ken** intr.: den Türdrücker bewegen

Klin|ker, der; –s, –: hartgebrannter Ziegel : (seem.) Schiff mit an den Fugen einander deckenden Planken

Klin|se, Klin|ze, die; –, –n; Klinschen, Klinzchen: Ritze, Spalt; auch Klunse

Klio, die; –: Muse der Geschichte : ein Asteroid

klipp: Tonwort zur Bezeichnung hellen Klappens * *klipp!; klipp, klapp!; klipp und klar:* ganz klar * **klip|pen** intr.: hell klappern * *Klippkram:* Kleinkram; *Klippschuld:* geringfügige Schuld; *Klippschule:* Schule mit Elementarunterricht * **klip|pern** (ich ..[e]re) intr.: hell klappern

Klipp (e.), der; –s, –s: Spange : Schmuckklemme [einged. aus e. clip]

Klip|pe, die; –, –n: vorragender Fels, zackige Felsspitze : eckige Münze * *Klipp(en)fisch:* auf Klippen gedörrter Stockfisch * *klippenlos* Ew.; *Klippenrand; klippenreich* Ew.; *Klippenspringer:* eine Antilopenart * **klip|pig** Ew.: klippenreich

Klip|per, der; –s, –: Schnellsegler, Handelsschiff : Großflugzeug für Transozeanflüge

Kli|que: s. Clique

klirr: Tonwort zur Bezeichnung eines hellen, schwirrenden Klanges * **klir|ren** intr.: hell schwirrend klingen

Kli|schee (fr.), das; –s, –s: Druckstock : Bildstock : Abklatsch * *Klischeevorstellung; Klischeewort* * **kli|schee|haft** Ew. * **kli|schie|ren** (..iert) tr.: abklatschen : Bild auf Druckstock übertragen * *Klischiermaschine*

Klis|tier (gr.), das; –s, –: (Med.) Einlauf, Einspritzung von Flüssigkeit in den Mastdarm * **klis|tie|ren** (..iert) tr.: Einlauf machen * *Klistierspritze* * **Klys|ma,** das; –s, ..men: Darmausspülung [gr. klyzein spülen]

Kli|to|ris (gr.), die; –, – und ..torides: Kitzler, Teil der weibl. Scham

klitsch: Tonwort zur Bezeichnung eines hellen Klatschens * *klitschnaß → klitschnass* Ew.

Klitsch, der; –es: weiche (nasse) Masse : leichter Schlag * **Klit|sche,** die; –, –n: ärmliches Landgut * **klit|schen** (du klitsch[e]st und du klitschst) intr.: eine klitschige Masse bilden * **klit|schig** Ew.: lehmig : (Brot usw.) unausgebacken, mit nassen Streifen

klit|te|rig Ew.: in Einzelheiten zersplitten * **klit|tern** (ich ..[e]re) tr.: aus Einzelheiten zusammensetzen * *Klitterschuld:* Klapperschuld * **Klit|te|rung,** die; –, –en: Zusammensetzung aus Einzelheiten, bes. Erzählung

klit|ze|klein Ew.: (Umgspr.) winzig klein

Kli|vie, die; –, –n: südafrikan. Zwiebelgewächs

Klix, der; –es, –e: Schnalzlaut

Klo|a|ke, die; –, –n: Abzugskanal für Unrat : Senkgrube : Ausgangstrichter, in den Darm, Harn- und Geschlechtsorgane verschiedener Tiere münden * *Kloakentiere* Mz.: niedrigste Ordnung der Säugetiere

Klo|ben, der; –s, –: Klöbchen: Klotz : grobes Holzstück : Flaschenzug : Vorrichtung zur Befestigung des Waagebalkens zum Vogelfang * *Klobenholz:* Scheitholz * **klo|ben** tr.: klieben : mit klobigem Holz

schlagen * klo|big Ew.: klotzig : massig : plump, derb
klö|nen intr.: (niederd.) schwatzen

klo|nisch (gr.) Ew.: krampfhaft, zuckend * Klo|nus, der; –, –se: (Med.) Muskelkrampf

Kloot: s. Klot

Klöp|fel, der; –s, –: Fäustel : Klöppel * klöp|feln (ich ..[e]le) tr.: leicht klopfen * klop|fen intr., tr.: mit kurzen Schlägen treffen, schlagen * *Klopffechter:* bezahlter Berufsfechter : gekaufter Schriftsteller; *Klopfhengst:* durch Zerklopfen der Hoden zeugungsunfähiger Hengst; *Klopfholz:* Holzhammer; *Klopfjagd:* Treibjagd; *Klopfmassage:* Massage durch Klopfen mit den Fingerspitzen oder Händen; *Klopfpeitsche* * Klop|fer, der; –s, –: ein Klopfender : Treiber : Gerät zum Klopfen *

Klöp|pel, der; –s, –: Klopfholz : Glockenschwengel : Knüppel : Holznadel zum Klöppeln * klöp|peln (ich ..[e]le) tr.: (Hund –) schlagen : durch Verflechten von Fäden Spitzen anfertigen * *Klöppelarbeit; Klöppelgarn; Klöppelbrief:* vorgezeichnetes Muster zum Klöppeln; *Klöppelkissen; Klöppelnadeln; Klöppelspitze* * Klöpp|le|rin, die; –, –nen: eine Klöppelnde *

Klops, der; –es, –se: Fleischkloß * *Klopsbraten:* Braten aus Hackfleisch

Klo|sett (l.-fr.), das; –(e)s, –e: Abort : Nachtstuhl * *Klosettbürste; Klosettfrau; Klosettpapier*

Kloß, der; –es, Klöße; Klößchen: zusammengeballte kugelförmige Masse, Klumpen : Knödel * klo|ßen (du kloßest) tr.: Erdklöße zermalmen * klo|ßig Ew.: kloßartig zusammenklebend

Klos|ter (l.-rom.), das; –s, Klöster; Klösterchen: abgeschlossenes Gebäude als Mönchs-, Nonnenwohnung * *Klosterbruder; –gang; –gelübde; Klosterkirche, Klosterleben; Klosterregel; Klosterschule; Klosterzelle; Klosterzucht* * klös|ter|lich Ew.: dem Kloster angehörig, gemäß : abgeschlossen

Klot, Kloot (ostfries.), der; –es, –en: Kloß : Kugel * *Klotschießen:* Eisbosselspiel

Klo|tho: „die Spinnerin", eine der griech. Parzen

Klotz, der; –es, Klötze; Klötzchen: großes, unförmiges Stück Holz : etwas Derbes : ungehobelter, grober Mensch * *Klotzkopf:* Dummkopf * klot|zen (du klotzest und klotzt) intr.: sich wie ein Klotz, plump bewegen : tüchtig laufen; tr.: viel bezahlen : (Block –) das ungleiche Ende absägen : (gebeiztes Zeug –) mit Farben bedrucken * *Klotzschuh:* derber Holzschuh * klot|zig Ew.: derb : plump : massig; Uw.: (derb) sehr

Klöt|ze, die; –, –n: gedörrte Birne * *Klötzenbrot:* Brot mit eingebackenem Obst

Klub (e.), der; –s, –s: geschlossene Vereinigung und deren Räume * *Klubgarnitur:* Gruppe Polstermöbel; *Klubhaus;* vgl. Club; *Klubmitglied; Klubsessel*

kluck: Tonwort zur Bezeichnung eines dumpfen Lautes *

Klu|cke, s. Glucke

Kluft, die; –, –en: (Gaunerspr.) Kleid, Anzug : Uniform, Dienstkleidung

Kluft, die; –, Klüfte; Klüftchen: klaffender Spalt, bes. Bergschlucht : etwas Trennendes : (Forstw.) Kloben Holz : Zange * klüf|ten tr.: schroff spalten * kluf|tig, klüf|tig Ew.: gespalten : leicht zu klüften

klug (klüger; klügste) Ew.: mit scharfem Verstand begabt : auf verständige Überlegung begründet * *es ist das klügste →* *es ist das Klügste:* am klügsten; *aus etwas nicht klug werden:* etwas nicht verstehen * *klugreden* (ich rede klug, kluggeredet, klugzureden) intr.: alles besser wissen wollen; *klug reden* intr.: wirklich Kluges sagen; *Klugredner* * Klü|ge|lei, die; –, –en: Spitzfindigkeit * klü|geln (ich ..[e]le) tr.: tüftelnd sinnen * Klug|heit, die; –, en: Klugsein * *Klugheitsdünkel; Klugheitsregel*

Klüg|ler, der; –s, –: ein Klügelnder * klüg|lich Ew.: klug und vorsichtig

Klump, der; –(e)s, –e und

Klümpe; Klümpchen; Klumpen, der; –s, –: formlos zusammengeballte Masse * *Klumpfisch; Klumpfuß:* missgebildeter Fuß; *klumpfüßig* Ew. * klum|pen intr., rbz.: sich in Klumpen zusammenballen * klüm|pe|rig, klüm|prig Ew.: Klümpchen bildend, enthaltend * klüm|pern (ich ..[e]re) intr., rbz.: klümperig werden * klum|pig Ew.: Klumpen bildend, enthaltend : plump, massig, formlos

Klün|gel, der; –s, –: (mundartl.) Knäuel : Sippschaft : Parteibildung, -wirtschaft : geheime Umtriebe * Klün|ge|lei, die; –, –en: geheime Parteibildung

Klu|ni|a|zen|ser (nl.), der; –s, –: Mönch vom Kloster Cluny

Klun|ker, der; –s, –: die ; –, –n: etwas hin und her Baumelndes : Quaste : Troddel : (Umgspr.) große Schmucksteine * klun|ke|rig Ew.: mit Klunkern behaftet * klun|kern (ich ..[e]re) intr.: wie ein Klunker baumeln

Klun|se: s. Klinse

Klup|pe, die; –, –n; Klüppchen: Zange : Werkzeug zum Festhalten : Werkzeug zur Herstellung von Schraubengewinden (Schneidkluppe) : Werkzeug zum Messen des Durchmessers von Bäumen : Werkzeug zum Zusammenschrauben von Gasrohren (Gaskluppe) : kleiner Haufe : ein Gebinde Vögel * *einen in die Kluppe nehmen:* einen festhalten, nicht loslassen * klup|pen tr.: einzwängen : zu einem Kluppert zusammenbringen * Klup|pert, der; –s, –e: kleiner Haufen, Schar

Klus (ml.), die; –, –en: (oberd.) Talenge, Schlucht

Klü|se, die; –, –n: Loch am Schiffsbug für die Ankertaue * Klu|te, die; –, –n: (niederd.) Erdklumpen : Kloß * *Klutenstock:* Stock mit Astansatzstellen; *Klutentreter:* (verächtl.) Landmann

Klü|ter, der; –s, –: Klümpchen (in der Suppe usw.) * klü|tern (ich ..[e]re) tr.: unbedeutende Dinge treiben

Klut|ter, die; –, –n: Lockpfeife

Klü|ver, der; –s, –: dreieckiges

Segel am Bugspriet ✳ *Klüver-baum; Klüverstag*

Klys|ma: s. Klistier

Kly|täm|ne|s|tra (gr.): Gemahlin Agamemnons

knab|bern, knap|pern (ich ..[e]re) intr.: nagen : abbeißen

Kna|be, der; –n, –n; Knäbchen: männliches Kind : (Umgspr.) Bursche, Kerl ✳ *alter Knabe:* (spött.) Mann ✳ *Knabenalter; –chor; Knabenkraut:* eine Pflanze; *Knabenliebe:* Päderastie; *knabenmäßig* Ew.: wie ein Knabe; *Knabenschule; –spiel; –streich; –zeit* ✳ **kna|ben|haft** Ew.: in der Art eines Knaben ✳ **Kna|ben|haf|tig|keit,** die; –, –en:knabenhaftes Tun

knack!, knacks!: Tonwort zur Bezeichnung des Lautes beim Bruch spröder Körper ✳ **Knack,** der; –(e)s, –e; **Knacks,** der; –es, –e: Ton beim Bruch spröder Körper : Bruch : Schaden : (Forstw.) niedriges Gebüsch, Dickicht ✳ *einen Knack(s) bekommen:* Schaden nehmen : schadhaft werden ✳ **kna|cken** intr.: Bruchgeräusch hervorbringen; tr.: zerbrechen ✳ *Knackbeere:* Erdbeere; *Knackmandel:* Krachmandel; *Knackwurst* ✳ **Kna|cker,** der; –s, –: ein Knack : eine Knackwurst : (Umgspr.) alter Mann ✳ **kna|cke|rig, knack|rig** Ew.: knackend : knusprig ✳ **kna|ckern, knä|ckern** (ich ..[e]re) intr.: hintereinander, aber nicht laut knacken, knattern ✳ **knack|sen** intr.: knacken

Knä|cke|brot, das; –es, –e: schwedisches Schrotbrot

Knag|ge, die; –, –n; **Knag|gen,** der; –s, –: Knorren im Holz : Stück Holz, das an- oder aufgenagelt wird : hölzerner Wirbel zum Schließen der Türen und Fenster : Kleiderhaken : Widerlager zum Biegen von Blechen

Knäk|en|te, die; –, –n: taubengroße Wildente

Knall, der; –(e)s, –e; Knällchen: plötzlicher lauter Ton : (übertr.) Verrücktheit, Klaps ✳ *Knallbonbon:* Bonbon in einer beim Zerreißen knallenden Hülse; *Knallbüchse:* Ballerflinte; *Knalleffekt; Knallerbse; Knallfrosch; Knallgas; Knall-*

gold: explosives Pulver; *knall-heiß* Ew.: (Umgspr.) sehr heiß; *Knallkopf:* (Umgspr.) dummer Mensch; *Knallpulver; Knall-quecksilber:* Explosionsstoff des Zündhütchens; *knallrot* Ew.: grellrot; *Knallsäure; Knallsilber* ✳ **Knal|le,** die; –, –n: Schweif der Peitsche ✳ **knal|len** intr.: einen Knall hervorbringen : sich mit lautem Knall bewegen; tr.: (Peitsche –) schwingen : schießen ✳ **knal|lern** (ich ..[e]re) intr., tr.: rasch hintereinander knallen ✳ **knal|lig** Ew.: auffallend (von Farben)

knapp Ew.: eng anschließend : kärglich, eben zureichend : nicht in vollem Maße; Uw.: nahe daran ✳ *knapp sitzen:* eng sitzen; *knapphalten* → *knapp halten* tr.: kurzhalten, einschränken ✳ **knap|pen** intr., tr.: zwacken : knabbern, schnell essen : schnappen ✳ **Knap|pe|rei,** die; –, –en: Knauserei ✳ *Knappsack:* Vorratssack ✳ **knap|pern** (ich ..[e]re) intr.: knabbern ✳ **Knapp|heit,** die; –, –en: das Knappsein ✳ **knap|sen** intr.: sparen

Knap|pe, der; –n, –n: Junker im Dienst eines Ritters : Arbeiter im Bergbau : Müllerbursche ✳ **knap|pen|haft** Ew.: wie ein Knappe ✳ **Knapp|schaft,** die; –, –en: Belegschaft eines Bergwerks ✳ *Knappschaftsheil-stätte; Knappschaftskasse:* Sozialversicherungskasse der Bergleute; *Knappschaftskran-kenhaus*

knaps!: Tonwort zur Bezeichnung eines hellen Knalls

knar|feln (ich ..[e]le) intr.: knabbern

knarr: Tonwort für zitternden, schnarrenden Schall ✳ **Knar-re,** die; –, –n: Werkzeug zum Knarren : Kinderspielzeug : (scherzh., sold.) Gewehr ✳ **knar|ren** intr.: den Knarrton hervorbringen ✳ **Knar|rer,** der; –s, –: ein Knarrender : Wachtelkönig ✳ **knarr|haft, knar|rig** Ew.: knarrend ✳ **knarsch:** Tonwort für knarrenden Ton

Knast, der; –(e)s, –e und Knäste: (niederd.) etwas Knorriges : Knorren : Brotkante : (Umgspr.) alter Mann : (Gaunerspr.) Gefängnis(strafe)

[neuhebr. kanas: bestrafen] ✳ *Knast schieben:* Strafe absitzen ✳ **Knas|ter,** der; –s, –; **Knas|te|rer,** der; –s, –: alter Kerl : Rauchtabak ✳ *Knaster-bart:* Brummbart ✳ **knas|te-rig,** **knas|tig** Ew.: knorrig ✳ **knas|tern** (ich ..[e]re) intr.: mit dunklem Ton knistern : verdrießlich brummen : wie Kanaster riechen

Knas|ter: s. Kanaster und Knast

knatsch: Tonwort zur Nachahmung des Zermalmens ✳ **knat|schen** intr.: den Ton des Zermalmens hervorbringen : jaulen, jämmerlich reden

knat|te|rig, knat|tig Ew.: knatternd ✳ **knat|tern** intr.: rasch und kurz knallen

Knäu|el, Knaul, das; der; –s, Knäule; Knäulchen: ein zu einer Kugel aufgewickelter Faden : Pflanzenname : etwas ineinander Verschlungenes ✳ *Knäuelgras* ✳ **knäu|lig** Ew.: knäuelförmig : kugelig ✳ **knäu|eln** (ich ..[e]le) tr., rbz.: etwas zum Knäuel wickeln : sich zum Knäuel formen ✳ **knau|len** tr.: knäueln

Knauf, der; –(e)s, Knäufe; Knäufchen: (Baukst.) Kapitell : kugelförmiger Knopf, Griff ✳ **knau|fig, knäu|fig** Ew.: rundlich, knaufartig

Knau|pe, der; –n, –n: Knoten ✳ *Knaupelknochen* ✳ **knau|pe-lig, knaup|lig** Ew.: knotig ✳ **knau|peln** (ich ..[e]le) tr.: benagen

Knau|ser, der; –s, –: Pfennigfuchser : Geizhals ✳ **Knau-se|rei,** die; –, –en: Geiz ✳ **knau|se|rig, knaus|rig** Ew.: übertrieben sparsam : geizig ✳ **knau|sern** (ich ..[e]re) intr.: knauserig, geizig sein : kargen

Knaust, der; –(e)s, –e: Knast

Knautsch, der; –es, –e und Knäutsche: etwas Zerknülltes, Zerdrücktes ✳ **knaut|schen** tr.: knautschig machen : zerdrücken : (mundartl.) mit langen Zähnen kauen ✳ **knaut|schig** Ew.: zerdrückt : verstimmt, unfroh

Kne|bel, der; –s, –: Ast : Steckling : Knüttel : fesselndes Querholz oder Quereisen : etwas in den Mund Gestecktes, um Schweigen zu erzwingen :

quer über die Oberlippe laufender Bart, Schnurrbart : eine Pflanze * Knebelbart; Knebelholz; Knebelspieß: Quereisen am Fangeisen für Wildschweine * knebeln (ich ..[e]le) tr.: mittels eines Knebels binden : durch einen Knebel am Schreien hindern * Kne|be|lung, die; –, –en: das Geknebeltwerden : die Knechtung * Kneb(e)lungsvertrag: Abkommen, das einen Partner in seiner Freiheit beschränkt

Knecht, der; –(e)s, –e: (veralt.) unverheirateter Höriger : durch Vertrag verpflichteter männlicher Dienstbote : Werkzeug : prakt. Rechenbuch : Traggestell * Knecht(e)sarbeit; Knecht(e)sdienst; –gefühl; –geist; –gestalt; Knecht(e)sverhältnis: abhängiges Verhältnis des Knechtes * Knech|te|lei, Knech|te|rei, die; –, –en: Unterdrückung : Knechtsarbeit * knech|ten intr.: als Knecht dienen; tr.: zum Knecht machen : unterjochen * Knech|tung, die; –, –en: Unterjochung * knech|tisch Ew.: wie ein Knecht : hörig : erniedrigend, unterwürfig * Knecht|schaft, die; –, –en: Stand des Knechtseins, die Unfreiheit : Sklaverei : Unterdrückung

Kneif, der; –(e)s, –e: Messer der Schuster, Gärtner, Sattler * knei|fen (du kniff[e]st, du kniffest; gekniffen; kneif[e]!) tr., intr.: wie eine Zange klemmend drücken : (stud.) beim Fechten zurückweichen : (allg.) feige sich zurückziehen * Kneifzange * Knei|fer, der; –s, –: ein Feigling : ein die Nase kneifendes Augenglas : Art Tauchente : Abgottschlange * Kneip, der; –(e)s, –e: (mundartl.) Kneif * Knei|pe, die; –, –n: Werkzeug, Kneifzange, Klemme * knei|pen tr., intr.: kneifen, zwicken * Kneipkäfer; Kneipwurm; Kneipzange: Kneifzange * Knei|pe, die; –, –n: Wirtshaus : schlechte Schenke : Diebesherberge : Verbindungshaus der Studenten : studentischer Bierabend * knei|pen intr.: (stud.) (in einer Kneipe) zechen * Kneipabend: Zechabend;

Kneipbruder: Trinkbruder; Kneipfeier; Kneiplied; Kneipwirt * Knei|pe|rei, die; –, –en: Zecherei : Trinkgelage

Kneipp: deutscher Naturarzt, berühmt durch seine Wasserheilkuren * Kneippkur: Kaltwasserheilverfahren; Kneippsanatorium * kneip|pen intr.: Kneippkuren machen

knei|ßen (du kneißest, kneißt) tr.: schaben * Kneißmesser: Schabmesser

knel|len intr.: knallen * Knel|ler, der; –s, –: schlechter, stinkender Tabak

Knes|set(h), die; –: israel. Parlament

knet|bar Ew.: sich kneten lassend * kne|ten tr.: etwas zu einer weichen Masse machen : eine Masse durcheinander arbeiten : bilden, formen * Knetkur: Massage; Knetmaschine; Knetmasse

knib|beln (ich ..[e]le): (mundartl.) mühsam zusammenknüpfen : mühsam aufknoten

Knick, der; –(e)s, –e: heller Ton beim Zerbrechen spröder Körper : Spalt, Sprung : Hecke, deren Zweige und junge Stämme eingeknickt sind : Erdwall mit Buschwerk * kni|cken intr.: den Knicklaut hervorbringen : anbrechen : brechen, dass ein Knick entsteht * Knickbein * Kni|cker, der; –s, –: Knauser : (scherzh.) Floh : Klicker, Schnellkugel : Klappmesser : zusammenlegbarer (Sonnen-)Schirm : Werkzeug zum Knicken * Kni|cke|rei, die; –, –en: Knauserei * kni|cke|rig, knick|rig Ew.: knauserig * Kni|ckicht, das; der; –(e)s, –e: ausgedehntes Busch- oder Knickholz * knick|ig Ew.: knickrig * Knicks, der; –es, –e: ein heller Ton : Verneigung, bei der die Beine eingeknickt werden * knick|sen intr., tr.: knicken, knipsen : Knickse machen * Kni|cke|bein: Likör mit Eidotter (z. B. als Füllung in Pralinen) * Knij|cker|bol|cker (e.) [ni-cker..] Mz.: Kniehosen, Pumphosen : Spitzname der alten holländischen Bewohner New Yorks (nach ihrer Tracht) * Knij|cker|bo|cker, der; –(s),

–(s): alkoholisches Kaltgetränk

Knie, das; –s, –i|e: Verbindung von Ober- und Unterschenkel : knieartig gebogener Gegenstand * etwas übers Knie brechen: überstürzt, unüberlegt handeln; auf den Knien liegen * Knieband: Strumpfband : eisernes Band um ein Knieholz; Kniebeuge: Gelenkbiegung : eine Turnübung; Kniefall; kniefällig Ew.; Kniegeige: Gambe, Cello; Kniegelenk; kniehoch Ew.: bis zum Knie reichend; Kniegurt; Knieholz: knieförmig gewachsenes oder gearbeitetes Holz : Alpenkiefer; Kniehose; Kniekehle: rückwandige Vertiefung des Kniegelenks; Knieriem(en): Spannriemen der Schuster; Knieröhre: Röhre mit einem Knie; Kniescheibe: rundlicher platter Knochen am Kniegelenk; Knieschützer; Kniestreiche: feinster Wollkamm; kniestreichen (ich kniestreiche, kniegestrichen) intr.; Kniestrumpf; Kniestück: knieförmiges Stück : Bildnis, das jemand bis zum Knie darstellt; knietief Ew.: bis zum Knie reichend * kni|en (kniend; du knietest; gekniet, knie!) intr.: auf den Knien liegen; rbz.: sich auf die Knie werfen * knie|lings Uw.: in kniender Stellung

Kniest, der; –(e)s, –e: mit Kies durchwachsener Schiefer

kniet|schen: s. knitschen

Kniff, der; –(e)s, –e: das Kneifen : Wirkung des Kneifens : Falten in Papier, Wäsche : schlauer Kunstgriff : Trick * Knif|fe|lei, die; –, –en: verzwickte Schwierigkeit * knif|fen tr.: Kniffe machen * knif|fig Ew.: schlau * knif|fe|lig, kniff|lig Ew.: kniffig : verzwickt

Knilch, der; –(e)s, –e: Schimpfname : engstirniger, eingebildeter, blöder Kerl [wahrscheinl. aus Knollmichel Bauernlümmel]

Knipp, der; –(e)s, –e: Ton des herunterschnellenden Fingers vom Daumen * knip|pen intr.: knipsen * Knippkugel: Schnellkugel; Knippschere: Bildschere * Knips, der; –es, –e: Knipp als Ausruf : Schneller, Knipp * **knip|sen** intr.: den Ton „knips!" hervorbringen; tr.: lochen : elektr. Licht einschalten : Lichtbildaufnahme machen

knir|be|lig Ew.: (mundartl.) (mit den Zähnen) knirschend : weinerlich, schluchzend

Knirk, der; –(e)s, –e: Wacholder

Knirps, der; –es, –e: (verächtl.) kleiner, nicht ausgewachsener Mensch : zusammenschiebbarer Schirm *

knirp|sig Ew.: winzig

knir|ren intr.: mit feinem Ton knarren * **knir|schen** (du knirsch[e]st) intr.: Ton des Zermalmens hervorbringen : die Zähne hart aufeinander reiben als Ausdruck von Schmerz, Wut; tr.: etwas zermalmen : etwas knirschend äußern

knis|peln (ich ..[e]le), **knis|pern** (ich ..[e]re): s. knisterig

knis|te|rig Ew.: knisternd * **knis|tern** (ich ..[e]re) intr.: mit hellem Ton leise knastern * *Knistergold:* Rauschgold

knit|schen (du knitsch[e]st, knitscht) intr.: klitschenden Ton hervorbringen; tr.: zerquetschen

Knit|tel: s. Knütte

Knit|ter, der; –s, –: geknitterte Falte * **knit|ter|fest** Ew. * **knit|ter|frei** Ew.: nicht zerknüllend * **knit|te|rig, knit|trig** Ew.: knistrig * **knit|tern** (ich ..[e]re) intr.: mit hellem Laut knattern : knistern; tr.: etwas zerknüllen; rbz.: sich ärgern

Knjas, Knjäs: serb. Fürstentitel

Kno|bel, der; –s, –: Handknöchel : Würfel * *Knobelbecher:* (scherzh.) Soldatenstiefel : Würfelbecher * **kno|beln** (ich ..[e]le) intr.: würfeln : durch Handfiguren entscheiden : lange nachdenken

Knob|lauch, der; –(e)s: Gewürzpflanze * *Knoblauchpilz; –schwamm:* ein Pilz; *Knoblauchskraut; Knoblauchskröte:* Froschlurch; *Knoblauchwurst; Knoblauchzehe*

Knö|chel, der; –s, –: Knochenvorsprünge an Hand- und Fußgelenken : knöcherne Würfel * **Knö|che|ler, Knöch|ler** der; –s, –: Würfler * **knö|cheln** (ich ..[e]le) intr.: würfeln *

Kno|chen, der; –s, –: Knöchelchen: die als Gerüst dienenden festesten Teile des Körpers * *Knochenband; Knochenbau; Knochenbrand; –bruch; Knochendünger; –erde; knochenfest* Ew.; *Knochenfisch; Knochenfraß:* Beinfäule; *Knochengerüst:* Gerippe; *knochenhart* Ew.: sehr hart; *Knochenhauer:* Fleischer; *Knochenhaut:* Haut, die den Knochen umgibt; *Knochenhecht; Knochenlehre; Knochenmann:* (scherzh.) Tod; *Knochenmark; Knochenmehl:* Mehl aus zermahlenen Knochen; *Knochenmühle:* Mühle zum Zermahlen der Knochen : Unternehmen, in dem sehr harte Arbeit geleistet werden muss; *Knochenschwund; Knochensplitter; knochentrocken* Ew.: sehr trocken * **kno|chen|haft** Ew.: knochenartig * **knö|che|rig, knöch|rig** Ew.: sehr mager : mit wenig Fleisch bekleidet * **knö|chern** Ew.: aus Knochen bestehend * **kno|chig** Ew.: knochenhaft : starke Knochen habend

Kno|cke, die; –, –n: ein Bund Flachs, Wolle * **kno|cken** tr.: in Knocken drehen

Knock-out *auch:* **Knock|out** (e.) [nockaut], das; –s, –s: (Boxsport) vernichtender Schlag * *knock-out schlagen auch: knockout schlagen* (beim Boxkampf) kampfunfähig schlagen; Abk.: k.o.; *Knock-out-Schlag auch: Knockoutschlag;* Abk.: K.-o.-Schlag; *Knock-out-Sieg auch: Knockoutsieg*

Knö|del, der; –s, –: (Kochkst.) Kloß : getrocknete, gebackene Holzbirne : (Bergb.) hühnereigroße Zwitterstufe * *Knödelsuppe* * **knö|deln** intr.: singen, als ob man einen Knödel im Hals hätte

Knoll, der; –(e)s, –en; **Knol|len,** der; –s, –; **Knol|le,** die; –, –n: Knöllchen: dicke rundliche Erhöhung : Anschwellung : Beule : zwiebelartige Wurzeln : (Baukst.) Krabbe * *Knollengewächs, –schiefblatt, -wurz, -zwiebel:* Pflanzen; *Knollenfink:* derber, klotziger Mensch * **knol|len** tr.: (Bäck.) zu einem Knollen kneten * **knol|len|haft,**

knol|lig Ew.: Knollen habend : knollenförmig : plump

Knopf, der; –(e)s, Knöpfe: Knöpfchen: runder oder rundlicher fester Körper, der als Verschluss dient : rundliche Verdickung an der Spitze eines Gegenstandes, Knauf : knopfähnlicher Teil an Pflanzen : (seem.) Knoten : Name rundlicher Schnecken : Knirps : Tölpel * *Knopfdraht:* Draht für Nadelknöpfe; *Knopfform; Knopfgabel:* Putzgerät; *Knopfgießer; Knopfloch; –macher; Knopfnadel:* Stecknadel * **knöp|feln** (ich ..[e]le) tr.: leicht knüpfen * **knöp|fen** tr.: mittels Knöpfen Knopflöcher schließen, befestigen * *Knöpfer:* Gerät zum Knöpfen

Knop|per, die; –, –n: Gallapfel an jungen Eicheln * *Knoppereiche; Knopperwespe:* Gallwespe

knor|ke Ew.: (niederd.) gleichgültig, schnuppe : (mundartl.) vortrefflich, ausgezeichnet

Knor|pel, der; –s, –: weißer, glatter, geschmeidiger Teil der Knochensubstanz : knorpelartiger Gegenstand * *Knorpelblume:* ein Nelkengewächs; *Knorpelfisch; Knorpelhaut; Knorpelkirsche:* Süßkirschensorte; *Knorpelkraut:* eine Pflanze; *Knorpeltang* * **knor|pe|lig, knor|pe|lig, knorp|lig** Ew.: knorpelartig : Knorpel enthaltend

Knorr, der; –en, –en; **Knor|ren,** der; –s, –; **Knörr|chen; Knorz,** der; –es, –e; **Knörzchen:** harter Auswuchs : knorriger Gegenstand : Grobian * **knor|rig, knor|zig** Ew.: hartnäckig : störrisch : zäh : Knorren habend * **Knör|zel,** das; –s, –: (mundartl.) Brotkanten

Knorr-Bremse *auch:* **Knorr- bremse,** die; –, –n: automatische Druckluftbremse

Knos|pe, die; –, –n: Knöspchen: junges, umhülltes Blatt : junge, eingehüllte Blüte, Frucht : etwas knospenähnlich Schwellendes * *Knospenkranz; knospenvoll* Ew. * **knos|pen** intr.: Knospen treiben : sich knospenhaft gestalten und entwickeln * **knos|pen|haft, knos|pig** Ew.: knospenartig

Kno|te, der; –n, –n: Knoten : (Umgspr.) ungebildeter, niedrig denkender Mensch ✳ **kno|teln, knö|teln** (ich ..[e]le) tr.: Knötchen machen ✳ **Kno|ten**, der; –s, –; Knötchen: durch Verschlingung entstandene Verdickung : Schnittpunkt mehrerer Linien : (Anat.) Ganglie : (Med.) widernatürliche Anschwellung, Zusammenballung : (seem.) Seemeile; Abk.: kn ✳ *Knotenameise; Knotenblume; Knotenfuß:* Pflanze; *Knotenpunkt:* (Verkehrsw.) Schnittpunkt mehrerer Verkehrsstraßen; *Knotenseil:* Kletterseil mit Knoten; *Knotenstock* ✳ **kno|ten** tr.: Knoten schlingen : durch Knoten verbinden, knüpfen ✳ **kno|tenhaft** Ew.: knotenartig : voller Knoten ✳ **Knö|te|rich,** der; –(e)s, –e: ein Pflanzenname ✳ **kno|tig** Ew.: verwickelt : ungebildet ✳ **Knot|te,** die; –, –n: Flachssamenknopf ✳ **Knot|ten|erz,** das; –es, –e: im Sandstein knötchenförmig eingesprengter Bleiglanz **Knub|be,** die; –, –n; **Knub|bel,** der; –s, –; **Knub|ben,** der; –s, –: Knorren **Knuff,** der; –(e)s, Knüffe; Knüffchen: heimlicher Schlag, Stoß mit der Faust ✳ **knuf|feln, knüf|feln** (ich ..[e]le) tr.: (mundartl.) zerknüllen ✳ **knuf|fen** tr.: Knüffe versetzen ✳ **knuf|fig** Ew.: derb **knüll(e)** Ew.: (stud.) besoffen : erschöpft : (Umgspr.) großartig, herrlich ✳ **knül|len** intr.: sich besaufen; tr.: knittern ✳ **Knül|ler,** der; –s, –: Schlager : Erfolg : eine Sache, die einschlägt **knüp|fen** tr., rbz.: einen Knoten schlingen : einen Knoten entschlingen ✳ *Knüpfarbeit; Knüpfteppich* ✳ **Knüp|fung,** die; –, –en: das Geknüpfte : die Knotenschlingung **Knüp|pel,** der; –s, –: Klöppel : dicker Stock : Handhebel einiger Flugzeugsteuerungen : roher Kerl ✳ *Knüppeldamm:* Bohlenweg; *Knüppelschaltung:* Gangschaltung in Kraftwagen ✳ *knüppeldick* Ew.: sehr dick ✳ **knüp|pel|haft, knüp|pe|lig** Ew.: wie ein Knüppel ✳ **knüp|peln** (ich

..[e]le) tr.: mit dem Knüppel schlagen **Knup|pen:** s. Knubben ✳ **knup|pern** (ich ..[e]re) tr.: nagend kauen ✳ **Knups,** der; –es, –e: derber Schlag ✳ **knup|sen** tr., intr.: knuffen **knurr:** Tonwort zur Bezeichnung eines dumpfknarrenden Tons ✳ **knur|ren** intr.: dumpfknarrenden Ton hervorbringen : murren ✳ *Knurrhahn:* Birkhahn : im Fisch; *Knurrkater:* Brummkater ✳ **knur|rig** Ew.: knurrend : mürrisch : verdrießlich **knus|peln:** s. knuspern ✳ **Knus|per|chen,** das; –s, –: ein Gebäck ✳ **Knus|per|häuschen** ✳ **knus|pe|rig, knusprig** Ew.: hart gebacken ✳ **knus|pern** tr., intr.: knabbern **Knust,** der; –es, –e und Knüste: (niederd.) oberes und unteres Ende eines Brotlaibs **Knut, Knutt** (dän.): Vogelart, isländ. Strandläufer **Knu|te** (russ.), die; –, –n: Riemenpeitsche, Zuchtpeitsche **knut|schen** tr.: kneifen : drücken : derb liebkosen : küssen : intr.: (ostmd.) in sich hinein weinen ✳ **Knut|sche|rei,** die; –, –en: Küsserei : Schmusen ✳ **knut|schig** Ew.: zerknüllt **Knüt|te,** die; –, –n: (niederd.) das Stricken : Strickzeug ✳ **Knüt|tel, Knit|tel,** der; –s, –: Knüppel, Prügelstock ✳ *Knüttel-(Knüppel-)Brücke:* aus Knütteln hergestellter Weg in Sumpfgegenden; *Knütteldichter; Knüttelgedicht:* s. Knüttelvers; *Knüttelholz; Knüttelreim, Knüttelvers:* Reimerei mit beliebig vielen Hebungen und Senkungen ✳ **knüt|tel|haft, knüt|te|lig** Ew.: wie ein Knüttel : (Dichtkst.) holprig ✳ **knüt|teln** (ich ..[e]le) tr.: prügeln : schlecht dichten ✳ **knüt|ten** tr.: stricken **Ko|ad|ju|tor** (nl.), der; –s ..to-ren: ein Gehilfe : einem Bischof beigegebener Prälat (Weihbischof) ✳ **Ko|ad|ju|vanz** (nl.) [..w..], der; –: Beihilfe [l. con- und adjuvāre helfen] **Ko|a|gu|lat** (l.), das; –(e)s, –e: Gerinnsel ✳ **Ko|a|gu|la|ti|on,** die; –, –en: Gerinnen : Verdickung ✳ **ko|a|gu|lie|ren** (..iert) intr.: gerinnen : verdicken ✳

Ko|a|gu|lum, das; –s: Gerinnsel [l. coagulāre gerinnen] ✳ **ko|ak|tiv** (l.) Ew.: zwingend [l. cogere zwingen] **ko|a|les|zie|ren** (..iert) (l.) intr.: sich innig verbinden : verwachsen : verschmelzen ✳ **ko|a|lie|ren** (..iert) (l.) intr.: verbünden ✳ **ko|a|li|sie|ren** (..iert) (fr.) intr.: verbinden : sich verbünden ✳ **Ko|a|li|ti|on,** die; –, –en: Bündnis, bes. von Staaten oder polit. Parteien ✳ *Koalitionskrieg; Koalitionspartei; Koalitionsrecht:* Vereinigungsrecht; *Koalitionsregierung:* aus den Vertretern mehrerer Parteien gebildete Regierung **Ko|ap|ti|on** (spätl.), die; –, –en: Anpassung **ko|a|xial** (nl.) Ew.: (Math.) mit gleicher Achsenrichtung **Ko|balt,** der; das; –(e)s, –e: (urspr.) Kobold : chem. Grundstoff; Abk.: Co ✳ *kobaltblau* Ew.; *Kobaltbombe:* Wasserstoffbombe; *Kobaltglanz:* ein Mineral; *Kobaltglas:* blaues Glas; *–kies; –könig:* das regulinische Metall; *Kobaltspeise:* ein Metallgemisch, das sich bei der Schmaltebereitung abscheidet ✳ **Ko|balt|o|xy|de** Mz.: Sauerstoffverbindungen des Kobalts ✳ *Kobaltsalz; –sulfat* **Ko|bel,** der; –s, –: leichte Hütte : Verschlag ✳ *Kobelente* **Kob|ler,** der; –s, –: Besitzer einer Hütte, Häusler ✳ **Ko|ben, Ko|fen,** der; –s, –: Verschlag : Bretterstall **Ko|ber,** der; –s, –: Köberchen : (ostmd.) geflochtener Spankorb **Kob|lenz:** Stadt an der Moselmündung in den Rhein **Ko|bold,** der; –(e)s, –e: zwerghafter, neckischer Geist ✳ *Koboldmaki:* Gespenstertier, Halbaffe **Ko|bolz,** der: Purzelbaum; nur in: *Kobolzschießen:* Purzelbaum schlagen ✳ **ko|bol|zen** intr.: Purzelbäume schlagen, schießen **Ko|bra,** die; –, –s: eine Brillenschlange; vgl. Kopra **Ko|burg:** s. Coburg **Koch** (l.), der; –(e)s, Köche: Speisezubereiter ✳ **Koch,** das; der; –(e)s, –e: (selt.) Brei ✳ **ko|chen** intr.: durch Hitze siedend werden : in leidenschaftli-

cher Erregung sein : reif werden; tr.: zum Kochen bringen *
Kochapfel; Kochapparat; Kochbirne; Kochbuch; Kochecke: Kochvorrichtung im Zimmer; *Kochfleisch; –gerät; Kochgeschirr; –herd; –kelle; Kochkunst:* Kunst der Speisenbereitung; *Kochlehrling; Kochlöffel:* Kochkelle : Schneckenname; *Kochofen; Kochsalz:* gewöhnliches Chlornatriumsalz; *Kochtopf; Kochwein; Kochzucker *
Kocher, der; –s, –: Kochgerät * **Köcherei, Köcherei,** die; –, –en: das Gekoche : das Kochen * **Köchin,** die; –, –nen: Speisenzubereiterin * **Küche,** die; –, –n: (östr. u. schles. Küchel) : Ort der Speisenbereitung : Speisenbereitung : Speise : Gesamtheit des Küchengesindes * *Küchenbediener; –brett; Küchenbüfett; Küchenchef; Küchenfee:* (scherzh.) Köchin; *Küchenfenster; Küchengarten:* Gemüsegarten; *Küchengeschirr; Küchengewächs:* zur Speisenzubereitung benutztes Gewächs; *Küchenhandtuch; –herd; –junge; Küchenlatein:* schlechtes Latein; *Küchenmädchen; Küchenmagd; küchenmäßig* Ew.: wie in der Küche; *Küchenmeister; Küchenmesser; Küchenrechnung; Küchenschabe:* ein Kerbtier; *Küchenschelle:* eine Pflanze; *Küchenschrank; Küchenschürze; Küchenschwalbe:* Rauchschwalbe; *Küchenschwamm:* essbarer Pilz; *Küchenstuhl; Küchentisch; Küchentuch:* Wischtuch für die Küche; *Küchenuhr; Küchenwaage; Küchenwagen:* Wagen für Küchengerät im Feldküchen; *Küchenzettel; Küchenzwiebel*
Kochemerloschen (hebr.), die; –: die deutsche Gaunersprache
Köcher, der; –s, –: länglicher Behälter, bes. für Pfeile * *Köcherfliege:* Schutzhüllen bauende Fliege; *köcherförmig* Ew.; *Köcherwurm:* köcherförmiges Würmchen
köckern: s. keckern
Koda (it.), die; –, –s: (Mus.) „Schwanz", Schlusstakte eines Musikstückes

kodderig, kodderig (niederd.) Ew.: frech : übel, schlecht
Kode (fr.) [koht], der; –s, –s: Gesetzbuch : Telegramm, Telegrafenschlüssel : Schlüssel einer Geheimschrift * **kodieren** tr.: verschlüsseln * **Kodierung,** die; –, –en: Verschlüsselung
Kodein (gr.), das; –s, –e: eine Opiumart : ein Beruhigungsmittel [gr. kodeia Mohnkopf]
Köder, der; –s, –: eine Lockspeise (für Fische) : Anlockung, Lockmittel * **ködern** (ich ..[e]re) tr.: mit einem Köder versehen : anlocken
Kodex (l.), der; –es und –, –e und ..dizes: alte Handschrift : Gesetzbuch * **Kodifikation,** die; –, –en: Vereinigung der Einzelgesetze zu einem Gesetzbuch * **kodifizieren** (..iert) tr.: in das Gesetzbuch einordnen * **Kodifizierung,** die; –, –en: Kodifikation * **Kodizill,** das; –s, –e: Anhang oder Zusatz zu einem Testament
Kodirektion (nl.), die; –, –en: Mitverwaltung
Koedukation (nl.), die; –, –en: gemeinschaftliche Erziehung von Knaben und Mädchen
Koeffizient (nl.), der; –en, –en: Verhältniszahl : Vielfaches einer Größe in der Buchstabenrechnung
koerzibel (nl.) Ew.: zusammenpressbar : zähmbar : (von Gasen) verflüssigbar * **Koerzitivkraft,** die; –, ..kräfte: Presskraft
Koexistenz (nl.), die; –: friedliches nebeneinander Bestehen unterschiedlicher geistiger, politischer und gesellschaftlicher Systeme : die Gleichzeitigkeit * **koexistieren** (..iert) intr.: zugleich sein, nebeneinander bestehen
Ko-e-xis-tenz
Wörter werden nach Sprechsilben getrennt. Dabei ist es erlaubt, einen Vokal abzutrennen: *E-xistenz.* Auch st kann fortan getrennt werden: *Exis-tenz.*
Koextension (l.), die; –, –en: gleichweite Ausdehnung
Kofel, (tirol.) **Kogel,** der; –s, –: kegelförmige Bergkuppe
Kofen: s. Koben
Koffein, Kaffein: s. Kaffee

Koffer (l.-fr.), der; –s, –: Köfferchen: tragbares Behältnis für Kleider u. A. : eine Schnecke : (Eisenb.) Steinlager zwischen den Schienen : Schießgrube * *Kofferdamm:* Sicherung auf Panzerschiffen; *Kofferdeckel; Kofferempfänger:* tragbarer Rundfunkempfänger; *Kofferfisch:* kofferförmiger Fisch; *köfferförmig* Ew.; *Koffergarn:* Art Fischnetz; *Koffergerät; Koffergrammophon → Koffergrammofon; –radio; Kofferraum; Kofferschloß → Kofferschloss; Kofferschlüssel; Kofferschreibmaschine*
Kog, der; –(e)s, Köge: dem Meer abgewonnenes, eingedeichtes Küstenland
Kogel, die; –, –n: Kapuze, Frauenkopfputz
Kogel, der; –s, –: Berggipfel
Kogge, die; –, –n: hochbordiges altes Hanseschiff
Kognak (fr.) [konjack], der; –s, –s und –e: Weinbrand, Franzbranntwein; vgl. Cognac * *Kognakbohne; Kognakglas*
Kognat (l.), der; –en, –en: Verwandter von weiblicher Seite * **Kognation,** die; –, –en: Verwandtschaft durch weibliche Abstammung
Kognition (l.), die; –, –en: Erkenntnis : Kunde : gerichtliche Untersuchung * **kognoszieren** (..iert) (l.) tr.: erkennen : gerichtlich untersuchen
Kognomen (l.), das; –s, –: Beiname, Zuname
Kohabitation (l.), die; –: (Med.) Beischlaf
kohärent (l.) Ew.: zusammenhängend * **Kohärenz,** die; –: Zusammenhang * **Kohärer,** der; –s, –: funktenlegr. Empfangsapparat, Empfänger * **kohärieren** (..iert) intr.: zusammenhängen * **Kohäsion,** die; –, –en: Zusammenhaften der kleinsten Teile eines Stoffes : (übertr.) der Zusammenhang einer Gedankenreihe * **kohäsiv** Ew.: zusammenhaltend
kohibieren (..iert) (l.) tr.: zurückhalten, mäßigen
Kohinur, Kohinoor (ind.), der; –s, –s: berühmter Diamant im englischen Kronschatz * *Kohinoorstift:* Bleistift

Kohl (l.), der; –(e)s: Gemüse-pflanze : (jidd.) Unsinn : Ge-schwätz * *Kohlart; Kohlblatt:* Blatt des Kohls : Art Muschel; *Kohldistel; –fresser:* Erdfloh; *Kohlkopf; Kohllauch; Kohl-rabi; Kohlraupe; Kohlroulade; Kohlrübe; Kohlsaat:* Raps; *Kohlstrunk:* Kohlstängel : Art Sternkoralle; *Kohlsuppe; Kohl-weißling:* ein Schmetterling * **koh|len** intr.: törichtes Zeug re-den * **koh|lig** Ew.: unsinnig **Koh|le,** die; –, –n; Köhlchen: Zersetzungsprodukt organi-scher Stoffe, das als Heizmittel Verwendung findet * *auf glü-henden Kohlen sitzen:* in pein-licher Lage, ungeduldig sein; *feurige Kohlen auf ein Haupt sammeln:* jemanden beschä-men * *Kohlamsel; Kohl-dampf:* (sold.) Hunger; *Kohl-dampf schieben:* hungrig sein; *Kohlmeise; Kohlrabe; kohlra-benschwarz* Ew.; *kohlschwarz* Ew. * *Kohlenbau; Kohlenbe-cken:* Glutpfanne; *Kohlenberg-werk; Kohlenblende:* Anthra-zit; *Kohlenbrenner:* Köhler; *Kohlenbunker:* Kohlenraum, bes. des Schiffes; *Kohlen-dampf; Kohle(n)druck:* Kohle-zeichnung; *Kohleneimer; Kohle(n)-fadenlampe; Kohlen-falk; Kohlenfeuer; Kohlenflöz:* Steinkohlenflöz; *Kohle(n)for-schung; Kohlenfuhrmann; Kohlengas; Kohlengestübbe:* Kohlenlösche; *Kohlengrube; Kohlengrus; Kohlenhalde; Kohlenhandlung; Kohlenhau:* Waldbezirk, wo Holz zum Ver-kohlen geschlagen wird; *Koh-lenheizung; Kohle(n)herd; Kohlenholz:* Holz zum Verkoh-len; *Kohle(n)hydrate:* chemi-sche Verbindung; *Kohlenkarre; –keller; –korb; Kohlenlager:* Lager in, über der Erde; *Koh-lenlösche:* staubartig zerbrö-ckelte Kohle; *Kohlenmeiler; Kohle(n)papier:* Durchschrei-bepapier; *Kohlenpfanne:* Be-cken für Kohlen; *Kohlen-pforte:* Bunkertür am Schiff; *Kohlenplatz; Kohlensäure:* Gas aus Kohlenstoff und Sau-erstoff; *Kohlenschaufel; –schiefer:* Schiefergestein, das in Kohlenflözen vorkommt; *Kohlenstaub; –staubfeuerung; Kohlenstift:* Stift für elektr. Bo-

genlampe; *Kohlenstoff:* Stoff, der den Hauptbestandteil der Kohle bildet : chem. Grund-stoff; Abk.: C; *Kohlentopf * Kohlestift:* Zeichenstift; *Kohle-verfahren; Kohlezeichnung * **koh|len** intr.: Kohle absetzen, schwelen : in Kohle zeichnen : (seem.) Kohlen einnehmen : (seem.) nicht recht brennen : unwahres Zeug reden; tr.: Holzkohlen machen * *gekohlt* Mw. Ew.: mit Kohlenstoff ver-bunden * **Köh|ler,** der; –s, –: Kohlenbrenner, der Holz ver-kohlt : ein Tiername * *Köhler-glaube:* blinder Glaube; *Köh-lerhütte; Köhlerjunge * **Köh|le|rei,** die; –, –en: Verkoh-lung von Holz in Meilern zwecks Holzkohlengewinnung * **koh|lig** Ew.: kohlenhaltig : kohlenartig * **Koh|lung,** die; –: Zuführung von Kohlenstoff an Eisen

Ko|hor|te (l.), die; –, –n: Rotte, Schar : zehnter Teil einer röm. Legion : Leibwache, Gefolge **Ko|in|di|ka|ti|on** (nl.), die; –, –en: Mit-, Nebenanzeige **Ko|in|spek|tor** (nl.), der; –s, ..toren: Mitaufseher **Ko|in|struk|ti|on** (nl.), die; –, –en: gemeinsamer Unterricht für Knaben und Mädchen **Ko|in|ves|ti|tur** (nl.), die; –, –en: Mitbelehnung **ko|in|zi|dent** (nl.) Mw. Ew.: zusammenfallend * **Ko|in|zi|denz,** die; –, –en: Zusammen-treffen zweier Ereignisse * **ko|in|zi|die|ren** (..iert) intr.: in-einander fallen **ko|i|tie|ren** (..iert) (l.) intr.: den Beischlaf ausüben * **Ko|i|tus,** der; –, –: Beischlaf, Paarung, Begattung, Geschlechtsakt **Ko|je,** die; –, –n: enge Schlaf-kammer, bes. auf Schiffen : Ausstellungsstand **Ko|jo|te** (mex.), der; –n, –n: am Präriewolf : Schimpfwort **Ko|ka** (peruan.), die; –, –(s): Strauchgewächs * *Kokapille:* Pille aus Kokain * **Ko|ka|in,** das; –s: Rauschgift aus den Blättern des Kokaholzes : ein Betäubungsmittel * **Ko|ka|i|nis|mus,** der; –: fortgesetzter Kokaingenuss **Ko|kar|de** (fr.), die; –, –n: Na-tionalzeichen, Parteizeichen, meist an Mütze oder am Helm

ko|keln intr.: mit Feuer spielen **Ko|ker,** der; –s, –: (seem.) Loch für den Schaft des Ruders **Ko|ker,** der; –s, –: Koksarbeiter * **Ko|ke|rei,** die; –, –en: Her-stellung(sort) von Koks * **Koks** (e.), der; –es, –e: abge-schwefelte Steinkohlen, die als Brennstoff verwendet werden : (volkst.) Schnaps * *Koksofen; Koksstaub * ko|ken* intr.: Koks herstellen **ko|kern** (ich ..ere) intr.: wie der Fuchs schreien; vgl. keckern **ko|kett** (fr.) Ew.: gefallsüchtig, eroberungssüchtig * **Ko|ket|te,** die; –n, –n: Gefallsüchtige * **Ko|ket|te|rie,** die; –, ..rien: Ge-fallsucht * **ko|ket|tie|ren** (..iert) intr.: liebeln : zu gefal-len suchen **Ko|kil|le** (fr.) [..kihj'], die; –, –n: Muschelschale, Schaltier : Hartgussschale zur Eisenge-winnung **Kok|ko|lith** (gr.), der; –(e)s und –en, –en: Kernstein * **Kok|kus,** der; –, Kokken: Spaltpilz, Ku-gelbakterie **Ko|kon** (fr.) [kokong], der; –s, –s: Gespinsthülle vieler Insek-tenlarven beim Verpuppen **Ko|kos** (span.), die; –, –: Palme * *Kokosfaser; Kokos-fett; Kokosflocken; Kokos-matte; Kokosmilch; Kokosnuß → Kokosnuss; Kokosöl:* Öl aus der Kokosnuss; *Kokospalme; Kokosteppich* **Ko|kot|te** (fr.), die; –, –n: Buh-lerin, Dirne * *Kokottenwesen* **Koks** (Brennstoff); s. Koker **Koks,** der; –es, –e: Gläschen Kognak mit Zucker : (scherzh.) Geld : (Umgspr.) Kokain * **kok|sen** intr.: (Umgspr.) Ko-kain einnehmen * **Kok|ser,** der; –s, –: (Umgspr.) Kokain-süchtiger **Ko|kus|baum,** der; –(e)s, ..bäume: am. Klapperbaum * *Kokusholz:* am. Ebenholz **Ko|ky|tos:** s. Cocytus **Kok|zi|die** (gr.), die; –, –n: ein-zelliges Sporentierchen **Ko|la:** russ. Halbinsel am Eis-meer **Ko|la,** die; –: westafrikanischer Fruchtbaum * *Kolanuß → Ko-lanuss; Kolaöl:* Öl aus der Ko-lanuss; *Kolapastille:* belebende Pastille aus Kolanuss; *Kolarot; Kolastrauch*

Kol|at|sche (tschech.), die; –,
–n: Mürbegebäck mit Rosinen
Kol|ben, der; –s, –n; Kölb-
chen: Stock mit dickem knolli-
gem Ende : Maschinenteil :
sportliches Schlaggerät : kolbenförmiger Gegenstand : Sa-
menkolben : Staubkolben :
Hirschgeweihansatz : Fühler-
ende bei Kerbtieren : Hinter-
schenkel : Eichel des männl.
Gliedes : Unterteil des Ge-
wehrschaftes : (Chem.) hohle
Glaskugel mit langem, sich
verengendem Hals : Hand-
werksgerät : (niedr. Rede) Kopf
: das noch weiche, nicht ganz
vereckte Hirschgeweih * *Kol-
bendampfmaschine; Kolben-
hieb; Kolbenpumpe; Kolben-
ring; Kolbenrohr:* Pumpenrohr
: eine Pflanze; *Kolbenschlag,
Kolbenstoß:* Schlag mit dem
Gewehrkolben : Stoß des Kolbens der Dampfmaschine; *Kol-
benstange:* Stange an einer
Maschine * **kol|ben** intr.: Kol-
ben bekommen : (von Pflanzen
und von Hirschen gesagt) Kolben abschneiden * *Mais-, Hir-
sekolben* * *gekolbt* Mw. Ew.:
kolbig * **kol|big** Ew.: kolben-
ähnlich : mit Kolben versehen
Kol|berg: poln. Seebad und
Kurort an der Ostsee
Kol|chi|kum (gr.), das; –s, ..ka:
Herbstzeitlose, eine Gift-
pflanze * **Kol|chi|zin,** das; –s:
Gift der Herbstzeitlosen, Heilmittel bei akuten Gichtanfällen
Kol|chos (russ.), der; –, ..cho-
sen: Bauernkollektivwirtschaft
in der ehem. Sowjetunion *
Kol|cho|se, die; –, –n: Kol-
chos * *Kolchosbauer*
kol|dern intr.: (niederd.) zan-
ken : poltern * **Kol|der|stock,**
der; –s, ..stöcke : (niederd.)
Arm des Steuerruders
Kol|e|op|te|re (gr.), die; –, –n:
Käfer, Horn- oder Deckflügler
Kol|ibri (südam.-span.), der;
–s, –s: Zwergvogelgattung
ko|lie|ren: s. Kolation
Kollik (auch **Kol|ik**) (gr.), die;
–: krampfartige Leibschmerzen
* **Kol|itis,** die; –: Dickdarm-
entzündung * **Kol|los|to|mie,**
die; –, ..mien: (Med.) künstl.
Afteröffnung
Kolk (niederd.), der; –(e)s, –e:
Abgrundloch, Strudel *
kol|ken intr.: (mundartl.) rülp-
sen; krächzen * *Kolkrabe:* fast
ausgerottete Rabengattung
Kol|ko|thar, der; –s, –s: Vitriol-
pulver, Eisenrot
koll..: s. coll..
Kol|la (gr.), die; –: Leim : Kle-
ber im Mehl * **Kol|lag,** das; –s:
Schmiermittel * **Kol|la|gen,**
das; –s, –e: Bindegewebsleim *
Kol|le|sis, die; –: Verleimung :
Verlöten : (Med.) schnelles Zu-
sammenheilen * **Kol|le|ti|ka**
Mz.: durch Zusammenklebung
heilende Mittel * **Kol|lo|din**
(gr.-l.), das; –s: Pflanzenleim *
Kol|lo|di|um, das; –s: ein wund-
ärztliches Klebemittel *
Kol|lo|i|de Mz.: leimartiger
nicht kristallinischer Stoff *
kol|lo|i|dal Ew.: nicht kristalli-
sierbar * *Kolloidalchemie*
kol|la|bes|zent (l.) Mw. Ew.:
hinfällig * **Kol|la|bes|zenz**
(nl.), die; –: Hinfälligkeit *
kol|la|bes|zie|ren (..iert) intr.:
hinfällig werden * **kol|la|bie-
ren** (..iert) intr.: zusammenfallen, plötzlich schwach werden
* **Kol|laps** (nl.), der; –es, ..pse:
(Med.) plötzlicher Kräftever-
fall : (Med.) Zusammenbruch :
Schwächeanfall
Kol|la|bo|ra|teur (nl.) [..tör],
der; –s, –e: Mitarbeiter des
Feindes * **Kol|la|bo|ra|tor**
(nl.), der; –s, ..toren: Mitarbeiter, Hilfslehrer, Hilfsgeistli-
cher * **Kol|la|bo|ra|tur,** die; –,
–en: Mitarbeiterstelle *
kol|la|bo|rie|ren (..iert) intr.:
mitarbeiten
Kol|lag usw.: s. Kolla
Kol|la|gen (fr.) [..lahseh'n]
Mz.: Bezeichnung für die
Technik moderner Kunstwerke,
die durch die systematische
Abtragung von geklebten Papieren entstehen [fr. collage
Leimen, Planieren des Papiers]
Kol|laps: s. kollabeszent
Kol|la|re (l.), das; –, ..rien:
Halskragen der kath. Geistlichen
kol|la|te|ral (nl.) Uw.: zur Seite
stehen * *Kollateralverwandte:*
Seitenverwandte(r)
Kol|la|ti|on (l.), die; –, –en:
Vergleich einer Abschrift mit
der Urschrift : Übertragung :
Verleihung : Imbiss * *Kollati-
onspflicht:* (BGB) Ausgleichs-
pflicht eines Erben *
kol|la|ti|o|nie|ren (nl.) (..iert)

tr.: Abschrift mit der Urschrift
vergleichen : etwas auf seine
Richtigkeit und Vollständig-
keit prüfen * **Kol|la|tur,** die; –,
–en: Besetzungsrecht, Verlei-
hungsrecht
Kol|lau|da|ti|on (nl.), die; –,
–en: amtliche Prüfung eines
Baus * **kol|lau|die|ren** (..iert)
tr.: (Baulichkeiten) amtlich
prüfen
Kol|leg (l.), das; –s, ..gien: Vor-
lesung an der Hochschule :
Fernunterricht im Medienver-
bund (z. B. Telekolleg, Funk-
kolleg) * **Kol|le|ge,** der; –n,
–n: Amts-, Berufsgenosse :
Mitarbeiter * **kol|le|gi|al** Ew.:
amtsbrüderlich : einträchtig *
Kol|le|gi|a|li|tät, die; –: Amts-
brüderlichkeit : Eintracht *
Kol|le|gin, die; –, –nen: Amts-
genossin : Mitarbeiterin *
Kol|le|gi|um, das; –s, ..ien:
Lehrkörper : Amtsgenossen-
schaft
Kol|lek|ta|neen (l.) Mz.: Lese-
früchte, gesammelte Bemer-
kungen * **Kol|lek|tant,** der; –en,
–en: Sammler, bes. ein Almo-
sensammler * **Kol|lek|te,** die; –,
–n: Geldsammlung, Almosen-
sammlung : Altargebet *
Kol|lek|teur (fr.) [..töhr], der;
–s, –e: Sammler : Losverkäufer
* **kol|lek|tie|ren** (..iert) (l.) tr.:
eine Sammlung veranstalten *
Kol|lek|ti|on, die; –, –en:
Sammlung von Mustern, von
Gegenständen : Auswahl *
kol|lek|tiv Ew.: zusammenfas-
send, gemeinsam, gemein-
schaftlich * **Kol|lek|tiv,** das; –s,
–e: eine Interessen- und Arbeitsgemeinschaft zur Durch-
führung bestimmter Produkti-
onsaufgaben, z. B. Kolchose *
Kollektivvertrag: Tarifvertrag :
Vertrag zwischen mehreren
Staaten; *Kollektivwirtschaft:*
genossenschaftlich bewirt-
schafteter Landwirtschaftsbe-
trieb * **Kol|lek|ti|vie|rung,** die;
–: Umwandlung privater Land-
wirtschaften in Kollektive *
Kol|lek|ti|vis|mus [..w..], der;
–: Form des sozialist. Systems,
nach dem alles Privateigentum
Volksbesitz wird * **Kol-
lek|ti|vist,** der; –en, –en: An-
hänger des Kollektivismus *
Kol|lek|tor, der; –s, ..toren:
Kraftstromsammler

Koller (l.-ndl.), das; –s, –:
Halskragen : ärmelloses Leder-
wams : Kürassierwaffenrock *
kollern (ich ..[e]re) tr.: Leder
mit Ocker färben

Koller (gr.), der; –s, –: Pferdekrankheit : Wutanfall *
Kollerer, der; –s, –: ein Kol-
lernder * **kol**lerig, **kol**le-
risch Ew.: mit dem Koller behaftet * **kol**lern (ich ..[e]re)
intr.: den Koller haben

kollern (ich ..[e]re) (niederd.)
intr.: knurren : (md.) purzeln,
rollen * *Kollergang:* senkrech-
tes Mahlwerk

Kollesis usw.: s. Kolla

Kollett (ir.), das; –(e)s, –e
(östr. –s): Wams : Reitjacke :
Halskragen

Kolli: s. Kollo

kollidieren (..iert) (l.) intr.:
zusammenstoßen, aneinander
geraten * **Kol**lision, die; –,
–en: Zusammenstoß : Streit,
Widerstreit zweier Kräfte, Gesetze, Pflichten : Gedränge :
Klemme, Verlegenheit

Kollier *auch:* **Col**lier (fr.)
[..jeh], das; –s, –s; Halsband,
Halskette, Halsschmuck

kolligativ (nl.) Ew.: (Chem.)
organisch verbindend

Kollimation (nl.), die; –: Zusammenfallen der Absehlinie
mit der optischen Achse * *Kol-
limationsachse; Kollimations-
fehler; Kollimationslinie* *
Kollimator, der; –s, ..toren:
(Sternk.) Hilfsfernrohr : Sammellinse

Kollinear (nl.), das; –s, –e:
fotografisches Objektiv

Kollision: s. kollidieren

Kollo (it.), das; –s, –s und Kolli:
Frachtstück, Ballen

Kollodium, **Kol**loid: s. Kolla

Kollokation (l.), die; –: Ordnung nach bestimmter Reihenfolge : Stellung : Platzanwei-
sung * *Kollokationsplan:* Ein-
ladung der Gläubiger bei
Zwangsversteigerungen

Kolloquium (l.), das; –s,
..quien: Unterredung : Gespräch : wissenschaftliches
Prüfungsgespräch

kolludieren (..iert) (l.) intr.:
in geheimem Einverständnis
stehen : unter einer Decke stecken * **Kol**lusion, die; –, –en:
geheimes, unerlaubtes Einverständnis : Durchstecherei

Kollyrit, der; –(e)s, –e: ein
Gestein

Kolm, Kulm (slaw.), der; –(e)s,
–e: Bergkuppe, -gipfel

kolmatieren (nl.) (..iert) intr.:
Sumpfboden aufhöhen *
Kolmation, die; –, –en: Hö-
herlegung von Sumpfboden

Kölmer, der; –s, –: (mundartl.)
freier Bauer

Köln: Stadt am Rhein *
Kölner, der; –s, –: Bewohner
Kölns * **köl**nisch Ew.: aus,
von Köln * *Kölnisches Wasser*
→ kölnisches Wasser: wohlrie-
chende Flüssigkeit * *Kölnischwasser auch: kölnisch Wasser*

kölnisch Wasser, Kölnisch-
wasser, Kölner Dom
Adjektive auf *-isch,* die von
geografischen Namen abgeleitet werden, schreibt man klein,
wenn sie nicht Teil eines Eigennamens sind: *kölnisches*
Wasser, englischer Tee, franzö-
sischer Käse. Wird der Verbindung des Adjektivs auf *-isch*
mit dem zugehörigen Substantiv jedoch als Eigenname aufgefasst, wird großgeschrieben:
Meine Großmutter roch immer
nach Kölnischwasser. Adjektive auf *-er,* die von geografischen Namen abgeleitet werden, schreibt man groß: *Kölner*
Dom.

Kolo, der; –s, –s: serb. Reihen-
tanz

Kolombine, Kolumbine
(l.-it.), die; –: „Täubchen",
weibliche Maskenfigur im ital.
Lustspiel * *Kolombin-, Kolum-*
binlack: (Florenzer) Lack von
rotblauer Farbe; *Kolombin-,*
Kolumbinrot: aus dunklem Rot
und Blau „taubenfarbenähn-
lich" gemischte Farbe

Kolombo, **Colombo**:
Hauptstadt Sri Lankas * *Ko-*
lombowurzel: ein Heilmittel

Kolon (gr.), das; –s, –s und
Kola: „Glied", Doppelpunkt:
(Anat.) Name der Dickdarm-
schnitte : Beiname einiger
Tiere

Kolonat (l.), das; –(e)s, –e:
Verleihung von Bauernstellen :
Erbpachtgut * **Kolone**, der;
–n, –n: Bauer, Ansiedler *
kolonial Ew.: die Ansied-
lung betreffend * *Kolonialge-*
sellschaft: Ansiedlungsgesell-
schaft; *Kolonialhandel; Kolo-*

nialpolitik; Kolonialrecht; Ko-
lonialware: (urspr.) Ware aus
Kolonien; *Kolonialwarenge-*
schäft: Lebensmittelgeschäft *
Kolonie, die; –, ..nien: An-
siedlung : Tochter-, Pflanzstaat
: ausländ. Besitzung eines
Staates * **Kolonisation**, die;
–, –en: das Ansiedeln, Nutzbarmachung von Kolonien, An-
bauen * **kolonisieren**
(..iert) tr.: besiedeln, anbauen :
Pflanzstädte anlegen *
Kolonist, der; –en, –en: Ansiedler : Anbauer : Pflanzer
Kolonel (fr.), der; –s, –s:
Oberst * **Kolonel**, die; –:
(Buchdrw.) Schriftgrad (Sie-
benpunktschrift)

Kolonnade (fr.), die; –, –n:
Säulenhalle, Säuleneingang :
Wandelhalle, Laubengang, Bo-
gengang * **Kolonne**, die; –,
–n: „Säule", (Heerw.) Marsch-
formation : Druckspalte : Reihe
* *Kolonnenapparat:* Apparat
zur Spiritusgewinnung; *Kolon-*
nenschrift; Kolonnensteller:
Taste an der Schreibmaschine
zum Einstellen vorgewählter
Spalten; *kolonnenweise* Uw.
Ew.: abteilungsweise

Kolophon: antike Stadt an
der kleinasiat. Küste
Kolophon (gr.), der; –s, –e:
Ende : Abschluss, Schlusswort
in alten Druckwerken
Kolophonium *auch:*
Kolofonium (gr.-l.), das;
–s: Geigenharz

Kolophonium / Kolofonium
Beide Varianten bestehen im
Prozess der Integration ent-
lehnter Wörter nebeneinander.
Die eindeutschende Schreibung gilt vornehmlich für häufig gebrauchte Wörter. Deshalb
kann *Kolophonium* auch *Kolo-*
fonium geschrieben werden,
die antike Stadt *Kolophon* dagegen nur in der entlehnten
Schreibweise.

Koloquinte (gr.-it.), die; –,
–n: orient. Bittergurke, starkes
Abführmittel

Koloradokäfer, der; –s, –:
Kartoffelkäfer

Koloratur (l.), die; –, –en:
(Mus.) „Färbung", ein künstlicher Tonlauf, Gesangsverzie-
rung : Triller * *Koloraturarie;*
Koloratursänger(in) * **kolo-**
rieren (..iert) tr.: färben : far-

big ausmalen : (Mus.) verzieren **＊ Kolo|ri|me|ter,** das; –s, –: Färbungsmesser **＊ kolo|ri|me|trisch** Ew.: durch Farbmessung **＊ Kolo|rin,** das; –s: Farbstoff **＊ Kolo|ris|mus,** der; –: Richtung der Malerei, die der Farbgebung den Vorrang gibt **＊ Kolo|rist,** der; –en, –en: Farbenkünstler : Bilderausmaler **＊ Kolo|rit,** das; –(e)s, -e: Farbgebung : (Mus.) Klangfarbe

Koloß → Koloss (gr.), der; ..losses, ..losse: Riesenbildsäule : Riese, Ungetüm **＊ kolos|sal** Ew.: riesig : riesenmäßig : ungeheuer **＊ Kolossal-statue ＊ kolos|sa|lisch:** s. kolossal **＊ Kolos|se|um,** das; –s, ..sseen: großes altrömisches Amphitheater in Rom

kolos|sal, kolos|sa|lisch: s. Koloss

Kolos|se|um: s. Koloss

Kolos|trum (l.), das; –s: erste Muttermilch nach der Niederkunft

Kolo|to|mie: s. Kolik

Kol|pak: s. Kalpak

köl|pen intr.: (mundartl.) Grimassen schneiden

Kol|pi|tis, die; –: Entzündung der Scheide

Kol|por|tage (fr.) [..tahsch'], die; –, –n: Wanderbuchhandel : Hausierer mit Büchern : (übertr.) Billiges, Minderwertiges **＊ Kol|por|teur** [..töhr], der; –s, -e: Wanderbuchhändler : Herumträger **＊ kol|por|tie|ren** (..iert) tr.: herumtragen : mit Druckwerken hausieren

Kölsch, das; -es: großkariertes Gewebe für Bettüberzüge : Kölner Biersorte **＊ köl|schen** Ew.: grob gewebt

Kol|ter (fr.), der; –s, –: eine Steppdecke mit Futter

Kol|ter (l.), das; –s, –: Messervorrichtung am Pfluge

Kolum|ba|rium (l.), das; –s, ..rien: „Taubenhaus", Urnenhalle im altröm. Grabgewölbe

Kolum|bi|en: südamerikanischer Staat

Kolum|bi|ne: s. Kolombine

Kolum|ne (l.), die; –, –n: „Säule" : Schriftsäule : Druckspalte **＊ Kolumnenmaß; Kolumnenschnur; Kolumnentitel; kolumnenweise** Uw. Ew.: (druck)spaltenweise **＊ Kolum-**

nist, der; –en, –en: Leitartikler

Kolum|ni|fe|re (nl.), die; –, –n: eine Pflanzengattung

kom.., kon.. (l.) Uw. in Zus.: mit : zusammen

Ko|ma (gr.), das; –s: tiefe Bewusstlosigkeit : Schlafsucht : Nebelhülle der Kometen

ko|ma|tös Ew.: schlafsüchtig : in tiefer Bewusstlosigkeit

Kom|bat|tant (fr.), der; –en, –en: Kämpfer : Krieger

Kom|bi|nar (l.), der; –s, -e: vielfach zusammengesetztes Objektiv **＊ Kom|bi|nat,** das; –es, -e: staatl. Wirtschaftsunternehmen (ehem. DDR) **＊ Kom|bi|na|ti|on,** die; –, –en: Vereinigung, Verbindung, Zusammenlegung von zwei Dingen : vergleichende Berechnung : (Sport) Zusammenspiel : Vermutung : Arbeitsanzug für Flieger und Monteure : Hemdhose : Herrenanzug aus Hose und Jacke von verschiedener Farbe **＊ Kombinationsgabe:** Fähigkeit, Zusammenhänge zu sehen, Beziehungen herzustellen; **Kombinationsspiel:** planmäßiges Zusammenspiel **＊ kom|bi|nie|ren** (..iert) tr.: paarweise zusammenlegen, vereinigen : berechnen **＊ Kombiwagen:** kombinierter Personen- und Lastwagen **＊ Kom|bi|nie-rung,** die; –, –en: Kombination **＊ kom|bi|na|to|risch** (l.): zusammenhaltend : vergleichsweise

kom|bu|rie|ren (..iert) (l.) tr.: verbrennen, zünden **＊ kom-bus|ti|bel** (nl.) Ew.: leicht verbrennbar

Kom|bü|se (ndl.), die; –, –: Schiffsküche

Ko|me|do (l.), der; –s, ..do-nen: Fresser, Schlemmer : Mitesser

ko|mes|ti|bel (l.) Ew.: genießbar, essbar **＊ Ko|mes|ti-bi|li|en** Mz.: Esswaren

Ko|met (gr.), der; –en, –en: Schweif-, Haarstern **＊ Kome-tenbahn; Kometenschweif**

Ko|me|to|gra|phie *auch:* **Ko|me|to|gra|fie,** die; –: Schweif-, Haarsternbeschreibung **＊ Ko|me|tol|lo|gie,** die; –: Lehre von den Schweifsternen

Kö|me|te|ri|on: s. Zömeterium

Kom|fort (e.), der; –(e)s: Be-

quemlichkeit **＊ kom|for|ta|bel** Ew.: behaglich

Ko|mik (gr.), die; –: Drolligkeit : Darstellung des Komischen **＊ Ko|mi|ker,** der; –s, –: altgriech. Lustspieldichter : Schauspieler für komische Rollen **＊ ko|misch** Ew.: scherzhaft, Heiterkeit erregend : spaßhaft : (übertr.) sonderbar, seltsam; vgl. Komödie

Kom|in|form: Kommunistisches Informationsbüro

Kom|in|tern, die; –: Kommunistische Internationale

Ko|mi|tat (l.), das; –(e)s, -e: feierliches Geleit : eine Gespanschaft, ein Bezirk in Ungarn **＊ ko|mi|tie|ren** (..iert) tr.: geleiten

Ko|mi|tee (fr.), das; –s, -s: Ausschuss : Vorstand

Kom|ma (gr.), das; –s, -s und ..ta: „Einschnitt", Satzabschnitt, Beistrich : (Akustik) ein Tonhöhenunterschied **＊ Kommabazillus,** der; –: kommaähnlicher Bazillus, Choleraerreger

Kom|man|dant (fr.), der; –en, –en: Befehlshaber einer Festung, eines Kriegsschiffes **＊ Kom|man|dan|tur,** die; –. –en: Wohnung und Dienstraum des Kommandanten : Kommandobehörde **＊ Kom|man|deur** [..döhr], der; –s, -e: Befehlshaber : Inhaber eines höheren Ordens **＊ kom|man|die|ren** (..iert) tr.: übertragen : befehligen : gebieten : anführen **＊ der kommandierende General ＊ Kom|man|do** (it.), das; –s, -s: kurzer militär. Befehl : Befehlsgewalt : beauftragte Truppenabteilung **＊ Kommando-brücke; –gewalt; –stand; –stimme; –zentrale**

Kom|man|di|tär (fr.), der; –s, -e: (kfm.) stiller Teilhaber : der Gründer einer von einem Bevollmächtigten geführten Handlung **＊ Kom|man|di|te,** die; –, –: Handlungsgesellschaft mit stillen Teilhabern : Zweigniederlassung **＊ Kom-man|di|tist,** der; –en, –en: (kfm.) ein stiller Gesellschafter, nur mit seiner Vermögenseinlage haftender Teilhaber

Kom|man|do: s. Kommandant

Kom|mas|sa|ti|on (nl.), die; –, –en: Güterzusammenlegung :

Verkoppelung der Felder ✳
kom|mas|sie|ren (..iert) tr.:
Grundstücke, Güter verkoppeln

Kom|me|mo|ra|ti|on (l.), die;
–, –en: Erinnerung, Gedächtnis : Gedenken an Verstorbene durch Messen für ihr Seelenheil : betende Anrufung der Heiligen ✳ **kom|me|mo|rie|ren** (..iert) tr.: gedenken, erwähnen

kom|men (du kommst, [veralt.] kömmst; er kommt, du kamst, du käm[e]st; gekommen; komm[e]!) intr. (sein): sich nahen, erscheinen : an die Oberfläche emporsteigen : an der Reihe sein : hingehören : treffen : noch erreichen : fortschreiten : in etwas geraten : (um etwas –) etwas verlieren ✳ *kommen lassen:* das Kommen veranlassen : dem Kommenden gegenüber nichts tun; *er soll mir schon kommen!:* er wird mir schon entgegenkommen müssen; *auf den Hals kommen:* bedrängen, belästigen; *auf den Hund kommen:* in Not geraten ✳ **Kom|men,** das; –s: Ankunft ✳ **komm|lich** Ew.: (schweiz.) bequem, behaglich : passend **kom|men|da|bel** (l.) Ew.: empfehlenswert ✳ **kom|men|die|ren** (..iert) tr.: empfehlen **Kom|men|de** (ml.), die; –, –n: Gebiet eines Ordensritters : Ordens- oder geistliche Pfründe **Kom|men|sa|le** (nl.), der; –n, –n: Tischgenosse, Kostgänger **kom|men|su|ra|bel** (l.) Ew.: nach gleichem Maße messbar : vergleichbar : gleichartig ✳ *kommensurable Größen* ✳ **Kom|men|su|ra|bi|li|tät,** die; –: Messbarkeit mit gleichem Maße : Vergleichbarkeit **Kom|ment** (fr.) [kommang], der; –s, –s: das „Wie", studentischer geselliger Brauch ✳ *kommentmäßig* Ew. **Kom|men|tar** (l.), der; –s, –e: Erläuterung : Anmerkung : Auslegung ✳ **Kom|men|ta|ti|on,** die; –, –en: gelehrte Abhandlung zur Erklärung eines Gegenstandes : Sammlung wissenschaftlicher Schriften ✳ **Kom|men|ta|tor,** der; –s, ..to|ren: Erläuterer, Erklärer ✳ **kom|men|tie|ren** (..iert) tr.: erläutern, auslegen **Kom|mers** (l.), der; ..es, ..se:

(stud.) festliches Trinkgelage ✳ *Kommersbuch:* Sammlung von Studentenliedern; *Kommerslied:* (stud.) Trinklied **Kom|merz** (l.), der; –es: Handel ✳ **kom|mer|zi|al** Ew. in Zus.: den Handel betreffend ✳ **kom|mer|zi|a|li|sie|ren** tr.: öffentliche Schulden in privatwirtschaftliche umwandeln : etwas wirtschaftlichen Interessen unterordnen ✳ **Kom|mer|zi|a|lis|mus,** der; –: nur auf die Erzielung eines möglichst großen Gewinns gerichtetes Handeln ✳ **kom|mer|zi|ell** Ew.: kaufmännisch : zum Handel gehörig ✳ **Kom|mer|zi|en|rat,** der; –(e)s, ..räte: Ehrentitel für Wirtschaftsfachleute **Kom|mi|li|to|ne** (l.), der; –n, –n: Studiengenosse ✳ **Kom|mi|li|to|nin,** die; –, –nen: Studiengenossin **Kom|mis** (fr.) [kommih], der; –, –: Handlungsgehilfe : kaufmänn. Angestellter **Kom|mi|se|ra|ti|on** (l.), die; –, –en: Erbarmen, Mitleid **Kom|miß → Kom|miss** (l.), der; ..misses: (volkst.) Soldatenstand ✳ *Kommißanzug →* *Kommissanzug:* heereseigene Uniform; *Kommißbrot →* *Kommissbrot:* Soldatenbrot; *Kommißstiefel → Kommiss-stiefel:* Soldatenstiefel ✳ **Kom|mis|sar, Kom|mis|sär** (östr. nur so), der; –s, –e: ein Bevollmächtigter : ein Beauftragter ✳ **Kom|mis|sa|ri|at,** das; –(e)s, –e: Amt eines Kommissars ✳ **kom|mis|sa|risch** Ew.: im Auftrage, auftragsweise ✳ **Kom|mis|sa|ri|us,** der; –, ..rien: (Kanzleispr.) Kommissar ✳ **Kom|mis|si|on,** die; –, –en: Vollmacht : ein Ausschuss von Beauftragten : Geschäftsauftrag : die Gebühr, die ein Kaufmann für die Besorgung eines Geschäfts erhält ✳ *Kommissionsbuch:* Kommissionsbuchhandel: Zweig des Buchhandels zwischen Verlag und Sortiment, *Kommissionsgebühr:* Vermittlungsgebühr; *Kommissionsgeschäft:* Vermittlergeschäft ✳ **Kom|mis|si|o|när,** der; –s, –e: Beauftragter, Bevollmächtigter : Geschäftsver-

mittler : Lohndiener ✳ **Kom|mis|so|ri|a|le** (nl.), das; –: Geschäftsauftrag : Vollmachtsbrief zu einem Geschäft ✳ **kom|mis|so|risch** Ew.: beauftragt, im Auftrage, auftragsweise ✳ **Kom|mis|so|ri|um:** Kommissoriale ✳ **Kom|mis|sur,** die; –, –en: (Anat.) Zusammenfügung : Fuge : Naht ✳ **Kom|mit|tent** (l.), der; –en, –en: Auftraggeber ✳ **kom|mit|tie|ren** (..iert) tr.: übertragen, anvertrauen, abordnen, entsenden, übergeben ✳ **Kom|mit|tiv,** das; –s, –e: schriftliche Vollmacht **Kom|mit|tent** usw.: s. Kommmiss

komm|lich: s. kommen **kom|mod** (kommoder, kommodest) (l.) Ew.: bequem ✳ **Kom|mo|dat,** das; –(e)s, –e: Darlehen : Leihvertrag **Kom|mo|de,** die; –, –n: Truhe, Lade, Kastenschrank **Kom|mo|di|tät,** die; –, –en: Bequemlichkeit : Abort **Kom|mo|do|re** (e.), der; –s, –n und –s: Befehlshaber eines Geschwaders : rangältester Kapitän in der Handelsschifffahrt ✳ *Kommodorestander:* Flagge des K. **Kom|mos** (gr.), der; –, Kommoi : Klagelied; vgl. Komödiant **kom|mun** (l.) Ew.: gemeinsam : gemeinschaftlich ✳ *Kommungut,* das; –(e)s, ..güter: Gemeingut ✳ **kom|mu|nal** Ew. in Zus.: Gemeinde betreffend ✳ *Kommunalabgabe:* Gemeindesteuer; *Kommunalbeamter;* *Kommunalschule; Kommunalsteuer,* die; –, –n: Gemeindesteuer; *Kommunalverwaltung:* Selbstverwaltung der Gemeinden ✳ **kom|mu|na|li|sie|ren** (..iert) tr.: eingemeinden : in Gemeindebetrieb übergehen ✳ **Kom|mu|ne** (fr.) [kommühn', einged. ..mune], die; –, –n: Gemeinde : die Pariser Schreckensherrschaft von 1871 : Wohngemeinschaft **Kom|mu|ni|kant** (l.), der; –en, –en: Teilnehmer am hl. Abendmahl ✳ **Kom|mu|ni|kat,** das; –(e)s, –e: schriftl. Mitteilung einer Behörde ✳ **Kom|mu|ni|ka|ti|on,** die; –, –en: Mitteilung : Verbindung : Umgang :

Verkehr : Verständigung zwischen den Menschen ✳ *Kommunikationslinie; Kommunikationsmittel:* Verständigungsmittel; *Kommunikationsweg* ✳ **Kom|mu|ni|on,** die, –, –en: Gemeinschaft : Teilnahme am Abendmahl ✳ **kom|mu|ni|zie|ren** (..iert) intr.: mitteilen : zum Abendmahl gehen : in Verbindung stehen, zusammenhängen ✳ *kommunizierende Röhren*

Kom|mu|ni|qué *auch:* **Kom|mu|ni|kee** (fr.) [kommünikeh], das; –s, –s: Denkschrift : amtliche Mitteilung, Bekanntmachung

Kommuniqué, Kommunikee Beide Formen gelten als korrekt, wobei die fremdsprachliche Variante *(Kommuniqué),* die Hauptform, die eindeutschende Schreibung *(Kommunikee),* die Nebenform ist. In fortlaufenden Texten sollte auf einheitliche Verwendung geachtet werden.

Kom|mu|nis|mus (nl.), der; –: Gesellschaftsordnung zur Durchführung der marxistischen Lehre : Wirtschaftsform der grundsätzlichen Gleichheit aller Menschen und vollständ. Gütergemeinschaft ✳ **Kom|mu|nist,** der; –en, –en: Anhänger des Kommunismus ✳ **kom|mu|nis|tisch** Ew.: den Kommunismus betreffend ✳ *die Kommunistische Internationale; Kommunistisches Manifest* ✳ **Kom|mu|ni|tät,** die; –, –en: Gemeinschaft : Gemeingut

kom|mu|ni|zie|ren: s. Kommunion

kom|mu|ta|bel (l.) Ew.: veränderlich : vertauschbar ✳ **Kom|mu|ta|ti|on,** die; –, –en: Veränderung : Vertauschung ✳ **Kom|mu|ta|tor,** der; –s, ..toren: (Elektr.) Stromwender, Umschalter ✳ **kom|mu|tie|ren** (..iert) tr.: verändern : verwechseln

Kol|mö|di|ant (gr.-l.), der; –en, –en: (verächtl.) Schauspieler : (übertr.) Heuchler ✳ **Kol|mö|di|an|ten|tum,** das; –(e)s: Gesamtheit, Wesen der Komödianten ✳ **Kol|mö|die,** die; –, –n: Lustspiel : Lustspielhaus : (übertr.) lustiges Ereignis ✳

Kol|mos, der; –, Komoi: lustiger Festaufzug; vgl. Komik

Kom|pa|gnie (fr.) [kongpanih], die; –, ..nien: s. Kompanie ✳ **Kom|pa|gnon** (fr.) [kongpanjong], der; –s, –s: (kfm.) Teilhaber : Gesellschafter : Spießgeselle

kom|pakt (l.) Ew.: fest : gedrungen : dicht : derb : fest zusammenhängend

Kom|pak|ta|ten Mz.: Vereinbarungen : Verträge ✳ *die Prager Kompaktaten* ✳ **Kom|pakt|heit,** die; –: Festigkeit : Gedrungenheit

Kom|pa|nie (fr.), die; –, ..nien: Handelsgesellschaft : eine Abteilung Fußtruppen (100 bis 150 Mann) ✳ *Kompaniechef; Kompaniefeldwebel; Kompanieführer; Kompaniegeschäft:* Teilhabergeschäft

kom|pa|ra|bel (l.) Ew.: vergleichbar : steigerungsfähig ✳ **Kom|pa|ra|ti|on,** die; –, –en: Vergleichbarkeit : Steigerung ✳ **Kom|pa|ra|tiv,** der; –s, –e: (Sprachl.) erster Steigerungsgrad, -stufe ✳ **Kom|pa|ra|tor,** der; –s, ..toren: Längenmaßvergleicher ✳ **Kom|pa|rent** (l.), der; –en, –en: vor Gericht Anwesender ✳ **Kom|pa|renz,** die; –: das Erscheinen vor Gericht ✳ **kom|pa|rie|ren** (..iert) intr.: vergleichen : steigern : vor Gericht erscheinen

Kom|par|se (fr.), der; –n, –n: (Bühnenspr.) Statist, stumme Person ✳ **Kom|par|se|rie,** die; –, ..rien: Anordnung der Aufzüge auf der Bühne

Kom|par|ti|ment (it.), das; –(e)s, –e: regelmäßig abgeteilte Felder : Gemach : Eisenbahnabteil ✳ **Kom|par|ti|ti|on** (ml.), die; –, ..rien: Abteilung

Kom|paß → **Kom|pass** (it.), der; ..passes, ..passe: „Mitschritt", Windrose : Gerät zum Bestimmen der Himmelsrichtung ✳ *Kompaßnadel* → *Kompassnadel:* Magnetnadel des Kompasses; *Kompaßrose* → *Kompassrose:* Windrose auf dem Zifferblatt des Kompasses

Kom|pa|ter|ni|tät (nl.), die; –, –en: Gevatterschaft : geistliche Verwandtschaft

Kompass Folgt das ß einem kurzen Vo-

kal, wird es zu *ss: Kompass, Koloss, Kompromiss.* Steht das ß jedoch nach langem Vokal oder Diphtong, bleibt es erhalten: *Muße, Grüße, heißen.*

Kom|pa|ti|bi|li|tät (fr.), die; –: Vereinbarkeit, Verträglichkeit ✳ **kom|pa|ti|bel** Ew.: vereinbar : verträglich

Kom|pa|tri|ot, der; –en, –en: Landsmann, Volksgenosse

kom|pel|lie|ren (l.) (..iert) tr.: antreiben, zwingen, anhalten

kom|pen|di|a|risch (l.) Ew.: kurzgefasst ✳ **kom|pen|di|ös** Ew.: abgekürzt : kurz, zusammengefasst, gedrängt ✳ **Kom|pen|di|um,** das; –s, ..dien: Abriss : Handbuch

kom|pen|sa|bel (..abler, ..abelste) (nl.) Ew.: ersetzbar : ausgleichbar ✳ **Kom|pen|sa|ti|on** (l.), die; –, –en: Ausgleichung, Aufhebung einer Schuld gegen andere : Vergütung, Entschädigung, Ersatz : (BGB) Aufrechnung : (Phys.) Ausgleichung der Wirkung einer Kraft ✳ *Kompensationsgeschäft:* Warenaustauschgeschäft; *Kompensationspflicht; Kompensationspendel* ✳ **Kom|pen|sa|tor,** der; –s, ..toren: Ausgleicher : Regler ✳ **kom|pen|sie|ren** (..iert) tr.: ausgleichen : vergüten : verrechnen

kom|pe|tent (l.) Mw. Ew.: berechtigt, befugt : statthaft : zuständig ✳ **Kom|pe|tent,** der; –en, –en: Mitbewerber ✳ **Kom|pe|tenz** (ml.), die; –, –en: Zuständigkeit, Rechtsgültigkeit : Befugnis, Recht eines Richters : Urteilsfähigkeit : amtlich gewährte Einkünfte : (Heerw.) Gebührnisse ✳ *Kompetenzbereich; Kompetenzfrage; Kompetenzkompetenz:* Befugnis zur Bestimmung der Zuständigkeit; *Kompetenzkonflikt:* Einspruch gegen die Zuständigkeit; *Kompetenzstreitigkeiten* ✳ **kom|pe|tie|ren** (..iert) intr.: gebühren : sich mitbewerben

Kom|pi|la|ti|on (l.), die; –, –en: Zusammenstoppeln : Sammelwerk (Buch, das durch Zusammentragen entstand) ✳ **Kom|pi|la|tor,** der; –s, ..toren: Zusammenträger, Sammler : (verächtl.) Zusammenstoppler, Buchmacher ✳ **kom|pi|lie|ren**

(..iert) tr.: zusammentragen, -stoppeln, sammeln

kom|plek|tie|ren (..iert) (l.) tr.: zusammenfassen, umfassen, in sich schließen * kom|plex Ew.: zusammengefasst : (Math.) aus imaginären und reellen Größen zusammengesetzt * Kom|plex, der; -es, -e: Zusammenfassung, Inbegriff : Gesamtmasse : Gruppe : (Med.) verdrängte Vorstellung * Kom|ple|xi|on, die; -, -en: Zusammenfassung : (Math.) Anordnung mehrerer Elemente : Leibesbeschaffenheit : (nach engl. Gebrauch) Gesichtsfarbe

Kom|ple|ment (l.), das; -(e)s, -e: Ergänzung * Komplementwinkel: Ergänzungswinkel * Kom|ple|men|tär, der; -s, -e: Stellvertreter eines Handelshauses * kom|ple|men|tär Ew.: ergänzend * Komplementärfarben Mz.: Farben, die sich je nach Mischung zu Weiß oder fast Schwarz ergänzen, z. B. Rot und Grün * kom|ple|men|tie|ren (..iert) tr.: ergänzen : vervollständigen

Kom|plet (fr.) [kongpläh], das; -(s), -s; (schweiz.) die; -, -s: Kleid mit Jacke oder Mantel aus gleichem Stoff * Kom|ple|to|rium, das; -s, ..ien: letztes Gebet nach Vollendung des Tagewerks * kom|plett Ew.: vollständig * kom|plet|tie|ren (..iert) tr.: ergänzen, vollständig machen * Kom|plet|tie|rung, die; -, -en: Vervollständigung

kom|plex usw.: s. komplektieren

Kom|pli|ka|ti|on (l.), die; -, -en: Verwicklung, Erschwerung : Hinzutreten einer Erkrankung zu einer schon bestehenden Krankheit * kom|pli|zie|ren (..iert) tr.: verwickeln : erschweren * kom|pli|ziert Mw. Ew.: verzwickt, verwickelt : schwierig * kom|pli|ziert|heit, die; -, -en: Verwicklung

Kom|pli|ment (fr.), das; -(e)s, -e: Gruß : Höflichkeitsbezeigung : Verbeugung : Schmeichelei * kom|pli|men|tie|ren (..iert) tr.: begrüßen : Artigkeiten sagen : Komplimente machen

Kom|pli|ze, der; -n, -n: Helfershelfer, Mittäter

Kom|plott (fr.), das; -(e)s, -e: geheimer Anschlag, Verschwörung * kom|plot|tie|ren (..iert) intr.: sich heimlich verschwören * Kom|plott|eur [..töhr], der; -s, -e: Meuterer, Verschwörer

Kom|po|nen|te (l.), die; -, -n: Bestandteil eines Ganzen : jeder einzelne Stern eines Doppelsterns * kom|po|nie|ren (..iert) tr.: zusammensetzen, verfassen : (Mus.) vertonen : Plan entwerfen * Kom|po|nist, der; -en, -en: Tondichter, Tonsetzer * Kom|po|si|te, die; -, -n: Korbblütler * Komposit(en)kapitell: (Baukst.) Verbindung des korinthischen Kapitells mit ionischen Voluten * Kom|po|si|teur (fr.) [..töhr], der; -s, -e: Komponist * Kom|po|si|ti|on (l.), die; -, -en: Zusammensetzung : (Techn.) Metallmischung : (Mus.) Tondichtung : Aufbau eines Kunstwerkes * Kompositionslehre * kom|po|si|to|risch Ew.: eine Komposition betreffend * Kom|po|si|tum, das; -s, ..siten und ..ta: (Sprachl.) zusammengesetztes Wort

Kom|pos|ses|si|on (nl.), die; -, -en: der Mitbesitz

Kom|post (it.), der; -es, -e: Mischdünger * Komposthaufen * kom|pos|tie|ren (..iert) tr.: mit Mischdünger düngen : zu Kompost verarbeiten

Kom|pott, das; -(e)s, -e: eingemachte Früchte : gekochtes Obst

kom|pre|hen|si|bel Ew.: begreiflich, fasslich, verständlich

kom|preß → kom|press (l.) Ew.: dicht, zusammengedrückt * Kom|pres|se, die; -, -n: Umschlag : Auflage auf eine kranke, wunde Stelle * kom|pres|si|bel (..ssibler, ..ssibelste) (nl.) Ew.: zusammenpressbar * Kom|pres|si|bi|li|tät, die; -, -en: Zusammenpressbarkeit * Kom|pres|si|on, die; -, -en: Zusammendrückung : Verdichtung oder Verflüssigung von Dämpfen * Kompressionspumpe: Druckpumpe; Kompressionsver-

band: Druckverband * Kom|pres|sor, der; -s, ..ssoren: Verdichter * Kom|pre|ti|te, die; -, -n: durch Zusammenpressen pulverförmiger Arzneien hergestellte Tabletten * kom|pri|mie|ren (..iert) tr.: zusammendrücken * komprimierbar: pressbar

Kom|pro|ba|ti|on (l.), die; -, -en: Billigung

Kom|pro|miß → Kom|pro|miss (l.), der; (selten) das; ..misses, ..misse: Zugeständnis : Vereinbarung : Ausgleich : einen Kompromiß schließen → einen Kompromiss schließen: sich vergleichen * kompromißlos → kompromisslos Ew.; Kompromißlösung → Kompromisslösung: Lösung, bei der beide Teile zu gleichem Recht kommen * kom|pro|mit|tie|ren (..iert) intr.: sich einigen; tr.: bloßstellen * Kom|pro|mit|tie|rung, die; -, -en: Bloßstellung

Komp|ta|bi|li|tät (fr.), die; -, -en: Verantwortlichkeit : Rechenschaftspflicht (in Bezug auf die Verwaltung öffentlicher Stellen) : Berechnungsmöglichkeit

Kom|pul|si|on (l.), die; -, -en: Antreibung : Zwang, Nötigung * kom|pul|siv Ew. Uw.: antreibend : zwanghaft * Kompulsivbewegung: Zwangsbewegung; kompulsives Irresein: Zwangsvorstellungsirresein

Kom|punk|ti|on (nl.), die; -, -en: Zerknirschung

Kom|so|mol (russ.): Kommunistischer Jugendverband in der ehem. UdSSR * Kom|so|mol|zen, die; -: Mitglieder des Komsomol

Kom|teß → Kom|tess (fr.), die; -, ..tessen; Kom|tes|se, die; -, -n: unverheiratete Gräfin

Kom|tur (ml.), der; -s, -e: Verwalter in einem Ritterorden : Inhaber eines Ordens höherer Klasse * Kom|tu|rei, die; -, -en: Gebiet und Sitz eines Ordensritters

Ko|nak (türk.), der; -s, -e: Amtsgebäude : Palast, großes Prachtgebäude

Ko|nat (l.), der; -(e)s, -e: Vorhaben : Versuch

Kon|cha (gr.), die; -, -s: Nischenwölbung * **Kon|chi|a|lin**, das; –s, -e: Außenschicht der Muschel * **Kon|chi|fe|re**, die; –, –n: ein Muscheltier * **Kon|chit**, der; –en, –en: versteinerte Muschel * **Kon|choi|de**, die; –, –n: „Muschellinie" : Schneckenlinie : krumme Linie vom vierten Grade * **Kon|chy|lie**, die; –, –n: Schale der Weichtiere * **Kon|chy|li|o|lo|gie**, die; –, ..gien: Schnecken-, Muschellehre

kon|dem|na|bel (..nabler, ..nabelste) (l.) Ew.: verdammenswert * **Kon|dem|na|ti|on**, die; –, –en: Verurteilung, Verdammung * **kon|dem|na|to|risch** (nl.) Ew.: verurteilend, verdammend * **kon|dem|nie|ren** (..iert) tr.: verurteilen

Kon|den|sa|ti|on (l.), die; –, –en: Verdichtung : Eindampfung : Verflüssigung : Verdickung * **Kon|den|sa|tor**, der; –s, ..toren: Verdichter * **kon|den|sie|ren** (l.) (..iert) tr., intr.: eindampfen : verflüssigen : flüssig werden, dicht werden * *kondensierte Milch; Kondensmilch; –topf; –streifen* * **Kon|den|sor**, der; –s, ..soren: Sammellinse von Projektionsapparaten und Mikroskopen : Verdichter : Verstärker * **Kon|dens|was|ser**, das; –s: Dampfwasser

Kon|des|zenz (nl.), die; –, –en: Herablassung : Nachgiebigkeit : Mitbestimmung

Kon|di|ment (l.), das; –s, -e: Würze : Gewürz

Kon|di|rek|ti|on (nl.), die; –, –en: Mitaufsicht

kon|di|tern (nl.) (ich ..[e]re) intr.: Feinbäckereien machen : Zuckerbäckereien besuchen * **Kon|di|tor** (l.), der; –s, ..toren: Zucker-, Feinbäcker * *Konditorwaren:* Feinback-, Zuckerwaren * **Kon|di|to|rei**, die; –, –en: Zucker-, Feinbäckerei

Kon|di|ti|on (l.), die; –, –en: Bedingung : (Sport) körperliche Verfassung : Dienstverhältnis * *Konditionstraining:* allgemeines sportliches Training * **kon|di|ti|o|nal** Uw.: bedingungsweise geltend : bedingend * *Konditionalsatz:* Bedingungssatz * **Kon|di|ti|o|na|lis**, der; –, ..les: (Sprachl.) Bedingungsform * **Kon|di|ti|o|na|lis|mus**, der; –: philos. Lehre * **kon|di|ti|o|nell** Uw.: bedingend * **Kon|di|ti|o|nier|an|stalt**, die; –, –en: Anstalt zur Ermittlung des Feuchtigkeitsgehalts von Gespinstfasern * **kon|di|ti|o|nie|ren** (..iert) intr.: in Stellung sein : Feuchtigkeitsgehalt von Textilien bestimmen

Kon|di|tor: s. konditern

kon|di|zie|ren (..iert) (l.) tr.: an-, aufkündigen : durch gerichtliche Klage zurückfordern

Kon|do|lenz (nl.), die; –, –en: Beileidsbezeugung * *Kondolenzbesuch; Kondolenzbrief; Kondolenzkarte* * **kon|do|lie|ren** (..iert) intr.: Beileid bezeigen : bedauern

Kon|dom (e.) das; –s, -e (selt. –s): Präservativ : Empfängnisverhütungsmittel

Kon|do|mi|nat (ml.), das; –(e)s, -e: Landesgebiet, das mehrere Herren hat : Mitherrschaft * **Kon|do|mi|ni|um**, das; –s, ..nien: Mitbesitz

Kon|do|na|ti|on (l.), die; –, –en: Schenkung, Erlassung * **kon|do|nie|ren** (..iert) tr.: schenken : zugute halten

Kon|dor (span.), der; –s, -e: Geier, Königsgeier

Kon|dot|tie|re (it.), der; –s, ..ri: Rotten-, Bandenführer

Kon|dukt (l.), der; –(e)s, -e: Geleit, Zug * **Kon|duk|tanz** (nl.), die; –: Leitungsfähigkeit * **Kon|duk|teur** (fr.) [..töhr], der; –s, -e: Begleiter : Schaffner : Aufseher * **Kon|duk|ti|on** (l.), die; –, –en: das Mieten : das Pachten * **Kon|duk|tor**, der; –s, ..toren: (Med.) Überträger einer Erbkrankheit, ohne selbst krank zu sein : Pächter : elektr. Leiter : Hohlsonde

Kon|du|ran|go, die; –, –s: Rinde einer südam. Heilpflanze * *Kondurangorinde*

Kon|dy|lom (gr.), das; –s, -e: (Med.) Feigwarze * **kon|dy|lo|ma|tös** Ew.: feigwarzenartig : mit Feigwarzen behaftet * **Kon|dy|lus**, der; –: (Anat.) Gelenkhöcker: Gelenkknorren

Ko|ne|in, **Ko|ni|in** (gr.-l.), das; –s: Schierlingsgift

Kon|fekt (ml.), das; –(e)s, -e: Zuckerwerk, Naschwerk * **Kon|fek|ti|on** (l.), die; –, –en: industrielle Anfertigung von Kleidern : Fertigkleidung * *Konfektionsanzug; Konfektionsgeschäft:* Geschäft mit fertigen Kleidern; *Konfektionsware:* Fertigware * **Kon|fek|ti|o|när**, der; –s, -e: Inhaber oder Angestellter eines Konfektionsgeschäftes

Kon|fe|renz (nl.), die; –, –en: gemeinsame Beratung : Verhandlung : Besprechung * *Konferenzbeschluß → Konferenzbeschluss; Konferenzzimmer* * **kon|fe|rie|ren** (..iert) intr.: beraten, besprechen

Kon|fes|si|on (l.), die; –, –en: Bekenntnis : Glaubensbekenntnis * *konfessionslos* Ew.: keiner Konfession angehörig; *Konfessionsschule* * **Kon|fes|si|o|na|lis|mus**, der; –: starke Betonung der Glaubensunterschiede : Festhalten an einem bestimmten Bekenntnis * **kon|fes|si|o|nell** Ew.: das Glaubensbekenntnis betreffend

Kon|fet|ti (it.) Mz.: schlechtes oder falsches Konfekt : Papierschnitzel * *Konfettischlacht:* Papierschnitzelschlacht

Kon|fi|dent (l.), der; –en, –en: Busenfreund : Vertrauter * **kon|fi|den|ti|ell** Ew.: vertraulich * **Kon|fi|denz**, die; –, –en: Vertrauen : Vertraulichkeit

Kon|fi|gu|ra|ti|on (l.), die; –, –en: Gestaltung : Stellung der Planeten : (EDV) Zusammenstellung der Hard- und Software * **kon|fi|gu|rie|ren** tr.: gestalten : (Med.) verformen

kon|fi|nie|ren (..iert) (l.) tr.: auf einen Bezirk beschränken * **Kon|fi|ni|um**, das; –s, ..nien: Grenze : Grenzstein

Kon|fir|mand (l.), der; –en, –en: Einsegnungskind : Eingesegneter * *Konfirmandenunterricht:* Unterricht vor der Einsegnung * **Kon|fir|man|din**, die; –, –nen: Einsegnungsmädchen : Eingesegnete * **Kon|fir|ma|ti|on**, die; –, –en: „Befestigung" im christlichen Glauben, Einsegnung : Anstellung, Bestallung * **kon|fir|mie|ren** (..iert) tr.: einsegnen * **Kon|fir|mi|tät**, die; –: starre Festigkeit

Kon|fi|se|rie (fr.) [kongf.. und konf..], die; –, ..rien: Zuckerbäckerei * **Kon|fi|seur** [kongffisöhr], der; –s, –e: Zuckerbäcker ∗ **Kon|fi|tü|re** (ml.-fr.), die; –, –n: feine Marmelade mit Früchten

Kon|fis|ka|ti|on (l.), die; –, –en: Vermögenseinziehung : behördliche Wegnahme ∗ **kon|fis|zie|ren** (..iert) tr.: einziehen, in Beschlag nehmen

Kon|fi|tent (l.), der; –en, –en: ein Beichtender, Beichtkind

Kon|fi|tü|re: s. Konfiserie

Kon|fla|ti|on (l.), die; –, –en: das Schmelzen von Metallen

kon|fli|gie|ren (..iert) (l.) intr.: streiten, zanken : kämpfen ∗ **Kon|flikt**, der; –(e)s, –e: „Zusammenstoß“, Streit, Widerstreit : Kampf : Einspruch ∗ *Konfliktforschung; Konfliktherd; Konfliktsituation; Konfliktstoff*

kon|flu|ent (l.) Mw. Ew.: zusammenfließend ∗ **Kon|flu|enz** (nl.), die; –, –en: Konflux ∗ **kon|flu|ie|ren** (..iert) intr.: zusammenlaufen, -strömen ∗ **Kon|flux**, der; –es, –e: Zusammenfluss [l. cum zusammen und fluere fließen]

Kon|fö|de|ra|ti|on (l.), die; –, –en: „Bündnis“, Staatenbund ∗ **kon|fö|de|rie|ren** (..iert) intr., rbz.: sich verbünden ∗ **Kon|fö|de|rier|te**, der; die; –n, –n: Verbündete(r)

kon|fo|kal (nl.) Ew.: einen gemeinschaftlichen Brennpunkt habend

kon|form (l.) Ew.: übereinstimmend : gleichförmig ∗ **Kon|for|ma|ti|on**, die; –, –en: Zustimmung ∗ **Kon|for|mi|tät**, die; –, –en: Übereinstimmung ∗ **kon|for|mie|ren** (..iert) tr.: anpassen

Kon|fra|ter (nl.), der; –s, –: Mitbruder, Amtsbruder ∗ **Kon|fra|ter|ni|tät**, die; –: Amtsbruderschaft

Kon|fron|ta|ti|on (nl.), die; –, –en: Gegenüberstellung : (polit.) Auseinandersetzung ∗ **kon|fron|tie|ren** (..iert) tr.: gegenüberstellen : „Stirn gegen Stirn“ verhören ∗ **Kon|fron|tie|rung**, die; –, –en: Gegenüberstellung [l. cum zusammen und frons Stirn]

kon|fun|die|ren (..iert) (l.) tr.: vermengen : verwechseln : verwirrt machen ∗ **kon|fus** (..fu-ser, ..fuseste) Ew.: verwirrt,

zerstreut : verworren ∗ **Kon|fu|si|on**, die; –, –en: Verwirrung : Bestürzung ∗ *Konfusionsrat:* (scherzh.) Wirrkopf

kon|fu|ta|bel (l.) Ew.: widerlegbar ∗ **Kon|fu|ta|ti|on**, die; –, –en: Widerlegung ∗ **Kon|fu|ta|tor** (spätl.), der; –s, ..to|ren: Widerleger

Kon|fut|se, **Kon|fu|zi|us:** chin. Philosoph und Religionslehrer ∗ **kon|fu|zi|a|nisch** Ew.: von K. herstammend ∗ **Kon|fu|zi|a|nis|mus**, der; –: die Lehre von Konfuzius

Kon|ge|la|ti|on (l.), die; –, –en: Gefrieren, Erstarren : Gerinnen : Verdickung : Stumpfwerden der Zähne ∗ **kon|ge|lie|ren** (..iert) intr.: gefrieren

kon|ge|ni|al (l.) Ew.: geistesverwandt : von gleicher Begabung ∗ **Kon|ge|ni|a|li|tät**, die; –: Geistesverwandtschaft

kon|ge|ni|tal (nl.) Ew.: angeboren

kon|ge|rie|ren (..iert) (l.) tr.: zusammentragen : häufen ∗ **Kon|ges|ti|on**, die; –, –en: Blutandrang ∗ **kon|ges|tiv** Ew.: Blutandrang hervorrufend

Kon|glo|ba|ti|on (l.), die; –: „Zusammenballung“, Häufung der Beweise in der Redekunst ∗ **kon|glo|bie|ren** (..iert) tr.: zusammenballen, kugelförmig machen, runden ∗ *konglobierte Drüsen:* Saugaderdrüsen

Kon|glo|me|rat (l.), das; –(e)s, –e: Gemenge : Häufung : Menggestein : Geröll ∗ **kon|glo|me|rie|ren** (..iert) tr.: zu einem Knäuel zusammenballen ∗ *konglomerierte Drüsen:* absondernde Drüsen

kon|glu|ti|nie|ren (..iert) (l.) tr.: zusammenleimen, -kleben

Kon|go, der; –s: Strom in Mittelafrika ∗ **Kon|go:** Staat in Mittelafrika: Volksrepublik Kongo; Demokratische Republik Kongo (Zaire) ∗ **Kon|go|le|se**, der; –n, –n: Bewohner des Kongostaates ∗ **kon|go|le|sisch** Ew.: das Kongogebiet betreffend ∗ *Kongorot*, das; –(e)s: Farbstoff

Kon|gre|gat (l.), das; –(e)s, –e: Gehäuse : nichtkristallinisches Gestein ∗ **Kon|gre|ga|ti|on**, die; –, –en: Vereinigung mehrerer Klöster : Ordensverbindung : Ratsver-

sammlung der Kardinäle ∗ **Kon|gre|ga|ti|o|na|list**, der; –en, –en: Angehöriger einer engl. Sekte ∗ **Kon|gre|ga|ti|o|nist**, der; –en, –en: Mitglied einer Kongregation, bes. der jesuitischen

Kon|greß → Kon|gress (l.), der; ..gresses, ..gresse: Zusammenkunft, Tagung : (in den USA) Vereinigung von Senat und Repräsentantenhaus

kon|gru|ent Mw. Ew.: sich deckend : übereinstimmend ∗ **Kon|gru|enz**, die; –, –en: Deckung : Übereinstimmung : Formgleichheit : Folgerichtigkeit ∗ *Kongruenzsatz:* (Math.) Gleichheitssatz ∗ **kon|gru|ie|ren** (..iert) intr.: sich decken, völlig übereinstimmen ∗ **Kon|gru|is|mus** (barb.-l.), der; –: Lehre von der Übereinstimmung der göttl. Gnade mit dem menschlichen Willen ∗ **Kon|gru|ist**, der; –en, –en: Anhänger des Kongruismus

Ko|ni|die (gr.), die; –, –n: Stilspore bei Pilzen und Algen ∗ **Ko|ni|fe|re**, die; –, –n: „Zapfenträger“, Nadelbaum ∗ **Ko|ni|fe|rin**, das; –s: eine chemische Verbindung

Kö|nig, der; –(e)s, –e: Herrscher eines Königreiches, im Rang unmittelbar dem Kaiser folgend : bester Schütze beim Wettschießen : gefeierte Person bei Festlichkeiten : (Schifffahrt) oberster Leinzieher bei Elbkähnen : Name für den Löwen : ein Schmetterling : (Alchimie) Stein der Weisen : (Chem., Hüttw.) reines, ausgeschmolzenes Metall : Figur im Kartenspiel, Schachspiel, Kegelspiel ∗ *Königreich:* von einem König beherrschtes Reich ∗ *Königsadler; Königsfasan; Königsgeier; Königshof; Königskobra:* größte Giftschlange; *Königskraut:* ein Pflanzenname; *Königskrone:* Krone des Königs : ein Pflanzenname : ein Schneckenname; *Königskupfer:* gute Kupfersorte . Schwarzkupfer, das als König aus der Schmelze hervorgeht; *Königspaar; Königspalme; Königsschießen:* Wettschießen, in dem der Schützenkönig ermittelt wird; *Königs-*

schuß → *Königsschuss:* Meisterschuss; *Königsschlange; Königssohn; Königsthron; Königstiger:* größte Unterart des Tigers; *Königstochter; Königswasser:* Säure, die Gold auflöst; *Königswürde; Königszug:* guter Schachzug : Art Silbenrätsel ✳ **Kö**|**ni**|**gin**, die; –, –nen: Gemahlin eines Königs : Herrscherin über ein Königreich : Weisel, Mutterbiene : Name von Muscheltieren : Rose : (Alchimie) Silber : Figur im Karten-, Schachspiel ✳ *Königin der Nacht:* eine Kaktusart : der Mond ✳ *Königin des Tages, Lichts, Himmels, der Erde:* Sonne ✳ **kö**|**nig**|**lich** Ew.: einem König gehörend : von einem König ausgehend : wie ein König ✳ **Kö**|**nig**|**tum**, das; –s, ..tümer: Stand und Würde eines Königs : Königreich

Kö|**nigs**|**berg:** russ. Kaliningrad, ehem. Hauptstadt Ostpreußens ✳ *Königsberger Klops:* ein Fleischgericht

Ko|**ni**|**in:** s. Konein

ko|**nisch** (gr.) Ew.: kegelförmig ✳ **Ko**|**nit**, der; –(e)s, –e: versteinerte Kegelschnecke : Bitterkalk ✳ **Ko**|**ni**|**zi**|**tät**, die; –: Kegel-, Trichterförmigkeit ✳ **Ko**|**nus**, der; –, ..nusse (Techn., Mz. Konen): Kegel : Trichter : (Bot.) Kegelschnecke

Kon|**jek**|**ta**|**ne**|**en** (l.) Mz.: „Zusammengeworfenes", Sammlung augenblicklicher Einfälle ✳ **Kon**|**jek**|**tur**, die; –, –en: Vermutung ✳ **kon**|**jek**|**tu**|**ral** Ew.: auf Mutmaßungen beruhend : *Konjekturalkritik; Konjekturalpolitik* ✳ **kon**|**ji**|**zie**|**ren** (..iert) intr.: vermuten, mutmaßliche Lesarten alter Schriftsteller aufstellen

kon|**ju**|**gal** (l.) Ew.: ehelich ✳ **Kon**|**ju**|**ga**|**te** (l.), die; –, –n: Jochalge, eine Pflanze ✳ **Kon**|**ju**|**ga**|**ti**|**on**, die; –, –en: (Sprachl.) Abwandlung des Zeitwortes ✳ **kon**|**ju**|**gier**|**bar** Ew.: abwandlungsfähig ✳ **kon**|**ju**|**gie**|**ren** (..iert) tr.: (Zeitw.) abwandeln : verbinden ✳ *konjugierte Punkte:* (Math.) einander entsprechende Punkte ✳ **kon**|**jun**|**gie**|**ren** (..iert) (l.) tr.: verbinden ✳ **Kon**|**junk**|**ti**|**on**, die; –, –en: (Sprachl.) Bindewort ✳ **Kon**|**junk**|**tiv**, der; –(e)s,

–e; **Kon**|**junk**|**ti**|**vus**, der; –, ..ve; (Sprachl.) Möglichkeitsform des Zeitwortes; Abk.: Konj. ✳ **Kon**|**junk**|**ti**|**va**, die; –: (Med.) Bindehaut des Auges ✳ **kon**|**junk**|**ti**|**visch** Ew.: bedingt, abhängig : (Sprachl.) den Konjunktiv betreffend ✳ **Kon**|**junk**|**ti**|**vi**|**tis**, die; ✳ (Med.) Bindehautentzündung des Auges ✳ **Kon**|**junk**|**tur**, die; –, –en: Verbindung gewisser Umstände : Geschäftsaussichten, Wirtschaftslage ✳ *Konjunkturbericht; Konjunkturlage; Konjunkturpolitik; Konjunkturschwankung; Konjunkturzuschlag* ✳ **kon**|**junk**|**tur**|**be**|**dingt** Ew. ✳ **kon**|**junk**|**tu**|**rell** Ew.: der Konjunktur gemäß

Kon|**ju**|**ra**|**ti**|**on**, die; –, –en: Verschwörung

kon|**kav** (l.) Ew.: ausgehöhlt, nach innen gewölbt ✳ *Konkavglas; Konkavlinse; Konkavspiegel:* Brennspiegel ✳ **Kon**|**ka**|**vi**|**tät** [..w..], die; –: das Hohlsein : Höhlung

Kon|**kla**|**ma**|**ti**|**on** (l.), die; –, –en: gemeinschaftl. Aufruf ✳ **Kon**|**kla**|**ve** (l.), das; –s, –n: Versammlung der Kardinäle zur Papstwahl

kon|**klu**|**dent** (l.) Mw. Ew.: schließend, folgernd : bündig ✳ **kon**|**klu**|**die**|**ren** (..iert) intr.: schließen, folgern : beschließen ✳ **Kon**|**klu**|**si**|**on**, die; –, –en: Schluss, Schlussfolgerung ✳ **kon**|**klu**|**siv** Ew.: konkludent ✳ **Kon**|**klu**|**sum**, das; –s, ..sa: Beschluss

Kon|**ko**|**mi**|**tanz** (nl.), die; –, –en: Ungetrenntheit von Fleisch und Blut in der Hostie (Glaubenssatz der kath. Kirche)

kon|**kor**|**da**|**bel** (l.) Ew.: vereinbar ✳ **kon**|**kor**|**dant** Mw. Ew.: übereinstimmend ✳ **Kon**|**kor**|**danz**, die; –, –en: „Übereinstimmung", : alphabet. Zusammenstellung aller Wörter eines Werkes (z. B. der Bibel) mit Stellenangabe : (Buchdrw.) ein Schriftgrad; typographische Maßeinheit = 4 Cicero : (Geol.) gleichförmige Lagerung der Schichten ✳ **Kon**|**kor**|**dat**, das; –(e)s, –e: Abkommen zwischen der kath. Kirche und einem Staat :

(schweiz.) Vereinbarung einzelner Kantone ✳ *Konkordatspolitik* ✳ **Kon**|**kor**|**dia**, die; –: „Eintracht", beliebter Name von Vereinen : ein Asteroid ✳ **Kon**|**kor**|**di**|**en**|**for**|**mel**, die; –, –n: Bekenntnisschrift der lutherischen Kirche (1577) ✳ **kon**|**kor**|**die**|**ren** (..iert) intr.: übereinstimmen

Kon|**kre**|**ment**, das; –(e)s, –e: Steinbildung, bei Verdunstung entstehende feste Masse

Kon|**kres**|**zenz** (l.), die; –, –en: Zusammenwachsen

kon|**kret** (l.) Ew.: „zusammengewachsen", körperlich : verwirklicht, wesenhaft, greifbar ✳ **Kon**|**kret**, der; das; –(e)s: Beton ✳ **Kon**|**kre**|**ti**|**on**, die; –, –en: Zusammenwachsung : Ablagerung, Zusammenhäufung fremdartiger Massen und Stoffe ✳ **Kon**|**kre**|**tum**, das; –s, ..ta: Gegenständliches : Hauptwort, das etwas Gegenständliches benennt

Kon|**ku**|**bi**|**nat** (l.), der; das; –(e)s, –e: wilde Ehe ✳ **Kon**|**ku**|**bi**|**ne**, die; –, –n: Kebsweib, Beischläferin

Kon|**kur**|**rent** (l.), der; –en, –en: Mitbewerber, Nebenbuhler : Kaufmann des gleichen Geschäftszweiges ✳ **Kon**|**kur**|**renz**, die; –, –en: Wettbewerb : Wettstreit : (Rechtsspr.) Zusammentreffen mehrerer Klagen oder Verbrechen : störende Begegnung anderer Mitbewerber ✳ *Konkurrenzbetrieb; konkurrenzfähig* Ew.; *Konkurrenzkampf; Konkurrenzklausel:* Verbot, als Arbeitnehmer seinem Arbeitgeber Wettbewerb zu machen; *konkurrenzlos* Ew.; *Konkurrenzneid; Konkurrenzunternehmen* ✳ **kon**|**kur**|**rie**|**ren** (..iert) intr.: (östr.) den Wettbewerb bestehen ✳ **kon**|**kur**|**rie**|**ren** (..iert) intr.: zusammentreffen : sich mitbewerben ✳ **Kon**|**kurs**, der; ..kurses, ..kurse: Zahlungseinstellung wegen Überschuldung ✳ *Konkurseröffnung; Konkursgläubiger; Konkursmasse:* das zum Konkurs gekommene Vermögen : die Gantmasse; *Konkursordnung; Konkursprozeß* → *Konkursprozess; Konkursverfahren; Konkursverwalter* ✳ **Kon**|**nek**|**tor** (l.), der; –s, ..to-

ren: Verbinder ✳ **Kon|nex**, der;
–es: Zusammenhang ✳
Kon|ne|xi|on, die; –, –en: ein-
flussreiche Beziehung ✳
Kon|ne|xi|tät (nl.), die; –, –en:
Verbindungsverhältnis
kön|nen (du kannst; du konn-
test, du könntest; gekonnt;
aber: ich habe nicht glauben
können) tr. und Hilfszeitw.:
wissen : vermögen : imstande
sein ✳ **Kön|nen**, das; –s: Kraft,
Vermögen, Wissen, Leistungs-
fähigkeit ✳ **Kön|ner**, der; –s, –:
Sachverständiger : Kenner :
Meister in seinem Fach
Kon|ne|ta|bel, der; –s, –s:
Befehlshaber der Reiterei :
Oberstallmeister : Reichswür-
denträger [l. comes stabuli
Stallmeister]
**Kon|nex, Kon|ne|xi|on, Kon-
ne|xi|tät**: s. Konnektor
kon|ni|vent (l.) Mw. Ew.:
nachsichtig ✳ **Kon|ni|venz**,
die; –, –en: Begünstigung ✳
kon|ni|vie|ren (..iert) intr.:
Nachsicht üben, ein Auge zu-
drücken
Kon|nos|se|ment (it.-fr.), das;
–(e)s, –e: Schiffsladebrief
Kon|no|ta|ti|on (nl.), die; –,
–en: Mitbezeichnung, Mitan-
zeige ✳ *Konnotationstermin*
Kon|nu|bi|um (l.), das; –s, ..bien:
Ehegemeinschaft, Heiratsrecht
Ko|no|id (gr.), das; –(e)s, –e:
kegelförmiger Körper ✳
Ko|no|skop, das; –s, –e: Ver-
größerungsglas
Kon|quis|ta|dor (span.), der;
–s und –en, –en: Eroberer
Kon|rek|tor (nl.), der; –s, ..to-
ren: stellvertretender Rektor
(einer höheren Schule)
kon|san|gu|in (l.) Ew.: bluts-
verwandt ✳ **Kon|san|gu|i|ni-
tät**, die; –, –en: Blutsverwandt-
schaft
Kon|seil (fr.) [kongßäj], der;
–s, –s: Beratung : Ministerrat
Kon|se|k|rant (l.), der; –en,
–en: der Einweihende, Einseg-
ner ✳ **Kon|se|k|ra|ti|on** (l.),
die; –, –en: kirchl. Weihung,
Einsegnung ✳ **kon|se|k|rie|ren**
(..iert) tr.: einsegnen
kon|se|ku|tiv (nl.) Ew.: fol-
gend, aus einem Begriff sich
ergebend ✳ *Konsekutivsatz*:
Folgesatz ✳ **Kon|se|ku|ti|on**,
die; –: Folge, Nachfolge
Kon|sens (l.), der; ..senses,

..sense: Zustimmung : Genehmigung ✳ *konsensweise* Uw.:
erlaubnisweise ✳ **kon|sen|su-
al, kon|sen|su|ell** (nl.) Ew.:
mitleidend, mitempfindend ✳
kon|sen|tie|ren (..iert) intr.:
einwilligen, zustimmen
kon|se|quent (l.) Mw. Ew.:
folgerichtig : standhaft ✳
kon|se|quen|ter|ma|ßen Uw.:
folgerichtig ✳ **Kon|se|quenz**,
die; –, –en: Folgerichtigkeit :
Folgerung ✳ *die Konsequenz
tragen, ziehen*
Kon|ser|ti|on (l.), die; –, –en:
Zusammenfügung, Verknüp-
fung
kon|ser|va|tiv (nl.) [..w..] Ew.:
erhaltend, bes. staatserhaltend :
am Hergebrachten festhaltend
✳ **Kon|ser|va|ti|ve** [..w..w..],
der; –n, –n: Anhänger einer
konservativen Partei : jemand,
der am Hergebrachten festhält
✳ **Kon|ser|va|tis|mus, Kon-
ser|va|ti|vis|mus**, der; –: be-
harrende Haltung, Weltan-
schauung ✳ **Kon|ser|va|tor**,
der; –s, ..toren: „Erhalter“, Verwalter von Sammlungen und
Kunstwerken ✳ **kon|ser|va|to-
risch** Ew.: erhaltend : das Konservatorium betreffend ✳ *kon-
servatorisch gebildet*: auf einem Konservatorium ausgebil-
det ✳ **Kon|ser|va|to|rist**, der;
–en, –en: Schüler einer Musik-
schule ✳ **Kon|ser|va|to|ris|tin**,
die; –, –nen: Schülerin einer
Musikschule ✳ **Kon|ser|va|to-
ri|um**, das; –s, ..rien: (ur-
sprüngl. ital.) „Bewahranstalt“
: Musik(hoch)schule ✳ **Kon-
ser|ve** (spätl.-fr.), die; –, –n:
unverderblich gemachte Nahrungsmittel, Dauerware ✳ *Kon-
servenbüchse; Konserven-
dose; Konservenfabrik; Kon-
servenglas; Konservenöffner;
Konservenvergiftung* ✳ **kon-
ser|vie|ren** (..iert) tr.: haltbar
machen ✳ **Kon|ser|vie|rung**,
die; –: Haltbarmachung ✳ *Kon-
servierungsmittel*
kon|si|de|ra|bel (nl.) Ew.: be-
trächtlich, beachtlich
Kon|si|g|nant (nl.), der; –en,
–en: einer, der Waren zum Wei-
terverkauf gibt ✳ **Kon|si-
g|na|tar**, der; –s, –e: einer, der
Waren zum Weiterverkauf er-
hält ✳ **Kon|si|g|na|ti|on** (l.),
die; –, –en: Warenübergabe

zum Weiterverkauf ✳ **kon|si-
g|nie|ren** (..iert) (l.) [..sign..]
tr.: „mitunterzeichnen“ : zum
Weiterverkauf anvertrauen :
Truppen marschbereit halten
kon|si|li|ie|ren (..iert) (l.) tr.:
beraten ✳ **Kon|si|li|um**, das; –s,
..lien: Beratschlagung : Gutachten : Beschluss ✳ *Consilium
abeundi*: „Rat abzugehen“,
Beschluss, durch den ein Schüler von der Schule verwiesen
wird
kon|sis|tent (l.) Mw. Ew.:
dicht, fest : dauerhaft ✳
Kon|sis|tenz, die; –: Haltbar-
keit, Bestand : Dichte
Kon|sis|to|ri|al|rat, der; –(e)s,
..räte: Mitglied des Konsistori-
ums ✳ **Kon|sis|to|ri|um** (l.),
das; –s, ..rien: Landeskirchen-
behörde : Kardinalsversamm-
lung unter Vorsitz des Papstes
kon|skri|bie|ren (..iert) (l.) tr.:
zum Militärdienst ausheben ✳
Kon|skri|bier|te, der; –n, –n:
Ausgehobener ✳ **Kon|skrip|ti-
on**, die; –, –en: Aushebung ✳
Konskriptionsliste, die; –, –n:
Werberolle; *konskriptions-
pflichtig* Ew.: gestellungs-
pflichtig
Kon|sol (e.) (fr.), der; –s, ..sole:
Staatsschuldverschreibung :
Staatsanleihe
Kon|sol, das; –(e)s, –e: (mund-
artl.) Konsole ✳ *Konsoltisch*:
Pfeilertisch ✳ **Kon|so|le** (fr.):
Tragstein, Wandge-
stell, -tischchen
Kon|so|la|ti|on (l.), die; –, –en:
Trost, Beruhigung
Kon|so|li|da|ti|on (l.), die; –,
–en: Zusammenlegung mehre-
rer Staatsanleihen zur Sicherung angelegter Gelder oder
Festigung eines Unternehmens
✳ **kon|so|li|die|ren** (..iert) tr.:
befestigen : zusammenlegen ✳
Kon|so|li|die|rung, die; –, –en:
Konsolidation
Kon|som|mée → **Kon|som-
mee** *auch:* **Con|som|mée** (fr.)
[kong..], das; –s: Kraftbrühe
Kon|so|nant (l.), der; –en, –en:
Mitlaut(er) ✳ **kon|so|nan-
tisch** Ew.: übereinstimmend :
den Mitlaut betreffend ✳
Kon|so|nan|tis|mus, der; –:
Bestand an Konsonanten einer
Sprache ✳ **Kon|so|nanz**, die;
–, –en: harmonischer Zusammenklang : (Sprachl.) Mitlaut-

gruppe ∗ **kon|so|nie|ren**
(..iert) intr.: zusammenklingen
Kon|sor|te (l.), der; –n, –n
(meist Mz.): Gefährte : Spießgeselle ∗ **Kon|sor|ti|um**, das;
–s, ..tien: Gemeinschaft : Genossenschaft
Kon|so|zi|a|ti|on (l.), die; –,
–en: Vergesellschaftung ∗
kon|so|zi|ie|ren (..iert) intr.:
vergesellschaften
Kon|spekt (l.), der; –(e)s:
Überblick, Übersicht : Verzeichnis ∗ **Kon|spi|ku|i|tät**
(nl.), die; –, –en : Anschaulichkeit, Klarheit ∗ **kon|spi|zie|
ren** (..iert) tr.: erblicken
Kon|spi|rant (l.), der; –en,
–en: Verschworener, Meuterer
∗ **Kon|spi|ra|ti|on** (l.), die; –,
–en: Verschwörung ∗ **kon|spi|rie|
ren** (..iert) intr.: sich verschwören
kon|spi|zie|ren: s. Konspekt
Kons|tab|ler (ml.), der; –s, –:
e. u. am. Schutzmann
kon|stant (l.) Mw. Ew.: beständig : beharrlich ∗
Kon|stan|te, die; –, –en:
(Math.) unveränderliche
Größe ∗ **Kon|stanz**, die; –:
Unveränderlichkeit
Kon|stanz: Stadt am Bodensee
kon|sta|tie|ren (..iert) (l.) intr.:
feststellen ∗ **Kon|sta|
tie|rung**, die; –, –en: Feststellung
Kons|tel|la|ti|on (l.), die; –,
–en: Stellung der Gestirne zueinander : Sachlage, Zusammentreffen von Umständen
Kons|ter|na|ti|on (l.), die; –,
–en: Betroffenheit : Bestürzung
∗ **kons|ter|nie|ren** (..iert) tr.:
in Verlegenheit bringen : verblüffen ∗ **kons|ter|niert** Ew.:
bestürzt
Kons|ti|pa|ti|on (l.), die; –,
–en: (Med.) Verstopfung :
Hartleibigkeit ∗ **kons|ti|pie|
ren** (..iert) tr.: verstopfen ∗
konstipierende Mittel Mz.: verstopfende Mittel
Kon|sti|tu|an|te (fr.) [konstitüangt'], die; –, –n: verfassunggebende Versammlung ∗
Kon|sti|tu|ent (l.), der; –en,
–en: Vollmachtgeber ∗
kon|sti|tu|ie|ren (..iert) tr.: bilden; gründen, festsetzen ∗
konstituierende Versammlung:
verfassunggebende Grün

dungsversammlung ∗ **Kon|
sti|tut**, das; –(e)s, –e: Festgesetztes : wiederholter Vertrag
∗ **Kon|sti|tu|ti|on**, die; –, –en:
Verfassung, Grundgesetz :
Körperbeschaffenheit ∗ **Kon|
sti|tu|ti|o|na|lis|mus**, der; –:
verfassungsmäßige Staatsform : Festhalten an der Verfassung ∗ **kon|sti|tu|ti|o|nell**
Ew.: verfassungsgemäß :
(Med.) in der Konstitution
wurzelnd ∗ **kon|sti|tu|tiv**
Ew.: grundlegend
Kon|strik|ti|on (l.), die; –,
–en: Zusammenziehung (von
Körperteilen) ∗ **Kon|strik|tor**,
der; –s, ..toren: (Med.)
Schließmuskel ∗ **kon|strin|
gie|ren** (..iert) tr.: zusammenziehen, binden ∗ *konstringierende Mittel* Mz.: zusammenziehende Mittel
kon|stru|ie|ren (..iert) (l.) tr.:
errichten, aufbauen : zusammensetzen ∗ **Kon|struk|teur**
(l.-fr.) [..töhr], der; –s, –e: Erbauer, Erfinder : technischer
Zeichner ∗ **Kon|struk|ti|on**,
die; –, –en: Aufbau : Berechnung : Entwurf : (Sprachl.)
Satzbau ∗ *Konstruktionsaufgabe:* (Math.) Aufgabe, eine
mathematische Figur aus gegebenen Teilen darzustellen;
Konstruktionsbüro; Konstruktionsfehler: Berechnungs-,
Baufehler ∗ **kon|struk|tiv** Ew.:
ordnend : folgerecht entwickelnd ∗ **Kon|struk|ti|vis|
mus**, der; –: Kunstrichtung,
die sich an modernen Zweckkonstruktionen orientiert ∗
Kon|struk|ti|vist, der; –en,
–en: Anhänger des Konstruktivismus
Kon|sub|stan|ti|a|ti|on (nl.),
die; –: Mitgegenwart des Leibes Christi im Abendmahl
Kon|sul (l.), der; –s, –n: erster
Beamter im alten Rom : Beamter zur Wahrung des Handels-
und Verkehrsinteressen im
Ausland ∗ *Konsularagent*, der;
–en, –en: Privatbevollmächtigter eines Konsuls ∗
kon|su|la|risch Ew.: durch das
Konsulat ∗ **Kon|su|lat**, das;
–(e)s, –e: Amt, Amtsgebäude
eines Konsuls ∗ *Konsulatsverweser*, der; –s, –: stellvertretender Konsulatsverwalter ∗
Kon|su|lent, der; –en, –en:

Ratgeber, Rechtsbeistand ∗
Kon|sult, das; –(e)s, –e:
Rechtsgutachten : Beschluss ∗
Kon|sul|ta|ti|on, die; –, –en:
Beratung ∗ **kon|sul|ta|tiv** Ew.:
beratend ∗ **kon|sul|tie|ren**
(..iert) tr.: um Rat fragen : sich
beraten lassen
Kon|sum (it.), der; –s: Verbrauch : (volkst.) Konsumverein ∗ *Konsumartikel:* Gegenstand des allgemeinen Verbrauchs; *Konsumgenossenschaft:* Einkaufsgenossenschaft, deren Verdienst den
Verbrauchern zufließt; *Konsumrausch:* euphorisierender
Einkauf; *Konsumverein:* Verbrauchergenossenschaft ∗
Kon|su|ment (l.), der; –en,
–en: Abnehmer, Verbraucher,
Käufer ∗ **kon|su|mie|ren**
(..iert) tr.: verbrauchen : verzehren ∗ **Kon|sum|ti|bi|li|en**
(nl.) Mz.: Verbrauchsgüter :
Lebensmittel ∗ **Kon|sum|ti|on**
(l.), die; –, –en: Verbrauch :
(Med.) Auszehrung ∗ **kon|
sum|tiv** Ew.: für den Verbrauch bestimmt
Kon|sum|ma|ti|on (l.), die; –,
–en: Zusammenrechnung :
Vollziehung, z. B. eines Vertrages, Verbrechens, (auch) der
Ehe durch Beischlaf
Kon|ta|gi|on (l.), die; –, –en:
Ansteckung, Seuche ∗
Kon|ta|gi|o|nist, der; –en, –en:
Infektionsträger ∗ **kon|ta|gi|
ös** (..öser, ..öseste) Ew.: ansteckend ∗ **Kon|ta|gi|o|si|tät**,
die; –: Ansteckungsmöglichkeit ∗ **Kon|ta|gi|um**, das; –s,
..gien und ..gienzia: Ansteckungsstoff ∗ **Kon|takt**, der;
–(e)s, –e: Berührung : Verbindung : Fühlung : Stromschluss
: Berührungsstelle zweier
Stromleiter ∗ *kontaktarm* Ew.:
verschlossen, sich schwer anschließend; *Kontaktanzeige,
Kontaktaufnahme; kontaktfreudig* Ew.; *Kontaktglas; Kontaktinfektion; Kontaktlinse;
Kontaktmann; Kontaktscheiche; Kontaktzone* ∗ **Kon|
tak|ter**, der; –s, –: Fachmann
für Werbeberatung
Kon|ta|mi|na|ti|on (l.), die; –,
–en: Verschmelzung : (röm.
Literat.) Verarbeitung zweier
griech. Bühnenstücke zu einem lateinischen : Verseu

chung * **kon|ta|mi|nie|ren** (..iert) tr.: verschmelzen, mischen : besudeln : (radioaktiv) verseuchen

kon|tant (it.) Ew.: bar, gegen Barzahlung * **Kon|tan|ten** Mz.: bares Geld : Fracht

Kon|tem|pla|ti|on (l.), die; –, –en: Beschaulichkeit, Betrachtung * **kon|tem|pla|tiv** (..tiver, ..tivsten) Ew.: beschaulich, nachdenklich * **kon|tem|pla|to|risch** Ew.: kontemplativ * **kon|tem|plie|ren** (..iert) tr.: aufmerksam betrachten, beschauen

kon|tem|po|rär (nl.) Ew.: gleichzeitig : zeitgenössisch **Kon|te|nance** (fr.) [kongt'-nanß], die; –: Haltung, Fassung **Kon|ten|ten** (nl.) Mz.: Warenverzeichnisse * **Kon|ten|ten|zet|tel** * **Kon|ten|tiv|ver|band,** der; –(e)s, ..bände: (Med.) befestigender (Gips)verband * **Kon|ten|tum** (l.), das; –s, ..ta: Inhalt

kon|ter (fr.) Vors. in Zus.: gegen.. * **Kon|ter|ad|mi|ral,** der; –s, –e: Seeoffiziersrang, Flaggoffizier * **Kon|ter|ban|de** (ml.), die; –, –n: Bann-, Schmuggelware : Kriegsmaterial auf neutralen Schiffen * **Kon|ter|es|kar|pe,** die; –: Außenböschung * **Kon|ter|fei** (fr.), das; –s, –e: (,,nachgemacht") Bildnis : Abbild * **kon|ter|fei|en** (..feit) tr.: abbilden : abmalen : abzeichnen * **Kon|ter|ge|wicht,** das; –(e)s, –e: Gegengewicht * **Kon|te|rie** (fr.) [kongterih], die; –, ..rien: kleine venezianische grobe Glasware : Glasperle * **kon|ter|ka|rie|ren** (..iert) (fr.) intr.: entgegenarbeiten : verhindern * **Kon|ter|mine,** die; –n: Gegenmine : (Börse) Kursdrückung * **Kon|ter|or|der,** die; –: Gegenbefehl * **Kon|ter|re|vo|lu|ti|on,** die; –: Gegenrevolution * **Kon|ter|tanz,** der; –es, ..tänze: Wechseltanz

kon|tes|ta|bel (nl.) Ew.: anfechtbar : umstritten * **kon|tes|tie|ren** (..iert) (l.) tr.: durch Zeugen bestätigen : anfechten, bestreiten

Kon|text (l.), der; –es, –e: Textzusammenhang * **Kon|tex|tur,** (nl.), die; –, –en: Verbindung, Zusammenhang

kon|tie|ren (..iert) (it.) tr.: ein Konto einrichten : (Zoll) stunden * **Kon|to,** das; –s, ..ten; –s und ..ti: Rechnung : Einlage : Guthaben : Bankverbindung * *Kontoauszug; Kontobuch; Kontoinhaber:* einer, der ein Bankkonto besitzt; *Kontostand* * **Kon|to|kor|rent,** das; –(e)s, –e: laufende Rechnung * **Kon|tor,** das; –s, –e: Geschäftszimmer, Schreibzimmer * **Kon|to|rist,** der; –en, –en: Buchhalter : Handlungsgehilfe * **Kon|to|ris|tin,** die; –, –nen: Buchhalterin : Bürogehilfin

Kon|ti|gu|i|tät (nl.), die; –: Angrenzung : Zusammenstoßung

Kon|ti|nent (l.), der; –(e)s, –e: Festland : Erdteil * **kon|ti|nen|tal** Ew.: festländisch * *Kontinentaleuropa:* Festlandeuropa * *Kontinentaleuropäisch* Ew.; *Kontinentalklima:* Binnenklima; *Kontinentalpolitik:* Politik des zusammenhängenden Festlands * *Kontinentalsperre:* Absperrung des Festlandes * **Kon|ti|nenz,** die; –: Mäßigung : Enthaltsamkeit : Fähigkeit, etwas zurückzuhalten

Kon|tin|gent (l.), das; –(e)s, –e: Anteil : Pflichtanteil : Truppenbeitrag eines Staates am Gesamtheer * **kon|tin|gen|tie|ren** (..iert) intr.: den Höchstbetrag festsetzen : Lebensmittel u. a. zuteilen * **Kon|tin|genz,** die; –, –en: Zufälligkeit : Ungewissheit

Kon|ti|nua (l.), die; –, ..ä: (Sprachl.) Dauerlaut * **kon|ti|nu|ie|ren** (..iert) intr.: fortsetzen, fortfahren * **kon|ti|nu|ier|lich** Ew.: fortdauernd : zusammenhängend * **Kon|ti|nu|i|tät,** die; –: Stetigkeit, Fortdauer, ununterbrochener Zusammenhang * **Kon|ti|nu|um,** das; –s, ..nua: Dauerzustand, Ununterbrochenes * **kon|ti|nuo:** s. continuo

Kon|to usw.: s. kontieren **kon|tor|quie|ren** (..iert) (l.) tr.: verdrehen, verrenken, verzerren * **Kon|tor|si|on,** die; –, –en: Verdrehung, Verrenkung, Verzerrung * **Kon|tor|te,** die; –, –n: Pflanzengattung, Drehblütler

kon|tra (l.) Vw.: (da)gegen :

entgegengesetzt * *Kontrabuch:* Gegenbuch **Kon|tra|baß** → **Kon|tra|bass,** der; ..basses, ..bässe: große Bassgeige **Kon|tra|dik|ti|on** (l.), die; –, –en: Widerspruch * **kon|tra|dik|to|risch** Ew.: widersprechend : widersprüchlich * **Kon|tra|di|zent,** der; –en, –en: (Rechtsspr.) Gegner, Widersacher * **kon|tra|di|zie|ren** (..iert) intr.: widersprechen [l. contra gegen und dicere sagen, sprechen]

Kon|tra|ex|ten|si|on (nl.), die; –, –en: (Med.) Gegenausdehnung beim Richten von Verrenkungen und Knochenbrüchen

Kon|tra|fa|gott, das; –(e)s, –e: tiefes Fagott **Kon|tra|fak|ti|on** (nl.), die; –, –en: täuschend ähnliche Nachbildung * **Kon|tra|fak|tur,** die; –, –en: Bildwerk **Kon|tra|fis|sur,** **Kon|tra|frak|tur** (nl.), die; –: Gegenbruch bei Schädelbrüchen **Kon|tra|ha|ge** (fr.) [..haseh'], die; –: (stud.) Forderung zum Zweikampf * **Kon|tra|hent** (l.), der; –en, –en: Vertragsschließender : (stud.) Gegner beim Zweikampf * **kon|tra|hie|ren** (..iert) tr., intr.: einen Vertrag abschließen : (stud.) zum Zweikampf fordern : zusammenziehen : vereinbaren

Kon|tra|in|di|ka|ti|on (nl.), die; –, –en: Gegenanzeige * **kon|tra|in|di|zie|ren** (..iert) intr.: das Gegenteil anzeigen **kon|trakt** (l.) Mw. Ew.: verkrümmt, gelähmt * **Kon|trakt,** der; –(e)s, –e: Vertrag : Abmachung * *Kontraktbruch; kontraktbrüchig* Ew. * **kon|trak|ti|bel, kon|trak|til** Ew.: zusammenziehbar : verkürzbar * **Kon|trak|ti|li|tät,** die; –: Zusammenziehbarkeit * **Kon|trak|ti|on,** die; –, –en: (Med.) Zusammenziehung * **kon|trak|lich** Ew.: vertragsmäßig * **Kon|trak|tur,** die; –, –en: (Med.) dauernde Verkürzung (von Weichteilen, Muskeln) **Kon|tra|ok|ta|ve,** die; –: tiefste Oktave des Klaviers * **Kon|tra|tö|ne** Mz.: Töne der Kontraoktave

kon|t|ra|po|nie|ren (..iert) (l.) intr.: entgegensetzen : (Logik) einem Urteil ohne Inhaltsveränderung eine andere Form geben : (kfm.) Bucheinträge berichtigen [l. contra gegen und ponere setzen, stellen]

Kon|t|ra|post (nl.), der; –(e)s, –e: das Gleichgewicht in der bildenden Kunst ✶ **Kon|t|ra|punkt**, der; –(e)s ✶ (Mus.) selbständige Stimmenführung im Tonsatz ✶ **Kon|t|ra|punk|tik**, die; –: Lehre vom Kontrapunkt ✶ **kon|t|ra|punk|tisch** Ew.: nach Art des Kontrapunktes gesetzt : den Kontrapunkt betreffend

kon|t|rär (l.) Ew.: widerwärtig : entgegengesetzt : widerstreitend ✶ *konträre Begriffe* Mz.: Begriffe, die sich ausschließen ✶ **Kon|t|ra|rium**, das; –s: Gegenteil

Kon|t|ra|si|g|na|tur (nl.), die; –, –en: Gegenzeichnung : Mitunterschrift ✶ **kon|t|ra|si|g|nie|ren** (..iert) tr.: gegenzeichnen

Kon|trast (ml.), der; –es, –e: Gegensatz : auffallender Unterschied ✶ *Kontrastfarbe:* abstehende Farbe; *Kontrastfilter; Kontrastmittel:* für Röntgenstrahlen undurchlässiger Stoff (z. B. Kontrastbrei) ✶ **kon|tras|tie|ren** (..iert) intr.: abstechen, einen Gegensatz bilden

Kon|tra|ve|ni|ent (l.) [..w..], der; –en, –en: Zuwiderhandelnder ✶ **kon|tra|ve|nie|ren** (..iert) intr.: zuwiderhandeln : Vorschrift, Gesetz übertreten ✶ **Kon|tra|ven|ti|on**, die; –, –en: Zuwiderhandlung, Übertretung ✶ **Kon|tra|ven|ti|o|nal|stra|fe**, die; –, –n: Ordnungsstrafe ✶ **Kon|tra|ve|ni|enz**, die; –, –en: Übertretung eines Gesetzes, Vertrages

kon|tra|vo|tie|ren (..iert) (l.) tr.: gegenstimmen

Kon|tra|zep|ti|on, die; –: (Med.) Empfängnisverhütung ✶ **kon|tra|zep|tiv** Ew.: (Med.) empfängnisverhütend ✶ **Kon|tra|zep|ti|vum**, das; –s, ..va: (Med.) empfängnisverhütendes Mittel

Kon|tri|bu|ent (l.), der; –en, –en: Beisteuernder, Steuerpflichtiger ✶ **kon|tri|bu|ie|ren** (..rert) tr.: beisteuern

Kon|tri|bu|ti|on, die; –, –en: Abgabe : Kriegsentschädigung

Kon|tri|ti|on (l.), die; –, –en: Zerknirschung, tiefe Reue

Kon|trol|le (fr.), die; –, –n: „Gegenrolle" : Überwachung, Aufsicht : Gegenrechnung : Probe ✶ *Kontrollabschnitt; Kontrollapparat; –beamter; Kontrollbrand:* Brandzeichen des Gestüts; *Kontrollkasse:* Gegenrechnung führender Kassenapparat; *Kontrollkommission; Kontrollampe →Kontrollampe; Kontrolliste →Kontrollliste; Kontrollorgan; Alliierter Kontrollrat:* Organ der Siegermächte nach dem 5.6.1945, das die Regierungsgewalt über Deutschland ausübte; *Kontrollstempel; –uhr; Kontrollversammlung; Kontrollzentrum:* Beobachtungszentrale ✶ **Kon|trol|ler** (e.), der; –s, –: elektr. Fahrschalter, Stromregler ✶ **Kon|trol|leur** (fr.) [..löhr] (im östr. auch: Kontrollör), der; –s, –e: Nachprüfer ✶ **kon|trol|lier|bar** Ew.: überwachbar ✶ **kon|trol|lie|ren** (..iert) tr.: überwachen : nachprüfen

kon|tro|vers (..verser, ..verseste) (l.) [..w..] Ew.: streitig, bestritten ✶ **Kon|tro|ver|se**, die; –, –n: Streitgespräch : Auseinandersetzung

Kon|tu|maz (l.), die; –, –en: Halsstarriger : Nichtbeachtung einer gerichtl. Vorladung ✶ **Kon|tu|ma|zi|al|be|scheid**, der; –(e)s: in Abwesenheit des Angeklagten ergangener Bescheid ✶ **kon|tu|ma|zie|ren** (..iert) tr.: in Abwesenheit verurteilen

Kon|tur (fr.), die; –, –en (meist Mz.): Umriss ✶ *Konturbuchstabe; Konturzeichnung* ✶ **kon|tu|rie|ren** (..iert) intr.: die äußeren Umrisse zeichnen : andeuten

Kon|tu|si|on (l.), die; –, –en: Quetschung ✶ **kon|tun|die|ren** (..iert) tr.: quetschen

Kon|tu|tor (l.), der; –s, ..toren: (Rechtsspr.) Mitvormund

Ko|nus: s. konisch

Kon|va|les|zenz (l.) [..w..], die; –: Genesung : Gültigwerden von ungültigen Rechtsgeschäften (durch Wegfall des bestandenen Hindernisses)

Kon|val|la|ria (l.) [..w..], die; –, ..rien: Maiblumengattung

Kon|vek|ti|on (l.) [..w..], die; –, –en: (Techn.) Fortführung : Zufuhr von Luftmassen in senkrechter Richtung ✶ *Konvektionsstrom* ✶ **Kon|vek|tor**, der; –s, –en: Heizkörper, der die Luft durch Bewegung erwärmt ✶ **kon|ve|na|bel** (fr.) [..w..] Ew.: schicklich, passend, bequem : annehmbar ✶ **Kon|ve|ni|enz** (l.), die; –, –en: Übereinkunft : Bequemlichkeit : Schicklichkeit ✶ **kon|ve|nie|ren** (..iert) intr.: übereinkommen : sich schicken

Kon|vent (l.) [..w..], der; –(e)s, –e: Zusammenkunft : Kloster-, Stiftsinsassen : (stud.) Verbindungsberatung ✶ *Konventszeit* ✶ **Kon|ven|ti|kel** (nl.), das; –s, –: heimliche Zusammenkunft : außerkirchl. Erbauungsstunde ✶ **Kon|ven|ti|on** (l.), die; –, –en: Übereinkunft, Abkommen, Vertrag ✶ **kon|ven|ti|o|nal** Ew.: ein Abkommen, einen Vertrag betreffend ✶ **Kon|ven|ti|o|nal|stra|fe**, die; –, –en: (BGB) Strafe für Vertragsbruch ✶ **kon|ven|ti|o|nell** Ew.: vertragsgemäß : üblich, herkömmlich ✶ **Kon|ven|tu|al**, der; –s, –e; *Konventuale*, der; –n, –n: Klosterbruder ✶ *Konventualmesse:* im Kloster gelesene Messe

kon|ver|gent (l.) [..w..] Mw. Ew.: (Math.) sich zuneigend, zusammenlaufend : übereinstimmend ✶ **Kon|ver|genz**, die; –, –en: Annäherung ✶ **kon|ver|gie|ren** (..iert) intr.: sich nähern, zusammenlaufen

Kon|ver|sa|ti|on (l.) [..w..], die; –, –en: Unterhaltung ✶ *Konversationslexikon*, das; –s, ..ka: Handbuch des Wissens ✶ **kon|ver|sie|ren** (..iert) intr.: sich unterhalten

Kon|ver|si|on (l.) [..w..], die; –, –en: Umwandlung : Glaubenswechsel ✶ **Kon|ver|ter** (l.), der; –s, –: (Techn.) Kippgefäß der Metallverarbeitung ✶ **Kon|ver|ti|bi|li|tät**, die; –: unbeschränkte Möglichkeit, Währungen verschied. Staaten auszutauschen ✶ **kon|ver|tie|ren** (..iert) tr.: umwandeln, bekehren : den Glauben wechseln

Kon|ver|tit (fr.), der; –en, –en: zu einem anderen Glauben Übergetretener

kon|vex (l.) [..w..] Ew.: erhaben, gewölbt, bauchig * Konvexlinse: Sammellinse; Konvexspiegel * Kon|ve|xi|tät, die; –: Runderhabenheit, Gewölbtheit

Kon|vikt (l.) [..w..], das; –(e)s, –e: Zusammenleben : Internat für Schüler oder Studenten : Freitisch für Hochschüler * Kon|vik|to|rist, der; –en, –en: Freitischgenosse * Kon|vik|to|ri|um (nl.), das; –s, ..rien: Speisesaal : Konvikt * Kon|vik|tu|a|le, der; –n, –n: Insasse eines Konvikts

Kon|voi (e.) [..w..], (auch fr.) [kongwoa], der; –s, –s: Geleitzug : Schutzbegleitung

Kon|vo|ka|ti|on (l.) [..w..], die; –, –en: Zusammenberufung * kon|vo|zie|ren (..iert) tr.: zusammenrufen, einberufen

Kon|vo|lut (l.) [..w..], das; –(e)s, –e: Schriftenbündel, Aktenheft : Sammelband : (Med.) Knäuel, bes. bei Darmschlingen gebraucht * Kon|vo|lu|te, die; –, –n: (Baukst.) Schnecke am ionischen Säulenkapitell * Kon|vol|vu|la|zee (nl.) [..wolw..], die; –, –n * Kon|vol|vu|lus, der; –, –: Windengewächs

kon|vo|zie|ren: s. Konvokation

Kon|vul|si|on (l.) [..w..], die; –, –en: Schüttelkrampf * Kon|vul|si|o|när, der; –s, –e: an Krämpfen leidende Person : in Verzückung Geratener * kon|vul|si|visch Ew.: krampfhaft : zuckend

kon|ze|die|ren (..iert) (l.) tr.: zulassen, bewilligen : zubilligen vgl. konzessibel

Kon|zent|rat (l.), das; –es, –e: (Chem.) konzentrierter, angereicherter Stoff * Kon|zent|ra|ti|on (nl.), die; –, –en: Vereinigung in einem Mittelpunkt : angespannte Aufmerksamkeit * Konzentrationsfähigkeit: Fähigkeit, sich zu konzentrieren; Konzentrationslager: Internierten-, Strafgefangenenlager; Vernichtungslager * kon|zent|rie|ren (..iert) tr.: vereinigen : sammeln : (Chem.) sättigen * konzentriert Mw. Ew.: (Chem.) gesättigt

gesammelt * kon|zent|risch Ew.: mit gemeinschaftlichem Mittelpunkt * Kon|zent|ri|zi|tät, die; –: Mittelpunktsgemeinschaft

Kon-zen-t-rat
Einige Buchstabengruppen in Fremdwörtern können ungetrennt bleiben, aber auch nach der Sprechsilbenregelung getrennt werden. Dazu gehört auch *tr*, sodass neben der schon bisher üblichen Trennung davor auch die dazwischen erlaubt ist.

Kon|zen|tus (l.), der; –: Einklang, Zusammenklang

Kon|zept (l.), das; –(e)s, –e: schriftl. Entwurf * aus dem Konzept bringen tr.: verwirren; aus dem Konzept kommen intr.: verwirrt werden * Konzeptpapier: minderwertiges Papier * kon|zep|ti|bel Ew.: begreiflich, fasslich * Kon|zep|ti|on, die; –, –en: Empfängnis : schöpferischer Gedanke : Entwurf eines schöpferischen Gedankens

Kon|zern (e.), der; –s, –e: Zusammenschluss wirtschaftlicher Unternehmungen * Kon|zer|nie|rung, die; –, –en: Konzernbildung

Kon|zert (l.), das; –(e)s, –e: öffentliche musikalische Aufführung : ein größeres Tonstück für Soloinstrument mit Orchester : (übertr.) Übereinstimmung : politisches Zusammenspiel * Europäisches Konzert; Konzert der Großmächte * Konzertgesellschaft: Unternehmen, das öffentliche Konzerte veranstaltet; Konzertmeister: erster Geiger; Konzertstück: Tonstück * kon|zer|tant Ew.: wie ein Konzert * Kon|zer|tant (fr.) der; –s, –s: Hauptspieler, Hauptsänger * kon|zer|tie|ren (..iert) intr.: zusammenspielen (auch übertr.) : (Mus.) ein Konzert geben * konzertierte Aktion: einheitlich abgestimmte Arbeit

kon|zes|si|bel (l.) Ew.: zulässig * Kon|zes|si|on, die; –, –en: Erlaubnis, Zugeständnis : behördliche Zulassung * Kon|zes|si|o|när, der; –s, –e: Zugelassener, Berechtigter * kon|zes|si|o|nie|ren (..iert) tr.: zulassen : bestätigen * kon|zes|siv Ew.: einräumend

* Konzessivsatz: (Sprachl.) Einräumungssatz

Kon|zil (l.), das; –s, –e und ..lien: Kirchenversammlung * kon|zi|li|ant Mw. Ew.: vermittelnd : versöhnlich * Kon|zi|li|anz, die; –: Entgegenkommen : Versöhnlichkeit * kon|zi|li|a|risch Ew.: Kirchenversammlung betreffend * Kon|zi|li|a|ti|on, die; –, –en: Versöhnung * Kon|zi|li|um (öst.), das; –s, ..lien: s. Konzil

kon|zinn (l.) Ew.: (Stil) ebenmäßig, wohlgefügt * Kon|zin|ni|tät, die; –: Ebenmaß, Abrundung

Kon|zi|pi|ent (l.), der; –en, –en: Verfasser eines Entwurfs * kon|zi|pie|ren (..iert) tr.: schwanger werden : verfassen, entwerfen * Kon|zi|pist, der; –en, –en: Verfasser eines Schriftstückentwurfs

kon|zis (l.) Mw. Ew.: kurzgefasst, gedrängt : bündig * Kon|zis|heit, die; –: Knappheit, Gedrängtheit * Kon|zi|si|on, die; –: Zerteilung : Zerstückelung der Sätze : Gedrängtheit

kon|zi|tie|ren (..iert) (l.) tr.: anreizen, aufwiegeln

Koog: s. Kog

Ko|o|pe|ra|ti|on (l.), die; –, –en: Mitwirkung : Zusammenarbeit * ko|o|pe|ra|tiv Ew.: gemeinsam, genossenschaftlich * Kooperativgenossenschaft * Ko|o|pe|ra|tor, der; –s, ..toren: Mitarbeiter : Hilfspriester * ko|o|pe|rie|ren (..iert) intr.: mitwirken

Koop|je (ndl.), das; –s, –s: Obertasse

Ko|op|ta|ti|on (l.), die; –, –en: Ergänzungswahl * ko|op|tie|ren (..iert) tr.: hinzuwählen

Ko|or|di|na|te (nl.), die; –, –n: (Math.) Strecke oder Winkel zur Punktbestimmung in der Ebene, im Raume * Koordinatenachse: (Math.) senkrechte Achse des Koordinatensystems; Koordinatensystem: (Math.) Achsenkreuz, bestehend aus zwei (recht-)winklig zueinander stehenden Geraden * Ko|or|di|na|ti|on, die; –: Beiordnung : harmonisches Zusammenwirken (z. B. der Arbeitsbereiche verwandter Betriebe * ko|or|di|nie|ren (..iert) tr.: beiordnen *

ko|or|di|niert Mw. Ew.: (Log.)
beigeordnet

Ko|pai|va|bal|sam [..w..], der;
–s: Balsam des am. Kopaiva-
baumes, ein Heilmittel

Ko|pal, der; –s, –e: bernstein-
ähnliches Baumharz ∗ *Kopal-
lack*

Ko|par|ti|ti|on (nl.), die; –, –en:
Nebeneinteilung, Teilung nach
anderen Rücksichten

Ko|pe|ke, die; –, –n: russische
Münze; Abk.: Kop.

Ko|pen|ha|gen: Hauptstadt
Dänemarks

Köpe|ni|cki|a|de, die; –, –n:
frecher Gaunerstreich (nach
dem Hauptmann von Köpe-
nick)

Ko|pe|po|de (gr.), der; –n, –n:
Ruderfüßer, Krebstiergattung

Kö|per, der; –s, –: dichtgeweb-
ter Stoff ∗ kö|pern (ich ..[e]re)
intr.: Köper herstellen

ko|per|ni|ka|nisch Ew.: nach
Kopernikus benannt : von Kopernikus herrührend ∗
Ko|per|ni|kus: dtsch. Astro-
nom

Kopf, der; –(e)s, Köpfe; Köpf-
chen: Körperteil, der sich auf
dem Rumpfe befindet, Sitz des
Gehirns und somit Sitz des
Denkvermögens, Verstandes,
Geistes : Obertasse : becherför-
miges Behältnis für Tabak an
Tabakspfeifen : ein Maß : kopf-
ähnlicher, -förmiger Gegenstand : kopfähnliches Samen-
behältnis bei Pflanzen : Verdickung an Stecknadel und Nagel
: runder Teil einer Note ∗ *Kopf
und Schwanz:* Anfang und
Ende; *(einem) den Kopf verdrehen:* verwirren; *den Kopf verlieren:* (übertr.) die Geistesge-
genwart verlieren; (einem) *den
Kopf waschen:* hudeln, derb
zusetzen; *(einem etwas) an den
Kopf werfen:* eine Grobheit sagen; *es kostet Kopf und Kragen:* es kostet das Leben; *sich
etwas in den Kopf setzen:* hartnäckig beharren; *bis über den
Kopf in Schulden stecken:* ganz
verschuldet sein; *zu Kopf steigen:* berauschen ∗ *Kopfarbeit:*
Geistesarbeit; *Kopfbahnhof:*
Bahnhof ohne durchgehende
Gleise; *Kopfball:* (Sport) Wei-
tergeben des Balles durch
Kopfstoß; *Kopfende:* oberes
Ende des Bettes; *kopfförmig*

Ew.; *Kopffüßer:* Bezeichnung
für krakenartige Weichtiere;
Kopfgeburt: Entbindung, bei
der das Kind mit dem Kopf
voran geboren wird : Geis-
teserzeugnis; *Kopfgeld:* Steuer
nach Personenzahl; *Kopfhaar;
Kopfhänger:* mutloser Mensch
: Betbruder; *Kopfhängerei, die;
–; Kopfhörer; Kopfjäger;
Kopfkissen; kopflastig* Ew.:
stark vom Verstand geprägt :
(Flugzeug) vorn zu stark belastet; *Kopflaus, die; –, ..läuse:*
schmarotzendes Kerbtier auf
Köpfen von Menschen; *kopflos*
Ew.: ohne Kopf : verstand-,
sinnlos; *Kopflosigkeit; Kopf-
nicken; Kopfnuß → Kopfnuss:*
derber Schlag auf den Kopf;
Kopfputz, der; –es: Kopf-
schmuck; *Kopfrechnen:* münd-
liches Rechnen; *Kopfsalat:*
kopfförmiger Salat; *Kopfscheu:* Eigenschaft der Pferde,
die sich nicht den Kopf berühren lassen : Ängstlichkeit;
kopfscheu Ew.; *Kopfschmerz;
Kopfschuppen; Kopfschuß →
Kopfschuss; Kopfschütteln;
Kopfsprung; Kopfstand; Kopf-
steinpflaster:* Straßenpflaster
aus unbehauenen Steinen;
*kopfstehen → Kopf stehen (du
stehst Kopf)* intr.: aufgeregt,
völlig durcheinander, überlas-
tet sein; *Kopfsteuer:* s. Kopfgeld; *Kopfstimme:* Fistelstimme; *Kopfstück:* (Kochkst.)
Kopfstück eines Fisches : ein
Geldstück mit geprägtem Kopf
: (scherzh.) Kopfnuss; *Kopf-
stütze; Kopftuch; kopfüber*
Uw.: mit dem Kopf zuerst;
kopfunter Uw.: mit dem Kopf
nach unten; *Kopfweh; Kopf-
zahl:* Personenzahl; *Kopfzerbrechen, das; –s:* scharfes
Nachdenken über etwas ∗
köp|fen tr.: Schröpfköpfe set-
zen : des Kopfes berauben :
Nadeln mit einem Kopf versehen : einen Ball mit dem Kopf
stoßen ∗ köp|fig Ew.: (mund-
artl.) auf seinem Kopf bestehend; Ew. in Zus. ∗ *dickköpfig*
∗ köpf|lings Uw.: mit dem
Kopf nach vorn

Ko|pho|sis (gr.), die; –: Taub-
heit

Koph|ta, der; –s, –s: geheim-
nisvoller ägyptischer Weiser :
Haupt eines Geheimbundes ∗

ko|pho|tisch Ew.: den Kophta
betreffend

Ko|pi|al|buch (l.-dtsch.), das;
–(e)s, ..bücher: mittelalterliche
Sammlung von Urkundenab-
schriften ∗ Ko|pi|al|ien (nl.)
Mz.: Abschreibegebühr ∗
Ko|pi|a|tur, die; –, –en: das
Abschreiben ∗ Ko|pie (fr.),
die; –, ..pien: Abschrift : Nachbildung : Abzug eines Lichtbil-
des : Durchschlag ∗ ko|pie|ren
(..iert) tr.: abschreiben : nach-
zeichnen : durchpausen ∗ *Ko-
pierbuch:* Briefabschriften-
buch; *Kopierpapier:* lichtemp-
findliches Papier für Kopien;
Kopierstift ∗ Ko|pie|rer, der;
–s, –: Kopist : Kopierapparat ∗
ko|pi|ös (..ser, ..seste) Ew.:
reichlich ∗ Ko|pist, der; –en,
–en: Abschreiber : Nachbildner
∗ Ko|pi|lot (l.-fr.), der; –n, –en:
zweiter Pilot im Flugzeug

Kop|pe, die; –, –n: Bergspitze,
Gipfel

Kop|pel, das; –s, –: Uniform-
gürtel : Leibriemen ∗ *Koppel-
schloß → Koppelschloss* ∗
Kop|pel, die; –, –n: Weide :
(weidm.) Hundemeute : Ge-
schirrteil für zusammenste-
hende Pferde : etwas Verbunde-
nes : besondere Vorrichtung an
der Orgel zur Verbindung mehrerer Stimmengruppen : Feld zu
wechselndem Kornbau und zur
Weide ∗ *koppelbändig* Uw.: zu-
sammengekoppelt; *Koppel-
hund:* Jagdhund an der Koppel;
Koppelfischerei: gemeinsame
Fischerei; *Koppelhut:* gemeinsame Weide; *Koppeljagd:* gemeinsame Jagd; *Koppelknecht:*
Knecht, der eine Koppel Pferde
führt; *Koppeltrift:* Koppelweide; *Koppelweide:* gemeinsame Weide; *Koppelwirtschaft:*
Wechsel von Getreideanbau
und Brachliegen ∗ kop|peln
(ich ..[e]le) tr.: verbinden : zur
Koppelwirtschaft in Koppeln
oder Schläge teilen ∗
Kopp|lung, Kop|pe|lung, die;
–, –en: Verbindung : (Rdfk.)
Verbindung von elektrischen
Schwingungskreisen ∗ *Kopp-
lungsspule; Antennenkopplung*

kop|pen intr.: rülpsen : gröl-
zen, bes. von Pferden : die Luft
einschlucken und ausstoßen ∗
Kop|per, der; –s, –: koppendes
Pferd, Krippenbeißer

kop|pen tr.: die Spitze abschlagen

Kop|pen, der; –s, –: Kaulkopf (ein Fisch)

kopp|heis|ter Uw.: (mundartl.) kopfüber

Kop|ra, die; –: getrocknete Kokosnusskerne; vgl. Kobra

Ko|pro|duk|ti|on, die; –, –en: Gemeinschaftsherstellung (z. B. eines Films) ✳ **ko|pro|du|zie|ren** tr.: zusammen mit jemand anderem etwas herstellen (z. B. einen Film)

Ko|p|ro|lith (gr.), der; –(e)s und –en, –en: „Kotstein", versteinerter Kot von Urtieren ✳ **ko|p|ro|phag** Ew.: Kot essend ✳ **Ko|p|ro|pha|ge**, der; ..gen, ..gen: Kotesser (Mensch, Käfer) ✳ **Ko|p|ro|pha|gie**, die; –: das Kotessen ✳ **Ko|p|ro|s|ta|se**, die; –, –n: Stuhlverstopfung

Kop|te, der; –n, –n: Angehöriger der christl. Kirche in Ägypten ✳ **kop|tisch** Ew. ✳ *die Koptische Kirche:* christl. ägypt. Nationalkirche

Kop|to|xyl (gr.), das; –s, –e: zusammengepresste Holzfurniere als Wandbekleidung

Ko|pu|la (l.), die; –, –s: Band, Verbindung ✳ **Ko|pu|la|ti|on**, die; –, –en: Verbindung, Anreihung : Begattung : Trauung : (Gärtn.) Veredelung ✳ **ko|pu|la|tiv** Ew.: verknüpfend, verbindend ✳ **Ko|pu|la|tiv**, das; –s, –e: anfügendes Bindewort ✳ **Ko|pu|la|ti|vum** [..w..], das; –s, ..va: Kopulativ ✳ **ko|pu|lie|ren** (..iert) tr.: verbinden : begatten : trauen : (Gärtn.) veredeln

Ko|rah (hebr.): Levit, Verschwörer gegen Moses ✳ *Rotte Korah*

Ko|ral|le (gr.), die; –, –n: Gattung der Hohltiere : deren Gehäuse : daraus gefertigter Schmuck ✳ *Korallpolyp:* Blumentier ✳ *Korallenachat:* ein Gestein; *Korallenbank:* Riff aus K.; *Korallenfischer:* Fischer, der Korallen fischt; *Koralleninseln; Korallenkette; Korallennattern* Mz.: südamerikanische Giftnattern; *Korallenriff:* Korallenbank; *Korallenrot* Ew.; *Korallenstrauch:* eine Pflanze; *Korallentang:* eine Algenart; *Korallenwurzel:*

eine Orchideenart ✳ **ko|ral|len** Ew.: aus, wie Korallen ✳ **ko|ral|li|gen** Ew.: korallenbildend ✳ **Ko|ral|lin**, das; –s: ein roter Farbstoff ✳ **Ko|ral|line**, die; –, –n: Seeschwamm ✳ **Ko|ral|li|o|lo|gie**, die; –, ..gien: Korallenkunde

ko|ram (l.) Uw.: von Angesicht zu Angesicht ✳ s. *coram publico*

Ko|ran (arab.), der; –s, –e: heilige Schrift des Islams

Korb, der; –(e)s, Körbe; Körbchen: geflochtenes, oben offenes oder mit einem Deckel versehenes Behältnis : Korb als Maß : (Bergb.) Gefäß aus Holzschienen zum Forttragen von Erz : (Imk.) geflochtenes Behältnis als Bienengehäuse : (Fischerei) Art Reuse : (Schiffb.) Mastkorb : (Fechten) Handschutz an Rapieren, Schwertern : Korbgeflecht auf Leiter- oder Rüstwagen : Muschelname ✳ *jemandem einen Korb geben:* abweisen; *einen Korb bekommen, sich einen Korb holen:* abgewiesen werden ✳ *Korbball:* Bewegungsspiel; *Korbblütler:* Pflanzenfamilie; *Korbflasche; Korbflechter; Korbfüller:* große Apfelart; *Korbgeflecht; Korbmacher; Korbmöbel; Korbrosine*, die; –, –n: Korbfeige; *Korbsessel; Korbstuhl; Korbwagen:* Wagen mit einem aus Korbgeflecht; *Korbwaren* Mz.: Waren aus Korbgeflecht; *Korbwebe*

Kord, der; –(e)s, –e: längsgerippter Baumwollstoff ✳ *Kordhose; Korduniform* ✳ **Kor|de** (gr.-fr.), die; –, –n: Klafter, schnurartiger Besatz ✳ **Kor|del** (südwestd.), die; –, –n: Schnur ✳ **kor|die|ren** (..iert) (gr.-fr.) tr.: schnurförmig riefen ✳ *Kordiermaschine:* Riefmaschine

Kor|dax, der; –es: Chortanz in der älteren attischen Komödie, die Trunkenheit darstellend

Kor|de, Kor|del: s. Kord

kor|di|al (ml.) Ew.: herzlich, vertraut ✳ **Kor|di|a|le**, die; –s: eine herzstärkende Arznei ✳ **Kor|di|a|li|tät**, die; , –en: Herzlichkeit

kor|die|ren: s. Kord

Kor|di|fo|li|um (nl.), das; –s, ..lien: (Bot.) herzförmiges Blatt : Gewächs mit solchen Blättern

Kor|dit (l.), der; –(e)s: rauchschwaches Schießpulver

Kor|dil|le|ren [..diljeren] Mz.: Hauptgebirgszüge im Westen Nord- und Südamerikas

Kor|don (fr.) [..dong], der; –s, –e: Kordel : Postenkette, Absperrung ✳ *Kordonettseide:* Zwirn-, Schnurseide; *Kordonettstich:* Kördelchenstich

Ko|re (gr.): (griech. Baukst.) attische Jungfrau als Gebälkträgerin der Korenhalle

Ko|rea: ostasiat. Halbinsel ✳ *Südkorea; Nordkorea; Koreakrieg* ✳ **ko|re|a|nisch** Ew.: Korea betreffend

Ko|re|fe|rat: s. Korreferat

kö|ren tr.: prüfen, für die Zucht auswählen: zur Fortpflanzung geeignet befinden ✳ *Köreber; Körhengst; Körstier; Körordnung:* Ordnung der Auswahl

Kor|fu: griech. Insel ✳ **Kor|fi|ot**, der; –en, –en: Bewohner Korfus ✳ **kor|fi|o|tisch** Ew.

Ko|ri|an|der (l.), der; –s, –: Wanzendill : Same ✳ *Korianderöl:* Öl aus der Korianderpflanze ✳ **Ko|ri|an|do|li** (it.) Mz.: Konfetti

Ko|rinth: gr. Stadt

Ko|rin|the, die; –, –n: kleine Rosinenart ✳ *Korinthenbrot; Korinthenkacker*, der; –s, –: (derb) übertrieben pedantischer Mensch ✳ **Ko|rin|ther**, der; –s, –: Einwohner von Korinth ✳ **Ko|rin|ther|brie|fe** Mz.: (N.T.) zwei Briefe des Apostels Paulus an die Christengemeinde in Korinth

Kork (span.-ndl.), der; –(e)s, –e: Korkbaum, Korkeiche : Rinde des Korkbaumes : Innenrinde, Bast : Pfropfen aus Kork ✳ *Korkbaum:* Korkeiche; *Korkeiche:* Eiche mit dicker Korkrinde; *Korkgürtel:* Schwimmgürtel aus K.; *Korkrinde:* Rinde der Korkeiche; *Korkschneider:* Person, die Korkrinde zurechtschneidet; *Korksohle:* Sohle aus Kork; *Korkenzieher:* Pfropfenzieher ✳ **kor|ken** tr.: mit Kork, Korkpfropfen versehen ✳ **kor|ken** Ew.: aus Kork gefertigt

Kor|mo|ge|nie (gr.), die; –: (Bot.) Stammentstehungslehre ✳ **Kor|mo|phyt**, der; –en, –en: stängel-, stammbildende Pflanze ✳ **Kor|mo|po|de**, der; –n,

–n: Rumpffüßer, eine Weichtierart

Kor|mo|ran (fr.), der; –s, –e: „Seerabe", Schwimmvogel [l. corvus Rabe, marinus meer-]

Korn, das; –(e)s, Körner; Körnchen, (Mz.) Körnerchen: kleiner rundlicher, fester Körper : Bezeichnung für etwas Kleines, Winziges : (Bot.) kleiner, rundlicher Samenkern : (Sammelbegriff ohne Mz.) Getreide, meist Roggen : (volkst.) Flintenkugel : (bergm.) kleines Erzstückchen : (Gerb.) Narbenseite des Leders : kleines Goldgewicht : (Hüttw.) aus Erz gewonnenes reines Metallkügelchen : (Mineral.) Gesteinsstruktur auf Grund der Größe : Oberflächenbeschaffenheit : zum Zielen dienende Erhöhung auf dem Gewehrlauf * *jemanden aufs Korn nehmen:* scharf beobachten * *hartes* oder *glattes Korn:* Roggen, Weizen, Gerste; *weiches, rauhes Korn:* Hafer; *welsches* oder *türkisches Korn:* Mais; *ägyptisches Korn, Himmelskorn:* vierzeilige Gerste * *von echtem Schrot und Korn:* urwüchsig * Kornähre, die; –, –n: Samenähre der Getreidearten; *Kornblume; kornblumenblau* Ew.: leuchtend blau wie Kornblumen: (übertr.) stark betrunken; *Kornboden:* Schüttboden für Korn; *Kornbrand:* Getreidekrankheit; *Kornbranntwein:* aus Korn hergestelltes alkoholisches Getränk; *Kornfege:* Sieb zum Reinigen des Getreides; *Kornfeld:* Getreidefeld; *Kornfink:* Goldammer; *kornhaltig* Ew.: Korn enthaltend; *Kornhamster,* der; –s, –: ein Tier; *Kornhandel; Kornkammer:* Kornmagazin : fruchtbare Region; *Kornkluft:* (Hüttw.) Kornzange zum Heben des abgetriebenen Silberkornes aus der Kapelle; *Kornmaß,* das; –es, –e: ein Hohlmaß; *Kornmotte; Kornmutter:* Mutterkorn; *Kornnelke:* Kornrade; *Kornpulver:* gekörntes Pulver; *Kornrolle:* Kornfege; *Kornrose:* roter Mohn; *Kornwiebel,* der; –s, –: Kornkäfer; *Kornwurm:* Name von Getreideschädlingen * **Korn,** der; –s, –e: Kornbranntwein * **kör|nen**

intr.: Körner bekommen : mit Körnern versehen : (Metallbearb.) Stelle für ein feines Loch vorzeichnen : (weidm.) durch Körner, Lockspeise ködern * **kör|nig** Ew.: kernig : gekörnt * **Körn|ling,** der; –s, –e: eine Salmart im ersten Jahre * **Kör|nung,** die; –, –en: Lockspeise

Kor|nak (ind.), der; –s, –s: Elefantenführer

Kor|nal|zee (nl.), die; –, –n: Hartriegelpflanze

Kor|nea (l.), die; –: Hornhaut des Auges

Kor|nel|kir|sche, Kor|nel|le (l.), die; –, –n: ein Zierstrauch

Kör|ner, der; –s, –: Sieb, Durchschlag

Kor|nett (fr.), der; –(e)s, –e und –s: Reiterfähnrich * **Kor|nett,** das; –(e)s, –e und –s: Blechblasinstrument, Posthorn

Kor|nus (nl.), die; –, ..nusse: Hornstrauch, Hartriegel

Korn|west|heim: Stadt in Baden-Württemberg

Ko|rol|la, Ko|rol|le (l.), die; –, ..llen: Kränzchen : Blumenkrone * **Ko|rol|la|rium,** das; –s, ..rien: Geschenk : Anhang

Ko|ro|man|del: südliche Ostküste Vorderindiens * *Koromandelholz:* Holz aus K.

Ko|ro|na (l.), die; –, ..nen: „Kranz" : Zuhörerkreis : Tafelrunde : Strahlenkranz * *Koronararterie:* Herzkranzschlagader; *Koronargefäße* Mz.: Herzkranzgefäße; *Koronarinsuffizienz:* ungenügende Sauerstoffzufuhr des Herzmuskels; *Koronarsklerose:* Verkalkung der Herzkranzadern * **Ko|ro|nis,** die; –: Schlussstein : Zeichen des Schlusses

Kör|per (l.), der; –s, –: Leib von Menschen und Tieren : Rumpf (im Ggs. zu Kopf, Gliedmaßen) : jeder Gegenstand, der einen gewissen Raum begrenzt : Dichtigkeit einer Flüssigkeit : Extraktgehalt des Weins : Hauptteil eines Gegenstandes : (Anat.) mittlerer Hauptteil eines Knochens : ein aus Gliedern bestehendes Ganzes * *Körperbau,* der; –(e)s, –e; *Körperbehinderte(r); Körperbeschaffenheit:* äußere Bildung eines Körpers; *Körperbildung:* Entstehen und Gestalt ei-

nes Körpers; *Körpererziehung; Körperform: Körperbeschaffenheit; Körpergröße; Körperhaltung; Körperkraft; Körperkultur:* Pflege des Körpers, Körperübung; *Körpermaße; Körperpflege; Körperteil; Körpertemperatur; Körperverletzung; Körperwärme* * **kör|per|haft** Ew.: einen Körper habend : wie ein Körper * **kör|per|lich** Ew.: körperhaft : in dem Körper, Leib bezüglich * **Kör|per|lich|keit,** die; –, –en: das Körperhafte, Stofflichkeit * **Kör|per|schaft,** die; –, –en: Interessengemeinschaft mit dem Recht einer juristischen Person * *Körperschaftssteuer* * **kör|per|schaft|lich** Ew.: auf eine Körperschaft bezüglich

Kor|po|ral (fr.), der; –s, –e: Unteroffizier * **Kor|po|ral|schaft,** die; –, –en: kleine Truppenabteilung

Kor|po|ra|ti|on (nl.), die; –, –en: Körperschaft : Innung : Rechtspersönlichkeit : (stud.) Verbindung * *Korporationsrecht:* Rechtsfähigkeit * **kor|po|ra|tiv** Ew.: körperschaftlich * **kor|po|rell** (fr.) Ew.: körperlich, leiblich * *korporelle Strafen:* Leibesstrafen * **Kor|po|ri|fi|ka|ti|on,** die; –, –en: (Chem.) Verwandlung einer flüssigen Materie in einen festen Körper

Korps (fr.) [kohr], das; –, –: Truppenkörper : Körperschaft : studentische Verbindung : Bande * *Korpsbruder:* Mitglied des gleichen studentischen Korps; *Korpsgeist:* Gemeinschaftssinn; *Korpsstudent*

kor|pu|lent (l.) Ew.: beleibt * **Kor|pu|lenz,** die; –: Beleibtheit * **Kor|pus,** das; –, ..pora: Körper : Gesamtheit * (Rechtsspr.) **Kor|pus de|lik|ti,** das; Beweisstück * **Kor|pus ju|ris,** das; – –: Gesetzbuch * **Kor|pus,** die; –: (Buchdrw.) Zehnpunktschrift (ein Schriftgrad) * **Kor|pus|kel,** die; –, –n: (Phys.) kleinste (Körper-)Teilchen * **kor|pus|ku|lar** Ew.: die Korpuskel(n) betreffend * *Korpuskularstrahlen,* Mz.; *Korpuskularlartheorie*

Kor|ra|di|ati|on (nl.), die; –, –en: Strahlenvereinigung in einem Punkte

Kor|ral (span.), der; –s, –e: Gehege : ind. Elefantenpferch

Kor|ra|si|on (nl.), die; –, –en: Abschleifung : Abspülung

Kor|re|al|schuld|ner, der; –s, –: (BGB) Gesamtschuldner

Kor|re|fe|rat (nl.), das; –(e)s, –e: Neben-, Ergänzungsbericht ✳ **Kor|re|fe|rent**, der; –en, –en: Mitberichterstatter : Mitgutachter ✳ **kor|re|fe|rie|ren** (..iert) intr.: mitberichten, ergänzend berichten

kor|rekt (l.) Mw. Ew.: richtig, tadellos ✳ **Kor|rekt|heit**, die; –: Richtigkeit : einwandfreies Verhalten ✳ **Kor|rek|ti|on**, die; –, –en: Berichtigung : Besserung ✳ *Korrektionsanstalt:* Fürsorgeanstalt ✳ **Kor|rek|ti|o|när**, der; –s, –e: Fürsorgezögling ✳ **Kor|rek|tiv**, das; –s, –e: Besserungs-, Zuchtmittel ✳ **Kor|rek|tor**, der; –s, ..toren: Druckberichtiger, Prüfer des Drucksatzes ✳ **Kor|rek|tum**, das; –s, ..ta: „Verbessertes“, Neubearbeitung ✳ **Kor|rek|tur**, die; –, –en: Druckberichtigung, Verbesserung ✳ *Korrektur lesen:* den Satz auf Fehler überprüfen ✳ *Korrekturabzug,* der; –(e)s, ..züge; *Korrekturbogen; Korrekturfahne:* Probeabdruck, der auf Fehler überprüft wird

Kor|re|lat (nl.), das; –(e)s, –e: Wechselbegriff : Gegenstück ✳ **Kor|re|la|ti|on**, die; –, –en: Wechselbeziehung ✳ **kor|re|la|tiv** Ew.: wechselseitig

kor|re|pe|tie|ren (..iert) (nl.) tr.: einstudieren ✳ **Kor|re|pe|ti|ti|on**, die; –, –en: das Einüben, Wiederholen ✳ **Kor|re|pe|ti|tor**, der; –s, ..toren: Einüber von Opernrollen o. Ä.

Kor|rep|ti|on (l.), die; –, –en: Ergreifung : Kürzung : Tadel, Verweis ✳ **kor|ri|pie|ren** (..iert) tr.: ergreifen, erhaschen : eine Silbe kürzen

kor|re|s|pek|tiv (nl.) Ew.: gemeinschaftlich ✳ *korrespektives Testament* ✳ **Kor|re|s|pek|ti|vi|tät**, die; –: Gemeinschaftlichkeit

kor-re-s-pek-tiv Das Wort stammt aus dem Lateinischen und besteht aus den Silben *con* (von cum = mit), *re* (zurück) und *spicere* (blicken), das *s* ist also Anlaut des dritten Wortteils. Dennoch ist die Trennung danach möglich, weil die Wortherkunft nicht mehr allgemein bewusst ist und damit die Trennung nach Sprechsilben erfolgen kann.

Kor|re|s|pon|dent (nl.), der; –en, –en: Briefschreiber : Berichterstatter : Absender und Empfänger von Briefen ✳ **Kor|re|s|pon|denz**, die; –, –en: Briefwechsel : Nachrichtenmaterial für die Presse : Übereinstimmung ✳ *Korrespondenzbüro:* Agentur, die Berichte, Nachrichten, Bilder u. Ä. an die Presse weiterleitet; *Korrespondenzseminar:* Tagung für Korrespondenztraining; *Korrespondenztraining:* Schulungskursus für gutes und genaues Formulieren ✳ **kor|re|s|pon|die|ren** (..iert) intr.: in Briefwechsel stehen : Briefe schreiben : übereinstimmen

Kor|ri|dor (it.), der; –s, –e: Flur, Gang : Landstreifen, der fremdes Gebiet durchläuft

Kor|ri|gend (e.), der; –en, –en: Sträfling ✳ **Kor|ri|gen|den|an|stalt:** Besserungsanstalt ✳ **Kor|ri|gen|da** (Mz.): zu verbessernde Druckfehler ✳ **kor|ri|gi|bel** (nl.) Ew.: verbesserlich ✳ **kor|ri|gie|ren** (..iert) tr.: verbessern

kor|ri|pie|ren: s. Korreption

Kor|ri|val|ti|on (l.) [..w..], die; –, –en: Zusammenleitung mehrerer Gewässer

Kor|ro|ba|ti|on (l.), die; –: Kräftigung

kor|ro|die|ren (..iert) (l.) tr.: zernagen : ätzen ✳ **Kor|ro|si|on**, die; –, –en: Zernagung : Ätzung : Auflösen durch Ätzmittel ✳ *korrosionsbeständig* Ew.: widerstandsfähig gegen Korrosion; *Korrosionspräparat:* Ätzmittel, Beizmittel ✳ **kor|ro|siv** Ew.: beizend : ätzend

kor|rum|pie|ren (..iert) (l.) tr.: verderben : verführen : bestechen ✳ **kor|rupt** Mw. Ew.: verderbt : bestechlich, käuflich ✳ **Kor|rup|ti|on**, die; –, –en: Sittenverderbnis : Bestechlichkeit

Kor|sa|ge (fr.) [..korßahsche'], die; –, –en: Leibchen (Teil der Frauenbekleidung) ✳ **Kor|sett**, das; –(e)s, –: Leibchen : Schnürleib, Schnürbrust

Kor|sak (russ.), der; –s, –i: kleiner asiatischer Steppenfuchs

Kor|sar (it.), der; –en, –en: Seeräuber : Raubschiff

Kor|si|ka: französische Mittelmeerinsel

Kor|sit, der; –(e)s, –e: korsischer Kugeldiorit

Kor|sett: s. Korsage

Kor|so (it.), der; –s, –s: „Lauf“, festliche Auffahrt : geschmückter Wagen : Prachtstraße

Kor|te|ge (fr.) [kortäsch], das; –s, –s: Gefolge : Ehrengeleit

Kor|tel, die; –, –n: (ldschftl.) Schnur, Bindfaden ✳ **kor|te|lie|ren** (..iert) tr.: mit einem Schnürchen einfassen

Kor|tex (l.), der; –(e)s, –e: Rinde ✳ **kor|ti|kal** Ew.: zur Rinde gehörig, Rinden ✳ **Kor|ti|son** (Knstspr.), das; –s: vielfältig einsetzbares Medikament aus einem Hormon der Nebennierenrinde

Ko|rund (ind.-nl.), der; –(e)s, –e: Mineral, harter Schmuckstein

Kor|vet|te (fr.) [..w..], die; –, –n: leichtes Kriegsschiff ✳ *Korvettenkapitän*

ko|ry|ban|tisch (gr.) Ew.: wild begeistert : ausgelassen lärmend

Ko|rym|be (gr.), die; –, –n: Scheitel : Traubenbüschel des Efeus : Doldentraube ✳ **Ko|rym|bi|fe|re**, die; –, –n: Gewächs mit Doldentrauben

Ko|ry|phäe (gr.), die; –, –n: „an der Spitze Stehender“, Vorsänger, Chorführer : hervorragende Persönlichkeit : Kapazität

Ko|sak, der; –en, –en: Angehöriger eines kriegerischen Reitervolkes im zaristischen Russland

Ko|sche|nil|le (span.-fr.) [koschinije], die; –, –n: Schildlausart : roter Farbstoff der K.

ko|scher (hebr.) Ew.: rein : unbedenklich

K.-o.-Schlag, der; –s, ..schläge: (Boxen) Schlag, der den Gegner kampfunfähig macht

Ko|se|kan|te (nl.), die; –, –n: (Math.) das Verhältnis der Hypotenuse zur gegenüberliegenden Kathete

Ko|sel, die; –, –: (schwäb.) Zuchtsau

ko|sen (du kost, kosest; du kostest; gekost) tr., intr.: traulich plaudern : mit Worten und Zärtlichkeiten Liebe zeigen * *Koseform:* liebevoll abgewandelte Form eines Namens oder eines Wortes; *Kosename:* zärtlicher Name; *Kosewort:* Liebeswort * **Ko|se|rei,** die; –, –en: das Kosen * **ko|sig** Ew.: kosend : traulich

Ko|si|nus (nl.), der; –, –: Winkelfunktion, im rechtwinkligen Dreieck das Verhältnis der anliegenden Kathete zur Hypotenuse

Kös|lin: poln. Stadt und Landkreis

Kos|mar|chie (gr.), die; –, ..chien: Weltherrschaft, z. B. ehemals des Papstes * **kos|misch** Ew.: das Weltall betreffend * **Kos|mo|bi|o|lo|gie,** die; –: Untersuchungen über das Dasein lebender Organismen auf anderen Planeten oder Sternen * **Kos|mo|go|nie,** die; –, ..nien: Weltentstehungslehre * **Kos|mo|gra|phie** *auch:* **Kos|mo|gra|fie,** die; –, ..phien *auch:* ..fien: Weltbeschreibung * **Kos|mo|lo|gie,** die; –, ..gien: Lehre von der Weltordnung * **Kos|mo|naut** (gr.-russ.), der; –en, –en: Weltraumfahrer * **Kos|mo|po|lit,** der; –en, –en: (nach Diogenes) Weltbürger * **kos|mo|po|li|tisch** Ew.: weltbürgerlich * **Kos|mo|po|li|tis|mus,** der; –: Weltbürgertum * **Kos|mos,** der; –: Weltall * **Kos|mo|the|is|mus,** der; –: Weltvergötterung [gr. kosmos Welt(ordnung)]

Kos|me|tik (gr.), die; –: Schönheitspflege, Verschönerungskunst : Fassade, Tünche * **Kos|me|ti|ke|rin,** die; –, –nen: Schönheitspflegerin * **Kos|me|ti|kum,** das; –s, ..ka: Schönheitspflegemittel * **kos|me|tisch** Ew.: die Schönheit erhaltend : verschönernd : oberflächlich [gr. kosmos Ordnung]

kos|misch, **Kos|mo|po|lit** usw.: s. Kosmarchie

Kost, die; –: Nahrung : geistige Nahrung : Gesamtheit des Lebensunterhalts für eine Person :

Haus, Unterkommen, wo jemand seinen Lebensunterhalt empfängt : (Börsenspr.) Report * *kostfrei:* freie Kost habend; *Kostgänger,* der; –s, –: Person, die bei jemandem in Kost geht; *Kostgeld:* Geld für Beköstigung; *Kostgeschäft:* (Börsenspr.) Reportgeschäft; *Kostkind:* Kind, das in Kost gegeben ist; *kein Kostverächter sein:* genießerisch sein * **Kös|te,** die; –, –n: (niederd.) feierlicher Gästeschmaus

kos|ten tr.: ein wenig von einem Gericht schmecken * *Kostprobe:* kleine Schmeckprobe * **Kos|ter,** der; –s, –: Weinschmecker

Kos|ten, die; (Ez. ganz veraltet): Geldausgabe * *auf jemandes Kosten leben* intr.: so leben, dass ein anderer die Kosten zu tragen hat * *Kostenanschlag:* Berechnung der Kosten; *Kostenaufwand;* *–berechnung;* *Kostenersatz;* *kostenfällig* Ew.: kostenpflichtig; *Kostenfrage:* Frage des Bezahlung; *kostenfrei* Ew.; *kostenlos* Ew.; *kostenpflichtig* Ew.: verpflichtet zur Kostenzahlung; *Kostenpunkt:* Kostenpreis; *Kostenrechnung; kostensparend* → *Kosten sparend; Kostenvoranschlag* * *Kostfracht* (kfm.) Kosten einschließlich Fracht; *Kostpreis:* Selbstkostenpreis * **kost|bar** Ew.: viel Geld kostend : vortrefflich, ausgezeichnet : wertvoll : (Mal.) sorgfältig in der Darstellung der ursprünglichen Farben * **Kost|bar|keit,** die; –, –en: das Kostbarsein : kostbarer Gegenstand * **kos|ten** intr.: erfordern, nötig sein (Wertangabe im Akk., Person im Dat. oder Akk.) : (veralt.) schwer werden * **köst|lich** Ew.: kostbar : wertvoll : prächtig, vortrefflich * **Köst|lich|keit,** die; –, –en: das Köstlichsein : köstliches Ding * **kost|spie|lig** Ew.: teuer : mit großen Kosten verbunden * **Kost|spie|lig|keit,** die; –, –en: das Teuersein

kos|tal (nl.) Ew.: (Med.) die Rippen betreffend * **Kos|tal|gie** (l.-gr.), die; –, ..gien: (Med.) Rippenschmerz

Kos|tüm (fr.), das; –, –e: Fa-

schingskleid, Tracht : Rock mit passender Jacke * *Kostümball; Kostümfest;* *–schneider* * **kos|tü|mie|ren** (..iert) tr.: kleiden : verkleiden

Kost|wurz (l.), die; –: tropische Heilpflanze

K.-o.-System, das; –s, –e: (Sport) Kurzbezeichnung für Knock-out-System; Austragungsmodus für Wettkämpfe, nach dem nur der Sieger einer Begegnung weiterkommt

Kot, der; –(e)s: menschlicher und tierischer Abgang : Bezeichnung des Niedrigen, Verächtlichen : breiige, schmutzige Masse, Unflat, Unrat * *Kotbaum:* Stinkbaum; *Kotblech:* Schutz der Nabe am Fahrrad vor Kot; *Kotbrechen; Kotfistel:* Darmfistel; *Kotfliege; Kotflügel:* Schutzblech am Auto; *Kothahn:* Wiedehopf (ein Vogel); *Kothaufe(n); Kotkäfer; Kotwanze* * **Kö|tel,** der; –s: rundlicher, harter Abgang von Mäusen, Schafen, Ziegen u. Ä. * **Köt|tel, Küt|tel,** das; –s, –: (mundartl.) scherzhafte Bezeichnung für kleine Kinder, Menschen * **ko|tig** Ew.: schmutzig von Kot

Kot, das; –(e)s, –e: Hütte : Häuslerwohnung, Kate : Gemach, Wohnraum : Schafstall, Hürde * **Kot,** das; –(e)s, –e: Gewinnanteil am Salzwerk * *Kotknechte* Mz.: Arbeiter in der Salzhütte; *Kotleute* Mz.: Kotknechte; *Kotmeister:* Besitzer eines Kotes; *Kotsasse,* der; –n, –n: Inhaber eines Bauernhäuschens ohne Feld * **Kö|te (Kot|te),** die; –, –en: das Kote * **Ko|ten,** der; –s, –: Kot * **Köt|ner,** der; –s, –: Besitzer eines Kotes * **Ko|ter (Köt|ter),** der; –s, –: Kötener

Ko|ta, das; –s, –s: Lappenhütte aus Baumstämmen mit Moosbewurf

Ko|tan|gens (l.) der; –, –: Seitenverhältnis im rechtwinkligen Dreieck; Abk.: cotg. ctg

Ko|tau, der; –s, –s: chines. Ehrenbezeigung durch Kniefall : (übertr.) Kriecherei

Ko|te (fr.), die; –, –n: Maß-, Höhenzahl * *Kotentafel:* Höhentafel

Ko|te: s. Kot, das

Kö|te, die; –, –n: (niederd.)

Fesselgelenk am Pferdehuf *
Kötengelenk
Kö|te, die; –, –n: (schwäb.)
böse Stelle, Geschwulst
Kö|tel: s. Kot, der
Ko|te|lett (fr.), das; –(e)s, –e;
Ko|te|let|te, die; –, –n: Rippen-
stück : Backenbart
Köt|ner: s. Kot, Kote
Kö|ter, der; –s, –: starker Hof-
hund ; (verächtl.) Hund
Ko|te|rie (fr.), die; –, ..rien:
Sippschaft : Parteiwirtschaft
Ko|thurn (gr.), der; –s, –e: stel-
zenartige Fußbekleidung der
gr. Schauspieler : Pathos
ko|tie|ren (..iert) (fr.) tr.: bei
der Börse notieren : bewerten *
kotiert Mw. Ew.: bezeichnet *
Ko|tie|rung, die; –, –en: Zulas-
sung eines Wertpapieres zur
Börse
Ko|til|lion (fr.) [..tilljong], der;
–s, –s: Gabentanz * *Kotillion-
orden*
Köt|ner: s. Kot, das
Ko|ton (fr.) [kotong], der; –s,
–s: Baumwolle : Kattun *
ko|to|nie|ren, (..iert) [..ton..]
intr.: mit Baumwolle ausstop-
fen * **ko|to|ni|sie|ren**, tr.: min-
derwertigem Gewebe eine
baumwollähnliche Qualität geben
Ko|to|rin|de, die; –, –n: südam.
Rinde, Heilmittel gegen
Durchfall
Kot|schin|chi|na: südvietna-
mesische Provinz * *Kotschin-
chinahuhn*: in England gezüchtetes großes Huhn
Kot|ten, Kot|ter: vgl. Kot, das
Ko|ty|le|do|ne (gr.), die; –, –n:
Keimblatt, Samenlappen
Kot|ze, die; –, –n; (östr.)
Kot|zen, der; –s, –: grobe wol-
lene Decke : rund geschnittenes Stück Loden als Mantel *
kot|zen|grob Ew.: sackgrob
Kö|tze, die; –, –n: Rückentrag-
korb
kot|zen intr., tr.: (gew. R.) sich
erbrechen, speien * *es ist zum
Kotzen:* (gew. R.) es ist abscheulich; es gründlich satt ha-
ben * **kot|zer|lich** Ew.: zum
Erbrechen geneigt * *kotzübel*
Köt|zer, der; –s, –: (Spinnerei)
birnenförmige Garnkörper
Ko|va|ri|an|te (nl.) [..w..], die;
–, –n: (Math.) Begriff aus der
Invariantenlehre
Ko|x|a|gra, das; –s: Hüftgicht

* **Ko|x|al|gie** (l.-gr.), ..gien:
(Med.) Hüftschmerz *
Ko|x|i|tis, die; –: (Med.) Hüft-
gelenkentzündung
Ko-x-i-tis
Bei Fachwörtern ist auch die
Trennung nach Sprechsilben
möglich: *Ko-xitis* analog zu *Le-
xikon.* Da sie jedoch zumeist
von Personen verwendet wer-
den, die sich der Wortherkunft
bewusst sind, wird es in der
Regel bei der Trennung nach
Wortbestandteilen bleiben:
Kox- (l. coxa Hüfte), *-itis* (gr.
Silbe für Entzündung).

Kra|bat, Kra|ba|te, der; ..ten,
..ten: roher, ungezogener
Mensch * **Kra|bau|ter**, der; –s,
–: Krabate [Umbildung aus
Kroate]
Krab|be, die; –, –n: (niederd.)
Taschenkrebs, Seespinne :
krebsartiges Tier : Bezeichnung kleiner Wesen : (Baukst.)
Kriechblatt, Verzierung *
Krabbenfresser: ein Vogel-
name; *Krabbentaucher:* eine
Alkenart; *Krabbenschere:*
Schere der Krabbe : eine
Pflanze; *Krabbenspinne* *
Krab|be|lei, die; –, –en: das
Krabbeln : Zänkerei *
krabb|lig, krab|be|lig Ew.:
kribbelig : das Gefühl des
Krabbelns erregend *
krab|beln (ich ..[e]le) intr.:
kriechen, krauchen : sich regen, sich rühren; intr. (sein),
rbz.: sich krabbelnd fortbewegen; tr., intr.: das juckende,
prickelnde Gefühl der Krabbelns erregen
krab|ben tr.: (Geweben)
Glanz verleihen
krabb|lig: s. Krabbe
krach!: Tonwort zur Bezeichnung des Lautes beim Zerbrechen * **Krach**, der; –(e)s, –e:
plötzlich losbrechender Schall
: Streiterei : Zerwürfnis : Ge-
schäftszusammenbruch * *mit
Ach und Krach:* mit knapper
Not * *Krachgans:* Fuchsgans;
Krachmandel: Knackmandel;
Krachweide: Knack-, Glas-
weide * **kra|chen** intr.: laut
schallen, bersten : kröchzen;
intr. (sein): krachend zerbrechen, hinschmettern *
Kra|cher, der; –s, –: Krach : ei-
ner, der kracht, stöhnt, ächzt :
altes, gebrechliches Männlein

: Feuerwerkskörper * **krächzen** (du krächzest und krächzt)
intr.: rauh, heiser sprechen *
Kräch|zer, der; –s, –: ein
Krächzender : Rabe * **krack,
kracks:** krach * **kra|cken** tr.:
spalten * **Krack-Hy|drie-
rung**, die; –: das Kracken, Verfahren bei der Benzingewin-
nung

Kra|cke, die; –, –n: schlechtes
Pferd : ungezogenes Kind :
(niedersächs.) baufälliges Haus
: schwerfälliges Handelsschiff
Krad, das; –s, Kräder: (Kurzwort) Kraftrad, Motorrad *
Kradfahrer: (Heerw.) *Krad-
schütze*
Kraft, die; –, Kräfte: Trieb, Antrieb, der eine äußere Wirkung
nach sich zieht : Wirksamkeit :
krafterfüllte, tüchtige Person :
(Mz.) Wirkungen, die wir an
Körper und Geist wahrneh-
men : (Mechanik) alles, was Bewegungen erzeugt, ändert oder
hindert : Körperstärke, Mus-
kelkraft * *von Kräften kommen*
intr.: schwach werden; *ohne
Saft und Kraft:* ohne Leben; *in
Kraft treten:* gültig, rechtskräftig werden; *Inkrafttreten,* das
→ *In-Kraft-Treten,* das; –s; *außer Kraft setzen:* für ungültig
erklären * *Kraftanstrengung:*
körperliche Anstrengung;
Kraftaufwand: Kraftanstrengung; *Kraftausdruck:* gemeiner, derber Ausdruck; *kraftbe-
gabt* Mw. Ew.: begabt mit
Kräften; *Kraftbrühe:* besonders kräftige Brühe; *Kraftein-
heit:* (Phys.) Einheit zur Messung der Kraft; *krafterfüllt* Mw.
Ew.: voller Kraft; *Kraftfahrer;
Kraftfahrsport:* Motorsport;
*Kraftfahrversicherung; Kraft-
fahrtruppen* Mz.: Truppen mit
Kraftfahrzeugen; *Kraftfahr-
zeug:* Fahrzeug mit Explosionsmotor, Abk.: Kfz; *Kraft-
fahrzeugbrief;* –*kennzeichen;
Kraftfahrzeugsteuer; Kraft-
fülle:* Kraftfülltsein; *Kraftfut-
ter:* gehaltvolles Futter; *kraftlos* Ew.: ohne Kraft; *Kraftlosig-
keit; Kraftmehl:* Stärkemehl;
Kraftmensch: Person mit großer körperlicher Kraft; *Kraftmesser:* Gerät zum Messen einer Kraft; *Kraftprobe:* Prüfstein der Kraft; *Kraftpunkt:*
(Phys.) Angriffspunkt der

Kraft; *Kraftstoff:* Brennstoff für Motorfahrzeuge; *Kraftstrom; kraftstrotzend* Ew.: überschäumend von Kraft; *Kraftwagen:* Automobil; *Kraftwerk:* Elektrizitätswerk; *Kraftwort:* Kraftausdruck; *Kraftwurz(el):* eine Pflanze ∗ **kraft** Vw. mit Gen.: mittels : auf Grund *seines Amtes* ∗ **kräf|tig** Ew.: Kraft habend : von Kraft erfüllt : Kraft äußernd : wirksam ∗ **Kräf|tig|keit,** die; –: das Kräftigsein ∗ **kräf|ti|gen** tr.: kräftig machen; rbz.: kräftig werden ∗ **Kräf|ti|gung,** die; –, –en: das Kräftigwerden **Krä|gel|chen:** s. Kragen **Kra|gen,** der; –s, –; Kräglein, Krägelchen: Hals, Schlund : Halsbekleidung ∗ *es geht einem an den Kragen:* es droht Gefahr ∗ *Kragenblume; –ente; –huhn; Kragenknopf; Kragenweite: das ist meine Kragenweite;* das sagt mir zu **Krag|stein,** der; –(e)s, –e: (Baukst.) Konsole : Tragstein, abgeschrägter Wandvorsprung als Träger **Kräh,** der; –(e)s, –e: krähender Schrei ∗ *Krähwinkel:* sprichwörtl. gewordener Ort für Spießbürgerlichkeit; *Krähwinkelei,* die; –, –en: Kleinstädterei; *Krähwinkler,* der; –s, –: Spießbürger ∗ **Krä|he,** die; –, –n: rabenartiger Vogel : (übertr.) laute, rücksichtslose Person ∗ *Krähenauge:* Auge der Krähe : eine Pflanze : Hühnerauge; *Krähenbeere:* Pflanze; *Krähendohle:* ein Vogel; *Krähenfuß:* Fuß der Krähe : Pflanze : (Mz.) scherzhafte Bezeichnung für schlechte Schrift; *Krähennest:* Beobachtungsstand am vorderen Mast großer Schiffe : hinterer Gefechtsstand im Rumpf von Kampfflugzeugen; *Krähenschnabel:* Haushuhnrasse; *Krähenzehe:* Pflanze ∗ **krä|hen** intr.: hellgellend schreien; tr.: etwas krähend verkündigen **Kraich|gau,** der; –(e)s: nordbadisches Hügelland **Krak,** der; –(e)s, –en: dreimastiges Ostseefahrzeug der Dänen und Schweden **Kra|ke,** der; –n, –n: **Kra|ken,**

der; –s, –: Name mehrerer Seetiere, z. B. der Tintenfische : ein sagenhaftes Seeungeheuer **Kra|keel** (ndl.), der; –(e)s, –e: (stud.) Lärm, Streit, Hader ∗ **kra|kee|len** intr.: laut schreien, ausrufen : Krakeel machen ∗ **Kra|kee|ler,** der; –s, –: ein Streitsucher ∗ **Kra|kee|le|rei,** die; –, –en: das Krakeelen ∗ **kra|kee|le|risch** Ew.: in krakeelender Weise, wie ein Krakeeler **Kra|kel,** der; –s, –: unleserliches Schriftzeichen ∗ **kra|keln** (ich ..[e]le) intr.: unleserlich schreiben ∗ *Krakelfuß:* Krakel **kra|ke|lie|ren** (..iert) (fr.) tr.: mit rissiger Zeichnung versehen ∗ **Kra|ke|lü|re,** die; –, –n: Abschuppung des Lacks und der Farbe an Gemälden **Kra|ken:** s. Krake **Kra|ko|wi|ak,** der; –s, –s: poln. Bauerntanz **Kral,** der; –s, –e: Hottentottendorf : Gehöftdorf der afrik. Bantu **krall** Ew.: grell **Kral|le,** die; –, –n; Kröllchen: vorragender, hakenförm. Nagel der Raubtierklaue ∗ *in den Krallen haben* tr.: in der Gewalt haben : gierig festhalten ∗ **kral|len** intr.: die Krallen einschlagen; intr., tr.: kratzen : mit den Krallen packen; rbz.: sich krallend festhalten ∗ **kral|len|haft, krall|lig** Ew.: mit Krallen versehen : krallenartig **Kram,** der; –(e)s, –e; Kräme; Krämchen: (veralt.) Warenbude, Laden : Ware in der Warenbude : allerlei durcheinander liegendes Zeug : Gerümpel : unnützes Zeug ∗ *Krambude; Kramhandel:* Kleinhandel mit Kurzwaren; *Kramladen; Krammarkt:* Jahrmarkt; *Kramwaren:* Trödelwaren ∗ **kra|men** intr.: Kram feilbieten : in Kramwaren wühlen ∗ **Kra|mer, Krä|mer,** der; –s, –: Person, die Waren im einzelnen feilhält, Kleinhändler ∗ *Krämerbude; Krämergeist:* kleinlicher Geist : Handelsgeist; *Krämerhandwerk:* mit einem Kram verbundenes Handwerk; *Krämerinnung:* Krämeramt; *Krämerseele:* Krämergeist; *Krämerwaage; Krämerwaren:* Kurzwaren; *Krämerzunft:* Krä-

meramt ∗ **Kra|me|rei,** die; –: das viele Kramen ∗ **Krä|me|rei,** die; –, –en: Treiben, Tun, Stand, Geschäft eines Krämers : Kram ∗ **krä|mer|haft** Ew.: wie ein Krämer ∗ **Krä|me|rin,** die; –, –nen: Kleinhändlerin ∗ **krä|mern** (ich ..[e]re) intr.: das Gewerbe des Krämers betreiben **Kram|bam|bu|li,** der; –s: Danziger Schnaps : (stud. veralt.) jedes geistige Getränk **Kram|met,** der; –s: Wacholder ∗ **Kram|mets|vo|gel,** der; –s, ..vögel: Wacholderdrossel **Kram|pe,** die; –, –n: Haken ∗ **kram|pen** tr.: anklammern **Krampf,** der; –(e)s, Krämpfe: Zusammenziehung der Muskeln oder Nerven : Zustand heftiger Gemütsbewegung ∗ *Krampfader; krampfartig* Ew.; *Krampfarznei:* Mittel gegen Krampf; *Krampfdistel:* eine Pflanze; *Krampffisch:* Zitteraal; *Krampfhusten:* krampfhafter Husten; *krampfstillend* Mw. Ew. ∗ **kramp|fen** rbz.: sich krampfhaft zusammenziehen, durchzucken; intr.: Krämpfe haben ∗ **krampf|haft, kramp|fig** Ew.: Krämpfe habend : von Krämpfen durchzuckt **Kram|pus** (dtsch.-ml.), der; –: (Med.) Zehen-, Wadenkrampf **Kram|pus,** der; –: (östr.) Begleiter des hl. Nikolaus in Gestalt eines Teufels **Kran,** der; –(e)s und –en, –e und Kräne; Krönchen: Aufzugmaschine : Zapfen an Gefäßen, Gas-, Wasserrohren ∗ *Kranbalken; Kranführer* [zu Kranich, nach der Gestalt] **krän|gen** intr.: (seem.) sich auf die Seite legen **kra|ni|al** (gr.) Ew.: (Med.) den Schädel betreffend ∗ **Kra|ni|o|klast,** der; –en, –en: (Med.) „Schädelbrecher", ein chirurg. Instrument (Geburtshilfe) ∗ **Kra|ni|o|lo|gie,** die; –, ..gien: Schädelkunde ∗ **kra|ni|o|lo|gisch** Ew.: (Med.) zur Schädelkunde gehörig ∗ **Kra|ni|o|me|ter,** das; –s, –: (Med.) Instrument zur Schädelmessung ∗ **Kra|ni|o|me|trie,** die; –, ..trien: (Med.) Schädelmesslehre ∗ **kra|ni|o|me|trisch** Ew.: (Med.) die Schädelmes-

sung betreffend * Kra|ni|o-
s|ko|pie, die; –, ..pien: Schä-
delbetrachtung * Kra|ni|ot,
der; –en, –en: Schädel-, Wir-
beltier * Kra|ni|o|to|mie, die;
–, ..mien: (Med.) Schädelzerle-
gung

Kra|nich, der; –(e)s, –e:
storchähnlicher Sumpfvogel :
ein Sternbild * Kranichhals:
Pflanze; Kranichschnabel:
Storchschnabel, Pflanze; s.
Kran

Kra|ni|o|klast, Kra|ni|o|lo|gie
usw.: s. kranial

krank (kränker, kränkste) Ew.:
nicht gesund : durch etwas auf
Körper oder Geist Einwirken-
des gesundheitlich gestört :
seelisch leidend : von Krankheit zeugend : (weidm.)
schwach durch Schusswunde *
krank am Herzen; krank vor
Kummer (vor Sehnsucht) sein;
auf den Tod krank sein; jemanden krank schreiben → krank-
schreiben; sich krank melden
→ krankmelden * Krankenan-
stalt: Krankenhaus; Kranken-
auto; Krankenbahre; Kranken-
bericht; Krankenbesuch: Besuch bei Kranken; Kranken-
bett; Krankengeld; Krankenge-
schichte; Krankengymnastik:
Heilgymnastik; Krankenhaus;
Krankenkasse; Krankenkost:
Kost, die ein Kranker be-
kommt; Krankenlager: Kran-
kenbett; Krankenpflege(r);
–schein; –schwester; Krankenstube; Krankentransport;
Krankenversicherung; Kran-
kenwache: Wache am Bett eines Kranken; Krankenwagen;
Krankenwärter; Krankenzim-
mer * Kran|ke, der; die; –n,
–n: ein Kranker, eine Kranke *
Krän|ke, die; –, –n: Fallsucht :
schwere Not * krän|keln (ich
..[e]le) intr.: kränklich sein, siechen :   schwach   sein   *
kran|ken   intr.:   andauernd
krank, krankhaft sein, siechen
* Krank|mel|dung; die; –,
–en: Meldung, dass einer krank
und   arbeitsunfähig   ist   *
krän|ken tr.: tief schmerzlich
verletzen * krän|kend Mw.
Ew.: verletzend * krank|haft
Ew.: ungesund : von Krankheit
zeugend * Krank|haf|tig|keit,
die; –, –en: das Krankhaftsein
* Krank|heit, die; –, –en: der

Zustand des Krankseins : Leiden   *   Krankheitsanfall;
Krankheitsbild: Symptome,
Verlauf   einer   Krankheit;
Krankheitserreger;   Krankheitserscheinung: Zeichen der
Krankheit;   Krankheitsge-
schichte: Geschichte vom Verlauf einer Krankheit; krank-
heitshalber Uw.; Krankheits-
stoff;   Krankheitsursache *
kränk|lich Ew.: kränkelnd,
schwächlich, leicht Krankhei-
ten ausgesetzt * Kränk|lich-
keit, die; –, –en: das Kränk-
lichsein * Krän|kung, die; –,
–en: das Kränken : etwas Krän-
kendes * Kränkungsabsicht

**krankmelden, krankschrei-
ben**
Fügungen aus Adjektiv und
Verb werden gewöhnlich getrennt geschrieben, weil das
Adjektiv meist steigerbar oder
erweiterbar ist. Bei *krank* in der
Verbindung mit *melden* oder
schreiben ist dies aber nicht der
Fall; daher wird zusammengeschrieben.

Kranz, der; –es, Kränze;
Kränzchen: kreisförmig gestal-
tetes Gebinde von Blumen und
Laub als Schmuck oder Zeichen der Jungfräulichkeit : Zeichen des vollendeten Werks
(Ernte-, Richtkranz) : Zeichen
ländlicher Wirtshäuser : etwas
Kranzähnliches :   eine   geschlossene Gesellschaft : Trag-
kranz, als Schutz des Kopfes
gegen Druck : Radkranz, der
die Speichen umfasst: hervor-
springender Verzierungsrand *
Kranzader; Kranzbinder(in);
Kranzflechter(in);   Kranz-,
Kränzeljungfer: Brautjungfer;
Kranzleiste: hervorspringen-
der Rand; kranzlos Ew.: ohne
Kranz; Kranzmoos; Kranz-
naht: Verbindung zwischen
Stirnbein und Scheitelbeinen
des menschlichen Schädels;
Kranzspende: Spende   von
Kränzen bei Beerdigungen;
Kranzspinne * Kränz|chen,
das; –s, –: kleiner Kranz : geschlossene Gesellschaft, bei
der die Mitglieder der Reihe
nach Gastgeber sind * Kränz-
chenschwester: Teilnehmerin
an einem Damenkränzchen *
krän|zen tr.: mit einem Kranz
umwinden : (Forstw.) in der

Baumrinde einen Ring machen
* Kräp|fel, der; –s, –: (obd.) ein
Gebäck * Krap|fen, der; –s, –;
Kräpfchen :   hakenförmiger
Teil im Gewehrschloss : ein
Schmalzgebäck * Kräp|pel,
der; –s, –: (mundartl.) Krapfen
Krapp, der; –(e)s: Wurzel der
Färberröte :   Färberröte *
Krappfärber;   Krapplack;
krapprot Ew. * krap|pen tr.:
rot färben

Kräp|pel: s. Kräpfel

Kra|se, Kra|sis (gr.), die; –,
..sen: Mischung, Zusammenziehung zweier Wörter * er ist
es = er ist's

kraß → krass (krasser, kras-
seste) (l.) Ew.: besonders auffallend : unerhört : (Farben) grell *
Kraß|heit → Krass|heit, die;
–: krasse Beschaffenheit
Kra|ter (gr.), der; –s, –: antiker
Mischkrug für Wasser und
Wein : Schlund eines feuerspeienden Berges
kra|ti|ku|lie|ren (..iert) (nl.) tr.:
(Optik, Zeichenkst.) übergit-
tern, durch Gitter verkleiden
Kratt, das; –(e)s, –e: (niederd.)
Eichengestrüpp
Krät|ten, Krät|ten, der; –s, –:
(südd.) Korb * Kratterwagen:
Korbwagen
Kratz, der; –es, –e (Krätze):
durch Kratzen verursachte
Wunde, Schmarre * Krat|ze,
die; –, –n: Werkzeug zum Kratzen, Karde, Krempel : (Bergb.)
Werkzeug zum Zusammen-
scharren : ein Pflanzenname *
Krät|ze, die; –, –n: juckender
Ausschlag (vgl. Räude) : Me-
tallabfälle * Krätzenheil: Heilmittel; Krätzenkraut: Pflanze *
Krätzkupfer: Abfallkupfer;
Krätzmilbe, die; –, –n: Milbe,
die einen krankhaften Aus-
schlag verursacht * krat|zen
tr., rbz.: mit den Fingernägeln
bearbeiten : mit der Kratze bearbeiten, krempeln : schlecht
fiedeln : scharren * Kratz-
beere; Kratzbürste: Drahtbürste : (scherzh.) widerspens-
tige Person; Kratzdistel: eine
Pflanze; Kratzeisen: Werkzeug zum Kratzen : Eisen zum
Reinigen der Schuhe; Kratz-
fuß: Verbeugung mit scharren-
dem Fuß : (Mz.) schlechte
Schrift; Kratzfüß(l)er: schar-
rende Henne : Person, die

Kratzfüße macht; *Kratzkraut:* eine Pflanze; *Kratzwunde* ✷ **Krat|zer,** der; -s, -: Schramme : eine Gattung Hakenwürmer : Name von Werkzeugen : Trogscharre der Bäcker ✷ **Krät|zer,** der; -s, -: Name verschiedener Werkzeuge : im Halse kratzender Wein ✷ **krat|zig** Ew.: borstig, rauh ✷ **krät|zig** Ew.: Krätze habend : ekelerregend ✷ **Kratz|ling,** der; -s, -e: Dornbusch

krau|chen intr.: kriechen

Kräu|el, der; -s, -: Gabel mit Haken zum Fassen : Forke

Kraul, das; -(e)s: eine Schwimmart ✷ **krau|len** intr.: im Kriechstoß schwimmen ✷ *Kraulstaffel; Kraulstil* ✷ **Krau|ler,** der; -s, -: Schwimmer im Kraulstil

krau|len tr.: zart kratzen : sanft streichen ✷ **kraul** Ew.: (seem.) glatt

kraus (krauser, krauseste) Ew.: wellig, gekrümmt : faltig : wirr, bunt durcheinander ✷ *Krausbart:* Person mit krausem Bart; *Krausbeere; Krausdistel:* eine Pflanze; *Krauseminze:* eine Pflanze; *Kraushaar:* krauses Haar; *kraushaarig* Ew.; *Krauskohl; Krauskopf:* Lockenkopf : Kopf mit wirrem Haar : Person mit krausem Haar; *krausköpfig* Ew. ✷ **Krau|se,** die; -n: das Kraussein : schmale kraus gefältete Halsbekleidung

Kräu|sel, der; -s, -: oder die; -, -n: etwas Gekräuseltes ✷ *Kräuselgarn; Kräuselkrankheiten:* Krankheitserscheinungen an Pflanzen; *Kräuselkrepp:* Stoff aus Kräuselgarn ✷ **Kräu|se|lei,** die; -, -en: Gekräusel : Schnörkelei ✷ **kräu|seln** (ich ..[e]le) tr.: kraus machen; rbz.: kraus werden ✷ **Kräu|se|lung,** die; -, -en: das Kräuseln ✷ **krau|sen** (du krausest) tr.: kräuseln ✷ **Kräus|ler,** der; -s, -: Haarkräusler ✷ **kraus|lich** Ew.: ein wenig kraus

Kraus, der; das; Krauses, Krause; Krau|se, die; -, -n: (ldschftl.) Krug, Deckelkanne : Gefäß ✷ **Kräu|sel,** der; -s, -: kleiner Topf : (veralt.) Kreisel

Kraut, das; -(e)s, Kräuter; Kräutchen, Mz. Kräuterchen: niedriges Blattgewächs mit nicht holzigem Stängel, ohne augenfällige Blüte, Frucht : Blätterwerk des Krautes : Tabak : Heilpflanze : (Sammelbegriff) Suppenkraut : Kohl : (Gerb.) Sumachblätter : schlechtgeartete Person : (Landw.) eingekochter Fruchtsaft : Fischbrut ✷ *Kraut und Rüben:* wirr durcheinander; *ins Kraut schießen* intr.: wachsen, treiben; *böses Kraut:* etwas Schlimmes ✷ *Krautacker; krautartig* Ew.; *Krautbeere; Krauteisen:* Werkzeug zum Kohlschneiden ✷ *Krautfischer:* Fischer, der Fischbrut angelt ✷ *Krauthahn:* (Kochkst.) gefüllter Kohlkopf; *Krauthaue:* Krauthacke; *Krauthobel:* Küchengerät zum Schneiden von Kohl; *Krautjunker:* Dorf-, Landjunker; *Krautstampfe:* Kohlstampfe; *Krautwerk:* allerlei Kraut ✷ *Kräuteraufguß:* → *Kräuteraufguss:* mit heißem Wasser übergossene Heilkräuter; *Kräuterbad:* heilkräftiges Bad; *Kräuterbier:* Bier mit wohlschmeckenden Kräutern gebraut; *Kräuterbuch:* Buch der Kräuter; *Kräuterdieb:* ein Käfer, der Verheerungen in Herbarien anrichtet; *Kräuteressig:* mit Kräutern gewürzter Essig; *Kräuterfrau:* Frau, die heilsame Kräuter sammelt; *Kräutergewölbe:* Drogenhandlung; *Kräuterhandlung; Kräuterkäse:* mit würzigen Kräutern bereiteter Käse; *Kräuterkissen:* mit Kräutern gefülltes Kissen; *Kräuterlikör; Kräutersalbe; Kräutertee; Kräuterwerk:* Kräuterbuch ✷ **Krau|te,** die; -, -n: das Krauten : Krautenzeit ✷ **krau|ten** tr.: Unkraut ausjäten ✷ **Krau|ter,** der; -s, -: Kraut-, Gemüsegärtner : (verächtl.) Sonderling ✷ **Kräu|te|rei,** die; -, -en: Gärtnerei : Sonderlingsart ✷ **krau|tern** (ich ..[e]re) intr.: Kraut, Kräuter schneiden, sammeln ✷ **kraut|haft,** **kraut|tig** Ew.: krautartig ✷ **Kräu|tig,** die; -(e)s: Krautwerk, allerlei Kräuter : Blätterwerk an Kräutern

Kra|wall (ml.), der; -s, -e: Aufruhr, Lärm ✷ **kra|wal|len** intr.: Lärm machen ✷ **Kra|wal|ler, Kra|wall|ma|cher,** der; -s, -: Aufrührer, Krachmacher

Kra|wat|te (fr.), die; -, -n: Halsbinde : Binder, Schlips : (Sport) verbotener Ringergriff ✷ *Krawattenmacher:* (volkst.) Wucherer; *Krawattennadel*

Kra|weel, die; -: Schiffsbauart, bei der die Außenplanken stumpf aufeinander stoßen ✷ *Kraweelboot* ✷ **kra|weel|ge-baut** Ew.

Kra|xe, die; -, -n: (bayr.-östr.) Traggestell ✷ **kra|xeln** (ich ..[e]le) intr.: mühsam steigen, klettern ✷ **Krax|ler,** der; -s, -: ein Kraxelnder, Bergsteiger ✷ **Kra|xe|lei,** die : -, -en: anhaltendes mühsames Klettern

Kra|yon (fr.) [kräjong], der; -s, -: Bleistift ✷ *Krayonmanier:* Kupferstichverfahren

Kre|as (gr.-span.), das; -: Doppel-, Lederleinwand

Kre|a|tin, das; -s: (Med.) Bestandteil in der Muskulatur

Kre|a|ti|nin, das; -s: Stoffwechselschlacke, Anhydrid des Kreatins

Kre|a|ti|on (l.), die; -, -en: Schöpfung : Modeschöpfung ✷ **kre|a|tiv** Ew.: schöpferisch : einfallsreich ✷ **Kre|a|tur,** die; -, -en: Geschöpf, Lebewesen : (verächtl.) abhängiger Günstling ✷ **kre|a|tür|lich** Ew.: dem Geschöpf eigen : wesenhaft ✷ **kre|ie|ren** (..iert) intr., tr.: schaffen : etwas zuerst gestalten

Krebs, der; Krebses, Krebse: ein Krustentier : vom Buchhändler an den Verleger als unverkauft zurückgehendes Buch : ein Sternbild, Zeichen des Tierkreises : Art Brustharnisch : bösartige Geschwulst, Karzinom : eine Baumkrankheit ✷ *krebsartig* Ew.: wie ein Krebsgeschwür; *Krebsauge:* Auge des Krebses : Krebsstein; *Krebsblume:* Name verschiedener Pflanzen; *Krebsbutter:* mit Krebsschalen rot gefärbte Butter; *Krebsdistel:* eine Pflanze; *krebserregend* ✷ *Krebs erregend; Krebsforschung; Krebsgang:* Rückwärtsgang; *Krebsgeschwulst; Krebsnase:* (Kochkunst) gefüllte vordere Krebsschale; *Krebsotter:* Nerz; *krebsrot* Ew.;

Krebsschaden: (bildl.) langsam um sich fressender, tiefeingewurzelter Schaden; *Krebsschere:* Schere des Krebses : ein Pflanzenname; *Krebsstein:* rundlicher Kalkkörper im Innern der Krebse; *Krebszwirn,* der; –(e)s: fadenartiges Samengefäß männlicher Krebse **✳** **kreb|seln** (ich ..[e]le) intr. (sein): klettern : krabbeln **✳** **kreb|sen** intr.: Krebse fangen : mühsam vorwärtskommen **Kre|denz** (nl.), die; –, –en: (östr.) Anrichte : Schenktisch **✳** **kre|den|zen** (kredenzte; kredenzt; du kredenzest, kredenzt) tr.: darreichen : vorkosten, einschenken **✳** **Kre|dit,** der; –(e)s, –e: „Dargeliehenes" : Überlassen einer Geldsumme zur wirtschaftlichen Nutzung : Glaubwürdigkeit **✳** *auf Kredit:* auf Borg **✳** **Kre|dit,** das; –s, –s: (kfm.) das „Haben" im Geschäftsbuch : Forderung, Guthaben, Außenstände **✳** *Kreditanstalt; Kreditbank; Kreditbetrug; Kreditbrief; Kreditbüro; Kreditgeber; Kreditgenossenschaft:* Genossenschaftsbank, die nur an Mitglieder gibt; *Kreditinstitut; Kreditmarkt; Kreditnehmer; Kreditrestriktion:* Beschränkung des Kreditwesens; *Kreditwürdigkeit* **✳** **kre|di|tie|ren** (..iert) tr.: leihen : stunden : gutschreiben **✳** **Kre|di|tiv,** das; –s, –e: Vollmacht : Beglaubigungsschreiben **✳** **Kre|di|tor,** der; –s, ..to|ren: Kreditgeber, Gläubiger **✳** **Kre|do,** das; –s, –s: „ich glaube", Glaubensbekenntnis : (kath. K.) Teil der Messe **✳** **kre|gel** Ew.: (südhannov.) munter, flink : launenhaft **✳** **Krei|de** (l.), die; –, –n: lockerer, feinkörniger Kalkstein : Wirtshausschulden : Erdzeitalter **✳** *in der Kreide stehen:* Schulden haben **✳** *Schlämmkreide; Schreibkreide* **✳** *braune Kreide:* Ocker; *schwarze Kreide:* Zeichenschiefer **✳** *kreideartig* Ew.: wie Kreide beschaffen; *kreidebleich* Ew.. bleich wie Kreide, *Kreidefelsen:* Felsen aus Kreide; *Kreideformation:* Erdzeitalter; *Kreidemanier:* Kupferstechkunst; *Kreidepapier:* glattes Kunstdruckpapier;

Kreidestift; Kreidestrich; Kreidetierchen, das; –s, –: Wurzelfüßer, ein Urtier; *Kreidewand:* Kreidefelswand; *kreideweiß* Ew.; *Kreidezeichnung* **✳** **krei|deln** (ich ..[e]le) tr.: mit Kreide bestreichen, bezeichnen, schreiben **✳** **krei|den:** s. kreideln **✳** **krei|dig** Ew.: kreideartig : aus Kreide bestehend **✳** **kre|ie|ren:** s. Kreation **✳** **Krei|en|sen:** Ort in Süd-Niedersachsen **✳** **Krein|ze,** die; –, –n: (mundartl.) Wagenkorb **✳** **Kreis,** der; ..ses, ..se: eine krumme, in sich laufende Linie, deren Punkte vom Mittelpunkt gleichweit entfernt sind : Verwaltungsbezirk : Gruppe von Personen, die ein abgeschlossenes Ganzes bilden **✳** *Kreisabschnitt:* (Math.) Teil eines Kreises, Segment; *Kreisamt:* Amt eines Landkreises; *Kreisarzt:* Arzt eines Land-, Stadtkreises; *Kreisbahn:* im Kreis fahrende Bahn : Eisenbahn eines Landkreises; *Kreisbeamter; Kreisbewegung:* Bewegung im Kreise; *Kreisbogen; Kreisdurchmesser; Kreisfläche; kreisfrei* Ew.: eine Stadt betreffend, die keinem Landkreis angehört, sondern einen Stadtkreis bildet; *Kreisgericht; Kreishauptmann:* (sächs.) Regierungspräsident; *Kreislauf:* Lauf im Kreise : Blutkreislauf; *Kreislaufstörungen:* Störungen des Blutkreislaufs; *Kreisrichter; kreisrund* Ew.; *Kreissäge:* runde Säge; *Kreisschere; Kreisschluß* → *Kreisschluss:* Folgerung; *Kreisstadt:* Stadt eines Landbezirks; *Kreissteuer; Kreistag:* Beratung der Beamten und Abgeordneten eines Kreises; *Kreisumfang; Kreistanz* **✳** **Krei|sel,** der; –s, –: Drehkegel : Kinderspielzeug : kreiselförmige Schnecke **✳** *Kreiselbrecher:* (Techn.) Zerkleinerungsmaschine; *Kreiselkompaß* → *Kreiselkompass; –neigungsmesser:* elektr. Kreiselgerät; *Kreiselpumpe:* Zentrifugalpumpe, *Kreiselsteuerung* **✳** **krei|seln** (ich ..[e]le) intr., tr., rbz.: kreisen : kreisend, wirbelnd bewegen **✳** **krei|sen** (du kreisest, kreist : kreiste, gekreist) intr.: einen Kreis bilden

: sich im Kreis bewegen; tr.: kreisförmig drehen : (weidm.) im Kreise spürend umgehen **✳** **krei|schen** (du kreisch[e]st, auch du kreischt, er kreischt; du kreischtest; gekreischt; kreisch[e]!) intr.: hell gellen : gellend schreien : grellfarbig sein **✳** **Krei|sel:** s. Kreis **✳** **krei|ßen** (du kreiß[e]st; kreißte; gekreißt) intr.: Geburtswehen haben **✳** *Kreißsaal* **✳** **Krei|ße|rin,** die; –, –nen: eine Frau in Wehen **✳** **Krem:** einged. f. Creme **✳** **Kre|mas|ter** (gr.), der; –s, –e: (Med.) Aufhängemuskel des Hodens **✳** **Kre|ma|ti|on** (l.), die; –, –en: Feuerbestattung **✳** *Krematorium,* das; –s, ..rien: Einäscherungshalle **✳** **kre|mie|ren** (..iert) tr.: feuerbestatten **✳** **Kreml** (russ.), der; –s: ehem. Zarenpalast in Moskau, jetzt russische Regierungssitz : die russische Regierung **✳** **Krem|pe,** die; –, –n: Hutrand : (ldschftl.) Haken und Öse : Heftel **✳** **Krem|pel,** die; –, –n: Karde : Wollkamm **✳** *Krempelkamm* **✳** **krem|peln** (ich ..[e]le) tr.: (Wolle) kämmen : in entgegengesetzte Richtung biegen **✳** **krem|pen** tr.: Krempe aufschlagen; rbz.: sich vor Winddruck neigen **✳** *..krem|pig* Ew.; nur in Zus.: eine Krempe habend **✳** *breitkrempig* Ew. **Krem|pel,** der; –s: Trödelkram **✳** *Krempelmarkt:* Trödelmarkt **✳** **krem|peln** (ich ..[e]le) intr.: trödeln **✳** **Kremp|ler,** der; –s, –: Trödler **Krem|ser,** der; –s, –: vielsitziger halboffener Wagen [nach Fuhrunternehmer Kremser benannt] **Krem|ser Weiß,** das; –: Bleiweiß **Kren** (slaw.), der; –(e)s: (bayr.-östr., ostmd.) Meerrettich **✳** *Krentunke* **krenel|lie|ren** (..iert) (l.-fr.) tr.: mit Zinnen versehen **Kren|gel, Krin|gel,** der; –s, –: Kreis : Brezel **kren|gen:** s. krängen **Kren|ol|lo|gie** (gr.), die –: Quellen-, Brunnenkunde **Kre|ole** (span.-fr.), der; –n, –n: in Mittel- und Südamerika geborener Abkömmling weißer Einwanderer : (Brasilien) Abkömmling von schwarzen Sklaven ✳ **Kre|o|lin**, die; –, –nen: weibl. Kreole

Kre|o|lin (gr.), das; –s; fäulnisverhindernde Lösung ✳ **Kre|o|pha|g(e)**, der; ..gen, ..gen: Fleischfresser ✳ **Kre|o|sol**, das; –s: eine im Holzteeröl enthaltene Flüssigkeit ✳ **Kre|o|sot**, das; –(e)s: Desinfektionsmittel aus Holzteerölen : Arzneimittel ✳ **Kre|o|so|tal**, das; –s; ein Heilmittel ✳ **kre|o|so|tie|ren** (..iert) tr.: (Fleisch) gegen Fäulnis schützen

Kre|pe|li|ne (fr.) [krep'lihn], die; –, –s: Gewebeart

kre|pie|ren (l.) (..iert) intr.: zerspringen : sterben ✳ **Kre|pi|ta|ti|on**, die; –, –en: das Knistern, Prasseln

Kre|pon (fr.) [..pong], der; –s, –s: eine Kreppart ✳ **Krepp**, der; –s: Krepparten : krauses Gewebe ✳ *Kreppflor:* schwarzer Krepp; *Kreppapier* → *Krepppapier;* *Kreppsohle:* Schuhsohle aus sog. Kreppgummi ✳ **krep|pen** tr.: lockeres Gewebe krausen ✳ **krep|pig** Ew.: kraus

Krep|pel: s. Kräppel

Kre|sol (gr.), das; –s: Desinfektionsmittel

Kreß → **kress**, das; –: Orangefarbe ✳ **Kres|se**, die; –, –n: eine schnell keimende Gemüsepflanze

Kreß|ling → **Kress|ling**, der; –s, –e: ein Fisch (Gründling) : Pilz

Kre|sy|lit, der; das; –(e)s: ein Sprengstoff

Kre|ta: griech. Insel ✳ **Kre|ter**, der; –s, –: Bewohner Kretas ✳ **kre|tisch** Ew.

kre|ta|zei|sch Ew.: zur Kreidezeit gehörig

Kre|thi und Ple|thi Mz.: „Kreter und Philister" in Davids Leibwache : gemischte Gesellschaft : Gesindel

Kre|tin (fr.) [krehtäng], der; –s, –s: missgestalteter und geistig verblödeter Mensch : Schwachsinniger ✳ *Kretinanstalt* ✳ **Kre|ti|ne**, die; –, –n: weibl. Kretin ✳ **kre|ti|nen|haft** Ew.: schwachsinnig ✳ **Kre|ti|nis|mus**, der; –: Schwachsinnigkeit

Kre|ton|ne, die; –, –s: grobfädige bedruckte Leinwand

Kret|scham (slaw.), der; –s, –e: (ostmd.) Dorfschenke ✳ **Kret|scha|mer**, **Kretsch|mer**, der; –s, –: Schenk-, Gastwirt ✳ **Kretsch|ma|rin**, **Kretsch|me|rin**, die; –, –nen: Schenk-, Gastwirtin ✳ **Kretsch|me|rei**, die; –, –en: Schenkwirtschaft

kreuchst, kreucht: (dichterisch und altert.) kriechst, kriecht, s. kriechen ✳ *es kreucht und fleucht*

Kreuz (l.), das; –es, –e: Balken mit einem Querholz : Zeichen, Sinnbild des christl. Glaubens : Zeichen für Kreuzritter : Ehrenzeichen für Tapferkeit, z. B. Eisernes Kreuz : Schmuck : Zeichen mit der Hand gegen böse Geister : Namensunterschrift der Schreibunkundigen : Marter, Qual, Not : (Anat.) erhabener Teil zu Ende des Rückens zwischen Hüften : (Astron.) Sternbild des südl. Himmels : (Buchdrw.) das Todeszeichen : (Kartenspiel) eine der vier Farben : (Masch.) Hebel an Wellen zum Umdrehen : (Mus.) Zeichen zur Erhöhung um einen halben Ton : (Schiffb.) Ankerteil : (Waffenschm.) Teil des Schwertes zwischen Griff und Stichblatt : kreuzförmige Zeichnung, bes. bei Tieren ✳ *das Rote Kreuz:* Zeichen der Samariter, Sanitäter (s. rot); *das Eiserne Kreuz:* ein Ehrenzeichen für Tapferkeit im Kriege ✳ *zu Kreuze kriechen* intr.: sich tief demütigen; (mit jemand) *übers Kreuz stehen* intr.: in gespanntem Verhältnis leben; *kreuz und quer* hin und her; *in die Kreuz und in die Quere (laufen);* *über Kreuz (legen):* kreuzförmig (legen) ✳ *Kreuzabnahme:* Abnahme eines Gekreuzigten; *kreuzarm* Ew.: ganz arm; *Kreuz-As* → *Kreuz-Ass:* Höchste Spielkarte der Farbe Kreuz; *Kreuzaxt:* Axt in Kreuzform; *Kreuzband:* Band in Kreuzform : (Postw.) Verpackung für Drucksachen; *Kreuzbeere:* Frucht des Kreuzbaumes; *Kreuzbein:* ein Beckenknochen; *Kreuzblume:* Pflanze : Ornament der Gotik;

Kreuzblütler: Pflanzenfamilie; *kreuzbrav* Ew.: ganz brav; *Kreuzdonnerwetter:* ein Fluch; *Kreuzdorn:* ein Pflanzenname; *kreuzdumm* Ew.: sehr dumm; *Kreuzerhöhung:* katholisches Fest (14. Sept.); *Kreuzestod:* Tod am Kreuze; *Kreuzeszeichen;* *Kreuzfahne:* Fahne der Kreuzfahrer : Stab mit Kreuz und Wimpel als Zeichen der Auferstehung Christi; *Kreuzfahrer:* Kreuzritter; *Kreuzfahrt:* Kreuzzug : (seem.) Zickzackfahrt : Schiffsreise mit einem Kreuzfahrtschiff; *Kreuzfeuer:* Geschützfeuer in sich kreuzender Richtung; *kreuzfidel* Ew.: ganz fidel; *kreuzförmig* Ew.; *Kreuzfrage:* Frage im Verhör, die mit der vorhergehenden nicht zusammenhängt; *Kreuzgang:* Wallfahrt mit Kreuz : ein mit einem anderen sich kreuzender Gang, Weg; *Kreuzgewölbe; Kreuzgriff:* eine Griffart beim Turnen; *Kreuzholz:* Pflanze : kreuzweis gespaltenes Holz; *Kreuzkirche; Kreuzkloster; Kreuzknoten:* doppelter Knoten; *Kreuzkopf:* Maschinenteil; *Kreuzkraut:* Pflanzenname; *Kreuzkröte:* Kröte; *kreuzlahm:* hüftlahm; *Kreuzmast:* hinterer Mast; *Kreuzmeißel:* Meißel mit schmaler Schneide; *Kreuznaht:* Naht mit Kreuzstichen; *Kreuzotter:* giftige Schlange; *Kreuzritter:* Teilnehmer eines Kreuzzuges gegen die Ungläubigen; *Kreuzschmerz:* Schmerz im Kreuz; *Kreuzschiff:* Querbau einer Kirche : (Schiffb.) Kreuzer; *Kreuzschlitzschraube; Kreuzschnabel:* Vogel mit gekreuzten Schnabelenden; *Kreuzschockschwerenot:* ein Fluch; *Kreuzspinne:* Spinnenart; *Kreuzstab:* Jakobsstab; *Kreuzstich:* (Nähkunst) kreuzförmiger Stich; *Kreuzträger:* Leidensträger; *Kreuzverband:* ein Mauerverband; *Kreuzverhör:* Kreuzfrage; *Kreuzvogel:* Kreuzschnabel; *Kreuzweg:* Leidensweg : Weggabelung; *kreuzweise* Uw.: in Form eines Kreuzes : über Kreuz : wirr; *Kreuzworträtsel:* ein Buchstabenrätsel; *Kreuzwurz:* eine Pflanze; *Kreuzzeichen; Kreuzzug:* kriegerisches Unternehmen von Kreuzrittern gegen die Andersgläubigen : Wallfahrt, Umzug ✱ **kreuzen** (tr., rbz., intr.: kreuzweise legen : quer durchschneiden, in querer Richtung dagegen bewegen : begegnen : Tiere verschiedener Art paaren : (Schiff) durch den Wind gezwungen, hin und her, im Zickzack zu segeln : mit einem Kreuz bezeichnen ✱ **Kreuzer**, der; -s, –: eine Scheidemünze, urspr. mit einem Kreuz im Gepräge : (Schiffb.) zum Erkunden, zum Abfangen feindlicher Schiffe kreuzendes Schiff : *Kreuzschiff*: großes hotelartig geleitetes Schiff für Gesellschaftsfahrten ✱ **Kreuzereien** Mz.: (Schiffb.) das Kreuzen an Küsten ✱ **kreuzigen** tr.: ans Kreuz schlagen ✱ **Kreuzigung**, die; –, –en: das Kreuzigen ✱ **Kreuzung**, die; –, –en: Stelle, wo etwas zusammentrifft : das Ergebnis sich kreuzender Tierarten

Kreuz-Ass
Üblicherweise wurde *As* mit einfachem *s* geschrieben, es gab aber auch die *ß*-Schreibung. Der Genitiv (Wesfall) und der Plural (Mehrzahl) werden ohnedies mit *ss* gebildet: *des Asses, die Asse*. Dem wurde der Nominativ (Werfall) im Singular (Einzahl) angepasst.

Krevette (fr.) [..w..], die; –, –n: Garnele
Kribbe, die; –, –n: (niederd.) Damm, Buhne
kribbelig, **kribblig** Ew.: leicht zum Unmut zu reizen ✱ **kribbeln** (ich ..[e]le) intr.: leicht, leise krabbeln von etwas durcheinander Wimmelndem, von prickelndem Jucken ✱ *es kribbelt und krabbelt*: es wimmelt ✱ **Kribbelkopf**: kribblige Person; *Kribbelkrankheit*: Mutterkornvergiftung
Kribskrabs, der; das; –: allerlei durcheinander Kribbelndes : Kram : Kauderwelsch, zauberartiges Gerede
Krickel, der; das; –: Gämshorn ✱ *Krickelwild*: Gämswild
Krickelei, die; –, –en: unleserlich Geschriebenes : Verdrießlichkeit ✱ **Krickelkrackel**, das; -s, –: unleserlich Geschrie-

benes ✱ **krickelig**, **kricklig** Ew.: krittelig : grämlich, nörgelnd ✱ **krickeln** (ich ..[e]le) intr., tr.: schlecht schreiben, kritzeln : nörgeln
Krickente, **Kriekente**, die; –, –n: kleinste einheimische Ente
Kricket (e.) [krickit], das; -s: ein Schlagballspiel ✱ *Kricketball*
Krida (l.), die; –: Zahlungsunfähigkeit ✱ **Kridar**, der; -s, –e: Gemeinschuldner
Kriebelmücke, die; –, –n: eine Mückenart
kriebeln: s. kribbeln
Krieche, die; –, –n: Schlehengewächs ✱ **kriechen** (du krochst, du kröchest; gekrochen; kriech[e]!) intr. (haben, sein): sich am Boden hin erstrecken, fortbewegen : sich erniedrigend demütigen ✱ *eine Laus kriecht mir über die Leber*: ich empfinde prickelnden Ärger; *zu Kreuze kriechen*: nachgeben, sich ducken; *auf den Leim kriechen*: sich an der Nase herumführen lassen : sich erwischen lassen ✱ *Kriechblume*: ein Blattornament; *Kriecherbse*: niedrig wachsende Erbsenart; *Kriechpflanzen*; *Kriechschnecke*; *Kriechspur*: Besondere Fahrbahnspur an Berghängen für langsam vorankommende Fahrzeuge; *Kriechsucht*: Kriecherei; *Kriechstoß*: bes. Art von Schwimmstoß; *Kriechstrom*: elektrischer Strom, der an der Oberfläche eines Isolators in stromleitenden Beschlägen fließt; *Kriechtier*: Reptil ✱ **Kriecher**, **Kriecherin** der; -s, – ; die; –, –nen: kriechende Person : Person mit kriechender Gesinnung : Tiername : Geschützreiniger ✱ **Kriecherei**, die; –, –en: kriecherisches Wesen ✱ **kriecherisch** Ew.: wie ein Kriecher : kriechend
Krieg, der; -(e)s, -e: Entscheidung mit Waffengewalt zwischen feindlichen Mächten : ständiger Kampf : dauernde Feindschaft ✱ *kriegführend* →
Krieg führend ✱ *Kriegsakademie*; *Kriegsausbruch*; *Kriegsanleihe*; *Kriegsbeil*; *Kriegsbericht*; *Kriegsberichterstatter*; *kriegsbeschädigt* Ew.; *Kriegs-*

beschädigter; *Kriegsbeschädigtenfürsorge*; *Kriegsblinder*; *Kriegsdienst*; *Kriegsdienstverweigerer*; *Kriegsende*; *Kriegserklärung*; *Kriegsfackel*: Ausdruck für Krieg; *Kriegsfahne*; *Kriegsfall*: die Tatsache eines Krieges; *Kriegsflotte*; *Kriegsfreiwillige*; *Kriegsführung*; *Kriegsgefangener*; *Kriegsgefangenschaft*; *Kriegsgerät*; *Kriegsgericht*: Gericht über Soldaten, auch im Frieden; *Kriegsgerichtsrat*: Verdeutschung für Auditeur; *–geschrei*: Kampf-, Feldgeschrei; *Kriegsgetöse*; *–getümmel*; *Kriegsgewinnler*: durch Waffenlieferungen o. Ä. reich Gewordener; *krieg(s)gewohnt* Ew.; *Kriegsgewühl*; *–glück*; *Kriegsgräberfürsorge*; *Kriegsheer*; *Kriegshinterbliebene*: Angehörige eines Kriegsgefallenen; *Kriegshinterbliebenenfürsorge*; *Kriegsinvalide*; *Kriegskamerad*; *Kriegskind*: im Krieg geborenes Kind; *Kriegskosten*; *kriegskundig* Ew.; *Kriegskunst*: Kunst des Kriegführens; *Kriegslist*; *Kriegsmacht*; *Kriegsmarine*; *Kriegsmarsch*; *–material*; *Kriegsneurosen*; *Krieg(e)snot*; *Kriegsopfer*; *Kriegspfad*; *Kriegsrat*: Behörde über Kriegsangelegenheiten : ein Titel : Beratung der Kriegsobersten; *Kriegsrecht*: das im Kriege geltende Recht : Standrecht; *Kriegsruhm*, *–rüstung*; *Kriegsschaden*; *Kriegsschauplatz*; *Kriegsschiff*; *Kriegsschuld*; *Kriegsspiel*; *Kriegsstärke*: Stärke eines Heeres im Krieg; *Kriegssteuer*: Steuer zur Abdeckung von Kriegslasten; *Kriegsteilnehmer*; *Kriegstrauung*; *Kriegstreiber*; *Kriegsübung*; *k.v.* (Abk.): = kriegsverwendungsfähig; *Kriegsverbrecher*; *Kriegsverletzung*; *Kriegsverluste*; *Kriegsvermißte* → *Kriegsvermisste*; *Kriegsversehrter*; *kriegsverwendungsfähig* Ew.; *Kriegswaise*, die; der; –n, –n: Kind, dessen Vater im Krieg gefallen ist; *Kriegszustand* ✱ **kriegen** tr.: strebend erreichen : bekommen, erlangen ✱ **Krieger**, der; -s, –: ein im Krieg kämpfender Soldat ✱

Kriegerdenkmal, Kriegerwitwe ✳ **krie**|**ger**|**haft, krie**|**ge**|**risch** Ew.: einem Krieger gemäß : auf den Krieg bezüglich ✳ **Krie**|**ger**|**tum,** das; –(e)s: Wesen, Stand eines Kriegers
Kriem|**hild:** Sagengestalt der Nibelungensage
Kri|**ko**|**to**|**mie** (gr.), die; –, ..mien: Luftröhrenschnitt
kril|**len** rbz.: sich rollen ✳ **kril**|**lig** Ew.: sich rollend
Krim: Halbinsel im Schwarzen Meer ✳ *Krimkrieg:* Krieg zwischen Russland und der Türkei (1853)
Kri|**ma**|**to**|**lo**|**gie** (gr.), die; –, ..gien: (Philos.) Lehre von den Urteilen, Teil der Logik
Kri|**men** (l.), das; –s, ..mina: Verbrechen, Übel-, Missetat ✳ **Kri**|**mi,** der; –s, –s: (Umgspr.) Kriminalroman, –film ✳ **kri**|**mi**|**nal** Ew.: peinlich : Verbrechen, Strafgesetz betreffend ✳ *Kriminalbeamte,* der; –n, –n: Polizeibeamter; *Kriminalfilm; Kriminalgeschichte; Kriminalmuseum; Kriminalpolizei; Kriminalprozeß →* *Kriminalprozess:* Strafrechtsverfahren; *Kriminalrecht,* das; –(e)s, –e: Strafrecht; *Kriminalroman; Kriminalsoziologie:* Wissenschaft, die die Ursache des Verbrechens in den soziologischen Verhältnissen sucht ✳ **Kri**|**mi**|**nal,** das; –s, –e: (östr.) Zuchthaus ✳ **Kri**|**mi**|**na**|**list,** der; –en; –en: Strafrechtslehrer, Strafrechtler : Kriminalbeamter ✳ **Kri**|**mi**|**na**|**lis**|**tik,** die; –: strafrechtliche Hilfswissenschaft ✳ **Kri**|**mi**|**na**|**li**|**tät,** die; –: Straffälligkeit : das Verbrechertum ✳ **Kri**|**mi**|**nal**|**psy**|**cho**|**lo**|**gie,** die; –: Erforschung der seelischen Ursachen des Verbrechens ✳ **kri**|**mi**|**nell** Ew.: verbrecherisch : strafbar ✳ **Kri**|**mi**|**no**|**lo**|**gie,** die; –: Lehre von Verbrechen
krim|**meln** (ich ..[e]le) intr.: kribbelnd wimmeln ✳ *es krimmelt und wimmelt* ✳ **krim**|**men** tr.: kratzen ✳ **Krim**|**mer, Krüm**|**mer,** der; –s, –: Habicht : Pflug
Krim|**mer,** der; –s, –: russische Lämmerfelle (urspr. aus der Krim) : lockiger Plüsch
Krim|**pe, Krüm**|**pe,** die; –: das Einschrumpfen nass gewordenen Tuches ✳ *in die Krimpe gehen:* einschrumpfen, abnehmen ✳ **krim**|**pen, krüm**|**pen** (ich .[e]le) tr.: zerknittern ✳ **krum**|**pen** tr.: (altmärk., südhannov.) einschrumpfen lassen
Krimp|**maß,** das; –es, –e: Maßverminderung von Getreide infolge Austrocknens
Krims|**krams,** der; – und –es: Plunder : Gerede
Kring, der; –(e)s, –e: **Krin**|**ge,** die; –, –n: Tragkranz ✳ **Krin**|**gel, Kren**|**gel,** der; –s, –: ein Ringel, Kreis : Brezel ✳ **krin**|**ge**|**lig** Ew.: ringeld ✳ **krin**|**geln** (ich ..[e]le) intr.: Kreide zeichnen; rbz.: sich ringeln
Kri|**no**|**i**|**de** (nl.), die; –, –n: versteinerte Haarsterne
Kri|**no**|**lin** (fr.), das; –s: ein loses Gewebe mit Baumwolle und Rosshaar ✳ **Kri**|**no**|**li**|**ne,** die; –, –n: Reifrock
Kri|**po** (Abk.), die; –: Kriminalpolizei
Krip|**pe,** die; –, –n: erhöhter Futtertrog : (Bib.) Darstellung von Christi Geburt : Säuglingsheim : (Wasserb.) Flechtwerk zur Befestigung von Flussufern : rechtwinklig zum Ufer stehende künstliche Steindämme des Rheins : (Astron.) ein Sternhaufen im Sternbild des Krebses ✳ *Krippenbeißer:* Kopper, Pferd, das in die Krippe oder Deichsel beißt : (verächtl.) eine unbrauchbare Person; *Krippenfigur:* Figur einer Weihnachtskrippe; *Krippenplatz:* Pflegeplatz in einer Kinderkrippe; *Krippenreiter:* armer Schmarotzer; *Krippensetzer:* Krippenbeißer; *Krippenspiel:* Weihnachtsspiel ✳ **krip**|**pen** intr.: Deichstelle durch Flechtwerk schützen
Kris, der; –es, –e: dolchartige Waffe der Malaien
Kri|**se, Kri**|**sis** (gr.), die; –, Krisen: Entscheidung : Wendepunkt, Notlage : Höhepunkt : Störung des Wirtschaftslebens ✳ *Krisengebiet:* krisenanfälliges Gebiet eines Landes oder Region; *Krisenherd; Krisenmanagement; Krisensituation; Krisenstab; Krisenzeichen;* *Krisenzeit* ✳ **kri**|**seln** intr., unp.: sich einer Entscheidung nähern ✳ *es kriselt:* es erscheint gefährdet ✳ *krisenanfällig* Ew.; *krisenfest* Ew.; *krisenhaft* Ew.
Kris|**pa**|**ti**|**on, Kris**|**pa**|**tur** (nl.), die; –, –en: Kräuselung : (Med.) Zusammenziehen der Nerven ✳ **kris**|**peln** (ich ..[e]le) tr.: (Gerb.) auf gegerbten Fellen durch Reiben die Narben erhöhen ✳ *Krispelholz:* (Gerb.) Reibholz ✳ **kris**|**pie**|**ren** (..iert) tr.: kräuseln : (Ader zur Blutstillung) umdrehen
Kris|**tall** (gr.), der; –s, –e: Kriställchen: alles Gefrorene : Eis : Quarzart von ausgezeichneter Klarheit, sechsflächig : Form eines unorganischen Körpers in bestimmter, regelmäßiger Gestalt, beim Übergang in festen Zustand ✳ **Kris**|**tall,** das; –s: Bleikaliumglas, meist geschliffen : Bleiglas ✳ *kristallähnlich* Ew.; *kristallartig* Ew.: wie ein Kristall; *Kristallbildung; Kristallglas; kristallhell* Ew.; *kristallklar* Ew.; *Kristalleuchter* → *Kristlleuchter; Kristalllinse* → *Kristalllinse:* Augenlinse; *Kristalloptik:* Lehre von den optischen Eigenschaften der Kristalle; *kristallrein* Ew.: ganz, völlig rein; *Kristallwaren:* Waren aus geschliffenem Kristallglas ✳ **kris**|**tal**|**len** Ew.: aus, von Kristall ✳ **kris**|**tal**|**li**|**nisch** Ew.: nach Art der Kristalle geformt ✳ **Kris**|**tal**|**li**|**sa**|**ti**|**on,** die; –, –en: Kristallbildung ✳ *Kristallisationspunkt:* (Chem.) Temperaturpunkt, an dem die Kristallisation beginnt ✳ **kris**|**tal**|**li**|**sier**|**bar** Ew.: fähig zur Kristallbildung ✳ **kris**|**tal**|**li**|**sie**|**ren** (..iert) intr.: in Kristalle verwandeln, übergehen ✳ **Kris**|**tal**|**lit,** der; –s, –e: angehende Kristallbildung ✳ **Kris**|**tal**|**lo**|**gra**|**phie** *auch:* **Kris**|**tal**|**lo**|**gra**|**fie** die; –, ..phien *auch:* ..fien: Lehre von den Kristallen ✳ **Kris**|**tal**|**lo**|**id,** das; –(e)s, –e: kristallförmiges Gebilde
Kris|**ti**|**a**|**nia,** der; –, –s: (Sport) Querschwung beim Skilauf : bis 1925 Name der Stadt Oslo
Kri|**te**|**ri**|**um** (gr.-l.), das; –s, ..rien: Unterscheidungszeichen : Merkmal

Kri|tik (gr.), die; –, –en: Prüfung : Urteil ✳ *kritikfähig* Ew.: in der Lage kein, Kritik anzunehmen; *kritiklos* Ew.: urteilslos; *Kritikpunkt:* bestimmter Einzelsachverhalt einer Kritik ✳ **Kri|ti|kas|ter,** der; –s, –: Krittler : Nörgler : Silbenstecher ✳ **Kri|ti|ker,** der; –s, –: Beurteiler : berufsmäßiger Kunstrichter für die Wertung künstlerischer Leistungen ✳ **kri|tisch** Ew.: streng prüfend : gefährlich : beurteilend : bedenklich ✳ *kritisches Alter; kritischer Druck; kritische Zeit* ✳ **kri|ti|sie|ren** (..iert) tr.: prüfen : beanstanden : tadeln : beurteilen ✳ **Kri|ti|sie|rung,** die; –, –en: Tadel : Prüfung ✳ **Kri|ti|zis|mus,** der; –, ..men: philos. Verfahren : Neigung zur Kritik ✳ **Krit|te|lei,** die; –, –en: das Kritteln ✳ **Krit|te|ler, Krit|tler,** der; –s, –: Mäkler, kleinlich Urteilender ✳ **krit|te|lig** Ew.: zum Kritteln geneigt : ärgerlich : heikel ✳ **krit|teln** (ich ..[e]le) intr.: kleinlich, nörgelnd urteilen ✳ **Kritze|lei,** die; –, –en: Gekritzel : etwas Gekritzeltes ✳ **krit|ze|lig, kritz|lig** Ew.: gekritzelte Handschrift ✳ **krit|zeln** (ich ..[e]le) intr., tr.: feintönend kratzen : unleserlich schreiben ✳ **Krit|ze|ler, Kritz|ler,** der; –s, –: ein Kritzelnder

Kro|a|ti|en: südosteurop. Staat ✳ **Kro|a|te,** der; –n, –n: Bewohner Kroatiens ✳ **kro|a|tisch** Ew.

Kro|cket (e.), das; –s: Spiel mit Holzkugeln und hammerartigen Schlägern ✳ **kro|ckie|ren** (..iert) tr.: knorpeln : (Krocketspiel) (Kugel –) wegschlagen : unter den Zähnen krachen

Kro|kant (fr.), der; –(s): mit karamelisiertem Zucker überzogener Mandelbruch

Kro|ket|ten (fr.) Mz.: gebackene Kartoffelklößchen

Kro|ki (fr.), das; –s, –s: einfache Geländeskizze ✳ **kro|kie|ren** tr.: eine Geländeskizze entwerfen ✳ *Krokizeichnung*

Kro|ko|dil (gr.), das; –s, –e: Panzerechse ✳ *Krokodilleder:* Leder aus der Haut des Krokodils; *Krokodil(s)träne:* heuchlerische Träne; *Krokodilwächter:* ein Vogel

Kro|kus, der; –, – und –se: Safran, ein früh blühendes Zwiebelgewächs

Krol|le, die; –, –n: (rhein.) Locke ✳ **krol|len, kröl|len** tr., rbz.: rund biegen, rollen ✳ *Krollerbsen* Mz.: unenthülste Erbsen; *Krollhaar:* gekrautes Pferdehaar zu Polstern; *Krollhecht:* gekochter Hecht, der den Schwanz im Maul hat; *Krollkopf:* Lockenkopf; *Krolllilie:* Lilie mit gekrümmten Blättern; *Krolltabak:* Kraustabak ✳ **krol|lig** Ew.: lockig

krol|len intr.: den Laut des Birkhahns hervorbringen

Krom|lech (kelt.), der; –(s), –e: vorgeschichtlicher Steinkreis als Grab- oder Kultstätte

Kro|ne (l.), die; –, –n; Krönchen : Kopfschmuck : Stirnreif von Herrschern : Haarkrone um Tonsur : König-, Kaiserreich : König-, Kaiserwürde : das Höchste, Vollendetste einer Sache : Name von Gasthäusern : vielarmiger Leuchter : (Anat.) oberer Teil des Zahnes : (Astron.) Name zweier Sternbilder : Hof um Sonne und Mond : (Bot.) Blüte : oberster Teil eines Baumes : (Glockengieß.) Teil der Glocke : (kfm.) Bezeichnung von Warensorten : dän., estländ., isländ., norw., schwed. Münze; Abk.: Kr. : tschech. und slowak. Münzeinheit; Abk.: K : Hufteil des Pferdes : (weidm.) Teil des Geweihs : Erhöhung auf Köpfen mancher Tiere ✳ *einen in der Krone haben:* angetrunken sein ✳ *Kronbewerber; kronenartig* Ew.; *Kronenbein:* Teil des Pferdefußes; *Kronengold:* achtzehnkarät. Gold; *Kronenhirsch; Kronenkorken auch: Kronkorken:* mit Kork belegter Verschluss an Flaschen; *kronenlos* Ew.; *Kronenmutter:* eine Schraubenmutter; *Kronenorden; Kronentaler; Kronentute:* Schnecke; *Kronenwirt* ✳ *Kronerbe; Krongehörn:* Gehörn aus mehr als zweizackigen Spitzenenden; *Krongelenk; Kronglas:* bleifreie Glassorte; *Krongut:* Landbesitz der Krone; *Kronhirsch:* Hirsch mit Krongeweih; *Kronjuwelen:* Juwelen im Besitz von Monarchen; *Kronkolonie; Kronlattich:* Pflanze; *Kronleuchter; –naht:* Schädelnaht; *Kronprinz:* Thronerbe; *Kronprinzessin:* Thronerbin; *Kronrat:* Sitzung des Ministeriums unter Vorsitz des Monarchen; *Kronschatz:* Schatz der Krone; *Kronsteuer; Kronzeuge:* Hauptbelastungszeuge ✳ **krö|nen** tr., rbz.: die Krone aufsetzen zum Zeichen der Übertragung einer Fürstenwürde : mit einer Krone, Krongehörn, mit etwas Kronähnlichem versehen : ehren : in höchster Vollendung abschließen ✳ **Krö|nung,** die; –, –en: das Krönen ✳ *Krönungsfest; –insignien; –mantel; –marsch*

Kro|ni|de (gr.), der; –n, –n: Sohn des Kronos, Zeus ✳ **Kro|ni|on:** Zeus ✳ **Kro|nos:** gr. Gott der Zeit, Vater des Zeus

Krons|bee|re (niederd.) die; –, –n: Kranichsbeere, Preiselbeere

Krö|pel, der; –s, –: (mundartl.) Krüppel ✳ **krö|peln** (ich ..[e]le) intr. (sein), rbz.: kriechen : schwerfällig fortbewegen

Kropf, der; –(e)s, Kröpfe; Kröpfchen: Erweiterung der Speiseröhre bei manchen Vögeln, Vormagen : Schlund, Hals : beim Menschen Anschwellung am Hals durch krankhafte Vergrößerung der Schilddrüse, Struma ✳ *Kropfente; Kropfgans; Kropfmittel:* Heilmittel gegen Kropf; *Kropftaube; Kropfwurz:* eine Pflanze ✳ **kröp|fen, kropf|en** intr.: den Kropf füllen : schlingen; tr.: stopfen, nudeln : (Techn.) hakenförmig biegen ✳ **Kröpf|ung,** die; –, –en: das Kröpfen: (Baukst.) Sims um Pfeiler oder Wandvorsprung ✳ **Kröp|fer,** der; –s,–: Kropftaube: Fisch mit kropfartigem Beutel ✳ **kröp|fig (kropf|ig)** Ew.: einen Kropf habend : im Wachstum zurückgeblieben : (Techn.) gebogen

Kropp|zeug, das; –, (–)s: kleines Volk (Kinder, Kleinvieh) : Gesindel, Pack

Krö|se, die; –, –n: (mundartl.) (Amtstracht) Halskrause, Halskragen ✳ *Kröseleisen:* Werkzeug ✳ **krö|seln** (ich ..[e]le) intr.: Glas beschneiden

kroß → **kross** (krosser, krossest) Ew.: (nwd.) knusperig gebacken : spröde, brüchig

Krösus: letzter König von Lydien ✻ **Krösus,** der; –, –se: sehr reicher Mann

Krotalin, das; –s: Gift der Klapperschlange

Kröte, die; –, –n: Name einer Froschlurchart : Art Porzellanschnecke : hässliche, niedriggesinnte Person : freches, vorlautes Kind : Geschwür : (volkst.) Geld : Name von Tierkrankheiten ✻ *Krötenbinse; –biß* → *–biss; –blatt; –dill; –distel:* Pflanzen; *Krötenechsen; Krötenflachs:* Art Flachs; *Krötenfrösche; Krötengift; Krötenhai:* ein Fisch; *Krötenmelde; –minze; –nessel; –pilz; –schwamm:* Pflanzen; *Krötenschnecke; Krötenstein:* Versteinerung von Fischzähnen, Seeigeln u. a.; *Krötenstuhl:* Pilz; *Krötenwanderung* ✻ **krötig, krötisch** Ew.: boshaft : giftig

Kroton (gr.), der; –s, –e: tropisches Wolfsmilchgewächs ✻ *Krotonöl:* Öl des Krotonbaumes

Krotze, die; –, –n; **Krotzen,** der; –s, –: (mundartl.) Baustein von braunroter Farbe

Krs. (Abk.): Kreis

Kru, der; –s, –s: Stamm in Liberia

Krucke, die; –, –n: Gämshorn

Krücke, die; –, –n: ein mit einem Querholz versehener Stock als Stütze für Gehbehinderte : Werkzeug : (mundartl.) Türklinke ✻ *Krückenkreuz:* Kreuz des Deutschen Ordens; *Krück(en)stab; Krückstock:* Stock mit Biegung als Handhabe

krud, krude (l.) Ew.: unverdaulich : unverdaut ✻ **Krudität,** die; –, –en: Unverdaulichkeit ✻ **Krudosilber,** das; –s: Rohsilber, das vermischt ist

Krug, der; –(e)s, Krüge; Krüglein, Krügel, Krügelchen: bauchiges Gefäß für Flüssigkeiten : Trinkgefäß : ein Maß : eine Schenke ✻ *krugförmig* Ew.; *Krugwirt; –wirtschaft* ✻ **Krüger,** der; –s, –: Krugwirt ✻ **Krügerei,** die; –, –en: Gewerbe eines Krügers, das Ausschenken ✻ **Kruke,** die; –, –n:

(niederd.) großer Krug : Tonflasche

Krulle, die; –, –n: (altert.) Halskrause ✻ **krüllen:** krollen, s. unter Krolle ✻ *Krüllhaar:* krauses Rosshaar; *Krüllschnitt:* Tabakschnitt

Krume, die; –, –n; Krümchen, Krümel, Krümelchen: das Weiche des Backwerks : Brosamen : kleine Masse : (Landw.) obere, weiche, lockere Schicht des Erdbodens : (Landw.) aufgehende Saat ✻ **krümelig, krümlig** Ew.: brockelnd, krümelnd ✻ **krümeln** (ich ..[e]le) tr., intr.: in Krümel zerbrechen, zerfallen

krumm Ew. (krummer; krummste; krümmer; krümmste): gebogen : hakenförmig : böse, falsch, listig ✻ *einen krummen Buckel machen:* sich demütig beugen ✻ *krumme Finger machen:* stehlen; *krumme Wege:* (volkst.) schlechte, unerlaubte Wege ✻ *Krummachse; Krummbein:* ein Krummbeiniger; *krummbeinig* Ew.; *Krummbuckel:* Person, die sich einschmeichelt; *Krummhals:* eine Pflanze; *Krummhaue:* ein Werkzeug; *Krummholz:* Knieholz; *Krummhorn:* krummes Horn : Tier mit krummem Horn : Orgelregister; *Krummkuchen:* Verschluss für Öfen in Glashütten; *krummlachen, rbz.* intr.: sehr über etwas lachen; *krummlegen* → **krumm legen** rbz.: sehr anstrengen; *krummliegen* → **krumm liegen:** kein Geld haben : gekrümmt liegen; *Krummmesser* → **Krummmesser:** Messer mit gekrümmter Klinge; *krummnehmen* → *krumm nehmen* tr.: übel nehmen; *Krummsäbel; Krummschere; Krummschnabel:* Kreuzschnabel; *Krummstab:* Hirten-, Bischofsstab ✻ **Krümme,** die; –, –n: das Krummsein, die Windung : etwas Krummes ✻ **Krümmel,** der; –s, –: Krummholz am Hakenpflug ✻ **krümmen** tr.: krumm machen, biegen; rbz.: sich biegen ✻ **Krümmer,** der; –s, –: gebogenes Rohr : dreieckige Egge ✻ **krümmern** (ich ..[e]re) tr.: mit dem Krümmer versehen ✻ **Krümmling,** der;

–s, –e: gekrümmtes Holzstück zu Radfelgen ✻ **Krümmung,** die; –, –en: Biegung : etwas Gekrümmtes

krumm legen
Adjektiv (Eigenschaftswort) und Verb (Tätigkeitswort) werden getrennt geschrieben, wenn das Adjektiv erweiterbar (*sich äußerst krumm legen*) und/oder steigerbar ist (*sich noch krummer legen*).

krumpen, krümpeln (ich ..[e]le) tr., rbz.: zerknittern ✻ **krumpen** tr.: (mundartl.) einschrumpfen lassen : eingehen lassen; vgl. Krimpe

Krümper, der; –s, –: 1808–1813 in Preußen die Ersatzreservisten ✻ *Krümperpferd;* das; –(e)s, –e: (Heerw.) überzähliges Pferd berittener Truppen; *Krümpersystem:* 1808–1813 in Preußen die Ersatzreservisten; *Krümperwagen:* (Heerw.) überzähliger Wagen

Krupp (l.), der; –s: (Med.) Kehlkopfentzündung durch diphterieartige Erreger ✻ **kruppös** Ew.: kruppartig ✻ *Krupphusten*

Kruppade (fr.), die; –, –n: (Reitkst.) Sprung der hohen Schule

Kruppe (fr.), die; –, –n: das Kreuz bei Pferden

Krüppel, der; –s, –: gebrechlicher, körperbehinderter Mensch : Mensch mit verstümmelten oder fehlenden Gliedern ✻ *Krüppelbaum:* Zwergbaum; *Krüppelbein; Krüppelstuhl:* niedriger Lehnstuhl ✻ **Krüppelei,** die; –, –en: Krüppeln ✻ **krüppelhaft, krüppelig** Ew.: wie ein Krüppel : verstümmelt : verwachsen : gebrechlich ✻ **krüppeln** (..[e]le intr. (haben, sein), rbz.: krüppelhaft fortkommen, sich bewegen; tr.: krüppelnd zuwege bringen ✻ **Krüppling,** der; –s, –e: verkrüppeltes Wesen, Pflanze

krural (l.) Ew.: zum Oberschenkel gehörig

krüsch Ew.: (ldschftl.) überkritisch in Bezug auf Nahrungsmittel

Krustazee (nl.), die; –, –n: Krebs, Schalen-, Krustentier ✻ **Kruste,** die; –, –n; Krüstchen:

harte trockene Rinde, Schale :
harter Überzug (Brot, Wunde)
✳ *Krustenechse; Krusten-
schimmel:* eine Pilzart; *Krus-
tentier* ✳ **krus|tig** Ew.: mit ei-
ner Kruste, Rinde bedeckt ✳
Krus|tung, die, –, –en: die
Verkrustung
Krux, die; Ez: (übertr.) Be-
schwernis : Leid
Kru|zi|a|ti|on (nl.), die; –, –en:
Kreuzigung ✳ **Kru|zi|fe|re**
(l.), die; –, –n: Kreuzblume ✳
Kru|zi|fix, das; –es, –e: bildli-
che Darstellung Christi am
Kreuze : Kreuzbild ✳
Kru|zi|fi|xus, der; –: (übertr.)
Jesus Christus als Gekreuzig-
ter ✳ **Kru|zi|tür|ken!:** Ausruf
des Verwünschens : des Erstaunens
Kry|o|lith (gr.), der; –(e)s und
–en, –e(n): Eisstein, aus Tonerde und Natron bestehendes
Mineral ✳ **Kry|o|phil|lit,** der;
–(e)s, –e: ein Gestein ✳
Kry|os|ko|pie, die; –: Gefrier-
punktbestimmung ✳ **Kry|o-
the|ra|pie,** der; –, –n: (Med.)
Kältebehandlung
Kryp|ta, Kryp|te (gr.), die; –,
..ten: unterirdischer Gang :
Gruftkapelle : Kirchengruft ✳
kryp|tisch Ew.: schwierig zu
erkennen : geheimnisvoll ✳
Kryp|to|ga|me, die; –, –n: blü-
tenlose Pflanze, Sporenpflanze
✳ **Kryp|to|graph** *auch:* **Kryp-
to|graf,** der; –en, –en: elektr.
Fernschreibgerät mit Fotozelle,
das die Geheimhaltung der
Übertragung ermöglicht ✳
Kryp|to|gra|phie *auch:* **Kryp-
to|gra|fie,** die; –, –n: Geheim-
schrift ✳ **kryp|to|kris|tal|li-
nisch** Ew.: schwer als Kristall
erkennbar ✳ **Kryp|ton,** das; –s:
chem, Element; Abk.: Kr ✳
Kryp|tor|chie, die; –: Fehlen
der Hoden infolge Entwick-
lungsstörung ✳ **Kryp|to|s-
kop,** das; –s, –e: Gerät zum
Nachweis von Röntgenstrahlen
[gr. kryptos verborgen]
KSZE (Abk.): Konferenz
über Sicherheit und Zusammenarbeit in Europa (frühere
Bezeichnung für OSZE) ✳
KSZE-Schlussakte
kte|no|id (gr.) Ew.: kammartig
✳ **Kte|no|i|de,** der; –n, –n:
Kammschupper, eine Fischart
Kto. (Abk.): Konto

Ku|a|la Lum|pur: Hauptstadt
Malaysias
Ku|ba: mittelamerikanischer
Staat ✳ **Ku|ba|ner,** der; –s, –:
Bewohner Kubas ✳ **ku|ba-
nisch** Ew.
Ku|ba|tur (nl.), die; –: Berech-
nung eines Rauminhaltes : Erhebung zur dritten Potenz ✳
ku|bie|ren (..iert) tr.: in die
dritte Potenz erheben : Raum-
inhalt berechnen ✳ **ku|bik..** Ew.
(in Zus.): würflig : gleichlang,
-breit und -dick ✳ *Kubikdezi-
meter:* 1000 Kubikzentimeter;
Abk.: cdm oder dm3; *Kubikfuß*
der; –es: Würfelfuß; *Kubikin-
halt:* Rauminhalt; *Kubikkilo-
meter:* Abk.: cbkm oder km3;
Kubikmaß: Raum-, Körper-
maß; *Kubikmeter:* Festmeter;
Abk.: cbm oder m3; *Kubikmillimeter:* Abk.: cmm oder mm3;
Kubikwurzel: dritte Wurzel;
Kubikzahl: dritte Potenz; *Kubikzentimeter:* Abk.: ccm oder
cm3 ✳ **ku|bisch** Ew.: würfelar-
tig (Raumwürfel) : körperlich :
in dritter Potenz stehend ✳
Ku|bis|mus, der; –: Richtung
der Malerei, die geometrische
Formen bevorzugt ✳ **Ku|bist,**
der; –en, –en: Maler, Vertreter
des Kubismus ✳ **ku|bis|tisch**
Ew.: den Kubismus betreffend
✳ **Ku|bus** (l.), der; –, – und Ku-
ben: Würfel
Ku|be|be, die; –, –n: javan.
pfefferähnliche Gewürzpflanze
Kü|bel, der; –s, –: eig. Fass als
Getreidemaß : rundes offenes
Holzgefäß : (Bergb.) Förderge-
fäß : (Gärtn.) Gefäß für größ.
Sträucher und Bäume :
(Hüttw.) Maß für Kohlen ✳
Kü|be|ler, Küb|ler, der; –s, –:
Kleinbinder, Böttcher ✳
kü|beln (ich ..[e]le) intr.: kü-
belweise trinken
ku|bie|ren, ku|bik usw.: s. Ku-
batur
Ku|bi|ku|lum (l.), das; –s ..la:
Zimmer, bes. Schlafgemach
ku|bi|tal (l.) Ew.: zum Ellenbo-
gen gehörig
Ku|bus: s. Kubatur
Kü|che: s. Koch
**Kü|chel, Kü|chel|chen,
Küch|lein,** das; –s, –: kleines,
junges Huhn
Kü|chel|chen, Küch|lein (Kü-
che): s. Koch
kü|cheln intr., tr.: (südd.) Ku-

chen backen : ein Festgericht
machen ✳ **Ku|chen,** der; –s, –:
Küchel, Küchelchen, Küch-
lein: ein Gebäck : (bayr.) ländlicher Festschmaus : Plätzchen
: kuchenähnl. Gegenstand : gerinnende Blutmasse : Fruchtboden bei Rachenblumen :
Rückstand beim Pressen von
Wein, Öl : Wabe im Bienenstock : erkaltete Harz- oder
Erzmasse : (Glash.) Tonmasse
z. Verschluss der Öfen ✳ *Ku-
chenbäcker(ei); Kuchenblech;
Kuchenform; Kuchengabel;
Kuchenrad:* Rad zum Rändeln
des Teiges; *Kuchenteig; Ku-
chenteller*
ku|cken intr.: s. gucken
ku|ckuck: Tonwort, die
Stimme des Kuckucks nachahmend : Hohnruf : ärgerlicher
Ausruf ✳ **Ku|ckuck,** der; –(e)s,
–e: ein Zugvogel : Kuckucksuhr : undankbare Person :
Pflanze : Blendlaterne auf
Kriegsschiffen : Siegel des Ge-
richtsvollziehers ✳ *Kuckucks-
amme:* Grasmücke; *Kuckucks-
blume:* Stendelwurz, eine
Pflanze; *Kuckucksbrot:* Klee;
Kuckucksei: etwas Unterge-
schobenes : zweifelhaftes Geschenk ✳ *ein Kuckucksei ins
Nest legen:* in Verlegenheit
bringen, zum Hahnrei machen
✳ *Kuckucksruf; Kuckucksuhr:*
den Ruf des Kuckucks nachah-
mende Uhr ✳ **ku|cku|cken**
intr.: Kuckuck schreien : (selt.)
zum Hahnrei machen
Ku|damm (Abk.), der; –s:
(Umgspr.) Kurfürstendamm,
sehr berühmte Straße in Berlin
Kud|del|mud|del, der; –s:
(niederd.) Durcheinander :
Mischmasch, Unordnung
Ku|der, der; –s, –: männ. Wild-
katze ✳ **ku|dern** (ich ..[e]re)
intr.: (Birkhahn) kaudern, kol-
lern
Ku|du, der; –s, –s: Drehhorn-
antilope
Ku|fe, die; –, –n: (ahd.) Gleit-
schiene des Schlittens
Ku|fe (l.), die; –, –n; Küfchen:
Kübel zum Weinkeltern, Bier-
brauen ✳ **Kü|fer,** der; ס, :
Kellermeister, Böttcher ✳
Kü|fe|rei, die; –, –en: Kellerei
✳ **kü|fern, küf|nern** (ich
..[e]re) intr.: als Küfer arbeiten
[l. cupa Fass]

Kuff, das; –(e)s, –e: stumpfgebautes niederländ. Küsten-, Frachtsegelschiff ✳ Kuf|fe, die; –, –n: Kuff

Kuf|far (türk.), der; –s, –n: Ketzer : Schimpfname für Christen
ku|fisch, Ew.: die Stadt Kufa im Irak betreffend ✳ *kufische Schrift:* bis zum 12. Jh. verwendete eckige Schrift

Kuf|ra: Knotenpunkt wichtiger Karawanenstraßen der Libyschen Wüste

Kuf|stein: Stadt in Tirol

Ku|gel, die; –, –n; Kügelchen: (Math.) runder Körper, bei dem alle Punkte der Oberfläche vom Mittelpunkt gleichen Abstand haben : (Anat.) Kopf des Oberarmes, Schenkelbeines : Gewehrkugel : (Gewehrfabr.) Walze, um das Kaliber eines Gewehres zu prüfen : Gattung von Aufgusstierchen ✳ *Kugelabschnitt; Kugelamarant:* eine Zierpflanze; *Kugelarmbrust; Kugelausschnitt; Kugelbakterien:* Kokken; *Kugelblitz:* kugelförmiger Blitz; *Kugelbüchse:* Büchse mit Kugeln zum Schießen; *Kugeldistel; Kugeldreieck:* sphärisches Dreieck, ein auf der Kugelfläche liegendes Dreieck; *Kugelfang:* Geschossfang bei Schießübungen; *kugelfest* Ew.: fest gegen Kugeln; *Kugelfisch:* kugelförmiger Fisch; *Kugelfläche:* Oberfläche einer Kugel; *kugelförmig* Ew.; *Kugelgelenk; Kugelgewölbe:* kugelförmiges Gewölbe; *Kugellager:* (Techn.) Wälzlager : Querlager; *Kugelregen; kugelrund* Ew.; *Kugelschreiber; Kugelsegment; Kugelsektor; kugelsicher* Ew.; *Kugelspiel; Kugelstoßen:* leichtathletische Stoßübung mit Eisenkugeln; *Kugeltierchen:* Geißeltierchen; *Kugelwechsel:* Schusswechsel ✳ **ku|ge|lig, kug|lig** Ew.: kugelförmig ✳ **ku|geln** (ich ..[e]le) tr., intr. (sein), rbz.: rollen, wälzen, kollern; intr.: durch Stimmkugeln entscheiden ✳ **Ku|ge|lung**, die; –, –en: das Losen mittels Kugeln

Ku|gu|ar, der; –s, –e: am. Puma, Silberlöwe

Kuh, die; –, Kühe; Kühchen: ausgewachsenes weibliches Rind : das Weibchen einiger Tiere : (blöde –) dumme Person ✳ *Kuhantilopen* Mz.; *Kuhauge:* Pflanze : Schnecke; *Kuhbaum:* südam. Baum mit milchartigem Saft; *Kuhblattern* Mz.: Kuhpocken; *Kuhblume:* Butterblume; *Kuhdill:* eine Pflanze; *Kuhdorf:* (Umgspr.) kleines, armseliges Dorf; *Kuheuter:* Milchdrüse der Kuh; *Kuhfladen:* Kuhdreck; *Kuhfuß:* Art Brecheisen : (spött.) Flinte; *Kuhglocke; Kuhhandel:* Handel mit Kühen : (spött.) schlechtes Tauschgeschäft; *Kuhhaut, das geht auf keine Kuhhaut:* (Umgspr.) das ist unfaßbar, nicht hinnehmbar; *Kuhhirt; Kuhhorn:* Pflanze; *Kuhkalb:* weibliches Kalb; *Kuhleder; Kuhmagd; Kuhmilch; Kuhpilz; Kuhpocken* Mz.: eine Kuhkrankheit; *Kuhreigen:* Lied, Weise der schweiz. Kuhhirten; *Kuhschelle; Kuhstall; Kuhweizen:* eine Pflanze ✳ **Kü|her**, der; –s, –: (schweiz.) Kuhhüter, Senner

kühl Ew.: mehr kalt als warm, lau ✳ *im Kühlen:* im mäßig Warmen ✳ *ins Kühle setzen* ✳ **Küh|le**, die; –: das Kühlsein, die Frische : Kaltblütigkeit : kühler Sinn : (seem.) Stärkegrad des Windes ✳ **küh|len** tr.: kühl machen; rbz: sich kühl machen : kühl werden ✳ *sein Mütchen* (an etwas) *kühlen:* seinen Zorn, seine Wut, Rache stillen; intr.: (seem.) wehen ✳ *Kühlaggregat; Kühlanlage; Kühlapparat; Kühlbottich, Kühldöse:* (Bierbr.) großes, flaches Gefäß zum Abkühlen der Würze; *Kühleimer:* Eimer zum Abkühlen von Getränken; *Kühlfaß* ✳ *Kühlfass:* Kühlbottich; *Kühlhafen:* (Glash.) Ofen zum Abkühlen der Glaswaren; *Kühlhaus; Kühlmittel; Kühlofen;* *Kühlpflaster:* Pflaster zum Kühlen entzündeter Stellen; *Kühlraum:* Vorratsraum mit Kühlanlage; *Kühlrohr; Kühlschiff; Kühlschlange:* gewundene Röhre in Branntweinbrennerei; *Kühlschrank:* Eisschrank; *Kühlstock:* Kühlbottich; *Kühltrog:* Trog in der Schmiede, zum Löschen glühenden Eisens; *Kühltruhe:* Truhe zum Lagern tiefgefrorner Speisen; *Kühlwagen:* Eisenbahnwagen mit Kühleinrichtungen; *Kühlwanne:* Kühleimer; *Kühlwasser* ✳ **Küh|ler**, der; –s, –: eine Kühlvorrichtung an Flugzeugen, Kraftwagen und auch Motorrädern ✳ *Kühlerfigur; Kühlerhaube* ✳ **Kühl|te**, die; –, –n: (seem.) Windstärke ✳ **Küh|lung**, die; –, –en: das Kühlen : etwas Kühlendes

Küh|ling, der; –s, –e: ein Fischname, Döbel : ein Pilzname

kühn Ew.: mutvoll, wagemutig ✳ **Kühn|heit**, die; –, –en: das Kühnsein : Beherztheit ✳ **kühn|lich** Ew.: (veralt.) kühn, keck ✳ **Kühn|ling**, der; –s, –e: ein Kühner

Kuh|ne, die; –, –n: Truthenne ✳ **Kuhn|hahn**, der; –(e)s, ..hähne: Truthahn

Ku|jon (fr.), der; –s, –e: Schelm, Schurke ✳ **ku|jo|nie|ren** (..iert) tr.: quälen : schikanieren

Kü|ken, das; –s, –: Küchlein

Ku-Klux-Klan, der; –(s): polit. Geheimbund in den Südstaaten Nordamerikas

Ku|kul|la|ris (l.), der; –, ..ren und ..res: (Med.) Mönchskappenmuskel ✳ *Kukullarmuskel* ✳ **Ku|kul|le**, die; –, –n: ein Gewand befestigte Kopfbedeckung : Mönchskleid

Ku|ku|mer (l.), die; –, –n: Gurke

Ku|ku|ruz (tschech.-slaw.), der; –(e)s: Mais

Ku|lak, der; –en, –en: russischer Großbauer zur Zarenzeit

ku|lant (fr.) Mw. Ew.: gefällig, gewandt : entgegenkommend : großzügig ✳ **Ku|lanz**, die; –: Gewandtheit : Zuvorkommenheit

Ku|li, der; –s, –s: urspr. ind. Volksname : chines. Tagelöhner, Lastträger : (übertr.) ausgebeuteter Arbeiter ✳ **Ku|li**, der, –s, –s: (Umgspr. kurz) Kugelschreiber

ku|lie|ren (fr.) (..iert) intr.: Schleifen bilden (bei Wirkwaren) ✳ *Kulierstuhl; Kulierware:* Wirkware

ku|li|na|risch (l.) Ew.: zur Küche gehörig : auf das Essen bezüglich : fein : erlesen ✳ *kulinarische Genüsse* Mz.: Tafelfreuden

Ku|lis|se (fr.), die; —, —n: Gleitrinne; (Techn.) Falz : Schiebewand auf der Bühne : Seitenwand : Vorwand : Neben-, Außenbörse ✳ *hinter den Kulissen:* im Geheimen ✳ *Kulissenarbeiter; Kulissenschieber:* (abwert.) Arbeiter auf der Bühne ✳ **Ku|lis|sier** [kulissjeh], der; —s, —s: unzünftiger Börsenmakler

kul|lern: s. kollern

Kulm, der; das; —(e)s, —e: (Geol.) unterste Schicht der Steinkohlenformation ✳ **kul|misch** Ew.

Kulm, der; —(e)s, —e: kegelförmiger Berggipfel

Kulm|bach: oberfränk. Stadt ✳ *Kulmbacher Bier*

Kul|mi|na|ti|on (nl.), die; —, —en: Durchgang eines Sternes durch den Mittagskreis : (übertr.) höchster Stand, Höhepunkt ✳ *Kulminationspunkt:* Höhepunkt ✳ **kul|mi|nie|ren** (..iert) intr.: gipfeln, höchste Höhe erreichen

kul|pa|bel (l.) Ew.: schuldig : strafbar ✳ **kul|pos** (..poser, ..poseste) Ew.: schuldhaft

Kult (l.), der; —(e)s, —e: Pflege : Verehrung, bes. Gottesverehrung : übertrieben sorgfältige Behandlung ✳ *Kultfigur:* besonders verehrte Person des öffentlichen Lebens; *Kultfilm; Kultstätte* ✳ **kul|tisch** Ew.: auf Kult bezüglich ✳ **Kul|ti|va|ti|on, Kul|ti|vie|rung,** die; —, —en: Anbau, Bebauung : Übung, Veredlung ✳ **Kul|ti|va|tor** [..w..], der; —s, ..toren: (Landw.) ein Ackerwerkzeug ✳ **kul|ti|vier|bar** Ew.: so beschaffen, dass man es kultivieren kann ✳ **kul|ti|vie|ren** (..iert) tr.: anbauen, bearbeiten, urbar machen, anpflanzen : ziehen (Pflanzen) : pflegen, ausbilden, üben (Verstand, Künste, Wissenschaften) : verfeinern, gesittet machen ✳ **kul|ti|viert** Ew.: gebildet, gepflegt ✳ **Kul|ti|vie|rung, Kul|tur,** die; —, —en: die gesamten Lebensäußerungen eines Volkes : alle künstlerischen und geistigen Lebensäußerungen : Höherentwicklung des Menschen : landwirtschaftliche Bodenverbesserung : (Med.) Züchtung von Bakterien ✳ *Kulturabkommen; Kul-*

turattaché; Kulturaustausch; Kulturbeutel: Behältnis für Dinge der persönlichen Hygiene; *Kulturdenkmal; Kulturerbe; Kulturfilm; Kulturgeschichte:* Geistesgeschichte; *Kulturgut; kulturhistorisch* Ew.: geistesgeschichtlich : entwicklungsgeschichtlich; *Kulturkampf:* Kampf zwischen dem preuß. Staat und der röm.-kath. Kirche (1872/80); *Kulturkreis:* Länder mit gemeinsamer Kultur; *Kulturkritik; Kulturlosigkeit; Kulturpflanze:* Pflanze, die man zu nützlichen Zwecken zieht; *Kulturpolitik; Kulturrevolution; Kulturstufe; Kulturvolk; Kulturzentrum* ✳ **kul|tu|rell** Ew.: die Kultur betreffend ✳ **kul|tür|lich** Ew.: auf K. bezüglich ✳ **Kul|tus,** der; —: Kult ✳ *Kultusministerium*

Ku|ma|rin, das; —s: kampferähnlicher Stoff ✳ **Ku|ma|ron,** das; —s: Bestandteil des Schwerbenzols ✳ *Kumaronharz:* ein Kunstharz

Kumm, der; —(e)s, —e: **Kum|me,** die; —, —n: tiefe Schale : Wasserbehälter : Futtertrog ✳ *Kummkarre:* Sturzkarre

Küm|mel (gr.-l.), der; —s, —: ein Doldengewächs : würziger Same der Kümmelpflanze : Schnaps ✳ *Kümmelblättchen,* das; —s: „Dreiblättchen", ein Kartenspiel [fälschlich angelehnt; eig. aus hebr. gimel, dritter Buchstabe (Zahlenzeichen für 3)] ✳ **küm|mel|blät|teln** (ich ..[e]le); *Kümmelbranntwein; Kümmelbrot; Kümmelkäse; Kümmelschnaps; Kümmelsuppe; Kümmeltürke:* (abwert.) Schimpfwort für Gastarbeiter aus der Türkei ✳ **küm|meln** (ich ..[e]le) tr.: mit Kümmel würzen; intr.: Schnaps trinken

Kum|mer, der; —s: etwas Lastendes, Drückendes : Mangel, Not, Elend, Sorge, Gram : Beschlag (Arrest) ✳ *Kummerbund:* (als Teil des besonders eleganten Anzugs) breite Seidenbinde über dem Hosenbund zu tragen; *kummerfrei* Ew.: sorglos; *Kummergefühl; kummerschwer* Ew.; *Kummerspeck,* der; —(e)s: (scherzh.) Wohlbeleibtheit; *Kummerträne; kummervoll* Ew. ✳

Küm|me|rer, der; —s, —: an einer Wunde (nicht durch Schuss) hinsiechender Hirsch ✳ **küm|mer|haft** Ew.: kummervoll ✳ **küm|mer|lich** Ew.: sich in Kummer und Not befindend : armselig : unentwickelt ✳ **Küm|mer|ling,** der; —s, —e: kümmerliches Wesen : Liebling, Sorgenkind : Gurke ✳ **küm|mern** (ich ..[e]re) intr.: kummern; intr. (sein): (von Tieren) sich kümmerlich entfalten, hinschmachten; tr.: mit Kummer, Sorge erfüllen; rbz.: sich grämen : sich angelegen sein lassen : Rücksicht nehmen : etwas darauf geben : sich um etwas sorgen ✳ **Küm|mer|nis,** die; —, —se: Kummer oder Besorgnis Erweckendes

Kum|met, Kumt, das; —(e)s, —e: Halsjoch der Zugtiere ✳ *Kummetgeschirr; Kummetpolster*

Kump, das; —s, —e: (niederd.) Form zum Hohlbiegen von Blechplatten ✳ **küm|peln** (ich ..[e]le) tr.: schweifen, wölben

Kum|pan (ml.-mhd.), der; —s, —e: Gefährte, Genosse ✳ *Kumpanei:* Gesellschaft, Horde ✳ **Kum|pel,** der; —s, —: Bergarbeiter : Arbeitskamerad : (Umgspr.) Freund

Kum|pen, Küm|per, der; —s, —; **Kumpf,** der; —(e)s, —e und Kümpfe: Schüssel

Ku|mu|la|ti|on (l.), die; —, —en: Anhäufung ✳ **ku|mu|la|tiv** Ew.: anhäufend ✳ **ku|mu|lie|ren** (..iert) tr.: häufen : (polit.) auf einen bestimmten Kandidaten einer Wahlliste bei einer Wahl Stimmen häufen ✳ **Ku|mu|lie|rung,** die; —, —en: Anhäufung ✳ **Ku|mu|lo|stra|tus,** der; —: hellgraue, den Himmel ganz bedeckende Wolkenmasse ✳ **Ku|mu|lus,** der; —, ..li und ..lusse: Haufenwolke

Ku|myß ➛ Ku|myss (russ.), der; —: Branntwein aus gegorener Stutenmilch

kund Ew. (nicht als Beifügung): bekannt, zu jemandes Kenntnis gekommen ✳ *kund und zu wissen tun* tr: kundtun; *Kundgebung;* (öffentliche) Bekanntmachung; *kundgeben, kundmachen* (ich mache kund, kundgemacht, kundzumachen) tr.: zur Kenntnis bringen;

Kundmachung, die; –, –en: das Kundmachen; *kundtun* (ich tue kund, kundgetan, kundzutun) tr.: bekannt geben; *kundwerden* (es wird kund, es ist kundgeworden, kundzuwerden) intr. (sein): bekannt werden; *Kundwerdung,* die; –, –en: das Kundwerden ✱ **kund|bar** Ew. (auch als Beifügung): allgemein, einer (im Dativ beigefügten) Person bekannt ✱ **Kun|de,** die; –, –n: Botschaft, Nachricht; Hw. in Zus. (ohne Mz.): Kenntnis einer Wissenschaft, z. B. Erdkunde ✱ *kundlos* Ew.; *Kundfahrt* ✱ **Kun|de,** der; –n, –n: Bekannter, Freund : Schalk : Landstreicher : ständiger Käufer ✱ *Kundenberatung; Kundendienst; Kundenfang; kundenfreundlich; Kundenkreis; Kundenwerbung* ✱ **kün|den** tr., rbz.: kundtun ✱ **Kün|der,** der; –s, – ✱ **kun|dig** Ew.: genaue Kenntnis von einer Sache haben : erfahren, bewandert ✱ **kün|dig** Ew.; allgemein bekannt ✱ **kün|di|gen** tr.: ein Verhältnis in gesetzlicher, beglaubigter Form aufsagen, aufheben ✱ *einem Mieter kündigen; eine Wohnung –* ✱ **Kün|di|gung,** die; –, –en: das Kündigen ✱ *Kündigungsfrist; –schreiben; –schutz* ✱ **künd|bar** Ew.: so beschaffen, dass man es kündigen kann ✱ **Kun|din,** die; –, –nen: Käuferin ✱ **kund|lich** Ew.: (veralt.) kundbar, bekannt ✱ **Kund|same,** die; –, –n: (schweiz.) Kundschaft ✱ **Kund|schaft,** die; –, –en: Gesamtheit der Kunden : Kenntnis einer Sache : Nachricht : Erkundigung (bes. im Krieg) ✱ **kund|schaf|ten** tr., intr.: Kundschaft einziehen, Kundschaft einzuziehen suchen ✱ **Kund|schaf|ter,** der; –s, –: Person, die kundschaftet, Spion ✱ **Kund|schaf|te|rei,** die; –, –en: das Kundschaften **ku|ne|i|form** (nl.) Ew.: keilförmig

künf|tig Ew.: der kommenden Zeit angehörig ✱ *künftigen Jahres* ✱ **künf|tig|hin** Uw.: in Zukunft ✱ **künf|tig|keit,** die; –: (selt.) kommende Zeit

kun|geln, kun|keln (ich ..[e]le) tr., intr.: (mundartl.) heimlich handeln : heimlich verkaufen ✱ **Kun|ke|lei,** die; –: das Kunkeln

Kun|kel (ml.), die; –, –n: Spinnrocken : kleine Öllampe : Bezeichnung als Symbol für das weibl. Geschlecht ✱ *Kunkeladel:* Adel von mütterlicher Seite; *Kunkellehen:* Lehen, die an Frauen vererbt wurden; *Kunkelstube:* Spinnstube

Kunk|ta|tor (l.), der; –s, ..toren: Zauderer

Kunst, die; –, Künste: Künstchen: schöpferisches Gestalten : im engeren Sinne die schönen Künste (Malerei, Musik usw.) : Dinge, im Gegensatz zur Natur : jede bis zu einer gewissen Höhe entwickelte Fertigkeit (Turn-, Tanzkunst) : Verwirklichung des Schönen im Gegensatz zum Nützlichen : Gesamtheit der Künstler ✱ *Schwarze Kunst:* Zauberkunst (Teufelskunst) : grafische Kunst, bes. Kupferstechkunst und Buchdruckerkunst ✱ *Kunstakademie; Kunstausdruck:* Verdeutschung für Terminus technicus; *Kunstausstellung:* Ausstellung von Kunsterzeugnissen; *Kunstbauten* Mz.: technische Bauten; *Kunstbetrachtung; Kunstdenkmal; Kunstdruck; Kunstdünger:* Düngemittel; *kunsterfahren* Mw.; *Kunsterzeugnis; Kunsterziehung:* Mal- und Zeichenunterricht; *Kunstfaser; Kunstfehler; kunstfertig* Ew.: künstlerisch : geschickt; *Kunstfertigkeit; Kunstflieger; Kunstflug:* Schauflug : Figuren der Flugtechnik; *Kunstfreund; Kunstgebilde, -gegenstand:* Erzeugnis der bildenden Kunst; *Kunstgefühl:* Gefühl für die Kunst; *kunstgemäß* Ew.: gemäß der Kunst; *kunstgerecht* Ew.: kunstgemäß; *Kunstgeschichte:* Geschichte von der Entwicklung der Kunst und die Wissenschaft von den bildenden Künsten; *Kunstgewerbe; Kunstgewerbler; kunstgewerblich* Ew.; *Kunstglas; Kunstglied; Kunstgriff; Kunstgröße:* bedeutender Künstler : Kunstkenner; *Kunsthalle:* Halle, in der Kunstwerke aufgestellt sind; *Kunsthandel:* Handel mit Kunstgegenständen; *Kunsthändler; Kunsthandlung; Kunsthandwerk:* künstlerisch

ausgeübtes, kunstvolles Handwerk; *Kunsthandwerker; Kunstharz; Kunsthistoriker:* Kunstgelehrter; *Kunsthonig; Kunstkenner; Kunstkniff:* kunstvolle, oft ränkevolle Handhabung, um ein Ziel zu erreichen; *Kunstkritiker:* Sachverständiger in der Bewertung von Kunstwerken; *Kunstleder:* künstl. Leder; *Kunstlehre:* Technologie; *Kunstleinen; Kunstlied; Kunstmaler:* durch eine Akademie vorgebildeter Maler; *kunstmäßig* Ew.: kunstgemäß; *Kunstmühle:* Motormühle im Gegensatz zu Wind-, Wassermühle; *Kunstpause:* absichtliche Pause eines Schauspielers : (spött.) Steckenbleiben; *Kunstpfeifer:* Stadtmusikant; *Kunstreiter; Kunstrichter:* Kunstkritiker; *Kunstsammlung; Kunstschmied; Kunstschreiner; Kunstschule:* Kunstakademie : Gesamtheit von Künstlern, die eine bestimmte Kunstrichtung verfolgen; *Kunstseide:* künstlich hergestellte Faser; *Kunstsinn:* Sinn, bes. für bildende Kunst; *kunstsinnig* Ew.; *Kunstsprache:* Terminologie : Welthilfssprache; *Kunstspringen:* Wassersport; *Kunststeine; Kunststil; Kunststoff:* synthetischer Werkstoff; *Kunststoffolie* → *Kunststofffolie; Kunststopferei; Kunststück:* Handlung, die viel Geschicklichkeit verlangt; *Kunsttischlerei; Kunstturnen; Kunstverein; Kunstverlag; Kunstverstand; Kunstwerk; kunstwidrig* Ew.: gegen die Kunst verstoßend; *Kunstwissenschaft; Kunstwolle; Kunstwort* ✱ **Küns|te|lei,** die; –, –en: Unnatürlichkeit : Getue, Manieriertheit ✱ **küns|teln** (ich ..[e]le) intr., tr.: sich unnatürlich, geziert geben, handeln ✱ **Künst|ler,** der; –s, –: Schöpfer eines Kunstwerks : Person, die eine Kunst ausübt ✱ *Künstlerfest; Künstlerkneipe; –monogramm; –name; –sinn; Künstlerstolz* ✱ **künst|le|risch** Ew.: einem Künstler gemäß : der Kunst gemäß, kunstvoll ✱ **Künst|ler|schaft,** die; –, –en: Gemeinschaft, Körperschaft von Künstlern : das Künstlersein ✱ **künst|lich** Ew.: auf

Kunst beruhend : von Kunst zeugend : durch Kunst hervorgebracht, oft im Gegensatz zum Natürlichen : nicht natürlich ✻ **Künst|lich|keit,** die; –, –en: Künstelei

kun|ter|bunt Ew.: verworren : bunt durcheinander ✻ **Kun|ter|bunt,** das; –(s): Mischmasch, Durcheinander

Ku|o|min|tang (chin.), die; –: 1912 gegründete demokr.-nationale Partei Chinas, seit 1949 Regierungspartei Taiwans

Kü|pe, die; –, –n: Holzgefäß, bes. zum Blaufärben ✻ *küpenblau* Ew. ✻ **kü|pen** tr.: (Zeug) in der Küpe herumhaspeln ✻ **Ku|per, Kü|per,** der; –s, –: (niederd.) Küfer

Ku|pee, das; –s, –s: Abteil : Halbkutsche: fr. Coupé ✻ **ku|pie|ren** (..iert) (fr.) tr.: abschneiden : stutzen : durchlochen ✻ *Kupierzange* ✻ **ku|piert** Mw. Ew.: durchschnitten ✻ *kupiertes Gelände:* von Gräben durchzogenes Gelände ✻ **Ku|pon** (fr.) [..pong], der; –s, –s: Reststück : Zinsschein : abtrennbarer Zettel; fr. Coupon ✻ *Kuponschere*

Ku|pel|le (fr.), die; –, –n: Schmelzgefäß zum Abtreiben von Silber, Gold von Blei : Gefäß, worin Retorten, Kolben erhitzt werden ✻ **ku|pel|lie|ren** (..iert) tr.: (Silber, Gold) reinigen

Ku|per: s. Küpe

Kup|fer (gr.-l.), das; –s: rötlichbraunes Metall, chem. Grundstoff; Abk.: Cu : kupferner Gegenstand : Kupfergeld : Kupfergeschirr : Kupferstich : Ausschlag im Gesicht ✻ *Kupferasche:* Kupferoxyd; *Kupferbergwerk; –blatt:* Kupferstich; *Kupferblau:* Bergblau; *Kupferblech; Kupferblüte:* verwitterte Farbe auf Erzen; *Kupferbrand:* Krankheit der Eiche; *Kupferbraun:* braunfärbendes Kupfererz; *Kupferdraht; Kupferdruck:* Kupferstich; *kupferfarben, -farbig* Ew.; *Kupfergang; Kupfergeld; Kupfergeschirr; Kupferglanz, Kupferglas:* Art Schwefelkupfer; *Kupfergrün:* Kupferoxydsalze; *kupferhaltig* Ew.; *Kupferhammer:* Hammerwerk für Kupfer; *Kupferhüttenwerk; Kupfer-*

kalk: Kupferoxyd; *Kupferkies:* Verbindung von Schwefelkies und Schwefeleisen; *Kupferkolik:* eine Krankheit; *Kupfermünze; Kupferlegierung; Kupfernatter:* Weibchen der Kreuzotter; *Kupferoxyd; Kupferplatte:* Platte zum Stechen, Ätzen von Zeichnungen; *Kupferrose:* Hautkrankheit; *kupferrot* Ew.; *Kupferrubin:* durch Zusatz von Kupferoxyd hochrot gefärbtes Glas; *Kupferschlag:* Kupferasche; *Kupferschläger:* Kupferschmied; *Kupferschmied; Kupferstahldraht; Kupferstecher; Kupferstechkunst; Kupferstich:* Abdruck von einer Kupferplatte; *Kupferstichkabinett; Kupfertafel:* Tafel aus Kupfer : Blatt mit Kupferstichen, *Kupfertiefdruck; Kupfervergiftung; Kupfervitriol:* schwefelsaures Kupfersulfat; *Kupferwerk:* Kupferbergwerk : Kupferhüttenwerk ✻ **kup|fe|rig, kupf|rig** Ew.: kupferähnlich : kupferhaltig ✻ **Kup|fer|ling,** der; –s, –e: Kupfermünze ✻ **kup|fern** Ew.: aus, von Kupfer ✻ **kup|fern** (ich ..[e]re) tr.: mit Kupfer beschlagen

ku|pie|ren: s. Kupee

Ku|pol|o|fen, Kup|pel|o|fen, der; –s, ..öfen: Schachtofen, zum Schmelzen des Roheisens

Ku|pon: s. unter Kupee

Kup|pe, die; –, –n: Küppchen : runder Berggipfel : abgerundete Spitze eines Gegenstandes ✻ *Kuppnagel* ✻ **kup|pen** tr.: Kuppe abhauen

Kup|pel (it.), die; –, –n: halbkugelförmig gewölbtes Dach ✻ *Kuppeldach; Kuppelgewölbe; Kuppelofen; Kuppelturm* ✻ **kup|peln** (ich ..[e]le) tr.: kuppelartig erheben : mit einer Kuppel versehen ✻ **kup|pig** Ew.: mit Kuppeln versehen

Kup|pel: s. Koppel

Kup|pe|lei, die; –, –en: das Kuppeln, kupplerisches Treiben ✻ **kup|peln** (ich ..[e]le) tr.: koppeln : verbinden : (Umgspr.) Personen zur Ehe zusammenbringen : (veralt.) gewohnheitsmäßiges Gelegenheitschaffen zur Verübung von Unzucht ✻ *Kuppelachse:* Verbindungsachse; *Kuppelhaken:* Verbindungshaken; *Kuppel-*

pelz: (scherzh.) Belohnung für Kuppelei; *Kuppelstange:* Verbindungsstange; *Kuppelwort:* Wort, das mittels Bindestrich zusammengesetzt ist ✻ **Kupp|lung,** (selt.) **Kup|pe|lung,** die; –, –en: Maschinenteile zur Verbindung von Wellen oder zweier Kraftmaschinen : Verbindungsstück von Schläuchen ✻ *Kupplungshebel; Kupplungspedal* ✻ **Kupp|ler, Kupp|le|rin,** der; –s, –; die; –, –nen: Person, die kuppelt ✻ **kupp|ler|haft, kupp|le|risch** Ew.: als Kuppler wirkend : kuppelnd

Ku|pr|a|lin|de (gr.), die; –, –n: kupferfarbige Chinarinde ✻ **Ku|pr|is|mus,** der; –: Kupfervergiftung ✻ **Ku|pr|o|ty|pie,** die; –, ..pien: Hochätzung in Kupfer

Kur (l.), die; –, –en: Heilbehandlung : Heilverfahren ✻ *eine Kur machen; jemanden in die Kur nehmen;* ✻ *Kurabgabe:* Kurtaxe; *Kuranstalt; Kuraufenthalt; Kurgarten:* Gartenanlage für den Kurgast; *Kurgast; Kurhaus; Kurkarte:* Karte, die zur Benutzung der Kurmittel eines Kurortes berechtigt; *Kurkapelle; Kurkonzert; Kurkosten; Kurmethode; Kurmittel; Kurort,* der; –(e)s, –e; *Kurpark; Kurpfuscher:* Laienarzt : Quacksalber; *Kurpfuscherei; Kurpromenade; Kursaal:* Gesellschaftsraum im Kurhaus; *Kurschmied:* Hufschmied, der zugleich Pferde heilt; *Kurtaxe,* die; –, –n: Bäder-, Fremdensteuer ✻ **ku|ra|bel** Ew.: heilbar ✻ **Ku|rant,** der; –en, –en: (schweiz.) Kurgast ✻ **ku|rie|ren** (..iert) tr.: heilen ✻ **ku|ren,** (du kurtest, kurten, gekurt) tr.: (Umgspr.) eine Kur unternehmen

Kur, Kür, die; –, –en: Wahl : Kurfürstentum ✻ *einer Dame die Kur machen:* sie zur Dame seiner Wahl machen ✻ *Kurfürst:* ehem. Fürst, der den Kaiser zu wählen hatte; *Kurfürstentum; kurfürstlich* Ew.; *Kurhaus:* kurfürstliches Haus; *Kurkind:* Wahl-, Adoptivkind; *Kurmede,* die; –, –n: (altd.) Recht des Grundherrn auf das beste Stück beim Tode des Leibeigenen; *Kurwürde:*

Würde eines Kurfürsten *

ku̱ren, ku̱ren (du kür[e]st, kürtest; gekürt; du kor[e]st, kör[e]st; gekoren; kür[e]!) tr.: wählen * *Kürlauf; Kürlaufen; Kürturnen:* wahlfreies Turnen; *Kürübung* * **küṟlich** Ew.: wählerisch

ku̱rant (fr.) Mw. Ew.: gangbar; Abk.: crt. * **Ku̱rant,** das; –(e)s, –e: gangbare Münze

Ku̱rant: s. Kur (Heilung)

ku̱ranzen (du kuranzest und kuranzt; kuranzte; kuranzt) tr.: (mundartl.) züchtigen : quälen : placken

Ku̱rare (indian.), das; –(s): Pfeilgift der Eingeborenen Südamerikas

Küraß → Kürass (fr.), der; ..rasses, ..rasse: Lederpanzer : Brustharnisch * **Kürassier,** der; –s, –e: schwerer Reiter

Ku̱rat (nl.), der; –en, –en: Geistlicher, Seelsorger : Gehilfe des kath. Pfarrers *

Kuratel, die; –, –en: Pflegschaft, Vormundschaft * *unter Kuratel stehen, stellen* *

Ku̱rator, der; –s, ..toren: Vormund : Verwalter : staatl. Aufsichtsbeamter an Universitäten * **Kuratorium,** das; –s, ..rien: Aufsichtsbehörde : Verwaltungsbehörde

Kurbel (l.-fr.), die; –, –n: Drehgriff * *Kurbelarm; Kurbelhebel,* der; –s, –: Maschinenteil, Drehhebel; *Kurbelstange; –welle; Kurbelzapfen* * **Kurbettieren** (..iert) intr.: (Reitk.) mit Kurre fischen

Kürbis (l.), der; –ses, –se: gurkenähnl. Kletter- oder Kriechpflanze * *Kürbisflasche:* aus einem hohlen Kürbis hergestellte Flasche; *Kürbisgewächse; Kürbiskern*

Kurde, der; –n, –n: Angehöriger eines vorderasiatischen Bergvolkes * **kurdisch** Ew.

Ku̱re, der; –n, –n: Angehöriger eines ausgestorbenen Volkes, das Kurland bewohnte * **ku̱risch** Ew.: auf Kurland bezüglich * *das Kurische Haff, die Kurische Nehrung*

Ku̱re: Hafenstadt auf der jap. Insel Hondo

Küree (l.-fr.), die; –: das Zerwirken eines erlegten Wildes : Anteil der Hunde an der Beute

kü̱ren: s. Kur (Wahl)

Kürette (fr.), die; –, –n: chirurg. Instrument, Schablöffel

Kurfürst: s. Kur (Wahl)

kurial (l.) Ew.: im Rathaus üblich : förmlich * *Kurialstil:* Kanzleistil * **Kuriale,** das; –s, ..lien: Eigenheit des Kanzleistils * **Kurialstimme,** die; –: Gesamtstimme (auf dem alten deutschen Reichstag) *

Ku̱rie, die; –, –n: Rathaus : päpstliche Regierung

Kurier (fr.), der; –s, –e: Eilbote : Bote im diplomat. Dienst * *Kurierzug:* Eilzug * *Kuriergepäck:* Begleitgepäck eines Kuriers

kurieren: s. Kur (Heilbehandlung)

Kurilen Mz.: Inselgruppe im Nordostpazifik

kurios (–er, –este) (l.) Ew.: seltsam : sonderbar : wunderlich * **Kuriosität,** die; –, –en: Seltenheit, Sonderbarkeit * *Kuriositätenkabinett:* Sammlung seltsamer Dinge * **Kuriosum,** das; –s, ..sa: das Seltsame : Sehenswürdigkeit

Kurkuma, die; –, Kurkumen: Gelbwurz * *Kurkumapapier:* Gelbpapier * **Kurkumin,** das; –s: Kurkumagelb

Kurpfuscher: s. Kur (Heilbehandlung)

Kurre, die; –, –n: (seem.) Grundschleppnetz * **kurren** intr., tr.: mit Kurre fischen

Kurre, die; –, –n: ein Fisch : Truthahn, Birkhahn * **kurren** intr.: knurren * **kurrig** Ew.: wild : zu Streit und Hader aufgelegt : wunderlich, launisch

Kurrendaner (nl.), der; –s, –: Angehöriger einer Kurrende *

Kurrende, die; –, –n: „Laufchor“, Knabensingschar : Umlaufschreiben, Laufzettel *

kurrendieren (..iert) tr.: durch Laufzettel suchen * **kurrent** Mw. Ew.: laufend * *Kurrentschrift:* gewöhnliche Schreibschrift

Kurrikulum (l.), das; –s, ..la: Laufbahn : Lehrplan : Rennwagen * *Curriculum Vitae,* das; –: Lebenslauf

Kurs (l.), der; –es, –e: Lauf, Umlauf einer Münzsorte : der laufende Geldpreis, Geldwert :

Wert eines Wechsels : der veränderliche Preis der Staatspapiere : Straße, Weg, Richtung : Lauf des Schiffes : Brauch, Mode : Lehrgang, Verträge * *Kursänderung; Kursanstieg; Kursbericht:* Bericht über den Stand der Kurse an der Börse; *Kursbuch:* Eisenbahnfahrplanbuch; *Kurseinbuße; Kursgewinn; Kursnotierung; Kursrückgang; Kursschwankung; Kurssteigerung; Kurssturz; Kursverlust; Kurswagen; Kurswert; Kurszettel:* Übersicht der Veränderungen im Geld-, Wechselhandel *

kursi̱bel Ew.: gangbar, geläufig * **kursieren** (..iert) intr.: umlaufen, im Umlauf sein : verkehren * **Kursist,** der; –en, –en: (veralt.) Teilnehmer an einem Lehrgang, Kurs * **kursiv** Ew.: laufend, schräg * **Kursiv,** die; –: schräg laufende Schrift * **kursorisch** (..rischer, ..risch[e]ste) Ew.: fortlaufend : schnell : vorankommend * **Kursus,** der; –, Kurse: Lehrgang

Kürschner (ml.), der; –s, –: Handwerker, der Pelze zu Kleidungsstücken verarbeitet * **Kürschnerei,** die; –, –en: Pelzverarbeitungswerkstatt

Kurste, Kürste, die; –, –n: (niederl.) Kruste

Kurtage (fr.) [kurtasch], die; –, –n: Maklergebühr

Kurtaxe: s. Kur (Heilbehandlung)

Kurti̱ne (ml.-fr.), die; –, –n: Zwischenwall : (Bühnenspr.) Mittelvorhang

Kurtisan (ml.-fr.), der; –s, –e: Höfling : Hofmann : Buhler * **Kurtisane,** die; –, –n: Buhlerin : (ehem.) Hofdame : (übertr.) vornehme Dirne

kurulisch (l.) Ew., nur in: *kurulischer Stuhl:* Ehrensitz der röm. Konsuln

Kurvatur (l.) [..w..], die; –, –en: Krümmung * **Kurve** [..w..], die; –, –n: krumme Linie : Biegung, Bogen, Krümmung : Bahn, Flugbahn * *Kurvenlineal:* Lineal für krumme Linien; *Kurvenmesser:* Entfernungsmesser auf Landkarten; *Kurvenscheibe:* von Kurven begrenzte Scheibe * **Kurvimeter** [..w..], das; –s, –:

Krummlinien-, Kurven-, Bogenmesser * **Kur|vi|met|rie,** die; –: Kurvenmessung auf Landkarten * **kur|visch** [..w..] Ew.: gekrümmt, gebogen, krummlinig

kurz (kürzer, kürzeste) Ew.: Gegensatz von lang; geringe Länge habend : nicht weit : nicht lange : rasch vergangen : nicht lange dauernd : ohne langen Aufenthalt, ohne Weitläufigkeit, rasch : (Kochkst.) kräftig, stark * *aufs, auf das kürzeste* → *aufs, auf das Kürzeste:* ganz kurz; *binnen, in, seit, vor kurzem:* binnen, in, seit, vor kurzer Zeit; *über kurz oder lang:* bald, in Kürze; *kurz und gut:* kurzum, um mich kurz zu fassen; *um einen Kopf kürzer machen* tr.: köpfen; *ein kurzes Gedächtnis haben:* schlecht behalten können; *kurz und klein hauen* tr.: in kleinste Stückchen hauen; (Hund) *kurz anbinden* tr.: an kurzer Leine anbinden; *kurz angebunden sein:* ärgerlich, wortkarg sein * *kurzen Prozeß* → *Prozess* (mit jemand, etwas) *machen:* (jemand, etwas) schnell erledigen; *kurz und bündig* Uw.: um zu einem Schluss zu kommen * *zu kurz kommen* intr.: nicht ausreichend bedacht sein, werden; *den kürz(e)ren ziehen* → *den Kürz(e)ren ziehen:* (eig.) beim Losen den kurzen Halm ziehen, im Nachteil sein; *kurzer Atem:* (Med.) rasches, keuchendes Atmen; *kurzer Wechsel, Wechsel von kurzer Sicht:* in kurzer Zeit nach Sicht zahlbarer Wechsel; *kurz abgestoßen:* (Mus.) Verdeutschung für staccato * *kurzab* Uw.: um kurz zu sein; *Kurzarbeit:* verkürzte Arbeitszeit; *Kurzarbeiter; kurzärmelig* Ew.: mit kurzem Ärmel; *kurzatmig* Ew.: rasch, keuchend atmend; *Kurzfilm; Kurzflügler* der; –s, –; *kurzfristig* Ew.; *kurzfüßig* Ew.; *Kurzgeschichte; kurzhaarig* Ew.; *Kurzhalsigkeit; kurzfristig* Uw.: rasch, ohne Aufenthalt; *kurzlebig* Ew.; *Kurzparker:* jemand, der nicht länger als 2 Stunden parkt; *Kurzmeldung:* eine auf wenige Worte beschränkte Meldung in Zeitung, Rundfunk oder Fernsehen;

kurzschließen tr.: einen Kurzschluss verursachen; *Kurzschluß* → *Kurzschluss:* (Elektrizität) widerstandsfreie Verbindung des positiven und negativen Leitung; *Kurzschlußhandlung* → *Kurzschlusshandlung:* (Umgspr.) sehr unüberlegte Handlung; *Kurzschrift:* Verdeutschung für Stenografie; *kurzsichtig* Ew.: nicht weitsehend; *Kurzsichtigkeit; kurzsilbig* Ew.: wortkarg; *kurzsinnig* Ew.: vergesslich; *kurzstielig* Ew.: mit kurzem Stiel; (Sport) *Kurzstreckenlauf; Kurzstreckenläufer; Kurzstreckenrakete:* Rakete von geringer Reichweite; *kurz treten:* das eigene Tun einschränken; *kurzum* Uw.: um kurz zu sein : ohne weiteres; *Kurzware:* kleine Ware, die stückweise verkauft wird; *Kurzwarenhändler; kurzweg:* kurzum; *Kurzweil:* Zeitverkürzung; *kurzweilig* Ew.: spaßig, ergötzlich; *Kurzwellen:* Wellen von 10–100 m Länge; *Kurzwellensender:* drahtloser Sender mit kurzer Wellenlänge; *Kurzwellentherapie:* eine Heilmethode; *Kurzwort:* Buchstabenwort * **Kür|ze,** die, –; das Kurzsein : kurze Zeit : *in Kürze:* in kurzer Zeit **kür|zen** tr. (rbz.): kurz, kürzer machen : schmälern, etwas abziehen : rasch vergehen machen, vertreiben : (Math.) vereinfachen * **kur|zer|hand** Uw.: mit plötzlichem Entschluss; Abk.: k. H. * **kürz|lich** Uw.: vor kurzem * **Kür|zung,** die; –, –en: das Kürzen

kusch! (fr.) Bff.: leg dich! sei still! (zum Hunde) * **ku|schen** intr., rbz.: nicht mucksen [fr. coucher niederlegen]

Ku|schel, Kus|sel, die; –: (ostmd.) breitgewachsene Kiefer

ku|scheln (ich ..[e]le) intr., rbz.: (mundartl.) anschmiegen

Ku|sin, Ku|si|ne: s. Cousin

Kus|kus (arab.), der; –: ein aus Maismehl mit Hammelfett, Hühnerbrühe und dgl. bereitetes Lieblingsessen der Araber

Kuß → **Kuss,** der; Kusses, Küsse; *Küsschen:* Berührung mit den Lippen als Zeichen der Liebe, Freundschaft, Vereh-

rung * **kußecht** → **kussecht** Ew.: (Lippenstift) durch Küssen nicht angreifbar; *kußfest* → *kussfest* Ew.; *Kußhand* → *Kusshand:* Winken mit der geküssten Hand * *mit Kußhand* → *mit Kusshand:* mit Freuden gern * **küs|sen** tr.: Kuss, Küsse geben : (im Brief) grüßen : berühren * *die Erde küssen lassen* tr.: zu Boden werfen * *außer Atem, warm küssen* tr., rbz. * **Küs|ser,** der; –s, –: Person, die gern und viel küsst * **küs|se|rig** Ew.. nach Küssen verlangend : Kusslust erweckend

Küs|te (fr.), die; –, –n: der vom Meer begrenzte Teil des Landes * *Küstenbesteigung,* die; –, –en; *Küstenbewohner; Küstenfahrer;* der; –s, –: kleines Fahrzeug, das an der Küste entlangfährt; *Küstenfahrt; Küstenfischerei; Küstenfluß* → *Küstenfluss:* Fluss, der nach kurzem Lauf ins Meer mündet; *Küstengewässer; Küstenhandel; Küstenschiffahrt* → *Küstenschifffahrt; Küstenstrich:* Landstrich am Meer

Kus|tel, die; –, –n: Fichten-, Tannenzapfen * *Kustel(n)steiger:* Zapfensammler

Küs|ter (l.), der; –s, –: Kirchendiener, Messner * **Küs|te|rei,** die; –, –en: Amt, Amtswohnung des Küsters; vgl. Kustodiat

Kus|to|di|at (nl.), das; –es: Wach-, Hütertum : Kronhürterwürde in Ungarn * **Kus|to|die,** die; –, –n: Haft : Wache : Gefängnis * **kus|to|die|ren** (..iert) tr.: bewachen, hüten * **Kus|tos** (l.), der; –, Kustoden: Aufseher über wissenschaftliche Sammlungen : Küster : Stichwort in Büchern : Leitzeichen auf Notenblättern

ku|tan Ew.: die Haut betreffend * **Ku|ti|ku|la** (l.), die; –, –s: Häutchen * **Ku|tin,** das; –s: Hautgewebe : chem. Mittel * **Ku|tis,** die; –: Lederhaut bei Tieren

Kut|ka (russ.), die; –: kurzer Kittel eines ehem. russischen Kriegsvolkes

Kut|sche (ungar.), die; –, –n: urspr. zu Kocs in Ungarn hergestellter gefederter Personenwagen mit Verdeck : Spazier-

Galawagen * *Kutschbock:* erhöhter Sitz des Kutschers; *Kutschfeder; Kutschkasten; Kutschpferd; Kutschenschlag; Kutschwagen* * **kut|schen** intr. (sein, haben): in der Kutsche fahren * **Kut|scher,** der; –s, –: Person, die die Kutsche fährt : Fuhrmann einer Mietkutsche * *Kutscherkneipe; Kutscherlivree:* Galaanzug des Kutschers; *Kutschersitz:* Kutschbock * **kut|schie|ren** (..iert) intr.: kutschen

Kut|te (l.) die; –, –n: Mönchsgewand : Bezeichnung für Mönch, Mönchsstand * *Kuttengeier:* Raubvogel; *kuttenmüde* Ew.: der Kutte überdrüssig; *Kuttenträger:* Mönch

Kut|tel, die; –, –n: Eingeweide der Schlachttiere * *Kuttelfleck:* zerschnittene Kaldaunen; *Kuttelhof:* Schlachthof * **Kutt|ler,** der; –s, –: Kuttelwäscher

kut|ten tr.: (bergm.) auslesen

Kut|ter (e.), der; –s, –: kleines einmastiges Segelschiff : kleines Motorschiff

Kutuch|ta, der; –s: geistliches Oberhaupt der Mongolen

Küvel|lie|rung (fr.) [..w..], die; –, –en: (Bergb.) Grubenausbau, wasserdichte Zimmerung

Kuvert (fr.) [kuwähr], das; –(e)s, –e und –s: Briefumschlag * **ku|ver|tie|ren** (..iert) tr.: einen Brief in einen Umschlag stecken * **Ku|ver|tü|re,** die; –, –n: Schokolade als Überzug für Gebäck und Konfekt * **ku|vrie|ren** (..iert) tr.: bedecken, verheimlichen

Küvet|te (fr.) [..w..], die; –, –n: Staubdeckel der Taschenuhr : Waschschüssel : Abzugsgraben für Regenwasser

Kuwait: Scheichtum am Pers. Golf : Hauptstadt von Kuwait

Kux (tschech.), der; –es, –e: (urspr.) Bergwerksanteil : Geschäftsanteil an einem gewerkschaftlichen Unternehmen * *Kuxkränzler, Kuxpartierer:* Makler für Bergwerksaktien

kv. (Abk.): kriegsverwendungsfähig

kV (Abk.): Kilovolt

KV (Abk.): Köchelverzeichnis

kVA (Abk.): Kilovoltampere

kW (Abk.): Kilowatt

Kwaß → **Kwass,** der; – und

Kwasser: bierähnliches russ. Volksgetränk

kWh (Abk.): Kilowattstunde

Ky|a|ni|sa|ti|on, die; –: ein nach dem Erfinder Kyan benanntes Verfahren zur Haltbarmachung des Holzes * **ky|a|ni|sie|ren** (..iert)

Ky|a|thos: s. Zyathus

Ky|ber|ne|tik (gr.), die; –: Wissenschaft der Selbststeuerung und Regelung verschiedenartigster Prozesse, die die gegensätzlichsten Gebiete von Wissenschaft und Technik verknüpft * **ky|ber|ne|tisch** Ew.: selbstgesteuert * *kybernetische Maschinen*

Ky|be|le: phrygische Göttin der fruchtbaren Erde : ein Kleinplanet

Kyff|häu|ser, der; –s: Waldgebirge in Thüringen * *Kyffhäusersage*

Kyk|la|den: in der Ägäis gelegene Inselgruppe Griechenlands

Kyk|lop: s. Zyklop

Ky|ma (gr.), das; –s, –s (Baukst.) Schmuckleiste des Säulenkopfes * **Ky|ma|ti|on,** das; –s, –s und ..tien: Hauptglied des griechischen Säulenknaufs

Ky|mo|gramm (gr.), das; –s, –e: Röntgenbild, auf dem sich bewegende Organe zu sehen sind * **Ky|mo|graph** *auch:* **Ky|mo|graf,** der; –en, –en: Instrument, mit dem rhythmische Bewegungen aufgenommen werden können * **Ky|mo|gra|phie** *auch:* **Ky|mo|gra|fie,** die; –, ..phien *auch:* ..fien: Verfahren des Röntgens, mit dem sich bewegende Organe aufgezeichnet werden * **Ky|mos|kop,** das; –s, –e: Instrument, mit dem ein Kymogramm begutachtet werden kann

Kym|re [kömre], der; –n, –n: Angehöriger der ehem. keltischen Bevölkerung von Wales * **kym|risch** Ew.; **Kym|risch,** das; –s: keltische Sprache

Ky|ne|ge|tik: s. Zynegetik

Ky|ni|ker: s. Zyniker

Ky|no|lo|ge, der; –n, –n: Wissenschaftler der Hundezucht

Ky|no|lo|gie, die; –: Wissenschaft der Hundezucht

Ky|phom (gr.), das; –s, –e: Rückgratkrümmung : Buckel *

Ky|pho|sis, die; –: Bildung der Rückgratkrümmung

Ky|re|nai|ka: s. Cyrenaika

Ky|rie e|lei|son!, Ky|ri|e|leis (gr.): „Herr, erbarme dich!" * **Ky|ri|e|e|lei|son,** das; –s, –s: das „Herr-erbarme-dich" im Kirchengesang

ky|ril|li|sche Schrift (*Kyrillica* [..tsa]), die; –n –: altslawische Schrift, hervorgegangen aus der griech. Majuskelschrift, lebt weiter im russ., serb., bulg. Alphabet * *Kyrillisch,* das; –s

Kys|tal|gie usw.: s. Zystalgie

KZ (Abk.): Konzentrationslager

L

L, l, das; –s, –: der zwölfte Buchstabe des Abece

L: (röm. Zahlzeichen) 50

Lab, das; –(e)s, –e: Gerinnmittel, Saft im vierten Magen der Wiederkäuer : zum Käselaben benutzter Kälbermagen, bes. seine innere Haut * *Labdrüse:* Magensaftdrüse; *Labkraut:* eine Pflanze; *Labmagen* * **la|ben** tr.: Milch zum Gerinnen bringen; rbz., intr. (sein): gerinnen, käsen

La Bam|ba (bras.), der; –s, –s: aus Brasilien stammender internationaler Tanz

La|ba|rum (ml.): Kriegsfahne unter den spätröm. Kaisern : (kath. K.) Umgangsfahne : Christusmonogramm (PX) [mgr. labaron aus kelt. lavar Ausspruch (Gottes)]

lab|be|rig, labb|rig Ew.: labber : wabbelig : zu weichlich : wässerig : gehalt- und geschmacklos * **lab|bern** intr.: schlabbern, hörbar schlürfen : Unsinn schwatzen : (seem.) (Segel) schlaff hängend hin und her schlagen

Lab|ber|dan, La|ber|dan (niederd.), der; –s, –: gesalzener Kabeljau [ndl. labberdaan und abberdaan, urspr. Fisch aus Aberdeen]

Lab|da|num: s. Ladanum

La|be, die; –, –n: etwas Labendes * *Labetrank; –trunk;*

–wein ∗ **la|ben** tr., rbz.: (mit etwas –) erfrischen : stärken ∗ **labend** Mw. Ew.: erquickend ∗ **Lab|nis,** die; –, -se; das; -ses, -se: (selt.) Labsal ∗ **Lab|sal,** das; –(e)s, -e:/ Labe : Labung ∗ **lab|sam** Ew.: labend ∗ **La|bung,** die; –, -en: Erquickung, Erfrischung : Erholung ∗ **La|bel** (e.) [le'bel], das; -s, -s: Klebeetikett: Etikett einer Schallplatte : (EDV) Programmanschlusspunkt **La|ber|dan** (niederd.), der; -s, -e: s. Labberdan **labern** (ich ..[e]re) : (mundartl.) schwatzen **la|bi|al** (l.) Ew.: die Lippen betreffend ∗ *Labiallaut;* Lippenlaut; *Labialmensur:* Maß der Orgelpfeifenlippen; *Labialpfeife:* Art der Orgelpfeifen; *Labialton:* Lippenton ∗ **La|bi|al,** der; -s, -e: Lippenhaut ∗ **La|bi|ate,** die; –, -en: (Bot.) Lippenblütler ∗ **la|bi|e|ren** (..iert) tr.: (Orgelpfeifen –) mit Lefzen (Labien) versehen ∗ **La|bi|o|den|tal,** der; -s, -e: Lippenzahnlaut ∗ **labi|oden|tal** Ew. ∗ **la|bi|o|vel|lar** Ew. wie ein Lippengaumenlaut ∗ **La|bi|o|vel|lar|laut,** der; -s, -e: Laut, der mit Lippen und Gaumen gebildet wird ∗ **La|bi|um** (l.), das; –(e)s, Labia und Labien: Lefze der Orgelpfeifen [l. labium Lippe] **la|bil** (l.) Ew.: schwankend : beweglich : leicht das Gleichgewicht verlierend : (übertr.) unzuverlässig : (elektr. Strom) gleitend ∗ **La|bi|li|tät,** die; –, -en: Schwankung : Gleitung [l. labi fallen, gleiten] **la|bi|o|den|tal:** s. labial **La|bor** (l.), das; -s, -s: gebräuchl. Kurzwort für Laboratorium ∗ *Laborbefund; Labortier; Laborversuch* ∗ **La|bo|rant** (l.), der; -en, -en: Arbeitsgehilfe im Laboratorium ∗ **La|bo|ra|to|ri|um,** das; -s, ..rien: (Chem.) Arbeitsraum : Versuchsanstalt ∗ *Laboratoriumskittel* ∗ **la|bo|rie|ren** (..iert) intr.: arbeiten : (Chem.) scheiden : (Chem.) schmelzen (an etwas –) leiden an : herumbasteln an **La Bos|tel|la,** der; -s, -s: Gruppentanz in lateinamerikanischem Rhythmus

La|bour-Par|ty (e.) [leb°r –], die; – –: engl. Arbeiterpartei **Lab|ra|dor,** der; -s, -e: Art Feldspat, bes. aus Labrador ∗ **Lab|ra|do|rit,** der; -en, -en: Labrador (Feldspat) ∗ *Labradorhund* **Lab|sal, lab|sam:** s. Labe **lab|sal|ben** (ich labsalbe; gelabsalbt) tr.: (Schiff) teeren **Labs|kaus** (ndl.), das; –: ein Seemannsgericht aus Hackfleisch, Kartoffeln und Zwiebeln **La|bung:** s. Labe **La|by|rinth** (gr.), das; –(e)s, -e: Irrgang : Irrgarten : Gewirr : Durcheinander : Gehörgang ∗ *labyrinthartig* Ew.: nach Art eines Irrgangs; *Labyrinthkorallen:* Art Korallen mit gefurchter Oberfläche ∗ **la|by|rin|thisch** Ew.: verwirrt, wie in einem Labyrinth **La|che,** die; –, -n: (Forstw.) in einen Baum gehauenes Zeichen : durch Buschholz gehauener Steig ∗ *Lachbaum,* -*steig,* -*stein* ∗ **la|chen** tr.: Zeichen (in einen Baum) einhauen : (Bäume –) zur Harzgewinnung ritzen : Steig durch Buschholz schlagen ∗ **Lach|te,** die; –, -n: Baumeinschnitt zur Harzgewinnung **La|che,** die; –, -n: Pfütze : trübes Wasser in einer Erdvertiefung ∗ **la|chig** Ew.: Lachen enthaltend **La|che,** die; –, -n: das Lachen : Gelächter ∗ **lä|cheln** (ich ..[e]le) intr.: leise lachen : freundlich blicken : lächelnd ausdrücken ∗ **La|chen,** das; -s: Ausdrucksbewegung des Gesichts, die Freude bezeigt ∗ *vor Lachen nicht reden können* ∗ **la|chen** intr.: freudige Erregung ausdrücken : sich freuen über : (einem –) günstig sein : einen heiteren Anblick bieten; tr., rbz.: *sich kranklachen, totlachen* ∗ *sich einen Ast (Buckel) lachen:* so stark lachen, dass man „sich biegt"; *sich ins Fäustchen lachen:* heimlich, schadenfroh lachen; *du hast gut lachen:* du wirst davon nicht berührt ∗ *Lacherfolg; Lachfalten;* –*gans;* *Lachgas:* zu kurzer Narkose dienendes Stickoxydul; *Lachkrampf; Lachlust; lachlustig* Ew.; *Lach-*

möwe; Lachmuskel: beim Lachen in Tätigkeit tretender Muskel; *Lachnummer; Lachsalve:* plötzliches Lachen mehrerer Personen; *Lachtaube* ∗ **La|cher,** der; -s, -: einmaliges Auflachen ∗ **lä|cher|lich** Ew.: zum Lachen reizend : peinlich ∗ *etwas (sich) lächerlich machen; ins Lächerliche ziehen* tr.: verlachen, nicht ernst nehmen ∗ **lä|cher|li|cher|wei|se** Uw.: so, dass man darüber lachen muss ∗ **Lä|cher|lich|keit,** die; –, -en: das Lächerlichsein : lächerliche Eigenschaft : lächerliche, wertlose Sache, Tat ∗ **lach|haft** Ew.: zum Lachen reizend : nichtig ∗ **Läch|ler,** der; -s, -: Lächelnder ∗ **Läch|le|rin,** die; –, -nen: eine Lächelnde **La|che|sis** (gr.): eine der drei Parzen **Lachs,** der; -es, -e; Lächschen: essbarer Fisch; Salm : Bauchflosser : (Danziger –) Goldwasser : (stud.) großmäulige Frau : (volkst.) Geld ∗ *Lachsbrötchen; Lachsbrut;* –*fang; lachsfarben* Ew.; *Lachsfischerei; Lachsforelle; Lachsschinken:* knochenloser, lachsfarbener Schinken; *Lachsschnitzel* **Lach|ter,** die; –, -n; das; -s, -: (md.) (bergm.) Klafter ∗ *Lachterkette:* Messkette; *Lachterstab:* Messstab **la|cie|ren** (..iert) [..ßihren] tr.: zuschnüren : mit Band durchflechten **Lack** (skr.), der; –(e)s, -e: aus Harzen gewonnene, schnell trocknende zähflüssige Lösung ∗ *Lackaffe; Lackarbeit:* kunstvolle Bearbeitung von Holzgeräten durch Auftragen von Lack ∗ *Lackfarbe; lackglänzend; Lackgürtel; Lackharz;* –*kunst;* –*leder; Lackschaden; Lackschuh,* -*stiefel:* mit Lack überzogener Schuh, Stiefel ∗ **la|cken** tr.: mit Lack überziehen ∗ **la|ckie|ren** (..iert) tr.: lacken : (volkst.) anführen, verblüffen ∗ **La|o|kio|ror,** der; -s, : Lackender ∗ **La|ckie|rung,** die; –, -en ∗ *Lackierwerkstatt* ∗ **Lackmus** (ndl.), das; –: „Moos-, Flechtenlack", blauer Farbstoff, der durch Spuren von

Säuren rot wird * *Lackmuspapier:* mit Lackmus rot gefärbtes Papier wird durch Alkalien wieder blau

La|ckel, der; –s, –: (schwäb.) Metzgerhund : unbeholfener Mensch

la|ckie|ren usw.: s. Lack

lack|mei|ern tr.: s. gelackmeiert

La|c|ri|mae Chris|ti (l.) Mz.: „Tränen Christi", Vesuvwein * **la|c|ri|mo|so** (it.) Ew.: s. lagrimoso

La|c|rosse (fr.), das; –: kanad., ursprüngl. indian. Ballspiel : Nationalspiel der Sioux

Lac|tam, das; –s, –e: durch Wasserentzug aus Aminosäuren künstlich hergestellte chem. Verbindung

La|da|num (pers.-gr.-l.) (auch Labdaneum, Laudanum), das; –s: Harz der Zistusstaude

La|de, die; –, –n; Lädchen: Kasten : Behältnis : Behältnis zur Aufbewahrung der Zunfturkunden : Truhe : Schublade : Rand der Kinnlade des Pferdes

La|den, der; –s, Läden; Lädchen, -lein: Brett : Verschluss vor der Fensteröffnung : Verkaufsraum : (übertr.) Geschäft * *Ladendieb; Ladenhüter:* unverkäufliche Ware; *Ladenkette; Ladenmädchen; Ladenpassage; Ladenpreis:* Verkaufspreis; *Ladenschild; Ladenschluß → Ladenschluss; Ladenstraße; Ladentisch* * **Lad|ne|rin,** die; –, –nen: (veralt.) Verkäuferin

la|den (du lädst, er lädt; du lud[e]st, du lüdest; geladen; lad[e]!) tr.: eine Last auf etwas legen : etwas als Last führen, tragen : beladen : (übertr.) aufbürden; füllen : (scherzh.) sich betrinken * **ge|la|den** Mw. Ew.: mit Empörung, Wut gefüllt : empört * *Ladebaum:* schwenkbarer Balken am Schiffsmast zum Übernehmen der Ladung; *Ladebühne:* Laderampe; *Ladefläche; Ladegeschirr:* Einrichtungen zum Laden und Löschen eines Schiffes; *Ladehemmung; Ladekran:* Kran zum Beladen von Schiffen usw.; *Ladelinie:* Belademarke an Schiffen; *Ladeluke; Lademaschine; Lademaß:* Pulvermaß; *Ladeporte:* Öffnung

des Schiffsladeraums; *Ladeplatz; Laderampe:* Vorbau an Ladehäusern; *Laderaum:* Raum für die Ladung im Schiff; *Ladeschein:* Quittung für erhaltene Güter; *Ladestock:* Stock zum Niederstoßen der Gewehrladung * **La|der,** der; –s, –: ein Auflader * **La|dung,** die; –, –en: das Verladen : das Aufgeladene : das Füllen : die Füllung

la|den (lud; geladen; du ladest und lädst; er ladet und lädt) tr.: kommen heißen : zu sich bitten * **La|dung,** die; –, –en: die Aufforderung zu erscheinen : die Vorladung : Aufspeichern von Elektrizität

lä|die|ren (..iert) tr.: beschädigen : verletzen * **Lä|die|rung,** die; –, –en: das Verletzen : Beschädigung * **Lä|si|on,** die; –, –en: Verletzung : Übervorteilung : Beleidigung [l. laedere verletzen; laesio, laesionis Verletzung]

La|der: s. laden

lä|die|ren: s. Lädent

La|din, das; –s: ladinische Sprache * **La|di|ner,** der; –s, –: Angehöriger eines rätoromanischen Volkes in Graubünden und in den Dolomiten * **la|di|nisch** Ew.

Lad|ne|rin: s. Laden

La|dung: s. laden

La|dy (e.) [lehdi], die; –, –s: Dame : Edelfrau : Gemahlin : Herrin * **la|dy|like** (e.) [lehdileik] Ew.: wie es sich für eine Dame schickt : vornehm [ags. hlâêfdige „Brotausteilerin", Herrin]

La|er|tes: (griech. Sage) Vater des Odysseus : (Shakespeare) Gestalt aus Hamlet

La|fet|te (fr.), die; –, –n: Fahr- und Schießgestell für Geschütze * **la|fet|tie|ren** (..iert) tr.: auf das Kanonengestell bringen

laff Ew.: lau : fade : geschmacklos * **Laf|fe,** der; –n, –n; einfältiger Mensch : Geck

La|ge, die; –, –n: Art, wie etwas liegt : Zustand, in dem sich etwas befindet : Umstände : (Mus.) Stellung der Töne innerhalb des Tonumfangs (hohe, tiefe Lage) : (Deich) gehörige Größe : Stellung des Fechters : Runde, Spende für eine Tafel-

runde * *Lagebericht; Lagebesprechung; Lageplan:* Grundplan (eines Gebäudes usw.) * **la|gen|wei|se** Ew.: in Lagen, Reihen, Schichten zusammengelegt * *Lagenschwimmen; Lagenstaffel* * **La|ger,** das; –s, – und Läger; Lagerchen: Ruhe-, Liegeplatz : Truppenheplatz mit Zelten : Rastplatz der Herde : Aufbewahrungsraum für Warenvorräte : Maschinenteil : liegende Bienenstöcke : Bodensatz * *Lagerbestand:* im Lager vorhandene Warenmenge; *Lagerbier:* Dauerbier; *Lagerbuch:* Buch über Lagerbestände : Grundbuch; *lagerfähig; Lagerfaß → Lagerfass; lagerfest* Ew.: widerstandsfähig gegen schädliche Einflüsse; *Lagerfrist; Lagergebühr:* Gebühr für zu lagernde Waren; *Lagerhalle; Lagerhalter:* Aufseher über ein Warenlager; *Lagerhaus; Lagerkartei:* geführtes Verzeichnis über den Lagerbestand; *Lagerkeller:* Warenvorratshaus; *Lagerobst:* Dauerobst; *Lagerplatz; –raum, –statt, –stätte; Lagerverwalter; Lagerwache:* Wächter des Heereslagers * **La|ge|rist,** der; –en, –en: Lagerverwalter; *Lagerzeit* * **la|gern** intr. (haben, sein), rbz.: auf einem Lager liegen : rasten : in einem Zeltlager ruhen, leben : aufgespeichert liegen: sich zum Lager begeben; tr.: aufspeichern * *Lagerfeuer; –führer:* Führer eines Zelt-, Jugend-, Ferienlagers; *Lagerleben; Lagerplatz* * **La|ge|rung,** die; –, –en: das Lagern : die Art des Lagerns * *Lagerungsplatz;* vgl. lagen

Lä|gel (östr. auch **Le|gel**), das; –s, –: kleines Weinfässchen, ein Hohlmaß

Lä|gel, der; –s, –: Packen Hanf : (seem.) Taustück : (östr.) Gewicht für Stahl (125 Pfund)

La|ger, La|ge|rist: s. Lage

La|go Mag|gio|re [– madschoreh]: it.-schweiz. See

La|gos: Hauptstadt Nigerias

la|g|ri|mo|so (it.): (Mus.) klagend : traurig

Lag|ting (schwed.), der; –s: norweg. Oberhaus [schwed. lag Gesetz (e. law) und ting Versammlung]

La|gu|ne (it.), die; –, –n: durch Sandbank von der offenen See getrennter flacher Küstensee, *lagunenartig* Ew.; *Lagunenstadt:* auf kleinen Küsteninseln gebaute Stadt (Venedig)

lahm Ew.: in der Bewegung eines Gliedes gehindert : (meist) hinkend : untüchtig : kraftlos : erschöpft : langweilig * *lahmarschig:* (Umgspr.) langsam : faul; *lahmlegen → lahm legen* tr.: außer Gebrauch setzen; *Lahmlegung,* die; –, –en: das Lahmlegen : das Lahmgelegtsein; *lahm sein; lahm werden* * **Läh|me,** die; –: seuchenartig auftretende Fußerkrankung bei Haustieren * **lah|men** intr.: lahm gehen, hinken * **läh|men** tr.: lahm machen : der Kraft berauben : hemmen * **Lahm|heit,** die; –, –en: Lähmung : Langweiligkeit, Langsamkeit * **Läh|mung,** die; –, –en: Aufhebung der Muskelbetätigung durch Erkrankung des Nervensystems * *Lähmungserscheinung*

Lahn (fr.), der; –(e)s, –e: bandförmiger Metallfaden zur Goldstickerei * *Lahnborte, Lahnspule, Lahntresse*

Lahn, Lähn, die; –, –en: (östr.) Lawine * **lah|nen** intr.: (östr.) sich aufgrund von Wärmeeinwirkung verflüssigen

Lahn, die; –: Nebenfluss des Rheins

Lah|nung, die; –, –en: Vorrichtung aus Buschwerk zur Beförderung der Anschlickung

Lai, Lay (fr., e.) [läh, leih], das; –s, –s: Gesang : Ballade [afr. lai von kelt. laidh Lied]

Laib, der; –(e)s, –e: geformtes Stück Brot oder Käse * **lai|ben** tr.: wie einen Brotlaib formen : (Baukst.) abschrägen * **Lai|bung** *auch:* **Lei|bung,** die; –, –en: (Baukst.) Abschrägung

Laich, der; (e)s, –e: Fischeier : (selt.) Laichzeit * **lai|chen** intr.: Laich von sich geben * *Laichkraut:* eine Wasserpflanze; *Laichplatz; Laichwanderung:* Wanderung von Fischen zu den Eiablageplätzen; *Laichzeit*

Laie (gr.-l.), der; –n, –n: zum Volk Gehöriger, Nichtgeistlicher : (übertr.) Unkundiger : Nichtfachmann * *Laienaposto-*

lat: Laienbewegung zur Mitarbeit an den Aufgaben der Kirche; *Laienbrevier; Laienbruder:* Klosterbruder ohne Weihen; *Laienchor; Laienkunst; Laienpriester:* Priester ohne Klostergelübde; *Laienschwester:* im Kloster lebende Frau ohne Weihen; *Laienspiel:* Theaterspiel von Laien * **lai|en|haft** Ew.: nach Art eines Laien * **Lai|en|schaft,** die; –, –en: Gesamtheit von Laien : Laientum * **Lai|en|tum,** das; –(e)s: das Laiesein * **lai|cie|ren, la|i|sie|ren** (..iert) tr.: in den Laienstand zurücksetzen * **La|i|sie|rung, La|i|zi|sie|rung,** die; –, –en: Zurücksetzung in den Laienstand * **La|i|zis|mus,** der; –, ..men: Trennung von Kirche und Staat fordernde Weltanschauung * **la|i|zis|tisch** (–[e]st) Ew.: auf den Laizismus bezüglich: der Ansicht eines (kirchl.) Laien gemäß [gr. laikos, l. laïcus zum Volke gehörig; zu gr. laos Volk]

Lais|ser-al|ler (fr.) [läßeh alleh], **Lais|ser-faire** [–Fährh], **Lais|ser-pas|ser** [–passeh], das; –: das (Sich-)Gehenlassen : das Ungebundensein

la|i|zi|sie|ren: s. Laie

La|kai (span.), der; –en, –en: Diener : (übertr.) unterwürfiger Mensch * **la|kai|en|haft** Ew.: bedientenhaft * **La|kai|en|haf|tig|keit,** die; –, –en: Unterwürfigkeit : Kriecherei * **La|kai|en|tum,** das; –s: Bedientenwesen [span. lacayo, fr. laquais Diener]

La|ke, die; –, –n: salzige Pökelbrühe * *Lakfleisch:* Pökelfleisch; *Lakschinken:* Pökelschinken [schwed. laka Brühe]

La|ken, das; –s, –: (niederd.) langes Tuch : Betttuch : (seem.) Segel

Lak|ko|lith (gr.), der; –(e)s und –en, –e(n): Tiefengestein

La|ko|ni|en = gr. Landschaft im südöstl. Peloponnes * **La|ko|ni|er,** der; –s, –: Spartaner * **la|ko|nisch** (–[e]ste) Ew.: nach Art der Lakonen, d. h. kurz : einsilbig * **la|ko|ni|sie|ren** (..iert) intr.: bündig reden * **La|ko|nis|mus,** der; –, ..men: Kürze des Ausdrucks : Wortkargheit [gr. la-

kon, lakonikos lakedämonisch]

lak|ri|ma|bel (l.) Ew.: beweinenswert, kläglich

Lak|rit|ze, die; –, –n: Süßholzbaum : Saft des Süßholzbaumes * *Lakritzensaft; Lakritzenstange:* zu Stangen geformter eingedickter Saft [l. liquiritia, von gr. glykyrrhiza aus glykys süß und rhiza Wurzel]

Lak|tam (l.), das; –s, –e: chem. Verbindung * **Lak|ta|se,** die; –, –n: Enzym, das im Darmsaft enthalten ist * **Lak|ta|ti|on,** die –, –en: Milchabsonderung der Brustdrüsen * *Laktationsperiode:* Stillzeit * **lak|tie|ren** (..iert) tr.: säugen * **lak|tisch** Ew.: auf Milch bezüglich * *laktisches Fieber:* Milchfieber * **Lak|to|den|si|me|ter,** das; –s, –: Milchfettmesser * **Lak|to|me|ter,** das; –s, –: „Milchmesser", zur Prüfung des Milchgehaltes * **Lak|to|se,** die; –: Milchzucker * **Lak|to|s|kop,** das; –s, –e: Laktometer * **Lak|to|su|rie,** die; –, ..rien: Auftreten von Laktose im Harn [l. lac, Gen. lactis Milch]

La|ku|nar (l.), das; –s, –e: getäfelte Zimmerdecke * **la|ku|när** Ew.: lückenhaft : buchtig * **La|ku|ne,** die; –, –n: Textlücke : Hohlraum (in Geweben) [l. lacuna Graben, Vertiefung]

la|kus|t|risch (l.-dtsch.) Ew.: seeartig : in Seen vorkommend [l. lacus See]

la|la (fr.): mittelmäßig, obenhin * *so lala*

La|len|buch (schweiz.), das; –: Schwanksammlung d. 16. Jhs.

lal|len tr., intr.: mit ungelenker Zunge sprechen (vom Kind, von Trunkenen)

La|ma, der; –(s), –s: buddhist. Oberpriester * **La|ma|is|mus,** der; –: Religion der buddhistischen Tibeter und Mongolen * **La|ma|ist, La|ma|it,** der; –en, –en: Anhänger des Lamaismus * **la|ma|is|tisch** Ew.: dem Lamaismus gemäß [tibet. blama Oberpriester]

La|ma, das; –s, –s: peruan. Schafkamel : Wolle [peruan. llama Tier]

La|mäng (fr.), nur in: aus der Lamäng; ohne Probe, spontan

La|man|tin, der; –s, –e: Seekuh, vorkommend in Küstengewässern Amerikas

La|mar|ckis|mus, der; –: von Lamarck begründete Abstammungslehre

Lam|ba|da, die; der; –, –s: brasilianischer Tanz

Lam|ba|re|ne: Ort in Äquatorialafrika, bekannt durch Albert Schweitzer

Lamb|da, das; –(s), –: griechischer Buchstabe ✳ *Lambdanaht*: Zusammenstoß der Scheitelbeine mit dem Hinterhauptbein ✳ **Lamb|da|zis|mus**, der; –: fehlerhafte Aussprache des griechischen R wie L

Lam|berts|nuß → Lam|berts|nuss, die; –, ..nüsse: große Haselnuss aus der Lombardei

Lamb|re|quin (fr.) [langbräng], der; –s, –s: Helmdecke : gezackter Fenster- oder Türbehang [ndl. lamberkin, Verkl. von lamper Flor, Schleier]

Lamb|ret|ta (it.), die; –, –s: Motorroller

Lamb|ris (fr.) [langbrih], der; –, – und ..brien: Marmor-, Holztäfelung : Bekleidung der unteren Zimmerwand ✳ **lam|b|ri|sie|ren** (..iert) (fr.) tr.: täfeln [afr. lambre von l. lamina dünnes Blatt, Brett]

Lamb|rus|co, der; –s, –: Rotwein aus Norditalien

Lamb|skin (e.) [lämmskin], das; –s, –s: künstliches Lammfell

Lambs|wool (e.) [lämmswuhl], die; –: Lammwolle

Lamé *auch:* **La|mee** (fr.) [lahmeh], die; –, –s: dünne Metallplatte : Flittergold ✳ *Goldlamé; Silberlamé* ✳ **lamé** *auch:* **la|mee** (fr.) Ew.: mit Flittergold durchwebt ✳ **la|mel|lar, la|mel|lär** (l.) Ew.: lamellenförmig ✳ **La|mel|le** (l.), die; –, –n: dünnes Blättchen : Metallplättchen : Blatt des Blätterpilzes : Steckdosensicherung ✳ *lamellenförmig* Ew.; *Lamellenrad*: Scheibenrad; *Lamellenverschluß* **→** *Lamellenverschluss* ✳ **la|mel|lös** Ew.: plattenförmig ✳ **la|mi|nar** Ew.: parallel laufend ✳ **la|mi|nie|ren** (..iert) tr.: dünn schlagen : platt walzen ✳ *Laminiermaschine*: Streckmaschine für Garn; *Laminier-*

stuhl: Streckwerk in der Spinnerei [l. lamella, Verkl. von lamina Platte]

la|men|ta|bel (l.) Ew. (..bler, ..belste): beklagenswert : jämmerlich ✳ **la|men|ta|bi|le** (it.): (Mus.) klagend ✳ **la|men|ta|ti|on**, die; –, –en: Wehklage : Klaggeschrei : Klagelied ✳ **la|men|tie|ren** (l.-dtsch.): (..iert) intr.: wehklagen : jammern ✳ **La|men|to** (it.), das; –s, –s und ..ti: Wehklage, Gejammer : Klagelied (im Madrigal) ✳ **la|men|to|so** (it.): (Mus.) klagend [l. lamentari wehklagen]

La|met|ta (nl.), das; –s: Metallstreifen als Schmuck des Weihnachtsbaums : (Umgspr. scherzh.) viele Orden an der Brust; vgl. Lamé ✳ *Lamettasyndrom*

La|mia, La|mie (gr.-l.), die; –, ..mien: Hexe, Spukgeist

la|mi|nie|ren: s. Lamé

Lamm, das; –(e)s, Lämmer; Lämmchen, Mz. Lämmerchen: das noch nicht einjährige Junge eines Schafes oder einer Ziege : (übertr.) sanftes Wesen : ein Kosewort ✳ *Lamm Gottes*: (Bib.) Christus ✳ *lammartig* Ew.; *Lammbraten; Lammfell; –fleisch; lammfromm* Ew.; *Lammkotelett; Lammwolle* ✳ *Lammsbraten; Lammsgeduld* (häufiger als Lammgeduld) ✳ *Lämmergeier*: ein Greifvogel; *Lämmerhirt(e); Lämmerohren; Lämmerschwanz; Lämmerwolke* ✳ *lämmchensanft* Ew. ✳ **lam|men, läm|mern** (ich ..[e]re) intr.: Lämmer werfen, gebären ✳ *Lammzeit*: Zeit des Lammens

Lam|pa|da|ri|us (gr.-l.), der; –, ..rien: ein antiker Leuchter [gr.-l. lampas Lampe]

Lam|pas (fr.) Mz.: gemusterte schwere Damaststoffe

Lam|pas|sen Mz.: (tirol.) breite doppelte Streifen an der Uniformhose ✳ *Lampassenhose*

Lam|pe, die; –, –n: Lämpchen: Beleuchtungsgerät ✳ *Lampenfieber*: Aufregung des Schauspielers vor dem Auftritt (urspr. vor den Bühnenlampen); *lampenhell* Ew.; *Lampenlicht; Lampenschein; Lampenschirm*

Lam|pe: Bezeichnung des Hasen (Meister Lampe), verkürzt

aus Lambert, Hase in der Tierfabel

Lam|pi|on (fr.) [langpiong] der; das; –(s), –s: Papierlaterne

Lam|p|re|te (ml.), die; –, –n: Bricke oder Neunauge, ein Fisch ✳ **Lam|p|re|ten** Mz.: (volkst.) Leckerbissen [ml. lampereta, lampetra von lambere lecken und petra Stein]

Lan|ça|de (fr.) [langßahd'] die; –, –n: Speerstich : Ausfall : Prahlerei : (Hohe Schule) Bogensprung des Pferdes ✳ **lan|ça|die|ren** (..iert) intr.: bogenförmigen Luftsprung machen ✳ **Lan|cier** (fr.) [langßjeh], der; –s, –s: Lanzenreiter : Tanz ✳ **lan|cie|ren** (fr.) [langß..] (..iert) tr.: einführen : den Weg bereiten : in einen Beruf o. A. durch Vermittlung hineinbringen; intr.: im Galopp tanzen

Lan|cas|ter (e.): engl. Pädagoge ✳ *Lancastermethode; –schule*: Unterweisung schwächerer Schüler durch Fortgeschrittene

Lan|cier usw.: Lançade

Land, das; –(e)s, Länder (dichter. Lande); Ländchen, –lein, Mz. Länderchen, –lein: Erdboden (im Ggs. zum Wasser) : einzelnes urbares Grundstück : begrenzter Teil der Erdoberfläche als politische Einheit : der dem Ackerbau dienende Teil (im Ggs. zur Stadt) ✳ *hier zu Lande auch: hierzulande; aus aller Herren Länder; Landes gehen; an Land gehen; auf dem Lande leben; des Landes kundig sein; Land besitzen; „Land unter" haben* ✳ *landab* Uw.: das Land hinab; *Landadel*: grundbesitzender Adel; *Landammann*: (schweiz.) Vorsteher einer Landgemeinde; *Landarbeit*: Feldarbeit; *Landarbeiter; Landarzt; landauf* Uw.: das Land hinauf; *Landaufenthalt; Landbau*: Feldbebauung; *Landbauer*: Ackerbautreibender : (schweiz.) in der Ebene Wohnender; *Landbesitz; Landbevölkerung; Landbewohner; Landbrot*: Bauernbrot; *Landbuch*: Verzeichnis der Eigentümer und Güter eines Landes : Gesetzbuch eines Landes; *Landedelmann; Landeigentum; landein-*

wärts Uw.: ins Land hinein (vom Meer); *Landenge:* schmaler, zwei Länder verbindender Landstreifen; *Landerziehungsheim; Landfahrer:* Landstreicher; *landfein; Landflucht:* Abwanderungsbewegung vom Lande in die Städte; *Landfrau:* Bauersfrau; *landfremd* Ew.; *Landfriede(n):* Vertrag über Ruhe und Sicherheit in einem Lande : Fehdeverbot; *Landfriedensbruch; Landgang; Landgemeinde:* ländliche Gemeinde; *Landgericht:* die zweite Instanz nach dem Amtsgericht; *Landgerichtsrat:* Amtsbezeichnung eines Berufsrichters am Landgericht; *Landgewinnung; Landgraf:* Titel; *Landgrenze:* Landesgrenze; *Landgut:* ländliche Besitzung; *Landhaus:* Haus zum vorübergehenden Landaufenthalt : Haus der Landstände; *Landheim; Landjäger:* Wachmeister auf dem Land : flach gepresste Dauerwurst aus Schweinefleisch; *Landkarte:* geograf. Karte : Schneckenart : ein Tagfalter; *Landkind; Landklima; Landkreis:* Bezirk; *landkundig* Ew.: das Land kennend; *Landläufer:* Landstreicher; *landläufig* Ew.: im Lande üblich; *Landleben* (Ggs. Stadtleben); *Landleute:* Bauern; *landliebend; Landluft; Landmacht:* militärische Macht zu Lande; *Landmädchen:* auf dem Lande aufgewachsenes Mädchen; *Landmann:* Bauer; *Landmark:* Landesgrenze; *Landmaschine; Landmesser,* der; -s, -: Feldmesser; *Landmine; Landnahme; Landpartie:* Ausflug aufs Land; *Landpfarrer; Landplage:* ein ganzes Land betreffendes Unheil : (scherzh.) aufdringlicher Mensch; *Landpfleger:* Statthalter; *Landpfarrer; Landpomeranze:* unbeholfenes Mädchen vom Lande; *Landpraxis; Landprediger; Landrat:* Kantonssenat : Vorsteher eines Landkreises; *Landratte:* auf dem Lande lebende Ratte : (scherzh.) Landbewohner (Ggs. Seeleute); *Landrecht:* das in einem Lande geltende Recht : das auf dem platten Lande geltende Recht (Ggs. Stadtrecht); *Landregen:*

anhaltender Regen; *Landrichter:* Richter an Landgerichten : Landpfleger; *Landrücken; Landsaß* → *Landsass, -sasse,* der; -en, -en: Landeseinwohner; *Landschildkröte:* auf dem Lande lebende Sch.; *Landschreiber:* Schreiber bei einem ländlichen Gericht; *Landschule; Landschulheim* (Ggs. Stadtschule); *Landsee,* der; -s, -n: Binnensee; *Landseite:* Seite, auf der das Festland liegt (Ggs. Seeseite); *Landsitz:* ländliches Besitztum, Haus; *Landspitze:* Spitze einer Landzunge; *Landstadt:* im Binnenland gelegene Stadt : Provinzialstadt : alte deutsche, früher einem Reichsstand unterworfene Stadt; *Landstand:* ein auf Landtagen Stimmberechtigter; *landständisch* Ew.; *Landsterben:* Landseuche; *Landstörzer,* der; -s, -: Landstreicher; *Landstraße; Landstreicher:* auf der Landstraße Lebender; *landstreicherisch* Ew.; *Landstreitkräfte; Landstrich:* Strecke Landes; *Landstube:* (östr.) Landtag; *Landsturm:* letztes Aufgebot im Kriege; *Landtafel:* Landkarte : Geschlechterbuch : Art Grundbuch; *Landtag:* Parlament der deutschen Länder; *Landtagsabgeordnete; Landtier:* auf dem Lande lebendes Tier; *landüblich* Ew.: landesüblich; *Landurlaub; Landvermesser; Landvogel* (Ggs. Seevogel); *Landvogt:* Schirmherr eines Landes; *Landvolk:* Bauern; *landwärts* Uw.: aufs Land zu; *Landwehr:* Teil der ehem. Wehrmacht des Deutschen Reiches; *Landwehrmann; Landwein:* einfacher (Regional-)Wein : Talwein; *Landwind:* vom Lande her wehender Wind; *Landwirt:* Ackerbauer; *landwirtlich* Ew.; *Landwirtschaft:* Ackerbau und/ oder Viehzucht betreibender Wirtschaftszweig; *landwirtschaftlich* Ew.; *Landwirtschaftsausstellung; Landwirtschaftskammer; Landwirtschaftsminister; Landzunge:* zungenförmig ins Meer ragendes Stück Land ✻ *Landesamt; Landesart:* die einem Land eigentüml. Sitte; *Landesaufnahme:* Ausmessung eines

Landes : systematische Erforschung eines Landes; *Landesbank; Landesbehörde; Landesbischof; Landesbrauch:* in einem Lande herrschende Sitte; *Landesebene; Landesfarbe(n):* Farbe(n) der Flagge eines Landes; *Landesfeind; landesflüchtig* Ew.: aus einem Lande fliehend; *Landesfürst(in); Landesgeschichte; Landesgrenze; Landeshauptmann:* Staatsbeamter in der Provinzialverwaltung; *Landeshauptstadt; Landesherr; Landeshoheit:* Gewalt des Landesherrn; *Landesinnere; Landeskind:* im Land Geborener; *Landeskirche; Landeskunde,* die; -: Wissenschaft von der Beschaffenheit der Länder; *landeskundlich* Ew.; *Landesliste; Landesmeisterschaft; Landesmutter:* Landesherrin; *Landesparlament; Landesplanung; Landespolizei; Landesrat; Landesrecht; Landesregierung; Landessitte; Landessprache; Landestracht; Landestrauer; landesüblich* Ew.: im Land gebräuchlich; *Landesvater:* Landesfürst : studentischer Festbrauch; *landesväterlich* Ew.; *Landesverfassung; Landesverrat; landesverräterisch* Ew.; *Landesversicherungsanstalt; Landesverteidigung; Landesvertretung:* Gesamtheit der Volksvertreter eines Landes; *Landesverweisung:* Ausweisung aus einem Lande; *Landeswährung; Landeswappen; landesweit; Landeszentralbank* ✻ *Landsgemeinde:* Versammlung der Vertreter eines Landes; *Landsknecht:* Fußbewaffneter im Mittelalter, später ein Kartenspiel; *Landsleute:* Mz. von Landsmann; *Landsmann, Landsmännin:* aus demselben Lande Stammende(r); *landsmännisch* Ew.; *Landsmannschaft,* die; -, -en: studentische farbentragende, schlagende Verbindung ✻ *Länderbeschreibung; Länderkampf; -kunde; Ländername; Länderspiel* ✻ **Län|de,** dic; -, -n: Landungsplatz ✻ **lan|den** intr. (haben, sein) : (Schiff, Flugz.) an Land fahren : (übertr.) ankommen; tr.: an Land bringen; (übertr.) in Sicherheit bringen ✻

Län|de|rei, die; –, –en: Besitztum von Grundstücken ✳ **lan|des|tüm|lich** Ew.: der Landesart entsprechend ✳ **län|disch** Ew.: (veralt.) ländlich ✳ **Länd|ler**, der; –s, –: Dreher, Tanz der östr. Landbewohner ✳ **länd|lich** Ew.: zum Land (Ggs. Stadt) gehörig : der Sitte des Landes (Ggs. Stadt) entsprechend ✳ **Land|schaft**, die; –, –en: Bezirk eines Staates : Gegend nach ihrer Naturbeschaffenheit : Landstände einer Provinz : der zu einer Stadt gehörige Landbezirk ✳ *Landschaftsdiener*: Beamter der Landesstände; *Landschaftsgärtner*; *Landschaftshaus*: Haus der Landstände; *Landschaftsmaler(ei)*: Darstellung der Natur durch den Maler; *Landschaftspflege*; *Landschaftsschutzgebiet* ✳ **Landschaf|ter**, der; –s, –: Landschaftsmaler ✳ **land|schaftlich** Ew.: in einer Landschaft üblich : landständisch : auf ein bestimmtes Gebiet bezogen ✳ **Lan|dung**, die; –, –en: das Landen ✳ *Landungsboot; –brücke; Landungsmannschaft:* Flughafenmannschaft; *Landungsmanöver:* Vorbereitungen zur Landung; *Landungsplatz; Landungssteg; Landungstruppe*

hier zu Lande / hierzulande
Das adverbiale Gefüge kann sowohl getrennt *(hier zu Lande)* als auch zusammen *(hierzulande)* geschrieben werden. Beide Variationen sind gültig und dürfen nach Belieben verwendet werden.

Lan|dau|er, der; –s, –: viersitziger Wagen mit in der Mitte geteiltem Verdeck ✳ **Lan|dau|let** (dtsch.-fr.) [landolett], das; –s, –s: kleiner Landauer

Land|lord (e.) [ländlohrd], der; –s, –s: Gutsherr : Gutsbesitzer

Land|ro|ver (e.) [ländrowa], der; –s, –: Geländewagen

Land|ser, der; –s, –: (volkst.) Soldat

Lands|mål [..möl], das; –s: neunorweg. Schriftsprache

Lands|ting (dän.), der; –s: Erste Kammer in Dänemark [dän. land Land und thing Volksvertretung]

Land|stör|zer: s. Land

lang (länger, längste) Ew.: räumlich in einer Richtung ausgedehnt : nicht kurz : zeitlich ausgedehnt ✳ **lang, lan|ge** (länger, am längsten) Uw.: zeitlich ausgedehnt [lang fast nur vor Mw., z. B. lang anhaltend] ✳ *ein langes Gesicht machen:* enttäuscht sein ✳ *jahrelang, meilenlang, tagelang; zwei Jahre, Tage, Meilen lang; seit langem; ein langes und breites darüber reden → ein Langes und Breites darüber reden:* viel darüber reden; *über kurz oder lang:* in kurzer oder langer Zeit, in jedem Fall; *sich des langen und breiten (längeren und breiteren) über etwas äußern → sich des Langen und Breiten (Längeren und Breiteren) über etwas äußern; am, zum längsten; es ist lange her:* lange Zeit her; *es ist lange hin:* es dauert noch lange ✳ *langärmelig* Ew.; *langarmig* Ew.; *langatmig* Ew.: langen Atem habend : umständlich; *Langbart:* Fischart; *Langbaum:* Holz zur Verbindung von Vorder- und Hintergestell eines Leiterwagens; *Langbein; langbeinig* Ew.; *Langfinger:* Dieb; *langfing(e)rig* Ew.; *langfristig* Ew.: auf lange Zeit; *langgeohrt → lang geohrt* Ew.: mit langen Ohren; *langgestreckt → lang gestreckt* Mw. Ew.; *langgezogen → lang gezogen* Mw. Ew; *langhaarig* Ew.; *Langhals:* Wesen, besonders Vögel mit langem Hals; *langhalsig* Ew.; *langher* Uw.: weither; *langhin* Uw.: weiterhin; *Langholz:* langer Balken; *langjährig* Ew.: viele Jahre dauernd; *Langlauf; langlebig* Ew.: lange lebend; *Langlebigkeit; langlegen* rbz.: schlafen gehen; *langmähnig* Ew.; *Langmut*, die; –: Geduld; *langmütig* Ew.; *Langmütigkeit*, die; –: Langmut; *langnasig* Ew.; *Langohr:* Esel; *langrippig* Ew.; *Langrund*, das; –s: Eirund, Oval; *Langschäfter:* Stiefel mit langem Schaft; *Langschläfer; langschnäblig* Ew.; *Langseite:* die längere von zwei Seiten eines Gegenstandes; *langsichtig* Ew.: weitsichtig : (Wechsel) von langer Sicht; *Langspielplatte; lang-*

stengelig → langstängelig Ew.; *langstielig* Ew.: mit langem Stiel : langweilig; *Langstreckenbomber; Langstreckenflug; Langstreckenläufer; Langstreckenrakete; langwierig* Ew.: lange während; *Langwierigkeit*, die; –, –en; *Langzeile:* germanische Verszeile, aus zwei Kurzzeilen bestehend; *Langzeitarbeitslose; Langzeitgedächtnis; Langzeitprogramm; Langzeitschaden; Langzeitwirkung* ✳ **Län|ge**, die; –, –n: Ausdehnung einer Linie, Fläche, eines Körpers : (Geogr.) Entfernung eines Ortes östlich oder westlich von einem bestimmten Meridian : (Astron.) östliche Entfernung eines Sterns vom Frühlingspunkt der Ekliptik : Körperlänge des Pferdes usw. als Maß beim Rennen : (übertr.) Ausdehnung : Umfang : langatmige Stellen eines Schriftwerkes : lange Zeit : (Sprachl.) das Langsein einer Silbe ✳ *längelang* Ew.: der Länge nach, in voller Länge ✳ *Längenansicht:* Ansicht von der längsten Seite; *Längenausdehnung; Längengrad; Längenkreis:* Großkreis von Pol zu Pol im geografischen Gradnetz; *Längenmaß; Längenmessung* ✳ **lan|gen** intr.: reichen bis zu etwas : ausreichen : nach etwas reichen : (nach etwas →) die Hand ausstrecken, um etwas zu ergreifen : ergreifen : fassen, reichen ✳ **lan|gen** tr.: lang machen, ausdehnen ✳ **läng|lich** Ew.: ein wenig lang : lang im Verhältnis zur Breite ✳ *länglichrund → länglich rund* Ew.: eirund, oval ✳ **längs** Uw., Vw. m. Gen.: entlang; *Längsachse:* in der Längenrichtung laufende Achse; *Längsfaden; Längsfalte; längsgestreift → längs gestreift* Ew.; *Längslinie:* Linie in der Richtung der Längsseite; *Längsrichtung:* Richtung der Langseite; *Längsschnitt:* Schnitt in der Längenrichtung; *Längsseite; längsseits* Uw., Vw. m. Gen.: (seem.) an der Seite entlang; *Längsstreifen* ✳ **lang|sam** Ew.: nicht schnell ✳ *Langsamkeit*, die; – ✳ **längst** Uw.: seit langer Zeit ✳ **längs|tens** Uw.: spätestens : höchstens

**ein Langes und ein Breites /
seit langem, lang gezogen,
langstängelig**
Wird das Adjektiv *lang* substantivisch gebraucht, schreibt
man es groß: *ein Langes und
ein Breites reden; sich des Langen und Breiten äußern*. In einigen Fällen, in denen das Adjektiv zwar substantivische
Merkmale aufweist, aber ohne
Artikel verwendet wird,
schreibt man es jedoch klein:
*seit langem; über kurz oder
lang; vor längerem*.
Ist das Adjektiv *lang* in einer
Verbindung von Adjektiv und
Verb steigerbar, schreibt man
das Gefüge getrennt: *lang gezogen; lang gestreckt.*

Lan|ge|oog: ostfries. Insel
Lan|get|te (fr.), die; –, –n: Bo-
gen- oder Zackenstickerei an
Randabschluss ✻ **lan|get|tie-
ren** (..iert) (fr.) tr.: ausbogen
(bei Handarbeiten) ✻ **Lan|get-
tie|rung** die; –, –en: Ausbo-
gung
Lang|wei|le, Lang|wei|le
die; –, –n: Missbehagen im Zustand ungewollter Untätigkeit
✻ **lang|wei|len** (du langweilst,
gelangweilt, zu –) tr. rbz. ✻
Lang|wei|ler, der; –s, –: ein
Mensch, der andere durch sein
Wesen langweilt ✻ **lang|wei|lig**
Ew. ✻ **Lang|wei|lig|keit,** die; –,
–en: ermüdendes Wesen :
(Mz.) langweilige Dinge
Lan|go|bar|de, der; –n, –n:
Angehöriger eines germani-
schen Volkes
lang|sam: s. lang
Lan|gue (fr.) [lang'], die; –, –s:
Zunge : Sprache ✻
Lan|gue|doc [..dok] das o. die;
–: Landschaft Südfrankreichs
✻ *Languedocwein*
Lan|gus|te (l.-fr.), die; –, –n:
großer Seekrebs [l. locusta]
La|ni|tal (l.), das; –s: Kunstfa-
ser aus Magermilch [l. lana
Wolle]
La|no|lin (nl.), das; –s, –e:
Schafwollfett als Grundlage für
Seifen und Salben [l. lana
Wolle]
Lan|ta|na, die, –, ..nen: Berg-
salbei, eine Pflanze
Lan|than, das; –s: chem.
Grundstoff; Abk.: La ✻ **Lan-
tha|nit,** der; –(e)s, –e: Gestein
[gr. lanthanein verborgen sein]

La|nu|go, die; –, ..gines:
Flaumhaar des Neugeborenen
Lan|ze (l.), die; –, –n; Länz-
chen, -lein: Stoßwaffe : Speer
✻ *eine Lanze einlegen, brechen
für:* kämpfen für ✻ *Lanzenbe-
waffneter; lanzenförmig* Ew.;
Lanzengefecht; lanzengeübt
Mw. Ew.; *Lanzenreiter:* lan-
zenbewaffneter Reiter, Ritter;
Lanzenspiel: ritterliches
Kampfspiel; *Lanzenspitze;
Lanzenstich; Lanzenstoß* ✻
Lan|zet|te (fr.), die; –, –n:
(Med.) zweischneidiges Mes-
serchen mit beweglichen Griff-
platten ✻ *Lanzettbogen:* englische Form des gotischen Spitz-
bogens; *Lanzettfenster; lan-
zettfisch; lanzettförmig* Ew. ✻
lan|zie|ren: einged. f. lancie-
ren ✻ **Lan|za|de,** die; –, –n:
einged. f. Lançade
lan|zi|nie|ren intr.: plötzlich
und heftig schmerzen
La|o|ko|on (gr.): Priester
Apollos ✻ *Laokoongruppe:* an-
tikes Bildwerk, Laokoons Tod
darstellend
La|os: Staat in Hinterindien ✻
La|o|te, der; –n, –n: Bewohner
des Staates Laos ✻ **la|o|tisch**
Ew.
La|pa|ros|kop, das; –s, –e:
medizinisches Instrument zur
Bauchhöhlenuntersuchung ✻
La|pa|ros|ko|pie, die; –, –n ✻
La|pa|ro|to|mie, die; –, –n:
Schnitt zur Bauchhöhlenöff-
nung
La Paz: Hauptstadt, Regierungssitz von Bolivien
la|pi|dar (l.) Ew.: in Stein ge-
hauen : (Ausdruck) gedrängt,
markig ✻ *Lapidarschrift:*
Steinschrift; *Lapidarstil:* kurze
Inschriftensprache : kurze,
markige Ausdrucksform ✻
La|pi|där, der; –s, –e: Schleif-
und Poliermaschine (der Uhr-
macher) ✻ **La|pi|da|ri|um,** der;
–s, ..rien: Sammlung von
Steindenkmälern ✻ **La|pi-
da|ti|on,** die; –, –en: Steini-
gung ✻ **La|pil|li** Mz.: vulkani-
sche Auswurfschlacken ✻
La|pis, der; –, ..ides: Stein :
blaugefärbter Jaspis ✻
La|pis|la|zu|li, der; –: Lasur-
stein
La Pla|ta: Hauptstadt der ar-
gentinischen Provinz Buenos
Aires ✻ **La-Pla|ta-Staaten:**

die drei südamerikanischen
Staaten Argentinien, Paraguay
und Uruguay
Lap|pa|lie (dtsch.-l.), die; –,
–n: „Läpperei", Belanglosig-
keit, Kleinigkeit ✻ **Lap|pen,**
der; –s, –; Läppchen: schlaff,
weich herunterhängender Teil
: Stück Zeug : Vogel-, Wild-
scheuche : (Techn.) energieloser
Vorsprung : energieloser
Mensch ✻ *durch die Lappen
gehen* intr.: entwischen ✻ *ge-
lappt* Mw. Ew.: lappig ✻
Lap|per, der; –s, –: Flicker ✻
Lap|pe|rei, Läp|pe|rei, die; –,
–en: Flickerei, Flickwerk :
Kleinigkeit, Lappalie ✻
läp|pern (ich ..[e]re) tr.: etwas
in einzelnen Stücken zusammenbringen : rbz.: nach und
nach anwachsen : tr.: schlürfen
✻ *Lapper-, Läpperschulden*
Mz.: kleine, hier und da ver-
streute Schulden ✻ **lap|pig**
Ew.: albern : schlaff wie ein
Lappen : aus Lappen bestehend
✻ **läp|pisch** Ew.: weichlich,
ohne Kraft : kindisch
Lap|pe, der; –n, –n: Bewohner
Lapplands ✻ **Lapp|land:** nörd-
lichste Landschaft Europas ✻
Lapp|län|der, der; –s, –: Lappe
✻ **lapp|län|disch** Ew.
läp|pen tr.: metallische Werk-
stoffe fein bearbeiten ✻ *Läpp-
maschine:* Maschine zum Bearbeiten metallischer Werk-
stoffe
Lap|sus (l.), der; –, –: Irrtum,
Fehler ✻ **Lap|sus ca|la|mi** →
Lap|sus Ca|la|mi, der; – –:
Schreibfehler ✻ **Lap|sus lin-
gu|ae** → **Lap|sus Lin|gu|ae,**
der; – –: das Sichversprechen ✻
Lap|sus me|mo|ri|ae → **Lap-
sus Me|mo|ri|ae,** der; – –: Ge-
dächtnisfehler
Lap|top (e.) [lepptopp], der;
–s, –s: tragbarer Minicomputer
Lar (l.), der; –, –en: Schutz-
geist des altröm. Hauses
Lär|che (l.), die; –, –n: ein Na-
delholzbaum ✻ *Lärchenharz* ✻
lär|chen Ew.: aus Lärchenholz
La|ren: s. Lar
lar|ghet|to (it.): (Mus.) etwas
langsam ✻ **Lar|ghet|to,** das; s,
–s o. ..tti: Satz eines Werkes,
der etwas langsam gespielt
wird ✻ **lar|ghis|si|mo:** (Mus.)
sehr langsam und feierlich ✻
lar|go: (Mus.) langsam ✻

Lar|go, das; –s, –s, auch ..ghi: langsames Tonstück

la|ri|fa|ri!: tut nichts! : Unsinn! * **La|ri|fa|ri**, das; –s, – und –s: unsinniges Geschwätz [ndl. larie Geschwätz und l. fari sprechen]

Lärm (fr.), der; –(e)s: lautes Geräusch : wildes Getöse : Kampf, Streit : Gezänk * **lärmarm; Lärmbekämpfung; Lärmbelästigung; lärmempfindlich** Ew.; **Lärmmacher; Lärmminderung; Lärmpegel; Lärmquelle; Lärmschutz; Lärmwall**: Wall neben Autostraßen * **lär|men** intr.: Lärm, Getöse machen : schreien : zanken * **Lär|mer**, der; –s, –: Lärmender * **lär|me|risch, lär|mig** Ew.: lärmend, geräuschvoll [it. all'arme! zu den Waffen!]

lar|mo|y|ant (fr.) [..moajang] Ew.: weinerlich, in Tränen zerfließend [fr. larme von l. lacrima Träne] * **Lar|mo|yanz**, die; –:

L'art pour l'art (fr.) [lar pur lar], das; – : „die Kunst für die Kunst", Theorie, die die Kunst losgelöst von Ethik, Religion oder Politik betrachtet

Lar|ve, die; –, –n; Lärvchen: Schreckgespenst : Maske : Puppe der Kerbtiere * **lar|val** Ew.: auf die Larve bezogen * **lar|viert** Ew.: vermummt : verborgen

La|ryn|gal (nl.-gr.), der; –s, –e: (Sprachw.) Kehlkopflaut * **la|ryn|ge|al** (gr.) Ew.: den Kehlkopf betreffend : durch den Kehlkopf gebildet * **La|ryn|gi|tis**, die; –: Luftröhrenentzündung, häutige Bräune * **La|ryn|go|fis|sur**, die; –, –en: Durchschneidung des Kehlkopfes bei einer Operation * **La|ryn|go|lo|ge**, der; –n, –n: Kehlkopfspezialist * **La|ryngo|lo|gie**, die; –: Lehre vom Kehlkopf und von seinen Krankheiten * **La|ryn|goskop**, das; –s, –e: Kehlkopfspiegel * **La|ryn|gos|ko|pie**, die; –, ..pien: Anwendung des Kehlkopfspiegels * **la|ryn|gos|ko|pisch** Ew. * **La|ryn|goto|mie**, die; –, ..mien: Luftröhrenschnitt * **La|rynx**, der; –, Laryngen: Kehlkopf

La|sa|gne (it.) [lasanje], die; –: Bandnudeln

lasch (rom.) Ew.: schlaff, ohne Spannkraft : fade * **Laschheit**, die; –, –en: das Laschsein

La|sche (l.), die; –, –n: „Fetzen", Verbindungsstück : Schuhlatz * **la|schen** tr.: mit einer Lasche versehen * **La|schung**, die; –, –en: Verbindung durch Laschen

La|se (l.), die; –, –n: großer Krug : Biergefäß [l. lasanum, von gr. lasanon Geschirr]

La|ser (am.), der; –s, –: Gerät, das gebündeltes, konzentriertes Licht von gleicher Farbe oder Frequenz und von ungeheurer Intensität erzeugt * **Laserchirurgie; Laserdrucker; Laserkanone; Laserstrahl; Lasertechnik; Laserwaffe** [Abk. von Light Amplification by Stimulated Emission of Radiation]

la|sie|ren (pers.-ml.) (..iert) tr.: mit durchsichtiger Farbe überziehen * **La|sie|rung**, die; –, –en: farbiger Überzug * **La|sur|lith**, der; –(e)s, –e: Lazulith * **La|sur**, die; –, –en: Auftragen einer durchsichtigen blauen Farbe : blaue Farbe : aufgetragene Übermalfarbe * **Lasurfarbe**: durchscheinende Farbe; *Lasurlack* * **La|zu|lith**, der; –(e)s und –en, –e(n): Blauspat

Lä|si|on: s. lädieren

Las|kar, der; –s, ..karen: ostind. Matrose

Las Pal|mas: Hafenstadt auf den Kanarischen Inseln

laß → **lass** (fr.) Ew. (lasser, lasseste): lasch, träge, kraftlos, ohne Trieb zum Vorwärtskommen * **Laß|heit** → **Lass|heit**, die; –: Laschheit, Trägheit

las|sen (du lässest und lässt, er lässt; du ließest, er ließ; gelassen; lass!) Hilfsverb m. Inf.: gestatten, dulden : bewirken, veranlassen; tr.: sich von etwas abwenden : unterlassen : zurückbleiben lassen, zurücklassen : in Ruhe, unbehelligt lassen : etwas so lassen, wie es ist : unterbringen (in einem Raum) : fahrenlassen : (Harn –) laufen lassen : (einem etwas –) im Besitz lassen, überlassen : (Ware –) ablassen : (Zeit –) nehmen, gönnen : vor Ort bleiben lassen, nicht wegnehmen; intr.: (von etwas –) abstehen * *ich habe ihn gehen lassen*: ich habe zu

gelassen (bewirkt), dass er geht; *ich habe ihn rufen lassen*: ich habe veranlasst, dass er gerufen wird : ich habe zugelassen, dass er ruft; *sich abschrecken lassen*: abgeschreckt werden; *sich aushalten lassen*: aushaltbar sein : sich den Lebensunterhalt bezahlen lassen; *einen sein lassen*: zufrieden, in Ruhe lassen; *etwas sein lassen*: unterlassen, aufhören mit; *das Leben lassen*: das Leben hingeben, sterben; *sich nicht zu lassen wissen*: außer sich sein; *Haare lassen*: (urspr.) bei einer Rauferei Haare einbüßen : schweren Verlust erleiden; *etwas ungetan lassen*: nicht tun * *Laßgut* → *Lassgut*: gegen Zins überlassenes Gut; *Laßreis* → *Lassreis*: junger Baum, der nicht geschlagen wird; *Laßzins* → *Lasszins*: Zins für ein Lassgut * **läs|sig** Ew.: (Umgspr.) cool : einfach : nicht streng : träge * **Läs|sig|keit**, die; –, –en: das Lässigsein * **läß|lich** → **läss|lich** Ew.: erlässlich : verzeihlich : annehmbar : milde urteilend * **Läß|lich|keit** → **Läss|lich|keit**, die; –, –en: das Lässlichsein : milde Beurteilung, Behandlung

liegen lassen
Die Verbindung zweier Verben wird getrennt geschrieben, wenn das erste im Infinitiv steht: *liegen lassen; liegen bleiben; kennen lernen; sitzen bleiben; spazieren gehen.*

Las|so (span.), der; das; –s (östr. auch –), –s: Wurfschlinge * **Lassowerfer**

Last, die; –, –en: Druck infolge des Gewichts : (Mechanik) durch Kraft zu Hebendes, Haltendes : ein altes Getreide-, Kohlmaß : (seem.) Schiffsladeraum : (übertr.) etwas Drückendes, Beschwerliches : (Rechtsspr.) Verbindlichkeiten : (kaufm.) Schuld * *einem zur Last fallen*: einem unterträglich sein : auf (jemandes) Kosten etw. tun; *einem etwas zur Last legen*: etwas jemandem zur Schuld anrechnen; *zulasten auch: zu Lasten des .., von ..*: auf Kosten des .., von ..; *zu meinen Lasten*: zu meiner Schuld : auf meine Kosten * **Lastauto; Lastesel; Lastfuhre; Lastge**

wicht; Lastkahn; Lastkraftwagen; Lastpferd; Lastraum: Schiffsladeraum; *Lastschiff; Lastschrift; Lastschriftzettel; Lasttier:* lasttragendes Tier; *Lastträger; Lastvieh; Lastwagen:* Frachtwagen; *Lastzug* ★ *Lastenaufzug; Lastenausgleich; Lastenausgleichsgesetz; lastenfrei; Lastensegler* ★ **las|ten** intr.: ein schweres Gewicht heben : schwer drücken ★ **Las|ter,** der; –s, –: Lastkraftwagen ★ **las|tig** Ew.: Last habend; nur in Zsn.: *achterlastig:* hinten zu viel geladen; *vorder-* oder *kopflastig; gleichlastig:* richtige Belastung habend ★ **Las|tig|keit,** die; –, –en: Gewicht und Lastgröße, die ein Schiff sicher tragen kann ★ **läs|tig** Ew.: zur Last fallend ★ **Läs|tig|keit,** die; –, –en ★ **Las|tad, Las|ta|die** (ml.), die; –, ..dien: Schiffsfracht : Schiffsladeplatz

Las|ter, das; –s, –: Sünde, Schande, ein Fehler von Dauer : schändliche, lasterhafte Person : schlechte Angewohnheit ★ *lasterfrei* Ew.: ohne Laster seiend; *Lasterhöhle; Lasterleben:* lasterhaftes Leben; *lastervoll* Ew.: lasterhaft ★ **Läs|te|rei,** die; –, –en: das Lästern ★ **Läs|te|rer,** der; –s, –: ein Lästernder : einer, der dem Laster ergeben ist ★ **las|ter|haft** Ew.: einem Laster ergeben : von Lastern zeugend ★ **Las|ter|haf|tig|keit,** die; –, –en: das Lasterhaftsein ★ **läs|ter|lich** Ew.: (Gott) lästernd : schändlich ★ **läs|tern** (ich ..[e]re) tr.: etwas Schändliches, Ehrverletzendes sagen, schmähen : Gottes Heiligkeit verletzen ★ *Lästermaul:* lästernde Person; *Lästerrede; Lästerzunge:* Lästermaul ★ **Läs|te|rung,** die; –, –en: das Lästern : Schmähung : Verleumdung

Las|tex (l.), das; –: elastischer Kunstfaden zu Wirkstoffen

Las|ting (e.) [lahsting], der; –s, –s: dauerhaftes Gewebe

last, not least (e.) [lahst not lihst]: „als Letzter (Letztes), nicht als Geringster (Geringstes)" : zum Schluss, aber darum nicht unwichtig

La|su|lith, La|sur: s. lasieren

las|ziv (l.) Ew.: schlüpfrig : unzüchtig, unmoralisch ★ **Las|zi|vi|tät,** die; –, –en: Schlüpfrigkeit

Lat, der; –(s), –: lettische Münzeinheit

Lä|ta|re (l.), der; –: „freue dich!", dritter Sonntag vor Ostern

La|tein, das; –: lateinische Sprache, Sprache der alten Römer ★ *Lateinamerika:* das span. u. portug. sprechende Süd- und Mittelamerika; *Lateinlehrer:* Lehrer der lat. Sprache; *Lateinschrift; Lateinschule; Lateinstunde; Lateinunterricht* ★ **La|tei|ner,** der; –s, –: Angehöriger eines altitalienischen Volkes ★ **La|tei|nisch,** das; –en: Latein ★ **la|tei|nisch** Ew.: in, nach Art der Lateiner ★ **La|ti|ner:** Lateiner ★ **la|ti|nisch** Ew. ★ **la|ti|ni|sie|ren** (..iert) tr.: in lat. Form bringen ★ **La|ti|nis|mus,** der; –, ..men: dem Lateinischen eigentümlicher Ausdruck ★ **La|ti|nist,** der; –en, –en: ein Lateinkundiger ★ **La|ti|ni|tät,** die; –, –: die lateinische Schreibweise ★ **La|ti|no|ver** *auch:* **La|ti|no-Lo|ver** (e.) [lättinlawer], der; –s, –s: Liebhaber mit südländischem Temperament ★ **La|ti|num,** das; –s: Ergänzungsprüfung im Latein

La Tène [– tähn]: Pfahlbaufundort der Eisenzeit am Neuenburger See ★ *La-Tène-Periode, La-Tène-Zeit,* die; –: Periode der Eisenzeit ★ **la|tène|zeit|lich** Ew.

latent (l.) Mw. Ew.: verborgen, versteckt : (Phys.) gebunden ★ **La|tenz,** die; –: das Verborgensein : das Gebundensein ★ *Latenzperiode:* die Jahre vor der Periode; *Latenzzeit:* Inkubationszeit [l. latere verborgen sein]

la|te|ral (l.) Ew.: seitlich, zur Seite gehörig ★ **la|te|rie|ren** (nl.) (..iert) tr.: seitenweise den Betrag errechnen und zusammenziehen ★ **La|tus,** das; –, –: Seitenbetrag

La|te|ran, der; –s: früherer päpstl. Palast in Rom : päpstl. Regierung ★ *Lateranbasilika; Laterankonzil; Lateranpalast; Lateranverträge* ★ **la|te|ra|nisch** Ew.: zum Lateran gehörig

La|te|rit (nl.), der; –(e)s: ziegelrotes Verwitterungsprodukt ★ *Lateritboden*

La|ter|na ma|gi|ca (l.), die; – –, ..nae ..cae: „Zauberlaterne", Projektionsapparat ★ **La|ter|ne,** die; –, –n: eine Leuchte : Glasgehäuse mit eingestelltem Licht : (Baukst.) Aufsatz über Öffnungen in einem Kuppeldach, die Licht einlassen : Art Triebrad : Art Muschel : ein Fisch ★ *mit der spanischen Laterne leuchten:* nach Hause prügeln; *Laternen anzünden* ★ *Laternenlicht; Laternenpfahl:* Pfahl der Straßenlaterne; *Laternenträger:* Schmetterling

La|tex, der; –: Saft der kautschukliefernden Pflanzen

La|tier|baum (l.-dtsch.), der; (e)s, ..bäume: Seitenscheidebaum in Pferdeställen

La|ti|fun|di|um (l.), das; –s, ..dien: Großgrundbesitz ★ *Latifundienwirtschaft*

La|ti|ner usw.: s. Latein

La|ti|tü|de (l.-fr.), die; –, –n: Breite : Spielraum ★ **la|ti|tu|di|nal** Ew.: auf den Breitengrad, die geografische Breite bezüglich ★ **La|ti|tu|di|na|ri|er** (nl.), der; –s, –: Weitherziger : Freigeist : Leichtfertiger ★ **La|ti|tu|di|na|ris|mus,** der; –: Weitherzigkeit, Freigeisterei : schlaffe, leichtfertige Sittenlehre [l. latus weit, groß]

La|ti|um: alter Name für die mittelital. Landschaft Lazio

La|trie (gr.), die; –, ..trien: Dienst : Gottesdienst : göttliche Verehrung [gr. latreuein den Göttern dienen]

La|tri|ne (l.), die; –, –n: „Reinigungsort", Senkgrube, Abort ★ *Latrinengerücht; Latrinenparole*

latsch Ew.: (selt.) nachlässigen, schlürfenden Gangs ★ *Latschfuß:* latschige Person : eine Taubenart; *latschfüßig* Ew. ★ **Latsch,** der; –es: (md.) dummes Gerede ★ **Latsch,** der; –es, –e: schlaffer Mensch ★ **Lat|sche,** die; –, –n: der niedergetretene Filzschuh : Kniehklziefer : Legföhre : Stechsalat ★ *Latschengebüsch; Latschenkiefer; Latschenkiefernöl:* ätherisches Öl der Kiefer ★ **lat|schen** (du latsch[e]st, gelatscht) intr.: schlaff, schleppend gehen, schlurfen : (verächtl.) gehen : (mundartl.) dumm reden ✳ *Latschgang* ✳ **lat|schig** Ew.: latsch, latschend : schlaff, ohne Halt

Lat|te, die; –, –n: Lättchen: (Forstw.) lange, schwache, gerade Stange : (spött.) hochaufgeschossene Person : lange, dünne, eckige Holzstange : (veralt.) Strafe bei den Soldaten ✳ *Lattenholz; Lattenkiste; Lattenkreuz; Lattenrost; Lattenschuß* → *Lattenschuss:* (Sport) Schuss an die Querlatte des Tores; *Lattenverschlag; Lattenwerk:* Lattenzaun : Gesamtheit von Latten; *Lattenzaun*

Lat|ter-day Saints (e.) [lätter deh ßehnts] Mz.: „Die Heiligen der letzten Tage", Buch Mormons; s. Mormone

Lat|tich (l.), der; –(e)s, –e: ein Korbblütlergewächs

La|tüch|te, die; –, –n: (Umgspr.) Lampe : Beleuchtung : Lichtquelle

La|tus: s. lateral

Lat|wer|ge (ml.), die; –, –n: (Med.) Arzneiform aus einem Pulver mit Sirup oder Pflanzenmus

Latz (it.), der; –es, Lätze (östr. auch Latze): (Kindersp.) Bruststück (bei Kleidern): Hosenklappe ✳ *Latzhose*

lau (lauer, laueste) Ew.: halbwarm, milde : gleichgültig, matt, unentschieden ✳ *lauwarm* Ew.: ein wenig warm, nicht heiß ✳ **Lau|heit,** die; –, –en: halbwarme Luft : Gleichgültigkeit ✳ **Lau|mann,** der; –s, ..männer: (Umgspr.) unentschlossener Mensch : Mensch ohne Tatendrang

Laub, das; –(e)s: Blätter der Bäume und Sträucher im Gegensatz zu Nadeln : (Baukst.) Blätterwerk an Säulen usw.: (Forstw.) Jahr : eine Farbe im deutschen Kartenspiel ✳ *laubharken* → *Laub harken; laubtragend* → *Laub tragend* ✳ *Laubbäume; Laubdach:* von Laub gebildetes Dach; *Laubfall; Laubfärbung; Laubfarn:* Art Farn; *Laubfink:* Dompfaff; *laubförmig* Ew.; *Laubfrosch:* grüner Baumfrosch; *Laubhuhn:* Birkhuhn; *Laubholz:* Holz von Laubbäumen, im Ge-

gensatz zu Nadelholz; *Laubhütte:* Hütte mit einem Laubdach; *Laubhüttenfest:* das dritte der hohen israelit. Feste; *Laubkäfer:* Laub fressender Käfer, z. B. Maikäfer; *laublos* Ew.; *Laubmoos:* Moosart, im Gegensatz zu Lebermoos; *Laubrausch:* Abfall des Laubes bewirkende Baumkrankheit; *Laubsäge:* Säge zum Aussägen feiner Verzierungen; *Laubsägearbeit; Laubwald; Laubwerk:* die Baumblätter : künstliches Blattwerk ✳ **Lau|be,** die; –, –n; Läubchen: ein Gartenhäuschen : gewölbter oder überbauter, schattiger Raum ✳ *Laubendach; Laubengang; Laubenkolonie:* Kleingartensiedlung; *Laubenpieper:* (Umgspr.) Kleingärtner ✳ **lau|ben|haft** Ew.: wie eine Laube ✳ **lau|big** Ew.: belaubt : wie eine Laube

Lauch, der; das; –(e)s, –e: eine Pflanzenart ✳ *Lauchdistel; lauchfarben* Ew.; *lauchgrün* Ew.; *Lauchkraut; Lauchzwiebel*

Lau|da (it.), die; –, –s: Lobgesang zum Schluss der Vesper in Italien ✳ **lau|da|bel** (l.) Ew.: löblich, lobenswert ✳ **Lau|da|tio** (l.), die; –, ..iones: Lobrede ✳ **Lau|da|tor** (l.), der; –s, ..to|ren: Lobredner ✳ **Lau|des** (l.) Mz.: Lobgesänge, Morgengebet in der kathol. Kirche ✳ **lau|die|ren** (..iert) tr.: loben : (Rechtsspr.) einen Zeugen vorschlagen ✳ **Lau|dist** (ml.), der; –en, –en: Straßensänger, der Lieder zum Lobe Gottes singt ✳ *cum laude:* mit Auszeichnung ✳ *magna cum laude:* mit hoher Auszeichnung ✳ *summa cum laude:* mit höchster Auszeichnung

Lau|da|non, das; –s: Opiumersatz ✳ **Lau|da|num** (gr.), das; –s: Schlaftrunk, Opium

Lau|de|mi|um (ml.), das; –s, ..mien: Lehngeld ✳ *Laudemiengelder* Mz.: Lehngelder, Lehngebühren

Lau|e, die; –, –n: (mundartl.) Lawine

Lau|er (l.), der; –s, –: Trester-, Nachwein : (verächtl.) schlechtes Getränk

Lau|er, die; –: Hinterhalt : Horchposten ✳ *auf die Lauer*

legen; *auf der Lauer sein, liegen:* im Hinterhalt warten ✳ **Lau|e|rer,** der; –s, –: ein Lauernder ✳ **Lau|e|rei,** die; –, –en: das Lauern ✳ **lau|ern** (ich ..[e]re) intr.: auf etwas mit Ungeduld, Verlangen warten : auf der Lauer liegen ✳ *auf Nachricht lauern; an der Tür lauern*

Lauf, der; –(e)s, Läufe; Läufchen: das Laufen : beschleunigter Gang : Bewegung von etwas Fließendem, Rinnendem : regelmäßige Bewegungsbahn von etwas : (Zool.) Brunst, Brunstzeit mancher Tiere : (Anat.) Sprungbein : (Kriegskst.) Geschütz-, Gewehrrohr : Schneide der Sense : (Mus.) schnelle Folge nacheinander liegender Töne : Fahrt, Weg eines Schiffes : (Turnkst.) Laufbewegung als Körperübung : (Wasserb.) Siefel einer Wasserröhre : (weidm.) Bein von Hunden, Jagdtieren : Abschussplatz des Wildes ✳ *einer Sache freien Lauf lassen:* etwas sich frei entwickeln lassen; *jemanden laufenlassen* → *jemanden laufen lassen; im Lauf(e) der Zeit, Jahre:* mit der vorrückenden Zeit, mit den kommenden Jahren ✳ *Laufarbeit; Laufbahn:* ebener Platz zum Wettlaufen : Beförderung im Beruf : Wirkungskreis, Beruf; *Laufband:* Gängelband; Planke, über die man läuft; *Laufbursch(e):* Junge, der Botengänge macht; *Lauffeuer:* das über ausgestreutes Schießpulver dahinlaufende Feuer bei Minenanzündung : Bodenfeuer, auf trockenem Boden durch Selbstzündung entstandenes, schnell dahinrasendes Feuer; *Lauffrist:* Laufzeit; *Laufgewicht; Laufgitter; Laufgraben:* (Kriegsw.) Graben, in dessen Schutz sich die Belagerer der Stellung des Gegners nähern : (Wasserb.) Abzugsgraben; *Laufhund:* Art Jagdhund; *Laufjunge:* Laufbursche; *Laufkäfer; Laufkatze:* fahrbare Winde auf einem Versatzgerüst; *Laufkugel:* Art Gewehrkugel; *Laufkundschaft:* wechselnde Kundschaft, im Ggs. zur ständigen; *Laufmädchen:* Mädchen, das Botengänge besorgt; *Laufmasche;*

Laufmeter; Laufpaß → *Laufpass:* (spött.) Abschiedsbescheinigung; *Laufpensum; Laufplanke:* Laufsteg: *Laufrad; Laufrichtung; Laufschiene:* Schiene zur Beförderung von Lasten; *Laufschritt:* rasche Gangart; *Laufställchen; Laufsteg; Laufstil; Laufstuhl; Laufvogel:* Vögel mit verkümmerten Flügeln, der nur laufen kann; *Laufwerk; Laufzeit; Laufzettel:* Begleitzettel einer Warensendung : Antrag auf Nachforschung von verlorenen Postsachen * **lau|fen** (du läufst, er läuft; du lief[e]st, du liefest; lauf[e]!) intr. (sein): sich mit Hilfe der Beine schnell fortbewegen : fließen, strömen : Gültigkeit haben : in Umlauf sein : sich erstrecken, hinziehen * *den Motor laufen lassen:* in Bewegung setzen; *der Film läuft eine Woche:* wird eine Woche vorgeführt; *der Triebwagen läuft zwischen Bonn und Köln:* .. fährt zwischen ..; *Sturm laufen:* anstürmen; *Gefahr laufen:* wagen : in Gefahr kommen; *Schlittschuhlaufen* → *Schlittschuh laufen* * **lau|fend** Mw. Ew.: fortwährend : noch nicht abgeschlossen; Abk.: lfd. * *laufenden Jahres:* während des jetzigen Jahres, Abk.: lfd. J.; *laufenden Monats*, Abk.: lfd. M.; *laufende Nummer:* Nummer nach der natürlichen Zahlenreihe, Abk.: lfd. Nr.; *laufende Rechnung:* Kontokorrent; *laufendes Band:* Fördereinrichtung, Transportband * *auf dem laufenden sein, bleiben* → *auf dem Laufenden sein, bleiben:* über das Neueste unterrichtet sein, bleiben; *auf dem laufenden erhalten* → *auf dem Laufenden erhalten* tr.: mit dem Neuesten bekannt machen; *am laufenden Band:* ununterbrochen * **Läu|fer**, der; –s, –: (Sport) Streckenläufer : herangewachsenes Ferkel : Vogel mit Lauffuß : Laufkäfer; Laufspinne : Teppich zum Belegen von Treppen und Gängen : (Mus.) eine Reihe sich folgender Töne : (Techn.) der umlaufende Teil eines Motors : (Baukst.) Stein in der Längsrichtung der Mauer : Laufbrücke : Art wilder Hopfen :

(Buchh.) Buch, das rasch vergriffen ist : Schachfigur : (Schiff) kleine Sanduhr, Logglas : (Web.) Spule mit wenig Garn * **Lau|fe|rei**, die; –, –en: vieles Laufen : (übertr.) Schererei * **läu|fig, läu|fisch** Ew.: von der Brunst ergriffen * **Läu|fig|keit**, die; –: Brunst der Hündin * **Läuf|te** Mz.: Zeitläufte, s. Zeit

auf dem Laufenden sein
Die substantivierten Formen von *laufen* schreibt man groß: *auf dem Laufenden sein; das Auf-und-Ab-Laufen; zum Auf-und-davon-Laufen.*

Lau|ge, die; –, –n: Lösung von Alkali in Wasser : Salzlösung : Seifenlösung * *laugenartig* Ew.: wie Lauge; *Laugenbad:* Lauge, in die etwas getaucht wird; *Laugenbrezel; Laugenbrötchen; Laugensack:* ein Gefäß zum Laugen; *Laugenwasser* * **lau|gen** tr.: mit Lauge behandeln : mittels Wassers des Salzgehaltes berauben; intr.: nach Holz schmecken * **lau|gig** Ew.: laugenartig

Lau|heit, Lau|mann: s. lau

Lau|ne (l.), die; –, –n: (urspr.) Mondwechsel : wechselnde Gemütsstimmung : (Mz.) wunderliche Laune, Unmut, Verdruss : eine ansteckende Hundekrankheit, Staupe * *launenvoll* Ew. * *gut-, wohl-, böse-, übel-, mißgelaunt* → *missgelaunt* Ew. * **lau|nen|haft** Ew.: Launen habend : von Launen abhängig * **Lau|nen|haftig|keit**, die; –, –en: Abhängigkeit von Launen * **lau|nig** Ew.: guter, froher Laune * **lau|nisch** Ew.: übler Laune, missmutig, verdrießlich

Lau|re|at (l.), der; –en, –en: mit Loorbeer gekrönter Dichter * *laure|a|tus* Mw. Ew.: mit dem Lorbeerkranze geschmückt; vgl. *poeta* * **Lau|rus**, der; – und –ses, – und –se: Lorbeer(baum)

lau|ren|tisch Ew.: (Geol.) die Urgneisformation des östl. Nordamerikas betreffend

Lau|ren|ti|us m. Vn. * *Laurentiusbirne:* gelbe Sommerbirne; *Laurentiusfliege*

Lau|re|ta|ni|sche Li|ta|nei, die; –n –: kath. Litanei, in Loreto entstandene Marienlitanei

Lau|rin: Zwergengestalt der Tiroler Sage

Lau|rus: s. Laureat

Laus, die; –, Läuse; Läuschen: Name vieler flügelloser Insekten, die auf Tieren, Pflanzen leben und Blut oder Saft aussaugen : kleines Knötchen in der Wolle * *die Laus läuft, kriecht einem über die Leber:* schlecht gelaunt sein; *setz dir keine Laus ins Fell:* mach dir keine Ungelegenheiten * *Lausbub:* ein Schlingel; *Lausbüberei:* dummer Streich; *lausbübisch* Ew. * *Lauseangel:* ein Schimpfwort; *Lausebengel:* *Lausegeld:* viel Geld; *Lausejunge; Lausekerl, Lausepack; Lausewenzel:* Schimpfnamen : schlechter, stinkender Tabak * *Läusebefall; Läuseholz:* Mittel gegen Läuse; *Läusekamm:* Kamm mit engen Zähnen zum Auskämmen der Läuse; *Läusekäfer; Läusekorn:* eine Pflanze : Mittel gegen Läuse; *Läusekraut:* Läusekorn; *Läusesalbe: Läusepulver* * **lau|sen** (du lausest und laust) tr.: von Läusen reinigen : derb, hart anfassen : prügeln * **Lau|ser**, der; –s, –: einer, der laust : Lausekamm : Lausbub * **Lau|se|rei**, die; –, –en: das Lausen : Lausbüberei * **lau|sig** Ew.: voller Läuse : erbärmlich, verächtlich

Lau|san|ne (losann): schweiz. Stadt am Genfer See

lau|schen (du lausch[e]st) intr.: aufmerksam zuhören : lauern; intr. (sein): heimlich horchen * *Lauschaktion; Lauschangriff* * **Lau|scher**, der; –s, –: Horcher : (weidm.) Ohr, bes. beim Hochwild * **Lau|sche|rin**, die; –, –nen: lauschende weibl. Person * **lau|schig** Ew.: versteckt, gemütlich

Läu|se|kraut: s. Laus

Lau|sitz, die; –, –en: ostdeutsche Landschaft * *Niederlausitz:* Region um Cottbus; *Oberlausitz:* Region um Bautzen

laut Ew. (-est): gut hörbar, vernehmlich : stark schallend * *lauthals* Uw.: (mundartl.) aus vollem Halse; *lauthalsig* Ew.; *lautlos* Ew.: ohne einen Laut * **laut** Vw. m. Gen.: „wie es lautet", gemäß * *laut (des) Befehl(s)* (östr. auch: laut dem Be-

fehl): so wie der Befehl lautet ✳
laut Bericht, Übereinkommen
✳ **Laut,** der; –(e)s, –e; Läutchen: jedes Hörbare : Ton :
(Sprachl.) einfachster tönender
Bestandteil eines Wortes : gesprochener Buchstabe ✳ *Laut
geben:* (weidm.) bellen ✳ *Lautangleichung:* (Sprachl.) Vd. f.
Assimilation; *Lautarchiv:*
Sammlung von Tonbändern
und Schallplatten mit gesprochenen Texten für wissenschaftliche Zwecke; *Lautbildung:* Artikulation; *Lautgesetz:* Regel des Lautwandels;
lautgetreu; Lautlehre: Lehre
von den Sprachlauten; *Lautlosigkeit; Lautmalerei:* Nachahmung von Schall oder Klang
durch die Sprache; *lautnachmend; Lautrohr:* Hohlraum
zwischen Stimmbändern,
Mund und Nase, der zur Bildung der Sprachlaute dient;
Lautschrift: Schrift, die die einzelnen Laute einer Sprache
wiedergibt, phonetische Umschrift; *Lautsprecher; lautstark; Lautstärke; Lautveränderung; Lautverschiebung:* gesetzmäßige Veränderung von
Sprachlauten; *Lautverstärker:*
Verstärkerröhre; *Lautwandel;
Lautwechsel; Lautzeichen:*
Zeichen für einen Laut ✳
lautbar Ew.: tönend : bekannt
✳ **laut**en intr.: klingen : den
Ton, Wortlaut haben : (weidm.)
anschlagen (von Hunden): hei
ßen ✳ **läut**en intr.: tönen (v.
Glocken u. Ä.) : klingeln, ertönen, tr.: zum Tönen, Schwingen bringen : klingeln ✳ *Läutewerk:* elektr. Signalvorrichtung bei der Eisenbahn ✳
Läuter, der; –s, –: einer, der
läutet ✳ **Laut**heit, die; –: das
Lautsein ✳ **lautie**ren (..iert)
intr., tr.: Wörter nach Lauten
zergliedern ✳ *Lautiermethode*
✳ **laut**lich Ew.: den Laut betreffend
Laute (arab.), die; –, –n: ein
Saiteninstrument ✳ *Lautenband:* Zierband an der Laute;
*Lautenspieler; Lautenton;
Lautenzug:* Gerät, das Töne an
Tasteninstrumenten lautenartig
macht ✳ **laut**en intr.: die Laute
spielen ✳ **Laute**nist, der; –en,
–en: Lautenspieler
lauter Ew.: frei von trübenden

Bestandteilen, rein : hell, klar :
untadelig : nichts als.. : nur ✳
Lauter**keit,** die; –: das Lautersein ✳ **läu**tern (ich ..[e]re)
tr.: klären : reinigen : (Forstw.)
lichten, rbz.: sich klären; tr.,
intr.: (Rechtsspr.) (ein Urteil,
Rechtsstreit –) nochmals prüfen lassen ✳ **Läu**te**rung,** die;
–, –en: Klärung
Läuter, lauti**e**ren: s. laut
Lava (it.) [..w..], die; –, Laven:
Schmelzfluss, Auswurf der
Vulkane ✳ *Lavamasse:* glühende Gesteinsmasse der Vulkane; *Lavastrom*
Lava**bel** (fr.) [..wa..], der; –s:
Waschseide
Lava**bo** (schweiz. **La**va**bo**)
(l.) [..w..], das; –(s), –s: „ich
werde waschen", Händewaschung und Waschgefäß des
Priesters bei der Messe ✳
(schweiz.) Waschbecken ✳
Lavoir (fr.) [lawoar], das; –s,
–s: Waschbecken, Waschhaus
✳ **La**vor (l.) [..w..], das; –s, –s:
Lavoir
Laven**del** (ml.) [..w..], der; –s,
–: Strauchgewächs ✳ *Lavendelöl; –wasser* [l. lavare waschen]
lavie**ren** (..iert) (ndl.) [..w..]
intr.: im Zickzack segeln : mit
Umwegen aufs Ziel losgehen :
behutsam gehen
lävo**gyr** Ew.: (Phys.) zur linken Seite drehend; Abk.: l
Lävu**lin**säure (nl.) [..w..]
die; –: Linksfruchtsäure ✳
Lävu**lo**se, die; –: Fruchtzucker
Law and order (am.) [lo end
order!]: „Gesetz und Ordnung",
Ruf nach Bekämpfung von
Kriminalität und Gewalt durch
entsprechende Gesetzes- oder
Polizeimaßnahmen
Lawi**ne** (rom.), die; –, –n: zu
Tal stürzende große Schnee-
und Eismassen im Hochgebirge ✳ *lawinenartig* Ew.: wie
eine Lawine; *lawinensicher* ✳
Lawinengalerie: überdachte
Straßenabschnitte an Berghängen; *Lawinengefahr; –hund;
–katastrophe; –schutz*
Lawn (e) [la°hn], das; –s: freier
Rasenplatz : *Lawn-Tennis* →
Lawntennis: Tennisspiel auf
Rasenflächen
Lawren**ci**um (am.) [lorenzium], das; –s: (Chem.) radio-

aktives metallisches Element;
Abk.: Lr
lax (l.) Ew.: weit, unbestimmt :
schlaff, locker ✳ **La**xans (nl.),
das; –, ..anzien: Abführmittel ✳
Laxa**tiv,** das; –s, –e: Laxans ✳
Laxheit, die; –, –en: Schlaffheit ✳ **La**xier, das; –s, –e: Abführmittel ✳ **la**xie**ren** (..iert)
intr.: Durchfall haben, verursachen
Lay-out *auch:* **Lay**out (e.)
[leh'aut], das; –s, –s: (Buchdrw.) weitgehend ausgeführter
Entwurf, Gestaltungsskizze ✳
Layout**er,** der; –s, –: Entwurfsgrafiker
Laza**rett** (it.), das; –(e)s, –e:
Militärkrankenhaus ✳ *Lazarettgehilfe:* militärärztlicher Gehilfe; *Lazarettschiff; Lazarettwagen; Lazarettzug:* Eisenbahnzug für den Transport von
Verwundeten ✳ **La**za**rist,**
der; –en, –en: Angehöriger
höriger eines geistl. Ordens ✳
Laza**rus:** m. En. im N. T. :
(Umgspr.) bedauernswerter
Mann ✳ **La**za**ro**ni (it.) Mz.:
ärmste Volksklasse in Neapel,
Sizilien
laze**ra**bel (l.) Ew.: zerreißbar
✳ **La**ze**ra**tion, die; –, –en:
Zerreißung : Einriss ✳
laze**ra**tiv Ew.: zerreißend ✳
laze**rie**ren (..iert) tr.: zerrei
ßen : einreißen
Lazer**ta, La**zer**te** (l.), die; –,
–n: Eidechse
Lazu**lith:** s. lasieren
Lazza**ro**ni: s. Lazaret
Lead (e.) [lihd], das; –s:
(Mus.) führende Stimme beim
Jazz, meist instrumental ✳
Leader (e.) [lihder], der; –s, –:
Führer : Leitartikel ✳ *Bandleader; Leadgitarrist*
leasen (e.) [lihs°n] tr.: leihen,
mieten ✳ **Lea**sing (e.) [lihsing], das; –s, –s: Vermietung
von Gegenständen (z. B. Autos, Fernsehgeräten) oder Industrieanlagen ✳ *Leasingfirma*
Lebe**hoch,** lebe**lang;**
Lebe**mann:** s. leben
leben intr.: am Leben sein :
vorhanden sein : Seligkeit erlangen : einer Sache seine Tätigkeit, Sorgfalt widmen : wie
beseelt erscheinen (von Dingen) : sich lebhaft regen und
bewegen; tr.: etwas lebend
empfinden, erfahren, darstel-

len : verleben, verbringen ✳ *herrlich und in Freuden, in Saus und Braus leben:* prassen; *zu leben wissen:* sich zu benehmen verstehen : das Leben zu genießen verstehen; *sein Gedächtnis, Andenken lebt im Herzen, Munde:* sein Gedächtnis, Andenken besteht fort; *es lebe die Freiheit, der Wein!:* begeisterter Ausruf, um die Freiheit, den Wein zu feiern ✳ **Lebedame,** das; -s, -s (östr. auch: das; -, -): ein Glückwunsch ✳ **Lebehoch rufen:** Glückwunsch ausbringen ✳ **Lebewesen,** das; -s, -: ein lebendes Wesen; *Lebewohl,* das; -(e)s, -e : ein Abschiedsgruß ✳ (einem) *Lebewohl sagen* ✳ **Le|ben,** das; -s, -: der Zustand des Lebendigseins : Lebensäußerung : Seligkeit : Regsamkeit, Beweglichkeit : Daseinsverlauf : reges, geschäftiges Treiben ✳ *am Leben sein:* lebendig sein ✳ *leblos* Ew.: tot : wie tot; *Leblosigkeit; mein Lebtag:* solange ich lebe; *Lebzeiten* (nur in der Mz.) in der Wendung *bei, zu Lebzeiten:* zur Lebenszeit ✳ *lebelang* Uw.: das ganze Leben hindurch ✳ *mein lebelang:* mein ganzes Leben, besser: *mein Leben lang* ✳ **Lebemann,** der; -(e)s, ..männer: sich auslebender Mann; *lebemännisch* Ew.; *lebensprühend* Ew.; *lebenlang* Uw.; *Lebensabend; -abschnitt; -alter; Lebensangst; Lebensanschauung; Lebensart:* die Art zu leben : gesellschaftliches Benehmen; *Lebensaufgabe:* Aufgabe, der man sein Leben widmet; *Lebensbahn:* Verlauf des Lebens; *Lebensbaum:* das Leben im Bild eines sich verzweigenden Baumes : (übertr.) Leben spendender Baum : Zypressenart; *Lebensbedingung:* Bedingung, von der das Leben abhängt; *lebensbedrohlich; Lebensbejahung:* lebensbejahende Gesinnung; *Lebensbereich; Lebensbeschreiber:* Verdeutschung von Biograf; *Lebensbild; Lebensbund; Lebensdauer; Lebensdrang; Lebenselixier; Lebensende; Lebenserfahrung; Lebenserinnerung; Lebenserwartung; Lebensfaden:* (bildl.) die

Dauer des Lebens; *lebensfähig* Ew.; *Lebensfähigkeit; lebensfeindlich; Lebensform; Lebensfrage; lebensfremd* Ew.: unnatürlich; *Lebensfreude; Lebensfreudigkeit; lebensfroh* Ew.; *Lebensgefahr; lebensgefährlich* Ew.; *Lebensgefährte, -gefährtin; Lebensgefühl; Lebensgeist* : Leben hervorrufender Geist : eine stärkende Essenz; *Lebensgemeinschaft; Lebensgenuß* → *Lebensgenuss;* Lebensgeschichte; *Lebensgewohnheit; lebensgroß* Ew.: (von Bildern) natürlich groß; *Lebenshaltung:* Lebensführung; *Lebenshaltungskosten; Lebenshilfe; Lebenshunger; Lebensinhalt; Lebensjahr; Lebenskampf; Lebenskraft; lebenskräftig* Ew.; *Lebenskunst:* Kunst zu leben; *Lebenskünstler; Lebenslage; lebenslang, lebenslänglich* Ew.: solange das Leben währt; *Lebenslauf:* Verlauf des Lebens : Entwicklungsgang; *Lebenslicht:* das Leben; *Lebenslust:* Freude am Leben, Verlangen zu leben; *Lebensmittel:* Nahrungsmittel; *Lebensmittelsesetz; Lebensmittelvergiftung; lebensmüde* Ew.; *Lebensmüdigkeit; Lebensmut:* lebensfroher Sinn; *lebensnah* Ew.: lebensecht; *lebensnotwendig* Ew.; *Lebenspartner; Lebenspfad:* Lebensweg; *Lebensqualität:* vom Wohlstand zum Wohlbefinden; *Lebensraum:* die äußeren, räumlichen Lebensbedingungen; *Lebensrettung:* Rettung Verunglückter, bes. Ertrinkender aus Lebensgefahr; *Lebensrettungsmedaille; Lebensstandard:* vom Einkommen abhängige Art der Befriedigung der Lebensbedürfnisse; *Lebensstellung; Lebensstil:* Lebensgestaltung; *Lebenstraum:* Traum, dem man sein ganzes Leben nachhängt; *lebenstüchtig* Ew.; *Lebensüberdruß* → *Lebensüberdruss; lebensüberdrüssig* Ew.: lebensmüde; *Lebensunterhalt; Lebensverneinung:* Pessimismus; *Lebensversicherung:* Vertrag auf Zahlung einer bestimmten Geldsumme in einem bestimmten Alter oder bei Todesfall; *Lebensversicherungsgesellschaft; Lebenswan-*

del: die Art, wie man in Bezug aufs Sittliche durchs Leben geht; *Lebensweg:* Lebenspfad; *Lebensweise; Lebensweisheit:* Lebensklugheit; *Lebenswerk; lebenswert* Ew.; *lebenswichtig* Ew.; *Lebenswille; Lebenszeichen; Lebenszeit; Lebensziel; Lebenszweck* ✳ **Leb|tag,** der; -es: das ganze Leben ✳ *ich werde all mein Lebtag daran denken* ✳ **Leb|zei|ten** Mz. ✳ *zu Lebzeiten meiner Eltern* ✳ **le|ben|dig, leb|end** Ew.: nicht tot : von höherem, geistigem Leben erfüllt : von Leben und Treiben erfüllt : mit Lebenskraft erfüllt, Lebenskraft ausströmend : reges Leben habend ✳ *lebendiggebärend* → *lebendig gebärend* Ew.: lebend gebärend; *Lebendgewicht; lebendige Kohle:* brennende Kohle; *lebendige Kräutersammlung:* Herbarium (Ggs. Abbildungen); *lebendiger Brunnen:* immer frisch fließender Brunnen; *lebendiges Holz:* Laubholz, das nach dem Abschlagen wieder ausschlägt ✳ **Le|ben|dig|keit,** die; -: das Lebendigsein ✳ **leb|haft** Ew.: sehr reges, frisches Leben in sich habend und äußernd ✳ **Leb|haf|tig|keit,** die; -: das Lebhaftsein : lebhafte Äußerung

Le|ber, die; -, -n: größte Drüse, Blut reinigendes und Galle absonderndes Körperorgan ✳ *frei von der Leber weg reden:* seine Meinung offen sagen ✳ *Leberbalsam:* ein Pflanzenname; *Leberblümchen:* eine Pflanze; *Leberdiät; Leberegel:* Plattwurm, in den Gallengängen mancher Tiere lebend; *Leberentzündung; Leberflecken* Mz.: leberbraune Flecken auf der Haut; *Leberkarzinom:* Krebs der Leber; *Leberkäse; leberkrank* Ew.; *Leberkrebs; Leberleiden; Leberpastete:* sehr feine Leberwurst; *Leberpräparate:* Arzneimittel gegen Blutarmut u. a.; *Leberschrumpfung; Lebertran:* Tran aus der Leber von Dorschen; *Leberwort; Leberwurst; Leberzirrhose*

Le|be|we|sen, leb|haft: s. leben

Leb|kuchen (l.-dtsch.), der; -s, -: Pfeffer- oder Honigkuchen **✳** *Lebküchler:* Lebkuchenbäcker; *Lebküchnerei,* die; –, –: Lebkuchenbäckerei **✳** **Leb|zeit,** der; –(e)s, –e; **Leb|zelten,** der; –s, –: (veralt.) Lebkuchen **✳** **Leb|zelter,** der; –s, –: Lebkuchenbäcker **Leb|zeiten:** s. leben

Lech, der; –: Donauzufluss

lech|zen (du lechz[es]t) intr.: bei brennender Hitze nach Erfrischung schmachten : Begierde nach etwas zeigen

Lelcilthin: s. Lezithin

leck Ew.: undicht, Flüssigkeiten hindurchlassend **✳** **Leck,** das; –(e)s, –e: das Lecksein : lecke Stelle **✳** **Leck|ka|ge** (dtsch.-fr.) [lekahseh] Ew.: –, –n: Flüssigkeitsverlust durch ein Leck oder durch Verdunsten **✳** **le|cken** intr.: in den Fugen undicht sein : durch ein Leck rinnen **✳** *leckschlagen; Leckwerk:* Gradierung, an der man die Sole herunterlecken lässt

Le|cke, die; –, –n: Ort, an dem für das Vieh und Wild Salz zum Lecken gestreut wird **✳** **le|cken** tr.: mit der Zunge über etwas hin und her fahren **✳** *(den) Staub von jemandes Füßen lecken:* sich tief demütigen; *Speichel lecken:* niedrig schmeicheln wie ein Hund; *die Finger, Lippen lecken nach etwas:* gierig, lüstern nach etwas sein; *noch an etwas zu lecken haben:* die Nachwehen verspüren, daran zu leiden haben **✳** *geleckt* Mw. Ew.: sehr sauber **✳** *Gelecktheit,* die; –: tadellose Sauberkeit **✳** **Le|cker,** der; –s, –: ein Leckender : Schelm : Feinschmecker : junger Laffe : (weidm.) Zunge : eine Art Pfefferkuchen **✳** **le|cker** Ew.: von besonderem Wohlgeschmack : fein schmeckend : (übertr.) adrett : hübsch und sauber **✳** *Leckerbissen; Leckergericht; Leckermaul:* genießerische, wählerische Person **✳** **Le|ckerei,** die; –, –en: Leckerhaftigkeit : Leckerbissen **✳** **le|ckerhaft, le|cke|rig, leck|rig** Ew.: naschhaft, schleckerig **✳** **Le|cker|li,** das; –s, –s: Lebküchlein

Le|da: sagenhafte Geliebte des Zeus, Mutter Helenas **Le|der,** das; –s, –: die gegerbte Tierhaut : (volkst.) menschliche Haut : (verächtl.) Weibsstück : Lederschurz **✳** *einem das Leder gerben, hinter das Leder kommen* intr.: derb prügeln; *vom Leder ziehen* intr.: (niederd.) die Meinung sagen : Seitengewehr aus der Scheide nehmen, losschlagen **✳** *lederartig* Ew.; *Lederball; Lederband:* Ledereinband : Riemen; *Ledereinband; lederfarben; Lederfett; Ledergürtel; Lederhandel; Lederhandschuh; lederhart* Ew.; *Lederhaut:* lederartige Haut zwischen Fett und Netzhaut des Körpers; *Lederherstellung; Lederhose; –jacke; Lederkäse:* Magerkäse; *Lederkoffer; Ledermantel; Ledermappe; Lederriemen; Lederschuh; Lederschurz; Ledersessel; Ledersohle; Ledertasche; lederverarbeitend* : *Leder verarbeitend; Lederzeug:* militär. Ausrüstungsgegenstände aus Leder **✳** **Le|de|rer,** der; –s, –: Lederbereiter, Gerber **✳** **le|der|haft** Ew.: lederartig : stark an Leder (von Häuten) **✳** **le|de|rig, led|rig** Ew.: lederhaft **✳** **le|dern** Ew.: aus Leder : zäh : enghertzig, langweilig, fade **✳** **le|dern** (ich ..[e]re) tr.: zu Leder machen, gerben : prügeln : mit einem Leder polieren

le|dig Ew.: frei : unverheiratet : (ldschftl.) unehelich : unbenutzt : (niederd.) müßig **✳** *lediger Balken:* (Baukst.) Balken, der untere und obere Wand verbindet **✳** *Lediggang:* Spaziergang **✳** **Le|di|ge,** der; die; –, –n: der, die Unverheiratete; *lediggehen* → *ledig gehen:* wegen beruflicher Umstände für einige Zeit getrennt leben **✳** *Ledigenheim; Ledigensteuer* **✳** **le|dig|lich** Uw.: frei, rein : bloß, nichts als

Lee, die; –: (seem.) dem Winde abgekehrte Seite **✳** *Leebrasse; Leeseite; leewärts* Uw.

leeg Ew.: (seem.) ohne Ladung : (nordd.) falsch, verkehrt

leer Ew.: nichts oder wenig enthaltend : ohne (wesentlichen) Inhalt **✳** *Leeraktie:* Aktie ohne Stimmrecht; *Leerfaß* → *Leerfass:* Leerbecher; *Leergewicht:* Gewicht des unbeladenen Fahrzeugs; *Leergut:* leere Behälter; *leerköpfig* Ew.: Kopf ohne Verstand, ohne Wissen; *Leerlauf:* Lauf der Maschine ohne Nutzleistung : zwecklose Arbeit; *leerlaufen* → *leer laufen* intr.: (Fass) auslaufen; leer einträglich arbeiten; *leerstehend* → *leer stehend* Ew.: unbesetzt : unbewohnt; *Leertaste:* Taste für den Zwischenraum (auf der Schreibmaschine); *Leerzimmer:* unmöbliertes Zimmer **✳** **Lee|re,** die; –: das Leersein : etwas Leeres **✳** **lee|ren** tr.: leer machen; rbz.: leer werden **✳** **Leer|heit,** die; –, –en: die Leere **✳** **Lee|rung,** die; –, –en: Entleerung

leer stehend

Das Adjektiv *leer* wird kleingeschrieben. Es ist zwar nicht steiger-, aber erweiterbar *(ganz leer).* Daher wird die Verbindung mit einem Partizip oder einem Verb getrennt geschrieben: *leer stehend; leer getrunken; leer laufen.*

Lef|ze, die; –, –n: Lippe (des Tieres)

le|gal (l.) Ew.: gesetzlich, gesetzmäßig : rechtskräftig **✳** **Le|ga|li|sa|ti|on,** die; –, –en: gesetzmäßige Bestätigung **✳** **le|ga|li|sie|ren** (..iert) tr.: gesetz-, rechtskräftig machen : gerichtlich bescheinigen **✳** *Legalisierung; Legalismus; legalistisch* **✳** **Le|ga|li|tät** (nl.), die; –, –en: Übereinstimmung einer Handlung mit dem Gesetz : Rechtmäßigkeit **✳** *Legalitätsprinzip:* Pflicht der Staatsanwaltschaft und ihrer Hilfsorgane zur Verfolgung aller strafbaren Handlungen **✳** **Le|gat,** der; –en, –en: (bei den Römern) Statthalter : Unterfeldherr : päpstlicher Gesandter **✳** **Le|gat,** das; –(e)s, –e: Vermächtnis **✳** **Le|ga|tar,** der; –s, –e: ein im Testament Bedachter, sofern er nicht Erbe ist **✳** **Le|ga|ti|on,** die; –, –en: Gesandtschaft : eine Provinz des früheren Kirchenstaates **✳** *Legationsrat:* Gesandtschaftsrat; *Legationssekretär:* Gesandtschaftsbeamter **✳** **Le|ges** Mz.: Gesetze, Verordnungen **✳** **le|gie|ren** (..iert) tr., intr.: Vermächtnisse machen : verordnen, stiften; s. a. Legatur **✳** **le|gis|la|tiv** Ew.: gesetzgebend

: die Gesetzgebung betreffend ✱ **Le|gis|la|ti|ve** [..w..], die; –, –n: gesetzgebende Versammlung ✱ **Le|gis|la|tor**, der; –s, ..toren: Gesetzgeber ✱ **le|gis|la|to|risch** Ew.: gesetzgeberisch ✱ **Le|gis|la|tur**, die; –, –en: Gesetzgebung : gesetzgebende Versammlung ✱ *Le-gislaturperiode:* Wahlperiode, Amtsdauer einer Volksvertretung ✱ **Le|gis|mus**, der; –: das Festhalten am starren Buchstaben des Gesetzes ✱ **Le|gist**, der; –en, –en: ein Gesetzkundiger : Lehrer des weltlichen Rechts : Anhänger des römischen Rechts im Mittelalter ✱ **le|gi|tim** Ew.: gesetzlich ; gesetzmäßig ; (erb)berechtigt, ehelich ✱ **Le|gi|ti|ma|ti|on**, die; –, –en: Echtheitserklärung, Beglaubigung, Ausweis : (BGB) Nachweis der Empfangsberechtigung ✱ *Legitimations-karte:* Ausweis, Beglaubigungskarte ✱ **le|gi|ti|mie|ren** (..iert) tr.: (als berechtigt) ausweisen ✱ **Le|gi|ti|mis|mus**, der; : Lehre, Grundsatz der Legitimisten ✱ **Le|gi|ti|mist**, der; –en, –en: Anhänger des Grundsatzes von der Rechtsbeständigkeit eines Herrscherhauses ✱ **le|gi|ti|mis|tisch** Ew.: der rechtmäßigen Regierung anhängend : dem Legitimitätsgrundsatz anhängend ✱ **Le|gi|ti|mi|tät**, die; –, –en: Gesetz-, Rechtmäßigkeit : Echtheit ✱ **Lex**, die, –, Leges: Vorschrift, Verordnung, Regel, Gesetz, Gebot [l. lex, Gen. legis Gesetz; legare vermachen, absenden]

Le|gas|the|nie (gr.-l.) die; –, –n: angeborene Schwäche, Wörter und zusammenhängende Texte zu lesen oder zu schreiben ✱ **Le|gas|the|ni|ker**, der; –s, –: ein an Legasthenie leidender Mensch ✱ **le|gas|the|nisch** Ew.: an Legasthenie leidend

le|ga|to, **le|ga|bi|le**: (Mus.) gebunden ✱ **Le|ga|to**, das; –s, –s: gebundenes Tonstück

Le|ga|tur, die; –, –en: Metallverbindung, –mischung ✱ **le|gie|ren** (..iert) tr.: (Münzw.) binden, zusammenschmelzen : (Kochkst.) Sämigmachen durch Einrühren von Eigelb

und langsames Erwärmen ✱ **Le|gie|rung**, die; –, –en: Legatur [it. legare von l. ligare binden]

le|gen tr., rbz.: zum Liegen bringen : (Schiff) steuern ✱ *den Hund an die Kette legen:* dem Hund eine Kette anlegen; *Feuer ans Haus legen:* ein Haus anzünden; *ans Licht, an den Tag legen* tr.: deutlich zu erkennen geben; *ans Herz legen* tr.: (einem etwas –) dringend anempfehlen; *Geld auf die hohe Kante legen:* Geld so anlegen, dass es Zinsen bringt; *auf etwas legen* rbz.: sich mit einer Sache ausschließlich beschäftigen; *hinter sich legen* tr.: erwerben und ersparen : zurücklegen; *die Hände in den Schoß legen:* müßig sitzen; *einem Worte in den Mund legen:* angeben, was jemand zu sagen hat : fälschlich wiedergeben, was jemand gesagt hat; *sich ins Mittel legen:* vermitteln; *sich ins Zeug legen:* sich anstrengen; *sich wider einen legen:* sich jemand widersetzen; *einem zur Last, Schuld legen* tr.: einer Sache beschuldigen; *einem das Handwerk legen:* (auch übertr.) jemand an der Ausübung seines Handwerks hindern : jemand in seinem Vorhaben hindern; *etwas legt sich:* etwas lässt nach, kommt zur Ruhe; *Karten legen:* ein Kartenspiel nach gewissen Regeln hinlegen, um daraus etwas wahrsagend zu ersehen ✱ *Lege-batterie:* Käfig, in dem Legehennen eingepfercht gehalten werden; *Legegeld:* Eintrittsgeld; *Legehenne:* Eier legende Henne; *Legezeit:* Zeit des Eierlegens der Vögel ✱ **Le|ger**, der; –s, –: (Papiermach.) Papierzusammenleger : Fliesenleger ✱ **Le|gung**, die; –, –en: das Legen

Le|gel (östr.), **Lä|gel**, s. d.

le|gen|dar, **le|gen|da|risch**, **le|gen|där** (ml.) Ew.: legenden-, sagenhaft ✱ **Le|gen|da|ri|um** (l.), das; –s, ..rien: Heiligenlegendenbuch ✱ **Le|gen|de**, die; –, –n: „zu Lesendes", Heiligenerzählung : Erdichtung, Sage : Umschrift an Münzen : Zeichenerklärung auf Landkarten und Plänen ✱ *Le-*

gendenerzähler; legendenhaft [l. legere lesen]

le|ger (fr.) [lehse̱är] Ew.: leicht, ungezwungen : nachlässig ✱ **leg|ge|ra|men|te** [ledseheramente], **leg|gie|ro** (it.) [ledsehero] (Mus.) leicht, ohne Nachdruck

Le|ges: s. unter legal

Leg|föh|re, die; –, –n: s. Latsche

Leg|gings, **Leg|gins** (e.) [läg-ginks] nur Mz.: fußfreie Strumpfhose

le|gie|ren: s. legal und Legatur

Leg|horn, das; –s, –s: weiße Hühnerrasse

Le|gi|on (l.), die; –, –en: altröm. Kriegsschar : Freiwilligentruppen für eine fremde Macht ✱ **Le|gi|o|nar**, der; –s, –e: altröm. Legionär ✱ **Le|gi|o|när**, der; –s, –e: Soldat einer Legion ✱ *Legionärs-krankheit; Legionssoldat*

le|gis|la|tiv, **Le|gist**, **le|gi|tim** usw. s. legal

Le|gu|an (hait.-span.), der; –s, –e: große Eidechse

Le|gu|min (nl.), das; –s: Eiweißstoff der Hülsenfrüchte ✱ **Le|gu|mi|no|se**, die; –, –n: Hülsenfrüchte tragende Pflanze : ein Nährpräparat

Le|gung: s. unter legen

Leg|war|mer (e.) [lägwormer], der; –s, –(s): fußloser, knielanger Strumpf aus Wolle

Le Hav|re [le awr']: fr. Hafenstadt

Leh|de, die; –, –n: (niederd.) Ödland : niedrig liegendes Land ✱ **Lehd|ling**, der; –s, –e: ein Edelpilz, Champignon

Le|hen, **Lehn**, das; –s, –: etwas, was für Gegenleistungen übertragen wird : Besitztum, das ein Lehnsherr einem Vasallen verliehen hat : das, was dem Lehnsherrn für das Lehen entrichtet wird ✱ *Lehnsbauer:* Bauer, der ein Bauerngut als Lehen hat; *Lehnsbrief:* Urkunde über die Belehnung; *Lehnsdienst:* Vasallendienst; *Lehnseid:* Eid der Lehnstreue; *Lehnserbe:* Erbe eines Lehngutes; *Lehnsfolge:* Erbfolge im Besitz eines Lehens; *Lehnsgericht:* hoher Gerichtshof in Lehnssachen; *Lehnsgeld, Lehnsgroschen:* das Lehngeld; *Lehnsgut; Lehnsherr; Lehns-*

herrschaft; Lehnsmann; Lehns-pflicht: Pflicht des Vasallen gegen den Lehnsherrn; *lehns-pflichtig* Ew.; *Lehnsrecht; Lehnsstaat; Lehnsträger; Lehnstreue:* Lehnspflicht; *Lehnsverfassung; Lehnsver-trag; Lehnswesen; Lehnszins* ✳ **lehn|nen** tr.: leihen ✳ **Lehn|schaft,** die; –, –en: Lehnsverhältnis : ein Lehen

Lehm, der; –(e)s, –e: aus Verwitterung verschiedener Gesteine entstandene, gelbe Erdart ✳ *Lehmbatzen; Lehmbau; Lehmboden; Lehmerde; Lehmfarbe; lehmgelb; Lehmgrube; Lehmhütte; Lehmthera-pie:* Heilbehandlung mit Lehmerde; *Lehmziegel* ✳ **lehm|men** tr.: mit Lehm be-, ausschmieren ✳ **lehm|mig** Ew.: Lehm enthaltend : wie Lehm

Lehn: s. Lehen

Lehn|ne, die; –, –n: Sitzstütze : sanft geneigter Berghang : Böschung ✳ *Lehnbrett; Lehnses-sel; Lehnstuhl* ✳ **lehn|nen** intr., tr., rbz.: in geneigter Lage sein : in geneigte Lage bringen : gegen etwas liegen, legen

Lehn|wort, das; –(e)s, ..wörter: aus einer fremden Sprache entlehntes Wort, das sich lautlich der einheimischen Sprache angepasst hat ✳ *Lehnüberset-zung; Lehnübertragung*

Lehr, das; –(e)s, –e: (in Geweben) Muster : die Lehre, Messwerkzeug ✳ **lehr|bar** Ew.: so beschaffen, dass es gelehrt werden kann ✳ **Lehr|re,** die; –, –n: Lehr : (Techn.) Messwerkzeug : Richtschnur des Verhaltens : etwas Wahres, als wahr Aufgestelltes : (Zeit der) Unterweisung und Anleitung ✳ *es sich eine Lehre sein lassen:* daraus gelernt haben; *in der Lehre sein:* eine handwerkliche Berufsausbildung bekommen ✳ *Lehramt:* Amt des Lehrenden; *Lehranstalt:* Schule; *Lehrauftrag; Lehrbefähigung; lehrbegierig* Ew.; *Lehrbeispiel; Lehrberuf; Lehrbogen:* hölzernes Gerüst zum Aufführen von Bogen und Gewölben; *Lehrbrief:* Urkunde über beendigte Lehrzeit; *Lehrbuch; Lehrbursche:* Lehrling; *Lehrfach; Lehrfilm; Lehrfreiheit; Lehrgang:* Lehrmethode, Lehrkur-

sus; *Lehrgangsteilnehmer; Lehrgedicht:* lehrhaftes Gedicht; *Lehrgegenstand; Lehrgeld:* (veralt.) Geld, das der Lehrling zahlt; *Lehrgerüst:* Lehrbogen; *Lehrherr:* Person, bei der man in der Lehre ist; *Lehrjahr; Lehrjunge; Lehrkörper:* Lehrerschaft an einer Schule; *Lehrkraft:* Lehrer(in) : (Mz.) Lehrerschaft; *Lehrmäd-chen; Lehrmeinung; Lehrmeister; Lehrmethode; Lehrmittel; Lehrplan:* Schulplan; *Lehr-probe; lehrreich* Ew.; *Lehrsatz:* Lehre, die in einen kurzen Satz gefasst ist, Theorem, Dogma; *Lehrstelle; Lehrstoff; Lehrstück; Lehrstuhl:* Katheder : akadem. Lehrauftrag; *Lehr-stunde:* Unterrichtsstunde; *Lehrtätigkeit; Lehrtochter:* (schweiz.) Lehrmädchen; *Lehrveranstaltung; Lehrver-trag; Lehrwerkstatt; Lehrzeit* ✳ **lehr|ren** tr.: wissen machen : Kenntnisse vermitteln : (Bibl.) predigen : unterweisen : etwas beibringen ✳ *er lehrte mich lesen* ✳ **Lehr|rer,** der; –s, –: lehrende Person ✳ *Lehreramt; Lehrerausbildung; Lehrerbe-ruf; Lehrerkollegium; Lehrer-konferenz; Lehrerstand:* Stand des amtlich Lehrenden; *Leh-rerversammlung; Lehrerzim-mer* ✳ **lehr|rer|haft** Ew.: wie ein Lehrer ✳ **Lehr|re|rin,** die; –, –nen: lehrende weibl. Person ✳ **Lehr|rer|schaft,** die; –, –en: Gesamtheit von Lehrern ✳ **lehr|haft** Ew.: belehrend : gern lehrend : geschickt zu lehren : Lehren gebend ✳ **Lehr|ling,** der; –s, –e: jemand, der in der Lehre ist : ein Auszubildender ✳ **lehr|sam** Ew.: lehrreich

..lei: Nachsilbe: geartet, beschaffen; z. B. allerlei, solcherlei u. a.

Lei: Mz. von Leu (rum. Münze)

Lei, die; –, –en: Fels, Schiefer ✳ *Leiendecker:* Schieferdecker

Leib, der; –(e)s, –er: (urspr.) Leben : Körper : Unterleib, Bauch : (Baukst.) Teil der Säule, des Gebälks ✳ *Leibarzt:* Arzt eines Fürsten nur für seine Person; *Leibbinde:* Binde um den Unterleib; *Leibbursche:* (stud.) älterer Verbindungsstudent, der sich eines neu einge-

tretenen „Fuchses" annimmt; *leibeigen* Ew.: mit seiner Person einem Herrn gehörend; *Leibeigenschaft; Leibeigen-tum; Leibgarde; Leibgardist; Leibgedinge:* auf Lebenszeit ausgesetzter, bedungener Lebensunterhalt; *Leibgericht:* Lieblingsessen; *Leibjäger:* Jäger eines Fürsten; *Leibpacht:* Pacht auf Lebenszeit; *Leib-pferd:* Lieblingspferd; *Leib-rente:* lebenslängliche Rente; *Leibriemen:* Gürtel; *Leibrock; Leibschmerz; Leibschneiden:* Bauchweh; *Leibspeise; Leib-stück:* Lieblingsstück; *Leibwa-che; Leibwächter; Leibwäsche:* Unterkleidung; *Leibweh* ✳ *Lei-besbewegung; Leibeserbe:* leibliches Kind als Erbe; *Lei-beserziehung:* Körperkultur, Kräftigung des Körpers durch Leibesübungen; *Leibesfrucht:* Kind im Mutterleib; *Leibes-fülle; Leibesgefahr:* Lebensgefahr; *Leibeskraft; Leibes-strafe:* Körperstrafe; *Leibes-übung:* Leibeserziehung; *Lei-besumfang; Leibesvisitation* ✳ **Leib|chen,** das; –s, –: Kleidungsstück ✳ **lei|ben:** nur in: wie sie leibt und lebt ✳ **leib|haft, leib|haf|tig** Ew.: einen Leib habend, verkörpert : wirklich, in Person ✳ **Leib|haf|ti|ge,** der; –n: Teufel ✳ **leib|lich** Ew.: körperlich : leibhaft : wirklich, echt in Bezug auf die Blutsverwandtschaft

Lei|bung, die; –, –en: s. Laib. **Leich,** der; –(e)s, –e: mittelalterl. Gedichtform

Leich|dorn, der; –es, –e: Hühnerauge

Lei|che, die; –, –n: (urspr. Leib) : toter Körper eines Menschen : (veralt.) Leichengefolge, -begängnis ✳ *Leichenbegängnis; Leichenbeschauer; Leichenbe-stattung; Leichenbitter:* Person, die das Leichengefolge einlädt; *Leichenbittermiene:* (Umgspr.) griesgrämiger Gesichtszug; *leichenblaß →* lei-chenblass Ew.: totenblass; *lei-chenfahl* Ew.; *Leichenfledde-rer:* Leichenschänder; *Leichen-frau:* Frau, die die Leichen wäscht; *Leichenglocke; Lei-chenhalle; Leichenhemd; Lei-chenhügel:* Grabhügel; *lei-*

chenkalt Ew.; *Leichenmahl:* Schmaus nach einem Leichenbegängnis; *Leichenöffnung:* Obduktion; *Leichenrede; Leichenschändung; Leichenschau:* Besichtigung aufgefundener Leichen, um die Todesart festzustellen; *Leichenschauhaus; Leichenschmaus; Leichenstarre; Leichenträger; Leichentuch; Leichenverbrennung; Leichenwagen; Leichenwärter; Leichenzug:* Trauergeleit * **leichenhaft** Ew.: wie eine Leiche * **Leichnam,** der; –(e)s, –e: der Leib eines Toten

leicht Ew.: von niedrigem Gewicht : wenig Stoff, Masse, Gehalt in sich habend : von geringem sittlichem Gehalt, ohne Ernst, Tiefe : unwichtig : lose : oberflächlich : wenig lastend, drückend : wenig Mühe, Arbeit verursachend : sorglos, unbekümmert, froh : rasch, gewandt; Uw.: bei geringem Anlass, bald : wahrscheinlich, eher möglich * *es ist mir ein leichtes → es ist mir ein Leichtes. es ist mir leicht; es zu leicht nehmen:* zu wenig ernst nehmen; *es ist nichts Leichtes; er darf nur Leichtes essen* * *Leichtathlet; Leichtathletik* * *leichtbewaffnet → leicht bewaffnet* Mw. Ew.: mit leichten Waffen versehen; *leichtblütig* Ew.: leichtsinnig; *leichtfertig* Ew.: oberflächlich, liederlich; *Leichtfertigkeit; leichtflüssig* Ew.; *Leichtflüssigkeit; Leichtfuß:* ein Leichtfertiger; *leichtfüßig* Ew.; *Leichtgewicht:* Körpergewichtsklasse in der Schwerathletik; *leichtgläubig* Ew.: leicht glaubend; *Leichtgläubigkeit; leichtherzig* Ew.: leichtsinnig, unbedacht; *leichthin* Uw.: auf leichte Art; *Leichtindustrie;* · *leichtlebig* Ew.; *Leichtlebigkeit; leichtmachen → leicht machen; Leichtmatrose:* (seem.) Zwischenstufe zwischen Schiffsjunge und Vollmatrose; *Leichtmetall:* Metalllegierung mit den Grundstoffen Aluminium oder Magnesium; *leichtnehmen → leicht nehmen; Leichtöl; Leichtschwergewicht; Leichtsinn:* Unvorsichtigkeit : unüberlegtes Verhalten, Tun; *leichtsinnig* Ew.; *Leichtsinnig-*

keit; *leichttun → leicht tun; leichtverdaulich → leicht verdaulich* Ew.; *leichtverständlich → leicht verständlich* Ew.: leicht zu verstehen; *leichtverwundet → leicht verwundet* Ew.; leicht Verwundeter *auch:* Leichtverwundeter * **Leichte,** die; –, –en: Tragriemen beim Schubkarrenfahren

Leichter, der; –s, –: (Schiffb.) Lichter, Küstenfahrzeug : Person, die Vieh kastriert * **leichtern** (ich ..[e]re) tr.: leicht, leichter machen * **Leichtheit,** die; –: das Leichtsein * **Leichtigkeit,** die; –: das Leichtsein * **leichtlich** Uw.: auf leichte Weise, ohne Mühe, leicht

leicht fallen, leicht verwundet
Die Verbindung von Adjektiv und Verb oder Partizip wird getrennt geschrieben, wenn das Adjektiv steigerbar oder erweiterbar ist: *leicht fallen; leicht verwundet; leicht gemacht; leicht nehmen; leicht verdaulich; leicht verletzt.*

leid Ew.: mit Reue, Bedauern, schmerzlichem Sinn erfüllt : überdrüssig : (selt.) schlimm, böse, kränkend, * *jemand ist, wird etwas leid:* einer Sache überdrüssig sein; etwas bejammern; *einem tut etwas leid → einem tut etwas Leid:* er bedauert, bereut * **Leid,** das; –(e)s: verletzende Kränkung : Unrecht : Gram, Schmerz : Klage : (mundartl.) Leichenbegängnis : (mundartl.) Trauerkleidung * *kein Leid tun:* niemanden verletzen * *(sich) ein Leid(s) (an)tun:* sich etwas zuleide tun; *es geschieht (einem) etwas, nichts, alles zuleide auch:* zu Leide; *keinem zuleide und keinem zuliebe:* unparteiisch * *Leidkarte:* (schweiz.) Todeskarte; *Leidtage* Mz.: Leidenstage; *Leidtragender; leidvoll* Ew.; *Leidwesen:* das Bedauern : Jammer * *Leideform:* (Sprachl.) Passiv * **leiden** (du litt[e]st, du littest; gelitten; leide!) intr.: erdulden : Leid, Schmerz erfahren; tr., intr.: von einem unabwendbaren Übel betroffen werden : Leid empfinden : nicht hindern, dulden, geschehen lassen : Gefallen

finden, gern haben * **Leiden,** das; –s, –: Zustand des Leidens : Krankheit : Übelstand * *leiderprobt* Mw. Ew.; *leidgeprüft; leidlos* Ew.; *leidtragend; leidvoll* Ew. * **Leidensbruder;** *leidensfähig; Leidensgefährte; Leidensgenosse; Leidensgeschichte; Leidensjahr; Leidensmiene; Leidenstag; Leidensweg; Leidenswoche:* Karwoche; *Leidenszeit* *
Leiden, der, die; –n, –n *
Leidenschaft, die; –, –en: Gefühlsbewegung : Heißblütigkeit : heftige Begierde * *leidenschaftsfrei* Ew.; *leidenschaftslos* Ew. * **leidenschaftlich** Ew.: von einer Leidenschaft beherrscht : Leidenschaft kundgebend * **Leidenschaftlichkeit,** die; –: leidenschaftliches Wesen * **leider!** Uw.: Ausruf als Ausdruck des Bedauerns, der Klage * **leidig** Ew.: lästig : unangenehm : schlimm, hässlich, verhasst * **leidlich** Ew.: erträglich, mittelmäßig, halbwegs gut * **leidsam** Ew.: geduldig, duldsam : erträglich

zuleide tun / zu Leide tun
Substantive, die mit *zu* eine feste Verbindung bilden, schreibt man groß, wenn sie nicht mit anderen Teilen einer derartigen Verbindung zusammengeschrieben werden: *zu Leide tun; ich will ihm nichts zu Leide tun.* Die Schreibweise *zuleide* tun bleibt aber als Nebenform gültig. Verbindungen aus einem Substantiv und einem Verb werden getrennt geschrieben: *Leid tun; Leid tragen.*

Leiden, Leyden: Stadt in Südholland * **Leidener Flasche,** die; – –: erste Form des elektr. Kondensators

Leienedecker: s. Lei, die

Leier, die; –, –n: ein Saiteninstrument, bes. griechische Lyra : (übertr.) langweilige, oft wiederholte, eintönige Sache : Drehorgel, Leierkasten : ein Sternbild : ein Fischname : eine Kurbel : Ziehscheibe mit Kurbel : Pflugleier: die Pflugwaage tragendes Stück Holz * *immer die alte Leier:* immer dasselbe; *bei seiner Leier bleiben* intr.: bei seiner Weise bleiben * *lei-*

erförmig Ew.: in Form einer Lyra; *Leiergang:* Schlendrian; *Leierkasten:* Drehorgel, ein Musikinstrument; *Leierkastenmann:* Drehorgelspieler; *Leierschwanz:* ein australischer Vogel ✳ **Lei**|e|**rei**, die; –, –en: Geleier : das Leiern ✳ **Leie**|**rer**, der; –s, –: ein Leiernder : Leiermann ✳ **lei**|**ern** (ich ..[e]re) intr., tr.: auf der Leier spielen : eintönig singen, sprechen, vortragen : eine Kurbel bewegen : schlendern : zögern, saumselig sein, trödeln

Lei|he, die; –, –n: das Darlehen : Vermieten ✳ **lei**|**hen** (du leihst; du lieh[e]st; geliehen; leih[e]!) tr.: etwas zeitweise überlassen : etwas zeitweise übernehmen, borgen, empfangen ✳ *Leihamt:* Amt zum Beleihen von Wertsachen; *Leihbibliothek, Leihbücherei:* gewerbl. Bücherverleih; *Leihgabe; Leihgebühr; Leihhaus:* Leihamt; *Leihmutter; Leihschein; Leihvertrag:* unentgeltliche Überlassung einer Sache zum vorübergehenden Gebrauch; *Leihwagen; leihweise* Uw.: als Geliehenes

Leik: s. Liek

Lei|**kauf, Leit**|**kauf**, der; –(e)s, ..käufe: Trunk zur Bestätigung eines Handels, Kaufbekräftigung [zu Leit Wein]

Lei|**lach, Lei**|**lak**, das; –(e)s, –e(n) (veralt.) Leinlaken, -tuch

Leim, der; –(e)s, –e: zähe Klebmasse, meistens aus tierischen Stoffen bereitet ✳ *auf den Leim gehen, kriechen* intr.: (auch übertr.) sich fangen lassen; *auf dem Leim locken* tr.: (auch übertr.) leimen, fangen; *aus dem Leim gehen* intr.: aus den Fugen gehen, entzweigehen; *Leimfarbe; Leimhammer:* Gerät der Buchbinder; *Leimknecht:* Schraubenzwinge für zusammenzuleimende Bretter; *Leimkraut:* eine Pflanze; *Leimküche:* man Leim gekocht und Papier geleimt wird; *Leimpinsel; Leimrute:* Stock mit Vogelleim zum Vogelfang; *Leimsaat:* eine Pflanze; *Leimsieder:* Person, die Leim siedet : (stud.) langweiliger Mensch; *Leimstange:* Leimrute; *Leimtopf; Leimwasser:* Wasser, worin Leim aufgelöst ist; *Leim-*

zwinge: Leimknecht ✳ **lei**|**men** tr.: mit Leim zusammenfügen, verbinden : mit Leim überziehen : mit der Leimrute fangen ✳ **lei**|**mig** Ew.: leimartig, zäh : Leim enthaltend

Lein (l.), der (das); –(e)s, –e: Flachs : Same des Flachses, Leinsame : Gewebe aus dem Flachsgespinst ✳ *Leinaal:* junges Neunauge; *Leinacker; Leinbau:* Anbau von Flachs; *Leinblüte; Leinfeld; Leinkraut:* eine Pflanze; *Leinkuchen:* Rückstand beim Pressen des Leinöls; *Leinlaken:* leinenes Laken; *Leinöl:* Öl aus Leinsamen; *Leinsaat; Leinsamen:* Flachssamen; *Leintuch; Lein(e)wand, lein(e)wanden* Ew.: aus Leinwand; *Lein(e)we- ber* ✳ **Lei**|ne, die; –, –n: Seil, Tau, Strick ✳ *Leinenschießer:* Matrose, der die Walleine abschießt; *Leinläufer:* Person, die mittels Leine im Schiff stromauf zieht; *Leinpfad; Leinzieher:* Leinläufer ✳ **lei**|**nen**, **lin**|**nen** Ew.: aus Flachs geweben ✳ *Leinenband:* Buch in Leineneinband; *Leineneinband:* Bucheinband aus Leinen; *Leinengarn:* Garn aus Leinen; *Leinenkleid; Leinenspitze; Leinentuch; Leinenzeug:* Leingarn : Bett und Tischwäsche aus Leinen ✳ **Lei**|**nen**, **Lin**|**nen**, das; –s, –: leinenes Gewebe

Lei|ne, die; –: Nebenfluss der Aller

Leip|**zig:** sächs. Messestadt ✳ **Leip**|**zi**|**ger Al**|**ler**|**lei:** Gericht aus jungem gemischtem Gemüse ✳ *Leipziger Disputation:* Streitgespräch zwischen Luther und Eck ✳ *Leipziger Messe:* große Wirtschaftsschau in Leipzig

leis, lei|**se** Ew.: nur eben hörbar : nur eben spürbar : behutsam, sacht : zart, milde ✳ *leisehörend* Mw. Ew.; *leisehörig* Ew.; *Leisetreter:* Schleicher : Schmeichler; *Leisetreterei; leisetreterisch* Ew.

Leis, der; –(es), –e(n): kirchl. Bittgesang in lat. Sprache, benannt nach dem Refrain „Kyrie eleison"

Leist, der; –(e)s, –e: Leisten : eine Pferdekrankheit ✳ **Leis**|te, die; –, –n: schmale

Einfassung : bandförmiger Streifen, Saum, Borte : Bergabhang : langes, schmales Holz am Leiterwagen : Falte des Körpers zwischen Bauch und Oberschenkel ✳ *Leistenband; Leistenbeuge; Leistenbruch:* Bruchstelle in der Leistengend; *Leistengegend:* Schambug, Weiche; *Leistenwein:* Wein, der auf der Leiste bei Würzburg wächst ✳ **Leis**|ten, der; –s, –: Holzform, „Fußspur", nach der der Schuh gearbeitet wird ✳ *alles über einen Leisten schlagen:* alles gleichmäßig behandeln ✳ **leis**|ten tr.: etwas befolgen : etwas zuwege bringen : (Rechtsspr., veralt.) sich der Verpflichtung gemäß zur Unterhandlung einfinden ✳ **Leis**|**tung**, die; –, –en: eine Tat : ein Verdienst : ein Vollzug ✳ *Leistungsabfall; Leistungsdruck; Leistungsfähigkeit; Leistungsgesellschaft; Leistungsgrenze; Leistungskontrolle; Leistungskurs; Leistungskurve; Leistungslohn; leistungsorientiert; Leistungsprämie; Leistungsprüfung; Leistungsschau; Leistungssport; leistungsstark; Leistungsträger; Leistungsvermögen; Leistungswettbewerb; Leistungszentrum; Leistungszuschlag*

Leit, der; –(e)s: (veralt.) Obstwein : Wein ✳ *Leitgeb,* der; –en, –en: Wirt; *Leitkauf:* s. Leikauf

Lei|te, die; –, –n: Berghang : Halde ✳ **Lei**|ter, die; –, –n: Gerät mit Sprossen zum Klettern : Folterwerkzeug : (weidm.) viereckig gestricktes Garn ✳ *Leiterbäume* Mz.: Teile der Leiter; *Leitersprosse:* Teil der Leiter; *Leiterstange; Leiterwagen:* Wagen mit leiterähnlichen Seitenteilen

lei|ten tr.: führen, lenken : einer Sache vorstehen : Ordnung halten in etwas : (elektr. Strom –) hindurchfließen lassen ✳ *Leitartikel:* kommentierender Zeitungsartikel über Tages-, Zeitfragen; *Leitartikler:* jemand, der regelmäßig Leitartikel schreibt : Kolumnist; *leitbar; Leitbild:* Vorbild : Ideal; *Leitbündel; Leitfaden:* (griech. Götterlehre) der Ariadnefaden, der aus dem Labyrinth herausleitet : Lehrbuch; *leitfähig* Ew.; *Leitfeuer:* Lauffeuer, das zur Mine führt; *Leitfigur; Leitfossil; Leitgedanke:* leitender Gedanke : Leitbild; *Leitgewebe; Leithammel:* die Herde führender Hammel; *Leithund:* Blindenhund : Jagdhund : Hund, der Wildfährten verfolgt; *Leitidee; Leitkabel; Leitkegel; Leitlinie; Leitmotiv:* leitender Beweggrund : (Mus.) Tonfolge, die eine Person charakterisiert : Grundthema; *Leitplanke; Leitsatz; Leitseil:* Seil zum Leiten von Hunden, Pferden usw.; *Leitspruch:* Wahlspruch : Motto; *Leitstern; Leittier; Leitton; Leitvermerk:* (im Büro) Vermerk über die Weitergabe von Schriftstücken; *Leitwerk:* Höhen- und Seitensteuer beim Flugzeug : Damm, der die Fließrichtung eines Flusses regelt; *Leitwort; Leitzins* ※ **Leiter**, der; –s, –: der verantwortlich Führende des Betriebes, einer Gemeinschaft : Stoff, der Elektrizität weiterleitet ※ **Leiterin**, die; –, –nen: weibl. Person, die etwas leitet, führt ※ **leitsam** Ew.: lenksam ※ **Leitung**, die; –, –en: Führung : Vorrichtung zum Weiterleiten eines Stoffes, z. B. elektr. Strom, Gas, Wasser ※ *Leitungsdraht:* Draht, der Elektrizität leitet; *Leitungsnetz; Leitungsrohr:* Rohr, das eine Flüssigkeit oder Gas leitet; *Leitungswasser*

Leit|geb: s. Leit
Leit|tha: Nebenfluss der Donau
Leit|kauf: s. Leikauf
Lek, der; –: Mündungsarm des Rheins
Lek, der; –s, –: albanische Münze
Lek|ti|on (l.), die; –, –en: Vorlesung : Lehr-, Unterrichtsstunde : Lehrbuchabschnitt : Schulaufgabe : Zurechtweisung ※ **Lek|tor**, der; –s, ..toren: Lehrer einer Hochschule : (Verlagsw.) Überprüfer von Manuskripten auf ihre Verwertbarkeit und Bearbeiter derselben ※ **Lek|to|rat** (nl.), das; –s, –e: das Amt eines Lektors ※ **lek|to|rie|ren** tr.: die Tätigkeit eines Lektors ausüben ※ **Lek|tü|re** (fr.), die; –: Lesen :

Lesestoff : die Belesenheit : Werk, Buch ※ *Lektüreauswahl; Lektürestunde*
Le|ky|thos, der; –, Lekythen: altgriech. Gefäß für Salböl
Lem|ma (gr.), das; –s, ..ta: „Genommenes" : Stichwort : Annahme : mathemat. Hilfssatz ※ **lem|ma|ti|sie|ren** tr.: kennzeichnen mit einer Überschrift : zu einem Stichwort machen
Lem|ming (dän.), der; –s, –e: Wandermaus
Lem|nis|ka|te (l.), die; –, –n: (Math.) Schlingenlinie
Le|mur, **Le|mu|re** (l.), der; ..ren, ..ren: Gespenst : Geist eines Verstorbenen : Halbaffengattung ※ **le|mu|ren|haft** Ew.
Le|mu|ria (nl.): (Geol.) versunkener Erdteil zwischen Indien und Madagaskar
Le|na: sibir. Strom
Len|de, die; –, –n: „Rückenstück", Gegend des Körpers zwischen Rückenwirbel und Kreuz, unterhalb der Hüftknochen : (Bib., dichter.) Sitz der Zeugungskraft ※ *Lendenbraten; Lendengegend; Lendengrieß:* Krankheit der Niere, Blase; *lendenlahm* Ew.: kreuzlahm; *Lendenmuskel; Lendenschmerz; Lendenschurz:* Kleidungsstück der Bewohner heißer Gegenden; *Lendenstein:* Nierenstein; *Lendenstück:* Bratenfleisch der Lende : Filet; *Lendenwirbel:* Rückenwirbel der Lendengegend
Leng, der; –(e)s, –e: Langfisch, meist als Stockfisch
Le|nin: Begründer des Bolschewismus und der russ. Sowjetrepubliken ※ **Le|nin|grad:** sowjetruss. Name für die heutige St. Petersburg ※ **Le|ni|nis|mus**, der; –: Lehre Lenins ※ **Le|ni|nist**, der; –en, –en: Anhänger des Leninismus ※ **le|ni|nis|tisch** Ew.: den Leninismus betreffend
lenk|bar Ew.: lenksam : sich lenken lassend ※ **Lenk|bar|keit**, die; –, –en: das Lenkbarsein ※ **len|ken** tr.: leiten : die gewünschte Richtung geben : beweglich ineinander fügen ※ *Lenkachse; Lenkrad; Lenkradschaltung; Lenkseil:* Teil des Geschirrs für Zugtiere; *Lenkstange; Lenkwaffe* ※ **Len|ker**,

der; –s, –: lenkende Person : Vd. f. Chauffeur : die Bewegung lenkender Teile an Maschinen ※ **Len|ke|rin**, die; –, –nen: weibl. Lenker ※ **lenk|sam** Ew.: leicht zu lenken ※ **Len|kung**, die; –, –en: das Lenken : Vorrichtung zum Lenken
Len|ne, die; –: Nebenfluss der Ruhr
len|tan|do (it.): (Mus.) nach und nach langsamer werdend ※ **len|tes|zie|rend** Mw. Ew.: schleichend (bes. von Krankheiten) ※ **len|to:** (Mus.) langsam, gedehnt ※ *lento assai, lento di molto:* sehr langsam ※ **Len|to**, das; –s, –s und ..ti: (Mus.) langsamer Satz
len|ti|ku|lar, **len|ti|ku|lär** Ew.: linsenförmig ※ *Lentikularmesser* (l.-dtsch.), das; –s, –: linsenförmiges Messer der Ärzte ※ **Len|ti|tis**, die; –, ..titiden: (Med.) Phacitis, Linsenentzündung ※ **Len|til|zel|le**, die; –, –: warzenartige Pore in der Rinde
len|to: s. unter lentando
lenz Ew.: (niederd.) (seem.) leer ※ *lenz sein:* nichts mehr haben ※ *lenz pumpen* tr.: leer pumpen ※ **len|zen** (du lenzest und lenzt) tr.: (seem.) leerpumpen : bei Sturm abtakeln und vor dem Winde segeln : sich dem Nichtstun hingeben
Lenz, der; –es, –e: (geh. Rede) Frühling ※ *Lenz(es)blume; Lenzfest; Lenzmond:* Lenzmonat; *Lenzzeit* ※ **len|zen** (es lenzt) intr.: lenzhaft sein, Frühling werden ※ **lenz|haft** Ew.: lenzmäßig, wie der Lenz ※ **len|zig** Ew.: lenzhaft ※ **..len|zig** Ew., nur in Zus.: ..jährig, z. B. siebzehnlenzig ※ **Len|zing**, der; –s, –e: März, Lenzmonat ※ **lenz|lich** Ew.: lenzhaft
Le|o|ni|das: König von Sparta
Le|o|ni|den (gr.) Mz.: Sternschnuppenschwarm im Sternbild des Löwen ※ **le|o|ni|nisch** (l.) Ew.: nach Löwenart ※ *leoninischer Vertrag:* Gesellschaftsvertrag, bei dem ein Teilhaber den Löwenanteil bekommt; *leoninische Verse* Mz.: (nach einem mittelalterl. Dichter Leo benannte) gereimte Hexa- und Pentameter
le|o|nisch Ew.: (wahrschein-

lich) nach der span. Stadt Léon benannt * *leonische Waren* Mz.: unechte Borten, Tressen usw. aus veroldetem Draht

Le|o|pard (gr.), der; –en und –s, –e(n): Panther * *Leopardenfell* * **Le|o|pen**, der; –, –: Kreuzung zwischen einem Leoparden und einer Löwin

Le|pi|dop|te|re, die; –, –n: Schuppen-, Staubflügler, ein Schmetterling * **Le|pi|dop|te|ri|ten** Mz.: Schmetterlingsabdrücke auf Stein * **Le|pi|dop|te|ro|lo|gie**, die; –: Schmetterlingskunde

Lé|o|pold|ville [..wil]: früherer Name der Stadt Kinshasa, der Hauptstadt Zaires

Le|po|rel|lo (it.): Diener in Mozarts „Don Juan" * *Leporelloalbum* (it.-l.): in Buchform zusammengefaltete Bilderreihe

Le|p|ra (gr.), die; –: Aussatz, eine Hautkrankheit * *Lepraheim* : Aussätzigenheim * **Le|p|rös** Ew.: aussätzig * **Le|p|ro|se**, der (die); –n (–), –n: Aussätzige(r), mit Aussatz Behaftete(r) * *Leprosenhaus;* Lepraheim * **Le|p|ro|so|ri|um** (spätl.), das; –s, ..rien: Krankenhaus für Leprakranke

Lep|tis Mag|na: berühmte libysche Ruinenstadt der afrikan. Mittelmeerküste, östl. von Tripolis

lep|to.. (gr.) Ew. in Zus.: schmal.., zart.. * **Lep|to|kar|di|er**, der; –s, –: „Röhrenherz", Lanzettfisch * **lep|tho|pho|nisch** Ew.: feinstimmig **Lep|ton**, das; –s, Lepta: altgr. Kupfermünze (1/100 Drachme) : neugr. Münze (1/100 Drachme) : feinste Bestandteile der Materie * **lep|to|som** Ew.: schlank, zierlich gewachsen * **Lep|to|so|me**, die; die, –n, –n: leptosom Gewachsene(r) * **lep|to|ze|phal** Ew.: schmalköpfig * **Lep|to|ze|pha|lie**, die; –: Schmalköpfigkeit

Ler|che, die; –, –n: ein Singvogel * *eine Lerche schießen:* (Pferd) kopfüber stürzen * *Lerchenfalke:* eine Falkenart; *Lerchenfang; Lerchensporn:* eine Pflanze

Ler|nä, Ler|nä|en (gr.) Mz.: Mysterienkult der Demeter in Lerna * **ler|nä|isch** Ew.: auf L. bezogen * *Lernäische*

Schlange: neunköpfige Hydra, von Herakles erlegt

lern|bar Ew.: geeignet zum Lernen : leicht zu lernen * **ler|nen** tr., intr.: erfahren : gelehrt werden : sich Kenntnisse und Fähigkeiten aneignen * *kennenlernen* → *kennen lernen; liebenlernen* → *lieben lernen* * **lern|begierig** Ew.; *Lernbegier(de); lernbehindert; Lerneifer; lerneifrig* Ew.; *lernfähig; Lernmittel:* Hilfsmittel für den Schüler; *Lernmittelfreiheit; Lernprozeß* → *Lernprozess; Lernschrift; Lernstoff; Lernstunde; Lernzeit; Lernziel*

kennen lernen
Die Verbindung zweier Verben wird getrennt geschrieben, wenn das erste im Infinitiv steht: *kennen lernen; lieben lernen; hängen lassen; sitzen bleiben; spazieren gehen.*

Les|art: s. lesbar

les|bar Ew.: so beschaffen, dass man es lesen kann * **Les|bar|keit**, die; –, –en * **Le|se**, die; –, –: Ernte : (bes.) Weinernte : Stich im Kartenspiel : zählende Augen im Kartenspiel * **le|sen** (du liesest und liest, er liest, ich las, du las[es]t, du läsest; lies!) tr.: eins nach dem anderen aufheben : auswählend sammeln : Schriftzeichen mit dem Auge in Worte, Sätze zusammenfassen : (auf Hochschulen) Lehrvorträge halten * *den Acker lesen:* von Steinen reinigen; *in, aus einer Zeitung lesen; einem die Lektion, die Leviten, den Psalter, die Epistel lesen:* strengen Verweis geben * *Lesart:* abweichende Fassung des Wortlautes; *Leseabend; Leseart:* Art und Weise des Lesens; *Lesebrille; Lesebuch; Leseecke; Lesefrucht:* durch Lesen erworbene Kenntnis; *Lesegerät; Leseholz:* dürres Holz, das zusammengelesen wird; *Lesehunger; Leselampe; Leselupe; Leselust; Leseprobe; Lesepult; Leseratte:* Bezeichnung für einen, der viel liest; *Lesesaal; Lesestoff; Leseübung; Lesewut; Lesezeichen:* Satzzeichen : Buchzeichen; *Lesezeit:* zum Lesen bestimmte Zeit; *Lesezimmer; Lesezirkel:* Lesekränzchen * *lesenswert, -wür-*

dig Ew. * **Le|ser**, der; –s, –: jemand, der etwas aufliest, sammelt : jemand, der in einem Buch liest : ein Vorlesender * *Leserbrief; Leserkreis; Leserwunsch; Leserzuschrift* * **Le|se|rei**, die; –, –en: das Lesen : (verächtl.) vieles Lesen * **le|ser|lich** Ew.: (Handschrift) leicht zu lesen * **Le|ser|schaft**, die; –, –en: Leserkreis * **Le|sung**, die; –, –en: das Lesen, die Lektüre : Beratung einer Parlamentsvorlage

Les|be, Les|bie|rin, die; –; –n bzw. ..innen: Einwohnerin von Lesbos : homosexuell (Frau) * **Les|bi|er**, der; –s, –: Bewohner von Lesbos * **les|bisch** Ew.: auf Lesbos bezogen * *lesbische Liebe:* gleichgeschlechtliche Liebe der Frau * **Les|bos:** gr. Insel

Le|so|tho: südafrik. Staat, früher Basutoland * *Lesother; lesothisch*

Le|sung: s. unter lesbar

le|tal (l.) Ew.: tödlich * **Le|ta|li|tät**, die; –: Sterblichkeit

L'etat c'est moi (fr.) [leta se moa]: „Der Staat bin ich", Worte des französischen Königs Ludwigs XIV, die zum Leitspruch des Absolutismus wurden

Le|thar|gie (gr.), die; –: Schlafsucht, todähnlicher Schlaf : Teilnahmslosigkeit * **le|thar|gisch** Ew.: schlafsüchtig : teilnahmslos * **Le|the**, die; –: (gr. Sage) Fluss der Unterwelt : Quell der Vergessenheit

Let|kiss (finn.-e.) [lättkiss], der; –: Gesellschaftstanz

let|schert Ew.: (östr.) ohne Energie : ermattet

Let|scho, das; –s: gemüsereiches ungar. Nationalgericht

Let|ten, der; –s, –: Tonerde : Lehm * **let|ten** Ew.: aus Ton, Lehm * **let|tig** Ew.: lettenartig, lettenhaltig

Let|ter (fr.), die; –, –n: Buchstabe * *Letterbox* (fr.-e.), die; –, –es: Brieffach : Postfach * *Letterngießmaschine; Letterngut:* Metall, aus dem die Lettern gegossen werden * *Letternholz:* Holz, dessen Adern oft Buchstaben ähneln; *Letternmetall*

Let|ter, Lett|ner (ml.), der; –s, –: Ort, wo gelesen wird : Trennung zwischen Mittelschiff und Chor (Kirche) : Chorgestühl

Lettland: baltischer Staat ✱ **Lette,** der; –n, –n: Bewohner Lettlands ✱ **lettisch** Ew.

Lettner: s. Letter

letz, letzer, letzes te: (alem.) verkehrt ✱ **letzen** tr.: (veralt.) träge machen : beschädigen, verletzen; tr., rbz.: erquicken, laben ✱ *sich mit Freunden letzen:* mit Freunden den Abschiedsschmaus halten : Abschied nehmen ✱ **Letzt, Letzte,** die; –: Ende, Schluss : (veralt.) Abschiedsessen ✱ *zu guter Letzt:* zum Schluss ✱ **letzte, letzter, letztes** Ew.: den Schluss bildend : den niedrigsten oder höchsten Rang, Wert habend; Uw.: jüngst, neulich : zum Schluss, Ende ✱ *er ist der letzte → der Letzte, den ich wählen würde; der Letzte in der Klasse; der Letzte des Monats; der Letzte seines Stammes; die Letzten werden die Ersten sein:* die Geringsten werden die Höchsten sein; *die letztemal → das letzte Mal; zum letztenmal → zum letzten Mal; zum letzten Male; er sah den letzten Morgen:* er muss sterben; *das ist mein Letztes:* das ist mein Ende : das, was ich zuletzt, am wenigsten tun würde; *die Letzte Ölung:* das letzte Sakrament; (einem) *den letzten Stoß geben:* den Gnadenstoß versetzen; *der Letzte Wille → der letzte Wille:* Testament; *das letzte Wort behalten:* beim Streit das letzte Wort sagen, behaupten : beim Handel das äußerste Zugeständnis machen; *in den letzten Zügen liegen:* im Sterben liegen; *der erstere, der letztere → der Erstere, der Letzte:* dieser .., jener ..; *letzterer sagte → Letzterer sagte; ich ziehe letzteres vor → ich ziehe Letzteres vor; die letztgenannten drei Herren; der Letztgenannte* ✱ **letzthin** Uw.: letztens ✱ **letztmalig** Ew.: beim oder zum letzten Mal ✱ **letztmöglich** Ew.: zur letzten Möglichkeit ✱ **letztwillig** Ew.: testamentarisch ✱ **letztwöchig** Ew.: in den letzten Wochen ✱ **letztens** Uw.: neulich ✱ **letztlich** Uw.: letztens : schließlich, endlich

der Letzte, Letzteres, ein letztes Mal

Wird das Zahladjektiv *letzte* substantivisch gebraucht, wird es großgeschrieben: *der Letzte; als Letzter; bis ins Letzte; Letzteres.*

Verbindungen, bei denen ein Teil erweitert ist, werden getrennt geschrieben: *ein letztes Mal* (aber: einmal); *dies eine Mal* (aber: diesmal); *der Ehre halber* (aber: ehrenhalber).

Leu, der; –en, –en: (dicht.) Löwe

Leu, der; –, Lei: „Löwe", rumän. Münze

Leuchte, die; –, –n: Heiligkeit, Glanz : Lampe : hervorragender Kenner eines (wissensch.) Gebiets ✱ *Leuchtbake:* am Ufer aufgestelltes Seezeichen mit Leuchte; *Leuchtboje; Leuchtbombe; leuchtendrot → leuchtend rot; Leuchtfarbe; Leuchtfeuer; Leuchtfisch; Leuchtgas; Leuchtkäfer:* Johanniswürmchen; *Leuchtkugel; Leuchtmunition; Leuchtpistole; Leuchtrakete; Leuchtreklame; Leuchtröhre; Leuchtschrift; Leuchtsignal; Leuchttechnik; Leuchttierchen:* Geißeltierchen, das das Meeresleuchten verursacht; *Leuchtturm:* Turm mit Leuchtfeuer für Schiffe; *Leuchtzifferblatt* ✱ **leuchten** intr.: Licht ausstrahlen, hell sein : Leuchtendes halten ✱ **Leuchter,** der; –s, –: Gestell zum Aufstecken von Lichten, Kerzen, Lampen : eine Gattung Moose : Leuchttierchen

leuchtend rot

Steht ein adjektivisches Partizip (*leuchtend*) in Verbindung mit einem Adjektiv (*rot*), wird dieses Gefüge getrennt geschrieben: *leuchtend rot; blendend weiß; kochend heiß; gestochen scharf.*

leugnen tr.: nicht gestehen : in Abrede stellen ✱ **Leugnung,** die; –, –en: das Leugnen

leuk(o).. (gr.) Ew. in Zus.: weiß.. ✱ **Leukämie,** die; –: Weißblütigkeit, eine Blutkrankheit : Blutkrebs ✱ **leukämisch** Ew.: an Leukämie leidend ✱ **Leukoblasten,** die; nur Mz.: Zellen, die weiße Blutkörperchen bilden ✱

Leukoderm Ew.: mit weißer Haut ✱ **Leukoderma,** das; –s, ..men; **Leukodermie,** die; –: Weißsucht, Weißhäutigkeit ✱ **Leukolyse,** die; –, –n: Prozess des Verfalls weißer Blutkörperchen ✱ **Leukom,** das; –s, –e: weiße Narbe auf der Augenhornhaut ✱ **Leukopathie,** die; –: Bleichsucht ✱ **Leukopenie,** die; –, –en: krankhafte Verminderung der Anzahl weißer Blutkörperchen ✱ **Leukoplast,** der; –en, –en: Bestandteil pflanzl. Zellen ✱ **Leukoplast,** das; –s, –e: Heftpflaster ✱ **Leukorrhö, Leukorrhöe,** die; –: der weiße Fluss beim weibl. Geschlecht ✱ **Leukotomie,** die; –, ..mien: Gehirnoperation zur Linderung einer schweren Geisteskrankheit : Lobotomie ✱ **Leukozyt,** der; –en, –en: weiße Blutzelle ✱ **Leukozytose,** die; –: Vermehrung der weißen Blutzellen [gr. leukos hell]

Leumund, der; –(e)s: Ruf : Urteil der öffentlichen Meinung ✱ *Leumundszeugnis*

Leute, die; nur Mz.: Volk : Menschen : Personen : (veralt.) Gesinde, Dienstboten ✱ *unter die Leute bringen* tr.: überall erzählen; *Kleider machen Leute:* in guten Kleidern sieht jedermann vornehm aus; *wir sind geschiedene Leute:* wir haben miteinander nichts mehr zu tun ✱ *Leutpriester:* Weltgeistlicher; *Leutebetrüger; leutescheu* Ew.: menschenscheu; *Leuteschinder* ✱ **leutselig** Ew.: umgänglich : wohlwollend; **Leutseligkeit,** die; –: Umgänglichkeit

Leutnant (fr.), der; –s, –s und –e: „Statthalter, Stellvertreter", unterster Offiziersrang ✱ *Leutnantsrang; Leutnantsuniform*

Leuwagen, der; –s, –: (mundartl.) Schrubber

Leuzit (gr.), der; –s, –e: Mineral

Levade (fr.) [..w..], die; –, –n: (Reitkst.) die Erhebung eines schulgerechten Pferdes auf den Hinterfüßen ✱ **Levée** (fr.), **Levee** [l'weh], die; –, –s: Erhebung : Aufstand : Aushebung der Soldaten : (Kartsp.) die meisten Stiche ✱ **Lever**

(fr.) [l'weh], das; –s, –s: das Aufstehen (17. und 18. Jh.), Morgenaufwartung im Schlafzimmer des Königs)

Le|van|te (it.) [..w..], die; –: Morgenland : Osten * **Le|van|ti|ne,** die; –: halbseidenes Gewebe * **Le|van|ti|ner,** der; –s, –: der Morgenländer * **le|van|ti|nisch** Ew.: morgenländisch

Le|vel (e.) [läwel], der; –s, –s: Ebene : Rang : Geisteshöhe

Le|ver: s. Levade

Le|ver|ku|sen: Industriestadt am Rhein

Le|vi|a|than (hebr.) [..w..], der; –s: sagenhaftes Ungeheuer im A.T. ; (allg.) Ungeheuer

Le|vi|rats|e|he (hebr.-nl.) [..w..], die; –, –n: Schwagerehe, Ehe der kinderlosen Witwe mit dem Bruder des verstorbenen Gatten

Le|vit [..w..], der; –en, –en: Angehöriger des jüdischen Stammes Levi : jüd. Priester der Priesterdiener : (kath. Kirche) Diakon und Subdiakon als Helfer beim Hochamt (Levitenamt) * *einem die Leviten lesen:* einem Vorhaltungen machen * **Le|vi|te** (fr.), die; –, –n: Art sehr weiter Frauenkleider * **Le|vi|ten** die; Mz.: nur in *jemandem die Leviten lesen* * **Le|vi|ti|kus,** der; –: 3. Buch Mose

Le|vi|ta|ti|on, die; –, en: irreales Aussetzen der Schwerkraft, das von Magiern als realistisch vertreten wird

Lev|koie, Lev|ko|je (gr.) die; –, –n: Gartenpflanze

Lew, der; –(s), Lewa: „Löwe", bulgar. Münze

Lex: s. legal

Le|xem, das; –s, –e: (Sprachw.) kleinste Einheit des Wortschatzes einer Sprache * **Le|xik,** die; –: Wortschatz, Wortwahl * **le|xi|ka|lisch** Ew.: zum Wörterbuch gehörig : wörterbuchartig * **Le|xi|ko|graph** *auch:* **Le|xi|ko|graf,** der; –en, –en: Verfasser oder Bearbeiter eines Wörterbuches * **Le|xi|ko|gra|phie** *auch:* **Le|xi|ko|gra|fie,** die; –: Lehre von der Abfassung eines Wörterbuchs oder Lexikons * **le|xi|ko|gra|phisch** *auch:* **le|xi|ko|gra|fisch** Ew.: wörterbuchartig * **Le|xi|ko|lo|ge,** der;

–n, –n: Experte der Lexikologie * **Le|xi|ko|lo|gie,** die; –: Lehre vom Wortschatz, von der Wörterbuch- oder Lexikonherstellung * **Le|xi|kon,** das; –s, ..ka und ..ken: Wörterbuch : Nachschlagewerk * *Lexikonformat; Lexikonoktav* * **le|xisch** Ew.: auf die Lexik bezogen [gr. lexis Rede, Wort]

Ley|den: s. Leiden

Le|zi|thin (gr.) das; –s, –e: phosphorhaltiger Stoff : Nährstoffpräparat

L'hom|bre: s. Lomber

Li|ai|son (fr.) [liäsong], die; –, –s: Liebesverhältnis, Liebschaft

Li|a|ne, die; –, –n: Schlingpflanze

Li|as (e.) [auch leiäs], der; die; –: (Geol.) schwarzer Jura, unterste Abteilung der Juraformation * *Liasformation* * **li|as|sisch** Ew.: den, die Lias betreffend

Li|ba|ne|se, der; –n, –n: Bürger des Libanon * **li|ba|ne|sisch** Ew. * **Li|ba|non,** der; –s: Staat in Vorderasien

Li|ba|ti|on (l.), die; –, –en: Trankopfer

Li|bell (l.), das; –s, –e: kleine Schrift : Klageschrift : Schmähschrift * *Libellschreiben* * **li|bel|lie|ren** (..iert) (nl.) intr.: schriftlich klagen * **Li|bel|list,** der; –en, –en: Flugschriftschreiber : Schmähschriftschreiber [l. liber Buch]; vgl. Liberei

Li|bel|le (l.), die; –, –n: Wasserjungfer, ein Insekt : Wasserwaage * *Libellenwaage:* Wasserwaage * **li|bel|lie|ren** (..iert) tr.: mit der Wasserwaage messen

li|be|ral (l.) Ew.: freisinnig : edel, freimütig : vorurteilslos : freigebig, gütig * **Li|be|ra|le,** der; –n, –n: der Freisinnige : Anhänger des Liberalismus * **li|be|ra|li|sie|ren** (..iert) tr.: zum Freisinnigen machen : sich als Freisinniger zeigen, benehmen : in liberalem Geiste gestalten (z. B. Wirtschaft) * **Li|be|ra|li|sie|rung,** die; –, –en: Aufhebung staatlicher Außenhandelsbeschränkungen * **Li|be|ra|lis|mus,** der; –: Freisinnigkeit : freiheitliche Staats-

ordnung : Gewerbe- und Handelsfreiheit ; Gewissensfreiheit * **Li|be|ra|list,** der; –en, –en * **li|be|ra|lis|tisch** Ew.: in schädlicher Weise liberal * **Li|be|ra|li|tät,** die; –: freie, edle Gesinnung : Freigebigkeit : Vorurteilslosigkeit * **Li|be|ra|li|um Ar|ti|um Ma|gis|ter,** der; – – –: Magister der freien Künste * **Li|be|ra|ti|on,** die; –, –en: Befreiung : Entlassung * **Li|be|ro** (it.), der; –s, –s: (Fußball) nicht mit Spezialaufgaben betrauter, freier Verteidiger * **Li|ber|tas,** die; –: Freiheit * **Li|ber|té, É|ga|li|té, Fra|ter|ni|té** (fr.): Freiheit, Gleichheit, Brüderlichkeit (Wahlspruch der Franz. Revolution) * **Li|ber|tin** (fr.) [..täng], der; –s, –s: Freigeist : Wüstling * **Li|ber|ti|na|ge** (fr.) [..tinahsch'], die; –, –n: Ausschweifung * **Li|ber|ti|ner,** der; –s, –: Angehöriger einer auf Ungebundenheit fußenden Sekte * **Li|ber|ti|nis|mus** (nl.), der; –: Freiheitssucht

Li|be|ria: westafrikan. Küstenstaat * **Li|be|ri|a|ner,** der; –s, –: Bewohner Liberias * **li|be|ri|a|nisch** Ew.

Li|bi|do (l.), die; –: Begierde : Trieb : Sinnlichkeit * **Li|bi|di|nist** (nl.), der; –en, –en: Wollüstling * **li|bi|di|nös** (l.) Ew.: wollüstig

li|bi|tum, ad – (l.): nach Belieben

Li|bra (l.), die; –, –s: altrömisches Gewicht

Li|brai|rie (fr.) [libräri], die; ..rien: Buchhandlung : Buchsammlung * **Li|bra|rius** (l.), der; –, ..rii: Bücherabschreiber : Schreiber * **Li|bra|ry** (e.) [leibreri], die; –: Bibliothek

Li|bres|so, das; –s, –s: Wiener Kaffee- und Lesestube * **Li|bret|tist** (it.), der; –en, –en: Operntextdichter * **Li|bret|to,** das; –s, ..tti: Operntextbuch [l. liber Buch]

Li|bra|ti|on (l.), die; –, –en: scheinbare Mondschwankung * **Li|bus|sa:** Gestalt der tschech. Sage, legend. Gründerin Prags

Li|by|en: Staat in Nordafrika * **Li|by|er,** der; –s, –: Einwohner Libyens * **li|bysch** Ew. * *das libysche Klima; die Libysche Wüste*

Lic. (Abk.): Licentiat; auch Lizentiat: s. a. Lizenz

li|ce|at (l.) [..k..]: „es sei gestattet" * **li|cet:** „es ist erlaubt, gestattet"; vgl. Lizenz

Li|chen (l.), der; –s: Moosflechte : (Med.) Knötchenflechte * *Lichenschokolade:* Schokolade mit isländischem Moos * **li|che|no|id** Ew.: flechtenähnlich * **Li|che|no|lo|gie** (gr.-l.), die; –: Flechtenkunde

licht Ew.: hell : hell strahlend, blank * *es wird licht; im Lichten; im Lichten gemessen: lichte Weite:* Innenweite (von Röhren) . * **Licht,** das; –(e)s, –er und (–e), Lichtchen; Lichtlein: Glanz, Helle, das Licht machende : leuchtender, Licht verbreitender Gegenstand : (bes. weidm. Mz.) Augen des Edelwildes : Leben : geistige Einsicht : Gott, etwas Göttliches, Himmlisches : etwas Erfreuliches, Tröstendes : ein teures Gut : etwas sich ruhmvoll Auszeichnendes, Hervorstrahlendes : (weidm.) Ader, woran das Herz, Geschlinge hängt : kleine, Licht durchlassende Öffnung * *das Licht der Welt erblicken:* geboren werden; *das Licht scheuen; ans Licht kommen* intr.: offenbar, sichtbar werden; *hinters Licht führen* tr.: täuschen; *einem das Licht ausblasen:* jemand töten; *einem geht ein Licht auf:* ihm wird klar * *Lichtanlage:* Vd. f. Lichtinstallation; *Lichtäther; lichtarm* Ew.: ziemlich dunkel *Lichtbad:* Sonnen-, Höhensonnenbestrahlung; *Lichtbehandlung; lichtbeständig* Ew.; *Lichtbeständigkeit; Lichtbild:* Fotografie; *Lichtbildervortrag; Lichtblick:* Hoffnungsschimmer; *lichtblond* Ew.; *Lichtbogen; Lichtbogenofen:* Elektrostahlofen; *lichtbrechend* Ew.; *Lichtbrechung; Lichtbündel; lichtdicht* Ew.; *Lichtdruck; lichtdurchflutet* Ew.; *lichtdurchlässig* Ew.; *Lichtdurchlässigkeit; Lichte:* helle Weite; *lichtecht* Ew.: (besonders bei Stoffen) unempfindlich gegen Licht; *Lichtechtheit; Lichteffekt; Lichteinfall; lichtelektrisch* Ew; *lichtempfindlich* Ew.: (Fot.) empfindlich gegen das Licht; *Lichtfilter; Lichtgarbe; Lichtgeschwindigkeit; Lichtgestalt; lichtgrün* Ew.; *Lichthof:* kreisförmige, lichte Stelle : Lichtschacht; *Lichtholz:* Leuchtspan : das lichte Laubholz; *Lichthupe:* (Auto) Blinksignale mit dem Scheinwerfer; *Lichtjahr:* Strecke, die das Licht in einem Jahr zurücklegt; *Lichtkegel; Lichtkreis; lichtleer* Ew.; *Lichtlehre:* Optik; *Lichtleiter,* der; –s: Stoff, durch den das Licht hindurchdringt; *Lichtleitung:* elektrische Lichtanlage; *lichtlos* Ew.; *Lichtmangel; Lichtmast; Lichtmeß → Lichtmess (-messe):* kath. Fest der Licht-, Kerzenweihe; *Lichtmesser:* Fotometer; *Lichtmeßverfahren → Lichtmessverfahren; Lichtmotte:* Zünsler; *Lichtnelke:* eine Pflanze; *Lichtorgel; Lichtpauseapparat:* Apparat zum Vervielfältigen von Drucken; *Lichtpauseverfahren; Lichtpunkt:* Licht ausstrahlender Punkt; *Lichtputzschere; Lichtquelle; Lichtreflex; Lichtrecht:* Fensterrecht, das ein Grundstück vor Lichtbeeinträchtigung schützt; *Lichtreklame:* Werbung durch elektrische Beleuchtung; *Lichtrose:* Lichtnelke; *Lichtsatz:* (Buchdrw.) fotografisches Setzverfahren; *Lichtschacht:* mit Glasdach überdeckter Raum inmitten eines Gebäudes zur Licht- und Luftzufuhr; *Lichtschalter; Lichtschein; lichtscheu* Ew.; *Lichtschimmer; Lichtschirm; Lichtschranke; Lichtschutzfaktor:* Faktor, der angibt, wie groß die Schutzwirkung einer Hautcreme gegen die UV-Strahlen ist; *Lichtsignal; Lichtspielhaus:* Kino; *Lichtseite; Lichtstärke; Lichtstrahl; Lichtstreifen; Lichtstrom; Lichttechnik; Lichttherapie:* (Med.) Heilverfahren durch Bestrahlung; *lichttrunken* Ew.; *lichtumflossen* Mw.; *lichtundurchlässig* Ew.; *Lichtverbreiter; Lichtverhältnisse; lichtvoll* Ew.; *lichtwendig* Ew.: fototropisch; *Lichtwendigkeit:* Fototropismus; *Lichtwolke:* leuchtende Wolke; *Lichtzeichen* * *Lichterbaum; Lichterfest; Lichterglanz; Lichterkette:* elektrische Weihnachtsbeleuchtung : Demonstration mit brennenden Kerzen; *lichterloh* Ew.: mit heller Flamme brennend; *Lichtermeer* * **lich|ten** tr.: licht machen * **Lich|tung,** die; –, –en: das Lichten : baumlose Stelle im Wald, der Durchhau

lich|ten tr.: (niederd.) leicht machen : (seem.) in die Höhe heben * *den Anker lichten* * **Lich|ter, Leich|ter,** der; –s, –: kleines Fahrzeug zum Entladen von Schiffen

Lich|ter|baum usw.: s. licht

Lic. Theol. (Abk.): Licentiatus Theologiae; s. a. Lizentiat

Lid, das; –(e)s, –er: (Augen-) Deckel : aufklappbares Auslagebrett * *Lidkrampf; Lidrand; Lidsack; Lidschatten; Lidschlag; Lidspalte; Lidstrich*

lieb Ew.: mit Wohlgefallen, mit Lust erfüllend : angenehm, teuer, wert : geliebt : gern gesehen; Uw.: gern * *etwas, nichts Lieberes; meine Lieben; sie ist mir die liebste von allen → ..die Liebste ..* * *Liebauge:* ein Pflanzenname; *liebäugeln* intr.: Liebesblicke zuwerfen; *Liebäugelei; liebbehalten → lieb behalten* (ich behalte lieb, lieb behalten, lieb zu behalten) tr.; *Liebfrauenmilch:* ein rheinhess. Wein; *Liebfrauenkirche; liebgewinnen → lieb gewinnen* (ich gewinne lieb, lieb gewonnen, lieb zu gewinnen) tr.; *liebhaben → lieb haben* (ich habe lieb, lieb gehabt, lieb zu haben) tr.; *Liebhaber:* Liebender : Geliebter : Amateur; *Liebhaberbühne; Liebhaberei:* persönliche Neigung, Steckenpferd; *Liebhaberpreis; Liebhaberwert; liebherzig* Ew.; *liebkosen* (du liebkosest und liebkost; [ge]liebkost; zu liebkosen) tr.: durch Zärtlichkeiten Liebe zeigen; *Liebkosung; lieblos* Ew.: ohne Liebe; *Lieblosigkeit; liebreich* Ew.; *Liebreiz; liebreizend* Mw.; *liebwert* Ew. * **Lieb,** das; –s; –(e)s, –: geliebtes Mädchen * **Lie|be,** die; –, –n: das Lieben : auf etwas gerichtete innige Neigung : Begierde, Verlangen nach dem Besitz der geliebten Person, Geschlechtsliebe : Gegenstand der Liebe, Geliebter, Geliebte : ein Pflanzenname * *einem etwas zuliebe tun* * *liebebedürftig* Ew.; *Liebebedürftigkeit* Ew.; *Liebedienerei:* unterwürfiges Einschmeicheln; *liebedienerisch* Ew.; *liebeleer* Ew.; *liebelos* Ew.: nicht geliebt; *liebereich* Ew.; *Liebetrunkenheit; liebevoll* Ew. * *Liebesabenteuer; Liebesaffäre; Liebesangelegenheit; Liebesakt; Liebesapfel:* Tomate; *Liebesband; Liebesbedürfnis; Liebesbeziehung; Liebesbeziehung; Liebesbote; Liebesbrief; Liebesbund; Liebesdienerin:* Hure; *Liebesdienst; Liebesdrang; Liebesentzug; Liebeserguss; Liebeserklärung; Liebesfilm; Liebesgabe; Liebesgedicht; Liebesgefühl; Liebesgenuss; Liebesgeschichte; Liebesgeständnis; Liebesglück; Liebesglut; Liebesgott:* Amor; *Liebesgöttin:* Venus; *Liebesheirat; Liebesklage; liebeskrank* Ew.; *Liebeskummer; Liebesleben; Liebesleute* Mz.; *Liebesliedj; Liebesmahl:* in der altchristl. Kirche das Abendmahl : gemeinsames Festessen der Offiziere; *Liebesmühe; Liebesnacht; Liebesnest; Liebespaar; Liebespein; Liebesperlen:* Süßigkeiten; *Liebespfand:* Pfand, das einem für jemandes Liebe bürgt : Kind; *Liebespfeil; Liebesqual; Liebesraserei; Liebesrausch; Liebesroman; Liebesschwur; Liebesseufzer; Liebesspiel; Liebestöter:* langbeinige Unterhose; *Liebestrank; liebestrunken* Ew.; *Liebesverhältnis; Liebeswahn; Liebeswerk; Liebeszauber; Liebeszeichen* * **Lieb**|**be**|**lei**, die; –, –en: Liebeln : tändelndes, oberflächliches Liebesverhältnis * **lie**|**beln** (ich ..[e]le) intr., tr.: kosen, schöntun : leicht und oberflächlich lieben * **lie**|**ben** tr.: Liebe zu jemandem, etwas empfinden : gern haben, lieb haben; *liebenswert* Ew.; *liebenswürdig* Ew.; *Liebenswürdigkeit* * **lieb**|**sam**, **lie**|**be**|**sam** Ew.: (selt.) liebevoll : lieblich, angenehm * **lieb**|**lich** Ew.: Wohlgefallen erregend, anmutig * **Lieb**|**lich**|**keit**, die; –, –en: das Lieblichsein : etwas Liebliches * **Lieb**|**ling**, der; –s, –e:

ein besonders geliebter Mensch : etwas Geliebtes * *Lieblingsarbeit; Lieblingsausdruck; Lieblingsbeschäftigung; Lieblingsbuch; Lieblingsdichter; Lieblingsessen; Lieblingsfarbe; Lieblingsgericht; Lieblingskind; Lieblingslektüre; Lieblingsplatz; Lieblingsschriftsteller; Lieblingsschüler; Lieblingsspeise; Lieblingswort* * **Lieb**|**schaft**, die; –, –en: Liebesverhältnis : Gegenstand des Verhältnisses

lieb haben
Eine Wortgruppe aus Adjektiv und Verb wird getrennt geschrieben, wenn das Adjektiv erweiterbar oder steigerbar ist: *lieb haben, lieb behalten, lieb gewinnen,* aber: *liebkosen,* weil hier *lieb* mit dem Verb so verschmolzen ist, dass beide gemeinsam konjugiert werden: *ich liebkose, ihr liebkost* usw.

Lieb|**stö**|**ckel**, der; das; –s, –: eine Pflanzengattung [volkstüml. umgeformt aus l. Levisticum]
Lied, das; –(e)s, –er; Liedchen, Liedlein: zum Singen geeignetes oder gesungenes Gedicht : Tonweise, Melodie * *Liederabend; Liederbuch; Liederdichter; Liederhandschrift; Liederkranz; liederkundig* Ew.; *Liedermacher; liederreich* Ew.; *Liedersänger; Liederspiel; Liedertafel:* Gesangverein * **lied**|**haft** Ew.: lied(er)artig
Lie|**der**|**jan**, **Lied**|**ri**|**an**, der; –(e)s, –e: liederlicher Mensch * **lie**|**der**|**lich** Ew.: (veralt. mundartl.) leichtfertig : geringfügig : achtlos und nachlässig : unordentlich : von lockeren Sitten, luderhaft * **Lie**|**der**|**lich**|**keit**, die; –, –en: das Liederlichsein : etwas Liederliches
Lie|**fe**|**rant** (dtsch.-fr.), der; –en, –en, **Lie**|**fe**|**rer**, der; –s, –: jemand, der etwas liefert * **lie**|**fer**|**bar** Ew.: etwas, was sich liefern lässt * **lie**|**fern** (ich ..[e]re) tr.: etwas beschaffen und an Ort und Stelle bringen : *dem Käufer die Waren ins Haus liefern; die Arbeit zur versprochenen Zeit liefern; einen Beweis für etwas liefern; einen vors Messer liefern; ein Treffen, eine Schlacht liefern; er ist*

geliefert: es ist um ihn geschehen * *Lieferauto; lieferbar* Ew.; *Lieferbedingungen; Lieferbetrieb; Lieferfirma; Lieferfrist; Lieferschein; Lieferstopp; Liefertermin; Liefervertrag; Lieferwagen; Lieferzeit* * **Lie**|**fe**|**rung**, die; –, –en: das Liefern : das Gelieferte * *Lieferungsbedingung; —ort; —sperre; —zeit*
lie|**gen** (du lagst, du lägest; gelegen; lieg[e]!) intr.: auf der Längsseite hingestreckt, hingebreitet sein : von Wichtigkeit sein : sich in einer Lage befinden : zu Bett liegen, krank sein : nicht (mehr) aufrecht stehen : (Fechtkst.) in gestreckter, vornübergebeugter Stellung stehen : (weidm.) sitzen; tr., rbz.: sich (den Rücken) wundliegen * *die Stadt liegt am Fluss; das Kind liegt auf der Erde; der Hund liegt an der Kette; es liegt daran, dass:* das kommt davon, dass; *es liegt ihm viel daran:* er legt großen Wert darauf; *mit Fieber krank im Bett liegen; eine Sache liegt einem am Herzen; auf der Lauer liegen* intr.: lauern; *im Bereiche der Möglichkeit liegen* intr.: es ist möglich; *es liegt mir wie Blei in den Gliedern; im Streit, in Scheidung liegen* intr.; *das liegt nicht in meiner Absicht;* (Kartsp.) *eine Karte liegt:* die Karte darf nicht mehr zurückgenommen werden * *liegenbleiben → liegen bleiben* intr.: nicht mehr vorwärts können : (Arbeit –) nicht zu Ende führen : (Briefe –) nicht abschicken; *liegenlassen → liegen lassen* tr.: vergessen; *links liegenlassen → links liegen lassen* tr.: an jemand vorübergehen, ohne ihn zu beachten; *liegende Habe:* unbewegliches Gut; *die Liegende:* (Bergb.) Schichten unter einem Erzlager * *Liegecouch; Liegegeld; Liegehalle; Liegekur; Liegeplatz; Liegesitz; Liegestatt; Liegestuhl; Liegestunde; Liegesitz:* sportl. Übung; *Liegeterrasse; Liegewagen; Liegewiese; Liegezeit* * **Lie**|**gen**|**schaft**, die; –, –en: liegende Habe, Grundstück * **Lie**|**ger**, der; –s, –: ein Liegender : (veralt.) Angestellter, der an fremdem Ort ständig ein Hand-

lungshaus vertritt : (seem.) Bewacher eines außer Dienst befindlichen Schiffes : ständig ein einem Ort liegendes Schiff : festliegendes Blatt der Tuchschere ✱ *Liegerstatt:* Lagerstatt

liegen lassen
Wenn zwei Verben eine Wortgruppe bilden, werden sie getrennt geschrieben, also: *liegen bleiben, liegen lassen.* Substantivierte Zusammensetzungen werden zusammen- und großgeschrieben: *das Liegengebliebene.*

Liek, das; –(e)s, –en: Einfassung eines Segels

Li|en (l.), der; –s: (Med.) Milz ✱ **li|e|nal** Ew.: zur Milz gehörend : die Milz betreffend ✱ **Li|e|ni|tis,** die; –, ..tiden: Milzentzündung

lies! s. lesen; Abk.: l.

Liesch, das; –es, –e: **Lie|sche,** die; –, –n: ein Riedgras ✱ *Lieschgras*

Lie|se, die; –, –n: (bergm.) enge Kluft : Pustel ✱ **Lie|sen** Mz.: Eingeweidefett des Schweines und Schafes

Li|eue (fr.-kelt.) [ljöl], die; –, –s: franz. Meile, Wegmaß

Life|pre|ser|ver (e.) [laifpresöhrw'r], der; –s, –: „Lebensretter", Schwimmgürtel : Totschläger der engl. Schutzleute

Life|style (e.) [laifstail], der; –s: modernes Leben im gehobenen Stil

Lift (e.), der; –(e)s, –e und –s: Fahrstuhl : Aufzug ✱ *Liftboy* ✱ **lif|ten** tr.: (Kosm.) glätten : die ursprüngliche Form wiedergeben ✱ **Lif|ting,** das; –s: das Liften

Li|ga (it.), die; –, ..gen: Bund : Sportsonderklasse ✱ *Fußballliga; Ligaspieler* ✱ **Li|ga|de,** die; –, –n: (Fechtkst.) Wegschlagen des Degens ✱ **Li|ga|ment,** das; –(e)s, –e: (Med.) Band, Gelenkband : Sehne ✱ **li|ga|to:** s. legato ✱ **Li|ga|tur** (l.), die; –, –en: Bindung : (Buchdrw.) zusammengegossene Buchstaben : (Med.) Unterbindung (einer Ader) : (Mus.) Verbindung zweier gleicher Töne zu einem ✱ **li|gie|ren** (..iert) tr.: (Fechtkst.) dem Gegner den Degen aus der Hand schlagen ✱ **Li|gist,** der; –en, –en: Verbündeter : Angehöri-

ger einer Liga ✱ **li|gis|tisch** Ew.: zum Bund gehörig ✱ **Ligue** (fr.) [lihg]: Liga

light (e.) [lait] Ew.: leicht : leicht verdaulich : mit weniger Schadstoffen versehen ✱ *Lightprodukte*

Light|show (e.) [laitschoh], die; –, –s: Veranstaltung mit speziellen Lichtspielen und Beleuchtungseffekten

Lig|nin (l.), das; –s, –e: Holzstoff ✱ **Lig|nit** (nl.), der; –s, –e: Braunkohle mit noch erkennbaren Holzfasern ✱ **Lig|no|gra|phie** *auch:* **Lig|no|gra|fie** (l.-gr.), die; –, ..phien (..fien): „Holzdruck" ✱ **Lig|no|se,** die; –, –n: Holzstoff der Pflanzen ✱ **Lig|no|sit,** das; –s: ein Sprengstoff für den Bergbau [l. lignum Holz]

Lig|ro|in, das; –s: ein flüchtiges Erdöl, Brennstoff ✱ *Ligroinlampe*

Li|gu|rer, der; –s, –: Bewohner des alten Liguriens ✱ **Li|gu|ri|en:** oberital. Landschaft ✱ *Ligurische Alpen; Ligurisches Meer:* Teil des Mittelmeeres

Li|gus|ter (l.), der; –s, –: Heckenstrauch, Rainweide ✱ *Ligusterhecke; Ligusterschwärmer:* Nachtschmetterling

li|ie|ren (..iert) (fr.) tr.: eng verbinden ✱ *liiert* Mw. Ew.: vertraut ✱ **Li|ier|te,** der; die; –n, –n: Vertraute(r) ✱ **Li|ie|rung,** die; –, –en: enge Verbindung

Li|kör (fr.), der; –s, –e: feiner Branntwein mit gezuckertem Fruchtextrakt ✱ *Likörflasche; Likörglas*

Lik|tor (l.), der; –s, ..toren: altröm. Magistratsdiener ✱ *Liktorenbündel:* Faszes

li|la (türk.-span.) Ew.: fliederfarbig, blaurot ✱ *lilafarben, lilafarbig* Ew. ✱ **Li|la,** das; –s: eine Farbe : spanischer Flieder ✱ **Li|lak,** der; –s, –s: Lila, Flieder

Li|li|a|zee (l.), die; –, –n: eine Pflanzengattung ✱ **Li|lie,** die; –, –n: eine Pflanze : Sinnbild des Schönen, Reinen, Zarten, der Unschuld ✱ *lilienförmig* Ew.; *Liliengewächse; Lilienkäfer; lilienweiß* Ew.

Li|li|put, das; –s: ein Zwergen-, Märchenland ✱ *Liliputbahn;*

Li|li|pu|ta|ner, der; –s, –: Bewohner von Liliput : kleinwüchsiger Mensch

Li|lith (hebr.): nach dem Talmud angebl. die erste Frau Adams : (jüd. Aberglaube) ein weibl. Dämon

Li|ma|ko|gra|phie *auch:* **Li|ma|ko|gra|fie** (gr.), die; –, ..phien *auch:* (..fien): Schneckenkunde : Schneckenbeschreibung ✱ **Li|ma|ko|lo|ge,** der; –n, –n: Schneckenkundiger ✱ **Li|ma|ko|lo|gie,** die; –: Schneckenlehre

Lim|ba, das; –s: gelb-grünliches Furnierholz aus den Tropen

Lim|bo, der; –s, –s: karibischer Tanz

Lim|bus (l.), der; –, ..bi: Streifen, Saum : (Techn.) Bogen am Winkelmaß mit Gradeinteilung ✱ *Limbus Infantum:* (kath. K.) Vorhölle, Reinigungsort für die Seelen ungetauft gestorbener Kinder ✱ *Limbus Patrum:* (kath. K.) Reinigungsort für die Seelen der Erzväter des Alten Testaments

Li|me|rick (e.), der; –(s), –s: (nach der irischen Grafschaft Limerick) fünfzeiliges, gereimtes Gedicht mit absurder Pointe

Li|mes (l.), der; –: befestigter röm. Grenzwall : (Math.) Mz.: –: Grenzwert; Abk.: lim ✱ **Li|mit** (it.), das; –s: (kfm.) Preisgrenze ✱ **Li|mi|ta|ti|on** (l.), die; –, –en: Begrenzung, Einschränkung ✱ **li|mi|ta|tiv** Ew.: beschränkend ✱ **li|mi|ted** (e.) Mw. Ew.: beschränkt, begrenzt; Abk.: ltd. ✱ **li|mi|tie|ren** (..iert) (l.) tr.: begrenzen, einschränken : einen Höchst- oder Mindestpreis angeben ✱ *limitierter Auftrag:* Börsenauftrag mit Angabe von Höchst- und Mindestpreis ✱ **Li|mi|tie|rung,** die; –, –en: das Limitieren

Li|met|te (fr.), die; –, –n: Lime : eine Zitronenart ✱ *Limettenbaum; Limettenöl; Limettensaft* ✱ **Li|mo,** die; –, –s: Kurzw. für Limonade ✱ **Li|mo|na|de,** die; –, n: ein alkoholfreies Getränk; Kurzw. Limo ✱ **Li|mo|ne** (it.), die; –, –n: eine Art Zitrone ✱ *Limonenöl* ✱ **Li|mo|nin,** das; –s: in Zitronenkernen enthaltener Bitterstoff

Lim|ma (gr.), das; -s, -ta: (Mus.) kleinste Pause

Lim|ni|me|ter (gr.), das; -s, -: Wasserstandsmesser für Seen ✻ **Lim|no|graph** *auch:* **Lim|no|graf**, der; -en, -en: selbsttätig schreibender Pegel ✻ *Limnografenkurve:* Wasserstandslinie ✻ **Lim|no|lo|ge**, der; -n, -n: Kenner und Erforscher der stehenden Gewässer ✻ **Lim|no|lo|gie**, die; -, ..gien: Süßwasser- und Seenkunde [gr. limne Teich] ✻ **lim|no|lo|gisch** Ew.: Süßwasser betreffend ✻ **Lim|no|plank|ton**, das; -s: Plankton im Süßwasser

Li|mo|na|de, Li|mo|ne usw.: s. Limette

Li|mo|nit (gr.), der; -s, -e: Brauneisenstein

li|mos, li|mös (l.) Ew.: schlammig, sumpfig ✻ **Li|mo|si|tät** (nl.), die; -, -en: Schlammigkeit

Li|mou|si|ne (fr.) [..mu..], die; -, -n: geschlossener Personenkraftwagen

lind, lin|de Ew.: weich, mild, sanft ✻ **lin|dern** (ich ..[e]re) tr.: milder, gelinder machen, abschwächen ✻ **Lin|de|rung**, die; -, -en: das Lindern ✻ *Linderungsbalsam; Linderungsmittel* ✻ **Lind|heit**, die; -: (veralt.) das Lindsein

Lind|dra|che, der; -n, -n: „Schlange", ein sagenhaftes Ungeheuer ✻ **Lind|wurm**, der; -(e)s: Linddrache

Lin|de, die; -, -n: Lindchen: eine Baumgattung ✻ *Lindenallee; Lindenbast; Lindenbaum; Lindenblatt; Lindenblüte; Lindenblütentee; Lindenholz; Lindenhonig; Lindenschwärmer:* ein Schmetterling; *Lindenstadt:* Bezeichnung Leipzigs ✻ **lin|den** Ew.: von Lindenholz

lin|dern, Linderung, Lindheit: s. lind

li|ne|al (l.) Ew.: linienförmig : in gerader Linie fortschreitend ✻ *Linealgradualsystem:* (Rechtsspr.) eine Art Erbfolgeordnung, bei der der nächste Grad in der nächsten Linie berufen wird; *Linealsystem:* (Rechtsspr.) eine Art der Erbfolgeordnung ✻ **Li|ne|al**, das; -s, -e: schmale Leiste zum Ziehen gerader Linien ✻ **Li|ne|a|ment**, das; -(e)s, -e:

„Strich", Handlinie : Gesichtszug ✻ **li|ne|ar** Ew.: gradlinig : linienförmig ✻ *lineare Programmierung* (EDV) ✻ *lineare Gleichung:* (Math.) Gleichung ersten Grades zwischen zwei veränderlichen Größen ✻ *Linearbeschleuniger:* (Kernphys.); *Linearmotor; Lineartaktik:* die friderizianische (Feuer-)Taktik; *Linearzeichnung:* Umrisszeichnung, Riss ✻ **Li|ne|a|tur**, **Li|ni|a|tur** (nl.), die; -, -en: Linierung : Linienführung ✻ **Li|nie**, die; -, -n: (Math.) die ideale Längenausdehnung : Strich in bestimmter Richtung : gerade Richtung : Flugbahn von Geschossen : scharf bestimmte Grenze : Zeile : (Buchdruckr.) gleiche Höhe der Lettern : (Festungsbau) das zum Zeichen der Risse durch eine Linie Bezeichnete : geringe, zeitweilige Befestigung zur Verbindung der Schanzen : lange Strecke von Verschanzungen : Generationsfolge : (Geogr.) Äquator : ein Längenmaß : geschlossene Schlachtreihe : Fahrtverbindung zwischen zwei Orten ✻ *die Linie des Schönen überschreiten; auf Linien schreiben; die Häuser stehen in einer Linie; in grader Linie von jemandem abstammen intr.; die männliche, weibliche Linie; eine Blume hält Linie; Hamburg-Amerika-Linie; die Linien einer Straßenbahn* ✻ *Linienblatt:* liniertes Blatt als Hilfsmittel zum Geradeschreiben; *Linienbus; Liniendienst; Linienflug; Linienflugzeug; Linienführung; Linienhobel; Liniennetz; Linienpapier; Linienperspektive; Linienrichter; Linienschiff:* ein Schiff, das auf bestimmten Strecken verkehrt; *Linienschiffahrt → Linienschifffahrt; Linienspektrum; Linienstecher; Liniensystem; Linientaufe:* eine Seemannsbelustigung, Äquatortaufe; *linientreu* Ew.: beständig, zuverlässig; *Linienverkehr; Linienzieher* ✻ **li|nie|ren** (..iert) tr.: mit Linien versehen ✻ *Liniermaschine; -platte* ✻ **Li|nie|rung**, die; -, -en: das Linieren : das Liniertsein

Lin|ga, Lin|gam (skr.), der; -s:

männliches Geschlechtsglied (das Sinnbild der Zeugungskraft) ✻ *Lingamkultus* (ind.-l.): Verehrung des Lingams

Lin|ge|rie (fr.) [längseherih], die; -, ..rien: Wäsche: Weißwarenladen : Wäschekammer

lin|gu|al (nl.) Ew.: die Zunge betreffend : (Sprachl.) mit der Zunge gebildet ✻ *Linguallaut* ✻ **Lin|gu|al**, der; -s, -e, **Lin|gu|a|lis**, die; -, ..les: Zungenlaut ✻ **Lin|gu|ist**, der; -en, -en: Sprachwissenschaftler ✻ **Lin|gu|is|tik**, die; -: Sprachforschung ✻ **lin|gu|is|tisch** Ew.: sprachwissenschaftlich

Li|nie, li|nie|ren usw.: s. lineal

Li|ni|ment (l.), das; -(e)s, -e: (Med.) weiche, fast flüssige Salbe

link Ew.: auf der Körperseite, wo das Herz liegt (Ggs. recht) : nicht recht : nicht so, wie es sein sollte : falsch : verdächtig : schlecht : nicht geschickt, unbeholfen, linkisch ✻ *Linke-Hand-Ehe:* morganatische Ehe ✻ *Linkhand; Linkpfot; linkseitig* Ew. ✻ *linkerhand → linker Hand* Uw.; *linkerseits* Uw. ✻ **Lin|ke**, die; -, -n: die linke Hand : die im Parlament links sitzenden Parteien, vorzugsweise die sozialistisch gerichteten Parteien ✻ **lin|ken** tr.: (Umgspr.) übers Ohr hauen : belügen : betrügen ✻ **lin|kisch** Ew.: ungeschickt, unbeholfen ✻ **links** Uw.: zur linken Hand : falsch : im Irrtum : linkisch : auf, mit der verkehrten Seite nach oben ✻ *sich nach links drehen; einen Strumpf links anziehen; Vettern von links:* angeheiratete Vettern; *links abbiegen:* (Verkehr); *links denken, links stehen:* vorwiegend sozialistisch gerichtet sein; *das mache ich mit links:* das ist leicht für mich ✻ *Linksabbieger; links außen* Uw.; *Linksaußen* (Sport); *linksbündig; Linksdrall; linksdrehend; Linksextremist; Linksextremismus; linksgerichtet; Linkshänder* (volkst. auch *Linkser*), der; -s, -; *linkshändig* Ew.; *Linkshändigkeit:* das vorzugsweise Gebrauchen der linken Hand statt der rechten; *linksher* Uw.: von links; *linksherum* Uw.: nach der linken Seite; *links-*

herum drehen (nach links herumdrehen); linkshin Uw.: nach links; *Linkskurve; Linkspartei; linksradikal; Linksradikalismus; linksrheinisch* Ew.: auf der linken Rheinseite liegend; *die linksrheinische Eisenbahn; linksseitig; linksstehend* → *links stehen; linksum* Uw.: linksherum; *Linksverkehr; Linksweiche:* nach links führende Weiche; *Linkswendung*

lin|nen, Lin|nen: s. unter Lein

Li|no|le|um (nl.), das; -s: Fußbodenbelag aus mit Öl, Kork u. Ä. beschichtetem Jutegewebe ✻ *Linoleumbelag* ✻

Li|nol|schnitt, der; -es, -e: Druckverfahren, bei dem der Druckstock aus Linoleum ist : das Produkt dieses Verfahrens ✻ **Li|non** (fr.) [linong], der; -(s), -s: feine Leinwand, Schleiertuch [l. linum Flachs, Lein]

Li|no|type (e.) [leinoteip], die; -, -s: (Buchdrw.) Setz- und Zeilengießmaschine

Lin|se, die; -, -n: eine krautige Schmetterlingsblütenpflanze : Frucht derselben : etwas der Linsenfrucht Ähnliches : (Opt.) konkaves oder konvexes Rundglas : Teil des Auges ✻ *Linsenfeld; Linsenfehler; linsenförmig* Ew.; *Linsengericht; Linsenglas; Linsensuppe; Linsenwicke; Linsentrübung; Linsenzähler* ✻ **lin|sen** intr.: (Umgspr.) scharf beobachten : heimlich gucken

Li|on (e.) [lajen], der; -s, -s: Mitwirker im Lions Club ✻ *Lions Club:* karitative, weltweite Gruppe einflussreicher Persönlichkeiten

Li|pä|mie (gr.), die; -: krankhafte Fettvermehrung im Blutserum ✻ **li|po|id** Ew.: mit Fett vergleichbar ✻ **Li|po|id,** das; -s, -e: mit Fett vergleichbarer Stoff ✻ **Li|po|ly|se,** die; -, -n: Fettspaltung : Fettverdauung ✻ **Li|pom,** das; -s, -e; **Li|po|ma,** das; -s, ..pomata: Fettgeschwulst ✻ **Li|po|ma|to|se,** die; -, -n: stellenweise auftretende Fettsucht ✻ **Li|pu|rie,** die; -: (Med.) Fettgehalt des Harns

Lip|gloss (e.), das; -, -: Lippenkosmetik mit Glanzeffekt

Li|piz|za|ner, der; -s, -: eine

Vollblutpferderasse aus Lipizza bei Triest

Li|pom usw.: s. Lipämie

Lip|pe, die; -, -n: Rand des Mundes : etwas Lippenähnliches, z. B. Wundrand : Schneppe am Kleid ✻ *Lippenbändchen:* Lippe und Zahnfleisch verbindendes Bändchen; *Lippenbekenntnis; Lippenblume; Lippenblüte; -blütler; Lippenlaut; Lippenstift; Lippensynchronisation:* (Film) übersetzte Dialoge, die synchron zu den Lippenbewegungen der Schauspieler zu hören sind ✻ *Lippfisch; Lippmuskel* ✻ **..lip|pig** Ew., nur in Zus.: mit Lippen versehen; z. B. großlippig

Lip|tau: slowak. Landschaft ✻ **Lip|tau|er,** der; -s: Schafmilchkäse

Li|pu|rie: s. Lipämie

liq., Liq. (Abk.): Liquor

Li|que|fak|ti|on, die; -, -en: Verflüssigung ✻ **li|ques|zie|ren** intr.: flüssig machen ✻ **Li|ques|zenz,** die; -: das Flüssigsein ✻ **Li|queur** (fr.) [liköhr], der; -s, -s: s. Likör ✻ **li|quid, li|qui|de** Ew.: „flüssig" : rein : richtig : erwiesen : gewiss : (Rechtsspr.) fällig ✻ **Li|qui|da,** die; -, ..dä auch ..quiden: schmelzender, fließender Mitlaut ✻ **Li|qui|da|ti|on,** die; -, -en: Geschäftsauflösung : Schuldbezahlung : Berichtigung ✻ *Liquidationsanteilscheine; Liquidationsverhandlung* ✻ **Li|qui|da|tor,** der; -s, ..toren: ein zur Auflösung eines Handelsunternehmens Bestellter ✻ **li|qui|die|ren** (..iert) tr., intr.: abrechnen : auseinander setzen : auflösen (z. B. Verein, Geschäft) : Zahlungen einstellen ✻ **Li|qui|die|rung,** die; -, -en: Beseitigung einer Person : Beilegung eines Konflikts ✻ **Li|qui|di|tät,** die; -: Flüssigkeit : Zahlungsfähigkeit ✻ **Li|quor,** der; -s, ..quoren: (Med.) „Flüssigkeit", Medikament in flüssiger Form; Abk.: (auf Rezepten) Liq.

Li|ra, die; -, Lire: ital. Münzeinheit

Li|se|ne, die; -, -n: (Baukst.) pfeilerartige Wandstreifen [umgestaltet aus Lisiere: Saum, Rand]; auch Lesene, Lesine

Lis|pe|lei, die; -, -en: Gelispel ✻ **lis|peln** (ich ..[e]le) intr.: leise, sanft rauschen : flüstern, wispern : leise sprechen : beim Sprechen mit der Zunge anstoßen ✻ *Lispelton; -wort*

Lis|se, die; -, -n: (mundartl.) Stützleiste am Leiterwagen : (mundartl.) Hühnerauge

List, die; -, -en: (veralt.) Klugheit, Geschicklichkeit, Verschlagenheit : Heimtücke, böse Absicht, Arglist : das zur Erreichung des Zwecks angewandte heimtückische Mittel ✻ *mit List und Tücke* ✻ *listenreich* Ew. ✻ **lis|tig** Ew.: voll List ✻ *listigerweise* Uw. ✻ **Lis|tig|keit,** die; -, -en: das Listigsein

Lis|te (dtsch.-fr.), die; -, -n: längeres Verzeichnis ✻ *Listenauszug; Listenführer; Listenpreis; Listenwahl:* ein Wahlverfahren, bei dem mehrere Abgeordnete zugleich nach feststehender, gebundener Liste gewählt werden ✻ **Lis|teau** [..sto], **Lis|tel** (fr.), der; -s, -s: (Baukst.) Untersaum einer Säule

l'is|tes|so tem|po (it.): (Mus.) dasselbe Zeitmaß

Lit. (Abk.): Litera : Literatur

Li|ta|nei (gr.), die; -, -en: Bittgebet : Klagelied : Fürbitte : wiederholte Beschwerde

Li|tau|en: balt. Staat ✻ **li|tau|isch** Ew.: Litauen betreffend ✻ *das Litauisch:* Sprache der litauischen Bevölkerung

Li|ter (gr.-fr.), das; der; -s, -: der tausendste Teil eines Kubikmeters, (Flüssigkeits-)Maß; Abk.: l ✻ *literweise* Ew.; *Literflasche*

Li|te|ra (l.), die; -, -s und ..rä: Buchstabe; Abk.: Lit. ✻ **li|te|ral** Ew.: schriftlich : buchstäblich ✻ *Literalmethode:* Buchstabiermethode ✻ **li|te|rar** Ew.: Schriftwerke betreffend : literarisch ✻ *Literarhistoriker:* Literaturgeschichtskundiger; *literarhistorisch* Ew.; *Literarkonvention:* völkerrechtlicher Vertrag über gegenseitigen Schutz des Urheberrechts; *Literarkritik* ✻ **li|te|ra|risch** Ew.: die Literatur betreffend : schriftstellerisch ✻ **Li|te|rat,** der; -en, -en: Gelehrter, Schriftsteller ✻ *Literatentum* ✻ **Li|te|ra|tur,** die; -, -en: Schrifttum ✻ *Literatur-*

angabe; Literaturbeilage; Lite-
raturgattung; Literaturge-
schichte; literaturgeschicht-
lich; Literaturhinweis; Litera-
turhistoriker; literaturhisto-
risch; Literaturkritik;
Literaturkritiker; literaturkri-
tisch; Literaturpreis; Literatur-
sprache; Literaturverzeichnis;
Literaturwissenschaft; litera-
turwissenschaftlich; Literatur-
zeitschrift

Li|**te**|**wka** (poln.), die; –, ..ken:
blusenartiger Waffenrock; lo-
ser Uniformrock

Lit|**faß**|**säule**, die; –, –n: An-
schlagsäule (nach dem Erfinder
Litfaß benannt)

Lith.. (gr.) Vorsilbe: Stein.., *
Li|**thi**|**a**|**sis**, die; –: Steinkrank-
heit (Harnsteine) * **Li**|**thi**|**kum**,
das; –s, ..ka: steinabführendes
Mittel * **Li**|**thi**|**um**, das; –s: ein
chem. Grundstoff; Abk.: Li *
Lithiumoxyd * **Li**|**tho**|**chro**-
mie, die; –, ..mien: Farben-
steindruck * **Li**|**tho**|**graf** *auch:*
Li|**tho**|**graph**, der; –en, –en:
Steinzeichner * **Li**|**tho**|**gra**|**fie**
auch: **Lithographie**, die; –,
..fien *auch:* ..phien: Steindruck
: Steindruckverfahren * **Li**|**tho**-
gra|**fie**|**ren** *auch:* **li**|**tho**|**gra**-
phie|**ren** (..iert) tr.: auf Stein
zeichnen : durch Steindruck
vervielfältigen * **li**|**tho**|**gra**-
fisch *auch:* **li**|**tho**|**gra**|**phisch**
Ew.: den Steindruck betreffend
* **Li**|**tho**|**klast**, der; –en, –en:
(Med.) Gerät zum Zertrüm-
mern von Harnsteinen *
Li|**tho**|**lo**|**ge**, der; –n, –n: Stein-
kenner * **Li**|**tho**|**lo**|**gie**, die; –:
Steinlehre * **li**|**tho**|**lo**|**gisch**
Ew.: zur Steinlehre gehörig *
Li|**tho**|**ly**|**se**, die; –, –n: (Med.)
Auflösung von Harnsteinen
durch Arzneien * **li**|**tho**|**phag**
Ew.: sich in Steine bohrend *
Li|**tho**|**pha**|**nie**, die; –, ..nien:
„Steinlichtbild", dünne (Por-
zellan-)Platte mit durchschei-
nenden bildlichen Darstellun-
gen : Steinlichtbildkunst *
Li|**tho**|**po**|**ne**, die; –: weiße
Wandfarbe von guter Qualität
* **Li**|**thos**|**phä**|**re**, die; –: Erd-
kruste * **Li**|**tho**|**tom**, der; –s,
–e: (Med.) Steinschneidemes-
ser * **Li**|**tho**|**to**|**mie**, die; –,
..mien: (Med.) Steinschnitt,
Entfernung von Steinen aus
dem Nierenbecken *

Li|**tho**|**trip**|**sie**, die; –, ..sien:
(Med.) ein Verfahren zur Zer-
trümmerung der Blasensteine
* **Li**|**tho**|**trip**|**ter**, der; –s, ..to-
ren: Werkzeug zum Steinzer-
stören (bei Harnsteinkranken)
* **Li**|**tho**|**ur**|**gik**, die; –: Steinbe-
arbeitungskunde [gr. lithos
Stein]

Li|**ti**|**gant** (l.), der; –en, –en:
Streitender vor Gericht *
Li|**ti**|**ga**|**ti**|**on**, die; –, –en:
Rechtsstreit * **li**|**ti**|**gie**|**ren**
(..iert) intr.: rechten : einen
Rechtsstreit führen

li|**to**|**ral** (l.) Ew.: das Küsten-
land betreffend * **Li**|**to**|**ra**|**le** (l.-
it.), das; –s, –s: Küstenland,
Gestade * *Litoralfauna:* Tierwelt der Küstengewässer; *Lito-*
ralflora: Pflanzenwelt der
Uferregion und Gezeitenzone
* **Li**|**to**|**ri**|**na**, die; –, ..nen:
Strandschnecke * *Litorina-*
meer; Litorinazeit: (Geol.) Zeit
einer vorgeschichtl. Verbindung von Nord- und Ostsee

Li|**to**|**tes** (gr.), die; –: (Re-
dekst.) Milderung : Bejahung
durch verdoppelte Verneinung

Lit|**schi** (chin.), die; –, –s:
süße, erdbeergroße Schalen-
frucht mit weißlichem Fruchtfleisch aus den Tropen

Li|**turg** (gr.), der; –en, –en *
Priester als Vorsänger *
Li|**tur**|**gie**, die; –, ..gien: Got-
tesdienstordnung * **Li**|**tur**|**gik**,
die; –: Lehre von den gottes-
dienstlichen Gebräuchen *
li|**tur**|**gisch** Ew.: auf den Got-
tesdienst bezogen

Lit|**ze** (l.), die; –, –n: dünne
Schnur : schmale Tresse, Borte

live (e.) [laif]: (von Rundfunk-
und Fernsehübertragungen)
original, direkt * *Liveauf-*
zeichnung; Liveausstrahlung;
Livemitschnitt; Livemusik:
Musik ohne Playback; *Live-*
Sendung → *Livesendung:* Di-
rektübertragung; *Live-Show* →
Liveshow

Li|**ve**, der; –n, –n: Angehöriger
eines finnischen Volksstammes

Liv|**land**: Landschaft am Meer-
busen von Riga

Li|**v**|**re** [liw'r], der, das; –(s),
–(s): alte franz. Münze : alte
franz. Gewichtseinheit

Li|**v**|**ree** (fr.) [..w..], die; –,
..vreen: „gelieferte" Diener-
kleidung * *Livreeraupe:* Rin-

gelraupe * **li**|**v**|**riert** Mw. Ew.:
in Livree gekleidet

Li|**zen**|**zi**|**at** *auch:* **Li**|**zen**|**ti**|**at**
(nl.), der; –en, –en: „Geneh-
migter", akademische(r)
Würde(nträger) (der theologi-
schen Fakultät); Abk.: Lic. *
Lizentiat der Theologie; Abk.:
Lic. Theol. * **Li**|**zenz** (l.), die;
–, –en: Erlaubnis : Vergünstigung : Freiheit * *Lizenzaus-*
gabe: Veröffentlichung eines
Buches durch einen Verlag, der
vom ursprünglichen Verlag die
Erlaubnis dazu erhalten hat; *Li-*
zenzgeber; Lizenzgebühr; Li-
zenzinhaber; Lizenznehmer;
Lizenznummer; Lizenzspieler;
Lizenzträger; Lizenzvertrag *
li|**zen**|**zie**|**ren** intr.: die Lizenz
geben

Li|**zi**|**tant** (l.), der; –en, –en:
Bieter : Meistbietender *
Li|**zi**|**ta**|**ti**|**on**, die; –, –en: Ver-
steigerung : Unterbietungsver-
fahren * **li**|**zi**|**tie**|**ren** (..iert) tr.:
auf etwas bieten : versteigern

Lkw, LKW (Abk.), der; –s, –s:
Lastkraftwagen

Lla|**ne**|**ro** (span.) [lja..], der; –,
–s: Hirt in den Llanos * **Lla**|**no**
[lja..], der; –s, –s (meist Mz.):
Hochgrassteppen in Südamerika und Spanien

Lloyd [leud], der; –(s), –s:
Name von Schifffahrtsgesell-
schaften, z. B. (ehem. Nordd.
Lloyd) Hapag Lloyd AG *
Lloyd´s List [:] Lloyds Liste,
ein Schifffahrtsanzeigeblatt

Lob, das; –(e)s, (selt. –e): Wür-
digung rühmlicher Eigenschaften und Handlungen : Ehrung :
Anerkennung : (veralt.) (Bib.)
etwas zu Lobendes, Rühmli-
ches * *lobbegierig* Ew.; *Lobge-*
sang: Loblied; *Lobhudelei:* falsches, schmeichlerisches Loben; *lobhudeln* (ich lob-
hud[e]le, gelobhudelt, zu –)
intr.; *Loblied; lobpreisen* intr.,
tr.; *Lobpreis(ung); Lobrede;*
lobrednerisch Ew.; *lobsingen*
intr.; *Lobspruch; lobstüchtig*
Ew.; *lobwürdig* * *Lobeserhe-*
bung; Lobeshymne * *lobens-*
wert Ew.; *lobenswürdig* Ew. *
lo|**ben** tr.: ein Lob erteilen :
(mundartl.) schätzen, veran-
schlagen : (veraltet) erwähnen,
anführen : geloben *
lo|**be**|**sam**, **löb**|**lich** Ew.: lob-
würdig

Lob (e.), der; –s, –s: (Tennis) hoch geschlagener Ball gegen die Laufrichtung des Gegners ✳ *Lobball* ✳ **lob|ben** tr.: einen Lobball anbringen

Lob|by (e.-am.), die; –, –s: Wandelgang im Parlament : parlamentar. Interessenvertretung in den Lobbys : Interessenvertretung ✳ **Lob|by|is|mus**, der; –: System der Einflussnahme auf Parlamentsmitglieder ✳ **Lob|by|ist**, der; –en, –en: Agent einer Interessengruppe, der die Abgeordneten in den Lobbys für die Sonderwünsche seiner Gruppe zu beeinflussen sucht

Lo|be|lie [..je], die; –, –n: Glockenblumenart

Lo|bo|to|mie (gr.), die; –, ..ien: gehirnchirurgischer Eingriff

Loch, das; –(e)s, Löcher; Löchelchen, Löchlein; Mz. Löcherchen, Löcherlein: tiefe Öffnung : Versteck : elende Behausung : Gefängnis : kurze Sackgasse : das Vorbeigehen der Kugeln beim Kegeln ✳ *sich ein Loch in den Kopf fallen; auf dem letzten Loch pfeifen* intr.: am Ende sein ✳ *Lochbeitel;* ein Werkzeug; *Lochbohrer; Locheisen; Lochkamera; Lochkarte:* Hilfsmittel zur Bearbeitung und Auswertung von Daten; *Lochkartenmaschine:* Hollerithmaschine; *Lochlehre:* ein Werkzeug für Bohrungen in Werkstücken; *Lochmaschine; Lochpflaster; Lochsäge:* Stichsäge; *Lochschlund:* eine Pflanze; *Lochstein:* Lochkuchen, Kunststein mit Hohlräumen : Markstein im Bergbau; *Lochstickerei; Lochstreifen; Lochzange; Lochziegel* ✳ *Löcherbaum:* (Papiermach.) Block mit Löchern zum Zerstampfen der Lumpen; *Löcherbrett; Löchergras; Löchermoos; Löcherpilz; Löcherschwamm* ✳ **lo|chen** tr.: ein Loch, Löcher machen ✳ **Lo|cher**, der; –s, –: Gerät zum Lochen ✳ **lö|chern** tr.: (Umgspr.) jemandem „ein Loch in den Bauch" fragen : jemanden ausfragen ✳ **lö|che|rig, löch|rig** Ew.: voller Löcher ✳ **Lo|chung**, die; –, –en: gestanzte Löcher im Papier

Lo|chi|en (gr.) Mz.: Entbindungsblutfluss

Lo|cke, die; –, –n; Löckchen: eine zusammengeringelte Haarsträhne : sich durcheinander wirrende Haare der Pferdemähne : kleine Wollflocken, Lockwolle : auf Kardätschen zubereitete Wolle : eine Art Schnirkelschnecke ✳ *Lockenhaar; Lockenkopf; Lockenpracht; Lockenstab; Lockenwickler* ✳ *Lockwelle* ✳ **lo|cken** tr.: in Locken legen ✳ **lo|ckig** Ew.: gelockt : mit Locken versehen

lo|cken tr.: anlocken : verlocken : ankörnen ✳ *Lockaas:* Köder; *Lockmittel; Lockpfeife; Lockruf; Lockspeise; Lockspitzel:* Polizeispion; *Lockvogel; Lockwort* ✳ **Lo|ckung**, die; –, –en: das Locken : verführerischer Reiz

lö|cken intr.: (mundartl.) ausschlagend springen ✳ *wider den Stachel löcken:* sich widersetzen : widersprechen

lo|cker Ew.: lose : nicht fest : nicht fest gebunden : nicht straff : nicht derb und dicht : (übertr.) ohne sittlichen Halt : liederlich ✳ *locker lassen, machen, sitzen:* nicht fest lassen; aber: *nicht lockerlassen:* nicht nachgeben ✳ **Lo|cker|heit**, die; –, –en: das Lockersein : lockeres Tun ✳ **lo|ckern** (ich ..[e]re) tr.: locker machen; intr.: locker werden ✳ **Lo|cke|rung**, die; –, –en: das Lockermachen : das Nachgeben ✳ *Lockerungsmittel; Lockerungsübung:* Turnübung, um die Gelenke zu lockern

lo|ckig: s. Locke

Lock|out (e.) [..aut], das; –s, –s: Aussperrung von Arbeitnehmern durch Arbeitgeber

Lo|ckung vgl.: s. locken

lo|co (l.): (kfm.) am Ort ✳ *in loco:* an Ort und Stelle ✳ *loco citato:* am angeführten Ort; Abk.: l. c. ✳ *loco laudato:* am angeführten Ort; Abk.: l. l.

Lod|del, der; –s, –: (Umgspr.) Zuhälter : jemand, der sich von einer Prostituierten aushalten lässt

Lo|de, die; –, –n: junger Schössling, Latte, Lotte ✳ **lo|den** intr.: aufschießen, hervorsprießen ✳ **lo|dern** (ich ..[e]re): emporschießend sich rasch hin und her bewegen :

flammend brennen ✳ *Loderasche:* Flugasche

Lo|den, der; –s, –: Zotte : gewalktes Wollgewebe ✳ *Lodenjoppe; –mantel; –stoff; –zeug*

Löf|fel, der; –s, –: Ess- und Schöpfgerät für Flüssigkeiten : ein Maß : etwas Löffelähnliches : Hasenohr : (Bot.) Blütenscheide : Name von Schnecken ✳ *einen Löffel Suppe essen; übern Löffel balbieren* tr.: betrügen ✳ *Löffelbagger:* eine Grabemaschine; *Löffelbarsch:* kleiner Barsch; *Löffelbohrer:* ein Werkzeug; *Löffelente:* Ente mit löffelartigem Schnabel; *Löffelerbsen* Mz.: ein Erbsengericht; *löffelförmig* Ew.; *Löffelkraut; Löffelkresse; Löffelreiher; Löffelstampfe; Löffelstiel; Löffelstint:* vgl. Löffelbarsch; *löffelweise* Uw. ✳ **Löf|fler**, der; –s, –: Name von Vögeln mit löffelartigem Schnabel ✳ **löf|feln** (ich ..[e]le) intr., tr.: mit dem Löffel schöpfen : essen

log (Abk.): Logarithmus

Log (isl.-e.), das; –s, –e: (Schifffb.) Fahrtgeschwindigkeitsmesser ✳ *Logbrett:* ein Bestandteil des Logs; *Logbuch:* Schiffstagebuch; *Loggast:* Matrose zur Bedienung des Fahrtmessers; *Logglas:* Fahrtmesserglas, *Logholz:* Logbrett; *Logleine, Loglinie:* Fahrtmesserleine; *Logrolle, Logtafel:* Tafel, die Aufzeichnungen über die Berechnungen aus dem Log enthält ✳ **log|gen** intr.: mit dem Log die Geschwindigkeit eines Schiffes bestimmen ✳ **Log|ger**, der; –s, –: Küstenfahrzeug zum Heringsfang

Lo|ga|rith|men|ta|fel: s. Logarithmus ✳ **lo|ga|rith|mie|ren** (..iert) (gr.) tr.: mit Logarithmen rechnen : den Logarithmus berechnen ✳ **Lo|ga|rith|mik**, die; –: Verhältniszahlenlehre ✳ **lo|ga|rith|misch** Ew.: die Verhältniszahlen betreffend : mit Logarithmen ✳ **Lo|ga|rith|mus**, der; –, ..men: Verhältniszahl; Abk.: log ✳ *Logarithmentafel:* Verzeichnis der Logarithmen des Zahlensystems

Lo|ge (germ.-fr.) [lohsehe], die; –, –n: „Laube" : Bogenhalle : Amtsstube, Büro : Portierzimmer : ein verschlossener Theaterplatz : Freimaurergesellschaft ✳ *Logenbruder:* Freimaurer; *Logenplatz:* Theaterplatz; *Logenschließer:* ein Theaterdiener ✳ **Log|gia** (it.) [lodscha], die; –, ..ggien : „Laube" : halb offener Balkon : Bogengang ✳ **lo|gie|ren** (fr.) (..iert) [losch..] intr.: wohnen : beherbergen ✳ *Logierbesuch, Logiergast:* Gast, den man für einige Zeit in der Wohnung aufnimmt; *Logierzimmer:* Gastzimmer ✳ **Lo|gis** (fr.) [loschih], das; –, – : Wohnung : (seem.) Mannschaftsraum **log|gen** usw.: s. Log **Lo|gia, lo|gie|ren:** s. Loge **..lo|gie** (gr.): (in Zusammensetzungen) ..wissenschaft : ..lehre ✳ **Lo|gik** (gr.), die; – : richtiges Denken : Lehre von den Formen und Gesetzen des Denkens ✳ **Lo|gi|ker**, der; –s, – : Lehrer der Logik : klarer Denker ✳ **lo|gisch** Ew.: folgerichtig : vernünftig : den Denkgesetzen gemäß ✳ *logischerweise* **Lo|gis|mus**, der; – : Vernunftschluss ✳ **Lo|gis|tik**, die; – : Buchstabenrechenkunst : Folgerungskunst : (Kriegsw.) die Bereitstellung und der Einsatz der für militärische Zwecke zur Verfügung gestellten Hilfsquellen eines Staates zur Unterstützung der Streitkräfte ✳ **Lo|gis|ti|ker**, der; –s, – : Anhänger der Logistik ✳ **lo|gis|tisch** Ew.: die Logistik betreffend ✳ **Lo|gi|zis|mus**, der; – : Überbewertung des Denkens ✳ **Lo|gi|zi|tät**, die; – : Denkbarkeit ✳ **lo|go.., Lo|go..** (gr.): „Wort".. : Vernunft ✳ **Lo|go** (e.), das (auch der); –s, –s : grafisch gestaltetes Zeichen für Firmen oder Marken : Senderkennung im Fernsehen ✳ **lo|go:** (Umgspr.) logisch : klar ✳ **Lo|go|griph**, der; –s und –en, –e(n): Buchstabenrätsel ✳ **Lo|go|pä|de**, der; –n, –n: Spracherzieher für sprachgestörte Kinder ✳ **Lo|go|pä|die**, die; – : Sprachheilkunde ✳ **Lo|go|pa|thie**, die; –, –n: Sprachstörung ✳ **Lo|gor|rhöe**, die; –, –n: krankhafte Schwatzhaftigkeit ✳ **Lo|gos**, der; –, (selt. ..goi): „das Sprechen" : Wort, Gedanke : Rede : Ver-

nunft : (N. T.) die zweite Person in der Gottheit, Christus **Lo|gis:** s. Loge **lo|gisch, Lo|go|griph** usw.: s. Logik **Loh,** der; das; –(e)s, –e: **Lo|he,** die; –, –n: Baumrinde zum Gerben ✳ *Lohballen:* zusammengepresste Lohmasse; *Lohbeize; Lohblüte:* ein Schleimpilz auf alter Lohe; *Loheiche; Loherde; lohfarben* Ew.: rotbraun; *lohgar* Ew.: mit Lohe gegerbt; *Lohgerber(ei); Lohgrube; Lohkübel:* Lohbeet; *Lohkäse:* Lohballen; *Lohkuchen:* Lohballen; *Lohmühle; Lohrinde; lohrot* Ew. ✳ **lo|hen** tr.: mit Lohe zubereiten : tränken, gerben **loh** Ew.: in heller Glut ✳ *Lohfeuer:* flammendes Feuer ✳ **Lo|he**, die; –, –n: lodernde Glut ✳ **lo|hen** intr.: flammend brennen **lo|hen|grin:** Gralsritter, Sohn Parzivals **Lohn,** der; –(e)s, Löhne; Löhnchen: Gewinn : der Entgelt für eine geleistete Arbeit; Besoldung : Belohnung : Vergeltung : Dienstverhältnis *in der Welt Lohn; die Löhne auszahlen; in Lohn verdingen* rbz.; *in Lohn und Brot nehmen* tr. ✳ *lohnabhängig; Lohnabhängige; Lohnabzug; Lohnarbeit; Lohnarbeiter; Lohnausfall; Lohnausgleich; Lohnauszahlung; Lohnbuchhalter; Lohnbuchhaltung; Lohnbüro; Lohndiener; Lohnempfänger; Lohnerhöhung; Lohnexplosion:* sprunghafte, die wirtschaftliche Entwicklung überholende Steigerung der Löhne und Gehälter; *Lohnforderung; Lohnfortzahlung:* Lohn, der dem Arbeitnehmer weiter bezahlt wird, auch wenn er krank ist; *Lohngruppe; lohnintensiv* Ew.: *Lohnkürzung; Lohnliste; Lohnnebenkosten:* Gesamtheit der Versicherungsbeiträge, die zur Hälfte vom Arbeitgeber getragen werden; *Lohnniveau; Lohnpfändung; Lohn-Preis-Spirale:* durch Lohn- und Preiserhöhungen hervorgerufene höhere Preise und Löhne, die wiederum zu einer Erhöhung der Löhne und Preise führen; *Lohnsteuer; Lohnsteuer-*

jahresausgleich; Lohnsteuerkarte; Lohnstopp; Lohntüte; Lohnverzicht ✳ **löh|nen** tr., intr.: Lohn geben : vergelten : Vorteil bringen : (auch rbz.) der Mühe wert sein ✳ *einen etwas übel lohnen; etwas lohnt die Arbeit; den Arbeiter lohnen; der Verkauf lohnt; es lohnt sich der Mühe* ✳ *lohnenswert* Ew. ✳ **löh|nen** tr.: Lohn bezahlen ✳ **Löh|nung**, die; –, –en: das Löhnen : Wehrsold **Loi|pe** (norw.) [leupe], die; –, –n: maschinell gezogene Doppelspur für den Skilanglauf **Lok** (Abk.): Lokomotive ✳ *Lokführer* **lo|kal** (l.) Ew.: örtlich : ortsgemäß : örtlich beschränkt ✳ *Lokalanästhesie:* (Med.) örtliche Betäubung; *Lokalbahn; Lokalbehörde; Lokalbericht; Lokalblatt; Lokalfarbe; Lokalkenntnis:* Kenntnis örtlicher Verhältnisse; *Lokalkolorit; Lokalmatador; Lokalnachrichten; Lokalpatriotismus; Lokalpresse; Lokalredaktion; Lokalreporter; Lokalsatz:* (Sprachl.) Umstandssatz des Ortes; *Lokalseite; -teil:* Teil der Zeitung; *Lokaltermin:* Termin am Tatort; *Lokalverkehr; Lokalzeitung* ✳ **Lo|kal**, das; –s, –e: Örtlichkeit : zu gewissem Zweck eingerichteter Raum : (Gast-)Zimmer : (Gast-)Wirtschaft ✳ **Lo|ka|le**, das; –s, –n: örtliche Nachrichten ✳ **Lo|ka|lis**, der; – : Lokativ ✳ **Lo|ka|li|sa|ti|on**, die; –, –en: örtliche Begrenzung : Eindämmung ✳ **lo|ka|li|sie|ren** (..iert) tr.: örtlich begrenzen : eindämmen ✳ **Lo|ka|li|tät**, die; –, –en: Örtlichkeit : Raum ✳ **Lo|ka|ti|on**, die; –, –en: Erdölbohrstelle ✳ **Lo|ka|tiv**, der; –s, –e: (Sprachl.) Ortsfall ✳ **lo|ko:** s. loco ✳ **lo|ko.., Lo|ko..** Vorsilbe in Zus.: vom Platze : am Platze ✳ *Lokofracht:* Platzfracht; *Lokogeschäft:* sofort erfüllbares Tagesgeschäft im Produktenhandel (Gegensatz: Lieferungsgeschäft); *Lokomobile:* fahrbare Dampfmaschine; *Lokomotion:* Ortsveränderung; *Lokomotive:* durch Dampf oder Elektrizität angetriebene Zugmaschine; *Lokomotivführer; Lokomotor:* Triebwagen; *Loko-*

ware: am Platz befindliche, sofort lieferbare Ware ∗ **Lo|kus,** der; –, ..kusse: Ort : Abort; vgl. loco ∗ **lo|zie|ren** (..iert) tr.: an einen Ort setzen, stellen : verleihen, vermieten, verpachten : platzieren

Lo|ki: (nord. Mythologie) Gott des Feuers, der Vernichtung [altn. luka schließen, endigen]

Lo|ku|ti|on (l.), die; –, –en: das Reden, Ausdrucksweise ∗ **Lo|ku|to|ri|um,** das; –s, ..rien: Sprechzimmer in Klöstern

Lolch, der; –(e)s, –e: eine Grasart

Lol|lar|de, der; –n, –n: Wanderprediger der wiklifschen Lehre

Lol|li, der; –s, –s: Lutschbonbon am Stiel, Lutscher

Lom|bard (it.), der; das; –(e)s, –e: Leihbank : Pfandhaus : Kredit gegen Pfand ∗ *Lombardbank; Lombardgeschäft; Lombardbestände* Mz.; *Lombardeffekten* Mz.; *Lombardsatz; Lombardzins* ∗ **lom|bar|die|ren** (..iert) tr.: beleihen : verpfänden

Lom|bar|dei, die; –: oberital. Landschaft ∗ **Lom|bar|de,** der; –n, –n: Bewohner der Lombardei ∗ **lom|bar|disch** Ew.

Lom|ber (span.), **L'hom|bre** (fr.), das; –s: „Mann", ein Kartenspiel

Lon|don: Hauptstadt Großbritanniens

Long Beach [– bitsch]: Seebad und Hafen in Kalifornien

Long|drink, der; –s, –s: mit Wasser, Mineralwasser, Soda oder Sekt „verlängertes" alkoholisches Getränk ∗ *Longdrinkglas*

Lon|ge (fr.) [longseh], die; –, –n: Leitseil, Halfter ∗ **lon|gie|ren** (..iert) [longschieren] tr.: mit der Longe abrichten

Lon|gi|me|trie (l.-gr.), die; –: Längenmessung

lon|gi|tu|di|nal Ew.: die Länge betreffend ∗ *Longitudinalgrad:* Längengrad; *Longitudinalmagnet:* länglicher Magnetstab; *Longitudinalwellen.* Längswellen

long|line (e.) [longlain]: (Tennis) die Seitenlinie betreffend : entlang der Seitenlinie

Long-Ro|yal (fr.) [long

roajahl], das; –s: engl. Kupferdruckpapier

Long|sel|ler (e.) [longßäl^er], der; –s, –: Buch, das über einen längeren Zeitraum zu den Bestsellern gehört

Look (e.) [luck], der; –s, –s: Aussehen : modische Aufmachung

Loo|ping (e.) [luping], das; –s, –s: senkrechter Schleifenflug ∗ **Loo|ping the Loop** (e.) [luping ßthe lup], das; –s – –, – s – –: Kunstflugfigur

Lor|baß → **Lor|bass** (it.), der; –es, –e: Flegel, Lümmel

Lor|beer (l.), der; –s, –en: ein Baum : Gewürz : Frucht des Lorbeerbaums (Nelkenpfeffer) : (übertr.) Siegespreis : Kötel der Hirsche, Schafe usw. ∗ *Lorbeeren ernten:* gerühmt werden ∗ *Lorbeerbaum; Lorbeerblatt; Lorbeerkranz; Lorbeerkrone; Lorbeeröl; Lorbeerzweig*

Lorch, der; –(e)s, –e: Kröte (auch als Schimpfwort) ∗ **Lor|che,** die; –, –n: Tollheit ∗ *eine Lorche machen:* etwas Ausgelassenes machen; vgl. Lorke

Lor|chel, die; –, –n: Steinmorchel, ein Pilz

Lord (e.) [lo^ard], der; –s, –s: „Brotherr", englischer Adelstitel ∗ *Lord-Kanzler* → *Lordkanzler:* höchster engl. Staatsbeamter; *Lord-Mayor* → *Lord Mayor* [..me'er]: Oberbürgermeister von London; *Lord-Protector* → *Lordprotector; Lord-Provost* → *Lord Provost:* Oberbürgermeister von Edinburgh ∗ **Lord|ship,** die; –: Lordschaft (Anrede für Lords)

Lor|do|se (gr.), die; –: vorgebückte Körperhaltung ∗ **lor|do|tisch** Ew.: bucklig

Lo|re (e.), die; –, –n; **Lo|ri,** die; –, –s (auch Lowries): niedriger, offener Güterwagen

Lo|re|lei, Lo|re|ley: sagenhafte Rheinnixe : Schieferfelsen am Rhein

Lor|gnet|te (dtsch.-fr.) [lornjätte], die; –, –n: Stielbrille ∗ **lor|gnet|tie|ren** (..iert) tr.: durch Augengläser betrachten ∗ **Lor|gnon** [lornjong], das; –s, –s: Einglas mit Stiel

Lo|ri (ostind.), der; –s, –s:

Halbaffengattung : Papageienart, Pinselzüngler

Lork, der; –(e)s, Lörke; Lörkchen: (niederd.) Lorch, Kröte ∗ *den Lork am Stricke haben:* Sieger sein ∗ **Lork,** das; –(e)s, Lörke: Lorch, s. Lorch

Lor|ke, die; –, –n: (mundartl.) schlechter, wässeriger Kaffee

Lo|ro|kon|to (it.), das; –s, –en: Konto, das eine Bank bei einer anderen führt

Los, das; –es, –e; Löschen: unabwendbare Bestimmung des Zufalls, einer höheren Gewalt : Mittel, die Entscheidung einer zweifelhaften Frage durch Zufall zu erwirken : das, was einem durch Zufall, höhere Gewalt zuteil wird : das vom Verhängnis Bestimmte, Schicksal : Gewinn ∗ *ein hartes Los* (Schicksal); *das Los entscheidet; das große Los:* der höchste Lotteriegewinn ∗ *Loskauf, Losnummer; Lostrommel; Losverkäufer* ∗ **lo|sen** (du losest und lost; gelost; lose!) intr.: das Los ziehen : den Zufall entscheiden lassen ∗ **Lo|sung,** die; –, –en: das Losen : Verabredung : verabredetes Zeichen : geheimes Merkzeichen

los Ew.: (etwas früher Festes) gelöst, nicht mehr fest, nicht mehr zusammenhängend : frei; Uw. in Zus.: frei : weg von : Bezeichnung des (plötzlichen) Anfanges einer Handlung, eines Zustandes ∗ *es ist etwas los:* es passiert etwas; *etwas los haben:* gescheit sein; *etwas, einen los sein:* befreit sein; *von einem loswerden* tr.: sich entledigen; *Los-von-Rom-Bewegung,* die; –: Bewegung, die die Befreiung von päpstlicher Herrschaft anstrebt ∗ *losarbeiten* (ich arbeite los, losgearbeitet, loszuarbeiten) intr.: zu arbeiten beginnen; *losankern* tr.: vom Anker lösen; *losbekommen* tr.: (ab-)lösen; *losbinden* tr.: die Befestigung von etwas lösen; *losbitten* tr.: durch Bitten befreien; *losbrechen* intr.: (Festsitzendes –) abbrechen : zu brechen anfangen; *losdrücken* intr.: zu drücken anfangen; *loseilen* intr.: zu eilen anfangen, eilig aufbrechen; *loseisen* tr.: aus dem Eis befreien : (mit Mühe) losmachen; *losfah-*

ren intr.: zu fahren anfangen; *losgehen* intr.: zu gehen anfangen : anfangen; *losheulen; Loskauf:* Freikauf; *loskaufen* tr.; *losknüpfen* tr.: Geknüpftes lösen; *loskommen* intr.: (von etwas –) sich befreien von; *loskriegen; loslassen* tr.: zu halten aufhören; *loslaufen* intr.: zu laufen anfangen; *loslegen* intr.: zu reden beginnen; *loslösen* intr.: Festes, Befestigtes lösen; *losmachen* tr.: lösen, abmachen; *losmarschieren* intr.: anfangen zu marschieren; *losreißen* intr.: abreißen, mit Gewalt abtrennen; *losrennen* intr.: anfangen zu rennen; *lossagen* rbz.: (sich von jemand –) mit jemand brechen; *Lossagung; losschicken; losschießen* intr.: zu schießen anfangen : schnell anfangen; *losschlagen* intr.: zu schlagen anfangen; *losschrauben* tr.: abschrauben; *lossprechen* tr.: durch Richterspruch von einer Beschuldigung befreien; *lossteuern:* etwas anvisieren; *losstürzen* intr.: zu stürzen anfangen; *loswerden:* von etwas befreit werden : etwas verkaufen, absetzen; *loswinden:* windend lösen; *losziehen:* zielgerichtet losgehen ✻ **lös**|**bar** Ew.: so beschaffen, dass man es lösen kann ✻ **lo**|**se** Ew.: locker, nur leicht zusammenhaltend : ungebunden, leicht beweglich : leichtfertig : böse, betrügerisch : schalkhaft : (übertr.) schelmisch : böse : ehrenrührig ✻ *Loseblattsammlung* ✻ **lö**|**sen** (du lösest und löst; gelöst; lös[e]!) tr.: losmachen : lose machen, lockern : auflösen : befreien : (Knoten –) öffnen, entwirren : (Verlobung –) wieder aufheben : losgehen machen : (Theaterkarte usw. –) kaufen : (Rätsel –) das Rätselwort finden : (übertr.) das Geheime, Verborgene entdecken; rbz.: (weidm.) (vierfüßige Tiere) sich des Kotes entledigen ✻ *Lösegeld:* Geld, durch das man etwas (jemand) loskauft; *Lösemittel:* Schleim lösende Arznei ✻ **lös**|**lich** Ew.: sich leicht lösend, leicht zergehend ✻ **Lös**|**lich**|**keit**, die; –: das Löslichsein ✻ **Lö**|**sung**, die; –, -en: das Lösen : Lösegeld : Flüssigkeit, in der ein

fester Körper aufgelöst ist : Rätselantwort ✻ *Lösungsmittel; Lösungsweise; –versuch; –weg* ✻ **Lo**|**sung**, die; –, –en: (kfm.) Einnahme : Pfandeinlösung : Einstandsrecht : (weidm.) Kot der Vierfüßer : Kennwort, Losungswort : Bibelspruch für jeden Tag

Lö|**sung:** s. los

lösch|**bar** Ew.: so beschaffen, dass es gelöscht werden kann ✻ **lö**|**schen** (du lösch[e]st, er löscht) tr.: (Feuer –) ersticken, auslöschen : (glühendes Metall –) in Wasser abkühlen : (Durst –) stillen : (Leidenschaft usw. –) tilgen : (Schriftzüge –) tilgen, wegwischen : (kfm.) (Schuldforderung –) streichen : (du lisch[e]st, auch lischt, er lischt) intr.: (nur noch dichterisch) erlöschen ✻ *Löscharbeit; Löschbank:* Kasten zum Kalklöschen; *Löschblatt; Löschboot; Löscheimer; Löschfahrzeug; Löschgerät; Löschkalk:* gelöschter Kalk; *Löschkopf:* Vorrichtung in Tonbandgeräten, um die magnetischen Aufzeichnungen zu löschen; *Löschmannschaft; Löschpapier:* Feuchtigkeit, bes. Tinte einsaugendes Papier; *Löschtaste; Löschwasser; Löschzug:* Abteilung der Feuerwehr ✻ **Lö**|**scher**, der; –s, –: ein Löschender : Gerät zum Ablöschen der Tinte ✻ **lö**|**schen** tr.: (niederd.) (Schiff –) ausladen ✻ *Löschgeld; Löschplatz*

Lösch|**chen:** s. Los

Lo|**se**, die; –, –n; (obd.) Mutterschwein

Lo|**se**, das; –s, –: (seem.) schlaffes Taustück

lo|**se** Ew.: s. lose

lo|**sen:** s. Los

lö|**sen:** s. los

Los|**kauf: los**|**las**|**sen:** s. los

Los|**leu**|**te** Mz.: kleine Pächter ohne Grundbesitz

lös|**lich:** s. los

Löss *auch:* **Löß**, der; –es: mergeliger Sand, diluviale Windablagerungen *auch: Lössablagerung auch: Lößablagerung; –boden; –lehm; Lösskindel auch: Lößkindel; Lösslandschaft auch: Lößlandschaft; Lösssand auch: Lößsand; Lössschicht auch: Lößschicht*

✻ **lös**|**sig** *auch:* **löß**|**ßig** Ew.: kalkerdig ✻ **Löß**|**nitz:** fruchtbare Landschaft bei Dresden

Löss
Grundsätzlich steht nach kurzen Vokalen *ss* statt des früheren *ß* auch im Auslaut, es sei denn die Aussprache schwankt wie bei *Löss*. Dann ist auch *ß*-Schreibung möglich. Eigennamen unterliegen nicht dieser Regel; sie werden nach amtlicher Norm geschrieben: also nur *Lößnitz* (Landschaft bei Dresden).

Lost, der; –s: als Kampfstoff eingesetztes Senfgas

Lost Ge|**ne**|**ra**|**tion** (e.) [lost dsehänere**h**schen], die; –: „verlorene Generation", durch das Erleben des 1. Weltkrieges desillusionierte Generation : am. Schriftstellergruppe

Lo|**sung:** s. Los

Lo|**sung, Lö**|**sung:** s. los

Lot, das; –(e)s, –e; Lötchen: Stück Blei : (veralt.) Gewicht : ein bestimmtes kleines Gewicht : Richtblei, ein Werkzeug zur Bestimmung der senkrechten Richtung : Senkblei, ein Werkzeug zur Bestimmung der Tiefe (von Gewässern) : Kugel, Schrot (als Gewehrladung) : Lötmetall ✻ *3 Lot Kaffee* ✻ *Lotbalge:* Balge, in welche die Lotleine aufgeschossen wird; *Lotgewicht; Lotleine:* Senkblei : Richtblei, aber *lotrecht* Ew.: senkrecht; *Lotstück:* Lotgewicht; *lotweise* Ew. ✻ **lo**|**ten** intr.: mittels des Lots messen, bestimmen : mehrere Lot wiegen : ins Gewicht gehen ✻ **lö**|**ten** tr.: mit Blei verbinden, schmelzend vereinigen ✻ *Lötapparat; Lötasche:* Pottasche; *Lötfett:* Fett zum Bestreichen der Lötstelle; *Lötfeuer; Lötfuge; Lötgerät, -kolben:* Werkzeug zum Löten; *Lötlampe; Lötmetall:* Metall(mischung) zum Löten; *Lötnaht; Lötofen; Lötpfanne; Lötrohr; Lötstelle; Lötwasser; Lötzange; Lötzinn* ✻ **..lö**|**tig** Ew., nur in Zus.: vollwichtig : das rechte Gewicht edeln Metalles enthaltend ✻ *zehnlötig* ✻ **Lö**|**tig**|**keit**, die; –: Feinheitsgrad (von Edelmetallen) ✻ **Lö**|**tung**, die; –, –en: das Löten

Loth|**rin**|**gen:** fr. Land zwischen dem oberen Moseltal und den Vogesen

Lo|ti|on, die; –, –en: flüssiges Mittel zur Reinigung und Pflege der Haut

Lo|to|pha|ge (gr.), der; –n, –n: „Lotosfruchtesser“, bei Homer Angehöriger eines nordafrikan. Volkes * **Lo|tos, Lo|tus** (gr.-l.), der; –, –: Wasserrose : Judenkirschbaum * *Lotosbaum; Lotosblume; Lotosblüte; Lotossitz:* Meditationshaltung

Lot|se (e.), der; –n, –n: berufsmäßiger Steuermann, der Schiffe durch schwierige Fahrwasser führt : Autofahrer, der berufsmäßig für andere die Autos durch den Großstadtverkehr fährt : funkentelegrafische Einrichtung für Schiffe zum selbsttätigen Lotsen * *Lotsenboot; Lotsendienst; Lotsendampfer; Lotsenfisch; Lotsenprüfung; Lotsenstation* * **lot|sen** (du lotsest und lotst) tr.: als Lotse ein Schiff leiten : (übertr.) jemand ans Ziel bringen

Lot|ter, der; –s, –: verwegener Kerl : Landstreicher : Lump, Taugenichts * **Lot|te|rei,** die; –, –en: Wesen und Treiben eines Lotterers * **lot|te|rig, lott|rig** Ew.: ohne Halt, schlotterig, lodderig : nachlässig : liederlich : schändlich : lotterhaft, lotterbubenhaft * **lot|tern** (ich ..[e]re) intr.: hin und her schlottern, loddern : ein liederliches Leben führen : sich herumtreiben, bummeln * *Lotterbett, –bube; –gesindel; Lotterhose:* Pluderhose; *Lotterleben; –wirtschaft*

Lot|te|rie (ml.), die; –, ..rien: Glücksspiel durch Auslosung von Gewinnen und Geld * *Lotterieeinnehmer:* Unternehmer, der eine Lotterie betreibt; *Lotteriegewinn; Lotterielos; Lotteriespiel* * **Lot|to** (it.), das; –s, –s: Zahlenlotterie : Gesellschaftsspiel * *Lottospiel*

Lo|tus: s. Lotophage

Louis (fr.) [luih], der; –, –: fr. Goldmünze : Zuhälter * **Louis|dor** [luihdohr], der; –s, –e und –s: „Goldlouis“, alte fr. Goldmünze

Lounge (e.) [laudsch], die; –, –s: Empfangshalle im Hotel

Lourdes [lurd]: fr. Wallfahrtsort * *Lourdesgrotte*

Lou|v|re (fr.) [luw'r], der; das; –(s): ein Museum in Paris

Love|sto|ry (e.) [lavstori], die; –, –s: Liebesgeschichte

Lö|we, der; –n, –n: ein katzenähnliches Raubtier : Siegel, Wappenschild mit Löwenbildnis : Wirtshaus usw. mit Löwenschild : ein Tierkreiszeichen : ein Sternbild : (übertr.) ein starker, mutiger, tapferer Mensch : (übertr.) ein blutgieriger, wütender Mensch : eine die Aufmerksamkeit erregende Erscheinung * *Löwenanteil:* der größte Anteil; *Löwenbändiger; Löwenfuß:* eine Pflanze; *Löwenhaut; Löwenhund; Löwenjagd; Löwenjunges; Löwenkäfig; Löwenklaue; Löwenkraft; Löwenmähne; Löwenmaul:* eine Pflanze; *Löwenmut;* **löwenmutig** Ew.; *Löwenrobbe:* Robbe mit Mähne wie ein Löwe; **löwenstark** Ew.; *Löwenstärke; Löwenstimme:* (übertr.) sehr starke Stimme; *Löwenwirt:* Wirt des Gasthauses zum Löwen; *Löwenzahn:* eine Pflanze; *Löwenzwinger:* Gehege für Löwen im Zoo * **lö|wen|haft** Ew.: wie ein Löwe * **Lö|win,** die; –, –nen: weibl. Löwe

Lo|xo|dro|me, die; –, –n: loxodromische Linie, eine auf der Oberfläche einer Kugel oder eines elliptischen Sphäroids gezogene Linie von doppelter Krümmung, welche, alle Meridiane unter gleichem Winkel schneidend, sich dem Pole spiralförmig nähert * **lo|xo|go|nal** Ew.: schiefwinklig [gr. loxos schief]

lo|y|al (fr.) [loajahl] Ew.: gesetzestreu : (übertr.) anständig, aufrichtig * **Lo|y|a|li|tät,** die; –: gesetzestreue Gesinnung : Rechtlichkeit : Ehrlichkeit

lo|zie|ren: s. lokal

LPG (Abk.): (ehem. DDR) Landwirtschaftliche Produktionsgenossenschaft

LSD (Abk.): Lysergsäurediäthylamid, ein Rauschgift

lt. (Abk.): laut : nach dem Wortlaut * *lt. Anordnung; lt. Paragraf*

Lü|beck: Freie und Hansestadt a. d. Ostsee * **Lü|be|cker,** der; –s, –: Bewohner Lübecks * **lü|be|ckern** (ich ..[e]re) intr.: auf besondere Art kegeln *

lü|be|ckisch, lü|bisch Ew.: auf Lübeck bezogen

Luch, die; –, Lüche; das; –(e)s, –e: Sumpfland

Luchs, der; –es, –e; Lüchschen: katzenartiges Raubtier * *Luchsbalg :* (übertr.) listige, lauernde Person : ein Sternbild : Porzellanschnecke * *Luchsauge:* scharfes Auge; **luchsäugig** Ew. * **luch|sen** (du luchsest und luchst) intr.: wie ein Luchs spähen, lauern; tr.: listig stehlen * **Luch|sin,** die; –, –nen: weibl. Luchs

Lucht, die; –, –en: (niederd.) Boden, oberes Stockwerk

Lü|cke, die; –, –n: leere Stelle, die den Zusammenhang unterbricht : Öffnung * *Lückenbüßer:* Aushilfe : Notbehelf : Ersatzmann; *–büßerin; Lückennetz:* Netz zum Hasenfang * **lü|cken|haft** Ew.: unvollständig : mangelhaft * **Lü|cken|haf|tig|keit,** die; –; –en: das Lückenhaftsein * **lü|ckig** Ew.: voll Lücken * **lü|cken|los** Ew.: ohne Lücke, vollständig * **Lü|cken|lo|sig|keit,** die; –, –en: das Lückenlossein

Lu|de, der; –n, –n: (Gaunerspr.) Zuhälter * *Ludengesicht*

Lu|der, das; –s, –: (veralt.) Lockspeise, Köder : in Fäulnis übergegangenes Fleisch, Aas (mundartl.) Fleisch von lebendem Vieh, das nicht gegessen wird : etwas Abscheu, Zorn, Unwillen Erregendes : ein gemeines Schimpfwort : ungebundenes, liederliches Leben, Schlemmerei * *armes Luder:* armer Kerl * *Luderhütte:* Schießhütte mit Luderplatz; *Luderjan:* Liederjan; *Luderleben; ludermäßig* Ew.; *Luderplatz:* Platz, wohin man Wild ludert; *Luderrabe:* Aasgeier * **lu|der|haft** Ew.: wie ein Luder * **Lu|de|rer, Lü|de|rer,** der; –s, –: einer, der schwelgt, ludert * **lu|dern** (ich ..[e]re) tr.: (weidm.) locken, ködern; intr.: im Luder leben : herumlottern

Lü|der|jahn usw.: s. Liederjan

Lu|es (l.), die; –: Syphilis, Lustseuche * **lu|e|tisch** Ew.: syphiliskrank

Luf|fa, die; –, –s: (Bot.) Netzgurke * **Luf|fa|schwamm:** Schwamm aus Luffafrüchten

Luft, die; –, Lüfte; Lüftchen;

Lüftlein: das die Atmosphäre füllende Gasgemenge : das Freie (Ggs. geschlossener Raum) : das Freisein von Beengendem, Erleichterung : freier Raum über der Erde (Ggs. Erdboden) : das Leere : Luftzug, leichter Wind : etwas Luftähnliches : dünnes, hauchartiges Gewebe : (mundartl.) eine Art Pfefferminzschnaps, Luftwasser * *viel an die Luft gehen; seinem Herzen Luft machen:* sich aussprechen; *in die Luft sprengen* tr.; *Schlösser in die Luft bauen; etwas schwebt in der Luft:* ist fühlbar : steht bevor; *aus der Luft greifen* tr.: frei erfinden; *keine Luft bekommen:* nicht atmen können; *Luft schöpfen, schnappen:* ins Freie gehen * Luftabwehr; Luftakrobat; Luftalarm; Luftangriff: (Kriegsw.) Bombardierung aus Flugzeugen; Luftaufklärung; Luftaufnahme; Luftbad; –ballon; –bereifung; Luftbewegung; Luftbild; Luftblase: Blase in Flüssigkeiten : etwas Nichtiges : Schwimmblase der Fische : Luftbrücke: Verbindung mit abgetrennten Orten durch Flugverkehr; *luftdicht* Ew.: so dicht verschlossen, dass keine Luft hindurchdringen kann; Luftdichte: spezifisches Gewicht der Luft; Luftdienst: Flugzeug-, Post- und Personenverkehr; Luftdruck; Luftdruckbremse; –druckgewehr; –druckmesser; *luftdurchlässig* Ew.; Luftfahrt; Luftfahrtindustrie; Luftfahrzeug; Luftfeuchtigkeit; Luftfilter; Luftflotte; Luftfracht; Luftgebilde: Scheingebilde, Phantom; Luftgefäß: Blattader bei Pflanzen; *luftgekühlt* Ew.; *luftgeschützt* Ew.; *luftgetrocknet* Ew.; Luftgewehr; Lufthauch: schwacher Wind; Luftheizung: Heizung durch erwärmte Luft; Lufthoheit: Hoheitsgewalt eines Staates in dem über ihm gelegenen Luftraum; *lufthungrig* Ew.; Luftkampf; Luftkissen: mit Luft gefülltes Kissen; Luftklappe: Ventil : Heizungsklappe; Luftkorridor: vorgeschriebener (erlaubter) Weg für Flugzeuge zum Überqueren fremder Staaten; *luftkrank* Ew.; Luftkrankheit; Luftkreuzer;

Luftschiff; Luftkrieg; Luftkühlung; Luftkurort; Luftlandetruppen: Fallschirmspringer; *luftleer* Ew.; Luftlinie: kürzeste Entfernung zwischen zwei Orten; Luftloch: Loch, durch das Luft dringt : Stelle dünner Luft; Luftmangel; Luftmasche; Luftmatratze; Luftmeer: Atmosphäre; Luftmine; Luftpirat; Luftpolster; Luftpost: mit Flugzeugen beförderte Post; Luftpumpe; Luftqualität; Luftraum: Atmosphäre : Poren; Luftreifen; Luftreinigung; Luftreise; Luftreklame: in die Luft geschriebene Reklame; Luftröhre: Röhre, durch die Luft zugeführt wird : (Anat.) der zwischen Kehlkopf und Lungen gelegene Teil des Atmungsweges; Luftröhrenkatarrh; Luftröhrenschnitt; Luftsäule: die über einer Ebene befindliche Luftmasse; Luftschacht; Luftschall; Luftschiff; Luftschiffahrt → Luftschiffahrt; Luftschiffer; Luftschlacht; Luftschlange; Luftschloß → Luftschloss: Fantasiegebilde; Luftschraube: s. Propeller; Luftschutz: Vorsichtsmaßnahmen im Luftkrieg; Luftschutzkeller; Luftsegler; Luftsperre: Absperrung im Luftverkehr; Luftspiegelung; Luftsport: Flugsport; Luftsprung; Luftstewardeß → Luftstewardess: Betreuerin der Reisenden im Flugzeug; Luftstreitkräfte; Luftstrom; Luftströmung; Luftstützpunkt: Versorgungszentrale für Fluglinien; Lufttemperatur; Lufttorpedo: geflügelte Wurfmine; *lufttrocken* Ew.; Luftventil; Luftveränderung; Luftverkehr; Luftverkehrslinie; Luftverkehrsgesellschaft; Luftverschmutzung; Luftverteidigung; Luftwaffe; Luftweg: Weg durch die Atmungsorgane : Reiseroute der Flugzeuge; Luftwiderstand; Luftwurzel; Luftzufuhr; Luftzug * **lüften** tr.: frischer Luft den Zugang öffnen * *den Schleier von einem Geheimnis lüften; die Maske lüften; den Hut lüften:* grüßen; *den Mühlstein lüften* * **Lüfter,** der; –s, –: Vorrichtung zum Zuführen frischer Luft : Werkzeug zum Erweitern von Öffnungen

: ein Werkzeug zum Heben des Mühlsteins * **luftig** Ew.: aus Luft : in der Luft schwebend : der Luft ausgesetzt : leicht wie Luft : flatterhaft : windig * **Luftigkeit,** die; –: das Luftigsein * **Luftikus,** der; –, ..kusse: leichtsinniger Mensch * **Lüftung,** die; –, –en: Lufterneuerung in geschlossenen Räumen * Lüftungsapparat; Lüftungsanlage; Lüftungsklappe.

Lug, der; –(e)s; **Lüge,** die; –, –n: absichtliche Unwahrheit zum Zwecke der Täuschung * *Lug und Trug:* Lügerei und Betrügerei; *Lügen haben kurze Beine; jemanden Lügen strafen:* ihn eines Besseren belehren * Luggewebe * Lügendetektor: Gerät zur Überprüfung von Wahrheitsgehalten in Aussagen; Lügenfeind; Lügengeist; Lügengeld; Lügengespinst; –gewebe; Lügenkunst; Lügenmär(chen); Lügenmaul; Lügenpropaganda * **lügen** (du logst, du lögest; gelogen;lüg[e]!) intr., tr.: absichtlich zum Zwecke der Täuschung die Unwahrheit sagen, belügen : täuschen : sich als unwahr erweisen : lügend sagen : äußerlich einen Schein zeigen, dem das Innere nicht entspricht, vortäuschen * **lügenhaft** Ew.: falsch, unwahr : verlogen * **Lügenhaftigkeit,** die; – * **Lügner,** der; –s, –: ein Lügender * **Lügnerin,** die; –, –nen: weibl. Lügner * **lügnerisch** Ew.: lügenhaft

Lug, der; –(e)s, –e: Platz zum Ausschauen * Luglaus, der; –, –; Luginsland, der; –, –: Aussichtsturm; Lugloch * **lugen** intr.: ausschauen, spähen

Lügner: s. Lug

Lu|si|ne (fr.) [lüisin'], die; –: ein Seidengewebe

Luk, das; –(e)s, –e; **Luke,** die; –, –n: (seem.) Öffnung im Deck oder in der Wand : durch Falltür verschlossene Öffnung * **Lukarne,** die; –, –: Dachfenster, Dachluke

Lukas: (Bib.) Evangelist im Neuen Testament * Lukasevangelium * **Lukas,** der; –, ..sse: Kraftmesser an einem Jahrmarktsgerät zur Prüfung der Schlagkraft * Haut den Lukas: fest drauf(hauen)!

luk|ra|tiv (l.) Ew.: einträglich, ergiebig * **luk|rie|ren** (..iert) intr.: gewinnen

luk|tu|ös (..öser, ..ösest) (l.) Ew.: traurig, klagend

Lu|kub|ra|ti|on (l.), die; –, –en: wissenschaftliche Arbeit während der Nacht * **lu|kub|rie|ren** (..iert) intr.: bei Licht, bei Nacht arbeiten * **lu|ku|lant** Ew.: lichtvoll : klar : augenscheinlich * **Lu|ku|lenz**, die; –: Helle : Lichtheit des Druckes

lu|kul|lisch Ew.: üppig : verschwenderisch * **Lu|kul|lus**, der; –, ..lusse: Schlemmer (nach Art des röm. Feldherrn Lucullus)

Lu|latsch, der; –(e)s, –e: (Umgspr.) langer schlaksiger Bengel

lul|len tr.: eintönig singen; intr.: saugen * **Lul|ler**, der; –s, –: Schlummer : (südd.) Schnuller * **lul|lig** Ew.: schläfrig

Lum|ba|go (l.), die; –: (Med.) Lendenschmerz, Hexenschuss * **lum|bal** Ew.: die Lenden betreffend * Lumbalanästhesie: Betäubungsspritze im Rückenmarkskanal; Lumbalpunktion: Anstich des Rückenmarkskanals im Lendenteil

lum|be|cken tr.: im Lumbeckverfahren binden * **Lum|beckver|fah|ren**, das; –s, –: fadenlose Klebebindung von Büchern (nach dem Erfinder Lumbeck)

Lum|ber|jack (e.) [lamberdsehäk], der; –s, –s: Strickweste mit Ärmeln

Lu|me, die; –, –n: Pfütze

Lu|men (l.), das; –s, – und ..mina: Licht, Lichtung : großer Geist * **Lu|mi|nal**, das; –s, –: ein Schlafmittel * **Lu|mi|neszenz**, die; –, –en: Leuchten : Lichterregung : das Leuchten der Meerestiere * **lu|mi|nös** Ew.: lichtvoll, leuchtend

lumm Ew.: von mangelhafter Festigkeit, schlapp, mürbe * **Lum|mel**, der; –s, –: **Lum|mer**, die; –, –n: Lendenfleisch von Schwein und Rind * Lummerbraten; Lummerstück * **Lüm|mel**, der; –s, –: schlaffer, ungeschlachter, unfeiner Bursche : Flegel * einem die Lümmelglocke läuten: beschimp

fen; Lümmeltüte: (Umgspr. derb) Kondom * **Lüm|me|lei**, die; –, –en: Flegelei * **lüm|mel|haft** Ew.: flegelhaft * **lüm|meln** (ich ..[e]le) intr.: locker, haltlos hängen, schlottern * **lüm|meln** (ich ..[e]le) rbz.: sich flegelhaft betragen : sich lümmelhaft hinsetzen usw. * **lum|mer** (mundartl.): locker * **lum|me|rig** Ew.: lappicht, schlapp * **lum|mern** (ich ..[e]re) intr.: schlaff hängen, schlottern * **lum|mig** Ew.: haltlos, lummernd, schlapp

Lum|me, die; –, –n: ein Seevogel

Lum|me, die; –, –n: Riegel, Querbalken

Lump, der; –(e)s und –en, –e(n); Lümpchen: ehrloser Mensch : Landstreicher : zerlumpter Mensch * Lumpenbande; Lumpengesindel; Lumpenhund: ein Schimpfwort; Lumpenkerl; –pack; –wirtschaft * **Lum|pa|zi|us** (l.), der; –, ..ziusse: Lump * Lumpazivagabundus, der; –, ..dusse und ..di: Landstreicher * **Lum|pe**, die; –, –n; **Lum|pen**, der; –s, –: zerrissenes Zeug : Lappen : schlechtes Kleid : etwas Wertloses, Verächtliches * Lumpengeld; Lumpenhandel; Lumpenpapier: aus Lumpen hergestelltes Papier; Lumpenreißer: Maschine zum Zerfasern von Lumpen; Lumpensammler; –trödler; Lumpenwolf: eine Reinigungsmaschine für Lumpen * **lum|pen** tr.: als Lump behandeln; intr.: sich als Lump aufführen * sich nicht lumpen lassen: sich nicht knauserig zeigen * **Lum|pen|schaft**, die; –, –en; **Lum|pen|tum**, das; –(e)s: Wesen eines Lumpen : Gesamtheit von Lumpen * **Lum|pe|rei**, die; –, –en: lumpige Sache : (verächtl.) Kleinigkeit : etwas Lumpiges, nichtswürdige Handlungsweise * **lum|pig** Ew.: zerlumpt : ärmlich : verächtlich

Lump|fisch, der; –(e)s, –e: Seehase

Lu|na (l.): Mond : röm. Mondgöttin * **Lu|na**, die; –: (ält. Chem.) Silber * **Lu|nambu|list**, der; –en, –en: Mondsüchtiger * **Lu|nam|bu|lismus**, der; –: Mondsüchtigkeit

* **lu|nar** auch: **lu|na|risch** Ew.: den Mond betreffend : silberhaltig * lunare Bodenproben; lunares Meer * **Lu|na|ri|um**, das; –s, ..rien: Vorrichtung zur Darstellung der Mondbewegung um die Erde * **lu|na|tisch** Ew.: mondsüchtig * **Lu|na|tismus**, der; –: Mondsüchtigkeit * **Lu|na|ti|kus**, der; –, ..ker: Mondsüchtiger * **Lu|na|ti|on**, die; –, –en: Mondwechsel * **Lü|net|te** (fr.), die; –, –n: „kleiner Mond", Augenglas, Brille : Scheuklappe : (Techn.) Vorrichtung zum Drehen an der Drehbank : (Baukst.) halbkreisförmiges Fenster, Feld * **Lu|nis|ti|ti|um**, das; –s, ..tien: Mondwende * **Lu|nu|la**, die; –, ..len: halbmondförmige Verzierung : halbrunder Fleck an der Nagelwurzel * **lu|nu|lar** Ew.: halbmondförmig * **Lu|nonaut**, der; –en, –en: Mondflieger

Lunch (e.) [lantsch], der; –(e)s, –(e)s: Imbiss : zweites Frühstück : leichte Mittagsmahlzeit * **lun|chen** [lantschen] tr.: den Lunch einnehmen

Lund, der; –(e)s, –e: Polarente : Papageitaucher

Lund: Stadt in Südschweden

Lü|ne|burg: Stadt in Niedersachsen * Lüneburger Heide

Lü|nel, der; –s: ein französischer Muskatellerwein

Lü|net|te: s. Luna

Lun|ge, die; –, –n: Atmungsorgan des Menschen und der meisten landbewohnenden Tiere * Lungenabszeß → Lungenabszess: eitriges Lungengeschwür; Lungenarterie; Lungenatelektase: Zustand der Luftleere der Lungenbläschen (Lungenprobe); Lungenbläschen; Lungenblume: eine Arzneipflanze; Lungenbrand: brandiges Absterben des Lungengewebes; Lungendrüse; Lungenentzündung; Lungenfell; Lungenfisch: Lurchfisch; Lungenflechte: eine Pflanze; Lungenflügel: der auf einer Körperseite gelegene Lungenteil; Lungengangrän: Lungenbrand; Lungengeschwür; Lungenheilstätte; Lungeninfarkt: (durch Embolie hervorgerufener) Eintritt von Blut in das

Lungengewebe; *Lungenkatarrh auch: Lungenkatarr:* Bronchialkatarr(h); *Lungenkrankheit; Lungenkraut:* eine Arzneipflanze; *Lungenkrebs; Lungenlappen:* Abschnitt des Lungenflügels; *Lungenmoos:* eine Pflanze; *Lungenödem:* Stickfluss, Lungenlähmung; *Lungenpest:* eine Form der Pesterkrankung; *Lungenprobe:* Prüfung des Luftgehaltes der Lunge beim Neugeborenen; *Lungenschlag:* Lungeninfarkt; *Lungenschrumpfung; Lungenseuche:* Lungenerkrankung des Rindviehs; *Lungenspitzenkatarrh auch: Lungenspitzenkatarr; lungensüchtig* Ew.; *Lungentuberkulose; Lungenzirrhose:* Lungenschrumpfung; *Lungenzug:* Art des Einatmens während des Rauchens

Lunge|rer, der; –s, –: müßiger Herumtreiber, Faulenzer ✻ **lun|gern** (ich ..[e]re) intr.: faulenzen

Lü|ning, der; –s, –e: (niederd.) Sperling

Lu|nis|ti|ti|um usw.: s. Luna

Lün|se, die; –, –n: Achsennagel

Lun|te, die; –, –n: (weidm.) Schwanz des Fuchses oder Wolfes ✻ Zündschnur für Geschütze ✻ *Lunte riechen:* drohende Gefahr merken; *Luntenschnur*

Lun|ze, die; –, –n: Eingeweide, Geschlinge von Wild

lun|zen intr.: (laus.) schlummern : blinzelnd gucken : vorsichtig spähen

Lu|pe (fr.), die; –, –n: (eig.) „Wolfsgeschwulst", kreisförmige Geschwulst unter der Haut : Glaslinse als Handvergrößerungsglas ✻ **lu|pen|rein** Ew.: vollkommen, fehlerlos, klar (beim Betrachten durch eine Lupe); *Lupe*

Lu|per|ka|li|en (l.) Mz.: altröm. „Wolfsfest" zu Ehren des Luperkus ✻ **Lu|per|kus:** „Wolfsabwehrer", ein altröm. Faun

Lu|pi|ne (l.), die; –, –n: Schmetterlingsblüter (Gründüngung und Futtermittel) ✻ **Lu|pi|nin,** das; –s: ein in Lupinen enthaltenes Alkaloid ✻ **Lu|pi|no|se,** die; –: Lupinenkrankheit, bösartige Gelbsucht der Schafe

Lupf, der; –(e)s, –e: (mundartl.) das In-die-Höhe-heben ✻ **lup|fen, lüp|fen** tr.: in die Höhe heben, lüften

Lup|pe, die; –, –n: beim Puddeln erzeugter Stahlklumpen : Labferment ✻ **lup|pen** intr.: gerinnen lassen

Lu|pu|lin, das; –s: Hopfenbitter [l. lupulus Hopfen]

Lu|pus (l.), der; –, – und ..pusse: „Wolf", Hauttuberkulose ✻ **lupus in fabula** (l.): wie der Wolf in der Fabel, d. h., wenn man vom Wolf spricht, so kommt er [l. lupus Wolf; lupa Wölfin, Dirne]

Lurch, der; –(e)s, –e: Amphibie : Kröte ✻ *Lurchfisch:* ein mit Kiemen und Lungen ausgestatteter Fisch

Lurch (e.) [lörtsch], der; –s, –s: ein doppelt zu gewinnendes oder zu verlierendes Spiel

Lu|re (nord.), die; –, –n: großes S-förmiges Blasinstrument der Bronzezeit

Lu|sche, die; –, –n: (mundartl.) Pfütze : Spielkarte ohne Wert

Lu|ser: s. losen

Lu|si|a|de, der; –n, –: Abkömmling vom Stammvater der Portugiesen, Lussius ✻ **Lu|si|ta|ni|en,** die; –, –: altröm. Provinz, heute Portugal

lu|sin|gan|do (it.): (Mus.) spielerisch, zärtlich

Lust, die; –, Lüste; Lüstchen: Freude : Begier : das Gefühl bei der Befriedigung eines Genusses : der das Wohlgefühl erweckende Gegenstand : Verlangen, Trieb, nach Befriedigung strebende Begierde ✻ *Lust haben, etwas zu tun; einem vergeht die Lust zu etwas* ✻ *Lustfahrt; Lustfeuer; Lustgarten:* besonders hübsch angelegter Garten; *Lustgefühl; Lustgelage; Lustgesang; Lustgreis; Lusthaus:* Bordell; *Lustmord:* aus Geschlechtslust begangener Mord; *Lustprinzip:* Treffen von Entscheidungen nicht nach der Vernunft, sondern nur nach Lust oder Unlust; *Lustschloß* →	*Lustschloss; Lustseuche:* Lues, Syphilis; *Lustspiel:* Komödie; *Lustspieldichter; lusttrunken* Ew.; *lustvoll* Ew.; *lustwandeln* (ich lustwand[e]le, gelustwan

delt, zu lustwandeln) intr.: spazieren gehen ✻ **lust|bar** Ew.: (veralt.) angenehm ✻ **Lustbar|keit,** die; –, –en: Vergnügung ✻ **Lüs|te|lei,** die; –, –en: das Lüsteln ✻ **lüs|teln** (ich ..[e]lte) intr.: gelüsten ✻ **lüs|ten,** **lüs|tern** (ich ..[e]re) tr.: Verlangen erregen : verlangen ✻ **lüs|tern** Ew.: von begehrlichem Verlangen erfüllt : begehrliches Verlangen erweckend ✻ **Lüs|tern|heit,** die; –: das Lüsternsein : etwas die Lüsternheit Erweckendes ✻ **lus|tig** Ew.: lebhaft, frisch : Lust zu etwas habend : Lust erweckend, anmutig, heiter, fröhlich, ausgelassen; *Bruder Lustig:* fröhlicher Mensch ✻ **..lus|tig** Ew., (nur in Zus.): Lust zu etwas habend, z. B. *arbeitslustig* ✻ **Lus|tig|keit,** die; –: das Lustigsein : Fröhlichkeit ✻ **Lüst|ling,** der; –s, –e: ein den Lüsten Frönender ✻ **lust|sam** Ew.: Lust erweckend, anmutig

Lüs|ter (fr.), der; –s, –: Glanz, Pracht : Kronleuchter : eine Stoffart ✻ *Lüsterfarbe; Lüsterglas; Lüsterweibchen:* weibliche Figur als Kronleuchter ✻ **lus|tral** Ew.: reinigend ✻ *Lustralwasser:* Weihwasser ✻ **Lus|t|ra|ti|on,** die; –, –en: feierliche Reinigung, Weihe : Prüfung, Musterung ✻ **lus|t|rie|ren** (..iert) tr.: feierlich reinigen : weihen : prüfen, mustern ✻ **Lus|t|rum,** das; –s, ..stren und ..stra: Zeitraum von fünf Jahren

lüs|tern: s. Lust

Lu|ta|ment (nl.), das; –(e)s, –e: Lehm-, Klebewerk ✻ **Lu|ta|tion,** die; –, –en: (Chem.) Verklebung, Verkittung (eines Gefäßes) ✻ **Lu|te|in,** das; –s: gelber organischer Farbstoff ✻ **Lu|te|o|lin,** das; –s: gelber Farbstoff der Waupflanze ✻ **lu|tie|ren** (..iert) (l.) tr.: verkitten : zuschmieren ✻ **Lu|tum,** das; –s: Kot : Ton, Lehm : Klebewerk, Kitt

Lu|te|ti|um, das; –s: ein chem. Grundstoff; Abk.: Lu

Lu|ther: Begründer des Protestantismus ✻ *Luther-Gesellschaft; Lutherrock:* hochgeknöpfter, einreihiger Gehrock der luth. Geistlichen; *Lutherrose* ✻ **Lu|the|ra|ner,** der; –s, –: Anhänger von Luther ✻

lu|the|risch, lu|the|risch Ew.: die Lehre Luthers betreffend ✳ *die lutherische Kirche* ✳ **Lu|ther|tum,** das; –(e)s: der auf Luther gegründete Protestantismus

lu|tie|ren: s. Lutament

Lutsch, der; –(e)s, –e: schlechter Trank, Gesöff : (mundartl.) Sauger für Kinder ✳ **lut|schen** (du lutsch[e]st, auch lutschst) intr. und tr.: saugen, nutschen ✳ *Lutschbeutel* ✳ **Lut|scher,** der; –s, –: Stielbonbon für Kinder

Lut|ter, der; –s, –: erster dünner Abzug beim Branntweinbrennen ✳ **lut|tern** (ich ..[e]re) intr.: Lutter bereiten

Lu|tum: s. Lutament

Luv, die; –: (nordd., seem.) Windseite des Schiffes ✳ *luvgierig* Ew.: mit Neigung, sich dem Winde zuzudrehen; *Luvseite; Luvsegel; luvwärts* Uw. **lu|ven** intr.: ein Schiff luvwärts drehen

Lux (l.), das; –, –: „Licht", Meterkerze, eine Lichteinheit

Lu|xa|ti|on (l.), das; –, –en: Gelenkverrenkung, Ausrenkung ✳ **lu|xie|ren** (..iert) tr.: verrenken, ausrenken

Lu|xem|burg: Großherzogtum ✳ **Lu|xem|burg:** Hauptstadt des Großherzogtums ✳ **Lu|xem|bur|ger,** der; –s, –: Bewohner Luxemburgs ✳ **lu|xem|bur|gisch** Ew.

Lu|xor: oberägypt. Stadt am Nil

lu|xu|rie|ren (..iert) (l.) intr.: üppig wachsen : verschwenden : schwelgen ✳ **lu|xu|ri|ös** Ew.: üppig : prunkvoll : verschwenderisch ✳ **Lu|xus,** der; –: Verschwendung : Prachtliebe : übertriebene Prunksucht : Schwelgerei ✳ *Luxusartikel; Luxusausgabe; Luxusauto; Luxusdampfer; Luxusgegenstand; Luxushotel; Luxuskabine; Luxuslimousine; Luxussteuer; Luxusvilla; Luxuszug*

Lu|zern: schweiz. Kanton und Stadt

Lu|zer|ne (fr.), die; –, –n: Dauerklee, eine Futterpflanze

lu|zid (l.) Ew.: hell, strahlend ✳ **Lu|zi|di|tät** (nl.), die; –: Hellsein : Durchsichtigkeit : geistige Klarheit ✳ **Lu|zi|fer** (l.), der; –s: „Lichtbringer", Morgenstern : Teufel ✳ **Lu|zi|en|holz,** das; –es, ..hölzer: Holz des Traubenkirschbaums ✳ **Lu|zi|en|was|ser,** das; –es: Laugensalzwasser, ein Kirschwasser

LVA (Abk.): Landesversicherungsanstalt

lx (Abk.): Lux

ly (Abk.): Lichtjahr

Lyd|dit, das; –s: ein Sprengstoff

Ly|der, der; –s, –: Bewohner Lydiens ✳ **Ly|di|en:** antike Landschaft an der Westküste Kleinasiens ✳ **ly|disch** Ew.: Lydien betreffend

Ly|dit, der; –s: Kieselschiefer

Ly|ki|er: antike Landschaft im Südw. Kleinasiens ✳ **Ly|ki|er,** der; –s, –: Bewohner Lykiens ✳ **ly|kisch** Ew.: Lykien betreffend

Ly|ko|po|di|um, das; –s, ..dien: Bärlapp : Bärlappsame, Hexenmehl

lym|pha|tisch (l.-gr.) Ew.: die Lymphe betreffend, mit der Lymphe zusammenhängend : von schwammigem Aussehen, skrofulös ✳ **Lym|phe,** die; –, –en: Milchsaft, Körpersaft : Impfstoff von Kuhpocken ✳ *Lymphbahn: Weg der Lymphe im Körper; Lymphdrüse: Saftdrüse; Lymphgefäß: Saugader, Saftgefäß; Lymphknoten: Lymphdrüse; Lymphkörper; Lymphzelle* ✳ **Lym|pho|lo|gie,** die; –: Lymphkunde ✳ **Lym|phom,** das; –s, –e: Lymphdrüsengeschwulst ✳ **Lym|pho|se,** die; –: Bildung von Lymphe ✳ **Lym|phos|ta|se,** die; –: Lymphstauung ✳ **Lym|pho|to|mie,** die; –, ..mien: Lymphgefäßschnitt ✳ **Lym|pho|zy|to|se,** die; –: krankhafte Vermehrung der Lymphozyten (bei Basedowscher Krankheit) ✳ **Lym|pho|zy|ten** Mz.: Lymphzellen

lyn|chen tr.: in Selbstjustiz zu mehreren einen als Verbrecher angesehenen Menschen zu Tode bringen ✳ *Lynchgesetz; Lynchjustiz; Lynchmord*

Ly|on [liong]: franz. Stadt ✳ **Ly|o|ner,** der; –s, –: Einwohner Lyons ✳ *Lyoner Wurst*

Ly|pe|ma|nie (gr.), die; –, ..jen: Trübsinn : Schwermut

Ly|ra, die; –, Lyren: altgriech. Saiteninstrument ✳ **Ly|ra,** die; –: Leier, ein Sternbild ✳ **Ly|rik,** die; –, (selt. –en): eine Dichtungsart des subjektiven Gefühlslebens ✳ **Ly|ri|ker,** der; –s, –: lyrischer Dichter ✳ **ly|risch** Ew. ✳ **Ly|ris|mus,** der; –: Betonung des Gefühls : gefühlsbetonte Darstellung ✳ **Ly|rist,** der; –en, –en: Lyraspieler ✳ **ly|ro|disch** Ew.: lyraförmig ✳ **Ly|si|me|ter,** das; –s, –: Messgerät zur Feststellung der Einwirkung des Regenwassers auf den Grundwasserstand

Ly|sin (griech.), das; –s, –e: (meist Mz.) Aminosäure, die ein Antigen auflösen kann ✳ **Ly|sing** (e.) [leising], das; –s: leichte Hautabschälung zu kosmetischen Zwecken ✳ **Ly|sis** (gr.), die; –, ..sen: Lösung : (Med.) allmählicher Fieberabfall ✳ **Ly|sol|form, Ly|sol** (gr.), das; –s: ein Desinfektionsmittel ✳ **Lys|sa, Lyt|ta** (gr.), die; –: (Med.) Tollwut, Raserei ✳ **Ly|thra|zee** (gr.-l.), die; –, –n: eine Pflanzenfamilie ✳ **Ly|thrum,** das; –s: Weiderich ✳ **ly|ze|al** (gr.) Ew. (meist in Zus.): auf das Lyzeum bezogen ✳ *Lyzealschülerin* ✳ **Ly|ze|um,** das; –s, ..zeen: Lehrstätte der Antike : (veralt.) höhere Mädchenschule

LZ (Abk.): Ladezone

Lz. (Abk.): Lizenz

LZB (Abk.): Landeszentralbank

M

M, m, das; –, –: dreizehnter Buchstabe des Abece

m: (Abk.) Meter : Milli..

M: röm. Zahlzeichen: 1000 [l. mille tausend]

M: (fr. Münzzeichen) Toulouse : (span. Münzzeichen) Madrid : (it. Münzzeichen) Mailand : (mexikan. Münzzeichen) Mexiko

M. (Abk.): Monsieur

m² (Abk.): Quadratmeter

m³ (Abk.): Kubikmeter

ma (Abk.): mittelalterlich

MA (Abk.): Mittelalter

M. A. (Abk.): Magister Artium : Master of Arts

Mäan|der: vielgewundener Fluss in Kleinasien ✳

Mäan|der, der; –s, –: (Baukst.) Schlangenlinie ✳ *Mäanderlinie* ✳ **mäan|drisch** Ew.: gewunden ✳ **Mäan|drit,** der; –en, –en: versteinerte Labyrinth- oder Gehirnkoralle

Maar, das; –(e)s, –e: (ldschftl.) (wassergefüllter) Krater eines erloschenen Vulkans

Maas: Fluss in Frankreich, Belgien und den Niederlanden

Maas|tricht: Stadt in den Niederlanden : (kurz für) Vertrag von Maastricht über die Europäische Union (1991)

Maat (ndl.), der; –(e)s, –e: Genosse : Schiffsmann : Unteroffizier der deutschen Marine ✳ **Maat|je,** der; –n, –n: kleiner Maat ✳ **Maat|schaft,** die; –, –en: Genossenschaft : Handelsgesellschaft

Mac (kelt.) [mäck]: „Sohn", als Bestandteil schottischer Namen; Abk.: M', Mc

ma|ca|b|re (fr.) [..kabr'] Ew.: makaber ✳ *Danse macabre* (fr.) [dangß –), der; – –: Totentanz : kirchliche Maskerade in England und Frankreich [wahrscheinl. arab. makbar, Mz. makabir Begräbnis]; auch makaber

Mac|han|del, **Mac|han|gel,** der; –s, –: (niederd.) Wacholder ✳ *Machandelbaum*

Ma|che, die; –: das Getue : Machenschaft : Anfertigung ✳ *in der Mache haben* tr.: hartnäckig bearbeiten; *das alles ist nur Mache:* es steckt nichts dahinter ✳ **ma|chen** tr.: tun : handeln : verfahren : herstellen : verursachen : (m. Akk. u. Inf.) veranlassen : zurechtmachen, ordnen : zu bedeuten haben : die Ursache sein : sich beschäftigen : halten für : ernennen zu : ausgeben für : erscheinen lassen als : (weidm.) Enden am Gehörn bekommen : (Ammensprache; verhüll.) Notdurft verrichten ✳ *einen krummen Buckel machen; einen langen Hals machen; Augen machen:* die Augen (vor Staunen) weit öffnen; *reinen Tisch machen:* (übertr.) Ordnung, Klarheit

schaffen; *das Bett machen; Holz machen:* Holz zerkleinern; *viel zu schaffen machen:* Ungelegenheiten, Sorge bereiten; *Frieden machen; Lärm machen:* lärmen; *zu Geld machen* tr.: verkaufen; *(zu) lange machen* intr.: trödeln : kein Ende finden; *alle machen* tr.; *kalt machen* tr.: abkühlen; *kaltmachen* tr.: umbringen; *einem (viel) zu schaffen machen:* Schwierigkeiten bereiten; *mach!:* eile dich!; *kehrtmachen; jemand machen lassen; nicht wissen, was man aus etwas machen soll:* was man davon halten soll; *was machen Sie?:* womit beschäftigen Sie sich? : wie geht es Ihnen?; *sich an die Arbeit machen:* mit der Arbeit beginnen; *sich viel aus etwas machen:* großen Wert legen auf etwas; *das macht:* die Ursache macht; *das macht nichts:* das schadet nichts; *es macht sich:* es geht (leidlich) ✳ *gemacht* Mw. Ew.: künstlich, unecht : passend : fertig, vollendet; *ein gemachter Mann:* ein Mann, der sein Ziel erreicht hat ✳ *Gemachtheit,* die; –: Geziertheit : Künstelei ✳ *Machart; Machwerk:* (verächtl.) schlechte Arbeit, Leistung ✳ **Ma|chen|schaft,** die; –, –en (meist Mz.): hinterhältige Abmachung ✳ **Ma|cher,** der; –s, – (meist in Zus.): einer, der etwas macht : Hersteller ✳ *Macherlohn:* Herstellerlohn ✳ **Ma|che|rei,** die; –, –en: (verächtl.) das Machen : das Machwerk ✳ **Mäch|ler,** der; –s, –: schlauer Macher : (mundartl.) Hersteller hölzerner Wirtschaftsgeräte

Ma|che, das; –, –: Maßeinheit bei der Messung der Radiumemanation (nach dem Physiker Mache) ✳ *Mache-Einheit* *auch: Macheeinheit;* Abk.: ME

Ma|che|te (span.) [..tsche..], die; –, –n: Buschmesser, bes. zum Abhauen der Bananenstauden

Ma|che|tik (gr.), die; –: Fechtkunst

Ma|chi|a|vel|li (it.) [..kjaw..]: ital. Staatsmann und Geschichtsschreiber ✳ **Ma|chi|a|vel|lis|mus,** der; –: rücksichtslose Machtpolitik, bei der der

Erfolg allein entscheidet ✳ **ma|chi|a|vel|lis|tisch** Ew.: staatsklug : rücksichtslos

Ma|chi|na (l.), die; –, ..nae: Maschine ✳ *Deus ex Machina:* „der Gott aus der Maschine", durch Maschinenwirkung auf dem Theater erscheinende Gottheit : plötzlich erscheinender Helfer ✳ **Ma|chi|nat|i|on,** die; –, –en: listiger Anschlag : Kniff : Machenschaft ✳ **ma|chi|nie|ren** (..iert) intr.: Ränke schmieden

Ma|chor|ka (russ.), der; –s: Veilchentabak

Mach|sor (hebr.), der; –s, –s und ..im: jüd. Gebetbuch für die hohen Feiertage

Macht, die; –, Mächte: Gewalt : Kraft : Stärke : Fähigkeit : (geh. Stil) mächtiges Wesen : mächtiger Staat ✳ *aus eigener Macht; mit (aller) Macht; es liegt in meiner Macht:* ich kann es ✳ *Machtanspruch; Machtbefugnis;* Machtbereich; Machtblock; Machtentfaltung; Machtergreifung; Machtfrage; Machtfülle; Machtgeber: Vollmachtserteiler; Machtgebot; Machthaber: Herrscher; Machthaberei; machthaberisch Ew.; Machthunger; Machtlosigkeit; Machtkampf; Machtposition; Machtprobe; Machtsprecherei: Gewalthaberei; machtsprecherisch Ew.; Machtspruch: unwidersprechl. Befehl; Machtstellung; Machtstreben; Machttrieb; machtvoll Ew.; Machtübernahme; *Machtvollkommenheit,* die; –: von fremder Ermächtigung unabhängige Gewalt; Machtwille; Machtwort: entscheidender Befehl : wirksames Wort ✳ **mäch|tig** Ew.: Macht habend : viel vermögend : stark wirkend : gewaltig : groß : (Bergb.) stark, breit ✳ *einer Sache mächtig sein:* beherrschen ✳ **Mäch|tig|keit,** die; –: (selt.) das Mächtigsein : (Bergb.) Dicke, Breite ✳ *Mächtigkeitsspringen:* Springwettbewerb im Pferdesport

mack Ew.: (altmärk.) zahm : kraftlos : erschöpft

Mack: nur in Hack-Mack; Hack und Mack, s. Hack

Ma|cke, die; –, –n: (Umgspr.) ungewöhnliches Verhalten :

Überbewertung einzelner Bereiche

mack|lich Ew.: (niederd.) (seem.) „machlich", ruhig, wenig schlingernd

MAD (Abk.): Militärischer Abschirmdienst

Ma|da|gas|kar: Insel an der südostafrikan. Küste * *Mada-gaskarholz;* Ebenholzart *

Ma|da|gas|se, der; –n, –n: Bewohner Madagaskars * **ma|da|gas|sisch** Ew.

Ma|dam, die; –, –en; Madam-chen: Vd. f. Madame

Ma|dame (fr.) [..dam'], die; –, Mesdames [mähdam'] gnädige Frau; Abk.: Mme., Mmes.

Ma|da|pollam (ostind.), der; das; –s, –e: Wäschebatist

Mäd|chen, das; –s, –: weibl. Kind : Jugendliche : Dienst-mädchen : Geliebte : Jungfrau * *Mädchenbildung; –erziehung; –handel; Mädchenhändler:* jmd., der Mädchen verschleppt, um sie der Prostitution zuzuführen; *Mädchenherz; Mädchenjäger; Mädchenklasse; Mädchenname; Mädchenpensionat; Mädchenschule; Mädchensommer:* Nachsommer : Sommerfäden; *Mädchenzimmer* * **mäd|chen|haft** Ew.: nach Art eines Mädchens * **Mäd|chen|haf|tig|keit,** die; –: Art eines Mädchens * **Mäd|chen|tum,** das; –s: Mädchenhaftigkeit : Jungfernschaft

Ma|de, die; –, –n: fußlose Kerbtierlarve : ähnlich aussehender Wurm * *Madenwurm:* Art Spulwurm * **ma|dig** Ew.: voll Maden * *madig machen* tr.: stark herabsetzen : als verdorben hinstellen

made in Ger|ma|ny (e.) [mehd in dsch**ö**rmänni]: (früherer Warenstempel) „in Deutschland hergestellt"

Ma|dei|ra [..dera]: Insel im Atlant. Ozean * **Ma|dei|ra,** der; –s, –s: Wein aus Madeira

Mä|del, das; –s, – und (volkst. nordd.) –s; –chen: Mädchen

Ma|de|moi|sel|le (fr.) [mad'moasell'], die; –, Mesde-moiselles [mä..] und –n: Fräulein; Abk.: Mlle., Mlles.

ma|dig: s. Made

Mad|jar, mad|ja|risch: Vd. f. Magyar

Ma|don|na (it.), die; –, ..nnen: die Jungfrau Maria : Marien-bild * *Madonnenbild; Madon-nengesicht; Madonnenverehrung* * **ma|don|nen|haft** Ew. * **Ma|don|nen|haf|tig|keit,** die; –

[it. madonna meine Herrin]

Mad|ras: Stadt und Bundesstaat in Indien * *Madrashanf; Madrasgewebe; Madraswebe-rei*

Ma-d-ras

Sprechsilbentrennung gilt auch für Fremdwörter und Eigennamen, sofern die Wortbestandteile nicht klar ersichtlich sind. Im Fall *Madras* ist daher sowohl die Trennung vor dem *d* wie die danach korrekt.

Mad|re|po|re (it.), die; –, –n: Riff- oder Schwammkoralle * *Madreporenkalk:* Gesteinsart *

Mad|re|po|rit, der; –en, –en: versteinerte Schwammkoralle [it. madre Mutter und poro kleine Öffnung]

Mad|rid: Hauptstadt Spaniens * **Mad|ri|le|ne,** der; –n, –n: Bewohner Madrids

Mad|ri|gal (it.), das; –s, –e: Hirtenlied : kurzes lyrisches Gedicht in kunstvoller Vertonung : ein Chorlied (im 16. Jh. a cappella), später mit Begleitung * *Madrigalchor; Madrigalstil* [it. madrigale von mandria Viehherde; gr.-l. mandra Stall]

ma|es|to|so (it.): (Mus.) feierlich : mit Würde : majestätisch * **Ma|es|tra|le** (it.), der; –s: Nordwind, Mistral *

Ma|es|tro, der; –s, –s und ..stri: Meister : Musiklehrer : Gebieter * **Ma|es|tro di ca|me|ra:** päpstlicher Finanzmeister * **Ma|es|tro di cap|pel|la:** Kapellmeister [it. maestro von l. magister Meister; maestrale gewaltiger Wind]

Mä|eu|tik (gr.), die; –: „Hebammenkunst", die Methode des Sokrates, durch Fragen im Gespräch die Erkenntnis zu wecken : Geburtshilfe * **mä|eu|tisch** Ew.: geburtshilflich [gr. maieuein entbinden]; auch Maieutik

Ma|fia, Maf|fia, (it.), die; –, –s: Geheimbund sizilianischer Briganten : verzweigte Verbrecherorganisation * **Ma|fi|o|so,** der; –, ..si: Mitglied der Mafia

Mag. (Abk.): Magister

Mag. pharm. (Abk.): Magister pharmaciae; östr. akad. Titel

Mag. phil. (Abk.): Magister philosophiae; östr. akad. Titel

Mag. rer. nat. (Abk.): Magister rerum naturalium; östr. akad. Titel

Mag. theol. (Abk.): Magister theologiae; östr. akad. Titel

Ma|gal|hães, Ma|gel|lan: portugiesischer Seefahrer und Entdecker (1480–1521) *

Ma|gel|lan|stra|ße, die; –: von Magalhães entdeckte Meerenge zwischen dem südlichsten Punkt des südamerikanischen Festlandes und Feuerland * *Magellansche Wolken:* (Astron.) zwei extragalaktische Spiralnebel

Ma|ga|zin (fr.-span.-arab.), das; –s, –e: Vorratshaus : Lagerraum : Mehrladevorrichtung : Zeitschrift * *Magazingewehr:* Mehrladegewehr (mit Magazin für Patronen); *Magazinverwalter* * **Ma|ga|zi|ner,** der; –s, –: (schweiz.) Lagerhausarbeiter * **Ma|ga|zi|neur** (fr.) [..nöhr], der; –s, –s; **Ma|ga|zi|nier** [..sihjeh], der; –s, –s: (östr.) Lagervorsteher * **ma|ga|zi|nie|ren** (..iert) tr.: aufspeichern, lagern

Magd, die; –, Mägde; Mägd(e)lein: (altert. für) Mädchen, Dienerin : Arbeiterin beim Bauern : (Alte –) Wollgrasart : (Braune –) Teufelsauge : (Faule –) Lichtnelke : Wachtelkönig, Sumpfhuhn * *Magdarbeit; Magdlohn * Mägdebaum, -blume, -heil:* Pflanzen: *Mägdestube* * **mäg|de|haft** Ew.: (veralt.) wie eine Magd * **magd|isch** Ew.: (gehob. Stil) jungfräulich : mädchenhaft * **Magd|tum,** das; –s: (veralt.) Stand einer Dienerin : Stand, Wesen einer Jungfrau

Mag|da|le|ne, die; –, –n: Büßerin * **Mag|da|le|ni|en** (fr.) [..lehnjen], das; –s: jüngster Abschnitt der älteren Steinzeit * **Mag|da|le|ni|te,** die; –, n: Angehörige des Büßerinnenordens der Magdaleniten [hebr. magdalena die aus Magdala; hebr. migdalêl Turm Gottes]

Mag|de|burg: Stadt an der

Elbe ✳ *Magdeburger Börde:* Landschaft westl. von Magdeburg

Ma|ge, der; –n, –n: (mhd.) Blutsverwandter : Blutsfreund

Ma|gel|lan: s. Magalhães

Ma|gen, der; –s, – und Mägen: Sack in der Bauchhöhle zur Aufnahme und Verdauung der Nahrung : äußere Körpergegend über dem Magen ✳ *etwas liegt mir schwer im Magen:* etwas bedrückt mich; *mir knurrt der Magen:* ich empfinde ein Hungergefühl; *sich den Magen warm halten:* sich vor Schaden sichern; *einem in den Magen sehen:* einen gründlich ausforschen ✳ *Magenausgang; Magenausheberung; Magenbeschwerden; Magenbitter;* der; –s, –: magenstärkender Branntwein; *Magenblutung; Magenbrennen,* das; –s: Sodbrennen; *Magen-Darm-Katarrh auch: Magen-Darm-Katarr; Magenfistel; Magengegend; Magengeschwür; Magengrube; Magenkatarrh auch: Magenkatarr; Magenkrampf; Magenkrebs; Magenleiden,* das; –s, –; *magenleidend* Mw. Ew.; *Magenoperation; Magenpflaster:* äußerlich in der Magengegend aufgelegtes Pflaster; *Magenpförtner:* Öffnung des Magens zur Speiseröhre; *Magensaft:* im Magen erzeuger verdauungsfördernder Saft; *Magensäure; Magenschleimhaut; Magenschleimhautentzündung; Magenschmerz; Magenspiegel:* Gastroskop; *Magenspiegelung; Magentropfen:* magenstärkende Tropfen; *Magenverstimmung; Magenwind:* Blähung

Ma|gen|ta (it.) [madschenta]: Name einer roten Anilinfarbe ✳ *Magentabronze:* violettes Wolframoxydkali

ma|ger Ew. (–er, –ste): dünn : fleischlos : fettlos : ärmlich : (Erdboden) wenig Pflanzennahrung enthaltend : (Pflanze) kümmerlich entwickelt : (Formsand) wenig Ton enthaltend : (Kien) wenig Harz enthaltend : (Erz) wenig Metall enthaltend : (Baukst.) (Stein) zu klein ✳ *Magermilch:* fettlose Milch; *Magerquark* ✳ **Ma|ger|heit**, die; –: Fettlosig-

keit : das Magersein ✳ **ma|gern** (ich ..[e]re) intr. (haben, sein): mager sein : mager werden; tr.: mager machen

Mag|gi: schweiz. Fn. ✳ **Mag|gi**, das; –: Suppenwürze ✳ *Maggigewürz; Maggiwürfel*

Magh|reb (arab.), der; –s: Name des arab.-moslemischen Westens ✳ *Maghreb-Staaten* ✳ **Magh|re|bi|ner**, der; –s, –: Bewohner des Maghrebs

Ma|gie (pers.-gr.), die; –: Zauber-, Geheimkunst ✳ **Ma|gi|er**, der; –s, –: altpers. Feueranbeter : Zauberer ✳ **Ma|gi|ker**, der; –s, –: Zauberer ✳ **ma|gisch** Ew.: zauberisch : auf Zauberei beruhend ✳ **ma|gi|sches Au|ge:** Leuchtvorrichtung an Radiogeräten zur Scharfeinstellung ✳ **Ma|gus**, der; –, ..gi: altpers. Feueranbeter : altpers. Priester : Zauberer

Ma|gis|ter (l.), der; –s, –: Meister : ein akademischer Grad ✳ *Magisterpromotion:* Beförderung zum Magister ✳ **ma|gis|tral**, **ma|gis|tra|lisch** Ew.: magisterhaft : hauptsächlich ✳ *Magistralformel* ✳ **Ma|gis|tral**, das; –(e)s, –e: Gemenge von Schwefel- und Kupferkies ✳ **Ma|gis|tra|le** (nl.), die; –, –n: Hauptverkehrslinie, Hauptverkehrsstraße ✳ **Ma|gis|trat**, der; –(e)s, –e: Obrigkeit : Stadtverwaltung ✳ *Magistratsbeschluß → Magistratsbeschluss; Magistratsperson:* Ratsherr; *Magistratssitzung* ✳ **Ma|gis|tra|tur** (nl.), die; –, –en: obrigkeitliches Amt ✳ **ma|gis|trie|ren** (..iert) intr. (sein): Magister werden

Mag|ma (gr.), das; –s: geknetete Masse, Salbe : glutflüssige Masse im Erdinnern

Ma|gna Char|ta (l.), die; – –: der „große Freiheitsbrief" (der englischen Verfassung 1215) ✳ **ma|gna cum lau|de:** „mit großem Lob", Bewertung für ein Examen

Ma|gna|li|um, das; –s: Magnesiumlegierung mit Aluminium

Ma|gnat (it.), der; –en, –en: ungar. Adliger : Großgrundbesitzer ✳ *Magnatentafel*

Ma|gne|sia, die; –: (thessal.) Bitter-, Talkerde ✳ *Magnesialicht* ✳ **Ma|gne|sit**, der; –s, –e:

Bitterspat ✳ **Ma|gne|si|um**, das; –s: chem. Grundstoff; Abk.: Mg ✳ *Magnesiumlegierung; Magnesiumverbindung*

Ma|gnet (gr.), der; –(e)s und (–en), –e: eisenanziehender Stahl : (übertr.) Anziehungspunkt ✳ *Magnetband; Magnetbandgerät; Magneteisenerz; Magnetfeld; Magnetinduktion; Magnetnadel; Magnetstahl; Magnetzündung* ✳ **ma|gne|tisch** Ew.: mit Anziehungskraft versehen ✳ **Ma|gne|ti|seur** (fr.) [..söhr], der; –s, –e: einer, der durch Magnetismus heilt ✳ **ma|gne|ti|sie|ren** (..iert) (nl.) tr.: magnetische Kraft mitteilen : geheime Kräfte erwecken und dadurch heilend wirken ✳ **Ma|gne|tis|mus**, der; –: magnetische Kraft ✳ **Ma|gne|to|lo|gie**, die; –: Lehre vom Magnet und Magnetismus ✳ **Ma|gne|to|me|ter**, das; –s, –: Instrument zur Messung der Magnetkraft ✳ **Ma|gne|to|path**, der; –en, –en: Magnetiseur ✳ **Ma|gne|to|phon** *auch:* **Ma|gne|to|fon**, das; –s, –e: (Rdfk.) magnetisches Tonbandgerät ✳ **Ma|gne|tron**, das; –s, –e: ein elektrisches Verstärkungsgerät, Elektronenröhre

ma|gni|fik (l.) Ew.: großartig, herrlich : prächtig ✳ **Ma|gni|fi|kat**, das; –(e)s, –s: Lobgesang (der Maria) ✳ **Ma|gni|fi|kus**, der; –, ..fizi: der Würdige ✳ **Rec|tor ma|g|ni|fi|cus**, der; – –, ..tores ..ci: Titel des Hochschulrektors ✳ **Ma|gni|fi|zen|tis|si|mus**, der; –, ..mi: der Würdigste ✳ **Rec|tor ma|g|ni|fi|cen|tis|si|mus**, der; – –, ..tores ..mi: früh. Landesherr als Hochschulrektor ✳ **Ma|gni|fi|zenz**, die; –, –en: Großartigkeit : Titel der Rektoren und Kanzler von Hochschulen, auch der regierenden Bürgermeister in freien Städten ✳ *Euer (Eure) Magnifizenz:* Anrede

Ma|gno|lie, die; –, –n: Zierbaum mit tulpenähnl. Blüten

Ma|gnum (nl.), die; –, –na: Größenangabe von Wein- bzw. Sektflaschen mit besonders viel Inhalt

Ma|gnum bo|num (l.), die; –

–, – –: Kartoffelart [l. magnus groß und bonus gut]

Ma|**got**, der; –s, –s: schwanzloser Makak-Affe

Ma|**gus**: s. Magie

Ma|**g**|**yar** (ungar.) [madjar], der; –en, –en: Ungar * **ma**|**g**|**ya**|**risch** Ew.

mäh!: Tonwort zur Bezeichnung des Schafgeblöks * **mä**|**hen** intr.: „mäh" schreien, blöken

Ma|**ha.**. (ind. u. pers.) Ew. (in Zus.): groß * **Ma**|**ha**|**ra**|**d**|**scha** (skr.), der; –s, –s: „großer König", indischer Fürstentitel * **Ma**|**ha**|**ra**|**ni**, die; –, –s: Titel einer indischen Herrscherin; Frau eines Maharadscha * **Ma**|**hat**|**ma**: „große Seele", „großer Geist", ind. Ehrentitel * **Mahatma Gandhi** (1869 bis 1948): Führer der indischen Unabhängigkeitsbewegung * **Ma**|**ha**|**go**|**ni** (bras.-e.), das; –s: braunrotes, hartes Edelholz * *Mahagoniholz; Mahagonimöbel*

Ma|**ha**|**leb** (arab.), die; –: Tintenbeere : Parfümierkirsche

Ma|**haut** (ind.), der; –s, –s: Elefantenführer

mäh|**bar** Ew.: so beschaffen, dass es gemäht werden kann * **Mahd**, die; –, –en: das Mähen : Zeit des Mähens : Heuernte * **Mahd**, das; –(e)s, Mähder: mähbare Wiese * **Mäh**|**der**, **Mä**|**her**, der; –s, –: der Mähende * **..mäh**|**dig**, **mä**|**hig** Ew. (nur in Zus.): mähbar, z. B. freimähdig * **mä**|**hen** tr.: mit der Sense oder Maschine abschneiden * *Mähbinder; Mähdrescher:* Maschine, die gleichzeitig mäht und drischt; *Mähmaschine* * **Mä**|**her**, der; –s, –: der Mähende

Mah|**di** (arab.), der; –(s), –s: Prophet : Glaubenserneuerer

Mah-Jongg (chin.) [..jong], das; –, –s: chin. Gesellschaftsspiel

Mahl, das; –(e)s, –e (Mähler): vorbereitetes Essen * *Mahlzeit* * **Mahl** (nur noch in Zus.): Vertrag : Versammlung * *Mahlbrief.* Schiffsbauvertrag; *Mahljahr:* Jahr der Verwaltung eines Hofes für einen Minderjährigen; *Mahlschatz:* Brautgabe; *Mahlstatt:* Gerichtsstätte

mah|**len** (mahlte, gemahlen)

tr., rbz.: sehr fein zerreiben; intr.: den Sand mehlgleich zerkleinern * *Mahlgang; Mahlgast; Mahlgeld; Mahlgut; Mahlknecht; Mahlmetze:* der dem Müller als Mahllohn zukommende Teil vom Getreide; *Mahlstein; Mahlwerk; Mahlzahn*

mäh|**lich** Ew.: (geh. Stil) gemächlich, allmählich

Mäh|**ne**, die; –, –n: herabhängendes Kammhaar * **mäh**|**nen** tr.: mit einer Mähne versehen * *mähnenartig* * **mäh**|**nig** Ew.: gemähnt

mah|**nen** tr.: eindringlich erinnern : erinnernd antreiben; intr.: (weidm.) zum Stutzen bringen : schreien (vom weiblichen Hirsch) * *Mahnbrief; Mahnmal:* Kunstwerk zum Gedenken; *Mahnruf; Mahnschreiben:* Schreiben zum Erinnern an eine Zahlung; *Mahnverfahren; Mahnwache:* Wachehalten zum Gedenken; *Mahnwort; Mahnzeichen; Mahnzettel* * **Mah**|**ner**, der; –, –: der Mahnende * **Mah**|**nung**, die; –, –en: Zahlungsaufforderung

Ma|**ho**|**nie**, die; –, ..nien: berberitzenartiger Zierstrauch

Mahr, der; –(e)s, –e: Albdruck, schlechter Traum * *Mahrflechte; –zopf:* Haarkrankheit

Mäh|**re**, die; –, –n: altes, schlechtes Pferd * *Schindmähre*

Mäh|**re**, der; –n, –n: Angehöriger eines tschechischen Volkes * **Mäh**|**ren**: Teil Tschechiens * **mäh**|**risch** Ew. * *die Mährische Pforte; der Mährische Karst*

die Mährische Pforte
Adjektive und Partizipien als Teil eines geografischen Namens schreibt man groß: *die Mährische Pforte, die Mecklenburgische Seenplatte, die Schweizer Alpen.*

Ma|**hut** (ind.), der; –s, –e: Mahaut : Elefantentreiber

Mai (l.), der; –(e)s, –en: fünfter Monat des Jahres : Frühlingszeit : Bezeichnung des Wonnigen und Blühenden : Blütezeit des Lebens * *Maiandacht; Maibaum; Maiblume; Maibowle:* frische Bowle mit Waldmeistergeschmack; *Mai-*

butter; Maifeier; Maiglöckchen: Blume; *Maikäfer; Maikatze; Maikundgebung:* politische Kundgebung am 1. Mai; *Mailuft; Maimonat; Maimond; Mainacht; Maisonne; Maitrank; Maiumzug; Maiwein* * **Maie**, der; –n, –n; die; –, –n; **Mai**|**en**, der; –s, –: Mai : Birkenzweig * *Maienbaum; –nacht; Maienkönigin; Maiensäß* (schweiz.): Frühlingsbergweide * **mai**|**en** intr.: grünen, blühen : (Stuten) rossen; tr.: in Lenz verwandeln : (schweiz.) Rinde im Frühlingstrieb abschälen * **mai**|**en**|**haft** Ew.: wie im Mai * **Mai**|**ling**, der; –s, –e: ein Frosch : Morchel : Maiwurm : Apfelart

Maid, die; –, –en: (veralt.) holdes Mädchen

Mai|**dan** (arab.), der; –s, –e: Rennbahn : Marktplatz * **Mai**|**den** (e.) (med'n), das; –s, –: junges Rennpferd * **Mai**|**den**, der; –s, –e: Zuchthengst

Mai|**er**|**form**, die; –, –en: geschwungene Bug- und Heckform bei Schiffen

Mai|**land**: oberital. Stadt

Mai|**ling** (e.) [mäiling], das; –, –s: durch die Post verschickte Werbeprospekte

Mail|**box** (e.) [mäilbocks], die; –, –boxen: ein „Briefkasten" für elektronische Nachrichten (e-mail)

Mai|**mon**, der; –s, –e: Waldteufel, eine Affenart

Main: Nebenfluss des Rheins * *Main-Donau-Kanal; Main-Neckar-Schnellweg; Main-Taunus-Kreis; Mainlinie*

Mai|**n**|**au**: Insel im Bodensee

Mainz: Stadt am Rhein * **Main**|**zer**, der; –s, –: Bewohner von Mainz * **main**|**zisch** Ew.

Maire (fr.) [mähr], der; –s, –s: Bürgermeister * **Mai**|**rie**, die; –, ..rien: Bürgermeisterei

Mais (indian.), der; –es: Welschkorn, am. Getreidepflanze * *Maisbrand:* Staubpilz; *Maisbrei; Maisbrot; Maiskolben:* Fruchtstand; *Maiskorn; Maismehl; Maisrebbler:* Maisentkörner; *Maisstärke; Maisstroh* * **Mai**|**ze**|**na** (it.), das; –s: feines Maismehl

Maisch, der; –es, –e: nicht geläuterter Wein : Aufguss aus geschrotetem Malz und heißem Wasser * **Mai|sche**, die; –, –n: Maisch|en : das Maischen * **mai|schen** tr.: mischend durcheinander rühren : Maisch herstellen * *Maischbottich; Maischgabel; –steuer*

Maiß, der; –es, –e: (östr.) Holzschlag

Mai|so|nette, Mai|son|nette (fr.) [mäsonät], die; –, –s: zweistöckige Wohnung

Mai|t|re de Plai|sir (fr.) [mäht'r d'pläsihr], der; –, –: Festordner * **Mai|t|res|se, Mä|t|res|se** (fr.) [mätress], die; –, –n: Gebieterin : Geliebte : Beischläferin * *Maitressenwirtschaft* * **mai|t|ri|sie|ren, mä|t|ri|sie|ren** (..iert) tr.: meistern : herrisch behandeln : beherrschen

Ma|ja, die; –: (ind. Philos.) „Wunderkraft", ind. Gottheit, Mutter Buddhas; röm. Göttin des Erdwachstums, Mutter des Hermes

Ma|jes|tät (fr.), die; –, –en: Hoheit, Erhabenheit : Titel für Könige und Kaiser * *Majestätsbeleidigung; –brief; –verbrechen* * **ma|jes|tä|tisch** Ew.: hoheitsvoll, erhaben

Ma|jo|li|ka (it.), die; –, ..ken: feine Tonwaren : überglastes Steingut : Fayencen [nach der Insel Mallorca benannt]

Ma|jo|nä|se: s. Mayonnaise

Majonäse
Bei Fremdwörtern, die sich im deutschen Sprachgebrauch etabliert haben, bleibt die fremdsprachliche Schreibweise (*Mayonnaise*) die Hauptform. Die eingedeutschte Schreibweise (*Majonäse*) ist als Nebenform zulässig.

Ma|jor (l.), der; –s, –e: Führer eines Bataillons, unterster Stabsoffizier * *Majordomus:* Oberhaushofmeister; *Majorsrang* Mz.: die meisten Stimmen * **Ma|jo|ra** Mz.: die meisten Stimmen * **Ma|jo|rat** (ml.), das; –(e)s, –e: Ältestenrecht bei der Erbfolge : ungeteiltes Ältestengut * *Majoratsgut; Majoratsherr* * **ma|jo|renn** (ml.) Ew.: (veralt.) mündig * **Ma|jo|ren|ni|tät**, die; –: Mündigkeit : Volljährigkeit * **Ma|jo|ri|tät**, der; –, –en: Mehrheit * *Majoritätsbeschluß →* *Majoritätsbeschluss; –prinzip; –wahl* * **ma|jo|ri|sie|ren** (..iert)

tr.: durch Stimmenmehrheit zwingen

Ma|jo|ran, Mei|ran (it.), der; –s, –e: eine Würzpflanze

Ma|jus|kel (l.), die; –, –n: Groß-, Anfangsbuchstabe

ma|ka|ber (fr.) Ew.: totenähnlich : schauererregend; vgl. macabre

Ma|ka|dam, der; –s: Straßendecke * **ma|ka|da|mi|sie|ren** tr.: mit Schotter pflastern [nach dem Erfinder McAdam]

Ma|kak, der; –s, –ken: eine Affenart

Ma|ka|me (arab.), die; –, –n: gereimte Stegreifdichtung

Ma|kao, der; –s, –s: Papagei * **Ma|kao**, das; –s, –s: ein Glücksspiel

Ma|ka|ris|men (gr.) Mz.: Seligpreisungen

Ma|kart|strauß: Strauß aus getrockneten Blumen und Gräsern

Ma|kas|sar: früherer Name der Hauptstadt von Celebes (heute: Ujung Pandang) * *Makassaröl:* Haaröl

Ma|ke|do|ni|en: Staat auf dem Balkan

Ma|kel (l.), der; –s, –: (schweiz.) die; –, –n: Schandfleck * *makelfrei* Ew.; *makellos* Ew.; * *Makellosigkeit* * **ma|kel|haft, ma|ke|lig** Ew.: Makel habend

Mä|ke|lei, die; –, –en: das Mäkeln * **Mäk|ler**, der; –s, –: Nörgler * **mä|ke|lig, mäk|lig** Ew.: unzufrieden : alles tadelnd * **mä|keln** tr., intr.: nach kleinen Fehlern suchen : kleinlich tadeln *

Mak|ler, der; –s, –: gewerbsmäßiger Zwischenhändler : Geschäfts-, Grundstücksvermittler * *Börsen-, Getreide-, Häusermakler; Maklergebühr; Maklerordnung* * **ma|keln** tr.: Geschäfte machen : Vermittler sein * **mak|le|risch** Ew.: einem Makler und seinem Gewerbe gemäß [niederd. makelen, zu maken machen]

Make-up (e.) [mekup], das; –s, –s: kosmetische Gesichtsverschönerung

Ma|ki, der; –s, –s: eine Affenart

Ma|ki|mo|no, das; –s, –s: chinesisches Rollbild

Mak|ka|bä|er, der; –s, –: Ange-

höriger eines jüd. Herrschergeschlechts

Mak|ka|bi|la|de, die; –, –n: israelische Sportveranstaltung, eine Art Olympiade

Mak|ka|ro|ni Mz.: ital. Nudeln * *Makkaroninudeln* * **mak|ka|ro|nisch** Ew.: aus verschiedenen Sprachen gemischt

Ma|ko, die; –, –s und das; –s, –s: ägyptische Baumwolle

Mak|ra|mee (arab.), das; –(s), –s: gegitterte Knüpf-, Flechtarbeit

Mak|re|le (ml.), die; –, –n: ein Seefisch

ma|kro.. (gr.) Ew. (in Zus.): groß * **Mak|ro|bi|o|tik**, die; –: Kunst der Lebensverlängerung, Gesundheitslehre * **Mak|ro|cheir**, der; –s, –e: der Langhändige * **ma|k|ro|ke|phal** Ew.: großköpfig * **Mak|ro|ke|pha|le**, der; –n, –n: Großkopf * **Mak|ro|ke|pha|lie**, die; –: Großköpfigkeit * **Mak|ro|kos|mos**, der; –: Weltgebäude, Weltall * **Mak|ro|mel|lie**, die; –: Riesenwuchs * **Mak|ro|mo|le|keln** (Mz.): die Bezeichnung für Molekeln, die die Größe von Kolloidteilchen haben, in denen mehr als 1000 Atome durch Hauptvalenzen gebunden sind * **Mak|ro|mo|le|ku|lar|che|mie**, die; –: neues Forschungsgebiet der organ. Chemie über makromolekulare Naturstoffe und makromolekulare synthetische Stoffe (Perlon u. a.) * **Mak|ro|pha|ge**, der; –n, –n: Vielesser * **Mak|ro|phon** *auch:* **Mak|ro|fon**, das; –s, –e: Schallverstärker * **mak|ro|phon, mak|ro|pho|nisch** *auch:* **mak|ro|fon, mak|ro|fo|nisch** Ew.: lautstimmig * **Mak|ro|po|de**, der; –n, –n: der Großflosser * **mak|ro|po|disch** Ew.: langfüßig * **Mak|ro|skop**, das; –s, –e: Vergrößerungsglas * **mak|ro|sko|pisch** Ew.: mit bloßem Auge sichtbar * **Mak|ro|spo|re**, die; –, –n: große Spore, großer Pilzkeim * **Mak|ro|struk|tur**, die; –, –en: ohne optische Hilfsmittel erkennbare Struktur * **Mak|ro|zy|ten** Mz.: jugendliche große rote Blutkörperchen

Makrone (it.), die; –, –n: kleiner Mandelkuchen

Makuba, der; –s: Schnupftabak von Martinique

Makulatur (nl.), die; –, –: Fehldruck : wertloses Altpapier : Schund * **makulieren** (..iert) tr.: für unbrauchbar erklären : einstampfen; vgl. Makel

Mal, das; –(e)s, –e: Fleck : Erkennungs-, Grenzzeichen * *Muttermal; Malsäule:* Grenzsäule; *Malschloß* → *Malschloss:* kunstvolles Vorhängeschloss * **mal** Uw.: in Verbindung mit Zahlw. u. a. zur Bezeichnung der Häufigkeit (auf die Frage „wie oft?") * *allemal,* aber: *ein für alle Mal; einmal,* (volkst.) *mal; zweimal; beidemal* → *beide Mal; dreimal; hundertmal; diesmal; ein paarmal; ein andermal; keinmal; ein dutzendmal* → *ein Dutzend Mal; jedesmal; manchmal; x-mal; tausendmal* * *auf einmal; mit einemmal* → *mit einem Mal; beim letztenmal* → *beim letzten Mal;* * **Mal**, das; –(e)s, –e: Zeitpunkt des Geschehens * *das erste, letzte, nächste Mal; wie viele Male; zum wiederholten Male; beim nächsten Male; beim vorletzten Male; ein für alle Mal; einige Male; etliche Male; mit einem Mal(e); ein übers, ein ums andere Mal; mehrere Mal(e); unzählige Male; wie viel Mal;* * *malnehmen* (ich nehme mal; malgenommen; malzunehmen) tr.: vervielfältigen * **..malig** Ew. (nur in Zus.) : sooundso oft vorhanden, z. B. *dreimalig, vielmalig* * **..mals** Uw. (nur in Zus.): mal, z. B. *vielmals:* oft; *letztmals:* zum letzten Male

allemal, ein für alle Male
Für Verbindungen von *mal* mit Zahladjektiven gilt Zusammen- und Kleinschreibung: *fünfmal, allemal.* Die erweiterte und als Substantiv stehende Form von *mal* wird hingegen getrennt von der Erweiterung und groß geschrieben: *etliche Mal; ein für alle Mal,* erkennbar auch daran, dass ein Mehrzahl-*e* angehängt werden kann: *etliche Male.*

Malabar: Landschaft in Indien * **Malabare**, der; –n, –n: Bewohner Malabars * **Malabargummi**, der; –s, –: minderwertiger Gummi * **Malabarist**, der; –en, –en: Zauberkünstler, Jongleur

Malachit (gr.), der; –(e)s, –e: grüner Kupferspat * *Malachitgrün; Malachitvase*

malade, malade (fr.) Ew.: krank, unpässlich * **Maladie,** die; –, ..dien: Krankheit, Siechtum

mala fide (l.): wider besseres Wissen : in böser Absicht

Malaga: südspan. Provinz und Hafenstadt * *Malagawein*

Malaie, der; –n, –n: Angehöriger eines hinterindischen Volkes

Malakka: südostasiatische Halbinsel

Malakoderm (gr.), das; –s, –en: Weichtier * **Malakolith**, der; –s und –en, –e(n): weiche Augitart * **Malakologie,** die; –, ..gien: Weichtierkunde * **Malakon**, der; –s, –e: ein Mineral * **Malakophile,** die; –, –n: Schneckenblütler * **Malakozoon**, das; –s, ..zoen: Weichtier

Malaise auch: Maläse (fr.) [..lähs'], die; –: Unbehagen : Unlust

Malaria (it.), die; –: Sumpffieber, Wechselfieber * *Malariaanfall; Malariaerreger;*

Malawi: ostafrikanischer Staat * **Malawier**, der; –s, –: Bewohner Malawis * **malawisch** Ew.

Malaysia: Föderation in Südostasien * **Malaysier**, der; –s, –: Bewohner Malaysias * **malaysisch** Ew.

Maleachi: Prophet im Alten Testament

Malberg, der; –s, –e: Gerichtsstätte * **malbergisch** Ew.: den Malberg betreffend

maledeien (l.) tr.: verwünschen * **Malediktion**, die; –, –en: Schmähung : Verleumdung : Fluch : Verwünschung * **maledizent** Mw. Ew.: schmähend : verleumderisch * **maledizieren** (..iert) tr.: verwünschen

Male: Hauptstadt der Malediven * **Malediven** Mz.: Koralleninseln im Indischen Ozean * **Malediver**, der; –s, –: Be-

wohner der Malediven * **maledivisch** Ew.

Malefikant (nl.), der; –en, –en; **Malefikus**, der; –, ..fizi: Missetäter : Verbrecher * **Malefiz**, das; –es, –e: Missetat : Verbrechen * *Malefizkerl:* (scherzh.) Teufelskerl

Malekit, der; –en, –en: Anhänger einer islamischen Lehre

malen tr., intr.: mit einem Mal versehen : abgrenzen : mit Farben ausschmücken : mit Farben darstellen * **Maler**, der; –s, –: Malkünstler : Anstreicher * *Malerakademie; Malerarbeit; Malerauge; Maleratelier; Malerfarbe; –firnis; –gerät(schaft); Malerkunst; –leinwand; –meister; –pinsel; Malerschule; Malertuch: –leinwand; Malerwerkstatt* * **Malerin**, die; –, –nen: Malkünstlerin * **Malerei**, die; –, –en: das Malen : Kunst des Malens : das Gemalte * **malerisch** Ew.: malenswert : wie gemalt : auf die Malerei bezüglich * **Malergilde**, die; –, –en: Malergenossenschaft, Gesamtheit der Maler * **Malertum**, das; –s: alle Eigenschaften und Eigentümlichkeiten der Maler

Malepartus (l.), der; –: Höhle des Fuchses in der Fabel

Maler: s. malen

Malesche (fr.), die; –, –n: Verdruss, Widrigkeit

Malheur (fr.) [malöhr], das; –s, –s und –e: Unglück : Missgeschick

Mali: westafrikanischer Staat

Malice (fr.) [maliß'], die; –, –n: Tücke, boshafte Bemerkung * **maliziös** Ew.: boshaft : hämisch * **Maliziosität** (spätl.), die; –, –en: Bosheit

Malignität (l.), die; –, –en: Bösartigkeit (einer Krankheit) : Schadenfreude

Mall (ndl.), das; –(e)s, –e: (seem.) Modell für Schiffsbauteile * **mall** (nordd.) Ew.: (übertr.) nicht bei Sinnen, ohne Sinn und Verstand * **mallen** tr.: messen, nach dem Mall behauen : intr.: (seem.) unbeständig sein : ständig wechselnd (vom Wind) * **Mallung**, die; –, –en: (seem.) das Wechseln des Windes

malleolar (l.) Ew.: die Knö-

chel betreffend * *Malleolar-
band*

Mal|lor|ca [majorka]: größte
Insel der Balearen *
Mal|lor|qui|ner [majorkiener],
der, –s, –: Bewohner Mallorcas
* **mal|lor|qui|nisch** Ew.

Malm, der; –(e)s: (Geol.) weißer Jura, oberste Juraforma-
tion : Mulm * **mal|men** tr.: zer-
malmen * *Malmzahn* * **mal|-
mig** Ew.: aus Malm bestehend

Mal|mö: Stadt in Schweden

mal|neh|men: s. Mal

Mal|loc|chio (it.) [..ockjo],
der; –s, –s und ..occi: böser
Blick

Ma|lo|che (jidd.), die; –:
(Umgspr.) Schwerarbeit *
ma|lo|chen tr.: einer schweren
Arbeit nachgehen

Ma|lo|ja: Schweizer Pass

Ma|los|sol, der; –s: feinster
Kaviar

mal|pro|per (fr.) [..prop'r]
Ew.: unreinlich : garstig

Mal|ta: Mittelmeerinsel :
gleichnamiger Staat * **Mal|te-
ser,** der; –s, –: Bewohner Mal-
tas * **Mal|te|ser|or|den:** Johan-
niterorden * **Mal|te|ser|rit|ter:**
Johanniter * *Malteser-Hilfs-
dienst; Malteserkreuz; Malte-
serhündchen*

Mal|thu|si|a|nis|mus, der; –:
Lehre des engl. Volkswirt-
schaftlers Malthus über die Be-
völkerungsfrage * **Mal|thu-
si|a|ner,** der, –s, –: Anhänger
der Lehre des Malthus

Mal|tin (nl.), das; –s: ein Gä-
rungsmittel * **Mal|ton,** der; –s:
Malzwein * **Mal|to|se,** die; –s:
Malzzucker

mal|trai|tie|ren (fr.) [..trät..],
mal|trä|tie|ren (..iert) (fr.) tr.:
misshandeln : schlecht behan-
deln * **Mal|trä|tie|rung,** die; –,
–en: Misshandlung

Mal|va|sier (it.) [malwasihr],
der; –s: süßer griech. Wein

Mal|va|zee (nl.) [..w..], die; –,
..zeen: Malvengewächs *
Mal|ve, die; –, –n: Rosenpap-
pel * *malvenfarben; malvenfarbig*

Malz, das; –es: gekeimtes und
getrocknetes Getreide * *Malzbier; Malzbonbon; Malzex-
trakt; Malzkaffee; Malzzucker*
* **mal|zen, mäl|zen** tr.: Ge-
treide zu Malz machen *
Mal|zer, Mäl|zer, der; –s, –: der

Malzende * **Mäl|ze|rei,** die; –,
–en: das Mälzen : Teil der
Brauerei * **mal|zig** Ew.: malz-
haltig

Ma|ma, Mam|ma, die; –, –s:
(Kdspr.) Mutter * **Mam|ma** (l.-
gr.): (Med.) weibliche Brust *
**Mam|mo|gra|phie → Mam-
mo|gra|fie,** die; –, –ien: Unter-
suchung der weiblichen Brust
mit Röntgenstrahlen

Mam|ba, die; –, –s: Baum be-
wohnende Giftschlange in
Afrika

Mam|bo, der; –s: südamerika-
nischer Tanz

Ma|me|luck, Mam|luck
(arab.), der; –en, –en: Sklave;
Leibwächter orientalischer
Herrscher [arab. mamluk gekaufter Sklave]

Mam|ma|lia (nl.) Mz.: Sam-
melbegriff für Säugetiere *
Mam|mal|lo|lith (l.-gr.), der;
–en, –en: Knochen von Urwelt-
säugetieren * **Mam|mil|fe|rä**
Mz.: Säugetiere

Mam|mil|la (l.), die; –, ..llae
(..llen): Brustwarze * **mam-
mil|lar, mam|mil|la|risch** Ew.:
brustwarzenähnlich

Mam|mon (gr.-hebr.), der; –s:
Geldschatz : der Götze „Geld"
* *Mammonsdiener* * **Mam-
mo|nis|mus,** der; –: Geldgier :
Geldherrschaft

Mam|mut (russ.-tatar.), das; –s,
–e und –s: ausgestorbene Ele-
fantenart * *Mammutbaum;
Mammutknochen; Mammut-
programm:* großes Programm;
*Mammutprozeß → Mammut-
prozess; Mammutschau; Mam-
mutskelett; Mammutunterneh-
men:* Riesenunternehmen;
Mammutveranstaltung

mamp|fen tr.: (obd.-md.) mit
vollen Backen essen

Mam|sell (fr.), die; –, –en:
Fräulein, Wirtschafterin *
kalte Mamsell auch: Kalt-
mamsell: Anrichtefrau für
kalte Speisen

man (Gen. eines, Dat. einem,
Akk. einen) unbest. Fw.: zur
unbestimmten und allgemeinen
Bezeichnung einer oder mehrerer Personen * *man sagt:* allgemein wird gesagt

Man (e.) [män]: Insel in der Irischen See

Man, der; das; –s, –s: ein persi-
sches Gewicht * *5 Man*

m. A. n. (Abk.): meiner Ansicht nach

Mä|na|de (gr.), die; –, –n: Bac-
chantin, rasendes Weib

ma|na|gen (e.) [männed-
sehen] tr.: leiten : unternehmen
: ins Werk setzen * *gemanagt*
Mw. Ew.: angeordnet, geregelt
* **Ma|na|ger** [männedseher],
der; –s, –: Leiter : Betriebsfüh-
rer : Impresario : (Sport) Betreuer * *Managerkrankheit:*
Kreislauferkrankung durch
Überarbeitung * **Ma|na|ge-
ment** [..ment], das; –s: Verwal-
tung : Leitung * **Ma|na|ge-
ment-Buy|out** [..bei-aut], das;
–(s): Erwerb einer Firma durch
darin tätige Führungskräfte,
Abk.: MBO

Ma|na|ti|on (l.), die; –, –en: das
Fließen, Ausfluss

man|can|do (it.) [..k..]: (Mus.)
hinschwindend; vgl. mankieren

manch (mancher; manches;
manche) unbest. Fw., meist
Ew.: zur Bezeichnung eines
Einzelnen, das sich in häufige-
rer Wiederholung findet : (Mz.)
verschiedene * *manch starker
Mann, mancher starke Mann;
manches Mal:* häufig; *manch
liebes Mal, manches liebe Mal;
manch einer, so mancher:*
ziemlich viele; *manch Gutes,
manches Gute; in manchem:* in
einigen Punkten * **manchmal**
Uw.: ziemlich oft : hin und
wieder, gelegentlich * *man-
chenorts, mancherorten* Uw.:
an verschiedenen Orten; *man-
cherlei:* einiges, vielerlei * **man|-
nig|fach** Ew.: in ziemlich
vielen Fällen vorkommend *
man|nig|fal|tig Uw.: ziemlich
häufig vorkommend : vielfältig, vielfach verschieden *
Man|nig|fal|tig|keit, die; –:
Vielfältigkeit : ziemlich häufi-
ges Auftreten

Man|ches|ter (e.) [mäntsches-
ter]: engl. Grafschaft und Stadt
* **Man|ches|ter,** der; –s: ein
Baumwollsamt * *Manches-
terhose* * **Man|ches|ter|tum,**
das; –s: Freihandelsschule, ex-
tremste Richtung des Freihan-
dels

Man|da|la (sanskr.), das; –s,
–s: bildliche Darstellung als
Unterstützung bei Meditations-
übungen

Man|dant (l.), der; –en, –en:

Auftraggeber : (Rechtsspr.) Vollmachtgeber * **Man|dan|tin**, die; –, –nen * **Man|dat**, das; –(e)s, –e: Auftrag : Vollmacht : landesherrlicher Befehl : Anweisung : Zahlungsbefehl * *Mandatsbrief; Mandatsgebiet; Mandatsprozeß* → *Mandatsprozess; Mandatsträger; Mandatsverlust* * **Man|da|tar**, der; –s, –e: Beauftragter : Bevollmächtigter : Sachwalter * *Mandatarmächte*

Man|da|rin (malay.), der; –s, –e: früherer chines. Staatsbeamter : vornehmer Chinese : Bezeichnung für den nordchinesischen Dialekt * **Man|da|ri|ne**, die; –, –n: apfelsinenähnliche Südfrucht

Man|de, die; –, –n (mundartl.) Glättrolle für Wäsche, Mangel * **man|deln** tr.: mit der Mande Wäsche glätten, rollen, mangeln; vgl. Mange

Man|del (l.), die; –, –n: eine Steinfruchtart : Lymphdrüse im Rachen : innerster unterer Lappen des kleinen Gehirns : eine Muschelart * *Mandelbaum; –blüte; –brot; –entzündung; mandelförmig* Ew.; *Mandelkleie; Mandelkuchen; –milch; –mus; Mandelöl; Mandelpflaume; –seife; –torte*

Man|del, die; –, –n: ein Viertel Schock oder 15 Stück : Hocke von etwa 15 Garben * *Mandelkrähe; Mandeltaube; mandelweise* Uw.: in Mandeln * **man|deln** (ich ..[e]le) tr.: nach Mandeln zählen : in Mandeln oder Hocken setzen

Man|di|bel (l.), die; –, –n: Unterkiefer * **man|di|bu|lar**, **man|di|bu|lär** Ew.: Kinnbacken betreffend

Man|di|o|ka, die; –: Mehl aus der Maniokwurzel

Mandl, das; –s, –n (östr.-bayr.): „Männlein", Vogelscheuche

Man|do|li|ne (it.), die; –, –n: kleines Saiteninstrument * **Man|do|re**, die; –, –n: kleine Laute

Man|dor|la (it.), die; –, ..dorlen: Heiligenschein

Man|dra (gr.), die; –, ..dren: Stall : griech.-kathol. Kloster * **Man|drit**, der; –en, –en: Mönch * **Man|dra|go|ra**, **Man|dra|go|re**, die; –, ..ren: Zauberwurzel

---

Alraunwurzel

Man|drill (span.), der; –s, –e: eine Affenart in Westafrika

Man|d|schu, der; –(s), –: Angehöriger eines Stammes der Tungusen : chines. Herrschergeschlecht * **Man|d|schu**, das; –(s): Sprache der Mandschu * **Man|d|schu|kuo**: Name der Mandschurei als Kaiserreich 1934–1945 * **Man|d|schu|rei**: nordostchinesisches Tiefland

Ma|ne|ge (fr.) [manäseh'], die; –, –n: Reitbahn (bes. im Zirkus), Reitschule

Ma|nen (l.) Mz.: Geister der Abgeschiedenen * **ma|nis|tisch** Ew.: die Manen betreffend

Ma|nes|se: Fn. * **Ma|nes|sisch** Ew.: von Manesse herrührend * *Manessische Handschrift:* Heidelberger Liederhandschrift

mang Vw. mit Akk. und Dat.: (niederd.) unter, zwischen * *mittenmang:* mitten dazwischen * **Mang**, der; –s, –e: Mengung, Mischung * *Mangfutter; Manggetreide; Mangkorn*

mang Ew.: (ostmd.) unfruchtbar, mager

Mang, der; –(e)s, –e: ostindische Hülsenfrucht

Man|gal, **Man|gall** (arab.), der; –s, –e: orientalisches transportierbares Kohlenbecken

Man|gal, das; –s: eine Aluminiumlegierung

Man|gan (nl.), das; –s: chem. Grundstoff; Abk.: Mn * *Manganeisen; Manganoxyd:* Verbindung des Mangans mit Sauerstoff; *Manganoxydul; Manganspat;* ein Mineral * **Man|ga|na|te** Mz.: Salze des Mangans * **Man|ga|nit**, der; –s, –e: Graubraunstein

Man|ge, **Man|gel**, die; –, –n: Glättrolle für Wäsche * *Mangelbrett; Mangelholz; Mangelrolle* * **man|geln** (ich ..[e]le) tr.: mit der Mangel Wäsche glätten; vgl. Mande

Man|gel, der; –s, Mängel: das Fehlen von Notwendigem : Fehler * *Mangel an Erziehung, an Begabung, an Wissen* * *Mangelberuf; Mangelerscheinung; mangelfrei* Ew.; *Mangelkrankheit; Mangelrüge, Män-*

---

gelrüge: Klage über mangelhaft gelieferte Ware oder Arbeit; *Mangelware:* häufig nicht verfügbare Ware * **man|gel|haft** Ew.: unvollkommen * **Man|gel|haf|tig|keit**, die; –: das Unvollkommensein : Fehler * **man|geln** (ich ..[e]le) intr.: (einem an etwas –) fehlen, nicht in genügender Menge vorhanden sein : (eines Dinges –) Mangel haben an, entbehren * **man|geln** (ich ..[e]le) tr.: (mundartl.) vermissen * **man|gels** Vw. mit Gen.: aus Mangel an * *mangels ordentlicher Beweise*

Man|go (malay.), die; –s, –nen: Frucht des Mangobaumes * *Mangobaum*

Man|gold, der; –(e)s, –e: eine Pflanzengattung, Blattgemüse

Man|g|ro|ve (hait.) [..w..], die; –, –n: Tropenbaum mit Luftwurzeln * *Mangrove(n)baum; Mangrovenküste*

Man|gus|te, die; –, –n: Spürwiesel

Man|hat|tan [mänhätt'n]: Hudsoninsel, Teil New Yorks

ma|ni|a|ka|lisch (gr.) Ew.: auf einer Manie beruhend : verrückt * **Ma|nie**, die; –, ..nien: Teil des manisch-depressiven Irreseins : Sucht * **ma|nisch** Ew.: irrsinnig, besessen

Ma|ni|chä|er, der; –s, –: Anhänger der von Mani gegründeten altpers. Religion : (stud.) drängender Gläubiger * **Ma|ni|chä|is|mus**, der; –: von Mani gestiftete Religionsform

Ma|ni|chi|no (it.) [manikino], der; –s, –s: hölzerne Gliederpuppe zu Bewegungsstudien

Ma|ni|chord, das; –(e)s, –e: Klavichord, Vorläufer des Klaviers

Ma|nier (fr.), die; –: Behandlungsart : Lebensart : Kunstgriff : Verkünstelung * **Ma|nie|ren** (Mz.): die; –: (gutes) Benehmen * **ma|nie|riert** Mw. Ew.: gezwungen : gekünstelt, verschroben * **Ma|nie|riert|heit**, die; –: das Gekünstelte, Verschrobene * **Ma|nie|ris|mus**, der; –: gekünstelte Nachahmung eines Stils * **Ma|nie|rist**, der; –, –en: Vertreter des Manierismus * **ma|nier|lich** Ew.: artig, bescheiden ma|ni|fest (l.) Ew.: offenbar, deutlich * Ma|ni|fest, das; –es, –e: öffentliche Erklärung, Kundgebung : öffentl. Rechtfertigungsschrift * *das Kommunistische Manifest* * Ma|ni|fes|tant, der; –en, –en: Teilnehmer an einer Kundgebung : den Offenbarungseid Leistender * Ma|ni|fes|ta|ti|on, die; –, –en: Offenbarwerden, Sichtbarwerden einer Erbanlage : Äußerung, Erscheinung * *Manifestationseid* * ma|ni|fes|tie|ren (..iert) tr.: offenbaren, anzeigen, darlegen : den Manifestationseid leisten

Ma|ni|kü|re (fr.), die; –, –n: Handpflege : Handpflegerin * ma|ni|kü|ren (manikürt) tr.: die Hände pflegen

Ma|nil|la: Hauptstadt der Philippinen * Ma|nil|la|hanf, der; –(e)s: Spinnfaser aus der ostasiat. Faserbanane

Ma|nil|le (span.) [..ilje], die; –, –n: Karte im Lomberspiel : Armband

Ma|ni|ok, der; –s, –s: südam. Strauch, dessen Wurzelknollen die Tapioka liefern * *Maniokmehl; Maniokwurzel*

Ma|ni|pel (l.), der; –s, –: Unterabteilung der röm. Legion * Ma|ni|pel, der; –, –n: Schmuckband des kath. Priesters * Ma|ni|pu|la|ti|on, die; –, –en: kunstgerechte Handhabung : Machenschaft : Kunstgriff * ma|ni|pu|lie|ren (..iert) (nl.) tr.: handhaben : deichseln * Ma|ni|pu|lum (nl.), das; –s, ..la (..len): Teil des Messgewandes

ma|nisch: s. maniakalisch

Ma|nis|tisch: s. Manen

Ma|ni|to|ba: kanad. Provinz

Ma|ni|tu: „großer Geist", indian. Gottheit

mank Ew.: (md.) kränklich, schwächlich

man|kie|ren (..iert) (fr.) intr.: fehlen : versagen * Man|ko (it.), das; –s, –s: Fehlbetrag : Mangel

Mann, der; –(e)s, Männer (Mann, Mannen): Männchen: zum zeugenden Geschlecht gehöriger Mensch, meist in der Reife : (Mz. Mann) Person (ohne Rücksicht aufs Geschlecht) : (weidm.) ausgewachsenes männliches Tier :

(alter –) (Bergb.) ausgehauenes, mit Schutt gefülltes Feld * *Mann für Mann:* alle; *wie ein Mann:* alle auf einmal : geschlossen; *seinen Mann stehen:* sich bewähren; *das ist mein Mann:* das ist der rechte Genosse usw. für mich; *Mann sein:* zeugungsfähig sein; *Manns genug sein:* tüchtig, tapfer genug sein; *vier Mann hoch:* (volkst.) zu vieren; *tausend Mann* * *Mannweib:* männl. wirkende Frau * *Mannesalter:* Reife; *Mannesjahre; Manneskraft; Mannesmut; Mannesstamm:* männliche Seite in der Geschlechtsfolge; *Mannesstärke; Mannestreue; Manneswort; Manneszucht:* *Mannsbild:* (Umgspr. für) Mann; *mannshoch* Ew.; *Mannshöhe; Mannsleute; Mannsmahd:* „soviel, wie ein Mann in einem Tag mähen kann", ein Flächenmaß; *Mannsperson:* Mannsbild; *mannstoll* Ew.: (Frau) nach dem Mann verlangend; *Mannsvolk* * *Männerbekanntschaft; Männerchor; Männerfreundschaft; Männerheilkunde:* Andrologie; *Männerrock; Männersache; Männerstimme; Männertreu:* eine Pflanze * mann|bar Ew.: reif zur Heirat * Mann|bar|keit, die; – * Männ|chen, das; –s, –: männl. Tier * man|nen intr.: (seem.) von Mann zu Mann reichen * ..män|ne|rig, ..män|nig Ew. (nur in Zus.): (Pflanze) soundso viele Staubfäden in einer Zwitterblume habend, z. B. dreimänn(er)ig * Män|ner|schaft, die; –, –en: Gesamtheit der Männer eines Ortes * Man|nes|tum, das; –s: Wesen des Mannes * mann|haft Ew.: tapfer, fest wie ein Mann, Krieger * Mann|haf|tig|keit, die; –: mannhaftes Wesen * Mann|heit, die; –: Wesen des Mannes : Stärke, Würde usw. des Mannes : Zeugungskraft * Män|nin, die; –, –nen: (in Zus.) Frau, z. B. Landsmännin * män|nisch Ew.: (tadelnd) übertrieben männlich * männ|lich Ew.: dem zeugenden Geschlecht angehörig : in der Weise des Mannes : einem Mann zukommend : mannhaft,

kräftig, fest, tüchtig : (Reim) stumpf, einsilbig * Männ|lich|keit, die; –: das Männlichsein * *Männlichkeitswahn* * Mann|schaft, die; –, –en: Gesamtheit von Männern : Besatzung : Bemannung : (Sport) Spielegemeinschaft * *Mannschaftsaufstellung; –geist; –kapitän; –raum; –sieger; –wagen; –wertung*

Man|na (hebr.), die; –: das; –s: (A. T.) Himmelsgabe der Israeliten in der Wüste : eingetrockneter, dicker Saft verschiedener Pflanzen * *Mannaschote:* röhrenförmig gefächerte Frucht einer Kassia-Art

Man|ne|quin (fr.-ndl.) [..käng], das; –s, –s: (veralt.) Gliederpuppe : Vorführdame in Modehäusern

man|nig|fach: s. manch

Mann|schaft: s. Mann

ma|no (it.): Hand * *mano destra:* (Mus.) mit der rechten Hand * *mano sinistra:* (Mus.) mit der linken Hand * Ma|nu|al (l.), das; –s, –e: Handbuch : Verzeichnis : Klaviatur der Orgel * Ma|nu|bri|um (l.), das; –s, ..brien: Handhabe * ma|nu|ell (fr.) Ew.: mit der Hand * Ma|nu|fakt, das; –(e)s, –e: Erzeugnis menschl. Handarbeit * *Manufaktgewerbe; Manufaktfabrik* * Ma|nu|fak|tur, die; –, –en: Handwirkerei : (Gewebe-)Fabrik * *Manufakturbetrieb; Manufakturware* * ma|nu|fak|tu|rie|ren (..iert) tr.: anfertigen : verarbeiten * Ma|nu|fak|tu|rist, der; –en, –en: Hersteller : Handwerker : Schnittwarenhändler * Ma|nul|druck, der; –(e)s, –e: ein Druckverfahren * ma|nu pro|pria (l.): eigenhändig; Abk.: m. p. * Ma|nu|skript (l.), das; –(e)s, –e: Hand-, Urschrift : Satzvorlage : Schriftstück; Abk.: Mskr. * *Manuskriptblatt; –seite; –vorauskorrektur*

Ma|no|me|ter, das; –s, –: Druckmesser

Ma|no|skop (gr.), das; –s, –e: Druckmesser

Ma|nö|ver (fr.) [..w..], das; –s, –: Kunstgriff, Kniffe : militär. Kriegsübung im Frieden * *Manövergelände; Manöverschaden; Manöverzeit* * ma|nö|vrie|ren (..iert) intr.: geschickt zu Werke gehen : Kriegsübungen machen * *manövrierfähig* Ew.: bewegungsfähig

Man|sar|de (fr.), die; –, –n: Dachgeschoss (nach dem fr. Baumeister Mansard benannt) * *Mansardenwohnung; Mansardenzimmer*

Mansch, der; –es: das untereinander Gemengte : Schneewasser : wässeriges, geschmackloses Essen * **man|schen** (du mansch[e]st und manschst) intr., tr.: mischen * **Man|sche|rei,** die; –, –en: das (viele) Manschen : das Gemansch * **man|schig** Ew.: breiweich

Man|schet|te (fr.), die; –, –n: Handkrause, Ärmelaufschlag : Papierkrause * *Manschetten haben:* Furcht haben * *Manschettenknopf*

Man|teau (fr.) [mangtoh], der; –s, –s: Mantel : Vorwand * **Man|te|let** [mangt'läh], das; –s, –s: Mäntelchen : Blendung der Schießscharte * **Man|te|let|ta** (it.), die; –, –s: knielanger Mantel der höheren päpstl. Würdenträger * **Man|te|let|te** [mangt'lätt'], die; –, –s: Sturmdach : Blendung von Holz : Pfortluken auf Schiffen * **Man|til|li|ne** [mang..], die; –, –n: Frauenmäntelchen; vgl. Mantel, Mantilla * **Man|tel|lo|ne,** der; –, –n: fußlanger Mantel der niederen päpstl. Würdenträger

Man|tel (l.), der; –s, Mäntel: Mäntelchen : Überrock : Hülle : (Baukst.) Umschließungsmauer : Treppenhaus : (Bergb.) Salband : (Bot.) Samendecke : Fruchtmantel : Hülse eines Geschosses : Urkunde eines Wertpapiers * *Mantelfutter; Mantelgesetz:* Rahmengesetz; *Mantelkragen; Mantelnote:* Zusammenfassung mehrerer diplomatischer Noten in eine; *Mantelpavian:* Affenart; *Mantelstoff; Manteltarif:* Tarifvertrag über Bedingungen des Arbeitsvertrages und der Rechtsverhältnisse der Vertragspartner; *Mantelsack:* (veralt.) Rei setasche; *Manteltier*

Man|tik (gr.), die; –: Wahrsagekunst

Man|til|la (span.) [..tilja], die; –, ..llen: langes Schleiertuch der spanischen Frauen * **Man|til|le** (fr.) [mangtij.], die; –, –n: Art Frauenmäntelchen

Man|tis|se (l.), die; –, –n: Zusatz, Zugabe : (Math.) Bruchstelle, Ziffer der Logarithmen hinter dem Beistrich

Man|tua: ital. Stadt

Ma|nu|al, Ma|nu|skript usw.: s. mano

Ma|nul|druck: s. mano

Man|za|nil|la (span.) [..nilja], der; –s: ein Weißwein * *Manzanillabaum:* ein Giftbaum

Man|zel (arab.), der; –s, –: **Man|zil|le,** die; –, –n: Herberge

Ma|o|is|mus, der; –: kommunistische Ideologie in der chinesischen Ausprägung von Mao Zedong * **Ma|o|ist,** der; –en, –en: Vertreter des Maoismus * **ma|o|is|tisch** Ew.

Ma|o|ri, der; –s, –: Polynesier auf Neuseeland * **Ma|o|ri,** das; –s: Sprache der Maoris

Map|pe (l.), die; –, –n: Mäppchen: Tasche aus Leder usw. * **Map|peur** (fr.) [..pöhr], der; –s, –e: (östr.) Landkarten-, Kriegskartenzeichner * **map|pie|ren** (..iert) intr.: Landkarten zeichnen

Ma|quis (fr.) [..ki], der; –: fr. Widerstandsorganisation im 2. Weltkrieg [fr. maquis Buschwald, Gestrüpp]

Mär, Mä|re, die; –, ..ren; Märchen, Märlein: Erzählung einer denkwürdigen Begebenheit aus der Vergangenheit : Kunde : etwas Erdichtetes * **Mär|chen,** das; –s, –: Gerücht : Erdichtung : Erzählung, die der Fantasie entspringt * *märchenartig* Ew.; *Märchenbuch; –erzähler; –film; –forschung; –sammlung; –welt* * **mär|chen|haft** Ew.: wie ein Märchen, wunderlich

Ma|ra|bu, der; –s, –s: ostafrik. und ind. Kropfstorch * *Marabufeder*

Ma|ra|but (arab.), der; – und –(e)s, –(s): moslem. Einsiedler

Ma|ra|cu|ja, die; –, –s: eine Passionsfrucht, aus der schmackhafter Saft gewonnen wird

Ma|ra|mel|le (fr.), die; –, –n: eingemachte japanische Quitte

Ma|ra|ne (arab.-span.), der; –n, –n: getaufter Jude od. Maure

Ma|rä|ne (ml.), die; –, –n: eine Lachsart

ma|ran|tisch (gr.) Ew.: welkmachend, schwächend * **Ma|ras|mus** (gr.-ml.), der; –: Entkräftung, körperlicher Verfall * **ma|ras|tisch** Ew.: marantisch

Ma|ras|chi|no (it.) [..ski..], der; –s, –s: ein Kirschlikör

Ma|ra|thon|lauf, der; –(e)s, ..läufe: Langstreckenwettlauf über 42,195 km [benannt nach dem Lauf eines griechischen Soldaten, der 490 v. Chr. die Siegesnachricht von der Schlacht bei Marathon nach Athen gebracht haben soll] * *Marathonläufer; Marathonsitzung*

Mar|bel, Mär|bel, Mar|mel, die; –, –n: Schnellkugel, Murmel, Klicker : glatte Platte der Glasmacher * **mar|beln, mar|meln** (ich ..[e]le) intr.: mit Marbeln spielen

mar|can|do, mar|ca|to (it.) [..k..]: (Mus.) hervorgehoben, mit besonderem Nachdruck * **mar|kant** (fr.) Mw. Ew.: hervorstechend, auffallend

Mär|chen: s. Mär

Mar|che|se (it.) [..kese], der; –(n), –n: ital. Adelstitel

Mar|del|le (fr.), die; –, –n: Trichtergrube, Unterbau urzeitlicher Wohnungen

Mar|der, der; –s, –: ein kleines Raubtier * *Marderfalle; –fell; –garn; –muff; –pelz*

Ma|rel|le (ml.), die; –, –n: Sauerkirsche

Ma|rem|men Mz.: mittelital. sumpfiger Küstenstreifen

mä|ren tr.: (mundartl.) mischend rühren : herumwühlen : langsam sein * **Mä|re|rei,** die; –, –en: Trödelei * **Mär|te,** die; –, –n: „Mischmasch", Brockensuppe, Kaltschale

Ma|ren|go, der; –s: schwarzgrundiges Streichgarngewebe

Ma|re|o|graph *auch:* **Ma|re|o|graf** (l.-gr.), der; –en, –en: selbsttätiger Wasserstandslinienmesser * *Mareographenkurve auch: Mareografenkurve*

Mar|ga|re|ten|blu|me, die; –, –n: Wucherblume

Mar|ga|ri|ne, die; –, –n: Kunstbutter * *Margarinefabrik; –industrie; –würfel* * **Mar|ga|rit,** der; –en, –en: Perlglimmer *

Mar|ga|ri|ta, die; –, ..ten: (Med.) perlmutterähnlicher Hornhautfleck * **Mar|ga|ri|te,** die; –, –n: Gefäß für die geweihte Hostie

Mar|ge, die; –, –n: (mundartl.) Mädchen * **Mar|gell,** die; –, –n: (mundartl.) Mädchen

Mar|ge (fr.) [marsche], die; –, –n: Rand : Spielraum : Unterschied, Spanne * *Margebogen* * **mar|gi|nal** (l.) [..ginal] Ew.: den Rand betreffend, am Rande befindlich * **Mar|gi|na|le** (nl.), das; –(s), ..lien: Randbemerkung * *Marginalbemerkung; Marginalglosse:* Randbemerkung auf der Seite einer Handschrift oder eines Buches * **mar|gi|nie|ren** (..iert) (l.) tr.: mit einem Rande versehen

Mar|ge|ri|te (fr.), die; –, –n: Margaretenblume

Ma|ria, Ma|rie (hebr.): Mutter Jesu * *Marienbild; Marienblümchen; Marienflachs; Marienglöckchen; Mariengras; Marienkult; Marienlegende* * **Ma|ri|a|la|trie** (gr.), die; –: Marienverehrung * **Ma|ri|a|ner** Mz.: Ritter der Heiligen Jungfrau * **ma|ri|a|nisch** Ew.: auf Maria bezüglich * *die Marianische Kongregation; das marianische Jahr* * **Ma|ri|o|lo|gie,** die; –: kath. Lehre von der Gottesmutter

Ma|ri|age (fr.) [mariahsche], die; –, –n: Heirat : König-Dame-Paar beim Kartenspiel

Ma|ri|a|the|re|si|en|ta|ler, der; –s, –: ehemalige österreichische Handelsmünze

Ma|ri|en|bad: tschech. Kurort **Ma|ri|en|burg:** poln. Stadt an der Nogat * **Ma|ri|en|bur|ger Wer|der:** Insel im Weichseldelta

Ma|ri|en|wer|der: Stadt im Weichseltal

Ma|ri|hu|a|na (span.), das; –s: Rauschgift

Ma|ril|le (it.), die; –, –n: kleinfrüchtige Aprikose * *Marillenmarmelade*

Ma|rim|ba (span.), die; –, –s: xylophonartiges Schlaginstrument * *Marimbaphon auch: Marimbafon*

ma|rin (l.) Ew.: das Meer betreffend * **Ma|ri|ne,** die; –, –n: Seewesen : Flotte : Seemacht * *Marineakademie; Marineamt;* marineblau Ew.; *Marineingenieur; Marineflugzeug; Marinemaler; Marinesoldat; Marinestützpunkt; Marinetruppe; Marineuniform* * **Ma|ri|ner,** der; –s, –: (volkst.) Angehöriger der Marine : (märiner) Name von am. Marssonden *

Ma|ri|nier (fr.) [..injeh], der; –s, –s: Seemann : Seesoldat * **ma|ri|tim** (l.) Ew.: das Seewesen betreffend

Ma|ri|na|de, die; –, –n: Gewürzsoße * **ma|ri|nie|ren** (..iert) (fr.) tr.: „in Seewasser legen", einsalzen : einlegen * **ma|ri|niert** Mw. Ew.: eingelegt : vom Seewasser verdorben

Ma|ri|nis|mus, der; –: schwülstige Schreibart des it. Dichters Marino * **Ma|ri|nist,** der; –en, –en: Anhänger des M. * **Ma|ri|o|net|te** (fr.), die; –, –n: Gliederpuppe : willenloser Mensch * *Marionettenregierung; Marionettenspiel; Marionettentheater*

Ma|ris|ken Mz.: (Med.) Feigwarzen, Goldaderknoten

Ma|rist, der; –en, –en: Mitglied einer kath. Bruderschaft

ma|ri|tim: s. marin

Mark, die; –, – und Markstücke: deutsche Währungseinheit * *3 Mark* * *Markrechnung; Markstück; DM:* Deutsche Mark

Mark, die; –, –en: Grenzland : abgegrenztes Gebiet * *Mark Brandenburg* * *Markgraf; Markordnung; Markpfahl;* markscheidend Mw. Ew.; *markscheiderisch* Ew.; *Markscheide; Markstein* * **Mär|ker,** der; –s, –: Bewohner der Mark Brandenburg * **mär|kisch** Ew.: die Mark betreffend * *die Märkische Schweiz; die märkischen Seen* * **Mar|kung,** die; –, –en: Gemarkung

Mark, das; –(e)s: weiche Masse in den Knochenhohlräumen : (übertr.) das Innere : (Bot.) lockeres Zellgewebe der Pflanzenstängel : das Beste von etwas * *Markklöße; Markholz:* viel Mark enthaltendes Holz; markerschütternd Ew.: bis ins Innerste erschütternd; *Markknochen* * **Marks,** das; ..ses: (volkst.) Mark * *Marksbein* * **mar|kig,** Ew.: Mark habend : kräftig

mar|kant: s. marcando

Mar|ka|sit (arab.), der; –s, –e: Eisen-, Schwefelkies

Mar|ke (fr.), die; –, –n: Merkzeichen : Wertzeichen, bes. Postwertzeichen : Fabrik- und Handelszeichen * *Markenalbum; Markenartikel; Markenerzeugnis; Markenfabrikat; Markensammler; Markenschutz; Markenware* * **mar|ken** tr.: mit einer Marke versehen

Mär|ker: s. Mark

Mar|ke|ten|der (it.), der; –s, –: Kaufmann : Feldwirt für die Soldaten * **Mar|ke|ten|de|rin,** die; –, –nen: Feldwirtin für die Soldaten

Mar|ke|te|rie (fr.), die; –, ..rien: Holzeinlegearbeit

Mark|gräf|ler, der; –s: oberbad. Wein

mar|kie|ren tr.: kennzeichnen : anmerken : vortäuschen : andeuten * (Forstw.) *Markierhammer; Markierstein* * **Mar|kie|rung,** die; –, –en: Kennzeichnung * *Markierungslinie; –punkt; –streifen* * **Mar|kör,** der; –s, –e: Punktzähler beim Billardspiel

Mar|ki|se (fr.), die; –, –n: aufrollbares Sonnen-, Wetterdach (vgl. Marquise)

Mar|ko|brun|ner, der; –s, –: ein Rheinwein

Mar|kolf, der; –(e)s, –e: „Grenzwolf", Eichelhäher

Mar|kör: s. markieren

Markt (l.), der; –(e)s, Märkte, Märktchen: zeitlich festgelegte Zusammenkunft von Händlern und Käufern auf einem öffentlichen Platz : Zeit dieser Zusammenkunft : Geschäft zwischen Händlern und Käufern : Handel(splatz) : Marktwaren : Marktflecken * *Marktabsprache; Marktanalyse:* Studium von Angebot und Nachfrage; *Marktangelegenheit; Marktanteil;* marktbeherrschend Ew.; *Marktbericht; Marktbesucher; –bude; –brunnen; Marktdiener; Markteinkauf; Marktforschung; Marktfrau; Marktfreiheit:* Recht zu Märkten; *Marktgerechtigkeit; Marktgeschäft; Markthalle; Marktlage; Marktordnung; Marktplatz; –preis; –psychologie; –recht; –schreier;* marktschreierisch

Ew.; *Marktstand; Markttag; Marktwirtschaft; Marktzeichen; Marktzeit; Marktzettel* ✳ **mark|ten** intr.: Waren auf den Markt bringen : auf dem Markt erwerben : abhandeln, feilschen

Mar|kus: Evangelist ✳ *Markuskirche; Markusplatz*

Mar|li, Mar|ly (fr.), der; –s, –s: großmaschiges steifes Gazegewebe

Mar|ma|ra|meer: Binnenmeer zwischen Europa und Asien

Mar|mel (l.), der; –s, –: (veralt.) Marmor ✳ *Marmelstein* ✳ **mar|meln** Ew.: marmorn ✳ **Mar|mor,** der; –s, –e: eine Art Kalkstein : verarbeiteter Stein ✳ *Marmorader; Marmorarbeit; marmorartig* Ew.; *Marmorbecken; Marmorbild; Marmorblock; Marmorbruch; Marmorbüste; marmorglatt* Ew.; *marmorhart* Ew.; *marmorkalt* Ew.; *Marmorplatte; –säule; –statue; –tisch; –treppe; –wand; marmorweiß* Ew. ✳ **mar|mor|haft** Ew.: marmorartig ✳ **mar|mo|rie|ren** (..iert) tr.: dem geäderten Marmor ähnlich machen, ädern ✳ **mar|morn** Ew.: aus Marmor : wie Marmor

Mar|mel, die; –, –n: Marbel, Murmel

Mar|me|la|de (gr.-port.), die; –, –n: Fruchtmus

Mar|mot|te (fr.), die; –, –: Murmeltier, Bergratte

Ma|roc (fr.), der; –s, –e: leichtes Wollenzeug ✳ **Ma|ro|cain** (fr.) [..käng], das; –s, –s: saffianartiges Gewebe

ma|ro|de (span.-l.) Ew.: ermattet, wegmüde ✳ **Ma|ro|deur** [..döhr], der; –s, –e: plündernder Nachzügler ✳ **ma|ro|die|ren** (..iert) intr.: plündernd herumschweifen

Ma|rok|ko: nordafrikan. Staat ✳ **Ma|rok|ka|ner,** der; –s, –: Bewohner von Marokko ✳ **ma|rok|ka|nisch** Ew.

Ma|ro|ne (it.), die; –, –n: Esskastanie

Ma|ro|nit (arab.), der; –en, –en: Angehöriger einer christlichen Sekte im Libanon

Ma|ro|quin (fr.) [..käng], der; –s: feines, genarbtes Ziegenleder

Ma|rot|te (fr.), die; –, –n:

Schrulle, Laune : Stab der Hofnarren

Mar|quis (dsch.-fr.) [markih], der; –, –: „Markgraf", engl. und franz. Adelstitel ✳ **Mar|qui|sat** [..ki..], das; –(e)s, –e: Würde, Gebiet eines Marquis ✳ **Mar|qui|se** [markise], die; –, –n: „Markgräfin", fr. Titel (vgl. Markise) ✳ **Mar|qui|set|te,** die; –: Gardinengewebe

Mars, der; –: röm. Kriegsgott : ein Planet ✳ *Marsbewohner, Marsmenschen; Marsoberfläche; Marssonde* ✳ **Mars,** der; –, –(e)n: erste Mastverlängerung : Mastkorb : Holzscheibe, die den Boden des Mastkorbes bildet ✳ *Marsbrasse; Marskorb; Marslaterne; Marssegel*

Mar|sa|la: ital. Stadt auf Sizilien ✳ *Marsalawein*

marsch! (fr.): Anruf, militärisches Befehlswort : vorwärts! : fort! ✳ **Marsch,** der; –es, Märsche; Märschchen : das Marschieren : geschlossene Reihe : zurückgelegter Weg : Musikstück ✳ *Marschbefehl; Marschbereitschaft; marschfertig* Ew.; *Marschgepäck; Marschkolonne; Marschlied; Marschgeschwindigkeit; –linie; –ordnung; –richtung; Marschroute; Marschtempo:* Marschgeschwindigkeit; *Marschverpflegung* ✳ **mar|schie|ren** (..iert) intr. (sein, haben) : in Schritt und Tritt gehen

Marsch, die; –, –en: fruchtbare Niederung am Wasser ✳ *Marschbewohner; Marschboden; Marschland* ✳ **mar|schig** Ew.: wie eine Marsch

Mar|schall, der; –s, Marschälle: „Pferdeknecht", Aufseher über den Marstall : Titel hoher Würdenträger ✳ *Marschallsamt; –stab* ✳ **Mar|schal|lin,** die; –, –nen: Ehefrau des Marschalls ✳ **Mar|stall,** der; –(e)s, Marställe: Pferdehaltung eines Fürsten

Mar|sel|lai|se (fr.) [marßäjähs'], die; –: franz. Nationalhymne (nach Marseille gen.)

Mar|sen Mz.: Meeranwohner, Angehörige eines altdeutschen Volksstammes : (l.) Mz.: Angehörige einer ital. Völkerschaft

Mar|shall|in|seln [marschall..] Mz.: Inselgruppe im Stillen Ozean

Mar|shall|plan [..schall..], der, –(e)s: nach US-Außenminister Marshall benanntes europäisches Wirtschaftshilfsprogramm nach dem 2. Weltkrieg

Mar|stall: s. Marschall

Mar|sy|as (gr.): ein Satyr, Personifikation des phrygischen Flötenspiels ✳ *Marsyasstatue*

Mär|te: s. mären

mar|tel|la|to (it.) Mw. Ew.: (Mus.) gehämmert

Mar|ter (gr.-l.), die; –, –n: peinigender Schmerz, Folterqual ✳ *Marterbank; Martergerät; Martergeschichte; Marterholz; Marterkammer; –leben; –pfahl; –tod; –werkzeug* ✳ **Mar|te|rer,** der; –s, –: Peiniger : Märterer ✳ **Mär|te|rer,** der; –s, –: Märtyrer, Blutzeuge : einer, der für seine Überzeugung Verfolgung leidet ✳ *Märterergeschichte; –krone* ✳ **Mar|te|rin, Mär|te|rin,** die; –, –nen: Schmerzensdulderin ✳ **Mar|terl** (östr.-bayr.), das; –s, –: Bildstock : Gedenktafel : Erinnerungstafel mit Kruzifix ✳ **mar|tern** (ich ..[e]re) tr.: peinigen, foltern ✳ **Mar|ter|tum,** das; –s: Duldertum eines Märterers

Mär|ty|rer (gr.), der; –s, –: Märterer ✳ *Märtyrertod* ✳ **Mar|ty|ri|um,** das; –s, ..rien: Opfertod : Qual : Leiden : Pein ✳ **Mar|ty|ro|lo|gi|um,** das; –s, –ien: liturgisches Buch mit Verzeichnis der Märtyrer und Heiligen sowie ihrer Feste mit beigefügter Lebensbeschreibung

mar|ti|a|lisch (l.) Ew.: kriegerisch : stramm

Mar|tin|gal (fr.), der; –s, –s: Hilfszügel, um den Kopf des Pferdes nach unten zu halten

Mar|ti|ni, das; –: Martinstag (11. Nov.), früher Zinstag : Winteranfang ✳ *Martinsabend; Martinsgans; –vogel*

Mar|tin|ver|fah|ren, das; –s: Schmelzverfahren zur Stahlgewinnung ✳ *Martinstahl*

Mär|ty|rer: s. Marter

Ma|run|ke, die; –, –n: (ostmd.) Eierpflaume

Mar|xis|mus, der; –: sozialpolitische Lehre von Karl Marx ✳ *Marxsche Lehren → marxsche Lehren* ✳ **Mar|xis|mus-Le|ni|nis|mus,** der; –: der von

Lenin ausgelegte und weiterentwickelte Marxismus *
Marǀxǀist, der; –en, –en: Anhänger des Marxismus *
marxǀisǀtisch Ew. *
marxsche Lehren
Das von Eigennamen gebildete Adjektiv wird kleingeschrieben, sofern es nicht Bestandteil eines neuen Eigennamens wird oder die Grundform des Personennamens durch einen Apostroph verdeutlicht wird: *marxsche Lehren*, aber: *Halleyscher Komet* oder *Ohm'sches Gesetz.*
Maǀryǀland [mähriländ]: US-Bundesstaat
März (l.), der; –es (–en), –e: dritter Monat des Jahres, Lenzmonat : erster Monat des röm. Jahres, nach Mars benannt *
Märzbecher; März(en)bier; Märzente; Märzfeld: merowingische Volksversammlung; *Märzfliege; Märzglöckchen; Märzhase; Märzschnee; Märzveilchen* * **märzǀlich** Ew.: auf den März bezüglich *
Märzǀling, der; –s, –e: eine Apfelart
Marǀziǀpan (arab.), das; (selten) der; –s, –e: Mandelbrot, Naschwerk von Mandeln und Zucker * **marǀziǀpaǀnen** Ew.: wie Marzipan : aus Marzipan hergestellt
Masǀcarǀpoǀne (it.) [..k..], der; –s: Sahnekäse aus der Lombardei
Maǀsche, die; –, –n; Mäschchen: (Strickerei) Fadenverschlingung, Knoten : Maschennetz : Schuppen eines Panzers : Kräuselung : (Umgspr.) Erfolg versprechendes Vorgehen : Lösung * *Maschendraht; maschenfest* Ew.: so gewirkt, dass keine Laufmaschen entstehen können; *Maschennetz; Maschenpanzer* * **malschig** Ew.: aus Maschen bestehend
Mäǀschel, der; –s, –: (mundartl.) männlicher Hanf
Maǀschiǀne (gr.-l.-fr.), die; –, –n: Triebwerk : zusammengesetztes Werkzeug * *Maschinenantrieb; Maschinenarbeit; Maschinenbau; Maschinenbauer; Maschinenbauingenieur; Maschinenbauschule; Maschinenfabrik; Maschinengewehr; Maschinenhaus; Ma-*

schinenkunde; Maschinenmeister; Maschinenöl; Maschinenraum; Maschinenrevision: (Buchdrw.) Überprüfung der Druckbogen vor Beginn des Druckes; *Maschinensaal; Maschinensatz; Maschinenschaden; Maschinenschlosser; maschineschreiben* → *Maschine schreiben* (ich schrieb Maschine; ich habe Maschine geschrieben) intr., aber: *ein maschinegeschriebener Gruß; Maschinenschrift; –stickerei; Maschinenwechsel:* Auswechselung der Lokomotive *
maǀschiǀnell Ew.: maschinenmäßig * **Maǀschiǀneǀrie**, die; –, –n: Zusammenarbeit von Maschinen * **Maǀschiǀnist**, der; –en, –en: Maschinenaufseher, Lokomotivführer
Maǀser (am.) [mehser], der; –s, –: Mikrowellenverstärker
Maǀser, die; –, –n: Fleck : Knoten, Zeichnung im Holz * *Maserbirke; Maserholz; Maserporzellan* * **maǀseǀrig** Ew.: mit Masern versehen * **maǀsern** (ich ..s[e]re) tr.: mit Masern versehen * **maǀsern** Ew.: aus Maserholz * **Maǀseǀrung**, die; –, –en: das Masern : das Gemaserte
Maǀsern Mz.: (ahd.) Infektionskrankheit mit fleckigem Hautausschlag
Masǀkaǀrill, der; –(s), –e: span. Lustspielgestalt
Masǀkaǀron (it.), der; –s, –e: Fratze, Larve : (Baukst.) Fratzengesicht * **Masǀke** (ml.), die; –, –n: Gesichtslarve : Tarnung : kosmetische Beschichtung des Gesichts : (Theater, Film, Fernsehen) Schminkräume * *Maskenball; Maskenbildner; Maskenfest; Maskenkostüm; Maskenzug* * **masǀkenǀhaft** Ew.: wie eine Maske * **Masǀkeǀraǀde**, die; –, –n: Verkleidung : Maskenfest * **masǀkieǀren** (..iert) tr.: verbergen, verdecken; rbz.: sich verkleiden * **Masǀkieǀrung**, die; –, –en: das Maskieren : Maske : Verbergung
Masǀkott (malay.), der; –s, –s; **Masǀkotǀte**, die; –, –s und –n: Sonntagskind : Glücksbringer, Amulett * **Masǀkottǀchen**, das; –s, –: Anhänger als Glück bringender Talisman

Masǀkuǀliǀnum (l.), das; –s, ..lina: männliches Geschlecht : Hauptwort männlichen Geschlechts; Abk.: m. * **masǀkuǀlin** Ew.: männlich
Maǀsoǀchisǀmus, der; –: sexuelle Erregbarkeit mit Misshandlungen [nach dem Schriftsteller Sacher-Masoch benannt]
Maß, das; –es, –e; (veralt.) die; –, –e; Mäßchen: Einheit und Grundlage für die Bestimmung der Menge und Größe : gehörige Größe : Übereinstimmung der Teile miteinander und mit dem Ganzen * *3 Maß Bier; das Maß ist voll:* die Geduld ist zu Ende; *in reichem Maße; alles mit Maßen:* maßvoll; *über die Maßen:* übermäßig; *Maß nehmen:* abmessen * *Maßabteilung:* Abteilung eines Konfektionsgeschäftes; *Maßanalyse, die; –, –n:* chemische Bestimmung der Anteile in einer Mischung; *Maßarbeit; Maßeinheit; Maßgabe* (nach Maßgabe der Bestimmungen); *maßgebend* Ew.: ausschlaggebend, entscheidend; *maßgeblich* Ew.: richtungweisend; *Maßgebung; maßhalten* → *Maß halten* (er hält Maß, Maß gehalten, Maß zu halten) intr.: maßvoll sein; *maßhaltig* Ew.: das vorgegebene Maß einhaltend (z. B. bei Kopien); *Maßkleidung; Maßkrug; maßleidig* Ew.: verdrießlich; *Maßliebchen:* eine Blume; *maßlos* Ew.; *Maßlosigkeit; Maßnahme; Maßnehmen; Maßregel:* Richtmaß : zweckmäßige Handlung; *maßregeln* tr.: derb tadeln; *Maßregelung; Maßschneider; Maßstab; Maßstock; Maßsystem:* Grundsystem wichtiger Maßeinheiten; *maßvoll* Ew. * **..maǀßen** Uw. (nur in Zus.): in eingeschränktem Sinne, begrenzt, z. B. *einigermaßen; gewissermaßen* * **Maǀßen** (Mz.): *in (mit) Maßen:* maßvoll; *über alle Maßen:* unaussprechlich, sehr; *ohne Maßen:* hemmungslos * **maǀßig** Ew.: nicht sehr bedeutend * **..mäǀßig** Ew. (nur in Zus.): in der Art von * *behelfsmäßig* Ew.; *heldenmäßig* Ew. * **mäǀßiǀgen** tr.: mäßig machen : auf ein geringeres Maß zurück-

führen; rbz.: Maß und Ziel halten ✳ **Mä|ßig|keit,** die; –: das Mäßigsein ✳ *Mäßigkeitsverein* ✳ **Mä|ßi|gung,** die; –: das Mäßigen, Sichmäßigen

Maß halten, maßregeln
Nur wenn das Substantiv in einer Verbindung mit einem Verb nicht mehr als eigener Bestandteil empfunden wird, gilt Zusammenschreibung: *maßregeln* – da ist *das Maß* nicht mehr bewußt. Andernfalls wird getrennt geschrieben: *Maß halten* – da spielt *das Maß* als einzuhaltende Norm noch eine Rolle.

Mas|sa|chu|setts [mäßsätsehusets]: Staat der USA
Mas|sa|ge (fr.) [massahsehe], die; –, –n: kunstgerechtes Kneten und Klopfen des Körpers ✳ *Massageinstitut; Massagesalon* ✳ **Masseur** (fr.) [maßöhr], der; –s, –e: jmd., der Massagen verabreicht ✳ **Mas|seu|rin,** die; –, –nen, **Mas|seu|se** [..ßöhse], die; –, –n: w. Form zu Masseur ✳ **mas|sie|ren** (..iert) tr.: kneten, walken
Mas|sai, der; –s, –: Angehöriger eines ostafrik. Nomadenvolkes
Mas|sa|ker (fr.), das; –s, –: Gemetzel ✳ **mas|sa|krie|ren** (..iert) tr.: niedermetzeln, abschlachten
Mas|se (l.), die; –, –n: ungestalteter Stoff : (Rechtsspr., kfm.) Kapital, Vermögen : große Menge ✳ *Massegläubiger:* die gesamten Gläubiger; *Masseverwalter* ✳ *Massenabsatz; Massenandrang; Massenarbeitslosigkeit; Massenartikel; Massenbedarf; Massenentlassung; Massenfabrikation; Massengesellschaft; Massengrab; Massenkundgebung; Massenmedien; Massenmord; Massenmörder; Massenproduktion; Massenpsychose; Massensterben; Massentourismus; Massenverkehrsmittel; Massenversammlung* ✳ **mas|sen|haft** Ew.: in Menge(n) vorhanden ✳ **mas|sig** Ew.: massenhaft : eine große Masse bildend ✳ **mas|siv** (fr.) Ew.: schwer : fest, voll : derb ✳ *Massivbau* ✳ **Mas|siv,** das; –s, –e: Gebirgsstock
Mas|sel, die; –, –n: Barren

Roheisen
Mas|sel (jidd.), der; –s: Glück
Maß|er|le, die; –, –n; **Maßhol|der,** der; –s, –: Feldahorn
mas|sie|ren tr.: etwas anhäufen : Truppen zusammenziehen ✳ s. Massage
mä|ßi|gen: s. Maß
mas|siv: s. Masse
Mas|so|ra (hebr.), die; –: „Überlieferung“, textkritische Bearbeitung der hebr. Bibel ✳ **Mas|so|ret,** der; –en, –en: altjüd. Gelehrter ✳ *Massoretentext* ✳ **mas|so|re|tisch** Ew.
Mast, der; –es, –e (–en): Baum zur Befestigung der Segel und Rahen : (übertr.) Schiff : Maschine zum Einsetzen von Masten : Fahnen- und Speerstange ✳ *Mastband:* um den Mast gelegtes Eisenband; *Mastbaum; Mastklimmer:* auf dem Mastkorb wachhabender Matrose; *Mastkorb:* Plattform, Auslug am oberen Mast; *mastlos* Ew.; *Mastspitze* ✳ *Mastenkran:* Maschine zum Einsetzen der Masten; *Mastenmacher; Mastenpasser:* Messwerkzeug für Masten; *mastenreich* Ew. ✳ **..mas|ter,** der; –s, – (in Zus.): Schiff mit soundso vielen Masten ✳ *Zweimaster*
Mast, die; –, (–en): das Fettmachen ✳ *Mastbuche:* Rotbuche; *Mastbürger:* nur auf Wohlleben bedachter Bürger; *Mastdarm; Masteiche; Mastente; Mastfleck:* fette Stelle eines Ackers; *Mastfutter; Mastgans; Mastholz:* Eichengehölz zur Mästung der Schweine; *Mastkalb; Mastkorn; Mastkraut; Mastkuh; Mastkur; Mastochse; Mastschwein; Maststall; Mastvieh* ✳ **mäs|ten, mäs|ten** tr., rbz.: fett machen; intr.: fett werden ✳ **mas|tig** Ew.: wohlgenährt, feist, fett ✳ **Mas|tung,** die; –, –en: das Fettmachen : das Mastfutter
Mas|ta|ba (arab.), die; –, –s: „Bank“, ägyptischer Grabbau
Mas|ter (e.) [mahster], der; –s, –: Meister : Herr : Leiter einer Parforcejagd
Mas|tiff (e.) [..] der; –s, –s: engl. Dogge
mas|tig: s. Mast
Mas|ti|fi|ka|ti|on (l.), die; –, –en: das Kauen ✳ **Mas|ti|ka|tor,** der; –s, ..toren:

Knetvorrichtung bei der Kautschukgewinnung : Fleischzerkleinerer
Mas|tix, der; –(es): Hartharz des Mastixstrauches
Mas|to|don (gr.), das; –s, –s und ..donten: urweltl. Elefant
Mas|tur|ba|ti|on (l.), die; –, –en: geschlechtl. Selbstbefriedigung ✳ **mas|tur|bie|ren** (..iert) intr.: Selbstbefriedigung treiben
Ma|su|re, der; –n, –n: slaw. Bewohner von Masuren
Ma|su|rek, der; –s, –s; **Ma|sur|ka,** die; –, –s: poln. Tanz ✳ **Ma|su|ren:** ostpreuß. Landschaft ✳ **ma|su|risch** Ew. ✳ **Ma|su|ri|um,** das; –s: ein chem. Grundstoff; Abk.: Ma
Ma|sut, das; –(e)s: Braunkohlenteeröl (Heizstoff)
Ma|ta|dor (span.), der; –s, –e: „Töter“, Stierkämpfer, -töter : Rädelsführer : hervorragender Mann : höchster Kartentrumpf
Ma|ta|tan, der; –s, –e: Signaltrommel
Match (e.) [mätsch], das; (schweiz.) der; –es, –es: Wette : Partie : Wettkampf : Pferderennen ✳ *Matchball:* (Tennis) spielentscheidender Ball; *Matchpraxis; Matchstrafe:* (Eishockey) Feldverweis für die gesamte Spieldauer
Ma|te (span.), die; –, –n: ein Blätterpalmengewächs ✳ *Matebaum; Mateblatt; Matetee*
Ma|te|las|sé (fr.) [mat'lasseh], der; –s: doppelseitiges Seidengewebe
Ma|te|lot (fr.) [mat'loh], der; –s, –s: Matrose : (Mz.) Pluderhosen ✳ **Ma|te|lo|te,** die; –: Matrosengericht, Fischspeise : Matrosentanz ✳ *à la matelote:* auf Matrosenart
Ma|ter (l.), die; –, –n: Mutter : Mutterkirche : Schraubenmutter ✳ **Ma|ter do|lo|ro|sa,** die; –: „schmerzensreiche Mutter“, Beiname Marias ✳ **ma|te|ri|e|ren** (..iert), **ma|tern** (ich ..[e]re) intr.: Matrize herstellen : das Meisterstück verfertigen ✳ **ma|tern** Ew.: mütterlich ✳ **Ma|t|ri|ar|chat** (gr.-l.), das; –(e)s, –e: Mutterrecht ✳ **Ma|t|ri|kel,** die; –, –n: Verzeichnis, Stamm-, Hauptliste : (östr.) Personenstandsregister : Hörerliste der Studierenden ✳ *Ma-*

trikularbeitrag ✳ **Mat|rix**, die; –, ..trizes ✳ **Mat|ri|ze, Mat|er|ne**, die; –, –n: Schraubenmutter : Lettergießform : Prägestock : Hohl-, Gussform ✳ **Mat|ro|ne**, die; –, –n: ältere Frau, Greisin ✳ **mat|ro|nen|haft** Ew.

Ma|te|ri|al (l.), das; –s, ..lien: Rohstoff : Vorrat : Bedarf, Gerät : Unterlagen ✳ *Materialbedarf; Materialbeschaffung; Materialeinsparung; Materialfehler; Materialkosten; Materialmangel; Materialprüfung; Materialsammlung; Materialware; Materialwarenhändler* ✳ **Ma|te|ri|a|li|sa|ti|on**, die; –, –en: Verkörperlichung : (Okkultismus) Verstofflichung ✳ **ma|te|ri|a|li|sie|ren** (..iert) tr.: verkörpern : Erscheinungen hervorrufen ✳ **Ma|te|ri|a|lis|mus**, der; –: Weltanschauung, die nur die Materie anerkennt : Auffassung, dass der rein sinnliche Genuss äußerer Lebensgüter den Lebenswert ausmacht ✳ **Ma|te|ri|a|list**, der; –en, –en: Anhänger des Materialismus ✳ **ma|te|ri|a|lis|tisch** Ew. ✳ **Ma|te|rie**, die; –, –n: Urstoff : Stoff im Gegensatz zur Form : Inhalt ✳ **ma|te|ri|ell** Ew.: stofflich : körperlich : handgreiflich : genusssüchtig ✳ *materielle Interessen* Mz.: gewinnsüchtige Interessen

Ma|the, die; –: (Schule) Mathematikstunde, -unterricht ✳ **Ma|the|ma|tik** (gr.), die; –: Wissenschaft von den Raum- und Zahlengrößen ✳ **Ma|the|ma|ti|ker**, der; –s, –: Kenner und Lehrer der Mathematik ✳ **ma|the|ma|tisch** Ew.

Ma|ti|nee (fr.), die; –, ..neen: künstlerische Morgenveranstaltung : Frühvorstellung : Morgenkleid

Mat|jes|he|ring, der; –s, –e: Jungfernhering, Hering ohne Milch oder Rogen

Ma|trat|ze (arab.-ml.), die; –, –n: gepolstertes Unterbett

Mät|re, Mät|res|se, mät|ri|sie|ren: eingedeutscht für Maitre usw., s. d.

Mat|ri|archat, Mat|ri|kel, Mat|ri|ze: s. Mater

Mat|ro|se (ndl.), der; –n, –n: Bootsmann, Schiffsknecht : (Mz.) Seeleute ✳ *Matrosenan-*

zug; Matrosenbluse; Matrosenkleid; Matrosenkragen; Matrosenmütze; *Matrosenschenke auch: Matrosenschänke; Matrosensitte; Matrosenuniform; Matrosenwache* ✳ **mat|ro|sen|haft** Ew.: wie ein Matrose

Matsch, der; –es: Brei : breiige Schmutzmasse : Straßenschmutz ✳ *Matsch-und-Schnee-Reifen* ✳ **matsch** Ew. (fast nur aussag.): breiweich (durch Fäulnis z. B.) ✳ **mat|schen** (du matschest und matscht) intr., tr.: zu Matsch machen : durcheinander manschen ✳ **mat|schig** Ew.: breiig : schmutzig

Matsch (it.), der; –es, –e: gänzlicher Verlust beim Kartenspiel ✳ **matsch** Ew.: gänzlich verloren : erschöpft ✳ *matsch machen* tr.: vollständig schlagen ✳ **mat|schen** intr.: (Kartsp.) alle Stiche nehmen

matt (pers.) Ew.: tot : besiegt : erschöpft : schwach : glanzlos : ohne Wirksamkeit, Lebhaftigkeit ✳ *einen matt setzen*: besiegen : handlungsunfähig machen; *mattäugig* Ew.; *Mattglas; mattgold* Ew.; *Mattscheibe* ✳ **Matt**, das; –(e)s: (Schach) das Besiegtsein ✳ **mat|ten** tr.: matt machen ✳ **Matt|heit**, die; –: Mattigkeit ✳ **mat|tie|ren** tr.: matt machen, den Glanz nehmen ✳ **Mat|tig|keit**, die; –: das Mattsein : Müdigkeit ✳ **matt|lich** Ew.: matt, schal; vgl. schachmatt

Ma|tite, die; –, –n: Gras : Wiesenland

Mat|te (l.), die; –, –n: Decke : Teppich : (Sport) Unterlage

Mat|te (ldschftl.), die; –: Quarkkäse

mat|tie|ren: s. matt

Ma|tu|rum (l.), das; –s; ✳ **Ma|tu|ra**, die; –: Reifeprüfung ✳ **Ma|tu|rand**, der; –en, –en: (schweiz.) der Abiturient ✳ **Ma|tu|rant**, der; –en, –en: (östr.) der Abiturient ✳ **ma|tu|rie|ren** intr.: die Reifeprüfung ablegen ✳ **Ma|tu|ri|tät**, die; –: Reife ✳ *Maturitätsprüfung; -zeugnis*

ma|tu|ti|nal (spätl.) Ew.: morgendlich, früh ✳ **Ma|tu|tin** (l.), die; –, –en: nächtliches Stundengebet

Matz, der; –es, –e und **Mätze**; **Mätzchen**: Kosename für kleinen Jungen ✳ *Mätzchen machen*: Unsinn, Possen treiben ✳ *Hosenmatz*: kleines Kind

Mat|ze (hebr.), die; –, –n, ✳ **Mat|zen**, der; –s, –: ungesäuertes Osterbrot der Juden

mau Uw.: wenig erfolgreich, jämmerlich, mies ✳ *Mir ist mau*: Es geht mir nicht sonderlich gut. ✳ *Der Betrieb ist mau*: Es ist wenig los

mau, mi|au: Tonwort zur Nachahmung des Katzengeschreies ✳ **mau|en, mi|au|en** intr.: (Katze) schreien : wie eine Katze schreien

Mau-Mau: Geheimbund in Kenia : Kartenspiel

mau|de|rig, mau|d|rig Ew.: (schwäb.) verdrießlich : trüb ✳ **mau|dern** (ich ..[e]re) intr.: betrübt sein, verdrießlich sein

Mau|er (l.), die; –, –n: Wand aus Steinen : (übertr.) Wall ✳ *Mauerarbeit; Mauerassel; Mauerbiene; Mauerblümchen; Mauerbrecher*: Sturmbock; *Mauerefeu; Mauerhaken; Mauerkrone; Mauerloch; Mauerritze; Mauersegler*: Turmschwalbe; *Mauervorsprung; Mauerwerk* ✳ **Mau|e|rei**, die; –, –en: Gesamtheit von Mauern : das Mauern ✳ **mau|ern** (ich ..[e]re) intr., tr.: Mauern aufführen : Steine zum Bau zusammenfügen und durch Mörtel verbinden; rbz.: sich fest hinstellen ✳ **Mau|e|rung**, die; –, –en: das Mauern : Mauerwerk ✳ **Mau|rer**, der; –s, –: Handwerker, der mauert ✳ *Maurerarbeit; –bursche; –gesell; –handwerk; Maurerhammer; Maurerkalk, Maurerkelle; Maurermeister; Maurerpolier*: Obergeselle, Vertreter des Meisters; *Maurerzunft* [l. murus Mauer]

Mau|ke, die; –: Pferdekrankheit ✳ **mau|kig** Ew.: die Mauke habend

Mau|ke, die; –, –n: (sächs.) Lust : Mucke ✳ *keine Mauke haben*

Maul, das; –(e)s, Mäuler, Mäulchen: (Tier) Öffnung im Kopf zur Aufnahme der Nahrung : (verächtl., derb) Mund ✳ *Maulaffen feilhalten*: mit offenem Mund dastehen; *Maulaufreißer; Maulchrist*: heuchlerischer Christ; *maulfaul* Ew.: sprechfaul; *maulfromm* Ew.; *Maulheld; Maul- und Klauenseuche; Maulklemme; Maulkorb; Maulkorberlaß → Maulkorberlass; Maulschelle:* Ohrfeige; *Maulsperre:* Kinnbackenkrampf; *Maultasche:* Ohrfeige : schwäbisches Gericht; *Maultrommel:* Art Mundharmonika ✱ *Maulvoll:* so viel, wie auf einmal ins Maul geht; *Maulwerk* ✱ **mau**len intr.: Ärger, Unzufriedenheit zu erkennen geben ✱ ..**mäul**lig Ew. (nur in Zus.): ein soundso beschaffenes Maul habend, z. B. großmäulig

Maulbee**re** (l.), die; –, -n: essbare Frucht des Maulbeerbaumes

Maule**sel**, der; –s, –: Kreuzung von Pferdehengst und Eselstute ✱ **Maul**tier, das; –(e)s, -e: Kreuzung von Eselhengst und Pferdestute

Maulwurf, der; –(e)s, Maulwürfe: unter die Erde lebendes Säugetier : (Geheimdienst) Verräter in den eigenen Reihen ✱ *Maulwurfsarbeit:* heimliches Aufhetzen : Intrige ✱ *Maulwurfsgrille; Maulwurfshaufen*

mau(n)**zen** (du maunzest und maunzt) intr.: (schwäb.) (Kinder) winseln, weinerlich sein

Maure, der; –n, –n: Angehöriger eines nordafrikan. Mischvolkes ✱ **mau**risch Ew.: auf die Mauren bezüglich

Maurer: s. Mauer

Maures**ke**: s. Moreske

Maure**ta**ni**en:** Staat in Westafrika

Mauri**ner**, der; –s, –: Angehöriger einer fr. Benediktinergesellschaft

Maus, die; –, Mäuse; Mäuschen: ein Nagetier : Kosewort : Muskel an Arm und Fuß : haarbewachsenes Muttermal : weibl. Scham : verschiedene Arten Porzellanschnecken ✱ *Mausöhrlein; mausfarbig* Ew ✱ *Mausefalle; Mauseloch; mausetot* Ew.: ganz tot ✱ *Mäusebussard; Mäusedreck; Mäusegift; Mäusenest; Mäuseohr; Mäuseplage; Mäuseschwanz; mäuse-, mäuschenstill* Ew.: ganz still ✱ **mau**sen intr.: Mäuse als Nahrung fangen; tr.: heimlich wegnehmen ✱

Mauser, der; –s, –: Bussard ✱ **Mau**se**rei**, die; –, -en: das Mausen ✱ **Mäu**se**rich**, der; –s, -e: männliche Maus

Mauschel (hebr.), der; –s, –: verspottende Bezeichnung für Jude ✱ *Mauschelbete*, die; –, -n: (Kartsp.) doppelter Strafsatz ✱ **mau**scheln (ich ..[e]le) intr.: schachern : Glücksspiel (Karten) spielen ✱ **Mau**sche**lei**, die; –, -en: das Mauscheln [hebr. Mausche Moses]

Mause, **Mau**ser (l.), die; –: regelmäßiger Federwechsel der Vögel ✱ *Mause(r)zeit* ✱ **mau**se(r)**n** (ich ..[e]re) intr., rbz.: in der Mause sein : der Federn berauben ✱ **mau**sig Ew.: auf die Mause bezüglich ✱ *sich mausig machen:* sich keck mehr herausnehmen, als einem zukommt : entschieden auftreten und vorgehen

Mauser**ge**wehr, das; –s, -e: nach dem Büchsenmacher Mauser benanntes Gewehr ✱ *Mauserpistole*

Mauso**le**um (gr.), das; –s, ..leen: prächtige, meist fürstliche Grabstätte [urspr. des Königs Mausolus]

Maut, die; –, -en: (östr.-bayr.) Zoll : Gebühr für Straßen- und Brückenbenutzung ✱ *Mautamt; Mauteinnehmer; mautfrei* Ew.; *Mautgebühr; Mauthalle; Mautstraße:* Straße, die nur gegen Gebühr befahren werden darf ✱ **maut**bar Ew.: mautpflichtig ✱ **Maut**ner, der; –s, –: Mauteinnehmer

mauve (fr.) [mohf] Ew.: malvenfarbig ✱ **Mau**ve**in** (e.) [mowein], das; –s: künstl. Anilinfarbe

mauzen (du mauzest und mauzt) intr.: miauen

Maxe, die; –, -n: (ldschftl.) Fangschlinge

Maxil**la** (l.), die; –, ..llae: Oberkiefer ✱ **ma**xil**lar** Ew.: die Kinnbacken betreffend

Maxi**ma** (l.), die; –, ..men (..mae): (Mus.) Großnote ✱ **ma**xi**mal** (nl.) Ew.: sehr groß, höchstens ✱ *Maximalbetrag; Maximalforderung; Maximalleistung; Maximalpreis; Maximalstrafe; Maximaltarif; Maximalwert* ✱ **Ma**xi**me**, die; –, -n: Hauptgrundsatz ✱ **Ma**xi**mie**rung, die; –, -en:

Bestimmung der höchsten Zahl ✱ **Ma**xi**mum** (l.), das; –s, ..ma: das Höchste : Höchstwert : (Wetterk.) das Hoch

Max-Josephs-**Or**den: hoher bayr. Militärorden ✱ **Max-Planck-Ge**sell**schaft:** ehemal. Kaiser-Wilhelm-Gesellschaft ✱ *Max-Planck-Institut; Max-Planck-Medaille*

Maya, der; –s, –: Indianer Mittelamerikas ✱ *Mayahieroglyphen; Mayakultur*

Mayon**nai**se *auch:* **Ma**jo**nä**se (fr.) [majonähs], die; –, -n: würzige Soße aus Ei, Öl und Essig

Mayor (fr.) [meh'r], der; –s, -s: am. oder e. Bürgermeister; vgl. Lord Mayor

MAZ (Abk.): Magnetische Bildaufzeichnung

Mazdaz**nan** [maßdaß..], **Mas**das**nan** (altpers.), der; –s: neuere Glaubens- und Lebenslehre auf altpers. Grundlage

Maze**do**ni**en:** s. Makedonien

Mäzen, der; –s, -e: Kunstfreund, Kunstförderer ✱ **Mä**ze**na**ten**tum**, das; –(e)s: freigebige Kunstförderung ✱ **mä**ze**na**tisch Ew.

Maze**ra**ti**on** (l.), die; –, -en: Erweichung durch Flüssigkeit : Auslaugung : Abmattung : Kasteiung ✱ **ma**ze**rie**ren (..iert) tr.: einweichen : sich abarbeiten, abmergeln, quälen

Mazis, der; –, –: Muskatnussbaum

Mazur**ka:** s. Masure

mb (Abk.): Millibar

MB (Abk.): Megabyte

mbH (Abk.): mit beschränkter Haftung

MdB (Abk.): Mitglied des Bundestags

MDR (Abk.): Mitteldeutscher Rundfunk

mea culpa (l.): meine Schuld

Mecha**nik** (gr.), die; –, -en: Lehre von der Bewegung der Körper und ihrer Ursachen : Maschinenkunde ✱ **Me**cha**ni**ker, der; –s, –: Maschinenkundiger : Techniker ✱ **me**cha**nisch** Ew.: den Gesetzen der Mechanik entsprechend : gedankenlos : gewohnheitsmäßig ✱ **me**cha**ni**sie**ren** tr.: maschinenmäßig betreiben ✱ **Me**cha**ni**sie**rung**, die; –, -en: maschinenmäßige

Einrichtung ✳ *Mechanisie-
rungsprozeß* → *Mechanisie-
rungsprozess* ✳ **Me|cha|nis-
mus,** der; –, ..men: Getriebe,
Triebwerk ✳ **Me|cha|no|the-
ra|pie,** die; –: Heilverfahren
mit Gymnastik und Massage
me|ckern (ich ..[e]re) intr., tr.:
(Ziegen) mit zitternder
Stimme schreien : wie eine
Ziege schreien : (volkst.) seine
Unzufriedenheit äußern, nör-
geln ✳ **Me|cke|rer,** der; –s, –:
Nörgler
Meck|len|burg: Gebiet in
Norddeutschland ✳ **Meck|len-
bur|ger,** der; –s, –: Bewohner
Mecklenburgs ✳ **Meck|len-
bur|ger, meck|len|bur|gisch**
Ew. ✳ **Meck|len|burg-Schwe-
rin** ✳ **Meck|len|burg-Stre|litz**
✳ **Meck|len|burg-Vor|pom-
mern**
Me|dail|le (l.-fr.) [..daje, meist
..dalje], die; –, –n: Gedächtnis-,
Schaumünze ✳ *Medaillenge-
winner; –sammlung; –spiegel*
✳ **Me|dail|leur** [..daljöhr], der;
–s, –e: Stempelschneider ✳
me|dail|lie|ren (..iert) [..daji-
ren] tr.: mit einer Denkmünze
auszeichnen ✳ **Me|dail|lon**
[medaljong], das; –s, –s: Rund-
bildchen, Kopfbild : kleine
Kapsel für ein Bild
Me|dea: sagenhafte Königs-
tochter aus Kolchis
Me|dia (l.), die; –, ..diä und
..dien: (Sprachl.) stimmhafter
Verschlusslaut ✳ **me|di|al** Ew.:
(Sprachl.) in passivischer Form
aber mit aktivischer Bedeutung
: in der Mitte liegend ✳ *Medial-
linie:* Mittellinie ✳ **Me|di|a|li-
tät,** die; –, –en: Veranlagung
zum (spiritist.) Medium ✳
me|di|an, Ew.: mittelgroß : in
der Mittellinie liegend ✳ *Medi-
anebene; Medianlaut* ✳
Me|di|a|ne, die; –, –n: Mittelli-
nie ✳ **Me|di|an|te** (it.), die; –,
–n: (Mus.) Mittelton ✳
Me|di|a|ti|on, die; –, –en: Ver-
mittelung ✳ **me|di|a|ti|sie|ren**
(..iert) (ml.) tr.: „mittelbar" machen, der Reichsunmittelbar-
keit berauben : einverleiben ✳
Me|di|a|ti|sie|rung, die; –, –en:
Mittelbarmachung : Einverlei-
bung ✳ **me|di|ä|val** (nl.) [..w..]
Ew.: mittelalterlich ✳
Me|di|ä|val [..w..], die; –:
(Buchdrw.) eine Schriftgat-

tung ✳ *Mediävalschrift* ✳
Me|di|ä|vist [..w..], der; –en,
–en: Schriftsteller, Erforscher
des Mittelalters ✳ **me|dio:**
(kfm.) in der Mitte des Monats
✳ **me|di|o|ker** Ew.: mittelmä-
ßig : ziemlich ✳ **Me|di|o|kri-
tät,** die; –, –en: Mittelmäßig-
keit ✳ **Me|di|um,** das; –s,
..dien: Mitte : Mittelsperson bei
spiritist. Sitzungen : (Sprachl.)
passivische Form in aktiver
Bedeutung : Kommunikations-
mittel ✳ **Me|di|u|mis|mus,** der;
–: Glaube an den Verkehr mit
der Geisterwelt ✳ **me|di|u-
mis|tisch** Ew.
Me|di|ce|isch Ew.: von den
Mediceern herrührend : die
Mediceer betreffend ✳ *Me-
diceisches Zeitalter* ✳ **Me|di-
ce|er, Me|di|ci** [..itschi]: flo-
rentin. Geschlecht
Me|di|ka|ment (l.), das; –(e)s,
–e: Heilmittel, Arznei ✳
Me|di|kas|ter, der; –s, –: Kur-
pfuscher ✳ **Me|di|ka|ti|on,** die;
–, –en: ärztliche Behandlung ✳
me|di|ko|me|cha|nisch Ew.:
auf die Bewegungskur bezüg-
lich ✳ **Me|di|kus,** der; –,
..dizi: Arzt ✳ **Me|di|zin,** die;
–, –en: Arznei : Heilkunde ✳
*Medizinmann; Medizin-
schränkchen; Medizinstu-
dent; Medizinstudium* ✳ *Me-
dizinalrat:* ein Titel ✳
Me|di|zi|ner, der; –s, –: (wer-
dender) Arzt ✳ **me|di|zi-
nisch** Ew.: die Heilkunde betreffend ✳ *medizinisch-technische Assistentin,* Abk.: MTA
Me|di|na: Stadt in Saudi-Ara-
bien
me|di|o|ker: s. Media
Me|di|san|ce (l.-fr.) [..sangß],
die; –, –n: Schmähsucht : Ver-
leumdung ✳ **me|di|sant** [..sang]
Mw. Ew.: schmähsüchtig ✳
me|di|sie|ren (..iert) intr.: ver-
leumden
Me|di|ta|ti|on (l.), die; –, –en:
andächtige Betrachtung : tiefes
Nachdenken ✳ **me|di|tie|ren**
(..iert) intr.: nachdenken : betrachten : sinnen
me|di|ter|ran (l.) Ew.: mittel-
meerländisch ✳ *Mediterran-
flora:* Pflanzenwelt der Mittelmeerländer
me|di|tie|ren: s. Meditation
Me|di|um: s. Media
Me|di|zin: s. Medikament

Med|ley (e.) [medleh], das; –s,
–s: Melodien-Potpourri
Me|doc [..dok]: fr. Landschaft
✳ **Me|doc,** der; –s, –s: ein fr.
Rotwein
Med|re|se (arab.), die; –, –n:
islamische Hochschule : Ko-
ranschule einer Moschee
me|dul|lar (l.) Ew.: zum Rü-
ckenmark gehörig ✳ *Medullar-
sarkom:* Rückenmarkkrebs ✳
Me|dul|lin (nl.), das; –s, –e:
Markstoff von Pflanzen und
Bäumen ✳ **Me|dul|li|tis** (l.-gr.),
die; –: (Med.) Rückenmarkent-
zündung ✳ **me|dul|lös** Ew.: mit
Mark gefüllt
Me|du|sa, Me|du|se: die, –:
griechisches Sagenungeheuer
✳ *Medusenhaupt* ✳ **Me|du|se,**
die; –, –n: Qualle
Meer, das; –(e)s, –e: die zusammenhängende, das Fest-
land umgebende salzhaltige
Wassermasse : Wassermasse :
(übertr.) etwas in wogender Bewegung   Befindliches   :
(übertr.) etwas unermesslich
Ausgedehntes ✳ *Meeraal;
Meeradler; Meerbusen; Meerenge; Meerfisch; Meergott;
meergrün* Ew.; *Meerjungfrau;
Meerkatze:* Affenart; *Meer-
schaum:* leichter weißer Mine-
ralkörper, asiatische Talkerde;
*Meerschaumspitze;   Meer-
schwein:* Delfin : Ferkelkanin-
chen : Puderkopf; *Meersenf:*
eine Strandpflanze; *Meer-
stern; meerumrauscht* Mw.
Ew.; *meerumschlungen* Mw.
Ew.; *meerwärts* Uw.; *Meerwasser; Meerzwiebel:* Liliengewächs ✳ *Meeresalge; Mee-
resarm; –boden; –bucht; –fläche; –flut; –freiheit; –grund;
–kunde; –küste; –leuchten;
–oberfläche; –spiegel; –stille;
–strand; –straße; –strömung;
Meerestiefe; Meereswelle*
Meer|ret|tich, der; –s, –e: Ge-
würzpflanze
Meers|burg: Stadt am Boden-
see
Mee|ting (e.) [mihting], das;
–s, –s: Versammlung : Sport-
veranstaltung
me|fi|tisch (l.) Ew.: auf die
Schwefelquellen bezüglich :
übelriechend
mega.., me|ga|lo.. (gr.) Ew.
(in Zus.): groß : als Vorsilben
bei Maßeinheiten: 1 Million ✳

Me|ga|byte (e.) [megabait], das; –s, –s: (EDV) 1 Million Byte (Speicherkapazität) * **Me|ga|dyn**, das; –s, –: 1 Million Dyn * **Me|ga|lith**, der; –(e)s und –en, –e(n): Denkmal aus Steinblöcken der Steinzeit * *Megalithgräber:* Hünengräber der Jungsteinzeit * **me|ga|li|thisch** Ew.: aus großen Steinen bestehend * **Me|ga|lo|ma|nie**, die; –, ..nien: (Med.) Größenwahn * **Me|ga|lo|me|ter, Me|ga|me|ter**, das; –s, –: (Astron.) Größenmesser * **Me|ga|phon** *auch:* **Me|ga|fon**, das; –s, –e: Schallverstärker * **Me|ga|lo|pho|nie** *auch:* **Me|ga|lo|fo|nie**, die; –, ..nien: volltönende, starke Stimme * **me|ga|lo|pho|nisch** *auch:* **me|ga|lo|fo|nisch** Ew.: starkstimmig * **Me|gas|kop**, der; –: Bilderwerfer * **Me|ga|the|ri|um**, das; –s, ..rien: Riesenfaultier : (Mz.) große Tiere der Unterwelt * **Me|ga|volt**, das; –, –: 1 Million Volt * **Me|ga|watt**, das; –s, –: 1 Million Watt; Abk.: MW * **Meg|ohm**, das; –(s), –: 1 Million Ohm

Megaphon / Megafon Bei Fremdwörtern wird die aus dem Griechischen stammende Silbe *phon* (Ton) auch eindeutschend mit *f* geschrieben, Hauptform bleibt aber meist die *ph*-Schreibung. Bei sehr gebräuchlichen Wörtern wie *Telefon* hat sich die *f*-Schreibung allerdings durchgesetzt; *Megaphon/Megafon* ist ein Grenzfall, bei dem beide Schreibungen gleichermaßen korrekt sind.

Me|gä|re (gr.), die; –, –n: eine der drei Erinnyen : böses Weib

Mehl, das; –(e)s: gemahlenes Getreide : etwas Mehlartiges * *Mehlapfel:* mehliger Apfel; *Mehlbeere:* Weißdorn; *Mehlbeutel; Mehlbrei; –händler; Mehlkleister; –kloß; –milbe; –papp; –sack; Mehlschwitze; Mehlspeise; –steuer; –suppe; Mehltau:* Pflanzenkrankheit, schädliche Pflanzenpilz; vgl. Meltau * **meh|lig** Ew.: wie Mehl: mehlhaltig, –bestäubt

mehr Uw.: (Kompar. zu viel) in höherem Maße : (nachste-

hend) außerdem, sonst : (zeitl.) noch, länger, Ew. (unv.): (Komparativ zu viel) in größerer Menge vorhanden * *Mehrarbeit; mehrästig* Ew.; *Mehraufwand; Mehrausgabe; Mehrbedarf; mehrdeutig* Ew.; *Mehrdeutigkeit; mehrdimensional* Ew.: mehrere Ausdehnungen habend; *Mehreinnahme; Mehrertrag; mehrfach* Ew.; *Mehrfachrakete; Mehrfamilienhaus; mehrfarbig* Ew.; *Mehrfarbendruck; mehrheitlich* Ew.; *mehrjährig* Ew.; *Mehrkampf; Mehrkosten; Mehrleistung; mehrmals* Uw.: öfter: *mehrseitig* Ew.; *mehrsilbig* Ew.; *mehrsprachig* Ew.; *mehrstimmig* Ew.; *mehrstöckig* Ew.; *Mehrstufenrakete; mehrstufig* Ew.; *mehrtägig* Ew.; *Mehrverbrauch; Mehrvölkerstaat:* Nationalitätenstaat; *Mehrwert:* Überschuss an Wert; *Mehrwertsteuer; Mehrzahl* (Ggs. Ez.); *Mehrzweckgerät; Mehrzweckhalle; Mehrzweckmaschine; Mehrzweckmöbel; Mehrzwecktisch* * **Mehr**, das; –: das Mehrfache : Überschuss : Mehrheit * **meh|ren** tr.: wachsen machen; rbz.: wachsen, zunehmen * **Meh|rer**, der; –s, –: Vergrößerer * **mehr|re** unbest. Zahlwort: mehr als eins, einige * **mehr|res** unbest. Zahlwort: einige, verschiedene Dinge * **Mehr|heit**, die; –, –en: das Mehrsein : der größere Teil einer Gesamtheit * *Mehrheitsbeschluß* → *Mehrheitsbeschluss* * **Mehr|ling**, der; –s, –e: Bezeichnung für Zwilling, Drilling usw. * *Mehrlingsgeburt* * **Meh|rung**, die; –, –en: das Mehren

mei|den (du mied[e]st, gemieden, meid[e]!) tr.: sich fern halten : vermeiden

Mei|er (l.), der; –s, –: Oberaufseher, Verwalter, Vorsteher, erster Beamter : Landmann : Zinsbauer : ein Pflanzenname : eine Spinnenart * *Meieramarant:* eine Pflanze; *Meierblume; Meiergut; –hof; Meierzins:* Zins, den ein Zinsbauer zahlt * **Mei|e|rei**, die; –, –en: Meierhof * **mei|ern** tr.: übertölpeln : foppen * **Mei|er|schaft**, die; –, –en; Meier-

tum, das; –(e)s: rechtlicher Stand eines Gutsverwalters : Gesamtheit von Meiern [l. major der größere]

Mei|le (l.), die; –, –n: ein Längenmaß (urspr. 1000 Schritte) * *meilenlang* Ew.; *Meilenstein:* die Entfernung anzeigender Stein an Wege; *meilenweise* Uw.; *meilenweit* Ew. [l. milia tausend]

Mei|ler, der; –s, –: luftdicht abgeschlossener Holzstoß zur Kohlenbrennerei * *Meilerdecke; Meilerholz; Meilerkohle; –koks; –ofen; –statt*

mein: p. Fw. 1. P. Gen.; vgl. ich * bes.-anz. Fw. 1. P.: mir gehörig * *meinerseits* Uw.: auf, von meiner Seite; *meinesgleichen:* einer wie ich; *meinesteils* Uw.: an meinem Teil; *meinethalben, -wegen:* mit Rücksicht auf mich : (ärgerlich) es sei!; *um meinetwillen:* meinetwegen * *mein und dein verwechseln* → *Mein und Dein verwechseln* * **die Mei|nen** *auch:* **die mei|nen**: meine Angehörigen * **mei|nig** Ew.: mir gehörig * *der, die, das Meinige auch: meinige* * **das Mei|ni|ge:** meine Habe * **die Mei|ni|gen** *auch:* **die mei|ni|gen:** die Meinen

mein Ew. (in Zus.): falsch, trügerisch * **Mein|eid**, der; –s, –e: falscher Eid : Eidbruch * **mein|ei|dig** Ew.: den Eid brechend : falsch schwörend * (obd.) ungeheuer * *Meineidigkeit; Meintat*

mei|nen intr., tr.: wähnen : glauben, dafürhalten, denken, vermuten : beabsichtigen, wollen : im Sinne haben * **Mei|nung**, die; –, –en: Ansicht : Schätzung * *ich bin der Meinung; habe nicht die gleiche Meinung; die öffentliche Meinung* * *Meinungsäußerung; Meinungsaustausch; meinungsbildend* Ew.; *Meinungsbildung; Meinungsforscher; Meinungsforschung; Meinungsfreiheit; Meinungsstreit; Meinungstest; Meinungsumfrage; Meinungsverschiedenheit*

Mei|nin|gen: thüring. Stadt

Mei|o|sis (gr.), die; –, ..osen: (Med.) krankhafte Verkleinerung : (Redekst.) Verkleinerung

Mei|ran: s. Majoran

Mei|se, die; –, –n: Singvogel ✳ *Meisenkasten:* Nistkasten für Meisen; *Meisenkönig:* Zaunkönig; *Meisentanz:* Gestell zum Meisenfang

Mei|ßel, der; –s, –: ein Stahlwerkzeug ✳ *Meißelbohrer* ✳ **Mei|ße|ler, Mei|ß|ler,** der; –s, –: Bildhauer ✳ **mei|ßeln** (ich ..ß[e]le) tr., intr.: mit dem Meißel bearbeiten

Mei|ßen: Stadt in Sachsen ✳ **Mei|ß|ner** Ew.: aus Meißen ✳ *Meißner Porzellanmanufaktur*

meist Ew., Superlativ von viel: groß (an Menge); Uw.: in den meisten Fällen, häufigst : (in Zus., Superlativ zu sehr) in höchstem Grade ✳ *am meisten* ✳ *meistbegünstigt* Mw. Ew.; *meistbietend* Mw. Ew.: das meiste bietend; *Meistbietende,* der, die; *Meistgebot; meistgebräuchlich* Ew. ✳ **meis|tens** Uw.: in den meisten Fällen ✳ **meis|ten|teils** Uw.: meistens **Meis|ter** (l.), der; –s, –: einer, der durch Können und Wissen hervorragt : Lehrer : zunftmäßig zur selbständigen Ausübung des Handwerks Berechtigter ✳ *Meisterarbeit; Meisterbrief; Meistergebühr; Meisterhand; Meisterklasse; Meisterleistung; Meisterlied:* Lied eines zunftmäßig geprüften Meisters : Lied eines großen Künstlers; *meisterlos* Ew.: unbändig; *meistermäßig* Ew.; *Meisterprüfung; Meistersänger, Meistersinger:* Angehöriger einer spätmittelalterlichen Sängerzunft; *Meisterstück; Meisterwerk* **meis|ter|haft, meis|ter|lich** Ew.: vortrefflich ✳ **Meis|te|rin,** die; –, –nen: Frau des Meisters : weibl. Meister ✳ **meis|tern** tr.: Meister sein, werden : sich als Meister zeigen : hervorragen : zurechtweisen, belehren : meisterhaft tätig sein : jmdn. überwältigen ✳ **Meis|ter|schaft,** die; –, –en: Gesamtheit von Meistern : das Meistersein ✳ *Meisterschaftsspiel; Meisterschaftstitel* ✳ **Meis|ter|tum,** das; –s: das Meistersein [l. magister Lehrer, Herr]

Mek|ka: moslemischer Wallfahrtsort in Saudi-Arabien

Me|ko|nin (gr.), das; –s: Bestandteil des Opiums ✳ **Me|ko|ni|um,** das; –s: Kindspech, Kot neugeborener Kinder

Me|lam|po|di|um (gr.), das; –s: schwarze Nieswurz

Me|lan|cho|lie (gr.) [meist ..kolie], die; –, ..lien: Schwerblütigkeit, Schwermut ✳ **Me|lan|cho|li|ker,** der; –s, –: Schwermütiger ✳ **me|lan|cho|lisch** Ew.: schwermütig

Me|la|ne|si|en (gr.): „Schwarzinselland", Inselgruppe nordöstl. von Australien ✳ **Me|la|ne|si|er,** der; –s, –: Bewohner Melanesiens ✳ **me|la|ne|sisch** Ew.

Me|lan|ge (fr.) [mehlangseh'], die; –, –n: Gemisch : Mischkaffee

Me|la|nit (gr.), der; –s, –e: schwarzer Granat : Hartgummimasse ✳ **Me|la|nom** (gr.), das; –s, –e: maligne Hautgeschwulst ✳ **Me|lan|te|rit,** der; –s, –e: Gestein ✳ **Me|lan|thin,** das; –s: eine chemische Verbindung ✳ **Me|lan|thi|um,** das; –s: Giftlilie ✳ **Me|la|phyr,** der; –s, –e: schwarzer Porphyr ✳ **Me|las|ma,** das; –s, ..men oder ..lasmata: schwarze Hautverfärbung ✳ **Me|la|to|nin,** das; –s, –e: Hormon der Zirbeldrüse [gr. melas schwarz]

Me|las|se (gr.-ml.), die; –, –n: Zuckersatz, brauner Sirup

Me|la|tro|phie (gr.), die; –: (Med.) Gliederschwindsucht [gr. melos Glied]

Mel|ba, das; –s, –: Eis mit Früchten (benannt nach der Sängerin N. Melba) ✳ *Pfirsich Melba*

Mel|ber, der; –s, –: (südd.) „Mehlhändler", Bäcker

Mel|bourne [melbᵉrn]: Stadt in Australien

Mel|de.. (in Zus.): Kunde, Nachricht ✳ *Meldebrief; Meldegerät; Meldezettel* ✳ **mel|den** tr., auch intr.: Anzeige, Mitteilung machen : erwähnen : sagen; rbz.: seine Anwesenheit kundtun ✳ *Meldeamt; Meldebüro; Meldefahrer; Meldefrist; Meldegänger; Meldepflicht; Meldeschluß →; Meldestelle; Meldetermin; Meldewesen* ✳ **Mel|der,** der; –s, –: der Meldende ✳ **Mel|dung,** die; –,

–en: das Melden : Berichterstattung

Mel|de, die; –, –n: eine Gemüsepflanze ✳ *Meldeneule*

me|lie|ren (..iert) (fr.) tr.: mischen : sprenkeln ✳ **me|liert** Ew.: scheckig : gesprenkelt ✳ *graumeliert →grau meliert*

Me|li|o|ra|ti|on (spätl.), die; –, –en: Verbesserung, bes. des Bodens ✳ **me|li|o|rie|ren** (..iert) (l.) tr.: Ackerboden verbessern

me|lisch (gr.) Ew.: gesangartig, sangbar ✳ **Me|lo|die,** die; –, ..dien: Tonfolge : Singweise : Gesang : Wohlklang ✳ **Me|lo|dik,** die; –: Lehre von der Melodie ✳ **Me|lo|di|on,** das; –s, ..dien: Stabmusikinstrument ✳ **me|lo|di|ös** Ew.: melodienreich ✳ **me|lo|disch** Ew.: wohl klingend ✳ **Me|lo|dram,** das; –s, ..men: Dichtung, bei der gesprochene Worte von Musik begleitet werden : gefühlsseliger Film, Seifenoper ✳ **me|lo|dra|ma|tisch** Ew.: auf ein Melodrama bezüglich ✳ **Me|lo|graph** *auch:* **Me|lo|graf,** der; –en, –en: Notenschreiber : Notenschreibmaschine ✳ **Me|lo|ma|nie,** die; –, ..nien: leidenschaftliche Liebe zur Tonkunst, Musikwut ✳ **Me|lo|man|tie,** die; –, ..tien: Weissagung aus den unwillkürlichen Bewegungen der Glieder eines Körpers ✳ **Me|los,** das; –: melodische Eigenart eines Tonwerkes

Me|lis|se, die; –, –n: Bienenkraut, Honigblume ✳ *Melissengeist; Melissenwasser*

melk (veralt.) Ew.: (Vieh) Milch gebend ✳ **melk|bar** Ew.: fähig, gemolken zu werden ✳ **mel|ken** (du melkst, auch milkst; du melktest, auch noch molkst, du mölkest; ich habe gemelkt und gemolken, beif. nur gemolken; melk[e]!, auch noch: milk!) tr.: die Milch durch Drücken und Streichen aus den Zitzen pressen : aussaugen, plündern, abnehmen : hin und her ziehen, zerren, betasten ✳ *eine melkende Kuh:* (Umgspr.) eine gute Einnahmequelle ✳ *Melkeimer; Melkkübel; Melkkuh; Melkmaschine; Melkplatz; Melkschemel; Melkzeit* ✳ **Mel|ker,** der; –s, –:

ein Melkender : Name von Vögeln * **Mel|ke|rei**, die; –, –en: das Melken, Gemelke : Kuhstall : Molkerei

Melm, der; –(e)s: (ldschftl.) feiner, mehlartiger Staub

Me|lo|die: s. melisch

Me|lo|ne (gr.-l.), die; –, –n: eine kürbisähnliche Frucht : (volkst.) steifer Herrenhut * *melonenartig* Ew.

Me|los: s. melisch

Mel|po|me|ne: Muse des Trauerspiels

Mel|tau, der; –(e)s: Blattlaushonig : Honigtau; vgl. Mehltau

Mel|ton (e.), das, –s: weicher Wollstoff

Mem|bra|ne (l.), die; –, –n: Häutchen : Pergament : (Telefon., Rdfk.) gespanntes Häutchen zur Schallübertragung * *Membrana tympani,* die; – –: (Med.) Trommelfell

Me|mel: Stadt in Litauen (lit. Klaipeda) * **Me|mel**, die; –: osteurop. Fluss (lit. Nemunas) * *Memelgebiet*

Me|men|to (l.), das; –s, –s: Mahnung : Erinnerung * *memento mori:* gedenke des Todes!

Mem|me, die; –, –n: Mutterbrust : feiger Mensch * **mem|men|haft**, **mem|mig**, **mem|misch** Ew.: furchtsam, feig

Mem|non: sagenhafter König der Äthiopier * *Memnonssäulen*

Me|moire (fr.) [mehmoahr], das; –s, –s und –n: Denkschrift : (Mz.) Denkwürdigkeiten : Lebensgeschichte : Erinnerungen * **Me|mo|ra|bi|li|en** (l.) Mz.: Denkwürdigkeiten * **Me|mo|ran|dum**, das; –s, ..den und ..da: „das Erwähnenswerte", Denkschrift, Merkbuch * **Me|mo|ri|al(e)**, das; –s, ..le und ..lien: Gedächtnis-, Tagebuch : Erinnerungsschreiben : Festveranstaltung zu Ehren eines Verstorbenen * **me|mo|rie|ren** (..iert) tr.: auswendig lernen * *Memorierstoff*

Mem|phis: Hauptstadt im alten Ägypten am Nil : größte Stadt im US-Bundesstaat Tennessee

Me|na|ge (ml.-fr.) [mehnahsch.], die; –, –n: Haushaltung : sparsame Wirtschaft : Traggestell mit Schüsseln : Ge-

würzständer : Feldküche * **Me|na|ge|rie** [mehnaschrih], die; –, ..rien: Tiergehege, Tiervorführung * **me|na|gie|ren** (..iert) [..schihren] tr.: sparen : sich selbst verköstigen : schonen; rbz.: sich mäßigen

Men|de|lis|mus, der; –, ..men: Vererbungslehre des Biologen Mendel * **men|deln** (ich ..[e]le) intr.: in der Art Mendels botanisieren : den Vererbungsgesetzen entsprechen

Men|di|kant (l.), der; –en, –en: Bettler : Bettelmönch * *Mendikantenorden*

Me|ne|te|kel (aram.), das; –s, –: „gezählt, gewogen", drohendes Anzeichen (Bib.)

Men|ge, die; –, –n: Vielheit : große Anzahl : große Mehrheit des Volkes usw. : viel * *die Menge Menschen; in großer Menge* * *Mengenangabe; Mengenbegriff; Mengenzeichnung; Mengenkonjunktur; Mengenlehre; mengenmäßig* Ew.: der Menge nach; *Mengenpreis; Mengenrabatt; Mengenverhältnis* * **Men|ge|lei**, die; –, –en: Durcheinander * **Men|ge|ler, Meng|ler**, der; –s, –: einer, der sich in alles einmischt : Kleinhändler * **men|geln** (ich ..[e]le) tr., intr.: durcheinander mengen : im Kleinen verkaufen * *Mengelmus:* Mischmasch; *Mengelwurz:* wilder Mangold * **men|gen** tr., rbz.: durcheinander bringen, mischen * *Mengteil:* Bestandteil * **Men|ger**, der; –s, –: ein Mengender * **Men|ge|rei**, die; –, –en: das Mengen, Gemenge * **Meng|sel**, das; –s, –: (ldschftl.) Gemisch * **Men|gung**, die; –, –en: das Mengen : das Gemengte

Men|hir (kelt.), der; –s, –e: vorgeschichtl. Steinsäule

Me|nin|gi|tis (gr.), die; –: (Med.) Hirnhautentzündung * **Me|ninx**, die; –: Hirnhaut

Me|nis|kus (gr.), der; , ..ken: „kleiner Mond", Konkav-, Konvexlinse : Oberflächenkrümmung einer Flüssigkeit : (Med.) Zwischenknorpel am Kniegelenk * *Meniskusoperation; Meniskusriß* → *Meniskusriss*

Men|ken|ke (md.), die; –: Durcheinander : Schwierigkei-

ten * nur in: *Menkenke machen*

Men|nig (l.), der; s; **Men|ni|ge**, die; –: rote Schutzfarbe : Zinnober : ein Pflanzenname * *mennigrot* Ew. * **men|ni|gen** tr.: mit Mennig färben

Men|no|nit, der; –en, –en: Angehöriger einer christl. Sekte

me|no (it.): (Mus.) weniger

Me|no|pau|se (gr.), die; –: das Aufhören der Regelblutung * **Me|nor|rha|gie** (gr.), die; –: Mutterblutfluss, zu lange anhaltender Monatsfluss * **Me|nor|rhöe** *auch:* **Me|nor|rhö**, die; –, –n: Monatsblutung der Frau, Regel * **Me|nols|ta|sie**, die; –: das Ausbleiben der Monatblutung [gr. men Monat]; vgl. mensis

Me|nor|ca: spanische Mittelmeerinsel * **Me|nor|qui|ner**, der; –s, –: Einwohner von Menorca

Men|sa (l.), die; –, ..sen: gemeins. student. Mittagstisch, Vereinsküche : Klub hochintelligenter Menschen (IQ über 150) * *Mensa academica* [..ka..]: Studententisch; *Mensaessen*

Mensch, der; –en, –en: das höchst entwickelte Lebewesen * **Mensch**, das; –es, –er: (verächtl.) Dirne, Weibsstück * *kein Mensch:* niemand; *der alte Mensch:* (Theol.) Erbsünde; *der äußer(lich)e Mensch:* Leib; *der innerliche Mensch:* Geist * *Menschwerdung:* (Christus) Erscheinung als Mensch * *Menschenadel; Menschenalter:* durchschnittl. Lebenszeit eines Menschen : Generation, Menschengeschlecht; *Menschenauflauf; menschenbeglückend* Mw. Ew. → *Menschen beglückend; Menschenbild:* Abbild eines Menschen : Mensch; *Menschenfeind:* einer, der die Menschen hasst; *menschenfeindlich* Ew.; *Menschenfresser; Menschenfreund; menschenfreundlich* Ew.; *Menschenfurcht; –führung; –gedenken; –geist; Menschengeschlecht; Menschengewühl; Menschenglück; Menschengröße; Menschenhand; Menschenhandel:* Sklavenhandel; *Menschenhärte; Menschenhaß* → *Menschenhass; Menschenhasser;*

Menschenherz; Menschenjam- *mer; Menschenkenner; Men-* *schenkenntnis; Menschenkind:* Mensch; *Menschenklasse:* Mensch; *Menschenkunde:* Anthropologie; *Menschenleben; men-* *schenleer* Ew.; *Menschen-* *liebe; Menschenmasse; Men-* *schenmenge; das menschen-* *mögliche* → *das Menschen-* *mögliche; menschenmöglich* Ew.: soviel nur irgend in menschlicher Macht steht; *Menschennatur; Menschenop-* *fer; Menschenpflicht; Men-* *schenquäler; Menschenrasse;* *Menschenraub; Menschen-* *recht; menschenscheu* Ew.: Menschen scheu meidend; *Menschenschinder; Menschen-* *schlag:* Menschenart, –gattung; *Menschenseele; Men-* *schensohn:* Bezeichnung Christi; *Menschensprache;* *Menschenstimme; Menschen-* *verächter; Menschenverstand;* *Menschenweisheit; Menschen-* *werk; Menschenwert; Men-* *schenwohl; Menschenwürde;* *menschenwürdig* Ew. ✳ **men-** **scheln** (ich ..[e]le) intr.: menschliche Unvollkommenheit und Schwächen zeigen ✳ **Men|schen|tum,** das; –(e)s: das gesamte menschliche Geschlecht : das Menschsein ✳ **Mensch|heit,** die; –: das Menschsein : menschl. Wesen : Gesamtheit der Menschen : das Wesen des menschl. Geschlechts ✳ *Menschheitsent-* *wicklung; Menschheitsge-* *schichte; Menschheitswürde* ✳ **mensch|heit|lich** Ew.: auf die Menschheit bezüglich ✳ **mensch|lich** Ew.: dem menschl. Wesen entsprechend : der menschlichen Schwäche, Unvollkommenheit entsprechend : der Würde des Menschen gemäß, edel, gesittet : erträglich für einen Menschen ✳ **Mensch|lich|keit,** die; –: das Menschlichsein : **Mensch-** **tum,** das; –s: Humanität, Gesittung, Bildung

Men|sche|wik, der; –en, –en und ..wiki: gemäßigter russ. Sozialist

men|sen|diel|cken intr.: turnen nach den Vorschriften der ndl.-amerikanischen Ärztin Mensendieck

men|sis cur|ren|tis (l.): des laufenden Monats; Abk.: m. c. ✳ **men|s|trual** Ew.: monatlich : einen Monat lang : zur Menstruation gehörend ✳ **Men|s|trula|tion,** die; –, –en: Monatsfluss, Regel ✳ **men-** **s|tru|ie|ren** (..iert) intr.: den Monatsfluss, die Regel haben; vgl. Menopause

Men|sur (l.), die; –, –en: „Maß" : (Mus.) Zeitmaß der Noten : Durchmesser und Länge der Orgelpfeife : abgemessene Entfernung zwischen Kämpfenden : (stud.) Zweikampf ✳ **men|su|ra|bel** Ew.: messbar ✳ **Men|su|ra|bi|li|tät,** die; –: Messbarkeit ✳ **men|su|ral** Ew.: zum Messen gehörend oder dienend ✳ *Men-* *suralmusik:* Musik, deren Notenzeichen (neben der Tonhöhe) auch die relative Zeitdauer angeben

men|tal (nl.) Ew.: geistig, in Gedanken bestehend ✳ *Mental-* *reservation:* stiller Vorbehalt, Geheimvorbehalt ✳ **Men|ta|li-** **tät,** die; –, –en: Denkart : Anschauungsweise; Sinnes-, Geistesart ✳ **men|te cap|tus** (l.): begriffsstutzig

Men|tha (gr.-l.), die; –, –s: Pfefferminze ✳ **Men|thol,** das; –s: Pfefferminzölkampfer ✳ **Men|thol|in,** das; –s: ein Schnupfenmittel

Men|tor (gr.), der; –s, ..toren: Erzieher, Hofmeister : Berater

Me|nü (fr.) [menüh], **Me|nü,** das; –s, –s: Aufsatz : Speisekarte : Speisenfolge

Me|nu|ett (fr.), das; –(e)s, –e: alter Tanz

Me|ny|an|thes (gr.), der; –: Pflanzengattung, Bitterklee

Me|phis|to,
Me|phis|to|phe|les: Teufel in Goethes „Faust" ✳ **me-** **phis|to|phe|lisch** Ew.: teuflisch

Me|ran: Stadt in Südtirol

Mer|ca|tor [..ka..]: flandrischdeutscher Geograf ✳ *Mercator-* *projektion:* winkel-, aber nicht flächentreue Gradnetzabbildung der Erdoberfläche

Mer|chan|di|ser, (e.) [mörtchendaiser], der; –s, –: zur Verkaufsförderung eingesetzter Einzelhandelsberater ✳ **Mer|chan|di|sing** (e.) [mör-

tschendaising], das; –s: Verkaufsförderung

mer|ci! (fr.) [merßih]: danke!

Mer|gel (kelt.-l.), der; –s, –: kalkhaltiger Ton, als Dünger und zur Zementbereitung verwendet ✳ *Mergelboden; Mer-* *gelerde; Mergelgrube; Mergel-* *kalk; Mergelschiefer; Mergel-* *ton* ✳ **mer|ge|lig, mer|g|lig** Ew.: wie Mergel : mit Mergel vermischt ✳ **mer|geln** (ich ..[e]le) tr.: mit Mergel düngen ✳ **Mer|gent|heim:** württemberg. Kurort

Me|ri|di|an (l.), der; –s, –e: Mittags-, Längenkreis ✳ *Meri-* *diangebirge:* in der Richtung eines Meridians gelegenes Gebirge; *Meridiankreis:* astronomisches Messinstrument ✳ **me|ri|di|o|nal** Ew.: mittägig, südlich ✳ **Me|ri|di|o|na|li|tät,** die; –: südl. Lage oder Richtung

Me|rin|ge (fr.), die; –, –n; **Me|rin|gel,** das; –s, –: Schaumgebäck, Baiser

Me|ri|no (l.-span.), der; –s, –s: edle span. Schafrasse : Wolle : Zeug aus Merinowolle ✳ *Merino-* *schaf; Merinowolle*

Me|ris|tem (gr.), das; –s, –e: Teilungs- oder Bildungsgewebe bei den Pflanzen

Me|ri|te (fr.), das; –s, –n: Verdienst ✳ **Pour le mé|rite** (fr.) [puhr l´mehrit], der; – – –: „für das Verdienst", Verdienstorden ✳ **me|ri|tie|ren** (..iert) tr., intr.: verdienen : wert oder würdig sein : sich verdient machen ✳ **me|ri|to|risch** (l.) Ew.: verdienstvoll : sachlich ✳ **Me|ri|tum** (l.), das; –s, ..riten: Verdienst : (kath. K.) bes. Verdienst vor Gott

Merk, der; –(e)s, –e: breitblättriger Eppich

Merk, das; –(e)s, –e: (veralt.) das Bemerkbare : Zeichen : (seem.) Landmarke ✳ **merk-** **bar** Ew.: fühlbar, spürbar ✳ **mer|ken** tr.: marken : aufzeichnen : einprägen, im Gedächtnis behalten : achten : wahrnehmen ✳ *merken lassen* tr.: verraten, andeutend zu erkennen geben ✳ *Merkblatt; Merkbuch;* *Merkheft; Merkhilfe; Merk-* *mal; Merksatz; Merkspruch;* *Merkvers; Merkwort:* Wort als Merkzeichen, Stichwort (für

Schauspieler); *merkwürdig* Ew.: wert, im Gedächtnis behalten zu werden : seltsam; *Merkwürdigkeit,* die; –, –en: das Merkwürdigsein : etwas Merkwürdiges; *Merkzeichen:* Erinnerungszeichen : Kennzeichen; *Merkzettel* ✳ **Merker,** der; –s, –: merkende Person : (Meistersinger) der die Fehler aufschreibende Richter : Sinn des Witterns ✳ **merklich** Ew.: leicht merkbar ✳ **Merks,** der; –: Kopf : Gedächtnis ✳ **merksam** Ew.: aufmerksam

merkantil (nl.) Ew.: kaufmännisch, zum Handel gehörig ✳ **Merkantilismus,** der; –: das wirtschaftspolitische System des Absolutismus (16. bis 18. Jh.) mit dem Ziel, eine Volkswirtschaft zu schaffen, die sich selbst versorgt, aber fremde Länder abhängig halten will ✳ **Merkantilist,** der; –en, –en: Anhänger des Merkantilismus

Merkaptan, das; –s: eine alkoholartige Schwefelverbindung

Merkur: röm. Gott des Handels, Götterbote ✳ **Merkur,** der; –s: Quecksilber ✳ **Merkur,** der; –s: ein Planet ✳ **merkurialisch** Ew.: quecksilberhaltig ✳ **Merkurilalismus,** der; –: Quecksilbervergiftung

Merl (l.), der; –(e)s, –e; **Merle,** die; –, –n: Amselart

Merlin (kelt.): Zauberer der Artusrunde

Merlin, Merlin, der; –s, –e: Zwergfalke

Merseburg: Industriestadt an der Saale

Merzerisation (nl.), die; –, –en: das Seidigmachen der Baumwolle ✳ **merzerisieren** (..iert) tr.: (der Baumwolle) Seidenglanz geben [nach dem Erfinder des Verfahrens, Mercer, benannt]

Mesalliance (fr.) [..alliangß], die; –, –n: nicht standesgemäße Heirat : (übertr.) unglückliche Verbindung

meschant (fr.) Ew.: boshaft : garstig

Meschpoke (jidd.), die; –: Verwandtschaft

meschugge (jidd.) Ew.: verrückt

Mesdames (fr.) [mähdam']

Mz.: (Anrede) „Meine Damen", s. Madame ✳ **Mesdemoiselles:** s. Mademoiselle

Mesmerianer, der; –s, –: Anhänger des Mesmerismus ✳ **Mesmerismus,** der; –: Lehre vom menschlichen Magnetismus

Mesner auch: **Messner,** (ml.), der; –s, –: Küster, Kirchendiener

meso.. (gr.) Ew. in Zus.: mittel.., mitten.. ✳ **Mesodium,** das; –s, ..dien: Mittelherz ✳ **Mesokarp,** das; –(e)s, –e: mittlere Schicht des Fruchtgehäuses ✳ **Mesolithikum,** das; –s: mittlere Steinzeit ✳ **mesolithisch** Ew.: zur mittleren Steinzeit gehörig ✳ **Meson** (gr.), das; –s, –en: langlebiges Elementarteilchen ✳ **Mesophyll** (gr.), das; –s: mit Blattgrün versehenes Zellgewebe zwischen der oberen und unteren Zellschicht des Hautgewebes der Pflanzenblätter ✳ **Mesopotamien:** Zweistromland, Gebiet zwischen den Flüssen Euphrat und Tigris in Vorderasien ✳ **Mesosphäre,** die; –: Teil der irdischen Atmosphäre zwischen 50 und 80 km Höhe ✳ **Mesothorium,** das; –s: stark radioaktiver Grundstoff ✳ **Mesozephale,** der; –n, –n: Mittelkopf, Mittelköpfiger ✳ **Mesozephalie,** die; –: Mittelköpfigkeit, eine Schädelform ✳ **Mesozoikum,** das; –s: das geolog. Mittelalter der Erde ✳ **mesozoisch** Ew.: das Mesozoikum betreffend

Meß → **Mess, Messe** (fr.-e.), die; –, Messen: Tischgesellschaft : Schiffsspeiseraum; vgl. Messe

Messalina: sittenlose Frau des römischen Kaisers Claudius ✳ **Messaline,** die; –, –n: Dirne

meßbar → **messbar** Ew.: so beschaffen, dass es gemessen werden kann ✳ **Meßbarkeit** → **Messbarkeit,** die; –: das Messbarsein ✳ **messen** (du missest und misst, er misst; ich maß, du maßest, du mäßest; gemessen; miss!) tr.: die Größe nach dem Maß bestimmen : ein angegebenes Maß halten : das Maß, das etwas zu Fertigendes

haben soll, bestimmen : zu Fertigendes nach dem rechten Maß einrichten : vergleichen : ausmessen : (geistig) ermessen ✳ *sich mit einem messen:* einen Entscheidungskampf mit ihm eingehen; *mit den Augen messen* tr.: prüfend von oben bis unten ansehen ✳ *Meßband* → *Messband; Meßbrief* → *Messbrief; Meßdaten* → *Messdaten* Mz.; *Meßglas* → *Messglas; Meßtisch* → *Messtisch; Meßinstrument* → *Messinstrument; Meßkunde* → *Messkunde; Meßkunst* → *Messkunst; Meßschnur; Meßstab* → *Messstab; Meßtechnik* → *Messtechnik; Meßuhr* → *Messuhr; Meßtisch* → *Messtisch; Meßuhr* → *Messuhr; Meßverfahren* → *Messverfahren; Meßwerkzeug* → *Messwerkzeug; Meßwert* → *Messwert; Meßzeit* → *Messzeit; Meßzylinder* → *Messzylinder* ✳ **Messer,** der; –s, –: der Messende : Werkzeug zum Messen ✳ **Messung,** die; –, –en: das Messen : Kunst des Messens

Messe (l.), die; –, –n: (kath. K.) Hauptbestandteil des Gottesdienstes : Musik zu einer Hochmesse : ähnliches Tonstück : Festtag, an dem eine Messe gehalten wird : Jahrmarkt, Handelsmesse, großer Markt : (bes.) periodisch stattfindender Großhandelsmarkt, z. B. die Leipziger Messe ✳ *Meßamt* → *Messamt; Meßbericht* → *Messbericht; Meßbesucher* → *Messbesucher:* Besucher der Kirchenmesse; *Messebesucher:* Besucher der Handelsmesse; *Meßbrief* → *Messbrief:* auf einer Messe zahlbarer Wechselbrief; *Meßbuch* → *Messbuch; Meßdiener* → *Messdiener; Meßgewand* → *Messgewand; Meßopfer* → *Messopfer* ✳ *Messeangebot; Messeauswels; Messegelände; Messehalle; Messekatalog; Messelesen; Messeschlager; Messestand*

Messe (Speiseraum): s. Mess

messen: s. messbar

Messenger boy → **Messenger Boy** (e.) [messendscher beu], (veralt.) der; – –, – –s: Eilbote

Messer, das; –s, –: ein Schneidewerkzeug : messerähnliches

Werkzeug * *Messerbänkchen; Messerfeile; messerförmig* Ew.; *Messerheft; Messerheld; Messerklinge; Messerreider;* Messerschmied; *messerscharf* Ew.; Messerscheide; Messerschmied; Messerspitze; Messerstecher; Messerstecherei; Messerstich * **Messerer**, der; -s, -: Messerschmied

Messiade (hebr.), die; -, -n: Gedicht vom Messias * **messianisch** Ew.: auf den Messias bezüglich *

Messias, der; -: Gesalbter, Erlöser, Beiname Jesu Christi

Messidor, der; -(s), -s: Erntemonat im Kalender der Franz. Revolution, Juni-Juli

Messieurs [mäßjöh]: s. Monsieur unter Monseigneur

Messina: Stadt auf Sizilien * *Messinaapfelsine; -feige*

Messing (slaw.), das; -s, -e: Kupfer- und Zinkmischung * *Messingblech; Messingbrenner; Messingdraht; Messinggießerei; Messinggriff; Messinghammer; Messinghütte; Messingleuchter; Messingplatte; Messingschild; Messingschmied; Messingtafel; Messingware; Messingwerk* * **messingen** Ew.: aus Messing gefertigt

Meßner → **Messner**: s. Messner

Meßopfer → **Messopfer**: s. Messe

Meßtisch → **Messtisch**; **Messung**: s. messen

Meste, die; -, -n: (md.) Metze, ein Maß: Holzgefäß

Mestize (l.-span.), der; -n, -n: Nachkomme eines weißen und eines indianischen Elternteils

mesto, **mestoso** (it.): (Mus.) traurig, betrübt

MESZ (Abk.): mitteleuropäische Sommerzeit

met., **meta..** (gr.) Vw. als Vorsilbe: zwischen, mit, hinzu * **Metabasis** (gr.), die; -, ..basen: Übergang: Abschweifung * **Metabolie**, die; -, ..lien: (Med.) Umwandlung: Veränderung: (Redekst.) Zusammenstellung von Gegensätzen in umgekehrter Ordnung * **Metabulie** (gr.), die; -, ..lien: Willensänderung * **Metachronismus**, der; -, ..men:

Zeitfehler, Versetzung in eine zu späte Zeit * **Metagalaxis**, die; -, ..xien: Einheit der beobachtbaren Galaxien * **Metagenese**, die; -, -n: generationsabhängiger Wechsel von geschlechtlicher und ungeschlechtlicher Fortpflanzung * **metagenetisch** Ew.: die Metagenese betreffend * **Metakritik**, die; -: Kritik einer Kritik * **Metalepse**, **Metalepsis**, die; -, ..lepsen: rednerische Verwechslung * **Metametrie**, die; -: spezielle Art der Isometrie * **metamorph**, **metamorphisch** Ew.: die Gestalt oder den Zustand umwandelnd * **Metamorphismus**, der; -: Gesteinsumwandlung * **Metamorphose**, die; -, -n: Umgestaltung: Verwandlung: Entwicklung * **metamorphosieren** (..iert) tr.: umwandeln: verwandeln * **Metapher**, die; -, -n: Bild: bildlich, übertragener Ausdruck * **Metaphorik**, die; -: Übertragung in eine Metapher * **metaphorisch** Ew.: bildlich * **Metaphrase**, die; -, -n: Umschreibung * **metaphrastisch** Ew.: umschreibend * **Metaphysik**, die; -: Übersinnlichkeitslehre: Lehre vom Jenseits der Sinnenwelt * **Metaphysiker**, der; -s, -: jemand, der sich mit Metaphysik beschäftigt * **metaphysisch** Ew.: übersinnlich * **Metaplasmus**, der; -, ..men: Umbildung von Wortformen * **Metapsychologie**, die; -: Parapsychologie: Lehre von den okkulten Seelenzuständen * **Metasprache**, die; -, -n: Sprache, mit der man über ein anderes Sprachsystem spricht (z. B.: Sprachwiss., Mathematik, EDV) * **Metastase**, die; -, -n: (Med.) Verschleppung einer Krankheit von einem Ort des Körpers zum andern: (Med.) Tochtergeschwulst: (Redekst.) eine Redefigur * **metastasieren** intr.: Tochtertumore bilden * **metastatisch** Ew.: Tochtergeschwülste betreffend * **Metathese**, **Metathesis**, die; -, ..thesen: Buchstabenumstellung: Lautumstellung * **Metatropismus**, der; -: gefühlsmäßige

Umkehrung der Geschlechtszugehörigkeit * **metazentrisch** Ew.: schwankend * **Metazentrum**, das; -s, ..tren: (Schiffb.) Schwankpunkt * **Metazoon**, das; -s, ..zoen: (Biol.) Mehrzeller

Met, der; -(e)s, -e: Honigwein

Metabasis usw.: s. met..

Metageschäft (it.), das; -(e)s, -e: Geschäft unter gleichem Anteil an Gewinn und Verlust * **Metist**, der; -en, -en: an einem Metageschäft Beteiligter [it. metà Hälfte]

Metall (gr.-l.), das; -s, -e: Gruppe chem. Grundstoffe, die besonderen Glanz und gute Leitfähigkeit besitzen: (Börse) Geld: aus Metall Gefertigtes: tönender Klang einer Stimme: (Wappk.) Gold und Silber im Gegensatz zur Farbe * *Metallarbeiter; metallarm* Ew.; *Metallbearbeitung; Metallblock; Metallgewerbe; Metallguß* → *Metallguss; metallhaltig* Ew.; *Metallhaltigkeit; Metallindustrie; Metallkunde; Metallegierung* → *Metalllegierung; metallos* → *metalllos* Ew.; *Metallmohr*, das; -s, -e: perlmutterartige Zeichnung auf Eisenblech: *metallreich* Ew.; *Metallsäge; Metallski; Metallüberzug; Metallspritzverfahren; metallverarbeitend* → *Metall verarbeitend* Ew.: *Metallwährung; Metallwaren* * **metallen** Ew.: aus Metall gefertigt: wie Metall * **Metaller**, der; -s, -: (Umgspr.) Arbeitnehmer in der Metallindustrie * **metallic** Ew.: leicht changierend glänzend * *Metalliclackierung* * **metallisch** Ew.: auf Metalle bezüglich: metallhaltig: metallähnlich: klangvoll * **Metallisation**, die; -, -en: Vererzung * **metallisieren** (..iert) (nl.) tr.: in Metall oder Erz verwandeln * **Metallochromie**, die; -, ..mien: galvanische Metallfärbung * **Metallographie** *auch:* **Metallografie**, die; -, ..phien *auch:* ..fien: Beschreibung der Metalle und Legierungen * **Metalloid**, das; -(e)s, -e: (veralt.) nichtmetallischer Grundstoff * **Metallurge**, der; -en, -en: Hüttenkundler * **Metallurgie**, die;

-, ..gien: Hütten-, Erzscheide-
kunde * metallurgisch Ew.:
hüttenkundlich

Metamorphismus usw.: s.
met..

Metempsychose (gr.), die;
-, -n: Seelenwanderung

Meteor (gr.), der (selt. das); -s,
-e: Feuerkugel : Sternschnuppe
: Lufterscheinung * Meteorstein * meteorisch Ew.: auf
Lufterscheinungen und -ver-
hältnisse bezogen * Mete-
orit, der; -s und -en, -e und
-en: Meteorstein, Bruchstücke
von Meteoren * meteo-
ritisch Ew.: in der Art und
Weise eines Meteors * Mete-
orograph auch: Meteoro-
graf, der; -en, -en: Mess- und
Aufzeichnungsgerät für die
Luftverhältnisse * Meteoro-
loge, der; -n, -n: Wetterkundi-
ger * Meteorologie, die; -,
..gien: Wetterkunde * mete-
orologisch Ew.: auf die Wetterkunde bezüglich * meteo-
rotrop Ew.: durch klimatische
Bedingungen hervorgerufen *
Meteorotropismus, die; -,
..men: durch das Klima verursachte Krankheit

Meter (gr.), der, das (östr.,
schweiz.); -s, -: ein Längenmaß, Abk.: m (östr. m) * eine
Länge von 10 Meter(n) * me-
terdick Ew.: meterhoch Ew.;
Meterkerze: ein Maß für Lichtstärke, Abk.: MK; Meterkilo-
gramm: Arbeitseinheit, Abk.:
mkg; Metermaß; meterlang
Ew.; Metertonne: ein Maß,
Abk.: mt: Meterware; meter-
weise Ew.: in Metern; meter-
weit Ew. * Metrik, die; -, -en:
Lehre von den Versmaßen :
(Mus.) Lehre vom Takt *
Metriker, der; -s, -: des Vers-
maßes Kundiger * metrisch
Ew.: die Verslehre betreffend :
in Versen abgefasst * Metro-
logie, die; -, ..gien: Lehre von
den Maßen und Gewichten *
Metronom, das; -s, -e:
(Mus.) Taktmesser * Me-
trum, das; -s, ..tren und ..tra:
Versmaß

Me-t-rik
Fremdwörter können wie bisher nach Wortbestandteilen getrennt werden. Zusätzlich ist
nun die Trennung nach Sprechsilben möglich, so dass Konso-
nantengruppen wie tr, gr u. a.
auseinander treten können: Metrik und Met-rik, Me-tropole
und Met-ropole, Mi-gräne und
Mig-räne. Die neuen Trennungen sind durch rote Trennstriche gekennzeichnet.

Methan, (gr.), das; -s: Gru-
ben-, Sumpfgas * Methangas;
Methanol: Methylalkohol

Methode (gr.), die; -, -n: Weg
: planvolles Verfahren : Lehrgang : Vorgehen : Plan, Ordnung : Forschungsgang * Methodenlehre * Methodik, die;
-, -en: Lehranweisung : Lehr-
kunde : (Ez.) planmäßiges Verfahren * Methodiker, der; -s,
-: planmäßig Verfahrender :
Begründer einer Forschungs-
richtung * methodisch Ew.:
planmäßig, sinnvoll : durchdacht * Methodologie, die;
-, ien: Methodenlehre: Lehre
von den Wegen wissenschaftlicher Erkenntnis * methodo-
logisch Ew.: die wissen-
schaftl. Erkenntnis betreffend

Methodismus, der; -: Er-
weckungsbewegung, die sich
von der anglikanischen Kirche
abgespalten hat * Methodist,
der; -en, -en: Anhänger der
methodistischen Gemeinde *
Methodistenkirche * metho-
distisch Ew.

Methusalem, der; -(s), -s:
alttestamentlicher Patriarch :
(übertr.) sehr alter Mann

Methyl (gr.), das; -s: Atom-
gruppe CH$_3$ * Methylalkohol:
Holzgeist, Methanol; Methyl-
chlorid: Chlormethyl, farbloses, süßlich riechendes Gas *
Methylamin, das; -s: chem.
Verbindung * Methylen, das;
-s: chem. Verbindung * Methy-
lenblau: synthetisch hergest.
Farbstoff

Metier (fr.) [mehtjeh], das; -s,
-s: Geschäft, Handwerk, Fach

Metist: s. Metageschäft

Metöke (gr.), der; -n, -n:
eingesessener Fremder ohne
Bürgerrechte (im alten Athen)

Meton: griech. Mathematiker
* Metonischer Zyklus → metonischer Zyklus: Zeitraum von
19 Jahren (12 Gemeinjahre zu
12 Monaten und 7 Schaltjahre
zu 13 Monaten)

Metonomasie (gr.), die; -,
..sien: Namensänderung *
Metonymie, die; -, ..mien:
(Redekst.) Ersetzung sachver-
wandter Begriffe (Stahl statt
Schwert; Krone statt Kaiser) *
metonymisch Ew.: begriff-
tauschend

Metope (gr.), die; -, -n:
(Baukst.) verziertes Feld zwischen den Balkenköpfen

Metrik usw.: s. Meter

Metro (gr.-fr.), die; -: unterirdische Stadtbahn in Paris und
Moskau : Untergrundbahn

Metronom: s. Meter

Metropole, Metropolis
(gr.), die; -, ..polen: "Mutter-
stadt", Hauptstadt, Hauptsitz *
Metropolit (gr.), der; -en,
-en: Erzbischof : Oberhaupt
der orthodoxen Kirche * Me-
tropolitankirche: Bischofskir-
che

Metrum: s. Meter

Mett, das; -(e)s: (nordd.) gehacktes Fleisch ohne Speck *
Mettgut: das Zusammenge-
hackte; Mettwurst

Mette (l.), die; -, -n: Frühgot-
tesdienst, Morgenandacht

Metteur (fr.) [mettöhr], der;
-s, -e: (Buchdrw.) Schriftsetzer für den Umbruch

Metze, die; -, -n: Dirne

Metze, die; -, -n: altes Getreidemaß : Mahlmetze * metzen-
weise Ew.

Metzelei, die; -, -en: Gemet-
zel * metzeln (ich ..[e]le) tr.:
schlachten : niederhauen : in
Stücke hauen * Metzelsuppe:
Wurstsuppe; Metzeltag: Tag
des Viehschlachtens * Metz-
ge, die; -, -n: Schlachthaus,
Fleischbank * metzgen tr.:
schlachten : metzeln * Metz-
ger, der; -s, -: Schlachter *
Metzgergang; Metzgerhund;
Metzgermeister; * Metzge-
rei, die; -, -en: Schlachterei :
Metzelei * Metzig, die; -, -en:
Metzgerei * Metzler, der; -s,
-: Fleischwarenhändler

Meublement (fr.) [möb'l-
mang], das; -s, -s: Zimmerein-
richtung

Meuchelei, die; -, -en: meu-
chelndes Tun : Hinterlist *
meucheln (ich ..[e]le) intr.:
hinterrücks handeln : hinterrücks morden * Meuchelmord;
Meuchelmörder; meuchelmör-
derisch Ew.; Meuchelwort *
Meuchler, der; -s, -: heimtü-

ckischer Mörder * **meuch-|le|risch** Ew.: meuchelisch * **meuch|lings** Uw.: hinterrücks **Meu|te** (fr.), die; –, –n: Schar zur Jagd abgerichteter Hetz-hunde : wilde Rotte * **Meu|te|rei**, die; –, –en: meute-risches Treiben * **Meu|te|rer**, der; –s, –: Verschworener, Auf-ständischer : Meuchler * **meu|tern** (ich ..[e]re) intr.: sich empören, den Gehorsam ver-weigern **MeV** (Abk.): Megaelektronen-volt **Me|xi|ko**: Staat und Stadt in Mittelamerika * **Me|xi|ka|ner**, der; –s, –: Bewohner Mexikos * **me|xi|ka|nisch** Ew. **MEZ** (Abk.): mitteleuropäische Zeit **Mez|za|nin**, das; –s, –e; **Mez|za|ni|ne** (it.), die; –, –n: Halbgeschoss : Zwischenge-schoss * *Mezzaninwohnung* * **mez|zo|for|te** (Mus.) halb-stark : mit halber Lautstärke, Abk.: mf * **Mez|zo|gior|no** (...dschorno), der; –: „Mittag", Teil von Italien, südlich von Rom bis einschließlich Sizi-lien * **mez|zo|pi|a|no:** (Mus.) ziemlich leise, Abk.: mp * **Mez|zo|so|p|ran** (it.), der; –s, –e: Halbsopran, mittlere Frau-enstimme zwischen Sopran und Alt * **Mez|zo|tin|to**, das; –(s), –s und ..ti: (Mal.) Mittel-farbe, lichte Schattierung : Schwarzkunst, Schabemanier (bei Kupferstechern) * **Mez|zo|so|p|ran** usw.: s. Mez-zanin **mf** (Abk.): mezzoforte **MfS** (Abk.): (ehem. DDR) Mi-nisterium für Staatssicherheit **mg** (Abk.): Milligramm **MG** (Abk.): Maschinengewehr **μg** (Abk.): Mikrogramm **mhd.** (Abk.): mittelhoch-deutsch **Mi|as|ma** (gr.), das; –s, ..men: Krankheitsstoff in der Luft * **mi|as|ma|tisch** Ew.: anste-ckend **mi|au!:** Tonwort zur Bezeich-nung des Katzengeschreies * **mi|au|en** intr.: (Katze) schreien : wie eine Katze schreien **mich** p. Fw.: Akk. der 1. P. Ez. **Mi|cha|e|li(s)**, das; –: Micha-elstag * **Mi|chel**, der; –s, –: Spottname für den Deutschen

mi|cke|rig, **mick|rig** Ew.: kränklich, schwach : zurückge-blieben * **Mi|cke|rig|keit**, **Mick|rig|keit** die; –: Schwach-heit : Gebrechlichkeit **Mi|cky|maus**, die; –, ..mäuse: Trickfilmfigur von Walt Disney * *Mickymausfilm* **Mi|das**: sagenhafter phrygi-scher König * *Midasohren:* Eselsohren **Mid|der**, die; –: (niederd.) Kalbsmilch **Mid|gard**, der; –s: (altnord. Mythol.) die für die Menschen geschaffene Welt * *Midgard-schlange* **Mi|di..:** Frauenkleidung mittle-rer Länge * *Midirock; Midi-kleid; Midimantel* **Mi|di|net|te** (fr.), die; –, –n: Pa-riser Modistin : leichtlebiges Mädchen **Mid|life|cri|sis** *auch:* **Mid|life-Cri|sis** (e.) [midlaifkraißis], die; –: erneute Suche nach dem Sinn des Lebens im mittleren Alter **Mid|ship|man** (e.) [..schipp-männ], der; –, ..men: e. und nordam. Seekadett **Mie|der**, das; –s, –: weibliches Kleidungsstück, Leibchen * *Miederwaren* **Mief**, der; –s: (gew. R.) schlechte Luft * **mie|fen** intr.: schlechte Luft verbreiten * **mie|fig** Ew.: stinkend **Mie|ne** (fr.), die; –, –n: Ge-sichtsausdruck * *Mienenspiel; Mienensprache* **Mie|re**, die; –, –n: Ameise : eine Pflanze, Vogelkraut **mies** Ew. (mieser, miesest): (niederd., md.) hässlich : schlecht : minderwertig * *miesmachen* → *mies machen; Miesmacher:* Herunterreißer : einer, der alles schlecht macht; *Miesmacherei* * *Miesepeter:* (volkst.) stets unzufriedener Mensch; *miesepet(e)rig* Ew.: mürrisch : nörgelnd **Mies** (altmärk.), die; –, Mie-sen; **Miez, Mie|ze**, die; –, ..zen: (weibl.) Katze : (bayr.) Mädchen, das leicht zu haben ist * *Miese-, Miezekatze* **Mies**, das; ..ses, ..se: (bayr.) Moos, Sumpfland * *Miesmu-schel* **Mie|sen**, die; nur Mz.: (Umg-spr.) Minus auf dem Bankkonto

Mie|sel|pe|ter usw.: s. mies **Mie|te** (l.), die; –, –n: Frucht-grube, frostsichere Grube für Kartoffeln u. Ä. : Heuschober * **mie|ten** tr.: in Mieten setzen **Mie|te**, die; –, –n: Wohnungs-geld : Verhältnis zwischen Mieter und Vermieter : Geld für etwas Gemietetes * *Mietaus-fall; Mietauto; Mietbetrag; Mieterhöhung; Mieterschutz; Mieterschutzgesetz; Mieter-trag; Mietfinanzierung; miet-frei Ew.; Mietgeld; Mietgesetz; Miethaus; Mietkauf; Mietpar-tei:* ein Mieter im Mehrfami-lienhaus; *Mietpreis; Mietpreis-politik; Mietregelung; Miet-spiegel; Mietsteigerung; Miet-streitigkeiten; Mietverhältnis; Mietverlust; Mietvertrag; Mietwagen; mietweise Ew.; Mietwert; Mietwohnung; Miet-wucher; Mietzahlung; Miet-zins* * *Mietshaus; Mietshäuser* * **mie|ten** tr.: etwas durch Zahlung eines bestimm-ten Betrages auf bestimmte Zeit zur Verfügung haben, be-nutzen dürfen * **Mie|ter**, der; –s, –: einer, der etwas, meist eine Wohnung, gemietet hat **Mie|ter|schaft**, die; –: die ge-samten Mieter eines Hauses * *Mieterschutzgesetz* * **miet|bar** Ew.: zu vermieten * **Miet|ling**, der; –s, –e: gedingter Knecht : Dienstbote * *Mietlingsschar; –tross* **Mie|ze:** s. Mies **Mi|g|non** (fr.), der; –s, –s: Liebling * *Mignonfassung:* kleine Glühbirnenfassung * **Mi|g|no|net|te** [minjonette], die; –s, –: feine Zwirnspitze, Kattun : kleine Briefoblate * **Mi|g|non|ne** [minjonn'], die; –, –s: Liebchen. Schätzchen: (Buchdrw. [auch Mignon]) Sie-benpunktschrift (Kolonel) **Mi|g|rä|ne** (gr.), die; –, –n: (einseitiger) Kopfschmerz * *Migränepulver* **Mi|g|ra|ti|on** (l.), die; –, –en: Auswanderung. Wanderung (der Zugvögel) * *Migrations-theorie* * **mi|g|ra|to|risch** Ew.: wandernd * **mi|g|rie|ren** intr.: umherziehen : wandern **Mijn|heer** (ndl.) [m'nhehr], der; –s, –s: „mein Herr", Hol-länder **Mi|ka** (l.), die; –: großblättriger, durchsichtiger Glimmer ✳ *Mikafolie; Mikascheibe; Mikasegment*

Mi|ka|do, der; -s, -: „Erlauchte Pforte", frühere Bezeichnung für den jap. Kaiser : Stäbchen im Mikadospiel : (das) Geschicklichkeitsspiel mit Holzstäbchen **mik|ro..** (gr.) Ew. in Zus.: klein ✳ **Mi|k|ro|am|pere**, das; -s, -: (Elektr.) Maßeinheit für sehr kleine Stromstärken, Abk.: µA ✳ **Mi|k|ro|a|na|ly|se**, die; -, -n: Analyse von minimalen Substanzmengen ✳ **Mi|k|ro|be**, die; -, -n: kleinstes Lebewesen ✳ **Mi|k|ro|bi|o|lo|gie**, die; -: Lehre von den kleinsten Lebewesen ✳ **Mi|k|ro|che|mie**, die; -: Teilgebiet der Chemie, das sich mit minimalen Substanzmengen beschäftigt ✳ **Mi|k|ro|chip**, der; -s, -s: (Comp.) Siliziumplättchen mit Tausenden von elektronischen Speicher- und Logikelementen ✳ **Mi|k|ro|e|lek|tro|nik**, die; -: Elektronik mit Mikrochips ✳ **Mi|k|ro|fa|rad**, das; -s, -: kleinste elektr. Maßeinheit, Abk.: µF ✳ **Mi|k|ro|fau|na**, die; -: Kleintierwelt ✳ **Mi|k|ro|fi|che** (fr.) [..fiʃ], das; -, -s: Sammlung von stark verkleinerten Dokumentfotografien ✳ **Mi|k|ro|film**, der; -s, -e: Kleinstfilm ✳ **Mi|k|ro|fon** *auch:* **Mikrofon**, das; -s, -e: Schallverstärker, Vorrichtung zum Vernehmen sehr schwacher Geräusche ✳ **mi|k|ro|fo|nisch** *auch:* **mi|k|ro|pho|nisch** Ew.: schwach-, feinstimmig ✳ **Mi|k|ro|fo|to|gra|fie** *auch:* **Mi|k|ro|pho|to|gra|phie**, die; -, ..fien *auch:* ..phien: Aufnahme, Aufnehmen durch ein Mikroskop ✳ **Mi|k|ro|gramm**, das; -s, -e: ein Millionstel Gramm, Abk.: µg ✳ **mi|k|ro|ke|phal** Ew.: kleinköpfig; s. a. mikrozephal ✳ **Mi|k|ro|kli|ma**, das; -s: Gesamtheit der klimatischen Bedingungen in der Nähe des Bodens : Kleinklima ✳ **Mi|k|ro|kok|kus**, der; -, ..kokken: Kugel-, Spaltpilz ✳ **Mi|k|ro|ko|pie**, die; -, -n: fotografische Kleinstaufnahme von Schriften auf schmalen Filmstreifen ✳ *Mikrofilm:* Filmstreifen mit der Mi-

krokopie ✳ **Mi|k|ro|kos|mos**, **Mi|k|ro|kos|mus**, der; -: Welt der Kleinstlebewesen : Mensch in seiner Umwelt ✳ **Mi|k|ro|me|ter**, das; -s, -: Kleinmesser, ein Gerät zum Messen kleinster Entfernungen : 1 Millionstel Meter, Abk.: µm ✳ **Mi|k|ro|mil|li|me|ter**, das; -s, -: 1 Millionstel Millimeter ✳ **Mi|k|ron**, das; -s, -: (veralt.) 1 Mikrometer, Abk.: µ ✳ **Mi|k|ro|ne|si|en**: „Kleininselland", Inseln im Stillen Ozean ✳ **Mi|k|ro|or|ga|nis|mus**, der; -, ..men: kleinstes Lebewesen ✳ **Mi|k|ro|phon**: s. Mikrofon ✳ **Mi|k|ro|phy|sik**, die; -: Grundlagenphysik : Atomphysik ✳ **Mi|k|ro|phyt**, der; -en, -en: Kleinstlebewesen in der Pflanzenwelt ✳ **Mi|k|ro|pro|zes|sor**, der; -s, ..oren: (EDV) CPU (Zentraleinheit) eines PCs (Personal Computers) ✳ **Mi|k|ro|ra|di|o|me|ter**, das; -s, -: Gerät zum Messen geringster Strahlungsmengen ✳ **mi|k|ro|seis|misch** Ew.: unmerkbar bebend ✳ **Mi|k|ros|kop**, das; -s, -e: optisches Vergrößerungsgerät ✳ **Mi|k|ros|ko|pie**, die; -: Untersuchung mit Hilfe des Mikroskops ✳ **mi|k|ros|ko|pie|ren** (..iert) tr., intr.: vergrößern : mit dem Mikroskop arbeiten ✳ **mi|k|ros|ko|pisch** Ew.: verschwindend klein : das Mikroskop betreffend ✳ **Mi|k|ros|po|re**, die; -, -n: Kleinspore ✳ **Mi|k|ro|tom**, der; das; -s, -e: (Natw.) Kleinschneider, Dünnschneider (fürs Mikroskop) ✳ **Mi|k|ro|wel|len** Mz.: Elektrotechnik: Dezimeter-, Zentimeter- und Millimeterwellen ✳ *Mikrowellengerät; Mikrowellenherd* ✳ **Mi|k|ro|zen|sus** (gr.-l.), der; -, -: statistische Repräsentativerhebung der Bevölkerung und des Erwerbslebens ✳ **mi|k|ro|ze|phal** Ew.: mikrokephal ✳ **Mi|k|ro|ze|pha|lie**, die; -: sehr kleiner Kopf im Verhältnis zum Körper

Mi|lan (l.-fr.), der; -s, -e: Gabelweihe, ein Vogel

Mi|la|ne|se, der; -n, -n: Mailänder ✳ **mi|la|ne|sisch** Ew.: aus Mailand stammend ✳ **Mi|la|no** (it.): italien. Form des Namens der Stadt Mailand

Mil|be, die; -, -n: spinnenartiges Kerbtier ✳ **mil|big** Ew.: wie eine Milbe : mit Milben bedeckt

Milch, die; -: das Gemolkene : flüssige Nahrung in den Brüsten der Frauen und der weiblichen Säugetiere, bes. Kuhmilch : milchähnlicher Pflanzensaft : Same der männlichen Fische ✳ *milchähnlich* Ew.; *Milchbar; Milchbart; Milchbrei; Milchbrot; Milchbrötchen; Milchbruder:* von der gleichen Amme Gesäugter; *Milchbrühe:* schwache Kalkbrühe der Gerber; *Milchdrüse:* Milch absondernde Drüse; *Milcheimer; Milchertrag; Milchferkel:* Spanferkel; *Milchflasche; Milchflip; Milchgebiß →; Milchgebiss:* erstes Gebiss; *Milchgesicht:* milchfarbenes Gesicht : noch nicht erwachsener junger Mann; *Milchglas:* Glas zum Milchtrinken : weißgefärbtes Glas; *Milchgrind:* s. Milchschorf; *Milchhändler; Milchkaffee; Milchkanne; Milchkuh; Milchkur; Milchmädchen:* Melkerin : Milchverkäuferin; *Milchmädchenrechnung:* (Umgspr.) eine fehlerhafte, trügerische Berechnung; *Milchmann:* Milchverkäufer; *Milchmixgetränk; Milchnapf; Milchprodukt; Milchpulver; Milchpumpe; Milchreis; Milchsäure:* aus Milchzucker gewonnene Säure; *Milchsäurebakterien; Milchschokolade; Milchschorf:* Hautausschlag auf dem Kopf eines Säuglings; *Milchspiegel:* auf das Euter folgende Zwischenschenkelgegend der Kühe; *Milchstraße:* wie ein weißer Streifen am Himmel erscheinendes Sternenmeer; *Milchtüte; Milchvieh:* Gesamtheit Milch gebender Tiere; *Milchwasser:* der wässerige Bestandteil der Milch; *milchweiß* Ew.; *Milchwirtschaft; Milchzahn:* zum ersten Gebiss gehöriger Zahn; *Milchzentrifuge; Milchzucker:* in der Milch enthaltener Zucker ✳ **mil|chen** intr.: Milch geben : tr.: (zuw.) melken ✳ **mil|chen** Ew.: melk : milchähnlich, milchig : (übertr.) mild ✳ **Mil|cher, Milch|ner**, der; -s, -: männlicher Fisch : schon als Milchkalb verschnittenes

Rind : Melker * **mil|chig** Ew.:
milchähnlich : milde, weich *
Milch|ling, der;-,-s,-e: Säugling
: Pilzgattung mit milchartigem
Saft : männlicher Fisch
mild Ew.: weich : sanft : lieb-
reich, gütig : freigebig * *mild-
herzig* Ew.; *Mildherzigkeit;
mildtätig* Ew.; *Mildtätigkeit* *
Mil|de, die; –, -n: das Mildsein
: milde Gabe * **mil|dern** (ich
..[e]re) tr.: lindern : milder ma-
chen * **Mil|de|rung,** die; –,
-en: Linderung * *Milderungs-
grund* * **Mild|heit,** die; –:
Milde
Mili|a|ria (l.), die; –, ..rien:
(Med.) Frieselausschlag *
Mili|ar|tuber|ku|lo|se (l.),
die; –: Überwucherung mit Tu-
berkelknoten
Mili|eu (fr.) [miljöh] das; –s,
-s: „Mitte", Zeitverhältnisse :
Wirkungskreis : Umwelt * *mi-
lieubedingt; Milieuforschung;
milieugeschädigt; Milieuscha-
den; Milieuschilderung:* Schilderung der Umweltbedingun-
gen und ihrer Einflüsse auf
Charakter und Lebensanschau-
ung des Menschen; *Milieu-
theorie:* Theorie, die den Um-
welteinflüssen bei der Entwicklung des Menschen mehr
Gewicht zuschreibt als den
Erbanlagen
mili|tant (l.) Mw. Ew.: zum
Kampfe bereit, kämpfend *
Mili|tär (l.-fr.), das; –s: Solda-
tenstand : Kriegswesen : Bun-
deswehr * *militärfrei* Ew.: vom
Heeresdienst befreit; *militär-
pflichtig* Ew.; *Militärakade-
mie; Militärarzt; Militäratta-
ché; Militärblock; Militärbud-
get; Militärbündnis; Militärdienst; Militärdiktatur; Militär-
etat; –flughafen; –geistlicher;
Militärgericht; Militärmarsch;
Militärmusik; Militärpflicht;
Militärpolizei; Militärregie-
rung; Militärseelsorge; Mili-
tärwesen* * **Mili|tär,** der; –s, –s:
Soldat * **Mili|ta|ria** (l.) Mz.:
Sammlungen und Dokumente
über das Militärwesen : Heeres-
angelegenheiten * **mi-
li|tä|risch** Ew.: kriegerisch, sol-
datisch : dem Kriegsgebrauch
entsprechend * **mili|ta|ri|sie-
ren** (..iert) tr.: militärisch ein-
richten * **Mili|ta|ris|mus,** der;
–: das Vorherrschen des Militärs

in der Politik : pol. Ideologie,
die das Militärische verherrlicht
* **Mili|ta|rist,** der; –en, –en:
Vertreter des Militarismus *
mili|ta|ris|tisch Ew.: das Mili-
tärische stark betonend * **Mi|liz,**
die; –, -en: Volksheer, Bürger-
wehr zu gelegentl. Einsatz : Polizei * *Milizheer; Milizionär;
Milizsoldat; Milizsystem*
Mili|ta|ry (e.) [militäri], die; –:
Vielseitigkeitsprüfung beim
reiterlichen Wettbewerb * *Military Police:* brit. und am.
Militärpolizei; Abk.: MP
Mil|le (l.), das; –, –: das Tau-
send; Abk.: Mill., Mio * 7
Mille; pro mille: auf Tausend *
Mil|le|fi|o|ri (it.) Mz.: „tausend
Blumen", eine Art Glasmosaik
* *Millefioriglas* * **Mil|le|fleurs**
(fr.) [milflöhr] Mz.: „tausend
Blumen", wohlriechendes
Wasser : bunt geblümtes Stoff-
muster * **Mil|le Mig|lia** (it.)
Mz.: bekanntes Langstrecken-
rennen für Sportwagen in Ita-
lien * **Mil|len|ni|um** (nl.), das;
–s, ..ennien: Jahrtausend * *Mil-
lenniumsfeier* * **Mil|li|ar|där**
(nl.), der; –s, –e: Besitzer einer
Milliarde * **Mil|li|ar|de,** die; –,
-n: 1000 Millionen * *Milliar-
denhöhe* * **Mil|li|on** (fr.), die; –,
-en; Milliönchen: 1000 mal
1000 * *eine und dreiviertel
Million; vier Millionen* * *mil-
lionenfach* Ew.; *millionenmal*
Uw.; *millionenschwer* Ew.;
*Millionenauflage; Millionen-
auftrag; Millionenbetrag; Mil-
lionenerbschaft; Millionenge-
schäft; Millionengewinn; Mil-
lionenheer; Millionenhöhe;
Millionenschaden; Millionen-
stadt; Millionenvermögen*
Mil|li|o|när, der; –s, –e: Millio-
nenbesitzer * **mil|li|ons|tel**
Ew. * *ein millionstel Meter* *
Mil|li|ons|tel, das; –s, –: der
millionste Teil
mil|li.. (l.) in Zus.: ein Tausends-
tel * *Millibar:* Maßeinheit des
Luftdruckes; *Milliampere,*
Abk.: mA; *Milliamperemeter;
Milligramm,* Abk.: mg; *Milliliter,* Abk.: ml; *Millimeter,* Abk.:
mm; *Millimeterpapier; Millimol,* Abk.: mmol; *Millimikron,*
Abk.: mµ; *Millipond,* Abk.:
mp: *Millisekunde:* tausendste
Teil einer Sekunde
Mil|li|ar|där usw.: s. Mille

Mil|reis, das; –, –: 1000 Reis,
frühere Münzeinheit in Portu-
gal und Brasilien
Milz, die; –, -en: größter der in
den Blutkreislauf eingeschalte-
ten Lymphknoten, Bildungs-
stätte der Lymphozyten * *Milz-
ader; Milzbrand:* Blutseuche,
schwere Infektionskrankheit,
bes. der Rinder; *Milzentzün-
dung; milzkrank* Ew.; *Milz-
krankheit; Milzkraut:* eine
Pflanze; *Milzquetschung; Milz-
riss; Milzschwellung; Milzste-
chen; Milzsucht:* krankhafte
Schwermütigkeit; *milzsüchtig*
Ew.; *Milzweh*
Mi|me (gr.), der; –n, -n: Gebär-
denspieler, Schauspieler *
mi|men intr.: schauspielern *
Mi|me|se, die; –, -n: s. a. Mi-
mikry* **Mi|me|sis,** die; –,
..esen: das Nachahmen *
mi|me|tisch Ew.: imitierend :
in Zusammenhang mit der Mi-
mesis stehend * **Mi|mik,** die; –,
-en: Gebärdenspiel : Schau-
spielkunst * **Mi|mi|ker,** der; –s,
–: Mime * **Mi|mi|kry,** die; –:
Schutzfärbung, Ähnlichkeit
(mancher Tiere) in Form und
Farbe mit Dingen der Umgebung : (übertr.) Anpassung *
mi|misch Ew.: schauspiele-
risch : mit Gebärden ausge-
drückt * **Mi|mus** (gr.-l.), der; –,
..men: Gebärdenspiel : altröm.
Posse
Mi|mir: (nord. Sage) weiser
Hüter der Weltesche : (dtsch.
Heldensage) kunstreicher
Schmied
Mi|mo|se (span.), die; –, -n:
Pflanze mit äußerst empfindli-
chen Blättern : höchst empfind-
licher Mensch * **mi|mo|sen-
haft** Ew.: überempfindlich :
feinnervig
Mi|na|rett (arab.), das; –(e)s,
-e: schlanker Moscheenturm
[arab. manara Leuchtturm]
min|der Ew.: weniger, gerin-
ger, kleiner * *Minderausgabe;
minderbegabt* Ew.; *minderbe-
mittelt* Mw. Ew.; *Mindereir-
nahme; Minderertrag; minder-
jährig* Ew.: unmündig; *Minder-
jährigkeit; minderwertig* Ew.;
*Minderwertigkeitsgefühl; Min-
derwertigkeitskomplex:* krankhafter Mangel an Selbstbe-
wusstsein; *Minderzahl* * **Min-
der|heit,** die; –, -en: das Min-

dersein : Minderzahl * *Minderheitsregierung; Minderheitsfrage; Minderheitenschutz* * **min|dern** (ich ..[e]re) tr.: verringern, vermindert; rbz.: minder werden * **Min|de|rung,** die; –, –en: das Mindern : das Gemindterte * **min|dest** Ew.: geringst, kleinst, wenigst * *das Mindeste auch: das mindeste; zum Mindesten auch: zum mindesten; zumindest* * *Mindestabstand; Mindestalter; Mindestanforderung; Mindestbeitrag; Mindestbesteuerung; Mindestbetrag; -forderung; Mindestgebot; Mindestgeschwindigkeit; Mindestgröße; Mindestlohn; Mindestmaß; Mindestpreis; Mindestreserve; Mindeststrafe; Mindestzahl; Mindestzeit* * **min|des|tens** Uw.: zum wenigsten

zum Mindesten / zum mindesten
Substantivierte Adjektive werden großgeschrieben, eine Ausnahme können adjektivische Größen- oder Mengenangaben machen: Neben *zum Mindesten* ist auch die kleingeschriebene Version *zum mindesten* möglich.

Mi|ne (fr.), die; –, –n: unterirdischer Gang in Bergwerken und unter Festungen : Gesteinsader : Sprenggrube : Sprengkörper : (übertr.) heimlicher Anschlag * *alle Minen springen lassen:* jedes Mittel versuchen * *Minenarbeiter; Minenfeld; Minengang; Minengräber; Minenkrankheit:* Tunnellangst; *Minenkrieg; Minenladung:* Sprengladung in Minen; *Minenleger; Minenräumboot; Minenräumer; Minensperre; Minensuchboot; Minensuchgerät; Minenwerfer:* Geschütz * **Mi|ne|ral,** das; –s, –e und –ien: jeder anorganische Bestandteil der Erdrinde * *Mineralbad; mineralhaltig* Ew.; *Mineralöl; Mineralölgesellschaft, Mineralölindustrie; Mineralölsteuer; Mineralquelle; mineralreich* Ew.; *Mineralsalz; Mineralsäure; Mineralwasser* * *Mineralkabinett; Mineraliensammlung* * **mi|ne|ra|lisch** Ew.: mineralhaltig : wie Mineral : dem Mineralreich angehörig * **Mi|ne|ra|lo|ge** (nl.-gr.),

der; –n, –n: Kenner, Erforscher der Mineralien * **Mi|ne|ra|lo|gie,** die; –, ..gien: Lehre von den Mineralien * **mi|ne|ra|lo|gisch** Ew.: die Mineralogie betreffend * **mi|nie|ren** tr.: Minen auslegen : untergraben * **Mi|ne,** die; –, –n: altgr. Münzeinheit : Bleistifteinlage * **Mi|ner|va** (l.) [..w..]: römische Göttin der Weisheit * **Mi|nes|t|ra** (it.), die; –, ..stren, **Mi|nes|t|ro|ne,** die; –, –n: Gemüsesuppe mit Reis und Parmesankäse * **Mi|net|te,** die; –, –n: Durchbruchgestein, Brauneisenerz * **Mi|neur** (fr.) [..öhr], der; –s, –e: (bergm.) Sprenger : Pionier : (Börse) Spekulant, der mit Steigen der Kurse rechnet * **Ming:** chinesische Dynastie * **mi|ni..** (in Zus) klein.. * **Mi|ni|a|tor** (l.), der; –s, ..toren: mittelalterlicher Schreiber und Buchmaler * **Mi|ni|a|tur,** die; –, –en: (in Mennige ausgeführter) Anfangsbuchstabe : Kleinmalerei * *Miniaturausgabe:* Kleinausgabe, Kleinformat; *Miniaturgemälde:* Kleingemälde; *Miniaturmalerei* * **Mi|ni|um,** das; –s: Mennige, Bleizinnober * **Mi|ni|bar,** die; –, –s: Kühlschrank mit portionierten Getränken im Hotelzimmer * **Mi|ni|golf,** das; –s: Garten-, Kleingolfanlage * **Mi|ni|kleid,** das; –(e)s, –er; **Mi|ni|rock,** der; –(e)s, ..röcke: weit oberhalb des Knies endender Damenrock * **mi|ni|mal** (ml.) Ew.: sehr klein, mindest * *Minimal-Art* → *Minimalart auch: Minimal Art:* Beschränkung auf die einfachsten geometrischen Formen in einer Kunstrichtung des 20. Jhs.; *Minimalbetrag; Minimalforderung; Minimalkonsens; Minimalmaß; Minimalwert* * **Mi|ni|max,** der; –, –e: Name eines kleinen Handfeuerlöschers * **mi|ni|mie|ren** tr.: auf ein Minimum zurückschrauben * **Mi|ni|mum,** das; –s, ..ma: das Geringste, Kleinste : kleinstmöglicher Wert : Gebiet niedrigsten Luftdrucks * *Minimumthermometer* * **Mi|ni|spi|on,** der; –s, –e: Kleinstabhörgerät

Mi|nis|ter (l.), der; –s, –: „Diener", höchster Staatsbeamter * *Ministerpräsident; Ministerpräsidentin; Ministerrat* * **mi|nis|te|ri|al** (ml.), **mi|nis|te|ri|ell** (fr.) Ew.: amtlich : vom Minister kommend * *Ministerialbeamter; Ministerialdirektor; Ministerialdirigent; Ministerialrat; ministerieller Erlass* * **Mi|nis|te|ri|a|le** (nl.), der; –n, –(n): Angehöriger des Dienstadels im MA * **Mi|nis|te|ri|um,** das; –s, ..rien: Amtsbereich eines Ministers : Kabinett, Gesamtheit der Minister eines Staates : geistliche Beamtenschaft * **Mi|nis|t|rant,** der; –en, –en: Mess- oder Kirchendiener * **mi|nis|t|rie|ren** (..iert) intr.: dem Geistlichen bei der Messe zur Hand gehen * **Mi|ni|um:** s. Miniator

Mink, der; –(e)s, –e: nordamerikanische Nerzart * *Minkfell* * **Min|ne,** die; –: (veralt., dichter.) Liebe * *Minnedichter; Minnedienst; Minneglück; Minnelied; Minnepreis; Minnesang; Minnesänger, -singer; Minnetrank* * **min|nen** tr., intr.: Minne hegen und äußern, lieben * **min|nig|lich** Ew.: lieblich : hold

Mi|no|rat (ml.), das; –(e)s, –e: Erbrecht des Jüngsten * **mi|no|renn** Ew.: minderjährig, unmündig * **Mi|no|ren|ni|tät,** die; –: Minderjährigkeit, Unmündigkeit * **Mi|no|rit,** der; –en, –en: Franziskanermönch * **Mi|no|ri|tät,** die; –, –en: Minderzahl, -heit * *Minoritätsgutachten;* vgl. minimal

Mi|nos: altkretischer König * **Mi|no|taur,** der; –s, **Mi|no|tau|rus** (gr.), der; –: sagenhaftes kretisches Ungeheuer

Mi|ns|t|rel (e.), der; –s, –s: Spielmann, Minnesänger

Mi|nu|end (l.), der; –en, –en: Grundwert, Grundzahl, zu vermindernde Zahl * **mi|nus:** weniger * **Mi|nus,** das; –, –: Fehlbetrag : Verlust * *Minusbetrag:* Fehlbetrag; *Minusdistanz:* Minderabstand; *Minuspol; Minuspunkt; Minusrekord; Minuszeichen:* Subtraktionszeichen * **Mi|nus|kel,** die; –, –n: kleiner Buchstabe * **Mi|nu|te,** die; –, –n: der 60. Teil einer Stunde, eines Winkelgrades *

minutenlang Ew.; *Minutenzei-*
ger: der lange Uhrzeiger ✳
..mi|nu|tig, ..mi|nü|tig Ew.
(nur in Zus.): Minute(n) dau-
ernd ✳ **mi|nut|lich,**
mi|nüt|lich Ew.: jede Minute ✳
mi|nu|zi|ös *auch:* **mi|nu|ti|ös**
Ew.: kleinlich : peinlich genau
Min|ze (gr.-l.), die, –, –n: eine
Pflanzengattung
mi|o|zän Ew.: (Geol.) das
Miozän betreffend ✳ **Mi|o|zän,**
das; –s: (Geol.) zweite Stufe
der Tertiärformation
mir p. Fw.: Dat. der 1. P. Ez.
Mir (russ.), der; –s: „Frieden",
ehem. russ. Bauernschaft : Ge-
meindegrundbesitz : russ.
Raumstation
Mi|ra (l.), die, –: veränderlicher
Stern im Sternbild des Walfi-
sches
Mi|ra|bel|le (span.), die, –, –n:
Wachspflaume ✳ *Mirabellen-*
kompott; Mirabellenschnaps
Mi|ra|bi|li|en (l.) Mz.: Wunder-
dinge : Wunderwerke
Mi|ra|ge (fr.) [mirahseh'], die;
–, –n: Luftspiegelung : Selbst-
betrug : Bezeichnung für einen
französischen Jagdbomber
Mi|ra|kel (l.), das; –s, –: Wun-
derwerk ✳ *Mirakelspiel* ✳
mi|ra|ku|lös (..öseste) Ew.:
wunderbar
Mi|re (rom.), die, –, –n: Richt-
korn (an Schusswaffen) : Rich-
tungszeichen (am Fernrohr)
Mir|za (pers.), der; –s, –s: (vor
dem Namen) Herr : (hinter dem
Namen) Prinz
Mis|and|rie (gr.), die, –: Män-
nerhass, -scheu ✳ **Mis|ant-**
throp, der; –en, –en: Men-
schenfeind, -hasser ✳ **Mis|an-**
thro|pie, die, –, ..pien: Men-
schenhass, -scheu ✳ **mis|an-**
thro|pisch Ew.: menschen-
scheu ✳ **Mi|so|gam,** der; –en,
–en: Ehehasser ✳ **Mi|so|ga-**
mie, die, –: krankhafte Scheu
vor der Ehe ✳ **Mi|so|gyn,** der;
–en und –(e)s, –en und –e:
Frauenfeind ✳ **Mi|so|gy|nie,**
die, –: krankhafte Abneigung
gegen Frauen [gr. mis*ein* hassen]

misch|bar Ew.: sich mischen
lassend ✳ **mi|schen** (du
misch[e]st und mischt) tr.: Verschiedenes durcheinander
mengen ✳ *Mischbatterie;*
Mischblut; Mischbrot; Misch-

ehe; Mischfarbe; mischfarben;
mischfarbig Ew.; Mischform;
Mischfutter; Mischgas; Misch-
gefäß; Mischgemüse; Mischge-
treide; Mischgewebe; Misch-
kalkulation; Mischkrug;
Mischkultur; Mischmasch,
der; –(e)s, –e: unordentliches,
wahllos zusammengestelltes
Gemisch; Mischpult: (Rdfk.)
Gerät zum Mischen von Tönen
aus verschiedenen Tonquel-
len; *Mischrasse; –speise;*
–triebwerk; –trommel; –wald;
–wort ✳ **Mi|sche|rei,** die, –,
–en: das (viele) Mischen : Ge-
misch ✳ **Misch|ling,** der; –s,
–e: Abkömmling von Eltern
verschiedener Rassen ✳ **Mi-**
schung, die, –, –en: das Mischen : das Gemischte ✳ *Mi-*
schungsverhältnis

Misch|na (hebr.), die, –: aus 63
Traktaten bestehendes Kernstück rabbinischer Literatur
Misch|pol|che, Misch|pol|ke
(jidd.), die, –, –n: (Umgspr.)
„bucklige"Verwandtschaft :
schlechte Gesellschaft
Mi|se (fr.), die, –: Geschäfts-
einlage, Spieleinsatz : Ange-
bot ✳ **mi|se|ra|bel** (l.) Ew.:
jämmerlich ✳ **Mi|se|re** (fr.),
die; –, –n: Jammer : Elend : Not
✳ **Mi|se|re|or** (l.), das; –(s):
„ich erbarme mich"; Fastenop-
ferhilfe der kath. Kirche für die
Entwicklungsländer ✳ **Mi|se-**
re|re (l.), das; –s, –s: „Erbarme
dich!", Anfang des 50. Psalms :
(Med.) Kotbrechen bei Darm-
verschluss ✳ **Mi|se|ri|cor|di|as**
Do|mi|ni, der; – –: „Barmher-
zigkeit des Herrn", Name d. 2.
(evang.) bzw. 3. (kath.) Sonn-
tags nach Ostern
Mi|so|gyn: s. Misandrie
Mis|pel (gr.-l.), die, –, –n: ein
Obst- und Zierbaum ✳ *Mispel-*
baum; Mispelstrauch
Miss (e.) die; –, –es: unverheiratete Frau : Siegerin bei einem
Schönheitswettbewerb ✳ *Miss-*
wahl
miß.. → **miss..** Ew. in Zus.:
unrichtig, falsch, verfehlt, unrecht, schlecht ✳ *mißachten* →
missachten (ich missachte,
missachte, zu –), *mißachten* →
missachten (ich missachte, ge-
missachtet, zu –) tr.: nicht achten, verachten; *Mißachtung* →
Missachtung; mißarten →

missarten (missartet und miss-
geartet) intr.: schlechtarten;
mißbehagen → *missbehagen*
(es missbehagt, missbehagt, –
–) intr.; *mißbehaglich* → *miss-*
behaglich Ew.; *Mißbeschaffen-*
heit → *Missbeschaffenheit;*
mißbilden → *missbilden* tr.;
Mißbildung → *Missbildung;*
mißbilligen → *missbilligen* tr.:
tadeln; *Mißbilligung* → *Miss-*
billigung; Mißbrauch → *Miss-*
brauch; mißbrauchen → *miss-*
brauchen tr.; *mißbräuchlich* →
missbräuchlich Ew.; *mißdeuten*
→ *missdeuten* tr.; *Mißdeutung*
→ *Missdeutung; Mißerfolg* →
Misserfolg; Mißernte → *Miss-*
ernte; Missetat; mißfallen → *Mi-*
ssfallen (ich missfalle, missfallen, zu –) intr.: schlecht gefallen; *Mißfallen* → *Missfallen;*
Mißfallensäußerung, -kundge-
bung → *Missfallensäußerung,*
-kundgebung; mißfällig →
missfällig Ew.; *Mißfarbe* →
Missfarbe; mißfarben →
missfarben, mißfarbig → *miss-*
farbig Ew.; *Mißform* → *Miss-*
form; mißförmig → *missförmig*
Ew.; *mißgebildet* → *missgebil-*
det Ew.; *Mißgeburt* → *Missge-*
burt; mißgelaunt → *missge-*
launt Mw. Ew.: schlecht gelaunt; *Mißgelauntheit* → *miss-*
gelauntheit; Mißgeschick →
Missgeschick; Mißgestalt →
Missgestalt; mißgestalten →
missgestalten tr.; *mißgestaltet*
→ *missgestaltet* Ew.: *mißge-*
stimmt → *missgestimmt* Ew.;
Mißgetön → *Missgetön; miß-*
gewachsen → *missgewachsen*
Ew.; *mißglücken* → *missglü-*
cken (missglückt) intr.: *miß-*
gönnen → *missgönnen* (miss-
gönnt) tr.: nicht gönnen; *Miß-*
griff → *Missgriff; Mißgunst* →
Missgunst: das Nichtgönnen;
mißgünstig → *missgünstig* Ew.;
mißhandeln → *misshandeln*
(misshandelt) tr.: schlecht behandeln, übermäßig körperlich
züchtigen; *Mißhandlung* →
Misshandlung; Mißheirat →
Missheirat; mißhellig → *miss-*
hellig Ew.: einander widersprechend; *Mißhelligkeit* → *Miss-*
helligkeit; Mißklang → *Miss-*
klang; Mißkredit → *Misskredit,*
der; –(e)s: schlechter Ruf; *miß-*
launig → *misslaunig* Ew.; *Miß-*
laut → *Misslaut; mißleiten* →

missleiten tr.; *Mißleitung* →
Missleitung; mißliebig →*miss-*
liebig Ew.: Missfallen erregend
oder bezeigend; *Mißliebigkeit*
→ *Missliebigkeit; mißlingen* →
misslingen (misslungen) intr.:
fehlschlagen, nicht gelingen;
Mißmanagement →*Missmana-*
gement; Mißmut → *Missmut;*
mißmutig → *missmutig* Ew.;
mißraten → *missraten* (missraten) intr.; *Mißstand.* → *Miss-*
stand; Mißstimmung → *Miss-*
stimmung; Mißton → *Misston;*
mißtönen → *misstönen* (miss-
getönt) intr.; *mißtönig* → *miss-*
tönig Ew.; *mißtrauen* → *miss-*
trauen intr.: nicht trauen; *Miß-*
trauensantrag → *Misstrauens-*
antrag; Mißtrauensvotum →
Misstrauensvotum: Erklärung
des Misstrauens (gegen einen
Minister); *mißtrauisch* → *miss-*
trauisch Ew.; *Mißvergnügen* →
Missvergnügen; mißvergnügt
→ *missvergnügt* Mw. Ew.;
Mißverhältnis → *Missverhält-*
nis; missverständlich; Mißver-
ständnis → *Missverständnis;*
mißverstehen → *missverstehen*
(missverstanden) tr.; *Mißwirt-*
schaft → *Misswirtschaft;*
–wuchs ✳ *Missetat:* Untat;
–täter ✳ **mis|sen** (du missest
und misst; gemisst; misse!) tr.:
Notwendiges entbehren : vermissen, bemerken, dass etwas
nicht da ist ✳ **miß|lich** →
miss|lich Ew.: bedenklich, ge-
fährlich ✳ **Miß|lich|keit** →
Miss|lich|keit, die; –, –en: das
Misslichsein
missachten

Auch an der Wort- oder Silbenende steht aus Gründen der
Vereinheitlichung nach kurzen
Vokalen niemals β, sondern immer *ss;* ausgenommen sind die
Eigennamen. Die Betonung
vieler Verben mit der Vorsilbe
miss- schwankt nach Sprecher,
Region und Bedeutung; daher
fehlen oben vielfach Angaben
dazu.

Mis|sa (l.), die; –, ..ssae:
kirchl. Messe ✳ *Missa Solem-*
nis: feierliche Messe ✳
Mis|sal, die; –: (Buchdrw.) ein
großer Schriftgrad ✳ **Mis|sal**
(l.), das; –s, –e, **Mis|sa|le,** das;
–s, –n und ..alien: Messbuch
Mis|sing link → **Mis|sing**
Link *auch:* **Mis|sing|link** (e.),

das: – –s: „fehlendes Glied",
unbekannte Verbindungsglie-
der in pflanzlichen und tierischen Stammbäumen
Mis|singsch, das; –: dem
Meißnischen (Hochdeutsch)
angenäherte plattdeutsche
Mundart ✳ **mis|singsch** Ew.
Mis|si|on (l.), die; –, –en: Sen-
dung, Auftrag : Ausbreitung
des Christentums, Heidenbe-
kehrung ✳ *die Innere Mission:*
eine kirchl.-evangel. Wohl-
fahrtsorganisation ✳ *Missions-*
anstalt; Missionsarzt; Missi-
onschef; Missionsgesellschaft;
Missionskonferenz; Missions-
praxis; Missionsschwester;
Missionsstation; Missionswis-
senschaft; Missionszelt ✳
Mis|si|o|nar, der; –s, –e: Glau-
bensbote, Heidenbekehrer ✳
Mis|si|o|na|rin, die; –, –nen:
weibl. Missionar ✳ **mis|si|o-**
na|risch Ew.: sendungsbe-
wusst ✳ **mis|si|o|nie|ren** intr.:
Mission betreiben
Miß|pi|ckel ✳ **Miss|pi|ckel,**
der; –s: (bergm.) Arsenkies
Mist, der; –es: Kot von Menschen und Tieren : Unrat : Dünger : (seem.) Nebel ✳ *Mistbeet:*
Treibbeet, glasüberdachtes, mit
Pferdemist erwärmtes Frühbeet; *Mistbeller:* Bauernhund :
Murmeltier; *Mistfink:* Berg-
fink : schmutziger Mensch :
Mistfliege; Mistforke; Mist-
fuhre; Mistgabel; Mistgrube;
Misthaken: Stallgerät; *Mist-*
haufen; Mistjauche; Mistkä-
fer; Mistkarre; Mistkerl; Mist-
köter; Mistschaufel; Miststück,
-vieh: Schimpfworte; *Mistwa-*
gen; Mistwetter: schlechtes
Wetter ✳ **mis|ten** intr.: Kot von
sich geben : tr.: düngen : vom
Mist reinigen; unp.: (seem.) ne-
beln ✳ **mis|tig** Ew.: voller Mist
: neblig
Mis|tel, die; –, –n: eine Schma-
rotzerpflanze ✳ *Misteldrossel;*
Mistelfink; Mistelgewächs;
Mistelzweig
Mis|ter (e.), der; –s, –: „Herr",
engl. Anrede für Männer vor
dem Familiennamen; Abk.: Mr.
✳ **Mis|t|reß** → **Mis|t|ress** (e.)
[missis]. Der; –, ..stresses [mis-
sisis]: Frau (vor dem Familiennamen); Abk.: Mrs.
mis|te|ri|o|so (it.): (Mus.) ge-
heimnisvoll

Mis|t|ra (it.), der; –s, –s: Ge-
tränk aus Fusel und Anis
Mis|t|ral (prov.), der; –s, –e:
südfranz. Nordwind, Fall-
wind
Mis|t|reß → **Mis|t|ress:** s.
Mister
Mis|zel|la|ne|en, Mis|zel|len
(l.) Mz.: Vermischtes : kleine
Aufsätze
mit Vw. mit Dativ: zur Bezeichnung der Gemeinschaft,
der Gleichzeitigkeit, des Ver-
bundenseins, der Begleitung,
des Mittels und Werkzeugs;
Uw. (häuf. in Zus.): dabei, zusammen, gleichfalls ✳ *das ge-*
hört nicht mit dazu; mit be-
rücksichtigen; mit Hilfe *auch:*
mithilfe ✳ *Mitangeklagte; Mit-*
arbeit; mitarbeiten (ich arbeite
mit, mitgearbeitet; mitzuarbei-
ten) intr.; *Mitarbeiter(schaft);*
Mitarbeiterstab; Mitautor;
Mitbegründer; mitbekommen
tr.; *mitbeteiligt* Mw. Ew.; *mit-*
benutzen tr.; *Mitbenutzung;*
Mitbesitz; mitbesitzen tr.; *Mit-*
bestimmung; Mitbestimmungs-
gesetz; Mitbestimmungsrecht;
Mitbewerber;; mitbewohnen
tr.; *Mitbewohner; mitbringen*
tr.; *Mitbringsel; Mitbürger;*
Mitbürgerschaft; Miteigen-
tum; Miteigentümer; mitemp-
finden tr.; *Miterbe; miterleben*
tr.; *mitessen* tr.; *Mitesser:* der
Mitessende : ein Zehrwurm :
verstopfte Hautpore; *mitfahren*
intr.; *Mitfahrer; Mitfahrerzen-*
trale; Mitfahrgelegenheit; Mit-
fahrt; Mitfreude; mitfreuen;
mitfühlen tr.; *mitführen; mitge-*
ben tr.; *mitgefangen; Mitgefan-*
gene; Mitgefühl; mitgehen
intr.; *mitgenommen* Ew.: erschöpft; *Mitgift,* die; –, –en:
Heiratsgut; *Mitgiftjäger; Mit-*
glied(schaft); Mitgliederliste;
–schwund; –versammlung;
–verzeichnis; –zahl; Mitglieds-
ausweis; Mitgliedsbeitrag;
Mitgliedskarte; Mitgliedskand;
Mitglied(s)staat; .mithaben;
mithalten intr.; mithelfen intr.;
Mithilfe; Mitherausgeber; mit-
hören; Mitinhaber; Mitkämp-
fer; Mitkläger; mitklingen;
mitkommen intr.; *mitkönnen;*
mitlassen; mitlaufen intr.; *Mit-*
läufer; Mitlaut: Konsonant;
Mitleid, Mitleiden: Mitgefühl
für Leidende; *mitleiden* tr.;

Mitleidenschaft; in Mitleidenschaft ziehen tr.: mit zu leiden zwingen; mitleidig Ew.; mitleid(s)los Ew.; Mitleidlosigkeit; mitleid(s)voll Ew.; mitmachen; Mitmensch; mitmenschlich Ew.; mitmischen intr.; mitmüssen intr.; Mitnahme; mitnehmen; mitnichten Uw.; keineswegs; mitrauchen; mitrechnen; mitreden intr.; mitreisen intr.; mitreißen; mitsammen Uw.: gemeinsam : zusammen; mitschicken tr.; mitschleppen tr.; mitschneiden tr.: auf ein Ton- oder Viedeoband aufnehmen; Mitschnitt; mitschreiben; Mitschuld; mitschuldig Ew.; Mitschüler(in); Mitschwester; mitschwingen intr.; mitsingen tr.; mitsollen intr.; mitspielen tr., intr.: Mitspieler; mitsprechen tr.; Mitsprache; Mitspracherecht; Mitstreiter; Mittäter; mitteilbar Ew.; mitteilen tr.: (veralt.) jmdm. etwas abgeben : seine Gefühle oder Gedanken äußern, aussprechen; mitteilsam Ew.; Mitteilsamkeit; Mitteilung; Mitteilungsbedürfnis; mittun tr., intr.: mitmachen, sich beteiligen; Mitunterzeichner; Mitursache; mitverantwortlich Ew.; Mitverantwortung; mitverdienen; Mitverschulden; Mitverschworener; Mitversicherung; Mitwelt; Mitbewerber; mitwirken intr.; Mitwirkung; Mitwirkungsrecht; Mitwisser; Mitwohner: Wohngenosse, Beisass; mitwollen intr.; mitzählen tr., intr.; mitziehen: tr., intr. * **mit|ein|an|der** Uw.: zusammen * **mit|hin** Bw.: somit * **mit|nich|ten** Uw.: keineswegs * **mit|samt** Vw. m. Dat.: zusammen mit * **mit|un|ter** Uw.: zuweilen

mit Hilfe / mithilfe
Wenn Wortgruppen wie Präpositionen verwendet werden, können sie sowohl getrennt als auch zusammengeschrieben werden.

Mith|ra(s): pers. Sonnengott
Mit|ra, die; –, ..tren: griech. Stirnbinde : Bischofsmütze
Mit|rail|leuse (fr.) [mitrajöhs], die; –, –n: Kugelspritze, Revolver-, Kartätschenkanone
Mit|ro|pa, die; –: Kurzw. (ehem. DDR) Mitteleuropäi-

sche Schlaf- und Speisewagen-Aktiengesellschaft
mit|samt: s. mit
Mit|tag: s. Mitte
Mit|te, die; –, –n: von den Endpunkten gleichweit entfernte Stelle : von den Grenzen eines Zeitraumes gleichweit entfernter Zeitraum * Mittfasten Mz.: Mittwoch vor dem Sonntag Lätare; mittschiffs Uw.: in der Mitte des Schiffes; Mittsommer: Sommersonnenwende; Mittwoch, der; –s, –e: der dritte Tag der Woche: mittwochs Uw.: an Mittwochen * **Mit|tag**, der; –es, –e: Mitte der Zeit, in der die Sonne am Himmel am höchsten steht : Zeit um diesen Augenblick herum : (ldschftl.) Mittags- und Nachmittagszeit : Mittagsmahl * heute Mittag * Mittagbrot, -essen: Mittagsmahlzeit * Mittagshitze; Mittagshöhe: höchster Stand eines Gestirns; Mittagskreis: Meridian; Mittagslinie: Durchschnitt der Meridianebene mit der Horizontalebene; Mittagspause; Mittagsschicht; Mittagsschlaf; Mittagssonne; Mittagsstunde; Mittagstisch; Mittagszeit * **mit|tags** Uw.: zur Mittagszeit : (ldschftl.) nachmittags * dienstagmittags; * **mit|tel** Ew. (fast nur in Zusn.): in der Mitte befindlich * Mittelalter: Zeit zwischen Altertum und Neuzeit; mittelalterlich Ew.; Mittelamerika; mittelamerikanisch Ew.; Mittelbau; mitteldeutsch Ew.; Mitteldeutschland; Mittelding: Ding, das Eigenschaften von zwei Dingen vereinigt; Mitteleuropa; Mitteleuropäer; mitteleuropäisch Ew.; Mittelfarbe: Übergangsfarbe; Mittelfein Ew.; Mittelfeld; Mittelfinger; mittelfristig Ew.; Mittelfußknochen; Mittelgebirge; Mittelgewicht; Mittelglied; mittelgroß Ew.; Mittelhand; Mittelhochdeutsch, das; –: hochdeutsche Sprache des Mittelalters, Abk.: mhd.; Mitte-links-Bündnis; Mittelklasse; Mittelklassewagen; Mittelläufer; Mittellinie; Mittelmaß: Durchschnittsmaß; mittelmäßig Ew.: durchschnittlich, gewöhnlich; Mittelmeer, das; –es; Mittelmeerklima; Mittelmeerraum; Mittelohr;

Mittelohrentzündung; Mittelohrvereiterung; mittelprächtig Ew.; Mittelpunkt: Kern-, Hauptpunkt; Mittelpunktschule; Mittelscheitel; Mittelschule; Mittelschullehrer; Mittelstand; Mittelständler; Mittelstellung; Mittelstrecke; Mittelstreckenflugzeug; Mittelstreckenlauf; Mittelstreckenrakete; Mittelstreifen; Mittelstürmer; Mittelweg; Mittelwelle: Rundfunkbereich; Mittelwert; Mittelwort: Vd. für Partizip * mittlerweile Uw.: inzwischen * **mitt|le|re** Ew. (Kompar. zu mittel): in der Mitte befindlich * **mit|telst** Ew. (Superlat. zu mittel): (genau) in der Mitte liegend * **Mit|tel**, das; –s, –: etwas in der Mitte Befindliches : Mitte : (Math.) mittlere Proportionale : (Phys.) Medium, Stoff, durch das sich etwas hindurchbewegt : (bergm.) Bergarten, durch die man zu den Erzen gelangt : Vermittlung : (übertr.) Weg zum Ziel : (übertr.) was man zu einem Zweck braucht (Lebensmittel usw.) : (bes.) Geld * mittellos Ew.: ohne Geld; Mittellosigkeit: das ohne finanzielle Mittel Dastehen * Mittelsmann; –person: Vermittler * **mit|tel|bar** Ew.: durch Vermittlung, nicht geradezu * **mit|tels, mit|telst** Vw. mit Gen.: durch das Mittel, vermittels, mit Hilfe von * **mit|ten** Uw. * mitten in der Nacht; mitten im Mai, im Leben; mitten durch den Fluss * **mit|ten|drein** Uw. * **mit|ten|drin** Uw. * **mit|ten|drun|ter** Uw. * **mit|ten|in|ne** Uw. * ich warf den Stein mitten durch die Scheibe; aber: der Stein schlug die Scheibe mittendurch * **Mit|ter|nacht**, die; –, ..nächte: Mitte der Nacht : Zeit um 12 Uhr nachts, 24 Uhr : Stunde von 0 bis 1 Uhr : Norden * heute Mitternacht * Mitternacht(s)gegend; –punkt; –sonne; –stunde * **mit|ter|näch|tig, -nächt|lich** Ew.: um Mitternacht stattfindend : düster : nördlich * **mit|ter|nachts** Uw.

Mitt|ler, der; –s, –: Vermittler : (Bibl.) Bezeichnung Christi * Mittlerrolle * **mitt|ler|wei|le** usw.: s. mittel * **Mit|twoch:** s.

Mitte * **mitts** Uw.: (mundartl.) inmitten

mit|wir|ken, mit|wis|sen: s. mit

Mix (l.), der; –, –e: Mischung * **Mixed Pick|les** *auch:* **Mix(ed)-pickles** (e.) [mikßd pikls] Mz.: mit scharfen Gewürzen Eingemachtes, scharfes Allerlei * **mi|xen** (e.) tr.: mischen, vermengen * *Mixbecher; Mixgetränk* * **Mi|xer,** der; –s, –: Getränkemischer in einer Bar : Gerät zum Mixen * **Mix|tum com|po|si|tum** (l.), das; – –, ..ta ..ta: das Durcheinander, Mischmasch * **Mix|tur** (l.), die; –, –en: Mischtrank, gemischte Arznei : Orgelregister

Mi|zel|le (l.), die; –, –n: Molekülgruppe lebender Pflanzenzellen * *Mizellentheorie*

MKS-Sys|tem, das; –s: internationales Maßsystem mit den Grundeinheiten Meter, Kilogramm, Sekunde

ml (Abk.): Milliliter

Mlle. (Abk.): Mademoiselle

mm (Abk.): Millimeter

μm (Abk.): Mikrometer

mm² (Abk.): Quadratmillimeter

mm³ (Abk.): Kubikmillimeter

Mme. (Abk.): Madame

mmol (Abk.): Millimol

Mne|me (gr.), die; –: Erinnerung, Gedächtnis * **Mne|mo|nik, Mne|mo|tech|nik,** die; –: Gedächtniskunst * **mne|mo|nisch, mne|mo|tech|nisch** Ew.: die Gedächtniskunst betreffend * **Mne|mo|tech|ni|ker,** der; –s, –: Gedächtniskünstler

Mob (e.), der; –s: Pöbel * **mob|ben** tr.: Kollegen den Arbeitsplatz unerträglich machen * **Mob|bing,** das; –s: andauerndes Schikanieren am Arbeitsplatz

Mö|bel (fr.), das; –s, –: ein Stück Hausgerät : Hausrat * *Möbelfabrik; Möbelfirma; Möbelgeschäft; Möbelhändler; –lager; –packer; –politur; –spediteur; –stoff; –stück; –tischler, –transport, –wagen* * **mo|bil** (l.-fr.) Ew.: beweglich, bereit : (Heerw.) kriegs-, marschbereit * *Mobile:* künstler. oder kunstgewerbl. Gebilde aus beweglichen Teilen, das

hängend installiert wird; *Mobilmachung:* Marsch-, Kriegsbereitschaft; *Mobilmachungsbefehl; Mobiltelefon:* Funktelefon * **Mo|bi|li|ar,** das; –s, –e: bewegliche Habe, Hausgerät * *Mobiliarkredit; Mobiliarversicherung* * **Mo|bi|li|en** Mz.: beweglicher Besitz : Möbel * **mo|bi|li|sie|ren** (..iert) tr.: beweglich machen : zu Gelde machen : (Heerw.) in Kriegsbereitschaft setzen * **Mo|bi|li|sa|ti|on, Mo|bi|li|sie|rung,** die; –, –en: Bereitstellung, Kriegsbereitschaft * **Mo|bi|li|tät,** die; –: Beweglichkeit * **möb|lie|ren** (..iert) tr.: mit Hausgerät versehen : einrichten, ausrüsten * **Möb|lie|rung,** die; –, –en: das Möblieren : Einrichtung, Ausrüstung

mo|bil: s. Möbel

Mo|cha: Stadt im Jemen * *Mochaleder:* weiches Lamm-, Ziegenleder; *Mochastein:* brauner Achat

Möch|te|gern, der; –(s), –e: Gernegroß * *Möchtegerncasanova; Möchtegernkünstler*

Mo|cke, die; –, –n: Zuchtschwein

Mo|cken, der; –s, –: (obd.) Klumpen, dickes Stück

Mock|tur|tle|sup|pe (e.) [..törtl..], die; –, –n: unechte Schildkrötensuppe

mo|dal (nl.) Ew.: durch Umstände bedingt : (Sprachl.) die Art und Weise angebend * *Modalbestimmung ; Modalnotation:* Notenschrift des 13. Jhs.; *Modalsatz:* Umstandssatz der Art und Weise; *Modalverb:* (Sprachw.) Zeitwort, das vorwiegend ein anderes Sein oder Geschehen modifiziert * **Mo|da|li|tät,** die; –, –en: Art und Weise, Ausführungsweise eines Seins oder Geschehens * *Modalitätenlogik*

Mod|der, der; –s: (altmärk.) Schlamm, Morast * **mod|de|rig, mod|drig** Ew.: schlammig

Mo|de (fr.), die; –, –n: etwas Übliches : Art und Weise : Gepflogenheit : Zeitgeschmack * *Modeartikel; Modeausdruck; modebewusst* Ew.; *Modecenter; –dame; Modedesigner; Modefarbe; Modefimmel; Modegeschäft; Modegeschmack; Modehaus; Modeheft; Mode-*

journal; Modekrankheit; Modemacher; Modenarr; Modepuppe; Modesache; Modesalon; Modeschmuck; modesüchtig Ew.; *Modetanz; Modetorheit; Modetrend; Modeware; Modewelt; Modewort; Modezeichner; Modezeitschrift* * **Mo|den|schau:** Bekleidungshaus; *Modenschau; Modenzeitschrift*

Mo|del (l.), der; –s, –: Maß, Form * **Mo|del** (e.), das; –s, –s: Fotomodell : Mannequin * **Mo|dell** (it.), das; –s, –e: Muster, Probe : (Mal., Bildh.) Person, Vorbild : Puppe als Abguss : Gießform * *Modellbau; Modelleisenbahn; Modellfall; Modellflugzeug; Modellkleid; Modellpuppe; Modellschutz:* Musterschutz; *Modelltischler; Modellversuch; Modellzeichnung* * **Mo|del|leur** (fr.) [..löhr], der; –s, –e: Modellierer * **mo|del|lie|ren** (..iert) tr.: modeln : formen, bilden (bes. in Ton) : ein Muster anfertigen * *Modellierbogen; Modellierholz; Modelliermasse; Modellierton; –wachs* * **Mo|del|lie|rer,** der; –s, –: Musterformer; –bildner * **Mo|del|lie|rung,** die; –, –en: das Modellieren : das Bildhauen * **mo|deln** (ich ..d[e]le) (l.) tr.: gestalten, in eine Form bringen * **Mo|dem** (e.), das; –s, –s: Kurzw. für Modulator/Demodulator: Gerät zur Datenfernübertragung * **mo|dern** (fr.) Ew.: modisch : den Anschauungen der Zeit entsprechend, zeitgemäß, üblich, neu * *Modernjazz auch: Modern Jazz* * **Mo|der|ne,** die; –: Gegenwartskunst : moderner Zeitgeist * **mo|der|ni|sie|ren** (..iert) tr.: dem Zeitgeschmack anpassen : erneuern, auffrischen * **Mo|der|nis|mus,** der; –, ..men: Richtung in kath. kirchl. Kreisen, die Kirchendogmen mit der modernen Wissenschaft in Einklang zu bringen * **Mo|der|nist,** der; –en, –en: Anhänger des Modernismus * **Mo|der|ni|tät,** die; , en: zeitgemäße Einstellung : Neuheit * **mo|disch** Ew.: der Mode entsprechend * **Mo|dist,** der; –en, –en: Putzhändler * **Mo|dis|tin,** die; –, –nen: Hutmacherin * **Mo|dul** (l.), der; –s,

–n: Maßeinheit zur Bestimmung von Größenverhältnissen ✳ **Mo|dul** (e.) das; –s, –e: (Techn., EDV) austauschbare, geschlossene Funktionseinheit eines Gerätes ✳ *Modulreihe; Modulzeichen* ✳ **Mo|du|la|ti|on,** die; –, –en: Abmessung : Abwechslung : Tonfall : Übergang in eine andere Tonart : Stimmbeugung ✳ *Modulationsfähigkeit:* Anpassungsvermögen, Biegsamkeit (der Stimme) ✳ **mo|du|lie|ren** (..iert) tr.: in andere Tonarten übergehen ✳ **Mo|dus** (l.), der; –, ..di: Art und Weise : Verfahrensart; Aussageform ✳ *Modus Procedendi,* der; – –, modi –: Verfahrensart; *Modus Vivendi,* der; – –, Modi –: Verständigung : erträgliches Nebeneinander leben; vgl. modal

Mo|dem: s. Mode

Mo|de|na: oberit. Stadt und Provinz

Mo|der, der; –s: in Verwesung übergegangene Körper : Sumpfland, Moor, Schlamm, Dreck ✳ *Moderduft; -geruch; -grund; -wasser* ✳ **mo|der|haft, mo|de|rig, mod|rig** Ew.: wie Moder : mit Moder bedeckt ✳ **mo|dern** (ich ..[e]re) intr. (sein, haben): von Moder erfüllt sein : faulen

Mo|de|ra|men (l.), das; –s, – (..min): Mäßigung : Vorstand einer ev.-ref. Synode ✳ **mo|de|rat** (l.) Ew.: gemäßigt ✳ **Mo|de|ra|ti|on** (l.), die; –, –en: (Fern., Rdfk.) verbindende Führung durch eine Sendung : (veralt.) Mäßigung ✳ **mo|de|ra|to** (it.): mäßig (bewegt) ✳ **Mo|de|ra|to,** das; –s, –s: mäßig bewegtes Tonstück ✳ **Mo|de|ra|tor,** der; –s, ..oren: jemand, der beim Rundfunk oder beim Fernsehen eine Sendung moderiert : Bremsvorrichtung in Kernreaktoren ✳ **mo|de|rie|ren** (..iert) (l.) tr.: als Moderator durch eine Sendung oder Sitzung führen : (veralt., ldschftl.) mäßigen, mildern, einschränken

mo|dern: s. Mode

mo|dest (l.) Ew.: bescheiden

Mo|di|fi|ka|ti|on

Mo|di|fi|zie|rung (l.), die; –en: Abänderung : Festlegung ✳ **mo|di|fi|zie|ren** (..iert) tr.:

abändern, näher bestimmen : beschränken; vgl. modal, Mode

Mo|dist, Mo|dul, Mo|dus: s. Mode

Mo|fa, das; –s, –s: Kurzwort für Motorfahrrad

Mo|fet|te (it.), die; –, –n: Aushauch : Kohlensäurequelle in vulkan. Gebieten

Mo|ge|lei, die; –, –en: Betrügerei ✳ **mo|geln** (ich ..[e]le) intr.: (Gaunerspr.) (beim Spiel) betrügen ✳ **Mog|ler,** der; –s, –: der Betrügende

mö|gen (ich, er mag, du magst, wir mögen, ich möge; du mochtest, du möchtest, gemocht) Hilfszw.: imstande sein, die Kraft haben : möglich sein : freistehen, erlaubt sein : geneigt sein, wollen ✳ *ich möchte* (wie Ind. Präs. empfunden) intr.: wünsche : will gern; tr.: habe gern, liebe ✳ **mög|lich** Ew.: so beschaffen, dass es sein oder geschehen kann : denkbar : (einem –) seinen Verhältnissen nach von ihm zu erwarten ✳ *alles mögliche →* alles Mögliche, sein möglichstes *→ sein Möglichstes tun; im Rahmen des Möglichen (der Möglichkeiten); das Mögliche vom Unmöglichen unterscheiden* ✳ *möglichenfalls, möglicherweise* Uw.: vielleicht ✳ **Mög|lich|keit,** die; –, –en: das Möglichsein : etwas Mögliches ✳ *Möglichkeitsform:* Konjunktiv ✳ **mög|lichst** Ew. (Superl.) zu möglich : zur Bezeichnung des Äußersten, das erreichbar ist ✳ **mög|lichst** Uw.: nach Möglichkeit ✳ *möglichst bald*

alles Mögliche
Als Adjektiv wird *möglich* kleingeschrieben, aber alle substantivierten Formen werden großgeschrieben: *alles Mögliche, sein Möglichstes tun, das Mögliche und Unmögliche.*

Mo|gul (tatar.), der; –s, –n: mongolischer Herrscher

Mo|här *auch:* **Mo|hair** (arab.-e.), der; –s: Angorawolle, Wollstoff [arab. muchajjar Gewebe aus feinem Ziegenhaar]

Mo|ham|med: Gründer des Islams ✳ **Mo|ham|me|da|ner,** der; –s, –: Moslem : Anhänger des Islams ✳ **mo|ham|me|da|nisch** Ew.

Mo|hi|ka|ner, der; –s, –: Angehöriger eines ausgestorbenen nordam. Indianerstammes

Mohn, der; –(e)s, –e: eine Pflanze mit betäubend wirkendem Saft ✳ *mohnbekränzt* Mw. Ew.; *Mohnblume; Mohnbrötchen; Mohnkorn; Mohnkuchen; Mohnöl; Mohnsaft; Mohnsamen; Mohnstriezel; Mohnstrudel; Mohnzopf*

Mohr, der; –en (–s), –en: Bewohner Mauretaniens, Maure : (rassist.) dunkelhäutiger Afrikaner : Tier mit schwarzem Fell : ein feines schwarzes Metallpulver ✳ *Mohrhirse; Mohrkrebs:* Krebs, der beim Kochen schwarz wird ✳ *Mohrenkopf:* schwarzköpfiger Blauschimmel : schwarzköpfige Taube : Art Grasmücke : rundes Gebäck, mit Schokolade überzogen : kupfernes, innen verzinntes Gefäß; *mohrenschwarz* Ew.; *Mohrenwäsche:* Versuch, einen Schuldigen als unschuldig hinzustellen

Möh|re, die; –, –n: eine Gemüsepflanze ✳ *Mohrrübe; Möhrensalat*

Moi|ra (gr.), die; –, ..ren: griech. Schicksalsgöttin

Moi|ré (fr.) [moareh], der; das; –s, –s: einfarbiger geflammter (Kleider-)Stoff ✳ **moi|rie|ren** (..iert) tr.: flammen

mo|kant (fr.) Mw. Ew.: spöttisch ✳ **mo|kie|ren** (..iert) rbz.: sich lustig machen

Mo|kas|sin, der; –s, –s: wildledernes Indianerschuhzeug

Mo|kett (fr.), der; –s: gemusterter Plüsch

Mok|ka, der; –s, –s: bester arabischer Kaffee : (häuf.) starker Kaffee ✳ *Mokkakaffee; Mokkatasse*

Mol, das; –s, –e: Grammmolekül; Abk.: mol; s. a. Molekel ✳ *Molelektronik* ✳ **mo|lar** Ew.: auf ein Mol bezogen ✳ *molare Lösung*

Mo|lar (l.), der; –s, –en: Mahlzahn, Backenzahn ✳ *Molarzahn*

Mo|las|se, die; –: Ablagerungen der Braunkohlenzeit im nördl. Alpenvorland : feinkörniger Sandstein

Molch, der; –(e)s, –e: ein Schwanzlurch

Mo|le (gr.-l.), die; –, –n:

Windei : Mondkalb : falsche Frucht

Mo|le (l.-it.), die; –, –n: Hafendamm * *Molenkopf:* Ende der Mole

Mo|le|kel (l.), die; –, –n: Molekül * **Mo|le|kül** (fr.), das; –s, –e: Massenteilchen, kleinste Verbindung von Atomen * **mo|le|ku|lar** Ew.: wie ein Molekül : auf die Moleküle bezüglich * *Molekularbiologe; Molekularbiologie; Molekulargenetik; Molekulargewicht; Molekularkraft; Molekulartheorie* * **Mo|les|ten** Mz.: Unannehmlichkeiten, Belästigungen * **mo|les|tie|ren** (..iert) tr.: belästigen [l. moles Last, Körper] **Mo|le|skin** (e.) [mohlskin], der oder das; –s, –s: „Maulwurfsfell", ein Baumwollstoff, Art Englischleder

Mo|les|ten: s. Molekel

Mo|let|te (l.-fr.), die; –, –n: Krausrad : Prägwalze : Mörserkeule, Stempel

Mo|liè|re (fr.) [moljähr]: franz. Komödiendichter * **mo|liè|risch** Ew.: in der Art Molières

Mol|ke, die; –, –n; **Mol|ken,** der; –s, –: Käsewasser : Restflüssigkeit der Milch : bleiches Aussehen * *Molkenfass; Molkenkur* * **Mol|ke|rei,** die; –, –en: Melkerei, Milchwirtschaft * *Molkereibutter; Molkereigenossenschaft; Molkereiprodukte* * **mol|kig** Ew.: molkenhaltig : wie Molke

Moll (l.), das; –: (Mus.) Tonartengruppe * *Mollarie; Mollakkord; Mollton; Molltonleiter*

Mol|la, Mul|la, Mul|lah (arab.), der; –s, –s: Herr : Titel hoher türkischer Beamter

Mol|le, die; –, –n: (altmärk.) großes Bierglas : Holzgefäß : Backtrog : (erzgebir.) Bett

Möl|ler, der; –s, –: Gemenge von Erz und Zuschlag * *Möllerhaus* * **möl|lern** (ich ..[e]re) tr.: mengen * **Möl|le|rung,** die; –, –en: das Möllern : das Gemengte

mol|lig Ew.: behaglich : weich : rundlich

Mol|lus|ke, die; , n: Weichtier * *molluskenartig; –haft* Ew. s. Moll, die.

Mo|loch (hebr.), der; –s, –e: „König", babylon. Gott, dem Menschen geopfert wurden :

Sinnbild für das Unersättliche

Mo|lo|tow|cock|tail [...tof ..täil], der; –s, –s: Flasche mit leicht entzündbarer Flüssigkeit und Zündhölzern zur Bekämpfung von Panzern : selbstgebastelter Sprengkörper, gefüllt mit leicht brennbarer Flüssigkeit [nach dem ehem. sowjet. Außenminister W. M. Molotow]

mol|to (it.); (Mus.) sehr * **mol|to vi|va|ce:** sehr lebhaft

Mol|ton, der; –s, –s: langhaariger Wollfriesstoff

Mo|luk|ken Mz.: „Gewürzinseln", indones. Inselgruppe

Mo|lyb|dän (gr.), das; –s: ein chem. Grundstoff; Abk.: Mo

Mo|ment (l.), der; –(e)s, –e: Augenblick : ein sehr kurzer Zeitabschnitt * *Momentaufnahme:* fotografische Aufnahme bei kurzer Belichtung * **Mo|ment,** das; –(e)s, –e: (ausschlaggebender) Grund, Umstand * **mo|men|tan** Ew.: augenblicklich : vorübergehend

Mo|na|co, Mo|na|ko: Fürstentum und Stadt am Mittelmeer * **Mo|ne|gas|se,** der; –n, –n: Bewohner Monacos * **mo|ne|gas|sisch** Ew.

Mo|na|de (gr.), die; –, –n: Einheit : Urkörperchen : einfaches, unkörperliches Wesen * *Monadenlehre:* philosoph. Lehre von Leibniz * **Mo|na|do|lo|gie,** die; – : Monadenlehre

Mo|na|ko: s. Monaco

Mo|n|arch (gr.), der; –en, –en: Alleinherrscher * *Monarchenhasser* * **Mo|n|ar|chie,** die; –, ..chien : Herrschaft eines Monarchen * **Mo|n|ar|chis|mus,** der; –: System der Alleinherrschaft und Anhänglichkeit an die Alleinherrschaft * **Mo|n|ar|chist,** der; –en, –en: Anhänger des Monarchismus * **mo|n|ar|chis|tisch, mo|n|ar|chisch** Ew.: fürstenfreundlich, auf Monarchie bezüglich

Mo|nas|te|ri|um (gr.-l.) das; –s, ..rien: Kloster(kirche)

Mo|nat, der; –(e)s, –e: Zeit, in der der Mond einen Umlauf um die Erde macht (synodisch 29,5 Tage) : Zeit, in der die Sonne 33° durchläuft (30,4 Tage) : der 12. Teil des Jahres, 30 oder 31 Tage (Februar 28, im Schaltjahr 29) : ungefähr 4 Wochen * *monate-*

lang Ew., Uw. * *Monatsanfang; Monatsbeitrag; Monatsbericht; Monatsbinde; Monatsblutung:* Monatsfluss; *Monatseinkommen; Monatsende; Monatserste; Monatsfluß* → *Monatsfluss:* monatliche Blutung, Menstruation : *Monatsfrist; Monatsgehalt; Monatsgeld; Monatshälfte; Monatskarte; Monatsletzter; Monatslohn; Monatsname; Monatsrate; Monatsschrift:* monatlich erscheinende Zeitschrift; *Monatswechsel; monatsweise* Ew.: nach Monaten gezählt * **..mo|na|tig** Ew.: einen (mehrere) Monat(e) dauernd * **mo|nat|lich** Ew.: sich jeden Monat wiederholend

mo|n|au|ral Ew.: einkanalig **Mon|azit,** der : –s, –e: eine Gesteinsart

Mönch (gr.-l.), der; –(e)s, –e: „allein" Lebender, Klosterbruder : verschnittenes Tier : (Baukst.) aufrecht stehende Spindel : Pflanze, die blüht, aber nicht Frucht trägt : (Buchdrw.) zu blasser Druck oder aussetzender Druck * *mönchmäßig* Ew; *Mönchmeise* * *Mönchsaffe; Mönchsbogen:* (Buchdrw.) Bogen mit fehlerhaften Stellen : *Mönchsgeier; Mönchsglatze; Mönchskappe; Mönchskloster; Mönchskutte; Mönchslatein; Mönchsleben; Mönchsorden; Mönchsrobbe; Mönchssandale; Mönchsschrift:* Schrift(art) der Mönche im Mittelalter; *Mönchsstand; Mönchswesen* * **mö|n|chisch** Ew.: dem Wesen der Mönche entsprechend * **Mönch(s)|tum,** das; –(e)s: Wesen der Mönche

Mond, der; –(e)s, –e; Möndchen: Trabant der Erde * *Mondanzug; Mondaufgang; Mondaufnahmen; Mondbahn; Mondbein:* (Anat.) Knochen der Handwurzel; *mondbeglänzt* Mw. Ew.; *mondbeschienen* Mw. Ew.; *Mondfahrer:* Astronaut, der auf dem Mond landet : *Mondfähre;* Mondlandefahrzeug: *Mondfinsternis; Mondfleck:* Mondvogel: *Mondflug; mondförmig* Ew.; *Mondgas:* wasserstoffreiches Generatorgas (ben. nach dem e. Chemiker Mond); *Mondglanz; mond-*

hell Ew.: *Mondjahr:* die Zeit, in der die Mond zwölfmal die Erde umläuft; *Mondkalb:* (Umgspr.) einfältiger Mensch; *Mondkarte; Mondkind:* Monatskind, sich in der Gebärmutter entwickelndes, lebensunfähiges Gebilde: *Mondkrater; Mondkraut;* eine Farnart; *Mondlandefähre; Mondlandschaft; Mondlandung; Mondlicht; mondlos* Ew.; *Mondmobil; Mondnacht; Mondoberfläche; Mondorbit; Mondphase; Mondpreis:* sehr hoher Preis; *Mondrakete:* Raumsonde; *Mondschatten; Mondscheibe; Mondschein; Mondscheintarif; Mondschimmer; Mondsichel; Mondsonde:* Mondrakete; *Mondstein; Mondstrahl; Mondsucht:* krankh. Zustand des Nachtwandelns bei Vollmond; *mondsüchtig* Ew.; *Mondumlauf; Mondumlaufbahn; Monduntergang; Mondwechsel* ∗ *Mondenglanz; Mondenschatten; –schein; –schimmer; Mondensichel* ∗ **Mon**|**tag** (eig. Mondtag), der; –(e)s, –e: Tag nach dem Sonntag ∗ *montags* ∗ *Montagsausgabe; Montagsauto:* fehlerhaftes Auto; *Montagsdemonstration:* in Leipzig 1989 ∗ **mon**|**tä**|**gig** Ew.: an einem Montag stattfindend ∗ **mon**|**täg**|**lich** Ew.: jeden Montag stattfindend **mon**|**dän** Ew.: die Eleganz ihres Lebensstil betonend

Mone|**gas**|**se:** s. Monaco **Mone**|**ten** (l.) Mz.: (Umgspr.) Münzen, Geld ∗ **mo**|**ne**|**tär** Ew.: Geldwährung betreffend **Mon**|**go**|**le**, der; –n, –n: Angehöriger einer asiat. Völkergruppe ∗ **mon**|**go**|**lid** Ew.: zu den Mongolen gehörend **mon**|**go**|**lisch** Ew. ∗ **Mon**|**go**|**lis**|**mus**, der; –: mongoloide Degeneration, Downsyndrom ∗ **mon**|**go**|**lo**|**id** Ew.: den Mongolen ähnlich : an Mongolismus leidend ∗ **Mon**|**go**|**lo**|**i**|**de**, der; –n, –n: ein an Mongolismus Leidender

Monier|**bau** (fr.) [monjeh..], der; –s, ..bauten: Eisenbetonbau nach Monier ∗ *Monierbauweise; Moniereisen* **mo**|**nie**|**ren** (..iert) (l.) tr.: mahnen, bemängeln ∗ **Mo**|**ni**|**teur** (fr.) [..töhr]; der; –s, –e: Ratge-

ber, Name von Zeitungen ∗ **Mo**|**ni**|**tor** (l.), der; –s, ..toren: Kontrollgerät beim Fernsehen : Bildschirm beim Computer : Strahlennachweis- und -messgerät : Bergbaugerät; Aufseher : eine Art Panzerschiff ∗ **Mo**|**ni**|**to**|**ri**|**um**, das; –s, ..rien: Erinnerungsschreiben ∗ **Mo**|**ni**|**tum**, das; –s, ..ta: Ermahnung, Rüge

Mo|**nis**|**mus** (nl.), der; –: philos. Einheitslehre, die alle Erscheinungen auf eine einzige Grundkraft zurückführt ∗ **Mo**|**nist**, der; –en, –en: Anhänger des Monismus ∗ *Monistenbund;* vgl. mono.. usw. **Mo**|**ni**|**teur, Mo**|**ni**|**tum:** s. monieren

mo|**no**.. (gr.) (in Zus.): allein, einzig ∗ **Mo**|**no**|**chord**, das; –(e)s, –e: Instrument zum Untersuchen der Saitenschwingungen ∗ **mo**|**no**|**chrom** Ew.: einfarbig ∗ **Mo**|**no**|**chro**|**ma**|**sie**, die; –: Einfarbensehen : Farbenblindheit ∗ **Mo**|**no**|**die**, die; –, ..dien: einstimmiger Gesang ∗ **mo**|**no**|**disch** Ew.: einstimmig ∗ **Mo**|**no**|**drama**, das; –s, ..men: Drama mit *einer* Person; z. B. Goethes "Proserpina" ∗ **Mo**|**no**|**ga**|**mie**, die; –, ..mien: Einehe ∗ **mo**|**no**|**gam, mo**|**no**|**ga**|**misch** Ew.: in einer Einehe lebend ∗ **Mo**|**no**|**ga**|**mist**, der; –en, –en: in Einehe Lebender ∗ **Mo**|**no**|**ge**|**ne**|**se**, die; –: Ursprung aus *einer* Quelle, von *einem* Paar ∗ **Mo**|**no**|**go**|**nie**, die; –: ungeschlechtliche Fortpflanzung **Mo**|**no**|**gra**|**fie** *auch:* **Mo**|**no**|**gra**|**phie**, die; –, ..fien *auch:* ..phien: Abhandlung über *eine* Person, *einen* wissenschaftlichen Gegenstand ∗ **mo**|**no**|**gra**|**fisch** *auch:* **mo**|**no**|**gra**|**phisch** Ew.: in Einzelbeschreibung : einzeln ∗ **Mo**|**no**|**gramm**, das; –s, –e: Namenszug, (verschlungene) Anfangsbuchstaben eines Namens ∗ **Mo**|**no**|**hy**|**b**|**ri**|**de**, der; –n, –n: Bastard, dessen Eltern sich nur in *einem* Merkmal unterscheiden ∗ **Mo**|**no**|**kel** (gr.-l.), das; –s, –: Einglas, Augenglas für *ein* Auge ∗ **mo**|**no**|**klin** Ew.: (Bot.) zweigeschlechtlich ∗ **Mo**|**no**|**ko**|**ty**|**le**|**do**|**ne**, die; –, –n: (Bot.) Einsamenlapper,

Spitzkeimer ∗ **Mo**|**no**|**kra**|**tie**, die; –, ..tien: Alleinherrschaft ∗ **mo**|**no**|**ku**|**lar** (gr.-l.) Ew.: mit *einem* Auge, für *ein* Auge ∗ **Mo**|**no**|**kul**|**tur**, die; –, en: Anbau nur *einer* Pflanzenart auf einer Fläche ∗ **mo**|**no**|**la**|**te**|**ral** Ew.: einseitig ∗ **Mo**|**no**|**lat**|**rie**, die; –: Verehrung nur eines Gottes unter mehreren ∗ **Mo**|**no**|**lith**, der; –s und –en, –e(n): aus *einem* Steinblock gearbeitetes Bildwerk ∗ **Mo**|**no**|**log**, der; –s, –e: Selbstgespräch ∗ **mo**|**no**|**lo**|**gisch** Ew.: wie ein Selbstgespräch ∗ **mo**|**no**|**lo**|**gi**|**sie**|**ren** intr.: ein Selbstgespräch führen ∗ **Mo**|**nom, Mo**|**no**|**nom**, das; –s, –e: eingliederige Zahlengröße ∗ **mo**|**no**|**man, mo**|**no**|**ma**|**nisch** Ew.: mit Monomanie behaftet ∗ **Mo**|**no**|**ma**|**nie**, die; –, ..nien: fixe Idee, Wahnvorstellung, beschränkter Wahnsinn ∗ **mo**|**no**|**mer** Ew.: (Chem.) mit getrennten Molekülen ∗ *Monomere:* Stoffe, die monomer sind ∗ **mo**|**no**|**misch** Ew.: eingliedrig ∗ **Mo**|**no**|**pe**|**ta**|**le**, die; –, –n: Einkronblätter, Pflanze mit ungeteilter Blumenkrone ∗ **Mo**|**no**|**pho**|**bie**, die; –: Angst vor dem Alleinsein ∗ **Mo**|**no**|**ph**|**thong**, der; –s, –e: einfacher Vokal ∗ **Mo**|**no**|**ph**|**thon**|**gie**|**rung**, die; –: Übergang von Zwielauten in einfache Vokale, z. B mhd. guot: nhd. gut ∗ **mo**|**no**|**phy**|**le**|**tisch** Ew.: monogenetisch; s. a. Monogenese ∗ **Mo**|**no**|**ple**|**gie**, die; –, ..gien: einseitige Lähmung ∗ **Mo**|**no**|**po**|**die**, die; –, ..dien: (Verskst.) Einfüßigkeit ∗ **Mo**|**no**|**pol**, das; –s, –e: Alleinhandel, Alleinrecht ∗ *Monopolbrennerei; Monopolinhaber; Monopolkapitalismus; Monopolkapitalist* ∗ **mo**|**no**|**po**|**li**|**sie**|**ren** (..iert) tr.: zum Alleinverkauf bestimmen, auf den Alleinhandel beschränken ∗ **Mo**|**no**|**po**|**list**, der; –en, –en: Alleinhändler : Inhaber des Alleinhandelsrechts ∗ **Mo**|**no**|**p**|**te**|**ros**, der; –, ..pteren und ..roi: von einer Säulenreihe umgebener röm. Rundtempel : Pavillon ∗ **mo**|**no**|**sem** Ew.: (Sprachw.) eindeutig ∗ **mo**|**nos**|**ti**|**chisch** Ew.: aus Einzelversen bestehend ∗ **Mo**|**nos**|**ti**|**chon**, das;

–s, ..cha: Einzelvers ✳ **mo|no|syl|labisch** Ew.: (Verskst.) einsilbig ✳ **Mo|no|syl|labum,** das; –s, ..ba oder ..ben: einsilbiges Wort ✳ **mo|no|syn|de|tisch** Ew.: (Sprachw.) aufzählend mit nur einer Konjunktion vor dem letzten Wort ✳ **Mo|no|the|is|mus,** der; –: Glaube an *einen* Gott ✳ **Mo|no|the|ist,** der; –en, –en: Anhänger des Monotheismus ✳ **mo|no|the|is|tisch** Ew.: den Monotheismus betreffend : an *einen* Gott glaubend ✳ **mo|no|ton** Ew.: eintönig : einförmig : langweilig ✳ **Mo|no|to|nie,** die; –, ..nien: Eintönigkeit : Einförmigkeit : Langweiligkeit ✳ **mo|no|trop** Ew.: nur auf *eine* Art umwandelbar ✳ **Mo|no|ty|pe** (gr.-e.) [..teip], die; –, –s: Setz- und Gießmaschine für Einzelbuchstaben ✳ **Mo|no|xid** *auch:* **Mo|no|xyd:** Oxid mit einem Sauerstoffatom ✳ **Mo|nö|zie,** die; –: Einhäusigkeit, Vorkommen männlicher und weiblicher Blüten auf derselben Pflanze ✳ **mo|nö|zisch** Ew.: (Bot.) einhäusig ✳ **mo|no|zy|k|lisch** Ew.: in dieselbe Kreisbewegung zurücklaufend ✳ **Mo|no|zyt,** der; –en, –en: größtes weißes Blutkörperchen **Mon|roe|dok|trin** (e.) [monro..], die; –: Grundsatz der Ablehnung europäischer Einmischung in amerikanische Angelegenheiten und umgekehrt **Mon|seig|neur** (fr.) [mongßänjöhr], der; –s, –e und –s: „gnädiger Herr", Anrede und Titel hoher fr. weltl. und kirchl. kath. Würdenträger ✳ **Mon|sieur** [m'ßjöh], der; –s, Messieurs [mähßjöh]: mein Herr : Herr; Abk.: M., Mz. MM. ✳ **Mon|si|g|no|re** (it.) [monßinjore] der; –s, ..ri: Titel kathol. Prälaten

Mons|ter (e.), das; –s, –(s): das Ungeheuer : das ungeheuer Große, Unermessliche ✳ *Monstera:* Kletterpflanze ✳ *Monsterbau; Monsterfilm:* Horror- und Katastrophenfilm, in dem Monster vorkommen, *Monsterkonzert:* Konzert, bei dem alle Instrumente besonders stark besetzt sind; *Monstermeeting* [..mihting]: ungeheuer große Versammlung;

Monsterprogramm; Monsterprozess; Monsterschau ✳ **mons|trös** (l.) Ew.: unförmig, missgebildet ✳ **Mons|tro|si|tät,** die; –, –en: Missbildung : Unförmigkeit ✳ **Mons|trum,** das; –s, ..stren und ..stra: Missgestalt : Ungeheuer

Mons|tranz (nl.), die; –, –en: (kath. K.) Hostienschrein : Gefäß zur Aufstellung der Hostie

Mon|sun (arab.), der; –s, –e: halbjährig wechselnder Wind der äußeren Tropenzone ✳ *Monsunregen*

Mon|tag, mon|tags: s. Mond **Mon|ta|ge** (fr.) [mon(g)-tahseh'], die; –, –n: Aufstellung, Zusammensetzung (von Maschinen) ✳ *Montageband; Montagebauweise; Montagehalle; Montagekran; Montagezeit* ✳ **Mon|teur** [mon(g)töhr], der; –s, –e: Aufsteller, Einrichter von Maschinen, Werkmeister, Werkführer ✳ **mon|tie|ren** (..iert) [mong.. und mon..] tr.: (Maschine) aufstellen, einrichten : ausrüsten ✳ **Mon|tie|rung,** die; –, –en: Aufstellung einer Maschine : Ausrüstung ✳ **Mon|tur** [(meist) mon..], die; –, –en: Arbeits-, Dienstkleidung

Mon|tag|nard (fr.) [mongtanjahr], der; –s, –s: Radikaler der franz. Revolutionspartei [fr. montagne Berg]

mon|tan, mon|ta|nis|tisch (l.) Ew.: Bergbau und Hüttenwesen betreffend ✳ *Montanaktie:* Bergwerksanteilschein; *Montananstalt:* Hochschule für Bergbau und Hüttenwesen; *Montangesellschaft:* Bergbaugesellschaft; *Montanindustrie:* Bergbau und Hüttenwesen; *Montanmarkt; Montanmitbestimmung; Montanunion:* europäische Gemeinschaft für Kohle und Stahl; *Montanwerke*

Mon|ta|nis|mus, der; –: von Montanus begründete altkirchl. Bewegung ✳ **Mon|ta|nist,** der; –en, –en: Anhänger einer von Montanus gegr. altchristlichen Sekte

Mont|blanc (fr.) [mongblang], der; –s: höchster Berg Europas in den Alpen

Mon|te Car|lo [– ka]: Stadt in Monaco

Mon|te Cas|si|no [– ka-]: Berg und Kloster in Italien

Mon|te|ne|g|ro: Gebirgsland auf dem Balkan : Teilstaat Jugoslawiens ✳ **Mon|te|ne|g|ri|ner,** der; –s, –: Bewohner Montenegros ✳ **mon|te|ne|g|ri|nisch** Ew.

Mon|teur: s. Montage **Mon|te|vi|deo:** Hauptstadt Uruguays

Mon|te|zu|ma: aztekischer Herrscher ✳ *Montezumas Rache:* (Umgspr.) Durchfallerkrankung bei Touristen

Mont|gol|fie|re (fr.) [monggolfjähr'], die; –, –n: Heißluftballon, nach dem Erfinder Montgolfier [monggolfjeh] benannt

mon|tie|ren: s. Montage **Mont|mart|re** (fr.) [mongmartre], der; –s: Künstlerviertel in Paris

Mont|re|al [montrial]: Stadt in Kanada

Mont|sal|watsch: Gralsburg **Mon|tur:** s. Montage **Mo|nu|ment** (l.), das; –(e)s, –e: Denkmal ✳ **mo|nu|men|tal** Ew.: denkmalartig, für die Dauer bestimmt : riesig, gewaltig ✳ *Monumentalausgabe; Monumentalbau:* gewaltiger Bau; *Monumentalfilm; monumentalgemälde* ✳ **Mo|nu|men|ta|li|tät,** die; –: Riesenhaftigkeit : eindrucksvolle Größe

Moon|boots (e.) [muhnbuhts] Mz.: unförmige, gefütterte Kunststofstiefel im Astronautenlook [e. moon Mond]

Moor, das; –(e)s, –e: Bruch, Moos: sumpfiges Torfland : mörastiger Boden ✳ *Mooraal; Moorbad; Moorboden; Moordamm; Moordeich; Moorgrund; Moorheide; Moorkolonie; Moorkultur; Moorland; Moorleiche; Moorpackung; Moorschneehuhn; Moorsiedlung; Moorwasser* ✳ **moo|rig** Ew.: aus Moor bestehend : moorartig : morastig

Moos, das; –es, –e: Möschen: eine blütenlose niedere Pflanzengattung : (obd.) (Mz. Möser) Moor ✳ *Moosart; Moosbank; Moosbeere; moosbedeckt* Ew.; *moosbewachsen* Mw. Ew.; *Moosfarn; Moosflechte; moosgrau* Ew.; *moosgrün* Ew.; *Mooskrepp; Moos-*

pflanzen; Moospolster; Moos-rose; Moostierchen ✶ **moos**|**sig** Ew.: moosbewachsen : moorig ✶ **Moos**|**ling,** der; -s, -e: Pilz
Moos (hebr.), das; -: (Umg-spr.) Geld
Mo|**ped,** das; -s, -s: Kleinst-motorrad
Mop → **Mopp** (e.), der; -s, -s: eine Art Besen aus Stofffransen ✶ **mop**|**pen** tr., intr.: mit dem Mopp reinigen [l. mappa Wischtuch]

Mopp
Zur Verdeutlichung, dass das Wort *Mopp* mit kurzem Vokal auszusprechen ist, wird der *p*-Auslaut verdoppelt.

Mop|**pe,** die; -, -n: (nord-westd.) Gebäck : (altmärk.) Ohrfeige : (niederd.) Mütze
Mop|**pel,** der; -s, -; **Mop**|**per,** der; -s, -: **Mops,** der; -es, -e und Möpse; Möpschen: eine Hunderasse : Dummkopf : ein Dicker : (Mz.) (stud.) Gelder ✶ *Mopsgesicht; Mopsnase* ✶ **mop**|**sen** (du mopsest und mopst) rbz.: sich langweilig wie ein Mops : tr.: (Umgspr.) stehlen ✶ **mop**|**sig** Ew.: mops-artig : dick : langweilig
Mo|**ra** (it.), die; -: ein Finger-spiel
Mo|**ra, Mo**|**re** (l.), die; -, ..ae (..ren): Verzögerung, Auf-schub : kleinste Zeiteinheit im Verstakt (Silbe) ✶ **mo**|**ran**|**do** (it.): (Mus.) zögernd, verweilend ✶ **Mo**|**ra**|**to**|**rium** (nl.), das; -s, ..rien oder ..ria: Stun-dung, (Zahlungs-)Fristverlän-gerung .
Mo|**ral** (l.), die; -, -en: der In-begriff sittlicher Grundsätze ✶ *Moralbegriff; Moralgesetz; Moralkodex; Morallehre; Mo-ralphilosophie; Moralpredi-ger; Moralpredigt; Moralprin-zip; Moraltheologie* ✶ **Mo**|**ra**|**lin,** das; -s: scheinheili-ges Getue in Fragen der Moral ✶ *moralinsauer* ✶ **Mo**|**ral** **in**|**sa**|**ni**|**ty** → **Mo**|**ral In**|**sa**|**ni**|**ty** (e.) [morel inßänniti]. die; --: sittlicher Schwachsinn ✶ **mo**|**ra**|**lisch** Ew.: sittlich ✶ **mo**|**ra**|**li**|**sie**|**ren** (..iert) intr.: Moral predigen : sittliche Be-trachtungen anstellen ✶ **Mo**|**ra**|**lis**|**mus,** der; -: das Ver-treten eines verbindlichen Sit-tenkodexes ✶ **Mo**|**ra**|**list,** der;

-en, -en: Sittenlehrer, Sitten-richter ✶ **Mo**|**ra**|**li**|**tät,** die; -, -en: Sittlichkeit : (Mz.) mittel-alt. geistl. Schauspiele moral. Inhalts
mo|**ran**|**do:** s. Mora
Mo|**rä**|**ne** (fr.), die; -, -n: Glet-schergeröll, Gletscherwall ✶ *Moränenbildung; Moränen-landschaft*
Mo|**rast,** der; -es, -e und ..räste: aufgeweichter Boden : Sumpfland : Schmutz ✶ **mo**|**ras**|**tig** Ew.: mit Morast be-deckt, kotig
Mo|**ra**|**to**|**rium:** s. Mora
mor|**bid** (l.-fr.) Ew.: angekrän-kelt : krankhaft : morsch ✶ **Mor**|**bi**|**dez**|**za** (it.), die; -: Weichheit, Zartheit (von ge-maltem Fleische) ✶ **Mor**|**bi**|**di**|**tät,** die; -: Kränk-lichkeit : Häufigkeit von Er-krankungen ✶ **Mor**|**bi**|**li**|**tät,** die; -: Erkrankungsziffer ✶ **Mor**|**bo**|**si**|**tät,** die; -: Kränklich-keit, Siechtum ✶ **Mor**|**bus,** der; -, ..bi: Krankheit [l. morbus Krankheit]
Mor|**bo**|**si**|**tät:** s. morbid
Mor|**chel,** die; -, -n: ein Ess-pilz ✶ **Morch**|**ling;** der; -s, -e: ein Pilz
Mord, der; -(e)s, -e: vorsätzli-che, gewaltsame Tötung eines Menschen aus niedrigen Be-weggründen : (übertr.) vernich-tendes Unrecht ✶ *Mordanklage; Mordanschlag; Mordaxt; Mordbegierde; mordbegierig* Ew.; *Mordbeil; Morddrohung; Mordfall; Mordgeschichte; Mordgeselle; Mordgier; mord-gierig* Ew.; *Mordinstrument; Mordkommission; Mordlust; mordlustig* Ew.; *Mordnacht; Mordprozeß* → *Mordprozess; Mordtat; Mordverdacht; Mord-versuch; Mordwaffe; Mord-werkzeug* ✶ *mords..:* (in Zus.) sehr groß; *Mordsarbeit:* sehr schwere Arbeit; *Mordsding; Mordsdurst; mordsdumm* Ew.: sehr dumm; *Mordsdusel; Mordsgaudi; Mord(s)ge-schichte:* außergewöhnliche Geschichte; *Mordshitze; Mordshunger; mordsmäßig* Ew.: ungeheuer; *Mords-schreck; Mordsspaß; Mords-spektakel; Mordsweg:* furchtbar schlechter Weg; *mordswenig* Ew.: sehr wenig; *Mordswut* ✶

mor|**den** tr., intr.: vorsätzlich töten ✶ **Mör**|**der,** der; -s, -: der Mordende : (Zool.) Rot-Seiden-schwanz : Schwertwal ✶ *Mör-derarm; Mördergrube; Mör-derhand; Mörderhöhle; Mör-derwaffe* ✶ **mör**|**de**|**risch,** **mör**|**der**|**lich** Ew.: mordend, nach Art von Mördern : grau-sam, schrecklich : hochgradig ✶ **mor**|**dio!:** „Mord!",: ein Angst-ruf ✶ *Zeter und Mordio (zeter-mordio) schreien:* (Umgspr.): laut um Hilfe rufen : etwas dra-matisieren
Mor|**dent** (it.), der; -, -e: (Mus.) Ziertriller, Pralltriller ✶ **Mo**|**rel**|**le** (it.), die; -, -n: Sau-erkirschenart
mo|**ren**|**do, mo**|**ri**|**en**|**te** (it.): (Mus.) ersterbend, verschwin-dend, abnehmend ✶ **mo**|**ri**|**bund** (l.) Ew.: sterbend ✶ **Mor**|**ta**|**li**|**tät,** die; -, -en: Sterblich-keit, Sterbefallziffer : hochgradig ✶ *Mortali-tätstabelle* ✶ **Mor**|**ti**|**fi**|**ka**|**ti**|**on,** die; -, -en: Tötung, Ertötung : Kasteiung : das Mürbemachen : (Rechtsspr.) Tilgung ✶ *Morti-fikationserklärung:* Ungültig-keitserklärung ✶ **mor**|**ti**|**fi**|**zie**|**ren** (spätl.) tr.: töten, absterben lassen : kasteien, mürbe ma-chen : (Rechtsspr.) aufheben, für ungültig erklären [l. mori sterben]
Mo|**res** (l.) Mz.: Sitten, An-stand ✶ *Mores lehren* tr.: An-stand lehren
Mo|**res**|**ke** (it.), die; -, -n: (Baukst.) Laubwerkverzierung : Arabeske
Mor|**ga**|**na:** s. Fata Morgana
mor|**ga**|**na**|**tisch** (ml.) Ew.: zur linken Hand ✶ *morganati-sche Ehe:* unebenbürtige Ehe regierender Fürsten
mor|**gan**|**haft** Ew.: zauberisch; vgl. Fata Morgana
Mor|**gen,** der; -s, -: Tageszeit : Anfang des Tages : Zeit des Sonnenaufgangs : Vormittag : Anbruch einer Zeit : Osten : ein Feldmaß ✶ *gegen Morgen; ei-nes Morgens; am Morgen; gu-ten Morgen wünschen* ✶ *ein Morgen Land* ✶ *Morgenan-dacht; Morgenausgabe:* mor-gens erscheinende Zeitung; *Morgenblatt; Morgenzeitung; Morgendämmerung; Morgen-duft; Morgendunst; morgen-frisch* Ew.; *Morgenfrost; Mor-*

genfrühe; *Morgengabe:* Geschenk des Gatten an die junge Frau : Mitgift der Braut; *Morgengebet; -glanz; -grauen; Morgengruß; Morgengymnastik; Morgenkühle; Morgenland:* östliches Land, Orient; *morgenländisch* Ew.; *Morgenlicht; Morgenluft; Morgenmantel; Morgenmuffel:* jemand, der morgens noch unausgeschlafen ist; *Morgennebel; Morgenrock; Morgenrot, Morgenröte:* die rötliche Färbung des Himmels bei Sonnenaufgang : (übertr.) Wendung zum Besseren; *Morgenruhe; -schlummer; morgenschön* Ew.; *Morgensonne; Morgenspaziergang; Morgenstern; Morgenstille; Morgenstrahl; Morgenstunde; Morgentau; Morgenzeit; Morgenzeitung*

mor|gen Uw.: am Morgen des folgenden Tages : am folgenden Tag * *bis morgen; morgen abend* → *morgen Abend; morgen früh; morgen mittag* → *morgen Mittag; der Computer von morgen* * **Mor|gen,** das; -s: die nächste Zukunft * *das Gestern und das Morgen* * **mor|gend** Ew.: kommend * **mor|gend|lich** Ew.: dem Morgen, der Tagesfrühe angehörig * **mor|gens** Uw.: früh am Tage * **mor|gig** Ew.: morgend * **..mor|gig** Ew., nur in Zus. mit Zahlwörtern: z. B. dreimorgig: drei Morgen groß

Mor|gen|thau|plan, der; -s: Plan zur Behandlung Deutschlands nach der Kapitulation 1945, benannt nach dem damaligen US-Finanzminister

mo|ri|bund: s. morendo

Mo|ri|nell, (span.), der; -s, -e; **Mor|nel|le,** die; -, -n: eine Regenpfeiferart (Vogel)

Mo|ris|ke (span.), der; -n, -n: zum Christentum bekehrter span. Maure

Mo|ri|tat, die; -, -en: Mordtat : Bänkelsängerlied und Bild einer Schauertat * *Moritatensänger*

Mor|mo|ne, der; -n, -n: Angehöriger der am. Sekte „Kirche Jesu Christi der Heiligen der Letzten Tage", genannt nach dem Buch „Mormon" von Joseph Smith; s. Latter-Day Saints * *Mormonenprediger* *

Mor|mo|nen|tum, das; -s: Lehre und Glaube der Mormonen

mo|ros (l.) Ew.: mürrisch, grämlich : saumselig * **Mo|ro|si|tät,** die; -: mürrisches Wesen, Grämlichkeit : Saumseligkeit

Mor|phe, (gr.), die; -: Form : Gestalt * **Mor|phem,** das; -s, -e: (Sprachw.) kleinste sprachliche Einheit, die auch Bedeutungsträger ist * **Mor|pheus:** griech. Gott des Schlafes und Traumgott * **Mor|phin,** **Mor|phi|um,** das; -s: Betäubungs- und Schlafmittel * *Morphiumspritze; Morphiumsucht; morphiumsüchtig* Ew. * **Mor|phi|nis|mus** (gr.-nl.), der; -: Morphiumsucht * **Mor|phi|nist,** der; -en, -en: Morphiumsüchtiger * **Mor|pho|ge|ne|se, Mor|pho|ge|ne|sis,** die; -, ..sien; **Mor|pho|ge|nie** (gr.), die; -, ..nien: Entwicklungsgeschichte der Gestalten * **Mor|pho|lo|gie,** die; -, ..gien: Gestaltlehre : (Sprachw.) Formenlehre * **mor|pho|lo|gisch** Ew.: gestaltlich : die Gestalt betreffend [gr. morphe Gestalt] * **morsch** Ew.: (niederd.) fehlerhaft, mürbe, leicht zerfallend * **Morsch|heit,** die; -: das Morschsein

Mor|se: amerikanischer Erfinder des elektrischen Telegrafen * *Morsealphabet; Morseapparat; Morsezeichen* * **mor|sen** (du morsest und morst) intr., tr.: fernschreiben mit dem Morseapparat

Mör|ser, der; -s, - : tiefes Gefäß zum Zerstampfen und Zerreiben harter Stoffe : mörserförmiges Gehäuse des Seekompasses : schweres Geschütz * *Mörserkeule, Mörserkolben:* Stößel * **mör|sern** (ich ..[e]re) tr.: im oder wie im Mörser stoßen, zermalmen

Mor|ta|del|la, die; -, -s: ital. Wurst aus Rindfleisch

Mor|ta|li|tät: s. morendo

Mör|tel (l.), der; -s: Gemenge aus Kalk und Sand zur Verbindung von Steinen * *Mörtelhaue; Mörtelkalk; Mörtelkelle; Mörtelpfanne* * **mör|teln** (ich ..[e]le) tr.: mit Mörtel versehen, verbinden usw.

Mor|ti|fi|ka|ti|on: s. morendo

Mo|ru|la (l.), die; -: frühestes Stadium der Keimentwicklung

Mo|sa|ik (arab.-fr.), das; -s, -e(n): Fugbild, Bild aus kleinen zusammengesetzten bunten Steinen * *Mosaikarbeit; mosaikartig* Ew.; *Mosaikbild; Mosaikfußboden; Mosaikstein* * **Mo|sa|ist, Mo|sa|i|zist,** der; -en, -en: jmd., der Mosaike herstellt

Mo|schee (arab.-fr.), die; -, ..scheen: „Bethaus", islam. Tempel

mo|schen intr.: (Umgspr.) vergeuden : verschwenden

Mös|chen: s. Moos

Mo|schus (arab.-ml.), der; -, ..schusse: ein wohlriechender tierischer Saft * *moschusartig* Ew.; *Moschusbock; Moschusgeruch; Moschusochse; Moschustier*

Mo|se, Moses: bibl. Gestalt des A.T. * **mo|sa|isch** Ew.: von Mose stammend : in Bezug zu Mose stehend * **Mo|sa|is|mus,** der; -: Moses Lehre : jüdische Religion

Mö|se, die; -, -n: (vulgär) weibl. Genitalien

Mo|sel, der; -s: Nebenfluss des Rheins * *Moselland; Moselkanal; Moselwein*

Mo|ses, der; -, -se: Schiffsjunge : Jüngster an Bord eines Schiffes

Mos|kau: Hauptstadt Russlands * **Mos|kau|er,** der; -s, -: Bewohner Moskaus * **mos|kau|isch** Ew. * **Mos|ko|wi|ter,** der; -s, -: Russe : Moskauer * **Mos|k|wa:** russ. Fluss : russ. Form für Moskau

Mos|ki|to (span.), der; -s, -s: Stechmücke * *Moskitonetz; Moskitostich*

Mos|lem, Mus|lim (arab.), der; -s, -s bzw. ..lime: Anhänger des Islams, Muselman * **mos|le|misch, mus|li|misch** Ew.: den Islam betreffend * **Mus|li|min,** die; -, -nen: Anhängerin des Islams

mos|so (it.): (Mus.) bewegt, mit etwas lebhafterer Bewegung

Most, der; -(e)s, -e: ungegorener gekelterter Frucht- oder Traubensaft : (schweiz.) Obstwein * *Mostapfel; Mostbirne; Mostkelter:* Ort und Anstalt zum Pressen der Früchte;

Mostpresse ∗ **mos|ten** tr., intr.: Most machen ∗ **Mos|te|rei**, die; –, –en: Ort, an dem Most hergestellt wird ∗ **Mos|t|rich**, **Mos|tert**, der; –(e)s, –e: gestoßener Senf, mit Most oder Essig eingemacht

Mo|tel (e.) das; –s, –s: „Motorhotel", Hotel für Autoreisende **Mo|tet|te** (it.), die; –, –n: kirchl. Chorwerk ∗ *Motettenstil*

Mo|ti|li|tät (nl.), die; –, –en: Beweglichkeit ∗ **Mo|ti|on** (l.), die; –, –en: Bewegung : geistige Anregung : Antrag : (Sprachl.) (Geschlechts-)Beugung ∗ **Mo|ti|o|när**, der; –s, –e: Antragsteller ∗ **Mo|tiv** (nl.), das; –s, –e: Beweggrund, Triebfeder, Ursache, Lockmittel : Vorwurf : künstlerisches Vorbild, Thema ∗ *Motivforschung:* Zweig der Marktforschung; *Motivsammler* ∗ **Mo|ti|va|ti|on**, die; –, –en: das Sich-gegenseitig-Bedingen seelischer Geschehnisse : die Beweggründe des Willens ∗ **mo|ti|vie|ren** (..iert) tr.: begründen : jemanden anregen, etwas zu tun ∗ **Mo|ti|vie|rung**, die; –, –en: Begründung ∗ **Mo|to-Cross** *auch:* **Moto-cross** (e.), das; –: Motorrad im Gelände ∗ **Mo|tor** (l.), der; –s, ..toren: Beweger : Triebkraft, Triebmaschine : Kraftmaschine ∗ *Motorblock; Motorboot; Motorenbau; Motorengeräusch; Motorenlärm; Motorfahrzeug; Motorflug; Motorhaube; Motorjacht; Motorleistung; Motoröl; Motorrad; Motorradfahrer; Motorradbrille; Motorradrennen; Motorroller; Motorsäge; Motorschaden; Motorschiff; Motorschlepper; Motorschlitten; Motorsegler; Motorsport; Motorspritze; Motorwagen* ∗ **..mo|to|rig** Ew. (nur in Zus.): mit (soundso vielen) Motoren versehen, z. B. viermotorig ∗ **Mo|to|rik**, die; –: Bewegungslehre, Bewegungsabläufe ∗ *Feinmotorik* ∗ **mo|to|risch** Ew.: bewegend ∗ **mo|to|ri|sie|ren** (..iert) tr.: einen Motor einbauen ∗ **mo|to|ri|siert** Ew.: mit Kraftwagen ausgerüstet : Motorbetrieb einrichten ∗ **Mo|to|ri|sie|rung**, die; –: Umstellung auf Motorbetrieb ∗

Mol|vens, das; –: bewegende Kraft : Auslöser ∗ **mo|vie|ren** (..iert) [..w..] tr.: bewegen ∗ **Mo|vi|men|to** (it.) [..w..], der; –s, –s: (Mus.) Zeitmaß, Bewegung

Mot|te, die; –, –n: Kleinschmetterling : (übertr.) etwas Winziges : Grille ∗ *Mottenbekämpfung; Mottenblume; mottenecht* Ew.; *mottenfest* Ew.; *Mottenfraß; Mottenkiste; Mottenkugel; Mottenpulver; mottensicher* Ew.; *mottenzerfressen* Ew.; *Mottenwelt:* Welt für Motten, für kleinliches Treiben ∗ **mot|ten** intr.: (ldschftl.) schwelen

Mot|to (it.), das; –s, –s: Wahlspruch, Zitat : Leitgedanke

Mo|tu|pro|p|rio, das; –s: „aus eigenem Antrieb", Papsterlass ∗ **mot|zen** intr.: (Umgspr.) schmollen : verdrießlich sein ∗ *motzig* Ew.

mou|il|lie|ren (fr.) [mujhiren] tr.: „erweichen", ein „j" nachhören lassen [vgl. fr. travail ..waj]

Moul|la|ge (fr.) [mulahsch'], der; –, –s: Abdruck, Formerei

Moul|li|né *auch:* **Moul|li|nee** *auch:* **Mu|li|nee** (fr.) [mu..], der; –s, –s: verschiedenfarbiges Gewebe, Zwirn ∗ **mou|li|nie|ren**, **mu|li|nie|ren** (..iert) tr., intr.: Seide zwirnen

Moun|tain|bike (e.) [mauntnbaik], das; –s, –s: besonders sportliches, geländegängiges Fahrrad

Mount E|ve|rest [maunt Ew..]: höchster Berg der Erde im Himalaja

Mousse (fr.) [muß], die; –, –s: schaumige Speise ∗ *Mousse au chocolat*

Mous|seux (fr.) [mussöh], der; –, –: Schaumwein ∗ **mous|sie|ren** (..iert) [muss..] intr.: schäumen : perlen

Mous|se|line : s. Musselin

Mous|té|ri|en (fr.) [mustehrjäng], das; –(s): eine Kulturstufe der älteren Steinzeit

Mou|ton (fr.) [mutong], das; –s, –s: Schaf, der Schöps : (spött.) Mitglied der französischen Geheimpolizei

Mö|we, die; –, –n: ein Wasservogel ∗ *Möwenei; Möwenschrei*

Mo|za|ra|ber, der; –s, –: arabi-

sierter spanischer Christ

Mo|zart: östr. Komponist ∗ *Mozartabend; Mozartkugel:* Pralinen aus Salzburg; *Mozartzopf* ∗ **Mo|zar|te|um**, das; –s: Musikinstitut in Salzburg ∗ **mo|zar|tisch** Ew.: in der Art Mozarts

mp (Abk.): mezzopiano
MP (Abk.): Military Police : Maschinenpistole
Mr. (Abk.): Mister
Mrd. (Abk.): Milliarde(n)
Mrs. (Abk.): Mistress
MS (Abk.): Motorschiff
Msgr. (Abk.): Monsignore
Mskr. (Abk.): Manuskript
Mt (Abk.): Megatonne
MTA (Abk.): medizinisch-technische Assistentin

Much|tar, (arab.), der; –s, –e: türkischer Ortsvorsteher

Muck, der; –(e)s, –e: der geringste, leiseste Laut ∗ *muckstill* Ew. ∗ **mu|cken** intr.: einen Muck von sich geben als Zeichen der Unzufriedenheit : üble Laune an den Tag legen : zucken; rbz.: sich nur den geringsten Laut erlauben; tr.: unterdrücken ∗ **Mu|cker**, der; –s, –: der Muckende : Duckmäuser : Scheinheiliger ∗ *Muckerwesen* ∗ **mu|cke|risch** Ew.: brummig, mürrisch ∗ **Mucks**, der; –ses, ..se; **Muck|ser**, der; –s, –: Muck ∗ *mucksmäuschenstill* Ew.: ganz still ∗ **muck|sch** Ew.: beleidigt : gekränkt ∗ **muck|schen** intr.: beleidigt sein ∗ **muck|sen** (du mucksest und muckst) intr., rbz.: mucken

mu-cken Da die Konsonantenverbindung ck nur als ein Laut anzusehen ist, darf sie am Zeilenende bei der Trennung nicht mehr in k-k aufgelöst werden.

Mu|cke, die; –, –n: (mundartl.) Mücke : verdrießlicher Gedanke : Laune : Störung : Defekt ∗ **Mü|cke**, die; –, –n: ein Kerbtier : schwächliche Person : Schönheitsflecken : Visier, Korn eines Gewehres ∗ *Mückenbein; –fänger; –plage; –schwarm; –stich*

Mu|ckel|fuck, der; –s: Kaffeeersatz aus Malz

mu|cken, Mucks usw.: s. Muck

Mud, der; –s: (seem.)

Schlamm, Morast * **Mud**|**del**, der; –s: schlampige Arbeit * *Kuddelmuddel:* Durcheinander * **mud**|**deln** intr.: schlampig arbeiten * **mud**|**dig** Ew.: schlammig

müd, mü|**de** Ew.: durch Arbeit erschlafft : zum Schlaf geneigt : einer Sache überdrüssig * **Mü**|**dig**|**keit**, die; –: das Müdesein : die Ermüdung

Mu|**dir** (arab.), der; –s, –e: Oberbefehlshaber, Verwalter, Statthalter : Leiter einer ägyptischen Provinz

Mud|**scha**|**hed** (arab.), der; –s, ..din: islam. Freiheitskämpfer

Mu|**ez**|**zin** (arab.), der; –s, –s: islam. Gebetsrufer

Muff, der; –(e)s, –e: dumpfes Hundegebell : Maulhänger : Schimmel : dumpfer, modriger Geruch * **Muffknaster:** bester, abgelagerter Tabak * **Muf**|**fel**, der; –s, –: kurze Schnauze : unzufriedener Nörgler : (Baukst.) zur Verzierung dienendes Tier-, namentlich Löwengesicht * **muf**|**fe**|**lig, muff**|**lig** Ew.: muffig * **Muf**|**fe**|**lig**|**keit, Muff**|**lig**|**keit** die; –: (Umgspr.) das muffelige Wesen * **muf**|**feln, müf**|**feln** (ich ..[e]le) intr.: schimmelig, nach Muff riechen; tr., intr.: mit vollen Backen oder wenigen Zähnen kauen : (verächtl.) brummig vor sich hin reden : mürrisch, verdrießlich sein : murren, maulen, schelten * **muf**|**fig** Ew.: brummig, mürrisch : modrig : verschimmelt; vgl. Much

Muff (fr.), der; –(e)s, –e; Müffchen: Pulswärmer, Handwärmer aus Pelz * **Muf**|**fe**, die; –, –n: (Techn.) kurze, über etwas gezogene Röhre oder Hülse * **Muf**|**fel**, die; –, –n: (Chem.) Brennraum des Muffelofens * **Muf**|**fel**|**o**|**fen**, der; –s, ..öfen: feuerfester Schmelztiegel * **muf**|**fe**(**l**)**n** (ich ..[e]le) tr.: einmummen, verhüllen

Muf|**fel**, der; –s, –: unbehaarte Schnauzenstelle bei Huftieren

Muff|**lon** (fr.) [..long], der; –s, –s: Gebirgsschaf * *Muffelwild*

Muf|**ti** (arab.), der; –s, –s: „Rechtsprecher", muslimischer Rechtsgelehrter

Mu|**gel**, der; –s, –: ein Fisch : (Bergb.) rundliches Stück

Minerals * **mu**|**ge**|**lig, mug**|**lig** Ew.: gewölbtflächig

muh: Tonwort zur Bezeichnung des Rindergebrülls *

Muh, Muh|**kuh** die; –, –s: (Kinderspr.) Kuh * **mu**|**hen** intr.: (Kuh) brüllen

Mü|**he**, die; –, –n: Sorge, Gram, Not : Beschwerde, Anstrengung : Sorgfalt * *sich Mühe geben:* sich anstrengen; *sich Mühe machen:* Umstände machen; *es lohnt sich nicht der Mühe, ist nicht der Mühe wert; es kostet mir* (auch mich) *keine Mühe; mit Mühe und Not* * **mü**|**he**|**los** Ew.; **Mühelosigkeit; mü**|**he**|**voll** Ew.; **Mühewaltung:** mit Mühe verknüpftes Tun : freundliches Entgegenkommen * **mü**|**hen** tr.: Mühe machen; rbz.: sich anstrengen, sich plagen * **Müh**|**sal**, die; –, –e: etwas Mühe und Beschwerde Verursachendes : Beschwerden * **müh**|**sam** Ew.: mit Mühe und Anstrengung : (veralt.) eifrig, arbeitsam * **Müh**|**sam**|**keit**, die; –, –en: das Mühsamsein * **müh**|**se**|**lig** Ew.: beschwerlich : kummervoll * **Müh**|**se**|**lig**|**keit**, die; –, –en: Beschwernis

Müh|**le** (l.), die; –, –n: Maschine zur Mehlbereitung : Maschine zum Zerkleinern fester Stoffe mit einem den Mahlmühlen ähnlichen Triebwerk : ein Brettspiel * *das ist Wasser auf deine Mühle:* das bestärkt dich in deiner Ansicht * **Mühlbach; Mühlgang:** Mahlgang; **Mühlgerechtigkeit:** Mahlgerechtigkeit; **Mühlgraben; Mühlmetze:** Mahlmetze; **Mühlrad; Mühlstaub; Mühlstein; Mühlteich; Mühlwehr:** Wehr zum Stauen des Mühlwassers; **Mühlwerk:** Räderwerk einer Mühle * **Mühlenbau(er); Mühlenbereiter:** erster Arbeiter in einer Papiermühle; **Mühlenbescheider; Mühlenscheider:** Arbeiter, der das Mühlwerk in Ordnung hält; **Mühlenbesitzer(in); Mühlenrad; Mühlenrute:** Stange der Windmühlenflügel; **Mühlenstein; Mühlenteich; Mühlenwehr** * **Mühlespiel:** Brettspiel mit schwarzen und weißen Steinen

Muh|**me**, die; –, –n; Mühmchen: „Mutterschwester",

weibliche Verwandte : Kinderwärterin : Aufseherin übers Vieh : (veralt.) Hure : Nixe

Müh|**sal:** s. Mühe

Muh|**ta:** s. Muchtar

mu|**kos, mu**|**kös** (l.) Ew.: schleimig * **Mu**|**ko**|**sa**, die; –, ..sen: Schleimhaut

Mu|**lat**|**te** (span.), der; –n, –n: Nachkomme eines weißen und eines schwarzen Elternteils

Mulch, der; –(e)s, –e: kleingehäckselte Gartenabfälle als Deckschicht für den Boden * *Mulchblech:* Laubzerkleinerer * **mul**|**chen** tr.: mit Mulch abdecken

Mul|**de**, die; –, –n; Müldchen: längliches, ausgehöhltes Holzgefäß : ein Maß : (Bergb., Geol.) Talsenkung * *Muldenblei:* in Mulden gegossenes Blei; *muldenförmig* Ew.; *Muldengewölbe:* Tonnengewölbe, das auch an den schmalen Seiten gewölbt ist; *Muldenhauer:* einer, der Mulden aus einem Holzblock haut; *muldenweise* Uw.: nach Mulden gemessen

Mu|**li**|**nee:** (Vd. f.) Mouliné

Müll, Mull, der; –(e)s: Torf : Stauberde, Schutt, Kehricht : Abfälle * *Müllabfuhr; Müllabladeplatz; Müllauto; Müllberg; Müllbeutel; Müllcontainer; Mülldeponie; Mülleimer; Müllgrund; Müllhaufen; Müllkasten; Müllkippe; Müllkutscher; Müllaster → Mülllaster:* Lkw zum Abtransport von Müll; *Müllmann; Müllschaufel; Müllschlucker; Mülltonne; Müllverbrennung; Müllverbrennungsanlage; Müllwagen; Müllwerker*

Mull, der; –(e)s: musselinähnliches Baumwollgewebe * *Mullbinde; Mullgardine; Mullkleid; Mulltupfer; Mullwindel*

Mul|**la, Mul**|**lah:** s. Molla

Mül|**ler** (l.), der; –s, –: Mühlenbesitzer; Mühlenhandwerker : (volkst.) Grasmücke * *Müllerbursche; Mülleresel; Müllergesell; Müllergewerbe; Müllerknecht; Müllerwagen* *

Mül|**le**|**rin**, die; –, ..innen: Frau oder Tochter des Müllers * **Mül**|**le**|**rei**, die; –, –en: Müllergewerbe

Mulm, Molm, der; –(e)s, –e: staubige Erde : faules Holz * **mul**|**men** tr.: zu Mulm machen;

intr. (sein): in Mulm zerfallen ✳
mul|mig Ew.: wie Mulm : von
Mulm oder Fäulnis ergriffen :
(volkst.) faul, bedenklich : ein
schlechtes Gefühl habend
multi.., Multi.. (l.) (in Zus.):
vielfach, mehrfach ✳ *Multimil-
lionär; multidimensional* Ew.;
multifunktional Ew.; *multikul-
turell* Ew.✳ **Multi,** der; –s; –s:
Kurzw. multinationaler Firma
✳ **multila|te|ral** (l.) Ew. viel-
seitig : mit mehreren Partnern
✳ *multilaterale Atommacht:*
Atommacht aus mehreren Part-
nern ✳ **Multi|me|dia** *auch:*
Multi-Me|dia Mz.: Verwen-
dung verschiedener Medien
zum Zwecke des Unterrichts,
der Unterhaltung : Medienver-
bund ✳ **multi|me|di|al** Ew.:
viele Medien betreffend, be-
rücksichtigend : für viele Medien bestimmt : aus vielen Medien zusammengesetzt ✳ **Mul-
ti|me|di|a|sy|stem,** das; –s, –e:
Informations- und Unterrichts-
system, das mehrere Medien
gleichzeitig verwendet (z. B.
Fernsehen, Lichtbilder, Bü-
cher) ✳ **multi|na|ti|o|nal** Ew.:
aus mehreren Nationen bestehend ✳ *multinationale Streit-
macht* ✳ **mul|ti|pel** Ew.: viel-
fach ✳ **mul|ti|ple Skle|ro|se,**
die; –n –: Erkrankung des Ner-
vensystems ✳ **Mul|ti|ple-
choice|ver|fah|ren** *auch:*
Multi|ple-Choice-Ver|fah|ren
(l.-e.) [maltip'ltscheuß..], das;
–s: Testverfahren, bei dem
mehrere Antworten vorgege-
ben sind und die richtige her-
ausgefunden werden muss ✳
multi|plex (l.) Ew.: vielfach,
vielfältig ✳ *Multiplexbetrieb* ✳
Multi|pli|kand (l.), der; –en,
–en: Vervielfältigungszahl,
Grundzahl, -wert ✳ **Multi|pli-
ka|ti|on,** die; –, –en: Vervielfäl-
tigung ✳ **Mul|ti|pli|ka|ti|vum,**
das; –s, ..va: (Sprachw.) Wie-
derholungszahlwort ✳ **Multi-
pli|ka|tor,** der; –s, ..toren: Ver-
vielfältiger, vervielfältigende
Zahl : Einrichtung oder Person,
die Wissen weitergibt ✳
multi|pli|zie|ren (..iert) tr.:
vervielfältigen ✳ **mul|ti|va|lent**
Ew.: mehrwertig : mehrere Lösungen erlaubend ✳ **Multiva-
lenz,** die; –, –en: Zulassung
mehrerer Lösungen ✳ **Multi-**

vi|b|ra|tor, der; –s, ..oren:
elektr. Schaltung, die z. B.
Rechteckspannungen erzeu-
gen kann ✳ **mul|tum, non
mul|ta** (l.): „viel, nicht vieler-
lei", Gründlichkeit, nicht Oberflächlichkeit [l. multum viel]
Mu|lus (l.), der; –, ..li: Maul-
tier, Maulesel : (stud.) Abituri-
ent or Studienbeginn ✳ *Mu-
luszeit:* Zeit zwischen Schulab-
gang und Studium
Mu|mie (arab.) [..ie], die; –, –n:
getrockneter, einbalsamierter
Leichnam ✳ *Mumiensarg* ✳
mu|mi|en|haft Ew.: wie eine
Mumie ✳ **Mu|mi|fi|ka|ti|on,**
die; –, –en: Einbalsamierung ✳
mu|mi|fi|zie|ren (..iert) tr.: ein-
balsamieren ✳ *Mumifizierung*
Mumm, der; –s: (volkst.) Mut,
Schwung, fast nur in: *(keinen)
Mumm haben*
Mum|me, die; –, –n: Malzaus-
zug : Malzbier
Mum|me, die; –, –n: Larve :
Vermummter ✳ *Mummen-
schanz,* der; –es: Maskerade ✳
Mum|mel, der; –s, –: ver-
mummtes Schreckgespenst,
Hanswurst ✳ *Mummelmann* ✳
mum|meln intr.: murmeln,
schmollen : einhüllen ✳ *Mum-
melgreis*
Mum|mel, Müm|mel, die; –,
–n; Mümmelchen: eine Was-
serpflanze
Müm|mel|mann, der; –s,
..männer: (Umgspr.) Hase ✳
müm|meln intr.: mit den glei-
chen Bewegungen wie ein
Hase essen
Mum|pitz, der; –es: (hess.,
volkst.) Blödsinn : Schwindel
Mumps (e.), der; –: (Med.)
Ziegenpeter
Mün|chen: Hauptstadt Bay-
erns ✳ **Münch|ner,** der; –s, –:
Bewohner Münchens ✳ (selt.)
Münch|ner Ew. ✳ *Münchner
Bier; Münchner Kindl*
Münch|hau|si|a|de, die; –,
–n: Lügenerzählung nach Art
des Lügenbarons Münchhau-
sen
Mund, der; –(e)s, Münder;
Mündchen; Mündlein: größte
Kopföffnung, Eingang zum
Darmkanal : mundähnliche
Öffnung ✳ *den Mund halten:*
schweigen; *den Mund zu voll
nehmen:* prahlen; *sich den
Mund verbrennen:* unüberlegt

reden ✳ *Mundart:* Sprech-
weise einer bestimmten Gegend, Dialekt; *Mundartdichter;
Mundartdichtung; Mundart-
forschung; mundartlich* Ew.;
*Mundartsprecher; Mundart-
wörterbuch; Munddusche;
mundfaul* Ew.: sprechfaul;
Mundfäule: Schleimhauter-
krankung im Munde; *Mund-
faulheit:* Sprechunlust; *mund-
fertig* Ew.: redegewandt;
Mundflora; mundgerecht Ew.:
zum Essen gerecht : für die
Aussprache bequem; *Mundgeruch; Mundharmonika; Mund-
höhle; Mundorgel:* Liederbuch
: chin. Blasinstrument; *Mund-
pflege; Mundpropaganda;
Mundraub:* Entwendung von
Esswaren zum Verzehren;
Mundschenk; Mundstück: Teil
eines Gegenstandes, der in den
Mund genommen wird : An-
satzrohr : Schnecke : Mundwerk; *mundtot* Ew.: unfähig
sein zu reden : nicht reden dür-
fend; *Mundtuch:* Serviette;
Mundvoll, der; –: so viel, wie
auf einmal in den Mund geht;
zwei Mundvoll Wein ✳ *Mund-
vorrat:* Proviant; *Mundwas-
ser; mundwässernd* Mw. Ew.:
verlockend; *Mundwerk:*
schlagfertiges Sprachorgan;
*Mundwinkel; Mund-zu-Mund-
Beatmung* ✳ **mun|den** intr.:
wohlschmecken, behagen ✳
mün|den intr., rbz.: enden :
sich ergießen, einfließen : ein-
lenken ✳ **münd|lich** Ew.: durch
den Mund vermittelt ✳
Mün|dung, die; –, –en: das
Münden ✳ *Mündungsarm;
Mündungsfeuer; Mündungs-
trichter*
mun|dan (l.) Ew.: weltlich
Mün|del, der und das; –s, –;
die; –, –n: minderjährige, unter
Vormundschaft stehende Person ✳ *Mündelgelder: mündel-
sicher* Ew.: (Geld) so angelegt,
dass es das Mündel nicht ver-
liert ✳ **mün|dig** Ew.: großjäh-
rig, der Vormundschaft ent-
wachsen sein ✳ *mündigspre-
chen* → *mündig sprechen;
Mündigsprechung* ✳ **Mün|dig-
keit,** die; –: das Mündigsein ✳
Mündigkeitserklärung ✳
mündig sprechen
Wortgruppen aus Adjektiv und
Verb, bei denen das Adjektiv

mit *-ig, -isch* oder *-lich* endet, werden getrennt geschrieben: *mündig sein, mündig sprechen*, ebenso: *müßig gehen, süßlich schmecken*.

mün|den: s. Mund

mün|dig: s. Mündel

Mun|go (e.), der; –s, –s: Kunstwolle aus Tuchlumpen : ind. Schleichkatze

Munin (altnord. Sage): „der Erinnerer", einer der beiden Raben Odins (s. Hugin)

Munition (l.), die; –, –en: Schiessbedarf * *Munitionsarbeiter; Munitionsbunker; Munitionsdepot; Munitionsfabrik;* (Heerw.) *Munitionskolonne; –lager; –wagen*

mu|ni|zi|pal (l.) Ew.: städtisch * *Munizipalbeamter* * **Mu|ni|zi|pa|li|tät**, die; –, –en: Stadtobrigkeit * **Mu|ni|zi|pi|um**, das; –s, ..pien: Rathaus : Stadtverwaltung

Mun|kel|ei, die; –, –en: heimliches, nicht einwandfreies Treiben * **mun|keln** (ich ..[e]le) intr., tr.: heimlich reden, was man nicht laut zu sagen wagt

Müns|ter (gr.-l.), das; –s, –: Stifts-, Domkirche * *Münsterchor; Münsterturm*

mun|ter Ew.: wach : freudig, eifrig, frisch, lebhaft : fröhlich * *Muntermacher:* Droge zum Aufputschen * **Mun|ter|keit**, die; –: das Muntersein : Lebendigkeit, Fröhlichkeit

Mün|ze (l.), die; –, –n: geprägtes Metallstück : Anstalt zur Prägung von Münzen : Recht des Münzens * *Münzamt; –anstalt; –apparat; –automat; –fälscher; Münzfernsprecher; Münzfreiheit:* Münzrecht; *Münzfuß:* Maßstab für das Prägen von Münzen; *Münzgerechtigkeit:* Münzrecht; *Münzhoheit:* Recht des Staates über das Münzwesen; *Münzkabinett; Münzkunde:* Numismatik; *Münzmeister; Münzprägung; Münzrecht; Münzsammlung; Münzsortiermaschine; Münzstätte; Münztank; Münztechnik; Münzwechsler; Münzvergehen:* Falschmünzerei; *Münzwesen; Münzzeichen * Münzenbeschreibung; Münzenkenner; Münzenkunde; Münzensammlung * **mün|zen** (du münzst und münzt) intr., tr.:

Münzen prägen : bestimmt sein für * *es auf jemanden münzen:* es auf jemanden beziehen * **Mün|zer**, der; –s, –: der Münzende [l. moneta Münze]

Mu|rä|ne (l.), die; –, –n: ein Meeresaal

mürb, mür|be Ew.: leicht zerfallend, morsch : weich, zart : (übertr.) ohne Widerstand * *jemanden mürbe machen:* ihn willenlos, kraftlos machen * *Mürbebraten; Mürbeteig* * **Mürb|heit, Mür|big|keit**, die; –: das Mürbesein

Mur|bruch, der; –es, ..brüche: Gesteins- und Schlammbrüche * **Mu|re**, die; –, –n: Gesteins- und Schlammmasse im Gebirge

Mur|lat, das; –s, –e: saures Laugensalz * **mu|ri|a|tisch** Ew.: salzsauer * **Mu|ri|a|zit**, der; –s, –e: ein Gestein

Mur|kel, der (das); –s, –: kleines Kind * **mur|ke|lig, murk|lig** Ew.: nicht ausgewachsen, verwachsen

Mur|ki, das; –s, –s: (Mus.) Murmelstück, Musikstück mit murmelnder Begleitung des Basses * *Murkibass*

Murks, der; –es, –e: ungeschickter, verdrießlicher Mensch : kleines Tier : Pfuscharbeit * **murk|sen** (du murksest und murkst) intr., tr.: undeutlich vorbringen : schlecht arbeiten * **Murk|ser**, der; –s, –: jemand, der schlecht arbeitet

Mur|mel, die; –, –n: Marbel, Marmel * *Murmelspiel*

Mur|mel, der; –s, –: ein Nagetier : mürrische Person * *Murmeltier* * **mur|meln** (ich ..[e]le) intr.: plätschern : verstohlen etwas äußern : murren * *das Bächlein murmelt; etwas in den Bart murmeln*

Mur|ner, der; –s: Name des Katers in der Tierfabel

mur|ren intr., tr.: knurren, sich unzufrieden äußern, grollen * *Murrkater; Murrkopf; murrköpfig* Ew. * **mür|risch** Ew.: düster, unfreundlich, verdrießlich * **Mür|risch|keit**, die; –, –en: das Mürrischsein

Mus, das; –es; Müs|chen: Brei : Gemüse : breiig eingekochtes Obst : (veralt.) Witwenteil * *Musapfel; musartig* Ew.; *Musteil:* Pflichtteil für die Witwe [ah. muos Speise]

Mu|sa, die; –, –(s): Pisang, Banane * *Musabanane; Musafaser:* Manilahanf

Mu|sa|get (gr.), der; –en, –en: „Führer der Musen", Beiname Apollos * **Mu|se** (gr.), die; –, –n: eine der neun griechischen Göttinnen der Künste * *Musenalmanach:* Jahrsammlung von Gedichten; *Musenkunst; Musenquell; Musensitz:* Akademie; *Musensohn:* Jünger der Kunst und Wissenschaft; *Musentempel* * **mu|se|al** Ew.: zum Museum gehörig * **mu|sen|haft** Ew.: in der Art der Musen * **Mu|set|te** (fr.) [müsett] die; –, –s: Dudelsack : Leier : Tanz(stück) * **Mu|se|um** (l.), das; –s, ..seen: „Musentempel", Sammlung von Werken der bildenden Kunst von Gegenständen aus allen Wissensgebieten : Gebäude für die Sammlungen * *Museumsaufseher; Museumsbau; Museumsdiener; Museumsführer; Museumskatalog; Museumskunde; museumsreif* Ew.; *Museumsstück* * **Mu|si|cal** (e.) [mjusik'l], das; –s, –s: musikdurchsetztes Schauspiel amerikan. Herkunft * **Mu|sik**, die; –, –en: Tonkunst : Tonstück * *in Musik setzen:* vertonen * *Musikakademie; Musikapparat; Musikautomat; Musikbibliothek; Musikbox; Musikdirektor; Musikdrama; Musikerziehung; Musikfreund; Musikgeschichte; Musikhochschule; Musikinstrument; Musikkapelle; –korps; Musikkassette; Musikkonserve; Musikkritiker(in); Musiklehrer(in); Musiklexikon; musikliebend →* Musik liebend Ew.; *Musikliebhaber(in); –pavillon; Musikpreis; –stück; –studium; –stunde; Musiktheater; –theorie; –truhe; –übertragung; –unterricht; –verlag; musikverständig* Ew.; *Musikverständnis; –werk; –wissenschaft; zeitschrift* * **Mu|si|ka|li|en** (nl.) Mz.: Tonstücke, Noten * *Musikalienhandlung* * **mu|si|ka|lisch** Ew.: musikbegabt, musikliebend * **Mu|si|ka|li|tät**, die; –: Musikverständnis, –begabung * **Mu|si|kant**, der; –en, –en: Tonkünstler, Spielmann * **Mu|si|ker**, der; –s, –: Musikausübender, –verständiger, Tonsetzer * **Mu|si|ko|lo|ge**, der; –n, –n: Musikwissenschaftler * **Mu|si|ko|lo|gie**, die; –: Wissenschaftler der Musik * **Mu|si|kus**, der; –, ..ker und ..sizi (veralt.) Musikant * **mu|sisch** Ew.: künstlerisch begabt * **mu|si|zie|ren** (..iert) intr.: Musik machen * *Musizierstil*

Mu|sche (fr.), die; –, –n; Müschchen: Schönheitsfleckchen, -pflästerchen : Hure

Mu|schel (l.), die; –, –n: Müschelchen: Weichtier in harter, verschlossener Schale : Bezeichnung für Dinge mit ähnlicher Form * *Muschelbank; Muschelform; muschelförmig* Ew.; *Muschelgehäuse; Muschelgewölbe; Muschelgrotte; Muschelkalk; Muschelsammlung; Muschelschale; Muscheltier; Muschelwerk* * **mu|sche|lig, musch|lig** Ew.: muschelartig (bes. bei Mineralien)

Müs|chen: s. Mus

Mu|schi, die; –, –s: derb für Vagina

Mu|schik, der; –s, –s: veraltete Bezeichnung für die russischen Bauern

Mu|schir (arab.), der; –s, –e: „Ratgeber", hoher türkischer Beamter, Feldmarschall

Musch|kote (volkst.), der; –en, –en: Muskot : einfacher Soldat

Mu|se: s. Musaget

Mu|sel|man (arab.-pers.), der; –en, –en; **Mu|sel|mann**, der; –(e)s, ..männer: (verächtlich veralt.) Muslim, Rechtsgläubiger, Anhänger des Islams : in Konzentrationslagern Bezeichnung für vom Tode gezeichnete, nach vorn zusammengesunkene Häftlinge (ähnlich der muslimischen Gebetshaltung)

Mu|sen|al|ma|nach: s. Musaget

Mu|set|te: s. Musaget

Mu|se|um: s. Musaget

Mu|si|cal: s. Musaget

mu|sie|ren (..iert) (nl.) tr.: einlegen * **mu|siert** Mw. Ew.: durch Mosaik verziert * **mu|siv, mu|si|visch** [..w..] Ew.: eingelegt * *Musivarbeit:* eingelegte Arbeit; *Musivgold; Musivsilber*

Mu|sik: s. Musaget

mu|siv: s. musieren

Mus|kat (gr.-ind.), der; –(e)s, –e; **Mus|ka|te**, die; –, –n: die Frucht des Muskatbaums, ein Gewürz * *Muskatbaum; Muskatblüte; Muskatnuß* → *Muskatnuss; Muskatwein* * **Mus|ka|tel|ler**, der; –s, –: ein würziger Wein

Mus|kel (l.), der; –s, –n: Fleischfaserbündel, dessen Zusammenziehung und Ausdehnung die Körperbewegungen bewirkt * *Muskelatrophie:* Muskelschwund; *Muskelband; –bildung; Muskeldurchblutung; Muskelentzündung; Muskelfaser; Muskelkater; Muskelkraft; Muskelkrampf; Muskelmann; Muskelpaket; Muskelprotz; Muskelriß* → *Muskelriss; muskelschwach* Ew.; *Muskelschwund; Muskelsinn; Muskelspiel:* willkürliche Muskelbewegung; *muskelstark* Ew.; *Muskelzerrung* * **mus|kel|haft, mus|kel|lig** Ew.: muskelstark * **Mus|ku|la|tur** (nl.), die; –, –en: Gesamtheit der Muskeln : Muskelstärke * **mus|ku|lär** Ew.: die Muskeln betreffend * **mus|ku|lös** Ew.: kräftig, muskelstark

Mus|ke|te (ml.), die; –, –n: alte Waffe, Gewehr * **Mus|ke|tier**, der; –s, –e: Fußsoldat

Müs|li, das; –s, –s: Gericht aus rohen Zutaten: vor allem Getreide, Früchte, Milch und Rosinen

Mus|lim usw.: s. Moslem usw.

Mus|pel, Mus|pel|heim (altn.), das; –s: Welt der Feuerriesen in der nordischen Sage * **Mus|pil|li** (ahd.): „Weltbrand", Gedicht aus dem 9. Jh. über den Weltuntergang

Muß → **Muss**, das; –: Zwang * **müs|sen** (ich muss, du musst; du musstest, du müsstest; gemusst; müsse!; ich habe gemusst; ich habe arbeiten müssen), Hilfszeitwort (mit folg. Inf.): notwendig sein : nicht anders können als : unzweifelhaft sein, dass : (mundartl. in verneinten Sätzen) dürfen, können * *Muss-Bestimmung; Mußehe* → *Mussehe ; Mußheirat* → *Mussheirat; Muß-Vorschrift* → *Muss-Vorschrift*

Mu|ße, die; –: freie Zeit : Untätigkeit * *Mußestunde; Mußezeit* * **mü|ßig** Ew.: freie Zeit

habend, unbeschäftigt : nutzlos : wirkungslos * *müßiges Gerede:* leeres, überflüssiges Gerede * *müßig gehen* * **Mü|ßig|gang**, der; –es: das Nichtstun * **Mü|ßig|gän|ger**, der; –s, – * **mü|ßig|gän|ge|risch** Ew.: untätig

Mus|se|lin (türk.), der; –s, –e: feines, bedrucktes Baumwollgewebe (aus Mosul) * **mus|se|li|nen** Ew.: wie Musselin

Mus|se|ron, der; –s, –s: ein Blätterpilz, Schwindling

mü|ßig, Mü|ßig|gang: s. Muße

Mus|tang (indian., span.) der; –s, –s: nordamerikanisches Steppenpferd

Mus|ter (it.), das; –s, –; Müsterchen: ein zur Nachahmung dienendes Vorbild : eine Form, nach der gearbeitet wird : Vorzeichnung : etwas Vollkommenes : Probe * *Musterbeispiel; Musterbetrieb; Musterbild; Musterbrief; Musterehe; Musterexemplar; Mustergatte; mustergültig* Ew.; *Musterknabe; Musterkoffer; Musterland; Mustermesse; Musterordnung; Musterprozeß* → *Musterprozess; Musterreiter; Musterschrift; Musterschüler(in); Musterschutz:* gesetzlicher Schutz eines Warenmusters vor Nachahmung; *Musterstaat; Musterstück; Musterwerk; Musterwirtschaft; Musterzeichner; Musterzeichnung; Musterzeitung:* Muster enthaltende Zeitung : Muster für andere Zeitungen * **mus|ter|haft** Ew.: vortrefflich, mustergültig * **Mus|ter|haf|tig|keit**, die; –, –en: das Musterhaftsein * **mus|tern** (ich ..[e]re) tr.: mit einem Muster versehen : prüfen, besichtigen : anwerben : meistern * **Mus|te|rung**, die; –, –en: das Gemusterte : Untersuchung : Begutachtung : (Heerw.) Aushebung * *Musterungsbescheid*

Mut, der; –(e)s; Mütchen: Beherztheit, Unverzagtheit : Tapferkeit : Groll, Zorn : (veralt.) Laune, Stimmung * *guten (gutes) Mutes sein; neuen Mut fassen; den Mut nicht verlieren, nicht sinken lassen* * *mutbeseelt* Mw. Ew.; *muterfüllt* Mw. Ew.; *mutlos* Ew.; *Mutlosigkeit;*

mutmaßen (du mutmaßest und mutmaßt; du mutmaßtest; gemutmaßt; zu –) tr.: nach eigenem Sinn schätzen, vermuten; *mutmaßlich* Ew.: vermutlich, wahrscheinlich; *Mutmaßung:* Vermutung; *Mutprobe:* Tapferkeitsbeweis; *Mutwille(n):* Ausgelassenheit; *mutwillig* Ew.: in, aus, voll Übermut; *Mutwilligkeit* ✱ **mu|ten** tr.: begehren : (sein Meisterstück –) sich um die Erlaubnis bewerben, das Meisterstück zu machen : bergmännische Ausbeutung beanspruchen : um Abbaugenehmigung ersuchen ✱ *Mutgeld; Mutgroschen:* Abgabe des Mutenden; *Mutschein; Mutzettel:* Erlaubnisschein zur Mutung ✱ **Mu|ter,** der; –s, –: der Mutende ✱ **mu|tig** Ew.: von Mut erfüllt, tapfer ✱ **..mü|tig** Ew. (nur in Zus.): ein soundso beschaffenes Gemüt habend *gutmütig* Ew.; *freimütig* Ew. ✱ **Mu|tung, Mu|te,** die; –: Gesuch um bergmännische Abbaugenehmigung

Mu|ta (l.), die; –, ..tä: ,,Stummlaut'', stummer Konsonant, Verschlusslaut

mu|ta|bel (l.) Ew.: veränderlich ✱ **Mu|ta|bi|li|tät,** die; –: Veränderlichkeit ✱ **Mu|tant,** der; –en, –en: durch Mutation entstandenes Lebewesen ✱ **Mu|ta|ti|on** (l.), die; –, –en: Umwandlung, Stimmwechsel : sprunghafte Änderung von Erbanlagen *Mutationstheorie* ✱ **mu|ta|tis mu|tan|dis** (l.): mit den nötigen Abänderungen; Abk.: m. m. ✱ **Mu|ta|tor,** der; –s, ..toren: (Elektr.) Stromwender ✱ **Mu|ta|zis|mus,** der; –: Versagen des Sprechvermögens ✱ **mu|tie|ren** (..iert) (i.) tr.: verändern; intr.: im Stimmbruch begriffen sein [l. mutare verändern]

Müt|chen: s. Mut

Mu|ti|la|ti|on (l.), die; –, –en: Verstümmelung ✱ **mu|ti|lie|ren** tr.: verstümmeln

Mut|ter, die; –, Mütter; Muttchen; Mütterchen, Mütterlein, Mutti: eine Frau, die geboren hat : mütterl. waltende Person : Bez. älterer Frauen : Gebärmutter : (Techn.) (Mz. Muttern) kantige Schraube mit Innengewinde : (Mz. Mutter)

Hefe gärender Flüssigkeiten ✱ *Mutterarm; Mutterauge; Mutterbaum:* Baum, der zur Besamung stehenbleibt; *Mutterbiene:* Bienenkönigin; *Mutterboden:* Heimat : tragfähiger Boden; *Muttererde:* Humusschicht, Gartenerde; aber: *die Mutter Erde; Mutterfaß* → *Mutterfass:* Gärungsfass in Essigfabriken : Fass mit gutem, altgelagertem Getränk; *Mutterfreuden; –geist; –gefühl; Muttergesellschaft:* übergeordnetes Unternehmen, das mindestens eine Filiale (Tochtergesellschaft) hat; *Mutterglück; Muttergottesbild:* (kath. K.) Bild Marias; *Mutterhand; Mutterhaus; Mutterherz; Mutterkind; Mutterkirche:* Hauptkirche; *Mutterkorn:* krankhafter Auswuchs des Roggens, der durch einen Pilz verursacht wird; *Mutterkuchen:* Gewebe, das während der Schwangerschaft in der Gebärmutter der Ernährung des Embryos dient; *Mutterland; Mutterleib; Mutterliebe; Muttermal; –milch; Muttermund:* Öffnung des Gebärmutterhalses; *Mutterpaß* → *Mutterpass; Mutterpferd:* zur Zucht bestimmte Stute; *Mutterrecht:* weibliche Erb- und Familienfolge, Matriarchat; *mutterrechtlich* Ew.; *Mutterrolle; Mutterschaf; Mutterschiff; Mutterschutz; Mutterschutzgesetz; mutterseel(en)allein:* ganz allein (wie das Kind im Mutterleib); *Mutterschoß; Muttersegen; Muttersöhnchen:* verzärtelter Knabe; *Muttersprache; Mutterstelle; Mutterstock:* Gebirgsstock, von dem Nebenzweige ausgehen : Bienenstock in Bezug auf die von Stock ausgehenden Schwärme; *Muttertag; Mutterteil:* mütterliches Erbteil; *Muttertier:* zur Zucht bestimmtes weibl. Tier; *Mutterwitz:* schlagfertiger gesunder Menschenverstand; *Mutterzärtlichkeit* ✱ *Mutterberatungsstelle; Müttergenesungsheim; Mütter-Genesungswerk* ✱ *Mutternfabrik:* Fabrik zur Herstellung von Schraubenmuttern; *Mutternschlüssel* ✱ **mut|ter|haft** Ew.: wie eine Mutter ✱ **müt|ter|lich** Ew.: von der Mutter herrührend

: nach Art der Mutter ✱ *mütterlicherseits* Uw.: seitens der Mutter ✱ **Müt|ter|lich|keit,** die; –: das Muttersein : mütterliches Wesen ✱ **Mut|ter|schaft,** die; –: *Mutterschaftshilfe; Mutterschaftsurlaub* ✱ **Mut|ter|tum,** das; –s: das Muttersein

mu|tu|al, mu|tu|ell (nl.) Ew.: wechselseitig, gegenseitig ✱ **Mu|tu|a|lis|mus,** der; –: Wechselseitigkeit : Gegenseitigkeit : Beziehung zwischen Lebewesen, die sich gegenseitig fördern

Mu|tung: s. Mut

mutz Ew.: (mundartl.) verstümmelt, verkürzt, abgestutzt ✱ *Mutzohr; Mutzschwanz* ✱ **Mutz,** der; –es, –e; Mützlein: Tier mit gestutztem oder ohne Schwanz : kleine Tabakspfeife ✱ **mut|zen** (du mutzest und mutzt) tr.: (veralt.) stutzen, kurz abschneiden

Müt|ze (l.), die; –, –en; Mützchen, Mützlein: (anliegende) Kopfbedeckung : (südd.) Wams : Schneckenart : eine Art Verband ✱ *Mützenband; Mützenmacher; Mützenschild,* das; –(e)s, ..schilder; *Mützenschirm*

m. v. (Abk.): mezza voce
MV (Abk.): Megavolt
m. W. (Abk.): meines Wissens
MW (Abk.): Megawatt
MwSt., Mw.-St. (Abk.): Mehrwertsteuer
My, das; –(s), –s: Mikron : der zwölfte Buchst. des griech. Alphabets
My|al|gie (gr.), die; –, ..ien: Muskelschmerz
My|as|the|nie (gr.), die; –, ..ien: krankhafte ungenügende Muskelleistung
My|a|to|nie (gr.), die; –, ..ien: Schlaffwerden der Muskeln
My-a-to-nie Neben die Trennmöglichkeit nach der Wortherkunft, die nur Fachleuten bekannt ist, tritt die nach Sprechsilben, wobei auch ein einzelner Vokal als Silbe gelten kann: *Mya-tonie* und *My-atonie, Mye-litis* und *Myelitis, Myo-logie* und *My-ologie.*
My|e|li|tis (gr.), die; –, ..tiden: schwere Erkrankung des Rückenmarks

My|ke|nä, My|ke|ne: altgriech. Stadt * **my|ke|nisch** Ew.

My|ko|in, das; –s, –e: aus Pilzen gewonnener Bakterienabwehrstoff * **My|ko|lo|gie** (gr.), die; –, ..gien: Pilzkunde * **My|kor|rhi|za,** die; –, ..zien: Lebensgemeinschaft zwischen den Wurzeln von Blütenpflanzen und von Pilzen * **My|ko|se,** die; –, –n: durch Pilze entstandene Krankheit

My|la|dy (e.) [milehdi] die; –, –s: (Anrede) gnädige Frau * **My|lord** [milohrd] der; –s, –s: (Anrede) gnädiger Herr

My|lo|nit (gr.), der; –s, –e: spezielle Gesteinsform

My|o|kard (gr.), das; –(e)s * **My|o|kar|di|um,** das; –s: Herzmuskel * *Myokardinfarkt; Myokardschaden* * **My|o|kar|die,** die; –, –ien; **My|o|kar|do|se,** die; –, –e: Kreislaufstörungen mit Beteiligung des Herzmuskels * **My|o|kar|di|tis,** die; –: Herzmuskelentzündung * **My|o|lo|gie,** die; –, ..gien: Muskellehre * **My|om,** das; –s, –e: Geschwulst aus Muskelgewebe * **my|o|morph** Ew.: muskelfaserig * **My|o|sin,** das; –s: Muskeleiweißstoff * **My|o|si|tis,** die; –, ..siten: Muskelentzündung * **My|o|spas|mus,** der; –, ..men; **My|o|to|nie,** die; –, –ien: Muskelkrampf * **My|o|to|mie,** die; –, –ien: Muskeldurchtrennung

My|o|pe (gr.), der; –n, –n: Kurzsichtiger * **My|o|pie,** die; –: Kurzsichtigkeit * **my|o|pisch,** **my|op** Ew.: kurzsichtig * **My|ops,** der; –, ..open: Myope * **My|o|sis,** die; –, ..osen: Verengung des Augensterns

My|o|sin: s. Myokard

My|o|sis: s. Myope

my|ria.. (gr.) (zuw. in Zus.): 10 000 Einheiten enthaltend * **My|ri|a|de,** die; –, –n: Zahl von 10 000 : unzählige Menge * **My|ri|a|gramm,** das; –(e)s, –: 10 000 Gramm * **My|ri|a|li|ter,** der; –s, –: 10 000 Liter * **My|ri|a|me|ter,** der; –s, –: 10 000 Meter * **My|ri|a|po|de,** **My|ri|o|po|de,** der; –n, –n: Tausendfüßler

Myr|me|ko|lo|gie (gr.), die; –: Spezialgebiet der Biologie, das sich mit Ameisen beschäftigt

Myr|mi|do|ne, der; –n, –n: Angehöriger eines sagenh. gr. Kriegsvolkes

Myr|rhe *auch:* **Myr|re** (arab.), die; –, –n: Gummiharz von Balsambäumen * *Myrrhenöl; Myrrhentinktur auch: Myrrenöl; Myrrhentinktur auch: Myrrentinktur*

Myrrhe / Myrre
Im Zuge der Eindeutschung von Fremdwörtern kann das aus der Herkunftssprache übernommene *rh* zu einfachem *r* werden: *Myrrhe* und *Myrre*, ebenso: *Katarrh* und *Katarr*.

Myr|te (gr.), die; –, –n: ein immergrüner Strauch * *Myrtenkranz; –strauch; –zweig*

mys|te|ri|ös (gr.-l.) Ew.: geheimnisvoll, dunkel * **Mys|te|ri|um,** das; –s, ..rien: Glaubensgeheimnis : Geheimlehre * *Mysterienspiele:* geistliche Spiele im Mittelalter * **Mys|ti|fi|ka|ti|on,** die; –, –en: Täuschung : Vorspiegelung * **mys|ti|fi|zie|ren** (..iert) tr.: mystisch betrachten : irres Licht führen * **Mys|tik,** die; –: gefühlsmäßiges Aufgehen im Übersinnlichen, Göttlichen * **Mys|ti|ker,** der; –s, –: Glaubensschwärmer, Anhänger der Mystik * **mys|tisch** Ew.: geheimnisvoll, schwärmerisch * **Mys|ti|zis|mus,** der; –: Neigung zum Mystischen : Wunderglaube, religiöse Schwärmerei

My|the (gr.), die; –, –n: Sage : Dichtung : Helden-, Geister-, Göttersage * **my|then|haft,** **my|thisch** Ew.: sagenhaft, urzeitlich * **My|tho|lo|gie,** die; –, ..gien: Sagenkunde, Götterlehre * **my|tho|lo|gisch** Ew.: sagen-, götterkundlich * **My|thos,** **My|thus,** der; –, ..then: Mythe * *Mythenbildung; Mythenforschung*

My|xo|my|zet (gr.), der; –en, –en: Schleimpflanze

My|zel, **My|ze|li|um** (gr.-l.), das; –s, ..lien: Pilzgewebe, Pilzmutter * **My|zet,** der; –en, –en: Pilz * **My|ze|tis|mus,** der; –, ..men: Pilzvergiftung * **My|ze|to|lo|gie,** die; –, ..gien: Pilzlehre

N, n, das; –, –: der vierzehnte Buchstabe des Abece

na!: Ausruf der Aufforderung, der Abweisung usw. * *na ja!, na na!:* Ausrufe der scherzhaften Drohung : *na und?*

Na (Abk.): Natrium

Na|be, die; –, –n: hohles walzenförmiges Mittelstück an Rad, an Kurbeln * *Nabenbohrer; Nabeneiche:* zu Naben verwendbares Eichenholz; *Nabenholz; Nabenloch; Nabenring:* um die Nabe gelegter Ring * **Na|bel,** der; –s, Näbel; Näbelchen, Näbelein: Vertiefung in der Mitte des Bauches bei Menschen und Säugetieren, Narbe der entfernten Nabelschnur : Mittelpunkt * *Nabelbinde:* Binde zum Niederdrücken des Nabels eines Neugeborenen; *Nabelbruch:* Hervortreten der Eingeweide am Nabel; *nabelförmig* Ew.; *Nabelkraut:* Pflanze; *Nabelschnecke; Nabelschnur:* Strang, der die Leibesfrucht mit dem Mutterkuchen verbindet : Schlauch, der den Weltraumspaziergänger mit dem Raumschiff verbindet * *Nabelschwein:* südam. Wildschwein; *Nabelstrang:* Nabelschnur

Na|bob (arab.), der; –s, –s: ind. Statthalter : reicher Mann [arab. nâjib, Mz. nawwâb Statthalter]

nach Uw., Vw. mit Dativ: hin, zu : in Richtung auf : Vorw. in Zus.: (örtl.) hinter; (zeitl.) später : in Nachahmung von : gemäß : zufolge * *nach und nach:* allmählich; *nach wie vor:* stets unverändert; *nach Hause gehen* intr.; *nach den Ferien; nach meiner Ansicht*

nach|äf|fen tr.: geistlos nachahmen * **Nach|äf|fung,** die; –, –en: das Nachäffen

nach|ah|men tr., intr. (mit Dat.): „nach dem Ahm (Maß) machen", nachbilden : nachmachen * *nachahmenswert* Ew. * **Nach|ah|mer,** der; –s, –: einer, der nachahmt * **Nach|ah|me|rei,** die; –, –en: das Nachahmen * **Nach|ah-**

mung, die; –, –en: das Nachahmen : das Nachgeahmte ✳ *Nachahmungstrieb; nachahmungswürdig* Ew.: wert, nachgeahmt zu werden

Nach|ar|beit, die; –, –en: spätere Arbeit : nachahmende Arbeit ✳ **nach|ar|bei|ten** intr. (mit Dat.): sich richten nach; tr.: nachträglich arbeiten : arbeitend nachbilden

Nach|bar, der; –s und –n, –n: der Nahewohnende : der Nahesitzende, -stehende : (mundartl.) Grund und Boden besitzender Dorfbewohner ✳ *Nachbardorf:* benachbartes Dorf; *Nachbarfeld; Nachbargarten; Nachbarhaus; Nachbarland,* das; –(e)s, ..länder: angrenzendes Land; *Nachbarmacht;* Nachbarstaat; *Nachbarort; Nachbarrecht:* Gemeinderecht; *Nachbarstaat; Nachbarstadt; Nachbarwissenschaft ✳ Nachbarsfamilie; Nachbarsfrau; Nachbarskind; Nachbarsleute* Mz.: Nachbarn ✳ **Nach|ba|rin,** die; –, –nen: weibl. Nachbar ✳ **nach|bar|lich** Ew.: einem Nachbarn gemäß : nahe angrenzend : unter Nachbarn üblich : freundlich ✳ **Nach|bar|schaft,** die; –, –en: das nachbarliche Verhältnis : Gesamtheit der Nahewohnenden : die von den Nachbarn bewohnte Gegend ✳ **nach|bar|schaft|lich** Ew.

nach|bau|en tr.: nach einem Muster bauen : nachträglich bauen : durch Bauen ausbessern

nach|be|ben intr. (haben, sein): hinterher beben

nach|be|han|deln tr.: weiter behandeln ✳ **Nach|be|handlung,** die; –, –en: (Med.) zusätzliche Behandlung nach der eigentlichen Behandlung

nach|bel|len intr.: hinterherbellen; tr.: brüllend nachsprechen

nach|be|rei|ten tr.: erneut und gründlich bearbeiten ✳ **Nach|be|rei|tung,** die; –, –en: das Nachbereiten

nach|bes|sern tr.: nachträglich bessern ✳ **Nach|bes|se|rung,** **Nach|beß|rung,** ↪ **Nach|bess|rung,** die; –, –en: das Nachbessern

nach|be|stel|len tr.: zusätz-

lich, nachträglich bestellen ✳ **Nach|be|stel|lung,** die; –, –en: das Nachbestellen

nach|bel|ten tr., intr.: nach jemandem beten : ein Gebet nachsprechen : nachplappern ✳ **Nach|bel|ter,** der; –s, –: Nachplapperer

nach|be|zah|len tr.: nachträglich bezahlen : nachzahlen

nach|be|zeich|net Mw. Ew.: im Folgenden bezeichnet

Nach|bild, das; –(e)s, –er: nach einem Vorbild gestaltetes Bild : im Auge haftendes Bild ✳ **nach|bil|den** tr.: nach einem Vorbild gestalten ✳ **Nach|bil|dung,** die; –, –en: das Nachbilden : das Nachgebildete

nach|blei|ben intr. (sein): zurückbleiben : nachsitzen : hinterbleiben : unterbleiben

nach|bli|cken intr.: Blicke nachschicken : hinterhersehen

nach|blu|ten intr.: nachträglich bluten ✳ **Nach|blu|tung,** die; –, –en: das Nachbluten

nach|boh|ren tr.: bohrend nachbessern : durch Bohren erweitern : hartnäckig nachfragen

nach|börs|lich Ew.: nach der Hauptbörsenzeit eintretend

nach|brin|gen tr.: hinterherbringen : nachträglich bringen

nach Christi Geburt, Abk.: n. Chr. G. ✳ **nach Christo, nach Christi,** Abk.: n. Chr. ✳ **nach|christ|lich** Ew.: in der Zeit nach Jesus Christus

nach|da|tie|ren (..iert) tr.: Datum nachträglich ausfüllen : mit zurückliegender Zeitangabe versehen ✳ **Nach|da|tie|rung,** die; –, –en: das Nachdatieren

nach|dem Uw.: (selt.) danach ✳ *je nachdem:* entsprechend dem jeweiligen Grad von irgendetwas; Bw.: nach der Zeit, als ... später als: (mundartl.) da, weil

nach|den|ken intr.: (über etwas –) nachsinnen, denkend erwägen : (einem –) im Denken folgen : (einer Sache –) (veralt.) sich denkend beschäftigen mit ✳ **Nach|den|ken,** das; –s: denkende Erwägung ✳ **nach|denk|lich** Ew.: in Nachdenken versunken ✳ **Nach|denk|lich|keit,** die; –: nachdenkliches Wesen

nach|dich|ten tr., intr.: dichtend nachbilden ✳ **Nach|dich|tung,** die; –, –en: freie Nachübersetzung : Dichtung nach einem Vorbild

nach|drän|gen tr.: hinterdreindrängen; intr. (sein), rbz.: drängend nachfolgen

nach|dre|hen tr.: für einen Film eine Szene hinterher aufnehmen

Nach|druck, der; –(e)s, ..drücke: das Nachdrücken : das durch Nachdrücken Gewonnene : (übertr.) Hervorhebung : Betonung ✳ *mit Nachdruck sagen:* betont sagen ✳ *nachdrucksvoll* Ew.: mit Nachdruck, Betonung ✳ **Nach|druck,** der; –(e)s, –e: der (unerlaubte) Abdruck eines Werkes : das Nachgedruckte ✳ *Nachdruckerlaubnis:* Erlaubnis, etwas Gedrucktes nachzudrucken; *Nachdruckverfahren* ✳ **nach|dru|cken** tr., intr.: nochmals drucken : unrechtmäßig drucken ✳ **nach|drü|cken** tr., intr.: nachdrängend drücken ✳ **Nach|dru|cker,** der; –s, –: Nachdruckender, Hersteller von Nachdrucken ✳ **nach|drück|lich** Ew.: mit Nachdruck, Betonung

nach|dun|keln intr. (haben, sein): nachträglich oder allmählich dunkler werden

Nach|durst, der; –(e)s: nach übermäßigem Trinken sich einstellender Durst, Brand

nach|ei|fern intr.: jemandem eifrig nachstreben ✳ *nacheifernswert* Ew.: wert, dass man ihm nacheifert ✳ **Nach|ei|fe|rer,** der; –s, –: Nacheifernder ✳ **Nach|ei|fe|rung,** die; –: das Nacheifern

nach|ei|len intr. (sein): eilig hinterherlaufen : einzuholen suchen

nach|ein|an|der, nach|ein|an|der Uw.: einer nach dem andern

nach|em|bry|o|nal Ew.: dem Embryozustand folgend

nach|emp|fin|den tr.: (einem etwas –) fremde Empfindungen mitfühlen ✳ **Nach|emp|fin|dung,** die; –, –en: das Mitfühlen

Na|chen, der; –s, –: Boot : Kahn ✳ *nachenförmig* Ew.

nach|ent|rich|ten tr.: nachbezahlen

Nach|er|be, der; –, –n: an die Stelle eines Erben tretender Erbe ⁕ **nach|er|ben** tr.: nachträglich erben : an Stelle eines ausfallenden Erben erben

nach|er|zäh|len tr.: Erzähltes wiederholend erzählen : (einem etwas –) nachsagen ⁕ **Nach|er|zäh|lung,** die; –, –en: Wiedergabe einer vorgelesenen Erzählung

Nachf. (Abk.): Nachfolger(in)

Nach|fahr, Nach|fah|re, der; –en, –en: Nachkomme : Nachfolger ⁕ *Nachfahrentafel*

nach|fah|ren intr. (sein): fahrend nachfolgen

nach|fär|ben tr.: nochmals, zusätzlich färben

nach|fas|sen tr.: sich von der ursprünglichen Fragestellung nicht ablenken lassen

Nach|feier, die; –, –n: der Hauptfeier folgende Feier ⁕ **nach|fei|ern** tr.: nachträglich feiern

Nach|fol|ge, die; –, –n: das Nachfolgen : das Nachfolgende : Übernahme eines Amtes vom Vorgänger ⁕ **nach|fol|gen** intr. (sein): Vorangehendem folgen : einem Vorgänger in seiner Würde folgen : einem Vorbild folgen ⁕ *Nachfolgestaat* ⁕ **Nach|fol|gen|de,** der; die; –n, –n ⁕ **nach|fol|gend** Mw. Ew.: weiter unten erwähnt, dargelegt ⁕ *im nachfolgenden → im Nachfolgenden:* weiter unten; *das Nachfolgende* ⁕ **Nach|fol|ger,** der; –s, –: Nachfolgender; Abk.: Nachf. : Thronerbe ⁕ **Nach|fol|ge|rin,** die; –, –nen: weibl. Nachfolger, Thronerbe; Abk.: Nachf. ⁕ **Nach|fol|ger|schaft,** die; –: Nachfolge

nach|for|dern tr.: nachträglich fordern ⁕ **Nach|for|de|rung,** die; –, –en: nachträgliche Preiserhöhung

nach|for|men tr.: nach einem Vorbild formen

nach|for|schen intr.: forschend nachsuchen ⁕ **Nach|for|schung,** die; –, –en: das Nachforschen : Ermittlung

Nach|fra|ge, die; –, –n: Erkundigung : (kfm.) Verlangen nach Waren ⁕ **nach|fra|gen** tr.: sich um etwas kümmern

nach|füh|len tr., intr.: etwas Vergangenes in der Nachwirkung spüren : einem anderen etwas nachempfinden, mitfühlen ⁕ **nach|füh|lend** Ew.

Nach|ge|fühl, das; –s, –e: Nachhall eines Gefühls : Mitgefühl

nach|fül|len tr.: Entleertes erneut füllen ⁕ **Nach|fül|lung,** die; –, –en: das Nachfüllen : das Nachgefüllte

nach|gaf|fen intr.: gaffend nachsehen

nach|gä|ren intr.: nachträglich, nachwirkend gären ⁕ **Nach|gä|rung,** die; –, –en: Nachgären : Nachgegärtes

nach|ge|bä|ren tr.: später gebären : nach dem Tode des Vaters gebären ⁕ *nachgeboren* Mw. Ew.: nach dem Tode des Vaters geboren ⁕ **Nach|ge|burt,** die; –, –en: Mutterkuchen

nach|ge|ben tr.: etwas nachträglich geben; tr.: an Willen nachlassen : locker sein ⁕ *einem in etwas nicht nachgeben:* nicht nachstehen, gleichkommen ⁕ **nach|ge|bend** Mw. Ew.: keinen Widerstand ausübend ⁕ **nach|gie|big** Ew.: dauernd nachgeben : leicht umzustimmen : fügsam ⁕ **Nach|gie|big|keit,** die; –, –en: das Nachgeben

Nach|ge|bühr, die; –, –en: (Postw.) Strafporto

Nach|ge|burt: s. nachgebären

Nach|ge|fühl: s. nachfühlen

nach|ge|hen intr. (sein): (Uhr) hinter der Normalzeit zurückbleiben : (übertr.) nachstehen : etwas erreichen wollen, verfolgen

nach|ge|nie|ßen tr.: an etwas nachträglich Freude oder Nutzen haben ⁕ **Nach|ge|nuß,** der; –es, ..nüsse: das Nachgenießen : das Nachgenossene

nach|ge|ord|net: untergeordnet in einer Hierarchie

nach|ge|ra|de Uw.: allmählich, schließlich : geradezu

nach|ge|ra|ten intr. (sein): nacharten

Nach|ge|schmack, der; –(e)s: der Geschmack, den etwas Genossenes zurücklässt : (übertr.) unangenehme Erinnerung

nach|ge|wie|se|ner|ma|ßen Uw.: durch Nachweis erbracht

nach|gie|big: s. nachgeben

nach|gie|ßen tr.: hinterher, noch hinzugießen : gießend nachformen ⁕ **Nach|guß,** der; –es, ..güsse: das Nachgießen : das Nachgegossene : das durch Guss Nachgebildete

Nach|glanz, der; –es: zurückbleibender Glanz

nach|glei|ten intr. (sein): sich gleitend hinterherbewegen

nach|glü|hen intr.: nachträglich glühen : eine zurückbleibende Glut zeigen ⁕ **Nach|glut,** die; –, –en: das Nachglühende

nach|gra|ben intr.: einer Spur grabend nachforschen ⁕ **Nach|gra|bung,** die; –, –en: das Nachgraben

nach|grü|beln intr.: sinnend nachforschen, nachdenken

nach|gu|cken intr.: nachsehen

Nach|guß → **Nach|guss:** s. nachgießen

Nach|hall, der; –(e)s, –e: ein nachklingender Hall : (übertr.) Wirkung ⁕ **nach|hal|len** intr.: nachklingen : (übertr.) fortwirken

nach|hal|tig Ew.: fortdauernde Wirkung habend : andauernd ⁕ **Nach|hal|tig|keit,** die; –, –en

nach|han|gen, nach|hän|gen intr.: sich einer Einwirkung überlassen : sich seinen Gedanken hingeben

nach Haus, nach Hau|se: heimwärts ⁕ **Nach|hau|se|weg,** der; –es, –e: Heimweg

nach|hel|fen intr.: helfend weiterbringen : durch Hilfe fördern ⁕ **Nach|hil|fe,** die; –, –n: das Nachhelfen ⁕ *Nachhilfeschüler; Nachhilfestunde, -unterricht:* Unterricht für zurückgebliebene Schüler

nach|her, nach|her Uw.: zeitlich folgend : später ⁕ **Nach|her,** das; –s: das Folgende ⁕ **nach|he|rig** Ew.: nachher seiend, statthabend

Nach|herbst, der; –es, –e: Spätherbst

Nach|hil|fe: s. nachhelfen

nach|hi|n|ein Uw.: nachträglich ⁕ *im nachhinein → im Nachhinein:* nachträglich

nach|hin|ken intr. (haben, sein): hinterherhinken : später als die anderen kommen

nach|ho|len tr.: Zurückgelas-

senes holen : Versäumtes nachträglich wiedergewinnen, tun *
Nachholbedarf; Nachholspiel
* **Nach|ho|lung,** die; –, –en:
das Nachholen
nach|hor|chen, nach|hö|ren
intr.: nach etwas Verklungenem
horchen : herumfragen
Nach|hut, die; –, –en: Siche-
rungstrupp eines zurückgehen-
den Truppenverbandes : Nach-
weide
nach|imp|fen: zusätzlich imp-
fen * **Nach|imp|fung,** die; –,
–en: wiederholte Impfung
nach|ja|gen intr. (sein, haben):
hinterher jagen : verfolgen;
intr. (haben): jagen, wo ein anderer schon gejagt hat
nach|jam|mern intr.: Verlore-
nem jammernd nachtrauern
nach|ju|beln tr., intr.: jubelnd
nachrufen
Nach|kauf, der; –s, ..käufe: das
Kaufen zu einem späteren Zeit-
punkt * **nach|kau|fen** tr.: ein
Teil später dazu kaufen
Nach|klang, der; –(e)s,
..klänge: Nachhall : Nachwir-
kung * **nach|klin|gen** intr.:
noch lange weiterklingen : dem
Hauptklang nachtönen : nach-
wirken
Nach|kom|me, der; –n, –n:
Abkomme, Nachkömmling
(meist Mz.) * **nach|kom|men**
intr. (sein): (einem oder etwas)
folgen, hinterherkommen, einholen : Folge leisten : nicht
ausbleiben : hinter etwas kommen, es finden, entdecken :
(stud., auch tr.) nachtrinken *
Nach|kom|men|schaft, die;
–, –en: die Nachkommen *
Nach|kömm|ling, der; –s, –e:
Nachkomme : Spätgeborener :
Nachzügler : Nachfolger
Nach|kon|t|rol|le, die; –, –n:
zusätzliche Kontrolle *
nach|kon|t|rol|lie|ren tr.: zu-
sätzlich kontrollieren
Nach|kriegs|preis, der; –es,
–e: nach den Weltkriegen gülti-
ger Preis * **Nach|kriegs|zeit,**
die; –, –en: Zeit nach den Weltkriegen
Nach|kur, die; –, –en: an die
Hauptkur sich anschließende
Kur
Nach|laß → Nachlass, der;
–es, –e und ..lässe: das Nachlassen : Ermäßigung : Kraftver-
minderung : der Erlass einer

Forderung : die Verzeihung : das
Vermögen eines Verstorbenen :
das beim Keltern und Des-
tillieren zuletzt Ablaufende *
*Nachlaßgericht → Nachlassge-
richt; Nachlaßgläubiger →
Nachlassgläubiger; Nachlaß-
konkurs → Nachlasskonkurs;
Nachlaßpfleger → Nachlass-
pfleger; Nachlaßverwaltung →
Nachlassverwaltung* * **nach-
las|sen** tr.: zurücklassen, hin-
terlassen : etwas unterlassen,
von etwas ablassen: nachflie-
ßen lassen : etwas Straffes entspannen : (Stahl –) durch Glühen geschmeidiger machen :
(einem etwas –) nachgeben :
vom Geforderten, Preis, Recht
etwas ablassen; intr.: weichend
von etwas ablassen, abstehen
schwächer werden : abnehmen
* **Nach|las|sen|schaft,** die; –,
–en: das Hinterlassene, Nach-
lass * **Nach|las|ser,** der; –s, –:
der Hinterlassende * **nach|läs-
sig** Ew.: ohne Sorgfalt : unachtsam : träge, gleichgültig * *nach-
lässigerweise* Uw.: in nachlässi-
ger Art * **Nach|läs|sig|keit,**
die; –, –en: Unachtsamkeit :
Fahrlässigkeit : Gleichgültigkeit
nach|lau|fen intr. (sein): hin-
terherlaufen * *Nachläufer*
nach|le|ben intr.: später leben :
(einer Sache –) sie sich zur
Richtschnur nehmen : (einem
–) einem Vorbild nachstreben *
Nach|le|ben, das; –s, –: Fortle-
ben in der Erinnerung der
Nachkommen
nach|le|gen tr.: nachträglich
hinzulegen
nach|lei|ern tr.: leiernd nach-
plappern : leiernd nachspielen
nach|ler|nen tr.: lernend nach-
holen : später lernen
Nach|le|se, die; –, –n: (bes.
übertr.) Nachernte * **nach|le-
sen** tr.: (auch übertr.) Nach-
ernte halten : nach dem Muster
eines Vorlesenden lesen : nachträglich lesen : etwas Gelesenes nochmals lesen
nach|lie|fern tr.: nachträglich
liefern * **Nach|lie|fe|rung,** die;
–, –en: das Nachliefern : das
Nachgelieferte
nach|lö|sen tr.: für eine höhere
Wagenklasse oder längere
Fahrstrecke (im Zug) nachzah-
len * *Nachlöseschalter*

nach|ma|chen tr.: später ma-
chen : nach Muster machen :
(einem etwas –) nachahmen
Nach|mahd, die; –, –en: die
zweite Mahd, Nachgras *
nach|mä|hen tr.: zum zweiten
Mal mähen, intr.: dem Vormä-
henden folgen
nach|ma|len tr., rbz.: malend
nachbilden : abmalen : übermalen
nach|ma|lig Ew.: später *
nach|mals Uw.: (nur neben
Zeiten der Vergangenheit) später
nach|mes|sen tr.: etwas Ge-
messenes auf die Richtigkeit
der Messung prüfen : ein Maß
nachprüfen * **Nach|mes-
sung,** die; –, –en: das Nach-
messen
Nach|mit|tag, der; –s, –e:
(auch übertr.) die Zeit nach
Mittag * *Nachmittag(s)gottes-
dienst; Nachmittagskaffee;
Nachmittagsruhe; Nachmit-
tagsschlaf; Nachmittagssen-
dung; Nachmittagssonne;
Nachmittagsstunde; Nachmit-
tagsunterricht; Nachmittags-
vorstellung* * **nach|mit|tä|gig**
Ew.: am Nachmittag *
nach|mit|täg|lich Ew.: jeden
Nachmittag stattfindend *
nach|mit|tags Uw.: am Nach-
mittag; Abk.: nachm., nm.
Nach|nah|me, die; –, –n:
(kfm.) Betrag für Fracht und
Unkosten, den der Empfänger
dem Absender zurückvergütet :
(Postw.) Betrag für Ware und
Porto, der durch die Post für
den Absender eingezogen wird
* *Nachnahmegebühr; Nach-
nahmesendung*
Nach|na|me, der; –ns, –n: Fa-
milienname
nach|pfei|fen tr.: pfeifend wie-
derholen; intr.: hinter einem
her pfeifen : (spött.) auf etwas
gern verzichten
nach|plap|pern tr.: gedanken-
los nachsprechen
Nach|por|to, das; –s, –s und
..ti: Zuzahlung wegen Unter-
frankierung durch den Empfänger einer Postzustellung
nach|prü|fen tr.: wiederholt
prüfen : nachträglich prüfen *
Nach|prü|fung, die; –, –en
Nach|raum, der; –(e)s:
(Forstw.) Ausschuss, Übrigge-
bliebenes * **nach|räu|men**

intr.: (einem –) hinter jemandem aufräumen

nach|rech|nen tr., intr.: nachträglich rechnen, das Versäumte nachholen : etwas nochmals durchrechnen * **Nach|rech|nung,** die; –, –en: das Nachrechnen : das Nachgerechnete

Nach|re|de, die; –, –n: Aussprache nach etwas Geschehenem : Nachwort, Schlussrede, Epilog : (Rechtsspr.) Gegenantwort, Duplik : nachteiliges Gerede, böser Leumund * **nach|re|den** tr., intr.: (einem –) die Sprechweise von jemand nachahmen : gehörte oder gelesene Worte als eigene sprechen : etwas Gehörtes verbreiten : etwas Nachteiliges über einen anderen sagen

nach|rei|fen intr. (sein): (Früchte) nach dem Pflücken noch reifen

nach|rei|sen intr. (sein): hinterherreisen, reisend verfolgen **nach|rei|ten** intr. (sein): einem reitend verfolgen : (volkst.) Versäumtes nachholen

nach|ren|nen intr. (sein): (einem –) hinterherlaufen

Nach|richt, die; –, –en: Mitteilung über etwas Geschehenes * *Nachrichtenabteilung; Nachrichtenagentur; Nachrichtenbüro:* Sammelstelle für Nachrichten bei Presse und Rundfunk; *Nachrichtendienst:* Nachrichtenvermittlung bei einer Zeitung; *Nachrichtensatellit:* künstlicher Erdsatellit mit einer Funkstation zur Nachrichtenübermittlung für Funk und Fernsehen; *Nachrichtensendung; Nachrichtensperre; Nachrichtensprecher; Nachrichtensystem; Nachrichtentechnik; Nachrichtenwesen:* Übermittlung und Verbreitung von Nachrichten * **nach|rich|ten** tr.: nachträglich richten : nach einem Ziel, einer Richtschnur etwas richten * **Nach|rich|ter,** der; –s, –: jemand, der Nachrichten einholt, weitergibt, vermittelt : (veralt.) Urteilsvollstrecker, Scharfrichter * **nach|richt|lich** Ew.: als, zur Nachricht gegeben **nach|rü|cken** intr. (sein): hinterherrücken : folgen

Nach|ruf, der; –(e)s, –e: nachhallender Ruf : Nachwort für einen Verstorbenen * **nach|ru|fen** tr., intr.: hinter jemand herrufen

Nach|ruhm, der; –(e)s: Ruhm über den Tod hinaus * **nach|rüh|men** tr.: einem Abwesenden Rühmliches nachsagen; tr. (einem etwas –): einem etwas zum Ruhm nachsagen **nach|sa|gen** tr.: etwas von andern Gesagtes wiederholen : über jemand etwas aussagen **Nach|sai|son,** die; –: die Zeit nach der Hauptsaison

Nach|satz, der; –es, ..sätze: der Schlusssatz : Abschluss einer Schrift : Nachtrag : Ergänzung

nach|schaf|fen tr. (ich schuf nach, nachgeschaffen): schaffend, schöpferisch nachbilden; tr. (ich schaffe nach, nachgeschafft): noch dazu schaffen : nachträglich, wieder neu anschaffen, dazukaufen

nach|schau|en intr.: nachblicken : nach etwas sehen **nach|schi|cken** tr.: (einem etwas –) nachsenden * **Nach|schi|ckung,** die; –, –en: (Postw.) Nachsendung an eine neue Adresse

nach|schie|ben tr.: hinterherschieben : durch Schieben weiterhelfen * **Nach|schub,** der; –(e)s, ..schübe: das Nachgeschobene, das Nachschieben : (Kriegsw.) Versorgung der Fronttruppen mit allem Bedarf **nach|schie|ßen** tr.: hinter einem Fliehenden herschießen : (übertr.) Geld nachzahlen; intr. (sein): schneller nachfolgen * **Nach|schuß** → **Nach|schuss,** der; –es, ..schüsse: Erhöhung der Stammeinlage der Gesellschafter einer Genossenschaft zur Deckung von Gesellschaftsschulden : Nachzahlung : das beim Keltern und Destillieren zuletzt Ablaufende : ein späterer Schuss : (Kegelspiel) das Schieben nach einem anderen * *Nachschußpflicht* → *Nachschusspflicht:* Verpflichtung der Aktionäre, die Stammeinlage zu erhöhen

nach|schließen, Nachschuss Folgt das *ß* einem kurzen Vokal wird es zu *ss: Nachschuss.* Steht das *ß* aber hinter langem Vokal oder Diphtong, bleibt es

erhalten: *nachschießen.* Eigennamen folgen dieser Regel nicht.

Nach|schim|mer, der; –s, –: Nachglanz * **nach|schim|mern** intr.: nachglänzen **Nach|schlag,** der; –(e)s, ..schläge: (Mus.) auf eine Hauptnote folgende Verzierung : nachfolgender Schlag bei taktmäßig schlagenden Bewegungen : (selt.) Nachwirkung : im Buch eine Stelle, ein Wort aufsuchen : zusätzliche Essensportion * *Nachschlagewerk:* Wörterbuch, Lexikon, Hilfsbuch * **nach|schla|gen** intr. (sein): nacharten; tr.: den Schlag nachahmen : (Geld –) nachprägen : (etwas in einem Buch –) etwas darin nachsuchen : (Boxen) weiterschlagen nach Unterbrechung des Kampfes

nach|schlei|chen intr., rbz.: schleichend folgen * (übertr.) *mein Dank wird dir ewig nachschleichen*

nach|schlei|fen tr. (ich schliff nach, nachgeschliffen): nachträglich schleifen; tr. (ich schleife nach, nachgeschleift): über den Boden schleifend nachziehen : auf der Schleife nachbefördern : nachträglich schleifen, fein schleifen

nach|schlep|pen tr.: hinterherschleppen : auf dem Boden schleifend nachziehen **nach|schleu|dern** tr.: hinterherschleudern

Nach|schlüs|sel, der; –s, –: Behelfsschlüssel : Dietrich **nach|schme|cken** intr.: einen Nachgeschmack haben **nach|schnei|den** tr.: nochmals (ein)schneiden (z. B. Gewinde) **nach|schrei|ben** tr.: etwas Gehörtes niederschreiben : Versäumtes schreibend nachholen : Vorgeschriebenes nachbilden * **Nach|schrift,** die; –, –en: das Nachschreiben : das Nachgeschriebene : nachträglich Hinzugefügtes zu einem Schreiben (Postskriptum)

nach|schrei|en tr.: nachrufen **Nach|schub:** s. nachschieben **Nach|schuß** → **Nach|schuss:** s. nachschießen

nach|schüt|teln intr.: schüttelnd nachernten : auffüllen **Nach|schwarm,** der; –(e)s,

..schwärme: zweiter Schwarm eines Bienenstocks im gleichen Sommer * **nach|schwär|men** intr. (sein): schwärmend folgen

nach|schwat|zen tr.: schwatzend nachsprechen

nach|schwe|ben intr. (sein): hinterherschweben

nach|schwim|men intr. (sein): hinterherschwimmen

nach|schwin|gen intr.: hinterherschwingen * **Nach|schwung,** der; –(e)s, ..schwünge: das Nachschwingen, z. B. von Tonwellen usw.

nach|se|geln intr. (sein): segelnd folgen : hinterhersegeln

nach|se|hen intr.: (einem –) mit den Blicken folgen : nach etwas suchen : etwas prüfen; tr.: (einem etwas –) es ihm hingehen lassen * *das Nachsehen haben:* sich etwas entgehen lassen, verzichten müssen * **Nach|sicht,** die; –, –en: rücksichtsvolle Schonung bei Fehlern * *Nachsicht üben:* Verständnis, Duldung zeigen; *um Nachsicht bitten:* um Geduld, Verständnis bitten * *nachsichtsvoll* Ew.; *Nachsichtswechsel:* zu einer bestimmten Frist nach Vorlegung zum Akzept fälliger Wechsel, z. B. „2 Monate nach Sicht" *

nach|sich|tig Ew.: milde : schonend * **Nach|sich|tig|keit,** die; –, –en: Wesen der Nachsicht

nach|sen|den tr.: nachschicken * **Nach|sen|dung,** die; –, –en: (bes. Postw.) das Nachsenden : das Nachgesandte

nach|set|zen tr.: (seine Sache einer andern –) sie geringer achten : in eine nachfolgende Stelle setzen : nachträglich etwas hinzusetzen; intr. (haben, sein): in Eile jemand verfolgen

Nach|sicht usw.: s. nachsehen

Nach|sil|be, die; –, –n: auf die Stammsilbe folgende Bildungssilbe, Anhängesilbe

nach|sin|gen tr.: etwas singend wiederholen : (einem etwas –) im Lied hinterher singen : in Liedern etwas nachsingen : nach Gehör singen

nach|sin|nen intr.: sinnend nachdenken

nach|sint|flut|lich Ew.: der Zeit nach der Sintflut angehörig

nach|sit|zen intr.: zur Strafe noch nach Schulschluss in der Schule bleiben müssen

Nach|som|mer, der; ·–s, –: Spätsommer

nach|spä|hen intr.: spähend nachsehen, um auszuforschen

Nach|spiel, das; –(e)s, –e: auf ein Hauptspiel folgendes Spiel : (übertr.) etwas auf die Hauptsache Folgendes * *ein Nachspiel haben:* Folgen haben * **nach|spie|len** tr.: spielend nachahmen : (Kartsp.) Farbe nachbringen

nach|spre|chen tr.: (einem etwas –) Vorgesprochenes, Gehörtes wiederholen * **Nach|spre|cher,** der; –s, –: einer, der etwas nachspricht * **Nach|spre|che|rei,** die; –, –en: das Nachsprechen

nach|sprin|gen intr. (sein): springend folgen

nach|spü|len tr.: spülen, nochmals ausspülen

nach|spü|ren intr.: heimlich nachforschen * **Nach|spü|rung,** die; –, –en: das Nachspüren, die Nachforschung

nächst Ew. (Superlativ von nahe): (räuml., zeitl.) unmittelbar anschließend, nachfolgend : in innigster Verbindung stehend; Vw. mit Dat.: unmittelbar nach etwas kommend, gleich nach * *nächst meiner Familie:* gleich nach.. * *die nächsten Verwandten; nächsten Monat; der nächste beste* → *der nächste Beste, der nächstbeste* oder *der Nächstbeste:* ein Beliebiger; *fürs nächste* → *fürs Nächste:* für die nächste Zeit; *nächsten Jahres,* Abk.: n. J.; *nächstes Mal* * *nächstbest* Ew.: beliebig : gleich nach dem Besten kommend; *nächstfolgend* Mw. Ew.: unmittelbar folgend; *Nächstfolgende,* der; –n, –: unmittelbar Folgender; *nächsthöher* Ew.: der Höhe nach unmittelbar anschließend; *nächsthöchst* Ew.: gleich nach dem Höchsten kommend; *nächstliegend* Ew.: unmittelbar betreffend; *Nächstliegende,* das; –n: das Vordringlichste : das am nächsten Liegende * **nächst|dem** Uw.: (zeitl.) gleich danach, sehr bald * **Näch|s|te,** der; –n, –n: Neben-, Mitmensch * *Nächstenliebe* * **Näch|s|te,** das; –en: das Nächstliegende *

nächs|tens Uw.: in kurzer Zeit, bald

nächst, Nächste, am nächsten

Für die Präpostion *nächst* (mit dem Dativ) gilt die Kleinschreibung. Die Substantivierung des Adjektivs (*nächst* als Superlativ von nahe), schreibt man groß: *Das Nächste liegt so nah! Die Nächste, bitte!* Kann man jedoch bei dem mit *am* gebildeten Superlativ mit *wie* fragen, wird klein geschrieben: *Ich lag am nächsten dran.*

nach|ste|chen tr.: in Kupferstich nachbilden * **Nach|stich,** der; –(e)s, –e: Nachbildung in Kupferstich

nach|ste|hen intr.: (einem –) einem nicht gleichkommen * **nach|ste|hend** Mw. Ew.: (bes. bei Schriftstücken) folgend * *im nachstehenden* → *im Nachstehenden:* weiter unten; *das Nachstehende:* das Folgende

nach|stei|gen intr. (sein): steigend folgen : (scherzh., übertr.) flirtend verfolgen

nach|stel|len tr.: hinter etwas stellen; intr.: (einem –) verfolgen * **Nach|stel|ler,** der; –s, –: Verfolger * **Nach|stel|lung,** die; –, –en: das Nachstellen : Verfolgung

nach|ste|no|gra|fie|ren *auch:* **nach|ste|no|gra|phie|ren** tr.: in Stenografie nachschreiben

nächs|tens: s. nächst

nach|ster|ben intr. (sein): (einem –) im Sterben folgen

nach|steu|ern intr. (haben): Nachschuss zur Steuer geben : nachhelfen; (seem.) nachschiffen

nächst|hö|her: s. nächst

nach|stop|peln tr.: Ähren aus den Stoppeln lesen

nach|stre|ben intr.: etwas zu erreichen streben : nacheifern

nach|strö|men intr. (sein): nachfließen

nach|stür|men intr. (sein): hinterdreinstürmen

nach|stür|zen intr. (sein): hinterherstürzen, nachrennen

nach|su|chen tr., intr.: suchend nachforschen : ([um] etwas bei jemand –) ihn darum bitten : etwas beantragen * **Nach|su|chung,** die; –, –en: das Bitten

nach|sum|men intr.: sum-

mend nachtönen; tr.: summend
nachmachen

Nacht, die; –, Nächte: der Zeitraum vom Untergang bis zum Wiederaufgang der Sonne : Zeit der Dunkelheit : Dunkel : Schatten, gedämpftes Licht : etwas in Dunkel Gehülltes : düstere Stimmung : Sinnbild des Bösen : Bild des Unbekannten, Unerforschten : tiefes Schwarz * *des Nachts:* nachts; *bei, über Nacht; die Nacht über; diese Nacht:* die nächstvergangene oder nächstfolgende Nacht; *gestern, heute, morgen nacht* → *gestern, heute, morgen Nacht, Montag nacht* → *Montagnacht* * *bei Nacht und Nebel; schlaflose Nächte; verschieden sein wie Tag und Nacht* * *Nachtangriff:* (militär.) Angriff in der Nacht; *Nachtarbeit(er); Nachtasyl:* Obdach für die Nacht (für Obdachlose); *Nachtausgabe:* Abendzeitung; *nachtblind* Ew.; *Nachtdienst:* Dienst bei Nacht; *Nachtessen:* Abendessen; *Nachteule:* bei Nacht fliegende Eule : (scherzh.) gern bei Nacht arbeitender Mensch; *Nachtfalter:* bei Nacht fliegender Schmetterling; *nachtfarben, nachtfarbig* Ew.: dunkel : schwarz; *Nachtflugzeug; Nachtfrost; Nachtgarn:* Garn zum nächtlichen Lerchenfang; *Nachtgebet; Nachtgeschirr:* Nachttopf; *Nachtgewand:* Nachthemd; *Tagundnachtgleiche:* Tag, an dem die Sonne gleich lange über und unter dem Horizont steht, Äquinoktium; *Nachthemd; Nachtkerze:* eine Pflanze; *Nachtkugel:* wassergefüllte Glaskugel vor einer Lampe zur Verstärkung des Lichts (bes. bei Schustern); *Nachtlager:* Lager für die Nacht; *Nachtleben:* nächtl. Vergnügungen; *Nachtlokal; Nachtmahl:* (mundartl.) Abendessen; *nachtmahlen* (ich nachtmahle; genachtmahlt; nachtzumahlen): (mundartl.) zu Abend essen; *Nachtmahr:* Alpdrücken; *Nachtmarsch:* militärische oder sportliche Marschübung während der Nacht; *Nachtpfauenauge:* ein Schmetterling; *Nachtruhe; Nachtrunde:* nächtlicher Rundgang; *Nachtschade:* Nachtrabe; *Nachtschatten:* Name mehrerer

Pflanzen; *Nachtschicht:* nächtliche Arbeitszeit : Gesamtheit der nachtarbeitenden Leute; *bei nachtschlafender Zeit:* bei Nacht; *Nachtschwärmer:* ein nachts Herumschwärmender, Lebemann : Nachtfalter; *Nachtseite:* trübe, düstere Seite; *Nachtspeicherofen:* elektr. Ofen, der mit billigem Nachtstrom aufgeheizt wird; *Nachtstrom:* während bestimmter Nachtstunden verbilligter Strom; *Nachtstuhl:* ein stuhlähnliches Nachtgeschirr für Kranke; *Nachttarif:* ermäßigter Tarif für Nachtstrom; *Nachttisch:* Tisch neben dem Bett; *Nachttopf:* Nachtgeschirr; *Nachtviole:* eine Pflanze; *Nachtwächter:* ein bei Nacht Wache Haltender; *nachtwandeln* (ich nachtwand[e]le, ich bin, habe genachtwandelt, zu –): mondsüchtig sein; *Nachtwanderung:* Wanderung in der Nacht; *Nachtwandler; nachtwärts* Uw.: nordwärts; *Nachtzeit; Nachtzeug:* Kleidung, die man im Bett trägt; *Nachtzug:* nachts fahrender Eisenbahnzug : nächtlicher Fischzug * *nächtelang* Uw.: eine Reihe von Nächten dauernd; *vier Nächte lang* * **nach|ten** intr.: Nacht werden : dunkel werden * **näch|ti|gen** intr.: die Nacht an einem Ort verbringen; tr.: jemand die Nacht über beherbergen * **näch|tens** Uw.: zur Nachtzeit * **Nach|ti|gall,** der; –, –en: ein besonders nachts singender Waldvogel : (übertr.) weibl. Person mit sehr schöner Stimme * *Nachtigallenstimme* * **näch|tlich** Ew.: bei Nacht stattfindend : dunkel * **nächt|li|cher|wei|se** Uw.: bei Nacht * **Nächt|ling,** der; –s, –e: Fledermausart * **nachts** Uw.: bei Nacht * **nachts|ü|ber** Uw.: in der Nacht; aber: *die Nacht über*

Nach|tag, der; –(e)s, –e: Schlusstag einer mehrtägigen Tagung oder Versammlung

nach|tan|zen intr. (haben, sein): tanzend folgen; tr.: (einen Tanz –) ihn nachahmen

nach|tau|meln intr. (haben, sein): hinterhertaumeln

Nach|teil, der; –(e)s, –e: das Benachteiligtsein, Schaden,

Verlust * **nach|tei|lig** Ew.: Nachteil verursachend

näch|ten, näch|tens, näch|tig: s. Nacht

Nach|ti|gall: s. Nacht

Nach|tisch, der; –(e)s, –: Nachspeise

nächt|lich, Nächt|ling, nächt|lings: s. Nacht

nach|to|ben intr. (sein): tobend nachrennen

nach|tö|nen intr.: nachklingen

Nach|trab, der; –(e)s, –e: Nachhut * **nach|tra|ben** intr. (sein): hinterhertraben

Nach|trag, der; –(e)s, ..träge: ein ergänzender Zusatz * **nach|tra|gen** tr.: ergänzen, nachträglich einfügen : jemand etwas nachbringen : (einem etwas –) eine Kränkung nicht vergessen * **nach|tra|gend,** **nach|trä|ge|risch** Ew.: nicht vergebend * **nach|träg|lich** Ew.: später erfolgend; Uw.: hinterher * **Nach|träg|lich|keit,** die; –, –en: das Unvorteilhafte : das Nachholen von Versäumtem

nach|trau|ern intr.: etwas, jemand zurückwünschen, sich nach ihm sehnen

nach|träu|men tr.: etwas träumend wiederholen; intr.: einer Sache nachsinnen

nach|trei|ben tr.: hinterhertreiben

nach|tre|ten intr.: (Fußball) nach Foulpfiff des Schiedsrichters den Gegner noch einmal treten, Revanche foulen

Nach|trupp, der; –(e)s, –s: Nachhut

nachts: s. Nacht

nach|tun tr.: (etwas –) nach einem Muster tun : jemand gleichkommen suchen

Nacht|wäch|ter,

nacht|wan|deln usw.: s. Nacht

nach|ü|ben tr.: nachträglich üben

nach|ver|lan|gen tr.: nachträglich verlangen, zusätzlich verlangen

Nach|ver|mächt|nis, das; –ses, –se: Zusatz zum Hauptvermächtnis * *Nachvermächtnisnehmer*

nach|wach|sen intr. (sein): nachträglich wachsen : neue Triebe hervorbringen * **Nach|wuchs,** der; –es, ..wüchse: das Nachwachsen :

das Nachgewachsene : Sprösslinge : Kinder

nach|wä|gen tr.: prüfend wägen : (übertr.) gründlich überlegen * **nach|wäg|lich** Ew.: nachdenklich

Nach|wahl, die, –, –en: ergänzende, nachträgliche Wahl

Nach|wai|se, die, –, –n: nach dem Tode des Vaters geborenes Kind

nach|wan|dern intr. (sein, haben): hinterherwandern

Nach|we|hen (Mz.): Wehen nach der Entbindung : (übertr.) nachträglicher Schmerz

Nach|wein, der, –(e)s, –e: Kunstwein aus Rückständen der Weinbereitung, Lauer

nach|wei|nen intr.: weinend nachahmen : (einem –) jemand weinend zurücksehnen

Nach|weis, der, .. weises, .. weise: Nachweisung : Beweis : Beleg * *Nachweis(e)amt* * *den Nachweis erbringen:* beweisen * **nach|wei|sen** intr.: (einem –) mit Fingern auf ihn zeigen; tr.: (etwas –) nachforschend finden und zeigen : (einem etwas –) einem beweisen * **Nach|wei|sung**, die, –, –en: das Nachweisen : das Nachgewiesene * **nach|weis|bar** Ew. * **nach|weis|lich** Ew.: beweisbar

nach|wei|ßen tr.: nochmals weiß anstreichen

Nach|welt, die, –: die nach uns geborenen Menschen

nach|wer|fen tr.: (auch übertr.) (einem etwas –) hinter ihm herwerfen

nach|wie|gen tr.: nochmals zur Prüfung wiegen

Nach|win|ter, der, –s, –: Spätwinter, eine in den Frühling fallende kalte Zeit

nach|wir|ken intr.: nachhaltig weiterwirken : nachträglich wirken * **Nach|wir|kung**, die, –, –en: das Nachwirken

nach|wol|len intr.: (einem –) einem folgen wollen

Nach|wort, das; –(e)s, –e: Zusatz zu einem Schriftwerk

Nach|wuchs: s. nachwachsen

nach|zah|len tr.: nachträglich zahlen : zuzahlen * **Nach|zah|lung**, die; –, –en: das Nachzahlen : das zusätzlich Nachgezahlte

nach|zäh|len tr.: prüfend zäh-

len * **Nach|zäh|lung**, die; –, –en: das Nachzählen

nach|zau|bern tr.: zaubernd nachahmen

nach|zeich|nen tr.: nach einer Vorlage zeichnen * **Nach|zeich|nung**, die; –, –en: nach Vorlage Gezeichnetes : das Nachzeichnen

nach|zet|teln intr.: nachhinken, zu spät kommen

nach|zie|hen tr.: hinter sich herziehen : nach einem Muster ziehen; intr. (sein): ziehend folgen : (Schrauben) fester anziehen * **Nach|zucht**, die; –: (bes. gezüchtete Tiere) die Erzielung von Nachkommenschaft : die zweite Aufzucht

nach|zot|teln intr. (sein): langsam hinterherkommen; tr.: hinter sich herziehen

Nach|zucht: s. nachziehen

Nach|zug, der; –(e)s, ..züge: Nachtrab : (Eisenb.) eingelegter Zug * **Nach|züg|ler**, der; –s, –: (auch übertr.) der einzeln Hinterherkommende, verspätet Kommende * **nach|züg|le|risch** Ew.: nachkommend

Na|cke|dei, der; –(e)s, –e und –s: nacktes Kind * **nackt** Ew.: unbekleidet : (zuw.) leicht bekleidet : bloß : schmucklos, kahl * *nackte Bäume, Zweige:* Bäume, Zweige ohne Blätter; *nackte Knospen:* Knospen ohne Schuppen; *der nackte Fels, Gipfel, Boden:* Fels usw. ohne Pflanzendecke; *auf dem nackten Boden schlafen; bloß als die vier nackten Wände; das nackte Schwert; das nackte Leben retten; die nackte Wahrheit:* Wahrheit ohne Beschönigung; *mit nackten Worten:* einfach * *nacktbeinig: nacktfüßig* Ew.: ohne Strümpfe und Schuhe; *Nacktfrosch; Nacktkultur:* Freikörperkultur; *nacktsamig* Ew.: nicht in einem Fruchtknoten eingeschlossen; *Nacktschnecke; Nacktänzer(in)* * **Nackt|heit**, die; –, –en: das Nacktsein : das Nackte

Na|cken, der; –s, –: der hintere Teil des Halses, Genick * *den Nacken beugen:* nachgeben; *ein Joch auf den Nacken legen:* etwas auferlegen; *etwas im Nacken haben:* im Rücken, hinter sich haben; *einen Schelm

im Nacken haben:* ein Schelm sein * **Nackengrube:** Höhlung des nach hinten gestreckten Halses; *Nackenhaar; Nackenschlag:* von hinten kommender Schlag : (übertr.) nachfolgende Unannehmlichkeit; *Nackenschutz; Nackenstarre:* Genickstarre; *nackensteif* Ew.; *Nackenwind:* von hinten kommender Wind * **..na|ckig, ..nä|ckig** Ew., nur in Zus.: *kurznackig, hartnäckig*

Na|del, die, –, –n; –chen, Nädelchen, Näd(e)lein: dünnes, längliches, spitzes (meist metallenes) Werkzeug von verschiedener Ausführung und Bestimmung : (übertr.) Stachel mancher Tiere : spitzes Blatt von Bäumen : Berggrat : Eisgebilde * *wie auf Nadeln sitzen, gehen:* sehr unsicher sein, gehen; *etwas keiner Nadel wert achten:* sehr gering schätzen; *etwas wie eine Nadel suchen:* etwas schwer zu Findendes suchen * *Nadelarbeit:* Näherei; *Nadelbarre:* Stange am Strumpfwirkerstuhl; *Nadelbaum:* Baum mit Nadeln statt Blättern; *nadelbereit* Ew.: (Stoffe) zur Verarbeitung des Schneiders bereitet; *Nadelbrief:* kleiner Umschlag mit Nähnadeln; *Nadelbüchse:* Behältnis für Nadeln; *Nadeldruse:* (Bergb.) nadelförmig erstarrte Körper; *Nadeleinfädler:* kleines Gerät zum Einziehen des Fadens durch das Nadelöhr; *Nadelerz:* eine Art Wismuterz; *Nadelfeile; nadelfertig* Ew.: zum Nähen bereitet; *nadelförmig* Ew.; *Nadelgeld:* Taschengeld, bes. für Frauen; *Nadelhafer:* eine Haferart; *Nadelhecht:* eine Hechtart; *Nadelholz:* Nadelbäume; *Nadelkissen:* kleine Kissen zur Aufbewahrung von Nadeln; *Nadelknopf, -kopf:* oberes stumpfes Ende einer Stecknadel; *Nadelloch, -öhr:* Loch für den Faden an Nähnadeln; *Nadelspitze; Nadelstich; Nadelstreu:* Streu von Baumnadeln; *Nadelwald:* Wald von Nadelbäumen; *Nadelwickler:* Nachtschmetterling * **Nad|ler**, der; –s, –: Nadelmacher * **na|deln** (ich ..[e]le) intr.: (Nadelbäume) Nadeln verlieren

Na|dir (arab.), der; –s: Fuß-
punkt, Gegenpol des Zenits *
Nadirhorizont: (Messk.)
Quecksilberspiegel
Nad|ler: s. Nadel
Na|gai|ka (russ.), die; –, –s:
Knute, Lederpeitsche
Na|gal|na, die; –: Tsetsekrank-
heit
Na|gel, der; –s, Nägel; Nägel-
chen, Näg(e)lein: spitzes Be-
festigungsmittel : Horndecke
des letzten Finger- und Zehen-
gliedes * *an den Nagel hängen*
tr.: aufgeben; *den Nagel auf*
den Kopf treffen: ganz das
Richtige treffen; *der Nagel zu*
jemandes Sarge sein: ihm
große Sorge machen; *einen Na-*
gel haben: sich etwas Besonderes dünken; *keinen Nagelbreit*
nachgeben; an den Nägeln
kauen; einem auf den Nägeln
brennen intr.: keinen Aufschub
mehr dulden * *Nagelbank:*
Brett mit Holznägeln zum Befestigen des Tauwerks; *Nagel-*
blume: Flieder; *Nagelblüte:*
Fleck im Fingernagel; *Nagel-*
bürste: kleine Bürste zum Reinigen der Fingernägel; *Nagel-*
eisen: mit Löchern versehenes
Eisen zum Schmieden von Nägeln; *Nagelfeile:* kleine Feile
zum Abfeilen der Fingernägel;
Nagelfell: Knorpel des Augen-
lides; *nagelfest* (bes. *niet- und*
nagelfest) Ew.: sehr gut befestigt; *Nagelfleck:* Nagelblüte;
Nagelfluh: ein Gestein; *Nagel-*
geschwür; Nagelhammer:
Werkzeug der Nagelschmiede;
Nagelheber: Werkzeug zum
Herausziehen von Nägeln; *Na-*
gelherz: Muschelart; *Nagel-*
kopf; Nagelkraut: Name verschiedener Pflanzen; *Nagel-*
kuppe; Nagellack; Nagellack-
entferner; Nagelloch; nagelneu
Ew. (bes. *funkelnagelneu*): so
neu wie der Nagel, der aus dem
Feuer kommt; *Nagelpflege;*
Nagelpolitur: Pulver zum Polieren der Fingernägel; *Nagel-*
probe: altnord. Trinksitte, das
geleerte Glas umgekehrt auf
den Daumennagel zu stellen
zum Zeichen des Leerseins;
Nagelreiniger: Gerät zum Reinigen der Fingernägel; *Nagel-*
roche: Fisch; *Nagelschere; Na-*
gelschmied, -schmiede; Nagel-
schrote: Schrotmeißel des Na-

gelschmieds; *Nagelschwamm:*
Name von Pilzarten; *Nagel-*
spitze; Nagelwerk: zusammen-
genageltes Lattenwerk; *Nagel-*
wurzel: Wurzel des Fingerna-
gels; *Nagelzange* * **Nag|ler,**
der; –s, –: Nagelschmied *
na|geln (ich ..[e]le) tr.: mit Nä-
geln befestigen, versehen :
(übertr.) wie mit Nägeln befestigen; intr.: (weidm.) mit den
Klauen eine Spur schaffen :
(Sport, Umgspr.) schnell über
die Autopiste fahren *
Näg|lein, das; –s, –: (obd.) Ge-
würznelke: Name von Pflan-
zen * *Nägleinbaum:* Gewürz-
nelkenbaum; *Nägleinpfeffer*
na|gen intr., tr.: mit den Vor-
derzähnen abbeißen, abschaben : (Kerbtiere) mit den Kie-
fern kauen : (übertr.) (an etwas
–) sich unausgesetzt mit etwas
beschäftigen : (an einem –) zer-
störend wirken * *Nagetier; Na-*
gezahn * **Nag|er,** der; –s, –:
Nagetier (nach den Nagezäh-
nen benannt)
NAGRA (Abk.), der; –s: Normenausschuss für das grafische
Gewerbe

nah, na|he Ew. (näher; nächst,
s. d.): (zeitl. u. örtl.) nicht fern,
nicht weit ab * *Nahaufnahme;*
Nahbeben: Erdbeben in der
Nähe; *Naherholungsgebiet;*
Nahgefecht, -kampf: Kampf,
bei dem sich die Kämpfenden
Mann gegen Mann gegenüberstehen; *Nahostverbindung;*
Nahverkehr; Nahziel; Nahzün-
der * *nahebei* Uw.: in der
Nähe; *nahegehen* → *nahe ge-*
hen (es geht mir nahe; nahe gegangen; nahe zu gehen) intr.:
innerlich ergreifen, rühren, betreffen; intr.: in die Nähe gehen; *nahehin* Uw.: in die Nähe;
nahekommen → *nahe kommen*
(vgl. nahe gehen) intr.: (übertr.)
fast erreichen, fast gleichen;
intr.: in die Nähe kommen; *na-*
helegen → *nahe legen* (vgl.
nahe gehen) tr.: anempfehlen;
naheliegen → *nahe liegen* (vgl.
nahegehen) intr.: geistig verwandt sein, leicht zu erschlie-
ßen sein usw.; intr.: in der Nähe
liegen; *naheliegend* → *nahe*
liegend Mw. Ew. (näher liegend, nächstliegend): begriff-
lich verwandt; in der Nähe liegen; *nahestehen* → *nahe stehen*

(vgl. nahe gehen) intr.: befreundet sein; intr.: in der Nähe
stehen; *nahetreten* → *nahe tre-*
ten (vgl. nahe gehen) intr.: befreundet, vertraut werden; *na-*
hezu Uw.: fast, beinahe *
Nä|he, die; –, –n: das Nahesein
* **na|hen** intr. (sein), rbz.: sich
nähern, in die Nähe kommen *
nä|her Ew.: Komparativ zu nah
: vertrauter : genauer, mehr ins
Einzelne gehend * *des näheren*
auseinander setzen → *des nä-*
heren auseinander setzen tr.:
genauer erklären; *das Nähere*
erklären: das Genauere erklären * *näherbringen* → *näher*
bringen (ich bringe näher, näher gebracht, näher zu bringen)
tr.: besser erklären, verständlicher machen; tr.: in größere
Nähe bringen; *näherkommen*
→ *näher kommen* (vgl. näher
bringen) intr.: vertrauter werden; intr.: in größere Nähe
kommen; *näherliegen* → *näher*
liegen (vgl. näher bringen)
intr.: leichter verständlich; *Nä-*
herrecht: Vorverkaufsrecht;
näherstehen → *näher stehen*
(vgl. näher bringen) intr.: vertrauter sein; intr.: in größerer
Nähe stehen; *nähertreten* →
näher treten (vgl. näher bringen) intr.: vertrauter werden;
intr.: in größere Nähe treten *
nä|hern (ich ..ere) rbz.: näher
kommen; tr.: näher bringen *
Nä|he|rung, die; –, –en:
(Math.) Annähern, Rechnen
mit angenäherten Werten * *Nä-*
herungslinie; Näherungswert
nä|hen tr., intr.: mit Nadel und
Faden Stiche machen und zusammenheften * *sich die Fin-*
ger wund nähen: nähen, bis
man wunde Finger hat; *sich die*
Augen aus dem Kopf nähen:
sehr viel nähen * *Näharbeit;*
Nähfaden; Nähgarn; Nähkas-
ten; Nähkästchen: Kasten mit
Nähgerät; *Nähkissen:* Nadel-
kissen; *Nähmädchen:* Näherin;
Nähmaschine; Nähmaschinen-
industrie; Nähnadel; Nährah-
men: Rahmen zur Einspannung
des Nähstoffs; *Nähschule;*
Nähseide; Nähstunde; Näh-
tisch; Nähunterricht; Nähzeug:
Nähgerät : Näherei; *Nähzwirn*
* **Nä|her,** der; –s, –; **Nä|he|rin,**
die; –, –nen: Person, die das
Nähen als Beruf ausübt *

Nä|he|rei, die; –, –en: das Nä-
hen : die Näharbeit ✳ **Naht,**
die; –, Nähte; Nähtchen, Näht-
lein: die Art des Nähens : die
Linie, in der zwei Stücke miteinander befestigt sind ✳ *einem
auf die Naht gehen:* ihm scharf
zu Leibe gehen ✳ *nahtlos* Ew.
nä|her, nä|hern usw.: s. nah
nä|her|kom|men → näher
kommen usw.: s. nah
nä|hren tr.: die zur Erhaltung
nötige Speise geben : stillen :
(übertr.) anwachsen lassen;
intr.: (auch übertr.) nahrhaft
sein; rbz.: von etwas leben ✳
Nährboden: nährender Boden
(auch übertr.) : die für die Bakte-
rienzüchtung verwendeten
Stoffe; *Nähreltern:* Pflegeel-
tern; *Nährgehalt:* Nährstoffge-
halt; *Nährklistier:* Nahrungszu-
führung durch den Darm; *Nähr-
kraft:* Nährwert; *Nährmittel;
Nährmutter:* Amme, Pflege-
mutter; *Nährpräparat; Nähr-
salze; Nährschaden; Nähr-
stand:* Bauernstand, der für Be-
schaffung der Nahrung sorgt;
Nährstoff; Nährvater: Pflege-
vater; *Nährwert; Nährzucker* ✳
Näh|rer, der; –s, –: der Ernäh-
rende ✳ **Näh|re|rin,** die; –, –nen:
die Nährende ✳ **nahr|haft** Ew.:
(auch übertr.) viele Nährstoffe
enthaltend ✳ **Nahr|haf|tig|keit,**
die; –, –: das Nahrhaftsein ✳
näh|rig, nähr|lich Ew.: nahr-
haft : sparsam ✳ **nähr|sam,
nahr|sam** Ew.: nahrhaft, nähr-
rend ✳ **Nah|rung,** die; –, –en:
Speise zur Erhaltung des Körpers : (übertr.) neuer Antrieb :
(Gerb.) ein Brei zum Gerben der
Felle ✳ *Nahrungsaufnahme;
Nahrungsbedarf; Nahrungs-
mangel; Nahrungsmittel:* Lebensmittel; *Nahrungsmittel-
chemie; Nahrungsmittelindus-
trie; Nahrungsmittelvergiftung;
Nahrungssorge; Nahrungs-
trieb; Nahrungsverweigerung;
Nahrungszufuhr*
Naht: s. nähen
Näh|zeug: s. nähen
na|iv (l.-fr.) Ew.: natürlich :
ungezwungen : kindlich : treu-
herzig ✳ **Na|i|ve** [..w..], die;
–n, –n: (Bühne) Darstellerin
jugendlicher Liebhaberrollen
✳ **Na|i|vi|tät** [..w..], die; –,
–en: Natürlichkeit, Unbefangenheit

Na|ja|de, die; –, –n: griech.
Quellnymphe : Flussmuschel
Nal|ma, der; –(s), –: Angehöri-
ger eines südwestafrik. Hotten-
tottenstammes ✳ *Namaland;
Namasprache*
Na|maz (pers.), das; –, –: isla-
mische Gebetskette
Na|me, der; –ns, –n: besondere
Bezeichnung eines Einzelwe-
sens oder Einzeldinges :
(Math.) Benennung von Zahlen
: (Math.) Benennung arithmeti-
scher Verhältnisse : (Math.)
Quotient von Vorder- und Hin-
terglied bei geometrischen Verhältnissen : Ruhm, Ruf ✳ *das
Kind beim rechten Namen nennen:* die volle Wahrheit sagen;
*etwas dem Namen nach sein,
tun:* nur dem Scheine nach; *einen Namen haben:* bekannt
sein; *in jemandes Namen tun*
tr.: in seinem Auftrag, mit seiner Einwilligung; *in Gottes Namen:* meinetwegen; *in des Teufels Namen:* ein Fluch; *einen
großen Namen haben, ein
Mann von Namen sein:* einen
bedeutenden Ruf haben; *jemandes guten Namen angreifen:* ihn verleumden; *unter
fremdem Namen reisen; seinen
Namen zu etwas hergeben:* für
etwas Gewagtes die Verantwortung übernehmen ✳ *Na-
menbuch:* Buch über Namen :
Sachwörterbuch; *Namendeu-
tung; Namenforschung; Na-
mengebung; Namengedächt-
nis; Namenkunde:* Wissen-
schaft von der Herkunft und
Bedeutung der Namen; *Na-
menliste; namenlos* Ew.: keinen Namen habend : unbenannt
: ruhmlos; *Namennennung;
Namenregister; Namenver-
wechslung; Namenverzeichnis*
✳ *Namensänderung; Namens-
bruder:* den gleichen Namen
tragend; *Namensfest:* Feier eines Kalenderheiligen; *Namens-
form; Namensheiliger; Na-
menskarte:* Besuchskarte; *Na-
mensschild; Namenstag:* Tag
des Namensheiligen; *Namensunterschrift; Namensvetter:*
Person, die den gleichen Namen trägt; *Namenszeichen:*
Namensunterschrift oder Zeichen dafür; *Namenszug:* Zeichen für den Namen, gewöhnlich Anfangsbuchstaben ✳ **na-**

mens Uw.: im Namen von :
mit Namen ✳ **na|ment|lich**
Ew.: ausdrücklich benannt;
Uw.: besonders ✳ **nam|haft**
Ew.: berühmt : nennenswert ✳
namhaft machen tr.: jemandes
Namen nennen ✳ **Nam|haft-
ma|chung,** die; –, –en: das
Namhaftmachen ✳ **näm|lich**
Bw.: namentlich : der-, die-,
dasselbe; Uw.: zur Angabe einer näheren Bestimmung ✳ *der,
die, das nämliche* → *das Nämliche* Fw.: der-, die-, dasselbe ✳
Näm|lich|keit, die; –, –en:
Gleichheit ✳ **..na|mig** Ew., nur
in Zus.: Namen habend; z. B.
vielnamig
Na|mur [..mühr]: Stadt in Bel-
gien
Nan|cy [nangßi]: Stadt in
Frankreich
Nä|nie (l.), die; –, –n: Trauer-
lied : Klagegesang
Na|nis|mus (gr.), der; –:
Zwerghaftigkeit, -wuchs ✳
Na|no|nie, die; –: Zwerghaftig-
keit ✳ **Na|no|ze|pha|le,** der;
–n, –n: Mensch mit kleinem
Schädel und Hirn [gr. nano..
ein Milliardstel]
Nan|king: südchines. Stadt in
Nan|king, der; –s: gelbes
Baumwollgewebe
Nan|sen|paß → **Nan|sen|pass,**
der; –es, ..pässe: (von dem norweg. Polarforscher Nansen ge-
schaffener) Ausweis für Staatenlose oder Emigranten
na|nu!: Ausruf des Erstaunens
Na|palm (e.), das; –s: Kurzw.
aus Naphtensäure und Palmi-
tinsäure; hochwirksamer Füllstoff für Brandbomben ✳ *Na-
palmbombe,* die; –, –n: Brandbombe, gefüllt mit Napalm
Napf, der; –(e)s, Näpfe; Näpfchen, –lein: tiefes Gefäß, Becher oder Schale : (schweiz.)
ein Maß : Kelch von Blüten
und Früchten : eine Gattung
Schnecken ✳ *ins Näpfchen treten:* einen Fehler begehen; *bei
einem ins Näpfchen treten:* sich
bei einem unbeliebt machen ✳
*Napfkuchen; Napfpilze; Napf-
schnecke:* eine Schneckengat-
tung
Naph|tha (aram.-gr.), das; –s;
die; –: dünnflüssiges Erdöl,
Steinöl ✳ **Naph|tha|lin,** das;
–s: fester Kohlenwasserstoff ✳
Naph|then, das; –s, –e: Koh-

lenwasserstoffverbindung ✳
Naph|thol, das; –s: chem. Verbindung ✳ **Naph|tho|phe|na|zin**, das; –s: chem. Verbindung [arab. nafatha kochend aufwallen]
Na|po|le|on [..ong]: Kaiser der Franzosen ✳ **Na|po|le|on|dor**, der; –s, –e: Münze im Wert von 20 Francs ✳ *2 Napoleondor* ✳ **Na|po|le|o|ni|de**, der; –n, –n: ein Nachkomme Napoleons I. ✳ **na|po|le|o|nisch** Ew.: im Geiste Napoleons : von Napoleon herrührend ✳ **Na|po|le|o|nist**, der; –en, –en: Anhänger Napoleons
Na|po|li|tain (fr.) [..täng], das; –s, –s: kleine Schokoladentäfelchen ✳ **Na|po|li|tai|ne** (fr.) [..tähn'], die; –, –n: Wollgewebe
Nap|pa, der; –, –s: Dicknase
Nap|pa, das; –(s), –s: besonders stark gegerbtes Ziegenleder ✳ *Nappaleder*
Nar|be, die; –, –n; Närbchen, –lein: eig. Verengung, (auch übertr.) die von Wunden nach der Heilung zurückgebliebene Spur : (Gerb.) die Haarseite : die nach der Entfernung der Haare sich zeigenden Erhöhungen und Vertiefungen : (Landw.) Grasdecke der Erde : Auge im Ei : (Bot.) Ende des Griffels ✳ *Narbenbildung; Narbengewebe; Narbenleder; Narbenseite*: (Gerb.) Haarseite ✳ **nar|ben**, **när|ben** tr.: mit Narben versehen : (Gerb.) Sichtbarmachen der Narben durch Abstoßen der Wolle oder Haare : (Landw.) die Narbe abmähen, rbz., intr.: (von Wunden) eine Narbe bilden, heilen ✳ **nar|big** Ew.: mit Narben bedeckt
Nar|de (gr.), die; –, –n: ind., wohlriechendes Baldriangewächs, Balsam ✳ *Nardenöl*
Nar|gi|leh (türk.), das; –s, –s: türk. Wasserpfeife
Nar|ko|lo|gie (gr.), die; –: Wissenschaft von der Schmerzbetäubung ✳ **Nar|ko|mal|nie**, die; –: Sucht nach Betäubungsmitteln : Rauschgiftsucht ✳ **Nar|ko|a|naly|se**, die; –, –n: psychiatrische Befragung des Kranken nach einer Kurznarkose ✳ **Nar|ko|se**, die; –, –n: Betäubung ✳ **Nar|ko|ti|kum**, das; –s, ..ka: Betäubungsmittel

✳ **Nar|ko|tin**, das; –s: Opium enthaltendes Alkaloid ✳ **nar|ko|tisch** Ew.: betäubend ✳ **nar|ko|ti|sie|ren** (..iert) tr.: betäuben ✳ **Nar|ko|tis|mus**, der; –: Zustand der Betäubung : Rauschgiftsucht
Narr, der; –en, –en; Närrchen, –lein: unvernünftiger Mensch : Spaßmacher : an den ehemal. Fürstenhöfen ein berufsmäßiger Possenreißer : (in Süddeutschland) maskierte Person in der Faschingszeit ✳ *Hans Narr*: Bezeichnung für törichte Menschen; *den Narren mit einem treiben*: ihn foppen; *zum Narren haben, halten, machen*: nicht ernst nehmen; *einen Narren an einem, an etwas gefressen haben*: über das vernünftige Maß hinaus lieben ✳ *Narrenfest*: Karneval; *Narrenfreiheit*: freies Treiben zu Fastnacht; *Narrengeschwätz; Narrenhaus; Narrenheil*: Lauchheil, eine Pflanze; *Narrenkappe*: Schellenkappe : Name von Pflanzen, Muscheln und Schnecken; *Narrenkleid(ung); Narrenkolbe(n)*: Teichschilf; *Narrenliebe*: übertriebene Liebe; *Narrennagel*: unförmiger Nagel an Fingern und Zehen; *Narrenpapier*: schlechteste Sorte Schreibpapier; *Narren(s)posse*: Albernheit; *Narrenseil*, in der Wendung *am Narrenseil haben tr.*: zum Besten haben; *Narrenspiel; Narrenspossen; Narrenstreich; Narrentracht; –zunft* ✳ **nar|ren** intr.: Narrheiten treiben; tr.: foppen ✳ **nar|ren|haft** Ew.: in der Weise eines Narren ✳ **Nar|ren|schaft**, die; –, –en: Narrenzunft ✳ **Nar|ren|tum**, das; –(e)s: das Narrsein ✳ **Nar|re|tei**, die; –, –en: Narrensposse ✳ **Narr|heit**, die; –, –en: närrisches Wesen : närrische Handlung ✳ **När|rin**, die; –, –nen: weibl. Narr ✳ **när|risch** Ew.: töricht : verrückt : drollig : sonderbar
Nar|wal (nord.) der; –s, –e: Einhornfisch : ein Delphin
Nar|ziß → **Nar|ziss**: m. Vn. : (gr. Sage) schöner, in sich selbst verliebter Jüngling ✳ **Nar|zis|se**, die; –, –n: eine Blume ✳ **Nar|ziß|mus** → **Nar|ziss|mus**, der; –: übertriebene Selbstliebe

NASA (Abk.), die; –: National Aeronautics and Space Administration (= Nationale Luftfahrt- und Weltraumbehörde in den USA)
na|sal (nl.) Ew.: zur Nase gehörend : durch die Nase gesprochen ✳ *Nasallaut*; Nasenlaut; *Nasalvokal* ✳ **Na|sal**, der; –s, –e; **Na|sa|lis**, die; –, ..les: Nasenlaut ✳ **na|sa|lie|ren** (..iert) tr.: durch die Nase aussprechen; vgl. Nase
na|schen intr., tr.: heimlich probieren : Leckereien essen : (übertr.) oberflächlich genießen ✳ *Naschkatze*: naschhafte Person; *Naschlust; Naschmarkt; Naschmaul*: naschhafter Mensch; *naschsüchtig* Ew.; *Naschware; Naschwerk*: Leckereien ✳ **Na|scher**, **Nä|scher**, der; –s, –; **Na|sche|rin**, **Nä|sche|rin**, die; –, –nen: eine(r), der (die) gern nascht ✳ **Nä|sche|rei**, die; –, –en: das Naschen : Naschhaftigkeit : Naschwerk ✳ **nasch|haft** Ew.: naschsüchtig ✳ **Nasch|haf|tig|keit**, die; –, –en: das Naschhaftsein ✳ **na|schig**, **nä|schig** Ew.: naschsüchtig
Na|se, die; –, –n; Näschen, –lein: der oberste Teil der Atmungswege : Geruchsorgan bei Menschen und Tieren, Geruchssinn : (übertr.) Spürsinn : Felsvorsprung : Landspitze, die ins Wasser ragt : (Techn.) spitze Hervorragung : (in Zus.) Name von Fledermäusen : Verweis ✳ *eine feine, scharfe Nase haben*: guten Spürsinn haben: *die Nase hoch tragen*: hochmütig sein; *die Nase rümpfen, runzeln*: Verachtung zeigen; *mit langer Nase abziehen intr.*: enttäuscht sein; *eine lange Nase machen*: höhnen, verspotten; *einem eine Nase drehen*: jemanden anführen; *immer der Nase nach, lang*: in gerader Richtung vorwärts; *Mund und Nase aufsperren*: staunen; *sich die Nase begießen*: sich betrinken; *seine Nase überall hineinstecken*: sich in alles einmischen; *die Nase ins Buch stecken*: lernen : lesen; *die Nase ziehen*: etwas unangenehm empfinden; *den Finger an die Nase legen*: nachsinnen; *an der Nase herumführen tr.*: hinhal-

ten, anführen; *sich selbst an die Nase fassen*: an seine eigenen Fehler denken; *einem etwas auf die Nase binden*: etwas zu Verheimlichendes augenfällig machen; *einem etwas an der Nase ansehen*: aus seinen Mienen etwas erraten; *eins auf die Nase geben, bekommen*: eine Demütigung antun, erleiden; *auf die Nase fallen*: aufs Gesicht fallen : Misserfolg erleiden; *auf der Nase liegen*: (übertr.) erschöpft sein; *einem auf der Nase tanzen, sitzen*: seine Gutmütigkeit missbrauchen; *einem etwas aus der Nase ziehen*: aus ihm herauslocken, was man wissen, haben will; *sich einen Ring durch die Nase ziehen*: sich übertrieben putzen; *etwas in die Nase bekommen*: etwas riechen, spüren; *in die Nase stechen* intr.: (übertr.) Verlangen erregen; *einen mit der Nase auf etwas stoßen*: ihn deutlich darauf hinweisen; *jemandes Horizont reicht nicht über seine Nasenspitze hinaus*: er ist beschränkt; *sich viel Wind um die Nase wehen lassen*: vieles sehen und erfahren; *einem etwas unter die Nase reiben*: es ihm in unangenehmer Weise deutlich sagen; *vor der Nase liegen*: dicht vor einem liegen; *einem etwas vor der Nase wegnehmen* ✳ *nasführen* (ich nasführe, genasführt, zu –) tr.: foppen; *Nashorn*: Säugetier mit Horn auf der Nase; *nas(e)lang, alle* –:) jeden Augenblick, dauernd; *Nas(en)loch* ✳ *Naserümpfer; naseweis* Ew. (..weiser): (urspr. weidm.) (Hund) spürkundig : (Person) vorlaut; *Naseweisheit*: Vorlautheit ✳ *Nasenbein, Nasenknochen; Nasenbluten; Nasenlaut*: durch die Nase gesprochener Laut; *Nasendrücker*: (volkst.) Sarg mit plattem Deckel : Kneifer; *Nasenflügel; Nasenfurunkel; Nasenhöhle; Nasenklammer*: geschweifte Klammer; *Nasenplastik*: die Form der Nase verbessernder Eingriff der kosmetischen Chirurgie; *Nasenring*: Ring als Schmuck bei Menschen, zur Bändigung von Tieren; *Nasenrücken; Nasenschleimhaut; Nasenschneller; Nasenstüber*: Schlag auf die

Nase; *Nasenspitze; Nasenspray; Nasenspülung; Nasenwurzel*: Nasenansatz ✳ **nä|seln** (ich ..[e]le) intr.: schnüffeln : durch die Nase sprechen oder singen ✳ **..na|sig, ..nä|sig** Ew., nur in Zus.: mit einer irgendwie beschaffenen Nase versehen; z. B. dick-, gerad-, kurznasig oder -näsig ✳ **Näs|ling**, der; –s, –e: ein Fischname

nas|lang, na|se|lang: s. Nase

naß → **nass** Ew. (nässer und nasser, nässeste und nasseste): von Flüssigkeit feucht : Feuchtigkeit enthaltend ✳ *naß in naß malen* → *nass in nass malen*: die Farben nicht trocknen lassen während des Malens ✳ *naßkalt* → *nasskalt* Ew.: kalt und regnerisch; *Naßrasierer* → *Nassrasierer; Naßrasur* → *Nassrasur; Naßschnee* → *Nassschnee; Naßwäsche* → *Nasswäsche* ✳ **Naß** → **Nass**, das; –es: (dichter.) Wasser : Wein ✳ **Näs|se**, die; –: das Nasssein : nässende Feuchtigkeit ✳ **näs|seln** intr., tr.: ein wenig nässen ✳ **näs|sen** (du nässest und nässt, er nässt; du nässtest; genässt; nässe! und nässt!) tr.: nass machen ✳ **Naß|heit** → **Nass|heit**, die; –, –en: das Nasssein ✳ **näß|lich** → **näss|lich** Ew.: etwas nass

Nas|sau: hess. Stadt an der Lahn ✳ **Nas|sau|er**, der; –s, –: Einwohner von Nassau : Drückeberger, Schmarotzer ✳ **nas|sau|ern** intr.: auf anderer Leute Kosten leben ✳ **nas|sau|isch** Ew.

Näs|se, näs|seln: s. nass

Nas|zenz (l.), die; –: das Entstehen, die Geburt ✳ **nas|zie|rend** Mw. Ew.: im Entstehen begriffen [l. nascens entstehend : frei werdend]

Na|tal: südafrikan. Provinz

Na|ti|on (l.), die; –, –en; Nationchen, -lein: ein durch Abstammung, Sprache und Gesetz zusammengehöriges Volk mit gemeinsamer Geschichte und Kultur ✳ **na|ti|o|nal** Ew.: vaterländisch : völkisch : das Volk betreffend ✳ *Nationalbank*: Notenbank eines Landes; *Nationalbewusstsein; Nationalcharakter*: Volkseigentümlichkeit; *Nationaldenkmal; Nationaleinkommen; Nationalelf*: Fußballmannschaft; *National-

farben; Nationalfeiertag; Nationalflagge; Nationalgalerie*: staatliches Museum : *Nationalhymne; nationalliberal* Ew.; *Nationalliberalismus; Nationalliteratur; Nationalmannschaft*: (Sport) Mannschaft, die sich aus den besten Spielern eines ganzen Landes zusammensetzt : *Nationalökonomie*: Volkswirtschaftslehre; *Nationalpark; Nationalrat*: (schweiz.) Volksvertretung in der Bundesversammlung; *Nationalsozialismus*: rassistische und imperialistische Bewegung in Deutschland nach den 1. Weltkrieg : die darauf basierende Ideologie unter Hitler bis 1945; *Nationalsozialist; nationalsozialistisch* Ew.; *Nationalstaat; Nationaltänze* Mz.: Volkstänze; *Nationaltheater; Nationaltracht; Nationalversammlung* ✳ **Na|ti|o|na|le**, das; –s, –: Standesliste : Stammesrolle : Angabe über die persönlichen Verhältnisse ✳ **na|ti|o|na|li|sie|ren** (..iert) tr.: einbürgern ✳ **Na|ti|o|na|lis|mus**, der; –, ..men: stark betontes Volksempfinden ✳ **Na|ti|o|na|list**, der; –en, –en: betont völkisch Eingestellter ✳ **na|ti|o|na|lis|tisch** Ew. ✳ **Na|ti|o|na|li|tät**, die; –, –en: Staatszugehörigkeit : Volkseigenheit ✳ *Nationalitätenfrage; Nationalitätenstaat*: Staat aus mehreren Volksstämmen; *Nationalitätsprinzip*: Grundsatz des Selbstbestimmungsrechts einer Nation auf Bildung eines eigenen Staates

na-ti-o-nal
Bei Fremdwörtern steht die Trennung nach Sprechsilben neben der nach den Wortstandteilen: *natio-nal* und *nati-onal*.

na|tiv (l.) Ew.: natürlich, unveränderlich : angeboren ✳ **Na|ti|ve** (e.) [nehtiw], der; –s, –s: Ureinwohner eines Gebietes, Landes ✳ **Na|ti|ve** (e.) [nehtiw], die; –, –s: Auster ✳ **Na|ti|vis|mus** (nl.) [..w..], der; –: Kampf für das Vorrecht der Ureinwohner ✳ **Na|ti|vist** (nl.) [..w..], der; –en, –en: Kämpfer für das Vorrecht der Ureinwohner ✳ **Na|ti|vi|tät** (l.) [..w..], die; –, –en: Stellung der Gestirne in der Geburtsstunde des Menschen und die Schicksalsbestimmung danach [l. natus geboren von nasci geboren werden; nativus zur Geburt gehörig]

NATO (Abk.), die; –: North Atlantic Treaty Organization (= (westliches) Verteidigungsbündnis)

Natrium (arab.), das; –s: chem. Grundstoff; Abk.: Na **✳** *Natriumchlorid:* Kochsalz; *Natriumsulfat:* schwefelsaures Natrium **✳ Natrokalzit,** das; –s: ein Mineral **✳ Natrolith,** der; –s, –e: Laugensalzstein, eine natronhaltige Art des Zeoliths **✳ Natron,** das; –s: ein mineralisches Laugensalz : (volkst.) doppelkohlensaures Natrium **✳** *Natronlauge:* ein Ätzmittel; *Natronsalpeter:* natürliches salpetersaures Natron, Chilesalpeter; *Natronweinstein:* Verbindung von Natron mit Weinstein

Natté (fr.), der; –(s), –s: panamaartiger Kleiderstoff

Natter, die; –, –n: eine Schlangengattung : (allg.) Schlange : (übertr.) böser Mensch : (übertr.) etwas am Herzen Zehrendes, Gram usw. **✳** *Natterblume, Natterkopf, Natterkraut, Natterwurz:* Pflanzen; *Natterzunge:* eine Farnart; *Natterzwang:* ein Vogel, Wendehals **✳** *Natter(n)biß* → *Natternbiss; Natternbrut* **✳ natterisch** Ew.: (selt.) natteriartig

Natur (l.), die; –, –en: Schöpfung : Welt : alles aus sich selbst Gewordene (im Ggs. zur Kunst) : Eigenart : Schöpferkraft : Welt außerhalb des Menschen : urtümlicher Zustand ohne Bildung usw. : Teil der Erde ohne menschliche Wohnungen usw. **✳** *in natura:* leibhaftig : nackt **✳** *Naturanlage; Naturbeschreibung; Naturereignis; Naturerscheinung; Naturforscher; Naturforschung; Naturfreund; Naturgefühl:* natürliches Gefühl : Empfinden für die Natur; *naturgemäß* Ew.; *Naturgeschichte:* beschreibende Darstellung der Naturreiche; *Naturgesetz; Naturheilkunde; Naturheilverfahren:* Heilverfahren, das die natürlichen Heilungskräfte ausnutzt;

Naturkatastrophe; Naturkind; Naturkörper; Naturkraft; Naturkunde; Naturlehre; Naturmensch: Mensch im Naturzustande : den Naturzustand erstrebender Mensch; *Naturprodukt:* Naturerzeugnis; *Naturrecht; Naturreich:* Tier-, Pflanzen- und Mineralreich; *Naturreligion:* die Natur als Gottheit verehrende Religion; *Naturschätze; Naturschönheit; Naturschutz; Naturschutzgebiet; Naturtalent; Naturtheater; Naturtreue; Naturtrieb:* Instinkt; *Naturverbundenheit; Naturvolk:* Volk mit niedriger Kultur; *Naturwein:* ungezuckerter und unvermischter Wein; *Naturwissenschaft; Naturwunder; Naturzustand:* natürlicher Zustand **✳ natural..** Ew., nur in Zus.: die Natur betreffend : auf die Naturalien bezüglich **✳** *Naturalleistung:* Abgabe von Naturalien; *Naturalwirtschaft:* Austausch von Naturerzeugnissen **✳ Naturalien** Mz.: Natur-, bes. Bodenerzeugnisse **✳** *Naturalienkabinett:* naturwissenschaftl. : Sammlung **✳ Naturalisation, Naturalisierung,** die; –, –en: Einbürgerung **✳ naturalisieren** (..iert) tr.: einbürgern : (Pflanzen –) an ein fremdes Klima gewöhnen : in eine Familie aufnehmen und für erbfähig erklären **✳ Naturalismus,** der; –: Weltanschauung, die alles aus der Natur ableitet : Kunstrichtung, die Naturtreue erstrebt : Literaturbewegung Ende des 19. Jhs. **✳ Naturalist,** der; –en, –en: Anhänger des Naturalismus **✳ naturalistisch** Ew. **✳ Naturell,** das; –s, –e: Naturanlage, Eigenart **✳ natürlich** Ew.: von der Natur erzeugt : so wie die Natur es hervorgebracht hat : aus dem Naturwesen hervorgehend : aus der Eigenart einer Sache von selbst hervorgehend : leicht verständlich, begreiflich : dem gewöhnlichen Lauf der Natur gemäß : (Theol.) der Sinnenwelt angehörig : den Gesetzen der Natur gemäß : der Wirklichkeit entsprechend : der Wirklichkeit möglichst getreu nachbildend : einfach, unge-

zwungen : ohne Beachtung der Beschränkungen durch Sitte und Sittlichkeit : (Kind) unehelich : (Mus.) (Tonleiter) keine Vorzeichen habend **✳ natürlicherweise** Uw.: selbstverständlich **✳ Natürlichkeit,** die; –, –en: das Natürlichsein : Unverbildetheit [l. natura von nasci geboren werden, entstehen]

Nauarch (gr.), der; –en, –en: altgriech. Flottenführer **✳ Nauarchie,** die; –: Schiffsbefehligung **✳ Nautik,** die; –: Seewesen : Schiffahrtskunde **✳ Nautiker,** der; –s, –: Seemann **✳ nautisch** Ew.: das Seewesen betreffend [gr. naus Schiff, archein herrschen]

Naue, die; –, –n; **Nauen,** der; –s, –: (mundartl.) Last- oder Fährschiff

Nauen: Stadt im Havelland

nauf: (volkst.) hinauf

Naumburg: Stadt an der Saale **✳** *Naumburger Dom; Naumburger Meister:* dem Namen nach unbekannter Künstler, der die Steinfiguren der Stifter schuf

Nauplius (gr.), der; –, ..plien: Krebslarve

naus: (volkst.) hinaus

Nautik, nautisch: s. Nauarch

naval (l.) [..w..] Ew.: das Seewesen betreffend **✳** *Navalkrieg:* Seekrieg **✳ navigabel** Ew.: schiffbar, befahrbar **✳ Navigation,** die; –, –en: Nautik : Steuermannskunst der Schiffs- und Flugzeugführer **✳** *Navigationsakte:* ein englisches Schiffahrtsgesetz des 17. Jhs.; *Navigationsoffizier; Navigationsraum; Navigationsschule* **✳ navigieren** tr.: Schiff, Flugzeug steuern [l. navis Schiff]

Navarra [..wa..]: nordspan. Provinz

Navelorange (e.), die; –, –n: kernlose Orange

Naxos: gr. Insel

Nazaräer, der; –s, –: Angehöriger einer frühchristlichen Sekte **✳ Nazarener,** der; –s, –: Beiname Christi : Anhänger einer religiösen Richtung in der Malerei des 19. Jhs.

nei: (volkst.) nein

ne w. unbest. Art.: (volkst.) eine

Ne|an|der|ta|ler, der; –s. Neandertalmensch : nach dem im Neandertal gefundenen Schädeldach benannter, prähistorischer Mensch

Ne|a|pel: mittelital. Stadt *

Ne|a|p|ler, Ne|a|po|li|ta|ner, der; –s, –: Bewohner Neapels *
ne|a|po|li|ta|nisch Ew. *
Ne|a|po|li|taine (fr.) [..tähn'], die; –: gestreifte Halbseide

ne|ark|tisch (nl.) Ew.: die westliche gemäßigte Zone betreffend

neb|bich (jüd.-dtsch.) Uw.: leider : bedauerlich : schade

Nebel (l.), der; –s, –: infolge Abkühlung zu Wassertröpfchen verdichtete Wasserdämpfe der Luft : (übertr.) etwas Trübes, Verschleierndes : (zuw.) Rausch * *Nebelbank:* bankförmig aufgetürmte Nebelmassen; *Nebelbild; Nebelbogen:* kaum gefärbter Regenbogen; *Nebelboje:* Boje, die bei Nebel ertönt; *Nebelbombe:* beim Explodieren künstlichen Nebel verbreitende Bombe; *nebelfeucht* Ew.; *Nebelfleck:* schwach leuchtender Fleck am Nachthimmel: *Nebelglanz; Nebelglocke:* dichter Nebel, der über einer Stadt liegt; *nebelgrau* Ew.; *Nebelhorn:* Schiffswarnsignal; *Nebelhülle:* einhüllende Nebelmasse; *Nebelkappe:* Kappe zum Schutz gegen Nebel : wie eine Kappe erscheinende Nebelhülle (einer Bergspitze) : unsichtbar machende Kappe; *Nebelkrähe; Nebelmonat, -mond:* deutscher Name für November; *Nebelpfeife:* Signalpfeife bei Nebel; *Nebelscheinwerfer:* breit strahlender, gelber Scheinwerfer bei Kraftfahrzeugen; *Nebelschicht; Nebelschleier; Nebelstern:* von Nebelflecken umhüllter Stern; *Nebelstreif; Nebeltruppe:* (Kriegsw.) Truppenverband zur Einnebelung; *Nebelwetter* * **Ne|be|lel**, die; –, –en: Nebelhaftigkeit : nebelhafte Tat, Rede * **ne|bel|haft** Ew.: nebelähnlich : verschwimmend : unklar * **Ne|bel|haf|tig|keit**, die; –, –en: Unklarheit * **ne|be|lig, neb|lig** Ew.: nebelerfüllt : nebelhaft * **ne|beln** (ich ..[e]le) intr.: Nebel aushauchen : verschwimmen :

unklar reden; intr., unp.: neblig sein * **Ne|be|lung**, der; –s, –e: Nebelmonat, November

ne|ben Vw. mit Dat. und Akk.: auf gleichem Boden mit etwas : zur Seite von etwas : gleichlaufend mit : im Vergleich : außer; Uw.: dicht dabei befindlich : außerdem noch vorhanden * *neben dem Haus stehen; neben das Haus stellen* * *Nebenabgabe:* zusätzliche Abgabe; *Nebenabsicht:* Absicht, die man neben der Hauptabsicht hat; *nebenan* Uw.; *Nebenamt; Nebenanschluß* → *Nebenanschluss:* Zweigtelefonleitung; *Nebenarbeit:* zusätzliche Arbeit : minder wichtige Arbeit; *Nebenarm:* Seitenarm (eines Flusses); *nebenaus* Uw.; *Nebenausgabe; Nebenausgang:* Seitenausgang; *Nebenbahn; Nebenbau; Nebenbedeutung; nebenbei* Uw.; *Nebenberuf; nebenberuflich* Ew.; *Nebenbeschäftigung; Nebenbuhler:* nach dem gleichen Ziel Strebender; *nebenbuhlerisch* Ew.; *Nebenbuhlerschaft; Nebending:* etwas Nebensächliches; *nebenein* Uw.: seitwärts, daneben hin; *nebeneinander* Uw.; *Nebeneinkünfte; Nebeneinnahmen; Nebenerscheinungen; Nebenfluß* → *Nebenfluss; Nebenfrau; Nebengebäude; Nebengedanke; Nebengewinn; Nebenhaus; nebenher* Uw.; *nebenhin* Uw.; *Nebenintervention:* Beteiligung einer am Prozessausgang interessierten dritten Person an einem Zivilprozess; *Nebenklage:* der Klage des Staatsanwalts angeschlossene Privatklage; *Nebenkosten:* zusätzliche Kosten; *Nebenmann; Nebenmensch; Nebenmond; Nebenprodukt:* Abfallprodukt; *Nebenraum; Nebenrolle; Nebensache; nebensächlich* Ew.; *Nebensächlichkeit; Nebensatz; Nebenschluß* → *Nebenschluss:* (Elektr.) Zweig bei einer Nebeneinanderschaltung; *Nebensonne; nebenstehend* Mw. Ew.; *Nebenstraße; Nebenstrecke; Nebentisch; Nebentitel:* Untertitel; *Nebenton; Nebenverdienst; Nebenweg:* Seitenweg; *Nebenwinkel; Nebenwirkung; Nebenwort; Nebenzimmer; Nebenzweck* *

nebst Vw. mit Dat.: zugleich mit : samt : sowie

nebeneinander sitzen, legen Werden ein Zeitwort (Verb) und ein mit *-einander* gebildetes Adverb verbunden, schreibt man getrennt: *Wir wollen nebeneinander sitzen. Du kannst die Karten nebeneinander legen.*

neb|lig, Neb|lung usw.: s. Nebel

Ne|b|ras|ka: Staat der USA

Ne|bu|list (l.), der; –en, –en: Wolkenmaler * **ne|bu|lis|tisch** Ew.: neblig, wolkig * **ne|bu|los, ne|bu|lös** Ew.: neblig : unklar : verdrießlich * **Ne|bu|lo|si|tät**, die; –, –en: Umwölkung : finsteres Wesen [l. nebula Nebel]

Ne|ces|saire *auch:* **Nessessär** (fr.) [nehßessähr], das; –s, –s: „Notwendiges", Behälter für notwendige Bedarfsgegenstände, Reise-, Näh-, Nagelpflegebehälter

Neck (schwed.), der; –en, –en: **Ne|cken**, der; –s, –: ein Wassergeist, der Nix

Ne|ckar: Nebenfluss des Rheins * **Ne|ckar|ge|münd, Ne|ckars|ulm:** Städte am Neckar

ne|cken tr.: scherzend reizen, foppen, aufziehen * *Necklied:* Schelmen-, Spottlied * **Ne|cker**, der; –s, –: ein Neckender * **Ne|cke|rei**, die; –, –en: Hänselei; Fopperei * **ne|ckisch** Ew.: gern neckend : drollig : possierlich : sonderbar : boshaft, verschlagen : spöttisch

Neer, die; –, –en: Wasserstrudel : Untiefe * *Neerstrom*

Ne|fas (l.), das; –: Unrecht * *per nefas:* zu Unrecht

Nef|fe (gr.), die; –, –n: Blattlaus

Nef|fe, der; –n, –n: (veralt.) Enkel : männliches Geschwisterkind : (selt.) Sohn von Neffe oder Nichte (Großneffe) : meist entfernterer Verwandter

Ne|ga|ti|on (l.), die; –, –en: Verneinung(swort) : Verwerfung : Aufhebung, Leugnung * **ne|ga|tiv** Ew.: verneinend * **Ne|ga|tiv**, das; –s, –e [..we]: Gegenbild, Kehrbild : (Fot.) Platte * *Negativbild; Negativdruck* * **Ne|ga|ti|ve** [..we], die; –, –n: Verneinung * **ne|gie|ren**

(..iert) tr.: verneinen : bestreiten ✶ **Ne**ga**ti**vis**mus**, der; –: triebhaftes Widerstreben gegen jede äußere Einwirkung ✶ **Ne**gie**rung**, die; –, –en: Verneinung, Ablehnung ✶ **Ne**ga**tron**, das; –s, –e: das negativ geladene Elektron

Neger (l.-span.), der; –s, –: abwertend für schwarzhäutiger Mensch ✶ *Negerkuß* → *Negerkuss:* ein Schaumgebäck; *Negersklave* ✶ **ne**grid (span.) Ew.: (veralt.) Merkmale der als Neger bezeichneten Menschen aufweisend ✶ **Ne**gril**lo**, der; –s: schwarz gezeizter, holländischer Schnupftabak ✶ **Ne**gri**to** (port.), der; –(s), –s: Volksstamm auf den Philippinen ✶ **Ne**gro-**Spi**ri**tu**al → **Ne**gro**spi**ri**tu**al (e.) [nihgrospiritjuel], das; –s, –s: geistlicher Gesang der Afroamerikaner

negie**ren** usw.: s. Negation

Neglek**ten**gel**der** (l.-dtsch.) Mz.: Versäumnisgelder : Strafgelder (wegen Amtsversäumnis) ✶ **Ne**glek**ti**on (l.), die; –, –en: Vernachlässigung : Versäumung ✶ **Ne**gli**gé** auch: **Ne**gli**gee** (fr.) [..scheh], das; –s, –s: Hauskleid : Morgenrock, Morgenkleid ✶ **ne**gli**geant** (fr.) [..schang] Ew.: nachlässig : fahrlässig, liederlich ✶ **Ne**gli**gence** (fr.) [..schangß'], die; –, –n: Nachlässigkeit, Unachtsamkeit ✶ **ne**gli**gen**te (it.) [..dsehente]: (Mus.) nachlässig, ohne Nachdruck ✶ **ne**gli**gie**ren (..iert) [..glisehieren] tr.: (veralt.) vernachlässigen

Negri**to** usw.: s. Neger

Negus, der; –, – und ..gusse: „König“, früherer Titel für Kaiser von Äthiopien

nehmen (du nimmst, er nimmt; ich nahm, du nahm[e]st; du nähmest; genommen; nimm!) tr.: sich in den Besitz von etwas setzen : ergreifen, fassen und halten : entziehen : bekommen : wählen : erhalten : (Essen, Trinken –) zu sich nehmen : (Arznei –) einnehmen : (Kartsp.) stechen : (Schachsp.) schlagen : wegnehmen ✶ *ein böses Ende nehmen; kein Ende nehmen:* nicht aufhören; *den Schleier nehmen:* Nonne werden; *nehmen*

wir den Fall: angenommen, dass; *Platz nehmen; Abschied nehmen; in Augenschein nehmen* tr.: betrachten; *Gift nehmen* tr.: (übertr.) jmdn. zur Zielscheibe machen : beobachten; *für bare Münze nehmen* tr.: für wahr halten; *sich zu Herzen nehmen* tr.: beherzigen; *jemanden zu nehmen wissen:* richtig behandeln ✶ **Neh**mer, der; –s, –: ein Nehmender : Freier : (kfm.) Käufer : (Schiff) Aufbringer : Schiff, das eine Prise gemacht hat

Nehrung, die; –, –en: Landzunge : Landstreifen, der ein Haff vom Meer trennt ✶ *Frische Nehrung; Kurische Nehrung*

Nei, das; –s: türk. Rohrflöte

Neid, der; –(e)s: feindselige Gesinnung : Verlangen, das zu besitzen, was ein anderer hat : Missgunst : Scheelsucht ✶ *neiderfüllt* Mw. Ew.; *Neidhammel, Neidkragen:* neidischer Mensch; *neidlos; Neidlosigkeit; neidvoll* Ew. ✶ **nei**den tr.: Neid gegen jemand oder auf etwas haben ✶ **Nei**der, der; –s, –: ein Neid Hegender, Neidischer, Neidhart ✶ **nei**disch Ew.: Neid hegend, neiderfüllt : von Neid zeugend : missgünstig : gierig ✶ **Neid**hart, **Nei**ding, **Neid**ling, der; –s, –e: Neider ✶ **nei**di**schen** tr., intr.: (mundartl.) in feindseliger, gehässiger Stimmung quälen, plagen

Neige (fr.) [nähsch'], die; –, –n: weiß geflockter Wollstoff

Neige, die; –, –n: Verneigung, Verbeugung : Stelle, Ort, wo sich etwas neigt, senkt : das Abnehmen, Zuendegehen ✶ *zur Neige gehen* ✶ *Neigentrinker* ✶ **nei**gen tr.: durch Bewegen etwas aus der senkrechten oder waagerechten Lage bringen : beugen, biegen; intr.: sich neigen : einen Hang haben ✶ *geneigt* Mw. Ew.: willens, gewillt ✶ *der Tag neigt sich:* es wird Abend ✶ **Nei**ger, der; –s, –: Verbeugung ✶ **Nei**gung, die; –, –en: das Neigen : das Geneigtsein : geneigte Lage, Senkung : Hang, Trieb : freund-

schaftliche Gesinnung ✶ *Neigung zu etwas (jemandem) haben* ✶ *Neigungsehe; Neigungswinkel*

nein: einen Satz vertretende Verneinung, z. B. für „ich will das nicht“, „das soll nicht sein“ (Ggs. zu ja) : als bekräftigende Verstärkung bei verneinten Sätzen ✶ *Nein sagen* auch: *nein sagen* intr.: ablehnen; *Neinsager* ✶ **Nein**, das; –s, –s: Ablehnung, Absage

Neiße, die; –: Name von Nebenflüssen der Oder ✶ *Glatzer Neiße; Lausitzer Neiße* ✶ *Oder-Neiße-Linie*

nekro.. (gr.) Vors.: auf das Totsein bezüglich, Tot.., Toten.. ✶ **Ne**kro**bi**o**se**, die; –: das langsame Absterben von Zellen ✶ **Ne**kro**gra**phie auch: **Ne**kro**gra**fie, die; –, ..phien auch: ..fien: Totengeschichte ✶ **Ne**kro**kaus**tie, die; –, ..stien: Leichenverbrennung ✶ **Ne**kro**la**trie, die; –, ..trien: abgöttische Totenverehrung ✶ **Ne**kro**lith**, der; –en, –en: „Totenstein“, eine Art glasiger Feldspat ✶ **Ne**kro**log**, der; –s, –e: Nachruf ✶ **Ne**kro**lo**gie, die; –: Lehre und statistische Erfassung der Todesursachen: Todesstatistik ✶ **Ne**kro**lo**gium, das; –s, –ien: Totenverzeichnis in Stiften und Klöstern ✶ **ne**kro**lo**gisch Ew.: Berichte von Toten betreffend ✶ **Ne**kro**mant**, der; –en, –en: Toten-, Geisterbeschwörer ✶ **Ne**kro**man**tie, die; –: Weissagung durch Toten- und Geisterbeschwörung ✶ **Ne**kro**pho**bie, die; –, ..bien: Totenscheu ✶ **Ne**kro**po**le, **Ne**kro**po**lis, die; –, ..polen: antike Totenstätte ✶ **Ne**kro**psie**, die; –, –n: Untersuchung eines Leichnams : Totenschau : Leichenöffnung ✶ **Ne**kro**se**, die; –, –n: (Med.) das Absterben von Geweben : Brand : Knochenfraß ✶ **ne**kro**tisch** Ew.: brandig ✶ **Ne**kros**ko**pie, die; –, ..pien: Totenschau : Sektion ✶ **Ne**kro**to**mie die; –, ..mien: Herausschneiden eines abgestorbenen Knochenstücks [gr. nekros Leichnam]

Nektar (gr.), der; –s, –e: Göttertrank : erfrischendes Getränk aus Äpfeln, Weißwein und Sekt * **Nek|ta|ri|en** Mz.: Honigdrüsen der Blüten * **Nek|ta|ri|ne**, die; –, –n: glatthäutiger Pfirsich * **nek|ta|risch, nek|tarn** Ew.: erquickend wie Nektar : göttlich **Nek|ton** (gr.), das; –s: „Schwimmendes", selbständig schwimmende Lebewesen im Wasser (Gegensatz: Plankton) * **nek|to|nisch** Ew.: zum Nekton gehörig

Nel|ke, die; –, –n: (niederd.) eine Pflanzengattung * *Nelkenöl; Nelkenpfeffer:* ein Gewürz (auch Nägleinpfeffer); *Nelkenrinde:* nach Gewürznelken riechende Rinde des Gewürznelkenbaums; *Nelkenstock; Nelkenstrauß; Nelkenwurz; Nelkenzimmet*

Nel|son: engl. Admiral und Nationalheld * **Nel|son** (e.), der; –s, –s: (Sport) Nackengriff beim Ringen * *Nelsonbeefsteak* [..bihfstehk], das; –s, –s: Lendenschnitte in Rahmsoße mit Zwiebeln und Schinken; *Nelsonkotelett:* gedünstetes Hammelkotelett mit Sahne und Parmesankäse

'**nem:** (volkst.) einem **Ne|ma|to|de** (gr.), die; –, –n: Haarwurm, Fadenwurm **Nel|man|sa** (l.), die; –: ein Asteroid **Ne|me|sis** (gr.), die; –: Göttin der ausgleichenden Gerechtigkeit : göttliche Vergeltung **Ne|mo|lith** (gr.), der; –en, –en: Waldbildstein, Dendrid '**nen:** (volkst.) einen

nenn|bar Ew.: so beschaffen, dass es genannt werden kann : hervorragend * **nen|nen** (du nanntest; genannt; nenne!) tr.: namhaft machen, den Namen angeben : sagen, wie etwas heißt oder heißen soll : erwähnen : rühmend hervorheben; rbz.: heißen * *Nennbetrag:* der als Nennwert angegebene Betrag; *Nennform:* (Sprachl.) Grundform des Verbs: *Nennwert:* Nominalwert (Ggs. Kurswert); *Nennwort:* (Sprachl.) Nomen * *nennenswert* Ew. * **Nen|ner,** der; –s, –: (Math.) unter dem Bruchstrich stehende Größe (Ggs. Zähler) * **Nen|nung,** die; –, –en: das Nennen * *Nennungsgeld:* Ein-

schreibegebühr beim Wettbewerb; *Nennungsliste:* (Sport) Liste der Teilnehmer; *Nennungsschluß* → *Nennungsschluss:* (Sport) Anmeldeschluss

neo.. (gr.) Ew. in Zus.: neu * **Ne|o|dym,** das; –s: ein chem. Grundstoff; Abk.: Nd * **Ne|o|fa|schis|mus,** der; –: Bemühungen, den Faschismus wiederzubeleben * **Ne|o|im|pres|si|o|nis|mus,** der; –: Neuimpressionismus, Pointillismus * **Ne|o|klas|si|zis|mus,** der; –: an den Klassizismus anknüpfende Kunstrichtung **Ne|o|kom,** das; –s: (Geol.) älteste Schicht der unteren Kreide * **Ne|o|lit,** das; –s: feste Papiermasse zum Isolieren * **Ne|o|li|thi|kum,** das; –s: jüngere Steinzeit * **ne|o|li|thisch** Ew.: der jüngeren Steinzeit angehörend * **Ne|o|lo|g(e),** der; ..gen, ..gen: „Neuerer", Erneuerer einer alten Lehre: Spracherneuerer * **Ne|o|lo|gie,** die; –, ..gien: Neuerung : Neubildung von Wörtern (z. B. elektrifizieren) * **ne|o|lo|gisch** Ew.: neuerungssuchend * **Ne|o|lo|gis|mus,** der; –, ..men: sprachliche Neubildung : Lehr|erneuerung * **Ne|on,** das; –s: chem. Grundstoff, Edelgas; Abk.: Ne * *Neonlicht; Neonröhre* * **Ne|o|pho|bie,** die; –: Neuerungsscheu * **ne|o|pho|bisch** Ew.: neuerungsscheu * **Ne|o|phyt,** der; –en, –en: (Neuling) Neugetaufter * **Ne|o|plas|ma,** das; –s, ..men: Neubildung, Geschwulst * **Ne|o|pla|to|nis|mus:** s. Neuplatoniker **Ne|o|re|a|lis|mo,** der; –s: neuer ital. Filmstil, der Themen der Wirklichkeit mit realistischen Mitteln darstellt * **ne|o|te|risch** Ew.: neuartig * **Ne|o|ve|ris|mus** [..w..] (l.), der; –: revolutionärer, neuer Stil des Verismus * **Ne|o|vi|ta|lis|mus** [..w..], der; –, ..men: philos. Richtung, die behauptet, dass die Planmäßigkeit aller Lebensäußerungen durch Entelechie bewirkt wird * **Ne|o|zo|i|kum,** das; –s: (Geol.) jüngstes Erdzeitalter * **ne|o|zo|isch** Ew.: (Geol.) auf das Neozoikum bezüglich

Ne|pal: Himalajastaat * **Ne-**

pa|le|se, der; –n, –n: Bewohner Nepals * **ne|pa|le|sisch** Ew. **Ne|pha|li|en** (gr.) Mz.: Trankopfer aus Milch, Honig, Wasser : Mäßigkeitsfeste **Ne|phe|lin** (gr.), der; –s, –e: Nebelstein * **Ne|phe|li|on, Ne|phe|li|um,** das; –s, ..lien: Nebelfleck (auf der Hornhaut) * **Ne|phe|li|nit,** der; –s, –e: Nephelin * **Ne|pho|graph** *auch:* **Ne|pho|graf,** der; –(e)s, –e: Apparat zur automatischen Aufnahme von Wolken * **Ne|pho|s|kop,** das; –s, –e: Wolkenmesser : Gerät zur Bestimmung der Zugrichtung und Geschwindigkeit der Wolken [gr. nephele Wolke] **Ne|ph|ral|gie** (gr.), die; –, ..gien: (Med.) Nierenschmerz * **Ne|ph|rin,** das; –s, –e: eine chem. Verbindung * **Ne|ph|rit,** der; –s, –e: grüner Schmuckstein, Jade * **Ne|ph|ri|ti|ka** Mz.: (Med.) Nierenmittel * **Ne|ph|ri|tis,** die; –, ..tiden: Nierenentzündung * **ne|ph|ri|tisch** Ew.: die Nieren betreffend : nierenkrank * **ne|ph|ro|gen** Ew.: von der Niere ausgehend * **Ne|ph|ro|p|to|se,** die; –, –n: Wanderniere * **Ne|ph|ro|to|mie,** die; –, ..mien: Nierensteinschnitt **Ne|po|te** (l.-it.), der; –n, –n: Neffe : Verwandter * **Ne|po|tis|mus,** der; –: Vetternwirtschaft, Bevorzugung von Verwandten **Nepp** (Gaunerspr.), der; –s: Betrug, Gaunerei : Übervorteilung * *Nepplokal:* Lokal, in dem übermäßig hohe Preise gefordert werden * **nep|pen** (Gaunerspr.) tr.: übervorteilen : betrügen * **Nep|per** (Gaunerspr.), der; –s, –: Gauner, Betrüger **Nep|tun:** röm. Gott des Meeres * **Nep|tun,** der; –s: ein Planet * **nep|tu|nisch** Ew.: durch Einwirkung des Wassers hervorgerufen * **Nep|tu|nis|mus,** der; –: Lehre, nach der das Wasser allein die Bildung der Erdrinde bewirkt hat * **Nep|tu|ni|um,** das; –s: künstliches, radioaktives Element; Abk.: Np **Ne|rei|de** (gr.), die; –, –n: „Tochter des Nereus", Wassernymphe ✳ Ne|reus: griech. Wassergottheit

Ne|ri|te (gr.), die; –, –n: Halbmondschnecke, eine bunte Meerschnecke

Nernst: ein deutscher Physiker ✳ *Nernstlampe; Nernstlicht*

Ner|thus: german. Göttin der Erde

Nerv (l.), der; –s und –en, –en: mit dem Zentralnervensystem in Verbindung stehendes, faserartiges Gebilde als Sitz der sensiblen und motorischen Funktionen : (übertr.) Kraft : Bogensehne : Saite von Musikinstrumenten : Blattader : (Tuchm.) beim Walken entstandene falsche Falte : empfindliche Stelle eines Menschen ✳ *Nervenarzt; nervenaufreibend* Ew.; *Nervenbündel; Nervenfaser; Nervenfieber; Nervenheilanstalt; Nervenklinik; nervenkrank* Ew.; *Nervenleiden; Nervenleiden; Nervenprobe:* starke seelische Beanspruchung; *Nervenpunktmassage; Nervenreizung; Nervenschmerz; Nervenschock; Nervenschwäche; Nervensubstanz; Nervensystem; Nervenzelle; Nervenzentren; Nervenzerrüttung:* Zustand wie vor einem Nervenzusammenbruch; *Nervenzusammenbruch* ✳ **ner|vig** Ew.: kraftvoll ✳ **ner|vös** [..w..] Ew.: reizbar, nervenschwach : zerfahren ✳ **Ner|vo|si|tät** [..w..], die; –, –en: Nervenschwäche, Erregbarkeit ✳ *Nervus pro|ban|di* [..w..], der; – –: der entscheidende Beweisgrund ✳ *Nervus re|rum,* der; – –: Haupttriebfeder : Geld

Nerz (russ.), der; –es, –e: Sumpfotter : Pelz der Sumpfotter ✳ *Nerzfell; Nerzkragen; Nerzmantel; Nerzstola*

Nes|ca|fé: Marke der schweiz. Firma Nestlé für löslichen Kaffee-Extrakt in Pulverform

Nes|so|lo|gie (gr.); die; –: Insellehre

Nes|sel, die; –, –n: eine Pflanzengattung : Baumwollgewebe : Nesselmal : eine Gattung Seetiere ✳ *Nesselausschlag:* Nesselfieber; *Nesselbaum; Nesselblase:* eine Art Blasenschnecke; *Nesselbrand:* durch Berührung mit Nesseln hervorgerufenes Hautbrennen; *Nesselfieber, -friesel:* Hautkrank-

heit; *Nesselgarn:* aus Nesseln gewonnenes Garn; *Nesselmal; Nesselquaddel:* juckende Hautanschwellung (bei Nesselfieber); *Nesselpflanze; Nesselstoff; Nesselsucht:* Nesselfieber; *Nesseltuch:* Gewebe aus Nesselgarn : Musselin; *Nesselvogel:* ein Schmetterling ✳ **nes|seln** Ew.: aus Nessel, Nesseltuchen ✳ **nes|seln** (ich nessele und nessle) tr.: nesselartiges Brennen verursachen

Nes|sus: ein Zentaur ✳ *Nessusgewand:* vergiftetes, todbringendes Gewand

Nest, das; –es, –er: Schutzbau von kleineren Tieren, insbesondere Vögeln, für die Brut : (übertr.) Heimat : Wohnung : kleines Städtchen : etwas Festes, Sicherheit Bietendes : häsliche Behausung : Aufenthaltsort von etwas Argem, Schlechtem : Lager, Bett : (Bergb.) ein im Gestein abgesondert liegender Erzklumpen : eine Art Haartracht der Frauen : auf Flussinseln angelegtes Buschwerk von Weiden : (Web.) Fehlstelle im Gewebe : (Anat.) Vertiefung im kleinen Gehirn : Lexikonartikel zu einem Stichwort mit mehreren Bedeutungen ✳ *Nestbau; Nestei:* Ei, das man im Nest liegen lässt, zur Anregung der Legefreudigkeit; *Nestflüchter:* Vögel, die schnell flügge werden; *Nesthäkchen:* erst spät flügge werdender Vogel : (übertr.) jüngstes Hätschelkind einer Familie; *Nesthocker:* Nesthäkchen; *Nestnadel:* Haarnadel; *Nestquak(elchen):* Nesthäkchen; *Nestraupe; –spinne; Nesttaube; Nesttreue; Nestwärme; Nestwurz:* Orchideengewächs ✳ *nesterweise* Ew.: (bergm.) (Erz) in beschränkten Mengen vorkommend ✳ **Nest|ling,** der; –s, –e: junger, unflügger Vogel : (übertr.) Nesthäkchen ✳ **nis|ten** (du nistest) intr.: ein Nest machen : brüten ✳ *Nistkasten:* Brutkasten; *Nistplatz:* Platz zum Nisten für Vögel; *Nistzeit*

nis-ten

Grundsätzlich wird nach Sprechsilben getrennt. Die alte Regelung, *st* nicht zu trennen, entfällt damit: *nis-ten, nes-teln, Nes-tor.*

Nes|tel, die; –, –n: Schnürband ✳ *Nestelbeschlag; Nestelknüpfen:* das Zeugungsfähigmachen durch Zauber; *Nestloch; Nestelmacher; Nestelstift* ✳ **nes|teln** (ich..[e]le) tr.: knüpfen, binden ✳ **Nest|ler,** der; –s, –: Nestelmacher

Nes|tor (gr. Sage): weiser, alter König von Pylos ✳ *Nes|tor,* der; –s, ..storen: der älteste und erfahrenste Ratgeber, Gelehrte unter seinesgleichen ✳ *Nes|to|ri|a|ner,* der; –s, –: Anhänger des Bischofs Nestorius ✳ *Nes|to|ri|a|nismus,* der; –: Lehrmeinung, nach der Maria nicht als Gottesgebärerin anerkannt wird

nett (fr.) Ew.: niedlich, zierlich : liebenswert : hübsch : sauber : reinlich gekleidet : gut : unzweideutig ✳ **Nett|heit, Net|tig|keit,** die; –: das Nettsein : Zierlichkeit ✳ **net|to** (it.) Ew.: rein : nach Abzug der Verpackung oder der Unkosten : ohne Rabatt ✳ *Nettoeinkommen; Nettoertrag:* Reinertrag; *Nettogewicht; Nettogewinn; Nettolohn; Nettopreis; Nettoregistertonne,* Abk.: NRT; *Nettoverdienst*

Netz, das; –es, –e: gitterartiges Gewebe mit offenen Maschen : von Spinnen verfertigtes Gewebe : (übertr.) etwas, womit man Beute fängt : etwas Umstrickendes : maschiger Beutel, Behältnis : etwas sich netzähnlich Durcheinanderschlingendes : (Anat.) netzartige Verbreitung von Adern, Gefäßen, Nerven : Netzhaut : (Anat.) faltenartige Fortsetzung des Bauchfells an inneren Organen : (Web.) Fehlstelle im Gewebe : (Zeichenkst.) Zeichnung auf starkem Papier, woraus man durch Umklappen und Zusammenfügen einen Körper bilden kann : gitterförmiger Untergrund : ein Schmetterling ✳ *Netzanschluß* → *Netzanschluss; Netzarbeit:* Filetarbeit; *netzartig* Ew.; *Netzbeutel; Netzfischerei; Netzflügler:* eine Art Kerbtiere mit Flügeln, die von dunklen Adern gitterförmig durchzogen sind; *netzförmig* Ew.; *Netzgarn; Netzgewölbe; Netzhaube; Netzhaut:* von Sehnerven durchzogene

Haut des Auges; *Netzkarte:* Monatskarte, die für ein bestimmtes Streckennetz öffentl. Verkehrsmittel gültig ist; *Netzmagen:* ein Magen der Wiederkäuer; *Netzplan; Netzplantechnik; Netzspinne; Netzstecker; Netzsticker(in); Netzwerk; Netzzuleitung* ✳ **net̲|zen** (du netzest und netzt) tr.: netzartig über ein Strickholz stricken

Net̲|ze, die; –: netzende Flüssigkeit ✳ **net̲|zen** (du netzest und netzt) tr.: anfeuchten : (weidm.) harnen ✳ *Netzbecken; Netzfaß* → *Netzfass; Netzkammer; Netzkessel; Netzpinsel; Netzschwamm; Netzwasser*

neu Ew. (neuer, neu[e]ste): nicht alt : frisch : erst seit kurzer Zeit vorhanden : unverbraucht : unveraltet ✳ *etwas, nichts Neues; von neuem:* noch einmal (beginnend); *aufs neue* → *aufs Neue:* abermals; *neuen Stils,* Abk.: n. St.; *die Neue Welt:* Amerika; *das Neue Testament,* Abk.: N.T. ✳ *Neuanfertigung; Neuanschaffung; neuartig* Ew.; *Neuauflage; Neuausgabe; neubacken* Ew.: frisch gebacken; *Neubau; Neubauviertel; Neubauwohnung; Neubildung, Neubürger; Neubruch:* eben urbar gemachtes Land; *neudeutsch* Ew.: der deutschen Sprache der neueren Zeit angehörig; *Neudruck:* Wiederdruck eines vergriffenen Buches; *Neueinrichtung; Neueinstellung; Neugründung; neuerbaut* → *neu erbaut* Mw. Ew.; *Neueröffnung; Neuerscheinung; Neufassung; neugeboren* Mw. Ew.: vor kurzem geboren; *Neugeburt:* Wiedergeburt; *neugeschaffen* → *neu geschaffen* Ew.; *Neugestaltung; Neugier(de):* Verlangen, Neues zu erfahren; *neugierig* Ew.; *Neugliederung; neugriechisch* Ew.; *Neugründung; Neugruppierung; neuhinzugefügt* → *neu hinzugefügt* Mw. Ew.; *neuhinzugekommen* → *neu hinzugekommen* Mw. Ew.; *neuhochdeutsch:* Hochdeutsch aus der Zeit nach dem Mittelalter; *Neuinszenierung; Neujahr;* das, –(e)s, –e: der erste Tag im Jahr; *Neujahrstag; Neujahrswünsche; Neukonstruktion; Neuland:* kürzlich urbar gemachtes Land : Unbekanntes; *neumodisch* Ew.: der neuen Mode entsprechend; *Neumond* (Umdeutung aus Niemond): Mond in der Phase, in der er unbeleuchtet, unsichtbar ist; *Neuordnung; Neuorientierung:* Neuanordnung : Neueinstellung; *Neuphiloploge:* Neusprachler; *Neuregelung; Neureiche,* der; –n, –n; *Neuries:* Papiermaß, ein halbes Ries; *Neuromantik; Neusatz; Neuschnee; Neusilber:* Chinasilber; *Neusprachler:* wissenschaftl. Lehrer für neuere Sprachen; *Neutestamentler:* Vertreter der Wissenschaft vom Neuen Testament; *neutestamentlich* Ew.: das Neue Testament betreffend; *neuvermählt* → *neu vermählt* Mw. Ew.: jung vermählt; *Neuwahl:* erneute Wahl; *Neuzeit:* neue, jetzige und der jetzigen nahe liegende Zeit ✳ **Neue,** das; –n: Neuheit : (weidm.) neue Schneedecke ✳ **neu|er|dings** Uw.: kürzlich : von neuem ✳ **Neu|e|rer,** der; –s, –: einer, der (gern) Neuerungen einführt ✳ **neu|er|lich** Ew.: neulich, kürzlich : aufs Neue stattfindend : neue ✳ **Neu|e|rung,** die; –, –en: das Neuern : neuernde Änderung : das Erneuerte, neuernd Veränderte ✳ *neuerungsbegierig* Ew.; *Neuerungslust; Neuerungssucht; neuerungssüchtig* Ew. ✳ **neu|es|tens** Uw.: seit neuem, seit kurzer Zeit ✳ **Neu|heit,** die; –, –en: das Neusein : Frische : Ungewohntheit : etwas Neues ✳ **Neu|ig|keit,** die; –, –en: kürzlich vorgefallenes, eben erst bekannt werdendes Geschehnis : etwas noch nicht Dagewesenes ✳ *Neuigkeitskrämer:* einer, der gern Neuigkeiten erzählt ✳ **neu|lich** Ew.: meist Uw.: vor kurzer Zeit ✳ **Neu|ling,** der; –s, –e: Unerfahrener : Neueingeführter : Neubekehrter

aufs Neue, das Neue
Substantivierte Formen von Adjektiven schreibt man groß: *Er versucht es aufs Neue. Auf ein Neues! Das Neue hat mich immer fasziniert.*

neu erbaut, neu geschaffen
Werden Adjektive mit Verben oder Partizipien verbunden, schreibt man gewöhnlich getrennt: *Sie ziehen in das neu erbaute Haus. Viele Regeln wurden neu geschaffen. Aber: Das neugeborene Kind. Er ist neumodisch gekleidet. Sie ist Expertin für neutestamentliche Wissenschaft.*

die Neue Welt, das neue Jahr
Adjektive als Bestandteile von Eigennamen werden großgeschrieben: *die Neue Welt, das Neue Testament, das Neue Forum.* In mehrteiligen Fügungen werden Adjektive kleingeschrieben: *schönes neues Jahr, neue Medien, neue Bundesländer.*

Neu|châ|tel [nöschatél]: Neuenburg, Stadt und Kanton in der Schweiz

Neu-De̲l|hi: ind. Stadt : Regierungssitz der Republik Indien

Neu|fund|land: Insel an der nordam. Ostküste ✳ **Neu|fund|län|der,** der; –s, –: Einwohner von Neufundland : eine Hunderasse

Neu|gier|de, neu|gie|rig: s. neu

Neu|gui|nea: Insel nördl. von Australien

Neu|heit, neu|hin|zu|ge|fügt → **neu hin|zu|ge|fügt** usw.: s. neu

Neu|ka|le|do|ni|en: Inselgruppe östlich von Australien

Neu|kan|ti|a|ner, der; –s, –: Anhänger des Neukantianismus ✳ **Neu|kan|ti|a|nis|mus,** der; –: eine an Kant anknüpfende philosophische Lehre

Neu|me (gr.), die; –, –n: mittelalterl. Notenzeichen (aus Punkten, Strichen, Häkchen) : am Schlusse der Kirchengesänge angehängte Tonreihen ohne Worte

neu|mo|disch, Neu|mond: s. neu

neun Zahlw.: die Zahl zwischen acht und zehn ✳ *alle neun(e) werfen:* (Kegclsp.) alle neun Kegel mit einem Wurf umlegen ✳ **Neun,** die; –, –en: Bezeichnung für die Zahl 9 ✳ *Neunauge; neuneckig* Ew.; *neunfach* Ew.; *Neunfache,* das; –n; *neunmalklug* Ew.: überklug; *Neunpunktschrift:* (Buchdrw.) ein Schriftgrad; *neuntausend:* 9000; *Neuntöter:* eine

Vogelgattung * **Neu**|ner, der; –s, –: Gesamtheit von neun Einheiten : einer aus einer Gruppe, Schar usw. von Neunen : Wein vom Jahre 9 : (Kegeln) Wurf, bei dem neun Kegel fallen * **neu**|ner|lei Uw.: neun verschiedene Dinge : auf neun verschiedene Arten * **neun**|te: O.-Zahlw. zu neun * **Neun**|tel, das; –s, –: neunter Teil, Bruchzahl zu neun * **neun**|teln (ich ..ele) tr.: in neun Teile teilen * **neun**|tens Uw.: an neunter Stelle * **neun**|zehn Zahlw.: Zahl zwischen achtzehn und zwanzig * **neun**|**zehn**|te: O.-Zahlw. zu neunzehn * **neun**|zig Zahlw.: zehn weniger als hundert * **neun**|**zigs**|te: O.-Zahlw. zu neunzig **Neu**|phi|lo|lo|ge usw.: s. neu **Neu**|pla|to|ni|ker, der; –s, –: Anhänger des Neuplatonismus * **Neu**|pla|to|nis|mus, der; –: eine philosophische Lehre neu|ral.., neu|ri.., neu|ro.. (gr.) in Zus.: von den Nerven **Neu**|ral|gie, die; –, ..gien: Nervenschmerz * **neu**|ral|gisch Ew.: den Nervenschmerz betreffend * **Neu**|ral|the|ra|pie, die; –, ..pien: Nervenheilverfahren * **Neu**|ras|the|nie, die; –, ..nien: Nervenschwäche * **Neu**|ras|the|ni|ker, der; –s, –: an Nervenschwäche Leidender * **neu**|ras|the|nisch Ew.: nervenschwach * **Neu**|rin, das; –s: giftiges Alkaloid, das sich in faulendem Muskelfleisch bildet * **Neu**|ri|ti|kum, das; –s, ..ka: Nerven(stärkungs)mittel * **Neu**|ri|tis, die; –, ..tiden: Nervenentzündung * **neu**|ri|tisch Ew.: die Nervenentzündung betreffend : von Nervenentzündung herrührend : auf die Nerven wirkend * **Neu**|ro|der|mi|tis, die; –, ..itiden: stark juckende Hautkrankheit * **neu**|ro|gen Ew.: von den Nerven ausgehend * **Neu**|ro|lo|ge, der; –n, –n: Nervenarzt * **Neu**|ro|lo|gie, die; –: Nervenkunde * **neu**|ro|lo|gisch Ew.: nervenkundlich **Neu**|rom, **Neu**|ro|ma, das; –s, –e: Nervengeschwulst * **Neu**|ron, das; –s, –en: Nervenzelle * **Neu**|ro|pa|thie, die; –, ..thien: Nervenleiden : nervöse

Veranlagung * **Neu**|ro|pa|tho|lo|gie, die; –: Lehre von den Nervenkrankheiten * **Neu**|ro|p|te|ra, **Neu**|ro|p|te|ren Mz.: Netzflügler * **Neu**|ro|se, **Neu**|ro|sis, die; –, ..osen: Nervenkrankheit * **Neu**|ro|ti|ker, der; –s, –: Nervenkranker * **neu**|ro|tisch Ew.: von einer Neurose ausgehend * **Neu**|ro|to|mie, die; –: Nervendurchtrennung **Neu**|rer, **Neu**|rung: s. neu **Neu**|see|land: Inselgruppe und Staat im Stillen Ozean * **Neu**|see|län|der, der; –s, –: Bewohner Neuseelands * **neu**|see|län|disch Ew. **Neu**|sil|ber: s. neu **Neu**|stre|litz: Stadt in Mecklenburg **Neu**|tes|ta|ment|ler: s. neu neu|t|ral (l.) Ew.: unbeteiligt : gleichgültig : sachlich : parteilos : unwirksam : (Sprachl.) weder männlich noch weiblich : sächlich : (Chem.) weder sauer noch alkalisch (reagierend) * *Neutralsalz* Mz.: Salze der Alkalien und Erden * **Neu**|t|ra|li|sa|ti|on, die; –, –en: das Neutralisieren : Aufhebung der Wirkungen einer Handlung einer Sache * **neu**|t|ra|li|sie|ren (..iert) tr.: neutral, wirkungslos machen * **Neu**|t|ra|li|sie|rung, die; –, –en: Neutralisation, das Wirkungsloswerden * **Neu**|t|ra|lis|mus, der; –: Parteilosigkeit * **Neu**|t|ra|list, der; –en, –en: Parteiloser, Verfechter der Neutralität * **Neu**|t|ra|li|tät, die; –, –en: parteilose Haltung : Nichtbeteiligung * *Neutralitätsabkommen; –bruch; –erklärung; –politik; –verletzung; –zeichen* * **Neu**|t|ri|no, das; –s, –s: ein neutrales Elementarteilchen des Atomkerns * **Neu**|t|ron, das; –s, ..tronen: ungeladene Wasserstoffkernteilchen * *Neutronensterne* Mz.: Himmelskörper aus zusammengedrängten Neutronen (Rückstände explodierter Supernovae) * **Neu**|t|rum, das; –s, ..tren und ..tra: sächliches Geschlecht : Wort sächlichen Geschlechts **Neu**|zeit, **neu**|zeit|lich usw.: s. neu **Ne**|va|da: Staat in den USA **Ne**|wa: russ. Strom

Newage *auch:* **New Age** (e.) [nju äjdsch], das; – –: das „neue Zeitalter", das von einem neuen holografischen, esoterischen und spirituellen Weltbild geprägt ist
Newage / New Age
Gebräuchliche Fremdwörter und Wortgruppen werden am deutschen Regeln entsprechend groß oder klein, Zusammensetzungen in einem Wort geschrieben: *Newage, Hotline, Swimmingpool.* Ist der erste Bestandteil ein Adjektiv oder Partizip, kann auch getrenntgeschrieben werden: *New Age, Hot Line.* Besteht die Zusammensetzung aus Substantiven, ist ein Bindestrich möglich: *Swimming-Pool.*

New Deal (e.) [njudihl]: Neuordnung der Wirtschaft nach Präsident Roosevelt **New**|gate (e.) [njugeht], das; –: Kriminalgefängnis der Londoner City **Newlook** *auch:* **New Look** (e.) [nju luck], der; das; –, –(s): „neues Aussehen", neuer Stil in der Mode **News** (e.) [njus] Mz.: „Neuigkeiten", „Nachrichten" : Name von Zeitungen **New**|ton (e.) [njuht.n]: englischer Naturforscher * *Newtonsche Ringe* → *newtonsche Ringe auch: Newton'sche Ringe* **New York** [nju jork]: Staat und Stadt in den USA **Ne**|xus (l.), der; –, –: Zusammenhang, Verbindlichkeit **Ne**|zes|si|tät (l.), die; –, –en: Notwendigkeit **Ni**|a|ga|ra: Verbindungsstrom zwischen Erie- und Ontariosee * *Niagarafälle* **Ni**|be|lung, der; –en, –en: ein Zwergkönig * **Ni**|be|lun|gen: ein Zwergengeschlecht in der deutschen Sage * *Nibelungshort; Nibelungenlied:* mittelalterliches Volksepos; *Nibelungenring; –sage; –vers* **Ni**|ca|ra|gua: mittelamerikanischer Staat **nicht:** Verneinung des Zeitwortes : hervorhebende Partikel in Fragesätzen bei Erwartung einer bejahenden Antwort * **Nicht**, das; –: (veralt.) Nichts; nur noch in: *mitnichten:* keineswegs; *zunicht(e):* zugrunde, zuschanden, entzwei ✳ *Nichtachtung:* Missachtung; *nicht amtlich auch: nichtamtlich* Ew.: außeramtlich; *Nichtanderskönnen; Nichtanerkennung; Nichtangriffspakt; Nichtbeachtung; Nichtbefolgung; Nichtberufstätige; Nichteinhaltung; Nichteinmischung; Nichteintritt; nicht ehelich auch: nichtehelich, Nichterfüllung; Nichtfachmann; nicht Geschäftsfähiger auch: Nichtgeschäftsfähiger; nicht Gewünschte auch: Nichtgewünschte; Nicht-Ich,* das; –s, –s: das außerhalb des Ichs Liegende (philos. Begriff); *Nichtleiter; Nichtmetalle; Nichtmitglied; nicht öffentlich auch: nichtöffentlich* Ew.: geheim; *Nichtraucher; Nichtschwimmer; Nichtvorhandensein; nicht zielend:* intransitiv; *nicht Zutreffende auch: Nichtzutreffende,* das; –n ✳ **nichtig** Ew.: ohne Bedeutung : ohne Dauer und Bestand : wertlos, kraftlos, unwirksam, ungültig ✳ **Nichtigkeit,** die; –, –en: das Nichtigsein : etwas Nichtiges ✳ *Nichtigkeitsbeschwerde:* Revision; *Nichtigkeitserklärung,* die; –, –en: Ungültigmachung ✳ **nichts** unbest. Fw. zur Bezeichnung des Nichtvorhandenseins : kein Ding, Wesen (Ggs. zu etwas) : etwas Nichtiges, Geringes ✳ *nichts anderes; nichts Gutes; nichts Neues; ich will nichts davon wissen; für nichts und wieder nichts:* umsonst, vergeblich, ohne Grund ✳ **Nichts,** das; –: das Nichtsein : Chaos, Leere : Unbedeutendheit, Geringfügigkeit, Wertlosigkeit : etwas Wesenloses, bloßer Schein : Kleinigkeit ✳ **Nichts,** der; –es, –e: Person ohne Bedeutung ✳ *nichtsbedeutend → nichts bedeutend* Mw. Ew.; *nichtsdestoweniger* Bw.: trotzdem; *Nichtskönner; Nichtsnutz,* der; –es, –e: Taugenichts; *nichtsnutzig* Ew.: schlecht; *Nichtsnutzigkeit; nichtssagend → nichts sagend* Mw. Ew.; *Nichtstuer:* Müßiggänger; *Nichtstun; nichtswürdig* Fw.: niederträchtig; *Nichtswürdigkeit*

nicht amtlich, nichtamtlich, nicht rostend

Ist *nicht* mit einem Adjektiv verbunden, gilt Getrennt- wie

Zusammenschreibung: *ein nicht amtliches Schreiben* und *ein nichtamtliches Schreiben.* Ist es mit einem Partizip verbunden, wird getrennt geschrieben: *Das nicht rostende Metall, der nicht leitende Stoff.* **Nichte,** die; –, –n: weibl. Geschwisterkind

nichtig usw.: s. nicht

Nick, der; –(e)s, –e: das Nicken mit dem Kopf ✳ *Nickfang:* (weidm.) Genickfang, Stich ins Genick; *Nickfänger:* Hirschfänger; *Nickhaut:* Blinzhaut am oberen Augenlid; *Nickkrampf:* Krämpfe der Hals- und Nackenmuskulatur, wobei es zum Nicken kommt; *Nickstunde:* Schlummerstunde ✳ **nicken** intr.: neigen : den Kopf senken und wieder heben : grüßen : winken : zustimmen, bejahen : einnicken, einschlafen; tr.: (weidm.) genicken, durch Stich ins Genick töten ✳ **Nickerchen,** das; –s, –: Schläfchen ✳ **Nickligkeit,** die; –, –en: (Fußball) verstecktes Foul, Hakelei

Nickel, der; –s, –: Kobold, Hohlkreisel ✳ **Nickel,** der; –s: ein Metall; Abk.: Ni ✳ *Nickelchromstahl:* ein Edelstahl; *Nickellegierungen; Nickelmünze; Nickeloxyd; Nickelplatte*

Nicol: schottischer Physiker ✳ *Nicolsche Prismen → nicolsche Prismen auch: Nicol'sche Prismen* Mz.; vgl. Nikol

Nicotiana, die; –, ...anen: Tabakspflanze; vgl. Nikotin

nie Uw.: zu keiner Zeit ✳ *nie mehr; nie wieder; nie und nimmer* ✳ **niemals** Uw.: nie

nieden: (geh. Stil) unten : auf Erden ✳ **nieder** Uw.: in die Tiefe, zu Boden, in der Richtung von oben nach unten (Ggs. empor); Ew.: niedrig : (mundartl.) klein : gering ✳ *hoch und nieder:* jedermann ✳ *Niederbayern; niederbeugen* tr.; *niederbiegen* tr.; *niederblasen* tr.: (Hochofen –) außer Tätigkeit setzen; *Niederblatt:* bodennahes Blatt: *niederbleien* tr., intr.: bleischwer niederziehen, -halten; *niederblicken* intr.; *niederblitzen* intr.: blitzend niederfahren; tr.: blitzend niederschmettern; *niederbordig* Ew.; *niederbrausen; nie*

derbrechen; *niederbrennen* tr., intr.; *niederbringen* tr.: herunterbringen : (bergm.) abteufen; *niederbücken* tr.; *Niederdeutsche,* das: –n: in Niederdeutschland gesprochenes, nicht von der Lautverschiebung betroffenes Deutsch; *Niederdeutschland:* das nördliche Deutschland; *niederdonnern:* vgl. niederblitzen; *Niederdruck:* niedriger (Dampf-) Druck; *Niederdruckheizung; niederfahren* tr., intr.; *niederfallen* intr.; *niederfällen* tr.; *niederfliegen* intr.; *niederfließen* intr.; *Niederflurwagen:* Straßenbahnwagen mit niedrigem Boden; *Niedergang:* das Niedergehen, Untergang : Westen; *Niedergedrücktheit:* Niedergeschlagenheit; *niedergehen* intr.: herabgehen : sich senken, sinken : untergehen : (Regen) herabfallen : (bergm.) (einen Schacht) graben; *niedergeschlagen* Ew.: bedrückt : bekümmert : mutlos; *niedergleiten* intr.; *niederhalten* tr., nicht hochkommen lassen; *niederhangen* intr.; *niederhängen* tr.; *niederhauen* tr.; *niederhocken* intr.; *niederholen* tr.; *Niederholer:* (seem.) Vorrichtung zum Niederholen; *Niederholz:* Unterholz : Buschwerk; *Niederjagd:* Jagd auf Kleinwild; *niederkämpfen* tr.; *niederkartätschen* tr.; *niederknien* intr.: sich auf die Knie niederlassen; *niederkommen* intr.: herunterkommen : zu liegen kommen : entbunden werden; *Niederkunft:* Entbindung; *Niederlage:* (Kriegsw.) Besiegtsein : das Hinterlegen, Deponieren : etwas Hinterlegtes, Ort, an dem etwas niedergelegt ist : Magazin, Zweiggeschäft; *Niederland:* Tiefland; *niederlassen* tr.: herunterlassen, rbz.: sich setzen : seinen Wohnsitz nehmen; *Niederlassung:* das Sichniederlassen : Zweiggeschäft, Warenlager : Kolonie; *Niederlassungsrecht; niederlegen* tr.: hinlegen : deponieren : (Gebäude) abreißen : (Amt) aufgeben; *niederliegen* tr.: darniederliegen; *niedermachen* tr.: herabziehen : zu Boden strecken; *niedermähen* tr.; *nieder metzeln* tr.; *niederneigen* tr., intr.; *niederpoltern* intr.; *niederprasseln* intr.; *niederpressen* tr.; *niederpurzeln* intr.; *niederrauschen* intr.; *niederreißen* tr.; *niederreiten* tr.; *niederrennen* tr.; *niederrieseln* intr.; *niederrinnen* intr.; *niederrollen* tr.; *niedersäbeln* tr.; *niedersaufen* tr.; *niedersausen* intr.; *niederschauen* intr.; *niederschießen* tr.: durch Schüsse niederstrecken; *Niederschlag*: ein Schlag niederwärts : das Zu-Boden-Ringen : Totschlag : (Chem.) Stoff, der aus einer Lösung durch Zusatz eines Mittels oder durch Zersetzung ausgeschieden wird : Regen, Schnee usw.; *Niederschlagsmenge; niederschlagen* intr.: heftig niederfallen : (Chem.) aus einer Flüssigkeit ausscheidend zu Boden fallen; tr.: zu Boden schlagen : senken : (Chem.) fällen : beruhigen : etwas beseitigen, verschwinden machen : niederdrücken, mutlos machen; rbz.: sich senken; *niederschmettern* tr.; *niederschreiben* tr.: aufschreiben; *niederschreien* tr.; *Niederschrift*: das Niederschreiben : schriftliche Festlegung : Protokoll; *niederschweben* intr.; *niedersenken* tr.; *niedersetzen* tr.; *niedersingen* tr.; *niedersinken* intr.; *niedersitzen* intr.: dasitzen; tr.: etwas durch Sitzen niederdrücken; *niederstämmig* Ew.; *niederstampfen* tr.; *niederstechen* tr.; *niedersteigen* intr.; *niederstellen* tr.; *niederstimmen* tr.: überstimmen: durch Abstimmen ablehnen; *niederstoßen* tr.: zu Boden stoßen; intr.: plötzlich niederfahren; *niederstrahlen* intr.; *niederstrecken* tr.; *niederströmen* intr.; *niederstürzen* intr., tr., rbz.; *niedertauchen* tr., intr.; *niedertourig* Ew.: (Techn.) wenig Touren machend; *Niedertracht:* niedrige Handlung : niedrige Gesinnung; *niederträchtig* Ew.: (mundartl.) niedrig, klein : von gemeiner Gesinnung, nichtswürdig : hochgradig unangenehm; *Niederträchtigkeit:* das Niederträchtigsein : Niedertracht; *niedertrampeln* tr.: brutal niedertreten : bei Verhandlungen so trampeln, dass der

andere nicht mehr zu Wort kommt; *niedertreten* tr.; *niedertrinken* tr.; *niederwärts* Uw.: nach unten : hinab : hinunter; *niederwerfen* tr.; *niederzeichnen* tr.; *niederziehen* tr. **nie**|**de**|**re** Ew.: unter : niedrig; vgl. nieder * *Hohe und Niedere* * **Nie**|**de**|**rung**, die; –, –en: niedrig gelegene Ebene * *Niederungsschaf* * **nied**|**rig** Ew.: von geringer Höhe, wenig über dem Boden : (übertr.) gering : (Mus.) tief : auf tiefer Stufe - stehend : (Bib.) demütig * *hoch und niedrig* → *Hoch und Niedrig:* jedermann; *Hohe und Niedrige* * *niedrigstehend* → *niedrig stehend* Mw. Ew.: auf tiefer Stufe stehend * **Nied**|**rig**|**keit**, die; –, –en: niedrige Gesinnung, Handlungsweise : Niedriges **Nie**|**der**|**lan**|**de** Mz.: westeurop. Staat, Holland * **Nie**|**der**|**län**|**der**, der; –s, –: Bewohner der Niederlande **Nie**|**der**|**lau**|**sitz**: Region in Brandenburg **Nie**|**der**|**rhein**, der; –s * **nie**|**der**|**rhei**|**nisch** Ew. * *Niederrheinisches Tiefland* **Nie**|**der**|**sach**|**sen**: westdtsch. Bundesland * **nie**|**der**|**säch**|**sisch** Ew. * *Niedersächsisches Bergland* **nie**|**der**|**wärts**: s. nieden **nied**|**lich** Ew.: nett, hübsch, zierlich * **Nied**|**lich**|**keit**, die; –, –en: das Niedlichsein : etwas Niedliches **Nied**|**na**|**gel**, der; –s, –nägel: eingewachsener Nagel : ein gerissener Nagelrand **nied**|**rig**, **Nied**|**rig**|**keit** usw.: s. nieden **Ni**|**el**|**lo** (it.), das; –(s), –s und ...llen und ...lli: schwarze, silberhaltige Schmelzmasse, als Metalleinlage benutzt : Metallarbeit mit schwarzer Verzierung * *Nielloarbeit* **nie**|**mals**: s. nie **nie**|**mand** (Gen. –[e]s, Dat. –, auch –em, Akk. –, auch –en) unbest. Fw.: verneinender Ggs. zu jemand, keiner * *niemand anders:* kein anderer * **Nie**|**mand**, der; –(e)s: keiner (Ggs. Jemand) * *Niemandsland,* das; –(e)s: (Kriegsw.) neutrale Zone zwischen den Fronten : herrenloses Gebiet

Nie|**re**, die; –, –n: Harnabsonderungsorgan : (Bib.) Herz als Sitz der Begierden, Gedanken : etwas Nierenähnliches : (Bergb.) Erz von rundlicher Gestalt, Erznester : Nierenkartoffel * *Nierenbecken; Nierenbeckenentzündung; Nierenbraten:* Bratenstück mit Nieren; *Nierenentzündung; Nierenfett; Nierenfleck:* ein Schmetterling; *nierenförmig* Ew.; *Nierengrieß; Nierensand; Nierenkartoffel:* nierenförmige Kartoffel; *nierenkrank* Ew.; *Nierenkolik; Nierenleiden; Nierenschmerz; Nierenschrumpfung; Nierenschwund; Nierenstein:* (Med.) Harnsteine : Stoffwechselkrankheit; *Nierentalg; Nierentransplantation; Nierentuberkulose; Nierenwassersucht; Nierenzyste* * **nie**|**rig** Ew.: (bergm.) nesterweise **Nier**|**stein**: Ort in Rheinhessen * **Nier**|**stei**|**ner**, der; –s, –: ein Rheinwein **nie**|**seln** (ich ..[e]le) intr.: fein regnen : (mundartl.) langsam reden, handeln **nie**|**sen** (du niesest und niest) intr.: infolge einer Nasenschleimhautreizung durch die Nasenhöhle blasen * *Nieskrampf:* anhaltendes, krampfhaftes Niesen; *Niespulver; Niesreiz; Nieswurz:* eine Pflanze **nie**|**ßen** tr.: (veralt.) genießen * *Nießbrauch:* (Rechtsspr.) das dingliche Recht an einer Sache, Nutzungsrecht : Nutznießung * **Nieß**|**ling**, der; –s, –e: ein Genußsüchtiger **Nie**|**te**, die; –, –n: (niederd.) Los ohne Gewinn : Versager **Niet(e)**, der, die; –, –n: Verbindungsbolzen * *nietfest* Ew.; *Niethammer; Niet(en)hose; Nietkolben; Nietklappe; Nietnagel:* Nagel zum Nieten (vgl. aber Niednagel); *Nietpfaffe:* ein Werkzeug zum Nieten * *niet- und nagelfest* Ew. * **nie**|**ten** tr.: Metallstücke mit einer Niete verbinden * **Nie**|**tung**, die; –, –en: das Nieten : das Genietete **Nifl**|**heim** (altnord. Sage), das; –(e)s: Totenreich **Ni**|**ger**: westafrik. Staat : westafrik. Strom * **Ni**|**ge**|**ria**: westafrik. Staat

Nig|ger (e.), der; –s, –: verächtl. für einen Menschen mit schwarzer Hautfarbe

Nil|g|ro|mant (l.-gr.), der; –en, –en: Schwarzkünstler * **Nil|g|roman|tie,** die; –: Zauberei

Nil|g|ro|sin (nl.), das; –s: ein Teerfarbstoff

Ni|hi|lis|mus (nl.), der; –: „das Nichtssein", Ableugnung aller Werte der Moral und Erkenntnismöglichkeit : politische und soziale Umsturztheorie

Ni|hi|list, der; –en, –en: Anhänger des Nihilismus * **ni|hi|lis|tisch** Ew.: alles verneinend, umstürzlerisch

Ni|ke: griech. Siegesgöttin * **Ni|ke|te|ri|en** Mz.: Siegespreise

Ni|k|las, der; –: Abk. von Nikolaus * *Niklaszopf:* ein Weihnachtsgebäck

Ni|kol, das; –s, –s; Prisma aus Kalkspat; vgl. Nicol

Ni|ko|laus, der; –: Heiliger der kath. Kirche * *Nikolaustag:* 6. Dezember, Tag des Nikolaus

Ni|ko|tin (nl.), das; –s: das im Tabak enthaltene Alkaloid * *nikotinfrei* Ew.; *nikotinhaltig* Ew.; *Nikotinhaltigkeit; Nikotinvergiftung*

Nil, der; –(s): größter Strom in Afrika * *Nildelta; Nilkrokodil:* größtes Krokodil; *Nilpferd; Nilreiher:* Ibis * **Ni|lo|me|ter** (gr.), das; –s, –: Werkzeug zur Messung der Höhe des Nilwasserstandes

Nim|bus (l.), der; –, ..busse: „Wolke", Strahlenkranz : Heiligenschein : Ruhmesglanz * *sich einen Nimbus geben, mit einem Nimbus umgeben:* sich das Ansehen geben

nim|mer Uw.: nicht mehr : nie, zu keiner Zeit : unter keiner Bedingung, überhaupt nicht * *nimmerfroh* Ew.; *nimmermehr* Uw.: (verst.) nimmer; *Nimmermehrtag; nimmermüde* Ew.; *nimmersatt* Ew.; *Nimmersatt; Nimmerwiedersehen*

Nim|rod: ein großer Jäger und Städtebauer in Babylonien * **Nim|rod,** der; –s, –e: (übertr.) ein leidenschaftlicher Jäger

Nim|we|gen: Nijmegen, niederl. Stadt

nin|geln (ich ..[e]le) intr.: (mundartl.) weinerlich klagen

Ni|o|be (gr.): sagenhafte Königin von Theben * **Ni|o|bi|de:** Abkömmling Niobes * *Niobidengruppe:* antikes Bildwerk

Ni|o|bi|um, das; –s: chem. Grundstoff; Abk.: Nb

Nipp, der; –(e)s, –e: Schnabel : Nase : Pips

Nip|pe, die; –, –n: das Nippen : Schlückchen * **nip|pen** intr., tr.: von etwas ganz wenig trinken, essen : (übertr.) ein wenig nehmen * *Nippflut:* niedrige Flut; *Nippzeit:* Nippflut

Nip|pel, der; –s, –: Rohrverbindungsschraube

Nip|pes (fr.) Mz.: Putz : Nippsachen : Tändelkram * *Nippsache:* kleiner Ziergegenstand * **nip|pie|ren** (..iert) tr.: mit modischem Putz schmücken

Nip|pon: jap. Name für Japan

nir|gend(s) Uw.: (vern. Ggs. zu irgend) an keinem Ort * *Nirgendheim; nirgend(s)her* Uw.: von nirgendwoher : aus keiner Richtung; *nirgend(s)wo* Uw.: nirgend

Ni|ros|ta: Kurzwort für nicht rostender Stahl

Nir|wa|na (ind.), das; –(s): „Erlöschen", (Buddhismus) völlige, selige Ruhe, Aufhören des Lebens

Ni|san, der; –s: siebenter Monat im jüd. Kalender, Ostermonat

Ni|sche (fr.), die; –, –n: Mauervertiefung, Wandvertiefung

Ni|schel, der; –s, –: (mundartl.) Kopf, Schopf

Niß → **Niss,** die; –, Nisse: **Nis|se,** die; –, –n: Ei der Laus * *Nißkamm* → *Nisskamm; Nißkopf* → *Nisskopf* * **Nis|ser,** –s, –: lausiger Kerl : Rindsbremse, Fliege * **nis|sig** Ew.: mit Nissen behaftet, lausig : (übertr.) filzig

Nis|sen|hüt|te, die; –, –n: (nach dem Erfinder benannte) halb runde Wellblechbaracke

nis|ten: s. Nest

Ni|ton, das; –s: radioaktiver chem. Grundstoff; Abk.: Nt

Ni|t|rat (gr.), das; –(e)s, –e: salpetersaures Salz * **Ni|t|ra|tin,** das; –s, –e: Chilesalpeter, Natronsalpeter * **ni|t|rie|ren** (..iert) tr.: mit Salpetersäure behandeln * **Ni|t|ri|fi|ka|ti|on,** die; –, –en: Umwandlung von Ammoniak in Salpetersäure

durch im Ackerboden lebende Spaltpilze * **ni|t|ri|fi|zie|ren** (..iert) tr.: Salpetersäure darstellen : nitrieren * **Ni|t|ri|kum,** das; –s: die vermeintliche Grundlage des Stickstoffs * **Ni|t|ril,** das; –s: eine organische Verbindung * **Ni|t|rit,** das; –s, –e: salpetrigsaures Salz * **Ni|t|ri|um:** s. Nitrikum * **ni|t|ro..** Vorw. in Zus.: salpetersauer * **Ni|t|roben|zid, Ni|t|ro|ben|zin, Ni|t|ro|ben|zol,** das; –s: Mirbanöl, künstliches Bittermandelöl * **Ni|t|ro|dy|na|mit,** das; –s: ein Sprengpulver * **Ni|t|ro|farb|stof|fe,** Mz.: gelbe, künstliche Farbstoffe, die Nitrogruppen enthalten * **Ni|t|roge|la|ti|ne,** die; –: ein Gesteinssprengstoff * **Ni|t|ro|gen,** das; –s: Stickstoff * **Ni|t|ro|gly|ze|rin,** das; –s: ein Sprengöl * **Ni|t|rokal|zit,** der; –s: salpetersaure Kalkerde * **Ni|t|ro|mag|nesit,** der; –s: salpetersaure Bittererde * **Ni|t|ro|phos|phat,** das; –(e)s, –e: ein künstlicher Dünger * **ni|t|rös** Ew.: salpetrig * **Ni|t|ro|sei|de,** das; –: Kunstseide, Nitratseide * **Ni|t|ro|si|tät,** die; –: Salpeterhaltigkeit * **Ni|t|ro|zel|lu|lo|se,** die; –: Schießbaumwolle * **Ni|t|rum,** das; –s: Salpeter

nit|scheln tr.: (Baumwollspinnerei) von der Krempe kommendes Band zum Vorband drehen

nit|sche|wo (russ.): das macht nichts [Gen. von nitschto nichts]

Ni|veau (fr.) [..woh], das; –s, –s: ebene Fläche : Wasserwaage : (gleiche) Höhe : gleicher Rang : Preisstand : Wasserstand : Geisteshöhe, Gesichtskreis : Rang, Stufe, Wert * *Niveau haben, halten* * *Niveaudifferenz; Niveaukanal:* schleusenfreier Kanal; *Niveaukurve.* Linie gleicher Seehöhe, *Niveausenkung; Niveauübergang:* Kreuzung von Straße und Eisenbahnstrecke; *Niveauunterschied* * **Ni|vel|le|ment** (fr.) [..welmang], das; –s, –s: Wasserwägung : Abmessung der Höhenunterschiede nach der Wasserwaage * *Nivellementspunkt:* Höhenpunkt; *Ni-*

vellementszeichnung: Höhenplan * **ni|vel|lie|ren** (..iert) [..w..] tr.: ausgleichen : ebnen : abtragen : auf gleiche Höhe bringen * *Nivellierinstrument; –kreuz; –latte; –scheibe* * **Ni|vel|lie|rung** [..w], die; –, –en: s. Nivellement

Ni|vo|se [..w..], der; –, –s: „Schneemonat" der Fr. Revolution, Dezember/Januar

Nix, der; –es, –e: **Ni|xe**, die; –, –n: ein Wassergeist; vgl. Neck * *Nixblume; Nixkraut* * *nixenartig* Ew.; *Nixenblume* * **ni|xen|haft** Ew.: nixenartig

Ni|zäa: antike Stadt, heute Is-nik * **ni|zä|isch** Ew.: auf Nizäa, auf das Nizänum bezogen * **Ni|zä(n)um**, das; –s: Nizäisches Glaubensbekenntnis

Ni|zam (arab.) [..sahm], der; –s: Fürstentitel in Vorderindien

Niz|za: Stadt an der fr. Riviera

Njas|sa|land: ehem. britisches Protektorat in Ostafrika; heute als Malawi selbständig * **Njas|sa|see:** ostafrikan. See

No|a|chi|de, der; –n, –n: Abkomme Noahs : Angehöriger nachsintflutlicher Völker * **No|ah-Ar|che:** (Zool.) eine Archenmuschel * **Noah-Mu|schel:** Riesenmuschel

no|bel (fr.) Ew.: edelmütig : freigebig * *noble Passionen:* kostspielige (vornehme) Liebhabereien; *Nobelgarde:* päpstl. Leibgarde * **No|bel:** Name des Löwen in der Tierfabel * **No|bi|li|tät** (l.), die; –, –en: Berühmtheit : Adel * **no|bi|li|tie|ren** (..iert) tr.: adeln * **No|bi|li|ty** (e.), die; –: hoher engl. Geburtsadel * **Nob|les|se ob|li|ge** (fr.) [nobless ob-lihsch']: „Adel verpflichtet"

No|bel: schwed. Chemiker * *Nobelinstitut; Nobelpreis:* von Nobel testamentarisch ausgesetzter Preis für hervorragende Leistungen in Wissenschaft, Kunst und für Friedensbestrebungen * *Nobelpreisträger; Nobelstiftung*

No|bis|krug (it.-niederd.), der; –s: Herberge für die Seelen auf der Wanderung zum Jenseits : Hölle : Grenzherberge

No|bles|se: s. nobel

No|bo|dy (e.), der; –s, –s: „niemand", jemand, der nichts gilt

noch Uw.: (zur Bezeichnung

des Hinzutretens zu etwas schon Vorhandenem, zur Fortführung des schon Bestehenden) außerdem, ferner : (zur Bezeichnung der zeitlichen Fortdauer bis zu, von einem Zeitpunkt an oder von etwas Bevorstehendem) bis jetzt, weiter, fernerhin; Bw.: (zur Fortführung einer vorausgegangenen Verneinung) auch nicht : nicht : oder nicht * *Nochgeschäft:* Börsentermingeschäft * *noch und noch:* immer wieder; *noch mal:* noch einmal : zweimal : wieder; *nochmalig* Ew.: noch mal vorhanden, eintreffend; *nochmals* Uw.: noch einmal

Nock, das; –(e)s, –e: die; –, –en: (seem.) Ende der Rahe : oberes Ende der Segel

Nock, der; –s: (tirol.) Felskopf

Nöck: s. Neck

No|cke, die; –, –n: (bayr.) Klößchen * **No|cken,** der; –s, –: (Techn.) vorspringender Teil einer Welle oder Scheibe * *Nockenwelle* * **No|ckerl,** das; –s, –: (östr.) Nocke * *Nockerl-suppe*

Noc|t|am|bu|la|ti|on (l.), die; –, –en: das Nachtwandeln * **Noc|tur|ne** (fr.) [..türn], die; –, –s; **Not|tur|no** (it.), das; –s, ..ni: „Nachtgesang", ein Musikstück * **Noc|tur|num,** das; –s, ..nen: Nachtgesang in Klöstern

No|e|sis (gr.), die; –: geistiges Wahrnehmen : Denken : Erkennen * **No|e|tik,** die; –: Denk-, Erkenntnislehre * **no|e|tisch** Ew.: die Vernunft betreffend

Nof|re|te|te: altägypt. Königin

no fu|ture (e.) [no fjutscher]: „keine Zukunft", Schlagwort für ein resignatives Lebensgefühl * *No-Future-Generation,* die; –: Generation, die u. a. aufgrund von Arbeitslosigkeit keine positive Zukunftsperspektive entwirft

Nok|tur|ne: s. Noctambulation

nö|len intr.: (im Tun) langsam sein, nicht von der Stelle kommen * *Nölliese; Nölpeter*

no|lens vo|lens (l.) [..w..]: „nicht wollend wollen", gezwungen, wohl oder übel *

No|li|me|tan|ge|re, das; –s, –: „rühr mich nicht an", eine Sumpfpflanze, Springkraut

No|ma|de (gr.), der; –n, –n: „weidend Umherziehender", Angehöriger eines Hirten-, Wandervolkes * *Nomadendasein; Nomadenleben; Nomadenvolk* * **no|ma|den|haft** Ew.: unstet, umherschweifend * **no|ma|disch** Ew.: ohne festen Wohnsitz * **no|ma|di|sie|ren** (..iert) intr.: ein Wanderleben führen [gr. nemein weiden]

No|men (l.), das; –s, ..mina: Name : (Sprachl.) Nennwort, Haupt- und Beiwort * **no|men est o|men:** im Namen liegt eine Vorbedeutung * **no|men ne|scio** [..kio]: „den Namen kenne ich nicht", unbekannten Namens; Abk.: N. N. * *Herr N. N.* * **No|men no|mi|nan|dum,** das; – –: der zu nennende Name; Abk.: N. N. * **No|men pro|p|rium,** das; – –, ..mina ..pria: Eigenname; **in no|mi|ne Dei, Do|mi|ni, Jesu:** im Namen Gottes, des Herrn; Jesu * **No|men|kla|tor,** der; –s, ..oren: Buch, das die in einem Wissenschaftszweig vorkommenden gültigen Benennungen verzeichnet * **No|men|klatur** (e.), die; –: Wortschatz eines Fachgebietes * **no|mi|nal,** no|mi|nell Ew.: zum Namen gehörig : (nur) dem Namen nach bestehend, angeblich * *Nominalbetrag:* Nennbetrag, Nennwert; *Nominaldefinition:* reine Worterklärung; *Nominalkatalog:* Bücherverzeichnis nach Verfassernamen; *Nominalstil:* Stil, der das Hauptwort bevorzugt; *Nominalwert:* Nennwert (einer Münze usw.) * **No|mi|na|lis|mus,** der; –: philosophische Lehre des Mittelalters, nach der die Begriffe der Dinge nur Wörter sind * **No|mi|na|list,** der; –en, –en: Anhänger des Nominalismus * **no|mi|na|tim** Uw.: namentlich, mit Namen * **No|mi|na|ti|on,** die; –, –en: Benamung, Bezeichnung : Ernennung * **No|mi|na|tiv,** der; –s, –e; **No|mi|na|ti|vus** [..w..], der; –, ..ve: Nennfall, erster Fall, Werfall * **no|mi|nie|ren** (..iert) tr.: nennen, bezeichnen : ernennen * **No|mi|nie|rung,** die; –, –en: Ernennung

No|mo|gra|fie *auch:* **No|mo|gra|phie** (l.), die; –, ..fien *auch:* ..phien: (Math.) rechnerische Lösung auf grafischem Wege ✶ **No|mo|kra|tie,** die; –, ..tien: Gesetzesherrschaft ✶ **no|mo|kra|tisch** Ew.: wie in einer Nomokratie ✶ **No|mo|the|sie,** die; –, ..sien: Gesetzgebung ✶ **No|mo|thet,** der; –en, –en: Gesetzgeber ✶ **no|mo|the|tisch** Ew.: auf Gesetzeserkenntnis gegründet [gr. nomos (eig.) das Zugeteilte]

No|na (l.), die; –, ..nen: (veralt.) neunte Klasse (in einer höheren Schule) : None ✶ **No|na|gon** (l.-gr.), das; –s, –e: Neuneck ✶ **No|ne,** die; –, –n: neunter Ton (vom Grundton aus) : neunte Stunde : Gebet zur neunten Stunde : Mittagsstunde : (altröm. Kalender) neunter Tag vor den Iden, fünfter oder siebenter Tag des Monats ✶ **Nonenakkord** ✶ **No|nett** (it.), das; –(e)s, –e: ein Tonstück für neun Stimmen

Non|cha|lan|ce (fr.) [nongschalangß'], die; –, –n: Nachlässigkeit : Formlosigkeit : Gleichgültigkeit ✶ **non|cha|lant** [nongschalang] Ew.: nachlässig : formlos

No|ni|us, der; –, se: Gradteiler, ein Messgerät [nach dem portug. Mathematiker Nuñez]

Non|kon|for|mist (e.), der; –en, –en: in Haltung und Auffassung von herrschenden Meinungen Unabhängiger : der kirchlich Andersdenkende

non li|quet (l.): es ist nicht klar, es ist unentschieden

non mul|ta, sed mul|tum (l.): nicht vielerlei, sondern viel

Non|ne (kopt.), die; –, –n: Klosterfrau : Frömmlerin : Name von Vögeln : Fichtenspinner, ein Schmetterling ✶ *Nonnenaffe:* Mönchsaffe; *Nonnenäuglein:* Pflanze; *Nonnenbrot:* Gebäck; *Nonnenglas:* ein Arzneiglas mit langem Hals und rundlichem Bauch; *Nonnenhaube, Nonnenkleid(ung); Nonnenkloster; Nonnenmeise:* ein Vogel; *Nonnenschleier; Nonnenzelle* ✶ **non|nen** tr.: verschneiden ✶ **non|nen|haft** Ew.: in der Art einer Nonne ✶ **Non|nen|tum,** das; –s: das Nonnenwesen

Non|pa|reille (fr.) [nongparäj'l], die; –: (Buchdr.) Sechs-

punktschrift, ein Schriftgrad

Non|plus|ul|tra (l.), das; –: „nicht darüber hinaus" : etwas Unübertreffliches

non pos|su|mus (l.): „wir können nicht", unmöglich

Non|pro|li|fe|ra|ti|on (l.-e.), die; –: Geheimhaltung der Kernspaltung [l. non nicht und e. proliferation Ausbreitung]

Non|sens (l.-e.), der; –es und –: Unsinn, Geschwätz

non|stop (e.): ohne Halt, ohne Pause ✶ **Non|stop|flug** *auch:* **Non-Stop-Flug** (e.), der: –s, ..flüge: Flug ohne Zwischenlandung ✶ **Non|stop|ki|no** *auch:* **Non-Stop-Kino;** das; –s, –s: Kino mit fortlaufenden Vorführungen und durchgehendem Einlass

Non|va|lenz (l.), die; –, –en: Zahlungsunfähigkeit ✶ **Non|va|leur** (fr.) [nongwalöhr] der; –s, –s: wertloses oder wertbeschränktes Wertpapier : Wertloses : unfähiger Mensch

No|o|lo|gie, die; –: Lehre von den reinen Vernunftbegriffen ✶ **No|o|lo|gist,** der; –en, –en: Anhänger der N. [gr. nóos Vernunft, Verstand]

Noor (dän.), das; –(e)s, –e: Haff

Nop|pe, die; –, –n: Knoten in der Wolle, im Gewebe : (Baukst.) aus Laubwerk knopfartig gebildete Verzierung ✶ **nop|pen** tr.: (Web.) Noppen entfernen, abzupfen ✶ *Noppeisen; Noppenstoff; Noppzange*

Nord, der; –(e)s; **Nor|den,** der; –s: eine Himmelsrichtung : der beim Nordpol gelegene Teil der Erde : Nordpol : Gegend des Himmels um den Nordpunkt; Abk.: N ✶ *Nordafrika; Nordamerika; Nordatlantikpakt; norddeutsch* Ew., Abk.: nordd.; *nordfriesisch* Ew.; *Nordgegend; Nordgrenze; Nordkap; Nordkapfahrer; Nordküste; Nordland; nordländisch* Ew.; *Nordlandreise; Nordleute* Mz.: Nordmannen; *Nordlicht:* eine Lichterscheinung in der Stratosphäre; *Nordmann:* Nordländer : Normanne; *Nordmeer; Nordnordost:* Wind aus Nordnordost; *Nordnordosten:* eine Himmelsrichtung, Abk.: NNO; *Nordnordwest:* Wind aus Nordnordwest; *Nordnordwesten:*

eine Himmelsrichtung, Abk.: NNW; *Nordost:* Wind aus Nordost; *Nordosten:* eine Himmelsrichtung, Abk.: NO; *Nordostring:* östliche Abweichung der Magnetnadel, östliche Missweisung; *nordöstlich* Ew.; *Nordostseekanal; Nordostwind; Nordpol; Nordpolargebiet:* Arktis; *Nordpolexpedition; Nordpolfahrer; Nordpunkt; Nordrhein-Westfalen; Nordsee; Nordseite; Nordstern; Nordsturm; Nordsüdbahn; Nordsüdexpreß* → *Nordsüdexpress; Nordufer; nordwärts* Uw.: nach Norden; *Nordwasser:* Meeresstrom von Norden nach Süden; *Nordweiser:* Kompass; *Nordwelt; Nordwest:* Wind aus Nordwesten; *Nordwesten:* eine Himmelsrichtung, Abk.: NW; *Nordwester:* Nordwestwind : ein Seemannshut; *nordwestlich* Ew.; *Nordwestwind; Nordwind* ✶ *nordenhin* Uw. ✶ **Nord,** der; –(e)s, –e: Wind von Norden; Abk.: N ✶ **Nor|de,** der; –n, –n: Nordbewohner, Nördling ✶ **Nor|der,** der; –s, – : (seem.) Norden : Nord(west)sturm im westl. Südamerika ✶ *Norderbreite; Norderland; Nordersonne:* Mitternachtssonne ✶ **nor|disch** Ew.: dem nördlichen Teil der Erde oder dessen Bewohnern angehörig, eigentümlich ✶ **nörd|lich** Ew.: nach Norden gerichtet, gelegen : nordisch : (vom Wind) von Norden kommend ✶ *nördlicher Breite;* Abk.: n(ördl). B(r). ✶ **Nörd|ling, Nörd|ling,** der; –s, –e: Norde ✶ **Nor|der|ney:** ostfries. Insel ✶ **Nord|häu|ser,** der; –s, –: ein Schnaps (aus Nordhausen) ✶ **Nörf|ling,** der; –s, –e: ein Fisch ✶ **Nor|ge** (norweg.): Norwegen ✶ **Nör|ge|lei** die; –, –en: das Nörgeln : Quängelei ✶ **nör|ge|lig** Ew.: nörgelnd ✶ **nör|geln** (ich ..[e]le) intr.: seine schlechte Laune äußern, quängeln; tr.: durch Nörgeln quälen ✶ *Nörgelfritz(e)* ✶ **Nörg|ler,** der; –s, –: ein Nörgelnder

Norm (l.), die; –, –en: Richtmaß, feste Regel : (Buchdrw.) abgekürzter Titel eines Buches am Fuß jeder ersten Bogenseite ✶ **Normblatt** ✶ **nor|mal** Ew.:

regelrecht, vorschriftsmäßig : gewöhnlich : üblich : (Umgspr.) geistig gesund ✳ *Normalausführung; Normalfall; Normalfilm; Normalformat; Normalgeschwindigkeit; Normalgewicht; Normalgleis; Normalgröße; Normalkerze; Normallehrplan; Normalmaß:* Urmaß; *Normalnull,* das; –: als Norm angenommene Höhe des Meeresspiegels; Abk.: NN; *Normalprofil:* Grundform : vorgeschriebener Querschnitt; *normalspurig* Ew.; *Normaltemperatur; Normalton:* Stimmton; *Normaltonleiter:* Grundtonleiter, C-Dur; *Normaluhr; Normalverbraucher; Normalwert; Normalzeit* ✳ **Nor|ma|le,** die; –, –n; (Math.) Senkrechte ✳ **Nor|ma|li|en** Mz.: Grundformen ✳ **nor|ma|li|sie|ren** (..iert) tr.: normal machen ✳ **Nor|ma|li|sie|rung,** die; –, –en: das Normalisieren ✳ **Nor|ma|li|tät,** die; –, –en: Vorschriftsmäßigkeit ✳ **nor|ma|tiv** Ew.: maßgebend, als Norm dienend ✳ *Normativbesteuerung; Normativbestimmung:* Grundbestimmung ✳ **nor|men** tr.: nach einer Norm richten, herstellen ✳ *Deutscher Normenausschuß →* *Normenausschuss:* Vereinigung, durch die die Normen festgelegt werden (DIN = Deutsche Industrie-Norm[ung]) ✳ **nor|mie|ren** (..iert) tr.: normen ✳ **Nor|mie|rung,** die; –, –en: Feststellung, Regelung ✳ **nor|mig** Ew.: normativ ✳ **Nor|mung,** die; –, –en: das Normen

Nor|man|die [normandih]: fr. Landschaft ✳ **Nor|man|ne,** der; –n, –n: Angehöriger eines nordgermanischen Volkes **nor|man|nisch** usw.: s. Norm

Nor|nen (altn.) Mz.: Schicksalsgöttinnen

Nor|we|gen: Königreich auf der Skandinav. Halbinsel ✳ **nor|we|gisch** Ew.

No|so|gra|phie *auch:* **No|so|gra|fie,** die; –, ..phien *auch:* ..fien: Krankheitsbeschreibung ✳ **No|so|lo|gie,** die; –: Krankheitslehre ✳ **no|so|lo|gisch** Ew.: die Krankheitslehre betreffend ✳ **No|so|no|mie,** die: Lehre von den Krankheitsge-

setzen ✳ **No|so|pho|bie,** die; –: Krankheitsfurcht, Hypochondrie [gr. nosos Krankheit]

Nö|ßel, der; das; –s, –: kleines Flüssigkeitsmaß, halber Liter ✳ *nößelweise* Ew.: in Nößeln

Nos|tal|gie (gr.), die; –, ..gien: (veralt.) Heimweh : sehnsuchtsvolle Rückwendung nach Vergangenem ✳ **nos|tal|gisch** Ew.: auf Heimweh bezogen : sehnsuchtsvoll

Nos|tri|fi|ka|ti|on (nl.), die; –, –en: Einbürgerung : Anerkennung eines ausländischen Diploms ✳ **nos|tri|fi|zie|ren** (..iert) tr.: einbürgern ✳ **Nos|tro|gut|ha|ben,** das; –s, –: Guthaben einer Bank bei anderen Banken ✳ *Nostrokonto* [l. noster unser]

Not, die; –, Nöte: eine drückende Lage ohne jegliche Freiheit des Handelns : drückender Mangel : schwierige Lage ✳ *zur Not:* wenn es nicht anders geht; *Not leiden:* Mangel haben an; *die Notleidenden auch: die Not leidenden; in Not sein:* in drückender Lage sein; *in Nöten sein:* in schwieriger Lage sein; *wenn Not am Mann ist:* wenn Hilfe gebraucht wird; *die Not der Zeit, des Krieges; die Nöte der Jugend:* die Sorgen der Jugend; *in Angst und Nöten schweben, sein; not sein, tun →* *Not sein, Not tun:* notwendig sein; *vonnöten sein:* notwendig sein ✳ *Notachse:* Notbehelfsachse; *Notadresse; Notanker; Notaufnahme; Notaufnahmelager; Notausgang; Notausrüstung; Notauswurf:* Überbordwerfen von Schiffsladung in Seenot; *Notbau; Notbedarf; Notbehelf; Notbeleuchtung; Notbremse; Notbrücke; Notdamm; Notdeich; Notdurft:* notwendiges Bedürfnis; *notdürftig* Ew.: eben ausreichend, dürftig, kümmerlich; *Noterbe:* notwendiger, berechtigter Erbe, der nicht übergangen werden darf; *Noterbrecht:* Anspruch auf Erwähnung im Testament : Pflichtteilsrecht; *Notfall:* dringender Fall; *notfalls* Uw.: für den Notfall; *Notfeuer:* Feuer als Notzeichen; *Notfrist:* (Rechtsspr.) Frist, deren Versäumung den Verlust eines Rechtes nach sich zieht;

Notgebiet; notgedrungen Mw. Ew.: gezwungen; *Notgeld:* Ersatzgeld; *Notgeschrei; Notgemeinschaft:* Gemeinschaft zu gegenseitiger Hilfe in der Not; *Notgesetz; Notglocke; Notgroschen; Nothalt; Nothelfer(in); Nothilfe:* Hilfe in Notzeiten, bei und nach Unglücksfällen; *Notjahr:* besonders schlechtes Erntejahr; *Notlage:* Zustand der Not; *notlanden* (ich notlande; notgelandet; notzulanden) intr. (sein und haben) aus Not, gezwungenermaßen landen; *Notlandung; notleidend →* *Not leidend* Mw. Ew.; *Notlüge; Notmaßnahme; Notmittel:* zu Zeiten großer Geldnot geprägte wertlose Münze; *Notnagel:* Notbehelf; *Notopfer; Notpfennig:* Sparpfennig für den Fall der Not; *Notprüfung; Notreifeprüfung; Notröhre:* Fluchtröhre; *notschlachten* (vgl. notlanden) tr.: wegen Futtermangels oder Krankheit des Tieres gezwungenermaßen schlachten; *Notsignal; Notstall:* Holzgestell zum Beschlagen unbändiger Pferde; *Notstand:* Zustand der Not : (polit.) Gefahrenlage für den Staat; *Notstandsarbeit; Notstandsgebiet; Notstandsgesetzgebung; Notstein:* Kragstein; *Nottaufe; nottaufen* (vgl. notlanden) tr.; *Nottüre; Notunterkunft; Notverband; Notverordnung:* Verordnung der Regierung in Notzeiten ohne Befragung der Volksvertretung; *Notweg; Notwehr:* das Abwehren eines rechtswidrigen Angriffes; *notwendig* Ew.: nötig; *notwendigerweise, notwendigenfalls* Uw.: *notwendig sein:* das Notwendigsein : unentbehrliche Sache; *Notwohnung; Notzucht:* Verbrechen, durch Gewalt erzwungener Beischlaf; *notzüchtigen* (ich notzüchtige, genotzüchtigt, zu notzüchtigen) tr.: Notzucht üben; *Notzwang:* zwingende Gewalt : Notzucht ✳ **nö|ten** (alt.) (geh. Stil) nötigen ✳ **not|haft** Ew.: (veralt.) (Rechtsspr.) ehehaft ✳ **nö|tig** Ew.: (mundartl.) arm, dürftig : dringend erforderlich ✳ **nö|ti|gen|falls** Uw.: für den Fall, dass es notwendig sein sollte ✳ **nö|ti|gen** tr.:

durch Gewalt oder Umstände gezwungenermaßen tun : dringend auffordern, bitten ∗ **Nö|ti|gung**, die; –, –en: das Nötigen ∗ **nöt|lich** Ew.: (schweiz.) jämmerlich : drängend, dringend

Not tun, Not leiden
Wird das Substantiv *Not* mit Verb oder Partizip verbunden, schreibt man es groß: *Das tut nicht Not (=Das ist nicht nötig). Die Not leidenden Menschen.* Ohne Zusatz kann auch zusammengeschrieben werden: *die Notleidenden.*

Nota (l.), die; –, –s: Merkzeichen, Bemerkung : (kleine) Rechnung ∗ *ad notam nehmen* tr.: sich merken, anmerken ∗ **no|ta|bel** Ew.: bemerkenswert, wichtig ∗ **No|ta|beln** Mz.: angesehene Persönlichkeiten ∗ **no|ta|be|ne:** merke wohl; Abk.: NB ∗ **No|ta|be|ne,** das; –(s), –(s): Merkzeichen, Denkzettel ∗ **No|ta|bi|li|tät** (nl.), die; –, –en : Angesehenheit : Berühmtheit, angesehene Persönlichkeit ∗ **No|tar,** der; –s, –e: beamteter Jurist für die Beurkundung von Rechtsvorgängen ∗ **No|ta|ri|at,** das; –(e)s, –e: Amt eines Notars ∗ *Notariatssiegel* ∗ **no|ta|ri|ell, no|ta|risch** Ew.: vom Notar ausgeführt, beglaubigt ∗ **No|tat,** das; –(e)s, –e: Bemerkung : Aufzeichnung, Rüge ∗ **No|ta|ti|on,** die; –, –en: Notierung ∗ **No|te** (l.-it.), die –, –n: Kennzeichen : Bemerkung : Rechnung : Banknote : Schriftstück im staatsmännischen Verkehr : (Schule) Zensur : (Mus.) Tonzeichen : Ton : (Mz.) Musikalien ∗ *Notenaustausch:* Austausch von Schriftstücken im diplomatischen Verkehr; *Notenbank; Notenbuch; Notendeckung:* Goldschatz zur Sicherung des umlaufenden Geldes; *Notenhandlung; Notenheft; Notenlinie; Notenpapier; Notenpresse; Notenpult; Notensatz; Notenschlüssel:* (Mus.) Zeichen, das die Tonhöhe bestimmt; *Notenschrift; Notenständer; Notenstecher; Notenstück; Notensystem:* (Mus.) Notenlinien zur Anordnung der Noten; *Notenumlauf; Notenwechsel:* Notenaustausch; *Notenzeichen; Notenzeile* ∗ **no|tie|ren** (..iert) tr.: aufzeichnen : anmerken ∗ **No|tie|rung,** die; –, –en: Preisfeststellung : (Börse) Bekanntgabe des Kurszettels ∗ **No|ti|fi|ka|ti|on,** die; –, –en: Anzeige, Bekanntmachung ∗ **no|ti|fi|zie|ren** (..iert) tr.: anzeigen ∗ **No|ti|on,** die; –, –en: Begriff ∗ **No|tiz,** die; –, –en: Kenntnis : Zeitungsnachricht : Anmerkung ∗ *Notizbuch; –kalender; –zettel* ∗ **No|ti|zen|sammler** ∗ **no|to|risch** (l.) Ew.: offenkundig, berüchtigt

no|ta|be|ne, No|tar usw.: s. Nota

No|te, no|tie|ren usw.: s. Nota

nö|tig, Nö|ti|gung usw.: s. Not

No|tos (gr.): Südwind : griech. Naturgottheit

Not|tur|no: s. Noctambulation

Nou|gat: s. Nugat

No|va (l.), die; –, ..vä: neu auftauchender Stern ∗ **No|van|ti|ken** Mz.: neue Sachen in altem Stil ∗ **No|va|ti|on,** die; –: Umwandlung eines Schuldverhältnisses in ein anderes ∗ **No|vel|le** (it.) [..w..], die : –, –n: „Neuigkeit", dichterische Erzählung : Gesetzesnachtrag ∗ novellenartig Ew.; *Novellendichter; Novellenform; Novellensammlung; Novellenschreiber* ∗ **No|vel|let|te** (it.-ft.) [..w..], die; –, –n: kleine Novelle ∗ **No|vel|list** (nl.) [..w..], der; –en, –en: Novellenschreiber ∗ **no|vel|lis|tisch** [..w..], Ew.: novellenartig ∗ **No|vi|tät** (l.) [..w..], die; –, –en: Neuheit ∗ **No|vi|ze** (l.) [..w..], der; –n, –n: Neuling : Anfänger : Probemönch ∗ **No|vi|ze** (l.) [..w..], die; –, –n; **No|vi|zin** [..w..], die; –, –nen: Anfängerin : Probenonne ∗ **No|vi|zi|at** [..w..], das; –(e)s, –e: Probezeit (in Klöstern) ∗ *Noviziatjahr* ∗ **No|vo|ka|in** (nl.) [..w..], das; –s: (Med.) Ersatzmittel für Kokain ∗ **No|vum** (l.) [..w..], das, –s, ..va: Neues, neue Tatsache

No|vel|le usw.: s. Nova

No|vem|ber (l.). der; –s, –: der elfte Monat ∗ *Novembernebel* ∗ **no|vem|ber|haft, no|vem|ber|lich** Ew.: wie im November

No|vi|tät, No|vi|ze, No|vum usw.: s. Nova

No|wa|ja Sem|lja: „Neuland", russ. Doppelinsel im Nördl. Eismeer

Nr.(.) (Abk.): Nummer

NS (Abk.): Nachschrift : Nationalsozialismus, (als Vorsatz) nationalsozialistische/r/s ∗ *NS-Justiz* (nationalsozialistische Justiz), *NS-Staat* (nationalsozialistischer Staat)

nu Uw.: (mundartl.) nun ∗ **Nu,** der; –: flüchtiger Augenblick ∗ (nur in) *im Nu:* schnell

Nu|an|ce (fr.) [`nüangß'], die; –, –n: Abstufung, Abschattierung, Abtönung ∗ **nu|an|cie|ren** (..iert) tr.: abstufen, abschattieren, abtönen ∗ **Nu|an|cie|rung,** die; –, –en: Nuance : das Nuancieren

Nu|bi|en: nordafrik. Landschaft ∗ **Nu|bier,** der; –s, –: Bewohner Nubiens ∗ **nu|bisch** Ew. ∗ *die Nubische Wüste; die nubische Sprache*

Nu|buk, das; –s: wildlederartiges Kalbs- und Rindleder

nu|ce, in – (l.): „in einer Nuss", im Kleinen

Nüch|ter|ling, der; –s, –e: phantasieloser, nicht begeisterungsfähiger Mensch ∗ **nüch|tern** Ew.: mit leerem Magen : mäßig im Genuss von Trank und Speisen : besonnen, vernünftig : ohne die Fähigkeit, sich zu begeistern, geistlos, philisterhaft : schal, kraftlos ∗ **nüch|tern** tr.: (selt.) ernüchtern ∗ **Nüch|tern|heit,** die; –, –en: das Nüchternsein : etwas Nüchternes, Schales

Nu|cke, Nü|cke, die; –, –n: Grille, Laune ∗ **nü|ckisch** Ew.: schrullenhaft

Nu|da|ti|on (l.), die; –, –en: Entblößung ∗ **Nu|dis|mus,** der; –: Freikörperkultur ∗ **Nu|dist,** der; –en, –en: Anhänger des Nudismus ∗ **Nu|di|tät,** die; –, –en: (anstößige) Nacktheit : (übertr.) Schlüpfrigkeit, Zote ∗ *Nuditätenschnüffler*

Nu|del, die; –, –n: (getrockneter) Mehlteig in bestimmter Form als Suppeneinlage usw. ∗ *Nudelbrett; nudeldick* Ew.: rund und dick; *Nudelform; Nudelholz; Nudelsuppe; Nudelteig; Nudelwalze* ∗ **nu|deln** (ich ..[e]le) tr.: mit Nahrung vollstopfen, mästen

Nu|di|tät: s. Nudation

nüf|fen intr.: (mundartl.) kritteln

Nu|gat *auch:* **Nou|gat**(fr.) [nugat], der; das, –s, –s: Nuss-, Mandelmasse * Nugatfüllung *auch:* Nougatfüllung; Nugatschokolade *auch:* Nougatschokolade

nuk|le|ar (l.) Ew.: den Atomkern betreffend : Kernenergie, Kernwaffen betreffend * *nukleare Waffen:* Atomwaffen; Nuklearmacht; Nuklearmedizin: Teilgebiet der Strahlenmedizin; Nuklearphysik: Atomkernphysik * **Nuk|le|in,** das; –s, –e: Eiweißverbindung in pflanzlichen und tierischen Zellkern * **Nuk|le|o|ne** Mz.: Bestandteil des Atomkerns * **Nuk|le|us,** der; –, ..klei: Atomkern, Zellkern

null (l.) Ew.: nichtig : nichts bedeutend * **Null,** die; –, –en: (Math.) Ziffer für nichts : Nullpunkt : etwas Wertloses : Person ohne Bedeutung : ein Nichts : Niete * **Null,** das; der; –(s), –s: (Kartsp.) Spielpartie, bei der man keinen Stich bekommen darf * *Nullage* → *Nulllage:* Nullstellung bei Messgeräten; *Nullinie* → *Nulllinie; Nulllösung* → *Nulllösung, Nullmeridian; Nullouvert* [..uwär]: (Skat) offenes Nullspiel; *Nullpunkt; Nullserie:* erste Versuchsserie bei einer Fertigung; *Nulltarif:* kostenlose Beförderung in öffentlichen Verkehrsmitteln * **nul|len** intr.: (mundartl.) ein neues Lebensjahrzehnt anfangen; tr.: (Bergm.) schlecht beladene Förderwagen mit 0 kennzeichnen * **Nul|li|fi|ka|ti|on** (nl.), die; –, –en: das Nichtigmachen * **nul|li|fi|zie|ren** (..iert) tr.: aufheben : gering schätzen : für nichtig erklären * **Nul|li|tät** (ml.), die; –, –en: Nichtigkeit, Ungültigkeit * *Nullitätsklage:* (Rechtsspr.) Nichtigkeitsklage

Nulllösung
Treffen bei Zusammensetzungen drei gleiche Buchstaben aufeinander, fällt keiner von ihnen weg: *Nulllösung, Nulllage, Nulllinie.* Zwecks besserer Lesbarkeit kann ein Bindestrich gesetzt werden: *Null-Lösung, Null-Lage, Null-Linie.*

Nu|me|ral|le (l.), das; –s, ..lien und ..lia: Zahlwort * **nu|me|rär** (nl.) Ew.: der Zahl nach * **Nu|me|ra|teur** (fr.) [..töhr], der; –s, –s: Stempel mit beweglichen Ziffern * **Nu|me|ra|ti|on,** die; –, –en: Zählung : Bezifferung * **Nu|me|ri** Mz.: „die Zahlen", Benennung des 4. Buch Moses' * **nu|me|rie|ren** → **nummerieren** (..iert) tr.: zählen : beziffern * **Nu|me|rie|rung** → **Nummerierung,** die; –, –en: Bezifferung * **nu|me|risch** Ew.: zahlenmäßig, der Zahl nach * **Nu|me|ro,** das; –s, –s: Zahl; Abk.: No., N°; vgl. Nummer * **nu|me|rös** Ew.: zahlreich : rhythmisch * **Nu|me|rus,** der; –, ..ri: Zahl : Menge : Ebenmaß : (Sprachl.) Zahlform des Hauptwortes * *Numerus clausus,* der; – –: begrenzte Zahl von Anwärtern

nummerieren, Nummerierung
Nach dem Stammprinzip und zur Kennzeichnung der Kürze des betonten Vokals werden nun auch *nummerieren* und *Nummerierung* mit *mm* geschrieben. Aber weiterhin: *numerisch,* weil auf dem langen *e* betont.

Nu|mi|di|en: (im Altertum) nordafrikan. Königreich

nu|mi|nos, nu|mi|nös (nl.) Ew.: die Gottheit betreffend, heilig [l. numen Gottheit]

Nu|mis|ma|tik (gr.), die; –: Münzkunde * **Nu|mis|ma|ti|ker,** der; –s, –: Münzkundiger, Münzforscher * **nu|mis|ma|tisch** Ew.: münzkundlich * **Nu|mis|ma|to|gra|fie** *auch:* **Nu|mis|ma|to|graph|ie,** die; –, ..fien *auch:* ..phien: Münzbeschreibung

Num|mer (l.), die; –, –n; Nümmerchen: Zahl, die die Reihenfolge bezeichnet; Abk.: Nr. * *Nummer Sicher:* (Gaunerspr.) Gefängnis; *Nummer Null:* Abort; *laufende Nummer:* der Reihenfolge nach nächste Zahl; Abk.: lfde. Nr. * *Nummernscheibe; Nummernschild; Nummernstempel; Nummer(n)tafel* * **num|mern** (ich ..[e]re) tr.: mit einer Nummer versehen

nun Uw.: jetzt : unter den gegenwärtigen Umständen; Bw.: da, weil * *nunmehr* Uw.: jetzt; fortan; *nunmehrig* Ew.; *nun-*

mehro Uw.: (veralt.) nunmehr * **nun|ter:** (mundartl.) hinunter * **Nun|ti|a|tur** (nl.), die; –, –en: päpstl. Gesandtschaft * **Nun|ti|us,** der; –, ..tien: „Bote", päpstl. Gesandter : Botschafter des Papstes bei weltlichen Regierungen

nup|ti|al (l.) Ew.: hochzeitlich

nur Uw.: bloß : allein, nichts als

Nür|burg|ring, der; –(e)s: Autorennbahn in der Eifel

Nürn|berg: Stadt in Mittelfranken * **Nürn|ber|ger,** der; –s, –: Bewohner Nürnbergs * **Nürn|ber|ger** Ew.: aus Nürnberg stammend, auf N. bezogen * *Nürnberger Trichter; Nürnberger Lebkuchen; Nürnberger Spielzeugmesse*

Nurse (e.) [nörß], die; –, –n: Kinderfrau

nu|scheln, nu|seln (ich ..[e]le) intr.: (mundartl.) undeutlich reden

Nuß → **Nuss,** die; –, Nüsse; Nüsschen: in harte Holzschale eingeschlossene Frucht : nusstragende Pflanze : etwas Wertloses : etwas Schwieriges : Schlag : nussförmiger Gegenstand * *eine harte Nuß* → *eine harte Nuss (zu knacken aufgeben):* zu Missverständnis Anlass geben, Kopfzerbrechen verursachen * *Nußbaum* → *Nussbaum:* aus Nussbaumholz; *Nußbeißer* → *Nussbeißer:* Nussknacker; *Nußbohrer* → *Nussbohrer:* ein Kerbtier; *nußbraun* → *nussbraun* Ew.; *Nußhäher* → *Nusshäher; Nußholz* → *Nussholz; Nußkern* → *Nusskern; Nußknacker* → *Nussknacker; Nußkohlen* → *Nusskohlen* Mz.: nussförmige Kohlen; *Nußöl* → *Nussöl; Nußschale* → *Nussschale:* Schale der Nuss : (übertr.) winziges Schiffchen; *Nußschinken* → *Nussschinken; Nußstaude* → *Nussstaude; –strauch; Nußtorte* → *Nusstorte*

Nüs|ter, die; –, –n, auch das; –s, –n: Nasenloch (bei Tieren) * **nüs|tern** (ich ..[e]re) intr.: (selt.) schnüffeln, schnobern

Nut(e), die; –, ..ten: (Techn.) Falz, Fuge * *Nuteisen; Nuthobel; Nutzapfen* * **nu|ten** tr.: mit Nuten versehen : eine Nute machen

Nu|ta|ti|on (l.), die; -, -en: Schwanken der Erdachse

Nut|ria (l.-span.), die; -, -s: am. Sumpfbiber * *Nutriafell; Nutriapelz* * **Nut|ria**, der, -s, -: Fell des südamerikanischen Sumpfbibers

nut|rie|ren (..iert) (l.) tr.: ernähren * **Nut|ri|ment**, das; -(e)s, -e: Nahrungsmittel * **Nut|ri|ti|on**, die; -, -en: Ernährung * **nut|ri|tiv** Ew.: nährend : nahrhaft * *Nutritivkraft:* Nährkraft * **Nut|ri|tor**, der; -s, ..toren: Pfleger, Beschützer von Hochschulen * **Nut|rix**, die; -, ..ices: Amme

Nut|sche, die; -, -n: Filtersteinplatte zum Durchseihen von Niederschlägen * **nut|schen** (du nutsch[e]st und nutschst) tr., intr.: lutschen, saugen * *Nutschapparat:* Saugapparat in der Zuckersiederei

Nut|te, die; -, -n: Dirne * **nut|tig** Ew.: (Umgspr.) in der Art einer Nutte gekleidet oder sich gebend

Nutz, der; -es: (veralt.) Nutzen * *Nutzanwendung; Nutzbarkeit; Nutzbarmachung; Nutzbau; nutzbringend* Mw. Ew.; *Nutzeffekt; Nutzfahrzeug; Nutzfläche; Nutzgarten; Nutzholz; Nutzlast; Nutzleistung; nutzlos* Ew.; *Nutzlosigkeit; nutznießen:* den Nutzen aus etwas ziehen; *Nutznießer; Nutznießung; Nutzpflanze; Nutzsatellit* * *zu Nutz und Frommen; sich zunutze machen auch: sich zu Nutze machen* tr.: für sich ausnutzen * **nutz, nut|ze, nüt|ze** Ew.: nutzbringend, nützlich, brauchbar * *(zu) nichts nutz sein* * **nutz|bar** Ew.: Nutzen bringend : zur Benutzung dienend, geeignet * **Nutz|bar|keit**, die; -, -en: das Nutzbarsein : Nutzen * **Nut|zen**, der; -s, -: Gewinn : Vorteil : Ertrag (Ggs. Schaden) * **nut|zen, nüt|zen** (du nutzest, nützest und nutzt, nützt) intr.: Nutzen bringen (Ggs. schaden); tr.: aus etwas Nutzen ziehen : Gebrauch machen, benutzen * **nütz|lich** Ew.: Nutzen gewährend * **Nütz|lich|keit**, die; -, -en: das Nützlichsein : etwas Nützliches * *Nützlichkeitsdenken; Nützlichkeitsprin-*

zip; *Nützlichkeitsstandpunkt* * **Nut|zung** (selt. **Nüt|zung**), die; -, -en: das Benutzen : der Nutzen : Nutzungsrecht : Ertrag * *Nutzungsanschlag:* Anschlag (von einem Grundstück) nach seinem Ertrage; *Nutzungsrecht; -wert*

Ny, das; -(s), -s: der dreizehnte Buchstabe des griech. Alphabets

Nyk|ta|lo|pie (gr.), die; -: das Nachtsehen, Tagblindheit (eine Augenkrankheit) * **Nyk|ti|tro|pie**, die; -, ..pien: Schlafbewegung der Pflanze * **Nyk|to|ba|te|sis, Nyk|to|ba|tie**, die; -: (Med.) das Nachtwandeln * **Nyk|to|graph** auch: **Nyk|to|graf**, der; -en, -en: ein Werkzeug zum Schreiben im Dunkeln * **Nyk|to|me|ter**, das; -s, -: (Med.) Instrument zur Erkennung der Nachtblindheit * **Nyk|to|pho|bie**, die; -: Nachtangst * **Nyk|to|phy|ten** Mz.: Nachtgewächse; vgl. Nyx

Ny|lon (e.) [neilon], das; -s: seidenartige, synthetische Kunstfaser * *Nylonstrümpfe; Nylonwäsche*

Nym|phäa, Nym|phäe (gr.), die; -, ..phäen: Wasserlilie, Seerose * **Nym|phä|a|zee**, die; -, -n: Wasserpflanze * **Nym|phe**, die; -, -n: sagenhafte Naturgottheit: Insektenpuppe : Wasserjungfer * **Nym|phen** Mz.: (Anat.) kleine Schamlippen * **Nym|pho|ma|nie**, die; -: krankhaft gesteigerter Geschlechtstrieb bei Frauen, Mannstollheit * **Nym|pho|ma|nin**, die; -, -nen: an Nymphomanie Leidende

Ny|norsk (norw.), das; -es: neunorweg. Schriftsprache

Ny|sa (gr.), die; -: ein Asteroid

Nyx: griech. Göttin der Nacht

O

O, o, das; ..., . : der fünfzehnte Buchstabe des Abece : Ausruf der Bewunderung, der Freude, des Schmerzes usw. * *das A und das O:* Anfang und Ende [nach dem ersten und letzten Buchstaben des griech. Alphabetes]; *das Ach und das O(h):* das Wehklagen; *ein O der Bewunderung* * *O-Beine* Mz.; *o-beinig* auch: *O-beinig, O-Bogen; o-förmig* auch: *O-förmig* Ew. * **o** (allein stehend **oh**): Ausdruck einer Gemütsbewegung * *o Herr!; o ja!; o nein!; o weh!; o wie schön!*

O: (fr. Münzzeichen) Riom : (ehem. östr. Münzzeichen) Oravicza in Ungarn : (nordamerikanisches Münzzeichen) New Orleans

O': (vor irischen Namen) Sohn

Ö, die; -, -(e)n: (niederd.) Insel

Oak|land [oakländ]: nordam. Stadt in Kalifornien

O|a|se (kopt.-gr.), die; -, -n: Wasserstelle und fruchtbare Gegend in der Wüste * *oasenartig* Ew.; *Oasenlandschaft* [kopt. uah Station; gr. oasis]

O-a-se
Neu ist die Regelung, nach der auch einzelne Vokale am Wortanfang bei der Worttrennung als Silbe behandelt und abgetrennt werden können: O-ase, O-belisk, O-fen. Dies war bisher aus Gründen der Optik und Lesbarkeit nicht gestattet. Auch künftig ist daher sparsamer Gebrauch der neuen Regel geraten.

Oats (e.) [ohts] Mz.: Haferflocken

Ob, der; -s: westsibir. Strom

ob Bw.: (veralt.) wenn : Einleitung der indirekten Entscheidungsfrage * *als ob:* wie wenn; *ob auch:* wenn auch * *obgleich, obschon, obwohl, obzwar* Bw. zur Einführung einzuräumender Sätze: wenn auch, wenngleich * **Ob**, das; -, -: das Vielleicht : die Möglichkeit

ob Uw.: (nur noch als Bstw.) oben * *obangezogen* Mw. Ew.: oben, im vorstehenden Text angeführt; *obbemeldet* Mw. Ew.: oben gemeldet; *obbenannt* Mw. Ew.; *obberührt* Mw. Ew.: im vorstehenden Text berührt; *obgesagt, oberwähnt, obzitiert* Mw. Ew.: oben angeführt * **ob** Vw.: (mit Dat.) oberhalb : (mit Gen.) (geh. Stil) über wegen * *ob dem Walde:* oberhalb des Waldes; *erfreut ob des Sieges* * **Obacht**, die; -: (veralt.) Aufmerksamkeit ✳ *hab Obacht: pass auf!*; *Obdach:* schützendes Dach; *obdachlos* Ew.: ohne Wohnung; *Obdachlose,* der; –n, –n; die; –n, –n; *Obdachlosenasyl; Obdachlosenfürsorge; Obdachlosenheim; Obhut,* die; –: Beaufsichtigung : Schutz; *Oblast:* Rechtsverbindlichkeit, *obliegen* (es liegt mir ob; es hat mir obgelegen; obzuliegen; auch (östr.): es obliegt mir; es hat mir obliegen; zu obliegen) intr.: Pflicht, Schuldigkeit sein; (ich liege ob, habe obgelegen, obzuliegen) intr. (mit Dat. veralt.): sich einer Sache hingeben; intr. (sein): (veralt.) überlegen sein; *Obliegenheit,* die; –, –en: (aufliegende) Verpflichtung; *Obmann:* Vertrauensmann : Schiedsrichter; *obsiegen* (ich siege ob und ich obsiege; habe obgesiegt, obzusiegen) intr.: (einen –) besiegen; *obwalten* (ich walte ob, obgewaltet, obzuwalten) intr.: (mit Dat.) herrschen : herrschenden Einfluss ausüben ✳ *unter den obwaltenden Umständen:* unter den üblichen (herrschenden) Umständen

Ob|duk|ti|on (l.), die; –, –en: Sektion, Leichenöffnung ✳ *Obduktionsbefund; Obduktionshaus:* Leichenschauhaus; *Obduktionsprotokoll:* gerichtliche Aufzeichnung des Leichenbefundes ✳ **Ob|du|zent,** der; –en, –en: Arzt, der die Leichenöffnung ausführt ✳ **ob|du|zie|ren** (..iert) tr.: Leichen öffnen, besichtigen [l. obducere urspr. bedecken, dann aufdecken]

Ob|du|ra|ti|on (l.), die; –, –en: Verhärtung : Unbußfertigkeit [spätl. obduratio zu l. durus hart]

O|be|di|enz (l.), die; –: Gehorsam der kathol. Geistlichen gegen ihre Vorgesetzten [l. oboedire, obedire, gehorchen]

O|be|lisk (gr.), der; –en, –en: vierkantige Spitzsäule aus einem Stein ✳ **o|be|lis|ken|ar|tig, -för|mig** Ew.

o|ben Uw.: in der Höhe : hochliegend : (gesellschaftlich) hochstehend : im voraufgehenden Text ✳ *nach, von oben; von oben her; nach oben hin; das oben Gesagte; die oben erwähnte Person; von oben*

herab behandeln tr.: hochmütig behandeln; *oben bleiben* intr. ✳ **o|ben|an** Uw.: an erster Stelle; *obenan stehen* intr. ✳ **o|ben|auf** Uw.: oben befindlich : an der Oberfläche; *obenauf sein:* guter Stimmung sein ✳ **o|ben|aus** Uw.: obenhinaus ✳ **o|ben|drauf** Uw.: oben; *einem eines obendrauf geben:* einem einen Schlag auf den Kopf geben : ducken : heruntermachen ✳ **o|ben|drein** Uw.: noch dazu; *obenerwähnt* → *oben erwähnt* Mw. Ew.: im voraufgehenden Text genannt; *das oben Erwähnte; obengedacht* → *oben gedacht* Mw. Ew.: im vorhergehenden Text genannt; vgl. *oben erwähnt; obengenannt* → *oben genannt* Mw. Ew.: vgl. *oben erwähnt* ✳ **o|ben|her** Uw.: von oben her : oberflächlich; *von oben her; obenherein* Uw.: von oben herein ✳ **o|ben|hin** Uw.: oberflächlich : flüchtig; *nach oben hin; obenhinaus* Uw.: hoch hinauf; *obenhinaus wollen* intr.: (zu) hoch streben : (zu) große Ansprüche stellen; *oben ohne:* (Umgspr.) mit unbekleidetem Oberkörper; *Oben-ohne-Badeanzug* ✳ **o|ben|ste|hend** → **o|ben ste|hend** Mw. Ew.: vgl. oben erwähnt ✳ *das Obenstehende; im obenstehenden* → *im Obenstehenden; Obenwerk:* der über Wasser ragende Teil des Schiffes ✳ **O|ben,** das; –: das oben Befindliche; vgl. ob, ober, obig ✳ **o|ber** Vw.: (östr.) über

oben erwähnt, oben stehend
Die Verbindung von *oben* mit Verb und Partizip schreibt man getrennt: *Das oben erwähnte Argument ist schlüssig. Oben stehend habe ich gezeigt, dass...* Bei der Substantivierung gibt es die Möglichkeiten der Zusammenschreibung: *das Obenerwähnte, im Obenstehenden* und der Getrenntschreibung: *das oben Erwähnte, im oben Stehenden.*

O|ber, der; –s, –: Spielkarte : Abk. für Oberkellner

O|ber|am|mer|gau: Ort in Oberbayern ✳ *Oberammergauer Passionsspiele*

O|ber|bay|ern: bayr. Regierungsbezirk ✳ **O|ber|bay|er,**

der; –n, –n; Bewohner Oberbayerns ✳ **o|ber|bay|risch** Ew.

o|ber|deutsch Ew.: aus Oberdeutschland : in Oberdeutschland üblich ✳ **O|ber|deutsch|land:** der höher gelegene, südliche Teil Deutschlands

o|be|re Ew. (mit komparativischer Bedeutung, nur beif.): höher liegend : höher stehend im Rang ✳ *oberer Stock; die ober(e)n Klassen* Mz. ✳ *Oberamt:* obere Behörde; Abk.: OA; *Oberamtmann:* Titel eines Verwaltungsbeamten; *Oberarm:* Teil des Armes von Schulter bis Ellbogen; *Oberarmknochen; Oberarzt; Oberaufseher; Oberaufsicht; Oberaufsichtsbehörde; Oberbau:* der obere Teil eines Gebäudes; *Oberbaum:* Garnbaum am Webstuhl : Schlagbaum als Tierfalle; *Oberbaurat; Oberbefehl; Oberbefehlshaber; Oberbegriff:* übergeordneter Begriff; *Oberbekleidung; Oberbewußtsein* → *Oberbewusstsein:* das helle Bewusstsein; *Oberbergrat; Oberbett:* Deckbett : *Oberboden:* Boden im oberen Stock eines Hauses : oberer Teil eines Blechknopfs; *Oberbürgermeister; Oberdeck; Oberdorf:* höher gelegener Teil eines Dorfes: *Oberfach:* Teil der Webstuhlkette; *Oberfaktor; Oberwerkführer; oberfaul* Ew.: überfaul, äußerst faul; *Oberfeldherr; Oberfläche:* das Äußere : der obere Teil; *oberflächlich* Ew.: an der Oberfläche : nicht gründlich; *Oberförster; Oberforstmeister; obergärig* Ew.: so gärend, dass sich die Hefe auf der Oberfläche ablagert; *Obergeschoß* → *Obergeschoss; Obergewalt:* höhere Gewalt; *Oberhand:* Handwurzel : Handrücken : Vorrang, Übergewicht : *Oberhaupt:* Erster in Staat, Kirche, Familie; *Oberhaus:* oberer Teil eines Hauses : Haus der Lords im engl. Parlament : (scherzh.) Kopf; *Oberhaut:* äußere Haut; *Oberhefe:* oben sich absetzende Hefe; *Oberhemd:* über dem Unterhemd getragenes Hemd; *Oberherrschaft,* die; –: oberste Gewalt: Übergewicht, Vorrang; *Oberhirt(e):* oberster Hirt : Geistlicher : Papst; *Ober-*

hofmeister: oberster Verwalter eines fürstl. Hofes: *Oberhoheit:* höchste Staatsgewalt: Hoheit über einen anderen Staat; *Oberholz:* oberer Teil eines Baumes : Hochwald; *Oberingenieur:* leitender Ingenieur; *oberirdisch* Ew.: über der Erdoberfläche befindlich; *Oberjäger; Oberkiefer; Oberkohlrübe:* über der Erde wachsende Kohlrübe; *Oberkörper; Oberländer,* der; –s, –: aus dem Oberland Stammender; *Oberlandesgericht:* oberstes Gericht; *oberländisch* Ew.; *Oberlänge:* Buchstabenteil, der über die obere Grenze bestimmter Kleinbuchstaben hinausragt; *Oberlast:* Last des oberen Raumes von Schiffen; *oberlastig* Ew.: (seem.) einen zu hoch liegenden Schwerpunkt habend; *Oberlauf:* der Quelle nahe gelegener Flusslauf; *Oberleder:* das den Fuß bedeckende Leder des Schuhs; *Oberlehrer; Oberleib; Oberleutnant; Oberlicht:* von oben einfallendes Licht : Öffnung für Licht von oben : oberer Teil eines Fensters; *Oberlippe; Oberluft:* obere Luftschicht; *Obermühle:* am Oberlauf eines Wassers gelegene Mühle; *Oberpostmeister; Oberpostdirektion; Oberpostrat; Oberrechnungskammer:* oberste Finanzbehörde Preußens; *Oberrock:* über der Unterkleidung getragener Rock; *Obersatz:* (Log.) allgemeiner Satz einer Voraussetzung; *Oberschenkel; Oberschicht:* führende Gesellschaftsschicht; *oberschlächtig* Ew.; *oberschlägig* Ew.: (Mühlrad) so gebaut, dass das Wasser in die oberen Schaufeln fällt; *Oberschule; Oberschwelle:* waagerechter Balken, der die Türpfosten oben verbindet; *Obersegel:* Segel oberhalb des Mastkorbes; *Oberstaatsanwalt; Oberstabsarzt; Oberstallmeister; Obersteiger:* Oberaufseher im Bergwerk; *Obersteuermann;* prov. *Oberstimme:* höchste Stimme eines Tonstücks; *Oberstock:* Stockwerk über dem Erdgeschoss; *Oberstübchen:* (übertr.) Kopf; *Oberstudiendirektor; Oberstudienrat; Oberstufe:* die letzten Klassen des Gymnasiums;

Oberteil; Oberton: (Mus.) mit dem Grundton erklingender Ton; *Obervormund(schaft); Oberwasser:* Oberlauf eines Flusses : von oben strömendes Wasser; *Oberwasser haben:* die Oberhand haben; *Oberwelt:* Erde; *Oberwind:* in oberen Luftschichten wehender Wind; *Oberzeremonienmeister* ✻ **Ober**e, der; –n, –n: Vorgesetzter ✻ **ober**halb Vw. (mit Gen.): „auf der oberen Hälfte gelegen", über : höher als; Uw.: oben ✻ **Obe**rin, die; –, –nen: die Vorgesetzte : Vorsteherin eines Klosters oder Stiftes : Schwesternschaft eines Krankenhauses ✻ **Ober**st, das; –: (bayr.-östr.) Sahne ✻ **Ober**st, der; –en, –en: (Heerw.) oberste Rangstufe der Stabsoffiziere bei Heer und Luftwaffe ✻ *Oberstleutnant:* mittlerer der Stabsoffiziere bei Heer und Luftwaffe ✻ **obers**te Ew. (nur beifügend, Superlativ zu obere): höchste : höchststehend im Rang : bedeutendste ✻ *oberstes Stockwerk; der Oberste im Rang; die Oberste Heeresleitung; das Oberste zuunterst, das Unterste zuoberst kehren* ✻ **Ober**ste, der; –n, –n: Vorgesetzter ✻ **Obrig**keit, die; –, –en: Staatsoberhaupt : vorgesetzte Behörde ✻ *Obrigkeitsstaat:* absolutistische Staatsform ✻ **obrig**keitlich Ew.: von der Obrigkeit herrührend ✻ **Obr**ist, der; –en, –en: (veralt.) Oberst

Oberfranken: bayr. Regierungsbezirk ✻ **ober**fränkisch Ew.: auf Oberfranken bezüglich

Oberhessen: Provinz des Landes Hessen ✻ **ober**hessisch Ew.: auf Oberhessen bezüglich

Oberitalien: Norditalien ✻ **ober**italienisch Ew.: auf Oberitalien bezüglich

Oberon: König der Elfen : Titel eines Epos von Wieland [fr. Auberon von Aubri; prov. Alb(a)ric; aus ahd. Alberich Elfenherrscher]

Oberösterreich: österreichisches Bundesland

Oberpfalz: bayr. Regierungsbezirk ✻ **Ober**pfälzer Ew ✻ *Oberpfälzer Wald* ✻ **ober**-

pfälzisch Ew.: auf die Oberpfalz bezüglich

Oberrhein: der; –s: Oberlauf des Rheins ✻ **ober**rheinisch Ew.: am Oberrhein gelegen ✻ *Oberrheinische Tiefebene:* Einsenkung zwischen Schwarzwald, Odenwald, Hardt und Vogesen

Oberschlesien: der südöstlichste Teil Schlesiens ✻ **ober**schlesisch Ew.: auf Oberschlesien bezüglich

Oberschwaben: die schwäbisch sprechenden Teile Württembergs und Bayerns, südl. der Donau ✻ **ober**schwäbisch Ew.: auf Oberschwaben bezüglich

Oberstdorf: Ort in den Allgäuer Alpen

oberste: s. obere

Obervolta: früherer Name für Burkina Faso, Staat in Westafrika

obgleich: s. ob Bw.

Obhut: s. ob

Obi, der; –: japan. Kimonogürtel : westafrikan. Fetisch

obig Ew. (ohne Steigerung): oben, im Vorstehenden angeführt ✻ *obiges; im obigen →im Obigen; das Obige;* vgl. ob, oben, ober

Obitu**a**rium (l.), das; –, ..rien: Totenliste : Seelenmessbuch ✻ **Obi**tus, der; –: Tod : Seelenmesse [l. obire sterben]

Objekt (l.), das; –(e)s, –e: Gegenstand : Ziel einer Tätigkeit : Betrag : (Sprachl.) Gegenstandswort, Ergänzung eines Zeitworts ✻ *Objektsteuern:* Realsteuern; *Objektträger:* Glasplatte am Mikroskop, auf der die zu untersuchenden Teile liegen; *Objektkulturen* ✻ **objekt**iv Ew.: gegenständlich : sachlich : nicht subjektiv ✻ **Objekt**iv, das; –s, –e: Vorderlinse eines Fernrohrs, Fotoapparates, Mikroskops usw. ✻ *Objektivglas:* Objektiv ✻ **Objekt**iva**ti**on [...w..], die; –, –en: Vergegenständlichung ✻ **objekt**ivie**ren** (..iert) [..w..] tr.: vergegenständlichen : ohne subjektive Einflüsse ✻ **Objekt**ivismus, der; –: Anerkennung objektiver Tatsachen ✻ **Objekt**ivi**tät** [..w..], die; –: Gegenständlichkeit : Sachlichkeit : Vorurteilslosigkeit : Unparteilichkeit * **ob|ji|zie|ren** (..iert) tr.: entgegnen : einwenden [l. obicere, objicere entgegenwerfen (ob entgegen und iacere werfen); objectum das Entgegengeworfene]

O|blat: s. Oblatus * **O|bla|te** (l.), die; –, –n: „Dargebrachtes" : Abendmahlsbrot : blattdünnes Gebäck aus ungesäuertem Weizenmehlteig : Siegelmarke : Arzneiumhüllung : Abreißbild * **O|bla|ten** Mz.: Name für Kinder, die von den Eltern für den Ordensstand bestimmt, einem Kloster übergeben wurden : Name zahlreicher Priester- und Frauengenossenschaften : Geistliche und Laien in der kathol. Kirche, die in der Welt im Geiste der Benediktinerregel leben * **O|bla|ti|on,** die; –, –en: Darbietung : Opferung : Geschenk * **O|bla|to|ri|um** (nl.), das; –s, ..rien: Empfehlungsbrief * **O|bla|tus,** der; –, ..ti: Klosterschüler : Laienbruder [l. oblata Mw. Vg. von offerre darbringen]

ob|lie|gen: s. ob Vw.

ob|li|gat (l.) Ew.: verpflichtet : unvermeidlich : erforderlich : unentbehrlich : (Mus.) hauptstimmig * **Ob|li|ga|ti|on,** die; –, –en: Verpflichtung : Haftung : Schuldverschreibung : festverzinsliches Wertpapier * *Obligationsrecht:* Schuldrecht * **ob|li|ga|to** (it.): (Mus.) obligat * **ob|li|ga|to|risch** Ew.: verpflichtend : verbindlich : vorgeschrieben * **Ob|li|ga|to|ri|um,** das; –s, ..ria und ..rien: pflichtmäßige Dienstleistung : pflichtmäßige Prüfung * **Ob|li|geance** (fr.) [..schangß], die; –: Dienstfertigkeit : Gefälligkeit * **ob|li|geant** (fr.) [..schang] Ew.: gefällig : verbindlich * **ob|li|gie|ren** (l.-fr.) (..iert) [..g. oder ..sch..] tr.: (zu Dank) verpflichten * **Ob|li|go** (it.), das; –s, –s: (kaufmännische) Verbindlichkeit : Haftung * *ohne Obligo;* Abk.: o. O. : ohne Haftung, ohne Gewähr [l. obligare anbinden, verbinden, verpflichten]

ob|li|mie|ren (l.) (..iert) tr.: mit Schlamm überziehen [l. oblimare von limus Schlamm]

ob|lique (l.-fr.) [..ik], [..kwa..]

(–r, –st) Ew.: schief : schräg : (Sprachl.) abhängig * **Ob|li|qui|tät** (l.) [..kwi..], die; –: (Sprachl.) Abhängigkeit * **ob|li|quus:** oblique; s. casus

Ob|li|te|ra|ti|on (l.), die; –, –en: Tilgung : (Med.) Verschließung eines Gefäßes * *Obliteration der Arterien* * **ob|li|te|rie|ren** (..iert) tr.: tilgen : (Med.) auslöschen, veröden [l. obliterare von litera Buchstabe; eig. Buchstaben auslöschen]

oblong (l.) Ew.: verlängert : rechteckig * **Oblong,** das; –s, –e(n): Rechteck

O|boe (fr.), die; –, –n: Holzblasinstrument * **O|bo|ist,** der; –en, –en: Oboebläser

O|bo|lus (gr.-l.), der; –, – und –se: kleine altgr. Münze : Scherflein : Spende

O|bo|trit, der; –en, –en: Angehöriger eines altslawischen Stammes

obo|val (nl.) [..w..] Ew.: verkehrt eiförmig

O|brig|keit usw.: s. obere

ob|schon: s. ob Bw.

Ob|se|qui|en (l.) Mz.: Totenfeier : Seelenamt [l. obsequiae (umgedeutet aus exsequiae, s. Exequien) zu obsequi folgen]

ob|ser|va|bel (l.) [..w..] (observabler) Ew.: bemerkenswert : beachtenswert * **Ob|ser|va|bi|lia, Ob|ser|va|bi|li|en** Mz.: sinnlich wahrnehmbare Gegenstände * **Ob|ser|vant,** der; –en, –en: Mönch der alten strengen Ordensregel * **Ob|ser|vanz,** die; –, –en: Einhaltung einer Regel : Brauch : Gewohnheitsrecht * **Ob|ser|va|ti|on,** die; –, –en: Beobachtung : Bemerkung : (Mz.) Anmerkungen * *Observationsarmee:* Heer zur Beobachtung des Feindes; *Observationskorps; Observationsreserve:* Beobachtungszeit * **Ob|ser|va|tor,** der; –s, ..toren: wissenschaftl. Beobachter * **Ob|ser|va|to|ri|um,** das; –s, ..rien: Beobachtungsstelle : Wetter-, Sternwarte * **ob|ser|vie|ren** (..iert) tr.: beobachten : genau befolgen [l. observare beobachten zu servare behüten, Acht haben]

Ob|ses|si|on: s. obsedieren

Ob|si|di|an (l.), der; –s, –e: Glasachat, glasige Ausbildung junger Ergussgesteine

ob|sie|gen: s. ob

Ob|sig|na|ti|on (l.), die; –, –en: gerichtl. Versiegelung : Bestätigung * **ob|sig|nie|ren** (..iert) tr.: besiegeln : bestätigen [l. obsignare zu signum Siegel]

obs|kur (l.) Ew. (–er, –ste): dunkel : unbekannt : anrüchig * **Obs|ku|rant,** der; –en, –en: Dunkelmann : Lichtfeind * **Obs|ku|ran|tis|mus,** der; –: Lichtscheu : Aufklärungshass * **Obs|ku|ra|ti|on,** die; –, –en: Verdunkelung * **Obs|ku|ri|tät,** die; –, –en: Anrüchigkeit : Verdunkelung

ob|so|les|zie|ren (..iert) intr.: veralten * **ob|so|let** Mw. Ew.: veraltet : abgenutzt : außer Gebrauch

Obst, das; –es: essbare Früchte * *Obstart; Obstbau:* Anpflanzung von Obstbäumen; *Obstbaum; Obstblüte; Obstbrecher:* Werkzeug zum Obstpflücken; *Obstdiät:* vorwiegend aus Obst bestehende Diät; *Obstdarre; –essig; –garten; –hamen:* Obstbrecher mit beutelförmigem Netz; *Obsthändler(in); –jahr:* gutes, viel Obst lieferndes Jahr; *Obstkeller; –kuchen; –messer; –most; –pflücker; obstreich (Ew.); Obstsaft; –salat:* Gemisch aus Fruchtstückchen; *Obsttag:* Tag, an dem man nur Obst isst; *Obsttorte; –wein; –zucht, –züchter* * **obs|ten** tr.: Obst ernten : Obst einsammeln * **Obst|ler,** der; –s, –: aus Obst gebrannter Schnaps; * **Obst|ler,** der; –s, –u. **Obst|le|rin,** die; –, –nen (auch **Öbst|ler, Öbst|le|rin**): Obsthändler(in)

obs|ti|nat (l.) Ew.: eigensinnig : halsstarrig * **Obs|ti|na|ti|on,** die; –: Halsstarrigkeit : Widerspenstigkeit * **obs|ti|nie|ren** (..iert) intr. (sein): (selt.) widerspenstig werden

Obs|ti|pa|ti|on, die; –: (Med.) Stuhlverstopfung * **obs|ti|pie|ren** tr.: verstopfen * **obs|ti|piert** Mw. Ew.: hartleibig

obs|tru|ie|ren (..iert) (l.) tr.: hemmen : Widerstand leisten * **Obs|truk|ti|on,** die; –, –en: Widerstand : (Med.) Verstopfung : Verschleppung (von Arbeiten) : Verhinderung (der Beschlussfassung ∗ *Obstruktionspolitik; –taktik* ∗ **obstruktiv** Ew.: hemmend [l. obstruere verbauen]

obszön (l.) Ew.: unanständig : schamlos : zotig ∗ **Obszönität,** die; –, –en: Schamlosigkeit : Zote

Obturator (l.), der; –s, ..toren: „Verstopfer", Stöpsel : künstl. Gaumen ∗ **obturieren** (..iert) tr.: verschließen

Obus, der; –, –se: Oberleitungsomnibus

obwalten: s. ob Vw.

obwohl, obzwar: s. ob Bw.

och!: Ausruf (mundartl.); vgl. ach!

Ochs, Ochse, der; ..sen, ..sen; Öchschen: männl. Rind : (bes.) verschnittener Stier : (übertr.) Dummkopf ∗ *Ochsenauge:* rundes Fenster : Name von Pflanzen : Spiegelei : Gebäck : Sturmwolke : Name verschiedener Schmetterlinge; *Ochsenherz:* Name von Muscheln; *Ochsenkarren; Ochsenkopf:* (übertr.) Dummkopf : eine Art Schnecke; *Ochsentreiber; Ochsentour:* (Umgspr.) langsame, mühselige Arbeit; *Ochsenziemer:* Prügelwerkzeug; *Ochsenzunge:* ein Borretschgewächs ∗ **ochsen** (du ochsest und ochst) intr.: (Kuh) nach dem Stier verlangen : (stud.) fleißig lernen ∗ **ochsenhaft, ochsig** Ew.: wie ein Ochse; Uw.: sehr ∗ **Ochsler, Öchsler, Ochsner,** der; –s, –: Ochsenbauer

Ochsenkopf, der; –es: Berg im Fichtelgebirge

Öchsle, das; –s, –: Maßeinheit für das spezifische Gewicht des Mostes (benannt nach dem Erfinder Öchsle)

Ocker (gr.-l.), der; –s, –: rotgelbe Tonerde : gelbe oder braune Anstreichfarbe ∗ *ockergelb* Ew.; *ockerhaltig* Ew. ∗ **ock(e)rig** Ew.: ockerartig

Od, das; –(e)s: angebliche magnet. Ausstrahlung des menschl. Körpers ∗ **odischmagnetisch** Ew.: auf das Od und den Magnetismus bezüglich

Odal (schwed.), **Odel** (norw.), das; –, –: Freigut

Odaliske (türk.), die; –, –n: weiße Haremsdienerin

Odds (e.) Mz.: Kurse der Buchmacher beim Rennsport

Ode (gr.-l.), die; –, –n: feierliches, reimloses Gedicht aus griech. Versmaßen ∗ *Odendichtung*

öde, öd Ew.: leer und einsam, wüst, verlassen; (volkst.) langweilig ∗ *Ödland:* unbebautes Land ∗ **Öde,** die; –, –n: öde Gegend ∗ **öden** tr.: öde machen : (volkst.) langweilen ∗ **Ödelei,** die; –, –en; **Ödung,** die; –, –en: Ödland ∗ **Ödigkeit,** die; –, –en: das Ödesein

Odem, der; –s: (mundartl. dichter.) Atem

Ödem (gr.), das; –s, –e: (Med.) Wassergeschwulst : Wassersucht ∗ **Ödemaltie,** die; –, ..tien: Hautgeschwulst ∗ **ödemaltisch, ödemaltös** Ew.: geschwulstartig

Odenwald, der: –es: dtsch. Mittelgebirge

Odeon, Odeum (gr.), das: –s, Odeen: Sangeshalle : Konzerthalle

oder Bw.: zur Bezeichnung der alleinigen Geltung nur *eines* von mehreren Gegenständen

Oder, die, –: mitteleurop. Strom ∗ *Oderbruch,* das; der; –s: Bruchlandschaft a. d. Oder; *Oder-Neiße-Linie; OderSpree-Kanal*

Odermennig, der; –(e)s, –e: eine Pflanzengattung

Odessa: Stadt am Schwarzen Meer

Odeum: s. Odeon

Odeur (fr.) [odöhr], das; –s, –s und –e: Duft : Duftstoff

Ödigkeit: s. öd(e)

Odin: altgerman. Sturmgott, Wotan

odilos, odilös (l.) Ew.: verhasst : unausstehlich

Ödipus: sagenh. König von Theben ∗ **Ödipuskomplex,** der; –es, –e: (Psychoanalyse) unterbewusste geschlechtliche Bindung des Sohnes an die Mutter, der Tochter zum Vater

odisch: s. Od

Ödland: s. öd

Odontiatrie, die; –: Zahnheilkunde ∗ **Odontologie,** die; –: Zahnlehre ∗ **Odontotherapie,** die; –, ..pien: Zahnheilkunde [gr. *odus,* Gen. *odontos* Zahn]

Odyssee, die; –: griech. Heldenepos : Irrfahrt ∗ **odysseisch** Ew.: nach Art der Odyssee ∗ **Odysseus:** sagenh. König von Ithaka, Held der Odyssee

Œuvre (fr.) [öw'r], das: –, –s: Gesamtwerk eines Künstlers

Ofen, der; –s, Öfen; Öfchen: Feuerungsanlage zur Raumerwärmung und zum Kochen ∗ *Ofenbank:* Bank am Ofen; *Ofenblech; Ofenecke; Ofenheizung; Ofenlack; Ofenröhre:* Rauchrohr am Ofen : in einen Ofen eingebaute Wärmevorrichtung; *Ofenschlupfer:* südd. Weißbrotspeise; *Ofenschwärze:* Grafit; *Ofensetzer:* Handwerker, der Öfen setzt; *Ofentür*

Off (e.), das; –s: auf dem Bildschirm nicht sichtbarer Ort, von dem aus Sprache oder Geräusche eingespielt werden ∗ *Offbeat* (e.) [offbiht], der; –s: besonderer Rythmus im Jazz ∗ *Offbeatschlag*

offen Ew.: nicht ge-, verschlossen : (Stelle) unbesetzt, leer : freien Zugang gewährend : unbe-, unverdeckt : ehrlich ∗ *mit offenen Armen:* herzlich; *das offene Meer:* die hohe See; *ein offenes Haus:* gastfreies Haus; *eine offene Hand:* freigebig; *mit offenem Mund:* erstaunt; *auf offener Szene:* während des Auftritts; *offener Wein:* nicht in Flaschen abgefüllter W.; *offene Wunden:* noch nicht geheilte Wunden ∗ *offenhalten* → *offen halten* (ich halte offen, offen gehalten, offen zu halten) tr.: vorbehalten; *offenherzig* Ew.: frei sein Inneres enthüllend; *offenkundig* Ew.: öffentlich bekannt : offenbar; *offenlassen* → *offen lassen* (vgl. offen halten) tr.: geöffnet lassen : (Stelle) unbesetzt lassen; *offenlegen* → *offen legen* (vgl. offen halten) tr.: (übertr.) aufdecken; *offensichtlich* Ew.: offenbar; *offenstehen* → *offen stehen* (vgl. offen halten) intr.: geöffnet stehen, offen sein ∗ **offenbar, offenbar** Ew.: deutlich erkennbar ∗ **offenbaren** (du offenbarst; offenbart und geoffenbart; zu –) tr.: offenbar machen, kundtun ∗ **Offenbalrung,** die; –, –en:

das Offenbaren : das Geoffenbarte : Kundgebung Gottes ∗ *Offenbarungseid:* eidlich versicherte Vermögensangabe eines fruchtlos Gepfändeten ∗
Of|fen|heit, die; –, –en: Aufrichtigkeit : freimütiges Wesen : freimütige Äußerung ∗
öf|fent|lich Ew.: nicht geheim, für jeden zugänglich, jedem sichtbar : für die Gesamtheit bestimmt : die bürgerl. Gesellschaft, den Staat betreffend ∗ **Öf|fent|lich|keit,** die; –: öffentl. Geschehendes : Gesamtheit der Gesellschaft : das Volk ∗ **öff|nen** tr.: (Verschlossenes usw. –) offen machen; intr.: die Tür öffnen ∗ **Öff|ner,** der; –s, –: Werkzeug zum Öffnen ∗ **Öff|nung,** die; –, –en: das Öffnen : offene Stelle ∗ *Öffnungslaut*

offen halten, offen legen
Wird *offen* mit einem Verb verbunden, schreibt man getrennt: *Ich muss mir die Option offen halten. Du sollst deine Überzeugung offen legen!*

Of|fen|bach: hess. Stadt am Main ∗ *Offenbacher Lederwaren*
of|fen|bar usw.: s. offen
Of|fen|burg: bad. Stadt
of|fen|siv Ew.: angriffslustig : angreifend ∗ *Offensivbündnis:* Bündnis für einen Angriffskrieg; *Offensivkrieg:* Angriffskrieg; *Offensivstellung; Offensivwaffe* ∗ **Of|fen|si|ve** [..we], die; –, –n: Angriff ∗ *die Offensive ergreifen:* angreifen
Of|fe|rent (l.), der; –en, –en: Anbieter ∗ **of|fe|rie|ren** (..iert) tr.: anbieten ∗ **Of|fer|te,** die; –, –n: Preisangebot : Angebot (durch Zeitungsanzeige) ∗
Of|fer|to|ri|um, das; –s, ..rien: „Opferhandlung", Hauptteil der kath. Messe
Of|fice (e.) [ofiß], das; –, –s: Geschäftszimmer, Büro : Dienststelle
Of|fiz (l.), das; –es, –e: Dienst : Geschäftsstelle ∗ **of|fi|zi|al** Ew.: dienstlich ∗ *Offizialbericht* ∗ **Of|fi|zi|al,** der; –s, –e: Kirchenvorsteher ∗ *Offizialanwalt:* Armenanwalt; *Offizialdelikt:* von der Staatsanwaltschaft zu verfolgende Straftat; *Offizialverfahren; Offizialvergehen:* Offizialdelikt; *Offizialverteidi-*

ger: vom Gericht bestellter Verteidiger ∗ **Of|fi|zi|ant,** der; –en –en: Unterbeamter ∗
of|fi|zi|ell Ew.: von der Behörde ausgehend : amtlich beglaubigt : förmlich ∗ **Of|fi|zier,** der; –s, –e: „Beamter", höherer militär. Vorgesetzter ∗ *Offiziersanwärter; Offizierskasino; Offizierskorps; –patent; –rang; –schule* ∗ **Of|fi|zin,** die; –, –en: Werkstatt : (bes.) Buchdruckerei : Apotheke ∗ **of|fi|zi|nal,** **of|fi|zi|nell** Ew.: in der Apotheke als Heilmittel anerkannt : heilkräftig ∗ **of|fi|zi|ös** Ew.: halbamtlich, auf amtl. Mitteilungen beruhend ∗ **Of|fi|zi|o|si|tät,** die; –: Dienstfertigkeit ∗ **Of|fi|zi|um,** das; –s, ..zien: Obliegenheit : Pflicht
off li|mits (e) Uw.: für Unbefugte gesperrtes Gebiet
off|line (e.) [offlein] Uw.: (EDV) „ohne Verbindung" zum Datennetz
öff|nen usw.: s. offen
Off|set|druck (e.-dtsch.), der; –s, –e: Flachdruckverfahren : Gummidruck ∗ *Offsetdruckmaschine*
oft Uw. (öfter, am öftesten): vielmals, wiederholt, häufig : *so oft;* (vgl. so oft) ∗ *oftmals* Uw.: oft; *oftmalig* Ew.: oft vorkommend, statthabend ∗ **öf|ter** Uw. (Kompar. zu oft): häufiger : manchmal ∗ *des öftern* = *des Öftern:* öfter ∗ **öf|ters** Uw.: öfter ∗ **öf|tes|ten** Uw. (Superl. zu oft): *am öftesten:* am häufigsten
O|ger, der; –s, –: menschenfressender Riese im Märchen ∗
o|gi|val (fr.) Ew.: spitzbogig ∗ *Ogivalstil* ∗ **O|gi|ve** [..we], die; –, –n: (Baukst.) Spitzbogenrippe
oh!, o|ha!, o|hi!, o|ho!: alleinstehende Ausrufe des Staunens usw. (in Verb. o; z. B. o nein)
O|heim, Ohm, Öhm, der; –s, –e: Onkel
O|hio [oheilo], der; –s: Nebenfluss des Mississippi ∗ **O|hio:** Staat in den USA
Ohm (l.), das; –(e)s, –e: früheres Flüssigkeitsmaß (137,4 – 160 l) ∗ *5 Ohm* (Aam): *ohmweise* Uw.
Ohm: dtsch. Physiker ∗ **Ohm,** das; –(e)s, –e: Maßeinheit für

den elektr. Widerstand ∗ *Ohmsche Gesetz → ohmsche Gesetz auch: Ohm'sche Gesetz,* das; –n –es: nach O. benannte Elektrizitätsgesetz
Öhmd, das; –s; **Ohlmet,** das; –s: Grummet
oh|ne Vw. mit Akk.: zur Bezeichnung des Nichtdabeiseins; Bw. mit dass: zur Bezeichnung des Nichtgeltens des Folgenden ∗ *ohne Befund; ohne Jahr; ohne Obligo:* ohne Verbindlichkeit; *ohne weiteres* ∗ *ohngefähr* Uw.: (veralt.) für ungefähr ∗ *ohnedem* (veralt.), *ohnedies, ohnehin* Uw.: sowieso; *ohnegleichen* Ew. (aussag.): unvergleichbar; *ohnemaßen* Uw.: unmäßig; *Ohne-mich-Standpunkt; ohneweiters* Uw.: ohne weiteres
Ohn|macht, die; –, –en: Schwächeanfall mit Bewusstlosigkeit : Machtlosigkeit ∗ *Ohnmachtsanfall* ∗ **ohn|mäch|tig** Ew.: bewusstlos : machtlos [mhd. âmaht]
Ohr, das; –(e)s, –en; Öhrchen: Gehörorgan bei Mensch und Tier : Gehör : rundliche Vertiefung : etwas Umgebogenes, bes. Kniff in einer Buchseite : etwas Ohrförmiges ∗ *ganz Ohr sein:* aufmerksamst zuhören; *die Ohren hängen lassen:* mutlos sein; *die Ohren spitzen:* aufmerksam hinhören; *die Ohren steif halten:* sich nicht unterkriegen lassen; *sich die Zeit um die Ohren schlagen:* die Zeit vertrödeln; *es faustdick hinter den Ohren haben:* gerissen sein; *sich etwas hinter die Ohren schreiben:* es sich merken; *tauben Ohren predigen:* keinerlei Gehör finden; *jemanden übers Ohr hauen:* überlisten : betrügen ∗ *Ohreule; Ohrfeige:* Schlag ans Ohr, auf die Backe; *ohrfeigen* (ich ohrfeige, geohrfeigt, zu –) tr.; *Ohrklips:* Ohrschmuck; *Ohrläppchen:* unterer fleischiger Zipfel der Ohrmuschel; *Ohrlöffel:* Werkzeug zum Reinigen des Ohres; *Ohrmuschel:* äußeres Ohr; *Ohrring; Ohrspülung; Ohrtrompete:* Teil des inneren Ohrs; *Ohrwurm:* ein Kerbtier ∗ *Ohrenarzt; Ohrenbeichte:*

(kath. K.) geheimes Sündenbekenntnis; *ohrenbetäubend* Ew.; *Ohrenbläser:* Verleumder; *Ohrenheilkunde; Ohrenschmalz:* fettige Absonderung im äußeren Gehörgang; *Ohrenschmaus:* Genuss für die Ohren; *Ohrenschmerz; Ohrenschützer; Ohrenzeuge* ✶ **Öhr,** das; –(e)s, –e: gelochter Teil an Werkzeugen: ohrartige Öffnung, Nadelloch, Henkelloch ✶ **öhren** tr.: mit Öhr(en) versehen ✶ **..ohrig** Ew. in Zus., z. B. langohrig u. a. ✶ **Öhrling,** der; –s, –e: Ohrwurm

Ohrdruf: Stadt in Thüringen

Oidium (nl.), das; –s: Wucherungsform der Schimmelpilze : Mehltau

Oie (dän.), die; –, –n: kleine Insel

oje!, ojemine!, ojerum!: Ausruf des Bedauerns usw.

Okapi, das; –s, –s: eine pferdegroße Giraffenart mit kurzem Hals

Okarina (it.), die; –, ..nen: ein Blasinstrument aus Ton

Oke (altmärk.), die; –, –n; **Oken,** der; –s, –: Raum zwischen Dach und Hausmauer

Okeanide: s. Ozeanide

Okeanos (gr.): Gott des Meeres, Vater der Okeaniden

Oker, die; –: Nebenfluss der Aller ✶ *Okertalsperre*

Okkasion, die; –, –en: Gelegenheit(skauf) ✶ **Okkasionalismus** (nl.), der; –: Lehre, dass Gott sich des menschlichen Willens nur als gelegentl. Ursache zum Wirken bedient und unmittelbar wirkt ✶ **Okkasionalist,** der; –en, –en: Anhänger des Okkasionalismus ✶ **okkasionell** Ew.: gelegentlich, bei Gelegenheit [l. *occasio* Gelegenheit, von *occadere* vorfallen, sich ereignen]

okkludieren (l.) (..iert) tr.: verschließen : hemmen ✶ **Okklusion,** die; –, –en: Verschluss : Hemmung : Abheben der Warmluft vom Erdboden beim Zusammentreffen mit Kaltluft ✶ **okklusiv** Ew.: verschließend ✶ *Okklusivverband:* luftabschließender Deckverband ohne Druck

okkult (l.) Ew.: geheim, verborgen ✶ **Okkultation,** die; –, –en: Verheimlichung, Verbergung ✶ **Okkultismus,** der; –: Lehre vom Verborgenen : Spiritismus ✶ **Okkultist,** der; –en, –en: Anhänger des Okkultismus ✶ **okkultistisch** Ew.

Okkupation (l.), die; –, –en: Besetzung : Besitzergreifung ✶ *Okkupationstruppe* ✶ **okkupatorisch** Ew.: besitzergreifend ✶ **okkupieren** (..iert) tr.: besetzen, in Besitz nehmen, sich aneignen

Oklahoma: Staat in den USA

Ökologie (gr.), die; –: Lehre von den Beziehungen der Lebewesen zu ihrer Umgebung ✶ **Ökonom,** der; –en, –en: „Haushalter" : Landwirt : Wirtschaftslehrer : Hauswalter ✶ **Ökonomie,** die; –, ..mien: Haushaltung, Landwirtschaft : Wirtschaftlichkeit : Wirtschaftskunde : Sparsamkeit *Ökonomierat:* ein Titel für verdiente Landwirte ✶ **Ökonomik,** die; –: Haushaltungskunde : Wirtschaftswissenschaft ✶ **ökonomisch** Ew.: haushälterisch : wirtschaftlich : sparsam ✶ **Ökonomist,** der; –en, –en: Volkswirtschaftslehrer [gr. *oikos* Haus]

Ökonom usw.: s. Ökologie

Oktaeder, das; –s, –: Achtflächner, von acht gleichseitigen Dreiecken begrenzter Körper ✶ **Oktant** (l.), der; –en, –en: Achtelkreis : der achte Teil eines Kreises : nautisches Winkelmessgerät ✶ **Oktanzahl,** die; –, –en: Maßeinheit für die Klopffestigkeit der Treibstoffe bei Verbrennungsmotoren ✶ **Oktav** (l.), das; –s, –e: Achtelbogengröße, ein Buchformat; Abk.: 8° ✶ *Oktavband; Oktavbogen; Oktavformat* ✶ **Oktava** [..w..], die; –, ..ven: (östr.) achte Klasse einer höheren Schule ✶ **Oktave** [..w..], die; –, –n: achter Ton vom Grundton aus : Reihe von acht Tönen : achtzeilige Strophe ✶ **oktavieren** (..iert) [..w..] tr.: (Mus.) in die Oktave übergehen ✶ **Oktett,** das; –(e)s, –e: achtstimmiges Tonstück ✶ **Oktogon,** das; –s, –e: Achteck ✶ **Oktokoralle,** die; –, –n: achtarmige Koralle ✶ **Oktopode,** der; –n, –n: Achtfüßer [gr. *okto,* l. *octo* acht]

oktavieren, Oktett usw.: s. Oktaeder

Oktober, der; –s, –: der zehnte Monat des Jahres

Oktroi (ml.-fr.) [oktroa], der; das; –s, –s: Stadtsteuer auf Lebensmittel ✶ **oktroyieren** (..iert) [..troa..] tr.: aufnötigen : aufzwingen

okular (l.) Ew.: das Auge betreffend : durch das Auge *Okularinspektion:* (ZPO) „Augenscheineinnahme" Besichtigung; *Okularlinse:* Augenlinse ✶ **Okular,** das; –s, –e: dem Auge zugekehrte Linse eines optischen Geräts ✶ **Okulation,** die; –, –en: Veredelung von Pflanzen ✶ **Okuli,** der; –: „Augen" (des Herrn), Name des 3. Fastensonntags ✶ **okulieren** (..iert) tr.: (Pflanzen –) veredeln ✶ **Okulierung,** die; –, –en: Veredelung (von Pflanzen) ✶ **Okulist,** der; –en, –en: Augenarzt [l. *oculus* Auge]

Ökumene (gr.), die; –: bewohnte Erde : die gesamte Christenheit ✶ **ökumenisch** Ew.: die ganze bewohnte Erde umfassend, allgemein ✶ *ökumenisches Konzil:* Weltkirchenversammlung; *ökumenische Bewegung:* Bewegung zur Einigung der christl. Kirchen ✶ *Ökumenischer Rat der Kirchen:* Zusammenschluss christlicher Kirchen zur Beratung kirchlicher und religiöser Fragen ✶ **Ökumenismus,** der; –: vom 2. Vatikanischen Konzil gebrauchte Bezeichnung für die Bemühungen um die Einheit der Christen

Okzident (l.), der; –(e)s: Abendland, Westen ✶ **okzidental(isch)** Ew.: westlich [l. *occidere* untergehen (Sonne)]

okzipital (nl.) Ew.: zum Hinterhaupt gehörig

Okzision (l.), die; –, –en: Totschlag : Mord

Öl (l.), das; –(e)s, –e: flüssiges Fett organischer und anorganischer Stoffe : Erdöl, Pflanzenöl, Mineralöl, ätherische Öle ✶ *Ölalarm; Ölbaum; Ölbehälter; Ölberg:* ein Berg bei Jerusalem; *Ölbild:* mit Ölfarben gemaltes Bild; *Ölfarbe:* in Öl gelöste Malfarbe; *Ölfarbendruck; Ölfeld:* Gebiet, in dem nach Erdöl gebohrt wird; *Ölge-mälde; Ölgesellschaft; Öl-götze!* (spött.) ein verständnis-los Dreinschauender: *Ölhei-zung; Ölindustrie; Ölkanne; Ölkuchen:* Rückstände bei der Ölbereitung, Viehfutter; *Ölleitung; Ölmotor; Ölmühle; Öl-ofen; Ölpalme; Ölpest:* Tier-sterben durch Verunreinigung des Wassers mit Ölrückstän-den; *Ölpresse; Ölpumpe; Öl-sardine; Öltank; Öltanker; Öl-vorkommen; Ölwechsel; Öl-zeug:* (seem.) wasserdichte Kleidung; *Ölzweig* ∗ **Ö|le,** die, –, –n: (schweiz.) Ölmühle ∗ **ö|len** tr.: mit Öl einschmieren; (schweiz.) zu Öl pressen : (übertr.) bestechen ∗ **ö|lig** Ew.: ölartig, Öl enthaltend ∗ **Ö|lung,** die, –, –en: das Ölen : (kath. K.) Salbung eines Ster-benden, ein Sakrament

O|le|an|der (ml.), der; –s, –: Rosenlorbeer, Pflanzengattung

O|le|a|ster (l.), der; –s, –: wil-der Ölbaum ∗ **O|le|at,** das; –(e)s, –e: ölsaures Salz ∗ **O|le|in,** das; –s: Hauptbestand-teil der Öle und Fette : flüssige Fette ∗ **O|le|um,** das; –s: Öl : Schwefelsäure

ol|fak|to|risch (nl.) Ew.: den Geruchssinn betreffend ∗ **Ol|fak|to|ri|us,** der; –, ..rii: Riechnerv

O|li|ba|num (ml.), das; –s: Weihrauch

ö|lig: s. Öl

O|li|glä|mie (gr.), die; –: Blut-mangel ∗ **O|li|g|arch,** der; –en, –en: Anhänger der Oligarchie ∗ **O|li|g|ar|chie,** die; –, ..chien: Herrschaft einer kleinen Gruppe ∗ **o|li|g|ar|chisch** Ew. ∗ **O|li|go|ph|re|nie,** die; –: seelische Verkümmerung, Geistesschwäche ∗ **o|li|go-troph** Ew.: nährstoffarm ∗ **O|li|go|zän,** das; –s: (Geol.) zweitälteste Stufe der Tertiär-formation ∗ **O|li|g|u|rie,** die, –: verminderte Harnabsonde-rung

o|lim (l.) Uw.: einst ∗ *seit Olims Zeiten:* seit undenkli-chen Zeiten

o|liv (l.) Ew.: olivenfarben ∗ *olivgün* Ew. ∗ **O|li|ve** [..w..], die; –, –n: Frucht des Ölbau-mes ∗ *Olivenernte; Olivenöl* ∗ **O|li|vet|te** (fr.) [..w..], die; –,

–n: olivenförmige Koralle : Glasperle ∗ **O|li|vin** (nl.) [..w..], das; –s: olivgrünes Mi-neral ∗ **O|li|vin** [..w..], der; –s, –e: Schmuckstein, Chrysolith

oll Ew.: (niederd.) alt ∗ *olle Ka-mellen* Mz.: alte Geschichten ∗ **O|le,** der; die; –n, –n: „Alte", (volkst.) Ehemann, -frau

Olm, der; –(e)s, –e: Lurch : Molm : Moder ∗ **ol|mig** Ew.: molmig, modrig

O|lymp: Berg Griechenlands : (gr. Mythol.) Wohnsitz der Götter ∗ **O|lym|pia:** Kultstätte im alten Griechenland ∗ **O|lym|pi|a|de,** die; –, –n: im Altertum Zeitraum von vier Jahren : ein alle vier Jahre statt-findender internationaler Sportwettkampf ∗ *die Olympi-schen Spiele; Olympiadorf; Olympiajahr; Olympiakämp-fer; Olympiamannschaft; Olympiamedaille; Olympia-sieg; Olympiasieger; Olympia-stadion; Olympiastadt; Olym-piateilnehmer* ∗ **O|lym|pier,** der; –s, –: Beiname der Götter : ein Gewaltiger ∗ **O|lym|pi|o-ni|ke,** der; –n, –n: Sieger bei den Olympischen Spielen ∗ **o|lym|pisch** Ew.: göttlich : die Olympiade betreffend

olympischer Geist, Olympi-sche Spiele

Adjektive schreibt man gene-rell klein, es sei denn, sie sind Bestandteil eines Namens oder festen Begriffs: *olympisches Feuer,* aber *Olympische Spiele.*

O|ma, O|ma|ma, die; –, –s: (Kdspr.) Großmutter

O|mai|ja|de, der; –n, –n: arabi-sches Kalifengeschlecht

omb|riert (fr.) Mw. Ew.: ge-wässert : geflammt : abgeschat-tet

Omb|ro|graph *auch:* **Om-b|ro|graf** (gr.), der; –en, –en: selbstschreibender Regenmes-ser ∗ **Omb|ro|meter,** das; –s, –: Regenmesser ∗ **omb|ro-phil** Ew.: (Pflanze) regenlie-bend ∗ **omb|ro|phob** Ew.: re-genscheu

Om|buds|frau (schwed.), die; –, –en: weibl. Person, die die Rechte der Bürger gegenüber den Behörden wahrnimmt

Om|buds|mann (schwed.), der; –(e)s, ..männer: männl. Person, die die Rechte der Bür-

ger gegenüber den Behörden wahrnimmt

O|mel|ga, das; –(s), –s: letzter Buchstabe des griech. Alpha-bets

Omel|lett (fr.), das; –(e)s, –e; **Omel|let|te,** die; –, –n: Eierku-chen ∗ *Omelette soufflée* [–sufſleh]: schaumig aufgegan-gener Eierkuchen

O|men (l.), das; –s, – und Omina: Anzeichen, Vorbedeu-tung ∗ **o|mi|nös** Ew.: von (bö-ser) Vorbedeutung : anrüchig : unheilvoll

O|mik|ron, das; –(s), –s: der fünfzehnte Buchstabe des grie-chischen Alphabets

O|mis|sion (l.), die; –, –en: Auslassung, Unterlassung ∗ **O|mis|siv|de|likt,** das; –(e)s, –e: (Rechtsspr.) Unterlassungs-delikt

Om|ni|bus (l.), der; –ses, –se: Kraftwagen für viele : großer Kraftwagen für Personenverkehr ∗ *Omni-busbahnhof; Omnibusfahrt; Omnibuslinie* ∗ **om|ni|po|tent** Ew.: allmächtig ∗ **Omni-po|tenz,** die; –: Allmacht ∗ **Om|ni|um,** das; –s, –: das Ren-nen „aller": in England alle bei einer Anleihe zulässigen Papie-re ∗ **Om|ni|vo|re** [..w..], der; –n, –n: Allesfresser

Om|pha|li|tis (gr.), die; –: Nabel-entzündung der Neugebore-nen ∗ **Om|pha|lo|tom,** das; –s, –e: Nabelschnurabschneider

On (e.), das; –: das Sichtbarsein des Sprechers beim Fernsehen

On (gr.), das; –, –: ein schlecht-hin Seiendes ∗ **on|tisch** Ew.: echt wesenhaft : seinsmäßig, auf das Sein bezogen ∗ **On-to|ge|ne|se, On|to|ge|nie,** die; –: biogenetische Entwicklungs-lehre ∗ **on|to|ge|ne|tisch** Ew.: die Ontogenie betreffend ∗ **On|to|lo|gie,** die; –: Lehre vom Seienden ∗ **on|to|lo|gisch** Ew.: auf die Ontologie bezüglich ∗ *ontologischer Gottesbeweis:* Gottesbeweis aus dem Gottes-begriff

O|na|nie, die; –: geschlechtli-che Selbstbefriedigung ∗ **o|na-nie|ren** (..iert) intr.: Onanie treiben ∗ **O|na|nist,** der; –en, –en: ein Onanierender

On|dit (fr.) [ongdi] das; –, –s: „man sagt", Gerücht

On|du|la|ti|on (nl.), die; –, –en:

das Wellen der Haare *
ondulieren (..iert) tr.: Haar wellen

Onega: Fluss in Nordrussland * *Onegabucht; Onegasee*

oneiromantie (gr.), die, –: Traumdeutung

oneirös (l.) Ew.: drückend *

Onus, das, –, Onera: Last : Pflicht

Onestep (e.) [wonstep], der, –s, –s: ein Gesellschaftstanz

oniomanie (gr.), die, –: krankhafter Kauftrieb

Onkel (l.-fr.), der, –s, –: Oheim, der Bruder des Vaters, der Mutter, Mann der Tante *
onkelhaft Ew.: wie ein Onkel

Onkologie (gr.), die, –: (Med.) Lehre von den Krebsgeschwulsten

online *auch:* **on line** (e.) [online] Uw.: mit einer EDV-Anlage „in Verbindung" seiend * *Onlinebetrieb* * *Onlineservice*

Önologie (gr.), die, –: Weinbaukunde * **önologisch** Ew. * **Önometer,** das, –s, –: Weinmesser

Onomastikon (gr.), das, –s, ..ken und ..ka: Wörterverzeichnis : Geburtstagsgedicht *

Onomatopoetikon, das, –s, ..ken und ..ka: Klang-, Schallwort * **onomatopoetisch, onomatopöetisch** Ew.: lautnachahmend * **Onomatopöie,** die, –, ..pöien: Lautmalerei

Önometer: s. Önologie

Ontario: kanad. Provinz * *Ontariosee*

on the rocks (e.) Uw.: (Getränk) auf Eiswürfeln serviert

ontisch: s. On

Ontogenese usw.: s. On

Onus: s. onerös

Onyx (gr.), der, –(es), –e: Nagelstein, Schmuckstein : (Med.) Nagelgeschwür der Hornhaut

Onze: s. Unze

Oogenese (gr.), die, –: die Entwicklung der Eizelle *

Oolith (gr.), der, –(e)s und –en, –e(n): Rogenstein, ein körniger Sandstein * **Oologie,** die, –: Eilehre *

Oonin, das, –s: ein Eiweißstoff * **Oophoritis,** die, –: (Med.) Eierstockentzündung

Opa, Opapa, der, –s, –s: (Kdspr.) Großvater

opak (l.) Ew.: undurchsichtig * **Opalzität,** die, –: Dunkelheit : Undurchsichtigkeit

Opal (gr.-l.), der, –s, –e: ein farbenschillernder Schmuckstein : feines Baumwollgewebe * **Opalglas:** milchig schimmerndes Glas * **opalen** Ew.: wie Opal (schillernd) * **Opaleszenz** (nl.), die, –: opalähnliches Schillern * **opaleszieren, opalisieren** (..iert) intr.: wie ein Opal schillern * **Opalindruck,** der, –(e)s, –e: ein damastartig aussehender Kattundruck

Opanke (slaw.), die, –, –n: Sandale : geflochtener Damenschuh

Opalzität: s. opak

Opel: Automarke

Open air *auch:* **Open Air** (e.) [open är], das, –s: Kurzform für eine Openairveranstaltung, eine Freiluftveranstaltung *

Open-air-Festival *auch:* **Open-air-Festival,** das, –s, –s: ein- oder mehrtägige Musikveranstaltung im Freien *

Open air konzert *auch:* **Open-air-Konzert,** das, –s, –e: Konzert, welches im Freien stattfindet

Open end diskussion *auch:* **Open-End-Diskussion,** die, –, –en: Diskussion ohne Zeitbegrenzung

Oper (it.), die, –, –n: Musikdrama : Gebäude für Opernaufführungen * *Opernarie; Opernbühne; Operndichter; Opernführer; Opernglas; –gucker; –haus; –komponist; Opernmusik; Opernsänger(in)* * **Opera:** Mz. von Opus *

Opera buffa, die, – –, ..re ..ffe: komische Oper *

opernhaft Ew.: wie eine Oper * **Operette,** die, –, –n: kleine Oper * *Operettenkomponist; Operettenschlager* *

Opus, das, –, Opera: Werk; Abk.: op.

Operateur (fr.) [..töhr], der, –s, –e: Chirurg : (Filmw.) Kameramann : Filmvorführer *

Operation (l.), die, –, –en: (Med.) chirurg. Eingriff : (Kriegsk.) Truppenbewegung : Unternehmen * *Operationsbasis:* (Heerw.) Stützpunkt; *Operationsplan:* Feldzugsplan; *Operationssaal; Operations-*

schwester; Operationstisch *

operativ Ew.: tätig eingreifend : chirurgisch * **Operator** (e.) [operehter], der, –s, –(s): Betreuer und Überwacher einer Computeranlage * **operieren** (..iert) tr.: eingreifen : eine Operation vornehmen * **Operette:** s. Oper

operieren: s. Operateur

Opfer (l.), das, –s, –: eine den Göttern dargebrachte Gabe : etwas, was man freiwillig zugunsten anderer entbehrt * *Opferaltar; Opferbereitschaft; Opferfreudigkeit; Opfergang; Opfergeld; Opferlamm; Opfermut; Opfersinn; Opferspende; Opferstock; Opfertod* * **opfern** (ich ..[e]re) tr.: ein Opfer, etwas als Opfer darbringen * **Opferung,** die, –, –en: das Opfern

Ophiolatrie (gr.), die, –: Schlangenverehrung * **Ophit,** der; –en, –e: Schlangenanbeter

Ophthalmiatrie, Ophthalmiatrik (gr.), die, –: Augenheilkunde * **Ophthalmie,** die, –, ..mien: eine Augenentzündung * **Ophthalmologe,** der, –n, –n: Augenarzt * **Ophthalmologie,** die, –, ..gien: Lehre von den Augenkrankheiten * **Ophthalmoskop,** das, –s, –e: Augenspiegel

Opiat (gr.-l.), das, –(e)s, –e: (Med.) ein opiumhaltiges Arzneimittel * **Opium,** das, –s: Mohnharz, Mohnsaft : ein Rauschgift * *Opiumgesetz; opiumhaltig* Ew.; *Opiumraucher; –sucht; –vergiftung*

Opodeldok, der, das, –s: Einreibemittel geg. Rheumatismus

Oportet (l.), das, –, –s: „es ist nötig", Zwang

Opossum (indian.), das, –s, –s: Beutelratte, Pelztier

Oppeln: Stadt in Oberschlesien; poln.: Opole

Opponent (l.), der, –en, –en: ein Widersprechender, Gegner * **opponieren** (..iert) intr.: widersprechen, entgegentreten * **Opposition** (l.), die, –, –en: Widerrede : Gegenpartei : (Astron.) Gegenstellung von Gestirnen * *Oppositionsführer; Oppositionsgeist; Opposi-*

tionspartei ✳ **op|po|si|ti|o|nell**
Ew.: zur Opposition gehörig :
regierungsfeindlich

op|por|tun (l.) Ew.: günstig,
vorteilhaft : zeitgemäß, pas-
send : angebracht ✳ **Op|por-
tu|nis|mus**, der; –: Nützlich-
keitssinn : Gesinnungslosigkeit
✳ **Op|por|tu|nist**, der; –en,
–en: Mensch, Politiker, der sich
den augenblicklich herrschenden Gelegenheiten anpasst :
Konjunkturritter ✳ **Op|por|tu-
ni|tät**, die; –, –en: günstige Ge-
legenheit : das Angemessen-
sein ✳ *Opportunitätsgrund;
Opportunitätspolitik*

Op|po|si|ti|on: s. Opponent

Op|pres|si|on (l.), die; –, –en:
Unterdrückung ; (Med.) Be-
klemmung ✳ **op|pres|siv** Ew.:
unterdrückend ✳ **op|pri|mie-
ren** (..iert) tr.: unterdrücken

Op|tant (l.), der; –en, –en: ei-
ner, der sich für eine Staatsangehörigkeit entscheidet ✳
Op|ta|ti|on, die; –, –en:
Wunsch ✳ **Op|ta|tiv**, der; –s,
–e: Wunschform ✳ **op|tie|ren**
(..iert) intr.: eine Staatsangehö-
rigkeit wählen ✳ **Op|ti|on**, die;
–, –en: Wahl der Staatsangehörigkeit : Kaufangebot

Op|tik (gr.), die; –: Lehre vom
Licht : Lehre vom Sehen ✳
Op|ti|ker, der; –s, –: Verfertiger
oder Händler von optischen
Geräten ✳ **op|tisch** Ew.:
Licht.., Augen.., Seh.: die Optik betreffend ✳ *optische Täuschung:* Gesichtstäuschung ✳
Op|to|me|ter, das; –s, –: Seh-
weitenmesser ✳ **Op|to|met|rie**,
die; –: (Med.) Sehkraftbestim-
mung

op|ti|ma fi|de (l.): im besten
Glauben ✳ **op|ti|ma for|ma**
(l.): in bester Form ✳ **op|ti|mal**
Ew.: sehr gut, beste ✳ **Op|ti-
mat**, der; –en, –en: ein Angese-
hener ✳ **Op|ti|mie|rung**, die; –,
–en: Verbesserung ✳ **Op|ti-
mis|mus**, der; –: Lebensfreu-
digkeit ✳ **Op|ti|mist**, der; –en,
–en: Schönseher ✳ **op|ti-
mis|tisch** Ew.: lebensfroh,
hoffnungsfreudig ✳ **Op|ti-
mum**, das; –s, ..ma: „das
Beste“: Höchstfall : Bestmaß

Op|ti|on: s. Optant

o|pu|lent (l.) Ew.: reich, üppig
: prächtig ✳ **O|pu|lenz**, die; –:
Reichtum, Üppigkeit : Pracht

O|pus: s. Oper

Ör, der; –s, –e: „Erz“, skandinavische Münze

o|ra et la|bo|ra (l.): bete und
arbeite ✳ **O|rant**, der; –en, –en:
ein Betender, Betbruder ✳
o|ra|to|risch Ew.: rednerisch ✳
O|ra|to|ri|um, das, –s, ..rien:
„Bethaus“ : geistliches drama-
tisches Chorwerk mit Solo-
stimmen und Instrumenten

O|ra|kel (l.), das; –s, –: Weis-
sagung : Weissagungsstätte ✳
Orakelspruch ✳ **o|ra|kel|haft**
Ew.: rätselhaft ✳ **o|ra|keln** (ich
..[e]le) intr.: weissagen : geheimnisvoll reden

o|ral (nl.) Ew.: mündlich : zum
Mund gehörig : mit dem Mund,
durch den Mund

o|range (fr.) [orangsch] Ew.:
orangenfarbig, gelbrot ✳
O|ran|ge die, –, –n: Pome-
ranze, Apfelsine ✳ **O|ran-
ge|ade** [orangschahd'], die; –,
–n: ein Getränk ✳ **O|ran|ge|at**
[orangschaht], das; –s: kan-
dierte Apfelsinenschale ✳
O|ran|ge|rie [orangsch'rih],
die; –, ..rien: Orangen-, Winter-
gewächshaus

O|rang-U|tan (malay.), der;
–s, –e und –s: „Waldmensch“,
ein menschenähnlicher Affe

O|ran|je: südafrikan. Strom ✳
O|ran|je|frei|staat: Provinz
der Republik Südafrika

Or|bis pic|tus (l.), der; – –:
„die Welt in Bildern“, Schul-
buch von Comenius

Or|bit (e.), der; –s, –s: Umlauf-
bahn ✳ **or|bi|tal** Ew.: die Um-
laufbahn betreffend ✳ *Orbital-
bahn; Orbitalrakete; Orbital-
station*

Or|ches|ter (gr.-fr.), das; –s, –:
Platz für Musiker (im Theater) :
Gesamtheit zusammen (auf verschiedenen Instrumenten) spielender Musiker ✳ *Orches-
terbegleitung; Orchesterleiter;
Orchesterplatz:* Theaterplatz
vor dem Orchester ✳ **Or|ches-
t|ra**, die; –, ..stren: Raum für
den Reigen des Chores im gr.
Theater ✳ **or|ches|t|ral** Ew.:
auf das Orchester bezüglich ✳
or|ches|t|rie|ren tr.: ein Musik-
stück für Orchester instrumen-
tieren ✳ **Or|ches|t|ri|on**, das;
–s, ..strien: ein mechanisches
Musikinstrument

Or|chi|dee (gr.), die; –, –n:

Pflanzengattung ✳ **Or|chis**,
die; –, –: „Hode“ : Knaben-
kraut ✳ **Or|chi|tis**, die; –: Ho-
denentzündung ✳ **Or|chi|to-
mie**, die; –, ..mien: Verschnei-
dung, Kastration

Or|dal (ml.), das; –s, –ien: Got-
tesurteil, Gottesgericht

Or|den (l.), der; –s, –: Gemein-
schaft weltl. oder geistl. Art
mit bestimmten Regeln : ein
Ehrenabzeichen ✳ *ordenbela-
den* Ew.; *Ordensband:* Ehrenabzeichen : ein Schmetterling;
*Ordensbruder; Ordensfrau;
Ordensgeistlicher; Ordensge-
lübde; Ordenskleid(ung); Or-
densmann; Ordensmeister; Ordenspriester; Ordensregel; Or-
densritter; Ordenssatzung; Or-
densschwester; Ordensstern;
Ordenstracht; Ordensverlei-
hung; Ordenswesen* ✳ **or|dent-
lich** Ew.: der Ordnung, Regel
gemäß : aufgeräumt : ehrbar,
tüchtig : wirklich : manierlich
✳ *ordentliches Gericht:* staatli-
ches Gericht (Ggs. ..geistliches
gericht) ✳ **or|dent|li|cher-
wei|se** Uw.: gewöhnlich ✳
Or|dent|lich|keit: das Ordent-
lichsein ✳ **Or|der** (fr.), die; –,
–n: Befehl, Auftrag : Losungs-
wort ✳ **Or|di|nal|le**, das; –s, ..lia:
Ordnungszahl ✳ **or|di|när** Ew.:
gebräuchlich, alltäglich : ge-
mein ✳ *Ordinärpreis:* Laden-
preis ✳ **Or|di|na|ri|at**, das;
–(e)s, –e: Amt eines ordentlichen Professors : bischöfliches
Amt ✳ **Or|di|na|ri|um**, das; –s,
..rien: etwas Ordnungsmäßi-
ges : die ordentlichen Einnahmen und Ausgaben im Staats-
haushalt ✳ **Or|di|na|ri|us**, der;
–, ..rien: ordentlicher Professor : Hauptgeistlicher ✳
Or|di|na|te, die; –, –n: eine Ab-
standslinie in der Kurvenlehre
✳ *Ordinatenachse:* Lotachse ✳
Or|di|na|ti|on, die; –, –en: Ein-
setzung, Priesterweihe : ärztl.
Verordnung ✳ *Ordinations-
stunde:* Sprechstunde des Arz-
tes ✳ **or|di|nie|ren** (..iert) tr.:
weihen, einsetzen : ärztlich
verordnen ✳ **ord|nen** tr.: etwas
planvoll einrichten : (meist
geh. Stil) an–, ein–, verordnen
✳ **Ord|ner**, der; –s, –: ein Ord-
nender : Mappe zum Einordnen
von Papieren ✳ **Ord|ne|rin**,
die; –, –nen: weibl. Form von

Ordner ✶ **Ord|nung**, die; –, –en: das Ordnen : Zustand des Geordnetseins : eine in sich geschlossene Abteilung eines geordneten Ganzen, Klasse : Gesetz, Regel ✶ *ordnungsgemäß* Ew.: *ordnungshalber* Uw.: um der Ordnung willen; *Ordnungshüter:* (scherzh.) Polizist; *Ordnungsliebe; Ordnungsprinzip; Ordnungsruf; Ordnungssinn; Ordnungsstrafe; ordnungswidrig* Ew.; *Ordnungswidrigkeit; Ordnungszahl:* Ordinalzahl ✶ **Ord|on|nanz** *auch:* **Ordonanz** (fr.), die; –, –en: Vorschrift, Befehl : Melereiter : Dienstwache ✶ *Ordonnanzoffizier auch: Ordonanzoffizier* ✶ **Ord|re:** s. Order

Ö|re: s. Ör

O|re|a|de, die; –, –n: griech. Bergnymphe

O|re|gon: Staat in den USA

O|rest, O|res|tes: Sohn Agamemnons ✶ **O|res|tie**, die; –: eine Trilogie des Äschylus

Or|gan (gr.), das; –s, –e: Körperteil mit bestimmten Funktionen : Sinneswerkzeug : Beauftragter : Fachblatt : Stimme ✶ *ein Organ für etwas haben:* empfänglich dafür sein; *ein lautes Organ* (Stimme); *Organempfänger; Organentnahme; Organkonserve; Organspender; Organtransplantation; Organverpflanzung* ✶ **Or|ga|ni|sa|ti|on**, die; –, –en: Einrichtung : Anordnung : Planung ✶ *Organisationsbüro; –fehler; –form; –gabe; –gewalt; –plan; –talent* ✶ **Or|ga|ni|sa|tor**, der; –s, ..toren: Neuordner, Gestalter ✶ **or|ga|nisch** Ew.: belebt : einem Organismus angehörend ✶ **or|ga|ni|sie|ren** (..iert) tr.: einrichten : gestalten : (volkst.) beschaffen ✶ **Or|ga|nis|men** Mz.: lebende Gebilde, Lebewesen ✶ **Or|ga|nis|mus**, der; –, ..men: gegliedertes lebendiges Ganzes : Gefüge : Lebewesen ✶ **Or|ga|nist**, der; –en, –en: Orgelspieler ✶ **Or|ga|no|la** (it.), die; –, ..nolen: Orgelspielwerk ✶ **Or|ga|no|lo|gie**, die; –: Lehre von den organischen Naturkörpern ✶ **or|ga|no|lo|gisch** Ew. ✶ **Or|gan|the|ra|pie**, die;

–, ..pien: Heilbehandlung mit Stoffen, die aus tierischen Organen gewonnen sind, z. B. Hormonen

Or|gan|sin (fr.-it.), das; –s: Kettenseide : gezwirnte Seide

Or|gas|mus (gr.), der; –, ..men: höchste geschlechtl. Erregung ✶ **or|gas|tisch** Ew.: strotzend, treibend : wollüstig

Or|gel (ml.), die; –, –n; Örgelchen : größtes Musikinstrument : etwas Orgelähnliches : Fallgatter : (Bergb.) eine Reihe von Stempeln zur Sicherung des Baus : Name von Korallen ✶ *Orgelbalg; Orgelbauer; Orgelchor; Orgelgeschütz; Orgelklang; Orgelkonzert; Orgelmusik; Orgelpfeife; Orgelpunkt:* gehaltener Basston; *Orgelregister; Orgelspiel(er); Orgelton; Orgelwerk* ✶ **Or|gel|ei**, die; –, –en: das Orgeln, Georgel ✶ **or|geln** (ich ..[e]le) intr., tr.: Orgel spielen : (weidm. vom Hirsch) schreien, röhren

or|gi|as|tisch (gr.) Ew.: schwärmerisch : wild ✶ **Or|gi|as|mus**, der; –, ..men: zügellose Ausschweifung ✶ **Or|gie**, die; –, –n: zügelloses Gelage : Ausschweifung

O|ri|ent (l.), der; –(e)s: Morgenland, Osten, Ostwelt ✶ *Orientteppich* ✶ **Orientexpreß →** *Orientexpress* ✶ **O|ri|en|ta|le**, der; –n, –n: Morgenländer ✶ **o|ri|en|ta|lisch** Ew.: morgenländisch, östlich ✶ **O|ri|en|ta|list**, der; –en, –en: Kenner der morgenländischen Sprachen und Kulturen ✶ **O|ri|en|ta|lis|tik**, die; –: Wissenschaft von den orientalischen Sprachen und Kulturen ✶ **o|ri|en|tie|ren** (..iert) tr.: „den Osten suchen“ : einrichten, zurechtlegen : unterweisen; rbz.: sich zurechtfinden : sich unterrichten ✶ **O|ri|en|tie|rung**, die; –, –en: Ortsbestimmung : Unterweisung ✶ *Orientierungshilfe; Orientierungssinn; Orientierungsvermögen:* Ortssinn

o|ri|gi|nal (l.) Ew.: ursprünglich : eigentümlich : echt : urschriftlich ✶ **O|ri|gi|nal**, das; –s, –e: Urstück : Urschrift : Urbild, Ursprache : Sonderling, ein Einzigartiger ✶ *Originalaufnahme; Originalausgabe; Originaldokument; Original-*

zeichnung ✶ **O|ri|gi|na|li|tät**, die; –, –en: Ursprünglichkeit : Eigenart ✶ **o|ri|gi|när** Ew.: ursprünglich ✶ **o|ri|gi|nell** Ew.: ursprünglich : seltsam, einzigartig : schöpferisch, urwüchsig, angeboren, echt

O|ri|no|ko, der; –s: südamerikanischer Strom

O|ri|on: gr. Sagenheld ✶ **O|ri|on**, der; –(s): ein Sternbild ✶ *Orionnebel*

Or|kan (hait.-span.), der; –s, –e: heftiger Sturm ✶ *orkanartig* Ew.; *Orkanstärke*

Ork|ney|in|seln: Inselgruppe vor Nordschottland

Or|kus (l.), der; –: Unterwelt

Or|lé|ans [orleang]: fr. Stadt ✶ **Or|le|ans**, der; –: ein halbwollener Stoff ✶ **Or|le|ans**, der; –, –: Angehöriger eines fr. Fürstenhauses

Or|log (ndl.), der; –s, –e und –s: (veralt.) Krieg ✶ *Orlogschiff; Orlogsflotte; Orlogsmann*

Or|lon, das; –s: Kunststoff, vollsynthetische Textilfaser

Or|muzd: altpers. Lichtgott

Or|na|ment (l.), das; –(e)s, –e: Verzierung ✶ *ornamentartig* Ew. ✶ *Ornamentstil* ✶ **or|na|men|tal** Ew.: schmückend : zierend ✶ **or|na|men|tie|ren** (..iert) tr.: schmücken, verzieren ✶ **Or|na|men|tik**, die; –, –en: Verzierungskunst ✶ **Or|nat**, der; –(e)s, –e: Amtstracht

Or|nis (gr.), die; –: Vogelwelt (eines Gebietes) ✶ **Or|ni|tho|lith** (gr.), der; –(e)s und –en, –e(n): Vogelversteinerung ✶ **Or|ni|tho|lo|ge**, der; –n, –n: ein Vogelkundiger ✶ **Or|ni|tho|lo|gie**, die; –: Vogelkunde ✶ **or|ni|tho|lo|gisch** Ew.: vogelkundlich ✶ **Or|ni|tho|phi|lie**, die; –: Blütenbestäubung durch Vögel ✶ *ornithophile Pflanzen*

o|ro.. (gr.) in Zus.: das Gebirge betreffend ✶ **O|ro|ge|ne|se**, die; –: Gebirgsbildung ✶ **O|ro|g|no|sie**, die; –, ..sien: Gebirgskunde, Lehre von den Bodenschätzen ✶ **O|ro|gra|phie** *auch:* **O|ro|gra|fie**, die; –, ..phien *auch:* ..fien: Beschreibung der Geländeformen ✶ **o|ro|gra|phisch** *auch:* **o|ro|gra|fisch** Ew.: auf die Geländebeschreibung bezogen ✶

O|ro|hy|dro|gra|phie *auch:*
O|ro|hy|dro|gra|fie, die; –,
..phien *auch:* ..fien: Gebirgs-
und Wasserlaufbeschreibung *
o|ro|hy|dro|gra|phisch
auch: o|ro|hy|dro|gra|fisch
Ew. * O|ro|me|trie, die; –,
..trien: vergleichende Gebirgs-
messung

Or|pheus: sagenhafter gr. Sän-
ger

Or|ping|tons (e.) [orping'ns]
Mz.: Enten- und Hühnerrasse

Orp|lid: (von Mörike) erdich-
tete Wunderinsel

Or|seille (fr.) [orßäj], die; –,
–n: ein violetter Farbstoff

Ort, der; das; –(e)s, –e; Örtchen: Ahle, Pfriem, hervorragende Spitze eines scharfen Werkzeugs : der vierte Teil einer Münze, eines Gewichts, eines Maßes * Ort, der; –(e)s, –e und Örter, Örtchen: im Raum hervortretender markierter Punkt, Raumteil, Stelle : Ansiedlung : von Menschen besuchter Platz : Gesamtheit der Bewohner einer Ortschaft : (veralt. schweiz.) Kanton : Abtritt : (Bergb.) das Ende eines Grubenbaues * *wieder an seinen Ort stellen* tr.; *der Ort des Verbrechens; in einem kleinen Ort wohnen* intr.; *höheren Orts Weisung erhalten:* (Kanzleispr.) von übergeordneter Stelle Anweisung bekommen; *vor Ort arbeitender Häuer* * *Orthäuer; Orthobel:* feiner Gesimshobel; *Ortscheit:* Querholz zur Befestigung der Zugseile; *Ortstein:* Raseneisenerz, Eckstein; *Ortsucher:* Funkenrichtung auf Schiffen; *Ortziegel:* Randziegel * *Ortsangabe; ortsansässig* Ew.; *Ortsansässigkeit; Ortsausgang; Ortsbeirat; Ortsbeschreibung; Ortseingang;* (Radio) *Ortsempfang; ortsfremd* Ew.; *Ortsgeistlicher;* (Tel.) *Ortsgespräch; Ortsgruppe; Ortskenntnis; Ortskrankenkasse; Ortskunde; ortskundig* Ew.; *Ortsname; Ortsnamenforschung; Ortsnetz; Ortspfarrer; Ortssinn:* die Fähigkeit, sich leicht zurechtzufinden; *ortsüblich* Ew.; *Ortsveränderung; Ortsverkehr; Ortsvorsteher:* ein Kommunalbeamter; *Ortszeit; Ortszuschlag* * or|ten tr.:

Standort von etwas feststellen * Or|ter, der; –s, –: jemand, der ortet * ör|tern (ich ..[e]re) tr.: Ecken, Enden von Horn oder Holz absägen : (Bergb.) an der Schichtstrecke Örter anschlagen; rbz.: (Bergb.) mit den Enden zusammenstoßen * *Örterbank; Örtersäge* * ört|lich Ew.: auf einen Ort sich beziehend * Ört|lich|keit, die; –, –en: Ort, Gelände * ..orts Uw., nur in Zus.: an einem Ort; z. B. hierorts * Ort|schaft, die; –, –en: Ort, Ansiedlung * ort|schaft|lich Ew. * Or|tung, die; –, –en: Ortskenntnis, -bestimmung : Standortfeststellung von etwas

ortho.. (gr.) Ew. in Zus.: gerade.., richtig.. * *Orthoachse:* senkrechte Längsachse * Or|tho|chro|ma|sie (gr.), die; –: (Fot.) Farbrichtigkeit * ortho|dox Ew.: strenggläubig * Or|tho|do|xie, die; –: strengkirchliche Richtung * Orth|o|e|pie, die; –, ..pien: Lehre von der richtigen Aussprache * orth|o|e|pisch Ew.: richtig gesprochen : auf die richtige Aussprache bezüglich * Or|th|ogon, das; –s, –e: Rechteck * or|tho|go|nal Ew.: rechteckig * Or|tho|gra|fie *auch:* Or|tho|gra|phie, die; –, ..fien *auch:* ..phien: Rechtschreibung * or|tho|gra|fisch *auch:* or|tho|gra|phisch Ew.: richtig geschrieben * Or|tho|klas, der; –es, –e: eine Art Feldspat * Or|tho|pä|de, der; –n, –n: orthopädischer Arzt * Or|tho|pä|die, die; –: Lehre von der Entstehung und Behandlung angeborener oder erworbener Fehler der Bewegungsorgane * or|tho|pä|disch Ew. (Med.) * Or|tho|p|te|ron, das; –s, ..pteren: Geradflügler * Or|thos|ko|pie, die; –: unverzerrte Wiedergabe durch Linsen * or|thos|ko|pisch Ew.: unverzerrt * Or|tho|ze|pha|le, der; –n, –n: Mittelhochschädler * Or|tho|ze|re, die; –, –n: versteinerte Schnecke * Or|tho|zy|k|lo|ide, die; –: einfache Radlinie

Orthografie / Orthographie
Bei Fremdwörtern mit dem griechischen Bestandteil *graph* kann dieser auch ein-

deutschend mit *f* geschrieben werden. Für Wörter des Bildungssprachbestands und Fachwörter ist die *ph*-Schreibung vorzuziehen: *Seismograph*, bei üblicheren Vokabeln die *f*-Schreibung: *Fotograf*. Das Wort *Orthografie/Orthographie* ist ein individuell zu behandelnder Grenzfall.

Ort|ler: Berg in Südtirol * *Ortlergruppe*

Orts|an|ga|be, Orts|sinn usw.: s. Ort

Or|tung: s. Ort

Os|car, der; –s, –s: Auszeichnung für Filmschauspieler

Ö|se, die; –, –n: Öhr : Schlinge

Ö|sel: Ostseeinsel

Ö|sel, das; –s, –: Dochtschnuppe : glimmende Asche

O|s|i|ris: altägypt. Totengott

Os|ker, der; –s, –: Angehöriger eines samnitischen Volkes in Kampanien * os|kisch Ew.

Os|ku|la|ti|on (l.), die; –, –en: das Küssen : (Math.) die Berührung zweier krummer Linien oder Flächen miteinander * *Oskulationsebene* * os|ku|lie|ren (..iert) intr.: eine Oskulation bilden [l. osculari küssen]

Os|lo: Hauptstadt Norwegens

Os|man: Gründer des türkischen Reiches * Os|ma|ne, der; –n, –n: Anhänger Osmans, Türke * Os|ma|nen|tum, das; –(e)s: Türkentum * os|ma|nisch Ew.: türkisch

Os|mi|um (gr.), das; –s: ein chem. Grundstoff; Abk.: Os *

Os|mo|se, die; –, –n: Stoffübergang zwischen flüssigen Körpern durch eine sie trennende Wand * os|mo|tisch Ew.

Os|na|brück: Stadt in Niedersachsen

Ö|so|pha|gus (gr.), der; –, ..gi: (Anat.) Speiseröhre

Os|ram|lam|pe, die; –, –n: elektrische Metalldrahtlampe

Os|sa|ri|um, Os|su|a|ri|um (l.), das; –s, ..rien: Beinhaus (auf Friedhöfen) * Os|si|fi|ka|ti|on (nl.), die; –, –en: Verknöcherung * os|si|fi|zie|ren (..iert) tr.: verknöchern

Ost, der; –(e)s; Os|ten, der; –s: Himmelsrichtung der aufgehenden Sonne; Abk.: O [internationale Wetterkunde Ab-

kürzung E] * **Ost,** der; –es, –e:
Wind, der von Osten weht;
Abk.: O * *Ostafrika; Ostasien;
ostasiatisch* Ew.; *Ostblock:*
ehem. Zusammenschluss der
osteuropäischen Staaten; *Ost-
blockland; Ostblockstaaten;
Ostchina; Ostdeutschland;
Osteuropa; osteuropäische
Zeit,* Abk.: OEZ; *Ostgrenze;
osther* Uw.; *osthin* Uw.: *ostin-
disch* Ew.; *Ostindische Kompa-
nie; ostisch* Ew.; *die ostische
Rasse:* alpine Rasse; *Ostjake:*
Angehöriger eines sibirischen
Völkerstammes; *Ostkirche;
Ostlinde:* Steinlinde; *Ost-
mächte* Mz.; *Ostnordost(en):*
Himmelsrichtung, Abk.:
ONO; *Ostnordost:* Wind von
Ostnordost, Abk.: ONO; *Ost-
politik; Ostpreußen; Ostpunkt;
Ostsee:* nordeurop. Binnenmeer; *Ostsüdost(en):* Himmelsrichtung, Abk.: OSO; *Ostsüdost:* Wind von Ostsüdost,
Abk.: OSO; *ostwärts* Uw.; *Ost-
wind; Ostzone:* ehem. sowjeti-
sche Besatzungszone Deutsch-
lands * **os|ten** (du ostest) tr.:
nach Osten richten * **öst|lich**
Ew.: den Osten betreffend :
nach Osten gerichtet *
Os|tung, die; –: Richtung
(Einrichtung) nach Osten
Os|ta|ra: altgerman. Früh-
lingsgöttin
Ost|ende: belg. Seebad
os|ten|si|bel (l.) Ew.: offen-
sichtlich : deutlich hervortretend : zur Schau gestellt *
os|ten|siv Ew.: anschaulich :
herausfordernd : offensichtlich
* **Os|ten|ta|ti|on,** die; –, –en:
Schaustellung : Ausdrücklich-
keit : Herausforderung *
**os|ten|ta|tiv, os|ten|ta|ti|ös,
os|ten|ti|ös** (ostent[at]iöseste)
Ew.: prahlerisch : herausfordernd
Os|te|o|lo|gie (gr.), die; –,
..gien: Knochenlehre *
Os|te|o|mal|a|zie, die; –: Kno-
chenerweichung * **Os|te|o-
plas|tik,** die; –, –en: Knochen-
ersatz * *osteoplastische Operation*
Os|te|ria, Os|te|rie (it.), die; –,
..rien: Wirtshaus
Os|ter|in|sel: Insel im Stillen
Ozean
Os|tern, das; –, – (meist Mz.):
das Fest der Auferstehung

Christi : bei den Juden das Fest
zur Erinnerung an den Auszug
aus Ägypten : (urspr.) germani-
sches Frühlingsfest * *Oster-
abend; Osterblume; Oster-
brauch; Osterdienstag;
Osterei:* buntgefärbtes Ei, auch
von Zucker u. a., als Ostergabe;
*Osterfeier; Osterfest; Oster-
feuer:* Freudenfeuer in der
Osterzeit; *Osterfladen:* Osterkuchen; *Osterglocke:* Pflanze;
Osterhase: Hase, der nach dem
Märchen Ostereier legt; *Oster-
kerze:* Kerze, die beim Oster-
gottesdienst brennt : Pflanze;
Osterkuchen; Osterlamm: Os-
terlied; *Osterlilie:* gelbe Nar-
zisse; *Osterluzei:* Pflanze; *Ost-
ermarkt; Ostermesse; Oster-
monat; Osternacht; Oster-
palme; Osterpredigt; Oster-
schelle:* Pflanze; *Ostersonntag;
Osterverkehr; Osterwoche;
Osterzeit* * **ös|ter|lich,
os|ter|lich** Ew.: auf Ostern be-
züglich : (übertr.) hoffnungs-
freudig
Ös|ter|reich: südosteurop.
Bundesstaat * **Ös|ter|rei|cher,**
der; –s, –: Bewohner Öster-
reichs * **ös|ter|rei|chisch** Ew.
Ost|eu|ro|pa: s. Ost
os|ti|na|to (it.): (Mus.)
(Thema) immer wiederkehrend
**Ost|ra|kis|mos, Ost|ra|zis-
mus** (gr.), der; –: Scherbenge-
richt, athenische Volksabstim-
mung * **Ost|ra|ko|de,** der; –n,
–n: Muschelkrebs
Ost|süd|ost: s. Ost
Os|zil|la|rie (l.), die; –, ..rien:
Alge * **Os|zil|la|ti|on,** die; –,
–en: Schwingung, Schwan-
kung * **os|zil|lie|ren** (..iert)
intr.: regelmäßig pendeln *
Os|zil|lo|graph *auch:* **Os|zil-
lo|graf,** der; –en, –en: Apparat
zur Aufzeichnung von Schwin-
gungen * **Os|zil|lo|gramm,**
das; –s, –e: Bild eines Oszillo-
graphen
Ot|al|gie (gr.), die; –, ..gien:
Ohrenschmerz * **Ot|i|a|trie**
(gr.), die; –, ..trien: Ohrenheil-
kunde * **Ot|o|lith** (gr.), der;
–(e)s und –en, –e(n): Gehör-
steinchen * **Ot|o|lo|gie,** die; –:
Otiatrie * **Ot|o|lo|ge,** der; –n,
–n: Ohrenarzt * **Ot|os|kop,**
das; –s, –e: Ohrenspiegel
o tem|po|ra, o mo|res (l.): o
welche Zeiten, o welche Sitten!

o|ti|ös (l.) Ew.: müßig : unge-
nützt * **O|ti|um,** das; –(s):
Ruhe, Muße * *otium cum
dignitate:* Ruhe mit Würde,
wohlverdienter Ruhestand
Ol|to|lith usw.: s. Otalgie
Ot|ta|ve|ri|me (it.) [..w..] Mz.:
achtzeilige Strophe, Stanze *
Ot|ta|vi|no (it.), der; –s, ..ni:
Pikkoloflöte
Ot|ta|wa, der; –(s), –s: nordam.
Indianer(stamm) * **Ot|ta|wa:**
Hauptstadt Kanadas : Fluss in
Kanada
Ot|ter, der; –s, –: Fischotter,
marderähnliches Säugetier, im
Wasser lebend * *Otterbalg;
Otterfang; Otterfell; Otterfuß;
Otterhund*
Ot|ter, die; –, –n: Giftschlange
* *Otter(n)brut; Ottergalle; Ot-
ter(n)gezücht; Otter(n)gift*
Ot|to|man (arab.-fr.), der; –s:
Ripsgewebe aus Seide und
Wolle * **Ot|to|ma|ne,** die; –,
–n: niedriges Liegesofa *
Ot|to|ma|ne, der; –n, –n: Os-
mane, s. d. * **ot|to|ma|nisch**
Ew.: s. osmanisch
Ot|to|mo|tor, der; –s, ..toren:
Vergasermotor (nach dem Erfinder benannt)
out (e.): (Sport) aus : erledigt *
ou|ten (e.) tr.: unerlaubt Intimi-
täten von anderen preisgeben *
Outing, das; –s, –s: das Outen
Out|cast (e.) [aut..], der; –s,
–s: Geächteter, von der Gesell-
schaft Verstoßener * **Out|fit**
(e.) [aut..], das; –s: die äußere,
durch Kleidung erzeugte Er-
scheinungsform, Aufmachung
* **Out|law** (e.) [aut..], der; –s,
–s: jemand, der von der Gesellschaft verachtet wird, weil er
„außerhalb des Gesetzes" lebt,
Verbrecher * **Out|put** (e.)
[aut..], das; –s: Antennenleis-
tung eines Funkgeräts, Aus-
gangsleistung : die Daten, die
eine EDV-Anlage liefert : Ergebnis einer Investition
out|rie|ren (fr.) [utr..] tr.: über-
treiben * **Out|rie|rung,** die; –,
–en: Übertreibung
Out|rig|ger (e.) [aut..], der;
–(s), –: leichtes Ruderboot *
Out|si|der (e.) [autßeider], der;
–s, –: der Außenseiter, Eigenbrötler
Ou|ver|tü|re (fr.) [uwer..], die;
–, –n: Eröffnung : Vorspiel einer
Oper

Ou|zo (gr.), der: –: griechischer Schnaps

o|val (nl.) [..w..] Ew.: eirund * O|val, das, –s, –e: Eirund : Langrund * O|va|ri|ek|to|mie, die; –, –ien: operative Entfernung des Eierstocks * O|va|ri|o|to|mie, die; –, ..mien: operativer Einschnitt am Eierstock * O|va|ri|um, das; –s, ..rien: Eierstock : Fruchtknoten * o|vi|par Ew.: sich durch Eier fortpflanzend * O|vo|s|kop, das, –s, –e: Eierspiegel * O|vu|la|ti|on, die; –, –en: Ausstoßung eines reifen Eies aus dem Eierstock * Ovulationshemmer * O|vu|lit, der; –(e)s, –e: verstein. Eierschnecke

O|va|ti|on (l.) [..w..], die; –, –en: Ehrenbezeigung, Huldigung

O|ver|all (e.) [ouwera°l], der; –, –s: „Überall“, Überziehanzug, Arbeitsanzug

o|vi|par usw.: s. oval

O|xal|it, der; –(e)s, –e: ein Gestein * O|xal|säu|re, die; –, –n: Kleesäure * O|xid auch: O|xyd, das; –(e)s, –e: eine Sauerstoffverbindung * O|xi|da|ti|on auch: O|xy|da|ti|on, O|xi|die|rung auch: O|xy|die|rung, die; –, –en: Sauerstoffaufnahme, Verbrennung * o|xi|die|ren auch: o|xy|die|ren (..iert) tr.: Sauerstoff abgeben, aufnehmen : beschlagen : rosten : verbrennen * O|xy|gen, O|xy|ge|ni|um, das; –s: Sauerstoff * O|xy|mo|ron, das; –s, ..mora und ..moren: „scharfsinnigdumm“, scheinbarer Widerspruch * O|xy|to|non, das; –s, ..tona: ein auf der letzten Silbe betontes Wort [gr. oxys scharf, sauer]

O|xer (e.), der; –s, –: Hindernis zwischen Viehweiden und auf Rennbahnen

Ox|ford: engl. Universitätsstadt * Ox|ford, das; –s: Baumwollgewebe

Ox|hoft, das; –(e)s, –e: (niederd.) altes Flüssigkeitsmaß

O|xyd usw.: s. Oxalit

O|ze|an (gr.-l.), der; –s, –e: Weltmeer * Ozeandampfer; Ozeanflug: Flug über den Ozean; Ozeanriese: Ozeandampfer * O|ze|a|na|ri|um, das; –s, ..rien: ausgedehntes Salzwasseraquarium : Einrichtung mit mehreren Salzwasseraquarien * O|ze|a|ni|de, die; –, –n: Meernymphe * O|ze|a|ni|en: das Inselgebiet des südlichen Stillen Ozeans * Ozeanistik: Wissenschaft von Sprachen und Kulturen Ozeaniens * o|ze|a|nisch Ew.: das Meer betreffend * O|ze|a|no|gra|phie auch: O|ze|a|no|gra|fie, die; –: Meereskunde * o|ze|a|no|gra|phisch auch: o|ze|a|no|gra|fisch Ew.

O|zel|len Mz.: Punktaugen der Insekten

O|ze|lot (indian.), der; –s, –e: pantherähnliche Katze : Pelzwerk

O|zo|ke|rit (gr.), der; –(e)s, –e: „Riechwachs“, Bergtalg

O|zon (gr.), das; –s: würzig riechender, giftiger dreiatomiger Sauerstoff * ozonhaltig Ew.; Ozonloch: Lücke oder dünne Stelle in der Ozonsphäre; ozonreich Ew.; Ozonschicht: Ozonosphäre * o|zo|ni|sie|ren (..iert) tr.: in Ozon verwandeln : mit Ozon behandeln * O|zo|ni|sa|tor, der; –s, ..toren: Gerät für die Ozonisierung * O|zo|no|me|ter, das; –s, –: Ozongehaltsmesser * O|zo|no|s|phä|re, die; –, –n: ozonhaltige Schicht in der Atmosphäre

P

P, p, das; –, –: der sechzehnte Buchstabe des Abece

P.: (ehem. östr. Münzzeichen) Prag : (fr. Münzzeichen) Dijon : (ehem. poln. Münzzeichen) Posen : (port. Münzzeichen) Porto : (ehem. Münzzeichen des Kirchenstaates) Perugia

Pä|an (gr.), der; –s, –e: Lobgesang auf Apoll : Siegeslied * Pä|on, der; –s, –e: im Päan üblicher Versfuß * pä|o|nisch Ew.: heilend : heilkundig

Paar, das; –(e)s, –e: Pärchen: zwei zusammengehörige Dinge, Wesen : Liebesleute : Eheleute * ein Paar Schuhe; drei Paar Schuhe; ein glückliches (ungleiches) Paar * zu Paaren treiben tr.: bezwingen, zur Ordnung bringen [wahrsch. umgedeutet aus: .. baren...; bar zu mhd. ber Fischernetz] * Paarbildung; Paarhufer: zweihufiges Säugetier; (Sport) Paarlauf(en); Paarreim; paarweise Ew.: in Paaren; Paarzeher * paar Ew. (ohne Steig): paarig : (Math.) ohne Rest durch 2 teilbar * paar unbest. Zahlw. (mit best. und unbest. Art.): einige : einige wenige * ein paar Bücher; vor ein paar Tagen; ein paarmal; ein paar Male; ein paar dutzendmal; ein paar Dutzend Male; die paar Groschen; deine paar Kleider * paa|ren tr.: paarweise verbinden : zwei Dinge, Wesen zusammenlegen; rbz.: sich zu einem Paar verbinden : sich verheiraten : sich begatten * paa|rig Ew.: paarweise vorhanden : ein Paar bildend * Paa|rig|keit, die; –: das Vorhandensein in Paaren * Paar|ling, der; –s, –e: einer von einem Paar * Paa|rung, die; –, –en: das Paaren [l. par gleich, Paar]

Paat|werk, das; –s: (schlesw.) Hecke [niederd. paten pflanzen]

Pace (e.) [pehß], die; –, –: (Sport) Schritt : Tempo : Gangart : ein Längenmaß (2 1/2 e. Fuß) * Pacemaker [pehß mehk'r], der; –s, –s: (Sport) Schrittmacher * Pa|cer (e.) [pehßer], der; –s, –: Pferd bei einer speziellen Dressurübung, dem Passgang

Pacht (ml.), die; –, –en: Vertrag, durch den eine Sache einer Person zur Nutznießung gegen Entgelt überlassen wird * Pachtanschlag; Pachtbesitz; Pachtbrief; Pachtvertrag; Pachtgeld; Pachtgut; Pachtherr: Eigentümer von etwas Verpachtetem; Pachthof; Pachtmühle; Pachtland; Pachtsumme; Pachtvertrag; pachtweise Ew.: als Pachtung; Pachtzeit: im Pachtvertrag festgesetzte Zeit; Pachtzins * pach|ten tr.: Besitz und Ertrag eines Grundstücks auf eine bestimmte Zeit vertraglich erwerben * Päch|ter, der; –s, –: einer, der etwas in Pacht hat * Päch|te|rin, die; –, –nen:

weibl. Pächter * **Pachtung,**
die; –, -en: das Pachten : das
Gepachtete

Pachulke (wend.), der; –n,
–n: (mundartl.) Lümmel :
(Buchdruckw.) Setzer, der nur
Teilsatz herstellt

Pachylämie (gr.), die; –,
..mien: Blutverdickung *
Pachyderme, der; –n, –n:
Dickhäuter * **Pachydermie,**
die; –, ..mien: Dickhäutigkeit,
Hautverdickung * **pachyn-
tisch** Ew.: verdickend *
Pachytherium, das; –s,
..rien: ein vorweltl. Säugetier
[gr. pachys dick]

Pack, der; –(e)s, -e; Päckchen :
Zusammengepacktes : Bündel
* *mit Sack und Pack:* mit allem
Hab und Gut * **Pack,** das;
–(e)s: (niederd.) Pöbel *
packen tr.: Dinge zu einem
Bündel und dgl. zusammen-
schichten : derb ergreifen : innerlich ergreifen * *die Koffer,
ein Paket packen; mich packte
die Angst; er packte ihn am
Arm * Packbengel:* Paketkne-
bel; *Packeis:* übereinander ge-
schobene Eisblöcke im Polarmeer; *Packeisen:* Werkzeug
zum Ausstoßen festen Salzes;
Packesel: Lasttier : (übertr.)
Mensch, dem man viel aufbür-
det; *Packhof:* Zollhaus; *Pack-
kiste; Packleinen:* grobes Leinen zum Einpacken; *Packmeis-
ter:* Aufseher über das Gepäck;
Packnadel: große Nähnadel
zum Einnähen von Paketen :
Packpapier: Papier zum Verpacken; *Packpferd:* Lastpferd;
Packraum; Packreitel: Pack-
beutel; *Packsattel:* Sattel zum
Tragen von Lasten; *Packtisch;
Packwagen:* Gepäckwagen;
Packwerk: Packzeug : ver-
senkte Maschinenverbindung
zum Schutz von Brückenpfei-
lern; *Packzettel; Packzug:* ein
Güterzug * **Packen,** der; –s,
–: Pack * *Packenträger:* um-
herziehender Händler *
Packer, der; –s, –: einer, der
Waren verpackt : Uhrengroß-
händler im Schwarzwald :
Hetzhund * **Packerei,** die; –,
-en: das (viele, lästige) Packen
* **Packerin,** die; –, –nen *
Packung, die; –, -en: das
Packen : Umhüllung : (Med.)
Umschlag für einen Kranken :

Dichtungsmaterial einer Röhre

Package-Tour (e.) [päkitsch-
tuhr] die; –, -en: von einem
Reisebüro oder von einer
Kraftfahrervereinigung veran-
staltete Einzel-Pauschalreise
im eigenen Kraftwagen

packeln (ich ..[e]le) tr.: heimlich verabreden

Packfong (chin.), das; –s: eine
Art Neusilber, Weißkupfer

Pad (afr.), die; –, -e: noch wenig betretener Weg

Pädagog, Pädagoge
(gr.), der; ..gen, ..gen: Erzieher
: Lehrer : Erziehungswissen-
schaftler * **Pädagogik,** die;
–, -en: Erziehungslehre, Erzie-
hungskunde * **pädago-
gisch** Ew.: erzieherisch : erzieherisch richtig : zur Erziehung
gehörig * **Pädagogium,**
das; –s, ..gien: Erziehungsanstalt * **Pädelrast,** der; –en,
–en: Knabenliebhaber *
Pädelrastie, die; –: Knaben-
liebe * **Pädeutik,** die; –: Tu-
gendlehre * **Pädilater,** der;
–s, –: Kinderarzt * **Päd-
ilatrie,** die; –: Kinderheilkunde * **pädilatrisch** Ew.:
zur Kinderheilkunde gehörig *
Pädilometer, das; –s, –:
Kinderwaage für Neugeborene
* **Pädologenese, Pädolo-
genesis,** die; –: (Biologie) Fortpflanzung in sehr frühem Ent-
wicklungsstadium * **Pädophilie,** die; –: sexuelles Hinge-
zogensein zu Kindern [gr. pais,
Gen, paidos Kind]

Padde, die; –, –n: (niederd.)
Kröte : Aufblähung * **Pad-
del,** das; –s, –: Ruder *
paddeln (ich ..[e]le) intr.: wie
eine Kröte schwimmen : rudern * *Paddelboot; Paddel-
sport* * **Paddler,** der; –s, –:
Paddelbootruderer

Paddock (e.) [päddok] der;
–s, -s: Gehege : Pferdekoppel

Paddy (e.) [päddi] der; –s:
ungeschälter Reis

Paddy (e.) [päddi] der; –s:
Spottname des Irländers [um-
geformt aus St. Patrick,
Schutzheiliger Irlands]

Pädelrast, Pädelrastie: s.
Pädagoge

Pädeutik, Pädilater: s.
Pädagoge

Padischah (pers.), der; –s,
–s: „Herr der Könige“, Titel is-

lam. Herrscher * **Padischah,**
das; –s: Buchstabenkartenspiel

**Pädologenese, Pädologe-
nesis, Pädophilie:** s. Pädagoge

Padre (it.), der; –s, –s: Ordenspriester * **Padrona** (it.),
die; –, ..ne: Gebieterin : Haus-
frau : Wirtin * **Padrone,** der;
–s, ..ni: Gebieter : Herr : Chef :
Wirt

Padua: nordital. Stadt * *Pa-
duaner; paduanisch* Ew.

Paella (span.), die; –, -s:
Reisgericht, zusammengekocht
mit z. B. Gemüse, Fleisch,
Fisch

Pafel: s. Bafel

Pafesen, Pofesen (it.) Mz.:
gebackene Semmelschnitten,
„armer Ritter“

paff: Tonwort zur Bezeichnung
eines Schusses; vgl. piff *
Paff, der; –(e)s, -e: Schuss :
Zug aus der Tabakpfeife *
paffen intr.: hörbar rauchen :
rauchen ohne Inhalation

paganisieren (..iert) tr.:
heidnisch machen * **Paga-
nismus** (nl.), der; –, ..men:
Heidentum : Heidnisches in der
christlichen Symbolik [l. paga-
nus Dorfbewohner]

Pagat, der; –(e)s, -e: Karte im
Tarockspiel

Page (fr.) [pahsch'], der; –n,
–n: ehemals Edelknabe (zur
Bedienung fürstlicher Personen) : uniformierter Boten-
junge * *Pagendienst; Pagen-
hofmeister:* Aufseher und Erzieher der Pagen; *Pagenfrisur;
Pagenkopf:* Haarschnitt *
Pagerie [pahseh..], die; –,
..rien: Pagenschule [ml. pagius
Knabe]

Pagina (l.), die; –, -s und ..ae:
Seite eines Buches : Seiten-
zahl; Abk.: pag. * *pagina
(pag.) mea:* auf der Seite meiner Ausgabe, meines Buches *
paginieren tr.: mit Seiten-
zahlen versehen * *Paginierma-
schine:* Nummeriermaschine

Pagode, die; –, –n: turmarti-
ger buddhist. Tempel in Indien,
China, oft mit Stufendach :
chin., jap. Götterbild, oft mit
beweglichem Kopf * *Pago-
denkragen:* gestufter Kragen

pah!: abweisender Ausruf,
bah!

Pahlewi: s. Pehlewi

paille (fr.) [paj'] Ew. (ohne Steigerung): strohfarben *
Paillette [pajett'], die; –, –n: glitzernde Metallplättchen : leichter Seidenstoff * *paillettenbesetzt* Ew.; *Paillettenkleid* * **Paillon** [pajong], das; –, –s: Silberblattfolie für Edelsteine

Pair (fr.) [pähr], der; –s, –s: ein dem Fürsten im Range Gleicher : Mitglied des höchsten fr. und e. Adels, höchsten Gerichtshofes : Mitglied der ersten fr. Kammer * *Pairskammer; Pairswürde:* Rang, Stellung, Stand eines Pairs *
Pairie, die; ..rien: Würde eines Pairs : Gesamtheit der Pairs [l. par gleich]; vgl. Peer

pak: Tonwort zur Bezeichnung der Entenstimme * *Pakente:* (Kinderwort) Ente * **paken, pakern** (ich ..[e]re) intr.: schnattern (von Enten)

Pak (Abk.), die; –, –s: Panzerabwehrkanone

Paket, das; –es, –e: etwas Verpacktes : Pack : Bündel : Stoß * *sein Paket tragen:* seine Last, Schwierigkeiten haben; *sein Paket wagen:* etwas von zweifelhaftem Erfolg übernehmen * *Paketadresse; Paketannahme; Paketausgabe; Paketboot; Paketkarte:* Begleitkarte für die Paketbeförderung; *Paketpost:* Postanstalt zur Paketbeförderung; *Paketsatz:* (Buchdrw.) Schriftsatz in Stücken; *Paketsetzer:* Setzer für den Paketsatz; *Paketschalter; Paketzustellung* * **paketieren** (..iert) tr.: bündeln : einbinden : verpacken

Pakistan: asiat. Staat * **Pakistaner,** der; –s, –; **Pakistani,** der; –(s), –s: Bewohner Pakistans * **pakistanisch** Ew.

Pakistani, der; –s, –s: starke Haschisch-Sorte : starkes Rauschmittel

Pako, der; –s, –s: Lama

Pakt (l.), der; –(e)s, –e; **Paktum,** das; –s, Pakta : Vertrag : Vergleich : Abrede : Übereinkunft * **paktieren** (..iert) intr.: vertragsmäßig festsetzen : (mit jemand) mit jemand zusammenhalten : gemeinsame Sache machen

Paläanthropologie (gr.), die; –: Wissenschaft von den Menschen der Vorzeit *

paläarktische Region: tiergeografisches Reich in den gemäßigten Zonen Europas und Asiens

Paladin, Paladin (l.), der; –s, –e: Ritter aus dem Gefolge eines Herrschers : Getreuer [ml. palatinus Herr des Palastes]

Palais (fr.) [paläh], das; –, –: Palast : Schloss : Prachtgebäude; vgl. Palas, Palast

Palankin (ostasiat.), der; –s, –e und –s: Tragsessel, Sänfte

paläo., (gr.) Ew. in Zus.: alt * **Paläobiologie,** die; –: Biologie ausgestorbener Lebewesen * **Paläobotanik,** die; –: Wissenschaft von den urzeitlichen Pflanzen *

Paläogeografie *auch:* **Paläogeographie,** die; –: Geografie der Erdzeitalter *

Paläograph *auch:* **Paläograf,** der; –en, –en: Kenner der alten In- und Handschriften * **Paläographie** *auch:* **Paläografie,** die; –, –n: In- und Handschriftenkunde des Altertums * **paläographisch** *auch:* **paläografisch** Ew. *

Paläohistologie, die; –: Wissenschaft, die das Gewebe fossiler Tiere und Pflanzen untersucht * **Paläoklimatologie,** die; –: Wissenschaft vom Klima der Erdzeitalter *

paläolithisch Ew.: der älteren Steinzeit angehörend *

Paläolog, Paläologe, der; ..gen, ..gen: Altgläubiger : (Mz.) letzte Herrscherfamilie des Byzantinischen Reiches *

Paläologie, die; –, ..gien: alte Lehre : Altertumskunde *

Paläontographie *auch:* **Paläontografie,** die; –, ..phien *auch:* ..fien: Urweltkunde : Wissenschaft der Versteinerungen * **Paläontolog, Paläontologe,** der; ..gen, ..gen: Versteinerungskundiger * **Paläontologie,** die; –, ..gien: Versteinerungslehre * **Paläophytologie,** die; –, ..gien: Lehre von den fossilen Urpflanzen * **Paläotherion,** das; –s, –en: Urwelttier * **Paläozän,** das; –s: (Geol.) unterste Schicht des Tertiärs * **Paläozoikum,** das; –s: die drittälteste geologische Gruppe * **paläozoisch** Ew.: Lebewesen des Paläozoikums enthaltend * **Paläozoologie,** die; –, ..gien: Tierkunde der Urwelt

Palas (l.), der; –, –se: Hauptgebäude einer Burg * **Palast,** der; –, ..läste: Palästchen: Schloss : Prachtbau * *Palastdame; Palastrevolution:* gewaltsamer Sturz eines Herrschers durch Verschwörung; *Palastwache* [l. palatium kaiserl. Schloss auf dem Mons Palatinus in Rom]

Palästina: Gebiet an der Ostküste des Mittelmeeres * *Palästinaforschung; Palästinapilger* * **Palästinenser,** der; –s, –: Bewohner von Palästina * **palästinensisch, palästinisch** Ew.: Palästina betreffend

Palästra (gr.), die; –, ..tren: Ringschule : Fechtschule

palatal (l.) Ew.: aus dem Gaumen kommend : (Sprachl.) am Gaumen gebildet * *Palatallaut* * **Palatal,** der; –s, –e: Gaumenlaut [l. palatum Gaumen]

Palatin: der mittlere der sieben Hügel Roms * **Palatin** (fr.), der; –s, –e; **Palatine,** die; –, –n: Pelzkragen, zierliche Halsbekleidung der Frau * **Palatin,** der; –s, –e: Pfalzgraf * **Palatina:** Heidelberger kurpfälz. Bücherei * **Palatinat,** das; –(e)s, –e: Pfalzgrafenwürde * **palatinisch** Ew.: pfälzisch * *der Palatinische Hügel:* Mons Palatinus in Rom

Palatschinke (ungar.), die; –, –n: gefüllte Eierkuchenrolle

Palaver (port.-e.), das; –s, –: (urspr.) Ratsversammlung bei westafrikanischen Stämmen : bedeutungsloses langes Gerede * **palavern** intr.: sinnlos lange reden [port. palavra Wort]

Palazzo (it.), der; –, ..zi: Palast

Pale, die; –, –n: (niederd.) Schote * **pallen** intr.: Früchte aus der Pale lösen

Pale Ale (e.) [pehl ehl], das; –: engl. helles Bier

Paleozän: s. paläo..

Palermo: Stadt auf Sizilien * **Palermer,** der; –s, –: Einwohner Palermos * **palermisch**

Ew.: aus Palermo stammend ✳ **Paler|mi|ta|ner,** der; -s, -: Palermer ✳ **paler|mi|ta|nisch** Ew.: palermisch

Pale|tot (fr.-ndl.) [..to], der; -s, -s: Herrenüberzieher, Mantel ✳ *Paletotmarder:* Manteldieb

Pa|let|te (fr.), die; -, -n: Farbenbrett : Malerscheibe : Lademittel für Stückgüter : (übertr.) bunte Mischung ✳ **palet|tie|ren** tr.: Waren auf einer Palette stapeln und von dort verladen

pa|let|ti: *alles paletti:* (Umgspr.) alles in Ordnung

Pa|li (skr.), das; -(s): heilige Sprache der Buddhisten von Süd- und Hinterindien [skr. pāli Maß, Maßstab, maßgebende Sprache]

pa|lim.., **pa|lin..** (gr.) Uw. (als Vorsilbe): wieder : zurück ✳ **Pa|lim|bac|chi|us** (gr.), der; -, ..chien: ein Versfuß ✳ **Pa|limp|sest,** der; -es, -e: Pergament mit einer älteren (abgekratzten, leicht wiederherzustellenden) und mit einer darüber gesetzten späteren Handschrift [gr. palin wieder und psaein abkratzen] ✳ **Pa|lin|d|rom,** das; -s, -e: Wort : Rätselwort, das vorwärts und rückwärts gelesen einen Sinn ergibt ✳ **Pa|lin|ge|ne|se, Pa|lin|ge|ne|sie,** die; -, -n: Wiedergeburt : Neugestaltung ✳ **Pa|lin|gra|phie** *auch:* **Pa|lin|gra|fie,** die; -, -n: Wiederdruck : Rückübertragung von Holzschnitt- oder Kupferdruck auf Stein zwecks Neudrucks ✳ **Pa|lin|o|die,** die; -, ..dien: (dichter.) Widerruf : Gesangswiederholung : Gegengesang ✳ **pa|lin|o|die|ren** (..iert) tr.: wiederholen : widerrufen : zurücknehmen

Pa|li|sa|de (l.), die; -, -n: Pfahlwerk : Spitzpfahl : (Mz.) Verschanzung ✳ *Palisadenpfahl; Palisadenwand:* Verschanzung aus Spitzpfählen [l. palus Pfahl]

Pa|li|san|der, Po|li|san|der, Pa|li|xan|der, der; -s, -: bras. Edelholz ✳ *Palisanderholz:* Purpurholz : Violettholz ✳ **pa|li|san|dern, po|li|san|dern** Ew.: palisanderfarben

Pal|la|di|um (gr.), das; -s: Schutzheiligtum der Göttin Athene in Troja ✳ **Pal|la|di|um,** das; -s: Platinmetall, chem. Grundstoff; Abk.: Pd ✳ **Pal|las,** die; -: ein Planet : Beiname der griech. Göttin Athene ✳ **Pal|lasch** (russ.), der; -es, -e: langes Reiterschwert

Pal|li|a|ti|on (l.), die; -, -en: Bemäntelung : oberflächliche Heilung ✳ **pal|li|a|tiv** Ew.: (Med.) „bemäntelnd", besänftigend : schmerzlindernd ✳ **Pal|li|a|tiv,** das; -s, -e: Linderungsmittel : Hilfe für den Augenblick ✳ *Palliativkur:* Behandlung der Schmerzsymptome; *Palliativmittel* ✳ **Pal|li|um,** das; -s, ..lien: Hülle : Bedeckung : Gewand : Oberkleid bei den alten Römern : kaiserlicher Krönungsmantel im Mittelalter : Schulterbinde des päpstlichen und erzbischöflichen Ornats ✳ *Palliengelder* Mz.: Steuer für bischöfliche Hoheitsrechte [l. palla Obergewand]

Pall-mall (e.) [pell mell], das; -s: Bahnballspiel, Krocket : Bahn zum Ballschlagen [ahd. palla, balla Ball und it. maglio Hammer]

Pal|lo|graph *auch:* **Pal|lo|graf** (gr.), der; -en, -en: Gerät zum Aufzeichnen der Schiffsschwingungen

Palm (l.-it.), der; -s, -e (als Maß): „flache Hand", ein Längenmaß ✳ **Pal|ma,** die; -, ..me; **Pal|me,** die; -, -n: Palm ✳ **pal|mar** Ew.: zur flachen Hand gehörig ✳ **Pal|ma|rum,** der; -: Palmsonntag [eig. Dies Palmarum Palmentag] ✳ **Pal|me,** die; -, -n; Pälmchen: ein ast- und zweigloser Baum : Palmblatt als Siegeszeichen, Friedenszeichen, Zeichen der Freude : (kath. Kirche) am Palmsonntag geweihte Zweige : (übertr.) Sieg ✳ *die Palme erringen:* den Sieg davontragen; *einem die Palme reichen:* einem den Sieg zuerkennen ✳ *Palm(en)art; palmenartig* Ew.: wie Palmen; *Palm(en)baum; -blatt; Palmbutter:* Fett aus Palmfrüchten; *Palmesel:* ein am Palmsonntag bei der Prozession mitgeführter hölzerner Esel; *Palmfarn; Palmfett:* Palmbutter; *Palmenhain; Palm(en)herzen; Palmhonig:* Honig aus der Palmzeit;

Palmkätzchen: Weidenkätzchen; *Palm(en)mehl:* Mehl aus Palmenmark; *Palm(en)nuß* → *Palm(en)nuss; Palm(en)öl:* Palmbutter; *Palm(en)saft; Palmsonntag:* Sonntag vor Ostern; *Palmwachs:* Palmbutter; *Palm(en)wedel; Palmweide:* eine Weidenart; *Palm(en)wein:* alkoholisches Gärungsgetränk aus Palmenmark; *Palmwoche:* die Woche vor Ostern; *Palmzeit:* Zeit der Weidenkätzchen : Zeit, in der die Bienen den Palmhonig sammeln; *Palm(en)zweig* ✳ **pal|men** tr.: (seem.) messen : Hand über Hand holen ✳ **Pal|met|te,** die; -, -n: (Baukst.) palmblattähnliche Verzierung an gr. Säulen : fächerförmig gezogener Obstbaum ✳ **pal|mig** Ew.: palmenreich ✳ **Pal|min,** das; -s: aus Palmbutter (Kokosfett) gewonnener Pflanzentalg ✳ **Pal|mit,** das; -s: Palm(en)mehl ✳ **Pal|mi|tin,** das; -s, -e: ein fester Stoff im Palmöl [l. palma Palmbaum; gr. palame flache Hand (nach der Form der Blätter)]

Pal|my|ra: alte Stadt in Syrien, heute Tadmur ✳ *Palmyrapalme:* Weinpalme ✳ **Pal|my|rer,** der; -s, -: Einwohner Palmyras ✳ **pal|my|risch** Ew.

pal|pa|bel (l.) Ew.: greifbar : fühlbar ✳ **Pal|pa|ti|on,** die; -, -en: das Befühlen : das Betasten : (Med.) Untersuchung durch Tasten oder Klopfen ✳ **Pal|pe,** die; -, -n: Fühlfaden : Fühlhorn : Fühler der Insekten ✳ **pal|pie|ren** (..iert) tr.: sanft berühren : streichen : betasten [l. palpare berühren]

Pal|pi|ta|ti|on (l.), die; -, -en: Herzklopfen : Zucken : Pulsschlag ✳ **pal|pi|tie|ren** (..iert) intr.: klopfen : schlagen : zucken [ml. palpitare schlagen]

Pa|mir: „das Dach der Welt", innerasiat. Hochland

Pamp, der; -(e)s, -e: **Pam|pe,** die; -, -n: (altmärk.-laus.) breiige Masse ✳ **pam|pen** intr.: Pampe bereiten : sich satt essen : schlampampen ✳ **Pampf,** der; -(e)s: Pamp ✳ **pam|pig** Ew.: breiig : frech ✳ **Pamps,** der; -s, Pämpse: Pamp ✳ **pamp|sig** Ew.: pampig

Pam|pa (peruan.), die; –, –s: Steppe : (meist Mz.) große Weidesteppen in Südamerika ✳ *Pampa(s)gras*

Pam|pel|mu|se (ndl.), die; –, –n: apfelsinenartige Südfrucht, Grapefruit [ndl. pompelmoes]

Pam|ph|let (e.), das; –(e)s, –e: Flugschrift : Flugblatt : Schmähschrift ✳ **Pam|ph|le|tist,** der; –en, –en: Schmähschriftverfasser

Pam|pu|sche, die; –, –n: (niederd.) Pantoffel, s. Babusche

Pan (gr.), der; –s: schalkhafter Wald- und Weidegott ✳ *Pan(s)flöte:* Hirtenflöte ✳

Pa|nik, die; –, –en: (wie von Pan verursacht) plötzlicher Schrecken und seine Folgen : Massenangst ✳ *Panikmache; Panikstimmung* ✳ *panikartig* Ew. ✳ **pa|nisch** Ew.: panikartig : plötzlich : lähmend ✳ **Pa|no|pho|bie** (gr.), die; –, ..bien (Med.) Aufschrecken : Zusammenfahren im Traume

Pan (slaw.), der; –s, –s und –, –i: Herr ✳ **Pan|je,** der; –s, –: deutsche Form für Pan „Herr" ✳ *Panjepferd:* kleines westrussisches Pferd

pan.. (gr.) Ew. in Zus.: all.., gesamt..; vgl. panto..

Pa|na|ché: Panaschee; vgl. Panasch

Pa|na|de (l.-fr.), die; –, –n: Semmelbrei : Weißbrotbrei ✳ *Panadelsuppe, Panadensuppe:* Kraftbrühe mit geriebener Semmel

Pa|na|ma: mittelam. Staat, mittelam. Stadt ✳ *Panamahut:* Hut aus Panamastroh; *Panamakanal,* der; –s; *Panamarinde:* Seifenersatz; *Panamastroh:* Blattgewebe einer Palmenart ✳ **Pa|na|ma|er,** der; –, –: Bewohner Panamas ✳ **pa|na|ma|isch** Ew. ✳ **Pa|na|me|ne,** der; –n, -n: Panamaer ✳ **pa|na|me|nisch** Ew.: panamaisch

Pa|na|me (fr.) [panahm']: Pariser Apachenviertel

Pan|a|me|ri|ka: Allamerika ✳ **Pan|a|me|ri|ka|nis|mus,** der; –: Streben nach wirtschaftlicher und politischer Zusammenarbeit aller am. Staaten ✳ *Panamerikanischer Kongreß* → *Panamerikanischer Kongreß*

Pa|na|ri|ti|um (l.), das; –s, ..tien: (Med.) Nagelbettentzündung, –eiterung

Pa|nasch (l.-fr.), der; –es, –e: Federbusch : Helmbusch ✳ **Pa|na|schee,** das; –s, –s: „bunt gestreift", gemischtes Gefrorenes ✳ **pa|na|schie|ren** (..iert) tr.: bunt streifen : das Zusammenstellen von Kandidaten mehrerer Wahllisten bei Verhältniswahl durch den Wähler ✳ **Pa|na|schü|re,** die; –, –n: Farbenmischung : weiße Flecken auf Pflanzenblättern durch Mangel an Chlorophyll, auch: Panaschierung

Pa|na|the|nä|en Mz.: athenisches Fest zu Ehren der Athene

Pa|na|zee (gr.), die; –, –n: Allheilmittel : Wundermittel

pan|ch|ro|ma|tisch (gr.) [..kro..] Ew.: (Fot.) lichtempfindlich für alle Farben

Pan|da, der; –s, –s: asiat. Katzenbär

Pan|dai|mo|ni|on (gr.), **Pan|dä|mo|nium** (gr.-l.), das; –s, ..nien: Reich der bösen Geister

Pan|da|ne, die; –, –: Schlangenbaum mit Luftwurzeln

Pan|dek|ten (gr.) Mz.: eine aus 50 Büchern bestehende Sammlung; ein Hauptteil des Corpus juris ✳ **Pan|dek|tist,** der; –en, –en: Lehrer des röm. Rechts [gr. pandektes allumfassend]

Pan|de|mie, die; –, ..mien: allgemeine Volkskrankheit, Volksseuche ✳ **pan|de|misch** Ew.: allgemein verbreitet [gr. pan und demos Volk]

Pan|dit (skr.), der; –s, –e: indischer Gelehrter, meist Brahmane

Pan|do|ra (gr.): „Allbeschenkende", griech. Göttin, die die Übel in die Welt brachte ✳ **Pan|do|ra|büch|se** (gr.), die; –, –n: Zwietracht und Unheil bringendes Geschenk [gr. pan all und doron Geschenk]

Pan|d|schab, Pan|d|schab, das; –s: „Fünfstromland", ind. Landschaft an Indus und Nebenflüssen ✳ *Pandschabbeule:* eine Hautkrankheit ✳ **Pan|d|scha|bi,** der; –s, –: Bewohner des Pandschab ✳ **Pan|d|scha|bi,** das; –s: neuindische Sprache ✳ *Pandschabiliteratur*

Pan|dur (ung.), der; –en, –en:

ungar. Fußsoldat : (schweiz.) Diener

Pa|neel (l.-afr.), das; –s, –e: Wandtäfelung : Füllstück in einem Rahmen : Wandbrett, Aufsatzbrett ✳ **pa|nee|lie|ren** (..iert) tr.: mit hölzernem Wandgetäfel bekleiden

Pa|ne|gy|ri|ker (gr.), der; –s, –: Lobredner : Verfasser eines Lobgedichtes ✳ **Pa|ne|gy|ri|kon,** das; –s, ..ka: Buch in der orthodoxen Liturgie, in dem die Heiligen gepriesen werden ✳ **Pa|ne|gy|ri|kos, Pa|ne|gy|ri|kus,** der; –, ..ken: Lobrede : Huldigungsgedicht ✳ **pa|ne|gy|risch** Ew.: übertrieben lobrednerisch

Pa|nel (e.) [pänel], das; –s, –s: für eine bestimmte Gruppe als repräsentativ anzusehender ausgewählter Personenkreis

pa|nem et cir|cen|ses (l.) [kirk..]: „Brot und Zirkusspiele", Losungswort der röm. Kaiser

Pan|en|the|is|mus (gr.), der; –: philosoph. Lehre, nach der alles in Gott und Gott in allem ist, ohne dass er darin aufgeht ✳ **pan|en|the|is|tisch** Ew.

Pa|net|to|ne (it.), der; –(s), ..ni: italienische Gebäckspezialität

Pan|eu|ro|pa: Alleuropa, erstrebte Vereinigung aller europäischen Staaten zu einer Einheit ✳ *Pan-Europa-Bewegung*

Pan(s)flö|te, die; –, –n: Hirtenflöte, die aus mehreren Eintonpfeifen besteht

Pan|ger|ma|nis|mus (gr.), der; –: Alldeutschtum, das Streben der deutschen Völker nach Vereinigung ✳ **Pan|ger|ma|nist,** der; –en, –en: Alldeutscher

Pan|has, der; –: (niederd.) „Hase in der Pfanne", ein Gericht aus Buchweizengrütze und Wurstbrühe

Pan|hel|le|nis|mus, der; –: Allgriechentum, Streben der griechischen Völker nach Vereinigung

Pan|his|to|rie (gr.-l.), die; –: Allwisserei

Pa|nier (fr.), das; –s, –e: Banner : Heerfahne : (übertr.) etwas, dem man Treue geschworen hat : Wahlspruch, Motto [fr. bannière Band]

Pa|nier (fr.), die; –: (östr.) umhüllende Kruste aus Paniermehl und Ei ∗ **pa|nie|ren** (..iert) tr.: mit geriebener Semmel bestreuen : einkrusten : einbröseln ∗ *Paniermehl*

Pa|nik, pa|nisch: s. Pan (gr.)

Pan|is|la|mis|mus (gr.), der; –: Allislamismus, Streben der islam. Völker zur Einheit

Pan|je: s. Pan

Pan|kar|di|tis (gr.), die; –, ..diten: Entzündung des ganzen Herzens

Pan|k|ra|ti|ast (gr.), der; –en, –en: Allkämpfer ∗ **Pan|k|ra|ti|on,** das; –s, –s: Gesamtkampf, Vereinigung von Ring- und Faustkampf

Pan|k|re|as (gr.), das; –, ..ase: Bauchspeicheldrüse ∗ **Pan|k|re|a|tin,** das; –s: Sekret des Pankreas : Heilmittel ∗ **Pan|k|re|a|ti|tis,** die; –: Bauchspeicheldrüsenentzündung [gr. pan all und kreas Fleisch]

Pan-k-re-as

Bei zusammengesetzten Wörtern, deren Bestandteile meist nur Fachleute kennen, kann sowohl nach der Zusammensetzung getrennt werden als auch nach der allgemeinen Regel, nach der bei Konsonantenkombinationen der letzte Konsonant abgetrennt wird: *Pankreas* und *Pank-reas, Pamphlet* und *Pamph-let.*

Pan|lo|gis|mus (gr.), der; –: Lehre Hegels, wonach das All vernunftgemäß geordnet ist

Pan|mi|xie (gr.), die; –, ..xien: wahllose Vermischung aller Erbanlagen

Pan|ne, die; –, –n: Klemme : Unfall : Schaden : Störung, besonders an Fahrzeugen ∗ *Pannendienst; pannenfrei* Ew.

Pan|no|ni|en: Donauprovinz Roms

Pa|no|pho|bie: s. Pan

Pa|n|op|ti|kum (gr.), das; –s, ..ken: Schaubude, in der „alles zu sehen" ist (bes. Wachsfiguren) ∗ **Pa|no|ra|ma** (gr.), das; –s, ..men: Rundsicht, –gemälde : Ausblick, Aussicht ∗ *Panoramaaufnahme; Panoramafenster*

Pan|psy|chis|mus, der; –: philosophische Lehre, dass alle Dinge beseelt seien

Pansch, der; –es, –e: Mansch : Gebräu : Gemisch ∗ **pan|schen** (du pansch[e]st) tr.:

mischen : verfälschen (bes. Wein) : Wasser usw. schlagen : klatschen : (sächs.) regnen ∗ **Pan|scher,** der; –s, –: (meist) Weinpanscher ∗ **Pan|sche|rei,** die; –, –en: das Panschen

Pan|se, die; –, –n; **Pan|sen,** der; –s, –; **Pan|zen,** der; –s, –: Wanst : erster Magen der Wiederkäuer : Kaldaunen

Pans|flö|te: s. Panflöte

Pan|sla|vis|mus,

Pan|sla|wis|mus (gr.), der; –: Allslawentum, Streben der slawischen Völker zur Vereinigung ∗ **Pan|sla|wist,** der; –en, –en: Verfechter des P.

Pan|soph (gr.), der; –en, –en: Allweiser : Allgelehrter ∗ **Pan|so|phie,** die; –, ..phien: Allweisheit : Gesamtwissenschaft : Dünkel des Allwissens

Pan|sper|mie (gr.), die; –: Lehre von der Übertragung von Lebenskeimen durch das All

Pan|tal|lon, Pan|ta|lo|ne, der; –s, –s und ..ni: Spitzname der Venezianer : Maskenrolle ∗ **Pan|ta|lons** (fr.) [pangtalongß] Mz.: (lange) Beinkleider

pan|ta rhei (gr.): „alles fließt", angeblicher Grundsatz Heraklits, wonach alles in ständigem Werden und Vergehen begriffen ist

Pan|ter: s. Panther

Pan|the|is|mus (gr.), der; –: Allgott-, Weltgottglaube : Anschauung, nach welcher Gott und Welt eins sind ∗ **Pan|the|ist,** der; –en, –en: Verfechter des P. ∗ **pan|the|is|tisch** Ew.: weltgottgläubig ∗ **Pan|the|on,** das; –s, –s: Tempel für alle Götter in Rom : „Tempel der Unsterblichen" zu Paris : (übertr.) Ehrentempel

Pan|ther *auch:* **Pan|ter** (gr.), der; –s, –: eine Raubtierkatze mit gelbem, schwarzgeflecktem Fell : Leopard : Pard : Parder : Panther|fell; Pan|therkatze; Panthertier*

Pan|ti|ne, die; –, –n: (nordostdtsch.) Holzpantoffel

pan|to.. (gr.) Ew. in Zus.: all.. : gesamt..; vgl. pan..

Pan|tof|fel (it.), der; –s, –n: Pantöffelchen : Hausschuh ohne Fersenteil : (übertr.) Herrschaft der Frau im Hause ∗ *unter dem Pantoffel stehen* intr.:

unter der Herrschaft der Frau stehen ∗ *Pantoffelbaum:* Korkeiche; *Pantoffelblume:* eine Pflanze; *Pantoffelfisch:* Hammerfisch; *pantoffelförmig* Ew.; *Pantoffelheld:* Mann, der sich von seiner Frau beherrschen lässt; *Pantoffelholz:* Holz des Pantoffelbaumes; *Pantoffelkino:* (scherzh.) Fernsehen; *Pantoffelschnecke:* eine Meeresschnecke; *Pantoffeltierchen:* beweglicher Einzeller mit fester Gestalt ∗ **pan|tof|feln** tr.: gekrispeltes Leder durch Reiben mit Pantoffelholz glänzend machen : unterm Pantoffel stehen; intr. (sein): in Pantoffeln gehen ∗ **Pan|to|let|te,** die; –, –n: leichter Sommerschuh ohne Fersenteil

Pan|to|graph *auch:* **Pan|to|graf** (gr.), der; –en, –en: Allzeichner : Allschreiber : Storchschnabel, Werkzeug zum Übertragen von Zeichnungen ∗ **Pan|to|gra|phie** *auch:* **Pan|to|gra|fie,** die; –, *auch:* ..fien: Schattenrisskunst ∗ **Pan|to|kra|tie,** die; –: Allherrschaft ∗ **Pan|to|mim,** der; –s, –: Gebärdenspieler ∗ **Pan|to|mi|me,** der; –s, ..men, ..men: Gebärdenspieler ∗ **Pan|to|mi|me,** die; –, –n: Gebärdenspiel ∗ **Pan|to|mi|mik,** die; –: Kunst des Gebärdenspiels ∗ **pan|to|mi|mi|sie|ren** (..iert) tr.: durch Gebärden darstellen ∗ **pan|to|mi|misch** Ew.: mit, durch Gebärden dargestellt ∗ **pan|to|phag** Ew.: allesfresserisch ∗ **Pan|to|pha|ge,** der; –n, –n: Allesfresser ∗ **Pan|to|pha|gie,** die; –: Allesfresserei ∗ **Pan|to|pho|bie,** die; –, –n: Furcht oder Scheu vor allem : Wasserscheu ∗ **Pan|tos|kop,** das; –s, –e: eine Kamera mit weitem Blickfeld ∗ **Pan|to|so|phie:** Pansophie [s. panto.. und die Grundwörter]

Pan|tra|gis|mus (gr.), der; –: Tragik des gesamten Lebens an (und für) sich

Pan|t|ry (e.) [päntri], die; –, –s: Speisekammer auf Schiffen : Anrichte

Pantsch, Pant|schen, Pant|scher: s. Pansch

Pant|schen-La|ma: Taschi-Lama, zweites, kirchliches Oberhaupt der Lamaisten nach dem Dalai-Lama

Pan|ty (e.) [pänti], die; –, –s: Miederhose

Pän|ul|ti|ma, die; –, ..men und ..mae: (Sprachl.) vorletzte Silbe

Pan|zen: s. Pansen

Pan|zer (it.), der; –s, –: der den Brustkorb deckende Teil des Harnisches : Harnisch überhaupt : panzerähnlicher Teil des Leibes bei Tieren : Eisenbekleidung eines Schiffes : Kampfwagen * *Panzerabwehrgeschütz; Panzerauto; panzerbrechend* Ew.; *Panzerdivision; Panzereidechse; panzerfetzen* tr.: gründlich prüfen : abkanzeln; *Panzerfaust; Panzerflotte:* Flotte aus Panzerschiffen; *Panzerfrosch:* eine Froschart; *Panzergeschwader:* Geschwader aus Panzerschiffen; *Panzerglas; Panzerhandschuh; Panzerhemd(e); Panzerkette; Panzerkrebs; Panzerkreuzer:* gepanzertes Kriegsschiff; *Panzerplatte:* Stahlplatte zum Panzern (der Schiffe usw.); *Panzerschiff:* ein mit Stahlplatten gepanzertes Schiff; *Panzerschrank; Panzerschwein:* Dasypus : Schuppentier; *Panzerspähwagen:* gepanzertes Kraftfahrzeug; *Panzersperre:* Sperre gegen Panzer; *Panzerturm:* Geschützturm auf Kriegsschiffen; *Panzerwagen; Panzerzug* * **pan|zern** tr.: mit einem Panzer versehen; rbz.: sich wappnen * **Pan|ze|rung,** die; –, –en: das Panzern

Pä|on, pä|o|nisch: s. Päan

Pä|o|nia, Pä|o|nie (gr.), die; –, ..nien: Pfingstrose * **Pä|o|nin,** das; –s: ein Farbstoff

pap: Tonwort zur Bezeichnung des Säuglingsgestammels *

Pap|pa, (volkst.) **Pap|pa,** der; –s, –s: ein von „pap" ausgehendes Kinderwort für Vater

Pa|pa (ml.), der; –s, –s: Vater : Bischof : Papst * **pa|pa|bel** Ew.: papstfähig : zur Erlangung der Papstwürde geeignet * **Pa|pa|bi|le** (it.), der; –s, ..li: Kardinal, der als Papstkandidat in Frage kommt * **pa|pal** Ew.: päpstlich * *Papalsystem:* die päpstliche Oberherrschaft in der Kirche * **Pa|pat,** das; –(e)s, –e: päpstliche Würde : geistliche Regierung des Papstes *

Pa|pis|mus, der; –: Papsttum : Lehre vom Papst als unfehlbarem Statthalter Gottes * **Pa|pi,** der; –s, –s: Kosewort für Vater * **Pa|pist,** der; –en, –en: Anhänger des Papsttums * **pa|pis|tisch** Ew.: päpstlich : päpstlich gesinnt * **Pa|po|la|trie,** die; –, ..trien: übermäßige Verehrung, Anbetung des Papstes * **Paps** (nur in der Anrede): Papi * **Papst,** der; –es, Päpste: das geistliche Oberhaupt der röm.-kath. Kirche : (Kartsp.) eine hohe Figur : ein Getränk : (stud.) bei der Bierfehde das zweite Glas : Kaulbarsch : Name von Bäumen * *Papstbaum:* ein Laubbaum; *Papstfamilie:* Umgebung des Papstes; *Papstkatalog:* Verzeichnis der Päpste; *Papstkrone; Papstname; Papstwahl* * **päps|teln** intr.: sich päpstlich gehaben * **päps|tisch** Ew.: papistisch mit tadelndem Nebensinn * **Päpst|ler,** der; –s, –: Papist : Papsttümler * **päpst|lich** Ew.: dem Papst gehörend : sich auf den Papst beziehend * *der Päpstliche Stuhl* * **Päpst|lich|keit,** die; –, –en: spött. Titel für einen, der sich als unfehlbares Oberhaupt gebart * **Papst|tum,** das; –s: päpstliche Herrschaft : der von ihr vertretene Gedanke

Pa|pa|gal|lo (it.), der; –(s), ..lli: Mann mit häufig wechselnden Liebesbeziehungen zu Touristinnen

Pa|pa|gei (türk.-arab.), der; –en und –(e)s, –e(n): eine Gattung meist bunter Klettervögel, Sittich * *Papageiblume:* eine Pflanze; *Papageifisch:* ein bunter Fisch; *Papageitaucher:* eine Alkenart * *Papageienfeder; Papageienkrankheit:* eine durch Papageien übertragene Viruskrankheit * **pa|pa|gei|en|haft** Ew.: plapperhaft wie ein Papagei * **pa|pa|gei|isch** Ew.: nach Art eines Papageies * **Pa|pa|ge|no:** Vogelfänger und Begleiter Taminos aus Mozarts Zauberflöte

pa|pal, Pa|pat: s. Papa

Pa|pa|ve|ra|ze|e (l.) [..w..], die;

–, –n: mohnartiges Gewächs * **Pa|pa|ve|rin,** das; –s: im Opium enthaltene Pflanzenbase

Pa|pa|ya (span.), die; –, –s: melonenartige Frucht : Baum, der diese Früchte trägt

Pa|pel, die; –, –n: Hautknötchen : Pustel * **pa|pu|lös** Ew.: mit Pusteln bedeckt

Pa|per (e.) [pehper], das; –s, –s: Schriftstück : schriftliche Unterlage * **Pa|per|back** (e.) [..bäk], das; –s, –s: Taschenbuch : kartoniertes Buch

Pa|pe|te|rie (fr.), die; –, ..rien: Papierwarenhandlung : Schreibmappe

Pa|pi: s. Papa

Pa|pier (gr.), das; –s, –e: aus Lumpen, Holz, Zellstoff verfertigte dünne Blätter zum Schreiben, Drucken, Einwickeln usw.: Schriftstück : Urkunde : Schriftstück, das eine Geldwert vertritt : (Kartsp.) die einem Spieler zufallenden Karten : versch. Schnecken * *Papierbahn; Papierbaum:* Weißpappel; *Papierblume:* Blume aus Papier : Name mancher Blumen; *Papierblock; Papierbogen; Papierboot:* ein Tintenfisch; *Papierdeutsch:* leblose Ausdrucksweise; *papierdünn* Ew.: dünn wie Papier; *Papierfabrik; Papierfenster; Papierfetzen; Papierformat; Papiergeld; Papiergewebe; Papiergewicht; Papierhandel; Papierhändler; Papierindustrie; Papierkorb:* Korb für Abfallpapier; *Papierkragen:* Kragen aus Papierstoff; *Papierkrieg; Papiermaché* (fr.) [..mascheh] *auch:* Papiermaschee: formbare Papiermasse; *Papiermacher; Papiermasse:* Brei aus noch unfertigem, dickflüssigem Papier; *Papiermaulbeere:* eine Art Maulbeere; *Papiermesser; Papiermühle:* Papierfabrik; *Papierrolle; Papiersack; Papierschere:* Schere zum Schneiden des Papiers; *Papierschlange; Papierschnipsel; Papierschnitzel:* kleine Stückchen Papier; *Papierschweizer* (Papierlischwyzer): schweiz. Staatsbürger durch Eheschließung oder Kauf der Staatsbürgerschaft; *Papierserviette; Papierstaude:* Papyrus, eine Pflanze; *Papierstoff; Pa-*

piertaschentuch; Papiertiger: nur dem Schein nach starke Person; *Papierwespe:* Wespe, die papierartige Zellen baut; *Papierwindel; Papierwolle; Papierzeug:* Papiermasse **papieren** Ew.: aus Papier : papierartig : auf dem Papier (nicht in der Wirklichkeit) vorhanden **Papierer**, der; –s, – : Papiermacher

Papilionalzee (l.), die; –, –n: Schmetterlingsblütler (eine Pflanzengattung) **Papillon** (l.-fr.) [papijong], der; –s, –s: Schmetterling : flatterhafter Mensch **Papillote** [papijott'], die; –, –n: Haarwickel **papillotieren** (..iert) [..pijott..] tr.: Haare aufwickeln

papillar (l.) Ew.: warzenartig, -förmig **Papillargeschwulst; Papillarkörper:** oberste Lederhautschicht mit Papillen, in denen die Nerven enden; *Papillarlinien:* Linien, die im Fingerabdruck sichtbar werden **Papille**, die; –, –n: Wärzchen : warzenähnliche Bildung **papilliform** Ew.: warzenförmig **Papillom**, das; –s, –e: gutartige Zottengeschwulst, Blumenkohlgewächs (der Haut) **papillös** Ew.: warzig : mit warzenähnlichen Erhöhungen

Papin [..päng]: fr. Physiker **papinisch** [papin..] Ew.: nach Papin benannt **Papintopf:** Dampfkochtopf (auch Digestor, Autoklav)

Papiros, die; –, –, **Papirossa**, die; –, ..rossy (russ.) Zigarette

Papismus, Papist, Papollatrie usw.: s. Papa

Papp, der; –(e)s, –e; Päppchen: Kinderwort für Brei : Kleister **Pappe**, die; –, –n: dicker Papierbrei : daraus gefertigtes dickes Papier **das ist nicht von Pappe:** das ist etwas Ordentliches, Wertvolles **Pappendeckel:** Deckel aus Pappe : Bucheinband; *pappendeckeln* tr.: einbinden : Buchbinderarbeit machen; *Pappenform; Pappenleim; Pappenpresse; Pappenstiel:* „Stiel der Pappenblume", (übertr.) Sache von ganz geringem Wert **Papparbeit; Pappband:** Bucheinband von Pappe; *Pappbe-*

cher; Pappbogen; Pappdach; Pappkasten; Pappkarton; Pappmaschee auch: Pappmaché; *Pappplakat; –schachtel; –teller; Pappwerk:* Papparbeit **pappen** Ew.: aus Pappe gefertigt **pappen** tr.: (zuw.) pappeln, essen : kleben **pappig** Ew.: wie Papp, wie Pappe beschaffen

Pappmaschee / Pappmaché
Hier ist die eingedeutschte Form (*Pappmaschee*) die Hauptvariante, die fremdsprachliche (*Pappmaché*) die ebenfalls korrekte Nebenvariante.

Pappel (l.), die; –, –n: Laubbaum : Pappelbaum **Pappelallee; Pappelblume:** Malve; *Pappelgang; Pappelholz; Pappelkäfer; Pappelöl:* Öl aus den Knospen der Schwarzpappel; *pappelschlank* Ew.: schlank wie eine Pappel; *Pappelschwärmer:* ein Nachtschmetterling; *Pappelvogel:* ein Tagschmetterling; *Pappelweide:* Schwarzpappel **pappeln** Ew.: vom Pappelbaum : aus Pappelholz

Pappel (ml.), die; –, –n: (sächs.) Malve : Samtpappel : Eibisch **Pappelkäse:** Samenkörner der Malven; *Pappelkohl, Pappelrose, Pappelsammet:* malvenartige Pflanzen

pappeln intr. (Kdspr.) essen; tr.: ein Kind füttern **päppeln** tr.: mit Brei füttern **pappen** intr.: pappeln; tr.: s. Papp

Pappenheimer, der; –s, –: Kürassier des Generals Pappenheim **seine Pappenheimer kennen:** wissen, mit wem man es zu tun hat

papperlapapp!: Ausruf, um albernes Gerede abzuschneiden **Papperlapapp**, das; –s: Geschwätz

pappig: s. Papp

Papps: s. Pamp

Pappus (l.), der; –, – und ..usse: Federkrone : haariger Kelch der Frucht von Korbblütlern

Paprika (ungar.), der; –s, –s: ungarischer, türkischer oder spanischer Pfeffer **Paprikaschnitzel** **Paprika**, die; –, –(s): Paprikaschote **paprizieren** tr.: Paprikapulver zufügen

Paps: s. Papa

Papst usw.: s. Papa

Papua (malay.), der; –s, –s: Eingeborener von Neuguinea **Papuasprache** **Papua-Neuguinea:** Staat auf Neuguinea **papualanisch** Ew. [malay. papuah kraushaarig]

papulös: s. Papel

Papyrin (gr.), das; –s: Pergamentpapier **Papyrograph** *auch:* **Papyrograf**, der; –en, –en: Umdrucker, Vorrichtung zum Kopieren **Papyrus**, der; –, ..ri: Pflanze, aus deren Halmenmark Papier hergestellt wurde : altägypt. Papier : Papyrusrolle, Handschrift auf Papyrus **Papyruskunde; Papyrusrolle; Papyrusstaude; Papyrustext** **Papyrologie**, die; –: Papyruskunde **Papyrologe**, der; –n, –n: Erforscher und Kenner von Papyri **par..:** s. para..

par (fr.) Vw.: durch : aus : mit : zu

par (l.) Ew.: gleich **par et impar:** „gerade und ungerade", ein Hasardspiel; *par ratio:* gleiche Bewandtnis : gleichviel : (Rechtsspr.) gleicher Grund des Gesetzgebers; *pari passu:* gleichen Schrittes : in gleichem Maße; *pares* Mz.: Gleiche : Gleichstarke : Standesgleiche : Pairs, s. d. **pari, al – **(it.): gleich : gleichwertig : im Nennwerte stehend : ohne Aufgeld, Abzug, Verlust **unter pari stehen** intr.: unter dem Nennwert stehen **Pari** (it.), das; –s: Nennwert **Parikurs:** der dem Nennwert eines Wertpapiers entsprechende Kurs; *Parirechnung:* Berechnung über den gleichen inneren Wert der Münzen und das Verhältnis der Wechselpreise der verschiedenen Handelsplätze; *Pariwert* **Parifikation**, die; –, –en: Gleichstellung : Ausgleichung **Parifikationsland:** dem Ackerbau entzogenes Land **parifizieren** (..iert) tr.: gleichmachen : gleichstellen **parisyllabisch** Ew.: gleichsilbig **Parisyllabum**, das; –s, ..ba: in den Biegungsfällen gleichsilbiges Wort **Parität**, die; –, –en: Gleichstellung : das im Wechselkurs zum Ausdruck kommende

Austauschverhältnis zwischen verschiedenen Währungen ✳ **pari|tä|tisch** Ew.: gleichberechtigt : gleichwertig

Pa|ra, der; –, –: eine Münze in Jugoslawien und in der Türkei [pers. pârah Stück]

Pa|rá: nordbrasil. Staat ✳ *Paranuß* → *Paranuss:* Brasilnuss

pa|ra.. (gr.) Vorwort in Zus. (vor Vokalen par..): neben : bei : hin : hinzu : daran vorbei : darüber hinaus : ver.. : miss.. : gegen.. : entgegen.. : wider.. : um.. ✳ **Pa|ra|ba|se, Pa|ra|ba|sis**, die; –, ..basen: Abschweifung : das Abspringen (von einem Gegenstande zum andern) : das Übergehen : im altgriech. Lustspiel Anrede des Chorführers an das Volk : Dichtungsform ✳ **Pa|ra|bel**, die; –, –n: Gleichnis(rede) : Wurflinie : Kegelschnitt ✳ **Pa|ra|bel|lum**, die; –, –: in der Armee verwendete Pistole mit Selbstlader ✳ *Parabellumpistole* ✳ **Pa|ra|bi|o|se**, die; –, –n: Zusammenleben zweier Lebewesen : künstlich herbeigeführte Verwachsung zweier Lebewesen zu Versuchszwecken ✳ **pa|ra|bo|lisch** Ew.: gleichnisweise : im Kegelschnitt ✳ *Parabolantenne; Parabolspiegel:* im Kegelschnitt konstruierter Spiegel, Hohlspiegel ✳ **pa|ra|bo|li|sie|ren** (..iert) intr.: in Gleichnissen reden ✳ **Pa|ra|bo|lo|id**, das; –(e)s, –e: durch Umdrehung einer Parabel um ihre Achse entstandener Kegel : Fläche zweiter Ordnung

Pa|ra|cel|sus: dtsch. Arzt, Naturforscher und Naturphilosoph (16. Jh.) ✳ *Paracelsus-Ausgabe* → *Paracelsusausgabe; Paracelsus-Medaille* → *Paracelsusmedaille*

Paracelsusmedaille
Wenn ein Familien- oder Personenname zusammen mit einem Substantiv eine geläufige Bezeichnung bildet, so schreibt man diese zusammen: *Bachkantate, Goethedenkmal, Paracelsusmedaille.*

Pa|ra|chro|nis|mus (gr.), der; –, ..men: Zeitrechnungsfehler [gr. chronos Zeit]

Pa|ra|de (fr.), die; –, –n: Schaustellung : feierlicher Aufzug : Truppenschau : Mus-

terung : (Fechtkst., Boxen) Abwendung eines Stoßes : Deckung : Auslage beim Fechten : (bei Ballspielen) Abwehr durch den Torhüter : (Reitsport) das Pferd zu kürzerer Gangart oder zum Anhalten bringen ✳ *Paradebeispiel:* besonders treffendes Beispiel : Beispiel, das ein Argument trefflich belegt; *Paradebett:* Prunkbett; *Paradekissen; Parademarsch:* feierl. Vorbeimarsch : Marschmusik; *Paradepferd:* besonders präsentable Person oder Sache; *Paradeplatz:* Platz, wo eine Parade abgehalten wird; *Paradeschritt; Paradestück; Paradeuniform* **pa|ra|die|ren** (..iert) intr.: zur Schau stehen : mit etwas prunken [fr. parer schmücken]

Pa|ra|deis|ap|fel, der; –s, ..äpfel, **Pa|ra|dei|ser**, der; –s, –: (östr.) Tomate ✳ *Paradeismark; Paradeissalat; Paradeissuppe*

Pa|ra|den|ti|tis, Pa|ra|den|to|se, Pa|r|o|don|to|se (l.), die; –: Zahnfleischschwund

Pa|ra|dies (skr.), das; –es, –e: Aufenthaltsort der ersten Menschen vor dem Sündenfall : Aufenthaltsort der Seligen nach diesem Leben : Garten Eden : Himmel : Wonnegefilde (Baukst.) Portalvorbau an Kirchen des Mittelalters ✳ *Paradiesammer:* ein Vogel; *Paradiesapfel:* Name für die Tomate : Pampelmuse : Apfelsorte; *Paradiesbaum; Paradiesfeige:* Frucht vom Pisang; *Paradiesfisch; Paradiesholz:* Adlerholz und Aloeholz; *Paradieskorn:* ostind. Gewürz; *Paradiesvogel:* bunte Vogelart in Neuguinea : fremdartig wirkende Person; *Paradieswitwe:* ✳ **pa|ra|die|sisch** Ew.: wonnig : herrlich [skr. paradêsa fremdes, bestes, schönstes Land]

Pa|ra|dig|ma (gr.), das; –s, ..men und ..mata: Musterbeispiel, –wort ✳ **pa|ra|dig|ma|tisch** Ew.: vorbildlich : musterhaft : beispielhaft ✳ **pa|ra|dig|ma|ti|sie|ren** (..iert) intr.: durch Beispiele lehren [gr. para daneben und deiknynai vorzeigen]

pa|ra|dox (gr.) Ew.: anschei-

nend widersinnig : wider die Erwartung : ungewöhnlich : seltsam ✳ **Pa|ra|do|xie**, die; –, ..xien: Widersinnigkeit ✳ **Pa|ra|do|xon**, das; –s, ..xa: Widersinn : scheinbar widersinnige Behauptung oder Folgerung [gr. para gegen und doxa Meinung]

Pa|raf|fin (l.), das; –s, –e: ein aus Erdöl gewonnenes festes Fett ✳ *Paraffinkerze; Paraffinöl:* Schmiermittel ✳ **pa|raf|fi|nie|ren** tr.: Paraffin auftragen ✳ **pa|raf|fi|nisch** Ew.: paraffinartig

Pa|ra|gli|der (e.) [paraglaider], der; –s, –: flugtauglicher Gleitschirm ✳ **Pa|ra|gli|ding**, das; –s: Fliegen mit dem Paraglider

Pa|ra|gramm (gr.), das; –s, –e: Zusatz : Einschiebsel in eine Schrift : Wortveränderung oder Wortverfälschung in einer Schrift; auch Anagramm ✳ **Pa|ra|graph** *auch:* **Pa|ra|graf**, der; –en, –en: im Absatz : Abschnitt : Zeichen für diesen (§) : Rechtssatz : Satz ✳ *Paragraphendickicht auch: Paragrafendickicht; Paragraphendschungel auch: Paragrafendschungel; Paragraphenreiter auch:* (spött.) jemand, der nichts kennt als seine Paragrafen; *paragraphenweise auch: paragrafenweise* Ew. ✳ **Pa|ra|gra|phie** *auch:* **Pa|ra|gra|fie**, die; –: Unfähigkeit, in den gewohnten Schriftzeichen zu schreiben ✳ **pa|ra|gra|phie|ren** *auch:* **pa|ra|gra|fie|ren** (..iert) tr.: in Abschnitte teilen [gr. para dazu und graphein schreiben]

Paragraph / Paragraf
Hier ist die fremdsprachliche Form *Paragraph* die Hauptvariante, weil meist fachsprachlich gebraucht; die eingedeutschte Form *Paragraf* ist jedoch ebenfalls korrekt.

Pa|ra|gu|ay, der; –s: südam. Fluss ✳ **Pa|ra|gu|ay:** südam. Staat ✳ *Paraguaytee:* Mate ✳ **Pa|ra|gu|a|yer, Pa|ra|gu|a|ya|ner** der; –s, –: Bewohner Paraguays ✳ **pa|ra|gu|a|ya|nisch** Ew.: aus Paraguay stammend ✳ **Pa|ra|gu|yt**, der; –en, –en: Paraguayer

Pa|ra|ki|ne|se (gr.), die; –, –n: (Med.) unkoordinierter Bewegungsablauf

Pa|rak|la|se (gr.), die; –, –n: (Geol.) spaltenbildende Verwerfung

Pa|rak|let (gr.) der; –(e)s und –en, –e(n): Helfer : Berater : Tröster : der Heilige Geist *

Pa|rak|le|ti|kon, das; –s, ..ka: Trostschrift * **pa|rak|le|tisch** Ew.: tröstend : trostreich [gr. para herbei und kletos gerufen]

Pa|ra|ku|sis (gr.), die; –: (Med.) Gehörstörung

Pa|ra|la|lie (gr.), die; –, ..li|en: undeutliche Aussprache : Wort- und Lautverwechslung [gr. paralalein falsch reden]

Pa|ra|le|xie (gr.), die; –, ..xi|en: Lesestörung [gr. para gegen und legein lesen]

Pa|ra|li|po|me|na (gr.) Mz.: Ausgelassenes : Übergangenes : Zusätze : die Bücher der Chronik in der Bibel *

Pa|ra|lip|se, die; –, –n: (Redekst.) scheinbare Übergehung [gr. paraleipein vorbeilassen]

Pa|ral|la|ge (gr.), die; –, ..lagen: Abwechslung : Verwechslung : (Med.) Geistesverwirrung * **pa|ral|lak|tisch** Ew.: (Astron.) auf den Fernwinkel bezüglich * **Pa|ral|la|xe**, die; –, –n: scheinbare Abweichung : (Astron.) Fernwinkel : (Fot.) Bildverschiebung zwischen Sucher und Objektiv [gr. parallassein abweichen]

pa|ral|lel (gr.) Ew.: gleichlaufend : überall gleichviel voneinander abstehend : einander entsprechend : gleichzeitig : gleichartig * *Parallelerscheinung; Parallelfall; Parallelflach:* Parallelepiped; *Parallelklasse; Parallelkreis:* Breitenkreis, der am Äquator parallel läuft; (Elektr.) *Parallelschaltung,* die; –, –en: Nebeneinanderschaltung; *parallel schalten* intr.; *Parallelstelle; Parallelstraße; Paralleltonart* * **Pa|ral|le|le**, die; – oder –n, –n: eine Linie, die von einer anderen überall gleich weit entfernt ist : Vergleich : Verbindung zwischen zwei Laufgräben * **Pa|ral|le|le|pi|ped**, das; –(e)s, –e; **Pa|ral|le|le|pi|pe|don**, das; –s, ..da und ..peden:

(Math.) Rautenprisma * **pa|ral|le|li|sie|ren** (..iert) tr.: gleichstellen : vergleichend zusammenstellen * **Pa|ral|le|lis|mus**, der; –, ..men: Gleichlauf von Linien oder Flächen : vergleichende Zusammenstellung, Übereinstimmung : Gleichförmigkeit : Gleichlaut * **Pa|ral|le|li|tät**, die; –: Gleichlauf : Übereinstimmung * **Pa|ral|le|lo|gramm**, das; –s, –e: (Math.) ein Viereck, bei dem die gegenüberliegenden Seiten parallel sind * *Parallelogramm der Kräfte:* Lehrsatz der Mechanik [gr. parallelos nebeneinander laufend]

Pa|ra|lo|gie (gr.), die; –, ..gien: Widersinn : Irrtum : (Med.) Irrereden * **Pa|ra|lo|gis|mus**, der; –, ..men: Trugschluss * **Pa|ra|lo|gis|tik**, die; –: das Arbeiten mit Trugschlüssen

Pa|ra|ly|se, Pa|ra|ly|sis (gr.), die; –, ..lysen: (Med.) Lähmung : Gehirnerweichung * **pa|ra|ly|sie|ren** (..iert) tr.: lähmen : schwächen : entkräften : aufheben : unwirksam machen * **Pa|ra|ly|ti|ker**, der; –s, –: (Med.) Gelähmter : an Gehirnerweichung Erkrankter * **pa|ra|ly|tisch** Ew.: gelähmt

Pa|ra|ment (gr.), das; –(e)s, –e: Decke vor Altar oder Kanzel mit liturg. Färbung und Symbolik : Kirchenkostbarkeit : Messgewand : Verblendung * *Paramentenmacher* * **Pa|ra|men|tik**, die; –: Lehre von den Paramenten

Pa|ra|me|ter (gr.), der; –s, –: Bestimmungsgröße : Konstante, von der die Kurvengestalt abhängt

pa|ra|mi|li|tä|risch Ew.: militärartig, militärähnlich

Pa|ram|ne|sie (gr.), die; –, ..sien: Unfähigkeit, Vergangenes und Gegenwärtiges der jeweiligen Zeit zuzuordnen

Pa|ra|my|thie (gr.), die; –, ..thien: Fabeldichtung

Pa|ra|na: südam. Strom

Pa|rä|ne|se (gr.), die; –, –n: Ermahnung : Ermunterung : Überredung : Nutzanwendung einer Predigt * **pa|rä|ne|tisch** Ew.: ermahnend

Pa|ra|noia (gr.), die; –: Verrücktheit, Wahnsinn * **pa|ra|no|id** Ew.: paranoiakrank

: paranoiaartig * **Pa|ra|no|i|ker**, der; –s, –: Paranoia-Patient * **pa|ra|no|isch** Ew.: paranoid

Pa|ra|nor|mal (gr.) Ew.: übersinnlich, übernatürlich

Pa|ra|nuß → **Pa|ra|nuss**: s. Pará

Pa|raph (gr.-fr.), der; –s, –e; **Pa|ra|phe**, die; –, –en; der; –s, –s: Namenszug, Namensstempel * **pa|ra|phie|ren** (..iert) tr.: unterzeichnen : stempeln : seine abgekürzte Unterschrift unter Abänderungen setzen * **Pa|ra|phie|rung**, die; –, –en: das Unterzeichnen mit abgekürztem Namenszug

Pa|ra|pha|sie (gr.), die; –, ..sien: Sprachstörung

Pa|ra|phi|mo|se, Pa|ra|phi|mo|sis, die; –, ..mosen: Umstülpung und Geschwulst der Vorhaut (Spanischer Kragen)

Pa|ra|phra|se, Pa|ra|phra|sis (gr.), die; –, ..phrasen: Umschreibung : Ausschmückung : erläuternde Ausführung * **pa|ra|phra|sie|ren** (..iert) tr.: umschreiben : ausschmückend erläutern * **Pa|ra|phrast**, der; –en, –en: Erklärer, Ausleger

Pa|ra|ple|gie, Pa|ra|ple|xie (gr.), die; –, ..ien: (Med.) Querlähmung von Körperteilen (beidseitig)

Pa|ra|pluie (fr.) [..plüih], der; das (östr. nur das); –s, –s: Regenschirm

Pa|ra|psy|cho|lo|gie (gr.), die; –: Geheimwissenschaft : Lehre von den okkulten seelischen Erscheinungen

Pa|ra|sit (gr.), der; –en, –en: Schmarotzer : Mitesser * **pa|ra|si|tär** Ew.: die Parasiten betreffend * **Pa|ra|si|ten|tum**, das; –(e)s: Schmarotzertum, –wesen * **pa|ra|si|tisch** Ew.: schmarotzerartig : schmarotzerisch * **Pa|ra|si|tis|mus**, der; –, ..is|men: Parasitentum * **Pa|ra|si|to|lo|gie**, die; –: Lehre von den krankheitserregenden Schmarotzern [gr. para neben und sitos Speise]

Pa|ra|ski, der; –: Sportart, die Riesenslalom und Fallschirmspringen verbindet

Pa|ra|sol (it.), der; –s, –s: Sonnenschirm * *Parasolpilz:* ein sehr großer, essbarer Pilz

Pa|rä|s|the|sie (gr.), die; –,

..sien: Kribbelgefühl, Einschlafen der Glieder

Pa|ra|sym|pa|thi|cus (gr.), der; –: der Teil des Nervensystems, der dem Sympathicus entgegenwirkt

Pa|ra|sze|ne, die; –, –n: Nebenszene, –vorgang * **Pa|ra|sze|ni|um**, das; –s, ..nien: Nebenräume der altgriech. Bühne

pa|rat (l.) Mw. Ew.: bereit : fertig : gerüstet * **pa|rie|ren** (..iert) tr.: abwehren : Hieb oder Stich abwenden : (Reitkunst) das Pferd zum Stehen bringen; intr.: ausweichen : unbedingt gehorchen [l. parare bereiten; parere gehorchen] *

pa|ra|tak|tisch (gr.) Ew.: nebenordnend : nebengeordnet *

Pa|ra|ta|xe, Pa|ra|ta|xis, die; –, ..taxen: Nebenordnung : (Sprachl.) gleichgestellte Satzordnung

Pa|ra|ty|phus (gr.), der; –: typhusähnliche Darmerkrankung

pa|ra|ty|pisch Ew.: nicht erblich

Pa|ra|vent (fr.) [parawang], der; das; –s, –s: Windschirm : Ofenschirm : spanische Wand

par a|vi|on (fr.) [– awiong]: „durch Luftpost"

pa|ra|zen|trisch (gr.-l.): um den Mittelpunkt liegend : beweglich

par|bleu! (fr.) [parblöh]: das wäre! : potztausend! [umgebildet aus par Dieu bei Gott]

Pär|chen: s. Paar

Par|cours (fr.) [parkur], der; –: Hindernisbahn bei Reiterwettkämpfen : Kurs einer Rallye

Pard (gr.), der; –en, –en; **Par|del, Par|der**, der; –s, –: Panther : Leopard

par|dauz!, par|duz!: bauz!, s. d.

Par|del: s. Pard und Panther

par dis|tan|ce (fr.) [– distangß]: aus der Ferne, in angemessener Entfernung

Par|don (fr.) [pardong], der; –s: Verzeihung : Gnade : Begnadigung * **par|do|na|bel** Ew.: verzeihlich * **par|do|nie|ren** (..iert) tr.: verzeihen

Par|dun, das; –s, –e und –s; **Par|du|ne**, die; –, –n: starkes Schiffstau * **Pardunenhanf**

Pa|r|en|chym (gr.), das; –s, –e: Zellgewebe : Pflanzenmark : Substanz des Eingeweides

Drüsensubstanz * **pa|r|en|chy|ma|tös** Ew.: das Parenchym betreffend [gr. parenchein daneben hineingießen]

pa|ren|tal (l.) Ew.: zur Generation der Eltern gehörig * **Pa|ren|tal|ge|ne|ra|ti|on**, die; –, –en: Elterngeneration *

Pa|ren|ta|ti|on (l.), die; –, –en: Totenfeier : Trauerrede * **Pa|rentationshalle:** Leichenhalle * **Pa|ren|tel**, die; –, –en: Verwandtschaft : die Gesamtheit der Abkömmlinge von einem Stammvater : Sippschaft * **Pa|rentelenordnung:** Erbfolgeordnung nach dem Grade der Verwandtschaft zum Stammvater

Pa|r|en|the|se (gr.), die; –, –n: Einschaltung : Einschlusszeichen, Klammer * **pa|r|en|the|tisch** Ew.: eingeschaltet : eingeklammert : beiläufig : im Vorbeigehen

Par|er|gon (gr.), das; –s, ..ga: Nebenwerk, –sache, –figur, –leistung, freiwillige Leistung : kleine Schrift [gr. para neben und ergon Werk]

Pa|re|se, Pa|re|sis (gr.), die; –, ..resen: Erschlaffung : Halblähmung : Schwäche * **pa|re|tisch** Ew.: nachgebend : schlaff : erschlaffend : schwach

par ex|cel|lence (fr.) [– ekßelangß]: vorzugsweise : vor allem * **par e|xem|ple** (fr.) [– egsangp'l]: zum Beispiel * **par force** (fr.) [– forß]: mit Gewalt : gewaltsam * **Par|force|jagd**, die; –, –en: Hetzjagd, Reitjagd mit Hunden

Par|fait (fr.) [parfä], das; der; –s, –s: Halbgefrorenes : Gewürzlikör

Par|füm (fr.)..föng], das; –s, –s; **Par|füm** [..füm], das; –s, –e: Riechmittel, Duftstoff * *Parfumflasche; –zerstäuber* * **Par|fü|me|rie**, die; –, ..rien: Parfümfabrik : Parfümladen * **Par|fü|meur** [..mör], der; –s, –e: Parfümdesigner * **par|fü|mie|ren** (..iert) tr.: mit Wohlgeruch erfüllen

Par|he|li|um (gr.), das; –s, ..lien: Nebensonne

pa|ri, Pa|ri usw.: s. par (l.)

Pa|ria, der; –s, –s: außerhalb jeder Kaste stehender oder der niedersten Kaste angehöriger Inder : (übertr.) von der menschlichen Gesellschaft

Ausgestoßener, Entrechteter : Unterprivilegierter [hindost. pahârijâ Gebirgsbewohner]

pa|rie|ren: s. parat

Pa|ri|fi|ka|ti|on: s. par (l.)

Pa|ris: (gr. Sage) Sohn des Priamos * *Parisurteil*

Pa|ris: Hauptstadt Frankreichs * **Pa|ri|ser**, der; –s, –: Einwohner von Paris : (Umgspr.) Kondom * *Pariser Arbeiter:* Hersteller von unechtem Blattgold; *Pariserblau:* ein Ferrozyankalisalz von hellblauer Farbe; *Pariser Mode* * **Pa|ri|si|enne** [..sjenn], die; –: Pariserin : Perlschrift : feinster Kattun : eine Pariser Hymne aus der fr. Revolution 1830 : Rundtanz * **pa|ri|sisch** Ew.

pa|risch: s. Paros

pa|ri|syl|la|bisch, Pa|ri|syl|la|bum: s. par (l.)

Pa|ri|tät: s. par

Park (ml.) der; –(e)s, –s: Wildgarten : größere Gartenanlage : Sammelstelle : Fahrzeugebestand (Fuhrpark, Wagenpark) * *Parkanlage:* Gartenanlage; *parkartig* Ew.; *Parkbank; Parktor; Parkwärter* * **par|ken** tr.: ein Fahrzeug auf einem Parkplatz stellen; intr.: auf einem Halteplatz stehen * *Parkand-ride-System:* Verkehrsregelung, nach der Kraftfahrer ihre Kraftfahrzeuge am Stadtrand auf Parkplätzen abstellen und von dort mit öffentlichen Verkehrsmitteln weiterfahren sollen; *Parkbahn:* (Raumfahrt) Bahn eines Raumschiffes (z. B. um den Mond) während des Abstiegs der Landefähre; *Parkbucht; Parkdeck; Parkhaus; Parkkralle:* Vorrichtung, die ein falsch parkendes Auto blockiert; *Parkometer:* Parkuhr; *Parkplatz:* Platz zum Einstellen für Fahrzeuge; *Parkscheibe; Parksünder; Parkuhr; Parkverbot; Parkzeit* * **par|kie|ren** (..iert) tr.: (schweiz.) einpferchen : parken * **Par|ko|me|ter**, das; –s, –: Parkzeitmesser

Par|ka (eskim.), die; –, –s; der; –(s), –s: knielanger, warmer Anorak mit Kapuze

Par|kett (fr.), das; –(e)s, –e: Platz in der Börse für die Makler : Saalplatz im Theater : getäfelter oder eingelegter Fußboden . Täfelwerk * *Parkettboden; Parkettleger; Parkettsitz* *

Parkette, die; –, –n: einzelnes Brett eines Parkettfußbodens * **parkettieren** (..iert) tr.: täfeln : einlegen

Parkinson-Krankheit → **Parkinsonkrankheit, parkinsonsche Krankheit**, die; –n –: eine Erkrankung des Gehirns, oft mit Schüttellähmung einhergehend

Parlament (fr.), das; –(e)s, –e: Volksvertretung : Bundestag : Landtag : Kammer * *Parlamentsausschuß* → *Parlamentsausschuss; Parlamentsbeschluß* → *Parlamentsbeschluss; Parlamentsdebatte; Parlamentsferien; Parlamentsmitglied; Parlamentsredner; –sitzung; Parlamentswahl* * **Parlamentär**, der; –s, –e: Unterhändler * *Parlamentärflagge* * **Parlamentarier**, der; –s, –: Abgeordneter * **parlamentarisch** Ew.: das Parlament betreffend : den Gebräuchen des Parlaments entsprechend : vom Parlament ausgehend * **Parlamentarismus**, der; –: Regierungsform, bei der das Parlament Träger der Staatsgewalt ist * **parlamentieren** (..iert) intr.: verhandeln : sich besprechen

parlando (it.): (Mus.) mehr sprechend als singend * **parlieren** (..iert) intr.: plaudern : sprechen

Parma: it. Stadt * **Parmaer, Parmesaner**, der; –s, –: Einwohner Parmas * **parmaisch, parmesanisch** Ew. * *Parmesankäse*: würziger, fester Käse

Parmäne (afr.), die; –, –n: eine Apfelsorte (Goldrenette)

Parnaß → **Parnass** (gr.), der; –es: Gebirge in Griechenland, Musenberg: Reich der Dichtkunst * *den Parnass besteigen:* sich im Dichten versuchen : dichten; *Sohn des Parnasses:* Musensohn, Dichter * **parnassisch** Ew.: den Parnass, die Dichtkunst betreffend * **Parnassos, Parnassus**, der; –: Parnass

parochial (gr.) Ew.: zur Pfarrei gehörig * *Parochialkirche:* Pfarrkirche : Hauptkirche * **Parochie**, die; –, ..chien:

Pfarrei : Kirchspiel [gr. paroi kia Nachbarschaft]

Parodie (gr.), die; –, ..dien: Spottdichtung : scherzhafte Umbildung eines ernsten Gedichtes : Unterlegung vorhandener Musik mit neuem Text * *Parodiemesse:* Messkomposition, die vorhandene Musikstücke verwendet * **parodieren** (..iert) tr.: scherzhaft umdichten * **Parodist**, der; –en, –en: jemand, der parodiert * **parodistisch** Ew.: scherzhaft umgedichtet

Parodontose: s. Paradentose

Parole (fr.), die; –, –n: lehrreicher Spruch : Versprechen : Wort : Kennwort : Losungswort * *Paroleausgabe; Parole d'honneur* [– donnöhr], das; – –: Ehrenwort

Paroli (span.), das; –s, –s: Verdoppelung des Einsatzes beim Pharospiel : Verdreifachung des Gewinnes : Heimzahlung * *ein Paroli bieten:* (doppelt) heimzahlen : Widerstand bieten

Parömie (gr.), die; –, ..mien: Denkspruch : Sprichwort * **Parömiologie**, die; –: Sprichwortkunde

Paronomasie (gr.), die; –, ..sien: Zusammenstellung von ähnlich lautenden Wörtern : Wortspiel, das auf der Ähnlichkeit des Lautes beruht * **Paronymie**, die; –, ..mien: Ableitung vom Stammwort * **Paronymik**, die; –: Lehre von der Ableitung der Wörter * **paronymisch** Ew.: stammverwandt : abgeleitet * **Paronymon**, das; –s, ..ma und ..nymen: von einem Stammwort abgeleitetes Wort [gr. para neben und onoma Name]

par ordre (fr.): auf Befehl

Paros: gr. Insel * **parisch** Ew.: von Paros * *parischer Marmor*

Parotis (gr.), die; –, ..tides: Ohrspeicheldrüse * **Parotitis**, die; –: (Med.) Entzündung der Ohrspeicheldrüsen, Ziegenpeter, Mumps

Paroxysmus (gr.), der; –, ..men: (Med.) heftiger Anfall : sich steigernde Krankheit : höchster Erregungszustand :

(Geol.) Höhepunkt der vulkanischen Tätigkeit [gr. paroxynein schärfen]

Paroxytonon (gr.), das; –s, ..tona: Wort mit einem Akut (Akzent) auf der vorletzten Silbe

Parse, der; –n, –n: in Indien lebender „Perser", Anhänger der altpers. Religion Zoroasters * **parsisch** Ew. * **Parsismus**, der; –: Religion der Parsen

Parsec, das; –s, –: Sternenentfernung, astronomisches Längenmaß, Kurzw. aus (e.) parallax second

parsisch: s. Parse

Pars pro toto (l.): „der Teil fürs Ganze", eine rhetorische Figur (z. B. Herd für Haus)

Parsival: s. Parzival

Part (l.), der; –(e)s, –e: Teil : Gleichstand zwischen Nennwert und Wertobjekt (Wertpapiere) : Anteil : die einem zufallende Rolle : (Mus.) Stimme eines Instruments oder Sängers in einem Musikstück * **Parte**, die; –, –n: (Mus.) Partie : Rolle * **Partei**, die; –, –en: im Rechtsstreit die sich gegenüberstehenden Teile : eine in sich geschlossene Mehrheit Gleichgesinnter : Teilverband : Gesinnungsrichtung * *Partei für jemand halten, jemandes Partei ergreifen:* sich auf jemandes Seite stellen, jemand gegen andere verteidigen * *Parteiabzeichen; Parteiamt; Parteianhänger; Parteiapparat; Parteiausweis; Parteibuch; Parteibüro; Parteichef; parteichinesisch:* interner Jargon einer Partei; *Parteidisziplin; Partei(en)finanzierung; Parteiführer; Parteiführung, Parteifunktionär; Parteigänger:* derselben Gesinnungsrichtung Angehörender; *parteigängerisch* Ew.; *Parteigeist; Parteigenosse; Parteiherrschaft; Parteiideologe; Parteiinstanz; parteiintern* Ew.; *Parteikader; Parteikongreß* → *Parteikongress; Parteileitung; Parteilinie; parteilos* Ew.: keiner Partei angehörend; *Parteimitglied; Parteinahme:* das Stellungnehmen für jemanden; *Parteiorgan; Parteiorganisation; Parteipolitik; parteipoli *tisch* Ew.; *Parteipräsidium; Parteiprogramm; Parteipropaganda; Parteiregierung:* Parteiherrschaft; *Parteisekretär; Parteispitze; Parteisucht; parteisüchtig* Ew.; *Parteitag; Parteitagsbeschluss; Parteivorsitzende; Parteivorstand; Parteizentrale* ✳ **par|tei|isch** Ew.: im Urteil befangen durch Eingenommensein für oder gegen eine Partei ✳ **par|tei|lich** Ew.: eine Partei betreffend : parteiisch ✳ **Par|tei|lich|keit,** die; –, –en; parteiisches Wesen ✳ **Par|tei|ung,** die; –, –en: das Spalten in Parteien : Entstehen der Parteien ✳ **Par|te|ke,** die; –, –n: Stückchen (Brot) : Almosenbrot ✳ *Partekenstecher:* einer, der nach Brotstücken sticht; *Partekensack:* Frühstückstasche der Schulkinder ✳ **par|ti|al, par|ti|ell** Ew.: teilig : zum Teil : teilweise : einzeln : besonders : parteiisch ✳ **in par|ti|bus in|fi|de|li|um:** im Bereich der Ungläubigen ✳ **Par|tie,** die; –, ..tien: in sich abgeschlossener Teil : Stück : Schriftstelle : Ausflug : Reise : Gruppe : Gesellschaft : Spiel : Heirat ✳ *Partieware:* Stückware; *partienweise* Ew.: gruppenweise ✳ **par|ti|ell** Uw.: partial ✳ **par|tie|ren** (..iert) tr.: teilen : verteilen : heimlich entwenden : paschen ✳ **Par|ti|kel,** die; –, –n: Teilchen : (Sprachl.) Starrwort, nicht beugbare Wortart; z. B. durch, mit, weil, so ✳ **par|ti|ku|lar, par|ti|ku|lär** Ew.: einzeln : abgesondert : genau ✳ *Partikularrecht:* Sonderrecht eines Landes ✳ **Par|ti|ku|la|ris|mus,** der; –: Sonderbestrebung : Kleinstaaterei : das Vertreten einer Sonderstellung ✳ **Par|ti|ku|la|rist,** der; –en, –en: Anhänger des Partikularismus ✳ **par|ti|ku|la|ris|tisch** Ew.: seine Sonderstellung vertretend : (bes.) einzelstaatlich ✳ **Par|ti|ku|lier, Par|ti|ku|lier** [partiküljeh], der; –s, –s: Privatmann : Rentner : Besitzer und Führer eines Lastkahns ✳ **par|tim** Uw.: teilweise : von jeder Art einen gleich großen Teil ✳ **Par|ti|men|to** (it.), das; –, ..ti: (Mus.) bezifferte Bassstimme : Begleitung nach den

Regeln des Generalbasses : (Mz.) Übungsstücke ✳ **Par|ti|san** (it.), der; –s, –en: Parteigänger : Widerstandskämpfer : Freischärler ✳ *Partisanenkampf; –krieg* ✳ **Par|ti|sa|ne,** die; –, –n: Stoßwaffe, Hellebarde ✳ **Par|ti|ta,** die; –, ..ten: Suite ✳ **Par|ti|te,** die; –, –n: Teil : Posten Geldes : (übertr.) heimliche Verabredung : Schelmenstreich ✳ *Partitenmacher:* Ränkespinner ✳ **Par|ti|ti|on,** die; –, –en: Einteilung : Zerteilung ✳ **par|ti|tiv** Ew.: einteilend : Teilung bezeichnend : Teilung bewirkend ✳ **Par|ti|tur,** die; –, –en: Stimmenbuch : übersichtliche Gesamtdarstellung der Stimmen einer Tondichtung ✳ **Par|ti|zip,** das; –s, –e und ..pien; **Par|ti|zi|pi|um,** das; –s, ..pien und ..pia: (Sprachl.) Mittelwort ✳ **Par|ti|zi|pa|ti|ons|ge|schäft,** das; –es, –e: (kfm.) Teilhabergeschäft ✳ **Par|ti|zi|pant,** der; –en, –en: Teilhaber : Mitberechtigter : Partner ✳ **par|ti|zi|pi|al** Ew.: mitwortwörtlich ✳ *Partizipialbildung; Partizipialform; Partizipialkonstruktion; Partizipialsatz* ✳ **par|ti|zi|pie|ren** (..iert) intr.: teilhaben : teilnehmen ✳ **Part|ner,** der; –s, –: Teilhaber : Lebensgefährte : Mitspieler ✳ **Part|ne|rin,** die; –, –nen: weiblicher Partner ✳ *Partnerland; Partnerlook:* modische, gleichartige Bekleidung für Sie und für Ihn; *Partnerstaat; Partnertausch;* *Partnerwahl* ✳ **Part|ner|schaft,** die; –, –en: Teilhaberschaft : das Teilhabersein : Genossenschaft von Partnern : Lebensgemeinschaft ✳ **Par|te** (it.), die; –, –n: (östr.) Todesanzeige : Satz eines Musikstücks ✳ **Par|te|ke:** s. Part ✳ **par|terre** (fr.) [partähr']: ebenerdig ✳ **Par|terre,** das; –s, –s: Beet : Erdgeschoss : Saal im Theater : Saalplatz im Theater ✳ *Parterreakrobatik:* Bodenakrobatik; *Parterrewohnung* ✳ **Par|the|no|ge|ne|se, Par|the|no|ge|ne|sis** (gr.), die; –, ..nesen: Jungfernzeugung, bes. bei Gliederfüßlern und Algen ✳ **Par|the|no|kar|pie,** die; –, ..pien: Bildung samenloser Pflanzenfrüchte ohne Befruch-

tung ✳ **Par|the|non,** der; –s: Tempel der „Jungfrau" Athene ✳ **Par|ther,** der; –s, –: Angehöriger eines pers. Reitervolkes ✳ *Partherpfeil:* Pfeil aus dem Hinterhalt : Hinterlist ✳ **Par|thi|en:** Großreich der Parther ✳ **par|thisch** Ew.

par|ti|al, Par|tie, Par|ti|kel usw.: s. Part

Par|ti|san, Par|ti|sa|ne: s. Part
Par|ti|ta, Par|ti|te, par|ti|tiv, Par|ti|zip, Part|ner usw.: s. Part

par|tout (fr.) [..tuh] Uw.: unbedingt : durchaus : schlechterdings

Par|ty (e.), die; –, –s: zwanglose gesellschaftliche Zusammenkunft ✳ *Party Flair:* Gespür für echte, gute Partys; *Partygirl; Partylöwe; Partyservice*

Partys
Englische Fremdwörter mit *y*-Endung lösen das *y* im Plural nicht mehr in *-ie* plus Plural-*s* auf, sondern begnügen sich mit dem Anhängen des Plural-*s:* *Babys, Ladys, Buggys.*

Pa|ru|sie (gr.), die; –: Gegenwart : Anwesenheit : Wiederkunft (Christi) [parginai anwesend sein]

Par|ve|nu (fr.) [..wenüh], **Par|ve|nü,** der; –s, –s: Emporkömmling : Neureicher

Par|ze (l.), die; –, –n: röm. Schicksalsgöttin

par|zel|lar (fr.) Ew. (meist in Zus.): die Parzelle(n) betreffend ✳ *Parzellarvermessung:* Vermessung des Grund und Bodens zwecks Einteilung in Parzellen ✳ **Par|zel|le,** die; –, –n: Teilchen : abgegrenzter Teil des Grund und Bodens von bestimmter Größe ✳ *Parzellenwirtschaft* ✳ **par|zel|lie|ren** (..iert) tr.: in Parzellen zerlegen : parzellenweise verkaufen ✳ **Par|zel|lie|rung,** die; –, –en: Zerlegung des Grund und Bodens in kleinere Teilgrundstücke

Par|zi|val: Held einer mittelalt. bretonischen Sage (Artussage)

Pas (fr.) [pa], der; –, –: Schritt : Tanzschritt : (seem.) Meerenge ✳ *Pas de deux* [padedöh]: Tanz zweier Partner ✳ *Pas de Calais* [– d'kaläh]: Meerenge bei Calais

Pascal, das, ..; eine Programmiersprache

Pasch (fr.), der; -es, -e und Päsche: Würfelspiel : Wurf, bei dem alle Würfel gleich viel Augen zeigen ✳ pa|schen (du pasch[e]st) tr.: schmuggeln; intr.: würfeln : (östr.-bayr.) in die Hände klatschen ✳ Pa|scher, der; -s, -: Schmuggler ✳ Pa|sche|rei, die; -, -en: Schmuggelei

Pa|scha (pers.), der; -s, -s: türk. Titel : türk. Statthalter : Staatsrat : Feldmarschall : (übertr.) rücksichtsloser, herrischer Mann ✳ paschamäßig Ew.: wie ein Pascha ✳ Pa|scha|lik, das; -s, -e und -s: Amtsbezirk und Würde eines Paschas

Pa|scha: s. Passah

pa|schen, Pa|scher, Pa|sche|rei: s. Pasch

pa|scholl! (russ.): scher dich! : pack dich! : vorwärts! [russ, politi fortgehen]

Pas|lack, der; -s, -s: einer, der für andere arbeiten muss

Pa|so do|ble (span.), der; -s: Gesellschaftstanz

Pas|pel; Passe|poil (fr.) [paspwal], der; -s, -; die; -, -n: Schnur zum Säumen : Litze, Vorstoß in Kleidern und Uniformstücken ✳ pas|pe|lie|ren (..iert), pas|peln tr.: Paspeln aufarbeiten

Pas|quill (it.), das; -s, -e: Schmähschrift : Schandschrift ✳ Pas|quil|lant, der; -en, -en: Schmähschriftenschreiber ✳ Pas|qui|na|de, die; -, -n: Schalksposse : Spottrede ✳ Pas|qui|no, der; -s, -s: Name eines witzigen Schuhflickers in Rom : bösartiger Witzbold

Paß → Pass (l.), der; Passes, Pässe: wiegende Gangart einiger vierfüßiger Säugetiere, z. B. Kamel : (weidm.) gewöhnlicher Weg von Raubtieren : Durchgang : Bergübergang : amtlicher Personenausweis : Flüssigkeitsmaß : (Fußball) genaue Ballabgabe ✳ zu|paß sein → zupass sein: passend sein; zupasse kommen intr.: passend, recht kommen ✳ Paßamt → Passamt: Pässe ausstellende Behörde; Paßbild → Passbild; Paßgang → Passgang; Paßgänger → Passgän-

ger; Paßglas → Passglas: Glas mit angeschmolzenen Ringen zum Messen; Paßhöhe → Passhöhe: höchste Stelle eines Bergüberganges; Paßkarte → Passkarte: Seekarte zur Abmessung von Entfernungen : (Kartsp.) Karte, auf die man kein Spiel ansagt; Paßkontrolle → Passkontrolle; paßrecht Ew.: passend; Paßstelle → Passstelle; Paßstraße → Passstraße; Paßwort → Passwort: Codewort, Erkennungswort, Losungswort; Paßzwang → Passzwang: Notwendigkeit, sich durch einen Pass auszuweisen ✳ pas|sa|bel (fr.) Ew.: leidlich : erträglich ✳ Pas|sa|de (fr.), die; -, -n: (Reitkst.) kurze Kehrtwendung im kurzen Galopp : (Fechtkst.) Bewegung vorwärts ✳ Pas|sa|ge (fr.) [passahseh'], die; -, -n: Durchgang, Durchfahrt : Ozeanüberfahrt : Ladehalle : (Reitkst.) spanischer Tritt : Durchgang eines Gestirns durch den Meridian : (Mus.) rascher Tonlauf ✳ Pas|sa|gier (fr.) [..schihr], der; -s, -e: Fahrgast : Reisender ✳ Passagierdampfer; Passagierflugzeug ✳ Pas|sant (fr.), der; -en, -en: Durchreisender : Vorübergehender ✳ pas|sant, en – (fr.) [ang passang]: im Vorübergehen : gelegentlich ✳ Pas|sat (ndl.), der; -(e)s, -e: Tropenwind ✳ Passatstaub; Passatwind ✳ pas|sa|to (it.): vergangen : vergangenen Monats ✳ pas|sé auch: pas|see (fr.) [passeh]: vorbei : erledigt ✳ Pas|se (fr.), die; -, -n: eingesetzter Hals- und Schulterteil bei Kleidungsstücken ✳ pas|sen (du passest und passt; gepasst; passe! und pass!) intr.: „vorübergehen" : erreichen : die richtige Größe haben : recht sein : (Kartsp.) kein Spiel ansagen; rbz.: sich schicken; tr.: (Schiffkart) Ort, an dem sich ein Schiff befindet, auf der Passkarte messend bezeichnen ✳ Passe|par|tout (fr.) [paßpartuh], das; (schweiz.) der; -s, -s: Hauptschlüssel : stets und überall gültige Einlasskarte : Wechselrahmen für Bilder ✳ Pas|ser, der; -s, -: (Kartsp.) einer, der

kein Spiel ansagt : Passform : (Schiffahrt) Messzirkel ✳ pas|sie|ren (..iert) intr. (sein): vorbeigehen : durchreisen : (für etwas –) gelten : begegnen, zustoßen, geschehen; tr.: durchschreiten : überfliegen : seihen ✳ Passiergewicht: (Münzen) gesetzl. noch zulässiges Gewicht; Passierschein: Durchlassschein; Passiermaschine; –sieb ✳ paß|lich → pass|lich Ew.: passend, angemessen ✳ Paß|lich|keit → Pass|lich|keit, die; -: das Passlichsein ✳ Pas|sus, der; -, -: Schritt : Absatz, Stelle in einem Buche

Pass
Folgt das *ß* einem kurzen Vokal, wird es zu *ss: Pass; Ablass, Schloss, Fluss.* Steht das *ß* aber nach einem langen Vokal oder einem Diphthong (ei, au, eu, äu), bleibt es erhalten: *Fuß, Fleiß, Spieß.*

Pas|sa|cag|lia (it.) [Passakalja], die; -, ..lien: (Mus.) instrumentales Musikstück, in dem die Bassstimme ostinat verläuft

Pas|sah, Pas|cha (hebr.), das; -s: „Verschonung", jüdisches Osterfest ✳ Passahfest; Passahlamm

Pas|sat, Pas|satwind: s. Pass

Pas|sau: niederbayr. Stadt am Zusammenfluss von Donau, Inn und Ilz

Pas|se, Passe|par|tout: s. Pass

pas|see auch: pas|sé: s. Pass

passee / passé
Sowohl die eingedeutschte als auch die französische Form ist korrekt. Die eingedeutschte Schreibweise *passee* ist allerdings vorzuziehen.

pas|sen, Pas|ser: s. Pass

Passe|poil (fr.) [pass'poal]: Paspel, s. d.

pas|sie|ren, Pas|sier|schein: s. Pass

pas|sim (l.) Uw.: vereinzelt, hier und da : (bei Buchzitaten) an vielen Stellen

Pas|si|on (l.), die; -, -en: Leiden : Leiden Christi : Leidenschaft : Neigung : Liebe : Eifer : Hang ✳ Passionsblume: eine Pflanzengattung; Passionsfrucht; Passionsmusik: geistliche Musik über die Leidensgeschichte Christi; Passionspre-

digt: Fastenpredigt in der Passionszeit vor Ostern; *Passionssonntag:* der vorletzte Sonntag vor Ostern; *Passionsspiel:* dramatische Darstellung der Leidensgeschichte Christi; *Passionsweg; Passionswoche; Passionszeit* ✳ pas|si|o|na|to (it.): (Mus.) mit Leidenschaft ✳ Pas|si|o|na|to, das; -s, ..ti ✳ Musiksatz ✳ pas|si|o|niert Mw. Ew.: begeistert : leidenschaftlich ✳ *passionierter Raucher, Sammler* ✳ pas|siv Ew.: leidend : duldend : untätig ✳ *passiv legitimiert sein:* bezüglich der Verklagbarkeit der Rechtspersönlichkeit besitzen; *passive Resistenz:* stillschweigender Widerstand; *passives Wahlrecht:* Recht, gewählt zu werden ✳ Pas|siv, das; -s, -e und -a; Pas|si|vum, das; -s, ..va: (Sprachl.) Leideform des Zeitworts : (Mz. ..va, ..ven) Verbindlichkeiten : Schulden ✳ *Passivbildung; Passivbürger; Passivgeschäft; Passivhandel; Passivlegitimation; Passivposten; Passivrauchen; Passivsaldo; Passivzinsen* ✳ pas|si|vie|ren tr.: Verbindlichkeiten bilanzieren ✳ pas|si|visch Ew.: (Sprachl.) in der Leideform ✳ Pas|si|vi|tät, die; -: untätiges Verhalten : Teilnahmslosigkeit [l. pati leiden] paß|lich → pass|lich: s. Pass Pas|sung, die; -, -en: Zusammensetzung von Maschinenteilen Pas|sus: s. Pass Paß|wort → Pass|wort, Paß|zwang → Pass|zwang: s. Pass Pas|ta, Pas|te (l.), die; -, ..sten: Teig : breiige Masse : Abdruck, Nachbildung von Münzen ✳ Pas|tell, der; -(e)s, -e: Farbstift ✳ *Pastellbild:* mit Farbstiften gemaltes Bild; *Pastellfarbe:* fein geschlämmte, trockene Farbe; *Pastellmalerei:* das Malen mit trockenen Farben, mit Farbstiften; *Pastellstift:* Farbstift; *Pastellton; Pastellzeichnung* ✳ pas|tos, pas|tös Ew.: aufgeschwemmt : (Mal.) mit Farben dick aufgetragen Pas|ta a|sciut|ta, Pas|ta|sciut|ta (it.) [pastaschutta], die; -, ..tte: Spaghetti mit To-

matensoße und geriebenem Käse Pas|te|te (it.), die; -, -n; Pastetchen: Blätterteiggebäck : in Teighülle zubereitete Fleischoder Fischspeise Pas|teur [..stöhr]: fr. Chemiker ✳ Pas|teu|ri|sa|ti|on (fr.) [..stöhr..], die; -, -en: Vernichtung von Keimen ✳ pas|teu|ri|sie|ren (..iert) tr.: entkeimen ✳ Pas|teu|ri|sie|rung, die; -, -en: Pasteurisation Pas|tic|cio (it.) [pastitscho], das; -s, ..cci: schwindelhafte Nachbildung eines Kunstwerkes : (Mus.) eine Oper aus gestohlenen Melodien Pas|til|le (l.), die; -, -n: Kügelchen : Tablette Pas|ti|na|ke (l.), die; -, -n: essbare Wurzel der Schirmpflanze Past|milch, die; -, -: (schweiz.) pasteurisierte Milch Pas|tor (l.), der; -s, ..storen: „Hirt", Seelsorger, Prediger, Pfarrer ✳ Pas|tor pri|ma|rius, der; - -, ..stores ..rii: Oberpfarrer ✳ pas|to|ral Ew.: hirtenmäßig : ländlich : seelsorgerisch : pfarramtlich ✳ *Pastoralbrief:* Hirtenbrief; *Pastoraltheologie* ✳ Pas|to|ra|le, das; -s, -s: ein Schäferspiel : (Mus.) Hirtenlied ✳ Pas|to|ra|li|en Mz.: Pfarramtssachen ✳ Pas|to|rat, das; -(e)s, -e: Seelsorgeramt : Amtswohnung des Pfarrers ✳ Pas|to|rel|le, die; -, -n: Schäferliedchen ✳ Pas|to|rin, die; -, -nen: weibl. Pastor [l. pascere weiden]

Pas-tor
Die Worttrennung erfolgt nach Sprechsilben. Wenn möglich, kommt ein Konsonant in die neue Zeile. Dabei dürfen s und t voneinander getrennt werden: Pas-tor; Pas-torat; Fenster.

pas|tos: s. Pasta Pa|ta|go|ni|en: Landschaft in Südamerika Patch|work (e.) [pättschwörk], das; -s, -s: Stoff, der aus einzelnen bunten Flicken zusammengesetzt wird Pa|te (l.), der; -n, -n; die; -, -n; Pa|tin, die; -, -nen: Taufzeuge, Taufzeugin : Täufling; (auch Patchen, -lein): Paten-

kind ✳ *Patestehen* → *Pate stehen:* Taufzeuge sein: (stud.) aushelfen, beistehen ✳ *Patenbrief:* Urkunde über die Patenschaft; *Patengeschenk; Patenkind; Patenonkel; Patensohn* Pa|ten|schaft, die; -, -en: Verhältnis zwischen Taufzeuge und Täufling Pa|tel|la (l.), die; -, ..llen: Kniescheibe ✳ Pa|tel|lar|re|flex, der; -es, -e: (Med.) Kniezuckung Pa|tel|ne (l.), die; -, -n: Hostienteller pa|tent (l.) Mw. Ew.: (stud.) schneidig : vorzüglich : brauchbar, tüchtig ✳ Pa|tent, das; -(e)s, -e: offener Brief : Bestallungsurkunde : Erfinderschutz : Urheberschutz : Markenschutz ✳ *Patentamt:* Behörde, die Schutzurkunden ausstellt; *Patentanwalt:* Rechtsanwalt, welcher Patentsachen bearbeitet; *patentfähig; Patentinhaber; Patentknopf:* zusammendrückbarer Knopf, der nicht angenäht zu werden braucht; *Patentlösung; Patentrecht; Patentrezept; Patentsache; Patentschrift; Patentschutz; Patentstreit; Patentverschluß* → *Patentverschluss:* besonders praktischer Verschluss ✳ pa|ten|tie|ren (..iert) tr.: Patentschutz erteilen : schützen [l. patere offen sein] Pa|ter (l.), der; -s, - und ..tres: „Vater" : Ordensgeistlicher; Abk.: P., Mz. Abk.: PP. ✳ Pa|ter|fa|mi|li|as, der; -: Familienoberhaupt ✳ Pa|ter|ni|tät, die; -: Vaterschaft ✳ Pa|ter|nos|ter, das; -s, -: Vaterunser : Rosenkranz : Verzierung am Gesims ✳ Pa|ter|nos|ter, der; -, -: offener, umlaufender Aufzug ✳ *Paternosterwerk:* endlos laufendes Becherwerk : Kettenaufzug : Wasserhebewerk : Baggermaschine ✳ pa|ter pec|ca|vi [..kkawi]: „Vater, ich habe gesündigt" ✳ - - sagen: reuevoll um Verzeihung bitten ✳ Pa|ter pec|ca|vi, das; - -, - -: ein Schuldgeständnis ✳ Pa|t|ri|arch (gr.), der; -en, -en: Stammvater : Urvater : orthodoxer Geistlicher : Titel der früheren Oberbischöfe : ehrwürdiger Greis ✳ pa|t|ri|ar-

challisch Ew.: ehrwürdig : alt
väterlich ✳ **Pat**ri**ar**chal**kir**che, die; –, –n: Hauptkirche ✳
Patri**ar**chat, das; –(e)s, –e:
Vaterrecht : Würde eines Patri-
archen : Gebiet eines Oberbi-
schofs ✳ **pat**ri**ar**chisch Ew.
✳ **pat**ri**mo**ni**al** Ew.: erbherr-
lich : angestammt : ureigen ✳
Patri**mo**ni**al**ge**richt, das;
–(e)s, –e: Gericht des Grundherrn ✳ **Pat**ri**mo**ni**um, das;
–s, ..nien: väterliche Gewalt :
Stammgut : Erbvermögen ✳
Patri**ot, der; –en, –en: Vater-
landsfreund ✳ **pat**ri**ot**isch
Ew.: vaterlandsliebend ✳
Patri**ot**is**mus, der; –: Vater-
landsliebe ✳ **Pat**ris**tik, die;
–, –en: Wissenschaft von der
Lehre und den Schriften der
Kirchenväter ✳ **Pat**ris**ti**ker,
der; –s, –: Kenner, Forscher der
Patristik ✳ **Pat**ri**ze, die; –,
–n: erhabene Stempelform ✳
Patri**zi**at, das; –(e)s, –e: persönlicher unvererblicher Adel
✳ **Pat**ri**zi**er, der; –s, –: Angehöriger eines angesehenen Bür-
gergeschlechts : ein Vornehmer
✳ *Patrizierfamilie; Patrizierge-
schlecht; Patrizierstolz* ✳
patri**zisch Ew.: vornehm :
edelbürgerlich ✳ **Pat**ro**lo**gie,
die; –: Kenntnis der altchristli-
chen Literatur ✳ **Pat**ro**ny**mi**kon, **Pat**ro**ny**mi**kum
(gr.), das; –s, ..ken und ..ka: Va-
tername : Geschlechtsname :
Stammname : ein vom Namen
des Vaters abgeleiteter Name ✳
patro**ny**misch Ew.: nach
dem Vaternamen genannt ✳
Patro**zi**ni**um, das; –s,
..nien: Schutz-, Rechtsbeistand
pate**ti**co (it.): (Mus.) ausdrucksvoll : feierlich ✳
pathe**tisch (gr.), Ew.: emp-
findungs-, ausdrucksvoll : feierlich ✳ **pa**thé**tique (fr.)
[..tehtik]: pathetisch ✳ *Sonate
pathétique:* eine berühmte Kla-
viersonate von Beethoven ✳
patho**gen Ew.: Krankheit erzeugend ✳ **Patho**ge**ne**se,
die; –, –n: Krankheitsentste-
hung, -entwicklung ✳
Pathoge**nie, die; –, ..nien:
Lehre von der Entstehung der
Krankheiten ✳ **Patho**ge**ni**tät, die; –: Veranlagung, eine
Krankheit auslösen zu können
✳ **Patho**g**no**mik, **Patho-**
gnos**tik die; –: Wissenschaft
der Krankheitsmerkmale ✳
Patholo**ge, der; ..gen, ..gen:
Facharzt für Pathologie ✳
Patholo**gie, die; –, ..gien:
Lehre von den Krankheiten ✳
patholo**gisch Ew.: krank-
haft : Krankheits.. ✳
Pathopho**bie, die; –: Krank-
heitsfurcht ✳ **Patho**psy**cho**lo**gie, die; –: Untersuchung
der seelischen Krankheiten ✳
**Pathos, das; –: Leiden : Lei-
denszustand (bes. der Seele) :
Leidenschaft : Gefühlserre-
gung : Feierlichkeit : Begeiste-
rung [gr. pathein leiden]
Patience (fr.) [passjangß], die;
–, –n: Geduld : Geduldspiel (ein
Kartenspiel) ✳ *Patiencespiel* ✳
Patient [patsjent], der; –en,
–en: Kranker : Leidender ✳
Patien**tin, die; –, –en: Kranke
Patin: s. Pate
Patina (l.), die; –: Edelrost ✳
Patina, **Pat**ine, die; –, ..ti-
nen: Schale : Schüssel ✳
patini**eren** (..iert) tr.: künst-
lich mit Edelrost überziehen
Patio (span.), der; –s, –s:
Atrium eines Hauses in Spa-
nien oder Lateinamerika
Patis**se**rie (fr.), die; –, ..rien:
Backwerk : Pastetenbäckerei,
Feinbäckerei ✳ **Pat**is**sier** [pa-
tißjeh], der; –s, –s: Pasteten-
bäcker
Patmos: gr. Insel
Patois (fr.) [patoa], das; –:
Bauernsprache : Platt : Kauder-
welsch [l. pagus Dorf]
Patres: s. Pater
Patri**arch, **pat**ri**mo**ni**al,
Patri**ot, **Pat**ris**tik, **Pat**ri**ze: s. Pater
Patro**lo**gie: s. Pater
Patron (l.), der; –s, –e:
Schutzherr : Gönner : Schutz-
heiliger : Schiffseigner : Han-
delsherr : Kirchenherr : Amts-
vergeber : (scherzh.) Mensch,
Mann ✳ **Pat**ro**na, die; –, ..nä:
Beschützerin ✳ **Pat**ro**na**ge
(fr.) [..asch], **Pat**ro**nanz die;
–: Günstlingswirtschaft : Gön-
nertum ✳ **Pat**ro**nat, das;
–(e)s, –e: Schutzherrnrecht :
Schirmherrschaft : Ehrenvor-
sitz ✳ *Patronatsfest; Patronats-
herr* ✳ **Pat**ro**nin, die; –, –nen:
weibl. Patron ✳ **pat**ro**ni**sie**ren** (..iert) tr.: beschützen : begünstigen

Patro**ne, (fr.), die; –, –n:
Form : Muster : Pulverhülse :
Geschoss für Handfeuerwaffen : Sprengladung : Schablone
: Schutzstreifen (in der Druckerei) ✳ *Patronengurt; Patronen-
hülse; Patronensicherung; Pa-
tron(en)tasche; Patronentrom-
mel*
patro**ni**sie**ren: s. Patron
Patro**ny**mi**kon usw.: s. Pater
Patrouille (fr.) [patruj', oft
..trulje], die; –, –n: Streife :
Spähtrupp : Runde : Erkundung ✳ *Patrouillenfahrt; Pa-
trouillenführer; –gang; –ritt* ✳
patrouil**lie**ren (..iert) intr.:
Runde machen
Patro**zi**ni**um: s. Pater
**patsch: Tonwort zur Bezeich-
nung des klatschenden Schal-
les ✳ *pitsch, patsch!* :
patsch(e)naß →̈ *patsch(e)nass*
Ew.: durch und durch nass ✳
**Patsch, der; –es, –e: Pätsch-
chen: Hand : Handschlag :
Ohrfeige : (hannov.-altmärk.)
Matsch ✳ *Patschhand; Patsch-
händchen* ✳ **Pat**sche, die; –,
–n: schallender Schlag : Klaps :
Werkzeug zum Schlagen :
Hand : patschende Feuchtigkeit
: Pfütze : missliche Lage ✳ *in
der Patsche sitzen* intr.: in großer Verlegenheit sein ✳
Pätsche, die; –, –n: Steuerruder des Floßes ✳ **pät**scheln
(ich pätsch[e]le) intr.: rudern ✳
patschen (du patsch[e]st und
patscht) intr., tr.: schallend
schlagen : Flüssigkeit plät-
schernd bewegen : ohrfeigen :
mit der Patsche (Hand) anfassen ✳ *ich bin ins Wasser gepatscht:* ich bin (hörbar) ins
Wasser getreten; *ich habe ins
Wasser gepatscht:* ich habe
(hörbar) ins Wasser geschlagen
✳ **Pat**scherl, das; –s, –: (östr.)
Patschhand : Pfötchen : Tolpatsch ✳ **pat**schert Ew.:
(östr.) ungeschickt : hilflos
Patschu**li, das; –s: ätherisches Öl aus einer ind. Pflanze
✳ *Patschulikampfer; Patschu-
liöl; Patschulipflanze*
**Patt (fr.), das; –s: Stellung
beim Schachspiel, in der König
nur ins Schach ziehen kann :
Unentschieden ✳ *Pattsituation*
✳ **patt Ew.
Patte (fr.), die; –, –n: Pfote :

Tatze : Raster : Klappe : Aufschlag an einem Kleidungsstück ✳ **pat|tie|ren** (..iert) tr.: rastern : Notenlinien ziehen **Pat|tern** (e.) [pättern], das; –s, –s: Verhaltensraster : Sprachmodell

pat|zen (du patzest und patzt) tr.: zusammenballen : (eine Verrichtung) schlecht machen : hinschmieren : (auf einem Musikinstrument) schlecht spielen ✳ **Pat|zer**, der; –s, –: Fehler : einen Fehler Machender ✳ **pat|zig** Ew.: unverschämt : derb : trotzig : (südd.) breiig, klebrig ✳ **Pat|zig|keit**, die; –, –en: Aufgeblasenheit : Grobheit

Pau|kant, der; –en, –en: (stud.) Mensurfechter ✳ **Pau|ke** (l.), die; –, –n: großes Musikinstrument, Schlagwerkzeug : (stud.) Bauch ✳ *Paukenfell; Paukengang:* innerer Gehörgang; *Paukenhöhle:* Höhle hinter dem Trommelfell; *Paukenschall; Paukenschlag; Paukenschläger; Paukenschlegel:* Paukenklöpfel; *Paukenspanner:* Werkzeug zum Spannen des Paukenfells; *Paukenwirbel* ✳ **pau|ken** intr., tr.: Pauke schlagen : predigen : einbleuen : ochsen, büffeln : Mensur fechten : duellieren; rbz.: (sich mit jemand –) sich duellieren ✳ *Paukarzt:* Arzt, der der Mensur beiwohnt; *Paukanzug:* Fechtkleidung; *Paukboden:* Raum, in welchem gepaukt wird; *Paukschläger:* Degen, mit dem gepaukt wird ✳ **Pau|ker**, der; –s, –: Paukenschläger : (Schülerspr.) Lehrer ✳ **Pau|ke|rei**, die; –, –en: das viele Pauken ✳ **Pau|kist**, der; –en, –en: Paukenschläger

pau|li|nisch Ew.: nach Art des Paulus ✳ **pau|li|nisch** Ew.: auf Paulus bezüglich ✳ **Pau|li|nis|mus**, der; –: Lehre des Paulus ✳ **Pau|lus:** Apostel [l. paulus klein, gering]

Pau|low|nia, die; –, ..nien: ein Kaiserbaum, jap. Zierbaum **pau|pe|rie|ren** (l.) intr.: das Schwächerwerden von Rassemerkmalen nach Kreuzungen ✳ **Pau|pe|ris|mus**, der; –: Massenarmut : Lehre von der Verarmung ✳ **Pau|per|tät**, die; –: Armut :

Dürftigkeit ✳ *Paupertätserzeugnis*

Paus|back, der; –(e)s, –e: (niederd.) pausbackiger Mensch ✳ **Paus|ba|cke**, die; –, –n: dicke Wange ✳ **paus|ba|ckig, pausbä|ckig** Ew.: dicke Wangen habend

pau|schal Ew. (meist in Zusn.): unspezifiziert : im Ganzen : undifferenziert ✳ *Pauschalabschreibung; Pauschalbesteuerung; Pauschalbewertung; Pauschalpreis; Pauschalreise; Pauschalsumme; Pauschalurteil; Pauschalvergütung; Pauschalversicherung* ✳ **Pau|scha|le**, die; –, –n: unspezifizierter Gesamtbetrag : Gesamtabfindung ✳ **pau|scha|lie|ren** tr.: auf-, abrunden ✳ **pau|scha|li|sie|ren** tr.: undifferenziert urteilen ✳ **Pau|scha|li|tät** die; –, –en: Verallgemeinerung ✳ **Pau|sche**, die; –, –n: Sattelwulst ✳ **Pausch|quan|tum**, das; –s, ..ta: Pauschalsumme ✳ **Pausch|sum|me**, die; –, –n: Durchschnittssumme

Pau|se (fr.) die; –, –n: als Vorbild dienender Entwurf : Durchzeichnung ✳ *Pauspapier:* Blaupapier : Papier zum Durchpausen; *Pauszeichnung* ✳ **pau|sen** (du pausest und paust) tr.: durchzeichnen **Pau|se** (gr.) die; –, –n: Ruhezeit : Unterbrechung einer Tätigkeit : Innehalten : (Mus.) Zeichen in der Notenschrift zum Innehalten ✳ *Pausenbrot; Pausenfüller; Pausengymnastik; Pausenhalle; pausenlos; Pausentee; Pausenzeichen* ✳ **pau|sie|ren** (..iert) intr.: Pause machen : pausen [gr. pauein aufhören machen]

Pa|va|ne (l.), die; –, –n: Pfauentanz : langsamer span. Tanz : Tanzstück

Pa|via: it. Universitätsstadt

Pa|vi|an, der; –s, –e: ein geschwänzter Affe: (seem.) Bootswächter

Pa|vil|lon (fr.) [..ljong], der; –s, –s: Garten-, Lusthäuschen : Einzelbau (bei Krankenhäusern) : Rundbau für Musikapellen : Ausstellungshaus **Paw|lat|sche** (tschech.), die; –,

–n: (östr.) Haus, das einzustürzen droht : Bühne aus Brettern **Pax** (l.), die; –: Friede ✳ **pax vo|bis|cum!:** „Friede sei mit euch!"

Pay|ing Guest → Pay|ing-guest (e.) [pehinggäst], der; –, –s: Gast einer Familie, der Unterkunft und Verpflegung bezahlt ✳ **Pay-out** (e.) [peh aut], das; –s: Rückgewinnung investierten Kapitals ✳ **Pay-TV** (e.) [peh tiwi], das; –: privates Fernsehen gegen Gebühr

Pa|zi|fik (l.-e.), der; –s: Stiller, Großer Ozean ✳ *Pazifikbahn:* Überlandbahn in Amerika ✳ **Pa|zi|fi|ka|ti|on**, die; –, –en: Friedensstiftung : Friedensschluss ✳ **pa|zi|fi|zie|ren** (..iert) tr.: Frieden herstellen : beruhigen : aussöhnen ✳ **Pa|zi|fi|zie|rung**, die; –, –en: Beruhigung ✳ **pa|zi|fisch** Ew.: zum Stillen Ozean gehörig ✳ **Pa|zi|fis|mus**, der; –: Friedensschwärmerei : Idee des allgemeinen Weltfriedens : Bewegung zur Erhaltung des Friedens : Ablehnung des Krieges und des Kriegsdienstes ✳ **Pa|zi|fist**, der; –en, –en: Friedensschwärmer ✳ **pa|zi|fis|tisch** Ew.: der Idee des allgemeinen Weltfriedens anhängend

PC (Abk.), der; –[s], –[s]: Personalcomputer : ursprünglich für eine Person gedachter Computer (Arbeitsplatz; Hausgebrauch), der mittlerweile auch in Netzwerke eingebunden werden kann

Pea|nuts (e.) [pihnats], die; meist Mz.: Erdnüsse : (Umgspr.) Kleinigkeiten

Pe-Ce-Fa|ser, die; –: synthetische Spinnfaser

Pech (l.), das; –(e)s, –e (Mz. für Arten): aus Harz gewonnene, klebrige Masse : Klebmasse : (übertr.) unangenehme Lage, Unglück ✳ *schwarz wie Pech; Pech haben:* Unglück haben ✳ *Pechbaum:* Teerbaum; *Pechblende; Pechdraht:* mit Pech bestrichene Garnfäden zum Nähen für Schuster; *Pechfackel; pechfinster; Pechhütte:* Werkstatt zum Pechbrennen; *Pechkessel:* Kessel zum Flüssigmachen des Pechs; *Pechkohle:* Art Braunkohle; *Pechnase:* Pecherker, Öffnung über dem Burgtor zum Ausgießen von heißem Pech; *Pechnelke:* Pechblume; *Pechofen:* Ofen zum Pechbrennen; *Pechöl:* aus Pech gewonnenes Öl; *Pechpfanne:* Pfanne zum Schmelzen von Pech : Leuchtpfanne mit brennendem Pech; *Pechpflaster:* (Med.) aus Pech hergestelltes Heilpflaster; *pechrabenschwarz* Ew.: schwarz wie Pech und Rabe, sehr schwarz; *pechschwarz; Pechsträhne:* (übertr.) Unglückszeit; *Pechvogel:* Unglücksmensch * **pe**|**chen**, **pi**|**chen** intr.: Harz scharren und brennen : nach Pech riechen : festmachen, dichten : von Pech kleben * **pe**|**chig** Ew.: pechartig : mit Pech beschmiert

Pe|**dal** (l.), das; -s, -e: Fußtaste : Fußhebel : Tretkurbel des Fahrrads : (scherzh.) Fuß * *Pedalharfe:* Trittharfe; *Pedalkraft; Pedalweg* [l. pedalis den Fuß betreffend; zu pes, Gen. pedis Fuß]

Pe|**dant** (fr.-it.), der; -en, -en: (urspr.) Schulmeister : Kleinigkeitskrämer * **Pe**|**dan**|**te**|**rie**, die; -, ..rien: Kleinigkeitskrämerei * **pe**|**dan**|**tisch** Ew. (..schte und ..schte): kleinlich, genau * **pe**|**dan**|**ti**|**sie**|**ren** intr.: sich kleinlich benehmen

Ped|**dig**|**rohr**, das; -s: Markrohr, Streifen aus dem Innern des spanischen Rohrs

Pe|**dell** (dtsch.-ml.), der; -s und -en, -e(n): Universitäts- oder Schuldiener : Rektoratsgehilfe einer Hochschule [ml. pedellus aus ahd. bitel, butil Büttel]

Pe|**di**|**gree** (e.) [pedigri], der; -(s), -s: Gestütbuch : Stammbaum bei Tieren und Pflanzen

Pe|**di**|**ku**|**lo**|**se** (l.), die; -: das Befallensein von Läusen

Pe|**di**|**küre** (fr.), die; -, -n: Fußpflege : Fußpfleger(in) * **pe**|**di**|**kü**|**ren** intr.: Fußpflege betreiben * **Pe**|**di**|**s**|**kript**, das; -s, -e: Text, der mit den Füßen geschrieben wurde

Pe|**do**|**lo**|**gie** (gr.), die; -: Bodenkunde * **Pe**|**do**|**me**|**ter** (gr.), das; -s, -: Schrittzähler, Wegmesser [gr. pedon Boden]

pee|**len** tr.: (Gerb.) enthaaren * **Pee**|**ling** (e.) [pihling], das; -s,

-s: das Schälen der Gesichtshaut mit kosmetischen Mitteln [e. to peel, afr. peler, l. pilare enthaaren]

Peep|**show** (e.) [pihpschou], die; -, -s: Striptease einer Frau, der gegen Bezahlung von Einzelkabinen aus angesehen werden kann

Peer (e.) [pihr], der; -s, -s: Mitglied des hohen Adels : Mitglied des engl. Oberhauses * *Peerswürde* * **Pee**|**rage** (e.) [pihridsch], die; -: Würde eines Peers * **Pee**|**reß** → **Pee**|**ress** (e.) [piress], die; -, ..resses: Gemahlin eines Peers [afr. pair, l. par gleich; urspr. „der kgl. Familie gleichgestellt"]

Pe|**ga**|**sos** (gr.), der; -: Dichterpferd der gr. Sage * *den Pegasos reiten, satteln:* dichten * **Pe**|**ga**|**sus**, der; -, -se: l. Form von Pegasos : Sternbild * *Pegasusfisch:* ind. Knorpelfisch, Meerpferd [gr. pegai Quellen; v. Entstehungsort d. Pegasos]

Pe|**gel** (ml.), der; -s, -: (niederd.) Eichmarke : Wasserstandsmesser * *Pegelhöhe, Pegelstand:* Wasserstand * **pe**|**geln** (ich ..[e]le) intr.: Wassertiefe bestimmen : messen; vgl. peilen

Peg|**ma**|**tit**, der; -es, -e: grobkörniges Ganggestein

Peg|**nitz**, die; -: Quellfluss der Regnitz * *Pegnitz:* Stadt in Oberfranken * *Pegnitzorden:* Nürnberger Sprachgesellschaft (17. Jahrhundert); *Pegnitzschäfer:* Mitglied des Pegnitzordens

Peh|**le**|**wi**, das; -: die mittelpersische Sprache : Familienname des pers. Schahs

Pei|**es** (jüd.) Mz.: Schläfenlocken der orthodoxen Ostjuden

pei|**len** (ml.) intr.: die Richtung, den Standort ermitteln, bestimmen : eine geringe Wassertiefe messen * *Peilfrequenz; Peilgerät; Peilkompaß* → *Peilkompass; Peillinie; Peillot; Peilrahmen; Peilring; Peilsender* * **Pei**|**ler**, der; -s, -: einer, der peilt : Einrichtung zum Peilen * **Pei**|**lung**, die; -, -en: das Peilen

Pein (l.), die; -: Schmerz : Qual * *peinvoll* Ew.: qualvoll *

pei|**ni**|**gen** tr.: quälen : martern * *totpeinigen* tr.: zu Tode quälen * **Pei**|**ni**|**ger**, der; -s, -: Peinigender * **Pei**|**ni**|**gung**, die; -, -en: das Peinigen * **pein**|**lich** Ew.: (Rechtsspr.) auf Verbrechen bezüglich : beunruhigend : kleinlich genau : unangenehm * **Pein**|**lich**|**keit**, die; -: das Peinlichsein, bes. die kleinliche Sorgfalt * **pein**|**sam**, **pein**|**voll** Ew.: (Umgspr.) peinlich : unangenehm

Peit|**sche** (poln.), die; -, -en: Peitschchen, -lein: Geißel, Gerät aus Stiel mit Schnur zum Schlagen : (Bot.) Ranke : der bärtige Schlangenfisch * *peitschenförmig* Ew.; *Peitschengeknall; Peitschenhieb; Peitschenleuchte:* Straßenlaterne mit gebogenem Mast; *Peitschenschlag; Peitschenschnur; Peitschenstiel; Peitschenstock* * **peit**|**schen** (peitscht, peitschtest, gepeitscht) tr.: mit der Peitsche schlagen : durch Schlagen antreiben : (wie mit Peitschenschlägen) vorwärts treiben : intr.: sausend daherjagen : (Segel) hin und her schlagen

Pe|**jo**|**ra**|**ti**|**on** (nl.), die; -, -en: Verschlechterung : Verschlimmerung * **pe**|**jo**|**ra**|**tiv** Ew.: abschätzig : verschlechternd [l. pejor schlechter] * **Pe**|**jo**|**ra**|**ti**|**vum**, das; -s, ..va: Veränderung eines Wortes, die zu einer abwertenden Bedeutung führt, z. B. frömmeln

Pe|**ka**|**ri**, das; -s, -s: Nabelschwein, in Amerika lebend

Pe|**ke**|**sche** (poln.), die; -, -n: Rock mit Schnüren

Peking: Hauptstadt Chinas * **Pe**|**ki**|**ne**|**se**, der; -n, -n: Hunderasse (nach Peking benannt) * *Pekingmensch; Pekingoper*

Pek|**ten**|**mu**|**schel**, die; -, -n: (Zool.) Kammmuschel

Pek|**tin** (gr.), das; -s, -s: Gallertmasse in Früchten und Wurzeln [gr. pektos geronnen, von pegnynai festmachen]

pek|**to**|**ral** (l.) Ew.: die Brust betreffend * **Pek**|**to**|**ra**|**le**, das; -(s), -s und ..lien: Brustkreuz der hohen kath. Geistlichen [l. pectus Gen. pectoris Brust]

pe|**ku**|**ni**|**är** (l.) Ew.: die Geldverhältnisse betreffend : geldlich [l. pecunia Geld]

pek|zie|ren (l.) tr.: sündigen, begehen : verschulden

pe|la|gi|al, pe|la|gisch (gr.-dtsch.) Ew.: im Meer befindlich : im Meer gebildet ✳ **Pela-gi|al,** das; –s: Freiwasserraum : Biotop in Meeren und größeren Seen ✳ *Pelagialfauna:* Tiefseetierwelt; *Pelagische Inseln:* it. vulkan. Inselgruppe südl. von Sizilien [gr. pelagos Meer]

Pe|la|gi|a|ner, der; –s, –: Anhänger der Lehre des Pelagius ✳ **Pe|la|gi|a|nis|mus,** der; –: Lehre des Pelagius ✳ **Pela-gi|us:** brit. Mönch

Pe|lar|go|nie (gr.), die; –, –: eine Pflanzengattung, Storchschnabel [gr. pelargos Storch]

Pe|las|ger, der; –s, –: Ureinwohner Griechenlands ✳ **pe|las|gisch** Ew.

pê|le-mê|le (fr.) [pähl´-mähl]: durcheinander ✳ **Pele|me|le,** das; –: Wirrwarr : Süßspeise [wahrsch. von pelle Schaufel u. mêler mischen]

Pe|le|ri|ne (l.-it.), die; –, –n: „Pilgerkragen", ärmelloser Umhang [fr. pèlerin Pilger von l. peregrinus Fremdling]

Pe|leus: griech. Sagengestalt, Vater Achills ✳ **Pe|li|de,** der; –n, –n: Sohn des Peleus

Pe|li|kan (l.), der; –s, –e: Kropfgans : Schnabelzange, Werkzeug zum Zahnziehen [gr. pelekas, urspr. Baumspecht, von pelekan hacken]

Pel|la|g|ra (gr.), das; –: (Med.) flechtenartige Hautkrankheit, sog. lombardischer Aussatz ✳ **pel|la|g|rös** Ew.: mit Pellagra behaftet

Pel|le (l.-ndl.), die; –, –n: (niederd.) „Fell", abziehbare Haut : Schale : Wursthaut ✳ **pel|len** tr.: schälen ✳ **Pell|kar|tof|fel,** die; –, –n: Kartoffel, die mit Schale gekocht und anschließend erst gepellt wird

Pel|let (e.) [pällett] das; –s, –s: meist Mz.: Kugeln, die aus Tierfutter gepresst wurden ✳ **pel|le|tie|ren** tr.: Pellets herstellen

pel|lu|zid (l.-fr.) Ew.: durchsichtig : durchscheinend ✳ **Pel|lu|zi|di|tät,** die; –: Durchsichtigkeit [l. pellucidus aus perlucidus; per durch und lucidus lichtvoll zu lux, Gen. lucis Licht]

Pe|lo|pon|nes, der (auch die); –: „Insel des Pelops", südgriech. Halbinsel ✳ **pe|lo|pon|ne|sisch** Ew.: vom Peloponnes ✳ *der Peloponnesische Krieg*

Pe|lops: Sohn des Tantalus

Pe|lo|ta, die; –: (Sport) baskisches Ballspiel

Pe|lo|ton (fr.) [pelotong], das; –s, –s: Rotte : Truppenabteilung : Plänklerzug ✳ *Peloton-feuer* ✳ **Pe|lot|te,** die; –, –n: Ball : Bruchband, Druckpolster

Pel|sei|de (fr.), die; –: Seide aus den schwächsten Kokons [l. pilus, it. pelo Haar]

Pel|ta (gr.), die; –, ..ten: kleiner runder Schild : (gr. Baukst.) halbmondförmige Verzierung

Pe|lusch|ke (slaw.), die; –, –n: Sanderbse

Pelz (ml.), der; –es, –e: bearbeitetes haariges Tierfell : Fell des lebenden Tieres : aus behaartem Fell hergestelltes Kleidungsstück : (scherzh.) Haut : (Tuchm.) Wolle ✳ *einem auf den Pelz rücken* intr.: zu Leibe rücken, angreifen ✳ *Pelzbesatz; pelzbesetzt* Mw. Ew.: *Pelzfut-ter; Pelzhandel; Pelzhändler; Pelzhandschuh; Pelzjacke; Pelzkappe; Pelzkragen; Pelzmantel; Pelzmütze; Pelzraupe:* eine mit dichten Haaren besetzte Raupe; *Pelzstiefel; Pelzstola; Pelztier; Pelztierfarm; Pelzware(n); Pelzwerk:* Rauchwerk, s. d.; *Pelzwolle* ✳ **pel|zen** (du pelzest und peltzt) tr.: einem Tier das Fell abziehen : (scherzh.) Fell ausklauben, schlagen : (Umgspr.) nichts tun, faul sein ✳ **pel|zen** (prov.) tr.: (Baum –) impfen, propfen ✳ **Pelzer,** der; –s, –: (niederd.) Kürschner ✳ **Pel|ze|rei,** die; –, –en: Pelzbearbeitungsbetrieb, Kürschnerei ✳ **pel|zig** Ew.: mit oder wie mit einem Pelz bedeckt : filzig : holzig (von Früchten)

Pem|mi|kan (indian.), das; –s: getrocknetes, mürbe geklopftes, zerstampftes Büffel- oder Elchdörrfleisch

pem|phi|go|disch (gr.) Ew.: (Med.) blasenähnlich : Blasen oder Blattern treibend ✳ **Pem|phi|gus, Pem|phix,** der; –: (Med.) Blasenausschlag

Pe|nal|ty (e.) [pennälti] der;

–s, –s: (Sport) Strafstoß im Eishockey, Fußball usw.

Pe|na|ten (l.) Mz.: Schutzgötter des Staates oder des Hauses : (übertr.) Wohnung, häuslicher Herd

Pence: s. Penny

PEN-Club, der; –s: (Club of Poets, Essayists, Novelists) völkerverbindende Vereinigung der Schriftsteller

Pen|dant (fr.) [pangdang], das; –s, –s: Gegen-, Seitenstück : Ergänzung

Pen|del, der oder das; –s, –: schwingender Körper : Perpendikel ✳ *Pendelausschlag; Pendellampe; Pendellänge; Pendelschnur; Pendelschwingung; Pendeltür; Pendeluhr; Pendelverkehr:* Verkehrsverbindung zweier Orte durch einen hin- und herfahrenden Zug ✳ **pen|deln** (ich pend[e]le) intr.: hin und her schwingen : oszillieren ✳ **Pen|den|tif** [pangdangtif], das; –s, –s: überhängender Gewölbeboden : Strebebogen ✳ **Pend|ler,** der; –s, –: jemand, der täglich zwischen Arbeitsstelle und Wohnort eine längere Strecke zurücklegen muss ✳ **Pen|du|le** [pangdühl´], **Pen|dü|le** [pangd..], die; –, –n: Stutzuhr

Pe|ne|lo|pe: die Gemahlin des Odysseus

pe|ne|t|ra|bel (l.) Ew.: durchdringend ✳ **pe|ne|t|rant** Mw. Ew.: aufdringlich : durchdringend ✳ **Pe|ne|t|ranz,** die; –: Durchschlagskraft : Durchdringen einer Erbanlage ✳ **Pe|ne|t|ra|ti|on,** die; –, –en: Durchdringung : Durchsetzung ✳ **pe|ne|t|rie|ren** (..iert) tr.: durchdringen

peng!: Schussgeräusch : lauter Knall ✳ *peng, peng!*

Pen|gö (ung.), der; –(s), –: „der Klingende" : bis 1946 geltende ung. Münzeinheit

Pen|hol|der|griff (e.) [penhouldergriff], der; –s, –: (Sport) das Halten des Tischtennisschlägers, wobei der Griff wie ein Stift gefasst wird

pe|ni|bel (l.) Ew.: mühsam : mühselig : peinlich : sorgfältig ✳ **Pe|ni|bi|li|tät,** die; –, –en: Mühseligkeit : Peinlichkeit

Pe|ni|cil|lin: s. Penizillin

Pe|nid|zu|cker, der; –s: gereinigter Zucker in Stangenform

Pen|in|su|la (l.), die; –, ..su|en: Halbinsel ✳ pen|in|su|lar, pen|in|su|la|risch Ew.: zu einer Halbinsel gehörig

Pe|nis (l.), der; –, ..nisse o. Penes: männliches Glied ✳ *Penisneid*

Pe|ni|zil|lin, Pe|ni|cil|lin (l.), das; –s: antibiotisches Heilmittel ✳ *Penizillinspritze*

Pen|nal (l.), das; –s, –e: Federbüchse : (Schülerspr.) Gymnasium : Schule ✳ Pen|nal, der; –s, –e, Pen|nä|ler, der; –s, –: Schüler ✳ pen|nä|ler|haft Ew. ✳ Pen|ne, die; –, –n: (Schülerspr.) Schule : (Gaunerspr.) Nachtkneipe : Herberge : pen|nen intr.: (in der Penne) schlafen ✳ *Pennbruder:* Besucher einer Penne : im Freien Nächtigender

Pen|ni, der; –(s), –(s): finn. Pfennig

Penn|syl|va|nia [..silwenia]: Staat im Nordosten der USA

Pen|ny, der; –s, –s und Pence [pennß]: e. Münze (ein zwölftel Schilling; Abk. für Ez. und Mz.: d (=denarius), beim neuen Penny im Dezimalsystem: p ✳ *Pennybank:* eine Sparkasse für die Ärmeren in London; *Pennypost:* Stadtpost in London; *Pennyweight* [..weht]: Pfenniggewicht, Maßeinheit für das englische Pfund

pen|see (fr.) [pangßeh] Ew.: dunkellila : stiefmütterchenfarben ✳ Pen|sée, das; –s, –s: Betrachtung : Stiefmütterchen : violette Farbe ✳ *penseefarbig* Ew.; *Penseekleid*

Pen|si|on (fr.) [pangsjong, meist pangßjohn], die; –, –en: Ruhegehalt : Jahrgeld : Kostgeld : Kost und Wohnung : Verpflegungs- und Erziehungsanstalt : Fremdenheim ✳ *Pensionsalter; Pensionsanspruch; pensionsberechtigt* Mw. Ew.; *pensionsfähig* Ew.; *Pensionsgast; Pensionskasse; Pensionspreis; pensionsreif; Pensionsrückstellungen; Pensionsverpflichtung:* Verpflichtung eines Arbeitgebers gegenüber seinem Arbeitnehmer ✳ Pen|si|o|när [pangsionähr], der; –s, –e o. Pen|si|o|nä|rin, die; –, –nen: Kostgänger(in) : Beamter oder Beamtin im Ruhestand : Heimschüler(in) :

Gast in einer Pension ✳ Pen|si|o|nat, das; –(e)s, –e: (Mädchen-)Internat ✳ pen|si|o|nie|ren (..iert) tr.: in den Ruhestand versetzen : verabschieden ✳ Pen|si|o|nie|rung, die; –, –en: Versetzung in den Ruhestand : Verabschiedung ✳ Pen|si|o|nist, der; –en, –en: (östr., schweiz.) jemand im Ruhestand ✳ Pen|sum (l.) [pens..], das; –s, ..sen und ..sa: „das Zugewogene“ : Aufgabe : zugemessene Arbeitsmenge [l. pendere wägen, zählen]

pent.. (gr.) Zahlw. in Zus.: fünf ✳ Pen|ta|chord, das; –(e)s, –e: fünfsaitiges Instrument ✳ Pen|ta|de, die; –, –n: Gefünft : fünf Stück als Einheit zusammengenommen ✳ Pen|ta|de|ka|gon, das; –s, –e: Fünfzehneck ✳ Pen|ta|e|der, das; –s, –: Fünfflächner : Würfel mit fünf Flächen ✳ Pen|ta|gon, das; –s, –e: Fünfeck : das fünfeckig gebaute amerikanische Verteidigungsministerium in Washington ✳ pen|ta|go|nal Ew.: fünfeckig ✳ pen|ta|go|nisch Ew.: fünfeckig ✳ Pen|ta|gramm, das; –s, –e: Drudenfuß : Fünfeckstern : Pentalpha ✳ Pent|al|pha, das; –s, –: Pentagramm ✳ Pen|ta|me|ron, das; –s: Erzählung von fünf Tagen ✳ Pen|ta|me|ter, der; –s, –: fünffüßiger Vers ✳ Pen|tan, das; –s, –s: Kohlenwasserstoff, der in Erdöl vorkommt ✳ Pent|ar|chie, die; –, ..chien: Fünfmächteherrschaft ✳ Pen|ta|teuch, der; –s: fünf Bücher Mose ✳ Pent|ath|lon, das; –s: Fünfkampf ✳ Pen|ta|to|nik, die; –: musikalisches System mit fünf Tönen als Grundlage ✳ pen|ta|to|nisch Ew. ✳ Pen|te|kos|te, die; –: fünfzigster Tag nach Ostern : Pfingsten ✳ Pen|te|li|kon: gr. Gebirge in Attika ✳ pen|te|lisch Ew.: von Pentelikon ✳ *pentelischer Marmor* ✳ Pen|te|re, die; –, –n: Fünfruderer : Schiff mit fünf Reihen von Ruderbänken : Pentreme ✳ Pent|ode (gr.), die; –, –n: (Rdfk.) Fünfpolröhre

Pen|the|si|lea, Pen|the|si|leia (gr.): Amazonenkönigin ✳ Pen|the|si|le|en Mz.: kriegerische Frauen

Pent|house (e.) [pänthaus],

das; –, –s: vornehme Dachterrassenwohnung über einem Etagenhaus

Pen|ti|um, der; –s, –s: schneller Prozessor für Computer

Pen|to|de: s. pent..

Pe|nun|ze Mz.: (berlin.) Geld

pen|zen intr.: (östr.) betteln

Pep (e.), der; –(s): Schwung : Elan [e. pepper Pfeffer] ✳ *Pepmittel, Peppille:* Aufputschmittel ✳ Pe|pe|ro|ni Mz.: eingemachte unreife span. Pfefferschoten

Pe|pi|ta, das; –s: kleinkarierter Wollstoff ✳ *Pepitakleid; Pepitakostüm*

Pep|lon (gr.), das; –s, ..plen und –s; Pep|los, der; –, ..plen und –: Prachtgewand : weites, ärmelloses Frauengewand : Umhang

Pep|mit|tel, das; –s, –: (Umgspr.) Droge zum Aufputschen ✳ pep|pig Ew.: (Umgspr.) flott : modisch : voller Pep ✳ Pep|pil|le, die; –, –n: Pepmittel

Pep|sin (gr.), das; –s, –e: verdauungsförderndes Ferment des Magensaftes : ein Heilmittel ✳ *Pepsinwein* ✳ Pep|sis, die; –: Verdauung ✳ pep|tisch Ew.: die Verdauung unterstützend : verdauungsfördernd ✳ pep|ti|sie|ren tr.: (Chem.) umwandeln eines Stoffes in kolloide Form ✳ Pep|ton, das; –s, –e: durch den Magensaft in Stickstoffverbindungen umgewandelter Eiweißkörper : künstliches Ernährungsmittel

per (l.) Vw.: durch : hindurch : mittels : wegen : für : mit : gegen : (in Zus.) aus : er- : ver- ✳ *per Adresse:* für die Adresse von; *per annum:* jährlich; *per Bahn:* mit der Bahn; *per cassa:* gegen Barzahlung; *per conto:* auf Rechnung; *per definitionem:* nach der Definition; *per Fracht:* als Fracht(gut); *per mille:* pro mille, aufs Tausend; *per Monat:* monatlich; *per Pfund:* pfundweise : das oder im Pfund; *per procura:* in Vollmacht; Abk.: p. p.; *per saldo:* (kfm.) (durch) zum Ausgleich; *per Schiff*

per as|pe|ra ad ast|ra (l.): „auf rauen Wegen zu den Sternen", durch Kampf zum Sieg, durch Nacht zum Licht

Per|bo|ra|te (l.) Mz.: Salze der

Perborsäure, Wasch-, Entkeimungsmittel

Per|chlo|ra|te (l.) Mz.: Salze der Perchlorsäure

Percht, die; –, –en: myth. Frau, die faule Spinnerinnen bestraft * **Percht|en|lauf,** der; –s, ..läufe: Maskenumzug zum Vertreiben der Percht * *Perchtenmasken; Perchtentanz*

Per|cus|sion (e.) [pörkasch'n], die; –, –s: (Mus.) Gruppe der Rhythmikinstrumente : Schlaginstrumente ohne Schlagzeug

per|den|do, per|den|do|si, per|den|do|so (it.): (Mus.) ersterbend * **per|du** (fr.) [..düh] Mw. Ew.: verloren : weg

per|du|ra|bel (l.) Ew.: beharrlich : dauerhaft * **Per|du|ra|bi|li|tät,** die; –, –en: Fortdauer : Beharrlichkeit * **per|du|rieren** (..iert) tr.: ausdauern : aushalten

Per|em(p)|ti|on (l.), die; –, –en: Verfall eines Rechts- oder Klaganspruches : Verjährung * **per|em(p)|to|risch** Ew.: entscheidend : endgültig : zerstörend * *perem(p)torische Einrede:* jemandes Rechtsanspruch vernichtende Einrede (z. B. der Verjährung)

pe|ren|nie|ren (..iert) (l.) intr.: durchdauern : ausdauern : überwintern * **pe|ren|nierend** Mw. Ew.: durchdauernd : winterhart : überwinternd * **Pe|ren|ni|tät,** die; –: Fortdauer : Überwinterung

Pe|rest|roi|ka (russ.), die; –: „Umbau" : Schlagwort für die Politik des sowj. Staatschefs M. Gorbatschow 1985–1991, die auf die Reform des Staats- und Wirtschaftssystems der UdSSR abzielte

per|fekt (l.) Mw. Ew.: vollkommen : abgemacht : gültig : fertig : geschickt * *perfekt werden:* zustande kommen * **Per|fekt,** das; –s, ..te (..ta): (Sprachl.) die Vergangenheit * **per|fek|ti|bel** Ew.: vervollkommnungsfähig * **Per|fek|ti|bi|lis|mus,** der; –: Glaube an die Vervollkommnungsfähigkeit des Menschengeschlechts * **Per|fek|ti|bi|li|tät,** die; –: Vervollkommnungsfähigkeit : Bildsamkeit * **Per|fek|ti|on,** die; –, –en: Vollendung : Voll-

kommenheit * **per|fek|ti|onie|ren** (..iert) tr.: vervollkommnen : ausbilden : vollenden * **Per|fek|ti|o|nis|mus,** der; –: übertriebenes Streben nach Vervollkommnung * **Per|fek|ti|o|nist,** der; –en, –en: auf Perfektionismus Ausgerichteter * **per|fek|ti|onis|tisch** Ew.: bis in alle Einzelheiten vollständig * **Perfek|ti|o|nie|rung,** die; –, –en: Vervollkommnung * **per|fektisch** Ew.: auf das Perfekt bezogen * **per|fek|tiv, per|fekti|visch** Ew.: im Sinne der Vollendung, Dauer

per|fid, per|fi|de (l.) Ew.: treulos : hinterlistig : arglistig : tückisch * **Per|fi|die,** die; –, ..dien: Treulosigkeit : Hinterlist : Treubruch : Verrat * **Per|fi|di|tät,** die; –, –en: Perfidie

Per|fo|ra|ti|on (l.), die; –, –en: (Med.) Durchbohrung : Durchlöcherung : Durchbruch * **Per|fo|ra|tor,** der; –s, ..oren: Gerät zum Lochen : Locher * **per|fo|rie|ren** (..iert) tr.: durchbohren : streifenweise durchlöchern : lochen * *Perforiermaschine*

Per|for|mance (e.) [pörformäns], die; –, –s: durchgeplante Vorstellung eines Künstlers : Ggs.: Happening

Per|for|manz (l.), die; –: situative Verwendung von Sprache * **per|for|ma|tiv, per|for|mato|risch** Ew.: eine Sprachwendung gleichzeitig aktiv umsetzend, z. B. „ich beglückwünsche dich"

per|ga|me|nisch Ew.: aus Pergamon * **Per|ga|ment,** das; –(e)s, –e: „aus Pergamon stammend" : Lederpapier : alte Handschrift : Urkunde * *pergamentartig* Ew.; *Pergamentband; Pergamenteinband; Pergamenthaut; Pergamentleder; Pergamentpapier:* hartes, festes, fettundurchlässiges Papier; *Pergamenttafel* * **per|ga|men|ten** Ew.: aus oder wie aus Pergament * **Per|ga|min,** das; –s: eine Papierart : durchsichtiges Papier * **Per|ga|mon, Per|ga|mum:** Stadt der Antike in Kleinasien * *Pergamonaltar; Pergamonmuseum*

Per|gel (it.), das; –s, –: (östr.) Weinlaube * **Per|go|la,** die; –, –s und ..len: Laube : Laubengang : laubenähnlicher Anbau

Per|hor|res|zenz (l.), die; –: Furcht vor Parteilichkeit des Richters oder der Zeugen und deren rechtliche Verwerfung * *Perhorreszenzeid* * **per|horres|zie|ren** (..iert) tr.: verabscheuen : abweisen : nicht als Richter anerkennen : zurückschrecken

Pe|ri, der; –s, –s; oder die; –, –s: nach der pers. Sage Schutzgeist : feenhaftes zartes Wesen

peri.. (gr.) Vors. : um.. : herum.. : über.. : wegen : sehr * **Pe|ri|anth** (gr.-l.), das; –(e)s, –e: Blütenhülle * **Pe|ri|cardi|um,** das; –s, ..dien: s. Perikard * **Pe|ri|chon|d|ri|tis,** die; –, ..itiden: Entzündung der Knorpelhaut * **Pe|ri|chond|ri|um,** das; –s, ..ien: Knorpelhaut * **Pe|ri|derm,** der; –s: Abschlussgewebe einer Pflanze * **Pe|ri|dot** (gr.), der; –s: olivgrünes Mineral * **Pe|ri|do|tit,** der; –s, –e: grobkörniges Tiefengestein, das häufig als Werkstein verwendet wird * **Pe|ri|e|ge|se,** die; –, –n: Fremdenführung : Orts- und Länderbeschreibung * **Pe|ri|gas|t|ri|tis,** die; –, ..itiden: (Med.) Bauchfellentzündung * **Pe|ri|gä|um, Pe|ri|ga|i|on,** das; –s, ..gäen: Erdnähe : Standpunkt eines Planeten, wo er der Erde am nächsten ist * **Pe|ri|gon, Pe|ri|go|nium,** das; –s, ..ien: innere Blumenkrone oder Blütenhülle * **Pe|ri|hel,** das; –s, –e: **Pe|ri|he|li|um,** das; –s, ..lien und ..lia: Sonnennähe der Planeten * **Pe|ri|he|pati|tis,** die; –: (Med.) Entzündung an der Leber * **Pe|rikard,** das; –(e)s, –e: (Med.) Herzbeutel : Herzfell * *perikardische Arterien* * **Pe|ri|kar|di|tis,** die; –: (Med.) Herzbeutelentzündung * **Peri|kar|pi|on,** das; –s, ..pien: Samengehäuse bei Pflanzen * **Pe|ri|klas,** der; – und –es, –e: ein Mineral * **Pe|rik|les:** Staatsmann des alten Athen * **pe|rik|le|isch** Ew. * **Pe|rik|lin,** der; –s, –e: Kieselspat (eine Art Feldspat) *

Pe|ri|ko|pe, die; –, –n: Abschnitt : Abschnitt aus der Bibel, den Evangelien ✳ **Pe|ri|me|ter**, der; –s, –: Umfang(smesser) ✳ **pe|ri|met|ral**, **pe|ri|met|risch** Ew.: umkreisig : im Umfange : dem Umfange nach ✳ **pe|ri|met|rie|ren** intr.: den Umfang ausmessen ✳ **pe|ri|na|tal** Ew.: (Med.) den Zeitraum kurz vor, während und bis sieben Tage nach der Geburt umfassend ✳ **Pe|ri|o|de**, die; –, –n: Kreislauf : regelmäßiger Umlauf (z. B. eines Planeten) : Zeitabschnitt : regelmäßige Wiederkehr : Menstruation : Satzgefüge ✳ *Periodenbau: Satzbau; Periodenfolg; Periodenrechnung; Periodensystem; Periodenzahl* ✳ **..pe|ri|o|dig** Ew.: in Zusn.: z. B. zweiperiodig ✳ **Pe|ri|o|dik**, **Pe|ri|o|di|zi|tät**, die; –: regelmäßige Wiederkehr eines Vorgangs ✳ **Pe|ri|o|di|kum**, das; –s, ..ka: periodisch erscheinende Zeitschrift ✳ **pe|ri|o|disch** Ew.: regelmäßig wiederkehrend : zeitweilig wechselnd : vorübergehend ✳ **pe|ri|o|di|sie|ren** (..iert) tr.: in Zeitabschnitte einteilen : die Perioden festsetzen ✳ **Pe|ri|o|di|sie|rung**, die; –. –en ✳ **Pe|ri|o|di|zi|tät**, die; –, –en: Umlauf : regelmäßige Wiederkehr ✳ **Pe|ri|o|don|ti|tis**, die; –, ..itiden: Entzündung der Haut der Zahnwurzel ✳ **Pe|ri|ö|ke**, der; –n, –n: „Umwohner“, Nachbar : freie, aber politisch rechtlose Bewohner in Sparta ✳ **pe|ri|o|ral** Ew.: (Med.) um den Mund herum ✳ **Pe|ri|ost**, das; –(e)s, –en: Bein- oder Knochenhaut ✳ **pe|ri|os|tal** Ew.: **Pe|ri|os|ti|tis**, die; –, ..itjden: (Med.) Knochenhautentzündung : Zahnwurzelhautentzündung ✳ **Pe|ri|pa|te|ti|ker**, der; –s, –: Anhänger der Lehre des Aristoteles ✳ **pe|ri|pa|te|tisch** Ew.: umherwandelnd : im Aufundabgehen unterrichtend : aristotelisch ✳ **Pe|ri|pe|tie**, die; –, ..tien: entscheidender Wendepunkt : unerwartete Veränderung : Auflösung des Knotens in Schauspielen : Umkehr ✳ **pe|ri|pher** Ew.: am Rande befindlich ✳ **Pe|ri|phe|rie**, die; –, ..rien: Umfang (eines Krei-

ses) : Umkreis : Außenstadt ✳ *Peripheriegeschwindigkeit:* Umfangsgeschwindigkeit: *Peripheriewinkel:* von zwei Sehnen gebildeter Winkel, dessen Scheitelpunkt im Kreisumfang liegt ✳ **pe|ri|phe|risch** Ew.: umkreisend : umlaufend : am Umkreise, Rand befindlich : Rand.. ✳ **Pe|ri|phra|se**, **Pe|ri|phra|sis**, **Pe|ri|phrast**: s. Para.. ✳ **pe|ri|phra|sie|ren** tr.: ausschmückend erläutern ✳ **pe|ri|phras|tisch** Ew.: unter Ausschmückungen erläuternd ✳ **Pe|rip|te|ros**, der; –, ..teren: Tempel mit Säulengängen ringsum ✳ **Pe|ris|kop**, das; –s, –e: „Ringsumschauer“ : Sehrohr des Unterseebootes ✳ **pe|ris|ko|pisch** Ew.: umschauend ✳ *periskopische Gläser:* gebogene Augengläser, bei denen man am Rand ebensogut sieht wie in der Mitte ✳ **Pe|ri|spo|me|non**, das; –s, ..na: Wort mit dem Zirkumflex auf der letzten Silbe ✳ **Pe|ris|tal|tik**, die; –: Darmbewegung ✳ **pe|ris|tal|tisch** Ew.: (Med.) wurmartig ✳ **Pe|ris|ta|se**, die; –, –n: Einheit der äußeren Einflüsse, die auf einen Organismus einwirken ✳ **pe|ris|ta|tisch** Ew.: ausführlich : umweltbedingt ✳ **Pe|ris|te|ri|um**, das; –s, ..rien: Hostiengefäß in Gestalt einer Taube ✳ **Pe|ris|tyl**, das; –s, –e; **Pe|ris|ty|li|um**, das; –s, ..lien: Säulengang um einen Platz : von Säulen umgebener Innenhof des antiken Hauses : Säulenhalle ✳ **Pe|ri|to|ne|um**, das; –s: Bauchfell ✳ **pe|ri|to|ne|al** Ew.: zum Bauchfell gehörig ✳ **Pe|ri|to|ni|tis**, die; –, ..itiden: (Med.) Bauchfellentzündung ✳ **Pe-ri-k-lin, pe-ri-s-tal-tisch** Die Worttrennung erfolgt nach Sprechsilben. Wenn möglich, kommt ein Konsonant in die neue Zeile. Dabei dürfen *s* und *t* voneinander getrennt werden: *Perik-lin; perimet-rieren; peris-taltisch.* **pe|ri|cu|lum in mo|ra** (l.): Gefahr ist im Verzuge ✳ **Pe|ri|car|dium**, **Pe|ri|le|gel|se**, **Pe|ri|gä|um** usw.: s, peri.. **Pe|ri|k|lin**, **Pe|ri|ko|pe**: s. peri.. **pe|ri|ku|lös** (l.) Ew. (..öser, ..öseste): gefährlich ✳ **Pe|ri|ku-**

lo|si|tät, die; –, –en: Gefährlichkeit **Pe|ri|me|ter**, **Pe|ri|lo|de**, **Pe|ri|ö|ke**, **Pe|ri|ost**, **Pe|ri|pa|te|ti|ker** usw.: s. peri.. **Per|ju|ra|ti|on** (l.), die; –, –en: Meineid ✳ **per|ju|rie|ren** (..iert) tr.: falsch schwören : Meineid leisten ✳ **Per|ju|ri|um**, das; –s, ..ria: Meineid, falscher Eid

Per|kal (pers.), der; –s, –e: ostind. dichter Baumwollstoff ✳ **Per|ka|lin**, das; –s, –e: Baumwollgewebe für Bucheinbände **Per|ko|lat**, das; –s, –e: mittels Perkolation produzierter Pflanzenauszug ✳ **Per|ko|la|ti|on** (l.), die; –, –en: Durchseihung : Verfahren zur Herstellung von Pflanzenauszügen, konzentrierten Säften ✳ **per|ko|lie|ren** (..iert) tr.: durchseihen **Per|kus|si|on** (l.), die; –, –en: Erschütterung : Durchschlagskraft (von Geschossen) : (Med.) Untersuchung durch Beklopfen ✳ *Perkussionsgewehr:* Schlagschlossbüchse; *Perkussionshammer; Perkussionsinstrument; Perkussionssatz:* Zündsatz : Zündmasse; *Perkussionsschall; Perkussionsschloß →* *Perkussionschloss:* Hammerschloss; *Perkussionszündung:* Schlagzündung ✳ **per|kus|so|risch** Ew.: (Med.) durch Beklopfen nachweisbar ✳ **per|ku|tan** Ew.: durch die Haut hindurch ✳ **per|ku|to|risch** Ew.: durch Beklopfen festgestellt ✳ **per|ku|tie|ren** (..iert) tr.: erschüttern : stoßen : (Med.) beklopfen

Perl (l.), die; –: (Buchdrw.) Fünfpunktschrift, kleiner Schriftgrad ✳ **Per|le**, die; –, –n: perlmuttglänzender Einschlusskörper der Perlmuschel : etwas Köstliches, Wertvolles : Bläschen (in Getränken), Schaumperlen : Flüssigkeits-, Schweiß-, Tränen-, Tautropfen : (weidm.) Erhabenheit am Geweih : Gerstenkorn am Auge : Samenkorn : milchweißer perlähnlicher Hornhautfleck (am Auge) : eine Libelle : eine Schneckenart : durchlöcherte Scheibe im Butterfass und im Braubottich ✳ *Perlen vor die*

Säue werfen: Wertvolles für Unwürdige hingeben * *Perlasche:* reine amerikanische Pottasche; *Perleule:* Schleiereule; *Perlfisch:* ein Zierfisch; *Perlfliege:* eine Fliege : *Perlgeschmeide; Perlgras:* Gräserart; *Perlgarn:* glänzendes Stickgarn; *perlgrau* Ew.; *Perlgraupe:* feinste Graupensorte; *Perlhuhn:* dunkelgefiedertes Huhn mit heller Perlfleckung; *Perlmuschel; Perlmutt, Perlmutter:* innere farbenglänzende Schicht der Muschelschalen ; *perlmutten, perlmuttern* Ew.; *Perlmutterfalter; perlmutterfarb(en)* Ew.; *perlmutterglänzend* Mw. Ew.; *Perlmuttermuschel; Perlmuttknopf; Perlreis:* Reis aus kleinen Körnern; *Perlsand:* feiner Kiessand; *Perlschrift; Perlwein; Perlzwiebel:* kleine Lauchzwiebel; *Perlzwirn:* fest gedrehter Zwirn * *Perlenauster; Perlenbank:* Fundort von Perlenmuscheln; *perlenbesetzt; perlenbestickt; Perlenbohrer:* Drillbohrer zum Durchbohren von Perlen; *Perlenessenz:* Flüssigkeit zum Glänzendmachen von Glasperlen; *perl(en)farben, perlenfarbig* Ew.; *Perlenfischer(ei); Perlenhalsband; Perlenhändler; Perlenkette; Perlenkollier; Perlenmuschel; Perlenreihe; perlenrein* Ew.; *Perlenschmuck; –schnur:* Schnur aufgezogener Perlen, Perlenband; *Perlensticker(ei); –ntaucher; –warze:* warziger Auswuchs in Perlenmuscheln; *perl(en)-weiß* Ew.; *Perlenzahn* * **perl|en** Ew.: aus Perlen * **perl|en** intr.: wie Perlen erscheinen : Bläschen oder Tropfen bilden : zwirnen * *Schweiß perlt auf der Stirn; Sekt perlt im Glase* * *geperlt* Mw. Ew.: mit oder wie mit Perlen versehen * **per|lig** Ew.: perlartig * **Perl|it**, der; –(e)s, –e: Perlstein [l. perula, pirula Birnchen] **Perl|on**, das; –s: synthetische Textilfaser * *Perlonstrümpfe; Perlonwäsche* **Per|lus|tra|ti|on**, die; –, –en: das Perlustrieren * **per|lus|trie|ren** (..iert) (l.) tr.: durchmustern : genau durchgehen und besichtigen **Perm:** Stadt im Ural

Perm, das; –s: (Geol.) Erdzeitalter, jüngste Formation des Paläozoikums * **perm|isch** Ew. **perma|nent** (l.) Mw. Ew.: dauernd : ununterbrochen : beharrlich * *Permanentgelb; Permanentweiß:* beständige Wasserfarbe : Barytweiß * **Perma|nenz**, die; –: Dauer : Ständigkeit : Beharrlichkeit * *in Permanenz erklären* tr.: nicht beenden ; *Permanenztheorie* **Perman|ga|nat** (l.), das; –(e)s: übermangansaures Kali * **Perman|gan|säu|re**, die; –: Übermangansäure **perme|a|bel** (l.) Ew.: durchdringbar : durchgängig, wegbar * **Perme|a|bi|li|tät**, die; –: (Chem.) Durchlässigkeit feinporiger Wände : (Phys.) Grad der Verdichtung magnetischer Kraftlinien **per mille:** s. per **Per|miß** → **Per|miss** (l.), der; ..isses, ..isse: Erlaubnisschein * *Permißgeld* → *Permissgeld:* Wechselgeld * **Per|mis|si|on**, die; –, –en: Erlaubnis : Bewilligung * **per|mis|siv** Ew. großzügig * **Per|mis|si|vi|tät**, die; –, –en: Großzügigkeit * **per|mit|tie|ren** (..iert) tr.: erlauben : gestatten : zulassen : bewilligen **per|mu|ta|bel** (l.) Ew.: umstellbar : vertauschbar * **Per|mu|ta|ti|on**, die; –, –en: Umstellung : Vertauschung : Verwechslung : Umtausch : (Math.) Versetzung * **per|mu|tie|ren** (..iert) tr.: umtauschen [l. permutare auswechseln] **Per|nam|bu|co:** nordostbrasilian. Staat * **Per|nam|buk|holz**, das; –es, ..hölzer: brasilianisches Braunholz **Per|nio** (l.), der; –, ..iones: (Med.) Frostbeule * **Per|ni|o|sis**, die; –, ..sen: durch Frost geschädigte Haut **per|ni|zi|ös** (l.) Ew.: schlimm : bösartig : tödlich : verderblich * *perniziöse Anämie:* bösartige Blutarmut **Per|nod**, der; –s, –s: alkoh. Getränk auf Anis- und Wermutbasis : fr. Aperitif **Pe|ro|nos|po|ra** (gr.), die; –: Gattung der Algenpilze, zu der verschiedene Parasiten gehören **pe|ro|ral** (l.) Ew.: (Med.) durch den Mund

Per|o|xid *auch:* **Per|o|xyd:** Superoxyd, ein Wasserstoffoxyd

Peroxid / Peroxyd
Ursprünglich galt nur die y-Schreibung. Dann wurde die i-Schreibung eingeführt, die sich aber gegen den fachsprachlichen Gebrauch der früheren Form nicht durchsetzte. Inzwischen gelten beide Schreibungen als korrekt.

per pe|des (a| pos|to|lo|rum) (l.): zu Fuß (wie die Apostel) **Per|pen|di|kel** (l.), der; das; –s, –: Bleilot : Uhrpendel : Senkblei * **per|pen|di|ku|lar, per|pen|di|ku|lär** Ew.: senkrecht : lotrecht * *Perpendikularstil* **Per|pe|tu|a|ti|on** (l.), die; –, –en: immerwährende Fortdauer * **per|pe|tu|ell** Ew.: beständig * **per|pe|tu|ie|ren** (..iert) tr.: immerwährend erhalten oder fortsetzen : in die Länge ziehen * **Per|pe|tu|um mo|bile**, das; – –s, – –s und ..tua ..bilia: etwas, was sich ununterbrochen ohne Energiezufuhr bewegt **per|plex** (–este) (l.) Ew.: verwirrt : betreten : bestürzt * **Per|ple|xi|tät**, die; –, –en: Verworrenheit : Bestürzung [l. plectere flechten] **per pro|cu|ra:** s. per **Per|ron** (fr.) [perrong], der; –s, –s: Bahnsteig : Plattform **Pers**, der; –: ein dunkelblaues Tuch **per sal|do:** s. per **per se** (l.): durch sich * *das versteht sich per se:* das ist selbstverständlich **per|se|ku|tant** (l.) Mw. Ew.: verfolgend : zudringlich * **Per|se|ku|ti|on**, die; –, –en: Verfolgung * **Per|se|ku|tor**, der; –s, ..toren: Verfolger : Nachsteller **Per|sen|ning, Pre|sen|ning** (ndl.), die; –, –en: geteerter, wasserdichter Leinwandbezug : Schutzdecke **Per|se|pho|ne:** (gr. Sage) Göttin der Unterwelt **Per|ser**, der; –s, – – Einwohner Persiens : persischer (echter) Teppich * *Perserkatze; Perserkrieg; Perserteppich* * **Per|si|a|ner**, der; –s, –: Karakulschaffell, Pelzwerk (früher eingeführt über Persien) * *Persianermantel* * Per|si|en: Iran * per|sisch Ew.: zu Persien gehörig

Per|seus: gr. Sagenheld * Per|seus, der; –: ein Sternbild am nördlichen Himmel

Per|se|ve|ranz (l.) [..w.], die; –: Ausdauer * per|se|ve|rie|ren (..iert) intr.: beharren

Per|si|a|ner usw.: s. Perser

Per|si|fla|ge (fr.) [per-ßiflahsch'], die; –, –n: Verspottung: Aufziehen: geistreicher Spott * per|si|f|lie|ren (..iert) tr.: auf eine feine Art verspotten [l. sibilare zischen, pfeifen]

Per|si|ko, der; –s, –s: Pfirsichkernlikör

Per|sil|schein, der; –s, –e: (Umgspr.) Entlastungsbeweis (nach dem Waschmittel Persil)

Per|sil|mo|ne, die; –, –n: Dattelpflaume

Per|si|pan, das; –s, –e: Zusammensetzung aus persicus (= Pfirsich) und Marzipan: aus Pfirsichmasse hergestelltes Marzipan

per|sisch: s. Perser

per|sis|tent (l.) Mw. Ew.: beharrlich: fest bleibend * Per|sis|tenz, die; –, –en: Beharrlichkeit: Eigensinn * per|sis|tie|ren (..iert) intr.: auf etwas beharren: bestehen

Per|son (l.), die; –, –en; Persönchen: „Maske": Maske, Rolle des Schauspielers: Mensch ohne Rücksicht auf Geschlecht: jemand selbst (im Gegensatz zum Stellvertreter): jemand in Bezug auf sein äußeres Auftreten, seine äußere Erscheinung: Frau, weibliches Wesen: gemeine Person: (Rechtsspr.) (juristische –) Personenmehrheit oder Sachvermögen, denen Rechtsfähigkeit verliehen ist * Per|so|na gra|ta, die; – –: in Gunst stehender Mensch * Per|so|na in|gra|ta, Per|so|na non gra|ta, die; – – –..nae – ..tae: unerwünschte Person: Diplomat, dessen Aufenthalt vom Gastland nicht mehr gewünscht wird * *Personenaufzug; Personenbahnhof; Personenbeförderung; Personenbeförderungsgesetz; Personenbeschreibung; Personengedächtnis; personengebunden;*

Personenkraftwagen; Personenkreis; Personenkult; Personenname; Personenschaden; Personenschutz; Personenstand: Familienverhältnis einer Person; *Personenstandsregister:* das von den Standesämtern geführte Register; *Personenverkehr; Personenverzeichnis; Personenwaage; Personenwagen; Personenzahl; Personenzug* * per|so|nal, per|so|nell Ew.: persönlich: in Person: in eigener Person: selbst * Per|so|nal, das; –s: Gesamtheit von Personen mit gemeinsamem Wirkungskreis: Angestellte * *Personalabbau:* Verringerung der Zahl der Angestellten; *Personalabteilung; Personalakten:* Akten über persönl. Verhältnisse; *Personalausweis; Personalbüro; Personalchef; Personalcomputer; Personaldirektor; Personaleinsparung; Personalfrage; personalintensiv; Personalityshow; Personalkonto; Personalkosten; Personalleiter; Personalplanung; Personalpolitik; Personalpronomen:* persönliches Fürwort; *Personalreferent; Personalsteuer:* Kopfsteuer; *Personalunion:* Vereinigung selbständiger Staaten unter der Regierung eines Fürsten; *Personalverwaltung* * Per|so|na|li|en Mz.: Angabe der persönlichen Verhältnisse * Per|so|na|li|tät, die; –, –en: Persönlichkeit * per|so|na|li|ter Uw.: persönlich * Per|so|ni|fi|ka|ti|on, die; –, –en: Vermenschlichung: Verkörperung einer Sache * per|so|ni|fi|zie|ren (..iert) tr.: verkörpern * per|so|ni|fi|ziert Mw. Ew.: leibhaftig, persönlich * Per|so|ni|fi|zie|rung, die; –, –en: Personifikation * per|sön|lich Ew.: auf eine Person bezüglich: in Person: selbst: eine Person betreffend * *eine persönliche Beleidigung; persönliche Vorstellung; persönliches Fürwort* * Per|sön|lich|keit, die; –, –en: das Charakteristische, das eine Person von andern unterscheidet * *persönlichkeitsbewusst; Persönlichkeitsentfaltung; Persönlichkeitskult; Persönlichkeitsrecht:* Individualrecht;

Persönlichkeitswahl; Persönlichkeitswert * Per|s|pek|tiv (l.), das; –s, –e: kleines Fernrohr: Fernglas * Per|s|pek|ti|ve, die; –, –n: Verkürzung: Ferndarstellung(skunst): Aussicht auf eine Gegend oder in die Zukunft * *Perspektivlosigkeit; Perspektivplanung:* langfristige Globalplanung in der Wirtschaft * per|s|pek|ti|visch Ew.: aus der Ferne (gesehen): schaubildlich * Per|s|pek|to|graph *auch:* Per|s|pek|to|graf, der; –en, –en: Apparat zum mechan. Zeichnen von Perspektiven

Per|spi|ra|ti|on (l.), die; –, –en: Ausdünstung: Schweiß * per|spi|rie|ren (..iert) intr.: ausdünsten: schwitzen * per|spi|ra|to|risch Ew.

per|su|a|die|ren (..iert) (l.) tr.: überreden: bereden: glauben machen: rbz.: (sich –) sich einbilden: glauben * Per|su|a|si|on, die; –, –en: Überredung * per|su|a|siv Ew.

Perth [pörß]: Hauptstadt Westaustraliens

Per|tur|ba|ti|on (l.), die; –, –en: Verwirrung: (Astron.) Störung der Planetenbahnen

Pe|ru: südamerikanischer Staat * Pe|ru|a|ner, der; –s, –: Bewohner Perus * pe|ru|a|nisch Ew. * *Perubalsam; Perurinde* * Pe|ru|sil|ber, das; –s: Neusilber, Legierung aus Kupfer, Zink, Nickel und Silber

Pe|rü|cke (fr.), die; –, –n: Haaraufsatz: künstlicher Haarersatz * *Perückenbaum; Perückenmacher*

per ul|ti|mo (l.): am Monatsletzten

per|vers (l.) Mw. Ew. [..w..]: verkehrt: widernatürlich: irregeleitet * Per|ver|si|on, die; –, –en: krankhafte sexuelle Verirrung * Per|ver|si|tät, die; –, –en: Umkehrung der natürlichen Anlagen: Verderbtheit * per|ver|tie|ren (..iert) tr.: verdrehen: verderben * per|ver|tiert|heit, die; –: das Abweichen vom Normalen * Per|ver|tie|rung, die; –, –en

Per|zent: s. Prozent * per|zen|tu|ell Ew.: nach Prozenten, prozentuell

per|zep|ti|bel (l.) Ew.: wahrnehmbar : vernehmlich : fassbar ✳ *perzeptible Geräusche* ✳ **Per|zep|ti|bi|li|tät**, die; –: Wahrnehmbarkeit : Fasslichkeit ✳ **Per|zep|ti|on**, die; –, –en: sinnliche Wahrnehmung ✳ **per|zep|tiv** Ew.: empfangend : wahrnehmend ✳ **per|zep|to|risch** Ew.: wahrnehmend ✳ **Per|zi|pi|ent**, der; –en, –en: Empfänger ✳ **per|zi|pie|ren** (..iert) tr.: (Geld) einnehmen : wahrnehmen : fassen

Pe|sa|de (fr.), die; –, –n: (Reitkst.) Bäumen des Pferdes, Figur der Hohen Schule ✳ **pe|sant** Ew.: schwer : wichtig : lästig : beschwerlich ✳ **pe|san|te** (it.): (Mus.) schleppend : sehr langsam und mit Würde

Pe|sel, der; –s, –: (niederd.) Wohnraum des niedersächs. Bauernhauses

pe|sen intr.: (mundartl.) schnell laufen, eilen

Pe|se|ta, Pe|se|te die; –, ..tas bzw. ..ten: span. Münzeinheit ✳ **Pe|so**, der; –(s), –(s): südam. Münzeinheit (verschiedenen Wertes)

Pes|sar (l.), das; –s, –e: Gebärmutterring : Muttermundverschluss zur Empfängnisverhütung

Pes|si|mis|mus (l.), der; –: Schwarzseherei : Neigung, alles von der schlechtesten Seite zu nehmen ✳ **Pes|si|mist**, der; –en, –en: Schwarzseher ✳ **pes|si|mis|tisch** Ew.: schwarzseherisch ✳ **Pes|si|mum**, das; –s, ..ma: niedrigste Lebensbedingungen für Tiere und Pflanzen

Pest (l.), die; –: bösartige Seuche ✳ *pestähnlich* Ew.; *Pestbeule; Pesthauch; Pestkranke(r); Pestkrankheit; Pestluft; Pestsäule; Pestvogel:* Seidenschwanz; *Pestzeit* ✳ **pest|ar|tig** Ew.: der Pest ähnlich ✳ **Pes|ti|lenz**, die; –, –en: Pest : Seuche ✳ **pes|ti|len|zi|a|lisch** Ew., **pes|ti|len|zisch** Ew.: pestartig : der Pest ausgesetzt : verpestet ✳ **Pes|ti|zid**, das; –s, –e: ein Schädlingsbekämpfungsmittel

Pe|tal (gr.), das; –s, –e: Blumenblatt : Blatt

Pe|tar|de (fr.), die; –, –n: Sprenggeschoss : kegelförmiges Geschütz zur Sprengung von Festungsmauern : Pulverschwärmer : Feuerwerkskörper ✳ **pe|tar|die|ren** (..iert) intr.: Sprenggeschütze anwenden : tr.: Mauern aufsprengen

Pe|tent (l.), der; –en, –en: Ansucher : Bewerber : Bittsteller [l. petere streben, suchen]

Pe|ter: m. V.: Petrus ✳ *Peterskirche; Peterspfennig:* Abgabe an den päpstl. Stuhl; *Peter-und-Pauls-Tag:* Peterwagen ✳ **Pe|ter|männ|chen:** Stachelflosserfisch ✳ **Pe|ter|le**, das; –, –: *Peterling*, der; –s, –e: Petersilie und ähnliche Pflanzen ✳ **Pe|ter|si|lie**, die; –, ..lien: Steineppich, Küchengewächs ✳ *Petersilienkartoffel; Petersilienwurzel*

Pe|ters|burg: Kurzbez. f. Sankt Petersburg; russ. Stadt an der Newa (1924–1991: Leningrad)

Pe|tit (fr.) [p'tih], die; –, –: Achtpunktschrift (ein Schriftgrad) ✳ (Buchdrw.) *Petitsatz; Petitschrift; Petitzeile* ✳ *Petit fours* → *Petit Fours* [..fuhr] Mz.: kleine Törtchen ✳ **Pe|ti|tes|se**, die; –, –n: Kleinigkeit

Pe|ti|ti|on (l.), die; –, –en: Gesuch : Bittschrift ✳ *Petitionsrecht:* Bittrecht; Beschwerderecht ✳ **pe|ti|ti|o|nie|ren** (..iert) intr.: Bittschrift einreichen

Pe|t|re|fakt, das; –(e)s, –e(n): Versteinerung : versteinerte Tiere oder Pflanzen ✳ **Pe|t|ri|fi|ka|ti|on**, die; –, –en: Versteinerung : Verkalkung ✳ **pe|t|ri|fi|zie|ren** (..iert) tr.: verkalken; intr.: zu Stein werden ✳ **pe|t|ri|nisch** Ew.: in Bezug auf Petrus : von Petrus ✳ **Pe|t|ro|che|mie**, die; –: Wissenschaft von der chemischen Zusammensetzung der Gesteine : Erdölchemie, Petrolchemie ✳ **Pe|t|rol|ge|ne|se**, die; –, –n: Gesteinsbildung ✳ **Pe|t|rol|gly|phen** Mz.: Felszeichnungen ✳ **Pe|t|ro|graph** *auch:* **Pe|t|ro|graf**, der; –en, –en: Kenner der Gesteinskunde ✳ **Pe|t|ro|gra|phie** *auch:* **Pe|t|ro|gra|fie**, die; –, ..phien *auch:* ..fien: Gesteinskunde, Gesteinsbeschreibung ✳ **pe|t|ro|gra|phisch** *auch:* **pe|t|ro|gra|fisch** Ew.: gesteinsbe-schreibend ✳ *petrografische Karten:* Karten mit Bezeichnung der Gebirgsarten ✳ **Pe|t|ro|le|um**, das; –s, –: (veralt.) Erdöl : brennbare Flüssigkeit ✳ *Petroleumkocher; Petroleumlampe; Petroleumofen; Petroleumquellen; Petroleumspiritus:* Erdöl ✳ **Pe|t|ro|lo|gie**, die; –, ..gien: Gesteinskunde ✳ **Pe|t|rus, Pe|t|ri:** ein Apostel

Pet|schaft (tschech.), das; –(e)s, –e: Siegel : Stempel zum Siegeln ✳ **pet|schie|ren** (..iert) tr.: versiegeln ✳ **pet|schiert** Ew.

Pet|ti|coat (e.) [..koht], der; –s, –s: gesteifter Halbunterrock

Pet|ting (e.), das, –s, –s: Austausch von Zärtlichkeiten durch Betasten der intimen Körperregionen ohne eigentlichen Geschlechtsverkehr, besonders unter Jugendlichen

pet|to, in – (it.): auf dem Herzen : in Bereitschaft ✳ *etwas in petto haben*

Pe|tu|nia, Pe|tu|nie, die; –, ..nien: ein Nachtschattengewächs

Petz, der; –es, –e: der (braune) Bär ✳ **Pet|ze**, die; –, –n: Bärin : Hündin

pet|zen (du petzest und du petzt) tr. und intr.: zwicken : heimlich angeben : verraten ✳ **Pet|ze**, die; –, –n; **Pet|zer**, der; –s, –: (volkst.) Angeber(in) : Verräter(in)

peu à peu (fr.) [pöh a pöh] allmählich : nach und nach ✳ **pe|xie|ren** tr.: s. pekzieren

Pfad, der; –(e)s, –e; Pfädchen, Pfädlein: schmaler Fußweg : (bildl.) schwerer Weg ✳ *Pfadfinder, Pfader:* Mitglied eines Jugendverbandes : Wegbereiter : Entdecker; *pfadlos* Ew.: unwegsam

Pfaf|fe (gr.), der; –n, –n; Pfäffchen: urspr. Ehrenname der kath. Priester, seit der Reformation meist in verächtl. Sinn : Name für verschiedene Vögel : kleines Blässhuhn : (Pfäffchen) Braunkehlchen : (niederd.) Papchen (Papagei) : Dompfaff ✳ *Pfaffenbißchen* → *Pfaffenbisschen:* Pfaffenstück, das Leckerste von einer Speise; *Pfaffendistel:* Löwenzahn; *Pfaffenherrschaft; Pfaffenhut:* Frucht des Pfaffenbaumes :

Morchel; Pfaffenknecht; Pfaffenmütze, Pfaffenstraße: (scherzh.) Rhein; Pfaffenwesen ✳ **pfaffenhaft** Ew.: in der Weise von Pfaffen ✳ **Pfaffentum**, das; -(e)s: Pfaffenwesen : Pfaffenregiment ✳ Pfaffentümelei ✳ **pfäffisch** Ew.: wie ein Pfaffe

Pfahl (l.), der; -es, Pfähle: Pfählchen: ein zugespitzter Pfosten zum Eintreiben in die Erde ✳ Pfahl einschlagen, einrammen; zwischen meinen vier Pfählen: in meinem Haus; jemand an den Pfahl stellen: zur Schande hinstellen, zur Marter ✳ Pfahlbau: im Wasser oder Moor errichteter Bau auf Pfählen; Pfahlbauer: Bewohner von Pfahlbauten : Pfahlbürger; Pfahlbauten; Pfahlbürger: (im Mittelalter) Bewohner eines Dorfes mit dem Bürgerrecht einer Stadt : (verächtl.) Bourgeois, Spießbürger; Pfahldorf: Dorf innerhalb der Bann- und Gerichtspfähle einer Stadt : Dorf aus Pfahlbauten; Pfahlgraben: Grenzgraben : mit Palisaden besetzter Graben; Pfahlmühle: Wassermühle auf Pfählen; Pfahlmuschel: Schiffsbohrwurm : Bohrmuschel; Pfahlrost: eingerammte Pfähle aus Holz, Stahl, Stahlbeton oder Beton zur Befestigung des Baugrundes; Pfahlweide: Baumgattung; Pfahlwerk; Pfahlwurzel: senkr. Hauptwurzel; Pfahlzaun ✳ **pfählen** tr.: mit Pfählen versehen : aufspießen : Grundpfähle zum Bau in die Erde rammen ✳ **Pfählung**, die; -, -en: das Pfählen : Pfahlwerk

Pfalz (l.), die; -, -en: Burg : Schloss : Palast : Land des Pfalzgrafen ✳ **Pfalzgraf**: Fürst der Pfalz ✳ **pfalzgräflich** Ew. ✳ Pfalzgrafschaft

Pfalz, die; -: Regierungsbezirk von Rheinland-Pfalz ✳ **Pfälzer**, der; -s, -: Bewohner der Pfalz ✳ **Pfälzer** Ew.: aus der Pfalz ✳ Pfälzer Wein ✳ **pfälzisch** Ew.: aus der Pfalz

Pfand, das; -(e)s, Pfänder; Pfändchen: Bürgschaftsgegenstand : als Sicherheit (z. B. für einen Anspruch) fortgenommener (gepfändeter) Gegen-

stand : eine in fremdem Eigentum stehende Sache, an der man ein Besitz- und Verwertungsrecht (Sachpfand) oder ein verbrieftes Verwertungsrecht (Hypothek, Grundschuld) hat : (Deichb.) der instand zu haltende Deichabschnitt ✳ Pfandbrief: festverzinsliche, langfristige Schuldverschreibung; Pfandbruch: Beseitigung gepfändeter Sachen; Pfandbuch: Grundbuch; Pfandeffekten; Pfandflasche; Pfandhaus: Leihhaus; Pfandleihe: Leihhaus; Pfandleihanstalt; Pfandlösung; Pfandrecht; Pfandschein; Pfandschuld; Pfandschuldner; Pfandverkauf; Pfandverschreibung; Pfandvertrag; Pfandverwahrung; pfandweise Uw.: als Pfand; Pfandzettel: Pfandschein ✳ **pfandbar** Ew.: als Pfand benutzbar ✳ **pfändbar** Ew.: was gepfändet werden kann ✳ **Pfändbarkeit**, die; - ✳ **pfänden** tr.: Eigentum als Pfand für eine Geldforderung beschlagnahmen ✳ **Pfänder**, der; -s, -: Gerichtsvollzieher : Flurschütz ✳ Pfänderspiel: Spiel, bei dem man Pfänder gibt ✳ **Pfandschaft**, die; -, -en: Pfand : das Verpfändete : Verpfändung ✳ **Pfändung**, die; -, -en: das Pfänden ✳ Pfändungsauftrag; Pfändungsschutz: Schutz des Schuldners vor zu großen Pfändungen; Pfändungsverfügung

Pfanne, die; -, -n; Pfännchen: flaches Geschirr : (Anat.) pfannenähnl. Knochenvertiefung, z. B. Gelenkpfanne : Dach-, Hohl-, Krummziegel ✳ jemanden in die Pfanne hauen: jemanden besiegen, verletzen, böse ermahnen ✳ Pfannherr: s. Pfänner; Pfannkuchen: Eierkuchen : Kartoffelpuffer; Pfannwerk: Salzwerk ✳ Pfannendach: Ziegeldach; Pfannendeckel; Pfannengeld: Braugerechtigkeitsabgabe; Pfannengericht; Pfannenstiel; Pfannenziegel; Pfannenzucker ✳ **Pfänner**, der; -s, -: Besitzer oder Teilhaber eines Salzwerkes : Inhaber einer Salzkote

Pfarr (gr.-l.), der; -en, -en: (mundartl.) Pfarrer ✳ Pfarracker; Pfarramt; Pfarrbezirk;

Pfarrfrau; Pfarrgemeinde; Pfarrhaus; Pfarrhelferin; Pfarrherr; Pfarrhof; Pfarrkind; Pfarrkirche; Pfarrsprengel; Pfarrvikar; Pfarrwohnung ✳ **Pfarre**, die; -, -n: einem Pfarrer zugewiesener Wirkungskreis : Amtswohnung ✳ **Pfarrei**, die; -, -en: Pfarre ✳ **pfarreilich** Ew.: zur Pfarre gehörig ✳ **Pfarrer**, der; -s, -: Inhaber einer Pfarre : Seelsorger : Prediger ✳ **Pfarrerin**, die; -, -nen: weibl. Pfarrer ✳ Pfarrersfrau; Pfarrersköchin; Pfarrerstochter

Pfau (l.), der; -(e)s, -en und -e: südasiat. Hühnervogelgattung : (übertr.) eitle Person : Name von Fischen und Schmetterlingen : Sternbild am südlichen Himmel ✳ Pfauenauge: Schmetterlings- und Fischname; pfauenblau Ew.; Pfauenfeder; Pfauenrad; Pfauenthron: Bezeichnung für den persischen Kaiserthron; Pfauenwedel ✳ Pfauhahn; Pfauhenne; Pfaunelke: eine Nelkenart; Pfaureiher

pfauchen intr.: s. fauchen

Pfeffer (l.), der; -s, -: scharfes Gewürz ✳ einen hinwünschen, wo der Pfeffer wächst: verwünschen; Pfeffer und Salz: Bezeichnung für grau-weißes Stoffmuster; da liegt der Hase im Pfeffer: da steckt die Schwierigkeit ✳ Pfefferbaum; Pfefferfresser: bunt gefiederter südam. Rackenvogel; Pfeffergurke, -korn; Pfefferkuchen; Pfefferkuchenhäuschen; Pfefferkümmel; Pfefferküste: Pfefferminz: mit Pfefferminzöl bereiteter Likör; Pfefferminze: eine Heil- und Gewürzpflanze; Pfefferminztee; Pfeffermühle; Pfeffernuß → Pfeffernuss: runde Pfefferkuchen; Pfefferöl; Pfeffersack: (verächtl.) Krämer; Pfefferschwamm: eine Pilzgattung; Pfeffersteak; Pfefferstrauch ✳ **Pfefferling**: s. Pfifferling ✳ **pfeffern** (ich ..[e]re) intr.: wie Pfeffer brennen; tr.: mit Pfeffer würzen : prügeln ✳ **pfeffrig, pfefferig** Ew.: mit Pfeffer gewürzt ✳ gepfeffert Mw.: gesalzen : derb, zotig

Pfeife (l.), die; -, -n: ein aus einer Röhre bestehendes Blasinstrument : Blasrohr des Glasbläsers u. Ä. : Bienenzelle : kurze Röhre : Tabakspfeife * *nach jemandes Pfeife tanzen:* sich seinem Willen fügen; *Pfeifenbaum:* unechter Jasmin; *Pfeifenbesteck; Pfeifendeckel; Pfeifenkopf; Pfeifenkraut; Pfeifenmundstück; Pfeifenrauch; Pfeifenreiniger; Pfeifenrohr; Pfeifenständer; Pfeifenstopfer; Pfeifentabak; Pfeifenton; Pfeifenwerk:* Gesamtheit der Orgelpfeifen * **pfeifen**(l)n tr.: hupen, auf der Rindenpfeife blasen * **pfeifen** (du pfiff[e]st, du pfiffst; gepfiffen; pfeif[e]!); intr. und tr.: hellen flötenähnlichen Ton erzeugen * *aus dem letzten Loch pfeifen:* bald am Ende sein * *Pfeifkessel; Pfeifkonzert; Pfeifton; Pfeiftopf* * **Pfeifer,** der; –s, –: einer, der pfeift : Musikant, der Pfeife spielt : Name für Teufel : Name zweier schädl. Schmetterlinge * **Pfeiferei,** die; –, –en: das Pfeifen : Gepfeife

Pfeil (l.), der; –(e)s, –e: Bogengeschoss : Sternbild : Haarschmuck : Richtungsweiser : ein Fisch : (Math.) Senkrechte in der Mitte der Sehne bis zur Peripherie * *Pfeilfisch:* ein Fisch; *pfeilförmig* Ew.; *pfeilg(e)rade* Ew.; *pfeilgeschwind* Ew.; *Pfeilgift; Pfeilhecht:* Hechtart; *Pfeilkraut:* eine Wasserpflanze; *Pfeilnatter:* Schlange; *pfeilschnell* Ew.; *Pfeilschuß* → *Pfeilschuss; Pfeilschütze; Pfeilspitze; Pfeilwurz:* Pflanze; *Pfeilwurzel:* Pfahlwurzel

Pfeiler (l.), der; –s, –: (Baukst.) Säule : senkrechte Stütze : Träger : Wandteil zwischen zwei Fenstern : (übertr.) Stütze * *Pfeilerbau, Pfeilerbogen; Pfeilergewölbe; Pfeilerstein:* Basalt : Säulenstein; *Pfeilerweite*

Pfennig, der; –(e)s, –e: eine Kupfermünze * *zehn Pfennige:* 10 einzelne Pfennige; *zehn Pfennig:* ein Zehnpfennigstück : Name versteinerter Muscheln * *Pfennigabsatz:* Absatz eines Damenschuhs, schmal wie ein Pfennigstück; *Pfennigbetrag:* kleiner Betrag; *Pfennigfuchser:* ein knauseriger Mensch; *pfenniggroß;*

Pfennigstein: versteinerte Korallen; *Pfennigstück; pfennigstückgroß; Pfennigware; pfennigweise* Ew.; *Pfennigwert* → **Pfennwert,** der; –es, –e (verkürzt aus Pfennigwert): billige Ware

Pferch (ml.), der; –(e)s, –e; **Pferche,** die; –, –n: Einhegung : eingezäunte Weidestelle : Tiergehege * *Pferchhütte:* Schäferkarren; *Pferchrecht* * **pferchen** tr.: in einen Pferch schließen : (übertr.) eng zusammendrängen : düngen mit Dung aus einem Pferch; intr.: Kot, Harn von sich geben

Pferd (ml.), das; –(e)s, –e: Zug-, Reittier : Sternbild : Name von verschiedenen Pflanzen : ein Turngerät * *das Pferd beim Schwanz aufzäumen:* die Sache verkehrt machen; *sich aufs hohe Pferd setzen:* sich hochnäsig gebärden, zeigen * *Pferdeapfel; Pferdekot; Pferdebahn; Pferdedecke; Pferdediebstahl; Pferdedroschke; Pferdeegel (Roßegel* → *Rossegel):* eine Art Blutegel; *Pferdefleisch; Pferdefuß:* Fuß des Pferdes : Teufelsfuß : Riesenmuschel : (übertr.) sich nachträglich herausstellender Nachteil einer Sache; *Pferdefutter; Pferdegebiß* → *Pferdegebiss; Pferdegeschirr; Pferdegesicht, Pferdehaar; Pferdehandel; Pferdekauf; Pferdeknecht; Pferdekopf; Pferdekoppel; Pferdelänge; Pferdeleine; Pferdemähne; Pferdemarkt; Pferdemist; Pferdenatur; Pferderennen:* Wettrennen; *Pferdesattel:* Reitsattel : obere Fläche des Keilbeins; *Pferdeschwanz:* Schwanz eines Pferdes : Name von verschiedenen Pflanzen : eine hinten zusammengebundene Frisur; *Pferdeschweif; Pferdesport; Pferdestall; Pferdestärke:* Pferdekraft : (veralt.) techn. Maß der Leistung, Abk.: PS; *Pferdestriegel; Pferdebürste; Pferdewirt; Pferdezucht* * *pferdig* Ew.: wie ein Pferd * *Pferdsprung:* (Sport) Sprung über das Pferd : Turnen am Pferd

Pfette, die; –, –n: waagerechter Dachbalken * *Pfettendach; Pfettenträger*

Pfiff, der; –(e)s, –e: Signal,

Zeichen : pfeifender Ton : Bezeichnung von etwas Geringem : kleines Flüssigkeitsmaß * *den Pfiff heraushaben:* seine Zwecke zu erreichen verstehen * **pfiffig** Ew.: schlau : verschlagen * **Pfiffigkeit,** die; –, –en: Schlauheit : Gerissenheit : pfiffige Handlung * **Pfiffikus,** der; –, ..kusse: pfiffiger Mensch : Schelm

Pfifferling, Pfefferling, der; –s, –e: Pfefferschwamm : etwas Geringwertiges * *keinen Pfifferling wert sein:* nichts wert sein

Pfingsten (gr.), das; –s, –: (meist Mz.) „fünfzigster Tag" nach Ostern : Fest der Ausgießung des Heiligen Geistes * *Pfingstabend; Pfingstbaum:* Birkenzweig zu Pfingsten; *Pfingstfeiertag; Pfingstfest; Pfingstmontag; Pfingstochse:* zu Pfingsten aufgeputzter Ochse : (übertr.) aufgeputzter Mensch; *Pfingstrose:* Päonie; *Pfingstsonntag, Pfingsttag:* Pfingsten; *Pfingstverkehr; Pfingstwiese; Pfingstwoche; Pfingstzeit* * **pfingstlich** Ew.: pfingstmäßig

Pfirsich (l.), der; –(e)s, –e; die; –, –e: Steinfrucht des Pfirsichbaumes : Pfirsichbaum * *Pfirsichbaum; Pfirsichblüte; pfirsichblüten* Ew.; *Pfirsichbowle; pfirsichfarben; Pfirsichhaut; Pfirsichkern* * *Pfirsich-Melba:* Pfirsicheis (benannt nach der Sängerin Melba)

Pfister (l.), der; –s, –: (südd. mundartl.) Bäcker * *Pfistermeister*

Pflanz, der; –: (östr.) Betrug : Lüge

Pflanze (l.), die; –, –n; Pflänzchen: zum Gewächsreich gehöriges organisches Lebewesen : (übertr.) (verächtl.) Person : *echte Berliner Pflanze:* (spött.-scherzh.) Berliner * *Pflanzenabdruck; pflanzenartig* Ew.; *Pflanzenbau; Pflanzendecke; Pflanzenextrakt; Pflanzenfamilie; Pflanzenfaser; Pflanzenfett; Pflanzenfresser; Pflanzengattung; Pflanzengift; Pflanzenkeim; Pflanzenkenner; Pflanzenkost; Pflanzenkunde; Pflanzenleben; Pflanzenlehre; Pflanzenmilch; Pflanzennah-*

rung; Pflanzenöl; Pflanzenreich; Pflanzensaft; Pflanzenschutz; Pflanzensoziologie: Lehre von den Pflanzengesellschaften; *Pflanzenstoff; Pflanzensystem; Pflanzentier:* niederes wirbelloses Hohltier; *Pflanzenzellstoff; Pflanzenzüchtung* ✳ **pflan|zen** tr.: Pflänzlinge in die Erde setzen, einpflanzen : (übertr.) an einen Ort bringen, setzen ✳ *den Frieden pflanzen; Argwohn ins Herz pflanzen* ✳ *Pflanzgarten; Pflanzkartoffeln; Pflanzland:* Kolonie; *Pflanzreis:* Pfropfreis : junge Pflanze : Pflänzling; *Pflanzschule:* eine Anlage zur Aufzucht von Pflanzen : (übertr.) Schule; *Pflanzstadt:* Tochterstadt; *Pflanzstätte; Pflanzstock; Pflanzvolk:* -in Siedlungen ansässiges Volk ✳ **Pflan|zer,** der; –s, –: ein Pflanzender : Farmer : Kolonist : Plantagenbesitzer : Pflanzholz ✳ **Pflan|ze|rin,** die; –, –nen: weibl. Pflanzer ✳ **pflanz|lich** Ew.: zum Pflanzentum gehörig, darauf bezüglich ✳ **Pflänz|ling,** der; –s, –e: Pflanzreis ✳ **Pflan|zung,** die; –, –en: das Pflanzen : bepflanztes Gebiet: Plantage : Ansiedlung : Kolonie : Pflanzstadt

Pflas|ter (gr.-l.), das; –s, –; Pflästerchen: klebendes Verbandmittel : Bindemittel : (übertr.) etwas Heilendes : Straßenbelag ✳ *das Pflaster treten:* zwecklos durch die Straßen laufen; *ein teures Pflaster:* ein teurer Ort ✳ *Pflasterkasten; Pflasterkocher:* (verächtl.) Apotheker : Quacksalber; *Pflastermaler; Pflastermeister; pflastermüde; Pflastersetzer; Pflasterstein:* Stein zum Pflastern : Art Pfefferkuchen; *Pflasterstreicher:* Pflasterkocher; *Pflastertreter* ✳ **Pflas|te|rer, Pfläs|te|rer** der; –s, –: Steinsetzer ✳ **pflas|tern, pfläs|tern** (ich ..[e]re) tr.: mit Pflaster versehen : mit Pflastersteinen belegen ✳ **Pflas|te|rung, Pfläs|te|rung,** die; –, –en: das Gepflastertsein : das Pflastern

Pflatsch, der; –es, –e: (mundartl.) Pfütze von verschütteter Flüssigkeit : plötzlicher Regenguss ✳ **Pflat|schen,** der; –s, –: Pflatsch ✳ **pflat|schen** (du

pflatsch[e]st) intr.: klatschend auffallen

Pflau|me (l.), die; –, –n; Pfläumchen: Steinfrucht des Pflaumenbaumes : Pflaumenbaum : Art Walzenschnecke ✳ *Pflaumenaugust:* (Umgspr.) langweiliger Mensch; *Pflaumenbaum; Pflaumenblüte; Pflaumenbranntwein; Pflaumenkern; Pflaumenkuchen; Pflaumenmus; Pflaumenschnaps; pflaumenweich* Ew.: weich wie eine Pflaume: (übertr.) nicht willensfest; vgl. Flaum ✳ **pflau|men** intr.: (Umgspr.) meckern : maulen : necken

Pfle|ge, die; –, –n: Sorge für das Wohlbefinden : Aufsicht : (mundartl.) Verwaltungsbezirk ✳ *Pflegeamt:* Fürsorgeamt; *pflegebedürftig* Ew.; *Pflegebefohlene(r); Pflegeeltern* Mz.; *Pflegefall; Pflegegeld; Pflegegericht:* Vormundschaftsgericht; *Pflegeheim; Pflegekind; pflegeleicht* Ew.; *pflegelos* Ew.; *Pflegemutter; Pflegepersonal; Pflegesatz; Pflegesohn; Pflegestation; Pflegestätte; Pflegetochter; Pflegevater; Pflegeversicherung* ✳ **pfle|gen** (du pflegtest, gepflegt) tr.: versorgen : ausrichten, tun, gewohnt sein; intr. (mit Gen.): (veralt.) sich etwas angelegen sein lassen, betreiben ✳ *zu geschehen pflegen* intr.: gewöhnlich geschehen; *der Ruhe pflegen* ✳ **Pfle|ger,** der; –s, –; **Pfle|ge|rin,** die; –, –nen: Krankenwärter(in) : Vormund ✳ **Pfle|ger|schaft,** die; –, –nen: Stelle, Würde, Amt eines Pflegers ✳ **pfle|ge|risch** Ew. ✳ **pfleg|lich** Ew.: sorgsam : gewöhnlich ✳ **Pfleg|ling,** der; –s, –e: eine Person, die unter jemandes Pflege steht ✳ **pfleg|sam** Ew.: sorgsam und eifrig in der Pflege ✳ **Pfleg|schaft,** die; –, –en: Kuratel, Fürsorge für hilfsbedürftige, entmündigte Personen

Pflicht, die; –, –en: die Verpflichtung : Abgaben : Zins : sittliche Obliegenheit : Dienstverhältnis, in das man zu jemand tritt : Vorderdeck auf großen Schiffen ✳ *Pflichtanker:* Hauptanker : Notanker; *Pflichtbesuch; pflichtbewußt →*

pflichtbewusst Ew.; *Pflichtbewußtsein* → *Pflichtbewusstsein; Pflichteifer; Pflichterfüllung; Pflichtexemplar:* Druckerzeugnis, das z. B. einer Bibliothek unentgeltlich gegeben werden muss; *Pflichtfach:* Fach, zu dessen Studium jeder Schüler verpflichtet ist; *Pflichtgefühl; pflichtgemäß* Ew.; *pflichtgetreu* Ew.; *Pflichtjahr; Pflichtkür; Pflichtlauf; Pflichtleistung; Pflichtlektüre; pflichtlos* Ew.; *pflichtschuldig* Ew.; *Pflichtteil:* ein gesetzlich bestimmter Erbanteil; *pflichttreu* Ew.; *Pflichttreue; Pflichtübung; pflichtvergessen* Mw. Ew.; *Pflichtvergessenheit; Pflichtverletzung; Pflichtversicherung; Pflichtverteidiger:* vom Gericht bestellter Anwalt; *Pflichtvorlesung:* Vorlesung, die jeder Student einer Fakultät belegen muss; *pflichtwidrig* Ew. ✳ **pflich|tig** Ew. (meist in Zus.): verpflichtend ✳ *dienstpflichtig* Ew.; *regreßpflichtig* → *regresspflichtig* Ew.

Pflock, der; –(e)s, Pflöcke; Pflöckchen, Pflöcklein, Pflöckling: bolzen-, zapfenförmiger Stopfen zum Einschlagen, Eintreiben ✳ *einen Pflock zurückstecken:* Ansprüche herabsetzen ✳ **pflö|cken, pflo|cken** tr.: mit Pflöcken befestigen : (Bäume –) kappen ✳ **pflö|cken und stöcken** tr.: ins Gefängnis werfen und prügeln

Pflü|cke, die; –, –n: das Pflücken ✳ **pflü|cken** tr.: mit den Fingern ziehen : zupfen : rupfen : abbrechen ✳ *ein Sträußchen pflücken; ein Hühnchen mit einem zu pflücken haben:* jemand zur Rede stellen ✳ *Pflückreife; Pflücksalat* ✳ **Pflü|cker,** der; –s, –: einer, der pflückt : Gerät zum Obstpflücken

Pflug, der; –(e)s, Pflüge; Pflügchen, Pflüglein: Gerät zur Auflockerung des Ackerbodens : pflugähnliches Werkzeug : ein Ackermaß : Hufe : (niederd.) ein unter einem Aufseher stehender Arbeitertrupp ✳ *Pflugeisen; Pflugmesser; Pflugochse; Pflugpferd; Pflugrecht; Pflugschar; Pflugsech;* Pflugeisen : Pflugsterz; *Pflugsterz(e):* Führungsgriff am

Pflug * **pflüg|bar** Ew.: acker-
bar * **pflügen** tr., intr.: den
Boden mit dem Pflug auflo-
ckern : furchen : für die Saat
bereiten * **Pflüger**, der; –s, –:
Person, die pflügt
Pforte (l.), die; –, –n; Pfört-
chen, Pförtlein: Tür, Tor für
Ein- und Ausgang : (Geogr.)
Engpass durch Gebirgslücke :
(Med.) Eintrittsstelle der Pfortader in die Leber : verschließbare Öffnung in den Schiffs-
planken : ehemalige Bezeichnung der türkischen Regierung
und Residenz des Sultans (auch
Hohe Pforte) * *Kirchenpforte;
die Westfälische Pforte; die
Mährische Pforte * Pfortader;
Pfortluke; Pfortwächter *
Pfortenring* **Pfört|ner**, der;
–s, –: Pfortenwächter : Haus-
wart : Gefangenenwächter :
Schließer : (Med.) rechter Ma-
genmund * *Pförtnerloge* *
Pfört|ne|rin, die; –, –nen: Pfor-
tenwächterin
Pfos|ten, der; –s, –; Pföstchen,
Pföstlein: aufrecht stehender
Balken oder Pfeiler, der etwas
stützt, trägt : Bohle * *Pfosten-
schuß* → *Pfostenschuss*
Pfo|te, die; –, –n; Pfötchen,
Pfötlein: der in Zehen gespal-
tene Tierfuß : (verächtl. und
scherzh.) Hand des Menschen :
schlechte Handschrift
Pfriem, der; –(e)s, –e;
Pfrie|me, die; –, –n;
Pfrie|men, der; –s, –: Eisen-
spitz zum Bohren : Kardenaus-
stecher : Schusterahle : schmales, spitz zulaufendes Ackerstück : Name verschiedener
Schnecken : Name stechender
Pflanzen * *Pfriemkraut; Pfrie-
mengras; Pfriemenkresse;
Pfriemenstrauch* * **pfrie|men**
tr.: mit einem Pfriem stechen,
bohren * **pfrie|meln** tr.: (Umg-
spr.) mit der Hand stopfen :
Kleinkram ungenau erledigen
Pfrill, der; –es, –e; **Pfril|le**, die;
–, –n: Fisch, Elritze
Pfropf (l.), der; –(e)s, –e;
Pfröpfchen: Senker : Setzling :
Reis : Stöpsel : Pfropfen :
(Baukst.) neues Ansatzstück
für einen schadhaft gewordenen Säulenteil : kurze, dicke,
untersetzte Person * *Pfropf-
bein; Pfropfhammer; Pfropf-
messer; Pfropfreis; Propfsäge*

* **Pfrop|fen**, der; –s, –: Pfröpf-
chen : Stöpsel : Verschluss für
eine Öffnung * *Propfengeld;
Propfenzieher:* Werkzeug zum
Ausziehen von Flaschenprop-
fen * **pfrop|fen** tr.: Pfropf oder
Reis einsetzen, pflanzen : Öffnung mit einem Pfropfen verschließen : in den Raum hin-
einpressen : (Baukst.) Ergän-
zungs-, Verlängerungsstück an-
fügen * **Pfröpf|ling**, der; –s,
–e: Pfropfreis
Pfrün|de (l.), die; –, –n: „Unter-
halt" : vertragsmäßig verab-
reichte Lebensmittel : Stelle im
Stift, Hospital : Stelle, Amt eines Geistlichen, das mit Ein-
künften verbunden ist * *Pfründ-
haus; Pfründenkauf* * **Pfrün-
der, Pfründ|ler, Pfründ|ner**,
der; –s, –: Inhaber einer Pfründe
* **Pfründ|ne|rei**, die; –, –en:
Pfründhaus * **Pfründ|ne|rin**,
die; –, –nen: Inhaberin einer
Pfründe
Pfuhl, der; –(e)s, –e: Pfuhl-
chen: größere tiefe Pfütze :
Sumpf : Jauche : (übertr.) Hölle
Pfühl (l.), der; das; –(e)s, –e:
(geh. Stil) Federkissen : Polster
: Lager : Bett : Sitz : (Baukst.)
Glied an Säulenfüßen
pfui!: Ausruf als Ausdruck des
Ekels und der Verachtung *
Pfui, das; –s, –s: etwas, wozu
man pfui sagen muss * *Pfuiruf*
Pful|men, der; –s, –:
(schweiz.) großes Kissen für
den Kopf
Pfund (l.), das; –(e)s, –e;
Pfündchen, Pfündlein: eine
Maßeinheit (500 g) : eine Geld-
summe : Währungseinheit in
einigen Ländern : (Umgspr.)
Zwanzigmark(schein) : Ge-
samtheit von 240 Stück * **2
Pfund Mehl; Pfund Sterling:**
engl. Währungseinheit *
*Pfundapfel; Pfundbirne;
Pfundgewicht; Pfundhefe:*
Presshefe; *Pfundnote; Pfunds-
kerl; Pfundsspaß; pfundweise*
Ew. * *der Ochse wird brav
pfunden:* viele Pfund Fleisch
geben * **...pfün|der**, der; –s, –:
nur in Zus.: Fünfzigpfünder *
pfun|dig Ew.: schwer : präch-
tig, tüchtig * *ein pfundiger
Kerl:* (mundartl.) ein ganzer
Kerl * **pfün|dig** Ew.: soundso
viel Pfund schwer, enthaltend
* *50-pfündiges Zinn:* 50 Pfund

reines Zinn auf den Zentner
Metall
50-pfündig
Einzelne Buchstaben, Zahlen
oder Formelzeichen in Zusammensetzungen werden mit Bindestrich geschrieben: *a-moll, i-
Punkt, 50-pfündig, Dehnungs-
h, §-Zeichen.*

Pfusch, der; –es, –e: das Pfuschen : pfuschendes Geräusch
* *Pfuscharbeit; Pfuschwerk* *
pfu|schen (du pfusch[e]st)
intr.: nicht zunftgemäß,
schlecht arbeiten : stümpern :
(Med.) quacksalbern * *jemandem ins Handwerk pfuschen:*
jemandem unbefugt ins Ge-
hege kommen * **Pfu|scher**,
der; –s, –; **Pfu|sche|rin**, die; –,
–nen: eine Person, die pfuscht :
Stümper(in) * **Pfu|sche|rei**,
die; –, –en: Treiben und Werk
eines Pfuschers * **pfu|scher-
haft** Ew.: in der Weise eines
Pfuschers * **Pfu|scher|haf-
tig|keit**, die; –, –en: Stümper-
haftigkeit
pfutsch: (östr.) nicht mehr
vorhanden : futsch
Pfüt|ze (l.), die; –, –n; Pfütz-
chen, Pfützlein : kleiner Pfuhl :
kleine schmutzige Wasserlache * *Pfützeimer:* (bergm.)
Schöpfeimer * **pfüt|zen** tr.:
(bergm.) Wasser ausschöpfen,
auspumpen * *pfütz(en)naß* →
Pfütz(en)nass Ew.: patschnass;
Pfützenwasser * **pfüt|zig** Ew.:
wie eine Pfütze

Phä|a|ke (gr.), der; –en, –en:
märchenhaftes Seefahrervolk,
vermutlich Erfindung der ho-
merischen Dichtung * *Phäa-
kenleben*
Pha|le|ton (gr.): „der Leuch-
tende", Sohn des Sonnengottes
Helios * **Pha|le|ton**, der; –s,
–s: offener Kraftwagen
Pha|go|zy|te (gr.), die; –, –n:
Fresszelle, weißes Blutkörper-
chen * **Pha|go|zy|to|se**, die; –:
Fähigkeit der Phagozyten,
Bakterien unschädlich zu machen
Pha|lanx (gr.), die; –, ..langen:
geschlossene Schlachtreihe :
Kerntruppe
phal|lisch Ew.: den Phallus be-
treffend * **Phal|lo|kra|tie**, die;
–: Herrschaft der Männer im
negativen Sinn * **Phal|los,
Phal|lus**, der; –, – und Phallen:

männliches Glied : Sinnbild der Zeugungskraft ✳ *Phalluskult; Phallussymbol*

Phane|ro|ga|me (gr.), die; –, –n: Blütenpflanze ✳ **pha|ne|ro|ga|misch** Ew.: (Bot.) offengeschlechtlich

Phä|no|lo|gie (gr.), die; –, ..gien: „Lehre von den periodischen Erscheinungen" im Pflanzen- und Tierreich ✳ **Phä|no|men**, das; –s, –e: Erscheinung : Wunder : überaus kluger Kopf ✳ **phä|no|me|nal** Ew.: höchst wunderbar : außergewöhnlich : erstaunlich ✳ **Phä|no|me|na|lis|mus**, der; –: Lehre von der Erkennbarkeit nur der Erscheinungen, nicht auch des Wesens der Dinge ✳ **Phä|no|me|no|lo|gie**, die; –, ..gien: Lehre von den (Krankheits-)Erscheinungen : Erscheinungslehre im Gegensatz zur Lehre vom Ding an sich : Wesensschau ✳ **phä|no|me|no|lo|gisch** Ew. ✳ **Phä|no|typ, Phä|no|ty|pus**, der; –, ..pen: Erscheinungsbild ✳ **phä|no|ty|pisch** Ew.

Phan|ta|sie *auch:* **Fan|ta|sie** (gr.), die; –, –n: Einbildungskraft : Erfindungsgabe : Trugbild ✳ *phantasiearm auch: fantasiearm* Ew.; *phantasiebegabt auch: fantasiebegabt* Ew.; *Phantasieblume auch: Fantasieblume; Phantasiegebilde auch: Fantasiegebilde; phantasielos auch: fantasielos; Phantasielosigkeit auch: Fantasielosigkeit; phantasievoll auch: fantasievoll; Phantasievorstellung auch: Fantasievorstellung; Phantasiewort auch: Fantasiewort* ✳ **phan|ta|sie|ren** *auch:* **fan|ta|sie|ren** (..iert) intr.: der Einbildungskraft freies Spiel lassen : irrereden ✳ **Phan|tas|ma**, das; –s, ..asmen: Hirngespinst ✳ **Phan|tas|ma|go|rie**, die; –, ..rien: Vorspiegelung : Darstellung von Hirngespinsten durch optische Vorrichtungen ✳ **Phan|tast** *auch:* **Fan|tast**, der; –en, –en: Schwärmer : Träumer ✳ **Phan|tas|te|rei** *auch:* **Fan|tas|te|rei**, die; –, –en: Schwärmerei : Träumerei ✳ **phan|tas|tisch** *auch:* **fan|tas|tisch** Ew.: schwärmerisch : märchenhaft : wirklichkeitsfern ✳

Phan|tom, das; –s, –e: Hirngespinst : (Med.) künstl. Körperteil zu Lehrzwecken ✳ *Phantombild:* nach Zeugenaussagen gezeichnetes Bild eines gesuchten Täters; *Phantomschmerz:* (Med.) Schmerzgefühl an einem amputierten Glied

Phä|o|phy|zee (gr.), die; –, –n: Braunalge : Tang

Pha|rao, der; –s, ..onen: Name der altägypt. Könige ✳ *Pharaonengrab; Pharaonenreich; Pharaoschlange* ✳ **Pha|rao** (Spiel): Pharo, s. d. ✳ **pha|ra|o|nisch** Ew.

Pha|ri|sä|er (hebr.), der; –s, –: „Abgesonderter", Angehöriger einer jüd. religiös-konservativen Partei : Schriftgelehrter : Heuchler ✳ **pha|ri|sä|er|haft** Ew. ✳ **Pha|ri|sä|er|tum**, das; –(e)s: das Wesen der Pharisäer ✳ **pha|ri|sä|isch** Ew.: heuchlerisch ✳ **Pha|ri|sä|is|mus**, der; –: Heuchelei : Scheinheiligkeit

Phar|ma|in|dus|t|rie, die; –: Wirtschaftszweig, der Arzneimittel herstellt ✳ **Phar|ma|ko|lo|ge**, der; ..gen, ..gen: Arzneimittelkundiger ✳ **Phar|ma|ko|lo|gie**, die; –: Arzneimittellehre : Arzneiverordnungslehre ✳ **phar|ma|ko|lo|gisch** Ew.: arzneikundlich ✳ **Phar|ma|kon**, das; –s, ..ka: Arzneimittel : Gift ✳ **Phar|ma|ko|pö|e**, die; –, –n: Arzneibuch : Arzneivorschrift ✳ **Phar|ma|zeut**, der; –en, –en: Heilmittelkundiger : Apotheker ✳ **Phar|ma|zeu|tik**, die; –, –en: Arzneikunde : Arzneibereitungskunst ✳ **Phar|ma|zeu|ti|kum**, das; –s, ..ka: Arzneimittel ✳ **phar|ma|zeu|tisch** Ew.: arzneikundlich ✳ **Phar|ma|zie**, die; –, ..zien : Lehre von der Arzneimittelzubereitung : Apothekerkunst : Apotheke

Pha|ro, das; –s: ein Kartenglücksspiel

Pha|rus, der; – und ..russe: Leuchtturm

Pha|ryn|go..: (in Zus.) Rachen, Schlund ✳ **Pha|ryn|gi|tis**, die; –: (Med.) Entzündung der Rachenschleimhaut ✳ **Pha|ryn|go|s|kop**, das; –s, –e: Rachen-, Kehlkopfspiegel ✳ **Pha|ryn|go|s|ko|pie**, die; –, ..pien: (Med.) Ausspiegelung

des Rachens ✳ **Pha|rynx**, der; –, ..ryngen: der Rachen

Pha|se (gr.), die; –, –n: wechselnde Entwicklungsstufe : Abschnitt : Erscheinungsform, Lichtgestalt des Mondes und der Planeten ✳ *Phasenbild:* ein Bild beim Trickfilm; *Phasenmesser; Phasenspannung; Phasenverschiebung; Phasenzeichner:* Zeichner für die einzelnen Phasen eines Trickfilms ✳ **..pha|sig:** nur in Zus.: dreiphasig, 3-phasig ✳ **pha|sisch** Ew.: phasenweise verlaufend

Phel|lo|gen (gr.), das; –s, –e: Gewebe, das Kork bildet

Phe|nol, das; –s: Oxybenzol (Karbolsäure) ✳ *Phenolharz* **Phe|nol|ph|tha|le|in**, das; –s: (Chem.) Indikator, der zur Bestimmung des pH-Werts verwendet wird ✳ **Phe|no|plast**, der; –s, –s: künstliches Harz, das auf Phenol basiert ✳ **Phe|nyl**, das; –s: wichtiges einwertiges aromatisches Radikal (sog. Benzolrest) ✳ *Phenylalkohol*

Phi|a|le (gr.), die; –, –n: flache Schale : Trinkschale

phil.. (gr.) Ew., nur in Zus.: liebend : ..freund

Phi|la|del|phia (gr.), Stadt in Pennsylvania, USA

Phi|la|leth (gr.), der; –en, –en: Wahrheitsfreund ✳ **Phi|lan|th|rop**, der; –en, –en: Menschenfreund ✳ **Phi|l|an|th|ro|pie**, die; –: Menschenliebe ✳ **Phi|l|an|th|ro|pi|nis|mus**, der; –: Unterrichtsart Basedows ✳ **phi|l|an|th|ro|pisch** Ew. (–[e]ste und –te): menschenfreundlich : liebreich ✳ **Phi|la|te|lie** (gr.), die; –: Briefmarkenkunde ✳ **Phi|la|te|list**, der; –en, –en: Briefmarkensammler

Phil|har|mo|nie (gr.), die; –, ..nien: Liebe zur Tonkunst : Pflegestätte der Tonkunst ✳ **Phil|har|mo|ni|ker**, der; –s, –: Mitglied eines philharmonischen Orchesters ✳ **phil|har|mo|nisch** Ew.: musikliebend : die Philharmonie betreffend

Phil|hel|le|ne (gr.), der; –n, –n: Griechenfreund : Name der ausländischen Mitkämpfer im griechischen Freiheitskampf gegen die Türken (1821–29) ✳ **Phil|hel|le|nis|mus**, der; –: politische und literarische Bewegung, die im 19. Jh. die Griechen gegen die Türken unterstützte

Phi|li|bus|ter|tak|tik (gr.-e.), die; –: parlamentar. Ausdruck für Zermürbungstaktik durch endloses Reden

Phi|lip|per|brief, der; –s, –e: Brief, den der Apostel Paulus an die Gemeinde in Philippi geschrieben hat * **Phi|lip|pi:** Stadt des Altertums in Ostmakedonien * **Phi|lip|pi|ka,** die; –, ..ken: Anklagerede des Demosthenes gegen König Phillipp von Makedonien : (übertr.) jede leidenschaftliche Strafrede * **phi|lip|pisch** Ew.: heftig * *philippische Reden:* Reden in Philippikenart

Phi|lip|pi|nen: Staat, Inselgruppe des Malaiischen Archipels; vgl. Filipino * **phil|lip|pi|nisch** Ew.

Phi|lis|ter (hebr.), der; –s, –: Nachbarvolk der Israeliten : Spießbürger : (stud.) Nichtstudent, im Berufsleben stehender Alter Herr : Pferdeverleiher * **Phi|lis|te|rei,** die; –, –en: Spießbürgerlichkeit * **phi|lis|ter|haft** Ew.: spießbürgerlich : einseitig * **Phi|lis|te|ri|um,** das; –s: Spießbürgerschaft : Nichtstudenten : Philisterstand * **phi|lis|tern** (ich ..[e]re) intr.: sich als Philister benehmen * **Phi|lis|ter|tum,** das; –(e)s: Zeit nach dem Studium : Philisterwesen * **phi|lis|t|rös** Ew.: philisterhaft

Phil|lu|me|nie (gr.-l.), die; –: Aufbewahren von Streichholzschachteln * **Phil|lu|me|nist,** der; –en, –en: Person, die Streichholzschachteln sammelt

Phi|lo|dend|ron, das; –s, ..dren: am. Zierkletterpflanze

Phi|lo|lo|ge (gr.), der; –, ..gen: Sprach- und Literaturforscher * **Phi|lo|lo|gie,** die; –, ..gien: „Sprachliebe", Schrifttums- und Sprachwissenschaft * **phi|lo|lo|gisch** Ew.: sprachgelehrt : sprachwissenschaftlich : sprachkundlich

Phi|lo|se|mit (gr.), der; –en, –en: Judenfreund * **phi|lo|se|mi|tisch** Ew.: judenfreundlich

Phi|lo|soph (gr.), der; –en, –en: „Weisheitsfreund", For-scher auf dem Gebiet der Philosophie : Denker * **Phi|lo|so|phas|ter,** der; –s, –: seichter Philosoph : Vernünftler * **Phi|lo|so|phem,** das; –s, –e: philosophische Frage, Untersuchung, Betrachtung, Meinung : Weisheitsspruch * **Phi|lo|so|phie,** die; –, ..phien: „Liebe zur Weisheit", Lehre vom Zusammenhang der Dinge : Erkenntnislehre * **phi|lo|so|phie|ren** (..iert) intr.: vernunftmäßig, methodisch denken * **phi|lo|so|phisch** Ew.: vernunftgemäß : weltweise

Phi|mo|se (gr.), die; –, –n: „Verengung" : (Med.) Verengung der Vorhaut : Lidverengung

Phi|o|le (gr.), die; –, –n: birnenförmiges Glasgefäß mit langem Hals

Phle|bi|tis, die; –: (Med.) Venenentzündung

Phleg|ma (gr.), das; –s und –: „Schleimblütigkeit", wässeriges Blut : Gleichgültigkeit : Gelassenheit : Trägheit * **Phleg|ma|ti|ker,** der; –s, –; **Phleg|ma|ti|kus,** der; –, ..ker: träger, unempfindlicher Mensch * **phleg|ma|tisch** Ew.: gleichgültig : geistesträge : unempfindlich : ruhig * **Phleg|mo|ne,** die; –, –n: (Med.) eitrige Zellgewebsentzündung

Phlox, die; –, –e: Flammenblume, ein Windengewächs *

Phlo|xin, das; –s: roter Teerfarbstoff

Phnom Penh [pnom pän]: Hauptstadt Kambodschas

Pho|bie (gr.), die; –, ..bien: krankhafte ängstliche Abneigung : Angstgefühl

Phö|bos, Phö|bus: griechischer Sonnengott : Beiname des Apollo

Pho|ko|me|lie (gr.), die; –, ..lien: (Med.) „robbenartige" Missgestaltung der Leibesfrucht

phon.. *auch:* fon.. (gr.) Vors.: laut.. * **Phon,** das; –s: Maßeinheit der Lautstärke * *phonstark; Phonzahl* * **Pho|nem,** das; –s, –e: (Sprachw.) kleinste sprachliche Einheit, die zur Unterscheidung von Wörtern dient : Laut * **Pho|ne|tik,** die; –, –en: Sprachlautkunde : Stimmlehre * **Pho|ne|ti|ker,** der; –s, –: Stimmbildungslehrer : Lautkundler * **pho|ne|tisch** Ew.: die Aussprache wiedergebend : lautgetreu * **Pho|nik,** die; –: Schall-, Stimmlehre * **pho|nisch** Ew.: stimmlich : die Stimme betreffend

Phö|nix (gr.), der; –(es), –e: sagenhafter Vogel, Sinnbild der Unsterblichkeit : Sternbild des Südhimmels

Phö|ni|zi|en: Küstenstreifen Syriens * **Phö|ni|zi|er, Phö|ni|ker,** der; –s, –: Einwohner von Phönizien * **phö|ni|zisch** Ew.

Pho|no|gramm, das; –s, –e: das auf die Tonwalze Aufgenommene * **Pho|no|graph →** **Pho|no|graf,** der; –en, –en: Gerät zur Aufnahme und Wiedergabe der Schallwellen, Sprechmaschine * **Pho|no|gra|phie → Pho|no|gra|fie,** die; –, ..phien: Lautschrift : die Aussprache wiedergebende Schreibung : frühere Kurzschrift auf phonetischer Grundlage * **pho|no|gra|phisch →** **pho|no|gra|fisch** Ew.: lautschreibend * **Pho|no|kof|fer,** der; –s, –: tragbarer Plattenspieler * **Pho|no|lith,** der; –(e)s und –en, –e(n): „Klingstein", Porphyrschiefer * **Pho|no|lo|gie,** die; –, ..gien: Lautkunde : Lautforschung * **pho|no|lo|gisch** Ew. * **Pho|no|me|ter,** das; –s, –: Lautstärkemessgerät * **Pho|no|met|rie,** die; –: Teilgebiet der Akustik, das Reize und Empfindungen untersucht * **Pho|no|pho|bie,** die; –: Stottern * **Pho|no|tech|nik,** die; –en: Technik der Tonaufzeichnung * **Pho|no|thek,** die; –, –en: Sammlung von Tonaufzeichnungen : Tonbandarchiv * **Pho|no|ty|pis|tin,** die; –, –en: Sekretärin, die vorwiegend nach einem Diktiergerät schreibt [gr. phone Laut, Stimme]

phon.., Phon..
Im Zuge der Integrierung von Fremdwörtern in den deutschen Sprachbestand ist die eindeutschende Schreibweise *fon..* oder *Fon..* in Zusammensetzungen mit *phon..* und *Phon..* auch am Wortanfang

möglich. Anders als im Wortinneren (z. B. *Telefon*) gilt jedoch die Schreibung mit *ph/Ph* weiterhin als Hauptvariante.

Phos|gen (gr.), das; –s, –e: farbloses, giftiges Gas, Kampfgas ✳ **Phos|phat**, das; –(e)s, –e: Phosphorsäuresalz ✳ **phos|phat|hal|tig**, Ew. ✳ **Phos|phin**, das; –s: organische Phosphorverbindung ✳ **Phos|phit** das; –s, –e: Salze und Ester der phosphorigen Säure ✳ **Phos|phor**, der; –s: chem. Grundstoff; Abk.: P ✳ *Phosphorsäure; Phosphorvergiftung* ✳ **Phos|pho|res|zenz**, die; –: „Eigenlicht", selbständiges Lichtausstrahlungsvermögen ✳ **phos|pho|res|zie|ren** (..iert) intr.: im Dunkeln leuchten ✳ **phos|pho|rig** Ew.: phosphorhaltig ✳ **Phos|pho|ris|mus**, der; –, ..men: Vergiftung durch Phosphor ✳ **Phos|pho|rit**, der; –(e)s, –e: phosphorsaurer Kalk : ein Düngemittel

Phot (gr.), das; –s, –: Lichtstärkeeinheit ✳ **pho|to..** Vors.: licht... ✳ **Pho|to|chro|mie**, die; –, ..mien: Lichtmalerei : Wiedergabe der Farben auf fotografischem Wege ✳ **Pho|to|ef|fekt**, der; –s, –e: Erscheinung, dass durch Lichtstrahlen Elektronen aus einer Metalloberfläche herausgeschlagen werden ✳ **pho|to|e|lek|t|risch** Ew.: mittels Licht elektrische Impulse erzeugend ✳ **Pho|to|e|lek|t|ri|zi|tät**, die; –: durch Lichteinwirkung erzeugte Elektrizität ✳ **Pho|to|gramm**, das; –s, –e: Lichtbild : Messbildaufnahme ✳ **Pho|to|gramm|me|t|rie** → **Pho|to|gramm|me|t|rie**, die; –: Lichtbildmesskunst (Kunst, nach Fotografien die Größe des fotografierten Gegenstandes zu bestimmen) ✳ **pho|to|gramm|me|t|risch** → **pho|to|gramm|me|t|risch** Ew. ✳ **Pho|to|gra|pho|me|ter**, das; –s, –: Lichtempfindlichkeitsmesser ✳ **Pho|to|gra|vü|re**, die; –, –n: Heliogravüre, fotomechanisches Reproduktionsverfahren zur Herstellung von Druckplatten aus Metall (meist Kupfer) ✳ **Pho|to|li|tho|gra|phie**, die; –, ..phien: Wiedergabe von Phototypen auf Stein (vgl. Photo-

gravüre) ✳ **Pho|to|me|ter**, das; –s, –: Gerät zur Lichtmessung ✳ **Pho|to|me|t|rie**, die; –: Licht(stärke)messung ✳ **pho|to|me|t|risch** Ew. ✳ **Pho|ton**, das; –s, –en: Lichtteilchen, Lichtquant ✳ **Pho|to|phy|si|o|lo|gie**, die; –: Teilgebiet der Physiologie ✳ **Pho|to|sphä|re**, die; –: „Lichtkugel", leuchtende Oberflächenschicht der Sonne ✳ **Pho|to|syn|the|se**, die; –: Umwandlung anorganischer Substanzen in Stärke und Zucker durch das Blattgrün der Pflanze mit Hilfe des Lichtes ✳ **pho|to|tak|tisch** Ew.: (Bot.) durch das Licht beeindruckt ✳ **Pho|to|the|ra|pie**, die; –, ..pien: Lichtheilverfahren ✳ **Pho|to|tro|pis|mus**, der; –, ..pismen: Einstellungsfähigkeit der Pflanzen und Tiere auf das Licht ✳ **Pho|to|vol|ta|ik**, die; –: Energietechnik beruhend auf dem Prinzip der Solarzelle

photo.., Photo..
Gängige Zusammensetzungen mit dem griechischen Wortbestandteil photo/Photo *(Licht) werden eindeutschend* foto/Foto *geschrieben. Wörter des Bildungssprachbestands sowie Fachwörter erscheinen bevorzugt in* ph-*Schreibweise. Gegenbenfalls muss an beiden Stellen nachgeschlagen werden.*

Phra|se (gr.), die; –, –n: Satz : Redensart : leere Redensart : schönklingende Redensart ✳ *Phrasendrescher, Phrasenheld, Phrasenmacher: Schönredner; phrasenreich* ✳ **phra|sen|haft** Ew.: hohl : inhaltleer ✳ **Phra|se|o|lo|gie**, die; –, ..gien: Sammlung von Redensarten : Lehre von den der Sprache eigentüml. Redewendungen ✳ **phra|se|o|lo|gisch** Ew.: auf die Phraseologie bezogen : den Ausdruck verschönernd ✳ **phra|sie|ren** tr.: (Mus.) sinngemäß gliedern ✳ **Phra|sie|rung**, die; –, –en: (Mus.) Einteilung in Phrasen : Gliederung [gr. phrazein sprechen]

Phre|ne|sie (gr.), die; –, ..sien: Geistesstörung : Hirnzerrüttung : Wahnsinn ✳ **phre|ne|tisch** Ew.: irrsinnig : toll ✳

Phre|ni|tis, die; –: (Med.) Zwerchfellentzündung ✳ **Phre|no|lo|ge**, der; ..gen, ..gen: Schädellehrekundiger ✳ **Phre|no|lo|gie**, die; –, ..gien: Schädellehre : Lehre vom Bau des Gehirns ✳ **phre|no|lo|gisch** Ew.: auf die Schädellehre bezüglich

Phry|gi|en: antike Landschaft im westl. Kleinasien ✳ *phrygische Mütze:* Art Zipfelmütze : Vorbild der Freiheitmütze (Fr. Revolution : Jakobinermütze) ✳ **phry|gisch** Ew.

Phthal|säu|re, die; –: zweibasige aromatische Säure

Phthi|si|ker (gr.), der; –s, –: Schwindsüchtiger ✳ **Phthi|sis**, die; –: Schwindsucht

pH-Wert, der; –s, –e: Maßeinheit zur Messung der Wasserstoffionenkonzentration

Phy|ko|lo|gie (gr.), die; –, ..gien: Algenkunde ✳ **Phy|ko|phä|in**, das; –s: brauner Farbstoff

Phy|le (gr.), die; –, –n: (in Altgriechenland) Gesellschaftsklasse : (in Athen) Verwaltungsbezirk ✳ **phy|le|tisch** Ew.: im Bezug auf die Abstammung

Phyl|lit (gr.), der; –(e)s, –e: Urtonschiefer der kristallinen Schieferformation ✳ **Phyl|lo|kak|tus**, der; –, ..teen: Kaktus mit Blättern ✳ **Phyl|lo|kla|di|um**, das; –s, ..dien: Flachspross : blattartiger Spross ✳ **Phyl|lo|pha|ge**, der; ..gen, ..gen: Laubfresser : Beuteltierfamilie ✳ **Phyl|lo|po|de**, der; –n, –n: Blattfüßer ✳ **Phyl|lo|ta|xis**, die; –, ..xen: (Bot.) Blattstellung ✳ **Phyl|lo|to|xe|ra**, die; –, ..ren: Reblaus

Phy|lo|ge|ne|se (gr.), die; –: Stammesentwicklung der Tiere und Pflanzen ✳ **phy|lo|ge|ne|tisch** Ew.: entwicklungsgeschichtlich ✳ **Phy|lo|ge|nie**, die; –, ..nien: Stammesgeschichte ✳ **Phy|lo|go|nie**, die; –, ..nien: allgemeine Entwicklungsgeschichte

Phy|sa|lis (gr.), die; –, ..salen: Blasen-, Judenkirsche

Phy|si|a|ter, der; –s, –: Naturarzt ✳ **Phy|si|a|t|rie** (gr.), die; –, ..trien: Naturheilkunde ✳

Phy|sik, die; –: Naturlehre : Naturkunde : Wissenschaft von den Gesetzen und Ursachen der Naturerscheinungen, soweit sie nicht von organische oder chemischen Grundkräften abhängen ∗ **phy|si|ka|lisch** Ew.: naturkundlich : die Physik betreffend, ihr gemäß ∗ **Phy|si|kat,** das; –es, –e: amtsärztliche, gerichtsärztliche Stelle ∗ **Phy|si|ker,** der; –s, –: Naturwissenschaftler ∗ **Phy|si|ko|che|mi|ker,** der; –s, –: Wissenschaftler der physikalischen Chemie ∗ **phy|si|ko|che|misch** Ew.: im Bezug auf die physikalische Chemie ∗ **Phy|si|kum,** das; –s, ..sika: Vorprüfung der Mediziner ∗ **Phy|si|kus,** der; –, ..kusse oder Physici: (veralt.) Kreisarzt : Bezirksarzt : Gerichtsarzt **Phy|si|o|g|nom** (gr.), der; –en, –en: Wesenskenner : Gesichtsausdrucksdeuter ∗ **Phy|si|o|g|no|mie,** die; –, ..mien: Gesichtsausdruck : (übertr.) Ausdruck einer Gegend usw. ∗ **Phy|si|o|g|no|mik,** die; –: Ausdrucksdeutung : Kunst der Deutung seelischer Eigenschaften nach dem Ausdruck ∗ **phy|si|o|g|no|misch** Ew.: ausdrucksdeutend ∗ **phy|si|o|g|no|mi|sie|ren** (..iert) intr.: sich mit Ausdrucksdeutung befassen ∗ **Phy|si|o|krat,** der; –en, –en: Anhänger der Lehre, dass die Natur allein Werte hervorbringt ∗ **Phy|si|o|kra|tie,** die; –: „Naturherrschaft" : volkswirtschaftliche Lehre (Quesnay) ∗ **phy|si|o|kra|tisch** Ew. ∗ **Phy|si|o|lo|ge** (gr.), der; ..gen, ..gen: Erforscher der Lebensvorgänge von Organismen ∗ **Phy|si|o|lo|gie,** die; –, ..gien: Lehre von den Lebenserscheinungen, -vorgängen der Organismen ∗ **phy|si|o|lo|gisch** Ew.: auf die Physiologie bezüglich ∗ **Phy|si|o|no|mie,** die; –, ..mien: Lehre von den Naturgesetzen ∗ **Phy|si|o|the|ra|pie,** die; –, –n: Heilbehandlung mit Licht, Luft, Wasser, mit Bestrahlungen und Massage ∗ **Phy|si|o|the|ra|peut,** der; –en, –en: ein mit der Physiotherapie Behandelnder ∗ **phy|si|o|the|ra|peu|tisch** Ew. ∗ **Phy|sis,**

die; –: die Natur, das Wirkliche, Erfahrbare ∗ **phy|sisch** Ew.: körperlich : leiblich : den Naturgesetzen gemäß [gr. physis Natur] **Phy|to|gen** (gr.), das; –s: Pflanzenstoff ∗ **Phy|to|ge|o|gra|phie** *auch:* **Phy|to|ge|o|gra|fie,** die; –, ..phien *auch:* ..fien: Lehre von den Standorten der Pflanzen ∗ **Phy|to|lo|gie,** die; –: Pflanzenkunde ∗ **phy|to|lo|gisch** Ew.: im Bezug auf die Pflanzenkunde ∗ **Phy|to|pa|tho|lo|gie,** die; –: Kunde der Pflanzenkrankheiten ∗ **phy|to|pa|tho|lo|gisch** Ew.: im Bezug auf Pflanzenkrankheiten ∗ **Phy|to|phag** Ew.: pflanzenfressend ∗ **Phy|to|pha|ge,** der; –n, –n: Pflanzenfresser ∗ **Phy|to|plank|ton,** das; –s: Gesamtheit der pflanzlichen Organismen, die im Wasser leben ∗ **Phy|to|the|ra|pie,** die; –, ..pien: Pflanzenheilkunde [gr. phyton Pflanze] **Pi,** das; –(s), –s: der sechzehnte Buchstabe des gr. Alphabetes : (Math.) Zahl, die das Verhältnis des Kreisumfangs zum Durchmesser angibt (Wert: 3,141592..) **Pi|af|fe** (fr.), die; –, –n: (Reitkst.) Trab auf der Stelle ∗ **pi|af|fie|ren** tr.: eine Piaffe reiten **Pi|a|ni|no** (it.), das; –s, –s: kleines Klavier ∗ **pi|a|nis|si|mo:** (Mus.) sehr leise ∗ **Pi|a|nist,** der; –en, –en: Klavierspieler, Klaviervirtuose ∗ **pi|a|nis|tisch** Ew.: im Bezug auf das Klavierspiel ∗ **pi|a|no:** (Mus.) leise ∗ **Pi|a|no,** das; –s, –s: Pianino ∗ **Pi|a|no|for|te,** das; –s, –s: Hammerklavier ∗ **Pi|a|no|la,** das; –s, –s: elektr. Klavier **Pi|a|rist,** der; –en, –en: Lehr-, Schulmönch **Pi|as|sa|va** (port.) [..w..], die; –, ..ven: Bastfaser verschiedener Palmen ∗ *Piassavabesen* **Pi|as|ter,** der; –s, –: Währungseinheit versch. vorderasiat. und afrik. Staaten **Pi|az|za** (it.), die; –, ..zze: Platz ∗ **Pi|az|zet|ta,** die; –, ..tten: kleiner Platz **Pic|ca|dil|ly:** Hauptgeschäftsstraße im „Londoner Westen" ∗ *Piccadilly Circus*

Pic|co|lo: s. Pikkolo **Pi|che|lei,** die; –, –en: Trinkerei : Sauferei ∗ **Pi|che|ler,** der; –s, –: Trinker ∗ **pi|cheln** (ich ..[e]le) intr., tr.: sabbern : alkoholische Getränke trinken : saufen [nach E. *Pichler*, Braumeister der Münchner Hofbräuhauses, der 1614 erstmals „Ainpöckisch (Bock)bier" braute] **Pi|chel|stei|ner Fleisch,** das; –es: Eintopfgericht aus Fleisch, Gemüse und Kartoffeln ∗ *Pichelsteiner Topf* **pi|chen:** s. Pech **Pick,** der; –s, –e: (mundartl.) Stich : (übertr.) Groll ∗ *picksüß* Ew. ∗ **Pi|cke,** die; –, –n: Haue : Hacke : Spitzhacke ∗ **Pi|ckel,** der; –s, –: Spitzhacke : Hautblütchen ∗ *Pickelbeere:* Bicksbeere; *Pickelbüchse:* im Gewehr; *Pickelflöte:* Pikkoloflöte, kleine Flöte; *Pickelhaube:* (mundartl.) preuß. Infanteriehelm; *Pickelhering:* Pökelhering : Hanswurst ∗ **pi|cke|lig, pick|lig** Ew.: voller Pickeln, Blütchen ∗ **pi|ckeln** (ich ..[e]le) intr., tr.: picken : hacken ∗ **pi|cken** tr., intr.: mit dem Schnabel hacken, aufnehmen : mit oder wie mit einem spitzen Werkzeug hacken ∗ **pi|ckern** (ich ..[e]re) intr., tr.: wiederholt picken : (volkst.) essen **pi|cken** intr.: (mundartl.) (von Pech) kleben : haften ∗ **pi|ckig** Ew.: klebrig; vgl. Pech ∗ **Pi|ckerl,** das; –s, –n: (östr.) klebendes Etikett **Pick|nick** (fr.), das; –s, –e (auch –s): gemeinschaftlicher Schmaus (im Freien), wozu jeder Teilnehmer beiträgt ∗ **pick|ni|cken** intr.: im Freien eine Mahlzeit halten ∗ *Picknickkorb* **Pick-up** (e.) [pikap], der; –s, –s: elektrischer Tonabnehmer am Plattenspieler : Pkw mit Ladefläche, Kombi **pi|co|bel|lo** (it.) Ew.: (Umgspr.) ganz besonders fein **Pi|cot** (fr.) [..koh], der; –s, –s: „Spitze" : Spitzenmasche : (Mz.) Zwirnkante **Pi|co|ta|ge** (fr.) [pikotaseh'], die; –, –n: (Bergb.) wasserdichter hölzerner Schachtausbau **Pidg|in-Eng|lisch** → **Pidg|in|eng|lisch** [pidsehin], das;

–: im pazifischen Raum entwickelte Verkehrssprache auf der Basis eines mit einheimischen Vokabeln durchsetzten einfachsten Englisch

Pi|e|ce, Pi|è|ce (fr.) [piäß'], die; –, –n: Stück : Theaterstück : Musikstück : Zimmer * *piece de résistance* [– d'resistangß]: Hauptgericht : (übertr.) Rückhalt

Pi|e|des|tal (it.) [pje..], das; –s, –e: Fußgestell : Fußuntersatz : Sockel : Grundlage

Pief|ke, der; –s, –s: (östr.) abschätzige Bezeichnung für den Deutschen : Kleinbürger

Piek, die; –, –en: (seem.) Spitze : äußerster oberster Teil der Gaffel * *Piektau* * **Pie|ke,** die; –, –n: (sächs.) Spitze : (übertr.) heimlicher Groll; vgl. Pick

pie|ken, piek|sen tr.: (Umgspr.) kitzeln : stechen : necken **piek|fein** Ew.: sehr fein * **piek|sau|ber** Ew.: besonders sauber [ndl. puik ausgezeichnet]

Pie|mont: oberit. Landschaft * **Pie|mon|te|se,** der; –n, –n: Bewohner von Piemont * **pie|mon|te|sisch** Ew.

piep!: Tonwort zur Bezeichnung eines piependen Lautes * **Piep,** der; –s: Bezeichnung des geringsten Lautes * *nicht einmal Piep sagen können* * *Piephahn; Piephenne:* (bayr.) Truthahn, Truthenne; *piepjung* Ew.: sehr jung; *Piepmatz; Piepvogel:* junger Vogel : (scherzh.) Adlerorden : Spleen * **pie|pe, pie|pe|gal** Uw.: (ldschftl.) gleichgültig * **pie|pen** intr.: den Laut „piep" hervorbringen : (niederd.) kränkeln * **Pie|pen,** die; nur Mz.: (Umgspr.) Geld * **Pie|per,** der; –s, –: Vogelart * **pieps!** Tonwort: piep * **piep|sen** intr.: piepen * **piep|sig** Ew.: piepig * **Piep|sig|keit,** die; –, –en: Schwächlichkeit

Pier, der; –(e)s, –e(n): (altmärk.) Sandwurm : Köderwurm

Pier (e.), der; –s, –s: Hafendamm : Landungsbrücke : Mole

Pier|ret|te (fr.), die; –, –n: weiblicher Hanswurst : Lustspielfigur * **Pier|rot** (fr.)

[..roh], der; –s, –s: „Peterchen" : Hanswurst

pie|sa|cken tr.: (Umgspr.) quälen, ärgern * **Pie|sa|cke|rei,** die; –, –en: das Piesacken [niederd. Pesek Peitsche]

pie|seln intr.: (Umgspr.) leicht tropfen : in kleinen Tropfen regnen : urinieren

Pie|se|pam|pel, der; –s, –: (ldschftl.) engstirniger Mensch

Pie|s|por|ter, der; –s, –: ein Moselwein

Pi|e|ta (it.), die; –: die Marienklage, die Darstellung des Leichnams Christi im Schoß Marias * **Pi|e|tät** (l.), die; –: Ehrfurcht : Liebe : Anhänglichkeit : Barmherzigkeit * *pietätlos* Ew.; *Pietätlosigkeit; pietätvoll* Ew. * **Pi|e|tis|mus,** der; –: Lehre von der lebendigen Frömmigkeit * **Pi|e|tist,** der; –en, –en: Anhänger des Pietismus : Frömmler * **pie|tis|tisch** Ew.: frömmelnd : zu den Pietisten gehörig

Pietsch (slaw.), der; –es, –e: (mundartl.) Trinker * **piet|schen** (du pitsch[e]st), auch ..scht) intr.: trinken

Pi|e|zo|e|lek|t|ri|zi|tät (gr.), die; –: Elektrizität durch Druck auf Kristalle * **Pi|e|zo|me|ter** (gr.), das; –s, –: Druckmesser für Flüssigkeiten : Verdichtungsmesser * *Piezoquarz* [gr. piezein drücken]

piff: Tonwort zur Bezeichnung des Schusses, meist in der Wendung *piff, paff, puff!*

Pig|ment (l.), das; –(e)s, –e: Farbstoff im Körper : Dunkelstoff * *Pigmentdruck:* fotograf. Kopierverfahren : Kohledruck; *Pigmentfarbe; Pigmentfleck; Pigmentmal:* das Muttermal * **pig|men|tie|ren** (..iert) tr.: mit Pigment färben * **Pig|men|tie|rung,** die; –, –en: Färbung : Farbstoffablagerung

Pil|g|no|le (it.) [pinjole], die; –, –n: Piniennuss

Pi|ja|cke, die; –, –n: (niederd.) Matrosenjacke

Pik (fr.), der; –s, –e und –s: Bergspitze : (übertr.) Groll * *einen Pik auf jemanden haben:* Groll hegen

Pik, das; –, s: eine der vier Farben im Kartenspiel : Grün, Schaufel, Schüppen, Spaten * *Pik-As* → *Pikass; Pikbube;*

Pikdame; Pikdrei; dastehen wie Piksieben: (Umgspr.) dumm dastehen

pik: scherzhaftes Tonwort zur Bezeichnung des Pikens, Stechens * **Pi|ke** (fr.), die; –, –n: „Spieß" : Lanze : Pick : Piek * *von der Pike auf dienen:* von der untersten Stufe anfangen * **pi|ken** tr.: mit einer Pike oder etwas Spitzem stechen : s. auch picken * **pi|kant** (fr.) Mw. Ew.: scharf gewürzt : reizend : anzüglich * **Pi|kan|te|rie,** die; –, ..rien: prickelnder Ausspruch : Anzüglichkeit * *pikanterweise* [fr. piquer stechen]

Pi|ka|don (jap.), der; –s, –s: Name des Atompilzes über Hiroshima [Pika Blitz, Don Donner]

Pi|kar|die, die; –: Landschaft im Nordosten Frankreichs

pi|ka|resk Ew. in Zus.: pikaresker Roman : Schelmenroman

Pi|ke: s. pik

Pi|kee (fr.), der; –s, –s: Baumwollgewebe mit eingewebtem Muster * *pikeeartig* Ew.; *Pikeekragen; Pikeeweste* *

Pi|kett, das; –(e)s, –e: (schweiz.) einsatzbereite Mannschaft im Heer und bei der Feuerwehr : Absteckpfahl : Feldwache : Vorpostentrupp * *Pikettstellung* * **Pi|kett,** das; –(e)s, –e: ein Kartenspiel

pi|kie|ren (..iert) tr.: „stechen" : sticheln : reizen : beleidigen : Pflänzling auspflanzen; rbz.: sich eine Ehre aus etwas machen * *sich auf etwas pikieren:* seine Ehre in etwas setzen * **pi|kiert** Mw. Ew.: (leicht) beleidigt [fr. piquer stechen]

Pik|ko|lo (it.), der; auch das; –s, –s: kleine Flöte * *Pikkoloflöte* * **Pik|ko|lo,** der; –s, –s: „Kleiner" : kleiner Bursche : Kellnerlehrling * *Pikkoloflasche:* kleine Sektflasche für eine Person

Pi|kör (fr.), der; –s, –e: bei der Parforcejagd Vorreitender

Pik|rat (gr.), das; –(e)s, –e: Salz der Pikrinsäure * *Pikrinpulver:* Pikrin * **Pik|rin,** das; –s: Bitterstoff der Fingerhutpflanze * *Pikrinsäure:* Trinitrophenol, giftiger Farbstoff : als Sprengmittel verwendeter kristallinischer Stoff, Pikratpulver * **Pik|ro|to|xin**, das; –s: Gift der Kockelskörner [gr. pikros bitter]

pik|sen: s. pieken

Pik|te (l.), der; –n, –n: schottischer Kelte

Pik|to|gramm (gr.), das; –s, –e: Bilderschrift mit international festgelegter Bedeutung (als Informationsbehelf) * **Pik|to|gra|phie** auch: **Pik|to|gra|fie**, die; –: Symbol-, Bilderschrift

Pi|kul, der; das; –s, –: ostasiat. Gewicht

Pi|la|de (nl.), die; –, –n: hölzerner Pfeiler in der Mitte der Reitbahn * **Pil|lar**, der; –en, –en: Pfeiler zwischen zwei Pferdeständen : (Mz.) Pfeiler, zwischen denen das Pferd in Dressur genommen wird * **Pi|las|ter** (it.), der; –s, –: Wandpfeiler

Pi|la|tus: römischer Prokurator in Judäa, in dessen Amtszeit Jesus gekreuzigt wurde

Pi|lau, Pi|law (türk.), der; –s: orientalische Reisspeise

Pi|le (e.) [peil], das; –s, –s: Atombrenner, Reaktor

Pil|ger (l.), der; –s, –: Fremder : Wallfahrer : Wanderfalk * **Pil|ge|rin**, die; –, –nen: Wallfahrerin * Pilgerchor; Pilgerfahrt; Pilgergewand; Pilgerhut; Pilgerschar; Pilgersmann; Pilgerstab; Pilgerväter: Puritaner; Pilgerzug * **pil|gern** (ich ..[e]re) intr.: als Pilger zu Fuß wallfahren * **Pil|ger|schaft**, die; –, –en: das Pilgern : Gesamtheit von Pilgern * **Pil|g|rim**, der; –s, –e: (veralt.) Pilger * **Pil|g|rim|schaft**, die; –: Pilgerschaft

pil|lie|ren (..iert) (fr.) tr.: zerstampfen : fein auswalzen

Pil|le (l.), die; –, –n: Kügelchen : Arzneimittel, insbesondere Verhütungsmittel : (übertr.) etwas Unangenehmes * Pillendreher: Mistkäfer : (scherzh.) Apotheker; Pillenknick: scharfer Rückgang der Geburtenzahl nach Einführung der Pille; Pillenschachtel * **pil|lie|ren** tr.: kandieren * **Pil|lie|rung**, die; –, –en * **Pil|ling** (e.), das; –s: Fasernoppen, die sich bei der Nutzung von Geweben an deren Oberfläche bilden

Pi|lot (gr.), der; –en, –en: Lotse

: Steuermann : Ballonführer : Flugzeugführer : Flugmeister * Pilotanlage; Pilotballon: unbemannter Windrichtungs-, Windgeschwindigkeitsballon; Pilotfilm; Pilotsendung; Pilotstudie: vorläufige, wegweisende Untersuchung; Pilotton; Pilotversuch * **Pi|lo|te**, die; –, –n: Rammpfosten * Pilotenschein; * **Pi|lo|tin**, die; –, –nen: Flugzeugführerin * **pi|lo|tie|ren** (..iert) tr.: lotsen : (Schiff) über gefährliche Stellen führen : Pfosten einrammen

Pils, das; –, –: Kurzform für Pilsener Bier * **Pil|sen**: Stadt in Böhmen * **Pils|e|ner, Pils|ner** das; –s, –: Pilsener Bier * **Pils|e|ner** Ew.: aus Pilsen * pilsnerblond Ew.: blond wie Pils(e)ner Bier

Pilz (l.), der; –es, –e: eine Gattung der Sporenpflanzen : Erdschwamm : Bazillus (Spaltpilz) * Pilzfaden; Pilzgericht; Pilzkopf: (scherzh.) Beatle; Pilzkrankheit; Pilzkunde; Pilzspore; Pilzsammler; Pilzsucher; Pilzvergiftung

Pi|ment (l.), das; –(e)s, –e: ein Farbstoff : aus Beeren der Gewürzmyrte gewonnenes Gewürz : Jamaika-Pfeffer

Pim|mel, der; –s, –: (Umgspr.) männliches Glied : Penis

pim|pe: (nordd.) s. schnuppe

Pim|pel, die; –, –n: eine Pflanzengattung * Pimpelnuß → Pimpelnuss, Pimpernuß → Pimpernuss: Nuss der Pimpel, auch Pistazie

Pim|pe|lei, die; –, –en: das Pimpeln, Verweichlichen * **Pim|pel|er**, der; –s, –: einer, der pimplig ist : Verzärtelter * **pim|pe|lig, pimp|lig** Ew.: pimpelnd : verzärtelt * **pim|peln** (ich ..[e]le) intr.: (mundartl.) weinerlich klagen : kränkeln * **pim|per|lich** Ew.: pimp(e)lig * **pim|pern** (ich ..[e]re): (mundartl.) klinge(l)n : pimpeln : (Umgspr.) koitieren

Pim|per|nell, der; –s, –e: Bibernell

Pim|pi|nel|le, die; –, –n: Wiesenbibernell (Heil- und Futterpflanze)

Pim|per|nuß → **Pim|per|nuss**: s. Pimpel

Pimpf, der; –s, –e: (Umgspr.) kleiner Junge : Kleiner, der zu einer Jugendbewegung gehört

Pim|pi|nel|le: s. Pimpernell

Pi|na|ko|id (gr.), das; –(e)s, –e: Endfläche : Kristallflächenpaar * **Pi|na|kos|kop** (gr.), das; –s, –e: Betrachtungsapparat für Bilder * **Pi|na|ko|thek**, die; –, –en: Gemäldesammlung : zwei Galerien in München

Pi|nas|se (rom.), die; –, –n: zweitgrößtes Beiboot auf Kriegsschiffen : Schnellboot

Pin|ce|nez (fr.) [pängß'neh], das; –, –: „Nasenklemmer", Kneifer

Pin|ge: s. Binge

Pin|gel, die; –, –n: (niederd.) Glocke * **Pin|gel**, der; –s, –: geiziger Mensch * **pin|geln** (ich ..[e]le) intr.: klingeln * **pin|ge|lig** Ew.: geizig : pedantisch : empfindlich * **Pin|ge|lig|keit**, die; –, –en

Ping|pong (e.), das; –s, –s: Tischtennis * Pingpongplatte; Pingpongschläger; Pingpongspieler

Pin|gu|in (kelt.), der; –s, –e: Fettgans : Flossentaucher [kelt. pen gwyn Riesenalk]

Pi|nie (l.), die; –, –n: eine Kiefer des Mittelmeergebietes * Piniennuß → Piniennuss; Pinienwald; Pinienzapfen

pink: Tonwort zur Bezeichnung hellklingender Töne : knallrosa * pinkepank: Tonwort zur Bezeichnung des Hämmerns des Schmiedes * **Pink**, die; –, –en: Pinkschiff : altes Segelfahrzeug der Küstenfahrer : knalliges Rosa * **Pin|ke**, die; –, –n: Pink : Schmiede : Name verschiedener Fische : (sächs.) Geldnäpfchen : (mundartl.) Pinkepinke, Geld * **Pin|kel**, der; –s, –: Stutzer : (nordd.) Wurstart * feiner Pinkel: (Umgspr.) Vornehmtuer * **pin|keln** (ich ..[e]le) intr.: (Umgspr.) harnen * Pinkelpause * **pin|ken** intr.: hämmern : schmieden : ticken : (von Finken) schlagen

Pin|ne (l.), die; –, –n: Schusterzwecke : Schwungfeder des Falken : Kompassstift, auf dem die Magnetnadel schwingt : Hebelarm des Steuerruders am Boot : Teil des Hammers * Pinnenwächter: in der Steckmuschel lebender Krebs; Pinnwand * **pin|nen** tr.: mit Pinnen versehen : festmachen

Pi|noc|chio, der; –s: kleine Figur aus einem Märchen

Pin|gle, die; –, –n: Spindelhülse an Werkzeugmaschinen

Pin|scher (e.), der; –s, –: eine Hunderasse, Schnauzer : (übertr.) einfältiger Mensch

Pin|sel (l.), der; –s, –: Haarbüschel bei Tieren : (weidm.) männliches Glied : Malerwerkzeug : (übertr.) Kunst des Malers : einfältiger Mensch, Tropf * *pinselartig; pinselförmig* Ew.; *Pinselstiel; Pinselstrich* *

Pin|se|lei, die; –, –en: (verächtl.) schlechtes Malen : schlechte Gemälde *

Pin|se|ler, Pins|ler, der; –s, –: einer, der pinselt : (verächtl.) Maler * **pin|se|lig** Ew.: in der Weise eines Einfaltspinsels *

pin|seln (ich pins[e]le) tr.: mit dem Pinsel auftragen : Farben geben; intr.: sich als Einfaltspinsel aufführen

Pint (e.) [peint], das; –s, –s: englisches und amerikanisches Hohlmaß * **Pin|te** (l.), die; –, –n: altes fr. Flüssigkeitsmaß : Weinkanne : Kneipe * *Pintenwirt; Pintenwirtschaft*

Pin-up-Girl (e.) [..ap-görtl], das; –s, –s: aufreizendes Bild eines halb- oder unbekleideten Mädchens zum Anheften (im Soldatenspind u. a.)

pinx., pin|xit (l.): (unter Bildern) „hat dies gemalt"

Pin|zet|te (fr.) [pänßett meist pinßette], die; –, –n: Federzange : Wundzange

Pinz|gau: östr. Landschaft an der Salzach * *Pinzgauer Pferdezucht*

Pi|om|bi Mz.: Bleidächer, ehemalige Staatsgefängnisse im Dogenpalast zu Venedig

Pi|o|nier (fr.), der; –s, –e: „Fußsoldat" der technischen Truppen : Vorkämpfer : Bahnbrecher * *Pionierabteilung; Pionierarbeit; Pioniergeist; Pionierlager; Pionierleiter; Pionierorganisation; Pioniertrupp; Pionierzeit*

Pi|pa|po, das; –s: nur in Zus.: *mit allem Pipapo:* mit allem Drum und Dran

Pi|pe (span.), die; –, –n: roman. Flüssigkeitsmaß : Ölfass : Weinfass : (sächs.) Fasshahn * **Pipe|line** (e.) [peipleihn], die; –, –s: Erdölleitung

Pi|pet|te, die; –, –n: Saugröhre : Stechheber

Pi|pi, das; –s: Urin * *Pipi machen:* (Kdspr.) harnen * *Pipifax:* Kleinkram : Unsinn

Pip|pau, der; –(e)s, –e: eine Pflanzengattung

Pips, der; –es: Halskrankheit bei Geflügel * **pip|sig** Ew.: einen Pips habend : schwächlich

Pi|ran|ha (indian.) [..ranja], die; –, –s:. südamerikanischer Flussfisch

Pi|rat (l.), der; –en, –en: Seeräuber * *Piratenschiff; Piratensender* * **Pi|ra|te|rie,** die; –, ..rien: Seeräuberei

Pi|rä|us: Hafenstadt von Athen

Pir|ma|sens: Stadt in Rheinland- Pfalz

Pi|rol|ge (karib.), die; –, –n: Einbaumkanu südam. Indianer

Pi|rog|ge (russ.), die; –, –n: pastetenähnliches Backwerk

Pi|rol, der; –s, –e (auch –s): Goldamsel : Pfingstvogel

Pi|rou|et|te (fr.) [piruett'], die; –, –n: (Tanzkst., Eislauf) schnelles wiederholtes Umdrehen auf einem Fuße : (Reitkst.) schnelle Drehung im Galopp : (Boxsp.) Drehschwung * **pi|rou|et|tie|ren** (..iert) [..ru..] intr.: die Pirouette machen

Pirsch (fr.), die; –: Jagd mit Beschleichen des Wildes * *Pirschgang; Pirschhund* * **pir|schen** (du pirsch[e]st und pirscht) tr., intr.: jagen : Wild auf der Pirsch erlegen

Pi|sa: Stadt in Italien * **Pi|sa|ner,** der; –s, –: Bewohner Pisas * **pi|sa|nisch** Ew.

Pi|sang (malay.), der; –s, –e: Paradiesfeigenbaum : Banane * *Pisangfaser:* Manilahanf

Pi|see (fr.), der; –s: gestampfte Erde : Erdbaustoff : Stoßerde * *Piseebau*

pis|peln, pis|pern (ich ..[e]le, ..[e]re) intr.: flüstern, wispern

Piß → **Piss, Piss,** der; –es, –e: (Umgspr.) Harn * **Pis|se,** die; –, –n: Piss : das Pissen : der Harn * **pis|sen** (du pissest und pisst) tr.: harnen * **Pis|ser,** der; –s, –: einer, der pisst : Harnröhre : Schimpfwort * *Pißort* → *Pissort:* Bedürfnisanstalt * **pis|sig** Ew.: voller Piss : nach Piss riechend * **Pis|soir** (fr.) [..ssoar], das; –s, –e: Bedürfnisanstalt für Männer

Pis|ta|zie (port.), die; –, –n: Baum- und Strauchgattung der Anakardiazeen : Pimpernuss * *Pistazienfrucht; Pistaziennuß* → *Pistaziennuss*

Pis|te (rom.), die; –, –n: Skispur : Fährte : Flugbahn : Flugstreifen : Rand der Manege * *Pistensau; Pistenschwein*

Pis|till (l.), das; –s, –e: Stampfer : Blütenstempel

Pis|to|le (fr.-it.), die; –, –n: ältere Goldmünze * **Pis|to|le** (tschech.), die; –, –n; Pistölchen: kurze Handfeuerwaffe : (Papiermach.) Wärmeröhre * *jemandem die Pistole auf die Brust setzen:* (Umgspr.) jemanden zu einer Entscheidung zwingen; *wie aus der Pistole geschossen:* ganz plötzlich * *Pistolenduell; Pistolengold:* Gold von 21 bis 22 Karat Feingehalt; *Pistolengriff; Pistolenknauf; Pistolenkugel; Pistolenlauf; Pistolenschuß* → *Pistolenschuss; Pistolentasche*

Pis|ton (fr.) [pistong], das; –s, –s: Kolben : Pumpventil : Stift für Zündhütchen : Schlagröhre : Klappe an Blaswerken : Klappenhorn * *Pistonbläser:* Klappenhornbläser

Pi|ta|val [..w..]: fr. Rechtsgelehrter * **Pi|ta|val,** der; –(s), –s: Sammlung von bemerkenswerten Rechtsfällen

Pitch|pine (e.) [pitschpein], die; –, –s: am. Pechkiefer * *Pitschpineholz*

Pi|the|kan|th|ro|pos, Pi|the|kan|th|ro|pus (gr.), der; –, –: vorgeschichtlicher Mensch, Vormensch

pitsch!: Tonwort zur Bezeichnung des klatschenden Nässe * *pitschepatschenaß* → *pitschepatschenass* Ew.; vgl. patsch

pit|to|resk (it.) Ew.: malerisch schön

più (it.): (Mus.) mehr

Pi|vot (fr.) [piwoh], der; –s, –e: Angel : Drehpunkt : Zapfen

Piz (lad.), der; –es, –e: Bergspitze : Gipfel

Piz|za (it.), die; –, –s und ..zen: italienisches Hefegebäck mit Tomaten, Käse und Sardellen o. Ä. * *Pizzabäcker* * **Piz|ze|ria,** die; –, ..ien: Lokal, in dem Pizzas angeboten werden

piz|zi|ca|to (it.): (Mus.) (Saiten) mit den Fingern gezupft

Pla|ce|bo, das; –s, –s: Medikament, das keine Wirkstoffe enthält

Place|ment (fr.) [plaß'mang], das; –s, –s: Aufstellung : Kapitalanlage : Absatz von Waren ✴ **pla**|cie|ren → **plat**|zie|ren (..iert) (fr.) tr.: aufstellen : anstellen : unterbringen : anlegen (z. B. Geld) : (Sport) ins Ziel treffen : einen Preis gewinnen ✴ **Pla**|cie|rung → **Platz**|zie|rung, die; –, –en: Aufstellung : Reihenfolge, Platz

Plack, der; –(e)s, –e: Pläcke : Plackerei: Placken ✴ **pla**|cken tr.: Wolle mit den Reißkämmen (Plackschrobeln) krempeln : Flicken aufsetzen, pläckeln : anheftend, anklebend befestigen : feuchte Erde anstampfen : abhetzen : sich abmühen : plackern ✴ **Pla**|cker, der; –s, –: jemand, der plackt : Plager : Schinder : Schmutzfleck : Kuhfladen : Fehler in radierter Kupferplatte : störendes Nachklappen beim Musizieren usw. ✴ **Pla**|cke|rei, die; –, –en: Schererei : Mühe

Pla|cke, die; –, –n; **Pla**|cken, der; –s, –: Flecken

pla|dauz: (nwd.) pardauz, s. d.

plad|dern intr.: (niederd.) verschütten : klatschend niederströmen (vom Regen) ✴ **Plad**|de|ra|dauz: Ausruf zur Bezeichnung des lauten Hinfallens; vgl. baradauz und bauz

plä|die|ren (..iert) intr.: mündlich verteidigen : eine Sache vor Gericht vertreten ✴ **Plä**|do|yer [..doajeh] (fr.) das; –s, –s: zusammenfassende Rede von Staatsanwalt oder Verteidiger : entschiedenes Eintreten für etwas

Plai|fond (fr.) [..fong], der; –s, –s: Zimmerdecke : Deckengetäfel ✴ **pla**|fo|nie|ren tr.: die Decke gestalten : nach oben abgrenzen ✴ **Pla**|fo|nie|rung, die; –, –en

Pla|ge (l.), die; –, –n: quälendes Übel ✴ **Plag(e)geist, Plage**|teufel: jemand, der einen fortgesetzt plagt ✴ **pla**|gen tr.: quälen : Mühen und Sorgen auferlegen ✴ **Pla**|ger, der; –s, –; **Pla**|ge|rin, die; –, –nen: Plagegeist ✴ **Pla**|ge|rei, die; –, –en: fortwährendes Plagen

Plag|ge, die; –, –n: (altmärk.) ausgestoßenes Moor- oder Heidestück ✴ **Plaggengrund; Plaggensode; Plaggentorf** ✴ **plag**|gen tr.: Plaggen hauen : mit Plaggen belegen, düngen

Pla|gi|at, das; –(e)s, –e: Aneignung eines fremden Geisteserzeugnisses ✴ **Pla**|gi|a|tor, der; –s, ..toren: einer, der fremde Geisteserzeugnisse als eigene ausgibt ✴ **pla**|gi|a|to|risch Ew. **Pla**|gi|o|klas (gr.), der; –es, –e: Feldspat

Plaid (schott.) [plehd], das; –s, –s: großes Umschlagtuch : Reisedecke

Pla|kat (l.), das; –(e)s, –e: öffentlicher Anschlag : Aushang : Werbeanschlag ✴ **Plakatkunst; Plakatmalerei; Plakatsäule; Plakatschrift** ✴ **pla**|ka|tie|ren (..iert) tr.: öffentlich anschlagen ✴ **Pla**|ka|tie|rung, die; –, –en: Bekanntmachung durch öffentlichen Anschlag

Pla|ket|te (fr.), die; –, –n: Gedenkplatte : Gedenkmünze

Pla|ko|derm (gr.), das; –s, –e: eine Panzerfischgattung ✴ **Pla**|ko|dont, der; –en, –en ✴ (Geol.) „Breitzahner", ausgestorbene Echsenart

plan (l.) Ew.: eben : flach : deutlich : klar ✴ **Planhammer**: Hammer der Gold- und Kupferschmiede; **Planspiegel; plankonkav** Ew.: flachhohl; **plankonvex** Ew.: flachrund; **Planübergang**: Bahnübergang in Schienenhöhe ✴ **Plan**, der; –(e)s, Pläne; Plänchen: Vorhaben : Vorschlag : Fläche : Kampfplatz : (Mal.), (Baukst.) Grundriss : (Heerw.) Geländeaufnahme : Entwurf ✴ **auf dem Plan sein**: kampfbereit sein ✴ **Planerfüllung; plangemäß** Ew.; **Plankosten; planlos** Ew.; **Planlosigkeit; planmäßig** Ew.; **Planscheibe**: Vorrichtung an der Drehbank zum Aufspannen von Werkstücken; **Planschießen**: indirektes Schießen nach der Karte; **Planstelle; planvoll** Ew.; **Planwirtschaft; planzeichnen** intr.; **Planzeichner; Planzeichnung; Planziel** ✴ **Plänemacher(ei); Pläneschmied** ✴ **pla**|nen intr., tr.: Pläne machen, planmäßig entwerfen : planmäßig einrichten ✴ **Pla**|ner, der; –s, –: Plänemacher ✴ **pla**|nie|ren (..iert) tr.: ebnen : glätten ✴ **Planierbank; Planierraupe; Planierschild** ✴ **Pla**|ni|fi|ka|ti|on (fr.), die; –, –en: staatl. Wirtschaftsplanung ✴ **Pla**|num (l.), das; –s, –s: Fläche, die für die Verlegung von Gleisen oder Straßen eingeebnet wurde ✴ **Pla**|nung, die; –, –en: Vorhaben : Entwurf ✴ **Planungsabteilung; Planungsbüro; Planungskommission; Planungsrechnung; Planungsstadium**

Planck, Max: dtsch. Physiker ✴ **Plancksches Wirkungsquantum** → **plancksches Wirkungsquantum**: Quantentheorie

Pla|ne, die; –, –n: Zelt-, Wagendecke ✴ **Planherd; Planwagen**

Plä|ne, **pla**|nen: s. plan

Pla|net (gr.), der; –en, –en: Wandelstern ✴ **Planetenbahn; Planetengetriebe**: (Techn.) ein Umlaufgetriebe; **Planetenjahr; Planetenkonstellation; Planetensystem** ✴ **pla**|ne|tar, **pla**|ne|ta|risch Ew.: herumirrend : herumschweifend : auf Planeten bezüglich ✴ **Pla**|ne|ta|ri|um, das; –s, ..rien: Vorrichtung zur Darstellung der Sternbewegungen : Gebäude mit einer solchen Vorrichtung ✴ **Pla**|ne|to|id, der; –en, –en: kl. Planet (Asteroid)

pla|nie|ren: s. plan

Pla|ni|fi|ka|ti|on: s. plan

Pla|ni|glob (nl.), das; –en, –en; **Pla**|ni|glo|bi|um, das; –s, ..bien: Weltkarte : Darstellung der Erd- oder Welthalbkugeln in der Ebene

Pla|ni|me|ter (l.), das; –s, –: mathemat. Gerät zum Bestimmen des Flächeninhaltes ✴ **Pla**|ni|me|t|rie, die; –, ..trien: Flächenlehre ✴ **pla**|ni|me|t|risch Ew.

Plan|ke (l.), die; –, –n: starkes Brett : Bohle ✴ **Plankenzaun** ✴ **plan**|ken tr.: mit Planken bekleiden : befestigen

Plän|ke|lei, die; –, –en: Geplankel : kleines Feuergefecht ✴ **plän**|keln (ich ..[e]le) intr.: mit dem Plänkel dreschen : necken : scharmützeln : angehen : blänkeln

plan|kon|kav, **plan**|kon|vex: s. plan

Plank|ter, der; –s: Gesamtheit der pflanzlichen und tierischen im Plankton lebenden Organismen ✳ **Plank**|**ton** (gr.), das; –s: „Treibendes", niedere Lebewesen des Wassers ✳ *Planktonnetz* ✳ **plank**|**to**|**nisch** Ew.: auf die niederen Lebewesen bezüglich : zum Plankton gehörend ✳ **Plank**|**tont**, der; –en, –en: Planktonorganismus

Plansch|**be**|**cken** *auch:* **Plantsch**|**be**|**cken**, das; –s: Spielteich für Kinder im Freien ✳ **plan**|**schen** *auch:* **plantschen** (du plansch[e]st und planscht) intr.: in oder mit einer Flüssigkeit umherspritzen ✳ **Plan**|**sche**|**rei** *auch:* **Plantsche**|**rei**, die; –, –en: das Planschen

Plan|**ta**|**ge** (fr.) [plantahsch'], die; –, –n: Pflanzung, bes. in den Tropen ✳ *Plantagenbesitzer; Plantagenwirtschaft*

Pla|**nung**: s. Plan

Plap|**pe**|**rei**, die; –, –en: Geplapper ✳ **Plap**|**pe**|**rer**, **Plapp**|**rer**, der; –s, –; **Plap**|**pe**|**rin**, **Plapp**|**rin**, die; –, –nen: Schwätzer(in) ✳ **plap**|**per**|**haft** Ew.: gern und viel plappernd ✳ **Plap**|**per**|**haf**|**tig**|**keit**, die; –, –en: Freude am übermäßigen Plappern ✳ **plap**|**pern** (ich ..[e]re) intr., tr.: viel und gedankenlos schwatzen ✳ *Plapperhans; Plappermaul; Plappermatz; Plappertasche*: schwatzhafte Person

plär|**ren** intr., tr.: blökend schreien (von Rindern usw.) : heulend weinen : schreien : (verächtl.) singen ✳ **Plär**|**rer**, der; –s, –: einer, der plärrt : Name von Plätzen, auf denen ausgerufen wird

plä|**sant** (fr.) [pläsang] Mw. Ew.: ergötzlich : lustig ✳ **Plä**|**sier**, das; –s, –e: Vergnügen : Unterhaltung ✳ **plä**|**sier**|**lich** Ew.: vergnüglich, drollig : freundlich

Plas|**ma** (gr.), das; –s, ..men: „Gebilde" : (Med.) Kurzbez. für Blutplasma, Blutflüssigkeit : lauchgrüner Chalzedon, ein Schmuckstein : (Phys.) Gas aus neutralen Atomen, Elektronen und Ionen ✳ *Plasmabrenner; Plasmachemie; Plasmaphysik*: Gebiet der Physik, das sich mit den Eigenschaften und Anwendungen elektrisch geladener Gase befasst ✳ **Plas**|**mo**|**di**|**um**, das; –s, ..dien: Malariaerreger

✳ **Plas**|**mo**|**go**|**nie**, die; –: Urzeugung ✳ **Plas**|**mon**, das; –s, –s: ein Nährpräparat ✳ **Plas**|**te**, die; –, –n: (ehem. DDR) Kunststoff ✳ *Plaste und Elaste* ✳ **Plas**|**tics** (e.) Mz.: Kunststoffe ✳ **Plas**|**ti**|**de**, die; –, –n: Element der Pflanzenzelle ✳ **Plas**|**tik**, die; –, –en: Bildhauerkunst : Bildwerk : Organersatz durch Operation ✳ **Plas**|**tik**, das; –s: Kunststoff *Plastikbeutel; Plastikbombe; Plastikeinband; Plastikfolie; Plastikhelm; Plastiksack; Plastiktüte* ✳ **Plas**|**ti**|**ker**, der; –s, –: Bildhauer ✳ **Plas**|**ti**|**lin**, die; –: Modelliermasse ✳ **plas**|**tisch** Ew.: körperlich hervortretend : bildend : einprägsam : formbar ✳ *plastische Darstellung; plastische Operation* ✳ **Plas**|**ti**|**zi**|**tät**, die; –: Formbarkeit : Bildbarkeit : Anschaulichkeit

Plas|**tron** (ml.), der; das; –s, –s und Plastren: (Fechtkst.) Brustleder : Schutzbinde : Stichblatt : Schlips : Vorhemd

Pla|**ta**|**ne** (gr.), die; –, –n: Baumgattung ✳ *Platanenblatt; Platanengewächs*

Pla|**teau** (fr.) [platoh], das; –s, –s: Hochebene : Platte ✳ *plateauförmig* Ew.

pla|**te**|**resk** (span.) Ew.: wunderlich verziert ✳ **Pla**|**te**|**resk**, das; –es: span. Baustil im 16. Jahrhundert

Pla|**tin** (span.), das; –s: „Blättchen" : Edelmetall; Abk.: Pt ✳ *platinblond* Ew.; *Platindraht* ✳ **Pla**|**ti**|**na**, die; –: Platin ✳ **pla**|**ti**|**nie**|**ren** (..iert) tr.: mit Platin überziehen ✳ **Pla**|**ti**|**no**|**id**, das; –s, –e: Legierung, dient zur Herstellung von Draht für elektrische Widerstände

Pla|**ti**|**ne**, die; –, –n: Basisplatte für elektronische Bauelemente

Pla|**ti**|**tü**|**de**, **Plat**|**ti**|**tü**|**de** (fr.), die; –, –n: Plattheit im Ausdruck : Gemeinplatz : Binsenwahrheit

Pla|**to(n)**: griech. Philosoph ✳ **Pla**|**to**|**ni**|**ker**, der; –s, –: Anhänger der Lehre Platos ✳ **pla**|**to**|**nisch** Ew.: nach Art Platos : rein geistig : übersinnlich ✳ *platonische Liebe*: rein geistige Liebe, ohne sinnliche Begierde ✳ **Pla**|**to**|**nis**|**mus**, der;

–: philosoph. Richtung, die auf Platos Philosophie aufbaut

platsch: Tonwort zur Bezeichnung der klatschenden Feuchtigkeit : klatsch ✳ *platschnass* Ew. ✳ **Platsch**, der; –es, –e: platschender Schall : Schlag : Fall : Tölpel ✳ **plat**|**schen** (du platsch[e]st und platscht) : einen platschenden Ton hervorbringen ✳ *Platschfuß*: Plattfuß ✳ **plät**|**schern** (ich ..[e]re) intr.: wiederholt platschen; tr.: platschend eingießen : (Regen) geräuschvoll niederfallen

platt Ew.: (niederd.) flach : ausgestreckt : glatt : ohne weiteres, geradezu : rein : unbedingt ✳ *das platte Land*: Flachland; *platt auf der Erde liegen* intr.: ausgestreckt liegen; *platt abschlagen* tr.: entschieden abschlagen; *das platte Gegenteil*: das gerade Gegenteil; *eine platte Wahrheit*: die reine Wahrheit ✳ *Plattbaum*: Baum zum Vogelfang; *Platterbse; Plattfisch*: Scholle; *Plattform*: Abplattung : Rednerbühne : Außenstehplatz bei Straßenbahn u. Ä.; *Plattfuß*: Senkfuß : Meereichel : Nachmittagswache auf Schiffen; *plattfüßig* Ew.: senkfüßig; *Plattmeise*: Mönchsmeise; *Plattmühle*: Plättmühle; *Plattnase; platinasig* Ew.; *Plattrose; Plattstich; Plattstickerei; Plattwurm; Plattziegel* ✳ **Plätt**, der; –(e)s, –e: Lahn, plattgedrückter Draht ✳ **Plat**|**te**, die; –, –n; Plättchen : Glatze : Grammofonplatte, Schallplatte : platter Körper : Scheibe : Kuchenblech : Kaffeebrett : flache Schüssel : künstliches Gebiss mit Kautschukgaumen ✳ *Plattenalbum; Plattenarchiv; Plattenband*: (Techn.) Fördervorrichtung; *Plattenbau; Plattenbauweise; Plattenbelag; Plattendruck*: Stereotypdruck; *Plattengießer; Plattenhülle; Plattenleger; Plattenpanzer; Plattensammlung; Plattenspieler*: Schallplattengerät; *Plattenstecher; Plattenteller; Plattenwechsler*: Plattenspieler mit automatischer Einrichtung zum Wechseln der Platten; *Plattenweg* ✳ **Plät**|**te**, die; –, –n: Bügeleisen ✳ **plät**|**ten** tr.: platt machen : mit Steinplatten bekleiden : Metalldraht zu Lahn plattdrücken : (mit heißem Bolzen) bügeln; rbz.: platt werden **∗** *Plättbrett; –eisen; –frau; Plättmaschine; Plättmühle:* polierte Stahlwalzen zum Plattdrücken von Metalldraht; *Plättstahl* **∗** **plat|ter|dings** Uw.: (verst.) platt **∗** **Plät|te|rin,** die; –, –nen: Plättfrau, Büglerin **∗** **Platt|heit,** die; –, –en: Plattigkeit : das Plattsein : Seichtheit **∗** **plat|tie|ren** (..iert) tr.: mit einer Metallschicht überziehen, belegen : (Garne –) überspinnen **∗** *plattierte Garne* Mz.: bunte Garne **∗** **Plat|tie|rung,** die; –, –en: das Überziehen mit einer Metallschicht **∗** **Plätt|ler,** der; –s, –: Älplertanz

Platt, das; –s: plattdeutsche Sprache **∗** **platt|deutsch** Ew.: niederdeutsch

Plat|ti|tü|de: s. Platitüde

platz! (l.): Tonwort zur Bezeichnung des Plötzlichen; vgl. platsch, bardauz **∗** **Platz,** der; –es, Plätze; Plätzchen, Plätzlein: der durch „platz!" bezeichnete Schall : schallender Schlag : Klaps : Platzer : Plätzer **∗** *Platzbüchse:* Ballerbüchse; *Platzgold:* Knallgold; *Platzpatrone; Platzpulver:* Knallpulver; *Platzregen:* starker Regen; *Platzwunde* **∗** **Plat|ze,** die; –: das Platzen : Bersten **∗** *die Platze kriegen vor Lachen:* bersten vor Lachen **∗** **Plat|zer, Plät|zer,** der; –s, –: Klaps : Granate, die platzt **∗** **plat|zen** (du platzest und platzt) intr.: einen dem Ausruf „platz" entsprechenden Schall hören lassen : mit lautem Knall schießen; intr. (haben sein): reißen, bersten **∗** **plät|zen** (du plätzest und plätzt) tr., intr.: knallend schießen : schallend schlagen : glühendes Metall in kaltem Wasser ablöschen : (Forstw.) ein Stück Rinde abschlagen : Flicken aufsetzen, flicken

Platz, der; –es, Plätze; Plätzchen, Plätzli: plattes Gebäck **∗** *Zucker-, Schokoladenplätzchen* **Platz** (fr.), der; –es, Plätze; Plätzchen: ebene Fläche : Ort : Handelsknotenpunkt : Raum **∗** *Platz da!:* Aufforderung zum Platzmachen **∗** *Platz genug ha-*

ben; sich Platz machen: sich eine Stelle, Dienst, Amt, Sitz verschaffen; *seinen Platz ausfüllen:* sein Amt gut versehen **∗** *Platzagent; Platzangst:* nervöse Angst vor überfüllten oder engen Räumen; *Platzanweiser; Platzbedarf; Platzdeckchen; Platzgeschäft; Platzhalter; Platzhirsch:* Planhirsch; *Platzkarte; Platzkommandant; Platzkonzert; Platzmangel; Platzmeister; Platzmiete; Platzordner; Platzrunde; Platzverhältnisse; Platzverweis; Platzwart; Platzwechsel; Platzwette; Platzziffer* **∗** **plat|zie|ren** (fr.) tr.: an einen Platz stellen, etwas genau treffen : hinlegen : anlegen; rbz.: einen bestimmten (guten) Platz erreichen **∗** *platziert* Uw.: genau richtig, genau getroffen **∗** **Plat|zie|rung,** die; –, –en: das Platzieren **∗** **..plät|zig:** in Zus. ...sitzig

platzieren

Damit der Wortstamm zu erkennen ist, werden auch die Ableitungen von *Platz* mit *tz* geschrieben, *plazieren* wird daher zu *platzieren.*

Plät|zen, der; –s, –: (östr.) flacher Kuchen : Platz

Plau|de|rei, die; –, –en: Geplauder : Plapperei : Unterhaltung **∗** **Plau|de|rer, Plaud|rer,** der; –s, –; **Plau|de|rin, Plaud|re|rin,** die; –, –nen: einer, der, eine Person, die plaudert **∗** **plau|dern** (ich ..[e]re) intr.: vertraulich, leichthin schwatzen; intr.: (Wasser) rauschen : (Seidenzeug) knistern, rauschen **∗** *Plauderkunst; Plauderliese; Plauderstunde; Plaudertasche; Plauderton*

Plausch, der; –es, –e: gemütliche Unterhaltung über Alltagsdinge **∗** **plau|schen** (du plausch[e]st, auch plauscht) intr.: plaudern

plau|si|bel (l.) Ew.: beifallswürdig : einleuchtend, verständlich, annehmbar

Plau|si|bi|li|tät, die; –: das Einleuchtende

plauz: Tonwort zur Bezeichnung des plauzenden Schalles **∗** **Plauz,** der; –es, –e: Sturz : Schall **∗** **plau|zen** (du plauzest) intr.: den Ton „plauz" von sich geben : hinplauzen

Plau|ze (slaw.), die; –, –n: (mundartl.) Lunge : Brust [slaw. pluts Brust]

Play-back *auch:* **Play|back** (e.) [plehbäk], das; –s: nachträgliche Abstimmung einer Film- oder Fernsehaufzeichnung mit einer vorliegenden Tonaufnahme **∗** *Play-back-Verfahren* *auch:* *Playbackverfahren* **∗** **Play|boy** (e.) [plehbeu], der; –s, –s: reicher, junger, vergnügungssüchtiger Mann **∗** **Play|girl** (e.) [plehgörl], das; –s, –s: nur seinem Vergnügen als „Gespielin" junger, reicher Männer nachgehendes attraktives junges Mädchen **∗** **Play-off** (e.) [plehoff], das; –s, – (Sport) Ausscheidungsmodus **∗** *Play-off-Runde*

Pla|zen|ta (l.), die; –, –s: (Med.) Mutterkuchen : Nachgeburt **∗** **pla|zen|tal, pla|zen|tar** Ew.: zum Mutterkuchen gehörig

Pla|zet (l.), das; –s und –, –s: „es gefällt" : Zustimmung

pla|zie|ren **→** **plat|zie|ren:** s. Platz

Ple|be|jer (l.), der; –s, –: röm. Bürger im Gegensatz zum Patrizier : Mensch von niedriger Gesinnung **∗** **ple|be|jisch** Ew.: pöbelhaft **∗** **Ple|bis|zit,** das; –(e)s, –e: Volksbeschluss durch allgemeine Abstimmung **∗** *plebizitär* **∗** **Plebs,** die; –; der; –es: die Masse der Plebejer : Pöbel

Plein|air (fr.) [plähnähr], das; –s, –s: Freilicht **∗** *Pleinairmaler; Pleinairmalerei*

pleis|to|zän (gr.) Ew.: (Geol.) zum Pleistozän gehörig **∗** **Pleis|to|zän,** das; –s: Eiszeitalter, Abteilung des Quartärs

Plei|te (jüd.), die; –, –n: Bankrott **∗** *Pleite machen; Pleitegeier:* Sinnbild für die Pleite **∗** **plei|te** Ew.: zahlungsunfähig **∗** *pleite sein; pleitegehen* **→** *Pleite gehen*

Ple|ja|den (gr.) Mz.: Siebengestirn am nördlichen Himmel

Plek|tron, Plek|trum (gr.), das; –s, ..tren und ..tra: Stäbchen zum Anreißen der Saiteninstrumente

Plem|pe, die; –, –n: (sächs.) schlechtes Getränk : (berlin., Gaunerspr.) Schutzmann **∗** **Plem|pel,** der; –, –: (mundartl.)

Pendel : schlechtes Getränk : schlechte Ware ＊ **plem|pern** (ich ..[e]re) intr.: (bayr., sächs.) herumlungern; intr., tr.: Flüssigkeit verplanschen : panschen ＊ **plem|plem** Ew.: (Umgspr.) verrückt

ple|nar.. (l.) Vorw. in Zus.: gesamt.. : voll.. ＊ *Plenarkongress; Plenarsaal; Plenarsitzung; Plenarversammlung* ＊ **ple|ni..** (l.) Vorw. in Zus.: voll.. ＊ **ple|ni|po|tent** Ew.: bevollmächtigt ＊ **Ple|ni|po|tenz,** die; –: unumschränkte Vollmacht [l. plenus voll]

Plen|te, die; –, –n; oder der; –s, –: (östr., älplerisch) eine Mais- oder Buchweizenmehlspeise

plen|tern (ich ..[e]re) tr. u. intr.: aus einem Forstbestand einzelne Bäume heraushauen ＊ *Plenterbetrieb; Plenterwald;* vgl. Femelwald

Ple|num (l.), das; –s: Gesamtheit : vollständige Versammlung : Vollsitzung; vgl. plenar..

Ple|o|chro|is|mus (gr.), der; –: verschiedenfarbige Lichtbrechung ＊ **Ple|o|mor|phis|mus,** der; –: Verschiedengestaltigkeit ＊ **Ple|o|nas|mus** (gr.), der; –, ..men: überflüssige Häufung sinnverwandter Ausdrücke; z. B. alter Greis ＊ **ple|o|nas|tisch** Ew.: überflüssig : überladen

Ple|o|ne|xie (gr.), die; –: Habsucht : Unersättlichkeit : Geltungssucht

Ple|si|o|pie (gr.), die; –, –pien: Kurzsichtigkeit

Ple|si|o|sau|rus, der; –, ..re und ..rier: urweltliche Rieseneidechse

Ple|thi: s. Krethi

Ple|tho|ra (gr.), die; –, ..ren: Überfülle : Vollblütigkeit

Pleu|el|stan|ge, die; –, –n: Kurbelstange : Antriebstange

Pleu|ra (gr.), die; –: (Med.) Brust-, Rippenfell ＊ **Pleu|re|sie,** die; –, ..sien: (Med.) Brust-, Rippenfellentzündung : Pleuritis ＊ **Pleu|ri|tis,** die; –, ..itiden: (Med.) Brust-, Rippenfellentzündung ＊ **Pleu|ro|pneu|mo|nie,** die; –: Lungen- und Rippenfellentzündung [gr. pleura Seite]

Pleu|reu|se (fr.) [plöröhs'], die; –, –n: Trauerbinde, -besatz : geknüpfte Straußenfeder

Pleu|ri|tis: s. Pleura

ple|xi|form Ew.: geflechtartig ＊ **Ple|xi|glas** (e.). das; –es: Kunstharz, splittersicheres Kunstglas ＊ **Ple|xus** (l.), der; –, –: Nervengeflecht

Pli (fr.), der; –s: „Falte" : Gewandtheit : Anstand

Plicht, die; –, –en: (niederd.) vertiefter Sitzraum im Hinterschiff

plie|ren intr.: (altmärk.) blinzeln : weinen ＊ **plie|rig** Ew.: triefäugig : blinzelnd

plietsch Ew.: (nordd.) schlau

plin|kern intr.: (Umgspr.) blinzeln

Plin|se (slaw.), die; –, –n; **Plinz,** der; –es, –e; **Plin|ze,** die; –, –n: dünner flacher Eierkuchen ＊ *Plinsenteig*

plin|sen (du plinsest und plinst) intr.: (altmärk.) weinen

Plin|the (gr.), die; –, –n: Säulenplatte : Platzziegel

Plinz, Plin|ze: s. Plinse

pli|o|zän (gr.) Ew.: (Geol.) dem Pliozän angehörig ＊ **Pli|o|zän,** das; –s: (Geol.) jüngste Stufe des Tertiärs

Plis|see (fr.), das; –s, –s: Pressfalten ＊ *Plisseerock:* Faltenrock ＊ **plis|sie|ren** (..iert) tr.: fälteln

PLO (Abk.): Palestine Liberation Organization; gegen Israel gerichtete Befreiungsorganisation der Palästinenser

Plom|be (fr.), die; –, –n: Bleiverschluss : Bleisiegel : Zahnfüllung ＊ **plom|bie|ren** (..iert) tr.: verschließen : Zahn füllen ＊ **Plom|bie|rung,** die; –, –en: das Verschließen : das Füllen

Plör|re, die; –, –n: Getränk mit wenig Geschmack

Plot (e.), der; –s, –s: Ablauf der Handlung in Literatur und Film : (Comp.) grafische Darstellung am Computer ＊ **Plot|ter,** der; –s, –: (Comp.) ein Grafikdrucker

Plötz, der; –es, –e: **Plöt|ze,** die; –, –n: ein Fisch

plötz|lich Ew.: unerwartet ＊ **Plötz|lich|keit,** die; –, –en: das Plötzlichsein

plu|de|rig, plud|rig Ew.: bauschig : plusterig ＊ **plu|dern** (ich ..[e]re) intr.: bauschig schwellen : flattern ＊ *Pluderhose*

Plum|bat, das; –s, –e: Bleidi-

oxyd ＊ **Plum|bum,** das; –s: Blei : Bleisiegel; Abk.: Pb

Plu|meau (fr.) [plümoh], das; –s, –s: Federdeckbett

plump(s): Tonwort zur Bezeichnung des dumpfen Schalles ＊ **Plump, Plumps** der; –es, –e: durch den Ausruf „plump" bezeichneter Fall : Plumps ＊ *Plumpsklo* ＊ **plump** Ew.: unförmig, dick : schwerfällig : dreist ＊ *Plumpkeule; Plumpstange* ＊ *mit der Plumpkeule dreinschlagen* intr.: grob und derb verfahren ＊ *Plumpsack:* ein Spiel; *Plumpstange:* Stange, mit der man die Fische ins Netz scheucht ＊ *plumpvertraulich* Ew. ＊ **Plum|pe,** die; –, –n: (niederd.) Wasserpumpe : Name einiger Wasserpflanzen ＊ **plum|pen** intr.: Wasser pumpen : plümpern : mit dem Schall „plump" hinschlagen, plumpsen ＊ **plüm|pern** (ich ..[e]re) intr.: plumpen ＊ **Plump|heit,** die; –, –en: das Plumpsein : plumpe Handlung, Rede ＊ **plump|sen** intr.: mit Plump hinfallen

Plum|pud|ding (e.) [plam..], der; –s, –s: englische Nationalspeise (Weihnachtssüßspeise)

Plun|der, der; –s: Backwaren : wertloser Trödel : (verächtl.) Bezeichnung für Hausgerät, Kleider, Wäsche ＊ *Plunderbrezel; Plunderteig* ＊ *Plunderkammer; Plunderkasten; Plunderkram; Plundermann:* Lumpensammler; *Plundermilch:* gequirlte abgerahmte saure Milch; *Plunderwerk:* Plunderkram ＊ **Plün|de|rei,** die; –, –en: Räuberei ＊ **Plün|de|rer, Plünd|rer** der; –s, –: einer, der plündert ＊ **plün|dern** (ich ..[e]re) tr.: rauben : wegschleppen : wegnehmen ＊ *Plünderstock:* Bienenstock mit Raubbienen ＊ **Plün|de|rung,** die; –, –en: Ausraubung ＊ *Plünderungslust; Plünderungswut*

Plun|ger, Plun|scher (e.), der; –s, –: (Maschin.) Taucher, Mönchskolben : eine Druckpumpe

Plün|nen, die; –: Mz. (nordd.) altmodische, abgetragene Kleidung

Plun|ze, die; –, –n: (bayr.) Blutwurst : Dickwanst

Plu|ral (l.), der; –s, –e;

Plu|ra|lis, der; –, ..le: Mehrheit : (Sprachl.) Mehrzahl ✳ *Plural-endung; Pluralwahlrecht;* Mehrstimmenwahlrecht ✳ **Plu-ra|le|tan|tum**, das; –s, –s und Pluraliatantum: nur in der Mehrzahl vorkommendes Hauptwort ✳ **plu|ra|lisch** Ew.: die Mehrzahl betreffend ✳ **Plu|ra|lis ma|jes|ta|tis**, der; – –: das Sprechen von sich in der Mehrzahlform, z. B. Monarchen oder der Papst ✳ **Plu|ra|lis|mus**, der; –: (philos.) Begriff der Naturauffassung als Annahme des Vorhandenseins einer Mehrheit von „Seienden": (theol.) Gesamtheit der christl. Religionen : Vielgestaltigkeit gesellschaftlicher, politischer und anderer Phänomene ✳ **plu|ra|lis tisch** Ew.: mehrheitlich ✳ **Plu|ra|li|tät**, die; –: Mehrheit : Vielfältigkeit ✳ **plus**: mehr, zuzüglich ✳ **Plus**, das; –, –: „Mehr", Mehrbetrag ✳ *Plus-betrag; Plusmacher; Plusma-cherei; Pluspol; Pluspunkt; Pluszeichen; +*

Plüsch (fr.), der; –es, –e: hochfloriges Samtgewebe ✳ *Plüsch-augen:* weich blickende blaue Augen; *Plüschdecke; Plüschmö-bel; Plüschsessel; Plüschsofa; Plüschteppich; Plüschtier* ✳ **plü|schen** Ew.: aus Plüsch ✳ **plü|schig** Ew.: weich wie Plüsch

Plus|quam|per|fekt (l.), das; –es, –e; **Plus|quam|per|fek-tum**, das; –s, –s und ..ta: (Sprachl.) Vorvergangenheit, dritte Vergangenheit

plus|te|rig Ew.: aufgeblasen, aufgebauscht ✳ **plus|tern** tr.: bauschen : (Federn) aufstellen

Plu|to(n): griechischer Gott der Unterwelt : griechischer Gott des Reichtums und des Überflusses : ein Planet ✳ **plu|to|nisch** Ew.: im Innern der Erde ✳ *plutonische Ge-steine:* Tiefengesteine ✳ **Plu|to|nis|mus**, der; –: Lehre von der durch innere Glut erfolgten Gestaltung der Erde ✳ **Plu|to|nist**, der; –en, –en: Anhänger des Pl. ✳ **Plu|to|ni|um**, das; –s: aus Uran gewonnener radioaktiver Grundstoff, Transuran; Abk.: Pu ✳ **Plu|to|krat** (gr.), der; –en, –en: Geldherrscher ✳ **Plu|to|kra|tie**,

die; –, ..tien: Herrschaft der Hochfinanz ✳ **plu|to|kra|tisch** Ew.

Plu|vi|al, Plu|vi|a|le (l.) [..w..], das; –s, ..le(s): „Regenman-tel", kath. Priestergewand : Krönungsmantel ✳ **Plu|vi|al-zeit**: vorweltliche Regenzeit in den Tropen und Subtropen ✳ **Plu|vi|o|graph**, der; –en: Regenmesser ✳ **Plu|vi|o|ni|vo-me|ter**, das; –s, –: Gerät zum Aufzeichnen des Niederschlags als Regen oder Schnee ✳ **Plu|vi|o|se** (fr.) [plüw..], der; –(s), –s: Regenmonat im Kalender der Französischen Revolution (Jan.-Febr.)

Ply|mouth [plim'ßh]: engl. Hafenstadt ✳ **Plymouth-Rocks** Mz.: eine Hühnerrasse

Pneu (gr.) der; –s, –s: Abk. von Pneumatik, Pneumothorax : (östr., schweiz.) Luftreifen : Autoreifen ✳ **Pneu|ma** (gr.), das; –s: Hauch, Seele : göttlicher Geist ✳ **Pneu|ma|tik** (gr.), die; –: Lehre von der Bewegung der Luft oder von Gasarten : Luftdruckmechanik bei der Orgel ✳ **Pneu|ma|tik**, der; –s, –s: Luftreifen : Bereifung ✳ **Pneu|ma|ti|ker**, der; –s, –: (Relig.-philos.) jemand, der den Geist Gottes erfahren hat ✳ **pneu|ma|tisch** Ew.: die Luft, das Atmen betreffend : durch Luftdruck bewirkt ✳ **Pneu-ma|ti|zi|tät**, die; –: Vorhandensein von Luft in Vogelknochen ✳ **Pneu|mo|graph**, der; –en, –en: Vorrichtung zur Darstellung der Atembewegungen ✳ **Pneu|mo|kok|kus**, der; –, ..kken: Bakterium, das Lungenentzündung hervorruft ✳ **Pneu|mo|ko|ni|o|se**, die; –: (Med.) Staublunge ✳ **Pneu-mo|nie**, die; –, ..nien: (Med.) Lungenentzündung ✳ **Pneu-mo|tho|rax**, der; –es, –e; (Med.) künstl. Luftanfüllung im Brustfellraum

Po, der; –: oberit. Fluss ✳ *Po-ebene*

Pö|bel (fr.), der; –s: Volksmenge : gemeines Volk ✳ *Pö-belhaufe; Pöbelherrschaft;* pö-belmäßig Ew.; *Pöbelsprache* ✳ **Pö|be|lei**, die; –, –en: Pöbelhaftigkeit : Flegelei ✳ **pö|bel-haft** Ew.: in der Art und Weise des Pöbels ✳ **Pö|bel|haf|tig-**

keit, die; –, –en: Flegelhaftigkeit ✳ **pö|beln** (ich ..[e]le) intr.: sich pöbelhaft benehmen : beleidigen

Poch, der; –(e)s, –e: ein Kartenspiel ✳ *Pochbrett* ✳ **po|chen** intr.: stampfend klopfen : an die Tür klopfen : trotzig auftreten : (auf etwas –) auf etwas bestehen : Poch spielen; tr.: mit Werkzeugen klopfend, hämmernd bearbeiten ✳ *Pocherz; Pochfach; Pochgerinne; Poch-gerüst; Pochgeschworener; Pochhammer; Pochherd; Poch-junge; Pochmehl; Pochmühle; Pochschießer; Pochspiel; Pochstempel; Pochtrog; Poch-trübe; Pochwerk*

po|chie|ren (fr.) [posch..] tr.: (Eier) in kochendes Wasser schlagen

Po|cke, die; –, –n: Blatter : Pockenbläschen : Eiterbläschen : Hauterhöhung : (Mz.) eine Infektionskrankheit ✳ *Pockenbazillus; Pockenimp-fung; Pockennarbe;* pocken-narbig Ew.; *Pockenschutzimp-fung; Pockenvirus* ✳ **po|ckig** Ew.: voller Pocken : pockenartig

Po-cke
Da die Konsonantenverbin-dung *ck* nur einen Laut darstellt, ist es nicht mehr erlaubt, *ck* am Zeilenende in *k-k* aufzulösen, also wird *Po-cke* und *po-ckig* getrennt.

Po|cket|ka|me|ra (e.-l.), die; –, –s: Kamera, die so klein ist, dass man sie in die Tasche stecken kann

Poch|holz, das; –es, ..hölzer: Guajakholz, hartes Nutzholz

po|co (it.) [..k..]: (Mus.) wenig : etwas nach **poco a poco**: nach und nach : allmählich

Po|da|g|ra (gr.), das; –s: Fußgicht : Zipperlein ✳ **po|d-a|g|risch** Ew.: mit Fußgicht behaftet ✳ **Po|da|g|rist**, der; –en, –en: mit Fußgicht Behafteter ✳ **Po|d|al|gie**, die; –, –n: Fußschmerzen

Po|dest (nl.), das; der; –es, –e: Treppenabsatz : kleines Podium

Po|des|ta (it.), der; –(s), –s: it. beamteter Bürgermeister

Po|dex (l.), der; –(es), –e: Gesäß

Po|di|um (gr.-l.), das; –s, ..dien:

Fußgestell : bühnenartige Erhöhung ✻ *Podiumsdiskussion;
Podiumsgespräch* ✻ **Podo-
me|ter**, das; –s, –: Schrittmes-
ser : Schrittzähler
Po|e|be|ne: s. Po
Po|em (gr.), das; –s, –e: Ge-
dicht ✻ **Po|e|sie**, die; –, ..sien:
Dichtung ✻ *Poesiealbum:* Album, in das man Freunde zur
Erinnerung Gedichte oder Ge-
spräche schreiben lässt ✻ *poe-
sielos* Ew.; *Poesielosigkeit* ✻
Po|et, der; –en, –en: Dichter ✻
Po|e|ta lau|re|a|tus (l.), der; –
–, ..tae ..ti: lorbeergeschmück-
ter, gekrönter Dichter ✻
Po|e|tas|ter, der; –s, –: Dich-
terling : Reimschmied ✻
Po|e|tik, die; –, –en: Dicht-
kunst : Lehre von der Dicht-
kunst ✻ **po|e|tisch** Ew.
(–[e]ste und –te): dichterisch :
schwungvoll ✻ **po|e|ti|sie|ren**
(..iert) intr.: dichten ✻
Po|e|to|lo|gie, die; –: Poetik
als Wissenschaft
po|fen intr.: (Umgspr.) schla-
fen
Pog|rom (russ.), der; –s, –e:
„Verwüstung“, „Zertrümme-
rung“, Verfolgung nationaler,
religiöser oder rassischer Gruppen
Poi|lu (fr.) [poalüh], der; –s,
–s: „der Unrasierte“,
(scherzh.) fr. Soldat
Point (fr.) [poäng], der; –s, –s:
„Punkt“ : Stich : Auge (beim
Spiel) ✻ **Point d'hon|neur**
[–donnöhr], das; – –: Ehren-
punkt : Ehrgefühl ✻ **Poin|te**
[poängte], die; –, –n: „Spitze“,
Hauptsache : überraschendes
Ende einer Erzählung, eines
Witzes ✻ **Poin|ter** (e.) [peun-
ter], der; –s, –: Vorstehhund :
(Comp.) Zeiger als Element einer Programmiersprache
poin|tie|ren (..iert) [poängt..]
tr.: betonen : (im Hasardspiel)
auf eine Karte setzen ✻
poin|tiert Mw. Ew.: scharf :
nachdrücklich : geistreich ✻
Poin|til|lis|mus, der; –: Neoim-
pressionismus, Spätform der
Malerei des Impressionismus,
Auflösung des Eindrucks in
kleine Farbtupfen und Farbstri-
che ✻ **Poin|til|list**, der; –en, –en:
Vertreter des Pointillismus ✻
poin|til|lis|tisch Ew.: in der
Art des Pointillismus

Po|kal (it.), der; –s, –e: Pokäl-
chen: Becher mit Fuß : Kelch :
Sportpreis ✻ *Pokalendspiel;
Pokalrand; Pokalsieger; Pokal-
spiel; Pokalssystem; Pokal-
wettbewerb* ✻ **po|ku|lie|ren**
(..iert) intr.: „bechern“, zechen
Pö|kel, der; –s, –: Salzbrühe
zum Einlegen ✻ *Pökelfleisch;
Pökelhering; Pökelrogen:* Ka-
viar ✻ **pö|keln** (ich ..[e]le) tr.:
in Pökel legen : einpökeln
Po|ker (e.), das; –s: Karten-
glücksspiel ✻ *Pokerspiel* ✻
po|kern (ich ..[e]re) intr.: Po-
ker spielen
Pök|ling: fälschlich für Bück-
ling
po|ku|lie|ren: s. Pokal
Pol (gr.), der; –s, –e: Endpunkt
einer Kugelachse : ruhender
Punkt auf der kreisenden Kugel
: (übertr.) Ruhepunkt : die positiv und negativ geladenen Zug-
punkte des Magneten : Kontakt
einer Stromquelle : etwas in
Bezug auf seinen geraden Gegensatz ✻ *Polhöhe:* Höhe des
Himmelspols über dem Ort;
Polwechsler, der; –s, –: Gerät
zur Umwandlung des Gleich-
stroms in Wechselstrom; *Pol-
zirkel* ✻ **po|lar** Ew.: am Pol be-
findlich : die Pole betreffend :
vom Pol herrührend : entgegengesetzt wirkend ✻ *polare
Luftmassen; Polarbär; Polar-
eis; Polarexpedition; Polar-
fauna; Polarforscher(in); Po-
larfront:* (Meteor.) Front zwischen polarer Kaltluft und tro-
pischer Warmluft; *Polarfuchs;
Polargebiet; Polargegend; Po-
larhund; Polarkreis; Polar-
land; Polarlicht; Polarluft;
Polarmeer; Polarnacht; Polar-
reise; Polarroute; Polarstern;
Polarströmung; Polarzone* ✻
Po|la|ri|me|ter, das; –s, –: Ge-
rät zur Untersuchung des pola-
risierten Lichts ✻ **Po|la|ri-
sa|ti|on**, die; –, –en: Lichtdre-
hung : Gegenstrom : Schwä-
chung : das Polen und Umpolen von Magneten : Polarisie-
rung ✻ *Polarisationsebene;
-filter; -mikroskop; -strom* ✻
po|la|ri|sie|ren (..iert) tr.: Pola-
rität verleihen oder annehmen :
polen : umpolen ✻ **Po|la|ri|sie-
rung**, die; –, –en: das Polarisie-
ren : Polarisation ✻ **Po|la|ri|tät**,
die; –: Abweichung des Mag-

nets nach dem Pol : das Vorhandensein zweier Pole : entgegengesetztes Verhalten ✻
Po|la|ro|id|ka|me|ra [..royt..],
die; –, –s: Kamera, die sofort
nach der Aufnahme das Foto
liefert ✻ **po|len** (r.) intr.: Polari-
tät verleihen oder annehmen :
polarisieren : Pole vertauschen
: umpolen

Polaroidkamera
Wortgefüge aus zwei Substantiven werden zusammenge-
schrieben: *Polaroidkamera,
Poleposition* und *Postershop.*
Zur Verdeutlichung kann auch
mit Bindestrich geschrieben
werden, wenn es sich nicht um
bereits verfestigte Begriffe
handelt: *Pokal-Fight, Pol-Ex-
pedition.*

Pol, der; –s, –e: Haarseite des
Samts
Pol|lack, der; –en, –en;
Pol|la|cke, der; –n, –n: (ver-
ächtl.) Pol. : poln. Pferd
po|lar usw.: s. Pol (gr.)
Pol|der (ndl.), der; –s, –: einge-
deichtes Marschland ✻ *Polder-
deich*
Po|le, der; –n, –n: Angehöriger
eines slaw. Volkes ✻ **Po|len:**
osteurop. Staat ✻ **pol|nisch**
Ew.: auf Polen bezüglich ✻
Po|lo|nis|tik, die; –: Wissen-
schaft, die sich mit der poln.
Sprache und Kultur beschäftigt
Po|lei, der; –s, –e: die; –, –en:
eine Pflanze, Flöhkraut
Po|le|mik (gr.), die; –, –en:
Streitkunst : wissenschaftlicher
Meinungsstreit : Federkrieg
✻ **Po|le|mi|ker**, der; –s, –: Streiter
✻ **po|le|misch** Ew. (–[e]ste und
–te): unsachlich streitend : an-
greifend ✻ **po|le|mi|sie|ren**
(..iert) intr.: mit der Feder streiten : einen Meinungsstreit führen : unsachlich angreifen
Po|len|ta (it.), die; –, ..ten und
–s: Maisgrützbrei
Po|len|te, die; –: (berlin.) Poli-
zei
Po|le|po|si|ti|on (e.) [pohlpo-
sisch'n], die; –: (beim Autoren-
nen) erster Platz beim Start
Po|li|ce (fr.) [polihße], die; –,
–n: Versicherungsurkunde,
Versicherungsvertrag
Po|li|ci|nel|lo [..politschi..],
der; –, –s und ..lli: Hanswurst
Po|lier (fr.) der; –s, –e: Bau-
führer : Vorarbeiter der Maurer

und Zimmerleute [aus Parlier: Sprecher]

polieren (..iert) (l.) tr.: glätten : putzen : glänzend machen ∗ *Polierbürste; Polierfeile; Polierhammer; Poliermittel; Polierstahl; Poliertuch; Polierwachs; Polierzahn* ∗ **Polierer,** der; –s, –: einer, der poliert ∗ **poliert** Mw. Ew.: mit Politur versehen : (mundartl.) gerissen, abgefeimt ∗ **Politur,** die; –, –en: Anstrich : Glanz : Glättstoff : Glättung : Poliermittel : Schliff, gute Umgangsformen

Poliklinik (gr.), die; –, –en: Stadtkrankenhaus : Klinikabteilung für ambulante Behandlung

Poliomyelitis (gr.), die; –: spinale Kinderlähmung; Kurzw.: Polio ∗ *Polioimpfung; Polioinfektion*

Polis (gr.), die; –, Poleis: „Stadt", der Stadtstaat

Politbüro, das; –s, –s: Zentralausschuss einer kommunistischen Partei : (ehem. DDR) kollektives Führungsgremium der SED und der DDR

Politesse (fr.), die; –, –n: Höflichkeit ∗ **Politesse,** die; –, –n: Hilfspolizistin für bestimmte Aufgabenbereiche [Kunstw. aus: Polizei und Hostess]

Politik (gr.), die; –, –en: Lehre vom Staat und von der Staatsführung : Weltklugheit ∗ *politikfähig* Ew.; *Politikfähigkeit; Politikmacherei; Politikverständnis* ∗ **Politikaster,** der; –s, –: Biertischpolitiker ∗ **Politiker,** der; –s, –: Staatsmann : ein in der Politik Tätiger ∗ **Politikum,** das; –s, ..ka: politisch bedeutsamer Vorgang ∗ **Politikus,** der; –, –se: Schlaukopf ∗ **politisch** Ew.: staatsmännisch : den Staat in seiner Existenz betreffend : weltklug ∗ **politisieren** (..iert) tr.: staatsbürgerlich interessieren; intr.: über Staatskunst reden : kannegießern ∗ **Politoffizier,** der; –s, –e: (ehem. DDR) Offizier, den in der NVA für polit. Fragen zuständig war ∗ **Politologe,** der; –n, –n: Politikwissenschaftler ∗ **Politologie,** die; –: Wissenschaft von der Politik ∗ **Politur:** s. polieren

Polizei (l.), die; –, –en: für die öffentliche Ordnung und Sicherheit sorgende Behörde ∗ *Polizeiaktion; Polizeiamt; Polizeiapparat; Polizeiaufgebot; Polizeiaufsicht; Polizeiauto; Polizeibeamter; Polizeibehörde; Polizeichef; Polizeidirektion; Polizeieinsatz; Polizeieskorte; Polizeifunk; Polizeigewahrsam; Polizeigriff; Polizeihund; Polizeikommissar, Polizeikommissarin; Polizeikontingent; Polizeikontrolle; Polizeikräfte; Polizeimeister; Polizeiobermeister; Polizeiorgan; Polizeipräsident; Polizeipräsidium; Polizeirevier; Polizeischutz; Polizeisirene; Polizeispitzel; Polizeistaat:* Staat, in dem die Macht der Behörden auf Kosten des Rechts und der individuellen Freiheit übermäßig ausgedehnt ist; *Polizeistreife; Polizeistube; Polizeistunde:* Stunde des Geschäfts- bzw. Lokalschlusses; *Polizeiverfügung; Polizeiverordnung; Polizeiwache; Polizeiwesen; polizeiwidrig* Ew. ∗ **polizeilich** Ew.: der Polizei angehörig : von ihr ausgehend ∗ **Polizist,** der; –en, –en: Polizeibeamter : Schutzmann ∗ **Polizistin,** die; –, –nen: weibl. Polizeibeamter

Polizze, die; –, –n: (östr.) Police

Polka (tschech.), die; –, –s: Halbschrittanz, Rundtanz ∗ *Polkamazurka*

Pollen (l.), der; –s, –: Blütenstaub ∗ *Pollenallergie; Pollenanalyse; Pollenflug; Pollenkorn*

Poller (niederd.), der; –s, –: Metallpfosten zum Festmachen des Taus : Markierungsklotz für den Straßenverkehr

Pollution (l.), die; –, –en: Befleckung : Samenerguss

Pollux: gr. Sagenheld ∗ *Kastor und Pollux:* Zwillingsbrüder ∗ **Pollux,** der; –: Stern in den Zwillingen

Polo (ostind.), das; –s, –s: Ballspiel zu Pferd, vom Rad oder vom Boot aus ∗ *Polospiel* ∗ **Polohemd,** das; –s, –en: Trikothemd mit kurzen Ärmeln

Polonaise [..nähs], **Polonäse** (fr.), die; –, –n:

poln. Nationaltanz : Tanzschreiten

Polonium (l.), das; –s: chem. Grundstoff, Radiotellur; Abk.: Po

Polster, das (östr. der); –s, –; Pölsterchen: weiche federnde Liege- oder Sitzgelegenheit : weiche Zwischenlage bei Verpackungen : Federung : (Müll.) Fachbaum ∗ *Polsterbank; Polstergarnitur; Polsterkissen; Polsterklasse:* Eisenbahnklasse mit Polstersitzen; *Polstermöbel; Polstersessel; Polsterstoff; Polsterstuhl* ∗ **Polsterer,** der; –s, –: Handwerker, der polstert ∗ **polstern** (ich ..[e]re) tr., intr.: zu einem Polster machen : ein Polster bilden ∗ **Polsterung,** die; –, –en: das Polstern : das Gepolsterte

Polter, der; –s: polternder Lärm ∗ **Polterei,** die; –, –en: Rumpelei : Gepolter : altes Gerümpel ∗ **Polterer,** der; –s, –: Lärmmacher : Krakeeler ∗ **polterig, poltrig** Ew.: polternd : lärmend ∗ **poltern** intr., tr.: dumpfes, lärmendes Getöse machen : klopfen : pochen : hämmern : (Kupferschm.) bauchiges Geschirr mit dem Polterhammer formen : unheimlichen, spukhaften Lärm machen : sich hastig lärmend fortbewegen : laut zanken ∗ *Polterabend:* Festabend vor der Hochzeit; *Poltergeist; Polterkammer*

poly.. (gr.) Vorw. in Zusn.: viel.. ∗ **Polyacryl,** das; –s: eine Kunststofffaser ∗ **Polyamid,** das; –s, –e: eine elastische Kunststoffart ∗ **Polyandrie,** die; –: Vielmännerei ∗ **Polyandrie,** die; –, ..rjen: vielmännige Pflanze (mit mehr als zwanzig Staubgefäßen) ∗ **Polyarthritis,** die; –, ..itiden: (Med.) Gelenkrheumatismus ∗ **Polyäthylen,** das; –s, –e; **Polyethylen,** das; –s, –e: (Chem.) säure- und laugenbeständiger Kunststoff

polychrom (gr.) Ew.: vielfarbig : bunt ∗ **Polychromie,** die; –, ..mjen: Vielfarbigkeit : Bemalen von plastischen Bildwerken ∗ **polychromieren** (..iert) tr.: vielfarbig bemalen ∗ **Polydaktylie** (gr.), die; –:

(Med.) Bildung zusätzlicher Finger oder Zehen

Poly|e|der (gr.), das; –s, –: Vielflächner * **poly|e|d|risch** Ew.: vielflächig

Poly|es|ter, das; –s: Niederdruckgießharz, ein Kunststoff

Poly|e|thy|len: s. Polyäthylen

poly|fon *auch:* **poly|phon:** s. polyphon

Poly|fo|nie *auch:* **Poly|pho|nie:** s. polyphon

polyfon
Eindeutschende Schreibweise ist bei gängigen Fremdwörtern gestattet: *polyfon, Polyfonie.* Bei gehobenem Wortgut ist jedoch die traditionelle Form vorzuziehen: *polyphon, Polyphonie.* Nur bei Wörtern, die häufig im Alltag benutzt werden, ist die eingedeutschte Schreibweise die Hauptvariante. Bekanntestes Beispiel: *Telefon.*

poly|gam (gr.) Ew.: vielehig * **Poly|ga|mie,** die; –, ..mien: Vielweiberei : „Vielehe" * **Poly|ga|mist,** der; –en, –en: ein in Vielehe Lebender

poly|gen (gr.) Ew.: durch viele Erbfaktoren verursacht : durch viele Ursachen entstanden

poly|glott Ew.: vielsprachig * **Poly|glot|te,** die; –, –n: Buch in vielen Sprachen * *Polyglottenbibel* * **Poly|glot|te,** der; die; –n, – und –n: Vielsprachenkundige(r) *

Poly|gon (gr.), das; –s, –e: Vieleck * *Polygonausbau; Polygonwinkel:* Brechungswinkel * **poly|go|nal** Ew.: vieleckig

Poly|gramm (gr.), das; –s, –e: Durchschrift : Umdruck *

Poly|graph *auch:* **Poly|graf,** der; –en, –en: Vielschreiber : Schnelldrucker : (Med.) Gerät zum Registrieren mehrerer Erscheinungen : Lügendetektor : Angehöriger des grafischen Gewerbes * **Poly|gra|phie** *auch:* **Poly|gra|fie,** die; –: (Med.) mehrfach belichtete Röntgenaufnahme : Ez.: grafisches Gewerbe

Poly|gy|nie (gr.), die; –: Vielweiberei

Poly|his|tor (gr.), der; –s, ..storen: Vielwisser, vielseitig Gelehrter

Poly|hym|nia: Muse des Gesanges

poly|mer (gr.) Ew.: vielteilig * **Poly|me|re** Mz.: aus Großmolekülen bestehender Stoff * **Poly|me|rie,** die; –: Verkettung : (Chem.) Verkettung mehrerer Moleküle zu einem Großmolekül * **Poly|me|ri|sa|ti|on** (..zion), die; –, –en: (Chem.) Verkettung mehrerer Moleküle zu hochmolekularen Verbindungen * *Polymerisat:* durch Polymerisation entstandener Stoff * **poly|me|ri|sie|ren** (..iert) tr.: vielseitig verketten

Poly|me|ter, das; –s, –: Messgerät, Verbindung von Hygrometer und Thermometer *

Poly|met|rie, die; –, ..ien: häufiger Taktwechsel in einem Musikstück

poly|morph (gr.) Ew.: vielformig : vielgestaltig * **Poly|mor|phie,** die; –; **Poly|mor|phis|mus,** der; –: Vielgestaltigkeit

Poly|ne|si|en: Inselgruppen in der Südsee * **Poly|ne|si|er,** der; –s, –: Eingeborener von Polynesien * **poly|ne|sisch** Ew.

Poly|nom (gr.), das; –s, –e: vielteilige Größe * **poly|no|misch** Ew.: vielseitig

poly|nuk|lear, poly|nuk|le|är (gr.) Ew.: vielkernig

Poly|o|pie, Poly|opsis (gr.), die; –: (Med.) das Doppeltsehen

Poly|p (gr.), der; –en, –en: „Vielfuß" : Kopffüßer : (Med.) gestieltes Gewächs, Geschwulst : (Umgspr.) Polizeibeamter * *polypenartig* Ew.

poly|phag (gr.) Ew.: sich vielseitig ernährend * **Poly|pha|ge,** der; –n, –n: Tier, das sich vielseitig ernährt * **Poly|pha|gie,** die; –,: Vielseitigkeit in der Ernährung

Poly|phem, Poly|phe|mos: der einäugige Zyklop in Homers Odyssee

poly|phon *auch:* **poly|fon** * **poly|pho|nisch** *auch:* **polyfonisch** (gr.) Ew.: vielstimmig * **Poly|pho|nie** *auch:* **Poly|fo|nie,** die; –: Vielstimmigkeit : (Mus.) Kompositionsart mit mehreren selbstständig geführten Stimmen

Poly|p|ty|chon (gr.), das; –s, ..chen und ..cha: mehrteilige Schrift, Schreibtafel

Poly|rhyth|mik (gr.), die; –: (Mus.) verschiedene Rhythmen nebeneinander in einer Komposition * **poly|rhyth|misch** Ew.

Poly|sac|cha|rid, Poly|sa|cha|rid (gr.), das; –s, –e: Vielfachzucker : Stärke : Zellulose : Pektine

poly|sem, poly|se|man|tisch (gr.) Ew.: (Sprachw.) mehr-, vieldeutig * **Poly|se|mie,** die; –: (Sprachw.) Mehrdeutigkeit

Poly|sty|rol, das; –s: Kunstharz

Poly|syl|la|bum (gr.-l.), das; –s, ..ben und ..ba: vielsilbiges Wort

Poly|syl|lo|gis|mus (gr.), der; –, ..men: Kette von logischen Schlüssen, die auf einander aufbauen

poly|syn|de|tisch (gr.) Ew.: (Satz) vielfach verbunden * **Poly|syn|de|ton,** das; –s, ..ta: Häufung der Bindewörter

Poly|syn|the|se (gr.), die; –, –n: Einheit aus vielen Einzelteilen * **poly|syn|the|tisch** Ew.: (Satz) vielfach zusammengesetzt * **Poly|syn|the|tis|mus,** der; –, ..men: Verschmelzung mehrerer Satzteile in ein Wort

Poly|tech|ni|ker (gr.), der; –s, –: Besucher einer technischen Fachschule * **Poly|tech|ni|kum,** das; –s, ..ken und ..ka: höhere technische Fachschule * **poly|tech|nisch** Ew.: viele Gebiete der Technik und des Gewerbes umfassend * *(ehem. DDR) polytechnische Oberschule; Abk.: POS*

Poly|the|is|mus (gr.-l.), der; –, ..men: Vielgötterei * **Poly|the|ist,** der; –en, –en: Vielgötterverehrer * **poly|the|is|tisch** Ew.

Poly|to|na|li|tät (gr.), die; –: (Mus.) mehrere Tonarten nebeneinander in einer Komposition

poly|trop (gr.) Ew.: vielfach anpassungsfähig * **Poly|tro|pis|mus,** der; –, ..men: vielfache Anpassungsfähigkeit

poly|va|lent (gr.) Ew.: mehrfach wirksam

Poly|vi|nyl|chlo|rid (gr.), das; –(e)s: ein Kunststoff; Abk.: PVC

pöl|zen (du polzest und polzt) tr.: (mundartl.) stützen

Po|ma|de (fr.), die; –, –n: wohlriechende Haarsalbe * *Pomadenhengst:* Stutzer * **po|ma|di|sie|ren** (..iert) tr.: mit Haarsalbe einreiben

Po|ma|de (slaw.), die; –, –n: Ruhe : Phlegma, Bequemlichkeit * **po|ma|dig** Ew.: gemächlich : gleichgültig

Po|me|ran|ze (fr.), die; –, –n: eine apfelsinenähnliche Frucht * *Pomeranzenbaum; –falter; pomeranzenfarb(ig)* Ew.; *Pomeranzenöl; Pomeranzenschale*

Pom|mer, der; –s, –: schalmeiartiges Blasinstrument : Geschütz : Hundeart : Pferdeart : (sächs.) Glück im Spiel

Pom|mern: Landschaft beiderseits der Odermündung * **Pom|mer,** der; –n, –n: Bewohner Pommerns * *Pommerland* * **pom|me|risch, pommersch** Ew. * *Pommersche Bucht*

Pom|mes, Pommes fri|tes (fr.) [pomm frit], die; Mz.: in Fett schwimmend ausgebackene Kartoffelstäbchen * *Pommes chips; Pommes Croquettes; Pommes Dauphine*

Po|mo|lo|gie, die; –, ..gien: Obstkunde * **Po|mo|na:** altröm. Göttin des Gartenbaus

Pomp (l.), der; –(e)s: Schaugepränge : Pracht : Prunk * **pomp|haft** Ew.: prunkvoll * **Pomp|haf|tig|keit,** die; –, –en: das Prachtentfalten * **pom|pös** Ew. (..öseste): prunkhaft : hochtrabend

Pom|pa|dour (fr.), der; –s, –e und –s: (veralt.) Strickbeutel, Handtasche

Pom|pei, Pom|pe|ji: im Jahre 79 n. Chr. durch einen Vesuvausbruch verschüttete kampanische Hafenstadt

Pom|pon (fr.) [pongpong], der; –s, –s: Kopfzierde : Wollquaste an Mützen

pom|pös: s. Pomp

Po|mu|chel (slaw.), der; –s, –: Dorsch * *Pomuchelskopp:* (mundartl.) „Dorschenkopf", (übertr.) ungeschlachter Mensch

pö|nal Ew.: strafmäßig : das Strafrecht betreffend * **Pö|na|le,** das; –s, ..lien: Pön : Strafe : Buße * *Pönalgesetz* * **pö|ni|ten|ti|ar..** Ew. in Zusn.:

straf.. * *Ponitentiar:* (kath. K.) Beichtvater mit besonderen Vollmachten; *Pönitentiarkammer:* päpstl. Gerichtsbehörde in Strafsachen * **Pö|ni|tenz,** die; –, –en: Buße : Bußübung

pon|ceau (fr.) [pongßoh] Ew.: hochrot * **Pon|ceau,** das; –s: Hochrot, Scharlachrot

Pon|cho (span.) [pontscho], der; –s, –s: südam. ärmelloser Mantel

pon|cie|ren (..iert) (fr.) [pongß..] tr.: mit Bimsstein abreiben : mit Kohlenstaubsäckchen durchpausen

Pond (l.), das; –s, –: alte physikal. Einheit für Kraft * **pon|de|ra|bel** Ew.: kalkulierbar * **Pon|de|ra|bi|li|en** (l.) Mz.: wägbare Dinge

Pon|gée (fr.) [pongscheh], der; –s: japanische Rohseide

Pö|ni|tenz: s. pönal

Pon|te (it.), die; –, –n: Brücke : Fähre * **Pon|ti|cel|lo** [..tschello], der; –s, –s und ..lli: Steg (der Streichinstrumente) : kleine Brücke * **Pon|ti|fex** (l.), der; –(e)s, ..tifizes und ..tifices: Brückenbauer : Oberpriester * **Pon|ti|fex ma|xi|mus,** der; – –, ..tifices ..mi: Oberpriester der Römer : (nur Ez.) röm. Kaisertitel : Papsttitel * **pon|ti|fi|kal** Ew.: priesterlich : bischöflich * *Pontifikalamt:* Pontifikalmesse : vom Bischof zelebrierte Messe; *Pontifikalkelch; Pontifikalmesse:* Pontifikalamt * **Pon|ti|fi|ka|le,** das; –(s), ..lien: liturgisches Buch für die bischöflichen Amtshandlungen * **Pon|ti|fi|ka|li|en** Mz.: bischöfliche Amtstracht, Standeszeichen : Festgewand : geistliche Amtshandlung des Bischofs * **Pon|ti|fi|kat,** das; –(e)s, –e: Oberpriesteramt : Papstwürde

Pon|ton (fr.) [pongtong], der; –s, –s: Brückenkahn * *Pontonbrücke*

Po|ny (e.), das; das; –s, –s: kleine Pferderasse : ein Haarschnitt * *Ponyfransen; Ponyfrisur*

Pool (e.) [puhl], der; –s, –s: Einsatz beim Spiel : Geschäftsverband : Sammelstelle : Kurzw.: Schwimmbad : Loch * *Poolbillard:* Lochbillard

Pop (e.), der; –s: Kurzw. Pop-

musik * **Pop-Mu|sik** → **Popmu|sik** (e.), die; –: populäre, moderne Musik, die vor allem Jugendliche anspricht * *Popsänger; Popstar; Popszene* *

Pop-art → **Pop-Art** (e.) [popart], die; –: Richtung der modernen Malerei * **Pop|per** (e.-dtsch.), der; –s, –: (in den 80er Jahren) gepflegt gekleideter, unpolitischer Jugendlicher * **pop|pig** Ew.: auffallend gestylt * *poppige Farben; poppige Plakate*

Po|panz (tschech.), der; –es, –e: Schreckgestalt : Teufel : Dummkopf : etwas Seltsames : (Umgspr.) Strohpuppe

Pop|corn (e.) [..ko..], das; –s: Puffmais

Po|pe, der; –n, –n: Geistlicher der russ. und griech.-orthodoxen Kirche

Po|pel, der; –s, –: (mundartl.) etwas Vermummtes, Erschreckendes : getrockneter Nasenschleim : schmutziger Knabe : dunkle Wolke : Popanz * *Popelmann* * **po|pe|lig, po|plig** Ew.: minderwertig : ekelhaft : armselig * **po|peln** intr.: in der Nase bohren

Po|pe|li|ne (fr.), der; –s, –s: ripsartiges glattes Gewebe

Po|po, Po|po, der; –s, –s: Gesäß; Kurzw. Po

Po|po|ca|te|petl: tätiger Vulkan in Mexiko

po|pu|lär (l.) Ew.: volkstümlich : gemeinverständlich : allgemein beliebt * **po|pu|la|ri|sie|ren** (..iert) tr.: gemeinverständlich darstellen * **Po|pu|la|ri|sie|rung,** die; –, –en: das Volkstümlichmachen * **Po|pu|la|ri|tät,** die; –: Volksgunst : Volkstümlichkeit * *Popularitätshascherei* * **po|pu|lär|wis|sen|schaft|lich** Ew.: wissenschaftlich, aber allgemeinverständlich * **Po|pu|la|ti|on,** die; –, –en: Bevölkerung : Artbestand an Pflanzen und Tieren einer Gegend * *Populationsdichte* * **Po|pu|lis|mus,** der; –: fr. Literaturbewegung, die an Stelle der bürgerl. Lebensauffassung den marxistischen Klassenkampfgedanken in der Literatur setzt : auf die Zustimmung der Massen ausgerichtete Politik

Po|re (gr.-l.), die; –, –n: Durch-

gang : winzige Hautöffnung ✳
po|rig Ew.: mit vielen Öffnungen versehen ✳ **po|rös** Ew. (..ösete): löcherig : durchlässig ✳ **Po|ro|si|tät**, die; –: Durchlässigkeit
Por|no, der; –s, –s: (Kurzform) pornografischer Film, Roman ✳
Por|no|gra|fie *auch:* **Por|no|gra|phie** (gr.), die; –, ..fien *auch:* (..phien): einseitige bildliche oder sprachl. Darstellung des bloß Sexuellen ✳ **por|no|gra|fisch** *auch:* **por|no|gra|phisch** Ew.: unzüchtig : obszön
po|rös usw.: s. Pore
Por|phyr (gr.), der; –s, –e: Purpurstein : rötliches Ergussgestein ✳ **Por|phy|rit**, der; –(e)s, –e: Feldspat enthaltender Porphyr mit Purpurstreifen
Por|ree (fr.), der; –s, –s: eine Art Lauch
Por|ridge (e.) [porridsch], der; –: Haferbrei
Porst, der; –(e)s, –e: wilder Rosmarin
Port (l.), der; –(e)s, –e: Hafen : Ruheort
por|ta|bel (l.) Ew.: tragbar ✳ **Por|ta|ble** (e.) [portebel], der und das; –s, –s: tragbare Geräte wie Radio, Kassettenrekorder oder Fernseher ✳ **Por|ta|men|to** (it.), das; –(e)s: (Mus.) Stimmführung : das Hinüberschleifen von einem Ton zum andern ✳ **Por|ta|tiv**, das; –s, –e: tragbare Zimmerorgel ✳ **por|ta|to** (it.): (Mus.) ohne Bindung : abgehoben
Por|tal (l.), das; –s, –e: Prachttor : Haupteingang
Por|te|chaise (fr.) [port'schähse], die; –, –n: Sänfte : Tragsessel ✳ **Por|te|feuille** [port'föj'], das; –s, –s: Brieftasche : Aktenmappe : Ministeramt ✳ **Port|mo|nee** *auch:* **Portemon|naie** [..monnä], das; –s, –s: Geldbörse ✳ **Por|te|pee**, das; –s, –s: Degengehenk ✳ *Portepeeträger*

Portmonee
Bei sehr gebräuchlichen Fremdwörtern ist die eindeutschende Schreibweise vorzuziehen: *Portmonee.* Die traditionelle Schreibung gilt aber weiterhin als korrekte Nebenform: *Portemonnaie.*

Por|ter, der; –s, –: englisches Starkbier

Por|tier (fr.) [portjeh], der; –s, –s: Torhüter : Pförtner : Hausmeister ✳ *Portierloge; Portiersfrau* ✳ **Por|tie|re**, die; –, –n: Türvorhang : Kutschenschlag
Por|ti|kus (l.), der; –, –: Säulenhalle : Bogengang
Por|ti|on (fr.), die; –, –en: Teil : Anteil : Gericht ✳ *portionsweise, portionenweise* Ew.: in Teilen ✳ **por|ti|o|nie|ren** tr.: eine Gesamtheit in kleine Einheiten aufteilen
Port|land|stein, der; –es, –e: harter Stein von der e. Halbinsel Portland ✳ *Portlandvase; Portlandzement*
Port|mo|nee: s. Portechaise
Por|to (it.), das; –s, –s und ..ti: Postgebühr : Gebühr für das Befördern von Postsendungen ✳ *portofrei* Ew.; *Portofreiheit; Portokasse; portopflichtig* Ew.
Por|trait, Por|trät (fr.) [..träh und ..trät], das; –(e)s, –s: Bildnis ✳ *Porträtaufnahme; Porträtmaler; Porträtstatue; Porträtstudie; Porträtzeichnung* ✳ **por|trä|tie|ren** tr.: abbilden ✳ **Por|trä|tist**, der; –en, –en: Bildnismaler
Por|tu|gal: europ. Staat ✳ **Por|tu|ga|leser**, der; –s, –: eine port. Goldmünze ✳ **Por|tu|gie|se**, der; –n, –n: Einwohner von Portugal ✳ **por|tu|gie|sisch** Ew.
Por|tu|lak (l.), der; –s, –e und –s: südl. Gemüsepflanze
Port|wein, der; –s, –e: portugies. Süßwein, nach der Stadt Porto benannt
Por|zel|lan (it.), das; –s, –e: aus Weißton und Feldspat gebrannte Masse : feine Töpferware ✳ *Porzellanblümchen: eine Blume; Porzellanerde: Weißton; Porzellanfigur; Porzellangeschirr; Porzellanisolator; Porzellanladen; Porzellanmalerei; Porzellanmanufaktur; Porzellanofen; Porzellanschnecke: Tigerschnecke; Porzellanteller; Porzellanvase; Porzellanweiß* ✳ **por|zel|la|nen** Ew.: aus Porzellan
POS (Abk.): (ehem. DDR) polytechnische Oberschule; s. a. Polytechniker
Pos. (Abk.): Position
Po|sa|da (span.), die; –, ..den: Wirtshaus

Po|sa|ment (fr.), das; –(e)s, –e und –en: Besatz : Borte ✳ **Po|sa|men|ter, Po|sa|men|tie|rer**, der; –s, –: Posamentier, der; –s, –e: Besatzwarenhändler ✳ *Posamentierarbeit* ✳ **Po|sa|men|te|rie**, die; –, ..rien: Besatzwarenhandlung
Po|sau|ne (fr.), die; –, –n: Blechblasinstrument : Name von verschiedenen Schnecken ✳ *Posaunenbläser; Posaunenchor; Posaunenengel; Posaunenklang; Posaunenschall; Posaunenschnecke: Wellhorn; Posaunenton; Posaunenzug* ✳ **po|sau|nen** intr., tr.: in die Posaune blasen : laut verkünden ✳ **Po|sau|nist**, der; –en, –en: Posaunenbläser
Po|se, die; –, –n: Pöschen, Pöslein: Federspule : Federkiel
Po|se (fr.), die; –, –n: gezierte Stellung, Haltung ✳ **Po|seur**, (fr.) [posöhr], der; –s, –e: gezierter Mensch : Wichtigtuer ✳ **po|sie|ren** intr.: gekünstelte Haltung annehmen ✳ **Po|si|tur**, die; –, –en: Haltung ✳ *sich in Positur setzen:* herausfordernde Haltung annehmen
Po|sei|don: gr. Gott des Meeres
Po|se|mu|ckel, Po|se|mu|kel: (mundartl.) (scherzh.) abseits gelegene, unbedeutende Stadt
Po|si|ti|on (l.), die; –, –en: Lage : Stellung : Zustand : Eintragung : Angabe; Abk.: Pos. ✳ *Positionsbestimmung; Positionslampe; Positionslaterne; Positionslicht:* Führungslicht für Nachtbeleuchtung an Schiffen und Flugzeugen; *Positionslänge; Positionspapier; Positionswinkel:* astronom. Winkel ✳ **po|si|ti|o|nie|ren** tr.: in eine bestimmte Stellung bringen ✳ **po|si|tiv** Ew.: bejahend : wirklich : (Math.) über Null : (Elektr.) anziehend ✳ **Po|si|tiv**, das; –s, –e: (Fot.) Abzug ✳ **Po|si|tiv**, der; –s, –e: (Sprachl.) Grundform der Steigerung : (Mus.) kleine Orgel ohne Pedale ✳ **Po|si|ti|vis|mus**, der; –: philosoph. Richtung, die nur das Tatsächliche gelten lässt ✳ **Po|si|ti|vist**, der; –en, –en: Anhänger des Positivismus ✳ **po|si|ti|vis|tisch** Ew. ✳ **Po|si|t|ron** (l.), das; –s, ..onen: kleinstes positives Elektron

Pos|se, die; –, –n; **Pos|sen**, der; –s, –; Pösschen: Spaß : Witz : Narrheit : Dummheit : Unsinn (meist Mz.) : (Bühnenspr.) (nur weibl.) derblustiges Bühnenstück mit Gesang : (nur männl.) neckischer Streich ✳ *einen Possen spielen:* einen Streich spielen ✳ *Possenma-cher(ei); Possenreißer(ei); Possenspiel* ✳ **pos|sen|haft** Ew.: possenartig : der Posse angehörig : Possen treibend ✳ **Pos|sen|haf|tig|keit**, die; –, –en: Spaßhaftigkeit : Lächerlichkeit : Komik ✳ **pos|sier-lich** Ew.: in der Weise eines Possenreißers : spaßhaft lächerlich : drollig ✳ **Pos|sier-lich|keit**, die; –, –en: das Neckischsein

Pos|se|kel, der; –s, –: großer Schmiedehammer

pos|ses|siv (l.) Ew.: besitzanzeigend ✳ *Possessivpronomen* ✳ **Pos|ses|siv**, das; –s, –e; **Pos|ses|si|vum**, das; –s, ..va: (Sprachl.) besitzanzeigendes Fürwort ✳ **pos|ses|so|risch** Ew.: zum Besitz gehörig ✳ *possessorisch klagen* intr.: sich auf das bessere Besitzrecht berufen

pos|sier|lich: s. Posse

Post (nl.), die; –: staatliche Anstalt zur Beförderung von Briefen, Paketen, Personen : die Beförderungsmittel der Post : Botschaft, Nachricht : Briefschaft ✳ *Postablage; Postamt; postamtlich* Ew.; *Postanstalt; Postanweisung; Postauftrag; Postauto; Postbank; Postbarscheck; Postbe-amte; Postbeamtin; Postbear-beitungsmaschine; Postbezirk; Postbezug; Postboot; Postbote; Postbriefkasten; Postbus; Postdampfer; Postdebit; Postdienst; Postdirektion; Postfach; postfertig* Ew.; *Postflugzeug; Postformblatt; postfrei* Ew.: gebührenfrei; *postfrisch* Ew.; *Postgebäude; Postgebühr; Postgeheimnis; Postgiroamt,* Abk.: *PGiroA; Postgirokonto; Postgiroverkehr; Postgut; Posthalterei; Post-hilfsstelle:* Nebenstelle der Post; *Posthorn; Postinspektor; Postkarte; Postkartengröße; Postkasten; Postkonferenz; Postkunde; Postkutsche; postlagernd* Mw. Ew.; *Postleitzahl;*

Postmeister; Postminister; Postministerium; Postneben-stelle; Postpaket; Postrat; Postregal; Postreise; Postsa-che; Postsack; Postschaffner; Postschalter; Postscheck; Postscheckamt; Postscheck-konto; Postscheckverkehr; Postschiff; Postschließfach; Postsekretär; Postsparbuch; Postsparen; Postsparkasse; Poststelle; Poststempel; Post-straße; Posttag; Postverbin-dung; Postverein; Postverkehr; Postverwaltungsgesetz; Post-verwaltungsrat; Postvoll-macht; Postwagen; postwen-dend Mw. Ew.: mit der nächsten Post : unverzüglich; *Post-wertzeichen; Postwesen; Post-wurfsendung; Postzettel; Postzug; Postzustellung* ✳ **pos|ta|lisch** Ew.: auf die Post bezüglich : postamtlich ✳ **Pos|ten**, der; –s, –; Pöstchen, Pöstlein: zusammengehörige Warenmenge : Rechnungsbe-trag : Schuldsumme : Waren-partie : (weidm.) Schrotladung : Anstellung : der jemand zuge-wiesene Stand : Standort : (mi-litär.) zu behauptender Ort : Schildwache : Wachmann-schaft ✳ *Postendienst; Posten-jäger; Postenkette* ✳ **Pos|til-li|on**, der; –(e)s, –e: Postkut-scher ✳ *Postillionshorn*

Pos|ta|ment (l.), das; –(e)s, –e: Fußgestell : Sockel

post Chris|tum (na|tum) (l.): nach Christi (Geburt); Abk.: p. Chr. (n.)

post|da|tie|ren (..iert) (l.) tr.: mit einer späteren Zeitangabe versehen

post|em|bry|o|nal (l.-gr.) Ew.: den Zeitpunkt nach der Geburt betreffend

Pos|ten: s. Post

Pos|ter, das; (l.) [poßt^e], das; der; –s, –(s): plakatartiges, moder-nes Bild ✳ *Poster-Shop* → *Pos-tershop:* Plakatladen

poste res|tan|te (fr.) [post res-tangt]: postlagernd

Pos|te|ri|o|ra (l.) Mz.: Späte-res, Nachfolgendes : Gesäß ✳ **Pos|te|ri|o|res** Mz.: Nach-kommen ✳ **Pos|te|ri|o|ri|tät**, die; –: das Nachstehen (im Range) : späteres Erscheinen ✳ **Pos|te|ri|tät**, die; –, –en: Nach-kommenschaft : Nachwelt

post fes|tum (l.): „nach dem Feste", hinterher : zu spät

post|gla|zi|al (l.) Ew.: (Geol.) nach der Eiszeit

post|hum: s. postum

pos|tie|ren (..iert) (fr.) tr.: auf-stellen : einen Platz, ein Amt anweisen ✳ **Pos|tie|rung**, die; –, –en: Aufstellung

Pos|til|le (l.), die; –, –n: Haus-andachtsbuch : Predigtbuch

Pos|til|li|on: s. Post ✳ **Pos|til-lon d'a|mour** → **Pos|til|lon d'A|mour** (fr.) [postijong dam-uhr], der; – –, –s –: Liebesbote

post|kar|bo|nisch (l.) Ew.: (Geol.) nach der Kohlenzeit

post|kul|misch Ew.: (Geol.) nach der Kulmformation kom-mend

post|la|gernd usw.: s. Post

Post|lu|di|um, das; –s, ..dien: (Mus.) Nachspiel

post me|ri|di|em (l.): nach Mittag; Abk.: p. m.

post|mo|dern Ew.: die Mo-derne überwindend (umstritte-ner kulturgeschichtlicher Be-griff) ✳ *postmoderne Architek-tur* ✳ **Post|mo|der|ne**, die; –: Kunst-, insbesondere Architek-turstil, die die reine Funktiona-lität ablehnt

post|mor|tal, post mor|tem (l.): nach dem Tode; Abk.: p. m.

post|na|tal (l.) Ew.: auf die Zeit nach der Geburt bezogen

post|nu|me|ran|do (l.): nach-trägl. zahlbar (gezahlt) ✳ **Post|nu|me|ra|ti|on**, die; –, –en: Nachzahlung

Pos|to (it.), der; –s, –: Stand : Posten ✳ *Posto fassen:* sich aufstellen : Stellung einneh-men

post|o|pe|ra|tiv (l.) Ew.: auf den Zustand nach der Opera-tion bezogen

Post|skript (l.), das; –(e)s, –e; **Post|skrip|tum**, das; –s, ..te und ..ta: Nachschrift; Abk.: PS

Post|sze|ni|um (l.-gr.), das; –s, ..ien: der gesamte Raum hinter der Bühne

post|ter|ti|är (l.) Ew.: (Geol.) nach dem Tertiär

post|trau|ma|tisch (l.-gr.) Ew.: auf den Zustand nach ei-ner Verletzung bezogen

Pos|tu|lant (l.), der; –en, –en: Bewerber (bes. für Kloster) ✳ **Pos|tu|lat** (l.), das; –(e)s, –e:

Forderung : Probezeit vor der
Aufnahme ins Kloster : (Philos.) eine nicht schlüssig be-
weisbare Forderung *
pos|tu|lie|ren (..iert) tr.: for-
dern
pos|tum, post|hum (l.) Ew.:
nachgeboren : nachgelassen :
nachträglich * **Pos|tu|mus,**
der; –, ..mi: Nachgeborener
post ur|bem con|di|tam (l.):
nach Gründung der Stadt Rom
(Zeitrechnung der Römer);
Abk.: p. u. c.
Pot (fr.) [poh], der; –, –s: Topf :
Maß; vgl. Pott * **Pot-au-feu**
(fr.) [potofó], das; –, –s: Rind-
fleisch in Fleischbrühe mit
Wurzelwerk und Weißbrot-
schnitten * **Po|te|rie,** die; –,
..rien: Töpferware
Pot (e.), das; –s: (Umgspr.)
Marihuana
Pot (e.), der; –s: (Umgspr.) Gesamtheit aller Gewinneinsätze
Po|tem|kin|sche Dör|fer →
po|tem|kin|sche Dör|fer Mz.:
von Potemkin errichtete, kulis-
senartige Dörfer : (übertr.)
Blendwerk, Trugbilder
po|tent (l.) Mw. Ew.: mächtig :
einflussreich : vermögend :
leistungsfähig : (Med.) zeu-
gungsfähig * **Po|ten|tat,** der;
–en, –en: Machthaber : regie-
render Fürst * **Po|ten|ti|o|me-
ter,** das; –s, –: Gerät zur Abnahme oder Erzeugung von
Teilspannungen * **Po|tenz,**
die; –, –en: Macht : Zeugungskraft : Produkt gleicher Faktoren * *Potenzexponent; Potenz-
schwäche; potenzsteigernd* Ew.
* **po|ten|zi|al** *auch:* **po|ten|zi-
al** Ew.: möglich : als möglich
vorhanden * **Po|ten|zi|al** *auch:*
Po|ten|ti|al, das; –s, –e: Leis-
tungsvermögen : Energievor-
rat * *Potenzialdifferenz auch:
Potentialdifferenz; Potenzial-
gefälle auch: Potentialgefälle*
* **Po|ten|zi|a|lis** *auch:* **Po|ten-
ti|a|lis,** der; –, ..les: (Sprachl.)
Möglichkeitsform * **Po|ten-
zi|a|li|tät** *auch:* **Po|ten|ti|a-
li|tät,** die; –, –en: Möglichkeit :
vorhandene, aber nicht ge-
nutzte Kraft * **po|ten|zi|ell**
auch: **po|ten|ti|ell** Ew.: mög-
lich, der Möglichkeit nach *
po|ten|zie|ren (..iert) tr.: stei-
gern : verstärken : mit sich
selbst vervielfältigen

potenzial
Die eingedeutschte Schreibweise hat bei häufig gebrauchten Fremdwörtern Vorrang vor
der ursprünglichen Form, es sei
denn, es handelt sich um fach-
spezifische Begriffe. Die
Hauptform ist also *potenzial,*
die Nebenform *potential.*

Pot|pour|ri (fr.) [..purih], das;
–s, –s: Allerlei : Kunterbunt :
bunte Melodienfolge
Pots|dam: Stadt in Branden-
burg * **Pots|da|mer,** der; –s, –:
Bewohner von Potsdam *
Pots|da|mer Ew. * *Postdamer
Edikt; Potsdamer Abkommen*
Pott, der; –(e)s, Pötte: (niederd.) Trinkbecher : Topf : Maß
* **Pott|asche:** (aus Pflanzen-
asche hergestelltes) kohlensau-
res Kalium; *Pottfisch:* Walart;
potthäßlich → *potthässlich*
Ew.: sehr hässlich; *Potthast:*
(westf.) gedämpfte Rind-
fleischstücke; *Pottwal:* Pottfisch; *Pottlot:* Bleiglätte : Ofenschwärze
potz!: Ausruf der Verwunderung * *potz Blitz!; potztausend!; potz Wetter!*
Poul|ard (fr.), das; –s, –s;
Poul|ar|de (fr.) [pulard'], die;
–, –n: Masthuhn * **Poule**
[puhl], die; –, –n: Spieleinsatz :
Tanzfigur der Quadrille *
Poullet [püläh], das; –s, –s:
Hähnchen
Pound (e.) [paund], das; –s,
–s: e. und am. Pfund
Pour le mé|rite → **Pour-le-
Mé|rite** (fr.) [pur le mehrit'],
der; – – –: „für das Verdienst",
preuß. Orden
Pous|sa|de (fr.) [puss..],
Pous|sa|ge [pussahseh'], die;
–, –n: (mundartl.) Geliebte :
Liebelei * **pous|sie|ren**
(..iert) [puss..] intr.: voranbrin-
gen; tr.: (mundartl.) den Hof
machen : flirten : umwerben :
liebeln
po|wer (fr.) Ew.: (mundartl.)
arm(selig)
Pow|er (e.) [pauer], die; –:
(Umgspr.) Kraft : Leistungs-
stärke : Durchsetzungsvermö-
gen * *Powerplay;* **pow|ern**
(e.) [pauern] intr.: (Umgspr.)
Durchsetzungsvermögen zeigen : Leistung bringen
Po|widl (tschech.), das; –s:
Pflaumenmus * *Powidlknödel*

Poz|zu|o|lan|er|de, die; –:
Bimssteintuff von Pozzuoli
pp (Abk.): pianissimo
pp., ppa. (Abk.): per procura
ppp (Abk.): pianissississimo
PR (Abk.): Publicrelations
prä.. (l.) Vorsilbe: vor.. * **Prä,**
das; –s, –s: Vorzug, Vorteil *
das Prä haben: im Vorteil sein,
den Vorzug haben *
Prä|am|bel, die; –, –n: feierli-
che Einleitungsformel bei Gesetzen und Verträgen : Vorrede
: Umschweif * **Prä|ben|dar,**
der; –s, –e; **Prä|ben|da|ri|us,**
der; –, ..rien: Pfründner : Stifts-
herr * **Prä|ben|de,** die; –, –n:
Pfründe : Leibrente
PR-Ab|tei|lung, die; –, –en:
Abteilung, die für Publicrelations zuständig ist
Pra|cher, der; –s, –: (niederd.)
Bettler * *Prachervogt:* Bettel-
vogt * **Pra|che|rei,** die; –, –en:
Bettelei * **pra|chern** intr.: zu-
dringlich betteln : geizen :
prahlen
Pracht, die; –: glänzend in die
Augen Fallendes : Gepränge *
*Prachtaufwand; Prachtaus-
gabe; Prachtband; Prachtbau;
Prachtentfaltung; Prachtexem-
plar; Prachtfassade; Pracht-
junge; Prachtkerl; Prachtliebe;
prachtliebend* Mw. Ew.;
*Prachtmädel; Prachtmensch;
Prachtstraße; Prachtstück;
prachtsüchtig* Ew.; *prachtvoll*
Ew.; *Prachtwerk* * **präch|tig**
Ew.: prachtvoll : glanzvoll :
sehr schön : vortrefflich *
Präch|tig|keit, die; –, –en:
Pracht
Prä|des|ti|na|ti|on (l.), die; –,
–en: Vorherbestimmung : Er-
wählung : Gnadenwahl * *Prä-
destinationsglaube; Prädesti-
nationslehre* * **prä|des|ti-
nie|ren** (..iert) tr.: vorherbe-
stimmen * **prä|des|ti|niert**
Mw., Ew.: vorherbestimmt :
wie geschaffen (für etwas)
Prä|de|ter|mi|nis|mus (l.), der;
–: Vorherbestimmungslehre
prä|di|ka|bel (l.) Ew.: aussag-
bar : beilegbar : rühmlich *
prädikable Eigenschaften Mz.
* **Prä|di|kant,** der; –en, –en:
Hilfsprediger * **Prä|di|kat,** das;
–(e)s, –e: (Sprachl.) Satzaussage : Titel : Auszeichnung *
*Prädikatsexamen; Pädikatsno-
men; Prädikatswein* * **prä|di-**

ka|**tiv** Ew.: aussagend : (Sprachl.) auf das Prädikat bezogen ✳ *Prädikativsatz* ✳ **Prä**|**di**|**ka**|**tiv,** das; –s, –e: (Sprachl.) Teil des Prädikats, der Sinnträger ist ✳ **prä**|**di**|**zie**|**ren** (..iert) tr.: aussagen : Eigenschaft beilegen **prä**|**dis**|**po**|**nie**|**ren** (..iert) (l.) tr.: vorherbestimmen : vorher anordnen : empfänglich machen ✳ **Prä**|**dis**|**po**|**si**|**ti**|**on,** die; –, –en: Anlage : Geneigtheit **prä**|**di**|**zie**|**ren;** s. prädikabel **prä**|**do**|**mi**|**nie**|**ren** (..iert) (l.) intr.: vorherrschen : überwiegen **Pra**|**do,** der; –(s): spanisches Nationalmuseum, Kunstsammlung in Madrid **Prä**|**e**|**xis**|**tenz** (l.), die; –, –en: Vorherdasein : Vorleben der Seele vor der Geburt des Leibes **Prä**|**fa**|**ti**|**on** (l.), die; –, –en: Vorrede : (kath. K.) Einleitungsgebet ✳ **Prä**|**fekt,** der; –en und –(e)s, –en: „Vorgesetzter", Bezirksvorsteher : aufsichtführender Geistlicher in Konvikten ✳ **Prä**|**fek**|**tur,** die; –, –en: Würde und Wohnung des Präfekten **Prä**|**fe**|**renz,** die; –, –en: Vorzug : Vorrang : Vorhand im Kartenspiel [l. praeferre vorziehen] ✳ *Präferenzliste; Präferenzspanne; Präferenzstellung; Präferenzsystem; Präferenzzoll:* ein Handelspartner wird gegenüber einem anderen begünstigt ✳ **prä**|**fe**|**ren**|**zi**|**ell** *auch:* **prä**|**fe**|**ren**|**ti**|**ell** Ew.: vorzugsweise : vorrangig ✳ **prä**|**fe**|**rie**|**ren** tr.: vorrangig behandeln **Prä**|**fix,** das; –es, –e: (Sprachl.) Vorsilbe **Prä**|**for**|**ma**|**ti**|**on** (l.), die; –, –en: Vorausbildung der Organismen und ihrer Eigenschaften im Keim ✳ **prä**|**for**|**mie**|**ren** (..iert) tr.: vorbilden **Prag:** Hauptstadt Tschechiens ✳ **Pra**|**ger,** der; –s, –: Bewohner von Prag **prä**|**gen** tr.: Münzen stempeln : ein Siegel aufdrücken : metallene Gegenstände formen : (übertr.) gestalten (z. B. Gesetze, neue Wörter prägen) ✳ *präge dir das ein!:* merke es dir! ✳ *prägbar* Ew.; *Prägbarkeit; Prägebild; Prägedruck; Prägeeisen; Prägeform; Prä-*

gegebühr; *Prägemaschine; Prägepresse; Prägestätte; Prägestempel; Prägestock; Prägewerk* ✳ **Prä**|**ger,** der; –s, –: einer, der prägt ✳ **Prä**|**gung,** die; –, –en: das Prägen : das Gepräge **prä**|**gla**|**zi**|**al** (l.) Ew.: (Geol.) voreiszeitlich **Prag**|**ma**|**tik** (gr.), die; –, –en: Geschäftskunde : Sachkunde ✳ **Prag**|**ma**|**ti**|**ker,** der; –s, –: jemand, der sich hauptsächlich am praktischen Nutzen einer Sache orientiert ✳ **prag**|**ma**|**tisch** Ew.: sachlich, Ursache und Wirkung beachtend ✳ *Pragmatische Sanktion:* (österr.) unverletzlich bleibendes Staatsgrundgesetz ✳ **Prag**|**ma**|**tis**|**mus,** der; –: Lehre vom inneren Zusammenhang der Vorkommnisse und Dinge : Lehre, wonach alles Erkennen nach seinem praktischen Nutzen zu bewerten ist ✳ **Prag**|**ma**|**tist,** der; –en, –en: Anhänger des Pragmatismus **präg**|**nant** (l.) Ew.: bedeutungsvoll, bündig : inhaltreich ✳ **Präg**|**nanz,** die; –: Gedrängtheit, Treffsicherheit : Begriffsfülle **Pra**|**ha:** tschech. Form von Prag **Prä**|**his**|**to**|**rie** (l.) [..ie], die; –, ..rien: Vorgeschichte : Kunde von den vorgeschichtlichen Zuständen ✳ **Prä**|**his**|**to**|**ri**|**ker,** der; –s, –: Wissenschaftler, der sich mit der Vorgeschichte beschäftigt ✳ **prä**|**his**|**to**|**risch** Ew.: vor-, urgeschichtlich **prah**|**len** intr.: prunken : großsprechen ✳ *Prahlhans:* Großsprecher; *Prahlsucht; prahlsüchtig* Ew. ✳ **Prah**|**ler,** der; –s, –: prahlende Person : Großsprecher ✳ **Prah**|**le**|**rei,** die; –, –en: das Prahlen : prahlende Äußerung ✳ **prah**|**le**|**risch** (–[e]ste und –te) Ew.: in der Weise eines Prahlers : prahlend **Prahm** (tschech.), der; –(e)s, –e; kleines Flussschiff : Fähre ✳ *Prahmenladung* ✳ *Prahmfähre* **Prai**|**ri**|**al** [prä..], der; –s, –: „Wiesenmonat" im Kalender der Fr. Revolution (Mai/ Juni) **Prä**|**ju**|**diz** (l.), das; –es, –e: Vorentscheidung : Vorurteil : durch vorhergehendes Urteil

entstandener Nachteil ✳ **prä**|**ju**|**di**|**zi**|**al** Ew.: vor der Hauptsache zu untersuchend : der Entscheidung vorgreifend ✳ *Präjudizialklage* ✳ **prä**|**ju**|**di**|**zi**|**ell** Ew.: vorgreifend ✳ **prä**|**ju**|**di**|**zie**|**ren** (..iert) tr.: ein vorläufiges Urteil fällen : vorherentscheiden : vorgreifen **prä**|**kam**|**brisch** (l.) Ew.: (Geol.) vorkambrisch ✳ **Prä**|**kam**|**bri**|**um,** das; –s: älteste vorpaläozoische Formationsgruppe, Erdfrühzeit **prä**|**kar**|**bo**|**nisch** (l.) Ew.: (Geol.) vor der Karbonzeit **prä**|**kar**|**di**|**al, prä**|**kor**|**di**|**al** (l.) Ew.: (Med.) vor dem Herzen liegend : zur Herzgegend gehörig ✳ *Präkardialgie:* Schmerzen in der Herzgegend; *Präkordialangst:* Herzangst **prä**|**klu**|**die**|**ren** (..iert) (l.) tr.: ausschließen : der Ansprüche für verlustig erklären ✳ **Prä**|**klu**|**si**|**on,** die; –, –en: Ausschließung : Sperre : Abweisung ✳ **prä**|**klu**|**siv, prä**|**klu**|**si**|**visch** Ew.: ausschließend : völlig abweisend ✳ *Präklusivfrist* **prä**|**ko**|**lum**|**bisch** (l.) Ew.: auf die Zeit vor der Entdeckung Amerikas durch Kolumbus bezogen **prä**|**kor**|**di**|**al:** s. präkardial **Prak**|**rit** (skr.), das; –(e)s: Name für die Dialekte in Mittelindien ✳ **prak**|**ri**|**tisch** Ew. **Prak**|**tik** (gr.), die; –, –en: Verfahren : Ausübung : Kunstgriffe ✳ **prak**|**ti**|**ka**|**bel** Ew.: brauchbar : gangbar : fahrbar : zweckmäßig ✳ **Prak**|**ti**|**ka**|**bel,** das; –s, –s: (Bühnenw.) Versatzstück ✳ **Prak**|**ti**|**kant,** der; –en, –en: ein sich für ein Amt Ausbildender : in praktischer Ausbildung Stehender ✳ **Prak**|**ti**|**kan**|**tin,** die; –, –nen: weibl. Praktikant ✳ **Prak**|**ti**|**ker,** der; –s, –: einer, der ausübend (Ggs. theoretisch) tätig ist : Mann von Erfahrung ✳ **Prak**|**ti**|**kum,** das; –s, ..ka: Übung : praktische Ausbildung ✳ **Prak**|**ti**|**kus,** der; –, ..ker und –se: einer, der Übung, Erfahrung hat, Bescheid weiß ✳ **prak**|**tisch** Ew. (–este und –ste): anwendbar : zweckdienlich : geschickt : geübt ✳ *praktischer Arzt:* Arzt für Allge-

meinmedizin (Ggs. Facharzt) **
praktizieren (..iert) intr.:
praktisch tätig sein : (Arzt) Praxis ausüben
präkulmisch (l.) Ew.:
(Geol.) vor der Kulmbildung
liegend
Prälat (l.), der; –en, –en: „Vor-
gezogener“, höherer Geistlicher ** **Prälatur,** die; –, –en:
Prälatenamt : Prälatenwürde **
Prälegat, das; –(e)s, –e: Vor-
ausvermächtnis : das im Voraus
Vermachte
präliminar (l.) Ew. (meist in
Zus.): einleitend : vorläufig **
*Präliminarbestimmung; Präli-
minarfriede(n)* ** **Präliminare,** das; –s, ..rien (meist Mz.):
einleitende Verhandlung : vor-
läufige Abmachung
Praline (fr.), die; –, –n:
Pralinee *auch:* **Praliné,** das;
–s, –s: Schokoladenzucker-
werk ** **pralinieren** (..iert) tr.:
in Zucker rösten
prall Ew.: (niederd.) voll :
straff : gespannt ** **Prall,** der;
–(e)s, –e: heftiger Stoß : An-
prall ** *Prallkraft:* Spannkraft :
Biegsamkeit; *Pralluftschiff* →
Pralluftschiff: halbstarres
Luftschiff; *Prallschuß* →
Prallschuss: Schuss, bei dem
die Kugel anschlägt und zu-
rückprallt (Ggs. Durchschuss);
Prallstein; Pralltriller: (Mus.)
kurzer Triller ohne Nachschlag
** **prallen** intr.: mit einem Prall
auf etwas eindringen, stoßen
und zurückgestoßen werden **
Prallheit, die; –: das Prallsein
** *prallig* Ew.: prall : steil : jäh
: abschüssig
präludieren (..iert) (l.) tr.:
„vorspielen“, einleiten ** **Prä-
ludium,** das; –s, ..dien: musik.
Vorspiel : Einleitung
Prämaturität (l.), die; –:
Frühreife : Voreiligkeit
Prämeditation (l.), die; –,
–en: Vorüberlegung ** **prä-
meditieren** (..iert) tr.: vorher
bedenken
Prämie (l.) [..i-e], die; –, –n:
Belohnung : Zusatzgewinn :
Ehrenlohn : Versicherungsge-
bühr ** *Prämienanleihe; Prä-
mienauslosung; prämienbe-
günstigt* Ew.; *Prämienge-
schäft; Prämienlohn; Prämien-
lohnsystem; Prämienlos,* das;
–es, –e; *Prämienrückgewähr;*

Gewähr für Beitragsrückzah-
lung; *Prämienschein; Prämiensparen,* das; –s: das prämien-
begünstigte Anlegen von Spar-
beträgen; *prämiensparen* tr.;
Prämiensparer, der; –s, –; *Prä-
miensparvertrag; Prämienzah-
lung; Prämienzuschlag,* der;
–(e)s, –schläge ** **prämieren**
(..iert) tr.: einen Preis zuerken-
nen ** **prämiert** Mw. Ew.:
preisgekrönt ** **Prämierung,**
die; –, –en: Preisverteilung
Prämisse (l.), die; –, –n:
„Vorausgeschicktes“ : Vorder-
satz eines Schlusses, Urteils :
Voraussetzung ** **praemissis**
praemittendis: nach Voraus-
schickung des Vorauszuschi-
ckenden (Titels); Abk.: P.P. **
praemisso titulo: mit vor-
ausgeschicktem Titel; Abk.:
P.T.
Prämonition (l.), die; –, –en:
Vorerinnerung : Warnung
Prämonstratenser (nl.),
der; –s, –: Angehöriger eines
Mönchsordens
prämortal (l.) Ew.: dem Tode
vorhergehend
prämundan (l.) Ew.: vorweltlich ** **pränatal** (l.) Ew.: vor-
geburtlich
prangen intr.: in Pracht erscheinen : prächtig zur Schau
stehen : prunken ** *Pranga-
dern* Mz.: (scherzh.) Manschet-
ten ** **Pranger,** der; –s, –:
Schandpfahl ** *an den Pranger
stellen* tr.: öffentlich der Verachtung preisgeben ** **pran-
gern** tr.: an den Pranger stellen
Pranke, die; –, –n: Vordertatze
der Raubtiere ** *Prankenhieb*
Pränomen (l.), das; –s,
..mina: Vorname
pränotieren (..iert) (l.) tr.:
vor(be)merken
pränumerando (nl.): vor-
auszahlend : im Voraus zahlbar
** **Pränumerant,** der; –en,
–en: Vorauszahler ** **Pränu-
meration,** die; –, –en: Voraus-
zahlung ** **pränume-
rieren** (..iert) tr.: vorausbezah-
len
Präokkupation (l.), die; –,
–en: Vorwegnahme : Voreinge-
nommenheit : vorgefasste Meinung : Zuvorkommen **
präokkupieren (..iert) tr.:
sich vorher bemächtigen : vorwegnehmen : befangen machen

Präparand (l.), der; –en, –en:
ein Vorzubereitender : Vorbe-
reitungsschüler ** **Präparat,**
das; –(e)s, –e: „Vorbereitetes“,
naturkundliches Lehrmittel :
zubereitetes Arzneimittel **
Präparatensammlung ** **Prä-
paration,** die; –, –en: Herstellung eines Präparates : Vorbereitung ** *Präparationsheft* **
Präparator, der; –s, ..toren:
Hersteller von Präparaten **
präparieren (..iert) tr.: vor-
zubereiten : Präparate machen
präponderanz (l.), die; –,
–en: Übergewicht : das Vorherrschen ** **präponderieren**
(..iert) intr.: vorherrschen
Präposition (l.), die; –, –en:
(Sprachl.) Vorwort, Verhältniswort ** **präpositional** Ew.:
Verhältniswort betreffend **
*Präpositionalattribut; Präpo-
sitionalausdruck; Präpositio-
nalfall; Präpositionalobjekt* **
Präpositur, die; –, –en:
Oberkirchenamt : Propstei **
Präpositus, der; –, ..ti: Vorsteher : Propst
präpotent (l.) Ew.: über-
mächtig : überheblich : dreist **
Präpotenz, die; –, –en: Über-
macht : Überheblichkeit
Präputium (l.), das; –s, ..tien:
Vorhaut
Präraffaelit (l.-it.), der; –en,
–en: englische Kunstrichtung :
Nachahmer der Vorgänger Raf-
faels
Prärie (fr.), die; –, ..rien:
„Wiese“ : große Steppe ** *Prä-
riegras; Präriehund*
Prärogativ (l.), das; –s, –e;
Prärogative [..w..], die; –,
–n: „Vorrecht“, Privileg
Prasem, der; –s, –s; **Praser**
(gr.-l.), der; –s, –: Lauchstein,
lauchgrüner Bergkristall
Präsens (l.), das; –, ..sentia:
(Sprachl.) Gegenwart(sform)
** **präsent** Mw. Ew.: gegenwärtig : anwesend ** **Präsent,**
das; –(e)s, –e: Geschenk :
kleine Aufmerksamkeit ** *zum
Präsent machen* tr. **
präsentabel Ew.: ansehnlich
: vorzeigbar ** **Präsentant,**
der; –en, –en: Vorleger eines
Wechsels ** **Präsentation,**
die; –, –en: Vorlegung : Vorzeigung : Vorstellung ** *Präsenta-
tionsrecht:* Vorschlagsrecht;
Präsentationsvermerk **

Prä|sen|ta|tum, das; –s, –s und ..ta: Tag des Vorlegens *** prä|sen|tie|ren** (..iert) tr.: anbieten : darreichen : vorzeigen : vorlegen : vorstellen : überreichen : (Heerw.) Ehrenbezeigung machen durch Vorhalten des Gewehres; rbz.: erscheinen : in die Augen fallen ***** *Präsentierbrett; auf dem Präsentierteller:* für alle sichtbar, der Öffentlichkeit ausgesetzt *** prä|sen|tiert** Mw. Ew.: „eingegangen", vorgelegt *** Prä|senz**, die; –: Anwesenheit : Stärke (einer Truppe usw.) ***** *Präsenzbibliothek:* Bücherei, deren Bücher nur vor Ort benutzt werden dürfen; *Präsenzgelder:* Tagegelder : Diäten; *Präsenzliste; Präsenzstand; Präsenzstärke*
Pra|se|o|dym (gr.), das; –s: ein Metall; Abk.: Pr *** Pra|se|o|lith**, der; –s, –e: ein Mineral
Prä|se|pe (l.), das; –s, ..pien: Weihnachtskrippe : Sternbild
Prä|ser, der; –s, –: (Umgspr. kurz) Präservativ *** Prä|ser|va|tiv** (l.) [..w..], das; –s, –e: Vorbeugungs-, Schutzmittel : Kondom (Gummiüberzug für das männliche Glied zur Empfängnisverhütung und Schutz vor Infektionen) *** prä|ser|va|tiv** Ew.: vorbeugend : verhütend *** Prä|ser|ven** [..w..] Mz.: Mittel zur Konservierung : Eingemachtes : gedörrtes Gemüse *** prä|ser|vie|ren** (..iert) [..w..] intr.: vorbeugen; tr.: verwahren : abwehren
Prä|ses (l.), der; –, – und ..siden: Vorsitzender *** Prä|si|dent**, der; –en, –en: Vorsitzender : Vorsitzer : Oberhaupt *** prä|si|di|al** Ew.: das Präsidium betreffend : vom Präsidenten ausgehend ***** *Präsidialerlaß* → *Präsidialerlass*; *Präsidialgebäude; Präsidialgewalt; Präsidialmacht; Präsidialsystem:* demokrat. Regierungssystem, bei dem das Staatsoberhaupt gleichzeitig Regierungschef ist *** prä|si|die|ren** (..iert) intr.: vorsitzen : den Vorsitz führen *** Prä|si|di|um**, das; –s, ..dien: Vorsitz : Vorstand (Gesamtheit der Vorsitzenden) : Amtsgebäude eines Polizeipräsidenten
präs|kri|bie|ren (..iert) (l.) tr.: vorschreiben : verordnen : (Rechtsspr.) verjähren *** Prä-**

s|krip|tion, die; –, –en: Vorschrift : (Rechtsspr.) Verjährung

Prä-s-k-ription
Obwohl die Vorsilbe *prä* und auch das Wort *Skript* geläufig sind, kann außer zwischen diesen Wortteilen auch nach den Sprechsilben *präs-* und sogar *präsk-* getrennt werden. Im Zweifelsfall ist die Trennung nach erkennbaren Wortteilen vorzuziehen.

Praß → **Prass**, der; –es: Masse : Haufen wertloser Dinge : Plunder (auch Prasst) : das Prassen : Schwelgerei *** pras|seln** (ich prassele und prassle) intr.: knatternde Schallgeräusche erzeugen : geräuschvoll niederfallen *** pras|sen** (du prassest und prasst, er prasst; du prasstest; geprasst) intr., tr.: schlemmen : schwelgen *** Pras|ser**, der; –s, –: einer, der prasst : Schlemmer *** Pras|se|rei**, die; –, –en: das Prassen : Schwelgerei *** pras|se|risch** Ew.: in der Weise eines Prassers : verschwenderisch
prä|sta|bi|lie|ren (..iert) tr.: vorher bestimmen : vorher festsetzen ***** *prästabilierte Harmonie:* philosoph. Begriff bei Leibniz *** Prä|stan|dum**, das; –s, ..da: Gebühr, Pflichtleistung *** Präs|tant**, der; –en, –en: Blend-, Vorderpfeife an der Orgel : Kleinprinzipal (Orgelstimme) *** Präs|tanz**, die; –, –en: Vorzüglichkeit : Leistungsfähigkeit *** Präs|ta|ti|on**, die; –, –en: Leistung : (Rechtsspr.) Gewährleistung für Mängel *** präs|tie|ren** (..iert) tr.: leisten : (Rechtsspr.) Gewähr leisten für Mängel
prä|su|mie|ren (..iert) (l.) tr.: annehmen : voraussetzen : vermuten : sich einbilden *** Prae|sum|tio iu|ris**, die; – –: (Rechtsspr.) vom Gesetz aufgestellte Vermutung ***** *praesumtio iuris et de iure:* (Rechtsspr.) vom Gesetz aufgestellte unwiderlegliche Vermutung *** Prä|sum|ti|on**, die; –, –en: Annahme : Voraussetzung : Vermutung *** prä|sum|tiv** Ew.: mutmaßlich : wahrscheinlich
Prä|ten|dent (l.), der; –en, –en: Kronbewerber *** prä|ten|die-**

ren (..iert) tr.: beanspruchen : Anspruch machen *** Prä|ten|sion, Prä|ten|ti|on**, die; –, –en: Anspruch : Anmaßung : Dünkel *** prä|ten|ti|ös** Ew.: anspruchsvoll : anmaßend : dünkelhaft
Pra|ter (l.), der; –s: Vergnügungspark in Wien [l. pratum Wiese]
prä|te|rie|ren (..iert) (l.) tr.: vorübergehen : auslassen : übergehen *** Prä|te|rie|rung**, die; –, –en: Übergehung *** Prä|te|ri|tio**, die; –, ..itionen: (Redekst.) vermeintliche Übergehung *** Prä|te|ri|to|prä|sens**, das; –, ..sentia: (Sprachl.) Zeitwort mit Vergangenheitsform, aber Gegenwartsbedeutung (z. B. dürfen, können, wissen) *** Prä|te|ri|tum**, das; –s, ..ta: (Sprachl.) Vergangenheitsform
prä|ter|pro|pter (l.) Uw.: ungefähr : etwa; Abk.: p. ptr.
Prä|text (l.), der; –es, –e: Scheingrund : Vorwand
Prä|tor (l.), der; –s, ..toren: hoher Justizbeamter im alten Rom *** Prä|to|ri|a|ner**, der; –s, –: Angehöriger der kaiserlichen Leibwache im alten Rom *** Prä|tur**, die; –, –en: Prätorwürde : Amt, Amtszeit des Prätors
pratsch!: Tonwort zur Bezeichnung eines Knalles, Falles : patsch : platsch *** Prat|sche**, die; –, –n: Patsche : Klaue : Tatze ***** *Fliegenpratsche:* Fliegenklappe *** prat|schig** Ew.: plump : breit : (übertr.) weitschweifig : langweilig
pratzsch: s. pratsch *** Prat|ze**, die; –, –en: Klaue : Tatze : Pfote : (übertr.) große Hand *** prat|zig:** vgl. pratschig
prä|va|lie|ren (..iert) (l.) [..w..] intr.: überlegen sein : vorherrschen : überwiegen
prä|ve|nie|ren (..iert) (l.) [..w..] intr.: zuvorkommen : vorgreifen *** Prä|ve|ni|re**, das; –(s): das Zuvorkommen : das Vorgreifen ***** *das Prävenire spielen:* zuvorkommen *** Prä|ven|ti|on**, die; –, –en: Zuvorkommen : Vorbeugung ***** *Präventionstheorie:* Strafrechtslehre, nach der Verbrecher vorbeugend unschädlich zu machen sind *** prä|ven|tiv** Ew.: vor-

beugend ✳ *Präventivkrieg; Präventivmaßnahme; Präventivmittel*

Praw|da (russ.), die; –: „Wahrheit", bis 1992 erschienene Moskauer Zeitung, lange Zentralorgan der KPdSU

Pra|xis (gr.), die; –, -en: Berufsausübung des Arztes und Anwaltes : die Praxisräume : Anwendung : Erfahrung : Geschäftskreis ✳ **in pra|xi** (gr.-l.): in der Anwendung : in der Wirklichkeit

Prä|ze|dens (l.), das; –, ..denzien: Vorrang : richtunggebendes Beispiel ✳ **Prä|ze|denz,** die; –, -en: Rangfolge ✳ *Präzedenzfall; Präzedenzstreitigkeit;* Rangstreitigkeit

Prä|zep|tor (l.), der; –s, ..toren: Lehrer : Erzieher ✳ **Prä|zes|si|on,** die; –, -en: (Astron.) „Vorrücken" : scheinbare Ortsveränderung der Fixsterne : das Vorrücken der Nachtgleichen

prä|zi|pie|ren tr.: vorausnehmen : vorausbekommen : vorschreiben ✳ **Prä|zi|pi|tat,** das; –(e)s, -e: Bodensatz : Niederschlag : Quecksilberchlorid ✳ *Präzipitatssalbe:* Quecksilbersalbe ✳ **Prä|zi|pi|ta|ti|on,** die; –, -en: Eilfertigkeit : Hast : (Chem.) Niederschlagsbildung ✳ **Prä|zi|pi|ti|ne** Mz.: Abwehrstoffe ✳ **Prä|zi|pu|lum,** das; –s, ..pua: Vorrecht : vorher abzuziehender Betrag

prä|zi|pie|ren: s. Präzeptor

prä|zis, prä|zi|se (l.) Ew. (..iseste): bestimmt : bündig : genau : knapp : pünktlich ✳ **prä|zi|sie|ren** (..iert) tr.: genau feststellen : genau umgrenzen ✳ **Prä|zi|sie|rung,** die; –, -en: genaue Darlegung ✳ **Prä|zi|si|on,** die; –, -en: Bestimmtheit : Bündigkeit : Genauigkeit : Pünktlichkeit ✳ *Präzisionsarbeit; Präzisionsgewicht; Präzisionsinstrument:* sehr genaues Instrument; *Präzisionsmaschine; Präzisionsuhr; Präzisionswaage; Präzisionswaffe*

Pre|del|la (it.), die; –, -s und ..llen; **Pre|del|le,** die; –, -n: Sockel eines Altaraufsatzes

pre|di|gen (l.) tr.: als Priester das Wort Gottes verkündigen : etwas laut verkünden : im Ton eines Predigers schelten, eifern ✳ **Pre|di|ger,** der; –s, –:

Geistlicher : einer, der predigt ✳ *Predigeramt; Predigerseminar* ✳ **pre|di|ger|haft** Ew.: in der Weise eines Predigers : wie ein Prediger ✳ **Pre|digt,** die; –, -en: Kanzelrede : Scheltrede (Gardinenpredigt) : Strafrede *Predigtamt; Predigtbuch; Predigtsammlung; Predigtstuhl:* Kanzel

Pre|fe|rence (fr.) [..rangß], die; –, -n: Vorhand, Trumpffarbe im Kartenspiel : ein Kartenspiel

prei|en (ndl.) (gepreit) tr.: (seem.) anrufen ✳ *Preischuß →Preischuss:* Signalschuss

Preis, der; –es, -e: Priese : Einfassung : Bund

Preis (fr.), der; –es, -e: Geldwert : Belohnung : Ruhm, Lob ✳ *Preisabbau; Preisaufgabe; Preisausschreiben; Preisbewegung; Preisbewerber; preisbewußt → preisbewusst; Preisbindung; Preisfrage; preisgeben* tr.: aufgeben; *preisgekrönt* Mw. Ew.; *Preisgericht; Preisgrenze; Preisindex; Preiskurant; Preislage; Preisliste; Preisnotierung; Preisrätsel; Preisrichter; Preisschild; Preisschlager:* besonders günstiger Preis; *Preissenkung; Preisstopp; Preissturz; Preistafel; Preisträger:* Sieger eines Wettbewerbs; *Preistreiber; Preisüberwachungsstelle; Preisverteilung; Preisverzeichnis; preiswert* Ew.; *Preiswucher* ✳ **prei|sen** (du priesest und preist, er preist; du priesest, er pries; gepriesen; preise! und preis!) tr.: Preis zollen : rühmen : loben ✳ *Preisgesang; Preislied* ✳ **preis|lich** Ew.: preiswert : löblich

Prei|sel|bee|re, Preiß|el|bee|re, die; –, -n: rote Heidelbeere, Kronsbeere

pre|kär (l.) Ew.: unsicher : schwankend : misslich : unangenehm ✳ *prekäre Lage:* bedenkliche Lage

Prell, der; –es: Länge von prall ausgespannten Jagdleinen, Tüchern, Netzen ✳ **Prel|le,** die; –, -n: das Prellen : das Prellnetz, Prelltuch, -leinen ✳ **prel|len** intr.: (ab)prallen; tr.: prall machen : (weidm.) von einem prallen Tuch in die Höhe schnellen : (übertr.) übervortei-

len ✳ *um etwas prellen* tr.: betrügen ✳ **Prell|ball:** ein Ballspiel; *Prellbock:* (Eisenb.) Bock am Gleisende; *Prellgarn; Prellhammer:* Werkzeug zum Schmieden der Luppen; *Prellnetz; Prellplatte; Prellring; Prellschuß → Prellschuss; Prellstein* ✳ **Prel|ler,** der; –s, –: ein Betrüger ✳ **Prel|le|rei,** die; –, -en: das Prellen ✳ **Prel|lung,** die; –, -en: innere Verletzung durch Stoß oder Schlag mit Bluterguss

Pre|mi|er (fr.) [premjeh], der; –s, –s: „Erster", Ministerpräsident ✳ *Premierminister* ✳ **Pre|mi|e|re,** [premjähre], die; –, -n: Erstaufführung

Pres|by|o|pie (gr.), die; –: Alterssichtigkeit

Pres|by|ter (gr.), der; –s, –: Kirchenältester ✳ **Pres|by|te|ri|al|ver|fas|sung,** die; –, -en: Synodalverfassung ✳ **Pres|by|te|ri|a|ner,** der; –s, –: Anhänger der protestantischen, nichtanglikanischen Kirchengemeinschaft in England ✳ **pres|by|te|ri|a|nisch** Ew.: zu den Presbyterianern gehörig ✳ **Pres|by|te|ri|um,** das; –s, ..rien: Versammlung der Kirchenältesten : Kirchenrat

pre|schen (du presch[e]st und prescht) intr.: rennen : jagen

preß → press (l.-fr.) Mw. Ew.: dicht : eng ✳ **pres|sant** (fr.) Mw. Ew.: drängend : eilig : dringend ✳ **Pres|se,** die; –, -n: das Pressen : Druck : Klemme : Not : Apparat zur Erzeugung von Druck, z. B. Kelterpresse, Buchdruckpresse usw. : Gesamtheit der Nachrichtenwesens, namentl. der Zeitungen : Lehranstalt zur schnellen Vorbereitung ✳ *Preßbengel → Pressbengel:* Hebel zum Anziehen der Schraube einer Presse; *Preßfuge → Pressfuge; Preßglanz → Pressglanz; Preßglas → Pressglas; Preßhaspel → Presshaspel:* Haspel zum Zuziehen einer Presse; *Preßhefe → Presshefe; Preßkohle → Presskohle; Preßkopf → Presskopf:* unterer dicker Schraubenteil an großen Pressen : Sülzwurst; *Preßluft → Pressluft; Preßluftbohrer → Pressluftbohrer; Preßlufthammer → Presslufthammer; Preß-*

masse → *Pressmasse; Preß-
most* → *Pressmost:* Obstmost;
Preßsack → *Presssack; Preß-
schraube* → *Pressschraube;
Preßspan → *Pressspan:* holz-
freie feste, glatte Pappe; *Preß-
stoff* → *Pressstoff; Preßtür* →
Presstür: Pressspindel; *Preß-
wurst* → *Presswurst; Preß-
zwang* → *Presszwang* * *Pres-
seamt; Pressebericht; Presse-
büro; Pressechef; Pressefrei-
heit; Pressegesetz; Pressekon-
ferenz; Pressemeldung;
Pressephotograph* → *Pressefo-
tograf; Presserecht; Presse-
stelle; Pressestimme; Presse-
vertreter; Pressewesen* *
pres|sen (du pressest und
presst, er presst; du presstest;
gepresst; presse!) tr.: zusam-
mendrücken : quetschen : mit
Gewalt anwerben * **Pres|ser,**
der; –s, –: jemand, der presst :
Zwangsvollstrecker : Hebel,
mittels dessen man eine Spule
dicht bewickeln kann *
pres|sie|ren (..iert) (l.) intr.:
eilig sein * **Pres|sung,** die; –,
–en: das Pressen
Pres|ti|ge [..stihsch'], das; –s:
Geltung : Ansehen * *Prestige-
frage; Prestigegewinn; Presti-
gesache; Prestigeverlust* *
pres|tis|si|mo (it.): (Mus.)
sehr schnell * **pres|to** (it.):
(Mus.) schnell
Preu|ßen * **Preu|ße,** der; –n,
–n: Einwohner des preuß. Staa-
tes * **preu|ßisch** Ew.: zu Preu-
ßen gehörig : auf Preußen bezogen * *Preußischblau:* vgl.
Berliner Blau
Pre|zi|o|sen, *auch:* **Pre|ti|o-
sen** (l.) Mz.: Kostbarkeiten :
Geschmeide : Edelsteine *
pre|zi|ös, *auch:* **pre|ti|ös**
(..öser, ..ösest) Ew.: kostbar :
geziert : gezwungen

Pri|a|mel (l.), die; –, –n; das;
–s, –: Sinn-, Spruchgedicht
Pri|a|mos, Pri|a|mus: König
von Troja

pri|a|pe|isch, pri|a|pisch Ew.:
(gr.) unzüchtig : zotig *
Pri|a|pis|mus, der; –: krank-
hafter Steifstand (des Gliedes)
* **Pri|a|pus** (gr.): Gott der
Fruchtbarkeit
Pri|ckel|lei, die; –, –en: das
Prickeln : etwas Prickelndes :
prickelnder Reiz * **prick|lig**
Ew.: prickelnd * **pri|ckeln** (ich
..[e]le) intr., tr.: leicht und leise
pricken : eine Menge kleiner
Stiche versetzen : (übertr.) rei-
zen * **pri|cken** tr.: stechen :
durchbohren
Prie|che, die; –, –n: (nordd.)
Empore in der Kirche
Priel, der; –(e)s, –e; **Prie|le,**
die; –, –n: (niederd.) Wasser-
rinne : seichte Fahrwasser-
rinne des Wattenmeeres *
Priellauf: Anschlick
Priem (ndl.), der; –(e)s, –e;
Prie|me, die; –, –n; Priemchen:
Stückchen Kautabak * **prie-
men** tr., intr.: Tabak kauen
Prien: oberbayr. Ort am
Chiemsee
Prie|se: s. Preis (Einfassung)
Prieß|nitz: Begründer einer
Kaltwasserkur * *Prießnitzkur:*
Kaltwasserkur; *Prießnitzum-
schlag*
Pries|ter (gr.), der; –s, –:
Geistlicher * *Priesteramt;
Priestergelübde; Priesterhan-
del:* sein gutes Geschäft; *Pries-
terherrschaft; Priesterklei-
dung; Priesterorden; Priester-
rock; Priesterseminar; Pries-
terweihe* * **Pries|te|rin,** die; –,
–nen: weibl. Priester *
pries|ter|lich Ew.: priesterhaft
: von den Priestern ausgehend,
in ihrer Würde begründet, dar-
auf bezüglich * **Pries|ter-
schaft,** die; –, –en; **Pries|ter-
tum,** das; –(e)s, ..tümer: Pries-
terwürde : Gesamtheit von
Priestern
Prig|nitz: nw. Teil Branden-
burgs
Prim, Pri|me (l.), die; –, ..men:
erste Stufe : Primzahl : (Fechtkst.) bestimmte Fechtstellung :
Art des Schlages : (Buchdrw.)
Schöndruck (erste Fläche eines jeden gesetzten und be-
druckten Bogens) : erste Bet-
stunde oder zweite kanonische
Stunde : (Mus.) erster Ton einer Oktave, erste Stimme, erste
Geige * *Primgeige; Primgeld;*

Kaplaken; *Primzahl:* nicht
durch andere teilbare, nicht in
Faktoren zerlegbare Zahl *
Primenblatt: siehe Prim
(Buchdrw.); *Primentafel*
Prim..: Primarius, s. prima
pri|ma (l.): (kfm.) die beste
(Sorte); Abk.: la * *Primaquali-
tät; Primaware; Primawech-
sel:* erste Ausfertigung eines
Wechsels * **pri|ma vis|ta** (it.):
(Wechsel) bei Sicht (zu zahlen) :
(Mus.) vom Blatt (zu spielen)
* **Pri|ma,** die; –, ..men: (ver-
alt.) oberste Klasse einer höhe-
ren Schule * **Pri|ma|bal|le|ri-
na** (it.), die; –, –nen: erste So-
lotänzerin im Ballett * **Pri|ma-
don|na,** die; –, ..nnen: erste
Sängerin * **Pri|ma|ner,** der; –s
–; **Pri|ma|ne|rin,** die; –, –nen:
Schüler(in) der Prima * **pri-
mär** Ew.: ursprünglich : an-
fänglich * *Primärliteratur:* die
dichterischen Werke; *Primär-
strom:* Hauptstrom; *Primär-
wicklung:* Umspanner * **Pri-
mar|arzt** (östr.) der; –es,
..ärzte: Chefarzt * **Pri|ma-
ri|us,** der; –, ..rien: der Erste :
Oberpfarrer; Abk.: Prim. *
Pri|mas, der; –, ..masse und
..maten: Erster, Oberster : erster Bischof eines Landes : erster Geiger einer Zigeunerka-
pelle * **Pri|mat,** der oder das;
–(e)s, –e: erster Rang : Vorrang
: (kath. K.) Vollgewalt des
Papstes * **Pri|ma|ten** Mz.: Her-
rentiere, Säugetiergruppe der
Affen * **Pri|ma|to|lo|gie** (l.),
die; –: Wissenschaftsbereich
zwischen Zoologie und An-
thropologie, der sich mit der
Erforschung des Übergangs
vom Affen zum Menschen be-
fasst * **pri|ma|to|lo|gisch** Ew.
* **Pri|mo|ge|ni|tur,** die; –, –en:
Erstgeburt : Erstgeburtsrecht *
Pri|mus, der; –, ..mi: der Erste
: Klassenerster * **Pri|mus
in|ter pa|res:** der; – – –: der
Erste unter Gleichen
Pri|ma|ge (fr.) [..mahsche],
die; –, –n: Versicherungspreis :
Assekuranzprämie : Primgeld
Pri|me: s. Prim
Pri|mel (l.), die; –, –n: Him-
melsschlüssel (erste Frühlingsblume)
Prim|geld: s. Prim
pri|mi|tiv (l.) Ew.: ursprünglich
: urzuständlich : einfach : un-

vollkommen : geistig wenig entwickelt ✳ **Pri|mi|ti|vi|tät,** die; –: Ursprünglichkeit : Einfachheit ✳ **Pri|mi|ti|vum** [..w..], das; –s, ..va: (Sprachl.) Grund-, Stamm-, Wurzelwort

Pri|miz (l.), die; –, –en: Erstlingswerk : erste Messe eines neu geweihten kath. Priesters ✳ *Primizfeier* ✳ **Pri|mi|zi|ant,** der; –en, –en: Verfasser : neu geweihter kath. Priester ✳ **Pri|mi|zi|en** Mz.: Erstlingsopfer

Pri|mo|ge|ni|tur, Pri|mus: s. prima

Prim|zahl: s. Prim

Prin|te, die; –, –n: Gewürzkuchen ✳ *Aachener Printen;* vgl. Brente, Brinte

Prin|ted in Ger|ma|ny [printet in dschörmeni]: In Deutschland gedruckt (Impressumsvermerk in Druckwerken) ✳ **Prin|ter** (e.), der; –s, –: (EDV) Drucker : Kopierer ✳ **Print|me|di|um** (e.-l.), das; –s, ..dien: Druckwerk (im Unterschied zu audiovisuellem Medium)

Prin|ters (e.) Mz.: rohes Nesselgewebe

Prinz (fr.), der; –en, –en: nicht regierende Person aus fürstlicher Familie männlichen Geschlechts : ein Schmetterling : Mondschneckenart ✳ *Prinzgemahl; Prinzregent* ✳ *Prinzenerzieher* ✳ **prinz|lich, prin|zeß|lich** → **prin|zess|lich** Ew.: einem Prinzen, einer Prinzessin gehörig, gemäß ✳ **Prin|zes|sin,** die; –, –nen: nicht regierende Person weibl. Geschlechts aus fürstlichem Hause ✳ *Prinzeßkleid* → *Prinzesskleid*

Prin|zeps (l.), der; –, ..zipes: der Erste : der Vornehmste [l. princeps Fürst]

Prin|zip (l.), das; –s, –ien: das Wesentliche : Hauptbestandteil : Grundursache : Grundsatz : Grundgesetz ✳ *Prinzipienfrage; Prinzipienreiter:* jmd., der pedantisch auf Grundsätzen besteht; *Prinzipienstreit* ✳ **Prin|zi|pal,** der; –s, –e: Lehrherr : Geschäftsinhaber : Leiter : Haupt ✳ **Prin|zi|pal** (it.), das; –(e)s, –e: Hauptstimme der Orgel ✳ **prin|zi|pal** Ew. (meist in Zus.): hauptsächlich ✳ *Prinzipalgläubiger:* Hauptgläubiger

✳ **prin|zi|pa|li|ter** Uw.: hauptsächlich : grundsätzlich : vor allem ✳ **Prin|zi|pat,** das, (fachsprachl.) der; –(e)s, –e: Vorrang : altrömische Verfassungsform ✳ **prin|zi|pi|ell** Ew.: grundsätzlich : im Prinzip

Pri|or (l.), der; –s, ..oren: Ordensoberer : Stellvertreter des Abts ✳ **Pri|o|rat,** das; –(e)s, –e: Amt des Priors : Würde des Priors ✳ **Pri|o|rin** (l.) die; –, –nen: Ordensoberin : Stellvertreterin der Äbtissin ✳ **Pri|o|ri|tät,** die; –, –en: Erstrecht : Erfinderrecht : Vorrang : Vorzugsrecht : (Mz.) Wertpapiere mit Vorzugsrecht ✳ *Prioritätsaktien* Mz.: Prioritäten; *Prioritätsanspruch; Prioritätsschuld*

Pri|se (fr.), die; –, –n: Fang : Seebeute : so viel (Tabak, Samen, Salz usw.), wie man zwischen zwei bis drei Fingern fassen kann ✳ *Prisengeld; Prisengericht; Prisenrecht* ✳ **pri|sen** intr., tr.: eine Prise Tabak nehmen : schnupfen

Pris|ma (gr.), das; –s, ..men: (Math.) mehrseitige Säule : Dreikant (Glas) : (Optik) Lichtzerleger ✳ *Prismenfernrohr; Prismenform; Prismenglas* ✳ **pris|ma|tisch** Ew.: prismenförmig ✳ *prismatische Farben* Mz.: Regenbogenfarben ✳ **Pris|ma|to|id,** das; –(e)s, –e: prismenähnlicher Körper ✳ **pris|ma|to|id** Ew.: prismenähnlich

pritsch! (tschech.): Ausruf : (altmärk.) fort! : weg! : verloren! ✳ **Pritsch, Britsch,** die; –, –en: Holzgerät zum klatschenden Schlagen : Werkzeug, um nasse Gegenstände glatt zu schlagen : hölzerne Lagerstatt : letztes Brett am Rennschlitten : leichter offener Wagen : flacher Reitsattel ✳ *Pritsch(en)meister:* Hanswurst mit der Pritsche; *Pritschenwagen* ✳ **prit|schen, brit|schen** tr.: klatschend schlagen

pri|vat (l.) [..w..] Ew.: nicht öffentlich : amtlos : außeramtlich : geheim : persönlich : häuslich : eigen : vertraulich : nicht staatlich ✳ *Privatangelegenheit; Privatangestellte(r); Privataudienz; Privatbahn; Privatbank; Privatbesitz; Privatbrief; Privatdetektiv; Privat-*

diskont: Zinsabzug bei Verkauf von Wechseln durch eine Bank; *Privatdozent; Privateigentum; Privatgespräch; Privatgläubiger; Privathaus; Privatinitiative; Privatinteresse; Privatklage; Privatklinik; Privatkundschaft; Privatleben; Privatlehrer; Privatleute; Privatmann; Privatmittel; Privatpatient; Privatperson; Privatquartier; Privatrecht; privatrechtlich* Ew.; *Privatsache; Privatschule; Privatsekretär; Privatstation; Privatstunde; Privatunternehmen; Privatunterricht; Privatvergnügen; Privatvermögen; Privatversicherung; Privatweg; Privatwirtschaft; Privatwohnung* ✳ **Pri|va|te,** der; –n, –n; ✳ **Pri|va|tier** [..tjeh], der; –s, –s: Privatmann : Rentner ✳ **pri|va|tim** Uw.: nicht öffentlich : für sich : insgeheim : zu Hause ✳ **pri|va|ti|sie|ren** (..iert) intr.: als Rentner leben : ohne Beruf leben ✳ **pri|va|tis|si|me** Uw.: ganz für sich : ganz abgesondert : streng vertraulich ✳ **Pri|va|tis|si|mum,** das; –s, ..ma: Vorlesung für einen engen Kreis ✳ **pri|va|tiv** Ew.: (veralt.) verneinend : ausschließend : abgesondert : befreiend ✳ **Pri|vé** (fr.), das; –s, –s: geheimes Gemach : Abort

Pri|va|ti|on (l.), die; –, –en: Beraubung : Verlust : Mangel

Pri|vi|leg (l.) [..w..], das; –s, –ien: Vorrecht : Ausnahmerecht : die über ein Vorrecht ausgestellte Urkunde ✳ **pri|vi|le|gie|ren** (..iert) tr.: bevorrechtigen : befreien ✳ **pri|vi|le|giert** Ew.: bevorrechtet : staatlich begünstigt

pro (l.): für ✳ **Pro,** das; –: Für ✳ *das Pro und Kontra;* das Für und Wider ✳ **pro an|no:** aufs Jahr; Abk.: p. a.

pro|ba|bel (l.) Ew.: erweislich : wahrscheinlich : beifallswert ✳ **Pro|ba|bi|lis|mus,** der; –: Wahrscheinlichkeitslehre : kath. (jesuitische) Rechtfertigungslehre ✳ **Pro|ba|bi|li|tät,** die; –, –en: Glaubwürdigkeit : Wahrscheinlichkeit ✳ **Pro|band,** der; –en, –en: **Pro|ban|dus,** der; –, ..di: Probekandidat ✳ **pro|bat** Ew.: erprobt ✳ **pro|ba|to|risch** Ew.: versuchsweise

Pro|be (l.), die; –, –n; Pröbchen: Versuch zur Erforschung der Beschaffenheit, der Richtigkeit und des Wertes einer Sache : Prüfung : Untersuchung : Vorübung : Unterlage : Muster : Beweiszeichen * *Probeabzug; Probealarm; Probearbeit; Probeband; Probebelastung; Probebogen; Probedruck; Probeexemplar; Probefahrt; probefahren* → *Probe fahren* (Probe gefahren, Probe zu fahren) tr.; *probefest* Ew.; *probehaltig* Ew.; *Probejahr; Probekandidat; probelaufen* → *Probe laufen* (Probe gelaufen, Probe zu laufen) intr.; *Probelektion; probemäßig* Ew.; *Probenummer; Probepredigt; probeschreiben* → *Probe schreiben* (Probe geschrieben, Probe zu schreiben) tr.; *Probeschrift; Probeseite; Probesendung; Probestück; probeturnen* → *Probe turnen; probeweise* Ew.: *Probezeit* * **prö|beln** (ich ..[e]le) intr.: an etwas herumprobieren * **pro|ben** tr.: prüfend versuchen : ausprobieren : beweisen : bewähren : Gold-, Silberwaren als probehaltig stempeln * **pro|bie|ren** (..iert) tr.: versuchen : proben : erforschen * *Probierblei; Probiergewicht; Probierglas; Probierhammer; Probierkunst; Probiernadel; Probiernäpfchen; Probierstube:* kleine Weinstube; *Probiertiegel; Probierwaage; Probierzange* * **Pro|bie|rer,** der; –s, –: einer, der etwas probiert, Prüfer

Probe fahren
Wortgefüge aus Substantiv (Hauptwort) und Verb (Tätigkeitswort) werden getrennt geschrieben: *Auto fahren, Probe fahren, Rad fahren, Ski fahren.*

Pro|bi|tät (l.), die; –: Rechtschaffenheit, Redlichkeit
Pro|blem (gr.), das; –s, –e: noch ungelöste Aufgabe : schwierige Frage : Fragestellung : Rätsel * *Problemdenken; Problemkreis; Problemstellung* * **Pro|ble|ma|tik,** die; –: Fragwürdigkeit : Ungelöstsein einer Sache * **pro|ble|ma|tisch** Ew.: fraglich : zweifelhaft : noch unentschieden
Probst|zel|la: Stadt in Thüringen

pro cen|tum (l.): für hundert : für das Hundert; Abk.: p. c. oder %
pro co|pia (l.): „für die Abschrift" : die Richtigkeit der Abschrift wird beglaubigt
Pro|de|kan (l.), der; –s, –e: Vertreter des Dekans an einer Hochschule
Pro|di|ga|li|tät (l.-fr.), die; –: Verschwendung : Verschwendungssucht
pro|di|gi|ös (l.) Ew.: wunderbar : erstaunlich
pro do|mo (l.): für das eigene Haus : in eigener Sache : zum eigenen Nutzen
Pro|drom (gr.), das; –s, –e: Vorläufer : Vorbote * *Prodromerscheinung:* Anzeichen
Pro|du|cer (e.) [prodjußᵉr], der; –s, –: Hersteller, Fabrikant : Regisseur : Filmproduzent
Pro|duct|place|ment *auch:* **Pro|duct-Pla|ce|ment** (e.) [prodaktplehßment], das; –s: Einschmuggeln von Markenartikeln in Fernsehsendungen oder Filmen * **Pro|dukt** (l.), das; –(e)s, –e: Erzeugnis : Ertrag : Ergebnis : (Math.) Ergebnis der Multiplikation : Frucht : Wirkung * *Produktenbörse:* Güterbörse; *Produktenhandel:* Warenhandel : Handel mit Landeserzeugnissen; *Produktenmarkt* * **Pro|duk|ti|on,** die; –, –en: Gütererzeugung : Herstellung * *Produktionsanlagen; Produktionsapparat; Produktionsausfall; Produktionsbasis; –beratung; –brigade; –erfahrung; –faktor; –form; –gang; –genossenschaft; –güter; Produktionskapazität; Produktionskosten; Produktionskraft; Produktionsleistung; Produktionsmenge; Produktionsmethode; Produktionsmittel; Produktionsplan; Produktionsprogramm; Produktionsprozeß* → *Produktionsprozess; Produktionsstätte; Produktionssteigerung; Produktionsverfahren; Produktionswert; Produktionszahl; Produktionsziel; Produktionsziffer; Produktionszweig* * **pro|duk|tiv** Ew.: ergiebig : fruchtbar : schöpferisch * **Pro|duk|ti|vi|tät** [..w..], die; –, –en: Fruchtbarkeit : Leistungskraft : Ergiebigkeit * **Pro|du|zent,** der; –en, –en: Er

zeuger : Hersteller * **pro|du|zie|ren** (..iert) tr.: hervorbringen : erzeugen : schaffen : (Wechsel) vorzeigen; rbz.: sich sehen, hören lassen
Prof. (Abk.): Professor * **Prof,** der; –s, –s: (stud. kurz) Professor
pro|fan (l.) Ew.: unheilig : ungeweiht : weltlich * *Profanbau; Profangeschichte* * **Pro|fa|na|ti|on,** die; –, –en: Entweihung : Missbrauch * **Pro|fa|ne,** der; die; –n, –n: Uneingeweihte(r) * **pro|fa|nie|ren** (..iert) tr.: entweihen * **Pro|fa|nie|rung,** die; –, –en: Entweihung * **Pro|fa|ni|tät,** die; –: Weltlichkeit : Alltäglichkeit
Pro|feß → **Pro|fess** (l.), der; –en, –en: Eingeweihter, der das Klostergelübde abgelegt hat * *Profeßhaus* → *Professhaus* * **Pro|feß** → **Pro|fess,** die; –, –e: Ordensgelübde der Mönche und Nonnen * **Pro|fes|si|on,** die; –, –en: Beruf : Handwerk : Gewerbe * *professionsmäßig* Ew. * **Pro|fes|si|o|nal** (e.), der; –s, –e: Berufssportler * **pro|fes|si|o|na|li|sie|ren** tr.: zum Beruf machen * **Pro|fes|si|o|na|lis|mus,** der; –: Ausübung des Berufssports : professionelle Einstellung * **pro|fes|si|o|nell** Ew.: handwerks-, berufsmäßig * **pro|fes|si|o|niert** Mw. Ew.: gewerbsmäßig * **Pro|fes|si|o|nist,** der; –en, –en: Handwerker : Facharbeiter : Gewerbetreibender * **Pro|fes|sor,** der; –s, ..ssoren: Hochschullehrer : ein Titel; Abk.: Prof. * *Professorenaustausch; Professorenkollegium; Professorentitel* * **pro|fes|so|ren|mä|ßig** Ew.: einem Professor gemäß * **Pro|fes|sur,** die; –, –en: Lehrstuhl : Lehramt an der Hochschule * **Pro|fi,** der; –s, –s: (Umgspr.) Professional * *Profiboxer; Profimannschaft* * **pro|fi|haft** Ew.: berufssportlich **pro|fi|ci|at** (l.): wohl bekomm's!
Pro|fil (fr.), das; –s, –e: Seitenansicht : Querschnitt : Längsschnitt * *Profilbild; Profileisen; Profilsohle* * **pro|fi|lie|ren** (..iert) tr.: im Quer-, Längsschnitt darstellen * **pro|fi|liert**

Ew.: klar umrissen : gerillt geformt
Pro|fit (l.), der; –(e)s, –e: Gewinn : Nutzen : Ertrag : Vorteil ✳ *Profitgier; Profitjäger; Profitmacher; Profitstreben* ✳
pro|fi|ta|bel Ew.: Gewinn bringend : einträglich ✳
pro|fi|tie|ren (..iert) intr.: gewinnen : Vorteil ziehen ✳
pro|fit|lich Ew.: vorteilsüchtig : sparsam
pro for|ma (l.): nur der Form wegen : zum Schein
Pro|fos (altfr.), der; –es und –en, ..se(n): „Vorgesetzter", (Mittelalt.) Offizier im Hauptmannsrang, mit der Wahrnehmung der Regimentspolizei betraut; auch Profoss
pro|fund (l.) Ew.: tief : gründlich ✳ **pro|fus** Mw. Ew. (–er, –este): überschwenglich : verschwenderisch : weitläufig : reichlich : zu stark
Pro|ge|ni|tur (gr.), die; –, –en: Nachkommenschaft
Prog|nath (gr.), der; –(e)s, –e: vorstehendes Gebiss
Prog|no|se (gr.), die; –, –n: Vorhersage : Vorauserkennung ✳ **Prog|nos|tik**, die; –: Lehre von der Prognose ✳ **Prog|nos|ti|kon**, das; –s, ..ken und ..ka: Vorzeichen : Wahrzeichen ✳ **prog|nos|tisch** Ew.: vorausdeutend : weissagend ✳ **prog|nos|ti|zie|ren** (..iert) tr.: vorhersagen : vorhererkennen ✳ **Prog|nos|ti|zie|rung**, die; –, –en: Vorhersage : Vorhererkennung
Prog|ramm (gr.), das; –s, –e: Ordnung : Festlegung der Reihenfolge : Entwurf : Plan : Übersicht : Einteilung : Darlegung (der leitenden Grundsätze) : Inhalt : Vortragsfolge : Einladungsschrift : Festordnung ✳ *Programmabhandlung; Programmabsturz; Programmänderung; programmgemäß, programmmäßig* → *programmmäßig* Ew.; *Programmfolge; Programmfüller; Programmgestaltung; programmgesteuert; Programmmusik* → *Programmmusik:* Wiedergabe von dichterischen Ideen durch die Musik; *Programmpunkt; Programmsteuerung;* automatische Steuerung; *Programmvorschau; Programmwahl; Pro-*

grammzeitschrift ✳ **prog|ram|ma|tisch** Ew.: dem Programm entsprechend : vorbildlich : richtungweisend ✳
prog|ram|mie|ren tr.: einen Arbeitsplan aufstellen : ein Programm am Computer entwickeln und eingeben ✳
Prog|ram|mie|rer, der; –s, –: (EDV) Fachkraft zur Entwicklung und Erstellung von Software ✳ **Prog|ram|mie|rung**, die; –, –en: (EDV) das Entwickeln und Eingeben von Computerprogrammen ✳ **Prog|ram|mie|rungs|tech|nik**, die; –, –en: (EDV) Fachgebiet, das sich mit allen technischen Fragen des Programmierens befasst ✳ **Pro|gram|mier|spra|che**, die; –, –en: (EDV) für Computer verständliche Befehlssprache
Prog|reß → **Prog|ress** (l.), der; –es, –e: Fortschritt ✳
Prog|res|si|on, die; –, –en: Stufenfolge : Fortschreitung : Reihe : mathematische Reihe ✳
Prog|res|si|o|nist, der; –en, –en: Fortschrittsfreund ✳ **prog|res|sis|tisch** Ew.: fortschrittsfreundlich ✳ **prog|res|siv** Ew.: stufenweise fortschreitend : nach und nach ✳ *Progressivsteuer:* gestaffelte Besteuerung
Pro|gym|na|si|um (gr.), das; –s, ..sien: Gymnasium ohne Oberstufe
Pro|gy|non (gr.), das; –s: Geschlechtshormon
pro|hi|bie|ren (..iert) (l.) tr.: verhindern : Einhalt tun ✳
Pro|hi|bi|ti|on, die; –, –en: Verbot : Alkoholverbot, Verbot der Einfuhr und des Verkaufs alkohol. Getränke ✳ **pro|hi|bi|tiv** Ew.: verbietend : verhindernd ✳ *Prohibitivmaßregel; Prohibitivzoll* ✳ **Pro|hi|bi|to|ri|um**, das; –s, ..rien: Einhaltsbefehl : Verbot der Ein- und Ausfuhr von Waren
Pro|jekt (l.), das; –(e)s, –e: Plan : Entwurf : Vorhaben ✳ *Projektemacher:* Pläneschmieder; *Projektgruppe:* Arbeitsgruppe für ein bestimmtes Vorhaben ✳ **pro|jek|tie|ren** (..iert) tr.: entwerfen : in Aussicht nehmen ✳ **Pro|jek|til** (fr.), das; –s, –e: Geschoss ✳ **Pro|jek|ti|on** (nl.), die; –, –en: „Bildwurf" :

Ansichtzeichnung : Abbild : Umriss : Verflächung : Darstellung von Raumgebilden auf einer Ebene : (Psychologie) Übertragung ✳ *Projektionsapparat:* Bildwerfer; *Projektionslampe; Projektionsschirm; Projektionsverfahren; Projektionswand* ✳ **Pro|jek|tor** (l.), der; –s, ..toren: Bildwerfer ✳
pro|ji|zie|ren (..iert) tr.: darstellen : im Grundriss zeichnen : entwerfen : mit dem Projektionsapparat vorführen
Prok|la|ma|ti|on, **Prok|la|mie|rung** (l.), die; –, –en: Verkündigung : öffentliche Bekanntmachung ✳ **prok|la|mie|ren** (..iert) tr.: öffentlich bekanntmachen : aufbieten
Prok|li|se, **Prok|li|sis** (gr.), die; –, ..klisen: (Sprachl.) „Vorlehnung", die Anlehnung eines tonisch unselbständigen Wortes an das folgende (z. B. 's ist besser) ✳ **Prok|li|ti|ka**, die; –, ..ken und –; **Prok|li|ti|kon**, das; –s, ..ka: (Sprachl.) Wort, das sich in der Betonung an das folgende Wort anlehnt ✳
prok|li|tisch Ew.
Pro|kon|sul (l.), der; –s, –n: stellvertretender Konsul ✳
Pro|kon|su|lat, das; –(e)s, –e: Amt des Prokonsuls
Prok|rus|tes: gr. Sagengestalt ✳ *Prokrustesbett:* Folterbank : (übertr.) Zwangslage
Prokt|al|gie (gr.), die; –, ..gien: (Med.) Schmerzen im After, Mastdarm ✳ **Prok|ti|tis**, die; –: (Med.) Afterentzündung : Mastdarmentzündung
Pro|ku|ra (l.), die; –, –: Handlungsvollmacht ✳ **Pro|ku|ra|ti|on**, die; –, –en: Stellvertretung : Auftragsbesorgung ✳
Pro|ku|ra|tor, der; –s, ..toren: Sachwalter : Bevollmächtigter : Stellvertreter ✳ **Pro|ku|rist**, der; –en, –en: Inhaber der Prokura : Geschäftsführer ✳ *Prokuristenstelle*
Pro|ky|on (gr.), der; –: „Vorhund", Stern im Kleinen Hund
Pro|laps (l.), der; –, –en: (Med.) Vorfall : Heraustreten weicher Körperteile
Pro|le|go|me|na (gr.) Mz.: Vorbemerkungen : Einleitung ✳ **Pro|log** (gr.), der; –s, –e: Einleitung : Vorrede
Pro|lep|se, **Pro|lep|sis** (gr.),

die; –, ..lepsen: Vorwegnahme : vorzeitiges Eintreten einer Krankheitserscheinung * **proleptisch** Ew.: vorwegnehmend, vorgreifend

Prolet (l.), der; –en, –en: (stud.) Ungebildeter : Rohling : (verächtl.) Proletarier *

Proleta|ri|at, das; –(e)s, –e: Gesamtheit der Proletarier *

Proleta|ri|er, der; –s, –: zur besitzlosen Klasse Gehöriger * **prole|ta|risch** Ew.: proletenhaft : wie ein Proletarier * **prole|ta|ri|sie|ren** tr.: zu Proletariern machen * *Proletarisierung*

Proli|fe|ra|ti|on (l.), die; –, –en: (Med.) Wucherung *

Proli|fe|ra|ti|on (e.) [prolifferehschn], die; –, –s: Preisgabe des Knowhows oder der Mittel zum Bau von Kernwaffen sowie deren Weitergabe selbst

pro|lix (l.) Ew.: weitläufig : weitschweifig

pro lo|co (l.): für den Ort : für die Stelle * *Prolocoarbeit:* Prüfungsarbeit

Prol|og: s. Prolegomena

Pro|lon|ga|ti|on (l.), die; –, –en: Verlängerung : Aufschub : Stundung * *Prolongationsschein:* Verlängerungsschein * **pro|lon|gie|ren** (..iert) tr.: verlängern, stunden

pro me|mo|ria (l.): zur Erinnerung * **Pro|me|mo|ria**, das; –s, ..rien und –s: „zur Erinnerung", Denkschrift : Eingabe an eine Behörde

Prome|na|de (fr.), die; –, –n: Spaziergang : Spazierweg * *Promenadenanlage; Promenadendeck; Promenadenmischung:* (Umgspr.) nicht reinrassiger Hund; *Promenadenweg* * **pro|me|nie|ren** (..iert) intr.: spazierengehen : sich ergehen

Pro|mes|se (it.), die; –, –n: Versprechen : Verheißung : Anteilschein : Schuldverschreibung : Zusageschein : Vergütung * *Promessengeschäft*

prome|the|isch (gr.) Ew.: nach Art des Prometheus : titanenhaft * **Prome|theus:** Halbgott der altgriech. Sage * **Prome|thi|de**, der; –n, –n: titanenhafter Mensch

pro mil|le (l.): für das Tausend; Abk.: p. m. oder ‰ *

Pro|mil|le, das; –(s), –: für das Tausend, vom Tausend * *Promillegrenze; Promillesatz*

promi|nent (l.) Ew.: hervorragend : bedeutend : maßgebend * **Promi|nen|te**, der; die; –n, –n: überragende, bedeutende Persönlichkeit * **Promi|nenz**, die; –, –en: überragende Bedeutung : Kreis der Prominenten

Promis|ku|i|tät, die; –: Vermischung : Gemeinschaftsehe : häufig wechselnder Geschlechtsverkehr

Promis|sar (l.), der; –s, –e: ein leichthin Versprechender : ein Versprechen Empfangender * **promis|so|risch** Ew.: verheißend * *promissorischer Eid:* Versprechungseid * **Promit|tent**, der; –en, –en: Versprecher

Pro|mo|ter (l.-e.), der; –s, –: Veranstalter von sportlichen Berufswettkämpfen : Veranstalter von kulturellen Veranstaltungen

Pro|mo|ti|on (l.), die; –, –en: „Beförderung" zur Doktorwürde * **Pro|mo|ti|on** (e.) [promoᵁschᵉn], die; –: Förderung des Absatzes durch gezielte Werbung * **Pro|mo|tor** (l.), der; –en, –en: Manager : Förderer * **pro|mo|vie|ren** (..iert) [..w..] intr.: Doktorwürde erlangen

prompt (l.) Ew.: bereit : rasch : pünktlich : schlagfertig : sofort : stracks * **Prompt|heit**, die; –, –en: Bereitschaft : Pünktlichkeit : Schlagfertigkeit

Pro|mul|ga|ti|on (l.), die; –, –en: (veralt.) Verbreitung : öffentliche Bekanntmachung * **pro|mul|gie|ren** (..iert) tr.: verbreiten : öffentlich bekanntmachen

Pro|no|men (l.), das; –s, – und ..mina: (Sprachl.) Fürwort * **prono|mi|nal** Ew.: als Fürwort * **Prono|mi|na|le**, das; –s, ..lia: als Fürwort verwendetes Wort

pro|non|cie|ren (..iert) (fr.) [pronongß..] tr., intr.: deutlich aussprechen : scharf betonen *

Pro|nun|zi|a|men|to (it.), das; –s, –s: aufrührerische Kundgebung

Pro|ö|mi|um, Pro|oi|mi|on (gr.l.), das; –s, ..mien: Vorrede : Vorgericht : Einleitung

Pro|pä|deu|tik (gr.), die; –, –en: vorbereitender Unterricht : Vorübung * *philosophische Propädeutik:* Einführung in die Philosophie * **pro|pä|deu|tisch** Ew.: vorbereitend : einführend

Pro|pa|gan|da (l.), die; –: Werbung, z. B. für polit. Parteien, Bestrebungen usw. : Reklame * *Propaganda machen:* für die Verbreitung wirken * *Propagandaapparat; Propagandachef; Propagandadienst; Propagandafeldzug; Propagandafilm; Propagandalüge; Propagandamaterial; Propagandaschrift; Propagandasendung* * **pro|pa|gan|dis|tisch** Ew.: die Propaganda betreffend : werbend : hetzerisch * **Pro|pa|gan|dist**, der; –en, –en: Werber * **Pro|pa|ga|ti|on**, die; –, –en: Fortpflanzung : Ausbreitung * **pro|pa|gie|ren** (..iert) tr.: verbreiten : werben

Pro|pan (gr.), das; –s: Brenngas

Pro|par|o|xy|to|non (gr.), das; –s, ..na: (Sprachl.) auf der drittletzten Silbe kurz betontes Wort

pro pa|t|ria (l.): fürs Vaterland

Pro|pel|ler (l.), der; –s, –: Antriebsschraube für Schiffe und Luftfahrzeuge * *Propellerantrieb; Propellerflugzeug; Propellertriebwagen*

pro|per (fr.) Ew.: sauber : nett : einwandfrei; vgl. propre

Pro|pe|ris|po|me|non (gr.), das; –s, ..na: (Sprachl.) auf der vorletzten Silbe gedehnt betontes Wort

Pro|pha|se (gr.), die; –, –n: Vorgang der Kernteilung bis zur Spaltung der Chromosomen

Pro|phet (gr.), der; –en, –en: Weissager : Seher : Bezeichnung prophetischer Schriften : Fangheuschrecke * *Prophetengabe; Prophetengurke:* ein Kürbisgewächs * **pro|phe|ten|haft** Ew.: in der Weise eines Propheten * **Pro|phe|tie**, die; –, ..tien: Weissagung * **Pro|phe|tin**, die; –, –nen: Seherin * **pro|phe|tisch** Ew.: verkündend : weissagend * **pro|phe|zei|en** tr.: verkünden : weissagen * **Pro|phe|zei|ung**, die; –, –en:. das Prophezeien : Weissagung

Pro|phy|lak|ti|kum (gr.), das;

–s, ..ka: vorbeugendes Mittel **prophylaktisch** (gr.) Ew.: verhütend : abwendend : vorbeugend ✶ *prophylaktischer Schock* ✶ **Prophylaxe, Prophylaxis,** die; –, ..laxen: Vorbeugung : Verhütung von Krankheiten
Propination (l.), die; –, –en: das Zutrinken : Brau-, Brenn- und Schankgerechtigkeit
Proponendum (l.), das; –s, ..da: zu machender Vorschlag ✶ **Proponent,** der; –en, –en: Beantragender, Antragsteller ✶ **proponieren** (..iert) tr.: vorschlagen
Proportion (l.), die; –, –en: Verhältnis : Ebenmaß : (Math.) Verhältnisgleichung ✶ *Proportionsgleichung* ✶ **proportional** Ew.: verhältnismäßig : im Verhältnis zueinander stehend ✶ *Proportionalwahl:* Verhältniswahl, Proporzwahl ✶ **Proportionale,** die; –, –n: Glied einer Verhältnisgleichung ✶ **Proportionalität,** die; –, –en: Ebenmäßigkeit der Größenverhältnisse : richtiges Verhältnis ✶ **proportioniert** Mw. Ew.: in richtigem Verhältnis stehend : wohlgewachsen ✶ **Proporz,** der; –es: gleichmäßige Berücksichtigung von Konfessionen, Parteien u. a. bei der Vergabe von Posten ✶ **Proporzwahl,** die; –, –en: Verhältniswahl
Propos (fr.) [propoh], der; –, –: Äußerung : Vorschlag; vgl. apropos ✶ **Proposition** (l.), die; –, –en: Ausschreibung bei Pferderennen : Vorschlag : Anerbieten : Antrag : Behauptung ✶ **Propositum,** das; –s, ..ta: Äußerung : (Gegenstand einer) Abhandlung
proppeln, pröppeln (sächs., fränk.) (ich ..[e]le) tr., intr.: plappern
propre (fr.) Ew.: eigen : sauber : nett : einwandfrei ✶ *Propregeschäft:* Geschäft, Handel auf eigene Rechnung; *Proprehandel* ✶ **Propretät,** die; –: Sauberkeit : Nettigkeit ✶ **Proprietär,** der; –s, –e: Eigentümer : Angesessener ✶ **Proprietät,** die; –, –en: Eigentum ✶ *Proprietätsrecht*
propria manu (l.): eigenhändig

Propst (l.), der; –es, Pröpste; Pröpstchen: „Vorgesetzter", geistlicher Würdenträger (bes. in Klöstern und Stiften) ✶ (evang. K.) Superintendent ✶ **Propstei,** die; –, –en: Amtswohnung, Bezirk, Würde eines Propstes ✶ **Pröpstling,** der; –s, –e: Bezeichnung einer dicken Erdbeere, eines dicken Kindes
propulsiv (nl.) Ew.: forttreibend : antreibend ✶ **Propulsion,** die; –: der Schuss, krankhafter Trieb, bei leichtem Stoß nach vorn zu laufen
Propusk (russ.), der; –s, –e: Ausweis, Berechtigungsschein
Propyläen (gr.) Mz.: Säulenvorhalle
Propylen (gr.), das; –s: gasförmiger Kohlenwasserstoff
Propylit (gr.), der; –(e)s: Gesteinsart
pro rata (parte) (l.): nach Verhältnis : anteilmäßig
Prorektor (l.), der; –s, ..toren: Stellvertreter des Rektors : Amtsvorgänger des derzeitigen Universitätsrektors ✶ **Prorektorat,** der; –s, –: Amt, Würde eines Prorektors
Prorogation (l.), die; –, –en: Aufschub : (Amts-)Verlängerung : Vertagung ✶ **prorogieren** (..iert) tr.: verlängern : vertagen
Prosa (l.), die; –: „vorwärts gehende", ungebundene Rede : Alltäglichkeit : Nüchternheit (Gegensatz: Poesie) ✶ *Prosadichtung; Prosaschriftsteller; Prosastil; Prosawerk* ✶ **Prosaiker,** der; –s, –: in Prosa schreibender Schriftsteller : nüchterner Mensch ✶ **prosaisch** Ew.: in Prosa abgefasst : alltäglich : platt : nüchtern ✶ **Prosaist,** der; –en, –en: Prosaiker
Prosektion (l.), die; –, –en: Zergliederung ✶ **Prosektor,** der; –s, ..toren: (Anat.) „Aufschneider", Lehrer der Anatomie : erster Assistent einer anatomischen Anstalt : Verfertiger anatomischer Präparate ✶ **Prosektur,** die; –, –en: Krankenhausabteilung für Sektionen
Prosekution (l.), die; –, –en: Fortsetzung : gerichtliche Belangung ✶ **Prosekutor,** der; –s, ..toren: Ankläger

Proselyt (gr.), der; –en, –en: „Ankömmling", (urspr.) zum jüd. Glauben Bekehrter : (verächtl.) Übergelaufener ✶ *Proselytenmacherei*
Proseminar (l.), das; –s, –e und ..ien: Vorseminar, Übungen für Anfänger an Hochschulen
Proserpina: l. Name für Persephone
prosit, prost (l.): „es nütze!" : wohl bekomm's! ✶ **Prosit,** das; –s, –s; **Prost,** das; –es, –e: Zutrunk
proskribieren (..iert) (l.) tr.: verbannen : ächten : vogelfrei erklären ✶ **Proskription,** die; –, –en: Verbannung : Acht : Verfolgung ✶ *Proskriptionsliste*

Pro-s-krip-ti-on
Die senkrechten Trennstriche geben alte (schwarz) und neue (rot) Trennmöglichkeiten an. Sie sind aber nicht gleichrangig. Vorzuziehen ist stets die Trennung nach Wortbestandteilen: *Pro-skription,* sofern bekannt und sofern nicht aus optischen Gründen (Zeilenfall, Sperrung o. Ä.) eine andere Fuge sinnvoll erscheint: *Proskription.*

Proskynese (gr.), die; –, –n: („hündische") Anbetung : fußfällige Verehrung
Prosode (gr.), der; –n, –n: Fehler in der Silbenmessung ✶ **Prosodie,** die; –, ..dien: Vortragslehre : Silbenmaßlehre ✶ **Prosodik,** die; –, –en: Prosodie ✶ **prosodisch** Ew.: zur Prosodie gehörig : Silbenmaß, Betonungslehre betreffend
Prospekt (l.), der; –(e)s, –e; **Prospektus,** der; –, –: Aussicht : Fernsicht : Plan : Zeichnung : gemalter Hintergrund (auf der Bühne) : Ankündigung : Werbeschrift : Anzeige : Pfeifengehäuse der Orgel ✶ **prospektiv** Ew.: vorausschauend : in der Zukunft möglich ✶ **prospizieren** (..iert) (l.) tr.: hinblicken : vorausssehen : Vorsichtsmaßregeln treffen
prosperieren (..iert) (l.) intr.: gedeihen : vorwärts kommen : Erfolg haben ✶ **Prosperität,** die; –, –en: Wohlstand : Gedeihen : Hochkonjunktur

pro|s|pi|zie|ren: s. Prospekt
prost, Prost: s. prosit
Pro|s|ta|ta (nl.), die; –: Vorsteherdrüse ✳ **Pro|s|ta|ti|tis,** die; –: Entzündung der Prostata
pro|s|ti|tu|ie|ren (..iert) (l.) tr.: öffentlich preisgeben : bloßstellen : gewerbsmäßig seinen Körper zu sexuellen Zwecken anbieten ✳ **Pro|s|ti|tu|ier|te,** die; –n, –n: Geschändete: gewerbsmäßige Dirne ✳ **Pro|s|ti|tu|ti|on,** die; –: gewerbsmäßiges Anbieten sexueller Handlungen : Dirnentum, Hurenwesen
Pro|s|tra|ti|on (l.), die; –, –en: Fußfall : Hinfälligkeit : Erschöpfung : Entkräftung
Pro|s|tyl, Pro|s|ty|lon (gr.), das; –s, ..yle: gr. Tempel mit vier Säulen vor der Vorhalle
Pro|s|ze|ni|um (gr.), das; –s, ..nien: vorderster Raum der Bühne ✳ **Proszeniumsloge**
Pro|t|ac|ti|ni|um (gr.): radioaktiver chemischer Grundstoff; Abk.: Pa
Pro|t|a|go|nist (gr.), der; –en, –en: erster Schauspieler im altgriech. Drama : (übertr.) Wortführer : Vorkämpfer
Pro|t|a|mi|ne Mz.: einfache Eiweißkörper
Pro|t|ar|gol (gr.), das; –s: eine Silbereiweißverbindung : keimwidriges Arzneimittel
Pro|te|gé (fr.) [protehscheh], der; –s, –s: Schützling ✳ **pro|te|gie|ren** (..iert) [..schi..] tr.: begönnern : fördern : in Schutz nehmen
Pro|te|in (gr.), das; –s: einfacher Eiweißkörper ✳ **Pro|te|i|de** Mz.: zusammengesetzte Eiweißkörper
Pro|tek|ti|on (l.), die; –, –en: Schutz : Förderung : Gönnerschaft ✳ **Pro|tek|ti|o|nis|mus,** der; –: Wirtschaftspolitik, die durch Schutzzölle die inländ. Industrie schützt ✳ **Pro|tek|ti|o|nist,** der; –en, –en: Befürworter des Protektionismus
Pro|tek|tiv, das; –s, –e: Schutzdecke : Schutzgewebe ✳ **Pro|tek|tor,** der; –s, ..toren: Schutzherr : Gönner : Förderer : Ehrenvorsitzender ✳ **Pro|tek|to|rat,** das; –(e)s, –e: Schutzherrschaft
pro tem|po|re (l.): für jetzt, vorläufig; Abk.: p. t.

Pro|test (it.), der; –es, –e;
Pro|tes|ta|ti|on (l.), die; –, –en: „Einspruch", Rechtsvorbehalt : Beurkundung des Nichteinlösung eines fälligen Wechsels ✳ *Protestaktion; Protestdemonstration; Protesterklärung; Protestkundgebung; Protestmarsch; Protestnote; Protestsänger; Protestsong; Proteststreik; Protestversammlung; Protestwelle* ✳ **Pro|tes|tant** (l.), der; –en, –en: „Widersprecher", Bekenner des lutherischen und des reformierten Glaubens ✳ **pro|tes|tan|tisch** Ew. ✳ **Pro|tes|tan|tis|mus,** der; –: Glaube und Lehre der Protestanten ✳ **Pro|tes|tat,** der; –en, –en: der, gegen den Protest erhoben wird ✳ **pro|tes|tie|ren** (..iert) intr.: Einspruch erheben : widersprechen : Wechsel zu Protest gehen lassen
Pro|teus: weissagender vielgestaltiger gr. Meeresgott ✳ **Pro|teus,** der; –, ..se: ein wetterwendischer Mensch : eine Amphibiengattung
Pro|the|se (gr.), die; –, –n: künstliches Ersatzglied : Zahnersatz ✳ **pro|the|tisch** Ew.: als Ersatz dienend
Pro|tist (gr.), der; –en, –en: niederstes einzelliges Lebewesen ✳ **pro|to|gen** Ew.: zuerst erzeugt
Pro|to|e|van|ge|li|um (gr.), das; –s: erste Weissagung vom Messias (l. Mose, 3, 15)
Pro|to|koll (ml.), das; –s, –e: Verhandlungs-, Verhörbericht : Tagungsbericht : Amt für Fragen des Zeremoniells im Auswärtigen Amt ✳ *zu Protokoll geben* tr.: eine Verhandlung aufnehmen, niederschreiben; *Chef des Protokolls* ✳ *Protokollabteilung; Protokollchef; Protokollführer; Protokollordnung; Protokollverhandlung* ✳ **Pro|to|kol|lant,** der; –en, –en: einer, der etwas protokolliert : Verhandlungsschriftführer ✳ **pro|to|kol|la|risch** Ew.: im Protokoll festgelegt ✳ **pro|to|kol|lie|ren** (..iert) tr.: den Inhalt der Verhandlungen niederschreiben, aufnehmen : beurkunden ✳ **Pro|to|kol|lie|rung,** die; –, –en: Aufnahme eines Protokolls : Beurkundung

Pro|ton (gr.), das; –s: positiv geladener Wasserstoffkern ✳ *Protonenbeschleuniger*
Pro|to|no|tar, der; –s, –e: Geheimschreiber der päpstl. Kanzlei
Pro|to|phy|te (gr.), die; –, –n; **Pro|to|phy|ton,** das; –s, ..yten: Urpflanze
Pro|to|plas|ma (gr.), das; –s, ..men: „Erstgebilde" : der Grundbestandteil, die lebende Substanz jeder Zelle
Pro|to|typ (gr.), der; das; –s, –e; **Pro|to|ty|pe,** die; –, –n: erster Abdruck : Urbild : Muster(bild) ✳ **pro|to|ty|pisch** Ew.: urbildlich : vorbildlich
Pro|to|zo|on (gr.), das; –s, ..zoen: Urtierchen : Einzeller
Pro|tu|be|ranz (nl.), die; –, –en: „Anschwellung", (Med.) Auswuchs : (Astron.) aus dem Sonneninnern ausbrechende glühende Gasmasse
Protz, der; –es, –e: aufgeblasener, prahlerischer Mensch : (mundartl.) aufgeblasene Kröte ✳ **protzen** (du protzst und protzt) intr.: prahlen : sich blähen ✳ **protzenhaft** Ew.: aufgebläht : protzig : prahlerisch : patzig ✳ **Protzentum,** das; –(e)s: das protzige Gebaren ✳ **protzig** Ew.: protzenhaft
Prot|ze (it.), die; –, –n: (Heerw.) Vorderwagen der Geschütze ✳ *Protzgestell; Protzkasten; Protzwagen*
Pro|vence [prowangß], die; –: fr. Landschaft ✳ *Provence(r)öl* ✳ **Pro|ven|za|le,** der; –n, –n: Einwohner der Provence ✳ **pro|ven|za|lisch** Ew.
Pro|ve|ni|enz (nl.) [..w..], die; –, –en: Herkunft, Ursprung von Waren
Pro|verb, Pro|ver|bi|um (l.) [..w..], das; –s, ..bien: Sprichwort ✳ **pro|ver|bi|al, pro|ver|bi|a|lisch** Ew.: sprichwörtlich
Pro|vi|ant (it.) [..w..], der; –(e)s, –e: Mundvorrat : Lebensmittel ✳ *Proviantmeister; Proviantwagen* ✳ **pro|vi|an|tie|ren** (..iert) tr.: mit Mundvorrat versorgen ✳ **Pro|vi|an|tie|rung,** die; –, –en: Versorgung : Verpflegung
pro|vi|den|ti|ell *auch:* **pro|vi|den|zi|ell** (l.) [..w..] Ew.: von der Vorsehung gewollt ✳ **Pro|vi|denz** [..w..], die; –, –en:

Vorsicht : göttliche Vorsehung
Pro|vinz (l.) [..w..], die; –, –en:
größerer Verwaltungsbezirk in
einigen Ländern : Landschaft;
Abk.: Prov. ✳ *Provinzbewohner; Provinzluft; Provinzmeier:*
(verächtl.) Spießbürger; *Pro-
vinzstadt; Provinztheater* ✳
*Provinzialstadt; Provinzialver-
band* **Pro|vin|zi|al**, der; –s,
–e: Oberer einer kathol. Or-
densprovinz ✳ **Pro|vin|zi|ale**,
der; –n, –n: Provinzbewohner
✳ **Pro|vin|zi|a|lis|mus**, der; –,
..men: in einem kleineren Gebiet vorkommender Brauch :
mundartlicher Ausdruck : Eng-
stirnigkeit ✳ **pro|vin|zi|ell** Ew.:
landschaftlich : die Provinz betreffend : mundartlich : engstir-
nig ✳ **Pro|vin|zler**, der; –s, –:
(verächtl.) Provinzbewohner ✳
provinz|le|risch Ew.: klein-
städtisch : spießbürgerlich
Pro|vi|si|on (l.) [..w..], die; –,
–en: „Fürsorge" : Vergütung :
Maklerlohn : Vermittlungsgebühr ✳ *Provisionsmarge; Pro-
visionsreisender* ✳ **Pro|vi|sor**,
der; –s, ..soren: Verwalter : erster Gehilfe einer Apotheke ✳
pro|vi|so|risch Ew.: vorläufig
✳ **Pro|vi|so|ri|um**, das; –s,
..rien: einstweiliger Zustand :
vorläufige Regelung
Pro|vi|ta|min (l.) das; –s, –e:
Vitaminvorstufe
Pro|vo (l.) der; –s, –s: Ange-
höriger der antibürgerlichen
Bewegung der 60er Jahre in
den Niederlanden ✳ **Pro|vo-
ka|teur** (l.) [..wokatör], der; –s,
–e: Aufwiegler : Lockspitzel ✳
Pro|vo|ka|ti|on, die; –, –en:
Herausforderung ✳ **provoka-
to|risch** Ew.: herausfordernd ✳
pro|vo|zie|ren (..iert) tr.: her-
ausfordern ✳ **Pro|vo|zie|rung**,
die; –, –en: Herausforderung
pro|xi|mal (l.) Ew.: der Körper-
mitte am nächsten gelegen ✳
Pro|xi|mus (l.) der; ..mi, ..mi:
der Nächste
Pro|ze|de|re (l.) das; –, –:
(Chem.) Verfahren : Prozedur
✳ **pro|ze|die|ren** (..iert) intr.:
vorgehen : zu Werke gehen :
ein Verfahren einschlagen ✳
Pro|ze|dur, die; –, –en: das
Verfahren : der Rechtsgang
Pro|zent (l.) das; –(e)s, –e:
„für Hundert", (Mz.) Zinsen :
Gewinn vom Hundert; Abk.:

p. c. oder % oder v. H. ✳ *Pro-
zentkurs; Prozentrechnung;
Prozentsatz; Prozentspanne;
Prozentwert* ✳ **..pro|zen|tig**
Ew.: nur in Zus.: Prozente habend, z. B.: 6-prozentig, 6-
proz. od. 6%-Anleihe ✳
pro|zen|tu|al Ew.: (anteilmä-
ßig) vom Hundert berechnet ✳
Prozentualgebühren ✳ **pro-
zen|tu|a|li|ter** Uw.: prozentual
Pro|zeß → **Pro|zess** (l.) der;
–es, –e: Vorgang : Entwicklung
: Verlauf : Rechtsstreit, Rechtshandel : gerichtliche Streitsa-
che ✳ *Prozeßbericht* → *Pro-
zessbericht; Prozeßbeteiligte*
→ *Prozessbeteiligte; prozeßfä-
hig* → *prozessfähig* Ew.; *Pro-
zeßgegner* → *Prozessgegner;
Prozeßkosten* → *Prozesskos-
ten; Prozeßordnung* → *Pro-
zessordnung; Prozeßpartei* →
Prozesspartei; Prozeßrecht →
Prozessrecht; Prozeßverfahren
→ *Prozessverfahren; Prozeß-
verschleppung* → *Prozessver-
schleppung; Prozeßvollmacht*
→ *Prozessvollmacht*
pro|zes|sen, pro|zes|sie|ren
(..iert) intr.: einen Rechtshan-
del haben ✳ **Pro|zes|si|on**, die;
–, –en: feierlicher Aufzug : in
der katholischen Kirche Bet-
gang oder Bittgang : Festzug ✳
*Prozessionskreuz; Prozessions-
spinner:* ein Schmetterling ✳
**pro|zes|su|al, pro|zes|su|a-
lisch** Ew.: auf einen Rechtshandel bezügl. : anhängig
prr!: Tonwort zur Bezeichnung
des Abscheus : Ruf zum Anhalten von Pferden
prü|de (fr.) Ew.: zimperlich :
spröde ✳ **Prü|de|rie**, die; –,
..rien: Sprödigkeit : Ziererei
pru|deln (ich ..[e]le) intr.: bro-
deln : (weidm.) suhlen; tr.:
nachlässig arbeiten : Fehler
(beim Stricken, Häkeln) machen; auch pruddeln ✳
Pru|de|lei, die; –, –en: Pfusch-
arbeit
prü|fen (fr.) tr.: die Beschaf-
fenheit untersuchen : erwägen,
wägen : heimsuchen ✳ *geprüft*
Mw. Ew. (zuw. auch erprobt):
als bewährt erkannt ✳ *Prüfau-
tomat; Prüfbericht; Prüffeld;
Prüfgerät; Prüfkosten; Prüf-
methode; Prüfnorm; Prüf-
stand; Prüfstein; Prüfverfah-
ren; Prüfwaage; Prüfzeit* ✳

Prü|fer, der; –s, –: ein Prüfen-
der ✳ **Prüf|ling**, der; –s, –e: ein
zu Prüfender : Examinand ✳
Prü|fung, die; –, –en: Erfor-
schung : Besichtigung : Son-
dierung : Examen : Heimsu-
chung ✳ *Prüfungsangst; Prü-
fungsarbeit; Prüfungsauf-
gabe; Prüfungsausschuß* →
*Prüfungsausschuss; Prüfungs-
kommission; Prüfungsord-
nung; Prüfungstermin; Prü-
fungsunterlagen; Prüfungsver-
fahren; Prüfungsvermerk; Prü-
fungszeit*
Prü|gel, der; –s, –: Knüppel,
Stock : (Mz.) Schläge ✳ *Prü-
geljunge:* einer, der für einen
andern Schuldigen Prügel erhält; *Prügelknabe; Prügel-
knecht; Prügelstrafe; Prügel-
suppe:* (scherzh.) Prügel; *Prü-
gelweg:* Knüttelweg ✳
Prü|ge|lei, die; –, –en: Schlä-
gerei : Hauerei ✳ **prü|geln** (ich
..[e]le) tr.: knütteln : bengeln :
empfindlich und derb schlagen
Prü|nel|le, die; –, –n:
geschälte, getrocknete Pflaume
Prunk, der; –(e)s: übertriebenes Gepränge : Pracht ✳ *Prunk-
entfaltung; Prunkessen;
Prunkgemach; Prunkgewand;
prunkliebend* Mw. Ew.; *prunk-
los* Ew.; *Prunkotter:* farben-
prächtige Giftnatter; *Prunk-
saal; Prunksitzung:* Karnevals-
veranstaltung; *Prunkstück;
Prunksucht; prunksüchtig*
Ew.; *prunkvoll* Ew.; *Prunkwa-
gen* ✳ **prun|ken** intr.: prangen :
protzen ✳ **Prun|ker**, der; –s, –:
einer, der prunkt ✳ **Prun|ke|rei**,
die; –, –en: zur Schau getrage-
nes Gepränge ✳ **prunk|haft**
Ew.: prunkend : prunkvoll
Pru|ri|go (l.) der; –s, –s:
(Med.) Juckflechte : Juckknöt-
chen ✳ **pru|ri|nös** Ew.: ju-
ckend : juckflechtenartig ✳
Pru|ri|tus, der; –: Jucken,
Hautjucken
pru|schen, prus|ten (du ..est)
intr.: einen brausenden Ton von
sich geben : schnauben : heftig
niesen : lachend losbersten :
seinem Ärger Luft machen
Pruth: Nebenfluss der Donau
ps!: s. pst!
Psa|li|gra|phie *auch:* **Psali-
gra|fie** (gr.) die; –: Kunst des
Scherenschnitts ✳ **psa|li|gra-
phisch** *auch:* **psa|li|gra|fisch**

Ew.: nach Art des Scheren-
schnitts
Psalm (gr.), der; –s, –en: Lob-
gesang : religiöses Lied *
Psalm(en)buch; Psalmendich-
ter; Psalm(en)lied; Psalmen-
sänger * **Psal|mist**, der; –en,
–en: Verfasser von Psalmen :
Psalmendichter * **Psal|m-**
o|die, die; –, ..djen: Absingen
von Psalmen : „Psalmenge-
sang" * **psal|m|o|die|ren**
(..iert) tr.: singen : erzählen :
absingen : herleiern * **psal|m-**
o|disch Ew.: psalmartig *
Psal|ter, der; –s, –; **Psal|te-**
ri|um, das; –s, ..rien: Buch der
Psalmen : Saitenspiel : Harfe :
Psalm
psch(t)!: s. pst!
pseu|d(o).., Pseu|d(o).. (gr.)
(Vorsilbe, Wortteil): falsch :
unecht * **pseu|do|epi|gra-**
phisch *auch:* **pseu|do|epi-**
gra|fisch Ew.: falsch über-
schrieben : mit falschem Ver-
fassernamen : untergeschoben
* **Pseu|do|graph** *auch:* **Pseu-**
do|graf, der; –en, –en: Schrift-
fälscher * **pseu|do|isi|do-**
risch Ew.: fälschlich dem Bischof Isidorus von Sevilla zu-
geschrieben * **pseu|do|iso-**
chro|ma|ti|sche Ta|feln Mz.:
Farbtafeln zur Prüfung des Far-
bensinns * **Pseu|do|krupp**,
der; –s: kruppähnlicher Ersti-
ckungsanfall im Kindesalter
auf Grund einer Halsentzün-
dung oder einer allerg. Reak-
tion * **Pseu|do|lo|gie**, die; –:
notorisches Lügen * **pseu|do-**
morph Ew.: krankhaft gebildet
* **Pseu|do|mor|pho|se**, die; –,
–n: Mineral in einer ihm frem-
den Kristallform * **pseu|d-**
o|nym Ew.: unter falschem
Namen * **Pseu|d|o|nym**, das;
–s, –e: falscher Name : Deck-
name * **Pseu|d|o|ny|mi|tät**,
die; –: Falschnamigkeit *
Pseu|do|skle|ro|se, die; –:
Gehirnerkrankung des Jugend-
alters * **Pseu|do|skor|pi|on**,
der; –s, –e: Afterskorpion *
Psi, das; –(s), –s: der dreiundzwanzigste Buchstabe des griechischen Alphabetes : (gewöhnl. ungebeugt) Kurzbe-
zeichnung für Übersinnliches
in der Parapsychologie
Psit|ta|ko|se (gr.), die; –, –n:
Papageienkrankheit * **Psit-**

ta|kus, der; –, –se: Sittich,
Graupapageienart
pst!: Tonwort: still!, leise!;
auch bst!, ps!, psch!, pscht!
Psy|chla|gog, Psy|cha|go-
ge (gr.), der; ..gen, ..gen: Beiname des gr. Gottes Hermes als
Führer der Toten : Seelenführer
* **Psy|chas|the|nie**, die; –:
Neurasthenie mit psychischen
Erscheinungen * **psych-**
as|the|nisch Ew.: an Psych-
asthenie leidend * **Psy|che,**
die; –, –n: Seele, Geist *
psy|che|de|lisch Ew.: be-
wusstseinserweiternd durch
optischen und akustischen
Rausch : rauschhaft * **Psy-**
chi|a|ter, der; –s, –: Nerven-
arzt : Facharzt der Psychatrie *
Psy|chi|a|trie, die; –, ..trien:
Lehre von den Geisteskrank-
heiten und von den seelischen
Störungen * **psy|chi|a-**
trisch Ew.: geisteskrank : von,
für Geisteskranke * **psy-**
chisch Ew.: den Geist, die
Seele betreffend * **Psy|cho-**
a|naly|se, die; –, –n: (Heilver-
fahren auf Grund der) Erforschung des Seelenlebens *
psy|cho|a|naly|tisch Ew. *
Psy|cho|dia|gnos|tik, die; –:
Lehre von den Methoden zur
Erkenntnis fremden Seelenle-
bens * **psy|cho|gen** Ew.: von
der Seele ausgehend *
Psy|cho|ge|ne|se, Psy|cho-
ge|ne|sis, die; – ..nesen: Ent-
wicklung des Seelenlebens *
Psy|cho|ge|nie, die; –: Hyste-
rie * **Psy|cho|gnos|tik**, die; –:
Seelenerkenntnis * **Psy|cho-**
graph *auch:* **Psy|cho|graf**,
der; –en, –en: Schreibvorrich-
tung bei spiritistischen Sitzungen, Tischrücken usw. *
Psy|cho|ki|ne|se (gr.), die; –:
das Bewegen von Gegenständen durch seelische Einfluss-
nahme * **Psy|cho|lo|ge,** der;
–n, –n: Seelenforscher : See-
lenkundiger * **Psy|cho|lo|gie,**
die; –, ..gien: Lehre von der
Seele, den Seelenvorgängen,
der Geistestätigkeit : Seelen-
kunde * **psy|cho|lo|gisch**
Ew.: seelenkundlich, auf die
Psychologie bezüglich * **Psy-**
cho|lo|gis|mus, der; –: Lehre,
die die Psychologie als Grundlage der Philosophie betrachtet
* **Psy|cho|me|t|rie**, die; –:

Hellsehen aus Gegenständen :
Messung seelischer Vorgänge
* **Psy|cho|neu|ro|se**, die; –:
Nervenerkrankung mit seeli-
scher Reizung * **Psy|cho-**
path, der; –en, –en: ein an seelischen Störungen Leidender *
Psy|cho|pa|thie, die; –: geis-
tige Störung oder Minderwer-
tigkeit * **psy|cho|pa|thisch**
Ew.: seelisch abnorm : minderwertig : geistig schwach *
Psy|cho|pa|tho|lo|gie, die; –,
..gien: Lehre von den Geistes-
krankheiten * **Psy|cho|phar-**
ma|ko|lo|gie, die; –: Lehre von
den auf das Seelenleben ein-
wirkenden Arzneimitteln *
Psy|cho|phar|ma|kon, das;
–s, ..ka: auf die Seele einwir-
kendes Arzneimittel * **Psy-**
cho|phy|sik (gr.), die; –: Lehre
von den Beziehungen zwi-
schen Körper und Seele *
psy|cho|phy|si|ka|lisch Ew.:
die Beziehungen zwischen
Körper und Seele betreffend *
psy|cho|phy|sisch Ew.: „geis-
tigkörperlich", Zusammenhang
der geistigen Vorgänge mit
dem Gehirn betreffend *
Psy|cho|se, die; –, –n: Seelen-
störung : Geistes-, Nerven-
krankheit * **psy|cho|tisch**
Ew.: gemüts-, geisteskrank *
psy|cho|so|ma|tisch Ew.: see-
lisch-körperlich * **Psy|cho-**
tech|nik, die; –, –en: ange-
wandte Psychologie * **Psy-**
cho|the|ra|peut, der; –en,
–en: Facharzt für Psychothera-
pie * **Psy|cho|the|ra|peu|tik**,
die; –: Seelenheilkunde *
Psy|cho|the|ra|pie, die; –,
..pien: Behandlung seelischer
Krankheiten durch geistige Beeinflussung
Psy|chro|me|ter (gr.), das; –s,
–: Luftfeuchtigkeitsmesser *
Psy|chro|phor (gr.), das; –s,
–e: Kühlsonde
PTA (Abk.): pharmazeutisch-
technische/r Assistent/in
Ptah: ägypt. Gott von Mem-
phis, Vater des Sonnengottes Rê
Pte|ro|ma, das; –, ..ro-
mata: Flügel eines Gebäudes *
Pte|ro|po|da (gr.), die; –, ..den:
Ruderschnecke : Flossenfüßer
* **Pte|ro|pus**, der; –, ..poden:
Fußflügler : fliegender Hund :
Fledermaus * **Pte|ro|sau|rier,**
der; –s, –: urzeitliche Flugechse

Pti|lo|se (gr.), die; –, –n: das Mausern der Vögel : Ausfallen der Haare : (Med.) Ausfallen der Augenbrauen und -wimpern

Pto|le|mä|us: Astronom und Geograf aus Alexandrien * **ptole|mä|isch** Ew.: nach Ptolemäus benannt * *das ptolemäische Weltbild:* Weltbild mit der Erde als Mittelpunkt des Alls

Pto|ma|in (gr.), das; –s: Leichengift

pu|ber (l.) Ew.: geschlechtsreif, entwickelt * **Puber|tät** (l.), die; –: Geschlechtsreife * *Pubertätsproblem; Pubertätszeit* * **Pu|bes|zenz,** die; –: Mannbarwerden [l. pubes, puberis mannbar]

pub|li|ce (l.) Uw.: öffentlich * **pub|li|ci|ty** (e.) [páblißiti], die; –: Bekanntsein in der Öffentlichkeit : Reklame, Propaganda * **Pub|lic Re|la|tions** *auch:* **Pub|lic|re|la|tions** (e.) [pablik   rihlehsch'ns] Mz.: Pflege der Beziehungen zur Öffentlichkeit * **pub|lik** Ew.: öffentlich : offenkundig : bekannt * **Pub|li|kan|dum,** das; –s, ..da: öffentliche Bekanntmachung * **ad pub|li|can|dum:** zur Nachricht * **Pub|li|ka|ti|on,** die; –, –en: Veröffentlichung : Bekanntmachung : Schrift * **Pub|li|kum,** das; –s: Öffentlichkeit : Menschenmenge : Zuschauer : Zuhörerschaft : Leser * *Publikumserfolge; Publikumsinteresse; Publikumsverkehr; publikumswirksam* * das Publikum beeinflussend * **pub|li|zie|ren** (..iert) tr.: veröffentlichen : herausgeben * **Pub|li|zist,** der; –en, –en: Herausgeber : Journalist * **Pub|li|zis|tik,** die; –: Wissenschaft von den Medien : Zeitungsschreiberei : politische Tagespresse * **pub|li|zis|tisch** Ew.: auf die Publizistik bezüglich * **Pub|li|zi|tät,** die; –: Öffentlichkeit : öffentliches Bekanntwerden

Puck (e.), der; –, –s: Kobold : Spielscheibe beim Eishockey

pu|cken, pu|ckern (ich ..[e]re) intr.: mit dumpfem Ton wiederholt pochen

Pud, das; –: früheres russisches Gewicht (16,38 kg) * *10 Pud*

Pud|del, der; –s, –: (altmärk.) kleines Kind * **pud|deln** (ich ..[e]le) intr.: (altmärk.) zu laufen beginnen : (sächs.) herumkriechen : im Sand graben : im Wasser plätschern : langsam arbeiten

pud|deln (e.) (ich ..[e]le) intr.: (Hüttenw.) das geschmolzene Eisen im Flammenofen (Puddelofen) frischen, umrühren * *Puddeleisen; Puddelofen* * **Pud|dler,** der; –s, –: Arbeiter am Puddelofen

Pud|ding (e.), der; –s, –e und –s: (Kochsk.) eine im Wasserbad gekochte, gestürzte warme oder kalte Speise : Süßspeise * *Puddingform; Puddingpulver*

Pu|del, der; –s, –: (mundartl.) Pfütze : kraushaarige Hunderasse : (stud.) Pedell : eine Muschel : Fehler : Versehen : Fehlwurf beim Kegeln * **Pu|del,** die; –, –n: (bayr.) eine Art Kegelbahn : Brett der Kegelbahn : (kfm.) lange Tafel zum Vorlegen der Waren * *pudeldick* Ew.: sehr dick; *Pudelfisch:* Wels; *Pudelhund; Pudelkopf; Pudelmütze; pudelnackt* Ew.: ganz nackt; *pudelnärrisch* Ew.; *pudelnaß* → *pudelnass* Ew.; *pudelnüchtern* Ew.; *pudelwohl* * **pu|deln** tr.: herumstoßen : hudeln; intr. (haben): (beim Kegeln) auf die Pudel kegeln : einen Pudel (Fehler) machen : vorbeischieben; intr. (sein): klitschig werden

Pu|der (fr.), der; –s, –: „Pulver“, staubfeines Pulver zur Körper- und Schönheitspflege * *Puderbeutel; Puderdose; Puderfarbe; Pudermehl; Puderquast(e); Puderzucker* * **pu|de|rig,** *pud|rig* Ew.: voll Puder : wie Puder * **pu|dern** (ich ..[e]re) tr.: mit Puder bestreuen

Pu|eb|lo, der; –s, –s (span.): Dorf der Puebloindianer in den USA, bestehend aus kastenförmigen, übereinander geschachtelten Steinhäusern

pu|e|ril (l.) Ew.: wie bei Kindern : kindisch : unreif * **Pu|e|ri|li|tät,** die; –: Kinderei : kindisches Wesen * **Pu|er|pe|ral|fie|ber,** das; –s: (Med.) Kindbettfieber

Pu|er|pe|ral|krank|heit, die; –, –en: (Med.) Wochenbettkrankheit

Pu|er|to (span.), der; –s, –s: Hafen : Eng-, Bergpass * **Pu|er|to Ri|co:** Insel der Großen Antillen

puff: Tonwort zur Bezeichnung des ausströmenden Dampfes bei der Eisenbahn; vgl. auch paff * **Puff,** der; –es, –e und Püffe; Püffchen: der durch den Ausruf bezeichnete Ton : Stoß, Schlag : Bausch an der Kleidung : Kissen : korbartiger Behälter : (volkst.) Bordell : (schweiz.) Rausch * *Puffärmel; Puffbohne; Puffkuchen:* Puffer * **Puff,** der; –(e)s: ein Würfelspiel : ein Würfelwurf, bei dem die Würfel gleiche Augen zeigen * *Puffbrett; Puffschachtel; Puffspiel* * **Puf|fe,** die; –, –n: etwas Bauschiges * **puf|fen** intr.: den durch den Ausruf „puff“ bezeichneten Ton hervorbringen : knallend schießen : grob schlagen oder stoßen : sich bauschen : bauschig machen : Puff spielen * **Puf|fer,** der; –s, –: einer, der pufft : derber Stoß : Taschenpistole : Stoßminderungsvorrichtung an den Enden des Eisenbahnwagengestells * *Pufferstaat:* kleiner Staat zwischen zwei feindlich stehenden Großmächten; *Pufferzone* * **Puf|fer,** der; –s, –: (mundartl.) Pfannkuchen: flache, auf der Pfanne gebackene Mehl- oder Kartoffelspeise * *Pufferkuchen* * **puf|fig** Ew.: bauschig : unzart : derb : grob

puh!: Tonwort zur Bezeichnung des wehenden Auseinanderstiebens, des erhitzten Aufatmens (vgl. uff), des Frierens, des Widerwillens

Pul, der; –(s), –(e): afghan. Münze * *10 Pul*

Pul|ci|nel|lo: s. Policinello

pu|len intr., tr.: (niederd.) klauben : kleinlich arbeiten * *Pularbeit:* Kleinarbeit

Pulk, der; –s, –s: Truppenabteilung : Flugzeugverband

pull (e.): s. pullen

Pul|le, die; –, –n: (niederd.) Flasche

pul|len intr., tr.: (seem.) rudern : (niederd.) ein Pferd zurückhalten : ziehen : (volkst.) Wasser lassen

Pul|li, der; –s, –s : *Kurzwort für* Pullover

Pull|man|kab|ri|o|lett, das; –s, –e: Kraftwagen, nach dem Erbauer benannt ✱ *Pullmanwagen:* Schlafwagen

Pul|lo|ver (e.) [..ohwer], der; –s, –: gestricktes, über den Kopf zu ziehendes Kleidungsstück für die Oberkörper ✱ **Pull|un|der**, der; –s, –: kurzer, ärmelloser Pullover

Pul|mo|me|ter (l.), das; –s, –: Vorrichtung zum Messen der Luftaufnahmefähigkeit der Lunge ✱ **Pull|mo|nie**, die; –, ..nien (Med.) Lungenentzündung ✱ **pul|mo|nal** Ew.: (Med.) die Lunge betreffend

Pul|pa (l.), die; –, ..pae: weiche Gewebemasse in der Zahnhöhle

Pul|pe (fr.-gr.), der; –n, –n: Polyp : Tintenfisch

Pul|pe (l.), die; –, –n: Kraftfutter aus Rückständen der Kartoffelstärkefabrikation : Arzneimittel : Beerenfleisch : (Med.) fleischige Masse der Zahnhöhle : weicher Brei : weiche Masse ✱ **pul|pös** Ew. (..pösete): fleischig : markig

Pul|que (span.) [..ke], der; –(s): gegorener Agavensaft

Puls (l.), der; –es, –e; Pülschen: „Schlag", Aderschlag ✱ *den Puls fühlen* intr.: Pulsschläge zählen ✱ *Pulsader; Pulsmesser; Pulsschlag; Pulsstillstand; Pulswärmer; Pulszahl* ✱ **Puls|sa|ti|on**, die; –: Pulsschlag, Herzschlag ✱ **Puls|sa|tor|ma|schi|ne**, die; –, –n: Entlüftungsapparat : Prüfgerät für Werkstoffe : Druckwechsler (bei Melkmaschinen) ✱ **pul|sen** (du pulsest und pulst) intr.: klopfen : sich rhythmisch schlagend bewegen : pulsieren ✱ **pul|sie|ren** (..iert): pulsen ✱ **Puls|si|on**, die; –, –en: Schwungbewegung : Luftzufuhr durch Druck : Stoß : Schlag ✱ **Puls|o|me|ter** (gr.-l.), das; –s, –: „Stoßmesser", Wasserhebemaschine : Dampfdruckpumpe

Pult (l.), das; –(e)s, –e: Pültchen: Gestell mit schräger Fläche zum Schreiben, Lesen und Beten : eine Art Schreibtisch : Katheder : Kanzel : (militär.) bedeckter Laufgraben ✱ *Pult-*

dach: nur auf einer Seite abgeschrägtes Dach; *Pulteinlage*

Pul|ver (l.) [..w..], das; –s, –; Pülverchen: Staub : feiner Sand : zerriebener Stoff : zerkleinerte Masse : (stud.) Geld : Schießpulver ✱ *keinen Schuß* → *Schuss Pulver wert sein:* nichts taugen; *sein Pulver verschossen haben:* sich ausgegeben, seine Trümpfe aus der Hand gegeben haben; *kein Pulver riechen können:* keinen Mut haben; *das Pulver nicht erfunden haben:* dumm sein ✱ *Pulverbüchse; Pulverdampf; Pulverfaß* → *Pulverfass; Pulvergang:* Sprengmine; *Pulverhaus:* Pulvermagazin; *Pulverholz:* Holz vom Faulbaum u. dgl., das Kohle zum Pulver liefert; *Pulverhorn:* hornförmige Pulverbüchse; *Pulverkaffee; Pulverkammer:* Pulvermagazin auf Schiff und Festung : Raum in Geschützen für Pulver; *Pulvermagazin:* Aufbewahrungsort für Pulver; *Pulvermine; Pulvermühle:* Schießpulverfabrik; *Pulvermüller; Pulverprobe; Pulverrauch; Pulversack:* Pulverkammer; *Pulverschleim:* Rückstand abgebrannten Pulvers; *Pulverschnee; Pulverturm:* turmartiges Pulvermagazin ✱ **pul|ve|rig** Ew.: pulverartig : pulverförmig ✱ **Pul|ve|ri|sa|tor**, der; –s, ..toren: Zerstäuber für feste und flüssige Stoffe : Werkzeug zum Zerkleinern ✱ **pulverisie-ren** (..iert) tr.: zerstäuben : zerkleinern ✱ **Pul|ve|ri|sie|rung**, die; –, –en: Zerstäubung : Zerkleinerung ✱ **pul|vern, pül-vern** (ich ..[e]re) tr.: zu Pulver zerkleinern : pulverisieren; intr.: (schweiz.) mit Pulver schießen : (übertr.) losziehen : Unwillen erregt äußern

Pul|ma, der; –s, –s: amerikanischer Silberlöwe : roter Tiger : Raubkatze

Pum|mel, der; –s, –: dickes Kind ✱ **pum|me|lig** Ew.: rundlich : dick : mollig

Pump, der; –(e)s, –e: dumpfer Schall : Bausch : (stud.) Borg : Kredit ✱ *Pumphose:* weite Kniehose; *Pumpstiefel:* weite hohe Stiefel ✱ **Pum|pe**, die; –, –n: Vorrichtung zum Heben einer Flüssigkeit ✱ *Pumpbrun-*

nen ✱ *Pumpenbohrer; Pumpeneimer; Pumpenhaus; Pumpenklappe;* Pumpenventil; *Pumpenmeister:* Verwalter der Schiffspumpen; *Pumpenrohr; Pumpenröhre; Pumpenschwengel; Pumpenstange; Pumpenstation; Pumpenwerk:* Druck- und Saugwerk (s. d.) ✱ **pum|pen** intr.: durch Heben oder Schlag den Laut „plumps" erzeugen; tr.: eine Pumpe betätigen : (stud.) borgen : verborgen ✱ **Pum|per**, der; –s, –: Borger : Verborger ✱ **Pum|pe|rei**, die; –, –en: Borgerei : Verborgerei ✱ **Pum|per|ni|ckel**, der; –s, –: eig. Klopfnickel, -kobold : kleines dickes Wesen : kleine Honigteigkugel : westfälisches grobes Vollkornbrot

Pumps (e.) [pömps], der; –, –: (meist Mz.): ausgeschnittene Damenschuhe mit höherem Absatz : [pumps] (mundartl.) Blähung

Pump|spei|cher|werk, das; –, –e : Anlage zum Speichern von Energie, dabei wird mittels Turbinen Strom erzeugt

Punch (e.) [pöntsch], der; –: Hanswurst : engl. Witzblatt : Punsch : (Box-)Hieb ✱ **pun|chen** tr.: durchlöchern : schlagen ✱ **Pun|cher**, der; –s, –: schlagkräftiger Boxer : Kartenschläger für Strickmaschinen ✱ **Pun|ching|ball** [pantschingbâll], der; –, bälle: Boxball

Punctum sa|liens (l.): „der springende Punkt", Brütpunkt im Vogelei : Lebenspunkt : Hauptpunkt : Kernpunkt : Entscheidendes

Pu|ni|er, der; –s, –: röm. Name für die Karthager ✱ **pu|nisch** Ew.: auf die Karthager bezüglich : falsch : treulos ✱ *die Punischen Kriege:* Kriege der Römer gegen die Karthager; *punische Treue:* Untreue

Punk (e.) [pank], der; –(s), –s : extrem aggressive Rockmusik ✱ **Pun|ker**, der; –s, – : Jugendlicher, der seine Protesthaltung der Gesellschaft gegenüber u. a. durch ungepflegte Kleidung und extreme Frisuren zum Ausdruck bringt ✱ **Pun|ke|rin**, die; –, ..innen ✱ **pun|kig** Ew.: in der Art der Punker

Punkt (l.), der; –(e)s, –e;
Pünktchen, Pünktlein: Stich :
Tüpfelchen : Schlusszeichen
eines Satzes : Abkürzungszei-
chen : ein Schriftzeichen :
Stelle im Raume : mathemati-
scher Ort : etwas Kleines :
(Buchdrw.) Maßeinheit für die
Schriftgrößen (typografischer
Punkt: 0,38 mm) : ein winziges
Tier : Schriftstelle von irgend-
einer Bedeutung : Fall : Beziehung : Zustand : Augenblick,
genaue Zeitangabe : (Sport)
Wertmesser * *der springende
Punkt:* Kernstück; *ein dunkler
Punkt:* etwas Ungeklärtes; *in
diesem Punkt:* in dieser Beziehung; *auf den Punkt:* genau,
pünktlich; *Punkt 12 Uhr:* genau 12 Uhr * *Punktball:*
Übungsball für den Boxer;
Punktlinie: punktierte Linie;
*Punktniederlage; Punktrich-
ter:* Richter beim Sport; *Punkt-
roller:* (Kosmet.) Rollstab mit
Gummibelag zur Entfettung;
punktsicher Ew.: genau; *Punkt-
sieg:* (Sport) nach Punkten siegen; *punktweise* Uw.; *Punkt-
zahl; Punktwertung; Punkt für
Punkt:* eins nach dem andern
* **Punk**|**ta**|**ti**|**on**, die; –, –en:
Vertragsentwurf : vorläufige
Abmachung : Kennzeich-
nung in der hebr. Schrift *
punk|**tie**|**ren** (..iert) tr.: mit
Punkten versehen : tüpfeln :
Vertragsbedingungen vorläufig aufsetzen : Zahlungen einstellen : (Med.) eine Punktion
vornehmen * *Punktierkunst:*
Wahrsagen aus in die Erde oder
auf Papier gezeichneten Punkten; *Punktiermanier:* Art des
Kupferstiches; *Punktiernadel:*
Hohlnadel für Punktionen;
Punktierrad: Rädchen mit spitzen Zähnen zum Übertragen ei-
nes Schnittmusters * **Punk**|**ti**-
on, die; –, –en: Entleerung
krankhafter Flüssigkeitsan-
sammlung im Körper mit der
Kanüle * **pünkt**|**lich** Ew.: zeit-
lich genau : auf den Augen-
blick genau * **Pünkt**|**lich**|**keit**,
die; –: das Pünktlichsein * **in
puncto**: in Betreff *
punk|**tu**|**al** Ew.: sorgfältig :
korrekt : genau * *Punktual-
glas:* korrekt zentrisches Glas :
ein Augenglas, das an allen
Punkten gleich scharfe Sicht

ermöglicht; *Punktualschwei-
ßung* * **Punk**|**tu**|**a**|**li**|**tät**, die; –,
–en: Pünktlichkeit : Genauig-
keit : Strenge * **punk**|**tu**|**ell**
Uw.: einzelne Punkte betref-
fend * **Punk**|**tum**, das; –s, ..ta:
Punkt : Schluss * **Punk**|**tur**,
die; –, –en: (Buchdrw.) (Mz.)
zwei Stifte am Deckel der
Presse zum genauen Anlegen
des Druckbogens : die dadurch
eingestochenen Löcher *
Punkturlöcher; Stiftlöcher;
–zange; Punkturenschlitz

Punsch (skr.-e.), der; –es, –e
und Pünsche; Pünschchen,
Pünschlein: „Fünf", ein alko-
holisches Mischgetränk aus 5
Zutaten * *Punschbowle;
Punschessenz; Punschglas*

Pun|**ze** (l.), die; –, –n;
Pun|**zen**, der; –s, –: Münz-
stempel : Stichel : Werkzeug zu
erhabener oder vertiefter Metallarbeit : Stahlgriffel * *Punz-
arbeit; Punzhammer* * **pun**-
zen (du punzest und punzt) tr.:
stanzen : erhabene oder ver-
tiefte Metallarbeit machen *
pun|**zie**|**ren** (..iert) tr.: mit der
Punze bearbeiten : Gold- und
Silberwaren auf ihren Feingehalt stempeln

Pup, der; –(e)s, –e: (volkst.)
Furz * **pu**|**pen** intr.: furzen
pu|**pil**|**lar** (l.) Ew.: zur Pupille,
zum Augenstern gehörig * *Pu-
pillargebiet:* Gebiet des Seh-
lochs; *Pupillarmembran:* Seh-
lochhäutchen **Pu**|**pil**|**le**, die; –,
–n: Sehloch des Auges * *Pu-
pillenerweiterung; Pupillenre-
aktion; Pupillenreflexe:* Veränderung der Pupille bei starker
Lichteinwirkung; *Pupillenver-
engung*

Pu|**pin**|**spu**|**le**, die; –, –n: nach
dem Erfinder Pupin benannte
Verstärkerspule für Fern-
sprechleitungen * **pu**|**pi**|**ni**|**sie**-
ren tr.: mit einer Pupinspule
versehen

Pup|**pe** (l.), die; –, –n: Püpp-
chen: nachgemachte menschli-
che Figur, bes. als Kinderspiel-
zeug : Marionette : Kosename
für Kind : (verächtl.) Bezeichnung für eine gezierte, mario-
nettenhafte Person : (volkst.)
Geliebte : Entwicklungsstufe
der Insekten : Rohr- oder
Schilfkolben : aufgestellte Gar-
ben : Binsen- oder Reiserbün-

del mit Köder zum Fischfang *
Puppendoktor: (Umgspr.) jemand, der Spielzeugpuppen re-
pariert; *Puppengesicht:* aus-
druckloses hübsches Gesicht;
Puppenhülle; Puppenhülse:
Hülle eines Insekts in der Ver-
puppung; *Puppenkleid; Pup-
penklinik; Puppenkopf; Pup-
penküche; Puppenräuber:*
Laufkäfer; *Puppenspiel:* Spiel
der Kinder mit Puppen : Mario-
nettenspiel; *Puppenspieler:*
Marionettenspieler; *Puppen-
stube; Puppenwagen* * **pup**-
pen intr.: mit Puppen spielen;
tr.: Fische mit der Puppe fan-
gen * **pup**|**pen**|**haft** Ew.: pup-
penartig

pup|**pern** (ich pupp[e]re) intr.:
sich zitternd bewegen : in rascher, unruhig zitternder Bewegung sein : pochen (Herz)

Pups, pup|**sen**: s. Pup, pupen
pur (l.) Ew.: rein : ungemischt :
unverfälscht * **Pu**|**ri**|**fi**|**ka**|**ti**|**on**,
die; –, –en: Reinigung : Läute-
rung * *Purifikationseid:* Reini-
gungseid (bes. des im Schei-
dungsprozess beklagten Ehe-
gatten) * **Pu**|**ri**|**fi**|**ka**|**to**|**ri**|**um**,
das; –s, ..rien: Handtuch des
kath. Priesters zum kirchl. Ge-
brauch * **pu**|**ri**|**fi**|**zie**|**ren** (..iert)
tr.: reinigen : läutern : säubern
* **Pu**|**ris**|**mus**, der; –: Reini-
gungseifer : Streben nach
Sprachreinheit * **Pu**|**rist**, der;
–en, –en: Sprachreiniger (Gegner von Fremdwörtern) *
Pu|**ris**|**te**|**rei**, die; –, –en:
Sprachreinigungssucht * **pu**-
ris|**tisch** Ew.: übereifrig
sprachreinigend * **Pu**|**ri**|**ta**|**ner**,
der; –s, –: Reingläubiger : Angehöriger einer englischen
Sekte * **pu**|**ri**|**ta**|**nisch** Ew.: sit-
tenstreng : nach Art der Purita-
ner * **Pu**|**ri**|**ta**|**nis**|**mus**, der; –:
Puritanertum : Lehre der Sekte
der Reingläubigen * **Pu**|**ri**|**tät**,
die; –: Sittenreinheit : Lauter-
keit : Keuschheit

Pü|**ree** (fr.), das; –s, –s: Brei,
Mus von durchgeschlagenen
Hülsenfrüchten, Kartoffeln
oder Obst

Pu|**rim** (hebr.-pers.), das; –s:
Losungsfest der Juden
Pu|**ris**|**mus**: s. pur

Pur|**pur** (gr.), der; –s: Farbe
aus dem Saft der Purpur-
schnecken : leuchtend dunkel-

rote Farbe : prächtiges purpurfarbiges Gewand : Pracht ✳ *purpurbekleidet* Mw. Ew.; *Purpurfarbe; purpurfarben* Ew.; *–farbig* Ew.; *Purpurgewand; –glanz; purpurglänzend* Mw. Ew.; *Purpurglut; –holz:* Amaranthholz; *–licht; –mantel; –reiher; –rose:* purpurrot Ew.; *Purpurröte; –säure:* eine organische Säure; *–schnecke; –winde:* Gartenpflanze ✳ **purpurn** Ew.: purpurartig : purpurrot

Pur|zel, der; –s, –: abgestumpftes kurzes Ding : Kobold : sich überstürzender, überschlagender Fall ✳ *Purzelalp:* Kobold; *Purzelbaum; Purzelbock:* Fall ✳ *einen Purzelbaum, Purzelbock machen, schlagen, schießen:* sich überschlagen ✳ **pur|zeln** intr.: sich überschlagend hinfallen

Pu|schel, Pü|schel, der; –s, –: Quaste : Stutz : Troddel ✳ **pu|sche|lig** Ew.: weich, mollig

pu|schen: s. **pushen**

Push|ball (e.), der; –s: nordam. Rasenspiel mit einem Lederball

pushen / puschen
Grundsätzlich kann man alle Fremdwörter so schreiben, wie sie original geschrieben werden; das ist die Hauptvariante. Allerdings gibt es schon seit längerem eine Vereinfachung bei vielen Schreibweisen: *Telefon* für *Telephon*; *Foto* für *Photo*. Daher ist die eingedeutschte Form die zulässige Nebenvariante (*puschen*).

pu|shen *auch:* **pu|schen** (e.) [puschen]: antreiben, vorwärts bringen : mit Drogen handeln ✳ **Pu|sher** *auch:* **Pu|scher,** der; –s, –: Händler mit harten Drogen

Pus|sel|chen, das; –s, –: Kosename für kleine Kinder und Tiere ✳ **pus|seln** (ich puss[e]le) intr.: sich mit Kleinigkeiten abgeben

Puß|ta → **Pusz|ta,** die; –, ..ten: weite Heidestrecke : Grassteppe, Weide in Ungarn

Pus|te, die; –: Atem : Hauch : (übertr.) Geld : Kraft : Vermögen ✳ **pus|ten** (du pustest) intr.: schwer atmen : mit starkem Hauch blasen ✳ *ich will dir was pusten:* du kannst lange

warten

Pus|tel (l.), die; –, –n: Blatter : Hitzbläschen : Eiterbläschen : Pickel : (Mz.) Finnen ✳ **pus|tu|lös** Ew.: voll Pusteln : finnig : mit Ausschlag bedeckt

put, putt: Tonwort, Lockruf für Hühner; auch zur Bezeichnung klingenden Geldes : (Kinderspr.) kaputt

Pu|te, die; –, –n: (niederd.) welsches Huhn : Truthahn : (übertr.) (verkl. Puttchen) Kosewort : (verächtl.) dumme Frauensperson ✳ *Puthahn; Puthuhn* ✳ *Putenbraten; Putenzucht* ✳ **Pu|ter,** der; –s, –: Truthahn ✳ *Puterbraten; puterrot* Ew.: rot wie der Fleischlappen am Schnabel des Puters ✳ **pu|ter|haft, pu|tig** Ew.: in der Weise eines Puters : aufgeblasen : kollernd

Putsch, der; –es, –e: politischer Handstreich : Aufwiegelung : (schweiz.) Stoß : Puff ✳ *Putschplan; Putschversuch* ✳ **put|schen** (du putsch[e]st und putscht) intr.: einen Putsch machen : aufhetzen ✳ **Put|schist,** der; –en, –en: Hetzer : Aufwiegler

Put|te, die; –, –n: Kindergestalt in der bildenden Kunst ✳ **Put|to** (it.), der; –s, ..tti oder ..tten: kleiner Knabe : Engelknabe : nacktes Kind

put|ten (e.) intr.: Schlag beim Golfspiel mit dem Putter, den Ball einlochen ✳ **Put|ter** (e.), der; –s, –: Schläger zum Einlochen beim Golfspiel

Putz, der; –es: Schmuck : Zierrat : das Ausstatten mit Schmuck und Zierrat : (Baukst.) Mauerbewurf ✳ *Putzdocke:* aufgeputztes, eitles Mädchen; *Putzholz:* Glättholz der Schuster; *Putzmacherin:* Hutmacherin; *Putznarr; –sucht; putzsüchtig* Ew.; *Putztisch* ✳ **Put|ze,** die; –, –n: Lichtputze, Putzschere ✳ **put|zen** (du putzest und putzt) tr.: säubern : blank reiben; rbz.: schmücken : Mauern mit Putz oder Bewurf versehen, verputzen ✳ *Putzfrau; –lappen; –mittel; –tag; –tuch; –wolle; –zeug* ✳ *sich die Nase putzen:* sich schneuzen ✳ **Put|zer,** der; –s, –: eine Person, die putzt, z. B. Fensterputzer : Werkzeug zum

Putzen : Wischer : Verweis ✳ **putz|haft** Ew.: putzliebend : putzsüchtig ✳ **put|zig** Ew.: klein : possierlich

puz|zeln (e.) [pasln] intr.: ein Puzzlespiel spielen, die einzelnen Teile des Spiels zusammensetzen ✳ **Puzzle** (e.) [pasl], das; –s, –s: ein Vexierspiel : Zusammensetzspiel : Geduldspiel

PVC (Abk.): Polyvinylchlorid

Pyg|mäe (gr.), der; –n, –n: „Fäustling", Zwerg : Angehöriger einer kleinwüchsigen Rasse in Afrika und Südostasien ✳ **pyg|mä|isch** Ew.: zwerghaft, sehr klein [gr. pygme Faust]

Py|ja|ma (pers.) [pidschahma], das und der; –s, –s: Schlafanzug

Py|lon (gr.), der; –en, –en: Turmvorbau altägyptischer Tempel : Torbau : Pfeilerturm einer Brücke

py|ra|mi|dal (gr.) Ew.: spitzsäulenartig, -förmig : pyramidenförmig : (mundartl.) gewaltig : riesenhaft ✳ **Py|ra|mi|de,** die; –, –n: ägypt. Grabgebäude : Spitzkant : geometr. Körper ✳ **py|ra|mi|den|för|mig** Ew.

Py|re|nä|en, die: fr.-span. Grenzgebirge ✳ *Pyrenäenhalbinsel*

Py|ro|ma|nie, die; –: krankhafter Brandstiftungstrieb ✳ **Py|ro|me|ter,** das; –s, –: Gerät zum Messen hoher Temperaturen ✳ **Py|ro|pho|bie,** die; –: krankhafte Furcht vor Feuer ✳ **py|ro|phor** Ew.: sich an der Luft entzündend ✳ **Py|rol|o|se,** die; –: Sodbrennen ✳ **Py|ro|tech|nik,** die; –: Feuerwerkskunst ✳ **Py|ro|tech|ni|ker,** der; –s, –: Feuerwerker ✳ **py|ro|tech|nisch** Ew.: auf die Feuerwerkskunst bezüglich [gr. pyr Feuer]

Pyr|rhos, Pyr|rhus: König von Epirus ✳ **Pyr|rhus|sieg:** ein Sieg wie der von Pyrrhos, Scheinsieg

Py|tha|go|ras: gr. Philosoph und Mathematiker ✳ **Py|tha|go|ras,** der; –: mathematischer Lehrsatz ✳ **py|tha|go|re|isch** Ew.: nach Art von Pythagoras

Py|thia: weissagende Priesterin des Apollo in Delphi :

(übertr.) geheimnisvolle Andeutungen machende Frau
py|thisch Ew.: orakelhaft, dunkel
Python, der; –s, –s: Riesenschlange

Q

Q, q, das; –, –s: der siebzehnte Buchstabe des Abece : (in Verbindung mit u) Zeichen für den Laut kw
Q: (ehemaliges fr. Münzzeichen) Chalons : (neueres fr. Münzzeichen) Perpignan
q. e. d. (Abk.): quod erat demonstrandum (l.)
Qindar [kindar], der; –s; ..darka [kindarka]: albanische Währungseinheit

qua (l.): insofern : (in der Eigenschaft) als
Quack|sal|ber, der; –s, –: Kurpfuscher, prahlerischer Heilkünstler ∗ **Quack|sal|be|rei,** die; –, –en: Kurpfuscherei ∗ **quack|sal|be|risch** Ew.: in der Art eines Quacksalbers auftretend ∗ **quack|sal|bern** (ich ..[e]re) intr.: sich wie ein Quacksalber benehmen : kurpfuschen
Quad|del, die; –, –n: (niederd.) Hautanschwellung, Pocke ∗ *Quaddelsucht:* Nesselfieber
Qua|der (ml.), der; –s, –; auch die; –, –n: viereckig behauener Steinblock : (Math.) von sechs Rechtecken begrenzter Körper ∗ *Quaderbau:* Bau in Form eines Quaders; *Quadersandstein; Quaderstein:* Quader ∗ **ge|qua|dert** Mw. Ew.: quaderförmig ∗ **Qua|d|ra|ge|si|ma** (l.): der 6. Sonntag vor Ostern (40 Tage vor Karfreitag) ∗ **Qua|d|ra|ge|si|ma|le** (nl.), das; –: (kath. K.) vierzigtägige Fastenzeit vor Ostern ∗ **Qua|d|ran|gel** (l.), das; –s, –: Viereck ∗ **Qua|d|rant** (l.), der; –en, –en: Viertelkreis : astronom. Winkelmesser : Gerät zum Richten der Geschütze ∗ *Quadranteisen:* beim Schiffbau verwendetes quadrantförmiges Eisen ∗ *Quadranten-*

elektrometer: Gerät zum Messen der elektrischen Spannung auf dem Konduktor ∗ **Qua|d|rat** (l.), das; –s, –e: Geviert : gleichseitiges Viereck : (Mus.) Auflösungszeichen : (Mz.) (Buchdrw.) Füllmaterial ∗ *Quadratdezimeter:* rechteckige Fläche von 10 cm Seitenlänge; *Quadratfuß; Quadratkilometer; Quadratmaß; Quadratmeile; –meter; –millimeter; –rute; Quadratschrift:* eckige hebräische Schriftart; *Quadrattafel:* Verzeichnis der Quadrate aller Zahlen; *Quadratwurzel:* mathematischer Begriff, die zweite Wurzel einer Größe; *Quadratzahl:* Produkt aus der Multiplikation einer Zahl mit sich selbst; *Quadratzentimeter; Quadratzoll* ∗ *Quadratenkasten* (Buchdrw.) ∗ **quad|rä|teln** (ich ..[e]le) tr.: (Buchdrw.) mit Geviertstückchen würfeln ∗ **Qua|d|ra|tion** (l.), die; –, –en: Teilung ins Geviert ∗ **qua|d|ra|tisch** Ew.: in Form eines Quadrates : ins Quadrat erhoben : (Gleichung) die Unbekannte im Quadrat enthaltend ∗ **Qua|d|ra|tur** (l.), die; –, –en: Verwandlung in ein Viereck : Umwandlung ebener geometrischer Figuren in Quadrate der gleichen Flächeninhalts ∗ *Quadratur des Kreises:* (nicht lösbare) Aufgabe, zu einem gegebenen Kreis ein flächengleiches Quadrat zu konstruieren : (übertr.) etwas Unmögliches; *Quadraturmalerei* ∗ **Qua|d|ri|en|ni|um** (nl.), das; –s, ..ennien: Zeitraum von vier Jahren ∗ **qua|d|rie|ren** (..iert) tr.: viereckig machen : einer Mauer durch regelmäßige Einschnitte im Putz das Aussehen geben, als sei sie aus Quadersteinen zusammengesetzt : (Math.) Zahl mit sich selbst multiplizieren ∗ **Qua|d|ri|ga** (l.), die; –, ..gen: Viergespann bei festlichen Veranstaltungen der Römer : plastische Nachbildung eines solchen ∗ **Qua|d|rille** (fr.) [kadrij'], die; –, –n: Gruppierung zu vieren : (bes.) Tanz zu vier Paaren : Rittergruppe beim Turnierspiel : Kartenspiel zu vieren ∗ *Quadrillentaft:* Taft mit vierfarbigen Streifen ∗ **Qua|d|ril|li|on**

(l.), die; –, –en: eine Million in der vierten Potenz ∗ **Qua|d|ri|nom** (gr.-l.), das; –s, –e: viergliedrige Zahlengröße : viergliedriger Ausdruck ∗ **Qua|d|ri|re|me** (l.), die; –, –n: röm. Schiff mit vier Ruderreihen ∗ **Qua|d|ri|vi|um** (nl.), das; –s, ..vien: Zusammentreffen von vier Wegen : (Mittelalt.) die vier mathem. Wissenschaften: Arithmetik, Geometrie, Astronomie, Musik ∗ **Qua|d|ro** (it.), das; –, ..ri: „Quartett" : Steinwürfel, auf dem sich eine Säule erhebt ∗ **Qua|d|ro|pho|nie** auch: **Qua|d|ro|fo|nie,** die; –: Stereophonie mit vier Lautsprechern ∗ **Qua|d|ru|pe|de** (l.), der; –en, –en: Vierfüßler ∗ **Qua|d|ru|pel** (l.), die; –, –n: das Vierfache : vierfach bezahlte Whistpartie : span. Goldmünze ∗ *Quadrupelallianz:* Bündnis zu vieren

Qua-d-rat
Nach der neuen Regelung gibt es die Möglichkeit, den letzten mehrerer Konsonanten abzutrennen: *Quad-rat.* Weiterhin gültig bleibt aber auch die herkömmliche Trennung: *Qua-drat.*

Quag|ga (hottentott.), das; –s, –s: ausgerottetes südafrikan. Zebra
Quai (fr.) [käh], der; –s, –s: Straße am Hafen : gemauerte Einfassung eines Flusses oder Hafens; vgl. Kai ∗ *Quaimauer:* Hafenmauer : Ufermauer ∗ **Quai d'Or|say** (fr.) [– dorßeh]: Straße in Paris, Sitz des Außenministeriums
quak!: Tonwort zur Bezeichnung des Lautes von Fröschen und Enten
Quä|ke, die; –, –n: Pfeife, die wie der Schrei eines Hasen klingt ∗ **Quä|kel,** der: –s, –: Nestjunges ∗ **qua|keln** (ich ..[e]le) intr.: gackern : leise quaken (: mundartl.) undeutlich reden ∗ **qua|ken** intr.: den Froschlaut von sich geben : (von Kindern) quengeln ∗ *Quakente; Quakfrosch* ∗ **quä|ken** intr.: quengeln : jammern ∗ **Quäker, Quä|ker,** der; –s, –: ein Quakender : (scherzh.) Frosch : eine Muschelart
Quä|ker (e.) [kwehk'r], der; –s, –: „Zitterer", Angehöriger

einer e. religiösen Sekte ✳ *Quakeroats* [..ohts] Mz.: s. Oats; *Quäkerspeisung:* Liebeswerk der Quäker nach dem I. Weltkrieg, Speisung von Kindern und Bedürftigen ✳ **quä|ke|risch** Ew.: den Grundsätzen der Quäker entsprechend ✳ **Quä|ker|tum,** das; –(e)s: Lebenshaltung der Quäker [e. to quake zittern; die Quäker geben religiöse Begeisterung durch Zittern kund]; auch Quaker

Qual, die; –, –en: tiefgehender, anhaltender Schmerz (auch übertragen) : Pein ✳ *qualbeladen* Ew.: mit Qual belastet; *qualerfüllt* Ew.: voller Qual; *qualvoll* Ew.: voller Qual : Qual verursachend ✳ **quä|len** tr.: foltern, misshandeln: peinigen; rbz.: Qual empfinden : sich abmühen, sich abarbeiten : sich (mit einer Krankheit) herumschleppen ✳ *Quälgeist:* unablässig Quälender; *Quälteufel* ✳ **Quä|ler,** der; –s, –: einer, der andere quält : (niederd.) einer, der sich quälen muss ✳ **Quä|le|rei,** die; –, –en: das Quälen : beschwerliche, übermäßige Arbeit ✳ **quä|le|risch** Ew.: voller Quälerei : zum Quälen geneigt : quälend

Qua|li|fi|ka|ti|on (l.), die; –, –en: Befähigung : Eignung : Brauchbarkeit : (Rechtsspr.) Verschärfung eines Verbrechens, einer Strafe durch verschlimmernde Umstände : (Sport) Teilnahmeberechtigung ✳ *Qualifikationsattest:* Befähigungsnachweis; *Qualifikationsbericht; Qualifikationsrennen; Qualifikationsrunde; Qualifikationsspiel* ✳ **qua|li|fi|zier|bar** Ew.: näher bestimmbar ✳ **qua|li|fi|zie|ren** tr.: befähigen : brauchbar machen : bezeichnen : beurteilen ✳ **qua|li|fi|ziert** Mw. Ew.: befähigt : geeignet : brauchbar ✳ *qualifizierte Mehrheit:* notwendige Mehrheit; *qualifiziertes Vergehen:* Vergehen unter erschwerenden Umständen ✳ **Qua|li|tät,** die; –, –en: Beschaffenheit : Eigenschaft, Güte, Wert ✳ *Qualitätsarbeit:* hochwertige Arbeit; *Qualitätsbewußtsein* → *Qualitätsbewusstsein; Qualitätsbezeichnung; Qualitäts-*

einbuße; Qualitätsklausel; Qualitätskontrolle; Qualitätsminderung; Qualitätsresultat: Ergebnis der Qualitätsuntersuchung; *Qualitätssteigerung; Qualitätstyp; Qualitätsuntersuchung:* Festigkeitsprüfung bei Eisen, Stahl u. a.; *Qualitätsware:* Ware bester Beschaffenheit; *Qualitätswein; Qualitätszigarren:* Zigarren vorzüglicher Qualität ✳ **qua|li|ta|tiv** Ew.: der Beschaffenheit nach

Quall, der; –(e)s, –e: Wassersprudel : das Quallen : Quell ✳ **Qual|le,** die; –, –n: gallertiges Seetier ✳ **qual|len** intr.: brodelnd wallen : gerinnen ✳ **qual|lig** Ew.: quallenartig

Qualm, der; –(e)s: dichter Rauch : (mundartl.) größere Wasserlache ✳ *Qualmdeich:* Deich gegen Überschwemmung ✳ **qual|men** intr.: Qualm ausstoßen : (volkst.) (bes. von Rauchern) stark rauchen ✳ **qual|mig** Ew.: qualmartig : voll Qualm

Quals|ter, der; –s, –: zäher Schleim : Auswurf : Stinkbeere : Baumwanze ✳ **quals|te|rig, quals|t|rig** Ew.: schleimig : Auswurf habend ✳ **quals|tern** (ich ..[e]re) intr.: Schleim auswerfen

Quant (l.), das; –s, –en: kleinste Energiemenge oder Elektrizitätsmenge ✳ *Quantenmechanik:* Lehre von den Vorgängen im Atom, aufgebaut auf der Quantentheorie; *Quantentheorie:* von Planck aufgestellte Atomtheorie, nach der die Atome ihre Energie nur in Quanten, nicht stetig abgeben ✳ **Quänt|chen,** das; –s, –: kleines Gewicht : kleine Menge ✳ *quentchenweise* → *quäntchenweise* Uw.: in kleinen Mengen ✳ **quan|ti|fi|zie|ren** tr.: etwas in Zahlen und messbare Größen umformen ✳ **Quan|ti|me|ter,** das; –s, –: Messgerät für Röntgenbestrahlung ✳ **Quan|ti|tät** (l.), die; –, –en: Menge : Anzahl : Größe : Maß : Laut-, Silbendauer : (Mus.) Zeitmaß : Tonhöhe ✳ **quan|ti|ta|tiv** Ew.: der Menge nach : zahlenmäßig ✳ **quan|ti|té né|g|li|ge|able** (fr.) [kangtiteh nehglischeabl']: unbedeutende, des Beachtens nicht werte Größe : Belanglo-

sigkeit ✳ **quan|ti|tie|ren** (..iert) tr.: Silben nach Länge und Kürze messen : Versglieder nach Länge und Kürze bilden ✳ **Quan|ti|va|lenz** (l.), die; –: Wertigkeit ✳ **Quan|tum,** das; –s, ..ten und ..ta: Menge : Größe : Maß : Betrag : Anteil

Quäntchen

Die neue Rechtschreibregelung betont das Stammprinzip, nach dem auch alle Ableitungen eines Wortes geschrieben werden sollen: *Stängel (zu Stange); Quäntchen (zu Quantum).*

Quap|pe, die; –, –n: Fisch : Aalquappe, Süßwasserdorsch

Qua|ran|tä|ne (fr.) [karangt..], die; –, –n: (urspr. vierzigtägige) Beobachtungssperre für krankheitsverdächtige (Schiffs-)Reisende : Seuchensperre ✳ *Quarantänestation:* Station zur Isolierung krankheitsverdächtiger Personen

Quark (e.) [kwoh(r)k], das; –, –s: (Elementarteilchenphysik) experimentell nicht nachweisbares Teilchen, Begriff geprägt nach James Joyce

Quark, der; –(e)s, –e und Quärke: ausgeschiedener Käsestoff gesäuerter Milch nach Absonderung der Molken : (übertr.) Unsinn ✳ *Quarkbrot:* (Butter-)Brotschnitte mit Quark bestreichen ✳ *Quarkfaß* → *Quarkfass; Quarkkäse:* Käse aus Quark; *–kuchen; –männlein:* (volkst.) Zwergmännlein; *Quarknudel:* Nudel aus Mehl und Quark; *Quarksack:* Sack, durch den die Molke abläuft und der Quark festgehalten wird ✳ **quar|kig** Ew.: voll Quark : quarkähnlich ✳ **quar|ken** intr.: quarren; vgl. quarr ✳ **Quar|ke|rei,** die; –, –en: das Quarken, das Gequark ✳ **quarr:** Tonwort zur Bezeichnung des Lautes von Fröschen, Schnepfen, weinenden Kindern ✳ **Quar|re,** die; –, –n: weinerliche Person, bes. Kind ✳ **quar|ren** intr.: den Quarrlaut von sich geben : (bes. von Kindern) quengeln : nörgeln

Quart (l.), das; –(e)s, –e: (Buchdrw.) Viertelbogengröße ✳ **Quart** (l.-fr.), das; –s, –e: Viertelmaß ✳ **Quart** (l.-e), das; –s, –s: e. Hohlmaß ✳ *Quartband:* Buch, dessen Seiten

Viertelbogengröße haben; *Quartblatt:* Blatt Schreibpapier in Viertelbogengröße; *Quartformat:* Größe des Viertelbogens; *Quartmajor:* eine Reihenfolge von (Spiel-)Karten; *quartweise* Ew.: in Vierteln : in Quartformat ✱ **Quart, Quar|te,** die; –, ..ten: Fechthieb : (Mus.) vierter Ton vom Grundton aus : (Rechtsspr.) Viertel vom Nachlass ✱ **Quar|ta,** die; –, ..ten: (veralt.) dritte („vierte" von oben) Klasse eines Gymnasiums ✱ **Quar|tal,** das; –s, –e: Vierteljahr ✱ *Quartalsabrechnung, Quartalsabschluß → Quartalsabschluss:* Abrechnung am Ende eines Vierteljahres; *Quartalskündigung:* vierteljährliche Kündigung; *Quartalssäufer; quartalsweise* Uw.: vierteljährlich ✱ **Quar|ta|ner,** der; –s, –: Schüler der Quarta ✱ **Quar|tär,** das; –s (Geol.) jüngstes Entwicklungszeitalter der Erde ✱ *Quartärformation:* Oberflächenbildung der Erde während des Quartärs; *Quartärperiode:* letzte Zeit der Erdbildung ✱ **quar|tär** Ew.: an vierter Stelle stehend ✱ **Quar|ter** (e.) [kwa°hrt'r], das; –s, –: englisches Getreidemaß : englischer Vierteizentner ✱ *Quarterdeck:* Schiffshinterdeck ✱ **Quar|tett** (it.), das; –(e)s, –e: Musikstück für vier Stimmen oder vier Instrumente : die Quartettspieler : ein Kartenspiel mit vier zusammengehörenden Bildkarten ✱ **Quar|tier** (fr.), das; –s, –e: Viertel : Wappenfeld : Fersenleder : (seem.) Nachtwache : (Baukst.) Viertelstein : Stadtviertel, Stadtbezirk : Aufenthaltsort : Wohnung : Herberge : Unterkunft : Standort ✱ *Quartier Latin* (fr.) [kartjeh latäng]: Pariser Studentenviertel ✱ *Quartier machen:* Unterkunft verschaffen, bes. für Soldaten; *Quartiermacher:* der Quartier Beschaffende; *Quartiersfrau; Quartiersmann:* (in Hamburg) Speicherbesitzer, der für Kaufleute Lagerung und Versand von Waren übernimmt ✱ *Quartiersvolk:* (seem.) Wacht habende Schiffsmannschaft; *Quartierswirt* ✱ **Quar|tie|rung,** die; –, –en: Einbringen ins Quartier,

bes. von Soldaten ✱ **Quar|to** (it. u. span.) das; –, ..ti: ein Viertel : span. Münze : it. Getreidemaß : (Buchdrw.) Quartformat (4°) ✱ **quart|wei|se** Uw.: in Vierteln : in Quartformat [l. quartus der vierte]

Quarz, der; –es, –e: ein Mineral, reine Kieselsäure ✱ *Quarzdruse:* Gesteinshöhle mit Quarzkristallen; *Quarzfaden;* *Quarzfilter:* elektrische Filterschaltung mit Quarzkristallen; *Quarzfluß → Quarzfluss:* geschmolzene Quarzmasse; *Quarzgang:* Quarzader im Gestein; *Quarzgestein; Quarzglas:* durchsichtiger, geschmolzener Quarz; *Quarzgut:* undurchsichtiger, geschmolzener Quarz; *Quarzkristall:* Kristall des Quarzes; *Quarzlampe:* künstliche Höhensonne; *Quarzporphyr:* Ergussgestein; *Quarzstein; Quarzuhr* ✱ **quarz|hal|tig, quar|zig** Ew.: quarzartig : Quarz enthaltend ✱ **Quar|zit,** der; –s, –e: Quarzfels, gebirgig auftretender Quarz ✱ *Quarzitschiefer:* schieferartig geschichteter Quarzit

Quas, der; –es, –e: (mundartl.) Schmaus : Schlemmerei

Qua|sar (l.), der; –s, –e: sternennähnliches Objekt mit intensiver Radiostrahlung

qua|si (l.) Uw.: gleichsam : sozusagen : ungefähr : gewissermaßen ✱ *Quasidelikt:* Tatbestand, der einem Vergehen gleichkommt; *Quasidominium:* scheinbares Eigentum; *Quasilegitimität:* angebliche, scheinbare Rechtmäßigkeit; *Quasipossession:* Scheinbesitz (bei Dingen, die im eigentlichen Sinne nicht besitzbar sind); *Quasisouveränität:* scheinbare Souveränität; *Quasivertrag:* Scheinvertrag ✱ **Qua|si|mo|do|ge|ni|ti:** Name des ersten Sonntags nach Ostern [l. quasi modo geniti wie die Neugeborenen, 1. Petri 2,2]

quas|seln (ich quass[e]le, habe gequasselt) tr., intr.: (mundartl.) törichtes Zeug reden : langweilig reden : zu viel reden ✱ *Quasselstrippe:* (volkst.) Fernsprecher : quasselnder Mensch ✱ **Quas|se|lei,** die; –, –en: törichtes Geschwätz

Quas|sie (bras.), die; –, –n: trop. Baum, Bitterholz ✱ *Quassieextrakt:* aus Quassie gewonnener, eingedickter Saft

Quast, der; –es, –e: Quästchen: Borstenbüschel : Troddel : Schleife : (übertr.) mürrische Person : (übertr.) Patron, Kauz ✱ **Quas|te,** die; –, –n: Fransenbüschel, Troddel : Flaumfederbüschel, zum Pudern ✱ *Quastenbehang:* mit Quasten versehener Stoffbehang; *quastenförmig:* in Form einer Quaste ✱ **quas|tig** Ew.: mit Quasten versehen : (übertr.) mürrisch : (übertr.) sonderbar, verkehrt

Quäs|ti|on (l.), die; –, –en: Frage : Streitfrage : peinliche Frage, Folter ✱ **Quäs|tor,** der; –s, ..oren: altrömischer Finanzbeamter : Schatzmeister der Hochschulen ✱ **Quäs|tur,** die; –, –en: Schatzmeisteramt : Zahlstelle an Hochschulen : Hochschulkasse [l. quaerere fragen]

Qua|tem|ber (l.), der; –s: Jahresviertel : Vierteljahrbeginn : (kath. K.) Fasten am ersten Mittwoch, Freitag und Sonnabend der ersten Woche jedes Vierteljahres ✱ *Quatemberfasten:* das Fasten an den Quatembertagen ✱ **qua|ter|när** Ew.: vierfach : aus vier Teilen bestehend ✱ **Qua|ter|ne,** die; –, –n: (Buchdrw.) jeder zusammengefaltete Bogen : Vierergewinn im früheren Lottospiel ✱ **Qua|ter|nio,** der; –s, ..nionen: aus vier Teilen bestehendes Ganzes : Lage von vier Doppelblättern ✱ **Qua|tri|du|um,** das; –s, ..duen: viertägige Frist : Zeitraum von vier Tagen [l. quaterni je vier]

Quatsch, der; –es: unsinniges Gerede : weiche Masse ✱ *quatschnaß → quatschnass:* ganz durchnässt; *quatschweich:* schlammig weich, breiig weich ✱ **quatsch:** Tonwort zur Bezeichnung des Geräusches beim Herumpatschen im Wasser : (volkst.) albern : dumm ✱ **quat|schen** (du quatsch[e]st, auch quatscht) intr.: den Laut „quatsch" von sich geben; tr.: Quatsch reden : zu einer breiigen Masse zerdrücken ✱ *Quatschkopf:* Unsinn redende Person ✱

quat|schig Ew.: weich : quatschnass : unsinniges Zeug redend : redselig : langweilig [niederd. quatsken dummes Zeug reden]

Quat|tro|cen|tist (it.) [..tschen..], der; –en, –en: Dichter, Künstler des Quattrocentos * **Quat|tro|cen|to** (it.) [..tschen..], das; –s: it. Kunstzeitalter von 1400 bis 1500 (Frührenaissance)

Que|bec [kwi..]: kanad. Provinz und Stadt

Que|b|ra|cho [kebratscho], das; –s: „Axtbrecher“, sehr hartes Holz * *Quebrachoholz; Quebracholeder:* mit dem Gerbstoff des Quebrachos behandeltes Leder; *Quebracho-rinde:* Rinde des Quebrachobaumes

Que|chua [ketschua], der; –(s), –: Angehöriger eines Indianerstammes in Peru : eine Indianersprache

queck, quick Ew.: lebhaft, lebendig : schnell * *Queckbeere:* Vogelbeere; *Queckborn:* Jungbrunnen; *Queckholder:* Wacholder; *Quecksilber:* (Chem.) silberfarbenes, flüssiges Metall : (übertr.) schneller, ruheloser Mensch; *Quecksilberdampf; quecksilb(e)rig* Ew.: beweglich wie Quecksilber : quecksilberartig; *quecksilbern* Ew.: aus Quecksilber bestehend; *Quecksilbersalbe; Quecksilbersäule; Quecksilbervergiftung* * **Que-cke,** die; –, –n: Grasart * *Queckenegge; Queckenhaken:* Egge, Haken zum Entfernen der Quecken; *Queckentrank:* Trank aus Queckenwurzeln; *Queckenwurzel* * **que|ckig** Ew.: mit Quecken behaftet; vgl. quick

Qued|lin|burg: Stadt im Harz

Queen (e.) [kwihn], die; – , –s: englische Königin * **Queens Bench** (e.) [kwihnsbentsch], das; – –: „Bank der Königin“, Londoner Oberstes Gericht zur Regierungszeit einer Königin * **Queens|land** [kwihnslänt]: austr. Bundesstaat * **Queens-me|tall** [kwihns..], das; –es: Weißmetall * **Queens|town** [kwihnstaun]: früherer Name für Cobh (irische Stadt) * **Queens|ware** (e.) [kwihns-wär], die; –, –n: besonderes gelbes Steingut

Quell, der; –(e)s, –e: aus der Erde hervorkommendes Wasser : Beginn eines Baches oder Flusses : (übertr.) Ursprung * *Quellader:* Wasserader; *Quell-brunnen:* über einer Quelle errichteter Brunnen; *Quellfluß →* *Quellfluss; Quellgebiet; Quellgras:* eine Grasart; *Quellgrund:* quelliger Grund : feuchte Umgebung eines Quells; *Quell-moos:* eine Moosart; *Quellnymphe:* in der Quelle lebende Naturgottheit; *Quellsalz:* Brunnen-, Solsalz; *Quellsand:* vom Quell mitgeführter Sand; *Quellsemse:* Quellbinse; *Quell-sprung:* Quell : Ursprung; *Quellwasser* * **Quel|le,** die; –, –n: s. Quell : (übertr.) Ursprungsort, zeitgenöss. Schriftdenkmal * *Quellenangabe:* Angabe der Herkunft übernommener Behauptungen usw.; *quellenarm* Ew.: (von wissenschaftl. Arbeiten) Quellen nicht heranziehend : ohne Quellen; *Quellenforscher:* Erforscher wissenschaftlicher Quellen; *Quellenforschung:* Erforschung der wissenschaftl. Quellen; *Quellenmaterial; quellenmäßig* Ew.: den wissenschaftl. Quellen entsprechend; *quellenreich* Ew.: voll Quellen : (von wissenschaftl. Arbeiten) reichlich Quellen heranziehend; *Quellensammlung; Quellenschrift; Quellenstück:* Teil einer Quelle; *Quellenstudium:* wissenschaftl. Durcharbeitung der (bes. geschichtlichen) Quellen; *Quellenwerk:* wissenschaftl. Werk mit Quellenzusammenstellung * **quel|len** (du quillst; du quollst, du quöllest; gequollen; quill!) intr.: hervorbrechen : fließen : schwellen * **quel|len** (du quellst, du quelltest, gequellt, quelle!) tr.: etwas schwellen machen : etwas quellen, schwellen lassen * *Quell-bottich:* Gefäß zum Gerstequellen bei der Malzbereitung; *Quellfleisch:* Wellfleisch; *Quellstock:* Quellbottich * **quel|len|haft** Ew.: quellenmäßig : wie eine Quelle * **Quel|ler,** der; –s, –: Meersenf, Art Gänsefußgewächs * **quel|lig** Ew.: Quellen enthaltend (vom Erdboden)

Quem|pas (l.), der; –: Wechselgesang zu Themen der Weihnachtsgeschichte [nach den Anfangssilben von Quem pastores laudavere = Den die Engel lobeten sehre, ein Weihnachtslied] * **Quem|pas|lied,** das; –(e)s, –er: Lied mit dem Thema Weihnachtsgeschichte

Quen|del, der; –s, –: Feldthymian

Quen|ge|lei, die; –, –en: Nörgelei : Gequengel * **quen|gel-haft, quen|ge|lig** Ew.: quengelnd : nörgelnd * **quen|geln** (ich ..[e]le) intr.: weinerlich sein : nörgeln : durch Nörgeln lästig fallen * **Quengler,** der; –s, –: Quengelnder

Quent|chen → Quänt|chen: s. Quant

quer Ew.: eine gegebene Richtung durchkreuzend, durchschneidend : nach allen Richtungen hin andere Linien durchkreuzend : (übertr.) im Gegensatz zum Geraden, verdreht, verschroben * *quer durch den Wald laufen; kreuz und quer; ein quer gespannter Draht; das ging mir quer:* missglückte * *Queraxt:* Kreuzaxt; *Querbahnsteig; Querbalken:* quer liegender Balken; *Querbau; Querdamm:* quer angelegter Damm; *querdurch* Uw.: schräg hindurch; *Quer-durchschnitt:* Durchschnitt der Breite nach; *querfeldein* Uw.: schräg über die Felder; *Querfeldeinlauf; Querfeldeinritt; Querflöte:* Blasinstrument; *Querformat:* Format des quer gelegten Bogens; *Querflügel:* quer zum Hauptbau gelegener Seitenbau; *Querfrage:* Kreuzfrage; *Querfurche:* quer verlaufende Furche; *Quergang; Quergasse; Quergebäude; quergestreift →* *quer gestreift:* zur senkrechten Hauptrichtung waagerecht gestreift; *Quer-kopf:* verdrehter Mensch; *quer-köpfig* Ew.: verschroben; *Quer-lage; Querlatte; Querleiste:* quer vorgesetzte (aufgesetzte) Leiste; *Querlinie:* kreuzende Linie; *Quernaht:* Naht quer zum Kleid; *Querpfeife:* Querflöte; *Querruder; querschießen →* *quer schießen* intr.: vereiteln; *Querschiff; Querschlag; Querschläger:* quer aufschlagendes Geschoss; *Quer-*

schnitt: Durchschnitt quer zur Länge; *Querschnittslähmung; Querschreiberei:* Zwang zur Anerkennung von Wechseln; *Querschwung:* (Ski) Kristiania; *Querstange:* quer zu einer anderen Stange angebrachte Stange; *Querstraße:* quer zu einer Straße verlaufende Straße; *Querstreifen:* quer zur Länge verlaufender Streifen; *Querstrich:* quer verlaufender Strich : (übertr.) Durchkreuzung; *Quersumme:* Summe aus den Ziffern einer mehrstelligen Zahl; *Quertreiber:* einer, der anderen absichtlich Verlegenheit bereitet; *Quertreiberei:* das absichtliche Hervorrufen von Schwierigkeiten; *querüber* Uw.: schräg oder gerade die Längsrichtung kreuzend : schräg herüber; *Querverbindung; Querverweis; quervor* Uw.: quer davor; *Querwand:* quer gezogene (gebaute) Wand ✳ **Que**|**re,** die; –: die quere Richtung ✳ *in die Quere kommen:* störend dazwischentreten **Que**|**re**|**le** (l.), die; –, –n: Klage, Beschwerde : Zank ✳ **Que**|**ru**|**lant,** der; –en, –en: Quengler, Nörgler ✳ *Querulantenwahn:* krankhafte Streitsucht ✳ **que**|**ru**|**lie**|**ren** (..iert) intr.: nörgeln **Que**|**ru**|**lant** usw.: s. Querele **Quer**|**ze**|**tin** (nl.), das; –s: (Gerb.) Bitterstoff in der Steineichenrinde ✳ **Quer**|**zit,** der; –s, –e: Eichelzucker ✳ **Quer**|**zi**|**t**|**rin, Quer**|**zi**|**t**|**ron,** das; –s: gelber Farbstoff aus der gemahlenen Rinde der Färbereiche ✳ *Querzitrinsäure* [l. quercus Eiche] **Que**|**se,** die; –, –n: Blase auf der Haut durch Quetschung : Blasenwurm, Erreger der Drehkrankheit bei Schafen ✳ **que**|**sig** Ew.: verdreht **Quetsch,** der; –es, –e: Vogel mit quetschender Stimme ✳ **Quet**|**sche,** die; –, –n: Presse : Klemme : (mundartl.) kleiner Betrieb ✳ *Quetschfalte; Quetschhammer; Quetschkartoffeln:* gequetschte Kartoffeln; *Quetschmühle:* Mühle zum Äpfelzerkleinern; *Quetschwerk:* Vorrichtung zum Zerquetschen von Erz; *Quetschwunde* ✳ **quet**|**schen** (du quetsch[e]st) tr.: breit drücken :

weich drücken : klemmen ✳ **Quet**|**schung,** die; –, –en: das Quetschen : durch Quetschen entstandene Wunde **Quet**|**sche** (md.), die; –, –n: Pflaume, Zwetschge **Quet**|**zal,** der; –(s), –(s): Münzeinheit von Guatemala; Abk.: Q ✳ **Quet**|**zal,** der; –s, –s: südam. Vogel mit prachtvollem Federkleid : Wappenvogel von Guatemala **Queue** (fr.) [köh], das; –s, –s: Billardstock ✳ **Queue** (fr.), die; –, –s: „Schwanz“, Kolonnenende : Aufmarsch **Quiche** (fr.) [kihsch], die; –, –s: herzhafter Speckkuchen aus Mürbe- oder Blätterteig **quick** Ew.: schnell, lebendig ✳ *Quickborn:* Jungbrunnen; *Quickbrei:* Amalgam; *Quickerz:* Quecksilber; *Quickmühle:* Mühle zur Herstellung von Quickerz; *Quicksand:* Flugsand; *Quicksterz:* Wippschwanz, Wippsterz (Bachstelze); *Quickwasser:* Quickborn : Quecksilberauflösung **quick** (e.) [kwick] Ew.: schnell ✳ *Quick Lunch* [..lantsch]: schnell eingenommene kleine Mahlzeit um die Mittagszeit ✳ *Quickstep* → *Quickstepp,* der; –: ein Tanz ✳ *Quicktest,* der; –s, –s: medizinische Methode zur Bestimmung der Gerinnungszeit des Blutes, nach dem am. Arzt A. J. Quick **quid** (l.): was? ✳ **Qui**|**dam,** der; –: ein gewisser Jemand ✳ **Quid**|**pro**|**quo,** das; –s, –s: Verwechslung : Missverständnis **quiek:** Tonwort zur Bezeichnung eines schrill quäkenden Lautes ✳ **quie**|**ken** intr.: den Quiekton von sich geben ✳ **quie**|**kern, quiek**|**sen:** quieken ✳ **quie**|**kig, quiek**|**sig** Ew.: viel quiekend : leicht quiekend **quie**|**nen** intr.: (mundartl.) kränkeln : kränkeln und klagen ✳ **quie**|**nig** Ew.: quienend : schwächlich **Qui**|**e**|**tis**|**mus,** der; –: mystische Strömung, die die ruhige Versenkung in Gott erstrebt ✳ **Qui**|**e**|**tist,** der; –en, –en: Freund des Quietismus : Freund der Ruhe ✳ **quie**|**tis**|**tisch** Ew.: dem Quietismus entsprechend ✳ **Qui**|**e**|**tiv,** das;

–s, –e: Beruhigungsmittel ✳ **qui**|**e**|**to** (it.): (Mus.) ruhig **quiet**|**schen** intr.: laut quieken ✳ *quietschvergnügt* Mw. Ew.: (stud.) so vergnügt, dass man quietschen muss **Quil**|**la**|**ja** (bras.), die; –, –s: südam. Baum : Seifenbaum ✳ *Quillajabaum; Quillajarinde* **quil**|**len** intr.: quellen **Quilt** (e.) [kwilt], der; –s, –s: aus einzelnen Stoffteilen (z. B. Quadraten, Rechtecken) zusammengenähte Steppdecke ✳ **quil**|**ten:** einen Quilt herstellen **Qui**|**nar** (l.), der; –s, –e: altröm. Münze ✳ **Quin**|**qua**|**ge**|**si**|**ma,** die; –: fünfzigster Tag, das heißt 7. Sonntag vor Ostern ✳ **Quin**|**quen**|**ni**|**um,** das; –s, ..nien: Jahrfünft ✳ **Quin**|**que**|**cen**|**tist** (it.) [..tschen..], der; –en, –en: Schriftsteller des 16. Jahrhunderts in Italien ✳ **Quin**|**que**|**cen**|**to:** s. Cinquecento ✳ **Quin**|**quil**|**li**|**on,** die; –, –en: fünfte Potenz einer Million ✳ **Quint, Quin**|**te,** die; –, –(e), ..ten: (Mus.) fünfter Ton vom Grundton aus : Fechthieb ✳ *Quintschlag:* ein Fechtschlag ✳ **Quin**|**ta,** die; –, ..ten: (veralt.) zweite („fünfte“ von oben) Klasse eines Gymnasiums ✳ **quin**|**tan** Ew.: fünftäglich ✳ *Quintanafieber:* alle fünf Tage auftretendes Fieber ✳ **Quin**|**ta**|**ner,** der; –s, –: Schüler der Quinta ✳ **Quin**|**tal** (fr.) [kängtall], der; –s, –e: Gewicht von 100 Pfund ✳ **Quin**|**tar,** der; –s, –e: albanische Münze ✳ **Quin**|**tel,** das; –s, –n: Quäntchen : kleines Gewicht, kleine Menge ✳ **quin**|**teln** (ich ..[e]le) intr.: in Quinteln abmessen ✳ **Quin**|**ter**|**ne,** die; –, –n: Fünftreffer beim früheren Lottospiel ✳ **Quin**|**tes**|**senz,** die; –, –en: „fünftes Wesen“, Äther als fünftes Element : Auszug : Kraft : das Wesentliche, der Kern einer Sache : Inbegriff : Feinstes ✳ **Quin**|**tett,** das; –(e)s, –e: Musikstück für fünf Stimmen oder fünf Instrumente : die Quintettspieler ✳ **Quin**|**ti**|**lis,** der; –: ursprünglich fünfter, später siebenter Monat im römischen Jahr ✳ **Quin**|**tol**|**e,** die; –, –n: (Mus.) aus fünf Noten bestehende Tonfigur

quin|ke|lie|ren (..iert), **quin|keln** (ich ..[e]le) intr.: schwach singen : Umschweife machen
Quin|qua|ge|si|ma usw.: s. Quinar
Quin|ta, Quin|tel, Quin|tes|senz usw.: s. unter Quinar
Quin|to|le: s. unter Quinar
Qui|pro|quo (l.), das; –, –s: „einer für einen", Verwechslung einer Person mit einer anderen : Missverständnis
Qui|pu (peruan.) [ki..]: Knotenschnur : Knotenschrift der Inkas
Qui|rin, Qui|ri|nus (l.): der vergöttlichte Romulus *
Qui|ri|nal, der; –s: Hügel in Rom : Palast, Sitz des italienischen Staatspräsidenten (früher des Königs)
Quirl, der; –(e)s, –e: Küchengerät zum Umrühren : (Forstw.) Gipfelschoß : (Bot.) Blattstellung, Wirtel : (volkst., mundartl.) unruhiger Mensch *
quir|len tr.: umrühren; intr.: sich drehen * **quir|lig** Ew.: Umgspr. für sehr lebhaft, unruhig
Quis|ling, der; –s, –e: (norw.) Kollaborateur : Volksverräter
Quis|quil|li|en (l.) Mz.: Abfall : Plunder : Läppereien
quitt (ml.) Ew.: wett : ausgeglichen : los und ledig : fertig
quit|tie|ren (..iert) tr.: (Zahlung) bescheinigen : aufgeben (Amt, Dienst) * **Quit|tung,** die; –, –en: Bescheinigung über empfangene Zahlung, Rückgabe : Vergeltung * *Quittungsblock; Quittungsbuch:* Buch, in das hineinquittiert wird; *Quittungsformular; Quittungsstempel:* Stempel zur Gültigkeitserklärung der Quittung
Quit|te, die; –, –n: gelbe Kernfrucht * *Quittenapfel:* quittengelber Apfel; *Quittenbaum; Quittenbirne:* quittenfarbige Birne; *Quittenbrot:* mit Zucker eingekochtes und getrocknetes Quittenmus; *quitte(n)gelb* Ew.; *Quittenkern; Quittenlikör; Quittenmus; Quittensaft; Quittensirup;* **quitt|haft** Ew.: quittenartig
Qui|vive (fr.) [kiwiw], das; –s: Werdaruf * *auf dem Quivive sein:* Acht geben : die Augen offen haben
Quiz (e.), das; –, –: Neckerei : Rätselfrage : Ausfragung : Frage-und-Antwort-Spiel *
Quizmaster: Leiter einer Quizveranstaltung; *Quizsendung*
quod e|rat de|monst|ran|dum (l.): was zu beweisen war
Quod|li|bet (l.), das; –s, –s: „was beliebt", Durcheinander : (Mus.) Allerlei : ein Kartenspiel
Quo|rum, das; –s: Beschlussfähigkeit einer Versammlung
Quo|ta|ti|on (l.), die; –, –en: Anteilberechnung : Kurs-, Preisnotierung * **Quo|te** (l.), die; –, –n: der verhältnismäßige Anteil : Bruchteil * *Quotenaktie:* Anteilaktie * **Quo|ti|ent,** der; –en, –en: (Math.) durch Division sich ergebende Teilzahl * **quo|tie|ren** (..iert) tr.: (Rechtsspr.) Prozessakten mit Zahlen versehen : Preis angeben, bewerten * **quo|ti|sie|ren** (..iert) tr.: anteilmäßig verteilen * **Quo|ti|sie|rung,** die; –, –en: Berechnung der Anteile
quo|us|que tan|dem (l.): „wie lange denn noch!"
quo va|dis? (l.): „wohin gehst du?"

R

R, r, das; –, –: der achtzehnte Buchstabe des Abece
R: (fr. Münzzeichen) Orléans : (päpstl. Münzzeichen) Rom : (portug. und brasil. Münzzeichen) Rio de Janeiro
Raab, die; –: Nebenfluss der Donau * **Raab:** Stadt in Österreich : Stadt in Ungarn
Ra|bat: Hauptstadt von Marokko
Ra|batt (it.), der; –(e)s, –e: Abzug : Preisnachlass : Ermäßigung * *Rabattmarke* * **Ra|bat|te** (ndl.), die; –, –n: Aufschlag : Umschlag : Saum : Besatz : schmales Gartenbeet : Blumenbeet * **ra|bat|tie|ren** (..iert): abziehen : nachlassen vom Preise
Ra|batz, der; –es: (Umgspr.) lautstarkes Verhalten, Feiern
Ra|bau, der; –s und –en, –e(n): Apfelsorte

Ra|bau|ke (hebr.), der; –n, –n: Rohling : Strolch
Rab|bi, der; –(s), –s und ..inen: „mein Meister", jüd. Schriftlehrer : jüd. Prediger und Religionslehrer : Ehrenname der jüd. Gesetzeslehrer * **Rab|bi|nat,** das; –(e)s, –e: Amt, Würde eines Rabbis * **Rab|bi|ner,** der; –s, –: Titel der jüd. Geistlichen * **rab|bi|nisch** Ew.: vom Rabbi(ner) ausgehend : neuhebräisch * **Rab|bi|nis|mus,** der; –: jüd. Schrift- und Religionslehre [hebr. rab viel, groß, älter : der Oberste, Vornehmste, Meister]
Ra|be, der; –n, –n; Räbchen: eine Vogelfamilie : (bes.) Kolkrabe : altes Kriegswerkzeug : Name von Fischen : eine Schnecke; *stehlen wie die Raben; Rabenaas; Rabenbatzen:* Geldstück : Goldstück; *Rabeneltern:* lieblose Eltern; *Rabenhaar:* schwarzes Haar; *Rabenkrähe; Rabenmutter:* schlechte Mutter; *Rabennacht:* dunkle Nacht; *Rabenschlacht:* Schlacht bei Ravenna; *Rabenschnabel:* Schnabel des Raben; *Rabenschnabelfortsatz:* (Anat.) ein Schulterknochen : Zange der Wundärzte : ein Werkzeug für Tischler und Bildhauer : eine Art Hufeisen : eine Art Schnabelgefäß : knotige Nadelschnecke; *Rabenschnecke; rabenschwarz* Ew.: sehr schwarz; *Rabenschwärze; Rabenstein:* gemauerte Hinrichtungsstätte : schwarzer Belemnit; *Rabenstimme; Rabenvater:* grausamer, schlechter Vater
Ra|bi|es (l.), die; –: Wut : Tollwut : Raserei * **ra|bi|at** (ml.) Ew.: trotzig : wütend
Ra|bitz|wand, die; –, ..wände: Wand aus Gips auf Drahtgeflecht [benannt nach dem Erfinder Rabitz]
Ra|bu|list (l.), der; –en, –en: Rechtsverdreher : Schwätzer : Haarspalter * **Ra|bu|lis|te|rei,** die; –, –en: Rechtsverdrehung, Haarspalterei * **Ra|bu|lis|tik,** die; –, –en: Rabulisterei * **ra|bu|lis|tisch** Ew.: rechtsverdreherisch : nach Art eines Rechtsverdrehers, Schwätzers
Ra|che, die; –: Vergeltung für zugefügtes Böses : Strafe *

Rachgier; rachgierig Ew.;
Rachlust; rachlustig Ew.;
Rachsucht; rachsüchtig Ew. *
Racheakt: Handlung aus Rache
: Ergebnis der Vergeltungstat;
racheblickend Ew.; Rache-
durst; rachedürstend Ew.;
rachedurstig Ew.; Racheengel;
Rachegedanke; Rachegefühl;
Rachegeist; Rachegericht; ra-
cheglühend Ew.; Rachegott;
Rachegöttin; Rachekrieg; Ra-
cheplan; racheschreiend Ew.;
Racheschwert; Racheschwur
* rächen (ich rächte, gerächt)
tr., rbz.: Rache üben : strafen *
Rächer, der; –s, –: einer, der
etwas rächt * Rächerhand; Rä-
cherstahl * Rächerin, die; –,
–nen: weibl. Person, die etwas
rächt * rächerisch Ew.: Rache übend
Rachen, der; –s, –: (Med.)
Höhle hinter dem Gaumensegel : Fortsetzung der Mund-
höhle : Schlund : weit geöffne-
tes Maul bei Tieren : (verächtl.)
Mund * Rachenblütler; Ra-
chenmandel; Rachenkatarrh
auch: Rachenkatarr; Rachen-
putzer: (scherzh.) saurer Wein
Rachitis (gr.), die; –: englische Krankheit : Kalkmangel-
krankheit der Knochen *
rachitisch Ew.: mit Rachitis
behaftet [gr. rhachis Rückgrat]
Rack (e.) [räck], das; –s, –s:
Regal für eine Stereoanlage
Racke, die; –, –n: Mandel-
krähe : Saatkrähe * rackeln
(ich rack[e]le) intr.: rauen Ton
von sich geben * Rackelhuhn:
Bastard von Auer- und Birk-
wild; Rackelwild * Racker,
der; –s, –: Henkersknecht :
Schinder : Schlauberger,
Schwerenöter : Krähe *
Rackelrei, die; –, –en: das
Rackern * rackelrig Ew.: un-
sauber : schmutzig : aufge-
bracht : wütend * rackern
(ich ..[e]re) intr.: racken : placken : schinden; rbz.: sich in
schmutziger Arbeit mühen :
sich placken : sich schinden
Racket (e.) [räcket], das; –s,
–s: Tennisschläger
Raclette (fr.) [raklätt], das;
–s, –s: ein Schweizer Gericht
mit heißem Käse * Ra-
clettekäse, der; –s : Schweizer Käsesorte
rad (Abk.): Radiant: Maßein-

heit für absorbierte Strahlungs-
menge
Rad, das; –(e)s, Räder; Rädchen, Mz. Räderchen, Räder-
lein: runde, meist durchbrochene, um eine Achse drehbare
Scheibe : Vorrichtung zur rollenden Fortbewegung : Vorrichtung zur Bewegung eines Ma-
schinen- oder Uhrwerks : Bezeichnung einer Kreisfigur, die
durch Schwingen entsteht :
(übertr.) Getriebe : (übertr.) etwas, was sich drehend fortbewegt : Fahrrad * Radachse;
radähnlich Ew.; Radarm: Speiche; Radball: Rasen- und Saal-
ballspiel; Radbremse; Rad-
bruch; Radbrunnen: Brunnen,
bei dem zum Wasserheben ein
Rad betätigt wird; Raddamp-
fer; radfahren → Rad fahren
(ich fahre Rad, Rad gefahren,
Rad zu fahren): auf dem Zweirad fahren; Radfahrer(in); Rad-
fahrkunst; Radfahrweg; Rad-
felge; Radfenster: großes rundes (Kirchen-)Fenster; Rad-
kuppe; Radkasten: Kasten über
den Rädern eines Fahrzeugs;
Radkranz; Radlenker; Radli-
nie: Zykloide; Rad(e)macher:
Stellmacher : Wagner; Radman-
tel: Decke des Gummireifens
am Fahrrad, Kraftrad, Kraftwagen : Mantel mit kreisförmigem
Schnitt; Radmeisterschaft;
Radnagel: Nagel zum Befestigen der Radschiene; Radreifen:
außen um das Rad gelegter Reifen; Radrennbahn; Radrennen;
Radscheibe: Drehscheibe zum
Lastenheben; Rad(e)schiene:
Radreifen aus Metall; radschla-
gen → Rad schlagen (ich
schlage Rad, ich habe Rad geschlagen, Rad zu schlagen)
intr.: sich seitlich überschlagen;
Radschloß → Radschloss; Rad-
schuh: Hemmschuh; Radspei-
che; Radsport; Radsportler;
Radspur: Gleis, Abdruck, den
ein sich fortbewegendes Rad
hinterlässt; Radstand; Rad-
sturz; Radtour; Radwande-
rung; Radwechsel; Radweg;
Radzange: ein Schmiedewerk-
zeug * radebrechen (du rade-
brechst, du radebrechtest, gera-
debrecht, zu –) tr.: mit dem Rad
hinrichten : (Sprache) verstüm-
melnd sprechen * Rädergə-
triebe; Rädermacher: Verferti-

ger kleiner Räder; Räderpaar;
Rädertierchen: eine Infusorien-
art; Räderwerk: Uhrwerk : Ma-
schinenwerk; Räderzange *
radeln (ich rad[e]le) intr.: mit
dem Fahrrad fahren * rädeln
(ich räd[e]le) intr.: sich wie ein
Rad bewegen : rädern : (Schnei-
derei, Kochkst.) mit einem Räd-
lein rändeln : Radspuren aufzeichnen * Rädelsführer: Anführer : Anstifter * rädern (ich
räd[e]re) intr.: sich mittels Rädern fortbewegen (von Fahr-
zeugen) : (von Vögeln) den
Schwanz zum Rad ausspreiten;
tr. (meist Mw.): mit Rädern versehen : mit dem Rade überfahren : auf das Rad binden und (zu
Tode) martern * gerädert Mw.
Ew.: (übertr.) sehr abgespannt *
..räderig, ..rädrig Ew. (nur in
Zus.): mit Rädern versehen,
z. B. zweiräd(e)rig * Radler,
der; –s, –; Radlerin, die; –,
–nen: Radfahrer(in)

Rad fahren, Rad schlagen
Für die Zusammensetzung von
Substantiv und Verb gilt die
Getrenntschreibung (wie schon
bei *Auto fahren*): *Der Junge
fährt Rad. Das Mädchen kam
ihm Rad fahrend entgegen. Sie
hat ein Rad geschlagen.*

Radar (Abk.), das; –s: Radio
Detection and Ranging : Funk-
ermittlungsverfahren : Funk-
echomessung * Radarastrono-
mie: Erforschung der Him-
melskörper mit Hilfe von Radar; Radarfalle; Radarfor-
schung; Radargerät: Funk-
ortungsgerät; Radarkontrolle;
Radarpeilung; Radarschirm;
Radarstation; Radartechni-
ker; Radarwagen
Radau, der; –s: (stud.) Lärm :
Krach : Unfug * Radaubruder;
Radaumacher; Radaumusik;
Radauschläger: Unfugmacher
: Lärmmacher * radauen
intr.: Radau machen
Rade, die; –, –n; Radel,
Raden, der; –s, –: eine Pflanzengattung, bes. ein im Getreide wucherndes Unkraut,
Kornrade
radebrechen: s. Rad
Radehacke, Radehaue,
die; –, –n: Hacke zum Jäten; vgl.
roden
radeln, rädeln, rädern, Rad
fahren: s. Rad

Ra|di, der; –s, –: (bayr.) Rettich | ra|di|al (l.) Ew.: strahlenförmig : strahlig : von einem Mittelpunkt ausgehend ✶ *Radialarterie:* Arterie an der Daumenseite des Vorderarms; *Radialgeschwindigkeit; Radiallinie; Radialnerven* Mz.; *Radialreifen; Radialsymmetrie; Radialsystem:* Strahlensystem ✶ **Ra|di|ant,** der; –en, –en: Strahlungspunkt ✶ **ra|di|är** Ew.: strahlig ✶ **Ra|di|a|ti|on,** die; –, –en: Ausstrahlung : Strahlung : Strahlenwerfung : Durchstreichung eines Rechnungspostens ✶ **Ra|di|ator,** der; –s, ..toren: Strahler, Heizkörper ✶ **Ra|dio,** das; –s, –s: Rundfunk : Rundfunkgerät ✶ *radioaktiv* Ew.: durch Strahlen wirkend ✶ *Radioaktivität:* Strahlungsvermögen radioaktiver Stoffe unter Zerfall ihrer Atome; *Radioamateur; Radioapparat; Radioastronomie; Radiochemie:* Chemie der radioaktiven Stoffe; *Radioelement; Radioempfang; Radioempfänger; Radiogramm:* Röntgenbild : Funktelegramm; *Radiographie; Radiologie:* Strahlenlehre : Erforschung und Verwendung der radioaktiven Strahlen; *Radiometer:* Strahlenmesser; *Radiopeiler:* Peilgerät zur Ermittlung der Sendestelle; *Radiophonie:* drahtloses Telefonieren; *Radioprogramm; Radiorekorder, Radioröhre; Radiosender; Radioskopie:* Durchleuchtung mit Röntgenstrahlen; *Radiosonde:* Gerät zur Messung der Luft in höheren Schichten; *Radiostation:* Sende- und Empfangsstation von Radiowellen : Funkstation; *Radiotechnik:* Technik der Wellenübermittlung; *Radiotelegraphie* → *Radiotelegrafie:* drahtlose Telegrafie; *Radioteleskop; Radiotherapie:* Krankheitsbehandlung durch Bestrahlung; *Radiothorium:* radioaktives Zerfallsprodukt des Thoriums; *Radiowelle:* elektr. Übertragungswelle : Funkwelle ✶ **Ra|di|o|la|rie,** die; –n, –n: ein Strahlentierchen ✶ **Ra|di|o|lo|gie,** die; –: Strahlenlehre ✶ **Ra|di|um,** das; –s: chem. Grundstoff, weiß glänzendes Metall, ein Zerfallsprodukt des Urans; Abk.: Ra ✶ *Radiumbe-*

strahlung; Radiumemanation: (veralt.) Radon; *radiumhaltig* Ew.; *Radiumtherapie:* Heilbehandlung durch Radium ✶ **Ra|di|us,** der; –, ..dien: Strahl : (Math.) Kreishalbmesser : (Med.) Speiche, Vorderarmknochen : Armspindel

ra|die|ren (..iert) (l.) intr., tr.: schaben : ausschaben : abkratzen : auskratzen : ätzen ✶ *Radiergummi; Radierkunst:* Ätzkunst; *Radiermesser; Radiernadel:* Ätznadel ✶ **Ra|die|rer,** der; –s, –: Künstler, der Radierungen anfertigt : (Umgspr.) Radiergummi ✶ **Ra|die|rung,** die; –, –en: die mittels der Ätzkunst hergestellte Zeichnung : Ätzdruck

Ra|dies|chen, das; –s, –: „Würzelchen", eine kleine Rettichart

ra|di|kal (l.) Ew.: ganz und gar : gründlich : von Grund aus : mit der Wurzel : rücksichtslos, zum Äußersten gehend ✶ *Radikalkur:* Pferdekur, Heilung eines Übels mit übertriebenen Mitteln; *Radikalwort:* Wurzel- oder Stammwort ✶ **Ra|di|kal,** das; –s, –e: Atomgruppe von hoher chem. Reaktionsfähigkeit ✶ **Ra|di|kal|le,** der; –n, –n: Vertreter einer kompromisslosen Meinung ✶ **Ra|di|ka|lins|ki,** der; –s, –s: (Umgspr.) Person, die radikal denkt und handelt ✶ **ra|di|ka|li|sie|ren** tr.: zum Radikalismus führen ✶ **Ra|di|ka|li|sie|rung,** die; –, –en: Steigerung zum Radikalen ✶ **Ra|di|ka|lis|mus,** der; –: rücksichtslose, bis zum Äußersten gehende Denk- und Handlungsweise (meist politisch) ✶ **Ra|di|kand,** der; –en, –en: Grundzahl : Zahl, aus der die Wurzel gezogen werden soll ✶ **Ra|dix,** die; –, ..dizes: (Math.) Wurzel ✶ **ra|di|zie|ren** (..iert) tr.: (Math.) Wurzel ziehen

Ra|dio, Ra|di|um, Ra|di|us: s. radial

Ra|dix, ra|di|zie|ren: s. radikal **Ra|dom** (e.), das; –s, –s: kugelförmige Hülle zum Schutz von Antennen vor klimatischen Beeinträchtigung ✶

Ra|don, das; –s: radioaktives Edelgas, chem. Element; Abk.: Rn

Ra|d|scha, der; –s, –s: Titel

der einheimischen Fürsten Vorderindiens

rad|schla|gen → **Rad schla|gen** usw.: s. Rad

Raff, der; –(e)s, –e: Zusammengerafftes : schneller Griff ✶ **Raf|fel,** die; –, –n: Klapper : Klappermaul : Plaudermaul : Maul : (verächtl.) alte Hexe : Eisenkamm zum Abstreifen der Leinsamenkapseln : (Kochkst.) Gemüse- und Früchtereiber : Fischnetz ✶ **raf|feln, räf|feln** (ich ..[e]le) intr.: klappern : plappern : mit leiserem Laut räffeln : raunen : plappern : flüstern; tr.: raffen : reiben : riffeln : (übertr.) durchhecheln ✶ **raf|fen** tr.: (Kleider –) durch gezogene Falten zusammenziehen, hochheben : gierig zusammentragen, fassen; rbz.: schnell aufstehen ✶ *Raffgier; raffgierig* Ew.: habgierig; *Raffgut; Raffholz:* Holz, das man aufraffen kann, Leseholz; *Raffsucht; Raffzahn:* großer Vorder- oder Eckzahn : (übertr.) : gieriger Mensch ✶ **Raf|fer,** der; –s, –: Geizhals : Nimmersatt ✶ **raf|fig** Ew.: raffgierig ✶ **Raff|ke,** der; –(s), –s: (berlin.) ungebildeter Neureicher, Schieber ✶ **Raf|fung,** die; –, –en: das Raffen : zusammengezogene Falten

Raf|fa|el: it. Maler ✶ **raf|fa|e|lisch** Ew.: nach Art Raffaels

Raf|fi|na|de (fr.), die; –, –n: feiner, geläuterter weißer Zucker ✶ **Raf|fi|nat,** das; –s, –e: „Verfeinertes", Ergebnis der Verfeinerung, z. B. Zuckerraffinat ✶ **Raf|fi|ne|ment** [..mang]; das; –s, –s: Verfeinerung : Verschmitztheit, Schlauheit ✶ **Raf|fi|ne|rie,** die; –, ..rien: Zuckersiederei : Läuterungsanlage : Feinerung : Anlage zur Verarbeitung von Rohöl ✶ **Raf|fi|nes|se,** die; –, –n: Verfeinerung : Durchtriebenheit, Schlauheit ✶ **Raf|fi|neur** [..nöhr], der; –s, –e: (Zucker-)Verfeinerer ✶ **raf|fi|nie|ren** (..iert) tr.: verfeinern : läutern : reinigen ✶ *Raffinierfeuer; Raffinierofen; Raffinierstahl:* Gärbstahl ✶ **raf|fi|niert** Mw. Ew.: verfeinert : gereinigt : verschmitzt : durchtrieben : abgefeimt, schlau ✶ **Raf|fi|no|se,**

die; –, –n: geschmacklose Zuckerart

Raft, das; –s, –s: Treibholz : Holzfloß * **Rafting**, das; –s: (Sport) Wildwasserfahrt mit Schlauchboot und Floß

Ra|gaz, Bad: schweiz. Kurort

Ra|ge (fr.) [rahsche], die; –: Wut : Raserei : Aufregung * *in Rage sein; jemanden in Rage bringen*

ra|gen intr.: durch Hervorstehen in die Augen fallen : sich auszeichnen * *Ragwurz:* Wiesenorchidee * **ra|gend** Mw. Ew.: groß : hoch

Ra|gi|o|ne (it.) [..tschone], die; –, –n: (schweiz.) im Handelsregister eingetragene Firma * *Ragionenbuch,* das; –s: (schweiz.) Verzeichnis der im Handelsregister eingetragenen Firmen

Ra|gout (fr.) [raguh], das; –s, –s: Würzfleisch : Mischgericht * *Ragoût fin* [..fäng], das; – –, –s –s: überbackenes Ragout in Pasteten oder Muschelschalen

Rag|time (e.) [rägteim], der; –s: der synkopierte Taktverlauf in der Jazzmusik

Rag|wurz, die; –, –e: Insektenblume : Gattung der Orchideen

Ra|he, die; –, –n: quer am Mast hängende Segelstange * *Rahsegel:* an der Rahe befestigtes Segel; *Rahseil*

Rahm, der; –(e)s: (obd.) der sich ansetzende Ruß : Schmutzkruste

Rahm, der; –(e)s: Sahne : Schmand : (übertr.) das Feinste, Beste von etwas * *Rahmkäse; Rahmkuchen; Rahmspeise; Rahmtopf; Rahmtorte* * **rah|men** intr.: Rahm absetzen; tr.: Rahm abnehmen * **rah|mig** Ew.: rußig : schmutzig : sahnig

Rah|men, der; –s, –: Rähmchen: Stütze zum Einspannen (beim Sticken, Weben usw.) : Einfassung (von Bildern, Spiegeln, Scheiben u. dgl.) : Gestell einer Maschine, eines Fahrrades, Autos u. dgl. : Spannvorrichtung * *Rahmenabkommen; –bedingung; –erzählung:* Vereinigung mehrerer Erzählungen, die von einer gedanklich wie in einem Rahmen zusammengehalten werden; *Rahmengeschichte; –gesetz:* Mantelgesetz; *–leiste; –plan;*

–programm; –richtlinien; –stickerei; Rahmentarif: Manteltarif; *–vereinbarungen; –vertrag* * **rah|men** tr.: in einen Rahmen spannen : einfassen : einrahmen * **Rah|mung,** die; –, –en: das Einspannen : das Einfassen

Rah|se|gel: s. Rahe

Raiff|ei|sen: Begründer der ländlichen Darlehenskassenvereine * *Raiffeisenverband*

Rain, der; –(e)s, –e: grasbewachsener Landstreifen zwischen bebauten Feldern : Flurgrenze : Ackergrenze : Grenze : Grasplatz : Anger : schmaler Pfad : Hügelgang * *Rainblume; Rainfarn; Rainschwalbe:* Uferschwalbe; *Rainweide* * **rai|nen** intr.: grenzen, angrenzen : (als Ackergrenze) mit Steinen abgrenzen

Rai|son: s. Räson

Rä|kel, rä|keln: s. Rekel

Ra|ke|te (it.), die; –, –n: Feuerwerkskörper : Flugkörper mit Antriebsgeschoss * *Raketenabschuß → Raketenabschuss; Raketenabschußrampe → Raketenabschussrampe; –abwehr; –angriff; –antrieb; –auto; –basis; –feuer; –flugzeug; –geschwindigkeit; –start; –stufe; –stützpunkt; –treibstoff; –triebwerk; –waffe; –werfer; –zeitalter*

Ra|ki (türk.), der; –s, –s: türkischer Anisbranntwein

Ral|le, die; –, –n: ein Kranichvogel

Ral|lye (e.-fr.) [rali], das; die; –, –s: Autosternfahrt * *Rallyecross; Rallyefahrer(in)*

RAM (Abk.), das; –s, –s: Random Access Memory; (EDV) Arbeitsspeicher des Computers

Ra|ma|dan, Ra|ma|san, Ra|ma|zan, der; –(s): Fastenmonat der Moslems : die großen türkischen Fasten

Ram|bouil|let [rangbujäh]: Stadt in Nordfrankreich * *Rambouilletapfel; –pfirsich; –schaf:* Schaf mit feiner Wolle

Ram|bur (fr.) [rangbuhr], der; –s, –e: eine Apfelsorte

Ramm, der; –(e)s, –e: Bock : Widder : Sporn zum Rammen an Kriegsschiffen * *Rammbär; –bock; –bug; rammdösig:* (Umgspr.) trottelig : verschlafen; *Rammhammer; –klotz;*

Rammaschine → Rammmaschine; –schiff; Rammskopf: Kopf wie der eines Widders; *Rammsnase; Rammsporn* * **Ram|me,** die; –, –n: Fallklotz : Rammmaschine : Handramme * **Ram|mel,** der; –s, –: Ramm * **Ram|mel,** die; –, –: Ramme : Hode : mannstolle Weibsperson * **Ram|me|lei,** die; –, –en: das Rammeln : Brunstzeit der Rammler * **Rammler, Ram|me|ler,** der; –s, –: Männchen der Tiere, deren Begattung mit „rammeln" bezeichnet wird : (meist) Hase, Kaninchen * **ram|me|lig** Ew.: läufig : brünstig * **ram|meln** (ich ..[e]le) intr.: ruhelos hin und her rennen; tr.: begatten (weidm. von kleineren Tieren; verächtl. von liederlichen Personen) : rammen; rbz.: (bergm.) sich stoßen : sich vermischen * **ram|men** tr.: mit der Ramme eintreiben, befestigen : einrammen : (Schiff –) in den Grund bohren : stoßen

Ram|pe, die; –, –n: schräge Auffahrt : Treppenabsatz : Treppengeländer : vorderer unterer Bühnenrand mit Leuchtkörpern : (übertr.) Bühne * *Rampenlicht:* Bühnenrandbeleuchtung

ram|po|nie|ren (..iert) tr.: verderben : stark beschädigen

Ramsch, der; –es, –e: „Haufen", Durcheinander von Waren : Ausschussware * *im Ramsch kaufen :* Billiges kaufen, ramschen * *Ramschladen; Ramschware; ramschweise* Uw. * **Ramsch,** der; –es, Rämsche : Rämschchen: Spielgang beim Skat * **ram|schen** tr.: im Ramsch kaufen : Ramsch spielen (Skat) * **Ram|scher,** der; –s, –: Käufer von Ramschware

ran: (Umgspr.) heran

Ranch (e.) [ränsch], die; –, –(e)s: nordam. Viehwirtschaft, Farm * **Ran|cher,** der; –s, –: Viehzüchter : Farmer * **Ran|che|ro** (span.) [rantsch..], der; –s, –s: mexikanischer Mischling : Viehzüchter * **Ran|cho** [rantscho], der; –s, –s: Ranch

Rand, der; –es, Ränder : Ränderchen, Mz. Ränderchen: schmaler Grenzstreifen : schmaler Streifen : (stud.) Mund * *außer*

Rand und Band: ausgelassen; *mit etwas zu Rande kommen* intr.: zu Ende kommen. mit etwas fertig werden ; *den Rand halten:* den Mund halten ✶ *Randanmerkung; Randausgleichung; Randbedingung; Randbemerkung; Randbezirk; Randerscheinung; Randgebiet; Randgebirge; Randglosse; Randgruppe; Randlage; Randnotiz; Randsiedlung:* Grenzstaat: *Randstein; Randsteller:* Vorrichtung an der Schreibmaschine; *Randstreifen; Randvermerk; Randverzierung; randvoll; Randzeichnung; Randzone* ✶ **rän|deln** (ich ..[e]le) tr.: mit einem Rändchen versehen : riffeln ✶ *Rändeleisen; Rändelmaschine; Rändelmutter; Rändelrad; Rändelschraube; Rändelwerk* ✶ **ran|den** tr.: mit einem Rand versehen ✶ **rän|de|rig** Ew.: mit Rand versehen ✶ **rän|dern** (ich ränd[e]re) tr.: mit Rand versehen : randen ✶ **..ran|dig, ..rän|dig** Ew. (nur in Zus.): mit Rand, Rändchen versehen ✶ *breit-, schmal-, hell-, dunkelrandig* ✶ **Ran|dung,** die; –, –en: Randverzierung : Randriffelung

Ran|dal, der; –s, –e: (veralt.) Lärm : Unfug : Skandal : Radau ✶ **Ran|da|le,** die; –: Randal : toben, schreien (– machen) ✶ **ran|da|lie|ren** (..iert) intr.: lärmen ✶ **Ran|da|lie|rer,** der; –s, –: Randale Machender

Ran|de: s. Rahne

Ranft, der; –(e)s, Ränfte; **Ränftchen:** Brotrinde : Stück Brot, bes. Randstück : Kruste : Knaus : Kanten : Rand : Bord

Rang, der; –(e)s, Ränge: geordnete Reihe : Stelle in der Reihenordnung : Stand : Theaterbalkon ✶ *einem den Rang* (eig. „Rank", Wegkrümmung) *ablaufen:* einem die Vorrangstellung nehmen ✶ *Rangabzeichen; Rangälteste; Rangerhöhung; Rangfolge; ranggleich; Ranghöhe; Rangliste; Rangloge; rangmäßig* Ew.; *Rangordnung; Rangstreit(igkeit); Rangstufe; rangsüchtig* Ew.; *Rangunterschied; rangweise* Uw.: *dem Range nach* ✶ **..ran|gig** Ew. (nur in Zus.): dem Range nach ✶ *erstrangig:*

den ersten Rang einnehmend

Ran|ge, der: –n, –n; die; –, –n: Bengel, Schlingel : unartiges Kind ✶ **Ran|ge|lei,** die; –, –en: das Getobe, Geraufe ✶ **ran|geln** (ich ..[e]le) intr.: (älpler.) ringen ✶ **ran|gen** intr.: toben : rangeln

Ran|ger (e.) [ründseher], der; –s, –s: am. Soldat in Spezialeinheiten für den Guerillakrieg : (veralt.) Mitglied einer am. Polizeieinheit

ran|gie|ren (..iert) (fr.) [rangseh..] tr.: ordnen : verschieben (bes. von Eisenbahnwagen) : Platz anweisen; intr.: einen Rang einnehmen ✶ *Rangierbahnhof:* Verschiebebahnhof; *Rangiergleis; Rangierlok; Rangiermaschine; Rangiermeister* ✶ **Ran|gie|rer,** der; –s, –: Bahnbeamter, der Wagen rangiert ✶ **Ran|gie|rung,** die; –, –en: das Ordnen : Einstufung : das Einstellen der Soldaten in den Kompanieverband : das Geordnetsein

Ran|gun: Hauptstadt Birmas ✶ *Rangunreis*

ran|hal|ten rbz. intr.: (Umgspr.) sich beeilen, um den Anschluss nicht zu verpassen

rank Ew.: sich rankend : biegsam : schlank : geschmeidig : flink ✶ **Rank,** der; –(e)s, Ränke; Ränkchen: (Weg) Krümmung : Biegung, Drehung : List : Intrige: hinterlistiges Handeln : schlauer Kunstgriff ✶ *Ränkemacher; Ränkeschmied; Ränkespieler:* Intrigant; *Ränkesucht; ränkesüchtig* Ew.; *ränkevoll* Ew. ✶ **Ran|ke,** die; –, –en: Waldrebe : Gewächsstängel, Klammerorgan der Kletterpflanze ✶ *rankenartig* Ew.; *Rankengewächs; Rankengewebe; rankenhaft* Ew.; *Rankenspiel, Rankenwerk:* (Vd. f.) Ornament ✶ **Ran|ke|lei,** die; –, –en: Schnörkelei ✶ **ran|ken** intr.: Ranken(schößlinge) treiben : sich windend hochwachsen : (mundartl.) schnarchen ✶ **ran|kig** Ew.: rankenhaft : rankenartig : rank : voller Ranken

ran|klot|zen intr.: (Umgspr.) flott und im voller Kraft arbeiten : sich beeilen ✶ **ran|krie|gen** intr.: mit Arbeit eindecken : verhören : „zur Brust nehmen"

Ran|kü|ne (fr.), die; –, –n: Groll : heimliche Feindschaft : Hinterlist : Rachsucht

ran|las|sen tr.: zulassen, den Eintritt gewähren : (Umgspr.) eine Chance geben, sich zu bewähren : Annäherung erlauben : den Geschlechtsverkehr zulassen ✶ **ran|müs|sen** intr.: zwanghaft arbeiten : sich zu etwas Ungeliebtem zwanghaft aufraffen ✶ **ran|schmei|ßen** rbz. intr.: anmachen : belästigen

Ra|nun|kel, die; –, –n: eine Wiesen-, Zierpflanze, Hahnenfuß ✶ *Ranunkelstrauch*

ran|zen (du ranzest und ranzt) intr.: brünstig sein : anrennen : hin und her laufen; tr.: bespringen : bedecken; rbz.: sich faul rekeln : rankern ✶ *Ranzzeit:* Brunstzeit ✶ **ran|zig** Ew.: brünstig : geil : (Umgspr.) unfreundlich ✶ **Ran|zen,** der; –s, –: Ränzchen, Ränzel, Ränzlein: auf dem Rücken zu tragender Reisesack : Rucksack : Tornister : Felleisen : Mantelsack : Schulmappe : Wanst : Bauch : Buckel ✶ *sein Ränzlein schnüren:* wandern : abreisen; *einem etwas auf den Ranzen geben:* prügeln ✶ **Ran|zer,** der; –s, –: grober Tadel : Anschnauzer

ran|zig (fr.) Ew.: stinkend : verdorben (von Fett, fettem Fleisch)

Ran|zi|on (l.-fr.), die; –, –en: Lösegeld ✶ **ran|zi|o|nie|ren** (..iert) tr.: loskaufen

Rap (e.) [räpp], der; –s, –s: (Mus.) rhythmischer Sprechgesang in der Popmusik ✶ **rap|pen** tr.: Rapmusik machen ✶ **Rap|per,** der; –s, –: Sänger des Rap ✶ **Rap|ping,** das, –s: das Rappen

Ra|pal|lo: Winterkurort bei Genua ✶ *Rapallovertrag*

Rap|fen, der; –s, –: große Karpfenart

Ra|pha|el: ein Erzengel

Ra|phia (gr.), die; –, ..phien: eine Palmengattung ✶ *Raphiabast*

ra|pid, ra|pi|de (l.) Ew. (..deste): reißend : schnell : rasch : hastig ✶ **Ra|pi|di|tät,** der; –: Ungestüm : Schnelligkeit ✶ **ra|pi|da|men|te, ra|pi|do** (it.): (Mus.) schnell, flüchtig

Ra|pier (fr.), das; –s, –e: Fecht-

degen : Schuldegen ∗ **ra**|**piert** Mw. Ew.: geraspelt : zerraspelt
rappl: Tonwort; vgl. klapp!
Rapp, der; –s, –e: Kamm : Traubenkamm : entbeerte Traube
Rap|**pe**, der; –n, –n; Räppchen: (obd.) Rabe : schwarzes Pferd : Name von Fischen ∗ *auf Schusters Rappen:* zu Fuß ∗ *Rappschimmel* ∗ **Rap**|**pen**, der; –s, –: schweiz. Scheidemünze (mit einem Rabenkopf), Centime; Abk.: Rp. ∗ *Rappenspalter:* (schweiz.) Pfennigfuchser
Rap|**pel**, der; –s, –: Anwandlung von Verrücktheit : Wutausbruch : Tobsucht : Raffelkamm : Raspel ∗ *einen Rappel haben:* verrückt sein; *Rappelkopf; rappelköpfig* Ew.: verrückt : wütend : sich abastend ∗ **rap**|**pellig**, **rapp**|**lig** Ew.: verdreht : verrückt ∗ **rap**|**peln** (ich ..[e]le) intr.: klappern : rasseln; rbz.: sich sputen : sich eilen ∗ *es rappelt bei einem:* er ist ein bisschen verrückt ∗ *rappeldürr* Ew.; *rappeltrocken* Ew.
Rap|**pen**: s. Rappe
rap|**pen**, **Rap**|**per**, **Rap**|**ping**: s. Rap
Rap|**port** (fr.), der; –(e)s, –e: milit. Bericht : Anzeige : Meldung : Aussage : Beziehung : Wechselbezug : (Web.) Musterwiederholung bei Geweben ∗ *in Rapport stehen* intr.: zueinander passen ∗ **rap**|**por**|**tie**|**ren** (..iert) tr.: berichten : melden : zurückbringen : (kfm.) Posten aus einem Buch in ein anderes übertragen
raps: Tonwort zur Bezeichnung einer raffenden Bewegung ∗ *rips, raps!* ∗ **rap**|**sen**, **rap**|**schen** (du rapsest und rapst) intr., tr.: raffend nach etwas greifen : ergreifen : wegnehmen : raffen
Raps, der; –es, –e: Kohlpflanze : Ölpflanze : Rübsen ∗ *Rapsacker; Rapsblüte; Rapsfeld; Rapsöl; Rapssamen*
Rap|**tus** (l.), der; –, – und –se: Raub : Entführung : Koller : Wutanfall
Ra|**pun**|**ze**, die; –, –n; Rapünzchen; **Ra**|**pun**|**zel**, der; –s, –n; die; –, –n: mehrere Arten Salatpflanzen, bes. Feldsalat, Teufelskralle ∗ *Rapünzchensalat*

Ra|**pu**|**se** (tschech.), die; –, –n: herrenlose Sache : etwas Preisgegebenes : Durcheinandergeworfenes : ein Kartenspiel ∗ *in die Rapuse geben* tr.: preisgeben
rar (l.) Ew.: selten : kostbar ∗ **Ra**|**re**|**fi**|**ka**|**ti**|**on**, die; –: Morschmachen: Auflockerung : Verdünnung : Schwund ∗ **Ra**|**ri**|**tät**, die; –, –en: Seltenheit : Kostbarkeit ∗ *Raritätenkabinett; Raritätensammler*
Ras (arab.), der; –, –: „Kopf", Kap : ehemals abbessinischer Titel : Statthalter
ra|**sant** (fr.) Mw. Ew.: gestreckt : niedrig streichend : flach : mit flacher Sprengwirkung (von Bomben usw.) : (Umgspr.) rasend : sehr schnell ∗ **Ra**|**sanz**, die; –: Gestrecktheit einer Flugbahn
ra|**sau**|**nen** (er rasaunt) intr.: (mundartl.) lärmen : Krawall machen ∗ **Ra**|**sau**|**ner**, der; –s, –: Lärmer
rasch (–[e]ste) Ew.: schnell : ungestüm : flink ∗ *raschlebig* Ew. ∗ **ra**|**scheln** (ich ..[e]le) intr.: Geräusch hervorbringen wie bewegtes dürres Laub ∗ **Rasch**|**heit**, die; –, –en: das Raschsein : rasche Handlung
Rasch, der; –es: Kammgarngewebe (aus Arras)
Ra|**sen**, der; –s, –: mit Gras bewachsene Erddecke ∗ *Rasenbank; rasenbedeckt* Mw. Ew.; *rasenbewachsen* Mw. Ew.; *Rasendecke; Rasenfläche; Rasenhügel; Rasenmäher; Rasenmähmaschine; Rasenplatz; Rasenspiel; Rasensport; Rasensprenger; Rasenstreifen; Rasentennis* ∗ **ra**|**sig** Ew.: rasenbewachsen : bemoost
ra|**sen** (du rasest und rast) intr.: wüten : toben : stürmen : schnell fahren ∗ *sich müde rasen:* rasen, bis man müde ist ∗ **ra**|**send** Mw. Ew.: wie ein Rasender : (übertr.) im höchsten Grade : schrecklich : schnell fahrend ∗ **Ra**|**se**|**rei**, die; –, –en: das Rasen : Zustand eines Rasenden : Wahnsinn : Handlung eines Rasenden : Schnellfahren
Ra|**seur** (fr.) [..söhr]: Rasierer ∗ **ra**|**sie**|**ren** (..iert) tr.: schaben : Bart abschaben, scheren, abnehmen : (Festung –) nie-

derreißen, schleifen, dem Boden gleichmachen : streifen (von Geschossen) ∗ *Rasierapparat; Rasiercreme; Rasierklinge; Rasiermesser; Rasierpinsel; Rasierschaum; Rasierseife; Rasierspiegel; Rasierwasser; Rasierzeug* ∗ **Ra**|**sie**|**rer**, der; –s, –: Bartscherer ∗ **Ra**|**sur**, die; –, –en: Tilgung, Ausradiertes : das Abscheren : abrasierte Stelle
ra|**sig**: s. Rasen
Rä|**son** (fr.) [..song], die; –: Vernunft : vernünftiger Grund : Einsicht ∗ *zur Räson bringen* tr.: zur Vernunft, zum Gehorsam bringen ∗ **rä**|**so**|**na**|**bel** Ew.: [..son..]: vernünftig ∗ **Rä**|**so**|**neur** [..sonöhr]; der; –s, –e: Schwätzer : Nörgler ∗ **rä**|**so**|**nie**|**ren** (..iert) [..son..] intr.: klug reden : laut, lärmend reden : nörgeln : schimpfen ∗ **Rä**|**son**|**ne**|**ment** [..son'mang], das; –s, –s: vernünftige Erwägung : Vernunftschluss
Ras|**pa** (span.), die; –, –s: kubanisch-südam. Gesellschaftstanz, der 1950 nach Europa kam
Ras|**pe**, die; –, –n: Raspel : Ausschlagkrankheit bei Pferden : Rispe : eine Moosgattung ∗ **Ras**|**pel**, die; –, –n: feilenähnliches Werkzeug zur Holz- oder Metallbearbeitung : Gerät zum Abbeeren ∗ **ras**|**peln** (ich ..[e]le) tr.: mit der Raspel bearbeiten : zusammenscharren : in kleine Stücke zerlegen
raß, **räß** *auch:* **rass**, **räss** Ew.: (südd. mundartl.) prickelnd : scharf gewürzt : beißend

raß / rass
Mundartliche Ausdrücke schwanken oft in der Aussprache. Je nach Vokallänge wird daher auch die Schreibung ausfallen: *raß* bei langem *a* und *rass* bei kurzem.

Ras|**se** (fr.), die; –, –n: Gattung von Menschen oder Tieren mit gemeinsamen charakteristischen Merkmalen : Art, Schlag ∗ *rassebewußt →* *rassebewusst* Ew.; *Rassehund; Rassepferd; rassenrein* Ew. ∗ *Rassendiskriminierung; Rassenforscher; Rassenfrage; Rassengesetz; Rassenhaß → Rassenhass; Rassenkampf; Rassenkreuzung; Rassenkunde; Rassen-*

merkmal; *Rassenproblem; Rassentrennung* ✳ ras\|sig Ew.: von ausgeprägter Art : feurig ✳ ..ras\|sig Ew. (nur in Zus.): einer Rasse zugehörig ✳ *reinrassig* ✳ ras\|sisch Ew.: auf die Rasse bezüglich ✳ *rassische Merkmale* ✳ Ras\|sis\|mus, der; –: Rassenhetze : übertriebenes Rassenbewusstsein
Ras\|sel, die; –, –n: Knarre : Klapper ✳ *Rasselbande:* fröhliches, lärmendes Pack ✳ Ras\|sel\|lei, die; –, –en: das Rasseln ✳ Raß\|ler → Rass\|ler, Ras\|sel\|er, der; –s, –: einer, der rasselt : kleiner Strandläufer (Vogel) ✳ ras\|seln (ich rassele und rassle) intr.: den Schall einer Rassel hören lassen : (stud.) durchfallen in der Prüfung
Rast, die; –, –en: das Ausruhen : Erholungspause : Ort des Ausruhens : Sicherheitsvorrichtung zum Einrasten ✳ *Rasthaus; Rasthof; rastlos Ew.: Rastlosigkeit; Rastplatz; Raststätte; Rasttag* ✳ ras\|ten intr.: Rast halten : ausruhen
Ra\|statt: Stadt in Baden-Württemberg
Ras\|tel (l.), das; –s, –: Gitter : Gatter : Drahtgeflecht : Harke ✳ Ras\|tel\|bin\|der: (östr.) Drahtbinder, Kesselflicker
Ras\|ter (l.), der; –s, –: Glasplatte mit eingeätztem Liniennetz ✳ *Rasterätzung; Rastermikroskop; Rasterplatte; Rasterpunkt; Rasterweite* ✳ Ras\|ter, das; –s, –: (Fernsehtechnik) Fläche des Fernsehbildschirmes ✳ ras\|tern (ich ..[e]re) intr.: ein Bild mit dem Raster zerlegen ✳ Ras\|te\|rung, die; –, –en: das Rastern
Ras\|t\|ral (l.), das; –s, –e: Werkzeug zum Ziehen von Notenlinien ✳ ras\|t\|rie\|ren (..iert) tr.: Notenlinien ziehen ✳ *Rastriermaschine*
Ra\|sur: s. Raseur
Rat, der; –(e)s, Räte; Rätchen: eine Anempfehlung : Verhaltensmaßregel : beratende Versammlung, geschäftsführende Behörde (Staatsrat, Ministerrat u. Ä.) : Titel von höheren Beamten ✳ *keinen Rat wissen:* keinen Ausweg wissen; *um Rat fragen* tr.; *zu Rate ziehen auch: zurate ziehen* tr.; *sich Rat holen* ✳ *der Große Rat:* Volksvertre-

tung; *der Hohe Rat:* Versammlung der Hohepriester in Jerusalem ✳ *Ratgeber:* einer, der Ratschläge gibt : Buch mit praktischen Tips; *Rathaus:* Stadthaus; *Rathaussaal; ratlos* Ew.; *Ratschlag:* Auskunft, Mitteilung eines Auswegs u. a.; *ratschlagen* (du ratschlagst, er ratschlagt; du ratschlagtest; geratschlagt; zu ratschlagen) intr.: (veralt.) erwägen, überlegen; *Ratschluß* → *Ratschluss:* Ergebnis einer Beratung : Beschluss; *ratsuchend* → *Rat suchend* ✳ *Ratsbeschluß* → *Ratsbeschluss; Ratsbote; Ratsdiener; ratsfähig* Ew.: zur Aufnahme in den Stadtrat befähigt; *Ratsglied:* Mitglied einer Ratsversammlung; *Ratsherr:* Mitglied des Stadtrats; *ratsherrlich* Ew.; *Ratskeller:* Wirtshaus im Rathaus; *Ratsleute* Mz.; *Ratsmeister; Ratsmitglied; Ratsschreiber; Ratssitzung; Ratsstube; Ratstag; Ratsversammlung; Ratswahl; Ratszimmer* ✳ *Rätedemokratie; Räteregierung:* bis 1936 praktizierte Herrschaftsform in der UdSSR; *Räterepublik; Räterußland* → *Räterussland; Rätestaat; Rätesystem:* Aufbau der Staatsgewalt in Russland nach der Oktoberrevolution; *Räteverfassung* ✳ ra\|ten (du rätst, er rät; du riet[e]st, er riet; geraten; rat[e]!) intr., tr.: mutmaßen : annehmen : erraten; das Richtige treffen : vermutend forschen, eine Lösung suchen : durch Mutmaßen eine Lösung finden : (einem –) einen Rat, eine Auskunft erteilen : (zuw.) tätig Rat schaffen ✳ *an einem Rätsel raten* intr.: die Auflösung suchen; *ein Rätsel raten:* die Auflösung finden; *das will ich dir raten!:* das bitte ich mir aus; *das ist zu raten:* das ist ratsam ✳ Ra\|ter, der; –s, –; Ra\|te\|rin, die; –, –nen: eine(n) Ratende(r) ✳ Rä\|tin, die; –, –nen: weiblicher Rat ✳ rat\|sam Ew.: empfehlenswert : geboten : klug ✳ Rät\|sel, das; –s, –: eine zum Erraten gestellte Aufgabe : ein Problem, dessen Sinn verborgen ist ✳ *Rätselaufgabe; Rätselecke; Rätselfrage; Rätselfreund; Rätsellöser; Rätsellösung; Rätsel-*

raten; rätselvoll Ew.; *Rätselzeitung* ✳ Rät\|sel\|ei, die; –, –en: das Rätseln : etwas zu Rätselndes ✳ rät\|sel\|haft Ew.: unfasslich, unbegreiflich : in der Weise eines Rätsels ✳ Rät\|sel\|haf\|tig\|keit, die; –, –en: das In-Dunkel-Gehülltsein : Tatsache der schweren Erkennbarkeit von Sinn und Bedeutung ✳ rät\|seln intr.: nach Art eines Rätsels in Dunkel hüllen : mutmaßen, vermuten

zu Rate ziehen / zurate ziehen
Substantive, die mit *zu* eine feste Verbindung bilden, schreibt man groß, wenn sie nicht mit anderen Teilen des Gefüges zusammengeschrieben werden: *zu Rate ziehen.* Die Zusammen- und Kleinschreibung ist aber als Nebenvariante zulässig: *zurate ziehen.*

Rät, das; –(e)s: eine Erdschicht
Ra\|tan\|hi\|a\|wur\|zel, die; –, –n: heilkräftige Wurzel eines südamerikanischen Hülsenfruchtbaumes
Ra\|ta\|touille (fr.) [ratatui], die; –, –s oder das; –s, –s: fr. Nationalgericht mit Gemüse
Ra\|te, die; –, –n: verhältnismäßiger Anteil : Abschlagszahlung : Teilbetrag ✳ *Ratenbetrag; Ratenkauf; Ratenwechsel; ratenweise* Uw.: in festgesetzten Teilen; *Ratenzahlung; Ratenzahlungskredit*
Ra\|te\|ruß\|land → Rä\|te\|russ\|land usw.: s. Rat
Rä\|ti\|en: röm. Provinz (Graubünden, Vorarlberg, Tirol); s. Rätoromane
Ra\|ti\|fi\|ka\|ti\|on (l.), die; –, –en: Genehmigung : Bestätigung : Vollziehung eines Parlamentsbeschlusses oder eines Vertrags durch Unterschrift des Staatsoberhauptes ✳ *Ratifikationsurkunde* ✳ ra\|ti\|fi\|zie\|ren (..iert) tr.: genehmigen : bestätigen : gutheißen : vollziehen ✳ Ra\|ti\|fi\|zie\|rung, die; –, –en: die Ratifikation
Ra\|tin (fr.) [..täng], der; –s; Ra\|ti\|né, der; –s, –s: gekräuselter Wollstoff ✳ ra\|ti\|nie\|ren (..iert) tr.: Tuche, Wollstoffe kräuseln
Rä\|tin: s. Rat

Ra|tio (l.), die; –: Vernunft : Berechnung : Denkvermögen ✳ **Ra|ti|on** (l.), die; –, –en: zugeteiltes Maß : Anteil : Menge : Portion ✳ *rationenweise, rationsweise* Uw.: abgemessen : anteilig zugemessen ✳ **ra|ti|o|nal** Ew.: vernunftmäßig : begründet : berechenbar ✳ **ra|ti|o|na|li|sie|ren** tr.: vereinfachen : zweckmäßig gestalten ✳ **Ra|ti|o|na|li|sie|rung,** die; –, –en: Einstellung eines Unternehmens auf möglichste Planmäßigkeit ✳ *Rationalisierungsmaßnahme* ✳ **Ra|ti|o|na|lis|mus,** der; –: philosoph. Richtung, Vernunftglaube ✳ **Ra|ti|o|na|list,** der; –en, –en: Anhänger des Rationalismus : Vernunftmensch ✳ **ra|ti|o|na|lis|tisch** Ew.: vernunftgemäß ✳ **Ra|ti|o|na|li|tät,** die; –: Vernünftigkeit : vernünftiges Wesen ✳ **ra|ti|o|nell** Ew.: verständig : zweckmäßig : sparsam ✳ **ra|ti|o|nie|ren** (..iert) tr.: (Lebensmittel usw. –) pro Kopf der Bevölkerung in bestimmter Menge zuteilen : einteilen ✳ **Ra|ti|o|nie|rung,** die; –, –en: das Rationieren

Rä|to|ro|ma|ne, der; –n, –n: roman. Einwohner von Graubünden, Südtirol und Friaul ✳ **rä|to|ro|ma|nisch** Ew.: bündnerisch, ladinisch ✳ **Rä|to|ro|ma|nisch,** das; –(s): das Ladinische, die romanische Sprache der Rätoromanen

ratsch: Tonwort zur Bezeichnung eines Geräusches beim schnellen Zerreißen, Wegreißen usw. ✳ **Rat|sche,** die; –, –n: Klapper : Rassel ✳ **Rät|sche,** die; –, –n: Schnarre : Flachsbreche : Plappermaul ✳ **rat|schen, rät|schen** (du ratsch[e]st) intr., tr.: den Ton „ratsch" hören lassen : schwatzen : klappern : knuspernd nagen : Flachs brechen

Rat|schlag, Rät|sel: s. Rat

Rat|tan, das; –s, –e: Material von Rohrstühlen : Peddigrohr

Rat|te, die; –, –n: eine Nagetiergattung : (Kegelsp.) Fehlschub : Stinkratte (Iltis) : (übertr.) Anfängerin beim Ballett ✳ *Rattenfalle; Rattenfänger:* Hunderasse, Rattler; *Rattenfänger von Hameln:* deutsche Märchengestalt; *Ratten-*

gift; rattengrau Ew.; *rattenkahl* Ew.: Eindeutschung für radikal; *Rattenkönig:* Anzahl mit den Schwänzen zusammengewachsener Ratten : großer Wirrwarr; *Rattengift enthaltendes Gebäck; Rattenkuchen:* Rattengift; *Rattennest; Rattenpulver:* Rattengift; *Rattenschwanz:* Schwanz einer Ratte : dünner Zopf : (übertr.) endlose Reihe (meist von Unannehmlichkeiten) : kleine runde Feile; *Rattenschwänzchen:* Haarfrisur; *Rattentod:* Rattengift

rat|ten|kahl: s. Ratte

Rät|ter, der; –s, –; die; –, –n: grobmaschiges Sieb ✳ *Rätterwäsche* (Hüttw.) ✳ **rät|tern** (ich ..[e]re) tr.: sieben

rat|tern intr.: rhythmisch knarren : rhythmisches Geräusch eines fahrenden Zuges abgeben

Rat|tler, der; –s, –: eine Hunderasse : Pinscher

ratz! Tonwort: ratsch!

Ratz, der; –es, –e; **Rat|ze,** die; –, –n: Schramme

Ratz, der; –es, –e: Ratte : Marder : Siebenschläfer ✳ **Rat|ze,** die; –, –n: (mundartl.) Ratte ✳ *ratzekahl* Ew.: Eindeutschung für radikal : extrem kahl; *Ratzefummel:* (Umgspr.) Radiergummi

Rät|zel, das; –s, –: Augenbrauen, die zusammengewachsen sind : Person mit Augenbrauen, die zusammengewachsen sind

rat|zen intr.: (Umgspr.) tief schlafen : ritzen

rau Ew.: nicht glatt, struppig : holprig, uneben : hart, scharf : heiser : (mundartl.) herb : (übertr.) grob : streng : ungebildet ✳ *Rauhbank* → *Raubank:* langer Hobel; *Rauhbart* → *Raubart; Rauhbauz* → *Raubauz:* (Umgspr.) ungehobelter Mensch; *Rauhbein* → *Raubein:* ungehobelter Mensch; *rauhbeinig* → *raubeinig* Ew.; *rauhborstig* → *rauborstig* Ew.; *Rauheisen* → *Raueisen:* Roheisen; *Rauhfaser* → *Raufaser; Rauhfasertapete* → *Raufasertapete; Rauhfrost* → *Raufrost; Rauhfutter* → *Raufutter; rauhhaarig* → *rauhaarig* Ew.; *Rauhhobel* → *Rauhobel; Rauhhonig* → *Rauhonig; Rauhnächte* → *Raunächte* Mz.;

Rauhputz → *Rauputz; Rauhreif* → *Raureif; Rauhwacke* → *Rauwacke:* eine Art Kalkstein; *Rauhwaren* → *Rauwaren* Mz.: geraute Stoffe, Flanell u. Ä.; *Rauhweizen* → *Rauweizen; Rauhwerk* → *Rauwerk:* Pelzwerk; *Rauhzeit* → *Rauzeit:* Mauserzeit ✳ **Rau|heit,** die; –, –en: das Rausein : raues Wesen : etwas Raues : Rauigkeit ✳ **rau|hen** → **rau|en** tr.: rau machen ✳ **Rau|he|rei** → **Rau|e|rei,** die; –, –en: das Raumachen : Aufrauen ✳ **Rau|hig|keit** → **Rau|ig|keit,** die; –, –en: Rauheit

rau

In Angleichung an die Wörter *blau, schlau, genau,* die in der Aussprache verwandt sind, wird *rau* ohne *h* geschrieben.

Raub, der; –(e)s, –e: der gewaltsame Diebstahl : das Geraubte, Beute ✳ *Raubbau:* Ausnutzung des Berg-, Ackerbaus ohne Rücksicht auf die Zukunft : (übertr.) äußerste Kräfteausnutzung; *Raubdruck; Raubfisch; Raubgier; raubgierig* Ew.; *Raubinsekt; Raubkatze; Raubkopie; Raublust; Raubmord; Raubmörder; Raubritter; Raubsucht; raubsüchtig* Ew.; *Raubtier; Raubüberfall; Raubvogel; Raubwild; Raubzeug; Raubzug* ✳ **rau|ben** tr.: gewaltsam, rechtswidrig wegnehmen, stehlen : plündern; intr.: auf Raub ausgehen ✳ **Räu|ber,** der; –s, –; **Räu|be|rin,** die; –, –nen: eine Person, die raubt : (übertr.) Raubtier ✳ *Räuberanführer; Räuberbande; Räubergeschichte; Räuberhauptmann; Räuberhöhle; Räuberhorde; Räuberpistole; Räuberroman; Räubervolk; Räuberzivil* ✳ **Räu|be|rei,** die; –, –en: das Rauben : das räuberische Treiben ✳ **räu|be|risch** Ew.: nach Art eines Räubers ✳ **räu|bern** (ich ..[e]re) intr.: Räubergewerbe treiben : mit Gewalt nehmen

rauch Ew.: (veralt. Nebenform zu) rau : rauhaarig : rauhfiedrig : zottig ✳ *Rauchapfel:* Stechapfel; *Rauchbart:* Raubart : Schleimaal; *Rauchbuche:* Weißbuche; *Rauchfrost:* Raureif; *Rauchfuß:* Name von Tieren und Pflanzen : *rauchfü-*

ßig Ew.; *Rauchfutter:* Grummet : Heu und Stroh; *rauchhaarig* Ew.; *Rauchhafer; Rauchhandel:* Pelzwarenhandel; *Rauchhändler; Rauchholz:* (Forstw.) Bäume, Gehölz, noch mit Laub versehen : grob hergerichtetes Holz; *Rauchhonig:* Tannenhonig; *Rauchhuhn, Rauchkopf:* Waldhuhngattung; *Rauchleder; rauchledern* Ew.; *Rauchlinde; Rauchmeier:* eine Pflanze; *Rauchwaren:* Pelzwaren; *Rauchwarenveredlung, Rauchwarenzurichterei,* die; –: Herrichtung der rohen Felle zu Rauchwaren : Färbung der Felle [mhd. ruach dichthaarig] **Rauch,** der; –es; Räuchlein: der beim Verbrennen von Stoffen sich bildende Qualm : Dunst : dicke Luft ✳ *Rauchabzug; Rauchbombe; Rauchentwicklung; Rauchfahne; Rauchfang; rauchfarben* Ew.; *Rauchfaß* → *Rauchfass:* Weihrauchfass; *Rauchfleisch; rauchfrei; Rauchgase; rauchgeschwärzt:* Ew.; *rauchgrau* Ew.; *Rauchkammer:* Kammer zur Verdichtung des Rauches; *Rauchkerze:* Räucherkerze; *rauchlos* Ew.; *Rauchmaske; Rauchmelder; Rauchnächte; Rauchopfer; Rauchquarz:* Rauchtopas; *Rauchpulver:* Räucherpulver; *Rauchsalon; Rauchsäule; Rauchschutzmaske; rauchschwach* Ew.: mit geringer Rauchentwicklung brennend; *Rauchschwade; Rauchschwalbe:* Schlotschwalbe; *rauchschwarz* Ew.; *Rauchsignal; Rauchstube; Rauchtabak; Rauchtisch; Rauchtopas:* rauchbraune Abart des Quarzes, Schmuckstein; *Rauchverbot; Rauchvergiftung; Rauchverzehrer; Rauchwaren; Rauchwarenhandel; Rauchwolken; Rauchzeichen; Rauchzimmer* ✳ **rau|chen** intr., tr.: als Rauch aufsteigen : Rauch von sich geben : Tabakrauch einziehen und von sich blasen : (selt.) räuchern ✳ **Rau|cher,** der; –s, –: einer, der Tabak raucht : *Raucherabteil; Raucherbein; Raucherhusten; Raucherwagen* ✳ **Rau|che|rei,** die; –, –en: das viele Rauchen ✳ **Räu|che|rei,** die; –, –en: das Räuchern ✳ **Räu|che|rer,** der;

–s, –: einer, der räuchert ✳ **räu|che|rig** Ew.: vom Rauch durchzogen, verfärbt oder verdorben ✳ **räu|chern** (ich ..[e]re) tr.: dem Rauch aussetzen, bes. zur Haltbarmachung von Fischen und Fleisch : Rauch aufsteigen lassen ✳ *Räucherfaß* → *Räucherfass; Räucherfisch; Räucherkammer; Räucherkerze:* Kerze zur Verbreitung von Wohlgeruch; *Räucherlachs; Räuchermännchen; Räucherpfanne; Räucherpulver; Räucherschinken; Räucherspeck; Räucherstäbchen; Räucherware* ✳ **Räu|che|rung,** die; –, –en: das Räuchern ✳ **rau|chig** Ew.: voll Rauch : räucherig : rauchhaft **Räu|de,** die; –, –n: ansteckende Krankheit aller Haussäugetiere : Grind : Krätze ✳ **räu|dig:** mit Räude behaftet : (übertr.) aus der Gemeinschaft herausfallend : rüpelhaft ✳ **Räu|dig|keit,** die; –: das Behaftetsein mit Räude **Rau|di,** der; –s, –s: s. Rowdy **rauf:** (Umgspr.) herauf **Rau|fe,** die; –, –n: Futterleiter über der Krippe im Stall für das Heu : Reffkamm ✳ **rau|fen** tr.: rupfend, raffend reißen : abrupfen : ausreißen; rbz.: sich balgen ✳ *sich zusammenraufen:* trotz Gegensätzen zur Gemeinschaft finden ✳ *Raufbold:* einer, der Streitigkeiten sucht : Raufer; *Raufdegen:* einer, der Händel sucht; *Raufhandel:* Rauferei; *Rauflust; rauflustig* Ew.; *Raufsucht; raufsüchtig* Ew. ✳ **Rau|fer,** der; –s, –: *Raufbold* ✳ **Rau|fe|rei,** die; –, –en: Schlägerei **rauh** → **rau:** s. d. (mit allen Ableitungen) **Rau|ke,** die; –, –n: Name von Pflanzen : Senfkohl **Raum,** der; –(e)s, Räume; Räumchen: allgemeine Anschauungsform von der Körperwelt: begrenzter Teil der unendlichen Ausdehnung : Zwischenraum : Räumlichkeit : Örtlichkeit : (Wohn-)Zimmer : freie Stelle, die irgendwie begrenzt ist : freie Stelle, die durch Wegschaffen von etwas Raumeinnehmendem entsteht, bes. beim Bergbau : hinreichender Platz für etwas : Weltraum ✳ *Raum-*

abstand; Raumakustik; Raumangabe; Raumaufteilung; Raumausstatter; Raumbild: körperlich wirkendes Bild; *Raumdeckung; Raumersparnis; Raumfahrt:* Raumflug : die Gesamtheit der Bestrebungen, mittels Flugkörper in den Weltraum vorzudringen; *Raumfahrtbehörde; Raumfahrtprogramm; Raumfahrttechniker; Raumfahrzeug; Raumflug; Raumforschung:* Erforschung des Weltraums; *Raumgefühl; Raumgestaltung; Rauminhalt; Raumkapsel; Raumklima; Raumkunst:* künstlerische Ausstattung von Innenräumen; *Raumlehre; Raummangel; Raummaß; Raummeter:* Kubikmeter; *Raumordnung; Raumpflegerin:* Putzfrau; *Raumplanung; Raumschiff:* großes Raumfahrzeug; *Raumschifffahrt* → *Raumschifffahrt:* Raumfahrt; *Raumsonde:* Raketenfahrzeug, das außerhalb der Erdatmosphäre mit Hilfe von Messgeräten die physikalischen Verhältnisse zur Erde meldet; *raumsparend* → *Raum sparend; Raumstation:* Stützpunkt im Weltraum für die Raumfahrt; *Raumteiler; Raumtemperatur; Raumverschwendung; Raumwahrnehmung; Raumzahl* ✳ **raum** Ew.: (niederd.) geraum : (seem.) weit, offen ✳ **räu|men,** tr., intr.: wegschaffen : Ordnung schaffen : ausverkaufen : einen bisher innegehabten Ort verlassen : jemandem einen Ort überlassen : (seem.) Gelegenheit schaffen ✳ *aus dem Wege räumen* tr.: beseitigen; *der Wind raumt:* (seem.) der Wind schafft Gelegenheit zum Fahren : *Räum-, Raumbohrer; Räumfahrzeug; Räumkommando; Räummaschine* ✳ **Räu|mer,** der; –s, –: einer, der räumt : Werkzeug zum Räumen ✳ **räum|lich** Ew.: auf den Raum bezüglich ✳ **Räum|lich|keit,** die; –, –en: Raum, Zimmer : (ohne Mz.) das Räumlichsein ✳ **Raum|te, Räum|te** die; –, –n: (seem.) hohe See : der leere Schiffsladeraum ✳ **Räu|mung,** die; –, –en: das Ausräumen : das Verlassen eines Ortes, Platzes ✳ *Räumungsarbeiten; Räumungsausverkauf; Räumungs-*

frist; Räumungsklage; Räumungsverkauf

rau|nen intr., tr.: murmeln : flüstern : heimlich und leise reden

raun|zen intr.: weinen : murren ∗ **Raun|zer**, der; −s, −: Nörgler ∗ **Raun|ze|rei**, die; −, −en: ständiges Raunzen ∗ **raun|zig** Ew.

Rau|pe, die; −, −n; Räupchen: Insektenlarve, bes. Schmetterlingslarve : (übertr.) widerwärtige Person : wunderlicher Einfall, Schrulle : Borte, Tresse (auf Kragen oder Achselstücken) : (übertr.) Raupenfahrzeug ∗ *Raupenantrieb:* (Techn.) Kettenantrieb; *raupenartig* Ew.; *Raupenbagger; Raupenei; Raupenfahrzeug:* (Räder mit Raupenketten verbunden) Tank : Panzerwagen : schwere Zugmaschine; *raupenförmig* Ew.; *Raupenfraß; Raupenhelm; Raupenkette; Raupennest:* Gespinst gesellig lebender Raupen; *Raupenschlepper:* Panzerwagen; *Raupenschnäpper:* ein Vogel ∗ **rau|pen** tr.: von Raupen reinigen, befreien ∗ **rau|pig** Ew.: voller Raupen

raus: (Umgspr.) heraus ∗ *rausekeln:* absichtlich verjagen; *rausfeuern:* hinauswerfen : kündigen; *rausfliegen:* gekündigt werden; *raushalten:* sich nicht einmischen, nicht beteiligen; *rauskommen:* entdeckt werden : aus sich herauskommen; *rauskriegen:* entdecken : erfahren; *rausrücken:* (her-)geben; *rausschmeißen:* hinauswerfen

Rausch, der; −es, Räusche; Räuschchen: Benommenheit : Betrunkenheit : Erregung : Begeisterung : rasch aufloderndes Feuer ∗ *rauscharm; Rauschbrand:* Schwarzer Brand; *Rauschgetränke:* alkoholhaltige Getränke; *Rauschgift:* Betäubungsmittel; *Rauschgiftbekämpfung; Rauschgifthandel; rauschgiftsüchtig* Ew.; *Rauschgold:* dünnes Messingblech; *Rauschgoldengel:* Nürnberger Weihnachtspuppe aus Rauschgold; *Rauschmittel; Rauschnarkose:* (Med.) kurze Betäubung für kleine chirurgische Eingriffe; *Rauschsilber:* dün-

nes Argentanblech; *Rauschtat; Rauschwerk:* ein Orgelregister; *Rauschzeit:* die Brunstzeit beim Schwarzwild; *Rauschzustand* ∗ **rau|schen** (du ..[e]st) intr.: ein brausendes Geräusch verursachen : sausen : (von Sauen und Füchsen) brunften : ins Holz schießen (von Pflanzen); tr.: (seem.) eine Leine schnell durchlaufen lassen ∗ *Rauschebart:* ursprünglich Beiname Graf Eberhards von Württemberg : (übertr.) vollbärtiger Mann ∗ **Rau|scher**, der; −s: (mundartl.) stark gärender Most ∗ **rau|schig** Ew.: berauscht : rauschend ∗ **rausch|haft** Ew.: wie im Rausch

Rausch (it.), der; −es: Röte (eine Baumkrankheit) ∗ *Rauschgelb:* gelbes Mineral, Auripigment

Rausch (l.), der; −es, Räusche: ein Pflanzenname : Preiselbeerstaude ∗ *Rauschbeere; Rauschdorn, -grün:* aus Kreuzdornbeeren gewonnener Farbstoff; *Rauschkorn*

raus|e|keln, raus|feu|ern, raus|flie|gen etc: s. raus

Räus|pe|rer, der; −s, −: einer, der sich räuspert ∗ **räus|pern** (ich räusp[e]re) intr., rbz.: einen dem Husten ähnlichen, krächzenden Ton ausstoßen

raus|rü|cken,
raus|schmei|ßen: s. raus

Rau|te (l.), die; −, −n: schiefwinkliges gleichseitiges Viereck (Parallelogramm, Rhombus) ∗ **Rau|te** (gr.), die; −, −n: Orangengewächs ∗ *Rautenblatt; rautenförmig* Ew.; *Rautenglas:* Glasfenster mit bleigefasstem Rautenmuster; *Rautenkranz:* (Wappenk.) schräger Balken mit Rautenblättern; *Rautenkrone:* sächs. Krone; *Rautenmuster; Rautenschild:* Schild mit rautenförmiger Figur im Wappen ∗ **rau|ten** tr.: mit Kanten versehen ∗ **rau|tig** Ew.: mit Rauten versehen

Rau|ten|de|lein, das, −s: deutsche Märchengestalt

Ra|vage (fr.) [..wahseh'], die; −, −n: Verheerung : großes Durcheinander ∗ **ra|va|gie|ren** (..iert) tr.: verheeren : verwüsten : plündern : große Unordnung anrichten

Rave (e.) [rehf], der; das; −s, −s: Veranstaltung, bei der zu Technomusik getanzt wird ∗ **ra|ven** (e.) [rehwen] intr.: an Rave-Veranstaltungen teilnehmen

Ra|ven|na: it. Provinz und Stadt

Ra|vens|burg: Stadt in Baden-Württemberg

Ra|vi|o|li (it.) Mz.: gefüllte Nudeltaschen

Ra|yé (fr.) [räjeh], das; −(s), −s: gestreifter Stoff ∗ *Rayégarn:* Ringelgarn ∗ **Ray|on** [räjong], der; −s, −s: Bezirk : Festungsumkreis : Bereich ∗ *Rayonchef:* Abteilungsleiter; *Rayongrenze; Rayonsinspektor* ∗ **ra|yo|nie|ren** (..iert) [..jon..] tr.: Riefen ziehen : bezirksweise abgrenzen

Ray|gras (e.), das; −es, ..gräser: Raigras : Lolch : Futtergras ∗ **Ray|on** (e.) [rejon], der; −s: Glanzstoff : Kunstseide

Ra|yon: s. Rayé

ra|ze|misch (l.) Ew.: traubensäurehaltig ∗ **ra|ze|mös** Ew.: traubenförmig

Raz|zia (arab.), die; −, −s und ..i|en: Plünderungszug : Streifzug : polizeiliche Fahndungsstreife

Re, das; −s, −s: (Kartsp.) Erwiderung der Gegenansage : (Mus.) Name des Tones d in der Solmisation : ägyptischer Sonnengott

re.. (l. u. rom.) Vorsilbe: zurück : gegen : wider : wieder

Re|a|dop|ti|on (nl.), die; −, −en: Wiederannahme

Rea|der (e.) [rihder], der; −s, −: Anthologie mit Auszügen von (Wissenschafts-)Texten ∗ **Rea|der's Di|gest** (e.) [rihders deidsehest], der; das; −, −: monatlich in Amerika erscheinende Zeitschrift mit Textauszügen aus Neuerscheinungen

rea|dy (e.) [reddi] Ew.: bereit : fertig

Rea|dy-made → Rea|dy|made (e.) [reddimäid], das; −, −s: serielles Warenprodukt, das zum Kunstwerk erklärt wird

Re|a|gens, Re|a|genz (l.), das; −, ..genzien: „das Rückwirkende", chem. Prüfungsmittel ∗ *Reagenzglas:* Prüfungsröhrchen : Untersuchungsglas; *Reagenzpapier:*

Untersuchungs-, Prüfpapier ∗ re|a|gie|ren (..iert) intr.: eine Rückwirkung ausüben : antworten : Wirkung zeigen ∗ *auf etwas reagieren* intr.: auf etwas eingehen ∗ **Re|ak|tanz**, die; –, –en: (Elektr.) scheinbarer Widerstand ∗ *Reaktanzröhre* ∗ **Re|ak|ti|on**, die; –, –en: Gegenwirkung, Rückwirkung : Gegenströmung : Gegendruck : Rückschlag : Rückschritt : (polit.) Rückschrittspartei ∗ *reaktionsfähig; Reaktionsgeschwindigkeit; reaktionsschnell; reaktionsträge; Reaktionsvermögen; Reaktionszeit* ∗ **re|ak|ti|o|när** Ew.: rückschrittlich ∗ **Re|ak|ti|o|när**, der; –s, –e: jmd., der rückschrittliche (politische) Ziele, Ansichten vertritt ∗ **re|ak|tiv** Ew.: rückwirkend ∗ **re|ak|ti|vie|ren** (..iert) [..w..] tr.: wieder in Tätigkeit (Dienst) setzen : wiederanstellen ∗ **Re|ak|ti|vie|rung** [..w..], die; –, –en: Wiederanstellung ∗ **Re|ak|ti|vi|tät**, die; –, –en: Rückwirkung ∗ **Re|ak|tor**, der; –s, –en: Atommeiler, Atombrenner ∗ *Reaktorblock; Reaktorphysik; Reaktortechnik; Reaktorunfall*

Re|al (span.), der; –s, –es: spanische Silbermünze

Re|al, das; –s, –e: (östr.) Regal, Bücherregal

re|al (nl.) Ew.: dinglich : tatsächlich : wirklich : die Sache betreffend : sachlich ∗ *Realakt; Realbuch:* Grundbuch; *Realeinkommen; Realenzyklopädie:* Sachwörterbuch; *Realgemeinde:* Genossenschaft; *Realgymnasium:* (früher) Gymnasium mit bes. Pflege von Naturw. und Sprachen; *Realindex:* Sachverzeichnis; *Realinjurie:* tätliche Beleidigung; *Realkapital:* angelegtes Geld; *Realkatalog:* Bücherverzeichnis nach dem wissenschaftlichen Inhalt; *Realkonkurrenz; Realkredit:* durch Vermögenswerte gesicherter Kredit; *Reallast:* (Rechtsspr.) Belastung eines Grundstücks in der Weise, dass der jeweilige Eigentümer bestimmte Sachleistungen aus dem Grundstück zu gewähren hat; *Reallexikon:* Sachwörterbuch; *Reallohn:* tatsächliche Kaufkraft des Lohnes; *Realo-*

Abk. für Realpolitiker (der Grünen); *Realpolitik:* Politik des Möglichen; *Realpolitiker; Realprodukt; Realschule:* Realsteuern: Objektsteuern, Grund- und Gewerbesteuern; *Realunion; Realwert:* Sachwert : wirklicher Wert; *Realwörterbuch* ∗ **Re|a|li|en**, die; (nur Mz.): etwas Reales, Wahres, Wirkliches : Sachen : Sachkenntnisse : Sachwissenschaften ∗ *Realienbuch* ∗ **Re|a|li|sa|ti|on**, **Re|a|li|sie|rung**, die; –, –en: Verwirklichung : Ausführung : Verkauf gegen bares Geld ∗ **Re|a|li|sa|tor**, der; –s, ..toren: Person, die realisiert ∗ **re|a|li|sie|ren** (..iert) tr.: verwirklichen : ausführen : in Bargeld umsetzen ∗ **re|a|li|sier|bar** Ew.: ausführbar ∗ **Re|a|lis|mus**, der; –: „Dinglichkeit", (nackte) Wirklichkeit : Wirklichkeitslehre : krasse Darstellung des Wirklichen : Bedachtsein auf die Wirklichkeit, den Nutzen : Wirklichkeitssinn ∗ **Re|a|list**, der; –en, –en: Wirklichkeitsmensch : Anhänger des Realismus ∗ **Re|a|lis|tik**, die; –: Wirklichkeitsnähe ∗ **re|a|lis|tisch** Ew.: wirklichkeitsnah : nüchtern : tatsächlich ∗ **Re|a|li|tät**, die; –, –en: Wirklichkeit : Gegebenheit : Tatsächlichkeit : (Mz.) Grundstücke : Grundeigentum ∗ *Realitätenbesitzer; Realitätenhändler; realitätsbezogen; realitätsfern; realitätsfremd; Realitätssinn; Realitätsverlust* ∗ **re|a|li|ter** Uw.: in Wirklichkeit : wahrhaftig

Re|a|li|ty-TV (e.) [riälliti tv], das; –s: Fernsehen, das wahre Begebenheiten live oder extrem realitätsnah gespielt sendet

Re|a|ni|ma|ti|on, die; –: (Med.) Wiederbelebung erloschener Lebensfunktionen durch künstliche Beatmung, Herzmassage ∗ **re|a|ni|mie|ren** tr.: wiederbeleben ∗ **Re|a|ni|mie|rung**, die; –, –en: Reanimation

Re|as|se|ku|ranz (l.), die; –, –en: Rückversicherung

Ré|au|mur [..omühr]: fr. Physiker ∗ **Re|au|mur**, der; –, –:

Wärmemesser (Siedepunkt bei 80°); Abk.: R

Reb|bach (jidd.), der; –s: vgl. Reibach

Re|be, die; –, –n: Ranke : Name für Wein, Weinstock ∗ *Rebacker; Rebbau; Rebberg; Rebhaus:* Gartenhaus in Weingärten; *Reblaub; Reblaus; Rebmann:* Winzer; *Rebschule; Rebsorte; Rebstock* ∗ *Rebenacker:* Rebacker; *Rebenblatt; Rebenblut:* Wein; *Rebenblüte; Rebenhügel; Rebenlaub; Rebenmesser; Rebensaft:* Wein; *Rebenschößling* → *Rebenschössling; Rebensproß* → *Rebenspross; Rebenstecher; rebenumsponnen* Mw. Ew.; *Rebenveredelung* ∗ **re|beln** (ich ..[e]le) intr.: Trauben ableeren ∗ **Reb|ling**, der; –s, –e: Rebenschoss, Rebenschössling

Re|bell (l.), der; –en, –en: Aufrührer : Aufständischer : Meuterer ∗ **re|bel|lie|ren** (..iert) intr.: sich empören : meutern ∗ **Re|bel|li|on**, die; –, –en: Empörung : Aufruhr ∗ **re|bel|lisch** Ew.: aufrührerisch : empörerisch : aufwieglerisch

Reb|huhn, das; –(e)s, ..hühner; ..hühnchen, ..hühnlein: Feldhuhn

Re|bound (e.) [rihbaund], der; –s, –s: (Sport) Basketball, der nach missglücktem Korbwurf zurückspringt ∗ *Rebound-Effekt* → *Reboundeffekt*

Re|bus (l.), der; das; –, ..busse: „durch Dinge", Bilderrätsel

re|bü|tant Mw. Ew.: abschreckend : niederschlagend : widerwärtig

Re|call (l.) [riko°l], der; –s, –s: Widerruf (in den USA Absetzung eines gewählten Beamten durch die Wähler vor Ablauf seiner Amtszeit)

Re|cei|ver (e.) [rihsihwer], der; –s, –: Kombination von Rundfunkempfänger und Verstärker

Re|chaud (fr.) [reschoh], der; –s, –s: Schüsselwärmer: Warmhalteplatte für Speisen

Re|chen, der; –s, –: Harke: Gitter in Wasserkraftanlagen zum Festhalten des Unrats ∗ *Rechenbohrer; rechenförmig* Ew.; *Rechenstiel; Rechenzahn* ∗ **re|chen** tr.: harken ∗ **re|chen|haft** Ew.: wie ein Rechen ∗ **Re|chen|haf|tig|keit**, die; –:

das Gezacktsein (in der Art eines Rechens) ***** **Rechenschaft,** die; –: das Tun und Lassen gegenüber einem Prüfungsberechtigen ***** *Rechenschaftsablegung; Rechenschaftsbericht; Rechenschaftspflich* *** rechnen** tr., intr.: sammeln : zählen : mit Hilfe von Zahlen eine unbekannte Größe bestimmen : beim Abschätzen in Anschlag bringen ***** *Rechenanlage; Rechenaufgabe; Rechenautomat; Rechenbrett; Rechenbuch; Rechenexempel; Rechenfehler; Rechenheft; Rechenkünstler; Rechenlehrer; Rechenmaschine; Rechenoperation; Rechenschieber; Rechenschüler; Rechenstunde; Rechentafel; Rechenunterricht; Rechenzeichen; Rechenzentrum:* mit Datenverarbeitungsanlagen ausgerüsteter Dienstleistungsbetrieb *** Rechner,** der; –s, –: jemand, der rechnet : Computer ***** *Rechnerei:* das viele Rechnen ***** *rechnergesteuert; rechnergestützt* *** rechnerisch** Ew.: durch Rechnen : mit Hilfe des Rechnens *** Rechnung,** die; –, –en: das Aufsuchen von Zahlengrößen durch Arbeit mit Zahlen : Rechenaufgabe : das Berechnen von Soll und Haben : schriftliche Aufzeichnung einer Schuldforderung ***** (übertr.) Schluss : Anschlag : Plan ***** *einer Sache Rechnung tragen:* berücksichtigen; *auf Rechnung kaufen:* auf Borg kaufen; *auf Ihre Rechnung:* auf Ihre Kosten; *die Rechnung ohne den Wirt machen:* sich irren ***** *Rechnungsabgrenzung; Rechnungsablage; Rechnungsabschluß* ***** *Rechnungsabschluss; Rechnungsamt; Rechnungsart; Rechnungsbeleg; Rechnungsbetrag; Rechnungsbuch; Rechnungseinheit; Rechnungsführer; Rechnungshof:* Überwachungsstelle der staatl. Haushaltsführung; *Rechnungsjahr; Rechnungskammer; Rechnungslegung; rechnungsmäßig* Ew.; *Rechnungsnummer; Rechnungsposten; Rechnungsprüfer; Rechnungsrat; Rechnungsträger; Rechnungsvorlage; Rechnungswesen*

Recherche (fr.) [r'schersch],

die; –, –n: Nachsuchung : Ermittlung *** Rechercheur** [..schöhr], der; –s, –: Berichterstatter : Ermittler *** recherchieren** (..iert) [r'scherschieren] intr.: nachforschen : ermitteln : verfolgen

recht Ew. (ohne Steig.): gerade : richtig : dem Herkömmlichen entsprechend : wahr : passend : gut : (Math.) (Winkel) 90° betragend : ehelich : leiblich : eine Körperseite bezeichnend (Ggs. links) ***** *erst recht:* nun gerade; *das ist mir recht:* das passt mir; *das geschieht ihm recht:* das hat er verdient; *recht behalten, haben, geben, tun →* Recht behalten, haben, geben, tun; es einem recht machen; du bist mir der Rechte; das Rechte treffen, tun, finden; nach dem Rechten sehen; nichts Rechtes können; den Rechten finden; *rechter Hand;* zu rechten Seite ***** *Rechteck:* Viereck mit rechten Winkeln; *rechteckig* Ew.: rechtwinklig; *rechtgläubig* Ew.: den rechten Glauben habend, orthodox; *rechtläufig* Ew.: regelmäßig laufend : (Astron.) sich nach Osten bewegend; *rechtlinig* Ew.: geradlinig; *Rechtschreib(e)buch; rechtschreiben* (ich schreibe recht, habe recht geschrieben, um recht zu schreiben) intr.: die rechte, vorschriftsmäßige Schreibweise anwenden; *Rechtschreibfehler; Rechtschreibreform; Rechtschreibung; rechtsseitig* Ew.: auf der rechten Seite befindlich; *rechtwinklig* Ew.: 90° betragend; *rechtzeitig* Ew.: zur rechten Zeit kommend *** Recht,** das; –(e)s, –e: die von den verfassungsmäßig berufenen Organen aufgestellte Ordnung, Satzung : die im menschlichen Verkehr auf Grund der Überzeugung der Richtigkeit dauernd geübte Regel (Gewohnheitsrecht) : Anspruch einer Person, zu deren Gunsten die Rechtsordnung Gesetze erlassen hat : das, was dem Herkömmlichen entspricht : Anspruch : Befugnis ***** *sein Recht suchen, finden; zu Recht bestehen* auch: *zurecht bestehen; mit Recht behaupten; im Recht sein; auf sein Recht pochen; je-*

mandem zu seinem Recht verhelfen; ein Recht auf etwas, an jemanden haben; Recht sprechen; von Rechts wegen: dem Recht gemäß; das ist Rechtens → das ist rechtens: dem Recht gemäß; Rechtens folgt daraus → rechtens folgt daraus: von Rechts wegen ***** rechtfertigen tr.: als recht darlegen : entschuldigen; Rechtfertigung: Darlegung der Rechtmäßigkeit; Rechtfertigungsschrift; Rechtfertigungsversuch; recht haben → Recht haben intr.; Rechthaber: einer, der übermäßig (immer) auf der Richtigkeit seiner Meinung besteht; Rechthaberei: übermäßiges Rechthabenwollen; rechthaberisch Ew.: auf die Richtigkeit seiner Meinung pochend; rechtlos Ew.; Rechtlosigkeit; rechtmäßig Ew.; Rechtmäßigkeit; rechtschaffen Ew.: ehrlich : rechtlich; Rechtschaffenheit; Rechtlichkeit : Ehrlichkeit; Rechtsprechung; Recht suchend Mw. Ew. ***** Rechtsabteilung; Rechtsangelegenheit; Rechtsanschauung; Rechtsanspruch; Rechtsanwalt; Rechtsanwaltskanzlei; Rechtsauffassung; Rechtsauskunft; rechtsbeflissen Ew.; Rechtsbeistand; Rechtsbelehrung; Rechtsberater; Rechtsbeschwerde; rechtsbeständig Ew.; Rechtsbeugung; Rechtsbeweis; Rechtsbewußtsein → Rechtsbewusstsein; Rechtsbrecher; Rechtsbruch; Rechtseinwendung; Rechtsempfindung; rechtserfahren Ew.; rechtsfähig Ew.; Rechtsfähigkeit: Fähigkeit, Träger von Rechten und Pflichten zu sein; Rechtsfall; Rechtsfrage; Rechtsgang; Rechtsgefühl; rechtsgelehrt Mw. Ew.; Rechtsgelehrter; Rechtsgeschäft: eine auf einen rechtlichen Erfolg gerichtete Willenserklärung; Rechtsgrund; Rechtsgrundsatz; rechtsgültig Ew.; Rechtshandel; Rechtshilfe; Rechtshilfeabkommen; Rechtshistoriker; Rechtskenner; Rechtskonsulent; Rechtskraft; rechtskräftig Ew.; Rechtskunde; rechtskundig Ew.; Rechtslage; Rechtslehre; Rechtsmittel; Rechtsnachfolge; Rechtsnachfolger;

Rechtsnorm; Rechtsordnung; Rechtsperson; Rechtspflege; Rechtssache; Rechtsschutz; Rechtssicherheit; Rechtssprache; Rechtsspruch; Rechtsstaat; Rechtsstreit; Rechtstitel; Rechtsträger; Rechtsunsicherheit; rechtsverbindlich Ew.; *Rechtsverbindlichkeit; Rechtsverdreher; Rechtsverfahren; Rechtsverletzung; Rechtsverordnung; Rechtsverweigerung; Rechtsvorschlag; Rechtsvorschrift; Rechtsweg; rechtswidrig* Ew.; *Rechtswidrigkeit; rechtswirksam; Rechtswissenschaft; rechtswissenschaftlich* Ew.; *Rechtszwang* Ew

Rech|te, die; –n, –n die rechte Hand : polit. rechts stehende Parteien (Ggs. Linke) ✻ *zur Rechten; zu meiner Rechten:* auf der (meiner) rechten Seite ✻ **rech|ten** intr.: streiten : prozessieren ✻ **Rechtens** →

rech|tens: s. Recht

rech|ter|seits Uw.: auf der rechten Seite liegend ✻ **recht|lich** Ew.: dem Recht gemäß : gehörig : redlich : gut ✻ **Recht|lich|keit,** die; –: Rechtschaffenheit : Gerechtigkeit : *Rechtlichkeitsgefühl:* Sinn für Rechtmäßigkeit ✻ **rechts** Uw.: zu recht : in der Richtung der rechten Körperseite (Ggs. links) : rechter Hand : rechterseits ✻ (Sport) *Rechtsaußenstürmer; Rechtsdrall; Rechtsdrehung; Rechtshänder; rechtsher(um); rechtshin* Uw.; *rechtslastig; rechtsläufig* Ew.: nach rechts laufend; *rechtsradikal* Ew.; *Rechtsradikalismus; rechtsrheinisch* Ew.; *rechtsstehend* → *rechts stehend; rechtsum; Rechtsverkehr; rechtswärts* Uw. ✻ **Recht|ser,** der; –s, –: (Umgspr.) Rechtshänder

Recht geben, rechtens
Verbindungen aus einem Substantiv und einem Verb werden getrennt geschrieben: *Recht geben; Leid tragen; Laub harken; Angst haben.* Künftig wird *rechtens* stets und nicht nur in der Verbindung mit *sein* kleingeschrieben: *rechtens folgt daraus; kraft rechtens; das ist rechtens.*

re|ci|pe (l.): „nimm", Abk.: Rp (auf Rezepten)

Re|ci|tal (e.), das; –s, –s: Rezital : Soloveranstaltung

re|ci|tan|do (it.) [..tschi..]: it. Form für rezitando, s. d.

Reck, das; –(e)s, –e: ein Turngestell ✻ *Reckstange; Reckturnen; Reckübung*

Re|cke, der; –n, –n: Krieger : Held : Riese ✻ *Reckenart; Reckentum* ✻ **re|cken|haft** Ew.: in der Weise eines Recken

Re|cke, die; –, –n: Werkzeug zum Lederrecken : altes Längenmaß : Stangengerüst zum Aufhängen gefärbter Dinge : Lattengerüst mit Haken zum Aufhängen gesponnener Fäden : (Schiff) Brettergestell und Haken zur Aufbewahrung von Waffen und Munition ✻ **re|cken** tr., rbz.: ausdehnen : ausstrecken

Reck|hol|der, der; –s, –: Wacholder

Reck|ling|hau|sen: Stadt im Ruhrgebiet

Re|clam: Verlag ✻ *Reclambändchen; Reclambücherei*

Re|cor|der (e.) der; –s, –: Aufzeichnungs- und Wiedergabegerät elektromagnetisch bespielter Bänder

rec|te (l.) Uw.: richtig : recht : wohl : stimmt ✻ **Rec|tor mag|ni|fi|cus,** der; – –, ..tores ..fici: „erhabener Leiter", Titel des Hochschulrektors

re|cy|cel|bar (e.) [rihßaikelbar] Ew.: wieder verwendbar ✻ **re|cy|celn, re|cy|cl|len** tr. (ich recyc[e]le, recycelt): wieder verwerten : aufbereiten ✻ **Re|cy|cling,** das; –s: Aufbereitung von gebrauchten Stoffen zur erneuten Verarbeitung ✻ *Recyclinganlage; Recyclinghof; Recyclingpapier; Recyclingverfahren*

Re|dak|teur (fr.) [..töhr], der; –s, –e: Bearbeiter von Texten in Verlagen oder Rundfunk-/ Fernsehsendungen ✻ **Re|dak|teu|rin** (fr.) [..töhrin], die; –, –n: weiblicher Redakteur ✻ **Re|dak|ti|on** (nl.), die; –, –en: das Redigieren : die Gesamtheit der mit dem Redigieren Beschäftigten ✻ *Redaktionsassistent; Redaktionsgeheimnis; Redaktionsschluß* → *Redaktionsschluss; Redaktionsstatut* ✻ **re|dak|ti|o|nell** Ew.: auf die Redaktion bezüglich : von der

Redaktion ausgehend ✻ **Re|dak|tor,** der; –s, ..toren: Bearbeiter wissenschaftlicher Werke : (schweiz.) Redakteur ✻ **re|di|gie|ren** (..iert) (l.) tr.: abfassen : bearbeiten : druck-, satzfertig machen

re|da|tie|ren (..iert) tr.: zurückdatieren

Red|der, der; –s, –: (niederd.) Heckenweg

Red|di|ti|on (l.), die; –, –en: Rückgabe

Re|de, die –, –n: Rechenschaft : Aussage : Verständigung : Ansprache : Sprache : Unterhaltung : Gespräch : Vortrag : Gerücht, Gerede ✻ *es geht die Rede:* es besteht das Gerücht ✻ *in Rede stehen* intr.: besprochen werden; *zur Rede stellen* tr.: zur Verantwortung ziehen; *Rede und Antwort stehen; es ist nicht der Rede wert:* es ist nicht wert, darüber zu sprechen ✻ *Redeblüte; Rededuell; Redefloskel; Redefluß* → *Redefluss; Redefreiheit; redegewaltig; redegewandt* Ew.; *Redekunst; Redekünstler; Redeschwall; Redeschwung; Redestrom; Redeteil; Redeteilchen:* Partikel; *Redeübung; Redeverbot; Redeweise; Redewendung; Redezeit* ✻ **re|den** intr., tr.: sprechen : einen Vortrag halten ✻ *Redensart; redensartlich* Ew.; *Redensweise* ✻ **re|dse|lig** Ew.: redelustig, zum Reden geneigt; *Redseligkeit* ✻ **Re|de|rei,** die; –, –en: Gerede : leere Redensarten ✻ **red|lich** Ew.: treu : bieder : ehrenhaft : tüchtig ✻ **Red|lich|keit,** die; –: aufrichtige, redliche Gesinnung ✻ **Red|ner,** der; –s, –: öffentl. Sprecher : Mann der Beredsamkeit ✻ *Rednerbühne; Rednergabe; Rednergebärde; Rednerliste; Rednerpult; Rednertribüne* ✻ **red|ne|risch** Ew.: entsprechend der Redekunst ✻ **..re|dig** Ew. (nur in Zus.): sprecherisch; z. B. ruhmredig

Re|demp|to|rist (nl.), der; –en, –en: Angehöriger eines im 18. Jh. gegründeten Mönchsordens

re|di|gie|ren: s. Redakteur

Re|din|go|te (fr.) [r'dängot], die; –, –n oder der; –s, –s: Reitrock : langer Überrock

Re|dis|fe|der, die; –, –n: (östr.) Feder zum kunstvollen Schreiben

Re|dis|kont (it.), der; –(e)s, –e: Weiterverkauf von Wechseln ∗ **re|dis|kon|tie|ren** (..iert) (it.) tr.: einen Wechsel weiterverkaufen ∗ **Re|dis|kon|tie|rung,** die; –, –en

re|di|vi|vus (l.) Ew.: wieder erstanden : erneuert

Red|lich|keit, Red|ner: s. Rede

Re|dou|te (fr.) [redut'], die; –, –n: Festungsanlage : Maskenball : Festsaal

Re|d|res|se|ment (fr.) [..dressmang], das; –s: (Med.) Graderichtung, Wiedereinrichtung ∗ **re|d|res|sie|ren** (..iert) (fr.) tr.: wieder gutmachen : wiederherstellen : rückgängig machen

re|du|b|lie|ren (..iert) (fr.) tr.: verdoppeln

re|duk|ti|bel, re|du|zi|bel (nl.) Ew.: darstellbar : zurückführbar ∗ **Re|duk|ti|on** (l.), die; –, –en: Umrechnung, Umwandlung : Zurückführung : Vereinfachung : (Chem.) Sauerstoffentziehung : (Med.) Einrenkung : (Philos.) Zurückführung auf das Grundgesetz : (Mz.) von Missionaren geleitete Indianersiedlungen in den früheren span. Kolonien Südamerikas ∗ *Reduktionsdiät; Reduktionsmittel; Reduktionsofen; Reduktionsteilung* ∗ **Re|duk|tor,** der; –s, ..toren: „Einrichter", Werkzeug zum Wiedereinrichten verrenkter oder gebrochener Glieder : (Elektr.) Vorrichtung zur Verminderung der Netzspannung bei Gleichstromanlagen ∗ **re|du|zie|ren** (..iert) tr.: zurückführen : Sauerstoff entziehen : höhere Werte in niedere umrechnen : vermindern : herabsetzen : vereinfachen ∗ **re|du|ziert** Mw. Ew.: heruntergekommen, geschwächt : vermindert : vereinfacht ∗ **Re|du|zie|rung,** die; –, –en: das Reduzieren

re|dun|dant (l.) Ew.: überreichlich: weitschweifig ∗ **Re|dun|danz,** die; –, –en: Überfluss : Überladung (mit überflüssigen Informationselementen)

Re|du|p|li|ka|ti|on (l.), die; –, –en: Verdoppelung : Silbenwiederholung ∗ **re|du|p|li|zie|ren** (..iert) tr.: verdoppeln : Silben oder Buchstaben wiederholen

re|du|zi|bel: s. reduktibel

ree! Ausruf: (seem.) fertig!, bereit! : Befehlsruf zum Wenden des Schiffes

Ree|de, die; –, –n: (niederd.) Ankerplatz : Anlegeplatz ∗ **Ree|der,** der; –s, –: Schiffseigentümer ∗ **Ree|de|rei,** die; –, –en: Unternehmen eines Reeders ∗ *Reedereiflagge*

re|ell (fr.) Ew.: wirklich (vorhanden) : redlich : rechtlich : zuverlässig ∗ **Re|el|li|tät,** die; –, –en: Rechtlichkeit : Redlichkeit : Zuverlässigkeit

Reep, das; –(e)s, –e: (niederd.) Seil : Tau ∗ *Reepschläger:* Seiler; *Reepschlägerei:* Seilerei; *Reepschnur* ∗ **Ree|per,** der; –s, –: Seiler ∗ *Reeperbahn:* Seilerbahn : Straße im Hafenviertel Hamburgs ∗ **Ree|pe|rei,** die; –, –en: Seilerei

Reet (niederd.), das; –s, –e: Schilf : Rohr ∗ *Reetdach*

Re|ex|port, der; –s, –e: Export von Gütern, die zuvor importiert wurden ∗ **re|ex|por|tie|ren** tr.: importierte Güter ausführen

Re|fait (fr.) [..fäh], das; –s, –s: unentschiedene Spiele

Re|fak|tie (ndl.), die; –, –n: Zahlungsabzug : Frachtvergütung : Rückvergütung ∗ **re|fak|tie|ren** (..iert) tr.: Frachtnachlass gewähren

Re|fek|ti|on (l.), die; –, –en: Ausbesserung : Erholung : (kath. K.) Erquickungsmahl zur Fastenzeit ∗ **Re|fek|to|ri|um,** das; –s, ..rien: Speisesaal eines Klosters

Re|fe|rat (l.), das; –(e)s, –e: „zu berichten", Berichterstattung : Fachvortrag ∗ **Re|fe|ren|dar** (nl.), der; –s, –e: Berichterstatter : Titel eines angehenden akademisch gebildeten höheren Beamten nach der ersten Staatsprüfung ∗ **Re|fe|ren|dum,** das; –s, ..den und ..da: zu Berichtendes : Recht auf Urabstimmung : Volksentscheid ∗ **Re|fe|rent,** der; –en, –en : Berichterstatter ∗ **Re|fe|renz,** die; –, –en: Empfehlung : Auskunft : Beziehung : Verweisung ∗ *Referenzliste* ∗ **re|fe|rie|ren** (..iert) tr.: berichten : vortragen

Reff, das; –(e)s, –e: Gerippe : (verächtl.) altes Weib

Reff, das; –(e)s, –e: Rückentragekorb : Kiepe ∗ *Reffträger(in):* Händler(in)

Reff, das; –(e)s, –e: (niederd.) Vorrichtung zum Verkleinern der Segelfläche ∗ *Reffband; Reffgatt; Refftalje* ∗ **ref|fen** tr.: (Segel –) verkürzen

re|fi|nan|zie|ren tr.: einen Kredit mit Hilfe fremder Gelder geben ∗ **Re|fi|nan|zie|rung,** die; –, –en: das Refinanzieren

Re|f|la|ti|on, die; –, –en: Überwindung der Deflation durch Ausweitung des Geld- und Kreditvolumens

Re|f|lek|tant (nl.), der; –en, –en: einer, der sein Augenmerk auf etwas richtet : Kauflustiger : Bewerber ∗ **re|f|lek|tie|ren** (..iert) tr.: (Lichtstrahlen) zurückwerfen; intr.: nachdenken ∗ *auf etwas reflektieren:* sein Augenmerk auf etwas richten, etwas haben wollen ∗ **Re|f|lek|tor,** der; –s, ..toren: Lichtspiegel, Scheinwerfer : Rückstrahler ∗ **re|f|lek|to|risch** Ew.: reflexbedingt ∗ **Re|f|lex,** der; –es, –e: Abglanz : Spiegelung : Widerschein : Gegenwirkung : unwillkürliche Reaktion auf äußere Reize ∗ *reflexartig; Reflexbewegung; Reflexerscheinung:* durch Ganglien vermittelte Überleitung der Erregung sensibler Nerven auf motorische und sekretorische; *Reflexhandlung; Reflexlicht:* Blendlicht; *Reflexschaltung:* (Elektr.) Wendeschaltung ∗ **Re|f|le|xi|on,** die; –, –en: Zurückstrahlung : Zurückwerfung (z. B. des Schalles) : Betrachtung : innere Wahrnehmung : Erwägung ∗ *Reflexionswinkel* ∗ **re|f|le|xiv** Ew.: zurückwirkend : rückbezüglich : rückzielend ∗ *Reflexivpronomen* ∗ **Re|f|le|xiv,** das; –s, –e; **Re|f|le|xi|vum,** das; –s, ..va: (Sprachl.) rückzielendes (rückbezügliches) Zeitwort

Re|f|lux (l.), der; –es, –e: das Zurückfluten : Ebbe

Re|form (l.), die; –, –en: Neugestaltung : Umbildung : Verbesserung ∗ *reformbedürftig; Reformbestrebung; Reformbewegung; reformfreudig; Reformhaus:* Fachgeschäft für Reformkost; *Reformkatholizismus; Reformkleidung; Reformkommunismus; Reformkonzil;*

Reformkost: natürliche, leichte, vitaminreiche Kost; *Reformpolitik; Reformware* **✳ reform.** (Abk.): reformiert **✳ Reformatiｏn,** die; –, –en: Umgestaltung : Erneuerung, bes. des christlichen Glaubensbekenntnisses durch Luther **✳** *Reformationsfest; Reformationstag; Reformationszeit; Reformationszeitalter* **✳ Reformaｔor,** der; –s, ..toren: Glaubensverbesserer : Erneuerer **; reformaｔorisch** Ew.: umgestaltend : erneuernd : erneuernd **✳ Reformer,** der; –s, –: Verbesserer : Fortbildner **✳ reformieren** (..iert) tr.: umgestalten : verbessern : erneuern **✳ reformiert** Mw. Ew.: verbessert : zur reformierten Kirche gehörig **✳** *reformierte Kirche:* die von Zwingli und Calvin geschaffene Bewegung innerhalb des Protestantismus **✳ Reformierte,** der; die; –n, –n: Anhänger(in) des reform. Glaubensbekenntnisses **✳ Reformierung,** die; –, –en: Neugestaltung **✳ Reformismus,** der; –: Bestreben nach sozialen Verbesserungen durch Reformen **✳ Reformist,** der; –en, –en: Verfechter von Reformen **✳ reformistisch** Ew.

Refrain (fr.) [r'fräng], der; –s, –s: Kehrreim

refraktär (l.) Ew.: widerspenstig : ketzerisch : (Med.) unempfänglich **✳** *Refraktärphase* **✳ Refraktiｏn** (nl.), die; –, –en: Strahlenbrechung des Lichts : Fernpunkteinstellung **✳** *Refraktionsfehler* **✳ Refraktomeｔer,** das; –s, –: Brechungsbestimmer : Fernpunktmesser **✳ Refraktor,** der; –s, ..toren: Strahlenbrecher : astronomisches Fernrohr mit Sammellinse **✳ Refrakturieｒung:** (Med.) Wiederbrechen falsch angeheilter Knochen

Refrigeratiｏn (l.), die; –, –en: Erkältung : Abkühlung **✳ Refrigeraｔor** (nl.), der; –s, ..toren: „Kühler“ : Kühlapparat

Refugié (fr.) [rehfü̈ehjeh], der; –s, –s: Flüchtling : aus Frankreich geflüchteter Hugenotte **✳ Refugiｕm** (l.) [..fug..], das; –s, ..gien: Ausflucht : Zufluchtsort

refundieｒen (l.) (..iert) tr.: zurückgeben : rückvergüten

Refus, Refüs (fr.) [r'füh], der; –, –: abschlägige Antwort : Ablehnung : Zurückweisung **✳ refüsieｒen** (..iert) tr.: verweigern : abschlagen : herabmildern

Regal (ml.), das; –s, –e: Gestell mit Fächern : Büchergestell : Warengestell : Schriftkastengestell **✳** *Regalbrett; Regalteil; Regalwand*

Regal (ml.), das; –s, –e: kleine Orgel : Orgelregister

Regal (ml.), das; –s, ..lien: (meist Mz.) landesherrliche Gerechtsame : Hoheitsrecht **✳ Regaliｔät** (nl.), die; –, –: Anspruch auf Hoheitsrechte **✳ regalieｒen** (span.) (..iert) tr.: aufwarten : bewirten : beschenken : ergötzen

Regaliｔät: s. Regal

Regatta (it.), die; –, ..tten: Wettrudern : Wettsegeln **✳** *Regattastrecke; Regattaverband*

rege Ew.: munter : lebhaft : in tätiger Bewegung **✳ Rege,** die; –: das Regesein : rege Bewegung : Vorrichtung zum Auf- und Niederbewegen des Lockvogels **✳ regen** tr.: erregen : rege machen : erwecken : anregen : aufregen; rbz.: sich bewegen **✳** *reglos* Ew.**✳ regsam** Ew.: beweglich : fleißig **✳ Regsamkeit,** die; –: Rührigkeit, Emsigkeit **✳ Regung,** die; –, –en: das Regen : Gemütsbewegung **✳** *Regungskraft; regungslos* Ew.; *Regungslosigkeit*

Regel (nl.), die; –, –n: Richtschnur : Lineal : (übertr.) das, was einem zu tun vorgeschrieben ist : das Gewöhnliche : Vorschrift : praktische Anweisung : Ordnung : Menstruation **✳** *regelbar; Regelblutung; Regelfall; regellos* Ew.; *Regellosigkeit; regelmäßig* Ew.; *Regelmäßigkeit; Regelpriester:* Ordenspriester; *regelrecht* Ew.; *Regelsatz; Regelstudienzeit; Regelüberwachung; regelwidrig* Ew.; *Regelwidrigkeit* **✳ regelhaft** Ew.: ganz nach der Regel **✳ regeln** (ich ..[e]le) tr.: regelhaft gestalten : ordnen **✳** *geregelt* Mw. Ew.: geordnet : regelmäßig **✳ Regelung, Reglung** die; –, –en: das Re-

geln : das Ordnen : das regelhafte Gestalten **✳ Regeldeｔri,** die; –: Dreisatzrechnung **✳ Regler,** der; –s, –: Vorrichtung zur Regelung (des elektrischen Stromes u. a.)

Regen, der; –s, –: Niederschlag in Form von Wassertropfen : (übertr.) etwas wie Regen Niederfallendes **✳** *Regenanlage:* Anlage zum Sprengen von Wiesen, Gärten und Feldern; *regenarm* Ew.; *Regenbogen; Regenbogenfarben:* alle Farben des Regenbogens; *regenbogenfarbig* Ew.; *Regenbogenhaut:* Iris, farbige Haut im Auge; *Regenbogenpresse; Regencape; Regendach; regendicht* Ew.; *Regenfall; Regenfaß* → *Regenfass; Regenfront; Regengewölk; Regenguß* → *Regenguss; Regenhaut; Regenhut; Regenkappe; Regenkarte; Regenluft; Regenmantel; Regenmessung:* das Messen der Niederschlagsmenge; *Regenmenge; regennaß* → *regennass; Regenpfeifer:* ein Vogel; *Regenpfütze; regenreich; Regenrinne; Regenschauer; Regenschirm; regenschwer* Ew.; *Regentag; Regentonne:* Fass zum Auffangen des Regenwassers; *Regentropfen; Regenwald; Regenwasser; Regenwetter; Regenwind; Regenwolke; Regenwurm; Regenzeit* **✳ regnen** intr., tr.: Regen herabsenden : in Tropfen niederfallen : wie Regen niederfallen **✳ regnerisch** Ew.: Regen bringend : nach Regen aussehend

Regeneratiｏn (l.), die; –, –en: Wiedererzeugung : Wiederherstellung : Erneuerung : Wiedergeburt : Heilung **✳** *regenerationsfähig* **✳ Regeneratｉv,** das; –s, –e: Wiederherstellungsmittel **✳** *Regenerativmittel; Regenerativofen:* Vorwärmeofen; *Regenerativverfahren* **✳ Regeneraｔor,** der; –s, ..toren: „Wiederhersteller“, Wärmespeicher, Luftvorwärmer : Wiederbeleber **✳ regenerieｒen** (..iert) tr.: wieder auffrischen : erneuern : wieder beleben

Regens (l.), der; –, ..gentes: Leiter : Vorsteher in einem Priesterseminar **✳** *Regens*

chori: Leiter eines (kath.) Kirchenchores ✳ **Re**|**gent,** der; –en, –en: Herrscher : stellvertretender Herrscher ✳ **Re**|**gen**|**tin,** die; –, –nen: Herrscherin ✳ **Re**|**gent**|**schaft,** die; –, –en: Regierung : Regierungszeit ✳ *Regentschaftsrat* ✳ **Re**|**gie** (fr.) [rehšehih], die; –, ..gien: Verwaltung (von Staatseinkünften) : staatliches Unternehmen : (Theater) Spielleitung : (Film) künstlerische Gestaltung des Drehbuchs, Leitung der Aufnahmen : (Rundfunk, Fernsehen) künstlerische Gestaltung einer Sendung ✳ *Regieanweisung; Regiearbeit; Regieassistent; Regiebetrieb:* staatlicher Betrieb; *Regieeinfall:* Fehler in der Spielleitung; *Regiekosten; Regiepult:* (Rdfk.) Mischpult für Tonaufnahmen; *Regiestuhl; Regiezelle:* (Rdfk.) schalldichter Raum im Aufnahmeraum ✳ **re**|**gie**|**ren** tr.: leiten : lenken : herrschen; rbz.: sich beherrschen : sich fassen ✳ **re**|**gier**|**sam** Ew.: lenksam ✳ *regierbar* ✳ **Re**|**gie**|**rung,** die; –, –en: das Regieren : das Herrschen : Behörde, durch welche die oberste Gewalt ihre Regierungsrechte ausübt : Ort, Gebäude, Sitz der Regierung: Art des Regierens ✳ *Regierungsantritt; Regierungsart; Regierungsbank; Regierungsbeamter; Regierungsbevollmächtigter; Regierungsbezirk; Regierungsbildung; Regierungsbündnis; Regierungschef; Regierungsdelegation; Regierungserklärung; regierungsfähig; Regierungsform; regierungsfreundlich Ew.; Regierungsgebäude; Regierungsgewalt; Regierungskanzlei; Regierungskoalition; Regierungskrise; Regierungspartei; Regierungspräsidium; Regierungsprogramm; Regierungsrat; Regierungssache; Regierungssitz; Regierungsspitze; Regierungssprecher; regierungstreu; Regierungssystem; Regierungsumbildung; Regierungsviertel; Regierungsvorlage; Regierungswechsel; Regierungszeit* ✳ **Re**|**gime** (fr.) [rehšehihm], das; –s, –s: Staatsverwaltung : Lebensord-

nung, -weise ✳ *Regimekritiker* ✳ **Re**|**gi**|**ment** (nl.), das; –(e)s, –e und (sold.) –er: Herrschaft : Verwaltung : Truppenabteilung ✳ *Regimentsarzt; –kommandeur; –musik; –stab; regimenterweise* Ew. ✳ **Re**|**gis**|**seur** (fr.) [..šehissöhr], der; –s, –e: Theater-, Spiel-, Filmleiter ✳ **Re**|**gnum,** das; –, ..na: Reich

Re|**gens**|**burg:** bayr. Stadt an der Donau, Hauptstadt der Oberpfalz

Re|**gent** usw.: s. Regens

Re|**ges**|**ten** (l.) Mz.: chronologisch geordnetes Verzeichnis von urkundlichen Schriften

Reg|**gae** (e.) [räggeh], der; –s: Musikrichtung der farbigen Bevölkerung Jamaikas, die von starken afroamerikanischen und karibischen Rhythmen lebt

Re|**gie, re**|**gie**|**ren, Re**|**gime, Re**|**gi**|**ment:** s. Regens

Re|**gi**|**o**|**lekt,** der; –s, –e: Dialekt eines eingrenzbaren Gebiets ✳ **Re**|**gi**|**on** (l.), die; –, –en: Gegend : Gebiet : Bereich ✳ **re**|**gi**|**o**|**nal** Ew.: gebietsmäßig ✳ *Regionalliga:* zweithöchste Spielklasse im Fußball der BRD; *Regionalplanung; Regionalprogramm:* Programm im Rundfunk und Fernsehen ✳ **Re**|**gi**|**o**|**na**|**lis**|**mus,** der; –: Heimatkunst : Betonung der regionalen Eigenarten ✳ **re**|**gi**|**o**|**när** Ew.: gebietsweise

Re|**gis**|**seur:** s. Regens

Re|**gis**|**ter** (ml.), das; –s, –: „Eingetragenes", (Inhalts-)Verzeichnis : amtlich geführtes Verzeichnis : (Mus.) (Orgel-)Pfeifen- oder Stimmenzug ✳ *alle Register ziehen:* alle verfügbaren Mittel anwenden; *registered* (e.) [redšehistert] Ew.: in ein Register eingetragen : patentiert ✳ *Registerbrief:* Urkunde über Eintragung eines Schiffes in das Schiffsregister; *Registerhalten:* (Buchdrw.) genaues Aufeinanderpassen der Farben beim Mehrfarbendruck oder von Vorder- und Rückseite; *Registertonne:* Einheitsmaß für die Tragfähigkeit von Schiffen ✳ **Re**|**gis**|**tra**|**tor,** der; –s, ..toren: Urkunden- oder Schriftenordner, –eintrager : Selbstaufzeichner; ein Registrierapparat ✳ **Re**|**gis**|**tra**|**tur,**

die; –, –en: Aktenraum : Aktenschrank : Aufzeichnung des mündlich Angebrachten ✳ **re**|**gis**|**t**|**rie**|**ren** (..iert) tr.: einschreiben : eintragen : buchen : aufzeichnen ✳ *Registrierapparat; Registrierballon; Registriergerät; Registrierkasse; Registrierpapier* ✳ **Re**|**gis**|**t**|**rie**|**rung,** die; –, –en: Eintragung : Buchung : Aufzeichnung

Re|**gle**|**ment** (fr.) [rehgl'mang], das; –s, –s und –e [..mente]: Vorschrift : Dienstordnung : Geschäftsordnung ✳ **re**|**gle**|**men**|**ta**|**risch** Ew. [..men..]: der Dienst-, Geschäftsordnung entsprechend ✳ **re**|**gle**|**men**|**tie**|**ren** (..iert) [..men..] tr.: vorschriftsmäßig anordnen

Reg|**ler:** s. Regel

Re|**gi**|**lette** (fr.), die; –, –n: (Buchdrw.) Zeilendurchschuss : Durchschussstückchen zum Auseinanderhalten der Zeilen ✳ **Reg**|**leur** [reglöhr], der; –s, –s: Regulator der Uhrspirale

reg|**los:** s. rege

Reg|**lung, Re**|**ge**|**lung:** s. Regel

reg|**nen, reg**|**ne**|**risch:** s. Regen

Reg|**num:** s. Regens

Re|**greß** → **Re**|**gress** (l.), der; –es, –e: das Zurückgreifen : Entschädigungs-, Ersatzanspruch ✳ *Regreßanspruch* → *Regressanspruch; Regreßklage* → *Regressklage; Regreßpflicht* → *Regresspflicht; regreßpflichtig* → *regresspflichtig* Ew. ✳ **re**|**g**|**res**|**siv** Ew.: zurückschreitend : rückläufig : rückwirkend ✳ **Re**|**g**|**res**|**si**|**on,** die; –, –en: „das Zurückschreiten" : die rückschreitende Erosion der Flüsse : das Zurückweichen des Meeres

reg|**sam, Re**|**gung:** s. rege

re|**gu**|**lär** (l.) Ew.: regelmäßig, regelrecht ✳ **Re**|**gu**|**lar,** der; –s, –e: ein kath. Ordensmitglied ✳ *Regulargeistliche* ✳ **Re**|**gu**|**la**|**ri**|**tät,** die; –, –en: Regelmäßigkeit : Richtigkeit ✳ **Re**|**gu**|**la**|**ti**|**on,** die; –, –en: Regelung : Ausgleich ✳ *Regulationsstörung; Regulationssystem* ✳ **Re**|**gu**|**la**|**tiv,** das; –s, –e: richtunggebende Vorschrift : Verfügung : Geschäftsordnung

* Re|gu|la|tor, der; –s, ..toren:
(Techn.) Vorrichtung, die
selbsttätig regelt : Pendeluhr
* re|gu|lie|ren (..iert) tr.: regeln :
einrichten * regulierbar; Re-
guliervorrichtung * Re|gu|lie-
rung, die; –, –en: Regelung *
re|gu|li|nisch (l.) Ew.: metal-
lisch rein : gereinigt *
Re|gu|lus, der; –: Stern im Lö-
wen : „Metallkönig", ein Metall : gediegenes Metall *
Re|gu|lus, der; –, – und –se:
Zaunkönig
Re|gung, re|gungs|los: s. reg-
bar
Reh, das; –(e)s, –e: kleine
Hirschart in Europa und Asien
* Rehblatt: (Kochkst.) Seiten-
stück des Rehes; Rehbock:
männl. Reh; Rehbraten; reh-
braun; rehfarben Ew.; rehfar-
big Ew.; Rehfell; Rehgeiß:
Ricke; Rehjagd; Rehjunge;
Rehkalb; Rehkeule; Rehkitz;
Rehleder; rehledern Ew.; Reh-
posten: das gröbste Schrot;
Rehrücken; Rehspießer; Reh-
wild; Rehzicklein; Rehziemer:
Rehrücken * Re|he, die; –, –n:
Rehgeiß : Ricke * Reh|ling,
der; –s, –e: Rehkalb, Kitz :
Rehpilz, Stachelpilz
Re|ha|bi|li|tand (l.), der; –en,
–en: jemand, dem die Wiedereingliederung in die Gesellschaft oder in das berufliche
Leben ermöglicht werden soll
* Re|ha|bi|li|ta|ti|on (nl.), die;
–, –en: Wiedereinsetzung (in
den vorigen Stand) : Wiederherstellung des guten Rufs :
Ehrenrettung * Rehabilitati-
onszentrum; Rehaklinik *
re|ha|bi|li|tie|ren (..iert) tr.:
wieder zu Ehren bringen; rbz.:
seinen Ruf wiederherstellen *
Re|ha|bi|li|tie|rung, die; –,
–en: Ehrenrettung : Wiedereinsetzung in frühere Rechte, in
den früheren Stand
Re|haut (fr.) [reoh], der; –s, –s:
Erhöhung, helle Stelle (in Ge-
mälden)
Re|he, Reh|ling: s. Reh
Re|he, die; –: entzündliche
Muskelreizung der Beine bei
Pferden, rheumatische Hufent-
zündung * Rehehuf
Rei|bach (hebr.-jidd.), der; –s:
(Umgspr.) positive Bilanz : Gewinn * seinen Reibach damit
machen

Rei|be, die; –, –n: Werkzeug
zum Reiben : drehbarer Fass-
hahn * rei|ben (du reib[e]st, du
riebest, gerieben, reib[e]!) tr.:
die Oberflächen zweier Gegenstände aufeinander drückend
hin- und herbewegen : auf der
Reibe zerkleinern; intr.: als rau
empfunden werden * einem
unter die Nase reiben tr.: derb,
eindringlich sagen * sich an einem reiben: Anstoß nehmen,
sich zanken * Reibahle: ein
Werkzeug; Reibeisen; Reibflä-
che; Reibebrett; Reibekuchen:
Kartoffelpuffer; Reibelaut;
Reibkäse; Reibnapf; Reib-
schale; Reibzunge: Weichtier-
zunge * Rei|ber, der; –s, –:
Massierer: Werkzeug zum Reiben : Reibzeug * Reiberdruck
* Rei|be|rei, die; –, –en: Zank
* Rei|bung, die; –, –en: das
Reiben : Widerstand zweier
sich gegeneinander bewegen-
der Körper * Reibungselektri-
zität; Reibungsfläche; rei-
bungslos Ew.; Reibungslosig-
keit; Reibungsverlust; Rei-
bungswärme; Reibungswider-
stand
reich Ew.: viel besitzend : viel
fassend, haltend : von Reichtum
zeugend * arm und reich → Arm
und Reich: jedermann; Arme
und Reiche * reichbegütert →
reich begütert Mw. Ew.; reich-
haltig Ew.: reichen Inhalt habend; Reichhaltigkeit; reichver-
ziert → reich verziert Mw. Ew. *
Reich, das; –(e)s, –e: Herrschaft : Regierung : Regiment :
Machtbereich : Gebiet eines
Herrschenden : Bewohner eines Reichs : Staat * Römisches
Reich; Deutsches Reich *
Reichsadel; Reichsacht; Reichsadel; Reichsapfel; Reichsbahn;
Reichsbann; reichsdeutsch
Ew.: zum Deutschen Reich gehörig; Reichsgericht; Reichs-
grenze; Reichsgründung;
Reichshauptstadt; Reichsinsi-
gnien; Reichskanzler; Reichs-
kleinod; Reichskristallnacht;
Reichsmark, Abk.: RM; Reichs-
oberhaupt; Reichspfennig;
Reichspräsident; Reichstag:
Versammlung der Reichsvertre-
ter; Reichstagsbrand; Reichs-
tagsgebäude; Reichstagsabge-
ordneter: Mitglied des Reichs-
tags, Abk.: M. d. R.; reichsun-

mittelbar Ew.; Reichsverfas-
sung; –verweser; Reichswehr;
Reichszepter * reich|lich Ew.:
voll : reich : in Fülle vorhanden
* Reich|tum, der; –(e)s, ..tü-
mer: Fülle : (Geld-) Überfluss
reich|en intr.: langen : erstre-
cken : (mit etwas –) auskom-
men; tr.: hinhalten : hingeben *
jemandem etwas reichen intr.:
darreichen, geben; an jemanden (heran-) reichen: ihm
gleichkommen; einem nicht
das Wasser reichen: keinen
Vergleich mit ihm aushalten *
Reichweite: Bereich (Raumbe-
griff) * Rei|chung, die; –, –en:
Darreichung : Hingabe
reif Ew.: zur erntereifen Vollendung gediehen : geeignet :
fertig : ausgewachsen : voll
entwickelt : (übertr.) vollendet,
abgeklärt * Rei|fe, die; –: der
Zustand des Reifseins, der
Reifheit * Reifeprüfung: Abi-
turientenprüfung; Reifezeit:
Zeit der Reife (vgl. reifen);
Reifezeugnis * rei|fen intr.: reif
werden : zur Reife gedeihen;
tr.: reifen machen : zur Reife
bringen * Reifegrad; Reifezeit:
Zeit des Reifwerdens : Zeit der
geschlechtlichen Entwicklung
* reif|lich Ew.: gründlich : zur
Genüge * Rei|fung, die; –,
–en: das Reifwerden * Rei-
fungsprozeß → Reifungspro-
zess
Reif, der; –(e)s, –e: Rei|fen,
der; –s, –: Ring : ringförmig
gelegtes Band : Radschiene :
Gummibelag an Rädern : Fin-
gerring : Diadem : etwas Kreis-
förmiges : Eisenbeschlag um
Kisten : Riefe : geschlungenes
Seil * Reifeisen; Reifrock: mit
spanischem Rohr oder Draht
ausgesteifter Rock; Reifschlä-
ger(ei); Reifstab; Reifzange *
Reifendruck; Reifenmesser;
Reifenpanne; Reifenprofil; Rei-
fenschaden; Reifenspiel; Rei-
fenwechsel * rei|fe(l)n,
rie|fe(l)n (ich ..[e]le) tr.: mit
Riefen versehen * rei|fen tr.:
mit Reifen versehen : reifeln;
intr.: durch den Reifen springen
Reif, der; –(e)s: gefrorener Tau
: reifähnlicher Anflug * Reif-
blume; Reifmonat; Reiffall;
Reifregen * rei|fen intr., unp.:
(Reif) fallen

Rei|fen, rei|feln: s. Reif
rei|fen: s. reif und Reif
reif|lich, Rei|fung: s. reif
Rei|gen, Rei|hen, der; –s, –: Reihe : Gruppentanz : das taktmäßige Schreiten oder Tanzen einer Reihe von Personen nach der Musik : Lied ✱ *Reigenführer; Reigengesang; Reigen-, Reihentanz; Reigentänzer*
Rei|he, die; –, –n: Linie : Serie, eine Anzahl gleichartiger Dinge : Anzahl nebeneinander befindlicher Personen oder Dinge : (Math.) gesetzmäßige Aufeinanderfolge von Zahlen, Zeile : Ordnung ✱ *die Reihe ist an dir; in der Reihe bleiben; der Reihe nach; an der Reihe sein; an die Reihe kommen; in und außer der Reihe; bunte Reihe machen; in Reih und Glied* ✱ *Reihenbau; Reihenbildung; Reihendorf; Reihenfolge; Reihengesang:* s. Reigen; *Reihenhaus; Reihenmotor; Reihenordnung; Reihenschaltung:* Serienschaltung; *Reihensiedlung; Reihentanz:* s. Reigen; *Reihenuntersuchung; reihenweise* Uw.: in Reihen; *Reihenzahl* ✱ **rei|hen** tr.: (Kupferschmiede) mit einem Reihenhammer Gefäße auftiefen, tr., rbz.: etwas oder sich in Reihen aufstellen : mit kleinen Stichen nähen : (Federvieh) sich begatten : bellen (vom Fuchs) ✱ **..rei|hig** Ew. in Zus.: Reihen habend, z. B. einreihig usw. ✱ **reih|um** Uw.: der Reihe nach herum ✱ **Rei|hung,** die; –, –en: das Reihen : die Reihe
Rei|hen: s. Reigen
Rei|hen, der; –s, –: Fußrücken : Rist
Rei|her, der; –s, –: storchartiger Sumpfvogel : Männchen der wilden Ente ✱ *Reiherbeize; Reiherbusch:* Bündel von Reiherfedern; *Reiherente:* Tauchente; *Reiherfeder; Reiherhorst; Reiherschnabel:* eine Pflanze, Storchschnabel ✱ **rei|hern** intr.: (Umgspr.) sich übergeben
Reim, der; –(e)s, –e: Gleichklang von Endsilben beim Vers : Spruch ✱ *Reimart; Reimbold:* einer, der übertrieben gern Verse macht; *Reimchronik:* in gereimten Versen geschriebene Chronik; *reimfrei* Ew.; *Reim-*

kunst; Reimlexikon; reimlos Ew.; *Reimprosa; Reim(e)-schmied:* Versemacher; *Reimsilbe; Reimspruch; Reimsucht; reimsüchtig* Ew.; *Reimvers; reimweise* Uw.: in Reimen; *Reimwort; Reimzeile* ✱ **rei|men** tr.: etwas miteinander in Einklang bringen, im Zusammenhang begreifen : Reime machen : dichten; rbz.: in Einklang sein : zu etwas passen; intr.: einen Reim bilden ✱ **Rei|mer,** der; –s, –: einer, der Reime macht ✱ **Rei|me|rei,** die; –, –en: das Gereim : (verächtl.) Reime machen : Versmacherei ✱ **reim|haft** Ew.: gereimt
rein (Umgspr.): herein ✱ *reinbuttern:* Geld hinzugeben : investieren; *reinhängen:* sich in etwas vertiefen : sich für etwas einsetzen; *reinknien:* sich in eine Sache vertiefen : für etwas engagieren, reinkommen: sich in etwas einarbeiten: Zutritt erlangen; *reinkriegen:* etwas im Gedächtnis behalten : Eintritt haben; *reinlegen:* eine Sache überinterpretieren : jemanden böswillig in eine Falle locken; *reinreißen:* jemanden mit zur Verantwortung ziehen : jemanden anschwärzen; *reinreiten:* jemanden anschwärzen : jemanden in eine missliche Lage bringen
rein Ew.: frei von Fremdartigem : frei von Schmutz, sauber : frei von Schuld : keusch ✱ *reines Blut:* (bei Pferden) Vollblut ✱ *ein reiner Gewinn:* Nettogewinn ✱ *etwas ins reine bringen* → *etwas ins Reine bringen:* richtig stellen, ordnen; *mit jemand ins reine kommen* → *mit jemand ins Reine kommen:* sich einigen; *im reinen sein* → *im Reinen sein:* Klarheit haben; *rein halten:* sauber, keusch halten; *das große Reinemachen;* *Reineinnahme; Reineinkünfte; reinerbig; Reinerlös; Reinertrag; Reinflachs; Reingewicht; Reingewinn:* Nettogewinn; *Reinhaltung:* Sauberhaltung; *Reinkultur:* Reinzucht einer bestimmten Bakterienart; *reinleinen auch: rein leinen; rein(e)machen* → *rein(e) machen* (mache rein, reingemacht): säubern; *Reinmachefrau; reinrassig* Ew.; *Rein-*

schiff: (seem.) gründliche Schiffsreinigung; *Reinschrift; reinseiden auch: rein seiden; Reinvermögen; reinwaschen* → *rein waschen; reinwollen auch: rein wollen* ✱ **rein|weg, rei|ne|weg** Uw.: (mundartl.) bestimmt : entschieden : durchaus : ganz : gänzlich ✱ *er war reinweg begeistert* ✱ **Rei|ne,** die; –: das Reinsein : Reinheit : Reinigkeit ✱ **Rein|heit,** die; –: das Reinsein : Reine : **rei|ni|gen** tr.: reine machen : läutern : säubern ✱ **Rei|ni|gung,** die; –, –en: das Reinigen : Geschäft für chemisches Reinigen ✱ *Reinigungsanstalt; Reinigungscreme; Reinigungsinstitut; Reinigungskosten; Reinigungsmilch; Reinigungsmittel* ✱ **rein|lich** Ew.: sauber, rein, frei von Schmutz ✱ **Rein|lich|keit,** die; –: Sauberkeit
Rein, die; –, –en: (bayr., östr.) Kasserolle, Schmortopf ✱ **rein|but|tern:** s. rein
Rein|del, Reindl, das; –s, –n: (südd., östr.) Rein
Rei|ne|clau|de (fr.) die; –, –n: Königspflaume, Eierpflaume; vgl. Reneklode
Rei|ne|ke Fuchs: Fabelname des Fuchses
Rei|net|te: s. Renette
Rein|fall, der; –(e)s, ..fälle: (Umgspr.) Ernüchterung, Enttäuschung : das Betrogensein ✱ **rein|fal|len** intr.: einen Betrug nicht bemerken : in eine Falle tappen
Rein|farkt, der; –(e)s, –e: erneuter Infarkt
Rein|fek|ti|on, die; –, –en: wiederholte Ansteckung ✱ **rein|fi|zie|ren** refl. tr.: wiederholt anstecken
rein|hän|gen: s. rein
Rein|heit: s. rein
rei|ni|gen, Rei|ni|gung: s. rein
Rein|kar|na|ti|on (l.), die; –, –en: Wiederfleischwerdung, Wiederverkörperung (Seelenwanderung)
rein|kni|en, rein|kom|men etc: s. rein
Rein|s|tal|la|ti|on (l.), die; –, –en: Wiedereinsetzung
Rein|te|g|ra|ti|on, die; –: Wiedervereinigung : Wiederherstellung des alten Zustandes
rein|weg, rei|ne|weg: s. rein

Reis, der; –es: eine tropische Getreidepflanze * *Reisbau; Reisbranntwein; Reisbrei; Reisbrühe; Reisernte; Reisfeld; Reisgerste; Reiskorn; Reismehl; Reispflanze; Reisspeise; Reisstroh; Reissuppe; Reiswein* **Reis,** das; –es, –er: junger Trieb an Baum und Strauch : Zweiglein : Pfropfreis * *Reis-, Reiserbesen; Reis-, Reiserbund; Reis-, Reiserbündel; Reisholz; Reiswerk:* Reisig : Faschinen * **Rei**|**sig,** das; –s: Reiser : Reisbündel : Reisholz : Buschholz : Gesträuch * für *sigbesen; Reisigbündel; Reisigholz*

Reis: portugiesische Münzeinheit

Rei|**se,** die; –, –n: das Sichwegbegeben nach einem entfernten Ort * *Reiseandenken; Reiseanzug; Reiseapotheke:* Behälter mit Arzneien usw. für Reisende; *Reisebedarf; Reisebegleiter; Reisebekanntschaft; Reisebericht; Reisebeschreibung; Reisebesteck:* leichtes, oft zusammengestecktes Besteck für die Reise; *Reisebuchhandlung; Reisebüro; Reisebus; Reisedecke; Reiseerzählung; reisefertig* Ew.; *Reisefieber; Reiseführer:* Führer auf einer Reise : Titel von Reisehandbüchern; *Reisegeld; Reisegenehmigung; Reisegepäck; Reisegepäckversicherung; Reisegeschwindigkeit; Reisegesellschaft(er); Reisehandbuch:* Buch, das Anweisungen für Reisende enthält; *Reisekader; Reisekoffer; Reisekosten; Reisekrankheit; Reisekreditbrief; Reiseland; Reiseleben:* dauernd auf Reisen verbrachtes Leben; *Reiseleiter; Reiselektüre; Reiselust; reiselustig* Ew.; *reisemüde* Ew.; *Reisenecessaire* [..ßär], das; –s, –: Behältnis für Wasch-, Toilettenartikel; *Reiseonkel:* viel reisender Mensch : Geschäftsreisender; *Reisepaß → Reisepass; Reiseplan; Reiseprospekt; Reiseproviant; Reiseroute; Reiseruf; Reisesaison; Reisescheck; Reiseschreibmaschine; Reisespesen; Reisetasche; Reiseunkosten; Reiseveranstalter; Reiseverkehr; Reisevorbereitungen; Reisewecker; Reisewetter;*

Reisezeit; Reiseziel * **rei**|**sen** (du reisest und reist; du reistest; gereist; reise!) intr.: eine Reise machen * **Rei**|**sen**|**de,** der; die; –n, –n: jemand, der reist : Geschäftsmann, der auswärtigen Kunden Ware anbietet

rei|**sern** (ich ..[e]re) rbz.: (weidm.) (Hund) durch Umherschnüffeln von der Fährte abkommen

Reis|**holz, Rei**|**sig:** s. Reis, das

Rei|**si**|**ge** Mz.: schwerbewaffnete Reiter im Mittelalter

Reis|**lauf,** der; –s: (schweiz.) (veralt.) Dienstantritt als Soldat und Waffenträger * **Reis**|**läufer,** der; –s, –: (schweiz.) Soldat und Waffenträger

rei|**ßen** (du reißt, du reißest, er reißt; du rissest; er riss, gerissen; reiß[e]!) tr.: zeichnen : einritzen : entwerfen : darstellen : (einen festen Körper) auseinander ziehen, ziehend in Stücke spalten, trennen : ritzend verwunden : pflügen, aufbrechen, brachen : schleißen : (Federn –) den Flaum vom Kiel trennen : (Kochkst.) aufschlitzen : (Hüttenw.) (Kupfer –) durch Wasser erstarren machen und in Scheiben abheben : kastrieren (bei Tieren) : (Web.) (Fadenschleifen –) aufschneiden : abschneiden, beschneiden : heftig und schnell ziehen, zerren; *sich um etwas reißen:* sich eifrig bemühen; *etwas an sich reißen:* schnell ergreifen : Besitz ergreifen; *Witze reißen:* Witze machen * **rei**|**ßend** Mw. Ew.: ungestüm, wild : (kfm.) schnell * **ge**|**ris**|**sen** Mw. Ew.: schlau, gerieben * *Reißahle; Reißaus nehmen:* davonlaufen; *Reißbahn:* Vorrichtung an der Gashülle bei Luftballons; *Reißblei:* Bleistift; *Reißbrett:* Zeichenbrett; *Reißfeder:* Metallfeder zum Zeichnen scharfer Linien; *reißfest; Reißkohle:* Zeichenkohle; *Reißlänge:* Zerreißbarkeitsmaß für Garne; *Reißleine:* s. Reißbahn; *Reißlinie; Reißmaß, Reißnagel:* kleiner Nagel mit breitem Kopf zum Befestigen von Papier; *Reißschiene:* Lineal; *Reißspitze; Reißstift:* Zeichenstift; *Reißteufel; Reißverschluß → Reißverschluss; Reißvorrichtung; Reißwolf;*

Reißwolle; Reißzahn: Eckzahn der Raubtiere; *Reißzeug:* Werkzeug für technisch-mathematisches Zeichnen; *Reißzirkel:* Scharnierzirkel mit einsetzbarer Reißfeder; *Reißzwecke:* s. Reißnagel * **Rei**|**ßen,** das; –s: rheumatische Schmerzen : Muskelziehen * **Rei**|**ßer,** der; –s, –: einer, der reißt : (veralt.) Zeichner : einer, der seine Kleidungsstücke schnell abnutzt : einer, der Dinge an sich reißt : (kfm.) Vertreter, der trotz schlechter Konjunktur alles verkauft : zugkräftige Ware : Werkzeug zum Reißen : Werk, das den Leser, den Zuschauer mitreißt : (Mus.) Schlager * **rei**|**ße**|**risch** Ew.: wirkungsvoll : zugkräftig **Reiß**|**zeug:** s. reißen

Reis|**te, Ris**|**te** die; –, –n: (bayr.) Holzrutsche, Holzriese * **ris**|**ten** tr.: (Holz –) von den Bergen niederrutschen lassen

Rei|**tel,** der; –s, –: Drehstange : Stock zum Zusammenschnüren der Ballen : junger Baumstamm : Prellholz am Aufwurfhammer * *Reitelholz* * **rei**|**teln** (ich ..[e]le) tr.: Stricke mit dem Reitel zusammenziehen

rei|**ten** (du reit[e]st; du ritt[e]st, er ritt, du rittest; geritten; reit[e]!) intr. (haben, sein): auf einem Tier sitzend sich fortbewegen : die Reitkunst ausüben : in Reitstellung sitzen : sich rutschend fortbewegen; tr.: zum Reiten gebrauchen * (von Tieren) bespringen * *ein Prinzip reiten:* einen Grundsatz immer wieder vorbringen; *der Teufel reitet mich:* das Böse plagt, drückt mich * *Reitanzug; Reitbahn:* Platz zu Reitübungen; *Reitdecke:* Reitpferdedecke; *Reitdreß → Reitdress; Reitgerte; Reithandschuh; Reithose; Reitkleid; Reitknecht; Reitknochen; Reitkunst; Reitlehrer; Reitmaus:* maulwurfähnliche Maus : Wühlmaus; *Reitpeitsche; Reitpferd; Reitsattel; Reitschule:* Anstalt zur Ausbildung im Reiten : Gesamtheit der Gangarten eines Reitpferdes; *Reitsport; Reitstall; Reitstiefel; Reitstock:* (Techn.) Teil der Drehbank; *Reitstunde; Reitturnier; Reit- und Fahrschule; Reitunter-*

richt; Reitweg; Reitzeug: Geschirr für Reitpferde ✳ **Rei|ter,** der; –s, –: einer, der reitet : Kunstreiter : Berittener : Kavallerist, Soldat zu Pferde : eine Finkenart : Name von Vögeln : Kornwurm : tüchtiger Zuchtwidder : holl. Goldmünze : etwas einem Reiter Ähnliches, Gestell zum Heutrocknen ✳ Reiterangriff; Reiterlied; reiterlos; Reitermarsch; reitermäßig Ew.; Reiterregiment; Reiterschar; Reiterschlacht; Reiterstiefel; Reitertod; Reiterzug: Zug von Reitern : Zug von Finken ✳ Reitersmann ✳ **Rei|te|rei,** die; –, –en: das Reiten : sämtliche berittene Soldaten : Kavallerie : (mundartl.) Karussell ✳ **Rei|te|rin,** die; –, –nen: weibl. Reiter ✳ **Rei|ter|schaft,** die; –, –en: Gesamtheit von Reitern : Stand eines Reiters : Reitertum ✳ **reit|lings, ritt|lings** Ew.: wie ein Reiter sitzend

Rei|ter (obd., md.), die; –, –n: Sieb ✳ **rei|tern** (ich ..[e]re): sieben : rätlern ✳ **Rei|te|rung,** die; –, –en: das Sieben : Siebung

Rei|ter: s. reiten

rei|tern: s. Reiter (Sieb)

reit|lings: s. reiten

Reit|peit|sche usw.: s. reiten

Reiz, der; –es, –e: die Sinne beeinflussende Einwirkung : jede chem. oder physikal. Einwirkung, die in einem Lebewesen eine Zustandsänderung auslöst, Reaktion ✳ Reizgas; Reizhusten; Reizklima; reizlos Ew.: anmutlos; Reizmittel: Stoffe, die die Nerventätigkeit anregen; Reizschwelle; Reizstoffe: Allergien, Verätzungen auslösende Substanzen; Reizthema; Reiztherapie; Reizüberflutung; Reizwäsche; Reizwort: anreizendes Wort ✳ **reiz|bar** Ew.: für Reiz empfänglich : empfindlich : erregbar ✳ **Reiz|bar|keit,** die; –, –en: die Fähigkeit, durch einen Reiz erregt zu werden ✳ **rei|zen** (du reizest und reizt, er reizt; du reiztest; gereizt) tr.: einen Reiz auf etwas ausüben : erregen : erhitzen : anstacheln : erwecken : herausfordern : anmutend erregen : lockend anziehen : (weidm.) locken ✳ rei-

zend Mw. Ew.: sinnlich erregend : Wohlgefallen erweckend ✳ **reiz|voll** Ew.: hübsch : angenehm ✳ **ge|reizt** Mw. Ew.: beleidigt : erbittert : erregt ✳ **Rei|zung,** die; –, –en: das Reizen : sinnliche Erregung

Reiz|ker (slaw.), der; –s, –: „der Rötliche", Milchpilz, ein Blätterpilz

Re|jek|ti|on (l.), die; –, –en: Verwerfung : Ablehnung ✳ **Re|jek|to|ri|um,** das; –s, ..rien: ablehnendes Nachurteil ✳ **re|ji|zie|ren** (..iert) tr.: abweisen : verwerfen [l. rejicere zurückwerfen]

Re|ka|pi|tu|la|ti|on (l.), die; –, –en: Wiederholung des Gesagten in den Hauptpunkten ✳ **re|ka|pi|tu|lie|ren** (..iert) tr.: zusammenfassend wiederholen

Re|kel, der; –s, –: großer Hund : (übertr.) grober, ungehobelter Mensch ✳ **Re|ke|lei,** die; –, –en: das Rekeln : flegelhaftes Benehmen ✳ **re|kel|haft** Ew.: lümmelhaft ✳ **re|keln** (ich :.[e]le) rbz.: sich recken und strecken : sich ungeschliffen hinstellen : lümmeln : rangeln

Re|kla|mant (l.) der; –en, –en: Beschwerdeführender ✳ **Re|kla|ma|ti|on,** die; –, –en: Beschwerde : Einspruch : Zurückforderung ✳ **Re|kla|me,** die; –, –n: Werbung : Anpreisung : geschäftliche Werbeanzeige ✳ Reklameartikel; Reklamechef [..schef]; Reklamefachmann; Reklamefeldzug; Reklamefilm; Reklamefläche: freie Fläche für Anzeigen in Zeitungen oder an Mauern usw.; Reklamegag; Reklamemacherei; Reklameplakat; Reklamerummel; Reklametrick; Reklametrommel (rühren): Werbung machen; Reklamezeichner; Reklamezweck ✳ **re|kla|me|haft** Ew.: marktschreierisch ✳ **re|kla|mie|ren** tr.: zurückfordern : beanstanden : Einspruch erheben [fr. réclamer anrufen]

Re|kog|ni|ti|on (l.), die; –, –en: Wiedererkennung, Anerkenntnis, Beglaubigung ✳ **re|kog|nos|zie|ren** (..iert) tr.: anerkennen : wiedererkennen : ausspähen : auskundschaften : (Heerw.) erkunden ✳ **Re|kog|nos|zie|rung,** die; –, –en: Aufklärung : Erkundung :

Kundschaft ✳ Rekognoszierungsritt

Re|kol|lek|ti|on (nl.), die; –, –en: Sammlung der Gedanken zu geistlichen Betrachtungen

Re|kom|bi|na|ti|on, die; –, –en: Prozess, aus dem neue Organismen oder Zellen entstehen (Genetik) : (Phys.) Zusammenführung zuvor getrennter Teile eines Atoms oder Moleküls

Re|kom|man|da|ti|on (nl.), die; –, –en: Empfehlung : (Post) das Einschreiben ✳ Rekommandationsgebühr ✳ **re|kom|man|die|ren** (..iert) tr.: empfehlen : einschreiben (lassen) ✳ **re|kom|man|diert** Mw. Ew.: empfohlen : (Postsendung) eingeschrieben

Re|kom|pens (l.), die; –, –en: Entschädigung : Belohnung ✳ **Re|kom|pen|sa|ti|on,** die; –, –en: das Rekompensieren ✳ **re|kom|pen|sie|ren** (..iert) tr.: entschädigen : vergelten

Re|kom|po|si|ti|on (nl.), die; –, –en: Wiederherstellung (zerlegter Körper)

Re|kon|sti|tu|ti|on, die; –, –en: erneute Herstellung ✳ **re|kon|st|ru|ie|ren** (nl.) (..iert) tr.: wieder aufbauen : wieder herstellen ✳ **Re|kon|st|ru|ie|rung,** die; –, –en: das Rekonstruieren ✳ **Re|kon|st|ruk|ti|on,** die; –, –en: Wiederherstellung

re|kon|va|les|zent Ew.: gesundend ✳ **Re|kon|va|les|zent** (nl.) [..w..], der; –en, –en: Genesender ✳ **Re|kon|va|les|zenz** [..w..], die; –: Genesung ✳ **re|kon|va|les|zie|ren** intr.: genesen

Re|kon|zi|li|a|ti|on (l.), die; –, –en: Wiedervereinigung : Aussöhnung : Wiederaufnahme in die Kirchengemeinde

Re|kord (e.), der; –(e)s, –e: (Sport) Höchstleistung ✳ einen Rekord aufstellen : Höchstleistung erzielen; den Rekord brechen: die Höchstleistung übertreffen ✳ Rekordbesuch; Rekordergebnis; Rekordernte; Rekordflug; Rekordhalter; Rekordhöhe; Rekordlauf; Rekordleistung; Rekordmarke; Rekordversuch; Rekordweite; Rekordzahl; Rekordzeit

Re|kor|der: s. Recorder

Rekreation (l.), die; –, –en: Erholung : Erfrischung : Ergötzung * *Rekreationspause* * **rekreieren** (..iert) tr.: ergötzen : erfrischen [l. recreare erquicken]

Rekrimination (nl.), die; –, –en: Gegenbeschuldigung : Gegenklage * **rekriminieren** (..iert) tr.: Gegenbeschuldigungen machen : Gegenklage einreichen

Rekrudeszenz (l.), die; –: (Med.) Wiederverschlimmerung

Rekrut (fr.), der; –en, –en: neu eingestellter Soldat : Neuling * *Rekrutenausbilder; Rekrutenausbildung; Rekrutendienst; Rekrutenzeit* * **rekrutieren** (..iert) tr.: ausheben; rbz.: herkommen von * **Rekrutierung**, die; –, –en: Ergänzung der Mannschaft : Soldatenaushebung

Rektaklausel (l.), die; –, –n: Zusatz „nicht an Order" auf einem Orderpapier, der die Weitergabe ausschließt * *Rekta-Indossament:* Rektaklausel; *Rektapapier:* Wertpapier mit Rektaklausel; *Rektawechsel:* Wechsel, dessen Übertragung durch die Rektaklausel verboten ist

rektal (nl.) Ew.: (Med.) am Mastdarm : durch den Mastdarm * *Rektalernährung:* (Med.) Ernährung vom After aus; *Rektalnarkose; Rektaltemperatur* [l. rectum Mastdarm]

rektangulär (l.) Ew.: rechtwinklig

Rektaszension (nl.), die; –, –en: (Astron.) gerade Aufsteigung * **Rektifikation**, die; –, –en: Berichtigung : Zurechtweisung : (Chem.) wiederholte Destillation : Reinigung : Läuterung : (Math.) Bogenberechnung * **rektifizieren** (..iert) tr.: berichtigen : zurechtweisen : läutern * *Rektifizieranlage:* Läuterungsanlage

Rektion (l.), die; –, –en: „Regierung", (Sprachl.) Richtfall, Abhängigkeitsverhältnis der Wörter voneinander * **Rekto**, das; –s, –s: Blattvorderseite; vgl. recte * **Rektor**, der: –s, ..toren: Leiter einer Universität oder Schule: Vorstand * *Rektorenkonferenz* * **Rektorat**, das;

–(e)s, –e: Wohnung oder Amt, Würde eines Rektors * *Rektoratsrede:* Antrittsrede eines Hochschulrektors * **Rektorin**, die; –, –nen: weibl. Rektor * **Rektoskop** (l.), das; –(e)s, –e: Mastdarmspiegel * **Rektoskopie**, die; –, –en: Spiegelung des Mastdarms * **Rektum** (l.), das; –s, ..ta: Mastdarm

rekultivieren tr.: aufbessern von Landschaftsabschnitten, die durch menschliche Handlung belastet wurden : die Bodenfruchtbarkeit wieder herstellen * **Rekultivierung**, die; –, –en: das Rekultivieren

Rekuperator (l.) der; –s, ..toren: Feuerungsanlage als Lufterwärmer in Eisen- und Glasschmelzöfen * *Rekuperativfeuerung*

rekurrent (l.) Mw. Ew.: (Math.) rücklaufend * **Rekurrens**, die; –: (Med.) Rückfallfieber : Rückfalltyphus * **rekurrieren** (..iert) intr.: seine Zuflucht nehmen : zurückkommen * **Rekurs**, der; –es, –e: Berufung : Einspruch : Beschwerde : Schadloshaltung * *Rekursantrag* * **rekursiv** Ew.: zurückgreifend (auf Bekanntes)

Relais (fr.) [r'läh], das; –, –: (Postw.) Vorspann : Pferdewechsel : Ruheort für Pferde : (Elektr.) Übertrager : Krafteinschalter : Verstärker : (Heerw.) Meldepostenkette * *Relaisstation*

Relaps (nl.), der; ..ses, ..se: Krankheitsrückfall * **relaps** Ew.: rückfällig

Relation (l.), die; –, –en: Beziehung : Verhältnis : Verbindung : Bericht * *Relationsbegriff* * **relativ** Ew.: (rück)bezüglich : bedingt : entsprechend : verhältnismäßig : je nach Umständen * *relative Mehrheit:* einfache Mehrheit * *Relativpronomen:* (Sprachl.) rückbezügl. Fürwort; *Relativsatz* * **Relativ**, das; –s, –e: rückbezügl. Fürwort * **relativieren** tr.: in das Verhältnis setzen : zurücknehmen, abschwächen * **Relativismus** [..w..], der; –, ..men: philosophische Lehre, nach der alle Erkenntnis bedingt ist : An-

sicht, nach der die Dinge nicht an sich, sondern nur im Verhältnis zueinander zu betrachten seien * **relativistisch** [..w..] Ew.: nach der Lehre des Relativismus * **Relativität** [..w..], die; –, –en: Bezüglichkeit : Bedingtheit * *Relativitätstheorie:* das Versuchen über die Lichtgeschwindigkeit von Einstein gewonnene Lehre, dass Raum und Zeit keine physikalische Gegenständlichkeit haben, sondern nur „Formen der Anschauung" sind

relaxed (e.) [rihläkst] Ew.: ausgeruht : entspannt * **relaxen** refl. tr.: ausruhen : entspannen * **Relaxing**, das; –s: Vorgang des Ausruhens

Release (e.) [rilihs], das; –, –s: Behandlungsstelle zur Heilung von Rauschgiftsüchtigen * *Releasecenter; Releasezentrum*

Relegation (l.), die; –, –en: Strafverweisung von Schule oder Universität * *Relegationsspiel* * **relegieren** (..iert) tr.: ausweisen : verweisen

relevant (l.) [..w..] Mw. Ew.: erheblich : hervorstechend : sachdienlich * **Relevanz**, die; –, –en: Erheblichkeit : Gewichtigkeit, Bedeutung

Relief (fr.), das; –s, –s: Erhabenes : aus der Fläche hervortretende plastische Darstellung * *reliefähnlich; Reliefdruck; Reliefkarte:* plastisch erscheinende Landkarte; *Reliefschee; Reliefpfeiler* (als Palindrom bekannt, also als Wort, das vorwärts wie rückwärts gelesen werden kann); *Reliefstickerei* * **reliefieren** (..iert) tr.: mit Reliefs versehen

Religion (l.), die; –, –en: Gottesehrfurcht : Glaubensform * *Religionsangelegenheit; Religionsbekenntnis; Religionsbuch; Religionsersatz; Religionsfreiheit; Religionsfriede; Religionsgemeinschaft; Religionsgeschichte; Religionskrieg; Religionslehre; Religionslehrer; religionslos Ew.; Religionspartei; Religionsphilosophie; Religionspsychologie; Religionssoziologie; Religionssache; Religionsstifter; Religionsstreit(igkeit); Religionsstunde; –übung; –unterricht; Religionswahrheit; Reli-*

gionswechsel; Religionswissenschaft; Religionszugehörigkeit; Religionszwang *
re|li|gi|ös Ew.: fromm: gottesfürchtig * Re|li|gi|o|si|tät, die; –: Frömmigkeit: Gottesfurcht
re|likt Ew.: als Relikt * Re|likt (l.), das; –(e)s, -e: Überbleibsel * Re|lik|te, der; die; –n, –n: (veralt.) Hinterlassene: Hinterbliebene * Reliktenfauna; Reliktenflora: Überbleibsel einer früheren Tier-, Pflanzenwelt; Reliktenkasse
Re|ling, die; –, -s, auch -e: Schiffsgeländer: das Oberdeck überragender Teil der Bordwand
Re|li|qui|ar (l.), das; -s, -e: Reliquienschrein in der kath. Kirche * Re|li|quie (l.), die; –, –n: Rest: Überbleibsel: (kath. K.) Überreste des Leibes oder der Gebrauchsgegenstände von Heiligen: Andenken * Reliquienschrein; Reliquienverehrung
Re|lish (e.) [rälisch], das; -s, -es: scharfe Gemüsesoße
Re|luk|tanz (nl.), die; –, –en: magnetischer Widerstand
Re|make (e.) [rihmäik], das; -s, -s: erneute Produktion, neue Fassung eines künstlerischen Werkes
Re|ma|nenz (l.), die; –: Restmagnetismus
Rem|bours (fr.) [rangbur], der; –, –: Ersatz: Deckung eines Wechsels: Bezahlung einer Forderung * Remboursgeschäft; Rembourskredit: Kredit, den eine Bank einem Kaufmann zur Einfuhr von Waren gewährt
re|me|die|ren (l.) (..iert) tr.: abhelfen: heilen: Rechtsmittel anwenden * Re|me|dium, das; -s, ..dien: Gegenmittel: Heilmittel: Rechtsmittel: zulässiger Nachlass am Gehalt der Münzen * Re|me|dur, die; –, –en: Abhilfe: Abstellung von Missständen
Re|mi|g|rant (l.), der; –en, –en: Rückwanderer
re|mi|li|ta|ri|sie|ren (l.) tr.: wieder bewaffnen * Re|mi|li|ta|ri|sie|rung, die; –: die Wiederbewaffnung
Re|mi|nis|zenz (l.), die; –, –en: Erinnerung: Anklang: Entlehnung * Re|mi|nis|ze|re, der; –: „gedenke!", Name des zweiten Fastensonntags

re|mis (fr.) [r'mih] Uw.: unentschieden: (beim Lomber) einfach verloren * Re|mis, das; –, –: unentschiedenes Schachspiel * Re|mi|se, die; –, –n: Wildgatter: Wagenschuppen * Re|mis|si|on (l.), die; –, –en: Rücksendung: (Med.) Nachlassen von Krankheitssymbolen * Remissionsrecht: Berechtigung, unverkaufte Ware zurückzusenden * Re|mit|ten|de, die; –, –n: (Buchh.) Zurückzusendendes : Rückgabe an den Verlag * Re|mit|tent, der; –en, –en: der im Wechsel bezeichnete erste Wechselnehmer * re|mit|tie|ren (..iert) tr.: übersenden : (Med.) nachlassen : (Buchh.) zurückschicken * remittierendes Fieber: vorübergehend nachlassendes Fieber
Rem|mi|dem|mi, das; –s: (Umgspr.) Trubel: lärmendes Treiben
Re|mo|ne|ti|sie|rung (l.), die; –: Wiedereinführung von außer Kurs gesetzten Münzen
re|mon|tant (fr.) [r'mongtang] Mw. Ew.: wieder kehrend : wieder auflebend : immer neue Blüten ansetzend * Remontantrose * Re|mon|te [r'mongt' und re-monte], die; –, –n: Pferdeaushebung : Pferdemusterung : neu eingestelltes Militärpferd * Remontepferd * re|mon|tie|ren (..iert) tr.: wiederholt blühen : Pferdebestand ergänzen * Re|mon|tie|rung, die; –, –en: Wiedereinrichtung : Ergänzung des Pferdebestandes * Remontierungsgeld * Re|mon|toir [r'mongtoahr], das; -s: Aufzieh- und Stelldrehknopf an Uhren * Remontoiruhr
Re|mor|queur (fr.) [remorköhr], der; –s, -e: (östr.) Schleppschiff
Re|mou|la|de (fr.) [..mu..], die; –, –n: feingewürzte kalte Tunke * Remouladensoße
Rem|pe|lei, die; –, –en: das Rempeln : Anrempeln * rem|peln (ich ..[e]le) tr.: (stud.) beleidigen : (stud.) jemanden anrennend zur Seite stoßen * Remp|ler, der; –s, –: (Umgspr.) Stoß : Berührung beim Rempeln
Rems: Nebenfluss des Neckars

Rem|scheid: Stadt in Nordrhein-Westfalen
Rem|ter, Remp|ter der; –s, –: Speisesaal in Klöstern und Burgen : Refektorium
Re|mu|ne|ra|ti|on (l.), die; –, –en: Vergeltung : Belohnung : Entschädigung : Vergütung * re|mu|ne|rie|ren (..iert) tr.: vergelten : entschädigen : belohnen
Ren (nord.), das; –s, –e und –s: Rentier, Hirschart der Arktis * Rengeweih; Rentierflechte; Rentiermoos
Re|nais|sance (fr.) [r'nässangß], die; –: Wiedergeburt : Bezeichnung für eine spätmittelalterliche kulturelle Entwicklungsstufe * Renaissancearbeit; Renaissancedichter; Renaissancekünstler; Renaissancemaler; Renaissancestil
re|nal (l.) Ew.: zur Niere gehörig : die Niere betreffend
re|na|tu|rie|ren tr.: eine durch menschliches Wirken geschädigte Landschaft in den Naturzustand rückverwandeln
Re|na|tu|rie|rung, die; –, –en: das Renaturieren
Ren|con|t|re: s. Renkontre
Ren|dant (fr.), der; –en, –en: Rechnungsführer : Kassenverwalter : Kämmerer : Rentmeister * Ren|dan|tur, die; –, –en: Rechnungsamt : Kassenverwaltung : Rentei * Ren|de|ment (fr.) [rangd'mang], das; -s, -s: Ertrag : (Techn.) Ausbeute * Ren|dez|vous auch: Ren|dez-vous [rongdehwuh], das; –, –: Stelldichein : Zusammenkunft : Begegnung von Raumfahrzeugen im Weltall : (Heerw.) Marschpause : Sammelplatz : Halteplatz : Versammlung * Rendezvous-Manöver: Zusammenkopplung von Raumschiffen im Weltraum; Rendezvoustechnik * Ren|di|te (it.), die; –, –n: Verzinsung : Ertrag * Renditenhaus; Renditeobjekt

Rendezvous / Rendez-vous
Die eingedeutschte Schreibweise *Rendezvous* ist in Deutschland und Österreich Hauptvariante. In der Schweiz herrscht die französische Schreibung *Rendez-vous* vor. Beide Schreibweisen sind möglich.

Re|ne|gat (ml.), der; –en, –en: Abtrünniger seiner polit. oder relig. Anschauungen ✳ *Renegatentum*

Re|ne|klo|de: deutsche Schreibweise für Reineclaude ✳ Re|net|te, die; –, –n: Bez. für verschiedene Apfelsorten

Ren|for|cé (fr.) [rangforsseh], das; –s, –s: Halbleinengewebe, Wäschestoff

re|ni|tent (l.) Mw. Ew.: widersätzlich ✳ Re|ni|ten|te, der; die; –n, –n: Widerspenstige(r) ✳ Re|ni|tenz, die; –, –en: Widersetzlichkeit : Widerspenstigkeit

Ren|ke, die; –, –n: Fischgattung der Lachsfamilie : Felchen

ren|ken tr.: strecken : drehend hin und her bewegen ✳ **Renkung,** die; –, –en: das Renken; vgl. verrenken

Ren|kon|t|re (fr.) [rangkongt'r], das; –s, –s: Begegnung : Zusammentreffen : Zusammenstoß : Zweikampf

Ren|kung: s. renken

ren|nen (du ranntest, gerannt; renne!) tr.: (Hüttw.) Eisen einschmelzen : flößen : durch Lab gerinnen machen : rennend stoßen : rammen; intr.: eilig laufen : läufisch sein ✳ Ren|nen, das; –s, –: sportlicher Geschwindigkeitswettbewerb ✳ *Rennarbeit:* (Hüttw.) Eisenschmelzen; *Rennauto; –bahn; Rennboot; Renneisen:* im Rennfeuer gereinigtes Eisen; *Rennfahrer; Rennfieber, Rennherd:* Herd zum Rennen des Eisens; *Rennjacht; Rennleiter;* (Sport) *Rennmannschaft; Rennmaschine; Rennpferd; Rennpiste; Rennplatz; Rennrad; Rennreiter; Rennrodeln; Rennschlitten; Rennspiel:* Turnier; *Rennsport; Rennstall; Rennsteig:* Rainsteig: alter Grenzweg auf dem Kamm des Thüringer Waldes; *Rennstrecke; Rennwagen; Rennweg:* Rennsteig ✳ Ren|ner, der; –s, –: Arbeiter beim Frischfeuer : Läufer : Rennpferd ✳ Ren|ne|rei, die; –, –en: das Gerenne : das Rennen

Re|nom|ma|ge (fr.) [..mahseh'], die; –, –n: Prahlerei : Wichtigtuerei ✳ Re|nom|mee, das; –s, –s: Ruf : Leu-

mund : Berühmtheit ✳ re|nom|mie|ren (..iert) intr.: prahlen : wichtig tun ✳ re|nom|miert Mw. Ew.: angesehen : bekannt : berühmt : berüchtigt ✳ Re|nom|mist, der; –en, –en: Prahlhans : Aufschneider ✳ Re|nom|mis|te|rei, die; –, –en: Aufschneiderei : Großtuerei

Re|non|ce (fr.) [r'nongß'], die; –, –n: Fehlfarbe, Verleugnen einer Farbe beim Kartenspiel : Null : Versager ✳ re|non|cie|ren (..iert) intr.: verzichten

Re|no|va|ti|on, Re|no|vie|rung (l.), die; –, –en: Erneuerung : Wiederherstellung ✳ re|no|vie|ren (..iert) tr.: erneuern : wieder herstellen

Ren|sei|g|ne|ment (fr.) [rangßenj'mang], das; –s, –s: Auskunft : Bericht : Nachweis

ren|ta|bel (ml.) Ew.: gewinnbringend : einträglich ✳ Ren|ta|bi|li|tät, die; –: Einträglichkeit ✳ *Rentabilitätsgesichtspunkt; Rentabilitätsprüfung; Rentabilitätsrechnung*

Ren|te, die; –, –n: festes Einkommen auf Grund eines Rechtes : fortlaufende Geldbezüge ✳ *Rentamt:* Rechnungsamt (bayr. Finanzbehörde); *Rentmeister; Rentenalter; Rentenanleihe; Rentenanpassung; Rentenanspruch; Rentenbank; Rentenbemessungsgrundlage; Rentenempfänger; Rentenmark, Rentenpapier; Rentenpfennig:* währungsfestes Übergangszahlungsmittel zur Abdämmung der Inflation 1923; *rentenpflichtig Ew.; Rentenrechnung; Rentenreform; Rentenschein; Rentenversicherung; Rentenzahlung* ✳ Ren|tei, die : –, –en: Rentamt ✳ Ren|ti|er [rentjeh], der; –s, –s: Rentner ✳ ren|tie|ren (..iert) intr.: Gewinn bringen : Zins tragen; rbz.: sich lohnen ✳ Rent|ner, der; –s, –: Rentenbezieher ✳ Rent|ne|rin, die; –, –nen: weibl. Form von Rentner

Re|nu|me|ra|ti|on (l.), die; –, –en: Rückzahlung : Nachzahlung ✳ re|nu|me|rie|ren (..iert) tr.: rückzahlen

Re|nun|ti|a|ti|on, Re|nun|zi|ation (l.), die; –, –en: Verzichtleistung, Entsagung : Abdankung ✳ re|nun|zie|ren (..iert)

intr.: Verzicht leisten, entsagen

Re|lok|ku|pa|ti|on (nl.), die; –, –en: Wiederbesetzung ✳ re|lok|ku|pie|ren (..iert) tr.: wieder besetzen

Re|or|ga|ni|sa|ti|on (nl.), die; –, –en: Neueinrichtung : Umgestaltung : (Med.) Wiederbildung (zerstörter Gewebe) ✳ Re|or|ga|ni|sa|tor, der; –s, ..toren: Neu-, Umgestalter ✳ re|or|ga|ni|sie|ren (..iert) tr.: neu einrichten : umgestalten

Rep, der; –s, –s: (Umgspr.) Kurzform für Republikaner : Verbreiter von rechtsradikalen Ansichten

re|pa|ra|bel (l.) Ew.: wiederherstellbar : ersetzbar ✳ Re|pa|ra|ti|on (l.), die; –, –en: Ausbesserung : Wiederherstellung : Wiedergutmachung (der Kriegsschäden) ✳ *Reparationskommission,* Abk.: Repko; *Reparationskonto; Reparationsleistung; reparationspflichtig Ew.; Reparationsrechnung; Reparationszahlung* ✳ Re|pa|ra|tur, die; –, –en: Ausbesserung : Wiederherstellung ✳ *reparaturanfällig Ew.; Reparaturannahme; reparaturbedürftig Ew.; Reparaturkosten; Reparaturwerkstatt* ✳ re|pa|rie|ren (..iert) tr.: ausbessern : wiederherstellen

re|par|tie|ren (fr.) (..iert) tr.: (verhältnismäßig) verteilen ✳ Re|par|ti|ti|on, die; –, –en: Verteilung ✳ *Repartitionsrechnung:* Gesellschaftsrechnung

re|pas|sie|ren (fr.) (..iert) intr.: zurückreisen; tr.: bügeln : schleifen : (Messer) abziehen : prüfen ✳ Re|pas|sie|re|rin, die; –, –nen: Strumpfmaschenaufheberin

re|pat|ri|ie|ren (l.) (..iert) tr.: wieder einbürgern : in die Heimat zurückführen ✳ Re|pat|ri|ie|rung, die; –: Rückführung in die Heimat

Re|per|kus|si|on (l.), die; –, –en: Zurückwerfung : Rückstoß : (kath. K.) Vorlesungston beim Psalmverlesen : (Mus.) Durchführung eines Themas in allen Stimmen einer Fuge

Re|per|toire (fr.) [..toahr], das; –s, –s: Verzeichnis : (Bühnenw.) Spielplan : Gesamtaufstellung der Rollen eines Schauspielers, der Darbietun-

gen eines Künstlers : Gesamtheit der Bühnenstücke im
Spielplan * *Repertoirestück* *
Re|per|to|ri|um (l.), das; –s,
..rien : Sachverzeichnis : Übersicht : Nachschlagebuch
Re|pe|tent (l.), der; –en, –en:
Repetitor : sitzengebliebener
Schüler * **re|pe|tie|ren** (..iert)
tr.: wiederholen : einüben *Re-
petiergewehr:* Mehrladege-
wehr; *Repetierpistole; Repe-
tieruhr:* Taschenschlaguhr *
Re|pe|ti|ti|on, die; –, –en: Wie-
derholung : Probe (eines Büh-
nenstücks) * **Re|pe|ti|tor**, der;
–s, ..toren: Wiederholer : Ein-
über : Einpauker * **Re|pe|ti-
to|ri|um**, das; –s, ..rien : Wie-
derholungskursus : Wiederho-
lungsbuch
Re|plan|ta|ti|on (nl.), die; –,
–en: Wiedereinpflanzung : Zu-
rückverpflanzung
Re|plik (fr.), die; –, –en: Ge-
genrede : Erwiderung : Wiederholung : Nachbildung eines
Kunstwerkes vom Künstler
selbst * **re|pli|zie|ren** (..iert)
tr.: entgegnen : einwenden
re|po|nie|ren (l.) (..iert) tr.: zu-
rücklegen : aufheben : (Akten-
stück) einordnen : (Med.) ver-
renktes Glied einrichten *
re|po|ni|bel Ew.: (Med.) ein-
richtbar, zurückbringbar *
Re|po|si|ti|on, die; –, –en:
(Med.) Einrichtung : Einren-
kung
Re|port (fr.), der; –(e)s, –e: Be-
richt : (Börse) Kurszuschlag *
Reportgeschäft: Kostgeschäft
(Verkauf eines Wertpapiers unter der Verpflichtung, es später
zu bestimmtem Kurs zurückzu-
kaufen) * **Re|por|ta|ge**
[..tahsch'], die; –, –n: Bericht-
erstattung * **Re|por|ter**, der;
–s, –: Berichterstatter bei Zeitung, Film, Funk *
re|por|tie|ren (..iert) tr.: beitra-
gen : gutschreiben : Reportge-
schäfte machen
Re|po|si|ti|on: s. reponieren
re|prä|sen|ta|bel (l.) Ew.: an-
sehnlich : stattlich : wirkungs-
voll * **Re|prä|sen|tant** (l.),
der; –en, –en: Vertreter : Ab-
geordneter * **Re|prä|sen|tan-
tin**, die; –, –nen: Stellvertrete-
rin : Abgeordnete * *Repräsen-
tantenhaus:* 2. Kammer,
Volksvertretung in den USA,

Belgien und anderen Staaten *
Re|prä|sen|tanz, die; –, –en:
Geschäftsvertretung * **Re-
p|rä|sen|ta|ti|on**, die; –, –en:
Stellvertretung : standesgemä-
ßes Auftreten * *Repräsentati-
onsaufwendung; –gelder; Re-
präsentationskosten:* Auf-
wandsentschädigungen; *Re-
präsentationsschluß* →* Reprä-
sentationsschluss* * **re|p|rä-
sen|ta|tiv** Ew.: repräsentierend
: ansehnlich : mit Würde *
*Repräsentativbau; Repräsen-
tativbefragung; Repräsentativ-
erhebung; Repräsentativge-
walt:* Recht, den Staat zu vertreten; *Repräsentativsystem;
Repräsentativumfrage, Reprä-
sentativverfassung,* Form der
Verfassung, in der das Volk
durch Vertreter an der Regierung teilnimmt, Parlamentarismus; *Repräsentativwerbung* *
re|p|rä|sen|tie|ren (..iert) intr.:
darstellen : würdig, standesge-
mäß vertreten
Re|p|re|sa|lie (nl.), die; –, –n:
Vergeltungs-, Gegenmaßregel
: Druckmaßnahme * **Re|p|res-
si|on**, die; –, –en: Unterdrü-
ckung : Abwehr : Hemmung *
*repressionsfrei; Repressionsin-
strument* * **re|p|res|siv** Ew.:
hindernd : unterdrückend * *Re-
pressivzoll*
Re|p|rint (e.), der; –s, –s:
(Buchdr.) unveränderter
Nachdruck
Re-p-rint
Die Trennstriche geben alte
(schwarz) und neue (rot)
Trennmöglichkeiten an. Sie
sind aber nicht gleichrangig.
Vorzuziehen ist stets die Trennung nach Wortbestandteilen:
*Re-print; Re-prise; re-privati-
sieren,* sofern bekannt und sofern nicht aus optischen Gründen (Zeilenfall, Sperrung
o. Ä.) eine andere Fuge sinnvoll erscheint: *Rep-rint; Rep-
rise; rep-rivatisieren*
Re|p|ri|se, die; –, –n: (Mus.)
Wiederholung : Wiederauf-
nahme eines Theaterstückes :
Wiederaufnahme einer vergrif-
fenen Schallplatte : (Börse) Erholung der Kurse : (Fechtkst.)
Nachstoß
re|p|ri|va|ti|sie|ren tr.: in pri-
vaten Besitz zurückgeben *
Re|p|ri|va|ti|sie|rung, die; –,

–en: Vorgang des Reprivatisie-
rens
Re|p|ro (Abk.): Reproduktion
Re|p|ro|ba|ti|on (l.), die; –,
–en: (Rechtsspr. veralt.) Verwerfung : Zurückweisung : Ge-
genbeweis * **re|p|ro|bie|ren**
(..iert) tr.: verwerfen : zurückweisen : missbilligen
Re|p|ro|duk|ti|on (nl.), die; –,
–en: Wiedergabe : Vervielfälti-
gung : Nachbildung : (Med.)
Wiederergänzung * *Reproduk-
tionsfaktor; Reproduktions-
technik; Reproduktionsverfah-
ren* * **re|p|ro|duk|tiv** Ew.:
nachschaffend * **re|p|ro|du-
zie|ren** (..iert) tr.: wieder her-
vorbringen : nachschaffen :
vervielfältigen
Reps, der; –es, –e: (südd.) Raps
Rep|til (l.), das; –s, –e und
..lien: Kriechtier
Re|pub|lik (l.), die; –, –en:
Freistaat, Volksstaat * *Repu-
blikflucht* * **Re|pub|li|ka|ner**,
der; –s, –: Verfechter der repu-
blikanischen Staatsform : Angehöriger eine rechtsradikalen
Partei * **re|pub|li|ka|nisch**
Ew.: freistaatlich * **re|pub|li-
ka|ni|sie|ren** (..iert) tr.: zur
Republik machen * **Re|pub-
li|ka|nis|mus**, der; –: Ein-
stellung auf die republikani-
sche Staatsform : Zustand eines republikanisch regierten
Staates
re|pub|li|zie|ren (nl.) (..iert)
tr.: wiederholt bekanntmachen
Re|pu|di|a|ti|on (l.), die; –,
–en: Abweisung : Ausschla-
gung : Lossagung von einer
Verbindlichkeit, bes. eines
Staates (Staatsbankrott)
Re|puls (l.), der; –es, –e: Ab-
weichung : Verwerfung : abschlägige Antwort *
Re|pul|si|on, die; –, –en: Ab-
stoßung : Zurückweisung :
Rückschlag : Widerlegung *
Repulsionsmotor * **re|pul|siv**
Ew.: abstoßend : zurücksto-
ßend : widerlegend
Re|pun|ze (it.), die; –, –n:
Stempel : Feingehaltsstempel
bei Gegenständen aus Edelme-
tall * **re|pun|zie|ren** tr.: mit ei-
ner Repunze stempeln
Re|pu|ta|ti|on (l.), die; –, –en:
guter Ruf : Achtung : Ansehen
* **re|pu|tier|lich** Ew.: ansehn-
lich : achtbar : ehrbar

Re|qui|em (l.), das; –s, –s: To-
ten-, Seelenmesse * re|qui|es-
cat in pa|ce (l.): „er ruhe in
Frieden"
re|qui|rie|ren (l.) (..iert) tr.:
herbeischaffen : anfordern : beschlagnahmen : um Rechtshilfe
ersuchen * Re|qui|sit, das
–(e)s, –en, auch –e: Erfordernis
: Zubehör : Gerätschaften zur
Aufführung eines Bühnen-
stücks * Requisitenkammer *
Re|qui|si|teur (fr.) [..töhr], der;
–s, –e: (Bühnenw.) Geräte-
meister : Geräteverwalter *
Re|qui|si|ti|on, die; –, –en: An-
forderung : Beitreibung : Ausschreibung von Lieferungen *
Requisitionsschein: Bescheini-
gung über Beschlagnahme
res du|bia (l.), die; – –: zwei-
felhafte Sache * res pub|li-
ca, die; – –: Gemeinwesen,
Staat
resch Ew. (–este): (obd.) steil :
knusperig : munter
Re|se|da (span.), die; –, –s und
..den; Re|se|de, die; –, –n: eine
Pflanzengattung, Wau * rese-
dafarben
Re|sek|ti|on (l.), die; –, –en:
(Med.) Ausschneidung von
kranken Organteilen * re|se-
zie|ren (..iert) tr.: (Med.) aus-
schneiden
Re|ser|va|ge (fr.) [..wahseh'],
die; –: (Zeugdruckerei) Schutz-
beize, Schutzpappe * Re|ser-
vat (l.) [..w..], das; –(e)s, –e:
Vorbehalt : Ausbedungenes :
Schutzgebiet für gefährdete
Tier- und Pflanzenarten * Re-
servatrecht * Re|ser|va|ti|on
[..w..], die; –, –en: Vorbehalt :
Schutzbezirk * Reservatio
mentalis: stillschweigender
Vorbehalt; Reservationsvermö-
gen * Re|ser|ve [..w..], die; –,
–n: Zurückhaltung : gemesse-
nes Benehmen : Rückhalt :
Vorbehalt : (Heerw.) Er-
satz(mannschaft) : Zurückge-
legtes : Erspartes * in Reserve:
vorrätig * Reserveanker; Re-
servebank; Reservedienst; Re-
servefonds; Reservekasse; Re-
servekonto; Reservemann; Re-
serveoffizier; Reserverad; Re-
servereifen; Reservespieler;
Reservetank; Reserveübung *
re|ser|vie|ren (..iert) [..w..] tr.:
aufbewahren : sicherstellen :
(Platz) belegen * re|ser|viert

Mw. Ew.: zurückhaltend : gemessen : verschlossen : mit
Vorbehalt : belegt * Re|ser-
viert|heit, die; –, –en * Re|ser-
vie|rung, die; –, –en: Sicher-
stellung : Vorbestellung :
Vorbestellung * Re|ser|vist
[..w..], der; –en,
–en: Soldat der Reserve *
Re|ser|voir [..woar], das; –s,
–e: Behälter : Sammelbecken
re|se|zie|ren: s. Resektion
Re|si|dent (ml.), der; –en, –en:
Statthalter : Regierungsvertre-
ter, –bevollmächtigter : Ge-
sandter : Geschäftsträger *
Re|si|denz, die; –, –en: Wohn-
ort, Wohnsitz des Staatsober-
hauptes : Hauptstadt : Fürsten-
sitz : Hoflager * Residenz-
pflicht; Residenzstadt; –theater
* Re|si|denz|ler, der; –s, –: *
re|si|die|ren (..iert) intr.: sein
Hoflager, seinen ständigen
Wohnsitz haben * re|si|du|al
Ew.: (Med.) übrig bleibend :
restlich * Re|si|du|um, das; –s,
..duen: Rückstand : Bodensatz :
Überrest [l. residere von sedere
sitzen]
Re|sig|na|ti|on (l.), die; –,
–en: Verzichtleistung : Abdan-
kung : Entsagung * re|sig-
nie|ren (..iert) intr.: verzichten
: entsagen : entmutigen lassen
* re|sig|niert Mw. Ew.: erge-
ben : entsagend : gefasst : ent-
mutigt
Re|si|na|te (l.) Mz.: Harzsäu-
resalze * Resinatfarben:
Farblacke
re|sis|tent Ew.: abwehrfähig :
widerstandsfähig : unempfind-
lich * Re|sis|tenz (l.), die; –,
–en: Härte(grad) : Weichheit :
Widerstand : Widerstandsfähigkeit : Ausdauer : Unemp-
findlichkeit * re|sis|tie|ren
(..iert) intr.: Widerstand leisten
: ausdauern * re|sis|tiv Ew.:
hartnäckig : widerstehend *
Re|sis|ti|vi|tät, die; –: (Med.)
Widerstandsfähigkeit
res|kri|bie|ren (l.) (..iert) intr.:
schriftlich antworten : einen
Bescheid erlassen * Re-
s|kript, das; –(e)s, –e: amtli-
cher Bescheid : Verfügung :
Verordnung : Entscheidung
re|so|lut (l.) Mw. Ew.: ent-
schlossen : beherzt : tatkräftig
* Re|so|lut|heit, die; –, –en:
das Resolutsein * Re|so|lu|ti-

on, die; –, –en: (Med.) Auflösung : Zerteilung : Entschlos-
senheit : Beschluss : Entschlie-
ßung * re|so|lu|ti|o|nie|ren
(..iert) tr.: eine Entschließung
fassen * re|sol|vie|ren (..iert)
[..w..] tr.: auflösen : zerlegen :
beschließen
Re|so|nanz (l.), die; –, –en:
Widerhall : Widerklang :
Schallverstärkung : das Mittö-
nen * Resonanzboden; Reso-
nanzkasten; Resonanzkörper;
Resonanzraum; Resonanz-
saite; Resonanzton * Re|so-
na|tor, der; –s, –en: Schall-
hohlkugel : Schallfänger *
re|so|nie|ren (..iert) intr.: wi-
derhallen : widerklingen : mit-
tönen
Re|so|pal, das; –s: sehr fester
und gegen Wärme in hohem
Grade unempfindlicher Kunststoff zur Herstellung von Geschirr und dgl.
re|sor|bie|ren (..iert) (l.) tr.:
aufsaugen : einsaugen *
Re|sor|bin, das; –s, –e: eine
Heilsalbe : Salbengrundlage *
Re|sorp|ti|on, die; –, –en: Auf-
saugung : Verzehrung * Re-
sorptionsfähigkeit
Re|so|zi|a|li|sie|rung (l.), die;
–, –en: Wiedereingliederung
von Straffälligen in die Le-
bensgemeinschaft * re|so|zi|a-
li|sie|ren tr.: Straffällige wie-
der in die Gesellschaft einglie-
dern
Re|s|pekt (l.), der; –(e)s:
Rücksicht : Achtung : Ehrerbietung * Respektblatt:
Schutzblatt : leeres Blatt; re-
spekteinflößend → Respekt ein-
flößend; respektlos; Respekt-
tag: Fristtag * Respektsperson;
respektvoll * re|s|pek|ta|bel
Ew.: angesehen : achtbar : an-
sehnlich * Re|s|pek|ta|bi-
li|tät, die –: Achtbarkeit : An-
sehen * re|s|pek|tie|ren (..iert)
tr.: achten : in Ehren halten :
(Wechsel) anerkennen *
re|s|pek|tier|lich Ew.: achtbar
: ansehnlich * re|s|pek|tiv
Ew.: jedesmalig : jeweilig *
re|s|pek|ti|ve [..w..] Uw.: be-
ziehungsweise, oder, und;
Abk.: resp.
Re|s|pi|ra|ti|on (l.), die; –: At-
mung : Atemzug * Respirati-
onsapparat * Re|s|pi|ra|tor,
der; –s, ..toren: Atemfilter,

Schutzmaske gegen Staub oder Giftgase : Inhaliergerät * re|s|pi|ra|to|risch Ew.: bezogen auf die Atmung * re|s|pi|rie|ren (..iert) tr., intr.: atmen

re|s|pon|die|ren (l.) (..iert) tr.: antworten : widerlegen : entsprechen : gewachsen sein * Re|s|pons, der; –es, –e: Rücklauf einer Umfrageaktion * re|s|pon|sa|bel Ew.: verantwortlich * Re|s|pon|so|ri|um, das; –s, ..rien: kirchl. Wechselgesang zwischen Geistlichem und Gemeinde

Res|sen|ti|ment (fr.) [..ßangtimang], das; –s, –s: schmerzliche Erinnerung : Unwille : heimlicher Groll : Vergeltungsdrang

Res|sort (fr.) [..ßohr und ..ßort], der; –s, –s: Spannkraft : Triebfeder : Schwung * Res|sort, das; –s, –s: Amtsbereich, Fach : Verwaltungsbereich * Ressortchef; Ressortleiter; ressortmäßig Ew.: (amts)zuständig; Ressortminister * res|sor|tie|ren (..iert) intr.: zugehören : unterstehen : in ein Fach schlagen

Res|sour|ce (fr.) [ressurß'], die; –, –n: Hilfs-, Geldmittel : Erwerbsquelle : natürliche Bestand an Bodenschätzen, Nahrungsgrundlagen und dgl.

Rest (ml.), der; –es, –e und (kfm.) –er: Überbleibsel : (Rechenkst.) Ergebnis einer Subtraktion : Rückstand, das Rückständige : Gnadenstoß * einem den Rest geben: den Gnadenstoß geben : nerven * Restabschnitt; Restalkohol; Restbestand; Restbetrag; restlos Ew.; Restposten; Restsumme; Restzahlung * Res|tant, der; –en, –en: Schuldner : ausstehende Schuld : Ladenhüter * Restantenliste * res|tie|ren (..iert) intr.: übrig sein : im Rückstand sein : schuldig sein * rest|lich Ew.: den Rest bildend : als Rest : übrig

Res|tau|rant (fr.) [restorang], das; –s, –s: (urspr.) Mahlzeit von bestimmter Zusammensetzung : Speisegaststätte * Res|tau|ra|teur [..storatöhr], der; –s, –e: (veralt.) Gastwirt * Res|tau|ra|ti|on (fr.) [..sto..], die; –, –en: Restaurant * Res-

taurationswagen: Speisewagen * Res|tau|ra|ti|on (l.-fr.) [..stau..], die; –, –en: Wiederherstellung : Wiedereinsetzung (einer abgesetzten Regierung) : Erneuerung * Restaurationsarbeit; –politik; Restaurationsstil: franz. Kunststil um 1820 * Res|tau|ra|tor (l.), der; –s, ..toren: Wiederhersteller (beschädigter Kunstwerke u. dgl.) * res|tau|rie|ren (..iert) [..stau..] tr.: wiederherstellen : ausbessern; rbz.: sich erholen : sich erfrischen * Res|tau|rie|rung, die; –, –en: Vorgang des Restaurierens

Res|ter: s. Riester und Rest

re|s|ti|tu|ie|ren (l.) (..iert) tr.: zurückerstatten : wiederherstellen : wiedereinsetzen * Re|s|ti|tu|ti|on, die; –, –en: Rückerstattung : Wiederherstellung : Wiedereinsetzung : Ersatzleistung * Restitutionsedikt; Restitutionsklage: Klage auf Wiederaufnahme eines abgeschlossenen Verfahrens * Re|s|ti|tu|tor, der; –s, ..toren: Wiederhersteller

rest|lich, rest|los: s. Rest

Re|s|trik|ti|on (l.) die; –, –en: Einschränkung : Vorbehalt : (Mus.) Engführung (der Fuge) * Restriktionserscheinung; Restriktionsmaßnahme * re|s|trik|tiv Ew.: einschränkend * re|s|trin|gie|ren (..iert) tr.: einschränken : begrenzen : zusammenziehen

re|struk|tu|rie|ren tr.: neu organisieren : neue Strukturen einführen * Re|struk|tu|rie|rung, die; –, –en: Neuorganisation

Re|sul|tan|te (l.), die; –, –n; Re|sul|tie|ren|de, die; –, –n: (Mech.) Mittelkraft : Gesamtkraft * Re|sul|tat, das; –(e)s, –e: Ergebnis : Ertrag : Erfolg * Resultatverkündung; resultatlos Ew. * re|sul|ta|tiv Ew.: ein Resultat ergebend * re|sul|tie|ren (..iert) intr.: sich ergeben : folgern : erfolgen

Re|sü|mee (fr.), das; –s, –s: Zusammenfassung : Überblick * re|sü|mie|ren (..iert) tr.: zusammenfassen

Re|sur|rek|ti|on (l.), die; –, –en: Auferstehung (der Toten)

res|zin|die|ren (l.) (..iert) tr.: Testament aufheben, umsto-

ßen * Re|s|zis|si|on, die; –, –en: Testamentsaufhebung

Ret, Reet, das; –s, –s: (niederd.) Ried * Retdach: Rieddach

Re|ta|bel (l.), das; –s, –n: Altaraufsatz : Altarwand

re|tab|lie|ren (fr.) (..iert) tr.: wiederherstellen : wiedereinsetzen * Re|tab|lis|se|ment [retablißmang], das; –s, –s: Wiederherstellung

Re|ta|li|a|ti|on (nl.), die; –, –en: Wiedervergeltung * Retaliationszölle

Re|tard (fr.) [retahr], der; –s: Verspätung : (Uhr) Verlangsamung * Re|tar|dat (l.), das; –(e)s, –e: Hemmung : Verzögerung : rückständige Zahlung * Re|tar|da|ti|on, die; –, –en: Hemmung : Verzögerung : Verspätung * re|tar|die|ren (..iert) tr.: aufhalten : verzögern : verspäten * retardierendes Moment: hemmender Umstand

Re|ten|ti|on (l.), die; –, –en: Zurückhalten, Speicherfähigkeit : Vorenthaltung * Retentionsrecht

re|ti|ku|lar, re|ti|ku|lär (nl.) Ew.: netzförmig * Re|ti|ku|lat, das; –(e)s: netzartiges Mauerwerk * re|ti|ku|liert Mw. Ew.: netzförmig * Re|ti|na, die; –, ..nae: (Med.) Netzhaut (des Auges) : Kleinlichtbildgerät * Re|ti|ni|tis, die; –, ..tiden: (Med.) Netzhautentzündung [l. retis Netz]

Re|ti|ra|de (fr.), die; –, –n: Rückzug : Ruheplatz : Abort * re|ti|rie|ren (..iert) intr., rbz.: sich zurückziehen

Re|ti|zenz (l.), die; –, –en: Verschweigung : (Redekst.) Abbrechen eines Satzes

re|tor|quie|ren (l.) (..iert) tr.: umwenden : vergelten * Re|tor|si|on, die; –, –en: Vergeltungsmaßregel * Retorsionszoll * Re|tor|te, die; –, –n: schräghalsiges, kugeliges Destilliergefäß : Schnabelkolben * Retortenbaby, Retortengraphit, Retortenkohle: Gaskohle

re|tour (fr.) [..tuhr]: zurück * Re|tour, die; –, –en: Rückkehr : Rückfahrt : Rückfracht : Rücksendung * Retourkutsche: (scherzh.) Zurückgeben eines Vorwurfs oder einer Anspielung; Retoursendung *

re|**tour**|**nie**|**ren** (..iert) intr.: zu-
rückkehren; tr.: zurücksenden
Re|**tra**|**hent** (l.), der; –en, –en:
(Rechtsspr.) einer, der das Vor-
kaufsrecht ausübt ✳ **re**|**tra**-
hie|**ren** (..iert) tr.: zurückzie-
hen : (sein Wort) zurückneh-
men : widerrufen : einen Rück-
wechsel ausstellen ✳ **Re**|**trakt**,
der; –es, –e: das Zurückziehen :
(Rechtsspr.) Eintritt in die
Rechte eines Vorkäufers : Vorkauf ✳ *Retraktsrecht:* Näher-
recht, Vorkaufsrecht
Re|**trai**|**te** (fr.) [..trät'], die; –,
–n: Rückzug : (Heerw.) Zapf-
enstreich
Re|**t**|**rak**|**ti**|**on** (l), die; –, –en:
(Med.) Zusammenziehung :
Schrumpfung
Re|**t**|**ri**|**bu**|**ti**|**on** (l.), die; –, –en:
Zurückgabe : Vergütung : Wie-
dererstattung
re|**t**|**ro**|**da**|**tie**|**ren** (nl.) (..iert)
tr.: Datum zurückstellen ✳
re|**t**|**ro**|**grad** Ew.: zurückge-
hend : rückgängig ✳ **re**|**t**|**ro**-
spek|**tiv** Ew.: zurückschauend
: rückblickend ✳ **Re**|**t**|**ro**-
ver|**si**|**on**, die; –, –en: Rück-
wärtsbeugung : Rücküberset-
zung : (Med.) Rückwärtslage-
rung (der Gebärmutter) ✳
re|**t**|**ro**|**ver**|**tie**|**ren** (..iert) tr.:
zurückbiegen : zurücküber-
setzen ✳ **re**|**t**|**ro**|**ze**|**die**|**ren** (..iert)
intr.: zurückweichen; tr.: wie-
der abtreten ✳ **Re**|**t**|**ro**|**zes**-
si|**on**, die; –, –en: Wiederabtre-
tung : nochmalige Rückversicherung
rett|**bar** Ew.: so beschaffen,
dass es gerettet werden kann ✳
ret|**ten** tr.: einer Gefahr entrei-
ßen : in Sicherheit bringen ✳
Ret|**ter**, der; –s, –: Helfer, Be-
freier in der Not : Erlöser :
Schirmer : (weidm.) Wind-
hund, der andere Hunde vom
Zerreißen des Hasen abbeißt ✳
Ret|**te**|**rin**, die; –, –nen: weibl.
Person, die rettet ✳ **rett**|**los**
Ew.: (seem.) unrettbar ✳
Ret|**tung**, die : –, –en: das Ret-
ten ✳ *Rettungsaktion; Ret-
tungsanker; Rettungsanstalt;
Rettungsarbeit; Rettungsboje;*
Rettungsring mit unverlösch-
barem Licht; *Rettungsboot;
Rettungsdienst; Rettungsflug-
zeug; Rettungsgürtel; Ret-
tungskommando; rettungslos*
Ew.; *Rettungsmannschaft; Ret-*

tungsmedaille; Rettungsring:
Schwimmring für Ertrinkende;
*Rettungsstation; Rettungs-
trupp; Rettungsversuch; Ret-
tungswerk*
Ret|**tich** (l.), der; –(e)s, –e: eine
Pflanzengattung : essbare Wur-
zel dieser Pflanze
Re|**tu**|**sche** (fr.), die; –, –n:
Überarbeitung, Nachbesse-
rung (eines Fotos, einer Druck-
platte) ✳ **Re**|**tu**|**scheur** [..öhr]:
s. Retuschierer ✳ **re**|**tu**-
schie|**ren** (..iert) tr.: überarbei-
ten, nachbessern ✳ ✳ **Re**|**tu**-
schie|**rer**, der; –s, –: Überar-
beiter ✳ **Re**|**tu**|**schie**|**re**|**rin**,
die; –, –nen: weibl. Retuschie-
rer
Reue, die; –: Ärger, Betrübnis,
Leid um ein begangenes Unrecht ✳ *Reugeld:* Entschädigung bei Aufhebung eines
Nichteinhaltung eines Vertrages; *Reukauf; reulos* Ew.;
Reumut: reuiger Sinn; *reumü-
tig* Ew., *reu(e)voll* Ew.;
Reu(e)zug: Änderungszug des
Malers ✳ **reu**|**en** tr., intr.: ver-
drießen : Kummer, Schmerz,
Reue empfinden ✳ **Reu**|**er**, der;
–s, –; **Reu**|**er**, **Reu**|**e**|**rin**, die; –,
–nen: Bezeichnung für Ange-
hörige von Mönchs- und Non-
nenorden : Büßer(in) ✳ **reu**|**ig**
Ew.: reuend : reuevoll
re|**u**|**nie**|**ren** (fr.) (..iert) [re-
hün..] tr.: wieder vereinigen :
versöhnen : zusammenkom-
men ✳ **Re**|**u**|**ni**|**on** [rehün-
jong], die; –, –en: Wiedervereinigung : gesellige Zusammenkunft, Ball
Reu|**sche**, **Reu**|**se**, die; –, –n:
Korbgeflecht oder Netz zum
Fischfang : Flechtwerk zum
Vogelfang : (mundartl.) Bie-
nenkorb
Reu|**ße**, die; –n, –n: (alte Form
für) Russe
re|**üs**|**sie**|**ren** (fr.) (..iert) int.:
gelingen : Erfolg haben ✳
Re|**üs**|**si**|**te**, die; –, –n: Edelge-
wächs (vom Wein)
Reut, das; –(e)s, –e: Rodeland
✳ **Reu**|**te**, die; –, –n: das Reu-
ten : gereuteter Platz : Werkzeug zum Reuten : Stab zum
Abstreichen der sich an den
Pflug hängenden Erde ✳ *Reut-
hacke; Reuthaue; Reutspaten* ✳
Reu|**tel**, der; –s, –: Reute ✳
reu|**ten** tr.: ausroden : urbar

machen : (übertr.) vertilgen :
ausrotten; intr.: in der Erde
wühlen ✳ **Reu**|**ter**, der; –s, –:
Reute : einer, der reutet ✳
reu|**tern** (ich ..[e]re) tr.: reuten
Reu|**ter**: englische Nachrich-
tenagentur
Re|**vak**|**zi**|**na**|**ti**|**on** (nl.) [..w..],
die; –, –en: Wiederimpfung ✳
re|**vak**|**zi**|**nie**|**ren** (..iert) tr.:
wieder impfen
Re|**val**, dt. Name für Tallin,
Hauptstadt von Estland
Re|**va**|**lie**|**rung**, die; –, –en:
(kfm.) Deckung ✳ **Re**|**va**|**lo**|**ri**-
sie|**rung** (nl.) [..w..], die; –,
–en: Erhöhung der Währung
(auch einer Aktie) auf den ursprünglichen Wert
Re|**van**|**che** (fr.) [rewangsch'],
die; –, –n: Wiedervergeltung :
Rache ✳ *revanchelustig* Ew.;
*Revanchepartie; Revanche-
spiel* ✳ **re**|**van**|**chie**|**ren** (..iert)
intr.: rächen : vergelten; rbz.:
sich rächen : sich Genugtuung
verschaffen : eine Gegenleis-
tung machen
Re|**veille** (fr.) [rewäj'], die; –,
–n: militär. Wecksignal : Wec-
ken
Re|**ve**|**la**|**ti**|**on** (l.) [..w..], die; –,
–en: Enthüllung : Entdeckung :
Offenbarung
Re|**ve**|**nü**|**en** (fr.) Mz.: Ein-
kommen : Einkünfte : Ertrag
Re|**ver**|**be**|**ra**|**ti**|**on** (l.) [..w..],
die; –, –en: Zurückstrahlung :
Widerschein ✳ **Re**|**ver**|**be**|**re**,
der; –s, –: Lichtwerfer : Spie-
gelungsteller ✳ **re**|**ver**|**be**|**ren**
(..iert) tr.: (Licht) zurückstrahlen
Re|**ve**|**rend** (l.) [..w..], der; –s,
–s: der Hochwürdige : Hoch-
würden, Titel der e. Geistlichen
(nicht als Anrede) ✳
Re|**ve**|**renz**, die; –, –en: Ehrer-
bietung : Verbeugung
Re|**ve**|**rie** (fr.) [räw'rih], die; –,
..rien: Träumerei : Schwärme-
rei
Re|**vers** (ml.) [..w..], (ml.-fr.)
[rewerß], der; –es, –e: Münzen-
rückseite : schriftl. Gegenver-
pflichtung : Verpflichtungs-,
Verzichtsschein ✳ **Re**|**vers** (fr.)
[rewähr], das; –, –: Aufschlag
am Herrenrock und Mantel ✳
re|**ver**|**si**|**bel** Ew.: umkehrbar
✳ **Re**|**ver**|**sible** [..bel], der; –s,
–s: doppelseitig verwendbares
Atlasgewebe ✳ **re**|**ver**|**sie**|**ren**

tr.: (Maschine) umsteuern ✳
Re|ver|si|on, die; –, –en: Um-
kehrung : Umdrehung : Rückfall

Re|vi|dent (l.) [..w..], der; –en,
–en: einer, der sich des Rechts-
mittels der Revision bedient :
Prüfer ✳ **re|vi|die|ren** (..iert)
tr.: nachprüfen : prüfen : kon-
trollieren ✳ **Re|vi|si|on**, die; –,
–en: Prüfung : Überprüfung :
Nachprüfung ✳ *revisionsbe-
dürftig* Ew.; *Revisionsfrist; Re-
visionsgericht; Revisionsver-
fahren; Revisionsverhand-
lung; Revisionsvermerk* ✳
Re|vi|si|o|nis|mus, der; –: Be-
wegung, die Abänderung bestehender Umstände anstrebt ✳
Re|vi|sor, der; –s, ..oren: Rech-
nungsprüfer, Kontrolleur :
Überprüfer der letzten Korrek-
turen im druckfertigen Bogen
[revidere durchsehen]

Re|vier [..w..] (fr.), das; –s, –e:
Bezirk : Bereich : Gebiet :
(Heerw.) Krankenstube in der
Kaserne ✳ *Revierförster; re-
vierkrank* Ew.; *Revierkranke* ✳
re|vie|ren (..iert) intr.: das Re-
vier begehen (Hund) : durchsu-
chen

Re|view (e.) [riwjuh], die; –,
–s: Musterung : Übersicht :
Rundschau (als Zeitungstitel)

Re|vin|di|ka|ti|on (nl.) [..w..],
die; –, –en: (Rechtsspr.) Gel-
tendmachung des Anspruchs
auf Herausgabe des Eigentums
✳ **re|vin|di|zie|ren** (..iert) tr.:
als sein Eigentum in Anspruch
nehmen

Re|vi|re|ment (fr.) [r'wir-
mang], das; –s, –s: (kfm.) Ab-
rechnung durch Übertragung
und Ausgleichung : Wenden eines Schiffes : (Staatsw.) Umbe-
setzung von diplomat. Ämtern
oder Kabinettsposten

Re|vi|si|on: s. Revident

Re|vi|val (e.) [riweiwel], das ;
–s; –s: Wiederbelebung, Erneuerung

Re|vo|ka|ti|on (l.) [..w..], die;
–, –en: Abruf : Widerruf ✳
re|vo|zie|ren (..iert) tr.: wider-
rufen

Re|vol|te (fr.) [..w..], die; –, –n:
Aufruhr : Empörung ✳
re|vol|tie|ren (..iert) intr.: auf-
wiegeln : sich empören ✳
Re|vo|lu|ti|on (l.) [..w..], die; –,
–en: Staatsumwälzung : ge-

waltsamer Umsturz : Um-
schwung ✳ *Revolutionsregie-
rung; Revolutionswirren* ✳
re|vo|lu|ti|o|när (l.) [..w..] Ew.:
aufrührerisch : (staats)umwäl-
zend

Re|vo|lu|ti|o|när (l.) [..w..],
der; –s, –e: Aufrührer : Staats-
umwälzer ✳ **re|vo|lu|ti|o|nie-
ren** (l.) (..iert) [..w..] tr.: um-
wälzen : umwandeln : meutern

Re|vol|ver (e.) [..wolw..], der;
–s, –: Handfeuerwaffe, Dreh-
pistole : drehbarer Ansatz (am
Mikroskop, an Drehbänken) ✳
Revolverblatt: Hetzblatt; *Re-
volverdrehbank:* (Techn.) automatische Drehbank; *Revolver-
griff; Revolverheld:* (verächtl.)
jemand, der mit seinem Revolver leichtfertig droht, schießt;
Revolverkanone: Schnellfeuer-
geschütz; *Revolverknauf; Re-
volverlauf; Revolvermaschine;
Revolvermündung; Revolver-
ofen:* Drehofen; *Revolverpat-
rone; Revolverpresse:* Hetz-,
Schmähzeitung; *Revolver-
schütze*

re|vo|zie|ren: s. Revokation

Re|vue (fr.) [r'wüh], die; –,
..vuen: Überblick : Heerschau :
Name von Zeitschriften :
prunkvoll ausgestattetes Theaterstück, das aus vielen lose zu-
sammenhängenden Bildern besteht ✳ *Revuebühne; Revue-
film; Revuegirl*

Rex (l.), der; Regis, Reges:
König

Reyk|ja|vik: Hauptstadt von Is-
land

Re|yon (fr.) [räjong], die; –:
Kunstseide, vgl. Rayon

Re|zen|sent (l.), der; –en, –en:
Verfasser einer Rezension ✳
re|zen|sie|ren (..iert) tr.: beur-
teilend anzeigen : besprechen ✳
Re|zen|si|on, die; –, –en: Be-
sprechung, Beurteilung eines
Buches oder einer künstleri-
schen Leistung ✳ *Rezensions-
exemplar*

re|zent (l.) Ew.: neu : frisch :
(Geol.) der Jetztzeit angehörend

Re|ze|pis|se (l.), das; –(s),
–(s): „empfangen zu haben"
(bestätigt): Empfangsschein ✳
Re|zept, das; –(e)s, –e: Anwei-
sung : Verhaltensmaßregel :
Arzneizettel ✳ *Rezeptblock;
Rezeptbuch; rezeptfrei* Ew.; *Re-*

zeptpflicht; rezeptpflichtig Ew.
✳ **Re|zep|ta|ku|lum**, das; –s,
..kula: Sammelbehälter : (Bot.)
Fruchtboden : Blütenstand-
achse ✳ **re|zep|tie|ren** (..iert)
tr.: Arznei verschreiben : Arznei nach Vorschrift zubereiten
✳ **Re|zep|ti|on**, die; –, –en:
Aufnahme : Annahme ✳ *Re-
zeptionstermin* ✳ **Re|zep|ti|ti-
en** Mz.: Vorbehaltsgut (der
Ehefrau) ✳ **re|zep|tiv** Ew.: auf-
nahmefähig : aufnehmbar :
empfangend : empfänglich ✳
Re|zep|ti|vi|tät [..w..], die; –:
Aufnahmefähigkeit, Empfäng-
lichkeit ✳ **Re|zep|tor**, der; –s,
..toren: Steuereinnehmer :
Empfänger ✳ **Re|zep|tur**, die;
–, –en: Einnahme : Wohnung
eines Rezeptors : Einnehmer-
amt : Arzneizubereitung ✳

Re|zi|pe, das; –s, –s: Rezept-
aufschrift; vgl. recipe ✳
Re|zi|pi|ent, der; –en, –en:
„Aufnehmer", die Vorlage des
Destilliergefäßes : bei der Luft-
pumpe der zu leerende Raum
(Glasglocke) : jmd., der ein
Kunstwerk aufnimmt ✳
re|zi|pie|ren (..iert) tr.: aufneh-
men : annehmen : zulassen

Re|zeß → **Re|zess** (l.), der;
–es, –e: „Rückgang" : Vergleich : Ergebnis der Verhandlungen ✳ *im Rezeß sein* → *im
Rezess sein:* (kfm.) im Rück-
stand sein ✳ **Re|zes|si|on**, die;
–, –en: Rückgang des wirtschaftlichen Wachstums ✳
re|zes|siv Ew.: zurückgrei-
fend, überdeckt (von Erbmerk-
malen)

re|zi|div (l.) Ew.: (Med.) rück-
fällig ✳ **Re|zi|div**, das; –s, –e:
(Med.) Wiederkehr : Rückfall
(bei einer Krankheit)

Re|zi|pe usw.: s. Rezepisse
re|zi|prok (l.) Ew.: gegenseitig
: wechselseitig : aufeinander
bezüglich ✳ **Re|zi|pro|zi|tät**,
die; –, –en: Gegenseitigkeit :
Wechselseitigkeit : Wechselbe-
ziehung

re|zi|tan|do (it.): nach Art des
Sprechgesangs vorzutragen;
vgl. recitando ✳ **Re|zi|ta|ti|on**
(l.), die; –, –en: Vortrag (einer
Rolle, eines Gedichts) ✳
Re|zi|ta|tiv, das; –s, –e: Rede-
gesang : Sprechgesang ✳
Re|zi|ta|tor, der; –s, ..toren:
Vorleser : Vortragskünstler ✳

re|zi|tie|ren (..iert) tr.: vortragen : auswendig aufsagen

Rh, rh: s. Rhesusaffe, Rhesusfaktor

Rha|bar|ber (gr.-l.), der; –s, –: ein Staudengewächs : ein Arzneimittel

Rhap|so|de, der; –n, –n: Volkssänger bei den alten Griechen : Dichter * **Rhap|so|die,** die; –, ..dien: von Rhapsoden vorgetragenes episches Gedicht : Bruchstücke eines größeren Gedichts : (Mus.) Musikstück in freier Form (oft über verschiedene Volksweisen) *

rhap|so|disch Ew.: abgerissen : nach Art einer Rhapsodie : bruchstückartig : völlig frei in der Form [gr. rhaptein nähen, flicken, zusammenfügen]

Rhein, der; –(e)s: der größte deutsche Strom * *rheinabwärts* Uw.; *rheinaufwärts* Uw.; *Rheinbund:* Bund von 16 deutschen Fürsten unter dem Protektorat Napoleons; *Rheinfall; Rheingau; Rheingoldzug; Rhein-Herne-Kanal; Rheinhessen; Rheinlachs; Rheinland; Rheinländer; rheinländisch* Ew.; *Rhein-Main-Flughafen; Rhein-Main-Donau-Schifffahrtsweg* → *Rhein-Main-Donau-Schifffahrtsweg; Rhein-Rhone-Kanal; Rhein-Ruhr-Häfen; Rheinseitenkanal; Rheinwein* * **rhei|nisch** Ew.: auf den Rhein bezüglich : vom Rhein stammend * *die Rheinische Tiefebene; rheinisch-westfälisch* Ew.; *das Rheinisch-Westfälische Industriegebiet*

rheinisch, Rheinisch
Adjektive auf *-isch* schreibt man klein: *der rheinische Dialekt, die rheinischen Städte.* Sind die Adjektive jedoch erster Bestandteil von Eigennamen, schreibt man groß: *das Rheinisch-Westfälische Elektrizitätswerk.*

Rhein-Main-Donau-Schifffahrtsweg
Auch wenn drei gleiche Buchstaben aufeinander treffen, darf keiner wegfallen. Zwecks besserer Lesbarkeit ist es aber auch möglich, einen Bindestrich zu setzen: *Schiff-Fahrt.*

Rhe|ni|um (ml.), das; –s: ein metallischer Grundstoff; Abk.: Re

Rhe|o|graph (gr.), der; –en, –en: Vorrichtung zum Darstellen elektr. Stromwellen * **Rhe|o|me|ter,** das; –s, –: Strommesser * **Rhe|o|tom,** der; –s, –e: Stromunterbrecher

Rhe|sus|af|fe, der; –n, –n: Affenart, Makake * **Rhe|sus|fak|tor,** der; –s: Blutkörperchenmerkmal; Abk.: Rh = Rhesusfaktor positiv; rh = Rhesusfaktor negativ

Rhe|tor (gr.), der; –s, ..toren: Redner : Lehrer der Redekunst * **Rhe|to|rik,** die; –: Redekunst * **Rhe|to|ri|ker,** der; –s, –: ein nach den Regeln der Rhetorik Redender * **rhe|to|risch** Ew. (–[e]ste und –te): rednerisch : schönrednerisch * *rhetorische Frage:* (Schein-)Frage, die keine Antwort erfordert

Rheu|ma (gr.), das; –s: Rheumatismus * **Rheu|ma|ti|ker,** der; –s, –: an Rheumatismus Leidender * **rheu|ma|tisch** Ew.: (wie) mit Rheumatismus behaftet * **Rheu|ma|tis|mus,** der; –, ..men: das Reißen : Gliederreißen, Muskel- und Gelenkerkrankung * **Rheu|ma|to|lo|ge,** der; –n, –n: Facharzt für rheumatische Krankheiten

Rhi|no|ze|ros, das; – und –ses, –se: Nashorn

Rho, das; –(s), –s: der siebzehnte Buchstabe des griechischen Alphabetes

Rho|de|si|en: früherer Name von Zimbabwe, südafrikan. Land

Rho|di|um (gr.), das; –s: metallischer Grundstoff; Abk.: Rh

Rho|do|den|dron (gr.), der; das; –s, ..dren: „Rosenbaum“, ein Strauchgewächs

Rho|do|nit, der; –(e)s, –e: Mangankiesel, Schmuckstein

Rho|dos: Insel im Ägäischen Meer

rhom|bisch (gr.) Ew.: rautenförmig * **Rhom|bo|e|der,** der; –: verschobener Würfel : Kristallform, von sechs gleichen Rhomben begrenzter Körper * **Rhom|bus,** der; –, ..ben: Raute : Parallelogramm mit gleichen Seiten, aber schiefen Winkeln

Rhön, die; –: dtsch. Mittelgebirge * *Rhönwettbewerb für Segelflieger* * **Rhön|rad,** das;

–(e)s, ..räder: Turn- und Sportgerät

Rho|ta|zis|mus (nl.), der; –, ..men: Schnarren : (Med.) fehlerhafte Aussprache des r: (Sprachw.) Übergang des s in r

Rhyn|cho|pho|re (gr.), der; –s, –n: Rüsselkäfer

Rhythm and Blues (e.) [riß'mandblues], der; –: Zusammensetzung von Gospel, Jazzmusik und Rock and Roll * **Rhythm Sec|ti|on** (e.) [rißhm sektsch'n], die; – –, – –s: Instrumentengruppe in der Jazzkapelle, die den Rhythmus betont * **Rhyth|mik** (gr.), die; –: Lehre vom Rhythmus * **Rhyth|mi|ker,** der; –s, –: Lehrer, Meister des Rhythmus * **rhyth|misch** Ew. (–[e]ste und –te): im Rhythmus * **rhyth|mi|sie|ren** (..iert) tr.: in Gleichmaß bringen * **Rhyth|mus,** der; –, ..men: geregelte Ordnung von Bewegungsvorgängen : Ton-, Zeitmaß

Ri, das; –: japan. Wegemaß

Ria (span.), die; –, –s: Flussmündungsbucht * *Ria(s)küste:* Steilküste mit Flussmündung (in Spanien und Irland)

Ri|al, der; –s, –s: iran. Münzeinheit

RIAS (Abk.): Rundfunk im Amerikanischen Sektor, ehem. Sender West-Berlins (1994 im Deutschland-Radio aufgegangen)

rib|be|(l)n (ich ribbe und ich ribb[e]le) tr.: (niederd.) Flachs reibend schaben : entleeren * *Ribbeleisen; Ribbelmesser*

Ri|bes (arab.-ml.), der; –, –: (südd.) verschiedene Arten von Beerensträuchern * **Ri|bi|sel,** die; –, –n; auch das; –s, –: Johannisbeere

Ri|che|li|eu (fr.) [risch'ljöh]: franz. Staatsmann * **Ri|che|li|eu,** das; –s: Lochstickerei

rich|ten tr., intr.: einen Gegenstand zurechtmachen : (Baukst.) heben : das verbundene Zimmerholz fertig aufstellen : aufstellen : (Speisen u. a. –) zurechtmachen : (Schiff –) laden, herrichten : lenken : Richtung geben : (Streit –) beilegen : Recht sprechen : verurteilen : ein gerichtliches Todesurteil vollstrecken; rbz.: sich in

eine Reihe ordnen : sich wen-
den, lenken : (sich nach etwas
–) sein Verhalten danach ein-
richten : (sich auf etwas –) sich
auf etwas vorbereiten * *zu-
grunde richten auch:* zu
Grunde – tr.: verderben *
Richtantenne: drehbare Rah-
menantenne; *Richtbaum;
Richtbeil:* Henkerbeil : Stell-
macherwerkzeug; *Richtblei:*
Bleilot; *Richtblock:* Schafott;
Richteisen: Eisen zum Gerade-
richten; *Richtelle:* Elle als
Richtmaß; *Richtfest:* Fest der
Bauhandwerker, wenn der
Rohbau fertig ist; *Richtfeuer:*
Leitfeuer (beim Leuchtturm,
Leuchtbojen usw.); *Richtholz:*
Leitholz; *Richtkeil:* Stellkeil;
Richtkranz: Kranz beim Richt-
fest; *Richtkreis:* Messgerät der
Artillerie; *Richtlinie; Richt-
maß:* Maß, wonach etwas aus-
gerichtet wird; *Richtplatz:*
Platz, auf den gerichtet wird :
Hinrichtungsstätte; *Richtpreis;
Richtpunkt:* Anhaltspunkt;
Richtsatz; Richtscheit: Lineal
mit Wasserwaage zur Prüfung
der waagerechten Richtung;
Richtschmaus: Richtfest;
Richtschnur: Schnur zur Be-
stimmung der geraden Rich-
tung : (übertr.) selbstgewählter
Grundsatz; *Richtschwert:*
Schwert zum Hinrichten;
Richtstatt: Richtplatz
: (weidm.) Stellweg, Richtweg
zum Auftstellen von Fallen;
Richtstätte: Richtstatt; *Richt-
steig:* schmaler Fußweg, der
abkürzt; *Richtstrahlantenne;
Richtstrahler:* Antenne für
Kurzwellensender; *Richtstuhl:*
Richterstuhl : Hinrichtungsge-
rüst; *Richtwaage:* Setzwaage,
um etwas waagerecht zu richten; *Richtweg:* Richtsteig;
Richtweiser * **Rich|ter,** der; -s,
–: Staatsbeamter, der die Gerichtsbarkeit ausübt : im A. T.
der Führer des israelitischen
Volkes vor der Königszeit *
*Richteramt; Richterschwert;
Richterspruch; Richterstand;
Richterstuhl; Richterwürde* *
Rich|te|rin, die; –, -nen: weibl.
Richter * **rich|ter|lich** Ew.:
richterhaft : von Richtern herrührend : in Amt und Gewalt
eines Richters begründet *
rich|tig Ew.: (veralt.) gerade :

so beschaffen, wie es sein soll :
wahr : recht : echt : in Ordnung
: Ausruf zur Bezeichnung, dass
das Gesagte sich so verhält,
wie man gesagt hat * *richtigge-
hend* Mw. Ew.: (Uhr) die rechte
Zeit anzeigend; *richtigmachen*
→ *richtig machen* (ich mache
richtig, richtig gemacht, rich-
tig zu machen) tr.: (volkst.) be-
gleichen, bezahlen; *richtigstel-
len* → *richtig stellen* (vgl. rich-
tig machen) tr.: berichtigen;
Richtigstellung * **Rich|tig|keit,**
die; –: das Richtigsein *
Rich|tung, die; –, -en: das
Richten : das Gerichtetsein :
das Streben * *richtungsän-
dernd* Mw., Ew.; *richtungge-
bend* Mw., Ew.; *richtungweisend* Ew. * *Richtungsanzei-
ger:* Winker am Auto; *Rich-
tungslinie; richtungslos* Ew.;
*Richtungspunkt; Richtungssta-
bilität; Richtungswechsel* *
Rich|ter-Skala → **Rich|ter-
ska|la,** die; –: Skala mit den
Werten 0 - ca. 8,7, mit der die
Stärke von Erdbeben objekti-
viert wird, benannt nach dem
Seismologen Richter
Rick, das: –(e)s, -e: (md.)
Ofenstange : Gestell
Ri|cke, die; –, -n: weibl. aus-
gewachsenes Reh: Rehgeiß
Ri|deau (fr.) [..doh], der; -s,
-s: (Bett-)Vorhang : (Heerw.)
deckende Erderhöhung, Hecke
Ri|di|kül (fr.), der; das; -s, -e
und –s: Damenstrickbeutel
riech|bar Ew.: mit dem Ge-
ruchssinn wahrnehmbar *
rie|chen (du rochst, du rö-
chest; gerochen; riech[e]!)
intr.: (urspr.) rauchen, dampfen
: sich im Geruch bemerkbar
machen : (an etwas –) prüfen,
ob etwas einen Geruch hat; tr.:
durch den Geruchssinn wahrnehmen : (Bib.) Wohlgefallen
an etwas haben * *Riechbein:*
ein Schädelknochen, Siebbein;
Riechdorn: Riechblume; *Riech-
flasche:* Riechbüchse; *Riech-
haut:* Haut, in der die Riechnerv endet; *Riechnerv; Riech-
organ; Riechsalz; Riechstoff;
Riechwasser:* Parfüm *
Rie|cher, der; -s, –: einer, der
das Riechen als Beruf ausübt,
z. B. Teeriecher : (spött.) einer,
der etwas riecht, erschnüffelt,
z. B. Ketzerriecher : Riech-

werkzeug, Nase, Geruch : Witterung * *einen Riecher haben:*
eine Witterung für etwas haben
Ried, das; –(e)s, -e: Schilf,
Rohr : etwas aus Rohr Gefertigtes, z. B. Rohrstock, Rohr-
pfeife : (Web.) der Kamm,
durch den die Fäden gezogen
werden : mit Sumpfgras und
Schilf bewachsenes Moor *
Riedblatt: Stift im Webstuhl-
kamm; *Riedbock:* Antilope;
Rieddach: Schilfdach; *Ried-
fohre:* Plötze, ein Fisch; *Ried-
gras; Riedhahn:* Auerhahn;
Riedkamm: (Web.) Scheide-
kamm; *Riedmeise:* Sumpf-
meise; *Riedschnepfe:* Pfuhl-
schnepfe; *Riedsperling:* Rohr-
sperling
Rie|fe, die; –, -n: kleine Rinne
: kleine Furche * **rie|fe(l)n:**
Furchen, Riefen ziehen *
rie|fig Ew.: mit Riefen verse-
hen : gereifelt, geriefelt *
Rie|fe|lung, die; –, -en: Längs-
oder Querfurchung, -streifung
Rie|ge, die; –, -n: (Turnkst.)
Reihe : Turnerabteilung unter
einem Vorturner * *Riegenfüh-
rer; riegenweise* Ew.: in Riegen
Rie|gel, der; -s, –: Riegelchen,
Riegelein: Verschlussvorrich-
tung an Türen usw. : (Pflug)
zur Befestigung des Pflugkör-
pers dienender Zapfen : Quernaht am Ende eines Schlitzes :
quer vor einem Tal liegender
Bergrücken : etwas in Quader-
form : vorderes Schulterblatt :
Querholz zur Verbindung von
Säulen und dgl. : Wandbrett
mit Haken zum Aufhängen von
Kleidern * *den Riegel vor etwas schieben:* etwas verhindern * *Riegelbohrer; riegelfest*
Ew.; *Riegelhaube:* (bayr.)
Trachtenhaube; *Riegelholz;
Riegelloch; Riegelschloß* →
Riegelschloss; Riegelstellung:
(Heerw.) ausgebaute Verteidi-
gungslinie; *Riegelwand:* Wand
aus Fachwerk; *Riegelwerk:*
Fachwerk * **rie|geln** (ich
..[e]le) tr.: mit einem Riegel
schließen : durch Riegel ver-
binden : (weidm.) ohne Lärm
Rot- und Gämswild mit wenig
Treibern jagen
Riem (bayr., sächs.), der; –(e)s,
-e; **Rie|men,** der; -s, –: langer,
schmaler Lederstreifen : Strei-
fen : (Techn.) Treibriemen :

(Bergb.) Tragriemen für das Eisen des Bergmanns : (Baukst.) schmales, plattes Glied zur Verzierung : Ranke von Kletterpflanzen : (Papierm.) Ballen : (Wasserbaukst.) Querholz oder Riegel zur Verbindung der Pfähle : Ruder(blatt) ∗ *den Riemen enger schnallen:* sich einschränken ∗ *Riemenantrieb; Riem(en)bein:* ein Vogel; *Riemenblume; Riemenboot; Riemendreher; Riemeneisen:* Werkzeug des Bergmanns, das er am Riemen trägt; *Riemenführer:* technische Einrichtung bei Treibriemen; *Riemenfuß;* Riemenbein : altes Flächenmaß; *Riemengang:* Maschine der Riemendreher; *Riemengehenk; Riemenpferd:* Vorderpferd; *Riemenscheibe; Riemenschere; Riemenschläger; Riemenschnalle; Riemenschneider; Riemenschuh; Riemenseil:* Seil zum Lenken der Riemenpferde; *Riemenstecher:* eine Art Taschenspieler auf Jahrmärkten; *Riementang; Riementrieb; Riemenwaage:* Klippschwengel zum Anspannen der Riemenpferde; *Riemenwerk:* Riemenzeug; *Riemenwurm:* Bandwurm; *Riemenzeug:* Gesamtheit zusammengehöriger Riemen, z. B. Pferdegeschirr ∗ **rie|men** tr.: mit Riemen befestigen ∗ **Rie|mer,** der; –s, –: Riemenschneider, Handwerker, der Riemenzeug herstellt ∗ *Riemerarbeit* ∗ **Rie|me|rei,** die; –: Riemenhandwerk
Rie|men (l.), der; –s, –: (Schiffb.) Ruder ∗ *sich in die Riemen legen:* sich anstrengen
Ries, das; –es: Bezeichnung einer Ebene ∗ *Nördlinger Ries*
Ries (ml.), das; –es, –e: ein Papiermaß ∗ *6 Ries Papier* ∗ *Rieshänge:* T-förmiges Holz zum Trocknen des Papiers; *riesweise* Ew.: in Ries gemessen
Ries, Rie|se: deutscher Rechenmeister, Verfasser der ersten deutschen Rechenbücher ∗ *nach Adam Riese*
Rie|se, der; –n, –n: übergroßer Mensch : etwas außergewöhnlich Großes : (Mz.) sagenhaftes, gewaltiges Geschlecht, Titanen, Giganten ∗ *Riesenar-*

beit; Riesenbau; Riesenbaum; Riesenfaultier; Riesenfelge: Riesenwelle; *Riesenfleiß; Riesenglattechse; Riesengeduld; Riesengeschlecht; Riesengestalt; riesengleich* Ew.; *riesengroß* Ew.; *Riesenkraft; Riesenohr:* großes Ohr : eine Schnecke; *Riesensalamander; Riesenschildkröte; Riesenschlange; Riesenschritt; Riesenslalom:* Riesentorlauf; *Riesenskandal:* aufsehenerregender Skandal; *riesenstark* Ew.; *Riesenstärke; Riesenstäubling:* ein Pilz; *Riesenwelle:* eine Turnübung am Reck; *Riesenwerk; Riesenwuchs* ∗ **rie|sen|haft** Ew.: in der Weise eines Riesen : übergroß ∗ **Rie|sen|haf|tig|keit,** die; –: Riesenähnlichkeit : übermäßige Größe ∗ **rie|sig** Ew.: riesenhaft ∗ **Rie|sig|keit,** die; –, –en; Riesenhaftigkeit
Rie|sin, die; –, –nen: weibl. Riese
Rie|se, die; –, –n: Gleitbahngerüst an Bergen zur Holzbeförderung ins Tal ∗ **Rie|sel,** der; –s, – : das Rieseln von Wasser, Schnee usw. : Schutthalde : Gefühl des Gruselns ∗ **Rie|sel,** der; –n, –n: Sommersprosse ∗ **rie|se|lig** Ew.: voller Rieseln, Sommersprossen ∗ **rie|seln** (ich ..[e]le) intr.: leise und sanft rauschend sich bewegen, fließen : plätschern : tröpfeln : rinnen; tr.: rieselnd tönen : rieselnd ergießen : bewässern : (Wiesen) berieseln ∗ *Rieselbach:* rieselnder Bach; *Rieselfeld:* Feld, das mit Abwässern berieselt wird; *Rieselmeister:* Bergarbeiter, der das Berieseln der Stollen zu überwachen hat; *Rieselregen; Rieselwiese:* Rieselfeld ∗ **Rie|se|lung,** die; –, –en: Bewässerung durch rieselndes Wasser ∗ **rie|sen** tr.: (Holz) auf einer Riese fortschaffen
Rie|sen|ge|bir|ge, das; –s: Gebirge in Polen und Tschechien
Rie|se|lung usw.: s. Riese, die
Ries|ling, der; –s, –e: eine Rebenart : eine Weinsorte
Ries|ter, der; –s, –: Schuhflicken : (mundartl.) Pflugsterz ∗ **rie|stern** (ich ..[e]re) tr.: (Schuhzeug) flicken; vgl. Rester und Rüster

Riet, das; –(e)s, –e: Webkamm ∗ *Rietblatt, Rietkamm:* Kamm am Webstuhl
Rif, das; –s: Gebirge in Marokko
Riff, das; –(e)s, –e: Felsenklippe : Sandbank ∗ *Riffkoralle* ∗ **Rif|fe,** die; –, –n: Rispe : Reff-, Raffelkamm ∗ **Rif|fel,** der; –s, –: Rüffel ∗ **Rif|fel,** die; –, –n: (Flachssp.) Raffelkamm ∗ *Riffelbaum:* Balken, auf dem der Riffelkamm steht; *Riffeleisen; –feile; –kamm; –raspel; –walze* ∗ **rif|feln** (ich ..[e]le) tr.: (Flachs :) kämmen : reifeln : rillen : rippeln : feilen : rüffeln, einen Rüffel erteilen
Ri|ga: Hauptstadt Lettlands
Ri|gi, der; –s und die; –: zentralschweiz. Gebirgsstock
ri|gi|de (l.-fr.), Ew.: starr : spröde : streng : unnachgiebig ∗ **Ri|gi|di|tät,** die; –: (Med.) Versteifung : Starre
Ri|go|let|to: Titelheld in der gleichnamigen Oper von Verdi
Ri|go|ris|mus (nl.), der; –: peinliche Genauigkeit : zu große Strenge : Starrheit ∗ **Ri|go|rist,** der; –en, –en: (zu) streng Denkender : (zu) streng Lehrender ∗ **ri|go|ris|tisch** Ew.: zu streng ∗ **ri|go|ros, ri|go|rös** Ew.: (sehr) streng : hart : peinlich : rücksichtslos ∗ **Ri|go|ro|si|tät,** die; –: Strenge : Härte : Peinlichkeit : Rücksichtslosigkeit ∗ **Ri|go|ro|sum,** das; –, ..sa: strenge Prüfung : mündliche Prüfung bei der Promotion
Rik|scha (jap.-e.), die; –, –s: ostasiat. Personenkarren
Ril|le, die; –, –n: kleine Furche : kleine Rinne ∗ *Rillenprofil* ∗ **ril|len** tr.: mit Rillen versehen ∗ **ril|lig** Ew.: gerillt
Rind, das; –(e)s, –er: ein zu den gehörnten, paarhufigen Wiederkäuern gehörendes Haustier ∗ *Rindfleisch; Rindleder; rindledern* Ew.; *Rindstück:* Beefsteak; *Rindsuppe; –vieh* ∗ *Rindsbraten; –leder; –zunge* ∗ *Rinderbraten; –brüll; –herde; –hirt; –pest; –talg; –wahnsinn:* auf Grund von Fütterung mit verseuchtem Tiermehl aufgetretene Rinderseuche, wissenschaftl. BSE; *Rinderzunge* ∗ **rin|dern** intr.: (von Kühen) brünstig sein :

nach der Begattung verlangen :
ein Kalb werfen

Rin|de, die; –, –n: äußere Ge-
webeschicht höherer Pflanzen-
gattungen : Kruste : an der
Oberfläche durch Erhärtung
sich bildende äußere Schicht
(z. B. von Brot) ✳ *rindfällig*
Ew.: rindschälig ; *rindkantig*
Ew.: (Brett) mit Rinde an der
Kante; *rindschälig* Ew.:
(Baum) mit abfallender oder
sich schälender Rinde ✳ *Rin-
denbaum; –boot; Rinden-
brand:* eine Baumkrankheit;
–hütte; –käfer: Borkenkäfer;
–koralle; rindenlos Ew.; *Rin-
denpalme; –raupe* ✳ **rin|dig**
Ew.: mit Rinde versehen

Rinds|bra|ten usw.: s. Rind

Ring, der; –(e)s, –e; Ringchen,
–lein, Ringel, Ringelchen:
Reif, bes. Fingerreif als
Schmuckgegenstand usw. :
ringförmige Vorrichtung zum
Fassen, Halten usw. : ein sich
abzeichnender Kreis : beim
Tanz geschlungener Kreis :
Kreis von Personen : Vereinigung zusammengehöriger Per-
sonen, Trust : umschlossener
Wettkampfplatz : Locke :
(Baukst.) Pfühl am Hals einer
Säule : (Bot.) ringförmige Haut
unterhalb des Pilzkopfes :
(Forstw.) der jährliche ringför-
mige Zuwachs des Holzes, Jah-
resring : (Kochkst., Bäck.)
kranzförmiges Brot oder Eier-
kuchen : (Landw.) ringförmige
Erhöhung am Horn der Rinder
: (Math.) Raum zwischen zwei
konzentrischen Kreisen :
Krone am Pferdehuf : Ring-
straße um die innere Stadt :
Marktplatz : ein Mengenmaß ✳
ringartig Ew.; *Ringamsel:*
Ringdrossel mit weißem Ring
um den Hals; *Ringauge:* eine
Schlangenart; *Ringbahn; –falk;
–finger; –fisch; ringförmig*
Ew.; *Ringgang; Ringgebirge:*
ringförmige Gebirge auf dem
Mond; *Ringknorpel:* (Med.)
Knorpel am Kehlkopf; *Ring-
lehre:* Stab zum Messen der
Weite eines Fingerringes;
*Ringmaschine;   –mauer;
–moos;   –muskel;   –panzer;
–pilz;   –prägung;   –rennen;
–richter;   ringrichtern:* als
Richter im Ring der Boxer auftreten; *Ringsendung; –straße;*

*–transformator; –tausch; –ver-
kehr;   –zange;   –ziegel* ✳
Rin|gel, der; das; –s, –: ein
kleiner Ring : etwas sich ringförmig Zusammenrollendes ✳
*Ringelamsel; –bär; –blume;
–bohne;   –drossel;   –haar;
–krebs; –locke; –motte; –natter; –raupe; –reigen; –reihen;
–rennen;   –spiel:* Karussell;
Ringelspinner: Ringelmotte;
*Ringelstechen; –tanz; –taube;
–würmer* ✳ **rin|ge|lig, ring|lig**
Ew.: ringelförmig ✳ **rin|geln**
(ich ..[e]le; ring...) tr.: mit Ringeln versehen : etwas in Ringel legen;
rbz., intr.: sich in Ringel legen :
sich schlingeln : sich schlän-
geln ✳ **rin|gen** (du ringtest, ge-
ringt) tr., rbz.: ringeln ✳ **rings**
Uw.: im Kreis herum : rundherum : umher : überall : von
allen Seiten ✳ **rings|her** Uw.:
von allen Seiten; *rings(her)um*
Uw.: auf allen Seiten; *ringsum-
her* Uw.: rings

rin|gen (du rangst, du rängest;
gerungen; ring[e]!) tr.: windend drehen : wringen : aus-
wringen; intr., tr.: sich gegenseitig umklammern und nieder-
zuwerfen suchen : wrangen :
nach etwas eifrig streben; rbz.:
sich im Ringkampf messen :
sich mit jemand ringend messen : hervordringen ✳ *einem
die Pistole aus der Hand ringen; die Hände ringen; mit einem Gegner ringen; mit dem
Tode ringen; um den Sieg ringen; zu Boden ringen* ✳ *Tränen ringen sich aus dem Auge;
Seufzer ringen sich aus der
Brust* ✳ *ringfertig* Ew.: zum
Ringen bereit; *Ringhaken;
–kampf;   –kämpfer;   –platz;
–schule; –übung* ✳ **Rin|ger**,
der; –s, –: Ringkämpfer ✳ *Rin-
gergriff*

rin|gen tr.: (niederd.) läuten

rings: s. Ring

Rink, der; –en, –en; **Rin|ke**,
die; –, –n; **Rin|ken**, der; –s, –:
Metallring als Schnalle oder
Spange ✳ *Rinkentuch:* Jagd-
tuch mit Rinken ✳ **rin|keln** (ich
..[e]le), **rin|ken** tr.: mit Rinken
versehen, befestigen : schnallen

Rin|ne, die; –, –n: schmale
Furche : Vertiefung : Röhre (in
der Wasser fließt) : etwas Röh-
ren- oder Furchenförmiges :

(weidm.) Stoßgarn (Rönne) ✳
Rinneisen: Haken für die
Dachrinne; *Rinnholz:* Holz, aus
dem Rinnen gefertigt werden;
Rinnleiste: leistenartiges Bau-
glied an Gesimsen; *Rinnstein:*
Gosse ✳ *Rinnenblatt, Rinnen-
blume; Rinnengarn:* (weidm.)
Rönne; *Rinnenmuschel* ✳
rin|neln (ich ..[e]le) tr.: mit
Rinnen oder Rillen versehen ✳
rin|nen (es rann, es rönne und
ränne; geronnen; rinn[e]!) intr.:
stetig in Tropfen fließen : fließen : sich in dichtere Masse zusammenziehen (vgl. gerinnen)
✳ **rin|nig** Ew.: mit Rinnen ver-
sehen : triefend ✳ **Rinn|sal**,
das; –(e)s, –e: rinnendes Wasser : das Bett, in dem Wasser
rinnt : Lab, Renn ✳ **Rinn|sel**,
das; –s: Lab, Renn

Rio de Ja|nei|ro [– –
sehaneiro]: frühere Hauptstadt
Brasiliens

Ri|o|ja (span.) [riocha], der; –s:
Wein aus der span. Landschaft
Rioja

Rip|pe, die; –, –n: vom Rück-
grat zur Brust zu bogenförmig
gekrümmter Knochen :
(Schlächterei) Rippenstück :
im A. T. Name für Weib : etwas
Rippenähnliches, z. B. Reifen,
Bogen, Bügel, Spant : Erhabenheit einer gefurchten, ge-
reiften, gerippten Fläche ✳ *Rip-
penbogen; Rippenbruch; Rip-
penfell;   Rippenfellentzün-
dung; Rippengewölbe; Rippen-
heizkörper;   Rippenqualle;
Rippe(n)speer:* das Rippenstück vom Schwein; *Rippen-
stich; Rippenstoß; Rippen-
stück* ✳ **rip|pen** tr.: mit Rippen
versehen ✳ **Rip|perl**, das; –s, –:
(obd.) Rippchen ✳ **rip|pig** Ew.
und **..rip|pig** Ew. in Zus.: ge-
rippt : mit Rippen (z. B.
zwölfrippig) ✳ **Rips**, der; –es,
–e: geripptes Baumwollge-
webe

rips: Ausruf, vgl. raps

Rips: s. Rippe

ri|pu|a|risch (ml.) Ew.: in
Rheinfranken wohnend ✳ *ripu-
arische Franken*

risch Ew.: hurtig : rasch : aufrecht

Risch, der; –es, –e; **Ri|sche**
(südl. Niedersachsen), die; –n,
–n: eine Pflanzengattung :
Sumpfbinse

Ri|se, die; –, –n: mittelalterl. Gesichtsschleier, bes. für verheiratete Frauen

Ri|si|ko (it.), das; –s, –s und ..ken: Gefahr : Wagnis : gefährliches Unternehmen : (Versicherungsw.) Wert des versicherten Gegenstandes ✶ *Risikolehre:* Analyse der wirtschaftlichen Risiken; *Risikomischung:* Ersetzung eines großen Risikos durch kleinere Risiken; *Risikoprämie* ✶ **ri|si|ko|frei** Ew.; ✶ **ris|kant** (fr.) Mw. Ew.: gewagt: gefährlich ✶ **ris|kie|ren** (fr.) (..iert) tr.: wagen : aufs Spiel setzen [span. risco Klippe]

Ri|si-Pi|si (it.) Mz.: Gericht aus Reis und grünen Erbsen

ris|kant, ris|kie|ren: s. Risiko

Ris|kon|to (it.), der; –s, ..ti: (östr.) Lottoschein

Ri|sor|gi|men|to (it.) [..schi..], das; –(s): „Wiedererhebung", Periode der it. Einigungsbestrebungen 1830–70

Ri|sot|to (it.), der; –s, –s: it. Reisspeise

Ris|pe, die; –, –n: (mundartl.) Gezweig : Strauchwerk : ein traubenförmiger Blütenstand : (Baukst.) eine den Sparren des Daches entgegengesetzt liegende Stuhlsäule : (Web.) Trennungsfäden beim Kettenscheren ✶ **rispenförmig** Ew.; *Rispengras* ✶ **Ris|pel**, die; –, –n: Rispe : Rispengras ✶ **ris|peln** (ich ..[e]le) tr.: einen dem Raspeln ähnlichen, aber helleren Ton erzeugen : raspeln ✶ **ris|pig** Ew.: Rispen tragend : rispenförmig

Ri(s)|pos|te (it.), die; –, –n: (Fechtkst.) Gegenstich : schnelle treffende Antwort

Riß → Riss, der; –es, –e: (entwurfsmäßige) Zeichnung : Plan, Grundriss : das Auseinander- oder Entzweireißen : die durch das Reißen entstandene Lücke : Ritze : Spalte : Kluft : (Mz.) Hiebe, Schläge ✶ **ris|sig** Ew.: mit Rissen : voller Spalten, Risse

Rist, der; –es, –e: Fußrücken, Spann : Handgelenk : Übergang des Halses in den Rücken bei Pferden und Wiederkäuern ✶ *Ristgriff; Risthieb:* ein bestimmter Fechthieb

Ris|te: s. Reiste

ris|tor|nie|ren (it.) (..iert) tr.: abschreiben : zurückschreiben ✶ **Ris|tor|no**, das; –s, –s: Rückbuchung : Rückvergütung (bes. Seeversicherungsprämie)

Ris|t|ret|to (it.), das; –s, –s und ..tri: kurzer Auszug : niedrigster Preis einer Ware

ri|tar|dan|do (it.): (Mus.) „zögernd", in der Schnelligkeit nachlassend; Abk.: rit.

ri|te (l.) Uw.: vorschriftsmäßig, ordentlich

ri|te|nu|to (it.): (Mus.) zurückhaltend, verhalten

Ri|tor|nell (it.), das; –s, –e: (Mus.) Kehrreim : Vor-, Zwischen- und Nachspiel der Instrumentalbegleitung beim Pausieren der Solostimme

Ri|tra|t|te (it.), die; –, –n: ein Rückwechsel

ritsch! Ausruf: s. ratsch

Ritt, der; –(e)s, –e: das Reiten : Fortbewegung zu Pferde ✶ *Rittmeister:* Kavallerieoffizier ✶ **Rit|ter**, der; –s, –: berittener, schwerbewaffneter Krieger : tapferer Kämpfer : Edelmann : im Mittelalter Kriegerstand mit besonderer Ausbildung und besonderen Idealen : ein galanter Mann : Mitglied des Ritterordens : Besitzer des (Ritter-)Ordens : Adliger, Rittergutsbesitzer : der auf den Schützenkönig Folgende : (übertr.) (arme – Mz.) eine Speise : (Schachsp.) Springer : (weidm.) Retter, Windhund : eine Schmetterlingsart : eine Forellenart : eine Stachelschnecke ✶ *Ritterakademie:* Erziehungsanstalt des Adels; *Ritterburg; ritterbürtig* Ew.: von Geburt dem Ritterstand angehörig; *Ritterdienst; Rittergut; Ritterkampf:* Turnier; *Ritterkreuz:* ein Orden; *Ritterleben; rittermäßig* Ew.; *Ritterorden; Ritterroman; Rittersaal; Ritterschar; Ritterschlag:* feierliche Handlung als Zeichen der Aufnahme in den Ritterstand, *Ritterschloß → Ritterschloss ; Ritterspiel; Rittersporn:* eine Pflanze; *Ritterzeit:* Mittelalter; *Ritterzug* ✶ *Rittersmann* ✶ **rit|ter|lich** Ew.: dem Ritterstand angehörig : einem Ritter gemäß ✶ **Rit|ter|lich|keit**, die; –, –en: das Ritterlichsein ✶ **Rit|ter|ling**, der;

–s, –e: Pilzart ✶ **Rit|ter|schaft**, die; –: Ritterwesen : Rittertum : der Adel des Landes ✶ **rit|ter|schaft|lich** Ew.: auf die Ritterschaft bezüglich: ihr gehörig ✶ **Rit|ter|tum**, das; –(e)s: das Ritterwesen : Ritterzeit : Ritterschaft ✶ **rit|tig** Ew.: reitgerecht : zugeritten ✶ **ritt|lings** Uw.: reitlings

Ri|tu|al (l.), das; –s, –e: feierliches zeremonielles Brauchtum ✶ *Ritualbuch; Ritualgesetz; Ritualhandlung; Ritualmord:* Mord zu rituellen Zwecken, Menschenopfer ✶ **Ri|tu|a|le**, das; –s: (kath. K.) Buch mit den Gottesdienstordnungen ✶ **Ri|tu|a|lis|mus**, der; –s: zum Katholizismus hinstrebende Strömung in der englischen Kirche ✶ **Ri|tu|a|list**, der; –en, –en: Anhänger des Ritualismus ✶ **ri|tu|ell** Ew.: zum Ritus gehörig ✶ **Ri|tus**, der; –, ..ten: feierlicher Brauch : kirchlicher Brauch

ritz!: Tonwort: ratsch ✶ **Ritz**, der; –es, –e: Ritze ✶ **ritz(e)rot** Ew.: sehr rot : knallrot ✶ **Rit|ze**, die; –, –n: Riss : Spalte : Schramme : kleine Wunde : (Bergb.) Schram(m) : Schlitz ✶ **rit|zen** tr.: Ritze in etwas machen : kratzen ✶ *Ritzeisen* ✶ **rit|zig** Ew.: voller Ritze : geritzt ✶ **Rit|zel**, das; –s –: kleines, wenig gezahntes Zahnrad

Ri|val (l.) [..w..], der; –s und –en, –en; **Ri|va|le**, der; –n, –n: Nebenbuhler : Mitbewerber ✶ **ri|va|li|sie|ren** (..iert) intr.: wetteifern ✶ **Ri|va|li|tät**, die; –, –en: Nebenbuhlerschaft : Eifersucht : Wettstreit ✶ *Rivalitätskampf*

Ri|vi|e|ra [..w..], die; –: schmaler Küstensaum am Mittelmeer

Ri|zi|nus (l.), der; –, – und –se: Wunderbaum, trop. Pflanzengattung ✶ *Rizinusöl:* ein Medikament aus den Samen des Rizinus, Abführmittel

r.k. (Abk.): römisch-katholisch

RNS (Abk.): Ribonukleinsäure

Roads|ter (e.) [rohdst'r], der; –s, –: zweisitziger, offener Kraftwagen

Roast|beef (e.) [rohstbihf], das; –s, –s: Rostbraten

Rob|be, die; –, –n: (niederd.) Meersäugetier mit Flossenfüßen ✶ *Robbenfang; Robben-*

fänger; Robbenfell; Robbenfett; Robbenschlag; Robbenspeck; Robbentran ✳ **rob|ben** intr.: wie eine Robbe kriechen

Rob|ber (e.), der; –s, –: Doppelpartie im Whistspiel

Ro|be (dtsch.-fr.), die; –, –n: Amtstracht : Festkleid : kostbares Abendkleid

Ro|bi|nie, die; –, –n: unechte Akazie

Robin|so|na|de, die; –, –n: Abenteurergeschichte eines Schiffbrüchigen

Ro|bot (slaw.), die; –, –en der; –(e)s, –e: (veralt.) Frondienst : Arbeit am laufenden Band ✳ **ro|bo|ten** (robotet) intr.: Frondienst tun : (am laufenden Band) schwer arbeiten ✳ **Ro|bo|ter**, der; –s, –: Fröner : Schwerarbeiter : mechanisierter Mensch : elektron. gesteuerter Arbeitsautomat ✳ *Robotflugzeug:* Flugzeug mit selbsttätiger Steuerung

Ro|bu|rit (l.), der; –(e)s: ein Ammoniumnitrat, Gesteinssprengstoff

ro|bust Ew.: stark : vierschrötig ✳ **Ro|bust|heit**, die; –: Unempfindlichkeit : Stärke [l. robur Steineiche, Stärke]

Ro|caille (fr.) [rokaj'], die; –, –s: Muschelornament des Rokoko

Ro|cha|de (fr.) [roschade' oder rochahde], die; –, –n: ein Schachzug mit Turm und König ✳ **Ro|che** [rosch], der; –n, –n: (Schachsp.) Turm ✳ **ro|chie|ren** (..iert) [..schieren] intr.: (Schachspiel) die Rochade machen

Ro|che, der; –ns, –n; **Ro|chen**, der; –s, –: ein Seefisch

Roche|fort [roschfor]: Stadt in Frankreich

rö|cheln (ich ..[e]le) intr.: mit raschelndem Geräusch atmen (meist von Sterbenden)

Ro|chen: s. Roche

Ro|cher de bron|ze (fr.) [roscheh d' brongs'], der; – – –, –s – –: eherner Fels : unerschütterliche Festigkeit ✳ **ro|chieren**: s. Rochade

Ro|chett (l.) [rosch..], das; –s, –s: Chorhemd höherer kathol. Geistlicher

Ro|chet|te (fr.) [roschett'], die; –: levantinische Salzasche zur Glasbereitung

Rock, der; –(e)s, Röcke; Röckchen, Röcklein: den Oberkörper umhüllendes Kleidungsstück des Mannes : den Unterkörper umhüllendes Kleidungsstück der Frau : Rasenbedeckung der Deichseiten : (übertr.) etwas Bedeckendes, Verhüllendes ✳ *den grauen Rock anziehen:* Mönch werden; *schwarze Röcke:* Pfaffen ✳ *Rockfalte; Rockform; Rockfutter; Rockknopf; Rockkragen; Rocksaum; Rockschoß; Rocktasche; Rockzipfel*

Rock (e.), der; –s: Kurzform für ✳ **Rock|mu|sik**, eine Richtung der Popmusik ✳ *Rockfestival; Rockgruppe; Rockmusik; Rocksänger; Rocksängerin*

Rock: märchenhafter Riesenvogel

Ro|cke|fel|ler: amerikanischer Industrieller ✳ *Rockefellerinstitut:* amerikanisches Forschungsinstitut

Ro|cken, der; –s, –: ein Spinngerät : Kunkel ✳ *Rockenblatt:* Rockenbrief; Rockenbolle: Perlzwiebel; Rockenbrief: den Flachs am Rocken zusammenhaltendes Papier; *Rockenspindel; Rockenstock:* Stock am Rocken mit dem zu spinnenden Flachs; *Rockenstube:* Spinnstube; *Rockenweisheit:* Altweiberweisheit; *Rockenzunft:* Zunft der Spinnerinnen

Ro|cker, der; –s, –: Mitglied einer Motorrad fahrenden Jugendgruppe, die durch Provokationen aufzufallen versucht und als Attribute Lederkleidung trägt : Rockmusiker ✳ *Rockerbraut:* Freundin eines Rockers

Rock 'n' Roll (e.) [rock'n'rohl], der; –, –s: „Rütteln und Rollen", ein amerikanischer Tanz

Ro|cky Moun|tains [rocki mauntens]: Felsengebirge in den USA

Ro|de|ha|cke: s. roden

Ro|del, der; –s, –: Rolle : Register : Verzeichnis : Läusekraut, eine Pflanze ✳ **Ro|del**, die; –, –n: flacher Sportschlitten ✳ *Rodelbahn; Rodelschlitten* ✳ **ro|deln** (ich ..[e]le) intr.: mit dem Rodelschlitten fahren ✳ **ro|deln** (ich ..[e]le) intr.: balzen (vom Birkhahn) ✳ **Rod|ler**, der; –s, –: einer, der rodelt

ro|den tr.: reuten : rotten : urbar machen : mit den Wurzeln entfernen ✳ *Rodeaxt; Rodehacke; Rodehaue; Rodeland; Rodezehent:* Zins, Steuer von Rodeland ✳ **Ro|dung**, die; –, –en: das Urbarmachen

Ro|deo (span.), der; –s, –s: Reitturnier der amerikanischen Cowboys

Ro|dung: s. roden

Ro|ga|te (l.) der; –: „bittet!", Name des fünften Sonntags nach Ostern ✳ **Ro|ga|ti|on**, die; –, –en: Fürbitte [l. rogare bitten]

Ro|gen, der; –s, –: Fischeier ✳ *Rogenbarsch; Rogenfisch; Rogenhecht; Rogenhering; Rogenstein:* eine Art Kalkstein

Rog|gen, der; –s: eine Getreideart, das Brotgetreide ✳ *Roggenähre; Roggenanleihe:* Sachwertanleihe (Werteinheit: 1 Ztr. Roggen); *Roggenbrot; Roggenernte; Roggenfeld; Roggengras; Roggenkleie; Roggenkloß; Roggenmehl; Roggenmuhme; Roggenmutter:* Mutterkorn; *Roggensaat; Roggenstroh; Roggentrespe; Roggenwolf:* große Grasheuschrecke ✳ **rog|gen** Ew.: aus Roggenmehl : von Roggen

roh Ew.: unbearbeitet : ungeschliffen : grob : (Seide) unversponnen : (Schwefel) ungeläutert : (Steine) unbehauen : (Speisen) noch nicht zubereitet : unreif : ungekocht : (übertr.) ungebildet : ungesittet : unzart : derb : plump : wild : (mundartl.) rau ✳ *Roharbeit:* erstes Schmelzen der Erze zur Gewinnung des Rohsteins; *Rohbau:* unverputzter Bau; *Rohbaumwolle; Rohblech; Roheisen; Rohgang:* erste Stufe beim Frischen des Eisens; *Rohgewicht:* Bruttogewicht; *Rohkost:* ungekochte Nahrung; *Rohköstler*, der; –s, –: einer, der von ungekochter Nahrung lebt; *Rohlech:* Rohstein; *Rohmaterial; Rohnessel:* ungebleichter Nessel; *Rohnickel; Rohöl; Rohölmotor; Rohprodukt; Rohproduktenhändler; Rohschlacke; Rohschrift:* Konzept; *Rohseide; Rohstahl; Rohstein:* durch Schmelzen der Erze gewonnenes Gestein; *Rohstoff; Rohstoffverarbeitung; Rohta-*

bak; *Rohübersetzung; Roh-wolle; Rohzucker:* nicht raffinierter Zucker; *Rohzustand* ❋ **Roh|heit** → **Roh|heit,** die, –, –en: Unkultur : Herzlosigkeit : Unmenschlichkeit ❋ **Roh|ling,** der, –s, –e: roher, ungebildeter Mensch : noch zu bearbeitendes Werkstück

Rohheit
Zusammensetzungen sollen soweit wie möglich erkennbar bleiben. Dies soll künftig auch in der Schreibung deutlich werden, daher *Rohheit* mit *-hh-*. Ebenso: *Zähheit.*

Rohn, der; –(e)s, –e: **Roh|ne,** die, –, –n: gebrochener Baumstamm : Windbruch

Rohr, das; –(e)s, –e: Röhrchen: hohlschäftige Pflanzen : hohe Gräserart : Leitung für Flüssigkeiten und Gase : Röhre : in Blasinstrument : Gewehr-, Geschützlauf : Backofen ❋ *Rohrammer:* Rohrsperling, ein Vogel; *Rohrblatt; Rohrbreite:* mit Rohr bestandene Fläche; *Rohrbruch; Rohrdach; Rohrdickicht; Rohrdommel:* ein Reihervogel; *Rohrdrossel:* kleiner Singvogel; *Rohrfalk:* Fischaar; *Rohrflöte; Rohrfrosch; Rohrführer:* Führer des Wasserrohrs bei der Feuerwehr; *Rohrgebüsch; Rohrgeflecht; Rohrgras; Rohrhalm; Rohrhobel; Rohrhuhn:* Teichhuhn; *Rohrkamm; Rohrkolben; Rohrkröte; Rohrlauf; Rohrleger; Rohrleitung; Rohrmöbel; Rohrnetz; Rohrnudel:* im Rohr gebackene Nudel; *Rohrpfeife; Rohrpost:* Anlage zur Beförderung von Postsendungen mittels Druckluft durch Rohre; *Rohrpostkarte; Rohrpost-*Rohrdommel; *Rohrrücklaufgeschütz; Rohrsänger:* ein Vogel; *Rohrschmied; Rohrsparren:* Sparren für Rohrdächer; *Rohrspatz; Rohrstock; Rohrstuhl; Rohrteich; Rohrwerk:* s. Rohricht; *Rohrzange; Rohrzirkel:* Dickzirkel zum Messen der Eisenstärke des Gewehrlaufs; *Rohrzucker:* s. Zucker ❋ **Röh|re,** die, –, –n; Röhrchen, –lein: Rohr : Durchbohrung, Zugang zum Bau der Röhrenwildes : (Rdfk.) Elektronenröhre ❋ *Röhrbrunnen; Röhrkasten:* Brunnenkasten; *Röhr-*

knochen: röhrenförmiger Knochen; *Röhrmeister:* Brunnenmeister; *Röhrtrog:* Brunnentrog; *Röhrwasser:* in Röhren fortgeleitetes Wasser ❋ *Röhrenbewässerung; Röhrenbohrer; Röhrenbohrmaschine; Röhrenbrunnen; Röhrenembargo; Röhrenfahrt:* eine Anzahl Wasserleitungsröhren; *Röhrenfisch; röhrenförmig* Ew.; *Röhrenleitung; Röhrenpilz; Röhrenprüfgerät; Röhrenqualle; Röhrenschnecke; Röhrenwasser* ❋ **röh|reln** (ich ..[e]le) tr.: pfeifen, hupen ❋ **röh|ren** Ew.: aus Rohr bestehend ❋ **roh|ren** tr., intr.: Rohr mähen : mit Rohr versehen, bekleiden : beröhren ❋ **roh|richt, roh|rig, röh|richt, röh|rig** Ew.: mit Rohr oder Röhren versehen : rohr- oder röhrenförmig ❋ **Röh|richt,** das; –(e)s, –e: Rohrdickicht ❋ **Röhr|ling,** der; –s, –e: eine Pilzgattung **röh|ren** intr.: brüllen (vom Hirsch zur Brunstzeit)

Röhr|ling: s. Rohr

ro|jen intr.: (seem.) rudern : (altmärk.) rühren

Ro|kam|bo|le (dtsch.-span.), die, –, –n: Rockenbolle, eine Art Lauch : „Rock" im Lomber

ro|ko|ko (fr.) Ew.: im Rokokostil ❋ **Ro|ko|ko,** das, –s: ein Kunst- und Lebensstil der Zeit um 1730 bis 1780

Ro|land, m. En.: Ritter Karls d. Gr. ❋ *Rolandsbogen:* Burgruine am Rhein; *Rolandslied; Roland(s)säule:* ehem. Zeichen der Gerichtsbarkeit in Städten

Roll|la|den → **Roll|laden,** der; –s, – und ..läden: Fenster- und Schrankverschluss zum Niederrollen ❋ *Rolladenschrank* → *Rollladenschrank*

Rol|le (l.), die, –, –n: Röllchen: etwas Walzenförmiges : etwas Gerolltes : um ihre Achse drehende Scheibe : sich rollende Walze : um ihre Achse sich drehende Walze : Wäschemangel : drehbare Walze zum Aufwinden von Garn usw. : etwas Zusammengerolltes : Kegelschnecke : tütenförmiges Backwerk : (Baukst.) Steine mit Schnörkeln in Form zusammengerollten Papiers : ein Maß für Garn usw., soviel, wie auf eine Rolle aufgewickelt

wird : Vorrichtung, etwas darauf rollen, rutschen zu lassen : Pferdeschelle : lose Manschette : aufgerolltes (Pergament-)Schriftstück : textgebundene Darstellung von Bühnengestalten durch Schauspieler : (übertr.) die auf Wesensart beruhende Handlungsweise eines Menschen : (seem.) zugeteilte Arbeit ❋ *eine klägliche Rolle spielen* ❋ *Rollenband:* auf Rollen gewickeltes Band; *Rollenbesetzung; Rollenblase; Rollenbohrer:* Drillbohrer; *Rollenfach; rollenförmig* Ew.; *Rolleneid; Rollenschnecke; Rollentabak; Rollentausch; Rollenverteilung; Rollenwickler:* Rollendreher ❋ **rol|len** intr.: sich wie ein Rad fortbewegen : (Flüssigkeit) sich schnell bewegen : sich auf der Eisenbahn fortbewegen : dumpf und hohl tönen wie rollende Kugeln : (mundartl.) ausgelassen toben : (Fuchs und Dachs) rammeln; tr.: etwas kugelnd bewegen : rollend fortbewegen : durch eine Rolle sieben : (Wäsche) – : mit der Rolle glätten : (Getreide –) zwischen den Mühlsteinen enthülsen : in die Form einer Rolle bringen, wickeln; rbz.: sich rollend bewegen : sich wälzen : zusammenrollen ❋ *Rollbahn; Rollbank; Rollboden; Rollbrett; Rollbrücke; Rollfahrstuhl; Rollfeld:* Start- und Landestelle eines Flugplatzes; *Rollfilm; Rollfuhrdienst; Rollfuhrmann; Rollgeld:* Gebühr für An- und Abrollen von Frachtgut; *Rollgeschäft; Rollkragen; Rollkunstlauf; Rollmops:* gerollter Hering; *Rollschiene; Rollschinken; Rollschrank; Rollschuh; Rollschuhbahn; Rollschwanz; Rollsitz; Rollsplitt; Rollstuhl; Rolltabak; Rolltreppe; Rollvorhang; Rollwagen; Rollzeit* ❋ **Rol|ler,** der: –s, –: jemand, der rollt : (Kanarien-)Vogel mit rollendem Gesang : Rollfuhrmann : berädertes Laufbrett als Spielzeug : Name von Tieren : Schießgewehr für Rollkugeln ❋ *Rollerskates:* der Roller ❋ **rol|lern** (ich ..ere) intr.: mit dem Roller (Spielzeug) fahren ❋ **rol|lig** Ew.: läufisch : Geröll bildend

Rolllo, Rolllo, das; –s, –s: aufrollbarer Vorhang

Rom, Roma: Hauptstadt von Italien ✳ *Romfahrer; Rompilger; Romreise* ✳ **Romaline,** der; –n, –n: Angehöriger eines Volkes, dessen Sprache aus dem Lateinischen hervorgegangen ist ✳ **Romalnik,** die; –: Kunststil im 11. und 12. Jh. ✳ **rolmalnisch** Ew.: in der Sprache der Romanen : auf die Romanen bezüglich : römisch : auf die Romanik bezüglich ✳ **rolmalnilsielren** (..iert) tr.: römisch machen : dem romanischen Kunststil angleichen ✳ **Rolmalnilsmus,** der; –, ..men: Römertum : römische Wesensart : romanische Rechts-, Spracheigentümlichkeit : Katholizismus : Papismus ✳ **Rolmalnist,** der; –en, –en: Kenner der romanischen Sprachen und Literaturen: Kenner und Pfleger des römischen Rechts : Anhänger der römisch-katholischen Glaubenslehre ✳ **Rolmalnistik,** die; –: Wissenschaft der romanischen Sprachen und Literaturen : Lehre des römischen Rechts ✳ **rolmalnisltisch** Ew.: den Romanismus, die Romanistik betreffend ✳ **rölmeln** (ich ..[e]le) intr.: (in tadelndem Sinn) der von Rom als Mittelpunkt der römisch-katholischen Kirche ausgehenden Richtung huldigen ✳ **Rölmer,** der; –s, –: Einwohner von Rom : Angehöriger des alten römischen Reiches : bauchiges Rheinweinglas : Rathaus in Frankfurt a. M. ✳ **Rölmerbrief:** Brief des Apostels Paulus an die Römer; *Römertopf:* von der Firma E. Bay hergestellter Keramik-Brattopf ✳ **Rölmerltum,** das; –(e)s: Wesen der Römer ✳ **rölmisch** Ew.: auf Rom und die Römer bezüglich, dazugehörig : aus Rom stammend : römisch-katholisch ✳ **Rölmling,** der; –s, –e: (verächtl.) Katholik

Rom, der; –, –a: „Mensch“, Selbstbezeichnung der früher Zigeuner genannten Volksgruppe ✳ **Rolmalnes,** das; –: Sprache der Roma

ROM (Abk.), das; –s, –s: Read Only Memory: (EDV) Informationsspeicher, aus dem nur gelesen werden kann

Rolmaldur, Rolmaldour (fr.), der; –s: Ziegenkäse : Weichkäse

Rolmalgna [..manja]: oberital. Landschaft

Rolman (fr.), der; –s, –e: eine ein Zeit- oder Weltbild wiedergebende große erzählende Prosadichtung ✳ *romanartig* Ew.; *Romandichter; Romanheld(in); Romanliteratur; romanmäßig* Ew.; *Romanschreiber; Romanschriftsteller* ✳ **Rolmanlcier** (fr.) [romangßieh], der; –s, –s: Romanzendichter : Romanschreiber ✳ **rolmanlhaft** Ew.: erdichtet : abenteuerlich : schwärmerisch ✳ **Rolmanltik** (nl.), die; –: romantisches Wesen : (um 1800) geistige und literarische Strömung ✳ **Rolmanltiker,** der; –s, –: Vertreter der romantischen Schule : (übertr.) Gefühlsschwärmer ✳ **rolmanltisch** Ew.: im Geist und Geschmack der Romantik : dichterisch schön : malerisch : anmutsvoll : gefühlbetont : abenteuerlich ✳ *romantischer Klassizismus* ✳ **Rolmanltizlismus,** der; –: Nachahmung der Romantik ✳ **Rolmanlze** (span.), die; –, –n: im Volkston gehaltene lyrisch-epische Dichtung ✳ *Romanzenzyklus* ✳ **Rolmanlzelro,** der; –s, –s: Sammlung von Romanzen

rolmalnisch, rolmalnisltisch: s. Rom

Rolmanltik: s. Roman

Rolmanlze: s. Roman

Rolmaunsch, das; –: rätoromanische Sprache (noch heute im Engadin) ✳ **rolmaunsch** Ew.: auf das Romaunsche bezüglich

Rölmer: s. Rom

rölmisch: s. Rom

Rolmit, das; –(e)s: ein Sprengstoff

Römlling: s. Rom

Romlmé, Romlmee (fr.) [rommeh], das; –s: Kartenspiel

Ronlde (fr.) [rongd'], die; –, –n: Streifwache : Rundgang eines Offiziers zur Kontrolle der Wachen ✳ *Rondengang* ✳ **Ronlde** [rongd'], die; –: eine Schriftart ✳ **Ronldeau** [rongd'], das; –s, –e: Rundturm : rundes Gartenbeet : Rundfläche ✳

Ronldo (it.) [rondo], das; –s, –s: Ringelgedicht : (Mus.) Rundgesang mit Kehrreim : Satz eines Musikstücks mit wiederkehrendem Hauptthema

Röntlgen: deutscher Physiker ✳ *Röntgenapparat:* Durchleuchtungsapparat; *Röntgenaufnahme; Röntgenbehandlung; Röntgenbestrahlung; Röntgenbild; Röntgendiagnostik; Röntgenröhre; Röntgenspektroskopie; Röntgenspektrum; Röntgenstrahl; Röntgentechnik; Röntgentherapie; Röntgenuntersuchung* ✳ **röntlgen** (geröntgt) tr.: mit Röntgenstrahlen durchleuchten, bestrahlen ✳ **Röntlgelnolgramm,** das; –s, –e: Röntgenbild ✳ **Röntlgelnollolge,** der; –n, –n: Facharzt für Röntgenbehandlung ✳ **Röntlgelnollolgie,** die; –, ..gien: Wissenschaft von den Röntgenstrahlen und ihrer Anwendung ✳ **röntlgelnollolgisch** Ew.: die Röntgenologie betreffend

Roolming-in (e.) [ruhming in], das; –s, –s: Möglichkeit für Mutter und Kind, nach der Entbindung gemeinsam in einem Krankenhauszimmer untergebracht zu sein

Roquelfort (fr.) [rockfor], der; –s, –s: Edelpilzkäse (nach dem gleichnamigen fr. Dorf)

Rolralte (l.), die; –, –n: „tauet“, in der Adventszeit gehaltene Messe

rölren: röhren, s. Rohr

Rorlschach: schweiz. Stadt am Bodensee

rolsa (l.) Ew.: rosenrot, hellrot ✳ *Rosaband; rosafarben* Ew.; *rosafarbig* Ew.; *rosarot* Ew. ✳ **Rolsa,** das; –s, –s: Rosenfarbe ✳ **Rolsalnillin,** das; –s: ein chem. Farbstoff ✳ **Rolsalrilum,** das; –s, ..rien: Rosenanpflanzung : Rosenkranz

rösch Ew.: barsch : spröde : hart : knusprig : hart gebacken, gebraten : (bergm.) grob, grobkörnig ✳ **Rölsche,** die; –, –n: Gefälle : Knusprigkeit : (bergm.) unterirdischer Ableitungsgraben

Rolse, die; –, –n: (Med.) Rotlauf, eine fieberhafte Hautentzündung ✳ *Gesichtsrose; Gürtelrose* ✳ **Rolselolle** (l.), die; –: (Med.) ein Hautausschlag

Ro**se** (l.), die; –, –n; Röschen, Röselein, Röslein, Rösel: eine Strauchgattung : (Baukst.) rosenförmige Verzierung : (Goldschmiedekst.) ein unten flach, oben zu dreiseitigen Facetten geschliffener Schmuckstein : nach Windstrichen eingeteilte Kompassscheibe : (weidm.) kreisförmige Erhabenheit am Geweihansatz des Hochwildes ✶ *Rosenapfel:* eine Apfelsorte : Name von Pflanzen : Hagebutte; *Rosenau; Rosenband; Rosenbaum:* hochstämmige Rose : Alpenrose : Oleander; *Rosenbeet; rosenbekränzt* Ew.; *Rosenblatt; Rosenblattlaus; Rosenbusch; Rosendorn; Rosendrossel; Rosenduft; Rosenessig; Rosenfarbe; rosenfarben* Ew.; *rosenfarbig* Ew.; *Rosenfest; rosenfingerig* Ew.; *Rosengallwespe; Rosengarten; Rosengebüsch; Rosenhecke; Rosenhochzeit:* (Umgspr.) 10. Hochzeitstag; *Rosenholz; Rosenhonig; Rosenhügel; Rosenkäfer; Rosenkette; Rosenknopf:* eine Art Blasenschnecke; *Rosenknospe; Rosenkohl; Rosenkranz:* Kranz von Rosen : Gebetsschnur : Gebetsreihenfolge in der kath. Kirche und bei den Moslems : eine Art Polyp; *Rosenlaube; Rosenlicht; Rosenmonat; Rosenmontag:* Montag vor Fastnachtsdienstag; *Rosenmontagszug; Rosenmund; Rosenöl; Rosenpappel:* Malve; *Rosenquarz:* Abart des Quarzes, Schmuckstein; *rosenrot* Ew.; *Rosenschau; Rosenschimmer; Rosenschwamm:* Galle der Rosengallwespe; *Rosensonntag:* Sonntag Lätare; *Rosenstein:* geschliffener Schmuckstein; *Rosenstock; Rosenstrauch; Rosenstrauß; Rosenwange; rosenwangig* Ew.; *Rosenwasser; Rosenweide:* eine Pflanze; *Rosenwolke; Rosenzeit; Rosenzucker; Rosenzweig* ✶ Ro**se**i**n,** das; –s: „Rosenstoff", ein Farbstoff ✶ ro**sen** Ew.: aus Rosen bestehend ✶ ro**sen**haft Ew.: rosenartig ✶ Ro**set**te, die; –, –n: „Röschen", Verzierung in Form einer Rose : Schmucksteinschliff ✶ ro**set**tie**ren** (..iert) tr.: mit Goldröschen besetzen : zur Rose schleifen ✶ ro**sig** Ew.: rosenhaft : rosenrot : (übertr.) erfreulich, heiter ✶ *rosigweiß → rosig weiß*

Ro**se**i**n:** s. Rose

ro**sen**rot: s. Rose

Ro**se**o**le, Ro**set**te: s. Rose

Ro**si**nan**te,** die; –, –n: Don Quichotes Pferd : alter Droschkengaul

Ro**si**ne (ml.), die; –, –n: getrocknete Weinbeere ✶ *Rosinenbrot; Rosinenkuchen; Rosinenstollen; Rosinenstrauch; Rosinenwein*

Ros**ma**rin (l.), der; –s, –e: Meertau, ein immergrüner Gewürzstrauch der Mittelmeerländer ✶ *Rosmarinöl; Rosmarinstrauch; Rosmarinwasser; Rosmarinzweig*

Ro**so**lio (it.), der; –s, –e: Würzbranntwein aus Rosenblättern

Roß **→ Ross,** das; Rosses, Rosse; Rösschen, Rösslein, Rössel: Pferd : Handwerkerbank, einen Reitersitz ähnlich : (Baukst.) zwei übereinander liegende Träger oder Balken : (Bergbau in Ungarn) ein Kohlenmaß : (Schachsp.) Springer : Teil des Strumpfwirkerstuhls : (schweiz.) Geflecht : Scheiterhaufen ✶ *Roßameise → Rossameise; Roßapfel → Rossapfel:* Roßmist; *Roßhaar → Rosshaar; Roßhaarmatratze → Rosshaarmatratze; Roßkamm → Rosskamm:* Pferdestriegel : Pferdehändler; *Roßkastanie → Rosskastanie; Roßkur → Rosskur; Roßpappel → Rosspappel; Roßschinder → Rossschinder; Roßschweif → Rossschweif; Roßtauscher → Rosstauscher:* Pferdehändler : Pferdekamm ✶ Rös**sel,** das; –s, –: Springer, Figur im Schachspiel ✶ Rös**sel**sprung, der; –es, ..sprünge: Zug beim Schach : Silbenrätselart ✶ ro**ssen** intr.: (von Stuten) brünstig sein ✶ ro**ssig** Ew.: rossend

Roß, das; –es, –e: (obd., obersächs.) Honigwabe ✶ *Roßenhonig:* Wabenhonig ✶ Ro**ße,** die; –, –n: Zellenscheibe der Bienen

Ross, Roß

Ist der Vokal vor dem ß kurz auszusprechen, schreibt man ss: das Ross (Pferd), der Kuss,

ich muss. Ist der Vokal ein lang auszusprechender, schreibt ß: das Roß (die Wabe), der Gruß, die Muße.

Rös**sel:** s. Ross

Rö**ßen**ho**nig:** s. Roß

Rost, der; –es, –e: (obd.) Heizgitter : Gitter zum Sieben von Erzklein : (Hüttw.) Raum, in dem Erze geröstet werden : der zum Rösten aufgeschüttete Erzhaufen : Ergebnis der Erzröstung : Kalkhaufen zum Kalkbrennen : Visier : (Baukst.) Unterlage aus Schwellen und Bohlen zur Aufführung des Grundbaues in Sumpfböden ✶ *Rostbett:* (Hüttw.) Erzrost : Röster; *Rostbraten; Rostbratwurst; Rosthaus; Rostschwelle; Roststab* ✶ Ro**ste,** die; –, –n: Ofenrost : Bratrost ✶ Rö**ste,** die; –, –n: Röstvorrichtung : geröstete Speise : das Rösten des Hanfes oder Flachses : der Ort dazu : der röstende Hanf oder Flachs ✶ rö**sten** tr., intr.: braten : rösten : durch Hitze dörrend bräunen : (Hüttenw.) glühend machen : (Landw.) durch Feuchtigkeit mürbe machen ✶ *Röstbrot:* Toast; *Rösthaus; Rösthütte; Röstkartoffeln:* Bratkartoffeln; *Röstposten; Röstschicht; Röstschlacke* ✶ Rö**ste**rei, die; –, –en: das Rösten : Betrieb, in dem geröstet wird ✶ Rö**stung,** die; –, –en: das Rösten

Rost, der; –es: braunrote Schicht, mit der sich Eisen durch Einwirkung der feuchten Luft überzieht : (übertr.) : was Schlechtes, Entstellendes : Sinter : eine Anzahl Pflanzenkrankheiten, Brand ✶ *Rostansatz; rostbraun* Ew.; *Rostfarbe; rostfarben* Ew.; *rostfarbig* Ew.; *Rostflecken; Rostpapier; Rostpilz; Rostschutz; Rostschutzmittel; Rostweihe:* ein Vogel ✶ ro**sten** intr.: Rost, Rostflecke bekommen : rostig werden; tr.: rosten machen ✶ ro**stig** Ew.: mit Rost bedeckt : verrostet : eingerostet : rostfarben : (übertr.) unbrauchbar, faul

ro**sten, ro**stig: s. Rost

Ros**tock:** Stadt in Mecklenburg

Ros**tra** (l.) Mz.: röm. Rednerbühne auf dem Forum

Ros|t|ral: s. Rastral

rot Ew. (röter; rötest): die am äußeren Rande des Spektrums, Violett gegenüberliegende Farbe habend : die Farbe des Blutes habend : die Farbe der Liebe : (übertr.) Bezeichnung der Farbe linksgerichteter Parteien ✳ *wie ein rotes Tuch wirken:* aufreizend wirken ✳ die Rote-Armee-Fraktion: terroristische Vereinigung in Deutschland, Abk.: RAF ✳ *der rote Faden:* Leitgedanke, -linie; *die Rote Erde:* Westfalen als Sitz der Femgerichte; *die rote Hahn:* Feuer, Feuersbrunst; *der Rote Halbmond:* türkische freiwillige Kriegskrankenpflege; *das Rote Kreuz:* eine internationale Wohltätigkeitsorganisation : freiwillige Krankenpflege : im Kriege Zeichen der Neutralität für Kranke, Verwundete, Lazarette und Pflegepersonal; *Rote-Kreuz-Schwester; Rotkreuzschwester; das Rote Meer:* Meer zwischen Afrika und Asien ✳ *Rotalgen:* scharlachfarbene Algen in tieferen Wasserschichten; Rhodophyzee; *Rotauge:* Person oder Tier mit roten Augen : Plötze (Fisch) : eine Schneckenart; *rotäugig* Ew.; *rotbäckig* Ew.; *Rotbarsch:* ein Fisch; *Rotbart:* roter Bart : Person mit rotem Bart : Fluss- und Meerbarbe : Rotkehlchen : eine Entenart; *Rotbaum:* Lärche; *Rotbeere:* Erdbeere; *Rotbein:* eine Strandläuferart; *Rotbleierz:* ein Mineral; *Rotblindheit:* Blindheit für rote Farben; *rotblond* Ew.; rotbraun Ew.; *Rotbruch:* beim Eisenglühen entstandene Risse in Eisen; *rotbrüchig* Ew.: Rotbruch haben : kernfaul, rotfaul, rothart, rotköpfig, rotseitig (sein) (von Bäumen); *Rotbrust:* Rotkehlchen; *Rotbuche:* ein Baum; *Rotdorn:* rotblütiger Hagedorn; *Rotdrossel; Roteiche; Rotente; Roterle:* ein Baum; *rotfaul* Ew.: kernfaul, rotbrüchig; *Rotfeder:* Name von Fischen mit roten Flossen; *Rotfichte:* ein Baum; *Rotfilter:* (Fotografie) roter Farbfilter; *Rotfink:* ein Vogel; *Rotfisch:* eine Art Lachs : Barsch; *Rotfleck:* ein Schmetterling; *Rotfuchs; Rotgans:*

Baumgans; *rotgelb* Ew.; *Rotgerber(ei):* Lohgerber(ei); *Rotgießer(ei):* Tombakgießer(ei) (vgl. Gelbgießerei); *Rotgimpel:* Dompfaff; *rot glühend* Ew.; *Rotgrünblindheit:* Farbenblindheit für Rot und Grün; *rotgültig* Ew. (Erz mit reichem Silbergehalt); *Rotguß* → *Rotguss:* Tombak (vgl. Rotgießerei); *rothaarig* Ew.; *Rothänfling:* ein Vogel; *Rothaut:* abwertend für Indianer; *Rothirsch:* Edelhirsch; *Rotholz:* rote Färbehölzer, bes. Pernambukholz; *Rothuhn; Rothut:* Kardinal; *Rotkäppchen:* Märchenfigur : Kind mit rotem Käppchen; *Rotkehlchen:* ein Vogel; *Rotkohl; Rotkraut; Rotlauf:* Rose : Schweinethyphus; *Rotlicht; Rotlichtbestrahlung; Rotlichtlampe; Rotliegende,* das; -n: (Geol.) älteste Stufe des Perm; *rotnasig* Ew.; *Rotrock; Rotschimmel:* ein rostrot gescheckter Schimmel; *Rotschmied; Rotschwänzchen:* Singvogelgattung; *rotseitig* Ew.: kernfaul, rotbrüchig; *Rotspon;* der; -s: (mundartl.) Rotwein; *Rotstein:* Rotstift : Rötel; *Rotstift:* roter Buntstift; *Rottanne:* ein Nadelbaum; *rotwangig* Ew.; *Rotwein; rotwelsch* Ew.; *Rotwelsch:* Gaunersprache, Kauderwelsch; *Rotwild:* Edel-, Hirschwild; *Rotwurst:* Blutwurst ✳ **Rot,** das; -s: die rote Farbe ✳ **Rö|te,** die; -, -n: das Rotsein : das Rotwerden : rote Färbung : Pflanzenname ✳ **Rö|tel,** der; -s, -: Rotstein : Rotstift : Rötelein ✳ **Rö|te|lein,** das; -s, -: Rotforelle : Rotkehlchen : rotfarbiges Rind ✳ **Rö|teln** Mz.: eine Infektionskrankheit ✳ *röteln* (ich ..[e]le) tr.: rötlich färben ✳ *Rötelschnur* ✳ **rö|ten** tr.: rot färben : (Flachs) rötten, rösten; rbz.: sich rot färben : rot werden; intr.: rot sein ✳ **Rö|tig,** der; -(e)s, -e: eine Pflanze ✳ **röt|lich** Ew.: ins Rot spielend : dem Rot ähnlich ✳ **Röt|ling,** der; -s, -e: Name von Vögeln, Fischen, Schmetterlingen, Äpfeln, Pilzen

der rote Hahn, das Rote Kreuz
Adjektive werden generell kleingeschrieben, auch wenn

sie Bestandteil fester Verbindungen sind: *der rote Hahn, der rote Faden.* Sie werden allerdings dann großgeschrieben, wenn sie als erster Teil eines Eigennamens fungieren: *Das Rote Kreuz, das Rote Meer.*

Röt, das; -(e)s: (Geol.) jüngste Stufe des Buntsandsteins

Ro|ta (l.), die; -: päpstlicher Gerichtshof an der römischen Kurie

Ro|tang (malay.), das; -s, -s: eine Palmengattung : spanisches Rohr ✳ *Rotangpalme; Rotangpeitsche*

Ro|ta|ry Club (e.), der; - -s: internationale Vereinigung von führenden Persönlichkeiten (unter dem Motto des Dienens) ✳ **Ro|ta|ri|er,** der; -s, -: Mitglied des Rotary Clubs

Ro|ta|ti|on (l.), die; -, -en: Drehung eines Körpers um seine Achse : kreisförmige Bewegung ✳ *Rotationsachse; Rotationsdruck; Rotationsfläche; Rotationskörper; Rotationsmagnetismus; Rotationsmaschine:* Schnelldruckpresse ✳ **ro|tie|ren** (..iert) intr.: sich um einen Mittelpunkt, um die eigene Achse drehen : (Umgspr.) hektisch agieren ✳ **Ro|tor** (nl.), der; -s, ..toren: ein umlaufender Teil einer elektr. Maschine : drehbarer Anker : Drehmast ✳ **Ro|to|rer,** der; -s -: Einmannhubschrauber ✳ *Rotorschiff:* Flettnerschiff, Schiff mit Drehmast

Rot|au|ge usw.: s. rot

Ro|ten|burg: Stadt in Niedersachsen : Stadt an der Fulda in Hessen

Ro|ter Halb|mond: s. rot

Ro|tes Kreuz: s. rot

Rot|haar|ge|bir|ge, das; -s: Teil des Rhein. Schiefergebirges

Ro|then|burg ob der Tau|ber: Stadt in Mittelfranken

ro|tie|ren, Ro|tor: s. Rotation

Rot|spon: s. rot

Rot|te, die; -, -n: das Rötten des Hanfes oder Flachses : der Ort zum Rötten : der röttende Hanf oder Flachs ✳ **rot|ten,** rötten intr.: faulend modern : zermürben; tr.: modern lassen ✳ **rot|tig** Ew.: moderig : verrottet; vgl. rösten unter Rost

Rot|te (ml.), die; -, -n: Schar :

Abteilung : Trupp : zusammengelaufener Haufen Menschen : (Seew.) zwei Torpedoboote einer Division : Rudel ✶ *Rottgesell:* Spießgesell; *Rottmeister:* Korporal ✶ *rottenartig* Ew.; *Rottenführer; Rottengeist; Rottenmacher; Rottenstifter; rottenweise* Ew. ✶ **rot**|**ten** tr.: eine Rotte bilden; rbz.: sich zusammenrotten ✶ **Rotte**|**rei,** die; –, –en: das Zusammenrotten ✶ Rottung ✶ **Rot**|**tung,** die; –, –en: das Zusammenrotten Rotterei

Rot|**ter**|**dam:** niederl. Hafenstadt

Rott|**weil:** württemberg. Stadt am Neckar ✶ **Rott**|**weiler,** der; –s, –: Hunderasse

ro|**tu**|**lie**|**ren** (..iert) (ml.) tr.: Akten ordnen ✶ **Ro**|**tu**|**lus,** der; –, ..li: Bündel Akten; s. Rodel

Ro|**tun**|**de** (l.), die; –, –n: Rundbau mit Kuppel : runder Saal

Rö|**tung:** s. rot

Rot|**welsch, Rot**|**wel**|**sche, rot**|**welsch:** s. rot

Rotz, der; –es, –e: Nasenschleim : eine Infektionskrankheit der Pferde ✶ *rotzbehaftet* Ew.; *Rotzbengel; Rotzbube:* Schimpfname; *Rotzdrüse; Rotzfahne:* (gew. R.) Taschentuch; *Rotzfisch:* Schleimfisch; *Rotzkolben:* Rotzfisch; *rotzkrank* Ew.; *Rotzlappen:* (stud.) Taschentuch; *Rotzlöffel:* naseweiser Laffe; *Rotznase:* Schmutznase : unreifer Jugendlicher ✶ **rot**|**zen** intr., tr.: Rotz auswerfen : Rotz fließen lassen ✶ **rot**|**zig** Ew.: voll Rotz : rotzkrank : frech

Roué (fr.) [rueh], der; –s, –s: Lebemann : Wüstling

Rou|**en** [ruang]: Stadt in Nordfrankreich

Rouge [ruhsch], das; –s, –s: Rot : rote Schminke ✶ **Rouge et noir** [ruhsch eh noahr], das; – – –: „Rot und Schwarz", ein franz. Glücksspiel

Rou|**la**|**de** (fr.) [ru..], die; –, –n: (Kochkst.) Gedeckröllchen : Fleisch-, Gemüseröllchen : (Mus.) Lauf ✶ **Rou**|**leau** [ruloh], das; –s, –s: aufzurollender Fenstervorhang, ältere Bez. für Rollo ✶ **Rou**|**lett** [ru..], das; –(e)s, –s: Rollscheibe : Rolläd-

chen (Werkzeug) : Glücksrad ✶ **rou**|**lie**|**ren** (..iert) [ru..] intr.: rollen : umlaufen

Roundtablekonferenz *auch:* **Round-Table-Kon**|**fe**|**renz** (e.) [raund teb'l –]: Aussprache am „runden Tisch" : zwanglose Diskussion

Rous|**sil**|**lon** [russijong]: südfranzösische Landschaft ✶ **Rous**|**sil**|**lon,** der; –s: ein französischer Süßwein

Rou|**te** (fr.) [rute], die; –, –n: Reiserichtung : Weg ✶ *Routenaufnahme; Routenverzeichnis* ✶ **Rou**|**ti**|**ne** [ru..], die; –: geübte Gewandtheit : Kunstfertigkeit : Übung ✶ *Routineangelegenheit; Routinesache; Routineüberprüfung; Routineuntersuchung* ✶ **Rou**|**ti**|**ni**|**er** [rutinjeh], der; –s, –s: einer, der Routine hat, Könner ✶ **rou**|**ti**|**niert** [ru..] Mw. Ew.: bewandert : geübt : erfahren

Row (e.) [roa]: enges Gässchen

Row|**dy** (e.) [raudi], der; –s, –s: ein sich in der Gasse Herumtreibender : Störenfried : gewalttätiger Mensch : Raufbold ✶ *Rowdytum,* das; –(e)s: gewalttätiges Wesen : Raufboldentum : Flegelhaftigkeit

ro|**y**|**al** (fr.) [roajal] Ew.: königlich : königstreu ✶ **Ro**|**y**|**al Air Force** (e.) [reujel ähr fors]: Königliche Luftstreitkraft, Name der britischen Luftwaffe ✶ **Ro**|**y**|**al,** der; –s, –s: alte französische Goldmünze; das; –s: Papierformat ✶ **Ro**|**y**|**alis**|**mus,** der; –: Königssinn, Königstreue ✶ **Ro**|**y**|**a**|**list,** der; –en, –en: Anhänger des Königtums, Königstreuer ✶ **ro**|**y**|**a**|**lis**|**tisch** Ew.: dem Königtum ergeben : königstreu

Ru|**an**|**da:** Rwanda, zentralafrikanischer Staat

Rub|**ber** (e.) [röbber], der; –s, –: Gummi : (Whistspiel) doppelte Partie ✶ *Rubberpreis, Rubberproduktion* ✶ **rub**|**beln** tr.: (Volkst.) mit rauem Stoff reiben ✶ **rub**|**be**|**lig** Ew.: rau [e. to rub reiben]

Rüb|**chen:** s. Rübe

Rü|**be,** die; –, –n; Rübchen: die fleischige, eßbare Wurzel mancher Pflanzen : Pflanze mit solcher Wurzel : knöcherner Teil des Pferdeschweifes : Name von Schnecken :

(scherzh.) Kopf ✶ *wie Kraut und Rüben:* durcheinander; *einem Rübchen schaben:* (Gebärde des Hohnes) mit dem rechten Zeigefinger über den linken streichen ✶ *Rüböl:* Öl aus Rapssamen; *Rübrettich:* Rettichart; *Rübsaat; Rübsamen; Rübstiel* ✶ *Rübenacker:* Feld, auf dem Rüben angebaut werden; *rübenartig* Ew.; *Rübenbau:* Anpflanzung von Rüben; *Rübendistel:* Distelart; *Rübenfeld; rübenförmig* Ew.: wie eine Rübe geformt; *Rübenkampagne* [..panje], die; –, –n: Zeit der Rübenernte; *Rübenkraut:* Sirup; *Rübenkohl:* Kohlrübe; *Rübenschnitz; Rübenweißling,* der; –s, –e: ein Schmetterling; *Rübenwurm; Rübenzucker:* aus Zuckerrüben gewonnener Zucker ✶ **Rüb**|**ling,** der; –s, –e: ein eßbarer Pilz ✶ **Rüb**|**sen,** der; –s, –: Rübsamen ✶ *Rübsenacker*

Ru|**bel** (russ.), der; –s, –: russ. Münze [russ. rubl ein abgehauenes Stück, von rubitj schneiden, hauen]

Ru|**bel**|**le,** die; –, –n: (Hüttw.) Reibeplatte, Eisenblech zum Kleinreiben von Erzen [vielleicht e. to rub reiben]

Rü|**ben**|**bau** usw.: s. Rübe

Rü|**bel**|**zahl,** der; –s: Berggeist des Riesengebirges, deutsche Märchenfigur [..zahl von mhd. zagel Schwanz]

Ru|**bia** (l.), die; –: Krapp ✶ **Ru**|**bi**|**la**|**zee,** die; –, –n: Krappgewächs ✶ **Ru**|**bi**|**la**|**zin,** das; –s: roter Farbstoff des Krapp [l. ruber rot]

Ru|**bi**|**di**|**um** (l.), das; –s: chem. Grundstoff; Abk.: Rb [l. rubidus dunkelrot]

Ru|**bi**|**fi**|**ka**|**ti**|**on** (l.), die; –, –en: das Rotmachen ✶ **ru**|**bi**|**fi**|**zie**|**ren** (..iert) (l.-dtsch.) tr.: röten [l. rubefacere von ruber rot und facere machen]

Ru|**bi**|**kon,** der; –(s): oberit. Grenzfluss ✶ *den Rubikon überschreiten:* den entscheidenden Schritt tun

Ru|**bin** (ml.), der; –s, –e: roter Korund, Schmuckstein ✶ *rubinfarbig* Ew.; *Rubinglas:* rubinfarbiges Glas; *Rubinglimmer:* schuppiger Brauneisenstein; *rubinrot* Ew.; *Rubin-schwefel:* rotes Rauschgelb; *Rubinspat:* Manganspat, Rhodonit * **Rub**|**in**, das; –s: ein organischer Farbstoff

Rüb|**öl:** s. Rübe

Rub|**rik** (l.), die; –, –en: (rot ausgeführte) Titelaufschrift : Abteilungslinie : Abteilung : Spalte : Klasse : Fach : **Rub**|**ri**|**kat** (nl.), der; –en, –en: bezeichneter Abschnitt : der in der Titelaufschrift Genannte * **Rub**|**ri**|**ka**|**tor**, der; –s, ..toren: Rotfärber : mittelalt. Schreiber, der Anfangsbuchstaben bunt ausmalte * **Rub**|**ri**|**zel**|**le**, die; –, –n: kath. Messgebetbüchlein * **rub**|**ri**|**zie**|**ren** (..iert) (tr.): mit einer (roten) Überschrift versehen : bezeichnen : einordnen : einstufen * **Rub**|**rum**, das; –s, ..bra: (rote) Buch-, Aktenaufschrift [l. ruber rot]

Rüb|**sa**|**men:** s. Rübe

Rüb|**sel:** s. Ribes

Ruch, der; –(e)s, Rüche; Rüchlein: (veralt. für) Geruch : Ruf, Leumund * *Ruchgras:* eine Grasart * **ruch**|**bar** Ew.: viel besprochen : bekannt : offenkundig [niederd. ruch(t), mhd. ruoft) Ruf, Gerücht]

ruch|**los** Ew.: „sorglos" : böse, verbrecherisch * **Ruch**|**lo**|**sig**-**keit,** die; –, –en: verbrecherisches Wesen : verbrecherische Tat : verbrecherisches Wort [mhd. ruoche Bedacht, Sorge]

ruck: Tonwort zur Bezeichnung des Girrens der Tauben * **ru**|**cken**, **ru**|**ckern** (ich ..[e]re), **ruck**|**sen** (du rucksest und ruckst) intr.: (von Tauben) gurren

Ruck, der; –(e)s, –e: rasche Bewegung : plötzlicher Stoß * *mit einem Ruck:* plötzlich * *ruckartig* Ew.; *Ruckwind:* in plötzlichen Stößen wehender Wind; *ruckweise* Uw.: stoßweise * **Rü**|**cke,** die; –, –n: zu rückendes Netz des Vogelstellers * **ru**|**cken** intr.: sich ruckweise bewegen * **rü**|**cken** tr., rbz.: ruckweise bewegen: von der Stelle bewegen : (weidm.) (Netze –) Schlaggarne zum Fangen zusammenziehen : (weidm.) (Vögel –) im Netz fangen : intr. (sein): sich von der Stelle bewegen : (Heerw.) mar-

schieren * *von der Stelle rücken:* vorwärts kommen * *Rückleine:* Leine des Vogelstellers; *Rückschemel:* Vorrichtung zum Verschieben eines zu zerschneidenden Baumstammes

Ruck, der (veralt.): Rücken: nur noch in *Rucksack:* auf dem Rücken zu tragender Sack * **Rück,** der (veralt.): Rücken * *Rückbürge:* Bürge, der dem Hauptbürgen im Rücken steht, für ihn bürgt; *Rückbürgschaft,* die; –, –en; *Rückgrat,* das; –(e)s, –e: Wirbelsäule * *Rückgratsverkrümmung* * *Rückgrat haben:* aufrecht, stolz sein; *rückgratlos* Ew.: haltlos : würdelos; *Rückhalt:* (übertr.) Stütze im Rücken : (Heerw.) Ersatzmannschaft; *Rücklehne:* Lehne im Rücken; *Rückseite:* Rücken, Hinterseite; *rückseitig* Ew.: auf der Rückseite befindlich; *rückseits* Uw.: auf der Rückseite; *rückwärtig* Ew.: im Rücken liegend * *rückwärts* Uw.: nach hinten : (mundartl.) hinten * *rückwärts gehen* (es geht rückwärts, rückwärts gegangen) intr.: mit dem Rücken zur Laufrichtung gehen : sich verschlechtern; *Rücksiegel:* Siegel auf der Rückseite von Urkunden * **rück..** Uw. (nur in Zus.): zurück : wider : rückwärts * *Rückantwort; Rückäußerung; Rückbank:* Bank, auf der man rückwärts sitzt : Holz, über das Jagdnetze gestrickt werden; *rückbezüglich* Ew.: sich zurückbeziehend; *Rückbildung:* (Natw.) Verkümmerung; *rückbleiben* intr.: (geh. Stil) übrig bleiben; *Rückbleibsel,* das; –s, –: Übrigbleibendes; *Rückblende; Rückblick:* Blick nach rückwärts : (übertr.) Rückerinnerung; *Rückbriefstelle:* postalische Sammelstelle für unzustellbare, zurückzusendende Briefe; *Rückdampf:* zurücktreibender Dampf; *Rückentwicklung:* Bitte um Rückgabe; *Rückerinnerung:* Erinnerung an etwas Vergangenes; *Rückerstattung; Rückfahrkarte:* Fahrkarte für Hin- und Rückfahrt; *Rückfahrt:* Fahrt zum Start oder Ausgangspunkt zurück; *Rückfall:* Heimfall : Zurückfallen in einen früheren Zustand; *rückfällig* Ew.: in ei-

nen früheren Zustand zurückfallend; *Rückflucht:* Flucht, Flug zum Ausgangspunkt zurück; *Rückflug; Rückfluß →Rückfluss:* das Zurückfließen; *Rückfracht:* auf der Rückfahrt zu befördernde Fracht : der für solche Fracht zu bezahlende Betrag; *Rückfrage:* Gegenfrage : Erkundigungsfrage; *Rückführung; Rückgabe:* das Zurückgeben : das Zurückgegebene; *Rückgang:* das Zurückgehen : das Abnehmen; *rückgängig* Ew.: zurückgehend : ungültig; *Rückgängigmachung,* die; –, –en: Ungültigkeitserklärung; *Rückgewinnung; Rückhall:* Widerhall; *Rückhalt:* Stütze : Vorbehalt; *rückhaltlos* Ew.: ohne Vorbehalt, offen; *rückhältig* Ew.: unehrlich; *Rückkampf; Rückkauf:* Wiederkauf; *Rückkaufsrecht; Rückkehr, -kunft,* die; –: das Zurückkommen; *Rückkoppler:* Verstärker im Radio; *Rückkopplung; Rückladung; Rücklage:* zurückgelegte Summe; *Rücklauf:* das Zurücklaufen; *Rückläufer:* zurückgehende, unzustellbare Postsendung; *rückläufig* Ew.: zurückgehend; *Rücklicht; Rückmarsch:* Marsch zum Ausgangspunkt zurück; *Rücknahme:* das Zurücknehmen; *Rückporto; Rückprall,* der; –(e)s, –e: das Zurückprallen; *Rückreise; Rückruf; Rückschau; Rückschein:* Spiegelung : Gegenschein, schriftliche Empfangsbestätigung; *Rückschlag:* zurückwerfender Schlag : Rückwirkung : Rückentwicklung : Nachschlag beim Blitz; *Rückschluß →Rückschluss:* Folgerung auf Vorangegangenes; *Rückschritt; Rückschrittler:* einer, der eine Entwicklung rückgängig machen möchte; *Rücksendung; Rücksicht:* Rückblick : erwägende Beachtung * *Rücksicht nehmen auf:* berücksichtigen; *rücksichtlich* Vw. (mit Gen.): hinsichtlich : in, mit Rücksicht auf * *Rücksichtnahme,* die; –: das Rücksichtnehmen; *rücksichtslos* Ew.: ohne Achtung; *Rücksichtslosigkeit,* die; –, –en: rücksichtsloses Wesen, rücksichtslose Handlung; *Rücksiedlung;*

Rücksitz; Rückspiegel; Rückspiel; Rücksprache: Besprechung; *Rücksprung:* Sprung nach rückwärts : zurücktretender Gebäudeteil; *Rückstand:* Rest : Überbleibsel ✳ *im Rückstand sein:* einer Leistung nicht nachgekommen sein; *in Rückstand kommen* ✳ *rückständig* Ew.: im Rückstand : als Rest geblieben : in der Entwicklung zurückgeblieben; *Rückständigkeit, die; –; Rückstart; Rückstau, der; –s:* Stauwerk : gestautes Wasser; *Rückstaudeich; Rückstoß:* Stoß nach rückwärts; *Rückstoßantrieb:* Raketenantrieb; *Rückstrahler:* Warnlicht an Fahrzeugen; *Rückstrahlung:* Spiegelung; *Rückstrich:* Rückkehr der Strichvögel; *Rückstrom; Rücktransport; Rücktritt:* Rückschritt : Aufgabe einer Stellung; *Rücktrittbremse:* Bremse am Fahrrad; *Rückvergütung; rückversichern* (ich rückversich[e]re mich, rückversichert, rückzuversichern) rbz.: eine Versicherung weiterversichern : sich absichern; *Rückversicherung:* Weiterversicherung einer Versicherung; *Rückwanderer; Rückwechsel:* Gegenwechsel; *Rückweg; Rückwirkung; Rückzahlung:* Zurückzahlung; *Rückzieher machen:* nachgeben; *rückzielend* Ew.: zurückwirkend; *Rückzoll:* Zoll für einheimische Waren, die nach Versendung ins Ausland von dort zurückkommen; *Rückzug:* Zug nach dem Ausgangspunkt hin ✳ **Rü|cken,** der; –s, –; Rückchen, –lein: hinterer Teil des Rumpfes : hinterer Teil eines Gegenstandes : Rücklehne : rückenförmig Gestrecktes, Gewölbtes : (Messer usw.) stumpfe Kante : (Buch) Teil, an dem die Blätter zusammengeheftet sind : (militär.) bei Laufgräben der Brustwehr entgegenliegendes Erdreich : (Orgel) Rückenwerk : (Bergb.) Bug des Flözes : (Bergb.) Kluft : (übertr.) Rückhalt ✳ *jemandes Rücken beugen:* demütigen; *einem, einer Sache den Rücken kehren:* sich von jemand, etwas abwenden; *dem Feind den Rücken bieten:* fliehen; *einem den Rücken stärken:* Rückhalt geben; *einen breiten Rücken haben:* viel (er)tragen können ✳ *Rückenband:* über den Rücken laufendes Band : Band über dem Fußrücken; *Rückenblut:* eine Krankheit der Rinder und Schafe; *Rückendarre:* Rückenmarksschwindsucht: *Rückendeckung; Rückenflosse; Rückenflug; rückenfrei* Ew.: (Kleid) den Rücken frei lassend; *Rückenhalter:* Geradehalter; *Rückenklinge:* zweischneidige Klinge; *Rückenlage; Rückenlehne; Rückenmark,* das; –(e)s: ein das Rückgrat durchziehender Strang des Zentralnervensystems; *Rückenmarksdarre:* Rückenmarkschwindsucht; *rückenmarkskrank* Ew.; *Rückenmuskel; Rückenpfeife:* Pfeife im Rückenwerk der Orgel; *Rückenschmerz; Rückenschwimmen; Rückenschwimmer:* ein Schnabelinsekt; *Rückenstärkung:* Zuspruch : Ansporn : Bestätigung; *Rückenstück:* Fleischstück vom Rücken; *Rückenweh; Rückenwerk:* Orgelwerk im Rücken des Spielers; *Rückenwind:* Wind, den man im Rücken hat; *Rückenwirbel:* Wirbel des Rückgrats ✳ **rück|lings** Uw.: nach rückwärts gewandt : vom Rücken her : auf dem Rücken : auf den Rücken : nach hinten ✳ **ru|ckern, ruck|sen:** s. ruck **Ruck|sack, rück|wärts** usw.: s. Ruck **Rü|de,** der; –n, –n: Hetz-, Jagdhund : (weidm.) Männchen von Hunden, Füchsen, Wölfen ✳ **rü|dig** Ew.: „wie ein Hund", grob : frech ✳ **Rü|dig|keit,** die; –, –en: Unverschämtheit **rü|de** (fr.) Ew.: roh : ungesittet : ungeschliffen ✳ **Rü|di|tät,** die; –, –en: Roheit : Ungeschliffenheit ✳ **Ru|di|ment,** das; –(e)s, –e: („rohe") Anfänge einer Sache : erster Versuch : Anfangsgrund ✳ **ru|di|men|tär** Ew.: im Entstehen begriffen : verkümmert : nicht voll ausgebildet [l. rudis roh] **Ru|del,** das; –s, –: (sch. weidm.) Haufe, Trupp ✳ *rudelweise* Ew.: in Haufen ✳ **ru|deln** rbz.: (weidm.) sich truppweise sammeln

Ru|del, das; –s, –: (selt.) Ruder : Rührstange des Brauers ✳ **ru|deln** tr.: mit einem Rudel (um)rühren [Nbf. zu Ruder] **Ru|der,** das; –s, –: flache, lange Stange zum Fortbewegen von Booten : Holz zum Lenken am Hintersteven von Schiffen : (weidm.) Fuß eines Schwimmvogels : Rührstange des Brauers; vgl. Rudel ✳ *das Ruder führen:* (übertr.) die Herrschaft innehaben; *ans Ruder kommen* intr.: zur Herrschaft kommen ✳ *Ruderapparat:* Vorrichtung zu Ruderübungen auf dem Lande; *Ruderbank,* die; –, ..bänke: Bank des Ruderers; *Ruderboot:* Boot, das durch Ruder vorwärts getrieben wird; *Ruderdolle; Ruderente:* eine Entenart; *Ruderfahrt; –fahrzeug; Ruderflosse:* Flosse zur rudernden Fortbewegung; *Ruderfüß(l)er,* der; –s, –: eine Gattung Wasservögel : eine Gattung Krebse; *Rudergänger:* Rudergast, Mann, der das Steuer bedient; *Ruderhaken:* Haken zur Befestigung des Steuerruders; *Ruderhaus:* Aufbau auf dem Deck für die Steueranlagen des Schiffes; *Ruderklub:* Verein von Rudersportlern; *Rudermeister:* Vorgesetzter der (Galeeren-) Ruderer : meisterhafter Ruderer; *Ruderpforte:* Vorrichtung zum Hindurchstecken der Ruder; *Ruderpinne:* Holz zum Bewegen des Steuerruders; *Ruderregatta:* Ruderbootrennen; *Ruderschaufel:* breiter, unterer Teil des Ruders; *Ruderschiff:* Schiff mit Rudern : Galeere; *Ruderschlag; Rudersport; Ruderverband; Ruderwanze:* eine Art Wasserwanze ✳ **Ru|de|rer,** der; –s, –: Rudernder : Rudersklave : (in Zus. mit Zahlw.) Ruderfahrzeug ✳ **Ru|de|rin,** die; –, –nen: Rudernde ✳ **..ru|de|rig** Ew., nur in Zus. mit Zahlw.: mit ..Rudern versehen, z. B. zweiruderig ✳ **ru|dern** (ich ..[e]re) tr., intr. (haben, sein): ein Boot mit Rudern vorwärts bewegen; intr. (haben sein): schwimmen : (mit den Armen –) schlenkern **Ru|de|ra** (l.) Mz.: Schutt : Trümmerhaufen : Überbleibsel : Ruinen ✳ **Ru|de|ra|le,** die; –,

–n: Schuttpflanze [l. r‿udus Steinstück]

ru‿dern intr.: kudern, s. d.

Rü‿des‿heim: Stadt am Rhein ✻ **Rü‿des‿hei‿mer,** der; –s, –: Bewohner von Rüdesheim ✻ **Rü‿des‿hei‿mer,** der; –s: Rüdesheimer Wein

rü‿dig: s. Rüde

Ru‿di‿ment, ru‿di‿men‿tär, Ru‿di‿tät: s. rüde

Ru‿de‿rer, ..rudrig: s. Ruder

Ruf, der; –(e)s, –e: das Rufen : Schrei : Schrei als Zeichen, Befehl, Aufforderung zu kommen u. dgl. : Berufung in ein Amt : Schall von Musikinstrumenten als Zeichen : (weidm.) Gerät zur Nachahmung der Tierschreie : Gerücht : Urteil der Öffentlichkeit ✻ *Ruffall:* (Sprachl.) Fall des Anrufs, Vokativ; *Rufhuhn:* Rebhuhn ✻ *höre auf meinen Ruf:* höre auf mein Rufen; *in gutem Rufe stehen:* einen guten Leumund haben; *einen Ruf an eine Universität erhalten:* dahin berufen werden ✻ **ru‿fen** (du rufst; du rief[e]st; gerufen; ruf[e]!) intr.: einen Ruf erschallen lassen : (zu einem –) (bittenden) Ruf an jemand richten : (nach einem –) jemand herbeirufen; tr.: durch einen Ruf auffordern zu kommen ✻ *ins Leben rufen; sich heiserrufen:* rufen, bis man heiser ist; *wie gerufen kommen:* sehr passend kommen ✻ *wachrufen* tr.: rufend wecken; *Feuerrufen; die Stunde(n) rufen:* die Zeit rufend angeben ✻ *Rufmord:* schwere Verleumdung; *Rufname:* Name, mit dem man gerufen wird; *Rufnummer:* Telefonnummer; *Rufsäule; Rufweite:* so weit der Ruf klingt; *Rufzeichen* ✻ **Ru‿fer,** der; –s, –: Rufender : (seem.) Sprachrohr ✻ **Ru‿fe‿rin,** die; –, –nen: Rufende

Rufe, Rü‿fe, die; –: Grind, Schorf ✻ **ru‿fig, rü‿fig** Ew.: grindig, schorfig ✻ **rü‿ften** rbz.: sich abschorfen

Rü‿fe (lad.), die; –, –n: Bergwasser : Felslawine : Murbruch : Bergrutsch; vgl. Rufi

ru‿fen, Ru‿fer: s. Ruf

Rüf‿fel, der; –s, –: derber Verweis ✻ **rüf‿feln** (ich ..[e]le) tr.: anschnauzen ✻ **Rüff‿ler,** der; –s, –: ein Rüffelnder

Ruf‿fia‿no (it.), der; –s, ..ni:

„Raufbold", Kuppler [dtsch. raufen, it. arruffare]

Ru‿fi (lad.), die; –, –; (dichter.) der; –(s), –: Rüfe, Murbrüche (Schneeschlammströme)

ru‿fig, rü‿fig: s. Rufe

rüf‿ten: s. Rufe

rüg‿bar Ew.: so beschaffen, dass es gerügt werden kann ✻ **Rü‿ge,** die; –, –n: (veralt.) gerichtliche Anklage : (veralt.) Strafe, Buße : strenger Tadel ✻ *Rügegericht* ✻ **rü‿gen** tr.: (veralt.) anklagen : (veralt.) richten : tadeln : beschuldigen ✻ *rügenswert* Ew.: tadelnswert ✻ **Rü‿ger,** der; –s, –: (veralt.) Strafer : Tadler

Rug‿by (e.) [ragbi], das; –s: ein Ballspiel mit eiförmigem Ball

Rü‿gen: deutsche Ostseeinsel ✻ **Rü‿ge‿ner,** der; –s, –: Einwohner von Rügen ✻ **Rü‿gen‿wal‿de:** Stadt in Pommern ✻ **Ru‿gi‿er,** der; –s, –: ostgerm. Volk an der pommerschen Küste

Ru‿gi‿er: s. Rügen

Ru‿he, die; –: Zustand des bewegungslosen Verharrens : Fernsein von Arbeit, Aufregung : Nichtvorhandensein von Lärm : Schlaf : Erholung : Frieden : Aufgeben der Berufstätigkeit : (Uhr) hemmende Vorrichtung an der Spindel ✻ *in Ruhe lassen* tr.: nicht stören, unbehelligt lassen; *der Ruhe bedürfen; keine Ruhe haben; zur Ruhe gehen; sich nicht aus der Ruhe bringen lassen; in (mit) Ruhe überlegen; sich zur Ruhe setzen:* seinen Beruf aufgeben ✻ *die ewige Ruhe:* der Tod ✻ *Ruhrast:* ruhende Stellung des Gewehrhahns beim Spannen ✻ *Ruhebank; ruhebedürftig* Ew.; *Ruhebock:* Gestell der Vogelsteller für Leimstangen; *Ruhefeld:* Brachfeld; *Ruhegehalt:* Gehalt eines Ruheständlers, Pension; *Ruhegeld:* (östr.) Ruhegehalt, Pension; *Ruhelage; Ruhe liebend* Ew.; *ruhelos* Ew.: *Ruhelosigkeit; Ruhepunkt:* ruhender Punkt, vgl. ruhen; *Ruhestand:* Zustand dessen, der seine Berufstätigkeit eingestellt hat; *Ruheständler,* der; –s, –: einer, der im Ruhestand lebt; *Ruhestatt, Ruhestätte; Ruhestellung; Ruhestö-*

rer; Ruhestörung; Ruhetag; ruhevoll Ew.; *Ruhezeit* ✻ **ru‿hen** intr.: in Ruhe sein, auf einer Stelle verharren : verweilen, verweilend auf etwas liegen : (auf einer Stütze) liegen: sich stützen auf : frei sein von Arbeit, feiern : sich ausruhen : rasten, sich lagern : (sich wie) zum Schlaf ausstrecken : schlafen : den Todesschlaf schlafen : nicht wirksam, nicht in Betrieb sein; tr.: ruhen lassen : durch Ruhe stärken; rbz.: sich ausruhen, ausruhend erholen ✻ *Ruhebett:* Bett zum Ruhen : Liegesofa; *Ruhekissen:* Schlummerkissen : Müßiggang; *Ruhelager; Ruheort:* Ort zum Ruhen; *Ruhepause:* Pause in der Arbeit; *Ruheplatz; Ruhepunkt:* Platz, an dem man sich ausruht; vgl. Ruhe; *Ruhesitz:* Sitzmöbel, –gelegenheit : Wohnsitz eines nicht mehr Berufstätigen; *Ruhestörer:* Friedensstörer : Lärmmacher; *Ruhestörung; Ruhestrom:* Dauerstrom in den Fernmeldegeräten während der Betriebsruhe; *Ruhestunde* ✻ **ru‿he‿sam, ruh‿sam** Ew.: Ruhe gewährend : ruhig ✻ **ru‿hig** Ew.: in der Ruhe seiend : Ruhe haltend : ohne Lärm : friedlich ✻ **ruh‿se‿lig** Ew.: (selt.) ruhsam

Ruhm, der; –(e)s: (veralt.) lautes Jauchzen : (veralt.) Ruf : Lob, ehrende Anerkennung der Verdienste oder der guten Eigenschaften eines Menschen : *ruhmbedeckt* Mw. Ew.; *Ruhmbegierde; ruhmbegierig* Ew.; *ruhmgekrönt* Mw. Ew.; *Ruhmgier; ruhmlos* Ew.; *ruhmredig* Ew.: prahlerisch; *ruhmreich* Ew.; *Ruhmsucht; ruhmsüchtig* Ew.; *ruhmvoll* Ew.; *ruhmwürdig* Ew. ✻ *Ruhmesblatt:* Blatt, auf dem ruhmvolle Taten verzeichnet sind; *Ruhmesfeier; Ruhmeshalle:* Gedenkhalle für berühmte Personen; *Ruhmestag:* Jahrestag eines bedeutenden Ereignisses; *Ruhmestat* ✻ **rüh‿men** intr.: (veralt.) laut jauchzen; tr.: preisen : lobend anerkennen : Ruhm laut verkünden; rbz.: (m. Gen.) sich etwas als Verdienst zuschreiben ✻ **rühm‿lich** Ew.: Ruhm verdienend : mit Ruhm genannt ✻ **Rühm‿ling,** der; –s, –e: Prahler

Ruhr, die; –: Nebenfluss des Rheins ✳ *Ruhrgebiet,* das; –(e)s: Industriegebiet an der Ruhr ✳ *Ruhrkohle*

Ruhr, die; –: eine Krankheit, Entzündung der Dickdarmschleimhaut ✳ *ruhrkrank* Ew.; *Ruhrkraut:* ein Kraut, das gegen Ruhr heilkräftig ist

Ruhr, die; –: (veralt.) starke Bewegung, das Rühren : das Berühren des Grundes mit dem Schiff : letzte Ackerbestellung : (weidm.) Lockvogel ✳ **rühr|bar** Ew.: so beschaffen, dass es gerührt werden kann ✳ **ruh|ren** tr.: (weidm.) Lockvogel rege machen ✳ **rüh|ren** tr.: bewegen, regen : zum Tönen bringen : schlagend oder wie schlagend treffen : wirbelnd, quirlend durcheinander bewegen : innerlich erregen; intr.: (an etwas –) anfassen, (übertr.) auf etwas zurückkommen : ([bis] an etwas –) sich erstrecken, reichen : (von etwas –) herrühren, rbz.: bewegen : tätig sein ✳ *rührend* Mw. Ew.: innere Rührung erregend ✳ *Rührei:* gerührtes Ei; *Rühreisen:* Eisengerät zum Umrühren; *Rührfaß* → *Rührfass:* Fass, in dem etwas, bes. Butter, gerührt wird; *Rührkelle, Rührlöffel:* Löffel zum Rühren; *Rührmaschine; Rührmichnichtan,* das; –, –: eine Pflanze; *Rührmilch:* Buttermilch; *Rührstück:* rührseliges Theaterstück; *Rührszene:* rührselige Szene; *Rührwerk* ✳ **Rüh|rer,** der; –s, –: einer, der rührt : Werkzeug zum Rühren ✳ **Rüh|richt,** das; –(e)s, –e: etwas Zusammengerührtes ✳ **rüh|rig** Ew.: sich leicht bewegend : flink : tätig, betriebsam ✳ **Rüh|rig|keit,** die; –: das Rührigsein : leicht gerührt rend : leicht gerührt ✳ **rühr|se|lig** Ew.: übermäßig rührend : übermäßig gerührt ✳ **Rühr|se|lig|keit,** die; –: übertriebene Empfindlichkeit ✳ **Rüh|rung,** die; –: innere Bewegtheit ✳ *rührungslos* Ew.

Ru|in (l.), der; –s, –e: Einsturz : Verfall : Untergang : Verderb : Zerrüttung : Verlust des Vermögens ✳ **Ru|i|ne,** die; –, -n: verfallener Bau : (Mz.) Trümmer, Überbleibsel ✳ *ruinenartig* Ew. ✳ **ru|i|nen|haft** Ew.:

wie eine Ruine ✳ **ru|i|nie|ren** (..iert) tr.: (mundartl.) zerstören : verwüsten : zugrunde richten : verderben ✳ **ru|i|nös** Ew.: baufällig : schadhaft : verderblich : zum Untergang führend

Rülp, der; –(e)s, -e: Rülps ✳ **rül|pisch** Ew.: flegelhaft ✳ **Rülps,** der; –s, -e: Aufstoßen aus dem Magen : Magenwind : grober, ungesitteter Mensch ✳ **rülp|sen** (du rülpsest und rülpst) intr.: einen Rülps lassen ✳ **Rülp|ser,** der; –s, –: ein Rülpsender : Rülps

rum: (volkst.) herum ✳ *sich rumtreiben*

Rum (westind.-e.), der; –s, -s: Branntwein aus Zuckerrohr ✳ *Rumflasche; Rumverschnitt:* mit Weinbrand verschnittener Rum

Ru|mä|ni|en: südosteuropäisches Land ✳ **Ru|mä|ne,** der; -n, -n: Einwohner von Rumänien ✳ **ru|mä|nisch** Ew.: auf Rumänien bezogen

Rum|ba, der; –s, -s: ein Gesellschaftstanz

Ru|mi|na|ti|on (l.), die; –, –en: wiederholtes Durchdenken ✳ **ru|mi|nie|ren** (..iert) tr.: wiederkäuen : (übertr.) wiederholt durchdenken

Rum|mel, der; –s, –: Gerümpel : ungeordnete Masse : Kram, Zeug : Auflauf, mit Lärm verbundener Vorfall und dgl. : etwas Rummelndes : Platz mit Schaubuden u. dgl. ✳ *Rummelplatz:* Platz mit Schaubuden ✳ **Rum|me|lei,** die; –, –en: das Rummeln ✳ **rum|meln** (ich ..[e]le) intr.: dumpf rollend poltern : rummelnde Töne hervorbringen; intr. (sein): sich rummelnd bewegen; tr.: (Korn –) rollen

Rum|mel, der; –s: Bezeichnung für gleichfarbige Karten im Piquetspiel ✳ *den Rummel kenne ich:* ich weiß Bescheid [fr. roufle schnauben, fr. Bezeichnung für die Karten]

Ru|mor (l.), der; –s: Lärm : Getümmel ✳ **ru|mo|ren** (rumort) intr.: lärmen : toben

Rüm|pel, der; –s: (südd., mundartl.) Waschbrett : Gerümpel ✳ *Rumpelkammer:* Kammer für Gerümpel ✳ **Rum|pe|lei,** die; –, –en: das

Rumpeln : Gerümpel ✳ **rum|pe|lig, rump|lig** Ew.: holperig ✳ **rum|peln** (ich ..[e]le) intr. (haben, sein): poltern : geräuschvoll fallen; tr.: rumpelnd werfen; intr. (haben): (von Schweinen) sich begatten ✳ *Rumpelgeist:* Poltergeist; *Rumpelstilzchen:* eine weit verbreitete Koboldgeschichte; *Rumpeltier:* Zuchteber

Rumpf, der; –(e)s, Rümpfe; *Rümpfchen:* der Leib ohne Kopf und Gliedmaßen : der tierische Körper : Baumstumpf : Schiffskörper ohne Masten, Segel usw. : Stiefelschaft : Bienenkorb : Rump : Getreidebehältnis in der Mühle ✳ *Rumpfbeuge:* Turnübung; *Rumpfkreisen:* eine Turnübung; *Rumpfparlament:* nur aus einem Teil seiner Mitglieder bestehendes Parlament; *Rumpfstück:* Rumpsteak ✳ **rümp|fen** tr.: schrumpfend zusammenziehen : runzeln; fast nur: *die Nase rümpfen:* die Nase zum Zeichen der Verachtung zusammenziehen

rum|pie|ren (..iert) (l.) tr.: zerreißen : zerbrechen : (Fechtkst.) entwaffnen ✳ **Rup|to|ri|um,** das; –s, ..rien: (Med.) ätzendes Mittel ✳ **Rup|tur** (nl.), die; –, –en: (Med.) Zerreißung : Bruch : Friedensbruch, Uneinigkeit

Rump|ler, Fn.: deutscher Ingenieur ✳ *Rumplertaube:* ein Flugzeug (Eindecker)

Rump|steak (e.) [rumpstehk], das; –s, –s: (geröstetes) Rumpfstück vom Rind ✳ **rum|pum|peln** (ich ..[e]le) intr.: rumpeln und pumpeln

Run (e.) [ran], der; –s, –s: Ansturm, panikartiges Abheben von Guthaben bei Banken : Wettrennen ✳ **Run|about** (e.) [..'baut], der; –s, –s: leichter Wagen ✳ **Run|ner** (e.) [rann'r], der; –(s), –s: „Läufer", (seem.) Boote von Firmen für die im Hafen befindlichen Schiffe ✳ **Run|ning|gag** *auch:* **Running Gag** (e.) [ranninggäck], der; –s, –s: „fortlaufender Witz", der den Komik durch seine Wiederholung erhält

rund Ew.: kreisförmig : ohne Ecken : körperlich hervortretend : gewölbt : vollständig : in sich abgeschlossen : (Zahlen) abgerundet : (übertr.) ohne

Umschweife, unumwunden, ehrlich; Uw.: rings, im Kreise : ungefähr, annähernd, Vd. f. zirka * Rundbank; Rundbau; Rundbaum: Wellbaum; Rundbeet: Rondell; Rundbild: Panorama, körperliches Bild : Bild in runder Einfassung; Rundblick; Rundbogen (Ggs. Spitzbogen); Rundbrenner: Lochbrenner einer Gaslampe; Rundbrief: Rundschreiben; Runddorf: Dorf, dessen Häuser kreisförmig um den Markt herumliegen; Rundeisen: runde Eisenstange : Bildhauermeißel mit kreisrunder Schneide : Dreheisen der Zinngießer; Runderlaß → Runderlass: amtliche Mitteilung an alle, die sie angeht; Rundfahrkarte; Rundfahrt: Fahrt, die zum Ausgangspunkt zurückkehrt; Rundflug; Rundfrage; Rundfunk, der; –s Radio, drahtlose Übermittlung von Nachrichten, musikal. Darbietungen usw. mittels elektromagnet. Wellen; Rundfunkansager; Rundfunkanstalt; Rundfunkapparat; Rundfunkempfänger; Rundfunkgebühr; Rundfunkgenehmigung; Rundfunkgerät; Rundfunkhörer; Rundfunkgesellschaft; Rundfunkprogramm; Rundfunksender; Rundfunksprecher; Rundfunkstation; Rundfunkübertragung; Rundfunkwerbung; Rundfunkzeitschrift; Rundgang: um etwas herumführender Gang : zum Ausgangspunkt zurückkehrender Besichtigungsgang; Rundgesang: Gesellschaftslied; Rundgespräch; rundheraus Uw.: unumwunden; rundherum Uw.: ringsum; Rundhobel: Hobel mit runder Schneide; Rundholz: rundes Holz; Rundkopf: runder Kopf : Mensch mit rundem Kopf : Spitzname der Puritaner nach der Haartracht; Rundlauf: Kreislauf : ein Turngerät; Rundleiste: nach außen gewölbte Leiste; Rundmesser: Schabemesser der Gerber; Rundreim: Kehrreim; Rundreise: zum Ausgangspunkt zurückführende Reise; Rundschau: Blick in die Runde : Zeitungsname; Rundschild; Rundschreiben: Runderlass, Schreiben an alle, die es an-

geht; Rundschrift: eine Art Zierschrift; Rundsicht: Aussicht nach allen Seiten; Rundstahl; Rundstrecke; Rundstück: rundes Blumenbeet : rundes Brötchen : kleine schwed. Münze; Rundtanz; Rundteil: Vd. für Rondell; rundum Uw.: in der Reihe herum : rundherum; rundumher Uw.: rundherum; Rundverfügung: Runderlass; Rundverkehr; rundweg Uw.: geradeheraus; Rundzange * Rund, das; –(e)s, –e: etwas Rundes : Rundung; Erdkreis * runda!: Ausruf beim Tanz, beim Zechen * Runde, die; –, –n: Kreis : einmaliger Umtanz im Kreise aufgestellter Tänzer : Kreis von Zechenden : das im Zecherkreis umgehende Getränk : Rundgang der Wache * runden, ründen tr.: rund machen; rbz.: sich vollenden * Rundheit, die; –: das Rundsein * rundieren (..iert) tr.: runden : vollenden * rundlich: Ew.: ähnlich wie rund : fast rund * Rundling, der; –(e)s, –e: Runddorf * Rundung, die; –, –en: das Runden : runde Form : das Abgerundetsein

Rundell: s. Rondell

Rune, die; –, –n: altgerm. Schriftzeichen * Runenalphabet; Runenforschung; Runenkalender: in Runenschrift geschriebener Kalender; Runenorakel; Runenschrift; Runenstein: Stein mit Runeninschrift * Runologe, der; –n, –n: Runenforscher

Runge, die; –, –n: Stange als Stütze der Wagenleiter * rungenfaul Ew.: (mundartl.) faul wie die unbewegliche Runge

Runkel, die; –, –n: eine Rübe * Runkelrübe

Runke: s. Runke

Runks, der; –es, –e: (volkst.) ungehobelter Mensch * runksen (du runksest und runkst) intr.: sich grob, flegelhaft benehmen

Runner: s. Run

Running gag: s. Run

Runologe: s. Rune

Runs, der; –es, –e; Runse, die; –, –n; Rünschen: (schweiz.) durch Wasser eingeschnittene Rinne an Berghängen : der rinnende Wasserlauf

runter: (volkst.) herunter

Runzel, die; –, –n; Rünzelchen, Rünzelein: Hautfalte * runzelig, runzlig Ew.: Runzeln habend * runzeln (ich ..[e]le) tr.: in Runzeln legen

Ruodlieb: ältester Roman der deutschen Literatur (11. Jh.)

Rüpel, der; –s, –: Tölpel : Flegel * Rüpelei, die; –, –en: rüpelhaftes Wesen : rüpelhafte Tat * rüpelhaft, rüpelig Ew.: tölpelhaft : flegelhaft * Rüpelhaftigkeit, die; –, –en: rüpeliges Benehmen

rupfen tr., intr.: zupfen, raufen, reißen : zupfend pflücken : (Huhn usw.) zupfend von den Federn befreien : (übertr.) jemand viel Geld abnehmen * Rupfen, der; –s, –: (südd.) grobes Baumwollgewebe * Rupfenleinwand * rupfen Ew.: aus Rupfen bestehend, gefertigt * Rupfer, der; –s, –: ein Rupfender : Vorwehe * ruppig Ew.: „wie gerupft aussehend", ärmlich : rüdig, durchtrieben * Ruppigkeit, die; –, –en * Ruppsack, der; –s, –säcke: (volkst.) ruppiger Mensch

Rupie (skr.), die; –, –n: „Silber", ind. Münzeinheit

ruppig: s. rupfen

Ruprecht, der; –s: Knecht Ruprecht: Begleiter des hl. Nikolaus oder des Christkindes

Ruptorium, Ruptur: s. rumpieren

rural (l.) Ew.: ländlich : bäuerlich : auf den Landbau bezogen [l. rus, Gen. ruris das Land]

Rusch (l.), der; –es, –e: Binse : Binsicht * durch Rusch und Busch: kreuz und quer

Rüsche (fr.), die; –, –n: eng gefälteter Besatz

Ruschel, der; –s, –; die; –, –n: ruschelige Person, Wildfang * Ruschelkopf * Ruschelei, die; –, –en: Huschelei * ruschelig Ew.: huschelig, wild * ruscheln (ich rusch[e]le) intr. (haben, sein): huscheln

Rush (e.) [rasch], der; –es: Ansturm : Endspurt : lebhafte Nachfrage * Rush-hour → Rushhour: Hauptverkehrszeit

Ruß, der; –es: sehr feiner Kohlenstoff, der bei Verbrennung organischer Körper abgeschieden wird : Krankheit der Fer-

kel, Pechräude : Getreiderost ✳
rußbeschmutzt Mw. Ew.; *Rußbrand*: Getreiderost; *rußbraun*
Ew.; *rußfarbig* Ew.; *Rußhütte*:
Hütte zur Kienrußbereitung;
Rußkammer: Kammer in der
Rußhütte; *Rußkobalt*: schwarzes Kobalterz; *rußschwarz* Ew.
✳ **ru**ß**en** (intr.: beim Verbrennen Ruß erzeugen : schwarz
abfärben; tr.: mit Ruß schwär-
zen ✳ **ru**ß**icht, ru**ß**ig** Ew.: be-
rußt : mit Rußbrand behaftet
Rus|**se**, der; –n, –n: Angehöri-
ger eines ostslaw. Volkes ✳
Russenbluse: Kasack; *Russen-
stiefel* ✳ **Rus**|**si**|**en**|**ne** (fr.)
[rüßjenn'], die; –, –n: russi-
scher Pelzmantel ✳
rus|**si**|**fi**|**zie**|**ren** (..iert) tr.: rus-
sisch machen ✳ **Rus**|**sin**, die;
–, –nen ✳ **Rus**|**sis**|**tik**, die; –:
Wissenschaft von der russi-
schen Sprache und Literatur ✳
Rußland → **Russ**|**land**: Staat
in Osteuropa und Asien ✳
rus|**sisch** (zu den Russen,
zu Russland gehörig ✳ *rus-
sisch-orthodoxe Kirche; der
Russisch-Türkische Krieg*
Rus|**se**, der; –n, –n: Kerbtier,
Schabe
Rüs|**sel**, der; –s, –: verlän-
gerte, röhrenförmige Nasen-
und Oberlippengegend man-
cher Tiere ✳ *Rüsselaffe; Rüs-
selassel; Rüsselbecher*: Becher mit rüsselförmigen Fort-
setzungen; *Rüsselfisch; rüssel-
förmig* Ew.; *Rüsselkäfer; Rüs-
selrobbe; Rüsselschwärmer*:
ein Schmetterling ✳
rüs|**sel**|**haft**, **rüs**|**sel**|**ig**,
rüß|**lig** → **rüss**|**lig** Ew.: einen
Rüssel habend
ruß**en**: s. Ruß
Rus|**si**|**en**|**ne**, **rus**|**sisch**: s.
Russe
rüß|**lig** → **rüss**|**lig**: s. Rüssel
Rüs|**te**, die; –, –n: (seem.) Tau-
halter am Schiff
rüs|**ten** tr.: herrichten : ge-
brauchsfertig machen : ausstatten : ein Gerüst aufbauen; rbz.:
die Rüstung anlegen : sich bereiten ✳ *zum Krieg rüsten; sich
zur Reise rüsten; ich bin gerüs-
tet*: bin versehen mit Rüstzeug
✳ *Rüstanker*: Notanker; *Rüst-
baum*: Träger eines Gerüstes;
Rüsthaus: Zeughaus; *Rüst-
holz*: zum Gerüstbau dienendes
Holz; *Rüstkammer*: Kammer,

wo Kriegsrüstungen aufbe-
wahrt werden; *Rüstmeister*:
Aufseher über Waffen; *Rüst-
saal*: Saal für Rüstungen; *Rüst-
tag*: ein Tag des Rüstens, Vor-
bereitens; *Rüstwagen*: Wagen
für Rüstzeug : starker Leiter-
wagen; *Rüstzeit; Rüstzeug*:
Waffen : (übertr.) zum Zweck
dienende Kenntnisse ✳ **rüs**|**tig**
Ew.: tüchtig, kräftig : flink ✳
Rüs|**tig**|**keit**, die; –: das Rüs-
tigsein ✳ **Rüs**|**tung**, die; –,
–en: Harnisch, Schutzkleidung
des mittelalterl. Ritters und seines Pferdes : militärische Maßnahmen eines Staates zur Verteidigung : Vorbereitung eines
Staates für den Krieg ✳ *Rüs-
tungsbegrenzung; Rüstungsbe-
schränkung; Rüstungsbetrieb;
Rüstungsindustrie; Rüstungs-
kontrolle; Rüstungswettlauf*
Rüs|**ter**, der; –s, –: Flicken auf
dem Schuh; auch Riester
Rüs|**ter**, die; –, –n: Ulme ✳
Rüsterfalter; Rüsterholz ✳
rüs|**tern** Ew.: aus Rüsterholz
rüs|**tig**: s. rüsten
rus|**tik** (l.) Ew.: bäuerlich :
ländlich ✳ **Rus**|**ti**|**ka**, die; –:
Bau aus Bossenquadern ✳
rus|**ti**|**kal** Ew.: ländlich : bäuer-
lich ✳ **Rus**|**ti**|**ka**|**ti**|**on**, die; –,
–en: Landleben : das Bäurisch-
werden ✳ **Rus**|**ti**|**kus**, der; –,
–kusse: bäurischer, ungelenker
Mensch ✳ **rus**|**ti**|**zie**|**ren**
(..iert) intr.: auf dem Lande le-
ben ✳ **Rus**|**ti**|**zi**|**tät**, die; –: bäu-
risches Wesen : Plumpheit [l.
rus Land]
Rüs|**tung**: s. rüsten
Ru|**te**, die; –, –n: Rütchen :
Gerte : dünner Zweig : Bündel
von Reisern als Züchtigungs-
mittel : Stab, Stock : Messstab :
ein Längenmaß (3,77 m) :
(weidm.) Schwanz ✳ *Ruten-
bündel; Rutenfischer*: Angler;
Rutengänger: einer, der mit der
Wünschelrute geht; *Ruten-
hieb; Rutenkraut*: eine Pflanze;
Rutenmuskel: Müskel des
männl. Gliedes; *Rutenschlag;
Rutensegel*: Segel an einer
schrägen Rahe
Ru|**the**|**ni**|**um**, das; –s: chem.
Grundstoff; Abk.: Ru
Ru|**til**, das; –s, –e: ein Mineral
✳ **Ru**|**til**|**it**, der; –s, –e: brauner
Granat
Ru|**ti**|**ne**: s. Routine

Rüt|**li**, der; –(s): Bergmatte am
Vierwaldstätter See ✳ *Rütli-
schwur*
rutsch!: Tonwort zur Bezeichnung des Lautes von rasch Da-
hingleitendem ✳ **Rutsch**, der;
–es, –e: schnell rutschende Bewegung : (volkst.) kleine Reise
: Sturz einer rutschenden
Masse : niedergerutschte
Masse ✳ **Rut**|**sche**, die; –, –n:
Bergrutsch : Gleitbahn für
Holz : (bayr.) Schaukel ✳
rut|**schen** (du rutsch[e]st) intr.
(sein): schnell hinabgleiten :
sich gleitend bewegen : flink
vonstatten gehen ✳ *Rutschbahn*: Gleitbahn; *Rutschfahrt*:
Gleitfahrt auf einer Rutschbahn; *Rutschpartie*: Fahrt auf
einer Rutschbahn : kleine Reise
✳ **Rut**|**scher**, der; –s, –: ein
Rutschender : eine Art schnel-
ler Tanz ✳ **rut**|**schig** Ew.: leicht
rutschend
Rüt|**te**|**lei**, **Rut**|**te**|**lei**, die; –,
–en: das Rütteln : das Gerüttelt-
werden ✳ **rüt**|**teln**, **rut**|**teln** (ich
..[e]le) tr.: schütteln : loszerren :
lockern, losreißen; intr.: (Vögel) sich auf einem Punkt
schwebend in der Luft halten ✳
*Rüttelbeton; Rüttelgeier; Rüt-
telholz*: Werkzeug zum Glätten
der Handschuhnähte; *Rüttelsieb*
✳ **rüt**|**ten** tr.: heftig rütteln ✳
Rüttstroh: geknicktes, wirr ge-
bündeltes Stroh
Rütt|**stroh**: s. Rüttelei
Ru|**wer**: Nebenfluss der Mosel
✳ **Ru**|**wer**, der; –s, –: ein Mo-
selwein
RVO (Abk.): Reichsversiche-
rungsordnung
RWE (Abk.): Rheinisch-West-
fälisches Elektrizitätswerk

S

S, s: das; –, –: der neunzehnte
Buchstabe des Abece
S: (span. Münzzeichen) Sevilla
: (franz. Münzzeichen) Reims
und (gekrönt) Troyes : (östr.
Münzzeichen) Schmöllnitz :
(altpreuß. Münzzeichen)
Schwabach : chem. Zeichen für
Schwefel

S (Abk.): Schilling : Siemens : Süden

s (Abk.): Sekunde : Schilling

's: das; des, es : (Umgspr.) ihr, sie ✳ *kommen's nur herein; seid's denn ganz auf den Kopf gefallen?*

Saal, der; –(e)s, Säle: hohe, weite Räumlichkeit ✳ *Saalbau:* Haus mit einem großen Raum; *Saaldecke; Saaldiener; Saalmiete; Saalordner; Saaltochter:* (schweiz.) Kellnerin

Saale, die; –: Nebenfluss der Elbe ✳ *Saalfeld:* thüring. Kreisstadt a. d. Saale

Saar, die; –: Nebenfluss der Mosel ✳ **Saar|brü|cken:** Hauptstadt des Saarlands ✳ **Saar|land:** Land der Bundesrepublik ✳ **saar|län|disch** Ew.

Saat, die; –, –en: das Säen : Saatgut, Samen : aufgegangener Samen : (übertr.) Keim, Ursprung, aus dem sich etwas entwickelt : junge Pflanzung : ein Feldmaß ✳ *Saatbohne, Saaterbse:* zur Aussaat bestimmte Bohne, Erbse; *Saatfeld; Saatgans; Saatgerste; Saatgetreide; Saatgras:* Windhalm; *Saatgut; Saathafer; Saathanf:* weibl. Samen tragender Hanf; *Saathuhn; Saatkamp; Saatkartoffel; Saatkorn; Saatkrähe; Saatlaken:* Sätuch; *Saatland; Saatpflug; Saatranke:* eine Pflanze; *Saatroggen; Saatweizen; Saatzeit* ✳ **Saat|ling,** der; –s, –e Saathanf

Sa|ba|dil|le, die; –, –n: eine Zwiebelpflanze ✳ *Sabadillessig; Sabadillensoße* ✳ **Sa|ba|dil|lin;** s. Veratrin

Sa|bä|er, der; –, –: Angehöriger eines südarabischen Volksstammes : Anhänger des Sabäismus ✳ *sabäische Kultur* ✳ **Sa|bä|is|mus,** der; –: Sterndienst : Anbetung der Gestirne

Sa|bah (arab.), der; –s, –s: Morgen : Tagesanbruch

Sa|bä|is|mus: s. Sabäer

Sa|bi|nis|mus, der; –: Vergiftung durch das Öl des Sadebaumes

Sab|bat (hebr.), der; –s, –e: jüd. Ruhetag ✳ *Sabbatjahr:* jedes siebente Jahr bei den Israeliten, in welchem Felder nicht bestellt, Schulden nicht eingetrieben werden sollen : Zeit-

spanne, in der die berufliche Tätigkeit ruht, zum Ausgleich für zuvor geleistete Mehrarbeit; *Sabbatruhe; Sabbatschändung; Sabbatstille* ✳ *Sabbatsweg:* eine Strecke Weges von ungefähr einer halben Stunde ✳ **Sab|ba|ta|rier,** der; –s, –: Angehöriger einer christl. Sekte, die den Sabbat feiert ✳ **Sab|ba|tist,** der; –en, –en: Anhänger der Sabbatarier; vgl. auch Schabbes

Sab|be, die; –; **Sab|bel, Sab|ber,** der; –s: fließender Speichel ✳ *Sabberlatz; Sabbertuch* ✳ **sab|beln** (ich ..[e]le), **sab|bern** (ich ..[e]re) intr.: Speichel fließen lassen : tr., rbz.: vollsabbern

Sä|bel (slaw.), der; –s, –: Hiebwaffe mit einschneidiger, zugespitzter, gekrümmter Klinge ✳ *ungar. Säbel:* gekrümmte Scheidenmuschel ✳ *Säbelbein:* krummes Bein; *säbelbeinig* Ew.: krummbeinig; *Säbelbohne:* eine Bohnenart; *Säbelduell; Säbelfechten; Säbelfisch:* Schwertfisch; *säbelförmig* Ew.; *Säbelgerassel; Säbelhieb; Säbelklinge; Säbelraßler →* **Säbelrassler**; *Säbelscheide; Säbelschnäbler:* eine Gattung der Vögel; *Säbelstreich* ✳ **sä|bel|för|mig** Ew.: gekrümmt ✳ **sä|beln** (ich ..[e]le) tr.: mit dem Säbel niederhauen : mit dem Messer ungeschickt schneiden

Sa|bi|ner, der; –s, –: ehem. Volk in Mittelitalien

Sa|bo|ta|ge (fr.) [..tahseh'], die; –: absichtliche, unzulässige, insbesondere böswillige Beschädigung oder Zerstörung : gewalttätige Hemmung eines Betriebes ✳ **Sa|bo|teur** [..tör], der; –s, –e: ein Sabotierender ✳ **sa|bo|tie|ren** (..iert) tr.: vorsätzlich beschädigen : gewalttätig verhindern [fr. saboter mit Holzschuhen treten (verpfuschen)]

Sac|cha|rat, Sac|cha|ri|me|ter, Sac|cha|rin usw.: s. Sacharat

SACEUR (Abk.): Supreme Alliede Commander in Europe; Oberster Alliierter Befehlshaber in Europa

Sa|cha|rat (gr.-l.), das; –s, –e: salzartige Verbindung des

Rohrzuckers mit verschiedenen Basen ✳ **Sa|cha|ri|fi|ka|ti|on,** die; –, –en: Zuckerbereitung ✳ **Sa|cha|ri|me|ter, Sa|cha|ro|me|ter,** das; –s, –: Zuckergehaltsmesser ✳ **Sa|cha|ri|met|rie, Sa|cha|ro|met|rie,** die; –, ..trien: Zuckergehaltsmessung ✳ **Sa|cha|rin, Sac|cha|rin,** das; –s: ein Süßstoff ✳ **Sa|cha|ro|se,** die; –: Rohrzucker [gr.-l. saccharum Zucker(rohr)]

Sach|be|ar|bei|ter, Sach|be|schä|di|gung, sach|dien|lich usw.: s. Sache

Sa|che, die; –, –n; Sächelchen, Sächlein: Rechtshandel, Rechtsstreit : Ding : Gegenstand : Angelegenheit : Begebenheit : Lage : das Wesentliche : die Hauptschwierigkeit : (Mz.) Kleidung : (Mz.) bewegliche Habe ✳ *bei der Sache bleiben* intr.: beim Wesentlichen bleiben; *mit jemand gemeinsame Sache machen:* sich mit jemandem zusammentun ✳ *Sachanlagevermögen; Sachbearbeiter; Sachbearbeitung; Sachbefugnis; Sachbereich; Sachbeschädigung:* rechtswidrige Beschädigung einer Sache; *Sachdenklichkeit:* sachliche Denkweise, Vd. f. Objektivität; *sachdienlich* Ew.: zweckdienlich; *Sacheinlage:* (Wirtsch.) aus Sachwerten bestehende Einlage in ein Gesellschaftsvermögen; *Sacherklärung:* Erklärung einer durch ein Wort bezeichneten Sache; *sachfällig* Ew.: durch richterliche Entscheidung verloren; *Sachgebiet; sachgemäß* Ew.; *Sachkenner; Sachkenntnis; Sachkunde; sachkundig* Ew.; *Sachlage; Sachleistung; Sachregister:* Inhaltsregister; *Sachschaden; Sachübernahme; Sachverhalt; Sachversicherung; sachverständig* Ew.; *Sachverständige; Sachverzeichnis; Sachwalt(er):* Anwalt : Advokat; *sachwalterisch* Ew.; *Sachwalterschaft; Sachwert; Sachwörterbuch* ✳ *Sachenrecht:* Gesamtheit der Normen, die die Beziehungen der Personen zu den Sachen regeln : Befugnis unmittelbarer rechtlicher Herrschaft über eine Sache ✳ **sach|lich** Ew.:

eine Sache betreffend : dinglich : objektiv : gegenständlich ✳ **Sach**|**lich**|**keit**, die; –, –en: das Sichbeschränken auf die Sache : Gegenständlichkeit : Unparteilichkeit ✳ **säch**|**lich** Ew.: sachlich : (Sprachl.) das weder männliche noch weibliche Geschlecht bezeichnend (Neutrum)

Sach|**se**, der; –n, –n: Einwohner von Sachsen ✳ *Sachsengänger:* Arbeiter aus Polen, Galizien usw., der zur Zeit der Zuckerrübenernte nach Sachsen wanderte; *Sachsenspiegel:* mittelalterliches Rechtsbuch ✳ **säch**|**seln** intr.: in sächs. Mundart sprechen ✳ **Sach**|**sen:** Land in Mitteldeutschland ✳ **Sach**|**sen**|**wald:** Waldgebiet bei Hamburg ✳ **säch**|**sisch** Ew. ✳ *die sächsische Sprache; die Sächsische Schweiz*

sach|**te, sacht** Ew. (sachteste): (niederd.) sanft : leise : wenig merklich : langsam : allmählich ✳ **sacht**|**chen** Uw.: Verkleinerungsform von sacht(e) ✳ **sach**|**te!** Ausruf: still!, leise!, vorsichtig! ✳ **Sacht**|**heit**, die; –: Sanftheit : Vorsicht

Sack, der; –(e)s, Säcke; Säckchen, Säcklein, Säckel: großer Beutel aus grobem Leinen : holländ. Getreidemaß : engl. und russ. Gewicht : Werkzeug zum Fischfang : etwas Sackähnliches, Beutel oder Tasche; Kleid von grobem Stoff : (verächtl.) dicke Person : Hodensack ✳ *Sackbahnhof:* Kopfbahnhof; *Sackband; Sackfalte:* lockere, nicht gebügelte Falte eines Kleides; *sackförmig* Ew.; *Sackgans:* Kropfgans; *Sackgarn; Sackgasse:* blinde Gasse, Straße ohne Ausgang : (übertr.) Hindernis, Schwierigkeit; *Sackgeschwulst; Sackgesicht:* ein Schimpfwort; *sackgrob* Ew.: sehr grob : saugrob; *Sackhase:* fehlerhaft gepflügte Stelle; *Sackhüpfen, Sacklaufen; Sacklein, Sackleinwand:* grobes Leinen, grobe Leinwand zu Säcken; *Sacklunge:* Wabenlunge; *Sacknadel:* Nadel für groben Bindfaden, Jute, Hanf : ein Nadelfisch; *Sackpfeife:* Dudelsack; *Sackpfeifer:* Dudelsackpfeifer; *Sackrock; Sack-*

spinne; Sackspinner: ein Schmetterling; *Sackträger:* Lastträger : Sackspinne : Sackgans : eine Art Kerbtierlarven; *Sacktuch:* Sackleinen : Taschentuch; *Sackzehnte:* Abgabe von in Säcke gefülltem Korn; *Sackzwilch:* grober Stoff für Säcke; *Sackzwirn* ✳ **Säl**|**ckel**, der; –s, –: kleiner Sack : Geldbeutel ✳ *Säckelamt:* Schatzamt; *Säckelblume: Säckelkraut:* eine Pflanze; *Säckelmeister:* Kassenverwalter; *Säckelsenf:* Säckelkraut; *Säckelwart:* Kassenwart ✳ **Sä**|**ckeler, Sä**|**ckler**, der; –s, –: Handwerker, der Säcke anfertigt ✳ **sä**|**ckeln** (ich ..[e]le) tr.: (veralt.) in einen Sack füllen ✳ **sa**|**cken** tr.: in einen Sack füllen : gierig in den Mund stecken : Geld einstreichen; rbz.: absacken : zu Boden setzen : Falten werfen : sich ballen ✳ **sa**|**cken** tr.: in einem Sack ertränken ✳ **Sa**|**cker**, der; –s, –: Arbeiter, der Getreide einsackt ✳ **sa**|**cker!** (fr.): Ausruf des Fluches, der Verwünschung, Verwunderung, Bewunderung ✳ *sackerlot!:* sacker; *Sackerlöter:* Mordskerl : durchtriebener Mensch; *sackerment!:* sackerlot : sacker; *Sackermenter:* Sackerlöter [fr. sacré heilig]

Sa|**cra**|**men**|**to:** Stadt und Fluss in Kalifornien

Sad|**du**|**zä**|**er**, der; –s, –: altjüd. Regierungspartei ✳ **Sad**|**duzä**|**is**|**mus**, der; –: Lehre der Sadduzäer [benannt nach dem Stifter Zâdôk]

Sa|**de**|**baum** (ml.), der; –(e)s, ..bäume: eine strauchige Wacholderart

Sa|**dis**|**mus**, der; –: nach Marquis de Sade benannte perverse Leidenschaft, die sexuelle Befriedigung durch Grausamkeiten zu steigern ✳ **Sa**|**dist**, der; –en, –en: jemand, der den Sadismus ausübt ✳ **Sa**|**dis**|**tin**, die; –, –nen: weibl. Sadist ✳ **sa**|**dis**|**tisch** Ew.: mit dem Sadismus behaftet ✳ **Sa**|**doma**|**so**|**chis**|**mus**, der; –: Verbindung von Sadismus und Masochismus

sä|**en** (du säst, er sät; du sätest; gesät; säe!) tr.: Samen ausstreuen : etwas wie Samen ausstreuen ✳ *dünn gesät:* in gerin-

ger Menge vorhanden ✳ *Sä(e)mann; Sä(e)tuch; Sämaschine; Säzeit* ✳ **Sä**|**er**, der; –s, –: Sä(e)mann

Sal|**far, Sa**|**fer** (arab.), der; –s: zweiter Monat des mohammedan. Kalenders

Sal|**fa**|**ri** (arab.), die; –, –s: Karawanenreise : Touristenreise ins Innere Afrikas, verbunden mit Wildjagden ✳ *Safarianzug; Safarikleid*

Safe (e.) [ßeif'], der; –s, –s: „sicherer" Geldschrank : Stahlkammer : Bankfach : Schließfach ✳ *Saferoom* [..ruhm]: diebessicherer Raum ✳ **Sa**|**fer**|**sex** *auch:* **Sa**|**fer Sex** (e.) [säjfersex], der; –es: „sicherer Sex", der z. B. durch die Verwendung von Kondomen die Gefahr einer AIDS-Infektion vermindert

Safersex / Safer Sex
Werden Adjektive und Substantive oder Substantive mit Substantiven verbunden, schreibt man auch bei fremdsprachigen Wörtern zusammen: *Safersex, Hotline, Worldcup, Streetwork.* Die Verbindungen von Adjektiv und Substantiv können auch auseinander geschrieben werden: *Safer Sex, Hot Line.*

Saf|**fi**|**an** (slaw.-arab.), der; –s, –e: sehr feines, gefärbtes Ziegenleder

Saf|**flor** (arab.-e.), der; –s, –e: Färberdistel ✳ **saf**|**flor**|**gelb** Ew.: gelb in der Farbe der Färberdistel ✳ **Saf**|**ran**, der; –s, –e: Krokus : Gewürz : gelber Farbstoff ✳ **saf**|**ran**|**gelb** Ew.: safranfarben ✳ **Saf**|**ra**|**nin**, das; –s, –e: chem. Färbemittel

Saft, der; –(e)s, Säfte; Säftchen, Säftlein: Flüssigkeit in organischen Körpern : dicke Flüssigkeit ✳ *Saftbraten; Saftfarbe:* Deckfarbe : organische Farbe; *Saftgang; Saftgefäß; saftgrün* Ew.; *Saftkur:* mit Obst oder Gemüsesäften durchgeführte Kur; *Saftladen:* (Umgspr.) schlecht funktionierender Laden; *saftleer* Ew.; *saftlos* Ew.; *Saftpresse; saftreich* Ew.; *Saftröhre; Saftstockung; saftvoll* Ew. ✳ **saf**|**tig** Ew.: voller Saft : reich an Saft : zotenhaft, schmutzig ✳ **Saf**|**tig**|**keit**, die; –: das Angefülltsein mit Saft : Zotenhaftigkeit

Sa|**ga** (altisländ.), die; –, –s und Sögur: altnord. Prosaerzählung

sag|**bar** Ew.: so beschaffen, dass es sich sagen lässt ✳

Sa|**ge**, die; –, –n: Rede : Gerücht : Überlieferung der Vorzeit : Geschichtserzählung *Sagenbuch; Sagendichtung; Sagenforschung; Sagengeschichte; Sagenkreis; Sagenkunde; Sagenwelt; Sagenzeit* ✳

sa|**gen** tr., intr.: mit Worten zu erkennen geben : kundtun : ausdrücken : reden : sprechen ✳ *einem etwas sagen; etwas zu einem sagen; totsagen* tr.: als gestorben melden; *sich lossagen; wenn ich so sagen darf*: sozusagen; *offen gesagt; im Vertrauen gesagt; er sagt nur so; man sagt, die Leute sagen*: es heißt; *das will nichts sagen*: das hat nichts zu bedeuten ✳

sa|**gen**|**haft**, **sa**|**gen**|**mä**|**ßig** Ew.: der Sage angehörig : mythisch : von unvorstellbarem Ausmaß

Sä|**ge**, die; –, –n: Werkzeug mit gezacktem Eisenband zum Holzschneiden : etwas Sägeähnliches : Schwert des Sägefisches : Name von Muscheln ✳ *Sägeblatt*: gezähntes Stahlblatt der Säge; *Sägeblock*: Holzblock zum Zersägen; *Sägebock*: Kreuzgestell, um Holz darauf zu zersägen : Maschine zum Hochwinden der zu zersägenden Bäume; *Sägedach*: Sheddach; *Sägefeile*: Feile zum Schärfen der Sägeblattzähne; *Sägefisch; sägeförmig* Ew.: *Sägegatter*: Rahmen der Säge einer Sägemühle; *Sägegestell; Sägehai; Sägeholz; Sägekleie; Sägeklotz; Sägemaschine; Sägemehl; Sägemühle; Sägemüller; Sägemuschel; Sägespäne; Sägewagen*: bewegliche Unterlage des Sägeblocks in Sägemühlen; *Sägewerk; Sägezahn* ✳ **sä**|**gen** intr., tr.: mit der Säge schneiden : (übertr.) wie mit einer Säge schneiden : (übertr.) schnarchen ✳ **Sä**|**ger**, der; –s, –: jemand, der sägt : eine Familie der Gänsevögel mit sägeähnlichem Schnabel ✳ **Sä**|**ge**|**rei**, die; –, –en: das Sägen : Sägebetrieb

Sä|**ge**, die; –, –n: (mundartl.) Schleppnetz

Sage-fem|**me** → **Sage-Femme** (fr.) [ßahßehfamm'], die; –, –s: „weise Frau", Hebamme

sa|**gen**: s. sagbar

Sa|**get**|**ten**|**garn**, das; –s, –e: Halbkammgarn

Sa|**git**|**tal**|**schnitt** (l.), der; –(e)s, –e (Anatom.) (gedachter) Schnitt von vorn nach hinten verlaufend, in Richtung der Pfeilnaht des Schädels

Sa|**go** (malay.), der; –s, –s: gekörntes Stärkemehl aus dem Mark der Sagopalme ✳ *Sagobaum; Sagopalme; Sagosuppe*

Sa|**ha**|**ra**, **Sa**|**ha**|**ra**, die; –: nordafrikan. Wüste

Sahel|**zone** *auch:* **Sahel-Zone**, die; –: südlichster Teil der Sahara

Sah|**ne**, die; –: Milchrahm ✳ *Sahnebonbon; Sahneeis; Sahnekännchen; Sahnekaramelle; Sahnekäse; Sahnekuchen; Sahnetorte* ✳ **sah**|**nen** tr.: rahmen : mit Sahne füllen : Sahne abnehmen ✳ **sah**|**nig** Ew.: viel Sahne enthaltend : fett

Saib|**ling**, der; –s, –e: junger Lachs

Sai|**gon**: früherer Name von Ho-Chi-Minh-Stadt in Vietnam

Saint (e.) [ßent], (fr.) [ßäng], (männl.), **Sainte** (fr.) [ßängt], (weibl.): Heilige(r) : „heilig", vor Namen von Personen, Örtlichkeiten usw.; Abk.: St., Ste. ✳ **Saint-Croix** [ßent kroi]: Kleine Antilleninsel

Saint-Si|**mo**|**nis**|**mus**, der; –: nach dem fr. Sozialkritiker Graf Saint-Simon benanntes sozialistisches System

Sa|**is**: altägypt. Stadt am Nil

Sai|**son** (fr.) [ßäsong], die; –, –s: Kurzeit : Hauptzeit, bes. für bestimmte Wirtschaftszweige ✳ *Saisonarbeit; Saisonarbeiter; Saisonverkauf; saisonbedingt* Ew.; *Saisonbeginn; Saisonbetrieb; Saisoneröffnung; Saisonkarte; Saisonschluß* → *Saisonschluss; Saisonschwankung; Saisonwanderung*: saisonbedingte Wanderung von Arbeitskräften

Sai|**te**, die; –, –n: aus Därmen oder Metalldraht hergestellte, elastische Fäden zum Bespannen von Instrumenten ✳ *Saitenbezug*: Saitenbespannung; *Saitengetön; Saitenhalter*: Brett-

chen zum Festhalten der Saiten; *Saiteninstrument; Saitenklang; Saitenkünstler; Saitenspiel; Saitenwurm*: Fadenwurm ✳ **..sai**|**tig** Ew., nur in Zus.: soundso beschaffen, soundso viele Saiten habend, z. B. kreuzsaitig, dreisaitig ✳

Sai|**tling**, der; –s, –e: reiner, trockener Darm

Sa|**ke**, **Sa**|**ki**, das; –: aus Reis bereitetes, berauschendes japanisches Getränk, Reiswein

Sak|**ko** (it.), der; –s, –s: Herrenjackett ✳ *Sakkoanzug*

Sak|**ko**|**pho**|**ren** (gr.) Mz.: „Sackträger" : Büßende

sak|**ra**! (it.) Ausruf: verdammt! ✳ **sak**|**ral** (l.) Ew.: auf den Kultus, auf Heiligtümer bezogen : (Anat.) zum Kreuzbein gehörig ✳ **Sak**|**ra**|**ment**, das; –(e)s, –e: urspr. Fahneneid : heilige Handlung, die göttl. Gnadengüter vermittelt ✳ *Sakramentshäuschen*: Monstranz; *Sakramentsstreit*: Streit zwischen Lutheranern und Reformierten über die leibliche Gegenwart Christi beim Abendmahl; *Sakramentstag*: Fronleichnamstag ✳ **sak**|**ra**|**men**|**tal** Ew.: heilig : auf das Sakrament bezogen ✳ **sa**|**k**|**ra**|**men**|**tie**|**ren** (..iert) intr.: fluchen : schwören ✳ **Sa**|**k**|**ra**|**men**|**tie**|**rer**, der; –s, –: Anhänger der calvinistischen Meinung im Sakramentsstreit der Reformatoren ✳ **sa**|**k**|**ra**|**ment**|**lich** Ew.: das Sakrament betreffend : feierlich ✳ **Sa**|**k**|**ra**|**ri**|**um**, das; –s, ..rien: Heiligenschrein ✳ **sa**|**k**|**rie**|**ren** (..iert) tr.: weihen : heiligen ✳ **Sa**|**k**|**ri**|**fi**|**zi**|**um**, das; –s, ..zien: Messopfer ✳ **Sa**|**k**|**ri**|**leg**, **Sa**|**k**|**ri**|**le**|**gium**, das; –s, ..lege: Gotteslästerung : Vergehen gegen Heiliges : Kirchenraub ✳ **sa**|**k**|**ri**|**le**|**gisch** Ew.: gotteslästerlich : kirchenräuberisch ✳ **sa**|**k**|**risch** Ew.: (mundartl.) verdammt : verflucht ✳ **Sa**|**k**|**ris**|**tan**, der; –s, –e: Kirchendiener : Küster : Messner ✳ **Sa**|**k**|**ris**|**tei**, die; –, –en: Umkleideraum für den Geistlichen, Aufbewahrungsort der gottesdienstlichen Geräte usw. in der Kirche ✳ **Sa**|**k**|**ro**|**po**|**li**|**tik** (l.-gr.), die; –: Verbindung des Geistlichen mit dem Weltlichen ✳ **sak|ro|sankt** Ew.: hochheilig : unverletzlich [l. sacer, sanctus heilig]

sä|ku|lar (l.) Ew.: hundertjährlich : alle hundert Jahre wiederkehrend : ein Jahrhundert betreffend : nicht geistlich, weltlich ✳ **Säkularfeier; Säkularklerus:** Weltgeistlichkeit ✳ **Sä|ku|la|ri|sa|ti|on,** die; —, —en: Verweltlichung : Umwandlung kirchlicher Besitzungen in staatliche : Erlaubnis für Ordensgeistliche, ohne Bindung an das Gelübde außerhalb des Klosters zu leben ✳ *Säkularisierungsprozeß* → *Säkularisierungsprozess* ✳ **sä|ku|la|ri|sie|ren** (..iert) tr.: verweltlichen : kirchliche Güter in staatliche umwandeln ✳ **Sä|ku|la|ri|tät,** die; —: weltliche Gerichtsbarkeit einer Kirche ✳ **Sä|ku|lum,** das; —s, ..la: Jahrhundert

Sal (l.), das; —s: Salz ✳ *Sal amarum:* Bittersalz

Sal (ahd.): (in Zus.) Haus : Wohnung ✳ **Sa|la** (ml.), die; —: Herrschaftswohnung : Besitzübertragung bei Grundstücken in den german. Volksrechten : Auflassung ✳ *Salbuch:* Grundbuch : Eigentumsverzeichnis; *salfrei* Ew.: abgabenfrei; *Salhof:* freier Grundbesitz; *Salland:* freier Grundbesitz; *Salmann:* Testamentsvollstrecker

Sa|la|din: ägypt.-syr. Sultan

Sa|la|man|ca [..ka]: span. Provinz und Stadt

Sa|la|man|der (gr.-l.), der; —s, —: Molch : Mulle : Ulme : eine Nelkenart : studentische Trinksitte

Sa|la|mi, die; —, —(s): harte, geräucherte Dauerwurst ✳ *Salamitaktik:* (Umgspr.) die Taktik, politische Ziele in kleinen Schritten zu erreichen; *Salamiwurst*

Sa|la|mis: gr. Insel im Golf von Ägina

Sa|lär, (l.-fr.), das; —s, —e: **Sa|la|ri|um,** das; —s, ..rien: „Salzgeld" : Sold : Lohn : Bezahlung ✳ **sa|la|rie|ren** (..iert) tr.: besolden : bezahlen ✳ *Salarienkasse:* Lohnkasse

Sa|lat (it.), der; —(e)s, —e: Pflanzenname : mit Essig, Öl, Salz und anderen Gewürzen zubereitetes (kaltes) Gericht aus Salatpflanzen, Gemüse-

oder Fleischteilen, auch aus Obst ✳ *Kopfsalat; Selleriesalat* ✳ *da haben wir den Salat:* da haben wir die Bescherung : *Salatbesteck; Salatgurke; Salatöl; Salatpflanze; Salatplatte; Salatschüssel* ✳ **Sa|la|ti|e|re,** die; —, —n: Salatschüssel ✳ **Sal|ba|der,** der; —s, —: alberner Schwätzer ✳ **Sal|ba|de|rei,** die; —, —en: albernes Geschwätz ✳ **sal|ba|der|haft, sal|ba|de|risch** Ew.: salbadernd ✳ **sal|ba|dern** (ich ..[e]re) intr.: oft den Namen des *Salvators* (Heilands) anrufen : albern schwätzen

Sal|band, das; —(e)s, —bänder: (Web.) Tucheinfassung(sleiste) : Webkante : (übertr.) (Bergb.) dünne Steintrennungsschicht : Ring um den Pflugbalken ✳ *Salleiste*

Sal|be, die; —, —n; Sälbchen, Sälblein: fettige, weiche Masse, die als Heileinreibemittel dient : (Anat.) Absonderung der Talgdrüsen : (Schiffb.) Masse zum Beschmieren des im Wasser befindlichen Teiles des Schiffes : Schmiere ✳ *Salbgefäß; Salbgerät; Salböl* ✳ *Salbenbüchse; salbenduftend* Mw. Ew.; *Salbentube; Salbentopf* ✳ **sal|ben** tr.: mit Salbe bestreichen : einbalsamieren : mit Salböl heiligen : weihen : zum Priester salben : (mundartl.) mit Fett beschmieren : (übertr.) bestechen, betrügen ✳ **sal|ben|haft** Ew.: salbenartig ✳ **Sal|ber,** der; —s, —: einer, der salbt ✳ **sal|big** Ew.: wie Salbe : eingesalbt ✳ **Sal|bung,** die; —, —en: das Salben : Weihe : (spött.) würdevolles Gebaren ✳ *salbungsreich, salbungsvoll* Ew.

Sal|bei, Sal|bei, Sal|vei (l.), der; —s, —e; die; —, —en: eine Heil- und Gewürzpflanze

Salb|ling, Sälb|ling: s. Saibling

Sal|buch: sal|frei: s. Sal

Säl|chen: s. Saal

sal|die|ren (..iert) (it.) tr.: Rechnung ausgleichen : Forderung tilgen : (östr.) die Bezahlung einer Rechnung bestätigen ✳ **Sal|die|rung,** die; —, —en: Rechnungsabschluss ✳ **Sal|do,** der; —s, ...den: Rechnungsabschluss : Überschuss ✳ *Saldoanerkenntnis:* Schuld-

anerkenntnis dem Gläubiger gegenüber; *Saldokonto:* laufendes Konto; *Saldorest; Saldoübertrag; Saldovortrag; Saldozahlung*

Sa|le, die; —, —n: (niederd.) Schwelle : Sohle : Salweide

Sa|lem, Sa|lam: s. Selam ✳ **Sa|la|mei|kum:** „Friede sei mit euch!", türk.-arab. Gruß

Sales-ma|na|ger → **Sa|les|ma|na|ger** (e.) [ßehls mänédscher], der; —s, —: Verkaufsleiter ✳ **Sales-pro|mo|ter** → **Sales|pro|mo|ter** (e.) [ßehlspromohter], der; —s, —: Vertriebsleiter : Verkaufsförderer ✳ **Sales-pro|mo|tion** → **Sa|les|pro|mo|tion** (e.) [ßehlspromouschen], die; —: Verkaufswerbung

Sal|hof: s. Sal

Sa|lier, der; —s, —: „der Hüpfende", altröm. Priester des Mars

Sa|lier, der; —s, —: Angehöriger des Hauptstammes der Franken : Kaiser aus dem salischen Herrscherhaus ✳ **sa|lisch** Ew.: auf die Salier bezogen ✳ *Salisches Gesetz:* älteste Sammlung deutscher Gesetze (5. Jh.)

Sa|li|ere (it.), die; —, —n: Salzfass ✳ **Sa|li|fi|ka|ti|on** (l.), die; —, —en: Salzbildung ✳ **Sa|li|ne,** die; —, —n: Salzwerk ✳ *Salinenbetrieb*

sa|lisch: s. Salier

Sa|li|vin, das; —s: Speichelstoff ✳ **Sa|li|va|ti|on,** die; —, —en: Speichelfluss

Sa|li|zin (nl.), das; —s: Glukosid in der Rinde der Weiden- und Pappelarten : Fiebermittel ✳ **Sa|li|zi|nee,** die; —, —n: Weidengewächs ✳ **Sa|li|zit,** der; —s, —e: Weidenblattstein : Stein mit Abdrücken von Weidenblättern ✳ **Sa|li|zyl,** das; —s, —e: Desinfektionsmittel ✳ **Sa|li|zyl|säu|re,** die; —: gärungshemmende, fäulniswidrige organ. Säure, die zur Haltbarmachung von Nahrungs-, Arzneimitteln dient

Sal|land: s. Sal

Sal|leiste: Salband, s. d.

Salm, der; —(e)s, —e; Sälmchen: Lachs, ein Fisch ✳ **Salm|ling, Sälm|ling,** der; —s, —e: junger Lachs : Saibling : Sälbling ✳ **Sal|mo|ni|den** Mz.:

Fische aus der Familie der Lachse

Salm (gr.), der; –(e)s, –en: Psalm : (übertr.) Litanei

Sal|mi|ak (nl.), der; –s: ein Ammoniaksalz ✳ *Salmiakblumen* Mz.: durch Sublimieren gereinigter Salmiak; *Salmiakgeist:* mit Ammoniak gesättigtes Wasser ✳ *Salmiaklösung; Salmiakpastille; Salmiaksalz*

Sal|mo|ni|den: s. Salm

Sa|lo|mo(n): biblischer König ✳ *Salomonis Schlüssel:* ein fälschlich dem König Salomo beigelegtes kabbalistisches Zauberbuch ✳ **sa|lo|mo|nisch:** weise wie Salomo [hebr. schâlôm Heil]

Sa|lon (fr.) [ßalong], der; –s, –s: Besuchs-, Gesellschaftszimmer : (18. u. 19. Jh.) geselliger Empfangsabend berühmter Frauen : Ausstellungszimmer : Geschäft für Haar-, Körperpflege oder Mode ✳ *Salondame; salonfähig* Ew.; *Salonmusik:* gefällige Unterhaltungsmusik; *Salonspiegel; –wagen*

Sa|lo|ni|ki: Stadt in Griechenland

Sa|loon (e.) [ßäluhn], der; –s, –s: Salon : Speise- und Schlafwagen : Stehkneipe

sa|lopp (fr.) Ew.: ungezwungen : nachlässig : schlampig ✳ **Sa|lop|pe,** die; –, –n: Umschlagetuch : schlampiges Frauenzimmer

Sal|pe|ter (ml.), der; –s: „Salzstein", salpetersaures Kali ✳ *Salpeterdampf; Salpeterdünger; Salpetererde; Salpeterfraß:* Verwittern der Steine und des Mörtels durch Bildung von Salpetersäure; *Salpetergas:* Stickstoffoxyd; *Salpetergeist:* Salpetersäure; *salpeterhaltig* Ew.; *Salpeterhütte; Salpeterlauge; Salpeterpapier; Salpeterplantage; salpetersauer* Ew.; *Salpetersäure:* eine wichtige Mineralsäure (vgl. Säure): *Salpetersieder(ei); Salpeterwand* ✳ **sal|pet|rig** Ew.: salpeterähnlich : salpeterhaltig; salpetersauer

Sal|pinx (gr.), die; –, –e und ..pingen: altgr. Trompete : Seemuschel : (Med.) eustachische Röhre : Eileiter ✳ **Sal|pin|gi|tis,** die; –: Eileiterentzündung

Sal|sa (span.), der; –s: lateinam. Tanz : populäre Richtung lateinamerikanischer Rockmusik

Sal|se (ml.), die; –, –n: Salzbrühe : Schlammvulkan

SALT (Abk.): Strategic Arms Limitation Talks, Abrüstungsverhandlungen über strategische Waffen

Sal|ta (it.-l.), das; –: „spring!", ein Brettspiel ✳ **Sal|ta|rel|lo,** der; –s, ..lli: „Hüpfer", ein italien. Volkstanz ✳ **Sal|ta|ti|on** (l.), die; –, –en: das Springen : das Tanzen : das Klopfen der Pulsader ✳ **Sal|ta|tor** (l.), der; –s, ..toren: Tänzer : Gebärdenkünstler ✳ **Sal|ta|t|rix** (l.), die; –, ..trices: Tänzerin ✳ **Sal|to** (it.), der; –s, –s: Sprung ✳ *Salto mortale* (it.): „Todessprung", ein Kunstsprung : gefährl. Wagnis

Sal|te|rio (it.), der; –s: Davidsharfe : Psalterium

Sal|to: s. Salta

Sa|lu|bri|tät (l.), die; –: gesunde Beschaffenheit : gesundheitsgemäßer Zustand

Sa|lut (fr.), der; –(e)s, –e: Begrüßung : Ehrengruß ✳ *Salutschuß* → *Salutschuss* ✳ **Sa|lu|ta|ti|on** (l.), die; –, –en: Begrüßung : Gruß : Aufwartung ✳ **Sa|lu|ta|to|ri|um,** das; –s, ..rien: Sprechzimmer in Klöstern ✳ **sa|lu|tie|ren** (..iert) intr.: die Ehrenbezeigung leisten, ehrend grüßen

Sal|va|ti|on (l.) [..w..], die; –, –en: Rettung : Verwahrung : Verteidigung ✳ *Salvationsschrift* ✳ **Sal|va|tor,** der; –s, ..toren: Retter : Erlöser : Heiland ✳ **Sal|va|tor,** der; –s: Münchner Starkbier, zur Passionszeit gebraut ✳ *Salvatorbier; Salvatorbräu; Salvatororden*

sal|va ve|nia (l.) [..w.. w..]: mit Verlaub; Abk.: s. v.

sal|ve! (l.) [..w..]: sei gegrüßt! ✳ **Sal|ve** (fr.), die; –, –n: Ehrenschuss : gleichzeitiges Abfeuern mehrerer Schusswaffen ✳ *Salvengarde; Salvenfeuer*

sal|vie|ren (..iert) tr.: retten; rbz.: flüchten ✳ **sal|vo ti|tu|lo:** mit Vorbehalt (Weglassung) des Titels; Abk.: S.T.

Sal|wei|de, die; –, –n: Laubbaum

Salz, das; –es, –e: Chlorna-

trium : Speisesalz : Kochsalz : Steinsalz : Seesalz : Dungsalz : Viehsalz : dem Kochsalz ähnliche chemische Verbindungen : Riechsalz : (übertr.) Geist, Witz : (übertr.) feiner Spott ✳ *attisches Salz:* geistreicher Witz ✳ *ihr seid das Salz der Erde* ✳ *Salzader; salzarm* Ew.; *salzartig* Ew.; *Salzbad:* Bad von Salzwasser; *Salzbeere; Salzbergwerk; Salzbinse; Salzboden; Salzbrezel; Salzbrühe:* Salzlake; *Salzbrunnen:* Sole; *Salzbüchse; Salzfaß* → *Salzfass; Salzfleisch; Salzflut:* Meer; *Salzführer:* einer, der Salz zum Verkauf umherfährt; *Salzgarten:* Einrichtung zur Salzgewinnung aus Meerwasser; *Salzgast:* Salzkunde : Salzkäufer; *Salzgebirge; Salzgehalt; Salzgeist:* Salzsäure; *Salzgraf:* Vorsteher und Richter in Sachen des Salzwesens; *Salzgras:* Salzbinse; *Salzgrube; Salzgurke; salzhaltig* Ew.; *Salzhandel; Salzhändler; Salzhaus; Salzhecht:* Pökelhecht; *Salzhering; Salzherr; Salzkartoffeln; Salzkorn:* kleines Salzkristall; *Salzkote:* Siedehütte in Salzwerken; *Salzlager; Salzlake:* salzige Brühe; *Salzlecke:* mit Salz vermischter Lehm zum Lecken für das Wild : der Ort, wo das Wild Salz leckt; *Salzlösung; Salzmeste:* hölzernes Salzkästchen mit Klappdeckel : (Salzmaß) stellvertretende Brautmutter am Hochzeitstage; *Salzmiere:* eine Pflanze; *Salzmonopol; Salznatter; Salzniederlage; Salzpfanne:* Siedepfanne des Salzwerkes; *Salzquelle:* Sole; *salzsauer* Ew.: mit Salzsäure chemisch verbunden; *Salzsäule; Salzsäure:* eine wichtige Mineralsäure; *Salzsee; Salzsieder(ei); Salzsode; Salzsole; Salzspindel:* Salzwaage; *Salzstange; Salzstein; Salzsteuer; Salzstock; Salzstrauch:* eine Pflanze; *Salzstube:* Sammelbecken für die Sole; *Salztonne; Salzwaage:* Aräometer zur Bestimmung des Salzgehalts einer Sole (Salzspindel); *Salzwasser; Salzwerk:* Anstalt zur Salzgewinnung, Saline, Salzbergwerk; *Salzwesen; Salzwüste; Salzzoll* ✳ **sal|zen** (du salzest und salzt; gesalzt und gesalzen [übertr. nur gesalzen]) tr. und intr.: mit Salz versehen : (übertr.) würzen : saftig machen : durchprügeln * *gesalzen* Mw. Ew.: saftig : derb * *die Preise sind gesalzen; ein gesalzener Witz* * *Gesalzene,* das; –n: gesalzenes Fleisch * der **Säl|zer,** der; –s, –: Salzsieder : Salzhändler * **sal|zig** Ew.: salzhaltig : nach Salz schmeckend * **Sal|zig|keit,** die; –: das Gesalzensein

Sa|ma|dan, der; –s: neunter Monat des arab. Kalenders

Sä|mann: s. säen

Sa|ma|ria: Stadt in Palästina * **Sa|ma|ri|ta|ner** Mz.: Bewohner von Samaria : Mischbevölkerung von Juden und assyr. Siedlern * **Sa|ma|ri|ter,** der; –s, –: Einwohner von Samaria : selbstlos Helfender * *der Barmherzige Samariter:* bibl. Gestalt; *ein barmherziger Samariter:* ein hilfreicher Mensch * *Samariterdienst; Samariterverein* * **Sa|ma|ri|ter|tum,** das; –(e)s: barmherziges Helfertum * **sa|ma|ri|tisch** Ew.: aus Samaria

Sa|ma|ri|um: ein chem. Grundstoff, sehr seltenes Metall: Abk.: Sm

Sa|mar|kand: Stadt in Usbekistan

Sam|ba, der; –s, –s: Tanz

Sam|be|si: südafrikan. Strom

Sam|bia: afrikan. Staat * **Sam|bi|er,** der; –s, –: Einwohner von Sambia * **sam|bisch** Ew.

Sam|bu|ka (gr.-aram.), die; –, ..ken: dreieckiges Saiteninstrument : Belagerungswerkzeug : Sturmleiter [gr. sambyke] : klarer, süßer italienischer Schnaps auf Anisbasis

Sa|me, der; –n, –n: Angehöriger einer Volksgruppe in Norwegen und Schweden * **Sa|min** , die: –, –nen

Sa|me(n), der; ..mens, ..men: Sämchen, Sämlein: (Bot.) der infolge der Befruchtung entstandene Pflanzenteil, aus dem eine neue Pflanze hervorgeht : Zeugungsstoff bei Mensch und Tier : Sprössling : Nachkomme : Nachkommenschaft : Geschlecht : Brut * *Samenader; Samenanlage; Samenbaum;*

Samenblase; Samenblatt: Samenlappen (vgl. Kotyledonen); *Samenboden:* Fruchtboden; *Samenbohne:* Saatbohne; *Samenbruch; Samendecke; Samendrüse; Samenerguß* → *Samenerguss ; Samenfaden; Samenfisch; Samenfluß* → *Samenfluss; Samengang; Samengehäuse; Samenhalter:* Samenboden; *Samenhandlung; Samenhaut; Samenholz; Samenhülle; Samenkäfer; Samenkapsel; Samenkarpfen; Samenkeim; Samenkelch; Samenklappe:* Samenblatt; *Samenkern; Samenknospe; Samenkorn; Samenlappen:* Samenblatt; *Samenleiter; Samenlode:* aus Samen aufschießender Schößling; *samenlos* Ew.; *Samenmilch; Samenperle; Samenpflanze; Samenreis:* Samenlode; *Samenröhre; Samenschule; Samenstaub:* Blütenstaub; *Samenstrang; Samentierchen; Samenträger; Samenübertragung; Samenzelle; Samenzucht* * **sä|men (sa|men)** tr.: (veralt.) säen * **Sä|me|rei,** die; –, –en: Samenhandlung : Gesäme (s. d.) * *Sämereihandel; Sämereihändler; Sämereiverzeichnis* * **Säm|ling;** der; –s, –e: aus Samen gezogene Pflanze

Sa|mi|el (hebr.): oberster Teufel

sä|mig Ew.: (niederd.-sächs.) schleimig: dickflüssig : seimig * **Sä|mig|keit,** die; –: (mundartl.) Dickflüssigkeit

sa|misch: s. Samos

sä|misch (slaw.) Ew.: mit Fett gegerbt : weißgelb : chamois * *sämischfarbig* Ew.; *sämischgar* Ew.; *Sämischgerber(ei);* *sämischleder*

Sam|mel|band, Sam|mel|becken: s. sammeln

sam|meln (ich ..[e]le) tr., intr.: Verstreutes zusammenbringen; rbz.: zusammenkommen : seine Gedanken zusammennehmen * *Sammelanschluß* → *Sammelanschluss; Sammelauftrag; Sammelband; Sammelbecken:* Reservoir; *Sammelbestellung; Sammelbezeichnung; Sammelbüchse; Sammeldepot:* Verwahrung von Wertpapieren; *Sammelgefäß; Sammelgut; Sammelheizung;*

zung; Sammelkonto; Sammelladung: angesammeltes Stückgut zu einer Wagenladung; *Sammellager; Sammellinse:* konvexe Linse, Lupe; *Sammelmappe; Sammelname:* Sammelwort; *Sammelnummer; Sammelplatz; Sammelpunkt; Sammelschrift; Sammelspiegel:* Hohlspiegel; *Sammelstelle; Sammeltransport; Sammelüberweisung; Sammelverwahrung:* Verwahrung von Wertpapieren; *Sammelwerbung; Sammelwerk; Sammelwort* * **Sam|mel|su|ri|um** (niederd.-l.), das; –s, ..rien: Gemengsel : buntes Durcheinander * **Samm|ler,** der; –s, –: jemand, der sammelt : (Strom–) Akkumulator * *Sammlerfleiß; Sammlerfreude; Sammlervereinigung* * **Samm|lung,** die; –, –en: das Sammeln : das Sichsammeln : das Gesammeltsein : das Gesammelte

Sam|met: s. Samt

Sam|ni|ter, der; –s, –: alter Volksstamm in Mittelitalien

Sa|mo|a|in|seln: polynesische Inselgruppe

Sa|mo|je|de, der; –n, –n: Angehöriger eines ural-altaischen Volksstammes * **Sa|mo|je|de,** die; –, –n: eine Art Frauenüberrock oder Mantel mit weiten, langen Ärmeln

Sa|mos: griech. Insel * **sa|misch** Ew.: von, aus, auf Samos * *Samische Erde:* Mergelerde

Sa|mo|war (russ.), der; –s, –e: „Selbstkocher", russische Teemaschine [russ. sam selbst und warij kochen]

Sam|pan, der; –s, –s: chin. Fluss- und Hausboot [chin. san drei und pan Brett]

Sam|ple, (e.) [ßämpl], das; –s, –s: „Beispiel", Vorbild, Modell, Stichprobe

Sams|tag, der; –(e)s, –e: (südd.-rhein.) der siebente Tag der Woche: Sabbatstag : Sonnabend * **sams|täg|lich** Ew.: jeden Samstag wiederkehrend * **sams|tags** Uw.: am Samstag

samt Uw.: alle (zusammengefasst) und jede (vereinzelt): samt und sonders * **samt** Vw. mit Dat.: mit : mitsamt * *samt dem Vieh* * *samt und sonders:*

allesamt : ausnahmslos **
sämt|lich Ew.: gesamt : alle
Samt (gr.), der; –(e)s, –e: Stoff
mit Grundgewebe und weicher
haarartiger Bedeckung ** *samt-
artig* Ew.; *Samtband; Samt-
blume; Samtbürste; Samt-
decke; Samtente; Samtgras;
Samthandschuh; jemanden mit
Samthandschuhen anfassen*
jemanden vorsichtig behandeln; *Samthaut; Samtkleid;
Samtmesser:* Messer zum Prüfen des Samts auf seine Festigkeit; *Samtnadel:* Werkzeug bei
der Samtweberei; *Samtnelke;
Samtpfötchen; Samtrose; samt-
schwarz* Ew.: tief- und glänzend schwarz; *Samtstuhl:* Webstuhl für Samt; *Samtteppich;
Samtvogel:* eine Vogelgattung
: ein Schmetterling; *Samtwe-
ber(ei); samtweich* Ew. **
sam|ten Ew.: aus, wie Samt **
sam|tig Ew.: samtartig
sämt|lich: s. samt
Sal|mum (arab.), der; –s, –s:
"Giftwind", heißer Wüsten-
wind in Nordafrika und Vor-
derasien ** **Sam-Ye|li:** Samum
Sa|mu|rai, der; –(s), –(s): ehe-
malige Kriegerklasse in Japan
(8. bis 19. Jh.) : alter japani-
scher Adel
San (it.): heilig (vor m. Namen); Abk.: S. ** *San Paolo* **
Sant': heilig (vor m. Namen,
Namen, die mit Selbstlauten
beginnen); Abk.: S. ** *Sant' Isi-
doro* ** **San|ta:** heilig (vor w.
Namen); Abk.: S. ** *Santa
Margherita* ** **San|te** Mz.: hei-
lig (vor w. Namen); Abk.: SS.
** *Sante Maria e Maddalena* **
Santi Mz.: heilig (vor m. Namen); Abk.: SS. ** *Santi Pietro
e Paolo* ** **San|to:** heilig (vor
m. Namen, die mit Sp., St und
To beginnen); Abk.: S. ** *Santo
Tome;* (vgl. Sankt und Saint)
sa|na|bel (l.) Ew.: heilbar **
Sa|na|to|ri|um (nl.), das; –s,
..rien: Heilstätte : Heilanstalt :
Genesungsheim
sanct usw.: s. San, Saint, Sankt
Sanc|tus (l.) das; –: "heilig":
ein mit "sanctus" beginnender
Teil des Messgesangs in der katholischen Kirche
Sand, der; –(e)s, Sandarten:
Verwitterungsschutt aus kleinen, losen Mineralkörnern: etwas Sandähnliches ** *in den*

Sand schreiben tr.: verwischen
lassen, nicht weiter verfolgen;
Sand in die Augen streuen: vortäuschen : beschwindeln; *auf
Sand bauen:* auf unsicherem
Grund bauen ** *Sandaal; sand-
artig* Ew.; *Sandauster; Sand-
bad; Sandbahn; Sandbank;
Sandbeere; Sandberg; Sandbo-
den; Sandbohrer; Sandbüchse:
Streusandbüchse; Sandburg;
Sanddorn:* eine Pflanze; *Sand-
erz; Sandfaß* → *Sandfass;
Sandfeld; Sandfisch; Sand-
floh; Sandförmchen:* in Kin-
derspielzeug; *Sandgebirge;
Sandgegend; Sandglas:* Sanduhr; *Sandgräber:* Name von
Tieren; *Sandgras; Sandgrube;
Sandguß* → *Sandguss:* Metallguss, Eisenguss in Sandfor-
men; *Sandhafer; Sandhalm;
Sandhase:* Hase in Sandgegen-
den : eine Art Pfeifhase : (beim
Kegeln) Fehlwurf; *Sandhau-
fen; Sandhose:* Windhose, die
Sand aufwirbelt; *Sandhügel;
Sandhuhn; Sandkasten; Sand-
korn; Sandkrebs; Sandkuchen;
Sandland(schaft); Sandläufer:*
Sandhuhn : Sandkäfer : (seem.)
kleine Sanduhr, Logglas; *Sand-
loch:* Sandgrube : Aufbewah-
rungsstelle für Sand; *Sand-
mann:* Sandverkäufer :
(scherzh.) Müdigkeit; *Sand-
meer:* Sandwüste; *Sandnelke;
Sandpapier; Sandpfeife(r);
Sandreiter; Sandrohr; Sand-
schiefer; Sandschimmel; Sandstein:* Gestein aus Sandkör-
nern : schlechte Bernsteinsorte;
*Sandsteingebirge; Sandstrahl-
gebläse:* Gerät zum Reinigen
von Natursteinfassaden, zum
Entrosten von Metallen; *Sand-
strand; Sandsturm; Sandtorte:*
Sandkuchen; *Sandtrespe;
Sanduhr:* Vorrichtung, die Zeit
mit rieselndem Sand zu messen; *Sandweg; Sandwespe;
Sandwurm; Sandwüste* **
san|den tr.: mit Sand be-
streuen ** **San|der|ling,** der; –s,
–e: eine Art Strandvogel **
san|dig Ew.: aus Sand : voller
Sand : sandähnlich
San|da|le (gr.), die; –, –n: Rie-
menschuh : Mönchsschuh **
San|da|let|te, die; –, –n: sanda-
lenartiger Schuh
San|da|rach, San|da|rak (gr.-
pers.), der; –s: Harz des Sanda-

rakbaumes ** *Sandarakbaum:*
afrikan. Nadelholzgewächs
San|del|baum, der; –(e)s,
..bäume: ein indischer Baum **
Sandelholz: wohlriechendes
Holz; *Sandelholzöl*
Sand|schak (türk.), der; –s,
–s: "Fahne" : Unterabteilung
des Wilajets (Türkei) ** *Sand-
schak-Bey:* Statthalter; *Sand-
schak Scherif:* Mohammeds
heilige Fahne ** **Sand|schak-
tor,** der; –s, ..toren: Bannerträ-
ger
Sand|wich (e.) [ßandwitsch],
das; –es, –es: belegte Weiß-
brotdoppelschnitte ** *Sand-
wichmann:* Reklameträger mit
je einem Plakat auf der Brust
und auf dem Rücken
san|fo|ri|sie|ren (e.) tr.: Ge-
webe durch trockene Hitze
schrumpfen lassen : krimpen :
dekatieren
San Fran|cis|co *auch:* **San
Fran|zis|ko:** Stadt in den USA
sanft Ew. (–este): weich : angenehm : wohltuend : sacht :
gelinde : leise : zart ** *Sanft-
mut:* Sanftheit; *sanftmütig;
Sanftmütigkeit* ** **Sänf|te,** die;
–, –n: (veralt.) Sanftheit, Sanft-
mut : Tragsessel ** *Sänftenträ-
ger; Sänftentür* ** **Sanft|heit,**
die; –: das Sanftsein : sanftes
Wesen ** **sänf|ti|gen** tr.: sanft
machen : lindern : mildern : beruhigen : besänftigen **
Sänf|ti|ger, der; –s, –: einer, der
besänftigt ** **Sänf|ti|gung,** die;
–, –en: Besänftigung **
sänf|tig|lich, sänft|lich Uw.:
sanft
Sang, der; –(e)s, Sänge: das
Singen : das Gesungene : Lied
** *mit Sang und Klang* ** *sangmäßig* Ew. ** *Sangesbruder;
sangeskundig* Ew.; *sangeslus-
tig* Ew. ** **sang|bar** Ew.: zum
Singen geeignet : sangmäßig :
gesanghaft : singbar **
Sän|ger, der; –s, –: einer, der
singt : Künstler, der von Berufs
wegen den Gesang ausübt :
Dichter : Singvogel ** *Sänger-
bund; Sängerchor; Sängerfest*
** **Sän|ge|rei,** die; –, –en: das
Gesinge ** **sän|ger|haft** Ew.: in
der Weise von Sängern **
Sän|ge|rin, die; –, –nen: Ge-
sangskünstlerin ** **Sän|ger-
schaft,** die; –, –en: körper-
schaftliche Vereinigung von

Sängern : studentische Verbindung

San|ge, die; –, –n: Ährenbüschel : Garbe * **sän|geln** (ich ..ele) intr.: Ähren lesen

San|gu|i|ni|ker, der; –s, –: Mensch von heiterer Gemütsart : leicht erregbarer Mensch : Hitzkopf * **san|gu|i|nisch** Ew. (–ste): leichtblütig : leicht reizbar : hitzköpfig : lebhaft

San|he|drin, der; –s: die oberste Behörde im alten Jerusalem; vgl. Synedrion

sa|nie|ren (..iert) (l.) tr.: heilen: gesund machen : lebensfähig machen : aufbessern * **Sa|nie|rung**, die; –, –en: Heilung : wirtschaftliche Gesundung : Wiederherstellung * **Sa-nierungsbilanz; Sanierungsgewinn; Sanierungsplan; Sanierungsmaßnahme; Sanierungsübersicht** * **sa|ni|tär** Ew. (veralt.) gesundheitlich : auf das Gesundheitswesen bezogen : die Körperpflege, Hygiene betreffend * **Sa|ni|tät**, die; –: Gesundheit : Gesundheitszustand : Krankenpflege * **Sanitätsbehörde; Sanitätsdienst; Sanitätskasten; Sanitätskolonne; Sanitätsoffizier; Sanitätspersonal; Sanitätspolizei; Sanitätsrat; Sanitätswache; Sanitätswagen; Sanitätswesen; Sanitätszug** * **Sa|ni|tä|ter**, der; –s, –: Krankenpfleger, Kurzwort: Sani

Sankt (l.): heilig (in Verbindung mit Personen- und Ortsnamen); Abk.: St. * **Sankt Valentin; Sankt Gotthard:** schweiz. Gebirgsstock; **Sankt Helena:** Insel im Atlant. Ozean; **Sankt Moritz:** schweiz. Kurort; vgl. Saint und San

sank|ti|fi|zie|ren (..iert) (l.) tr.: heilig sprechen : weihen * **Sank|ti|on**, die; –, –en: Heiligung : Weihe : feierliche Bestätigung : Vollzug : Zwangsmaßnahme * **sank|ti|o|nie|ren** (..iert) tr.: bestätigen : genehmigen : gutheißen * **Sank|ti|o|nie|rung**, die; –, –en: Genehmigung * **Sank|tis|si|mum**, das; –s: Allerheiligstes : geweihte Hostie * **Sank|tu|a|ri|um** (nl.), das; –s, ..rien: Heiligtum : Allerheiligstes im Tempel der alten Juden : inne-

rer Chor in Kirchen : Raum um den Hauptaltar : Aufbewahrungsort von Reliquien und Heiligtümern * **Sank|tus:** Sanctus

San Ma|ri|no: Freistaat in Mittelitalien

Sans|cu|lot|te (fr.) [ßangkülott'], der; –n, –n: „Ohnekniehose", Bezeichnung des mit langen Hosen bekleideten Proletariers der Franz. Revolution

Sans|i|bar: ostafrikan. Insel

Sans|krit, das; –s: die klassische Sprache der indischen Literatur * **Sanskritforscher** * **sans|kri|tisch** Ew.: in, auf Sanskrit

Sant, San|ta: s. San

San|ta|lin: s, Sandelbaum

San|te, San|ti: s. San

San|ti|a|go de Chile: Hauptstadt Chiles

San|to: s. San

Sa|pan|holz, das; –es, ..hölzer: dunkelrotes Sandelholz : Rotholz

Sa|phir (gr.-l.), der; –s, –e: blauer Korund (s. d.) : ein Schmuckstein

Sa|po|na|ria (nl.), die; –: Seifenkraut : eine Gartenpflanze * **Sa|po|nin**, das; –s: wirksamer Bestandteil vom Wurzelstock des Seifenkrautes : Heilmittel : mildes Waschmittel * **Sa|po|nit**, der; –s, –e: Seifenstein, ein Mineral

Sap|pe (fr.), die; –, –n: (militär.) Laufgraben : unterirdischer Gang

sap|per|lot, sap|per|ment, Sap|per|löt|ter usw.: s. sacker

sap|phisch Ew.: wie Sappho * **sapphisches Versmaß** * **Sap|phis|mus**, der;–: (veralt.) sapphische, lesbische Liebe * **Sap|pho:** bedeutende altgr. Dichterin

Sa|ra|ban|de, die; –, –n: langsamer spanischer Tanz

Sa|ra|je|vo [..wo]: Hauptstadt von Bosnien-Herzegowina

Sa|ra|ze|ne (ml.), der; –n, –n: (im Altert.) die Araber der Halbinsel Sinai : (im Mittelalt.) alle Mohammedaner * **sa|ra|ze|nisch** Ew.: auf die Sarazenen bezogen

Sar|de, der; –n, –n: Einwohner Sardiniens

Sar|del|le (it.), die; –, –n: ein Fisch aus der Familie der He-

ringe * **Sardellenbutter; Sardellenpaste**

Sar|di|ne (it.), die; –, –n: ein Fisch aus der Familie der Heringe * **Sardinenbüchse; Sardinengabel** * **Sar|di|ni|en:** Mittelmeerinsel

sar|do|nisch (gr.) Ew.: krampfhaft : verzerrt, verzweifelt * **sardonisches Lächeln** (benannt nach einer auf Sardinien vorkommenden Pflanze, deren Genuss Lachkrampf erzeugt)

Sar|do|nyx (gr.), der; –, –e: aus verschiedenen Schichten bestehender Onyx

Sarg (gr.), der; –es, Särge; Särglein: Totenlade : Totenschrein * **Sargdeckel; Sargmagazin; Sargnagel; Sargträger; Sargtuch**

Sar|gas|sum (nl.), das;–s: schwimmender Seetang * **Sargassobank:** oft mehrere Tausend Quadratmeilen große Bank von Sargassum im Atlantischen Ozean; **Sargassomeer:** Teil des Atlantischen Ozeans zwischen den Kanarischen und Westindischen Inseln mit viel schwimmendem Seetang

Sa|ri, der; –s, –s: indisches Frauengewand

Sar|kas|mus (gr.), der; –, ..men: beißender Spott * **sar|kas|tisch** Ew. (–ste): beißend, höhnisch * **Sar|ko|phag**, der; –s, –e: prunkvoller Sarg aus Stein oder Metall

Sa|rong, der; –s, –s: malaiisches, um die Hüften geschlungenes Gewand

Sar|se|nett (ml.), der; –(e)s, –e: leinenartiges Baumwollgewebe

Sar|to|ri|us, der; –, ..rien: (Anat.) Schneidermuskel am Oberschenkel

SAS (Abk.): Scandinavian Airlines System (Luftlinie), skandinavische Fluggesellschaft

sa|sa! Ausruf : heißa!

Saß → **Sass**, der; –, –en; **Sas|se**, der; –n, –n: Angesessener : Ansässiger : (Rechtsspr.) (veralt.) jemand, der Grundeigentum hat * **Hintersasse; Landsasse** * **Sas|sen|schaft**, die; –, –en: Genossenschaft von Sassen * **säs|sig**

Ew.: sesshaft, angesessen **
Säs|sig|keit, die; -: das Ange-
sessensein ** **Sas|sin**, die; -,
-nen: weibl. Form von Sass(e)
Sas|sa|fras (fr.), der; -, -:
Holz des Sassafrasbaums **
Sassafrasbaum: Baum der Gattung der Laurenzeen, Lorbeer-
baum; *Sassafrasholz(öl); Sas-
safrasöl*
Sas|sa|ni|de, der; -n, -n: An-
gehöriger eines jungpersi-
schen Herrschergeschlechts
Saß|nitz: Ostseebad auf Rü-
gen

Sa|tan (hebr.), der; -s, -e: „Wi-
dersacher" : Teufel ** *Satans-
braten:* (Umgspr.) durchtriebener Kerl : Schlingel; *Satans-
pilz; Satansstücke* ** **Sa|ta|nas**,
der; -, -se: Satan ** **sa|ta|nisch**
Ew. (-ste): teuflisch **
Sa|ta|nis|mus, der; -: teufli-
sche Gesinnung
Sa|tel|lit (l.), der; -en, -en: Ge-
folgsmann : Leibwächter :
Mond : Begleitplanet : Raum-
sonde : künstlicher Erdmond **
*Satellitenabschuß → Satelli-
tenabschuss; Satellitenbahn;
Satellitenflug; Satellitenstaa-
ten; Satellitenstadt:* Trabanten-
stadt; *Satellitenübertragung:*
Sendung über einen Fernsehsa-
telliten
Sa|tem|spra|chen: indoger-
man. Sprachen
Sä|ter (schwed.), der; -s, -:
hoch gelegenes Weideland
Sa|ter|land: oldenburgische
Moorlandschaft ** **Sa|ter|tag,**
der; -(e)s, -e: (westfälisch-ost-
friesisch) Sonnabend
Sa|tin (fr.) [..täng], der; -s, -s:
Seidenatlas : atlasartiges Gewebe ** *Satinbluse; Satinholz:*
seidig schimmerndes Nutzholz
der Rutazeen : Atlasholz **
Sa|ti|na|de [..tina..], die; -, -n:
leichter, halbseidener Atlas **
Sa|ti|na|ge [..tinahsch'], die;
-, -n: das Glätten von Papier
usw. ** **Sa|ti|né**, der; -s, -s: At-
las : atlasähnlicher Stoff ** *Sati-
népapier:* Glanzpapier ** **Sa|ti|
net** [..näh], der; -s, -s: streifi-

ges Halbseidenzeug : Halbatlas
** **sa|ti|nie|ren** (..iert) tr.: atlas-
ähnlich machen : Goldfaden
auf erhabene Stickerei nähen :
glätten, bes. von Papier ** *sati-
niert* Mw. Ew.: atlasartig : ge-
glättet ** *Satiniermaschine; Sa-
tinierwalze*
Sa|ti|re (l.), die; -, -n: Spott-
schrift : Spottgedicht : Spott-
rede ** *Satirendichter* **
Sa|ti|ri|ker, der; -s, -: Spötter :
Verfasser satirischer Schriften
** **sa|ti|risch** Ew. (-ste): auf die
Satire bezogen : spöttisch :
höhnisch : beißend
Sa|tis|fak|ti|on (l.), die; -, -en:
Genugtuung, Ehrenerklärung **
satisfaktionsfähig Ew.
Sa|trap (pers.-gr.), der; -en,
-en: Statthalter im alten Per-
sien ** **Sa|tra|pie**, die; -,
..pien: altpers. Statthalter-
schaft ** **sa|tra|pisch** Ew.:
despotisch : schwelgerisch
satt Ew. (satter, satteste): genug : befriedigt : überdrüssig :
gesättigt : tief (von Farbtönen)
** *sich satt essen:* so viel essen,
dass man nichts mehr mag; *ich
bin es satt:* ich bin es müde,
überdrüssig; *etwas satt bekommen:* einer Sache überdrüssig
werden : Sattheit bewirkend :
(Chem.)
Zustand, in dem eine weitere
Aufnahme eines Stoffes nicht
mehr möglich ist; *eine satte
Salzlösung; sattes Grün* ** *satt-
grün, sattgelb, sattblau* Ew.;
Satthals: Dickhals : Mensch
mit Kropf; *sattrot* Ew. **
Satt|heit, die; -: das Satt-, Ge-
sättigtsein ** **sät|ti|gen** tr., rbz.:
satt machen ** *die Luft mit Was-
serdampf sättigen* ** **Sat|
tig|keit**, die; -: Sattheit **
Sät|ti|gung, die; -, -en: das
Sattmachen ** *Sättigungsgrad;
Sättigungspunkt* ** **satt|sam**
Uw.: genügend : hinreichend
Sat|te (niederd.), die; -, -n:
Napf zum Milchaufrahmen
Sat|tel, der; -s, Sättel; Sättel-
chen, Sattelchen: Sitzvorrich-
tung für Reiter (Reitsattel) oder
Haltevorrichtung für Gepäck
(Packsattel) auf Tieren : etwas
Sattelähnliches : Sitzvorrich-
tung auf Fahrrädern : (übertr.)
etwas Festes : fester Boden : si-
chere Stellung : (Anat.) obere
Fläche des Keilbeins (Sattel-

bein, Türkensattel) : über den
Nasenflügeln befindlicher Teil
der Nase : (Baukst.) in die
Köpfe zweier Pfähle einge-
zapftes Querholz : zweihängi-
ges Dach : (Geol.) Erhebung
(Ggs. Mulde) : (Kochkst.) Beilage von Würsten und dgl. auf
Gemüse : (Mus.) Saitenauf-
lage am Griffbrett von Streich-
instrumenten : (Zool.) Name
von Schaltieren ** *Sattelbaum:*
Holzgerippe des Sattels; *Sattel-
bein:* Keilbein; *Sattelbogen:*
Sattelbaum; *Satteldach; Sattel-
decke; sattelfest* Ew.: sicher im
Wissen : unangreifbar; *Sattel-
fisch; Sattelgelenk; Sattelgurt;
Sattelhof; Sattelholz; Sattel-
kammer:* Geschirrkammer;
*Sattelkissen; Sattelknopf; Sat-
telkopf; Sattelkrähe; Sattel-
kröte; Sattelmuschel; Sattelpferd:* s. Handpferd; *Sattelpis-
tole; Sattelplatz; Sattelpolster;
Sattelschlepper:* Kraftwagen
mit Anhänger ohne Vorder-
achse; *Satteltasche; Sattelzeug*
** **sat|teln** (ich ..[e]le) tr.: mit
Sattel versehen ** **Satt|ler**, der;
-s, -: Handwerker, der Leder
verarbeitet ** *Sattlerahle:* ein
Werkzeug; *Sattlerarbeit; Satt-
lergeselle; Sattlerhandwerk;
Sattlermeister; Sattlernadel;
Sattlernagel; Sattlerzwecke* **
Satt|le|rei, die; -, -en: Werk-
statt eines Sattlers
Satt|heit, satt|sam usw.: s. satt
Sa|tu|ra|ti|on (l.), die; -, -en:
Sättigung ** **sa|tu|rie|ren**
(..iert) tr.: (veralt.) sättigen :
jmds. Verlangen stillen, befriedigen ** *saturiert* Ew.: selbst-
zufrieden : zufrieden gestellt
Sa|tu|rei (l.), die; -: Bohnen-,
Pfefferkraut
Sa|turn: röm. Gott der Aussaat
: Planet ** **Sa|tur|na|li|en** Mz.:
altröm. Volksfest zur Erinne-
rung an Saturnus ** **sa|tur-
nisch** Ew.: uralt : altertümlich
** *saturnischer Vers:* der altrö-
mischen Volksdichtung eigen-
tümlicher Vers ** **Sa|tur|nis-
mus** (l.), der; -: (Med.) Blei-
vergiftung ** **sa|tur|nin** Ew.:
bleihaltig : durch Bleivergif-
tung ** **Sa|tur|nit**, der; -s, -e:
braunes Bleierz : brauner Blei-
spat ** **Sa|turn|ra|ke|te**, die; -,
-n: am. Trägerrakete
Sa|tyr, der; -n und -s, -n:

griech., bocksfüßige Waldgottheit * *satyrartig* Ew.; *Satyrdrama; Satyrspiel:* altgriech., heiteres Nachspiel einer tragischen Trilogie

Satz, der; –es, Sätze; Sätzchen, Sätzlein: das Setzen : das sich Setzende : das Gesetzte : Sprung, mit dem man sich über etwas hinwegsetzt : der Rückstand einer Flüssigkeit (Bodensatz) : (veralt.) was beim Schmaus vorgesetzt wird = Anzahl zusammengehörender Dinge (ein Satz Töpfe) : Gemisch von Stoffen in bestimmtem Verhältnis : (Sprachl.) in Worten ausgedrückter Gedanke in Bezug auf die grammatischen Verhältnisse des Ausdrucks : (Log.) in Worte gefaßter Gedanke in Bezug auf seine gedankliche Richtigkeit oder in Bezug auf Schlussfolgerungen : (Math.) in Worte gefasster Ausdruck von etwas mathematisch Bewiesenem oder zu Beweisendem : (Mus.) Kunst, Tonstücke harmonisch zu setzen : abgeschlossener Teil innerhalb einer größeren Komposition : im Tonstück ausgeführter Gedanke : (Rechenkst.) Ansatz : (Rechtsspr.) Schriftsatz : Hypothek : Unterpfand : Festsetzung : Bestimmung : Geldsumme von festgesetzter Größe : (Bergb.) Abteilung des durch eine Maschine bewegten Pumpwerks : (Buchdrw.) die zunächst aus den einzelnen Typenreihen zusammengesetzte Druckform : (Fisch.) in den Fischteich gesetzte junge Brut : (Gerb.) Einsetzen der Häute in die Lohgruben : Schichtung der Häute in den Lohgruben : Schichtung der Häute mit Lohe : Gesamtheit der geschichteten Häute : Stickmuster : (weidm.) Zierrat von Schnüren am Hifthorn : Wurf (Junge) * *Satzakzent; Satzaussage; Satzbau; Satzbrief:* Pfandbrief; *Satzergänzung; Satzfehler; Satzgefüge; Satzgegenstand; Satzglied; Satzhase:* Mutterhase; *Satzkarpfen; Satzkonstruktion; Satzlehre; Satzphonetik:* lautliche Änderungen, die durch gegenseitige Beeinflussung der Wörter im Satz auftreten, z. B.: *hammer = haben wir; Satz-*

schrift: Schriftsatz; *Satzspiegel:* (Buchdrw.) der bedruckte Teil einer Seite; *Satzteil; Satzverbindung; Satzweide:* Weidensetzling; *satzweise* Ew.; *Satzzeichen:* Interpunktion; *Satzzeit:* Wurfzeit; *Satzzwiebel:* Steckzwiebel; *Satzzusammenhang* * **Sat**|**zung,** die; –, –en: (mundartl.) Taxe : Vorschrift, Anordnung, Eingerichtetes : Gesetz : Statut * *satzungsgemäß* Ew.

Sau, die; –, Säue und (weidm.) Sauen; Säuchen, Säulein: Schwein : weibl. Wildschwein : (übertr., verächtl.) ein Schimpfwort : Tintenklecks : Fehler, Versehen : (veralt.) Verweis : Ass im Kartenspiel : (stud.) Glück, Schwein * *Sauarbeit:* Riesenarbeit; *Sauaas:* Schimpfwort; *Sauauge:* Auge einer Sau : eine Pflanze; *Saubalg:* eine Pflanze (Sautod); *Saubär:* Eber; *Saubeller:* zur Saujagd abgerichteter Hund; *Saubohne:* Ackerbohne; *Saubraten; Saubrot:* Name verschiedener Pflanzen; *Saubruch:* von Wildschweinen aufgewühlter Ort; *Saudistel; saudumm* Ew.; *Saufinder:* Saubeller; *Saufisch:* Delphin; *Saufraß, Saufressen:* (verächtl.) schlechtes Essen wie für Säue; *Saugarn:* Saunetz zum Saufang; *Saugarten:* eingehegter Platz zum Saufang; *Sauglocke; Sauglocke läuten:* gemeine Reden führen; *Sauglück; Saugras; saugrob* Ew.: sehr grob; *Sauhatz, Sauhetze:* Hetzjagd auf Sauen; *Sauherde; Sauherdenton:* rüpelhafte Ausdrucksweise; *Sauhirsch; Sauhirt; Sauhund:* Hund zur Saujagd : Hund des Sauhirten : ein Schimpfwort : eine Art Haifisch; *Sauhüter; Sauigel:* Schweinigel : Stachelschwein : ein Schimpfwort; *sauigeln* intr.: Schweinereien machen; *Saujagd; saujagen* intr.: Saukastanie; *Saukerl:* ein Schimpfwort; *Saukoben; Sauleben; Sauleder; Saumagen:* Schwartenmagen; *saumäßig* Ew.; *Saumast; Saumelde:* Sautod (eine Pflanze); *Saumensch* (das): ein Schimpfwort; *Saunest:* schmutziger Ort; *Saupacker:* Hetzhund; *Saurüde:*

Jagdhund; *Saurüssel; Sauschneider:* Schweineverschneider, –kastrierer; *Sauspieß:* Fangeisen bei der Saujagd; *Saustall; Sautod:* Saumelde; *Sautrank:* vgl. Saufraß; *Sautreiber; Sautrog; Sauwirtschaft:* sauische Wirtschaft; *sauwohl* Ew.: sehr wohl; *Sauzote* * **sau**|**en** intr., tr.: gemein mit etwas umgehen : aasen : beschmutzen : Zoten reißen * **Sau**|**le**|**rei,** die; –, –en: Schweinerei : schmutzige Zote : Sauwirtschaft * **sau**|**haft** Ew.: wie eine Sau : sauisch; *sau-* **Sau**|**haf**|**tig**|**keit,** die; –, –en: sauisches, schweinisches, schmutziges Tun und Treiben * **Sau**|**heit,** die; –, –en: Sauhaftigkeit : Sauerei * **sau**|**isch, säu**|**isch** Ew.: sauhaft : schweinisch

sau|**ber** Ew.: rein : keusch : schön, ordentlich : (spött.) schmutzig, hässlich, pfuschend, unsorgfältig * *ein sauberer Patron:* ein Mann mit beschmutzter Gesinnung * *sauberhalten → sauber halten* tr. * **Sau**|**ber**|**keit,** die; –: das Saubersein : Reinheit * **säu**|**berlich** Ew.: sauber * **säu**|**bern** tr.: sauber machen : reinigen : (übertr.) von missliebigen Personen befreien * **Säu**|**be**|**rung,** die; –, –en: das Säubern : (übertr.) das Entfernen von missliebigen Personen * *Säuberungsaktion*

sauber halten, sauber machen
Ist das Adjektiv in einer Wortverbindung mit einem Verb steiger- oder erweiterbar, gilt die Getrenntschreibung: *Ich muss die Wohnung sauber halten. Er soll mehr sauber machen. Ich konnte den Text nicht sauber schreiben.*

Sau|**ce:** s. Soße * **Sau**|**ci**|**e**|**re, Sau**|**ci**|**è**|**re** (fr.) [bosjär'], die; –, –n: Soßennapf, Soßenschüssel * **sau**|**ci**|**e**|**ren** (..iert) [boß..] tr.: (Tabak) anfeuchten, beizen * **Sau**|**cis**|**se** [boßiß'], die; –, –n; **Sau**|**cis**|**chen:** kleine Bratwurst : Brühwürstchen

Säu|**chen:** s. Sau
Sau|**di-A**|**ra**|**bien:** arab. Staat * **sau**|**di-a**|**ra**|**bisch** *auch:* **sau**|**di**|**a**|**ra**|**bisch** Ew.

sau|**er** Ew. (saurer, sauerste) :

scharf, wie Essig schmeckend : (Chem.) Säure enthaltend : (Wiesen) sumpfig : (Wind) feucht : unangenehm : beschwerlich : mürrisch, verdrießlich, unfreundlich * *Sauerampfer:* eine Pflanze; *Sauerbad:* (Färb.) Bad in verdünnter Säure; *Sauerbraten:* Essigbraten; *Sauerbrunnen:* kohlensäurehaltiger Mineralbrunnen; *Sauerdorn:* Sauerach, Berberitze; *Sauerfleisch:* mit Essig bereitetes Fleisch; *Sauerhonig:* Essig mit Honig eingekocht; *Sauerkäse:* Käse aus saurer Milch : weißer Käse; *Sauerkirsche; Sauerklee; Sauerkohl, Sauerkraut:* eingelegter Weißkohl; *Sauermaul:* mürrischer Mensch; *Sauermilch:* saure, dicke Milch; *sauersichtig* Ew.; *Sauerstoff:* chem. Grundstoff; Abk.: O; *Sauerstoffapparat; Sauerstoffbad; Sauerstoffflasche; Sauerstoffgebläse:* Apparat zum Schneiden von Metall; *Sauerstoffgerät; sauerstoffhaltig* Ew.; *Sauerstoffmangel; Sauerstoffversorgung; Sauerstoffzelt; Sauerstoffzufuhr; sauersüß* Ew.; *Sauerteig:* in saure Gärung übergegangener Brotteig; *Sauertopf:* Essigkrug : mürrische, sauersichtige Person; *sauertöpfisch* Ew.; *Sauerwasser:* Sauerbrunnen; *Sauregurkenzeit:* Zeit der Sommerstille in Wirtschaft und Politik * **Sauer**, die; –s, –: das Sauersein : Säure (Kochkst.) Gericht aus dem Klein von Gänsen, Hasen usw. (Gänseweißsauer); (mundartl.) Nachmolke : (mundartl.) Essig : (mundartl.) Sauerteig * **säu∣er∣lich** Ew.: ein wenig sauer * **Säu∣er∣lich∣keit,** die; –: säuerliche Beschaffenheit * **Säu∣er∣ling,** der; –s, –e: Sauerbrunnen : Sauerkäse : Name von Pflanzen (Sauerampfer, Sauerapfel, Sauerdorn usw.) * **sau∣ern** intr.: sauer werden * **säu∣ern** tr.: sauer machen : mit Säure versehen : (mundartl.) Sauerteig * **Säu∣e∣rung,** die; –, –en: das Säuern * **Sau∣rach,** der; –(e)s, –e: Sauerdorn * **Säu∣re,** die; –, –n: das Sauersein : etwas Saures : (übertr.) saure Gemütsstimmung : (Chem.) eine von verschiedenen Elementen sich

ableitende, Wasserstoff enthaltende, in Ionen spaltbare Verbindung * *Säure bildend* Mw. Ew.; *säurehaltig* Ew. * *Säuregehalt; Säuremesser; Säureschutzanzug; Säurevergiftung* * **säu∣rig** Ew.: säurehaltig * **Sau∣er**, die; –: Nebenfluss der Mosel

Sau∣le∣rei: s. Sau

säu∣er∣lich, sau∣ern, säu∣ern usw.: s. sauer

Sau∣er∣land, das; –es: Landschaft im südl. Westfalen * **Sau∣er∣län∣der,** der; –s, –: Bewohner des Sauerlandes * **sau∣er∣län∣disch** Ew.

sau∣fen (du säufst; du soff[e]st; du söffest, gesoffen; sauf[e]!) tr.: (von Tieren) trinken : (von Menschen mit tadelndem Nebensinn) tierisch trinken : mit Gier trinken : im Übermaß unanständig trinken * *Saufaus, Saufbold:* Säufer; *Saufbruder; Saufgenoß* → *Saufgenoss; Saufgelage; Saufgesell(schaft); Saufgurgel; Saufhals; Saufsuff; sauflustig* Ew.; *Saufsack:* Säufer * **Säu∣fer,** der; –s, –: einer, der säuft, der sich dem Suff hingibt : eine Raupe * *Säuferwahnsinn* * **Säu∣fe∣rei, Sau∣fe∣rei,** die; –, –en: das Treiben eines Säufers : Saufgelage * **säu∣fisch** Ew.: dem Suff ergeben

Saug∣ader: s. Sau

sau∣gen (du saugst; du sog[e]st und saugtest; du sögest und seugtest; gesogen und gesaugt; saug[e]!) tr., intr.: eine Flüssigkeit einziehen : aus der Mutterbrust trinken : (übertr.) etwas gierig in sich aufnehmen * *sich aus den Fingern saugen:* frei erfinden * *Saugader:* Lymphgefäß; *Saugapparat; Saugferkel:* Milchferkel; *Saugfisch:* sich festsaugender Fisch; *Saugflasche:* Milchflasche für Säuglinge; *Saugfohlen; Sauggas:* Generatorgas; *Saugheber:* Werkzeug zum selbsttätigen Heben von Flüssigkeiten; *Saugkolben; Saugkopf; Saugkraft; Saugloch; Saugluftanlage; Saugpfropfen; Saugpumpe; Saugrohr; Saugröhre; Saugrüssel; Saugwarze; Saugwerk; Saugpumpenwerk; Saugwurzel* * **säu∣gen** tr.: einen Säugling tränken, nähren * **Sau∣ger,** der; –s, –: ein Saugen-

der : Schnuller * *Blutsauger:* Bezeichnung verschiedener Arten von Kerbtieren : (Landw.) noch saugendes Junges (auch Säuger) : eine Art Fisch (auch Säuger) : verschiedene Pflanzen : Schmarotzerpflanze : (Maschinen) Staubsauger : Pumpenklappe : Ventilator * **Säu∣ger,** der; –s, –; **Säu∣ge∣rin,** die; –, –nen: säugende Person : Säugetier, Tier, das lebendige Junge zur Welt bringt und säugt * **Säug∣ling,** der; –s, –e: Kind im ersten Lebensjahr : zu impfender Zweig * *Säuglingsfürsorge:* öffentliche Pflege, Vorsorge für Säuglinge; *Säuglingsgymnastik; Säuglingsheim:* Pflegeanstalt für Säuglinge; *Säuglingspflege; Säuglingsschwester; Säuglingssterblichkeit; Säuglingswaage*

sau∣haft, Sau∣heit, säu∣isch usw.: s. Sau

Säul∣chen: s. Säule

Säu∣le, die; –, –n: (mundartl.) Schusterahle, Pfriemen

Säu∣le, die; –, –n; Säulchen: (Baukst.) senkrechte, runde Stütze an Bauwerken aus Stein, Holz oder Eisen : Pfeiler : etwas Säulenähnliches : etwas Festes, Unbewegliches : Stütze : etwas Säulenförmiges : Dampfsäule : Wassersäule : Luftsäule : Wirbelsäule : galvanische Säule : Orgelpfeife : (militär.) Kolonne * *wie eine Säule dastehen* * *Säulenabschluß* → *Säulenabschluss:* Kapitell; *Säul(en)baum:* Baum in Form einer Säule; *säulenförmig* Ew.; *Säulenfuß; Säulengang:* Kolonnade; *säulengetragen* Ew.; *Säulenhalle; Säulenhaupt:* Kapitell; *Säulenheiliger:* Stylit; *Säulenknauf:* Kapitell; *Säulenknopf:* Kapitell; *Säulenordnung; Säulenportal; Säulenreihe; Säulenschaft:* vgl. Schaft; *Säulenstellung; Säulenstuhl:* Sockel; *Säulentempel; Säulenweite* * **..säu∣lig** Ew., nur in Zus.: säulenförmig : mit Säulen versehen; z. B. dicksäulig

Saum, der; –(e)s, Säume; Säumchen, Säumlein: Einfassungsrand : genähter Rand eines Stoffes * *Saumnaht* * **sau∣men, säu∣men** tr.: mit ei-

nem Saum versehen, nähen ✳
Säu|mer, der; -s, -: Werkzeug
zum Säumen

Saum (ml.), der; -(e)s, Säume:
früheres schweiz. Flüssigkeitsmaß oder Gewicht : Traglast eines Tieres im Gebirge ✳ *Saum-*
esel: vgl. Saumtier; *Saumlast:*
Traglast am Saumtiere; *Saum-*
pfad: Pfad für Saumtiere;
Saumsattel: Packsattel; *Saum-*
schlag, Saumsteig: Saumpfad;
Saumtier: Packtier : Tier zum
Lasttragen; *Saumweg:* Saum-
pfad ✳ **sau|men, säu|men:**
Lasten durch Saumtiere befördern : Saumsattel, Saumlast
auflegen ✳ **Saum|er, Säum|er,**
der; -s, -: Saumtiertreiber : einer, der säumt : Saumtier ✳
Säu|me|rei, die; -, -en: Ge-
werbe des Säumers ✳
säu|mern intr.: das Saumge-
werbe betreiben

säu|men intr.: zögern : zau-
dern; tr.: zögern machen : auf-
halten : verzögern ✳ **Säu|mer,**
der; -s, -: einer, der zögert,
säumt ✳ **saum|haft, säu|mig**
Ew.: langsam : träge : säumend
✳ **Säu|mig|keit,** die; -: Träg-
heit : Langsamkeit ✳ **Säum-**
nis, die; -, -se; oder das; -ses,
-se: das Säumen : Säumigkeit :
das, was ein Säumen verursacht : Versäumnis ✳
Saum|sal, die; -, -e; oder das;
-s, -e: Säumigkeit : nachlässi-
ges Wesen ✳ **saum|se|lig** Ew.:
seinem Wesen nach säumig,
nachlässig ✳ **Saum|se|lig|keit,**
die; -, -en: Säumigkeit, Nachlässigkeit

Sau|na, die; -, -s: finnisches
Dampfbad ✳ **sau|nen, sau|**
nie|ren intr.: ein Heißluftbad
nehmen : in die Sauna gehen

Sau|rach, Säu|re: s. sauer

Sau|ri|er (gr.), der; -s, -: aus-
gestorbene, urweltliche Rie-
senechse ✳ **Sau|rit,** der; -en,
-en: Eidechsenstein ✳ **Sau-**
ro|lith, der; -s und -en, -e(n):
Versteinerung eines Sauriers

Saus, der; -es: das Sausen :
sausender Laut : wildes Getöse
: (übertr.) üppiges Leben ✳ *in*
Saus und Braus leben ✳
Säu|seln, das; -s: lindes We-
hen ✳ **säu|seln** (ich ..[e]le)
intr.: leise sausen : gelinde wehen : sich mit leise sausendem
Geräusch bewegen; tr.: etwas

säuselnd aussprechen ✳ *Säu-*
selstimme ✳ **sau|sen** (du sau-
sest und saust) intr.: einen sau-
senden Ton erzeugen (z. B.
Wind, Granaten) : (niederd.)
schlafen : sich sehr schnell
wegbewegen : rasen; tr.:
(mundartl.) in Schlaf lullen ✳
Sausebraus: einer, der in Saus
und Braus lebt; *Sausehorn:*
eine Art Schnecke; *Sauselaut:*
sausender Laut; *Sausewein:*
moussierender Wein; *Sause-*
wind: sausender Wind : Sause-
braus ✳ **Sau|ser,** der; -s, -:
Most nach der ersten Gärung :
Sauerwein : Rausch ✳ **sau|sig**
Ew.: sausend ✳ **Säus|ler,** der;
-s, -: Lispler

sau|ve qui peut (fr.)
[sohw'kipöh]: „rette sich, wer
kann“

Sal|van|ne (span.) [ßaw..], die;
-, -n: Grasland mit vereinzel-
tem Baumbewuchs in tropi-
schen und subtropischen Ländern

save our souls (e.) [ßehw
au'r ßohlß): „rettet unsere Seelen“; Abk.: SOS (Hilferuf der
Schiffe in Seenot)

Sal|voir-vi|v|re (fr.) [ßawoar
wiw'r] das; - -: „zu leben wissen“, Lebensart : Lebensklug-
heit

Sal|vo|y|ar|de (fr.) [ßawo-
ajard'], der; -n, -n: Einwohner
von Savoyen ✳ **Sa|vo|y|en**
[ßawoj'n]: Landschaft im Südosten Frankreichs

Sax, der; -es, -e: german.
Waffe, dolchartiges Messer ✳
Sax|horn, das; -(e)s, ..hörner:
Blechblasinstrument mit Klari-
nettenmundstück; s. Saxophon
✳ **Sax|not:** Kriegs- und Stam-
mesgott der Sachsen ✳
Sa|xo|ne, der; -n, -n: Angehö-
riger eines altgerm. Volkes ✳
Sa|xo|nia (l.), die; -: lat. Name
für Sachsen : studentische Verbindung ✳
Sa|xo|phon *auch:* **Sa|xo|fon**
(gr.), das; -s, -e: Blechklari-
nette ✳ **Sa|xo|pho|nist** *auch:*
Sa|xo|fo|nist der; -en, -en: Sa-
xophonbläser [nach dem Erbauer Adolph Sax]

Saxophon / Saxofon
Beide Varianten sind erlaubt,
wobei die fremdsprachige
Form *(Saxophon)* die Hauptvariante, die der deutschen

Schreibweise angeglichene
Form *(Saxofon)* die Nebenvariante ist. In fortlaufenden Texten ist auf eine einheitliche Verwendung zu achten.

Sä|zeit: s. säen

S-Bahn, die; -, -en: Schnellbahn

SBB (Abk.): Schweizerische
Bundesbahnen

Scal|bi|es, Ska|bi|es (l.), die;
-: Krätze

Scal|la (it.), die; -, ..len: Skala :
Mailänder Opernhaus

Scam|pi (ital.), die (Mz.):
kleine Krebse

scan|nen (e.) [skennen] tr.: mit
dem Scanner abtasten ✳
Scan|ner (e.), der; -s, -: ein
elektron. Lesegerät, das aus
Texten oder Bildern computer-
lesbare Dateien erstellt

Scan|di|um (l.), das; -s: chem.
Grundstoff: Abk.: Sc

Scal|ra|muz, der; -, -e: komi-
sche Gestalt des ital. Theaters

Scat (e.) [skät], der; -s: Jazz-
gesang auf einzelne Silben
ohne Sinn eines Wortes

sch! Ausruf : still! : leise!
(zum Wegscheuchen von Tieren); vgl. st!

Scha|ban (arab.), der; -s: ach-
ter Monat im mohammedani-
schen Kalender

Schab|bes (hebr.), der; -, -:
Sabbat ✳ **Schab|bes|goi,** die;
-, ..gojim: Christin, die am
Schabbes für die Juden Arbeit
verrichtet

Scha|be, die; -, -n: ein Schab-
eisen : Hobel : Krätze : Räude :
Grind : Schäbe : Schabsel ✳
Schä|be, Sche|be, die; -, -n:
Krätze : krankhafter Zustand,
der zum Kratzen reizt : Räude :
Grind ✳ **scha|ben** tr.: reibend
kratzen : Rüben schaben : scha-
bend zerkleinern : radieren :
barbieren, rasieren : scharren ✳
Schabab: Bezeichnung für etwas Unbrauchbares, zu Entfer-
nendes : ein Pflanzenname ✳
Schabkäfer; *Schabzi(e)ger:*
grüner Kräuterkäse; *Schabzie-*
gerklee ✳ *Schab(e)bank;*
Schab(e)baum; Schab(e)blech;
Schab(e)block; Schab(e)bock;
Schab(e)brett; Schab(e)eisen;
Schab(e)fleisch; Schab(e)hals:
Geizhals; *Schab(e)hobel;*
Schab(e)klinge; Schab(e)-
krücke; Schab(e)kunst: Kupfer-

stecherkunst; *Schabkunstblatt; Schab(e)messer; Schab(e)rolle:* Gerberrolle; *Schab(e)rusch:* Schafthalm ✳ **Scha|ber,** der; -s, -: einer, der schabt : Werkzeug zum Schaben, Schabe ✳ **Scha|be|rei,** die; -, -en: das Geschabe ✳ **Scha|ber|nack,** der; -s, -s: lustiger Streich ✳ **scha|ber|na|cken** tr.: einen Schabernack spielen ✳ **scha|ber|na|ckisch, scha|ber|nä|ckig** Ew.: einen Schabernack übend ✳ **schä|big** Ew.: mit der Schabe behaftet : räudig : grindig : kahl abgeschabt : alt und schlecht : nichts wert : erbärmlich : lumpig : filzig ✳ **Schä|big|keit,** die; -, -en: das Schäbigsein ✳ **Scha|bin,** das; -s: (Goldschlägerei) Abfall ✳ **Schab|sel,** das; -s, -: das Abgeschabte : harter Kräuterkäse : Schabzi(e)ger

Scha|be, die; -, -n: ein Kerbtier, Kakerlake ✳ *Schabengift; Schabenkraut*

Schä|be (Krätze): s. Schabe

Schä|be, die; -, -n: Abfall beim Flachs- und Hanfbrechen **Schab|kunst:** s. Schabe

Scha|blo|ne (fr.), die; -, -n: Muster zur Nachfertigung gleich gestalteter Gegenstände : Form : Blatt aus Holz, Blech u. dgl., in welchem ein Muster zwecks Übertragung ausgeschnitten ist : (übertr.) gedankenlos angewandtes Schema : herkömmliche Form ✳ *Schablonenarbeit; Schablonendruck* ✳ **scha|blo|nen|haft, scha|blo|nen|mä|ßig** Ew.: nachgemacht : der allgemeinen Form entsprechend : nach einem Schema ✳ **scha|blo|nie|ren** (..iert) tr.: nach einer Schablone arbeiten : nach allgemeiner Form arbeiten ✳ **scha|blo|ni|sie|ren** (..iert) tr.: verallgemeinern : über einen Kamm scheren

Scha|bot|te (fr.), die; -, -: Unterlage des Ambosses

Scha|b|ra|cke (türk.), die; -, -n: verzierte Satteldecke : Prunkdecke

Schab|sel, Schab|zi(e)ger usw.: s. Schabe

Schach (pers.), das; -(e)s: „König", Brettspiel : Schachbrett : Schach bietender Zug : Raute : (Wappk.) schachbrett-

förmige Figur ✳ *Schach!:* Zuruf bei Bedrohung des gegnerischen Schachkönigs; *in Schach halten* tr.: zügeln : unter Kontrolle halten ✳ *Schachbrett; Schachbrettmuster; Schachfeld; Schachfigur; schachmatt* Ew.: besiegt; *Schachmeister(schaft); Schachpartie; Schachproblem; Schachspiel(er); Schachstein:* Schachfigur; *Schachturnier; Schachweltmeisterschaft; Schachzabel:* Schachbrett : Schachspiel; *Schachzug:* Zug im Schachspiel : (übertr.) geschickter, überlegter Zug ✳ **schach|lich** Ew.: auf das Schachspiel bezogen ✳ **scha|chen** tr.: (Wappk.) mit schachbrettförmigen Figuren versehen ✳ *geschachter Schild*

Scha|cher (jidd.), der; -s: (Hausier-)Handel : gewinnsüchtiger Handel ✳ *Schacherhandel* ✳ **Scha|che|rei,** die; -, -en: das Geschacher ✳ **Scha|che|rer,** der; -s, -: umherziehender Händler : ein Feilschender ✳ **scha|chern** (ich ..[e]re) intr.: handeln : feilschen

Schä|cher, der; -s, -: Räuber : Mörder : Schelm ✳ *armseliger Schächer:* jämmerlicher Wicht ✳ *Schächerkreuz:* Kreuz der mit Christus gekreuzigten Schächer

Schacht, der; -(e)s, -e und Schächte; Schächtchen, Schächtlein: enger, senkrecht in die Tiefe gehender Grubenbau : Erzschacht : Kohlenschacht : Schaft an Stiefeln : Tiefe : Schlucht : Grube : kastenförmiges Körpermaß ✳ *Schachteinfahrt; Schachtfuß; Schachtkran; Schachtmaß; Schachtmeister; Schachtofen; Schachtrute; Schachtzoll* ✳ **schach|ten** tr.: einen Schacht graben

Schach|tel, die; -, -n: Schächtelchen, Schächtelein : Kasten aus biegsamem Stoff, Pappe, Papier, Blech usw. ✳ *alte Schachtel:* verächtliche Bezeichnung einer alten Frauensperson ✳ *Schachtelboden; Schachteldeckel; Schachtelhalm:* eine Pflanze; *Schachtelholz; Schachtelmacher; Schachtelmaler; Schachtel-*

schiene; Schachtelzarge ✳ **schach|teln** (ich ..[e]le) tr.: mit Schachtelhalm reiben : einschachteln, in Schachteln packen

schäch|ten (hebr.) tr.: nach jüd. Vorschrift schlachten ✳ **Schäch|ter,** der; -s, -: einer, der nach jüd. Vorschrift schlachtet ✳ **Schäch|tung,** die; -, -en: jüd. Schlachten

Scha|de, Scha|den, der; -s, Schäden; Schädlein : Minderung an etwas : Nachteil : Verlust : körperliche Verletzung : Verderben : erlittenes Unrecht ✳ *Schaden nehmen; sich Schaden tun; zu Schaden kommen* intr.; *Schaden zufügen; für Schaden haften* intr. ✳ *Schadenberechnung; Schadenbericht; Schadenersatz(anspruch); Schadenersatzleistung; Schadenersatzpflicht; Schadenfeststellung; Schadenfeuer; Schadenfreude:* boshafte Freude über anderer Schaden; *schadenfroh* Ew.; *Schadengeld; Schadennachweis; Schadenrechnung, Schadenschätzung:* Berechnung der Schadensumme; *Schadenverhütung; Schadenversicherung* ✳ *Schadbürge:* Bürge für etwaigen Schaden; *schadlos* Ew.: ohne Schaden zu erleiden, erlitten zu haben; *Schadloshaltung* ✳ **scha|de!** Ausruf des Bedauerns : bedauerlich!, leider! ✳ *schade, dass er kommt; schade um die Mühe; es ist schade* ✳ **scha|den** intr.: zum Schaden gereichen : Schaden verursachen ✳ *das schadet nichts* ✳ **schad|haft** Ew.: mit einem Schaden behaftet : beschädigt ✳ **Schad|haf|tig|keit,** die; -: das Behaftetsein mit einem Schaden ✳ **schä|di|gen** tr.: Schaden zufügen ✳ **Schä|di|ger,** der; -s, -: einer, der schädigt ✳ **Schä|di|gung,** die; -, -en: Schadenzufügung ✳ **schäd|lich** Ew.: Schaden verursachend : Schaden bringend ✳ **Schäd|lich|keit,** die; -, -en: das Schädlichsein ✳ **Schäd|ling,** der; -s, -e: einer, der schadet : Bezeichnung von Kerbtieren, Raupen, Schmarotzerpflanzen, die Schaden stiften ✳ *Schädlingsbekämpfung:* planmäßige Zerstörung schädlicher tierischer oder pflanzlicher Lebewesen; *Schädlingsbekämpfungsmittel*

Schä|del, der; –s, –: Skelett des Kopfes : Hirnschale : Kopf ✳ *Schädelbasis; Schädelbasisbruch; Schädelbohrer:* chirurgisch. Instrument; *Schädelbruch; Schädeldecke; Schädelform; Schädelfraktur:* Schädelbruch; *Schädelgestalt; Schädelhöhle; Schädelknochen; Schädellehre:* Phrenologie; *Schädelmessung; Schädelnaht; Schädelstätte:* Hinrichtungsstätte ✳ **..schä|de|lig, ..schäd|lig** Ew., nur in Zus.: einen soundso beschaffenen Schädel habend; z. B. dickschädelig

Scha|den, schad|haft, schädi|gen, Schäd|ling usw.: s. Schade

Schaf, das; –(e)s, –e; Schäfchen, Schäflein: eine Gattung der Wiederkäuer : dummer, törichter Mensch : Weidenkätzchen u. a. : Kellerassel : (Mz. Schäfchen) Schaumwellen im Meer : Federwolken ✳ *seine Schäfchen ins trockene bringen* → *..ins Trockene bringen:* seinen Vorteil, Nutzen erlangen (hier Schäfchen = Schepken, mundartl. für Fischerboot); *räudiges Schaf:* Sünder : Taugenichts; *verlorenes Schaf:* Abtrünniger ✳ *Schafsauge; Schafsgesicht; Schafshirn; Schafskopf:* Kartenspiel : Schimpfwort; *schafsköpfig* Ew.: vgl. Dummkopf ✳ *Wolf im Schafspelz:* scheinheiliger Bösewicht ✳ *Schafampfer:* eine Pflanze; *Schafblattern* Mz.: eine Krankheit : Schafpocken : Varizelle : Spitz-, Windpocke; *Schafbock; Schafbremse; Schafbutter; Schafdiebstahl; Schafegel; Schafeuter:* auch Name eines Pilzes; *Schaffell; Schaffleisch; Schafgarbe:* eine Pflanze; *Schafhaut:* innerste Eihaut des Embryos; *Schafherde; Schafhirt; Schafhürde; Schafhusten:* trockener Husten; *Schafkälte:* Kältenbruch zur Zeit der Schafschur (etwa um den 20. Juni); *Schafkäse; Schaflamm; Schaflaus; Schafleder; schafledern* Ew.; *Schaflinse:* Pflanzengattung; *Schaflorbeer:* Schafkot, Schaf-

kötel; *schafmäßig* Ew.: dumm; *Schafmeister; Schafmilch; Schafmist; Schafochse:* Moschusochse; *Schafpelz; Schafpocken:* Schafblattern; *Schafscherer; Schafschur; Schafschwingel:* Schafgras; *Schafstall; Schafstelze:* Singvogel; *Schaftrift; Schafwasser:* Wasser in der Schafhaut; *Schafweide; Schafwolle; Schafzecke; Schafzucht; Schafzunge:* Name für Wegerich ✳ **schä|feln** (ich ..[e]le) tr.: Schaumwellen bilden (z. B. vom Meere): Federwolken bilden (vom Himmel) ✳ **Schä|fer**, der; –s, –: Schafhirt : (übertr.) Pastor : (übertr.) verliebter junger Bursche ✳ *Pegnitzschäfer:* Mitglied einer Sprachgesellschaft, Idyllendichter ✳ *Schäfergedicht; Schäferhund; Schäferhütte; Schäferkarren; Schäferknecht; Schäferlied; Schäfermädchen; Schäfername; Schäferpfeife; Schäferroman; Schäferspiel; Schäferstab; Schäferstunde:* vertrauliches Zusammensein zweier Liebender; *Schäfertanz* ✳ **Schä|fe|rei**, die; –, –en: ländlicher Betrieb, in dem Schafzucht getrieben wird : Schafzuchtanstalt : Wohnung des Schäfers : Schafherde : Schäfergenossenschaft ✳ **Schä|fe|rin**, die; –, –nen: weibl. Schäfer ✳ Schäfer ✳ **schä|fern** intr.: sich wie ein Schäfer benehmen : lieben ✳ **Schä|fer|tum**, das; –(e)s: das Schäfersein : Schäferleben ✳ **scha|fig** Ew.: schafähnlich : dumm

Schaff, das; –(e)s, –e; Schäffchen, Schäfflein, Schäffel : (mundartl.) Getreidemaß : Gefäß : Scheffel : Böttchergefäß ✳ **Schaf|fel**, das; –s, –: (mundartl.) Getreidemaß, Metze ✳ **Schäff|ler**, der; –s, –: (mundartl.) Küfer : Böttcher ✳ *Schäfflertanz* (Böttchertanz): feierlicher Aufzug der Böttcher in München

schaf|fen (du schafftest, geschafft, schaff[e]!) tr., intr.: arbeiten : bewirken : befördern : bewältigen ✳ *er hat es geschafft; Ordnung schaffen; ein Paket zur Post schaffen* ✳ **schaf|fen** (du schuf[e]st, schüfest, geschaffen) tr.: ins Dasein rufen : etwas Schöpferisches

hervorbringen; intr., rbz.: (selt.) entstehen, hervorgehen ✳ *Schaffensdrang; Schaffensfreude; schaffensfreudig* Ew.: *Schaffensfreudigkeit; schaffensfroh* Ew.; *Schaffenskraft; Schaffenslust, schaffenslustig* Ew. ✳ **Schaf|fer**, der; –s, –: Schöpfer : (seem.) Proviantmeister : Schaffner, s. d. ✳ **Schaf|fe|rei**, die; –, –en: Speisekammer auf Schiffen : Plackerei ✳ **schaf|fig** Ew.: emsig : arbeitsam ✳ **Schaff|ner**, der; –s, –: Anordner, Aufseher : niederer Verwaltungsbeamter, Postschaffner, Eisenbahnschaffner usw. ✳ **Schaff|ne|rei**, die; –, –en: Amt, Amtswohnung, Bezirk eines Schaffners ✳ **Schaff|ne|rin**, die; –, –nen: weibl. Schaffner ✳ **Schaffung**, die; –, –en: das Schaffen : Schöpfung

Schäff|ler, Schäff|ler|tanz: s. Schaff

Schaff|ner, Schaff|ne|rin usw.: s. schaffen

Schaf|gar|be: s. Schaf

Schaf|le|der: s. Schaf

Schaf|ott (fr.), das; –(e)s, –e: Gerüst für Hinrichtung

Schaf|pelz, Schaf|schur usw.: s. Schaf

Schaft, der; –(e)s, Schäfte; Schäftchen, Schäftlein: Stange einer Lanze, eines Spießes, einer Fahne usw. : (übertr.) unterer Teil einer (Gänse-)Feder : (Baukst.) Säulenteil zwischen Basis und Kapitell : (Bot.) Stängel : Stamm : Holzgriff am Gewehr : Griff am Messer : dickes Ende einer Nadel : oberer Teil des Stiefels : Stäbe am Webstuhl : (weidm.) Geschlechtsteil von Hündinnen und weiblichen Raubtieren ✳ *Schaftdraht; Schafthalm; Schaftheu:* eine Pflanze; *Schaftholz; Schaftleder:* weiches Leder für Stiefelschäfte; *Schaftleisten:* Leisten zum Spannen des Stiefelschaftes; *Schaftmeißel; Schaftring; Schaftrinne; Schaftschneider; Schaftstiefel* ✳ **schäf|ten** tr.: einen Schaft anbringen : Pflanzen veredeln : (mundartl.) prügeln ✳ *geschäftet* Mw. Ew.: mit einem Schaft versehen, z. B. glatt geschäftet, hoch geschäftet ✳ **Schäf|ter**, der; –s, –: einer, der Schäfte macht

Schah (pers.), der; –s, –s: König : Herrscher; bis 1980 Bez. für den pers. Kaiser vgl. Schach

Schakal (türk.-pers.), der; –s, –e: ein Raubtier : Goldwolf

Schake (südd.), die; –, –n

Schakel, Schäkel, der; –s, –: Ring : Draht : Glied der Ankerkette ✳ **schäkeln** tr.: zur Kette ineinander fügen

Schäker, Schäkerer (jüd.), der; –s, –: „Lügner", Schelm : Schalk : Spaßmacher ✳ **Schäkerei,** die; –, –en: das Schäkern ✳ **schäkerhaft** Ew.: schäkernd : in der Weise eines Schäkers ✳ **schäkern** (ich ..[e]re) intr.: schalkhaft Scherz treiben : schelmisch spaßen : sich necken

Schal (pers.), der; –s, –s; Schälchen: Umhängetuch ✳ *Schalkragen; Schalkrawatte*

schal Ew.: fade : abgestanden (von Getränken) : (übertr.) geistlos : geschmacklos ✳ **Schalheit,** die; –, –en: das Fade-, Abgestanden-, Geschmacklossein

Schale, die; –, –n; Schälchen: Hülle : Hülse : Eierschale : Nussschale : das Bedeckende : ungehobeltes Brett : Brett zum Bekleiden (einer Wand) : Einband : flaches Gefäß : Inhalt eines flachen Gefäßes ✳ *kalte Schale:* eine kalte Suppe ✳ *Schalbrett; Schal(en)obst:* hartschaliges Obst; *schallos* Ew.; *Schalstück; Schaltier:* in einer Schale lebendes Weichtier ✳ *Schalenform; Schalengehäuse; Schalenguß* → *Schalenguss* : Hartguss; *Schalenkrebs; Schalenkreuz:* Windgeschwindigkeitsmesser; *Schalenschröter:* Verfertiger von Messerschalen; *Schalensessel; Schalensitz; Schalenwild:* paarhufiges Wild (Reh, Gämse, Wildschwein usw.) ✳ **schalen** tr.: mit Schalen bekleiden ✳ **schälen** tr.: ausschälen : abschälen : die Schale ablösen; rbz.: sich häuten : die Rasendecke unterpflügen : roden : (Papiermach.) das zu trocknende Papier bogenweise sondern ✳ *Schälblattern:* Blasensucht; *Schälgang:* Mühlgang, in dem das Getreide nur enthülst oder geschält wird; *Schäl-*

kur: (Med.) Ablösung der obersten Hautschichten bei bestimmten Hautkrankheiten; *Schälmaschine; Schälpflug; Schälwand:* niederer Eichenwald zur Gewinnung von Lohrinde ✳ **(schällig), schällig** Ew.: schalenartig : blättrig : mit einer Schale versehen ✳ *dickschalig; dünnschalig*

Schälung, die; –, –en: Bretterverkleidung : Bretterunterlage : Bretterform für Betonausgussmasse ✳ **Schälung,** die; –, –en: das Schälen; vgl. auch Beschälung

Schälhengst, der; –es, –e: Zuchthengst; vgl. beschälen

Schalk, der; –(e)s, –e und Schälke; Schälkchen, Schälklein: (veralt.) „Knecht", Mensch von knechtischer, hinterlistiger Art : Schelm : Schelmerei : Verschlagenheit : Kopfkohl ohne Endknospe oder Herzblätter ✳ *Schalksauge; Schalksfreund; Schalksknecht; Schalksnarr:* Hofnarr : lustige Person; *schalksinnig* Ew.; *Schalkstreiben* ✳ **Schalkerei,** die; –, –en: Schalkstreiben ✳ **schalkhaft** Ew.: in der Weise eines Schalkes ✳ **Schalkhaftigkeit,** die; –, –en: Bosheit : Arglist ✳ **Schalkheit,** die; –, –en: Schalkhaftigkeit : Verschlagenheit : Schlauheit

Schalke, die; –, –n: (seem.) Befestigungsleiste : Befestigungsschiene ✳ **schalken** tr.: wasserdicht schließen

Schall, der; –(e)s, –e und Schälle: dem Gehör wahrnehmbare Lufterschütterung : die durch Lufterschütterungen erregte Wahrnehmung, Empfindung : der helle, vernehmbare Laut, Klang, Knall : Geräusch : (übertr.) etwas Flüchtiges, Nichtiges, Leeres, Inhaltsloses ✳ *Schall und Rauch; leerer Schall* ✳ *Schallaufnehmer: Tonkopf des Grammofons; Schallbecher:* becherartiges Ende bei Holzblasinstrumenten; *Schallboden:* Resonanzboden; *Schalldämpfer; Schalldeckel:* Kanzeldach; *schalldicht* Ew.; *Schalldose; Schallgeschwindigkeit; Schallgewölbe; Schallehre* → *Schalllehre:* Akustik; *Schalleiter* → *Schallleiter; Schalloch* → *Schallloch;*

Schallmauer; Schallmesser; Schallmeßtrupp → *Schallmesstrupp:* (militär.) Abteilung, die durch Messen der Schallstärke des Abschusses die Entfernung der feindlichen Geschütze berechnet; *Schallmeßverfahren* → *Schallmessverfahren; Schallplatte; Schallplattenalbum; Schallplattenarchiv; Schallplattenindustrie; Schallquelle; Schallrohr; Schallstück; Schalltrichter; Schallwelle; Schallwort:* tonnachahmendes Wort ✳ **schallen** (es schallt; es schallte und scholl; es schallte und schölle; geschallt, schall[e]!) intr.: tönen : ertönen lassen : widerhallen : (weidm.) sich melden; tr.: schallend künden

Schalm (niederd.), der; –s, –e: Kerbholz : eingekerbtes Zeichen an Bäumen : Pferdekrankheit

Schallmei (ml.), die; –, –en: Rohrflöte : tiefste Töne der Klarinette : Register der Orgel : Melodiepfeife des Dudelsacks ✳ *Schalmeibläser* ✳ *Schalmeienklang; Schalmeienrohr* ✳ **schallmeien** intr.: auf der Schalmei blasen

Schallotte (fr.), die; –, –n: Eschlauch, eine Lauchzwiebel ✳ *Schalottensoße*

Schalte, die; –, –n: flaches, dünnes Holzscheit : Schleusenbrett : Ruderstange : Fährkahn ✳ **schalten** intr., tr.: (Schifffahrt) den Strom aufwärts gerade und schnell durchschneiden : gegen den Strom führen : führen, lenken : nach Gutdünken verfahren : nach Belieben schalten und walten : etwas hin- und herschieben, einschieben : einen Schalter betätigen ✳ *Schaltanlage; Schaltbrett:* Brett, auf dem eine Anzahl (elektrische) Schalter angebracht sind; *Schalthebel; Schaltjahr:* jedes vierte Jahr (mit 366 statt 365 Tagen), dem ein Tag eingeschaltet ist zum Abgleich von bürgerlichem und astronomischem Jahr; *Schaltknüppel; Schaltmonat; Schaltplan; Schaltpult; Schaltsatz:* eingeschalteter Satz; *Schaltschrank; Schaltskizze; Schalttafel:* Schaltbrett; *Schalttag; Schalttisch; Schaltuhr;*

Federuhr, die sich elektr. selbsttätig ein- und ausschaltet; *Schaltvorrichtung; Schaltwerk:* Schaltanlage **✳** **Schal|ter**, der; –s, –: einer, der schaltet **:** Ruderstange **✳** **Schal|ter**, der; –s, –: Gerät zum Öffnen oder Schließen des elektrischen Stromkreises **:** schiebbarer Fensterverschluss **:** fensterartige Wandöffnung **:** Postschalter **✳** *Schalterbeamter; Schalterdienst; Schalterhalle; Schalterraum; Schalterstunden* **✳** **Schal|tung**, die; –, –en: Gerät zum Öffnen, Schließen oder Umlegen eines elektr. Stromkreises **:** das In-Gang-Setzen des Getriebes beim Auto und die Vorrichtung dazu **✳** *Schaltungsübersicht; Schaltungszeichnung:* Plan der elektrischen Verbindungen und ihrer Unterbrechungen (in einem Gebäude) **Schal|tier:** s. Schale **Schä|lung, Schäl|wald:** s. Schale und beschälen **Schal|up|pe** (fr.), die; –, –n: (niederd.) Beiboot **:** einmastiges Küstenfahrzeug **Scham**, die; –: äußere Geschlechtsteile (bes. die weiblichen) **:** Schimpf **:** Schande **:** Unehre **:** Gefühl der Scheu in Bezug auf etwas die Sitte Verletzendes oder die Ehre Minderndes **✳** *Schambein:* ein Beckenknochen; *Schamberg:* erhabener Teil des Unterbauches der Frau; *Schamfrist; Schamgefühl; Schamgegend; Schamglied; Schamhaar; Schamhügel:* Schamberg; *Schamlippe:* eine von zwei Paar lippenförmigen Hautfalten als Teil der äußeren weiblichen Geschlechtsorgane; *schamlos* Ew.; *Schamlosigkeit; schamrot* Ew.; *Schamröte; Schamteile* Mz.: Geschlechtsteile des Menschen **✳** **schä|men** rbz., intr.: Scham empfinden **:** scheuen **✳** **scham|haft** Ew.: mit Schamgefühl behaftet **:** von Schamgefühl zeugend **✳** **Scham|haf|tig|keit**, die; –, –en: das Schamhaftsein **✳** **schä|mig** Ew.: verschämt **✳** **Schä|mig|keit**, die; –, –en: das Verschämtsein **:** Verschämtheit **Scha|ma|de** (l.-fr.), die; –, –n: Trommel- oder Trompeterzei-

chen der Besiegten zum Kapitulieren **✳** *Schamaden schlagen:* zum Rückzug blasen **:** Nachgiebigkeit zeigen **:** klein beigeben **Scha|ma|ne** (mongol.), der; –n, –n: Geisterbeschwörer **:** Zauberer bei Naturvölkern **✳** **Scha|ma|nis|mus**, der; –: Glaube an die Fähigkeit besonderer Menschen, (Natur–)Geister zu beschwören **Scham|bock** (ndl.), der; –s, ..böcke: Nilpferdpeitsche **schä|men:** s. Scham **scham|fi|len** (schamfilt) (seem.) tr.: abscheuern **:** reiben **Scham|gefühl, scham|haft, scham|los** usw.: s. Scham **Scham|mes** (hebr.), der; –, –: Diener beim jüdischen Gottesdienst **Scha|mot|te** (it.), die; –, –n: scharfgebrannter Ton **:** feuerfester Stein **✳** *Schamottestein; Schamotteziegel* **✳** **scha|mot|tie|ren** tr.: mit Schamotte auskleiden **Scham|pon, Scham|pun** (ind.-e.), das; –s: eingedeutscht aus Shampoo **:** schäumendes Reinigungsmittel **:** Haarwaschmittel **✳** **scham|pu|nie|ren** (ind.-e.) tr.: mit Reinigungsmittel einschäumen **:** den Kopf waschen **Scham|pus**, der; –: (scherzh.) Champagner **scham|rot** usw.: s. Scham **schand|bar** Ew.: schändlich **✳** **Schan|de**, die; –, –n: schämenswerter Zustand **:** Schmach **:** Verletzung der Ehre **✳** *zur Schande gereichen* intr.: zur Unehre gereichen; *zuschanden arbeiten = zu Schanden arbeiten* rbz.: sich zunichte, kaputt arbeiten; *eine Hoffnung wird zuschanden auch: eine Hoffnung wird zu Schanden; zuschanden schlagen auch: zu Schanden schlagen* tr.: derb schlagen **:** entzweischlagen **✳** *Schandbalg:* schändliche Person; *Schandbube; Schandbühne:* Schandgerüst; *Schandfleck; Schandgeld; Schandgerüst:* Pranger; *Schandmal; Schandmaul; Schandname; Schandpfahl:* Pranger; *Schandpreis; Schandschrift; Schandtat; Schandurteil; Schandwort* **✳** **schän|den** tr.: schmählich,

schimpflich verletzen **:** verunstalten, entstellen **:** entehren **:** (sexuell) missbrauchen **:** Schande und Schmach zufügen **:** zuschanden machen; tr.: lästern **:** schmähen **:** schimpfen **✳** **Schän|der**, der; –s, –: einer, der schändet **✳** **schänd|lich** Ew.: unwürdig **:** entehrend **✳** **Schänd|lich|keit**, die; –, –en: das Schändlichsein **:** etwas Schändliches **✳** **Schän|dung**, die; –, –en: Entweihung **:** Ehrenkränkung **:** Vergewaltigung, Notzucht **Schan|de|ckel**, der; –s, –: hölzerne Schutzbedeckung **:** (seem.) oberste Planke an Bord **Schang|hai, Shang|hai:** größte Stadt Chinas **✳** **schang|hai|en** (du schanghaist, geschanghait) tr.: (seem.) gewaltsam anheuern **Scha|ni**, der; –s, –: (östr.) Bedienung **✳** **Scha|ni|gar|ten**, der; –s, –gärten: Biergarten **:** Gartencafé **Schank**, der; –(e)s, Schänke: Berechtigung zum Ausschenken geistiger Getränke **:** das Ausschenken **:** Ort, wo ausgeschenkt wird **✳** *Schänke:* vgl. Schenke; *Schankerlaubnissteuer; Schankgerechtigkeit; Schankrecht; Schankstätte; Schankstube; Schänkstube:* vgl. Schenkstube; *Schanktisch; Schankwirt; Schankwirtschaft* **Schan|ker** (l.-fr.), der; –s, –: venerisches Geschwür, eine Geschlechtskrankheit **✳** *harter Schanker:* Anfangssymptom der Syphilis; *Schankergeschwür; Schankerseuche:* Beschälseuche **Schank|wirt:** s. Schank **Schan|tung:** nordchines. Provinz **✳** **Schan|tung|sei|de**, die; –, –n: chines. Rohseide vom Eichenspinner **Schan|ze** (fr.), die; –, –n: ein Glücksspiel **✳** *in die Schanze schlagen* tr.: aufs Spiel setzen **:** riskieren **Schan|ze**, die; –, –n; Schänzchen: (Kriegskst.) Schutzbefestigung **:** Wall **:** durch Wall gesicherter Platz **:** (Schiffb.) Achterdeck **:** zur Kriegsschiffen **:** Sprungschanze **✳** **schan|zen** (du schanzest und schanzt) tr.: etwas als Schanze aufrichten **:** mit Schanzen versehen; intr.:

Schanzen aufwerfen : Festungsarbeiten verrichten : schwer arbeiten ✳ *Schanzarbeit; Schanz(en)bau; Schanzgerät; Schanzgräber; Schanzkleid:* die Reling; *Schanzkorb:* erdgefüllter Korb zur Verschanzung und zum Deichbau; *Schanzläufer:* wachhabender Offizier (auch auf dem Schiff) : ein kurzer weiter Mantel; *Schanzpfahl:* Palisade; *Schanzwerk; Schanzzeug* ✳ *Schanzenrekord; Schanzentisch:* Absprungfläche einer Sprungschanze ✳ **Schan|zer,** der; –s, –: einer, der schanzt

Scha|pel, der; –s, –: geschmückter Kopfputz der Schwarzwälder Trachten; vgl. Schappel

schape|ro|nie|ren tr.: unter seine Obhut nehmen, beschützen [fr. chaperon Kappe : Anstandsdame]

Schap|fe (obd.), die; –, –n: ein Schöpfgefäß

Schap|ka (russ.), die; –, –s: Pelzmütze

Schapp (niederd.; seemänn.), der; das; –s, –s: Schrank : Abseite; vgl. Schaff

Schar, die; –, –en: Pflugschar ✳ *Scharschmied*

Schar, die; –, –en: Menge, Haufen : Heeresabteilung ✳ *Scharführer; Scharwache:* Wache aus mehreren Personen; *Scharwerk:* Frondienst : Nebenarbeit; *scharwerken* intr.: Scharwerk verrichten *Scharwerker:* einer, der Scharwerk verrichtet (Taglöhner) ✳ **scha|ren** tr.: zu einer Schar sammeln : mehreres vereinigen ✳ **scha|ren|wei|se** in Scharen ✳ **Scha|rung,** die; –, –en: beim Zusammentreffen von Strömungen entstehende Ablagerung : Gangtrümmer : (Bergb.) Vereinigung zweier Gesteinsgänge im spitzen Winkel : (Geogr.) das Zusammenlaufen von Gebirgsketten

Scha|ra|de (fr.), die; –, –n: Silbenrätsel : szenisches Rätselspiel, dessen dargestellter Inhalt erraten werden muss

Schär|baum, der; –es, ..bäume: (Web.) Kett-, Garnbaum ✳ **schä|ren** tr.: Webfäden aufwinden ✳ *Schärhaspel; Schärrahmen*

Schar|be, die; –, –n: ein Tauchervogel : Kormoran

Schar|bock (ndl.), der; –(e)s: Skorbut : Mundfäule ✳ *Scharbockskraut:* Feigwurz, ein Vitamin-C-haltiges Hahnenfußgewächs

Schä|re (nord.), die; –, –n: Küstenklippe : kleine Felseninsel an der schwed. und finn. Küste ✳ *Schärenküste*

scharf Ew. (schärfer; schärfste): (Ggs. stumpf) schneidend : schmal und spitz zulaufend : (übertr.) (Ggs. sanft, milde) einen tiefen, verletzenden, schneidenden Eindruck machend oder Geschmack habend : (Ggs. ungenau) deutlich hervortretend : scharfsinnig : sorgfältig, genau : hart, hitzig : sexuell begierig bzw. aufreizend : (Explosionskörper) mit entsichertem Zündmechanismus : (Sprachl.) (Ggs. gedehnt) rasch und kurz hervorgestoßen (geschärft) ✳ *eine scharfe Zunge haben:* scharf und schlagfertig urteilen ✳ *scharfe Kante; scharfes Messer* ✳ *Scharfblick; Scharfeinstellung:* die Einstellung des Objektivs, bei der das Aufgenommene scharf abgebildet wird; *scharfkantig* Ew.; *scharfklauig* Ew.; *Scharfkraut; scharf machen* tr.: scharfen; *scharfmachen* intr.: aufhetzen; *Scharfmacher:* Hetzer, Demagoge; *Scharfrichter:* Vollstrecker des vom Gericht verhängten Todesurteils; *Scharfschütze; Scharfschützenabteilung; scharfsichtig* Ew.; *Scharfsichtigkeit; Scharfsinn:* Fähigkeit, rasch und gründlich das Wesentliche zu erfassen; *scharfsinnig* Ew.; *scharfzackig* Ew.; *scharfzahnig* Ew. ✳ **Schär|fe,** die; –, –n: das Scharfsein : etwas Scharfes : scharfe Kante : etwas von scharfem Geschmack : (übertr.) etwas Verletzendes ✳ *die Schärfe seiner Worte* ✳ *Schärfentiefe:* (Optik) räumlicher Bereich, innerhalb dessen ein Objektiv Gegenstände scharf wiedergibt ✳ **schär|fen** tr.: scharf machen : spitzen : verstärkend ausbilden : den Blick, das Gehör, das Auge üben, scharf machen : würzen, pikant machen (weidm.) schneiden :

(mundartl.) auf dem Schärfstein dünn schneiden : (mundartl.) schrammen, sich an etwas schärfen, schürfen ✳ *Schärfstein; Schärfung* (Sprachl.) die kurze Aussprache eines Vokals (Ggs.: Dehnung)

Scha|ria, Sche|ria (arab.), die; –: Rechtsordnung des Islam, heiliges Gesetz

Schar|lach (türk.-ml.), der; –s, –e: brennend rote Farbe ✳ **Schar|lach,** der; –s: Scharlachfieber, eine Infektionskrankheit mit rötlichem Hautausschlag ✳ *Scharlachausschlag; Scharlachbaum; Scharlachbeere:* beerenförmige Schildläuse auf dem Scharlachbaum; *Scharlacheiche; Scharlachfarbe; scharlachfarb(en) Ew.; scharlachfarbig* Ew.; *Scharlachfieber; scharlachrot* Ew.; *Scharlachröte*

Schar|la|tan (it.), der; –s, –e: „Schwätzer“, Marktschreier : Quacksalber : Prahlhans ✳ **Schar|la|ta|ne|rie,** die; –, ..rien: Quacksalberei : Aufschneiderei

Scharm (fr.), der; –(e)s: Liebreiz : Anmut; s. Charme ✳ **schar|mant** Mw. Ew.: liebreizend : bezaubernd; s. charmant ✳ **schar|mie|ren** (..iert) tr.: bezaubern : entzücken : liebeln [fr. Charme; charmant]

Schar|müt|zel (dtsch.-it.) das; –s, –: Plänkelei : kleines Gefecht ✳ **schar|müt|zeln** (ich ..[e]le), **schar|müt|zen, schar|müt|zie|ren** (..iert) intr.: plänkeln : liebeln

Scharn (mundartl.), der; –(e)s, –e: Fleisch-, Brotbank : Schranne

Schar|nier (l.-fr.), das; –s, –e: Gelenkband für Deckel oder Türen : (Goldschm.) hohlgezogener Draht ✳ *Scharnierband; Scharniergelenk; Scharnierware:* geringwertige, hohlgezogene Goldware

Schär|pe (fr.), die; –, –n: um den Leib zu schlingende Schmuckbinde : Feldbinde : Ehren- oder Dienstgürtel

Schar|pie, (l.-fr.), die; –, ..pien: gezupfte Leinwand, Rupflinnen (als Verbandstoff) [l. carpere, afr. charpir pflücken, zupfen]

Schar|re, die; –, –n: das Scharren : Werkzeug zum Scharren, Scharrer : das Abzuscharrende, Abzukratzende ✳ **schar|ren** intr., tr.: über etwas scharf reibend hinfahren : lautes, schabendes Geräusch machen : kratzen : mit den Füßen auf dem Boden hin- und herfahren : (übertr.) zusammenraffen (von Geizigen) : (mundartl.) räuspern ✳ *Scharreisen; Scharrfuß:* Kratzfuß; *scharrfüßeln* intr.: kratzfüßeln; *Scharrmaus; Scharrvögel:* Hühnervögel ✳ **Schar|rer,** der; -s, -: einer, der scharrt : Geizhals : Bezeichnung für Hühnervögel : Scharre (Werkzeug)

schar|ren: s. Scharre

schar|rie|ren (..iert) tr.: „feinen", roh bearbeitete Flächen an den Steinen glätten ✳ *Scharriereisen:* Steinmetzeisen

Schar|te, die; -, -n; Schärtchen: Einschnitt : Vertiefung : Schießscharte : ausgesprungene Stelle in der Schärfe eines schneidenden Werkzeuges : flache Vertiefung im Berggrat : Durchfahrt in der Deichkappe : Hasenscharte, s. d. : eine Gattung Fledermäuse ✳ *eine Scharte auswetzen:* eine Niederlage gutmachen ✳ *Schartendistel; Schartenkraut; Schartennase:* eine Gattung Fledermäuse; *Schartenschnäbler:* Flamingo ✳ **schar|tig** Ew.: mit Scharten behaftet : mit Schießscharten versehen : schartennasig

Schar|te|ke (l.-it.), die; -, -n: wertloses Buch : Schund : verächtliche Bezeichnung einer alten Frauensperson

Schal|rung, Schar|wa|che usw.: s. Schar

Schar|wen|zel, der; -s, -: Bube im Kartenspiel : Liebediener : (übertr.) Allerweltskerl : (weidm.) Pudel ✳ **schar|wen|zeln** (ich ..[e]le, er ..wenzelt), **schar|wen|zen, schar|wen|zie|ren** (..iert) intr.: kratzfüßeln : sich dienernd hin- und herbewegen

Schar|werk usw.: s. Schar

Schasch|lik (türk.), der; -s: mit Zwiebeln und Paprika am Spieß gebratene Fleischstückchen

schas|sen (fr.) (du schassest und schasst, er schasst; du

schasstest; geschasst) tr.: wegjagen : von einer Schule verweisen ✳ **schas|sie|ren** (..iert) intr. (haben, sein): beim Tanzen mit kurzen Schritten vor- und zurückgleiten; tr.: (mundartl.) schassen

schat|ten intr., tr.: Schatten werfen : beschatten : dunkeln : schillern : schattieren : als Schattenriss zeichnen : schemenhaft schweben, weben ✳ **Schat|ten,** der; -s, -: lichtloser Raum hinter einem beleuchteten, undurchsichtigen Körper : das so erzeugte Bild : etwas Schattenähnliches : untrennbarer Begleiter : Abbild : etwas Flüchtiges, Nichtiges : bloßer Schein : Phantom : etwas Unwesentliches, Geringes : Schimmer : (übertr.) Schirm, Schutz : (schles.) Fächer : (übertr.) etwas Nachteiliges : dunkler Fleck ✳ *Schattenbild:* Silhouette; *Schattenblümchen; Schattendasein:* freudloses, unscheinbares Dasein; *Schattendunkel; Schattenfisch:* Meerschatten; *Schattenfürst:* (Mythologie) Fürst im Reich der Schatten; *Schattengespenst; Schattengestalt; Schattengewölbe; Schattenhut; Schattenkabinett:* Kabinett, das keinerlei Macht besitzt; *Schattenkönig:* eine Schmetterlingsgattung; *Schattenleben; Schattenlicht:* Halblicht; *schattenlos* Ew.; *Schattenmorelle:* eine Sauerkirsche; *schattenreich* Ew.: viel Schatten gebend; *Schattenreich:* Totenreich, Unterwelt : Reich, das nur ein Schatten (ohne Nacht) ist; *Schattenreißer:* Anfertiger von Schattenbildern; *Schattenriß* → *Schattenriss:* Schattenbild; *Schattenschnitt:* Durchschnitt des kugelförmigen Erdschattens : ausgeschnittener Schattenriss; *Schattenseite; schattenspendend; Schattenspiel(er); Schattentag; schattenweise* Ew.: schattenhaft; *Schattenwelt* ✳ **schat|ten|haft** Ew.: schemenhaft ✳ **schat|tie|ren** (..iert) tr.: vom Hellen ins Dunkle, von einer Farbe in die andere überführen; intr.: Licht-, Farben-, Stufenfolge bilden ✳ **Schat|tie|rung,** die; -, -en: das Schat-

tieren : Farbenübergang : Abschattung : Nuance : Gesamtheit von Malerfarben nach den verschiedenen Abstufungen ✳ **schat|tig** Ew.: schattend : beschattet : kühlen Schatten gebend

Schatten spendend Wortverbindungen aus Substantiv und Partizip werden getrennt geschrieben, wenn durch Zusammenschreibung keine Präposition oder kein Artikel eingespart werden kann. Getrennt geschrieben wird auch, wenn das Substantiv erweitert ist.

Scha|tul|le (ml.), die; -, -n: Schatzkästchen : Schmuckkästchen : Privatkasse eines Staatsoberhauptes ✳ *Schatullengut:* Privatgut eines Fürsten

Schatz, der; -es, Schätze; Schätzchen, Schätzlein, Schätzel: (alt.) Geld : Aussteuer (Brautschatz) : Abgabe, Steuer : Vorrat von Kostbarkeiten oder Geld : etwas Wertvolles, Kostbares : Hort : Kleinod : Vorrat : (übertr.) (meist verkl.) ein Kosewort für eine geliebte Person ✳ *Schatzamt:* oberste Finanzbehörde; *Schatzanweisung:* staatliches Wertpapier zur Deckung einer kurzfristigen Staatsschuld; *Schatzfreiheit:* Abgabenfreiheit; *Schatzfund; Schatzgräber; Schatzinsel; Schatzkammer:* Finanzbehörde; *Schatzkanzler:* brit. Finanzminister; *Schatzkasten; Schatzmeister; schatzpflichtig* Ew.: steuerpflichtig; *Schatzschein:* Schatzanweisung; *Schatzverwalter, Schatzverweser* ✳ **schätz|bar** Ew.: schatzpflichtig : zu schatzen ✳ **schätz|bar** Ew.: schätzenswert : abschätzbar ✳ **schat|zen** (du schatzest und schatzt) tr.: Abgaben auferlegen : plündernd, raubend eintreiben : brandschatzen ✳ **schät|zen** (du schätzest und schätzt) tr.: nach Ermessen den Wert, die Menge, Güte usw. von etwas bestimmen : abschätzen : *schätzenlernen* → *schätzen lernen* ✳ *schätzenswert* Ew.: sehr zu schätzen; *schätzenswürdig* Ew.; *Schätzpreis:* geschätzter Preis ✳ **Schät|zer,** der; -s, -: einer, der abschätzt : Schatz-

herr : Schatzmeister *
Schat|zung, die; –, –en: Auferlegen von Abgaben *
Schät|zung, die; –, –en: Abschätzung : das Schätzen *
Schätzwert; schätzungsweise Ew.

Schau, die; –, –en: das Gesehenwerden : das Anschauen : Besichtigung : Musterung : amtliche Untersuchung : Anblick : Ausstellung : Vorführung * *zur Schau stehen* intr.; *zur Schau stellen* tr.; * *Schauamt; schaubegierig* Ew.; *Schaubericht; Schaubild; Schaubrote:* (Altes Testament) die zwölf ungesäuerten Opferbrote, die an jedem Sabbat auf einen Tisch im Tempel gelegt wurden; *Schaubude; Schaubühne; Schauessen; Schaufenster; Schaufensterbummel; Schaufensterdekoration; Schaufensterwettbewerb; Schauflug; Schaugericht; Schauhaus:* Theater : Leichenhaus; *Schaukampf:* Boxkampf außerhalb des Wettbewerbs; *Schaukasten; Schaulaufen:* Eiskunstlaufen außerhalb des Wettbewerbs; *Schaulust; schaulustig* Ew.; *Schaumünze; Schaupackung; Schauplatz; Schauprozeß* → *Schauprozess; Schauspiel; Schauspieler(in); schauspielern* intr.; *Schauspielhaus; Schauspielkunst; schaustehen* intr.; *schaustellen* tr.; *Schausteller; Schaustück; Schautafel; Schautanz; Schautisch; Schauturnen* * **schau|en** intr., tr.: den Blick auf etwas richten : wahrnehmen : sehen : prüfend besichtigen * *nach einem schauen* intr.: jemand betreuen *
Schau|er, der; –s, –: ein Schauender, Beschauer

Schaub, der; –(e)s, –e und Schäube: Schäubchen: Strohwisch, Bund Rohr, Heu : Docke : Strohbündel zum Dachdecken : jemand, der unter einem Schaubdach wohnt * *Schaub(en)dach; Schaubhut; Schaubhütte* * **Schau|be** die; –, –n: Schaub : strohverpackte Warensendung

Schau|be, (it.), die; –, –n: vorn offenes, mantelartiges Obergewand, bes. für Männer : Talar [it. giubba Joppe]

Schau|der, der; –s, –: Empfin-

dung des Grauens, Bangens, der Scheu, Furcht, Abscheu, die sich körperlich in Zittern, Schütteln äußert * *schaudererregend* → *Schauder erregend* Mw. Ew.; *schaudervoll* Ew. *
schau|der|bar, schau|der|haft Ew.: Schauder erregend : mit Schauder erfüllend *
Schau|der|haf|tig|keit, die; –, –en: das Schauderhaftsein : schauderhafte Handlungsweise * **schau|dern** (ich ..[e]re) tr., intr.: Schauder erregend wirken : Schauder empfinden : sich schaudernd bewegen * *schaudernder Frost; es schaudert mich*

schau|en, Schau|er: s. Schau
Schau|er, der; –s, –: (niederd.) Hafenarbeiter : Schiffsarbeiter * *Schauermann*

Schau|er, der; –s, –: kurzes, unvermittelt auftretendes Unwetter : kurzer, heftiger Anfall von Krankheiten : Schauder : Schreck : Freudenschreck * *Schaueranblick; Schauerbild; Schauergefühl; Schauergeschichte; Schauermärchen; Schauerroman; Schauertat; schauervoll* Ew. * **schau|er|haft, schau|rig, schau|e|rig, schau|er|lich** Ew.: schauervoll : Schauer empfindend oder erregend * **schau|ern** (ich ..[e]re) intr.: regnen, hageln : schaudern * **Schau|er|lich|keit, Schau|rig|keit,** die; –, –en: das Schaurigsein

Schau|fel, die; –, –n: Schäuflein, Schäufelchen: Werkzeug zum Schaufeln : Schaufelzahn, schaufelartige Verbreiterung an den Mühlenwasserrädern : Stege beim ungarischen Sattel : Blatt am Ruder : Blatt am Anker : Erweiterung der Geweihstangen beim Elen oder Damwild * *Schaufelbagger; Schaufelblatt; schaufelförmig* Ew.; *Schaufellader; Schaufelrad; Schaufelraddampfer; Schaufelstiel; Schaufelzahn:* breiter Vorderzahn bei Schafen, Rindern usw. * **schau|fe|lig** Ew.: schaufelförmig * **schau|feln** intr., tr.: mit der Schaufel bearbeiten : graben : (übertr.) große Mengen essen * *Getreide schaufeln; ein Grab schaufeln* * **Schauf|ler,** der; –s, –: ein Schaufelnder : (mundartl.) To-

tengräber : männl. Damhirsch mit schaufelförmigem Geweih * *Vierschaufler; Achtschaufler*
Schau|kel, die; –, –n: Vorrichtung zum Schaukeln * *Schaukelbewegung; Schaukelpferd; Schaukelpolitik:* wankelmütige, opportunistische Politik; *Schaukelreck:* Trapez; *Schaukelstuhl* * **Schau|ke|lei,** die; –, –en: das Schaukeln, Geschaukel * **schau|kel|haft, schau|ke|lig** Ew.: schaukelnd * **schau|keln** (ich ..[e]le) intr.: auf und nieder, hin und her schweben; tr.: in schaukelnde Bewegung setzen * *ein Kind auf den Knien schaukeln; der Kahn schaukelt auf den Wellen; wir werden das Kind schon schaukeln:* (volkst.) wir werden es schon schaffen * **Schau|k|ler,** der; –s, –: ein Schaukelnder

Schaum, der; –(e)s, Schäume: Schäumchen: Ansammlung von Flüssigkeitsbläschen : Geifer * *Schaumbad; schaumbedeckt* Mw. Ew.; *Schaumblase; schaumgeboren* Mw. Ew.: aus Schaum entstanden (von Aphrodite; griech. Mythologie); *schaumgebremst* Ew.; *Schaumgummi; Schaumkette:* Kinnkette des Pferdes; *Schaumlöffel; Schaumlöschgerät:* Feuerlöschgerät; *Schaumperle:* Schaumblase; *Schaumschläger:* Küchengerät : (übertr.) Aufschneider, Blender; *Schaumsilber:* Blattsilber; *Schaumspeise; Schaumstoff:* poröser Gasbläschen enthaltender Kunststoff; *Schaumteppich:* eine große Fläche bedeckende Schicht Schaum, z. B. auf Landebahnen zur Notlandung von Flugzeugen; *Schaumwein:* Sekt; *schaumweiß* Ew. * **schäu|men** intr.: Schaum bilden; tr.: Schaum abfüllen : abschäumen : (übertr.) vor Erregung (insbes. Wut) die Fassung verlieren *
schau|mig, schäu|mig Ew.: schaumartig : schäumend
schau|rig Ew.: (altmärk.) geschützt : behaglich : gemütlich; vgl. aber Schauer

Schau|spiel, Schau|stel|ler usw.: s. Schau
Schau|te: s. Schote
Scheck, der; –en, –en;

Sche|cke, die; –, –n: weiß und dunkel geflecktes Tier : eine Art Sumpfhuhn * **Scheck-vieh:** scheckiges Vieh * **sche|cken** tr.: scheckig färben * **sche|ckig** Ew.: gefleckt wie ein Scheck : mit abwechselnden Farben : bunt : (mundartl.) narrisch * *scheckig braun* Ew. * **Sche|ckung**, die; –, –en: scheckige Färbung

Scheck, der; –(e)s, –s: (Bankw.) Zahlungsanweisung : Gutschein : Kassenzettel * *Scheckabteilung; Scheckamt; Scheckbetrug; Scheckbuch; Scheckformular; Scheckheft; Scheckkarte; Scheckkonto; Schecksperre; Scheckverkehr; Scheckzahlung*

sche|cken, che|cken tr.: (Umgspr.) prüfen : begreifen, verstehen [e. check kontrollieren, prüfen, nachrechnen]

Sched|bau (e.), der; –s, –ten: (dtsch. Schreibung für) Shedbau : eingeschossiger Schuppen- oder Hallenbau mit Sägedach * *Scheddach:* sägezahnartig gezacktes Dach

scheel Ew.: (mundartl.) schief : schielend blicken : (übertr.) missgünstig : neidisch * *scheelsichtig* Ew.; *scheelblickend* → *scheel blickend* Mw. Ew.; *Scheelsucht:* Neid; *scheelsüchtig* Ew.

Schef|fel, der; –s, –: altes Getreidemaß : Hohlmaß * *scheffelweise* Ew.: nach Scheffeln gemessen * **schef|feln** (ich ..[e]le) tr.: mit dem Scheffelmaß (z. B. Getreide) schöpfen : aufhäufen, zusammenraffen; intr.: Ertrag geben [gr. skaphé muldenförm. Gefäß]

Sche|he|ra|za|de (pers.), die; –: Märchenerzählerin aus Tausendundeiner Nacht

Schei|be, die; –, –n: flacher, runder Gegenstand zum Rollen oder Drehen : Diskus : Schnitte : Fensterscheibe * *scheibenartig* Ew.; *Scheibenauster; Scheibenbremse; scheibenförmig* Ew.; *Scheibengardine:* Vorhang am Fensterflügel; *Scheibenhantel; Scheibenhonig:* ungeseimter Honig in Scheiben; *Scheibenkleister:* verhüllend für „Scheiße"; *Scheibenkupplung; Scheibenschießen; Scheibenschütze;*

Scheibenstand; Scheibenwaschanlage: Pumpe, die Wasser auf die Windschutzscheibe spritzt; *Scheibenwischer:* Windschutzscheibenreiniger am Auto * **schei|ben** intr.: (Kegel) schieben * *Scheibband*

Scheich (arab.), der; –s, –s und –e: „Alter", Ältester : Oberhaupt eines arab. Herrschaftsgebietes : arab. Titel : (Umgspr.) Liebhaber, Freund * *Scheich ul Islam:* geistl. Oberhaupt der Moslems; *Scheichtum*

Schei|de, die; –, –n: (selt.) das Scheiden, die Trennung : scheidende Grenze : langes, schmales Behältnis für Klingen von Hieb- und Stichwaffen : (Anat.) Vagina, Teil der weibl. Geschlechtsorgane : (Bot.) Blattscheide : langes, schmales Holz (vgl. Scheit) * *Scheidanstalt:* Werk, in dem Metallgemische getrennt werden; *Scheidebank:* Bank zum Erzscheiden; *Scheidebrief:* (veraltet) Scheidungsurkunde; *Scheideerz; Scheidekunst:* Chemie; *Scheidekünstler; Scheidelinie; Scheidemauer; Scheidemehl:* abfallender Staub beim Erzscheiden; *Scheidemünze:* Münze mit höherem Nennwert, als ihrem Metallgehalt zukommt; *Scheidepunkt:* Trennungspunkt; *Scheidewand; Scheidewasser:* verdünnte rauchende Salpetersäure; *Scheideweg* * *Scheidenentzündung; Scheidenkrampf; Scheidenring; -vorfall* * **schei|den** (du schied[e]st, du schiedest; geschieden; scheid[e]!) intr.: sich trennen : Abstand nehmen; tr.: trennen : sondern : auseinander bringen : auseinander setzen * *aus dem Leben scheiden* intr.: sterben; *hier scheiden sich unsere Wege; die Ehe scheiden; sich scheiden lassen* * **Schei|dung**, die; –, –en: das Scheiden : Sonderung : Sichtung : Trennung : Trennung einer Ehe : das Scheidende, Trennende : Feststellung und Bestimmung des (Grenz-)Scheidenden * *Scheidungsgrund; Scheidungsklage; Scheidungsprozeß* → *Scheidungsprozess; Scheidungsurteil*

Scheikh: s. Scheich

Schein, der; –(e)s, –e: sichtbarer Lichtstrahl : Glanz, Schimmer : Aussehen : Illusion : (Astron.) Aspekt : Bescheinigung : Banknote : (Weinb.) Geschein, das Hervorkommen der Blütenknospen * *Schein des Mondes, der Lampe; der Schein trügt; der Schein ist gegen mich* * *Scheinangriff; Scheinarchitektur:* auf Wand oder Decke gemalte Architekturteile; *Scheinargument; Scheinbeere; Scheinbeschäftigung; Scheinblüte; Scheinehe; Scheinfirma; Scheinfriede; scheinfromm* Ew.; *Scheingefecht; Scheingelehrsamkeit; Scheingeschäft:* vorgetäuschtes Geschäft; *Scheingewinn; scheinheilig* Ew.; *Scheinheiligkeit; Scheinkauf; Scheinklage; scheinkrank* Ew.; *Scheinleben; Scheinsieg; Scheintod; scheintot* Ew.; *Scheintugend; Scheinverdienst; Scheinvertrag; Scheinwerfer; Scheinwesen* * **schein|bar** Ew.: nur dem Scheine nach (nicht wirklich) : (veralt.) wahrscheinlich : (Ggs. unscheinbar) in die Augen fallend : glänzend : prächtig, schön * **schei|nen** (du schein[e]st; du schienest; geschienen; schein[e]!) intr.: ins Auge fallen : sichtbar sein : glänzen, leuchten : den Schein, Anschein von etwas haben * *er scheint reich zu sein*

Scheiß, der; –(es); **Schei|ße**, die; –: Kot : (übertr., derb, Umgspr.) unangenehme Sache, wertloses Zeug * *Scheißdreck; scheißegal* Ew.: vollkommen gleichgültig; *scheißfreundlich:* von verlogener, vorgespielter Freundlichkeit; *Scheißhaufen; Scheißhaus; Scheißkerl:* gemeiner, erbärmlicher Kerl; *scheißliberal:* von berechnender, vordergründiger Liberalität * **schei|ße** Ew.: sehr schlecht, sehr unangenehm * **schei|ßen** (du scheißest; du schissest; geschissen; scheiß[e]!) intr., tr.: „ausscheiden" : Stuhlgang haben * **Schei|ßer**, der; –s, –: ein Scheißender : Scheißkerl * **Schei|ße|rei**, die; –, –en: das Scheißen : Gescheiße * **schei|ßig** Ew.: voll, wie Scheiße

Scheit, das; –(e)s, –e und –er: Stück abgespaltenes, abgesplittertes Holz * *Scheitholz:* Holz in Scheiten; *scheitrecht* Ew.: geradlinig : flach * *Scheiterhaufen:* Holzstoß : Stoß aus Holzscheiten zum Verbrennen von Ketzern, Hexen oder verbotenen Büchern * **schei|tern** tr.: in Scheite spalten * **schei|tern** (ich ..[e]re) intr.: zugrunde gehen : stranden : misslingen
Schei|tel, der; –s, –: mittlerer oberster Teil des menschl. Kopfes : Scheitelgegend : Linie, die durch die Teilung des Haares entsteht : (übertr.) höchster Punkt : Berggipfel * *Scheitelauge:* rudimentäres drittes Auge einiger Reptilien und niederer Fische; *Scheitelbein; Scheitelgegend; Scheitelhaar; Scheitelkreis:* (Astron.) der durch Zenit und Nadir gehende Kreis; *Scheitelpunkt:* Scheitel, Wirbel auf dem Kopf : der über dem Scheitel befindliche Punkt des Himmelsgewölbes : Zenit : höchster Punkt, Gipfelpunkt : Scheitel, Spitze eines Winkels : Schnittpunkt zweier Linien : Wendepunkt einer Kurve; *scheitelrecht* Ew.: (veralt.) senkrecht, vertikal; *Scheitelwinkel:* zwei Winkel mit gemeinsamem Scheitel * **..schei|te|lig, ..scheit|lig** Ew., nur in Zus.: einen soundso beschaffenen Scheitel habend; z. B. hochscheitelig * **schei|teln** (ich ..[e]le) tr.: (Haar –) in einen Scheitel ordnen
schei|ten: s. Scheit
Sche|kel (hebr.), der; –s, –: israelische Währungseinheit
Schelch, der; das; –(e)s, –e: (südd.) großer Kahn
Schelf, das; –(e)s, –e: Kontinentalsockel * **Schelf|meer,** das; –es, –e: den Schelf bedeckendes Flachmeer
Schel|fe, Schil|fe, die; –, –n: Fruchthülse, Schale * **schel|fen, schel|fern, schil|fern, schül|fen** (ich ..[e]re) tr., intr.: in Schuppen abschälen * **schelf|rig, schülf|rig** Ew.: blättrig, schuppig
Schel|lack (ndl.), der; –(e)s, –e: „Schalenlack", harzige Ausscheidung von Schildläusen, die zur Herstellung von

Lacken und Kunststoffen verwendet wird * *Schellackplatte:* alte Schallplatte aus Schellack
Schell|ham|mer: s. schellern
Schel|le, die; –, –n; **Schel|len,** das; –, –: Farbe im Kartenspiel * *Schellenacht; Schellenas* → *Schellenass; Schellendame*
Schel|le, die; –, –n: Backenstreich : Maulschelle : Klingel : Glöckchen : Name von Pflanzen : Name verschiedener Arten Schnecken und Muscheln : Fessel um Arm und Bein : Fessel um ein schadhaftes Rohr * *Schellenbaum:* Halbmond, (urspr.) türk. Militärmusikinstrument mit Rasseln und Glöckchen; *Schellengeläut; Schellenkappe:* Narrenkappe; *Schellenpflanze; Schellenschlitten* * *Schellente:* Tauchente * **schel|len** intr., tr.: klingeln : mit der Schelle ein Zeichen geben, läuten
schel|lern (ich ..[e]re) tr.: brechen * *Schellfisch:* „blättriger" Dorschfisch; *Schellhammer:* Hammer zum Formen der Schließköpfe an Nieten
Schell|fisch: s. schellern
Schell|hengst: s. Schälhengst
Schell|kraut, Schöll|kraut, das; –s: „kräuter: ein heilkräftiges Mohngewächs * *Schellwurz*
Schelm, der; –(e)s, –e: Spaßvogel : Schlingel : (veralt.) Schuft : Verführer * *Schelmengesicht; Schelmenroman; Schelmenstreich; Schelmenstück* * **Schel|me|rei,** die; –, –en: Schalkheit : Schelmenstreich * **schel|misch** Ew.: in der Weise eines Schelms : neckisch
Schel|te, die; –, –n: wortreicher (mit lauter Stimme geäußerter) Vorwurf : Scheltrede : Auszanken * *Scheltrede; Scheltwort* * **schel|ten** (du schiltst, er schilt; du schalt[e]st, er schalt, du schöltest und schältest; gescholten; schilt!) tr.: schimpfenderweise Vorwürfe machen : schmähen : ausschimpfen : sich laut und unwillig äußern : laut tadeln : mit lauter (zürnender) Stimme sich vernehmen lassen
Sche|ma (gr.), das; –s, –s und ..ta, auch ..men: „Haltung", Muster : Modell : Vorbild : Ent-

wurf : Übersicht : Abriss * **schel|ma|tisch** Ew.: entwurfsmäßig : gleichartig : übersichtlich : in den Hauptzügen : (abwertend) einem starren Muster folgend * **sche|ma|ti|sie|ren** (..iert) tr.: entwerfen : gleichartig behandeln : in Übersicht bringen : (abwertend) des Inhalts entleeren : vereinfachen * **Sche|ma|ti|sie|rung,** die; –, –en: Entwurf : Übersicht : Modellierung : Vereinfachung * **Sche|ma|tis|mus,** der; –, ..men: Modell, Übersicht : Nachahmung eines Schemas : (abwertend) Gleichmacherei : Personenverzeichnis : (Mz.) Rangliste von Amtspersonen
Schem|bart, der; –(e)s, ..bärte: Maske mit Bart * *Schembartlaufen:* mittelalterl. Nürnberger Fastnachtsbrauch
Sche|mel (l.), der; –s, –: Fußbank : Hocker * *Schemelbank*
Sche|men, der; –s, –: wesenloses Schattenbild : (mundartl.) Maske, Larve * **sche|men|haft** Ew.: schattenhaft; vgl. Schembart
Schenk, der; –en, –en: Mundschenk : Wirt, der Getränke ausschenkt * **Schenk,** die; –, –en: (mundartl.) Schenkstube : Schenkmaß : Festschmaus : Geschenk, Gabe * **Schen|ke** *auch:* **Schän|ke,** die; –, –n: Schankstube; Wirtshaus mit Getränkeausschank * **schen|ken** tr.: einschenken : ausschenken : Getränke eingießen : ein Getränk, einen Trunk reichen : (mundartl.) säugen, tränken : freiwillig (jemand etwas) unentgeltlich zuwenden : (übertr.) zuteil werden lassen : (beim Schlagball) den Ball zuwerfen : darreichen * **Schenker,** der; –s, –: ein Schenkender : Inhaber eines Schanks * **Schen|kin,** die; –, –nen: Schankwirtin * **Schen|ke|rin,** die; –, –nen: die Schenkende * **Schen|kung,** die; –, –en: das Schenken : das Geschenkte * *Schenkungsbrief; Schenkungssteuer; Schenkungsurkunde; Schenkungsvertrag*

Schenke, Schänke Beide genannten Schreibweisen sind entsprechend dem Wortstamm korrekt, und zwar unabhängig von der Frage ihrer tatsächlichen sprachgeschichtlichen Ableitung: *Schenke* in Anlehnung an *einschenken* oder *ausschenken* sowie *Schänke* in Anlehnung an *Ausschank.* Entsprechendes gilt für die Komposita: *Schenkraum* und *Schänkraum; Schenkstube* und *Schänkstube; Schenkwirtschaft* und *Schänkwirtschaft* usw.

Schen|kel, der; –s, –: Teil der unteren Gliedmaßen von Mensch und Tier, Ober-, Unterschenkel : einer von zwei gleichen, von einem gemeinsamen Punkt ausgehenden Teilen eines Geräts wie Zange, Schere u. dgl. : eine der beiden Geraden, die einen Winkel bilden ∗ *Schenkelbruch; Schenkeldeich:* Flügeldeich; *Schenkeldruck; Schenkelhals:* Teil des Oberschenkelknochens; *Schenkelknochen* ∗ **..schenk|lig** Ew., nur in Zus.: soundso beschaffene Schenkel habend ∗ *gleichschenklig, langschenklig*

schen|ken, ‚ **Schen|ker, Schen|kung, Schenk|stu|be:** s. Schenk

..schenk|lig: s. Schenkel

schep|pern (ich ..[e]re) intr.: (obd.) klappern : klirren : rasseln

Scher, der; –(e)s, –e: (bayr.) Maulwurf ∗ *Schermaus:* Scharrmaus; *Schermäuse:* Scherer : Maulwurfsfänger ∗ **Sche|rer,** der; –s, –: Maulwurfsfänger

Scher|baum, der; –s, –bäume: Rundholz der zweiteiligen Gabeldeichsel

Scher|be, die; –, –n: Bruchstück eines Gegenstandes (bes. eines Gefäßes) aus Glas, Porzellan etc. : Geschirr aus hartgebrannten Ton : (Schiffb.) Zusammenfügung (Verscherbung) zweier Holzplanken : durch das Verscherben entstandene Fuge ∗ *Scherbengericht:* Gerichtsverfahren im alten Athen, bei dem die Abstimmenden auf Scherben schrieben, Ostrazismus; *Scherbenhaufen; Scherben-, Schirbenkobalt;* das gediegene Arsen ∗ **Scher|bel, Schir|bel,** der; –s, –: Bruchstück : Geschirr : Tiegel ∗ **scher|beln** intr.: tanzen : (schweiz.) klirren : spröde klin

gen ∗ **Scher|ben,** der; –s, –: Bruchstück : Geschirr : Tiegel

Scher|bett (arab.-it.-türk.), das; –(e)s, –e; **Sor|bet, Sor|bett,** das; –s, –s: eisgekühlter Fruchtsaft mit Wasser

Sche|re, die; –, –n: aus zwei um einen Angelpunkt sich seitlich drehenden Schenkeln bestehendes Werkzeug zum Schneiden : etwas Scherenähnliches : Zange der Krebse, Skorpione, Asseln : Gabeldeichsel : Lenkstange der Pumpenkolben : scherenähnliche Kerbe, Einschnitt : (Turnkst.) Wendesprung am Barren ‚ : (übertr.) Klemme, schwierige Lage ∗ *Scherenassel; Scherenfernrohr; Scherengitter; Scherenschleifer; Scherenschnitt; Scherenzaun* ∗ **sche|ren** (du scherst, er schert; du schor[e]st, du schörest und schertest; geschoren und geschert; scher! und scher[e]!) tr.: mit einem schneidenden Werkzeug scharf über eine Oberfläche hinwegfahren und abschneiden : mit der Schere schneiden : plagen, hudeln, ausbeuten : necken; rbz.: (mundartl.) sich fortmachen, sich packen, trollen : (niederd.) Fäden, Seile der Länge nach ausspannen; (schwache Konjugation) tr.: scherenartig bewegen ∗ *er scherte aus; er scherte die Beine;* (schwache Konjugation) rbz.: sich kümmern um, sich interessieren für ∗ *einem den Bart scheren:* barbieren; *das Haar scheren; Hunde, Schafe scheren; Hecken, Bäume scheren; Samt scheren; alles über einen Kamm scheren:* alles einheitlich behandeln : *das schert mich wenig:* das kümmert mich nicht, geht mich nichts an; *ungeschoren lassen* tr.: zufrieden lassen; *scher dich zum Teufel!; ein Tau anscheren:* das Garn aufschweifen; *ein Tau in den Block (ein)scheren* ∗ *Scherbaum:* (Web.) Kettenbaum; *Scherbecken:* Barbierbecken; *Scherfestigkeit:* Stabilität gegenüber Scherkräften; *Schergarn:* Kettengarn; *Scherkanter; Scherkasten:* (Web.) Holzgestell zum Garnspulen; *Scherkopf:* Kopf am elektr. Rasierapparat; *Scher*

kraft: (Phys., Techn.) eine schräg zur Hauptkraft wirkende Nebenkraft; *Schermaschine; Schermesser; Schermühle; Scherrahmen; Scherensprung; Schertisch:* Tisch der Tuchscherer; *Scherwand:* Trennungswand; *Scherwolle* ∗ **Sche|rer,** der; –s, –: einer, der von Beruf das Scheren betreibt : Barbier, Bader : niederer Wundarzt : Feldscher : Schafscherer : Tuchscherer : Kettenscherer ∗ **Sche|re|rei,** die; –, –en: Unannehmlichkeit : Plackerei

Scherf, der; –s, –e: alte kleine sächsische Münze ∗ **Scherflein,** das; –s, –: geringer Betrag : Scherf

Scher|ge, der; –n, –n: (abwertend) Büttel : Gerichtsdiener ∗ *Schergenamt; Schergendienst; schergenmäßig* Ew.

Sche|ria (arab.), die; –: Rechtsordnung des Islam, heiliges Gesetz ∗ **Sche|rif,** der; –s, –s: Titel der Nachkommen Mohammeds ∗ **sche|ri|fisch** Ew.: ausgezeichnet : hoch : nach Art eines Scherifs ∗ *Scherifischer Kalif:* Sultan von Marokko; vgl. Sheriff

Scher|wenzel usw.: s. Scharwenzel

Scher|kopf, Scher|wol|le: s. Schere

Scherz, der; –es, –e: Vergnügen : munteres Spiel : Tand : Spaß : (östr., bayr. Umgspr.) Brotanschnitt, Kanten ∗ *Scherzartikel; Scherzfrage; Scherzgedicht; Scherzname; Scherzrätsel; scherzweise* Ew.; *Scherzwort* ∗ **scher|zeln** (ich ..[e]le) intr.: scherzen, tändeln ∗ **scher|zen** intr.: Scherz treiben : spaßen; tr.: scherzend sagen : (veralt.) verhöhnen, verspotten ∗ **scherz|haft** Ew.: scherzend : in der Weise eines Scherzes : zum Scherz geneigt ∗ **Scherz|haf|tig|keit,** die; –, –en: Scherzhaftsein

scher|zan|do (dtsch.-it.) [ßkerz..]: (Mus.) leicht, tändelnd (vorzutragen) ∗ **Scher|zan|do** [ßker..], das; –s, –s und ..di: Scherzo ∗ **Scher|zo,** das; –s, –s oder –zi: lebhaft bewegtes, heiteres, tändelnd vorzutragendes Musikstück

scheu Ew.: verängstigt : zaghaft : zurückschreckend : (mundartl.) hässlich, schlecht ✳ *scheu sein; scheu werden; scheu machen* ✳ **Scheu,** die, –: furchtsames Gefühl ✳ *Scheuklappe, Scheuleder:* Blendleder zur Einengung des Blickfeldes, um irritierende Wahrnehmungen zu vermindern ✳ **Scheu|che,** die, –, –n: abschreckende, einschüchternde Person : Vogelscheuche ✳ **scheu|chen** tr.: (durch Einflößen von Angst, Scheu) verjagen : (mundartl.) scheuen ✳ **scheu|en** tr.: Scheu vor einem oder etwas empfinden : fürchten und meiden; intr.: zurückschrecken; rbz.: Scheu empfinden ✳ **Scheu|heit,** die, –: das Scheusein ✳ **Scheu|sal,** das; –(e)s, –e: Grauen und Abscheu erregendes Wesen : Rohling ✳ **scheuß|lich** Ew.: abscheulich : fürchterlich; Uw.: ungemein ✳ *scheußlich reich* ✳ **Scheuß|lich|keit,** die, –, –en: Abscheulichkeit : das Scheußlichsein

Scheu|er, die, –, –n: Scheune

Scheu|er|mann, der; –s: kurz für scheuermannsche Krankheit ✳ **Scheu|er|mann|sche Krank|heit** → **scheu|er|mann|sche Krank|heit,** die; –n –: bei Jugendlichen auftretende, krankhafte Verkrümmung der Wirbelsäule

scheuermannsche Krankheit

Von Personennamen abgeleitete Adjektive werden klein geschrieben. Nur in jenen seltenen Fällen, in denen sie mit einem Substantiv einen neuen Eigennamen bilden, werden sie groß geschrieben. Dies ist hier nicht der Fall.

scheu|ern (ich ..[e]re) intr., tr.: scharf reiben : scheuernd reinigen ✳ *der Rucksack scheuert; den Fußboden scheuern* ✳ *Scheuerbesen; Scheuerbürste; Scheuerfrau; Scheuerlappen; Scheuerleiste:* Holzleiste zwischen Fußboden und Wand : den Schiffsrumpf umgebende Schutzleiste; *Scheuermagd; Scheuersand; Scheuertuch*

Scheu|heit, Scheu|klap|pe: s. scheu

Scheu|ne, die, –, –n: Schutz-

gebäude für Korn, Heu, zum Ziegeltrocknen u. dgl. ✳ *Scheunendach; Scheunendrescher; fressen wie ein Scheunendrescher:* (Umgspr.) unmäßig viel essen; *Scheunentor; Scheunenviertel:* Elendsstadtteil

Scheu|re|be, die, –, –n: Rebsorte mit hohem Mostgewicht

Scheu|sal, scheuß|lich usw.: s. scheu

Sche|ve|nin|gen [ßche..]: niederländisches Seebad

Schi (norw.), der; –s, –er: s. Ski

Schia (arab.), die, –: „Partei", eine der beiden Hauptrichtungen des Islam, die allein Mohammeds Schwiegersohn Ali und dessen Nachkommen als geistige Führer anerkennt; vgl. Schiismus; Ggs. Sunna

schiach: s. schiech

Schib|be|ke, Schib|bi|ke (slaw.), die, –, –n: (mundartl.) Holunderbeere

Schib|bo|leth (hebr.), das; –s, –e und –s: Ähre : geheimes Erkennungszeichen : Losung

Schicht, die, –, –en: geordnete Abteilung gleichartiger Dinge, die in Lagen über-, unter- oder nebeneinander liegen : (Geol.) Gesteinslage(rung) : (übertr.) Stufe : zusammenfassende Bezeichnung für Menschen ähnlicher sozialer oder kultureller Lebensumstände : Arbeitszeit : gemeinsam arbeitende Arbeiterabteilung : Pause, Feierabend : (ein Maß) so viel Erz, wie in einer Schicht zum Schmelzen kommt : im Bergwerkanteil (1/32 Kux) ✳ *Schicht machen:* die Arbeit für eine Pause niederlegen ✳ *Schichtamt:* Hütten-, Bergamt; *Schichtarbeit(er); Schichtdienst; Schichtholz:* aufgeschichtetes Holz; *Schichtkuchen; Schichtlinie:* Höhenkurve; *Schichtlohn; Schichtmeister; Schichttorte; Schichtunterricht; Schichtwechsel; Schichtwolken* ✳ *Schichtenfolge; Schichtengestein:* Sediment; *schicht(en)spezifisch; schicht(en)weise* Ew. ✳ **Schich|te,** die, –, –n: geordnete Abteilung gleichartiger Dinge, die in Lagen über-, unter- oder nebeneinander liegen ✳ **Schich|tel,** das; –s, –:

Schichtchen : Zwickel ✳ **schich|ten** intr.: (vom Menschen) die Milchzähne verlieren; tr.: ordnen : abteilen : (übertr.) regeln : in Schichten übereinander legen : (Hüttw.) die Schicht beschicken ✳ *Erbschaft schichten* ✳ **..schich|tig** Ew., nur in Zus.: Schichten habend, z. B.: vielschichtig ✳ **Schich|tung,** die, –, –en: das Schichten : das Geschichtetsein

Schick *auch:* **Chic,** der; –(e)s: modische Feinheit : gute Lebensart : Schicklichkeit, Anstand : Geschmack, geschmackvolle Äußeres : (obd.) Gelegenheit zu Kauf und Verkauf : vorteilhaftes Geschäft : (schweiz.) Landgut ✳ **schick** *auch:* **chic** Ew.: geschickt : hübsch : fein : zierlich : elegant : modisch ✳ **schi|cken** tr.: geschehen lassen : fügen : etwas so einrichten, wie es sein muss : von sich weg nach einem andern Ort senden, beordern; rbz. (unp.): sich gestalten : sich machen : sich fügen, treffen, ereignen : schicklich, anständig sein; intr.: (mundartl.) ausreichen; rbz.: (bayr.) sich beeilen ✳ *geschickt* Mw. Ew.: tauglich : kundig : geübt ✳ *Schickschuld:* Bringschuld ✳ **Schi|cke|rja,** die, –: (abwertend) auf modische Zurschaustellung bedachte Gesellschaftsschicht ✳ **Schi|cki|mi|cki,** der; –(s), –s: (abwertend) Geck, Mensch, der übertriebenen Wert auf Mode legt ✳ **schick|lich** Ew.: so, wie es sich schickt : passend : gehörig : ziemend ✳ **Schicklich|keit,** die, –, –en: das Schicklichsein ✳ *Schicklichkeitsgefühl* ✳ **Schick|sal,** das; –(e)s, –e: Geschick : Schickung ✳ *Schicksalsdeuter; schicksalsergeben* Ew.; *Schicksalsfügung; –gemeinschaft; –glaube; –göttin; Schicksalsmacht; Schicksalsprobe; Schicksalsprüfung; Schicksalsschlag; Schicksalstragödie; schicksalsverbunden* Ew.; *Schicksalswende* ✳ *schicksalvoll* Ew. ✳ **schick|sal|haft** Ew.: wie durch Fügung des Schicksals ✳ **Schi|ckung,** die, –, –en: Schicksal : Fügung

schick, Schick / chic, Chic
Die eingedeutschte Schreibung der Wörter *schick* bzw. *Schick* wird empfohlen, da diese flektierbar sind. Die französische Schreibung *chic* bzw. *Chic* ist als Nebenvariante ebenfalls zugelassen, kann aber nicht gebeugt werden: *der Mantel ist chic*, aber: *ein schicker* (nicht: *chicer*) *Mantel; die Frau hat Chic*, aber: *das ist eine Frage des Schicks* (nicht: *Chics*).

Schick|se (jidd.), die; –, –n: impertinentes junges Mädchen: Flittchen : (urspr.) Christenmädchen ∗ **Schick|sel**, das; –s, –: (verächtl.) jüd. Mädchen

schie|ben (du schob[e]st, er schob, du schöbest; geschoben; schieb[e]!) tr.: drückend vor sich herbewegen : (Brettspiel) (einen Stein –) verrücken : zwangsweise befördern : schubweise befördern : abwälzen : auf später zurückstellen : drängen : (Kegelspiel) werfen : (übertr.) Schiebergeschäfte machen; rbz.: sich fortbewegen ∗ *den Karren in den Dreck schieben:* etwas verfahren; *die Schuld auf jemanden schieben; über die Grenze schieben* tr.; *auf die lange Bank schieben* tr.: hinausschieben; *alle neune schieben* (Kegelspiel) ∗ *Schieb(e)-bock:* Schubkarre; *Schieb(e)-bühne:* Vorrichtung auf Bahnhöfen, um Wagen oder Maschinen direkt von Gleis zu Gleis zu versetzen; *Schiebedach; Schiebebefenster; Schiebesitz; Schiebestange; Schiebetür; Schiebewand* ∗ *Schiebfach:* Schubfach; *Schiebkarre(n):* Schubkarre(n); *Schieblehr(e):* Schublehr(e) : ein Messwerkzeug ∗ **Schie|ber**, der; –s, –: ein Schiebender : (übertr.) unlauterer Zwischenhändler, Schwarz- und Schleichhändler : etwas, was geschoben wird : Schieblade : Verlängerungsstücke zum An-, Aus- und Einschieben : Schiebeverschluss : Essgerät für Kleinkinder ∗ *Schiebergeschäft:* unlauteres Geschäft; *Schiebermütze; Schieberpreis* ∗ **Schie|bung**, die; –, –en: das Schieben : (übertr.) unlautere Machenschaft : Betrug ∗ *Schiebungsgeschäft*

schiech, schiach Ew.: (bayr., öst.) hässlich : zornig : schief ∗ *schiechbeinig* Ew.
Schied, der; –s, –e: ein Fisch
Schied, der; –(e)s, –e: (veralt.) Scheidung : das Entscheidende ∗ *Schiedmauer; Schiedrain* ∗ *Schiedsgericht; Schiedsklausel; Schiedsrichter; Schiedsrichterentscheidung; Schiedsspruch; Schiedsverfahren; Schiedsvergleich*
Schie|dam [ßchidam]; südholländ. Stadt ∗ **Schie|da|mer**, der; –s: holl. Branntwein
schief Ew.: verkehrt : schräg, von der senkrechten oder waagerechten Lage abweichend : (übertr.) verdrossen, missmutig : scheel : falsch, schlecht ∗ *schiefgewickelt sein → schief gewickelt sein:* im Irrtum sein; *die Sache geht schief:* die Sache missglückt ∗ *schiefäugig* Ew.; *schiefbeinig* Ew.; *schiefgehen → schief gehen:* missglücken; *schieflachen auch: schief lachen* rbz.: sehr heftig lachen; *schieflaufen → schief laufen* tr.: missglücken, ungünstig verlaufen; *schiefliegen → schief liegen:* im Irrtum sein; *schiefliegend → schief liegend* Ew. und Mw. Ew.; *Schiefsteg; schieftreten → schief treten:* so treten, dass etwas (bes. Absätze von Schuhen) schief werden; *schiefwink(e)lig* Ew. ∗ **Schie|fe**, die; –: das Schiefsein : etwas Schiefes ∗ **Schief|heit**, die; –, –en: Schiefe

schief gehen, schieflachen
Kann das Adjektiv in einer Wortverbindung mit einem Verb bzw. Partizip gesteigert oder (wie bei *schief gehen*) erweitert werden, gilt die Getrenntschreibung: *Die Sache ist total schief gegangen.* Ein Grenzfall ist *schieflachen.* Hier kann *schief* als erweiterbar (z. B. mit *sehr*) angesehen werden, aber auch als Teil des Verbs.

Schie|fer, der; –s, –: jede in dünne Platten zerbrechbare Gesteinsart ∗ *schieferblau* Ew.; *Schieferbruch; Schieferdach; Schieferdecker; Schieferflöz; Schiefergebirge; Schiefergestein; schiefergrau* Ew.; *Schieferlatte:* Dachlatte; *Schiefer-*

spat; Schieferstift: Griffel; *Schiefertafel; Schieferton* ∗ **schie|fe|rig, schie|frig** Ew.: aus plattenartig sich spaltenden Teilen bestehend : wie Schiefer beschaffen ∗ **schie|fern** (ich ...[e]re) intr.: schiefrig sein; tr.: mit zerhacktem Schiefer bestreuen : düngen
Schief|heit: s. schief
schie|fe|rig, schief|rig: s. Schiefer
schiel Ew.: scheel ∗ **schie|len** intr.: schief sehen : (übertr.) boshaft, neidisch blicken : infolge fehlerhafter Augenstellung schräg sehen : (übertr.) schillern ∗ *Schielauge; Schielaugen machen:* (übertr.) begehrlich blicken : gieren ∗ **Schie|ler**, der; –s, –: ein Schielender
Schie|mann, der; –(e)s, ..männer: (seem., veralt.) Maat : Hochbootsmann : Unteroffizier ∗ *Schiemannsgarn:* Aufschneiderei der Seeleute : Kautabak; *schiemannsgrau* Ew. ∗ **schie|man|nen** (geschiemannt) tr.: die Takelung ausbessern
Schien|bein, das; –(e)s, –e: bei den vierfüßigen Wirbeltieren einer der beiden Unterschenkelknochen : beim Menschen der vordere und größere Unterschenkelknochen ∗ *Schienbeinbruch; Schienbeinknochen; Schienbeinschützer*
Schie|ne, die; –, –n: langer Unterschenkelknochen : etwas dem Schienbein Ähnliches, zur Unterstützung, Befestigung Dienendes : Holz- oder Metallstab zum Zusammenhalten von Konstruktionsteilen : Brettchen, Leiste zum Schienen von Knochenbrüchen : Metallstab zum Schutz von Rädern : Teil des Harnischs : Führungsstrang, Gleis für Eisenbahnen ∗ *Schienenbahn; –bremse; –bruch; –bus; –fahrzeug; Schienennetz; Schienenräumer; Schienenstoß; Schienenstrang; Schienenweg* ∗ **schie|nen** tr.: mit Schienen versehen
schier Ew.: rein : lauter : glatt : schön, schmuck; Uw.: beinahe : fast : gar : bald ∗ *das ist schier nicht zu glauben* ∗ **schie|ren** tr.: (südd.) auf Reinheit prüfen :

klären : auslesen : durchleuchten (Eier)

Schi|er: Mz. von Schi

Schier|ke: Kurort im Harz

Schier|ling, der; -s, -e: eine Gattung Giftpflanzen ∗ *Schierlingsbecher:* Giftbecher; *Schierlingsgift; Schierlingstanne*

schie|ßen (du schießest, er schießt; du schossest, er schoss; du schössest, geschossen; schieß[e]!) intr.: sich pfeilschnell bewegen : fließend, strömend hervorbrechen : schnell fallen, stürzen : schnell fahren : wachsend, sprießend treiben : plötzlich entstehen : plötzlich zum Vorschein kommen; tr.: in schießende Bewegung setzen : schleudern : werfen : mit Hilfe eines Werkzeuges (Bogen, Gewehr, Kanone usw.) einen Pfeil, eine Kugel schleudern : (Bergb.) sprengen : (Buchdrw.) die Kolumnen vom Schiff aufs Satzbrett schieben : (seem.) laden : (Web.) das Weberschiff durchs Fach, die Spule durch die Kette schieben : (Geld =) wurfweise zählen : (stud.) Kleinigkeiten entwenden ∗ *ein Gedanke schießt durch den Kopf; einen Purzelbaum, Kobolz schießen:* sich überschlagen; *einen Bock schießen:* einen Fehler machen; *ins Kraut schießen:* überhand nehmen; (seem.) *die Sonne schießen:* die Sonnenhöhe nehmen; *das ist zum Schießen:* das ist sehr komisch; *schießenlassen* ∗ *schießen lassen:* eine Sache aufgeben ∗ *Schießausbildung; Schießbaumwolle:* ein Sprengmittel; *Schießbedarf:* Munition; *Schießbefehl; Schießbolzen; Schießbude; Schießfisch:* Hornfisch; *Schießgeld:* Geld für Jagdberechtigung; *Schießgewehr; Schießhund; Schießhütte; Schießloch:* Schussloch : Bohrloch zu Sprengarbeiten; *Schießmeister; Schießplatz; Schießprügel:* (verächtl.) Schießgewehr; *Schießpulver; Schießscharte; Schießscheibe; Schießsport; Schießstand; Schießübung; Schießwund; schießwütig* Ew. ∗ **Schie|ßer,** der; -s, -: (Bergb.) Sprenger : (Jargon) Fixer ∗ **Schie|ße|rei,**

die; -, -en: das Schießen (mit Schusswaffen) : Schusswechsel

Schiet, der; -s: (niederd.) „Scheiße", Dreck ∗ **Schie|ter,** der; -s, -: „Scheißerle", derbe Koseform ∗ **Schiet|kram,** der; -s: Dreck : lästiges, unangenehmes Zeug

Schiff, das; -(e)s, -e: Wasserfahrzeug : (seem.) Meerfahrzeug : eine Art Gefäß : großer Hauptraum in langgestreckten Gebäuden, bes. Kirchen : (Buchdrw.) Gerät des Setzers, auf das er die gesetzten Zeilen stellt : (Web.) Werkzeug des Webers zum Einschießen der Fäden : ein Sternbild : (übertr.) etwas, was man durch Schwierigkeiten hindurchsteuert ∗ *Schiff der Wüste:* Kamel ∗ *Schiffsagent:* Vertreter einer Reederei; *Schiffsarzt; –bau; –besatzung; –bohrwurm; –brücke; –eigner; –flagge; –fracht; –geschütz; –glocke; –hebewerk; –junge; –kapitän; –koch; –ladung; –landeplatz; –last; –makler; Schiffsmannschaft; Schiffsname; Schiffspapier:* Ausweispapier über Schiff, Besatzung und Ladung; *Schiffsplanke; Schiffspumpe; Schiffsraum; Schiffsregister:* amtl. geführtes Verzeichnis der See- und Binnenhandelsschiffe; *Schiffsrippe; Schiffsrolle:* (in der Handelsmarine) Musterrolle : (in der Kriegsmarine) Verteilung der Besatzung für die verschiedenen Dienstzweige : Gefechts-, Wach-, Landungsrolle; *Schiffsschnabel; –schraube; –tau; –taufe; –tonne; –verkehr; –vermögen; –werft; –zimmer(mann); –zoll; –zwieback* ∗ *Schiffbau(er); –baukunst; –baumeister; Schiffbein:* Kahnbein; *Schiffbruch; schiffbrüchig* Ew.; *Schiffbruch erleiden:* stranden : scheitern; *Schiffahrt → Schifffahrt; Schiffahrtsgericht →* → *Schifffahrtsgericht; Schiffahrtsgesetz → Schifffahrtsgesetz; Schiffahrtskunde →* → *Schifffahrtskunde:* Nautik; *Schiffahrtslinie → Schifffahrtslinie; Schiffahrtsrecht → Schifffahrtsrecht; Schiffahrtsstraße → Schifffahrtsstraße; Schiffahrtsschule → Schiff-*

fahrtsschule: Navigationsschule; *Schiffahrtszeichen → Schifffahrtszeichen* ∗ **schiff|bar** Ew.: von Schiffen befahrbar ∗ *Schiffbarmachung* ∗ **Schiff|bar|keit,** die; –: Befahrbarkeit mit Schiffen ∗ **schif|fen** intr., tr.: mit einem Schiff (auf dem Wasser) fahren; intr.: (stud.) pissen : regnen ∗ **Schif|fer,** der; -s, -: einer, der ein Wasserfahrzeug fährt ∗ *Schifferklavier:* Ziehharmonika; *Schifferknoten; Schiffermütze*

Schifffahrt

In Wortzusammensetzungen bleiben die Lautstände der einzelnen Bestandteile erhalten. Das gilt auch dann, wenn drei gleiche Konsonanten aufeinander folgen.

Schiff|chen, das; -s, -: Behälter der Spule an der Nähmaschine : Schütze am Webstuhl

schif|ten tr.: (seemänn.) ein Segel von einer Mastseite auf die andere bringen : (Baukst.) (Balken –) durch Nägel verbinden : (weidm.) neue Schwungfedern bekommen : (mundartl.) teilen, sichten, anordnen; intr.: verrutschen (von Ladung) ∗ *schiftender Wind:* veränderter Wind ∗ **Schif|ter,** der; -s, -: Dachsparren : Bauholz mit schrägen Schnittflächen ∗ **Schif|tung,** die; -, -en: Anordnung : das Verbinden (der Balken) durch Nägel : das Bekommen neuer Schwungfedern

schif|ten: s. schäften

Schi|is|mus, der; –: islamische Glaubensrichtung, Lehre der Schiiten, s. Schia ∗ **Schi|it,** der; -en, -en: Anhänger des Schiismus

Schi|kjö|ring: s. Ski

Schi|ka|ne (fr.), die; -, -n: böswillig verursachte Schwierigkeit : Schurigelei : Schererei : Finte : Kniff : (Sport) Hindernis ∗ **Schi|ka|neur** [..nöhr], der; -s, -e: Ränkeschmied : Schurigler ∗ **schi|ka|nie|ren** (..iert) tr.: böswillig quälen : schurigeln : ärgern : necken ∗ **schi|ka|nös** Ew.: boshaft

Schi|ko|ree (fr.), der; -s: Salat- und Gemüsepflanze [fr. Chicoree Zichorie]

Schil|cher, der; -s, -: (östr.) Schiller, Roséwein

Schild, das; –(e)s, –er: Erkennungszeichen : Hinweiszeichen : Werbeplakat : Namenstafel an Wohnungen : Abzeichen : (Bot.) schildförmiger Fleck : Name von Tieren : Firmenschild * **Schild,** der; –(e)s, –e: Schutzwaffe : Schirm, Schutz : (Wappen-)Schild * *etwas im Schilde führen:* geheime Absichten haben * *Schildblume:* ostasiat. Liliengewächs; *Schildbürger:* Krähwinkler, Spießbürger : (umgedeutet auf die) Bewohner von Schilda; *Schilddach; Schilddrüse:* Stoffwechselorgan an den Seitenflächen des Kehlkopfs; *Schildfarn:* eine Pflanze; *Schildflechte:* Hundsflechte; *Schildfloh; schildförmig* Ew.; *Schildhahn:* Birkhahn; *Schildhalter; Schildkäfer; Schildknappe; Schildknorpel:* Teil des Kehlkopfes; *Schildkrott:* Schildpatt; *Schildkröte; Schildkrötensuppe; Schildlaus:* eine Gattung Pflanzenläuse; *Schildpatt:* Schale der Schildkröte; *schildpatten* Ew.: aus Schildpatt; *Schildwache:* Wache : Posten * *Schilderhaus; Schildermädchen:* Mädchen, das Tuch oder Tapeten mit Muster bemalt: *Schildermaler; Schilderwald* * **schildern** tr.: mit einem Schild versehen : einen Schild farbig bemalen : (übertr.) unter Nennung der näheren Umstände und Eindrücke anschaulich berichten * *geschildert* Mw. Ew.: mit einem Schild versehen * *geschildertes Rebhuhn:* Rebhuhn mit Brustfleck * **schildern** (ich ..[e]re) intr.: als Schildwache auf und ab gehen : (weidm.) so weit auswachsen, dass man am Schild Männchen und Weibchen unterscheiden kann * **Schilderung,** die; –, –en: das Erzählen : das Bemalen : das (mit Worten) Geschilderte

Schilf, das; –(e)s, –e: Wasserrohr, Gattung dickhalmiger Sumpfgräser, Rohr, Binse, Ried * *schilfbedeckt* Mw. Ew.; *schilfbewachsen* Mw. Ew.; *Schilfdach; Schilfgras; Schilfrohr; Schilfrohrsänger:* Rohrsänger; *Schilfschwätzer:* Rohr-

sperling * **schilfen** Ew.; aus Schilf bestehend * **schilfern** (ich ..[e]re) tr.: Fugen mit Schilf verstopfen : Schilf entfernen : in Schuppen abschälen * **schilfig** Ew.: mit Schilf behaftet

Schilfe, schilferig, schilfern: s. Schelfe usw.

Schill, der; –(e)s, –e: ein Flussfisch, Schiele, Zander

Schillebold, der; –(e)s, –e: Insektengruppe der Wasserjungfern : Libelle

Schiller: deutscher Dichter * *Schillerbund; Schillerkragen; Schillerlocke:* schmaler Zopf (historische Herrenfrisur) : (übertr.) geräucherter Bauchlappen des Dornhais : (übertr.) gefüllte Blätterteigrolle; *Schiller-Museum → Schillermuseum; Schillerpreis; Schillerstiftung* * **schillerisch, schillersch** Ew.: Schiller nachahmend * **Schiller(i)sch → schiller(i)sch** Ew.: von Schiller herrührend

Schiller, der; –s, –: weißer, ins Rote spielender Wein : schillernder Glanz : Farbenspiel * *schillerfarben* Ew.; *Schillerglanz; Schillertaft* * **schillerig** Ew.: schillernd * **schillern** (ich ..[e]re) intr.: in angrenzende Farben hinüberspielen : glänzen : (Worte) sachlich ungenau, auf mehrfache Weise deutbar sein : (übertr.) (Personen) glänzen, dabei Abgründiges verbergend * **Schillerung,** die; –, –en: (Vd. f.) Nuance

Schilling, der; –s, –e: östr. Währungseinheit; Abk.: öS; s. Shilling

schilpen tr.: leise, zögernd zwitschern

Schimäre (gr.), die; –, –n: Hirngespinst : Trugbild : Wahnbild : Irrlicht : Unding : (Bot.) Bastard * **schimärisch** Ew.: trügerisch

Schimmel, der; –s, –: auf organischen Stoffen wachsende Pilzschicht : weißes oder weißliches Pferd : (scherzh.) Esel : Graukopf, Greis * *Schimmelbogen:* (Buchdrw.) nur einseitig bedruckter Druckbogen; *Schimmelgespann; Schimmelpilz* * *Schimmelreiter:* (dtsch. Volkssage) geisterhafter Reiter,

Spukgestalt * **schimmelig, schimmlig** Ew.: mit Schimmel bedeckt : modrig : (selt.) weißhaarig * **schimmeln** (ich ..[e]le) intr.: schimmlig werden : verschimmeln : (mundartl.) beim Tanz sitzenbleiben

Schimmer, der; –s, –: Lichtschein : Funke : das Funkeln : Glanz : (mundartl.) Abenddämmerung, Schummer : (übertr.) Ahnung * *keinen Schimmer haben:* keine Ahnung haben, überhaupt nichts wissen * *Schimmerblick; Schimmergewölk; Schimmerglanz; schimmerlos* Ew.; *schimmerreich* Ew. * **schimmerhaft** Ew.: schimmernd : blendend * **schimmern** (ich ..[e]re) intr.: einen Schimmer sehen lassen : matt scheinen : glänzen : funkeln

schimmlig usw.: s. Schimmel

Schimpanse (afrik.), der; –n, –n: ein Menschenaffe

Schimpf, der; –(e)s, –e: (veralt.) Scherz, Kurzweil, Spiel : Hohn, Spott : etwas Ehrverletzendes * *einen Schimpf antun:* etwas Ehrenrühriges antun * *Schimpfkanonade; Schimpfname; Schimpfwort* * **schimpfen** intr., tr.: Vorwürfe machen : zanken : laut und grob schelten * *zum Schimpf gereichen* intr.: beschimpfen * **Schimpfer,** der; –s, –: ein Schimpfender * **Schimpferei,** die; –, –en: Schimpfreden : Geschimpfe * **schimpfieren** (..iert) tr.: beschimpfen : höhnen : verunstalten : verunglimpfen * **schimpflich** Ew.: (veralt.) scherzend : spöttisch : ehrenrührig, schwer verletzend : Schimpf bringend

Schinakel, das; –s, –: (östr.) kleines Boot

Schindaas, Schindanger: s. schinden

Schindel (l.), die; –, –n: dünnes schmales Brettchen zur Dachdeckung : (Med.) Schiene : (Wappk.) schmale Rechtecke nebeneinander * *Schindeldach; Schindeldecker; schindeldürr* Ew.; *Schindelnagel* * **schindeln** tr.: mit Schindeln versehen * *Dächer schindeln; Beinbrüche schindeln; geschindeltes Wappen* [l. scindere spalten]

schin|den (du schindetest, seltener du schund[e]st; du schündest; geschunden; schind[e]!) tr., intr.: enthäuten, schälen : (übertr.) hart foltern : misshandeln : schonungslos behandeln : aussaugen : placken : (stud.) unentgeltlich einen Vorteil genießen ✳ *Schindaas; Schindanger; Schindgrube:* Anger, Grube zum Enthäuten toten Viehs; *Schindluder:* Aas, dem die Haut abgezogen wird : (Schimpfwort) Luder; *Schindluder treiben:* missbrauchen, benutzend zerstören; *Schindmähre:* schlechtes Pferd ✳ **Schin|der,** der; –s, –: (veralt.) Abdecker : (mundartl.) verbrauchtes Pferd, Schindmähre : (übertr.) Placker, Quäler : Wucherer ✳ *Schinderhannes:* volkstüml. Räuberhauptmann (um 1800); *Schinderkarren; Schindersknecht:* Gehilfe eines Abdeckers oder Scharfrichters ✳ **Schin|de|rei,** die; –, –en: (veralt.) Abdeckerei : Wasenmeisterei : Plagerei, Quälerei : Wucher ✳ **schin|dern** (ich ..[e]re) intr.: (sächs.) auf dem Eis gleiten

Schin|ken, der; –s, –: (stud.) Gesäß : Oberschenkel von Tieren : Keule : geräucherte Schweinskeule : (übertr.) dickes Buch : Name von Muscheln ✳ *Schinkenbrötchen:* mit Schinken belegtes Brötchen; *Schinkenknochen; Schinkenspeck:* durchwachsener Speck; *Schinkensalat; Schinkenwurst*

Schinn, der; –(e)s, –e; **Schin|ne,** die; –, –n: Abschuppung der Kopfhaut

Schin|to, Shin|to, der; –: durch Naturverehrung und Ahnenkult geprägte ursprüngliche Religion Japans, die dem Kaiser, dem Tenno, göttlichen Rang zuspricht ✳ **Schin|to|is|mus, Shin|to|is|mus,** der; –: auf dem Schinto beruhende frühere Staatsreligion Japans ✳ **schin|to|is|tisch, shin|to|is|tisch** Ew.

Schip|pe, Schüp|pe, die; –, –n: Schaufel : Pikfarbe im Kartenspiel : (übertr.) schmollend aufgeworfene Unterlippe ✳ *ein Schippchen machen:* schmollen; *jemanden auf die Schippe*

nehmen: (Umgspr.) frotzeln : jmdn. verulken ✳ **schip|pen, schüp|pen** tr., intr.: schaufeln ✳ **Schip|pen, Schüp|pen,** das; –, –: eine Farbe im Kartenspiel : Pik, Grün ✳ *Schippenas →* *Schippenass; Schippenkönig* **Schip|per,** der; –s, –: ein Schippender ✳ *Schneeschipper* **Schip|per,** der; –s, –: (nordd.) Schiffer [e. ship Schiff] **schip|pern** intr.: (Umgspr.) ein Boot oder Schiff benutzen

Schi|ras: pers. Stadt : handgeknüpfter Teppich

Schi|ri: kurz für Schiedsrichter

schir|ken intr.: einen flachen Stein über eine glatte Wasserfläche springen lassen

Schirm, der; –(e)s, –e: etwas, was schützt, deckt : Schutz : Vorrichtung, die als Schutzwehr dient : Obdach : Name schirmähnlicher Doldengewächse ✳ *sich in jemandes Schutz und Schirm begeben* ✳ *Schirmbild:* Röntgenbild; *Schirmdach:* Wetterdach; *Schirmfutteral; Schirmgitterröhre:* (Rdfk.) Schutzgitterröhre; *Schirmherr:* Gönner : Schutzherr; *Schirmherrschaft:* Protektorat; *Schirmkraut; schirmlos* Ew.; *Schirmmacher; Schirmmütze; Schirmpilz; Schirmständer; Schirmvogt* ✳ **schir|men** tr.: schützend bedecken : beschirmen ✳ **Schir|mung,** die; –, –en: das Schirmen

Schirn, die; –, –en: Fleischbank

Schi|rok|ko (it.), der; –s, –s: warmer Wind an den östl. Mittelmeerküsten

schir|ren tr.: (Pferde –) Geschirr anlegen ✳ *Schirrmeister:* Aufseher über Wagen und Fahrbedarf

Schir|ting (e.), der; –s, –e und –s: ein Baumwollstoff

Schis|ma (gr.) [schi.. auch ßchi..], das; –s, ..men und –ta: Kirchenspaltung ✳ **Schis|ma|tiker,** der; –s, –: Abtrünniger, insbes. Anhänger einer Kirchengemeinschaft, die sich von der kath. Kirche getrennt hat ✳ **schis|ma|tisch** Ew.: abtrünnig

Schiß → **Schiss,** der; –es, –e : (derb) Kot : (übertr.) Angst

Schiß|la|weng → **Schiss|laweng;** s. Zislaweng

Schi|wa (Sanskrit): eine der Hauptgottheiten des Hinduismus

schi|zo|gen (gr.) Ew.: (Biologie) durch Spaltung entstanden ✳ **Schi|zo|go|nie,** die; –: Vermehrung von Urtieren durch Zellteilung ✳ **schi|zo|id** Ew.: schizophrenieartig, seelisch zerrissen ✳ **Schi|zo|my|zet,** der; –en, –en: Spaltpilz ✳ **schi|zo|phren** Ew.: an Schizophrenie leidend : für sie symptomatisch seiend : (übertr.) gespalten, krass widersprüchlich ✳ **Schi|zo|ph|re|nie,** die; –, ..nien: (Psychiatrie) Gruppe psychischer Erkrankungen, die mit Bewusstseinsspaltung, Persönlichkeitszerfall und Selbstentfremdung einhergehen ✳ **Schi|zo|phyt,** der; –en, –en: eine sich ungeschlechtlich fortpflanzende Pflanze ✳ **schi|zo|thym** Ew.: zur Schizophrenie veranlagt

Schlab|be|rei, die; –, –en: Geschlabber, das (viele) Schlabbern : vieles, belangloses Reden ✳ **schlab|be|rig, schlabb|rig** Ew.: labberig ✳ **schlab|bern** (ich ..[e]re) intr., tr.: geräuschvoll schlürfen, sich beim Essen besudeln, geifern : schlappen (schlabben) ✳ *Schlabberlatz; Schlabbermaul:* (Umgspr.) schwatzhafter Mensch

Schlacht, die; –, –en: Tötung, Totschlag, Schlachtung : blutiger Kampf zwischen feindlichen Kriegsheeren : (Wasserb.) aus geschlungenen Faschinen geschlagener Damm, Schlenge : Uferbefestigung aus eingeschlagenen Pfählen : (veralt.) Geschlecht, Art ✳ *Schlachtenbummler; Schlachtenmaler* ✳ *Schlachtbericht; Schlachtfeld; Schlachtgemälde; Schlachtgeschrei; Schlachtgetümmel; Schlachtkreuzer:* Kriegsschiff; *Schlachtlinie; Schlachtordnung; Schlachtplan; Schlachtreihe; Schlachtruf; Schlachtschiff* ✳ **schlacht|bar** Ew.: zum Schlachten geeignet ✳ **schlach|ten** tr.: Tiere töten : (übertr.) hinmorden, metzeln ✳ *Schlachtbank; Schlachtbeil; Schlachtblock; Schlachtfest; Schlachtgeld:* Bezahlung für das Schlachten; *Schlachthaus,*

Schlachthof: Ort, wo Vieh geschlachtet wird; *Schlachtmesser; Schlachtopfer; Schlachtplatte*: Platte mit Speisen aus frischer Schlachtung; *schlachtreif* Ew.: schlachtbar; *Schlachttag; Schlachtvieh; Schlachtviehbeschau* ✳ **Schlachter, Schlächter,** der; -s, -: ein Schlachtender : Fleischer, Metzger : (übertr.) Mörder : reißendes Tier ✳ *Schlachtergeselle; Schlachtergewerbe; Schlachterhund; Schlachtermeister* ✳ **Schlachte|rei, Schläch|te|rei,** die; -, -en: Fleischerei : Schlachthaus : das Schlachten ✳ **Schlach|tung,** die; -, -en: das Schlachten **schlack** Ew.: (mundartl.) schlaff, schlapp : kraftlos ✳ **Schlack,** der; -(e)s: breiige Masse : Gemisch aus Regen und Schnee ✳ *Schlackdarm*: Mastdarm; *Schlackwurst*: in dem Mastdarm des Schweins gefüllte Rohwurst ✳ **Schla|cke,** die; -, -n: (mundartl.) etwas Weiches, Breiiges : Mastdarm ✳ **schla|cken** intr., unp.: anhaltend regnen und schneien ✳ **schla|cke|rig, schlack|rig** Ew.: nass ✳ **schla|ckern** (ich ..[e]re) intr.: heftig regnen und schneien : sich schlaff, haltlos bewegen : *mit den Ohren schlackern*: staunen ✳ *Schlack(er)wetter; Schlack(er)wind* ✳ **schla|ckig** Ew.: schlackerig **Schla|cke,** die; -, -n: Abfallmasse bei Schmelzprozessen und Verbrennungen ✳ *Schlackenbahn; Schlackenerz; schlackenfrei* Ew.; *Schlackengrube; Schlackenhalde; schlackenreich* Ew.; *Schlackenrost; Schlackenstein; Schlackenwolle*: ein Wärmeisoliermaterial; *Schlackenzieher*: Arbeiter am Dampfkessel ✳ **schla|cken** intr.: Schlacken bilden, geben ✳ **schla|cken|frei** Ew.: keine Schlacken enthaltend **Schlaf,** der; -(e)s; Schläfchen: der Zustand, in dem alle willkürlichen Vorgänge im Körper ausgeschaltet sind, Schlummer ✳ *Schlafanzug; Schlafapfel*: Frucht der Tollkirsche : Gallapfel an der Hundsrose; *Schlafbursche*: Mieter einer Schlafstelle; *Schlafdeich*: überflüssig

gewordener alter Deich; *Schlafgänger*: Schlafbursche; *Schlafgast; Schlafgeld*: Entgelt für eine Schlafstelle; *Schlafgelegenheit; Schlafgemach; Schlafgestell; Schlafkammer; Schlafkrankheit*: eine Tropenkrankheit; *Schlafkraut*: Bilsenkraut; *Schlafläuse* Mz.: (volkst.) Zucken der Augen bei Übermüdung; *schlaflos* Ew.; *Schlaflosigkeit; Schlafmaus*: Bilchmaus; *Schlafmittel; Schlafmütze*: Nachtmütze : (übertr.) träger Mensch : jemand, der lange schläft; *schlafmützig* Ew.; *Schlafpulver; Schlafraum; Schlafratz*: Schlafratte, jmd., der viel und gern schläft; *Schlafrock; Schlafsaal; Schlafsack; Schlafstelle; Schlafsucht; schlafsüchtig* Ew.; *Schlaftablette; Schlaftrank; schlaftrunken* Ew.; *Schlafwagen; schlafwandeln* (ich schlafwand[e]le, ich habe, bin geschlafwandelt, schlafzuwandeln) intr.: im Schlaf umhergehen; *Schlafwandeln*: Somnambulismus; *schlafwandlerisch* Ew.; *Schlafzeit; Schlafzimmer* ✳ **Schlä|fe,** die; -, -n: der zwischen äußerem Augenwinkel und Ohr gelegene Teil des Schädels ✳ *Schläfenbein; Schläfengegend* ✳ **schla|fen** (du schläfst; du schlief[e]st, du geschlafen; schlafe!) intr.: im Zustand des Schlafes sein : schlummern : übernachten : in untätiger Ruhe sein ✳ *sich gesund schlafen* ✳ *das Schlafengehen; Schlafenszeit*: Zeit zum Schlafengehen ✳ **Schlä|fer,** der; -s, -: ein Schlafender : eine Gattung Fische : Schlafmaus : Schlafdeich ✳ **schläf|rig** Ew.: müde ✳ **Schläf|rig|keit,** die; -: Müdigkeit ✳ **schläf|fern** (ich ..[e]re) tr.: einschläfern, schläfrig machen; tr., unp.: müde sein ✳ *mich schläfert* **schlaff** Ew.: schlapp, kraftlos, träge ✳ **schlaf|fen** intr.: schlaff sein; tr.: schlaff machen, erschlaffen ✳ **Schlaff|heit,** die; -: das Schlaffsein **Schla|fitt|chen,** das; -s, -; **Schla|fitt|lich,** der; -(e)s, -(e)s: Schwungfeder des Flügels : Rockzipfel ✳ *am Schlafittchen packen* tr.: am Rockzipfel festhalten

Schlag, der; -(e)s, Schläge; Schlägelchen, Schläglein: schlagende Bewegung : Streich : Hieb : (übertr.) plötzliches Eintreffen, Schicksalsschlag : Blitz : (durch Schlagen erregter) Schall : Vogelruf, bes. der Finken : das Schlagen : Charakterzug, Eigenheit, Menschenschlag : Schlagbaum : Wagentür : Taubenhaus : Meisenfalle : (Med.) Schlagfluss, Schlaganfall : (Bergb.) unterirdischer Gang : (Deichb.) Damm : ein Feuerwerkskörper : (Forstw.) Abholzung von Forstbeständen : Teil der Glocke, woran der Klöppel schlägt : (Hüttw.) Hammerschlag : (Landw.) Feld : (Landw.) eine halbe Rute : (Müll.) in die Mühlsteine eingehauene Furche : (Ölmüll.) ein Maß Lein-, Hanfsamen : (Schiff) Teil des Schiffes, gegen den die Wellen hauptsächlich schlagen : Planke an der Unterkante des Steuerruders : eine Kelle voll (z. B. Suppe) : (Segeln) Strecke zwischen zwei Wendungen : (östr.) Schlagsahne ✳ *das ist ein harter Schlag für mich*: das ist eine Schicksalsprüfung; *Schlag auf Schlag*: in ununterbrochener Folge; *mit einem Schlage*: auf einmal; *Schlag zehn (Uhr); ein freundlicher Schlag Menschen*: eine freundliche Art von Menschen; *nicht vom alten Schlage sein*: verloren gehende Tugenden zeigend ✳ *Schlagabtausch; Schlagader*: Arterie; *Schlaganfall*: durch Platzen einer Ader im Gehirn hervorgerufene Blutung; *schlagartig* Ew.; *Schlagball*: ein Ballspiel; *Schlagbaum*: Sperrschranke : (weidm.) eine Falle; *Schlagbohrer; Schlagbolzen; Schlagbrücke*: Zugbrücke; *Schlagfeder*: Schwungfeder : (Techn.) Feder, die das Zuschlagen von etwas bewirkt; *schlagfertig* Ew.: fertig zum Zuschlagen : (meist) schnell bereit mit einer treffenden Antwort; *Schlagfertigkeit; Schlagfluß* → *Schlagfluss*: Schlaganfall; *Schlaggitarre*: als Harmonieinstrument rhythmisch gespielte Gitarre; *Schlagholz; Schlaginstrument; Schlagkraft; schlagkräftig* Ew.;

Schlaglicht: scharf hervortretender Lichtstrahl : (übertr.) etwas, was eine Sache beleuchtet, erklärbar macht; *Schlagobers:* (östr.) Schlagsahne; *Schlagrahm; Schlagring:* eine Waffe; *Schlagröhre:* Zündröhre; *Schlagsahne; Schlagschatten:* scharf hervortretender Schatten; *Schlagseite:* zum Wasserspiegel überhängende Seite eines Schiffes; *Schlagwerk:* Räderwerk einer Uhr, das sie zum Schlagen bringt; *Schlagwetter:* explosives Gasgemisch in Gruben : die Explosion dieses Gasgemisches; *Schlagwort:* Stichwort : leere Redensart; *Schlagwortkatalog; Schlagwortregister; Schlagzahl:* (Sport) Anzahl zyklischer Bewegungen pro Minute, bes. im Wassersport; *Schlagzeile:* Zeitungsüberschrift in besonders großen Lettern; *Schlagzeug; Schlagzeuger* ❋ **schlag|bar** Ew.: haubar, zu schlagend : besiegbar ❋ **Schlä|gel,** der; -s, -: Hammer des Bergmanns : Schlagwerkzeug des Perkussionisten : Flegel ❋ **schlä|geln** (ich ..[e]le) tr.: den Schlägel benutzen ❋ **schla|gen** (du schlägst; du schlug[e]st, du schlügest; geschlagen; schlage!) intr., tr.: mit heftiger Bewegung treffen : hauen : prügeln : stoßen : (an)heften : besiegen : (Brettspiel) einen Stein wegnehmen : werfen : richten : (Vögel) rufen : (Instrumente, Glocken, Uhren) tönen, läuten : (Fische) streichen, laichen; rbz.: sich duellieren : sich im Kampf halten ❋ *Wellen schlagen ans Ufer; mit dem Kopf auf einen Stein schlagen; er schlägt der Mutter nach:* er artet der Mutter nach; *das schlägt ihm zum Glück (aus); ans Kreuz schlagen tr.; den Blick zu Boden schlagen; Eier in die Pfanne schlagen; einen Kreis schlagen; ein Tuch über die Schultern schlagen; sich auf die Feindseite schlagen; sich in die Büsche schlagen; mit der Faust auf den Tisch schlagen; zum Ritter schlagen; eine Schlacht schlagen; eine gute Klinge schlagen; die Bauern schlagen schräg* (Schach); *den Feind schlagen:* besiegen; *sich die Nacht um die Ohren schlagen:* eine Nacht lang nicht schlafen; *eine Brücke schlagen; ihm schlägt das Gewissen; Lärm, Alarm schlagen; ein Schnippchen schlagen:* einen Streich spielen ❋ **schla|gend** Ew.: treffend : zündend ❋ *ein schlagender Beweis* ❋ **ge|schla|gen** Ew.: voll (Stunde usw.) : vom Schicksal schwer getroffen ❋ *eine geschlagene Stunde:* eine volle Stunde; *ein geschlagener Mensch:* vom Schicksal schwer getroffener Mensch ❋ **Schla|ger,** der; -s, -: Treffer : packender Ausdruck : Zugstück eines Theaters : leicht verkäufliche Ware : Modelied von mitreißender, populärer Wirkung ❋ *Schlagerfestival; Schlagermelodie; Schlagermusik; Schlagerstar; Schlagertext; Schlagertexter:* jemand, der Schlagertexte verfasst ❋ **Schlä|ger,** der; -s, -: jmd., der sich gern und oft prügelt : brutaler Mensch : Fechter : Werkzeug zum Schlagen : Rapier : Degen : Tennisschläger : ausschlagendes Pferd ❋ *Schlägertrupp; Schlägertyp* ❋ **Schlä|ge|rei,** die; -, -en: Prügelei ❋ **schlä|gern** (ich ..gere) tr.: (Holz, Wald) fällen, umschneiden ❋ **Schla|ge|tot,** der; -s: brutaler, streitlustiger Mensch **Schlaks,** der; .-es, -e: (niederd.) lang aufgeschossener dünner Mensch mit ungeschickt wirkenden pendelnden Bewegungen ❋ **schlak|sig** Ew.: wie ein Schlaks sich bewegend und beschaffen sein **Schla|mas|sel** (jidd.), der; -s, -: Missgeschick : Durcheinander : verfahrene Situation **Schlamm,** der; -(e)s, Schlämme: breiige Masse (aus Wasser und festen Bestandteilen, z. B. Erde) : dickflüssiger Schmutz : Schlick ❋ *Schlammbad:* Moorbad; *Schlammbeißer:* ein Fisch; *Schlammfisch; Schlammfliege; Schlammherd:* (Hüttw.) Ort, an dem Erzmehl mit Wasser gemischt wird; *Schlammasse* → *Schlammmasse; Schlammpackung; Schlammpeitzger:* Schlammbeißer, Wetterfisch; *Schlammschlacht:* Schlacht in schlammigem Gebiet : (übertr.) öffentliche Auseinandersetzung, bei der sich die Kontrahenten gegenseitig entwürdigen und herabsetzen; *Schlammvulkan* ❋ **schläm|men, schläm|men** tr.: von Schlamm reinigen, baggern : schlemmen, auswaschen : Schlamm absetzen : eine Wand mit Schlämmputz versehen; intr.: sich schlammig wälzen, ergießen ❋ *Schlämmarbeit; Schlämmgraben; Schlämmkreide; Schlämmputz:* dünner Putzüberzug ❋ **schlam|mig** Ew.: mit Schlamm behaftet : (übertr.) schmutzig ❋ **Schlamm|ling,** der; -s, -e: eine Pflanze **Schlamp,** der; -(e)s, -e: (mundartl.) Gelage : Völlerei : Schleppe (am Frauenkleid) : unordentliche Person ❋ **schlam|pam|pen** intr.: schlampen und pampen : schlemmen : sein Gut verprassen ❋ **Schlam|pe,** die; -, -n: unordentliche Person, Schlumpe, liederlicher Mensch : flüssiges Fressen fürs Vieh, Schlämpe, Schlempe ❋ **schlam|pen** intr.: schlürfend, schlabbernd fressen oder saufen : schlemmen : sehr nachlässig arbeiten : latschen ❋ **Schlam|per,** der; -s, -: nachlässiger Arbeiter : nachlässig gekleideter Mensch ❋ **Schlam|pe|rei,** die; -, -en: Schlumperei : nachlässige Arbeit : Unordentlichkeit ❋ **schlam|pig** Ew.: wie eine Schlampe : schlumpig : nachlässig : unordentlich **Schlan|ge,** die; -, -n; Schlängelchen, Schlänglein: eine Gruppe langgestreckter, walzenförmiger, fußloser Kriechtiere : (übertr.) Satan : (übertr.) verhasste, falsche, böse, verführerische, gefährliche Person : etwas Gewundenes, Windung : langgestreckte Gruppe von Wartenden : altes Geschütz mit sehr langem Rohr : Rohr am Destillierkolben : gekrümmter Weg innerhalb der Festungswerke : langer Schlauch : eine Art Feuerwerkskörper : Name von schlangenähnlichen Tieren : ein Sternbild ❋ *Schlange stehen:* hintereinander aufgereiht warten ❋ *Schlangenanbeter; schlangenartig* Ew.; *Schlan-*

genbeschwörer; Schlangenbiß → *Schlangenbiss; Schlangenbrut; Schlangeneidechse; schlangenförmig* Ew.; *Schlangenfraß:* (Umgspr.) schlechtes Essen; *Schlangengezücht; Schlangengift; schlangenglatt* Ew.; *Schlangengurke; schlangenklug* Ew.: heimtückisch; *Schlangenleder; Schlangenlinie; Schlangenmensch:* sehr gelenkiger Artist; *Schlangenserum; Schlangenstein:* Serpentin; *Schlangenstern:* ein Seetier; *Schlangenwurz; Schlangenzahn; schlangenzüngig* Ew. ✳ **Schlän|ge|lei**, die; –, –en: Geschlängel, das Schlängeln ✳ **schlän|ge|lig** Ew.: schlängelnd ✳ **schlän|geln** (ich ..[e]le) tr.: in Schlangenwindungen schlingen; rbz.: sich in Schlangenwindungen bewegen ✳ **schlan|gen|haft** Ew.: in der Art einer Schlange

Schlan|gen|bad: Kurort im Taunus

schlank Ew.: behende : mager : lang und gerade gewachsen, gebaut : (Person) lang und dünn ✳ *Schlankjungfer:* Libelle; *Schlankmacher; schlankweg* Uw.: glattweg, ohne weiteres ✳ **Schlan|kel**, der; –s, –: (östr.) Schlingel, verschmitzter Nichtstuer ✳ **Schlank|heit**, die; –: das Schlanksein ✳ *Schlankheitskur*

schlapp: (niederd.) Tonwort zur Bezeichnung eines schlappenden Tones ✳ **schlapp** Ew.: schlaff ✳ *schlappmachen* intr.: schwach, ohnmächtig werden ✳ *Schlapphut; Schlappohr; Schlappschwanz:* (stud.) willenloser, nachlässiger Mensch : Feigling ✳ **Schlap|pe**, die; –, –n: Ohrfeige, Schlag : (übertr.) Niederlage : Verlust : Pantoffel, Latsche ✳ *eine Schlappe erleiden:* eine Niederlage erleiden : versagen ✳ **schlap|pen** intr., tr.: schlürfen : sabbern : schlappern, schlabben, schlabbern : schlarfen, latschen : schlapp sein ✳ **Schlap|pen**, der; –s, –: bequemer Hausschuh ✳ **schlap|pern:** s. schlappen ✳ *Schlappermilch:* saure Milch ✳ **Schlapp|heit**, die; –: Schlaffheit ✳ **schlap|pig** Ew.: schlapp, schlaff ✳ **Schlap|pi|er**

[..pjeh], der; –s, –s: willensschwacher Mensch

Schla|raf|fe, der; –n, –n: Müßiggänger, Genießer, Faulpelz : Gähnaffe ✳ *Schlaraffenland:* Fabelland des müßigen Wohllebens; *Schlaraffenleben* ✳ **schla|raf|fen** intr.: ein Schlaraffenleben führen ✳ **Schla|raf|fen|tum**, das; –(e)s: Schlaraffenleben ✳ **Schla|raf|fia**, die; –: Schlaraffenland : ein Verein von Künstlern u. Kunstfreunden

Schlar|fe, Schlar|pe, die; –, –n: niedergetretener Schuh : Pantoffel, Schlappe ✳ **schlar|fen, schlar|pen** intr.: das Geräusch eines nachschleifenden Pantoffels erzeugen : latschen, schlarren, schlurfen

schlau Ew.: verschlagen, listig : klug ✳ *Schlauberger:* schlauer Kerl : (ironisch) Neunmalkluger; *schlauköpfig* Ew.; *Schlaumeier* ✳ *schlauerweise* Uw.: auf schlaue Art ✳ **Schläue**, die; –: (scherzh.) Schlauheit ✳ **Schlau|heit, Schlau|ig|keit**, die; –, –en: das Schlausein

Schlau|be, die; –, –n: Fruchthülle, Hülse, Schale ✳ **schlau|ben** tr.: von der Schlaube frei machen ✳ **schlau|big** Ew.: viel Schlaube, wenig Kern habend

Schlauch, der; –(e)s, Schläuche; Schläuchelchen, Schläuchlein: Schlangenhaut : Röhre : biegsames Rohr zur Leitung von Flüssigkeiten : Kehle, Schlund : schlauchförmiger Körper : dicke Person : Säufer : eine Gattung Wasserpflanzen : eine Art Fischernetz : erschöpfende Arbeit ✳ *schlauchartig* Ew.; *Schlauchboot; schlauchförmig* Ew.; *Schlauchleitung; schlauchlos* Ew.; *Schlauchpilz; Schlauchrolle:* Gerät zum Aufrollen des Wasserschlauchs; *Schlauchspritze; Schlauchwagen* ✳ **schlau|chen** tr.: Flüssigkeiten durch einen Schlauch leiten : angestrengt arbeiten lassen ✳ **schlau|chig** Ew.: schlauchartig, schlauchförmig

Schlau|der, die; –, –n: (Baukst.) Verankerung, Gabelanker, Mauerband : Schleuder ✳ *Schlauderarbeit:* Schleuderarbeit ✳ **schlau|dern** (ich ..[e]re) intr.: schludern : verschleudern : durch Schlauder befestigen

Schlauf (bayr.), der; –(e)s, –e; **Schlau|fe**, die; –, –n: Schleife : Öse aus Band oder Leder

Schlau|heit usw.: s. schlau

Schla|wi|ner, der; –s, –: (ugs.) "Slowene", Luftikus : unzuverlässiger oder durchtriebener Mensch

schlecht Ew.: (veralt.) gerade (Ggs. krumm) : glatt, eben (Ggs. rau) : schlicht, einfach, niedrig (Ggs. vornehm, üppig) : schlimm, böse, arg, mangelhaft (Ggs. gut) : krank, übel (Ggs. wohl, munter) ✳ *nichts Schlechtes tun; allem Schlechten aus dem Wege gehen* ✳ *schlechte Hirsche* Mz.: Spießer; *ein schlechter Trost:* etwas Niederschlagendes; *schlechtberaten* → *schlecht beraten; schlechtbezahlt* → *schlecht bezahlt; schlechtgehen* → *schlecht gehen:* sehr krank sein : wirtschaftliche Schwierigkeiten haben; *schlechtgelaunt* → *schlecht gelaunt; schlechtmachen* → *schlecht machen* tr.: übel nachreden; *mir ist schlecht:* ich fühle mich krank; *schlecht und recht:* gerade (einfach) und redlich : einigermaßen ✳ *schlechthin* Uw.: ohne weiteres; *schlechtthinnig* Ew.: (Amtsspr.) absolut, völlig; *schlechtweg* Uw.: ohne weiteres; *Schlechtwettergebiet; –periode; –zone; Schlechtwettergeld; schlechterdings* Uw.: durchaus ✳ **Schlecht|heit, Schlech|tig|keit**, die; –, –en: das Schlechtsein : schlechte Tat schlecht gehen, schlecht machen, schlecht gelaunt

Ist das Adjektiv in einer Wortverbindung mit einem Verb oder Partizip steiger- oder erweiterbar, gilt die Getrenntschreibung: *Morgen wird es dir sehr schlecht gehen. Er hat ihn schlechter gemacht, als er ist. Sie waren überaus schlecht gelaunt.*

Schleck, der; –(e)s, –e: (südd., schweiz.) Leckerei, Schleckerei : Leckerbissen ✳ **schle|cken** tr., intr.: genussvoll leckend schlemmen : naschen ✳ **Schle|cker**, der; –s, –: Leckermaul : *Schleckermaul* ✳ **Schle|cke|rei**, die; –, –en: Schleck, das Schlecken ✳ **schle|cker|haft**, Ew.: gern schleckend

Schle|gel → **Schlä|gel, der;** –s, –: Werkzeug zum Schlagen : Flegel : Hammer * **schle|geln** → **schlä|geln** (ich ..[e]le) tr.: etwas mit dem Schlägel schlagen

Schle|gel, der; –s, –: (Kochkst.) Oberschenkel vom Schlachttier * *Reh-, Kalbsschlegel*

Schleh, Schleh|dorn, der; –[e]s, –e; **Schle|he,** die; –, –n: Schwarzdorn, Schlehenpflaume

Schlei|che, die; –, –n: schlangenähnliche Kriecheidechse, Blindschleiche * **schlei|chen** (du schleich[e]st, du schlichst; geschlichen; schleich[e]!) intr.: sich leise gleitend fortbewegen : sich heimlich ausbreiten * *eine schleichende Krankheit; sich in jemandes Vertrauen schleichen* * *Schleichhandel:* heimlicher Handel trotz Verbotes; *Schleichweg; Schleichwerbung* * **Schleicher, der;** –s, –: ein Schleichender : schleichendes Tier : etwas Schleichendes

Schleie, die; –, –n: eine kleine Karpfenart

Schlei|er, der; –s, –: leichtes durchsichtiges Gewebe : weibliches Gewandstück aus durchsichtigem Stoff : (übertr.) etwas schleierähnlich Verhüllendes * *den Schleier nehmen:* ins Kloster gehen; *unter dem Schleier der Nacht* * *Schleiereule; –flor; –kraut:* eine Pflanze; *schleierlos* Ew.; *Schleierschwanz; –stoff; –tanz* * **schlei|er|haft** Ew.: schleierartig : verschleiert, unklar : nicht nachvollziehbar

Schlei|fe, die; –, –n: Bahn zum schleifenden Fortbewegen : Schlitterbahn : Holzrutsche : etwas, was schleifend fortbewegt wird : Ackergerät, schlittenartiges Gestell zum Dungfortschaffen : Kleiderschleppe : (Fischerei) Schiebe, Schleppnetz : (weidm.) Kirrung, Schleppe : (weidm.) Dohne, Schlinge : schlingenförmig gebundenes Band : schlingenförmige Bahn einer Bewegung * *das Flugzeug fliegt eine Schleife* * *Schleifenblume; Schleifenflug * Schleifkanne* * **schlei|fen** (du schliff[e]st, du

schleif[e]st;   geschliffen; schleif[e]!) intr.: schlüpfen, gleiten : schlittern; tr.: mittels starker Reibung glätten oder schärfen : (übertr.) durch hartes Üben abrichten, drillen (Sport, Militär) * *Schleifapparat; –automat; –bank; –bürste; –lack; –mittel; –papier; –sand; –scheibe; –stein* * **geschliffen** Mw. Ew.: poliert : (übertr.) fein * **schlei|fen** (du schleifst; geschleift) tr.: auf dem Boden entlangziehen : schleppen : auf der Schleife befördern : eine Schleife binden; intr.: mit der Schleife fischen : kirren (Festung –) dem Erdboden gleichmachen : (Baukst.) schief aufführen * *Schleifkontakt; Schleifspur* * **Schlei|fer, der;** –s, –: Handwerker, der schleift : (Soldatenspr., Sport) überharter, rücksichtsloser Ausbilder : (Sprachl.) Reibelaut

Schleim, der; –(e)s, –e: zähklebrige Flüssigkeit : sämiger Brei * *Schleimaal; –absonderung; –beutel; –beutelentzündung; –drüse; –fieber; –fisch; Schleimfluß* → *Schleimfluss:* Eiterfluss; *Schleimhaut; –pilz; Schleimscheißer:* (derb) Liebediener : falschfreundlicher Mensch; *Schleimsuppe* * **schlei|men** intr.: schleimig werden : Schleim absondern; tr.: abschleimen : (weidm.) das Gewölle ausspeien : (übertr.) sich anbiedern * **Schlei|mer, der;** –s, –: jmd., der sich anbiedert : Streber * **schlei|mig** Ew.: schleimartig : Schleim enthaltend

Schlei|ße, die; –, –n: dünner Span : abgezupfte Federrippe : aufliegende Daune : Zupfleinwand * *Schleiß(en)holz; –schnitzer* * **schlei|ßen** (du schleißest und schleißt, er schleißt; du schlissest und schlissest, er schliss und schleißte; geschlissen und geschleißt; schleiß[e]!) intr., tr.: (veralt.) zerreißen : abnutzen : schälen * *Schleißfeder*

Schle|mihl (hebr.-jidd.), der; –s, –e: geduldiger Pechvogel : (Märchen) der Mann, der seinen Schatten verkauft

schlem|men intr.: üppig leben : prassen * **Schlem|mer, der;** –s, –: ein Schlemmender

Schlemmermahl * **Schlemme|rei,** die; –, –en: das Schlemmen * **Schlem|mertum,** das; –s: Schlemmerei

Schlem|pe, die; –, –n: Abfälle bei der Getreide-, Kartoffel- und Melassebrennerei, Viehfutter * *Schlempemauke:* Fußräude bei Rindern infolge überstarker Verfütterung von Schlempe

Schlen|der, der; –s, –: träge, gemächliche Lebensweise * **schlen|dern** (ich ..[re]re) intr.: bummeln, langsam gehen : nachlässig, schlaff sein : schlunzen * *Schlendergang* * **Schlendri|an, der;** –(e)s, –e: nachlässige, müßige Person oder deren Lebensweise : Schlamperei

Schlen|ge, die; –, –n: Reisigbündel : Buhne : Faschine

Schlen|ker, der; –s, –: kurzer Umweg : schlenkernde Bewegung * **Schlen|ke|rich, Schlenk|rich, der;** –s, –e: (mundartl.) Stoß, Schwung : leichtlebiger Mensch * **schlen|ke|rig** Ew.: schlenkernd, schlotterig * **schlen|kern** (ich ..[e]re) tr., intr.: nachlässig hin und her bewegen * *mit den Armen schlenkern* intr. * *Schlenkerbein:* Schlotterbein

schlen|zen intr.: (Eishockey und Fußball) den Ball oder Puck mit einer schaufelnden Bewegung spielen

Schlepp, der; –(e)s, –e (geh. Stil); **Schlep|pe,** die; –, –n: auf der Erde nachschleifender Teil eines Gewandes : (Bergb.) Vorrichtung zum Fortschleifen der Schlepptröge : (weidm.) Fährte * *Schleppenkleid; Schleppenträger* * **schlep|pen** tr., intr.: einen schweren Gegenstand mühsam fortschleifen (lassen) : etwas lange mit sich herumtragen; rbz.: sich mühsam bewegen : (Bergb.) sich scharen : sich eintönig hinziehen * *ein Kleid schleppen lassen:* ein Kleid auf der Erde nachschleifen lassen; *der Prozess schleppt sich schon durch zwei Jahre* * *Schleppangel; Schleppantenne:* große Antenne, die vom Flugzeug herabgelassen wird; *Schleppdampfer; Schleppgarn; Schlepp-*

kahn; Schleppkleid; Schlepp-netz; Schleppschiff; Schlepp-seil; Schlepptau; ins Schlepptau nehmen: (übertr.) mit sich ziehen; *Schleppzug* ✱ **Schlep|per,** der; –s, –: ein Schleppender : Bauernfänger : kleiner Dampfer zum Ziehen von Frachtkähnen : Schlepp-schiff : jmd., der andere illegal über die Grenze bringt : Schleppgarn : Schleppharke : Schlepptau ✱ *Schlepptrossen* Mz.: motorischer Vorspann ✱ **Schlep|pe|rei,** die; –, –en: das Schleppen : Geschleppe : Ge-werbe eines Schleppers

Schle|si|en: ehemals ostdeut-sche Landschaft in Polen ✱ **Schle|si|er,** der; –s, –: Einwoh-ner von Schlesien ✱ **schle|sisch** Ew.: auf Schlesien bezüglich ✱ *schlesisches Him-melreich:* eine Speise; *der Erste Schlesische Krieg*

schlesisch, Schlesisch Von Personennamen und geo-grafischen Namen abgeleitete Adjektive, die auf *-isch* enden, werden klein geschrieben: *schlesisches Himmelreich; schlesische Pfefferkuchen.* Nur wenn die Adjektive Bestandteil eines neuen Eigennamens oder geografischen Namens sind, werden sie groß geschrieben: *der Erste Schlesische Krieg; der Schleswig-Holsteinische Landtag; der Bayrische Wald.*

Schles|wig: Stadt in Schles-wig-Holstein ✱ **Schles|wi|ger,** der; –s, –: Einwohner der Stadt Schleswig oder des nördlichen Landesteils von Schleswig-Holstein : in Schleswig-Hol-stein gezüchtetes Kaltblut-pferd ✱ **Schles|wig-Hol|stein:** dtsch. Bundesland zwischen Nord- und Ostsee ✱ **Schles|wig-Hol|stei|ner,** der; –s, – ✱ **schles|wig-hol|stei|nisch** Ew. ✱ **schles-wig|isch, schles|wig|sch** Ew.: auf Schleswig bezüglich **Schleu|der,** die; –, –n: alte Wurf-, Schwungwaffe : Kata-pult : Lederriemen an der Sense : Zentrifuge (bes. für Ho-nigwaben) : kurz für Wäsche-schleuder ✱ **Schleu|de|rei,** die; –, –en: das Schleudern ✱ **Schleu|de|rer,** der; –s, –: ein Schleudernder ✱ **schleu|dern**

(ich ..[e]re) tr.: mit oder wie mit heftigem Schwung werfen : mittels Schleuder werfen; intr.: verschleudern : zu billig ver-kaufen ✱ *Schleuderball; Schleuderbeton; Schleuder-brett; Schleuderhonig; Schleu-dermaschine; Schleuderpreis; Schleuderpumpe:* Zentrifugal-pumpe; *Schleuderschiff; Schleudersitz; Schleuderstart:* Katapultstart; *Schleudertrai-ning:* Training für gezieltes Schleudern mit dem Automo-bil; *Schleuderware:* Ware, die man unter Preis auf den Markt wirft

schleu|nig Ew.: sofort, schnell ✱ **schleu|nigst** Uw.: umgehend

Schleu|se (ml.), die; –, –n: aus Toren und dazwischenliegen-der Kammer bestehende An-lage, in der Schiffe Höhenun-terschiede überwinden können : Vorrichtung zur Regulierung eines Wasserlaufs : Kanalisati-onsanlage zur Aufnahme der Abwässer : beidseitig ver-schließbarer Durchgangsraum zur Überwindung von Druck-unterschieden bzw. zur voll-ständigen Reinigung der Ar-beitskräfte und ihrer Arbeits-kleidung ✱ *Schleusengeld:* Ent-gelt für das Durchschleusen; *Schleusenkammer; Schleusen-meister; Schleusentor; Schleu-senwärter* ✱ **schleu|sen** (du schleusest und schleust) intr.: eine Schleuse öffnen oder schließen; tr.: ein Fahrzeug durch die Schleuse fahren las-sen : jmdn. von einem Bereich (Land) in einen anderen brin-gen

Schlich, der; –(e)s, –e: fein ge-stoßenes Erz, Erzmehl ✱ *Schlichkasten; Schlichkübel* **Schlich,** der; –(e)s, –e: (selt.) das Schleichen : Schleichweg : Kunstgriff : List ✱ *Schliche an-wenden; jemandem auf die Schliche kommen*

schlicht Ew.: einfach : glatt ✱ **Schlich|te,** die; –, –n: Schlichtheit : (Web.) Klebstoff zum Steifen der Kette : (Gieß.) Brei zum Glätten des Kern-lehms ✱ **schlich|ten** tr.: schlicht machen : glatt, eben, gerade machen : ordnen : (übertr.) (einen Streit –) beile-

gen ✱ *Schlichtbeil; Schlicht-feile; Schlichthobel; Schlicht-mond:* ein Gerbermesser; *Schlichtrahmen:* (Gerb.) Rah-men zum Ausspannen der Häute; *Schlichtstahl* ✱ **Schlich|ter,** der; –s, –: ein Schlichtender : zur Streit-schlichtung bestellte Person, Schiedsrichter ✱ **Schlicht|heit,** die; –, –en: das Schlichtsein : Einfachheit, Natürlichkeit ✱ **Schlich|tung,** die; –, –en: das Schlichten ✱ *Schlichtungsamt:* Behörde, die Streitigkeiten zwischen Arbeitgeber und Ar-beitnehmer schlichtet; *Schlich-tungsausschuß → Schlich-tungsausschuss; Schlichtungs-verfahren; Schlichtungsver-handlung; Schlichtungsversuch*

Schlick, der; –(e)s, –e: an or-ganischen Stoffen reicher Schlamm am Boden von Ge-wässern ✱ *Schlickdeich; Schlickland; Schlickläufer; Schlickwatt* ✱ **schli|cken** tr.: mit Schlick füllen; intr.: sich mit Schlick füllen ✱ **schli|cke|rig, schli|ckig** Ew.: nass, rutschig, schmutzig ✱ **schli|ckern** (es schlickert) intr.: halb regnen, halb schneien ✱ *Schlickermilch:* saure Milch; *Schlickerwetter*

Schlief, der; –(e)s, –e: klit-schige Stelle (im Backwerk) : Nebenform von Schliff ✱ **schlie|fen** (du schloff[e]st, du schlöffest; geschloffen; schlief[e]!) intr.: (weidm.) schlüpfen, kriechen ✱ **Schlie|fen,** das; –s: das Einfah-ren des Dachshundes in den Dachs-, Fuchs- oder Kanin-chenbau ✱ **Schlie|fer,** der; –s, –: Dachs(hund) : Muff ✱ **schlie|fig, schlief|rig** Ew.: klitschig : schlüpfrig

Schlier, der; –s: (östr.) Mergel : Schlamm ✱ **Schlie|re,** die; –, –n: (mundartl.) schleimige Masse : unregelmäßige Ein-schlüsse in künstlichen Glas-flüssen ✱ **schlie|ren** intr.: (seem.) gleiten, rutschen ✱ *ein Knoten schliert:* ein Knoten zieht sich infolge falschen Schlingens zu fest zusammen ✱ **schlie|rig** Ew.: schleimig, schlüpfrig

schließ|bar Ew.: so beschaf-fen, dass es geschlossen werden kann ✳ **Schlie|ße**, die; –, –n: etwas zum Verschließen : Schließhaken : Knippschloss : Splint : Schließbolzen ✳ **schlie|ßen** (du schließest und schließt, er schließt; du schlossest, er schloss, du schlössest; geschlossen; schließ[e]!) tr.: bewirken, dass etwas nicht offen ist : mit einem Schloss verschließen : versperren : festmachen : in lückenlose Verbindung, zum Abschluss bringen : schlussfolgern : aufhören machen; intr.: (Schlüssel) geeignet sein zum Schließen : (Tür) geschlossen werden können : (Kleid) usw. genau passen : zu Ende sein, aufhören ✳ *geschlossen* Mw. Ew.: lückenlos zusammengefügt, verbunden ✳ *die Fenster schließen; die Geschäfte sind sonntags geschlossen; der Deckel schließt; die Schule auf drei Wochen schließen; einen Kreis schließen; in die Arme schließen* tr.: umarmen; *in sein Herz schließen* tr.: *die Akten eines Verfahrens schließen; das Schauspiel schließt unbefriedigend: das Schauspiel hat einen unbefriedigenden Schluss; daraus lässt sich mancherlei schließen; eine geschlossene Gesellschaft: eine Gesellschaft, zu der Fremde keinen Zutritt haben; geschlossene Zeit:* Schonzeit : Fastenzeit ✳ *Schließanker; Schließfach; Schließfeder; Schließhaken; Schließkette; Schließmuskel; Schließrahmen:* (Buchdrw.) Metallrahmen, mit dem der Satz in der Druckmaschine befestigt wird; *Schließschnecke* ✳ **Schlie|ßer**, der; –s, –: ein Schließender : Pförtner : Gefangenenwärter : Schließmuskel ✳ **Schlie|ße|rin**, die; –, –nen: Schaffnerin : (mundartl.) Stubenmädchen ✳ **schließ|lich** Ew.: ab-, beschließend; Uw.: (bei Aufzählungen) endlich, letztens ✳ **Schlie|ßung**, die; –, –en: das Schließen

Schliff, der; –(e)s, –e: Abgeschliffenheit : das Schleifen : Glätte : Schärfe : (übertr.) gesittetes Benehmen, gute Erziehung : Schliefe ✳ *Schlifffläche* ✳ **schliff|fig** Ew.: schliefig

Schlif|fel, der; –s, –.: Schlingel, ungezogener Junge

schlimm Ew.: (veralt.) schief, schräg : schlecht, übel, böse : unangenehm : fatal : krank, schwach, übel ✳ *eine schlimme Wendung nehmen; schlimm hinter etwas her sein; einen schlimmen Finger haben; der Vorwurf ist der schlimmste; ich bin am schlimmsten dran ✳ ich bin aufs Schlimmste gefasst; das ist nicht das Schlimmste; lass es nicht zum Schlimmsten kommen; es ist das Schlimmste zu erwarten; das Schlimmste ist, dass..* → *das Schlimmste ist, dass..* ✳ *schlimmstenfalls* Uw.: im schlimmsten Falle

aufs schlimmste / aufs Schlimmste
Die Begleitung des Superlativs durch einen Artikel *(auf das = aufs)* substantiviert diesen. Er wird daher groß geschrieben, wenn er in der Rolle eines Objekts auftritt: *Das Schlimmste erfährt man immer zuletzt (wen oder was?). Er war aufs Schlimmste gefasst (worauf?).* Hat der Ausdruck jedoch adverbiale Funktion, wird er klein geschrieben: *Sie haben sich aufs schlimmste blamiert (wie?).* In manchen Fällen können beide Auffassungen sinnvoll sein: *Ihre Äußerungen wurden aufs schlimmste gekürzt (wie?). Ihre Äußerungen wurden aufs Schlimmste gekürzt (worauf?).*

Schlin|ge, die; –, –n: aus Draht, Strick usw. verfertigte Schleife, die sich beim Anziehen verengt ✳ *seinen Kopf aus der Schlinge ziehen:* im letzten Augenblick eine Rettung finden ✳ *Schlingensteller* ✳ **schlin|gen** (du schlang[e]st, du schlängest; geschlungen; schling[e]!) tr.: flechten : winden : binden : ranken ✳ *Schlinggewächs; Schlingpflanze*

Schlin|gel, der; –s, –.: Taugenichts : Nichtsnutz ✳ **Schlin|ge|lei**, die; –, –en: Handlungsweise eines Schlingels ✳ **schlin|gel|haft** Ew.: wie ein Schlingel ✳ **schlin|geln** (ich ..[e]le) intr.: sich wie ein Schlingel benehmen; tr.: jemand einen Schlingel schelten

schlin|gen (du schlang[e]st, du schlängest; geschlungen; schling[e]!) tr., intr.: gierig hinunterschlucken : hinunterwürgen ✳ *Schlingbeschwerde; Schlingbewegung; Schlingnatter:* ungiftige Haselnatter

schlin|gern (ich ..[e]re) intr.: (seem., von Schiffen) hin- und herrollen, schwanken : ungeraden Kurs fahren ✳ *Schlingerkiel:* Seitenkiel; *Schlingerkurs:* (übertr.) unentschiedene, wankelmütige Politik; *Schlingertank:* Vorrichtung zur Beschränkung des Schlingerns

Schlipf, der; –(e)s, –e: (mundartl.) abgleitende Masse : Bergrutsch, Erdrutsch

Schlipp, die; –, –en; der; –(e)s, –e: (mundartl.) Abschleppvorrichtung für Schiffe : Gleitbahn [e. to slip gleiten, schlüpfen] ✳ **schlip|pen** tr.: loswerfen : (den Anker) fahrenlassen

Schlip|pe, die; –, –n: (mundartl.) Schlagfittich : Brandgasse : Rockzipfel

Schlip|per, der; –s: (mundartl.) sauer gewordene (dicke) Magermilch ✳ *Schlippermilch* ✳ **schlip|pe|rig** Ew.: gerinnend ✳ **schlip|pe(r)n** (ich ..[e]re) intr.: gerinnen

Schlips (e.), der; –es, –e: Krawatte, Halsbinde, Halsschleife ✳ *sich auf den Schlips getreten fühlen:* beleidigt, gekränkt sein ✳ *Schlipsnadel*

Schlit|tel, das; –s, –: kleiner Schlitten ✳ **schlit|teln** intr.: (schweiz.) rodeln ✳ **Schlit|ten**, der; –s, –: Fahrzeug mit Kufen zum Gleiten auf Schnee und Eis : schlittenähnliche Vorrichtung (an Maschinen) : (übertr.) altes großes Automobil ✳ *unter den Schlitten kommen:* moralisch absinken; *mit jemandem Schlitten fahren:* scharf zurechtweisen ✳ *Schlittenbahn; Schlitten fahren; Schlittenfahrer:* einer, der Schlitten fährt ; (übertr.) einer, der auf Kredit gekaufte Waren verschiebt; *Schlittenfahrt; Schlittenhund; Schlittenkufe; Schlittenpartie; Schlittensport* ✳ **schlit|ten** tr., intr.: auf Schlitten fahren, schlitteln : glätten ✳ *Schlittschuh:* Schuh mit anschnallbarer oder bereits integrierter Stahlkufe; *Schlittschuhbahn;*

Schlittschuh laufen intr.; *Schlittschuhläufer* ＊ **schlittern** (ich ..[e]re) intr.: auf dem Eise dahingleiten

Schlitz, der; –es, –e: langer schmaler Schnitt, Spalt, Bruch ＊ *Schlitzauge; schlitzäugig* Ew.; *schlitzförmig* Ew.; *Schlitzohr:* (Umgspr.) durchtriebener Bursche : Gauner; *schlitzohrig* Ew.: schlau, durchtrieben; *Schlitzverschluß* → *Schlitzverschluss:* Verschlussmechanismus an Fotokameras ＊ **Schlitze**, die; –, –n: Schlitz : Schlitterbahn ＊ **schlitzen** (du schlitzest und schlitzt) tr.: einen Schlitz machen; intr.: einen Schlitz bekommen : schleißen, zerreißen : schlittern ＊ **schlitzig** Ew.: mit Schlitzen versehen

schloh.. Ew. in Zus.: weiß wie Schlehenblüten ＊ *Schlohkopf:* (niederd.) Mensch mit weißem Haar; *schlohweiß* Ew.: blütenweiß

Schloß → **Schloss**, das; –es, Schlösser; Schlösschen: Vorrichtung zum Verschließen : (am Gewehr) Vorrichtung zum Abfeuern : großes repräsentatives Wohngebäude, Herrenhaus ＊ *Schloß..* → *Schloss..;* *Schlossanlage; Schlossbewohner; Schlossfreiheit:* Platz um ein Schloss, früher mit besonderen Vorrechten versehen; *Schlossführung; Schlossgarten; Schlosshof; Schlossherr(in); heulen wie ein Schlosshund; Schlosskapelle; Schlosspark; Schlossruine; Schlossvogt* ＊ **Schlosser**, der; –s, –: Handwerker, der Türschlösser usw. macht ＊ *Schlosserarbeit; Schlosserhandwerk; Schlosserwerkstatt* ＊ **Schlosserei**, die; –, –en: Gewerbe und Werkstatt eines Schlossers ＊ **schlossern** (ich schlossere und schlossre) intr.: Schlosserei betreiben

Schloße, die; –, –n: Hagelkorn ＊ *Schloßenkorn; Schloßenschauer* ＊ **schloßen** intr., unp.: hageln

Schlot, der; –(e)s, –e und Schlöte: Esse : Kamin : Schornstein : Abzugsgraben : (Umgspr.) Flegel, Lümmel ＊ *Schlotbaron:* (abschätzig) Großindustrieller; *Schlotfeger; Schlotkehrer*

Schlotte, die; –, –n: Blatt der schlauchblättrigen Laucharten, bes. der Zwiebel : Abfallrohr (beim Abort) : schlotartiger Hohlraum in löslichen Gesteinen ＊ *Schlottenzwiebel*

Schlotter, der; –s, –: (schweiz.) das Beben : Rückstand beim Auslaugen des Salzes ＊ **Schlotter**, die; –, –n: Kinderklapper : Schlottermilch ＊ *Schlotteräpfel:* Klappäpfel; *Schlottergelenk:* abnorm loses Gelenk durch Erschlaffung der Gelenkbänder ＊ **schlotterig, schlottrig** Ew.: schlotternd ＊ **Schlottrigkeit**, die; –: das Hinundherschwanken ＊ **schlottern** (ich ..[e]re) intr.: zitternd hin und her bewegen : stark zittern ＊ *er schlotterte vor Angst* ＊ *schlotterbeinig* Ew.

schlotzen (du schlotzt) tr.: (schwäbisch) langsam und mit Genuss trinken

Schlucht, die; –, –en: schmale Bergspalte : enges Gebirgstal ＊ **schluchzen** (du schluchzest und schluchzt) intr., tr.: beim Weinen in dem Tonwort entsprechendes Geräusch hervorbringen : heftig schluchzend weinen ＊ **Schluchzer**, der; –s, –: ein Schluchzender : einmaliges Aufschluchzen ＊ **Schluchzerei**, die; –, –en: das Geschluchze, Weinerei

Schluck, der; –(e)s, –e und Schlücke; Schlückchen: das Betätigen der Schluckmuskeln zum Hinunterschlucken von Speisen : Menge, die man auf einmal hinunterschluckt ＊ *Schluckauf:* durch unwillkürliches Zusammenziehen des Zwerchfells geräuschvolles Einatmen; *schluckweise* Uw.: in Schlucken ＊ **schlucken** tr., intr.: durch Muskeltätigkeit etwas in den Magen bringen : (übertr.) einstecken : schluchzen ＊ *Schluckbeschwerden; Schluckimpfung; Schluckmuskel; Schluckpneumonie:* Atembeengung; *Schluckspecht:* (scherzh.) jmd., der viel Alkohol trinkt ＊ **Schlucken**, der; –s, –: Schlucksen : Schluckauf, ein Schluckgeräusch ＊ **Schlucker**, der; –s, –: Schlucken : Schlingrabe : Tauchergans : Ziegenmelker ＊ *armer*

Schlucker: (Umgspr.) armer, bedauernswerter Mensch ＊ **schlucksen** (du schlucksest und schluckst) intr.: einen Schluckauf haben

Schluder, Schluderarbeit: s. Schlauder und Schleuder

Schluff, der; –(e)s, –e und Schlüffe: Töpferton : Muff

Schluft, die; –, Schlüfte: (mundartl.) Schlucht : Höhle

Schlummer, der; –s: Halbschlaf : leichter, leiser Schlaf ＊ *Schlummerkissen; Schlummerlied; schlummerlos* Ew.; *Schlummerpunsch; Schlummerrolle; Schlummertrunk; schlummertrunken* Ew. ＊ **Schlummerer**, der; –s, –: Schläfer ＊ **schlummern** (ich ..[e]re) intr.: leicht, leise schlafen

Schlumpe, die; –, –n: unordentliche, liederliche Frau, Schlampe : (schweiz.) Wollkram, Krempel ＊ **schlumpen** intr.: zufällig glücken : unordentlich sein : schlottern; tr.: Wolle krempeln : etwas nachlässig betreiben ＊ **Schlumper**, der; –s, –: lose übergeworfenes Umschlagetuch : Schleppe : Schmutzrand am Schleppkleid : Schlampe ＊ **schlumpig, schlumprig** Ew.: Nebenform von schlampig

Schlumpf, der; –(e)s, Schlümpfe: kleines blaues Comicmännchen : (scherzh.) Schimpfwort

Schlund, der; –(e)s, Schlünde; Schlündchen: trichterförmiger Übergang des Rachens in die Speiseröhre : (übertr.) enge Öffnung einer tiefen Höhle : Abgrund ＊ *Schlundmuskel; Schlundröhre*

Schlunze, die; –, –n: (mundartl.) unordentliches Weib, Schlampe ＊ **schlunzen** (du schlunzest und schlunzt) intr.: nachlässig sein, nachlässig gehen : (heimlich) gucken ＊ **schlunzig** Ew.: unordentlich

Schlupe: s. Schaluppe

Schlupf, der; –(e)s, Schlüpfe: (mundartl.) das Schlüpfen : Ort zum Durchschlüpfen : Unterschlupf : Schlupfwinkel : Schleife, Schlinge : Muff ＊ *Schlupfjacke; Schlupfwespe; Schlupfwinkel* ＊ **schlupfen, schlüpfen** intr.: behende durch eine enge Öffnung hindurchgleiten : (übertr.) entfliehen ✳ **Schlup̱fer, Schlüp̱fer**, der; –s, –: kurze Damenunterhose ✳ **schlüp̱frig** Ew.: leicht entschlüpfend : glatt, rutschig : (übertr.) zweideutig, anzüglich ✳ **Schlüp̱frig̱keit**, die; –, –en: das Schlüpfrigsein : Zote

Schlup̱pe, die; –, –n: (niederd.) (Band-)Schleife, Schlupf, Schlupp

Schlurf (Schlürf), der; –(e)s, Schlürfe: Schlürfchen: Schluck : enges Bachbett : (östr.) extravaganter, arbeitsscheuer Bursche : langhaariger Jugendlicher ✳ **schluṟfen, schlüṟfen** intr.: schlarfen : schleppend gehen, schlurren; tr.: eine Flüssigkeit geräuschvoll trinken ✳ **Schluṟre**, die; –, –n: (mundartl.) Pantoffel ✳ **schluṟren** intr.: schlurfen

Schluss →̱ Schluss, der; –es, Schlüsse; Schlüsschen: das lückenlose Anschließen : die Stelle lückenlosen Anschließens : Vorgang oder Resultat des Schließens : Ende, Abschluss : Entschluss, Beschluss : Folgerung ✳ *Fenster und Tür müssen rechten Schluss haben; nicht gerade vor Schluss ankommen; einen falschen Schluss aus etwas ziehen* ✳ *Schluß.. →̱ Schluss..; Schlussabstimmung; Schlussakkord; –akt; –akte; –balken; –bemerkung; –bilanz; –folge; –folgerung; –formel; –kapitel; –licht; –note; Schlusspfiff; Schlussprüfung; Schlusspunkt; Schlussrechnung; Schlussredaktion; Schlussrede; Schlußsatz →̱ Schlusssatz; Schlußsignal →̱ Schlusssignal; Schlußspurt →̱ Schlussspurt; Schlußstein →̱ Schlussstein; Schlußstrich →̱ Schlussstrich; Schlußszene →̱ Schlussszene; Schlussverkauf; Schlusswort; Schlusszeichen* ✳ **Schlüs̱sel**, der; –s, –: Werkzeug zum Auf- und Zuschließen eines Schlosses : Vorschrift zum Verfassen oder Entschlüsseln von Geheimtexten : Vorschrift zur Umrechnung oder Verteilung : Schraubenschlüssel : (Mus.) Notenschlüssel, Zeichen am Anfang der Notenlinien, das die Tonhöhe bestimmt ✳

Schlüsselbart; Schlüsselbein: längl. Knochen zwischen Brustbein und Schulterblatt; *Schlüsselblume; Schlüsselbrett; Schlüsselbund; schlüsselfertig* Ew.: bezugsfertig; *Schlüsselfigur; Schlüsselfunktion; Schlüsselgewalt:* (kath. K.) Macht des Petrus als Inhaber der Schlüssel des Himmelreichs : Recht der Ehefrau, den Mann innerhalb ihrer häuslichen Obliegenheiten zu vertreten; *Schlüsselindustrie:* Grundindustriezweig, der Halbfabrikate für weiterverarbeitende Industriezweige herstellt; *Schlüsselkind:* Kind von berufstätigen Eltern, dem tagsüber der Wohnungsschlüssel umgehängt wird; *Schlüsselkorb; Schlüsselloch; Schlüsselposition; Schlüsselring; Schlüsselstellung:* (militär.) für die Entscheidung ausschlaggebende Stellung; *Schlüsselwort; Schlüsselzahl:* Zahl, die mit dem Valutarand entsprechend multipliziert, den Lebenshaltungsindex angibt : Ziffernkombination eines Zahlenschlosses ✳ **schlüs̱sig** Ew.: entschlossen : bündig : klar ✳ *schlüssig sein; sich schlüssig werden* ✳ **Schlüs̱sig̱keit**, die; –: Bündigkeit : Folgerichtigkeit

Schluss.., Schlüssel..
Der scharfe *s*-Laut nach kurzem Vokal wird durch *ss* wiedergegeben: *der Schluss; der Schlüssel; die Schlussakte; schlussfolgern.* Folgt in Verbindung auf **Schluss**- ein mit *s* beginnendes Wort, so sind drei *s* zu schreiben: *Schlusssatz; Schlusssignal; Schlussspur; Schlussstein; Schlussstrich.*

Schmach, die; –: ehrenrührige Schmähung, Beschimpfung : Schimpf, Schande ✳ *schmachbedeckt, schmachbeladen* Mw. Ew.; *schmachvoll* Ew.

schmacẖten intr.: sich nach etwas verzehren : Entbehrtes heiß verlangen ✳ *Schmachtfetzen:* (mundartl.) rührseliges, kitschiges Lied; *Schmachtlappen:* Hungerleider : schmachtender Liebhaber; *Schmachtlocke; Schmachtriemen:* enggeschnallter Gürtel (zur Unterdrückung des Hungers) ✳

schmäcẖtig Ew.: dünn : schwächlich ✳ **Schmäcẖtig̱keit**, die; –: das Schmächtigsein

schmacẖvoll: s. Schmach

Schmack, der; –(e)s, Schmäcke: (veralt.) Geschmack ✳ **schmacḵhaft** Ew.: wohlschmeckend ✳ **Schmacḵhaf̱tig̱keit**, die; –, –en: das Wohlschmecken

Schmack (arab.), der; –(e)s: Gerbstoff von Sumach : Färbemittel ✳ *Schmackgerberei*

Schmack, Schma̱cke (ndl.), die; –, ..cken: plattbodiges Küstenfahrzeug

Schma̱ckes Mz.: (mit –) mit Elan, Energie

Schmaḏder, der; –s: (niederd.) feuchter Schmutz ✳ **schmaḏdern** (ich ..[e]re) intr., tr.: besudeln

schmä̱hen tr., intr.: verächtlich behandeln : beschimpfen, lästern ✳ *Schmährede; Schmähschrift; Schmähsucht; schmähsüchtig; Schmähwort* ✳ **Schmä̱her**, der; –s, –: ein Schmähender ✳ **schmä̱hlich** Ew.: schmachvoll ✳ **Schmäẖlicẖkeit**, die; –, –en: Schändlichkeit : etwas Schmähliches ✳ **Schmä̱hung**, die; –, –en: das Schmähen

schmal Ew. (schmaler und schmäler; schmalste und schmälste): knapp (Ggs. breit): eng : kärglich : mager ✳ *schmalbrüstig* Ew.; *Schmalfilm; Schmalfilmkamera; Schmalhans:* Knauser, Hungerleider, bes. in der Redewendung: *bei dem ist Schmalhans Küchenmeister; schmallippig* Ew.; *schmalrandig* Ew.; *Schmalspur..:* in Zus., drückt in herabsetzender Weise starke Mängel der Qualifikation aus: *Schmalspurakademiker* etc.; *Schmalspurbahn:* auf schmalen Schienen fahrende Eisenbahn; *Schmaltier:* weibliches Edelwild im zweiten Lebensjahr, vor der ersten Brunft; *Schmalvieh:* Kleinvieh ✳ **schmä̱len** tr., intr.: herabsetzen : schelten : (weidm.) (Reh) durch bellenden Schrecklaut sich melden ✳ **schmä̱lern** (ich ..[e]re) tr.: schmaler machen : verkleinern ✳ **Schmä̱le̱rung**, die; –, –en: das Schmälern

Schmal|kal|den: Stadt in Thüringen ✳ **Schmal|kal|de|ner,** der; –s, –: Einwohner von Schmalkalden ✳ *der Schmalkaldische Bund*

Schmal|te (it.), die; –, –n: Blaustärke, Kobaltschmelze, ein blaues glasiges Färbemittel

Schmal|tier: s. schmal

Schmalz, das; –es, –e: ausgelassenes, weiches tierisches Fett, bes. von Gänsen und Schweinen : Butterschmalz : Kochfett ✳ *Schmalzbrot; Schmalzfleisch; Schmalzgebäck:* in Schmalz ausgebackenes Gebäck; *Schmalzlocke:* pomadisierte Haartolle; *Schmalzstulle; Schmalztopf* ✳ **schmal|zen** (du schmalzest und schmalzt; geschmalzt und geschmalzen); **schmäl|zen** (du schmälzest und schmälzt; geschmälzt) tr.: fetten ✳ **schmal|zig** Ew.: mit Schmalz versehen : fett : (übertr., abwertend) sentimental ✳ **Schmalz|ler,** der; –s, –: mit Fett versetzter Schnupftabak

Schman|kerl, das; –s, –n: (bayr., östr.) leckeres kleines Gericht : (östr.) eine süße Mehlspeise

Schmant (slaw.), der; –(e)s, –e: Milchrahm : Sahne : (mundartl.) Pfeifenschmutz : (thüring.) Schmutz, Dreck ✳ *Schmantkartoffeln*

schma|rot|zen (du schmarotzest und schmarotzt; du schmarotztest schmarotzt) intr.: auf Kosten anderer leben ✳ **Schma|rot|zer,** der; –s, –: ein Schmarotzender : Parasit ✳ *Schmarotzerpflanze; Schmarotzertier* ✳ **Schma|rot|ze|rei,** die; –, –en: das Schmarotzen ✳ **schma|rot|zer|haft, schma|rot|ze|risch** Ew.: parasitisch ✳ **Schma|rot|zer|tum,** das; –(e)s: schmarotzerische Lebensweise

Schmar|re, die; –, –n: Narbe : lange Hiebwunde ✳ **schmar|ren** tr.: eine Schmarre beibringen ✳ **schmar|rig** Ew.: mit Schmarren behaftet

Schmar|ren, der; –s, –: (bayr.-östr.) eine Mehlspeise : (Umgspr.) etwas Wertloses, Unsinn

Schma|sche (poln.), die; –, –n: Fell ganz junger oder tot geborener Lämmer

Schmatz, der; –es, –e und

Schmätze; Schmätzchen: schmatzender Kuss : Wiesendrossel ✳ **schmat|zen** (du schmatzest und schmatzt) intr.: einen durch das Tonwort bezeichneten Laut des Mundes hören lassen : hörbar essen : laut küssen

Schmatz, Schmat|ze, die; –, ..zen: Rammklotz : im Boden steckender Baumstumpf : (Baukst.) Aussparung von Ziegeln einer Mauer

Schmät|zer, der; –s, –: Name verschiedener Arten von Sperlingsvögeln ✳ *Steinschmätzer; Wiesenschmätzer*

Schmauch, der; –(e)s: dicker Rauch, Dunst : Zug aus der Tabakspfeife ✳ *Schmauchfeuer:* (Töpf.) mäßiges Feuer; *Schmauchspuren:* (nach einem Schuss) Reste unverbrannten Schießpulvers am Täter oder seinem Opfer ✳ **schmau|chen** intr., tr.: qualmen : rauchen ✳ **Schmau|cher,** der; –s, –: Tabak(s)pfeifenraucher

Schmaus, der; –es, Schmäuse; Schmäuschen: Festmahl : leckere Mahlzeit ✳ *Schmausbruder* ✳ **schmau|sen** intr., tr.: (urspr.) unsauber essen und trinken : mit Genuss essen : es sich gut schmecken lassen ✳ **Schmau|ser,** der; –s, –: ein Schmausender ✳ **Schmau|se|rei,** die; –, –en: Schmaus ✳ **schmau|se|risch** Ew.: wie ein Schmauser

schme|cken intr., tr.: (mundartl.) Geruch empfinden : Geschmack empfinden : erproben : genießend empfinden : (übertr.) mit Lust genießen ✳ **Schme|cker,** der; –s, –: einer, der schmeckt : (weidm.) das Geschmacksorgan

Schmei|che, die; –, –n: (Web.) Klebstoff zum Glätten des Aufzugs, Schlichte ✳ **Schmei|che|lei,** die; –, –en: das Schmeicheln ✳ **schmei|chel|haft** Ew.: angenehm : sich anschmiegend ✳ **schmei|cheln** (ich ..[e]le) intr., tr.: liebkosen : wohltuende Empfindungen erregen : lobend sich äußern : (Web.) mit Schmeiche glätten ✳ *die Fotografie schmeichelt:* die F. verschönt; *geschmeichelte Probe:* eine Probe, nach der man die Ware besser erwar-

tet, als sie ist ✳ *Schmeichelkatze; Schmeichelrede; Schmeichelton; Schmeichelwort* ✳ **schmei|chen** tr.: (Web.) mit Schmeiche glätten ✳ **Schmeich|ler,** der; –s, –: ein Schmeichelnder ✳ **Schmeich|le|rin,** die; –, –nen: eine Schmeichelnde ✳ **schmeich|le|risch** Ew.: schmeichelnd

schmei|dig Ew.: (veralt. für) geschmeidig : schmiegsam ✳ **Schmei|dig|keit,** die; –: Geschmeidigkeit, Schmiegsamkeit ✳ **schmei|di|gen** tr.: geschmeidig machen

schmei|ßen (du schmeißest und schmeißt; du schmeißtest; geschmeißt; schmeiß[e]!) intr.: (weidm.) Kot auswerfen : Eier legen ✳ *Schmeißfliege*

schmei|ßen (du schmeißest und schmeißt; du schmissest, er schmiss; geschmissen; schmeiß[e]!) tr.: (Umgspr.) schlagen : schleudern : werfen : eine Arbeit abbrechen, aufgeben

Schmelz, der; –es, –e: emailleartige Glasur : Schmelzglas, Glasfluss : perlartige Röhrchen aus Schmelzglas : (übertr.) (lebhafter) Glanz : (Mal.) Farbenglanz : (Mus.) Wohllaut : (weidm.) Kot der Falken ✳ **schmelz|bar** Ew.: sich schmelzen lassend ✳ **Schmelz|bar|keit,** die; –: Fähigkeit, sich schmelzen zu lassen ✳ **Schmel|ze,** die; –, –n: das Schmelzen : Schneeschmelze : die zu schmelzende Masse : Masse im Zustande des Geschmolzenseins : (Hüttw.) Anstalt, wo (Erz) geschmolzen wird : (Emailschmelze) Glassatz ✳ **schmel|zen** (du schmilzt und schmilzt, er schmilzt; du schmolzest, du schmölzest; geschmolzen; schmilz!) intr.: durch Einfluss von Wärme flüssig werden : hinschwinden ✳ **schmel|zen** (du schmelzest und schmelzt, er schmelzt; du schmelztest; geschmelzt; schmelze!) tr.: durch Einfluss von Wärme flüssig machen : emaillieren ✳ *Schmelzbad; Schmelzfarbe; Schmelzfeuer; Schmelzglas; Schmelzhitze; Schmelzhütte; Schmelzmalerei; Schmelzofen; Schmelzpunkt; Schmelzschweißung;*

Schmelztiegel; Schmelzwärme; Schmelzwasser; Schmelzwerk; Schmelzzone ✶ **Schmelzer,** der; –s, –: Arbeiter in einer Schmelzhütte ✶ **Schmelzerei,** die; –, –en: Schmelzarbeit : Schmelze, Schmelzhütte, Schmelzwerk ✶ **Schmelzung,** die; –, –en: das Schmelzen

Schmer, das; der; –(e)s: Schmalz : Talg : rohes Schweinefett ✶ *Schmerbauch; Schmerfluß* → *Schmerfluss:* übermäßige Fettabsonderung der Talgdrüsen, fettige Seborrhö; *Schmerwanst; Schmerwurz:* Name verschiedener Pflanzen

Schmergel, Schmirgel, der; –s: feinkörniges Mineral, Schleifmittel ✶ *Schmirgelfeile; Schmirgelpapier; Schmirgelscheibe* ✶ **schmergeln, schmirgeln** (ich ..[e]le) tr.: mit Schmirgel schleifen ✶ **Schmergler, Schmirgler,** der; –s, –: einer, der schmirgelt

Schmerl, der; –(e)s, –e: Zwergfalke, Merlin

Schmerle, die; –, –n: Bartgrundel, ein Karpfenfisch

Schmerling, der; –s, –e: ein Speisepilz

Schmerz, der; –es, –en: hoher Grad der Unlust : Pein, Leid, Qual, Weh ✶ *schmerzempfindlich* Mw. Ew.; *schmerzfrei* Ew.; *Schmerzgefühl; Schmerzklinik:* Krankenhaus, in dem Patienten mit sehr schmerzhaften Krankheiten behandelt werden; *schmerzlos* Ew.; *schmerzstillend* Mw. Ew.; *schmerzvoll* Ew. ✶ *Schmerzgrenze; Schmerzschwelle* ✶ *Schmerzensgeld; Schmerzenskind; Schmerzenslager; Schmerzensmann:* Darstellung des leidenden Heilands; *Schmerzensmutter:* Darstellung der trauernden Maria; *schmerzensreich* Ew.; *Schmerzensschrei* ✶ **schmerzen** (du schmerzest und schmerzt) tr.: einem weh tun; intr.: Schmerz erregen, weh tun ✶ **schmerzhaft** Ew.: Schmerz erregend : Schmerz empfindend ✶ **Schmerzhaftigkeit,** die; –: das Schmerzhaftsein ✶ **schmerzlich** Ew.: mit Schmerzgefühl verbunden

schmerzempfindlich, schmerzstillend
Wortverbindungen aus Substantiv und Adjektiv bzw. Partizip schreibt man zusammen, wenn dadurch ein Artikel oder eine Präposition eingespart wird: *Sie war empfindlich gegen Schmerz. Daher: Sie war schmerzempfindlich. Das Medikament stillt den Schmerz. Daher: Das Medikament ist schmerzstillend.*

Schmetten, der; –s (schles., böhm.) Rahm, Sahne, Schmant ✶ *Schmettenkäse* [tschech. smetana Rahm]

Schmetterling, der; –s, –e: „Rahmnascher", Buttervogel, Insekt mit vier großen, farbigen, schuppenbedeckten Flügeln, Falter ✶ *Schmetterlingsblütler* Mz.: eine Pflanzengattung; *Schmetterlingsflügel; Schmetterlingsjagd; Schmetterlingskescher:* Schmetterlingsnetz; *Schmetterlingssammlung; Schmetterlingsstil:* ein Stil beim Schwimmen

schmettern (ich ..[e]re) tr., intr.: den durch das Wort bezeichneten Laut hervorbringen : schrill und laut tönen : heftig schlagen, werfen ✶ *Schmetterball*

Schmicke, die; –, –n: Peitsche : Ende der Peitschenschnur ✶ **schmicken** tr., intr.: peitschen

Schmied, der; –(e)s, –e: ein Metallarbeiter : Handwerker, der Metalle hämmernd bearbeitet ✶ *Schmiedeamboß* → *Schmiedeamboss; Schmiedearbeit; schmiedeeisern* Ew.; *Schmiedefeuer; Schmiedehammer; Schmiedehandwerk; Schmiedekunst; Schmiedemeister; Schmiedeofen; Schmiedezange* ✶ *schmiedbar* Ew.: sich schmieden lassend ✶ **Schmiede,** die; –, –n: Werkstatt des Schmiedes ✶ **schmieden** tr.: Metalle hämmernd bearbeiten : (übertr.) zustande bringen : (übertr.) anzetteln ✶ **Schmiedung,** die; –: das Schmieden

Schmiege, die; –, –n: Biegung : Winkelmaß mit gelenkig verbundenen Teilstücken : zusammenlegbarer Zollstock ✶ **schmiegen** tr.: geschmeidig windend biegen; rbz.: sich eng an etwas drücken; rbz.: ducken; tr.: (Baukst.) mit der Schmiege messen ✶ **schmiegsam** Ew.: sich leicht schmiegend ✶ **Schmiegsamkeit,** die; –: das Schmiegsamsein

Schmiere, die; –, –n: fettigklebrige Masse : Salbe : Schuhwichse : (übertr.) Prügel : (Gaunerspr.) Wache, Polizei : (verächtl.) schlechtes Theater ✶ *Schmiere stehen:* (Gaunerspr.) Wache stehen ✶ *Schmierenschauspieler; –theater* ✶ **schmieren** tr.: Schmiere aufstreichen : salben : verunreinigen : schlecht malen, schreiben : bestechen : prügeln ✶ *es geht wie geschmiert:* es geht ganz leicht; *jemanden schmieren* tr.: bestechen; *die Gurgel schmieren:* saufen ✶ *Schmierbrand:* eine Krankheit des Korns; *Schmierdienst; Schmierfett; Schmierfilm; Schmierfink; Schmierfpwort; Schmiergeld:* Bestechungsgeld; *Schmierheft:* Notizheft; *Schmierholz; Schmierinfektion; Schmierkäse; Schmierkur:* Kur zur Behandlung der Syphilis; *Schmiermittel; Schmiernippel; Schmieröl; Schmierpapier:* Notizpapier; *Schmierseife; Schmierzettel* ✶ **Schmierer,** der; –s, –: ein Schmierender : Schäfer, der Schmiervieh hat : schlechter Maler : schlechter Schreiber ✶ **Schmiererei,** die; –, –en: das Schmieren : Geschmier ✶ **schmierig** Ew.: klebrig : schmutzig : (übertr.) von widerlicher, aufdringlicher Scheinfreundlichkeit ✶ **Schmierigkeit,** die; –: Schmutzigkeit ✶ **Schmierung,** die; –: das Schmieren der Lager und Gelenke des Autofahrgestells

Schminke, die; –, –n: Mittel zum Färben der (Gesichts-) Haut oder zur Änderung des Gesichtsausdrucks ✶ **schminken** tr., rbz.: Schminke auftragen ✶ *Schminkdose; Schminkpinsel; Schminkstift; Schminktisch; Schminktopf*

Schmirgel usw.: s. Schmergel

Schmiß → **Schmiss,** der; –es, –e: (stud.) Hiebwunde, von der

Mensur herrührend : Schwung, Elan * **schmis|sig** Ew.: mit Schmissen behaftet : mit Schwung geschehend : mitreißend

Schmok, der; –s: (niederd.) Rauch : Tabaksqualm * **schmo|ken, schmö|ken** tr.: schmauchen : schlechten Tabak rauchen * **Schmö|ker**, der; –s, –: Raucher : „angeräuchertes" altes Buch * **schmö|kern** (ich ..[e]re) tr.: rauchen : Schmöker lesen

schmol|len intr.: aus Unwillen schweigen, maulen * *Schmollecke; Schmollippe* → *Schmollippe; Schmollwinkel* * **schmo|ren** tr.: (Kochkst.) in bedecktem Topf braten : brütender Hitze aussetzen; intr.: brütender Hitze ausgesetzt sein * *Schmorbraten; Schmorfleisch; Schmorobst; Schmorpfanne; Schmortopf*

Schmu (rotwelsch), der; –s: leichter Betrug : unlauterer, widerrechtlicher Gewinn * *Schmu machen:* durch Betrug Vorteil ziehen

schmuck Ew.: sauber, zierlich, nett, niedlich * **Schmuck**, der; –(e)s: etwas Verschönendes : Geschmeide * *Schmuckbild; Schmuckblattelegramm* → *Schmuckblatttelegramm; Schmuckfeder; –kasten; schmucklos* Ew.; *Schmucklosigkeit; –nadel; –platz; –ring; –sachen* Mz.; *–stück; –waren* * **schmü|cken** tr.: (durch Schmuck) verschönern : aufputzen : beschönigen

Schmud|del, der; –s: (mundartl.) Unreinlichkeit * *Schmuddelkind:* unsauberes Kind; *Schmuddelwetter:* Regenwetter * **schmud|de|lig** Ew.: schmutzig, unreinlich : durchnässt * **schmud|deln** (ich ..[e]le) tr., intr.: sudeln : verschmutzen : unsauber arbeiten

Schmug|gel, der; –s: Schleichhandel * *Schmuggelhandel; –ware* * **Schmug|ge|lei**, die; –, –en: Schmuggel, das Schmuggeln * **schmug|geln** (ich ..[e]le) intr.: paschen : Schleichhandel treiben : Durchstechereien machen * **Schmug|gler**, der; –s, –: Schleichhändler * *Schmugglerbande; –pfad; –ring*

schmun|zeln (ich ..[e]le), **schmun|zen** [du schmunzest und schmunzt] intr.: behaglich lächeln * *schmunzlächeln* intr.: lächelnd das Gesicht verziehen

Schmus (hebr.), der; –es: Geschwätz : Schöntun * *Schmusgeld:* Maklerlohn * **schmu|sen** (du schmusest und schmust) intr., tr.: liebkosen, Zärtlichkeiten austauschen : schwätzen : schönreden * **Schmu|ser**, der; –s, –: jmd., der gern Zärtlichkeiten austauscht : Vermittler im Viehhandel : Schwätzer

Schmus, der; –es, –e: Brustlatz

Schmutt, der; –es: (niederd.) feiner Regen

Schmutz, der; –es: Unreinlichkeit : etwas Unreinliches : (übertr.) Schund * *schmutzabweisend* → *Schmutz abweisend* * *Schmutzärmel:* Überziehärmel; *Schmutzblatt:* (Buchdrw.) Schmutztitel; *Schmutzfink:* Fink, der schlechtes Wetter prophezeit : ein Schimpfwort; *Schmutzfleck; Schmutzliteratur; Schmutzschicht; Schmutztitel:* in Büchern Schutzblatt mit gekürztem Buchtitel; *Schmutzwort* * **schmut|zen** (du schmutzest und schmutzt) intr.: schmutzig werden; tr.: schmutzig machen * **Schmutze|rei**, die; –, –en: schmutziges Tun und Treiben * **schmut|zig** Ew.: mit Schmutz behaftet * *schmutziggelb* → *schmutzig gelb* * **Schmut|zig|keit**, die; –: das Schmutzigsein

Schmutz abweisend
Wortverbindungen aus Substantiv und Partizip werden getrennt geschrieben, wenn durch Zusammenschreibung kein Artikel und keine Präposition eingespart werden könnte: *Diese Tausch weist Schmutz ab* (ohne Artikel, ohne Präposition). Daher: *Diese Schicht ist Schmutz abweisend.*
Wortverbindungen aus zwei Adjektiven werden getrennt geschrieben, wenn das erste auf *-ig, -isch* oder *-lich* endet.

Schna|bel, der; –s, Schnäbel; *Schnäbelchen:* verlängerter, horniger Kiefer der Vögel : etwas Schnabelähnliches : (übertr.) Mund : Fratze : Schiffsvorderteil : Schnabel, ein Fisch * *reden, wie einem der Schnabel gewachsen ist:* nach seiner natürlichen Weise reden; *den Schnabel halten:* schweigen * *schnabelförmig* Ew.; *Schnabelkanne; Schnabelkerf:* Halbflügler (Kerbtierordnung); *Schnabelschuh; Schnabeltasse; Schnabeltier:* Kloakentier; *Schnabelwal:* Zwergwal * **schna|bellie|ren, schna|bullie|ren** (..iert) tr.: behaglich schmausen * **Schnä|bellei**, die; –, –en: Küsserei * **..schnä|bellig** Ew., nur in Zus.: mit einem soundso beschaffenen Schnabel versehen; z. B. *kurzschnäbelig; langschnäbelig* * **schnä|beln** (ich ..[e]le) intr., tr.: mit dem Schnabel wie küssend berühren : küssen * **..schnäb|ler**, der; –s, –, nur in Zus.: einen soundso beschaffenen Schnabel habender Vogel, z. B. *Krummschnäbler; Kreuzschnäbler*

Schnack, der; –(e)s, –e und Schnäcke: gemütliche, heitere Unterhaltung : scherzhafter Spruch : Gerede : dummes Zeug, Unsinn, Schnickschnack * **schna|ckeln** (ich ..[e]le) intr.: (mundartl.) schnalzen und mit den Fingern schnellen : in den Knien weich werden * **schna|cken** intr., tr.: einen Schnack machen, plaudern : knallen, klatschen * **Schna|cker**, der; –s, –: ein Schnackender * **Schna|ckerl**, der; –s, –s: (östr.) Schluckauf * **Schna|cke|rin**, die; –, –nen: eine Schnackende

Schna|da|hüpfl, Schna|der|hüpfl, das; –s, –: Erntetanzliedchen, vierzeiliges, oft satirisches Stegreiflied der Alpenbewohner * **schna|dern** (ich ..[e]re) intr.: schwatzen

schnaf|te Ew.: (berl.) großartig, hervorragend

Schna|ke, die; –, –n: (mundartl.) Schnurre * **schna|ken** intr.: Schnurren erzählen * **schna|kig, schna|kisch** Ew.: kurzweilig, spaßhaft

Schna|ke, die; –, –n: Stechmücke * *Schnakenplage; Schnakenstich*

Schnalle, die; –, –n; Schnällchen: (Gürtel-)Riemenverschluss : (östr.) Türklinke : (weidm.) Geschlechtsteil bei Füchsin und Wölfin : Hure : (abwertend) Frau, Mädchen ✳ *Schnallenriemen; Schnallenschuh* ✳ **schnallen** tr.: mit einer Schnalle befestigen, schließen; intr.: knallen, schnalzen : (Umgspr.) begreifen, verstehen ✳ **Schnaller**, der; –s, –: Schneller, Schnippchen ✳ **Schnalz**, der; –es, –e: Schnalzlaut ✳ **schnalzen** intr., tr.: einen schnappend knallenden Ton hören lassen : schmatzend küssen ✳ *Schnalzlaut* ✳ **Schnalzer**, der; –s, –: Schnalz ✳ **Schnäpel**, der; –s, –: Renke, ein Meeresfisch

schnapp!: Tonwort zur Bezeichnung des schnellen Zuschnappens ✳ **Schnapp**, der; –(e)s, –e: kurzes, schnelles Zuschnappen, Zuklappen (der durch das Tonwort bezeichnete Laut : schneller Schnitt mit der Schere, Schnipp ✳ *Schnapphahn:* Wegelagerer; *Schnappmesser; Schnappsack:* Rucksack; *Schnappschloß* → *Schnappschloss; Schnappschuß* → *Schnappschuss:* spontane Fotografie; *Schnapptuch:* Jagdtuch ✳ **schnappen** intr., tr.: den Ton „schnapp" hören lassen : im Schnapp bewegen : in schneller Bewegung ergreifen : schnalzen : schnellen : sich schnappend schließen ✳ *mit den Fingern schnappen* intr.; *wie ein Taschenmesser schnappen* intr.; *nach einem Bissen schnappen* intr.: *nach Luft schnappen* intr. ✳ **Schnapper**, der; –s, –: ein Schnappender : der Blaufisch ✳ **Schnäpper**, der; –s, –: ein Vogel : schnappende Feder, einschnappender Riegel im Schnappschloss : kleine Armbrust : (Sport) Sprungbewegung, auch: Schnepper : seitlicher Stoß beim Billardspiel ✳ **schnäppern** (ich ..[e]re) intr.: (Billard) mit Effet spielen : schwatzen : (Sport) einen Schnäppersprung ausführen, auch: schneppern
Schnäpper, schnäppern
Dem Stammprinzip folgend schreibt man die von *schnap-*

pen abgeleiteten Wörter *Schnäpper* bzw. *schnäppern* und deren Komposita mit *ä*. Der Bedeutungsunterschied zwischen *Schnepper* und *Schnäpper* wird orthografisch somit in der Hauptvariante nicht mehr markiert. Die alte Schreibweise mit *e* (im Sinne des Schnäppersprungs) bleibt aber als Nebenvariante zugelassen.

Schnaps, der; –es, Schnäpse; Schnäpschen: das Schnappen : Gläschen Branntwein : Branntwein ✳ *Schnapsbrennerei; Schnapsbude:* (Umgspr.) Lokal, in dem viel gezecht wird; *Schnapsbuttel; Schnapsfahne:* Mundgeruch nach Alkoholgenuss; *Schnapsflasche; –glas; Schnapsidee:* verrückte Idee; *Schnapsnase; –säufer; –trinker; Schnapszahl:* Zahl aus mehreren gleichen Ziffern
schnarchen intr.: mit stark hörbarem Gaumengeräusch atmen : (übertr.) tief schlafen ✳ **Schnarcher**, der; –s, –: ein Schnarchender ✳ **Schnarre**, die; –, –n: Knarre : schnurrende Garnwinde
Schnatterei, die; –, –en: Geschnatter ✳ **Schnatterer**, der; –s, –: ein Schnatternder ✳ **schnattern** (ich ..[e]re) intr.: vor Kälte zittern, klappern : heftig reden : viel reden ✳ *Schnatterente; –gans; –liese; –maul; –tasche:* Plaudertasche
schnauben (selt. **schnieben, schniefen**) (du schnaubst; du schnaubtest oder schnobst; geschnaubt; schnaub[e]!) intr.: Luft hörbar durch die Nase einziehen und ausstoßen : schnaufen : laut blasen (vom Wind, von Tieren) : rasend, wütend sein : (die Nase –) schnaubend reinigen, schnäuzen ✳ *nach Rache schnauben* intr.; *vor Wut schnauben* intr. ✳ **schnaufen** intr.: (heftig) atmen : schnauben ✳ **Schnaufer**, der; –s, –: ein Schnaufender : Schnauf
Schnaupe, die; –, –n: Ausguss an Behältern
Schnauze, die; –, –n; Schnäuzchen: hervorstehendes Maul und Nase verschiedener vierfüßiger Tiere : (verächtl.) Mund : schnauzende Person : Tülle ✳ *eine große Schnauze ha-*

ben: angeben : übertreiben ✳ *Schnauzbart; Schnauztopf* ✳ **schnauzen** (du schnauzest und schnauzt) intr., tr.: grob schimpfen ✳ **schneuzen** → **schnäuzen** (du schnäuzest und schnäuzt) tr., intr., rbz.: (die Nase –) schnaubend reinigen ✳ *Schnäuztuch* ✳ **Schnäuzer**, der; –s, –: ein Schnauzender : Schnauzbart : eine Hunderasse
Schnecke, die; –, –n: eine Ordnung Weichtiere : etwas Schneckenähnliches : (übertr.) langsame Person : etwas einem Schneckenhaus Ähnliches, Gewundenes : (Anat.) vorderer Teil des Labyrinths im Ohr : (Baukst.) schneckenartige Verzierung : Volute : Wendeltreppe : Zahnrad in der Uhr : (Maschin.) Schraube ohne Ende : eine Nudelsorte : Schneckenbohrer : Transportschnecke ✳ *Schneckenbewegung; –bohrer; schneckenförmig* Ew.; *Schneckenfrisur; –gang; –gehäuse; –getriebe; –haus; –horn; Schneckenlinie:* Spirallinie; *Schneckenpost; –rad; –röhre; –tempo; –treppe; –windung; –zylinder* ✳ **schneckenhaft** Ew.: schneckenartig : gewunden : langsam
schnederengteng!: Tonwort zur Bezeichnung des Trompetengeschmetters
Schnee, der; –s: fester atmosphärischer Niederschlag in Gestalt feiner Eiskristalle : etwas wie Schnee Niederfallendes : geschlagenes Eiweiß : (Jargon) Kokain ✳ *Schnee von gestern:* (Redensart) etwas Überholtes, Veraltetes, längst Bekanntes ✳ *Schneeammer; –ball; –ballsystem; schneebedeckt* Ew. Mw.; *Schneebeere; Schneebesen:* ein Küchengerät; *Schneeblende; schneeblind* Ew.; *Schneebrett:* überhängende Schneemasse; *Schneebrille; –decke; Schnee-Eifel* → *Schneeeifel; Schnee-Eule* → *Schneeeule; –fall; –feld; –fläche; –flocke; –fräse; –gans; –gestöber; schneeglänzend* Mw. Ew.; *Schneeglöckchen:* eine Pflanze; *Schneegrenze; –hang; –hase; Schneehaube:* Schneegarn, Netz zum Rebhuhnfang bei Schnee; *Schneehuhn; –kette; Schneekönig:*

Zaunkönig; *Schneelawine;*
Schneemann; Schneemobil:
Motorschlitten; *Schneepflug:*
Gerät zum Entfernen des
Schnees von (Fahr-)Straßen
und Geleisen; *Schneeregion;*
Schneeroller: Raupenfahrzeug
als Schlitten; *Schneeschaufel;*
Schneeschieber; Schnee-
schmelze; Schneeschuh;
Schneestapfen; Schneetreiben;
Schneeverwehung; Schnee-
wechte: überhängende Schnee-
decke an Berggraten; *Schnee-*
wehe; schneeweiß Ew.;
Schneewetter; Schneewitt-
chen: eine Märchenprinzessin;
Schneewolke ✳ **schnee**icht,
schneeig Ew.: mit Schnee be-
deckt : schneeweiß
Schneeberg: Name für
Berge im Fichtelgebirge, Elb-
sandsteingebirge : Stadt im
Erzgebirge
Schnegel, der; –s, –: (mundartl.) hauslose Schneckengat-
tung
Schneid, die; –; der; –(e)s:
(mundartl.) Mut : Tatkraft : for-
sches Wesen ✳ *keinen Schneid*
haben ✳ **Schnei**de, die; –, –n:
Schnittseite schneidender
Werkzeuge : schneidendes
Werkzeug : (übertr.) etwas wie
eine Messerschneide Schmales
: Grat : (übertr.) etwas scharf
Zutreffendes ✳ **Schnei**del,
das; –s abgeschlagene Nadel-
holzzweige ✳ *Schneidelbetrieb;*
Schneidelstreu ✳ **schnei**deln
(ich ..[e]le) tr.: beschneiden,
Nebenzweige ausschneiden ✳
schneiden (du schnitt[e]st, du
schnittest; geschnitten:
schneid[e]!) tr., intr.: schnitzen :
mit einem Schneidewerkzeug
verletzen oder zerteilen : durch-
trennen : mähen : schneidend
entfernen : kastrieren, beschneiden : schneidend verwenden :
(Sport, Spiel) Bällen oder Kugeln durch seitliches Treffen
Drall verleihen : (Kartsp.) in der
Erwartung, später eine höhere
Karte zu bekommen, zunächst
eine niedrige geben : (Winz.)
mit Wasser verpanschen, ver-
schneiden : (übertr.) verziehen
(vom Gesicht) : (übertr.) nicht
beachten : jmdn. ignorieren,
meiden : (Math.) sich kreuzen ✳
schneidend Mw. Ew.: scharf :
grell : tief verletzend ✳ *mit der*

Schere schneiden tr.; *die Ernte*
schneiden; wie aus dem Gesicht
geschnitten; orientalisch ge-
schnittene Augen; da hast du
dich geschnitten: sehr geirrt,
verkalkuliert; *der Wind schnei-*
det einem ins Gesicht; die Li-
nien schneiden sich; Gesichter,
Grimassen schneiden: Fratzen
ziehen; *die Kur schneiden:*
Komplimente machen ✳
schneidende Kälte; schneiden-
der Verstand; in schneidendem
Widerspruch damit ✳ *Schneide-*
brett; Schneidemesser; Schnei-
demühle; Schneidetisch: Tisch,
an dem die Filme geschnitten
werden; *Schneidewalze;*
Schneidewerk; Schneidezahn:
Vorderzahn; *Schneidezirkel* ✳
Schneidbohrer: Gewindeboh-
rer; *Schneidbrenner; Schneid-*
könig; Schneidkluppe: Werkzeug zum Schneiden von Au-
ßengewinden ✳ **Schnei**der,
der; –s, –: ein Schneidender :
Kleidermacher : (verächtl.) Ta-
gedieb : einer, der leicht friert :
Schwächling : Jäger, der nichts
geschossen hat : (Kartsp.) der,
der nicht über die Hälfte der
Punkte bekommen hat :
schlecht jagdbarer Hirsch : We-
berknecht (eine dünnbeinige
Spinne) ✳ *Schneiderarbeit;*
Schneiderbraten: brenzlig rie-
chender Braten; *Schneider-*
handwerk; Schneiderkarpfen:
(scherzh.) Hering : Bitterling;
Schneiderkleid; Schneiderkos-
tüm; Schneiderkreide; Schnei-
dermeister; Schneidermuskel:
der längste Schenkelmuskel;
Schneiderpuppe; Schneider-
sitz; Schneiderwerkstatt;
Schneiderzunft ✳ **Schnei**de-
rin, die; –, –nen ✳ **schnei**dern
(ich ..[e]re) intr., tr.: Schneiderarbeit fertigen, Kleider nähen ✳
schneidig Ew.: straff : mutig,
draufgängerisch, forsch : solda-
tisch knapp ✳ **Schnei**dig|keit,
die; –: schneidiges Wesen zeigend

schneien unp., intr.: fallen
(vom Schnee) : (übertr.) wie
Schnee fallen oder fallen lassen
: plötzlich kommen : massenhaft eintreten, eintreffen ✳ *das*
ist mir ins Haus geschneit; es
schneit Aufträge: Aufträge
treffen massenhaft ein
Schneifel *auch:* **Schnee**ei-

fel, die; –: schneereiche Region
in der Eifel
Schneise (**Schnei**te), die; –,
–n: ausgehauener Streifen im
Wald, Durchhieb : Schlinge
zum Vogelfang
schneiteln (ich ..[e]le) tr.:
Bäume, Reben beschneiden
schnell Ew.: hurtig, rasch :
(Forstw.) windschief (von
Holz) ✳ *Schnellaster* →
Schnelllaster; Schnelläufer →
Schnellläufer; *Schnellbahn;*
Schnellboot; Schnelldampfer;
Schnelldrehstahl: gehärteter
Edelstahl; *Schnelldrucker;*
schnellebig → *schnelllebig* Ew.;
Schnellfeuer; schnellfüßig Ew.;
Schnellgericht: rasches kurzes
Gerichtsverfahren; *Schnellhef-*
ter; Schnellimbiß → *Schnellim-*
biss; Schnellkäfer: Springkäfer;
Schnellkochtopf; Schnelllas-
ter; Schnellläufer; schnelllebig
Ew.; *Schnellpaket; Schnell-*
presse; Schnellreinigung;
Schnellrestaurant; Schnellrich-
ter; Schnellschreiber; Schnell-
schuß → *Schnellschuss:* unbedachte voreilige Handlung;
Schnellstraße; Schnelltriebwa-
gen; Schnellverfahren: abge-
kürztes Strafverfahren; *Schnell-*
verkehr; Schnellwäsche;
Schnellzug; Schnellzugverbin-
dung; Schnellzugzuschlag ✳
Schnelle, die; –, –n: das
Schnellsein : Schleuder : ab-
schüssige Stelle im Lauf eines
Gewässers, Stromschnelle :
Schnellgalgen : Knips (mit dem
Finger) ✳ **schnel**len tr.: mit
Schnellkraft fortbewegen : mit
den Fingern knipsen : (übertr.)
prellen : (übertr.) übervorteilen :
(weidm.) dem Leithund einen
Ruck mit dem Hängeseil geben;
intr., rbz.: sich mit Schnellkraft
fortbewegen ✳ *einen Pfeil*
schnellen; in die Höhe schnel-
len intr. ✳ *Schnellentlader:*
Kipplastwagen; *Schnellkraft:*
Federkraft, Elastizität ✳
Schneller, der; –s, –: jemand,
der etwas schnellt : etwas
Schnellendes : Vorrichtung
zum Schnellen : (Anat.) Samen-
oder Harnschneller, ein Muskel
: (Bot.) der Samen fortschleu-
dernde Fäden an Lebermoosen
✳ **Schnell**heit, die; –;
Schnellig|keit, die; –, –en: das
Schnellsein

Schnep|fe, die; –, –n: ein Regenpfeifervogel mit langem, dünnem Schnabel : (übertr.) Dirne, Schneppe ∗ *Schnepfendreck*: fein gehacktes, gedünstetes Eingeweide der Schnepfen; *Schnepfenfisch; Schnepfenjagd; Schnepfenstrauß*: Kiwi; *Schnepfenstrich*: Schnepfenflug : Dirnenstrich; *Schnepfenzug* ∗ **Schnepp**, der; –(e)s, –e; **Schnep|pe**, die; –, –n: (niederd.) Dirne : Ausguss an Gefäßen : schnabelähnliche Spitze (an Gürteln) ∗ *Schnep|pentaille* ∗ **Schnep|per, schnep|pern**: Nebenform zu Schnäpper, schnäppern; s. d.
Schner|fer, der; –s, –: (östr.) Rucksack
schnet|zeln (ich schnetz[e]le, du schnetzelst) tr.: (Fleisch) fein zerschneiden : *Zürcher Geschnetzeltes*
Schneuß, der; –es, –e: (Baukst.) Fischblase, ein Ornament
Schneu|ze, die; –, –n: Lichtputze, Lichtschere ∗ *Schneuzstern*: (scherzh.) Sternschnuppe ∗ **schneu|zen** →
schnäu|zen: s. d.
schni|cken intr., tr.: schnellen : zucken ∗ **Schnick|schnack**, der; –s: unnützes Geschwätz : Unsinn ∗ **schni|cker** Ew.: (niederd.) zierlich : hübsch ∗ **schni|ckern** (ich ..[e]re) intr., tr.: schnitzen : schnell schwätzen ∗ *Schnickermesser*
schnie|ben, schnie|fen: s. schnauben ∗ **schnief|lig** Ew.: (niederd.) hochnäsig
schnie|geln (ich ..[e]le) rbz.: peinliche Sorgfalt auf das Äußere und die Kleidung verwenden ∗ *geschniegelt und gebügelt*: fein hergerichtet : übertrieben sorgfältig gekleidet und frisiert
schnie|ke Ew.: (berlin.) schmuck : hübsch : behaglich
Schnie|pel, der; –s, –: Zipfel : (stud.) Frack : Angeber, Geck : (Kinderspr.) Penis ∗ **schnie|peln** (ich ..[e]le) tr., rbz.: in einen Schniepel kleiden
Schnip|fel, schnip|feln: s. Schnipsel unter Schnipp
Schnipp, der; –(e)s, –e: Schnapp : Schneller ∗ *jemandem ein Schnippchen schlagen*: jemandem einen Streich spie-

len ∗ **schnipp**: Tonwort zur Bezeichnung des schnellen Schneidens ∗ *schnipp, schnapp!; Schnippschnapp-schnurr*; ein Kartenspiel ∗ **Schnip|pel**, der; das; –s, –: ganz kleines Stück, Schnipsel ∗ **schnip|peln** (ich ..[e]le) tr., intr.: schnitzeln : in kleine Stücke zerschneiden ∗ **schnip|pen** intr., tr.: mit den Fingern knipsen : schnellen ∗ **schnip|pisch** Ew.: naseweis : vorlaut : höhnisch (bes. von Mädchen) ∗ **schnips!** Tonwort: schnipp! ∗ **Schnip|sel**, der oder das; –s, –: Schnippel ∗ **schnip|seln** (ich ..[e]le) tr.: in kleine Stücke schneiden
Schnitt, der; –(e)s, –e: das Schneiden : das Beschneiden : das Geschnittene : Verwundung durch Schneiden : durch Abschneiden erzeugte Fläche : durch Schneiden entstandene Vertiefung, Furche : Form, Gestalt des Geschnittenen : Frisur : (Schneider-)Fasson : Schnittmuster : das Abgeschnittene, Ernte, Mahd : Schliff : (Buchdrw.) beschnittener Rand eines Buches : Hälfte des gewöhnlichen Trinkmaßes : Art Hasardspiel : Schnitz ∗ *Schnitte in der Platte des Kupferstechers; ein Reis in den Schnitt okulieren : Schnitt des Gesichts; die verschiedenen Schnitte der Edelsteine; Lettern von gleichem Schnitt; einen guten Schnitt bei etwas machen*: einen hohen Verdienst einstreichen ∗ *Schnittblume; Schnittblumenkultur; Schnittbohne*: Schneidebohne; *Schnittfläche; Schnitthobel*: Beschneidehobel der Buchbinder; *Schnittholz; Schnittkante; Schnittkohl*: Blattkohl : Mangold; *Schnittlauch*: ein Zwiebelgewächs; *Schnittlinie*: schneidende Linie; *Schnittmenge; Schnittmuster*: Papiervorlage für einen Kleiderschnitt; *Schnittmusterbogen; Schnittpunkt*: Treffpunkt zweier Linien; *schnittreif*: reif zur Ernte; *Schnittware; Schnittwunde* ∗ **Schnit|te**, die; –, –n: abgeschnittene Scheibe Brot, Braten ∗ **Schnit|ter**, der; –s, –: Mäher : (übertr.) Personifikation des Todes ∗ *Schnitterlohn*;

Schnittermädchen ∗ **Schnitterin**, die; –, –nen: weibl. Schnitter ∗ **schnit|tig** Ew.: reif zum Schnitt (beim Korn) : scharf umrissen : (mundartl.) mutig (bei Tieren) : formschön ∗ *windschnittig*: von geringem aerodynamischen Widerstand
Schnitz, der; –es, –e: abgeschnittenes Stückchen : geschnittenes Dörrobst : Abfälle der Zuckerfabriken, Viehfutter ∗ *nicht einen Schnitz darum geben*: nicht das Geringste dafür geben ∗ **Schnit|zel**, das; der; –s, –: gebratene dünne Schnitte von Kalb- oder Schweinefleisch : Schnitzchen ∗ *Wiener Schnitzel* ∗ *Schnitzeljagd*: Parforcejagd, bei der die Fährte durch Papierschnitzel gezeichnet wird ∗ **Schnit|ze|lei**, die; –, –en: das Schnitzeln : kleines Schnitzwerk ∗ **schnit|zeln** (ich ..[e]le) tr., intr.: fein und zierlich schnitzen : (verächtl.) künsteln ∗ **schnit|zen** (du schnitzest und schnitzt) tr., intr.: Figuren in etwas schneiden : zu bestimmten Figuren schneiden ∗ *Schnitzarbeit; Schnitzbank; Schnitzbild; Schnitzmesser; Schnitzschule; Schnitzwerk*: Schnitzerei ∗ **Schnit|zer**, der; –s, –: ein Bildschneider : ein Messer für verschiedene Handwerker : (übertr.) Fehler, Verstoß, Ausrutscher ∗ **Schnit|ze|rei**, die; –, –en: Holzbildwerk : Bildschnitzerei ∗ **schnit|zern** (ich ..[e]re) intr.: Schnitzer machen
schno|bern, schno|pern, schnup|pern (ich ..[e]re) intr., tr.: in kurzen Zügen rasch und hörbar Luft in die Nase ziehen : wittern, spüren, riechen : schnüffeln
Schnod|der, der; –s: Nasenschleim, Rotz ∗ **schnod|de|rig, schnod|drig** Ew.: (niederd.) großsprecherisch : vorlaut : flegelhaft beiläufig ∗ **Schnod|de|rig|keit, Schnod|drig|keit**, die; –, –en: Dreistigkeit, Frechheit
schnöd, schnö|de Ew.: verächtlich : erbärmlich : gering, wertlos : schändlich : widerwärtig : peinlich : niederträchtig, boshaft : (mundartl.) schlecht, ärmlich, niedrig ∗ *der schnöde Mammon*: (scherzh.)

das im Verhältnis zu Geistigem wertlose Geld ✳ **Schnöd\|heit, Schnö\|dig\|keit,** die; –, –en: das Schnödesein : etwas Schnödes

schno\|feln intr.: (östr., Umgspr.) schnüffeln : durch die Nase sprechen ✳ **Schno\|ferl,** das; –s, –n: gekränktes Aussehen

Schnor\|chel, der; –s, –: Sehrohr beim U-Boot : Atmungsrohr beim Schwimmen unter Wasser ✳ **schnor\|cheln** intr.: mit dem Schnorchel tauchen

Schnör\|kel, der; –s, –: Schneckenlinie : Verzierung in schneckenartig gewundenen Linien : Schlinge : unnötige Verzierung ✳ *Schnörkelkram; Schnörkelverzierung; Schnörkelzug:* schnörkeliger Schriftzug ✳ **schnör\|kel\|haft, schnör\|ke\|lig** Ew.: voller Schnörkel ✳ **schnör\|keln** (ich ..[e]le) tr., intr.: mit Schnörkeln verzieren ✳ *geschnörkelt* Mw. Ew.: schnörkelhaft

schnor\|ren tr.: (eig.) mit der Schnurrpfeife umherziehen : betteln : sich unentgeltlich einen Vorteil schaffen ✳ **Schnor\|rer,** der; –s, –: Landstreicher : Bettelmusikant : Schmarotzer

Schnö\|sel, der; –s, –: unreifer, dummdreister und eingebildeter Mensch ✳ **schnö\|se\|lig** Ew.: frech, dummdreist, arrogant

Schnu\|cke, die; –, –n: (niederd.) kleine Schafrasse, Heidschnucke ✳ *Schnuckelchen:* Schäfchen : Kosewort für Kinder, Frauen ✳ **schnu\|cke\|lig** Ew.: (mundartl.) lieb : zärtlich : niedlich ✳ **Schnu\|cki, Schnu\|cki\|putz:** Kosename

Schnüf\|fel, Schnuf\|fel, der; –s, –: Geschnüffel ✳ *Schnüffeltuch:* (Kinderspr.) Tuch zum Schmusen (beim Einschlafen) ✳ **Schnüf\|fe\|lei,** die; –, –en: das Schnüffeln : Geschnüffel ✳ **schnüf\|feln** (**schnuf\|feln**) intr.: beriechen : schnauben : spionieren : (Jargon) Lösungsmittel als Rauschdroge inhalieren ✳ **Schnüff\|ler,** der; –s, –: einer, der spioniert, schnüffelnd aushorcht : Spitzel : jmd., der Lösungsmittel inhaliert ✳ **schnul\|len** intr.: saugen, suckeln ✳ **Schnul\|ler,** der; –s, –: Gummisauger für Kleinkinder ✳ **Schnul\|li,** der; –s, –s: (Umgspr., herablassend) charakterlich zurückgebliebener Junge oder Mann

Schnul\|ze, die; –, –n: (volkst.) sentimentaler Film oder Schlager mit kitschigem Inhalt und schmachtender Melodie

Schnupf, der; –(e)s: (schweiz.) Schnupftabak ✳ *Schnupftabak:* präparierter und parfümierter Tabak in Pulverform ✳ *Schnupftabak(s)dose* ✳ **Schnup\|fen** (mundartl. **Schnup\|pen**), der; –s, –: katarrhalische Nasen-Rachen-Verschleimung (eine Infektionskrankheit) ✳ *Schnupfenfieber; Schnupfenmittel* ✳ **schnup\|fen** tr., intr.: in die Nase hinaufziehen : Schnupftabak oder Kokain durch Einziehen in die Nase konsumieren ✳ *Schnupftuch:* Taschentuch (Bergb.) *die Zeche schnupft (schnuppt):* die Zeche lässt in ihrer Ergiebigkeit nach; *verschnupft sein:* beleidigt reagieren ✳ **schnup\|fen\|haft** Ew.: schnupfenähnlich : schnupfig ✳ **Schnup\|fer,** der; –s, –: ein Schnupfender ✳ **schnup\|fig** Ew.: mit Schnupfen behaftet, verschnupft ✳ **Schnup\|pe,** die; –, –n: (mundartl.) verkohlter Docht : (übertr.) Wertloses, Gleichgültiges : (mundartl.) Schnupfen : Sternschnuppe ✳ **schnup\|pe** Ew. (nur aussag.): gleichgültig ✳ *es ist mir schnuppe* ✳ **schnup\|pen** tr., intr.: schnupfen : Licht putzen ✳ **schnup\|pern** (ich ..[e]re): s. schnobern

Schnur, die; –, Schnüre; Schnürchen: Band : Faden : Seil : Harfensaite : Richtschnur : etwas auf eine Schnur Aufgereihtes : etwas mit der Schnur Zugemessenes : etwas in gerader Linie Fortgehendes : etwas Schnurähnliches ✳ *über die Schnur hauen* intr.: das gehörige Maß überschreiten; *es geht wie am Schnürchen:* es geht ohne Stocken ✳ *Schnurassel:* Tausendfüßler; *Schnurgerade* Ew.; *Schnurkeramik:* Tongefäße einer spätneolithischen Kulturgruppe mit schnurähnlichen Verzierungen; *schnurke-*

ramische Kultur: Thüringer Kultur der jüngeren Steinzeit; *schnurrecht* Ew.: schnurgerade; *schnurstracks* Uw.: sofort, geradewegs ✳ **schnü\|ren** intr.: (weidm.) (Fuchs, Wolf, Luchs) die Läufe schnurgerade hintereinander setzend traben (auch schnuren): (Bergb.) (Zechen) aneinander grenzen; tr.: einen Riemen, eine Schnur um etwas binden : mit Schnüren versehen : auf eine Schnur aufziehen : mit der Rötelschnur, der Messschnur bezeichnen : Tiere durch Abbinden der Hoden verschneiden : (übertr.) prellen; rbz.: die Taille einschnüren ✳ *Schnürband; Schnürboden:* (Theater) durchbrochener Boden über dem Bühnenraum mit den Schnüren zum Bewegen der Dekoration : (Schiffb.) Raum auf Werften mit Aufzeichnung des Konstruktionsrisses eines Schiffes; *Schnürleber:* (Med.) durch Schnüren entartete Leber; *Schnürleib:* Korsett; *Schnürregen:* (östr.) Regen wie in Bindfäden; *Schnürmieder; Schnürschuh; Schnürsenkel; Schnürstiefel* ✳ **Schnü\|rung,** die; –, –en: das Schnüren : etwas Geschnürtes ✳ **Schnur,** die; –, –en: (ahd.) Schwiegertochter

schnurr: Tonwort zur Bezeichnung dumpfen Schnarrens ✳ *Schnurrpfeiferei:* Tand : wertloser Kram, Krimskrams : Posse, albernes Zeug : possenhafte Geschichten, Einfälle, Anekdoten ✳ **Schnur\|re,** der; –n, –n: (stud., verächtl.) Nachtwächter : Häscher : Pedell ✳ **Schnur\|re,** die; –, –n: Schnarre : schnurrendes Spinnrad : Nachtwächterknarre : albernes Zeug : possenhafter Einfall, ulkige Geschichte : altes Weib : Katzenschnauze : Borstenhaare um die Schnauze ✳ *Schnurrbart; schnurrbärtig* Ew.; *Schnurrhaare* ✳ **schnur\|ren** intr., tr.: den durch „schnurr" bezeichneten Laut hören lassen : behaglich knurren (von Katzen) : betteln, schnorren ✳ *zusammenschnurren:* schrumpfen ✳ **Schnur\|rer,** der; –s, –: Schwärmer, Abendfalter : Schnorrer ✳ **schnur\|rig** Ew.: possierlich, drollig : sonderbar

✳ **Schnur|rig|keit,** die; –, –en: schnurriges Wesen

Schnür|rie|men: s. Schnur

Schnurr|pfei|fe|rei: s. schnurr

Schnür|sen|kel, schnur-stracks, Schnü|rung usw.: s. Schnur

schnurz Ew.: (Umgspr.) gleichgültig ✳ *das ist mir schnurz:* das ist mir egal ✳ *schnurzpiepe; schnurzpiepegal*

Schnu|te, die; –, –n; Schnüt-chen: (niederd.) Schnauze : beleidigter Gesichtsausdruck : Schmolllippe

Scho, das; –s, –s: japan. Hohlmaß, 1,804 l

Schob: Schaub ✳ *Schoben-dach:* (mundartl.) Strohdach

Scho|ber, der; –s, –; Schöber-chen: aufgeschichteter Getreide-, Heu- oder Strohhaufen : (mundartl.) Feim : ein Maß : (60 Bündel) ✳ **Schö|berl,** das; –s, –: (östr.) eine Mehlspeise als Suppeneinlage ✳ **Schö|ber-ling (Schö|ber|ling)** der; –s, –e: Eichhase : Korallen-schwamm (essbare Pilze) ✳ **scho|bern, schö|bern** (ich ..[e]re) tr.: Schober aufschichten

Schock, der; –s, –s: Angriff : Anprall : (Med.) Nervener-schütterung durch Schreck oder seelischen Schmerz : ✳ (Med.) *Schockbehandlung; Schockfarbe; schockfrieren; Schocklage; schocklüften; Schocktherapie; Schockwir-kung* ✳ **scho|cken** intr., tr.: stoßen, erschüttern : schwingend werfen, sich schwingend bewegen : (Turnkst.) mit einer Hand werfen ✳ *ein Schiff schockt:* das Schiff fängt an, flott zu werden ✳ **scho|ckie|ren** tr.: erschrecken : in sittliche Entrüstung versetzen ✳ **scho|ckings, sho|cking** (e.) Ew.: schockierend : peinlich : faszinierend [e. shock Stoß, Schlag]

Schock, das; –(e)s, –s: Maß von 60 Stück : Haufe : (weidm.) Ring an den Hörnern des Steinbocks ✳ *drei Schock* ✳ *schockweise* Uw.: nach Schock gemessen

Schock|schwe|re|not!: (veralt.) ein Fluch; vgl. Schwerenö-ter

Schof, der; –(e)s, –e und

Schöfe: (niederd.) Schaub : Strohdecke : (weidm.) Kette von Wildgänsen und Wildenten

scho|fel, scho|fe|lig, schof-lig (jidd.) Ew.: armselig : gemein : geizig ✳ **Scho|fel,** der, –s: schlechte Ware : Ausschuss ✳ *Schofelware; Schofelwelt* [hebr. schâfel sinken]

Schö|fe, der; –n, –n: Beisitzer : Laienrichter ✳ *Schöffenbank; Schöffengericht; Schöffenstuhl*

Schof|för, der; –s, –e: frühere Eindeutschung von Chauffeur, „Heizer", Kraftwagenführer, Fahrer ✳ **schof|fie|ren** (..iert) intr.: den Kraftwagen lenken, fahren; s. Chauffeur

Scho|gun, Sho|gun (jap.), der; –s, –e: (früher) Oberbe-fehlshaber, Stellvertreter des Kaisers ✳ **Scho|gu|nat,** –(e)s: Amt des Schoguns

Scho|ko: (Umgspr.) Kurzform für Schokolade ✳ *Schokoriegel* ✳ **Scho|ko|la|de** (mexik.), die; –, –n: Genussmittel aus einer Kakaomasse und Zucker ✳ *schokoladenbraun* Ew.; *Schokolade(n)eis; Schokolade(n)fa-brik; schokolade(n)farben* Ew.; *Schokolade(n)guß →* *Schokolade(n)guss; Schoko-lade(n)plätzchen; Schoko-lade(n)pudding; Schoko-lade(n)pulver; Schokoladen-speise; –streusel; –tafel; –torte; Schokolade(n)ver-brauch* ✳ **scho|ko|la|den** Ew.: aus Schokolade bestehend

Scho|lam le|chem (jüd.): Friede sei mit euch! (jüdischer Gruß) [hebr. schalom alechem Friede bei euch]

Scho|lar (gr.-l.), der; –en, –en: Student, fahrender Schüler (im MA) ✳ **Scho|l|arch,** der; –en, –en: Schulvorstand : Schulvor-steher : Schulmeister (im MA) ✳ **Scho|l|ar|chat,** das; –(e)s, –e: Amt des Scholarchen : Auf-sichtsbehörde einer Schule ✳ **Scho|la|rin,** die; –, –nen: Schü-lerin ✳ **Scho|last,** der; –en, –en: fahrender Student ✳ **Scho|las|tik,** die; –: Schul-weisheit (im Mittelalter) : die antike Philosophie aufgrei-fende christliche Philosophie des Mittelalters : (übertr.) eng-stirnige Schulweisheit : forma-listisches Argumentieren ✳ **Scho|las|ti|ker,** der; –s, –:

Schulgelehrter : Vertreter der Scholastik : Lehrer der Bered-samkeit bei den Römern : (ver-ächtl.) Wortkrämer ✳ **Scho|las|ti|kum,** das; –s, ..ka und ..ken: Klassenarbeit ✳ **scho|las|tisch** Ew.: auf die Scholastik bezogen : schulmä-ßig : geklügelt : spitzfindig ✳ **Scho|las|ti|zis|mus,** der; –: (überspitzte) Lehre der Scho-lastiker : Spitzfindigkeit [gr. schole Einhalt, Muße, Lehran-stalt; l. scholasticus zur Schule gehörig]

Scho|li|ast, der; –en, –en: Er-klärer, Ausleger alter Schrift-steller ✳ **Scho|lie,** die; –, –n: gelehrte Randglosse : Erklä-rung bei alten Schriftstellern ✳ **Scho|li|on,** das; –s, ..lien: An-merkung der alten Gramma-tiker zum Text der griechischen und römischen Schriftsteller [gr. scholion Erklärung, Ausle-gung]

Schol|le, die; –, –n; Schöll-chen: Erdklumpen : das Stück Erde, auf dem man lebt : Stück zerbrochener Eisdecke ✳ *Schollenbrecher:* eine Acker-walze : *Schollengebirge:* durch Einbrüche entstandenes Ge-birge ✳ **schol|lern** (ich ..[e]re) intr.: in Schollen zerbrechen : rollen, rutschen ✳ **schol|lig** Ew.: aus Schollen bestehend : mit Schollen behaftet

Schol|le, die; –, –n: Plattfisch, ein Stachelflosser

Schol|li: nur in *mein lieber Scholli!:* Ausruf der Verwunde-rung : mein lieber Freund! [fr. joli Liebling, Schätzchen]

Schöll|kraut: s. Schellkraut

Scholl|ti|sei, Schul|ti|sei (schles.), die; –, –en: Amt des Schultheißen, des Gemeinde-vorstehers

schon Uw.: ganz und gar : bereits : früher als erwartet : nicht zu spät : rechtzeitig : ohnehin : allein, nur ✳ *wenn er doch nur schon käme; ich werde es dir schon sagen; es wird schon gut gehen; schon gut; das ist schon wahr; er hat schon genug; schon der bloße Anblick ent-zückt* ✳ **schön** Ew. (Schönste, am schönsten) (Ggs. hässlich): von körperlicher Wohlgestalt : vollkommen : angenehm : rei-zend : künstlerischen Anforderungen entsprechend : herrlich : freundlich : hell, lauter (bei Getränken) ✶ *sich schönmachen:* sich putzen, schmücken; *aufs (auf das) schönste schmücken:* auf die schönste Weise..; *sein Sinn ist immer aufs (auf das) Schönste gerichtet; alles, etwas, nichts Schönes* ✶ *die schönen Künste, schönen Wissenschaften; ein schöner Geist; eine schöne Seele; das schöne Geschlecht:* das weibliche Geschlecht; *schönes Wetter; er wird sich schön wundern; ein schöner Trost:* (spött.) kein Trost; *das kostet ein schönes Geld* ✶ *schönfärben:* zu günstig darstellen; *Schönfärber(ei); schöngefärbt* Mw. Ew.; *Schöngeist; schöngeistig* Ew.; *Schönmaler(ei); schönreden:* schmeicheln : verharmlosen, zum Angenehmen hin verfälschen; *schön reden:* auf schöne Weise reden; *Schönredner; Schönrednerei; schönrednerisch* Ew.; *schönschreiben* intr.: Schönschrift schreiben; *schön schreiben:* eine schöne Handschrift haben; *Schönschreibheft; Schönschreibekunst:* Kalligraphie; *Schönschrift; schöntun* intr.: sich zieren : liebkosen : schmeicheln; *Schöntuer(ei)* ✶ **Schö|ne,** die; –, –n: Schönheit : (schweiz.) schönes Wetter : schönes Mädchen, schöne Frau ✶ **scho|nen** tr.: auf schöne Weise, rücksichtsvoll behandeln : verschonen : vor Zerstörung oder Verletzung in Acht nehmen ✶ *die Augen schonen;* der *Kranke muss sich schonen* ✶ *Schonfrist; Schongebiet; Schonkost:* Krankenkost : Diät; *Schonwaschgang; Schonzeit:* Hegezeit des Wildes ✶ **schö|nen** tr.: schön machen : (Färb.) fertig Gefärbtem durch chemisches Bad ein schöneres Aussehen geben : (Winz.) (Wein) klären; intr.: (schweiz.) schön werden, aufklären (vom Wetter) ✶ **Schö|ner,** der; –s, –: ein Schonender : Schutzdecke, Schutzbezug ✶ **Schön|heit,** die; –, –en: das Schönsein : schönes Mädchen, schöne Frau ✶ *Schönheiten sagen:* Artigkeiten sagen ✶ *Schönheitsfarm; Schönheitsfehler; Schönheits-*

fleck; Schönheitsideal; Schönheitskönigin; Schönheitsmittel; Schönheitsoperation; Schönheitspflaster: kleines Pflaster aus schwarzem Taft fürs Gesicht; *Schönheitspflege:* Kosmetik; *Schönheitssinn; schönheitstrunken* Ew.; *Schönheitswettbewerb* ✶ **Schön|hei|te|lei,** die; –, –en: etwas, was verzärteltem, kleinlichem Geschmack für Schönheit gilt ✶ **Schön|ling,** der; –s, –e: (abwertend) besonders gut aussehender Mann, der sich darauf etwas einbildet ✶ **schon|sam** Ew.: schonend ✶ **Scho|nung,** die; –, –en: das Schonen : als Schongebiet ausgewiesener Forst : junge Baumpflanzung ✶ *schonungslos* Ew.; *Schonungszeit:* Schonzeit ✶ **Schö|nung,** die; –, –en: das Klärung des Weines

schönfärben, schönreden/ schön färben, schön reden Wortverbindungen aus Adjektiv und Verb schreibt man zusammen, wenn das Adjektiv nicht gesteigert oder erweitert werden kann. Dies ist bei *schönfärben* und *schönreden* in der Bedeutung des beschönigenden Verfälschens der Fall. Bezeichnet das Adjektiv jedoch nur die Weise des Färbens oder Redens näher, so ist es steigerbar oder erweiterbar und getrennt zu schreiben: *schön färben* und *schöner färben; schön reden* und *sehr schön reden.*

Scho|ner (e.). der; –s, –: Segelschiff mit zwei oder drei Masten, meist mit Gaffelsegeln **Scho|nung, Schö|nung, Schon|zeit** usw.: s. schon **Schopf,** der; –(e)s, Schöpfe; Schöpfchen: kurz für Haarschopf : die Gesamtheit des Haupthaares : Haarbüschel : Kessel im Bau des Murmeltieres : Bart unten am Hals beim Hirsch und Elch : Federbüschel auf dem Kopf der Vögel ✶ *die Gelegenheit beim Schopfe packen:* die Chance nutzen ✶ *Schopfente; Schopflerche:* Haubenlerche ✶ **schop|fig** Ew.: einen Schopf habend **Schopf,** der; –(e)s, Schöpfe: Wetterdach : leichtes Bretter-gebäude als Stall, Schuppen

Schöp|fe, die; –, –n: Gefäß zum Schöpfen : Ort, an dem man schöpft, Stelle an Flüssen, die zum Wasserschöpfen oder Wäschespülen eingerichtet ist : Spüle ✶ **schöp|fen** tr.: mit einem Gefäß eine Flüssigkeit herausnehmen : (Papiermacher) das flüssige Ganzzeug mit der (Schöpf-)Bütte auf die Form ausbreiten : (Schiff) (Wasser –) Wasser eindringen lassen : atmen, Luft schnappen : befruchtet werden, empfangen : (übertr.) finden, geben, schaffen ✶ *ein Gefäß voll, leer schöpfen; frische Luft schöpfen; der Kahn schöpft schon Wasser; Argwohn, Hoffnung, Verdacht schöpfen* ✶ *Schöpfbrunnen; Schöpfeimer; Schöpfgefäß; Schöpfkelle; Schöpflöffel; Schöpfmühle:* Mühlwerk, um Wasser aus Gräben oder Teichen zu schöpfen; *Schöpfrad; Schöpfrüssel:* Fliegenrüssel; *Schöpfwerk* ✶ **Schöp|fer,** der; –s, –: Erschaffer, Gott : ein Schöpfender : Schöpfgefäß : eine Art Leistenschnecke ✶ *Schöpfergeist; Schöpferhand; Schöpferkraft; Schöpferwort* ✶ **schöp|fe|risch** Ew.: mit Schöpferkraft ausgerüstet : erfinderisch ✶ **Schöp|fung,** die; –, –en: Erschaffung (der Welt oder der Menschheit) : das Schaffen, Erschaffen : die Gesamtheit des Erschaffenen ✶ *Schöpfungsbericht; Schöpfungsgeschichte; Schöpfungstag*

schop|pen (mundartl.) tr.: mästen : nudeln : Oberbekleidung so weit aus Hosenbund oder Gürtel hervorziehen, dass sie bauschig getragen wird ✶ **schöp|peln** (ich schöpp[e]le, du schöppelst) intr.: häufig und gern eine Schoppen trinken; tr.: (südd., schweiz.) einem Baby die Flasche geben ✶ **Schop|pen,** der; –s, –: Schöppchen: ein Flüssigkeitsmaß für Bier, Wein : (südd., schweiz.) Babyflasche ✶ *schoppenweise* Uw.

Schop|pen: s. Schopf (Wetterdach)

Schöps (tschech.), der; –es, –e: verschnittener Schafbock : Hammel : Halbbier, Schweidnitzer Klosterbier : (übertr.)

Dummkopf ✳ *Schöpsenbraten; Schöpsenfleisch* ✳ **schöp|sen|haft, schöp|sig** Ew.: dumm
Schorf, der; –(e)s, –e: Grind, Decke von eingetrocknetem Blut und Gewebesaft auf Wunden : eine Pflanzenkrankheit infolge Pilzbefalls ✳ *schorfartig* Ew. ✳ **schor|fig** Ew.: mit Schorf behaftet
Schörl, der; –(e)s, –e: Name für Versteinerungen : schwarzer Turmalin ✳ *Schörlspat:* ein Gestein
Schor|le, die, –, –n; **Schor|le|mor|le** (schweiz.), das; –s, –s: Mischung aus Wein und Sodawasser
Schorn|stein, der; –(e)s, –e: Esse : Kamin : Schlot : Rauchfang ✳ *eine Schuld in den Schornstein schreiben:* die Hoffnung auf Bezahlung aufgeben ✳ **Schorn|stein|fe|ger,** der; –s, –: Schlot-, Essenreiniger : Rauchfangkehrer
Scho|scho|nen Mz.: nordam. Indianerstamm
Scho|se (fr.), die; –, –n: Sache: peinliche Angelegenheit [fr. chose Sache]
Schoß, der; Schoßes, Schöße; Schößchen: der beim Sitzen vom Unterleib und Schenkel gebildete Raum des Körpers : Zipfel an der Kleidung in der Schoßgegend : Mutterleib : (übertr.) etwas bergend, schützend in seinem Innern Einschließendes ✳ *auf den Schoß nehmen, setzen; sicher wie in Abrahams Schoß; die Hände in den Schoß legen:* müßig sein; *es fällt ihm in den Schoß:* er erhält es ohne Zutun ✳ *Schoßbein:* Schambein; *Schoßhund:* kleiner verhätschelter Hund; *Schoßkind:* verzärteltes Kind; *Schoßrock:* im Biedermeier beliebter Männerrock mit langen Schößen
Schoß → **Schoss,** der; –es, –e; Schösschen: junger Trieb, Halm, Zweig, Ranke an Pflanzen, Schössling : (veralt.) Steuer, Zoll ✳ *Schoßbrett: Schossbrett:* (bayr.) Schutzbrett ✳ **schos|sen** (du schossest und schosst, er schoss; du schosst und schossest; geschosst) tr.: Abgabe zahlen; intr.: Schösslinge treiben ✳ **Schos|ser,**

Schös|ser, der; –s, –: (veralt.) Steuer-, Zolleinnehmer ✳ **Schös|se|rei,** die; –, –en: Amt und Wohnung eines Schössers ✳ **Schöß|ling** → **Schöss|ling,** der; –s, –e: Sprössling : Trieb
Schoß.., Schoss..
Der scharfe *s*-Laut wird nach langem Vokal durch *ß* wiedergegeben, nach kurzem Vokal durch *ss*.
Schot, Scho|te, die; –, ..ten: (Schiff) hintere Segelleine ✳ **Schot|horn,** das; –(e)s, ..hörner: untere Segelecke
Scho|te (jidd.), der; –n, –n: Narr, Schaute, Geck
Scho|te, die; –, –n; Schötchen: Frucht der Kreuzblütler : Fruchthülse der Erbse : (Mz.) grüne Erbsen ✳ *schotenförmig* Ew.; *Schotenfrucht; Schotenklee; Schotenpfeffer*
Schott (niederd.), das; –(e)s, –s; **Scho|te,** die, –, –n: Verschlag : Scheidewand, die ein Schiff in einzelne wasserdichte geschlossene Räume teilt
Schott, der; –(e)s, –e: Name für Salzsumpf in Algerien und Tunesien
Schot|te, der; –n, –n: Einwohner Schottlands ✳ *Schottenrock; Schottenwitz* ✳ **Schot|ten,** der; –s, –: Stoff des schottischen Rockes : karierter Stoff ✳ **schot|tisch** Ew.: auf Schottland bezüglich : kariert ✳ *schottischer Schäferhund* ✳ **Schot|tisch(e),** der; ..en, ..en: ein Tanz ✳ **Schott|land:** nördlicher Landesteil Großbritanniens
Schot|te, der; –n, –n: (niederd.) junger Hering ✳ **Schot|ten** Mz.: im Herbst laichende Heringe
Schot|te, die; –, –n; **Schot|ten,** der; –s, –: Molke ✳ *Schottenkäse* ✳ **schot|tig** Ew.: molkig
Schot|ter, der; –s, –: zerkleinertes Hartgestein : von Flüssen abgelagertes Geröll : Kies : (Gaunerspr.) Geld ✳ *Schotterdecke; Schotterstraße* ✳ **schot|tern** (ich ..[e]re) tr.: (Straßen –) mit Schotter belegen, unterbetten ✳ *geschottert* Mw. Ew. ✳ **Schot|te|rung,** die; –, –en: das Schottern : der Schotter
Schraf|fen, der; –s, –: (mund-

artl.) Schramme : Risswunde; **Schraf|fen,** die (Mz.): Striche einer Schraffur : (kartographische) Strichelung, Bergschraffen ✳ **schraf|fie|ren** (..iert) intr., tr.: durch Strichelung Stellen in einer Zeichnung dunkel machen ✳ **Schraf|fie|rung, Schraf|fur,** die; –, –en: Strichelung
schräg(e) Ew.: in einer Richtung verlaufend, die mit der geraden einen schiefen Winkel bildet : (übertr.) unkonventionell, originell : (Mus., Umgspr.) dissonant ✳ *schräger Vogel:* unkonventioneller, origineller Mensch; *schräger Otto:* (Musikerjargon) ungewohnte Tonbeziehungen enthaltender Akkord ✳ *Schrägachse; schräghin* Uw.; *Schrägdach; Schräglage; schräglaufend* → *schräg laufend* Ew. und Mw. Ew.; *Schrägschnitt; Schrägschrift; Schrägstrich; schrägüber* Uw. ✳ **Schrä|ge,** die; –, –n: schräge Richtung : etwas schräg Abfallendes : scharfe Kante, Dachschräge (First) ✳ **schra|gen** tr.: Balken zu Schragen verbinden ✳ **Schragen,** der; –s, –: schräg oder kreuzweise ineinander gefügte Hölzer oder Balken : Gerüst : Sägebock : Bahre : (Forstw.) Haufe verschränkt geschichteten Scheitholzes (ein Maß) ✳ **schrä|gen** tr.: schräg machen : schief abkanten : mit einem Geschräge (Schragen) versehen ✳ **Schräg|heit,** die; –: das Schrägsein ✳ **Schrä|gung,** die; –, –en: das Schrägmachen : die Abkantung
schral Ew.: (seem.) halb von vorn kommend : schwach : ungünstig (vom Wind) ✳ **schra|len** intr.: ungünstig sein ✳ *der Wind schralt*
Schram, der; –(e)s, Schräme: (Bergb.) schmaler, ausgehauener Einschnitt in das Gestein oder Kohlenflöz ✳ *Schrambohrer* ✳ **schrä|men** intr.: einen Schram aushauen oder schneiden ✳ *Schrämmaschine:* (Bergb.) Maschine zum Ablösen großer Kohlenstücke ✳ **Schram|me,** die; –, –n; Schrämmchen: nur die Oberfläche treffender Riss : Risswunde, -narbe : Kratzer ✳

schram|men intr.: scharf an etwas anstreifen; tr.: ritzend eine Schramme machen ✳ **schram|mig** Ew.: mit Schrammen behaftet

Schram|mel|mu|sik, die; –: eine Art Wiener Volksmusik (nach den östr. Musikern Johann und Josef Schrammel) ✳ *Schrammelquartett* ✳ **schram|meln** intr.: Schrammelmusik spielen

Schrank, der; –(e)s, Schränke; Schränkchen: aufrecht stehendes größeres, meist mit Türen versehenes Behältnis für Sachen : Schrein : Spind : (weidm.) seitliche Abweichung einer Edelwildfährte von einer gedachten geraden Linie ✳ *Schrankbett; Schrankelement; Schrankfach; Schrankkoffer; Schrankschloß* → *Schrankschloss; Schrankschlüssel; Schrankspiegel; Schranktür(e); Schrankwand* ✳ **Schran|ke,** die; –, –n, **Schran|ken,** der; –s, –: horizontaler Sperrbalken bei Übergängen : absperrende Einfriedung eines Raumes durch Gitter : (übertr.) das, wodurch etwas in bestimmten Grenzen gehalten wird ✳ *einer Person oder Sache Schranken setzen; in seinen Schranken bleiben* intr.; *vor die Schranken rufen* tr.: vor Gericht rufen ✳ *schrankenlos* Ew.: *Schrankenlosigkeit; Schrankenwärter:* Bahnwärter ✳ **Schrän|ken,** das; –s: das Abweichen der rechten und linken Tritte des Hirsches von der Mittellinie der Fährte ✳ **schrän|ken** tr.: kreuzweise übereinander legen, verschränken : kreuzweise durch-, ineinander schlingen : in enge Schranken einschließen, einschränken : schräge abweichen machen; intr.: von der geraden Linie seitwärts abweichen : die Zähne der Säge seitwärts aus der Ebene des Blattes biegen ✳ *die Arme über der Brust schränken; die Beine übereinander schränken* ✳ *Schränkeisen:* Gerät zum Schränken der Säge; *Schränklinge:* Werkzeuge zum Biegen der Sägezähne ✳ **schrän|kicht** Ew.: kreuzweise

Schran|ne, die; –, –n: Feil-

bank : Anklagebank : Verkaufsraum für Schlachter- und Bäckerwaren : Getreidemarkt ✳ *Schrannenplatz; Schrannenpreis*

Schranz, der; –es, Schränze: (mundartl.) Riss ✳ **Schranz,** **Schran|ze,** der; –n, –n; **Schran|ze,** die; –n, –n; Schränzchen: (verächtl.) schmeichelnder Höfling : Speichellecker ✳ *Schranzenart; Schranzenpack* ✳ **schran|zen** (du schranzest und schranzt) intr.: sich nach Schranzenart benehmen : (mundartl.) gierig essen ✳ **schran|zen|haft** Ew.: wie eine Schranze beschaffen

Schra|pe, die; –, –n: Kratzeisen : Schraper ✳ **schra|pen,** **schrap|pen** tr.: kratzend schaben, abkratzen : mit der Schrape, dem Schraper arbeiten ✳ *Schrappeisen* ✳ **Schra|per, Schrap|per,** der; –s, –: Schrappeisen : ein mit der Schrape Arbeitender ✳ **Schrap|sel,** das; –s –: das Abgeschrapte

Schrap|nell (e.), das; –s, –e: Granatkartätsche, Sprenggeschoss mit Kugelfüllung [nach dem Erfinder benannt]

Schrat, der; –(e)s, –e; **Schrä|tel,** der; –s, –: (Märchen) Waldgeist : Alpdruckgeist : Kobold [ahd. scrato Poltergeist]

Schrat|se|gel, das; –s, –: „Schrägsegel", längsschiffiges dreieckiges Segel

Schrat|te, die; –, –n: Rille (im Kalkstein) ✳ *Schrattenkalk:* zerklüftetes Kalkgestein, Hippuritenkalk

Schrau|be, die; –, –n; Schräubchen: mit einem Gewinde versehener Nagel zum Eindrehen : Schraubenspindel und Schraubenmutter zusammen : Antriebsvorrichtung für Schiffe : eine Gattung Schnecken : (Sport) Sprung mit Drehung des Körpers um die Längsachse : etwas Schraubenähnliches : (spött.) alte verdrehte Person ✳ *die Schraube(n) anziehen:* jmdn. unter Druck setzen; *bei jemandem ist eine Schraube locker:* er ist ein bisschen verdreht ✳ *Schraubenbewegung:* Drehbewegung wie bei einer

Schraube; *Schraubenbohrer:* Gewindebohrer; *Schraubendampfer; Schraubendreher; Schraubenfeder; Schraubengang:* Gewindegang; *Schraubengewinde; Schraubenkopf; Schraubenlinie; Schraubenmutter* (Mz. ..muttern): Metallplättchen mit Loch und Gewinde zum Aufschrauben auf die Schraubenspindel; *Schraubenpresse; Schraubenschlüssel:* Werkzeug zum Anziehen und Lösen von Schrauben; *Schraubenschnecke; Schraubenspindel; Schraubenwelle:* Welle mit eingeschnittenem Gewinde; *Schraubenwinde:* Winde zum Zusammenziehen der Dauben; *Schraubenzieher* ✳ **schrau|ben** (du schraubtest, [veralt.] schrob[e]st; du schraub[e]test, [veralt.] schröbest; geschraubt, [veralt.] geschroben [nicht in übertragener Bedeutung]; schraub[e]!) tr.: eine Schraube drehen : langsam und unmerklich bewegen : festhalten, fesseln, foltern : mit drängender Gewalt bewegen : in eine außergewöhnliche Höhe hinauftreiben : künstlich mit Windungen zustande bringen : zum Besten haben, ärgern ✳ *fester, loser, zusammenschrauben* tr. ✳ *Schraubbolzen; Schraubdeckel:* Deckel zum Aufschrauben; *Schraubstock:* Werkzeug; *Schraubverschluß* → *Schraubverschluss; Schraubzwinge* ✳ **Schraube|rei,** die; –, –en: das Schrauben : Geschraube : ärgerndes Aufziehen

Schre|ber|gar|ten, der; –s, ..gärten: Kleinsiedlergarten [nach dem Leipziger Arzt Schreber benannt] ✳ *Schrebergärtner*

Schreck, der; –(e)s, –e und –en: Schrecken : (weidm.) Schrecktuch ✳ *Schreckbild; Schreckfarben* Mz.: bunte Warnungszeichen mancher Tiere zur Abwehr von Angreifern ✳ *Schreckgespenst; Schreckgestalt; Schreckschuß* → *Schreckschuss:* Abschreckungsschuss : leere Drohung; *Schreckschußpistole* → *Schreckschusspistole; Schrecksekunde; Schreckstarre* ✳ **Schre|cke,** die; –, –n: Heu-

springer, Heuschrecke : Wachtelkönig ✳ **Schre|cken,** der; –s, –: plötzliche heftige Empfindung der Angst oder des Entsetzens ✳ *Schreckensbilanz; Schreckensbild; schreckensblaß* → *schreckensblass* Ew.; *schreckensbleich* Ew.; *Schreckensbote; Schreckensbotschaft; schreckenerregend* → *Schrecken erregend; Schreckensgestalt; Schreckensherrschaft; Schreckensnacht; Schreckensort; Schreckensruf; Schreckensstunde; Schreckenstat; Schreckensvision; Schreckenszeit* ✳ **schre|ckeln** (ich ..[e]le) intr.: ächzen : (weidm.) schreien ✳ **schre|cken** (du schrickst, er schrickt; du schrak[e]st, er schrak, du schräkest; erschrocken; schrick!) intr.: zerspringen, bersten : plötzlich abkühlen : in Schrecken geraten ✳ **schre|cken** (du schreckst, er schreckt; du schrecktest, er schreckte; geschreckt; schrecke]!) tr.: (seem.) rucken : in Schrecken setzen : plötzlich abkühlen oder erhitzen ✳ **schreck|haft** Ew.: leicht erschreckend ✳ **Schreck|haftig|keit,** die; –: leichte Erschreckbarkeit ✳ **schreck|lich** Ew.: erschütternd : Schrecken erregend : furchtbar ✳ **Schreck|lich|keit,** die; –, –en: Schrecken Erregendes ✳ **Schreck|nis,** das; ..nisses, ..nisse: Schreck : das Erschreckende ✳ **Schrecken erregen, Schrecken erregend**
Wortverbindungen aus Substantiv und Verbform werden getrennt geschrieben, wenn durch Zusammenschreibung kein Artikel oder keine Präposition eingespart werden könnte: *Sein Äußeres erregt Schrecken* (ohne Artikel, ohne Präposition). Daher: *Sein Äußeres ist Schrecken erregend.*

Schred|der (e.), der; –s, –: technische Anlage zum Zerkleinern und Pressen von verkehrsuntüchtigen Autos
Schrei, der; –(e)s, –e: lauter, kurzer Ruf, meist als Ausdruck einer heftigen Empfindung, etwa der Angst, der Freude, der Not, des Schmerzes : Geschrei; Schreien ✳ **schrei|en** (du

schriest, du schrieest; geschrien; schrei[e]!) intr., tr.: einen Schrei ausstoßen : einen lauten Ruf, schrillen Laut ertönen lassen (auch von Tieren, die nicht singen, nicht bellen, nicht brüllen) : schreiend, schimpfend reden : laut weinen, brüllen (von Kindern) : knirschen (von Zinn) : grell hervortreten (von Farben) ✳ *vor Schmerz, Angst, Entsetzen, Freude etc. schreien* intr.; *um Hilfe schreien* intr.; *das schreit zum Himmel:* das ist haarsträubend ✳ *Schreihals; Schreikrampf* ✳ **schrei|end** Mw. Ew.: grell : schrill : bodenlos ✳ *schreiendes Unrecht* ✳ **Schreier,** der; –s, –: ein Schreiender ✳ **Schrei|e|rei,** die; –, –en: das Schreien : Geschrei ✳ **schrei|e|risch** Ew.: schreiend ✳ **Schrei|be,** die; –: (Umgspr.) Schreibstil : Geschriebenes ✳ *flotte Schreibe:* ansprechender, mitreißender Stil; *journalistische Schreibe* ✳ **schrei|ben** (l.) (du schrieb[e]st, du schriebest; geschrieben; schreib[e]!) tr.: mit einem spitzen Gerät (Schreibfeder u. dgl.) Schriftzeichen sichtbar werden lassen : Manuskript anfertigen : Brief verfassen : sich schriftstellerisch betätigen : schriftlich behaupten : datieren : Neuigkeiten, Tagesereignisse melden; rbz.: heißen : in Briefwechsel miteinander stehen ✳ *lesen und schreiben lernen; deutlich schreiben; eine Oper schreiben; für eine Zeitung schreiben; die Zeitung schreibt; einen schönen Stil schreiben; falsch schreiben; die Feder schreibt gut; in den Schornstein schreiben* tr.: aufgeben: *hinter die Ohren schreiben:* sich merken; *das steht in den Sternen geschrieben:* das ist vorherbestimmt; *den wievielten schreiben wir heute?:* welchen Tag des Monats haben wir? ✳ *Schreibart:* Stil : Handschrift; *Schreibautomat; Schreibbedarf; Schreibblei:* Reißblei; *Schreibblock; schreibfaul* Ew.; *Schreibfeder; Schreibfehler; schreibfertig* Ew.; *Schreibgebühr; Schreibgerät; Schreibheft; Schreibkraft; Schreibkrampf; schreib-*

kundig Ew.; *Schreibkunst; Schreibkünstler:* Kalligraph; *Schreiblesemethode; schreiblustig* Ew.; *Schreibmappe; Schreibmaschine; Schreibmaterial; Schreibpapier; Schreibschrift; Schreibstift:* Griffel; *Schreibstube:* Kontor, Büro; *Schreibtafel; Schreibtisch; Schreibtischtäter; Schreibübung; Schreibunterlage; Schreibunterricht; Schreibutensilien* Mz.; *Schreibwaren* Mz.; *Schreibweise:* Stil : Art zu schreiben; *Schreibzeug; Schreibzimmer* ✳ **Schrei|ben,** das; –s, –: das Schreiben : Schriftstück ✳ **Schrei|ber,** der; –s, –: ein Schreibender : Verfasser eines Schriftwerks : Kopist : Büroangestellter, der viel schreibt ✳ *Schreiberamt; Schreiberposten; Schreiberseele:* (verächtl.) Schreiber; *Schreiberstelle* ✳ **Schrei|be|rei,** die; –, –en: das (viele, schlechte) Schreiben : das Geschriebene : Tätigkeit eines Schreibers ✳ **Schrei|be|rin,** die; –, –nen: eine Schreibende ✳ **Schrei|ber|ling,** der; –s, –e: (verächtl.) schlechter Schriftsteller oder Journalist : Vielschreiber : Kopist ✳ **Schrei|bung,** die; –, –en: das Schreiben : Schreibart : Rechtschreibung
Schrei|ber|hau: Luftkurort im Riesengebirge
schrei|en, Schrei|er usw.: s. Schrei
Schrein, der; –(e)s, –e: hölzerner Behälter : Schrank : Sarg : (übertr.) das Innere ✳ *Schreinhalter:* Archivar ✳ **Schrei|ner,** der; –s, –: Tischler ✳ *Schreinerarbeit; Schreinermeister* ✳ **Schrei|ne|rei,** die; –, –en: Tischlerei ✳ **schrei|nern** (ich ..[e]re) intr., tr.: tischlern
schrei|ten (du schritt[e]st, du schrittest; geschritten; schreit[e]!) intr.: mit abgemessenen Schritten ruhig gehen : einen schönen Gang haben : im Tanzschritt gehen : abgemessen, bedächtig gehen ✳ *zu etwas schreiten* intr.: an etwas herangehen, ins Werk setzen ✳ *Schreitbagger; Schreittanz; Schreitvogel; Schreitwanze* ✳ **schreit|lings** Uw.: wie schreitend ✳ **Schrei|tung,** die; –,

–en: das Schreiten (in der Tanzkunst)

Schrenz, der; –es, –e: (bayr.) minderwertiges Papier : Löschpapier * *Schrenzpapier*

Schrieb, der; –s, –e: (oft abwertend) Brief : Schriftstück

Schrift (l.), die; –, –en: Darstellung von Wörtern und Lauten durch sichtbare Zeichen : Handschrift : Urkunde : Schriftstück : gerichtlicher Schriftsatz, Eingabe : Brief : Zeitschrift : Buch geringen Umfanges : (Mz.) Papiere, Briefschaften : Flugschrift, knapp gehaltenes Werbeschreiben : (Buchdrw.) Gesamtheit jeweils nach Größe und Form zueinander gehörender Drucktypen * *griechische Schrift; unleserliche Schrift; einem eine Schrift aufsetzen; eine Schrift einreichen; gesammelte Schriften; die Heilige Schrift:* Bibel * *Schriftart; Schriftauslegung:* Auslegung der Heiligen Schrift; *Schriftbild; Schriftdeuter; Schriftdeutsch:* das im Schriftverkehr gebräuchliche Deutsch; *Schriftfälscher; Schriftform; Schriftführer:* Protokollführer, Sekretär; *Schriftgebrauch; Schriftgelehrte; schriftgemäß* Ew.; *Schriftgießer:* Hersteller von Drucklettern; *Schriftgießerei; schriftgläubig* Ew.; *Schriftgrad:* bestimmte Größe von Drucklettern; *Schrifthöhe; Schriftkasten:* Setzerkasten; *Schriftkegel:* (Buchdrw.) Dicke der Lettern; *Schriftkünstler:* Kalligraph; *Schriftleiter:* Redakteur; *Schriftleitung; Schriftlinie; Schriftmetall:* Legierung aus Antimon, Zinn und Blei für Buchdrucklettern; *Schriftprobe; Schriftsatz; Schriftsetzer; Schriftspiegel; Schriftsprache; Schriftstecher:* Graveur; *Schriftsteller(in):* Verfasser(in) von Schriftwerken; *schriftstellerisch* Ew.; *Schriftstellername:* Pseudonym eines Schriftstellers; *Schriftstück:* etwas Geschriebenes : Dokument; *Schriftvergleichung:* die Arbeit eines Schriftsachverständigen; *Schriftverkehr; schriftverständig* Ew.; *Schriftwart; Schriftwechsel:* Briefwechsel;

Schriftwerk; Schriftzeichen: Buchstabe, Letter, Interpunktionszeichen; *Schriftzeug; Schriftzug:* Unterschrift : Schreibweise * *Schriftennachweis; Schriftenreihe; Schriftenverzeichnis* * **schrift**|**lich** Ew.: mittels der Schrift abgefasst : in einer Schrift bestehend (Ggs. mündlich) * *ich gebe es schriftlich:* bestätige es schriftlich; *etwas Schriftliches von sich geben* * **Schrift**|**tum,** das; –s: Literatur : Gesamtbegriff für alle gedruckten geistigen Erzeugnisse

schrill Ew.: grelltönend : durchdringend * **schril**|**len** intr., tr.: schrill tönen

Schrimp: s. Shrimp

schrin|**nen** intr.: (niederd.) stechend schmerzen

schrin|**ken** (e.) tr.: Gewebe werksseitig durch Anfeuchten einlaufen lassen, so dass es anschließend nicht weiter einläuft [e. shrink schrumpfen]

Schrip|**pe,** die; –, –n: (berl.) längliches Weißbrötchen mit eingekerbter Oberfläche [von schrapen kratzen]

Schritt, der; –(e)s, –e: das einmalige Auseinandersetzen der Füße beim Gehen : schreitende Bewegung, Gangart : der durch das Weitersetzen eines Fußes gewonnene Raum : ein Maß : (übertr.) zielgerichtete Handlung * *mit schnellen Schritten; Schritt für Schritt:* allmählich; *im Schritt fahren, reiten* intr.; *aus dem Schritt kommen* intr.; *mit etwas Schritt halten* intr.; *jemandes Schritte überwachen:* jemandes Tun überwachen; *Schritte unternehmen* * *Schrittlänge; Schrittmacher:* (bei Pferderennen) führendes Pferd : (bei Radrennen) der einem anderen vorausfahrende, das Tempo angebende Radfahrer; *Schrittmachermaschine; Schrittmesser; Schrittanz* →; *Schritttanz; Schritttempo* →; *Schritttempo; schrittweise* Uw.; *Schrittweite; Schrittzähler:* Pedometer : Wegmesser * **schritt**|**lings** Uw.: (wie) im Schritt : Schritt vor Schritt gehend

schroff Ew.: steil abfallend : jäh abschüssig (von Felsen) : (übertr.) abweisend, grob *

Schroff, der; –(e)s und –en, –en; **Schrof**|**fen,** der; –s, –: Felsklippe : steiler Fels * **Schrof**|**fe,** die; –, –n: Schroffen * **Schroff**|**heit,** die; –, –en: schroffe Äußerung : das Schroffsein

schröp|**fen** tr., intr.: (Med.) Blut entziehen durch Schröpfköpfe : (übertr.) jemandem Geld abnehmen : (Gärtn.) Rinde zur Förderung des Wachstums einritzen : (Landw.) frische Getreidetriebe abschneiden * *Schröpfgerät; Schröpfglas; Schröpfkopf:* kleine Glocke aus Glas oder Metall zum Blutentziehen; *Schröpflampe:* Lampe zum Verdünnen der Luft in Schröpfköpfen; *Schröpfschnäpper* * **Schröp**|**fer,** der; –, –: einer, der schröpft : Schröpfhorn : Hemmschuh

Schrot, der; das; –(e)s, –e; Schrötchen: (urspr.) abgehacktes, abgeschnittenes Stück : grob gemahlenes Getreide : Bleikörner für Jagdpatronen : (Münzw.) die aus den Zainen geschnittenen runden Platten von bestimmtem Gewicht : Abfall von Zainen : Bahn Leinwand * *Schrotausschlag:* Hautausschlag beim Schwein; *Schrotbaum:* rundes Holz (zum Schroten von Lasten); *Schrotblätter:* Bilderdrucke des 15. u. 16. Jhs., bei denen die Zeichnung weiß auf schwarzem Grund erscheint; *Schrotbrot:* Brot aus nur geschrotetem Getreide; *Schrotbüchse:* Schrotflinte; *Schrothobel:* Scharfhobel; *Schrotkorn; Schrotkugel; Schrotmehl; Schrotmeißel; Schrotmühle; Schrotsäge; Schrotschere; Schrotschuß* →; *Schrotschuss; Schrotschwein; Schrotsieb:* das größte Sieb beim Körnen des Schießpulvers; *Schrotspeck:* Speck des Schrotschweins; *Schrotwaage:* Maurerlot * **schro**|**ten** (schrotete, geschrotet) tr.: wälzend fortschieben * *Lasten schroten:* Lasten auf untergeschobenen Baumschroten oder an Tauen wälzend fortschieben * **schro**|**ten** (schrotete, geschrotet) tr.: harte, feste Körper mit Hilfe von Werkzeugen grob zerkleinern, zerstücken, zermalmen, trennen, durchschneiden, abschneiden * **Schrö|ter**, der; -s, -: Hirschkäfer : ein Schrotender : Bier-, Weinfuhrmann * **Schröt|ling**, der; -s, -e: Metallplatte, auf der die Münzstempel geprägt werden * **Schrott**, der; -(e)s, -e: Alteisen * *Schrotthandel; Schrotthändler; Schrottpresse; schrottreif* Ew.; *Schrotttransport; Schrottwert*

Schroth|kur: Durstkur, Flüssigkeitsentziehungskur [nach dem Naturarzt Schroth]

Schrothkur
Wortverbindungen aus einem Eigennamen oder einer Einwohnerbezeichnung und einem Substantiv werden zusammengeschrieben: *Schrothkur, Danaergeschenk, Goethegedicht, Römerbrief.*

schrub|ben tr.: mit dem Schrubber scheuern : mit dem Schrubbhobel das Gröbste abhobeln * *Schrubbesen* → *Schrubbbesen:* Schrubber; *Schrubbhobel* * **Schrub|ber**, der; -s, -: harter Scheuerbesen : (übertr.) Geizhals

Schrul|le, die; -, -n: (niederd.) wunderlicher Einfall : Launenhaftigkeit * **schrul|len|haft**, **schrul|lig** Ew.: Schrullen habend

schrumm!: Tontwort zur Bezeichnung eines rauen, plötzlichen Klanges * *schrummfidebumm* * **schrum|men** intr.: einen „Schrumm"-Laut hervorbringen : (abwertend) auf der Gitarre dilettieren

Schrum|pel (niederd.), die; -, -n: Falte, Runzel : (übertr.) alte Frau * **schrum|pe|lig**, **schrump|lig** Ew.: Falten, Risse habend * **schrum|peln** (ich ..[e]le) intr.: schrumpfen, Schrumpeln bekommen * **Schrumpf**, der; -(e)s, -: das Zusammenschrumpfen : Maßverlust an gespeichertem Getreide durch Schrumpfen * **schrump|fen** intr., rbz.: einschrumpfen : sich unter Faltenbildung auf der Oberfläche zusammenziehen; tr.: einschrumpfen machen, eintrocknen * *Schrumpfkopf; Schrumpfleber; Schrumpfniere:* Schwund der Niere * **Schrumpf|fung**, die; -, -en:

Umfangsverminderung : Schwund * *Nierenschrumpfung* * *Schrumpfungsprozeß* → *Schrumpfungsprozess*

Schrund, der; -(e)s, Schründe; **Schrun|de**, die; -, -n: durch Aufspringen entstandener Riss, bes. der Haut : Scharte, Bergriss, Felshöhle, Kluft : Riss an Baumrinden * **schrun|dig**, **schrün|dig** Ew.: rissig : Schründe habend

schrup|pen tr.: grob hobeln, Werkstücke so vorbearbeiten * *Schruppfeile; Schrupphobel; Schruppstahl*

Schub, der; -(e)s, Schübe: das Schieben : das Geschobene : Schubs : Ruck : Stoß : Verrückung : Anzahl Personen oder Sachen, die sich schiebend fortbewegen oder befördert werden : (Bäck.) Gesamtheit des mit einem Male in den Ofen geschobenen Gebäcks : (Kegelspiel) das Kegelschieben : plötzliches und gemeinsames (Wieder-) Auftreten von Krankheitssymptomen : Schieb-(Schub-)Kasten * *einem einen Schub (Schubs) geben; ich kam mit dem ersten Schub an; zwei Schub Semmeln; ein Schub Kegel* * *Schubfach:* Lade zum Schieben in Möbelstücken; *Schubkarre(n); Schubkasten; Schubkraft; Schublade; Schubladendenken:* formalistische, klassifikatorische, bürokratische Denkweise; *schubladisieren:* (abwertend) formalistisch klassifizieren : (schweiz.) unbearbeitet weglegen; *Schublehr(e):* Schieblehre, Messinstrument; *Schubstange:* Pleuelstange; *schubweise* Uw.; *Schubwirkung* * **Schü|bel**, der; -s, -: Haarbüschel : kleine Menge : (schwäb.) Riegel * **Schu|ber**, der; -s, -: Schutzkarton für Bücher, der den Einbandrücken sehen lässt : (östr.) Riegel * **Schubs**, der; -es, -e: leichter Stoß * **schub|sen** (du schubsest und schubst) tr.: (mundartl.) (hin und her) leicht stoßen

Schub|be|jack, **Schub|bi|ack**, der; -s, -s und -e: (bes. niederd.) Schuft : ehrloser Lump * **schub|ben**, **schub|bern** tr.: kratzen

schüch|tern Ew.: ängstlich, scheu * **Schüch|tern|heit**, die;

-: Scheu : Zurückhaltung : Unbeholfenheit

schu|ckeln intr.: schaukeln : wackelnd bewegen * **schu|ckern** unp., tr.: frösteln **Schud|der**, der; -s, -: Schauder: Fröstelgefühl * **schud|dern** intr.: frösteln : schaudern * **schud|de|rig** Ew.: fröstelnd **Schüd|de|rump**, der; -s, -s: wackliger alter Wagen : Pestkarren

Schu|fa, **SCHUFA** (Abk.): Schutzgemeinschaft für allgemeine Kreditsicherung * *Schufa-Auskunft*

Schuft, der; -(e)s, -e: „Auswurf" : ehrloser Mensch : ein Schimpfwort * *Schuftstreich:* Schurkenstreich * **schuf|ten** intr.: hart und viel arbeiten * **Schuf|te|rei**, die; -, -en: das harte und viele Arbeiten * **schuf|tig** Ew.: schurkisch * **Schuf|tig|keit**, die; -, -en: Lumperei : Gemeinheit

Schuh, der; -(e)s, -e; Schühchen: Fußbekleidung : Schlittschuh : Huf des Pferdes, Hufeisen, Eisenbeschlag : (Techn.) Name verschiedener kleiner Behältnisse und Hülsen : ein Längenmaß, Werkschuh * *wissen, wo einen der Schuh drückt:* Hauptschwierigkeiten kennen; *umgekehrt wird ein Schuh daraus:* gerade das Gegenteil ist richtig; *alle Schuhe über einen Leisten schlagen:* (verächtl.) alles nach einem Schema behandeln; *einem die Schuhe austreten:* ihn drängen; *einem etwas in die Schuhe schieben:* jemandem die Schuld zuschieben * *Schuhanzieher; Schuhband; Schuhbürste; Schuhcreme; Schuhdraht:* Pechdraht; *Schuhfabrik; Schuhflicker; Schuhgeschäft; Schuhgröße; Schuhhaus; Schuhkarton; Schuhknecht; Schuhladen; Schuhlappen; Schuhleisten; Schuhlöffel; Schuhmacher; Schuhmacherei; Schuhnummer; Schuhpaste; Schuhplattler:* ein oberbayrischer Volkstanz; *Schuhputzer; Schuhriemen; Schuhschnabel:* ein Reihervogel; *Schuhschnalle; Schuhsenkel; Schuhsohle; Schuhspanner; Schuhwaren; Schuhwerk; Schuhwichse; Schuhzeug*

Schu|hu, der; –s, –s: (ldschftl., lautmalend) Uhu

Schu|ko|ste|cker, der; –s, –: Kurzwort (Warenzeichen) für Schutzkontaktstecker

Schul|ar|beit, **Schul|buch** usw.: s. Schule

Schuld, die; –, –en: Eingriff in die Rechtsordnung : Verantwortung für die Verletzung der Rechtsordnung, von Geboten, Verboten, gesellschaftlichen Regeln : strafbares Benehmen, Vergehen : Verpflichtung zu einer Gegenleistung, bes. nach Anleihe : Geldschuld **✳** *schuld sein an etwas (gewesen) sein; schuld haben* → *(die) Schuld haben an etwas; jemandem schuld geben an etwas* → *jemandem (die) Schuld geben an etwas; sich etwas zuschulden kommen lassen auch: sich etwas zu Schulden kommen lassen; ohne meine Schuld; die Schuld tragen; die Schuld auf sich nehmen; in jemandes Schuld sein;* jemandem verpflichtet sein; *in Schulden stecken* intr.: zu vielen Zahlungen verpflichtet sein; *Schulden machen; Schulden bezahlen* **✳** *Schuldbekenntnis; schuldbeladen* Mw. Ew.; *Schuldbeweis; schuldbewußt* → *schuldbewusst* Mw. Ew.; *Schuldbewußtsein* → *Schuldbewusstsein; Schuldbote:* Gerichtsvollzieher; *Schuldbrief; Schuldbuch; schuldfähig* Ew.; *Schuldfähigkeit; Schuldgefühl* **✳** *Schulderlaß* → *Schulderlass; Schuldforderung; Schuldgefängnis; Schuldhaft:* Personalarrest; *Schuldkomplex; schuldlos* Ew.: unschuldig; *Schuldlosigkeit; Schuldrecht; Schuldregister; Schuldschein; Schuldspruch; Schuldübernahme; Schuldumwandlung; Schuldverhältnis; Schuldverschreibung* **✳** *schuldenfrei* Ew.: ohne Schulden; *Schuldenhaftung; Schuldenlast; Schuldenmacher; Schuldentilgung* **✳** **schul|den** tr.: verdanken : verpflichtet sein : (Geld-)Schulden haben **✳** **schuld|haft** Ew.: Schuld habend **✳** **schul|dig** Ew.: zur Zahlung, Leistung verpflichtet : schuldbeladen **✳** *schuldigermaßen; schuldiger-*

weise Uw.: der Verpflichtung entsprechend; *schuldig sprechen; Schuldigsprechung* **✳** **Schul|di|ge,** der; –n, –n: der Schuld- oder Schuldenbeladene **✳** **Schul|dig|keit,** die; –: Verpflichtung, Pflicht : geschuldete Geldsumme **✳** **Schuld|ner,** der; –s, –: jmd., der jmdm. etwas schuldet

Schu|le (gr.-l.), die; –, –n: Anstalt für gemeinsamen Unterricht und Erziehung : Unterricht (in der Schule) : Gesamtheit der zur Schule gehörigen Personen (Lehrer und Schüler) : Schulgebäude : häufig Titel von Lehrbüchern : Gesamtheit von Personen, die eine bestimmte Lehrmeinung oder Kunstrichtung vertreten : (Mal.) Übungsstück für Augenmaß und Festigkeit der Hand : (Reitkst.) Gesamtart der Gangarten des zuzureitenden Tieres : Synagoge : (Forstw.) Baumschule : (Walfang) Schar zusammenschwimmender Wale, Tümmler : (übertr.) etwas, wo, woraus, woran man etwas lernt oder gelernt hat **✳** *alte Schule:* vollendete gesellschaftliche Formen : kavaliersmäßiges Verhalten; *die Hohe Schule* → *die hohe Schule:* die Hochschule, Universität : (Reitkst.) Kunstreiten; *hinter die Schule gehen* intr.: die Schule schwänzen; *bei einem in die Schule gehen* intr.: bei einem etwas lernen; *die harte Schule der Not; aus der Schule plaudern* intr., tr.: vertrauliche Geheimnisse ausplaudern **✳** *Schulabgänger; Schulamt:* Lehramt : Schulbehörde; *Schulanfang; Schulanfänger; Schularbeit; Schularzt; Schulaufgabe; Schulaufsichtsbehörde; Schulausgabe:* für den Schulgebrauch herausgegebenes, bearbeitetes Buch; *Schulbank; Schulbeginn; Schulbeispiel:* typisches Beispiel; *Schulbesuch; Schulbildung:* durch den Unterricht einer Schule erworbene Bildung; *Schulbub; Schulbuch; Schulbus; Schuldienst; schulentlassen* Ew.; *schulentwachsen* Ew.; *Schulfeier; Schulferien; Schulfest; schulfrei* Ew.; *Schulfreund(schaft); Schulfuchs:*

Kleinigkeitskrämer, Pedant; *Schulfunk; Schulgang; Schulgeld; Schulgesetz; Schulhaus; Schulheft; Schulhof; Schulhygiene; Schuljahr; Schuljugend; Schulkamerad; Schulkenntnisse* Mz.; *Schulkind; Schulkindalter; Schulklasse; Schullandheim; Schullehrer; Schulleiter; Schulmann:* Kundiger des Schulwesens; *Schulmappe; schulmäßig* Ew.; *Schulmedizin:* die offiziell an Universitäten gelehrte Medizin; *Schulmeinung:* die an Schulen und Universitäten herrschende Lehrmeinung; *Schulmeister:* Lehrer; *schulmeistern* tr.: wie ein Schulmeister lehren; *Schulordnung; Schulpferd:* abgerichtetes Pferd; *schulpflichtig* Ew.; *Schulpolitik; Schulprüfung; Schulpsychologe; Schulranzen; Schulrat:* Titel einer Schulbehörde und eines Beamten der Schulbehörde; *Schulrecht; Schulreform(er); Schulreife; Schulreiter(in):* die hohe Schule Reitende(r); *Schulschiff:* Ausbildungsschiff; *Schulschluß* → *Schulschluss; Schulschrift; Schulschwänzer; Schulspeisung; Schulsport; Schulstreß* → *Schulstress; Schulsystem; Schultüte; Schulunterricht; Schulverwaltung; Schulvorstand; Schulvorsteher; Schulweisheit; Schulwesen; Schulwissen(schaft); Schulzeit; Schulzentrum; Schulzeugnis; Schulzucht; Schulzwang* **✳** **schu|len** tr.: jemandem durch methodische Schulung Wissen beibringen : abrichten, dressieren : (Reitkst.) ein Pferd zureiten; intr.: Schule halten : schulmeistern **✳** **Schü|ler,** der; –s, –: jemand, der in die Schule geht: jemand, der Unterricht nimmt : jemand, der der Schule eines Meisters, einer Lehrmeinung angehört **✳** *Schüleraustausch; Schülerausweis; Schülerherberge:* Jugendherberge; *Schülerlotse:* älterer Schüler, der als Verkehrshelfer eingesetzt ist; *Schülermitverantwortung; Schülermitverwaltung; Schülerparlament; Schülersprache; Schülerwerkstätte; Schülerzeitung* **✳** **schü|ler|haft** Ew.: nach

Schülerart * **Schü**|**le**|**rin**, die; –, –nen; weibl. Schüler * **Schü**|**ler**|**schaft**, die; –, –en: Gesamtheit der Schüler * **schu**|**lisch** Ew.: sich auf die Schule beziehend * **Schu**|**lung**, die; –, –en: das Schulen : Übung : Ausbildung * **schu**|**len** intr.: (niederd.) sich verstecken : geschützt sein : seitwärts lauernd blicken * *der Wind läuft schulen:* der Wind verbirgt sich, lässt sich nicht mehr spüren

Schulp, der; –(e)s, –e: rückgebildete Kalkschale der Kopffüßler * **Schul**|**pe**, die; –, –n: Muschelschale : muschelähnliche Schale : Schulp

schul|**pflich**|**tig** usw.: s. Schule

Schul|**ter**, die; –, –n: Teil des Rumpfes am Armansatz * *auf seine Schulter nehmen* tr.: (übertr.) Verantwortung für etwas übernehmen; *die kalte Schulter zeigen:* sich abwenden; *auf die leichte Schulter nehmen:* es nicht genau nehmen * *Schulterblatt:* flacher Schulterknochen : die Muskelgegend um diesen Knochen; *Schultergelenk; Schultergürtel:* bei Wirbeltieren Träger der vorderen Gliedmaßen, der nicht mit der Wirbelsäule verbunden ist; *Schulterjoch:* eine Tragvorrichtung; *Schulterklappe:* Achselklappe; *Schulterknochen; Schulterpolster; Schulterriemen; Schultersieg:* Sieg beim Ringen, bei dem der Gegner mit den Schultern auf die Matte gelegt wird; *Schulterstück:* Stück aus der Schultergegend : Achselstück; *Schultertuch:* Tuch, über die Schulter zu tragen : Amikt, Teil der kath. liturgischen Kleidung * **..schul**|**t(e)rig** Ew., nur in Zus.: soundso beschaffene Schultern habend; z. B. breitschultrig * **schul**|**tern** (ich ..[e]re) tr.: auf die Schulter nehmen

Schult|**heiß**, der; –en, –en: Gemeindevorsteher * *Schultheißenamt* * **Schult**|**hei**|**ße**|**rei**, die; –, –en: Amt, Wohnung des Schultheißen * *Schult*|*hei*|*sei:* s. Scholtisei * **Schul**|**ze**, der; –n, –n: Schultheiß * *Schulzenamt*

Schu|**lung**, **Schul**|**weis**|**heit** usw.: s. Schule

Schul|**ze** usw.: s. Schultheiß **Schul**|**zeit**, **Schul**|**zeug**|**nis** usw.: s. Schule

Schum|**mel**, der; –s: Betrug, Mogelei * **schum**|**meln** (ich ..[e]le) intr.: heimlich wegschaffen : betrügen, mogeln * **Schumm**|**ler**, der; –s, –: Betrüger

Schum|**mer**, der; –s, –: Dämmerung * *Schummerstunde* * **schum**|**me**|**rig** Ew.: dämmerig * **schum**|**mern** intr.. unp.: dämmern : dämmerig werden; tr. (ich ..[e]re): schraffieren, (Landkarte) schattieren * **Schum**|**me**|**rung**, die; –, –en: Dämmerung : Schattierung (auf Zeichnungen, Landkarten)

Schum|**per**|**lied**, das; –es, –er: (obersächs.) Liebeslied * **schum**|**pern** (ich ..[e]re) tr.: auf dem Schoße schaukeln

Schund, der; –(e)s: Unflat der Kotgruben : (übertr.) etwas Minderwertiges * *Schundblatt:* minderwertige Zeitung oder Zeitschrift; *Schundgrube:* Kotgrube; *Schundkerl; Schundliteratur:* schlechte, schmutzige, wertlose Literatur * *Schundware; Schundzeug*

schun|**keln** (ich ..[e]le) intr.: schaukeln : schunken * *Schunkelwalzer* * **schun**|**ken** intr.: sich hin und her neigen : baumeln

Schupf, **Schupp** (niederd.), der; –(e)s, –e; **Schup**|**fer** [mundartl.], der; –s, –: Schubs, Stoß * **Schup**|**fen**, der; –s, –: Geräteraum : Wetterdach : Schuppen * **schup**|**fen**, **schup**|**pen** tr.: mit einem Schupp stoßen : schubsen : betrügen; rbz.: reiben, sich kratzen * *Schupfnudeln:* den Spätzle ähnliche Teigware *

Schups, **schup**|**sen**: s. Schub

Schu|**po** (Abk.), die; –: Schutzpolizei * **Schu**|**po**, der; –s, –s: Schutzpolizist * *Schupomann*

Schupp: s. Schupf

Schup|**pe**, die; –, –n: Schüppchen: plättchenförmiges, hornartiges Gebilde auf der Oberhaut von Fischen, Lurchen, Schmetterlingen usw. : Teilchen, aus dem ein Panzer besteht : (Bot.) schuppenförmige Haarbildung auf Blättern : (Anat.) vorderer Teil des Schläfenbeins : (Mz.) (Med.) plättchenförmige Absonderung von abgestorbener Haut und Talg : (übertr.) etwas Schuppenähnliches * *Schuppenbein:* Schläfenbein; *Schuppenbildung; Schuppeneidechse; Schuppenfisch; Schuppenflechte, Schuppenkrankheit:* Psoriasis, Hautkrankheit mit Schuppenbildung; *Schuppenpanzer; Schuppentier:* Säugetiergattung * **schup**|**pen** tr.: die Schuppen abreiben : mit Schuppen versehen; rbz.: sich abschilfern * **schup**|**pig** Ew.: geschuppt, mit Schuppen versehen

Schüp|**pe**, **schüp**|**pen**: s. Schippe

Schup|**pen**, der; –s, –: leichtes Brettergebäude als Schutz vor den Einflüssen der Witterung

Schur, die; –, –en: das Abscheren der Schafe : das Scheren einiger Haustiere : Formschnitt der Bäume und Hecken : (mundartl.) das Mähen : das Abgemähte : Abtrieb eines Waldes : das gewonnene Holz : Abteilung einer Gemeindeflur : Pelz mit rauer Außenseite * *Schurwolle* * **..schü**|**rig** Ew., nur in Zus.: ..mähdig, ..haufig; z. B. zweischürig * **Schur**, der; –s: Schererei, Plackerei, Schabernack * *jmdm. etwas zum Schure tun*

schü|**ren** tr.: (Feuer –) anfachen : (übertr.) antreiben, reizen * *den Hass schüren* * *Schüreisen; Schürhaken* * **Schü**|**rer**, der; –s, –: Heizer : Schürhaken

Schurf, der; –(e)s, Schürfe: im Erdreich ausgehobene Grube zum Schürfen : das Schürfen : schrammende Verletzung * *Schurfschein:* Erlaubnisschein zum Schürfen * **schür**|**fen** tr., intr.: einen Schurf machen : nach Erzen graben * *Schürffreiheit; Schürfgerechtigkeit; Schürfgrube; Schürfkübel; Schürfloch; Schürfrecht; Schürfschacht; Schürfstollen; Schürfwunde* * **Schür**|**fer**, der; –s, –: ein Schürfender * **Schür**|**fung**, die; –, –en: das Schürfen

Schür|**ge**, der; –n, –n; **Schür**|**ger**, der; –s, –: Gepäckträger : Karrenschieber *

schür|gen tr.. intr.: (mundartl.) schiebend fortbewegen

schü|rig Ew.: s. Schur

schu|ri|geln (ich ..[e]le) tr.: quälen : jemandem unnötig Arbeit aufbürden ∗ **Schu|ri|ge|lei**, die; –, –en: Quälerei, Plackerei ∗ **Schu|rig|ler**, der; –s, –: Quäler

Schur|ke, der; –n, –n: schändlicher, nichtswürdiger Mensch ∗ *Schurkenstreich; Schurkentat* ∗ **schur|kisch** Ew.: niederträchtig, ehrlos ∗ **Schur|ke|rei**, die; –, –en: schurkenhafte Tat

Schur|re, die; –, –n: (Holz-) Gleitbahn : Rutsche ∗ **schur|ren** intr.: mit kratzendem Laut scharren : sich rutschend fortbewegen

Schurr|murr, der; –(e)s: Allerlei : Durcheinander : (mundartl.) aufbrausender Mensch

Schurz, der; –es, –e und Schürze; Schürzchen: Stück Fell, Stoff als Bekleidung der Lenden : Fürtuch : Tracht der Hindus ∗ **Schür|ze**, die; –, –n: Schurz : (weidm.) der Haarpinsel am Geschlechtsteil des weiblichen Rehs : (scherzh.) Frau, Mädchen ∗ *hinter jeder Schürze herlaufen* intr.: jedem weiblichen Wesen nachlaufen ∗ *Schürzenband; Schürzenjäger; Schürzenregiment:* Frauenherrschaft ∗ **schür|zen** (du schürzest und schürzt) tr.: Kleidungsstücke, Stoffe bindend, raffend kürzen, bindend schlingen; rbz.: sich zu einer Verrichtung fertig und bereit machen : sich schlingen ∗ *den Rock schürzen; die Lippe schürzen:* in die Höhe ziehen ∗ *geschürzt* Mw. Ew.: mit einer Schürze versehen : leicht gerafft, gekürzt : (übertr.) umhüllt ∗ **Schür|zung**, die; –, –en: das Schürzen : Verknüpfung

Schuß → **Schuss**, der; –es, Schüsse; Schüsschen: schießende, schnelle Bewegung : (Bot.) das Emporschießen, Treiben : Trieb, Schoss : das Abfeuern einer Schusswaffe : Wirkung des Schießens auf den getroffenen Gegenstand : Schnellkügelchen, Schusser : (Bergb.) Schießloch : (Web.) Einschlag, die nach der Breite hingehenden Fäden des Gewebes, Einschuss : (Jargon) Injektion Rauschmittel : (Mz. –) ein Maß, eine bestimmte Menge ∗ *in Schuss kommen* intr.: in Gang kommen; *weit vom Schuss sein:* schwer erreichbar sein; *einem in den Schuss laufen* intr.: ins Schussfeld laufen; *den Schuss aus der Büchse ziehen:* entladen; *es glückt auf den ersten Schuss:* es glückt beim ersten Versuch; *einen Schuss haben:* etwas verdreht sein; *keinen Schuss Pulver wert sein; einen Schuss gesunder Urteilskraft besitzen;* eine *Weiße mit Schuss:* Glas Weißbier mit einem Guss Himbeer- oder Waldmeistersaft; *zwei Schuß Rum* → *zwei Schuss Rum* ∗ *Schußabgabe* → *Schussabgabe; schußbändig* → *schussbändig* Ew.: (Reitkst.) an Schüsse gewöhnt; *Schußbaum* → *Schussbaum:* (Bergb.) Schutzbalken im Schacht; *Schußbereich* → *Schussbereich:* Schussfeld; *schußbereit* → *schussbereit* Ew.; *Schußbremse* → *Schussbremse:* Rücklaufbremse der Lafette; *Schußfaden* → *Schussfaden:* Querfaden eines Gewebes; *Schußfahrt* → *Schussfahrt:* ungehemmte Talfahrt beim Schisport; *Schußfeld* → *Schussfeld:* Gebiet, das man mit der Schusswaffe bestreichen kann; *schußfertig* → *schussfertig* Ew.; *Schußlinie* → *Schusslinie:* Schussfeld : von dem Geschoss zurückgelegte Kurve; *Schußrichtung* → *Schussrichtung; Schußverletzung* → *Schussverletzung; Schußwaffe* → *Schusswaffe; Schußweite* → *Schussweite:* s. Schussfeld; *Schußwinkel* → *Schusswinkel; Schußwunde* → *Schusswunde; Schußzahl* → *Schusszahl*

Schus|sel, der; –, –n: (mundartl.) fahriger, leichtsinniger Mensch ∗ **schus|se|lig**, **schuß|lig** → **schuss|lig** Ew.: fahrig ∗ **schus|seln** (ich schussele und schussle) intr.: fahrig sein : auf dem Eise gleiten (ohne Schlittschuh)

Schüs|sel (l.), die; –, –n: Geschirrplatte, Geschirrschale : etwas Schüsselähnliches : Inhalt einer Schüssel, Gericht, Speise ∗ *Schüsselbrett; schüsselförmig* Ew.; *Schüssel-*knecht: Holzgestell zum Einstellen von Schüsseln; *Schüsselmuschel; Schüsselpfennig:* Hohlpfennig, einseitig geprägtes Geldstück ∗ **schüs|seln** (ich schüssele und schüssle) tr.: (selt.) in eine Schüssel füllen

Schus|ser, der; –s, –: Schüsserchen: Murmel, Schnellkugel, Klicker ∗ **schus|sern** (ich schussere und schussre) intr.: mit Schussern spielen ∗ **schus|sig** Ew.: eilig ∗ **Schus|sler**, der; –s, –: ein mit Schussern Spielender

Schus|ter (dtsch.-l.), der; –s, –: Schuhmacher : (verächtl.) schlecht Arbeitender : (verächtl.) Angeber, Denunziant : (Brettsp.) einer, der doppelt verloren hat : Afterspinne : Schabe : Bockkäfer : Schleie : ein Strandvogel : (Bot.) Saupilz ∗ *Schusterahle:* ein Werkzeug; *Schusterdraht; Schustergewerbe; Schusterjunge:* (veralt.) Schusterlehrling : (Berlin) Brötchenart; *Schusterkarpfen; Schusterkneif:* Schustermesser; *Schusterpech; Schusterpfriem; Schusterschemel; Schusterwerkstatt; Schusterzwecke* ∗ **Schus|te|rei**, die; –: Arbeit und Handwerk eines Schusters : das Geschustere ∗ **schus|tern** (ich ..[e]re) tr.: Schusterhandwerk betreiben : Schuhzeug anfertigen : (verächtl.) grobe, schlechte Arbeit tun : (Brettsp.) mit sechs doppelten Steinen in der ersten Hälfte des Brettes die Aussicht haben, den Gegner zum „Schuster" zu machen

Schu|te, Schü|te, die; –, –n: breites Leichterfahrzeug für den Hafentransport : haubenartiger Frauenhut

Schutt, der; –(e)s: aufgeschütteter Haufen von Abfall, Müll : (Landw.) als Lohn ausgeschüttete Menge Getreide : (Brauw.) in ein Gebräu aufgeschüttetes Malz ∗ *Schuttabladeplatz; Schutthalde; Schutthaufen;* ∗ **Schütt**, die; –, –n: das Aufeinanderschüttete, der Haufen : Kornspeicher : Bund Stroh : Hagel-, Regenguss, Schauer ∗ *Schüttbeton; Schüttgut; Schüttofen;* ∗ *Schütt:* angeschwemmtes Erdreich ∗ *Schüttinseln* ∗ **Schüt|te**, die; –, –n:

Schütt(en)stroh * **schüt|teln** (ich ..[e]le) tr.: etwas schnell hin und her bewegen * *ein Sieb schütteln; die Hand schütteln; aus dem Ärmel schütteln* tr.: mühelos bewerkstelligen; *sich vor etwas schütteln:* ekeln * *Schüttelfrost:* Fieberfrost; *Schüttellähmung:* parkinsonsche Krankheit; *Schüttelreim:* Reimspiel durch Vertauschen der Anfangsbuchstaben; *Schüttelrost* * **schüt|ten** tr.: in Menge und Heftigkeit werfen : gießen : verschütten : (weidm.) Junge werfen (von Hunden, Wölfen usw.) : (Landw.) Körnerertrag geben : Schutt in Getreide entrichten : (Bergb.) Ausbeute geben : (Brauw.) nach bestimmtem Maßverhältnis Malz ins Gebräu tun : (Erde) aufhäufen : (niederd.) schützen : Vieh, das im fremden Gebiet Schaden angerichtet hat, als Pfand zurückbehalten; intr., unp.: heftig gießen, regnen * *das Getreide schüttet reichlich:* gibt reichlichen Körnerertrag; *seinen Zorn auf einen schütten* * *Schüttboden; Schütthaus:* Kornhaus; *Schütt-mohn:* Mohn, der in der Reife seinen Samen ausschüttelt; *Schüttplatz:* Futterplatz; *Schüttrecht:* Pfandrecht an Vieh, das Schaden auf fremdem Gebiet angerichtet hat; *Schüttstroh; Schüttweg:* aufgeschütteter Weg * **schüt|ter** Ew.: lose, dünn, undicht * **Schüt|ter,** der; -s, –: einmaliges Schütteln : Schüttender * **schüt|tern** (ich ..[e]re) intr.: bebend sich heftig bewegen; tr.: heftig bewegen machen * *durch Mark und Bein schüttern* intr. * **Schüt|tung,** die; –, -en: Beschotterung, (Kies-)Bewerfung

Schutz, der; -es: Umdämmung : sichernde Abwehr vor feindlichem Andringen : Beschützer * *Schutzanstrich; Schutzanzug; Schutzärmel; Schutzaufsicht; Schutzbefohlene; Schutzbereich; Schutzblech; Schutzbrief:* urkundliche Schutzzusicherung; *Schutzbrille; Schutzbündnis; Schutzdach; Schutzdeck:* Deck mit Panzerplatten auf Kriegsschiffen; *Schutzengel; Schutzfarbe;*

Schutzfärbung; Schutzgebiet; Schutzgebühr; Schutzgeist; Schutzgitter; Schutzglas; Schutzhaft: vorsorgliche Inhaftierung, ursprgl. zum Schutz des Häftlings, später (u. a. im NS-Staat) meist zum vorbeugenden Schutz (des Staates) vor ihm; *Schutzheiliger; Schutzherrschaft; Schutzhülle; Schutzimpfung; Schutzklausel; Schutzkleidung; schutzlos* Ew.; *Schutzmacht; Schutzmann:* Polizist; *Schutzmarke:* patentiertes Wort- oder Bildzeichen; *Schutzmaske; Schutzmaßnahme; Schutzmittel; Schutzort; Schutzpatron:* Heiliger; *Schutzpolizei; Schutzraum; Schutzrecht; Schutzschicht; Schutzstaat; Schutztruppe; Schutzumschlag; Schutzvertrag; Schutzvorrichtung; Schutzwache; Schutzwaffe; Schutzwall; Schutzwehr; Schutzzoll:* Zoll auf ausländische Erzeugnisse zur Hebung der inländischen Industrie * **Schütz,** das; -es, -e; **Schüt|ze,** die; –, -n: Schleusenbrett : (Elektrotechn.) automatisch betätigter Schalter * *Schützenschleuse; Schützenwehr* * **schüt|zen** (du schützest und schützt) tr.: Wasser eindämmen : zum Schutz gereichen : schirmend decken, verteidigen, abwehren * *jemanden vor etwas schützen* * **Schüt|zer,** der; -s, –: (Bergb.) der beim Kehrrad das Wasser schützende Arbeiter : ein Schützender * **Schütz|ling,** der; -s, -e: Schutzbefohlener : Günstling

Schüt|ze, der; -n, -n: ein Schießender : Jäger : eine Truppengattung : Teilnehmer am Scheibenschießen : (mundartl.) Wächter, Polizeidiener : Schulanfänger (Abeceschütze) : Web(er)schiff * *Schützenbruder:* Mitglied eines Schützenvereins; *Schützenfest; Schützenfeuer:* (militär.) Infanteriefeuer; *Schützengesellschaft; Schützengilde; Schützengraben:* (militär.) Deckungsgraben für Infanterie; *Schützenhalter* (Web.); *Schützenhaus; Schützenhilfe; Schützenhof; Schützenkasten* (Web.); *Schützenkönig:* Gewinner eines Schieß-

wettbewerbs im Schützenverein; *Schützenlinie:* (militär.) Nahkampfaufstellung mit großen Zwischenräumen; *Schützenplatz; Schützenverein; Schützenwechsel:* (Web.) Auswechslung des Weberschiffs; *Schützenwiese; Schützenzunft* * **Schütze,** der; -n: in südl. Sternbild : neuntes Tierkreiszeichen

Schwa|bach: Stadt in Mittelfranken * **Schwa|ba|cher,** der; -s, –: Bewohner Schwabachs * **Schwa|ba|cher,** die; –: (Buchdrw.) eine Frakturschrift

Schwab|bel|ei, die, –, -en: Geschwabbel : Geschwätz * **schwab|be|lig, schwab|blig** Ew.: quabbelig * **schwab|beln** (ich ..[e]le) intr.: quabbeln : (von gallertartiger, flüssiger Masse) sich schnell schaukelnd bewegen (auch schwappeln, schwappen, schwappern) : plappern, schwatzen (auch schwafeln, schwabeln, schwarbeln) * **Schwab|ber,** der; -s, –: (seem.) Wischer, Werkzeug zum Wischen : Matrose, der wischt : gallertartige, schwabbernde Masse * **schwab|bern** (ich ..[e]re) tr.: das Deck scheuern und aufwischen; intr.: schwabbeln

Schwa|be, der; -n, -n: Einwohner von Schwaben * **Schwa|ben:** bayr. Landesteil * **Schwa|ben,** die; –: dtsch. Volksstamm in Württemberg : Name deutscher Siedler in Südosteuropa * *Schwabenalter:* (scherzh.) vierzigstes Lebensjahr; *Schwabenland; Schwabenspiegel:* Land und Lehnsrechtsbuch aus dem 13. Jh.; *Schwabenstreich:* törichter Streich * **Schwä|bin,** die; –, -nen * **schwä|bisch** Ew. * **Schwä|bische Alb,** die; -n –: württemberg. Hochfläche * **Schwä|bisch Gmünd, Schwä|bisch Hall:** Städte in Württemberg

Schwa|be (Kerbtier): s. Schabe

schwach Ew. (schwächer, schwächste): haltlos : kraftlos : elend : mäßig : gering an Menge : unbedeutend * *schwach auf den Füßen; schwach von Begriff; in einer schwachen Stunde; das schwa-*

che Geschlecht: (veralt.) das weibliche Geschlecht ✱ *schwachatmig* Ew.; *schwachbegabt* → *schwach begabt* Ew.; *schwachbetont* → *schwach betont* Ew.; *schwachbevölkert* → *schwach bevölkert* Mw. Ew.; *schwachherzig* Ew.; *Schwachkopf; schwachmütig* Ew.; *schwachnervig* Ew.; *schwachsichtig* Ew.: schlechte Augen habend; *Schwachsinn:* Geistesschwäche; *schwachsinnig* Ew.; *Schwachstrom:* elektr. Strom von geringer Stärke; *Schwachstromleitung; Schwachstromtechnik* ✱ **Schwä|che**, die; –, –n: Zustand des Schwachseins : Mangel an Tatkraft und Selbstbeherrschung : (Fechtkst.) unterer, dünner Teil der Klinge : schwacher, leicht angreifbarer Punkt ✱ *eine Schwäche für etwas haben; beim Gegner eine Schwäche entdecken* ✱ *Schwächeanfall; –gefühl; –punkt; Schwächezustand:* Zustand körperlichen Elendseins ✱ **schwä|cheln** (ich ..[e]le) intr.: schwächlich sein ✱ **schwä|chen** tr.: schwach, schwächer machen : entjungfern ✱ **Schwach|heit**, die; –, –en: Schwäche ✱ *sich Schwachheiten einbilden:* sich falsche Vorstellungen machen ✱ **schwäch|lich** Ew.: voller Schwäche, schwach ✱ **Schwäch|lich|keit**, die; –, –en: das Schwächlichsein : etwas Schwächliches ✱ **Schwächling**, der; –s, –e: ein Schwächlicher ✱ **Schwach|ma|ti|ker**, der; –s, –: **Schwach|ma|ti|kus** (dtsch.-l.), der; –, ..kusse und ..ker: (volkst.) Schwächling ✱ **Schwä|chung**, die; –, –en: das Schwächen

Schwa|de, die; –, –n: die frisch gemähte Feldfrucht : Raum, den der Schwung der Sense durchmisst ✱ *schwadenweise* Uw.

Schwa|den, der; –s, –: Brodem, Dampf, Dunst : (Bergb.) mit Kohlensäure geschwängerte Luft ✱ *Nebelschwaden:* Streifennebel ✱ **schwad|men**, **schwa|de|men** intr.: Schwaden ausströmen : tr.: über kochendes Wasser halten : dem Dampf aussetzen

Schwa|den, der; –s, –: eine

Grasart : essbarer Same einiger Grasarten ✱ *Schwadengras; Schwadengrütze*

schwa|dern (ich ..[e]re) tr., intr.: (mundartl.) plätschern : schwatzen : plappern

Schwa|d|ron (it.), die; –, –en: taktische Kavallerieeinheit, Eskadron ✱ *schwadronenweise, schwadronsweise* Ew.

schwa|d|ro|nie|ren (..iert) intr.: schwatzen, schwadern ✱ **Schwa|d|ro|neur** (fr.) [..nör] der; –s, –e: Schwätzer

schwa|feln (ich ..[e]le) tr., intr.: töricht reden, schwabbeln

Schwa|ger, der; –s, Schwäger; Schwägerchen: Bruder der Ehefrau oder des Mannes, Mann der Schwester : ein Verschwägerter : (veraltet) Postillion, Kutscher ✱ **Schwä|ge|rin**, die; –, –nen: Frau des Bruders, Schwester des Mannes oder der Frau ✱ **schwä|ger|lich** Ew.: in der Weise eines Schwagers ✱ **Schwä|ger|schaft**, die; –, –en: das Verschwägertsein : das verwandtschaftliche Verhältnis zwischen dem einen Ehegatten und den Blutsverwandten des anderen : Gesamtheit Verschwägerter ✱ **Schwä|her**, der; –s, –: (veralt.) Schwiegervater : gegenseitige Bezeichnung der beiderseitigen Schwiegereltern : ein Verschwägerter ✱ **Schwä|her|schaft**, die; –, –en: (veralt.) das Schwähersein

schwa|len, **schwo|len**, **schwo|len** tr., intr.: (seem.) schwingen : das Schiff (vor Anker) drehen

Schwa|i|ge, die; –, –n: (mundartl.) Rinderherde : Weideplatz : Viehgehöft : Meierei : Sennhütte ✱ *Schwaighof* ✱ **schwa|i|gen** tr.: Käse bereiten ✱ **Schwa|i|ger**, der; –s, –: Senner, Alpenhirt ✱ **Schwa|i|ge|rin**, die; –, –nen: Sennerin

Schwal|be, die; –, –n; Schwälbchen: ein Zugvogel : eine Art Porzellanschnecke : eine Art Miesmuschel : (scherzh.) Ohrfeige : (Sport, insbes. Fußball) Vortäuschung eines gegnerischen Fouls durch geschicktes Hinfallen ✱ *Schwalbennest; Schwalbenschwanz:* ein Schmetterling :

(scherzh.) Frack; *Schwalbenwurz:* eine giftige Pflanze

Schwalch, der; –(e)s, –e: Öffnung der Schmelzofens, durch die die Flamme auf das zu schmelzende Metall schlägt : Flut : (niederd.) Schlund ✱ **schwal|chen** intr.: blaken, schwelen

Schwalk, der; –(e)s, –e: eine Schwalbengattung : Bö ✱ **schwal|ken** intr.: herumschwärmen

Schwall, der; –(e)s, –e: das Anschwellen : Flut : Dünung : Redefluss : große Menge : Nebenkanal : Schwalch ✱ **schwal|len** intr.: schwellen

Schwalm, die; –: Nebenfluss der Eder ✱ *Schwälmer Grund:* Landschaft in Hessen

Schwalm, der; –(e)s, –e: (schweiz.) Schwall

Schwamm, der; –(e)s, Schwämme; Schwämmchen: Gruppe niederster mehrzelliger Wassertiere : das gewächsartige Erzeugnis dieser Tiere : Pilz : eine Art Infusorien : Holzfäulnis : (Med.) schwammartiger Auswuchs, Wucherung : Hornwarze am Pferdeschenkel : Zunder : lockeres Fruchtkörpergewebe als Feuerstoff bei Schlagfeuerzeugen ✱ *sich vollsaugen wie ein Schwamm; Schwamm drüber!:* lass die Sache ruhen! ✱ *Schwammgummi:* Kautschukschwamm; *Schwammspinner:* ein Schmetterling ✱ **Schwam|mer|ling**, der; –s, –e: ein Pilz ✱ **schwam|mig** Ew.: schwammähnlich : mit Schwamm behaftet

Schwan, der; –(e)s, Schwäne; Schwänchen: Schwimmvogel mit sehr langem Hals : schwanenweißes Pferd : Wirtshausschild : ein Schmetterling : ein Sternbild in der Milchstraße : (Mz.) Schwanendaunen ✱ *Schwanjungfrau:* Sagengestalt ✱ *Schwanendaunen, (-dunen)* Mz.; *Schwanenfeder; Schwanenflaum; Schwanengesang:* mythischer Gesang des Schwans vor seinem Tode : (übertr.) letztes Dichtwerk eines Dichters; *Schwanenhals:* Hals eines Schwans : schwanenhalsförmig gebogenes Eisen an Kutschgestellen, woran der Kutschkasten hängt : Knie-rohr an Feuerspritzen : (weidm.) eine Art Fangeisen; *Schwanenkiel:* Kiel einer Schwanenfeder; *Schwanenmu-schel; schwanenrein* Ew.; *Schwanenteich; schwanen-weiß* Ew.: *Schwanenwirt* ✳ **schwa|nen** unp., intr.: Vorge-fühle haben ✳ *einem schwant etwas:* er ahnt etwas ✳ **schwa|nig** Ew.: schwanenähn-lich

Schwang, der; –(e)s: Schwin-gung, Schwung : (übertr.) Gang, Brauch, Übung ✳ *im Schwange sein:* üblich sein

schwan|ger Ew. (ohne Steig.): befruchtet : (bei Tie-ren) trächtig : (übertr.) erfüllt ✳ *mit Plänen schwanger ge-hen* ✳ *Schwangerenberatung:* Beratung von Schwangeren durch die Gesundheitsfür-sorge; *Schwangerenfürsorge; Schwangerengelüst:* Verlan-gen von Schwangeren nach bestimmten Speisen ✳ **schwän|gern** (ich ..[e]re) tr.: schwanger machen : befruch-ten : (Chem.) tränken, eine Flüssigkeit mit einem Gase sättigen ✳ **Schwan|ger-schaft,** die; –, –en: Zustand der Frau zwischen Empfäng-nis und Geburt des Kindes : *Schwangerschaftsabbruch; Schwangerschaftsbeschwer-den; Schwangerschaftsgym-nastik; Schwangerschaftstest; Schwangerschaftsunterbre-chung; Schwangerschaftsur-laub; Schwangerschaftsverhü-tung* ✳ **Schwän|ge|rung,** die; –, –en: das Schwangermachen

schwank Ew.: dünn, leicht biegsam, schlank : hin und her schwankend, unsicher ✳ **Schwank,** der; –(e)s, Schwänke; Schwänkchen : neckischer Streich : lustige Er-zählung ✳ *Schwankfigur; Schwanksammlung* ✳ **schwan|ken** intr.: sich bieg-sam hin und her bewegen : un-bestimmt sein : zweifeln, un-entschieden sein ✳ **schwan|kig** Ew.: schwank ✳ **Schwan|kung,** die; –, –en: das Schwanken ✳ *Schwan-kungskurs; Schwankungsre-serve; Schwankungsrückstel-lung; Schwankungswert*

Schwanz, der; –es, Schwänze; Schwänzchen : etwas sich schwingend Bewegendes : An-hängsel, Anhang : etwas Nach-schleppendes, Schleppe : Schnörkel (am Namenszug) : am hinteren Körperende herun-terhängender beweglicher Teil der Wirbelsäule bei vielen Tie-ren, Schweif, Sterz, Bürzel : (Umgspr.) Penis : Ende, das Letzte von etwas (Ggs. Kopf) : (stud.) durch Schwänzen ent-standene Lücke im Kollegheft : (stud.) nachzuholende Prüfung ✳ *Schwanzbein:* Steißbein; *Schwanzfeder; Schwanzflosse; Schwanzgeld:* Halftergeld, das der Viehkäufer dem Stallperso-nal gibt; *schwanzlos* Ew.; *Schwanzlurch; Schwanzmeise; Schwanzspitze; Schwanzstern:* Komet; *Schwanzstück; Schwanzwirbel* ✳ **Schwän|ze-lei,** die; –, –en: Liebedienerei ✳ **schwän|zeln** (ich ..[e]le) intr.: (von Tieren) wedeln : sich schwanzwedelnd bewegen : stolzierend, geziert einherge-hen, scharwenzeln : sich krie-cherisch, schmeichlerisch ge-haben ✳ **schwän|zen** (du schwänzest und schwänzt) intr., tr.: müßig umhergehen : müßig-gängerisch versäumen : mit ei-nem Schwanz versehen ✳ *die Schule schwänzen; einen um et-was schwänzen:* jemandem et-was stibitzen ✳ *Schwänzelpfen-nige machen:* etwas heimlich unerlaubt nehmen ✳ **Schwän-zer,** der; –s, –: ein Schwänzen-der ✳ **..schwän|zig** Ew., nur in Zus.: z. B. *kurzschwänzig*

schwapp, schwaps!: Ton-wort zur Bezeichnung eines durch schnelles Schlagen, Klappen hervorgerufenen Lau-tes ✳ **Schwapp,** der; –(e)s, –e; **Schwaps,** der; –es, –e: schneller Schlag, Klapp, Klaps ✳ **schwap|pe|lig, schwapp-lig** Ew.: schwappelnd : schwabbelig ✳ **schwap|peln** (ich ..[e]le) intr.: (von Flüssig-keiten) in schwankender Be-wegung sein, schwabeln ✳ **schwap|pen** tr.: Flüssigkeit über den Rand eines Gefäßes überplätschern lassen; intr.: plätschern : mit einem Schwapp sich (über den Rand) ergießen : verschütten

Schwär, der; –(e)s, –e; **Schwä|re,** die; –, –n; **Schwä|ren,** der; –s, –: Ge-schwür, eitrige Hautanschwel-lung : (übertr.) Übel : Sitz des Übels ✳ **schwä|ren** (es schwiert und schwart : es schwärte : geschwart : [veralt.] schwier und schwär[e]!) intr.: Eiteransammlung erzeugen : sich mit Eiter füllen ✳ **schwä|rig** Ew.: mit Schwären behaftet

Schwark, der; –(e)s, –e: (nie-derd.) Regen-, Gewitterwolke

Schwarm, der; –(e)s, Schwärme; Schwärmchen: durcheinander schwirrende Menge, Gewimmel : nachfol-gende Menge, Anhang : Vor-liebe, Neigung : ein Verband von Flugzeugen ✳ *einen Schwarm haben:* für etwas schwärmen; *sie ist mein Schwarm:* ich schwärme für sie; *der Leithund bekommt den Schwarm:* (weidm.) weicht von der Fährte ab ✳ *Schwarmbeben* Mz.: schwarmartig auftretende Erdbeben; *Schwarmgeist; Schwarmweise* Ew.: scharen-weise ✳ **schwär|men** intr.: ins Weite gehen, unruhig wandeln : Ausfliegen des neuen Bienen-volks : (Heerw.) Schützenlinie bilden : (weidm.) von der Fährte (plötzlich) abschweifen : in Saus und Braus leben : (für jemand, etwas –) sich (leiden-schaftlich) begeistern : Irrleh-ren verbreiten; intr.; unp.: wim-meln ✳ **Schwär|mer,** der; –s, –: ein Fantast : Enthusiast : Fa-natiker, Sektierer : (weidm.) schwärmender Jagdhund : eine Art Klippenfisch : Netzspinne : Abendfalter : Feuerwerkskör-per ✳ *Schwarmzeit:* Zeit des Schwärmens von Insekten ✳ **Schwär|me|rei,** die; –, –en: das Schwärmen : über-schwängliche Begeisterung ✳ **Schwär|me|rin,** die; –, –nen: die Schwärmende ✳ **schwär|me|risch** Ew.: ge-fühlsselig : fantastisch

Schwar|te, die; –, –n; Schwärtchen: (Tiere) dicke, be-haarte Haut : (bei Menschen spöttisch, scherzh.) Haut : (übertr.) armer Kerl : Buch in Schweinsleder : (verächtl.) al-tes Buch : das rindenbedeckte erste und letzte Brett eines zersägten Stammes : grasbewachsenes Brachfeld ✳ *auf die Schwarte klopfen* tr.: (scherzh.) prügeln; *arbeiten, daß → dass einem die Schwarte knackt:* (stud.) aufs äußerste arbeiten ✳ *Schwartenhals:* armer Kerl; *Schwartenmagen:* Presswurst ✳ **schwarten** tr.: prügeln : lesen, schmökern ✳ **schwartig** Ew.: schwartenähnlich : mit einer Schwarte versehen

schwarz Ew. (schwärzer, schwärzeste): von dunkler Farbe : dunkel : schmutzig : düster, finster, traurig, trübe : unheilbringend : Hass und Abscheu erregend ✳ *die Straße war schwarz von Menschen; schwarz wie die Hölle; warten, bis man schwarz wird; es wird einem schwarz vor Augen; schwarz machen* tr.: anschwärzen, als schlecht schildern; intr.: (Kartsp.) alle Stiche machen; *schwarz werden:* (Kartsp.) keinen Stich bekommen; *schwarz (in Schwarz) gekleidet* ✳ *das schwarze Brett:* Anschlagbrett in Schulen und Hochschulen; *der Schwarze Erdteil:* Afrika; *die schwarze Kunst:* Alchimie; *die schwarze Liste:* Liste von Verdächtigen; *der schwarze Mann:* (übertr.) Kinderschreck : Schornsteinfeger : (scherzh.) Buchdruckerkunst; *schwarzer Peter:* ein Kartenspiel; *das Schwarze Meer; Schwarzer September:* palästinensische Untergrundorganisation; *der schwarze Tod:* die Pest; *schwarze Pocken* Mz.: schwerste Form der Pockenerkrankung mit blutunterlaufenen Pusteln; *schwarz auf weiß* Uw.: schriftlich; *schwarzweißrot* Ew.; *die Farben Schwarz-Weiß-Rot* ✳ **Schwarz** das; –(e)s: schwarze Farbe (derjenigen Körper, die alle auf sie fallenden Lichtstrahlen absorbieren) : eine Farbe im Kartenspiel ✳ **Schwarze,** der; –n, –n: (Umgspr.) Person mit dunkler Hautfarbe : Teufel : Rappe : (Mz.) Schweine : (höhn.) kath. Pfaffe : Ultramontaner (als Partei) ✳ **Schwarze,** das; –n: schwarze Stelle der Schießscheibe ✳ *ins Schwarze treffen* intr.: genau den Punkt treffen, auf den es ankommt ✳ *Schwarzarbeit:* gesetzlich unerlaubte Arbeit; *schwarzarbeiten:* als Lohn- oder Rentenempfänger unangemeldet arbeiten; *schwarzäugig* Ew.; *schwarzbärtig* Ew.; *Schwarzbeere; Schwarzbinder:* Fassbinder für eichene Gefäße; *schwarzblau* Ew.; *Schwarzblech:* unverzinntes Blech; *Schwarzblütigkeit:* (Med.) Melanämie; *schwarzbohren* tr.: raubohren (bohren und nicht polieren); *Schwarzbrenner:* jemand, der ohne Genehmigung Schnaps brennt; *Schwarzbrennerei; Schwarzbrot; Schwarzbuche; schwarzbunt:* bestimmte Rindersorte mit schwarzweißem Fell; *Schwarzdorn:* Schlehe; *Schwarzdrossel; Schwarzerde:* Humusboden; *schwarzfahren* intr.: ohne Führerschein oder ohne Fahrkarte fahren; *Schwarzfahrt:* widerrechtliche Fahrt ohne Fahrschein; *schwarzfärben → schwarz färben* tr.: düster schildern; *Schwarzfäule:* Pflanzenkrankheit; *schwarzgallig* Ew.: melancholisch; *schwarzgefleckt → schwarz gefleckt* Mw. Ew.; *schwarzgerändert → schwarz gerändert* Ew.; *schwarzgestreift → schwarz gestreift* Ew.; *schwarzgültig* Ew.: silberhaltig; *schwarzhaarig* Ew.; *Schwarzhandel:* gesetzlich nicht erlaubter Handel; *Schwarzhändler; schwarzhören* intr.; *Schwarzhörer:* nicht zahlender, nicht berechtigter Rundfunkhörer; *Schwarzkehlchen:* ein Singvogel; *Schwarzkirsche; schwarzköpfig* Ew.; *Schwarzkünstler:* Zauberer : Hexenmeister; *Schwarzkupfer:* unreines Kupfer, Kupferschwärze; *schwarzlockig* Ew.; *Schwarzmacher:* jemand, der alles in ungünstigem Lichte darstellt; *Schwarzmarkt(preise); Schwarzmeerflotte:* Flotte im Schwarzen Meer; *Schwarzmeergebiet; Schwarzmehl:* gröbste Mehlsorte; *Schwarzmeise; Schwarznessel; Schwarzpappel; Schwarzplättchen:* Mönchsgrasmücke; *Schwarzpulver:* Schießpulver; *Schwarzreiter:* eine Art Forelle, Saibling; *Schwarzrock:* Pfaffe; *schwarzrotgoldene Fahne; die Farben Schwarz-Rot-Gold* auch: *Schwarzrotgold:* die deutschen Farben; *Schwarzsauer:* (Kochkst.) eine aus Fleischstücken und Blut mit Essig gekochte Speise von Rind, Schwein oder Gans; *schwarzscheckig* Ew.; *Schwarzschimmel; schwarzschlachten* tr.: heimlich schlachten; *Schwarzschlachtung; Schwarzschur:* das Scheren der Wolle bei Schafen in ungewaschenem Zustand; *Schwarzschwanz:* ein Vogel : ein Fisch; *Schwarzseher:* Pessimist : jmd., der unangemeldet fernsieht; *schwarzsenden* tr.: ohne Berechtigung Rundfunksendungen verbreiten; *Schwarzsender:* unerlaubter Rundfunksender; *Schwarzspecht; Schwarzsucht:* Melanose; *Schwarztanne; Schwarzwasserfieber:* eine Tropenkrankheit; *Schwarzweißfilm; Schwarzweißfotografie; Schwarzweißkunst:* Grafik; *Schwarzweißzeichnung; Schwarzwild:* Wildschwein; *Schwarzwurzel:* eine Gemüsepflanze ✳ **Schwärze,** die; –, –n: das Schwarzsein : etwas Schwarzes : (übertr.) Düsterheit, Abscheulichkeit, Verworfenheit : eine Hopfenkrankheit : Farbe zum Schwärzen : (Bergb.) Name verwitterter Erze : (Hüttw.) noch Quecksilber enthaltender Schmutz ✳ **Schwärzel,** der; –s, –: (Schiffb.) Farbe zum Schwärzen der Berghölzer, Rahen ✳ **schwärzeln** (ich ..[e]le) tr.: (Schiffb.) Berghölzer, Rahen mit Schwärzel anstreichen ✳ **schwärzen** (du schwarzest und schwärzt) tr.: schwarz machen : schmutzig machen : mit Kohlenklein bedecken : intr.: sich eintrüben, dunkel werden : tr.: anschwärzen; in nachteiligem Licht erscheinen lassen, beflecken : (mundartl.) schmuggeln ✳ **Schwärzer,** der; –s, –: Schwarzmacher : Schmuggler ✳ **schwärzlich** Ew.: ins Schwarze spielend ✳ **Schwärzung,** die; –, –en: das Schwarzmachen

schwarzfahren
Eine Verbindung aus Adjektiv und Verb schreibt man dann zu-

sammen, wenn das Adjektiv weder steigerbar noch erweiterbar ist: *schwarzarbeiten, schwarzfahren, schwarzhören.*

Schwarz|wald: Mittelgebirge in Baden-Württemberg * *Schwarzwaldbahn; –haus; –hochstraße* * **Schwarz|wäl|der,** der; –s, –; **Schwarz|wäl|de|rin,** die; –, –nen: Bewohner(in) des Schwarzwaldes * **Schwarz|wäl|der** Ew.: auf den Schwarzwald bezüglich * *Schwarzwälder Kirschtorte*

Schwatz, der; –es, –e; Schwätzchen: das Schwatzen : das Geplauder : Geschwätz * *schwatzsüchtig* Ew. * **Schwät|ze|lei,** die; –, –en: leichtes Geschwätz * **schwät|zeln** (ich ..[e]le) intr.: leicht plaudern * **schwat|zen, schwät|zen** (du schwatzest, schwätzest, schwatzt, schwätzt) intr.: plaudern : viel und töricht reden * *Schwatzbase:* Plaudertasche; *Schwatzmaul* * **Schwät|zer,** der; –s, –: ein Schwatzender: eine Vogelgattung * **Schwät|ze|rei,** die; –, –en: Geschwätz * **Schwät|ze|rin,** die; –, –nen: weibl. Schwätzer * **schwät|ze|risch, schwatz|haft** Ew.: in der Art eines Schwätzers, gern schwatzend * **Schwatz|haf|tig|keit,** die; –: das Schwatzhaftsein

Schwe|be, die; –: das Schweben, Gleichgewichtslage : Unentschiedenheit, Ungewissheit * *Schwebebahn:* Hängebahn; *Schwebebalken, Schwebebaum:* liegender Baum für turnerische Gleichgewichtsübungen; *Schwebefauna, -flora:* die als Plankton lebenden Kleintiere und Pflanzen; *Schwebestange; Schwebestütz; Schwebeteilchen; Schwebezustand* * **schwe|ben** intr.: sich in Gleichgewichtslage befinden : sich in der Luft hin und her bewegen : sich leicht bewegen : (übertr.) ungewiss, in Ungewissheit sein : in einem Zustand der Gefahr sein : (Mus.) (Ton) unrein sein * *schwebendes Feld:* (Bergb.) völlig abgebaute Zeche; *schwebende Schuld:* laufende unbefristete Zahlungsverpflichtungen; *schwebendes Verfahren:* juristisches Verfahren, das noch

nicht abgeschlossen ist * *er hat über dem Abgrund geschwebt:* er war in Gefahr; *zwischen Furcht und Hoffnung schweben* * **Schwe|ber,** der; –s, –: ein Schwebender : Schwebefliege : Bezeichnung verschiedener Tiere * **Schwe|be|rei,** die; –, –en: schwankende Unbestimmtheit * **schwe|bisch** Ew.: (Bergb.) einfallend zwischen 6° und 15°, schwebend * **Schwe|bun|gen** Mz.: (Phys.) periodische Änderungen der Schwingungsweite, hervorgerufen durch Überlagerung zweier Schwingungen oder Wellen

Schwe|de, der; –n, –n: Einwohner von Schweden : eine Art Kegelspiel : schwedisches Pferd : schwedische Münze : (Mz.) schwedische Streichhölzer * *alter Schwede:* alter Freund, ehrlicher Kerl * **Schwe|den:** Königreich in Skandinavien * *Schwedenküche; Schwedenplatte:* garnierte Platte mit pikanten Vorspeisen; *Schwedenpunsch:* alkoholisches Getränk mit Arrak und Zucker; *Schwedenschanze:* Sprungschanze im Skisport* **Schwe|din,** die; –, –nen: Einwohnerin Schwedens * **schwe|disch** Ew.: auf Schweden bezüglich * *schwedische Gardinen* Mz.: (Umgspr.) Gefängnisgitter; *schwedische Gymnastik*

Schwe|fel, der; –s: ein chem. Grundstoff; Abk.: S : Abdruck von Gemmen in Schwefel * *Schwefelalkohol:* Merkaptan und Schwefelkohlenstoff; *schwefelartig* Ew.; *Schwefeläther; Schwefelätherweingeist:* Hoffmannstropfen, Heilmittel; *Schwefelbad:* schwefelhaltiges Bad; *Schwefelbalsam:* geschwefeltes Leinöl, ein Heilmittel; *Schwefelbande:* (urspr.) Schimpfname für die Jenaer Studentenverbindung „Sulfuria" (1815) : böswillige, tolle Gesellschaft [l. sulfur Schwefel]; *Schwefelblume, -blüte:* kristallinisches Schwefelpulver; *Schwefelbrech:* eine Pflanze; *Schwefelfaden; Schwefelfarbe:* gelbe Farbe : verschiedene mit Schwefel hergestellte Farben;

schwefelgelb Ew.; *schwefelhaltig* Ew.; *Schwefelholz:* Streichholz; *Schwefelkies:* ein Mineral; *Schwefelkohlenstoff; Schwefelkur; Schwefelleber:* ein Gemisch von Kaliumsulfiden, ein Heilmittel; *Schwefelmännchen:* aufs Schießröhrchen gestellter Schwefelfaden zwecks Sprengzündung; *Schwefelmetall; Schwefelpuder; Schwefelquelle:* schwefelhaltige Quelle; *Schwefelregen:* niederfallender Blütenstaub von Nadelhölzern; *Schwefelsalbe:* Heilmittel gegen Hautkrankheiten; *Schwefelsalz; Schwefelsammlung:* Sammlung von Gemmenabdrücken in Schwefel; *Schwefelsäure:* eine chem. Verbindung; *Schwefelwasserstoff:* übelriechendes giftiges Gas * **schwe|fe|lig, schwef|lig** Ew.: schwefelartig, schwefelhaltig * *schweflige Säure:* eine chem. Verbindung * **schwe|feln** (ich ..[e]le) tr.: mit Schwefel verbinden : ausräuchern durch Verbrennen von Schwefel * **Schwe|fe|lung, Schwef|lung,** die; –, –en: das Schwefeln

Schwe|gel, Schwie|gel, die; –, –n: (veralt.) Pfeife : Hirtenpfeife : Querpfeife : Orgelpfeife * *Schwegelpfeife* * **schwe|geln, schwie|geln** (ich ..[e]le) intr.: auf der Schwegel pfeifen * **Schweg|ler,** der; –s, –: Kunstpfeifer, Pfeifenbläser

Schweif, der; (e)s, –e: Schleppe, etwas Nachschleppendes : prächtiger, schön gefiederter Schwanz : Abschluss, das Letzte von etwas * *Schweifaffe:* Saki; *Schweifhorn:* Werkzeug zum Schweifen von Blechgefäßen; *Schweifsäge:* Örtersäge zum Aussägen geschweifter Linien; *Schweifstern:* Komet; *Schweifstock:* s. Schweifhorn; *schweifwedeln* intr.: (wie ein Hund) wedeln; *Schweifwedler:* (veralt.) Kriecher * **schwei|feln** (ich ..[e]le) intr.: schweifwedeln, kriecherisch umschmeicheln * **schwei|fen** intr.: (haben, sein): ziellos umherirren; tr.: bogen-, wellenförmig ausschneiden : schwingen, spülen : ausfegen, fledern : (Web.) scheren : mit einem

Schweif versehen ✳ **..schwei-fig** Ew., nur in Zus.: ausgedehnt, z. B. weitschweifig ✳ **Schwei̶fung**, die; –, -en: das Schweifen : das Geschweiftsein

schwei̶gen (du schweigtest, geschweigt, schweige!) tr.: (veralt.) stillmachen, beschwichtigen ✳ **schwei̶gen** (du schwieg[e]st, du schweigst; geschwiegen; schweig[e]!) intr.: still sein : verschweigen, nicht reden : ein Geheimnis bewahren ✳ *die Musik schweigt; das Gewissen schweigt; zu etwas schweigen:* keine Einwendungen erheben, es sich gefallen lassen; *von, über etwas schweigen:* nicht sprechen von, über etwas; *vor etwas schweigen:* aus Ehrfurcht still sein; *gegen jemanden schweigen:* einem gegenüber verschwiegen sein; *dagegen schweigen müssen:* dagegen nichts sagen können ✳ *Schweigegeld:* geldliche Entschädigung für Wahrung eines Geheimnisses; *Schweige-marsch:* wortlose Demonstration; *Schweigeminute:* stille Minute zum Gedenken; *Schweigepflicht:* Verpflichtung zur Innehaltung des Berufsgeheimnisses; *Schweigezone:* Gebiet von etwa 100 km Entfernung um den Ort einer großen Explosion ✳ **Schwei̶gen**, das; –s: Stille : das Stillsein ✳ **Schwei̶ger**, der; –s, –: ein Schweigender ✳ **schweig̶sam** Ew.: verschwiegen, nicht (viel) redend ✳ **Schweig̶sam̶keit**, die; –: das Schweigsamsein

Schwein, das; –(e)s, -e: nicht wiederkäuendes Säugetier mit rüsselförmiger Schnauze, Haustier, Sau : (verächtl.) unsaubere, unanständige Person : Tintenklecks : (stud.) unverdientes Glück ✳ *Schweinearbeit:* schwere, lästige Arbeit; *Schweinebauch:* Schlachtstück vom Bauch des Schweines; *Schweinebestand; Schweinebraten; Schweinefett; Schweinefleisch; Schweinehund:* Schimpfname : gemeiner Schuft; *Schweinekoben, -kofen; Schweinemast; Schweinepest; Schweinerippchen; Schweineschnitzel; Schweinestall; Schweinetreiber;*

Schweinehirt; Schweinetyphus: Rotlauf, eine Schweinekrankheit; *Schweinewirtschaft:* verlotterte Wirtschaft; *Schweinezucht* ✳ *Schweinigel:* ein Schimpfwort; *Schweinigelei:* Ferkelei; *schweinigeln* intr.: Schweinereien treiben ✳ *Schweinsaffe:* Makak; *Schweinsblase; Schweinsborste; Schweinsfisch:* Tümmler, Delfin; *Schweinshaxen; Schweinskeule; Schweinsknochen; Schweinsleder; schweinsledern* Ew.; *Schweinsohr:* Ohr des Schweins : ein Pilz : ein Gebäck; *Schweinsrücken* ✳ **Schwei̶ne̶rei**, die; –, -en: Sauerei : Gemeinheit : Zote ✳ **schwei̶nern** Ew.: (südd.) vom Schwein ✳ *Schweinernes:* Schweinefleisch ✳ **schwei̶nisch** Ew.: säuisch, unanständig

Schwein̶furt: Stadt in Unterfranken ✳ **Schwein̶furter Grün,** das; – -s: hellgrüne, giftige Malerfarbe

Schweiß, der; –es, -e: farbloses Sekret der Schweißdrüsen : (übertr.) anstrengende Arbeit : eine Krankheit des Rindviehs : schweißartige Feuchtigkeit : feuchter Niederschlag an Fenstern : aus Felsen hervorschwitzende Wasserader, Bergschweiß, Salzschweiß, Pechgalle : (weidm.) Blut ✳ *in Schweiß geraten* intr.; *von Schweiß triefen* intr. ✳ *Schweißausbruch; schweißbedeckt* Mw. Ew.; *schweißbefördernd* Mw. Ew.; *Schweißbildung; Schweißblatt:* Schutzblatt gegen das Durchschwitzen der Kleider an der Achselhöhle; *Schweißdrüse:* Schweiß absondernde Drüse; *Schweißfieber; Schweißfleck; Schweißfuchs; Schweißfuß; schweißgebadet* Mw. Ew.; *Schweißgeruch; Schweißhund:* Jagdhund; *Schweißmittel; Schweißperle:* perlender Schweiß; *schweißtreibend* Mw. Ew.; *schweißtriefend* Mw. Ew.; *Schweißtropfen; Schweißtuch* ✳ **schweiß̶bar** Ew.: sich schweißen lassend ✳ **schwei̶ßen** (du schweißest und schweißt; du schweißtest; geschweißt) intr.: (weidm.) bluten; intr.: in Blut zusam-

menfließen; tr.: glühendes Metall hämmernd vereinigen : (übertr.) eng verbinden ✳ *Schweißapparat; Schweißbrenner; Schweißdraht; Schweißeisen; Schweißgerät; Schweißnaht:* Verbindungsstelle zusammengeschweißter Metalle; *Schweißofen; Schweißstahl* ✳ **Schwei̶ßer,** der; –s, –: ein Schweißender ✳ **Schwei̶ße̶rei,** die; –, –: Gewerbe und Ort des Schweißens ✳ **schweiß̶ßig** Ew.: mit Schweiß bedeckt : (weidm.) blutig

Schweit̶zer: Dr. Albert Schweitzer (1875 bis 1965), Theologe und Mediziner, ging 1913 als Missionar und Arzt nach Lambarene

Schweiz: mitteleuropäischer Bundesfreistaat ✳ **Schwei̶zer,** der; –s, –: Einwohner der Schweiz : Kuhknecht : Melkmeister : Leiter einer Molkerei : Türhüter : Küster in kath. Kirchen : Erdeichhorn : Bergrabe : (Billardsp.) Verläufer ✳ *Holsteinische Schweiz; Sächsische Schweiz* ✳ *Schweizerdegen:* Schriftsetzer, der auch drucken kann, oder Drucker, der auch das Setzen versteht; *Schweizerdeutsch; Schweizergarde:* päpstliche Leibgarde; *Schweizerhose:* Name von Blumen und Birnen; *Schweizerpillen* Mz.: Abführpillen; *Schweizerpsalm:* schweiz. Nationallied ✳ *Schweizer Haus; Schweizer Käse; Schweizer Reise* ✳ **Schwei̶ze̶rei,** die; –, -en: Meierei ✳ **Schwei̶ze̶rin,** die; –, -nen ✳ **schwei̶ze̶risch** Ew. ✳ *die schweizerische Pflanzenwelt; Schweizerische Eidgenossenschaft*

Schwelch̶malz, das; –es: (bayr.) luftgetrocknetes Malz

schwel̶len intr.: langsam rauchend verbrennen : glimmen; tr.: durch schwelendes Brennen bereiten ✳ *Schwelbrand; Schwelkohle:* eine Art Braunkohle; *Schwelkoks; Schwelteer* ✳ **Schwe̶le̶rei,** die; –, -en: trockene Destillation von Schwelkohle zur Gewinnung von Schwelteer

schwel̶gen intr.: mit Genuss essen und trinken : in vollen Zügen genießen ✳ **Schwel̶ger,**

der; –s, –: ein Genießer ✳ *Schwelgerlust* ✳ **Schwelgerei**, die; –, –en: das Schwelgen, üppiger Genuss ✳ **schwelgerhaft**, **schwelgerisch** Ew.: wie ein Schwelger lebend : schwelgend, üppig

Schwell, der; –(e)s, –e; **Schwelle**, die; –, –n: Schwellung : ins Meer hinauslaufende Sandbank : anschwellendes Wasser : Vorrichtung zum Anschwellen ✳ *Schwellkörper:* (Anat.) Organ, das durch Aufnahme von Blut anschwillt ✳ **schwellen** (du schwellst, du schwelltest, geschwellt, schwelle!) tr.: dicker, größer, stärker machen : ausdehnen ✳ **schwellen** (du schwillst, er schwillt; du schwoll[e]st, du schwöllest; geschwollen, schwill!) intr.: dicker, größer, stärker werden : sich ausdehnen ✳ **Schweller**, der; –s, –: tonverstärkende Vorrichtung des Orgelwerks ✳ **Schwellung**, die; –, –en: das Schwellen : durch Anschwellen entstandene Verdickung

Schwelle, die; –, –n: (Baukst.) Querbalken, Stein als Grundlage und Träger : (übertr.) Eingang, Grenzlinie : Träger von Eisenbahnschienen ✳ *an der Schwelle des Jahrhunderts:* am Anfang des Jahrhunderts; *an der Schwelle des Lebens* ✳ *Schwellenangst:* Hemmung, eine Schwelle zu überschreiten; *Schwellenlänge; Schwellenrost; Schwellenwert:* (Physiologie u. Psychologie) unterste Stärke eines Reizes ✳ **schwellen** tr.: mit einer Schwelle versehen

Schwemme, die; –, –n: das Schwemmen : Viehtränke : (stud.) Kneipe : Schwemmfloß ✳ *Schwemmboden; Schwemmland; Schwemmsand; Schwemmstein* ✳ **schwemmen** tr.: strömendes Wasser auf etwas wirken lassen : (von Tieren) spülend baden : schwammartig anschwellen ✳ **Schwemmer**, der; –s, –: eine Art Salzschiff : in Federn hängende Kutsche

Schwende, die; –, –n: urbar gemachter Wald ✳ **schwenden** tr.: „schwinden machen", (Feld –) urbar machen

Schwengel, der; –s, –: hin und her schwingender Teil einer Vorrichtung ✳ *Glocken-, Pumpenschwengel; Ladenschwengel:* (scherzh.) Kommis **Schwenk**, der; –(e)s, –s: (Filmw.) erzielte Einstellung durch Schwenken der Kamera ✳ **Schwenke**, die; –, –n: (mundartl.) Schaukel ✳ **Schwenkel**, der; –s, –: Troddel ✳ **schwenken** tr., intr.: schwingend (im Bogen) bewegen : plagen, wegjagen : eine Wendung machen : schleudernd mit Wasser ausspülen, reinigen ✳ *die Fahne schwenken; sich im Tanz schwenken* ✳ *Schwenkbecken; Schwenkbühne; Schwenkglas; Schwenkkessel; –kran; –seil* ✳ **Schwenker**, der; –s, –: ein Schwenkender : (mundartl.) Schößelrock : Kognakglas ✳ **Schwenkung**, die; –, –n: das Schwenken : (Sport) Wendung um einen Flügel als Drehpunkt

schwer Ew.: ein bestimmtes Gewicht habend : viel wiegend : drückend, lastend : (übertr.) Mühe, Pein verursachend : (übertr.) schwierig : wichtig, bedeutsam : schwerfällig, plump : reich an Geld; Uw.: sehr, stark ✳ *es hält schwer:* es ist schwierig; *schwer betrunken:* sehr betrunken; *die schwere Stunde erwarten:* die Entbindung erwarten; *von Blüten schwer:* reich an Blüten; *ein schwerer Junge:* ein Verbrecher ✳ *Schwerarbeiter; Schwerathletik:* Boxen, Ringen, Gewichtheben und –werfen, Jiu-Jitsu; *schwerbeschädigt* → *schwer beschädigt* Ew.; *Schwerbeschädigte,* der, –n, –n; *Schwerbeschädigtenausweis; Schwerbeschädigtengesetz; schwerbewaffnet* → *schwer bewaffnet* Mw. Ew.; *schwerblütig* Ew.; *Schwererde:* Baryterde; *schwererziehbar* → *schwer erziehbar* Ew.; *schwerfallen* → *schwer fallen* intr.: Mühe machen; *schwerfällig* Ew.: unbeholfen; *Schwerfälligkeit; Schwergewicht:* Hauptgewicht : Gewichtsklasse der Schwerathletik : *Schwergewichtler; Schwergewichtsmeister(schaft); schwerhalten* → *schwer halten* intr.:

schwierig sein, nicht leicht halten; *schwerhörig* Ew.; *Schwerindustrie:* Kohlenbergbau, Eisenschaffende und Großeisenindustrie; *Schwerindustrieller; Schwerkraft:* Anziehungskraft; *schwerkrank* → *schwer krank* Ew.; *schwerkriegsbeschädigt* → *schwer kriegsbeschädigt* Ew.; *Schwerkriegsbeschädigte; schwermachen* → *schwer machen* tr.: Schwierigkeiten bereiten; *Schwermut; schwermütig* Ew.; *schwernehmen* → *schwer nehmen* tr.: zu wichtig, belastend empfinden; *Schwerölmotor; Schwerpunkt:* Mittelpunkt der Schwere : (übertr.) Hauptgewicht; *Schwerpunktstreik; Schwerspat:* Mineral, schwefelsaure Baryterde; *Schwerverbrecher; schwerverdaulich* → *schwer verdaulich* Ew.; *schwerverständlich* → *schwer verständlich* Ew.; *schwerverwundet* → *schwer verwundet* Mw. Ew.: *schwerwiegend* → bedeutsam ✳ *schwerwiegender Irrtum* ✳ *Schwerstarbeiter; –beschädigte* ✳ **Schwere**, die; –: das Schwersein : Druck, Gewicht : Schwerkraft : Bedeutsamkeit : Größe : etwas Lastendes : Not ✳ *die ganze Schwere des Wortes, der Strafe, der Verpflichtung; nach der Schwere des Verbrechens beurteilen* tr. ✳ *Schwerefeld:* (Phys.) Raum, in dem die Schwere wirkt ✳ **schwerlich** Uw.: mit Mühe, kaum

Schwerenot!: (urspr. „schwere Not" = Fallsucht, Epilepsie) eine Verwünschung, „dass dich die schwere Not treffe"; vgl. Schockschwerenot ✳ **Schwerenöter**, der; –s, –: (urspr.) Mensch, dem man „die schwere Not" wünschte : (heute) ein flotter Bursche, ein Schürzenjäger **Schwerin:** Hauptstadt Mecklenburg-Vorpommerns ✳ *Schweriner See*

Schwert, das; –(e)s, –er: Hieb- und Stoßwaffe mit gerader, breiter Klinge und Doppelschneide : (übertr.) Krieg : etwas Schwertförmiges : schwertartige Waffe mancher Tiere ✳ *Schwertbohne; Schwertfeger:* Waffenschmied;

Schwertfisch; schwertförmig Ew.; *Schwertfortsatz:* unteres Ende des Brustbeins; *Schwertknauf; Schwertleite:* Ritterschlag; *Schwertlilie; Schwertmagen* Mz.: männliche Verwandte der männlichen Linie; *Schwertschlag; Schwertstich; Schwerttanz; Schwertwal:* eine Delfinart ✳ **Schwer|tel,** der; –s, –: eine Pflanze ✳ *Schwertelgras; Schwertelried; Schwertelwurz*

schwer|ver|länd|lich →
schwer ver|länd|lich,
schwer|ver|wun|det →
schwer ver|wun|det usw.: s. schwer

Schwe|ser, der; –s, –: Schweder, Kalbsmilch

Schwes|ter, die; –, –n (Abk.: Schw.): weibliches Geschwister : Bezeichnung für zusammengehörige Dinge : Krankenpflegerin : geprüfte Kinderwärterin ✳ *Schwesteranstalt:* gleichartige Anstalt; *Schwesterfirma; Schwesterkind:* Neffe oder Nichte; *Schwesterliebe; Schwesterschiff:* Schiffe gleicher Bauart einer Reederei ✳ *Schwesternliebe; Schwesternorden:* Nonnenorden; *Schwesternpaar; Schwesternschule; Schwesterntracht:* Tracht einer Nonne oder Krankenschwester; *Schwesternwohnheim* ✳ **schwes|ter|lich** Ew.: dem Schwesternverhältnis gemäß : wie eine Schwester ✳ **Schwes|tern|schaft:** Genossenschaft von Krankenschwestern

Schwib|bo|gen, der; –s, –: frei „schwebender" Bogen zwischen zwei Strebepfeilern oder Mauern

schwich|ten tr.: beruhigen : (Schiffb.) zwei gespannte Taue durch eine sie im Zickzack verbindende Leine fester spannen : zum Schweigen bringen ✳ **Schwich|ting, Schwich|tung,** die; –, –en: (Schiffb.) das Schwichten : Taue, Leinen zum Schwichten

Schwie|ger, die; –, –n: (veralt.) Schwiegermutter, Mutter des Ehegatten ✳ **Schwie|ger,** der; –s, –: (veralt.) Schwiegervater, Vater des Ehegatten ✳ *schwiegerelterlich* Ew.; *Schwiegereltern* Mz.; *Schwie-*

germutter; Schwiegersohn: Ehemann der Tochter; *Schwiegertochter:* Ehefrau des Sohnes; *Schwiegervater; schwiegerväterlich* Ew. ✳ **Schwie|ger|schaft,** die; –: Verwandtschaft durch Verheiratung

Schwie|le, die; –, –n: Striemen, harte Hautschwellung ✳ *Schwielensohler:* eine Tiergattung (Kamel) ✳ **schwie|lig** Ew.: mit Schwielen bedeckt

Schwie|mel, der; –s, –: Schwindel, Taumel : Zechbruder ✳ *Schwiemelkopf* ✳ **Schwie|me|lant** (dtsch.-l.), der; –en, –en: Schwiemeler, Zechbruder ✳ **Schwie|me|lei,** die; –, –en: das Schwiemeln ✳ **Schwie|me|ler, Schwiem|ler,** der; –s, –: Zechbruder ✳ **schwie|me|lig, schwiem|lig** Ew.: taumelnd ✳ **schwie|meln** (ich ..[e]le) intr.: taumeln : bummeln : zechen : leichtsinnig leben ✳

Schwie|ping, der; –, –en: (Schiffb.) zugespitztes Ende eines Taues

schwie|rig Ew.: (urspr.) schwärend, voller Geschwüre : (übertr.) im Zustand der Unzufriedenheit befindlich : mit Bedenklichkeiten, viel Mühe verbunden, peinlich ✳ **Schwie|rig|keit,** die; –, –en: das Schwierigsein : etwas Schwieriges ✳ *Schwierigkeitsgrad*

schwim|men (du schwamm[e]st, du schwömmest; geschwommen; schwimm[e]!) intr.: von einer Flüssigkeit getragen, auf ihrer Oberfläche gehalten werden : schwankend ineinander fließen, verschwimmen ✳ *gegen den Strom schwimmen:* eine andere Meinung haben als die allgemein anerkannte; *die Speise schwimmt in Fett; in Wonne schwimmen:* überglücklich sein; *das Auge schwimmt in Tränen; das schwimmt es vor den Augen:* unklar sehen ✳ *Schwimmanstalt; Schwimmanzug; Schwimmart:* Schwimmstil; *Schwimmbad; Schwimmbahn:* zu schwimmende Strecke im Schwimmbad; *Schwimmbassin; Schwimmbecken; Schwimmblase:* Schwimmorgan der Fische : luftgefüllte

Schweinsblase als Hilfsmittel zum Schwimmen; *Schwimmdock:* schwimmfähiges, versenkbares Dock; *Schwimmfuß; Schwimmgürtel; Schwimmhaut:* Haut zwischen den Zehen der Schwimmvögel; *Schwimmhose; Schwimmkiesel:* Opal; *Schwimmkran:* schwimmfähiger Kran; *Schwimmlehrer; Schwimmmeister* → *Schwimmeister; Schwimmsport; Schwimmstil; Schwimmvogel; Schwimmwaage:* Aräometer, Senkwaage; *Schwimmweste* ✳ **Schwim|mer,** der; –s, –: ein Schwimmender : schwimmendes Tier : schwimmende Pflanze : in Federn hängende Kutsche, Schwemmer : Schwimmwaage : die bootsähnlichen Schwimmkörper an Wasserflugzeugen : auf Flüssigkeiten schwimmender Körper als Selbstschlusshahn ✳ **Schwim|me|rei,** die; –: das (viele) Schwimmen ✳ **Schwim|me|rin,** die; –, –nen: eine Schwimmende

Schwin|del, der; – s: Taumel : krankhafte Empfindung der Gleichgewichtsstörung : Rausch : unaufrichtiges Gebaren : unwahres Vorspiegeln : Betrug ✳ *Schwindelanfall; Schwindelbeere:* Tollkirsche; *schwindelerregend* → *Schwindel erregend* Ew.; *schwindelfrei* Ew.; *Schwindelgefühl; Schwindelhöhe:* Schwindel erregende Höhe ✳ **Schwin|de|lei,** die; –, –en: unaufrichtiges Gebaren : Lüge : Betrug ✳ **schwin|del|haft, schwin|de|lig, schwind|lig** Ew.: Schwindel erregend : an Schwindelgefühl leidend : auf Schwindel, Unwahrheit beruhend ✳ **schwin|deln** (ich ..[e]le) intr.: Schwindel empfinden : lügen : Schwindeleien machen ✳ *schwindelnd* Mw. Ew.: Schwindel erregend ✳ **Schwind|ler,** der; –s, –; **Schwind|le|rin,** die; –, –nen: Betrüger(in), Hochstapler(in) ✳ **schwind|le|risch** Ew.: betrügerisch, schwindelhaft

schwin|den (du schwandest; du schwändest; geschwunden : schwinde!) intr.: weniger werden : abmagern : vergehen : bewusstlos werden : verblassen ✴ *Schwindmaß:* Schrumpfmaß; *Schwindspannung; Schwindsucht:* Auszehrung : (volkst.) Lungenschwindsucht, Tuberkulose; *schwindsüchtig* Ew. ✴ **Schwin|dung,** die; –: (Techn.) Verringerung des Rauminhalts **Schwin|ge,** die; –: Flügel, Schwungfedern : Vorrichtung zum Schwingen : (Bergb.) Hölzer, die den Stangen eines Feldgestänges eine schwingende Bewegung mitteilen : eine turnerische Pendelbewegung ✴ **Schwin|gel,** der; –s, –: (veralt.) Glockenschwengel : (Turnkst.) Schwingpferd : eine Grasgattung ✴ **schwin|gen** (du schwang[e]st, du schwängest; geschwungen; schwing[e]!) tr., rbz.: sich mit einem Schwunge bewegen : schwingend reinigen; intr.: sich schwingend hin und her bewegen ✴ *Schwingachse; Schwingblatt:* Membrane; *Schwingbühne; Schwingfeder; Schwingmesser:* Schwert, womit Flachs oder Hanf von der Schäbe gereinigt wird; *Schwingmetall:* ein Werkstoff; *Schwingpferd:* ein Turngerät; *Schwingpflug:* Bewegung auf Schiern beim Abfahren; *Schwingtür; Schwingwerg:* Abfall von Flachs beim Schwingen ✴ **Schwin|gung,** die; –, –en : die zwischen bestimmten Grenzen hin und her gehende Bewegung eines Körpers ✴ *Schwingungsdämpfer; Schwingungsdauer; Schwingungskreis; Schwingungsweite; Schwingungszahl* **schwipp, schwips:** Tonwort zur Bezeichnung eines schwippenden Geräusches ✴ **schwipp** Ew.: schlank, schwank ✴ *Schwippschwager:* Bruder des Schwagers oder der Schwägerin ✴ **Schwip|pe,** die; –, –n : Ende der Peitschenschnur ✴ **schwip|pen** intr.: mit einer Schwippe schlagen; tr.: schnellen ✴ **Schwips,** der; –es, –e: Schlag (mit der Schwippe) : kleiner Rausch **Schwir|bel,** der; –s, –: Wirbel : Schwindel : Taumel ✴ **schwir|be|lig, schwir|blig** Ew.: (mundartl.) schwindelig ✴

schwir|beln (ich ..[e]le) intr.: (mundartl.) sich im Kreise drehen : schwindeln **Schwirl,** der; –(e)s, –e: eine Singvogelgattung **schwirr** Ew.: schwirrend ✴ **schwir|ren** intr.: schwärmen : einen sausenden Ton hören lassen : sich mit schwirrendem Ton bewegen ✴ *mir schwirrt es im Kopf* ✴ *Schwirrvogel:* Kolibri; *Schwirrholz:* Kultgerät austral. Stämme bei der Jugendweihe **Schwitz,** der; –es, –e: Schweiß ✴ **Schwit|ze,** die; –, –n: (Gerb.) Zustand des Schwitzens : (Kochkst.) Brenne, Mehlbrenne, warmer, angebräunter Einlass in Suppen und Soßen ✴ **schwit|zen** (du schwitzest und schwitzt; du schwitztest; geschwitzt) intr.: Schweiß von sich geben : in Schweiß sein, transpirieren : (übertr.) sich mühen : sich mit Feuchtigkeit beschlagen, wie mit Schweiß überzogen; tr.: in die Schwitze legen : (Kochkst.) in Fett braten ✴ *Schwitzbad; Schwitzkasten:* Griff beim Ringen; *Schwitzkur; Schwitzmittel* ✴ **schwit|zig** Ew.: schweißig **Schwof,** der; –(e)s, –e: (stud.) (Dorf-)Ball : Tanz in öffentl. Lokalen ✴ **schwo|fen** intr.: einen Schwof mitmachen : tanzen **schwoi|en, schwo|jen** s. schwaien **schwö|ren** (du schworst, veralt. schwur[e]st, du schwürest, er schwor; geschworen; schwör[e]!) intr.: bei der Beteuerung einer Aussage Gott als Zeugen der Wahrheit anrufen; tr.: bei einem Eide geloben ✴ *einen Eid schwören; Stein und Bein schwören; auf etwas schwören* intr.: daran glauben, felsenfest davon überzeugt sein; *auf jemanden schwören* intr.: jemandem unbedingt vertrauen; *bei etwas schwören* intr.: unter Anrufung von etwas schwören **Schwuch|tel,** die; –, –n: (verächtl.) fraulich wirkender Homosexueller **schwu|de!:** (ostdtsch.) Zuruf an Zugtiere : links! **schwul** Ew.: (Umgspr. und Eigenbez.) homosexuell ✴

Schwu|le, der; –n, –n: (Umgspr.) Homosexueller **schwül** Ew.: beklemmend, drückend heiß : beängstigend ✴ *in Schwulibus sein:* (stud.) in Angst und Nöten sein ✴ **Schwü|le,** die; –: das Schwülsein ✴ **Schwul|i|tät** (dtsch.-l.), die; –, –en: Verlegenheit, Klemme **Schwül,** der; –(e)s: (Bergb.) eine Art Kieselschiefer **Schwulst,** der; –es, Schwülste; die; –, Schwülste: fehlerhafte Geschwollenheit, übermäßige Anschwellung : Geschwulst : (übertr.) Aufgeblasenheit, Stolz : Wortschwall, Bombast ✴ **schwuls|tig, schwüls|tig** Ew.: sehr stark aufgeschwollen : (übertr.) übertrieben : hochtrabend, bombastisch : dünkelhaft ✴ **Schwüls|tig|keit,** die; –: das Schwülstigsein **schwum|me|rig, schwumm|rig** Ew.: schwindlig, übel **Schwund,** der; –(e)s: das Abnehmen ✴ *Gedächtnisschwund; Muskelschwund* **Schwung,** der; –(e)s, Schwünge: Schwingung : (übertr.) Lebhaftigkeit : (übertr.) Aufschwung : die Erhabenheit : geschwungene Linie : (stud.) Ladendiener, Schwungs ✴ *Schwungbrett; Schwungfeder; Schwungkraft; Schwungrad; Schwungriemen* ✴ **Schwungs,** der; –es, –e: (sächs.) Ladendiener ✴ **schwungvoll** Ew.: mit Schwung **schwupp!, schwups!:** Tonwort zur Bezeichnung eines schwuppenden Geräusches; vgl. schwipp und schwapp ✴ *schwuppdiwupp* ✴ **Schwup|per,** der; –s, –: Schnitzer, kleiner Fehler ✴ **Schwup(p)s,** der; ..ses, ..se: Menge überplätschernder Flüssigkeit : schneller Sprung : schneller Schlag **Schwur,** der; –(e)s, Schwüre: das Schwören : die Eidesformel : Eid ✴ *Schwurfinger; Schwurformel; Schwurgericht:* Geschworenengericht; *Schwurgerichtsverhandlung; Schwurhand* **Schwyz:** Kanton und Ort in der Schweiz ✴ **Schwy|zer,** der; –s, –: Bewohner von Schwyz ✴ **Schwy|zer|dütsch, Schwy-**

zer|tütsch, das; –: schweizerische Landessprache

Sci|ence-fic|tion → Sci|ence-fic|tion (e.) [ßaiensfikschen], die; –: Literaturgattung mit wissenschaftlichen Utopien als zentralem Thema * *Science-fiction-Roman → Sciencefictionroman*

Sciencefiction
Im Zuge der Eindeutschung schreibt man auch bei fremdsprachigen Wörtern zwei aufeinander folgende Substantive zusammen: *Secondhandshop, Sciencefiction, Doityourselfverfahren.*

sci|li|cet (l.) [ßzilizet]: nämlich; Abk.: scil.

Sci|roc|co: s. Schirokko

Scor|da|tu|ra (it.), die; –: Umstimmen der Saiten bei Streich- und Zupfinstrumenten

Score (e.) [skoa], der; –s, –s: Auflistung der Punktestände bei Sport oder Spiel : Punktergebnis bei Intelligenztests

Scotch (e.) [skotsch], der; –s: Whisky aus Schottland * **Scotch|ter|ri|er** (e.), der; –s, –: Hunderasse

Scot|land Yard (e.) [skotländjard']: Hauptdienstgebäude der Londoner Polizei

Scout (e.) [skaut], der; –s, –s: Kundschafter, Späher * *Boy-Scouts → Boyscouts:* Pfadfinder

Scrab|ble (e.) [skräbbel], das; –: (Warenz.) Wortspiel mit einzelnen Buchstabenplättchen

Scra|pie (l.), die; –: tödliche Viruserkrankung bei Schafen, auch Traberkrankheit oder Gnubberkrankheit genannt (Tiermehl aus Kadavern erkrankter Schafe löste den Rinderwahnsinn, s. d., aus)

Scrat|ching (e.) [skrätsching], das; –s, –s: Erzeugung besonderer Laute, indem eine sich drehende Schallplatte mit der Hand angehalten oder zurückgedreht wird

Scrip (e.) [skrib], der; –s, –s: nicht verzinsbarer Interimsanleiheschein : Besatzungsgeld * *Scripdollar*

Script, Skript (e.), das; –s, –s: Drehbuch eines Films * *Scriptgirl, Skriptgirl:* Assistentin des Filmregisseurs

sculp|sit (l.) [sk..]: „er hat es

gestochen" (Vermerk auf Kupfer-, Stahlstichen)

s. d. (Abk.): siehe dort

SDA (Abk.): Schweizerische Depeschenagentur

SDR (Abk.): Süddeutscher Rundfunk

Seal (e.) [ßihl], der; –s, –s: Seehund, Seehundsfell * *Sealbisam; Seal electric:* Nachahmung von Sealskin; *Sealkanin:* Seal-Nachahmung aus Kaninfell; *Sealskin:* nachgeahmtes plüschartiges Seehundsfell; Seidenbiber; *Sealmantel*

Sé|ance (fr.) [ßehangß], die; –, –n: spiritistische Sitzung : Geisterbeschwörung

SEATO (Abk.): South-East Asia Treaty Organization; südostasiatischer Verteidigungspakt

Sea|son (e.) [ßis'n], die; –, –s: Jahreszeit : Gesellschaftszeit, Saison

Se|bor|rhö, Se|bor|rhöe (gr.), die; –, –n: Hautabschuppung, Talgfluss, Bäckerkratze

Seborrhö
Die früher übliche Endung auf *-rrhoe* bei medizinischen Begriffen wurde durch die nunmehr allgemein gültige Endung *-rrhö,* fachsprachlich auch *-rrhöe* ersetzt.

sec(.) (Abk.): Sekunde : „trocken" im Zusammenhang mit Sekt oder Wein

sec|co (it.): trocken * *al secco* (Mal.) auf trockenem Grund (malen) * *Seccomalerei* (Ggs. Freskomalerei); *Seccorezitativ:* (Mus.) Rezitativ akkordisch nur vom Cembalo unterstützt

Se|cen|to (it.) [..tschen..], das; –s: Kunstzeitalter in Italien (17. Jahrh.) * **Se|cen|tist** [..tschen..], der; –en, –en: Künstler des Secentos

Sech, das; –(e)s, –e: Pflugscharmesser

sechs Zahlw.: die Zahl zwischen fünf und sieben * **Sechs**, die; –, –en: die Ziffer 6 : (Kartsp.) eine Karte mit sechs Augen * *Sechseck; sechseckig* Ew.; *sechsfach* Ew.; *das Sechsfache; Sechsflächner:* Hexaeder : Körper mit sechs Flächen; *sechshundert:* Zahlw. : sechs mal hundert; *Sechskanteisen; sechsmal* Uw.; *sechsma-*

lig Ew.; *Sechspunktschrift:* (Buchdrw.) ein kleiner Schriftgrad (Nonpareille); *Sechsspänner:* Wagen mit sechs Pferden; *Sechstagerennen:* Bahnradrennen über den Zeitraum von sechs Tagen; *sechstausend* Zahlw.: sechs mal tausend; *Sechsundsechzig:* ein Kartenspiel; *Sechszylinder:* Autotyp; *Sechszylindermotor; sechszylindrig* Ew. * **Sech|ser**, der; –s, –: (berlin.) ein Fünfpfennigstück : sechsjähriges Pferd

sechst: O.-Zahlw. zu sechs * **Sechs|tel**, das; –s, –: der sechste Teil vom Ganzen * **Sechs|tel** Zahlw.: den sechsten Teil von etwas betragend * **sechs|teln** (ich ..[e]le) tr.: in sechs Teile teilen * **sechs|tens** Uw.: an sechster Stelle * **sech|zehn** Zahlw.: sechs und zehn * **sech|zig** Zahlw.: zehn mal sechs * **Sech|zi|ger**, der; –s, –; **Sech|zi|ge|rin**, die; –, –nen: Mann oder Frau von 60 Jahren * **sech|zigst**: O.-Zahlw. zu sechzig * **Sech|zigs|tel**, das; –s, –: der sechzigste Teil von etwas

Sech|ter (l.), der; –s, –: ein altes Getreidemaß

Se|cond|hand|shop (e.) [ßekend händschop], der; –s, –s: Geschäft mit Waren (v. a. Kleidung) aus zweiter Hand

Se|cret Ser|vice (e.) [ßikret serwiß], der; –: der politische brit. Geheimdienst

SED (Abk.): Sozialistische Einheitspartei Deutschlands (ehem. DDR)

se|dat (l.) Ew.: ruhig : gesetzt * **se|da|tiv** Ew.: (Med.) beruhigend : schmerzstillend * **Se|da|tiv**, das; –s, –e: Beruhigungsmittel * **Se|da|ti|vum** [..w..], das; –s, ..va: Sedativum

se|den|tär (l.) Ew.: sesshaft : häuslich

Se|dez (l.), das; –es: Sechzehntelbogengröße, ein Buchformat; Abk.: 16° * *Sedezformat*

Se|di|ment (l.), das; –(e)s, –e: Bodensatz, Niederschlag : Ablagerung : Flöz * **se|di|men|tär** Ew.: geschichtet, durch Niederschlag gebildet : abgelagert * *Sedimentärbildung:* Flöz-, Schichtbildung;

Sedimentärgestein ✳ **Sedi|men|ta|ti|on**, die; –, –en: Ablagerung ✳ **se|di|men|tie|ren** tr.: absetzen : ablagern
Se|dis|va|kanz (l.), die; –: Zeit, in der der päpstliche oder bischöfliche Stuhl unbesetzt ist
Se|di|ti|on (l.), die; –, –en: Empörung : Aufstand
Se|duk|ti|on (l.), die; –, –en: Verführung ✳ **se|du|zie|ren** (..iert) tr.: verführen
Se|du|li|tät (l.), die; –: Emsigkeit : Geschäftigkeit
Se|dum (nl.), das; –s, Seda: Mauerpfeffer, Fetthenne
See, der; –s, –n: Binnen-, Landsee ✳ *auf dem See rudern; im See schwimmen* ✳ **See,** die; –: (nur Ez.) Meer : (seem.) Wasserwoge, Welle ✳ *an die See fahren:* in ein Seebad reisen; *zur See fahren:* Seemann sein; *auf hoher See* ✳ *Seeaal:* Meeraal; *–adler; –amt:* Behörde für Seeunfälle; *–bad; Seebär:* plötzlich eintretende Flutwelle an der Ostseeküste : (scherzh.) Seemann; *Seebeben:* Erdbeben auf dem Meeresgrund; *See-Elefant* → *Seeelefant:* große Robbe; *see-erfahren* → *seeerfahren* Ew.: in der Seefahrt erfahren; *See-Erfahrung* → *Seeerfahrung; Seefahrt; Seefahrtbuch:* persönliches Arbeitsbuch der Seeleute, in das An- und Abmusterungen eingetragen werden; *Seefahrtschule; seefest* Ew.; *Seefisch; Seefracht; Seefunk; Seegang:* Wellengang; *Seegefrörne:* (schweiz.) Zugefrorensein eines Sees; *Seegesicht:* Luftspiegelung; *Seegras; Seegurke:* eine Tiergattung; *Seehafen; Seehandel; Seeheilbad; Seeherrschaft; Seehund:* Robbe; *Seeigel; Seejungfrau:* Märchenfigur einer jungen Frau mit Fischschwanz; *Seekabel:* Kabel am Meeresboden zur Übermittlung von Telefonaten oder Telegrammen; *Seekadett; Seeklima; Seeknödel:* zusammengeballte Seegräser; *Seekrankheit:* durch die schwankende Bewegung des Schiffes hervorgerufenes Übelbefinden; *Seeleuchte:* Leuchtturm; *Seeluft; Seemacht; Seemann; Seemannsamt:* Behörde zur Betreuung und Beaufsichti-

gung von Seeleuten; *Seemannsbrauch; Seemannsgarn:* abenteuerliche und oft nicht ganz der Wahrheit entsprechende Seemannserzählung; *Seemannsleben; Seemannslos; Seemannssprache:* Fachsprache der Seeleute, vom Niederländischen und Englischen beeinflusst; *Seemeile:* ein Streckenmaß; Abk.: sm: 1,855 km; *Seemine:* ein Sprengkörper; *Seenadeln:* Fische in trop. Meeren; *Seenelke:* Korallentier; *Seenot; Seenotrettungsdienst; Seenotrettungskreuzer; Seenotzeichen; Seepferdchen:* Fisch mit pferdeähnl. Kopf; *Seeräuber:* Pirat; *Seerecht:* Inbegriff der auf Schifffahrt und Seehandel bezüglichen Rechtsnorm; *Seereise; Seerose; Seesack; Seesand; Seeschiffahrt* → *Seeschifffahrt; Seeschlacht; Seeschlange; Seeschwalbe:* ein Möwenvogel; *Seesperre; Seestern:* ein Meerestier; *Seestraße:* festgelegte Fahrrinnen für Seeschiffe; *Seestreitkräfte:* Kriegsmarine; *Seetang; Seetrift:* auf der See treibende Wrackteile; *seetüchtig* Ew.: meergewohnt, seefest; *Seeufer:* Ufer eines Sees; *Seeversicherung; Seewarte:* eine Behörde für Meereskunde in Hamburg; *Seeweg; Seewetterdienst; Seewind:* Wind, der von der See landeinwärts weht; *Seezeichen:* Schifffahrtszeichen; *Seezollhafen; Seezunge:* s. Scholle ✳ *Seenplatte:* ein mit vielen Seen bedecktes Gebiet ✳ *seenartig* Ew.: wie ein See
See|land: Hauptinsel Dänemarks : niederländische Provinz
See|le, die; –, –n: Inbegriff aller Vorgänge des Vorstellens, Fühlens und Wollens : das, was den Leib belebt, Leben : Bezeichnung von Personen (ohne Rücksicht auf Alter und Geschlecht) : Bezeichnung für ein vom Leib getrenntes, für sich bestehendes Wesen : Bezeichnung für etwas im Innern Befindliches, z. B. Fischblase, Stift in der Mitte des Weberschütze, Schnur des Rosenkranzes, Höhlung des Geschützlaufes ✳ *Seelenachse:* Achse der Höhlung im Ge-

schützrohr; *Seelenadel:* angeborene edle Gesinnung ✳ *Seelenamt:* (kath. K.) Totenmesse; *Seelenarzt:* Psychologe; *Seelenfrieden:* seelische Ausgeglichenheit; *Seelengröße; Seelengüte; Seelenheil; Seelenhirt:* Geistlicher; *Seelenkunde:* Psychologie; *Seelenleben; Seelenlehre; seelenlos* Ew.; *Seelenmassage:* (Umgspr.) Zuspruch, Mitgefühl; *Seelenmesse:* Totenmesse; *Seelennot; Seelenqual; Seelenruhe; seelenruhig* Ew.; *seelenvergnügt* Ew.: von Herzen froh; *Seelenverkäufer:* kleines, leichtes Boot; *seelenverwandt* Ew.; *Seelenverwandtschaft; Seelenwanderung:* Glaube an das Übergehen der Seele nach dem Tode in einen andern Körper; *Seelenstand* ✳ *Seelsorger:* Geistlicher; *seelsorgerisch, seelsorgerlich, seelsorglich* Ew. ✳ **see|len|haft** Ew.: seelenvoll ✳ **see|lisch** Ew.: auf die Seele, das Innenleben bezüglich; vgl. selig
Se|gel, das; –s, –: (Schiffb.) an der Takelung befestigte, verstellbare Stoffbahn aus Segeltuch zum Auffangen des Treibwindes bei Wasserfahrzeugen : Bekleidung der Windmühlenflügel : Flügel einer Schmetterlingsblume : (Anat.) Teile in den Hemisphären des Gehirns ✳ *Segel hissen:* Segel hochziehen; *Segel streichen:* Segel einziehen : (übertr.) nachgeben ✳ *Segelboot; Segelflieger(ei); Segelflug:* Flug mit motorlosem Flugzeug; *Segelflugzeug; Segelmacher:* Handwerksberuf zur Herstellung von Segeln; *Segelohren:* (Umgspr.) Mz. vom Kopf abstehende Ohren; *Segelregatta:* Wettfahrt mit Segelbooten; *Segelschiff; Segelschlitten; Segelsport; Segeltuch* ✳ **se|geln** (ich ..[e]le) intr.: ein Schiff mit Hilfe des Windes und der Segel fortbewegen ✳ **Seg|ler,** der; –s, –: ein Segelnder : Mauerschwalbe
Se|gen (l.), der; –s, –: Anwünschung des Guten (Ggs. Fluch) : reiche Gaben und Geschenke : (verächtl.) Bescherung ✳ *segenbringend* → *Segen bringend* Mw. Ew. ✳ *segensreich* Ew.; *Segensspruch; segensvoll*

Ew.; *Segenswunsch* ✶ **seg|nen** tr.: jemandem das Gute anwünschen : für jemanden die göttliche Gnade erbitten ✶ *gesegnet* Mw. Ew.: vom Glück begünstigt, glücklich : fruchtbar ✶ **Seg|nung**, die; –, –en: das Segnen

Seg|ge, die; –, –n: Riedgras

Seg|ment (l.), das; –(e)s, –e: Bogen-, Kreis-, Kugelabschnitt ✶ **seg|men|tal** Ew.: segmentförmig ✶ **seg|men|tär** Ew.: aus Segmenten bestehend : zum Segment gehörig

Se|gre|ga|ti|on, die; –, –en: Ausscheidung : Absonderung

Se|he, die; – (veralt.) Sehkraft : Auge, Pupille ✶ **se|hen** (du siehst, er sieht; ich sah, du sahst, du sähest; gesehen [ich habe es kommen sehen]; sieh! [bei Hinweisungen siehe!]) tr.: mit dem Auge bemerken, wahrnehmen : (übertr.) einsehen, erkennen ✶ *etwas mit andern Augen sehen:* ein andres Urteil über etwas haben; *ich werde sehen, es dir zu verschaffen* ✶ *Sehachse:* Augenachse; *sehenswert; Sehbehinderung; Sehenswürdigkeit:* Gegenstand, der wert ist, gesehen zu werden; *Sehfehler; Sehhilfe:* Brille : Lupe; *Sehkraft; Sehkreis; Sehlinse:* Linse im Auge; *Sehloch:* Pupille; *Sehnerv; Sehorgan; Sehprobe; Sehprüfung; Sehrohr:* Fernrohr; *Sehschärfe:* Sehfähigkeit des Auges; *Sehschwäche:* Schwachsichtigkeit; *Sehstörung; Sehtest; Sehvermögen; Sehweite:* Bereich des Sehens; *Sehwinkel:* Gesichtswinkel; *Sehzentrum* ✶ **Se|her**, der; –s, –: Prophet ✶ *Sehergabe* ✶ **Se|he|rin**, die; –, –nen: Prophetin ✶ **se|he|risch** Ew.: prophetisch

Seh|ne, die; –, –n: (Anat.) elastisches Bindegewebsbündel, das den Ansatz der Muskeln an die Knochen vermittelt : etwas Sehnenähnliches : Strang am Bogen : (Math.) die die Endpunkte eines Bogens verbindende Gerade ✶ *Sehnenhaut:* (Anat.) hautartig verbreiterte Sehne; *Sehnenscheidenentzündung; Sehnenriß* → *Sehnenriss; Sehnenverlängerung; Sehnenzerrung* ✶ **seh|nig** Ew.: aus Sehnenfasern bestehend :

viel Sehnen enthaltend : kräftig, stark

seh|nen rbz.: nach etwas Vermisstem schmerzlich verlangen ✶ *Sehnsucht; sehnsüchtig* Ew.; *sehnsuchtsvoll* Ew. ✶ **seh|n|lich** Ew.: heftiges Verlangen empfindend

sehr Uw.: hochgradig, heftig, mächtig, tüchtig ✶ *sehr fein; so sehr; zu sehr; allzu sehr*

Seh|rohr, Seh|schär|fe usw.: s. Sehe

Sei|ber, Sei|fer, der; –s: fließender Speichel : Geifer ✶ **sei|bern, sei|fern** (ich ..[e]re) intr.: sabbern

Seich, der; –(e)s: Harn : (mundartl.) seichtes Geschwätz, fades Getränk ✶ **Sei|che**, die; –: Harn ✶ *Seichbeutel:* (mundartl.) Schwätzer ✶ **sei|chen** intr.: Harn lassen : (stud.) seichtes Zeug reden ✶ **Seich|ling**, der; –s, –e: Schwätzer ✶ **seicht** Ew.: niedrig, flach : (übertr.) nicht in die Tiefe dringend, oberflächlich ✶ **Seich|te**, die; –, –n: das Seichtsein : seichte Stelle im Wasser, Untiefe ✶ **Seicht|heit, Seich|tig|keit**, die; –, –en: Seichte

Sei|de (ml.), die; –, –n: ein Gespinst aus dem Faden der Seidenraupe : etwas Seidenähnliches, Seidenweiches ✶ *Seidenband; Seidendamast:* ein Gewebe; *Seidenfaden; Seidenfinish* [..finishe]: seidenartiger Glanz von Baumwollgeweben; *Seidenglanz; Seidenkleid; Seidenpapier:* sehr dünnes, feines Papier; *Seidenplantage:* Anpflanzung von Maulbeerbäumen zur Seidenzucht; *Seidenraupe; Seidensamt:* ein Gewebe; *Seidenschwanz:* ein Sperlingsvogel; *Seidenspinner:* Seidenraupe : einer, der Seide spinnt; *Seidenstoff; Seidenstraße:* alte asiat. Karawanenstraße der Seidenhändler; *Seidenweber(ei); Seidenzeug* ✶ **sei|den** Ew.: aus Seide gefertigt : in Seide gekleidet : zart, weich ✶ *seidenweich* ✶ **sei|dig** Ew.: wie aus Seide : glänzend, weich

Sei|de, die; –, –n: „Teufelszwirn", eine Schmarotzerpflanze ✶ *Hopfenseide, Flachsseide; Kleeseide*

Sei|del (ml.), das; –s, –: Bierglas : Flüssigkeitsmaß

Sei|fe, die; –, –n: Sand- oder Kiesablagerung, die Erz- oder Edelsteinkörner enthält : Erzwäsche ✶ *Seifengebirge:* Gebirge mit Erzvorkommen

Sei|fe, die; –, –n: Waschmittel ✶ *Seifenblase:* Blase aus Seifenwasser : (übertr.) etwas schnell Vergängliches; *Seifenkiste:* aus alten (Seifen)Kisten gebautes motorloses Kinderfahrzeug; *Seifenkistenrennen; Seifenlauge; Seifennapf; Seifenpulver; Seifenschale; Seifenschaum; Seifensieder:* Handwerker, der Seife herstellt; *Seifenwasser* ✶ **sei|fen** tr.: mit Seife einreiben ✶ **sei|fig** Ew.: seifenartig : mit Seife behaftet

Seig|neur (fr.) [ßenjöhr], der; –s, –e: (vornehmer) Herr : Titel souveräner Fürsten

Sei|he, die –, –n: Vorrichtung zum Seihen : Rückstand beim Seihen ✶ *Seihetuch, Seihtuch* ✶ **sei|hen** tr.: durch ein Sieb laufen, leise tröpfelnd fließen lassen ✶ **Sei|her**, der; –s, –: ein Seihender : Filter aus Stoff oder Draht

Seil, das; –(e)s, –e: aus Hanf, Draht usw. verfertigter Strick ✶ *Seilbahn:* Drahtseilbahn; *Seilschwebebahn; Seilspringen; Seiltänzer; Seiltrieb:* Kraftübertragung durch Seile; *Seiltrommel; Seilwinde; Seilzug:* Flaschenzug ✶ **sei|len** tr.: mit dem Seil binden; intr.: Seile anfertigen : segeln ✶ **Sei|ler**, der; –s, –: Verfertiger von Hanfseilen ✶ *Seilerbahn:* Werkstatt des Seilers; *Seilermeister* ✶ **Sei|le|rei**, die; –, –en: Seilerbahn ✶ **sei|lern** (ich ..[e]re) intr.: Seile anfertigen ✶ **Seil|schaft**, die; –, –en: die durch ein Seil verbundenen Bergsteiger : Gruppe von Menschen mit einem gemeinsamen Ziel

sein (ich bin, du bist, er ist, wir sind, ihr seid, sie sind; ich war, du warst, er war, wir waren, ihr wart, sie waren; ich sei, du sei[e]st, er sei, wir seien, ihr seiet, sie seien; ich wäre, du wärest, er wäre, wir wären, ihr wäret, sie wären; seiend; gewesen; sei!, seid!) Hilfszeitwort:

da sein, vorhanden sein, existieren : sich an einem Ort befinden : (in Verbindung mit Ew.) so oder so beschaffen sein *
Sein, das; –s: Dasein (im Ggs. zum Nichtsein, Nichtmehrsein, Nochnichtsein) : alles gegenwärtig Seiende
sein, sei|ner p. Fw.: Gen. 3. P. Ez. m. * *seinesgleichen:* Leute wie er; *seinethalben, seinetwegen; um seinetwillen* * **sein** bes. anz. Fw.: ihm gehörend * *sein Buch, es ist das seine* * **Sei|nen, Sei|ni|gen** Mz.: seine Angehörigen, seine Familie * *seinerseits* Uw.: von seiner Seite; *seinerzeit* Uw.: damals * *ein Kind seiner Zeit; ich war seinerzeit dort*; Abk.: s. Z.
Seine [ßän'], die; –: Fluß in Nordfrankreich
Seis|mik (gr.), die; –: Erdbebenkunde * **seis|misch** (gr.) Ew.: Erdbeben betreffend *
Seis|mo|gramm, das; –s, –e: Aufzeichnung der Erdbebenwellen * **Seis|mo|graph** *auch:* **Seis|mo|graf,** der; –en, –en: Erdbebenanzeiger * **Seis|mo|loge,** der; –n, –n: Erdbebenforscher * **Seis|mo|lo|gie,** die; –, ..gien: Erdbebenlehre * **Seis|mo|me|ter,** das; –s, –: Gerät zum Messen der Erdbebenstärke * **seis|mo|me|t|risch** Ew.: mittels des Seismometers gemessen
seit Vw. mit Dat.: von angegebenen Zeitpunkt an bis in die Gegenwart * *seitab* Uw.: abseits; *seitdem* Vw., Bw.: vom angegebenen Zeitpunkt an bis jetzt; *seither* Uw.; *seitherig* Ew.
Sei|te, die; –, –n: Grenzfläche eines Körpers : Blatt eines Buches; Abk.: S. : rechte oder linke Körperhälfte im Gegensatz zu vorn und hinten : Stelle : Richtung : Teil, Hälfte : eine Partei, sofern ihr eine andere gegenübersteht * *etwas auf die Seite legen (bringen):* sparen (heimlich für sich wegschaffen); *zur Seite schieben* tr.; *von allen Seiten betrachten* tr.; *die beiden Seiten einer Gleichung* (Math.); *auf föderalistischer Seite stehen; aufseiten des Feindes auch: auf Seiten des Feindes* * **Seitenaltar; Seitenansicht:** Profil; **Seitenaus-**

gang; **Seitenbau; Seitenblick:** versteckter Blick von der Seite; **Seitendeckung; Seiteneingang; Seitenflügel:** seitlicher Flügel eines Gebäudes; **Seitengang; Seitengewehr; Seitenhieb:** Hieb aus dem Hinterhalt; *seitenlang* Ew.; **Seitenlinie:** Nebenlinie eines Stammes; **Seitenportal; Seitenrampe; Seitenruder; Seitenschiff; Seitensprung:** Sprung seitwärts : (übertr.) dummer Streich; **Seitenstraße; Seitenstück:** Gegenstück, Pendant; **Seitenteil; Seitentür; seitenverkehrt** Ew.; **Seitenwagen; Seitenwind; Seitenzahl** * **von|sei|ten** *auch:* **von Sei|ten, sei|tens** Vw. mit Gen.: mit Beziehung auf, von der Seite her * *vonseiten (seitens) meiner Eltern auch: von Seiten meiner Eltern* * **seit|lich** Ew.: seitwärts, an der Seite befindlich * **seit|lings, seit|wärts** Uw.: nach der Seite hin

auf Seiten / aufseiten
Bei Fügungen in adverbialer Verwendung kann wahlweise getrennt und groß- oder zusammen und kleingeschrieben werden: *aufseiten der Feinde, auf Seiten der Feinde.*
Sejm (poln.) [Beim], der; –, –e: poln. Volksvertretung : litauisches Parlament
Se|kel, Sche|kel (hebr.), der; –s, –: althebräische und babylonische Münz- und Gewichtseinheit
Sek|ko|ma|le|rei: s. secco
se|k|ret (l.) Ew.: (veralt.) geheim * **Se|k|ret,** das; –(e)s, –e: Absonderung : Geheimsiegel : geheimes Gemach : Ausscheidung : Abort * **Se|k|re|tar,** der; –s, –e: (veralt.) (Geheim-)Sekretär bei gelehrten Körperschaften * **Se|k|re|tär,** der; –s, –e: jmd., der für seine(n) Vorgesetzte(n) anfallende Arbeiten erledigt : Führungskraft öffentlicher Institutionen : Schreibschrank : Kranich-, Stelzengeier * **Se|k|re|ta|ri|at,** das; (e)s, –e: Kanzlei : Schriftführeramt * **Se|k|re|tä|rin,** die; –, –nen: weibl. Sekretär * **se|k|re|tie|ren** tr.: absondern : geheim halten : verschließen * **Se|k|re|ti|on,** die; –, –en: (Med.) Absonderung, Aus-

scheidung * **se|k|re|to|risch** Ew.: absondernd
Sekt (span.), der; –(e)s, –e: Schaumwein * **Sektflasche; Sektglas; Sektkellerei; Sektlaune; Sektsteuer; Sektstimmung:** überschäumende fröhliche Laune, Stimmung
Sek|te (l.), die; –, –n: „abgesonderte" Glaubensgemeinschaft * **Sek|tie|rer,** der; –s, –: Anhänger einer Sekte : Abweichler * **sek|tie|re|risch** Ew.: nach Art eines Sektierers * **Sek|ti|on,** die; –, –en: Abschnitt : Abteilung : Leichenöffnung : Riege * *Sektionsbefund:* Ergebnis der Leichenöffnung; *Sektionsvorstand:* Abteilungsvorstand * **Sek|tor,** der; –s, ..toren: Zerschneider : Kreisausschnitt : Kugelschnitt : Sachgebiet, Arbeitsgebiet * *Sektorengrenze*
Se|kun|da, die; –, ..den (veralt.) fünfte („zweite" von oben) Klassenstufe (einer höheren Schule) * **Se|kun|da|ner,** der; –s, –: Schüler der Sekunda * **Se|kun|dant,** der; –en, –en: Helfer, Beistand : Kampfzeuge im Duell * **se|kun|där** Ew.: an zweiter Stelle stehend : zweitklassig * *Sekundärbahn:* Nebenbahn; *Sekundärelektronen* Mz.: Elektronen, die durch Aufprall der Primärelektronen aus Metalloberflächen geschlagen werden; *Sekundärerscheinung; Sekundärliteratur:* die Literatur über Dichtwerke; *Sekundärstrahlung:* Elektronenstrahlung, die durch Aufprall von Elektronen auf Atome entsteht * **Se|kun|de,** die; –, –n: der sechzigste Teil einer Minute oder eines Grades : (Mus.) zweiter Ton (vom Grundton an) * *Sekundakkord:* (Mus.) Akkord aus Grundton und Sekunde * *Sekundengeschwindigkeit; sekundenlang* Ew.; *Sekundenpendel; Sekundenzeiger* * **se|kun|die|ren** (..iert) intr.: Beistand leisten : (Mus.) begleiten * **se|kund|lich** Ew.: in jeder Sekunde stattfindend
Se|ku|ri|tät (l.), die; –, –en: Sicherheit, Sorglosigkeit * **Se|ku|rit|glas,** das; –es: Sicherheitsglas : nicht splitterndes Glas

se|la! (hebr.): abgemacht : Schluss ✳ **Se|la**, das; –s, –s: ein Pausezeichen in den Psalmen

Se|lam, **Sa|lam** (arab.): „Friede", der Gruß der Moslems ✳ **Se|lam|lik**, der; –s, –s: Empfangszimmer oriental. Häuser

selb..: (veralt. in Zus.) selbst ✳ *selbander:* zu zweien; *selbdritt:* zu dreien ✳ *selbständig* Ew.: unabhängig; *Selbständigkeit* ✳ **sel|ber** Fw.: selbst ✳ **selbst** Fw.: persönlich; Uw. (verstärkend): sogar ✳ **Selbst**, das; –(e)s: Persönlichkeit, eigenstes Wesen ✳ *Selbstachtung; Selbstanfertigung; Selbstanklage; Selbstanlasser:* automatische Schaltung am Motor; *Selbstanschluß* → *Selbstanschluss:* automatische Herstellung der Telefonverbindung; *Selbstansteckung; Selbstanzeige; Selbstaufopferung;* (Fot.) *Selbstauslöser; Selbstbedienungsladen; Selbstbefriedigung; Selbstbefruchtung; Selbstbeherrschung; Selbstbekenntnis; Selbstbeköstigung; Selbstbesinnung; Selbstbestätigung; Selbstbestimmung; Selbstbestimmungsrecht; Selbstbeteiligung; Selbstbetrug; selbstbewußt* → *selbstbewusst* Ew.; *Selbstbewußtsein* → *Selbstbewusstsein; Selbstbildnis; Selbstbinder:* Halsbinde, Schlips : Mähmaschine, das das Getreide zu Garben bindet; *Selbstdisziplin; Selbsteinschätzung:* Einschätzung der eigenen Person; *Selbstentfaltung; Selbsterhaltungstrieb; Selbsterkenntnis; Selbsterniedrigung; Selbsterzeuger; Selbsterziehung; Selbstfahrer:* Fahrstuhl mit Handmotor : Herrenfahrer; *Selbstfinanzierung; selbstgefällig* Ew.: (abwert.) von sich selbst überzeugt; *Selbstgefühl; Selbstbewusstsein; selbstgemacht* → *selbst gemacht* Ew.; *selbstgeschrieben* → *selbst geschrieben* Ew.; *Selbstgespräch; selbstherrlich* Ew.; *Selbsthilfe; Selbstkosten; Selbstkostenpreis:* Eigenkosten, Herstellungspreis; *Selbstkritik; Selbstlader:* Selbstladepistole, -gewehr; *selbstlos* Ew.: uneigennützig; *Selbstlosigkeit; Selbst-*

mord; Selbstmordversuch; Selbstporträt; selbstredend Ew.: selbstverständlich; *Selbstregler; Selbstschutz; selbstsicher* Ew.: selbstbewusst; *selbstsüchtig* Ew.: auf den eigenen Nutzen bedacht; *selbsttätig* Ew.; *Selbsttäuschung; Selbstüberschätzung; Selbstüberwindung; Selbstunterricht; Selbstverachtung; Selbstverbraucher; Selbstverbrennung; Selbstverlag; selbstverständlich* Ew.: aus sich selbst verständlich, keiner Begründung bedürfend; *Selbstverstümmelung; Selbstvertrauen; Selbstverwaltung; Selbstverwirklichung; Selbstwähler; Selbstzucht; Selbstzufriedenheit; Selbstzünder; Selbstzweck*

selb|stän|dig *auch:* **selbst|stän|dig** Ew.: unabhängig, nicht fest angestellt : ohne Hilfe von außen

sel|chen tr.: (mundartl.) trocknen, räuchern ✳ *Selchfleisch* ✳ **Sel|cher**, der; –s, –: Besitzer einer Selcherei ✳ **Sel|che|rei**, die; –, –en: Fleisch- und Wursträucherei

Seld|schu|ken: türkischer Volksstamm

Se|lek|ti|on, die; –, –en: (natürliche) Auslese : Auswahl : Sortierung ✳ *Selektionslehre; Selektionstheorie* ✳ **se|lek|tie|ren** tr.: aussuchen, auswählen für die Zucht : sortieren ✳ **se|lek|tiv** Ew.: mit Auswahl : (Rdfk.) trennscharf ✳ **Se|lek|ti|vi|tät**, die; –: Trennschärfe bei Rundfunkgeräten

Se|len, das; –s: ein chem. Grundstoff; Abk.: Se ✳ *Selenzelle:* elektr. Widerstandsgerät ✳ **Se|le|ne:** griech. Mondgöttin ✳ **Se|le|nit**, der; –en, –en: Mondbewohner ✳ **Se|le|nit**, der; –(e)s, –e: blättriger Gips : *Selenitmörtel:* Luftmörtel ✳ **se|le|ni|tisch** Ew.: gipsartig ✳ **Se|le|no|gra|phie** *auch:* **Se|le|no|gra|fie**, die; –: Physik des Mondes

Se|leu|ki|de, Se|leu|zi|de, der; –n, –n: Angehöriger des Herrschergeschlechts der Seleukiden in Syrien.

Self.. (e.): Selbst.. ✳ *Selfaktor* [sélfäktr]: Selbstspinner, Feinspinnmaschine ✳ *Selfgovernment* [ßelfgowernment]:

Selbstverwaltung; Selfmademan [..mehdmän]: durch eigene Kraft (einfluss)reich gewordener Mann

se|lig Ew.: beglückt : beglückend : himmlischer Wonne teilhaftig : (scherzh.) vollständig betrunken : verstorben ✳ *seligpreisen* → *selig preisen* (ich preise selig, seliggepriesen, seligzupreisen) tr.; *Seligpreisung; seligsprechen* → *selig sprechen* (ich spreche selig, seliggesprochen, seligzusprechen) tr.; *Seligsprechung* ✳ **Se|lig|keit**, die; –, –en: das Seligsein, die Glückseligkeit; vgl. Seele

..se|lig: nur ein Wortanhängsel, Ableitung von sal ✳ *Mühsal, mühselig; Trübsal, trübselig*

Sel|le|rie (gr.-fr.), der; –s, –s; die; –, –: eine Gemüsepflanze ✳ *Selleriesalat; Sellerieknolle*

sel|ten Ew.: (Ggs. häufig) fast nie, nicht oft, rar ✳ **Sel|ten|heit**, die; –, –en: das seltene Vorkommen, etwas Seltenes ✳ *Seltenheitswert* ✳ **selt|sam** Ew.: ungewöhnlich : wunderbar : befremdend ✳ **selt|sa|mer|wei|se** Uw. ✳ **Selt|sam|keit**, die; –, –en: das Seltsamsein, das Seltsame

Sel|ters: Ort in Hessen ✳ **Sel|ters|was|ser**, das; –s: Mineralwasser

Se|man|tik (gr.), die; –, –en: Notenschrift : Wortbedeutungslehre ✳ **se|man|tisch** Ew.: auf die Wortbedeutungslehre bezüglich ✳ **Se|ma|phor**, das; der; –s, –e: „Zeichenträger", Signalmast : Zeichen-, Eisenbahn-, Seetelegraf ✳ *Semaphorsignal* ✳ **se|ma|pho|risch** Ew.: durch Semaphor ✳ **Se|ma|si|o|lo|gie**, die; –, ..gien: (Sprachw.) Wortbedeutungslehre ✳ **se|ma|si|o|lo|gisch** Ew.: auf die Semasiologie bezüglich

Se|mes|ter (l.), das; –s, –: Halbjahr ✳ *Semesterferien; Semesterzeugnis* ✳ **..se|mes|trig** Ew.: in Zus.: ein achtsemestriges Studium

Se|mi.. (l.): halb.. ✳ **Se|mi|fi|na|le**, das; –es, –e: (Sport) Vorschlussrunde bei Ausscheidungskämpfen ✳ **Se|mi|ko|lon**, das; –s, –s und

..la: Strichpunkt, ein Satzzeichen * se|mi|per|me|a|bel (l.) Ew.: halbdurchlässig

Se|mi|nar (l.), das; –s, –e und ..rien: „Pflanzschule", Lehrerbildungsanstalt : Universitätsinstitut für praktische Übungen : Lehrveranstaltung * Seminararbeit; Seminarbildung * se|mi|na|risch, se|mi|na|ris|tisch Ew.: auf einem Seminar gebildet : auf ein Seminar bezüglich * Se|mi|na|rist, der; –en, –en: Seminarschüler

Se|mi|o|lo|gie (gr.) die; –; Se|mi|o|tik (gr.), die; –: (Sprachw., Philos.) Lehre von den Zeichen

Se|mi|ra|mis: sagenhafte Königin von Assyrien

Se|mi|te, der; –n, –n: Angehöriger einer asiatischen, afrikanischen Völkergruppe, z. B. Araber, Syrer und Jude * se|mi|tisch Ew.: die Semiten betreffend, bes. jüdisch * Se|mi|tis|mus, der; –: Judentum * Se|mi|tist, der; –en, –en: Erforscher der semit. Sprachen * Se|mi|tis|tik, die; –: Wissenschaft der semitischen Sprachen und Literaturen

Sem|mel (l.), die; –, –n: Weißbrötchen * semmelblond Ew.: hellblond; Semmelbrösel; Semmelkloß; Semmelknödel; Semmelmehl; Semmelpilz

Sem|me|ring: östr. Alpenpass zw. Wiener Becken und Adria

Sen, der; –(s), –(s): eine japanische Münze

sen. (Abk.): senior

Se|nat (l.), der; –(e)s, –e: im Römischen Reich Rat „der Alten" : Regierung der Hansestädte : Richterkollegium beim Oberlandesgericht : in einigen Staaten Name der Ersten Kammer : Vorstand einer Hochschule * Senatsbeschluß → Senatsbeschluss; Senatspräsident; –sitzung; –sprecher; –verwaltung * Se|na|tor, der; –s, ..toren: Mitglied eines Senates : Ratsherr * se|na|to|risch Ew.: Senat(or).

Send (gr.-l.), der; –(e)s, –e: geistliches Gericht : Jahrmarkt * Sendgericht; sendpflichtig Ew. * send|bar Ew.: gerichtsbar, schöffenbar

sen|den (du sandtest und sendetest; du sendetest; gesandt und gesendet; send[e]!) tr.: schicken : funken * Sendeanlage: funktelegrafische, -telefonische Einrichtung zum Senden, Sendestation, Sendestelle; Sendefolge; Sendegebiet; Sendehaus; Sendeleistung; Sendeleiter; Sendepause; Sendeplan; Senderaum: Funkraum; Sendereihe; Sendespiel: Radiohörspiel; Sendestation; Sendestelle; Sendeturm; Sendezeichen: Funkzeichen; Sendezeit * Sen|der, der; –s, –: ein Sendender : Senderanlage : Rundfunk-, Fernsehanstalt * Sen|dung, die; –, –en: das Senden : das Gesandte : Rundfunk-, Fernsehübertragung : Mission, Auftrag * Sen|dungs|be|wußt|sein → Sen|dungs|be|wusst|sein, das; –s: das Bestreben, eine wichtige Botschaft weiterzugeben

Se|ne|gal: westafrikan. Staat * Senegalese * se|ne|ga|le|sisch Ew.: den Staat Senegal betreffend, dazu gehörig * Se|ne|gal, der; –s: Fluss in Westafrika

Se|ne|schall (germ.-fr.), der; –s, –e: „alter Diener", Oberhofbeamter : Truchsess : Bezirksverwalter

Se|nes|zenz (l.), die; –: das Altern : Altersschwäche * se|nil Ew.: greisenhaft * Se|ni|li|tät, die; –: Greisenhaftigkeit

Senf (gr.-l.), der; –(e)s, –e: Kreuzblütler : ein aus den Samen der Senfpflanze hergestelltes Gewürz : (übertr., verächtl.) Meinung, Ansicht : weitschweifiger Vortrag * einen langen Senf machen: weitschweifig reden; seinen Senf dazugeben: auch seine Meinung sagen * Senfgurke; Senfkorn; Senfmehl; Senfpflaster: ein Heilmittel; Senfsoße; Senfteig; Senfumschlag

Sen|ge Mz.: (mundartl.) Schläge : Prügel * sen|geln (ich ..[e]le) tr., intr.: sengen * sen|gen tr., intr.: (Haare, Federn usw. –) wegbrennen : durch Hitze (beim Bügeln) bräunen

Sen|hor (port.) [ßenjor], der; –s, –es: Herr, Gebieter * Sen|ho|ra [ßenjora], die; –, ..ren: Frau : Herrin; vgl. Señor

se|nil (l.): s. Seneszenz

se|ni|or: älter, der Ältere; Abk.: sen. * Se|ni|or, der; –s, ..nioren: „der Ältere": Ältester : Vorsitzender : Altmeister : Sprecher * Seniorenkonvent: Altestenrat : Vereinigung der Delegierten : studentischer Korps * Seniorensport: Sport für ältere Menschen * Seniorentreff: Ort, an dem sich ältere Menschen treffen

Sen|ke, die; –, –n: niedrige Gegend : Senkgrube * Sen|kel, der; –s, –: Senkblei : Anker, Zugnetz : Schnürband * sen|ken tr.: sinken machen, allmählich abwärts bewegen : (Bergb.) abteufen; rbz.: sinken, absacken * Senkblei: Lot; Senkgrube: Dunggrube; Senkkasten; Senklot; senkrecht Ew.: lotrecht; Senkrechtstart; Senkrechtstarter: ein Flugzeugtyp; Senkrücken: Lordose, Ausbiegung der Wirbelsäule nach vorn, Hohlrücken; Senkwaage: Aräometer * Sen|ker, der; –s, –: ein Senkender : Ableger : Senkgarn, ein Fischnetz * Senk|fuß, der; –es, ..füße * Sen|kung, die; –, –en: das Senken, das Sichsenken : Geländemulde : Thesis, der unbetonte Taktteil des Verses

Senn, der; –(e)s, –e; Sen|ne, der; –n, –n; Sen|nin, die; –, –nen: Alpenhirt(in) * Sennhütte * Sen|ne|rei, die; –, –en: Alpenwirtschaft : Käserei

Sen|ne, die; –, –n: Heide, Weide * Sen|ne, die; –: ein Sand- und Heidegebiet in Westfalen * Sennelager: Truppenübungsplatz in der Senne * Sen|ner, der; –s, –: Pferd aus der Senne

Se|non, das; –s: (Geol.) Stufe der oberen Kreideformation

Se|ñor (span.) [ßenjor], der; –s, –es: Herr * Se|ño|ra [ßenjora], die; –, –s: Frau : Herrin * Se|ño|ri|ta, die; –, –s: Fräulein, vgl. Senhor

Sen|sal (it.), der; –s, –e: Makler in Wien * Sen|sa|lie, Sen|sa|rie, die; –, ..ien: Maklergebühr

Sen|sa|ti|on (fr.), die; –, –en: Aufsehen : Sinnesempfindung : eindrucksvoller Vorgang * Sensationsbedürfnis; sensationslustig, sensationslüstern

Ew.; *Sensationsmeldung; Sensationsnachricht; Sensationspresse; Sensationsprozeß* → *Sensationsprozess; Sensationssucht* ✳ **sen|sa|ti|o|nell** Ew.: Aufsehen erregend : überraschend

Sen|se, die; –, –n: landwirtschaftl. Gerät ✳ *Sensenblatt; Sensenmann:* der personifizierte Tod; *Sensenschmied; Sensenwurf:* Griff am Sensenstiel ✳ **sen|sen** tr.: mit der Sense schneiden

sen|si|bel (l.) Ew.: empfindlich : empfindsam : feinfühlig ✳ **Sen|si|bi|li|sa|tor,** der; –s, ..toren: Farbstoff zum Verstärken der Lichtempfindlichkeit von fotografischen Platten ✳ **Sen|si|bi|li|tät,** die; –, –en: Empfindsamkeit : Feinfühligkeit ✳ **sen|si|tiv** Ew.: sehr empfindlich ✳ **Sen|si|ti|vi|tät,** die; –, –en: die Feinheit des Empfindens ✳ **sen|so|risch** Ew.: auf die Sinne bezüglich ✳ *sensorische Nerven:* Sinnes- und Empfindungsnerven ✳ **Sen|so|ri|um,** das; –s, ..rien: Bewusstsein : Empfindungsgebiet ✳ **Sen|su|a|lis|mus,** der; –: philos. Lehre, die alle seelischen Erscheinungen auf Sinnesempfindungen zurückführt ✳ **Sen|su|a|li|tät,** die; –, –en: Bereich der Sinneserfahrung, Empfindungsvermögen ✳ **sen|su|ell** Ew.: sinnenhaft, sinnlich wahrnehmbar

Sen|tenz (l.) die; –, –en: Meinung, Denkspruch, Sinnspruch : Lehre : Rechtsspruch ✳ **sen|ten|zi|ös** Ew.: spruchreich : gedankenreich

Sen|ti|ment (fr.) [sangtimang], das; –s, –s: Gefühl, Empfindung ✳ **sen|ti|men|tal** Ew.: empfindsam, gefühlvoll, rührselig ✳ **Sen|ti|men|ta|li|tät,** die; –, –en: (gesteigerte) Empfindsamkeit, Rührseligkeit

Se|oul [sōul, ßōhl]: Hauptstadt von Südkorea

se|pa|rat (l.) Mw. Ew.: gesondert, einzeln, Sonder.. ✳ *Separatabdruck; Separatbericht; Separateingang; Separatfriede(n); Separatkosten* ✳ **Se|pa|ra|ti|on,** die; –, –en: Absonderung, Trennung : Scheidung (einer Ehe) : (Landw.) Verkoppelung ✳ **Se|pa|ra|tis-mus,** der; –: Loslösungsbestrebung aus dem Staatsverband ✳ **Se|pa|ra|tist,** der; –en, –en: Sonderbündler ✳ **se|pa|ra|tis|tisch** Ew.: Sonder.. ✳ **Se|pa|ra|tor,** der; –s, ..toren: Trennschleuder ✳ **Se|pa|rée** *auch:* **Se|pa|ree** (fr.), das; –s, –s: Neben-, Sonderraum ✳ **se|pa|rie|ren** (..iert) tr.: absondern : sich trennen ✳ **Se|pa|rie|rung,** die; –, –en: Absonderung

Se|phar|dim (hebr.) Mz.: Bezeichnung für spanisch-portugiesische Juden

Se|pia (gr.), die; –, ..pien: Tintenfisch : eine schwarzbraune Farbe ✳ *Sepiaknochen; Sepiaschale:* Körperteile vom Tintenfisch

Sep|sis (gr.), die; –: „Fäulnis", Blutvergiftung ✳ **sep|tisch** Ew.: faulig : Fäulnis erregend, Sepsis bewirkend

Sep|tem|ber (l.), der; –(s), –: der neunte (urspr. „siebente") Monat des Jahres ✳ **sep|ten|nal** Ew.: siebenjährig ✳ **Sep|ten|nat,** das; –(e)s, –e: Siebenjahresdauer, Zeitspanne von sieben Jahren ✳ **Sep|tett,** das; –(e)s, –e: Musikstück für sieben Stimmen oder sieben Instrumente ✳ **Sep|ti|ma** (l.), die; –, ..men: (veralt.) siebente Klasse (einer höheren Schule) ✳ **Sep|ti|me,** die; –, –n: siebenter Ton (vom Grundton an) ✳ *Septimenakkord* [l. septem sieben]

sep|tisch: s. Sepsis

Sep|tu|a|ge|si|ma (l.), die; –: „siebzigster" Tag, Name des neunten Sonntags vor Ostern ✳ **Sep|tu|a|gin|ta,** die; –: die „Siebzig", älteste griech., von siebzig jüd. Gelehrten angefertigte Übersetzung des A. T.

Sep|tum (l.), das; –s, ..ta, ..ten: Scheidewand in einem Körperorgan (Nase, Herz)

se|quens (l.): folgend ✳ **se|quen|tes:** die Folgenden ✳ *vivant sequentes!:* es leben die Folgenden! ✳ **Se|quenz,** die; –, –en: Folge, Reihe : alter lateinischer Kirchengesang : (Mus.) mehrfache Wiederholung eines Motivs ✳ **se|quen|zi|ell** *auch:* **se|quen|ti|ell** Ew.: in der Form einer Sequenz ablaufend

Se|ques|ter (l.), das; –s, –: Beschlagnahme ✳ (Med.) abgestorbenes Knochenstück ✳ **Se|ques|ter,** der; –s, –: Zwangsverwalter ✳ **Se|ques|tra|ti|on,** die; –, –en: Zwangsverwaltung : Beschlagnahme ✳ **se|ques|trie|ren** (..iert) tr.: mit Beschlag belegen und verwalten

Se|rail (pers.-fr.) [ßehraj], der; –s, –s: Tuch aus feinem Wollgarn ✳ **Se|rail,** das; –s, –s: Sultanspalast : fürstliches Schloss

Se|raph *auch:* **Se|raf** (hebr.), der; –s, –e und ..im: „Schlange" : Lichtengel ✳ *Seraphinenorden auch: Serafinenorden:* das Blaue Band, höchster schwed. Orden ✳ **se|ra|phisch** *auch:* **se|ra|fisch** Ew.: verzückt : engelgleich

Ser|be, der; –n, –n: Angehöriger eines südslaw. Volkes ✳ **Ser|bi|en:** Teilrepublik Restjugoslawiens ✳ **ser|bisch** Ew. ✳ **Ser|bo|kro|a|tisch,** das; –(s): eine südslaw. Sprache ✳ **ser|bo|kro|a|tisch** Ew.: auf die serbokroatische Sprache bezüglich

Se|re|na|de (l.-it.), die; –, –n: Abendmusik : Ständchen

Se|ren|ge|ti, die; –: Steppenlandschaft in Tansania ✳ **Se|ren|ge|ti-Na|ti|o|nal|park,** der; –s: Naturschutzgebiet in Tansania

Se|re|nis|si|mus (l.), der; –, ..mi: (veralt.) Durchlaucht ✳ **Se|re|ni|tät,** die; –: (veralt.) Heiterkeit : Gemütsruhe

Ser|ge (fr.) [ßersch'], die; –, –n: ein Futterstoff mit Köperbindung

Ser|geant (fr.) [ßersehant], der; –en, –en: Unteroffizier

Se|rie (l.), die; –, –, –n: Reihe : Zahlenfolge ✳ *Serienanfertigung; Serienbild; Serienherstellung; Serienproduktion; Serienschalter:* Reihenschalter; *Serienverkauf; Serientäter; serienweise* Uw.

Se|ri|fe (l.-fr.), die; –, –n: bei verschiedenen Schriften strichförmige Verzierung an den Buchstaben * se|ri|fen|los Ew.: ohne Abschlussstrich

Se|ri|gra|phie *auch:* Se|ri|gra|fie (gr.) die; –: Siebdruck

se|ri|ös (l.-fr.) Ew.: gediegen : ernst zu nehmen : feierlich *

Se|ri|o|si|tät, die; –: Ernsthaftigkeit : Würde

Ser|mon (l.), der; –s, –e: Rede : Strafpredigt : Vortrag

Se|ro|lo|ge (l.), der; –n, –n: Serumforscher * Se|ro|lo|gie, die; –: Serumforschung

se|ro|lo|gisch Ew.: Serum enthaltend * Se|ro|di|ag|nos|tik, die; –: Krankheitserkennung durch serologische Reaktionen * se|rös Ew.: serumartig : Serum absondernd * Se|ro|the|ra|pie, die; –, –en: Behandlung mit Heilserum * Se|rum, das; –s, ..ra und ..ren: Blutwasser : Impfstoff * *Serumbehandlung; Serumkonserve; Serumkrankheit*

Ser|pen|tin, der; –s, –e: (schlangenartig geflecktes) Gestein * Ser|pen|ti|ne, die; –, –n: Schlangenlinie : gewundener Weg, Windung, Kehre : Tanz * *Serpentinenstraße*

Se|rum: s. Serologe

Ser|val, der; –s, –e: afrikan. Raubtier, Buschkatze

Ser|ve|la, die; der; –, –s oder –: mundartlich besonders in der Schweiz für Cervelat, Zervelatwurst

Ser|vice (fr.) [..wihß], das; –s, –: Tafelgeschirr * ser|vie|ren (..iert) tr.: bedienen, aufwarten * Ser|vi|et|te, die; –, –n: Mundtuch * *Serviettenring*

Ser|vice (e.) [börwiß], der; –: Dienst am Kunden : Kundenbetreuung : Bedienung : Aufschlag im Tennisspiel

ser|vil (l.) Ew.: unterwürfig : kriecherisch * Ser|vi|lis|mus, der; –, ..men: Unterwürfigkeit : Kriecherei * Ser|vi|li|tät, die; –, –en: unterwürfige Handlungsweise

Ser|vis (fr.), der; –: Bedienung in Gasthäusern * *Servisgeld:* Verpflegungsgeld

Ser|vit (l.), der; –en, –en: ein geistlicher Bettelorden * Ser|vi|teur (fr.) [..töhr], der; –s, –e: Diener, Verbeugung * Ser|vi|ti|um, das; –s, ..tien: Dienstbarkeit : Gesinde

Ser|vus! : „(Ihr Diener!"), ein östr. Gruß

Ser|vo|brem|se, die; –, –n: Bremse mit bremsverstärkender Vorrichtung * Ser|vo|ge|rät, das; –(e)s, –e: Hilfsgerät * Ser|vo|len|kung, die; –, –en: hydraul. Lenkverstärkung bei Kraftwagen * Ser|vo|prin|zip, das; –s: Steuerung durch Hilfsmotor

Se|sam (gr.-l.), der; –s, –s: eine Ölpflanze * *Sesamöl; Sesampflanze; Sesambrot*

Ses|sel, der; –s, –: Armlehnstuhl * *Sesselfurzer:* (derb) Bürokrat, Beamter; *Sessellehne; Sessellift* * seß|haft → sess|haft

sess|haft Ew.: ansässig * Seß|haf|tig|keit → Sess|haf|tig|keit, die; –: das Sesshaftsein

Ses|sion (l.), die; –, –en: Sitzungszeit : Sitzung

Ses|ter (l.), der; –s, –: altes badisches Getreidemaß

Ses|terz (l.), der; –es, –e: eine altrömische Silbermünze * Ses|ter|zi|um, das; –s, ..zien: 1000 Sesterze

Set (e.), das; der; –(s), –s: Satz zusammengehöriger Dinge * Sets (e.) Mz.: Serie gleicher Deckchen als Ersatz für ein Tischtuch

Set|ter (e.), der; –s, –: langhaariger engl. Hühnerhund

set|zen (du setzest und setzt) tr., intr.: zum Sitzen bringen : stellen : pflanzen : errichten : bestimmen : annehmen (Ggs. negieren) : (Buchdrw.) Lettern zu Wörtern aneinander reihen; rbz.: Platz nehmen : zu Boden fallen * *gesetzt* Mw. Ew.: ruhig, maßvoll * *einem das Messer an die Kehle setzen; sich aufs hohe Pferd setzen; aufs Trockene setzen* tr.: kalt stellen; *auf freien Fuß setzen* tr.: frei lassen; *alles auf eine Karte setzen:* wagen; *etwas außer Zweifel setzen:* alle Zweifel beseitigen; *in Schrecken setzen* tr.: erschrecken; *etwas unter Wasser setzen; vor die Tür setzen* tr.: hinauswerfen; *Pflanzen setzen:* einpflanzen; *in Musik setzen:* vertonen; *Geld setzen:* wetten; *Segel setzen; Öfen setzen; Junge setzen:* (weidm.) Junge gebären; *Schranken setzen; einem ein Denkmal setzen;*

setzen wir den Fall, dass; gesetzt, er käme: nehmen wir an, dass er käme; *es setzt etwas:* es gibt Schläge; *in gesetztem Alter:* in vorgerücktem Alter * *Setzei; Setzhase:* Häsin, die Junge setzt; *Setzmaschine:* Druckereimaschine * Set|zer, der; –s, –: Schriftsetzer * *Setzerlehrling; Setzersaal*

Set|ze|rei, die; –, –en: Ort und Tätigkeit des Schriftsetzens * Setz|ling, der; –s, –e: junge Pflanze : junger Fisch zum Einsetzen in einen Teich

Seu|che, die; –, –n: schwere, ansteckende Krankheit : Epidemie * *Seuchenbekämpfung; Seuchengefahr; Seuchenherd* * seu|chen|haft Ew.: epidemisch

seuf|zen (du seufzest und seufzt) intr., tr.: geräuschvoll atmen, als Ausdruck von Niedergeschlagenheit usw. * Seuf|zer, der; –s, –: einmaliges Seufzen * *Seufzerbrücke:* Brücke in Venedig

Se|vil|la [ßewilja]: Stadt in Südspanien

Se|was|to|pol: Stadt auf der Krim

Sex (e.) [ßekß], der; –(es): natürliches Geschlecht : Geschlechtlichkeit : Geschlechtsverkehr : Erotik * *Sexbombe:* Filmschauspielerin mit starkem Sexappeal; *Sexboutique; –film; –messe; –tourismus*

Se|xa|ge|si|ma (l.), die; –: „sechzigster" Tag, Name des achten Sonntags vor Ostern * se|xa|ge|si|mal Ew.: auf sechzig als Grundzahl Bezug nehmend * *Sexagesimalsystem* *

Sex|ta, die; –, ..ten: (veralt.) sechste Klasse (einer höheren Schule) * Sex|ta|ner, der; –s, –: Schüler der sechsten Klasse * Sex|tant, der; –en, –en: sechster Teil des Kreises : (seem.) Winkelmessgerät * Sex|te, die; –, –n: (Mus.) sechster Ton (vom Grundton an) : Tonabstand von sechs Stufen * *Sextakkord* * Sex|tett, das; –(e)s, –e: Musikstück für sechs Stimmen * Sex|til|li|on, die; –, –en: eine Million Quintillionen * Sex|to|le, die; –, –n: Figur von sechs Noten

Sex-Ap|peal → Sex|ap|peal (e.) [ßeckß pihl], der; –s: Anziehungskraft für das andere Geschlecht * Se|xis|mus, der; –: gesellschaftliche Benachteiligung der Frau aufgrund ihrer Geschlechtszugehörigkeit * Se|xist, der; –en, –en: dem Sexismus entsprechend Handelnder * se|xis|tisch Ew.: verächtlich gegenüber Frauen * Se|xo|lo|ge, der; –n, –n: Sexualforscher * Se|xo|lo|gie, die; –: Erforschung des Geschlechtslebens * se|xu|al, se|xu|ell (l.) Ew.: geschlechtlich, geschlechts.. * *Sexualempfinden; Sexualerziehung; Sexualethik; Sexualhygiene; Sexualpädagogik; Sexualpathologie; Sexualpsychologie; Sexualtrieb; Sexualverbrechen:* Sittlichkeitsverbrechen * Se|xu|a|li|tät, die; –: Geschlechtsleben * Se|xus (l.), der; –: Geschlecht * se|xy (e.) Ew.: (Umgspr.) geschlechtsbetont : körperlich reizvoll

Sey|chel|len [se'schellen]: Inselgruppe im Indischen Ozean nordöstlich von Madagskar

Se|zes|si|on (l.), die; –, –en: Trennung : Absonderung : Künstlergruppe, die neue Stilformen erstrebt * *Sezessionskrieg:* Krieg der Südstaaten gegen die Nordstaaten in Nordamerika; *Sezessionsstil:* eine Kunstrichtung * Se|zes|si|o|nist, der; –en, –en: Vertreter der Sezession * se|zes|si|o|nis|tisch Ew.: auf die Sezession bezüglich

se|zie|ren (..iert) (l.) tr.: eine Leiche öffnen, zergliedern * *Seziermesser*

SFB (Abk.): Sender Freies Berlin

S-förmig *auch:* s-förmig Ew.: in Form eines S

sfor|zan|do, sfor|za|to (it.): (Mus.) stärker betont

sfu|ma|to (it.): (Mal.) gehaucht : duftig : mit verschwimmenden Umrissen

Sgraf|fi|to (it.), das; –s, –s und ..ti: Art der Wandmalerei, Kratzmalerei

Shag (e.) [schäg], der; –s, –s: raues, zottiges Haar : Plüsch : kurzgeschnittener Krülltabak * *Shagpfeife:* kurze Tabakspfeife; *Shagtabak*

Shake (e.) [schehk], der; –s,

–s: ein Mischgetränk * Shake, das; –s, –s: ein Rhythmus im Jazz * Shake|hands (e.) [schehkhänds], das; –, –: Händedruck, das Händeschütteln * Sha|ker (e.) [schehk'r], der; –s, –: Mischbecher

Shakes|peare, William [schehkspiähr]: englischer Dichter (1564–1616) * *shakespearesche auch: shakespearische Tragödien*

Sham|poo (e.) [schampu], das; –s, –s: Haarwaschmittel * sham|poo|nie|ren tr.: Haare mit Shampoo waschen

Shan|ty (e.) [schänti], das; –s, –s: englisches Seemannslied

Share (e.) [schähr], der; –, –s: (veralt.) Anteil, Aktie

She|riff [sche..], der; –s, –s: Verwaltungsbeamter in England : mit richterlichen Befugnissen ausgestatteter Vollzugsbeamter in den USA

Sher|pa, der; –s, –s: tibetanischer Lastenträger und Bergführer im Himalaya

Sher|ry [scherri], der; –s, –s: ein span. Wein

Shet|land|in|seln [schetländ..] Mz.: Inselgruppe nördl. von Schottland * Shet|land|po|ny: Pony mit langer Mähne und großem Kopf * Shet|land|wol|le [schettl'nd..]: feine engl. Wolle

Shil|ling (e.): Schilling

Shim|my (e.) [schi..], der; –s, –(s): Gesellschaftstanz

Shin|to|is|mus: s. Schintoismus

Shirt (e.) [schöhrt], das; –s, –s: meist kurzärmeliges Hemd aus Baumwollstoff

Shit (e.) [schit], der; das; –s, –: (Umgspr.) Haschisch

Shock: s. Schock * sho|cking (e.) [schocking] Mw. Ew.: anstößig : widerwärtig

Shoo|ting|star (e.) [schuhtingstahr], der; –s, –s: Sänger oder Schauspieler, der mit seiner ersten Vorstellung sofort sehr großen Erfolg hat

Shop (e.) [schop], der; –s, –s: Laden : Geschäft *

Shop|ping-Cen|ter →

Shop|ping|cen|ter (e.) [schopingßänt'r], das; –s, –: modernes Einkaufszentrum

Shorts (e.) [schoats], die; –: kurze Kniehose

Show (e.) [shou], die; –, –s: Schaustellung : Vorführung * *Showbusineß → Showbusiness:* Vergnügungsindustrie * *Showgeschäft; Showman:* im Showgeschäft Tätiger; *Showmaster:* Unterhaltungskünstler, der eine Schau leitet; *Showview:* das Programmieren des Videorecorders über in Fernsehzeitschriften ausgedruckte Ziffernreihen

Shred|der → Schred|der (e.) [schrädder], der; –s, –: Maschine zum Zerkleinern von Geäst oder zum Verschrotten von Autowracks

Shrimp → Schrimp (e.), der; –s, –s: kleine Krabbe

Si|am: frühere Bezeichnung für Thailand * Si|a|me|se, der; –n, –n, Si|a|me|sin, die; –, –nen: Bewohner Siams * si|a|me|sisch Ew.: zu Siam gehörend, aus Siam stammend Si|a|me|si|sche Zwil|lin|ge → si|a|me|si|sche Zwil|lin|ge: (im Mutterleib) zusammengewachsene Zwillinge

Si|bi|ri|en: Gebiet im nordasiatischen Teil Russlands * Si|bi|ri|er, der; –s, –: Einwohner von Sibirien * si|bi|risch Ew.: auf Sibirien bezüglich

Si|byl|le, die; –, –n: (im Altertum) weissagende Frau * *die Sibyllinischen Bücher → die sibyllinischen Bücher* Mz.: Bücher der Sibylle von Cumae

sic! (l.): so! : tatsächlich so! : wörtlich

sich: rbz. Fw. der dritten Person für alle drei Geschlechter in Ez. und Mz., Dat. und Akk. * Sich|aus|lau|fen, das; –s * Sich|aus|wei|nen, das; –s * Sich|ge|hen|las|sen, das; –s: Nachlässigkeit

Si|chel (l.), die; –, –n: landwirtschaftl. Handgerät zum Schneiden von Gras, Getreide : etwas sichelförmig Gebogenes, Mondsichel, Scheidewand im Gehirn : Name von Fischen * si|chel|för|mig Ew. * si|cheln (ich ..[e]le) tr., intr.: mit der Sichel schneiden

si|cher (l.) Ew.: frei von Furcht, sorglos : gefahrlos : zweifellos : gewiss * si|cher|ge|hen: eine Garantie verschaffen; *sicher gehen:* gefahrlos gehen; *sicherstellen* (ich stelle sicher, sichergestellt, sicherzustellen) tr.: sichern : feststellen; *Sicherstellung:* Bürgschaft, Kaution ✳ *auf Nummer Sicher auch: auf Nummer sicher:* im Gefängnis ✳ **Si|cher|heit,** die, –, –en: das Sichersein : Zustand des Geschütztseins : Freisein von Zweifel : etwas Sicherheit Gewährendes ✳ *Sicherheitsabstand; Sicherheitsauto; Sicherheitsbehörde; Sicherheitsbindung; Sicherheitsdienst; Sicherheitsglas; Sicherheitsgurt; sicherheitshalber* Uw.; *Sicherheitskette; Sicherheitsklausel; Sicherheitslampe; Sicherheitsmaßnahme; Sicherheitsnadel; Sicherheitspolizei; Sicherheitsschloß* → *Sicherheitsschloss; Sicherheitsschlüssel; Sicherheitsventil; Sicherheitsvorkehrung* ✳ **si|cher|lich** Uw.: ohne Zweifel : gewiss ✳ **si|chern** (ich ..[e]re) tr., intr.: sicherstellen : schützen : versichern : Sicherheit gewähren, bieten : (Wild) auf Gefahren achten ✳ **Si|che|rung,** die, –, –en: das Sichern : Sicherheitsvorrichtung ✳ *Sicherungshypothek; Sicherungsverwahrung; Sicherungsübereignung*

sicher gehen, sichergehen Stehen Adjektiv und Verb in Wortverbindungen, gilt die Getrenntschreibung, wenn das Adjektiv in diesem Wortgefüge steigerbar oder erweiterbar ist: *Sie konnten auf dem schwierigen Gelände sicher gehen.* Ist die Steigerung oder Erweiterung des Adjektivs nicht möglich, schreibt man zusammen: *Die Eltern wollten sichergehen, dass..*

Sicht, die, –, –en: die Möglichkeit, zu sehen : (kfm.) Zeitpunkt, an dem ein Wechsel seitens des Inhabers dem Bezogenen vorgelegt wird ✳ *auf lange Sicht leihen* tr. ✳ *Sichtverhältnisse; Sichtvermerk:* Visum : (kfm.) der Vermerk auf dem Akzept; *Sichtwechsel; Sichtweite:* Sehweite ✳ **sicht|bar** Ew.: so beschaffen, dass es gesehen werden kann ✳ **sich|ten** tr.: (seem.) in Sicht bekommen ✳ **sich|tig** Ew.: (seem.) klar ✳ **sich|tig** Ew., nur in Zus.: sehend; z. B. kurzsichtig ✳

sicht|lich Ew.: sichtbar; Uw.: offenbar ✳ **sich|ten** tr.: (niederd.) erblicken : sieben : aussondern : ordnend durchsehen ✳ **Sich|tung,** die, –, –en: das Sichten ✳ **si|ckern** (ich ..[e]re) intr., tr.: tröpfeln, langsam fließen ✳ *Sickergraben; Sickergrube; Sickerwasser* ✳ **sic tran|sit glo|ria mun|di** (l.): „so vergeht die Herrlichkeit der Welt"

Side|board (e.) [ßaidboard], das; –s, –s: Anrichte : Buffet ✳ **si|de|ral, si|de|risch** (l.) Ew.: die Gestirne betreffend ✳ *Siderisches Pendel:* Fadenpendel, Art Wünschelrute ✳ **Si|de|rit** (gr.), der; –(e)s, –e: Eisenspat [l. sidus, Gen. sideris Gestirn] ✳ **sie** p. Fw.: 3. P. Ez. w. Nom., Akk. : 3. P. Mz. Nom., Akk ✳ **Sie,** die, –, –s: weibl. Wesen ✳ **Sie:** Anrede der 2. Person (für Fernstehende); vgl. du ✳ **sie|zen** (du siezest und siezt) tr.: mit Sie anreden ✳ **Sieb,** das; –(e)s, –e: ein Gerät mit durchlöchertem Boden ✳ *Siebbein:* ein Schädelknochen; *siebförmig* Ew.; *Siebmacher; Siebmaschine* ✳ **sie|ben** tr.: durch Sieb schütteln, gießen : (übertr.) auswählen ✳ **sie|ben** Zahlw.: die Zahl zwischen sechs und acht ✳ **Sie|ben,** die, –, –: die Zahl 7 ✳ *eine böse Sieben:* ein böses Weib; *ein Buch mit sieben Siegeln:* unverständlich ✳ *siebenarmig* Ew.; *siebenfach, siebenfältig* Ew.: siebenmal soviel; *Siebengestirn:* Plejaden; *Siebenhügelstadt:* Rom; *siebenhundert* Zahlw.; *siebenjährig* Ew.: sieben Jahre dauernd, alt; *der Siebenjährige Krieg; siebenmalig* Ew.; *Siebenmeilenstiefel:* Stiefel der Riesen in deutschen Märchen; *Siebenmonatskind:* sieben Monate nach der Empfängnis zur Welt gekommenes Kind; *Siebenpunktschrift:* ein Schriftgrad in sieben Punkt; *Siebensachen* Mz.: Allerlei; *Siebenschläfer:* der 27. Juni : ein Nagetier; *Siebenschritt:* ein Volkstanz; *siebentausend* Zahlw.; *siebenunddreißig* Zahlw.; *Siebenzahl*; *sieb(en)zehn* Zahlw.

Sie|be|ner, der; –s, –: die Zahl 7 : Angehöriger des Regiments Nr. 7 : Wein aus dem Jahre 07 eines Jhs. ✳ *Siebenerausschuß* → *Siebenerausschuss:* Ausschuss von sieben Männern ✳ **sie|be|ner|lei:** sieben verschiedene (Dinge) ✳ **sieb|en|te, sieb|te:** O.-Zahlw. zu sieben ✳ **sie|ben|tel, sieb|tel** Ew.: der siebente Teil von ✳ **Sie|ben|tel, Sieb|tel,** das, –s, –: der siebente Teil ✳ **sie|ben|tens, sieb|tens** Uw.: zum siebenten Mal : an siebenter Stelle ✳ **sie|ben|zig, sieb|zig** Zahlw. ✳ **sie|ben|zigs|te, sieb|zigs|te:** O.-Zahlw. zu sieb(en)zig ✳ **sieb|te, sieb|tel:** s. siebente, siebentel

siech Ew.: an langdauernder Krankheit leidend ✳ *Siechenhaus* ✳ **sie|chen** intr.: siech sein, kranken ✳ **Siech|tum,** das; –(e)s: langwieriges Hinsiechen, Kranksein ✳ **Sie|de,** die, –: gesottenes Viehfutter : Häcksel ✳ *Siedeschneider* ✳ **sie|den** (du sottest und siedetest, du söttest und siedetest; gesotten; sied[e]!) tr., intr.: kochen ✳ *siedeheiß* Ew.; *Siedehitze; Siedepunkt* ✳ **Sie|der,** der; –s, –: ein Siedender, Seifensieder ✳ **Sie|de|rei,** die; –, –en: das Sieden : Gewerbe, Betrieb eines Sieders ✳ **sie|del|bar** Ew.: zum Siedeln geeignet ✳ **Sie|de|lei,** die; –, –en: Ansiedlung ✳ **Sied|ler,** der; –s, –: ein Siedelnder ✳ *Siedlerfrau; Siedlerhaus* ✳ **sie|deln** (ich ..[e]le) intr.: eine Niederlassung gründen : sich ansiedeln, niederlassen ✳ *Siedelland:* Land zum Ansiedeln : Siedlung ✳ **Sied|lung,** die, –, –en: Ansiedlung, Wohnplatz, dessen Anlage nach einheitlichem Plan erfolgt : neues Dorf ✳ *Siedlungsbauten* Mz.; *Siedlungsform; Siedlungsgebiet; Siedlungsgenossenschaft; Siedlungshaus; Siedlungspolitik; Siedlungsprogramm*

Sieg, der; –es, –e: das Siegen ✳ *sieggewohnt* Mw. Ew.; *siegreich* Ew. ✳ *siegesbewußt* → *siegesbewusst* Ew.; *Siegesbotschaft; Siegesfest; siegesfroh* Ew.; *Siegesgeschrei; siegesgewiß* → *siegesgewiss* Ew.; *Sie-*

geslauf; Siegesnachricht; Sie-
gespreis; Siegessäule; sieges-
trunken Ew.; Siegeszeichen;
Siegeszug ✳ **sie│gen** intr.: den
Sieg, die Oberhand gewinnen ✳
Sie│ger, der; –s, –: der Sie-
gende ✳ *Siegerehrung; Sieger-*
staat ✳ **sie│ger│haft** Ew.: sie-
gend, siegreich ✳ **Sie│gerin,**
die; –, –nen: weibl. Sieger

Sieg, die; –: Nebenfluss des
Rheins ✳ **Sie│ger│land;**
das; –: nordrh.-westfäl. Landschaft
✳ **Sie│ger│län│der,** der; –s, –: Bewohner des Siegerlandes ✳
sie│ger│län│disch Ew.

Sie│gel (l.), das; –s, –: Pet-
schaft : Abdruck eines Stem-
pelbildes zur Versiegelung oder
als Untersiegelung, Beglaubi-
gung : (übertr.) Betätigung ✳
Siegelbewahrer; Siegellack:
Harzgemenge zum Siegeln;
Siegelring ✳ **sie│geln** (ich
..[e]le) tr.: ein Siegel auf etwas
drücken ✳ *gesiegelt* Mw. Ew.:
mit einem Siegel versehen ✳
Sie│ge│lung, die; –, –en: das
Siegeln : Siegel

sieh, sie│he: Befehlsform von
sehen; Abk.: s. ✳ *sieh(e) dies,*
das!; Abk.: s. d. ✳ *sieh(e)*
oben!; Abk.: s. o. ✳ *sieh(e) un-*
ten!; Abk.: s. u.

Siel, das; der; –(e)s, –e: Durchlass : Deichschleuse : Kanal :
kleine Bucht

Sie│mens: deutscher Physiker
und Ingenieur ✳ *Siemensein-*
heit: Einheit des elektrischen
Widerstandes; Abk.: SE; *Sie-*
mens-Martin-Verfahren: Verfahren der Stahlgewinnung;
Siemensring: Auszeichnung
für hervorragende techn. Leis-
tungen; *Siemensstadt:* Berliner
Stadtteil; *Siemens & Halske;*
Siemens-Schuckert-Werke A.G.

Sie│na: Stadt in Mittelitalien
✳ **Sie│na** (it.), das; –s: rotbraune Farbe ✳ **sie│na** Ew.:
rotbraun ✳ *Sienaerde*

Sier│ra (span.), die; –, ..rren
und –s: „Säge", Gebirgszug ✳
Sier│ra Le│o│ne: westafrikan.
Staat ✳ **Sier│ra Ma│dre:** Rand-
gebirge Mexikos ✳ **Sier│ra**
Ne│va│da: Gebirge in Spanien :
Gebirge in Kalifornien

Sies│ta (it., span.) die; –, –s:
Mittagsruhe

siet: (niederd.) niedrig, tiefliegend ✳ **Siet│land,** das; –(e)s,

..länder: Niederung : Marschland ✳ **Siet│wen│dung,** die; –,
..en: Binnendeich

sie│zen: s. sie

Sif│flet (fr.) [ßifläh] der; –s, –s:
Weitpfeife : kleine Orgelpfeife,
Flötenzug

Si│gel (l.), das; –s, –; **Sig│le,**
die; –, –n: Abkürzung in der
Kurzschrift

Sight│see│ing (e.) [ßeitßiing],
das; –: Besichtigen von Se-
henswürdigkeiten ✳ **Sight-**
see│ing│tour, die; –, –en: Ausflug, bei dem mehrere Sehens-
würdigkeiten besichtigt werden

Sig│ma, das; –(s), –s: der achtzehnte Buchstabe des griechischen Alphabets ✳ **Sig│ma-**
tis│mus (gr.), der; –: Lispeln,
fehlerhaftes Aussprechen des
S-Lautes

Sig│nal (l.), das; –s, –e: Zeichen : verabredetes, fest bestimmtes Zeichen zur Mitteilung einer Nachricht ✳ *Signal-*
anlage; Signalfeuer; Signal-
flagge; Signalknopf; Signal-
lampe; Signalpfeife; Signal-
station; Signalsystem; Signal-
verbindung ✳ **Sig│nal│e│ment**
(fr.) [..mang], das; –s, –s: Personenbeschreibung : Kenn-
zeichnung ✳ **sig│na│li│sie│ren**
(..iert) tr.: durch Signale Zeichen geben : bezeichnen ✳
Sig│na│li│sie│rung, die; –, –en
✳ **Sig│na│tar, Sig│na│tär,** der;
–s, –e: Unterzeichner eines
Vertrages ✳ *Signatarmacht:* ein
Staat, der einen Vertrag unterzeichnet ✳ **sig│na│tum:** unterzeichnet; Abk.: sign. ✳
Sig│na│tur (nl.), die; –, –en:
Bezeichnung, Aufschrift : Un-
terzeichnung : Besiegelung :
Merkmal : (Buchdrw.) Bogen-
ziffer zur Kennzeichnung der
Reihenfolge im Buche ✳
Sig│net (l.), das; –(e)s, –e,
auch –s: Buchdruckereizei-
chen : Verlegerzeichen : Hand-
siegel ✳ **sig│nie│ren** (..iert) tr.:
bezeichnen : unterzeichnen ✳
sig│ni│fi│kant, sig│ni│fi│ka│tiv
Ew.: bedeutungsvoll : bezeichnend ✳ **sig│ni│fi│zie│ren** (..iert)
tr.: andeuten : anzeigen : zu erkennen geben ✳ **Sig│num,** das;
–s, ..na: Zeichen, Unterzeich-
nung

Si│gnor (it.) [ßinjor] der; –(s),

–i und –en: Herr ✳ **Si│gno│ra**
[ßinjora], die; –, ..re und –s:
Frau ✳ **Si│gno│ri│na** [ßinjorina],
die; –, ..ne(n) und –s: Fräulein;
vgl. Señhor und Senor ✳
Si│gno│ria, die; –, ..rien: Herrschaft eines einzelnen oder eines Geschlechtes über eine
Stadt

Sikh, der; –(s), –s: Angehöriger einer hinduistischen Sekte

Sik│ka│tiv (l.), das; –s, –e: ein
Trockenmittel (für Ölfarben)

Sil│be (gr.), die; –, –n: „Zusam-
mengefasstes", Lautverbin-
dung, ein Wortteil ✳ *keine*
Silbe: nicht das geringste ✳ **Sil-**
ben│rät│sel; Versmaß; *Silbenrät-*
sel; Silbentrennung ✳ **..sil│big**
Ew., nur in Zus.: aus soundso
vielen Silben bestehend; z. B.
dreisilbig ✳ **..silb│ler, ..silb│ner**
Hw. in Zus.: aus soundso vielen
Silben bestehendes Wort; z. B.
Dreisilb(n)er: Wort aus drei
Silben

Sil│ber, das; –s: ein chem.
Grundstoff, ein Edelmetall;
Abk.: Ag : Silbergeld : Silber-
geschirr ✳ *Silberader:* silber-
haltige Erzader; *Silberahorn:*
ein Ahorn mit silberfarbenen
Blättern; *Silberamalgam:* eine
Quecksilber-Silber-Mischung;
Silberbarren; Silberbergwerk;
Silberblende: Rotgültigerz; *Sil-*
berdraht; Silberfolie: Blattsilber; *Silberglanz:* Argentit; *sil-*
berhaarig Ew.; *silberhaltig*
Ew.; *silberhell* Ew.; *Silber-*
hochzeit: silberne Hochzeit,
die 25. Wiederkehr des Hoch-
zeitstages; *Silberlöwe:* Puma;
Silbermünze; Silberpapier; Sil-
berpappel; Silberschmied; Sil-
berwährung; Silberzeug ✳
sil│be│rig, sil│brig Ew.: silber-
artig ✳ **Sil│ber│ling,** der; –s, –e:
Silbermünze ✳ **sil│bern** Ew.
(ohne Steigerung): aus Silber :
silberglänzend : wie Silber tönend ✳ *silberner Löffel*

Si│len (gr.-l.): „der Stumpfna-
sige", Erzieher des Bacchus ✳
Si│len│ti│um (l.), das; –s, ..tien:
Schweigen ✳ *Silentium!:*
Ruhe!

Sil│hou│et│te (fr.) [ßiluätte],
die; –, –n: Schattenriss ✳
sil│hou│et│tie│ren (..iert) tr.: im
Schattenriss darstellen

Si│li│co│ne Mz.: Kunststoffe ✳
Si│li│fi│ka│ti│on (nl.), die; –, –en:

Verkieselung ✳ **si|li|fi|zie|ren** (..iert) tr.: verkieseln ✳ **Si|li|kat,** das; –(e)s, –e: ein kieselsaures Salz ✳ *Silikatgestein:* Kieselgestein ✳ **Si|li|ko|se,** die; –: Staublunge, Krankheit bei Porzellan- und Bergarbeitern ✳ **Si|lit,** das; –s: Masse aus Silizium und Siliziumkarbid für elektr. Heizwiderstände ✳ **Si|li|zi|um,** das; –s: ein chem. Grundstoff; Abk.: Si ✳ **Si|li|zi|um|kar|bid:** Karborundum

Silk (e.), der; –s, –s: „Seide", ein glänzender Kleiderstoff

Si|lo (span.), der; das; –s, –s: Getreidespeicher : Kornhaus : Gärfutterbehälter ✳ *Silofutter; Siloturm; Silowagen*

Sil|va|nus (l.): latin. Gott des Waldes, des Feldes und der Herden

Sil|va|pla|na: schweiz. Kurort

Sil|ves|ter, der; das; –s, –: letzter Tag des Kalenderjahres ✳ *Silvesterabend; Silvesterball; Silvesterfeier; Silvesternacht; Silvesterscherz*

Si|ma (gr.), die; –, –s und ..men: (Baukst.) Kranzleiste (am dorischen Tempel) : Rinnleiste (am Sims)

Sim|bab|we: Staat im Süden Afrikas ✳ **Sim|bab|wer,** der; –s, –: Bewohner Simbabwes ✳ **sim|bab|wisch** Ew.

Si|mi|li (l.), der; –s, –s: edelsteinähnlicher Schliff aus Bleiglas ✳ **si|mi|lis** (l.): ähnlich ✳ *Similargent:* Neusilber; *Similidiamant:* unechter Diamant; *Similor:* Scheingold

Sim|me, die; –: Fluss im Berner Oberland ✳ **Sim|men|tal:** schweiz. Landschaft an der Simme

Si|mo|ni|des: griech. lyrischer Dichter

Si|mo|nie (ml.), die; –, ..nien: der Kauf geistl. Ämter ✳ **si|mo|nisch** Ew.: unrechtmäßig

sim|pel (l.) Ew.: schlicht : einfältig ✳ **Sim|pel,** der; –s, –: einfältiger Mensch ✳ **sim|pel|haft** Ew.: einfältig ✳ *fachsimpeln* (l.): nur über sein Spezialfach reden ✳ **Sim|plex,** das; –, –e und ..plizia: (Sprachl.) einfaches Grundwort ✳ **sim|pli|ci|ter**

Uw.: einfach : schlechthin ✳ **Sim|pli|fi|ka|ti|on,** die; –, –en: Vereinfachung ✳ **sim|pli|fi|zie|ren** (..iert) tr.: vereinfachen ✳ **Sim|pli|zis|si|mus,** der; –: „Einfältigster", Romanheld bei Grimmelshausen : polit.-satir. Wochenschrift ✳ **Sim|pli|zi|tät,** die; –: Einfachheit, Einfalt : Dummheit

Sim|plon, der; –s: schweiz. Alpenpass ✳ *Simplonstraße; Simplontunnel*

Sims (ml.), der; das; –es, –: vorspringender Rand an Mauern, Wänden ✳ *Simshobel:* Profilhobel

Si|mu|lant (l.), der; –en, –en: Heuchelnder : Scheinkranker ✳ **Si|mu|la|ti|on,** die; –, –en: Vorstellung : Vortäuschung : (Rechtsspr.) Scheingeschäft ✳ **si|mu|lie|ren** (..iert) tr.: täuschen : sich verstellen : (Rechtsspr.) ein Scheingeschäft abschließen : (Umgspr.) nachdenken, grübeln

si|mul|tan (nl.) Ew.: gemeinschaftlich : gleichzeitig : verschiedenen Bekenntnissen gemeinsam ✳ *Simultandolmetscher; Simultankirche; Simultanschule; Simultanspiel:* Schachspiel gegen mehrere Gegner gleichzeitig

sin: Sinus, s. d.

Si|nai, der; –(s): ägyptische Halbinsel im Roten Meer : dort gelegenes Gebirgsmassiv

si|ne an|no et lo|co (l.): (Buchdrw.) ohne Angabe des Jahres und Ortes

si|ne i|ra et stu|dio (l.): ohne Zorn und Vorliebe : unvorgenommen : sachlich

Si|ne|ku|re (l.), die; –, –n: Pfründe ohne Amtsgeschäfte

si|ne tem|po|re (l.): ohne akademisches Viertel : pünktlich; Abk.: s. t.

Sin|fo|nie (it.), **Sym|pho|nie** (gr.), die; –, ..nien: mehrsätziges Musikstück für Orchester : harmonischer Zusammenklang ✳ *Sinfoniekonzert, Symphoniekonzert; Sinfonieorchester, Symphonieorchester* ✳ **Sin|fo|ni|ker, Sym|pho|ni|ker,** der; –s, –: Mitglied eines Sinfonieorchesters : Komponist einer Sinfonie ✳ **sin|fo|nisch,** **sym|pho|nisch** Ew.: sinfonieartig : vielstimmig

Sin|ga|pur: (dtsch. Schreibweise von Singapore) südostasiat. Staat und gleichnamige Hauptstadt desselben

sing|bar Ew.: so beschaffen, dass man es singen kann ✳ **sin|gen** (er singt; ich sang, du sang[e]st, du sängest; gesungen; sing[e]!) intr., tr.: ein Lied erschallen lassen : (geh. Stil) dichten, mit singendem Tonfall reden ✳ *Singakademie; Singsang; Singspiel; Singstimme:* Stimme in einem Musikstück : zum Singen geeignete Stimme; *Singstunde; Singvogel; Singweise* ✳ **Sin|ge|rei,** die; –, –en: das (viele, lästige) Singen

Sin|gha|le|se, der; –n, –n: Angehöriger einer indischstämmigen Volksgruppe auf Sri Lanka

Sin|gle (e.) ['singl], die; –, –s: kleine Schallplatte mit nur jeweils einem Titel auf Vor- und Rückseite ✳ **Sin|gle,** der; –(s), –s: allein lebende Person

Sin|grün, das; –s, –: Immergrün, eine Pflanze

Sing-Sing: Staatsgefängnis von New York

Sing|spiel usw.: s. singbar

Sin|gu|lar, der; –s, –e, **Sin|gu|la|ris** (l.), der; –, ..re: (Sprachl.) Einzahl, Einheit; Abk.: Sing. ✳ **sin|gu|lär** Ew.: einzeln : vereinzelt : einmalig : seltsam ✳ **Sin|gu|la|re|tan|tum,** das; –s, –s: (Sprachl.) Wort ohne Mehrzahl ✳ **sin|gu|la|risch** Ew.: in der Einzahl (gebräuchlich) ✳ **Sin|gu|la|ris|mus,** der; –: philosophische Richtung, die die Vielfalt der Welt aus einem einzigen Prinzip hervorgehen lässt ✳ **Sin|gu|la|ri|tät,** die; –, –en: vereinzelte Erscheinung : Besonderheit : Eigenheit

Sing|vo|gel: s. singbar

si|nis|ter (l.) Ew.: linkisch : verkehrt : ungünstig, schrecklich

sin|ken (er sinkt; ich sank, du sank[e]st, du sänkest; gesunken; sink[e]!) intr.: allmählich sich nach unten bewegen : abnehmen; tr.: (Bergb.) in die Tiefe graben ✳ *vor Scham in den Boden sinken* intr.; *jemandes Hoffnung sinkt; in Ohnmacht sinken; den Mut sinken lassen:* Mut verlieren; *im Wert* *sinken:* an Wert verlieren, abnehmen * *Sinkkasten:* siebartiger Kasten zur Aufnahme von Sinkstoffen (Schlamm, Sand); *Sinkstoff:* Stoffe, die sich im Wasser absetzen

Sinn, der; –(e)s, –e: Fähigkeit der Lebewesen, die Reize der Außenwelt wahrzunehmen und in Empfindungen umzusetzen : (übertr.) Verstand, Einsicht, Vernunft : Absicht : (übertr.) Gedanke, Interesse : (Mz.) das ungeistige, körperliche Begehren * *seine sieben Sinne nicht beisammen haben:* zerstreut sein; *Sinn für etwas haben:* für etwas empfänglich sein; *stolzen Sinnes sein; es ergibt sich aus dem Sinn des Gesetzes; das liegt nicht in seinem Sinn* * *sinnbetörend* Mw. Ew.; *Sinnbild:* Allegorie; *sinnbildlich* Ew.; *Sinngedicht:* Epigramm; *Sinngehalt; sinngemäß* Ew.; *sinnlos* Ew.; *Sinnspruch; sinnverwandt* Ew.; *sinnverwirrend* Ew.; *sinnvoll* Ew.; *sinnwidrig* Ew. * *Sinnenlust; Sinnenmensch; Sinnenrausch; Sinnenreiz; Sinnenwelt* * *Sinnesänderung; Sinnesart:* Gesinnung; *Sinneseindruck; Sinnesorgan; Sinnestäuschung; Sinnesstörung; Sinneswahrnehmung; Sinneswechsel; Sinneswerkzeug* * **sinnen** (du sann[e]st, du sönnest und sännest; gesonnen; sinn[e]!) intr., tr.: sich mit etwas nachdenkend beschäftigen * *gesonnen sein:* willens sein; *gesinnt sein:* von der Gesinnung sein * **sinnieren** (..iert) intr.: sinnend denken, in Nachdenken versunken sein * **Sinnierer,** der; –s, – * **sinnig** Ew.: Sinn habend : sinnreich : sinnvoll : (niederd.) vorsichtig, behutsam * **Sinnigkeit,** die; – * **sinnlich** Ew.: die Sinne betreffend : triebhaft, begehrlich * **Sinnlichkeit,** die; –: sinnliche Lust, Begierde

Sinn Fein (ir.) [schin fein „wir allein"]: irische Freiheitsbewegung * **Sinnfeiner,** der; –s, –: Mitglied der Sinn Fein

Sinologe (l -gr.), der; ..gen, ..gen: Wissenschaftler der Sinologie * **Sinologie,** die; –: Wissenschaft von der chinesischen Sprache und Kultur

Sinter, der; –s, –: aus mineralhaltigem Wasser abgesetztes Gestein : zusammengeschmolzene Mineralien * *Sinterbildung; Sinterkohle:* Steinkohle; *Sinterkorund:* glasig hartgebrannte Tonerde; *Sinterzeug:* Steatit * **Sinterung,** die; –: das Dichtbrennen einer keramischen Masse * **sintern** (ich ..[e]re) intr.: (Geol.) zusammenbacken

Sintflut, die; –: (Bib.) Erdüberflutung : (volkst.) Sündflut * *sintflutartig* Ew.: (–e Regenfälle) heftige Regenfälle

Sinus (l.), der; –, – und ..nusse: eine trigonometrische Funktion; Abk.: sin * *Sinuskurve; Sinuslinie; Sinusreihe; Sinussatz*

Sioux (fr.) [siuh], der; –, –: nordam. Indianerstamm

Siphon (gr.-l.), der; –s, –s: Geruchverschluss bei Kanalisation und sanitären Anlagen : Flasche mit Druckverschluss

Sippe, die; –, –n: Familie : Verwandtschaft * *Sippenältester; Sippenforschung; Sippenhaftung; Sippenkunde; Sippenverband; Sippenwesen* * **Sippschaft,** die; –, –en: das Verwandtsein, Verwandtschaft : Gesamtheit der Sippen : (verächtl.) Gelichter, Gesellschaft

Sir (e.) [ßör]: Herr * **Sir** [ßör], der; –s, –s: ein engl. Adelstitel

Sire (fr.) [ßihr']: Majestät (in der Anrede)

Sirene, die; –, –n: Warngerät * *Sirenengeheul; Sirenenprobe* * **Sirenen** (Mz.) (gr. Sage) Meerjungfrauen : Verführerinnen * *Sirenengesang; sirenenhaft* Ew.: verführerisch

Sirius (gr.-l.), der; –: Stern im Großen Hund

sirren intr.: ein dem Tonwort entsprechendes Geräusch hervorbringen; vgl. surren

Sirte, die; –, –n: (schweiz.) Molke des Emmentaler Käses

Sirup (arab.-ml.), der; –s, –e: eingedickter, zuckerhaltiger Frucht- oder Pflanzensaft : gesättigte Zuckerlösung

Sisal (span.), der; –s: grobe Hanffaser einer mexikanischen Agavenart * *Sisalteppich*

sistieren (..iert) (l.) tr., intr.: ein Verfahren einstellen : Einhalt gebieten : zum Stehen

bringen : zum Feststellen der Personalien auf die Polizeiwache bringen * **Sistierung,** die; –, –en: Einstellung : Festnahme

Sisyphus: ein Held der altgriech. Sage * *Sisyphusarbeit:* vergebliche Arbeit

Sitar (pers.), der; –(s), –(s): indisches Zupfinstrument

Sit-in (e.) [ßitin], das; –(s), –s: demonstratives Sichhinsetzen einer Gruppe, um dadurch den Abbruch von Veranstaltungen u. Ä. zu erzwingen

Sitte, die; –, –n: Gewohnheit, die Gewöhnung : herrschender Brauch : Anstand * *Sittendezernat; Sittengesetz; Sittenkontrolle; Sittenlehre:* Ethik; *Sittenlosigkeit; Sittenpolizei; Sittenrichter; sittenstreng* Ew.; *Sittenverderbnis; –verfall; Sittenverfeinerung; sittenwidrig* Ew.; *Sittenzeugnis* * **sittlich** Ew.: wie es Sitte, Moral erfordert : menschenwürdig * **Sittlichkeit,** die; –: das Sittlichsein * *Sittlichkeitsdelikt; Sittlichkeitsverbrechen:* Sexualverbrechen * **sittsam** Ew.: still und bescheiden, gesittet * **Sittsamkeit,** die; –, –en: das Gesittetsein

Sittich (gr.-l.), der; –(e)s, –e: eine Papageienart

Situation (fr.), die; –, –en: Lage : Stellung : Zustand * *Situationsethik; Situationskomik; Situationsplan:* Lageplan * **situativ** Ew.: durch eine bestimmte Situation hervorgerufen * **situieren** (..iert) tr.: eine Stellung geben * *situiert* Mw. Ew.: gestellt; *gut-, schlechtsituiert →* gut situiert, schlecht situiert

Sitz, der; –es, –e: das Sitzen : Gesäß : etwas zum Sitzen Dienendes, Sitzplatz : das Recht, an Sitzungen teilzunehmen : fester Aufenthaltsort * *Sitz und Stimme haben:* berechtigt sein, mit abzustimmen; *der Sitz der Regierung; das Kleid hat einen guten Sitz:* passt gut * *Sitzbad; Sitzfleisch; Sitzgelegenheit; Sitzkissen; Sitzplatz; Sitzstreik* * **sitzen** (du sitzest und sitzt, er sitzt; du saßest, er saß; du säßest; gesessen; sitz[e]!) intr.: auf dem Gesäß ruhen : (Vögel) auf den Füßen ruhen, im Nest liegen : sich irgendwo aufhalten : (Kleidungsstück) passen * *über jemand zu Gericht sitzen:* über jemand richten, urteilen; *einem Maler sitzen:* Modell sein; *der Hut sitzt zu tief im Gesicht* * *sitzen bleiben:* nicht aufstehen; *sitzenbleiben → sitzen bleiben* (ich bleibe sitzen, sitzen geblieben, sitzen zu bleiben) intr.: das Klassenziel nicht erreichen : nicht heiraten; *sitzen lassen* tr.: nicht aufstehen lassen; *sitzenlassen → sitzen lassen* (ich lasse sitzen, ich habe sitzen [ge]lassen, sitzen zu lassen) tr.: im Stich lassen : nicht abgeholt werden : nicht geheiratet werden * **..sit|zer, ..sit|zig** Ew., nur in Zus.: mit soundso vielen Sitzen versehen * *Zweisitzer; sechssitzig* * **sitz|lings** Uw.; in rittlings Stellung * **Sit|zung,** die; –, –en: das Sitzen : Tagung einer (beratenden) Versammlung * *Sitzungsbericht; Sitzungsperiode; Sitzungssaal; Sitzungstag* **Six|ti|na** (ml.), die; –: päpstl. Kapelle im Vatikan in Rom * **Six|ti|nisch** Ew.: auf die Sixtina bezüglich * *Sixtinische Madonna:* Gemälde von Raffael **Si|zi|li|a|ne,** die; –, –n: achtzeilige Strophenform * **Si|zi|li|en|ne,** die; –, –n: ein Webstoff * **Si|zi|li|en:** it. Insel im Mittelmeer * **Si|zi|li|er, Si|zi|li|a|ner,** der; –s, –: Einwohner von Sizilien * **si|zi|li|sch, si|zi|li|a|nisch** Ew.: auf Sizilien bezüglich **Ska|ger|rak:** Teil der Nordsee **Skai,** das; –s: ein Kunstleder * *Skaikoffer; –tasche* **Ska|la** (l.), die; –, ..len und –s: „Treppe" : Tonleiter : Stufenleiter : Gradeinteilung (von Messgeräten usw.) **Skal|lar,** der; –s, –e: physikalische Größe, die durch eine Maßzahl bestimmt ist **Skalp** (e.), der; –s, –e: (abgezogene) Kopfhaut, Siegestrophäe der Indianer * **Skal|pell** (l.), das; –s, –e: chirurg. Messer * **skal|pie|ren** (..iert) tr.: (einen –) die Kopfhaut abziehen **Skan|dal** (gr.-ml.), der; –s, –e: Lärm : Anstoß erregender Vorgang * *Skandalgeschichten* *

skan|da|li|e|ren (..iert), **skan|da|li|sie|ren** (..iert) intr.: Anstoß erregen, geben * *sich über etwas skandalisieren:* an etwas Anstoß nehmen * **skan|da|lös** Ew.: Anstoß erregend : schändlich : unglaublich : ärgerlich **skan|die|ren** (..iert) (l.) tr.: das Versmaß betonend lesen * **Skan|si|on,** die; –, –en: das Lesen mit betontem Versmaß **Skan|di|na|ve** [..w..], der; –n, –n; **Skan|di|na|vi|er,** der; –s, –: Einwohner von Skandinavien * **Skan|di|na|vi|en:** nordeuropäische Halbinsel * **skan|di|na|visch** Ew.: auf Skandinavien bezüglich **Skan|di|um,** das; –s: ein chem. Grundstoff; Abk.: Sc **Ska|po|lith** (gr.), der; –(e)s und –en, –(e)n: eine Gesteinsart **Ska|pu|lier** (l.), das; –s, –e: Schulterbekleidung, Teil des geistlichen Ordensgewandes **Ska|ra|bä|us** (l.-gr.), der; –, ..bäen: ein Käfer : altägypt. Nachbildung eines Käfers in Stein * *Skarabäengemme* **Ska|ra|muz,** der; –es, –e: Gestalt des ital. Stegreiflustspiels : Aufschneider **Skat** (it.), der; –(e)s, –e ein Kartenspiel * *Skatbruder; Skatpartie; Skatspiel; Skatturnier* * **ska|ten** (intr.): (Umgspr.) Skat spielen **Skate|board** (e.) [skehtbo^ard], das; –s, –s: Brett mit vier Rollen, das durch Gewichtsverlagerung gelenkt wird **Skeet|schie|ßen** (e.-dtsch.) [skiht..], das; –s: Schießen auf Tontauben **Ske|le|ton** (e.), der; –s, –s: niedriger Sportschlitten **Ske|lett** (gr.), das; –(e)s, –e: Gerippe : Knochengerüst * *Skelettbau:* Gerüstbau; *Skelettboden; Skelettform* * **Ske|lett,** die; –: eine Schriftart * *Skelettschrift; Skeletteil → Skeletteil* * **ske|let|tie|ren** (..iert) tr.: ein Knochengerüst bloßlegen **Skep|sis** (gr.), die; –: Bedenken, Zweifel, Zweifelsucht : Zurückhaltung * **Skep|ti|ker,** der; –s, –: Zweifler * **skep|tisch** Ew.: zum Zweifel geneigt : ungläubig, misstrauisch : sachlich prüfend * **Skep|ti|zis|mus,** der; –: Hang

zum Zweifel : eine philosophische Lehre, die Zweifel zum Denkprinzip macht **Sketch** (e.) [sketsch], der; –(es), –e und –es: Skizze : pointierte szenische Darstellung im Kabarett oder Theater **Ski, Schi** (norw.), der; –s, –er: Schneebrett mit Schuh zum Gleiten durch den Schnee * *Ski fahren, laufen* * *Skiakrobatik; Skibob:* einkufiger, lenkbarer Schlitten; *Skifahrer; Skifahrt; Skifliegen; Skigebiet; Skigelände; –haserl:* Anfänger im Skilauf : *junge Skiläuferin; Skijöring, das; –s:* Skilauf mit Vorspann; *Skikurs; Skilauf; –lehrer; –lift; –meisterschaft; Skipaß → Skipass; Skipiste; –schule; –sport; –springen; –spur; –stock; –wachs; Skizirkus:* Bez. für alpine Skirennen der Berufsrennläufer und -innen und den Betrieb darum **Ski|a|gra|phie** *auch:* **Ski|a|gra|fie,** die; –, ..phien *auch:* ..fien: Schattenriss : Durchleuchtung : Sonnenuhrkunst : Herstellung von Röntgenbildern * **Ski|a|s|ko|pie,** die; –, –n: Schattenprüfung in der Augenheilkunde : Röntgenbild bei der Durchleuchtung **Skiff** (e.), das; –(e)s, –e: leichtes Einmannruderboot **Skin** (e.), der; –s, –s: Kurzwort für Skinhead * **Skin|head** (e.) [skinhäd], der; –s, –s: kahlgeschorener Angehöriger einer Gruppe gewalttätiger, dem Rechtsextremismus nahe stehender Jugendlicher **Skiz|ze** (it.), die; –, –n: (erster) Entwurf, Umriss : Andeutung : Handzeichnung : kleine Erzählung * *Skizzenblock; Skizzenbuch; Skizzenmappe* * **skiz|zen|haft** Ew.: andeutungsweise * **skiz|zie|ren** (..iert) tr.: im Umriss entwerfen, andeuten * *Skizzierpapier* * **Skiz|zie|rer,** der; –s, –: Entwerfer * **Skiz|zie|rung,** die; –, –en: Entwurf, Andeutung **Skla|ve** (l.) [..w..], der; –n, –n: Leibeigener * *Sklavenarbeit; –halter; –händler; –markt* * **Skla|ve|rei,** die; –, –en: Zustand unbedingter Knechtschaft * **Skla|ven|tum,** das; –s: das Sklavesein * **Skla|vin,** die; –, –nen: weibl. Sklave *

skla|visch Ew.: unterwürfig, bedingungslos ergeben

Skle|ra (gr.), die; –: (Anat.) harte Haut, Lederhaut (des Auges) * **Skle|ri|tis**, die; –: Entzündung der harten Augenhaut * **Skle|rom**, das; –s, –e: (Med.) Verhärtung * **Skle|ro|me|ter**, das; –s, –: Härtemesser * **Skle|ro|se**, die; –, –n: (Med.) Verkalkung : Schrumpfung, Verhärtung des Zwischenbindegewebes * **skle|ro|tisch** Ew.: verhärtend : austrocknend

Sko|li|on (gr.), das; –s, ..lien: Trinklied, Rundgesang * **Sko|li|o|se, Sko|li|o|sis**, die; –, ..osen: Seitenverkrümmung des Rückgrats : Schiefwuchs

skon|tie|ren (..iert) (it.) tr.: abrechnen, abziehen * **Skon|to**, der; das; –s, –s und ..ti: Preisnachlass * **skon|tie|ren** (..iert) tr.: abrechnen, ausgleichen * **Skon|tro**, das; –s: Ausgleichung von Schuld und Forderung : (Buchhalt.) ein Nebenbuch * *Skontrobuch*

Skoo|ter (e.) [skuhter], der; –s, –: elektrisches Kleinauto als Jahrmarktsunterhaltung

Skor|but (ml.), der; –es: Krankheit infolge Mangels an Vitamin C : Scharbock * **skor|bu|tisch**, Ew.

Skor|pi|on (gr.), der; –s, –e: ein Spinnentier : ein Sternbild : Tierkreiszeichen

Skri|bent (l.), der; –en, –en: Vielschreiber (: verächtl.) : Schriftsteller * **Skript** (e.), das; –(e)s, –en: Nachschrift einer Hochschulvorlesung * **Skript|girl**, das; –s, –s: Sekretärin der Filmregie während der Aufnahmen * **Skrip|tum**, das; –s, ..ta: „Geschriebenes" : schriftliche Arbeit : Schriftstück * **Skrip|tor**, der; –s, ..to|ren: Schriftsteller : Bibliotheksbeamter

skro|tal (l.) Ew.: zum Hodensack gehörig * *Skrotalbruch* **Skro|tum**, das; –s, ..ta: Hodensack

Skrub|ber (e.) [skröbber], der; –s, –: eine Vorrichtung zur Leuchtgasreinigung * **Skrubs** Mz.: minderwertige Tabaksblätter

Skru|pel (l.), das; –s, –: ein Längenmaß : ein Gewicht * **skru|pel**, der; –s, –: Anstoß,

Bedenken, Gewissensbiss, Zweifel * **skru|pel|los** Ew.: gewissenlos * **skru|pu|lös** Ew.: bedenklich : gewissenhaft

Skru|ta|tor, (l.) der; –s, ..toren: Stimmensammler : Wahlprüfer * **Skru|ti|ni|um**, das; –s, ..nien: Wahl mittels Stimmzettels : Wahl eines Papstes oder Bischofs

Sku|do (it.), der; –s, –s und ..di: alte ital. Münze

Skull (e.), das; –s, –s: Riemen (Ruder) * *Skullboot* * **Skul|ler**, der; –s, –: leichtes Boot : Ruderer

skulp|tie|ren (..iert) (l.) tr.: meißeln : schnitzen * **Skulp|teur** (fr.) [skulptöhr], der; –s, –re: Erschaffer von Skulpturen * **Skulp|tur**, die; –, –en: Bildhauerwerk * *Holzskulptur; Skulpturensammlung*

Skunk, der; –s, –s: nordam. Stinktier * **Skunks**: (Mz.) dessen Pelz

skur|ril (l.) Ew.: possenhaft : grotesk

Skye|ter|ri|er (e.) [skaiterjer], der; –s, –: Hunderasse (nach der Hebrideninsel Skye)

Sky|lab (e.) [skailäb], das; –s, –s: Laboratorium der Amerikaner im Weltraum

Sky|light (e.) [skailait], das; –s, –: (seem.) Oberlicht auf Schiffen * **Sky|line** (e.) [skailain], die; –, –s: Kontur : Horizont : Silhouette (einer Stadt)

Sky|to|gen (gr.), das; –s, –e: Lederersatz für Bucheinbände **s. l.** (Abk.): sine loco; ohne Ortsangabe (in Druckwerken)

Sla|lom (norw.), der; –s: Skihindernislauf : Skitorlauf : (übertr.) Zickzackfahrt, -lauf * *Slalomlauf*

Slang (e.) [släng], der; –s, –s: berufsspezifische Sprache : Gaunersprache : lässige Umgangssprache

Slap|stick (e.) [släp..], der; –s, –s: (Film, Theater) komischer Gag

Sla|wa (slaw.), die; –: „Ruhm, Ehre" : Hochruf der Slawen * **Sla|wa!** Heil! * **Sla|we**, der; –n, –n: Angehöriger einer indogerman. Völkergruppe * **sla|wisch** Ew.: den Slawen eigen * **Sla|wis|mus**, der; –, ..men: Slawentum : sla-

wische Spracheigentümlichkeit * **Sla|wist**, der; –en, –en: Wissenschaftler der slawischen Sprachen und Literaturen * **Sla|wis|tik**, die; –: Wissenschaft von den slawischen Sprachen und Kulturen * **Sla|wo|ni|en**: Landschaft in Kroatien * **Sla|wo|phi|le**, der; –n, –n: Slawenfreund

s. l. e. a. (Abk.): sine loco et anno; ohne Orts- und Jahresangabe (in Druckwerken)

Sli|bo|witz, **Sli|wo|witz** (slaw.), der; –es, –e: Zwetschgenschnaps

Slice (e.) [ßlaiß], der; –, –s [..siß]: Art des angeschnittenen Ballschlagens beim Tennis oder Golf

Sli|ding (e.) [slaiding], das; –s: Gleitsitz (im Ruderboot)

Slip (e.), das; –s, –s: engl. Maß : Pfahlwerk auf Schiffswerften : Vortriebsverlust des Propellers

Slip (e.), der; –s, –s: beinloser Schlüpfer

Slip|per (e.), der; –s, –(s): Hausschuh, Pantoffel : Schlupfschuh

Slo|gan (schott.), der; –s, –s: Kriegsruf der schott. Hochländer : Werbeschlagwort : Losung

Sloop (e.) [ßluhp], die; –, –en und –s: Schaluppe

Slo|wa|ke, der; ..ken, ..ken: Angehöriger eines westslaw. Volksstammes * **Slo|wa|kei**, die; –: Staat in Mitteleuropa * **slo|wa|kisch** Ew.: die Slowakei betreffend * **Slo|wa|kisch**, das; –en: Sprache der Slowaken

Slo|we|ne, der; –n, –n: Angehöriger eines südslaw. Volksstammes * **Slo|we|ni|en**: südosteuropäischer Staat * **slo|we|nisch** Ew.: Slowenien betreffend * **Slo|we|nisch**, das; –en: Sprache der Slowenen

Slow|fox (e.) [sloh..], der; –es: langsamer Foxtrott

Slum (e.) [slam], das; –s, –s: Elendsviertel

Slump (e.) [ßlamp], der; –s, –s: plötzlicher Kurs- und Preissturz

sm (Abk.): Seemeile

Sm. (Abk.): (Chem.) Samarium

S. M. (Abk.): Seine Majestät
Small talk → **Small|talk,**
auch: **Small Talk** (e.)
[smolto'k], der; –s, –s: Unterhaltung ohne Tiefgang
Smalltalk
In einer Verbindung aus Adjektiv und Substantiv werden auch Fremdwörter zusammengeschrieben: *Dutyfreeshop, Smalltalk.* Getrenntschreibung ist zweite Wahl, aber ebenfalls korrekt: *Small Talk, Top Hit.*
Smaragd (gr.-l.), der; –(e)s, –e: ein grüner Schmuckstein ✱ *smaragdgrün* Ew.
smarag|den Ew.: Smaragd.., smaragdgrün ✱ **Smarag|dit,** der; –en, –en: grasgrüner Strahlstein
smart (e.) Ew.: pfiffig : gewandt
Smash (e.) [smäsch], der; –s, –es [..sis]: schmetterartig ausgeführter Ballschlag beim Tennis oder Federball
Smeg|ma (gr.), das; –s: (Med.) Schmiere, Absonderung der Eichel- und Vorhautdrüsen
SM-O|fen (Abk.): Siemens-Martin-Ofen
Smog (e.), der; –s: Kurzwort aus „smoke" (Rauch) und „fog" (Nebel), Abgas-Luft-Gemisch in Städten bei austauscharmen Wetterlagen ✱ *Elektrosmog:* möglicherweise gefährliche elektromagnetische Felder in der Nähe von Elektromotoren, Hochspannungsleitungen, Handys u. a.
Smo|king (e.), der; –s, –s: schwarzer Gesellschaftsanzug mit kurzer Jacke für Herren
smor|zan|do (it.): (Mus.) allmählich schwächer werdend : verlöschend
Smut|je (ndl.), der; –, –s: Schiffskoch
Smyr|na: Stadt in Kleinasien (türk.: Izmir) ✱ *Smyrnateppich*
Sn (Abk.): (Chem.) Zinn
Snack|bar (e.) [ßnäk..], die; –, –s: Imbisshalle
Snob (e.), der; –s, –s: (urspr. „sine nobilitate" = ohne Adel, Vermerk hinter dem Namen bürgerlicher Cambridge-Studenten) Vornehmtuer : Geck ✱ **Snob|be|ty** (e.) [snobai'ti], die; –: vornehm tuende Gesellschaft ✱ **Snob|bis|mus,** der; –, ..men: Geckenhaftigkeit ✱

sno|bis|tisch Ew.: wie ein Snob : eingebildet : extravagant
Snow|board (e.) [snoubord], das; –s, –s: breiter Einzelski ✱
snow|boar|den: mit dem Snowboard fahren ✱
Snow|boar|der, der; –s, –: der mit dem Snowboard Fahrende ✱ **Snow|boar|ding:** das Fahren mit einem Snowboard
so bez. Fw.: (geh. Stil) der, welcher usw.; Uw.: auf diese Weise : in dieser Art : bei dieser Sachlage, unter diesen Verhältnissen, unter dieser Bedingung; Bw.: (veralt.) wenn ✱ *sobald* Bw.: sogleich wenn, gleich nachdem; *so bald* Uw.: alsbald ✱ *sobald ich rufe;* aber: *ich rufe so bald wie möglich* ✱ *sodann* Uw.: dann ✱ *so daß* → *so dass auch:* sodass Bw.: worin der Grund liegt, dass ✱ *soeben* Uw.: vor einem Augenblick; aber: *er schaffte die Prüfung so eben* (gerade noch) ✱ *sofern* Bw.: falls; *sofern es mir möglich ist;* aber: *die Sache liegt mir so fern, daß..* → *die Sache liegt mir so fern, dass..* ✱ *sofort* Uw.: augenblicklich, gleich; *Sofortmaßnahmen; immer so fort:* immer so weiter; aber: *immer sofort:* immer sogleich; *sofortig* Ew.: augenblicklich; *Sofort|hilfegesetz; Sofortmaßnahme* ✱ *sogar* Uw.: mehr noch (zur Bezeichnung der Steigerung) ✱ *sogenannt* → *so genannt* Mw. Ew.: allgemein so bezeichnet; Abk.: sog. ✱ *sogestalt* Uw.: derart ✱ *sogleich* Uw.: in einem Augenblick; aber: *so gleich wie ein Ei dem anderen* ✱ *solang(e)* Bw.: während : in der Zeit (als); *solange er gearbeitet hat, ist es ihm gut gegangen;* aber: *du hast so lange gearbeitet, bis..* ✱ *somit,* sonach Uw.: mithin, folglich, demnach; aber: *sprich es so nach, wie..* ✱ *sooft* Bw.: jedesmal wenn, immer wenn; *sooft ich schreibe;* aber: *ich habe ihn so oft gebeten, bis..* ✱ *soso* Ausruf: aha!; Uw.: sehr fraglich, zweifelhaft; *es steht damit soso; soundso* Uw.: unbestimmt wie; *soundso breit; Paragraf soundso;* aber: *etwas so und so* (so und wieder anders) *erzählen; der Herr Soundso; soundsoviel* Uw.: unbestimmt,

wie viel; *der soundsovielte Paragraf; am soundsovielten des Monats* ✱ *soviel* Uw.: dasselbe : nicht weniger als; *doppelt, noch einmal soviel; sovielmal; ihr Schweigen bedeutet soviel wie eine Zusage; soviel für heute;* aber: *du redest so viel, daß..* → *du redest so viel, dass;* Bw.: sofern, bezüglich dessen, was, mit Bezug auf das, was; *soviel ich weiß, hat er abgesagt* ✱ *so was:* so etwas, dergleichen ✱ *soweit* Uw.: in der Weise weit : bis dahin; Bw.: insofern als; *soweit es mir bekannt ist;* aber: *er ist so weit gegangen, daß..* → *er ist so weit gegangen, dass..* ✱ *sowenig* Bw.: in welch geringem Maß auch immer; *sowenig* → *so wenig* Uw.: in so geringem Maße wie, ebenso wenig, nicht mehr als; so geringfügig, dass; *er trägt so wenig Schuld wie andere auch; ich habe so wenig Geld wie du:* wir haben beide kein Geld; aber: *sowenig er auch kann, er will immer helfen; er hat so wenig gegessen, daß er nicht satt geworden ist* → *er hat so wenig gegessen, dass er nicht satt geworden ist; so wenig ich auch gehört habe, das habe ich doch verstanden; sowenig ich einsehen kann, daß..* → *sowenig ich einsehen kann, dass..* ✱ *sowie* Bw.: und außerdem noch : sobald; *sowie es anfängt zu regnen, gehen wir heim:* gleich wenn anfängt zu regnen, gehen wir heim; aber: *so, wie er es sagt, meint er es auch; sowieso* Uw.: unter allen Umständen, jedenfalls; *der Herr Sowieso:* vgl. Soundso ✱ *sowohl* Uw.: nicht nur, nicht allein; *sowohl als auch;* aber: *ich fühle mich heute so wohl, daß..* → *ich fühle mich heute so wohl, dass..* ✱ *sozusagen* Uw.: gewissermaßen
SO (Abk.): Südosten
So. (Abk.): Sonntag
s. o. (Abk.): siehe oben
so|a|ve, su|a|ve, so|a|ve|men|te (it.) [..w..]: (Mus.) lieblich, anmutig : sanft : süß
So|bri|e|tät (l.), die; –: Mäßigkeit : Nüchternheit
So|cke (l.), die; –, –n: kurzer Strumpf ✱ *sich auf die Socken machen:* fortlaufen; *jemandem*

auf den Socken sein: hinter jemandem her sein ✳ *Sockenhalter* ✳ **So|ckel**, der; –s, –: Säulenfuß : Unterlage ✳ *Sockelbetrag:* unterster Betrag im Zusammenhang mit Lohnverhandlungen; *Sockelgeschoss* ✳ **so|cken** tr.: (veralt.) mit Socken bekleiden; intr.: auf Socken gehen, (sein) : (mundartl.) rasch laufen

Sod, der; –(e)s, –e: Sieden : (Bierbr.) die zum Sieden gehörige Menge Wasser : das Erzeugnis einmaligen Siedens : Brühe ✳ *Sodbrennen:* brennende Empfindungen im Magengegend mit Aufstoßen

So|da (span.), die; –; das; –s: Aschensalz, Natriumkarbonat ✳ *Sodawasser*

Sol|da|le (l.), der; –n, –n: Gefährte : Genosse ✳ **Sol|da|li|tät**, die; –, –en: Genossenschaft, geistliche Brüderschaft, Zunft

so|dann, so daß → so dass *auch;* **so|dass:** s. so

so dass, sodass
Die Konjunktion (das Bindewort) *so dass* darf – weil es zu einer festen Fügung geworden ist – künftig auch zusammengeschrieben werden: *sodass.*

Sod|bren|nen: s. Sod

So|de, die; –, –n: Salzsiederei : ausgestochenes Rasenstück, Torfstück

So|do|mie, die; –: Geschlechtsverkehr zwischen Menschen und Tieren ✳ **So|do|mit**, der; –en, –en: Sodomie Treibender ✳ **so|do|mi|tisch** Ew.: Sodomie treibend

so|e|ben: s. so

So|fa (arab.), das; –s, –s: Polsterbank ✳ *Sofaecke; Sofakissen*

so|fern: s. so

Soff, der; –(e)s: Trunk ✳ **Sof|fit|te** (it.), die; –, –n: Bühnendekorationsstück : (Baukst.) Ansicht einer Decke von unten ✳ *Soffittenlampe*

So|fia: Hauptstadt Bulgariens

so|fort: s. so

Sof|ta (pers.), der; –s, –s: islamischer Student : Zögling der Moscheeschule

Soft-Eis → Soft|eis (e.-dtsch.) [ßoft..], das; –: weiches, sahniges Speiseeis ✳ **Soft-drink → Soft|drink** *auch:* **Soft Drink**, der; –s, –s: Getränk ohne Alkohol ✳ **Soft-por|no**

→ **Soft|por|no**, der; –s, –s: (Umgspr.) Filme oder Magazine in angedeuteter pornografischer Art ✳ **Soft-Rock →** **Soft|rock**, der; –s: gemäßigte Rockmusik ✳ **Soft|wa|re** (e.) [..wär], die; –, –s: (EDV) alles nicht zu den apparativen Bestandteilen einer Datenverarbeitungsanlage Gehörende (z. B. Dateien, Programme, Betriebssysteme, Treiberdateien u. Ä.)

Sog, der; –(e)s, –e: Saugkraft : Kielwasser : Luftwirbel

so|gar, so|ge|nannt usw.: s. so

so|gleich: s. so

Soh|le, die; –, –n: der untere, den Boden berührende Teil des Schuhs oder Strumpfes : Fußsohle : etwas Sohlenähnliches, ein Gebäck : eine Plattfischgattung : der untere Teil von etwas, der die Grundlage bildet : (Bergb.) Bodenfläche ✳ *Sohlengänger:* Säugetiere, die mit der ganzen Sohle auftreten; *Sohlenleder:* Leder für Schuhsohlen ✳ *Talsohle:* am tiefsten gelegenes Gebiet eines Tales ✳ **soh|len** tr.: mit einer Sohle versehen : lügen ✳ **..soh|lig** Ew., nur in Zus.: soundso viele Sohlen haben; z. B. doppelsohlig ✳ **söh|lig** Ew.: (Bergb.) waagerecht

Sohn, der; –(e)s, Söhne. Söhnchen: männliches Kind im Verhältnis zu den Eltern : jemand in einem ähnlichen Verhältnis ✳ *Sohnemann:* (Umgspr.) Sohn; *Sohnesliebe; Sohnespflicht*

sohr Ew.: (niederd.) dürr, welk ✳ **Söh|re**, die; –: Dürre ✳ **soh|ren, söh|ren** intr.: verdorren

Sohr, der; –s: (niederd.) das Sodbrennen

soig|nie|ren (fr.) [ßoanjihren] tr.: pflegen : Sorgfalt auf etwas verwenden

Soi|ree (fr.) [ßoareh], die; –, –n: Abendgesellschaft

So|ja, die; –, ..jen: asiatische Pflanze ✳ *Sojabohne; –mehl; –öl; Sojasoße*

Sol|jus (russ.): „Bündnis", Bezeichnung eines russischen Raumfahrtprogramms

So|k|ra|tes: gr. Philosoph und Lehrer (470 bis 399 v. Chr.) ✳ **So|k|ra|ti|ker**, der; –s, –: Schü-

ler des Sokrates

sol: (Mus.) fünfte Stufe der Tonleiter

Sol: röm. Sonnengott

Sol, der; –(s), –(s): die peruan. Währungseinheit

Sol (l.), das; –s, –e: Kolloidlösung

so|lan|ge: s. so

So|la|ri|sa|ti|on (l.), die; –, –en: Umkehrung der Lichteinwirkung bei Überbelichtung von fotografischen Platten ✳ **so|lar, so|la|risch** Ew.: die Sonne betreffend ✳ *Solarauto:* mit Sonnenenergie angetriebenes Auto; *Solarbatterie:* Sonnenbatterie; *Solarenergie:* aus Solarbatterien gewonnene Energie; *Solarjahr; Solarkonstante:* Maßeinheit der Sonnenstrahlung; *Solarkraftwerk:* Sonnenkraftwerk; *Solaröl :* deutsches Petroleum; *Solartheorie* ✳ **So|la|ri|um**, das; ..rien: Sonnenuhr, Sonnenbad ✳ **So|lar|ple|xus** (l.), der; –: (Med.) zentraler Nervenpunkt : Sonnengeflecht

So|la|wech|sel, der; –s, –: Eigenwechsel

Sol|bad: s. Sole

solch (solcher, solche, solches) Fw.: soundso beschaffen : so groß : (alleinstehend als Ersatz für) dieser ✳ *solcher Leichtsinn; solche Freude; solches Leid* ✳ **sol|cher|art** Uw.; aber: *von solcher Art;* **sol|cher|ge|stalt** Uw.: soundso beschaffen; aber: *von solcher Gestalt* ✳ **sol|cher|ma|ßen** Uw.; aber: *in solchen Maßen;* **sol|cher|wei|se** Uw.: auf solche Weise ✳ **sol|chen|falls** Uw.: für diesen Fall ✳ **sol|cher|lei** Ew.: von dieser Art

Sold (l.), der; –(e)s, –e: Lohn für geleistete Dienste ✳ *Soldsoldat* ✳ **Sol|dat** (fr.), der; –en, –en: Militärperson ✳ *Soldatenaushebung:* Einberufung der Soldaten; *Soldatenfriedhof; Soldatenleben; Soldatenlied; Soldatenrat:* revolutionärer Ausschuss einer militärischen Formation; *Soldatensprache* ✳ **sol|da|tisch** Ew.: in der Weise eines Soldaten, zum Soldaten gehörig ✳ **Sol|da|ten|tum**, das; –es: das Soldatsein, Soldatenwesen ✳ **Sol|da|tes|ka**, die; –,

..ken: (zügelloses) Kriegsvolk ✳ **sollden**: s. besolden ✳ **Söldlling**, der; –s, –e: Soldempfänger ✳ **Söldlner**, der; –s, –: Soldempfänger : Mietsoldat ✳ **Solldo**, der; –s, –s und ..di: ehem. ital. Münze

Solle, die; –, –n: Salzwasser : salzhaltige Quelle ✳ *Solbad; Solbrunnen; Solei:* in Salzlösung eingelegtes hartgekochtes Ei

sollenn (l.) Ew.: feierlich : festlich ✳ **Sollennilsielrung**, die; –, –en: feierliche Begehung : feierliche Bestätigung ✳ **Sollenniltät**, die; –, –en: Feierlichkeit

Sollfaltalra (it.), die; –, ..ren: vulkanische Schwefelgasquelle **sollfeglgielren** (it.) (..iert) [ßolfedschi..] intr.: die Tonleiter singen ✳ **Sollfeglgio** [ßolfedscho], das; –s, ..gien: Gesangsübung ohne Text

Solli: Solo, s. solo

solllid, sollilde Ew.: fest : gediegen : zuverlässig ✳ **solllidalrisch** (l.) Ew.: gesamthaftend : gemeinsam : übereinstimmend ✳ *Solidarbeitrag:* Beitrag aller einer Solidargemeinschaft Angehörenden; *Solidargemeinschaft:* Gemeinschaft mit solidarischen Zielen; *Solidarhaftung:* gesamtschuldnerische Haftung; *Solidarpakt; Solidarschuldner:* Gesamtschuldner ✳ **Sollidalriltät**, die; –, –en: gegenseitiges Zusammengehörigkeitsgefühl ✳ *Solidaritätsgefühl* ✳ **solllidielren** (..iert) tr.: befestigen, versichern ✳ **Sollildiltät**, die; –: Gediegenheit : Haltbarkeit : Zuverlässigkeit

solli Deo glolria (l.): Gott allein die Ehre

Sollillolqulium (nl.), das; –s, ..quien: Selbstgespräch

Sollinlgen: Stadt in Nordrhein-Westfalen ✳ **Sollinlger** Ew.: auf Solingen bezüglich ✳ *Solinger Stahl*

Solllist (it.), der; –en, –en: Einzelsänger, Einzelspieler ✳ **Solllisltin**, die; –, –nen ✳ **solllisltisch** Ew. ✳ *solistische Darbietung* ✳ **Solliltär**, der; –s, –e: Einsiedler : einzeln gefasster Brillant oder besonders wertvoller Edelstein ✳ **Solliltülde** (fr.), die; –, –n:

„Einsamkeit", Name von Lustschlössern ✳ **sollo** Ew.: allein ✳ **Sollo**, das und (im Kartsp. auch) der; –s, –s und ..li: Einzelvortrag, Einzelspiel, Einzeltanz ✳ *Sologesang; Solopartie; Solosänger(in); Solostimme; Solotanz; Solotänzer(in)*

Soll, das; –(s), –(s): Gehorsam verlangender Befehl : (kfm.) Debet : die noch zu leistende Zahlung ✳ **solllen** Hilfszeitwort : schuldig, verpflichtet sein : eigentlich müssen : gerüchteweise verlauten ✳ *der König soll tot sein:* es heißt, man sagt, dass der König tot ist ✳ *Soll-Bestand* → *Sollbestand, Soll-Einnahme* → *Solleinnahme:* Bestand, Einnahme, die auf Grund eines Voranschlages vorhanden sein sollen; *Soll-Kosten* → *Sollkosten; Soll-Kostenrechnung* → *Sollkostenrechnung; sollmäßig* Ew.: etatmäßig; *Sollseite; Soll-Stärke* → *Sollstärke; Soll-Zahl* → *Sollzahl; Soll-Zeit* → *Sollzeit*

Solleinnahme
In aller Regel werden Zusammensetzungen nicht mit Bindestrich geschrieben. Als mögliche Nebenvariante ist dies jedoch möglich, wenn eine Teil des zusammengesetzten Wortes besonders betont oder das Verständnis erleichtert werden soll: Ich-Erzählung.

Soll, das; –s, Sölle: kleine runde, oft wassergefüllte Vertiefung in ehemal. Moränengebieten

Sölller (l.), der; –s, –: Boden eines Hauses : flaches Dach eines Hauses

Solllilziltant (l.), der; –en, –en: Bittsteller : Rechtssucher ✳ **Solllilziltaltilon**, die; –, –en: Bittgesuch : Betreibung einer Rechtssache ✳ **Solllilziltaltor**, der; –s, ..toren: Sachwalter : Anwalt ✳ **solllilziltielren** (..iert) tr.: um Rechtshilfe bitten

Solllluxllamlpe, die; –, –n: elektrische Wärmestrahlungslampe

Sollmilsaltilon (it.), die; –, –en: das Singen der Tonleiter ✳ *Solmisationssilben:* do, re, mi, fa, sol, la, si ✳ **sollmilsielren**

(..iert) intr.: die Tonleiter singen

Sollnlholfelner, **Sollnlholfer Schielfer**, der; —s: dünnplattiger Weißjurakalk mit Versteinerungen

sollo: s. Solist

Sollolthurn: Kanton und Stadt in der Schweiz

Sollsltiltilum (l.), das; –s, ..tilen: Sonnenwende

sollulbel (l.) Ew.: auflösbar : löslich ✳ **Sollultilon**, die; –, –en: Auflösung : Lösung ✳ **sollvalbel** [..w..] Ew.: auflösbar : zahlungsfähig ✳ **Sollvens** [..w..], das; –, ..venzien: auflösendes Mittel ✳ **sollvent** Ew.: zahlungsfähig ✳ **Sollvenz** [..w..], die; –: Zahlungsfähigkeit ✳ **sollvielren** (..iert) [..w..] tr.: auflösen : Schuld zahlen

Sollultrélen (fr.) [ßolütrehäng], das; –(s): (Geol.) Kulturstufe der Altsteinzeit

Sollwasllser: s. Sole

Sollmalli, der; –(s), –(s): Angehöriger eines ostafrikan. Volksstammes ✳ **Solmallia**: ostafrikan. Staat ✳ **Solmalliland**: ostafrikan. Landschaft

Sollma (griech.), das; –s, –ta: (Med.) Körper ✳ **sollmaltisch**, **sollmaltolgen** (gr.) Ew.: körperlich, vom Leib ausgehend ✳ **Sollmaltollolgie**, die; –: Lehre vom menschlichen Körper ✳ **Sollmaltolpsylchollolgie**, die; –: Erforschung der körperlich-seelischen Beziehungen

Sombrelro (span.), der; –(s), –s: breitrandiger Strohhut

Somlmelllier (fr.) [sommeljeh], der; –s, –: für den Wein zuständiger Kellner

sollmit: s. so

Solmlmer, der; –s, –: die warme Jahreszeit : (übertr.) beste Zeit des Lebens ✳ *Sommerabend; -anfang; -aufenthalt; -fahrplan; -ferien; Sommerfrische; Sommerfrischler:* Gast in der Sommerfrische; *Sommergerste; Sommerkleid; Sommerloch:* Zeit im Sommer mit Nachrichtenflaute; *Sommernachtstraum:* Theaterstück von William Shakespeare; *Sommerolympiade; Sommerpause; Sommersemester; Sommerschlußverkauf* → *Sommerschlussverkauf; Sommersmog; Sommersonnenwende; Som-*

mersprosse; sommersprossig Ew.; Sommertag; sommertags Uw.: während eines Sommertages; Sommerwohnung ✶ sommersüber Uw.; Sommerszeit: die Jahreszeit während des Sommers; Sommerzeit: Änderung der Uhrzeit während des Sommers ✶ som|mer|haft Ew.: dem Sommer gemäß ✶ som|mer|lich Ew.: wie im Sommer, Sommer.. ✶ som|mern, söm|mern (ich ..[e]re) tr.: sonnen : Vieh im Sommer auf der Weide halten : mit Sommerkorn bestellen : (Gärtnerei) ausschneiteln ✶ som|mers Uw.: im Sommer; sommers wie winters ✶ Som|me|rung, die, –: Sommergetreide, -korn

som|nam|bul (l.-fr.) Ew.: schlafwandelnd : mondsüchtig ✶ Som|nam|bu|le, der; –n, –n: Nachtwandler ✶ Som|nam|bu|lis|mus, der; –: das Nachtwandeln : Schlafzustand, in dem die unbewusste Handlungen ausgeführt werden ✶ som|nam|bu|lie|ren (..iert) intr.: nachtwandeln, hellsehen ✶ som|no|lent Ew.: schläfrig ✶ Som|no|lenz, die, –: Schlafsucht

Som|ni|fe|ra (l.) Mz.: (Med.) Schlafmittel

so|nach: s. so

So|nant (l.), der; –en, –en: (Sprachl.) tönender Laut ✶ So|na|te (it.), die; –, –n: (Mus.) Musikstück von drei bis vier Sätzen ✶ So|na|ti|ne, die; –, –n: (Mus.) kleine Sonate

Son|de (fr.), die; –, –n: ärztl. Werkzeug zur Untersuchung (von Wunden usw.) : (Bergb.) Probebohrung : Gerät zur Erforschung der Verhältnisse in der Erdatmosphäre (Raumsonde) ✶ Sondenhalter ✶ son|die|ren (..iert) tr.: prüfen, ergründen : (Med.) die Sonde einführen : mit der Sonde untersuchen ✶ Son|die|rung, die; –, –en: Aushollung : Fühlungnahme : Untersuchung ✶ Sondierungsgespräch

son|der Vw. mit Akk.: ohne ✶ sondergleichen: ohnegleichen ✶ son|der Ew. in Zus.: besonders, einzeln (Ggs. gesamt) ✶ Sonderabdruck, Sonderabzug: Teilabdruck aus einer Zeit-

schrift, einem Buch; Sonderanfertigung; Sonderangebot; Sonderanspruch; Sonderbeauftragte; Sonderbehandlung; Sonderbriefmarke; Sonderdeponie: Abfalldeponie für schwer entsorgbares Gut; Sonderfahrt; Sonderfall; Sondergenehmigung; Sonderinteresse; Sondermaschine: Flugzeug mit besonderem Auftrag oder besonderen Passagieren; Sondermüll: Gefahrenstoffe enthaltender Müll; Sonderpreis; Sonderrecht; Sonderregelung; Sonderschicht: zusätzliche Arbeitsschicht; Sonderschule: Schulform für Kinder, die besonderer Betreuung bedürfen; Sondersendung; Sonderstellung; Sonderurlaub; Sonderverkauf; Sonderwunsch; Sonderzug: Extrazug ✶ son|der|bar Ew.: vom Gewöhnlichen abweichend : eigentümlich ✶ sonderbarerweise ✶ Son|der|bar|keit, die; –, –en: Eigentümlichkeit ✶ Son|der|heit, die; –, –en: Besonderheit ✶ insonderheit → in Sonderheit Uw.: besonders ✶ son|der|lich Ew.: sonderbar : ungemein; Uw.: besonders : in hohem Grade ✶ Son|der|lich|keit, die; –, –en: Sonderbarkeit ✶ Son|der|ling, der; –s, –e: Eigenbrötler : Kauz ✶ son|dern Bw.: vielmehr, dagegen ✶ son|dern (ich ..[e]re) tr.: trennen : sichten ✶ son|ders Uw.: besonders ✶ samt und sonders: allesamt

son|die|ren usw.: s. Sonde

So|nett (it.), das; –(e)s, –e: eine Gedichtform

Song (e.) [ßong], der; –s, –s: Gesangsschlager : Lied

Sonn|abend (niederd., mitteld.), der; –s, –e: Vortag zum Sonntag : (westd., südd.) Samstag; vgl. d. [mhd. sunabent; ahd. sunnunaband] ✶ sonn|abends Uw.

Son|ne, die; –, –n: Sönnchen: der der Erde Licht und Wärme spendende Himmelskörper : der Sonne ähnlicher Himmelskörper : (übertr.) etwas Leuchtendes, Glück-, Segenspendendes : ein Feuerwerkskörper : ein Seestern : die strahlige Plattmuschel ✶ sonnendurchflutet Ew.; sonnenverbrannt

Ew. ✶ Sonnwendfeier ✶ Sonnenaufgang; Sonnenbahn; Sonnenbank: Gerät für künstliche Bräunung; Sonnenblende; Sonnenblume; Sonnenbrand; Sonnenbrille; Sonnencreme; Sonnenenergie: durch Sonnenlicht erzeugte Energie; Sonnenferne: Aphelium, Stand des größten Abstandes eines Planeten oder Kometen in seiner Bahn von der Sonne; Sonnenfinsternis: Trübung des Sonnenlichts, wenn der Mond zwischen Sonne und Erde tritt; Sonnenfleck: auf der Sonnenscheibe erscheinender schwarzer Fleck; Sonnengott: die Sonne verkörpernde Gottheit; sonnenhell Ew.; sonnenhungrig; Sonnenhut; Sonnenjahr: nach dem Umlauf der Erde um die Sonne bestimmtes Jahr (Ggs. Mondjahr); sonnenklar Ew.; Sonnenkollektor: Gerät zur Aufnahme des Sonnenlichtes, Sonnenenergiespeicher; Sonnenkönig: König Ludwig XIV.; Sonnenkultus: Verehrung der Sonne; Sonnenlicht; Sonnennähe; Sonnenprotuberanzen Mz.: aus dem Innern der Sonne emporschießende glühende Gase; Sonnenscheibe; Sonnenschein; Sonnenschirm; Sonnenschutz; Sonnenseite; Sonnenstich: Erkrankung durch übermäßige Einwirkung von Sonnenstrahlen; Sonnenstrahl; Sonnensystem: eine aus Sonne und umkreisenden Planeten bestehende Gruppe von Himmelskörpern; Sonnentag; Sonnenuhr: Zeitmesser durch den Schatten eines Stabes auf Grund der Bewegung der Sonne; Sonnenuntergang; Sonnenwarte: Wetterwarte zur Beobachtung der Sonne; Sonnenwende: Sonnenstillstandspunkt (die vom Äquator am weitesten entfernten Punkte der Ekliptik, am 21. Juni und am 21. Dezember) ✶ son|nen tr.: von der Sonne bescheinen lassen ✶ son|nen|haft Ew.: sonnenartig ✶ son|nig Ew.: von Sonne erfüllt, beschienen, sonnenhaft ✶ Son|nig|keit, die; –, –en: das Sonnigsein

Sonn|tag, der; –s, –e: (urspr.) dem Sonnengott geweihter

Tag [mhd. sun(nen)tac, ahd. sunnuntag] ✳ *Sonntagabend*, der; –s, –e; *sonntagabends* Uw.; *sonn- und feiertags* ✳ **sonn|tä|gig** Ew.: am Sonntag geschehend ✳ **sonn|täg|lich** Ew.: jeden Sonntag geschehend ✳ **sonn|tags** Uw. ✳ *Sonntagsanzug; Sonntagsarbeit; Sonntagsausflügler; Sonntagsausgabe:* Zeitung am Sonntag; *Sonntagsbraten; Sonntagsfahrer:* ungeübter Fahrer; *Sonntagsfeier; Sonntagsgottesdienst; Sonntagsjäger:* schlechter, Gelegenheitsjäger; *Sonntagskind:* Glückskind; *Sonntagsmaler:* Maler mit naiver Stilrichtung; *Sonntagsruhe; Sonntagsschule:* (veralt.) Kindergottesdienst; *Sonntagsstaat*

Son|ny|boy (e.) [ßonniboi], der; –s, –s: in allen Lebenslagen heiter-unbeschwerter junger Mann

So|no|graph *auch:* **So|no|graf** (nl.), der; –en: (Med.) Ultraschallgerät ✳ **So|no|graphie** *auch:* **So|no|grafie,** die; –, ..phien *auch:* ..fien: Anwendung des Sonographen

So|no|me|ter (l.-gr.), das; –s, –: Klang-, Schallmesser : Schwerhörigkeitsmesser ✳ **so|nor** Ew.: klangvoll, volltönend

sonst Uw.: anders : außerdem : andernfalls : zu einer andern Zeit : ehedem, früher ✳ *wie sonst; wo sonst; wann sonst* ✳ *sonstwie* → *sonst wie* Uw.; *sonstwo* → *sonst wo* Uw.; *sonstwohin* → *sonst wohin* Uw. ✳ **sons|tig** Ew.: ander : ehemalig ✳ *alles Sonstige*

Sont|hofen: bayr. Stadt im Allgäu

so|oft: s. so

So|phis|ma (gr.), das; –s, ..men: Trugschluss : Scheingrund ✳ **So|phis|mus,** der; –, ..men: Sophisma ✳ **So|phist,** der; –en, –en: Scheingelehrter : Tüftler : Wortklauber ✳ **So|phis|te|rei, So|phis|tik,** die; –, –en: trügerische Spitzfindigkeit : Scheinweisheit ✳ **so|phis|tisch** Ew.: spitzfindig ✳ **so|pho|k|le|isch** Ew.: der Art des Sophokles gemäß ✳ **So|pho|k|les:** griechischer Tragödiendichter (ca. 469–406

v. Chr.)

So|por (l.), der; –s: (Med.) starke Benommenheit : Schlafsucht ✳ **so|po|rös** Ew.: benommen : schlafsüchtig

So|p|ran (it.), der; –s, –e: höchste Singstimme (für Frauen oder Knaben) ✳ *Sopranistin*

Sor|be (l.), die; –, –n: Elsbeere ✳ **Sor|bin,** das; –s: eine chem. Verbindung aus der Sorbe ✳ **Sor|bit,** der; –(e)s: sechswertiger Alkohol aus Maiszucker gewonnen

So|ra|bis|tik, die; –: sorbische Kultur und Sprache untersuchende Wissenschaft ✳ **Sor|be,** der; –n, –n: Angehöriger eines slaw. Volksstammes ✳ **sor|bisch** Ew.: auf die Sorben bezüglich

Sor|bet, Sor|bet|to: s. Scherbett

Sor|bon|ne, die; –: Pariser Universität

Sor|du|nen Mz.: (veralt.) ital. Blasinstrument : gedeckte Zungenstimmengruppe der Orgel

So|re, die; –, –n: (Gaunerspr.) Diebesware

Sor|ge, die; –, –n: Gefühl der Unruhe und Angst, bange Ungewissheit um jemanden, um etwas : Mühe, Sorgfalt ✳ *Sorgenbrecher:* Bezeichnung für Wein; *sorgenfrei* Ew.; *Sorgenkind; Sorgenlast; sorgenlos* Ew.; *sorgenschwer* Ew.; *sorgenvoll* Ew. ✳ *Sorgleine:* (Schiff) Notleine am Steuerruder; *sorglos* Ew.: unbesorgt; *Sorglosigkeit; sorgselig* Ew.: besorgt ✳ *Sorgerecht* ✳ **sor|gen** intr., tr., rbz.: Sorge empfinden, in Sorge sein um jemanden : sich Sorge machen : Sorge für etwas tragen, sich angelegentlich mühen ✳ **Sorg|falt,** die; –: Sorgfältigkeit ✳ **sorg|fäl|tig** Ew.: gründlich ✳ **Sorg|fäl|tig|keit,** die; –: Genauigkeit : Gründlichkeit ✳ **sorg|lich** Ew.: besorgt : vorsichtig : sorgenvoll ✳ **Sorg|lich|keit,** die; –: das Sorglichsein ✳ **sorg|sam** Ew.: umsichtig ✳ **Sorg|sam|keit,** die; –, –: das Sorgsamsein ✳ **Sor|ghum** (ind.), das; –s, –s: Mohrenhirse, Grasgattung ✳ **sorg|lich** usw.: s. Sorge

Sor|rent: süditial. Stadt

Sor|te (it.), die; –, –n: Art : Gattung (von Waren, Geld) : (Mz.) ausländisches Geld (Ggs. Devisen und Noten) ✳ *Sortengeschäft:* Geldwechselgeschäft; *Sortenhandel; Sortenkalkulation; Sortenkurs; Sortenmarkt; Sortenverzeichnis* ✳ **sor|tie|ren** (..iert) tr.: nach Sorten ordnen : sondern ✳ *Sortierapparat, -maschine* ✳ **Sor|tie|rer,** der; –s, –: ✳ **Sor|tie|re|rin,** die; –, –nen: Ordner(in) : Sonderer, Sonderin ✳ **Sor|tie|rung,** die; –, –en: Sonderung, Sichtung ✳ **Sor|ti|ment,** das; –(e)s, –e: Sammlung : Buchhandlung für den Einzelverkauf : nach Sorten geordnetes Warenlager ✳ *Sortimentsbuchhandel; Sortimentsbuchhändler* ✳ **Sor|ti|men|ter,** der; –s, –: Verkaufsbuchhändler

SOS-Kin|der|dorf, das; –es, ..dörfer: nach einer Idee des Hermann Gmeiner gegründete Dörfer, in denen Waisen in familiärer Umgebung aufwachsen

SOS-Ruf, der; –es, –e: internationaler Hilfsruf von Schiffen in Seenot; s. a. save our souls

so|sehr, so|so: s. so

So|ße (fr.), die; –, –n: Brühe : Tunke : Tabaksbeize ✳ *Soßenlöffel; Soßenrezept; Soßenschüssel*

sos|te|nu|to (it.): (Mus.) gehalten : getragen

So|ter (griech.), der; –, –e: Retter : Beiname Christi ✳ **So|te|ri|o|lo|gie** (gr.), die; –: die christl. Heilslehre

Sott (niederd.), der; –es: Ruß ✳ **sot|tig** Ew.: rußig

Sot|ti|se, die; –, –n: Albernheit : satirische Posse : Frechheit

sot|to vo|ce (it.) [– wotsche]: (Mus.) mit leiser Stimme : gedämpft

Sou (fr.) [ßuh], der; –s, –s: eine französische Münze

Sou|b|ret|te (fr.) [ßuh..], die; –, –n: Oper(ette)nsängerin

Souche (fr.) [ßusch], die; –, –s und –n: "Stumpf", Abschnitt von Schecks, Wertpapieren usw., der nach dem Abtrennen des Hauptteils zurückbleibt

Souf|f|lé *auch:* **Souf|f|lee** (fr.) [ßuff..], das; –s, –s: Auflauf, Eierspeise ✳ *Omelett(e) souf-*

flé *auch:* Omelett(e) soufflee: Schaumomelett(e) ✳ **Souff|leur** [ßuflöhr], der; –s, –e: Vorsager, Einbläser ✳ *Souffleurkasten* ✳ **Souff|leu|se** [ßufflöhs], die; –, –n: Vorsagerin ✳ **souff|lie|ren** (..iert) tr.: vorsagen, zuflüstern
Soufflé, Soufflee
Die französische Schreibweise *Soufflé* ist die erste Wahl, wobei die eingedeutschte Schreibweise *Soufflee* ebenfalls korrekt ist.

Soul (e.) [ßoul], der; –s: „Seele" : moderner Musikstil
Sound (e.) [ßaund], der; –s, –s: (Mus.) Klangrichtung, Klangart ✳ **Sound|track** (e.) [..träk], der; –s, –s: Tonstreifen eines Films : die Musik zu einem Film
so|und|so: s. so
Sou|per (fr.) [ßupeh], das; –s, –s: Abendessen ✳ **sou|pie|ren** (..iert) intr., tr.: zu Abend essen
Sou|ta|ne (fr.) [ßu..], die; –, –n: Gewand der kath. Geistlichen ✳ **Sou|ta|nel|le** [ßu..], die; –, –n: verkürzte Soutane : Ausgehrock der kath. Geistlichen
Sou|ter|rain (fr.) [ßuterräng], das; –s, –s: Kellergeschoss ✳ *Souterrainwohnung*
Sou|ve|nir (fr.) [ßuw..], das; –s, –s: Andenken : Erinnerungsstück ✳ *Souvenirgeschäft*
sou|ve|rän (fr.) [ßuw..] Ew.: unumschränkt : überlegen ✳ **Sou|ve|rän**, der; –s, –e: unumschränkter Herrscher ✳ **Sou|ve|rä|ni|tät**, die; –: Landeshoheit ✳ *Souveränitätsanspruch*
So|ve|reign (e.) [ßawrin], der; –s, –s: englische Goldmünze, 1 Pfund
so|viel, so|weit, so|we|nig, so|wie usw.: s. so
Sow|chos (russ.), das; –, –e; **Sow|cho|se**, die; –, –n: staatlich bewirtschaftetes Gut in der ehemaligen UdSSR
Sow|jet (russ.), der; –s, –s: „Rat", Volksrat : (nur Mz.) Bewohner der ehemaligen UdSSR ✳ *Sowjetarmee; Sowjetbürger; Sowjetregierung; Sowjetrepublik; Sowjetrußland* → *Sowjetrussland; Sowjetstern; Sowjetunion; Sowjetzone* ✳ **so|w|je|tisch** Ew.

so|wohl: s. so ✳ *das Sowohlals-auch*
So|zi (Abk.), der; –s, –s: (Umgspr.) Sozialdemokrat
so|zi|a|bel (l.) Ew.: vereinbar : verträglich ✳ **so|zi|al** Ew.: gesellschaftlich : die Gesellschaft, das Gemeinwohl betreffend : gemeinnützig ✳ *soziale Frage: das Gemeinwohl berührende Frage; der soziale Wohnungsbau:* Bau von Wohnungen mit öffentlichen Mitteln ✳ *Sozialabgaben; Sozialarbeit; Sozialeinkommen; Sozialethik; Sozialgericht; Sozialhilfe:* Geldleistung im Fürsorgebereich; *Sozialhilfeempfänger; Sozialkritik; sozialkritisch* Ew.; *Soziallasten; –leistungen; Soziallohn:* Ergänzung des Individuallohnes durch Kranken-, Unfall- und Invalidenversicherung; *Sozialökonomie; Sozialökonomik:* Volkswirtschaftslehre; *Sozialpädagogik; Sozialpartner; Sozialpolitik; sozialpolitisch* Ew.; *Sozialprestige; Sozialprodukt; Sozialpsychologie; Sozialrecht; Sozialreform; Sozialrente; Sozialrentner; Sozialrevolutionäre; Sozialstaat; Sozialstruktur; –tarif; –vermögen; –versicherung; –wissenschaften; –wohnung; –zulage* ✳ **So|zi|al|de|mo|krat**, der; –en, –en: Anhänger der Sozialdemokratie ✳ **So|zi|al|de|mo|kra|tie**, die; –: eine politische Partei ✳ **so|zi|al|li|sie|ren** tr.: vergesellschaften, verstaatlichen ✳ **So|zi|al|li|sie|rung**, die; –, –en: Verstaatlichung ✳ **So|zi|al|lis|mus**, der; –: volkswirtschaftliche Lehre, die eine Lebens- und Wirtschaftsordnung unter stärkster Betonung der Gemeinschaftsidee erstrebt ✳ **So|zi|al|list**, der; –en, –en: Anhänger des Sozialismus ✳ **so|zi|al|lis|tisch** Ew.: auf den Sozialismus bezogen ✳ *Sozialistische Einheitspartei Deutschlands (Abk.: SED):* Staatspartei der ehem. DDR ✳ **So|zi|e|tät**, die; –, –en: (Handels-)Gesellschaft, Genossenschaft
So|zi|o|gra|phie (gr.-l.), die; –: Darstellung menschlicher Gemeinschaftsformen ✳ **So|zi|o|lekt**, der; –(e)s, –e: (Sprachl.)

Sprachgebrauch von Gruppen, Schichten o. Ä. ✳ **So|zi|o|lin|gu|i|s|tik**, die; –: (Sprachl.) wissenschaftliche Untersuchung des Sprachverhaltens von gesellschaftlichen Gruppen ✳ **So|zi|o|lo|ge** (l.), der; –n, –n: Kenner der Soziologie ✳ **So|zi|o|lo|gie**, die; –, ..gien: Lehre von den Gesetzen und Formen des menschlichen Zusammenlebens ✳ **so|zi|o|lo|gisch** Ew.: auf die Soziologie bezüglich ✳ **So|zi|us**, der; –, –se und ..zien: Gesellschafter, Teilhaber : Beifahrer auf dem Motorrad ✳ *Soziussitz*
so|zu|sa|gen: s. so
Sp. (Abk.): Spalte (in Zeitschriften und Büchern)
Spa: Stadt in Belgien
Space|lab (e.) [ßpeßläb], das; –s, –s: amerikanisches Labor im Weltraum ✳ **Space-shuttle** → **Space|shutt|le** (e.) [ßpeßschattel], das; –, –: amerikanische Raumfähre, die mehrmals einsetzbar ist
Spach|tel, Spa|tel, der; –s, –: Schäufelchen : eine Art Stickerei ✳ **spach|teln** (ich ..[e]le) intr.: mit dem Spachtel arbeiten, herausstechen ✳ *Spachtelmasse*
spack Ew.: leck : dürr, eng : (übertr.) hinfällig
Spa|da (l.-span.), die; –, –s: Degen : (übertr.) Held
Spa|do (l.), der; –s, ..donen: Entmannter ✳ **spa|do|nisch** Ew.: entmannt
Spa|gat (it.), der; –(e)s, –e: (südd.) Bindfaden : (Turnkunst) Beinspreizen, Grätschen bis zum Sitz
Spa|ghet|ti *auch:* **Spa|get|ti** [..getti] Mz.: dünne Nudeln
spä|hen tr.: nach etwas angestrengt Ausschau halten : beobachten ✳ *Spähtrupp:* Patrouille ✳ **Spä|her**, der; –s, –: ein Lauscher, Kundschafter, Spion ✳ *Späherauge; Späherblick* ✳ **Spä|he|rei**, die; –, –en: neugieriges Spähen
Spa|let, Spa|lett (it.), das; –(e)s, –e: innere Wandung des Fensterrahmens ✳ **Spa|let|te**, die; –, –: Spalet
Spa|lier (it.), das; –s, –e: Gerüst für Obstbäume : Ehrengasse, Ehrenreihe ✳ *Spalierbaum; Spalierobst*

Spalk, der; –(e)s, –e: (Baukst.) Scheit, Kloben : Sperrholz

Spalt, der; –(e)s, –e: durch Spalten entstandene Öffnung : klaffender Riss : Scheidung ✳ **spalt|bar** Ew.: so beschaffen, dass es gespalten werden kann ✳ **Spalt|bar|keit,** die; –, –en: das Spaltbarsein ✳ **Spal|te,** die; –, –n: Spalt : Teil einer Druckseite ✳ *Spaltenbreite; spaltenlang* Ew.; *spaltenweise* Ew. ✳ **spal|ten** (gespalten und gespaltet) intr.: sich teilen, aufbersten : durch einen Spalt getrennt sein : tr.: einen Spalt machen : durch einen Spalt trennen ✳ *Spaltalgen* Mz.: Klasse niederer Pflanzen; *Spaltfuß; Spaltholz; Spaltleder; Spaltöffnungen; Spaltpilze* Mz.: Bakterien; *Spaltprodukte:* bei der Atomkernspaltung entstehende stark radioaktive Kernbruchstücke ✳ **spal|tig** Ew.: gespalten : sich leicht spalten lassend ✳ **..spal|tig** Ew., nur in Zus.: soundso viele Spalten habend; z. B. vierspaltig ✳ **Spal|tung,** die; –, –en: Zerteilung : Entzweiung : Separatismus : (Chem.) Zersetzung : (Atom-)Zertrümmerung ✳ *Spaltungsirresein:* Schizophrenie; *Kirchenspaltung:* Schisma

Span, der; –(e)s, Späne; Spänchen: Splitter, dünnes Stückchen Holz : (Hüttw.) Glühspan, abspringende Metallrinde : (stud.) Geld ✳ *Spankorb; Spanplatte; Spanschachtel* ✳ **spa|nen** tr.: Späne von einem Werkstück schlagen, fräsen

Span|dril|le (it.), die; –, –n: (Baukst.) Figurenzwickel

spä|nen tr.: säugen ✳ *Spanferkel:* Milchferkel

Span|ge, die; –, –n; Spängelchen: Schließe an Kleidungsstücken : Haarhalter : (schweiz.) Spielmünze ✳ *Spangenschuh*

Spa|ni|el (e.) [spänjel], der; –s, –s: eine Hunderasse ✳ **Spa|ni|en:** Staat auf der Pyrenäenhalbinsel ✳ **Spa|ni|er,** der; –s, – ✳ **Spa|ni|ol,** der; –s, –e: scharfer Schnupftabak ✳ **Spa|ni|ole,** der; –n, –n: aus Spanien vertriebener Jude ✳ **spa|nisch** Ew.: auf Spanien bezüglich ✳ *spanische Fliege:*

Blasenkäfer : ein Pflaster; *spanische Krankheit:* Grippe; *spanischer Reiter:* Stacheldrahthindernis; *die Spanische Hofreitschule* (in Wien); *spanisches Rohr:* Bambusrohr; *spanischer Stiefel:* Folter; *spanische Wand:* zusammenlegbare Schutzwand; *spanischer Pfeffer:* Paprika; *spanischgrün* Ew.: spangrün

Spann, der; –(e)s, –e: oberer gewölbter Teil des menschlichen Fußes : Rist ✳ **Span|ne,** die; –, –n: Breite der ausgespannten Hand, Handmaß : ein kleiner Zeitabschnitt ✳ *spannenbreit* Ew.; *spannenlang* Ew. ✳ **span|nen** tr., intr.: ausstrecken, ausdehnen : straffziehen : spannend befestigen : tr.: (übertr.) sein Augenmerk auf etwas richten : erwartungsvoll sein, machen ✳ *gespannt sein:* neugierig, erwartungsvoll sein ✳ *eine gespannte Lage:* eine streitdrohende Lage ✳ *spannend* Mw. Ew.: kurzweilig, Interesse erweckend ✳ *Spannbeton; Spannbetonbrücke; Spannbetonkonstruktion; Spannfutter:* Aufspannvorrichtung von Werkzeugen; *Spannkraft:* Dehnbarkeit : Leistungsfähigkeit; *Spann(bett)laken; Spannweite* ✳ **Span|ner,** der; –s, –: Werkzeug zum Spannen : eine Art Raupe: Nachtschmetterling : (Umgspr.) heimlicher Voyeur ✳ **..spän|nig** Ew., nur in Zus.: mit soundso viel angespannten Pferden : soundso viele Spannen lang; z. B.: *vierspännig* Ew.: mit vier Pferden : vier Spannen lang ✳ **Span|nung,** die; –, –en: Kräftezustand eines dehnbaren Körpers : Elastizität : Erwartung, Neugier : Zerwürfnis : (Elektr.) Potentialdifferenz zwischen den Polen einer Stromquelle : Dampfdruck ✳ *Spannungsfeld; Spannungsmesser:* Werkzeug zum Messen der (elektr.) Spannung; *Spannungsmoment; Spannungsprüfer; Spannungsregulator; Spannungsreihe; Spannungssucher; Spannungsteiler; Spannungsverhältnis; Spannungszustand*

spa|ren tr.: aufbewahren, zurücklegen, erhalten : schonen : sparend gewinnen : unterlassen

: aufschieben : ersparen ✳ *Sparbetrag; Sparbrenner; Sparbrief; Sparbuch; Sparbüchse; Spareinlage; Sparflamme; Spargroschen; Sparguthaben; Sparkasse; Sparkassenbuch; Sparkonto; Sparmaßnahmen; Sparpfennig; Sparpolitik; Sparprämie; Sparrate; Sparvertrag; Sparzins* ✳ **Spa|rer,** der; –s, –: ein Sparender ✳ **spär|lich** Ew.: dürftig, körperlich, knapp ✳ **Spär|lich|keit,** die; –: Knappheit ✳ **spar|sam** Ew.: auf Sparen bedacht : spärlich ✳ **Spar|sam|keit,** die; –: das Sparsamsein

Spar|gel (gr.-l.), der; –s, –: eine Gemüsepflanze ✳ *Spargelbeet; Spargelgemüse; Spargelspitze; Spargelsuppe*

Spark, der; –(e)s, –e: eine Futterpflanze

spär|lich: s. sparen

Spar|re, die; –, –n; **Spar|ren,** der; –s, –: (Baukst.) schräger Dachbalken, Dachholz : (Schiffb.) Spiere : (scherzh.) Schrulle ✳ *Sparrholz* ✳ *Sparrenwerk* ✳ **spar|rig** Ew.: waagerecht abstehend, sperrig

Spar|ring (e.), das; –: Boxkampf zu Trainingszwecken ✳ *Sparringskampf; Sparringspartner*

spar|sam usw.: s. sparen

Spar|ta: Stadt im alten Griechenland ✳ **Spar|ta|ki|a|de;** die; –, –n: früheres internationales Sportlertreffen in Ostblockstaaten ✳ **Spar|ta|ki|de,** der; –n, –n; **Spar|ta|kist,** der; –en, –en: proletarischer Revolutionär ✳ **Spar|ta|kus:** Anführer im röm. Sklavenaufstand ✳ **Spar|ta|kus|bund,** der; –es: Bund pazifistischer Linksradikaler (1917/1918), benannt nach Liebknechts Spartakusbriefen ✳ **Spar|ta|ner,** der; –s, –: Einwohner von Sparta ✳ **spar|ta|nisch** Ew.: in der Weise der Spartaner : hart, enthaltsam

Spar|te (it.), die; –, –n: Abteilung : Fach-, Wissensgebiet

spas|ma|tisch, spas|misch, spas|mo|disch, spas|tisch (gr.) Ew.: krampfhaft : krampfartig ✳ **Spas|mo|ly|ti|kum,** das; –s: Medikament zur Krampflösung ✳ **Spas|mus,**

der; –, –: Krampf, Zuckung *
Spas|ti|ker, der; –s, –: spastisch Kranker

Spaß, der; –es, Späße; Späßchen: Scherz, Vergnügen *
Spaßmacher: witziger, ausgelassener Mensch : Clown;
Spaßverderber; Spaßvogel:
Schalk : Witzbold * **spa|ßen**
(du spaßest und spaßt; gespaßt;
spaße!) intr.: Spaß machen,
scherzen * **Spa|ßer,** der; –s, –:
ein Spaßmacher * **Spa|ße|rei,**
die; –, –en: das Spaßen *
spaß|haft, spa|ßig, Ew.: drollig : scherzhaft * **Spaß|haf-
tig|keit, Spa|ßig|keit,** die; –,
–en: Drolligkeit : Lustigkeit

Spaß
Nach einem langen Vokal oder
nach einem Diphthong schreibt
man das scharfe *s* als *ß*, wenn
im Wortstamm kein Konsonant folgt: *Spaß, Straße, Maß.*

Spat, der; –(e)s, –e: ein Mineral, Gestein * **spätig** Ew.: dem
Spat ähnlich

spät Ew.: zu vorgerückter
Stunde (Ggs. früh) * *spät-
abends* Uw.; *Spätaussiedler;
Spätentwickler; Spätgebä-
rende; Spätgeburt; Spätgotik;
Spätheimkehrer; Spätherbst;
Spätlatein:* mittelalterliches
Latein; *Spätlese; Spätnachmit-
tag; spätnachmittags* Uw.;
*Spätobst; Spätrenaissance;
Spätschicht; Spätsommer* *
spä|ter|hin Uw. * **spä-
tes|tens** Uw.: gewiss nicht
später * **Spät|ling,** der; –s, –e:
Nachkömmling : spät reife
Pflanze

Spa|tel, der; –s, –: Spachtel *
Spa|ten, der; –s, –: Grabschaufel * *spatenförmig* Ew.; *Spa-
tenstich*

**spa|ti|ie|ren, spa|ti|i|nie|ren,
spa|ti|o|nie|ren** (..iert) (l.) tr.:
mit Zwischenräumen durchsetzen, im Druck durch Sperrung
hervorheben * **spa|ti|ös** Ew.:
weit, geräumig, umfassend *
Spa|ti|um, das; –s, ..tien: Zwischenraum : Falz * *Spatien-
breite; Spatienkeil*

Spatz, der; –en, –en; Spätzchen: Sperling, ein Vogel *
spat|zen|haft Ew.: wie ein
Spatz * **Spät|zin,** die; –, –nen:
weibl. Spatz * **Spätz|le,** das;
–s, –n: süddeutsche Mehlspeise

spa|zie|ren (..iert) (l.) intr.:
lustwandeln * *Spazierfahrt:*
Vergnügungsfahrt; *Spazier-
gang; Spaziergänger; Spazier-
ritt; Spazierstock; Spazierweg*
* *spazierenfahren* → *spazieren fahren* (ich fahre spazieren,
spazieren gefahren, spazieren
zu fahren) intr.; *spazierengehen*
→ *spazieren gehen* (ich gehe
spazieren, ich bin spazieren gegangen, spazieren zu gehen)
intr.; *spazierenreiten* → *spazieren reiten* (ich reite spazieren;
ich bin spazieren geritten, spazieren zu reiten) intr.

spazieren gehen
Eine Verbindung aus der Infini-
tivform eines Verbs und einem
weiteren Verb wird getrennt
geschrieben: *einkaufen fahren,
spazieren gehen, stehen bleiben.*

SPD (Abk.): Sozialdemokratische Partei Deutschlands

Spea|ker (e.) [spihker], der;
–s, –: „Sprecher" : Präsident
des engl. Unterhauses : Präsident des am. Repräsentanten-
hauses

Specht, der; –(e)s, –e: Kletter-
vogel * *Spechtmeise:* Kleiber;
Spechtwürger

Speck, der; –(e)s, –e: dicke
unter der Haut sitzende Fett-
schicht * *Speckbauch; Speck-
geschwulst; Speckhals; Speck-
kuchen; Speckschwarte;
Speckseite; Specksoße; Speck-
stein:* Steatit * **spe|ckig** Ew.:
wie Speck, fett, glitschig

spe|die|ren (..iert) (it.) tr.: be-
fördern, versenden : verfrach-
ten * **Spe|di|teur** (fr.) [..töhr],
der; –s, –e: gewerbsmäßiger
Frachter, Rollführer, Versen-
der * **Spe|di|ti|on,** die; –, –en:
Güterversandunternehmen *
*Speditionsfirma; Speditions-
geschäft; Speditionskauffrau;
Speditionskaufmann; Spediti-
onsvermerk:* Leitvermerk *
spe|di|tiv Ew.: (schweiz.)
schnell, geschwind

Speed (e.) [ßpihd], der; –s, –s:
(Sport) Spurt : Geschwindig-
keitssteigerung * **Speed** (e.),
das; –s, –s: Aufputschmittel *
Speedpills Mz.: Aufputschtab-
letten * **Speed|way,** der; –s,
–s: Rennstrecke für Autos oder
Motorräder

Speer, der; –(e)s, –e: eine

Wurf-, Stoßwaffe * *Speerkies:*
schwefelkiesartiges Mineral;
Speerschaft; –werfen; –wurf

Spei|che, die; –, –n: von der
Radnabe zur Felge laufender
Stab : (Anat.) an der Daumen-
seite gelegener Unterarmkno-
chen, Spindel, Spille * *Spei-
chenkranz* * **spei|chen** tr.: mit
Speichen versehen * **spei|chig**
Ew.: radial

Spei|chel, der; –s: von den
Speicheldrüsen abgesonderte
Flüssigkeit * *Speicheldrüse;
Speichelfluß* → *Speichelfluss:*
krankhafte Speichelabsonde-
rung; *Speichellecker:* widerli-
cher Schmeichler * **spei|cheln**
intr.: spucken

Spei|cher (ml.), der; –s, –:
Vorratsgebäude : Lagerraum :
Bodenraum * *Speichergeld:*
Gebühr für das Aufbewahren
von Sachen in einem Lagerraum; *Speicherkapazität; Spei-
chermöglichkeit* * **spei|chern**
(ich ..[e]re) tr.: Vorräte in den
Speicher bringen : lagern, sammeln : (EDV) Daten festhalten

spei|en (du spiest, du spieest;
gespie[e]n; spei[e]!): spucken :
erbrechen : sprühend auswer-
fen (z. B. von feuerspeienden
Bergen) * *Speibecken; Spei-
gatt:* (seem.) Abzugsloch;
Speiteufel: ein Feuerwerkskör-
per : ein Pilz * **Spei|e|rei,** die;
–, –en: das Speien * **Spei|licht,**
das; –s, –e: Speichelauswurf

Speik, der; –(e)s, –e: eine
Pflanzengattung

Speil, der; –(e)s, –e; **Spei|le,**
die; –, –n; **Spei|ler,** der; –s, –:
Holzstäbchen (zum Verschlie-
ßen der Würste) * **spei|len,
spei|lern** (ich ..[e]re) tr.: mit
einem Speil versehen

Speis (ml.), der; –es: Mörtel *
Speiskobalt * **Spei|se,** die; –,
–n: das Essen : puddingartiges
Gericht : (übertr.) Nahrung der
Seele und des Geistes :
(Hüttw.) eine Metallverbin-
dung : Mörtel : (Färb.) Kalk-
milch : (Glash.) zum Verzinnen
dienendes Gemenge * *Speise-
eis; –fisch; –kammer; –karte;
–öl; –raum; Speiseröhre; Spei-
saal; Speisewagen; Speise-
würze; Speisezettel; Speisezim-
mer* * *Speisenaufzug:* Speisen-
fahrstuhl; *Speisenfolge:* Menü
* **spei|sen** (du speis[es]t, er

speist; du speistest; gespeist; speise!) tr.: essen : mit Speise versehen : den nötigen Bedarf zuführen * **spei**sig Ew.: (Bergb.) kobalthaltig * **Spei**sung, die; –, –en: das Speisen : das Gespeistwerden

Speiteu|fel: s. speien

spek|ta|bel (l.) Ew.: ansehnlich * **Spek**ta|bi|li|tät, die; –, –en: Ansehnlichkeit * *Eure Spektabilität:* ein Hochschultitel * **Spek**ta|kel, der; –s, –: Lärm : Krach : Unruhe, Aufruhr * **Spek**ta|kel, das; –s, –: Schauspiel * **spek**ta|keln (ich ..[e]le) intr.: lärmen * spek|ta|ku|lär Ew.: lärmend : Aufsehen erregend

spek|tral (l.) Ew.: zum Spektrum gehörig, durch ausgehend * *Spektralanalyse:* Methode zur Bestimmung der Zusammensetzung von chem. Körpern aus dem Spektrum; *Spektralaufnahme:* fotograf. Aufnahme eines Spektrums; *Spektralfarben; Spektrallinien* Mz. * **Spek**tro|gra|phie *auch:* Spek|tro|gra|fie (gr.), die; –, –n: Fotografie des Spektrums * Spek|tro|me|ter (l.-gr.), das; –s, –: opt. Gerät zur Messung von Wellenlängen der Spektrallinien * **Spek**tro|skop, das; –s, –e: Vorrichtung zum Untersuchen der Lichtfarben * **Spek**trum, das; –s, ..tren und ..tra: Bild eines zerlegten Lichtstrahls

Speku|lant (l.), der; –en, –en: waghalsiger Unternehmer * **Spe**ku|la|ti|on, die; –, –en: Berechnung : die Grübelei, das Nachsinnen : Trachten nach Gewinn : (gewagtes) Geschäft besonders an der Börse * *Spekulationsgeschäft; Spekulationsgewinn; Spekulationskauf; Spekulationspapier; Spekulationssteuer; Spekulationswert* * **spe**ku|la|tiv Ew.: berechnend, grübelnd : unternehmungslustig * **spe**ku|lie|ren (..iert) intr.: gewagte Geschäfte machen : auf Vorteile sinnen * **Spe**ku|lum, das; –s, ..la: (Med.) Spiegel, Instrument zur Untersuchung

Speku|la|ti|us (niederl.), der; –, –: ein rheinisches Weihnachtsgebäck

Spelte, die; –, –n: Dinkel *

spelten Ew.: aus Dinkel (gebacken) * **Spelz**, der; –es, –e: Spelt * **Spel**ze, die; –, –n: Getreidehülse * **spel**zig: mit Spelzen behaftet

Spelun|ke (l.), die; –, –n: Schlupfwinkel : verrufenes Wirtshaus

spen|da|bel (ml.-it.) Ew.: freigebig * **Spen**de, die; –, –n: gespendete Gabe * *Spendenaktion; Spendenaufruf; Spendenbescheinigung; Spendenkonto* * **spen**den tr.: freiwillig hingeben * **Spen**der, der; –s, –: ein Spendender * **spen**die|ren (..iert) tr., intr.: freihalten, zum Besten geben * *die Spendierhosen anhaben* (scherzh.) * **Spen**dung, die; –, –en: Schenkung : freiwillige Gabe

Spengler, der; –s, –: Klempner * **Speng**le|rei, die; –, –en: Klempnerei

Spenzer, der; –s, –: kurze Überjacke : Trachtenjacke

Sperber, die; –, –n: ein Baum * *Sperberbaum*

Sperber, der; –s, –: eine Falkenart * *Sperbereule*

Speren|zchen, Spe|ren|zien (ml.) Mz.: nur in *Sperenzchen machen* (scherzh.): Schwierigkeiten, Umschweife machen, sich sträuben

Spergel, der; –s, –: eine Futterpflanze

Sperling, der; –s, –e: eine Vogelgattung

Sperma (gr.), das; –s, ..men und –ta: menschl. und tier. Same * **Sper**ma|to|zo|on, das; –s, ..zoen: Samenzelle : Samentierchen : Samenfaden * **Sper**min, das; –s: eine chem. Verbindung : Drüsenbestandteil * **Sper**mo|go|ni|en Mz.: Pilzzellen * **Sper**mo|phy|ten Mz.: Samenpflanzen

sperr Ew.: eng, knapp : knusprig hart : weit aufgesperrt * **Sper**re, die; –, –n: das Sperren : Riegel : Durchlass zum Bahnsteig * **sper**ren tr.: weit auseinander tun : (Buchdrw.) mit Zwischenräumen setzen : freien Zugang hemmen, schließen; rbz.: sich breit machen : sich sträuben * *sperrangelweit* Ew.: weit aufgesperrt (bis zur Türangel); *Sperrbalken; Sperrballon; Sperrbatterie; Sperrbaum; Sperrbetrag; Sperrbol-*

zen; Sperrfeder; Sperrfeuer; Sperrfrist; Sperrgebiet; Sperrgetriebe: Maschinenteil; *Sperrgürtel; Sperrgut; Sperrholz; Sperrkette; Sperrklausel; Sperrkonto; Sperrkreis; Sperrmauer; Sperrminorität:* Besitz so vieler Geschäftsanteile, dass er zum Blockieren von Entscheidungen reicht; *Sperrmüll; Sperriegel* → *Sperrriegel; Sperrsitz:* Parkett im Theater; *sperrweit* Ew.; *Sperrzeit* * **Sperr**rung, die; –, –en: Abschneidung : Abschließung

Spes (l.), die; –: Hoffnung : (Rechtsspr.) Anwartschaft * **in spe:** künftig

Spesen (it.) Mz.: Auslagen : Unkosten * *spesenfrei* Ew.; *Spesenrechnung*

Spessart, der; –s: Mittelgebirge in Unterfranken

Speze|rei (it.), die; –, –en: Gewürzware : Kolonialware * *Spezereihändler; Spezereiladen; Spezereiwaren*

Spezi (obd.), der; –s, –s: der „Speziale", Busenfreund * **Spe**zi, das; –s, –(s): (Umgspr.) alkoholfreies Getränk aus Cola und Limonade * spe|zi|al (l.) Ew.: das Einzelne, Besondere betreffend * *Spezialarzt:* Facharzt; *Spezialausbildung; Spezialausführung; Spezialfach; Spezialfahrzeug; Spezialgebiet; Spezialtruppe* * **Spe**zi|al, der; –s, –e: Spezialhandel : ein guter Wein * **Spe**zi|a|li|en Mz.: Besonderheiten, Einzelheiten : genauere Umstände * spe|zi|a|li|sie|ren (..iert) tr.: einzeln anführen; rbz.: sich auf ein Fach beschränken * **Spe**zi|a|li|sie|rung, die; –, –en: Einzelanführung : Hinwendung zu einem speziellen Fach * **Spe**zi|a|list, der; –en, –en: Fachmann : Facharzt * **Spe**zi|a|li|tät, die; –, –en: Liebhaberei : Eigentümlichkeit : Fachgebiet * spe|zi|ell Ew.: ausschließlich : ausdrücklich : eigens * **Spe**zi|es, die; –, –: besondere Art : Gattung : Hauptrechnungsart * *Speziestaler:* harter Taler * **Spe**zi|fi|ka|ti|on, die; –, –en: Einzelaufstellung * **Spe**zi|fi|kum, das; –s, ..ka: Sondermittel : Sondereigenschaft * spe|zi|fisch Ew.: kennzeichnend, bestimmt : wesenseigentümlich ✳ *spezifisches Gewicht:* Gewicht der Volumeneinheit (gibt an, wievielmal schwerer ein Körper ist als das gleiche Volumen Wasser); *spezifische Wärme:* Wärmemenge, die nötig ist, um die Temperatur der Gewichtseinheit eines Körpers um 1° zu erhöhen ✳ **Spe|zi|fi|tät,** die, –, –en: Eigenart, Besonderheit ✳ **spe|zi|fi|zie|ren** (..iert) tr.: einzeln aufführen : im Einzelnen darlegen ✳ **Spe|zi|men,** das; –s, ..zimina: Muster : Probe, Versuch

Sphä|re (gr.), die, –, –n: Himmelskugel : Geltungsbereich : Wirkungskreis ✳ *Sphärenmusik:* Harmonie der Sphären ✳ **sphä|risch** Ew.: kugelförmig ✳ *sphärische Trigonometrie:* Lehre von den Kugeldreiecken ✳ **Sphä|ro|id,** das; –(e)s, –e: kugelartiger, abgeplatteter Körper (z. B. Erde) ✳ **sphä|ro|i|disch** Ew.: kugelähnlich ✳ **Sphä|ro|lith,** der, –(e)s und –en, –e(n): ein kugelförmiges Gestein ✳ **Sphä|ro|lo|gie,** die; –, ..gien: Kugellehre ✳ **Sphä|ro|me|ter,** das; –s, –: Kugelmesser : Dickenmesser

Sphink|ter (gr.), der; –s, ..tere: (Anat.) Schließmuskel

Sphinx, die; –, –e: Riesenfigur aus Löwenleib mit Menschen- oder Widderkopf, Sinnbild des Rätselhaften : Abendfalter

Sphra|gis|tik (gr.), die; –: Siegelkunde

spi|cken tr.: (Kochkst.) mit Speckstreifen durchstecken : (übertr.) reichlich mit etwas versehen : bestechen ✳ *Spickaal:* Räucheraal; *Spickbraten; Spickgans:* geräucherte Gänsebrust; *Spicknadel:* Nadel zum Spicken

spi|cken intr.: abspähen, abgucken, abschreiben ✳ *Spickzettel*

Spi|der (e.) [ßpaid°r], der; –s, –: offener Rennsportwagen

Spie|gel (l.), der; –s, –: glatte Fläche, welche die auf sie fallenden Lichtstrahlen zurückwirft, so dass sich die Gegenstände in ihr abbilden : (übertr.) hell strahlendes Musterbild : Titel von Büchern, die Vorschriften enthalten oder in Wort und Bild Ereignisse widerspiegeln : spiegelglatte Fläche : (Baukst.) ebenes Feld in der Mitte eines Gewölbes : (Med.) Substanzgehalt einer Flüssigkeit : Serumkonzentration : (Med.) trichterförmiges Instrument zum Sehen in Körperhöhlen, Spekulum : (Heerw.) scheibenförmiger Körper zur Befestigung der Ladung von Geschützen : (Gerb.) ungekörnte glatte Stelle im Leder : Ring um das Zentrum der Schießscheibe : (Zool.) Stellen von spiegelndem Glanz an Flügeln usw. : (Tischl.) Türfüllung : (Wappk.) Figur im Helm : (Chem.) dünner Beschlag : Besatz als Schmuck der Uniform : (Schiffb.) der hintere äußere Teil des Verdeckes : (weidm.) weiße Fellstelle am Hinterteil ✳ *Spiegelbild; spiegelblank* Ew.; *Spiegelfechterei:* Blendwerk; *Spiegelglas; spiegelglatt* Ew.; *Spiegelharz:* Geigenharz mit glänzendem Bruch; *spiegelhell* Ew.; *Spiegelkarpfen; Spiegelreflexkamera; Spiegelsaal; Spiegelscheibe; Spiegelschrank; Spiegelschrift; Spiegelteleskop; Spiegelsprache:* eigentümliche Silbenverstellung beim Sprechen; *spiegelverkehrt* Ew. ✳ **spie|ge|lig** Ew.: glänzend ✳ **spie|geln** (ich ..[e]le) intr.: spiegelblank sein, glänzen; tr.: durch Widerschein ein Spiegelbild zeigen : in Spiegel betrachten ✳ **Spie|ge|lung,** die; –, –en: das Spiegeln : Spiegelbild

Spiel, das; –(e)s, –e: unterhaltende, erheiternde Beschäftigung : das zur Unterhaltung Dienende : das Musizieren : Darstellungsweise eines Schauspielers : Schauspiel, Theater : (weidm.) Schwanzfedern beim Fasan : der Stoß beim Birkhahn ✳ *Soldaten mit klingendem Spiel:* Soldaten mit Musik; *sein Spiel mit einem treiben:* ihn nach seiner Laune behandeln; *der Teufel hat sein Spiel mit etwas; auf dem Spiele stehen* : gefährdet sein; *aufs Spiel setzen* tr.: wagen; *seine Hand im Spiel haben:* mit dabei sein; *es dünkt ihn ein Spiel:* es dünkt ihn ein Leichtes

✳ *Spielalter; Spielart:* die Weise des Spiels : Abart; *Spielautomat; Spielball:* Ball zum Spielen : (übertr.) willenlos Hin- und Hergeworfenes; *Spielbank:* Unternehmen für Glücksspiele; *Spielbein:* (Bildh., Sport) das unbelastete Bein im Stand; *Spielbrett; Spieldose:* Spieluhr; *Spielfeld; Spielfilm; Spielfläche; Spielfolge; Spielgefährte; Spielgeld; Spielhahn:* Birkhahn; *Spielhölle:* (abwert.) Spielbank; *Spielkamerad; Spielkasino; Spielklasse; Spielleidenschaft; Spielleiter; Spielmann:* (veralt.) reisender Musikant; *Spielmannsdichtung; Spielmannszug; Spielothek:* Spielhalle : Ausleihmöglichkeit für Spiele; *Spielplan:* Theaterstück-, Rollenverzeichnis, Repertoire; *Spielplatz;* *Spielratte:* (scherzh.) ein leidenschaftlicher Spieler; *Spielraum:* Freiraum; *Spielregel; Spielsaal; Spielsachen* Mz.; *Spielschuld; Spielstärke:* sportliche Stärke; *Spieltisch; Spieluhr:* ein Instrument mit Spielwerk; *Spielverbot; Spielverderber; Spielwarenhandlung; Spielwart; Spielwiese; Spielzeit; Spielzimmer; Spielzeug* ✳ **spie|len** tr., intr.: musizieren : Theaterstücke aufführen : sich Zeitvertreib machen : spielerisch leicht treiben : (Techn.) Spielraum haben : dem Spiel ergeben sein : vorspiegeln ✳ *den Gekränkten spielen; das Stück spielt im 19. Jh.; mit dem Gedanken spielen:* erwägen; *eine Rolle spielen; in hundert Farben spielen* intr.: in hundert Farben schillern; *einem einen Streich spielen:* einen Schabernack antun ✳ **spie|lend** Ew.: mit Leichtigkeit ✳ **Spie|ler,** der; –s, –: jemand, der spielt, an einem Spiel teilnimmt : ein Glücksspieler ✳ **Spie|le|rei,** die; –, –en: Beschäftigung zum Zeitvertreib ✳ **spie|ler|haft** Ew.: spielerisch ✳ **Spie|le|rin,** die; –, –nen: Glücksspielerin ✳ **spie|le|risch** Ew.: spielerhaft : spielig

Spie|le, die, –, –n: Federstoppel in der Haut des Geflügels ✳ **spie|len** tr.: von Spielen freimachen

Spier, der; das; –(e)s, –e: eine Pflanzengattung : Grasspitze ✳ *Spierstaude* ✳ **Spier, Spiere,** die; –, ..ren: Segelstange ✳ *Spierentonne:* Boje mit einer Spiere ✳ **Spierling,** der; –s, –e: Stint, ein Fisch : Vogelbeerbaum ✳ *Spierlingsbaum*

Spieß, der; –es, –e: eine Waffe : ein spitzes Gerät : (weidm.) unverzweigtes Geweih : (Buchdrw.) zu hoch stehendes Ausschlussstück : (sold.) Feldwebel ✳ *Spießbock:* einjähriger Rehbock : ein Käfer; *Spießbürger:* (urspr.) bewaffneter Bürger : (verächtl.) beschränkter Kleinbürger; *spießbürgerlich* Ew.; *Spießgeselle:* Mitverschworener; *Spießrute:* Rute zum Zweck der Leibesstrafe; *Spießrutenlaufen,* das; –s: (urspr.) unter Spießrutenschlägen durch eine Menschengasse laufen : sich unangenehmen Blicken aussetzen ✳ **spießen** (du spießest und spießt) tr.: mit einem Spieß durchbohren ✳ **Spießer,** der; –s, –: einjähriger Hirsch : Rehbock : Spießbürger ✳ **spießerisch** Ew.; **spießig** Ew.: spießförmig : (von Metallen) spröde : (von Leder) nicht durchgegerbt : spießerisch

Spikes (e.) [speiks] Mz.: (Sport) stachelbesohlte Rennschuhe : Autoreifen mit Spezialstiften

Spill, das; –(e)s, –e: (Schiff) Winde zum Hochziehen von Tauen und (Anker-)Ketten ✳ **Spillage** (dtsch.-fr.) [..lahsch'], die; –, –n: Einbuße an Waren infolge undichter Verpackung auf Schiffen ✳ **spillerig, spillrig** Ew.: schmächtig, dürr

Spin (e.), das; –s: (Atomphys.) Drehimpuls eines Elementarteilchens bei der Drehung um die eigene Achse

Spina (l.), die; –, ..nen: Dorn, Gräte, Stachel : (Anat.) Dornfortsatz ✳ **spinal** Ew.: zum Rückgrat gehörig : (Anat.) zum Rückenmark betreffend ✳ *Spinalparalyse:* Rückenmarklähmung; *Spinalpunktion:* Lendenstich des Wirbelkanals; *Spinalsystem:* Nervensystem einschließlich Gehirn und Rückenmark ✳ *spinale Kinderlähmung*

Spinat (pers.-l.), der; –(e)s, –e: eine Gemüsepflanze ✳ *Spinatwachtel:* (verächtl.) verschrobene alte Frau

Spind (niederd.), das; der; –(e)s, –e: Schrank

Spindel, die; –, –n: Teil des Spinnrades : (Techn.) drehbare Welle : Schraube : (Anat.) Speiche : (Baukst.) Zylinder inmitten einer Wendeltreppe : (Bot.) Hauptachse der Ähre oder eines Federblattes : Aräometer ✳ *Spindelbaum:* Pfaffenhütlein; *spindeldürr* Ew.; *Spindellager; Spindelschnecke*

Spinell (ml.), der; –s, –e: ein Mineral : Schmuckstein, eine Rubinart

Spinett (it.), das; –s, –s: alte Form des Klaviers (dessen Saiten mit Federkielen angerissen wurden)

Spinnaker, der; –s, –: (seem.) dreieckiges Segel

Spinne, die; –, –n: ein Tier aus der Klasse der Gliederfüßler : (übertr.) in Gegenstand des Abscheus ✳ *spinnefeind* Ew.; *Spinn(en)gewebe; Spinnennetz* ✳ **spinnen** (du spinnst; du spann[e]st, du spönnest und spännest; gesponnen; spinn[e]!) tr.: einen gedrehten Faden aus etwas ziehen, anfertigen : (vom Wein) faserige Ablagerungen zeigen : (übertr.) fantasieren : albern reden : (Katzen) schnurren ✳ *Spinnfaser; Spinnmaschine; Spinnrad; Spinnrocken:* Kunkel; *Spinnstube; Spinnwebe:* Spinnennetz ✳ *Spinner,* der; –s, –: ein Spinnender : eine Art Nachtschmetterling ✳ *Spinnerlied* ✳ **Spinnerei,** die; –, –en: das Spinnen : Betrieb, in dem Garne gesponnen werden ✳ **Spinnerin,** die; –, –nen: eine Spinnende ✳ **spinnig** Ew.: närrisch

Spinozismus, der; –: Lehre des Philosophen Spinoza ✳ **Spinozist,** der; –en, –en: Anhänger des Spinozismus

Spint, das; –(e)s, –e: Fett : Splint, weiches Holz : ein Vogel ✳ **spintig** Ew.: fettig : weich

Spint, das; –(e)s, –e: ein altes Getreidemaß

spintisieren (..iert) (dtsch.-l.) intr.: grübeln : nachdenken ✳

Spintisiererei, die; –, –en: Grübelei, Nachsinnen

Spion (it.), der; –s, –e: Spitzel : Beobachtungsspiegel am Fenster : Türdurchblick ✳ **Spionage** (it.-fr.) [..nahsch'], die; –, –n: Auskundschaftung von politischen und militärischen Geheimnissen ✳ *Spionageabwehr; Spionageaffäre; Spionagedienst; Spionagefall; Spionagefilm; Spionagenetz; Spionagering* ✳ **spionieren** (..iert) intr.: ausspähen : heimlich beobachten ✳ **Spioniererei,** die; –, –en: Spitzelei : Ausspähung

Spiräe (gr.-l.), die; –, –n: Spierstaude, ein Zierstrauch

spiral (nl.) Ew.: schraubenartig ✳ *Spiralbohrer; Spiralfeder; Spirallinie; Spiralnebel:* (Astron.) Nebelflecke von spiralförmiger Gestalt ✳ **Spirale,** die; –, –n: Schraubenlinie, Schneckenlinie, Schneckenform : Uhrfeder ✳ *Spiralenanordnung* ✳ **spiralig** Ew.: schraubenförmig

Spirant, der; –en, –en: (Sprachl.): Hauchlaut, Reibelaut

Spirit (l.-e.), der; –s, –s: Geist, Gespenst ✳ **Spiritismus** (nl.), der; –: okkultistische Lehre von der Möglichkeit eines Austausches mit den Seelen Verstorbener ✳ **Spiritist,** der; –en, –en: Anhänger des Spiritismus ✳ **spiritistisch** Ew.: auf den Spiritismus bezüglich ✳ **Spiritualien** Mz.: geistliche Befugnisse ✳ **spiritualisieren** (..iert) tr.: vergeistigen ✳ **Spiritualismus,** der; –: Lehre, dass das Grundwesen aller Dinge Geist sei ✳ **Spiritualist,** der; –en, –en: Anhänger des Spiritualismus ✳ **Spiritualität,** die; –: Geistigkeit, geistiges Wesen : inneres Leben ✳ **Spirituals** (e.) [spiritjuels] Mz.: Kirchengesänge der Afroamerikaner mit eigener Rhythmik ✳ **spirituell** Ew.: geistig ✳ **spirituös, spirituös** Ew.: Weingeist enthaltend ✳ **Spirituosen** (nl.) Mz.: stark alkoholische Getränke ✳ **Spiritus** (l.), der; –: Atem : Hauch : Akzent : Geist ✳ *Spiritus Rector:* leitender Geist, Seele eines Unter-

nehmens ✱ **Spi|ri|tus**, der; –,
–se: Weingeist : Alkohol ✱ *Spi-*
ritusbrennerei; *Spirituskocher;* *Spirituslack*

Spi|ro|me|ter (gr.), das; –s, –:
Atemmessgerät

Spi|tal (ml.), das; –s, ..täler:
Krankenhaus : (veralt.) Altersversorgungshaus ✱ **Spi|ta|ler**,
Spi|tä|ler, Spitt|ler, der; –s, –:
(veralt.) Insasse eines Spitals ✱
spit|te|lig Ew.: (Umgspr.)
dünn, schmächtig

spitz Ew.: wie ein Spieß, mit
einer Spitze versehen : (übertr.)
sarkastisch, beißend ✱ *spitzer*
Winkel: ein Winkel, der kleiner
ist als ein rechter; *etwas spitz-*
kriegen tr.: es begreifen; *spitz*
nehmen tr.: genau nehmen;
spitze Worte Mz.: scharfe
Worte ✱ *Spitzahorn; Spitzbart:*
spitzer Kinnbart; *Spitzbogen:*
(Baukst.) spitz zulaufender Bogen; *Spitzbohrer:* ein Werkzeug; *Spitzbube:* schlauer Betrüger, Dieb; *spitzbübisch* Ew.;
spitzfindig Ew.: (am unrechten
Ort) scharfsinnig; *Spitzfindig-*
keit; Spitzhacke; Spitzham-
mer; Spitzmaus; Spitzname:
Spottname; *Spitzpfeiler:* Obelisk; *Spitzwegerich:* eine
Pflanze ✱ **Spitz**, der; –es, –e:
eine Hunderasse : kleiner
Rausch ✱ **Spit|ze**, die; –, –n:
hervorragendes spitzes Ende :
(übertr.) Führung : scharfe Anspielung : zartes Gewebe mit
durchsichtigem Grund : Berggipfel ✱ *die Spitze des Heeres;*
einem die Spitze bieten: streitend entgegentreten; *einer Sa-*
che die Spitze abbrechen:
(übertr.) ihr den Stachel nehmen; *auf die Spitze treiben* tr.:
aufs Äußerste treiben ✱ *Spit-*
zenerzeugnis; Spitzenfilm: ausgezeichneter Film; *Spitzengar-*
nitur; Spitzenklasse: erste
Klasse, erste Güte; *Spitzen-*
klöppelei; Spitzenleistung: ausgezeichnete Leistung; *Spitzen-*
mannschaft: Sportmannschaft
erster Güte; *Spitzenorganisa-*
tion: Organisation der führenden Verbände; *Spitzenpolitiker;*
Spitzenposition: erste Position; *Spitzenqualität; Spitzen-*
zeit: Hauptzeit ✱ **Spit|zel**, der;
–s, –: aus der Gegenpartei gewonnener Spion ✱ **spit|zeln**
(ich ..[e]le) intr.: spionieren ✱

spit|zen tr., intr.: spitz machen
: spitz werden : (Müll.) die
Spitzen der Körner abstoßen ✱
die Ohren spitzen: lauschen;
sich auf etwas spitzen: sich
Hoffnung machen ✱ **Spit|zer**,
der; –s, –: Werkzeug zum Anspitzen : (schweiz.) Spitz, kleiner Rausch ✱ **Spit|zig|keit**, die;
–: das Spitzsein : etwas Spitzes
Spitz|ber|gen: Inselgruppe im
Nördl. Eismeer

Spleen (e.) [splihn], der; –s,
–e: Verschrobenheit : sonderbare Idee ✱ **splee|nig** Ew.: verschroben

Splei|ße, die; –, –n: Span,
Splitter ✱ **splei|ßen** (du splei-
ßest und spleißt; du splissest
[spleißtest], er spliss [spleißte];
gesplissen [gespleißt];
spleiß[e]!) tr., intr.: spaltend
reißen ✱ **splei|ßig** Ew.: sich
leicht spleißend ✱ **Spleiß**, der;
–es, –e: Holzspan unter dem
Dachziegelfugen ✱ **Splint**, der;
–(e)s, –e: weiches Holz unter
der Rinde : Drahtstift zum Sichern von Schraubenmuttern ✱
Splintholz ✱ **Spliß → Spliss**,
der; –es, –e: Tauende : Splitter,
abgesplissenes Stück von etwas : kleines Stück Land ✱
Splißmaus → Splissmaus ✱
splis|sen (du splissest, du
splisst; splisse, spliss) tr.:
(Schiffb.) zwei Splisse verbinden ✱ **splis|sig** Ew.: sich leicht
spleißend ✱ **Splitt**, der; –(e)s,
–e; **Split|te**, die; –, –n: Spliss :
Dachspan ✱ **Split|ter**, der; –s,
–: spitzes, abgesplissenes
Stück : Fragment : etwas Winziges, Geringes ✱ *Splitter-*
bruch: Bruch, bei dem sich
Splitter bilden; *Splittergruppe;*
splitternackt Ew.: ganz nackt;
Splitterpartei; splitterrichten
tr.:(veralt.) kleinlich beurteilen;
splittersicher Ew. ✱ **splitte-**
rig, splitt|rig Ew.: splitternd ✱
split|tern (ich ..[e]re) tr.: in
Splitter teilen, zersplittern;
intr.: in Splitter zerspringen
Splint: s. Spint und Spleiße
Spliß → Spliss, Split|ter
usw.: s. Spleiße

Split|ting (e.), das; –s, –e:
Steuerberechnungsverfahren,
bei dem die Einkünfte der Ehegatten zusammengezogen und
dann zur Versteuerung halbiert
werden : Aufteilung der Erst-

und Zweitstimme bei Wahlen ✱
Splittingtabelle

SPÖ (Abk.): Sozialdemokratische Partei Österreichs
Spoi|ler (e.) [speuler], der; –s,
–: Leitblech zur Verbesserung
der Windschlüpfigkeit von
Kraftfahrzeugen

Spö|ken|kie|ker (niederd.):
Geisterseher : Hellseher
Spo|li|um (l.), das; –s, ..lien:
Beutestück, erbeutete Waffe :
ritterliches Ehrenzeichen :
(Rechtsspr.) Besitzentsagung
✱ *Spolienklage:* Klage auf
Rückgabe widerrechtlich entzogenen Besitzes; *Spolienrecht*

spon|sern (ed.): als Sponsor
auftreten ✱ **Spon|sor**, der; –s,
– und ..soren: jemand, der zu
Werbezwecken für einen Verein oder für Kunst Geld gibt,
Förderer ✱ **Spon|so|ring** (e.),
das; –s: Fördern mit Geldmitteln

spon|tan (l.) Ew.: aus eigenem
Antrieb : von selbst : aus plötzlichem Entschluss heraus ✱
Spon|ta|ne|li|tät, Spon|ta-
ni|tät, die; –, –en: eigener Antrieb : Unwillkürlichkeit :
Selbsttätigkeit

Spor, der; –(e)s, –e: Schimmelpilz ✱ **Spo|ran|gi|um**, das;
–s, ..ien: Sporenbehälter ✱
Spo|re, die; –, –n: Pilzkeim :
Keimkorn ✱ *Sporenbehälter;*
Sporenbildung; Sporenpflan-
zen; Sporentierchen ✱ **spo-**
ren: s. spornen ✱ **spo|rig** Ew.:
schimmelig ✱ **Sporn**, der;
–(e)s, Sporen und –e: Vorrichtung am Reiterstiefel zum Antreiben des Pferdes : etwas Anstachelndes : Rammspitze an
Schiffen ✱ *sporenklirrend* Ew.;
Spornrädchen: Rädchen an den
Sporen; *spornstreichs* Uw.:
schnurstracks ✱ *spor|nen* tr.:
mit einem Sporn antreiben :
mit Sporen versehen

Spo|ra|den (gr.) Mz.: „die Zerstreuten", Inselgruppe im
Ägäischen Meer ✱ **spo|ra-**
disch Ew.: vereinzelt vorkommend, verstreut

spor|co (it.) [..k..]: brutto : mit
Verpackung; vgl. Sporko
Spo|re, spo|rig usw.: s. Spor
Spor|ko (it.), das; –s: Rohgewicht ✱ *Sporkogewicht;* vgl.
sporco

Sporn usw.: s. Spor

Sport (e.), der; —(e)s: Pflege der körperlichen Fähigkeiten : hartnäckig verfolgte Liebhaberei ✳ *sich aus etwas einen Sport machen* ✳ *Sportabzeichen:* ein auf Grund sportlicher Leistungen ausgegebenes Abzeichen; *Sportart; Sportartikel; Sportarzt; Sportausrüstung; Sportbegeistert* Ew.; *Sportbeilage; Sportbericht; Sportberichterstattung; Sportboot; Sportcoupé; Sportdreß* → *Sportdress; Sportergebnis; Sportfeld; Sportfest; Sportflieger; Sportflugzeug; Sportfreund; Sportfunktionär; Sportgeist; Sportgemeinschaft; Sportgerät; sportgerecht* Ew.; *Sportgeschäft; Sporthalle; Sporthemd; Sporthochschule; Sporthose; Sporthotel; Sportinvalide; sportiv* Ew.; *Sportjournalist; Sportkanone; Sportkleidung; Sportklub; Sportlehrer; Sportmantel; sportmäßig* Ew.; dem Sport entsprechend; *Sportmedizin; Sportmeldung; Sportmotor; Sportmütze; Sportnachrichten; Sportplatz; Sportpresse; Sportreporter; Sportschuh; Sportsendung; Sportsprache; Sportstätte; Sportstrümpfe; Sportstudent; Sportstudium; sporttreibend* → *Sport treibend; Sportunfall; Sportverband; Sportverein; Sportwagen; Sportwart; Sportwelt; sportwidrig; Sportzeitung* ✳ *Sportsfreund; Sportsgeist; Sportskanone; Sportsmann; sportsmäßig* Ew.; *Sportswear* (e.): sportlich aufgemachte Freizeitkleidung ✳ **Sport|ler**, der; —s, —: Sportsmann ✳ **Sport|lerherz** ✳ **sport|lich** Ew.: sportmäßig : körperlich leistungsfähig ✳ **Sport|lich|keit**, die; —: körperliche Leistungsfähigkeit

Spot (e.), der; —s, —s: kurzer Werbefilm, Kurz-Werbesendung ✳ **Spot|ge|schäft**, das; —(e)s, —e: Geschäft, bei dem sofort gezahlt und geliefert wird ✳ **Spot|light** (e.) [..lait], das; —s, —s: auf einen Punkt gerichtetes Bühnenlicht ✳ **Spot|markt**, der; —es: freier Markt für Rohöl

Spott, der; —(e)s: Scherz, durch den jemand verhöhnt wird : Verhöhnung : Ironie ✳

Spottbild: Zerrbild, Karikatur; *spottbillig* Ew.: lächerlich billig; *Spottdrossel; Spottgeburt:* etwas zum Spott Geschaffenes; *Spottgedicht; Spottgeld:* lächerlich kleiner Betrag; *Spottlied; Spottlust; Spottname; Spottpreis:* lächerlich niedriger Preis; *Spottsucht; Spottvers; Spottvogel:* Spottdrossel : lustiger Spötter ✳ **Spöt|te|lei**, die; —, —n: spöttelnde Äußerung ✳ **spöt|teln** (ich ..[e]le) intr.: spotten ✳ **spot|ten** intr.: Spott äußern, einen Spott treiben; tr.: zum Gegenstand des Spottes machen, verspotten ✳ **Spöt|ter**, der; —s, —: ein Spottender ✳ *Spöttermaul* ✳ **Spöt|te|rei**, die; —, —en: Gebaren und Redeweise eines Spötters ✳ **spöt|tisch** Ew.: spottend : höhnisch

S. P. Q. R. (Abk.): Senatus populusque Romanus

Spra|che, die; —, —n: jede Art der Ausdrucksweise von Gedanken und Empfindungen durch Laute, Gebärden : das Sprechen : Stimme : Stil : besondere Sprachform eines Volkes usw. ✳ *Sprachatlas; Sprachbarriere; Sprachbegabung; Sprachbeherrschung; Sprachberatung; Sprachdenkmal; Spracheigentümlichkeit; Sprachempfinden; Sprachentwicklung; Spracherwerb; Sprachfamilie; Sprachfehler; Sprachfertigkeit; Sprachforscher; Sprachführer; Sprachgebiet; Sprachgebrauch; Sprachgefühl; Sprachgemeinschaft; Sprachgenie; Sprachgeschichte; sprachgeschichtlich* Ew.; *Sprachgesellschaft; Sprachgesetz; sprachgestört* Ew.; *sprachgewaltig* Ew.; *sprachgewandt* Ew.; *Sprachgewandtheit; Sprachgrenze; Sprachgut; —heimat; —insel; Sprachkenner; Sprachkenntnisse; Sprachkompetenz; Sprachkritik; Sprachkultur; sprachkundig* Ew.; *Sprachkunst; Sprachkurs; Sprachlabor; Sprachlehre; Sprachlehrer; sprachlos* Ew.; *Sprachlosigkeit; Sprachnorm; Sprachpflege; Sprachphilosophie; Sprachpsychologie; Sprachraum; Sprachregelung; Sprachreinheit; sprachrichtig*

Ew.; *Sprachrohr:* Rohr zur Schallverstärkung : (übertr.) im Namen eines anderen Sprechender; *Sprachschatz:* Wortreichtum der Sprache; *Sprachschicht; Sprachschnitzer; Sprachschwierigkeit; Sprachsoziologie; Sprachstamm; Sprachstil; Sprachstörung; Sprachstudium; Sprachtalent; Sprachverein; Sprachvergleichung; Sprachverwirrung; Sprachwerkzeug; sprachwidrig* Ew.; *Sprachwissenschaft; Sprachzentrum* ✳ *Sprachenfrage; Sprachenkampf; Sprachenschule; Sprachenstudium* ✳ **..spra|chig** Ew.: in Zus. die oder eine Sprache betreffend ✳ *fremdsprachig; im deutschsprachigen Raum* ✳ **sprach|lich** Ew.: die Sprache betreffend : in einer Sprache

spras|seln, sprat|zen (ich ..[e]le) intr.: sprühend prasseln

Spray (e.) [spreh], der; das; —s, —s: Sprühregen : zerstäubter Duftstoff ✳ *Spraydose* ✳ **spray|en** (e.) [spreien] tr.: Flüssiges versprühen ✳ **Spray|er** (e.) [spreier], der; —s, —: jemand, der mit einer Farbsprühdose Wände etc. besprüht : Graffitikünstler

spre|chen (du sprichst; du sprach[e]st, du sprächest; gesprochen; sprich!) intr.. tr.: Worte vernehmen lassen, reden ✳ *mit jemandem sprechen; jemand sprechen; alles spricht gegen ihn; auf jemanden schlecht zu sprechen sein* ✳ *Sprechakt; Sprechanlage; Sprechart; Sprechblase:* in Comicbilder gezeichnete direkte Rede; *Sprechbühne; Sprechchor; Sprecherlaubnis; Sprecherziehung; Sprechfilm; Sprechfunk; Sprechgesang:* Rezitativ : *Sprechkunde; sprechkundlich* Ew.; *Sprechkunst; Sprechmuschel:* Teil des Telefons; *Sprechplatte; Sprechrolle; Sprechsilbe; Sprechstörung; Sprechstunde; Sprechstundenhilfe:* Arzthilfe während der Sprechstunde; *Sprechtag; Sprechtechnik; Sprechübung; Sprechunterricht; Sprechverbot; Sprechweise; Sprechzeit; Sprechzelle:* Telefonzelle; *Sprechzimmer* ✳ **Spre|cher,**

der; –s, –: einer, der (für andere) spricht, Wortführer : Redner : Sprechkünstler ∗ **Spre|che|rin**, die; –, –nen: Vortragende : Wortführerin

Spree, die; –: Nebenfluss der Havel ∗ *Spree-Athen:* Berlin ∗ **Spree|wald**, der; –es: Landschaft in der Niederlausitz

Sprei|ßel, Sprei|ßen, der; –s, –: Speil : Splitter, Span ∗ **sprei|ße(l)n, sprei|ßeln** (ich ..[e]le) tr., intr.: spalten ∗ *Sprei|ßelholz*

Sprei|te, die; –, –n: Ausgebreitetes, Lage (von Getreide) : Blattfläche : Bettdecke ∗ **sprei|ten** tr.: ausbreiten

Sprei|ze, die; –, –n: Strebe, Stütze : eine Turnübung ∗ **sprei|zen** (du spreizest und spreizt; gespreizt) tr.: sperrend auseinander stellen; rbz.: mit gespreizten Gliedern stehen, stemmen ∗ (übertr.) sich breit machen ∗ *spreizbeinig* Ew.; *Spreizdübel; Spreizfuß:* Plattfuß; *Spreizsprung; Spreizwindel* ∗ **sprei|zig** Ew.: sich spreizend, sperrend

Spren|gel, der; –s, –: Weihwasserwedel : Amtsbezirk eines Geistlichen : Gerichtsbezirk ∗ **spren|gen** tr., intr.: mit Gewalt zum Bersten bringen : ein Pferd springen lassen, schnell reiten : (übertr.) alles Geld abnehmen : verspritzen, besprengen : einsprengen, sprenkeln : (Baukst.) Bogen ohne Unterstützung durch Pfeiler aufführen : Balken nach einer bestimmten Kurve sägen ∗ *Truppen sprengen; Felsen sprengen; in die Luft sprengen; Kasse sprengen; die Blumen sprengen:* die Blumen begießen ∗ *Sprengbombe; Sprenggelatine:* Nitrogelatine; *Sprenggeschoß* → *Sprengeschoss; Sprenggranate; Sprengkapsel; Sprengkommando; Sprengkörper; Sprengkraft; Sprengladung; Sprengloch; Sprengmeister; Sprengmittel; Sprengpulver; Sprengpunkt; Sprengsatz; Sprengstoff; Sprengstoffanschlag; Sprengstoffpaket; Sprengtrupp; Sprengwagen:* Wagen zum Besprengen der Straßen; *Sprengwerk:* (Baukst.) Strebekonstruktion zum Stützen; *Spreng-*

wirkung ∗ **Spren|gung**, die; –, –en: das Sprengen

Spren|kel, der; –s, –: Fleck : Vogelstellerschlinge : Heuschrecke : Tüpfel ∗ **spren|ke|lig, sprenk|lig** Ew.: getüpfelt ∗ **spren|keln** (ich ..[e]le) tr.: mit Tüpfeln versehen

Spreu, die; –: durch Dreschen abgeschlagene Getreidehülsen : (übertr.) etwas Leichtes, Wertloses

Sprich|wort, das; –(e)s, ..wörter: sinnvoller Ausspruch als Ausdruck einer bewährten Erfahrung ∗ *Sprichwörtersammlung* ∗ **sprich|wört|lich** Ew.: in der Weise eines Sprichworts

Sprie|ße, die; –, –n; **Sprie|ßel**, der; –s, –: Stütze : Speil : Sprosse ∗ **sprie|ßen** (es sprießet und sprießt; es spross; es gesprossen; sprieß[e]!) intr.: hervorwachsen ∗ **sprie|ßen** (du sprießest und sprießt; du sprießest; gesprießt, sprieß[e]!) tr.: stützen ∗ *Sprießholz* ∗ **Spriet**, das; –(e)s, –e: (niederd.) Querstange zum Ausspannen des viereckigen Segels (Sprietsegel) ∗ *Bugspriet*

Spring, der; –(e)s, –e: Quelle : (seem.) Befestigungsleine ∗ **sprin|gen** (du springst; du sprang[e]st, du sprängest; gesprungen; spring[e]!) intr.: vom Boden wegschnellend sich bewegen : (mundartl.) schnell laufen : (übertr.) auslassen : übertreffen : berstend auseinander fahren : in einem Strahl emporschießen : (Landw.) begatten (von Tieren) ∗ *der springende Punkt:* (übertr.) der Punkt, auf den es ankommt; *Geld springen lassen:* Geld flott ausgeben; *über die Klinge springen lassen:* töten; *in die Augen springen* intr.: auffallend sein ∗ *Springblende; Springbock; Springbrunnen; Springflut:* hohe Meeresflut; *Springform:* besondere Backform; *Springhengst:* Zuchthengst; *Springinsfeld:* lustiger Gesell; *Springkraut;* *springlebendig* Ew.; *Springmaus; Springmesser; Springpferd; Springprüfung; Springreiten; Springseil; Springtanz;* *Springtide:* Springflut; *Springwurz(el)* ∗ **Sprin|ger**, der; –s, –: ein Sprin-

gender : männliches Tier zum Bespringen : ein zum Springen abgerichtetes Tier : eine Schachfigur : Hand- und Fußschellen : Name von Fischen ∗ **Sprin|gerl**, das; –s, –: (östr.) Siphon mit Selterswasser

Sprink|ler (e.), der; –s, –: Berieselungsanlage : selbsttätig ausgelöste Feuerlöscheinrichtung

Sprint (e.), der; –s, –s: kurzer, scharfer Lauf ∗ **sprin|ten** intr.: (Sport) über kurze Strecken laufen ∗ *Sprintstrecke; Sprintvermögen* ∗ **Sprin|ter** (e.), der; –s, –: (Sport) Kurzstreckenläufer, -schwimmer, -radfahrer

Sprinz: s. Sprengel

Sprit (l.-fr.), der; –(e)s, –e: Spiritus, Weingeist : (Umgspr.) Treibstoff

Sprit|ze, die; –, –n: Werkzeug zum Spritzen, Feuerspritze : (Med.) Einspritzung : (stud.) Dienstmädchen ∗ *Mann an der Spritze sein;* (Med.) *eine Spritze geben* ∗ *Spritzenhaus; Spritzenmeister* ∗ **sprit|zen** (du spritzest und spritzt) intr., tr.: benetzen : schnellen : (Med.) injizieren ∗ *Spritzapparat; Spritzarbeit; Spritzbeton; Spritzbeutel;* *Spritzdüse; Spritzfahrt:* (stud.) kurze Vergnügungsfahrt; *Spritzflasche:* chem. Gerät zum Auswaschen von Niederschlägen; *Spritzguß* → *Spritzguss:* (Techn.) Pressguss; *Spritzkuchen:* ein Backwerk; *Spritzlack; Spritzmalerei; Spritzpistole:* Gerät zum Aufspritzen von Farbe mittels Pressluft; *Spritztour:* Spritzfahrt ∗ **Sprit|zer**, der; –s, –: angespritzter Wasserstrahl, Schmutzfleck ∗ **sprit|zig** Ew.: prickelnd : übermütig : schlagfertig

spröd, prö|de Ew.: leicht zerbrechlich und zerspringend : (übertr.) rau : schwer zu bewältigen : (übertr.) abweisend, gefühlskalt : brüchig machend ∗ **Prö|de**, die; –: Sprödigkeit : abweisendes Mädchen ∗ **Spröd|heit, Sprö|dig|keit**, die; –, –en: das Sprödesein

Sproß → **Spross**, der; –es, –e(n); *Sprösschen:* Nachkomme : junger Zweig ∗ *Sprossenkohl:* Rosenkohl ∗ **Spros|se**, die; –, –n: Querholz einer Leiter : Hautfleck : (Mz.) Enden vom Hirsch- oder Rehgeweih * *Sprossenwand:* ein Turngerät * **sprosssen** (du sprosst, er sprosst, du sprosstest; gesprosst; sprosse!) intr., tr.: sprießen * **Sprosser,** der; –s, –: Nachtigall * **Sprößling → Sprössling,** der; –s, –e: Spross : Kind, bes. Sohn * **Sprott,** der; –(e)s, –e und –en; **Sprotte,** die; –, –n: Heringsfisch

Spruch, der; –(e)s, Sprüche; Sprüchelchen, Sprüchlein: etwas Ausgesprochenes : richterliches Urteil : Entscheidung des Schicksals : ein sinnvoller Satz, Vers, Sprichwort * *Spruchband; Spruchbuch; Spruchdichter; Sprücheklopfer:* (Umgspr.) jmd., der große Reden schwingt; *Spruchkammer:* (früher) Gerichtshof zur Beurteilung der Zugehörigkeit zur ehem. Nationalsozialistischen Arbeiterpartei Deutschlands; *Spruchkammerentscheid:* Urteil der Spruchkammer; *spruchreif* Ew.: reif zur Entscheidung; *Spruchweisheit*
Sprudel, der; –s, –: Wirbel, Strudel : das Sprudelnde : Mineralwasser, Sprudelwasser * *Sprudelquelle; Sprudelstein:* Sinter; *Sprudelwasser* * **sprudelig** Ew.: sprudelnd * **sprudeln** (ich ..[e]le) intr.: wirbelnd hervorbrechen : sich wirbelnd bewegen : sich im Reden überstürzen

sprühen intr., tr.: stieben, zerstieben : spritzen : überschäumen * *vor Begeisterung, Freude sprühen* * *Sprühdose; Sprühfeuer; Sprühflasche; Sprühregen; Sprühteufel:* ein Feuerwerkskörper mit Funkenregen : (übertr.) prickelnde Stimmung; *Sprühwasser*
Sprung, der; –(e)s, Sprünge; Sprüngelchen, Sprünglein: das Springen : das Überspringen eines Hindernisses : kleine Strecke : (Landw.) das Bespringen : Riss, Spalt : Gelenkpein des Fußes : (weidm.) Hinterlauf des Hasen : Angel mit einem Kerbtier zum Fischfang : (weidm.) ein Rudel Rehe * *große Sprünge machen:* flott, über seine Verhältnisse leben; *wieder auf seine alten Sprünge*

(Gewohnheiten) *kommen; einem auf die Sprünge* (vorwärts) *helfen* * *Sprunganlage; Sprungbalken; Sprungbein;* *sprungbereit* Ew.; *Sprungbrett; Sprungdeckel; Sprungfeder:* Schraubenfeder; *Sprungfedermatratze;* *sprungfertig* Ew.; *Sprunggelenk; Sprunggrube; Sprunghöhe; Sprungkasten; Sprungkraft; Sprunglatte; Sprungriemen; Sprungschanze; Sprungski; Sprungseil; Sprungstab; Sprungtuch:* Tuch der Feuerwehr zur Rettung Abspringender; *Sprungturm; sprungweise* Uw.: in Sprüngen; *Sprungweite* *
sprunghaft Ew.: plötzlich : ruckweise : unbeständig * **Sprunghaftigkeit,** die; –, –en: das Sprunghaftsein
Spucke, die; –: Speichel * **spucken** intr., tr.: speien * *Spucknapf*
Spuk, der; –(e)s, –e: Gespenstererscheinung, Trugbild : wildes, tolles Treiben * *Spukgeschichte; Spukgestalt* * **spuken** intr.: Spuk machen * **Spukerei,** die; –, –en: das Spuken * **spukhaft** Ew.: gespensterhaft
Spule, die; –, –n: Rolle, Walze zum Aufwickeln von Fäden : Walze mit isolierten Drahtumwindungen, die bei Stromdurchgang ein Magnetfeld erzeugt : lufthaltiger Endteil der Vogelfeder * *spulförmig* Ew.; *Spulwurm:* ein Eingeweidewurm * **spulen** tr.: Fäden auf die Spulen wickeln
Spüle, die; –, –n: Ort, wo Geschirr gespült wird : Küchenannichte mit Becken * **spülen** tr., intr.: in Wasser reinigen : Wasser spülend wirken lassen : wogen, schwemmen * *Spülautomat; Spülbecken; Spülmaschine; Spülmittel; Spülstein; Spültisch:* Abwaschtisch; *Spülwasser* * **Spüler,** der; –s, –: Werkzeug, Vorrichtung zum Spülen : ein Spülender *
Spüllicht, das; –(e)s, –e: schmutziges Spülwasser *
Spülung, die; –, –en: das Spülen : Spülvorrichtung
Spulmanite, der; –s: ital. Schaumwein
Spund, der; –(e)s, Spünde: Längszapfen, der in die Nut

eingreift : Zapfen im Spundloch * *Spundapparat; Spundbohle; Spundbohrer; Spundloch; Spundwand; Spundzapfen* * **spunden, spünden** tr.: das Spundloch verschließen : mit Spund versehen *
Spundung, die; –, –en: das Spunden
Spur, die; –, –en: Fährte : Tritt, Eindruck, den etwas hinterlässt (Fußspur) : Anzeichen : (Techn.) Geleise : Weite der Geleise : (weidm. übertr.) Spurkraft, Witterung : Kleinigkeit * *eine Spur verfolgen; jemandem auf die Spur kommen; alle Spuren verwischen; keine Spur von Dank zeigen* * *Spurbreite; Spurkranz:* Innenscheide an den Radreifen von Schienenfahrzeugen; *spurlos* Ew.: keine Spur hinterlassend; *Spurrille; spursicher* Ew.: *Spurweite:* die Weite der Eisenbahngleise * **spüren** intr., tr.: eine Spur hinterlassen : (übertr.) gefügig sein * *Spurenelement:* lebensnotwendiges Element, von dem eine geringe Menge ausreicht; *Spurenleger; Spurennachweis; Spurensicherung* * **spüren** tr.: eine Spur suchen oder verfolgen : (übertr.) merken, empfinden * *spürbar* Ew.; *Spürhund; Spürnase; Spürsinn*
Spurt (e.), der; –s, –s: Anlauf, Tempobeschleunigung zum Erreichen des Zieles
spurten rbz.: sich beeilen
Sputnik (russ.), der; –s, –s: Name der ersten sowjetischen Erdsatelliten
Square (e.) [ßkwähr], der und das; –s, –s: Viereck zwischen vier Häuserreihen : bepflanzter Platz : englisches Flächenmaß *
Squaredance * **Squatter** [ßkwätt'r], der; –s, –: austr. Schafzüchter : nordam. Ansiedler ohne Rechtstitel * **Squash** [ßkwosch], das; –: Spiel in spielfeldgroßen, geschlossenen Räumen, das dem Tennis ähnelt
Squaw [ßkwah], die; –, –s: Frau eines nordam. Indianers
Squire [ßkwei'r], der; –(s), –s: Gutsherr : (am.) Landedelmann : (am.) Friedensrichter
Sri Lanka (singhal.): Inselstaat im Indischen Ozean, ehemals Ceylon

SSD (Abk.): (ehem. DDR) Staatssicherheitsdienst

SSO (Abk.): Südsüdosten

SSR (Abk.): (bis 1991) Sozialistische Sowjetrepublik

SSW (Abk.): Südsüdwesten

st! auffordernder Ausruf: „bitte leise!"

St. (Abk.): Sankt : Saint : Stück : Stunde

s. t. (Abk.): sine tempore

Sta. (Abk.): Santa

Staat (l.), der; –(e)s: äußerer Aufwand, Prunk, Putz ✳ *Staat machen:* sich aufputzen; *Staatskleid* ✳ **Staat,** der; –es, –en: rechtlich organisierte, räumlich begrenzte Volksgemeinschaft unter führender Gewalt ✳ *Staatenbund; staatenlos* Ew.: ohne Heimatrecht; *Staatenlose;* die; –n, –n; *Staatenlosigkeit; Staatenrecht:* zwischen den Staaten geltendes Recht, Völkerrecht ✳ *Staatsaffäre; Staatsakt; Staatsaktion; Staatsamt; Staatsangehörigkeit; Staatsanleihe; Staatsanstellung; Staatsanwalt; Staatsanwaltschaft; Staatsapparat; Staatsarchiv; Staatsbank; Staatsbankett; Staatsbankrott; Staatsbeamter; Staatsbegräbnis; Staatsbesuch; Staatsbetrieb; Staatsbibliothek; Staatsbürger; Staatsbürgerkunde; staatsbürgerlich* Ew.; *Staatsbürgschaft; Staatsdiener; Staatsdienst; Staatseigentum; staatserhaltend* Ew.; *Staatsexamen; Staatsfeiertag; staatsfeindlich* Ew.; *Staatsfeindlichkeit; Staatsfinanzen; Staatsflagge; Staatsform; Staatsführung; Staatsgebiet; staatsgefährdend* Ew.; *Staatsgefängnis; Staatsgeheimnis; Staatsgelder; Staatsgerichtshof; Staatsgewalt; Staatsgrenze; Staatsgründung; Staatshaushalt; Staatshoheit; Staatshymne; Staatskanzlei; Staatskapitalismus; Staatskasse; Staatskirche; Staatskosten; Staatslotterie; Staatsmann:* Politiker; *staatsmännisch* Ew.; *Staatsminister; Staatsnotstand; Staatsoberhaupt; Staatsordnung; Staatsorgan; Staatspartei; Staatsphilosophie; Staatspräsident(in); Staatspreis; Staatsprüfung; Staatsraison auch: Staatsrä-*

son; Staatsrat; Staatsratsvorsitzender; Staatsrecht; Staatsrechtler; Staatsregierung; Staatsreligion; Staatssäckel; Staatsschauspieler; Staatsschulden; Staatsschutz; Staatssekretär(in); Staatssicherheit; Staatssicherheitsdienst: (ehem. DDR) Geheimdienst, Geheimpolizei; Abk.: SSD; *Staatssozialismus; Staatsstreich:* gewaltsamer Umsturz eines Staates; *Staatstheater; Staatstrauer; Staatsverbrechen; Staatsverdrossenheit; Staatsverfassung; Staatsverschuldung; Staatsvertrag; Staatsverwaltung; Staatswesen; Staatswirtschaft; Staatswissenschaft; Staatswohl; Staatszugehörigkeit; Staatszuschuss* ✳ **staat**l**lich** Ew.: den Staat betreffend : vom Staat eingerichtet, verwaltet : dem Staat gehörend ✳ *staatlicherseits; Staatlichkeit*

Stab, der; –(e)s, Stäbe; Stäbchen: Stock : Stütze : Zeichen einer hohen Würde : Gesamtheit von Mitarbeitern einer leitenden Persönlichkeit : (Heerw.) Personal einer höheren Befehlsstelle ✳ *Stabantenne; Stabbau:* nordgerman. Holzbauart; *Stabeisen:* Stangeneisen; *stabförmig* Ew.; *Stabführung:* musikal. Leitung eines Orchesters oder Chores; *Stabheuschrecke; Stabhochsprung; Stabkirche; Stablampe; Stabreim:* Alliteration; *stabreimend; Stabsichtigkeit; Stabspringen,* das; –s: ein turnerische Übung; *Stabwechsel; Stabwerk:* (Baukst.) got. Bauweise von Spitzbogenfenstern; *Stabwurz:* Stabkraut ✳ *Stabsarzt:* Militärarzt; *Stabsfeldwebel; Stabsoffizier; Stabsstelle; Stabsveterinär*

stabil (l.) Ew.: beständig : standfest : dauerhaft : standhaft ✳ *Stabile:* künstlerische Metallkonstruktion ✳ **Stabilisa**t**tor,** der; –s, ..toren: Dämpfungsflosse am Flugzeug, Gleichgewichtssicherung ✳ **Stabilisation, Stabilisierung,** die; –, –en: Befestigung : (Geldwährung) das Wertbeständigmachen ✳ *Stabilisierungsfläche; Stabilisierungsflosse; Stabilisierungsgesetz* ✳

stabilis**sieren** (..iert) tr.: festigen : wertbeständig machen ✳ **Stabilität,** die, –: Beständigkeit : Festigkeit : Dauerhaftigkeit ✳ *Stabilitätspolitik* [l. st*a*re stehen]

stacc**cato** [..kk..] (it.): (Mus.) kurz abgestoßen : nicht verbunden

Stachel, der; –s, –n: Pflanzendorn : stechende Hautbildung mancher Tiere : Giftstachel am Hinterleib einiger Insekten : Stechwerkzeug : (übertr.) etwas Verletzendes : (übertr.) etwas Antreibendes, Aufreizendes ✳ *Stachelbauch:* eine Gattung der Fische; *Stachelbeere; Stacheldraht; Stacheldrahtverhau; Stachelhalsband; Stachelhäuter; Stachelschwein:* Schwein mit stacheligen Borsten; *Stachelzaun* ✳ **stache**l**lig, stach**l**lig** Ew.: voll von Stacheln : spitz, stechend (auch übertr.) ✳ *Stacheligkeit* ✳ **stach**l**cheln** (ich ..[e]le) tr.: aufreizen, antreiben, aufstacheln; intr.: verletzende Reden führen

Stad**del,** der; –s, –: (bayr.-östr.) Scheune : Schuppen

stadial (gr.-l.) Ew.: stufenweise ✳ **Stadi**o**on** (gr.), das; –s, ..dien: altes griech. Längenmaß (184 m) : Kampfbahn : Sportfeld ✳ *Stadionansage; Stadionsprecher* ✳ **Stadi**u**um** (gr.-l.), das; –s, ..dien: Entwicklungsabschnitt, -stufe

Stadt, die; –, Städte; Städtchen, Städtlein: Wohnplatz einer größeren mit besonderen Rechten und Freiheiten ausgestatteten, Handel und Gewerbe treibenden Gemeinde : Gesamtheit der Einwohner einer Stadt ✳ *Stadtarchiv; stadtauswärts* Uw.; *Stadtautobahn; Stadtbahn:* innerhalb einer Stadt verkehrende elektr. Bahn; *Stadtbauamt; Stadtbaumeister; Stadtbaurat; stadtbekannt* Ew.; *Stadtbevölkerung; Stadtbewohner; Stadtbezirk; Stadtbibliothek; Stadtbild; Stadtbücherei; Stadtbummel; Stadtchronik; Stadtdirektor; stadteinwärts; Stadtfahrt; Stadtflucht:* Wegzug der Stadtbewohner aufs Land; *Stadtführer; Stadtgas; Stadtgebiet; Stadtgemeinde; Stadtgespräch:* Gesprächsstoff aller Einwohner einer Stadt; *Stadtgraben; Stadtguerilla; Stadthaus:* Rathaus; *Stadtindianer; Stadtinnere; Stadtkämmerer; Stadtkasse; Stadtkeller:* Gastwirtschaft im Rathaus; *Stadtkern; Stadtkind; Stadtklatsch; Stadtkoch:* Traiteur; *Stadtküche; Stadtkreis:* städt. Verwaltungsbezirk; *stadtkundig* Ew.: die ganze Stadt kennend: *Stadtleben; Stadtmauer; Stadtmensch; Stadtmission; Stadtmitte; Stadtmusikant; Stadtpark; Stadtplan:* Lageplan einer Stadt; *Stadtrand; Stadtrandsiedlung; Stadtrat:* Verwaltungsbehörde einer Stadt : eine dieser Behörde angehörende Person: *Stadtrecht; Stadtreinigung; Stadtrundfahrt; Stadtsanierung; Stadtschreiber(in); Stadtstaat; Stadtstreicher(in); Stadtteil; Stadttheater; Stadttor; Stadtväter; Stadtverkehr; Stadtverordnete; Stadtverordnetenversammlung; Stadtverwaltung; Stadtviertel; Stadtwald; Stadtwappen; Stadtwerke; Stadtwohnung; Stadtzentrum* ✳ *Städtebau; Städtebauer; städtebaulich* Ew.; *Städtebund; Städteordnung; Städtepartnerschaft; Städteplanung; Städtetag:* Verband der Städte mit über 10 000 Einwohnern zur Wahrung gemeinsamer Interessen ✳ **Städt**er, der; –s, –; **Städt**e|rin, die; –, –nen: Stadtbewohner(in) ✳ **städt**isch Ew.: zur Stadt gehörig : der Stadt gemäß : von der Stadt eingerichtet

Stafe|t|te (dtsch.-it.), die; –, –n: reitender Bote : Eilbotenlauf ✳ *Stafettenlauf:* (Sport) Ablösungs-, Staffellauf

Staffa|ge (dtsch.-fr.) [..ahseh'], die; –, –n: Beiwerk eines Bildes : Beiwerk zur Belebung eines Bildes ✳ *Staffagefigur* ✳ **staff**ie|ren (..iert) tr.: (mit Stoff) mit Zubehör ausstatten, ausrüsten : verzieren ✳ **Staff**ie|rung, die; –, –en: Ausstattung : Ausrüstung

Staffel, die; –, –n: Stufe : Grad : Absatz : (übertr.) (Milit.) Name für Formation : Teilstrecke ✳ *Staffelanleihe; Staffelbeteiligung; staffelförmig*

Ew.; *Staffelgiebel; Staffellauf; Staffelmiete; Staffelpreis; Staffelrechnung; Staffelspanne; staffelweise* Ew.; *Staffelwettbewerb* ✳ **Staff**el|ei, die; –, –en: Gestell für Gemälde ✳ **staff**e|lig, **staff**lig Ew.: Staffeln habend ✳ **staff**eln (..[e]le) intr.: sich in Staffeln erheben; tr.: in Staffeln aufstellen ✳ **Staff**e|lung, die; –, –en: Abstufung

staffie|ren usw.: s. Staffage

Stag, das; –(e)s, –e(n): (niederl.) dickes Schiffstau ✳ *Stagsegel*

Stagfla|ti|on, die; –, –en: wirtschaftl. Stagnation (Flaute) bei gleichzeitiger Inflation (Geldentwertung)

Stag|na|ti|on (l.), die; –, –en: Stockung, Stillstand : (übertr.) Versumpfung ✳ **stag**|nie|ren (..iert) intr.: stocken : (übertr.) versumpfen ✳ **Stag**|nie|rung, die; –: das Stocken

Stahl, der; –(e)s, –e und Stähle: schmiedbare Eisen-, Kohlenstofflegierung : (übertr.) etwas Hartes, Festes ✳ *Stahlarbeiter; Stahlbad:* Bad in eisenhaltigem Wasser : (übertr.) Auffrischung des Willens; *Stahlband; Stahlbau; Stahlbeton; stahlblau* Ew.; *Stahlblech; Stahlblechmantel; Stahlblende; Stahlbürste; Stahldraht; Stahlerz; Stahlerzeugung; Stahlfeder; stahlgrau* Ew.; *stahlhart* Ew.; *Stahlhärte; Stahlhelm; Stahlindustrie; Stahlkammer:* feuer- und diebessichere Räume einer Bank; *Stahlkocher; Stahlmöbel:* Möbel aus gebogenen Stahlrohren; *Stahlplatte; Stahlquelle:* eisenhaltige Quelle; *Stahlroß* → *Stahlross:* (scherzh.) Fahrrad, Lokomotive; *Stahlskelettbauweise; Stahlspäne; Stahlstecher; Stahlstich; Stahlstein:* Eisenspat; *Stahlstich:* in Stahl gestochene Druckplatte; *Stahlträger; Stahltrosse; Stahlwerk; Stahlwolle* ✳ **stäh**len tr.: stählern machen : (übertr.) den Körper, die Muskulatur kräftigen ✳ **stäh**lern Ew.: aus Stahl gefertigt : stärkend, kräftigend

Stake, die; –, –n; **Sta**ken, der; –s, –: Stange zum Schieben von Kähnen, Flößen : Pfahl

: (übertr.) langer, hagerer Mensch ✳ **Sta**ket (dtsch.-fr.), das; –(e)s, –e; **Sta**ke|te, die; –, –n: Lattenzaun ✳ *Staketenzaun* ✳ **stak**sen intr.: (Umgspr.) ungeschickt, übervorsichtig gehen ✳ **stak**sig Ew.: mit steifen Knien gehend : dürr

stak|ka|to: s. staccato

Sta|lag|mit (gr.), der; –s und –en, –e(n): stehender Tropfstein ✳ **sta**|lag|mi|tisch Ew.: tropfsteinartig ✳ **Sta**|lak|tit, der; –s und –en, –e(n): herabhängender Tropfstein ✳ *Stalaktitengewölbe; Stalaktitenhöhle* ✳ **sta**|lak|ti|tisch Ew.: wie ein Stalaktit beschaffen

Sta|lin|grad: russ. Stadt, bis 1961 Name des heutigen Wolgograd ✳ **Sta**|li|nis|mus, der; –: auf dem Marxismus basierende Herrschaftsform Stalins ✳ **Sta**|li|nist, der; –en; –en: Anhänger des Stalinismus ✳ **sta**|li|nis|tisch Ew.: auf den Stalinismus bezogen ✳ **Sta**|lin|or|gel, die; –, –n: sowj. Artillerie-Raketenwerfer in Mehrfachanordnung

Stall, der; –(e)s, Ställe, Ställchen: Raum zum Einstellen von Vieh : (Pferd) Harn ✳ *Stallbursche; Stalldünger; Stallfütterung; Stallhase:* Kaninchen; *Stallknecht; Stallaterne* → *Stalllaterne; Stallmagd; Stallmeister:* Vorsteher des Marstalls; *Stallwache* ✳ **stall**en tr.: (Vieh –) in einen Stall bringen : (Pferd) harnen ✳ **Stall**ung, die; –, –en: das Stallen : Stallgebäude : (weidm.) Stellung der Jagdzeuge : (weidm.) der mit Jagdzeugen zugestellte Raum

Stalllaterne, Stammmutter
Bei zusammengesetzten Wörtern, deren erster Teil mit dem verdoppelten Konsonanten endet, mit dem der zweite Teil beginnt, werden alle drei Konsonanten geschrieben: *Stalllaterne, Stammmiete, Stammmannschaft, Stammmutter.*

Stamm, der; –(e)s, Stämme; Stämmchen: Teil des Baumes von der Wurzel bis zu den Ästen : Baum : feste Grundlage, Mittelpunkt, Kern : Geschlecht : Kapital (im Ggs. zu Zinsen) : (Anat.) Rumpf : fester Bestand eines veränderlichen

Ganzen : (Sprachl.) Wurzel eines Wortes : (Kartsp.) Talon ✳ *Stammaktie:* nicht bevorrechtigte Aktie; *Stammbaum:* Geschlechtsregister; *Stammbelegschaft; Stammbuch:* Familienbuch : Buch zur Einzeichnung von Denksprüchen durch Freunde; *Stammeinlage; Stammeltern; Stammessen; Stammform:* (Sprachl.) Grundform; *Stammgast:* ständiger Gast; *Stammgericht; Stammgut:* Familiengut; *Stammhalter:* männlicher Nachkomme; *Stammhaus; Stammkapital:* Grundkapital eines Geschäftes; *Stammkneipe; Stammkunde; Stammkundschaft:* feste Kundschaft; *Stammlokal; Stammmannschaft → Stammmannschaft; Stammiete; Stammiete; Stammutter → Stammutter:* Ahnin, von der ein Geschlecht abstammt; *Stammpersonal; Stammplatz; Stammregister; Stammrolle:* (Heerw.) Verzeichnis der diensttauglichen Männer; *Stammsilbe; Stammsitz:* Ahnensitz : abonnierter Theaterplatz; *Stammspieler; Stammtisch:* Tisch der Stammgäste im Wirtshaus; *Stammtischpolitiker; Stammvater:* Ahne, von dem ein Geschlecht abstammt; *stammverwandt* Ew.; *Stammvieh:* fester Bestand an Vieh; *Stammvokal; Stammwähler; Stammwort ✳ Stammesbewußtsein → Stammesbewusstsein:* Geschlechtsbewusstsein; *Stammeseigentümlichkeit; Stammesführer; Stammesfürst; Stammesgeschichte; Stammeshäuptling; Stammeskunde; Stammessage; Stammessprache; Stammesverband; Stammeszugehörigkeit ✳ stammeln* intr.: seinen Ursprung haben ✳ **stammhaft** Ew.: stämmig : (Sprachl.) einen Stamm bildend ✳ **stäm|mig** Ew.: (Baum) einen starken Stamm habend : stark ✳ **Stäm|mig|keit,** die; –: das Stämmigsein

stam|meln (ich ..[e]le); **stam|mern** (ich ..[e]re) tr.: stockend, stoßweise sprechen ✳ **Stamm|ler,** der; –s, –: ein Stotterer

Sta|mo|kap, der; –(s): (Kurzw.) staatsmonopolistischer Kapitalismus

Stam|pe, die; –, –n: einfaches Wirtshaus, Kneipe ✳ **Stam|per, Stam|perl,** das; –s, –: Schnapsglas

stamp|fen tr.: schwer aufstoßen : stampfend bearbeiten : intr.: schwer auftreten : (Schiff) in der Längsrichtung schwanken ✳ *Stampfasphalt; Stampfbeton; Stampfhammer; Stampfkartoffeln; Stampfwerk ✳* **Stamp|fer,** der; –s, –: ein Stampfender : stampfendes Schiff : Werkzeug zum Stampfen : Sauggerät für verstopfte Abflüsse

Stand, der; –(e)s, Stände: das Stehen : Ort des Stehens : Verkaufsstelle auf dem Markt : abgegrenzter Platz im Stall : Amt, Stelle : Zustand : Sachlage : Berufsgruppe und Schicht der bürgerlichen Gesellschaft : vornehmer Rang : (Mz.) Gesamtheit der Vertreter der Berufsgruppen : (weidm.) ständiger Aufenthaltsort des Wildes : (weidm.) Füße größerer Vögel : stehender Posten ✳ *einen schweren Stand haben:* in schwieriger Lage sein; *einen in den Stand setzen, etwas zu tun:* einen mit dem Notwendigen ausrüsten; *gut im Stande sein* tr.: in gutem Zustande sein; *imstande auch: im Stande sein:* fähig sein; *außerstande auch: außer Stande sein:* unfähig sein; *instand auch: in Stand setzen* tr.: wiederherstellen; *zustande auch: zu Stande bringen* tr.: fertig bringen; *zustande auch: zu Stande kommen* intr.: fertig werden ✳ *Standbein:* das belastete Bein; *Standbild:* Bildsäule; *standfest* Ew.; *Standfestigkeit; Standgas;* Autotechnik; *Standgeld:* Miete für einen Marktstand; *Standgericht:* Schnellgericht im Krieg usw.; *standhalten* (ich halte stand; standgehalten; standzuhalten) intr.: nicht weichen, festbleiben; *Standlicht:* Kraftwagenbeleuchtung beim Parken; *Standort:* Ort, an dem sich etwas befindet : Garnison; *Standortälteste; Standortbestimmung:* wirtschaftliche Aussage über einen Produktionsstandort; *Standortfaktor; Standortwechsel; Standpauke:*

(volkst.) Strafrede; *Standpunkt:* Ort, an dem jemand steht : (übertr.) Gesichtspunkt, Meinung; *Standrecht:* abgekürztes Strafverfahren vor Ausnahmegerichten; *standrechtlich* Ew.; *standsicher* Ew.; *Standsicherheit; Standspur; Standuhr; Standvogel; Standwaage; Standwerk:* Standardwerk; *Standwild ✳ Standesamt:* Behörde, die den Personenstand einer Gemeinde aufnimmt und Eheschließungen vollzieht; *standesamtlich* Ew.; *Standesbeamter; standesbewußt → standesbewusst* Ew.; *Standesbewußtsein → Standesbewusstsein; Standesdünkel; Standesehre; standesgemäß* Ew.; *Standesperson:* Person von hohem Stand; *Standespflicht; Standesrecht; Standesunterschied; Standesvorurteil; Standeswürde; Standeszugehörigkeit ✳ Ständekammer; Ständeordnung; Ständerat; Ständerecht; Ständestaat; Ständetag; Ständeversammlung ✳* **Ständchen,** das; –s, –: (im Freien dargebrachte) Huldigungsmusik ✳ **Stän|del,** der; –s: Orchideenart ✳ *Ständelwurz ✳* **Stän|der,** der; –s, –: frei stehendes Gestell zum Daranhängen oder Darauflegen von etwas : Garderobenhalter : Stützvorrichtung an, für Fahrräder : (weidm.) Fuß der Auerhähne und Reiher usw. : stehender Bienenstock : kleiner Teich mit Fischen zum täglichen Gebrauch : Stalagmit ✳ *Ständerlampe; Ständerpilz ✳* **standhaft** Ew.: fest stehend : (übertr.) tapfer aushaltend : (bergm.) sich forterstreckend ✳ **Stand|haf|tig|keit,** die; –, –en: Festigkeit, Beharrlichkeit ✳ **stän|dig** Ew.: dauernd ✳ **stän|disch** Ew.: die Stände betreffend : die Landesvertretung betreffend

im Stande sein, imstande sein

Bei adverbialen Wortgefügen sind Zusammen- wie Getrenntschreibung korrekt: *im Stande sein* und *imstande sein, außer Stande sein* und *außerstande sein, in Stand setzen* und *instand setzen.*

Stan|dard (e.), der; –, –s: Normalmaß : gesetzlicher Feinge-halt : etwas Mustergültiges : Norm ✳ *Standardausrüstung; Standardbrief; Standardfarbe; Standardform; Standardklasse; Starndardkosten; Standardlö-sung:* Vergleichslösung; *Stan-dardpreis; Standardsituation; Standardtanz; Standardtyp; Standardwerk:* mustergültiges, maßgebendes Werk; *Standard-wert* ✳ **stan|dar|di|sie|ren** tr.: normen : einheitlich machen ✳ **Stan|dar|di|sie|rung,** die; –, –en: Normung ✳ **Stan|dar|te** (fr.), die; –, –n: (urspr.) Reichs-banner : Reiterfahne : Dienst-flagge eines Staatsoberhauptes : (weidm.) Fuchsschwanz ✳ *Standartenträger*

Stand-by (e.) [ständbai], das; –(s), –s: Flug ohne Platzreser-vierung ✳ *Stand-by-Modus:* in Bereitschaft, nicht ganz ausge-schaltet (von techn. Geräten) ✳ **Stan|ding|o|va|tions** *auch:* **Stan|ding O|va|tions** (e.) [ständing owäischens], die; –, –: Beifallsbekundungen im Stehen

Stan|der: s. Stand

Stan|ge, die; –, –n; Stäng(e)lein, Stängelchen: jun-ger, gerade aufgeschossener Baumstamm : wie ein gerader Stamm gestaltetes Holz : (übertr.) magere, hoch gewach-sene Person : stangenförmiger Körper aus Metall u. a. : (weidm.) Hälfte des Geweihs : (weidm.) Schwanz : (berlin.) hohes, rundes Bierglas ✳ *bei der Stange bleiben* intr.: aus-harren, festbleiben; *einem die Stange halten:* seine Partei nehmen : jemandem gleich-kommen ✳ *Stangenbohne; Stangeneisen; Stangengebiss:* Kandare, Gebissstange; *Stan-genholz; Stangenpferd:* Deich-selpferd; *Stangenspargel; Stangenware; Stangenweißbrot* ✳ **Stän|gel,** der; –s, –: Pflan-zenteil, der die Blätter trägt : (übertr.) dünner Fuß eines Ge-genstandes ✳ *Stängelglas:* Glas mit dünnem Fuß; *stängellos* Ew.; **stän|ge|lig, stäng|lig** Ew.: wie ein Stängel, in Stän-gelform ✳ **..stän|ge|lig, ..stäng|lig** Ew. nur in Zus.: ei-nen Stängel habend; z. B. langstängelig ✳ **stän|geln** tr.:

(Pflanzen) an Stangen festma-chen

Ständel, Stängel
Für die Schreibung aller Ablei-tungen ist der Wortstamm aus-schlaggebend: *Ständel* und nicht mehr *Stendel* (weil Wort-stamm *Stand*), *Stängel* und nicht mehr *Stengel* (weil Wort-stamm *Stange*).

Stän|ker, Stän|ke|rer, der; –s, –: stinkendes Tier : stinkender Mensch : stinkendes Ding : (übertr.) Friedensstörer : (übertr.) Schnüffler ✳ **Stän|ke|rei,** die; –, –en: Un-friedenstiftung ✳ **stän|kern** (ich ..[e]re) intr.: Gestank ver-breiten : Unfrieden stiften : sich müßig umhertreiben : schnüffelnd durchsuchen

Stan|ni|ol (ml.), das; –s, –e: Blattzinn ✳ *Stanniolblättchen; Stanniolpapier*

stan|te pe|de (l.): stehenden Fußes, sofort

Stan|ze (it.), die; –, –n: eine achtzeilige Reimstrophe : Zim-mer (des Vatikans) : (Mz.) Wandgemälde Raffaels im Va-tikan : Stempel zum Prägen : stählerner Zylinder zum Aus-schneiden von Metallstücken ✳ **stan|zen** (du stanzest und stanzt) tr.: mit der Stanze aus-schlagen, pressen ✳ *Stanzma-schine*

Sta|pel, der; –s, –: (niederd.) Schiffsbaugerüst : Warenauf-hängung : Haufe : die Faden-länge und Feinheit des Woll-vlieses ✳ *vom Stapel gehen, laufen lassen* tr.: (eig. Schiff, oft übertr. für) etwas Fertiges an die Öffentlichkeit bringen usw. ✳ *Stapelfaser; Stapelge-rechtigkeit:* Recht, Waren la-gern zu lassen; *Stapelglas; Sta-pelgut; Stapelholz; Stapellauf:* das Zu-Wasser-Bringen eines Schiffsrumpfes von der Helling einer Werft; *Stapelplatz:* Um-schlagplatz; *Stapelverarbei-tung:* (EDV) autom. Ausfüh-rung aufeinander folgender Ar-beitsbefehle; *Stapelware; sta-pelweise* Ew. ✳ **sta|pel|bar** Ew.: dem Stapelrecht unter-worfen ✳ **sta|peln** (ich ..[e]le) tr.: in Stapel aufschichten : an-sammeln

Stap|fe, die; –, –n; **Stap|fen,** der; –s, –: Fußspur ✳ **stap|fen,**

stap|sen (du stapsest und stapst) intr. (sein): stark auftre-tend schreiten

Star, der; –(e)s, –e: eine Au-genkrankheit ✳ *jemandem den Star stechen:* (übertr.) jeman-dem die Augen öffnen : ihn aufklären ✳ *starblind* Ew.; *Starnadel:* chirurg. Instrument

Star, der; –(e)s, –e: ein Zug-, Singvogel ✳ *Star(en)kasten; Starmatz*

Star (e.), der; –s, –s: „Stern", Film-, Bühnengröße, Virtuose ✳ *Starallüren; Staranwalt; Staraufgebot; Starbesetzung; Starfighter:* Flugzeug; *Star-gage:* besonders hohes Gehalt für Stars; *Starkult; Starmanne-quin; Stars and Stripes:* „Ster-nenbanner", Nationalflagge der USA ✳ **Star|let,** das; –s, –s: un-bedeutende Filmschauspielerin

stark Ew. (stärker, stärkste): kräftig : groß : bedeutend an Wirksamkeit : von großer Macht : fest, widerstandsfähig : dick, beleibt : beträchtlich : zahlreich : über das Schickli-che hinausgehend; Uw.: sehr ✳ *zwei Zoll stark; 100 Mann stark:* 100 Mann umfassend; *stark an Leib und Seele* ✳ *Starkbier; starkgliedrig* Ew.; *starkherzig* Ew.; *starkknochig* Ew.; *starkleibig* Ew.: dick; *Starkstrom:* starker elektrischer Strom; *Starkstromleitung; Starkstromtechnik* ✳ **Stär|ke,** die; –, –n: das Starksein : Kraft : Macht : Punkt besonderer Leistungsfähigkeit : Kraftmehl zum Stärken der Wäsche ✳ *Stärkefabrik; Stärkegehalt; Stärkemehl; Stärkezucker* ✳ **stär|ken** tr., rbz.: sich kräftigen : mit Stärkemehl steifen ✳ **Stär|kung,** die; –, –en: die Kräftigung : kleine Mahlzeit ✳ *Stärkungsmittel*

Starn|berg: oberbayr. Kurort ✳ *Starnberger See*

starr Ew.: (Blick) unbeweg-lich, regungslos : unbiegsam : unbeugsam ✳ *Starrachse; starräugig* Ew.; *Starrkopf:* ei-gensinniger Mensch; *starrköp-fig* Ew.; *Starrkrampf:* Tetanus, s. Tetanie; *Starrluftschiff:* Luft-schiff mit festem Gerüst; *Starr-sinn:* Eigensinn; *Starrsucht:* Katalepsie ✳ **Star|re,** die; –: Starrheit ✳ **star|ren** intr.: starr blicken * **Starr|heit**, die; –: das Starrsein

Start (e.), der; –(e)s, –s und –e: Beginn : Ablauf : Örtlichkeit des Startens : Abfahrt : Abflug, Aufstieg * *Startautomatik; Startbahn; Startberechtigung; startbereit* Ew.: *Startblock; Starterlaubnis; Startfläche; Startflagge; Startgeld; Starthilfe; Startkapital; startklar* Ew.; *Startkommando; Startläufer; Startlinie; Startliste; Startloch; Startnummer; Startpaß* → *Startpass; Startpistole; Startplatz; Startrampe; Startschuß* → *Startschuss; Startseil; Startsignal; Startverbot; Startzeichen* * **star|ten** intr. (sein): ablaufen : abfliegen, aufsteigen : beginnen * **Star|ter**, der; –s, –: (Sport) Person, die das Zeichen zum Beginn eines Wettkampfs gibt : Anlasser bei Kraftfahrzeugen * *Startgeld*

Sta|si, die auch der; –: (ehem. DDR) Kurzw. Staatssicherheit(sdienst) * *Stasiakte*

State De|part|ment (e.) [ßteit dipahtment], das; – –: Außenministerium der USA

State|ment (e.) [ßteitment], das; –s, –s: Verlautbarung : Erklärung

Sta|tik, die; –: Gleichgewichtslehre : Ruhelage : Belastungsberechnung * **Sta|ti|ker**, der; –s, –: jemand, der die Statik eines Bauvorhabens berechnet * **sta|tisch** Ew.: auf die Gleichgewichtslehre bezogen : die Statik eines Gebäudes betreffend : (übertr.) verharrend, ohne Entwicklung * **Sta|to|lith**, der; –s und –en, –e und –en: Schwerekörperchen im Gleichgewichtsorgan der Innenohrs : Stärkekorn in Wurzel- und Stängelzellen von Pflanzen [gr. stenai stehen]

Sta|ti|on, die; –, –en: Aufenthaltsort : Haltestelle : Abteilung eines Krankenhauses : Funksendestelle : Bahnhof : *freie Station:* unentgeltlich gegebene Kost und Wohnung * *Stationsarzt; Stationskosten; Stationspfleger; Stationsschwester; Stationstaste:* Taste für die Einstellung eines bestimmten Senders beim Radio; *Stationsvorsteher:* Bahnhofsvorsteher * *Stationenfolge* *

sta|ti|o|när Ew.: ortsfest, beständig : im Krankenhaus behandelt * **sta|ti|o|nie|ren** (..iert) tr.: an eine Stelle stellen : Vermessungspunkte festlegen * **Sta|ti|o|nie|rung**, die; –, –en (veralt.) das Aufstellen : Anweisung des Amtssitzes : Standortzuweisung (Militär) * *Stationierungskosten* *

Sta|tist, der; –en, –en: stummer Darsteller auf der Bühne * **Sta|tis|te|rie**, die; –: die Gesamtheit der Statisten in einem Bühnenstück * **Sta|tis|tik**, die; –, –en: rechnerische Untersuchung über Umfang und Struktur von Massenerscheinungen : zahlenmäßige Übersicht, zahlenmäßiger Nachweis * **Sta|tis|ti|ker**, der; –s, –: Hersteller und Auswerter von Statistiken * **sta|tis|tisch** Ew.: auf zahlenmäßigen Angaben beruhend * *das Statistische Bundesamt:* Behörde für statistische Erhebungen * **Sta|tiv**, das; –s, ..ve [..w..]: Gestell (für den Messtisch, Fotoapparate u. a.) * **sta|tu|a|risch** Ew.: die Bildhauerkunst betreffend * **Sta|tue**, die; –, –: Standbild, Bildsäule * *statuenhaft* * **Sta|tu|et|te**, die; –, –: kleines Standbild * **sta|tu|ie|ren** (..iert) tr.: aufstellen : behaupten * *ein Exempel statuieren:* warnendes Beispiel aufstellen * **Sta|tur**, die; –, –en: Körperbau, Wuchs * **Sta|tus**, der; –, –: Stand : Zustand : Vermögenslage, Bestand * *Statusdenken; Statussymbol* * **Status quo**, der; – –, – –: bisheriger Zustand * **Status quo an|te**, der; – – –, – – –: Stand vor dem bezeichneten Ereignis * **Sta|tut**, das; –(e)s, –en: Satzung * *Statutenänderung; statutengemäß* Ew.; *statutenwidrig* Ew. * **sta|tu|ta|risch** Ew.: satzungsgemäß [l. stare stehen; status Zustand: status vivus feststehend; statuere aufstellen, festsetzen]

stä|tisch Ew.: (Tier) widerspenstig, nicht von der Stelle zu bewegen

statt Vw. m. Gen.: an Stelle von * *statt dessen, deren; statt meiner* * *an Kindes (Eides, Zahlungs) Statt* → *an Kindes (..) statt annehmen* tr. * **statt**-

finden (es findet statt, hat stattgefunden, stattzufinden) intr.: geschehen, eintreten, veranstaltet werden; *stattgeben* (vgl. stattfinden) intr.: gewähren, zugestehen; *statthaben* (vgl. stattfinden) intr.: stattfinden * **statt** Bw.: anstatt dass * *handle, statt zu klagen (statt daß* → *statt dass du klagst)* * *statt dessen auch:* stattdessen; *Statthalter:* Stellvertreter eines Regenten; *Statthalterschaft* * **Stät|te**, die; –, –n: feste Stelle, Statt, Platz, Ort * **statt|haft** Ew.: erlaubt : genehmigt : gestattet : rechtmäßig

statt|lich Ew.: prächtig, ansehnlich * **Statt|lich|keit**, die; –: Ansehnlichkeit [urspr. staatlich; vgl. Staat]

sta|tu|a|risch, **Sta|tue**, **Sta|tu|et|te**, **sta|tu|ie|ren**, **Sta|tur**: s. Station

Sta|tus, **Status quo**, **Status quo an|te**, **Sta|tut**, **sta|tu|ta|risch**: s. Station

Stau, der; –(e)s, –e: Aufhalten des flutenden Wassers : Wasserstand zwischen Ebbe und Flut : stockender Verkehr * *Stauwasser:* stillstehendes Wasser * **stau|en** tr.: (Wasser –) zum Stehen bringen, anschwellen machen : (Schiffsladung –) gehörig verpacken und verteilen * *Stauanlage; Staubecken; Staudamm; Staugefahr; Staudruckmauer; Staumeldungen; Staumesser; Staupunkt; Stauraum:* Raum zum Verstauen von Dingen; *Stausee; Stausegel:* Schleppsegel; *Staustufe; Stauwarnungen; Stauwehr; Stauwerk* * **Stau|er**, der; –s, –: Schiffsverlader * **Stau|ung**, die; –, –en: Stockung

Staub, der; –(e)s; Stäubchen: die feinsten Teilchen eines Körpers : Puder : Mehlstaub : (zuw.) sprühende Flüssigkeit : (übertr.) Zustand tiefster Niedrigkeit : (übertr.) das Vergängliche * *staubabweisend* → *Staub abweisend* Ew.; *staubbedeckt* Mw. Ew.; *Staubbesen; Staubbeutel:* Blütenstaub enthaltender Pflanzenteil; *Staubblatt; staubdicht* Ew.; *Staubfänger; Staubfilter:* techn. Anlage zum Entstauben der Luft; *staubfrei* Ew.; *staubgeboren* Mw. Ew.:

irdisch; *Staubgefäß:* Staubbeutel und -fäden; *Staubhanf:* männl. Hanf (mit Staubgefäßen); *Staubkamm; Staubkorn; Staublappen; Staublawine; Staublunge; Staubmantel; Staubpilz:* Bofist; *Staubpinsel; Staub saugen auch: staubsaugen; Staubsauger; Staubtuch; Staubwedel; Staubwolke; Staubzucker* ✳ **Stäub**chen, das; –s, –: ein Staubkorn ✳ **stau**ben intr., unp.: Staub absondern ✳ **stäu**ben tr.: Staub aufwirbeln : vom Staub reinigen : den Staub ausschütteln ✳ **Stäu**ber, der; –s, –: Werkzeug zum Abstäuben : Stöber, Art kleiner Hunde zum Aufstöbern von Wild : Staubpilz ✳ **stau**big Ew.: mit Staub bedeckt, bestaubt ✳ **Stäub**ling, der; –s, –e: Bofist

Stauche, der; –ns, –n; die; –, –n: Bündel Flachs : Pulswärmer ✳ **stau**chen tr.: aufschichten : stoßen : enger zusammenpressen : hineinstopfen : stauen : (bergm.) (Axt –) ausschmieden : stoben ✳ *zusammenstauchen:* ausschimpfen : zurechtweisen

Staudamm: s. Stau

Staude, die; –, –n; Stäudchen: Pflanze, deren unterirdische Teile ausdauern, während oberirdische Teile alljährlich absterben : (Papierm.) Pfosten, zwischen denen sich die Schwingen der Stampfen bewegen ✳ *staudenartig* Ew.; *Staudengewächs; Staudensalat* ✳ **stau**den intr. (haben, sein): staudig wachsen ✳ **stau**dig Ew.: staudenartig

stauen: s. Stau

Staufferfett, das; –s: nach dem Hersteller benanntes festes Schmierfett ✳ *Staufferbüchse:* Schmiergerät

staunen intr.: (urspr.) gedankenlos träumen : anstaunen : wundernehmen : sich sehr wundern ✳ *staunenerregend → Staunen erregend* Mw. Ew.; *staunenswert, staunenswürdig* Ew.: wert, dass man darüber staunt ✳ **Stau**nen, das; –s: Verwunderung : Erstaunen

Staupe, die; –, –n: das Stäupen : Züchtigung : eine Tierkrankheit ✳ **stäu**pen tr.: am Schandpfahl mit Ruten züchtigen

Stausee, **Stau**ung: s. Stau

Std. (Abk.): Stunde

Ste. (Abk.): Sainte

Steak (e.) [stehk], das; –s, –s: gebratene Lendenschnitte ✳ *Steakhaus; Steakmesser; Steaksoße*

Steamer (e.) [ßtihm'r], der; –s, –: Dampfschiff

Stearin (gr.), das; –s, –e: Bestandteil der festen Fette : Stearinsäure ✳ *Stearinkerze; Stearinsäure:* Talgsäure ✳ **Stea**tit, der; –s, –e: Speckstein, Seifenstein, Talk ✳ **Stea**tose, die; –, ..tosen: (krankhafte) Verfettung

Stechapfel usw.: s. stechen

stechen (du stichst; du stachst, du stächest; gestochen; stich!) tr.: mit einem spitzen Werkzeug in einen Gegenstand oder Körper eindringen und verletzen : mit spitzem Werkzeug Figuren auf einer Fläche erzeugen : (Tier) durch Stich töten, schlachten : (Hechte –) spießen : (Spargel –) stechend abschneiden : (Hüttw.) Stichloch des Schmelzofens zum Ablassen des Erzes öffnen : (Spielkarte) mehr gelten als eine andere : (Kartsp.) nehmen : mit einem spitzen Werkzeug aus einer Masse einen Teil herausheben : (übertr.) anstacheln, aufreizen; intr.: (Pferd) mit weit vorgestreckten Vorderfüßen traben : (weidm.) mit spitzer Schnauze bohren und wühlen : (Schiffe) aus dem Hafen fahren : (Blick) durchbohren : (auf jemand –) mit Worten sticheln ✳ *das Schiff sticht in See; in den Wind stechen* intr.: möglichst dicht beim Wind segeln; *der Hafer sticht ihn:* er ist übermütig ✳ *Stechapfel:* eine Giftpflanze; *Stechbahn:* Turnierplatz; *Stechbecken:* Unterschieber für bettlägrige Kranke; *Stechbeitel; Stechdorn:* eine Pflanze; *Stecheisen:* Werkzeug; *Stechfliege; Stechhandel:* Tauschhandel; *Stechheber:* Werkzeug, um Flüssigkeiten zu heben; *Stechkarte:* Karte für die Stechuhr; *Stechkahn; Stechmeißel; Stechmücke; Stechpaddel:* Paddelruder; *Stechpalme:* immergrüner Baum, Ilex;

Stechschritt: Paradeschritt; *Stechuhr:* Kontrolluhr; *Stechzeug:* leichtere Meißel der Tischler ✳ **Ste**chen, das; –s, –: (Sport) zusätzliche Prüfung bei mehreren Siegern eines Wettbewerbs ✳ **Ste**cher, der; –s, –: zweiter Abzug bei Handfeuerwaffen : (weidm.) Schnabel der Schnepfen : Kupferstecher

Steckbrief: s. Stecken

Stecken, der; –s, –; Steckchen: (meist geh. Rede) Stock : (obd.) Pfahl, Pflock ✳ *Steckenpferd:* Stecken als Spielpferd für Kinder : (übertr.) Gegenstand einer (kindischen) Liebhaberei : (kindische) Liebhaberei ✳ **stec**ken (du steckst; stecktest; gesteckt; steck[e]!) tr.: in eine Öffnung hineintun : (häufig) sich an verborgener Stelle befinden : anheften ✳ *steckenbleiben → stecken bleiben* (ich bleibe stecken; stecken geblieben; stecken zu bleiben) intr.: festsitzen, nicht fortbewegt werden können : (Worte) nicht ausgesprochen werden können : stocken, den Faden der Rede verlieren; *Steckenbleiben,* das; –s; *steckenlassen → stecken lassen* (vgl. stecken bleiben) tr.: etwas ersthaften lassen, nicht herausnehmen ✳ **stec**ken (du steckst; du stakst [du stakest]: du stecktest [du stäkest]; gesteckt, steck[e]!) intr.: in etwas festsitzen : sich irgendwo befinden : sich versteckt halten ✳ *einem etwas stecken* ✳ *Steckbrief:* Verhaftungsbefehl mit Personenbeschreibung; *steckbrieflich* Ew.; *Steckdose:* elektr. Kontakt; *Steckkontakt:* Steckdose; *Steckleiter; Steckmuschel:* eine Perlmuschel; *stecknadelgroß* Ew.; *Stecknadel; Steckreis,* das: Steckling; *Steckrübe:* Kohlrübe; *Steckschach; Steckschale; Steckschloß → Steckschloss; Steckschlüssel; Steckschuß → Steckschuss; Steckschwamm; Steckzwiebel* ✳ **Ste**cker, der; –s, –: Verbindungteil zwischen Steckdose und Gerät ✳ **Steck**ling, der; –s, –e: zwecks Fortpflanzung in die Erde gesteckter, junger Zweig

Steg, der; –(e)s, –e: schmaler

Fußweg : schmale (Bretter-) Brücke : Bretterweg für Schubkarren : schmales Holz an Saiteninstrumenten, über das die Saiten gespannt werden : Querholz an Sattel : Sprungriemen an der Hose ✳ *Stegreif:* Steigbügel; *im Stegreif:* (gleichsam schon mit einem Fuß im Pferde) in Eile, im letzten Augenblick; *aus dem Stegreif:* ohne Vorbereitung; *Stegreifdichter:* Gelegenheitsdichter; *Stegreifkomödie; Stegreifspiel* **Stegreif:** s. Steg

ste|hen, stehn (du stehst; du standst [mundartl., dichterisch du stundest], du ständest und stündest; gestanden; steh[e]!) intr. (haben, sein): aufgerichtet auf den Füßen ruhen : still stehen, sich nicht bewegen : fest stehen, nicht fallen : (südd.) sich stellen : sich befinden, sein : kosten : gut anstehen : geziemen : (für etwas –) eintreten, bürgen für : (nach etwas –) trachten : (einem –) gut zu einem passen : (auf etwas –) Vorliebe für etwas haben : senkrecht emporgerichtet sein : fest, unbeweglich sein : (Wind) beständig in einer Richtung wehen : unverändert immer wiederkehren : ununterbrochen fortbestehen ✳ *sicher stehen* intr.; *das (so viel) steht fest; es steht mir frei; Antwort, Rede stehen; sich müde stehen; es steht zu hoffen; es steht dahin:* es bleibt unentschieden; *zu Diensten stehen* ✳ *stehendes Heer; stehende Redensart:* sofort; *stehende Redensart:* immer wiederkehrende Redensart* ✳ *alles in meiner Macht (mir zu Gebote) Stehende* ✳ *stehenbleiben* → *stehen bleiben* (ich bleibe stehen, stehengeblieben, stehen zu bleiben) intr.: an einem Standort verharren : zu laufen aufhören; *stehenlassen* → *stehen lassen* (vgl. stehenbleiben) tr.: an seinem Ort lassen : (Essen –) nicht anrühren ✳ *Stehauf,* der; –s, –: Purzelmann; *Stehbierhalle; Stehempfang; Stehgeiger; Stehimbiß* → *Stehimbiss; Stehkonvent; Stehkragen:* hoch stehender, steifer Kragen : *Stehlampe; Stehleiter; Stehparty; Stehplatz; Stehpult; Stehsatz;*

Stehvermögen ✳ **Ste|her,** der; –s, –: ein Stehender : (Sport) Pferd, das besonders ausdauernd läuft : Radrennfahrer, der nur Dauerrennen hinter dem Schrittmacher bestreitet ✳ *Steherrennen*

steh|len (du stiehlst, er stiehlt; du stahlst, du stählest, [selt. stöhlest]; gestohlen; stiehl!) tr., intr.: heimlich fremdes Eigentum entwenden : (einem das Herz –) unvermerkt seine Liebe gewinnen; rbz.: sich heimlich zu einem Ort begeben ✳ *Stehlsucht:* Kleptomanie; *Stehltrieb* **steif** Ew.: sich nicht leicht biegend : dick(flüssig) : (warme alkoholische Getränke) stark : der freien Bewegung ermangelnd : (übertr.) förmlich, pedantisch : (übertr.) stolz : (übertr.) unbeugsam : (Wind) kräftig ✳ *die Ohren (den Nacken) steifhalten* → *steif halten:* sich nicht unterkriegen lassen ✳ *steifbeinig* Ew.; *Steifleinen; steifleinen* Ew.; *Steifpapier* ✳ **stei|fen** tr.: steif machen : (Wäsche –) stärken : stützen; rbz.: (sich auf etwas ver–) hartnäckig auf etwas bestehen ✳ **Steif|heit, Steif|ig|keit,** die; –: das Steifsein : (übertr.) Gezwungenheit, Förmlichkeit ✳ **Stei|fung,** die; –, –en: das Steifmachen : Stützung **Steig,** der; –(e)s, –e: schmaler Pfad : Steg ✳ **Stei|ge,** die; –, –n: schmale Treppe, Stiege : (zuw.) Leiter : Lattenkiste für Obst o. Ä. : Stelle eines Zauns, an der man übersteigen kann : schmaler Weg : Stabgitter : (mundartl.) 20 Stück ✳ **stei|gen** (du stiegst, du stiegest; gestiegen; steig[e]!) intr. (haben, sein): sich aufwärts bewegen : (von etwas –) herabsteigen : (Pferd) sich bäumen : (einige männl. Tiere) sich begatten : (im Preis u. a. –) wachsen, zunehmen, höher werden ✳ *Steigbügel; Steigeisen:* Steigbügel : anschnallbares Klettergerät : Eisenbügel zum Hochklettern in Schornsteinen; *Steigfähigkeit; Steigflug; Steighöhe; Steigleiter; Steigleitung; Steigrad:* gezahntes Uhrrad; *Steigriemen:* Riemen, an dem die Steigbügel hängen; *Steigrohr:* Röhre, durch die

eine Flüssigkeit aufsteigt ✳ **Stei|ger,** der; –s, –: ein Bergsteiger : (bergm.) Grubenaufseher ✳ **stei|gern** (ich ..[e]re) tr.: in die Höhe treiben : erhöhen : (Sprachl.) komparieren : in einer Versteigerung erstehen ✳ **Stei|ge|rung,** die; –, –en: das Steigern : Zunahme : (Sprachl.) Bildung der Steigerungsformen, Komparation ✳ *steigerungsfähig* Ew.; *Steigerungsgrad, -stufe* (Sprachl.); *Steigerungsrate* ✳ **Stei|gung,** die; –, –en: das Steigen : das Ansteigen eines Geländes : *Steigungstafel; Steigungswinkel* **steil** Ew.: sich senkrecht oder fast senkrecht erhebend ✳ *Steilabfahrt:* Abfahrt beim Skisport; *Steilhang:* steiler Abhang; *Steilkurve; Steilküste; Steilschrift; Steilufer; Steilvorlage; Steilwand* ✳ **Steil|heit,** die; –: die Abschüssigkeit : jede Steigung

Stein, der; –(e)s, –e; Steinchen: Mineral : ein natürlich auf der Erde vorkommendes Stück dieses Minerals : (übertr.) etwas Hartes, (übertr.) etwas Schweres : etwas Empfindungsloses : behauene Steinmasse als Baumaterial : künstliches, gebranntes, quaderförmiges Stück Baumaterial : steinartige Masse im menschlichen Körper als Krankheitserscheinung : hartschaliger Obstsame : Brettspielfigur, Schachfigur : Schmuckstein : (Sport) Stoßgerät : ehemal. Gewicht : (Kartsp.) Karo ✳ *Stein des Anstoßes:* Anlass zum Ärger; *Stein im Weg:* Hindernis; *über Stock und Stein; Stein und Bein schwören; einen Stein bei jemand im Brett haben:* gut angeschrieben sein ✳ *Steinacker; Steinadler:* ein Greifvogel; *steinalt* Ew.: sehr alt; *steinartig* Ew.; *Steinaxt:* vorgeschichtliches Werkzeug; *Steinbank; Steinbau; Steinbaukasten; Steinbeißer; Steinbock:* eine Gebirgsziegenart : ein Käfer : ein Sternbild : ein Tierkreiszeichen; *Steinboden; Steinbohrer; Steinbrecher:* Maschine zum Zerkleinern von Erz, Steinen, Kohle u. a.; *Steinbruch; Steinbuche:* Weißbuche; *Steinbutt(e):* ein Fisch; *Steindamm;*

Steindruck: Lithografie, Flachdruckverfahren; *Steindrucker; Steineiche:* Bergeiche; *Steinfliese; Steinfrucht:* Frucht mit steinhartem Samen; *Steinfußboden; Steingarten; Steingrab; Steingut:* Geschirr aus gebrannter, weißer Tonerde; *Steinhagel; steinhart* Ew.; *Steinhauer; Steinhaufen; Steinholz:* fugenloser Fußbodenbelag; *Steinkauz; Steinklee; Steinkohle:* natürl. Kohle, durch Zersetzung abgestorbener Pflanzen entstanden; *Steinkohlenformation:* (Geol.) Schicht des Paläozoikums; *Steinkohlenförderung, -industrie; Steinkohlenlager; Steinkohlenteer; Steinkohlenzeche; Steinlawine; Steinleiden; Steinmarder; Steinmetz:* Steinhauer, Bildhauer; *Steinnelke; Steinobst:* Steinfrüchte; *Steinöl:* Petroleum; *Steinpflaster; Steinpilz; steinreich* Ew.: mineralreich : (übertr.) sehr reich; *Steinsalz:* Kochsalz; *Steinsarg; Steinschlag:* herabstürzende Steinmenge : Schotter; *Steinschneidekunst; Steinschrift:* in Stein gehaune Schrift : (Buchdrw.) Schriftart ohne Haarstriche; *Steinsetzer:* Pflasterer; *Steinwein; Steinwurf; Steinzeichnung:* vgl. Steindruck; *Steinzeit:* vorgeschichtliche Zeit, in der die Menschen Geräte und Waffen aus Stein herstellten; *steinzeitlich* Ew. ✳ stein|ne(r)n Ew.: aus Stein ; wie aus Stein bestehend ✳ stein|nig Ew.: mit Steinen bedeckt ✳ stein|ni|gen tr.: mit Steinen bewerfen : durch Steinwürfe töten ✳ Stein|ni|gung, die; –, –en: Vollzug der Todesstrafe durch Steinwürfe

Steiß, der; –es, –e: hinteres Körperende der Wirbeltiere und Vögel ✳ *Steißbein:* (Anat.) Wirbelknochen; *Steißgeburt:* Geburt eines Kindes in Steißlage, bei der das Gesäß zuerst erscheint; *Steißlage*

Stel|le (gr.), die; –, –n: altgriech. Grabsäule, Steintafel mit Reliefbildnis des Toten

Stel|la|ge (dtsch.-fr.) [..ahsch'], die; –, –n: Gestell, Ständer : Börsen-, Prämiengeschäft ✳ **Stel|le,** die; –, –n: Ort, an dem etwas aufgestellt ist :

ländlicher Grundbesitz : Satz, Teil eines Schriftstücks, eines Musikstücks : Platz, den etwas, jemand einnimmt : Amt, Posten, Wirkungskreis ✳ *auf der Stelle:* sofort; *an Stelle von jemand, von etwas* auch: *anstelle von..:* für jemand, etwas; *zur Stelle sein:* da sein ✳ *Stellenangebot; Stellenbesetzung; Stellengesuch; stellenlos* Ew.; *Stellenmarkt; Stellennachweis; Stellenplan; Stellenvermittlung; stellenweise* Uw.: hie und da ✳ **stel|len** tr.: an eine Stelle bringen, aufstellen : etwas Bewegtes zum Stehen bringen : zur Stelle schaffen : richtend in die rechte Lage bringen : (Aufgabe u. a. –) bestimmen, festsetzen; rbz.: sich an einen Platz oder Stelle begeben und aufstellen : heucheln : (sich dem Gericht –) sich freiwillig zur Verurteilung beim Gericht einfinden ✳ *Stelldichein,* das; –s, –s: verabredete Zusammenkunft; *Stellfläche; Stellhebel; Stellmacher:* Hersteller von Wagengestellen; *Stellnetz; Stellplatz; Stellprobe; Stellrad:* Rad an der Uhr zur Regelung des Ganges; *Stellschraube; Stellvertreter:* einer, der die Stelle eines anderen vertritt; *stellvertretend* Ew.; *Stellvertreterkrieg; Stellvertretung; Stellwerk:* eisenbahntechn. Anlage; *Stellwerksmeister* ✳ **..stel|lig** Ew., nur in Zus.: Stellen (Zahlenstelle) habend, z. B. dreistellig ✳ **Stel|lung,** die; –, –en: Lage : Einordnung : Beruf, Amt : Rang, Würde : *eine gute Stellung haben* ✳ *Stellungnahme:* Ansicht, Meinung kundtun ✳ *Stellungskampf; Stellungskrieg:* Krieg an festen Fronten; *stellungslos* Ew.: ohne Anstellung : arbeitslos; *Stellungslose,* der; die; –n, –n : *Stellungslosigkeit; –spiel; –suche*

stel|lar (l.) Ew.: auf die Sterne bezogen

Stell|dich|ein, Stel|le: s. Stelle

Stel|ze, die; –, –n; Stelzchen: Holzstange mit Tritthölzern als Laufgestell : eine Gattung langbeiniger Vögel ✳ *Stelzbein; Stelzfuß; Stelzvogel; Stelzwurzel* ✳ *Stelzenbaum;*

Stelzengang: Gang wie auf Stelzen; *Stelzenläufer* ✳ **stel|zen** (du stelzest und stelzt) intr. (sein): auf Stelzen gehen ✳ **stel|zen|haft, stel|zig** Ew.: auf Stelzen : wie auf Stelzen gehend

Stem|ma (gr.-l.), das; –s, –ta: Stammbaum : Reihe der verschiedenen Handschriften eines lit. Werkes

stem|men tr.: Einhalt tun : stauen : fest gegen etwas drücken : mit entgegengestemmtem Eisen meißeln; rbz.: sich mit festem Druck anlehnen ✳ *Stemmapparat; Stemmarbeit; Stemmaxt; Stemmbogen:* richtungändernde Bewegung beim Skilauf; *Stemmeisen; Stemmmeißel* → *Stemmmeißel* ✳ **Stem|men,** das; –s: (Sport) schwerathletische Übung

Stem|pel, der; –s, –: Druckgerät mit Gummi- oder Stahlbuchstaben : (bergm.) starker, kurzer Holzstamm zur Grubenzimmerung : Werkzeug zur Vervielfältigung eines auf ihm angebrachten Musters durch Siegeln oder Pressen : amtliches Merkzeichen für Entrichtung einer Abgabe : weibliches Befruchtungsorgan der Pflanze ✳ *Stempelblüte; Stempelfarbe; Stempelhalter; Stempelkissen; Stempelschneidekunst:* Herstellung von Stahlstempeln; *Stempelständer* ✳ **stem|peln** (ich ..[e]le) tr.: mit einem Stempel versehen; intr.: (Arbeitslose, veralt.) sich den amtlichen Stempel auf der zum Bezug der Erwerbslosenunterstützung berechtigten Karte holen ✳ *stempeln gehen:* arbeitslos sein ✳ *Stempelgebühr:* Abgabe für eine amtliche Stempelmarke; *Stempelgeld:* (Umgspr.) Arbeitslosenunterstützung; *Stempelkarte:* Arbeitslosenausweis; *Stempelmarke; Stempelsteuer; Stempeluhr:* Kontrolluhr ✳ **Stem|pe|lung, Stem|plung,** die; –, –en: das Stempeln : Stempel

Sten|del → **Stän|del:** s. Stand

Sten|gel → **Stän|gel:** s. Stange

ste|no.. (gr.) Ew. in Zus.: eng ✳ **Ste|no,** die; –: Kurzwort für Stenografie ✳ *Stenokontoris-*

tin; Stenostift ∗ **Ste|no|chro-mie**, die; –, ..mien: ein Farb-druckverfahren ∗ **Ste|no-gramm**, das; –s, –e: in Kurz-schrift Geschriebenes ∗ *Steno-grammblock* ∗ **Ste|no|graf** *auch:* **Ste|no|graph**, der; –en, –en; Kurzschriftschreiber ∗ **Ste|no|gra|fie** *auch:* **Ste|no-gra|phie**, die; –, ..fien *auch:* ..phien: Kurzschrift; Kurzw. Steno ∗ **ste|no|gra|fie|ren** *auch:* **ste|no|gra|phie|ren** (..iert) tr., intr.: in Kurzschrift schreiben ∗ **ste|no|gra|fisch** *auch:* **ste|no|gra|phisch**: auf die Kurzschrift bezogen ∗ **Ste|no|se, Ste|no|sis**, die; –, ..nosen: (Med.) Verengung von Gefäßen ∗ **ste|no|therm** Ew.: schwach wärmeempfindlich ∗ **Ste|no|ty|pie**, die; –, ..pien: Druck in Kurzschrift ∗ **ste|no|ty|pie|ren** (..iert) tr.: in Kurzschrift drucken : Steno-gramm auf die Maschine über-tragen ∗ **Ste|no|ty|pist**, der; –en, –en **Ste|no|ty|pis|tin**, die; –, –nen: Kurz- und Ma-schinenschreiber(in)

sten|tan|do, sten|tan|to (it.): (Mus.) schleppend, wehmütig **Step** → **Stepp** (e.), der; –s, –s: „Schritt", Klapp-, Tanzschritt ∗ *Stepschritt* → *Steppschritt; Steptanz* → *Stepptanz; Steptän-zer(in)* → *Stepptänzer(in)* ∗ **step|pen** intr.: Stepp tanzen

Stepp
Um deutlich zu machen, dass das Wort *Stepp* einen kurzen Vokal hat, wird es mit nachfol-gendem *pp* geschrieben; seine Ableitungen *steppen* und *Step-per* werden ohnedies so gebil-det.

Stepp|decke usw.: s. steppen **Step|pe** (russ.), die; –, –n: weite, baumlose, trockene Ebene ∗ *Steppenantilope; Steppenbewohner; Steppen-flora; Steppenfuchs; Steppen-gras; Steppenhuhn; Steppen-hund; Steppenwolf* **step|pen** tr., intr.: mit aneinan-der gereihten Hinterstichen nä-hen ∗ *Steppdecke:* gesteppte Decke; *Steppfutter; Stepp-jacke; Steppmantel; Steppma-schine; Steppnaht; Steppseide; Steppstich* ∗ **Step|per**, der; –s, –: ein Steppender ∗ **Step-pe|rei**, die; –, –en: das Steppen

: das Gesteppte : Werkstatt für Steppdecken **Stepp|ke**, der; –s, –s: kleiner Bub **Ster** (fr.), der; –s, –e und –s: Raummaß für Holz, ein Raum-meter ∗ *2 Ster* **ster|ben** (du stirbst, er stirbt; du starbst; du stürbtest; gestor-ben [Abk.: gest.]; stirb!) intr. (sein): aufhören zu leben : (Feuer) erlöschen : (Töne) ver-klingen : (übertr.) aufhören zu sein, vergehen ∗ *Sterbebett; Sterbedatum; Sterbefall; Ster-begeld:* von einer Versicherung ausgezahltes Geld bei Todes-fall: *Sterbeglocke; Sterbehemd; Sterbehilfe; Sterbekasse:* Ver-sicherungskasse, die die Be-gräbniskosten zahlt; *Sterbe-kerze; Sterbekreuz; Sterbeort; Sterbesakrament; Sterbe-stunde; Sterbetag; Sterbeur-kunde; Sterbezimmer* ∗ *Ster-bensangst:* Todesangst; *ster-benskrank* Ew.; *sterbensmatt* Ew.; *Sterbenswort; Sterbens-wörtchen:* (Umgspr.) nur in der Verbindung: *kein Sterbens-wörtchen sagen:* bestimmt nichts sagen ∗ **sterb|lich** Ew.: dem Tode unterworfen ∗ *die sterblichen Überreste:* sich *sterblich verlieben:* sich äu-ßerst stark verlieben ∗ **Sterb-lich|keit**, die; –: das Sterblich-sein : Zahlverhältnis der Ster-benden zur Gesamtbevölke-rung ∗ *Sterblichkeitsstatistik; Sterblichkeitsziffer* **ste|reo..** (gr.) Ew. in Zus.: fest, massiv, körperlich, räumlich ∗ **Ste|reo**, das; –s, –s: feste Druckplatte : Kurzw. für Ste-reophonie, Stereotypie und Stereoskopie ∗ *Stereoanlage:* Anlage zum stereofonen Hö-ren; *Stereobild; Stereofernse-hen; Stereofilm; Stereokamera; Stereoplatte:* Stereoschall-platte; *Stereoton:* stereofoner Ton ∗ **Ste|reo|a|kus|tik**, die; –: Lehre vom Richtungshören ∗ **Ste|reo|che|mie**, die; –: Lehre von der Anordnung der Atome im Molekül ∗ **Ste|reo|me|ter**, das; –s, –: Raumbestimmer, Vorrichtung zur Bestimmung des spezifi-schen und des Raumgewichts pulverförmiger oder poröser Körper ∗ **Ste|reo|me|trie**, die; –: Körpermessung, -be-rechnung : Lehre von den räumlichen Größen ∗ **ste|reo|me|trisch** Ew.: zur Stereometrie gehörend ∗ **ste|reo|phon** *auch:* **ste|reo-fon** Ew.: die Stereophonie be-treffend ∗ **Ste|reo|pho|nie** *auch:* **Ste|reo|fo|nie**, die; –: Technik für eine räumlich wir-kende Tonwiedergabe ∗ **Ste|reo|pho|to|gra|phie** → **Ste|reo|fo|to|gra|fie**, die; –: Anfertigung von Stereoskop-bildern ∗ **Ste|reo|skop**, das; –s, –e: Vorrichtung, Bilder kör-perlich, plastisch zu sehen ∗ **ste|reo|s|ko|pisch** Ew.: (Bil-der) körperlich dargestellt ∗ **ste|reo|typ**, **ste|reo|ty-pisch** Ew.: feststehend : immer wiederkehrend, abgedroschen ∗ *Stereotypdruck; Stereotyp-platte:* feste Druckplatte **ste|ril** (l.) Ew.: unfruchtbar : keimfrei ∗ **Ste|ri|li|sa|ti|on, Ste|ri|li|sie|rung**, die; –, –en: Unfruchtbarmachung : Entkei-mung ∗ *Sterilisierapparat* ∗ **ste|ri|li|sie|ren** (..iert) tr.: un-fruchtbar machen : entkeimen ∗ **Ste|ri|li|tät**, die; –: Unfrucht-barkeit : Dürre : (übertr.) geisti-ges Unvermögen **Ster|let** (russ.), der; –s, –e: eine Störart **Ster|ling**, der; –s, –e: engl. Münze ∗ **Pfund Ster|ling**, das; – –, – –; Abk.: Pfund St. oder £ ∗ *3 Pfund Sterling* **Stern** (e.), der; –s, –e: Heck : Schiffshinterteil **Stern**, der; –(e)s, –e: „Licht-streuer, Strahlenwerfer": leuchtender Himmelskörper : Pupille : ein Feuerwerkskörper : etwas Sternförmiges (Gebäck, Verzierung u. a.) : sternförmige Blüte : Blesse ∗ *Sternbild:* eine benannte Fixsterngruppe am Himmel; *Sternblume; Stern-deuter:* Astrologe; *Sterndeu-tung: Sternfahrt:* sportl. Wett-fahrt von verschiedenen Orten aus zu einem Ziel (Rallye); *sternförmig* Ew.; *Sterngruppe; Sterngucker; sternhagelvoll* Ew.: (Umgspr.) enorm betrun-ken; *sternhell* Ew.; *Sternjahr:* Umlaufzeit der Planeten um die Sonne; *Sternkarte; stern-klar* Ew.; *Sternkunde:* Astrono-mie; *Sternmarsch; Sternmo-*

tor: Flugmotor mit sternförmig angeordneten Zylindern; *Sternschnuppe:* ein Meteor; *Sternsinger: Sternstunde:* besonders günstige Stunde; *Sternwarte:* Institut für astronomische Beobachtungen; *Sternweite:* Längeneinheit für Fixsternentfernungen; *Sternzeichen; Sternzeit* ✳ *Sternbahn:* Bahn der Sterne; *Sternenbanner:* Flagge der Vereinigten Staaten von Amerika; *Sternenhimmel; sternenklar; Sternenlicht; sternenlos; Sternenzelt:* nächtlicher Sternenhimmel

Sterz, der; –es, –e; **Ster¦ze,** die; –, –n: Schwanz : Handgriff am Pflug ✳ **ster¦zeln** intr.: das Hinterteil aufstellen (Biene)

stet Ew.: fest, beständig, fortdauernd : (obd.) still, ruhig ✳ **Ste¦te,** die; –: Stetigkeit, Ausdauer ✳ **ste¦tig** Ew.: ununterbrochen fortschreitend : beständig ✳ **Ste¦tig¦keit,** die; –: Beständigkeit ✳ **stets** Uw.: immer ✳ *stetsfort* Ew.: (schweiz.) fortdauernd

Ste¦tho¦s¦kop (gr.), das; –s, –e: (Med.) Hörrohr

ste¦tig usw.: s. stet

Stet¦tin: Hafenstadt in Pommern; heute poln. Szczecin

Steu¦er, die; –, –n: (veralt.) Unterstützung durch Abgabe : freiwillige Abgabe : gesetzlich festgelegte Abgabe an den Staat und die Gemeinde ✳ *Steuerabzug; Steueramt; Steuerangelegenheit; Steueraufkommen; Steuerausschuß →* Steuerausschuss; *steuerbar; Steuerbehörde; Steuerberater; Steuerbescheid; Steuerbetrug; Steuerbilanz; Steuerdeklaration; Steuereinnehmer; Steuererhöhung; Steuererklärung; Steuererleichterung; Steuerermäßigung; Steuerfahndung; Steuerflucht; steuerfrei Ew.; Steuergelder; Steuergesetz; Steuerhinterziehung; Steuerkarte; Steuerklasse; Steuerlast; steuerlich; Steueroase; Steuerparadies; Steuerpflicht:* Pflicht, Steuern zu bezahlen : *steuerpflichtig Ew.; Steuerprüfer; Steuerrecht; Steuerreform; Steuersatz; Steuerschuld; Steuersenkung; Steuer-*

tabelle; Steuerveranlagung; Steuervergehen; Steuervorauszahlung; Steuerzahler; Steuerzettel; Steuerzuschlag

Steu¦er, das; –s, –: Lenkvorrichtung an Schiff, Wagen, Flugzeug ✳ *Steuerachse; Steuerbord:* rechte Schiffsseite; *Steuerknüppel:* Lenkvorrichtung am Flugzeug; *Steuermann; Steuerrad; Steuerschraube; Steuerstange* ✳

steu¦ern (ich ..[e]re) tr., intr.: (selt.) Steuern zahlen, – eintreiben : lenken, fahren : (übertr.) leiten, Richtung nehmen; intr.: Einhalt tun, wehren ✳

Steu¦e¦rung, die; –, –en: das Steuern : Regelung : Lenkvorrichtung

Ste¦ven, der; –s, –: Stützbalken, emporgezogene Verlängerung des Schiffskiels ✳ *Achtersteven; Vordersteven*

Ste¦ward (e.) [ßtjuard], der; –s, –s: Flugzeug-, Schiffskellner ✳ **Ste¦war¦deß →** **Ste¦war¦dess** [ßtjuardess], die; –, ..ssen: Betreuerin in Flugzeugen und auf Schiffen

sti¦bit¦zen (du stibitzest und stibitzt) tr.: gewandt mausen

Sti¦bi¦um (gr.-l.), das; –s: metallähnlichen chem. Grundstoff; Abk.: Sb

Stich, der; –(e)s, –e: das Stechen : durch Stechen verursachte Verletzung : das Stechen, Ätzen in Metall : Abdruck einer gestochenen Platte : das Stechen beim Nähen : stechender Schmerz : (Kartsp.) Abnahme der Karten des Gegners : (Kartsp.) eine Karte mit einer höheren wegnehmen : stichelnde Anspielung : Stelle am Hals, wo Vieh abgestochen wird : leichte, beginnende Fäulnis einer Speise : (Landw.) das Stechen mit dem Spaten ✳ *im Stich lassen* tr.: verlassen, einen Hilfsbedürftigen allein lassen usw. ✳ *Stichblatt:* Handschutz an Degen und Schwert : (übertr.) Zielscheibe : (Kartsp.) Karte, mit der man sticht; *stichfest* Ew.: fest gegen Stiche : widerstandsfähig : *Stichflamme:* durch Luftzug oder -druck entfachte, scharfe Flamme; *Stichfrage; stichhaltig* Ew.: sich bewährend; *Stichkampf; Stichkanal:* blind en-

dender Nebenkanal; *Stichkappe:* (Baukst.) spitz zulaufende gewölbte Fläche, z. B. über Fenstern; *Stichmaß:* Messwerkzeug für Bohrungen; *Stichprobe; Stichpunkt; Stichsäge; Stichstraße; Stichtag; Stichwaffe; Stichwahl; Stichwort:* (Bühnenspr.) Merkwort, bei dem der Spieler auftreten muss; *Stichwortverzeichnis; Stichwunde* ✳ **Sti¦chel,** der; –s, –: Werkzeug zum Stechen ✳ **Sti¦che¦lei,** die; –, –en: verletzende Anspielung ✳ **sti¦che¦lig, stich¦lig** Ew.: ein wenig stachlig : zum Sticheln geneigt ✳ **sti¦cheln** (ich ..[e]le) intr.: mit kleinen Stichen nähen : verletzende Anspielungen machen ✳ *Stichelrede* ✳ **sti¦chig** Ew.: säuerlich ✳ **..sti¦chig** Ew., nur in Zus.: gestochen, Stiche habend; z. B. wurmstichig ✳ **Stich¦ling,** der; –s, –e: kleiner Knochenfisch ✳ **Sti¦cho¦man¦tie** (gr.), die; –, ..tien: Wahrsagerei aus Dichterworten oder aufgeschlagenen Buchstellen

Sti¦ckel, der; –s, –: Stützstange ✳ *Stickelerbse* ✳ **sti¦ckeln** (ich ..[e]le) tr.: durch Stickel stützen ✳ **Sti¦cken,** der; –s, –: (niederd.) kleiner, dünner Stock, Streichholz, Stricknadel u. a. ✳ **sti¦cken** tr.: Stiche machen : Muster auf einen Stoff nähen ✳ *Stickgarn; Stickmuster; Stickrahmen; Stickseide* ✳ **Sti¦cker** (e.), der; –s, –: **Sti¦cke¦rin,** die; –, –nen: Verfertiger(in) von Stickereien ✳ **Sti¦cker** (e.), der; –s, –: (Umgspr.) Aufkleber ✳ **Sti¦cke¦rei,** die; –, –en: Kunst des Stickens : das Gestickte ✳ **sti¦cken** intr.: ersticken ✳ *Stickhusten; Stickluft; Stickoxyd; Stickstoff* ✳ **sti¦ckig** Ew.: zum Sticken, Ersticken geeignet ✳ **Stick¦stoff,** der; –(e)s: chem. Grundstoff; Abk.: N ✳ *stickstoffhaltig* Ew.

sti¦cken
Kombinationen von Buchstaben, die wie ein Laut gesprochen werden, werden nicht getrennt. Dazu gehören *ch, ck, ph, rh, sch, th: sti-cken, E-cke, kni-cken, Ste-phan, wa-schen, Zi-ther.*

stie¦ben (du stob[e]st und stiebtest, du stöbest und

stieb[e]test; gestoben und gestiebt; stieb[e]!) intr. (sein): sprühen : wie Staub dahinfliegen : rasch dahinfliegen

stief.. Ew. in Zus.: nicht leiblich, sondern durch Wiederverheiratung geworden ∗ *Stiefbruder; Stiefeltern; Stiefgeschwister; Stiefkind; Stiefmutter; Stiefmütterchen:* eine Veilchenart; *stiefmütterlich* Ew.; *Stiefschwester; Stiefsohn; Stieftochter; Stiefvater*

Stie|fel, der; –s, –: Stiefelchen: bis zur oder über die Wade reichender Schuh : Pumpenwalze, in der der Kolben sich bewegt ∗ *Stiefelanzieher; Stiefelbürste; Stiefelknecht:* Gerät zum Ausziehen von Stiefeln; *Stiefelputzer* ∗ **Stie|fe|let|te,** die; –, –n: kurzer Stiefel ∗ **stie|feln** (ich ..[e]le) intr. (sein): mit großen Schritten gehen; tr.: mit Stiefeln bekleiden ∗ *gestiefelt* Mw. Ew.: Stiefel anhabend

Stie|ge, die; –, –n: Treppe : Anzahl von 20 Stück : Stall für Kleinvieh : Kiste ∗ *Stiegenbeleuchtung; Stiegenfenster; Stiegengeländer; Stiegenhaus*

Stieg|litz, der; –es, –e: Distelfink ∗ *Stieglitznest*

stie|kum (hebr.-jidd.) Ew.: (Umgspr.) insgeheim : im Stillen

Stiel, der; –(e)s, –e: walzenförmige Handhabe an Werkzeugen und Geräten : walzenförmiger Pflanzenteil ∗ *Stielauge; Stielbesen; Stielbrille; Stielbürste; Stieleiche:* Eiche mit gestielten Früchten; *Stielglas; Stielkamm; stiellos* Ew.; *Stielstich:* besondere Stickart ∗ *..stie|lig* Ew., nur in Zus.: einen Stiel habend; z. B. langstielig

Stie|pel, Stie|per: Steiper, s. d.

Stier, der; –(e)s, –e: männl. Rind : (übertr.) starker Mensch : (übertr.) geiler Mensch : ein Sternbild : ein Tierkreiszeichen ∗ *den Stier bei den Hörnern packen:* tatkräftig im Angriff nehmen ∗ *Stierkampf; Stierkampfarena; Stierkämpfer; Stierkopf:* Kopf eines Stiers : ein hartnäckiger Mensch: *Stiernacken:* Nacken eines Stiers : derber Nacken ∗ **stier** Ew.: starr (blickend) ∗ **stie|ren**

intr.: stier blicken : (Kuh) nach dem Stier verlangen ∗ **stie|rig** Ew.: (Kuh) nach dem Stier verlangend

Stie|sel, der; –s, –: (mundartl.) Tölpel : ungeschickter, dummer Mensch ∗ **stie|se|lig, sties|lig** Ew.: ungeschickt, dumm

Stift, der; –(e)s, –e: kleiner, dünner Nagel ohne Kopf : Schieferstift : Bleistift, Werkzeug zum Schreiben : (volkst.) Auszubildender ∗ *Stiftzahn*

Stift, das; –(e)s, –e: Stiftung : ein mit Vermögen ausgestattetes, selbständiges Altersheim für Damen : eine karitative, klösterliche Anstalt ∗ *Stiftsdame; Stiftsfräulein; Stiftsherr; Stiftskirche; Stiftschule* ∗ **stif|ten** tr.: gründen : Geld zu einer Gründung geben : (volkst.) schenken ∗ *stiftengehen →stiften gehen:* (Umgspr.) fliehen : abhauen : davonlaufen ∗ **Stif|ter,** der; –s, –; **Stif|te|rin,** die; –, –nen: ein(e) Spender(in) ∗ **stif|tisch** Ew.: auf das Stift bezogen ∗ **Stif|tung,** die; –, –en: Schenkung : Gründung : dauernd einem bestimmten Zweck gewidmete Vermögensmasse ∗ *Stiftungsbrief; Stiftungsfest; Stiftungsrat; Stiftungsurkunde*

Stig|ma (gr.), das; –s, ..ta und ..men: Stich : Punkt : Wund-, Brandmal : (Bot.) Narbe : (Zool.) Luftloch ∗ **Stig|ma|ti|sa|ti|on,** die; –, –en: Auftreten der fünf Wundmale Christi ∗ **stig|ma|ti|sie|ren** (..iert) tr.: mit den Wundmalen Christi kennzeichnen ∗ **Stig|ma|ti|sie|rung,** die; –, –en: das Stigmatisieren

Stil (gr.-l.), der; –(e)s, –e: Schreibart, Ausdrucksweise : Bauart : Kunstrichtung : (Goethe) naturgemäße Darstellungsweise ∗ *Stilart; stilbildend; Stilblüte:* Ausdrucksfehler; *Stilbruch; stilecht; Stilelement; Stilempfinden; Stilgefühl:* künstlerisches Empfinden; *stilgerecht* Ew.: einem bestimmten Stil entsprechend; *Stilkunde; Stillehre; stillos; Stilmittel; Stilmöbel:* Möbel einer bestimmten Kunstrichtung; *Stilnote; Stilrichtung; Stilübung:* Ausdrucksübung;

Stiluntersuchung; stilvoll Ew.; *Stilwandel; stilwidrig* Ew. ∗ **sti|li|sie|ren** (..iert) tr.: kunstgemäß formen, darstellen ∗ **Sti|li|sie|rung,** die; –, –en: kunstmäßige Darstellung, Formung ∗ **Sti|list,** der; –en, –en: Beherrscher des sprachlichen Ausdrucks ∗ **Sti|li|stik,** die; –, –en: Lehre vom Stil ∗ **sti|li|stisch** Ew.: auf den Stil bezogen

Sti|lett (it.), das; –(e)s, –e: kleiner, spitzer Dolch

Stil|fser Joch, das; – –(e)s: Alpenpass

sti|li|sie|ren usw.: s. Stil

still Ew.: lautlos : regungslos : leise : sacht : schweigend : ruhig ∗ *im stillen → im Stillen :* unbemerkt; *stiller Teilhaber:* (kfm.) nur mit einer Kapitaleinlage am Geschäft Beteiligter; *stiller Wein:* nicht schäumender Wein ∗ *stillbleiben → still bleiben* (ich bleibe still; still geblieben; still zu bleiben) intr.: ruhig bleiben : nicht sprechen; *stillgestanden!* (militärisches Kommando); *stillhalten → still halten* (vgl. still bleiben) intr.: ruhig in einer Stellung verharren, aber: stillhalten intr.: erdulden, geduldig ertragen; *Stillhalteabkommen:* Regelung über Rückzahlung von Devisendarlehen; *Stilleben → Stillleben:* malerische Wiedergabe lebloser Gegenstände; *stillegen → stilllegen* (ich lege still; stillgelegt; stillzulegen) tr.: außer Betrieb setzen; *Stillegung → Stilllegung;* *stilliegen → still liegen* (vgl. still bleiben) : ruhig liegen; *stillschweigen* (vgl. stillliegen) intr.: schweigen; *stillschweigend* Ew.: ohne Aufhebens, ohne Abmachung; *stillsitzen → still sitzen* (vgl. still bleiben) intr.: reglos sitzen; *Stillstand:* das Stillstehen : Aufhören einer Bewegung : Mangel an Fortschritt; *stillstehen → still stehen* (vgl. still bleiben) intr.: reglos stehen : sich zu bewegen aufhören; *stillvergnügt* Mw. Ew. ∗ **Stil|le,** die; –: Ruhe, Schweigen ∗ **stil|len** (Blut u. Ä.) eindämmen : (Bedürfnis) befriedigen : (Kind) säugen ∗ *Stillgeld; Stillstube; Stillzeit* ∗ **Stil|lung,** die; –: das Stillen

Sti|lü|bung, stil|wid|rig usw.: s. Stil

stimm|bar Ew.: stimmfähig : stimmberechtigt ✳ **Stim|me**, die; –, –n; Stimmchen: Fähigkeit, durch die Stimmwerkzeuge Töne zu erzeugen : die durch die Stimmwerkzeuge erzeugten Töne : (Mus.) Stimmlage, -färbung bei Gesang und Musikinstrumenten : Part eines Sängers oder Musikinstrumentes : (übertr.) wahlpolitische Meinungsäußerung : Ausspruch der Entscheidung bei Wahlen usw. ✳ *Stimmabgabe; Stimmaufwand; Stimmbänder;* Teil des Kehlkopfes; *stimmberechtigt* Mw. Ew.; *Stimmberechtigung; Stimmbezirk:* Wahlbezirk eines Abgeordneten; *Stimmbildung; Stimmbruch:* Stimmwechsel; *Stimmenthaltung; stimmfähig; Stimmführung; Stimmgabel:* Werkzeug zum Stimmen eines Instrumentes; *stimmgewaltig; Stimmlage; Stimmittel; Stimmmittel; Stimmrecht; Stimmritze; Stimmschlüssel; Stimmstock; Stimmvieh:* (abwert.) Wählermasse; *Stimmwechsel:* Stimmbruch, Mutation; *Stimmzettel:* Wahlzettel ✳ *Stimmenanteil; Stimmenauszählung; Stimmengewirr; Stimmengleichheit; Stimmenmehrheit; Stimmenverhältnis; Stimmenverlust* ✳ stim|men intr.: (Töne) in Einklang sein : (allg.) übereinstimmen : seine Stimme abgeben für jmd., etwas; tr.: zusammenklingen machen ✳ stimm|haft Ew.: weich, mit schwingenden Stimmbändern gesprochen ✳ **..stim|mig** Ew., nur in Zus.: beschaffen, viele Stimmen habend; z. B. hellstimmig, dreistimmig ✳ stimm|lich Ew.: die Stimme betreffend ✳ stimm|los Ew.: scharf, ohne Schwingung der Stimmbänder gesprochen ✳ **Stim|mung**, die; –, -en: das Stimmen : das Zusammenstimmen : Gemütsverfassung ✳ *Stimmungsbarometer; Stimmungsbild; Stimmungskanone; Stimmungskapelle; Stimmungsmache; Stimmungsmusik; Stimmungsumschwung; stimmungsvoll* Ew.

Sti|mu|lans (l.) das; –, ..lan-

tien: Reizmittel ✳ **Sti|mu|lanz**, die; –, -en: Stimulierung ✳ **Sti|mu|la|ti|on**, die; –, -en: Anregung, Reizung ✳ sti|mu|lie|ren (..iert) tr.: anregen : reizen ✳ **Sti|mu|lie|rung**, die; –, -en: Anregung : Reizung ✳ **Sti|mu|lus**, der; –, ..li: „Stachel", Antrieb, Reiz

stin|ken (du stankst, du stänkest; gestunken; stink[e]!) intr.: übel riechen ✳ *stinkbesoffen* Ew.; *Stinkbombe; Stinkefinger:* hochgereckter Mittelfinger als unflätige Geste; *Stinkkäfer; Stinkkäse; stinklangweilig* Ew.; *Stinklaune; –marder; –morchel; stinknormal* Ew.; *stinkreich; stinksauer* Ew.; *Stinkstiefel; –tier; –wiesel:* Iltis; *stinkwütend* Ew. ✳ **Stin|ker**, der; –s, –: Stänker ✳ **Stin|ke|rei**, die; –, -en: Gestank ✳ stin|kig Ew.: stinkend

Sti|pen|di|at (l.), der; -en, -en: Stipendienempfänger ✳ **Sti|pen|di|um**, das; –s, ..dien: Stiftung : Geldbeihilfe für Schüler, Studenten, Gelehrte

Stip|pe, die; –, -n: flohstichähnlicher Fleck : Tunke ✳ stip|pen tr.: tupfen : (ein)tunken

Sti|pu|la|ti|on (l.), die; –, -en: vertragsmäßige Festsetzung, Übereinkommen ✳ sti|pu|lie|ren (..iert) tr.: festsetzen

Stirn, die; –, ..nen: Stirne, Stirnchen: der breite, gewölbte Teil des Gesichts über den Augen : (Baukst.) Vorderseite von Gebäuden : oberer oder vorderer Teil von etwas ✳ *die Stirn haben:* frech genug sein..; *einem die Stirn bieten:* trotzen ✳ *Stirnantrieb;* (Auto) Vorderantrieb; *Stirnband; Stirnfalte; Stirnfläche; Stirnhöhle; Stirnhöhlenvereiterung; Stirnreif; Stirnrunzeln; Stirnseite:* Vorderseite; *Stirnwand* ✳ **..stir|nig** Ew., z. B.: breitstirnig, engstirnig

Stoa (gr.), die; –: „Säulenhalle", von Zeno begründete Philosophenschule ✳ **Sto|i|ker**, der; –s, –: Anhänger der Stoa : standhafter, unerschütterlicher Mensch ✳ sto|isch Ew.: gleichmütig, standhaft ✳ **Sto|i|zis|mus**, der; –: Lehre der Stoiker : vernunftgemäße Lebensweise : Seelenruhe,

Gleichmut

Stö|ber, der; –s, –: Wachtelhund, der das Flugwild aufscheucht ✳ *Stöberhund* ✳ **Stö|be|rei**, die; –, -en: das Stöbern : Großreinemachen ✳ stö|be|rig Ew.: (Wetter) stöbernd ✳ stö|bern (ich ..[e]re) intr.: im Wind umhergetrieben : stieben : (weidm.) aufjagen : in allen Winkeln suchen

Sto|chas|tik (gr.), die; –: Lehre von der Wahrscheinlichkeit ✳ sto|chas|tisch Ew.

sto|chern (ich ..[e]re) intr.: das Feuer schüren : stoßen, purren : (ldschftl.) heizen ✳ **Sto|cher**, der; –s, –: Gerät zum Stochern : Feuerhaken

Stö|chi|o|me|t|rie (gr.), die; –: chemische Messkunst : Lehre der Scheidekunst

Stock, der; –(e)s, Stöcke; Stöckchen, -lein; Stöckel, Stöckelchen: Stamm und Wurzel einer Pflanze : Bezeichnung einer Topfpflanze : Stab : Baumstumpf : (übertr.) Kapitalgrundmasse : Vorrat : zusammengesinterte Masse : (bergm.) große, unförmige Erzmasse : große Gebirgsmasse : (Baukst.) (mundartl. Stock[e] und Stockwerke) Geschoss : (schweiz.) Wohngebäude (nur für Menschen) : Holzschnittform : Holzschnitt : ausgehöhlter Klotz : Warenlager : (Zool.) zusammenhängender Verband von Tierindividuen : (Mz. Stocks) engl. Staatspapiere : ein Längenmaß : (in Zus.) über die Maßen, sehr ✳ *stockbetrunken; stockblind; stockdumm* Ew.: sehr dumm; *stockdunkel* Ew.; *Stockerbse:* am Stock rankende Erbse; *Stockfäule:* eine Getreide-, Baumkrankheit; *stockfinster* Ew.; *Stockfisch:* gedörrter Dorsch : (übertr.) Dummkopf; *Stockflecken:* Fleck auf Geweben, der durch Feuchtigkeit an luftlosem Ort entsteht; *Stockgerste:* vielzeilige Gerste; *stockheiser; Stockholz; stockkonservativ* Ew.: (Umgspr.) sehr konservativ; *stocknüchtern; Stockrose; Stockschwamm:* ein Pilz; *stocksauer; stocksteif; stocktaub; Stockuhr; Stockwerk:* (Baukst.) Geschoss, Etage, Stock ✳

Stö|ckel, der; –s, –: hoher Absatz ✴ Stöckelabsatz; Stöckelschuhe ✴ **stö|ckeln** intr.: auf hohen Absätzen laufen ✴ **sto|cken** intr.: in Stillstand geraten : (mundartl.) gerinnen : modern; tr.: mit einem Stock versehen ✴ Stockschnupfen: nicht fließender Schnupfen ✴ **stö|cken** tr.: in den Fußblock sperren ✴ **stö|cke|rig, stöck-rig** Ew.: dünn wie ein Stock : stockend ✴ **stö|ckern** (ich ..[e]re) intr. (sein): stelzen : stochern ✴ **sto|ckig** Ew.: modernd : stocksteif : sich nicht von der Stelle rührend ✴ **..stö-ckig** Ew., nur in Zus.: Stockwerke enthaltend; z. B. dreistöckig ✴ **Sto|ckung**, die; –, –en: das Stocken, Stillstand

Stock|holm: Hauptstadt Schwedens

Stoff, der; –(e)s, –e: gewebte Tuche für Kleidungsstücke, Haushaltstextilien usw. : Krankheitsstoff : Materie : (stud.) Bier : Rauschgift ✴ Stoffart; Stoffbahn; Stoffballen; Stoffbehang; Stofffarbe → Stofffarbe; Stofffetzen → Stofffetzen; Stofffülle → Stofffülle; Stoffname: (Sprachl.) Wort, das einen Stoff bezeichnet; Stoffrest; Stoffsammlung; Stoffserviette; Stofftier; Stoffwechsel: Verdauungsvorgang; Stoffwechselkrankheit ✴ **stoff|hal|tig** Ew.: reich an Inhalt ✴ **stoff|lich** Ew.: den Stoff betreffend

Stofffetzen
Endet in Wortzusammensetzungen der erste Teil mit dem Doppellaut, mit dem der nächste beginnt, bleiben alle drei erhalten: Stofffetzen; Stofffülle; Brennnessel; Kaffeeersatz; Kongressstadt.

Stof|fel, Stöf|fel, der; –s, –: Tölpel ✴ **stof|fe|lig, stöff|lig** Ew.: tölpelhaft ✴ **stof|feln** (ich ..[e]le) intr.: sich tölpelhaft benehmen

stöh|nen intr.: dumpf und tief ächzen, seufzen

Sto|i|ker usw.: s. Stoa

Sto|la, Sto|le (gr.), die; –, ..len: altröm. Frauengewand : gottesdienstliches Gewandstück der kath. Geistlichen : breites Schultertuch

Stol|le, die; –, –n; **Stol|len**, der; –s, –: sächsisches Weihnachtsgebäck ✴ Dresdner Christstollen

Stol|len, der; –s, –: Stütze, Pfosten : (bergm.) horizontaler Gang : Hufeisenvorsprung : Teil der Meistersingerstrophe ✴ Stollenbau; Stollenbrett; Stollengang; Stollensohle

stol|pern (ich ..[e]re) intr. (sein): straucheln (auch übertr.)

stolz Ew. (stozer; stolzeste): von überheblichem Selbstgefühl erfüllt : hochmütig : überheblich ✴ stolzgeschwellt ✴ **Stolz**, der; –(e)s: das Stolzsein : Gegenstand des Stolzes ✴ **stol|zie|ren** (..iert) intr.: stolz einherschreiten

Sto|ma, das; –s, ..ta: Mund : Öffnung eines Spaltes ✴ **sto|ma|chal** Ew.: in Bezug auf den Magen ✴ **Sto|ma|to|s|kop**, das; –s, –e: ärztliches Instrument zur Munduntersuchung [gr. stoma Mund]

stop! (e.): halt! ✴ **stopp!**: eingedeutschte Form von stop ✴ **Stopp**, der; –s, –s: Halt : Pause ✴ **stop|pen** intr.: anhalten ✴ Stop-and-go-Verkehr; Stoppball; Stopplicht: Lichtzeichen zur Verkehrsregelung; Stopppreis; Stoppschild; Stoppsignal; Stoppstraße; Stoppuhr: (Sport) Zeitmesser für kürzeste Zeiten ✴ **Stop|per**, der; –s, –: jemand, der anhält : Mittelläufer

Stop / Stopp
Die ursprüngliche Schreibweise Stop taucht nur noch auf Verkehrsschildern auf. Ansonsten gilt zur Kennzeichnung des vorangehenden kurzen Vokals die Schreibung Stopp, abgeleitet von dem Verb stoppen.

Stop|fen, der; –s, –: Stöpsel ✴ **stop|fen** tr.: etwas mit Hineingepresstem füllen : überfüttern : (Gänse –) nudeln, mästen : (Löcher –) durch Nähen füllen, schließen : (Strümpfe –) die Löcher schließen : Durchfall hemmen : Stillstand eintreten lassen ✴ Stopfbuchse; Stopfei; Stopfgarn; Stopfmittel: Arznei gegen Durchfall; Stopfnadel; Stopfpilz ✴ **Stop|fer**, der; –s, –: ein Stopfender: Werkzeug zum Stopfen ✴ **Stop|fung**, die; –, –en: das Stopfen

Stop|pel (l.), die; –, –n: nach dem Mähen des Getreides zurückbleibendes Halmende : in der Haut fest sitzendes Haarende ✴ Stoppelbart; Stoppelfeld; Stoppelhaar; Stoppelzieher ✴ **stop|pe|lig, stopp|lig** Ew.: stoppelartig ✴ **stop|peln** (ich ..[e]le) tr., intr.: Ähren aus den Stoppeln lesen : mühsam zusammensuchen : (Geflügel –) von den Hautstoppeln befreien ✴ Stoppelwerk: zusammengestoppeltes Werk

stop|pen usw.: s. stopp

Stöp|sel, der; –s, –: Pfropfen : (scherzh.) kleine, dicke Person ✴ **stöp|seln** (ich ..[e]le) tr.: mit einem Stöpsel schließen

Stör, der; –(e)s, –e: ein Knorpelfisch ✴ Störrogen: Kaviar

Stör, die; –: (östr.-bayr.) Handwerkerarbeit im Hause des Kunden ✴ auf die Stör gehen intr.

Storch, der; –(e)s, Störche; Störchlein: ein Sumpfvogel (Zugvogel) mit langen Beinen und langem Schnabel ✴ Storchbein: Bein des Storches : langes, dünnes Bein; storchbeinig Ew.; Storch(en)nest; Storchschnabel: Schnabel des Storches : ein Pflanzenname : Kran ✴ **Stör|chin**, die; –, –nen: weibl. Storch

Store (fr.) [stohr], der; –s, –s: Fenstervorhang

Store (e.) [stohr], der; –s, –s: Kaufladen : Vorrat : Warenlager

stö|ren tr., intr.: aus der Ordnung bringen : belästigen, beunruhigen ✴ Störaktion; störanfällig; Störfall; Störfeuer; störfrei; Störgeräusch; Störschutz: (Rdfk.) Schutz gegen Rundfunkstörungen; Störsender; Störstelle; Störsucher ✴ **Stör|en|fried**, der; –(e)s, –e: Friedensstörer ✴ **Stö|rer**, der; –s, –: ein Störender ✴ **Stö|rung**, die; –, –en: lästige Ablenkung, Unterbrechung ✴ Störungsdämpfer: (Rdfk.) Vorrichtung zur Ausschaltung von Nebengeräuschen; störungsfrei Ew.; Störungsstelle: Abteilung, die für Störungen im Fernsprechverkehr zuständig ist; Störungssuche

Stor|marn: südholstein. Geestlandschaft

Stor|nel|lo (it.), das; –s, –s und ..lli: (Mus.) Wiederholungssatz : ital. Volkslied * **stor|nie|ren** (..iert) tr.: (kfm.) Fehler durch Gegenbuchung ausgleichen : (kfm.) einen Auftrag zurückziehen * **Stor|nie|rung, Stor|no,** der; –s, ..ni: Rückbuchung : Berichtigung : Löschung

stör|rig, stör|risch Ew.: halsstarrig * **Stör|rig|keit, Stör|risch|keit,** die; –: Halsstarrigkeit

Stor|ting, das; –s: norweg. Parlament

Stö|rung: s. stören

Sto|ry (e.) [storri], die; –, –s: (sensationelle) Geschichte

Story, Storys
An Fremdwörter aus dem Englischen, die auf -y enden und deren Plural im Englischen mit der Endung -ies gebildet wird, wird im Deutschen zur Pluralbildung nur ein -s gehängt: *Storys; Ladys; Partys.*

Stoß, der; –es, Stöße; Stößchen: das Stoßen : Wirkung des Stoßens : aufgestapelte Menge von Dingen : (Bergb.) Seitenwand eines Grubenbaus * *Stoßdämpfer; Stoßdegen:* Florett; *stoßempfindlich; Stoßgarn:* Garn zum Ausbessern der Taue : Netz zum Greifvogelfang; *Stoßgebet:* kurz hervorgestoßenes Gebet; *Stoßkraft; Stoßrichtung; Stoßseufzer; stoßsicher* Ew.; *Stoßstange; Stoßtherapie; Stoßtrupp:* (Heerw.) Angriffstrupp; *Stoßverkehr:* Hauptverkehr; *Stoßvogel:* Greifvogel; *Stoßwaffe:* Dolch, Degen; *stoßweise* Uw.: in Stößen; *Stoßzahn; Stoßzeit* * **Stö|ßel,** der; –s, –: Reibekeule : Vorstecknagel am Pflug : Stoßvogel * **sto|ßen** (du stößest und stößt, er stößt; du stießest, er stieß; gestoßen; stoß[e]!) tr.: mit heftigem Ruck fortbewegen, schieben : einen Stoß versetzen; intr.: (nach etwas –) mit einem Stoß zu treffen suchen : sich so bewegen, dass ein Stoß erfolgt : zufällig treffen : (an etwas –) angrenzen, (sein): (zu jemand –) treffen * *jemanden vor den Kopf stoßen:* kränken, verletzen; *ins Elend stoßen; jemanden von sich stoßen:* sich

von ihm abwenden * **Stö|ßer,** der; –s, –: ein Stoßender : Stoßvogel : (mundartl.) Beschäler : Stoßwerkzeug * **stö|ßig** Ew.: zum Stoßen geneigt

Stot|te|rei, die; –, –en: das (dauernde) Stottern : stoßweise vorgebrachte Rede * **Stot|te|rer,** der; –s, –: ein stammelnd Sprechender * **stot|te|rig, stott|rig** Ew.: stotternd * **stot|tern** (ich ..[e]re) tr., intr.: stockend, anstoßend reden : stammeln : (volkst.) in Raten abzahlen

Stout (e.) [staut], der; –s, –s: englisches dunkles Starkbier

Stöv|chen, Stöv|chen (ndl.) [..f..], das; –s, –: Kohlenbecken als Fußwärmer : wärmender Teeuntersatz * **Sto|ve** [..w..], die; –, –n: Trockenraum

Stra|bo (gr.-l.), der; –s, –s: Schielender * **Stra|bis|mus,** der; –: das Schielen * **Stra|bo|me|ter,** das; –s, –: Schielwinkelmesser * **Strac|chi|no** [..akk..], der; –(s): ein fetter italienischer Käse

Strac|ci|a|tel|la (it.) das; –s: italienische Eissorte mit Schokoladenraspel

Strack, der; –s, Stracke: (schweiz.) Ruck * **strack** Ew.: (veralt.) ausgestreckt : gerade vorwärts : fest und entschieden * **stracks** Uw.: geradewegs : sofort

Strad|dle (e.) [sträddel], der; –s, –s: (Sport) Hochsprungtechnik

Stra|di|va|ri [..w..]: berühmter ital. Geigenbauer * **Stra|di|va|ri** [..w..], die; –, –s: Stradivarigeige

straf|bar Ew.: Strafe verdienend * **Straf|bar|keit,** die; –: das Strafbarsein * **Stra|fe,** die; –, –n: Vergeltung für begangenes Unrecht : Geldsumme als Strafe : Gefängnishaft als Strafe * *Strafaktion; Strafandrohung; Strafanstalt; Strafantrag:* Antrag auf Bestrafung; *Strafanzeige; Strafarbeit; Strafaufhebung; Strafaufschub; Strafaussetzung; Strafbank; Strafbefehl:* amtsrichterliche Strafverfügung; *Strafbefugnis; Strafbescheid; Strafecke; Strafentlassene; Straferlaß* → *Straferlass; straffällig* Ew.; *straffrei* Ew.; *Strafgefan-*

gener; Strafgericht; Strafgerichtsbarkeit; Strafgesetz(buch), Abk.: StGB; *Strafgesetzgebung; Strafgewalt; Strafkammer; Strafkolonie; Straflager; straflos* Ew.; *Strafmandat; strafmildernd* Ew.; *Strafminute; strafmündig* Ew.; *Strafporto; Strafpredigt; Strafprozeßordnung* → *Strafprozessordnung,* Abk.: StPO; *Strafraum; Strafrecht; strafrechtlich* Ew.; *Strafrechtsreform; Strafregister; Strafrichter;* nach dem Strafrecht abzuurteilende, gerichtliche Angelegenheit; *Strafstoß; Straftat; Strafumwandlung; Strafverbüßung; Strafverfahren:* gerichtliches Verfahren bei Straftaten; *Strafverfolgung; strafversetzt* Mw. Ew.: zur Strafe versetzt: *Strafversetzung; Strafverteidiger; Strafvollstreckung; Strafvollzug; Strafzettel; Strafzumessung* * **stra|fen** tr.: mit einer Strafe belegen * *Lügen strafen* tr.: der Lüge bezichtigen * **sträf|lich** Ew.: Strafe verdienend : (zuw.) strafend, streng : hochgradig * *sträfliche Handlungsweise; sträflicher Leichtsinn* * **Sträf|ling,** der; –s, –e: Häftling * *Sträflingskleider*

straff Ew.: gespannt * **straf|fen** tr.: straff machen, spannen * **Straff|heit,** die; –: das Straffsein

Strahl, der; –(e)s, –en: etwas wie im Pfeil Hervorschießendes, Ausströmendes : Lichtstreifen : aus enger Öffnung hervorschießende Flüssigkeit, Wasserstrahl : Blitz : etwas blitzartig Treffendes : (Math.) einseitig begrenzte Gerade : Teil des Pferdefußes * *Strahlantrieb:* Düsenantrieb; *Strahlflugzeug:* Düsenflugzeug; *Strahlkraft; Strahlrichtung; Strahlrohr; Strahlstärke; Strahltriebwerk; Strahltier:* strahlenförmiges Schleimtier; *Strahltriebwerk* * **Strahlemann** * **Strahlenbehandlung:** Radiumtherapie, s. radial; *Strahlenbelastung, Strahlenbiologie:* Untersuchung der Strahleneinwirkungen auf den lebenden Organismus; *Strahlenbrechung:* Ablenkung der Lichtstrahlen beim Übergang in einen Stoff von anderer Dichte; *Strahlenbündel; Strahlenchemie; Strahlendosis; strahlenförmig* Ew.; *Strahlenforschung:* Radiologie, s. radial; *Strahlenkrankheit; Strahlenkunde; Strahlenpilz; Strahlenschädigung; Strahlenschutz; Strahlentherapie; Strahlentierchen:* Radiolarien; *Strahlentod* * **strahlen** intr.: Lichtstrahlen aussenden, leuchten : (Pferd) harnen; tr.: strahlend verbreiten : (Begeisterung usw. –) strahlend kundtun : freudig blicken * **Strahler**, der; –s, –: Bergkristall : (schweiz.) Bergkristallsucher : Vorrichtung, Licht zu einem Strahl zusammenzufassen * **strahlig** Ew.: mit Strahlen versehen : sich in Strahlen ausbreitend * **..strahlig** Ew. in Zus.: (Flugw.) dreistrahlig; 3strahlig →3-strahlig * **Strahlung**, die; –, –en: die von Körpern ausgesandte, strahlende Energie * *Strahlungsdruck; Strahlungsenergie; Strahlungsfeld; Strahlungsgürtel; Strahlungsintensität:* die Stärke einer Strahlung; *Strahlungsmesser; Strahlungswärme*

Strähl, der; –(e)s, –e; **Strähle**, die; –, –n: Kamm * **strählen** tr.: kämmen

Strähne, die; –, –n: Strang von Haaren, von Fäden : ein Garnmaß : ein Pack gerichteten Drahts * **strähnig** Ew.: aus Strähnen bestehend : (in Zus.) Strähnen habend, z. B. zweisträhnig

Stramin (l.-ndl.), der; –s, –e: starkfädiges Gittergewebe als Stickereiuntergrund

stramm Ew.: straff : drall : strack, gerade * **strammstehen** (du stehst stramm; strammgestanden; steh stramm!) intr.: gerade stehen (soldat.) Haltung annehmen; *strammziehen →* **stramm ziehen** tr. * **strammen** intr.: sich straff zusammenziehen; tr., intr.: zu stramm anliegen * **Strammheit**, die; –: Straffheit

strampelig, stramplig Ew.: zappelig * **strampeln**, (ich ..[e]le) intr.: zappelnd die Beine bewegen * *Strampelanzug; Strampelhose; Strampelsack* * **strampfen** intr.: stamp-

fen : strampeln * **Strampler**, der; –s, –: jemand, der strampelt : Strampelanzug

Strand, der; –(e)s, ..ände: flaches, sandiges Ufer * *Strandanzug; Strandbad; Strandcafé; Strandgut:* ans Ufer getriebenes, schiffbrüchiges Gut; *Strandhafer:* Sandgras der Dünen; *Strandkleid; Strandkorb; Strandläufer:* Regenpfeifer (Vogelart); *Strandrecht:* das Strandgut betreffende Recht; *Strandwächter* * **stranden** intr. (sein): auf den Strand geraten : Schiffbruch erleiden : (übertr.) scheitern * **Strandung**, die; –, –en: das Stranden

Strang, der; –(e)s, Stränge: Strähne : Strick : Geschirriemen für Zugtiere : Strick zum Erhängen * *über den Strang schlagen:* übermütig sein; *wenn alle Stränge reißen:* im äußersten Notfall * **Strange**, die; –, –n: (schweiz.) Strang * **strängen** tr.: anschirren * **Strangulation** (gr.l.), die; –, –en: Erdrosselung : Erwürgung : Einschnürung * **strangulieren** (..iert) tr.: erdrosseln : erhängen * **Strangulierung**, die; –, –en: Strangulation : (Med.) Abklemmung

Stralpalze (it.), die; –, –n: große Anstrengung * **strapalzieren** (..iert) tr.: übermäßig anstrengen : durch starken Gebrauch abnutzen * *strapazierfähig* Ew.; *Strapazierhose; Strapazierschuhe* Mz.; *Strapazierware* * **strapaziös** Ew.: sehr anstrengend

Straps, der; –es, –e: Strumpfhalter

Straß → **Strass**, der; –es, –e: (nach dem Erfinder benannter) künstlicher Schmuckstein

Straßburg: Stadt im Elsass * *Straßburger Münster*, das; – –s

Straße (l.), die; –, –n: Sträßchen: allgemeiner Verkehrsweg : (bes.) von Häuserreihen begrenzter Weg in der Stadt : Gesamtheit der Bewohner einer Straße : Schifffahrtsweg : Meerenge als Durchfahrt * *Berliner Straße; Wilhelmstraße; Kaiser-Wilhelm-Straße* * **straßauf** Uw., **straßab** Uw.: die Straße hinauf und hinab *

Straßenarbeiter; Straßenbahn; Straßenbahner; Straßenbahnschaffner; Straßenbau(amt) * *Straßenbekanntschaft; Straßenbelag; Straßenbeleuchtung; Straßenböschung; Straßenbreite; Straßencafé; Straßendamm:* Fahrweg; *Straßendecke:* Straßenoberfläche; *Straßendorf; Straßenecke; Straßenfeger; Straßenfest; Straßenführung; Straßengraben; Straßenhandel; Straßenjunge; Straßenkehrer; Straßenkreuzung; Straßenlage; Straßenlärm; Straßenlaterne; Straßenmädchen :* Dirne; *Straßenmeisterei; Straßenmusikant; Straßenname; Straßennetz; Straßenpflaster; Straßenrand; Straßenraub:* Raub auf der Landstraße; *Straßenreinigung; Straßenrennen; Straßenschild; Straßenschlacht; Straßenseite; Straßensperre; Straßentheater; Straßenüberführung; Straßenverkehr; Straßenverkehrsordnung; Straßenverzeichnis; Straßenwalze; Straßenzustand*

Stratege (gr.), der; –n, –n: Feldherr * **Stratagem**, das; –s, –e: Kriegslist * **Strategie**, die; –, ..gien: genauer Plan * **strategisch** Ew.: die Kriegführung betreffend : genau geplant [gr. stratos Heer]

Stratifikation (l.), die; –, –en: (Geol.) Schichtung * **stratifizieren** (..iert) tr.: schichten * **Stratigraphie** *auch:* **Stratigrafie**, die; –: Schichtenkunde * **Stratosphäre**, die; –: Teil der atmosphärischen Lufthülle, der über der Troposphäre liegt * *Stratosphärenflug* * **Stratuswolke**, die; –, –n: Schichtwolke

straub, straubig Ew.: spröde : struppig * **Straube**, die; –, –n: zerfasertes Ende eines Steckens : raue Fläche : krauses Backwerk * **sträuben** tr.: aufplustern; rbz.: aufrichten, aufplustern : (bes.) sich zur Wehr setzen

Strauch, der; –(e)s, Sträucher, (östr.) Sträuche; Sträuchlein, Sträuchelchen: buschiges Gewächs mit holzigen Stängeln * *strauchartig* Ew.; *Strauchdieb:* Buschklepper, Straßenräuber; *Strauchwerk:* Gesträuch

strau|cheln (ich ..[e]le) intr. (haben, sein): stolpern, fallen : (übertr.) scheitern, sündigen

Strauß (ml.), der; –es und –en, –e und –en: ein Laufvogel * *Straußfarn:* Pflanze mit straußfederähnlichen Blättern * *Straußenei; Straßenfarm; Straußenfeder; Straußenmagen:* (scherzh.) Magen mit guter Verdauungskraft

Strauß, der; –es, Sträuße; Sträußchen: Federbusch : Büschel zusammengebundener Blumen * *Straußenente:* Ente mit Federbusch; *Straußwirtschaft*

Strauß, der; –es, –e und Sträuße: (veralt. geh. Stil) harter Kampf

Stre|be, die; –, –n: schräg gestellte Stütze : (bergm.) quer aus einem Hauptbau aufwärts getriebene Straße * *Strebebalken; Strebebogen; Strebemauer:* Stützmauer; *Strebepfeiler; Strebewerk* * **stre|ben** intr.: sich abmühen : zu erringen trachten * **Stre|ben,** das; –s * **Stre|ber,** der; –s, –: ein übermäßig Ehrgeiziger * **stre|ber|haft** Ew.: wie ein Streber * **Stre|be|rei,** die; –, –en: ständiges Streben * **Stre|ber|tum,** das; –s: Wesen eines Strebers * **streb|sam** Ew.: fleißig * **Streb|sam|keit,** die; –: Fleiß : Zielbewusstheit

streck|bar Ew.: so beschaffen, dass es gestreckt werden kann * **Stre|cke,** die; –, –n; Streckchen: Werkzeug zum Strecken : (Math.) begrenztes Stück einer Geraden : Wegabschnitt : (Bergb.) Gänge * *zur Strecke bringen* tr.: (weidm.) erlegen * *Streckenabschnitt; Streckenarbeiter; Streckenflug; Streckenführung; Streckenlauf; Streckennetz; Streckenrekord; Streckentauchen; Streckenwärter; streckenweise* Uw. * **stre|cken** tr.: der Länge nach hinlegen : (weidm.) erlegtes Wild in einer Reihe hinlegen : dehnen, recken : (Vorräte usw. –) durch Zusätze verlängern; rbz.: sich dehnen : lang werden, wachsen * *die Waffen strecken:* sich ergeben; *sich nach der Decke strecken:* ge-

nügsam sein * *streckbar; Streckbett:* Lager zum Strecken verwachsener Körperteile; *Streckeisen:* Werkzeug der Gerber zum Strecken der Felle; *Streckgrenze:* Grenze bei der Zerreißprobe; *Streckmuskel:* Muskel zum Ausstrecken eines Gliedes; *Streckverband:* Zugverband; *Streckwinkel* **Stre|cker,** der; –s, –: Streckmuskel * **Stre|ckung,** die; –, –en: das Strecken: Bewegung des Streckens

Street|work (e.) [strihtwörk], die; –: „Straßenarbeit", Betreuung und Beratung Drogenabhängiger, Obdachloser u. a. in einem bestimmten Gebiet * **Street|wor|ker** [..wörker], der; –s, –: Betreuer von Drogenabhängigen, Obdachlosen u. a. in einem Bezirk

Streh|ler, der; –s, –: Gewindeschneidmaschine

Streich, der; –(e)s, –e: kurzer, flacher Schlag : Hieb : (übertr.) überraschende, aus Mutwillen oder Bosheit unternommene Handlung * *auf einen Streich:* auf einmal; *Streichemacher* * **Strei|che,** die; –, –n: Bäckerpinsel : Festungsflanke : ein Fischnetz : eine Art Ruder : Schabewerkzeug der Gerber * **strei|cheln** (ich ..[e]le) tr., intr.: zärtlich streichen * *Streicheleinheit* * **strei|chen** (du strichst, du strichest; gestrichen; streich[e]!) tr.: mit Farbe bestreichen : ausscheiden : ungültig machen : kennzeichnen : (Lerchen –) zur Flug-, Streichzeit mit Netzen fangen : (die Segel –) niederlassen, (übertr.) aufgeben : (Ruder –) rückwärts bewegen; intr. (sein, haben): in einem Zuge über etwas hinfahren : sich bewegen; rbz.: sich unbemerkt wegstehlen * *Streichbaß* → *Streichbass:* Bassgeige; *Streichbürste; Streicheisen; streichfähig; Streichfläche; Streichform; Streichholz:* Zündholz; *Streichinstrument:* saitenbespanntes Musikinstrument; *Streichkäse; Streichkonzert; Streichlinie; Streichmusik; Streichorchester; Streichquartett; Streichwurst* **Strei|cher,** der; –s, –: ein Anstreicher: Werkzeug zum Streichen, Glätten : Spieler eines

Streichinstrumentes * **Strei|chung,** die; –, –en: das Streichen : (bes.) das Ausstreichen, Ungültigmachen

Streif, der; –(e)s, –e: Raubzug : Erkundungszug * *Streifjagd; Streifzug* * **Strei|fe,** die; –, –n: Kurzw. für Streifenwache, polizeilicher Erkundungsdienst * *Streifendienst; Streifenführer; Streifengang; Streifenwagen* * **Strei|fen,** der; –s, –: ein langes und schmales Stück * *Streifenbildung; streifenförmig; streifenweise* Uw.: in Streifen * **strei|fen** tr.: streichend auf der Oberfläche berühren : streifend überziehen : mit Streifen versehen; intr. (haben, sein): umherstreifen * *gestreift* Mw. Ew.: streifig * *Streifband; Streifbandzeitung; Streiflicht; Streifschuß* → *Streifschuss:* oberflächliche Schussverwundung; *Streifzug:* ziellose Wanderung * **Strei|fe|rei,** die; –, –en: Streifzug * **strei|fig** Ew.: streifenartig : gestreift

Streik (e.), der; –(e)s, –s: Arbeitseinstellung zur Erreichung besserer Arbeitsbedingungen, Ausstand * *Streikaktion; Streikaufruf; Streikbrecher; Streikende; Streikgeld; Streikkasse; Streikleitung; Streikposten; Streikrecht; Streikwelle:* weite Gebiete umfassende Streikbewegung * **strei|ken** intr.: die Arbeit einstellen * **Strei|ker,** der; –s, –: ein Streikender

Streit, der; –(e)s, –e: Zwist : Krieg : Rechtskampf * *die Streitaxt begraben:* sich vertragen * *Streitaxt; streitbegierig* Ew.; *Streitfall; Streitfrage:* Gegenstand einer Meinungsverschiedenheit; *Streitgespräch:* Diskussion; *Streithahn; Streithammel; Streithansel; Streitkräfte* Mz.: Heereskräfte; *streitlustig* Ew.; *Streitmacht; Streitobjekt; Streitpunkt; Streitsache; Streitschrift; streitsüchtig* Ew.; *Streitwagen; Streitwert* * **streit|bar** Ew.: streitsüchtig : kampflustig * **strei|ten** (du strittst, du strittest; gestritten; streit[e]!) intr.: kämpfen : in Abrede stellen; rbz.: (sich mit jemandem –) in Streit sein * **Strei|ter,** der; –s, –: Kämpfer * **Strei|te|rei,** die; –, –en: dau-

erndes Streiten ✳ **Strei|te|rin,**
die; –, –nen: Kämpferin ✳
streit|haft Ew.: streitbar ✳
strei|tig Ew.: anfechtbar : strit-
tig ✳ *einem etwas streitig machen:* das Recht auf etwas ab-
sprechen ✳ **Strei|tig|keit,** die;
–, –en: Streit : strittige Angelegenheit : Rechtsfall

streng, stren|ge Ew.: (Hüttw.)
(Erz) schwer zu erweichen :
unnachsichtig : folgerichtig :
genau ✳ *streng sein, handeln;
streng bestrafen; strenge Richt-
linien; aufs strengste verurteilen auch: aufs Strengste verurteilen* ✳ *strengflüssig* Ew.:
(Erz) schwer erweichbar;
*strenggenommen → streng ge-
nommen* Mw. Uw.: genau be-
trachtet ✳ **Stren|ge,** die; –: Härte : Uner-
bittlichkeit : Zucht : Schnup-
fenkrankheit der Pferde ✳
stren|gen tr.: straff anziehen,
anspannen

streng genommen
Das Gefüge von Adjektiv und
Verb oder Partizip schreibt man
getrennt, wenn das Adjektiv
steigerbar oder erweiterbar ist:
*streng genommen; streng neh-
men; reich verziert; reich beschenken.*

Strep|to|my|zin, das; –s: ein
Antibiotikum
Streß → Stress (e.), der; –es,
–e: Hektik : übermäßige
Belastung ✳ **stres|sen** tr.: be-
lasten : beanspruchen ✳
stres|sig Ew.: enorm bean-
spruchend : hetzig
Stretch (e.) [strätsch], der; –es,
–es: dehnbares Material ✳
Stret|ching, das; –s: (Sport) :
Dehnen zu Beginn des Sports :
gymnastischer Sport mit
Streckübungen
Stret|ta (it.), die; –, –es:
Schlusssteigerung in der ital.
Arie ✳ **stret|to** (it.): (Mus.) ge-
drängt, schnell
Streu, Streue, die; –, –en:
(meist) Stroh : Lager aus Stroh
✳ **streu|en** tr.: ausstreuend ver-
teilen : bestreuen; intr.: (Getreide) Strohertrag liefern ✳
Sand in die Augen streuen: täuschen ✳ *Streubesitz; Streu-
büchse; Streudünger; Streu-
fahrzeug; Streufeuer; Streuge-
biet; Streugut; Streulicht; Streu-
obst; Streupflicht; Streu-*

*pulver; Streusalz; Streusand;
Streusiedlung; Streuwagen;
Streuzucker:* pulverförmiger
Zucker zum Bestreuen ✳
Streu|er, der; –s, –: Gefäß für
Salz oder Pfeffer ✳ **Streu|sel,**
das; der; –s, –: (meist) kleine
Teigkügelchen zum Bestreuen
von Kuchen ✳ *Streuselkuchen*
✳ **Streu|ung,** die; –, –en: Ver-
schiedenheit der Flugbahn und
der Einschläge der Geschosse
trotz gleich bleibender Einstellung der Schusswaffe : das
Streuen ✳ *Streuungskoeffizient;
Streuungsmaß*
streu|nen intr.: (mundartl.)
strolchen : sich herumtreiben
✳ **Streu|ner,** der; –s, –:
(mundartl.) Strolch : Herumtreiber
Strich, der; –(e)s, –e: Strichlein, Strichel(chen): das Streichen : das Streichen des Saiten-
instrumentes : Linie : Prostitu-
tionsstätte : Euter : das Ziehen
der Zugvögel : das Laichen der
Fische : junge Brut : Zeugstreif
: sich lang hindehnende
Strecke : Bezirk ✳ *auf dem
Strich haben* tr.: scharf ins
Auge fassen; *in einem Strich:*
ununterbrochen; *auf den Strich
gehen* tr.: (Dirne) der Stra-
ßenprostitution nachgehen; *gegen den Strich:* gegen die Richtung (von Haaren), gegen die
Absicht; *nach Strich und Faden:* sehr ✳ *Strichätzung:* in
Zink hergestellte Hochdruckät-
zung; *Strichjunge; Strichmäd-
chen:* Dirne; *Strichmännchen;
Strichprobe:* Prüfungsverfah-
ren auf Goldgehalt; *Strich-
punkt:* (Verd. f.) Semikolon;
Strichregen: strichweise fallen-
der Regen; *Strichvogel; strichweise* Uw.: streckenweise;
Strichzeichnung ✳ **stri|cheln**
(ich ..[e]le) tr.: mit feinen Strichen versehen; intr.: feine Striche machen ✳ *gestrichelt* Mw.
Ew.: mit Strichen verziert :
schraffiert ✳ **Stri|cher,** der; –s,
–: Mann, der auf den Strich
geht
Strick, der; –(e)s, –e: aus Hanf
zusammengedrehtes, kurzes
Seil : Strang : Schlinge um den
Hals des zu Hängenden :
(übertr.) Taugenichts :
(scherzh.) Schlauberger ✳ *einem einen Strick drehen:* ge-

fährden : bloßstellen; *wenn alle
Stricke reißen:* wenn es keinen
Ausweg mehr gibt ✳ *Stricklei-
ter:* Leiter, deren Bäume und
Sprossen aus Stricken bestehen
✳ **stri|cken** tr.: schlingen : ein
Maschengeflecht bilden (auch
intr.) ✳ *Strickarbeit; Strick-
bündchen; Strickgarn; Strickjacke; Strickkleid; Strickma-
schine; Strickmode; Strickmus-
ter; Stricknadel; Strickstrumpf;
Strickwaren; Strickweste;
Strickzeug* ✳ **Stri|cker,** der; –s,
–: einer, der strickt ✳
Stri|cke|rin, die; –, –nen: eine,
die strickt ✳ **Stri|cke|rei,** die;
–, –en: Strickzeug
Strie|gel (l.), der; –s, –: (zuw.
die; –, –n): Pferdebürste :
(Bot.) Borsten auf der Oberfläche : Zapfen zum Ablassen
des Teichwassers ✳ **strie|geln**
(ich ..[e]le) tr.: mit dem Strie-
gel reinigen : (übertr.) scharf,
derb anfassen ✳ *gestriegelt*
Mw. Ew.: blitzblank : hart behandelt
Strie|me, die; –, –n:
Strie|men, die; –s, –; Striem-
chen: Streif : Hautanschwel-
lung infolge eines Schlages ✳
strie|men tr.: mit Striemen
zeichnen ✳ **strie|mig** Ew.:
Striemen habend
Strie|zel, der; –s, –; die; –, –n:
ein Gebäck aus Weizenmehl
strikt (l.) Mw. Ew.: genau :
streng : pünktlich ✳ **strikt,**
strik|te Uw.: genau ✳ **Strik|
ti|on,** die; –, –en: (Med.) Zu-
sammenziehung ✳ **Strik|tur,**
die; –, –en: (Med.) Verengung
✳ **strin|gen|do** (it.) [..ind-
schendo]: (Mus.) schneller ✳
strin|gent Mw. Ew.: bündig,
nachdrücklich : zwingend ✳
Strin|genz, die; –: Schlüssig-
keit ✳ **strin|gie|ren** (..iert) (l.)
tr.: eng zusammenziehen :
streifen
strin|gen|do, strin|gent: s.
strikt
Strip (e.), der; –s, –s: Kurzform von Striptease
Strip|pe, die; –, –n; Stripp-
chen: (mundartl.) Schlinge
zum Ziehen : Bindfaden :
(scherzh.) Telefonleitung ✳ *an
der Strippe hängen:* telefonie-
ren; *fest an der Strippe haben:*
in seiner Gewalt haben
strip|pen (e.) [stripen]: eine

Entkleidungsszene vorführen ✻ **Strip|pe|rin**, die; –, –nen: Stripteasetänzerin ✻ **Strip-tease** (e.) [striptihs], der; das; –: (Bühne) Entkleidungsszene ✻ *Striptease-lokal; Striptease-tänzerin; Stripteasevorführung*

Stritt, der; –(e)s: (bayr.) Streit ✻ **stritt|ig** Ew.: streitig

Striz|zi, der; –s, –s: (östr.) Striezel : (verächtl.) haltloser Mensch ✻ **striz|zi|haft** Ew.: wie ein Strizzi

Stro|bel, der; –s, –: wirrer Haarschopf ✻ *Strobelkopf:* Kopf, Mensch mit wirrem Haar : (übertr.) Wirrkopf ✻ **stro|be|lig, strob|lig** Ew.: wirr ✻ **stro|beln** tr.: wirr machen

Stro|bis|mus (gr.), der; –: das Schielen ✻ **Stro|bos|kop**, das; –s, –e: drehbare Lochscheibe mit Bildern : schusssicherer Ausgleichverschluss bei Tanks ✻ *Stroboskoplicht* ✻ **stro|bo-s|ko|pisch** Ew.

Stroh, das; –(e)s: trockene Getreidehalme : Wertloses : Strohlager ✻ *Strohballen; strohblond* Ew.; *Strohblume:* eine Pflanze mit strohartigen Blüten : künstliche Blume aus Stroh; *Strohdach; strohdumm; strohfarben* Ew.; *Strohfeime; Strohfeuer:* hell aufflackerndes, schnell vergehendes Feuer : (bildl.) plötzliche, kurze Begeisterung; *strohgedeckt* Ew.; *Strohgeflecht; Strohhalm; Strohhaufen; Strohhut; Strohhütte; Strohkopf:* Dummkopf; *Strohmann:* aus Stroh geformte Menschenfigur als Vogelscheuche : (übertr.) wert- und kraftloser Mensch : vorgeschobene Person als Ersatzmann; *Strohmatte; Strohpuppe; Strohsack:* strohgefüllter Sack als Lager; *Strohwitwe(r):* für längere Zeit allein gelassene(r) Ehefrau(mann) ✻ **stro|hern** Ew.: aus Stroh bestehend : (übertr.) geistlos, fade ✻ **stroh|ig** Ew.: Stroh enthaltend : strohfarben

Strolch, der; –(e)s, –e: ein Herumtreiber ✻ **strol|chen** intr. (haben, sein): sich herumtreiben ✻ *Strolchenfahrt*

Strom, der; –(e)s, Ströme: das Fließende, Strömende : großer Fluss : strömender Teil des Meeres : stark bewegte Luft : der elektrische Strom : etwas in Menge oder Fülle sich Ergießendes ✻ *gegen den Strom schwimmen:* sich gegen die breite Masse wenden, sie unbeachtet lassen; *in Strömen regnen; der Strom der Zeit; stromab(wärts)* Uw.; *stromauf(wärts)* Uw.; *Stromabnahme; Stromabnehmer; Stromausfall; Strombett; Stromerzeugung; Stromkabel; Stromkreis:* geschlossener Weg des elektr. Stromes; *Stromlinie; stromlinienförmig* Ew.: keilförmig zur Verminderung des Luft- oder Wasserwiderstandes; *Strommenge; Strommesser; Stromnetz; Strompreis; Stromrechnung; Stromregulierung; Stromschiene:* den elektrischen Strom zuführende Schiene; *Stromschnelle:* reißende Flussströmung; *Stromsperre:* Absperrung des elektrischen Stroms; *Stromstärke:* Stärke des elektrischen Stroms; *Stromstoß; Stromunterbrecher; Stromverbrauch; Stromversorgung; Stromwender:* Teil der Dynamomaschine zur Gewinnung von Gleichstrom; *Stromzähler; Stromzufuhr* ✻ **strö|men** intr. (haben, sein): in großer Menge fließen, sich ergießen ✻ **Stro|mer**, der; –s, –: Landstreicher ✻ **stro|mern** (ich ..[e]re) intr.: als Landstreicher herumziehen ✻ **Ström|ling**, der; –s, –e: kleine Heringsart der Ostsee ✻ **Strö|mung**, die; –, –en: Stromlauf : Fahrwasser, Flut : (übertr.) Erscheinungen einer best. Zeit ✻ *Strömungs-geschwindigkeit* ✻ *eine starke Strömung; die Strömungen der Zeit*

Stro|ma (gr.), das; –s, –ta: (Med.) Grundgewebe : Unterlage : Gerüst

Stron|ti|an, der; –s: eine chem. Verbindung ✻ **Stron|ti|um**, das; –s: ein chem. Grundstoff, Abk.: Sr

Stro|phe, die; –, –n: Zusammenfassung mehrerer Verszeilen ✻ *Strophenanfang; Strophenbau; Strophenende; Strophenform; Strophenlied* ✻ **..stro|phig** Ew., nur in Zus.: Strophen habend; z. B. vierstrophig ✻ **stro|phisch** Ew.: in Strophen abgefasst

Stropp, der; –(e)s, –s: (niederd.) (seem.) Tauring : Strippe : (mundartl.) Schlingel

strot|zen (du strotzest und strotzt) intr.: schwellen : übervoll sein ✻ *vor Gesundheit strotzen*

Strub|bel, der; –s, –: Kopf mit wirrem Haar ✻ **strub|be|lig** Ew.: wirr ✻ *Strubbelkopf*

Stru|del, der; –s, –: Wasserwirbel : (übertr.) Trubel : Quirl : Mehlspeise ✻ **stru|de|lig** Ew.: strudelnd ✻ **stru|deln** (ich ..[e]le) intr.: sich wirbelnd bewegen : übereilt handeln ✻ *Strudelkopf:* Wirrkopf; *Strudelwurm*

Struk|tur (l.), die; –, –en: Bau, Gefüge : Aufbau : Anordnung der Atome in ihren Molekülen ✻ *Strukturanalyse; Strukturänderung; Strukturformel; Strukturhilfe; Strukturkrise; Strukturpolitik; Strukturreform; strukturschwach* Ew.; *Strukturwandel* ✻ **Struk|tu|ra|lis|mus**, der; – (Sprachl.) Lehre von der Struktur der Sprache ✻ **Struk|tu|ra|list**, der; –en, –en: Anhänger des Strukturalismus ✻ **struk|tu|rell** Ew.: das Gefüge betreffend ✻ **struk|tu|rie|ren** tr.: eine Struktur aufbauen ✻ **Struk|tu|rie|rung**, die; –, en: Vorgang des Strukturierens

strul|len intr.: (nordd.) (Umgspr.) Urin lassen

Stru|ma (l.), die; –, ..men: Kropf, Vergrößerung der Schilddrüse ✻ **stru|mös** Ew.: wie ein Kropf

Strumpf, der; –(e)s, Strümpfe; Strümpfchen: Bekleidung des Fußes und des unteren Beines : etwas Strumpfartiges ✻ *sich auf die Strümpfe machen:* sich aufmachen ✻ *Strumpfband; Strumpffabrik; Strumpfhalter; –hose; –maske; –wirker*

Strunk, der; –(e)s, Strünke; Strünkchen: derber Pflanzenstängel : Zellenstängel von Pilzen ✻ **strunk|lig** Ew.: strunkartig : (viele) Strünke habend

strup|pig Ew.: (Haar) wirr ✻ **struw|we|lig** Ew.: struppig ✻ **Struw|wel|pe|ter**, der; –s: lustig-lehrreiches Kinderbuch ✻ *Struwwelkopf*

Strych|nin (gr.), das; –s: in der Brechnuss enthaltenes Gift

Stu|bai|er Al|pen: Alpen in Tirol ✳ *Stubaital*

Stub|be, die; –, –n; **Stub|ben,** der; –s, –: Baumstumpf

Stub|ben|kam|mer: Teil der Kreidefelsküste Rügens

Stüb|chen (ml.), das; –s, –: altes Flüssigkeitsmaß

Stu|be, die; –, –n; Stübchen: Zimmer ✳ *Stubenältester; Stubenarrest; Stubendienst; Stubenfarbe:* blasse Gesichtsfarbe; *Stubenfliege; Stubengelehrte(r); Stubenhocker:* einsam lebender Sonderling : Bücherwurm; *Stubenmädchen; stubenrein* Ew.; *Stubenwagen:* Babywagen für die Stube

Stü|ber, der; –s, –: ehemalige Münze (4–5 Pf) : schnellender (Finger-)Schlag ✳ *Nasenstüber*

Stubs|nase: s. Stupf

Stuck (it.), der; –(e)s: Gipsornament ✳ *Stuckarbeit; Stuckdecke; Stuckputz* ✳ **stu|ckie|ren** intr.; mit Stuck versehen ✳ **Stuk|ka|teur** → **Stu|cka|teur** (it.-fr.) [..töhr], der; –s, –e: Stuckarbeiter ✳ **Stuk|ka|tur** → **Stu|cka|tur,** die; –, –en: Stuckverzierung

Stuckateur, Stuckatur
Sprachverwandte Wörter werden im Stamm gleich geschrieben. Abgeleitet wird immer von der Grundform: *Stuckateur von Stuck; Stuckatur von Stuck; Stängel von Stange, Quäntchen von Quantum; Bändel von Band.*

Stück, das; –(e)s, –e: Strecke(nteil) : Bestandteil eines Ganzen : großes Weinfass : gefertigtes Werk : Werk für Bühnenaufführung ✳ *Stück für Stück:* der Reihe nach; *aus freien Stücken:* aus eigenem Antrieb; *10 Stück* ✳ *Stückarbeit:* nach dem Stück bezahlte Arbeit; *Stückgewicht; Stückgut:* einzeln verfrachtete Waren; *Stückkauf; Stückkohle; Stückkosten; Stücklohn; Stückrechnung; stückweise* Uw.; *Stückwerk:* Flickwerk; *Stückzahl; Stückzinsen* ✳ *Stückeschreiber; Stückzucker* ✳ **stü|ckeln** (ich ..[e]le), **stü|cken** tr.: in Stücke teilen : aus Stücken zusammensetzen ✳ **Stü|cke|lung,** die; –, –en: Einteilung in Stücke

stu|cken intr.: (östr.) viel lernen : Lernstoff pauken

stu|ckie|ren: s. Stuck

Stu|dent (l.), der; –en, –en: Hochschüler ✳ *Studentenausschuß* → *Studentenausschuss; Studentenausweis; Studentenbewegung; Studentenblume; Studentenbude; Studentenfutter; Studentengemeinde; Studentenheim; Studentenkneipe; Studentenparlament; Studentenpfarrer; Studentenrevolte; Studentensprache; Studentenunruhen; Studentenverbindung; Studentenwerk; Studentenwohnheim* ✳ **Stu|den|tin,** die; –, –nen ✳ **Stu|den|ten|schaft,** die; –, –en: (organisierte) Gesamtheit von Studenten ✳ **stu|den|tisch** Ew.: den Studenten gemäß ✳ **Stu|die,** die; –, –n: wissenschaftliche Abhandlung : Skizze, Vorarbeit ✳ **Stu|di|en** Mz.: Studium ✳ *Studienabbrecher; Studienanstalt; Studienassessor; Studienbewerber; Studiendirektor; Studienfach; Studienfreund; Studiengang; studienhalber* Uw.; *Studienplatz; Studienprofessor; Studienrat:* akademisch gebildeter, fest angestellter Lehrer an höheren Schulen; *Studienreferendar; Studienreise; Studienseminar; Studientag; Studienzeit; Studienzweck* ✳ **stu|die|ren** (..iert) tr., intr.: wissenschaftlich betreiben : die Hochschule besuchen ✳ *studiert* Mw. Ew.: gelehrt ✳ *Studierstube; Studierzimmer* ✳ **Stu|dio,** das; –s, –s: Arbeitszimmer (eines Künstlers) : Senderaum : Versuchsraum ✳ *Studiobühne; Studiofilm; Studiomusiker* ✳ **Stu|di|o|sus,** der; –, ..sen und ..si: Student ✳ *Studiosus medicinae:* Student der Medizin; Abk.: stud. med. usw. ✳ **Stu|di|um,** das; –s, ..dien: Besuch der Hochschule : Forschung ✳ *Studium generale,* das; – –: Allgemeinstudium : Vorlesungen allgemeinbildenden Charakters ✳

Stu|fe, die; –, –n; Stüfchen: Trittfläche einer Treppe : (Entwicklungs-)Abschnitt : (Mus.) Intervall ✳ *Stufenabitur; Stufenbarren; Stufendach; Stufenfolge; stufenförmig* Ew.; *Stufengang, Stufengiebel:* treppenförmiger Gang, Giebel; *Stufen-*

heck; *Stufenleiter; stufenlos; Stufenplan; stufenweise* Ew.: allmählich ✳ **stu|fen** tr.: mit Stufen versehen : staffeln : (bergm.) mit dem Meißel hauen ✳ **stu|fig** Ew.: mit Stufen ✳ **..stu|fig** Ew. in Zus.: Stufen habend, z. B. dreistufig ✳ **Stu|fung,** die; –, –en: Staffelung

Stuhl, der; –(e)s, Stühle; Stühlchen: Sitzgestell : Amtssessel : akademischer Lehrauftrag : Richteramt : päpstl. Regierung : (verhüll.) Stuhlgang : Gerüst, Gestell an Maschinen usw. : Webegerät ✳ *Stuhlbein; Stuhldrang; Stuhlentleerung; Stuhlfeier:* (kath. K.) Fest der Gründung des päpstlichen Stuhles; *Stuhlgang:* (eig.) Gang zum Nachtstuhl : Darmentleerung; *Stuhlkante; Stuhllehne; Stuhluntersuchung; Stuhlverstopfung*

Stu|ka, das; –s, –s: Sturzkampfflugzeug ✳ *Stukaflieger* ✳ **Stuk|ka|teur** → **Stu|cka|teur** usw.; s. Stuck

Stul|le, die; –, –n: (niederd.) Schnitte Brot : Butterbrot

Stulp, der; –(e)s, –e; **Stül|pe,** die; –, –n; Stülpchen: etwas Umgebogenes : (urspr. umgekrempeltes) Kniestück an hohen Stiefeln : Manschette : Gefäßdeckel ✳ *Stulphandschuh; Stulpnase* ✳ *Stulpenärmel; Stulp(en)stiefel* ✳ **stül|pen** tr.: das Innere nach außen wenden

stumm Ew.: sprachlos : stimmlos ✳ *stummer Diener:* Ablagegestell; *Stummfilm:* Film ohne Ton ✳ **Stumm|heit,** die; –: das Stummsein

Stum|mel, der; –s, –: Stummelchen: kurzes Ende von einem Ganzen : (häuf.) Zigarrenstummel ✳ *Stummelpfeife:* kurze Tabakspfeife; *Stummelschwanz* ✳ **stüm|meln** (ich ..[e]le) tr.: (selt.) verstümmeln : zum erstenmal pflügen

Stump, der; –(e)s, –e: Stumpf

Stum|pe, der; –(e)s, –e; **Stum|pen,** der; –s, –: Stümpchen: roher, ungeformter Filzhut : (schweiz.) Zigarrensorte ohne Deckblatt

Stüm|per, der; –s, –: Pfuscher ✳ **Stüm|pe|rei,** die; –, –en: Pfuscherwerk ✳ **stüm|per|haft** Ew.: in der Art eines Stümpers

✻ *stümpermäßig* Ew. ✻
stüm|pern (ich ..[e]re) intr.: pfuschen, schlecht arbeiten
stumpf Ew. (–este): (Werkzeug) ohne Spitze : ohne Schärfe : (übertr.) ohne Kraftäußerung : (übertr.) empfindungslos, uninteressiert : (Math.) (Winkel) größer als 90° ✻ *stumpfeckig* Ew.; *Stumpfnase; stumpfwinklig* Ew. ✻ **Stumpf,** der; –(e)s, Stümpfe; Stümpfchen: Stummel (Baumstumpf : Armstumpf) ✻ **stump|fen** tr.: stumpf machen; rbz.: stumpf werden ✻ **Stumpf|heit,** die; –: Unschärfe ✻ **Stumpf|sinn,** der; –(e)s: Dummheit : Langeweile : Schwachsinn : geistige Trägheit ✻ **stumpf|sin|nig** Ew.
Stun|de, die; –, –n; Stündchen: Zeitabschnitt, vierundzwanzigster Teil des Tages : Unterrichtsstunde ✻ *eine halbe, viertel Stunde* (vgl. vier); *von Stund an:* von jetzt an ✻ *Stundenbuch; Stundenfrau:* Arbeitsfrau, die nur auf Stunden arbeitet; *Stundengebet; Stundengeschwindigkeit:* durchschnittliche Geschwindigkeit in der Stunde; *Stundenglas:* Sanduhr; *Stundenhotel; Stundenkilometer:* falscher, doch volkst. Ausdruck für „Kilometer pro Stunde", Abk.: km/h; *stundenlang* Ew.; *drei Stunden lang; Stundenlohn; Stundenplan:* Zeittafel für Arbeits- und Unterrichtsstunden; *Stundenschlag; Stundentakt; stundenweise* Ew.; *stundenweit* Ew.; *drei Stunden weit; Stundenzeiger:* ein Zeiger der Uhr ✻ **stun|den** tr.: Zahlungsaufschub gewähren ✻ **..stün|dig** Ew., nur in Zus.: Stunden dauernd; z. B. dreistündig ✻ **ständ|lich** Ew.: jede Stunde; Uw.: jede Stunde zu erwarten ✻ **..stünd|lich** Ew. in Zus.: dreistündlich : 3stündlich → 3-stündlich ✻ **Stun|dung,** die; –, –en: Verlängerung einer Zahlungsfrist
Stunk, der; –s: Streit, Unfrieden : Nörgelei ✻ *Stunk machen:* Krach schlagen
Stunt (e.) [stant], der; –s, –s: gefährliche Filmszene ✻ **Stunt|man** [stantmän], der; –s, ..men: Ersatzperson, die an

Stelle des wirklichen Schauspielers gefährliche Filmszenen darstellt
stu|pend Ew.: erstaunlich
Stupf, Stups, der; –es, –e: Stoß : Stich ✻ *Stupsnase:* (wie durch einen Stoß) abgestumpfte Nase ✻ **stup|fen, stup|sen** (du stupsest und stupst) tr.: stoßen ✻ *stupsig, stupselig* Ew.
stu|pid, stu|pi|de Ew.: dumm : stumpfsinnig ✻ **Stu|pi|di|tät,** die; –, –en: Blödheit : Stumpfsinnigkeit
Stups: s. Stupf
stur Ew.: (niederd.) stier, starr : hartnäckig ✻ **Stur|heit,** die; –: das Stursein
Sturm, der; –(e)s, Stürme: sehr starker, heftiger Wind : (übertr.) Zustand der Erregung : ungestümer Andrang : ungestümes Vordringen eines Heeres ✻ *Sturm und Drang:* geistig-literarische Bewegung im 18. Jh. ✻ *Sturm-und-Drang-Zeit* ✻ *Sturmangriff; Sturmband; Sturmbataillon; sturmbereit; Sturmböe; Sturmdeich; sturmerprobt; Sturmfahne; sturmfest* Ew.: dem Sturm trotzend; *Sturmflut:* vom Sturm hoch getriebene Meeresflut; *sturmfrei* Ew.: (stud.) (Zimmer) gegen jede Störung sicher; *Sturmgebraus; sturmgepeitscht; Sturmglocke; Sturmhaube:* Pickelhaube; *sturmklar* Ew.: (Schiff) für Sturm vorbereitet; *Sturmlaterne; Sturmlauf:* wilder Anlauf : eine Turnübung; *Sturmläuten; Sturmleiter; sturmreif* Ew.; *Sturmreihe; Sturmschritt:* Eilschritt; *Sturmschwalbe:* Sturmvogel; *Sturmsignal; Sturmtief; Sturmtrupp:* (Heerw.) Stoßtrupp; *Sturmvogel:* Meeresvogel; *Sturmwarnung; Sturmwetter; Sturmwind; Sturmzeichen* ✻ *Sturmesbrausen* ✻ **stür|men** intr.: kämpfend vordringen : sich ungestüm fortbewegen; tr.: Sturm laufen gegen etwas ✻ **Stür|mer,** der; –s, –: ein Stürmender : eine Art (Studenten-) Mütze : angreifender Fußball-, Handball-, Hockeyspieler u. dgl. ✻ **stür|misch** Ew.: stürmend : ungestüm
Sturz, der; –es, Stürze: jäher Fall : (Baukst.) (Mz. Sturze)

Oberschwelle : abschüssige Bergfläche : großflächiger Geröll-, Felsabgang : ungestüme Bewegung : (weidm.) kurzer Schwanz des Rotwildes ✻ *Sturzacker:* (Stoppel-)Acker; *Sturzbach:* wild herabstürzender Bach; *Sturzbad:* Dusche : (übertr.) plötzliche Ernüchterung; *sturzbetrunken* Ew.; *Sturzflug:* senkrechter Flug zur Erde; *Sturzflut; Sturzgeburt; Sturzhelm:* Schutzhelm für Zweiradfahrer; *Sturzkampfflugzeug; Sturzregen; Sturzsee* ✻ **Stür|ze,** die; –, –n: Deckel ✻ **stür|zen** (du stürzest und stürzt) intr. (sein): jäh niederfallen : sich ungestüm fortbewegen : heftig niederfließen fallen : (Gelände) senkrecht abfallen; tr.: in raschem Schwung das Obere nach unten wenden : pflügend aufbrechen : umstülpen : zu Fall bringen (auch übertr.)
Stuß → **Stuss** (arab.-hebr.), der; –es: Albernheit : Unsinn
Stu|te, die; –, –n: weibliches Pferd ✻ *Stutbuch:* Pferdezuchtstammbuch; *Stutenzucht; Stutfohlen*
Stu|ten, der; –s, –: (niederd.) längliches Weißbrot ✻ *Stutenmund:* Flitterwochen
Stutt|gart: Hauptstadt Baden-Württembergs
Stutz, der; –es, –e: Stoß : etwas Abgestutztes : kurzes Gewehr ✻ *Stutzflügel:* (Mus.) kurzer Flügel; *Stutzschwanz:* abgestutzter Schwanz; *Stutzuhr* ✻ **Stut|zen,** der; –s, –: kurzes Gewehr : Wadenstrumpf ohne Fußteil : Ansatzrohrstück ✻ **stut|zen** (du stutzest und stutzt) intr.: erstaunt, zaudernd still stehen; tr.: schneidend verkürzen : die rechte Form geben ✻ **Stut|zer,** der; –s, –: Geck, Modenarr ✻ *stutzermäßig* Ew.: in der Art eines Stutzers ✻ **stut|zer|haft** Ew.: wie ein Stutzer ✻ **Stut|zer|tum,** das; –s: Wesen des Stutzers ✻ **stut|zig, stüt|zig** Ew.: verwundert : störrisch ✻ **Stut|zung,** die; –, –en: das Stutzen
Stüt|ze, die; –, –n: Stützchen: Abstützung : Träger, Halt : Beistand : Hilfe der Hausfrau : (Umgspr., abwert.) Sozialhilfe ✻ *Stütze der Gesellschaft;*

Stütze von Thron und Altar ✳ **stüt|zen** (du stützest und stützt) tr.: als Stütze dienen : mit Stützen versehen ✳ *Stützbalken; Stützgewebe; Stützkorsett; Stützlast; Stützmauer; Stützpfeiler; Stützpunkt; Stützsprung; Stützstrumpf; Stützverband* ✳ **Stütlzung**, die; –, –en: das Stützen : Unterstützung ✳ *Stützungskauf*

sty|gisch Ew.: unterweltlich, schauerlich : düster : kalt ✳ **Styx**, der; –: sagenhafter Fluss der Unterwelt

styllen (e.) [ßtailen] tr.: formen ✳ **Styling** (e.) [ßtailing], das; –s: Karosseriegestaltung : bewusste Gestaltung seiner Erscheinung ✳ **Stylist** (e.) [ßtailisst], der; –en, –en: Gestalter

Stym|pha|li|den (gr.) Mz.: sagenhafte Greifvögel

Sty|rol, das; –s: benzolähnliche, aromatisch riechende Flüssigkeit

Sty|ro|por (gr.-l.), das; –s: Kunststoff aus Styrol

Styx: s. stygisch

Su|la|he|li, der; –(s), –s: Angehöriger eines ostafrik. Volksstammes ✳ **Su|la|he|li**, das; –(s): eine Bantusprache, Hauptverkehrssprache in Ostafrika

sub., (l.) Vw. in Zus.: unter..

sub|a|kut (nl.) Ew.: (Med.) weniger akut, weniger heftig verlaufend

sub|al|pin, **sub|al|pi|nisch** (nl.) Ew.: (Geol.) zwischen der Baumgrenze und dem oberen Bergwald liegendes Gebiet

sub|al|tern (nl.) Ew.: untergeordnet : unselbständig ✳ **Sub|al|ter|ne**, der; die; –n, –n: Untergeordnete(r) ✳ *Subalternbeamter*: Unter-, Mittelbeamter

sub|ant|ark|tisch (l.-gr.) Ew.: im Übergangsgebiet von der gemäßigten Zone zur Südpolzone liegend

sub|ark|tisch (l.-gr.) Ew.: im Übergangsgebiet von der gemäßigten Zone zur Nordpolzone liegend

Sub|baß → **Sub|bass** (l.-it.), der; –es, –e: Unterbass, ein hölzernes, gedecktes Orgelregister

Sub|bot|nik (russ.), der; –s, –s: Arbeitseinsatz in der ehemaligen DDR, der unentgeltlich und freiwillig war

Sub|di|a|kon (gr.), der; –s und –en; **Sub|di|a|ko|nus**, der; –, ..ko|ne(n): (kath. K.) Inhaber der untersten der höheren Weihen

Sub|do|mi|nan|te (l.), die; –, –en: (Mus.) vierte Tonstufe

sub|gla|zi|al (l.) Ew.: unter Inland- oder Gletschereis ruhend

Sub|jekt (l.), das; –(e)s, –e: das mit Denkfähigkeit ausgestattete Wesen : (Sprachl.) Satzgegenstand : (Mus.) Fugenthema ✳ *Subjektsatz* ✳ **Sub|jek|ti|on**, die; –, –en: das Stellen einer Frage, die man sich selbst beantwortet ✳ **sub|jek|tiv** Ew.: persönlich : einseitig **Sub|jek|ti|vis|mus** [..w..], der; –: persönliche Auffassung : (Philos.) Beziehung aller Dinge auf das subjektive Bewusstsein ✳ **sub|jek|ti|vis|tisch** Ew.: ich-bezogen : den Subjektivismus betreffend ✳ **Sub|jek|ti|vi|tät** [..w..], die; –: das persönliche Gefühl

sub|ji|zie|ren (..iert) tr. unterwerfen, unterordnen ✳ **sub|ju|gal** (nl.) Ew.: untergeordnet

sub|jun|gie|ren (..iert) (l.) tr.: beifügen ✳ **Sub|junk|tiv**, der; –s, –e: (Sprachl.) Möglichkeitsform

Sub|ka|te|go|rie, die; –, ..rien: Untereinteilung

Sub|kon|ti|nent, der; –s, –e: abgeschlossenes Gebiet eines Kontinents, das als eigenständiger Teil gilt

Sub|kul|tur, die; –, –en: eine eigenständige Kulturrichtung innerhalb einer größeren Kultur, die sie umfasst

sub|lim (l.) Ew.: erhaben : fein ✳ **Sub|li|mat**, das; –(e)s, –e: Quecksilberchlorid ✳ **Sub|li|ma|ti|on, Sublimierung**, die; –, –en: (Chem.) Verdampfung : Verfeinerung ✳ **sub|li|mie|ren** (..iert) tr.: läutern : erhöhen : verfeinern : (Chem.) verflüchtigen : verdampfen ✳ *Sublimiervorrichtung* ✳ **Sub|li|mi|tät**, die; –, –en: Erhabenheit

sub|lu|na|risch (l.) Ew.: unter dem Mond befindlich

sub|ma|rin (nl.) Ew.: unterseeisch

sub|mer|gie|ren (..iert) (l.) tr.: untertauchen ✳ **Sub|mer|si|on**,

die; –, –en: (Geol.) Untertauchen des Festlandes unter den Meeresspiegel

sub|miß → sub|miss (l.) Mw. Ew.: ehrerbietig, unterwürfig ✳ **Sub|mis|si|on**, die; –, –en: Ehrerbietigkeit, Unterwürfigkeit : Verdingung öffentlicher Arbeiten an den Wenigstfordernden : Vergebung öffentlicher Arbeiten ✳ *Submissionskartell; Submissionsweg* ✳ **Sub|mit|tent**, der; –en, –en: Bewerber ✳ **sub|mit|tie|ren** (..iert) intr.: sich bewerben (um einen Auftrag)

Sub|or|di|na|ti|on (nl.), die; –, –en: Unterordnung, Dienstgehorsam ✳ **sub|or|di|nie|ren** (..iert) tr.: unterordnen

sub|po|lar (l.) Ew.: zwischen Polarzone und gemäßigter Klimazone gelegen

sub|si|di|är, sub|si|di|a|risch (l.) Ew.: zur Aushilfe dienend : Hilfe leistend ✳ **Sub|si|di|um**, das; –s, ..dien: Unterstützung : (Mz.) Hilfsgelder

Sub|sis|tenz (l.), die; –, –en: Bestand : Lebensunterhalt ✳ *Subsistenzmittel* Mz. ✳ **sub|sis|tie|ren** (..iert) intr.: fortbestehen : seinen Lebensunterhalt haben

Sub|s|kri|bent (l.), der; –en, –en: Unterzeichner : Vorausbesteller (von Büchern) ✳ **sub|s|kri|bie|ren** (..iert) tr.: unterzeichnen : vorausbestellen ✳ **Sub|s|krip|ti|on**, die; –, –en: Unterzeichnung : Vorausbestellung ✳ *Subskriptionspreis*

Sub-s-kri-bent
Die Worttrennung erfolgt nach Wortteilen: *Sub-skribent* oder nach Sprechsilben: *Subs-kri-bent*. Die Regel, nach der der letzte Konsonant einer Konsonantengruppe in die neue Zeile kommt, ist hier nicht anwendbar, weil die Silbe *Subsk* nicht sprechbar ist.

Sub|spe|zi|es, die; –, –: Unterart

Sub|stan|dard (e.), der; –s: Qualität, die unter dem Durchschnitt liegt : schlechter Zustand

Sub|stan|tiv, das; –s, –e; **Sub|stan|ti|vum** [..w..], das; –s, ..va: Hauptwort, Dingwort, Abk.: subst. ✳ **sub|stan|ti-**

vie|ren [..w..] tr.: zum Hauptwort machen * **Sub|stan|tivie|rung,** die; –, –en: Erhebung zum Hauptwort * **sub|stan|tivisch** Ew.: hauptwörtlich * **Sub|stanz,** die; –, –en: das Zugrundeliegende : körperlicher Stoff : (Rechtsspr.) wesentliche Bestandteile * **sub|stan|ziali|tät** *auch:* **Sub|stan|ti|ali|tät,** die; –, –en: Wesenheit, Selbständigkeit * **sub|stanzi|ell** *auch:* **sub|stan|ti|ell** Ew.: wesentlich : stofflich : nahrhaft * **sub|stan|zi|ie|ren** *auch:* **sub|stan|ti|ie|ren** (..iert) tr.: bevollmächtigen : durch Tatsachen begründen

Substanzialität, Substantialität

Sprachverwandte Wörter werden im Stamm gleich geschrieben. Abgeleitet wird immer von der Grundform: *Substanzialität, substanziell, substanziieren.* Die fremdsprachige Schreibung *Substantialität, substantiell, substantiieren* ist als Nebenform möglich.

sub|sti|tu|ier|bar Ew.: möglich zu substituieren * **sub|sti|tu|ie|ren** (..iert) (l.) tr.: an eines anderen Stelle setzen : (zum Nacherben) ernennen * **Sub|sti|tu|ie|rung,** die; –, –en: bedingte Festsetzung * **Substi|tut,** der; –en, –en: Stellvertreter : Ersatzmann * **Substi|tu|ti|on,** die; –, –en: Stellvertretung : Einsetzung eines Ersatzerben : (Math.) Einsetzen einer Größe für eine andere : das Ersetzen von Atomgruppen durch gleichwertige : (Philos.) einen Begriff durch einen anderen ersetzen * *Substitutionseffekt; Substitutionsgüter; Substitutionsmethode:* Einsetzungsverfahren

Sub|strat (l.), das; –(e)s, –e: Grundlage : Nährboden, Unterschicht

sub|su|mie|ren (..iert) (l.) tr.: miteinbegreifen, ein-, unterordnen * **Sub|sum|ti|on,** die; –, –en: Ein-, Unterordnung * **sub|sum|tiv** Ew.: unterstellend, vermutlich : unterordnend **Sub|teen** [ˈβabtihn], der; –s, –s: (Umgspr.) Jugendliche im Alter von etwa 10 Jahren **sub|til** (l.) Ew.: zart : fein : spitzfindig * **sub|ti|li|sie|ren**

(..iert) tr.: verfeinern * **Sub|ti|li|sie|rung,** die; –, –en: Verfeinerung * **Sub|ti|li|tät,** die; –, –en: Verfeinerung : Feinheit : Spitzfindigkeit

Sub|tra|hend (l.), der; –en, –en: abzuziehende Zahl : Abzug * **sub|tra|hie|ren** (..iert) tr.: abziehen * **Sub|trak|ti|on,** die; –, –en: das Abziehen * *Subtraktionsmethode; Subtraktionsverfahren*

Sub|tro|pen, nur Mz.: klimatische Übergangszone zwischen den Tropen und den gemäßigten Zonen * **sub|tro|pisch** (l.-gr.) Ew.: halbtropisch : tropennah

Sub|urb (e.) [βabörb], die; –, –s: Vorstadt: Trabantenstadt

sub|ve|nie|ren (..iert) (l.) [..w..] tr.: zu Hilfe kommen : beistehen * **Sub|ven|ti|on,** die; –, –en: Unterstützung : bes. staatl. Zuschüsse für Privatbetriebe * *Subventionsabbau; Subventionsbegehren* * **subven|ti|o|nie|ren** (..iert) tr.: unterstützen

Sub|ver|si|on (l.), die; –, –en: Umsturz : (Med.) Umwendung (z. B. des Magens) * **sub|ver|siv** Ew.: umstürzlerisch : zerstörend

sub vo|ce (l.) [..w..]: unter dem (Stich-)Wort; Abk.: s. v.

Su|che, die; –, (weidm. –n): das Suchen : (weidm.) Jagd auf niederes Wild * *auf die Suche gehen; auf der Suche nach etwas sein* * **su|chen** tr.: zu finden streben : aufspüren * *gesucht* Mw. Ew.: viel verlangt : gekünstelt * *Hilfe bei jemandem suchen; Was hast du hier zu suchen?; gesuchte Ware:* viel verlangte Ware * **Suchtion:** Nachforschung nach dem Verbleib Vermisster; *Suchanzeige; Suchdienst:* Einrichtung beim Rundfunk zur Nachforschung nach Vermissten; *Suchhund; Suchlauf; Suchliste; Suchmeldung; Suchnadel; Sonde; Suchscheinwerfer; Suchtrupp* * **Su|cher,** der; –, –: ein Suchender : Hilfsgerät an optischen Apparaten : drehbarer Handscheinwerfer an Kraftwagen

Sucht, die; –, Süchte: Krankheit, Epidemie : (übertr.) krankhafte Begierde bes. nach

Rauschgiften * *Suchtgefahr; suchtkrank* * **Süch|te|lei,** die; –, –en: kleinliche Sucht * **süch|tig** Ew. (meist in Zus.): krank : an einer Sucht leidend; z. B. schwindsüchtig, morphiumsüchtig * **Süch|tig|keit,** die; –: Sucht

su|ckeln intr.: saugen

Su|cre, der; –, –: Geldeinheit in Ekuador

Sud, der; –(e)s, –e: durch Sieden gewonnene, heiße Lösung * **Sudhaus:** Teil einer Brauerei **Süd,** der; –(e)s; **Sü|den,** der; –s: eine Weltgegend, eine Himmelsrichtung (Ggs. Nord), Abk.: S * **Süd,** der; –(e)s, –e: Wind, der von Süden nach Norden weht, Abk.: S * *Südafrika; südafrikanisch* Ew.; *Südafrikanische Union; Südamerika; südamerikanisch* Ew.; *süddeutsch* Ew.; *Süddeutsche,* der; die; *Süddeutschland; Südeuropa; Südeuropäer; südeuropäisch* Ew.; *Südfenster; Südfrankreich; südfranzösisch* Ew.; *Südfrucht; Südhang; Südkorea; Südländer; Südobst; Südosten:* eine Weltgegend, eine Himmelsrichtung, Abk.: SO; *Südost:* Wind von Südost, Abk.: SO; *Südpol; Südpolarexpedition; Südpolargegend; –meer; Südsee; Südseeinsulaner; Südstaaten* Mz.; *Südsüdost(en):* eine Weltgegend, eine Himmelsrichtung, Abk.: SSO : Wind von Südsüdost, Abk.: SSO; *Südsüdwest, Südsüdwesten:* eine Weltgegend, eine Himmelsrichtung, Abk.: SSW : Wind von Südsüdwest, Abk.: SSW; *Südtiroler:* Einwohner von Südtirol; *Südvietnam; südwärts* Uw.; *Südwest, Südwesten:* eine Weltgegend, eine Himmelsrichtung, Abk.: SW : Wind von Südwest, Abk.: SW; *Südwester:* geölte Seemannskappe; *Südweststaat; Südwestwind; Südwind* * **Süderkreuz:** Kreuz des Südens, ein Sternbild * **süd|lich** Ew.: in der Richtung nach Süden, im Süden * *südlicher Breite,* Abk.: s(üdl). B(r).

Su|dan, der; –s: zentralafrikan. Staat * **Su|da|ne|se,** der; –n, –n; Bewohner des Sudans * **su|da|ne|sisch, su|da|nisch** Ew.

Su|del, der; –s, –: Pfütze : Unreines (Ggs. Reinschrift) * *Sudelbuch; Sudelkopf; Sudelwerk:* Pfuscharbeit; *Sudelwetter* * Su|de|lei, die; –, –en: das Sudeln : liederliche Arbeit * Su|de|ler, Sud|ler, der; –s, –: Pfuscher, Schmierer * su|de|lig, sud|lig Ew.: gesudelt : unsauber * su|deln (ich ..[e]le) intr., tr.: manschen : mit Schmutz beschmieren : liederlich arbeiten : unsauber kochen * Sü|den, süd|lich usw.: s. Süd * Sü|der|dith|mar|schen: Landschaft in Schleswig-Holstein * Sü|der|oog: eine Hallig

Su|de|ten: Gebirge in Mitteleuropa * su|de|ten|deutsch Ew. * Su|de|ten|deut|sche, der; –n, –n: Deutschstämmiger aus dem Sudetenland * Su|de|ten|land, das; –es * su|de|tisch Ew.: die Sudeten betreffend

Su|e|be, Su|e|ve: s. Swebe

Su|ez, Su|es: Stadt in Ägypten * *Suezkanal:* Verbindungskanal vom Mittelmeer zum Roten Meer

Suff, der; –(e)s: Trunk : Trunksucht * Süf|fel, Süf|ler der; –s, –: (Umgspr.) Trinker * süf|feln (ich ..[e]le) tr.: viel und gern trinken * süf|fig Ew.: angenehm zu trinken

Süf|fi|sance, Süf|fi|sanz (fr.) [..sangß], die, –: Selbstgefälligkeit : Spott * süf|fi|sant Mw. Ew.: dünkelhaft, selbstgefällig

Suf|fix (l.), das; –es, –e: (Sprachw.) (Wort-)Anhängsel : Ableitungssilbe, Nachsilbe * suf|fi|zi|ent (l.) Mw. Ew.: ausreichend : genügend * Suf|fi|zi|enz, die; –: Leistungsfähigkeit : Zulänglichkeit

Süf|fler: s. Suff

Suf|fra|gan (nl.), der; –s, –e: stimmberechtigtes Synodenmitglied : einem Erzbischof unterstellter Diözesanbischof * Suf|fra|get|te, die; –, –n: engl. Frauenrechtlerin * Suf|fra|gi|um (l.), das; –s, ..gien: politisches Stimmrecht

Su|fi, der; –s, –s: dem Sufismus Angehörender * Su|fis|mus, der; –: Glaubensrichtung im Islam, die die Vereinigung mit Gott anstrebt

sug|ge|rie|ren (..iert) (l.) intr.: beeinflussend veranlassen : einreden, eingeben * sug|ges|ti|bel Ew.: leicht zu beeinflussen * Sug|ges|ti|on, die; –, –en: Beeinflussung des Seelenlebens : Willensübertragung * sug|ges|tiv Ew.: durch seelische Beeinflussung : verfänglich * *Suggestivfrage:* Frage, welche zugleich die Antwort eingibt

Suh|le, die; –, –n: Lache * suh|len, süh|len tr., intr. (weidm.): sich in einer Lache wälzen

Süh|ne, die; –, –n: Wiedergutmachung : Vergeltung * *Sühnealtar; Sühnegeld; Sühnemaßnahme; Sühneopfer; Sühnerichter; Sühnetermin; Sühneverfahren; Sühneversuch* * süh|nen tr.: vergelten, gutmachen * Süh|nung, die; –, –en: Wiedergutmachung

Suit|case (e.) [sjutkäis], das o. der; – und –s, –s: praktischer Kleinkoffer

Suite (fr.) [ßüit], die; –, –n: Gefolge : Folge : mehrsätziges Musikstück, Kammersonate * Sui|tier [ßüitjeh], der; –s, –s: (veralt.) Schürzenjäger : Leichtfuß * sui|ti|sie|ren (..iert) intr.: leichtsinnig leben

Su|i|zid, Su|i|zi|di|um (l.), das; –s, ..dien: Selbstmord * *Suizidrate; suizidgefährdet; Suizidrisiko* * Su|i|zi|dent, der; –en, –en: Selbstmörder

Su|jet (fr.) [ßüschäh], das, –s, –s: Gegenstand, Stoff eines Werkes : künstlerischer Entwurf

Suk|ka|de (l.-it.), die; –, –n: eingemachte Zitronenschale

suk|ku|lent (l.) Ew.: saftreich : fleischig : schwellend * Suk|ku|len|te Mz.: Fettpflanze * Suk|ku|lenz, die; –: Saftfülle

suk|ku|rie|ren (..iert) (l.) intr.: zu Hilfe kommen * Suk|kurs, der; ..kurses, ..kurse: Beistand

suk|ze|die|ren (..iert) (l.) intr.: nachfolgen : gelingen * Suk|zes|si|on, die; –, –en: Aufeinanderfolge : (Rechts-) Nachfolge : Thronfolge * *Sukzessionskrieg; Sukzessionsstaat:* Nachfolgestaat * suk|zes|siv Ew.: allmählich eintretend * suk|zes|si|ve Uw.: allmählich, aufeinander folgend

Sul|fat, das; –s, –e: Salz der Schwefelsäure * Sul|fi|de Mz.: Verbindungen von Metallen mit Schwefelwasserstoff * Sul|fit, der; –s, –e: Salz der schwefligen Säure * *Sulfitlauge:* Kalziumbisulfit * Sul|fo|na|mid, das; –s; –e: wirksames Heilmittel gegen Infektionskrankheiten * Sul|fur (l.), das; –s: Schwefel * sul|fu|rös Ew.: schwefelhaltig * Sul|ky (e.) [ßölki], das; –s, –s: Trabrennwagen

Sul|tan, der; –s, –e: islamischer Herrschertitel * Sul|ta|nat, das; –es, –e: Reich eines Sultans * Sul|ta|ni|ne, die; –, –n: eine Rosinenart

Sül|ze, Sül|ze, die; –, –n: Salzwerk : (weidm.) Salzlecke : (Kochkst.) eine mit Gallert hergestellte Fleischspeise * *Sülzkotelett* * sul|zen (du sulzest und sulzt; gesulzt) * sül|zen (du sülzest und sülzt; gesülzt) intr.: in Salz einlegen : Salzgewinnung betreiben * Sül|zer, der; –s, –: Salinenarbeiter * sul|zig Ew.: gallertartig

Su|ma|t|ra: indones. Insel

Su|me|rer, der; –s, –: Angehöriger eines alten Volkes in Südbabylonien

summ: Tonwort zur Bezeichnung eines summenden Lautes * sum|men intr.: ein summendes Geräusch machen * *Summton*

Sum|ma (l.), die; –, Summen: Summe, Abk.: Sa. * Sum|mand, der; –en, –en: hinzuzuzählende Zahl * sum|ma|risch Ew.: kurz zusammengefasst * sum|ma cum lau|de (l.): mit höchstem Lob (s. lauda) * sum|ma sum|ma|rum: alles in allem, überhaupt * Sum|ma|ti|on, die; –, –en: das Zusammenzählen : Aufrechnung * Sum|me, die; –, –n; Sümmchen: Ergebnis einer Zusammenzählung, Gesamtzahl : eine Menge (Geld) : (übertr.) das zusammenfassende Ergebnis * *Summenbilanz* * Sum|mer, der; –s, –: Klingel mit Summton * sum|men, sum|mie|ren (..iert) tr.: zusammenrechnen; rbz.: zu einer Summe anwachsen * Sum|mie|rung, die; –, –en:

Zusammenrechnung ∗
Sum|mus E|pis|co|pus
[..ko..], der; – –: höchster Bischof, Papst : frühere Bezeichnung des Landesherrn als
Oberhaupt einer evangelischen
Landeskirche
sum|men: s. summ und
Summa
Sumo, das; –: japanische
Ringkampfart
Sumpf, der; –(e)s, Sümpfe;
Sümpfchen: morastiges Ge-
wässer : (Bergb.) Wasseransammlung im Schacht : (Töpf.)
Wasserbehälter zum Einweichen des Tons : Wassergefäß
zum Ablöschen glühenden Eisens : (übertr.) liederliches Leben ∗ *Sumpfbeere:* Moosbeere;
Sumpfblume; *Sumpfblüte;*
Sumpfboden; *Sumpfdotter-*
blume; *Sumpffieber;* *Sumpfge-*
biet; *Sumpfgegend;* *Sumpfge-*
wächs; *Sumpfhuhn:* ein Kra-
nichvogel : (übertr.) einer, der
viel sumpft; *Sumpfland;*
Sumpfotter: Nerz; *Sumpf-*
pflanze; *Sumpfschnepfe;*
Sumpfvogel ∗ **sump|fen** intr.:
sumpfig sein, werden : (übertr.)
liederlich eine Nacht durch-
bringen : saufen ∗ **sümp|fen**
tr.: (Töpf.) kneten : (Bergb.)
entwässern ∗ **sump|fig** Ew.:
sumpfartig, morastig
Sums, der; ..ses: (mundartl.)
Gesumme : Gerede ∗ *einen*
großen Sums machen: viel
Aufhebens machen
Sund, der; –(e)s, –e Meerenge
Sun|da|in|seln Mz.: Insel-
gruppe im Indischen Ozean
Sün|de, die; –, –n: Verstoß wi-
der ein göttliches Gebot ∗ *Sün-*
denbekenntnis; *Sündenbock;*
Sündenerlaß → *Sündenerlass;*
Sündenfall; *Sündenlast;* *Sün-*
denlohn; *sünd(en)los;*
Sünd(en)losigkeit; *Sünden-*
pfuhl; *Sündenregister;* *Sünden-*
vergebung ∗ *Sündflut:* (Um-
deutung von) *Sintflut* ∗
Sün|der, der; –s, –: ein Sündi-
gender ∗ *Sündermiene* ∗
sünd|haft, **sün|dig** Ew.: mit
Sünden behaftet ∗ *sündhaft*
teuer ∗ **Sünd|haf|tig|keit,** die;
–: das Sündhaftsein ∗
sün|di|gen intr.: eine Sünde
begehen
Sun|na (arab.), der; –s: „Weg“,
die rechtgläubige Überliefe-

rung des Islams ∗ **Sun|ni|ten**
Mz.: Anhänger der Sunna
Su|o|mi: finnisch für Finnland
Su|per, das; –s, –: Kurzform
für Superbenzin
su|per (l.) Ew.: (Umgspr.) her-
vorragend : großartig
su|per.. (l.) Vw. in Zus.: über..
su|perb (l.), **sü|perb** (fr.) Ew.:
vorzüglich, prächtig : stolz
Su|per|di|vi|den|de (l.) [..w..],
die; –, –n: Zuschlagsgewinnan-
teil
su|per|fi|zi|a|risch (l.) Ew.:
auf der Oberfläche, dem Grund
und Boden befindlich ∗ *super-*
fiziarisches Recht: Erbbaurecht
∗ **su|per|fi|zi|ell** Ew.: ober-
flächlich, obenhin ∗
Su|per|fi|zi|es, die; –, –: Ober-
fläche : (Rechtsspr.) Erbbaurecht
Su|per-G (e) [sjuperdsehi],
der; –s, –s: Skiwettrennen
Su|per-Gau, der; –s, –s: aller-
größter anzunehmender Unfall
: Atomunfall
Su|per|het, der; –s, –s: (Rdfk.)
Überlagerungsempfänger
Su|per|in|ten|dent (l.), der;
–en, –en: (protestantischer)
Aufsichtsgeistlicher ∗ **Su|per-**
in|ten|den|tur, die; –, –en:
Amt, Wohnung des Superinten-
denten
Su|pe|ri|or (l.), der; –s, ..rio-
ren: Oberer einer geistlichen
Gemeinschaft, eines Klosters :
Vorgesetzter ∗ **Su|pe|ri|o|**
ri|tät, die; –: Überlegenheit :
Übergewicht : Vorgang
Su|per|kar|go (l.-span.), der;
–s, –s: Aufseher über die
Schiffsladung
Su|per|la|tiv (l.), der; –s, –e:
(Sprachl.) höchste (Steige-
rungs-)Stufe, Höchstform
Su|per|macht, die; –,
..mächte: mächtiger Staat von
Weltbedeutung
Su|per|mann, der; –s, ..män-
ner: starker Mann, Held : Film-
figur
Su|per|markt (e.-dtsch.), der;
–es, ..märkte: großer Selbstbe-
dienungsladen
Su|per|na|tu|ra|lis|mus (l.),
Su|pra|na|tu|ra|lis|mus, der;
–: Glaube an das Übernatürli-
che, Offenbarungsglaube
Su|per|no|va (l.): (Astron.)
neu aufgetauchter Stern von
extremer Helligkeit

Su|per|phos|phat (l.-gr.)-,
das; –s, –e: ein künstlicher
Phosphatdünger
Su|per|por|te, Su|p|ra|por|te
(nl.), die; –, –n; **Su|p|ra|port,**
das; –(e)s, –e: Verzierung, Bild
über der Tür
Su|per|preis, der; –es, –e:
enorm niedriger Preis
Su|per|rie|sen|sla|lom, der;
–s, –s: Skiwettbewerb
Su|per|star, der; –s, –s: welt-
berühmte Person
Su|per|sti|ti|on (l.), die; –:
Aberglaube ∗ **su|per|sti|ti|ös**
Ew.: sehr abergläubisch
Su|pi|num (l.), das; –s, ..na:
eine latein. Verbalform
Sup|pe, die; –, –n; Süppchen:
flüssige Speise ∗ *es regnet ei-*
nem in die Suppe: man erlebt
Unangenehmes; *einem die*
Suppe versalzen: einem etwas
verderben; *ein Haar in der*
Suppe finden: Unangenehmes
entdecken; *die Suppe allein*
auslöffeln: die Folgen seines
Handelns selbst tragen ∗ *Sup-*
penfleisch; *Suppengrün;* *Sup-*
penhuhn; *Suppenkaspar:* eine
Figur aus einem Kinderbuch;
Suppenkasper: Kind, das kaum
(Suppe) isst; *Suppenkelle:*
Schöpflöffel; *Suppenkräuter;*
Suppenlöffel; *Suppennudel;*
Suppenschüssel; *Suppentasse;*
Suppenteller; *Suppenterrine;*
Suppenwürfel: ein Trockenprä-
parat zur Suppenherstellung ∗
sup|pen tr., intr.: Suppe essen :
schlürfen : suppig werden ∗
sup|pig Ew.: flüssig wie Suppe
Sup|ple|ment (l.), das; –(e)s,
–e: Ergänzung : Ergänzungs-
winkel : Ergänzungsband,
Nachtrag zu einem Buch ∗
Supplementband; *Supplement-*
lieferung; *Supplementwinkel* ∗
sup|ple|men|tär, **sup|ple|to-**
risch Ew.: ergänzend : stellver-
tretend ∗ **sup|plie|ren** (..iert)
tr.: ergänzen : vertreten ∗ *Supp-*
lierstrich
Sup|plik (l.), die –, –en: Bitt-
schrift ∗ **Sup|pli|kant,** der;
–en, –en: Bittsteller ∗
sup|pli|zie|ren (..iert) tr.: eine
Bittschrift einreichen
sup|po|nie|ren (..iert) (l.) tr.:
voraussetzen : unterstellen
Sup|port (fr.), der; –(e)s, –e:
verschiebbarer Werkzeugträ-
ger an der Drehbank ∗ *Sup-*

portdrehbank ✻ **Sup|port** (e.) [ßeport], der; –s: Unterstützung : (EDV) Beratung

Sup|po|si|ti|on (l.), die; –, –en: Vermutung : Unterschiebung ✻ **Sup|po|si|to|ri|um,** das; –s, ..rien: (Med.) Stuhl-, Arzneizäpfchen ✻ **Sup|po|si|tum,** das; –s, ..ta: (veralt.) logisch Vorausgesetztes

Sup|pres|si|on (l.), die; –, –en: Unterdrückung : Verheimlichung ✻ **sup|pres|siv** Ew.: niederdrückend ✻ **sup|pri|mie|ren** (..iert) tr.: unterdrücken : zurückdrängen

su|pra (l.) Uw. in Zus.: oben : oberhalb ✻ *Supraleitfähigkeit:* (Elektr.) Überleitfähigkeit; *Supraleiter* (Elektr.) widerstandsloser Leiter ✻ **su|pra|na|ti|o|nal** Ew.: staatenübergreifend ✻ **Su|pra|na|tu|ra|lis|mus,** der; –: Glaube an das Übernatürliche ✻ **su|pra|na|tu|ra|lis|tisch** Ew.: übernatürlich : an Übernatürliches glaubend

Sup|ra|por|te: Superporte **Sup|re|mat** (l.), der; das; –(e)s, –e: Vorrang, Überordnung : päpstliche Oberherrschaft ✻ *Suprematseid* ✻ **Sup|re|ma|tie,** die; –, ..tien: Supremat

Su|re (arab.), die; –, –n: ein Kapitel des Korans

sur|fen (e.) [ßörfen] intr.: mit Hilfe des Surfbretts wellenreiten ✻ **Sur|fer,** der; –s, –: Person, die surft ✻ **Sur|fing** (e.) [ßör...], das; –s: Wellenreiten, Brandungsreiten [e. surf: Brandung] ✻ *Surfbrett; Surfriding* **Surf|fleisch,** das; –es: (östr.) Selchfleisch

Sur|plus (fr.) [ßürplüh], das; –: (kfm.) Überschuss : Gewinn

Sur|re|a|lis|mus, der; –: moderne Kunstrichtung, die im Anschluss an übersinnliche Gedankengänge das Bewusste und Unbewusste zu künstlerischer Wirklichkeit zu gestalten sucht ✻ **Sur|re|a|list,** der; –en, –en: Vertreter des Surrealismus ✻ **sur|re|a|lis|tisch** Ew.

sur|ren intr.: schwirrend summen

Sur|ro|gat (l.), das; –(e)s, –e: Ersatzmittel, Ersatzstoff ✻ **Sur|ro|ga|ti|on,** die; –, –en: Erwerb aufgrund von bestehenden Rechten : Erwerb als Entschädigung für Wegnahme, Beschädigung, Zerstörung

sus|pekt (l.) Ew.: verdächtig **sus|pen|die|ren** (..iert) (l.) tr.: zeitweilig einstellen, vertagen : (vorübergehend) des Amtes entheben : (Med.) schwebend aufhängen ✻ (Med.) aufschwemmen ✻ **Sus|pen|die|rung,** die; –, –en: Vorgang des Suspendierens ✻ **Sus|pen|si|on,** die; –, –en: Aufschub : vorläufige Amtsenthebung : (Med.) Aufhängung in der Schwebe : (Med.) Aufschwemmen von feinen Teilchen in einer Flüssigkeit ✻ **sus|pen|siv** Ew.: hinhaltend ✻ **Sus|pen|so|ri|um,** das; –s, ..rien: (Med.) Tragbeutel, Stützbinde

süß Ew.: wie Zucker schmeckend : wohltuend, angenehm : (übertr.) lieblich, hold ✻ *Süßholz:* Wurzel einer Schmetterlingsblütlerstaude : eine Droge; *Süßholzraspler:* übertriebener Schmeichler; *Süßkartoffel; Süßkirsche; Süßmost; Süßrahmbutter; süßsauer; Süßspeise; Süßstoff:* künstliches Süßmittel; *Süßwaren; Süßwasser:* salzfreies Wasser (Ggs. Meerwasser); *Süßwein* ✻ **Süß,** das; –es: (Buchdrw.) geleistete, noch unbezahlte Arbeit ✻ **Sü|ße,** die; –: das Süßsein, Süßigkeit ✻ **sü|ßen** (du süßest und süßt) tr.: süß machen, versüßen ✻ **Sü|ßig|keit,** die; –, –en: Näscherei, Süßes ✻ **süß|lich** Ew.: ein wenig süß : (übertr.) fade : geziert : widerlich ✻ **Süß|lich|keit,** die; –, –en: etwas Süßliches ✻ **Süß|ling,** der; –s, –e: widerlich sich zierender Mensch : ein Pilz

Sust, die; –, –en: (schweiz.) Warenlager : Zollhaus ✻ *Sustengeld:* Zoll

sus|zep|ti|bel (l.) Ew.: empfänglich : reizbar ✻ **Sus|zep|ti|bi|li|tät,** die; –, –: Empfindlichkeit (besonders für Magnetismus) : Reizbarkeit ✻ **sus|zi|pie|ren** (..iert) tr.: annehmen : aufnehmen : unterstützen

Su|ta|ne: s. Soutane **Süt|ter|lin|schrift:** 1935–1941 an deutschen Schulen eingeführte Schreibschrift

sul|ze|rän (fr.) Ew.: oberlehnsherrlich ✻ **Su|ze|rän,** der; –s, –e: Oberlehnsherr ✻ **Su|ze|rä|ni|tät,** die; –: Oberhoheit

Swan|boy (e.) [ßwenbeu], der; –s: Moltonstoffart

Swap|ge|schäft (e.) [swäp..], das; –es, –e: Kurssicherungsgeschäft, Devisenaustauschgeschäft

SWAPO (Abk.): South West African People's Organization : Bewegung für die südwestafrikanische Unabhängigkeit, die 1958 gegründet wurde und seit 1990 Regierungspartei in Namibia ist

Swa|si|land: zwischen Südafrika und Mosambik liegender Staat ✻ **Swa|si,** der; –, –: Einwohner Swasilands ✻ **swa|si|län|disch** Ew.

Swas|ti|ka (skr.), die; –, ..ken: Hakenkreuz, ind. Sonnensymbol

Swea|ter (e.) [swe..], der; –s, –: Pullover : Strickjacke ✻ *Sweatshirt*

Swe|be, der; –n, –n: Angehöriger einer aus verschiedenen westgermanischen Stämmen gebildeten Volksgruppe; auch *Swebe, Suebe, Sueve* bezeichnet

Swim|ming-pool → **Swimming|pool** (e.) [ßwimingpuhl], der; –s, –s: Schwimmbecken im Freien

Swi|ne: Mündungsarm der Oder ✻ **Swi|ne|mün|de:** poln. Hafenstadt auf Usedom; poln.: Swinoujscie

Swi|ne|gel, der; –s, –: (nordd.) Igel

Swing, der; –s, –s: moderner am. Tanz : Stilrichtung des Jazz, in der von rhythmischen Schwerpunkten abgewichen wird ✻ **swin|gen** tr.: Swing tanzen : Swing spielen

Swiss|air [swissähr], die; –: Schweizer Luftfahrtgesellschaft

Sy|ba|ris: alte Stadt in Unteritalien, bekannt durch das Wohlleben ihrer Bewohner ✻ **Sy|ba|rit,** der; –en, –en: Schlemmer ✻ **sy|ba|ri|tisch** Ew.: weichlich : schlemmerhaft

Syd|ney [ßidni]: größte austral. Stadt in Neusüdwales

Sylenit (gr.-l.), der; –s, –e: Eruptivgestein ✳ *Syenitgneis; Syenitporphyr*

Sykomore (gr.), die; –, –n: Maulbeerfeigenbaum ✳ *Sykomorenholz* ✳ **Sykophant**, der; –en, –en: Verräter, erpresserischer Verleumder, Ehrabschneider ✳ **sykophantisch** Ew.: verleumderisch ✳ **Sykose, Sykosis**, die; –, ..kosen: Bartflechte

syll.. (gr.) Vw. in Zus.: mit..: zusammen.. ✳ **Syllabar**, das; –s, –e: **Syllabarium**, das; –s, ..rien: Abc-Fibel, Lesebuch ✳ **syllabisch** Ew.: silbenmäßig ✳ **Syllabus**, der; –, – und ..bi: Verzeichnis : (bes.) Aufzählung der vom Papst verdammten Irrlehren ✳ **Syllepse, Syllepsis**, die; –, ..lepsen: (Redekst.) Zusammenfassung, Zusammenziehung ✳ **sylleptisch** Ew.: zusammenfassend ✳ **Syllogismus**, der; –, ..men: Vernunftschluss ✳ **syllogistisch** Ew.: schlussmäßig

Sylvester: s. Silvester

Sylvin [..w..], das; –s, –e: eine Gesteinsart

sym.. (gr.) Vw. in Zus.: mit.., zusammen.. ✳ **Symbiont**, der; –en, –en: in Symbiose Lebender ✳ **Symbiose**, die; –: "das Zusammenleben" zweier Lebewesen verschiedener Art ✳ **symbiotisch** Ew.: in Symbiose

Symbol (gr.), das; –s, –e: Sinnbild : Bekenntnis : Erkennungszeichen ✳ *Symbolcharakter; Symbolfigur; symbolhaft; Symbolkraft; symbolträchtig* ✳ **Symbolik**, die; –: sinnbildliche Darstellung : Wissenschaft von den Sinnbildern ✳ **symbolisch** Ew.: sinnbildlich : auf die Symbolik bezüglich ✳ *symbolische Bücher* Mz.: Bekenntnisschriften ✳ **symbolisieren** (..iert) tr.: versinnbildlichen : sinnbildlich darstellen ✳ **Symbolisierung, Symbolismus**, der; –, einen: Kunst und Literatur, die die Wirklichkeit in Sinnbildern darstellt ✳ **Symbolist**, der; –en, –en: Vertreter des Symbolismus ✳ **symbolistisch** Ew.: in der Art des Symbolismus

Symmetrie (gr.), die; –,

..trien: Ebenmaß : Gleichheit : Zusammenstimmung ✳ *Symmetrieachse; Symmetrieebene; Symmetrieverhältnis*

symmetrisch Ew.: spiegelgleich : ebenmäßig : übereinstimmend

sympathetisch (gr.) Ew.: gleich empfindend : geheimwirkend : mitfühlend ✳ *sympathetische Kur*: Heilung durch Sympathie; *sympathetisches Mittel* ✳ **Sympathie**, die; –, ..thien: Mitgefühl, Seelenverwandtschaft : Wohlgefallen : Geheimkraft und Wirkung eines Körpers auf andere ✳ *Sympathiebekundung; Sympathiekundgebung; Sympathieträger* ✳ **Sympathikus**, der; –, ..thizi: der Lebensnerv ✳ **Sympathisant**, der; –en, –en: ein mit einer Gruppe oder mit einer Anschauung Sympathisierender ✳ **sympathisch** Ew.: mitempfindend : in Wechselwirkung stehend : zuneigend ✳ **sympathisieren** (..iert) intr.: mitempfinden : zugeneigt sein

Symphonie usw.: s. Sinfonie

Symphronismus (gr.), der; –, ..men: sinngemäße Übereinstimmung ✳ **symphronistisch** Ew.: sinngemäß übereinstimmend

Symposion, Symposium (gr.), das; –s, ..sien: "Gastmahl", wissenschaftl. Tagung

Symptom (gr.), das; –s, –e: Anzeichen, Krankheitszeichen : Krankheitserscheinung ✳ *Symptomenkomplex*: Krankheitsbild ✳ **symptomatisch** Ew.: kennzeichnend : (Med.) die Symptome betreffend ✳ **Symptomatologie**, die; –: Lehre von den Krankheitssymptomen

syn.. (gr.) Vw. in Zus.: mit.., zusammen

Synagoge, die; –, –n: Versammlungshaus : jüd. Tempel

Synallage (gr.) die; –, ..llagen: ungewöhnliche Verbindung eines Eigenschafts- und Hauptworts : gegenseitiger Vertrag ✳ **synallagmatisch** Ew.: beidseitig

Synaloiphe, Synalöphe (gr.), die; –, –n: Verschmelzen zweier Vokale am Ende des einen und am Anfang des ande-

ren Wortes, Krasis

Synanthie, die; –: (Bot.) Verbildung einer Blüte durch Zusammenwachsen ihrer Teile

Synapse, die; –, –en: Kontaktstelle zwischen zwei Nervenzellen

Synärese, Synäresis (gr.), die; –, ..resen: Zusammenziehung zweier Vokale in eine Silbe

Synästhesie (gr.), die; –, ..sien: Mitempfinden eines Sinnesorgans bei Reizung eines andern, das Farbenhören und Tönesehen ✳ **synästhetisch** Ew.: farbenhörend

synchron (gr.) Ew.: gleichzeitig : gleichlaufend : parallel ✳ **Synchronisation**, die; –, –en: Vorgang des Synchronisierens ✳ *Synchrongetriebe*: Kraftwagengetriebe, das die einzelnen Schaltvorgänge verbindet und gleichzeitig betätigt; *Synchronmaschinen*: Maschinen, die gleichzeitig Motor und Stromerzeuger sind; *Synchronmotor*: Motor mit gleich bleibender Drehzahl; *Synchronschwimmen; Synchronsprecher* ✳ **synchronisieren** tr.: synchron machen: Maschinen auf Gleichlauf bringen : (Film) Stummfilm durch Musik und Sprache zum Tonfilm umwandeln : einen Filmtext in eine andere Sprache übertragen ✳ **Synchronisierung**, die; –, –en: Gleichschaltung : (Film) in Übereinstimmung bringen bei Übertragung in eine Fremdsprache ✳ **Synchronismus** (gr.-nl.), der; –, ..men: Gleichzeitigkeit der Ereignisse : Gleichlauf von zwei Maschinen : zeitliche Übereinstimmung ✳ **synchronistisch** Ew.: gleichzeitig : zeitgleich ✳ **Synchrotron**, das; –s, –e: (Kernphys.) Gerät zum Beschleunigen von Atomteilchen

syndetisch Ew.: (Sprachw.) verbunden mit einer Konjunktion

Syndikalismus (gr.-nl.), der; –: eine gewerkschaftliche Organisationsform, die Vergesellschaftung der Produktionsmittel durch "direkte Aktion" erstrebt ✳ **Syndikalist**, der; –en, –en: Anhänger des Syndi-

kalismus * syn|di|ka|lis|tisch
Ew. * Syn|di|kat (gr.), das;
–(e)s, –e: Gemeinschaft : Gesellschaft : Kartell : (Frankr.)
Gewerkschaft : (Ital.) Verband
der Arbeitgeber und Arbeitnehmer : (USA) Bezeichnung für
eine geschäftlich getarnte Ver-
brecherorganisation * Syn-
di|kus, der; –, –se und ..dizi:
ständiger Anwalt, Rechtsberater großer Unternehmen
Syn|drom (gr.), das; –s, –e:
Krankheitsbild, Symptomen-
gruppe
Syn|e|dri|on, Syn|e|dri-
um (gr.-l.), das; –s, ..drien:
„Hoher Rat“, ehem. jüdischer
Gerichtshof
Syn|er|ge|tik (gr.), die; –: For-
schungsgebiet, das die Entstehung spontaner Ordnungszu-
stände untersucht *
syn|er|ge|tisch (gr.) Ew.: zu-
sammenwirkend * Syn|er|gie
(gr.), die; –: das Zusammenwirken * Synergieeffekt *
Syn|er|gis|mus (gr.), der; –:
„Mitwirkung“ des Menschen
bei seiner Bekehrung, neben
der göttlichen Gnade : Lehre
vom Zusammenwirken ver-
schiedener Kräfte *
syn|er|gis|tisch Ew.: zusam-
menwirkend
Syn|e|sis (gr.), die; –, ..nesen:
Fassungskraft : Sinn :
(Sprachl.) Wortfügung, die
mehr auf den Sinn als auf die
grammatische Richtigkeit ausgerichtet ist
Syn|ko|pe (gr.), die; –, ..kopen:
„Zerschlagung“, Verkürzung
(durch Auslassung von Selbstlauten im Wort) : (Mus.) Zusammenziehung eines leichten
mit dem folgenden schweren
Taktteil : (Med.) Herzschlag :
Scheintod : Ohnmacht *
syn|ko|pie|ren tr.: gegen den
Rhythmus betonen *
syn|ko|pisch Ew.
Syn|kre|tis|mus (gr.-nl.), der;
–: das Bestreben nach Verschmelzen verschiedener Reli-
gionen, Lehren, Meinungen *
Syn|kre|tist, der; –en, –en: An-
hänger des Synkretismus *
syn|kre|tis|tisch Ew.
Syn|kri|se (gr.), Syn|kri|sis,
die; –, ..krisen: vergleichende
Beurteilung * syn|kri|tisch
Ew.: vergleichend : zusammen-

stellend
sy|no|dal Ew.: auf die Kir-
chenversammlung bezüglich *
Sy|no|da|le, der; –n, –n: Mit-
glied des Kirchenrats, einer
Kirchenversammlung * Syno-
dalverfassung; Synodalver-
sammlung * Sy|no|de, die; –,
–n: (ev. Kirche) Selbstverwal-
tungskörperschaft aus Geistlichen und Laien : Kirchenver-
sammlung * sy|no|dal,
sy|no|disch Ew.: „zusam-
mentreffend“, auf die Synode
bezüglich * sy|no|nym, sy|n-
o|ny|misch (gr.) Ew.: gleich-
bedeutend : sinnverwandt *
Sy|no|nym, das; –s, –e:
gleichbedeutendes, sinnver-
wandtes Wort * Syn-
o|ny|mik, die; –, –en: Lehre
von den sinnverwandten Wörtern : Erläuterung gleich bleibender Ausdrücke
Sy|nop|se, Sy|nop|sis (gr.),
die; –, ..opsen: zusammenstel-
lende, vergleichende Übersicht, z. B. über Schriften desselben Gegenstandes *
Sy|nop|tik, die; –: meteorolo-
gisches Gebiet, das sich mit der
Erfassung der Wettervorgänge
befasst, um die genaue Wetter-
entwicklung zu prognostizie-
ren * Sy|nop|ti|ker, der; –s, –:
die Evangelisten Matthäus,
Markus und Lukas *
sy|nop|tisch Ew.
Syn|tag|ma, das; –s, ..men o.
–ta: Satz oder Teilsatz, in dem
jedes Wort erst durch den Zusammenhang seine Bedeutung
bekommt : Schriftensammlung
über einen Gegenstand *
syn|tag|ma|tisch Ew.: im Be-
zug auf das Syntagma *
syn|tak|tisch (gr.) Ew.: satz-
kundlich * Syn|tax, die; –,
–en: „Zusammenfügung“,
Satzlehre
Syn|the|se, Syn|the|sis (gr.),
die; –, ..thesen: Begriffsverbin-
dung : Zusammenfügung :
künstliche Darstellung, Aufbau
einer chemischen Verbindung
* Syntheseprodukt: Kunststoff
* Syn|the|si|zer (gr.-e.) [sün-
teßeiser] der; –s, –: elektroni-
sches Instrument zur syntheti-
schen Klangerzeugung *
Syn|the|tics (e.-gr.) Mz.: Sam-
melbezeichnung für Kunstfa-
sern und deren Produkte *

Syn|the|tik, das; –: Kunstfaser-
gewebe * syn|the|tisch Ew.:
zusammensetzend : (Chem.)
künstlich hergestellt * syntheti-
sche Stoffe: Kunststoffe *
syn|the|ti|sie|ren tr.: (Chem.)
aus künstlichen Stoffen zusammensetzen
Sy|phi|lis (gr.), die; –: eine Ge-
schlechtskrankheit * syphilis-
krank; Syphilisserum *
Sy|phi|li|ti|ker, der; –s, –: ein
Syphiliskranker * sy|phi-
li|tisch Ew.: syphiliskrank
Sy|ra|kus: Hafenstadt auf Sizi-
lien
Sy|ri|en: vorderasiat. Staat *
Sy|rer, Sy|ri|er, der; –s, –: Be-
wohner Syriens * sy|risch Ew.
* die syrische Sprache; die Sy-
rische Wüste * Sy|ro|lo|ge,
der; –n, –n: Kenner und Forscher der syrischen Sprache
und Kultur
Syr|te (gr.), die; –, –n: „Un-
tiefe“, Mittelmeerbucht an der
nordafrikan. Küste * die Große
Syrte; die Kleine Syrte
sys.. (gr.) Vw. in Zus.: mit..,
zusammen..
Sys|tem (gr.), das; –s, –e: Ord-
nung nach einheitlichen Gesichtspunkten : logischer Aufbau : Regierungsform * Sys-
temanalyse; Systembauweise;
Systemfehler; systemfeindlich;
systemimmanent; systemkon-
form; Systemkritiker; System-
lehre; systemlos Ew.; System-
programmierer; Systemzeit
(Deutschland 1918–1933);
Systemzwang * Sys|tem|a|na-
ly|ti|ker, der; –s, –: Fachmann
in der elektronischen Datenver-
arbeitung * Sys|te|ma|tik, die;
–, –en: wissenschaftliche Ordnung : planmäßig geordnete
Darstellung * Sys|te|ma-
ti|ker, der; –s, –: einer, der alles
wissenschaftlich ordnen, planmäßig darstellen will *
sys|te|ma|tisch Ew.: sinnvoll
geordnet, planmäßig *
sys|te|ma|ti|sie|ren (..iert) tr.:
nach einem System ordnen :
planmäßig darstellen *
Sys|te|ma|ti|sie|rung, die; –,
–en: planmäßige Ordnung
Sys|to|le (gr.), die; –, ..stolen:
Silbenkürzung : (Med.) Zusammenziehung der Herzkammer, das Herzspannen *
Sy|zy|gie (gr.), die; –, ..gien:

Sy|zy|gi|um, das; –s, ..gien: „Zusammenjochung", Zusammengehörigkeit : Paarung : (Astron.) Zeit des Neumondes oder des Vollmondes

Sze|nar, das; –s, –e * **Sze|na|rio, Sze|na|ri|um** (l.), das; –s, ..rien: (Bühnenspr.) Bühnenbuch : Szenenfolge * **Sze|ne** (gr.), die; –, –n: Auftritt : Vorgang : Zank : Bühne, Schauplatz : Aussicht * *jemandem eine Szene machen:* Vorhaltungen machen, zanken * *Szenegänger; Szenejargon; Szenenapplaus; Szenenfolge; –wechsel* * **Sze|ne|rie,** die; –, ..rien: Bühnenausstattung : Landschaftsbild * **sze|nisch** Ew.: bühnenmäßig * *szenische Spiele* Mz.: im alten Rom die Bühnenspiele im Gegensatz zu den Kampfspielen

Szep|ter: (östr.) Zepter

szi|en|ti|fisch (l.) Ew.: wissenschaftlich * **Szi|en|ti|fis|mus,** der; –: Wissenschaftsstandpunkt * **Szi|en|tis|mus,** der; –: Christian Science, religiöse Lehre, die durch strenge Bibelbefolgung das ursprüngl. Christentum wiederherstellen will * **Szi|en|tist,** der; –en: –en: Anhänger der Christian Science; vgl. Christ * **szi|en|tis|tisch** Ew.

Szin|ti|gramm, das; –s, –e: (Med.) Aufzeichnung eines Organs oder Gewebes mit Hilfe einer nuklearmedizinischen Untersuchung

Szis|sur, die; –, –en: Spalte, Riss : (Med.) Einschnitt

Szyl|la: (gr.), die; –: Seeungeheuer bei Homer; vgl. Charybdis

T

T, t, das; –, –: der zwanzigste Buchstabe des Abece

T: (franz. Münzzeichen) Nantes: (ungarisches Münzzeichen) Telkibanya : (spanisches Münzzeichen) Tarragona

Tab (e.), der; –(e)s, –e: vorspringender Teil der Karteikarte, Kartei-Reiter

Ta|bak (span.), der; –(e)s, (kfm. für Tabaksorten) –e: eine Pflanzengattung : zum Rauchen zubereitete Blätter der Tabakpflanze * *Tabakbau; Tabakblatt; Tabakfabrik; Tabakindustrie; Tabaklunge; Tabakmonopol; Tabakpflanzung; Tabakplantage; Tabakraucher; Tabaksteuer; Tabaktrafik; Tabakverbrauch; Tabakvergiftung; Tabakwaren* * *Tabaksbeutel; Tabaksdose; Tabak(s)händler; Tabakskollegium:* Abendgesellschaft Friedrich Wilhelms I. (von Preußen); *Tabakspfeife; Tabaksqualm; Tabak(s)schnupfer* * **Ta|ba|ti|e|re** (fr.) [tabatjähr], die; –, –n: (Schnupf-) Tabaksdose

Ta|bas|co (span.), der; –s: fertige Gewürztunke * *Tabascosoße*

ta|bel|la|risch (l.) Ew.: in Tabellenform : listenförmig * **ta|bel|la|ri|sie|ren** (..iert) tr.: übersichtlich (an)ordnen * **Ta|bel|la|ri|sie|rung,** die; –, –en: übersichtliche (An-)Ordnung * **Ta|bel|le,** die; –, –n: Übersichtstafel : Verzeichnis * *Tabellenende; Tabellenform; tabellenförmig Ew.; Tabellenführer; Tabellenletzte; Tabellenplatz; Tabellenspitze; Tabellenstand* * **ta|bel|lie|ren** tr.: eine Tabelle mit der Tabelliermaschine erstellen * **Ta|bel|lier|ma|schi|ne,** die; –, –n: im Lochkartensystem eingesetzte Büromaschine

Ta|ber|na|kel (l.), das; –s, –: Zelt : Laubhütte (der alten Juden) : (kath. K.) Sakramentshäuschen : Schutzdach über Altären * **Ta|ber|ne,** die; –, –n: Bretterbude : Marktbude : Kauf-, Trinkstube

Ta|bes (l.), die; –: Rückenmarksschwindsucht * **Ta|bes|zenz,** die; –, –en: Abzehrung * **Ta|bi|ker,** der; –s, –: Schwindsüchtiger * **ta|bisch** Ew.: an Rückenmarksschwindsucht leidend

Tab|lar, das; –s, –e: (schweiz.) einzelnes Brett für ein Regal * **Tab|leau** (fr.) [..blo], das; –s, –s: Gemälde : Entwurf : Verzeichnis : Stromwählerplatte (an elektrischer Batterie) * *tableau!:* Ausdruck des Stau-

nens: „da haben wir es!"

Table d'hote [tabl doht], die; – –: (gemeinsame) Gasthaustafel * **Tab|lett,** das; –(e)s, –e: Auftrage-, Präsentierbrett * **Tab|let|te,** die; –, –n: (Med.) Arzneitäfelchen * *tablettenabhängig; Tablettenform; Tablettenmißbrauch* → *Tablettenmissbrauch; Tablettenröhre; Tablettensucht; tablettensüchtig* * **tab|let|tie|ren** tr.: tablettenförmig herstellen

Ta|bor: Berg in Israel * **Ta|bor:** Stadt in Tschechien * **Ta|bo|rit,** der; –en, –en: Hussit strengster Richtung

Täb|ris, der; –, –: persischer Teppich

ta|bu (polynes.) Ew.: „verboten", unantastbar * **Ta|bu,** das; –(s), –s: bei den Polynesiern Inbegriff des Heiligen : das Unantastbare : das zu Unterlassende : etwas, wovon man nicht sprechen darf * *Tabuschranke; Tabuschwelle; Tabuthema; Tabuwort; Tabuzone* * **ta|bu|ie|ren, ta|bu|i|sie|ren** (..iert) tr.: für unantastbar erklären

Ta|bu|la (l.), die; –, –: „reingeschabtes Blatt", glatte, leere Wachstafel, Kupfer-, Stahlplatte : unbeschriebenes Blatt * *tabula rasa machen:* reinen Tisch, rücksichtslos Ordnung machen * **Ta|bu|la|tor,** der; –s, ..toren: Spalteneinsteller an der Schreibmaschine, am PC * **Ta|bu|la|tur,** die; –, –en: Bezifferung : (Meistergesang) Regeln, nach denen Text und Melodie verfasst wurden : (Mus.) Stimmenübersicht, Bezeichnung der Töne mit Buchstaben und Ziffern statt Noten * **Ta|bu|lett,** das; –(e)s, –e: leichter Tragkasten mit Fächern * *Tabulettkrämer:* Kleinhändler mit Waren im Tabulett

Ta|bu|rett (fr.), das; –(e)s, –e: Sessel ohne Lehne

ta|cet (Mus.) „er schweigt", Pausenanweisung für ein Instrument, eine Stimme

Ta|che|les (hebr.-jidd.) nur in Zus. – reden: seine Meinung offen und auch gegen Widerstand äußern : Klartext reden

ta|chi|nie|ren intr.: (östr.) faul sein * **Ta|chi|nie|rer,** der; –s, –: Person, die faul ist

Ta|chis|mus, der; –: Stilrichtung der modernen Malerei, die um 1950 in Paris entstanden ist und die sich gegen die bewusste Formgebung wendet **Ta|chis|to|s|kop** (gr.), das; –(e)s, –e: „Schnellspäher", Gerät für psychologische Untersuchungen, zur Prüfung der Aufmerksamkeit und des Bewusstseinsumfanges : fotomechan. Vorrichtung einer Werbeagentur zur Ermittlung der Markenqualität eines Verkaufsartikels ∗ **Ta|cho,** der; –s, –s: (Umgspr.) Kurzform für Tachometer ∗ **Ta|cho|graph** *auch:* **Ta|cho|graf,** der; –en, –en: Tachygraph ∗ **Ta|cho|me|ter** (gr.), das; –s, –: Geschwindigkeitsmesser ∗ **Ta|chy|graph** *auch:* **Ta|chy|graf,** der; –en, –en: Schnellschreiber ∗ **Ta|chy|gra|phie** *auch:* **Ta|chy|gra|fie,** die; –, ..phien *auch:* ..fien: Schnellschrift : Schnellschreibekunst ∗ **ta|chy|gra|phisch** *auch:* **ta|chy|gra|fisch** Ew.: in Schnellschrift : schnellschreibend ∗ **Ta|chy|kar|die,** die; –: (Med.) beschleunigter Herzschlag ∗ **Ta|chy|me|ter:** s. Tachometer ∗ **Ta|chy|me|t|rie,** die; –, ..phien *auch:* ..trien: Schnellmessverfahren bei Geländeaufnahmen
tack: Tonwort zur Bezeichnung des Pendelgeräusches der Uhr ∗ **ta|cken** intr.: (Uhr) „tack" machen, ticken ∗ *tick-tack*
Ta|cker (e.), der; –s, –: Werkzeug zum Klammern
Tack|ling (e.) [täckling], das; –s, –s: (Sport) auf die Beine des Gegners im Ballbesitz gerichtete Störaktion
Ta|del, der; –s, –: Tädelchen: Makel : Rüge, nachteilige Beurteilung (Ggs. Lob) ∗ *tadelfrei* Ew., *tadellos* Ew., *Tadelsucht*; *tadelsüchtig* Ew. ∗ **ta|del|bar** Ew.: zu tadelnd ∗ **Ta|de|lei,** die; –, –en: das Tadeln, Getadel ∗ **ta|del|haft** Ew.: zu tadelnd : tadelnswert ∗ **..ta|de|lig** Ew., nur in Zus.: tadelhaft, z. B. untadelig ∗ **ta|deln** (ich ..[e]le) tr.: einen Tadel aussprechen, rügen ∗ *tadelnswert* Ew., *tadelnswürdig* Ew. ∗ **Tad|ler,** der; –s, –: ein Tadelnder

Ta|d|schi|kis|tan: Tadschikien : Republik in Zentralasien, Mitglied der GUS ∗ **Ta|d|schi|ke,** der; –n, –n: Einwohner Tadschikistans ∗ **ta|d|schi|kisch** Ew.
Tae|k|won|do (korean.), das; –: (Sport) koreanische Abwandlung von Karate
Ta|fel (l.), die; –, –n; Täfelchen: (rechteckige) Platte, Brett : Schreibgerät : glatte Steinfläche : Hochebene mit vorwiegend waagerecht gelagerten Schichten : Verzeichnis, Tabelle : alte Schrift : Tisch mit großer Platte : (übertr.) (feierliche) Mahlzeit : (übertr.) die zur Mahlzeit Versammelten, Tafelrunde ∗ *die Tafel aufheben:* die Mahlzeit beenden ∗ *tafelartig* Ew.; *Tafelaufsatz:* schmückendes Tischgeschirr; *Tafelberg*; *Tafelbesteck*; *Tafelbild:* altes, auf Holztafeln gemaltes Bild; *tafelfertig* Ew.; *tafelförmig* Ew.; *Tafelfreude*; *Tafelgeschirr*; *Tafelglas*; *Tafelland:* Hochebene, Plateau; *Tafelleuchter*; *Tafelmalerei*; *Tafelmusik*; *Tafelobst*; *Tafelrunde:* Tischgesellschaft; *Tafelsilber*; *Tafelspitz*; *Tafeltuch:* großes Tischtuch; *Tafelwaage*; *Tafelwasser*; *Tafelwein*; *Tafelwerk*; *Tafelzeug* ∗ **ta|feln** (ich ..[e]le) intr.: essen, speisen; tr.: täfeln : auf den Tisch stellen : (Tuch) in Falten legen ∗ **tä|feln** (ich ..[e]le) tr.: mit Holztafeln bekleiden : dielen ∗ *Täfelwerk*; *Täfelstube*
Tä|fe|lung, Täf|lung, die; –, –en: das Täfeln : Verkleidung von Decken und Wänden mit Holztafeln ∗ **Tä|fer,** das; –s, –, **Tä|fe|rung,** die; –, –en: (schweiz.) Täfelung ∗ **tä|fern** tr.: (schweiz.) täfeln
Taf|fet, Taft (fr.), der; –(e)s, –e: „Glanz", ein Seidengewebe in Leinwandbindung ∗ *Taftband*; *Taftkleid*; *Taftzeug* ∗ **taf|ten** Ew.: aus Taft
Tag, der; –(e)s, –e: ein Zeitraum von 24 Stunden : die Zeit, während welcher die Sonne sich über dem Horizont befindet (Ggs. Nacht) : Zustand des Hellseins : eine Zeitbestimmung ∗ *bei Tage; von Tag zu Tag; Tag für Tag; eines (schönen) Tages:* einmal ∗ *Tag und*

Nacht arbeiten; die Nacht zum Tage machen; über, unter Tage arbeiten: (im Tagebau) an der Erdoberfläche, (im Grubenbau) unter der Erde arbeiten; *zu Tage treten auch: zutage treten; die Sonne bringt es an den Tag:* macht es offenbar; *in den Tag hinein leben:* ohne Zweck und Ziel leben; *heute in 14 Tagen; sich einen guten Tag machen; Guten Tag!:* Grußform; *seine Tage sind gezählt:* er wird bald sterben; *der Jüngste Tag:* das Weltende ∗ *Tagarbeiter:* am Tage Arbeitender; *tagaus, tagein; tagblind* Ew.; *Tagdienst:* Dienst während des Tages (Ggs. Nachtdienst); *Tagfahrt:* (Bergb.) Ausfahrt aus dem Schacht; *Tagfalter; taghell* Ew.; *Tagpfauenauge:* ein Schmetterling; *Tagportier; Tagschicht; Tagseite; tagtäglich* Ew.; *Tagträumer; Tagundnachtgleiche:* Äquinoktium; *Tagwache:* (österr.) das militärische Wecken; *Tagwerk:* ein altes Feldmaß ∗ **Tag|ar|beit;** *Tag(e)bau; Tag(e)blatt; Tagebuch; Tag(e)dieb; Tagegelder* Mz.: Diäten; *tagelang* Ew.; aber: *acht Tage lang; Tageleistung; Tagelied; Tagelohn; Tagelöhner; Tagemarsch; Tagereise; Tag(e)schicht; Tag(e)schläfer; tageweise; Tagewerk:* Arbeit eines Tages; *tag(e)werken* intr.; *Tag(e)werker* ∗ *Tagesablauf; Tagesanbruch; Tagesanzug; Tagesarbeit:* Arbeit am Tage (Ggs. Nachtarbeit); *Tagesausflug; Tagesbedarf; Tagesbefehl; Tagesdecke; Tageseinnahme; Tagesereignis; Tagesform; Tagesgeschäft:* (kfm.) spätestens innerhalb dreier Tage zu erledigendes Geschäft; *Tagesgeschehen; Tagesgespräch; Tageshelle; Tageskarte; Tageskasse; Tageskurs; Tageslauf; Tagesleistung; Tageslicht; Tageslosung:* Tageseinnahme; *Tagesmutter; Tagesneuigkeit; Tagesordnung:* Arbeitsplan einer Versammlung; *Tagespolitik; Tagespresse; Tagesration; Tagesraum; Tagessatz; Tagessieg(er); Tagesstätte; Tagessuppe; tagsüber* Uw.: während des Tages; *Tageswanderung; Tageszeit; Tageszeitung; Tages-*

zug (Ggs. Nachtzug) ∗ **tag̱en** intr.: taghell werden : (übertr.) in Tageshelle erscheinen : eine Tagung abhalten ∗ **..tä̱gig** Ew., nur in Zus.: Tage dauernd; z. B. achttägig ∗ **tä̱glich** Ew.: alle Tage ∗ **..tä̱glich** Ew., nur in Zus.: alle .. Tage; z. B. achttäglich (alle acht Tage) ∗ **tags** Uw.: am Tage ∗ *tags darauf; tags zuvor; tagsüber* Uw.: während des Tages ∗ **Ta̱gung**, die; –, –en: Sitzung : Verhandlung ∗ *Tagungsort; Tagungsteilnehmer*

zu Tage treten, zutage treten Substantive, die mit *zu* eine feste Verbindung bilden, schreibt man groß, wenn sie nicht mit anderen Teilen des Gefüges zusammengeschrieben werden: *zu Tage treten; zu Leide tun; hier zu Lande.* Gleiches gilt in Verbindungen eines Substantivs mit *an, auf, in, um* und *von.* Die Klein- und Zusammenschreibung bleibt als Nebenform zulässig: *zutage treten; zuleide tun; hierzulande.*

tä̱glich: s. Tag

tags, Ta̱gschicht usw.: s. Tag

Ta̱getes, die; –, –: Studentenblume

Ta̱gl̲i̲a̲telle (it.) [taljatelle], die; nur Mz.: ital. Nudelsorte

Tahi̱ti: größte der Gesellschaftsinseln im Pazifik

Tai, Thai, der; –(s), –(s): Angehöriger einer südostasiat. Völkergruppe ∗ **Thai̱land:** südostasiat. Staat

Taifu̱n (chin.), der; –s, –e: Tropenwind in den chines. Gewässern

Tai̱ga: Waldgürtel Sibiriens

Tai̱lle (fr.) [talje], die; –, –n: Abschnitt : Teil des Leibes zwischen Hüften und Brust : Wuchs : Leibchen : (Kartsp.) das Abziehen der Karten : die abgezogenen Karten ∗ *taillenbetont;* *Taillenweite* ∗ **Taille̲ur** [tajöhr], der; –s, –e: Schneider : (Kartsp.) Bankhalter ∗ **Tai̲le̱ur,** das; –s, –s: Schneiderkostüm ∗ **taillie̲ren** (..iert) tr.: (zu)schneiden : (Kartsp.) abheben : abziehen ∗ *tailliert* Mw. Ew.: *..taillig* Ew. ∗ **Tai̱lor̲made** (e.) [tehl'rmehd], das; –, –s: Schneiderkleid

Tai̱peh: Taiwans Hauptstadt

Tai̱wan: Inselstaat vor der chinesischen Südküste ∗ **Taiwa̱ner,** der; –s, –: Einwohner Taiwans ∗ **taiwa̱nisch** Ew.

Ta̱jo [tacho]: Fluss auf der Pyrenäenhalbinsel

Take (e.) [täik], der; das; –s, –s: Aufnahme der einzelnen Filmszene : Filmszene

Ta̱kel, das; –s, –: (niederd.) Schiffsausrüstung : Tauwerk : Flaschenzug : Lumpengesindel ∗ *Takelmeister; Takelwerk* ∗ **Take̲la̲ge** (fr.) [..lahseh.], die; –, –n: Schiffstauwerk ∗ **Ta̱keler, Ta̱kler** der; –s, –: Takelmeister ∗ **ta̱keln** (ich ..[e]le) tr.: mit Takelwerk versehen ∗ **Ta̱kelung, Ta̱klung** die; –, –en: das Takeln : Takelwerk : Mastenwerk des Schiffes

Take-off (e.) [tehkoff], das; der; –s, –s: Beginn : Start einer Vorführung : Flugzeugstart

Takt (l.), der; –(e)s, –e: Feingefühl : Lebensart, Zurückhaltung : geordnete Folge von Zeitabteilungen, gleichmäßigen Bewegungsabschnitten : Versfuß ∗ *Taktfehler; taktfest* Ew.; *Taktfrequenz; Taktgefühl; taktlos* Ew.; *Taktlosigkeit; Taktmaß; taktmäßig* Ew.; *Taktmesser:* Metronom; *Taktstock; Taktstrich:* (Mus.) Trennungsstrich der einzelnen Takte; *taktvoll* Ew.: feinfühlig ∗ **takten** tr.: im Takt abarbeiten ∗ **takti̲e̱ren** (..iert) intr.: den Takt schlagen ∗ *Taktierstock*

Takti̱k (gr.), die; –, –en: (Heerw.) „Aufstellungslehre", planmäßiges Verfahren : Gefechtskunst : Kriegsplanung ∗ **takti̲e̱ren** intr.: mit Taktik vorgehen ∗ **Ta̱kti̱ker,** der; –s, –: ein der Taktik Kundiger : geschickter Planer ∗ **ta̱ktisch** Ew.: zur Taktik gehörig : planvoll, geschickt

taktlos, taktvoll usw.: s. Takt

Tal, das; –(e)s, Täler; Tälchen: vertieftes Gelände zwischen Höhen : talähnliche Vertiefung : (übertr.) Tiefe, Tiefstand (Ggs. Höhepunkt) ∗ *talab(wärts), talan, talauf(wärts)* Uw.; *Talbewohner; Talbrücke; Talbuche:* Rotbuche; *Talenge; Talfahrt; Talkessel; Tallage; Talmulde; Talschaft:* (schweiz., östr.) Gruppe der im Tal lebenden Menschen; *Talsenke; Talski; Talsohle:* (übertr.) tiefster Punkt eines wirtschaftlichen Konjunkturabschwungs; *Talsperre:* künstl. Stausee; *Talüberführung:* Viadukt; *talwärts* Uw.

Ta̱lar (l.), der; –s, –e: Amtskleid von Geistlichen und Gerichtspersonen

talaufwärts, Ta̱lbuche usw.: s. Tal

Tale̱nt (gr.), das; –(e)s, –e: Gewicht : altgriech. Geldsumme und Gewicht : Begabung, Fähigkeit ∗ *talentlos* Ew.; *Talentlosigkeit; Talentprobe; Talentschmiede; Talentsuche; talentvoll* Ew. ∗ **talenti̱e̱rt** Mw. Ew.: begabt, fähig ∗ **Talenti̱e̱rtheit,** die; –, –en: das Talentiertsein

Ta̱ler, der; –s, –: eine (ursprünglich in Joachimstal ausgegebene) Silbermünze ∗ *talergroß* Ew.; *Talerstück*

Talg, der; –(e)s, (Talgarten) –e: hartes Fett, besonders von Rindern und Schafen : etwas Talgähnliches ∗ *talgartig* Ew.; *Talgdrüse; Talglicht; Talgseife* ∗ **ta̱lgen** Ew.: aus Talg ∗ **ta̱lgen** tr.: mit Talg einfetten ∗ **ta̱lgig** Ew.: voll Talg : talgartig

Tali̱on (l.), die; –, –en: Vergeltung : Wiedervergeltung mit dem gleichen Übel ∗ *Talionslehre; Talionssystem:* (Rechtsspr.) Lehrbegriff von der Wiedervergeltung

Ta̱lis̱man (pers.-arab.), der; –s, –e: ein Zauberschutz : Glücksbringer [arab. tilsaman magisches Zeichen]

Talk (span.-arab.), der; –(e)s, –e: ein Mineral : (bayr.-östr.) Tölpel ∗ *Talkerde; Talkkalk; Talköl; Talkpuder; Talkschiefer; Talkstein* ∗ **ta̱lkig** Ew.: talkartig : talkhaltig ∗ **Ta̱lkum,** das; –s: pulverisierter Talk, Streupulver

Talk (e.) [toᵃk], der; –s, –s: lockere Unterhaltung : öffentliche Gesprächsrunde ∗ **ta̱lken** [toᵃken] intr.: plaudern ∗ **Ta̱lkmas̱ter** [toᵃkmahsta], der; –s, –: Gesprächsführer : Moderator einer Gesprächsrunde; **Ta̱lkshow** [toᵃkschou], die; –, –s: Fernsehsendung, in der über ein aktuelles Thema diskutiert wird

Tal|kes|sel: s. Tal

Tal|kum: s. Talk

Tal|linn: Estlands Hauptstadt (dt.: Reval)

Tal|mi (fr.), das; –s: vergoldetes Messing ∗ (übertr.) etwas Unechtes ∗ *Talmiglanz; Talmigold; Talmiware* ∗ **tal|mi, tal|min** Ew.: aus Talmi : unecht

Tal|mud (hebr.), der; –(e)s: Gesetzbuch des nachchristlichen Judentums ∗ **tal|mu|disch** Ew.: dem Talmud entsprechend ∗ **Tal|mu|dist,** der; –en, –en: Kenner, Bekenner des Talmuds

Tal|mul|de: s. Tal

Ta|lon (fr.) [..long], der; –s, –s: Vorsprung der Außenseite an Bastionen : (Kartsp.) Kartenrest, Kaufkarten beim Geben : Zinsleiste an Wertpapieren, Erneuerungsschein : Bogenende bei Streichinstrumenten ∗ *Talonsteuer*

Tal|sen|ke usw.: s. Tal

Tal|ma|ris|ke (l.), die; –, –n: immergrüner Strauch

Tam|bour (arab.-fr.) [..buhr], der; –s, –e; Trommler ∗ *Tambourmajor:* Trommelmeister ∗ **Tam|bur,** der; –s, –e: Stickrahmen : (türk.) orient. lautenartiges Saiteninstrument ∗ **tam|bu|rie|ren** (..iert) intr.: (mit Kettenstich) sticken, häkeln ∗ *Tamburierstich:* Kettenstich ∗ **Tam|bu|rin** (span.), das; –s, –e: kleine Handtrommel mit Blechschellen : Stickrahmen ∗ *Tamburinstickerei*

Ta|mil, das; –: tamilische Sprache ∗ **Ta|mi|le,** der; –n, –n: Angehöriger eines hinduistischen Volkes im südindischen Bundesstaat Tamil Nadu und in Sri Lanka ∗ **ta|mi|lisch** Ew.

Tamp, der; –s, –e, **Tam|pen,** der; –s, –: (seem.) Tauende

Tam|pon (fr.) [..pong], der; –s, –s: Zapfen : (Med.) Pfropf : Wattebausch : Tupfbällchen der Kupferdrucker ∗ **Tam|po|na|de** [tangpo.., tampo..], die; –, –n: Zupfropfung, Ausstopfung ∗ **tam|po|nie|ren** (..iert) tr.: mit einem Tampon fest ausstopfen

Tam|tam (ind.), das; –s, –s: eine chines. Handtrommel : Gong : Lärm : marktschreierische Reklame : Wirbel um etwas ∗ *Tamtam machen*

Tand (l.), der; –(e)s: Eitles, wertloses Zeug ∗ *Nürnberger Tand:* Nürnb. Spielzeug ∗ **Tän|de|lei,** die; –, –en: das Tändeln : Spielerei, Getändel ∗ **Tän|de|ler, Tänd|ler,** der; –s, –: ein Tändelnder ∗ **tän|del|haft, tän|de|lig, tänd|lig** Ew.: tändelnd ∗ **tän|deln** (ich ..[e]le) intr.: „mit Tand handeln", Überflüssiges tun : trödeln, müßig gehen : liebeln ∗ *Tändelkram; Tändelmarkt; Tändelwochen* Mz.: s. Flitterwochen

Tan|dem (l.-e.) [tänd'm], das; –s, –s: Wagen mit zwei hintereinander gespannten Pferden : zweisitziges Fahrrad : ein Motorensystem mit zwei hintereinander liegenden Zylindern und gemeinsamer Kolbenstange ∗ *Tandemflugzeug*

Tänd|ler, tänd|lig usw.: s. Tand

Tang (skand.), der; –(e)s, –e: eine Gattung Meeresalgen

Tan|ga, der; –s, –s: Bikinihose, Slip von extrem knappem Schnitt ∗ *Tangaslip*

Tan|gan|ji|ka: Teilstaat der Vereinigten Republik Tansania ∗ **Tan|gan|ji|ka|see,** der; –s: ostafrikan. Binnensee

Tan|gens (l.), der; –: (Math.) Winkelfunktion eines rechtwinkeligen Dreiecks : Seitenverhältnis im Dreieck ∗ *Tangenskurve; Tangenssatz* ∗ **Tan|gent,** der; –(e)s, –e: Berührungsstift : Hämmerchen (am Klavier) ∗ **Tan|gen|te,** die; –, –n: (Math.) Gerade, die in einem Punkt eine Kurve berührt, Abk.: tan : Griffbrett : Umgehungsstraßen bei Ortschaften ∗ *Tangentenviereck:* umschriebenes Viereck ∗ **tan|gen|ti|al** Ew.: berührend, streifend ∗ *Tangentialebene; Tangentialkraft:* Schwungkraft ∗ **tan|gie|ren** (..iert) tr.: berühren : erwähnen

Tan|ger: Hafenstadt an der marokkan. Küste, an der Straße von Gibraltar

Tan|go (span.), der; –s, –s: argentinischer Tanz : Gesellschaftstanz im 2/4-Takt

Tank (e.), der; –(e)s, –e und –s: Behälter für Flüssigkeiten : Panzerkampfwagen ∗ *Tankfahrzeug; Tankfüllung; Tankklappe; Tanksäule; Tankschiff;*

Tankstelle: Ausgabestelle für Treibstoff; *Tankuhr; Tankverschluss; Tankwagen; Tankwaggon; Tankwart* ∗ **tan|ken** intr.: Betriebsstoff in den Tank füllen : (Umgspr.) zechen ∗ **Tan|ker,** der; –s, –: Transportschiff für Erdöl ∗ *Tankerflotte; Tankerunglück*

Tann, der; –(e)s, –e: weiter Forst, Wald ∗ **Tan|nat,** das; –s: Salz der Gerbsäure ∗ **Tan|ne,** die; –, –n; Tännchen: eine Nadelbaumart ∗ *Tannenast; Tannenbaum; Tannengehölz; Tannenharz; Tannenholz; Tannenhonig; Tannenmarder:* Baummarder; *Tannenmeise; Tannennadel; Tannenreisig; Tannenwald* ∗ **tan|nen** tr.: mit Lohe gerben ∗ **tan|nen** Ew.: aus Tannenholz ∗ **Tan|nicht,** das; –(e)s, –e: Tannenwäldchen ∗ **tan|nig** Ew.: mit Tannen bewachsen ∗ **Tänn|ling,** der; –s, –e: junge Tanne : Tannenschwamm

Tan|sa|nia: ostafrikan. Staat

Tan|se, die; –, –n: (schweiz.) Behälter für Obst oder Flüssigkeiten, der auf dem Rücken getragen wird

Tan|tal, das; –s: ein chem. Grundstoff, Abk.: Ta ∗ *Tantallampe* ∗ **Tan|ta|lit,** das; –s: Mineral, fettglänzende eisenschwarze Kristalle

Tan|ta|lus: sagenhafter phrygischer König

Tan|te (fr.), die; –, –n; Tantchen: die Schwester der Mutter oder des Vaters : weibl. Person, zu der man ein vertrautes Verhältnis wie zu einer Tante hat : (verächtl.) tuntige Person ∗ *Meine Tante, deine Tante:* ein Glücksspiel; *Tante-Emma-Laden; tantenhaft* Ew.

Tan|ti|e|me (fr.) [tangtjäme], die; –, –n: Gewinnanteil : Anteilrecht

Tan|tra, das; –s: Lehrsystem des Tantrismus, einer religiösen Strömung in Indien

Tanz, der; –es, Tänze; Tänzchen: rhythmische Körperbewegung : etwas Tanzähnliches, das einen in Atem hält : (Umgspr.) verbissene Auseinandersetzung : Bewegung der Wellen : Tonstück zum Tanz ∗ *Tanzabend; Tanzbar; Tanzbär:* tanzender Bär; *Tanzbein; Tanzbo-*

den; *Tanzcafé; Tanzdiele:* Gaststätte mit Tanzfläche; *Tanzfläche; Tanzgirl; Tanzgruppe; Tanzkapelle; Tanzkunst; Tanzkurs; Tanzlehrer; Tanzlied; Tanzlokal; tanzlustig* Ew.; *Tanzmusik; Tanzorchester; Tanzpaar; Tanzpartner(in); Tanzplatz; Tanzsaal; Tanzschritt; Tanzschuh; Tanzschule; Tanzsport; Tanzstunde; Tänzee; Tanzturnier; Tanzunterricht; Tanzveranstaltung; Tanzvergnügen* ✻ **tän|zeln** (ich ..[e]le) intr.: sich wie im Tanzschritt bewegen ✻ **tan|zen** (du tanzest und tanzt) intr., tr.: sich (wie) im Tanz bewegen : einen Tanz aufführen ✻ *nach jemandes Pfeife tanzen* intr.: tun (müssen), was jemand will; *auf dem Seil tanzen; einen Walzer tanzen; es tanzt einem vor den Augen* ✻ es flimmert einem vor den Augen ✻ **Tän|zer,** der; –s, –: ein Tanzender : ein Tanzkünstler ✻ **Tän|ze|rei,** die; –, –en: das Getänze, das viele Tanzen ✻ **tän|zer|haft** Ew.: in der Art eines Tänzers ✻ **Tän|ze|rin,** die; –, –nen: Tanzkünstlerin ✻ **tän|ze|risch** Ew.: tänzerhaft

Tao (chin.) [dao], das; –: „Weg", das vollkommene Sein ✻ **Ta|o|is|mus,** der; –: Strömung der chinesischen Philosophie

Tape (e.) [tehp], das; der; –s, –s: Tonkassette : Tonband : Klebeband : selbstklebendes Verbandsmaterial ✻ *Tapedeck:* Kassettenspieler

ta|pern intr.: unsicher, ungeschickt sich bewegen ✻ *Tapergreis:* gebrechlicher alter Mann ✻ **ta|pe|rig, tap|rig** Ew.: gebrechlich, alt und klapprig

Ta|pet (gr.-l.), das –(e)s, –e: Decke (besonders auf Sitzungstischen) ✻ *aufs Tapet bringen* tr.: zur Sprache bringen ✻ **Ta|pe|te,** die; –, –n: Wandbekleidung ✻ *Tapetenbahn; Tapetenkleister; Tapetenmuster; Tapetenrolle; Tapetentür(e); Tapetenwechsel* ✻ **Ta|pe|zier, Ta|pe|zie|rer,** der; –s, –(e): Handwerker, der Zimmer tapeziert und Möbel polstert : eine Gattung Netzspinner : eine Gattung einzeln lebender Bienen ✻ *Tapezier(er)arbeit;*

Tapezier(er)werkstatt; Tapeziertisch ✻ **ta|pe|zie|ren** (..iert) tr.: mit Tapeten bekleiden ✻ **Ta|pe|zie|rung,** die; –, –en: das Tapezieren

tap|fer Ew.: mutig, beherzt : brav ✻ **Tap|fer|keit,** die; –: das Tapfersein ✻ *Tapferkeitsmedaille*

Ta|pi|o|ka (bras.), die; –: Sagoart, Handelsname der Maniokstärke

Ta|pir, der; –s, –e: ein tropisches Säugetier (Unpaarzeher)

Ta|pis|se|rie (fr.), die; –, ..rien: gewirkter Bildteppich : Stickereiart ✻ *Tapisseriegeschäft*

tapp: Tonwort zur Bezeichnung eines tappenden Geräusches ✻ **Tapp,** der; –(e)s, –e: Klapp : Pfote, Fußspur : tölpelhafter Mensch ✻ **Tapp,** das; –s: Tarockspiel ✻ **tap|pen** intr.: stapfen : ungeschickt, tastend schreiten : ohne zu sehen greifen ✻ *wie ein Blinder im Dunkeln tappen; in eine Pfütze tappen* ✻ **tap|pig, täp|pisch** Ew.: tölpelhaft ✻ **tap|prig** Ew.: taperig : s. tapern : täppisch ✻ **Taps,** der; –es, –e: Täpschen: Schlag : täppischer Mensch, Tölpel ✻ **tap|sen** (du tapsest und tapst, er tapst) intr.: ungeschickt, plump auftreten : schwanken : tappen ✻ **tap|sig** Ew.: tappig

Ta|ra (arab.), die; –, –s: Gewicht der Verpackung : Leergewicht ✻ **ta|rie|ren** tr.: die Tara bestimmen ✻ *Tarierwaage:* Feinwaage

Ta|ran|tel (it.), die; –, –n: eine giftige Spinne ✻ **Ta|ran|tel|la,** die; –, –s und ..llen: ital. Volkstanz : ital. Tanzlied

tar|dan|do (it.): (Mus.) zögernd, langsam ✻ **tar|die|ren** (..iert) (l.) intr.: zögern

ta|rie|ren: s. Tara

Ta|rif (arab.), der; –s, –e: Lohnverzeichnis : Gebührentafel : ausgehandelter Lohn ✻ *Lohntarif* ✻ *Tarifabschluß →* Tarifabschluss; *Tarifangestellte; Tarifautonomie; Tariferhöhung; Tarifmäßigung; Tarifgruppe; Tarifhoheit; Tarifkommission; Tarifkonflikt; Tariflohn; tarifmäßig* Ew.; *Tarifordnung; Tarifpartner; Tarifpolitik; Tarifrunde; Tarifsatz; Tarifverhandlung; Tarifvertrag* ✻ **ta|rif|lich** Ew.: tarifmäßig

ta|ri|fie|ren (..iert) tr.: gemäß Tarif Preis, Lohn, Gebühr bestimmen

tar|nen tr.: unwahrnehmbar machen : vernebeln : verschleiern ✻ *Tarnanstrich; Tarnanzug; Tarnfarbe; Tarnkappe:* eine unsichtbar machende (Zauber-)Kappe; *Tarnmantel; Tarnnetz* ✻ **Tar|nung,** die; –, –en: Verschleierung : (Heerw.) Vernebelung von Stellungen : Deckung gegen Sicht [ahd. *tarni* heimlich und ml. *cappa* Mantel]

Ta|rock (it.), das, der; –s, –s: ein Kartenspiel ✻ *Tarockspiel*

Ta|rot, das; der; –s, –s: Kartenspiel mit symbolhafter Auslegung

Tar|ra|go|na: nordspan. Stadt ✻ **Tar|ra|go|na,** der; –s: ein span. Wein

Tar|tan (e.), der; –s: schottischer karierter Woll- oder Seidenstoff : Plaid

Tar|tan|bahn (e.) [tar'n..], die; –, –en: Kunststofflaufbahn auf Sportplätzen

Tar|ta|rus (gr.-l.), der; –: (gr. Sage) Unterwelt : Hölle

Tar|ta|rus, der; –: Weinstein ✻ **Tar|trat,** das; –s, –e: (Chem.) Salz der Weinsäure

Tar|tüff (fr.), der, –(e)s, –s: Heuchler : Scheinheiliger ✻ **Tar|tüf|fe|rie,** die; –, ..rien: Heuchelei : Muckertum

Ta|sche (it.), die; –, –n: Täschchen; Tascherl : Beutel als Behältnis : etwas Taschenähnliches : (weidm.) weibl. Schamteil : (mundartl.) Mund : (scherzh.) geschwätzige Person ✻ *wie seine Tasche kennen* tr.: sehr genau kennen; *einen in die Tasche stecken:* jemandem überlegen sein ✻ *Taschenausgabe:* Ausgabe eines Buches in Taschenformat; *Taschenbuch; Taschendieb; Taschenfahrplan; Taschenformat; Taschengeld:* Geld zur Bestreitung kleiner Ausgaben für eigenen Bedarf; *Taschenkalender; Taschenkamm; Taschenkrebs:* eine Krebsgattung; *Taschenlampe; Taschenmesser; Taschenrechner; Taschenspiegel; Taschenspieler(ei); Taschentuch; Taschenuhr; Taschenwörterbuch* ✻ **Tasch|ner, Täsch|ner,** der; –s, –: Taschenmacher

Tas|ma|ni|en: austral. Insel ✳
Tas|ma|ni|er, der; –s, –: Ureinwohner Tasmaniens ✳
tas|ma|nisch Ew.

TASS: staatliche Nachrichtenagentur der ehemaligen UdSSR

Tas|se (it.-arab.), die; –, –n; Tässchen: ein Trinkgeschirr ✳ *Tassenkopf:* Obertasse; *Tassenrand*

Tas|ta|tur (it.), die; –, –en: Griffbrett : Klaviatur : Tastenwerk ✳ **tast|bar** Ew.: greifbar : zu fühlen ✳ **Tas|te,** die; –, –n: Anschlaghebel, Griffbrettchen (bei Klavieren) ✳ *Tastendruck; Tasteninstrument; Tastenreihe; Tastenspiel; Tastentelefon; Tastenwerk* ✳ **tas|ten** intr.: mit der Hand befühlen : herumfühlen : (Harfe, Laute) spielen; tr.: fühlend fassen, halten : betasten : wahrnehmen ✳ *Tastorgan; Tastsinn; Tastwerkzeug* ✳ **Tas|ter,** der; –s, –: ein Tastender : (Buchdrw.) Maschinensetzer : Werkzeug zum Tasten : Fühler (der Kerbtiere) : Greifzirkel

Tat, die; –, –en: etwas durch Tun in die Wirklichkeit Getretenes : Handlung ✳ *auf frischer Tat ertappen* tr.; *eine Tat vollbringen; in der Tat:* wirklich, fürwahr ✳ *Tatbericht; Tatbestand; Tatbeweis; Tatform:* Aktiv; *Tatgeschehen; Tathergang; Tatkraft:* Energie; *tatkräftig* Ew.; *Tatmensch; Tatmotiv; Tatort; Tatsache:* etwas der Wirklichkeit Entsprechendes, Faktum; *Tatsachenbericht; Tatsachenentscheidung; tatsächlich* Ew.; *Tatverdacht; tatverdächtig* Ew.; *Tatwaffe; Tatzeit* ✳ *Tatendrang; tatendurstig* Ew.; *tat(en)froh* Ew.; *tatenlos* Ew.; *Tatenlosigkeit; Tatenlust; tatenreich* Ew. ✳ **Tä|ter,** der; –s, –: jemand, der eine Tat begangen hat ✳ *Täterbeschreibung* ✳ **Tä|te|rin,** die; –, –nen : weibl. Täter ✳ **Tä|ter|schaft,** die; –: Urheberschaft in Bezug auf eine begangene Tat ✳ **tä|tig** Ew.: arbeitsam, rührig, fleißig ✳ *tätige Zeitwörter* Mz.: aktive Zeitwörter ✳ **tä|ti|gen** tr.: in die Tat umsetzen ✳ **Tä|tig|keit,** die; –, –en: das Tätigsein : das Tun ✳ *Tätigkeitsbereich; Tätigkeitsbericht; Tätigkeitsdrang;*

Tätigkeitsfeld; Tätigkeitswort ✳ **Tä|ti|gung,** die; –, –en: das Tätigen, Ausführen ✳ **tät|lich** Ew.: handgreiflich, handgemein werdend ✳ **Tät|lich|keit,** die; –, –en: das Handgreiflichwerden : Schlägerei

Ta|tar, der; –en, –en: Angehöriger eines ural-altaischen Völkerstammes ✳ **Ta|tar,** das; –s: gehacktes rohes Rindfleisch ✳ *Tatarbeefsteak; Tatarennachricht:* unwahrscheinliche, erschreckende Nachricht ✳ **ta|ta|risch** Ew.: auf die Tataren bezüglich : roh, grausam

ta|tau|ie|ren (..iert) (tahit.) tr.: tätowieren, in die Haut Muster und Bilder einritzen und färben ✳ **Ta|tau|ie|rung,** die; –, –en: das Tatauieren, Tätowieren

Tat|be|richt, **Tat|be|stand,** **Ta|ten,** **Ta|ten|durst:** s. Tat

tä|ti|gen, **Tä|tig|keit** usw.: s. Tat

tä|to|wie|ren, **Tä|to|wie|rung:** s. tatauieren

Tat|ra, die; –: Gebirgskette der Karpaten

Tat|sa|che, **tat|säch|lich** usw.: s. Tat

Tat|sche, die; –, –n; Tätschchen: Tatze, Patsche : plumpe Hand ✳ **tät|scheln** (ich ..[e]le) tr.: liebkosend streicheln, klopfen ✳ **Tät|schel|ei,** die; –, –en: liebkosendes Streicheln ✳ **tat|schen** (du tatschst) tr.: mit der Patsche berühren : plump anfassen

Tat|te|rich, der; –(e)s: (volkst.) (nervöses) Zittern ✳ **tat|tern** (ich ..[e]re) intr.: nervös zittern ✳ **tat|te|rig, tatt|rig** Ew.: zitternd ✳ *Tattergreis*

Tat|ter|sall, der; –s, –s: (Londoner) Pferdebörse : Reitbahn : Anstalt zur Vermietung und Pflege von Reitpferden

ta|tü|ta|ta! (Umgspr.) Geräusch eines Feuerwehrautos, einer Sirene

Tat|ze, die; –, –n: Tätzchen: (Zool.) Vorderfuß der Raubtiere : (Techn.) an einer Welle befestigte Hebearme, welche beim Umgang der Welle andere Maschinenteile hoch- oder niederdrücken : (Schulspr.) Hieb auf die Finger ✳ **Tat|zel|wurm,** der; –es: Drache : Ungeheuer

Tau, das; –s, –s: der neunzehnte Buchstabe des griechi-

schen Alphabets

Tau, das; –(e)s, –e: starkes Seil : (seem.) Tauwerk ✳ *Tauende; Tauziehen* ✳ **tau|en** tr.: (seem.) mit einem Tau anbinden : mit dem Tau ziehen

Tau, der; –(e)s: tröpfchenförmiger Niederschlag, der sich bei nächtlicher Abkühlung der Luft an den abgekühlten Gegenständen bildet : etwas Tauähnliches, Feuchtes, Erquickendes ✳ **taubenetzt** Mw. Ew.; *Taufall, taufeucht* Ew.; *taufrisch* Ew.; *Tauluft; taunaß* ↱ *taunass* Ew.; *Tauperle; Taupunkt:* Schmelzpunkt (von Eis und Schnee); *Tauregen; Tautropfen; Tauwetter; Tauwind; Tauwolke* ✳ **tau|en** intr., tr.: Tau anlegen : mit Tau befeuchtet sein : wie Tau herabfallen : (Schnee und Eis) schmelzen; tr.: schmelzen machen ✳ **tau|ig** Ew.: mit Tau bedeckt, betaut

taub Ew.: nicht hörend : unfähig, Gehöreindrücke zu empfinden : (übertr.) unempfindlich : stumpfsinnig : (übertr.) unfruchtbar : (Bergb.) erzleer ✳ *taube Ähren* Mz.: Ähren ohne Körner ✳ *taubblind; Taubnessel:* eine Pflanze; *taubstumm* Ew.: nicht hören und nicht sprechen könnend; *Taubstumme; Taubstummenanstalt; Taubstummenlehrer; Taubstummenunterricht; Taubstummheit:* gleichzeitiger Verlust der Sprache und des Hörvermögens ✳ **Taub|heit,** die; –: Verlust des Hörvermögens

Tau|be, die; –, –n; Täubchen: Name verschiedener Vogelfamilien : Girrvögel ✳ *Taubenauge; taubenblau* Ew.; *Taubenei; Taubenfutter; taubengrau* Ew.; *Taubenhaus; –kobel; –nest; Taubenpost:* durch Brieftauben beförderte Post: *Taubenschlag:* Taubenhaus; *Taubenunschuld; Taubenzucht* ✳ **tau|ben|haft** Ew.: wie eine Taube (sanft) ✳ **Tau|ber, Täu|ber,** der; –s, –: männliche Taube ✳ **Täu|bin,** die; –, –nen: weibliche Taube ✳ **Täub|ler, Täub|ner,** der; –s, –: Taubenzüchter

tau|chen tr.: in eine Flüssigkeit hineinstecken; intr.: unter die Wasseroberfläche gehen

Tauchboot; Tauchente; Tauch-
fahrt; tauchklar Ew.; *Tauch-*
kurs; Tauchmanöver; Tauch-
raum: (Schiffb.) Deplacement;
Tauchsieder: elektrischer Flüs-
sigkeitserwärmer; *Tauchsta-*
tion; Tauchtiefe; Tauchvogel ✷
Tau|cher, der; –s, –: ein Tau-
chender, der unter Wasser tätig
ist : eine Familie von Wasser-
vögeln : das kartesianische
Männchen : Unterseeboot ✷
Taucheranzug; Taucherglocke;
Taucherhelm; Taucherkrank-
heit; Tauchermöwe; Taucher-
schiff
tau|en: s. Tau (Feuchtigkeit)
und Tau (Seil)
Tau|ern: (Mz.) Name von un-
vergletscherten Passübergän-
gen in den Ostalpen : Gebirgs-
gruppe der Ostalpen ✷ *Hohe*
Tauern; Niedere Tauern ✷ *Tau-*
ernbahn; Tauerntunnel
Tau|fe, die; –, –n: Taufen : das
Sakrament der Aufnahme in
die Kirche : (übertr.) feierliche
Einweihung : Namengebung :
reinigende, heiligende Weihe ✷
tau|fen tr.: das Sakrament der
Taufe erteilen : (einem Kind,
einem Schiff den) Namen geben ✷ *Taufakt; Taufbecken;*
Taufbekenntnis; Taufformel;
Taufgelübde; Taufgesinnter:
Mennonit; *Taufhandlung; Tauf-*
kapelle; Taufkirche; Taufkis-
sen; Taufname; Taufpate; Tauf-
register; Taufschale; Tauf-
schein; Taufstein; Taufwasser;
Taufzeuge; Taufzeugnis ✷
Täu|fer, der; –s, –: der die
Taufe Vollziehende : Baptist :
Wiedertäufer ✷ **Täuf|ling** der;
–s, –e: der die Taufe Empfan-
gende
Tau|fall, tau|frisch: s. Tau
(Feuchtigkeit)
tau|gen intr.: tüchtig, brauch-
bar, geeignet sein ✷
Tau|ge|nichts, der; –, –e:
Schlingel, Tunichtgut ✷
taug|lich Ew.: taugend,
brauchbar ✷ **Taug|lich|keit,**
die; –, –en: das Tauglichsein
tau|lig: s. Tau (Feuchtigkeit)
Tau|mel, der; –s: Zustand des
Taumelns : Schwindel : Ge-
fühlsrausch ✷ *Taumellolch:*
eine Grasart ✷ **Tau|me|lei,** die;
–, –en: das Taumeln : Taumel-
wahn ✷ **tau|me|lig, taum|lig**
Ew.: taumelnd : schwindlig ✷

tau|meln (ich ..[e]le) intr.: hin
und her wanken : halb bewusstlos, im Schwindel sein
Tau|nus, der; –: Teil des
rechtsrhein. Schiefergebirges
Tau|punkt: s. Tau (Feuchtig-
keit)
Tau|ris: (veralt. für) Krim
Tau|rus: Gebirge in Kleinasien
Tausch, der; –es, -e: Handlung, Vorgang des Tauschens :
(Rechtsspr.) Veräußerung einer Sache gegen Empfang einer anderen ✷ *Tauschgeschäft;*
Tauschhandel; tauschlustig
Ew.; *Tauschmittel; Tauschob-*
jekt; Tauschverfahren; Tausch-
vertrag; tauschweise Uw.;
Tauschwert; Tauschwirtschaft
✷ **tau|schen** (du tausch[e]st)
tr.: etwas hingeben, um dafür
etwas anderes zu empfangen ✷
täu|schen (du täusch[e]st) tr.:
Schein für Wirklichkeit geben :
irren : betrügen ✷ *jemanden*
täuschen; sich in jemandem
täuschen: sich irren ✷ *täu-*
schend Mw. Ew.: zum Täu-
schen ähnlich ✷ **Tau|scher,**
der; –s, –: ein Tauschender ✷
Täu|scher, der; –s, –: ein Be-
trüger ✷ **Tau|sche|rei,** die; –,
–en: das (viele) Tauschen ✷
Täu|sche|rei, die; –, –en: das
Betrügen ✷ **Täu|schung,** die;
–, –en: Irreführung : Betrug :
Vortäuschung : falsche Wahrnehmung ✷ *Täuschungsmanö-*
ver; Täuschungsversuch
tau|send Zahlw.: zehnmal
hundert; röm. Zahlzeichen M :
sehr viel ✷ *tausend und aber-*
tausend Leute auch: *Tausend*
und Abertausend Leute; meh-
rere, vieltausend Menschen;
viele tausend Menschen auch:
viele tausend Menschen ✷ *Tau-*
sende und Abertausende Leute
auch: *tausende und abertau-*
sende Leute; Tausende armer
Gefangener; viele, mehrere
Tausende; zu Tausenden; die
Verluste gehen in die Tausende;
vom Hundertsten ins Tau-
sendste kommen ✷ **Tau|send,**
das; –s, –e: tausend Stück ✷
Tau|send, die; –, –en: eine
Zahl, zehnmal hundert ✷
Tau|send, der; –s: Teufel ✷ *Ei*
der Tausend!, potztausend!:
Ausrufe der Bestürzung, des
Erstaunens : zwei Flüche ✷
tausendfach Ew.; *tausendfältig*

Ew.; *Tausendfüßler; tausendfü-*
ßig Ew.; *Tausendgüldenkraut;*
Tausendjahrfeier; tausendjäh-
rig Ew.; *Tausendkünstler:* Teu-
felskünstler; *tausendmal*
Zahlw.; *tausendmalig* Ew.; *tau-*
sendsackerment; Tausendsap-
perment, Tausendsas(s)a:
Teufelskerl : Alleskönner; *Tau-*
sendschön: Maßliebchen ✷
Tausender, der; –s, –: ein Tausend : Geldschein über tausend
(Mark) ✷ *tausenderlei*
tau|sends|te(r) Ew.: Ord-
nungszahlw. zu tausend ✷ **Tau-**
sends|te, der; –n, –n: einer
von tausend ✷ **tau|sends|tel**
Ew.: den tausendsten Teil be-
tragend ✷ **Tau|sends|tel,** das;
–s, –: der tausendste Teil eines
Ganzen ✷ **tau|sends|tens**
Uw.: zum tausendsten Male ✷
Tausendundeine Nacht: arab.
Märchensammlung
Tau|ta|zis|mus (gr.), der; –,
..zismen: misstönende Häufung gleicher oder ähnlich klin-
gender Silben und Wortverbin-
dungen ✷ **Tau|to|gramm,** das;
–s, –e: Gedicht mit gleichen
Anfangsbuchstaben der Zeilen
oder der Wörter ✷ **Tau|to-**
lo|gie, die; –, ..gien: Aussage,
die aufgrund ihrer Form immer
wahr ist, analytisches Urteil :
Bezeichnung einer Sache durch
mehrere gleichbedeutende
Ausdrücke ✷ **tau|to|lo|gisch**
Ew.: „dasselbe sagend", doppelt bezeichnend
Tau|tro|pfen: s. Tau (Feuchtig-
keit)
Tau|werk: s. Tau (Seil)
Tau|wet|ter, Tau|wind: s. Tau
(Feuchtigkeit)
Ta|ver|ne (it.) [taw..], die; –,
–n: Trinkstube : Wirtshaus
Ta|xa|me|ter (l.-gr.), das, der;
–s, –: Fahrpreisanzeiger : (veraltet) Droschke mit Fahrpreisanzeiger ✷ *Taxameterdroschke*
✷ **Ta|xa|ti|on,** die; –, –en: Ab-
schätzung : Taxierung ✷
Ta|xa|tor, der; –s, ..toren: ver-
eidigter Sachverständiger für
Wertabschätzung : Wertermitt-
ler ✷ **Ta|xe,** die; –, –n: amtliche
Preisfeststellung : Wertschät-
zung : Gebühr : Steuer : Ge-
bührenordnung : Taxi ✷ *Tax-*
amt; taxfrei Ew.: gebührenfrei;
Taxwert: Schätzwert ✷ **Ta|xi,**
das; (schweiz.) der; –s, –s:

Mietauto ✻ *Taxichauffeur; Taxifahrer;*   *Taxistand* ✻ **ta|xie|ren** (..iert) tr.: abschätzen ✻ **Ta|xie|rer,** der; –s, –: ein Taxator

Ta|xi|der|mist (gr.), der; –en, –en: Ausstopfer von toten Tieren

Ta|xo|no|mie, die; –, –mien: Klassifikation, systematische Einordnung, bes. in Biologie und Sprachwissenschaft : (Päd.) didaktische Hierarchie (von Lernzielen) ✻ **ta|xo|no|misch** Ew.: klassifikatorisch, systematisch einordnend

Ta|xus (l.), der; –, –: Eibe, Nadelholzgattung ✻ *Taxushecke*

Tay|lo|ris|mus (e.), der; –: auf strenge Wirtschaftlichkeit zielendes wissenschaftliches System der Effizienzmessung und Betriebsführung, nach dem Amerikaner F. W. Taylor : (übertr.) Vorrangstellung betriebswirtschaftlicher Effizienz ✻ *Taylorsystem*

Tb: chemisches Zeichen für Terbium

Tb, Tbc (Abk.): Tuberkulose

T-bone-Steak ✻ **T-Bone-Steak** (e.) [tihboun..], das; –s, –s: aus dem Rippenstück des Rindes geschnittenes Steak mit T-förmigem Knochen

T-Bone-Steak

Tc: chemisches Zeichen für Technetium

Te: chemisches Zeichen für Tellur

Teach-in (e.) [tihtsch-in], das; –(s), –s: politische Informations- und Diskussionsveranstaltung (bes. an Universitäten), bei der Missstände aufgedeckt und angeprangert werden sollen

Teach-in
Substantivische Wortverbindungen mit Verb als erstem als

(Richtungs-)Adverb als zweitem Bestandteil werden mit Bindestrich gekoppelt: *Blow-up; Come-back; Coming-out; Count-down; Drop-out; Fall-out; Go-in; Hand-out; Sit-in; Take-off; Teach-in.* Das Adverb schreibt man klein.

Teak (e.) [tihk], das; –s: kurz für Teakholz ✻ **Teak|baum,** der; –s, –bäume: Hartholzbaum der ostasiatischen Tropen, aus der Gattung der Eisenkrautgewächse ✻ **Teak|holz** (e.) [tiek..], das; –es, ..hölzer: Holz des Teakbaums

Team (e.) [tihm], das; –s, –s: (Sport) Mannschaft : Arbeitsgruppe ✻ *Teamarbeit, Teamfähigkeit; Teamwork:* Gemeinschaftsarbeit

Tea-Room → **Tea|room** (e.) [tih-ruhm], der; –, –s: Teestube : (schweiz.) Lokal, in dem kein Alkohol ausgeschenkt wird

Tech|ne|ti|um (gr.), das; –s: radioaktives Element; Abk.: Tc

Tech|nik (gr.), die; –, –en: planmäßiges Dienstbarmachen von Naturerzeugnissen : praktische Auswertung naturwissenschaftlicher Erkenntnisse für menschliche Zwecke : hoch entwickelte und wiederholbare Weise der Hervorbringung besonderer Leistungen, bes. in Kunst, Kunsthandwerk, Sport : Maltechnik, Lerntechnik : (nur Ez.) Gesamtheit der Techniken ✻ **Tech|ni|ker,** der; –s, –: Sachverständiger, Fachmann der Technik ✻ **Tech|ni|kol|or,** das; –s, –s: (auch Technicolor) Farbfilmverfahren ✻ **Tech|ni|kum,** das; –s, –s, ..ka und ..ken: technische Fachschule : Ingenieurfachschule ✻ **tech|nisch** Ew.: zur Technik gehörend : *technischer Ausdruck:* Fachausdruck; *(eine) technische Hochschule;* aber: *die Technische Hochschule Darmstadt,* Abk.: TH Darmstadt; *(eine) technische Universität,* aber: *die Technische Universität Berlin,* Abk.: TU Berlin; *Technisches Hilfswerk,* Abk.: THW; *das technische Zeitalter* ✻ **tech|ni|sie|ren** tr.: auf technischen Betrieb umstellen ✻ **Tech|ni|sie|rung,** die; –, –en: Umstellung auf technischen Betrieb ✻ **Tech|ni|zis|mus,**

der; –, ..men: technischer Fachausdruck ✻ **Tech|no|kra|tie,** die; –: »Herrschaft der Technik«, Macht und Führungsschicht der Technologen ✻ **Tech|no|lo|ge,** der; –n, –n: Kenner und Lehrer der Technologie ✻ **Tech|no|lo|gie,** die; –, ..gien: Wissenschaft von der Gewinnung und Verarbeitung der Rohstoffe : Gesamtheit der in einem Bereich angewendeten Techniken ✻ *Unterrichtstechnologie* ✻ *Technologiepark; Technologietransfer* ✻ **tech|no|lo|gisch** Ew.

Tech|tel|mech|tel (it.), das; –s, –: heimliches Verständnis : Liebschaft : Flirt

Te|ckel, der; –s, –: Dackel, Dachshund

Ted|dy|bär, der; –s, –en: Spielzeugbär aus Stoff

Te|de|um (l.), das; –s, –s: kurz für „Te Deum laudamus“, „Dich, Gott“ (loben wir), der Ambrosianische Lobgesang der katholischen Kirche

TEE (Abk.): Trans-Europ-Express

Tee (chin.), der; –s, –s: eine Gattung chines. Nutzsträucher : Blätter des Teestrauchs : von Teeblättern (auch Kräuterblättern) hergestellter Aufguss ✻ *Teeabend; Teeblatt; Teebrett; Tee-Ei auch: Teeei; Tee-Ernte auch: Teeernte; Teegebäck; Teegesellschaft; Teehaus; Teekanne; Teekessel:* Kessel zur Teezubereitung : (übertr.) Dummkopf; *Teekesselchen:* ein Ratespiel; *Teekraut; Teelicht; Teelöffel; teelöffelweise* Ew.; *Teemaschine:* Samowar; *Teerose; Teeschale; Teeservice; Teesieb; Teesorte; Teestaude; Teestunde; Teetasse; Teetisch; Teewagen:* fahrbarer Anrichtetisch; *Teewasser; Teewurst*

Teen (e.) [tihn], der; –s, –s: **Tee|na|ger** [tihnehtseher], der; –s, –: Jugendlicher unter 20 Jahren ✻ *Teenagermode* ✻ **Tee|nie, Tee|ny** [tihni], der; –s, –s: liebevoll oder abwertend für Teenager

Teer, der; –(e)s, –e: dickflüssige, ölige Masse, ein Produkt trockner Destillation organischer Stoffe ✻ *teerbeschmiert* Ew.; *Teerdachpappe; Teerdecke; Teerfarbe; Teerfarb-*

stoff; Teerfaß → Teerfass; Teer-
jacke: Matrose; *Teerpappe;*
Teerseife; Teertonne ✱ **tee|ren**
tr.: mit Teer beschmieren ✱
tee|rig Ew.: teerartig : mit Teer
behaftet ✱ **Tee|rung,** die; –,
–en: das Teeren
Te|fil|la (hebr.), die; –: jüdi-
sches Gebetbuch ✱ **Te|fil|lin**
(hebr.) Mz.: Gebetsriemen der
Juden
Tef|lon, das; –s (Kunstwort,
Warenzeichen)   hitzefester
Kunststoff, bes. zur Beschichtung von Bratpfannen verwendet ✱ *teflonbeschichtet; Teflon-*
pfanne
Te|gel, der; –s: tonhaltiges Ge-
stein
Te|he|ran: Hauptstadt Irans
Teich, der; –(e)s, –e: sehr kleiner See : (i. e. S.) künstlich angelegter See mit stehendem
Wasser ✱ *Teichhuhn:* Rohr-
huhn; *Teichkarpfen; Teichkol-*
ben: Rohrkolben; *Teichlinse:*
eine Pflanze; *Teichmolch;*
Teichmuschel;   *Teichrose;*
Teichschilf: Teichrohr; *Teich-*
schnecke
teig Ew.: halbfaul, überreif,
weich ✱ **Teig,** der; –(e)s, –e:
dickbreiige Masse ✱ *Teigfarbe:*
Pastellfarbe; *Teigmasse; Teig-*
waren ✱ **tei|gig** Ew.: unausge-
backen : mit Teig behaftet :
teigartig ✱ *ein teigiges Gesicht*
Teil, der; das; –(e)s, –e: Stück
eines Ganzen : Anteil : Gruppe
✱ *zum (großen, größten) Teil,*
aber: *größtenteils* Uw.; *ich für*
meinen Teil; er hat sein Teil;
ein gut Teil der Einnahmen ✱
Teilansicht; Teilaspekt; Teilbe-
reich; Teilbetrag; Teilfabrika-
tion; Teilgebiet; teilhaben intr.
(ich habe teil); *Teilhabe; Teil-*
haber; Teilkaskoversicherung;
Teilkostenrechnung;   Teilleis-
tung; teilmöbliert Ew.; *Teil-*
nahme; teilnahmslos Ew.; *Teil-*
nahmslosigkeit; teilnahmsvoll
Ew.; *teilnehmen* intr. (ich
nehme teil); *Teilnehmer; Teil-*
nehmerkreis; Teilnehmerzahl;
teilnehmend Ew.; *Teilschuld-*
verschreibung;   Teilstrecke;
Teilstück; teilweise Uw.; *Teil-*
zahlung; Teilzeit; –arbeit; –be-
schäftigte; Teilzirkel: Propor-
tionalzirkel ✱ **teil|bar** Ew.: sich
teilen lassend : (Rechenkst.)
ohne   Rest   zu   teilen   ✱

Teil|bar|keit, die; –: das Teil-
barsein ✱ **tei|len** tr.: in Teile
zerlegen : teilnehmen lassen :
in etwas übereinstimmen; rbz.:
sich in Teile teilen ✱ *sich in et-*
was teilen: etwas unter sich tei-
len ✱ **Tei|ler,** der; –s, –: ein Tei-
lender : (Rechenkst.) Zahl, die
in einer andern ganzen Zahl
enthalten ist ✱ **teil|haft** Ew.:
(veralt.) sich bequem oder vorteilhaft   teilen   lassend   ✱
teil|haf|tig Ew. (mit Gen.): an
etwas teilhabend ✱ **..tei|lig**
Ew., nur in Zus.: in soundso
viele Teile zerfallend; z. B.
vierteilig ✱ **teils** Uw.: zum Teil
✱ *teils groß, teils klein; meines-*
teils Uw.: was mich anbetrifft;
größtenteils Uw.: zum größten
Teil ✱ **Tei|lung,** die; –, –en: das
Teilen ✱ *Teilungsgrund; Tei-*
lungsverhältnis;   Teilungszei-
chen
Te|in, das; –s: Alkaloid des
Tees, Koffein
Teint (fr.) [täng] der; –s, –s:
Farbe und Beschaffenheit der
(Gesichts-)Haut
T-Ei|sen, das; –s, –: Walzeisen
mit T-förmigem Durchschnitt
tek|tie|ren (gr.) tr.: mit Deck-
blatt versehen ✱ **Tek|to|nik**
(gr.), die; –: Lehre vom Bau
und von der Schichtung der
Erdrinde : der konstruktive
Aufbau eines Kunstwerkes ✱
tek|to|nisch Ew.: auf die Tek-
tonik bezüglich ✱ *tektonisches*
Beben: Erdbeben   infolge
Schichtenverschiebung   ✱
Tek|tur, die; –, –en: Decke,
Verband : Kapsel : Deckblatt
Tel Aviv: Stadt in Israel
tele.., Tele.. (gr.) Ew. in Zus.:
fern.. ✱ **Te|le|ban|king,** das;
–s: Handlungsanweisungen an
die Bank mittels Telekommu-
nikation ✱ **Te|le|fax,** das; –,
–(e): (Kunstwort) Fernkopie :
Fernkopierer : Fernkopiersys-
tem der Post über Telefonnetz
✱ *Telefaxnummer* ✱ **Te|le|fon,**
das; –s, –e: Fernsprecher ✱ *Te-*
lefonanruf;   Telefonansage-
dienst; Telefonanschluß → Te-
lefonanschluss;   Telefonaus-
kunft; Telefonbuch; Telefonge-
spräch; Telefonhörer; Telefon-
kabel;   Telefonnummer;
Telefonrechnung; Telefonseel-
sorge; Telefonsex; Telefonzelle;
Telefonzentrale ✱ **Te|le|fo|nat,**

das; –(e)s, –e: Ferngespräch ✱
te|le|fo|nie|ren   (..iert)   tr.:
durch den Fernsprecher reden
✱ **te|le|fo|nisch** Ew.: per Fern-
sprecher ✱ **Te|le|fo|nist,** der;
–en, –en: Angestellter für den
Telefondienst ✱ **Te|le|fo|nis-**
tin, die; –, –nen: Angestellte
für   den   Telefondienst   ✱
Te|le|fo|to, das; –s, –s: mit ei-
nem Teleobjektiv gemachte
Aufnahme ✱ **Te|le|fo|to|gra-**
fie, die; –, ..fien: das Fotografieren mit Teleobjektiv ✱
te|le|gen Ew.: optische Eig-
nung eines Gesichts für Auf-
nahmen mit der Fernsehka-
mera ✱ **Te|le|graf,** der; –en,
–en: Fernschreiber, (Draht-)
Nachrichtengeber ✱ *Telegra-*
fenamt; Telegrafendraht; Tele-
grafenleitung;   Telegrafen-
schlüssel: Code ✱ **Te|le|gra|fie,**
die; –, ..fien: Fernschreibung,
Drahtung ✱ **te|le|gra|fie|ren**
(..iert) tr.: drahten ✱ **te|le-**
gra|fisch Ew.: per Fernschrei-
ber ✱ **Te|le|gra|fist,** der; –en,
–en: Telegrafenbeamter : Angehöriger der Telegrafentrup-
pen ✱ **Te|le|gramm,** das; –s,
–e: telegrafisch übermittelte
Nachricht   zur   schriftlichen
Weitergabe : Formblatt mit einer Eilnachricht ✱ *Telegramm-*
adresse,   Telegrammstil   ✱
Te|le|graph.. → **Te|le|graf..:**
s. d. ✱ **Te|le|ki|ne|se,** die; –: (s.
„Fernbewegung", (Okkultis-
mus) angebliche Bewegung
von Gegenständen durch über-
sinnliche   Kräfte   ✱   **Te|le-**
kol|leg, das; –s, –s: Unter-
richtsreihe im Fernsehen ✱
Te|le|kom, die; –: kurz für
Deutsche Telekom AG, Unternehmen der Telekommunikati-
onsbranche   ✱   **Te|le|kom-**
mu|ni|ka|ti|on, die; –: Einsatz
elektronischer Medien zur In-
formationsübermittlung   ✱
Te|le|me|ter, das; –s, –: Entfer-
nungsmesser ✱ **Te|le|me|t|rie,**
die; –: Entfernungsmessung ✱
Te|le|ob|jek|tiv, das; –s, –e:
Linsenkombination für foto-
grafische Fernaufnahmen ✱
Te|le|path, der; –en, –en: der
Fernwirkung Fähiger, Zugäng-
licher ✱ **Te|le|pa|thie,** die; –,
..thien: Fernwirkung ohne Kör-
perkontakt, Gedankenübertra-
gung   ✱   **te|le|pa|thisch**   Ew.:

empfänglich für Fernbeeinflussung ✳ **Te|le|phon..** →
Te|le|fon: s. d. ✳ **Te|le|pho|to..**
→ **Te|le|fo|to:** s. d. ✳ **Teles|kop**, das; –s, –e: Fernrohr ✳
Teleskopantenne; Teleskoparm: ausfahrbarer Arm; *Teleskopmast:* ausfahrbarer Mast ✳
te|les|ko|pisch Ew.: nur durch das Fernrohr erkennbar : ausfahrbar ✳ **Te|le|vi|si|on** (gr.-l.), die; –: das Fernsehen ✳
Te|lex, das; –: Fernschreiber : ein Fernschreiben [e. teleprinter exchange] ✳ **te|le|xen** tr.: eine Nachricht per Telex versenden ✳ **Te|le|text**, der; –(e)s, –e: Sammelbegriff für Systeme elektronischer Text- und Bildübermittlung : Bildschirmtext, Abk.: Btx

Te|le|o|lo|gie (gr.), die; –: Lehre von der Zweckmäßigkeit und Zielgerichtetheit allen Natur- und Weltgeschehens : Zwecklehre ✳ **te|le|o|lo|gisch** Ew.: zwecksetzend, zielstrebig ✳ *teleologischer Beweis:* Gottesbeweis auf Grund der Zielstrebigkeit der Welt ✳ **Te|los**, das; –: (Philos.) Ziel, Zweck
Tel|ler (it.), der; –s, –: flaches, rundes Essgeschirr mit erhöhtem Rand : etwas Tellerähnliches : innere Fläche der Hand (Handteller) : tellerförmige Pflanzenteile : (weidm.) tellerförmige Krone des Hirschgeweihs ✳ *Tellerbrett; Tellereisen, -falle:* eiserne Raubtierfalle; *Tellerfleisch; tellerförmig* Ew.; *Tellergericht; Tellermine; Tellerrand; Tellerschnecke; Tellerspind; Tellertuch; Tellerwärmer; Tellerwäscher*
Tel|lur (l.), das; –s: chem. Grundstoff, Abk.: Te ✳ **tel|lu|risch** Ew.: irdisch : irdischen Ursprungs ✳ **Tel|lu|ris|mus**, der; –: Naturkraft der Erde : tierischer Magnetismus ✳ **Tel|lu|rit**, der; –s, –e: eine Gesteinsart
Tem|pel (l.), der; –s, –: „geweihter Raum", das der Gottheit geweihte Gebäude : Pavillon : (mundartl.) abgegrenzter, bewachsener Fleck Landes ✳ *Tempelbau; Tempelbruder* Mz.: Tempelherren; *Tempeldiener; Tempelhalle; Tempelherr:* Ritter des Tempelordens; *Tempelorden:* Templerorden, ein

Ritterorden; *Tempelprostitution; Tempelraub; Tempelritter; Tempelschänder; Tempeltänzerin* ✳ **tem|peln** (ich ..[e]le) intr.: ein Glücksspiel spielen; tr.: in die Höhe türmen ✳ **Templ|er**, der; –s, –: Ritter des Tempelordens ✳ *Templerorden*
Tem|pe|ra (l.-it), die; –, –s: Mischmittel für Mineralfarben ✳ *Temperafarbe; Temperamalerei* ✳ **Tem|pe|ra|ment**, das; –(e)s, –e: „Mischungsverhältnis", angeborene Gemütsart : Naturanlage : extrovertierter lebhafter Charakter ✳ *temperamentlos* Ew.; *Temperamentsausbruch; temperamentvoll* Ew. ✳ **Tem|pe|ranz**, **Tem|pe|renz**, die; –: Mäßigung, Mäßigkeit ✳ *Temperenzgesellschaft:* Mäßigkeitsgesellschaft ✳ **Tem|pe|ra|tur**, die; –, –en: Wärmezustand : Witterung : (Mus.) Einrichtung der Tonleiter unter dem Gesichtspunkt des gleichen Verhältnisses der Intervalle auf Kosten der absoluten Tonreinheit ✳ *Temperaturanstieg; Temperaturkurve:* Temperaturunterschied; *Temperaturmethode:* Methode der natürlichen Empfängnisverhütung; *Temperaturregler; Temperaturrückgang; Temperatursturz; Temperaturwechsel* ✳ **Tem|pe|renz|ler**, der; –s, –: Anhänger der Mäßigkeitsbewegung ✳ **tem|pe|rie|ren** (..iert) tr.: mäßigen : die richtige Temperatur geben ✳ **tem|pern** (ich ..[e]re) tr.: (Hüttw.) Eisen durch Glühen weich machen : (mundartl.) sich Zeit nehmen ✳ *Temperguß* → *Temperguss; Temperkohle; Temperstahl*
tem|pes|to|so (Mus.) stürmisch, ungestüm
tem|pie|ren (..iert) (it.) tr.: zeitlich bestimmen : den Zeitzünder einstellen ✳ **Tem|pi pas|sa|ti** (it.) Mz.: vergangene Zeiten ✳ **Tem|po**, das; –s, –s und ..pi: Zeitmaß : Takt : Geschwindigkeit ✳ *a tempo:* zur rechten Zeit : sofort : (kfm.) auf Zeit; *al tempo:* (Mus.) streng nach dem Zeitmaß; *tempo di prima, tempo primo:* Zeitmaß wie zuerst; *tempo giusto* [– dseh..]: (Mus.) im richtigen

Zeitmaß; *tempo rubato:* (Mus.) ausdrucksvolles, nicht streng eingehaltenes Zeitmaß ✳ *Temposünder; Tempowechsel; Tempotaschentuch:* (Warenname) Papiertaschentuch ✳ **tem|po|ral** (l.) Ew.: zeitlich : (Anat.) auf die Schläfe bezüglich ✳ *Temporalsatz:* Umstandssatz der Zeit ✳ **tem|po|rär** Ew.: vorübergehend : zeitweilig ✳ **tem|po|rell** Ew.: vergänglich : irdisch : zeitgemäß ✳ **tem|po|ri|sie|ren** (..iert) tr.: hinhalten : zögern ✳ **Tem|pus** (l.), das; –, ..po|ra: (Sprachl.) Zeitform (des Verbs)
Templ|er usw.: s. Tempel
Te|na|kel (l.), das; –s, –: Manuskripthalter der Schriftsetzer : (Med.) Wundhaken : (Med.) Lidhalter ✳ **Te|na|zi|tät**, die; –: Beharrlichkeit, Hartnäckigkeit
Ten|denz (l.), die; –, –en: Grundzug, Streben : Absicht : Richtung : Strömung : Neigung; (Börse) Stimmung ✳ *Tendenzdichtung; Tendenzroman; Tendenzstück; Tendenzwende* ✳ **ten|den|zi|ell** Ew.: entwicklungsmäßig : der Tendenz nach ✳ **ten|den|zi|ös** Ew.: etwas bezweckend : (politisch) absichtsvoll ✳ **Ten|der** (e.), der; –s, –e: Begleitschiff : Kohlenvorratswagen der Dampflokomotive ✳ **ten|die|ren** (..iert) tr.: spannen, ausdehnen; intr.: streben, sich hinneigen, trachten, beabsichtigen, bezwecken
Tend|re (fr.) [tangd'r], das; –s: zärtliche Neigung : Vorliebe
Te|ne|rif|fa: größte der Kanarischen Inseln ✳ *Teneriffaspitze*
Ten|ne, die; –, –n: Dreschplatz : Scheune ✳ *Tennenboden*
Ten|nes|see (e.) [..ßi], der; –(s): Fluss in den USA, Nebenfluss des Ohio ✳ **Ten|nes|see:** Staat in den USA
Ten|nis (e.), das; –: ein Rückschlagballspiel ✳ *Tennisarm; Tennisball; Tennisellenbogen:* Epikondylitis; *Tennismatch; Tennismeisterschaft; Tennisnetz; Tennisplatz; Tennisschläger; Tennisschuh; Tennisspiel; Tennistrainer; Tennisturnier; Tenniszirkus:* (abwertend) die Gesamtheit der Tennisturniere und des dafür betriebenen Aufwandes
Ten|no, der; –s: „Himmels-

herr", Titel des jap. Kaisers
Te|nor (l.), der; –s: Haltung : Grundaussage : Wortlaut; Ablauf : (Rechtsspr.) Zusammenfassung der Urteilsbegründung ✳ **Te|nor** (it.), der; –s, –e und ..nöre: hohe Männerstimme : Tenorist ✳ *Tenorhorn:* ein Flügelhorn; *Tenorschlüssel:* auf der vierten Linie stehender Notenschlüssel ✳ **Te|no|rist,** der; –en, –en: Tenorsänger

Te|no|to|mie (gr.), die; –, ..mien: (Med.) Durchschneidung der Sehnen

Ten|si|on (l.), die; –, –en: Spannung : Druck (der Gase) ✳ **Ten|ta|kel,** das; –s, –: (Zool.) Fühlhorn, Tastfaden, Fangarm ✳ **Ten|ta|ku|li|ten** Mz.: Schalen versteinerter Pflanzentiere in Gestalt von Tentakeln ✳ *Tentakulitenkalk* ✳ **Ten|ta|men,** das; –s, ..mina: Versuch : Vorprüfung ✳ *Tentamen physicum:* Vorprüfung der Mediziner ✳ **Ten|ta|ti|on,** die; –, –en: Anfechtung ✳ **ten|ta|tiv** Ew.: versuchend : probehalber ✳ **ten|tie|ren** (..iert) tr.: untersuchen : versuchen : (östr.) beabsichtigen, vorhaben

Te|nü, Te|nue (fr.) [tenüh], das; –s, –s: (schweiz.) Haltung, Anstand : Anzugsordnung

Te|nu|is (l.), die; –, ..nues: (Sprachl.) stimmloser Verschlusslaut

te|nu|to (it.): (Mus.) lang gehalten

Telph|rit (gr.), der; –s, –e: graues Ergussgestein

Te|pi|da|ri|um (l.), das; –s, ..rien: röm. Laubad, Warmbad : warmes Gewächshaus

Tep|pich (l.), der; –s, –e: gemustertes Gewebe zur Fußboden- und Wandbekleidung : (übertr.) große zusammenhängende Masse oder Schicht ✳ *Algenteppich* ✳ *Teppichbeet; Teppichboden; Teppichfliese; Teppichhändler; Teppichhandlung; Teppichkehrmaschine; Teppichklopfer; Teppichmuster; Teppichrasen; Teppichwirker(ei)*

Te|qui|la (span.) [tekila], der; –(s): mexikanischer Branntwein

Te|ra.. (gr.) in Zus.: das Billionenfache einer vorgenannten Einheit

te|ra|to|gen (gr.) Ew.: (Med.) Deformierungen hervorrufend (als Nebenwirkung von Medikamenten) ✳ **Te|ra|to|lith** (gr.), der; –s und –en, –e(n): Wundererde, Eisensteinmark ✳ **Te|ra|to|lo|ge,** der; –n, –n: Wissenschaftler auf dem Gebiet der Missbildungen ✳ **Te|ra|to|lo|gie,** die; –: Lehre von den Missbildungen ✳ **Te|ra|tom,** das; –s, –e: (Med.) angeborene Geschwulstart

Ter|bi|um, das; –s: seltenes Erdmetall; Abk.: Tb

Term (l., fr.), der; –s, –e: (Math., Logik) Ausdruck, Teil einer Formel : (Phys.) Zahlenwert : (Sprachw.) Terminus ✳ *Termenergie* ✳ **Ter|me,** der; –n, –n: Grenzstein, Bildsäule ✳ **Ter|min** (l.), der; –s, –e: „Grenze", bestimmter Zeitpunkt für etwas : (Rechtsspr.) Gerichtstag, Gerichtsverhandlung : (kfm.) Liefertag, Zahlungstag ✳ *Termindruck; termingebunden* Ew.; *termingemäß* Ew., Uw.; *termingerecht* Ew.; *Termingeschäft; Terminkalender; Terminversäumnis; Terminzahlung* ✳ **ter|mi|nal** Ew.: das Ende, die Grenze betreffend : endständig ✳ **Ter|mi|nal** (e.) [törmin'l], der, das; –s, –s: Abfertigungshalle für Fluggäste und Bahnreisende : Zielbahnhof im Frachtverkehr : (EDV) Ein- und Ausgabeeinheit ✳ **ter|mi|nie|ren** (..iert) tr.: zeitlich festsetzen : endigen : (von Bettelmönchen) Gaben sammelnd umherziehen ✳ **ter|min|lich** Ew.: in einzelnen Fristen ✳ **Ter|mi|no|lo|gie,** die; –, ..gien: Fachsprache : Begriffsbezeichnung : Kunstsprache, -ausdrücke ✳ **ter|mi|no|lo|gisch** Ew.: auf die Terminologie bezüglich ✳ **Ter|mi|nus,** der; –, ..ni: (Fach)ausdruck ✳ *Terminus technicus,* der; – –, ..ni ..ci: Fachausdruck

Ter|mi|te (l.), die; –, –n: eine Insektenart ✳ *Termitenhügel*

ter|när (l.) Ew.: dreifach

Ter|pen, das; –s: Bestandteil ätherischer Öle ✳ *terpenfrei* Ew. ✳ **Ter|pen|tin** (ml.), das (östr. meist) der; –s: dickflüssiges Harz verschiedener Nadelhölzer : kurz für Terpentinöl ✳

Terpentinöl; Terpentinseife

Ter|ra (l.), die; –, ..rae: Erde ✳ *Terra di Siena* (it.), die; – – –: Sienaerde, eine rotbraune Farbe ✳ **Ter|ra in|co|g|ni|ta,** die; – –: „unbekanntes Land", (übertr.) unerforschtes (Wissens-)Gebiet ✳ **Ter|rain** (fr.) [terräng], das; –s, –s: Gelände ✳ *Terrainbeschreibung; Terrainkenntnis; Terrainprofil:* Höhenlinie ✳ **Ter|ra|kot|ta** (it.), die; –, ..kotten bzw. **Ter|ra|kot|te,** die; –, –n: „gebrannte Erde", unglasiert gebrannter Ton : Kunstgegenstand daraus ✳ **Ter|ra|ri|um,** das; –s, ..rien: „Erdbehälter", Behältnis für kleine Lurche und Kriechtiere ✳ **Ter|ras|se** (fr.), die; –, –n: stufenförmige Erhöhung des Bodens : Stufenbau : gepflasterte ebene Fläche vor einem Haus, ebenerdig oder auf einem Anbau ✳ *terrassenartig* Ew.; *terrassenförmig* Ew.: stufenförmig; *Terrassendach; Terrassengarten; Terrassenhaus* ✳ **ter|ras|sie|ren** (..iert) tr.: stufenförmig erhöhen ✳ **Ter|raz|zo** (it.), der; –(s), ..zzi: gesprenkelter Fußboden mit Natursteinkörnern ✳ *Terrazzofußboden* ✳ **ter|rest|risch** Ew.: von der Erde herrührend ✳ **ter|ri|to|ri|al** Ew.: zu einem Territorium gehörend : ein Gebiet betreffend : gebietsmäßig ✳ *Territorialgewalt; Territorialgewässer:* der Teil der Küstengewässer, der völkerrechtlich der Gebietshoheit des Uferstaates unterliegt; *Territorialhoheit; Territorialstaat; Territorialwirtschaft* ✳ **Ter|ri|to|ri|a|li|tät,** die; –: Zugehörigkeit zum Staatsgebiet : Territorialprinzip, der staatsrechtliche Standpunkt, dass die Souveränität durch den Besitz des Territoriums gewährleistet ist ✳ *Territorialitätsprinzip* ✳ **Ter|ri|to|ri|um,** das; –s, ..rien: (Staats-)Gebiet : Bezirk

Ter|ri|er (e.), der; –s, –: „Erdhund", eine Hunderasse

ter|ri|gen Ew.: (Biologie) vom Festland stammend

Ter|ri|ne (fr.), die; –, –n: (irdene) Suppenschüssel

ter|ri|to|ri|al usw.: s. Terra

Ter|ror (l.), der; –s: „Schrecken", Schreckensherrschaft ✳

Terrorakt; Terrorherrschaft; Terrorkommando; Terrorme- thode; Terrororganisation ✳ **ter|ro|ri|sie|ren** (..iert) tr.: quä- len : in Schrecken halten ✳ **Terro|ris|mus,** der; –: planmä- ßige Anwendung von Gewalt, bes. gegen eine bestehende staatliche Ordnung : Schre- ckensherrschaft ✳ **Terro|rist,** der; –en, –en: jmd., der Terror ausübt : Anhänger des Terroris- mus ✳ **terro|ris|tisch** Ew.: ge- walttätig : den Terrorismus be- treffend

Tertia (l.), die; –, ..tien: früher „dritte" Klasse (einer höheren Schule), entspricht der achten und neunten Jahrgangsstufe : (Buchdrw.) Schriftgrad von 16 Punkten ✳ **Tertial,** das; –s, –e: Dritteljahr ✳ **Terti|aner,** der; –s, –: Schüler der Tertia ✳ **terti|är** Ew.: die dritte Stelle einnehmend : das Tertiär be- treffend ✳ **Terti|är,** das; –s: (Geol.) ältere Schicht des Kä- nozoikums ✳ *Tertiärformation* ✳ **Terti|um,** das; –s, ..tia: das Dritte ✳ **Terti|um compa- rati|o|nis** ✳ **Tertium Com- para|ti|o|nis,** das; – –, ..tia –: das einen Vergleich zweier Dinge ermöglichende begriff- lich Gemeinsame und Dritte ✳ **Terti|us gau|dens,** der; – –: der sich freuende Dritte (wenn zwei sich streiten)

Tertium Comparationis, Ter- tius gaudens

Aus anderen Sprachen stam- mende Substantive werden in- nerhalb von Wortverbindun- gen großgeschrieben: *Tertium Comparationis.* Auch die Wortverbindung *Tertius gau- dens* hat als ganze zwar die Funktion eines Substantivs, doch ist *gaudens* ein Partizip Präsens – deshalb Kleinschrei- bung.

Terz (it.), die; –, –en: (Fecht- kst.) Hiebart : (Mus.) dritter Ton vom Grundton aus : ein Tonintervall : (kath. Kirche) drittes Stundengebet, um 9 Uhr ✳ **Ter|zett** (it.), das; –(e)s, –e: Gesangstück für drei Singstim- men : jede der beiden dreizeili- gen Schlussstrophen des So- netts : aus drei Versen beste- hende Strophe ✳ **Ter|zi|ne,** die; –, –n: italien. Strophenform mit

drei elfsilbigen jambischen Zeilen und verkettendem Reimschema

Tel|sa|film, der; –s: (Waren- name) ein Klebeband

Tes|la, das; –, –: Einheit der Flussdichte; Abk.: T ✳ *Tesla- transformator* ✳ **Tes|la|strom,** der; –(e)s, ..ströme: (Elektr.) hochfrequenter Wechselstrom

Test (e.), der; –(e)s, –s: Prüf- verfahren : Kontrollversuch : Leistungsmessung : psycholo- gische Eignungsprüfung : (beim Petroleum) Flamm- punkt, bei dem sich etwas ent- zündet ✳ *Entwicklungstest; Leistungstest; Persönlichkeits- test* ✳ *Testbenzin; Testbild* (im Fernsehen); *Testfahrer; Test- frage; Testmethode:* zahlenmä- ßige Zusammenfassung regis- trierter Ergebnisse; *Testobjekt:* mikroskopisches Präparat zur Prüfung des Auflösungsvermö- gens eines Mikroskops; *Test- person; Testpetroleum:* Petro- leum, das die vorgeschriebene Entzündungstemperatur be- sitzt; *Testpilot:* Flugzeugführer, der zur Prüfung eines Flug- zeugs Flüge ausführt; *Test- punkt:* Flammpunkt; *Testreihe; Testsatellit; Testserie; Test- stopp:* Beendigung von Atom- bombenversuchen; *Testverfah- ren* ✳ **tes|ten** tr.: prüfen

Tes|ta|ment (l.), das; –(e)s, –e: Bund : letzter Wille : letztwil- lige Verfügung ✳ *Altes Testa- ment,* Abk.: A. T.; *Neues Testa- ment,* Abk.: N. T. ✳ *Testa- mentseröffnung; Testaments- vollstrecker* ✳ **tes|ta|men- ta|risch** Ew.: letztwillig : durch Testament verfügt ✳ **Tes|tat,** das; –s, –e: Zeugnis : Bestäti- gung ✳ **Tes|ta|tor,** der; –s, ..to- ren: Erblasser : Bezeuger ✳ **tes|tie|ren** (..iert) intr.: letzt- willig verfügen : bescheinigen ✳ **Tes|tie|rer,** der; –s, –: Erb- lasser : Bescheiniger ✳ **Tes|tie|rung,** die; –, –en: das Testieren ✳ **Tes|ti|fi|ka|ti|on,** die; –, –en: Bezeugung : Be- scheinigung ✳ **tes|ti|fi|zie|ren** (..iert) tr.: durch Zeugen bewei- sen ✳ **Tes|ti|mo|ni|um,** das; –s, ..nien und ..nia: Zeugnis ✳ *Testimonium integritatis* → *Testi- monium Integritatis,* das; – –, ..nia –: Unbescholtenheits-

zeugnis; *Testimonium pauper- tatis* → *Testimonium Paupertatis,* das; – –, ..nia –: Armuts- zeugnis

tes|ten: s. Test **tes|tie|ren,** **Tes|tie|rung** usw.: s. Testament **Tes|ti|kel** (l.), der; –s, –: Ho- den ✳ **tes|ti|ku|lär** Ew.: zum Hoden gehörig

Tes|ti|mo|ni|um: s. Testament **Tes|tu|do** (l.), die; –, ..dines: „Schildkröte", Laute : Dach- schild der angreifenden Solda- ten : (Med.) Schildkrötenver- band

Tel|ta|nie (gr.), die; –, ..nien: eine Starrkrampf hervorru- fende Nervenerkrankung ✳ **te|ta|nisch** Ew.: die Tetanie oder den Tetanus betreffend ✳ **te|ta|no|gen** Ew.: Starrkrampf verursachend ✳ **Te|ta|no- to|xin,** das; –s, –s: giftiges Stoffwechselprodukt der Teta- nusbazillen ✳ **Te|ta|nus,** der; –: Wundstarrkrampf ✳ *Tetanusan- titoxin:* Impfstoff gegen Teta- nus; *Tetanusbazillus; Tetanus- impfung; Tetanusserum*

Te|te (fr.) [täht'], die; –, –n: Vortrupp, Spitze einer Ko- lonne ✳ **tête-à-tête** [tähta täht]: vertraulich ✳ **Tête-à-tête** *auch:* **Tete-a-tete,** das; –, –s: „Kopf an Kopf", Stelldichein : Zusammenkunft unter vier Au- gen [fr. tête Kopf]

tet|ra.. (gr.) Zahlw. in Zus.: vier ✳ **Tet|ra:** kurz für Tetra- chlorkohlenstoff ✳ **Tet|ra- chlor|koh|len|stoff,** der; –s: giftige Substanz, Lösungsmit- tel, Feuerlöschmittel ✳ **Tet|ra|chord,** der; des; –(e)s, –e: ein viersaitiges Musikins- trument : Folge von vier Stufen der Tonleiter ✳ **tet|ra|dak|ty|lisch** Ew.: vier- fingrig ✳ **Tet|ra|eder,** das; –s, –: „Vierflächner", von vier gleichseitigen Dreiecken ein- geschlossener Körper, Pyra- mide ✳ **Tet|ra|gon,** das; –s, –e: Viereck ✳ **tet|ra|go|nal** Ew.: mit vier Ecken ✳ **Tet|ra|lo|gie,** die; –, ..gien: Einheit aus vier zusammengehörenden Werken der Dichtkunst oder Musik ✳ **Tet|ra|me|ter,** der; –s, –: vier- füßiger Vers ✳ **Tet|ra|po|de,** der; –n, –n: Vierfüßer ✳ **Tet|ra|po|die,** die; –: Vers aus vier Füßen ✳ **Tet|ro|de**, die; –, –en: Vierpolröhre, Schirmgitterröhre

teu|er (teurer, teuerste) Ew.: wertvoll, lieb und wert : viel Geld kostend ✳ *ein teurer Freund; ein teures Geschenk; das kommt dich (dir) teuer zu stehen* ✳ *teuerwert* Ew.: lieb und wert ✳ **Teu|e|rung**, die; –, –en: Preissteigerung : teure Lebenshaltung ✳ *Teuerungsausgleich; Teuerungswelle; Teuerungszuschlag*

Teu|fel (gr.), der; –s, –: (Theol.) Verkörperung des Bösen : Satan : Beelzebub : eine Maschine zum Auflockern und Reinigen von Wolle und Baumwolle : Teil von Tier- und Pflanzennamen ✳ *in Teufels Küche kommen* intr.: in Schwierigkeiten geraten; *es geht alles zum Teufel:* es geht verloren ✳ *pfui Teufel!* ✳ *Teufelsaustreibung; Teufelsbraten:* schlechter Mensch; *Teufelsbrut:* Höllenbrut, Auswurf der Hölle; *Teufelsei:* dotterloses Ei : ein Pilz; *Teufelskerl; Teufelsklaue; Teufelskralle:* eine Pflanze; *Teufelskunst:* schwarze Kunst; *teufelsmäßig* Ew.: wie der Teufel; *Teufelsmesse:* orgiastische Teufels- oder Hexenverehrung; *Teufelsweib; Teufelswerk; Teufelszeug* ✳ **Teu|fe|lei**, die; –, –en: teuflische Handlungsweise, Tat ✳ **teuf|lisch** Ew.: wie der Teufel ✳ **Teu|fe|lin**, die; –, –nen: temperamentvolle Frau : teuflische Person

Teu|e|rung usw.: s. teuer

Teu|to|bur|ger Wald: Teil des Weserberglandes

Teu|to|ne, der; –n, –n: Angehöriger eines altgerm. Volkes ✳ *Teutonia:* lateinische Bezeichnung für Deutschland; *teutonisch* Ew.: (ironisch spöttisch) deutsch, deutschtümelnd

Te|xas: Staat in den USA ✳ *Texashut; Texasfieber:* Rinderseuche ✳ **Te|xa|ner**, der; –s, –: Bewohner von Texas

Text (l.), der; –es, –e: „Gewebe", Wortlaut : zusammenhängende Folge mehrerer Sätze : Bibelstelle als Grundlage einer Predigt ✳ *Textabdruck*, der; –es, –e; *Textbuch; Texterfasser:* (EDV) jmd., der

Texte elektronisch erfasst oder eingibt; *Textgestaltung; textgemäß* Ew.; *Textgrammatik; Textillustration; Textkritik; Textlinguistik; Textsorte; Textstelle; Textstrukturierung; Textverarbeitung, -sprogramm, -ssystem; Textvergleich; Textverständnis; Textwort* ✳ **Text**, die; –: (Buchdrw.) Schriftgrad von 20 Punkten ✳ *Textschrift* **Tex|ter**, der; –s, –: jmd., der Schlager- oder Werbetexte oder Fernsehdialoge verfasst ✳ **tex|tie|ren** tr.: beschriften ✳ **Tex|tie|rung**, die; –, –en: Gestaltung des Textes : Textbeigabe ✳ **tex|til** Ew.: auf die Weberei bezüglich ✳ *Textilarbeiter; Textilbetrieb; Textilchemie; textilfrei:* (scherzh.) nackt; *Textilgroßhandel; Textilindustrie; Textilwaren* Mz. ✳ **Tex|ti|li|en** Mz.: Spinnstoffe ✳ **Tex|tur**, die; –, –en: Gewebe, Gefüge ✳ **Tex|tu|ra**, die; –: gotische Minuskelschrift

Te|zett, **Te|zett**, das; –, –: Buchstabenverbindung „tz" ✳ *bis ins, bis zum Tezett kennen* tr.: ganz genau kennen

T-för|mig Ew.: wie ein T geformt

tg (Abk.): Tangens

Th (Abk.): chem. Zeichen für Thorium

TH (Abk.): Technische Hochschule; s. technisch u. Technik

Thai, der; –(s), –(s): Angehöriger einer südchinesischen und hinterindischen Volksgruppe : Einwohner Thailands ✳ **Thai|land:** asiat. Staat ✳ **Thai|län|der**, der; –s, –: Bewohner Thailands ✳ **thai|län|disch** Ew.

Tha|la|mus (gr.), der; –, ..mi: Teil des Zwischenhirns

Thal|li|um, das; –s: chem. Grundstoff; Abk.: Tl

Thanks|gi|ving Day [ßhänksgiwingdeh], der; –: „Danksagungstag", Erntedankfeiertag in den USA und Kanada

That|che|ris|mus [ßät..], der; –: nach der englischen Politikerin benannte neoliberalistische Wirtschafts- und Sozialpolitik

Thau|ma|to|lo|gie (gr.), die; –, ..gien: Wunderlehre ✳ **Thau|ma|turg**, der; –en, –en: Wundertäter

The|a|ter (gr.), das; –s, –:

„Schauplatz", Schauspielhaus : Vorstellung im Schauspielhaus : (übertr.) schauspielerisches Getue ✳ *Theaterabonnement; Theateraufführung; Theaterbau; Theaterbesuch; Theaterbillett; Theatercoup* [..ku]: Überraschung (wie) auf dem Theater; *Theaterdekoration; Theaterkarte; Theaterkasse; Theaterkritik; Theaterprobe; Theaterprogramm; Theaterraum; Theaterregisseur; Theatersaal; Theaterstück; Theaterverlag; Theatervorhang; Theatervorstellung; Theaterwesen; Theaterwissenschaft; Theaterzettel* ✳ **the|a|ter|haft** Ew.: wie im Theater ✳ **The|a|tra|lik**, die; –: schauspielermäßiges Wesen : (abwertend) übertriebenes, dramatisierendes Tun ✳ **the|a|tra|lisch** Ew.: schauspielermäßig : übertrieben : überspannt

The|a|ti|ner, der; –s, –: Angehöriger eines ital. Ordens

The|ba|ner, der; –s, –: Einwohner von Theben ✳ **The|ben:** gr. Stadt in Böotien : antike Großstadt in Oberägypten

Thé dan|sant (fr.) [teh dangßang], der; – –, –s –s: „Tanztee" kleine Tanzgesellschaft

The|is|mus (gr.), der; –: Glaube an einen persönlichen Gott, der die Welt erschaffen hat und erhält ✳ **The|ist**, der; –en, –en: Anhänger des Theismus ✳ **the|is|tisch** Ew.: den Theismus betreffend

The|ke (gr.), die; –, –n: Ladentisch : Schanktisch : (östr.) Schreibheft

The|ma (gr.), das; –s, ..men und ..ta: „Hingestelltes", Hauptgedanke : Stoff : Gegenstand einer Abhandlung : (Mus.) Hauptmotiv : Leitgedanke ✳ *Themenbereich; Themenkreis; Themenstellung; Themenwahl; Themenwechsel* ✳ **The|ma|tik**, die; –: Themenkreis : Themenstellung ✳ **the|ma|tisch** Ew.: das Thema betreffend, dem Thema gemäß

The|mis: gr. Göttin der Gerechtigkeit, Gattin des Zeus

Them|se, die; –: Fluss in England

The|o|bro|min (gr.), das; –s: Alkaloid des Kakaos

Theo|di|zee (gr.), die; –, ..zeen: (Philos.) Gottesrechtfertigung (hinsichtlich des Vorhandenseins des weltlichen Übels)
Theo|do|lit (e.-arab.), der; –(e)s, –e: Messwerkzeug zur Winkelmessung bei Erdvermessungen und zur geograf. Ortsbestimmung
Theo|gno|sie (gr.), die; –, ..sien: Gotteserkenntnis
Theo|go|nie, die; –, ..nien: Lehre von der Herkunft der Götter
Theo|kra|tie, die; –, ..tien: religiös legitimierte Herrschaftsform, bei der der Herrscher als Vertreter Gottes gilt
theo|kra|tisch Ew.
Theo|lo|ge (gr.), der; ..gen, ..gen: theologischer Wissenschaftler : jmd., der Theologie studiert hat
Theo|lo|gie, die; –, ..gien: wissenschaftliche Lehre von den Religionen
theo|lo|gisch Ew.: auf die Theologie bezüglich
Theo|ma|nie, die; –: religiöser Wahnsinn
Theo|man|tie, die; –: durch angebliche göttliche Eingebung begründete Weissagung
theo|morph, **theo|mor|phisch** Ew.: in göttlicher Gestalt
Theo|no|mie, die; –: Gottesgesetzlichkeit
Theo|pha|nie, die; –, ..nien: Gotteserscheinung
Theo|rem, das; –s, –e: Lehrsatz
Theo|re|ti|ker, der; –s, –: Wissenschaftler, der sich theoretisch mit einer Sache auseinander setzt und beschäftigt
theo|re|tisch Ew.: wissenschaftlich, gedanklich : auf Theorie beruhend
theo|re|ti|sie|ren intr.: theoretisch durchdenken
Theo|rie, die; –, ..rien: wissenschaftliche abstrakt-begriffliche Weise der Betrachtung und Erklärung : Lehrmeinung : System von Hypothesen, Erkenntnissen und Erklärungen * *Theorienstreit*
Theo|soph (gr.), der; –en, –en: „Gottesweiser", ein nach Gott Strebender : Erforscher Gottes
Theo|so|phie, die; –, ..phien: „Gottesweisheit", Wissen um die göttlichen Geheimnisse
theo|so|phisch Ew.: geisteskundig
The|ra|peut (gr.), der; –en, –en: ausübender Heilkundiger :

Arzt
The|ra|peu|tik, die; –: praktische Heilkunde : Krankenbehandlung
The|ra|peu|ti|kum, das; –s, ..ka: Heilmittel : Lehrgang für Heilbehandlung
the|ra|peu|tisch Ew.: die Krankenbehandlung betreffend, für Heilzwecke
The|ra|pie, die; –, ..pien: Krankheitsbehandlung * *Therapieforschung; therapieresistent Ew.; Therapieschaden*
therm(o).. (gr.) in Zus.: warm.. * *Thermohose:* wattierte, wärmende Hose; *Thermomantel* | *thermal* (gr.) Ew.: warme Quellen betreffend *Thermalbad; Thermalquelle; Thermalsalz* * **Ther|me**, die; –, –n: warme Quelle : (Mz.)·Badeanlage im antiken Rom
Ther|mi|dor (fr.), der; –(s), –s: „Hitzemonat", elfter Monat im franz. Revolutionskalender
Ther|mik, die; –: Wärmelehre : warmer Aufwind * *Thermikflug:* Segelflug, der die warmen Aufwinde benutzt
ther|misch Ew.: auf die Wärme bezüglich, Wärme..
Ther|mit, das; –s: Gemisch von Aluminiumpulver und Eisenoxyd zur Erzeugung hoher Temperaturen * *Thermitbombe; Thermitschweißen*
Ther|mo|che|mie, die; –: Lehre von den Wärmeverhältnissen bei chemischen Vorgängen * **ther|mo|che|misch** Ew.
Ther|mo|chro|mie, die; –: (Chem.) Verfärben von Stoffen bei wechselnder Temperatur
Ther|mo|dy|na|mik, die; –: (Phys., Chem.) Lehre von den Vorgängen infolge von Temperaturveränderungen : (Phys.) Lehre von den Zustandsänderungen infolge gleichzeitiger mechanischer und thermischer Einflüsse * **ther|mo|dy|na|misch** Ew.: die Thermodynamik betreffend * *thermodynamische Temperaturskala*
ther|mo|e|lekt|risch Ew.: auf Thermoelektrizität beruhend, auf sie bezogen * *thermoelektrischer Effekt* * **Ther|mo|e|lekt|ri|zi|tät**, die; –: Wechselwirkung zwischen Wärme und Elektrizität in elektrischen Leitern : Wissenschaft dieser Wechselwirkungen * **Ther|mo|e|le|ment**, das; –(e)s, –e:

Stromquelle, die durch Wärme betätigt wird * **Ther|mo|graph**, der; –en, –en: selbsttätig die Wärme messender Apparat, Temperaturschreiber
Ther|mo|kaus|tik, die; –: (Med.) Verschorfen und Durchtrennen von Gewebe durch Hitzeeinwirkung
Ther|mo|kau|ter, der; –s, –: (Med.) Glühstift zur Durchführung thermokaustischer Eingriffe
Ther|mo|me|ter, das; –s, –: Temperaturmesser
ther|mo|met|risch Ew.: Temperatur messend : auf die Temperaturmessung bezüglich
ther|mo|nuk|le|ar Ew.: auf der durch Kernfusion entstandenen Wärme beruhend * *thermonukleare Reaktion; Thermonuklearwaffen* * **Ther|mo|pa|ne**, das; –: (Warenname) ein Isolierglas * *Thermopanefenster; –scheiben* * **ther|mo|phil** Ew.: Wärme liebend * **Ther|mo|phor**, der; –s, –e: Warmhalter : Wärmeflasche : Wärmeträger * *Thermosflasche:* Warmhalteflasche * **Ther|mo|plast**, der; –(e)s, –e: bei Erwärmung verformbarer Kunststoff * **Ther|mo|py|len** Mz.: im antiken Griechenland strategisch bedeutsame Landenge * **Ther|mos|fla|sche**, die; –, –n: Warmhaltegefäß * **ther|mo|sta|bil** Ew.: wärmebeständig * **Ther|mo|s|tat**, der; –(e)s, –e: Wärmeapparat : Temperaturregler : Brutschrank * **Ther|mo|the|ra|pie**, die; –, ..pien: Heilverfahren mittels Wärme und Kälte
The|sau|rar (nl.), der; –s, –e: Hüter kirchlicher Kostbarkeiten, (zuw.) Küster *
the|sau|rie|ren (..iert) tr.: Werte sammeln * **The|sau|rus** (gr.-l.), der; –, ..ren und ..ri: Wortschatz : Buchtitel für Sammelwerke : (EDV) alphabetisch und systematisch geordnete Sammlung fachsprachlicher Ausdrücke nach semantischen Beziehungen
The|se (gr.), die; –, –n: Lehrsatz, Behauptungssatz : (Verskst.) unbetonte Silbe, Senkung * *thesenhaft; Thesenpapier*
The|seus: griechischer Sagenheld

Thes|pis: Begründer des athenischen Trauerspiels ✳ *Thespiskarren:* Wanderbühne

The|ta, das; –s, –s: der achte Buchstabe des griech. Alphabets

the|tisch (gr.) Ew.: feststellend, festsetzend; vgl. These

The|urg (gr.), der; –en, –en: jmd., der vorgibt, mit Geistern und Göttern in Kontakt zu treten ✳ **The|ur|gie,** die; –, ..gien: Zauberkunst : Beschwörung von Göttern und Geistern

Thing, das; –s, –e: Gerichts- und Volksversammlung der alten Germanen : Volksvertretung in den nordischen Ländern (norw. Storthing) ✳ *Thingplatz; Thingstätte*

Thi|o|phen (gr.), das; –s: dem Benzol ähnlicher schwefelhaltiger Stoff ✳ **Thi|o|plast** (gr.), der : –s, –e: kautschukartiger Kunststoff

Tho|los (gr.), der; –, ..len: altgriech. Rundbau : Kuppelbau

Tho|ma|ner|chor, der; –s: Sängerchor der Leipziger Thomaskirche ✳ **Tho|mas:** Apostel, der an der Auferstehung Jesu zweifelte ✳ *ungläubiger Thomas; Thomaskantor:* Leiter des Thomanerchors; *Thomaskirche*

Tho|mas von Aquin: Kirchenlehrer und Philosoph des Mittelalters ✳ **Tho|mis|mus,** der; –: Lehre des Thomas von Aquin ✳ **Tho|mist,** der; –en: Anhänger des Thomismus ✳ **tho|mis|tisch** Ew.: auf den Thomismus bezüglich

Tho|mas: engl. Metallurg ✳ **Tho|mas|bir|ne:** Art Bessemerbirne zur Stahlgewinnung ✳ *Thomasmehl:* ein Düngemittel; *Thomasphosphat,* das; –s: eine Art Thomasschlacke: *Thomasschlacke:* phosphor-, kalkhaltiges Düngemittel; *Thomasstahl; Thomasverfahren:* von Thomas erfundenes Verfahren zur Stahlgewinnung

Thor: (altnord.) Donnergott

Tho|ra, Tho|ra (hebr.), die; –: „Lehre", die fünf Bücher Mosis ✳ *Thorarolle:* das aufgerollte und geschmückte Pergament mit dem Text der Thora; *Thoraschrein:* Schrein, in dem die Thorarolle verwahrt wird

tho|ra|kal (gr.) Ew.: (Anat.) den Brustkasten betreffend ✳

Tho|ra|kos|kop, das; –(e)s, –e: Brustkastenspiegel ✳ **Tho|ra|ko|plas|tik,** die; –: operative Entfernung von Rippenteilen zum Einengen einer erkrankten Brusthälfte ✳ **Tho|ra|ko|to|mie,** die; –, ..mien: operative Öffnung des Brustkastens ✳ **Tho|rax,** der; –(e)s, –e: Brustkasten, Brustkorb

Tho|rium, das; –s: radioaktiver, metallischer Grundstoff; Abk.: Th

Thre|n|o|die (gr.), die; –, ..dien: Trauergesang : Klagegesang

Thril|ler (e.) [ßhriller], der; –s, –: spannender Film oder Roman

Throm|bin (gr.), das; –s: für die Blutgerinnung verantwortlicher Stoff ✳ **Throm|bo|se** (gr.), die; –, ..osen: Blutgefäßverstopfung durch Blutgerinnsel ✳ *Thromboseneigung; Thromboseverhütung* ✳ **Throm|bo|zy|ten** Mz.: Blutplättchen ✳ **Throm|bus,** der; –, ..ben: Blutpfropfen, Blutgerinnsel

Thron (gr.), der; –(e)s, –e: erhöhter Ehrensitz als Kennzeichen der Herrscherwürde : (übertr.) Herrschaft ✳ *Thronanwärter; Thronbesteigung; Thronerbe; Thronfolger; Thronhimmel; Thronprätendent:* Thronforderer; *Thronrede; Thronsaal; Thronsessel; Thronwechsel* ✳ **thro|nen** intr.: (wie) auf einem Thron sitzen

Thu|ja (gr.), die; –, ..jen : Lebensbaum

Thu|le: Insel im hohen Norden, vielleicht alter Name Islands

Thu|li|um, das; –s: chem. Element, sehr seltenes Metall; Abk.: Tm

Thun|fisch *auch:* **Tun|fisch,** der; –(e)s, e: Gattung sehr großer Meeresfische

Thur|gau, der; –s: schweiz. Kanton

Thü|rin|gen: deutsches Bundesland ✳ **Thü|rin|ger,** der; –s, –: Bewohner Thüringens ✳ **Thü|rin|ger, thü|rin|gisch** Ew. ✳ *Thüringer Bratwurst; Thüringer Wald*

THW (Abk.): Technisches Hilfswerk

Thy|mian (gr.), der; –s, –e:

eine Quendelart, eine Gewürz- und Heilpflanze ✳ **Thy|mol,** das; –s: farbloses Kristall, ein Antiseptikum ✳ **Thy|mus, Thy|mus|drü|se,** die; –, –n: Brustdrüse

Ti: chem. Zeichen für Titan

Ti|a|ra, Ti|a|re (gr.), die; –, ..ren: Kopfbedeckung der altpersischen Könige : dreifache Krone des Papstes

Ti|bet: Hochland in Zentralasien ✳ **Ti|be|ta|ner, Ti|be|ter,** der; –s, –: Bewohner Tibets ✳ **ti|be|tisch; ti|be|ta|nisch** Ew.

Tic (fr.), der; –s, –s: Zuckung, krampfartiges Muskelzucken : Sonderbarkeit : Fimmel : Sparren : Schrulle ✳ *einen Tick haben:* nicht ganz richtig im Kopf sein

Tick, der; –(e)s, –e: tickende Berührung : tickendes Geräusch : durch Antippen entstandener Schmutzfleck : (beim Kindergreifspiel) der Ausruhplatz ✳ **Tick:** Tonwort zur Bezeichnung des tickenden Geräusches der Uhr ✳ *ticktack; Ticktack,* das; –, –: das Geräusch der Uhr; *Ticktack,* die; –: (Kinderspr.) Uhr ✳ **ti|cken** intr.: (Umgspr.) normal sein : tick, tack machen : im Fangspiel abschlagen ✳ **Ti|cker,** der; –s, –: (Umgspr.) Fernschreiber

Ti|cket (e.), das; –s, –s: Zettel : Einlasskarte : Fahrkarte, Flugkarte : Strafmandat

Ti|de, die; –, –n: eine Gezeitenbewegung des Meeres ✳ *Tidehafen; Tidenhub:* Gezeitenhub, Unterschied zwischen Hoch- und Niedrigwasser

Tie-Break *auch:* **Tie|break** (e.) [taibrehk], der; –s, –s: Zählvariante in den Rückschlagspielen zur Verkürzung der entscheidenden Spielphase

tief Ew.: sich weit nach unten ausdehnend : weit von der Oberfläche entfernt : von außen her weit hineingehend : (Mus.) nicht hoch : (übertr.) eindringend, intensiv ✳ *hohe Berge, tiefe Schluchten; tief betrübt; tiefbewegt → tief bewegt* Ew., Mw.; *tiefblickend. → tief blickend* Ew., Mw.; *tief demütigen* tr.; *tiefempfunden → tief empfunden* Ew., Mw.; *tiefer-schüttert → tief erschüttert*

Ew., Mw.; *tiefgehend → tief gehend* Ew., Mw.; *tiefgreifend → tief greifend* Ew., Mw.; *tiefliegend → tief liegend* Ew., Mw.; *tiefschürfend → tief schürfend* Ew., Mw.; *tiefstehend → tief stehend* Ew., Mw.; *das Barometer steht tief; tiefes Wasser; aufs Tiefste beklagen* auch: *aufs Tiefste beklagen* tr.; *bis tief in den Tag hinein schlafen; die tiefe Stimme; der tiefe Ton* ∗ *tiefäugig* Ew.: hohläugig, mit tief liegenden Augen; *Tiefbau; Tiefbauamt; tiefblau* Ew.; *tiefbohren* intr.; *Tiefbohrung; Tiefdruck:* geringer Luftdruck : Druckverfahren; *Tiefdruckverfahren; Tiefebene; tiefernst; Tiefflieger; Tiefflug; Tiefflugverbot; Tiefgang:* unter Wasser befindlicher Teil des Schiffes; *Tiefgarage; tiefgefrieren* tr.; *tiefgekühlt* Mw. Ew.: durch Gefrieren haltbar gemacht (tiefgekühltes Obst, Gemüse); *tiefgründig* Ew.: voll tiefer Gedanken, dunkel; *tiefkühlen* tr.; *Tiefkühlfach; Tiefkühlkost; Tiefkühltruhe; Tieflader; Tiefladewagen:* Wagen mit tief liegender offener Ladefläche; *Tiefland; Tiefpunkt; Tiefschlaf; Tiefschlag:* verbotener Boxschlag : (übertr.) nachhaltig erschütternder Schicksalsschlag; *Tiefschnittschmelz:* Silberschmelz der Emailmalerei; *Tiefschnee; tiefschwarz; Tiefsee:* Meeresgebiete von mindestens 200 m Tiefe; *Tiefseeforschung; Tiefseetaucher; Tiefsinn:* Gedankentiefe : Trübsinn; *tiefsinnig* Ew.; *Tiefstand:* Verfall, Abstieg : *Tiefpunkt: auf das (aufs) tiefste* auch: *Tiefste:* so sehr wie nur möglich, zutiefst; *Tiefstapelei: tiefstapeln* intr.: die eigenen Verdienste und Fähigkeiten als geringer darstellen, als sie tatsächlich sind; aber: *tief stapeln* tr.; *Tiefstapler; Tiefstart; Tiefton* ∗ **Tief,** das; –s, –e: Wasserstraße : Gatt, Rinne im Wattenmeer : barometrisches Minimum ∗ *Tiefausläufer; Tiefdruckgebiet* ∗ **Tiefe,** die; –, –n: der Zustand oder die Eigenschaft des Tiefseins : tiefe Stelle : (übertr.) das tiefe Eindringen, gedankliche Durchdringung und Intensität : etwas

Tiefes ∗ *Tiefenbestrahlung; Tiefengestein; Tiefeninterview; Tiefenlage; Tiefenmessung; Tiefenpsychologie:* Gebiet der Seelenheilkunde; *Tiefenrausch:* Orientierungsverlust beim Tauchen; *Tiefenschärfe:* Fotografie; *Tiefensteuer:* eine Steuervorrichtung am Luftfahrzeug; *Tiefenwirkung* ∗ **tiefen** tr.: tief, tiefer machen : (Schiffb.) die Tiefe messen : **tiefst..,** ∗ **Tiefst..** in Zus.: *tiefstempfunden; Tiefstflug; tiefstgehend; Tiefstpreis; tiefstschürfend; Tiefsttemperatur; Tiefstwert*

tief stapeln, tiefstapeln; tief empfunden; tiefstempfunden

Verbindungen aus Adjektiv und Verb schreibt man getrennt, wenn das Adjektiv gesteigert oder erweitert werden kann. Man kann eine Sache *tief stapeln* und *noch tiefer stapeln*. Sagt die Verbindung mit dem Verb *stapeln* jedoch, jemand verkleinere bewusst seine Verdienste, schreibt man zusammen, denn das Adjektiv kann dann nicht erweitert oder gesteigert werden. Verbindungen mit dem Superlativ *tiefst-* werden immer zusammengeschrieben: *tiefstempfunden; tiefstergriffen.*

Tiegel, der; –s, –: flache Schale zum Erhitzen oder Schmelzen ∗ *Tiegeldruck; Tiegeldruckpresse:* Buchdruckmaschine für kleine Drucksachen; *Tiegelguß → Tiegelguss; Tiegelofen:* Schmelzofen; *Tiegelstahl:* wertvollste Stahlsorte

Tier, das; –(e)s, –e: Lebewesen, das sich von tierischen und pflanzlichen Organismen ernährt und über Bewegungsvermögen und Empfindungsleben verfügt ohne Sprech- und Denkvermögen : (verächtl.) brutaler Mensch : animalischer Trieb : *ein hohes Tier:* (volkst.) Person von hohem Rang, von Bedeutsamkeit ∗ *Tierart; Tierarzneikunde; Tierarzt; tierärztlich* Ew.; *Tierasyl; Tierbändiger; Tierfabel; Tierfänger; Tierfreund; Tiergarten; Tiergeschichte; tierhaft* Ew.; *Tierhaltung; Tierhandlung; Tierheilkunde; Tierheim;*

Tierkörperverwertung; Tierkreis: Zodiakus, eine Himmelszone: *Tierkreiszeichen* Mz.; *Tierliebe; Tiermedizin; Tierpark; Tierpfleger; Tierquäler(ei); Tierreich; Tierschutzverein; Tierversuch:* Experiment mit lebenden Tieren zwecks Erforschung biologischer, medizinischer oder pharmakologischer Zusammenhänge; *Tierwelt; Tierzucht* ∗ **tierisch** Ew.: den Tieren eigen : animalisch (Ggs. pflanzlich) : bestialisch (Ggs. menschlich)

Tiffanylampe, die; –, –n: aus bunten Glasstücken zusammengesetzte Jugendstillampe, nach dem amerikanischen Kunsthandwerker benannt

Tiflis: Hauptstadt von Georgien

Tifoso (it.), der; –, ..si: (meist Mz.) Fußballfan

Tiger (gr.-l.), der; –s, –: ein Großraubtier aus der Familie der Katzen : (übertr.) grausame Person ∗ *Tigerbalm; Tigerfell; Tigerkatze; Tigerklaue; Tigerlilie; Tigerpferd:* tigerartig geflecktes Pferd ∗ **tigern** (ich ..[e]re) tr.: tigerartig gefleckt machen : (Umgspr., scherzh.) weite Strecken laufen, in der Stadt herumtigern ∗ *getigert* Mw. Ew.: gefleckt

Tigris: vorderasiat. Strom

Tilbury (e.) [..b'ri]. der; –s, –s: leichter, zweirädriger, einspänniger Wagen

Tilde (span.), die; –, –n: „Strichlein", ein span. u. portug. Aussprachezeichen „ñ" : (Buchdrw.) Wiederholungszeichen

tilgbar Ew.: zu tilgen möglich ∗ **tilgen** tr.: beseitigen : auslöschen : aufhören sein ∗ *eine Schuld tilgen* ∗ **Tilgung,** die; –, –en: das Tilgen, Amortisation ∗ *Tilgungsanleihe; Tilgungskapital; Tilgungskasse; Tilgungsrate; Tilgungssumme*

Timballe (l.-fr.), die; –, –s oder n: Kesselpauke : Paukenzug an der Orgel : Fleischtopf : Becherpastete : in einer Timbale zubereitetes Dessert

Timber (fr.), der; –s, –: Glocke : heller Klang ∗ **Timbre** (fr.) [tängb're], der; –s, –s: Klangfarbe (der Stimme) ∗ **timbrieren** (..iert) tr.: Klangfarbe geben

time is money (e.) [taim is manni]: Zeit ist Geld ❋ **tilmen** (e.) [taimen] (ich time, du timst, timte, getimt) tr.: eine Handlung zeitlich abstimmen, bes. im Sport ❋ **Time-out** [taim aut], das; –s, –s: Auszeit (im Sportspiel, im Beruf) ❋ **Times** [taims], die; –: Name einer engl. Tageszeitung ❋ **Time-sha|ring** → **Time|sha|ring** [taim schäring], das; –s, –s: „Zeitteilung", bes. bei der Teilzeitarbeit und bei der gemeinsamen Benutzung einer Großrechenanlage ❋ **Ti|ming** (e.) [taiming], das; –s, –s: das Timen, die zeitliche Koordination einzelner Handlungen : Festlegung, Wahl eines günstigen Zeitpunktes für ein Vorhaben

tilmid (l., fr.) Ew.: schüchtern : zaghaft : furchtsam ❋ **Ti|mi|di|tät**, die; –, –en: Schüchternheit : Zaghaftigkeit

tin|geln intr.: eine Vorstellung im Tingeltangel machen ❋ **Tin|gel|tan|gel**, der; das; –s, –: Musikkneipe : Kabarett niederen Ranges

tin|gie|ren (..iert) (l.) tr.: eintauchen, färben ❋ *tingierte Münze*: schwach versilberte Münze ❋ **Tink|ti|on**, die; –, –en: Färbung ❋ **Tink|tur**, die; –, –en: Farbe (in der Wappenkunde) : Lösung in Alkohol : alkoholischer (gefärbter) Auszug aus Kräutern ❋ **Tin|te**, die; –, –: zum Schreiben dienende, farbige Flüssigkeit ❋ *Tinte gesoffen haben*: (volkst.) nicht recht bei Trost sein; *Tintenfaß* → **Tintenfass**; *Tintenfisch*; *Tintenflasche*; *Tintenfleck*; *Tintenklecks*; *Tintenkuli*: Füllfederhalter : (spött.) Journalist : tintenschwarz Ew.: *Tintenstift*: *Kopierstift*; *Tintenwischer* ❋ **(tin|ten|haft)**, **tin|tig** Ew.: tintenähnlich ❋ **Tint|ling**, der; –s, –e: ein Pilz ❋ **Tin|to** (span.-it.), der; –s, –s: roter Südwein : Tintenwein ❋ *vino tinto*

Tin|nef, der; –s: (jidd.) Schund : wertloses Zeug

Tip → **Tipp** (e.), der; –s, –s: nützlicher Hinweis : (Sport) Wink : Andeutung ❋ *einen guten Tipp geben* ❋ **Tip|ster** (e.), der; –s, : gewerbsmäßiger Berater für Rennen oder im Bör-

senwesen ❋ **tipp!**: Tonwort zur Bezeichnung eines tippenden Lautes ❋ **Tipp**, der; –s, –s: leichte, rasche Berührung mit einer Spitze : der durch die Berührung hervorgerufene Punkt : die berührende Spitze ❋ **Tip|pel**, der; –s, –: Pünktchen ❋ **Tip|pe|lei**, die; –: das Tippeln : Herumgelaufe ❋ **tip|pe|lig**, **tipp|lig** Ew.: (mundartl.) kleinlich ❋ **tip|peln** (ich ..[e]le) tr.: mit Punkten versehen : pünkteln : intr.: wandern : mit kleinen Schritten laufen ❋ *Tippelbruder*: Landstreicher; *Tippelschritte*; *Tippeltappeltour*: (mundartl.) gleichmäßiger Gang, Schneckengang; *Tipp-Ex*: (Warenname) Flüssigkeit oder Folienstreifen zur Korrektur von Getipptem ❋ **tip|pen** intr., tr.: mit einer Spitze auftreffend leicht berühren, tupfen, ticken : Maschine schreiben : wetten, raten ❋ *Tippfehler*; *Tippfräulein*: Maschinenschreiberin; *Tippgemeinschaft*; *Tippse*; *Tippzettel*: Wettzettel ❋ **Tip|pen**, das; –s: Dreiblatt-Kartenspiel, Zwicken

tip|peln: s. tipp

tipp|topp (e.) Ew.: hochfein

Ti|ra|de (fr.), die; –, –n: Wortschwall : (Mus.) schnelle, kurze Figur

Ti|ra|mi|su (it.), das; –s, –s: „heruntergezogene" Süßspeise aus doppelrahmstufigem Frischkäse (Mascarpone) und kaffeegetränkten Löffelbiskuits [it. tirare ziehen]

Ti|ra|na: Hauptstadt Albaniens

ti|ri|li!: Tonwort zur Bezeichnung des Vogelgesangs ❋ **Ti|ri|li**, das; –s: das Trillern, Singen (der Vögel) ❋ **ti|ri|lie|ren** (..iert) intr.: (wie eine Lerche) trillern, singen

Ti|rol: österr. Bundesland ❋ **Ti|ro|ler**, der; –s, –: Bewohner Tirols ❋ **Ti|ro|ler**, **ti|ro|lisch** Ew. ❋ *Tirolerhut*

Tisch (gr.-l.), der; –es, –e: Möbelstück mit waagerechter Platte : (übertr.) Mahlzeit : Kost, das Essen : etwas Tischähnliches : (Web.) Vorlegetuch der Schwibbelmaschinen ❋ *unter den Tisch fallen lassen* tr.: übergehen : *unter den Tisch trinken* tr.: gemeinsam Alkohol trinken, bis der andere un-

ter den Tisch rutscht : im Trinken überflügeln : *Trennung von Tisch und Bett*: (kath. K.) eine Form der rechtlichen Trennung der Ehegatten : *reinen Tisch machen*: schwebende Ungewissheiten, Fragen, Schwierigkeiten beseitigen : mit etwas aufräumen ❋ *Tischaufsatz; Tischbein; Tischbesen; Tischdame; Tischdecke; Tischfußball; Tischgebet; Tischgesellschaft; Tischgespräch; Tischherr; Tischkante; Tischlampe; Tischläufer; Tischmanieren; Tischmesser; Tischnachbar; Tischordnung; Tischplatte; Tischrechner; Tischrede; Tischreservierung; Tischsegen; Tischsitten; Tischtennis*: Pingpong; *Tischtuch; Tischvorlage; Tischwäsche; Tischwein; Tischzeit* ❋ *Tischleindeckdich*: ein Märchen ❋ **ti|scheln** (ich ..[e]le) intr.: genießerisch tafeln ❋ **ti|schen** (du tischst) intr., tr.: (schweiz.) den Tisch decken : einem zu essen geben : tafeln, schmausen ❋ **Tisch|ler**, der; –s, –: Schreiner ❋ *Tischlerarbeit; Tischlerhandwerk; Tischlerleim; Tischlermeister; Tischlerplatte; Tischlerwerkstatt* ❋ **Tisch|le|rei**, die; –, –en: Tischlerwerkstatt ❋ **tisch|lern** (ich ..ere) intr., tr.: Tischlerarbeit machen [gr.-l. discus Scheibe]

Ti|tan (gr.), das; –s: ein metallisches Element; Abk.: Ti ❋ *Titaneisenerz; Titansäure; Titanverbindung; Titanweiß* ❋ **Ti|tan(e)**, der; –en, –en (meist Mz.): (gr. Sage) jeder der zwölf von Uranos (Himmel) und Gaia (Erde) abstammenden Riesen, die Zeus in den Tartaros stürzte : (übertr.) jmd. mit Riesenkräften und außergewöhnlichen Leistungen ❋ **ti|ta|nen|haft** Ew.: riesenhaft ❋ **ti|ta|nisch** Ew.: riesenhaft, gewaltig

Ti|tel (l.), der; –s, –: Aufschrift, Überschrift : Dienstbezeichnung (bei Beamten) : Ehrenbenennung : Rechtsgrund, festgestellter Rechtsanspruch : Gesetzesabschnitt; Abk. Tit. ❋ *Titelanwärter; Titelauflage; Titelbild*: Bild auf der ersten Seite; *Titelblatt; Titelbogen; Titelgeschichte; Titelheld; Titel-

kampf; Titelkupfer: das Vorsatzblatt schmückender Kupferstich; *titellos* Ew.; *Titelrolle:* Rolle eines Schauspiels oder Films, nach der das Werk seinen Namen erhalten hat; *Titelschutz:* Schutz gegen unrechtmäßige Benutzung von Titeln und Druckschriften; *Titelseite; Titelsong; Titelsucht; titelsüchtig* Ew.; *Titelverteidiger; Titelwesen; Titelzeile* ✶

Ti|te|lei, die; –, –en: die dem Textbeginn eines Buches voranstehenden Seiten; vgl. Titular

Ti|ti|ca|ca|see: See zwischen Peru und Bolivien

Ti|ti|see: Kurort und See im Schwarzwald

Ti|t|ra|ti|on (l., fr.), die; –, –en: Titrierung, Maßanalyse : Bestimmung des Titers, des Gehalts an bestimmten Stoffen ✶ **Ti|t|re** (fr.), der; –s, –s: (veralt.) Feinheitsgrad, Feingehalt : Mantel und Bogen eines Wertpapiers ✶ **ti|t|rie|ren** (..iert) tr.: den Feinheitsgrad bestimmen : (Seide) nach der Feinheit sortieren ✶ *Titrierverfahren:* Maßanalyse ✶ **Ti|t|rie|rung,** die; –, –en: Titration

tit|schen (du titschst) tr.: (mundartl.) eintauchen : aufprallen ✶ **titt|schern** (ich ..ere) tr., intr.: (mundartl.) ein Wurfspiel mit flachen Steinchen oder kleinen Geldstücken spielen

Tit|te, die; –, –n: (vulgär) weibliche Brust

Ti|tu|lar (nl.), der; –s, –e: Titelträger ✶ **ti|tu|lar** Ew.: nur dem Titel nach, ohne das Amt ✶ *Titularbischof; Titularprofessor* ✶ **Ti|tu|la|tur,** die; –, –en: Rangbezeichnung ✶ **ti|tu|lie|ren** (..iert) tr.: mit dem (vollen) Titel nennen : (übertr.) mit einer ehrenden Bezeichnung benennen : mit Schimpfwörtern belegen

Ti|tus|kopf, der; –es, ..köpfe: Kopf mit dem Haarschnitt nach dem Vorbild einer Büste des röm. Kaisers Titus : (übertr.) Charakterschädel

Ti|vo|li, das; –(s), –s: Vergnügungsort : Gartenbühne : Glücksspiel

Ti|zi|an: it. Maler ✶ **ti|zi|a|nisch** Ew.: in der Art Ti-

zians ✶ **Ti|zi|a|nisch** →

ti|zi|a|nisch Ew.: von Tizian herrührend ✶ *tizianische Malweise*

TDM (Abk.): tausend Deutsche Mark

tkm (Abk.): Tonnenkilometer

Tl: chem. Zeichen für Thallium

TL (Abk.): türkische Lira

Tm: chem. Zeichen für Thulium

Tme|sis (gr.), die; –, ..sen: (Sprachw.) Trennung eines zusammengesetzten Wortes durch ein anderes eingefügtes, z. B. bei der Verbalklammer: „das *sehe* ich *ein*" zu *einsehen*

TNT (Abk.): Trinitrotoluol, ein Sprengstoff

Toast (e.) [tohst], der; –es, –e: geröstete (Weiß-)Brotschnitte : Trinkspruch ✶ **toas|ten** intr.: einen Trinkspruch ausbringen; tr.: (eine Brotscheibe) rösten : Virginiatabak über einer Zuckerlösung aromatisieren ✶ **Toas|ter,** der; –s, –: elektrisches Gerät zum Rösten von Brotschnitten

To|bak, der; –s, –e: Tabak ✶ *anno Tobak:* in längst vergangener Zeit; *das ist starker Tobak:* (Redensart) das ist schwer hinzunehmen : das ist eine Frechheit

To|bel, der; –s, –; **To|bel, Tö|bel** (schweiz.), das; –s, –: Wasser führende Gebirgsschlucht : Runsen

to|ben intr.: wild rasen ✶ *Tobsucht:* krankhaft gesteigerter Erregungszustand; *tobsüchtig* Ew.; *Tobsuchtsanfall*

To|bog|gan (indian.), der; –s, –s: kanadischer Indianerschlitten ohne Kufen

Tob|sucht usw.: s. toben

Toc|ca|ta: s. Tokkata

Toch|ter, die; –, Töchter; Töchterchen: Kind weiblichen Geschlechts im Verhältnis zu den Eltern : Mädchen ✶ *Tochterfirma; Tochtergesellschaft:* kaufmännisches Zweigunternehmen; *Tochtergeschwulst; Tochterhaus:* Zweiggeschäft, Filiale : *Töchterheim; Tochterkirche; Tochterkind:* Enkel; *Tochtermann:* Schwiegersohn; *Tochtersohn:* Enkel; *Tochterstaat:* Kolonie; *Töchterschule:* Mädchenschule; *Tochterzelle*

to|ckie|ren: s. tokkieren

Tod, der; –(e)s, (selt.) –e: vollständiger Stillstand der Lebensprozesse eines Organismus, der Zustand nach dem Sterben : (nur Ez.) Personifikation des Todes ✶ *der Schwarze Tod* → *der schwarze Tod:* die europäische Beulenpestseuche im 14. Jahrhundert; *der Weiße Tod* → *der weiße Tod:* der Tod durch Erfrieren; *Tod und Teufel!; auf den Tod verwundet; zu Tode betrübt:* aufs äußerste betrübt; *bis in den Tod verhasst; mit dem Tode ringen:* sterben; *zu Tode getroffen; du bist ein Kind des Todes:* du musst, wirst sterben; *du bist des Todes:* zum Tode verurteilt; *eines natürlichen Todes sterben* ✶ *todblaß* → *todblass* Ew.; *todbleich* Ew.; *todbringend* Mw. Ew.; *todelend* Ew.; *todernst* Ew.; *Todfeind; todfeind* Uw.; *todgeweiht* Mw.; *Todkauf:* Erbkauf; *todkrank; todlangweilig; todmatt* Ew.; *todmüde* Ew.; *todschick* Ew.: sehr schick; *todsicher* Ew.: so sicher wie der Tod; *todstill* Ew.; *Todsünde:* den ewigen Tod bewirkende Sünde; *todtraurig* Ew.; *todunglücklich* Ew.; *todwund* Ew. ✶ *Todesahnung; Todesangst; Todesanzeige; Todesart; todesbange* Ew.; *Todesbereitschaft; Todesblässe; todesbleich* Ew.; *Todesdatum; Todesfall:* Sterbefall; *Todesfolge, Todesfurcht; Todesgefahr; Todesgrauen; Todesjahr* (Ggs. Geburtsjahr); *Todeskampf; Todeskrampf; Todeskandidat; todesmutig* Ew.; *Todesnachricht; Todesopfer; Todesqual; Todesschlaf; Todesschuß* → *Todesschuss; Todesschütze; Todesstille; Todesstoß; Todesstrafe:* (Vd. f.) Kapitalstrafe, Bestrafung durch Hinrichtung; *Todesstunde; Todestag; Todesursache; Todesurteil; Todesverachtung; todeswürdig* Ew.; *Todeszeit; Todeszelle* ✶ **töd|lich** Ew.: (veralt.) sterblich : tötend, todbringend ✶ *tödliche Gefahr; tödliche Strahlen; mit tödlicher Sicherheit; todsicher*

Tod|dy (hindi-e.), der; –(s), –s: Palmwein : ein schottischer Punsch

töff: Tonwort zur Bezeichnung des Hupens der Kraftfahrzeuge

Tof|fee (e.), das; –s, –s: Karamellkonfekt

Tof|fel, Töf|fel, der; –s, –: dummer, ungeschickter Mensch ✴ **töf|fe|lig** Ew.: ungeschickt

To|fu (jap.), der; –(s): quarkähnliches Lebensmittel aus Sojabohnenmilch

To|ga (l.), die; –, ..gen: Obergewand der Römer

To|go: westafrikan. Staat

To|hu|wa|bo|hu (hebr.), das; –(s), –s: „wüst und leer", wildes Durcheinander, Wirrwarr

toi, toi, toi!: (Umgspr.) Zuruf des Glückwünschens

Toi|le (fr.) [toal], der; –s: leichtes Gewebe

Toi|let|te (fr.) [toalett'(e)], die; –, –n: Putztisch : Gesellschaftskleid : Kleiderablage im Flur : Abort ✴ *Toilette machen:* sich anziehen, zurechtmachen ✴ *Toilettenartikel; Toilettenkoffer; Toilettenpapier; Toilettenraum; Toilettenspiegel; Toilettentisch*

To|ka|dil|le (span.) [..dilje], das; –s: ein dem Puff ähnliches Brettspiel

To|kai|er, To|ka|jer, der; –s, –: ein süßer ungar. Wein ✴ *Tokaierwein* ✴ **To|kaj:** Stadt in Ungarn

To|kio: Hauptstadt Japans

To|ki|o|er, To|ki|o|ter, der; –s, –: Einwohner Tokios ✴ **to|ki|o|isch, to|ki|o|tisch** Ew.

Tok|ka|ta (it.), die; –, ..ten: ein formal nicht gebundenes Musikstück für Orgel und Klavier; s. Toccata ✴ **tok|kie|ren** (..iert) tr.: mit den Gläsern zusammenstoßen : in wenigen vollen Strichen skizzenähnlich malen

To|ko|go|nie (gr.), die; –, ..ien: (Biologie) geschlechtliche Fortpflanzung

Tö|le, die; –, –n: (altmärk.) (verächtl.) Hund

to|le|ra|bel Ew.: so beschaffen, dass man es tolerieren kann ✴ **to|le|rant** Ew. Mw.: duldsam : verträglich : versöhnlich : weitherzig ✴ **To|le|ranz,** die; –: Duldsamkeit : Verträglichkeit ✴ **To|le|ranz,** die; –, –en: (Technik) Maß der zulässigen Abweichung von einem vorgeschriebenen Wert ✴ *Toleranzbereich; Toleranzdosis:* zulässige Strahlenbelastung für den Menschen; *Toleranzgrenze* ✴

to|le|rie|ren (..iert) tr.: dulden : gewähren lassen

toll Ew.: wahnsinnig : tobend, unbändig ✴ *Tollhaus:* Irrenhaus; *Tollhäusler; Tollkirsche:* Atropin liefernde Pflanze; *Tollkopf; tollkühn* Ew.; *Tollkühnheit; Tollwut:* Hundswut; *tollwütig* Ew. ✴ **tol|len** intr.: wild ausgelassen tobend : wild ausgelassen herumspringen ✴ **Tol|le|rei,** die; –, –en: Tollheit ✴ **Toll|heit,** die; –, –en: das Tollsein : Tollwut : tolle Handlung

Tol|le, die; –, –n: Büschel : Haarschopf ✴ **tol|len** tr.: kraus, lockig machen

Toll|patsch → Toll|patsch (ungar.), der; –es, –e: (urspr.) ungar. Fußsoldat : ungeschickter Mensch ✴ **toll|pat|schig →** **toll|pat|schig** Ew.: tölpelhaft

Töl|pel, der; –s, –: ungeschickter, dummer Mensch ✴ **Töl|pe|lei,** die; –, –en: Tölpelhaftigkeit : das Tun eines Tölpels ✴ **töl|pel|haft** Ew.: wie ein Tölpel ✴ **Töl|pel|haf|tig|keit,** die; –:das Tölpelhaftsein ✴ **töl|peln** (ich ..[e]le) intr.: ungeschickt benehmen ✴ **töl|pisch** Ew.: tölpelhaft

Tollpatsch
Das Stammprinzip findet oftmals auch bei Wörtern Anwendung, bei denen keine Verwandtschaft besteht. Das aus dem Ungarischen stammende Wort *Tolpatsch,* nunmehr *Tollpatsch,* steht mit *toll* in keiner Beziehung, auch nicht mit *patschen.*

Töl|pel, der; –s, –: Ruderfüßler, Küstenvogel mit langen Flügeln und keilförmigem Schwanz

To|lu|i|din, das; –s, –e: aromatisches Amin des Toluols, wird zur Herstell. von Farbstoffen verwendet ✴ **To|lu|ol,** das; –s: (Chem.) Methylbenzol, ein Lösungsmittel : Ausgangsstoff zur Herstellung von Saccharin und TNT ✴ *Trinitrotoluol:* ein hochbrisanter Sprengstoff; Abk.: TNT

To|ma|hawk (indian.-e.) [tomahak], der; –s, –s: Streitaxt der Indianer Nordamerikas

To|ma|te (mexik.), die; –, –n: „Liebesapfel", eine Gemüsefrucht ✴ *Tomatenketchup auch:*

Tomatenketchup; Tomatenmark; Tomatensaft; Tomatensoße; Tomatensuppe

Tom|bo|la (it.), die; –, –s und ..len: ein Zahlenlotto : Verlosung

Tom|my: volkstümliche Bezeichnung des engl. Soldaten

To|mo|gra|phie (gr.), die; *auch:* **To|mografie,** die; –, ..phien *auch:* fien, (gr.), die; –, –n: schichtweise Röntgenaufnahme

To|mus (gr.), der; –, ..mi: Einzelband : Abschnitt : (Med.) Schnitt

Ton, der; –s, –e: Erdart, Zersetzungsprodukt feldspathaltiger oder glimmerreicher Gesteine : irdenes Essgeschirr ✴ *tonartig* Ew.; *Tonboden; Toneisenstein; Tonerde; Tongefäß; Tongeschirr; Tongrube; tonhaltig* Ew.; *Tonpfeife; Tonschiefer; Tontaube:* Wurftaube; *Tontaubenschießen; Tonvase; Tonwaren* Mz. ✴ **tö|nern** Ew.: aus gebranntem Ton bestehend, irden ✴ **to|nig** Ew.: tonhaltig, tonartig

Ton (l.), der; –(e)s, Töne, Tönchen: der Laut, der durch eine länger anhaltende Luftterschütterung von regelmäßigen Schwingungen elastischer Körper erzeugt wird : (Mus.) Note : Klangfarbe : (Mal.) Färbung : Akzent : (mundartl.) Lied : (übertr.) Art, Umgangsform ✴ *der gute Ton:* gutes Benehmen; *ein freier Ton:* ungezwungenes Benehmen; *den richtigen Ton finden:* die richtige Art der Ansprache ✴ *Tonabnehmer:* Teil des Plattenspielers; *Tonabstand:* Intervall; *Tonangeber:* Richtung Angebender; *Tonart; –aufnahme; –band; –bandaufnahme; –bandgerät; –beugung; –bild; Tonblende:* Tonregler am Rundfunkapparat; *Tondichter:* Komponist; *Tonfall:* Klangfarbe der Stimme; *Tonfilm; –filmgerät; –folge; –frequenz; –höhe; –ingenieur; –kamera; –kammer; Tonkopf:* Teil des Tonbandgeräts; *–kunst; –künstler:* Musiker; *–lage; –leiter:* Stufenfolge der Töne; *tonlos* Ew.; *Tonmalerei; –maß:* Takt; *Tonmeister:* (Film u. Rdfk.) Fachmann, der Klangfarbe und Lautstärke regelt : (Film) Tonschneider; *Tonmixer; Tonqualität; Tonre-*

gisseur; Tonschneider; Tonsetzer: Komponist; *Tonspur:* (Film) Aufzeichnung des Tons neben den Bildern auf dem Filmstreifen; *Tonstörung; Tonstufe; Tonträger; Tonzeichen:* Zeichen für einen Ton ✳ **to|nal** (gr.) Ew.: in einer Tonart aufgebaut ✳ **To|na|li|tät**, die; –: Beziehung aller Töne einer Melodie auf eine Tonart, einen Grundton ✳ tonig intr.: klingen ✳ **..to|nig** Ew., nur in Zus.: Töne habend, z. B.: mitteltonig ✳ **..tö|nig** Ew., nur in Zus.: so beschaffenen Ton habend, z. B.: eintönig, s. d. ✳ **To|ni|ka** (it.), die; –, ..ken: Grundton der Tonleiter : Dreiklang der Tonika ✳ **Tö|nung**, die; –, –en: Farbtongebung

Ton|do (it.), das; –s, –s und ..di: Rundbild

Tö|ne, die; –, –n: (niederd.) Ladentisch

to|nen: s. Ton (Erde)

tö|nen: s. Ton (Laut)

To|ner (e.), der; –s, –: Druckfarbe

Ton|er|de, tö|nern: s. Ton (Erde)

Ton|ga: Inselstaat in der Südsee ✳ *Tongainseln; Tongasprache*

ton|hal|tig: s. Ton (Erde)

To|nic (e.), das; –(s), –s: kurz für Tonicwater ✳ **To|nic|wa|ter**, das; –s, –: chininhaltige Limonade

To|ni|kum, das; –s, ..ka: stärkendes Mittel ✳ **to|nisch** (gr.-l.) Ew.: belebend, spannend, stärkend : die Muskelspannung betreffend ✳ *tonische Krämpfe:* Spannkrämpfe, unterbrochene Krämpfe; *tonische Mittel:* stärkende Mittel ✳ **to|ni|sie|ren** tr.: stärken, anregen : die Spannkraft der Körperkräfte heben ✳ **To|nus**, der; –, ..ni: Spannungszustand eines Organs oder Muskels

to|nisch: s. Ton (Laut)

Ton|kunst, Ton|lei|ter usw.: s. Ton (Laut)

Ton|na|ge (fr.) [..ahsch'], die; –: Rauminhalt eines Schiffes : Tragfähigkeit eines Schiffes ✳ **Ton|ne**, die; –, –n; Tönnchen: großes Fass : ein Hohlmaß : ein Gewicht (1000 kg); Abk.: t : ein Seezeichen, Boje : (übertr.) dicke Person : Name tonnen-

förmiger Schnecken : Insektenpuppen : ein waagerechtes Wassermühlrad ✳ *Tonnenband; tonnenförmig* Ew.; *Tonnengehalt:* Frachtraumgehalt eines Schiffes; *Tonnengewölbe; Tonnenkilometer:* (Eisenbahn) Beförderungssatz von 1 Tonne 1 km weit; Abk.: tkm; *Tonnenleger:* Fahrzeug, das schwimmende Seezeichen auslegt; *tonnenweise* (fr.) [..noh], der; –s, –s: (Schiffb.) ein Maß (1000 kg) : Tonne : Karosserieform für Automobile ✳ **..ton|ner**, der; –s, –: Lastwagen mit ..t Ladegewicht ✳ *Zweitonner*

Ton|schie|fer: s. Ton (Erde)

Ton|set|zer: s. Ton (Laut)

Ton|sil|le (l.), die; –, –n: (Anat.) Gaumenmandel ✳ **Ton|sil|lek|to|mie**, die; –: das Herausoperieren der Mandeln ✳ **Ton|sil|li|tis**, die; –, ..itiden: Mandelentzündung ✳ **Ton|sil|lo|tom**, das; –s, –e: Mandelmesser

Ton|sur (l.), die; –, –en: Scherung : runde kahlgeschorene Stelle auf dem Kopf der kath. Mönche ✳ **ton|su|rie|ren** (..iert) tr.: den Scheitel scheren

Tö|nung: s. Ton (Laut)

To|nus: s. Ton (Laut)

Ton|zei|chen: s. Ton (Laut)

Top (e.), das; –s, –s: ärmelloses Oberteil für Damen

TOP (Abk.): Tagesordnungspunkt

top.., Top.. (e.): (in Zus.) sehr, Spitzen.. ✳ *topfit* usw.

To|pas (gr.), der; –es, –e: ein durchsichtiger Schmuckstein von verschiedener Färbung (Aquamarin, brasil. Rubin, sibir. Saphir, sächs. Chrysolith) ✳ *topasfarben, topasfarbig* Ew.: topasen

Topf, der; –(e)s, Töpfe; Töpfchen: irdenes oder metallenes Behältnis, Kochtopf, Blumentopf, Nachttopf ✳ *alles in einen Topf werfen:* etwas gleichmacherisch behandeln, Unterschiede vernachlässigen; *zu jedem Topf passt ein Deckel:* jeder Mensch kann einen finden, der zu ihm passt ✳ *Topfblume; Topfbraten; Topfgucker; Topfkuchen:* Napfkuchen; *Topflappen; Topfmarkt; Topfpflanze; Topfschlagen:* ein Spiel; *Topf-*

stein: Giltstein zum Verfertigen von Töpfen ✳ **Topf|fen**, der; –s: (östr., bayr.) Quark ✳ *Topfenknödel; Topfenkolatsche; Topfenpalatschinken; Topfenstrudel* ✳ **Töp|fer**, der; –s, –: Handwerker, der aus gebranntem Ton Geschirr fertigt : Ofensetzer ✳ *Töpferarbeit; Töpfererde; Töpfermeister; Töpferscheibe:* Drehscheibe zum Töpfern; *Töpferton; Töpferwaren* Mz. ✳ **Töp|fe|rei**, die; –, –en: Töpferhandwerk : der gewerbliche Betrieb eines Töpfers : Töpferware ✳ **töp|fern** Ew.: irden, aus Ton, tönern ✳ **töp|fern** (ich ..[e]re) intr., tr.: Töpferwaren herstellen

Topf|fen: s. Topf

top|fit (e.) Ew.: in bester körperlich-geistiger Verfassung

To|pik (gr.), die; –: (Rhetorik) Lehre von der Zusammenstellung der relevanten allgemeinen Gesichtspunkte (der Topoi) bei der Erörterung eines Themas (Rede, Aufsatz, Wissenschaft) : (Poetik) Lehre von den Topoi : (Anatomie) Lehre von der Lage der Organe im Körper [gr. topos Ort, Stelle] ✳ **to|pisch** (gr.) Ew.: örtlich bestimmt, der Lage nach : (Rhetorik) sich allgemeiner Redewendungen bedienend ✳ **To|po|graph** *auch:* **To|po|graf**, der; –en, –en: Landvermesser : jmd., der einen geografischen Ort wissenschaftlich beschreibt ✳ **To|po|gra|phie** *auch:* **To|po|gra|fie** die; –, ..phien *auch:* fien: Beschreibung und Darstellung eines geografischen Ortes : (Med.) Beschreibung der Körpergegenden und der Lageverhältnisse der Organe ✳ **to|po|gra|phisch** *auch:* **to|po|gra|fisch** Ew.: ortsbeschreibend ✳ *topographische Aufnahmen auch: topografische Aufnahmen:* Geländeaufnahmen ✳ **To|po|lo|gie**, die; –: Ortskunde : (Math.) Lehre von der Anordnung geometrischer Gebilde im Raum und von den geometrischen Gebilden, die bei topologischen Abbildungen unverändert bleiben : (Sprachw.) Lehre von der Stellung der Wörter im Satz ✳ **to|po|lo|gisch** Ew.: die Topologie betreffend, auf ihr beruhend : die Stellung der Wörter im Satz betreffend * **To|pos,** der; –, Topoi: Ort, Stelle : (Rhetorik) „Gemeinplatz"; allgemeiner, in der kunstvollen Rede berücksichtigter Gesichtspunkt : (Poetik) feste Wendung : außerhalb eines einzelnen Sprachwerkes häufig wiederkehrender Gesichtspunkt, tradiertes Motiv * **To|posforschung** * **To|poi:** Mz. von Topos

top|less (e.) [topleß] Ew.: „oben ohne", mit entblößtem Oberkörper : busenfrei * *Toplessbar; Toplessbedienung*

Top|mana|ge|ment (e.) [topmänädschm'nt], das; –s, –s: Führungsspitze der Großunternehmen * *Topmanager*

Top|mo|dell, das; –s, –e: Spitzenmodell

topp!: Ausruf: so ist's, so sei's!; zur Bekräftigung einer Abmachung

Topp, der; –s, –e(n) und –s: (niederd.) Mastspitze * *über die Toppen geflaggt:* (scherzh.) übertrieben schmuckvoll gekleidet (von Frauen) * *Toppflagge; topplastig* Ew.; *Topplaterne; Topplicht; Toppsegel*

Top|qua|li|tät, die; –, –en: Spitzenqualität

top-se|c|ret → **top|se|c|ret** (e.) [toppßikrit] Ew.: streng geheim

Top|spin (e.), der; –s: vorwärts treibender Drall des Balls (u. a. Tennis, Golf)

Top|star (e.), der; –s, –s: Künstler mit außergewöhnlicher Leistung

Top ten → **Top|ten** *auch:* **Top-Ten** (e.), die; –: zehn Titel umfassende Hitparade : die besten zehn der Weltrangliste

Tor, das; –(e)s, –e: große Tür, Pforte : Angriffsziel bei vielen Sportspielen * *ein Tor schießen:* (beim Fußball) Ball durchs Ziel schießen * *Tordifferenz; Toreinfahrt; Torflügel; torgefährlich* Ew.; *Torhaus; Torhöhe; Torhüter; Torjäger; Torlauf:* (Ski) Slalom; *Torlinie:* Grenzlinie im Spielfeld; *torlos* Ew.; *Tormann:* Torwart; *Torpfeiler; Torpfosten; Torraum; Torriegel; Tor(es)schluß* → *Tor(es)schluss; Torschlusspanik:* Angst, etwas zu versäu-

men; *Torschlüssel; Torschuß* → *Torschuss; Torschütze; Torschützenkönig; Torverhältnis; Torwart:* Torverteidiger beim Fußballspiel; *Torweg*

Tor, der; –en, –en: törichter Mensch : Narr *

Tor|heit, die; –, –en: Dummheit : Narretei * **tö|richt** Ew.: in der Weise eines Toren * *törichterweise* Uw. * **Tö|rin,** die; –, –nen: weibl. Tor

To|re|a|dor (span.), der; –s, –e: Stierkämpfer (zu Pferd)

To|re|ro, der; –(s), –s: Stierkämpfer (zu Fuß)

Torf, der; –(e)s, –e und *Törfe:* brennbare kohlenstoffreiche Masse aus im Moor unter Luftabschluss unvollständig zersetzten Pflanzenteilen; wird zur Bodenverbesserung verwendet : (scherzh.) Glück * *Torf stechen:* Torf abbauen * *Torfballen; Torfboden; Torferde; Torffeuerung; Torfgewinnung; Torfkopf:* (scherzh.) Trottel; *Torflager; Torfmoor; Torfmull; Torfstecher; Torfstich; Torfstreu* * **tor|fen** tr.: mit Torf düngen * **tor|fig** Ew.: torfhaltig, moorig

Tor|heit: s. Tor, der

Tor|hüter: s. Tor, das

Tö|rin: s. Tor, der

Tor|kel (l.), der; –s, –; die; –, –n: Weinkelter : Obstpresse

Tor|kel, der; –s, –: ungeschickter Mensch : (nur Ez.) Taumel : unverdientes Glück * **tor|keln** (ich ..[e]le) intr.: taumeln * **tor|ke|lig, tork|lig** Ew.: schwankend : taumlig

Törn, der; –s, –s: Drehung, Verwerfung : (seem.) Fahrt mit einem Segelboot : das Wickeln einer Leine um einen Gegenstand : Arbeitsschicht der Seeleute : (Jargon) Rauschzustand * *das törnt an:* das berauscht [e. turn drehen, wenden]

Tor|na|do (span.), der; –s, –s: Wirbelsturm in Nordamerika : olympische Segelbootsklasse

Tor|nis|ter (slaw.), der; –s, –: „Habersack", Packtasche der Soldaten : Schulranzen

To|ron|to: Stadt in Kanada

tor|pe|die|ren (l.) (..iert) tr.: mit dem Torpedo angreifen, versenken : (übertr.) stören, behindern, angreifen * **Tor|pe|die|rung,** die; –, –en: das

Tor|pe|dieren * **Tor|pe|do,** der; –s, –s: Unterwassergeschoss * *Torpedoboot; Torpedofisch:* Zitterrochen; *Torpedokopf: Torpedorohr*

Torr, der; –s, –: alte Maßeinheit des Luftdrucks, nach dem ital. Physiker Torricelli

Tor|ren|te (it.), der; –, –n: Gießbach : Gebirgsbach

Tor|res|stra|ße: Meerenge zwischen Australien und Neuguinea, nach dem span. Entdecker * **Tor|res|in|seln:** Inselgruppe der Neuen Hebriden

Tor|si|on (l.), die; –, –en: Drehung, Achsendrehung, Verwindung * *Torsionsfestigkeit:* Verwindungssteife, Widerstand gegen das Verdrehen (Torsion); *Torsionsmodul; Torsionsmoment:* Produkt aus Drehkraft und Abstand ihres Angriffspunkts von der Drehachse; *Torsionswinkel:* Größe der Drehung; *Torsionswaage:* Messvorrichtung * **Tort** (l., fr.), der; –(e)s: Unrecht : Kränkung : Possen : Tortur * **Tor|tur** (l.), die; –, –en: Marter, Qual

Tor|so (l.), der; –s, –s: Rumpfbruchstück : Bruchstück

Tort: s. Torsion

Tor|te (l.-it.), die; –, –n: Törtchen: Backwerk * *Tortenboden; –füllung; Tortenguß* → *Tortenguss; –heber; –platte* * **Tor|te|lett,** das; –s, –s; **Tor|te|lette,** das; –, –n: Törtchen

Tor|tel|li|ni (it.) Mz.: gefüllte ringförmige Nudeln

Tor|til|la (span.) [tortilja], die; –, –s: Fladenbrot aus Maismehl

Tor|tur: s. Torsion

To|ry, der; –s, –s: Anhänger der konservativen brit. Politik

to|sen intr.: brausen, wild rauschen (Bach, Applaus)

Tos|ka|na, die; –: Landschaft in Mittelitalien * **Tos|ka|ner,** der; –s, –: Einwohner der Toskana * **tos|ka|nisch** Ew.: auf die Toskana bezogen, von dort stammend

tot Ew.: ohne Leben : leblos : unfruchtbar : matt und glanzlos * *der tote Punkt; tote Augen* Mz.: blinde Augen; *die toten Sprachen; totes Briefkasten:* Geheimversteck für Nachrichten; *totes Gebirge:* (Bergb.) unnutzbares Gestein; *totes Gewicht:* das Gewicht eines Fahrzeuges selbst mit Zubehör (Ggs. Nutzladung); *totes Gleis:* Abstellgleis; *totes Kapital:* Kapital, das keine Zinsen bringt; *totes Rennen:* ein Rennen, das keine Entscheidung bringt; *Tote Hand → tote Hand:* Bezeichnung juristischer Personen, die über ihr Vermögen nicht willkürlich verfügen können, bes. die Kirche; *das Tote Meer:* ein Salzsee in Palästina * *totarbeiten; totlachen* rbz.; *totgeboren → tot geboren; Totgeburt:* ein tot geborenes Kind : (übertr.) etwas, das von vornherein ohne Aussicht auf Wirkung ist; *totküssen* tr.: heftig küssen; *totmachen* tr.; *Totpunkt:* (Mechanik) Umkehrpunkt einer Bewegung; *totsagen* tr.; *totschießen* tr.; *Totschlag:* (Rechtsspr.) vorsätzliche Tötung ohne die qualifizierenden Merkmale des Mordes; *totschlagen* tr.; *Totschläger:* jemand, der einen Totschlag begangen hat : eine Handwaffe; *totschweigen* tr.; *totstechen; totstellen → tot stellen* rbz.; *totstürzen* rbz.; *tottrampeln* tr.; *tottreten* tr. * *To|te,* die; der: Gestorbene(r), Leichnam * *Totenacker:* Friedhof; *Totenamt:* Totenmesse; *Totenbahre; Totenbeschwörung; Totenbett; totenblaß → totenblass* Ew.; *Totenehrung; Totenfeier; Totenfrau:* Leichenwäscherin; *Totengedenkmesse:* Seelenamt; *Totenglocke; Totengräber:* Grabschaufler : ein Käfer; *Totengruft; Totenhemd; Totenklage; Totenkleid; Totenkopf:* Schädel : ein Nachtschmetterling; *Totenkreuz:* Grabkreuz; *Totenmahl:* Leichenschmaus; *Totenmal:* Grabmal; *Totenmaske; Totenmesse; Totenschädel; Totenschein:* Sterbeurkunde; *Totensonntag:* Totenfest; *Totenstarre:* das Starrwerden nach dem Tode; *totenstill* Ew.: ganz still; *Totentanz:* beliebte Gattung von Bildwerken; *Totenuhr:* Klopfkäfer; *Totenvogel; Totenwache* * *tö|ten* tr.: totmachen * *die Zeit töten:* die Zeit unnütz verbringen; *Feuer töten:* Feuer ersticken; *eine Farbe tötet eine andere, schlägt eine andere tot:* eine Farbe vernichtet die Wirkung der ande-

ren * *Tö|tung,* die; –, –en: das Töten * *Tötungsabsicht; Tötungsversuch; Tötungsvorsatz; Tötung auf Verlangen*

to|tal (nl.) Ew.: gänzlich, vollständig * *Totalansicht; Totalanspruch; Totaleindruck:* Gesamteindruck; *Totaloperation; Totalreflexion:* (Optik) völlige Reflexion; *Totalschaden; Totalsumme* * *To|ta|le,* die; –, –n: Gesamtüberblick : Kameraeinstellung, die auch die Umgebung eines Vorgangs zeigt * *To|ta|li|sa|tor,* der; –s, ..toren: staatliche Wetteinrichtung für Pferderennen; Abk.: Toto * *To|to,* der; das; –s, –s: staatliche Wetteinrichtung für Sportwetten * *Fußballtoto* * *Totoergebnis; Totogewinn; Totoschein; Totospieler* * *to|ta|li|sie|ren* (..iert) tr.: (veralt.) zusammenzählen : unter einem Aspekt zusammenfassend betrachten * *to|ta|li|tär* Ew.: den Anspruch auf vollständige und umfassende Beherrschung und Durchdringung erhebend : diktatorisch * *To|ta|li|ta|ris|mus,* der; –: Diktatur : politischer und ideologischer Allmachtsanspruch (eines Staates) * *To|ta|li|tät,* die; –, –en: Gesamtheit : Inbegriff * *To|tem,* das; –s, –s: Tierbild (der Indianer), Wappenpfahl : Lebewesen oder Ding, dem übernatürliche Kräfte zugesprochen werden : Stammeszeichen bei Naturvölkern * *Totempfahl; Totemtier*

Touch (e.) [tatsch], der; –s, –s: Anflug : Beigeschmack : persönliche Note : Schwäche für etwas : leichte Berührung

Tou|pet (fr.) [tupäh], das; –s, –s: Halbperücke, Haarersatzteil * *tou|pie|ren* (..iert) [tu..] tr.: das Haar wellig, kraus machen, aufbauschen * *Tou|pie|rung,* die; –, –en: Kräuselung

Tour (fr.) [tuhr], die; –, –en: Umdrehung : Ausflug : Reise * *in einer Tour:* ohne Unterbrechung * *Tour de France:* jährliches Wettfahren der Radprofis durch Frankreich; *Tour de Suisse:* schweiz. Radrennen; *Tour d'horizon → Tour d'Horizon:* informativer Überblick : Rundschlag; *Tourenwagen; tourenweise* Ew.; *Tourenzahl:*

Umdrehungszahl; *Tourenzähler* * *Tou|rist,* der; –en, –en: Ausflügler, Wanderer : Vergnügungsreisender * *Touristenattraktion; Touristenklasse:* Schiffsklasse auf Ozeandampfern; *Touristenklub* * *Tou|ris|tik,* die; –: Reisewesen : Reisesport(lehre)

Tour|né (fr.) [turneh], das; –s, –s: (Kartsp.) Wendespiel * *Tour|nee,* die; –, –s: Rundreise : Gastspielreise * *Tourneeleiter; Tourneeveranstalter* * *tour|nie|ren* (.-iert) tr.: (Skatsp.) wenden : Spielkarten aufdecken * *Tour|nü|re:* s. Turnüre

Tour|ne|dos (fr.) [turnedoh], der; –, –n: gebeizte und rasch gebratene Rinderfiletscheiben

Tow|er (e.) [tauer], der; –s, –: Turm : Kontrollturm am Flughafen : (nur Ez.) ein Wahrzeichen Londons, ehemals Residenz und Staatsgefängnis

Town|ship (e.), die; –, –s: von Farbigen bewohnte städtische Siedlungen in Südafrika mit beschränkter Selbstverwaltung * *Tox|al|bu|min* (gr.), das; –s, –e: Eiweißgift * *to|xi|gen* Ew.: Giftstoffe bildend : vergiftungsbedingt * *To|xi|ko|lo|gie,* die; –, ..gien: Lehre von den Giften und Vergiftungen * *To|xin,* das; –s, –e: organischer Giftstoff : giftiger Fäulnisstoff * *to|xisch* Ew.: giftig : durch Gift verursacht * *To|xi|zi|tät,* die; –: Giftigkeit

Trab, der; –es: Gangart des Pferdes (Vorderfuß und der entgegengesetzte Hinterfuß werden gleichzeitig aufgesetzt) : lockerer Lauf * *Trabrennbahn; Trabrennen* * *tra|ben* intr.: locker laufen : im Trab laufen * *Tra|ber,* der; –s, –: trabendes Pferd : Trabpferd

Tra|bant (tschech.), der; –en, –en: (urspr.) Leibwächter, Begleiter : (Astron.) Satellit, Mond : (Techn.) künstl. Satellit * *Trabantenstadt:* Randsiedlung einer Großstadt

Tra|chea (gr.-l.), die; –, ..che|en: Luftröhre * *Tra|che|i|tis** (gr.), die; –: Luftröhrenentzündung * *Tra|cheo|to|mie,* die; –, ..mien: Luftröhrenschnitt

Tracht, die; –, –en: Kleidung

einer bestimmten Zeit oder einer Volksgruppe : (veralt., ldschftl.) eine Last, die getragen wird : die Menge einer Sache, die man tragend fortschaffen kann; Prügel : Wurf von jungen Tieren : (veralt., ldschftl.) Schulterjoch (Trage) : (Baukst.) Widerstandsfähigkeit von hohlliegenden Balken und Gewölben; der Raum zwischen ihren Stützpunkten : (Bienen) die eingetragene Nahrung * *Schwarzwälder Tracht; eine Tracht Holz; Tracht Prügel* * *Trachtenfest; Trachtengruppe; Trachtenjacke; Trachtenkapelle; Trachtenkleid; Trachtenzug* * **trach**|**ten** intr., tr.: begehren, streben * **träch**|**tig** Ew.: schwanger : fruchtbar * **Träch**|**tig**|**keit,** die; –: das Trächtigsein

Track, (e.) [träk], der; –s, –s: Spur (auf Magnetbändern, Disketten etc.) : Route (eines Schiffes), die eingehalten werden muss : Getriebeglied, Rampenkette

Trade|**mark** (e.) [trehdma'k], die; –, –s: Handelsmarke, Schutzmarke * **Trade-Uni**|**on** → **Trade U**|**ni**|**on** [trehd juhnj'n], die; – –, – –s: Gewerkschaft

tra|**die**|**ren** (..iert) (l.) tr.: überliefern * **Tra**|**di**|**ti**|**on,** die; –, –en: Herkommen : Überlieferung * *traditionsbewußt* → *traditionsbewusst* * **Tra**|**di**|**ti**|**o**-**na**|**lis**|**mus,** der; –: Festhalten an der Tradition * **tra**-**di**|**ti**|**o**|**na**|**lis**|**tisch** Ew.: die Überlieferung betreffend * **tra**|**di**|**ti**|**o**|**nell** Ew.: herkömmlich * **tra**|**di**|**ti**|**ons**|**ge**|**mäß** Ew.: der Überlieferung entsprechend

Tra|**fik** (it.), der; –s, –s; die; –, –en: (östr.) Tabakhandel : Tabakverkaufsstelle * **Tra**|**fi**-**kant,** der; –en, –en: Händler : Tabakverkäufer

Tra|**fo,** der; –s, –s: kurz für Transformator

trag|**bar** Ew.: so beschaffen, dass es getragen werden kann : erträglich, hinnehmbar * **Tra**|**ge,** die; –, –n: Tragband : Tragbahre * **tra**|**gen** (du trägst; du trugst, du trügest; getragen; trag[e]!) tr., intr.: aufheben und fortschaffen : innehaben : an-

haben : aufhaben * *die Stimme trägt weit:* die Stimme hat eine große Reichweite; *sich mit den Gedanken tragen:* beabsichtigen; *schwer an etwas tragen:* unter etwas leiden; *schwarz tragen:* in Trauer gehen * *Tragauge:* (Bot.) Fruchtauge; *Tragbahre; Trag(e)balken; Tragband:* Reffband : Strebeband; *Tragegurt; Tragetasche; Tragfähigkeit:* Ladungsfähigkeit; *Tragfestigkeit; Tragfläche:* Fläche der Flügel am Flugzeug; *Tragflügel; Tragegestell; Traggriff; Traghebel; Tragholz:* Fruchtholz; *Tragkorb; Tragkraft; Tragkranz; Traglast; Tragpfeiler; Tragriemen; Tragring:* Schutzring für den Kopf beim Tragen von Lasten auf dem Kopf; *Tragsattel:* Saumsattel; *Tragsessel; Tragweite:* Reichweite : (übertr.) Auswirkung, Bedeutung; *Tragzeit* * **Trä**|**ger,** der; –s, –: ein Tragender, etwas Tragendes : Gepäckträger : Lasttier : Tragriemen : (Anat.) der erste Halswirbel : (Baukst.) stützender Balken : (Bot.) Staubfaden * *Trägerkleid; Trägerlohn; Trägerrakete; Trägerrock; Trägersubstanz; Trägerwelle:* elektromagnet. Wellenreihe mit gleichbleibender Schwingungszahl

träg, trä|**ge** Ew.: langsam : faul : antriebsarm * **Träg**|**heit,** die; –: das Trägesein : (Mech.) Beharrungsvermögen * *Trägheitsgesetz; Trägheitsmoment*

tra|**gen:** s. tragbar

tra|**gie**|**ren** (..iert) (gr.) intr.: tragisch spielen * **Tra**|**gik,** die; –: Erschütterndes : verhängnisvolles, ergreifendes Schicksal : Kunst des Trauerspiels * **Tra**|**gi**|**ker,** der; –s, –: Trauerspieldichter * **tra**|**gi**|**ko**|**misch** Ew.: sowohl tragisch als auch komisch * **Tra**|**gi**|**ko**|**mö**|**die,** die; –, –n: Vermengung von Trauer- und Lustspiel * **tra**|**gisch** Ew.: traurig, erschütternd * **Tra**|**gö**|**de,** der; –n, –n, **Tra**|**gö**|**din,** die; –, –nen: Trauerspieldarsteller(in) * **Tra**|**gö**-**die,** die; –, –n: Trauerspiel : Schicksalsschlag : Untergang, Scheitern * *Tragödiendarsteller; Tragödiendichter*

Trag|**wei**|**te** usw.: s. tragen

Trai|**ler** (e.) [trehler], der; –s, –: Autoanhänger zum Transport von Booten o. Ä. : Werbung für einen Film mit Filmausschnitten

Train (fr.) [träng], der; –s, –s: Wagenzug, Tross, Fuhrabteilung des Heeres

Trai|**nee** (e.) [trehnih], der; –s, –s: jmd., der [nach Abschluss eines Studiums] innerbetrieblich auf eine Aufgabe vorbereitet wird * **Trai**|**ner** (e.) [trehn'r], der; –s, –: berufsmäßiger Ausbilder in Sport und Wirtschaft : Zureiter * *Trainerbank; Trainerlizenz; Trainerschein; Trainerstunde* * **trai**|**nie**|**ren** (..iert) tr.: systematisch lehren und lernen, ausbilden und einüben * **Trai**|**ning,** das; –s: das Trainieren * *Training-on-the-Job:* Ausbildung durchs Arbeiten selbst * *Trainingsanzug; Trainingseffekt; Trainingseinheit; Trainingshose; Trainingsjacke; Trainingslager; Trainingsmethode; Trainingsplan; Trainingsspiel; Trainingszeit*

Trai|**teur** (fr.) [trätöhr], der; –s, e: Speisewirt, der die Speisen ins Haus liefert : Leiter einer Großküche

Tra|**jekt,** (l.), der; das; –(e)s, –e: Überfahrt : Eisenbahnfähre * *Trajektdampfer*

Tra|**keh**|**nen:** Ort im ehem. Ostpreußen : Gestüt * **Tra**|**keh**|**ner,** der; –s, –: eine Pferderasse

Trakt (l.), der; –(e)s, –e: Gebäudeteil : Straßenzug * **trak**|**ta**|**bel** Ew.: fügsam : leicht zu behandeln, umgänglich * **Trak**|**ta**|**ment,** das; –(e)s, –e: Behandlung : Bewirtung : Sold * **Trak**|**tan**|**den** Mz.: Verhandlungsstoffe, Tagesordnungspunkte * **Trak**|**tat,** der (mundartl. auch das); –(e)s, –e: Abhandlung : Vertrag * *Traktätchen:* kleine Schrift religiösen Inhalts : Flugschrift * **trak**|**tie**|**ren** (..iert) tr.: behandeln : verhandeln : bewirten : jmdn. wegen einer Sache bearbeiten, nerven * **Trak**|**tie**|**rung,** die; –, –en: Behandlung : Bewirtung * **Trak**|**ti**|**on,** die; –, –en: der Zug : das Ziehen * **Trak**|**tor,** der; –s, ..toren: Schleppmotor : Motorzugma-

schine : Trecker : Gerät zur automatischen Beförderung für Endlospapier am Drucker *
Trak|tur, die; –, –en: Spielmechanik an der Orgel *
Trak|tus, der; –: (kath. K.) dem Graduale folgender Gesang bei der Toten- und Fastenmesse
tral|la! Tonwort zur Kundgebung von Freude * *trallala!* *
träl|lern (ich trällere) intr.: freudig vor sich hinsingen
Tram (österr.), der; –(e)s, –e und Träme: Balken * *Tramboden:* Balkendecke
Tram (e.), die; –, –s: Straßenbahn * *Trambahn; Trambus:* Autobus; *Tramway:* Tram
Tra|min: südtiroler Ort *
Tra|mi|ner, der; –s, –: eine Weiß- und Rotweinsorte
Tramp (e), der; –s, –s: Landstreicher * **Tram|pel**, der; –s, – (auch die; –, –): tölpelhafter Mensch * **tram|peln** (ich ..[e]le) intr., tr.: mit den Füßen aufstampfen : grobschlächtig laufen * *Trampelpfad; Trampeltier:* Kamel : (scherzh.) Trampel * **tram|pen** [trempen] (du trampst) intr., tr.: per Anhalter reisen : (veralt.) als Tramp leben * **Tram|per**, der; –s, –: jmd., der per Anhalter reist * **Tramp|schiff**, das; –(e)s, –e: Schiff für Gelegenheitsfrachten * *Trampschifffahrt* → *Trampschifffahrt* *
Tram|po|lin (it.), das; –s, –e: elastisches Sprunggerät mit Schwungtuch * *Trampolinsprung*
Tran, der; –(e)s, –e: dickflüssiges Fett aus dem Speck von Seesäugetieren * *im Tran sein:* dösen; *einen Transchädel haben:* benommen sein * *Tranfunzel; Tranlampe:* Öllampe : schlecht brennende Lampe : (scherzh.) langweilige, dösige Person; *Transieder:* einer, der aus Seetieren Tran gewinnt; *Transiederei:* Unternehmen eines Transieders; *Transuse:* langweilige, träge Person * **tra|nig** Ew.: tranähnlich : mit Tran bedeckt, nach Tran schmeckend, riechend : (übertr.) langweilig, antriebsschwach
Tran|ce (e.), die; –, –n: hypnoseähnlicher Zustand bei spiritistischen Medien :

(Wach-)Traumzustand : Bewusstlosigkeit * *Trancezustand*
Tran|che (fr.) [trangsch(e)], die; –, –s: Brot-, Fleischscheibe : Rand der Münzen : Teilbetrag einer Wertpapieremission *
Tran|cheur [trangschöhr], der; –s, –e: Vorschneider * **tran|chie|ren, tran|schie|ren** (..iert) tr.: abschneiden, zerlegen, zerteilen * *Tranchiermesser* * **Tran|chie|rung**, die; –, –en: das Abschneiden, Zerlegung, das Zerteilen
Trä|ne, die; –, –n: die von den Tränendrüsen abgesonderte Flüssigkeit : etwas Tränenähnliches * *Tränenbein:* kleiner Knochen an der Augenhöhle; *tränenbenetzt* Mz. Ew.; *Tränenblick; Tränendrüse; Tränenfluß* → *Tränenfluss; Tränengas; Tränengasbombe; tränenlos* Ew.; *tränennaß* → *tränennass* Ew.; *tränenreich* Ew.; *Tränensack:* im inneren Augenwinkel befindliches Tränenbehältnis; *Tränensee:* Name des inneren Augenwinkels; *Tränenstrom; Tränenweide:* Trauerweide * **trä|nen** intr.: Tränen rinnen lassen * **trä|nig** Ew.: voll von Tränen
Trank, der; –(e)s, Tränke, Tränkchen: Trunk, Getränk * *Trankopfer* * **Trän|ke**, die; –, –n: Ort, wo Tiere trinken, getränkt werden : Vogelherd zum Fang der zur Tränke fliegenden Vögel : Tränk fürs Vieh * **trän|ken** tr.: trinken lassen : mit Feuchtigkeit durchziehen lassen : (übertr.) erfüllen * **Trän|kung**, die; –, –en: das Tränken
Tran|quil|li|zer (e.) [tränkileis'r], der; –s, –: Beruhigungsmittel, Schlafmittel (kann auch zu Rauschzuständen und Abhängigkeit führen)
trans.., Trans.. (l.) Vw. in Zus.: jenseits, über
Trans|ak|ti|on, die; –, –en: Verlagerung von Wirtschaftsgütern : größere kaufmänn. Unternehmung
trans|al|pi|nisch (nl.) Ew.: jenseits der Alpen befindlich
trans|at|lan|tisch (nl.) Ew.: überseeisch
tran|schie|ren: s. Tranche
Trans-Eu|rop-Ex|press, der;

–: früher ein Zug mit besonderem Komfort für den internationalen Verkehr; Abk.: TEE
Trans|fer (l.), der; –(s): Verbringung von einem Ort zu einem anderen : Übertragung, Verrechnung von Geldsummen : Zahlung in anderer Währung : (Sport) Wechsel eines Berufsspielers zu einem anderen Verein * *Transferabkommen; Transferliste; Transferschwierigkeit; Transfersumme* * **trans|fe|rie|ren** (..iert) tr.: übertragen : verschieben * **Trans|fe|rie|rung**, die; –, –en: das Übertragen
Trans|fi|gu|ra|ti|on (l.), die; –, –en: „Umgestaltung", bes. Verklärung (Christi)
Trans|for|ma|ti|on (l.), die; –, –en: Umbildung : Umformung * *(generative) Transformationsgrammatik* * **Trans|for|ma|tor**, der; –s, ..toren: Stromumformer : Spannungswandler * *Transformatoranlage; Transformatorenhäuschen* * **trans|for|mie|ren** (..iert) tr.: umbilden : umformen
trans|fun|die|ren (..iert) tr.: (in ein anderes Gefäß) umgießen, übertragen * **Trans|fu|si|on**, die; –, –en: Umgießen : Aufgehen einer Firma in eine andere : (Med.) Blutübertragung * *Transfusionsmedizin* * **Trans|fu|sor**, der; –s, ..soren: (Med.) Blutspender
trans|gre|die|ren tr.: überfluten größerer Flächen * **Trans|gres|si|on** (l.), die; –, –en: Überschreitung (eines Befehls) : Überflutung größerer Landstriche durch das Meer infolge Landabsenkung oder Erhöhung des Meeresspiegels
Tran|sis|tor (l.), der; –s, ..toren: Kristallverstärker * *Transistorgerät; Transistorradio* * **tran|sis|to|rie|ren, tran|sis|to|ri|sie|ren** intr.: mit Transistoren versehen
Tran|sit (l.), der; –(e)s, –e: Durchgang : Durchfuhr * *Transitabkommen; Transitgut:* Durchgangsgut; *Transithandel; Transitreisende; Transitverbot:* Durchfuhrverbot; *Transitverkehr; Transitvisum; Transitwaren; Transitzoll* * **tran|si|tie|ren** (..iert) intr.: (Wirtschaft) durchgehen : vor-

übergehen : durchlaufen **✱ Transition**, die; –, -en: Übergang, Übergehung **✱ transitiv** Ew.: überleitend : zielend **✱** *transitive Relation; transitives Verb* **✱ Transitiv** [..w..], das; –s, -e; **Transitivum** [..w..], das; –s, ..va: (Sprachl.) trans. Verb; Verb, das ein Akkusativobjekt verlangt **✱ Transitivität**, die; –: das Transitivsein : Übertragbarkeit, mathem. Eigenschaft von Relationen **✱ transitorisch** Ew.: vorübergehend, plötzlich ausbrechend

transkontinental Ew.: einen Erdteil durchquerend

transkribieren (..iert) (l.) tr.: umsetzen : umschreiben **✱ Transkription**, die; –, -en: Umschrift, Übertragung

Translateur (fr.) [..töhr], der; –s, -e; **Translator** (l.), der; –s, ..toren: Dolmetscher, Übersetzer **✱ Translation** (l.), die; –, -en: Übertragung : Übersetzung in eine andere Sprache : (Phys.) geradlinige Bewegung **✱ Transliteration**, die; –, -en: buchstabengetreue Umsetzung von einer Schrift in eine andere

transluzent (l.) Mw. Ew.: durchscheinend

transmarinisch (l.) Ew.: überseeisch

Transmission (l.), die; –, -en: Übertragung : Überleitung : (Techn.) Zwischenmaschine zur Kraftübertragung **✱** *Transmissionsriemen:* Treibriemen; *Transmissionswelle:* (Maschine) Übertragungswelle **✱ Transmitter** (e.), der; –s, -: Übertragungsgerät, Messwandler, Mikrofon : Sender : (Biologie) Botenstoff **✱** *Neurotransmitter* **✱ transmittieren** (..iert) tr.: übertragen : senden

Transmutation (l.), die; –, -en: Umwandlung, Vertauschung

transnational Ew.: übernational

transozeanisch Ew.: jenseits des Ozeans befindlich **✱** *Transozeandampfer; Transozeanflug:* Flug über den Ozean

transparent (l.) Mw. Ew.: durchscheinend, durchleuchtend **✱** *Transparentpapier:* Pauspapier **✱ Transparent**, das; –(e)s, -e: durchscheinen-

des Bild : Spruchband (auf Demonstrationen) **✱ Transparenz**, die; –: Durchsichtigkeit : Klarheit

Transpiration (l.), die; –, -en: Absonderung von Schweiß, Schwitzen : (Bot.) Abgabe von Wasserdampf durch die Blätter **✱ transpirieren** (..iert) intr.: ausschwitzen : ausdünsten

Transplantat (l.), das; –(e)s, -e: überpflanztes oder zu überpflanzendes Organ oder Gewebestück **✱ Transplantation** (l.), die; –, -en: Überpflanzung von Organen, lebenden Zellen oder Haut **✱ transplantieren** intr.: Überpflanzen von Gewebeteilen oder Organen

transponieren tr.: in ein anderes System übertragen : (Mus.) in eine andere Tonart übertragen

Transport (l.), der; –(e)s, -e: Versand, Beförderung : Übertrag (bei Buchungen); Abk.: Transp. **✱** *Transportanlage:* Förderanlage; *Transportarbeiter; Transportband; transportfähig* Ew.; *Transportflugzeug; Transportkosten* Mz.: Versandkosten; *Transportmittel; Transportschiff; Transportunternehmen; Transportwesen* **✱ transportabel** Ew.: beweglich : tragbar : fortschaffungsfähig **✱ Transportation**, die; –, -en: Fortschaffung **✱ Transporter**, der; –s, -: kleinerer Lastkraftwagen : Frachtschiff : Flugzeug für Frachten **✱ Transporteur** (fr.) [..töhr], der; –s, -e: Spediteur : Winkelmesser : Zubringgerät an Maschinen **✱ transportieren** (..iert) tr.: befördern : versenden : fortschaffen : übertragen (bei Buchungen)

Transposition (l.), die; –, -en: Umstellung : Übertragung (eines Musikstücks in eine andere Tonart)

Transrapid (Warenname) eine Magnetschwebebahn

Transsexualität, die; –: Entwicklung einer geschlechtlichen Identität, die im Widerspruch zum leiblichen Geschlecht steht

transsibirisch Ew.: Sibirien durchquerend **✱** *die Transsibirische Eisenbahn*

Transsilvanien, Transsylvanien: alter Name von Siebenbürgen

Transsubstantiation (nl.), die; –, -en: Umwandlung, Verwandlung (des Wesens von Brot und Wein in Leib und Blut Christi) **✱** *Transsubstantiationslehre*

Transuran (l.), das; –s, -e (meist Mz.): künstlich gewonnene chem. Elemente mit höherem Atomgewicht als Uran

transversal (l.) [..w..] Ew.: querverlaufend, schräg **✱** *Transversalbahn; Transversalschwingungen:* Querschwingungen **✱ Transversale**, die; –, -en: schräg durchlaufende Linie

Transvestismus, der; –: Trieb, durch Kleidung und Habitus als Angehöriger des anderen Geschlechts zu erscheinen **✱ Transvestit**, der; –en, -en: Mensch mit der Sucht, Gebaren und Kleidung des anderen Geschlechts nachzuahmen

transzendent (l.) Ew.: die Erfahrung „übersteigend" : übersinnlich : jenseits des Bewusstseins überhaupt liegend **✱ transzendental** Ew.: (Philos.: nach Kant) sich mit den Bedingungen der Möglichkeit von Erfahrung überhaupt befassend, auf die Bedingung der Möglichkeit bezogen : (Scholastik) alle Begriffe übersteigend **✱** *Transzendentalphilosophie* **✱ Transzendenz**, die; –: Übersteigung aller Erfahrung : Überbegrifflichkeit : Unbegreifbarkeit **✱ Transzendentalien** Mz.: philosophische Grundvoraussetzungen **✱ transzendieren** tr.: überschreiten

Trap (e.) [träp], der; –s, -s; Klappe, Geruchsverschluss (durch Wasser an Aborten usw.) **✱** *Honey Trap:* „Honigfalle", (Agentenspr.) weibl. Lockvogel

Trapez (gr.-l.), das; –es, -e: Viereck mit zwei parallelen, aber ungleich langen Seiten : Schwebereck **✱** *trapezförmig; Trapezgewinde; Trapezkünstler* **✱ Trapezoeder** (gr.) das; –s, –: eine Kristallform **✱ Trapezoid**, das; –(e)s, -e: ein Viereck, in dem keine Seite der anderen parallel ist

trapp: Tonwort zur Bezeichnung schallender, trappender Tritte ***** **trapp, trapp!:** Tonwort: schnell!, flink! ***** **Trapp,** der; –(e)s, –e: trappender Schritt ***** **Trap|pe,** der; –n, –n: plumpe, bäurische Person ***** **Trap|pe,** der; –n, –n; die; –, –n: Laufvogel ***** *Trappenjagd* ***** **Trap|pe,** die; –, –n: Tritt, Fußspur ***** **trap|peln** (ich ..[e]le) intr.: mit kleineren Schritten trappen; vgl. trippeln ***** **trap|pen** intr., tr.: in einer dem Tonwort entsprechenden Weise treten ***** **trap|sen** (du trappsest und trappst) intr.: laut trappen

Trapp, der; –(e)s, –e: Basalt

Trap|per (e.), der; –s, –: „Fallensteller", ein nordam. Pelzjäger

Trap|pist, der; –en, –en: Angehöriger eines Zisterzienserordens; nach der Abtei La Trappe ***** *Trappistenkloster; Trappistenorden*

tra|ra, tra|rum!: Tonwort zur Bezeichnung des Trompetengeschmetters ***** *trari, trara!* ***** **Tra|ra,** das; –s: Trompetengeschmetter : unnötiger Lärm, unnötiges Aufheben ***** *Trara machen*

Traß → **Trass** (it.-ndl.), der; –es, –e: vulkanischer Aschentuff (zu Mörtel) : Druckstein

Tras|se (fr.), die; –, –n: Linienführung eines Verkehrsweges ***** **tras|sie|ren** (..iert) tr.: Verkehrsweg abstecken, vorzeichnen : (it.) Wechsel auf jemand ausstellen, ziehen

Tratsch, der; –es: Geschwätz : Klatsch ***** **trat|schen** (du tratschst), intr., tr.: schwatzen ***** **Trat|sche|rei,** die; –, –en: Geschwätz

Trat|te (it.), die; –, –n: gezogener Wechsel ***** **Trat|to|ria** (it.), die; –, ..rien: Speisehaus

trau|en intr., tr.: jemandem Vertrauen schenken : sich auf jemand, etwas verlassen : ehelich verbinden : (mundartl.) heiraten; rbz.: wagen, den Mut haben ***** *Traualtar; Traugebühr; Traugottesdienst; Traurede; Trauring; Trauschein; Trauzeuge* ***** **trau|lich** Ew.: behaglich, anheimelnd, gemütlich ***** **Trau|lich|keit,** die; –,

–en: das Traulichsein ***** **traun!:** wahrlich! ***** **Trau|te,** die; –, –n: (mundartl.) Mut ***** **Trau|ung,** die; –, –en: feierliche Zusammensprechung zur Ehe ***** *Trauungsfeierlichkeit*

Trau|be, die; –, –n; Träubchen : (Bot.) Blütenstand mit gestielten Blüten an gemeinsamer Achse : Weintraube : (übertr.) etwas Traubenähnliches : schwarze Flocken am Pupillenrand des Pferdes ***** *Traubenbeere:* Weinbeere; *Traubenblut, Traubengold:* Wein; *Traubenkur; Traubenlese:* Weinlese; *Traubenmost; Traubenpresse; Traubensaft:* Weinsaft; *Traubenzucker:* in Früchten vorkommender Zucker, Glukose ***** **trau|big** Ew.: traubenähnlich

trau|en: s. Trau

Trau|er, die; –: seelisches Leid wegen eines schweren Verlusts : das Trauern um einen Verstorbenen ***** *Traueranzeige; Trauerarbeit; Trauerbinde; Trauerbotschaft; Trauerbrief; Trauerfall:* Todesfall; *Trauerfeier; Trauerflor:* Flor als Zeichen der Trauer; *Trauergeleit; Trauergemeinde; Trauerhaus; Trauerjahr:* das erste Jahr nach dem Tode eines zu Betrauernden; *Trauerkleid; Trauerkloß:* (scherzh.) fader Mensch; *Trauerlied; Trauermantel:* ein Schmetterling : eine Pflanze; *Trauermarsch:* ein Musikstück; *Trauermiene; Trauernachricht; Trauerrand:* schwarzer Briefrand : (scherzh.) schmutzige Fingernägel; *Trauerrede; Trauerschleier; Trauerspiel:* Tragödie; *Trauerweide:* Hängeweide; *Trauerzeit; Trauerzug* ***** **trau|ern** (ich ..e]re) intr.: in Trauer sein ***** **trau|rig** Ew.: freudlos : niedergeschlagen, betrübt ***** **Trau|rig|keit,** die; –: das Traurigsein

Trau|fe, die; –, –n: das vom Dach abfließende Regenwasser : vorragender Dachrand : untere waagrechte Kante des geneigten Daches : (Papiermach.) Rand der Schöpfbütte ***** *aus dem Regen in die Traufe kommen* intr.: aus einem schlimmen Zustand in einen noch schlimmeren kommen; *Trauf-*

höhe; *Traufrinne:* Dachrinne ***** **träu|feln** (ich ..[e]le) tr., intr.: tröpfeln machen : tröpfeln

trau|lich: s. Trau

Traum, der; –(e)s, Träume; Träumchen: Vorstellung im Schlaf : Wahngebilde : Wunschgebilde ***** *traumartig* Ew.; *Traumbild; Traumbuch; Traumdeuter; Traumfabrik:* Hollywood : Welt des Films; *Traumgesicht:* Traumbild; *Traumhaus:* Wunschhaus; *traumverloren* Ew.; *traumversunken* Ew.; *Traumwandler; Traumwelt:* nichtwirkliche Welt ***** **träu|men** intr.: im Traume sein : seinen Gedanken, Phantasien und Wünschen nachhängen; tr.: einen Traum haben ***** *er hat es sich nicht träumen lassen:* er hat es nicht in Erwägung gezogen; *mir träumte, es träumte mir:* ich träumte ***** **Träu|mer,** der; –s, –: ein Träumender ***** **Träu|me|rei,** die; –, –en: Gedanken eines Träumers : das Träumen ***** **Träu|me|rin,** die; –, –nen ***** **träu|me|risch** Ew.; wie ein Träumer ***** **traum|haft** Ew.: wie in einem Traum

Trau|ma (gr.), das; –s, ..ta und ..men: Verletzung : Wunde : seelische Erschütterung ***** **trau|ma|tisch** Ew.: durch Verletzung entstanden : durch äußere Gewalt ***** *traumatische Neurosen:* durch Unfall, Schreck usw. entstandene Neurosen ***** **Trau|ma|to|lo|gie,** die; –: Teilgebiet der Chirurgie, das sich mit den Auswirkungen und der Behandlung von Traumen befasst

traun!: s. Trau

trau|rig: s. Trauer

Trau|ring: s. Trau

traut Ew.: vertraut ***** **Traut|heit,** die; –: das Vertrautsein

Trau|te: s. Trau

Trau|ung, Trau|zeu|ge usw.: s. Trau

Tra|vel|ler|scheck (e.-dtsch.) [träwell.r..], der; –s, –s: Reisescheck

tra|vers (fr.) [..w..]: quer : quer gestreift : schief ***** **Tra|vers** [..w..], das; –: Quere : eine Gangart beim Schulreiten ***** **Tra|ver|se** [..w..], die; –, –n: Querbalken, Quergang, Querstrich, Querträger, Querwall : Schulterwehr : (übertr.) Widerwärtigkeit ✳ **tra|ver|sie|ren** (..iert) [..w..] tr.: durchschneiden : durchkreuzen : hintertreiben : (Bergsteigen) horizontal eine Wand oder einen Hang entlanggehen oder -klettern : (Fechtkst.) seitwärts ausfallen : eine Reitbahn diagonal durchreiten ✳ **Tra|ver|sie|rung,** die; –, –en: Durchkreuzung

Tra|ves|tie (it.) [..w..], die; –, ..stien: scherzhafte Umgestaltung von etwas Ernsthaftem (eines Gedichts) in etwas Possenhaftes ✳ **tra|ves|tie|ren** (..iert) tr.: (scherzh.) umdichten : lächerlich machen

Trawl (e.) [traᵒhl], das; –s, –s: Baum-, Grundschleppnetz ✳ **Traw|ler** [traᵒhl'r], der; –s, –: mit Grundschleppnetz fischendes Boot

Treat|ment (e.) [trihtment], das; –s, –: Exposé für ein Drehbuch mit ausgearbeiteten Teilen

Tre|cen|tist (it.) [tretsch..], der; –en, –en: Dichter, Künstler des Trecentos ✳ **Tre|cen|to** [tretsch..], das; –s: Kunstzeitalter in Italien im 14. Jh.

Treck (ndl.), der; –s, –s: großer Zug von (auswandernden, flüchtenden) Menschen : Auswanderung mit Wagenkolonnen ✳ Treckschute: von Pferden gezogenes Schiff; Treckseil: Zugseil ✳ **tre|cken** tr.: ziehen : wegziehen : mit dem Treck auswandern ✳ **Tre|cker,** der; –s, –: (Motor-)Zugmaschine ✳ **Tre|cking, Trek|king,** das; –s: Wandern ✳ Treckingschuhe

Treff (l.-fr.), das; –s, –s: Kreuz, Klee, Eichel, eine Farbe im Kartenspiel ✳ Treffas → Treffass; Treffbube

Treff, der; –(e)s, –e: Schlag, Hieb : treffende Bemerkung : (Verskst.) Hebung der Stimme ✳ **Treff,** der; –s, –s: (Umgspr.) Treffpunkt : ein Zusammentreffen ✳ **treff|bar** Ew.: so beschaffen, dass man es treffen kann ✳ **tref|fen** (du triffst; du trafst, du träf[e]st; getroffen; triff!) tr., intr.: durch einen Satz, Schlag oder Schuss erreichen : begegnen : das Ziel erreichen ✳ *den Nagel auf den Kopf treffen; der Maler hat*

dich getroffen: er hat das Bild dir ähnlich gemacht; *jemanden zu Hause treffen* ✳ *Treffplatz, Treffpunkt:* Ort, an dem man sich treffen will; *Treffsicherheit:* Sicherheit im Treffen ✳ **Tref|fen,** das; –s, –: verabredetes Zusammenkommen : (militär.) Gefecht : Linie der Schlachtordnung ✳ **tref|fend** Ew.: passend, richtig ✳ *eine treffende Bemerkung, Antwort* ✳ **Tref|fer,** der; –s, –: ein Treffender : Schuss ins Schwarze (Ggs. Fehler) : Gewinnlos (Ggs. Niete) : Glück : etwas, was einschlägt ✳ *Trefferanzeige; Trefferquote* ✳ **treff|lich** Ew.: ausgezeichnet, vorzüglich ✳ **Treff|lich|keit,** die; –: das Trefflichsein, etwas Treffliches

trei|ben (du treibst, du treibest; getrieben; treib[e]!) tr.: vorwärtsdrängen : in Bewegung setzen : (Sport –) ausüben : über eine Fläche ausdehnen : (Metallarb.) mit einem Hammer in Form schlagen : in schnelleren Umlauf setzen, antreiben : (Bergb.) fördern : (Hüttw.) von unedlen Metallen reinigen, abtreiben : (weidm.) vor sich her scheuchen : betreiben, bewerkstelligen; intr.: keimen : gären : sich um etwas wirbelnd drehen ✳ *auf die Spitze (zum Äußersten) treiben* tr.: auf das Äußerste ankommen lassen; *zu weit treiben* tr.: übertreiben; *in die Enge treiben; den Preis treiben:* den Preis erhöhen; *Handel treiben:* handeln; *die Pflanzen treiben:* die Pflanzen schlagen aus ✳ *Treibanker:* Anker zur Verminderung der Abtrift bei Sturm; *Treibball; Treibbeet:* Mistbeet; *Treibeis; Treibfäustel:* schwerer Bergmannshammer; *Treibhammer:* (Metallarb.) Werkzeug; *Treibhaus:* (Hüttw.) Gebäude zur Scheidung des Silbers vom Blei : Gewächshaus; *Treibhauseffekt:* die unnatürliche Erwärmung der Erdatmosphäre infolge von Luftverschmutzung; *Treibholz:* Holz zum Heizen des Treibherdes : Wälgerholz : vom Wasser fortgeschwemmtes oder angeschwemmtes Holz; *Treibjagd; Treibladung; Treibmittel;*

Treibnetz: senkrecht treibendes Netz beim Heringsfang; *Treiböl; Treibrad:* Rad, das eine Maschine in Bewegung setzt; *Treibriemen:* Riemen, der die Kraft vom Treibrad überträgt; *Treibsand:* vom Wind verwehter Sand; *Treibstange:* Pleuelstange; *Treibstoffe:* Betriebsstoffe für Verbrennungskraftmaschinen ✳ **Trei|ben,** das; –s, –: das Tun und Handeln; vgl. treiben ✳ **Trei|ber,** der; –s, –: ein Viehhüter : Jagdhelfer, der das Wild zusammentreibt ✳ **Trei|be|rei,** die; –, –en: das (übermäßige) Treiben : Hetzerei

Trei|del, der; –s, –: Schlepp-, Zugtau für stromauf zu ziehende Fahrzeuge ✳ *Treidelbahn; Treideldamm, Treidelpfad, Treidelsteig, Treidelweg, Treidelwerk* ✳ **Trei|de|lei,** die; –, –en: Treidlergewerbe ✳ **Trei|de|ler, Treid|ler,** der; –s, –: ein Treidelnder ✳ **trei|deln** (ich ..[e]le) tr.: ein Schiff oder ein Boot stromaufwärts ziehen

Trek|king: s. Trecking

Tre|ma (gr.), das; –s, –s und ..ta: Trennzeichen über einem Buchstaben (2 Punkte), um die getrennte Aussprache zweier nebeneinander stehender Vokale anzugeben (Triëder Triëder)

Tre|ma (gr.), das; –s: das Beben : Angst ✳ **tre|mo|lan|do** (it.): (Mus.) bebend, zitternd ✳ **Tre|mo|lo,** das; –s, –s und ..li: das Beben : (Mus.) schnelle vibrierende Wiederholung eines Tones oder Akkordes ✳ **tre|mo|lie|ren, tre|mu|lie|ren** (..iert) intr.: das Tremolo singen : beben ✳ **Tre|mor** (l.), der; –s, ..oren: das Zittern : Schreck : (Med.) Muskelzittern ✳ **Tre|mu|lant** (ml.), der; –en, –en: Orgelregister, das einen vibrierenden Ton hervorbringt ✳ **Trem|se,** die; –, –n: (mundartl.) Kornblume

tre|mu|lie|ren: s. Trema

Trench|coat (e.) [tränschkoht], der; –s, –s: Wettermantel

Trend (e.), der; –s, –s: Zeitströmung : Grundrichtung einer Entwicklung ✳ *Trendmeldung; Trendsetter; Trendwende*

Trend|ler, der; –s, –: ein Trödler

trenn|bar Ew.: so beschaffen, dass man es trennen kann * **Trenn|bar|keit**, die; –: das Trennbarsein * **trennen** tr.: spalten : scheiden : absondern : auseinander bringen : Silben trennen * *Trennkost; Trennlinie; Trennmesser:* Messer zum Trennen von Nähten; *Trennpunkt; Trennregeln; Trennsäge;* (Rdfk.) *Trennschärfe; Trennwand* * **Trennung**, die; –, –en: das Trennen, das Sichtrennen * *Trennungsangst; Trennungsentschädigung; Trennungsregeln; Trennungsschmerz; Trennungsstunde; Trennungszeichen:* Schriftzeichen zur Silbentrennung; *Trennungszeit*

Tren|se, die; –, –n: Schnur : (seem.) Tau : Lenkriemen am Pferdezaum

Trep|pe, die; –, –n: (Baukst.) eine größere Anzahl Stufen zum Aufsteigen in ein höheres Stockwerk, Stiege * *treppab* Uw.; *treppauf* Uw. * *Treppenabsatz; treppenartig* Ew.; *Treppenbeleuchtung; Treppengeländer; Treppenhaus; Treppenleiter; Treppenstufe; Treppenwitz:* Gedanke, der einem zu spät (erst auf der Treppe) einfällt

Tre|sen (niederd.), der; –s, –: Laden-, Schanktisch

Tre|sor (fr.), der; –s, –e: Schatz : Geldschrank : Bankfach : Safe * *Tresorraum; Tresorschein:* Schatzanweisung; *Tresorschlüssel*

Tres|se (gr.-fr.), die; –, –n: Besatz, Zierborte, bes. an Livreen und Uniformen * *Tressenbesatz* * **tres|sie|ren** (..iert) tr.: flechten * **Tres|sie|rer**, der; –s, –: Flechter

Tres|ter, Tres|tern Mz.: Rückstand beim Auspressen von Früchten, Weinbeeren, Oliven : Treber : der daraus hergestellte Branntwein * *Tresterbranntwein; Tresterschnaps*

tre|ten (du trittst; du trat[e]st, du trätest; getreten; tritt!) intr.: den Fuß aufsetzen : sich mit Schritten fortbewegen; tr.: den Fuß auf etwas setzen, den Fuß wie schreitend bewegen : tretend bearbeiten, mit den Füßen etwas bewegen : (übertr.) jemdn. antreiben * *jemanden mit Füßen treten:* einen Tritt geben : (übertr.) jemanden schurigeln; *in die Ehe treten* intr.: eine Ehe eingehen; *ins dreißigste Jahr treten* intr.: 30 Jahre alt werden; *Tränen treten ins Auge; der Mond tritt zwischen Erde und Sonne* * *Tretauto; Tretboot; Trethaspel:* Radhaspel mit Tretrad; *Tretmine; Tretmühle:* durch Tretrad bewegte Mühle : (übertr.) einförmige aufreibende Berufsarbeit; *Tretrad; Tretschlitten; Tretstrahler:* Rückstrahler am Pedal des Fahrrades * **Tre|ter**, der; –s, –: ein Tretender : Mz. (volkst.) derbe Schuhe * **Tre|te|rei**, die; –, –en: das Treten

treu Ew.: ohne Falsch, ehrlich, genau : anhänglich * *treu sein, bleiben; treuer Freund; zu treuen Händen; ein treuergebener → treu ergebener Mitarbeiter; ein treusorgender → treu sorgender Vater* * **Treue**, die; –: das Treusein * *Treubruch; Treueid; Treu(e)pflicht; Treueprämie; Treueschwur; Treuhand:* Treuhandgesellschaft; *Treuhänder:* Bevollmächtigter : Verwalter eines ihm anvertrauten Gutes : (Rechtsspr.) Fiduziar; *treuhänderisch* Ew.; *Treuhandgesellschaft:* eine kaufmännische Unternehmung, die die Rechte ihrer Kunden wahrnimmt; *Treuhandkonto; treuherzig* Ew.; *treulos* Ew.; *Treulosigkeit; Treupfand:* für die Treue bürgendes Pfand; *Treuschwur* * **treu|lich** Ew. Uw.: treu

Trevi|ra [..wira], das; –s: (Warenname) Gewebe aus synthetischen Fasern

Trevi|so [..w..]: oberital. Stadt

tri.., Tri..: in Zus. drei.., Drei..

Tri|a|de (gr.), die; –, –n: Dreizahl, Dreiheit : Dreieinigkeit * **tri|a|disch** Ew.: dreizahlig, auf die Zahl drei bezogen

Tri|al (e.) [treil], das; –s, –s: Geschicklichkeitsprüfung von Motorradfahrern * **Tri|al and Er|ror:** "Versuch und Irrtum", Bezeichnung für die Methode des Ausprobierens * *Trial-and-Error-Methode*

Tri|an|gel (l.), der; (östr.) das; –s, –: Dreieck : dreieckiges Schlaginstrument * **tri|an|gu|lär** Ew.: dreieckig * **Tri|an|gu-**

la|ti|on, die; –, –en: Landvermessung durch Dreiecke, Triangulierung * *Triangulationspunkt* * **tri|an|gu|lie|ren** (..iert) intr., tr.: Messungen durch Dreiecke vornehmen (: Gärtn.) dreieckig pfropfen * **Tri|an|gu|lie|rung**, die; –, –en: Vermessung mit Hilfe eines Netzes von Dreiecken

Tri|a|non [..nong]: zwei Lustschlösser im Park von Versailles

Tri|as (gr.), die; –, –: Dreiheit : (Geol.) die älteste Schicht des Mesozoikums * **Tri|as|for|ma|ti|on** * **tri|as|sisch** Ew.: zur Trias gehörig

Tri|ath|let (gr.), der; –en, –en: "Dreikämpfer", Sportler im Triathlon * **Tri|ath|lon**, das und der; –s, –s: "Dreikampf", extrem beanspruchender, an einem Tag zu absolvierender Mehrkampf im Schwimmen, Radfahren und Marathonlauf : (Skisport) Langlauf, Schießen und Riesenslalom

Tri|bun (l.), der; –s, –e: (altröm.) Volksanwalt, Volksvertreter * **Tri|bu|nal**, das; –s, –e: Richterstuhl : (hoher) Gerichtshof * *Tribunalrat* * **Tri|bu|nat**, das; –(e)s, –e: Amt, Würde eines Tribuns * **Tri|bü|ne** (fr.), die; –, –n: Rednerpult : Zuschauerbühne * **Tri|but**, der; –(e)s, –e: Zwangsabgabe, Steuer, Zoll * *Tributabkommen; tributpflichtig* Ew.

Tri|ce|ra|tops, der; –es, –e: nashornähnlicher Dinosaurier mit drei riesigen Hörnern

Tri|chi|ne (gr.), die; –, –n: "Haarwurm", parasitärer Fadenwurm, der durch rohes Fleisch auf den Menschen übertragen werden kann * *Trichinen(be)schauer* * **tri|chi|nös** Ew.: trichinenhaltig * **Tri|chi|no|se**, die; –, –: Trichinenkrankheit

Trich|ter (ml.), der; –s, –: Gerät mit Auslaufrohr zum Einfüllen von Flüssigkeiten in enge Öffnungen : etwas Trichterähnliches * *Nürnberger Trichter:* "Poetischer Trichter": (sprichwörtl.) Lehrbuch zum Eintrichtern von Wissen * *Trichterblume; Trichterbrust; trichterförmig* Ew.; *Trichtermündung* * **trich|tern** (ich ..[e]re) tr.: mit einem Trichter einfüllen

Trick (e.), der; –s, –s: Streich : Kniff, Kunstgriff : (Whistspiel) jeder Stich über sechs : *Trickbetrüger; Trickdieb; Trickfilm:* Zeichenfilm; *trickreich* Ew.; *Tricktrack:* Brettspiel ✳ **trick|sen** tr.: (Umgspr.) Tricks anwenden : beim Sportspiel einen Gegner durch geschickte Ballstöße umspielen ✳ **tri|cky** Ew.: (Umgspr.) trickreich, raffiniert

Tri|dent (l.), der; –(e)s, –e: Dreizack

Tri|du|lum (l.), das; –s, ..duen: Frist von drei Tagen : dreitägiges Gebet

Trieb, der; –(e)s, –e: das Treiben (vgl. treiben) : Trift, Weideplatz, Schar : Keimkraft : Keim, Schössling : bewegende Kraft : (krankhafte) Neigung : Naturtrieb, Instinkt ✳ *triebartig* Ew.: instinktiv; *Triebbefriedigung; Triebfeder:* Feder, die etwas treibt : (übertr.) Ansporn; *Triebkraft:* treibende Kraft; *Triebleben:* Geschlechtsleben; *triebmäßig* Ew.; *Triebrad:* (Maschin.) antreibendes Rad; *Triebsand:* Flugsand; *Triebstruktur; Triebtäter; Triebverbrechen; Triebwagen:* mit eigenem Motor ausgestatteter Eisenbahnwagen; *Triebwelle:* (Maschin.) vgl. Triebrad; *Triebwerk:* Getriebe : Transmission ✳ **trieb|haft** Ew.: dem Trieb folgend, durch Triebe bestimmt : tierisch, instinktmäßig ✳ **Trieb|haf|tig|keit,** die; –: das Triebhaftsein

trie|fen (du triefst; trieftest [veralt. troffst]; triefest [veralt. tröffest]; getrieft; trief[e]!) intr., tr.: traufen, in Tropfen gießen, in Tropfen fallen ✳ *Triefauge; triefäugig* Ew.; *Triefnase; triefnaß* → *triefnass* Ew. ✳ **trie|fig** Ew.: triefend

Tri|en|ni|um (l.), das; –s, ..nnien: Frist von drei Jahren

Trier: Stadt an der Mosel

Tri|er|arch (gr.), der; –en, –en: Befehlshaber, Ausrüster, eines Schiffs ✳ **Trie|re,** die; –, –n: (Antike) Schiff mit drei Reihen übereinander gelegener Ruderbänke

Tri|eur (fr.) [..öhr], der; –s, –e: Kornrolle, Getreidereinigungsmaschine

Trie|ze, die; –, –n: Vorrichtung zum Emporwinden ✳ **trie|zen** (du triezest und triezt) tr.: mit der Trieze emporziehen : (übertr.) quälen, mit Worten necken

Tri|fle (e.) [traifl] das; –s, –s: englisches Biskuitdessert

Tri|fo|kal|bril|le, die; –, –n: Brillengestell mit Trifokalgläsern ✳ **Tri|fo|kal|glas,** das; –es, ..gläser: Glas mit drei verschiedenen Brennweiten

Tri|fo|li|um (l.), das; –s, ..lien: Dreiblatt, Kleeblatt : Klee ✳ **Tri|fo|ri|um** (l.), das; –s, ..rien: (rom. u. got. Kirchenbau) Galerie mit je drei zusammengefassten Bogenstellungen

Trift, die; –, –en: das Treiben des Viehs : der Weg, den das Vieh zur Weide nimmt : der Weideplatz : das Recht zum Viehtreiben : Flößerei; s. Drift ✳ *Triftgerechtigkeit:* Weiderecht; *Triftholz:* Treibholz; *Triftkanal* ✳ **trif|ten** intr.: Holzstämme flößen ✳ **trif|tig** Ew.: im Wasser treibend, triftend : der Triftgerechtigkeit unterworfen : betriebsam : (Bot.) reichen Ertrag gebend ✳ **Trif|tig|keit,** die; –: das Triftigsein

trif|tig Ew.: zutreffend, bedeutungsvoll : wohlbegründet ✳ **Trif|tig|keit,** die; –: begründete Notwendigkeit

Tri|ga (l.), die; –, –s und ..gen: Dreigespann

Tri|ge|mi|nus (l.), der; –: dreiästiger Empfindungsnerv des Gesichts, fünfter Hirnnerv ✳ *Trigeminusneuralgie*

Tri|gon (gr.), das; –(e)s, –e: Dreieck ✳ **tri|go|nal** Ew.: dreieckig ✳ *Trigonalzahl:* Dreieckszahl ✳ **Tri|go|no|me|t|rie,** die; –: (Math.) Dreieckslehre ✳ **tri|go|no|me|t|risch** Ew.: durch die Trigonometrie, auf die Trigonometrie bezüglich ✳ *trigonometrischer Punkt:* Triangulationspunkt

Tri|k|lin (gr.-l.), das; –s: Kristallsystem mit drei Achsen, die sich schiefwinklig schneiden ✳ **tri|k|li|nisch** Ew.: wie ein Triklin ✳ **Tri|k|li|ni|um,** das; –s, –ien: im antiken Rom Esstisch mit Liegepolstern an drei Seiten

Tri|ko|li|ne, die; –, –n: ein

Baumwollgewebe ✳ **tri|ko|lor** (l.) Ew.: dreifarbig ✳ **Tri|ko|lo|re,** die; –, –n: dreifarbige (franz., belg., ital.) Fahne

Tri|kot (fr.) [..koh], das; –s, –s: eng anliegendes gewebtes Kleidungsstück : der: gewirktes elastisches Gewebe ✳ *Trikotkleidung; Trikotware; Trikotwerbung* ✳ **Tri|ko|ta|ge** [..tahsch'], die; –, –n: elastische Wirkware : Bekleidung aus solchem Gewebe

tri|la|te|ral Ew.: dreiseitig (von Verträgen, Abkommen)

Tril|ler (it.), der; –s, –: schnelles Abwechseln eines Tons mit dem nächsthöheren : ein entsprechender Vogelruf ✳ *Trillerpfeife* ✳ **tril|lern** (ich ..[e]re) tr.: trillen; intr.: Trillertöne erschallen lassen

Tril|li|ar|de (l.), die; –, –n: tausend Trillionen ✳ **Tril|li|on** (l.), die; –, –en: eine Million Billionen

Tri|lo|gie (gr.), die; –, ..gien: aus drei zusammengehörenden Einzelwerken bestehende Dichtung oder Komposition

Tri|ma|ran (l.-e.), das; –s, –e: ein Segelboot mit drei Rümpfen

Tri|mes|ter (l.), das; –s, –: Unterrichtsphase von einem Dritteljahr

Tri|me|ter (gr.), der; –s, –: Vers aus drei Versfüßen

Trimm (e.), der; –(e)s: (seem.) Gleichgewicht, richtige Schwimmlage eines Schiffes ✳ *Trimmlage* ✳ **Trimm|ak|ti|on,** die; –: Fitnessaktion des Deutschen Sportbundes ✳ *Trimmdich-Pfad; Trimmspirale:* Testkarte (für Erledigung eines bestimmten Pensums) der Trimmaktion ✳ **trim|men** tr.: zurechtmachen : Hunde scheren : (Rdfk.) Schwankungen ausgleichen : (seem.) Schiff in einen ordentlichen Zustand bringen : Ladung eines Schiffes oder Flugzeuges optimal verteilen; rbz.: auf Fitness trainieren ✳ *jmdn. auf etwas trimmen:* jmdn. auf etwas abrichten; *Kohlen trimmen; Segel trimmen* ✳ *Trimmtrab; Trimmung* ✳ **Trim|mer,** der; –s, –: (Rdfk.) Ausgleichsgerät : (seem.) Schiffsarbeiter, Kohlenzieher

tri|morph, tri|mor|phisch (gr.) Ew.: dreiförmig : dreigestaltig * **Tri|mor|phis|mus,** der; –: Dreiförmigkeit, Dreigestaltigkeit

Tri|ne, die; –, –n: Bezeichnung einer dummen und langsamen weiblichen Person, Schimpfwort

Tri|ni|dad: Insel vor der Küste Venezuelas

Tri|ni|ta|ri|er (l.), der; –s, –: Dreieinigkeitsbekenner : Angehöriger des Dreifaltigkeitsordens * **Tri|ni|tät,** die; –: Dreieinigkeit, Dreifaltigkeit (Gottes) * **Tri|ni|ta|tis|fest,** das; –es, –e: Dreifaltigkeitsfest, Sonntag nach Pfingsten

Tri|ni|t|ro|to|lu|ol, das; –s: Sprengstoff, Abk.: TNT

trink|bar Ew.: so beschaffen, dass es sich trinken lässt * **Trink|bar|keit,** die; –: das Trinkbarsein * **trin|ken** (du trank[e]st, du tränk[e]st; getrunken; trink[e]!) intr., tr.: Flüssigkeit in sich aufnehmen : gewohnheitsmäßig alkoholische Getränke zu sich nehmen : sich vollsaugen * *Trinkbecher; trinkfest* Ew.: *trinkfreudig* Ew.: *Trinkgefäß; Trinkgeld; Trinkglas; Trinkhalle; Trinkhalm; Trinkkur; Trinklied; Trinkschale; Trinkspruch:* Toast; *Trinkstube; Trinkwasser; Trinkwasseraufbereitung; Trinkwasserversorgung* * **Trin|ker,** der; –s, –: ein gewohnheitsmäßig Trinkender, Alkoholabhängiger * *Trinkerfürsorge; Trinkerheilanstalt*

Tri|nom (gr.), das; –s, –e: algebraischer Ausdruck für eine dreigliedrige Zahlengröße * **tri|no|misch** Ew.: dreigliedrig, dreiteilig

Trio (it.), das; –s, –s: (Mus.) Musikstück für drei Instrumente : Mittelsatz gewisser Tonstücke (urspr. nur von drei Instrumenten vorgetragen) : Gruppe von drei Musikern : Dreiheit * *Triosonate:* Sonate für zwei Melodieinstrumente und Basso continuo * **Tri|o|de** (gr.), die; –, –n: Dreipolröhre, Elektronenröhre * **Tri|o|le** (it.), die; –, –n: (Mus.) Figur von drei Noten mit dem Teilwert von zwei Noten der gleichen Art * **Tri|o|lett,** das; –(e)s, –e:

eine achtzeilige Versform mit Wiederholungen nach jeder dritten Zeile

Trip (e.), der; –s, –s: kleine Reise : Ausflug : Rauschzustand durch Drogen : Portion (synthetischer) Drogen in Pillenform * *auf dem ..-trip sein:* sich engagiert und vorübergehend einem neuen Interessengebiet zugewendet habend

Tri|par|ti|ti|on (l.), die; –, –en: Dreiteilung * **Tri|pel,** der; –s, –: aus drei Elementen bestehende mathematische Größe : dreifacher Nutzen * *Tripelallianz:* Dreibund; *Tripelfuge:* (Mus.) Fuge mit drei zunächst nacheinander, dann zusammen erklingenden Themen; *Tripelkonzert:* Konzert für Orchester und drei Soloinstrumente

Tri|pel, der; –s, –: Klebschiefer aus Tripolie, eine graugelbliche erdige Steinart zum Polieren von Metallen und Steinen * **tri|peln** (ich [e]le) tr.: polieren

Tri|pel|al|li|anz usw.: s. Tripartition

Tri|ph|thong (gr.), der; –s und –en, –e(n): Dreilaut, drei aufeinander folgende Vokale, die zusammen eine Silbe bilden

Tri|p|let (l.), das; –(e)s, –e: (Optik) System aus drei Linsen * **Tripletserie** * **Triplexglas:** aus drei Schichten bestehendes Sicherheitsglas * **Tri|p|lett,** das; –s, –s: (Phys.) Term aus zwei Elektronen und Spinquantenzahl : (Biologie) Aufeinanderfolge dreier Basen, die die Aminosäure bestimmt * **tri|p|lie|ren** (..iert) tr.: verdreifachen * **Tri|p|li|kat,** das; –(e)s, –e: dritte Ausfertigung * **Tri|p|li|zi|tät,** die; –: dreifaches Vorkommen, Zusammentreffen * **tri|p|lo|id** Ew.: einen dreifachen Chromosomensatz aufweisend

Tri|po|den: s. Tripus unter Triptik

Tri|po|lis: Hauptstadt Libyens

Tripp, der; –(e)s, –e: trippelnder Schritt * **tripp:** Tonwort zur Bezeichnung eines trippelnden Schrittes * *tripptrapp:* Tonwort zur Bezeichnung des z. B. durch Pferdegetrappel hervorgerufenen Geräusches; *Tripptrapptroll:* eine Märchenfigur * **trip|peln** (ich

..[e]le) intr.: mit kleinen Schritten gehen * **trip|pen** intr.: trippeln, tropfen * **Trip|per,** der; –s, –: Gonorrhöe, eine Geschlechtskrankheit

Tri|p|tik: dtsch. Schreibw. für Triptyk * **Tri|p|ty|chon** (gr.), das; –s, ..chen und ..cha: dreiteiliger aufklappbarer bemalter Altaraufsatz : dreiteiliges Gemälde * **Tri|p|tyk** (fr.), das; –s, –s: dreiteiliger Grenzübergangsausweis für Kraft- und Wasserfahrzeuge * **Tri|pus** (gr.), der; –, ..poden: Dreifuß (der Pythia)

Tri|re|me (l.), die; –, –n: Triere, s. d. unter Trierarch

Tri|sek|ti|on (l.), die; –, –en: Dreiteilung (eines Winkels)

trist (l.) Ew.: traurig, öde * **Tris|tesse** (fr.), die; –: Traurigkeit, wehmütige Stimmung * **Tris|ti|en** (l.) Mz.: Trauergedichte (Ovids)

Tris|tan: mittelalt. Sagenheld

Tris|te, die; –, –n: (schweiz.) Feimen, Getreideschober

tri|syl|la|bisch (gr.) Ew.: dreisilbig * **Tri|syl|la|bum,** das; –s, ..ben und ..ba: dreisilbiges Wort

Tri|tal|go|nist (gr.), der; –en, –en: dritter Schauspieler auf der altgr. Bühne

Tri|the|is|mus, der; –: Glaube an drei Einzelpersonen in *einem* Gott

Tri|ti|um (gr.), das; –s: schweres Isotop des Wasserstoffs; Abk.: T

Tri|ton: altgriech. Meergott * **Tri|ton,** der; –s, –e: Wassermolche mit gestrecktem Leib * *Tritonshorn:* meerbewohnende Vorderkiemenschnecken * **Tri|to|nus** (gr.), der; –: aus drei Ganzentonschritten bestehendes Intervall, übermäßige Quarte

Tritt, der; –(e)s, –e: das Treten, Schreiten : ein Maß (Schrittweite) : Spur eines Schrittes : Stoß mit dem Fuß : zwei- bis vierstufige Leiter : Trittbrett, Schemel, erhöhter Platz : (Papiermach.) Ort für den Schöpfer an der Bütte * *Trittbrett; Trittbrettfahrer:* jmd., der sich etwas von anderen Begonnenes zunutze macht; *Trittleiter; Trittsicherheit*

Tri|tu|ra|ti|on (l.), die; –, –en:

Reiben : das Pulverisieren eines Stoffes

Tri|umph (l.), der; –(e)s, –e: Siegesfreude, Siegeseinzug : großer Erfolg * *Triumphbogen; Triumphgefühl; Triumphgeschrei; Triumphzug* * **tri|um|phal** Ew.: sieghaft : frohlockend * **Tri|um|pha|tor,** der; –s, ..toren: feierlich einziehender siegreicher Feldherr * **tri|um|phie|ren** (..iert) intr.: als Sieger einziehen : über einen Sieg, Erfolg frohlocken, jubeln

Tri|um|vir (l.), der; –s und –n, –n: Mitglied des Triumvirats * **Tri|um|vi|rat** (l.), das; –(e)s, –e: Dreimännerherrschaft (im antiken Rom)

tri|va|lent (l.) Ew.: dreiwertig * **tri|vi|al** (l.) Ew.: allgemein bekannt : seicht : abgedroschen : unmittelbar einsichtig * **Tri|vi|a|li|tät,** die; –, –en: Plattheit * **Tri|vi|al|li|te|ra|tur,** die; –: Unterhaltungsliteratur, literarisch anspruchslose Literatur

Tri|zeps (l.), der; –, ..zepse: "Dreiköpfiger", der Höllenhund : (Anat.) dreiköpfiger Streckmuskel des Oberarms

Tro|chä|us, der; –, ..chäen: Versfuß aus einer langen (bzw. betonten) und einer kurzen (bzw. unbetonten) Silbe

Tro|chit (gr.), der; –s und –en, –en: versteinerter Stielteil einer ausgestorbenen Seelilie

tro|cken Ew.: nicht naß, nicht feucht, nicht flüssig : geschützt vor Regen : (übertr.) langweilig, temperamentlos : barsch, unfreundlich : (vom Wein) herb * *auf dem (im) Trockenen sein:* sich auf trockenem Boden befinden, geborgen sein; *auf dem trockenen → Trockenen sitzen:* in Verlegenheit sein : bewegungsunfähig festsitzen; *sein Schäfchen ins trockene → Trockene bringen* (Schäfchen hier wohl eig. Scheppken = Schiffchen): sich wirtschaftlich sichern; *einem trocken die Wahrheit sagen; trockenes Brot; trockenes Gedeck:* Gedeck ohne Getränk * *Trockenanlage; Trockenapparat; Trockenbatterie; Trockenbeerenauslese:* aus eingeschrumpften edelfaulen Weinbeeren hergestellter Wein; *Trockenboden;*

Trockendock; Trockenei: Eipulver; *Trockeneis:* gefrorenes Kohlendioxyd; *Trockenfarbe; Trockenfrüchte; Trockenfütterung; Trockengebiet; Trockengemüse; Trockenhaube; Trockenhefe; trockenlegen* tr.: entwässern : frisch windeln; *Trockenlegung:* Entwässerung; *Trockenmilch:* pulverisierte Milch; *Trockenobst; Trockenplatz; Trockenrasierer; Trockenraum; trockenreiben* tr.; *Trockenschleuder; Trockenübungen:* Wassersportübungen außerhalb des Wassers; *Trockenwäsche; Trockenzeit:* regenlose Zeit * **Trocken|heit,** die; –, –en: das Trockensein, Dürre * **trock|nen** intr.: trocken werden; tr.: trocknen lassen * **Trock|nung,** die; –, –en: das Trocknen

trockenlegen, trocken legen Man schreibt Adjektive von nachfolgendem Verb getrennt, wenn sie gesteigert oder erweitert werden können: *Auf den Teller wird der Salat (ganz und gar) trocken gelegt* (d. h. in trockenem Zustand). Kann das Adjektiv nicht erweitert oder gesteigert werden, schreibt man zusammen: *Der Sumpf wird trockengelegt.*

Trod|del, die; –, –n: Quaste, Fransenbüschel

Trö|del, der; –s: Altware, Plunder, Wertloses : (stud.) tolles Durcheinander : (schweiz.) Verwicklung am Garn * *Trödelkram; Trödelliese; Trödelmarkt; Trödelware* * **trö|del|haft** Ew.: wie auf dem Trödelmarkt : langsam, langweilig * **Trö|de|lei,** die; –, –en: das Trödeln * **trö|deln** (ich ..[e]le) intr.: langsam, unlustig ausführen, gehen : mit Trödel handeln : (schweiz.) unebne Fäden spinnen * **Tröd|ler,** der; –s, –: langsamer Mensch : Altwarenhändler

Tro|er, Tro|ja|ner: Einwohner von Troja * **Tro|ja:** antike Stadt in Kleinasien * **tro|ja|nisch** Ew. * *die trojanische Keramik; das Trojanische Pferd; der Trojanische Krieg*

Trog, der; –(e)s, Tröge; Trögelchen, Tröglein: Holzgefäß : Viehfutternapf : Waschtrog * *Trogscharre:* Werkzeug zum

Auskratzen des Backtroges

Troi|ka (russ.), die; –, –s: russ. Dreigespann : (übertr.) aus drei Personen bestehende Führungsgruppe

Troi|kart (fr.) [troakar], der; –(e)s, –e und –s: chirurg. Instrument, Stecher, dreischneidiges spitzes Stilett

Tro|ja: s. Troer

Troi|kar, der; –s, –e und –s: Troikart

tro|kie|ren (..iert) (span.) intr.: Tauschhandel treiben

Troll, der; –(e)s, –e: im Volksglauben Kobold, Unhold * *Trollblume:* Hahnenfußgewächs, Goldknöpfchen; *Trollenvolk* * **trol|len** rbz.: trotten, davongehen

Trol|ley (e.) [..li], der; –s, –s: Rolle : (Bergw.) Förderwagen * *Trolleybus:* Autobus mit Oberleitung

Troll|in|ger, der; –s, –: Weinstock

Trom|be (it.), die; –, –n: "Trompete", Wasserhose, Sandhose : Wettersäule

Trom|mel, die; –, –n: ein Schlaginstrument : etwas Trommelähnliches * Botanisiertrommel : (Techn.) Hohlzylinder : Lostrommel * *Trommelbremse; Trommelfell; Trommelfeuer:* (militär.) höchste Steigerung des Zerstörungsfeuers; *Trommelfisch; Trommelrevolver; Trommelschlag; Trommelsprache:* Trommelschläge als Nachrichtenübermittlung bei afrikanischen und brasilianischen Volksstämmen; *Trommelstock; Trommelsucht:* Blähsucht, eine Krankheit; *Trommelwaschmaschine; Trommelwirbel:* Wirbel von schnell aufeinander folgenden Trommelschlägen * **Trom|mel|ei,** die; –, –en: Getrommel * **Tromm|ler,** der; –s, –; jmd., der die Trommel schlägt * **trom|meln** (ich ..[e]le) intr.: Trommellaute hören lassen : trommelnd auf etwas schlagen : mit Trommelfeuer belegen; tr.: die Trommel rühren : lärmend ausdruckslos spielen : (übertr.) durch lärmendes Klopfen wecken : die Werbetrommel rühren * **(Trom|me|te), Trom|pe|te** (dtsch.-fr.), die; –, –n: ein

Blechblasinstrument : etwas Trompetenähnliches : Trombe * Trompetenbaum; Trompetenklang; *Trompetenschnecke; Trompetentierchen:* trompetenförmige Aufgusstierchen * **trom|pe|ten** (er trompetet) intr.: in die Trompete stoßen : ein dem Trompetenton ähnliches Geräusch machen * *Trompetensignal; Trompetenstoß* * **Trom|pe|ter,** der; –s, –: Trompetenbläser : Trompetenfisch * *Trompetergang:* rundgangartiger Balkon an Türmen * **Trom|pe** (fr.) [trongp], die; –, –n (Baukst.) konkave Wölbung in einem Mauerwinkel * **Trom|pe l'œuil** (fr.) [tromp(e) löj]: „täusche das Auge", perspektivische Malweise, durch die Gegenstände auf einem Gemälde räumlich hervortreten : (übertr.) trügerischer Schein * **Trom|pe|te,** die; –: Trommel * **Trom|sö:** norweg. Insel und Stadt * **Trond|heim:** s. Drontheim * **Tro|pa|ri|um** (gr.), das; –s, ..rien: Anlage zur Haltung und Pflege tropischer Pflanzen und Tiere * **Tro|pe** (gr.), die; –, –n; **Tro|pus,** der; –, ..pen: „Wendung", (Rhetorik) Ersetzung eines Wortes durch einen bildlichen Ausdruck; sprachliches Bild : (Mus.) melodische Ausschmückung eines Textes im gregorianischen Kirchengesang : (Mz.) Wendekreise : (Mz.) von den beiden Wendekreisen begrenzte heiße Erdgürtel * *Tropenanzug; Tropenfieber:* Wechselfieber, eine Krankheit; *Tropenhelm; Tropeninstitut; Tropenklima; Tropenkoller:* durch Aufenthalt in den Tropen verursachte leichte Geistesstörung; *Tropenkrankheit; Tropenmedizin; Tropenpflanze* * **tro|pisch** Ew.: (Redekst.) bildlich übertragen : äquatorial * **Tro|pis|mus,** der; –, ..men: (Bot.) neigende Bewegung einer Pflanze auf einen Reiz hin * **Tro|po|sphä|re,** die; –, –n: wetterbestimmende unterste Schicht der Erdatmosphäre (bis ca. 10 km) * **Tropf,** der; –(e)s, Tröpfe; Tröpfchen : armseliger einfältiger Mensch : (Med.) Gerät zur tröpfchenweisen Verabrei-

chung einer Dauerinfusion * **tröp|feln** (ich ..[e]le) tr., intr.: in Tröpfchen niederfallen lassen * **Trop|fen,** der; –s, –; Tröpfchen: kleiner Flüssigkeitsteil : geringe Menge von etwas : etwas Tropfenähnliches, eine Edelsteinform : (Mz.) Arznei * *Tröpfcheninfektion; Tropfenfall; Tropfenfänger; tropfenförmig* Ew.; *tropfenweise* Uw.; *Tropfenzähler* * **trop|fen** intr., tr.: in Tropfen niederfallen : in Tropfen niederfallen lassen * *Tropfflasche; tropfnaß → tropfnass; Tropfröhrchen; Tropfsack:* (Brauerei) Filterbeutel; *Tropfschwefel:* Schwefel in Tropfenform; *Tropfstein:* Kalksinter : Filterstein; *Tropfsteinhöhle:* Höhle mit Tropfsteinbildungen * **trop|fen|haft, tropf|fig** Ew.: wie ein Tropfen : wie ein Tropf * **Tro|phäe** (gr.), die; –, –n: Siegeszeichen, -beute * **..troph** in Zus.; **tro|phisch** (gr.) Ew.: die Ernährung betreffend * **Tro|pho|lo|gie,** die; –: Lehre von der Ernährung * **tro|pisch, Tro|po|sphä|re:** s. Trope * **trop|po** (it.): zu viel * *non troppo:* (Mus.) nicht zu sehr * **Tro|pus:** s. Trope * **Troß → Tross** (ml.), der; –es, –e: Pack : Heergepäck (Heerw.) der nicht kämpfende Teil der Truppe, Bagage * *Troßknecht → Trossknecht; Troßschiff → Trossschiff; Troßwagen → Trosswagen* * **Tros|se** (fr.), die; –, Trossen: starkes Schiffstau * **Trost,** der; –es: Hilfe, Zuversicht in Kummer und Trübsal * *trostbringend → Trost bringend; Trost spendend* * *trostbedürftig* Ew.; *trostlos* Ew.; *Trostlosigkeit; Trostpflaster; Trostpreis; Trostspruch; Trostwort* * **trös|ten** tr.: Trost spenden : zuversichtlich machen * **Trös|ter,** der; –s, –; **Trös|te|rin,** die; –, –nen: Trostspender(in) * **tröst|lich** Ew.: zum Trost gereichend * **Trös|tung,** die; –, –en: (selt.) das Trösten : etwas Trostgewährendes * **Trö|te,** die; –, –n: Kinderwort für (Blech-)Blasinstrument

Trott (it.), der; –(e)s, –e: Trab : träger Gang : Viehtrift * *auf den Trott bringen:* antreiben; *im gleichen Trott:* in altgewohnter ineffektiver Weise * **Trot|te,** die; –, –n: Kelter, Fruchtpresse * **Trot|tel,** der; –s, –: Kretin : halb blödsinniger Mensch * **trot|tel|haft** Ew.: wie ein Trottel * **trot|teln** (ich ..[e]le) intr.: langsam trotten * **trot|ten** tr.: keltern; intr.: schwerfällig gehen : im Zweitakt dreschen * *Trottbaum:* Kelterbaum * **Trot|teur** (fr.) [..töhr], der; –s, –s: bequemer Schuh mit niedrigem Absatz * **Trot|toir** (fr.) [..toahr], das; –s, –e und –s: Bürgersteig * **trotz** Vw. mit Dat. und Gen.: zum Trotz : obwohl * *trotzdem* Bw.: dennoch * **Trotz,** der; –es; **Trutz** [geh. Stil], der; –es: kühner, zuversichtlicher Mut : die Widersetzlichkeit : das Sichwidersetzen * *Trotzalter; Trotzkopf:* ein trotziges Kind; *trotzköpfig* Ew.; *Trotzphase; Trotzreaktion* * **trot|zen** (du trotzest und trotzt), **(trut|zen** [geh. Stil]) intr.: Trotz bieten : Widerstand leisten : kraftvoll dastehen * **trot|zig** Ew.: Trotz zeigend, bietend * **trut|zig** (geh. Stil) Ew.: voll Trotzes : kraftvoll dastehend, emporragend * **Trot|zig|keit,** die; –: das Trotzigsein * **Trotz|kis|mus,** der; –: Revolutionstheorie des russ. Revolutionärs Trotzki * **Trotz|kist,** der; –en, –en: Anhänger des Trotzkismus * **Troub|a|dour** (prov.) [trubaduhr], der; –s, –e und –s: provenzal. Minnesänger * **Troub|le** (e.) [trabel], der; –s (Umgspr.) Schwierigkeiten : Ärger * **Troy|er** (niederd.), der; –s, –: Unterhemd der Matrosen : Rollkragenpullover mit Reißverschluss * **Troy|ge|wicht** (e.) [treu..], das; –es, –e: engl. Gewicht für Edelmetalle und Edelsteine * *Troypfund* * **trüb, trü|be** Ew.: undurchsichtig : von Wolken bedeckt : (übertr.) schwermütig, traurig * **trüb|äugig** Ew.; *trübselig* Ew.: voll Trübsal; *Trübseligkeit; Trübsinn:* Schwermut;

trübsinnig Ew.; *Trübsinnigkeit* ∗ **Trübe**, die; –: das Trübsein, Trübheit : (Hüttw.) mit dem Pochmehl abfließendes Wasser ∗ **trüben** tr.: trübe machen : die Reinheit, die Heiterkeit stören; rbz.: trübe werden ∗ *kein Wässerchen trüben:* ganz unschuldig sein ∗ *im trüben fischen* → *im Trüben fischen:* aus einer unklaren Lage sich Vorteile verschaffen ∗ **Trübheit**, die; –: das Trübsein ∗ **Trübnis**, die; –, ..nisse; das; ..nisses, ..nisse: das Betrübtsein ∗ **Trübsal**, das; –(e)s, –e; die; –, –e: tiefe Traurigkeit : Not ∗ *Trübsal blasen:* traurig sein ∗ **Trübung**, die; –, –en: das Trüben

Trubel (fr.) der, –s, –: lebhaftes Durcheinander, Unruhe ∗ **trubelig, trublig** Ew.: unruhig : laut : unübersichtlich

Truchseß → (Techs.) **Truchsess**, der; ..ssen und ..sses, ..ssen und ..esse: Vorstand der kaiserl. Hofhaltung

Truck (e.) [track], der; –s, –s: Lastkraftwagen ∗ **Trucker** [traker], der; –s, –: Fahrer eines Lastkraftwagens

trudeln (ich ..[e]le) tr., intr.: rollen : wälzen : (Flugz.) drehen, schwankend niedergehen : ohne Ordnung gehen ∗ *trudelsicher* Ew.: (Flugzeug) gesichert vor dem Trudeln; *Trudelwindkanal:* Versuchswindkanal

Trüffel (it.), die; –, –n; Schlauchpilzgattung mit unterirdischen Knollen : Pralinen ∗ *Trüffelschwein; Trüffelwurst* ∗ **trüffeln** (ich ..[e]le) tr.: mit Trüffeln würzen

Trug, der; –(e)s: Täuschung : Bienendreck ∗ *Trugbild; Trugdolde:* ein Blütenstand; *Truggebilde; Trugschluß* → *Trugschluss:* Fehlschluss ∗ **trügen** (du trog[e]st, du trögest; getrogen; trüg[e]!) tr.: täuschen ∗ **trügerisch** Ew.: trügend

Truhe, die; –, –n; Trühlein: Lade : (Bergb.) Grubenhund : Geldkasse ∗ *Truhendeckel; Truhenlaufer:* (Bergb.) Arbeiter, der den Förderwagen schiebt

Trumm, der; das; –(e)s, –e und Trümmer: Ende, Stück : (bergm.) Nebenspalte : Klumpen ∗ *Trummerz:* Erz in Trüm-

mern; *Trummsäge* ∗ **Trümmer**, Mz. von Trumm: Überreste, Bruchstücke : Teile, Stücke : etwas Zerbrochenes, Trümmerhaufen ∗ *Trümmerfeld; Trümmerflora; Trümmerfrau; Trümmergestein; Trümmerhaufe(n); Trümmermarmor; Trümmerstadt* ∗ **trümmerhaft** Ew.: ruinenartig

Trumpf, der; –(e)s, Trümpfe: „triumphierende" Karte : (Kartensp.) die die übrigen Farben stechende Farbe : (übertr.) Beweisstück ∗ *seinen letzten Trumpf ausspielen:* seine letzte Chance in die Waagschale werfen ∗ *Trumpfas* → *Trumpfass; Trumpffarbe; Trumpfkönig; Trumpfzwei* ∗ **trumpfen** intr., tr.: mit Trumpf stechen

Trumscheit, das; –(e)s, –e: mittelalterl. Streichinstrument mit einer Darmsaite

Trunk, der; –(e)s, Trünke; Trünkchen: einmaliges Trinken : Trinkgelage : das gewohnheitsmäßige Trinken alkoholischer Getränke : Schluck, Glas ∗ *Trunksucht:* krankhafter Hang zum Trinken alkoholischer Getränke; *trunksüchtig* Ew. ∗ **trunken** Ew.: berauscht ∗ *Trunkenbold, der; –(e)s, –e: ein dem Trunk Ergebener* ∗ **Trunkenheit**, die; –: das Trunkensein

Trupp (fr.), der; –s, –s; Trüppchen: größere Menge Menschen : Schar : Rudel ∗ *truppweise* Uw.: in Trupps ∗ **Truppe**, die; –, –n: Trupp : Gesellschaft von Schauspielern, Künstlern : Heeresabteilung : Armee ∗ *Truppenabbau; Truppenabzug; Truppenarzt; Truppenaufmarsch; Truppenbetreuung; Truppenbewegung; Truppeneinheit; Truppenführer; Truppengattung: Waffengattung; Truppenkontingent; Truppenkonzentration; Truppenparade; Truppenstärke; Truppentransport; Truppenübungsplatz:* Gelände für übende Soldaten; *Truppenunterkunft; Truppenverpflegung; truppweise* Ew.

Trust (e.) [trast], der; –es, –s: Verband von Großunternehmungen, Konzern ∗ *trustartig* Ew.; *Trustbildung; trustfrei* Ew. ∗ **Trustee** (e.) [trastíh],

der; –s, –s; Verwalter : Treuhänder

Truthahn, der; –es, ..hähne: Fasanenvogel, Puter ∗ **Truthenne**, die; –, –n; **Truthuhn**, das; –s, ..hühner: Pute

Trutz, trutzen, trutzig: s. trotz

Trypanosoma (gr.), das; –s, ..men: Geißeltierchen ∗ *Trypanosomenkrankheiten:* Schlafkrankheit, Tsetsekrankheit

Trypsin (gr.), das; –s: Ferment der Bauchspeicheldrüse

Tsatsiki (ngr.), der und das; –s, –s: mit Knoblauch und Gurkenstückchen angerichteter Joghurt; s.a. Zaziki

Tschako (ungar.), der; –s, –s: eine hohe Kopfbedeckung von Soldaten und Polizisten

Tschapka (poln.), die; –, –s: Kopfbedeckung der Ulanen

Tscharda (ungar.), die; –, –s: einzelne Schenke in der Puszta ∗ **Tschardas, Tschardasch, Csárdás** → **Csardas**, der; –(es), –e und –: ungarischer Nationaltanz

tschau! (Umgspr.) ital. Abschiedsgruß; s.a. ciao

Tscheche, der; –n, –n: Angehöriger des tschechischen Volkes ∗ **Tschechien:** Kurzw. für Tschechische Republik ∗ **tschechisch** Ew.: auf die Tschechen bezüglich ∗ *Tschechische Republik* ∗ **Tschechoslowake**, der; –n, –n: Einwohner der ehem. Tschechoslowakei ∗ **Tschechoslowakei:** ehem. mitteleuropäischer Staat; jetzt getrennt in die Tschechische und die Slowakische Republik; Abk.: CSSR

Tscherkesse, der; –n, –n: Angehöriger eines kaukas. Volkes

Tschernobyl: Stadt in der Ukraine ∗ *Tschernobylkatastrophe:* GAU im Atomkraftwerk von Tschernobyl 1986

Tschernosem (russ.) [..sjom], das; –s: Schwarzerde, Lössboden in Russland

Tscheroke, der; –n, –n: Angehöriger eines Indianerstammes in Nordamerika

Tscherper, der; –s, –: (Bergb.) kurzes Messer

Tscheltscheine, der; –n, –n: Angehöriger eines kaukas. Volkes

Tschi|buk (türk.), der; –s, –s: türk. Tabakspfeife

Tschi|kosch, der; –(e)s, –e und –: ungar. Pferdehirt; auch Csikós

tschil|pen intr.: (von Sperlingen) zwitschern, piepen

Tschi|nel|le, die; –, –n: ein Musikinstrument; Becken

tsching! Tonwort zur Bezeichnung eines Klangs der Tschinelle ✳ *tschingbum!; tschingderasassa!*

Tschis|ma, der; –s, ..men: ungar. farbiger Stiefel

Tschukt|sche, der; –n, –n: Angehöriger eines sibir. Volkes ✳ *Tschuktschen-Halbinsel:* russ. Halbinsel im äußersten Nordosten Asiens

tschüs!, tschüss!: (Umgspr.) Auf Wiedersehen! : Adieu!

tschüs, tschüss
Der Aussprache entsprechend wird der Gruß *tschüs!* (langer Vokal) oder *tschüss* (kurzer Vokal) geschrieben, wobei *tschüs* die übliche Form ist.

T-Shirt (e.) [tihschö^rt], das; –s, –s: „T-förmiges Hemd", Oberteil in Form eines Herren-Unterhemdes [e. tricot-shirt]

Tse|tse, die; –: afrikan. Stechfliege ✳ *Tsetsefliege; Tsetsekrankheit:* Schlafkrankheit

T-Stück, das; –s, –e: (Techn.) T-förmiges Rohrstück für Wasserrohre u. Ä.

T-Trä|ger, der; –s, –: (Baukst.) T-förmiger Balkenträger aus Walzeisen

Tu|a|reg, der; –(e)s, –s: Angehöriger eines hamitischen Nomadenstammes in der westl. Sahara

Tu|ba (l.), die; –, ..ben: Blasinstrument, Trompete : (Med.) Ohrtrompete, innerer Gehörgang

Tüb|bing, der; –s, –s: (Bergb.) Schachtring, Tunnelring

Tu|be (l.), die; –, –n: Drückfläschchen für Creme und Salben : Röhre : (Anat.) Eileiter : (Med.) Tuba, innerer Gehörgang ✳ *Tubenschwangerschaft*

Tu|ber|kel (l.), die; –, –n: (selt.) der; –s, –: durch den Tuberkelbazillus hervorgerufenes Knötchen ✳ *Tuberkelbakterie, -bazillus:* Krankheitserreger der Tuberkulose ✳ **tu|ber|ku|lar** Ew.: knotig ✳ **Tu|ber|ku|lin**,

das; –s: Substanz zum Nachweis von Tuberkulose ✳ **tu|ber|ku|lös** Ew.: mit Tuberkulose behaftet, durch Tuberkeln hervorgerufen ✳ **Tu|ber|ku|lo|se**, die; –, –n: Schwindsucht ✳ *Tuberkulosefürsorge; tuberkulosekrank* Ew.

Tu|be|ro|se (l.-span.), die; –, –n: Nachthyazinthe

tu|bu|lär, tu|bu|lös Ew.: röhrenartig ✳ **Tu|bus** (l.), der; –, ..ben: Röhre: Fernrohr : Ansatzrohr : Füllrohr

Tuch, das; –(e)s, –e und Tücher; Tüchelchen, Tüchlein: reinwollenes Gewebe : ein Stück Stoff : Taschentuch, Handtuch, Kopftuch : (Schiff) Segel ✳ *Tuchanzug; Tuchart; tuchartig* Ew.; *Tuchbahn; Tuchfabrik; Tuchfühlung:* enge Verbindung : Annäherung; *Tuchhandel; Tuchhändler; Tuchhandlung; Tuchmacher; Tuchmantel; Tuchrock; Tuchweber(ei)* ✳ **tu|chen** Ew.: aus Tuch bestehend

tüch|tig Ew.: tauglich : brauchbar : geschickt; Uw.: sehr ✳ *tüchtig in seinem Fach sein* ✳ **Tüch|tig|keit**, die; –: das Tüchtigsein

tuck|tuck: Lockruf für die Hühner

Tü|cke, die; –, –n: hinterlistiger Streich : boshafte Gesinnung ✳ *Tückebote:* Bezeichnung des Irrlichts ✳ *mit List und Tücke* ✳ **tü|ckisch** Ew.: voll Tücke : (versteckt) boshaft (gesinnt) : arglistig : (mundartl.) maulend ✳ **tück|schen** (du tücksch[e]st und tückscht) intr.: (mundartl.) trotzen : heimlich zürnen : maulen

Tu|cker|kahn, der; –(e)s, ..kähne: Fischerfahrzeug ✳ **tu|ckern** intr.: leise pochendes Motorengeräusch erzeugen

tü|ckisch, tück|schen s. Tücke

Tu|der, Tü|der, der; –s, –: (niederd.) Strick zum Anbinden von weidendem Vieh ✳ **tu|dern, tü|dern** (ich ..[e]re) tr.: anbinden

Tu|dor [tjuhd'r], der; –(s), –s: ehem. englisches Herrscherhaus ✳ *Tudorbogen; Tudorstil:* engl. spätgotischer Baustil

Tu|le|rei, die; –, –en: das Sich-

anstellen, Gehaben : Ziererei ✳ **..tu|le|risch** Ew. in Zus.: *wichtigtuerisch, großtuerisch*

Tuff (l.), der; –s, –e: poröses Gestein; Trass ✳ *Tufffelsen* → *Tufffelsen; tuffig* Ew.; *Tuffstein; Tuffziegel:* poröser Ziegel

Tüf|te|lei, die; –, –en: das Tüfteln ✳ **tüf|te|lig, tüft|lig** Ew.: knifflig, schwierig ✳ **Tüf|te|ler, Tüft|ler**, der; –s, –: ein Tüftelnder ✳ **tüf|teln** (ich ..[e]le) tr., intr.: knifflige Dinge machen, ausdenken ✳ *Tüftelarbeit*

Tuf|ting (e.) [tafting], in Zus.: spezielles Verfahren bei der Teppichherstellung ✳ *Tuftingteppich; Tuftingverfahren*

Tu|gend, die; –, –en: (urspr.) männliche Tüchtigkeit : sittliche Kraft, Keuschheit ✳ *Tugendbild:* Muster an Tugend; *Tugendbold:* (scherzh.) tugendhafter Mensch; *Tugendheld; Tugendlehre:* Ethik; *tugendlos* Ew.; *Tugendlosigkeit; Tugendrose:* goldene Rose, vom Papst geweihte Auszeichnung: *Tugendwächter* ✳ **tu|gend|haft** Ew.: Tugend besitzend, der Tugend gemäß ✳ **Tu|gend|haf|tig|keit**, die; –: das Tugendhaftsein : etwas Tugendhaftes ✳ **tu|gend|sam** Ew.: tugendhaft, fromm, sittsam

tüh|nen intr.: (niederd.) dösen : Unsinn reden ✳ *Tühnkram:* Unsinn

Tu|kan, der; –s, –e: Pfefferfresser, ein Vogel

Tu|li|pan (pers.), der; –s, –e; **Tu|li|pa|ne** (türk.-it.), die; –, –n: Tulpe : Turban

Tüll (fr.), der; –s, –e: netzartiges feines Gewebe ✳ *Tüllbluse; Tüllgardine; Tüllkragen; Tüllschleier*

Tül|le, die; –, –n: röhrenförmiger Ausguss an Kannen : Ansatzrohr

Tul|pe (it.), die; –, –n: Zwiebelpflanzengattung : etwas Tulpenähnliches : Name von Schnecken und Muscheln : (mundartl.) Bierglas : Gaslichtglocke ✳ *Tulpenbaum:* Magnolie; *Tulpenbeet; Tulpenzwiebel*

tumb Ew.: (veralt.) einfältig ✳ *Tumbheit*

Tum|ba (l.), die; –, ..ben: sarkophagartiges Grabdenkmal in röm. Kirchen

Tum|ba (span.), die; –, –s: große Trommel

Tu|mes|zenz (l.), die; –: Anschwellung

Tum|mel, der; –s: Rausch : Getümmel : Becher ohne Fuß ✳ *Tummelbank:* eine Kajütenbank mit beweglicher Rückenlehne; *Tummelbaum:* (Bergb., Schiff) senkrecht stehende Winde; *Tummelsattel:* Schulsattel; *Tummeltaube* ✳ **tum|meln** (ich ..[e]le) tr.: im Kreis drehen : sich beeilen : einherstürmen; rbz.: sich lebhaft bewegen : (mundartl.) taumeln; *Tummelplatz* ✳

Tümm|ler, der; –s, –: Stehauf, halbkugelförmiges, henkelloses Glas, das sich beim Umlegen von selbst aufrichtet ✳ *Tümmler,* der; –s, –: Haustaubenrasse, Purzler : Delfin

Tu|mor (l.), der; –s, ..more: (Med.) Geschwulst, Gewächs ✳ *Tumorwachstum; Tumorzelle*

Tüm|pel, der; –s, –: Wasserlache, Pfütze : (Hüttw.) Teile des Hochofens und Frischherds

Tu|mult (l.), der; –(e)s, –e: Lärm, Unruhe : Auflauf : Aufruhr ✳ *tumultartig* Ew.

Tu|mul|tu|ant, der; –en, –en: Unruhestifter : Aufrührer ✳ **tu|mul|tu|a|risch, tu|mul|tu|ös** Ew.: lärmend : unordentlich

tun (ich tue, du tust, er tut, sie tun; du tat[e]st, er tat, du tätest; tuend; getan; tu[e]!) tr., intr.: geschehen machen : Wirkung hervorbringen : machen, handeln, verrichten, schaffen, legen, stellen : eine Veränderung hervorbringen : sich benehmen : handeln, verfahren : erzeigen, antun : zur Vertretung eines vorangegangenen Zeitwortes ✳ *Gutes tun; es tut einem weh; Salz an etwas tun:* salzen; *einem etwas tun:* zuleide tun; *was hat er getan?:* was hat er gemacht, verbrochen?; *ich kann nichts dazu tun:* ich kann nicht helfen; *es mit einem zu tun haben:* sich mit einem abgeben müssen; *es ist um ihn getan:* es ist um ihn geschehen, mit ihm vorbei; *ich habe nichts zu tun:* ich habe keine Beschäftigung ✳ *Tunichtgut:* Taugenichts ✳ **Tun**, das; –s: das Handeln ✳ *das Tun und Lassen; das*

Tun und Treiben ✳ **tun|lich** Ew.: möglich : ausführbar : ratsam ✳ *tunlichst sofort* ✳ **Tun|lich|keit**, die; –: Zweckmäßigkeit : Möglichkeit

Tün|che, die; –, –n: Wandanstrich mit Kalk-, Erdfarben : (übertr.) oberflächlich Aufgetragenes ✳ *Tünchfarbe; Tünchpinsel; Tünchtopf* ✳ **tün|chen** tr.: mit Tünche anstreichen ✳ **Tün|cher**, der; –s, –: ein Tüncher : (Bib.) Scheinheiliger ✳ *Tünchermeister*

Tun|d|ra (russ.), die; –, ..dren: baumlose Sumpfsteppe in der Polarzone ✳ *Tundrasteppe*

tu|nen (e.) [tjuhnen] tr.: (Radio, Fernsehen) beste Qualität von Ton und Bild einstellen : (Auto) Motorleistung erhöhen ✳ **Tu|ner** (e.) [tjuhner], der; –s, –: (Rundfunk, Fernsehen) Kanalwähler ✳ **Tu|ning** (e.) [tjuhning], das; –s: nachträgliche Steigerung der Leistung eines Kraftfahrzeugs durch Umbau und Änderungen am Motor

Tu|ne|si|en: nordafrik. Staat ✳ **Tu|ne|ser, Tu|ne|si|er**, der; –s, –: Einwohner von Tunesien ✳ **tu|ne|sisch** Ew. ✳ **Tu|nis:** tunesische Hauptstadt

Tun|fisch *auch:* **Thun|fisch** (arab.-l.), der; –es, –e: großer Makrelenfisch

Tunfisch, Thunfisch
Bei einigen Fremdwörtern stehen eindeutschende Schreibung und Schreibung nach der Herkunftssprache nebeneinander: *Thunfisch* als Haupt- und *Tunfisch* als Nebenform.

Tu|nicht|gut: s. tun

Tu|ni|ka, die; –, ..ken: altröm. ärmelloses Kleidungsstück ✳

Tu|ning: s. tunen

Tun|ke, die; –, –n: Soße ✳ **tun|ken** tr.: in die Tunke legen : stippen, tauchen

tun|lich usw.: s. tun

Tun|nel (ml.-e.), der; –s, –s; **Tun|nell**, das; –s, –e: unterirdisch gebauter Verkehrsweg für Eisenbahnen und Straßen

Tün|nes: volkst. Figur des Kölner Volkstheaters

Tun|te, die; –, –n: (mundartl.) zimperlicher Mensch : alte Frau : Homosexueller mit femininem Auftreten ✳ *tuntenhaft* Ew. ✳ **tun|tig** Ew.: langweilig : zimperlich

Tupf, der; –(e)s, –e: **Tup|fen**, der; –s, –: Tüpfchen, Tüpfelchen, Tüpferl: ein kleiner Fleck : Punkt ✳ *das Tüpfelchen auf dem i:* (auch übertr.) das Letzte, was fehlt ✳ *Tüpfelfarn; Tüpfelkatze* ✳ **tüp|fe|lig, tüp|f|lig** Ew.: getüpfelt ✳ **tüp|feln** (ich ..[e]le) tr.: pünkteln ✳ **tup|fen** tr.: mit Tupfen versehen : antippen : (mundartl.) schießend treffen ✳ **Tup|fer**, der; –s, –: Werkzeug zum Tupfen : Watte-, Mullbausch

Tür, Tü|re, die; –, –en; Türchen: Eingangsöffnung zu einem verschlossenen Raum mit ihrem (sich in Angeln drehenden) Verschluss : (mundartl.) Schindel zur Windmühlenflügelausfüllung ✳ *jemandem stehen alle Türen offen:* jemand wird überall gern gesehen : jemand hat Möglichkeiten, die andere nicht haben; *offene Türen einrennen:* etwas Selbstverständliches erklären : klarstellen; *sich eine Tür offen halten:* sich einen Ausweg offen halten; *einem die Tür weisen:* jemand hinauswerfen; *zwischen Tür und Angel:* beim Weggehen ✳ *Türangel; Türdrücker;* (südd.) *Türfalle:* Türklinke; *Türflügel; Türfüllung; Türhüter:* Portier; *Türklinke; Türklopfer; Türöffner; Türpfosten; Türrahmen; Türriegel; Türschild; Türschloß* → *Türschloss; Türschlüssel; Türschwelle; Türspalt; Türsteher* ✳ *..tü|rig* Ew. in Zus.: Türen habend, z. B. zweitürig

Tur|ban (pers.), der; –s, –e: oriental. Kopfbedeckung aus einem Stoffstreifen ✳ *turbanartig* Ew.

Tur|bi|ne (l.), die; –, –n: Kreiselrad : Maschine zur Krafterzeugung ✳ *Turbinenantrieb; Turbinenflugzeug; Turbinenhaus; Turbinenmotor; Turbinenschiff* ✳ *Turbo..:* in Zus. mit Turbinen ✳ *Turbolader; Turbomotor; turboelektrisch* Ew.; *Turboventilator* ✳ **Tur|bo|dy|na|mo**, der; –s, –s; **Tur|bo|ge|ne|ra|tor**, der; –s, –s, ..toren: mit Turbine gekuppelte Dynamomaschine ✳ **Tur|bo|prop-Flug|zeug:** Turbinen-Propeller-Flugzeug ✳ **tur|bu-**

lent Ew.: stürmisch * **Tur-bu|lenz**, die; –, –en: ungestümes Wesen, Wirbelung : große Unruhe

Tür|hü|ter, Tür|klin|ke usw.: s. Tür

Turf (e.), der; –s, –s: Rasen : Rennbahn : Pferderennsport

Tur|ges|zenz (l.), die; –, –en: Anschwellung : Spannung *

tur|ges|zie|ren (..iert) intr.: anschwellen : prall werden *

Tur|gor, der; –s: (Med.) Schwellung, Spannungszustand (des Gewebes)

Tür|ke, der; –n, –n: Einwohner der Türkei : Angehöriger der tatarischen Völkerfamilie : türkisches Pferd : eine Haschischsorte : gestellte Szene im Fernsehen * **Türkenbund:** Pflanze; *Türkenfass:* Riesenholzfass im Meersburger Weinbaumuseum, die Fassträger sind geschnitzte gefesselte Türken; *Türkenkorn:* Mais; *Türkenpfeife:* türk. Tabakspfeife; *Türkensäbel; Türkentaube* * **Tür|kei:** Republik in Vorderasien und Südosteuropa * **tür|ken** tr.: vortäuschen *

Tür|kis (it.), der; –kises, –kise: Kalait : blaugrüner Schmuckstein (erstmals aus der Türkei gekommen) * *türkisfarben; türkislicht* Ew.: hell türkisfarben * **tür|kisch** Ew.: auf die Türkei, die Türken bezogen

Tur|kes|tan: innerasiat. Landschaft * **Turk|me|ne**, der; –n, –n: Angehöriger eines asiat. Volks östl. des Kaspischen Meers * **Turk|me|ni|en, Turk|me|nis|tan:** Staat in Mittelasien * *Turksprache:* von einem Turkvolk gesprochene Sprache, z. B. Turkmenisch, Anatolisch; *Turkvölker:* Türken * **Tur|ko|lo|ge**, der; –gen, ..gen: Kenner der Turksprachen, Altai-Türkisch

Turm, der; –(e)s, Türme; Türmchen, Türmlein: Gebäude, das im Verhältnis zu seiner Grundfläche sehr hoch ist : Gefängnis : etwas hoch Emporragendes : (übertr.) unerschütterlich fest stehende Person : Figur im Schachspiel * *turmartig* Ew.; *Turmbau; Turmdrehkran; Turmfalke; turmhoch* Ew.; *Turmschwalbe; Turmspitze; Turmspringen;*

Turmuhr; Turmwächter *

tür|men tr., intr.: turmartig aufhäufen : turmhoch ragen : (schweiz.) in den Turm sperren : (Gaunerspr.) davonlaufen * *getürmt* Ew.: mit Türmen versehen * **Tür|mer**, der; –s, –: Turmwächter * **..tür|mig** Ew., nur in Zus.: mit Türmen versehen; z. B. viertürmig

Tur|ma|lin (ind.-it.), der; –s, –e: (Chem.) Silikatverbindung : ein Schmuckstein * *Turmalinzange:* Gerät zur Untersuchung von Körpern im polarisierten Licht

Turn (e.) [törn], der; –s, –s: Drehung beim Kunstflug : Rausch nach Drogen

tur|nen intr.: körperliche Übungen treiben * *Turnabzeichen; Turnanzug; Turnfest; Turngerät; Turnhalle; Turnhemd; Turnhose; Turnkleidung; Turnkunst; Turnlehrer; Turnplatz; Turnschuh; Turnschuhgeneration:* lässig gekleidete Jugendliche aus den 80er Jahren; *Turnstunde; Turnübung; Turnunterricht; Turnvater:* .. Jahn; *Turnverein; Turnwart; Turnzeug* * **Tur|ner**, der; –s, –: ein Turnender * *Turnerfest; Turnergruß* * **Tur|ne|rei**, die; –: das Turnen * **Tur|ne|rin**, die; –, –nen * **tur|ne|risch** Ew.: das Turnen betreffend * **Tur|ner|schaft**, –, –en: Gemeinschaft von Turnern * *Deutsche Turnerschaft:* Spitzenverband der Turner Deutschlands * **Tur|nier**, das; –s, –e: mittelalterliches Ritterkampfspiel : Wettkampf * *turniermäßig* Ew.; *Turnierpferd; Turnierplatz; Turnierreiter; Turnierrichter; Turnierschranken* Mz.; *Turniertanz*

Tur|nus (ml.), der; –, ..nusse: Wechselfolge : Reihenfolge : Geschäftsgang

Tu|ron, das; –s: (Geol.) mittlere Stufe der jüngsten Kreideformation

Tür|rie|gel, Tür|schlüs|sel usw.: s. Tür

Tur|tel, die; –, –n: Turteltaube * **tur|teln** (ich ..[e]le) intr.: girren : Zärtlichkeiten austauschen

Tur|tle (e.) [tö'tl], der; –s, –s: Schildkröte

tu|scheln (ich ..[e]le) intr., tr.:

flüstern : heimlich, leise reden

Tusch (fr.), der; –s, –e: Berührung : (stud.) Beleidigung, Herausforderung: kurze Musik als Begrüßung oder bei einem Hoch * **Tu|sche**, die; –, –n: Zeichentinte * *Tuschfarbe; Tuschkasten; Tuschmalerei; Tuschnäpfchen; Tuschpinsel; Tuschzeichnung* * **tu|schen** (du tuschest und tuschst) tr., intr.: mit Tusche malen * **tu|schie|ren** (..iert) tr.: befühlen : beleidigen : tuschen : ätzen

Tus|ku|lum (l.), das; –s, ..la: behaglicher Landsitz (nach Ciceros Anwesen)

Tus|si, die; –, –s: (Umgspr., veräcktl.) junge Frau

tut!: Tonwort zur Bezeichnung des Hupens oder Hornblasens * *Tuthorn* * **Tu|te**, die; –, –n: Blashorn * **Tu|te, Tü|te**, die; –, –n; Tütchen: Papiersack * *Tütendreher:* Ladengehilfe * **tu|ten** intr.: ins Horn stoßen : blasen

Tut|ian|ch|a|mun, Tut|lan-ch|a|mun: Pharao im antiken Ägypten

Tu|tel (l.), die; –, –en: Obhut : Vormundschaft : Gängelband * **tu|te|la|risch** Ew.: schützend, vormundschaftlich

tu|ten: s. tut

Tu|tor (l.), der; –s, ..toren: Beschützer : Privat-Hauslehrer : Betreuer von Studienanfängern

Tüt|tel, der; –s, –: Punkt : Fleck * *Tüttelchen:* etwas sehr Geringes : Anführungsstriche * **tüt|te|lig** Ew.: (mundartl.) schusselig : vergesslich

tut|ti (it.) Mz.: (Mus.) alle * **Tut|ti**, das; –(s), –(s): (Mus.) Satz für „alle" Stimmen * *Tuttifrutti* Mz.: „alle Früchte", Allerlei : Süßspeise

Tu|tu (fr.) [tütü], das; –(s), –s: kurzes Ballettröckchen aus Tüll

TÜV (Abk.): Technischer Überwachungsverein * *TÜV-geprüft*

TV (Abk.): Turnverein : Television

Tweed (e.) [twihd], der; –s, –s und –e: grobfädiger Wollstoff, benannt nach der schott. Insel Tweed

Twen (e.), der; –s, –s: junges Mädchen oder junger Mann im

Alter zwischen 20 und 29 Jahren

Twiete (niederd.), die, –, –n: enger Gang : Zwischengässchen

Twill (e.), der; –s, –s und –e: feinfädiger Baumwollstoff : Seidengewebe

Twinset (e.), der; das; –s, –s: Kombination von Pullover und Strickjacke in gleicher Farbe und Wolle

Twist, der; –es, –e: baumwollenes Garn : Schussgarn : Kautabak ∗ **twis**ten tr.: Garn spulen

Twist (e.), der; –s, –s: „Drehung", Modetanz ∗ **twis**ten intr.: Twist tanzen

Twostep → Twostepp (e.) [tu..], der; –s, –s: „Zweischritt", Gesellschaftstanz

Tyche: gr. Göttin des Zufalls, Glücks ∗ **Ty**chis|mus, der; –: Lehre vom Zufall im Weltgeschehen

Tycoon (jap.-e.) [taikkuhn], der; –s, –s: mächtiger Mann in der Wirtschaft oder Politik

Tympa|non, **Tym**pa|num, das; –s, ..na: Handpauke : (Anat.) Trommelfell : (Baukst.) Bogenfeld, Giebeldreieck

Typ (gr.), der; –s, –en; Ty|pus, der; –, ..pen: Urbild, Vorbild : Wesenszug : Grundform : Bauart : das Aussehen : (mundartl.) Schwarm ∗ *Typenlehre; Typenpsychologie* ∗ *Idealtyp; das ist mein Typ* ∗ **Ty**pe, die; –, –n: gegossener Druckbuchstabe, Letter : sonderbarer Mensch : (Umgspr.) Mensch ∗ *Typendruck; Typendrucker:* Telegrafenapparat : Vervielfältigungsapparat; *Typenschrift; Typensetzmaschine* ∗ **ty**pen tr.: industriell in bestimmten Größen herstellen ∗ **Ty**pik, die; –, –en: Lehre von den verschiedenen Typen ∗ **ty**pisch Ew.: mustergültig, bezeichnend : ureigentümlich ∗ **ty**pi|sie|ren (..iert) tr.: typisch auffassen, typisch darstellen ∗ **Ty**pi|sie|rung, die; –, –en: typische Darstellung ∗ **Ty**po|graf *auch:* **Ty**po|graph, der; –en, –en: Buchdrucker : Zeilensetzmaschine ∗ **Ty**po|gra|fie, die; –, ..fien *auch:* **Ty**po|gra|phie, die; –, ..phien: Buchdruckerkunst ∗ **ty**po|gra|fisch *auch:*

typo|gra|phisch Ew.: buchdruckerisch ∗ *typografischer Punkt:* Maßeinheit der Schriftgröße; *typografisches Gewerbe:* Druckgewerbe ∗ **Ty**po|lo|gie, die; –: Typenkunde ∗ **ty**po|lo|gisch Ew.: die Typologie betreffend ∗ **Ty**po|s|kript, das; –(e)s, –e: ein auf der Schreibmaschine geschriebenes Manuskript ∗ **Ty**pung, die; –: die industrielle Serienfertigung

Typh|li|tis (gr.), die; –: (Med.) Blinddarmentzündung ∗ **Ty**ph|lon, der; –(e)s, –e: Blinddarm

typhös Ew.: typhusähnlich ∗ **Ty**phus, der; –: Infektionskrankheit ∗ *Typhusbazillus; Typhusepidemie; Typhuserkrankung*

Typik, **Ty**po|graf usw.: s. Typ

Tyrann (gr.), der; –en, –en: Alleinherrscher : Gewaltherrscher : (Mz.) Königswürger, amerikanischer Schreivogel ∗ **Ty**ran|nei, die; –, –en: Gewaltherrschaft : Unterjochung : Grausamkeit ∗ **Ty**ran|nen|tum, das; –(e)s: Tyrannenherrschaft ∗ **Ty**ran|nin, die; –, –nen: weiblicher Tyrann ∗ **ty**ran|nisch Ew.: gewaltsam : grausam ∗ **ty**ran|ni|sie|ren (..iert) tr.: Gewaltherrschaft ausüben, hart behandeln : unterjochen ∗ **Ty**ran|ni|sie|rung, die; –, –en: tyrannische, harte Behandlung

Tyrrhe|ni|sches Meer: Teil des Mittelmeeres zwischen Italien, Korsika, Sardinien und Sizilien

Tz: Tezett

U

U, u, das; –, –: der einundzwanzigste Buchstabe des Abece ∗ *einem ein X für ein U vormachen:* (eig.) eine X (10) für eine V (5) machen : betrügen, übervorteilen ∗ *U-Eisen:* Eisenbalken in der Form eines U

U (röm. Zahlzeichen): V

U: (Chem.) Uran : Harnstoff :

(Elektr.) Spannung : (Handel) Ultimo : (Marine) Unterseeboot

u. a. (Abk.): und and(e)re, und and(e)res : unter and(e)rem, unter and(e)ren

u. Ä. (Abk.): und Ähnliche(s)

u. a. m. (Abk.): und and(e)re mehr, und and(e)res mehr

u. A. w. g., U. A. w. g. (Abk.): um Antwort wird gebeten

U-Bahn, die; –, –en: Untergrundbahn ∗ *U-Bahnhof; U-Bahn-Netz; U-Bahn-Station; U-Bahn-Tunnel; U-Bahn-Wagen*

übel Ew. (übler, übelste): schlecht : schlimm : böse : unangenehm : hässlich ∗ *mir ist, wird übel:* ich spüre Neigung zum Erbrechen; *aus Übel Ärger machen; nichts, viel, etwas Übles; nicht übel:* recht hübsch, recht gut: *wohl oder übel:* in jedem Falle ∗ **Ü**belbefinden, das; –s; *übelgelaunt →* *übel gelaunt* Mw. Ew.; *übellaunig* Ew.; *Übellaunigkeit:* die; –; *übelnehmen →* *übel nehmen* (er nimmt übel, übel genommen, übel zu nehmen) tr.: (einem etwas–) verargen, sich gekränkt von jemandem abwenden ; *übelnehm(er)isch* Ew.; *übelriechend →* *übel riechend*; **Ü**belsein, das; –s: Übelkeit; *Übelstand,* der; –(e)s, ..stände: Missstand; *Übeltat; Übeltäter:* einer, der Übeltaten verrichtet; *übelwollen →* *übel wollen* (ich will übel, übel gewollt, übel zu wollen) intr.: einem übel gesinnt sein; *Übelwollen,* das; –s: Übelgesinntheit; *übelwollend →* *übel wollend* Mw. Ew.: übel gesinnt ∗ **Ü**bel, das; –s, –: etwas Übles : Krankheit : Missstand ∗ **Ü**bel|keit, die; –, –en: Neigung zum Erbrechen

üben tr., intr., rbz.: ausüben, betreiben : durch häufiges Wiederholen eine Fertigkeit erstreben ∗ *Gerechtigkeit üben:* gerecht sein; *Nächstenliebe üben* ∗ *geübt* Mw. Ew.: durch Übung Fertigkeit erreicht habend ∗ *Geübtheit,* die; –: Gewandtheit, Geschicklichkeit durch Übung ∗ **üb**lich Ew.: in Übung : allgemein gebräuchlich ∗ **Ü**bung, die; –, –en: das Üben, das Ausüben : das Geübtwerden : Betätigung zum Zwecke der Erlangung oder Steigerung einer Fertigkeit : Musikstück zur Übung der Fingerfertigkeit * *Übungsarbeit; Übungsaufgabe; Übungsbuch; Übungsgeschwader:* zur Übung ausfahrendes Geschwader; *Übungsmarsch; Übungsplatz:* Platz, auf dem Turnübungen vorgenommen werden; *Übungsschießen; Übungsstück:* Tonstück zur Übung; *Übungsstunde* **ü|bungs|hal|ber** Uw.: um des Übens willen

ü|ber Vw. mit Dat. u. Akk.: höher als (im Raum, im Rang, im Wert) : auf der Oberfläche von : oberhalb : mehr als : auf Grund von : mit Bezug auf : in Betreff von : übertreffend : (zeitl.) nach : (zeitl.) während : bei * *über alle Berge:* unerreichbar : auf und davon; *Fehler über Fehler:* sehr viele Fehler; *über und über:* überall, ganz und gar; *über Nacht:* plötzlich *über kurz oder lang:* in jedem Falle * **ü|ber** Uw.: mehr als : (nachgestellt) dauernd : vorgebeugt, vorgeneigt : (in Zus. nach Hw. und Ew.) hinüber, hinweg, geneigt : (mundartl.) übrig * *einem über sein:* überlegen sein; *etwas ist einem über:* etwas widersteht einem

ü|ber|all (auch **ü|ber|all**) Uw.: an allen Orten und allen Seiten : allenthalben : (mundartl.) überhaupt, (bes. vern.) durchaus : (als Befehl auf Schiffen) alle Hände auf Deck! * **ü|ber|all|her** Uw.: von allen Orten her * **ü|ber|all|hin** Uw.: nach allen Orten hin

ü|ber|al|tern intr. (sein): zu alt werden für etwas * *überaltert* Mw. Ew.: zu alt * **Ü|ber|al|te|rung,** die; –: das Zualtwerden

Ü|ber|an|ge|bot, das; –(e)s, –e: zu reichliches Angebot

ü|ber|ängst|lich Ew.: übertrieben ängstlich

ü|ber|an|stren|gen tr., rbz.: übermäßig anstrengen * **Ü|ber|an|stren|gung,** die; –, –en: übermäßige Anstrengung

ü|ber|ant|wor|ten tr.: ausliefern * **Ü|ber|ant|wor|tung,** die; –, –en: Auslieferung

ü|ber|ar|bei|ten tr.: Gearbeitetes noch einmal bearbeiten;

rbz.: sich durch Arbeit übermäßig anstrengen * **Ü|ber|ar|bei|tung,** die; –: übermäßige Anstrengung : noch einmal Bearbeitetes

ü|ber|aus Uw.: in sehr hohem Maße, ungemein

ü|ber|ba|cken tr.: (Kochkst.) kurz im Rohr backen lassen

Ü|ber|bau, der; –(e)s, –e und –ten: oberer, vorragender Teil eines Gebäudes : Bau über darunter Befindlichem : Bau über die Grenze * **ü|ber|bau|en** tr.: so bauen, dass es übers Untere herausragt * **ü|ber|bau|en** tr.: ein Bauwerk über etwas errichten : be-, überdecken; rbz.: über seine Verhältnisse bauen, sich arm bauen * *Überbauung*

ü|ber|be|an|spru|chen tr.: zu viel in Anspruch nehmen * **Ü|ber|be|an|spru|chung:** das Überlastetsein

ü|ber|be|hal|ten tr.: Überkleider nicht ablegen : übrig behalten

Ü|ber|bein, das; –(e)s, –e: krankhafte kugelige Geschwulst an den Gelenksehnen von Händen, Füßen, Knien

ü|ber|be|las|ten tr.: zu schwer beladen * **Ü|ber|be|las|tung,** die; –: zu große Belastung

ü|ber|be|le|gen tr.: einen Raum übermäßig belegen

ü|ber|be|lich|ten tr.: (Fot.) zu lange belichten * **Ü|ber|be|lich|tung,** die; –: (Fot.) die überlange Belichtung

ü|ber|be|to|nen tr.: zu stark betonen, hervorheben * **Ü|ber|be|to|nung,** die; –, –en

ü|ber|be|trieb|lich Ew.: über mehrere Betriebe reichend * *überbetriebliche Mitbestimmung*

ü|ber|be|völ|kert Ew.: zu viele Menschen in einem Gebiet * **Ü|ber|be|völ|ke|rung,** die; –: zu viele Menschen

ü|ber|be|wer|ten tr.: zu hoch einschätzen * **Ü|ber|be|wer|tung,** die; –, –en

Ü|ber|be|zah|lung, die; –, –en: zu hohe Vergütung

ü|ber|biet|bar Ew.: zu überbieten * **ü|ber|bie|ten** tr.: mehr bieten als ein anderer; rbz.: sich selbst übertreffen * **Ü|ber|bie|tung,** die; –, –en: Überbieten

ü|ber|bin|den tr.: über etwas binden

Ü|ber|biß → **Ü|ber|biss,** der: (Umgspr.) deutliches Vorstehen der oberen Schneidezähne

ü|ber|bla|sen intr.: (bei Blasinstrumenten) durch stärkeres Blasen eine Oktave höher blasen

ü|ber|blat|ten tr.: (Tischl.) zusammenblatten, verlaschen * **Ü|ber|blat|tung,** die; –, –en: das Überblatten

ü|ber|blät|tern tr.: mit Blättern überdecken : beim Blättern übersehen : oberflächlich durchblättern, durchsehen

ü|ber|blei|ben intr.: übrig bleiben : überleben * **Ü|ber|bleib|sel,** das; –s, –: das Übriggebliebene : Überrest

ü|ber|blen|den tr.: (Film) von einer Szene in die andere überleiten * **Ü|ber|blen|dung,** die; –: das Überleiten in eine andere Szene

Ü|ber|blick, der; –(e)s, –e: Blick von einem erhöhten Standort : Übersicht * **ü|ber|bli|cken** tr.: einen Überblick haben * *überblicksweise*

ü|ber|bor|den intr.: über die Ufer treten : (mundartl.) abirren, ausarten

ü|ber|bra|ten tr.: (Umgspr.) nur in der Zus. *jemandem eins überbraten:* jemanden schlagen

ü|ber|breit Ew.: mit mehr als der normalen Breite ausgestattet * **Ü|ber|brei|te,** die; –: Breite, die über das normale Maß hinausgeht

ü|ber|brin|gen tr.: von einem zum andern bringen * **Ü|ber|brin|ger,** der; –s, –: Bote * **Ü|ber|brin|ge|rin,** die; –, –nen: Botin * **Ü|ber|brin|gung,** die; –: das Überbringen * *Überbringungsscheck:* Scheck mit dem Zusatz „oder Überbringer"

ü|ber|brü|cken tr.: mit einer Brücke überspannen : eine Verbindung schaffen * *überbrückbar* * **Ü|ber|brü|ckung,** die; –: das Überbrücken : das Überbrückende : Notbehelf * *Überbrückungsbeihilfe:* vorübergehende Gehaltszahlung bis zur Klärung der Anspruchszahlung; *Überbrückungskredit:* Kredit zur Beseitigung vorübergehender finanzieller Schwierigkeiten * *Überbrückungszahlung*

ü|ber|bür|den tr.: zu schwer beladen * **Ü|ber|bür|dung,** die; –: das Überbürden * *Überbürdungsklage:* Klage über Überbürdung

Ü|ber|dach, das; –(e)s, ..dächer: Dach als schützender Überbau * **ü|ber|da|chen** tr.: mit einem Dach bedecken * **Ü|ber|da|chung,** die; –, –en: das Überdachen

Ü|ber|dampf, der; –(e)s: der überschüssige Dampf * **ü|ber|damp|fen** tr.: (Chem.) (Flüssigkeit :) in Dampf verwandeln und wieder flüssig machen * **Ü|ber|damp|fung,** die; –: das Überdampfen

ü|ber|dau|ern tr.: an Dauer übertreffen : überstehen

Ü|ber|de|cke, die; –, –n: Oberdecke * **ü|ber|de|cken** tr.: als Decke über einen Gegenstand legen * **ü|ber|de|cken** tr.: abdecken * **Ü|ber|de|ckung,** die; –: das Überdecken

ü|ber|deh|nen tr.: stark auseinander ziehen (bis zum Zerreißen) * **Ü|ber|deh|nung,** die; –: das Überdehnen

ü|ber|den|ken tr.: über etwas nachdenken : überlegen

ü|ber|deut|lich Ew.: mehr als deutlich : überbetont

ü|ber|dies Uw.: außerdem : zudem

ü|ber|di|men|si|o|nal Ew.: größer als das normale Maß * **ü|ber|di|men|si|o|niert** Ew.: zu groß ausgefallen

ü|ber|do|sie|ren tr : zu viel verordnen, zumessen * **Ü|ber|do|sie|rung,** die; –; * **Ü|ber|do|sis,** die; –: das Überdosieren : eine größere als normale oder angebrachte Dosis

ü|ber|dre|hen tr.: zu stark drehen

Ü|ber|druck, der; –(e)s: das Überziehen mit Farbendruck : Aufdruck : Druckunterschied eines Gases gegenüber dem gewöhnlichen Luftdruck von 1 at * *Überdruckatmosphäre;* Abk.: atü; *Überdruckkabine; Überdruckturbine; Überdruckventil* * **ü|ber|dru|cken** tr.: nochmaliges drucken

Ü|ber|druß → Ü|ber|druss, der; ..drusses: Unlust; Widerwille * **ü|ber|drüs|sig** Ew.:

voll Überdruss

ü|ber|dün|gen tr.: zu viel Dünger verwenden * **Ü|ber|dün|gung,** die; –: das Überdüngen

ü|ber|durch|schnitt|lich Ew.: über dem Durchschnitt liegend

ü|ber|eck Uw.: querüber

ü|ber|ei|frig Ew.: übermäßig eifrig * **Ü|ber|ei|fer,** der; –s: zu großer Eifer

ü|ber|eig|nen tr.: als Eigentum überschreiben * **Ü|ber|eig|nung,** die; –, –en: Übergabe als Eigentum

Ü|ber|ei|le, die; –: übermäßige Eile * **ü|ber|ei|len** tr.: zu sehr eilen : vorschnell handeln : zu sehr antreiben; rbz.: sich zu sehr anstrengen * **ü|ber|eilt** Mw. Ew.: vorschnell : zu früh * **Ü|ber|ei|lung,** die; –: übereilte Handlung

ü|ber|ein Uw.: zusammenstimmend : gleichmäßig * *übereinkommen* intr.; *Übereinkommen; Übereinkunft:* gegenseitiges Verständnis : Abmachung; *übereins* Uw.: übereinstimmend; *übereinstimmen* intr.: einer Meinung sein; *Übereinstimmung:* verständnisvolles Verhältnis; *übereintreffen* intr.: abmachen

ü|ber|ein|an|der Uw.: eines über dem anderen, über das andere : in Schichten liegend * *übereinanderlegen →* *übereinander legen* tr.; *übereinanderliegen →* *übereinander liegen* intr.; *übereinandersitzen →* *übereinander sitzen* intr.; *übereinanderstehen →* *übereinander stehen* intr.; *übereinanderwerfen →* *übereinander werfen* tr.

übereinander legen Wortgefüge aus Adverbien und Verben werden immer getrennt geschrieben, wenn das Adverb mit *-einander* gebildet ist: *Sie wollte die Decken übereinander legen, damit sie nicht durcheinander gerieten.*

Ü|ber|ein|kom|men usw.: s. übereinkommen

ü|ber|emp|find|lich Ew.: übermäßig empfindsam, feinfühlig * **Ü|ber|emp|find|lich|keit,** die; –: (Med.) Allergie : übermäßige Feinfühligkeit

Ü|ber|er|näh|rung, die; –: übermäßige Nahrungsaufnahme

ü|ber|er|reg|bar Ew.: zu leicht erregbar * **Ü|ber|er|reg|bar|keit,** die; –: das Übererregbarsein

ü|ber|es|sen (übergegessen) tr.: bis zum Ekel essen : etwas nicht mehr essen mögen * **ü|ber|es|sen** (übergessen) tr., rbz.: zuviel essen

ü|ber|fach|lich Ew.: über ein Fachgebiet hinaus

ü|ber|fah|ren tr.: über etwas hinfahren : zu Boden fahren, durch Fahren zu Fall, zu Schaden bringen : über ein Haltezeichen hinausfahren : mit einem Fahrzeug über jemanden hinwegfahren : beim Fahren übermäßig anstrengen * **ü|ber|fah|ren** tr.: über etwas fahren * **Ü|ber|fahrt,** die; –, –n: eine Fahrt übers Wasser * *Überfahrtsgeld; Überfahrtszeit*

Ü|ber|fall, der; –es, Überfälle: das Überrumpeln : überraschender Angriff : (mundartl.) das Zäpfchen im Hals : das überfallende Wasser bei Stauanlagen * *Überfallhose; Überfallkommando:* Polizeiaufgebot bei Alarmruf; *Überfallsrecht:* Recht, sich die vom Nachbargrundstück aufs eigene Grundstück gefallenen Früchte anzueignen * **ü|ber|fal|len** intr.: (Techn.) überragen : über etwas hängen * **ü|ber|fal|len** tr.: über jemand unvermutet herfallen : überrumpeln (scherzh.) unerwartet besuchen * **ü|ber|fäl|lig** Ew.: schon lange fällig : (seem.) länger ausbleibend, als zu erwarten wäre : zur Zeit der Fälligkeit noch nicht eingetroffen : (kfm.) zur rechten Zeit nicht bezahlt

ü|ber|fär|ben tr.: zu stark färben * **ü|ber|fär|ben** tr.: mit Farbe überziehen

ü|ber|fein Ew.: übermäßig fein * **ü|ber|fei|nern** tr.: zu fein machen * **Ü|ber|fei|ne|rung,** die; –: das Überfeinern

ü|ber|fi|schen tr.: durch zuviel Fischen den Fischbestand bedrohen * **Ü|ber|fi|schung,** die; –: das Überfischen

Ü|ber|fleiß, der; –es: zu großer Fleiß * **ü|ber|flei|ßig** Ew.: übermäßig fleißig

ü|ber|flie|gen intr.: hinüberfliegen * *Überflieger:* ein andere an Leistungen übertreffender Mensch ✱ **über|flie|gen** tr.: über etwas hinfliegen : flüchtig lesen ✱ *einen Brief rasch überfliegen; den Ozean überfliegen; die Alpen überfliegen* ✱ **Über|flug,** der; –(e)s, –..flüge: das Überfliegen ✱ **über|flü|geln** tr.: (den Feind) umklammern : fliegend überholen : übertreffen ✱ **Über|flü|ge|lung, Über|flüg|lung,** die; –: das schnellere Vorwärtskommen

über|flie|ßen intr. (sein) : (Flüssigkeit) über einen (Gefäß-)Rand, (Gewässer) über das Ufer treten ✱ **über|flie|ßen** tr.: fließend bedecken ✱ **Über|fluß →** **Über|fluss,** der; –es: zu starker Erguss : überströmende Maß von etwas : Überfülle : Unnötiges ✱ **über|flüs|sig** Ew.: als genug : zwecklos : unerwünscht : unnötig ✱ **über|flüs|si|ger|wei|se** Uw.: unnötig

über|flü|geln: s. überfliegen **Über|fluß →** **Über|fluss, über|flüs|sig:** s. überflüssig **über|flu|ten** intr. (sein): fließend über die Grenzen treten ✱ **über|flu|ten** tr.: mit Wasser, Flut überdecken ✱ **Über|flu|tung,** die; –: das Überfluten *Überflutungsgefahr*

über|for|dern tr.: zuviel fordern ✱ **Über|for|de|rung,** die; –, –en; das Überfordern

Über|fracht, die; –, –en: Gebühr für Reisegepäck, das das Gewicht des Freigepäcks überschreitet ✱ **über|frach|ten** tr.: übermäßig befrachten ✱ **Über|frach|tung,** die; –: das Überfrachten

über|fra|gen tr.: zu viel fragen : durch Fragen mundtot machen ✱ *überfragt sein:* keine Antwort wissen

über|frem|den tr.: zu viel ausländisches Geld aufnehmen : übermäßig durch Fremdes beeinflusst werden ✱ **Über|frem|dung,** die; –: zu starke Aufnahme ausländischen Geldes : zu starker ausländischer Einfluss

über|fres|sen rbz.: sich den Magen verderben

über|frie|ren intr. (sein): mit einer Eisdecke überziehen

über|fromm Ew.: übermäßig fromm

Über|fuhr, die; –, –en: (östr.) Fähre ✱ **über|füh|ren** tr.: auf die andere Seite führen : in einen anderen Zustand bringen ✱ **über|füh|ren** tr.: an einen anderen Ort bringen : (einen einer Tat –) nachweisen ✱ *die Leiche wird überführt; der Verbrecher konnte überführt werden* ✱ **Über|füh|rung,** die; –: das Hinüberführen ✱ **Über|füh|rung,** die; –, –en: das Überführen : Leitung eines Weges, einer Bahnstrecke über eine andere

Über|fül|le, die; –: überreiche Fülle : zu starker Andrang ✱ **über|fül|len** tr.: über das Maß füllen ✱ **Über|fül|lung,** die; –: zu großer Andrang

Über|funk|ti|on, die; –, –en: (Med.) übermäßige Produktion von Hormonen u. a.

über|füt|tern tr.: zu sehr füttern ✱ **Über|füt|te|rung,** die; – **Über|ga|be,** die; –, –n: das Übergeben, Abgeben : Auslieferung (einer Festung) ✱ *Übergabeverhandlungen* ✱ **über|ge|ben** tr.: in die Gewalt eines anderen geben : preisgeben : einhändigen : (dem Verkehr –) für den Verkehr freigeben; rbz.: sich erbrechen

Über|gang, der; –(e)s, Übergänge: das Übergehen, Hinübergehen : Verbindung von getrennt Liegendem : Überleitung von einer Sache zur anderen : etwas Vorübergehendes ✱ *Übergangsbahnhof; Übergangsbestimmungen; Übergangserscheinung; Übergangsjahre:* Wechseljahre; *Übergangslösung; Übergangsmantel; Übergangsphase; Übergangsscheibe:* eine Vorrichtung bei der Eisenbahn; *Übergangsstadium; Übergangsstation:* Zwischenbahnhof : Umsteigestelle; *Übergangsstelle:* Ort zum Überschreiten der Grenze, des Flusses, Berges; *Übergangsstufe; Übergangszeit; Übergangszustand* ✱ **über|ge|hen** intr.: (eig., auch übertr.) überlaufen : aus einem Ort, Zustand, Besitz in einen anderen hinüberbewegen : zu einer Partei, Religion usw. übertreten ✱ **über-**

ge|hen tr.: über eine Grenze gehen : (ein Gebot –) übertreten : unberücksichtigt lassen : nicht beachten : überblickend durchgehen ✱ **Über|ge|hung,** die; –, –en: Übertretung : Übergang

Über|gar|di|ne, die; –, –n: Gardine über den Stores

über|ge|ben: s. Übergabe **über|ge|hen, Über|ge|hung:** s. Übergang

über|ge|meind|lich Ew.: mehrere Gemeinden betreffend **über|ge|nau** Ew.: übermäßig genau : pingelig

über|ge|ord|net Ew.: in einer Ordnung auf einer höheren Stufe stehend

Über|ge|päck, das; –(e)s: zu viel Gepäck

Über|ge|wicht, das; –(e)s: Mehrgewicht : überwiegende Eigenschaft : größere Macht ✱ **über|ge|wich|tig** Ew.: Übergewicht habend

über|gie|ßen tr.: so viel gießen, dass es überläuft : in ein anderes Gefäß hinübergießen ✱ **über|gie|ßen** tr.: gießend überdecken : übermäßig begießen ✱ **Über|gie|ßung,** die; –: das Begießen, Besprengen

über|gip|sen tr.: mit Gips bestreichen

über|gla|sen tr.: mit Glas decken

über|glück|lich Ew.: mehr als glücklich

über|gol|den tr.: vergolden **über|grei|fen** intr.: sich über etwas hinaus erstrecken ✱ **Über|griff,** der; –(e)s, –e: Eingriff in fremde Rechte

über|groß Ew.: übermäßig groß ✱ **Über|grö|ße,** die; –, –n: übermäßige Größe

Über|guß → **Über|guss,** der; –es, Übergüsse : das Übergießen : das Übergossene

über|ha|ben tr.: (Kleid –) angezogen haben : übrig haben : einer Sache überdrüssig sein **Über|hand,** die; –: (Nbf. für) Oberhand ✱ *die Überhand haben, kriegen, gewinnen* ✱ *Überhandnahme:* das Gewinnen der Übermacht; *überhandnehmen → überhand nehmen* intr.: das Maß überschreiten

Über|hang, der; –(e)s, Überhänge: das Überhängende : in ein anderes Gebiet Hinüberhängendes : etwas Übergehängtes : Vorhang : ein Kleidungsstück **Überhangsmandat**: in Direktwahl gewonnenes Mandat; **Überhangsrecht**: Recht eines Grundstückbesitzers, aus dem Nachbargrundstück herüberhängende Zweige abzuschneiden, falls sein Grundstück durch die Zweige beeinträchtigt wird **über|hän|gen** intr.: über etwas hängen **über|hän|gen** tr.: über einen Körper hängen **über|hängen** tr.: hängend bedecken

über|hart Ew.: übermäßig hart

über|has|ten tr., rbz.: übereilen **Über|has|tung**, die; –: das Übereilen

über|häu|fen tr.: häufend überschütten **Über|häufung**, die; –: übertriebene Anhäufung

über|haupt Uw.: im allgemeinen : (mundartl.) besonders

über|he|ben tr.: über etwas hinwegheben **über|he|ben** tr.: (einen einer Sache –) befreien; rbz.: sich verheben : auf etwas übermäßig stolz sein

über|heb|lich Ew.: dünkelhaft **Über|heb|lich|keit**, die; –: Dünkel

über|hei|zen tr.: zu sehr heizen

über|hin Uw.: sich über etwas ausbreitend : über etwas hinweg : oberflächlich, flüchtig, obenhin : (mundartl.) überdies

über|hit|zen tr.: zu sehr erhitzen **Über|hit|zung**, die; –: (bei Flüssigkeiten) Überschreiten des Siedepunktes **Überhitzungsrohr**: Ableitungsrohr der überschüssigen Hitze

über|hö|hen tr.: zu stark erhöhen : an Höhe überragen, übertreffen **Über|hö|hung**, die; –: die größere Darstellung der Höhen auf geografischen Karten, Profilen und Reliefs : das Erhöhen der äußeren Schienen in Kurven **Überhöhungswinkel**: der Winkel, den das Geschützrohr mit der Waagerechten einschließt

über|ho|len tr. intr.: herüberholen : (seem.) sich zur Seite neigen **über|ho|len** tr.: einholen und übertreffen : übertreffen, überlisten : (Wasser-,

Land-, Luftfahrzeuge) ausbessern, nachprüfen : prüfend durcharbeiten **Überholmanöver; Überholspur; Überholverbot; Überholversuch; Überholvorgang** **Über|ho|lung**, die; –, –en: das Überholen, Nachprüfen **überholungsbedürftig**

über|hö|ren tr.: über etwas hinweghören : (un)absichtlich nicht hören : etwas auswendig Gelerntes abhören

Über|lich, das; –s: (Psych.) Teil der Persönlichkeit

über|ir|disch Ew.: über das Irdische erhaben, himmlisch

über|kan|di|delt Ew.: exaltiert : überdreht

über|kip|pen intr. (sein), tr.: das Gleichgewicht verlieren

über|kle|ben tr.: klebend über etwas befestigen

Über|kleid, das; –(e)s, –er: über ein Unterkleid gezogenes Kleid **Über|klei|dung**, die; –, –en: übergezogene Kleidungsstücke **Über|klei|dung**, die; –, –en: Verkleidung eines Schadens

über|klet|tern intr.: hinüberklettern **über|klet|tern** tr.: kletternd übersteigen

über|klug Ew.: übertrieben klug tuend

über|ko|chen intr. (sein): kochend überlaufen **über|ko|chen** tr.: nochmals kochen (z. B. das Eingemachte)

über|kom|men intr. (sein): durch Vererbung zuteil werden; tr.: (Krankheit, Angst usw.) befallen

Über|kom|pen|sa|ti|on (l.), die; –, –en: Verdecken einer Schwäche oder eines Mangels durch Überbetonen des Gegenteils **über|kom|pen|sie|ren** tr.: übermäßig ausgleichen : das Gegenteil überbetonen

über|krie|gen tr.: (Umgspr.) überbekommen

über|ku|geln intr. (sein), rbz.: kugelnd sich überschlagen

über|la|den tr.: übermäßig belasten **über|la|den** Ew.: übermäßig geschmückt **Über|la|dung**, die; –: übermäßige Beladung : übertriebene Ausschmückung

über|la|gern tr.: zu lange lagern : übereinander liegen **über|la|gert** Ew.: übereinander gelagert **Über|la|ge-**

rung, die; –, –en: (Rdfk.) Aufnahme zweier Schwingungen mit eng benachbarten Schwingungswerten : zu langes Lagern **(Rdfk.) Überlagerungsempfänger**: Superheteronydempfänger

Über|land|bahn, die; –, –en: Bahn, die ganze Erdteile durchquert **Über|land|bus**, der; –ses, –se: Busse, die auch außerhalb des Stadtgebietes fahren **Über|land|flug**, der; –(e)s, ..flüge: Flug, der sich über mehrere Länder erstreckt **Über|land|kraft|werk**, das; –s, –e: Kraftwerk, das entfernte Gegenden versorgt **Über|land|lei|tung**, die; –, –en: elektr. Leitung von der Zentrale zu weit entfernt liegenden Versorgungsgebieten **Über|land|post**, die; –: Post, die über Land geht **Über|land|ver|kehr**, der; –s: Gesamtheit des Verkehrs, der über Land geht **Über|land|zen|tra|le** (dtsch.-l.), die; –, –n: Elektrizitätswerk zur Versorgung größerer Gebiete

über|lang Ew.: übermäßig lang **Über|län|ge**, die; –, –n: Länge über das normale Maß hinaus

über|lap|pen tr.: an einem Ende übereinander liegen : überschneiden **Über|lap|pung**, die; –: Überschneidung : das Überlappen

über|las|sen tr.: übrig lassen **über|las|sen** tr.: in den Besitz eines anderen gehen lassen : (einem etwas) freiwillig, käuflich, als Beute abgeben : dem Ermessen, der Sorge eines anderen, dem Schicksal überlassen; rbz.: sich hingeben **Über|las|sung**, die; –: das Überlassen, Zurücklassen

über|la|sten tr.: überladen : zu stark belasten **über|la|stig** Ew.: einseitig belastet **Über|la|stung**, die; –: zu starke Belastung

Über|lauf, der; –(e)s, Überläufe: das Hinüberlaufen über etwas : Überschuss : Schiffsdeck **über|lau|fen** tr.: (bergm.) hinüberkarren : über den Haufen laufen; intr. (sein): über den Rand eines Behälters laufen : über die Grenzen gehen : in ein anderes Gebiet laufen : zu einer anderen Partei, auf Feindesseite übergehen : desertieren ✳ *Überlaufrohr:* Abflussrohr für überlaufendes Wasser; *Überlaufventil* ✳ **ü|ber|lau|fen** tr.: jemanden übermäßig oft aufsuchen : eine Fläche überlaufend bedecken : rasch übersehen : laufend überholen : verfehlen; rbz.: durch vieles Laufen schaden ✳ **Ü|ber|läu|fer,** der; –s, –: Verräter : Deserteur : einzelnes hoch stehendes Wollhaar bei Schafen : (weidm.) zu alt gewordenes Wild

ü|ber|laut Ew.: übermäßig laut **ü|ber|le|ben** tr.: eine Zeit überdauern : länger leben als andere; rbz.: zu lange leben : veraltet sein ✳ *Überlebenschance; Überlebenstraining* ✳ **Ü|ber|le|ben|de,** der; –n, –n: Person, die andere überlebt : vom Unglück verschont Gebliebene(r) ✳ **ü|ber|le|bens|groß** Ew.: größer als die natürliche Größe (bei Bildwerken) ✳ **Ü|ber|le|bens|grö|ße,** Größe, die die natürliche Größe übersteigt (eine Figur, ein Bildwerk)

ü|ber|le|gen Ew.: stärker, fähiger seiend ✳ **ü|ber|le|gen** tr.: über einen Gegenstand legen : wenden, umlegen : (einen –) (übers Knie legen, um ihn zu) prügeln; rbz., intr.: sich überbeugen ✳ **ü|ber|le|gen** tr.: bedenken, erwägen ✳ **ü|ber|legt** Mw. Ew.: bedacht : sorgsam ✳ **Ü|ber|le|gen|heit,** die; –: Übergewicht, Vorzugsstellung : Übermacht : Beherrschung ✳ **Ü|ber|le|gung,** die; –, –en: das nachdenkliche Betrachten ✳ *Überlegungsfrist:* Zeit von 4 Wochen, die dem Erben zustehen für die Erklärung der Erbschaftsannahme oder -ausschlagung **ü|ber|lei|ten** tr., intr.: einen Übergang bilden, hinüberleiten ✳ **Ü|ber|lei|tung,** die; –, –en: das Hinüberleiten : das Hinüberleitende **ü|ber|le|sen** tr.: rasch, oberflächlich durchlesen : Fehler nicht bemerken **ü|ber|lie|fern** tr.: (einem etwas) übergeben : an die Nachkommen weitergeben ✳ **ü|ber|lie|fert** Ew.: (an Nach-

kommen) weitergegeben ✳ **Ü|ber|lie|fe|rung,** die; –, –en: das Fortpflanzen einer Kunde : Tradition **ü|ber|lis|ten** tr.: durch List überwinden, erreichen ✳ **Ü|ber|lis|tung,** die; –: das Überlisten **ü|berm:** (Umgspr.) über dem ✳ *überm Hause* **Ü|ber|macht,** die; –: überlegene Macht : zu große Macht ✳ **ü|ber|mäch|tig** Ew.: zu mächtig

ü|ber|ma|len tr.: über etwas hinaus malen ✳ **ü|ber|ma|len** tr.: mit Farbe überziehen : fertige, der Nachbildung bedürftige Bilder nachmalen, retuschieren ✳ **Ü|ber|ma|lung,** die; –, –en: das Überstreichen mit Farbe

ü|ber|man|nen tr.: überwinden : bezwingen : überwältigen **Ü|ber|maß,** das; –es: das, was über das bestimmte Maß hinausgeht : etwas das Maß Überschreitende, Überfluss ✳ **ü|ber|mä|ßig** Ew.: das Maß überschreitend; Uw.: im Überfluss

Ü|ber|mensch, der; –en, –en: gottähnlicher Mensch, ein körperlich und geistig vollkommener Mensch ✳ **ü|ber|mensch|lich** Ew.: über das Menschliche hinausgehend : das Wesen, die Kräfte eines Menschen übertreffend : einem Übermenschen gleichend

ü|ber|mit|teln tr.: (jemand etwas) übergeben, zukommen lassen : mitteilen ✳ **Ü|ber|mitt|lung,** die; –: Mitteilung : das Zukommenlassen

ü|ber|mor|gen Uw.: an dem auf morgen folgenden Tag **ü|ber|mü|de** Ew.: übermäßig müde ✳ *übermüdet sein* ✳ **Ü|ber|mü|dung,** die; –: das Übermüdetsein ✳ *Übermüdungserscheinung*

Ü|ber|mut, der; –(e)s: übertriebene Lustigkeit : ausgelassene Stimmung ✳ **ü|ber|mü|tig** Ew.: voll Übermut

ü|bern: (Umgspr.) über den ✳ *übern Zaun*

ü|ber|nächs|te: der (die, das) auf das Nächste, den Nächsten folgende

ü|ber|nach|ten intr.: die Nacht zubringen : über Nacht bleiben

✳ **Ü|ber|nach|tung,** die; –, –en: das Übernachten ✳ **ü|ber|näch|tigt** Ew.: unausgeschlafen : müde von schlafloser Nacht

Ü|ber|nah|me, die; –: Inbesitznahme : Anerkennung der Nachfolge ✳ **ü|ber|neh|men** tr.: hinübernehmen : über die Schulter hängen : über sich decken : (Kartsp.) eine stechende Karte mit einer höheren nehmen : (seem.) (Wasser) eine Sturzsee über Deck bekommen ✳ **ü|ber|neh|men** tr.: die Nachfolge antreten : zu viel nehmen; rbz.: etwas leisten, was die Kräfte, das Vermögen überschreitet : sich überanstrengen ✳ **Ü|ber|neh|mer,** der; –s, –: einer, der etwas übernimmt : Nachfolger **ü|ber|na|tür|lich** Ew.: das Natürliche übersteigend, wunderbar

ü|ber|neh|men: s. Übernahme **ü|ber|ord|nen** tr.: ordnend über etwas stellen ✳ **Ü|ber|ord|nung,** die; –: übergeordnete Stellung, Lage **Ü|ber|or|ga|ni|sa|ti|on,** die; –: allzu genaue und ins Einzelne gehende Organisation ✳ **ü|ber|or|ga|ni|sie|ren** tr.: zu genau organisieren **ü|ber|par|tei|lich** Ew.: über den Parteien stehend, unparteiisch ✳ *Überparteilichkeit* **ü|ber|pflan|zen** tr.: mit Gepflanztem überdecken : verpflanzen ✳ **Ü|ber|pflan|zung,** die; –: das Hinüberpflanzen : das zu starke Bepflanzen : Transplantation **ü|ber|pin|seln,** **ü|ber|pin|seln** tr.: überstreichen **Ü|ber|preis,** der; –es, –e: ein unangemessen hoher Preis **ü|ber|pri|vi|le|giert** Ew.: zu viele Privilegien besitzend **Ü|ber|pro|duk|ti|on** (l.), die; –, –en: Mehrerzeugung : Erzeugung von Gütern über den Bedarf, die Kaufkraft der Verbraucher hinaus

ü|ber|pro|por|ti|o|nal Uw. Ew.: unverhältnismäßig **ü|ber|prü|fen** tr.: nachprüfen ✳ *überprüfbar* ✳ **Ü|ber|prü|fung,** die; –: en: Nachprüfung ✳ *Überprüfungskommission* **ü|ber|quel|len** intr.: überfließen, überströmen

ü|ber|quer Uw.: querüber ✴
ü|ber|que|ren tr.: quer hin-
übergehen

ü|ber|ra|gen intr.: hinausra-
gen ✴ **ü|ber|ra|gen** tr.: überle-
gen sein

ü|ber|ra|schen tr.: unerwartet
kommen, plötzlich da sein :
überfallen ✴ **ü|ber|ra|schend**
Mw. Ew.: unerwartet, plötzlich
✴ *überraschenderweise* ✴
Ü|ber|ra|schung, die, –, –en:
das plötzliche Kommen : uner-
wartete Freude ✴ *Überra-
schungseffekt; Überraschungs-
erfolg; Überraschungsmo-
ment; Überraschungssieg*

ü|ber|re|a|gie|ren intr.: über-
mäßig reagieren ✴ **Ü|ber-
re|ak|ti|on**, die, –: das Überrea-
gieren

ü|ber|rech|nen tr.: rechnend
prüfen

ü|ber|re|den tr.: durch Reden
bestimmen, gewinnen : bere-
den ✴ **Ü|ber|re|dung**, die, –:
das Überreden ✴ *Überredungs-
gabe:* Fähigkeit zu überreden;
Überredungskunst

ü|ber|re|gi|o|nal Uw. Ew.:
über einen bestimmten Be-
reich hinaus

ü|ber|reich Ew.: übermäßig
reich

ü|ber|rei|chen tr.: (jemand et-
was) darreichen, hinreichen :
über etwas hinausreichen

ü|ber|reich|lich Ew.: mehr als
reichlich

ü|ber|reif Ew.: reifer als nötig,
dienlich ✴ **Ü|ber|rei|fe**, die, –:
das Überreifsein

ü|ber|rei|zen tr.: übermäßig
reizen : zu weit gehen : (Skat)
mehr ansagen, als das Blatt
hergibt ✴ **Ü|ber|reizt|heit**, die,
–: das Überreiztsein ✴
Ü|ber|rei|zung, die, –: das zu
starke, übermäßige Reizen :
das Überreiztsein

ü|ber|ren|nen tr.: überholen :
sich einem immer wieder ungestüm nähern : (die Grenze)
überschreiten, überspringen;
rbz.: sich im Rennen zu sehr
anstrengen

Ü|ber|re|prä|sen|ta|ti|on, die,
–: das Überrepräsentiertsein ✴
ü|ber|re|prä|sen|tiert Ew.:
stärker vertreten, als zulässig
oder gerecht

Ü|ber|rest, der, –es, –e: das
Übriggelassene

Ü|ber|rock, der; –(e)s, ..röcke:
Überzieher : (Heerw.) Inte-
rimsrock, Offiziersrock

ü|ber|rol|len tr.: über etwas
hinwegrollen : (Gegner) ver-
nichtend schlagen ✴ *Überroll-
kommando*

ü|ber|rum|peln tr.: einen un-
vermuteten Überfall machen :
überraschend angreifen ✴
Ü|ber|rum|pe|lung, **Ü|ber-
rump|lung**, die, –: Überwälti-
gung durch unvermuteten Angriff ✴ *Überrump(e)lungsver-
such*

ü|ber|run|den tr.: (Sport) bei
einem Wettlauf oder einer
Wettfahrt gewinnen ✴
Ü|ber|run|dung, die, –: das
Überrunden

ü|bers: (Umgspr.) über das ✴
übers Jahr

ü|ber|sä|en tr.: mit etwas be-
säen ✴ *übersät mit*

ü|ber|satt Ew.: übermäßig satt
✴ **ü|ber|sät|ti|gen** tr., rbz.:
übersatt machen : (Chem.) über
den Sättigungs-, Neutralisati-
onspunkt mit einem Stoff erfül-
len ✴ **Ü|ber|sät|ti|gung**, die, –,
–en: das Übersattmachen : das
Übersattsein

ü|ber|säu|ern tr.: zu viel Säure
abgeben ✴ **Ü|ber|säu|e|rung**,
die, –: das Übersäuern

Ü|ber|schall, der, –es: Ultra-
schall : Schwingungen über das
Hörbare hinaus ✴ *Überschall-
flug; Überschallflugzeug;
Überschallgeschwindigkeit:*
(Flugz.) größere Geschwindigkeit als die des Schalls ✴
ü|ber|schal|len tr.: übertönen
ü|ber|schat|ten tr.: schattend
überdecken : Schatten werfen
✴ **Ü|ber|schat|tung**, die, –:
das Überschatten : das Über-
schattetsein

ü|ber|schät|zen tr.: zu hoch
schätzen ✴ **Ü|ber|schät|zung**,
die, –: das Überschätzen

ü|ber|schau|en tr.: übersehen
: von oben einen umfassenden
Blick haben ✴ *überschaubar;
Überschaubarkeit*

ü|ber|schäu|men intr.: schäu-
mend überfließen

Ü|ber|schicht, die, –, –en: (In-
dustrie, Bergbau) zusätzliche
Schicht, zusätzlicher Arbeitstag

ü|ber|schi|cken tr.: übersen-
den

ü|ber|schla|fen tr.: die Nacht
über bedenken : über eine Zeit
schlafend hinwegkommen : an
Langschläferei übertreffen;
rbz.: zu lange schlafen

Ü|ber|schlag, der; –(e)s,
..schläge: Schätzung : Abwä-
gung : flüchtige Berechnung :
(Baukst.) schmales vorstehen-
des Verzierungsglied : Umschlag, Aufschlag an Kleidungsstücken : beim Scheren
ungeschorene Stelle : Art des
Schlagens der Singvögel ✴
Überschlaglaken ✴ *Über-
schlagsrechnung* ✴ **ü|ber-
schla|gen** intr.: überkippen :
(übertr.) plötzlich umschlagen;
tr.: zum Zudecken überlegen :
in Falten zusammenlegen ✴
ü|ber|schla|gen intr. (sein):
beschlagen, sich mit Hauch
überziehen; tr. (haben): ohne
Berührung überspringen : auslassen : abwägend feststellen :
rückblickend erinnern : eine
ungefähre Rechnung aufstellen; rbz.: Purzelbaum machen ✴
überschlägig; überschläglich

ü|ber|schnap|pen intr. (sein):
schnappend über das Ziel hin-
ausgeraten : (übertr.) verrückt
werden

ü|ber|schnei|den tr.: (Math.)
schneidend sich treffen :
(Tischl.) gurten, überplatten ✴
Ü|ber|schnei|dung, die, –,
–en: das Überschneiden : das
Überplatten

ü|ber|schnell Ew.: übermäßig
schnell

ü|ber|schrei|ben tr.: mit
Schriftzügen bedecken : mit einer Auf-, Überschrift versehen
: schriftlich übertragen, verma-
chen ✴ **Ü|ber|schrei|bung**,
die, –, –en: Übertragung :
Übermachung ✴ **Ü|ber|schrift**,
die, –, –en: kurzer Buch-, Auf-
satz-, Brieftitel : Aufschrift :
Anschrift

ü|ber|schrei|en tr.: durch
Schreien übertönen; rbz.: sich
heiser schreien

ü|ber|schrei|ten tr.: über et-
was hinschreiten : über die gegebenen Grenzen hinausgehen
: übertreten ✴ **Ü|ber|schrei-
tung**, die, –: das Hinüberschreiten : das Übertreten eines
Verbotes

Ü|ber|schrift: s. überschreiben

Ü|ber|schuh, der; –(e)s, –e: übergezogener Schützschuh

ü|ber|schul|den tr.: mit Schulden übermäßig belasten *

Ü|ber|schul|dung, die; –: Verschuldung, Defizit

Ü|ber|schuss, der; ..es, ..schüsse: das über ein bestimmtes Maß Hinausgehende, Überfluss * *Überschußland;* → *Überschussland; Überschußprodukt* → *Überschussprodukt* *

ü|ber|schüs|sig Ew.: übrig bleibend, unverwendet

ü|ber|schüt|ten tr.: schüttend vergießen * **ü|ber|schüt|ten** tr.: schüttend überdecken : (einem etwas) in Überfülle zukommen lassen * **Ü|ber|schüt|tung,** die; –: das Überschütten

Ü|ber|schwang, der; –(e)s: überströmende Fülle * *im Überschwang des Glücks* *

ü|ber|schweng|lich →

ü|ber|schwäng|lich Ew.: sich über das natürliche Maß hinausschwingend : im Überfluss vorhanden, unermesslich : unübertrefflich * **Ü|ber|schweng|lich|keit** → **Ü|ber|schwäng|lich|keit,** die; –: Überschwang : übermäßige Gefühlsäußerung

überschwänglich
Die Ableitungen eines Wortes werden gemäß dem Wortstamm mit demselben Vokal oder seinem Umlaut gebildet: *Überschwang, überschwänglich, Überschwänglichkeit.*

ü|ber|schwap|pen intr. (sein): schwappend überfließen

ü|ber|schwem|men tr.: mit einer Flut bedecken * **Ü|ber|schwem|mung,** die; –, –en: das Überfluten * *Überschwemmungsgebiet; Überschwemmungsgefahr; Überschwemmungskatastrophe*

ü|ber|schweng|lich →

ü|ber|schwäng|lich: s. Überschwang

Ü|ber|see: die jenseits des Ozeans liegenden Länder * *Überseebrief:* Brief aus (nach) Übersee; *Überseebrücke; Überseedampfer; Überseehafen; Überseehandel; Überseeverkehr* * **ü|ber|see|isch** Ew.: jenseits des Ozeans

ü|ber|seh|bar Ew.: sich übersehen lassend * *Übersehbarkeit* * **ü|ber|se|hen** tr.: über etwas hinwegsehen, absichtlich unbeachtet lassen : nachsichtig darüber wegsehen : mit einem umfassenden Blick überschauen : ermessen, erkennen : genau durchsehen : mustern * **ü|ber|se|hen** rbz.: (sich etwas –) bis zum Überdruss sehen

ü|ber|se|lig Ew.: mehr als glücklich

ü|ber|sen|den tr.: zuschicken * **Ü|ber|sen|dung,** die; –: das Zuschicken

ü|ber|setz|bar Ew.: von einer Sprache in die andere übertragbar * **Ü|ber|setz|bar|keit,** die; –: das Übersetzbarsein *

ü|ber|set|zen intr. (sein): springend über etwas hinwegsetzen; intr., tr.: über ein Wasser hinüberfahren : intr. (bergm.) einen Gang durch einen anderen schneiden lassen : aufsetzen * **ü|ber|set|zen** tr.: aus einer Sprache in die andere übertragen : (Baukst.) aufstocken : mit Kalkbewurf versehen, berappen : eine Bewegung übertragen durch einen Mechanismus * **Ü|ber|set|zer,** der; –s, –; **Ü|ber|set|ze|rin,** die; –, –nen: Person, die etwas in eine andere Sprache übersetzt, Dolmetscher(in) * **Ü|ber|set|zung,** die; –, –en: das Übertragen in eine andere Sprache : Übertragung einer Kraft, einer Bewegung * *Übersetzungsarbeit; Übersetzungsbüro; Übersetzungsfehler; Übersetzungslehnwort:* ein Wort, das einer fremden Sprache durch wörtliche Übersetzung nachgebildet ist; z. B. Außenseiter – outsider * **Ü|ber|sicht,** die; –, –en: Überblick : prüfendes Durchsehen : kurze Inhaltsangabe * *Übersichtskarte; Übersichtstabelle; Übersichtstafel* * **ü|ber|sich|tig** Ew.: fernsichtig, weitsichtig * **Ü|ber|sich|tig|keit,** die; –: Weitsichtigkeit * **ü|ber|sicht|lich** Ew.: Übersicht gewährend * **Ü|ber|sicht|lich|keit,** die; –: das Übersichtlichsein

ü|ber|sie|deln, ü|ber|sie|deln intr. (sein): seinen Wohnsitz verlegen * **Ü|ber|sie|de|lung, Ü|ber|sied|lung, Ü|ber|sie|de|lung, Ü|ber|sied|lung** die;

–, –en: Umzug * *Übersiedlungsgut* * **Ü|ber|sied|ler, Ü|ber|sied|ler,** der; –s, –: jemand, der seinen Wohnsitz verlegt

ü|ber|sinn|lich Ew.: übermäßig sinnlich : über das Gebiet des Sinnlichen hinausgehend * **Ü|ber|sinn|lich|keit,** die; –: das übermäßige Sinnlichsein : das Metaphysische

ü|ber|span|nen tr.: mit Übergespanntem bedecken : über etwas hinausspannen : zu stark anspannen, zu straff spannen * **ü|ber|spannt** Mw. Ew.: übertrieben : verrückt * **Ü|ber|spannt|heit,** die; –, –en: Verschrobenheit : Extravaganz * **Ü|ber|span|nung,** die; –, –en: das Überspannen : zu große Spannung * **Ü|ber|span|nung,** die; –: zu hohe Spannung in einer elektrischen Anlage

ü|ber|spie|len tr.: (Kartsp.) überstechen : über etwas hinweggehen : Musik von einem Tonträger auf einen anderen übertragen * *überspielt* Ew.: (Sport) überanstrengt * **Ü|ber|spie|lung,** die; –: das Überspielen

ü|ber|spit|zen tr.: zu spitz machen : zu weit gehen * **ü|ber|spitzt** Ew.: übermäßig : übertrieben * *Überspitztheit* * **Ü|ber|spit|zung,** die; –: übertriebene Schärfe

ü|ber|spre|chen tr.: überlagernd sprechen

ü|ber|sprin|gen intr. (sein): hinüberspringen * **ü|ber|sprin|gen** tr.: über etwas hinwegspringen : im Springen übertreffen : auslassen, weglassen * *eine Klasse überspringen* * **ü|ber|spru|deln** intr.: sprudelnd überlaufen : (übertr.) sehr witzig sein

ü|ber|spü|len tr.: spülend bedecken * **ü|ber|spü|len** tr.: flüchtig spülen

ü|ber|staat|lich Ew.: international : weltumspannend * **Ü|ber|staat|lich|keit,** die; –: Supranationalität

ü|ber|stän|dig Ew.: überaltert

ü|ber|stark Ew.: übermäßig stark

ü|ber|ste|hen intr.: über etwas stehen : aus etwas herausstehen * **ü|ber|ste|hen** tr.: durchmachen, bestehen

ü|ber|stei|gen intr. (sein): hinübersteigen : überfließen ✳
ü|ber|stei|gen intr. (sein): überfließen; tr. (haben): übertreffen : überwinden : höher steigen als etwas; rbz.: zu hoch steigen, sich versteigen✳ *übersteigbar* ✳ **ü|ber|stie|gen** Mw. Ew.: verstiegen
ü|ber|stei|gern tr.: überbieten : übertreiben ✳ **Ü|ber|stei|ge|rung,** die; –: das Überbieten
ü|ber|stel|len (Rechtsspr.) etwas oder jemanden übergeben ✳ **Ü|ber|stel|lung,** die; –: das Überstellen
ü|ber|stem|peln tr.: Gedrucktes mit einem Stempel verdecken, korrigieren, ändern
ü|ber|steu|ern tr.: übermäßig hoch besteuern : (Rdfk.) einen Verstärker überlasten, so dass der Ton verzerrt wird ✳ **Ü|ber|steu|e|rung,** die; –: das Übersteuern
ü|ber|stim|men tr.: zu hoch stimmen, die Saiten zu stark anziehen : übertönen : durch Stimmenmehrheit besiegen ✳ **Ü|ber|stim|mung,** die; –: das zu starke Stimmen : das Überstimmtwerden
ü|ber|strah|len tr.: überglänzen
ü|ber|stra|pa|zie|ren tr.: zu häufig gebrauchen
ü|ber|strei|chen tr., intr.: hinüberstreichen ✳ **ü|ber|strei|chen** tr.: mit Farbe überziehen, verdecken
ü|ber|strei|fen tr.: (Kleidung) überziehen
ü|ber|strö|men, intr. (sein): überfließen ✳ **ü|ber|strö|men,** tr.: überschwemmen
ü|ber|stül|pen tr.: über etwas stülpen
Ü|ber|stun|de, die; –, –n: Arbeitsstunde über die vereinbarte Zeit hinaus ✳ *Überstundengeld; Überstundenzuschlag*
ü|ber|stür|zen rbz., tr.: sich übereilen, zu hastig ausführen ✳ **ü|ber|stür|zen** tr.: stürzend bedecken : **ü|ber|stürzt** Ew.: übereilt : unüberlegt ✳ **Ü|ber|stür|zung,** die; –: Übereilung : Hast
ü|ber|ta|rif|lich Ew.: mehr als im Tarifvertrag festgesetzt
ü|ber|teu|er Ew.: allzu teuer ✳ **ü|ber|teu|ern** tr.: übermäßig teuer machen : jemand zu hohe

Preise für etwas abnehmen, abfordern ✳ **Ü|ber|teu|e|rung,** die; –: Zustand allzu hoher Preisforderung
ü|ber|töl|peln tr.: zum Tölpel machen : übervorteilen, betölpeln ✳ **Ü|ber|töl|pe|lung,** die; –: das Übertölpeln
ü|ber|tö|nen tr.: an Tonstärke übertreffen : durch starkes Tönen nicht beachten lassen
Ü|ber|trag, der; –(e)s, ..träge: das Übertragen einer Rechnungssumme auf die nächste Seite : die übertragene Rechnungssumme ✳ **ü|ber|trag|bar** Ew.: so beschaffen, dass es übertragen werden kann ✳ **Ü|ber|trag|bar|keit,** die; –: das Übertragbarsein ✳ **ü|ber|tra|gen** tr.: über Trag machen : auf ein anderes Gebiet anwenden : (ein Amt –) zuweisen : in eine andere Sprache übersetzen; rbz.: (Krankheit usw.) auf einen anderen übergehen : (von Bäumen) zu viele Früchte tragen : eine Fernseh-, Rundfunksendung vermitteln ✳ **Ü|ber|tra|ger,** der; –s: Vd. f. Transformator ✳ **Ü|ber|trä|ger,** der; –s, –: Übermittler, Überbringer : jemand, der mit einer Krankheit anstecken kann ✳ **Ü|ber|tra|gung,** die; –, –en: Übersetzung : Vermittlung einer Fernseh-, Rundfunksendung ✳ *Übertragungssatellit; Übertragungsvermerk; Übertragungswagen*
ü|ber|trai|niert Ew.: zu viel trainiert habend
ü|ber|tref|fen tr.: überragen, höher sein : übersteigen : (einen in etwas –) jemand überlegen sein
ü|ber|trei|ben tr.: zu sehr treiben : verzerren : überladen : beim Reden zu stark aufbauschen ✳ **Ü|ber|trei|bung,** die; –, –en: Übertriebenheit : Überschwänglichkeit : das Aufbauschen ✳ **ü|ber|trie|ben** Mw. Ew.: zu viel : unwirklich : zu sehr aufgebauscht ✳ **Ü|ber|trie|ben|heit,** die; –: das Übertriebensein
ü|ber|tre|ten intr. (sein): über die Grenzen, Ufer hinausgehen : über etwas treten : zu einer Partei übergehen : die Religion wechseln ✳ **ü|ber|tre|ten**

tr.: durch falsches Treten das Bein verrenken oder verstauchen : über eine vorgeschriebene Grenze treten : ein Gesetz nicht beachten ✳ **Ü|ber|tre|tung,** die; –, –en: das Übertreten, Missachtung eines Gesetzes ✳ *Übertretungsfall* ✳ **Ü|ber|tritt,** der; –(e)s, –e: das Hinübertreten : Partei- oder Glaubenswechsel
ü|ber|trie|ben: s. übertreiben
Ü|ber|tritt: s. übertreten
ü|ber|trump|fen tr.: (Kartsp.) mit einem höheren Trumpf nehmen : (übertr.) ausstechen
ü|ber|tun tr.: etwas überziehen
ü|ber|tün|chen tr.: übermalen, betünchen
ü|ber|ü|ber|mor|gen Uw.: an dem auf übermorgen folgenden Tag
ü|ber|ver|si|chern tr.: zu viele oder zu hohe Versicherungen abschließen ✳ **Ü|ber|ver|si|che|rung,** die; –, –en: Versicherung, bei der die Versicherungssumme den Versicherungswert übersteigt
ü|ber|völ|kern tr.: zu stark bevölkern ✳ **Ü|ber|völ|ke|rung,** die; –: das übermäßige Bevölkern : eine zu starke Bevölkerungsdichte
ü|ber|voll Ew.: zu voll
ü|ber|vor|teilen tr.: überfordern : rücksichtslos ausnützen ✳ **Ü|ber|vor|tei|lung,** die; –: Überforderung : Ausnützung
ü|ber|wach Ew.: übermäßig wach : fast hellseherisch
ü|ber|wa|chen tr.: beaufsichtigen ✳ **Ü|ber|wa|chung,** die; –, –en: Beaufsichtigung ✳ *Überwachungsdienst; Überwachungsausschuss; Überwachungsstaat; Überwachungsstelle; Überwachungssystem*
ü|ber|wach|sen Ew.: mit Pflanzen bedeckt
ü|ber|wäl|ti|gen tr.: durch Gewalt bezwingen, übermannen, besiegen ✳ **ü|ber|wäl|ti|gend** Ew.: sehr eindrucksvoll : bezwingend ✳ **Ü|ber|wäl|ti|gung,** die; –: das Bezwingen
ü|ber|wäl|zen tr., intr.: über etwas hinrollen : abwälzen ✳ **Ü|ber|wäl|zung,** die; –: das Überwälzen
ü|ber|wech|seln intr. (sein): den Standpunkt ändern : (weidm.) den Platz wechseln

Ü|ber|weg, der; -es, -e: der Weg, der über etwas hinüberführt

ü|ber|wei|sen tr.: bargeldlos zahlen : zuweisen, übersenden ✳ **Ü|ber|wei|sung**, die; -, -en: Übergabe : Zuweisung ✳ *bargeldlose Geldanweisung* ✳ *Überweisungsauftrag; Überweisungsscheck*

ü|ber|weit Ew.: mehr als normal weit ✳ **Ü|ber|wei|te**, die; -, -n: (Kleidung) das durchschnittliche Maß hinausgehende Weite

Ü|ber|welt, die; -: Jenseits, Welt über der irdischen ✳ **ü|ber|welt|lich** Ew.: überirdisch ✳ **Ü|ber|welt|lich|keit**, die; -: das Überweltlichsein ✳ *Überweltlichkeitsgepräge*

ü|ber|wer|fen tr.: hinüberwerfen : schnell umhängen ✳ **ü|ber|wer|fen** tr.: ganz und gar bewerfen : im Werfen übertreffen : etwas so werfen, dass es sich überschlägt; rbz.: sich überschlagen : sich entzweien ✳ **Ü|ber|wer|fung**, die; -: das Überwerfen

ü|ber|wie|gen tr.: zu schwer sein ✳ **ü|ber|wie|gen** intr.: Übergewicht haben : (übertr.) schwerwiegender sein ✳ **ü|ber|wie|gend**, **ü|ber|wie|gend** Mw. Ew.: mehr, größer als etwas anderes seiend

ü|ber|wind|bar Ew.: bezwingbar ✳ **ü|ber|win|den** tr.: mit Übergewundenem bewickeln : Neigungen, Leid bezwingen : den Gegner besiegen; rbz.: sich selbst besiegen ✳ **Ü|ber|win|der**, der; -s, -: Sieger über etwas ✳ **Ü|ber|win|dung**, die; -: das Überwinden von Widerwärtigkeiten : Besiegen seiner Gefühle

ü|ber|win|tern intr. (haben): den Winter zubringen : den Winter überdauern; tr.: den Winter über erhalten ✳ **Ü|ber|win|te|rung**, die; -: das Überwintern

ü|ber|wöl|ben tr.: mit einer Wölbung überdecken ✳ **Ü|ber|wöl|bung**, die; -, -en: gewölbte Überdeckung

ü|ber|wu|chern intr.: zu stark wuchern; tr.: durch Wuchern bedecken, überziehen : (übertr.) überhand nehmen ✳ **Ü|ber|wu|che|rung**, die; -: das

Überwachsen : das Übervorteilen

ü|ber|wun|den Mw. Ew.: erledigt : veraltet ✳ *ein überwundener Standpunkt*

Ü|ber|wurf, der; -(e)s, ..würfe: etwas Übergeworfenes : über übergeworfenes Kleidungsstück : (Schloss.) Schließband für ein Vorhängeschloss : (Sport) Hebegriff

Ü|ber|zahl, die; -: überwiegende Menge, Mehrzahl : Übermacht ✳ **ü|ber|zah|len** tr.: zu viel bezahlen : durch Zahlung an Wert übertreffen ✳ **ü|ber|zäh|len** tr.: ganz durchzählen; rbz.: sich in Zahlen irren, verzählen ✳ **ü|ber|zäh|lig** Ew.: über die volle Zahl hinaus vorhanden : überflüssig

ü|ber|zart Ew.: allzu zart **ü|ber|zeich|nen** intr.: über etwas zeichnen; tr.: zeichnend verdecken ✳ **ü|ber|zeich|nen** tr.: zu viel zeichnen : für eine Anleihe zu viel zeichnen : karikieren ✳ **Ü|ber|zeich|nung**, die; -: das Überzeichnen

ü|ber|zeu|gen tr.: durch Beweise, Zeugnisse die Zweifel nehmen : für eine Ansicht gewinnen, bekehren ✳ *überzeugt sein*: nicht mehr zweifeln ✳ **ü|ber|zeu|gend** Ew.: beweiskräftig ✳ **Ü|ber|zeu|gung**, die; -, -en: das Überzeugen : eigene Meinung : zweifellose Gewissheit ✳ *Überzeugungsarbeit; Überzeugungskraft; Überzeugungstäter; Überzeugungstreue*

ü|ber|zie|hen tr.: mit etwas beziehen, bekleiden : (einem eins -) schlagen : ziehend zum Überneigen bringen ✳ **ü|ber|zie|hen** tr.: sich über etwas ausbreitend hinwegziehen, bedecken : (ein Land mit Krieg, Heeren -) belegen : mit einer Schutzhülle beziehen : (Bankkonto -) über den Kontostand hinaus abheben : vorrückend überholen : (weidm.) über die Fährte hinausschießen ✳ *Überziehungskredit* **Ü|ber|zie|her**, der; -s, -: Herrenmantel ✳ **Ü|ber|zug**, der; -(e)s, ..züge: das Überzuziehende : das Überzogene ✳ *Überzugspapier*

ü|ber|züch|tet Ew.: verkünstelt : überfeinert ✳ **Ü|ber|züch-**

tung, die; -, -en: Überfeinerung

ü|ber|zu|ckern tr.: mit Zucker überziehen

Ü|ber|zug: s. überziehen

u|bi be|ne i|bi pa|tria (l.): "wo mir's wohl geht, da ist mein Vaterland" ✳ **U|bi|quist**, der; -en, -en: Tier- und Pflanzenart, die überall vorkommt ✳ **u|bi|qui|tär** Ew.: überall vorhanden ✳ **U|bi|qui|tät**, die; -: Allgegenwart

üb|lich: s. üben

U-Bo|gen, der; -s, -: Bogen über dem geschriebenen Frakturbuchstaben u

U-Boot, das; -es, -e: Kurzw. für Unterseeboot ✳ *U-Boot-Krieg*

üb|rig Ew. (ohne Steig.): zu viel, mehr als nötig : (veralt.) überflüssig : übrig geblieben; Uw.: mehr als ✳ *im übrigen →* *im Übrigen*: übrigens; *ein übriges tun → ein Übriges tun*: etwas über das Nötige tun; *etwas übrig haben; alle übrigen →* *alle Übrigen; das Übrige*: das Restliche; *übrigbehalten →* *übrig behalten* tr.: zurückbehalten; *übrigbleiben → übrig bleiben* intr.: zurückbleiben; *übriglassen → übrig lassen* tr.: aus einer bestimmten Anzahl zurücklassen ✳ **üb|ri|gens** Uw.: nebenbei gesagt

im Übrigen, übrig behalten Wenn der erste Teil eines Wortgefüges auf *-ig, -isch* oder *-lich* endet, wird getrennt geschrieben: *übrig behalten, übrig bleiben, übrig lassen.* Wird das Adjektiv substantiviert, wird es großgeschrieben: *im Übrigen, alles Übrige, ein Übriges.*

Ü|bung: s. üben

Ud (arab.), die; -, -s: (Mus.) eine Art Laute

u. dgl. (Abk.): und dergleichen

u. d. M. (Abk.): unter dem Meeresspiegel ✳ **ü. d. M.** (Abk.): über dem Meeresspiegel

UdSSR (Abk.): (bis 1991) Union der Sozialistischen Sowjetrepubliken

u. E. (Abk.): unseres Erachtens

UEFA (Abk.), die; -: Union Européenne de Football Association : Europäischer Fußballverband ✳ *UEFA-Pokal*

U-Ei|sen, das; -s, -: Walzeisen

mit U-förmigem Querschnitt ✳ *U-Eisen-förmig* Ew.

Ul|fer, das; –s, –: Rand eines Gewässers : Küste : Strand ✳ *Uferbefestigung; Uferbö-schung; Uferdamm; Ufergeld;* Hafengebühr; *Ufergelände:* Landstrich längs des Ufers; *Uferholde:* Steinfliege; *Uferhang; uferlos* Ew.: ohne Ufer : (übertr.) schrankenlos; *Uferlo-sigkeit; Uferpromenade; Ufer-recht:* Standrecht; *Ufer-schnecke; Uferschnepfe:* Vogelgattung; *Uferschwalbe; Uferweide,* die; –, –n: Grasflä-che längs des Ufers

uff!: Ausruf der Erschöpfung

Uf|fi|zi|en Mz.: Palast mit Ge-mäldesammlung in Florenz

u-för|mig *auch:* **U-för|mig** Ew.: in Form eines lateinischen U

uh!: Ausruf des Staunens, des Abscheus usw.

U-Haft, die; –: Kurzw. für Un-tersuchungshaft

Uhr (l.), die; –, –en; –chen; Ührchen: Gerät zur Bestim-mung der Stunden : Stunden-weiser, -anzeiger ✳ *es ist neun Uhr; um drei Uhr* ✳ *Uhrarm-band; Uhrdeckel; Uhrfeder; Uhrgehänge:* angehängter Uhr-kettenschmuck; *Uhrgehäuse:* Gehäuse, in dem sich das Uhr-werk befindet; *Uhrgewicht:* Gewicht bei Wanduhren; *Uhr-glas; Uhrglocke:* Glocke bei Schlaguhren; *Uhrindustrie; Uhrkasten; Uhrkette; Uhrma-cher(ei); Uhrrad; Uhrschlüs-sel:* Schlüssel zum Aufziehen der Uhr; *Uhrtasche; Uhrwerk:* Triebwerk der Uhr; *Uhrzeiger; Uhrzeigersinn:* Richtung, in der sich die Uhrzeiger bewe-gen; *Uhrzeit* ✳ *Uhrenindustrie; Uhrenkasten; Uhrenmuseum*

U|hu, der; –s, –s: Name der Ohreule

U|kas (russ.), der; –es, –e: Be-fehl : Erlass : Verordnung

U|ke|lei (russ.), der; –s, –e und –s: eine Karpfenfischart

U|kra|i|ne, die; –: seit 1991 unabhängiger Staat in Ost-europa ✳ **U|kra|i|ner,** der; –s, –: Einwohner der Ukraine ✳ **u|kra|i|nisch** Ew.: auf die Ukraine bezüglich

U|ku|le|le (hawaiisch), die oder das; –, –n: kleine Gitarre

aus Hawaii

UKW (Abk.): Ultrakurzwelle ✳ *UKW-Empfänger; UKW-Sen-der*

Ul|an (tschech.-poln.), der; –en, –en; Ulänchen: Lanzenrei-ter ✳ *Ulanenregiment* ✳ **U|lan|ka,** die; –, –s: Waffen-rock der Ulanen

U|le|ma (arab.), der; –s, –s: is-lamischer Rechtsgelehrter, zu-gleich Geistlicher

Ulk, der; –(e)s, –e: (scherzh.) Spaß, Tollheit, Unfug ✳ **ul|ken** intr.: Ulk machen ✳ **Ul|ke|rei,** die; –, –en: das Ulken : spaßi-ger Streich ✳ **ul|kig** Ew.: spa-ßig

Ul|kus (l.), das; –, Ulzera: Ge-schwür : Eiterbeule; vgl. Ulze-ration usw.

Ulm, Ul|me, die; –, –n: (Bergw.) Seitenstöße eines Stollens : Berührungswände ei-nes Ganges im Nebengestein

Ul|me (l.), die; –, –n: ein Baum ✳ *Ulmenblatt*

Uls|ter (e.), der; –s, –: weiter Herrenmantel : schwerer Man-telstoff

Ul|ti|ma (l.), die; –, Ultimä: letzte Silbe ✳ **Ul|ti|ma ra|tio →** **Ul|ti|ma Ra|tio,** die; – –: letztes Mittel ✳ **ul|ti|ma|tiv** Ew.: mit Nachdruck : in Form eines Ul-timatums ✳ **Ul|ti|ma|tum** (nl.), das; –s, ..ten: letzte Erklärung, letzte Aufforderung ✳ **ul|ti|mo:** „am Letzten" ✳ *ultimo Septem-ber:* am 30. September ✳ **Ul|ti|mo,** der; – und –s, –s und Ultimi: letzter Tag ✳ *Ultimoge-schäft:* Geschäft am Monats-ende

ul|t|ra (l.) Uw.: jenseits : da-rüber hinaus : weiter : über ✳ *ultra posse nemo obligatur:* über sein Können hinaus wird niemand verpflichtet ✳ **Ul|t|ra,** der; –s, –s: Übertreiber : Heiß-sporn : Überspannter : polit. Fanatiker ✳ **Ul|t|ra|fil|ter,** der; –s, –: Filter, der die winzigsten Teilchen zurückhält ✳ **Ul|t|ra|kurz|wel|le,** die; –, –n: elektromagnetische Wellen von 1 mm bis 10 m Wellenlänge; Abk.: UKW ✳ *Ultrakurzwel-lenempfänger; Ultrakurzwel-lensender; Ultrakurzwellenthe-rapie* ✳ **ul|t|ra|ma|rin** Ew.: kornblumenblau ✳ **Ul|t|ra|ma|rin,** das; –s: Lasurblau, blauer

Farbstoff ✳ **Ul|t|ra|mik|ro|s|kop,** das; –s, –e: Übermikro-skop, ermöglicht Beobachtung kleinster Teilchen ✳ **ul|t|ra|mon|tan** (nl.) Ew.: „von jen-seits der Berge kommend", be-tont katholisch, päpstlich ge-sinnt ✳ **Ul|t|ra|mon|ta|nis-mus,** der; –: betont katholi-sche, päpstliche Gesinnung ✳ **ul|t|ra|rot** Ew.: überrot, un-sichtbar, in der Regenbogen-skala beim Rot ✳ *ultrarote Strahlen* Mz.: Strahlen von be-sonders starker Wärmewirkung ✳ **Ul|t|ra|schall,** der; –(e)s: jenseits der menschlichen Hör-grenze liegender Schall ✳ *Ul-traschallbehandlung; Ultra-schalldiagnostik; Ultraschall-therapie; Ultraschallwellen* ✳ **Ul|t|ra|strah|lung,** die; –: kos-mische Höhenstrahlung ✳ **ul|t|ra|vi|o|lett** (l.-fr.) [..v..] Ew.: überviolett, mit bloßem Auge nicht sichtbar, in der Re-genbogenskala beim Violett

um Vw. m. Akk.: herum, um-liegend, im Kreise um etwas herum : ungefähr, etwa : im Mittelpunkt einer Sache, Be-wegung, Tätigkeit : in Betreff, etwas betreffend : für etwas : wegen, halber : beinah : einge-denk einer Sache : statt einer Sache; umschichtig ✳ *um nichts (alles); um ein beträcht-liches → um ein Beträchtli-ches; um ein kleines → um ein Kleines; um deinetwillen; um Haaresbreite; Schuss um Schuss* ✳ Bw. *(um zu* mit Inf.): in der Absicht ✳ *arbeiten, um zu leben* ✳ Uw. in Zus.: um et-was herum : rings herum : über etwas herum : zu Ende, vorüber : umgekehrt, anders, vertauscht (vgl. die folg. Verben) ✳ *um und um:* von allen Seiten, ganz und gar ✳ *linksum:* wendet euch links ✳ **umsein → um sein** intr.: (Umgspr.) (Zeit, Frist) verstrichen, vorbei sein ✳ *die Zeit ist um*

um|a|ckern intr.: umpflügen

um|a|d|res|sie|ren tr.: die Adresse umschreiben

um|än|dern tr.: anders machen ✳ **Um|än|de|rung,** die; –, –en: das Umändern : das Umgeän-derte

um|ar|bei|ten tr.: neu bearbei-ten : abändern, umgestalten ✳

Um|ar|bei|tung, die; –, –en: das Umarbeiten

um|ar|men tr.: mit den Armen umfassen, umfangen *

Um|ar|mung, die; –, –en: das Umarmen

Um|bau, der; –(e)s, ..ten: das Umgestalten eines Gebäudes : das umgestaltete Gebäude : das Bauen eines Gebäudes um ein anderes : der umschließende Bau * **um|bau|en** tr.: durch Bauen verändern * **um|bau|en** tr.: mit einem Bau umschließen

um|be|hal|ten tr.: (Mantel oder dgl. –) nicht ausziehen

um|be|nen|nen tr.: den Namen von etwas ändern *

Um|be|nen|nung, die; –, –en: das Umbenennen

Um|ber (l.), der; –s: „Schatten", Schattenfarbe, Bergbraun * **Umbererde:** braune Mineralfarbe * **Um|b|ra,** die; –: braune Farbe * **um|b|ral** Ew.: den Schatten betreffend * **Umbralglas:** Glas zum Schutz gegen Blendung

um|be|set|zen tr.: anders besetzen als vorher *

Um|be|set|zung, die; –, –en: das Umbesetzen

um|be|sin|nen tr., rbz.: eine andere Meinung bekommen : sich anders besinnen

um|bet|ten tr.: in ein anderes Bett legen * **Um|bet|tung,** die; –, –en: das Umbetten

um|bie|gen tr.: biegend umdrehen : falten, falzen

um|bil|den tr.: anders bilden, umgestalten, umformen, eine andere Gestalt geben * **Um|bil|dung,** die; –, –en: das Umbilden : das Umgeformtwerden

um|bin|den tr.: anders binden : herumbinden : anziehen, anlegen * **um|bin|den** tr.: mit etwas Darumgebundenem umgeben

um|bla|sen tr.: durch Blasen umwerfen * **um|bla|sen** tr.: um etwas herumblasen

um|blät|tern intr.: blätternd umschlagen; tr.: durchblättern

um|bli|cken intr., rbz.: umher, nach allen Seiten blicken : sich nach etwas blickend umdrehen

Um|b|ra: s. Umber

um|b|ral: s. Umber (Schatten)

um|bran|den tr.: von der Brandung umspült werden

um|brau|sen tr.: mit Gebrause umgeben

um|bre|chen tr.: brechend umbiegen, umwerfen : (weidm.) umwühlen : brechend umformen * **um|bre|chen** tr.: (Buchdrw.) den Schriftsatz zu Seiten formen * **Um|bruch,** der; –(e)s, ..brüche: (Buchdrw.) den Letternsatz zu Seiten formen * **Umbruchkorrektur; Umbruchrevision**

Um|b|ri|en: mittelit. Landschaft

um|brin|gen tr.: zugrunde richten : ums Leben bringen

um|bu|chen tr.: (kfm.) an andere Stelle buchen * **Um|bu|chung,** die; –, –en: das Umbuchen

um|da|tie|ren tr.: mit einem anderen Datum versehen

um|den|ken intr.: die Grundlage seines Denkens ändern * **Umdenkprozeß → Umdenkprozess; Umdenkungsprozess**

um|deu|ten tr.: anders deuten

um|dich|ten tr.: anders dichten, umgestalten

um|di|ri|gie|ren tr.: umleiten

um|dis|po|nie|ren tr.: seine Pläne ändern * **Um|dis|po|nie|rung,** die; –: das Umdisponieren

um|drän|gen tr.: von allen Seiten bedrängen

um|dre|hen tr.: umblättern : herumdrehen; rbz.: sich um seine eigene Achse drehen * **Um|dre|hung,** die; –, –en: das Umdrehen * **Umdrehungsachse:** Achse, um die sich etwas dreht; **Umdrehungsgeschwindigkeit; Umdrehungszahl**

Um|druck, der; –(e)s, –e: (Buchdrw.) Übertragung einer Druckform in ein anderes Druckverfahren * **Umdruckverfahren** * **um|dru|cken** tr.: anders drucken

um|ein|an|der: einer um den andern * **umeinanderschlingen → umeinander schlingen**

um|er|zie|hen tr.: Erziehung in andre Bahnen lenken : für einen andern Beruf ausbilden * **Um|er|zie|hung,** die; –

um|fah|ren intr.: beim Fahren einen Umweg machen; tr.: im Fahren umwerfen * **um|fah|ren** tr.: um etwas herumfahren

Um|fall, der; –(e)s: das Umfal-

len : Umsturz : Gesinnungsänderung * **um|fal|len** intr. (sein): hinfallen, zu Boden fallen : die Gesinnung ändern * **um|fäl|len** tr.: fällen

Um|fang, der; –(e)s, Umfänge: Ausdehnungsgrenze : Reichweite : Inbegriff * **umfangreich** Ew.: von großem Umfang; **umfang(s)mäßig** Ew. * **um|fan|gen** tr.: umgeben; umschließen, umarmen * **um|fäng|lich** Ew.: ausgedehnt, großen Umfang habend

um|fär|ben tr.: anders färben, eine andere Farbe geben

um|fas|sen tr.: eine andere Fassung geben : einrahmen * **um|fas|sen** tr.: umgeben, umschließen, umarmen, umfangen : enthalten * **umfassend** Mw. Ew.: von weitem Umfang : umfangreich * **Um|fas|sung,** die; –, –en: das Umfassen : Einfassung * **Umfassungsmauer:** umschließende Mauer

Um|feld, das; –es, –er: Milieu

um|fir|mie|ren intr.: einen anderen Handelsnamen annehmen

um|flat|tern tr.: flatternd umschwärmen

um|flech|ten tr.: mit Flechtwerk umkleiden

um|flie|gen intr. (sein): zurückfliegen : auf Umwegen zum Ziel fliegen : herumfliegen : tr.: fliegend umwerfen : umfallen * **um|flie|gen** tr.: fliegend umkreisen : um etwas herumfliegen : im Fliegen umgehen, vermeiden

um|flie|ßen tr.: um etwas herumfließen

um|flo|ren tr.: mit Flor umgeben

um|flu|ten tr.: umfließen

um|for|men tr.: eine andere Form geben, umbilden * **Um|for|mer,** der; –s, –: (Techn.) (Vd. f.) Transformator * **Um|for|mung,** die; –, –en: Umbilden : (Techn.) Verwandlung von Dreh- oder Wechselstrom in Gleichstrom

um|for|mu|lie|ren tr.: anders formulieren

Um|fra|ge, die; –, –n: Rundfrage * **um|fra|gen** intr.: Umfrage halten

um|frie|den, um|frie|di|gen tr.: mit einem Zaun umgeben * **Um|frie|dung, Um|frie|di-**

gung, die; –, -en: die Umzäunung

um|fül|len tr.: umgießen ✶ **Um|fül|lung,** die; –: das Umgießen in ein anderes Gefäß

um|funk|ti|o|nie|ren tr.: etwas in etwas anderes verwandeln und es für einen anderen Zweck verwenden ✶ **Um|funk|ti|o|nie|rung,** die; –: das Umfunktionieren

Um|gang, der; –(e)s, Umgänge: das Herumgehen : das Umgehen : (bayr.) Bittgang um die Felder : (Baukst.) Rundgang : geselliger Verkehr ✶ *Umgangsform:* allgemein übliche Form beim Verkehr mit Menschen; *Umgangssprache:* allgemein übliche Sprachform; *umgangssprachlich* Ew.; *Umgangston* ✶ **um|gäng|lich** Ew.: mit einem gut auskommend : gut zu leiden : verträglich ✶ **Um|gäng|lich|keit,** die; –: das Umgänglichsein

um|gar|nen tr.: umstricken, umstellen, betören **um|gau|keln** tr.: tändelnd, flatternd umgeben

um|ge|ben tr.: umhängen, umlegen : gießend **um|ge|ben** tr.: umschließen : umringen ✶ **Um|ge|bung,** die; –: Umkreis : Gesichtskreis

um|ge|hen intr. (sein): sich im Kreise bewegen : sich um eine Achse drehen : herumgehen : abwechselnd folgen : nachtwandeln : im Umlauf sein : einen Umweg machen : sich mit etwas tragen, beabsichtigen : zurückgehen : mit jemand verfahren ✶ **um|ge|hen** tr.: herumfahren : vorbeigehen : vermeiden ✶ **um|ge|hend** Mw. Ew.: sofort(ig) ✶ **Um|ge|hung,** die; –, -en: das Umgehen, Vermeiden ✶ *Umgehungsstraße*

um|ge|kehrt Mw. Ew.: gegenteilig, umgedreht : andersseitig ✶ **um|ge|stal|ten** tr.: umformen ✶ **Um|ge|stal|tung,** die; –, -en: das Umformen

um|gie|ßen tr.: gießend umformen : in einen anderen Behälter gießen : gießend umstoßen ✶ **Um|gie|ßung,** die; –: das Umgießen

um|git|tern tr.: mit Gitterwerk umschließen ✶ **Um|git|te|rung,** die; –: das Umgittern : das Umgittertsein

um|glän|zen tr.: mit Glanz umstrahlen

um|gra|ben tr.: durch Graben lockern ✶ **Um|gra|bung,** die; –: das Umgraben

um|grei|fen intr.: sich ausbreiten, ausdehnen : sich ein greifen ✶ **um|grei|fen** tr.: umspannen, umfassen

um|gren|zen tr.: von allen Seiten begrenzen ✶ **Um|gren|zung,** die; –, -en: allseitig umschließende Grenze

um|grup|pie|ren tr.: anders gruppieren als vorher : die Gruppierung ändern von etwas ✶ **Um|grup|pie|rung,** die; –, -en: das Umgruppieren

um|gu|cken intr., rbz.: nach der Seite, rückwärts schauen; rbz.: (volkst.) staunen

um|gür|ten tr.: umnehmen, umbinden : anders gürten ✶ **um|gür|ten** tr.: mit einem Gurt befestigen

um|ha|ben tr.: anhaben, am Körper haben

um|ha|cken tr.: hackend umwerfen, umwühlen

um|hä|keln tr.: mit einer Häkelei umranden

um|hal|sen tr.: um den Hals fallen, umarmen ✶ **Um|hal|sung,** die; –: das Umhalsen

Um|hang, der; –(e)s, Umhänge: Kleidungsstück zum Umhängen : Umgenommenes ✶ *Umhangtuch:* umgenommenes Tuch ✶ **um|hän|gen** tr.: herumhängen : anders hängen ✶ *Umhäng(e)tuch:* Tuch zum Umhängen; *Umhäng(e)tasche:* Schultertasche ✶ **um|hän|gen,** tr.: mit Hängendem umgeben

um|hau|en tr.: niederhauen, abhauen : fällen

um|he|gen tr.: umfriedigen : (übertr.) liebevoll pflegen

um|her Uw.: umgebend : rings-, rundherum : von vielen Seiten : bald hier, bald dort : zerstreut : herum : in Unordnung ✶ **um|her|bli|cken** intr.: herumblicken : Umschau halten ✶ *umherfahren* intr.; *umhergehen* intr.; *umhergeistern;* *–irren; –jagen; –laufen* intr.: *–liegen; umherreisen* intr.; *umherschleichen;* *–schweifen;* *–tragen; –ziehen*

um|hin Uw.: um etwas hin ✶ **um|hin|kön|nen** (nur vern.)

(konnte nicht umhin; habe nicht umhinzukönnen; nicht umhinkönnen) intr.: vermeiden, umgehen

um|hö|ren rbz.: sich nach etwas erkundigen

um|hül|len tr.: mit einer Hülle umgeben ✶ **Um|hül|lung,** die; –, -en: Bedeckung : Hülle : Schutzschicht

Um|in|ter|pre|ta|ti|on, die; –, -en: Umdeutung ✶ **um|in|ter|pre|tie|ren** tr.: umdeuten

um|ju|beln tr.: mit Jubel umgeben

um|kämp|fen tr.: um etwas kämpfen

Um|kehr, die; –: das Umkehren ✶ *Umkehrfilm; Umkehrspülung:* (Verbrennungskraftmaschine) Auswechseln der Gase ✶ **um|kehr|bar** Ew.: zurückdrehbar ✶ **um|keh|ren** intr. (sein): wieder zurückgehen, zurückkehren; tr.: verkehren, verdrehen : in die entgegengesetzte Richtung bringen : umwenden : das Gegenteil gelten lassen : umwandeln : zerstören ✶ *den Spieß umkehren:* die Waffen des Angreifers gegen ihn selbst richten; *für etwas nicht die Hand umkehren:* sich nicht der geringsten Mühe unterziehen ✶ **Um|keh|rung,** die; –, -en: Umdrehung : (Mus.) Vertauschung der Höhenverhältnisse

um|kip|pen intr. (sein): umschlagen, umfallen, tr.: umdrehen

um|klam|mern tr.: klammernd umfassen ✶ **Um|klam|me|rung,** die; –, -en: das Umklammern

um|klapp|bar Ew.: umschlagbar ✶ **um|klap|pen** tr.: umbiegen, umschlagen : (Umgspr.) ohnmächtig werden

um|klei|den tr., rbz.: das Kleid wechseln ✶ **um|klei|den** tr.: umhüllen, bekleiden ✶ *Umkleideraum* ✶ **Um|klei|dung,** die; –: das Wechseln der Kleider : **Um|klei|dung,** die; –, -en: Bekleidung, Umhüllung

um|kni|cken intr. (sein): knickend umsinken; tr.: umbrechen

um|kom|men intr. (sein): zurückkommen : verderben : ums Leben kommen

Um|kreis, der; –es, -e: umlie-

gendes Gebiet : um eine geometrische Figur gelegter Kreis
: Kreislinie * **um|krei|sen** tr.:
im Kreis herumfahren : umflie-
gen * **Um|krei|sung**, die; –,
–en: das Umkreisen

um|krem|peln tr.: umwenden :
umklappen; umstülpen : ändern

Um|la|den tr.: anders laden :
hinüberladen * *Umladebahn-
hof* * **Um|la|dung**, die; –: das
Hinüberladen

Um|la|ge, die; –, –n: Auftei-
lung einer aufzubringenden
Summe auf einen bestimmten
Personenkreis * *Umlagesteuer*
* **um|la|gern** tr.: anders lagern
* **um|la|gern** tr.: umdrängen,
umringen

Um|land, das; –(e)s: umliegen-
des Land

um|lau|ern tr.: belauern : um-
stellen

Um|lauf, der; –(e)s, Umläufe:
Kreislauf : Kreisbewegung,
Zirkulation : (Baukst.) Um-
gang : Fingernagelentzündung
* *in Umlauf setzen:* bekannt
machen; *im Umlauf sein:* öffentlich bekannt * *Umlauf-
bahn; Umlaufgeschwindigkeit;
Umlaufgetriebe:* Planetenge-
triebe; *Umlaufmittel:* die Zahlungsmittel im Wirtschaftsver-
kehr; *Umlaufschreiben:* Rundschreiben : Umlauf(s)zeit; *Um-
laufvermögen* * **um|lau|fen**
tr.: umrennen; intr. (sein): he-
rumbewegen : im Umlauf sein :
vollenden : sich ändern :
schnell zurückkehren : ringsum
erstrecken : einen Umweg ma-
chen * **um|lau|fen** tr.: rings-
herum laufen, erstrecken

Um|laut, der; –(e)s, –e:
(Sprachl.) durch ein ursprünglich folgendes i veränderter
Selbstlaut, z. B. a zu ä, o zu ö
usw. * *umlautfähig* Ew.: zur
Bildung des Umlauts fähig *
um|lau|ten intr.: Umlaut an-
nehmen; tr.: mit dem Umlaut
versehen

um|le|gen tr.: fällen : töten :
umwerfen : (weidm.) niederstrecken : anders legen, (Steuern –) planmäßig verteilen *
Umleg(e)kragen: weicher, um-
gelegter Kragen * **Um|le-
gung**, die; –: das Umlegen

um|lei|ten tr.: anders leiten :
herumleiten * **Um|lei|tung**,

die; –, –en: das Herumleiten :
Umweg * *Umleitungsschild*

um|len|ken tr.: umwenden :
einlenken

um|ler|nen tr.: anders lernen

um|lie|gend Mw. Ew.: in der
Nähe befindlich : benachbart

Um|luft, die; –: (Klimaanla-
gen) verbesserte Luft * *Um-
luftfilter*

um|man|teln tr.: wie mit einem
Mantel umgeben * **Um|man-
te|lung**, die; –, –en: das Um-
manteln

um|mau|ern tr.: mit einer
Mauer umgeben * **Um|mau|e-
rung**, die; –: das Ummauern :
das Ummauertsein

um|mel|den rbz.: den Woh-
nungswechsel bei der Polizei
melden (ich habe mich polizei-
lich umgemeldet) * **Um|mel-
dung**, die; –, –en: das Ummel-
den

um|mo|deln tr.: umändern *
Um|mo|de|lung,
Um|mod|lung, die; –, –en: das
Umändern

um|mün|zen tr.: (übertr.) an-
ders verkaufen : anders darstellen, als es gewesen ist

um|nach|ten tr.: verdunkeln,
umdunkeln * **um|nach|tet**
Ew.: geistesgestört * **Um-
nach|tung**, die; –: Geistesstö-
rung

um|nä|hen tr.: (Stoffrand) um-
schlagen und festnähen *
um|nä|hen tr.: durch Nähen
den Rand befestigen

um|ne|beln tr.: vernebeln, mit
Nebel umhüllen

um|neh|men tr.: umlegen

um|nie|ten tr.: (Umgspr.) je-
manden erschießen, überfahren

Um|or|ga|ni|sa|ti|on, die; –,
–en: das Umorganisieren *
um|or|ga|ni|sie|ren tr.: anders
organisieren : umstellen

um|pa|cken tr.: anders packen
: herumlegen : umfassen : ergreifen, umschlingen

um|pflan|zen tr.: verpflanzen :
anders pflanzen * **um|pflan-
zen** tr.: mit Pflanzen umgeben
* **Um|pflan|zung**, die; –: das
Verpflanzen : das Anderspflan-
zen * **Um|pflan|zung**, die; –,
–en: das Umgeben mit Pflanzen

um|pflü|gen tr.: umackern *
Um|pflü|gung, die; –, –en: das
Umpflügen

um|po|len tr.: Plus- und Mi-
nuspol vertauschen : umdenken
: verändern

um|prä|gen tr.: anders prägen
* **Um|prä|gung**, die; –, –en:
das Umprägen

um|pro|gram|mie|ren tr.: an-
ders programmieren : (Gerät)
anders einstellen : einen Ablauf
verändern : (EDV) ein Programm verändern *
Um|pro|gram|mie|rung, die;
–, –en: das Umprogrammieren

um|quar|tie|ren (fr.) tr.: in ein
anderes Quartier legen *
Um|quar|tie|rung, die; –, –en:
das Umquartieren

um|rah|men tr.: anders einrah-
men * **um|rah|men** tr.: einrah-
men

um|ran|den tr.: umborten *
um|rän|dert Ew.: mit Rändern
umgeben * **Um|ran|dung**, die;
–, –en: das Umrandetsein : das
Umranden

um|ran|ken tr.: mit Ranken
umflechten

um|rech|nen tr.: auf eine an-
dere Währung umstellen *
Um|rech|nung, die; –: Wäh-
rungsumstellung * *Umrech-
nungskurs; Umrechnungsta-
belle*

um|rei|sen tr.: rundherum rei-
sen * *die Welt umreisen*

um|rei|ßen tr.: umwerfen : he-
rumreißen : aufreißen : zerstö-
ren * **um|rei|ßen** tr.: in Umris-
sen aufzeichnen * **Um|riß** →
Umriss, der; –es, –e: das Um-
werfen, Herumreißen : das
Umrissene, das zu Umreißende
: Umfangslinie : Umfangs-
zeichnung * *Umrißlinie* →
Umrisslinie; Umrißzeichnung
→ *Umrisszeichnung:* Zeich-
nung des Umfangs

um|rei|ten intr. (sein): reitend
einen Umweg machen : reitend
überwachen; tr.: reitend um-
werfen * **um|rei|ten** tr.: herum-
reiten : reitend umzingeln

um|ren|nen intr.: rennend um-
werfen * **um|ren|nen** tr.: he-
rumrennen

um|rin|gen tr.: umschlingen :
umherschließen

Um|riß → **Umriss:** s. umrei-
ßen

um|ru|dern tr.: herumrudern,
umschiffen

um|rüh|ren tr.: durcheinander
rühren

ums: (Umgspr.) um das ✳ *der Kampf ums tägliche Brot; es geht ums Letzte*

um|säbeln tr.: wie mit einem Säbel zu Fall bringen : (übertr.) umwerfen : (Sport) durch böses Foul zu Fall bringen

um|sägen tr.: sägend zu Fall bringen

um|satteln tr.: anders satteln; intr.: auf ein anderes Pferd springen : (übertr.) einen anderen Beruf ergreifen ✳ **Um|sat|te|lung, Um|satt|lung,** die; –: das Umsatteln

Um|satz, der; –es, Umsätze: Größe des Warenverkaufs : Geschäftsverkehr ✳ *Umsatzanalyse; Umsatzanstieg; Umsatzbeteiligung:* Provision am Umsatz; *Umsatzeinbuße; Umsatzprovision; Umsatzrückgang; Umsatzsteigerung; Umsatzsteuer; umsatzsteuerpflichtig* Ew.

um|säu|men tr.: mit einem Saum umnähen

um|scha|len tr.: mit dünner Holzverkleidung umgeben ✳ **Um|scha|lung,** die; –, –en: dünne Holzverkleidung

um|schal|ten tr.: (Telegr., Elektr.) schaltend eine andere Verbindung herstellen ✳ **Um|schal|ter,** der; –s, –: Stromwender, Stromwechsler ✳ *Umschalthebel* ✳ **Um|schal|tung,** die; –, –en: das Umschalten

um|schat|ten tr.: ganz beschatten ✳ **Um|schat|tung,** die; –, –en: Abschattung

Um|schau, die; –: Rundblick ✳ *Umschau halten:* sich umsehen nach etwas, überprüfen

um|schau|en intr., rbz.: rundherum schauen; rbz.: zurücksehen : sich umsehen nach etwas

um|schau|feln tr.: schaufelnd umwenden

um|schich|ten tr.: anders schichten ✳ **um|schich|tig** Ew.: abwechselnd, umzechig ✳ **Um|schicht,** die; –, –en: (bergm.) Wechsel ✳ **Um|schich|tung,** die; –, –en: Verlagerungen im sozialen Gefüge einer Bevölkerung

um|schie|ßen tr.: totschießen, umwerfen; intr.: (seem.) (Wind) umspringen, die Richtung ändern ✳ **um|schie|ßen** tr.: beschießen : (Buchdrw.)

eine Druckform umändern

um|schif|fen tr.: umladen : umsteigen ✳ **um|schif|fen** tr.: umfahren, herumschiffen

Um|schif|fung, die; –: das Umladen ✳ **Um|schif|fung,** die; –: das Herumfahren zu Schiff

Um|schlag, der; –(e)s, Umschläge: das Umschlagen : Änderung : (Kartensp.) das Aufdecken : umgeschlagener Teil eines Kleidungsstückes : Umhüllung : Einschlag : (Med.) Packung : (Med.) Fehlgeburt : Mantel : (kfm.) Umsatz : Oberseite eines Stoffes : (norddt.) Jahrmarkt : (veralt.) Gewinn, Zinsen : (Verkehrsw.) Warenumladung in ein anderes Beförderungsmittel ✳ *Umschlagbahnhof; Umschlagentwurf; Umschlagshafen; Umschlagsplatz* ✳ **um|schla|gen** intr. (sein): umkippen : rasch entschieden werden : in etwas anderes übergehen : gerinnen, sauer werden; tr.: niederlegen : umformen : (veraltet) trommelschlagend umhergehen, verkünden : herumschlagen, herumlegen : schlagend umbiegen : umsetzen, verkaufen ✳ *Umschlagtuch:* Tuch zum Umnehmen, Umdecken; *Umschlagzeichnung:* Zeichnung auf dem Buchumschlag

um|schla|gen tr.: schlagend umgeben, herumschlagen : (Buchdrw.) (Druckbogen) umwenden

um|schlei|chen tr.: schleichend umlauern, umgehen

um|schlie|ßen tr.: von allen Seiten einschließen

um|schlin|gen tr.: herumschlingen ✳ **um|schlin|gen** tr.: umfassen, umarmen ✳ **Um|schlin|gung,** die; –, –en: das Umschlingen, Umfassen

um|schmei|cheln tr.: schmeichelnd umgeben

um|schmei|ßen tr.: (Umgspr.) umwerfen

um|schmel|zen tr.: durch Schmelzen umformen

um|schmie|den tr.: durch Schmieden umformen

um|schnal|len tr.: anschnallen, befestigen

um|schnü|ren tr.: beschnüren, umbinden, umschlingen

um|schrei|ben tr.: neu, anders

schreiben : auf einen anderen Namen übertragen : um etwas herumschreiben ✳ **um|schrei|ben** tr.: deutlich umgrenzen : bildlich ausdrücken ✳ **Um|schrei|bung,** die; –: Neuschreibung, geänderte Buchung ✳ **Um|schrei|bung,** die; –, –en: Andersbezeichnung, Verdeutlichung

um|schrei|ten tr.: umgehen

Um|schrift: s. umschreiben

um|schub|sen tr.: mit einem Schubs umstoßen

um|schul|den tr.: Laufzeit der Kredite ändern ✳ **Um|schul|dung,** die; –: Umwandlung von Schulden (kurzfristige in langfristige)

um|schu|len tr.: in eine andere Schule schicken : auf eine andere Schulart, Berufsart vorbereiten ✳ **Um|schu|lung,** die; –, –en: das Umschulen

um|schüt|ten tr.: in ein anderes Gefäß schütten : umwerfen

um|schwär|men tr.: schwärmend umgeben

Um|schwei|fe, die; – Mz.: Umwege : Biegungen, Wendungen : nicht gerade aufs Ziel führende Wege ✳ *ohne Umschweife:* ohne Verzögerung, ohne viel zu reden ✳ **um|schwei|fen** tr.: herumschweifen

um|schwen|ken tr.: umkehren : wenden : sich anders verhalten : andere Anschauung annehmen

um|schwim|men tr.: schwimmend umgeben, umfließen : um etwas herumschwimmen

um|schwir|ren tr.: schwirrend umgeben

Um|schwung, der; –(e)s, ..schwünge: das Umschwingen : Wendepunkt : plötzliche Änderung

um|se|geln tr.: um etwas herumsegeln ✳ **Um|se|ge|lung, Um|seg|lung,** die; –, –en: das Herumsegeln

um|se|hen intr., rbz.: umwenden, umdrehen : ringsum sehen : (übertr.) Umschau halten

um|sein→ um sein: s. um

um|sei|tig Ew.: nächstseitig : auf der anderen Seite stehend ✳ **um|seits** Uw.: auf der anderen Seite

um|setz|bar Ew.: zum Umsetzen fähig : veränderlich ✳

um|set|zen tr.: umpflanzen : übersetzen : umwandeln : (kfm.) verkaufen, umtauschen, Waren absetzen (Chem.) in einen anderen Stoff übergehen lassen : umschlagen, rasch ändern ✳ **Um|set|zung,** die; –: das Umsetzen

Um|sich|grei|fen, das; –s: selbsttätige Verbreitung

Um|sicht, die; –: Überblick : allseitige Erwägung zu berücksichtigender Umstände : Vorsicht ✳ **um|sich|tig** Ew.: klug, vorsichtig, erwägend ✳ **Um|sich|tig|keit,** die; –: Behutsamkeit : Vorsicht

um|sie|deln tr., intr.: Wohnsitz verändern ✳ **Um|sied|ler,** der; –s, –: ein Umsiedelnder ✳ **Um|sie|de|lung, Um|sied|lung,** die; –, –en: Veränderung des Wohnsitzes

um|sin|ken intr. (sein): langsam hinfallen, zur Seite sinken

um|so: desto ✳ um so besser → umso besser; um so eher → umso eher

um so mehr → um|so mehr: desto mehr, gerade

umso mehr

Adverbien, die aus mehreren Teilen bestehen, werden zusammengeschrieben, wenn die einzelnen Teile in ihrer Bedeutung nicht mehr selbstständig sind: umso mehr, umso weniger, geradeso schaffen, ebenso viele.

um|sonst Uw.: um nichts : ohne Entgelt : vergebens : erfolglos

um|sor|gen tr.: mit Sorge umgeben : liebevoll sorgen für

um so we|ni|ger → um|so we|ni|ger: desto weniger, gerade nicht

um|span|nen tr.: die Pferde wechseln : transformieren ✳ **Umspannwerk:** Transformatorenwerk für elektrischen Strom ✳ **um|span|nen** tr.: umfassen ✳ **Um|span|ner,** der; –s, –: Transformator ✳ **Um|span|nung,** die; –, –en: das Wechseln der Pferde ✳ **Um|span|nung,** die; –: das Umfassen

um|spie|len tr.: (Sport) an einem Gegner mit einem Trick vorbeikommen : im Spiel um jemanden laufen oder springen

um|spin|nen tr.: mit Gespinst

umhüllen

um|sprin|gen tr.: springend umstoßen; intr. (sein), (übertr.) Überlegenheit zeigen : plötzlich umschlagen ✳ der Wind springt um: dreht sich ✳ um|sprin|gen tr.: springend umgeben

um|spu|len tr.: auf eine andere Spule drehen

um|spü|len tr.: rundherum bespülen

Um|stand, der; –(e)s, Umstände : (mundartl.) die Umstehenden : Verhältnisse, unter denen etwas geschieht : Förmlichkeit : Lage, Zustand, Beschaffenheit ✳ unter allen Umständen: auf jeden Fall; unter glücklichen Umständen: mit günstigen Vorbedingungen; wenig Umstände machen: kein Aufhebens machen; in andern Umständen: schwanger ✳ Umstandsangabe; Umstandsbestimmung; Umstandsergänzung; Umstandsfürwort; Umstandskleid; Umstandskleidung: nicht beengende Kleidung, die eine Frau während der Schwangerschaft trägt; Umstandskrämer: umständlicher Mensch; Umstandsmieder, Umstandsrock: Mieder, Rock für die Schwangerschaftszeit: Umstandssatz: (Vd. f.) Adverbialsatz; Umstandswort: (Vd. f.) Adverb; umstandswörtlich: (Vd. f.) adverbial, adverbiell ✳ um|stän|de|hal|ber Uw.: der Umstände, des Umstandes halber ✳ um|ständ|lich Ew.: die Umstände betreffend : mit viel Umständen verbunden : weitläufig : viel Umstände machend ✳ **Um|ständ|lich|keit,** die; –: Schwierigkeit : Weitläufigkeit ✳ um|stands|hal|ber Uw.: wegen der waltenden Umstände

um|ste|chen tr.: umgraben, umschaufeln

um|stecken tr.: anders stecken ✳ um|stecken tr.: ringsherum bestecken

um|ste|hen intr.: herumstehen : auf der andern Seite stehen : (mundartl.) (von Tieren) sterben, umkommen, verderben ✳ um|ste|hen tr.: stehend umgeben ✳ um|ste|hend Mw. Ew.: auf der anderen (Buch-)Seite

um|stei|gen intr. (sein): in eine

andere Bahn steigen ✳ Umsteig(e)fahrschein, Umsteig(e)karte, Umsteiger: (Verkehrsw.) Fahrkarte zur Berechtigung des Bahnwechsels

um|stell|bar Ew.: anders stellbar ✳ um|stel|len tr.: anders stellen, umordnen; rbz.: sich ändern, die Gesinnung wechseln ✳ Umstellbahnhof: Bahnhof zum Umrangieren der Züge ✳ um|stel|len tr.: umzingeln, mit etwas umgeben; intr.: (Buchdrw.) Buchstaben, Zeilen usw. verstellen ✳ **Um|stel|lung,** die; –, –en: Änderung : Umgestaltung : (Sprachw.) Inversion ✳ Umstellungsprozeß → Umstellungsprozess; Umstellungszeichen: Korrekturzeichen für die Umstellung von Wörtern ✳ **Um|stel|lung,** die; –, –en: das Umzingeln, Umschließen

um|stem|peln tr.: mit einem anderen Stempel versehen

um|stim|men intr.: einer nach dem andern abstimmen; tr.: jmd. zu einer Meinungsänderung veranlassen ✳ **Um|stim|mung,** die; –: Sinnesänderung

um|sto|ßen tr.: durch einen Stoß umwerfen

um|strah|len tr.: strahlend umgeben

um|stri|cken tr.: anders stricken ✳ um|stri|cken tr.: den Rand bestricken : (übertr.) umgarnen

um|strit|ten Mw. Ew.: umkämpft, ungeklärt : nicht verbürgt

um|strö|men intr.: strömend umfließen

um|struk|tu|rie|ren tr.: eine andere Struktur verleihen ✳ **Um|struk|tu|rie|rung,** die; –, –en: das Umstrukturieren : das Umstrukturiertsein

um|stül|pen tr.: umdrehen, umkehren; rbz.: umstürzen, umkehren ✳ um|stül|pen tr.: (Buchdrw.) Druckbogen umdrehen (Ggs. umschlagen) ✳ **Um|stül|pung,** die; –, –en: das Umstülpen

um|stür|men tr.: stürmend umwerfen ✳ um|stür|men tr.: stürmend umgeben, von allen Seiten bestürmen

Um|sturz, der; –es, Umstürze: das Umstürzen : gewaltsame Umänderung ✳ Umsturzbewe-

gung: Bewegung, die einen Umsturz im Auge hat; *Umsturzpartei:* revolutionäre Partei; *Umsturzplan:* Plan eines Umsturzes; *Umsturzversuch* ✳

um|stür|zen tr.: stürzend umdrehen, umwerfen, absetzen; intr.: umfallen ✳ **Um|stürz|ler,** der; –s, –: Mitglied der Umsturzpartei ✳ **um|stürz|le|risch** Ew.: aufrührerisch ✳ **Um|stür|zung,** die; –: das Umstürzen

um|sum|men tr.: summend umfliegen

um|tan|zen tr.: ringsherum tanzen

Um|tau|fe, die; –: das Umtaufen ✳ **um|tau|fen** tr.: durch eine Taufe den Glauben, Namen wechseln

Um|tausch, der; –(e)s, –e: Einwechselung ✳ **um|tau|schen** tr., rbz.: eine Sache gegen eine andere austauschen ✳ *Umtauschrecht*

um|ti|teln tr.: einen neuen Titel geben (z. B. einem Film)

um|top|fen tr.: Topfgewächse umpflanzen

um|to|sen tr.: tosend umgeben

um|trei|ben tr.: hin und her treiben ✳ **Um|trieb,** der; –(e)s, –e: das Hin- und Hertreiben oder -getriebenwerden ✳ Mz.: geheime, aufrührerische Anstiftung : Umlauf : (Forstw.) Zeit von der Kultur bis zur Hauung

Um|trunk, der; –(e)s, Umtrünke: Rundtrunk : gemeinsames Zechen

um|tun tr.: umnehmen; rbz.: sich umsehen : sich bemühen : suchen

U-Mu|sik, die; –: Kurzw. für Unterhaltungsmusik

Um|ver|pa|ckung, die; –, –en: zusätzliche Verpackung, die entbehrlich ist

um|ver|tei|len tr.: anders verteilen ✳ **Um|ver|tei|lung,** die; –: das Umverteilen

um|wach|sen tr.: ringsherum bewachsen

um|wal|len tr.: in Schwaden einhüllen : in Wellen umrahmen ✳ **Um|wal|lung,** die; –, –en: Begrenzung durch einen Wall

um|wäl|zen tr.: herumwälzen, herumbewegen : (übertr.) umkehren, umstürzen ✳ *Umwälzanlage; Umwälzpumpe* ✳

Um|wäl|zung, die; –, –en: das Umstoßen, Umkehren : gewaltsame Veränderung der Verhältnisse

um|wan|deln tr., rbz.: umgestalten : intr.: umherwandeln

um|wan|deln tr.: ringsherum wandeln ✳ **Um|wan|de|lung, Um|wand|lung,** die; –, –en: Umgestaltung, Veränderung : *Umwandlungsprozess*

um|wan|dern tr.: um etwas herumwandern

um|wech|seln intr.: abwechseln; tr., intr.: abwechselnd nehmen, tragen, anziehen; tr.: eintauschen ✳ **Um|wech|se|lung, Um|wechs|lung,** die; –: das Umwechseln : Umtausch

Um|weg, der; –(e)s, –e: weitläufiger Weg mit Bogen (Ggs. gerader Weg) ✳ **um|we|gig** Ew.: auf Umwegen

um|we|hen tr.: (vom Winde) umwerfen ✳ **um|we|hen** tr.: wehend umgeben

Um|welt, die; –: umgebende Welt, (Vd. f.) Milieu ✳ *Umweltauto:* umweltfreundliches Auto; *umweltbedingt* Ew.; *Umweltbedingungen* Mz.; *Umweltbelastungen; Umwelteinfluß →* Umwelteinfluss: Einfluss, den die Umwelt ausübt; *Umweltfaktor; umweltfeindlich* Ew.; *Umweltforschung; umweltfreundlich* Ew.; *Umweltkriminalität; umweltneutral* Ew.; *Umweltpapier:* recyceltes Papier; *Umweltpolitik; Umweltschilderung:* Schilderung der Umwelt; *Umweltschutz:* Sammelbegriff für alle Maßnahmen, die dazu dienen, den Menschen vor Schäden der technisierten Umwelt zu bewahren; *Umweltsünder; Umweltverschmutzung; umweltverträglich* Ew.

um|wen|den tr., rbz., intr.: umdrehen ✳ **Um|wen|dung,** die; –: das Umwenden

um|wer|ben tr.: sich um jemandes Gunst bemühen

um|wer|fen intr., rbz.: umkehren, umschlagen, verändern; tr.: herumwerfen, umtun, umgeben, umschlingen, umhüllen : werfend umgestalten : werfend umstoßen ✳ **um|wer|fend** Ew.: beeindruckend

um|wer|ten tr.: anders werten

✳ **Um|wer|tung,** die; –, –en: Neuwertung (von Anschauungen, Geld)

um|wi|ckeln tr.: herumwickeln : anders wickeln ✳ **um|wi|ckeln** tr.: mit Gewickeltem umgeben ✳ **Um|wi|cke|lung, Um|wick|lung,** die; –, –en: das Umwickeln

um|wid|men tr.: (Kanzleispr.) für einen anderen Zweck bestimmen ✳ **Um|wid|mung,** die; –, –en: das Umwidmen

um|win|den tr.: um etwas herumwinden : anders winden : windend etwas umdrehen

um|win|den tr.: (selt.) um etwas winden : mit Gewinden umgeben

um|wit|tern tr.: (weidm.) witternd, spürend einen Platz belaufen : auf geheimnisvolle Weise umgeben

um|wo|ben Uw. Ew.: mit Gewebe umgeben, eingesponnen ✳ *von Sagen umwoben*

um|wo|gen tr.: wellenartig umbranden

um|woh|nend Ew.: benachbart ✳ **Um|woh|ner,** der; –s, –: Anwohnerschaft : Nachbar

um|wöl|ken tr.: mit Wolken umziehen : (übertr.) durch Sorgen, Ärger verdüstern

um|wüh|len tr.: wühlend umkehren

um|zäu|nen tr.: mit einem Zaun umgeben ✳ **Um|zäu|nung,** die; –, –en: das Umzäunen : Zaun

um|zeich|nen tr.: mit einem andern Zeichen versehen : zeichnend umändern : einen Abdruck umändern machen ✳ **um|zeich|nen** tr.: ringsherum zeichnen

um|zie|hen tr.: umnehmen : anders anziehen, umkleiden : durch Ziehen umwerfen; intr. (sein): (veralt.) im Lande umherziehen : einen Umweg machen : die Wohnung wechseln : den Dienst ändern; tr.: Umrisslinien nachziehen

um|zie|hen tr.: mit Grenzen umgeben : um etwas ziehen, herumbewegen : umschließen ✳ **Um|zug,** der; –(e)s, ..züge: das Umziehen : (bes.) Wohnungswechsel : das Umkleiden : feierlicher Aufzug ✳ *umzugshalber* Uw.: wegen eines Umzuges; *Umzugskosten* Mz.:

Kosten für einen Umzug; *Umzugstag; Umzugszeit:* Zeit der Umzüge

um|zin|geln tr.: rings umschließen : von allen Seiten umringen * **Um|zin|ge|lung, Um|zing|lung,** die; –: das Umzingeln * *Umzing(e)lungsversuch*

Um|zug: s. umziehen

um|zün|geln tr.: züngelnd umgeben

un.. Vors. in Zus.: nicht : schlecht, ungehörig : (bei Zahl- und Maßbegriffen) sehr groß, sehr viel

UN (Abk.): United Nations : Vereinte Nationen; vgl. a. UNO und VN

un|ab|än|der|lich Ew.: nicht abzuändern * **Un|ab|än|der|lich|keit,** die; –, –en: das Unabänderlichsein : etwas Unabänderliches

un|ab|ding|bar Ew.: unabänderbar * **Un|ab|ding|bar|keit,** die; –: die Unmöglichkeit der Änderung (eines Tarifvertrages)

un|ab|hän|gig Ew.: von nichts abhängig * **Un|ab|hän|gig|keit,** die; –: Freiheit, das Unabhängigsein * *Unabhängigkeitserklärung; Unabhängigkeitskriege*

un|ab|kömm|lich Ew.: nicht entbehrlich

un|ab|läs|sig Ew.: nicht ablassend : immer

un|ab|seh|bar Ew.: nicht absehbar : in näherer Zukunft nicht erkennbar * **Un|ab|seh|bar|keit,** die; –: das Unabsehbarsein

un|ab|sicht|lich Ew.: ohne Absicht : aus Versehen

un|ab|weis|bar, un|ab|weis|lich Ew.: nicht abzuweisen, sich nicht abweisen lassend

un|ab|wend|bar Ew.: nicht abwendbar

un|acht|sam Ew.: nicht achtsam * **Un|acht|sam|keit,** die; –, –en: Achtlosigkeit : achtlose Handlung

u|na cor|da (it.): (Mus.) mit (nur) einer Saite

un|ähn|lich Ew.: nicht ähnlich * **Un|ähn|lich|keit,** die; –, –en: das Unähnlichsein : Verschiedenheit

un|an|fecht|bar Ew.: vollgültig : ohne jeden Zweifel *

Un|an|fecht|bar|keit, die; –: das Unanfechtbarsein

un|an|ge|bracht Mw. Ew.: am falschen Platz

un|an|ge|foch|ten Ew.: ohne Widerspruch : ohne Belästigung

un|an|ge|mel|det Mw. Ew.: ohne vorherige Anmeldung

un|an|ge|mes|sen Mw. Ew.: nicht angemessen

un|an|ge|nehm Ew.: nicht angenehm

un|an|ge|paßt → **un|an|ge|passt** Ew.: nicht angepasst : eigenwillig

un|an|ge|tas|tet Ew.: nicht angetastet : unverletzt

un|an|greif|bar Ew.: nicht angreifbar : sattelfest

un|an|nehm|bar Ew.: nicht annehmbar * **Un|an|nehm|bar|keit,** die; –, –en: das Unannehmbarsein * **Un|an|nehm|lich|keit,** die; –, –en: etwas Unangenehmes

un|an|sehn|lich Ew.: nicht ansehnlich : (bes.) von unscheinbarem Aussehen * **Un|an|sehn|lich|keit,** die; –: Unscheinbarkeit

un|an|stän|dig Ew.: nicht anständig * **Un|an|stän|dig|keit,** die; –, –en: das Unanständigsein

un|an|tast|bar Ew.: untadelhaft, ohne Fehl : lauter, rein * **Un|an|tast|bar|keit,** die; –: das Unantastbarsein

un|ap|pe|tit|lich (l.) Ew.: nicht appetitlich : unsauber * **Un|ap|pe|tit|lich|keit,** die; –, –en: das Unappetitlichsein

Un|art, die; –, –en: Mangel an Artigkeit : Unerzogenheit : Ungezogenheit * **un|ar|tig** Ew.: nicht brav, nicht artig * **Un|ar|tig|keit,** die; –, –en: Ungezogenheit

un|ar|ti|ku|liert (l.) Ew.: ungegliedert : undeutlich ausgesprochen : unverständlich

un|äs|the|tisch (gr.) Ew.: geschmacklos : den Gesetzen der Schönheit zuwider

un|auf|dring|lich Ew.: nicht aufdringlich : zurückhaltend * **Un|auf|dring|lich|keit,** die; –: das Zurückhaltendsein

un|auf|fäl|lig Ew.: ohne aufzufallen * **Un|auf|fäl|lig|keit,** die; –: das Unauffälligsein

un|auf|find|bar Ew.: verborgen

un|auf|ge|for|dert Mw. Ew.: ohne Aufforderung

un|auf|ge|klärt Mw. Ew.: nicht aufgeklärt

un|auf|halt|bar Ew.: sich nicht aufhalten lassend * **un|auf|halt|sam** Ew.: unaufhaltbar : dauernd

un|auf|hör|lich Ew.: ohne Aufhören, fortwährend

un|auf|lös|bar, un|auf|lös|lich Ew.: nicht auflösbar * **Un|auf|lös|bar|keit, Un|auf|lös|lich|keit,** die; –: das Unauflösbarsein

un|auf|merk|sam Ew.: nicht aufmerksam * **Un|auf|merk|sam|keit,** die; –, –en: das Unaufmerksamsein, die Abgelenktheit, Gleichgültigkeit

un|auf|rich|tig Ew.: nicht offen : nicht freimütig * **Un|auf|rich|tig|keit,** die; –, –en: unaufrichtiges Wesen

un|auf|schieb|bar, un|auf|schieb|lich Ew.: sich nicht aufschieben lassend

un|aus|bleib|lich Ew.: nicht ausbleibend : nicht vermeidbar

un|aus|führ|bar Ew.: sich nicht ausführen lassend

un|aus|ge|füllt Ew.: ohne Inhalt : leer

un|aus|ge|gli|chen Ew.: sprunghaft : unharmonisch

un|aus|gie|big Ew.: nicht ausgiebig

un|aus|lösch|lich Ew.: nicht auslöschbar : unvergesslich : an die Seele greifend

un|aus|rott|bar Ew.: nicht ausrottbar : beständig

un|aus|sprech|bar, un|aus|sprech|lich Ew.: empfindungsmäßig nicht wiederzugeben : mit Worten nicht auszudrücken

un|aus|steh|lich Ew.: unerträglich : unleidlich

un|aus|weich|lich Ew.: unvermeidlich

Un|band, der; –(e)s, –e (Unbände): ein ausgelassener Wildfang * **un|bän|dig** Ew.: höchst ausgelassen

un|bar Ew.: bargeldlos

un|barm|her|zig Ew.: ohne Barmherzigkeit * **Un|barm|her|zig|keit,** die; –: Mitleidlosigkeit

un|be|ab|sich|tigt Ew.: ohne Absicht

un|be|ach|tet Mw. Ew.: nicht

beachtet ＊ **un|be|acht|lich**
Ew.: nicht beachtenswert
un|be|an|stan|det Ew.: ohne
Einspruch
un|be|ant|wort|bar Ew.: nicht
zu beantworten ＊ **un|be|ant|
wor|tet** Mw. Ew.: nicht beant-
wortet : ohne Antwort
un|be|ar|bei|tet Ew.: nicht be-
arbeitet
un|be|baut Ew.: nicht bebaut
un|be|dacht Mw. Ew.: gedan-
kenlos ＊ *unbedachterweise*
Uw. ＊ **Un|be|dacht,** der; –(e)s:
Gedankenlosigkeit ＊ **Un|be|-
dacht|heit,** die; –: das Unbe-
dachtsein ＊ **un|be|dacht|sam**
Ew.: unüberlegt ＊ *unbedacht-
samerweise* Uw. ＊ **Un|be|-
dacht|sam|keit,** die; –: Un-
überlegtheit : Achtlosigkeit
un|be|darft Mw. Ew.: (mund-
artl.) unbedeutend : naiv ＊
Un|be|darft|heit, die; –: das
Unbedarftsein
un|be|deckt Mw. Ew.: nicht
bedeckt, bloß
un|be|denk|lich Ew.: ein-
wandfrei : ohne Zögern; Uw.:
ohne Bedenken ＊ **Un|be|-
denk|lich|keit,** die; –: ＊
(Rechtsspr.) *Unbedenklich-
keitsbescheinigung*
un|be|deu|tend Mw. Ew.:
ohne Bedeutung : nichtssagend
un|be|dingt Mw. Ew.: auf je-
den Fall : ohne Bedingung
un|be|ein|druckt Ew.: nicht
beeindruckt
un|be|ein|fluß|bar → **un|be|-
ein|fluss|bar** Ew.: nicht beein-
flussbar ＊ **Un|be|ein|fluß|bar|-
keit** → **Un|be|ein|fluss|bar|-
keit,** die; –: das Unbeein-
flussbarsein ＊ **un|be|ein|flußt**
→ **un|be|ein|flusst** Ew.: ohne
äußere Einwirkung : von sich
aus
un|be|fahr|bar Ew.: nicht be-
fahrbar ＊ **un|be|fah|ren** Mw.
Ew.: (seem.) nicht befahren
un|be|fan|gen Ew.: harmlos,
natürlich : unparteiisch ＊
Un|be|fan|gen|heit, die; –: das
Unbefangensein
un|be|fleckt Ew.: makel-
los : (übertr.) jungfräulich ＊
*Unbefleckte Empfängnis Ma-
riä:* Glaubenssatz der kath.
Kirche
un|be|frie|di|gend Mw. Ew.:
nicht befriedigend ＊
un|be|frie|digt Mw. Ew.: nicht

befriedigt
un|be|fris|tet Mw. Ew.: nicht
befristet
un|be|fugt Mw. Ew.: uner-
laubt ＊ *unbefugterweise* Uw. ＊
Un|be|fug|te, der; die; –n, –n:
einer, der, eine, die keine Berechtigung für etwas hat
un|be|gabt Ew.: ohne Bega-
bung ＊ **Un|be|gabt|heit,** die; –:
das Unbegabtsein
un|be|greif|lich Ew.: nicht zu
begreifen ＊ *unbegreiflicher-
weise* Uw. ＊ **Un|be|greif|-
lich|keit,** die; –, –en: das Unbe-
greiflichsein
un|be|grenzt Mw. Ew.: ohne
Grenzen : unbeschränkt ＊
Un|be|grenzt|heit, die; –: das
Unbegrenztsein
un|be|grün|det Mw. Ew.: nicht
begründet : grundlos
un|be|haart Ew.: ohne Haare
Un|be|ha|gen, das; –s: Miss-
behagen ＊ **un|be|hag|lich** Ew.:
nicht behaglich : unangenehm
un|be|hel|ligt Mw. Ew.: nicht
behelligt, nicht belästigt
un|be|herrscht Ew.: ohne Be-
herrschung ＊ **Un|be|herrscht|-
heit,** die; –: unbeherrschtes
Wesen, Verhalten
un|be|hin|dert Ew.: frei : ohne
Behinderung
un|be|hol|fen Mw. Ew.: unge-
schickt ＊ **Un|be|hol|fen|heit,**
die; –: das Unbeholfensein
un|be|irr|bar Ew.: sich nicht
beirren lassend ＊ **un|be|irrt**
Mw. Ew.: nicht beirrt, stetig :
frei ＊ **Un|be|irr|bar|keit,** die; –:
unbeirrbares Wesen ＊
Un|be|irrt|heit, die; –: das Un-
beirrtsein
un|be|kannt Mw. Ew.: nicht
bekannt ＊ *unbekannterweise* ＊
Un|be|kann|te, der; –n, –n:
Fremde ＊ *das Ehrenmal des
Unbekannten Soldaten:* Grab
eines im Kriege Gefallenen,
dessen Name unbekannt blieb
＊ **Un|be|kannt|heit,** die; –: das
Unbekanntsein
un|be|kehr|bar Ew.: nicht zu
bekehren ＊ **un|be|kehrt** Mw.
Ew.: nicht bekehrt
un|be|klei|det Ew.: ohne Klei-
dung
un|be|küm|mert Mw. Ew.:
sorglos ＊ **Un|be|küm|mert|-
heit,** die; –: das Unbeküm-
mertsein
un|be|las|tet Mw. Ew.: ohne

Verpflichtung : (Rechtsspr.)
ohne Schuld
un|be|lebt Ew.: nicht belebt :
ruhig, still : wenig Verkehr
un|be|leckt Ew.: (Umgspr.)
ohne Vorkenntnisse
un|be|lehr|bar Ew.: nicht zu
belehren ＊ **Un|be|lehr|-
bar|keit,** die; –: das Unbelehr-
barsein
un|be|leuch|tet Ew.: nicht be-
leuchtet
un|be|lich|tet Ew.: (Fot.) ohne
Belichtung
un|be|liebt Mw. Ew.: nicht zu-
sagend : nirgends gern gesehen
＊ **Un|be|liebt|heit,** die; –: das
Unbeliebtsein
un|be|mannt Ew.: nicht be-
mannt : (Weltraumkapsel) ohne
Besatzung
un|be|merkt Mw. Ew.: nicht
bemerkt
un|be|mit|telt Ew.: arm
un|be|nannt Mw. Ew.: nicht
benannt, ohne Namen
un|be|nom|men Mw. Ew.:
nicht verboten, statthaft
un|be|nutz|bar Ew.: nicht zu
benutzen ＊ **un|be|nutzt** Mw.
Ew.: nicht benutzt
un|be|o|b|ach|tet Ew.: nicht
beobachtet : ungesehen
un|be|quem Ew.: nicht be-
quem
un|be|re|chen|bar Ew.: nicht
berechenbar ＊ **Un|be|re|chen|-
bar|keit,** die; –: das Unbere-
chenbarsein
un|be|rech|tigt Ew.: ohne Be-
rechtigung ＊ *unberechtigterweise*
un|be|rück|sich|tigt Mw. Ew.:
nicht berücksichtigt
un|be|ru|fen Mw. Ew.: nicht
berufen : (volkst.) Ausruf zur
Abwendung eines Unglücks
un|be|rührt Mw. Ew.: nicht be-
rührt : (übertr.) keusch ＊
Un|be|rührt|heit, die; –: das
Unberührtsein : Keuschheit
un|be|scha|det Mw. Vw. (mit
vor- oder nachstehendem Gen.
oder Dat.): ohne Nachteil ＊ *un-
beschadet deiner Rechte* ＊
un|be|schä|digt Ew.: ohne Be-
schädigung
un|be|schäf|tigt Ew.: ohne Be-
schäftigung
un|be|schei|den Ew.: nicht be-
scheiden, herausfordernd,
frech ＊ **Un|be|schei|den|heit,**
die; –: das Unbescheidensein

un|be|schol|ten Mw. Ew.: tadellos : (Rechtsspr.) unbestraft ✽ Un|be|schol|ten|heit, die; –: das Unbescholtensein

un|be|schränkt Mw. Ew.: grenzenlos ✽ Un|be|schränktheit, die; –: das Unbeschränktsein

un|be|schreib|lich Ew.: sich nicht beschreiben lassend : außerordentlich ✽ Un|beschreib|lich|keit, die; –: das Unbeschreiblichsein ✽ un|beschrie|ben Ew.: nicht beschrieben : leer (Papier)

un|be|schri|en Mw. Ew.: unberufen

un|be|schützt Ew.: nicht beschützt : ohne Schutz

un|be|schwert Mw. Ew.: leicht ✽ Un|be|schwert|heit, die; –: das Unbeschwertsein

un|be|seelt Ew.: nicht beseelt : ohne Seele : ohne Leben

un|be|se|hen Mw. Ew.: ungeprüft

un|be|sieg|bar, un|be|sieglich Ew.: nicht zu besiegen ✽ Un|be|sieg|bar|keit, die; –: das Unbesiegbarsein ✽ un|be|siegt Mw. Ew.: nicht besiegt

un|be|son|nen Mw. Ew.: unüberlegt ✽ Un|be|son|nenheit, die; –, –en: das Unbesonnensein

un|be|sorgt Mw. Ew.: sorglos

un|be|spiel|bar Ew.: (Sport) nicht bespielbar (Platz)

un|be|stän|dig Ew.: unstet, veränderlich ✽ Un|be|ständig|keit, die; –: das Unbeständigsein

un|be|stä|tigt Ew.: nicht amtlich : nicht bestätigt

un|be|stech|lich Ew.: nicht zu bestechen ✽ Un|be|stechlich|keit, die; –: Zuverlässigkeit, Ehrlichkeit

un|be|stimm|bar Ew.: nicht bestimmbar ✽ un|be|stimmt Mw. Ew.: nicht bestimmt, veränderlich ✽ Un|be|stimmtheit, die; –: das Unbestimmtsein

un|be|streit|bar Ew.: nicht zu bestreiten ✽ un|be|strit|ten Mw. Ew.: nicht bestritten

un|be|tei|ligt Mw. Ew.: nicht beteiligt

un|be|tont Ew.: ohne Betonung

un|be|trächt|lich Ew.: nicht beträchtlich, gering

un|beug|sam Ew.: hartnäckig

un|be|wacht Ew.: nicht bewacht : ohne Bewachung

un|be|waff|net Ew.: ohne Waffen

un|be|wäl|tigt Ew.: nicht bewältigt

un|be|weg|lich Ew.: nicht beweglich ✽ *unbewegliche Sachen:* Grundstücke, Immobilien

un|be|wußt → un|be|wusst Mw. Ew.: nicht bewusst, ohne Absicht

un|be|zahl|bar Ew.: nicht bezahlbar : unschätzbar

un|be|zähm|bar Ew.: nicht bezähmbar

un|be|zwing|bar, un|bezwing|lich Ew.: nicht zu bezwingen

Un|bil|den Mz.: Rauheit, Unfreundlichkeit (des Wetters)

Un|bill, die; –: Schaden : Unrecht ✽ un|bil|lig Ew.: ungerecht ✽ *unbillige Härte* ✽ Un|bil|lig|keit, die; –, –en: Ungerechtigkeit

un|bot|mä|ßig Ew.: widersetzlich ✽ Un|bot|mä|ßig|keit, die; –, –en: das Unbotmäßigsein

un|brauch|bar Ew.: nicht verwertbar : nutzlos ✽ Unbrauch|bar|keit, die; –: die Unverwendbarkeit

un|buß|fer|tig Ew.: reuelos

un|christ|lich Ew.: nicht christlich

Un|cle Sam (e.) [ank'l säm]: „Onkel Samuel" [scherzh. Deutung von U.S.: United States]

und: Bw. zur Anknüpfung beigeordneter gleichstehender Sätze oder Satzteile : zur Wiederholung : zur Hervorhebung : als erwartungsvolle Frage des aufs Folgende Gespannten : zur Anknüpfung eines zwischengeschobenen Satzes : sogar, selbst; Abk.: u., bei Firmennamen & ✽ *und ähnlich(es)* → *und Ähnlich(es),* Abk.: u. ä. → Abk.: u. Ä.: *und dem ähnliche(s)* → *und dem Ähnliche(s),* Abk.: u. d. ä. → Abk.: u. d. Ä.; *und andere(s),* Abk.: u. a.; *und andere(s) mehr,* Abk.: u. a. m.; *und so fort,* Abk.: usf.; *und so weiter,* Abk.: usw.: *und viele(s) andere,* Abk.: u. v. a.; *und zwar,* Abk.: u. zw.

Un|dank, der; –(e)s: Entgelt des Guten mit Bösem ✽ un|dank|bar Ew.: nicht dankbar ✽ Un|dank|bar|keit, die; –: das Undankbarsein

un|de|fi|nier|bar Ew.: unbestimmbar

un|de|kli|nier|bar Ew.: so beschaffen, dass man es nicht deklinieren kann (z. B. Umstandswörter, Partikeln)

un|denk|bar Ew.: nicht denkbar ✽ un|denk|lich Ew.: undenkbar

Un|der|co|ver|a|gent (e.) [anderkaweragent], der; –s, –en: Geheimagent, der sich mit falscher Identität in eine zu überwachende Gruppe begibt

Un|der|dog (e.) [anderdog], der; –s, –s: Unterprivilegierter

un|der|dressed (e.) [anderdress'd] Ew.: im Vergleich mit anderen Anwesenden zu schlecht angezogen

Un|der|ground (e.) [andergraund], der; –s: „Untergrund": Lebenshaltung, die sich zu herkömmlich verschwiegenen, missbilligten, verbotenen oder mit Strafe bedrohten Dingen bekennt

Un|der|state|ment (e.) [anderßtehtm'nt], das; –s: Untertreibung : Leidenschaftslosigkeit

Un|der|wri|ter (e.) [anderreit'r], der; –s, –: Versicherer : Makler, der einen Teil einer Anleihe übernimmt

un|deut|lich Ew.: schlecht erkennbar ✽ Un|deut|lich|keit, die; –, –en: das Undeutlichsein

un|deutsch Ew.: nicht deutsch

un|dicht Ew.: nicht dicht ✽ Un|dicht|heit, Un|dich|tigkeit, die; –, –en: das Undichtsein

un|dienst|fer|tig Ew.: nicht dienstfertig

Un|ding, das; –(e)s, –e: das Unmögliche, Unsinn

un|dis|zi|pli|niert (l.) Mw. Ew.: zuchtlos : ungeordnet

un|duld|sam Ew.: rücksichtslos : unerbittlich : fanatisch ✽ un|durch|dring|lich Ew.: kein Durchdringen gestattend : geheim : unverständlich

un|durch|läs|sig Ew.: dicht

un|durch|sich|tig Ew.: nicht durchsichtig ✽ Un|durch|sichtig|keit, die; –: das Undurchsichtigsein un|e|ben Ew.: rau : buckelig : rissig * Un|e|ben|heit, die; –, –en: das Unebensein

un|echt Ew.: falsch * Un|echt|heit, die; –: das Falschsein

un|e|del Ew.: nicht edel

un|e|he|lich Ew.: außerehelich

Un|eh|re, die; –: Schande *

un|ehr|er|bie|tig Ew.: nicht ehrerbietig * un|ehr|lich Ew.: nicht ehrlich : verlogen : diebisch * Un|ehr|lich|keit, die; –: Falschheit : Betrug

un|ei|gen|nüt|zig Ew.: selbstlos

un|ein|ge|schränkt Mw. Ew.: ohne Einschränkung

un|ein|ge|weiht Ew.: nicht eingeweiht : bestimmte Geheimnisse nicht kennend

un|ein|heit|lich Ew.: nicht einheitlich * Un|ein|heit|lich|keit, die; –, –en: das Uneinheitlichsein

un|ei|nig Ew.: nicht einig * Un|ei|nig|keit, die; –, –en: das Uneinigsein * un|eins Ew. (nur aussag.): uneinig, entzweit

un|ein|nehm|bar, un|ein|nehm|bar Ew.: nicht einnehmbar

un|emp|fäng|lich Ew.: nicht empfänglich * Un|emp|fäng|lich|keit, die; –: das Unempfänglichsein

un|emp|find|lich Ew.: nicht empfindlich * Un|emp|find|lich|keit, die; –: das Unempfindlichsein

un|end|lich Ew.: ohne Ende * bis ins unendliche reden → bis ins Unendliche reden: unaufhörlich reden; *die Straße scheint bis ins Unendliche zu führen:* ans Ende der Welt zu führen * *unendlichmal* Uw.: unendlich oft (aber: *unendliche Mal(e)*) * Un|end|lich|keit, die; –: Ewigkeit

bis ins Unendliche
Die Substantivierung von *unendlich, unermesslich usw.* schreibt man groß: *Wir haben uns bis ins Unendliche gestritten. Der Schmerz wurde bis ins Unermessliche gesteigert.*

un|ent|behr|lich Ew.: nicht entbehrlich

un|ent|gelt|lich Ew.: kostenlos

un|ent|rinn|bar Ew.: nicht entrinnbar

un|ent|schie|den Mw. Ew.:

nicht entschieden : unklar : in der Schwebe

un|ent|schlos|sen Mw. Ew.: schwankend * Un|ent|schlos|sen|heit, die; –: das Unentschlossensein

un|ent|schuld|bar Ew.: nicht zu entschuldigen

un|ent|wegt Mw. Ew.: standhaft fest : beharrlich * Un|ent|wegt|heit, die; –: Beharrlichkeit

un|ent|wi|ckelt Ew.: jung : unfertig : in der Entwicklung zurückgeblieben

un|ent|wirr|bar Ew.: nicht zu entwirren

un|er|ach|tet Vw. (mit Gen.): trotz * *unerachtet der Schwierigkeiten*

un|er|bitt|lich Ew.: erbarmungslos

un|er|fah|ren Mw. Ew.: ohne Erfahrung

un|er|find|lich Ew.: rätselhaft : unbegreiflich

un|er|forsch|lich Ew.: nicht erforschlich

un|er|gründ|bar, un|er|gründ|lich Ew.: nicht ergründbar : grundlos tief : unbegreiflich

un|er|heb|lich Ew.: unwichtig

un|er|hört Mw. Ew.: nicht erhört : empörend : unglaublich

un|er|kannt Mw. Ew.: nicht erkannt, inkognito

un|er|klär|bar Ew.: nicht erklärbar : unverständlich * un|er|klär|lich Ew.: mystisch : wunderhaft

un|er|läß|lich → un|er|läss|lich Ew.: unbedingt notwendig

un|er|le|digt Ew.: noch nicht erledigt : unausgeführt

un|er|meß|lich → un|er|mess|lich Ew.: nicht ermessbar, riesig

un|er|müd|lich Ew.: ohne zu ermüden : nicht ermüdend

un|er|quick|lich Ew.: nicht quicklich, nicht erfreulich

un|er|reich|bar Ew.: weit entfernt : aussichtslos : (übertr.) überlegen * un|er|reicht Ew.: unübertreffbar

un|er|sätt|lich Ew.: nicht satt zu machen : gierig

un|er|schöpf|bar, un|er|schöpf|lich Ew.: nicht zu erschöpfen : (übertr.) in Fülle vorhanden

un|er|schro|cken Mw. Ew.: beherzt * Un|er|schro|cken-

heit, die; –: das Unerschrockensein

un|er|schüt|ter|lich Ew.: fest

un|er|schwing|lich Ew.: nicht zu bezahlen

un|er|setz|bar, un|er|setz|lich Ew.: nicht ersetzbar : unwiederbringlich

un|er|sprieß|lich Ew.: nicht ersprießlich, wenig erfolgreich

un|er|träg|lich Ew.: nicht erträglich

un|er|war|tet Mw. Ew.: wider Erwarten, plötzlich

un|er|wi|dert Mw. Ew.: ohne Erwiderung

un|er|wünscht Mw. Ew.: nicht erwünscht

un|er|zo|gen Ew.: nicht gut erzogen : unhöflich

UNESCO (Abk.): United Nations Educational, Scientific and Cultural Organization (=Organisation der Vereinten Nationen für Erziehung, Wissenschaft und Kultur)

un|fä|hig Ew.: nicht fähig * Un|fä|hig|keit, die; –: das Unfähigsein

un|fair (e.) [..fähr] Ew.: nicht schön : tadelnswert : unsportlich : unkameradschaftlich * Un|fair|neß → Un|fair|ness, die; –: das Unfairsein

Un|fall, der; –(e)s, Unfälle: Verletzung durch unvermuteten Vorgang * *Betriebsunfall; Verkehrsunfall * Unfallarzt; Unfallbeteiligte; Unfallfahrer; Unfallflucht; Unfallfolgen; Unfallhilfe; Unfallkommando; Unfalliste * Unfallliste; Unfallschutz; Unfallstation; Unfallverhütung; Unfallversicherung; Unfallzeuge*

un|faß|bar → un|fass|bar, un|faß|lich → un|fass|lich Ew.: nicht zu begreifen : unverständlich

un|fehl|bar Ew.: untrüglich, unausbleiblich * Un|fehl|bar|keit, die; –: das Unfehlbarsein * *Unfehlbarkeitsdogma:* (kath. K.) Lehre von der Unfehlbarkeit des Papstes; *Unfehlbarkeitsglaube(n)*

un|fein Ew.: nicht fein, grob : geschmacklos : unedel

un|fer|tig Ew.: nicht fertig * Un|fer|tig|keit, die; –: das Unfertigsein

Un|flat, der; –(e)s: Schmutz : (übertr.) Unsittlichkeit *

Un|flä|te|rei, die; –, –en: Unzüchtigkeit * **un|flä|tig** Ew.: zotig * **Un|flä|tig|keit**, die; –: das Unflätigsein

un|flek|tier|bar (l.) Ew.: (Sprachl.) nicht beugungsfähig : unveränderlich

un|för|mig Ew.: ungestalt, plump

un|frag|lich Ew.: fraglos : bestimmt ; ohne Zweifel

un|fran|kiert Mw. Ew.: (Postw.) nicht freigemacht : unbezahlt

un|frei Ew.: nicht frei : gehemmt

un|freund|lich Ew.: nicht freundlich * **Un|freund-lich|keit**, die; –, –en: das Unfreundlichsein

Un|frie|de(n), der; –(n)s: Zwietracht, Zank, Feindschaft

un|frucht|bar Ew.: keine Frucht tragend * **Un|frucht-bar|keit**, die; –: das Unfruchtbarsein : Sterilität * *Unfruchtbarmachung*

Un|fug, der; –(e)s: unerlaubtes Tun : toller Streich

un|fun|diert (l.) Mw. Ew.: nicht gesichert * *unfundierte Schuld:* schwebende Schuld

un|ga|lant (fr.) Ew.: unhöflich

un|gang|bar Ew.: nicht beschreitbar

Un|garn: mitteleurop. Staat * **Un|gar**, der; –n, –n: Bewohner Ungarns * **un|ga|risch** Ew. * *ungarischer Wein; die Ungarische Rhapsodie*

un|gast|lich Ew.: nicht gastfrei

un|ge|ach|tet Vw. (vor- oder nachstehend mit Gen.): trotz * *ungeachtet der Gefahren*

un|ge|ahn|det Mw. Ew.: ungestraft

un|ge|ahnt Mw. Ew.: nicht geahnt

un|ge|bär|dig Ew.: hitzig : zornig : unfolgsam

un|ge|be|ten Ew.: nicht gebeten : ohne Aufforderung : unwillkommen

un|ge|bil|det Mw. Ew.: ohne Bildung

un|ge|bleicht Ew.: nicht gebleicht

un|ge|bräuch|lich Ew.: nicht dem Gebrauch entsprechend : außergewöhnlich * **un|ge-braucht** Ew.: noch nicht gebraucht : neu

un|ge|bro|chen Ew.: nicht ge-brochen : (übertr.) gerade : aufrecht : vom Schicksal ungebeugt

un|ge|büh|rend Ew., **un|ge|bühr|lich** Ew.: nicht schicklich : ungehörig * **Un|ge|bühr|lich|keit**, die; –, –en: Ungehörigkeit, Unschicklichkeit

un|ge|bun|den Mw. Ew.: frei, zwanglos : (Buch) ohne Einband : (Sprache) nicht in Versen, in Prosa * *ungebundene Rede* * **Un|ge|bun|den|heit**, die; –: Zwanglosigkeit, Freiheit

un|ge|deckt Mw. Ew.: ohne Decke : (kfm.) ohne Deckung, nicht bezahlbar

Un|ge|duld, die; –: Mangel an Geduld : unruhiges, hastiges Wesen * **un|ge|dul|dig** Ew.: nicht geduldig

Un|ge|fähr, das; –s: der Zufall * **un|ge|fähr** Ew.: etwa : zufällig; Uw.: etwa annähernd * *von ungefähr:* zufällig * **un|ge|fähr|det** Mw. Ew.: nicht gefährdet * **un|ge|fähr|lich** Ew.: gefahrlos

un|ge|fragt Ew.: nicht gefragt : von sich aus

un|ge|fü|ge Ew.: groß, massig * **un|ge|fü|gig** Ew.: sich nicht leicht fügend : unbändig

un|ge|gerbt Mw. Ew.: nicht gegerbt

un|ge|hal|ten Mw. Ew.: ärgerlich * *über jmd., etwas ungehalten sein; auf etwas ungehalten reagieren* * **Un|ge|hal-ten|heit**, die; –: das Ungehaltensein

un|ge|heizt Ew.: kalt : nicht geheizt

un|ge|hemmt Ew.: ohne Hemmung : frei

un|ge|heu|er Ew. (ungeheurer, ungeheuerste): nicht geheuer : schrecklich : übermäßig groß : sehr * **Un|ge|heu|er**, das; –s, –: Ungetüm : Unmensch, Scheusal * **un|ge|heu|er|lich** Ew.: ungeheuer : wie ein Ungeheuer : empörend, schrecklich * **Un|ge|heu|er|lich|keit**, die; –, –en: das Ungeheuerlichsein : etwas Ungeheuerliches

un|ge|hin|dert Ew.: frei : ohne gehindert zu werden

un|ge|ho|belt Mw. Ew.: nicht gehobelt : (übertr.) roh, unmanierlich

un|ge|hö|rig Ew.: unartig : un-

schicklich : ungebührlich * **Un|ge|hö|rig|keit**, die; –, –en: Ungezogenheit

un|ge|hor|sam Ew.: nicht gehorsam * **Un|ge|hor|sam**, der; –s: Mangel an Gehorsam * **Un|ge|hor|sam|keit**, die; –, –en: das Ungehorsamsein

un|ge|kämmt Ew.: nicht gekämmt

un|ge|klärt Ew.: unklar : nicht geklärt

un|ge|küns|telt Mw. Ew.: einfach, natürlich

un|ge|le|gen Ew.: nicht passend * **Un|ge|le|gen|heit**, die; –, –en: Unzeit : Unannehmlichkeit

un|ge|leh|rig Ew.: unbegabt, nicht gelehrig * **un|ge|lehrt** Mw. Ew.: unkundig : unwissend

un|ge|lenk, un|ge|len|kig Ew.: nicht gelenk(ig), steif * **Un|ge|len|kig|keit**, die; –: das Ungelenkigsein

un|ge|lernt Ew.: beruflich, fachlich nicht ausgebildet * *ein ungelernter Arbeiter*

Un|ge|mach, das; –(e)s: Widerwärtigkeit, Not, Unglück * **un|ge|mäch|lich** Ew.: unbehaglich

un|ge|mein Ew.: nicht alltäglich : ungewöhnlich : außerordentlich; Uw.: sehr

un|ge|müt|lich Ew.: nicht gemütlich, unangenehm

un|ge|nannt Ew.: nicht genannt

un|ge|nau Ew.: nicht genau, nicht exakt

un|ge|neigt Mw. Ew.: ablehnend * **Un|ge|neigt|heit**, die; –: das Ungeneigtsein

un|ge|niert (fr.) [unsehe..] Mw. Ew.: ungezwungen : keck * **Un|ge|niert|heit** [unsehe..]. die; –: Ungezwungenheit

un|ge|nieß|bar Ew.: nicht genießbar * *ungenießbar gemacht:* vergällt * **Un|ge-nieß|bar|keit**, die; –

un|ge|nü|gend Mw. Ew.: nicht ausreichend : lückenhaft

un|ge|nutzt, un|ge|nützt Mw. Ew.: nicht genutzt. nicht genützt

un|ge|ord|net Ew.: nicht geordnet : durcheinander

un|ge|pflegt Ew.: nicht gepflegt, unsauber

un|ge|prüft Ew.: nicht geprüft

un|ge|rächt Mw. Ew.: nicht gerächt

un|ge|ra|de, un|gra|de Ew.: nicht gerade, unpaar * *ungerade Zahl:* nicht durch 2 teilbare Zahl

un|ge|ra|ten Mw. Ew.: missraten, nicht wohlgeraten

un|ge|rech|net Mw. Ew.: nicht gerechnet : ausgenommen

un|ge|recht Mw. Ew.: nicht gerecht * un|ge|rech|ter|wei|se Uw. * Un|ge|rech|tig|keit, die; –, –en: das Ungerechtsein : das Ungerechte

un|ge|reimt Mw. Ew.: nicht gereimt : sinnlos, unverständlich * Un|ge|reimt|heit, die; –, –en: das Ungereimtsein : das Ungereimte

un|gern Uw.: nicht gern

un|ge|rührt Ew.: nicht gerührt (von) : gleichgültig

un|ge|sal|zen Mw. Ew.: nicht gesalzen, ohne Salz : (übertr.) fade

un|ge|sät|tigt Mw. Ew.: nicht gesättigt : hungrig

un|ge|säu|ert Mw. Ew.: nicht gesäuert, ohne Sauerteig

un|ge|säumt Mw. Ew.: ohne zu säumen, sofort

un|ge|sche|hen Ew.: nicht geschehen, ungetan

un|ge|schicht|lich Ew.: nicht den geschichtlichen Tatsachen entsprechend

Un|ge|schick, das; –(e)s: Missgeschick : Unglück * Un|ge|schick|lich|keit, Un|ge|schickt|heit, die; –, –en: Unbeholfenheit : Untauglichkeit * un|ge|schickt Mw. Ew.: nicht geschickt : linkisch : tappig : unbeholfen

un|ge|schlacht Ew.: unmanierlich, rau, roh, plump

un|ge|schlif|fen Mw. Ew.: nicht geschliffen : (übertr.) ungesittet, roh * Un|ge|schlif|fen|heit, die; –, –en: das Ungeschliffensein

un|ge|schmä|lert Ew.: unvermindert : ohne Kürzung

un|ge|schminkt Ew.: nicht geschminkt : (übertr.) wahr, ohne Beschönigung

un|ge|scho|ren Mw. Ew.: nicht geschoren : (übertr.) unbelästigt

un|ge|schrie|ben Ew.: nicht schriftlich festgelegt

un|ge|sel|lig Ew.: ungastlich : (menschen)scheu

un|ge|setz|lich Ew.: nicht gesetzlich : unerlaubt

un|ge|sit|tet Ew.: der guten Sitte nicht entsprechend

un|ge|stalt Ew.: (von Natur aus) plump : hässlich : missgestaltet

un|ge|stört Mw. Ew.: nicht gestört

un|ge|straft Ew.: nicht gestraft : ohne Strafe

un|ge|stüm Ew.: stürmisch : heftig

un|ge|sucht Mw. Ew.: nicht gesucht : von ungefähr : freiwillig

un|ge|sund Ew.: krank : (auch übertr.) schädlich

un|ge|süßt Mw. Ew.: nicht gesüßt, ohne Zucker

Un|ge|tüm, das; –(e)s, –e: Ungeheuer

un|ge|wandt Ew.: unbeholfen * Un|ge|wandt|heit, die; –: Unbeholfenheit

un|ge|wiß → un|ge|wiss Ew.: nicht gewiss, unsicher * *aufs, ins ungewisse handeln → aufs, ins Ungewisse handeln* intr.; *im ungewissen (ungewiß) sein, bleiben, lassen → im Ungewissen (ungewiss) sein, bleiben, lassen; ins Ungewisse steigern* * Un|ge|wiß|heit →

Un|ge|wiss|heit, die; –, –en: das Ungewisssein : das Ungewisse

ungewiss, Ungewissheit
Folgt das *ß* einem kurzen Vokal, schreibt man künftig *ss: ungewiss, unbewusst, unangepasst.* Folgt es jedoch einem langen Vokal oder Diphthong, schreibt man weiter *ß: ungenießbar, ungleichmäßig.*

Un|ge|wit|ter, das; –s, –: Unwetter, sehr starkes Gewitter

un|ge|wöhn|lich Ew.: nicht gewöhnlich * un|ge|wohnt Ew.: nicht gewohnt

un|ge|wollt Mz. Ew.: nicht gewollt

un|ge|zählt Mw. Ew.: zahllos

un|ge|zähmt Mw. Ew.: nicht gezähmt

Un|ge|zie|fer, das; –s: schädliche Insekten

un|ge|zo|gen Mw. Ew.: nicht erzogen : ohne Anstand und gute Sitte * Un|ge|zo|gen|heit, die; –, –en: das Ungezo-

gensein : ungezogene Handlung

un|ge|zü|gelt Mw. Ew.: ohne Maß : zügellos

un|ge|zwun|gen Mw. Ew.: zwanglos : natürlich * Un|ge|zwun|gen|heit, die; –: das Ungezwungensein : Natürlichkeit

Un|glau|be, der; –ns: Mangel an Glauben : Religionslosigkeit, Atheismus * un|glaub|haft Ew.: nicht glaubhaft * un|gläu|big Ew.: ohne Glauben : misstrauisch * Un|gläu|bi|ge, der; –n, –n: Zweifler : Gottesleugner * Un|gläu|big|keit, die; –: Misstrauen : Zweifelsucht : Unglaube * un|glaub|lich Ew.: nicht fassbar : nicht denkbar * un|glaub|wür|dig Ew.: nicht glaubwürdig : unwahrhaftig : schwindlerhaft * Un|glaub|wür|dig|keit, die; –: Unverläßlichkeit : Verlogenheit

un|gleich Ew.: nicht gleich : verschieden : ungerade Uw.: unvergleichlich, bei weitem * un|gleich|ar|tig Ew.: verschiedenartig * un|gleich|för|mig Ew.: nicht gleichförmig * un|gleich|mä|ßig Ew.: nicht gleichmäßig * Un|gleich|heit, die; –, –en: das Ungleichsein : das Ungleiche * un|gleich|stof|fig Ew.: Vd. f. inhomogen

Un|glimpf, der; –(e)s: Unrecht, Schande : Mangel an Mäßigung im Benehmen * un|glimpf|lich Ew.: nicht glimpflich

Un|glück, das; –(e)s, –e: kein Glück : widriges Geschick : Unfall * *Unglücksbote; Unglücksfahrer; Unglücksfall; Unglücksgefährte; Unglückskind; Unglücksmensch; Unglücksort; Unglücksrabe; Unglücksstern; Unglücksstifter; Unglückstag; Unglücksvogel; Unglückswagen* * *Unglück verheißend* Ew. * un|glück|lich Ew.: nicht glücklich * un|glück|li|cher|wei|se Uw.: leider * un|glück|se|lig Ew.: verhängnisvoll : kummervoll, unglücklich

Un|gna|de, die; –: Ungunst : Unwille * un|gnä|dig Ew.: nicht gnädig

un|gra|de: s. ungerade

un|gül|tig Ew.: nicht gültig :

wertlos * **Un|gül|tig|keit,** die; –: das Ungültigsein

Un|gunst, die; –: Ungeneigtheit : Feindschaft : Nachteil : *zu meinen Ungunsten:* zu meinem Nachteil; *zuungunsten von auch: zu Ungunsten von:* zum Nachteil von * **un|güns|tig** Ew.: nicht günstig

un|gut Ew.: nicht gut : unbehaglich * *nichts für ungut:* es ist nicht böse gemeint

un|halt|bar Ew.: nicht mehr zu halten

un|hal|tig Ew.: (bergm.) ohne Erzgehalt

un|har|mo|nisch (gr.) Ew.: unausgeglichen : misstönend

Un|heil, das; –(e)s: Unglück * *unheilbringend → Unheil bringend* Mw. Ew.; *unheildrohend* Ew.; *Unheilstifter; unheilschwanger* Ew.; *unheilverkündend → Unheil verkündend* Ew. * **un|heil|bar** Ew.: nicht heilbar * **un|heil|voll** Ew.: unglücklich : Gefahr bergend

un|heim|lich Ew.: unbehaglich, gruselig

un|höf|lich Ew.: nicht höflich * **Un|höf|lich|keit,** die; –, –en: das Unhöflichsein : etwas Unhöfliches

Un|hold, der; –(e)s, (–en), –e: hässliche Person : Spukgestalt : Scheusal * *Unholdenkerze:* eine Pflanze; *Unholdenkraut:* eine Pflanze

un|hy|gi|e|nisch Ew.: gesundheitsschädlich, unsauber

u|ni (fr.) Mw. Ew.: ungemustert : einfarbig * *Unistoff; uni gefärbt → uni gefärbt* Mw. Ew. * **UNICEF** (Abk.): United Nations International Children's Emergency Fund (=Kinderhilfswerk der Vereinten Nationen) * **u|nie|ren** (..iert) (l.) tr.: vereinigen, vereinen * *die unierten Kirchen* * **U|ni|fi|ka|ti|on** (nl.), die; –, –en: Gleichmachung : Verschmelzung * **u|ni|fi|zie|ren** (..iert) (nl.) tr.: zu einem Ganzen vereinigen : vereinheitlichen : (Staatsschulden –) „zusammenziehen" * **u|ni|form** (l.) Ew.: gleichförmig : einförmig : gleichmäßig * **U|ni|form** (l.), die; –, –en: gleichförmige Tracht, Dienstanzug * *Uniformverbot* * **u|ni|for|mie|ren** (..iert) (l.) tr.: einheitlich klei-

den : mit Dienstkleidung versehen : einförmig gestalten * **U|ni|for|mis|mus,** die; –, –en: Einförmigkeit : das Bemühen um gleichförmige Gestaltung * **U|ni|for|mi|tät,** die; –, –en: Einförmigkeit : Übereinstimmung * **U|ni|ge|ni|tus** (l.), der; –: der Eingeborene (Sohn Gottes) * **U|ni|kum** (l.), das; –s, –s und ..ka: das Einzige in seiner Art, nur einmal Vorhandenes * **u|ni|la|te|ral** (nl.) Ew.: einseitig * **U|ni|on** (l.), die; –, –en: Einheit : Bund * *Union Jack* (e.) [junj'n dsehäck], der; – –, – –s: (volkst.) britische Nationalflagge : kleine Unionsflagge der USA * *Unionskirche; Unionsparteien; Unionstruppe:* Bundestruppe * **u|ni|se|xu|al,** **u|ni|se|xu|ell** (nl.) Ew.: eingeschlechtig * **u|ni|so|no** (it.) Ew.: (Mus.) einstimmig * **U|ni|so|no,** das; –s, –s: Einklang : einstimmiger musikalischer Vortrag durch zwei oder mehrere Stimmen oder Instrumente * **U|ni|ta|ri|er** (nl.), der; –s, –: Gegner der Trinitätslehre, der nur eine Person in der Gottheit annimmt * **u|ni|ta|risch** (nl.) Ew.: auf Einheit, Einigung abzielend * **U|ni|ta|ris|mus,** der; –: Betonung des Einheitlichen : (polit.) entscheidendes Übergewicht des Gesamtstaates gegenüber den Einzelstaaten * **U|ni|tät,** die; –, –en: Einheit : Einzigkeit : die Herrnhuter Brüdergemein(d)e * **U|ni|ted Na|tions** (e.) [juneited näjschens] Mz: Vereinte Nationen; Abk.: UN * **U|ni|ted States of A|me|ri|ca** (e.) [juneited stehts ow ämerika] Mz.: Vereinigte Staaten von Amerika * **u|ni|ver|sal** (l.) [..w..] Ew.: auf das Ganze bezüglich, allumfassend * *Universalbegriff; Universalerbe; Universalgenie* [..schehnih]; *Universalgeschichte:* Weltgeschichte : *Universalmittel:* Mittel gegen alle Leiden, Allheilmittel * **U|ni|ver|sa|lis|mus** (nl.) [..w..]. der; –: das Streben oder die Kraft, alles zu umfassen : Lehre von der Allbegnadigung durch Gott * **U|ni|ver|sa|li|tät** (nl.) [..w..] die; –: Gesamtheit : alles umfassende Bildung *

u|ni|ver|sell (l.) [..w..] Ew.: universal * **U|ni|ver|si|tät** (l.) [..w..], die; –, –en: Hochschule für die „Gesamtheit" der Wissenschaften * *Universitätsbibliothek; Universitätsinstitut; Universitätslaufbahn; Universitätsprofessor; Universitätssenat; Universitätsstudium* * **U|ni|ver|sum** (l.) [..w..], das; –s: Weltall

un|in|te|r|es|sant (fr.) Mw. Ew.: langweilig, reizlos, nicht spannend * **un|in|te|r|es|siert** Mw. Ew.: unbeteiligt : teilnahmslos

U|ni|on, U|ni|so|no: s. uni **u|ni|ver|sal, U|ni|ver|sum:** s. uni

un|ka|me|rad|schaft|lich Ew.; nicht kameradschaftlich

Un|ke, die; –, –n: Frosch : Feuerkröte : (übertr.) unheilverkündendes Wesen * *Unkenruf; Unkenteich* * **un|ken** intr.: Unheil ankündigen

un|kennt|lich Ew.: nicht kenntlich * **Un|kennt|nis,** die; –: Mangel an Kenntnis

un|keusch Ew.: unzüchtig, unrein * **Un|keusch|heit,** die; –: das Unkeuschsein

un|kind|lich Ew.: nicht kindlich * **Un|kind|lich|keit,** die; –: das Unkindlichsein : das Unkindliche

un|klar Ew.: nicht klar : unverständlich * *im unklaren bleiben, lassen → im Unklaren bleiben, lassen:* ungewiss bleiben, lassen * **Un|klar|heit,** die; –, –en: das Unklarsein : das Unklare

un|klug Ew.: nicht klug : unüberlegt : einfältig

un|kol|le|gi|al, un|kol|le|gi|a|lisch Ew.: unkameradschaftlich

un|kom|p|li|ziert Ew.: nicht kompliziert : einfach

un|kon|t|rol|lier|bar, un|kon|t|rol|lier|bar Ew.: nicht überwachbar

un|kon|ven|ti|o|nell Ew.: nicht konventionell, unangepasst **un|kon|zen|triert** Ew.: nicht konzentriert, unaufmerksam

Un|kos|ten Mz.: verstärkte, verteuernde Kosten * *auf Unkosten von..:* auf Rechnung von..

Un|kraut, das; –(e)s: Unkräuter: nutzlose Pflanze

un|kri|tisch Ew.: nicht kritisch (in der Beurteilung)

un|kul|ti|viert (l.) [..w..] Mw. Ew.: nicht gesittet : nicht gepflegt : nicht gebildet * Un|kul|tur, die; –: Mangel an Bildung und Pflege

un|künd|bar Ew.: nicht kündbar

un|kun|dig Ew.: nicht kundig, ohne Kenntnis

un|längst Uw.: (zeitl.) kürzlich

un|lau|ter Ew.: trübe, unrein : (übertr.) unehrlich * unlauterer Wettbewerb

un|leid|lich Ew.: unerträglich, verdrossen

un|le|ser|lich, un|le|ser|lich Ew.: nicht leserlich

un|leug|bar Ew.: nicht leugbar

un|lieb Ew.: nicht lieb * un|lieb|sam Ew.: unangenehm * Un|lieb|sam|keit, die; –, –en: das Unliebsamsein : das Unliebsame

un|li|mi|tiert (fr.) Mw. Ew.: unbegrenzt, unbeschränkt

un|lo|gisch Ew.: folgewidrig

un|lös|bar Ew.: nicht lösbar

Un|lust, die; –: Mangel an Lust : Unbehagen : Abneigung * Unlustgefühl * un|lus|tig Ew.: lustlos

un|ma|nier|lich (fr.) Ew.: unfein, unartig. unbescheiden

un|männ|lich Ew.: nicht männlich

Un|maß, das; –es: Unzahl : übergroße Menge * un|maß|geb|lich Ew.: unzureichend : unvollkommen * un|mä|ßig Ew.: maßlos : übermäßig * Un|mä|ßig|keit, die; –: das Unmäßigsein

un|me|lo|disch Ew.: nicht melodisch : unharmonisch

Un|men|ge, die; –, –n: sehr große Masse

Un|mensch, der; –en, –en: Scheusal ; Ungeheuer * un|mensch|lich Ew.: nicht menschlich : grausam : übermenschlich; Uw.: ungemein, sehr * Un|mensch|lich|keit, die; –: Grausamkeit : Rohheit

un|merk|lich Ew.: nicht merklich : in geringem Grad

un|me|tho|disch Ew.: ohne Methode

un|miß|ver|ständ|lich →

un|miss|ver|ständ|lich Ew.: sehr deutlich und energisch

un|mit|tel|bar Ew.: ohne vermittelnde Verbindung : direkt * Un|mit|tel|bar|keit, die; –: das Unmittelbarsein

un|mö|bliert (fr.) Mw. Ew.: nicht möbliert, ohne Möbel

un|mo|dern (fr.), un|mo|disch Ew.: nicht neuzeitlich : nicht im neuesten Geschmack : (von Kunst- und Dichtwerken) nicht nach dem eigentümlichen Gepräge der neuesten Zeit

un|mög|lich Ew.: nicht ausführbar * sich unmöglich machen: sich bloßstellen * Un|mög|lich|keit, die; –: das Unmöglichsein : das Unmögliche

un|mo|ra|lisch Ew.: unsittlich

un|mo|ti|viert (l.) [..w..] Mw. Ew.: unbegründet, grundlos

un|mün|dig Ew.: minderjährig * Un|mün|dig|keit, die; –: Minderjährigkeit

Un|mut, der; –(e)s: Verdrossenheit : Missmut * unmutsvoll Ew.

un|nach|ahm|bar Ew.: nicht nachahmbar * un|nach|ahm|lich Ew.: nicht nachahmlich, einzigartig

un|nach|gie|big Ew.: starr : beharrlich : unversöhnlich * Un|nach|gie|big|keit, die; –: Mangel an Nachgiebigkeit : Unerbittlichkeit

un|nach|sich|tig Ew.: keine Nachsicht, Milde kennend * un|nach|sicht|lich Ew.: streng

un|nah|bar Ew.: in sich zurückgezogen, hochmütig * Un|nah|bar|keit, die; –: das Unnahbarsein

un|na|tür|lich Ew.: nicht natürlich * Un|na|tür|lich|keit, die; –: das Unnatürlichsein : das Unnatürliche

un|nö|tig Ew.: überflüssig : nicht notwendig * unnötiger|weise Uw.: in unnötiger Weise, unnütz

un|nütz Ew.: nutzlos : zu nichts nütze, wertlos : untätig

UNO (Abk.), die; –: United Nations Organization (= Vereinte Nationen)

un|or|dent|lich Ew.: nicht ordentlich * Un|ord|nung, die; –: Mangel an Ordnung

un|or|ga|nisch (gr.) Ew.: ungegliedert : uneinheitlich : leblos

UNO-Si|cher|heits|rat, der;

–(e)s: Sicherheitsrat der Vereinten Nationen

un|paar Ew.: nicht paarig : nicht gerade * Unpaarhufer, der; –s, –: eine Säugetiergattung; Unpaarzeher, der; –s, –: eine Säugetiergattung

un|pä|da|go|gisch Ew.: nicht pädagogisch

un|par|la|men|ta|risch Ew.: nicht parlamentarisch

un|par|tei|isch Ew.: unvoreingenommen : unbeeinflusst : sachlich * Un|par|tei|ische, der; –n, –n: (Sport) Schiedsrichter * un|par|tei|lich Ew.: parteilos * Un|par|tei|lich|keit, die; –: Parteilosigkeit : Unbestechlichkeit

un|paß → un|pass Ew. (nur aussag.): unwohl * un|pas|send, un|paß|lich → un|pass|lich Ew.: nicht passend : unschicklich * un|päß|lich → un|pässlich Ew.: unpass * Un|paß|lich|keit → Un|pass|lich|keit, die; –, –en; Un|päß|lich|keit → Unpässlich|keit, die; –, –en: das Unpässlichsein, Unwohlsein

un|pas|sier|bar (fr.) Ew.: unwegsam : (Rechnungen) nicht genehmigt

un|per|sön|lich Ew.: nicht persönlich : ohne Eigenart

un|pfänd|bar Ew.: nicht pfändbar

un po|co (it.): (Mus.) ein wenig

un|po|liert (l.) Mw. Ew.: nicht geglättet : (übertr.) grob, nicht gesittet

un|po|li|tisch Ew.: nicht politisch : (übertr.) unklug

un|po|pu|lär Ew.: unbeliebt : verhasst

un|prak|tisch (gr.) Ew.: ungeschickt, unzweckmäßig : weltfremd

un|pro|duk|tiv (l.) Ew.: unergiebig : nicht schöpferisch

un|pro|por|ti|o|niert (l.) Mw. Ew.: im unausgewogenen Verhältnis

un|psy|cho|lo|gisch (gr.) Ew.: nicht einfühlsam : der seelischen Regungen unkundig

un|qua|li|fi|zier|bar (l.) Ew.: nicht zu beurteilen : unerhört, empörend

Un|rast, die; –: Unruhe : Ruhelosigkeit

Un|rat, der; –(e)s: unnützes

Zeug : ekelhafte Unreinigkeit, Kot

un|rat|sam Ew.: nicht ratsam

un|ra|ti|o|nell Ew.: nicht rationell

Un|recht, das; –(e)s: Mangel an Recht : Schaden ✶ *an den Unrechten kommen; mit Unrecht; zu Unrecht; besser Unrecht leiden als Unrecht tun; es geschieht mir Unrecht; ein Unrecht begehen; im Unrecht sein* ✶ **un|recht** Ew.: nicht recht, unrichtig ✶ *unrecht bekommen* → *Unrecht bekommen:* im Rechtsstreit unterliegen; *unrecht geben* → *Unrecht geben:* jemandes Meinung für unrichtig erklären; *unrecht haben* → *Unrecht haben:* im Unrecht sein ✶ *unrechtmäßig* Ew.; *unrechtmäßigerweise* Uw.; *Unrechtmäßigkeit; unrechtschaffen* Ew.; *Unrechtschaffenheit*

un|red|lich Ew.: unehrlich : betrügerisch ✶ **Un|red|lich|keit**, die; –, –en: Unehrlichkeit : Falschheit

un|re|di|giert Ew.: vom Herausgeber nicht überarbeitet

un|re|ell (fr.) Ew.: unzuverlässig : unrichtig : unredlich : unwahrhaft

un|re|f|lek|tiert Ew.: spontan : ohne Nachdenken

un|re|gel|mä|ßig Ew.: nicht regelmäßig ✶ **Un|re|gel|mä|ßig|keit**, die; –, –en: das Unregelmäßigsein

un|reif Ew.: nicht reif : unfertig ✶ **Un|rei|fe**, die; –: das Unreifsein

un|rein Ew.: dreckig : unkeusch : im Entwurf ✶ *ins unreine schreiben* → *ins Unreine schreiben* ✶ **Un|rei|ne**, das; –n: Entwurf : Kladde : Geschmier ✶ **Un|rein|heit**, die; –, –en: das Unreinsein ✶ **Un|rei|nig|keit**, die; –, –en: das Unsaubere, das Verunreinigende ✶ **un|rein|lich** Ew.: unsauber ✶ **Un|rein|lich|keit**, die; –, –en: das Unsauberkeit : das Unsaubere

un|ren|ta|bel (l.) Ew.: nicht gewinnbringend ✶ **Un|ren|ta|bi|li|tät**, die; –: Unwirtschaftlichkeit : Unergiebigkeit

un|ret|bar Ew.: nicht zu retten

un|rich|tig Ew.: nicht richtig : falsch ✶ *unrichtigerweise* Uw. ✶ **Un|rich|tig|keit**, die; –, –en: das Unrichtigsein : das Unrichtige

un|rit|ter|lich Ew.: nicht ritterlich : nicht höflich und hilfreich

Un|ru|he, die; –, –n: Unrast, Ruhelosigkeit : Aufgeregtheit : (Mz.) Erregungen einer unzufriedenen Volksmasse : (übertr.) das in rastloser Bewegung Befindliche : Schwungrad in Uhren ✶ **Unruh(e)herd: Unruh(e)stifter; unruhvoll** ✶ **un|ru|hig** Ew.: nicht ruhig : ruhelos

un|rühm|lich Ew.: nicht rühmlich

un|rund Ew.: (Techn.) nicht mehr rund infolge ungleichmäßiger Abnutzung

uns p. Fw.: Dat., Akk. 1. P. Mz. ✶ **un|ser** p. Fw.: Gen. 1. P. Mz. ✶ *erbarme dich unser; unser sind viele* ✶ *unsereiner, unsereins* unbest. Fw.: einer wie wir ✶ **un|ser, un|se|re, uns|re,** bes.anz. Fw.: uns gehörig ✶ *Unsere Liebe Frau:* (kath. K.) Bezeichnung Marias; *Unsrer Lieben Frauen Kirche; unsres Wissens:* soviel wir wissen; Abk.: u. W. : *die Unseren auch: die unseren* Mz.: unsere Angehörigen : unsre Freunde, Parteigänger ✶ *unser(er)seits* Uw.: von unserer Seite; *uns(e)resgleichen, unsersgleichen:* Leute wie wir; *uns(e)resteils* Uw.: (wir) für unseren Teil, soviel an uns liegt ✶ *unserthalben, unsertwegen, um unsertwillen:* von uns aus, mit Rücksicht auf uns ✶ **uns|re:** s. unser ✶ **un|se|rig, uns|rig** Ew.: uns, zu uns gehörig ✶ *die Unsrigen auch: die unsrigen* Mz.: unsre Angehörigen : unsere Parteigänger

un|sach|ge|mäß Ew.: unrichtig ✶ **un|sach|lich** Ew.: nicht zur Sache gehörend : unzutreffend

un|sag|bar, un|säg|lich Ew.: nicht zu sagen, unbeschreiblich, sehr groß ✶ **Un|sag|bar|keit**, die; –, –en: das Unsagbare : das Unaussprechliche

un|sanft Ew.: barsch : hart

un|sau|ber Ew.: schmutzig ✶ **Un|sau|ber|keit**, die; –, –en: das Unsaubersein : das Unsaubere

un|schäd|lich Ew.: nicht schädlich : harmlos ✶ **Un|schäd|lich|keit**, die; –, –en:

das Unschädlichsein ✶ *Unschädlichmachung*

un|scharf Ew.: stumpf : verschwommen : (Fot.) nicht scharf eingestellt

un|schätz|bar Ew.: nicht schätzbar : einzigartig

un|schein|bar Ew.: nicht in die Augen fallend : unbedeutend

un|schick|lich Ew.: ungehörig : unanständig ✶ **Un|schick|lich|keit**, die; –, –en: das Unschicklichsein : Ungehörigkeit : Unanständigkeit

un|schlag|bar Ew.: (Sport) nicht zu schlagen, besiegen

un|schlüs|sig Ew.: unentschlossen ✶ **Un|schlüs|sig|keit**, die; –: das Unschlüssigsein

un|schmack|haft Ew.: nicht schmackhaft : schlecht schmeckend

un|schön Ew.: nicht schön

Un|schuld, die; –: Schuldlosigkeit : Keuschheit : unschuldige Person ✶ *Unschuldsbeteuerung; Unschuld(s)blümchen; Unschuldslamm; Unschuldsmiene; unschuldsvoll* Ew. ✶ **un|schul|dig** Ew.: frei von Schuld : keusch : unschädlich ✶ *unschuldigerweise* Uw.

un|schwer Ew.: nicht schwer, ohne Schwierigkeit

un|selb|stän|dig *auch:* **un|selbst|stän|dig** Ew.: abhängig : unfrei ✶ **Un|selb|stän|dig|keit** *auch:* **Un|selbst|stän|dig|keit**, die; –, –en: das Unselbständigsein

un|se|lig Ew.: unglückselig, unheilvoll, verhängnisvoll

un|ser: s. uns

un|si|cher Ew.: nicht sicher, zweifelhaft : fraglich, ungewiss : (sprachl.) stümperhaft : gefährdet ✶ **Un|si|cher|heit**, die; –, –en: das Unsichersein ✶ *Unsicherheitsfaktor*

un|sicht|bar Ew.: nicht sichtbar : versteckt ✶ **Un|sicht|bar|keit**, die; –: das Unsichtbarsein ✶ **un|sich|tig** Ew.: (seem., Wetter) trübe, dunstig, neblig, keine Weitsicht gestattend

Un|sinn, der; –(e)s: Unvernunft : Torheit : Albernheit : Denkfehler ✶ **un|sin|nig** Ew.: sinnlos, toll ✶ **un|sinn|lich** Ew.: nicht sinnlich

Un|sit|te, die; –, –n: schlechte Angewohnheit ✳ **un|sitt|lich** Ew.: nicht sittlich : unanständig ✳ **Un|sitt|lich|keit**, die; –: Sittenverletzung : Unkeuschheit

un|so|li|de (l.) Ew.: leichtfertig : unzuverlässig : leichtlebig, ausschweifend

un|so|zi|al Ew.: nicht sozial

un|sport|lich Ew.: für den Sport ungeeignet, uninteressiert

un|statt|haft Ew.: nicht statthaft, unerlaubt

un|sterb|lich Ew.: nicht sterblich ✳ **Un|sterb|lich|keit**, die; –: das Unsterblichsein ✳ *Unsterblichkeitsglaube*

Un|stern, der; –(e)s: Unglücksstern : das Unglück : (übertr.) Pechvogel, Unglücksbringer

un|stet Ew.: unbeständig, ruhelos, hin und her schwankend : ungleichmäßig ✳ **un|ste|tig** Ew.: nicht stetig ✳ **Un|ste|tig|keit**, die; –: Ruhelosigkeit : Unbeständigkeit

un|still|bar Ew.: nicht stillbar

un|stim|mig Ew.: nicht übereinstimmend ✳ **Un|stim|mig|keit**, die; –, –en: Uneinigkeit : Meinungsverschiedenheit

un|sträf|lich Ew.: unstrafbar : tadellos

un|streit|bar Ew.: unwehrhaft : unbestreitbar : **un|strei|tig**, **un|strit|tig** Ew.: nicht zu bestreiten, sicher

Un|strut, die; –: Nebenfluss der Saale

Un|sum|me, die; –, –n: übermäßig große Summe

un|sym|me|t|risch (gr.) Ew.: nicht ebenmäßig : schief, nicht gleichmäßig

un|sym|pa|thisch (gr.) Ew.: nicht angenehm : abstoßend

un|sys|te|ma|tisch (gr.) Ew.: nicht geordnet, nicht planmäßig

un|ta|de|lig, **un|tad|lig** Ew.: tadellos : einwandfrei : lauter

un|ta|len|tiert Ew.: unbegabt

Un|tat, die; –, –en; Untätchen, Untätlein: unmenschliche Tat : Verbrechen ✳ **un|tä|tig** Ew.: nicht tätig, müßig ✳ **Un|tä|tig|keit**, die; –: das Untätigsein, Muße

un|taug|lich Ew.: nicht tauglich ✳ **Un|taug|lich|keit**, die; –: das Untauglichsein

un|teil|bar Ew.: nicht teilbar ✳ **Un|teil|bar|keit**, die; –: Untrennbarkeit : Geschlossenheit ✳ **un|teil|haft(ig)** Ew.: nicht teilhaft(ig)

un|ten Uw.: nicht oben, unter etwas befindlich ✳ *untenan, von unten an:* von unten beginnend; *untenaus* Uw.: unten hinaus; *untenhin* Uw.: auf der Unterseite hin; *untenher, von unten her:* von unten kommend; *untenliegend* → *unten liegend* Mw. Ew.; *untenstehend* → *unten stehend* Mw. Ew.: weiter unten erwähnt; *Untenstehende*, das; –en; *im untenstehenden* → *im unten Stehenden auch:* im Untenstehenden: weiter unten genannt ✳ **un|ter** Ew.: unten liegend, befindlich : niedriger stehend ✳ **Un|ter**, der; –s, –: eine Spielkarte ✳ **un|ter** Vw. mit Dat. u. Akk.: (Ggs. über) niedriger als : weniger als : von geringerem Wert als : zu etwas gehörig : zwischen : (zeitl.) (in einigen Verbindungen mit Gen.) während ✳ *unter dem Tisch liegen; unter den Tisch legen* ✳ *unter anderem:* neben anderem, Abk.: u. a. ✳ *unterdes, unterdessen* Uw.: währenddessen, zur selben Zeit ✳ **un|te|re** Ew.: tiefer liegend : *die untere Reihe* ✳ **un|terst** Ew.: (Superlativ zu unter) am weitesten unten befindlich : geringstwertig : letzt ✳ *zuunterst* Uw.: an der, die unterste(n) Stelle ✳ *das Unterste zuoberst kehren*

un|ten ste|hend, im un|ten Ste|hen|den, im Un|ten|ste|hen|den
Die Verbindung von Adverb und Partizip schreibt man getrennt: *Die Erläuterung folgt unten stehend.* Die Substantivierung des Gefüges ist in zwei Varianten schreibbar: *Ich erläutere die These im unten Stehenden. Im Untenstehenden sollte klar werden, was ich meine.*

Un|ter|ab|tei|lung, die; –, –en: Teil einer Abteilung

Un|ter|arm, der; –(e)s, –e: Teil des Arms vom Ellenbogen bis zur Hand

Un|ter|bau, der; –(e)s, –e und –ten: Grundbau : Fundament ✳ **un|ter|bau|en** tr.: bauend untergraben ✳ **un|ter|bau|en** tr.: etwas als Stütze, Fundament darunter bauen

un|ter|be|lich|ten tr.: (Fot.) zu wenig belichten

un|ter|be|setzt Mw. Ew. : nicht ausreichend (mit Personal) besetzt

Un|ter|bett, das; –(e)s, –en: Federbett zwischen Matratze und Bettlaken

un|ter|be|wer|ten tr.: zu gering bewerten

un|ter|be|wußt → **un|ter|be|wusst** Ew.: nur unklar bewusst ✳ **Un|ter|be|wußt|sein** → **Un|ter|be|wusst|sein**, das; –s: schlummerndes Bewusstsein

un|ter|bie|ten tr.: einen niedrigeren Preis bieten : billiger anbieten

Un|ter|bi|lanz (fr.), die; –, –en: Fehlbetrag : (kfm.) Abschluss mit Verlust, Fehlbetrag

un|ter|bin|den tr.: unter etwas binden ✳ **un|ter|bin|den** tr.: (auch übertr.) hindern ✳ **Un|ter|bin|dung**, die; –: Verhinderung

un|ter|blei|ben intr. (sein): unter etwas bleiben ✳ **un|ter|blei|ben** intr. (sein): ungeschehen bleiben

un|ter|bre|chen tr.: am Fortgang hindern, stören ✳ **Un|ter|bre|cher**, der; –s, –: Apparat zur periodischen Unterbrechung und Schließung des elektr. Stromes ✳ **Un|ter|bre|chung**, die; –, –en: das Unterbrechen : Störung

un|ter|brei|ten tr.: unter etwas breiten ✳ **un|ter|brei|ten** tr.: einem etwas vorlegen ✳ **Un|ter|brei|tung**, die; –: das Vorlegen

un|ter|brin|gen tr.: an einem Ort lagern : Platz finden für etwas, jmdn. ✳ **Un|ter|brin|gung**, die; –, –en: das Unterbringen

un|ter|der|hand → **un|ter der Hand** Uw.: im Stillen, hinterherum, heimlich

un|ter|des, **un|ter|des|sen** Uw.: indessen, währenddessen

Un|ter|druck, der; –(e)s, –e: zu niedriger Druck ✳ *Unterdruckatmung:* Atmung im luftverdünnten Raum; *Unterdruckkammer:* Stahlkammer, in der der Luftdruck herabgesetzt werden kann : Prüfraum für Fliegertauglichkeit ✷ **un|ter|drǘ|cken** tr.: unter etwas drücken ✷ **un|ter|drǘ|cken** tr.: bedrücken : (Aufstand) niederschlagen : der Freiheit berauben : (Gefühle, Schmerzen) niederdrücken ✷ **Un|ter|drǘ|cker,** der; –s, –: der Unterdrückende, Tyrann ✷ **Un|ter|drǘ|ckung,** die; –, –en: das Unterdrücken, Tyrannei

un|te|re: s. unter

un|ter|ein|an|der Uw.: gegenseitig : einer mit dem anderen ✷ *untereinander tauschen:* gegenseitig tauschen; *untereinanderschieben → untereinander schieben:* eins unter das andere schieben; *untereinanderschreiben → untereinander schreiben*

un|ter|ent|wí|ckelt Ew.: nicht seinem Alter entsprechend entwickelt : den Stand der industrialisierten Länder noch nicht erreicht habend

un|ter|er|nä́hrt Mw. Ew.: unzureichend ernährt ✷ **Un|ter|er|nä́h|rung,** die; –: unzureichende Ernährung

un|ter|fán|gen rbz.: unternehmen : wagen ✷ **Un|ter|fán|gen,** das; –s, –: Wagnis : Dreistigkeit : Kühnheit

un|ter|fás|sen tr.: von unten fassend stützen : unter den Arm fassen

un|ter|fér|ti|gen tr.: unterzeichnen ✷ **Un|ter|fér|tig|te,** der; –n, –n: der, die Unterzeichnete

Un|ter|feu|e|rung, die; –, –en: Teil der Feuerungsanlage

Un|ter|fran|ken: bayr. Landesteil

un|ter|fǘh|ren tr.: unter etwas anderes führen ✷ **un|ter|fǘh|ren** tr.: (auch Buchdrw.) unter etwas durchführen ✷ **Un|ter|fǘh|rung,** die; –, –en: unter der Bahn durchgeführte Straße

Un|ter|funk|ti|on, die; –, –en: ungenügende Funktion (z. B. einer Drüse)

Un|ter|fut|ter, das; –s, –: das Futter unter dem Oberzeug ✷ **un|ter|fǘt|tern** tr.: als Futter unter etwas nähen ✷ **un|ter|fǘt|tern** tr.: mit Unterfutter versehen

Un|ter|gang, der; –(e)s, ..gänge: das Untergehen : Zu-

un|ter|gä́|rig Ew.: mit zu Boden gesetzter Hefe ✷ **Un|ter|gä́|rung,** die; –: Gärung, bei der die Hefe sich am Boden festsetzt

un|ter|ge|ben Mw. Ew.: untertänig ✷ **Un|ter|ge|be|ne,** der; die; –n, –n: ein unter einem Vorgesetzten Stehender : Untertan

un|ter|ge|hen intr. (sein): (bes. Gestirne) untersinken : (Schiffe) sinken : (übertr.) verderben, umkommen

un|ter|ge|ord|net Ew.: unbedeutend : unwichtig ✷ **Un|ter|ge|ord|ne|te,** der; –n, –n: Untergebener

Un|ter|ge|schoß → Un|ter|ge|schoss, das; –es, –e: Erdgeschoss

Un|ter|ge|stell, das; –(e)s, –e: unteres Gestell von Wagen

Un|ter|ge|wicht, das; –(e)s, –e: zu niedriges Gewicht

un|ter|glie|dern tr.: in kleinere Abschnitte, Gruppen gliedern ✷ **Un|ter|glie|de|rung,** die; –, –en: Gliederung in kleinere Abschnitte

un|ter|gra|ben tr.: unter etwas anderes graben ✷ **un|ter|gra|ben** tr.: durch Graben zum Einstürzen bringen : (übertr.) erschüttern

Un|ter|grund, der; –(e)s, ..gründe: (auch übertr.) der unter etwas befindliche Grund ✷ *Untergrundbahn,* die; –, –en: unterirdisch geleitete, elektrische Stadtbahn : *Untergrundbewegung,* die; –, –en: geheime, gegen die bestehende Regierung arbeitende Partei ✷ **un|ter|grün|dig** Ew.: unterirdisch : verborgen, geheim

Un|ter|grup|pe, die; –, –n: Teil einer Gruppe, Nebengruppe

un|ter|halb Vw. mit Gen.: unter etwas liegend

Un|ter|halt, der; –(e)s: das zum Leben Erforderliche ✷ *Unterhaltsbeitrag; unterhaltsberechtigt* Mw. Ew.; *Unterhaltskosten; unterhaltspflicht; unterhaltspflichtig* Ew.; *unterhaltsverpflichtet* Mw. Ew. ✷ **un|ter|hal|ten** tr.: unter etwas halten ✷ **un|ter|hal|ten** tr.: (auch übertr.) für den Unterhalt Sorge tragen : in Gang halten : den Geist anregend beschäfti-

gen : (einen von etwas –) einem von etwas erzählen; rbz.: plaudern ✷ **Un|ter|hal|tung,** die; –, –en: Gespräch : Zeitvertreib ✷ *Unterhaltungsbeilage:* Beilage zur Zeitung; *Unterhaltungsgabe, -kunst:* Kunst, andere angenehm zu unterhalten; *Unterhaltungsliteratur; Unterhaltungsmusik; Unterhaltungsprogramm; Unterhaltungsroman; Unterhaltungssendung; Unterhaltungsteil:* unterhaltender Teil einer Zeitung ✷ **un|ter|hal|tend, un|ter|halt|sam** Ew.: interessant, amüsant

un|ter|han|deln tr., intr.: zu vermitteln suchen ✷ **Un|ter|hand|lung,** die; –, –en: das Unterhandeln ✷ **Un|ter|händ|ler,** der; –s, –: Vermittler

Un|ter|haus, das; –es, ..häuser: unterer Teil eines Hauses : (engl. Parlament) die zweite Kammer ✷ *Unterhausmitglied; Unterhaussitzung*

Un|ter|hemd, das; –es, –en: Hemd, unter dem Oberhemd zu tragen

un|ter|höh|len tr.: untergraben ✷ **Un|ter|holz,** das; –es, ..hölzer: Buschwerk : ein untergelegtes Stück Holz : unterer Teil eines hölzernen Gegenstandes

Un|ter|ho|se, die; –, –n: Hose, die unter der Oberbekleidung getragen wird

un|ter|ir|disch Ew.: unter der Erdoberfläche liegend

Un|ter|ja|cke, die; –, –n: unter dem Hemd getragene Jacke

un|ter|jo|chen tr.: unter das Joch bringen : unterwerfen ✷ **Un|ter|jo|cher,** der; –s, –: der Unterjochende ✷ **Un|ter|jo|chung,** die; –, –en: das Unterjochen, Knechtschaft

un|ter|kel|lern tr.: (Haus) mit einem Keller versehen

Un|ter|kie|fer, der; –s, –: unterer, beweglicher Kiefer ✷ *Unterkiefergelenk; Unterkieferknochen*

Un|ter|kleid, das; –es, –er: Unterrock

un|ter|kom|men intr. (sein): Obdach, Aufnahme, Anstellung finden : (ldschftl.) unter Aufnahme finden : (Bergb.) mit dem Bau unter der Erde anfangen ✷ **Un|ter|kom|men,** das; –s, –: Obdach

Un|ter|kör|per, der; –s, –: der

menschliche Körper unterhalb der Taille

un|ter|krie|chen intr. (sein): unter ein schützendes Dach kriechen : Aufnahme finden : (Bergb.) mit dem Bau unter der Erde anfangen

un|ter|krie|gen tr.: bezwingen : entmutigen

Un|ter|küh|lung, die; –: Abkühlung unter den Gefrierpunkt, ohne zu gefrieren

Un|ter|kunft, die; –, ..künfte: das Unterkommen : Obdach : Zuflucht ∗ *Unterkunftshaus; Unterkunftsraum*

Un|ter|la|ge, die; –, –n: das Untergelegte : (übertr.) Grundlage

Un|ter|land, das; –(e)s: ebenes Land : Flachland

Un|ter|laß → **Un|ter|lass,** der; –es: nur in: *ohne Unterlaß →* *ohne Unterlass:* ohne Aufhören ∗ **un|ter|las|sen** tr.: Notwendiges bleiben lassen

Un|ter|las|sung, die; –, –en: das Unterlassen ∗ *Unterlassungsdelikt,* das; –es, –e: strafbare Handlung (durch Unterlassen einer Handlung, zu der man verpflichtet ist); *Unterlassungsfehler; –sünde*

Un|ter|lauf, der; –(e)s, ..läufe: der der Mündung nahe Teil eines Flusses ∗ **un|ter|lau|fen** tr.: (Bergb.) mit dem Schubkarren unterbringen; intr. (sein): unter ein Schutzdach laufen ∗ **un|ter|lau|fen** intr. (sein) : (weidm.) sich laufend zum Schuss nähern; intr. (sein): (gewöhnlich von der Körperhaut) sich unter der Oberfläche verbreiten ∗ *blutunterlaufen* Ew.; *mir unterläuft ein Fehler:* mir ist versehentlich ein Fehler hineingekommen

un|ter|le|gen tr.: (auch übertr.) unter etwas legen ∗ *einer Melodie einen Text, Worte unterlegen; jemandem eine Absicht unterlegen* ∗ **un|ter|le|gen** Mw. Ew.: schwächer : besiegt : überstimmt

Un|ter|leib, der; –(e)s, –er: unterer Teil des Leibes ∗ *Unterleibskrankheiten; Unterleibsoperation*

Un|ter|lid, das; –s, –er: unteres Augenlid

un|ter|lie|gen intr.: unter etwas liegen : ihm zu Grunde liegen ∗

un|ter|lie|gen intr. (sein): überwunden werden : darniederliegen ∗ *das unterliegt keinem Zweifel:* darüber gibt es keinen Zweifel

Un|ter|lip|pe, die; –, –n: die untere Lippe

un|term: (volkst.) unter dem ∗ *unterm Dach*

un|ter|ma|len tr.: unterhalb von etwas malen ∗ **un|ter|ma|len** tr.: die Grundfarben in einem Gemälde auftragen : (Mus.) durch Begleitmusik wirksam machen ∗ **Un|ter|ma|lung,** die; –: das Untermalen : stimmungsvolle Begleitmusik

un|ter|mau|ern tr.: unter etwas mauern ∗ **un|ter|mau|ern** tr.: stützen : festigen

un|ter|mee|risch Ew.: unter dem Meeresspiegel gelegen

un|ter|men|gen tr.: darunter mengen ∗ **un|ter|men|gen** tr.: vermischen

Un|ter|mensch, der; –en, –en: diffamierende Bezeichnung der Nationalsozialisten für von ihnen als minderwertig eingeschätzte Menschen

Un|ter|mie|te, die; –: Weitervermietung eines Zimmers o. Ä. an einen Dritten ∗ **un|ter|mie|ten** intr.: als Untermieter wohnen ∗ **Un|ter|mie|ter,** der; –s, –: jemand, der zur Untermiete wohnt

un|ter|mi|nie|ren (nl.) tr.: untergraben, unterhöhlen ∗ **Un|ter|mi|nie|rung,** die; –, –en: das Unterminieren, Untergrabung

un|ter|mi|schen tr.: unter etwas mischen

un|tern: (volkst.) unter den ∗ **un|ter|neh|men** tr.: unter etwas anderes nehmen ∗ **un|ter|neh|men** tr.: sich zur Ausführung einer Arbeit, Sache entschließen : eine Sache beginnen ∗ **Un|ter|neh|men,** das; –s, –: wirtschaftlicher, industrieller Betrieb ∗ *Unternehmensberatung; Unternehmensbereich; Unternehmenspolitik* ∗ **un|ter|neh|mend** Mw. Ew.: von Unternehmungsgeist beseelt, wagemutig ∗ **Un|ter|neh|mer,** der; –s, –: (meist volkswirtsch.) Besitzer eines Unternehmens ∗ *Unternehmerfreiheit; Unternehmer-*

gewinn; Unternehmerverband ∗ **Un|ter|neh|mung,** die; –, –en: das Unternehmen : Bewerkstelligung ∗ *Unternehmungsgeist; Unternehmungslust; unternehmungslustig* Ew.

Un|ter|of|fi|zier (fr.), der; –(e)s, –e: militär. Unterführer

un|ter|ord|nen tr.: unterstellen; rbz.: sich fügen, unterwerfen ∗ **Un|ter|ord|nung,** die; –, –en: das Unterordnen : Subordination

Un|ter|pfand, das; –(e)s, ..pfänder: Pfand, Sicherheit (bes. Hypothek)

un|ter|pflü|gen tr.: mit dem Pfluge unter die Erde bringen

un|ter|pri|vi|le|giert Ew.: minderberechtigt : (übertr.) benachteiligt, unterdrückt

un|ter|re|den rbz.: sich besprechen ∗ **Un|ter|re|dung,** die; –, –en: Besprechung ∗ *Unterredungsstoff*

Un|ter|richt, der; –(e)s: Unterweisung, Belehrung eines Schülers durch einen Lehrer ∗ **un|ter|richt|lich** Ew.: zum Unterricht gehörig ∗ **un|ter|rich|ten** tr., intr.: in Kenntnis setzen : Unterricht erteilen ∗ *Unterrichtsaufgabe; Unterrichtsbrief:* schriftlicher Unterricht: *Unterrichtsgang:* Verlauf des Unterrichts; *Unterrichtsfach; Unterrichtsgegenstand; Unterrichtskunde:* Unterrichtsmethodik; *unterrichtskundlich* Ew.; *Unterrichtskursus; Unterrichtsmethode; Unterrichtsprogramm; Unterrichtsstunde; Unterrichtsweise; Unterrichtsziel* ∗ **Un|ter|rich|tung,** die; –, –en: Unterweisung : das Kenntnisgeben

Un|ter|rich|ter, der; –s, –: unter dem Oberrichter stehender Richter

Un|ter|rock, der; –es, ..röcke: unter dem Kleid getragener Rock

un|ters: (volkst.) unter das ∗ **Un|ter|saat,** die; –, –en: die unter der Deckfrucht gesäte Frucht

un|ter|sa|gen tr.: verbieten ∗ **Un|ter|sa|gung,** die; –, –en: Verbot

Un|ter|satz, der; –es, ..sätze: Gefäß zum Untersetzen : (Sprachl.) untergeordneter Satz

: eine Pferdekrankheit

un|ter|schät|zen tr.: zu gering schätzen : für geringer halten, als es ist

un|ter|scheid|bar Ew.: sich unterscheiden lassend ✳ **un|ter|schei|den** tr., rbz.: Gegenstände nach ihrer Verschiedenheit voneinander sondern : einen Unterschied machen ✳ **Un|ter|schei|dung,** die; –, –en: das Unterscheiden ✳ *Unterscheidungsgabe:* Fähigkeit, Unterschiede zu erkennen; *Unterscheidungsmerkmale; Unterscheidungsvermögen* ✳

Un|ter|schied, der; –(e)s, –e: Merkmal, das die Verschiedenheit kennzeichnet : Verschiedenheit : Differenz ✳ **un|ter|schie|den** Mw. Ew.: verschieden ✳ **un|ter|schied|lich** Ew.: unterschieden ✳ **un|ter|schieds|los** Ew.: ohne Unterschied

Un|ter|schen|kel, der; –s, –: unterer Teil des Beines

Un|ter|schicht, die; –, –en: untere Erd-, Gesteinslage

un|ter|schie|ben tr.: unter etwas schieben : eine Sache oder Person in täuschender Absicht für eine andere ausgeben ✳ *untergeschobenes Kind; – Testament*

Un|ter|schied usw.: s. unterscheidbar

un|ter|schla|gen tr.: niederschlagen : kreuzweise übereinander schlagen ✳ *mit untergeschlagenen Beinen sitzen* ✳ **un|ter|schla|gen** tr.: sich rechtswidrig aneignen ✳ **Un|ter|schla|gung,** die; –, –en: Aneignung durch Betrug, Veruntreuung

Un|ter|schlupf, der; –(e)s, ..schlüpfe: Obdach : Versteck ✳ **un|ter|schlup|fen, un|ter|schlüp|fen** intr.: hinunterschlüpfen : unter ein Obdach gehen

un|ter|schnei|den tr.: (Bauw.) ein Bauglied auf seiner Unterseite abschrägen

un|ter|schrei|ben tr.: seinen Namen eigenhändig unterzeichnen ✳ **Un|ter|schrift,** die; –, –en: das Unterschreiben : unterschriebener Namenszug ✳ *Unterschriftenmappe* ✳

un|ter|schrei|ten tr.: nicht ausschöpfen : weniger ausgeben,

als vorgesehen war

Un|ter|schuß, ➔ Unter|schuss, der; –es, ..üsse: Defizit

Un|ter|see|boot, das; –(e)s, –e: Unterwasser-, Tauchboot, ein Kriegsschiff; Abk.: U-Boot ✳ *Unterseebootkrieg*

un|ter|see|isch Ew.: unter dem Meer befindlich

Un|ter|sei|te, die; –, –n: die untere Seite

un|ter|set|zen tr.: unter etwas setzen ✳ **Un|ter|set|zer,** der; –s, –: Untersatz ✳ **un|ter|set|zen** tr.: mischen ✳

un|ter|setzt Mw. Ew.: gemischt : (von Gestalt) gedrungen ✳ **Un|ter|setzt|heit,** die; –: Gedrungenheit

un|ter|sin|ken intr.: unter die Oberfläche einer Flüssigkeit sinken

un|ter|spü|len tr.: spülend unterwühlen

un|terst: s. unten

Un|ter|staats|se|kre|tär, der; –s, –e: Beamter im Ministerium

Un|ter|stand, der; –(e)s, ..stände: Schutzraum : (bes. Kriegsw.) unter der Erde angelegter Raum zum Schutz gegen Artillerieeinwirkung ✳ **Un|ter|stän|der,** der; –s, –: Fruchtknoten unterhalb des Kelchansatzes ✳ **un|ter|stän|dig** Ew.: unterhalb des Kelchansatzes befindlich ✳ **un|ter|ste|hen** intr. (sein, haben): unter einem schützenden Dach stehen ✳ **un|ter|ste|hen** intr. (sein): unterliegen : untergeordnet sein; rbz.: sich anmaßen, etwas zu tun

un|ter|ste|hen: s. Unterstand

un|ter|stel|len tr.: (auch intr.) unter etwas stellen : unterbringen ✳ **Un|ter|stel|lung,** die; –, –en: das Unterstellen ✳ **un|ter|stel|len** tr.: fälschlich unterschieben; intr. (sein): untergeben sein ✳ **Un|ter|stel|lung,** die; –, –en: falsche Behauptung

un|ter|strei|chen tr.: einen Strich unter etwas machen : (übertr.) besonders hervorheben ✳ **Un|ter|strei|chung,** die; –, –en: das Unterstreichen : Betonung

Un|ter|strö|mung, die; –, –en: unsichtbare Strömung unter

Wasser : unbemerkbares Einschleichen feindlicher Ansichten

un|ter|stüt|zen tr.: als Stütze unter eine Sache stellen ✳ **un|ter|stüt|zen** tr.: Hilfe leisten : fördern ✳ **Un|ter|stüt|zung,** die; –, –en: Beihilfe ✳ *unterstützungsbedürftig* Ew.; *Unterstützungsbeihilfe; Unterstützungsempfänger; Unterstützungsfonds:* nur zur Unterstützung bestimmte Geldsumme; *Unterstützungsgeld; Unterstützungskasse; Unterstützungssatz*

un|ter|su|chen tr.: prüfen : nachforschen : (Gerichtsspr.) verhören ✳ **Un|ter|su|chung,** die; –, –en: das Untersuchen ✳ *Untersuchungsausschuß ➔ Untersuchungsausschuss; Untersuchungsbefund; Untersuchungsgefängnis:* Gefängnis für die Strafverdächtigen; *Untersuchungshaft; Untersuchungsmethode; Untersuchungsplatz; Untersuchungsrichter:* zur Durchführung der Voruntersuchung bestimmter Richter; *Untersuchungsstation; Untersuchungsstelle; Untersuchungsverfahren*

Un|ter|ta|ge|ar|beit, die; –, –en: Arbeit im Bergwerk ✳ *unter Tage arbeiten:* im Bergwerk arbeiten

un|ter|tan Ew.: untergeben ✳ **Un|ter|tan,** der; –en und –s, –en: Staatsangehöriger im Obrigkeitsstaat ✳ *Untertanenpflicht* ✳ **un|ter|tä|nig** Ew.: untertan ✳ *ich bitte untertänigst* ✳ **Un|ter|tä|nig|keit,** die; –: das Untertänigsein

Un|ter|tas|se, die; –, –n: Untersatz einer Tasse

un|ter|tau|chen intr., tr.: unter das Wasser tauchen

Un|ter|teil, der; das; –(e)s, –e: der, das untere Teil ✳ **un|ter|tei|len** tr.: gliedern : einteilen : aufteilen

Un|ter|ti|tel, der; –s, –: (Buch oder Film) erklärender zweiter Titel : eingeblendete Übersetzung bei fremdsprachigen Filmen in Originalfassung

Un|ter|ton, der; –(e)s, ..töne: (bes. übertr.) Nebenton

un|ter|trei|ben tr.: zu gering angeben

un|ter|tun|neln tr.: einen Tun-

Un|ter|tun|ne|lung, die; –, –en: das Unterbauen mit einem Tunnel

un|ter|ver|mie|ten tr.: etwas Gemietetes weitervermieten

un|ter|ver|si|chern tr.: mit einer geringeren Summe als dem Wert des versicherten Gegenstandes versichern

Un|ter|wal|den: schweiz. Halbkanton

Un|ter|wan|de|rung, die; –, –en: Zuwanderung zwecks (bes. politischer) Zersetzung

Un|ter|wä|sche, die; –: Unterkleidung

Un|ter|was|ser, das; –s: Grundwasser * *Unterwasserbehandlung; Unterwasserbombe; Unterwasserboot:* Unterseeboot; *Unterwasserkamera; Unterwasserkraftwerk; Unterwassermassage; Unterwasserschallsignal:* unterhalb der Wasseroberfläche abgegebenes Warnsignal; *Unterwasserschutz*

un|ter|wegs Uw.: auf dem Wege * *unterwegs lassen* tr.: unterlassen

un|ter|wei|sen tr.: belehren * *jemanden in etwas unterweisen* tr. * **Un|ter|wei|sung**, die; –, –en: Belehrung

Un|ter|welt, die; –, (–en): (Myth.) Aufenthaltsort der Toten; bei den Germanen Hel, bei den Griechen Hades, bei den Römern Orkus, bei den Juden Scheol : Verbrecherwelt

un|ter|wer|fen tr.: untertan machen; rbz.: unterliegen : sich unterziehen * **Un|ter|wer|fung**, die; –, –en: Gehorsam : Knechtschaft

un|ter|wer|ten tr.: unter dem Wert schätzen * **Un|ter|wer|tung**, die; –, –en: das Unterwerten * **un|ter|wer|tig** Ew.: unter dem eigentl. Wert liegend * **Un|ter|wer|tig|keit**, die; –, –en: das Minderwertigsein

un|ter|wöl|ben tr.: von unten her mit einem Gewölbe versehen

un|ter|wüh|len tr.: wühlend untergraben

un|ter|wür|fig Ew.: nachgiebig : kriecherisch * **Un|ter|wür|fig|keit**, die; –: (abwert.) unterwürfige Art

un|ter|zeich|nen tr.: mit Namenszug unterschreiben * **Un|ter|zeich|ner**, der; –s, –: der Unterzeichnende * **Un|ter|zeich|nung**, die; –, –en: Unterschrift * **Un|ter|zeich|ne|te**, der; die; –n, –n: (Amtsspr.) Urheber der Unterschrift

Un|ter|zeug, das; –(e)s: Unterkleidung * **un|ter|zie|hen** tr.: unter ein Dach ziehen : unter etwas anderes anziehen : (Baukst.) etwas Stützendes von unten her anbringen *

un|ter|zie|hen (sich einer Sache –) etwas Schwieriges auf sich nehmen : (obd.) (sich eines Gegenstandes –) sich bemächtigen

un|tief Ew.: seicht * **Un|tie|fe**, die; –, –n: seichte Stelle im Wasser : (auch übertr.) unergründliche Tiefe

Un|tier, das; –(e)s, –e: Ungetüm

un|tilg|bar Ew.: (Schulden) nicht tilgbar : (Schuld) nicht wieder gut zu machen : (übertr.) unauslöschlich

un|trag|bar Ew.: nicht zu tragen : unerträglich * **Un|trag|bar|keit**, die; –

un|trenn|bar Ew.: nicht trennbar

un|treu Ew.: treulos : nicht treu * **Un|treue**, die; –: Treulosigkeit

un|tröst|lich Ew.: keinem Trost zugänglich : trostlos

un|trüg|lich Ew.: ohne jeden Trug : sicher, zweifellos

un|tüch|tig Ew.: untauglich, unfähig * **Un|tüch|tig|keit**, die; –: Untauglichkeit, Unfähigkeit

Un|tu|gend, die; –, –en: Fehler, üble Gewohnheit

un|ü|ber|brück|bar Ew.: nicht überwindbar

un|ü|ber|legt Mw. Ew.: unbedacht : ohne Überlegung * **Un|ü|ber|legt|heit**, die; –

un|ü|ber|schreit|bar Ew.: nicht zu überschreiten

un|ü|ber|seh|bar Ew.: nicht zu übersehen

un|ü|ber|setz|bar Ew.: nicht zu übersetzen

un|ü|ber|sicht|lich Ew.: schwer zu übersehen : wirr * **Un|ü|ber|sicht|lich|keit**, die; –: das Durcheinander

un|ü|ber|trag|bar Ew.: nicht übertragbar, nur auf den Besitzer beschränkt : nicht übersetzbar

un|ü|ber|treff|lich Ew.: nicht zu übertreffen * **un|ü|ber|troffen** Mw. Ew.: noch nicht übertroffen

un|ü|ber|wind|bar, un|ü|ber|wind|lich Ew.: nicht zu überwinden * **un|ü|ber|wun|den** Mw. Ew.: noch nicht überwunden

un|üb|lich Ew.: nicht üblich

un|um|gäng|lich Ew.: unbedingt erforderlich : unvermeidlich

un|um|schränkt Mw. Ew.: unbeschränkt : absolut

un|um|stöß|lich Ew.: unabänderlich : endgültig

un|um|strit|ten Ew.: unbestritten

un|um|wun|den Mw. Ew.: offen : rückhaltlos

un|un|ter|bro|chen Mw. Ew.: ohne Unterbrechung

un|ver|än|der|lich Ew.: beständig

un|ver|ant|wort|lich Ew.: nicht zu verantworten : nicht entschuldbar

un|ver|äu|ßer|lich Ew.: nicht verkäuflich

un|ver|bes|ser|lich Ew.: nicht verbesserlich, schlecht

un|ver|bil|det Ew.: natürlich

un|ver|bind|lich Ew.: nicht verpflichtend : freibleibend : ungefällig

un|ver|blümt Mw. Ew.: sehr offen : geradeheraus

un|ver|braucht Mw. Ew.: nicht verbraucht : frisch

un|ver|brenn|bar Ew.: nicht verbrennbar

un|ver|brüch|lich Ew.: unverletzlich : verbürgt

un|ver|bürgt Mw. Ew.: ohne Bürgschaft : ungewiss

un|ver|däch|tig Ew.: nicht verdächtig

un|ver|dau|lich, un|ver|dau|lich Ew.: nicht zu verdauen : unbekömmlich

un|ver|dient Mw. Ew.: nicht verdient : unberechtigt * **un|ver|dien|ter|ma|ßen, un|ver|dien|ter|wei|se** Uw.: ohne es verdient zu haben

un|ver|dor|ben Ew.: unschuldig : natürlich : ehrlich

un|ver|dros|sen Mw. Ew.: ohne Überdruss, unermüdlich * **Un|ver|dros|sen|heit**, die; –:

das Unverdrossensein : Beharrlichkeit
un|ver|e|he|licht Ew.: ledig
un|ver|ein|bar(lich) Ew.:
nicht zu vereinbaren : unver-
träglich
un|ver|fälscht Mw. Ew.: echt
un|ver|fäng|lich Ew.: harmlos
: unbedenklich
un|ver|fro|ren Mw. Ew.: unge-
hörig : unverschämt, frech *
Un|ver|fro|ren|heit, die; –, –en:
Frechheit, Unverschämtheit
un|ver|gäng|lich Ew.: nicht
vergänglich : dauerhaft : ewig
un|ver|ges|sen Mw. Ew.: im
Gedächtnis   bleibend
un|ver|geß|lich → **un|ver|-
gess|lich** Ew.: nicht aus dem
Gedächtnis zu löschen
un|ver|gleich|bar,   **un|ver|-
gleich|lich** Ew.: mit nichts zu
vergleichen : vollkommen
un|ver|go|ren Mw. Ew.: nicht
vergoren
un|ver|hält|nis|mä|ßig   Ew.:
übermäßig : außergewöhnlich
un|ver|hei|ra|tet   Mw. Ew.:
nicht verheiratet
un|ver|hofft Mw. Ew.: uner-
wartet
un|ver|hoh|len Mw. Ew.: offen
un|ver|käuf|lich Ew.: nicht
verkäuflich
un|ver|kenn|bar Ew.: deutlich
un|ver|langt Ew.: nicht ange-
fordert
un|ver|letz|bar Ew.: sicher :
gefeit * **un|ver|letz|lich** Ew.:
sicher : (Rechtsspr.) rechtlich *
un|ver|letzt Mw. Ew.: nicht
verletzt : unbeschädigt
un|ver|mählt Mw. Ew.: nicht
verheiratet
un|ver|meid|bar,   **un|ver|-
meid|lich** Ew.: nicht zu ver-
meiden
un|ver|min|dert Ew.: gleich
bleibend, nicht geringer werdend
un|ver|mit|telt Ew.: plötzlich
Un|ver|mö|gen, das; –s: das
Nichtkönnen : Unfähigkeit *
un|ver|mö|gend Mw. Ew.: un-
fähig : kraftlos : arm
un|ver|mu|tet Mw. Ew.: uner-
wartet
Un|ver|nunft, die; –: Mangel
an Vernunft : unvernünftige
Handlung   *   **un|ver|nünf|tig**
Ew.: nicht vernunftgemäß *
Un|ver|nünf|tig|keit, die; –,
–en: das Unvernünftigsein

un|ver|öf|fent|licht Mw. Ew.:
noch nicht veröffentlicht
un|ver|packt Mw. Ew.: nicht
verpackt
un|ver|rich|tet Mw. Ew.: uner-
ledigt * *unverrichteterdinge*
→ *unverrichteter Dinge; un-
verrichtetersache* → *unverrichteter Sache* Uw.: erfolglos
un|ver|rück|bar Ew.: nicht
verrückbar : unwandelbar :
stetig
un|ver|schämt Mw. Ew.: frech
* **Un|ver|schämt|heit,** die; –,
–en: Frechheit
un|ver|schließ|bar Ew.: nicht
verschließbar   *   **un|ver|-
schlos|sen** Mw. Ew.: nicht
verschlossen
un|ver|schul|det Mw. Ew.:
ohne Schuld * **un|ver|schul-
de|ter|ma|ßen, un|ver|schul-
de|ter|wei|se** Uw.: schuldlos
un|ver|se|hens Uw.: überra-
schend
un|ver|sehrt Mw. Ew.: unver-
letzt : unbeschädigt
un|ver|sieg|bar Ew.: nicht ver-
siegbar
un|ver|söhn|lich Ew.: nachtra-
gend : feindlich * **un|ver|-
söhnt** Mw. Ew.: nicht versöhnt
un|ver|sorgt Ew.: nicht ver-
sorgt
Un|ver|stand, der; –(e)s: Un-
vernunft,   Torheit   *   **un|ver|-
stan|den** Mw. Ew.: nicht ver-
standen * **un|ver|stän|dig** Ew.:
einsichtslos   *   **Un|ver|stän-
dig|keit,** die; –: Unfassbarkeit :
Unbegreiflichkeit * **un|ver|-
ständ|lich** Ew.: undeutlich :
unbegreiflich * **Un|ver|ständ-
lich|keit,** die; –: Verworrenheit
: Undeutlichkeit * **Un|ver-
ständ|nis,** das; –ses: Mangel
an Verständnis
un|ver|steu|ert Ew.: nicht ver-
steuert
un|ver|sucht Mw. Ew.: ohne
Versuch
un|ver|träg|lich Ew.: unver-
einbar : streitsüchtig * **un|ver|-
träg|lich|keit,** die; –: das Un-
verträglichsein
un|ver|wandt Mw. Ew.: ohne
den Blick abzuwenden : unab-
lässig
un|ver|wech|sel|bar   Ew.:
nicht zu verwechseln
un|ver|wend|bar   Ew.:   un-
brauchbar * **un|ver|wen|det**
Ew.: unbenutzt

un|ver|wind|bar Ew.: nicht zu
verwinden
un|ver|wor|ren Ew.: klar :
nicht verwirrt
un|ver|wund|bar Ew.: nicht
verwundbar
**un|ver|wüst|bar, un|ver|wüst-
lich** Ew.: unzerstörbar : dauerhaft
un|ver|zagt Mw. Ew.: nicht
verzagt : mutig * **Un|ver-
zagt|heit,** die; –, –en: das
Nichtverzagtsein
un|ver|zeih|lich Ew.: nicht zu
verzeihen
un|ver|zicht|bar Ew.: nicht
verzichtbar
un|ver|zins|lich   Ew.:   nicht
verzinslich, ohne Zinsen
un|ver|zollt Mw. Ew.: nicht
verzollt
un|ver|züg|lich Ew.: ohne Ver-
zug, sofort
un|voll|en|det Mw. Ew.: nicht
vollendet, unfertig * **Un|voll-
en|det|heit,** die; –: das Unvoll-
endetsein
un|voll|kom|men Ew.: nicht
vollkommen : ungenau : lü-
ckenhaft * **Un|voll|kom|men-
heit,** die; –: Mangelhaftigkeit
un|voll|stän|dig Ew.: nicht
vollständig   :   dürftig   *
Un|voll|stän|dig|keit, die; –:
das Unvollständigsein
un|voll|zäh|lig Ew.: nicht voll-
zählig
un|vor|be|rei|tet Ew.: nicht
vorbereitet : aus dem Stegreif
un|vor|ein|ge|nom|men Ew.:
unbefangen : vorurteilsfrei *
Un|vor|ein|ge|nom|men|heit,
die; –: Unbefangenheit
un|vor|her|ge|se|hen   Ew.:
überraschend : zufällig
un|vor|schrifts|mä|ßig   Ew.:
nicht vorschriftsmäßig : nicht
den Vorschriften entsprechend
un|vor|sich|tig Ew.: nicht vor-
sichtig : nachlässig : unbedacht
* **Un|vor|sich|tig|keit,** die; –,
–en: das Unvorsichtigsein
un|vor|teil|haft Ew.: nicht vor-
teilhaft
un|wäg|bar Ew.: unberechen-
bar : nicht einschätzbar
un|wahr Ew.: nicht wahr : ver-
logen * **Un|wahr|heit,** die; –,
–en: Lüge : Unaufrichtigkeit *
un|wahr|haf|tig Ew.: lügen-
haft * **Un|wahr|haf|tig|keit,**
die; –, –en: Falschheit : Unehr-
lichkeit : Verlogenheit

un|wahr|schein|lich Ew.: nicht glaubhaft ✶ **Un|wahr|schein|lich|keit,** die; –, –en: Unglaubhaftigkeit

un|wan|del|bar Ew.: beständig

un|weg|sam Ew.: weglos : schlecht zu begehen

un|wei|ger|lich Ew.: unbedingt : ohne Weigerung : endgültig

un|weit Vw. mit Gen.: unfern, nahe ✶ *unweit des Dorfes*

un|wert Ew.: wertlos : unwürdig

Un|we|sen, das; –s, –: Missstand : verwerfliches Tun ✶ **un|we|sent|lich** Ew.: unbedeutend

Un|wet|ter, das; –s, –: stürmisches Wetter : Gewitter

un|wich|tig Ew.: bedeutungslos ✶ **Un|wich|tig|keit,** die; –, –en: Bedeutungslosigkeit

un|wi|der|leg|bar Ew.: nicht widerlegbar : einwandfrei

un|wi|der|ruf|lich Ew.: feststehend : zwingend : unerlässlich, dringend

un|wi|der|steh|lich Ew.: unbesiegbar : hinreißend ✶ **Un|wi|der|steh|lich|keit,** die; – ✶ **un|wie|der|bring|lich** Ew.: nicht wiederherstellbar : unersetzlich

Un|wil|le, der; –ns: Unlust : Widerwille : Ärger ✶ **un|wil|lig** Ew.: widerstrebend : zornig ✶ **un|will|kom|men** Ew.: nicht willkommen ✶ **un|will|kür|lich** Ew.: ohne zu wollen, unabsichtlich

un|wirk|lich Ew.: nicht wirklich ✶ **un|wirk|sam** Ew.: ohne Wirkung

un|wirsch Ew.: barsch, rau, unfreundlich

un|wirt|lich, un|wirt|sam Ew.: ungastlich, unfreundlich ✶ **Un|wirt|lich|keit, Un|wirt|sam|keit,** die; –: Ungastlichkeit ✶ **un|wirt|schaft|lich** Ew.: nicht wirtschaftlich : nicht lohnend

un|wis|send Ew.: ohne Kenntnisse : unkundig : ahnungslos ✶ **un|wis|sent|lich** Ew.: ohne Absicht ✶ **Un|wis|sen|heit,** die; –, –en: Unkenntnis ✶ **un|wis|sen|schaft|lich** Ew.: nicht wissenschaftlich ✶ **Un|wis|sen|schaft|lich|keit,** die; –, –en: das Unwissenschaftlichsein

un|wohl Ew.: nicht wohl ✶

Un|wohl|sein, das; –s: schlechtes Befinden

un|wohn|lich Ew.: nicht bewohnbar : ungemütlich

un|wür|dig Ew.: nicht würdig

Un|zahl, die; –: ungeheure Anzahl : Unmenge ✶ **un|zähl|bar** Ew.: nicht zählbar ✶ **un|zäh|lig** Ew.: zahllos ✶ *unzähligemal* → *unzählige Mal* Uw.: sehr oft

un|zähm|bar Ew.: nicht zähmbar

Un|ze (l.), die; –, –n: (eig.) Zwölftel eines Ganzen : Maß : kleines Gewicht

Un|zeit, die; –, –en: unpassende Zeit ✶ *zur Unzeit;* zur falschen Zeit ✶ **un|zeit|ge|mäß** Ew.: nicht zeitgemäß

un|zer|brech|lich Ew.: nicht zerbrechlich

un|zer|reiß|bar Ew.: nicht zerreißbar

un|zer|stör|bar Ew.: nicht zerstörbar

un|zer|trenn|lich Ew.: nicht zertrennlich

un|ziem|lich Ew.: gegen den Anstand verstoßend

un|zi|vi|li|siert Ew.: nicht zivilisiert

Un|zucht, die; –: gegen Sitte und Moral verstoßende sexuelle Handlung ✶ **un|züch|tig** Ew.: unsittlich

un|zu|frie|den Ew.: nicht zufrieden ✶ **Un|zu|frie|den|heit,** die; –, –en: das Unzufriedensein

un|zu|gäng|lich Ew.: ohne Zugang : verschlossen : versperrt : einsam ✶ **Un|zu|gäng|lich|keit,** die; –: die Verschlossenheit

un|zu|läng|lich Ew.: nicht ausreichend : unvollständig : mangelhaft ✶ **Un|zu|läng|lich|keit,** die; –, –en: das Unzulänglichsein

un|zu|läs|sig Ew.: nicht erlaubt ✶ **Un|zu|läs|sig|keit,** die : –: Unerlaubtheit

un|zu|mut|bar Ew.: nicht zumutbar

un|zu|rech|nungs|fä|hig Ew.: nicht zurechnungsfähig ✶ **Un|zu|rech|nungs|fä|hig|keit,** die; –: das Nichtzurechnungsfähigsein

un|zu|rei|chend Mw.: nicht genügend, nicht ausreichend

un|zu|sam|men|hän|gend Ew.: zusammenhanglos

un|zu|stän|dig Ew.: nicht zuständig

un|zu|träg|lich Ew.: nicht bekömmlich ✶ **Un|zu|träg|lich|keit,** die; –, –en: die Unbekömmlichkeit

un|zu|tref|fend Ew.: unrichtig, falsch

un|zu|ver|läs|sig Ew.: nicht zuverlässig ✶ **Un|zu|ver|läs|sig|keit,** die; –, –en: unzuverlässige Handlung : das Unzuverlässigsein

un|zweck|mä|ßig Ew.: nicht zweckmäßig : unbrauchbar ✶ **Un|zweck|mä|ßig|keit,** die; –, –en: das Unzweckmäßigsein : Untauglichkeit

un|zwei|deu|tig Ew.: keine andere Deutung zulassend : unmissverständlich

un|zwei|fel|haft Ew.: keine Zweifel zulassend : wirklich

U|pa|ni|schad (skr.), die; –, –en: ältestes philos. Werk der Veden

Up|date (e.) [apdäjt] das; –s, –s: aktualisierte Ausgabe, Neuauflage : (EDV) aktuelle Erweiterung eines Computerprogramms

Up|per|class (e.) [apperclas] die, –: „obere Klasse", Oberschicht

üp|pig Ew.: in Überfülle vorhanden : genießerisch : übermütig ✶ **Üp|pig|keit,** die; –, –en: das Üppigsein : etwas Üppiges

up to date (e.) [ap tu däjt]: auf der Höhe der Zeit : zeitgemäß : heutig

Ur, der; –(e)s, –e: Auerochs

Ur|ab|stim|mung, die; –, –en: direkte Abstimmung

Ur|ahn, der; –(e)s, –en: ältester Vorfahr ✶ **Ur|ah|ne,** die; –, –n: Urgroßmutter

U|ral, der; –s: Grenzgebirge zwischen Asien und Europa : Fluss in Russland

ur|alt Ew.: sehr alt ✶ **Ur|al|ter,** das; –s: sehr hohes Alter ✶ *von uralters her:* von jeher

U|rä|mie (l.-gr.), die; –: (Med.) Harnvergiftung

U|rin, der; –s, –e: Harn ✶ **Urin|un|ter|su|chung** ✶ **U|ri|nal,** das; –s, –e: Harnflasche ✶ **u|ri|nie|ren** intr.: harnen ✶

U|ro|lo|ge, der; –n, –n: Arzt für Krankheiten der Harnorgane ✶ **U|ro|lo|gie,** die; –:

Lehre vom Harn und von den Erkrankungen der Harnorgane

U|ran (gr.), das; –: ein Metall, chem. Grundstoff; Abk.: U ✴ *Uranbergwerk; Uranbrenner:* mit Uran betriebener Kernreaktor; *Uranglimmer:* radioaktives Mineral; *Uranpecherz, Uranpechblende:* wichtiges Radium- und Uranerz ✴ **U|ra|no|lith,** der; –s und –en, –e(n): Meteorstein ✴ **U|ra|no|lo|gie,** die; –: Himmelskunde ✴ **U|ra|nus,** der; –: ein Planet

Ur|an|fang, der; –(e)s, ..fänge: allererster Anfang ✴ **ur|an|fäng|lich** Ew.: im allerersten Anfang

U|ra|nit usw.: s. Uran

Ur|an|la|ge, die; –, –n: ursprüngliche Anlage

ur|auf|füh|ren (ich uraufführe, uraufgeführt, uraufzuführen) tr.: (Theaterstück) zum ersten Mal aufführen ✴ **Ur|auf|füh|rung,** die; –, –n: erste Aufführung

ur|ban (l.) Ew.: städtisch : gebildet : liebenswürdig ✴ **ur|ba|ni|sie|ren** tr.: verstädtern : verfeinern ✴ **Urba|nis|tik,** die; –: Wissenschaft des Städtewesens ✴ **Urba|ni|sie|rung,** die; –, –en: Verstädterung ✴ **Urba|ni|tät,** die; –: Höflichkeit : feine Lebensart : Liebenswürdigkeit ✴ **ur|bi et or|bi** (l.): der Stadt (Rom) und dem Erdkreise

ur|bar Ew.: (veralt.) zinsgebend : fruchtbar, tragbar : für den Ackerbau bereitet ✴ *urbar machen* tr. ✴ **Ur|bar|ma|chung,** die; –: das Urbarmachen [ahd. ur = er- und -bar = tragend]

Ur|be|deu|tung, die; –, –en: ursprüngliche Bedeutung

Ur|be|ginn, der; –(e)s: Uranfang

Ur|be|griff, der; –(e)s, –e: ursprünglicher Begriff

Ur|be|stand|teil, der; –(e)s, –e: Grundbestandteil

Ur|be|völ|ke|rung, die; –, –en: ursprüngliche, erste Bevölkerung

ur|bi et or|bi: s. urban

Ur|bild, das; –(e)s, –er: ursprüngliches Wesen eines Ab- oder Nachbildes

Ur|chris|ten|tum, das; –s: Christentum bis etwa 150 n. Chr.

Ur|du, das; –: eine neuindisch-persische Mischsprache : Amtssprache in Pakistan

ur|ei|gen Ew.: ursprünglich eigen : eigenst

Ur|ein|woh|ner, der; –s, –: Angehöriger der ursprünglichen Bevölkerung eines Gebietes

Ur|en|kel, der; –s, –;

Ur|en|ke|lin, die; –, –nen: Kind eines Enkels

Ur|feh|de, die; –, –n: (Mittelalt.) Verzicht auf Wiedervergeltung für erlittenes Unrecht ✴ *Urfehde schwören*

Ur|form, die; –, –en: ursprüngliche, erste Form

ur|ge|müt|lich Ew.: äußerst gemütlich

ur|gent (l.) Mw. Ew.: dringend : unaufschiebbar ✴ **Ur|genz,** die; –, –en: Notgedrungenheit : Drangsal : Mahnung ✴ *Urgenz-schreiben:* Mahnungsschreiben

Ur|ge|prä|ge, das; –s: ursprüngliches, eigenstes Gepräge

Ur|ge|schich|te, die; –, –n: Geschichte der Vorzeit ✴ **Ur|ge|schicht|ler,** der; –s, –: Wissenschaftler auf dem Gebiet der Urzeit ✴ **ur|ge|schicht|lich** Ew.: die Urgeschichte betreffend

Ur|ge|stalt, die; –, –en: ursprüngliche, erste Gestalt

Ur|ge|stein, das; –s, –e: Granit, Gneis

Ur|ge|walt, die; –, –en: Naturgewalt

Ur|groß|el|tern Mz.: Eltern der Großeltern ✴ **Ur|groß|mut|ter,** die; –, ..mütter: Mutter des Großvaters oder der Großmutter ✴ **Ur|groß|va|ter,** der; –s, ..väter: Vater des Großvaters oder der Großmutter

Ur|he|ber, der; –s, –: Schöpfer : Veranlasser : Verfasser ✴ **Urhe|ber|recht,** das; –s, –e: Schutzrecht gegen Nachahmung und Vervielfältigung von Werken, Mustern usw.; *Urheberschutz* ✴ **Ur|he|ber|schaft,** die; –: Verfasserschaft : Täterschaft

U|ri|el: ein Erzengel

Ur|kan|ton, der; –s, –e: einer der Gründungskantone der Schweiz (Schwyz, Uri und Unterwalden)

Ur|kir|che, die; –: die christliche Kirche bis ins 2. Jh. n. Chr.

Ur|kraft, die; –, ..kräfte: innerste, ursprüngl. Kraft ✴ **ur|kräf|tig** Ew.: äußerst kräftig

Ur|kun|de, die; –, –n: Zeugnis : schriftliches Beweisstück : altes Dokument ✴ *Urkundenfälschung:* Missbrauch der Urkundenform in rechtswidriger Absicht; *Urkundenforschung; Urkundenlehre:* Diplomatik, Lehre zum Verstehen, Beurteilen und zur Nutzanwendung der Urkunden früherer Zeiten; *Urkundensammlung:* Sammlung von Dokumenten ✴ **ur|kund|lich** Ew.: als Urkunde dienend : auf Urkunde beruhend ✴ *Urkundsbeamter; Urkundsregister*

Ur|laub, der; –(e)s, –e: Ferien : zeitweilige Befreiung vom Dienst ✴ **Ur|lau|ber,** der; –s, –: ein sich in (auf) Urlaub befindender Mensch ✴ *Urlaubsdauer; Urlaubsgeld; Urlaubsgesuch; Urlaubsschein; Urlaubssperre; Urlaubstag; Urlaubszeit*

Ur|mensch, der; –en, –en: Mensch der Urzeit : Urbild des Menschen

Ur|mut|ter, die; –: Stammmutter, Eva

Ur|ne, die; –, –n; Ürnchen, -lein: vorgeschichtl. Ton-, Bronzegefäß als Grabbeigabe : Behältnis für die Leichenasche : Gefäß für Lose oder Wahlzettel : Staubbeutel der Moose ✴ *Urnenfelder; Urnenfriedhof; Urnengrab*

Ur|ochs, Ur|och|se, der; ..sen, ..sen: Auerochse : Urbild eines Ochsen

U|ro|lo|ge usw.: s. Urämie

Ur|pflan|ze (l.), die; –, –n: Pflanze der Urzeit : Urbild aller Pflanzen

Ur|phä|no|men (gr.), das; –s, –e: Urerscheinung

ur|plötz|lich Ew.: überraschend plötzlich

Ur|pro|duk|ti|on (l.), die; –, –en: Rohstoffgewinnung

Ur|quell, der; –(e)s, –e: Ursprungsquell : Ursprungsstelle ✴ **Ur|quel|le,** die; –, –n: Urquell : ursprüngliche Quelle

Ur|sa|che, die; –, –n: Grund : Veranlassung ✴ *keine Ursache!:* Antwort auf den Dank eines Menschen; *Ursache geben:* Veranlassung zu etwas geben;

Ursachenforschung ∗ **ur|säch-lich** Ew.: eine Ursache habend : in einer Ursache begründet
Ur|schrift (l.), die; –, –en: die erste Schrift, Originalschrift ∗ **ur|schrift|lich** Ew.: im Original geschrieben
Ur|sen|dung, die; –, –en: erste Sendung im Funk oder Fernsehen
Ur|spra|che, die; –, –n: Stammsprache : Sprache des Urtextes
Ur|sprung, der; –(e)s, ..sprünge: Quell : erster Anfang : erstes Entstehen ∗ *Ursprungsgebiet; Ursprungsland; Ursprungsnachweis; Ursprungszeugnis* ∗ **ur|sprüng-lich** Ew.: dem Ursprung nach : echt : eigentlich ∗ **Ur|sprüng-lich|keit**, die; –: Eigenart : das Natürliche ∗ **ur|sprungs** Uw.: im Ursprung
Ur|stoff, der; –(e)s, –e: Grundstoff, chem. Element
Ur|teil, das; –s, –e: Richterspruch : begründete Meinung : die Beurteilung : Urteilskraft : in einen Satz gefasste Erkenntnis ∗ *Urteilsbegründung; urteilsfähig* Ew.; *Urteilskraft; urteilslos* Ew.; *Urteilsspruch; Urteilsverkündung; Urteilsvermögen; Urteilsvollstreckung* ∗ **ur|tei|len** intr.: ein Urteil fällen : seine Meinung sagen
Ur|text, der; –es, –e: Urschrift, Original
Ur|tier, das; –s, –e: nur aus einer Zelle bestehendes Tier
Ur|ty|pus (gr.), der; –, ..typen: Urbild, ursprüngliche Wesensform
Ur|ru|gu|ay: südamerik. Staat : südamerik. Fluss
Ur|ur|ahn, der; –s, –en: Vater des Urgroßvaters ∗ *Ururenkel; Ururgroßvater*
Ur|va|ter, der; –s, ..väter: Stammvater, Adam
Ur|ver|trau|en, das; –s: als Kleinkind erworbenes Geborgenheitsgefühl
ur|ver|wandt Ew.: seit Generationen verwandt
Ur|volk, das; –(e)s; ..völker: Stammvolk
Ur|wahl, die; –, –en: die Wahl der Wahlmänner ∗ **Ur|wäh|ler**, der; –s, –: Wahlberechtigter der Urwahl ∗ *Urwählerliste; Urwählerversammlung*

Ur|wahr|heit, die; –, –en: Grundwahrheit
Ur|wald, der; –s, ..wälder : im Urzustand befindlicher, von Menschen unberührter Wald
Ur|welt, der; –: Welt im Urzustand ∗ **ur|welt|lich** Ew.: der Urwelt angehörend
ur|wüch|sig Ew.: naturecht ∗ **Ur|wüch|sig|keit**, die; –, –en: Natürlichkeit, Echtheit
Ur|zeit, die; –: vorgeschichtliche Zeit ∗ **ur|zeit|lich** Ew.: zur Urzeit gehörig
Ur|zu|stand, der; –s, ..stände: ursprünglicher Zustand : natürlicher Zustand
US, USA (Abk.): United States (of America)
U|san|ce (fr.) [üsangß']: (kfm.) Brauch, Gepflogenheit, Gewohnheit ∗ *usancemäßig* Ew.: (kfm.) börsenmäßig : *Usancenhandel:* Devisenhandel in fremder Währung ∗ **u|su|ell** (l.) [usu..] Ew.: üblich, nach Gewohnheitsrecht ∗ **U|sus**, der; –: Brauch, Gewohnheit : Herkommen : Sitte ∗ *Ususfruktus:* Nießbrauch
Us|be|ke, der; –n, –n : Angehöriger eines tatarischen Volksstammes ∗ **Us|be|kis|tan:** Staat in Zentralasien
U|sel|dom: Ostseeinsel
U|ser (e.) [juhsᵉr], der; –s, –: gewohnheitsmäßiger Drogenbenutzer : (EDV) Anwender eines Computerprogramms
U|so (it.), der; –s: (kfm.) Handelsbrauch, Gewohnheit
u|su|ell, U|sus: s. Usance
U|sur|pa|ti|on (l.), die : –, –en: gewaltsame Aneignung : widerrechtliche Machtergreifung ∗ **U|sur|pa|tor**, der; –s, ..toren: Gewaltherrscher : Thronräuber ∗ **u|sur|pie|ren** tr.: gewaltsam sich aneignen
usw. (Abk.): und so weiter
U|tah: Bundesstaat im Westen der USA
U|ten|si|li|en (l.) (Mz.): Geräte, Gegenstände, Ausstattung ∗ *Mal-, Schreibutensilien*
U|te|rus, der; –, ..ri: Gebärmutter
u|ti|li|sie|ren (nl.): nutzbar, nützlich machen : ausbeuten ∗ **u|ti|li|tär** Ew.: auf den Nutzen bezogen ∗ **U|ti|li|ta|ri|er**, der; –s, –: Anhänger des Utilitarismus ∗ **U|ti|li|ta|ris|mus**, der; –:

Nützlichkeitslehre : philos. Lehre, nach der alle Handlungen nach ihrem Nutzen für die Allgemeinheit bewertet werden ∗ **U|ti|li|tät**, die; –: Nützlichkeit : Zweckmäßigkeit ∗ *Utilitätsprinzip*
U|to|pi|a, U|to|pi|en: Nirgendland, erdachtes Land ∗ **U|to|pie** (gr.), die : –, ..pien: nicht zu verwirklichende Idee ∗ **u|to|pisch** Ew.: unerfüllbar : unmöglich : schwärmerisch ∗ **U|to|pist**, der; –en, –en: Schwärmer, Weltverbesserer
U-to-pie
Fortan ist es möglich, einen einzelnen Buchstaben als Silbe abzutrennen: *U-topie, U-ral, U-ran usw.* Es sollte jedoch bei der Anwendung auf den ästhetischen Gesamteindruck geachtet werden.
ut su|p|ra (l.): wie oben; Abk.: u. s.
u. U. (Abk.): unter Umständen
UV (Abk.): ultraviolett
u. v. a. (Abk.): und viele(s) andere
u. v. a. m. (Abk.): und viele(s) andere mehr
UV-Lam|pe, die; –, –n: Höhensonne ∗ **UV-Strah|len** Mz.: ultraviolette Strahlen ∗ **UV-Strah|lung**, die; –: Höhenstrahlung
u. W. (Abk.): unseres Wissens
u. Z. (Abk.): unserer Zeitrechnung

V

V, v, das; –, –: der zweiundzwanzigste Buchstabe des Abece ∗ *Weißes V:* eine Art Tagfalter
V: (röm. Zahlzeichen) 5 : (Abk.) Volt : (Abk.) Volumen
va! (fr.) [wa]: geh! : (Spiel) es sei!, es gilt! ∗ **Va|ban|que** *auch:* **va ban|que** (fr.) [wa bank]: (Spiel) es gilt die Bank ∗ *Vabanque spielen auch: va banque spielen:* alles aufs Spiel setzen ∗ *Vabanquespiel*, das; –(e)s: Unternehmen, bei dem alles auf dem Spiel steht
Va|de|me|kum (l.) [w..k..], das;

–s, –s: „geh mit mir", Taschenbuch : Leitfaden : Denkzettel

Vaduz: Hauptstadt von Liechtenstein

vae victis! (l.) [wäh wiktihß]: wehe den Besiegten!

valge, vag (l.) [w..] Ew.: unbestimmt : undeutlich

Vagabund, der; –en, –en: Landstreicher * *Vagabundenleben* * **Vagabundentum** (l.-dtsch.), das; –s: Landstreicherei * **vagabundieren** (..iert) intr.: sich herumtreiben

Vagina (l.) [w..] die; –, ..nen: (Anat.) Scheide * **vaginal** Ew.: die Scheide betreffend

vakant (l.) [w..] Mw. Ew.: frei : leer stehend : unbesetzt, offen * **Vakanz,** die; –, –en: freie, offene Stelle : Ruhezeit, Ferien * *Vakanzenzeitung:* Zeitung mit Anzeigen freier Stellen * **Vakat,** das; –(s), –s: leere Seite (hinter dem Titelblatt eines Buches) * *Vakatanzeige:* Fehlanzeige; vgl. vacat * **Vakation,** die; –, –en: Befreiung, Freisein von einer Verpflichtung usw. * **Vakuole,** die; –, –n: Höhle, Hohlraum im Innern einer Zelle * **Vakuum,** das; –s, ..kua oder ..kuen: luftleerer Raum * *Vakuumapparat:* Vorrichtung zum Verdampfen im luftverdünnten Raum; *Vakuumbremse:* Saugbremse; *Vakuummeter:* Vakuumapparat : Unterdruckmesser; *Vakuumrohr:* Saugrohr; *Vakuumröhre:* Elektronen-, Röntgenröhre [l. vacare leer sein; vacuus leer]

Vakzin (nl.) [w..], das; –s: Kuhlymphe : Impfstoff

Val (fr.) [w..], **Valle** (it.) [w..], das; –: Tal (bes. in Namen)

valabel (l.) [w..] Ew.: gültig : rechtskräftig * **vale!** „sei gesund", lebe wohl! * **Valenz,** die; –, –en: Kraft : Wert : (Chem.) Wertigkeit * **Valet,** das; –s, –s: Abschied : Lebewohl * *Valet sagen* * **valete!** lebt wohl! * **Valeur** (fr.) [walöhr], die; –, –s: Wert : Wertpapier * **valid** [w..] Ew.: kräftig : rechtsgültig * **validieren** (..iert) tr.: bestätigen, gültig machen; intr.: (kfm.) gültig, rechtsgültig sein * **Validierung,** die; –, –en: Anerkennung, Gültigerklärung * **Validität** (l.), die; –: (Rechts-)

Gültigkeit * **Valor** [w..], der; –s: Wert, Gültigkeit (von Münzen) * **Vallor** [w..], der; –s, –en: Wertpapier * **valluieren** (..iert) (fr.) tr.: valvieren * **Valuta** (it.) [w..], die; –, ..ten: Währung : ausländisches Geld : Verhältnis zwischen Nennwert und Kurs von Wertpapieren * *Valutaanleihe; Valutadumping:* Preisunterbietung der ausländ. Märkte infolge Abwertung der eigenen Währung; *Valutaklausel; Valutakredit; Valutamark; Valutastand; Valutasturz* [l. valere gelten, wert sein]

valle, Validität usw.: s. valabel

Valenz: s. valabel

Valet: s. valabel

Valeur, valid usw.: s. valabel

valid: s. valabel

Valor usw.: s. valabel

Vamp (e.) [ʊwämp], der; –s, –s: verführerische, rücksichtslos berechnende Frau * **Vampir** (serbokr.) [w..], der; –s, –e: Blut saugender Geist Verstorbener : große, südamerikanische Fledermaus : (übertr.) Wucherer, Gelderpresser * **vampirisch** Ew.: in der Art eines Vampirs

van (ndl.) Vw.: von (auf die Herkunft bezogen, keine Adelsbezeichnung) * *van Rijn*

Vanadin, Vanadium [w..], das; –s: ein chem. Grundstoff, Stahlveredlungsmittel; Abk.: V * *Vanadinsäure:* höchste Oxydationsstufe des Vanadins

Vandale: s. Wandale

Vanille (span.) [wanilj'], die; –: indisches Rankengewächs : dessen gewürzhafte Samenkapseln * *Vanilleeis; Vanillesoße* * **Vanillin** [wanilihn], das; –s: Duftstoff vieler Pflanzen : Vanilleersatz

Vaporation, die; –: Ausdünstung * **Vaporimeter** (l.) [w..], das; –s, –: Gerät zur Messung des Alkoholgehaltes von Flüssigkeiten * **Vaporisateur** (fr.) [w..öhr], der; –s, –e: Verdampfer, Zerstäuber * **Vaporisation** (l.) [w..], die; –, –en: Verdampfung * **Vaporisator,** der; –s, ..toren: Dampfätzer * **vaporisieren** (..iert) tr.: verdampfen : den Al-

koholgehalt bestimmen * **valporös** (l.) [w..]: blähend : dunstig [l. vapor Dampf]

Varia (l.) [w..] Mz.: Verschiedenes, Allerlei * **variabel** Ew.: veränderbar, unbeständig * **Variabilität,** die; –, –en: Veränderlichkeit : Wandelbarkeit * **Variable,** die; –, –n: (Math.) veränderliche Größe : veränderlicher Wert * **Variante,** die; –, –n: Abart : abweichende Lesart * **Variation,** die; –, –en: Veränderung : (Mus.) veränderte Wiederholung eines Themas : Schwankung der Magnetnadel, des Barometers : (Math.) Zusammenstellung gegebener Größen in verschiedenen Anordnungen : Abart, Spielart * *Variationsbreite; variationsfähig* Ew.: veränderungsfähig; *Variationskompaß* → *Variationskompass:* Abweichungskompass; *Variationsmöglichkeit; Variationsrechnung:* (Math.) durch eine Funktion bestimmen, dass ein Integral dieser Funktion ein Maximum oder Minimum wird * **Varietät,** die; –, –en: Verschiedenheit : Mannigfaltigkeit : Abart * **Varietee** *auch:* **Varieté** (fr.), das; –s, –s: Theater mit buntem Programm * *Varietétheater* * **variieren** (..iert) tr.: nach allen Richtungen behandeln; intr.: schwanken : abwechseln * **Variometer,** das; –s, –: (Flugzeug) Messgerät rascher Luftdruckschwankungen : Gerät zur Beobachtung erdmagnetischer Störungen * **Varizelle** (nl.), die; –, –n: Windpocke [l. varius mannigfaltig, verschieden, bunt]

Varietee, Varieté
Beide Formen sind zulässig, wobei die integrierte Form *Varietee* die Hauptvariante, die fremdsprachige Form *Varieté* die Nebenvariante ist. In fortlaufenden Texten ist auf eine einheitliche Verwendung zu achten.

Varix: s. varikös

Vasall (ml.) [w..], der; –en, –en: Lehnsmann : Untertan * *Vasallendienst; Vasallenstaat* [l. vasallus zu kelt. gwâs Diener]

Va|se (l.) [w..], die; –, –n: Ziergefäß für Blumen ✳ *vasenförmig* Ew.; *Vasenkunde:* Kunde von den Tongefäßen aus dem Altertum ✳ **vas|ku|lar** Ew.: (Anat.) Gefäße enthaltend : Gefäße betreffend ✳ **Va|so|gen** [w..], das; –s, –e: wasserlösliches Mineralöl, Salbengrundlage [l. vas Gefäß]

Va|se|lin [w..], das; –s: salbenartige, geruchlose Masse, die als Grundlage für Salben dient

vas|ku|lar: s. Vase

vast (l.) [w..] Ew.: wüst, öde : ausgedehnt

Va|ter, der; –s, Väter; Väterchen: Erzeuger : geistiger Urheber : väterlicher Mensch : Anrede eines alten Mannes : Ehrentitel und Anrede für höhere Geistliche ✳ *Heiliger Vater:* Titel des Papstes ✳ *Vaterauge; Vatererde:* Heimat; *Vatergefühl; Vaterhaus; Vaterland:* Heimat-, Geburtsland; *vaterländisch* Ew.; *Vaterland(s)liebe; Vaterliebe; Vatermörder:* Mörder seines Vaters : (veralt.) Herrenhalskragen; *Vaterpflicht; Vaterrecht; Vaterschaft; Vaterstadt:* Geburtsstadt; *Vaterstelle:* Amt, Stelle, Rolle des Vaters; *"Vaterunser",* das; –s, –: das mit "Vater unser" beginnende neutestamentliche Gebet ✳ *Vatersbruder; Vatersschwester* ✳ **vä|ter|lich** Ew.: in der Art eines Vaters : vom Vater herstammend ✳ *väterlicherseits* Uw.: von der Seite des Vaters her ✳ **Vä|ter|lich|keit,** die; –: väterliches Wesen ✳ **Va|ter|schaft,** die; –: das Vatersein : Urheberschaft ✳ *Vaterschaftsbestimmung; –klage*

Va|ti|kan (l.) [w..], der; –s: Residenz des Papstes ✳ **va|ti|ka|nisch** Ew.: auf den Vatikan bezogen ✳ *die Vatikanische Bibliothek:* die Bibliothek im Vatikan; *Vatikanstadt:* kleinster souveräner Staat der Welt

Vau|de|vil|le (fr.) [ˈwodˈwihl], das; –s, –s: Singspiel burlesken Charakters

V-Ausschnitt, der, –s, –e: v-förmiger Ausschnitt z. B. beim Pullover

v. Chr. (Abk.): vor Christus

VEB (Abk.): volkseigener Betrieb (in der ehem. DDR)

Ve|ga|ner (e.) [we..], der; –s, –: sich ohne Fleisch-, Fisch-, Milch- und Eiprodukte ernährender Mensch ✳ **Ve|ge|ta|bi|li|en** (l.) [w..] Mz.: pflanzliche Nahrungsmittel ✳ **ve|ge|ta|bi|lisch** Ew.: pflanzlich ✳ **Ve|ge|ta|ri|er,** der; –s, –: Pflanzenkostesser ✳ **ve|ge|ta|risch** Ew.: auf die Pflanzenkost bezogen ✳ **Ve|ge|ta|ris|mus,** der; –: Ernährung durch Pflanzenkost ✳ **Ve|ge|ta|ti|on,** die; –, –en: Pflanzenwelt ✳ *Vegetationsgeschichte; Vegetationskunde; Vegetationspunkt:* Wachstumskegel ✳ **ve|ge|ta|tiv** Ew.: pflanzlich : pflanzenartig, unbewusst ✳ *vegetatives Nervensystem:* unwillkürliches Nervensystem; *vegetative Vermehrung:* ungeschlechtliche Vermehrung durch Ausläufer u. a. ✳ **ve|ge|tie|ren** (..iert) intr.: als Pflanze wachsen : dürftig, untätig dahinleben [l. vegetare beleben]

ve|he|ment (l.) [w..] Ew.: heftig, ungestüm ✳ **Ve|he|menz,** die; –: Heftigkeit, Ungestüm, Gewalt

Ve|hi|kel (l.) [w..], das; –s, –: Fahrzeug : (Med.) Aufnahmestoff, Grundlage : Träger [l. vehere fahren]

Veil, das; –s, –e; (bes.) **Veil|chen,** das; –s, –: eine Pflanze, Viola ✳ *Veilchenblatt; veilchenblau* Ew.; *Veilchenduft; Veilchenfarbe; Veilchengewächse; Veilchenholz:* Holz einer austral. Akazie, das nach Veilchen riecht; *Veilchenwurzel:* Schwertlilienart

Veit: m. Vn. : ein Heiliger ✳ *Veitsbohne:* eine Bohnenart; *Veitstanz:* eine Nervenkrankheit (urspr. Tanzwut des 14. Jhs., zu deren Heilung der heilige Veit helfen sollte)

Vek|tor (l.) [w..], der; –s, ..to|ren: (Phys.) durch Zahl und Richtung bestimmte, als Pfeil dargestellte Größe ✳ *Radiusvektor:* Leitstrahl

ve|lar Ew.: (Sprachl.) mit dem Gaumensegel gebildet ✳ *Velarlaut* ✳ **Ve|la|ri|um,** das; –s, ..rien: Sonnenschutzdach✳ **Ve|lum,** das; –s, ..la: Segel : Hülle : Schultertuch der kath. Priester : Kelchtuch ✳ **Ve|lum pa|la|ti|num,** das; – –, ..la ..na:

(Anat.) Gaumensegel, weicher Gaumen

ve|lo|ce (it.) [welotsche]: (Mus.) schnell ✳ **Ve|lo|ci|tas** (l.) [w..z..], die; –: (Phys.) Geschwindigkeit ✳ **Ve|lo|drom** (l.-gr.) [w..], das; –s, –e: Radrennbahn ✳ **Ve|lo|zi|tät** (l.), die; –, –en: Geschwindigkeit [l. velox, Gen. velocis schnell]

Ve|lours (fr.) [weluhr], der; –: Samt : ein langhaariger Wollstoff ✳ *Velourshut; Veloursleder; Velourssteppich*

Velt|lin, das; –s: Tal der oberen Adda in Norditalien ✳ **Velt|li|ner,** der; –s, –: Bewohner des Veltlins : Wein aus dem Veltlin

Ve|lum: s. velar

Vel|vet (l.-e.) [ˈuwelwˈt], der; –s, –s: Baumwollsamt

Ven|det|ta (it.) [w..], die; –, ..tten: Blutrache

Ve|ne (l.) [w..], die; –, –n: Ader, die das Blut zum Herzen führt ✳ *Venenblut:* dunkelrotes Blut; *Venenentzündung* ✳ **ve|nös** Ew.: zu den Venen gehörig : aderreich ✳ *venöses Blut:* dunkelrotes Blut

Ve|ne|dig (l.): Venezia, it. Provinz und Stadt ✳ **Ve|ne|ti|en:** oberital. Landschaft ✳ **Ve|ne|zia:** s. Venedig ✳ **Ve|ne|zi|a|ner,** der; –s, –: Einwohner Venedigs ✳ **ve|ne|zi|a|nisch** Ew.: aus Venezia stammend

Ve|ne|ra|bi|le, das; –s: (kath. K.) geweihte Hostie ✳ **Ve|ne|ra|ti|on,** die; –, –en: Ehrfurcht

Ve|ne|rie (fr.) [w..], die; –, ..rien: Geschlechtskrankheit ✳ **ve|ne|risch** (l.) [w..] Ew.: geschlechtskrank ✳ **Ve|nus:** röm. Göttin der Liebe ✳ *Venusbart:* Kardendistel; *Venusberg:* (Anat.) Schamberg : Hörselberg in Thüringen; *Venusschnecke:* Porzellanschnecke; *Venussonde:* Raumsonde zur Erforschung des Planeten Venus

ve|ni, vi|di, vi|ci (l.) [w.., w.., wizi]: ich kam, ich sah, ich siegte

Venn: s. Fenn ✳ *Hohe Venn,* das; –n–s: Teil der Eifel

ve|nös: s. Vene

Ven|til (l.) [w..], das; –s, –e: Luftklappe : Auslass : Sicherheitsklappe ✳ *Ventilkolben; Ventilsteuerung* ✳ **Ven|ti|la|ti|on**, die : –, –en: Lüftung : Lüftungsanlage ✳ **Ven|ti|la|tor**, der; –s, ..toren: Lüftungsvorrichtung : Lüfter ✳ **ven|ti|lie|ren** (..iert) tr.: lüften : mit einer Lüftungsanlage versehen : (übertr.) zur Sprache bringen, erörtern

Ve|nus: s. Venerie

ver|ab|fol|gen (verabfolgt) tr.: (Kanzleispr.) ausliefern : ausgeben

ver|ab|re|den (verabredet) tr.: Abrede treffen über; rbz.: (sich mit jemandem –) ein Treffen ausmachen ✳ **Ver|ab|re|dung**, die; –, –en: das Verabreden : verabredetes Treffen

ver|ab|rei|chen (verabreicht) tr.: geben : reichen

ver|ab|säu|men tr.: vernachlässigen : verfehlen

ver|ab|scheu|en tr.: Abscheu empfinden vor ✳ *verabscheuenswert* Ew.: wert, verabscheut zu werden ✳ **Ver|ab|scheu|ung**, die; –, –en: das Verabscheuen ✳ *verabscheuungswürdig* Ew.: verabscheuenswert

ver|ab|schie|den (verabschiedet) tr.: entlassen : (Gesetz –) beschließend annehmen; rbz.: Abschied nehmen ✳ **Ver|ab|schie|dung**, die; –, –en; das Verabschieden

ver|ach|ten tr.: keiner Achtung wert halten ✳ *verachtenswert* Ew.: wert, verachtet zu werden ✳ **Ver|äch|ter**, der; –s, –: ein Verachtender ✳ **ver|ächt|lich** Ew.: Verachtung verdienend ✳ **Ver|ächt|lich|keit**, die; –: das Verächtlichsein ✳ **Ver|ach|tung**, die; –: das Verachten, Missachtung

ver|al|bern (ich ..[e]re) tr.: verhöhnen ✳ **Ver|al|be|rung**, die; –, –en: alberne Verhöhnung

ver|all|ge|mei|nern (ich ..[e]re; verallgemeinert) tr.: auf die Allgemeinheit anwenden ✳ **Ver|all|ge|mei|ne|rung**, die : –, –en: das Verallgemeinern

ver|al|ten intr. (sein): hinter der Entwicklung zurückbleiben : außer Gebrauch kommen

Ve|ran|da (port.) [w..], die; –, ..den: Vorbau : offene Vorhalle ✳ *verandaartig* Ew.; *Veranda-aufgang*

ver|än|der|lich Ew.: sich leicht verändernd : von Natur der Änderung unterworfen ✳ **Ver|än|der|lich|keit**, die; –, –en: das Veränderlichsein ✳ **ver|än|dern** (ich ..[e]re) tr.: anders machen; rbz.: eine andere Stellung annehmen ✳ **Ver|än|de|rung**, die; –, –en: Wandlung : Wechsel ✳ *plötzliche Veränderung:* Umschwung

ver|ängs|ti|gen tr.: durch Angst einschüchtern

ver|an|kern (ich ..[e]re) tr.: durch Anker befestigen : (Baukst.) mit Anker zusammenhalten ✳ **Ver|an|ke|rung**, die; –, –en: das Verankern

ver|an|la|gen (veranlagt) tr.: (einen –) Steuerbetrag festsetzen ✳ **ver|an|lagt** Mw. Ew.: eingeschätzt : befähigt ✳ **Ver|an|la|gung**, die; –, –en: (Steuer-, Zoll-)Erklärung : Befähigung ✳ *Veranlagungssteuer; Veranlagungsverfahren*

ver|an|las|sen (du veranlasst; er veranlasst; du veranlasstest; veranlasst) tr.: den Anlass zu etwas geben ✳ **Ver|an|las|sung**, die; –, –en: Anstoß : Ursache, Beweggrund

ver|an|schau|li|chen (veranschaulicht) tr.: anschaulich machen ✳ **Ver|an|schau|li|chung**, die; –: das Veranschaulichen

ver|an|schla|gen (du veranschlagtest; veranschlagt) tr.: schätzend berechnen

ver|an|stal|ten (veranstaltet) tr.: etwas durchführen : abhalten ✳ **Ver|an|stal|ter**, der; –s, –: ein Veranstaltender ✳ **Ver|an|stal|tung**, die; –, –en: das Veranstalten : Vergnügung, Fest

ver|ant|wor|ten (verantwortet) tr.: einstehen für ✳ **ver|ant|wort|lich** Ew.: die Verantwortung habend ✳ **Ver|ant|wor|tung**, die; –, –en: Pflicht, für etwas einzustehen, zu sorgen usw. ✳ *die Verantwortung haben, übernehmen:* haftbar dafür sein ✳ *verantwortungsbewußt* ➞ *verantwortungsbewusst, -voll* Ew.; *Verantwortungsgefühl*

ver|äp|peln tr.: (volkst.) veralbern : necken

ver|ar|bei|ten (verarbeitet) tr.: zweckentsprechend verwenden : durch Bearbeiten Rohstoffe umgestalten : (übertr.) durchdenken ✳ **Ver|ar|bei|tung**, die; –, –en: das Verarbeiten : Art, wie etwas verarbeitet ist

ver|är|gern (ich ..[e]re, verärgert) tr.: in Ärger versetzen

ver|ar|men intr. (sein): arm werden ✳ **Ver|ar|mung**, die; –, –en: das Armwerden

ver|arz|ten tr.: fachmännisch ärztl. behandeln : (erweitert) sachverständig abfertigen : (scherzh.) verprügeln ✳ **Ver|arz|tung**, die; –, –en: ärztliche Behandlung : sachkundige Erledigung

ver|äs|te|l(n) (ich ..[e]le) tr., rbz.: verzweigen ✳ **Ver|äs|te|lung**, die; –, –en: Verzweigung

ver|aus|ga|ben tr.: als Ausgabe verbrauchen; rbz.: alles hergeben, verbrauchen

ver|aus|la|gen tr.: leihweise für jemanden bezahlen

ver|äu|ßer|lich Ew.: verkäuflich ✳ **ver|äu|ßer|li|chen** tr.: äußerlich, oberflächlich werden : den inneren Wert verlieren ✳ **Ver|äu|ßer|li|chung**, die; –, –en: das Veräußerlichen ✳ **ver|äu|ßern** tr.: verkaufen ✳ **Ver|äu|ße|rung**, die; –, –en: Verkauf

Ver|bum, Verb [w..], das; –s, ..ben: Zeitwort, Aussagewort, Tätigkeitswort ✳ **ver|bal** Ew.: zeitwörtlich : mündlich ✳ *Verbalinjurie:* Beleidigung durch Worte; *Verbalinspiration:* wörtliche „Einhauchung" der biblischen Offenbarungen durch den göttlichen Geist; *Verbalnote:* mündlich vorgetragenes, nicht schriftlich übergebenes diplomatisches Schreiben; *Verbalsubstantiv:* vom Zeitwort unmittelbar abgeleitetes Hauptwort; *Verbalsuggestion:* Beeinflussung durch Worte, durch Reden ✳ **ver|ba|li|sie|ren** (..iert) intr.: in Worte fassen : aus einem Wort ein Wort bilden ✳ **Ver|ba|lis|mus**, der; –: Vorherrschaft des Wortes statt der Sache im Unterricht : Neigung zum Wortemachen, Sprücheklopfen ✳ **ver|ba|li|ter** Uw.: wörtlich : Wort für Wort ✳ **Ver|bal|stil**, der; –s: Stil, bei dem das Zeitwort bevorzugt wird ✳ **ver|bos, ver|bös** Ew.: wortreich, weitschweifig ✳

Verbolsiltät, die; –: Wortfülle : Redseligkeit : Weitschweifigkeit * *verbotenus* (l.) Uw.: wortwörtlich

verballhorlnen tr.: verschlechtern * **Verballhornung,** die; –, –en: Verschlechterung; vgl. Ballhorn

Verbalnolte: s. Verbum

Verband, der; –(e)s, Verbände: Verbindung : Vereinigung von Organisationen : (Med.) Bandage um eine Wunde : Material zum Verbinden * *Verbandkasten; Verbandplatz; Verbandstoff; Verbandzeug * Verbandsdirektor; –kasse; –vorsitzende; –vorstand; Verbandszimmer *

verbinlden tr.: falsch binden : bindend verwenden, verbrauchen : zubinden, zusammenbinden : einen Verband anlegen : vereinigen : Verbindlichkeit eingehen : (Chem.) vereinigen * **verbindlich** Ew.: höflich : verpflichtend * **Verbindlichkeit,** die; –, –en: Höflichkeit : Verpflichtung *

Verbinldung, die; –, –en: Zusammenhang : Zugang : Freundschaft : Assoziation : Vereinigung, bes. von Studenten * *Verbindungsart; Verbindungsgraben; Verbindungsformel; Verbindungslinie; Verbindungsmann; Verbindungsstudent; Verbindungsstück; Verbindungsweg; Verbindungszeichen * **Verbund,** der; –(e)s, –e: Verbindung * *Verbundglas; Verbundmaschine:* Compoundmaschine; *Verbundnetz:* Netz zur Elektrizitätsversorgung, das von mehreren Kraftwerken gespeist wird * **verbünldeln** (ich ..[e]le) rbz.: Verschwörungen anzetteln * **verbünlden** tr., rbz.: einen Bund schließen * **Verbünldete** der (die); –n, –n: Bundesgenosse *

Verbünldung, die; –, –en: das Verbünden : Bündnis

verbanlnen tr.: aus einem Gebiet verweisen : ausschließen * **Verbanlnung,** die; –, –en: das Verbannen : das Verbanntsein

verbarlrilkaldielren (..iert) (dtsch.- fr.) tr.: verrammen

verbaulen tr.: bauend versperren : bauend verbrauchen : falsch bauen

verbaulern intr. (sein): zum Bauern werden : ungehobeltes Benehmen haben

verbelamlten tr.: zum Beamten machen

verbeilßen tr.: oben abbeißen : (Wörter –) undeutlich sprechen, verschlucken : die Zähne zusammenbeißend (Gefühle) unterdrücken; rbz.: (z. B. Hund) sich festbeißen : (übertr.) sich in einer Meinung festrennen * **verbislsen** Mw. Ew.: so festgebissen, dass das Loskommen schwierig ist : (übertr.) hartnäckig : entschlossen : versessen * **Verbislsenlheit,** die; –: das Verbissensein

Verbelnalzee (l.) [w..], die; –, –n: eine Pflanze, Eisenkraut * *Verbenaöl:* ätherisches Grasöl * **Verbelne,** die; –, –n: Eisenkraut, Eisenhart

verberlgen tr.: den Augen entziehen * **verborlgen** Ew.: versteckt : heimlich * *im verborgenen → im Verborgenen:* im Stillen, geheim; *im verborgenen blühen → im Verborgenen blühen* intr.: unbemerkt bleiben, nicht hervortreten * **Verborlgenlheit,** die; –: das Verborgensein, Versteck

verbeslsern (ich ..[e]re) tr.: besser machen : ausbessern * **Verbeslselrung,** die; –, –en: das Verbessern * *verbesserungsfähig* Ew.: fähig, sich zu verbessern : geeignet, verbessert zu werden * *Verbesserungsvorschlag*

verbeulgen rbz.: herabbeugen : sich verneigen * **Verbeulgung,** die; –, –en: das Verbeugen

verbeullen tr.: Beulen in etwas schlagen : aus der Form bringen

verbielgen tr.: falsch biegen : krümmen : (übertr.) schlecht machen * **Verbielgung,** die; –, –en: das Verbiegen

verbielten tr.: untersagen : (Zunftspr.) vorladen * **Verlbot,** das; –(e)s, –e: Befehl, der etwas verbietet

verbillden tr.: falsch bilden, formen : durch falsche Bildung verderben * **verlbildet** Mw. Ew.: missgestaltet (auch übertr.)

verbildllilchen tr.: im Bild darstellen, veranschaulichen * **Verbildllilchung,** die; –, –en: Veranschaulichung

verlbinlden, Verlbindllichlkeit usw.: s. Verband

verbislsen: s. verbeißen

verbitlten rbz., tr.: durch Bitten verbieten : (sich etwas –) bitten, dass etwas unterbleibe

verbitltern rbz., tr.: bitter machen : unzufrieden, voll Groll sein; intr. (sein), rbz.: in bittere Stimmung geraten * **Verbitltelrung,** die; –, –en: das Verbittern : das Verbittertsein

verblaslsen tr., intr.: blass werden

verblätltern tr.: (Buch –) die Seite verschlagen

verbläulen tr.: gehörig durchprügeln : durch blaue Farbe verderben; verblauen

Verbleib, der; –(e)s: das Verbleiben : der Aufenthaltsort * **verbleilben** intr.: dabei, fest bleiben

verblenlden tr.: (übertr.) blind machen : der Einsicht berauben : (eine Wand) verkleiden * *Verblendstein:* verdeckender Mauerstein : Schmuckstein * **Verblenldung,** die; –: das Verblenden : (übertr.) Mangel an Einsicht

verblilchen Ew.: verblasst : verstorben * **Verblilchelne,** der; –n, –n: Tote

verblölden tr.: blöde, geistig stumpf machen; intr.: blöde werden * **Verblölldung,** die; –, –en: das Verblöden

verblüflfen tr.: in Erstaunen versetzen : überraschen * **Verblüfftlheit, Verblüfflfung,** die; –, –en: Bestürzung : Verwirrung

verblülhen intr. (sein): abblühen : verwelken

verblümt Mw. Ew.: andeutend : durch die Blume gesprochen

verblulten intr., rbz.: durch Blutverlust sterben

verbohlren tr.: durch Bohrlöcher und Holznägel verbinden : schlecht bohren; rbz.: sich auf etwas versteifen * **verbohrt** Mw. Ew.: unbrauchbar : auf etwas versteift

verborlgen tr.: verleihen

verborlgen Ew.: s. verbergen

verlbos: s. Verbum

Verlbot: s. verbieten

ver|brä|men tr.: mit Pelz, Stickerei besetzen, verzieren : (übertr.) verschleiern : verhüllen

Ver|brand, der; –(e)s, Verbrände: Verbrauch an Brennstoffen : Brennstoff ✳ **ver|brenn|bar** Ew.: so beschaffen, dass es durch Feuer vernichtet werden kann ✳ **ver|bren|nen** intr.: durch Brennen verzehrt werden; tr.: durch Brennen verzehren lassen : brennend zerstören, beschädigen ✳ **Ver|bren|nung**, die; –, –en: das Verbrennen ✳ *Verbrennungsmaschine:* durch die Kraft der explosionsartigen Verbrennung gasförmiger Stoffe getriebene Maschine; *Verbrennungsmotor:* Verbrennungsmaschine; *Verbrennungsofen:* Einäscherungsofen

Ver|brauch, der; –(e)s: das Verbrauchen : das Verbrauchte ✳ *Verbrauchsartikel; Verbrauchsgegenstand; Verbrauchsgüter; Verbrauchslenkung; Verbrauchsplanung; Verbrauchssteuer* **ver|brauchen** tr.: völlig verwenden : aufbrauchen : abnutzen ✳ **Ver|brau|cher**, der; –s, –: Konsument ✳ *Verbrauchergenossenschaft; Verbraucherpreis*

Ver|bre|chen, das; –s, –: Übertretung eines Gesetzes ✳ *Verbrechensbekämpfung* **ver|bre|cher**, der; –s, –; **Ver|bre|che|rin**, die; –, –nen: Person, die ein Verbrechen begangen hat ✳ *Verbrecheralbum; Verbrechergesicht; Verbrecherkolonie:* Strafkolonie; *Verbrecherphysiognomie; Verbrecherwahnsinn* ✳ **ver|bre|cherisch** Ew.: in der Weise eines Verbrechers : gesetzwidrig

ver|brei|ten tr.: weiter ausdehnen : breiter machen; rbz.: weithin sich ausdehnen, hindringen : sich ausführlich und umständlich aussprechen : bekannt machen ✳ **Ver|brei|tung**, die; –, –en: Ausbreitung : das Umsichgreifen : Bekanntgabe ✳ *Verbreitungsgebiet* ✳ **ver|brei|tern** tr.: breiter machen ✳ **Ver|brei|te|rung**, die; –, –en: das Verbreitern : breitere Stelle

ver|bren|nen: s. Verbrand

ver|brie|fen tr.: durch Urkunden sicherstellen : sich schrift-

lich verbürgen

ver|brin|gen tr.: hinbringen : (Zeit, Vermögen –) nutzlos vergeuden

ver|brü|dern (ich ..[e]re) rbz.: Bruderschaft schließen : sich als Brüder verbinden ✳ **Ver|brü|de|rung**, die; –, –en: das Verbrüdern

ver|brü|hen tr.: durch Brühen verwunden, verletzen

ver|bu|chen tr.: (kfm.) in ein Geschäftsbuch eintragen

Ver|bum: s. Verb

ver|bum|meln tr.: durch Müßiggang oder Vergesslichkeit versäumen : herunterkommen ✳ **ver|bum|melt** Mw. Ew.: (Umgspr.) heruntergekommen

Ver|bund, **ver|bün|deln** usw.: s. Verband

ver|bür|gen tr., rbz.: Bürgschaft leisten : Gewähr bieten

ver|bü|ßen tr.: (Strafe –) absitzen ✳ **Ver|bü|ßung**, die; –, –en: das Verbüßen

ver|chro|men tr. [..kro..]: mit Chrom überziehen ✳ **Ver|chro|mung**, die; –, –en: das Verchromen

Ver|dacht, der; –(e)s: Mutmaßung : Argwohn ✳ *Verdachtsgrund; Verdachtsmoment*, das ✳ **ver|däch|tig** Ew.: in Verdacht stehend : Verdacht erregend ✳ **ver|däch|ti|gen** tr., rbz.: in Verdacht bringen, haben ✳ **Ver|däch|ti|gung**, die; –, –en: das Verdächtigen

ver|dam|men tr.: verurteilen, schuldig erklären : (Bib.) mit ewiger Strafe belegen ✳ *verdammenswert* Ew.: ✳ **Ver|damm|nis**, die; –, ..nisse; das; ..nisses, ..nisse: das Verdammtsein : Fluch ✳ **Ver|dam|mung**, die; –, –en: das Verdammen

ver|damp|fen intr.: in Dampf aufgehen; tr.: in Dampf aufgehen lassen : abkühlen ✳ **Ver|damp|fung**, die; –, –en: das Verdampfen ✳ *Verdampfungsanlage*

ver|dan|ken tr.: einem etwas zu danken haben : einem Dank schuldig sein

ver|dau|en tr.: in Nahrungssaft umwandeln : verarbeiten ✳ **ver|dau|lich** Ew.: so beschaffen, dass es leicht verdaut werden kann ✳ *leichtverdaulich →*

leicht verdaulich ✳ *schwerverdaulich → schwer verdaulich* ✳ **Ver|dau|lich|keit**, die; –: das Verdaulichsein ✳ **Ver|dau|ung**, die; –: das Verdauen ✳ *Verdauungsapparat; Verdauungsbeschwerden; Verdauungsorgan; Verdauungsstörung*

Ver|deck, das; –(e)s, –e: Schiffsdeck : das Wagendach ✳ **ver|de|cken** tr.: zudeckend verhüllen, dem Anblick entziehen

ver-de-cken

Grundsätzlich wird nach Sprechsilben getrennt. Dabei entfällt die alte Regel *ck* als *k-k* zu trennen. Stattdessen wird vor dem *ck* getrennt: *verde-cken, le-cken, He-cke usw.*

ver|den|ken tr.: (einem etwas –) verargen, verübeln

Ver|derb, der; –(e)s: das Verderben, der Ruin ✳ **ver|der|ben** (verdirbst, verdirbt; verdarb, verdürbe; verdorben; verdirb!) intr.: Schaden leiden : zugrunde gehen : schlecht, unbrauchbar werden; tr.: unbrauchbar machen : beschädigen : zugrunde richten : (zer)stören ✳ **ver|derbt** Mw. Ew.: verkommen : (Bib.) innerlich schlecht ✳ **Ver|der|ben**, das; –s, –: Untergang, Ruin ✳ *Verderbensstifter* ✳ **Ver|derber**, der; –s, –: einer, der Verderben bringt ✳ **ver|derb|lich** Ew.: Verderben bringend : (seltener) leicht verderbend : sehr schlecht ✳ **Ver|derbt|heit**, die; –, –en: die Verdorbenheit, bes. in sittlicher Beziehung ✳ **ver|dor|ben** Ew.: schlecht, wertlos geworden : (übertr.) verkommen ✳ **Ver|dor|ben|heit**, die; –, –en: Schlechtigkeit : Wertlosigkeit

ver|deut|li|chen tr.: deutlich machen

ver|deut|schen tr.: deutsch machen : ins Deutsche übersetzen : (volkst.) erklären

ver|dich|ten tr., rbz.: dicht machen : dichter werden : zusammendrängen ✳ **Ver|dich|ter**, der; –s, –: Kompressor ✳ **Ver|dich|tung**, die; –, –en: das Verdichten : das Verdichtete

ver|die|nen tr.: (veralt.) durch Dienste erwerben : (Geld –) durch Arbeit erwerben : wert sein ✳ *sich um etwas verdient* *machen:* sich Verdienste erwerben um etwas * *verdientermaßen, verdienterweise* Uw.: verdient, dem Verdienst gemäß *

Verdienst, der; -es, -e: das Verdiente : Einkommen : Lohn * *Verdienstausfall; Verdienstgrenze; Verdienstmöglichkeit; Verdienstquelle; Verdienstspanne:* Gewinnmöglichkeit *

Verdienst, das; -es, -e: Anrecht auf Anerkennung : Tat, durch die man Anerkennung erwirbt * *Verdienstkreuz; Verdienstorden; verdienstvoll* Ew.

Verdikt (l.) [w..], das; -(e)s, -e: Urteil : Spruch der Geschworenen

verdingen (verdingte; verdingt und verdungen) tr., rbz.: sich gegen Lohn zu Arbeit verpflichten

verdonnern tr.: (Umgspr.) verurteilen * **verdonnert** Mw. Ew.: erschreckt : bestürzt

verdoppeln (ich ..[e]le) tr.: doppelt machen : vermehren, stärken * **Verdoppelung, Verdopplung** die; -, -en: das Verdoppeln

verdorben: s. Verderb

verdorren intr.: vertrocknen : zu Staub werden : verwelken

verdrahten tr.: mit Draht versehen, verschließen

verdrängen tr.: wegdrängen : aus dem Besitz (einer Stelle) vertreiben : ins Unterbewusstsein drängen * **Verdrängung,** die; -, -en: das Verdrängen

verdrehen tr.: falsch drehen : umkehren : etwas unrichtig darstellen * **verdreht** Mw. Ew.: verschroben, verrückt * **Verdrehtheit,** die; -, -en: Verrücktheit * **Verdrehung,** die; -, -en: das Verdrehen : Drilling, Torsion

verdreifachen tr.: dreifach machen

verdrießen (du verdrießt, er verdrießt; du verdrossest, er verdross, du verdrössest; verdrossen; verdrieß[e]!) tr. (meist unp.): Überdruss empfinden, Widerwillen erregen * **verdrießlich** Ew.: schlecht gelaunt : Unbehagen erregend * **Verdrießlichkeit,** die; -, -en: das Verdrießlichsein * **Verdruß → Verdruss,** der; -es, -e: Unbehagen : Ärger : Erbitterung

verdrücken tr.: niederdrücken : (stud.) essen; rbz.: (Bergb.) (Gang) abnehmen : verschwinden

verduften intr., rbz.: (eig. duftend, dann [scherzh.] überhaupt) unauffällig verschwinden

verdummen intr.: dumm werden; tr.: dumm machen * **Verdummung,** die; -, -en: das Verdummen

verdunkeln (ich ..[e]le) tr.: dunkel machen : verbergen, verheimlichen * **Verdunkelung, Verdunklung** die; -, -en: das Verdunkeln * *Verdunkelungsgefahr; Verdunklungsübung*

verdünnen tr.: dünn machen

verdunsten intr.: vom flüssigen in einen gasförmigen Zustand übergehen * **Verdunstung,** die; -, -en: allmählicher Übergang eines flüssigen Körpers in Gasform * *Verdunstungskälte; Verdunstungsmesser:* Atmometer

verdursten intr.: vor Durst umkommen

verdutzt Mw. Ew.: verblüfft

verebben intr.: (durch Ebbe) langsam abnehmen : (übertr.) abflauen

veredeln (ich ..[e]le) tr.: edel, wertvoller machen; rbz.: verfeinern, edler werden * **Veredelung,** die; -, -en: das Veredeln : Verfeinerung : Vervollkommnung * *Veredlungsindustrie; Veredlungsverfahren*

verehelichen tr., rbz.: verheiraten * **Verehelichung,** die; -, -en: das Verehelichen

verehren tr.: sehr achten : Ehrerbietung, Achtung entgegenbringen : ein Geschenk machen * **Verehrer,** der; -s, -: ein Verehrender, Liebhaber * **Verehrung,** die; -, -en: das Verehren : (Ehren-)Geschenk * *verehrungsvoll* Ew.; **verehrungswürdig** Ew.

vereiden, vereidigen tr.: durch Eid verpflichten * **Vereidigung,** die; -, -en: das Vereidigen

Verein, der; -(e)s, -e: Vereinigung, Verbindung von Menschen zur Pflege gemeinsamer Interessen * *Vereinshaus; Vereinsleitung; Vereinslokal; Vereinsmannschaft; Vereinsmeier:*

Mensch, der im Vereinsleben aufgeht; *Vereinsmeierei; Vereinswesen* * **vereinbar** Ew.: sich vereinigen lassend * **vereinbaren** tr.: vereinigen, verbinden : verabreden : untereinander verpflichten * **Vereinbarung,** die; -, -en: gütliches Übereinkommen, das Vereinbaren * **vereinigen** tr., rbz.: zu einer Einheit verbinden * *Vereinte Nationen; Vereinigte Staaten von Amerika* * **Vereinigung,** die; -, -en: Verein : Zusammenschluss : Verbindung

vereinfachen tr.: einfach, einfacher machen * **Vereinfachung,** die; -, -en: das Vereinfachen

vereinheitlichen tr.: einheitlich machen * **Vereinheitlichung,** die; -, -en: das Vereinheitlichen

vereinnahmen tr.: (Geld) einnehmen

vereinsamen tr.: einsam machen; intr.: einsam werden * **Vereinsamung,** die; -, -en: das Einsamsein

vereinzelt Ew.: gesondert : einmalig : selten : hin und wieder * **Vereinzelung,** die; -, -en: Einsamkeit : Solipsismus

vereisen intr.: zu Eis werden; tr.: zu Eis machen * **Vereisung,** die; -, -en: das Vereisen

vereiteln (ich ..[e]le) tr.: nicht zulassen, verhindern * **Vereitelung,** die; -, -en: das Vereiteln

verelenden tr.: elend machen; intr. (sein): elend werden * **Verelendung,** die; -, -en: das Verelenden : das Verelendetsein

verenden intr. (haben, sein): (bes. weidm.) sterben

verenge(r)n (ich ..[e]re) tr.: enge, enger machen; rbz.: enger werden * **Verengung, Verengerung** die; -, -en: das Verenge(r)n

vererben tr.: als Erbe hinterlassen : als erbliches Eigentum übertragen : elterliche Eigenschaften auf die Nachkommen übertragen * **Vererbung,** die; -, -en: das Vererben * *Vererbungslehre*

verewigen tr., rbz.: ewig, unvergesslich machen *

ver|e|wigt Mw. Ew.: verstorben * **Ver|e|wig|te**, der; die; –n, –n: Verstorbene(r)

ver|fah|ren intr. (sein, haben): (mit etwas –) mit etwas umgehen; tr.: durch Fahren aufbrauchen : (bergm.) das Feld oder einen Gang mit Schächten und Strecken öffnen; rbz.: falsch fahren * **ver|fah|ren** Mw. Ew.: (übertr.) falsch geleitet : verwickelt * **Ver|fah|ren**, das; –s, –: (Med.) Behandlung : (Rechtsspr.) Verhandlung, Untersuchung : (wissenschaftl.) Methode * (Rechtsspr.) ein Verfahren einleiten (einstellen) * *Verfahrensfrage; Verfahrensmethode; verfahrensrechtlich* Ew.; *Verfahrensregel; Verfahrenstechnik; Verfahrensweise*

Ver|fall, der; –(e)s: das Zerfallen : Niedergang : (Rechtsspr.) Verwirkung : (kfm.) Fälligkeit * *der Verfall der Kräfte, der Sitten; in Verfall geraten* * *Verfallsdatum; Verfallserklärung; Verfallserscheinung; Verfallstermin; Verfallszeit* * **ver|fal|len** intr. (sein): allmählich zugrunde gehen, zerstört werden, zerfallen : (in einen Zustand –) versinken : (Seem.) hingeraten, wohin man nicht will : anheim fallen, in Besitz übergehen : (Wechsel, Schuld) fällig sein : (auf etwas –) auf den Gedanken kommen

ver|fäl|schen tr.: fälschen * **Ver|fäl|schung**, die; –, –en: das Verfälschen

ver|fan|gen rbz.: sich verwickeln : Wind schlucken : (bergm.) (Erz) an der Luft blasser werden : sich unterfangen; tr.: (Milch des Viehs –) zurückhalten : (Rechtsspr.) mit Beschlag belegen, der freien Verfügung entziehen : (seem.) fangen, abfassen, festmachen : ablösen; intr.: eine beabsichtigte Wirkung hervorbringen, nützen, ausrichten * **ver|fäng|lich** Ew.: bedenklich, misslich * **Ver|fäng|lich|keit**, die; –, –en: das Verfänglichsein

ver|fär|ben tr.: durch Färben verderben : falsch einfärben; rbz.: die Gesichtsfarbe verändern * **Ver|fär|bung**, die; –, –en: das Verfärben : das Verfärbtsein

ver|fas|sen tr.: verfertigen, ab-

fassen * **Ver|fas|ser**, der; –s, –: Schriftsteller, Urheber eines Schriftwerks, Autor * *Verfasserrecht* * **Ver|fas|ser|schaft**, die; –: Urheberschaft in Bezug auf ein Schriftwerk * **Ver|fas|sung**, die; –, –en: die Handlung des Verfassens : Zustand, Lage : Gemütsstimmung : Staatsgrundgesetz * *die Verfassung eines Buches; in guter Verfassung sein:* in gutem Zustand sein; *die Verfassung eines Staates* * *verfassunggebend* Ew. * *Verfassungsänderung; Verfassungsbeschwerde; Verfassungseid; Verfassungsfrage; Verfassungsgericht; verfassungslos* Ew.; *verfassungsmäßig* Ew.; *Verfassungsordnung; Verfassungsrecht; Verfassungsschutz; Verfassungstag:* Tag zur Feier des Abschlusses einer Staatsverfassung; *verfassungstreu* Ew.; *Verfassungsurkunde; verfassungswidrig* Ew.

ver|fau|len intr.: durch Fäulnis verderben

ver|fech|ten tr.: (fechtend) verteidigen * **Ver|fech|ter**, der; –s, –: der Verfechtende * **Ver|fech|tung**, die; –, –en: das Verfechten

ver|feh|len tr., intr.: fehlen : nicht treffen : unterlassen * **ver|fehlt** Mw. Ew.: misslungen * **Ver|feh|lung**, die; –, –en: das Verfehlen : leichtes Vergehen

ver|fein|den tr., rbz.: zum Feind machen * **Ver|fein|dung**, die; –, –en: das Verfeinden : Feindschaft

ver|fei|nern tr., rbz.: fein(er) machen * **Ver|fei|ne|rung**, die; –, –en: das Verfeinern

ver|fes|ti|gen tr.: fest machen; rbz., intr.: fest werden * **Ver|fes|ti|gung**, die; –, –en: das Verfestigen

Ver|fet|tung, die; –, –en: krankhafter, übermäßiger Fettansatz

ver|fil|men tr.: im Film darstellen * **Ver|fil|mung**, die; –, –en: Darstellung im Film

ver|fil|zen tr.: zu Filz machen; rbz., intr. (sein): filzig werden, sich ineinander wirren * **Ver|fil|zung**, die; –, –en: das Verfilzen

ver|fins|tern (ich ..[e]re) tr.: finster machen; rbz.: finster werden * **Ver|fins|te|rung**,

die; –, –en: das Verfinstern, Finsternis

ver|fla|chen intr., rbz.: flach werden : (übertr.) oberflächlich werden; tr.: flach machen * **Ver|fla|chung**, die; –, –en: das Verflachen

ver|flech|ten tr.: einflechten : in einen engen Zusammenhang bringen

ver|flie|gen intr.: sich verflüchtigen; rbz.: sich fliegend verirren, falsch fliegen

ver|flixt Mw. Ew.: (volkst.) verflucht, Ausruf bei Verwünschungen

ver|flos|sen Mw. Ew.: früher : ehemalig

ver|flu|chen tr.: verwünschen, jemandem Böses wünschen * **ver|flucht** Mw.: Ausruf zur Bezeichnung des Ärgerlichen, Verdrießlichen : Ausruf der Bewunderung; Mw. Uw.: in hohem Grade, Maße, sehr * **Ver|flu|chung**, die; –, –en: Verwünschung

ver|flüch|ti|gen tr.: verdunsten, verdampfen; rbz.: (in Dämpfen) verfliegen : (übertr.) sich davonstehlen * **Ver|flüch|ti|gung**, die; –, –en: das Verflüchtigen

ver|flüs|si|gen tr.: flüssig machen * **Ver|flüs|si|gung**, die; –, –en: das Verflüssigen

ver|fol|gen tr.: nachspüren, forschen : bedrängen : nachgrübeln * **Ver|fol|ger**, der; –s, –: ein Verfolgender * **Ver|fol|gung**, die; –, –en: das Verfolgen * *Verfolgungsgeist; Verfolgungsjagd; Verfolgungssucht; Verfolgungswahn*

ver|for|men tr.: die Form, Gestalt von etwas ändern

ver|frach|ten tr.: als Fracht versenden, befördern

ver|fran|zen rbz: (Flugw.) sich verfliegen : (übertr.) sich verirren

ver|frem|den tr.: umändern : in ungewohnter Weise zeigen; rbz.: sich ändern * **Ver|frem|dung**, die; –, –en: das Verfremden

ver|fres|sen Mw. Ew.: fressgierig * **Ver|fres|sen|heit**, die; –: das Verfressen : das Verfressensein

ver|fro|ren Mw. Ew.: leicht frierend : durchgefroren

ver|frü|hen tr.: zu früh eintreten lassen; rbz.: zu früh kommen ✳ ver|früht Mw. Ew.: zu früh ✳ Ver|frü|hung, die; –: (Pädagog.) ein für das Verständnis des Kindes zu frühes, zu hohes Lehrgebiet oder Unterrichtsverfahren

ver|fü|gen tr.: anordnen : über etwas bestimmen, Anordnung treffen : (Techn.) ineinander fügen; rbz.: sich begeben : *über etwas verfügen:* über etwas frei bestimmen ✳ *verfügungsberechtigt* ✳ ver|füg|bar Ew.: vorhanden : verwendbar ✳ Ver|fü|gung, die; –, –en: Erlass : Anordnung ✳ *letztwillige Verfügung:* Testament; *Verfügungsgewalt; Verfügungsrecht* ✳ *zur Verfügung stehen:* bereit sein (stehen); *zur Verfügung stellen:* überlassen

ver|füh|ren tr.: falsch führen : (übertr.) verlocken : missbrauchen : verleiten ✳ Ver|füh|rer, der; –s, –: der Verführende ✳ ver|füh|re|risch Ew.: verlockend ✳ Ver|füh|rung, die; –, –en: das Verführen ✳ *Verführungskunst*

ver|füt|tern tr.: als Futter verwenden, verbrauchen

ver|gack|ei|ern tr.: (Umgspr.) necken, veralbern

ver|gäl|len tr.: verderben, bitter machen : versalzen, unbrauchbar machen ✳ *die Freude vergällen; vergällter Spiritus*

ver|ga|lop|pie|ren (..iert) (fr.) rbz.: (volkst.) sich irren, einen Fehler machen : übers Ziel schießen

ver|gam|meln intr.: (Umgspr.) verbummeln : alt werden : verderben : verkommen

ver|gan|gen Mw. Ew.: vorig, letzt; Uw.: (mundartl.) neulich, jüngst ✳ Ver|gan|gen|heit, die; –, –en: vergangene Zeit : Vorleben : (Sprachl.) Präteritum ✳ *Vergangenheitsbewältigung*

ver|gäng|lich Ew.: leicht vergehend, keinen Bestand habend ✳ Ver|gäng|lich|keit, die; –, –en: das Vergänglichsein : das Vergängliche ✳ ver|ge|hen intr. (sein): hinschwinden, verschwinden, aufhören zu sein : hinsiechen : entschwinden; rbz.: gegen das Recht verstoßen ✳ Ver|ge|hen, das; –s, –: strafbare Handlung : das Hinsterben

ver|ga|sen intr., tr.: in Gas verwandeln : mit Gas füllen : durch Gas töten ✳ Ver|ga|ser, der; –s, –: der Vergasende : Vorrichtung am Motor zur Vergasung des Brennstoffs ✳ Ver|ga|sung, die; –, –en: Verflüchtigung : Tötung durch Gas

ver|gat|tern tr.: mit einem Gatter versehen : (Heerw.) durch Signal versammeln : jemanden verpflichten ✳ Ver|gat|te|rung, die; –, –en: (Heerw.) Versammlung : Signalruf bei Wachablösung

ver|ge|ben tr.: (Karten –) falsch geben : (mundartl.) (Waren –) versteuern : weggeben : verschenken : verzeihen; rbz.: falsch geben ✳ *sich etwas vergeben:* sich erniedrigen ✳ ver|geb|lich Ew.: erfolglos, fruchtlos ✳ Ver|geb|lich|keit, die; –: Nutzlosigkeit : Erfolglosigkeit ✳ ver|ge|bens Uw.: umsonst, ohne Wirkung ✳ Ver|ge|bung, die; –, –en: das Vergeben : (bes.) Verzeihung

ver|ge|gen|wär|ti|gen (vergegenwärtigt) tr.: in Gedanken gegenwärtig machen, sich vorstellen ✳ Ver|ge|gen|wär|ti|gung, die; –, –en: das Vergegenwärtigen

Ver|ge|hen: s. vergangen

ver|geis|ti|gen tr.: durchgeistigen, geistig machen

ver|gel|ten tr.: (veralt.) wiedererstatten : belohnen : (übertr.) erwidern ✳ Ver|gel|tung, die; –, –en: das Vergelten, Strafe, Belohnung : vergeltende Macht ✳ *Vergeltungsmaßnahme; Vergeltungsrecht; Vergeltungsschlag; Vergeltungstag; Vergeltungswaffe*

ver|ges|sen (du vergisst, er vergisst; du vergaß[es]t, du vergäßest; vergessen; vergiss!) tr.: die Erinnerung an etwas verlieren : an etwas nicht denken; rbz.: Selbstbeherrschung verlieren ✳ Ver|ges|sen|heit, die; –: das Vergessen ✳ *in Vergessenheit geraten sein* ✳ ver|geß|lich → ver|gess|lich Ew.: leicht vergessend ✳ Ver|geß|lich|keit → Ver|gess|lich|keit, die; –, –en: das Vergesslichsein ✳ Ver|giß|mein|nicht → Ver|giss|mein|nicht, das; –, –(e): Pflanze, Mauseöhrchen

ver|geu|den tr.: verschwenden ✳ Ver|geu|dung, die; –, –en: das Vergeuden

ver|ge|wal|ti|gen tr.: einem Gewalt antun : (Frau –) notzüchtigen ✳ Ver|ge|wal|ti|gung, die; –, –en: das Vergewaltigen : Notzucht : Schändung

ver|ge|wis|sern (ich vergewiss[e]re; vergewissert) rbz.: sich Gewissheit verschaffen : bestärken, bestätigen : überzeugen ✳ Ver|ge|wis|se|rung, die; –, –en: das Vergewissern : das Vergewissertsein

ver|gie|ßen tr.: verschütten, hingießen, fließen lassen : hingeben : (Blut –) töten : beim (Be-)Gießen verderben : zum Gießen benutzen, verbrauchen : durch Gießen befestigen; rbz.: sich durch Ausgießen aufbrauchen : falsch gießen

ver|gif|ten tr.: mit Gift erfüllen, giftig machen : durch Gift töten : (übertr.) seelisch, moralisch zerstören; rbz.: giftig werden : sich durch Gift töten ✳ Ver|gif|tung, die; –, –en: das Vergiften : das Vergiftetsein ✳ *Vergiftungserscheinung*

ver|gil|ben intr. (sein): (vom Alter) gelb, fahl werden

Ver|giß|mein|nicht → Ver|giss|mein|nicht: s. vergessen

ver|git|tern tr.: mit einem Gitter verschließen ✳ Ver|git|te|rung, die; –, –en: das Vergittern

ver|gla|sen intr. (sein): glasig, gläsern werden; tr.: glasig machen : mit Glas verschließen ✳ Ver|gla|sung, die; –, –en: das Verglasen

Ver|gleich, der; –(e)s, –e: vertragliche Beilegung eines Rechtsstreites : Vergleichung ✳ *Vergleichsgläubiger; Vergleichskampf:* sportlicher Wettbewerb zum Vergleich; *Vergleichsobjekt; Vergleichspunkt; Vergleichsschuldner; Vergleichstermin; Vergleichsverfahren; –vorschlag; ver-*

gleichsweise Uw.: durch Vertrag, Vergleichung : im Vergleich * **vergleichbar** Ew.: so beschaffen, dass es verglichen werden kann * **vergleichen** tr.: gleichmachen : einen Vergleich schließen, sich ausgleichen : prüfend auf Übereinstimmung zusammenhalten; rbz.: Streit gütlich beilegen

verglimmen intr.: allmählich aufhören zu glimmen

verglühen intr. (sein): allmählich aufhören zu glühen : glühend vergehen : durch Glut zerstört werden; tr.: durch Glühen zerstören, beschädigen : (Porzellan –) brennen

vergnügen tr.: (veralt.) zufriedenstellen : erfreuen : belustigen; rbz.: sich belustigen * **Vergnügen**, das; –s, –: das Vergnügtsein : Belustigung, Freude * *vergnügungshalber* Uw.: um des Vergnügens willen * **vergnüglich** Ew.: fröhlich * **vergnügt** Mw. Ew.: befriedigt, zufrieden : froh, heiter * **Vergnügung**, die; –, –en: das Vergnügen : das Vergnügtsein * *Vergnügungsindustrie; Vergnügungspark; Vergnügungsreise; Vergnügungssteuer; Vergnügungssucht; vergnügungssüchtig* Ew.: übermäßig vergnügungsliebend

vergolden tr.: mit Gold beziehen * *Vergoldepresse:* (Buchdrw.) Prägepresse zum Aufpressen von Blattgold * **Vergoldung**, die; –, –en: das Vergolden

vergönnen tr.: erlauben : gewähren : zugestehen

vergöttern (ich vergöttere) tr.: verehren : anbeten * **Vergötterung**, die; –: das Vergöttern * **vergöttlichen** tr.: göttlich machen

vergraben tr.: begraben, verscharren : verstecken; rbz.: (in Arbeit, Bücher) sich vertiefen

vergrämen tr.: durch Gram verbittern : Gram bereiten : (weidm.) verscheuchen; rbz.: sich in Gram aufzehren

vergrätzen tr.: jmdm. die gute Laune verderben

vergreifen rbz.: falsch, fehlgreifen : durch falschen Griff die Hand verrenken * *sich an etwas vergreifen:* sich etwas

unbefugt nehmen : stehlen; *sich im Ton vergreifen:* mit unpassenden Worten reden * **vergriffen** Mw. Ew.: (Ware, bes. Bücher) ausverkauft

vergreisen intr.: überaltern * **Vergreisung**, die; –: Überalterung

vergröbern (ich ..[e]re) tr., rbz.: grob machen * **Vergröberung**, die; –, –en: das Vergröbern

vergrößern (ich ..[e]re) tr.: größer machen : ausdehnen; rbz.: größer werden : vermehren * **Vergrößern**, die; –, –en: das Vergrößern : Zunahme * *Vergrößerungsapparat; Vergrößerungsglas; Vergrößerungslinse; Vergrößerungsspiegel*

vergucken rbz.: sich versehen : sich vergaffen : sich verlieben

vergünstigen tr.: als Gunst gestatten, vergönnen * **Vergünstigung**, die; –, –en: Vorrecht : Zugeständnis : (kfm.) Ermäßigung

vergüten tr.: als Ersatz bieten, bezahlen : Entspiegeln einer Linse * **Vergütung**, die –, –en: Gehalt, Bezahlung für eine Leistung : Entschädigung : Ausgleich : Entspiegelung

verh. (Abk.): verheiratet

verhackstücken tr.: (Umgspr.) bis in alle Einzelheiten besprechen und kritisieren

verhaften tr.: mit Haften oder Hefteln befestigen : arretieren, in Haft nehmen : als Unterpfand verschreiben * **verhaftet** Mw. Ew.: verpflichtet : eng verbunden * *einem verhaftet sein:* einem verpflichtet sein; *jemanden verhaften:* in Haft nehmen * **Verhaftung**, die; –, –en: das Verhaften * *Verhaftungsbefehl; Verhaftungswelle*

verhageln (ich ..[e]le) tr., intr.: (durch Hagel) verderben * **verhagelt** Mw. Ew.: durch Hagel verdorben : (übertr.) verdorben

verhallen intr.: hallend verklingen : leiser werden und verschwinden

verhalten tr.: zurückhalten : verschweigen : zögern : stocken : anhalten; rbz.: sich benehmen : (unp.) sich zugetra-

gen haben * *die Sache verhält sich so* * **Verhalten**, das; –s: Betragen : Benehmen * *verhaltensauffällig* Ew.; *Verhaltensforschung; Verhaltensfrage; verhaltensgestört* Ew.; *Verhaltensmaßregel; Verhaltensmuster; Verhaltensweise*

Verhaltenheit, die; –: Zurückhaltung * **Verhältnis**, das; –ses, –se: wechselseitige Beziehung von Personen oder Sachen : Liebschaft : (Math.) Proportion, Ebenmaß, Gleichmaß von Größen * *Verhältnisansatz:* Verhältnisregel; *Verhältnisgleichung:* Proportion; *verhältnismäßig* Ew.; *Verhältniswahl:* Wahl nach dem Stimmenverhältnis; *Verhältniswort:* Präposition

verhandeln (ich ..[e]le) tr.: unterhandeln : eine gerichtliche Verhandlung führen : verschachern * **Verhandlung**, die; –, –en: das Verhandeln * *Verhandlungsbasis; Verhandlungsbereitschaft; Verhandlungsgrundlage; Verhandlungspartner; Verhandlungssaal; Verhandlungssprache; Verhandlungstermin; Verhandlungsweg:* gesprächsweise Auseinandersetzung

verhängen (verhängte, verhängt) tr.: durch Vorgehängtes verdecken : an eine andere Stelle hängen : (Strafe –) zuteilen : (dem Pferde die Zügel –) schießen lassen * **Verhängnis**, das; –nisses, –nisse: verhängtes Geschick : Schicksal * *Verhängnisglaube; verhängnisvoll* Ew.

verhärmt Mw. Ew.: vergrämt

verharren intr. (haben, sein): beharrend verbleiben

verharschen intr.: hart gefrieren : verkrusten : (Wunde –) vernarben * **Verharschung**, die; –, –en: das Verharschen

verhärten intr.: hart werden; tr.: hart machen; rbz.: hart werden * **Verhärtung**, die; –, –en: das Verhärten

verhaspeln (ich ..[e]le) tr., rbz.: schlecht wickeln : sich beim Sprechen verwirren

verhaßt → **verhasst** Mw. Ew.: verabscheut : übermäßig gehasst

verhätscheln (ich ..[e]le) tr.: hätschelnd verziehen, verzärteln * Ver|hät|sche|lung, Ver|hätsch|lung, die; –, –en: das Verhätscheln

Ver|hau, der; das; –(e)s, –e: Verhack : Absperrvorrichtung : Hindernis * ver|hau|en tr.: durchprügeln; rbz.: (Fechtkst.) so hauen, dass man dem Gegner eine Blöße gibt : sich irren; tr.: durch abgehauene Bäume oder Drahtzaun absperren

ver|he|ben rbz.: durch Heben verrenken : sich durch Heben Schaden zufügen

ver|hed|dern tr., rbz.: (mundartl.) verwirren (beim Sprechen)

ver|hee|rend Mw. Ew.: verderblich : schlimm; Uw.: sehr, in hohem Grade * Ver|hee|rung, die; –, –en: das Verheeren : das Verheertsein

ver|heh|len tr.: verschweigen, verbergen * Ver|heh|lung, die; –, –en: das Verhehlen * ver|hoh|len Mw. Ew.: heimlich, versteckt

ver|hei|len intr.: heil werden * Ver|hei|lung, die; –, –en: das Verheilen

ver|heim|li|chen tr.: geheim halten : verbergen * Ver|heim|li|chung, die; –, –en: das Verheimlichen

ver|hei|ra|ten tr.: durch Heirat mit jemandem verbinden, in die Ehe gehen; rbz.: (sich mit jemandem –) eine Ehe schließen * Ver|hei|ra|tung, die; –, –en: das Verheiraten

ver|hei|ßen tr.: versprechen, zusichern * Ver|hei|ßung, die; –, –en: das Verheißen, Zusicherung * verheißungsvoll Ew.

ver|hei|zen tr.: zum Heizen verbrauchen, verwenden : (übertr.) rücksichtslos für eigene Zwecke einsetzen : (Truppen) opfern

ver|hel|fen intr.: helfen, behilflich sein

ver|herr|li|chen tr.: herrlich machen : herrlich erscheinen lassen * Ver|herr|li|chung, die; –, –en: das Verherrlichen

ver|het|zen tr.: aufhetzen, aufwiegeln : durch Hetzen verfeinden : (weidm.) Hetzhunde durch Fehlhetzen unruhig machen * Ver|het|zung, die; –, –en: das Aufwiegeln, Aufreizen : das Aufgewiegeltwerden

ver|heu|ern tr., rbz.: (seem.) anmustern

ver|he|xen tr.: durch Hexerei verwandeln, verzaubern * ver|hext Mw. Ew.: verzaubert : verteufelt

ver|hin|dern (ich ..[e]re) tr.: hindern : ein Hindernis entgegenstellen * verhindert sein: nicht kommen können * Ver|hin|de|rung, die; –, –en: das Verhindertsein * Verhinderungsfall

ver|hoh|len: s. verhehlen

ver|höh|nen tr.: höhnend verspotten * ver|hoh|ne|pi|peln (ich ..[e]le) tr.: (Umgspr.) verhöhnen : verulken * Ver|höh|nung, die; –, –en: das Verhöhnen : Verspottung

ver|hö|kern (ich ..[e]re) tr.: (Umgspr.) billig verkaufen

ver|ho|len tr.: (seem.) mit einem am Ufer festgemachten Tau heranziehen : (Tuchm.) die Presse –: schärfer anziehen * Verholboje; Verholmaschine

ver|hol|zen intr. (sein): holzig, hart werden; tr.: (mundartl. stud.) verprügeln

Ver|hör, das; –(e)s, –e: das Vernehmen (vor Gericht) * ver|hö|ren tr.: durch Fragen aushorchen : gerichtlich befragen : (weidm.) durch Hören besonders in der Brunst- oder Balzzeit den Aufenthalt des Wildes erkunden; rbz.: falsch hören * Ver|hö|rung, die; –, –en: das Verhören

ver|hu|deln (ich ..[e]le) intr. (sein): verludern, verlumpen; tr.: durch Liederlichkeit zugrunde richten

ver|hül|len tr.: verdecken

ver|hun|dert|fa|chen tr.: hundertfach machen

ver|hun|gern (ich ..[e]re) intr.: durch Hunger schwach werden, sterben

ver|hun|zen tr.: hässlich machen : verderben * Ver|hun|zung, die; –, –en: das Verhunzen

ver|hü|ten tr.: verhindern * Ver|hü|tung, die; –, –en: das Verhindern * Verhütungsmittel: empfängnisverhütendes Mittel

ver|hüt|ten tr.: in der Schmelzhütte Erze verarbeiten * Ver|hüt|tung, die; –, –en: das Verhütten

ver|hut|zeln (ich ..[e]le) intr. (sein): zusammenschrumpfen

Ve|ri|fi|ka|ti|on (nl.) [w..], die; –, –en: Bekräftigung : Beglaubigung : Beurkundung : Beleg * ve|ri|fi|zier|bar Ew.: nachprüfbar * ve|ri|fi|zie|ren (..iert) tr.: beglaubigen : beurkunden

ve|ri|ta|bel (fr.) Ew.: wahrhaft : wirklich : aufrichtig : echt [l. verus wahr]

ver|in|ner|li|chen tr.: seelisch vertiefen * ver|in|ner|licht Ew.: seelisch gerichtet : feinfühlig

ver|ir|ren rbz.: vom rechten Wege abkommen * Ver|ir|rung, die; –, –en: Abweichung : Abweg

ver|ja|gen tr.: wegjagen, vertreiben : (Zeit –) auf der Jagd verbringen; rbz.: sich beim Jagen verirren, versteigen

ver|jäh|ren intr.: (Rechtsspr.) nach Ablauf einer bestimmten Zeit Kraft und Berechtigung verlieren, rbz.: die Berechtigung verlieren * ver|jährt Mw. Ew.: altehrwürdig, alt : hinfällig geworden * Ver|jäh|rung, die; –, –en: das Verjähren : Verjährungsfrist

ver|jaz|zen tr.: bekannte Musikstücke im Jazzstil vortragen

ver|ju|beln (ich ..[e]le) tr.: (Geld, Zeit –) im Jubel verbringen, durchbringen * ver|juch|hei|en, ver|ju|hei|en, ver|juch|sen, ver|ju|xen tr.: (mundartl.) verjubeln

ver|jün|gen (tr.): jung, jünger machen : (bildende Künste) in kleinerem Maße darstellen : (Hüttw.) zur Probe einen geringen Teil darstellen; rbz.: jung werden : nach oben enger werden * Ver|jün|gung, die; –, –en: das Verjüngen * Verjüngungskur; Verjüngungstrank

ver|ka|beln tr.: mit Kabeln versehen : Kabel für Fernseh- und Rundfunkempfang verlegen * Ver|ka|be|lung, die; –, –en: das Verkabelsein : das Verkabeln

ver|kä|sen intr.: zu Käse werden * Ver|kä|sung, die; –, –en: das Verkäsen

ver|kal|ken intr.: zu Kalk, zu einem kalkartigen Körper werden : (übertr.) gedächtnisschwach werden, altern; tr.: zu Kalk verwandeln * Ver|kal|kung, die; –, –en: das Verkalken : (Med.) Kalkablagerung in Körpergeweben : Aderverhärtung

ver|kal|ku|lie|ren rbz.: sich verrechnen, falsch veranschlagen

ver|kan|ten tr.: zwei Gegenstände schräg gegeneinander setzen

ver|kap|pen tr.: (Techn.) mit einer Kappe versehen : verbergen, verstecken : unkenntlich machen : tarnen

ver|kap|seln (ich ..[e]le) tr.: mit einer Kapsel verschließen : in eine Kapsel tun *

ver|kap|selt Mw. Ew.: verschlossen : versteckt

ver|kars|tet Mw. Ew.: humuslos, unfruchtbar geworden * **Ver|kars|tung**, die; –, –en: das Unfruchtbarwerden

ver|ka|tert Mw. Ew.: nach Alkoholgenuss benommen, übernächtigt

Ver|kauf, der; –(e)s, Verkäufe; das Verkaufen * Verkaufsabteilung; Verkaufsbedingung; Verkaufsfahrer; Verkaufsförderung; Verkaufsgenossenschaft; Verkaufsleiter; Verkaufspreis; Verkaufsprogramm; Verkaufsraum; Verkaufsschlager; Verkaufsstelle * **ver|kau|fen** tr.: gegen Geld weggeben; rbz.: sich für Geld oder Vorteile preisgeben : einen schlechten Kauf tun * einem Brillen verkaufen: einen betrügen; (wie) verraten und verkauft sein: ratlos sein, sich nicht zu raten und zu helfen wissen * **Ver|käu|fer**, der; –s, –: der Verkaufende * **ver|käuf|lich** Ew.: kaufbar

Ver|kehr, der; –(e)s: das Hin und Her von Kommenden und Gehenden oder Fahrzeugen in den Straßen, mit der Eisenbahn, in der Luft : gesellige Beziehung zwischen Menschen : mündl. und schriftl. Gedankenaustausch : Geschäfts- und Handelsbetrieb : Geschlechtsverkehr * Verkehrsampel; Verkehrsanstalt; verkehrsberuhigte Zone: Verkehrszone mit drastischer Geschwindigkeitsbegrenzung und Schikanen für Autos zum Schutz der Fußgänger; Verkehrsbetrieb; Verkehrsbüro; Verkehrschaos; Verkehrsdelikt; Verkehrsdichte; Verkehrsdisziplin; Verkehrserziehung; Verkehrsflugzeug; Verkehrsfluß → Verkehrsfluss; Verkehrsfunk: Verkehrsnachrichten im Radio; Verkehrshindernis; Verkehrsinsel: erhöhter Platz für Fußgänger in einer Fahrstraße; Verkehrsknotenpunkt; Verkehrskontrolle; Verkehrsmaschine; Verkehrsminister; Verkehrsmittel; Verkehrsordnung; Verkehrsplanung; Verkehrspolizei; Verkehrsproblem; Verkehrsregelung; verkehrsreich Ew.; Verkehrsschild; Verkehrssicherheit; Verkehrssprache: im internationalen Handel angewandte Sprache; Verkehrsstärke; Verkehrsstatistik; Verkehrsstau; Verkehrsstockung; Verkehrsstörung; Verkehrssystem; Verkehrsteilnehmer; Verkehrstruppen Mz.; Verkehrsunfall; Verkehrsunternehmen; Verkehrsverbindung; Verkehrsverein; Verkehrsvorschriften; Verkehrswesen; verkehrswidrig Ew.; Verkehrszentrum; Verkehrszeichen * **ver|keh|ren** intr.: Verkehr haben, in Verkehr stehen : (verhüll.) geschlechtlichen Umgang haben * **ver|kehrt** Ew.: umgedreht : falsch : abwegig * **Ver|kehrt|heit**, die; –, –en: das Verkehrtsein * **Ver|keh|rung**, die; –, –en: das Verkehren

ver|kei|len tr.: durch Keile festmachen : verprügeln

ver|ken|nen tr.: falsch beurteilen : unterschätzen * **Ver|ken|nung**, die; –, –en: das Verkennen

ver|ket|ten tr.: mit Ketten, kettenartig verbinden : (übertr.) unlöslich verbinden * **Ver|ket|tung**, die; –, –en: das Verketten

ver|kit|schen tr.: künstlerisch verderben, kitschig gestalten : (Umgspr.) billig verkaufen

ver|kit|ten tr.: kittend verbinden, verdichten

ver|kla|gen tr.: anklagen : mit Klagen zubringen

ver|klam|men (verklommen, verklommt, verklammt) intr. (sein): durch Kälte starr werden

ver|klam|mern (ich ..[e]re) tr.: klammernd befestigen

ver|klap|pen tr.: Industrieabfälle im Meer untergehen lassen * **Ver|klap|pung**, die; –, –en: das Verklappen

Ver|klä|rung, die; –, –en: (seem.) Seeprotest : urkundlicher Bericht über Beschädigung an Schiff und Ladung

ver|klä|ren tr., rbz.: mit strahlendem Glanz erfüllen : verhimmlischen * **Ver|klä|rung**, die; –, –en: das Verklären : die Verklärtheit

ver|klau|seln (ich ..[e]le) (l.) tr.: mit Klauseln versehen, einschränken

ver|klau|su|lie|ren (..iert) tr.: durch Spitzfindigkeiten verstecken, verbergen : etwas unübersichtlich machen * **Ver|klau|su|lie|rung**, die; –, –en: Verklausulung

ver|kle|ben, **ver|klei|ben** tr.: klebend verbrauchen : klebend verdecken, verbinden : zukleben

ver|kle|ckern (ich ..[e]re) tr.: verklecksen : verschwenden * **ver|kleck|sen** tr.: mit Klecksen beschmutzen

ver|klei|den tr.: beziehen : verhüllend verbergen : durch veränderte Kleidung unkenntlich machen * **Ver|klei|dung**, die; –, –en: das Verkleiden : das Verkleidetsein

ver|klei|nern (ich ..[e]re) tr.: zerkleinern : klein machen, herabsetzen : klein darstellen * **Ver|klei|ne|rung**, die; –, –en: das Verkleinern * Verkleinerungsform; Verkleinerungsmaßstab; Verkleinerungssilbe; Verkleinerungswort: Diminutivum

ver|kleis|tern (ich ..[e]re) tr.: kleisternd verbrauchen : durch Kleisterndes verdecken, verbinden, verschließen

ver|kli|ckern tr.: (Umgspr.) lehren, erläutern

ver|klin|gen intr.: klingend verhallen, entschwinden (auch übertr.)

ver|klop|pen tr.: (Umgspr.) verhauen : verkaufen

ver|kna|cken tr.: (Gaunerspr.) verurteilen : (ldschftl.) verulken, zum Besten haben *

ver|knack|sen (du verknacksest und verknackst; verknackst) tr.: (sächs.) verrenken : verstauchen : verknacken

ver|knal|len tr.: verpuffen : knallend verschießen; intr.

(sein): knallend verhallen; rbz.: verlieben * *verknallt sein:* (volkst.) verliebt sein

ver|knap|pen tr.: abknappen, verkürzen * **Ver|knap|pung,** die; –, -en: Mangel (an Ware) : Abnahme

ver|knei|fen tr.: durch Zusammenkneifen verbergen : unterdrücken * *den Schmerz verkneifen; sich etwas verkneifen:* auf etwas Verzicht leisten *

ver|knif|fen Mw. Ew.: verbittert : verhärtet

ver|knit|tern (ich ..[e]re) tr.: knitterig machen, zerknittern

ver|knö|chern (ich ..[e]re) intr.: knöcherig werden : (übertr.) hartherzig, verständnislos werden : altersstarrsinnig werden * *ein verknöcherter Pedant* * **Ver|knö|che|rung,** die; –, -en: das Verknöchern

ver|kno|ten, ver|knö|teln (ich ..[e]le) tr.: zu einem Knoten verschlingen

ver|knüp|fen tr., rbz.: miteinander verbinden : knüpfend verschlingen : verwirrend knüpfen * **Ver|knüp|fung,** die; –, -en: das Verknüpfen *

ver|knu|sen (du verknusest und verknust; verknust) tr.: (mundartl.) verdauen : ertragen, ausstehen

ver|ko|chen intr.: durch Kochen verderben : einkochen : (übertr.) (Leidenschaften) verfliegen; tr.: beim Kochen verbrauchen : so lange kochen, bis es die Kraft, den Geschmack verloren hat

ver|koh|len intr.: zu Kohle werden; tr.: zu Kohle machen : (stud.) verulken; tr., rbz.: (sich) mit Kohlenstoff verbinden * **Ver|koh|lung,** die; –, -en: die Verwandlung organischer Stoffe in Kohle : (volkst.) Verulkung

ver|ko|ken tr.: zu Koks machen; intr. (sein): zu Koks werden * **Ver|ko|kung,** die; –, -en: das Verkoken

ver|kom|men intr.: herunterkommen, umkommen : verlottern * verkommen : verlottert * **Ver|kom|men** Mw. Ew.: verlottert, heruntergekommen * **Ver|kom|men|heit,** die; –, -en: Entsittlichung : Zugrundegehen

ver|kom|pli|zie|ren tr.: etwas komplizierter machen, als es ist

ver|kop|peln (ich ..[e]le) tr.: zusammenkoppeln * **Ver|kop|pe|lung, Ver|kopp|lung,** die; –, -en: das Verkoppeln : (Landw.) das Zusammenlegen von Feldgrundstücken in einer Gemeindeflur : Feldbereinigung

ver|kor|ken tr.: mit einem Kork verschließen * **ver|kork|sen** tr.: (volkst., norddt.-md.) verderben, verpfuschen * *ein verkorkster Magen* [l. corcus Kollern im Bauch]

ver|kör|pern tr.: in körperlicher Gestalt darstellen * **Ver|kör|pe|rung,** die; –, -en: das Verkörpern

ver|kos|ten tr.: abschmecken * **ver|kös|ti|gen** tr.: beköstigen, Kost geben

ver|kra|chen intr. (sein): (übertr.) zusammenbrechen (ein Unternehmen) : bankbrüchig werden; rbz.: (sich mit jemandem –) sich entzweien * **ver|kracht** Mw. Ew.: (Umgspr.) nicht zum Ziel gelangt * *eine verkrachte Existenz*

ver|kraf|ten tr.: bewältigen

ver|kral|len tr.: Krallen zum Anklammern benutzen : (Umgspr.) stark an etwas arbeiten

ver|kramp|fen rbz.: sich im Krampf zusammenziehen : (übertr.) starke Hemmungen bekommen, sehr befangen sein * **Ver|kramp|fung,** die; –, -en: körperlicher Krampfzustand : (übertr.) einseitiges Sichverbeißen

ver|krie|chen rbz.: (sich kriechend) verbergen, verstecken

ver|kröp|fen tr.: kröpfen * **Ver|kröp|fung,** die; –, -en: das Verkröpfen * *gekröpftes Gesims*

ver|krü|meln (ich ..[e]le) tr., rbz., intr.: in Krümel zerbröckeln : (übertr.) unbemerkt verschwinden

ver|krüm|men tr.: krumm, krümmend verziehen * **Ver|krüm|mung,** die; –, -en: das Verkrümmen : das Verkrümmtsein

ver|krüp|peln (ich ..[e]le) intr. (sein): zum Krüppel werden * **ver|krüp|pelt** Mw. Ew.: missgestaltet, entstellt * **Ver|krüp|pe|lung,** die; –, -en: Missgestaltung

ver|krus|ten rbz., intr.: mit Kruste bedecken * **Ver|krus|tung,** die; –, -en: das Sichverkrusten

ver|küh|len rbz.: sich erkälten

ver|küm|mern (ich ..[e]re) intr.: vor Kummer vergehen : sich dürftig entwickeln : merklich eingehen * **Ver|küm|me|rung,** die; –, -en: das Verkümmern

ver|kün|den, ver|kün|di|gen tr.: ankünden, bekannt machen * **Ver|kün|di|gung,** die; –, -en: die Bekanntmachung

ver|kup|peln (ich ..[e]le) tr.: aneinander kuppeln : (Umgspr.) zwei Menschen einander näher bringen : verbinden, vereinigen * **Ver|kup|pe|lung, Ver|kupp|lung,** die; –, -en: das Verkuppeln

ver|kür|zen tr.: kürzen : abkürzen : (sich die Zeit –) vertreiben : (Zeichn.) (Perspektive –) verkleinern * **Ver|kür|zung,** die; –, -en: das Verkürzen

ver|la|chen tr.: auslachen, lachend verspotten

ver|la|den tr.: zum Transport laden, verpackend laden * *Verladebahnhof; Verladebrücke; Verladekran; Verladerampe* * **Ver|la|dung,** die; –, -en: das Verladen

Ver|lag, der; –(e)s, -e: (urspr.) Auslagen für ein Unternehmen : Vertriebsunternehmen : (Buchh.) Unternehmen, das gewerbsmäßig Werke der Literatur, Kunst und Tonkunst erwirbt und kaufmännisch verwertet : Vertrieb * *Verlagsanstalt; Verlagsbuchhändler; Verlagshändler; Verlagshaus; Verlagskauffrau; Verlagskaufmann; Verlagslager; Verlagsprogramm; Verlagsrecht; Verlagsvertrag; Verlagswerk; Verlagswesen* * **ver|le|gen** tr.: an den falschen Ort legen : (Ort, Zeit –) verschieben : (Weg –) versperren : Betriebsgeld auslegen : Bücher in Verlag nehmen * *sich verlegen auf etwas:* sich befassen mit etwas; *Leute in ein Haus verlegen:* einquartieren * **ver|le|gen** Mw. Ew.: befangen, schüchtern * *um etwas Fehlendes verlegen sein:* nicht wissen, wie man es sich verschaffen soll * **Ver|le|gen|heit,** die; –, -en:

Unschlüssigkeit : Ratlosigkeit : beschränkte Umstände * *Verlegenheitsbrücke:* Scheingrund; *Verlegenheitsgeschenk; Verlegenheitslösung; in Verlegenheit geraten:* in eine Notlage kommen * **Ver|le|ger,** der; -s, -: Inhaber eines Verlags : Verlagsbuchhändler * *Verlegerzeichen:* Signet * **ver|le|ge|risch** Ew.: (Buchh.) den Verlag betreffend * **Ver|le|gung,** die; -, -en: das Verlegen

ver|lan|gen intr.: Sehnsucht empfinden, gelüsten; tr.: fordern, begehren * *verlangtermaßen* Uw.: wie verlangt * **Ver|lan|gen,** das; -s, -: Begierde, Sehnsucht : Forderung

ver|län|gern (ich ..[e]re) tr.: länger machen, ausdehnen; rbz.: länger werden * *verlängertes Mark:* (Anat.) Gehirnteil, der in das Rückenmark übergeht; *verlängerter Rücken:* (scherzh.) Hinterteil * **Ver|län|ge|rung,** die; -, -en: das Verlängern : das Verlängernde * *Verlängerungskabel; Verlängerungsschnur; Verlängerungsstück*

ver|lang|sa|men tr.: langsam machen * **Ver|lang|sa|mung,** die; -, -en: das Verlangsamen

Ver|laß → **Ver|lass,** der; ..sses: Zuverlässigkeit : (mundartl.) Nachlass : (mundartl.) getroffene Verabredung : (mundartl.) Schleuse * **ver|las|sen** tr.: fortgehen, sich wegwenden : Beziehungen aufheben : im Stich lassen; rbz.: (sich auf jemanden, etwas -) sich stützen auf : vertrauen * **ver|las|sen** Mw. Ew.: vereinsamt * **Ver|las|sen|heit,** die; -: die Einsamkeit * **Ver|las|sen|schaft,** die; -, -en: Hinterlassenschaft * **ver|läß|lich** → **ver|läss|lich** Ew.: zuverlässig, treu, ergeben * **Ver|läß|lich|keit** → **Ver|läss|lich|keit,** die; -: Zuverlässigkeit

Ver|laub, der; -(e)s: Erlaubnis; nur in der Wendung *mit Verlaub:* wenn Sie erlauben

Ver|lauf, der; -(e)s: das Verlaufen : Fortgang, Entwicklung * **ver|lau|fen** tr.: durch Laufen verdauen : (Weg -) versperren; rbz.: im Laufen sich verirren : auseinander laufen, sich zerstreuen : (Gewässer) verfließen

: (Gelände) sich allmählich senken, ausdehnen : (Mal.) (Farben) allmählich ineinander übergehen : (Sache) sich entwickeln * **Ver|läu|fer,** der; -s, -: (Billard-)Kugel, die sich verläuft

ver|lau|sen intr.: von Läusen befallen werden * **ver|laust** Mw. Ew.: voller Läuse

Ver|laut, der; -(e)s: das Verlauten * *dem Verlaut nach:* wie verlautet * **ver|laut|ba|ren** tr.: bekannt machen, kundtun; intr.: bekannt werden, verlauten * **Ver|laut|ba|rung,** die; -, -en: Bekanntmachung * **ver|lau|ten** intr. (haben, sein): kund werden * *verlauten lassen* tr.: sich äußern

ver|le|ben tr.: (Zeit -) zubringen * **ver|le|ben|di|gen** tr.: lebendig machen, gestalten * **ver|lebt** Mw. Ew.: abgelebt, durch übermäßigen Lebensgenuss verbraucht

ver|le|gen usw.: s. Verlag

ver|lei|den tr.: abbringen von etwas : Leid machen

Ver|leih, der; -(e)s, -e: Leihanstalt * **ver|lei|hen** tr.: ausleihen, verborgen : als Lehen weggeben : schenken : (Orden -) feierlich überreichen * **Ver|lei|her,** der; -s, -: der Verleihende * **Ver|lei|hung,** die; -, -en: das Verleihen

ver|lei|men tr.: durch Leim verkleben

ver|lei|ten tr.: falsch leiten : verführen * **Ver|lei|tung,** die; -, -en: das Verleiten

ver|ler|nen tr.: das Gelernte vergessen : nicht mehr kennen : (Zeit -) mit Lernen verbringen

ver|le|sen tr.: (Gemüse -) aussondern : sauber auslesen : mit Lesen verbringen : durch Lesen bekannt machen; tr., rbz.: falsch lesen, sich beim Lesen versehen; rbz.: sich ins Lesen allzu sehr vertiefen * **Ver|le|sung,** die; -, -en: das Verlesen

ver|let|zen tr.: beschädigen : kränken, beleidigen : verstoßen, zuwiderhandeln * *die Pflicht, das Recht verletzen* * **ver|let|zend** Mw. Ew.: beleidigend : kränkend * **ver|letz|lich** Ew.: leicht verletzbar * **Ver|let|zung,** die; -, -en: Verwundung : Schädigung : Kränkung

ver|leug|nen tr.: wissentlich ableugnen : leugnend verhehlen * **Ver|leug|nung,** die; -, -en: das Verleugnen

ver|leum|den tr.: schlecht nachreden : in üblen Ruf bringen * **Ver|leum|der,** der; -s, -: jemand, der einen anderen verleumdet * **ver|leum|de|risch** Ew.: verleumdend * **Ver|leum|dung,** die; -, -en: das Verleumden

ver|lie|ben rbz.: große Neigung empfinden : in leidenschaftlicher Liebe sich verlieren : sich ganz hingeben * **ver|liebt** Mw. Ew.: liebend, in Liebe : wie ein Liebender * **Ver|lieb|te,** der; die; -n, -n: in Liebe Entbrannte(r) * **Ver|liebt|heit,** die; -, -en: das Verlieben : das Verliebtsein

ver|lie|ren (du verlorst, du verlörest; verloren; verlier[e]!) tr.: loswerden, einbüßen : nutzlos, ohne Erfolg anwenden, verschwenden; rbz.: sich ganz versenken, vertiefen, so dass man sich selbst vergisst : unbemerkt verschwinden * **ver|lo|ren** Mw. Ew.: vernichtet : verdorben : (militär.) dem sicheren Untergang ausgesetzt : entfernt, verschwunden : hoffnungslos, reuelos * *verlorene Eier* Mz.: eine Suppeneinlage; *der Verlorene Sohn:* bibl. Gleichnis * *verlorengehen* → *verloren gehen* intr. (sein): verloren werden, verschwinden * **Ver|lo|re|ne,** der; die; -n, -n: Gefallene(r), Heruntergekommene(r) * **Ver|lo|ren|heit,** die; -: Einsamkeit * **Ver|lust,** der; -(e)s, -e (Verlüste): das Verlieren eines Besitzes : Schaden * *Verlustbetrieb; Verlust bringend* Ew.; *Verlustgeschäft; -konto; -liste; verlustreich* Ew. * **ver|lus|tig** Ew., nur in der Wendung *verlustig gehen* intr. (mit Gen.): verlieren

verloren gehen
Wenn der erste Bestandteil einer Wortkombination mit einem Verb ein Partizip ist, wird getrennt geschrieben: *geschenkt bekommen, verloren gehen.*

Ver|lies, das; -es, -e: tiefer Keller : Gefängnis

ver|lo|ben tr., rbz.: versprechen, gelobend verbinden :

durch feierliches Eheversprechen verbinden * **Verlöbnis,**
das; ..sses, ..sse: Verlobung *
Verlobte, der; –en, –en:
Bräutigam (Braut) * **Ver-**
lobung, die; –, –en: das Verlo-
ben : (bes.) Eheversprechen *
Verlobungsanzeige; *Verlo-*
bungsfeier; *Verlobungsring;*
Verlobungszeit
verlocken tr.: durch Lockun-
gen verführen * **verlockend**
Mw. Ew.: verführerisch *
Verlockung, die; –, –en:
Lockmittel : Versuchung *
verlogen Mw. Ew.: der Lüge
verfallen : höchst lügenhaft *
Verlogenheit, die; –, –en:
das Verlogensein : Lügenhaftigkeit
verloren: s. verlieren
verlöschen (ich verlosch,
verlösche; verloschen; du ver-
lischst, er verlischt; verlisch!)
intr. (sein): erlöschen : sterben
* **verlöschen** (ich verlöschte;
verlöscht; du verlöschst; verlöscht; verlösche!) tr.: löschen,
auslöschen : (Geschriebenes –)
auslöschend verwischen
verlosen tr.: durchs Los zuteilen * **Verlosung,** die; –,
–en: das Verlosen * *Verlo-*
sungsgeschäft; Verlosungster-
min
verlottern, verludern (ich
..[e]re) tr., intr.: liederlich werden : verderben
verlumpen intr. (sein): (Kleidungsstücke) in Lumpen zerfallen : herunterkommen : zum
Bettler werden : moralisch ver-
kommen; tr.: durch liederliche
Wirtschaft zugrunde richten
Verlust: s. verlieren
verlustieren rbz.: sich amü-
sieren
vermachen tr.: (mundartl.)
durchbringen, vertun : vererben
* **Vermächtnis,** das; ..sses,
..sse: die Erbschaft, Legat *
Vermächtnisnehmer: Legatar
vermählen tr., rbz.: (sich)
verheiraten * **Vermählte**
Mw. Ew.: die Jungverheirateten
* **Vermählung,** die; –, –en: das
Vermählen * *Vermählungsan-*
zeige
vermaledeien (l.) tr.: Böses
wünschen : verfluchen
vermalen tr.: Farben beim
Malen verbrauchen
vermännlichen intr. (sein):

(Frau) männliches Wesen annehmen * **Vermännlichung,**
die; –: das Vermännlichen
vermanschen tr.: (Umgspr.)
durcheinander rühren
vermarken tr.: Vermessungs-
zeichen setzen * **Vermar-**
kung, die; –, –en: das Ziehen
von Grenzlinien : Vermessung
vermarkten tr.: bedarfsge-
recht für den Markt zubereiten
* **Vermarktung,** die; –, –en:
das Vermarkten
vermaseln (hebr.) tr.: (Gaunerspr.) verraten : verderben
vermauern (ich ..[e]re) (l.)
tr.: zum Mauern verbrauchen :
Mauerwerk verschließen : ein-
mauern : zumauern *
Vermauerung, die; –, –en:
das Vermauern
vermehren tr., rbz.: (sich)
mehren : (sich) vergrößern *
Vermehrung, die; –, –en: das
Vermehren
vermeidbar Ew.: so beschaffen, dass es sich vermeiden
lässt * **vermeiden** tr.: umgehen, meiden * **vermeidlich**
Ew.: vermeidbar * **Vermei-**
dung, die; –, –en: das Vermeiden
vermeinen intr.: irrtümlich
glauben * **vermeintlich** Ew.:
auf nur gedachten Gründen beruhend : unbegründet : fälschlich für etwas gehalten
vermelden tr.: (förmlich)
melden
vermengen tr.: gehörig untereinander mengen : verwirrend
durcheinander bringen; rbz.:
sich mischen : sich befassen *
Vermengung, die; –, –en: das
Vermengen
vermenschlichen tr.: menschenähnlich, menschlich machen : gesittet machen *
Vermenschlichung, die; –,
–en: das Vermenschlichen
Vermerk, der; –(e)s, –e: Anmerkung, Notiz * **vermerken**
tr.: bemerken, wahrnehmen :
merken, in Gedanken bewahren
vermessen tr.: das Maß
durch Messungen bestimmen :
nach bestimmtem Maße verteilen; rbz.: beim Messen Fehler
machen : sich überschätzen, zu
hoch anschlagen * **vermes-**
sen Mw. Ew.: verwegen *
Vermessenheit, die; –, –en:

Überheblichkeit : Verwegen-
heit * **Vermesser,** der; –s, –:
Landmesser, Geometer *
Vermessung, die; –, –en: das
Vermessen * *Vermessungsin-*
genieur; *Vermessungskunst;*
Vermessungsschiff; *Vermes-*
sungsurkunde; *Vermessungs-*
wesen
vermieft Mw. Ew.: (niederd.)
muffig
vermiesen (du vermiesest
und vermiest; vermiest) tr.:
mies machen : verleiden : ver-
übeln
vermieten tr., rbz.: gegen
Entgelt zum Gebrauch überlassen; rbz.: sich verdingen *
Vermieter, der; –s, –: der Ver-
mietende * **Vermietung,** die;
–, –en: das Vermieten * *Ver-*
mietungsbüro
vermindern tr., rbz.: geringer
machen : erniedrigen *
Verminderung, die; –, –en:
das Vermindern
verminen tr.: durch Minen
absperren * **Verminung,** die;
–, –en: Absperrung, Belegung
mit Minen
vermischen tr., rbz.: vermengen : verwirrend durcheinander
bringen * **vermischt** Mw.
Ew.: allerhand, verschieden *
Vermischung, die; –, –en:
das Vermischen
vermissen tr.: Verlust bemerken * **vermißt→ vermisst**
Mw. Ew.: verschollen * **Ver-**
mißte→ Vermisste, der; –n,
–n: Verschollener * *Vermißten-*
anzeige→ Vermisstenanzeige
vermitteln (ich ..[e]le) tr.: als
Mittelsperson auftreten *
Vermittler, der; –s, –: der Ver-
mittelnde * *Vermittlerrolle* *
vermittels, vermittelst Vw.
mit Gen.: mittels, durch *
Vermittlung, die; –, –en: das
Vermitteln * *Vermittlungsamt;*
Vermittlungsgebühr; *Vermitt-*
lungsstelle; *Vermittlungsver-*
fahren; *Vermittlungsversuch;*
Vermittlungsvorschlag
vermöbeln (ich ..[e]le) tr.:
(volkst.) durchprügeln
vermodern (ich ..[e]re) intr.:
durch Moder verfaulen, ver-
kommen * **Vermoderung,**
die; –, –en: Verwitterung : Verwesung
vermöge Vw. mit Gen.: zufolge, nach Maßgabe, kraft *

ver|mö|gen tr.: (mit Inf. und zu) können * *jemanden zu etwas vermögen* tr.: ausrichten, erreichen * **Ver|mö|gen,** das; –s, –: das Können, die Kraft, Fähigkeit : Hab und Gut * *Vermögensabgabe; Vermögensberater; Vermögensbesteuerung; Vermögensbildung; vermögenslos* Ew.; *Vermögensrecht; Vermögenssteuer; Vermögensübernahme; Vermögensverteilung; Vermögensverwaltung; vermögenswirksam* * **ver|mögend** Mw. Ew.: wohlhabend

ver|mum|men tr., rbz.: einmummend verkleiden *

Ver|mum|mung, die; –, –en: das Vermummen

ver|murk|sen tr.: verderben, schlecht ausführen

ver|mu|ten tr.: nach bestimmten Anzeichen oder Gründen annehmen, mutmaßen * **ver|mut|lich** Ew.: mutmaßlich, wahrscheinlich * **Ver|mutung,** die; –, –en: das Vermuten : das Vermutete

ver|nach|läs|si|gen tr.: nachlässig behandeln * **Ver|nach|läs|si|gung,** die; –, –en: das Vernachlässigen

ver|na|geln (ich ..[e]lt u. (Schiff –) mit den nötigen Holznägeln versehen : mit Nägeln verschließen : falsch nageln * **ver|na|gelt** Mw. Ew.: (übertr.) beschränkt

ver|nä|hen tr.: (Wunde) mit Nadel und Faden verschließen : (Faden) durch Nähstiche befestigen

ver|nar|ben intr. (sein), rbz.: narbend verheilen

ver|nar|ren rbz.: sich verlieben, sich vergaffen * *vernarrt sein:* verliebt sein

ver|na|schen tr.: durch Naschereien verschwenden : geschlechtlich genießen

ver|ne|beln tr.: in Nebel hüllen : (übertr.) verheimlichen * **Ver|ne|be|lung,** die; –: das Einnebeln : Verbergung

ver|neh|men tr.: (mit dem Gehör) wahrnehmen, gewahren : begreifen : durchs Gericht erfahren : verhören * **Ver|neh|men,** das; –s: Angabe : Verlautbarung * *dem Vernehmen nach* * **ver|nehm|lich** Ew.: gut vernehmbar * **Ver|neh|mung,** die; –, –en: ge-

richtliches Verhör : Kenntnisnahme * *vernehmungsfähig* Ew.

ver|nei|gen rbz.: sich leicht verbeugen

ver|nei|nen tr.: mit Nein antworten : ablehnen * **Ver|nei|nung,** die; –, –en: das Verneinen

ver|net|zen tr.: wie in einem Netz koppeln * *Computer miteinander vernetzen* * **Ver|net|zung,** die; –, –en: das Vernetzen

ver|nich|ten tr.: vollständig zerstören * **ver|nich|tend** Mw. Ew.: alle Hoffnung zerstörend * **Ver|nich|tung,** die; –, –en: das Vernichten : das Vernichtetsein * *Vernichtungsfeldzug; Vernichtungskampf; Vernichtungswaffe; Vernichtungswerk; Vernichtungswut*

ver|nied|li|chen tr.: niedlicher machen : harmloser darstellen

ver|nie|ten tr.: mit Nieten verbinden, verschließen

Ver|nis|sa|ge (fr.) [wernißaseh], die; –, –n: Feier zur Fertigstellung einer Ausstellung

Ver|nunft, die; –: das Denkvermögen : eine Funktion des menschlichen Vorstellungslebens * *vernunftbegabt* Mw. Ew.; *vernunftgemäß* Ew.; *vernunftlos* Ew.; *vernunftmäßig* Ew. * *Vernunftglaube(n); Vernunftgrund; Vernunftheirat; Vernunftmensch; Vernunftreligion; Vernunftschluß* → *Vernunftschluss:* Syllogismus; *vernunftwidrig* Ew. * **ver|nünf|tig** Ew.; mit Vernunft * *vernünftigerweise* Uw. * **Ver|nünf|tig|keit,** die; –, –en: das Vernünftigsein : vernunftgemäßes Wesen und Tun

ver|ö|den intr. (rbz.): öde, einsam werden; tr.: (Med.) abtöten

ver|öf|fent|li|chen tr.: öffentlich bekannt machen * **Ver|öf|fent|li|chung,** die; –, –en: Bekanntmachung : Anzeige

ver|ord|nen (l.-dtsch.) tr.: anordnend verschreiben : durch Verfügung bestimmen * **Ver|ord|nung,** die; –, –en: Erlaß : Anweisung * *Verordnungsblatt*

ver|pach|ten (l.-dtsch.) tr.: in Pacht überlassen * **Ver|päch-**

ter, der; –s, –: der Verpachtende * **Ver|pach|tung,** die; –, –en: das Verpachten : das Verpachtete

ver|pa|cken tr.: in eine Packung einhüllen * **Ver|pa|ckung,** die; –, –en: die Umhüllung, Hülle von etwas Eingepacktem * *Verpackungsmaterial*

ver|päp|peln (ich ..[e]le) tr.: verweichlichen

ver|pas|sen tr.: unnütz wartend seine Zeit verbringen : versäumen : (Anzug –) anpassen : (Umgspr.) geben : schlagen

ver|pat|zen tr., intr.: (mundartl.) verderben

ver|pen|nen tr.: (Umgspr.) schlafend die Zeit versäumen

ver|pes|ten tr.: mit Gestank erfüllen : verseuchen

ver|pet|zen tr.: (volkst.) verpfeifen : heimlich anzeigen

ver|pfän|den tr.: als Pfand geben, setzen * **Ver|pfän|dung,** die; –, –en: Bezahlung einer Forderung durch ein Pfand

ver|pfei|fen (l.-dtsch.) tr.: durch Pfeifen vertreiben : (Gaunerspr.) verraten

ver|pflan|zen (l.-dtsch.) tr.: an eine andere Stelle pflanzen : umpflanzen * **Ver|pflan|zung,** die; –, –en: das Verpflanzen

ver|pfle|gen tr.: pflegend versorgen : verköstigen * **Ver|pfle|gung,** die; –, –en: das Verpflegen : Speise und Trank * *Verpflegungsamt; Verpflegungsgeld; Verpflegungssatz*

ver|pflich|ten tr.: durch eine Pflicht verbinden : als Pflicht übernehmen * **Ver|pflich|tung,** die; –, –en: Verbindlichkeit, Pflicht

ver|pfu|schen tr.: durch Pfuscherei verderben

ver|pis|sen intr., rbz.: (Umgspr.) unbemerkt davonstehlen

ver|pla|nen tr.: falsch planen : für etwas Pläne haben

ver|plap|pern, ver|plau|dern (ich ..[e]re) tr.: mit Plaudern zubringen : plaudernd verraten : plaudernd versäumen; rbz.: durch leichtfertiges Plaudern sich verraten

ver|plem|pern (ich ..[e]re) tr.: verschleudern : in unnützen Kleinigkeiten verschwenden; rbz.: sich in Liebeleien verlieren

ver|plom|ben tr.: mit einer Plombe versiegeln

ver|pö|nen (l.-dtsch.) tr.: als strafbar ansehen : verachten **∗ ver|pönt** Mw. Ew.: unerwünscht

ver|pras|sen tr.: vergeuden

ver|prel|len tr.: jemanden kränken

ver|prü|geln tr.: schlagen

ver|puf|fen intr.: (auch übertr.) puffend zerplatzen : (übertr.) ergebnislos ausgehen **∗ Ver|puf|fung,** die; –, –en: das Verpuffen

ver|pul|vern (ich ..[e]re) (l.-dtsch.) tr.: pulverig machen : (übertr.) vergeuden

ver|pum|pen tr.: (stud.) verborgen

ver|pup|pen (l.-dtsch.) rbz.: (Larve) einpuppen **∗ Ver|pup|pung,** die; –, –en: das Verpuppen

ver|pus|ten intr., rbz.: sich verschnaufen : sich von einer Anstrengung erholen

Ver|putz, der; –es, –e: Mauerbewurf **∗ ver|put|zen** tr.: vertun, verbrauchen : putzen, aufputzen, schmücken : (Haus –) Putz aufbringen : (mundartl.) aufessen

ver|qual|men intr.: qualmend verrauchen **∗ ver|qualmt** Mw. Ew.: mit Qualm erfüllt

ver|qua|sen tr.: vertrödeln **∗ ver|quast** Mw. Ew.: (Umgspr.) unverständlich

ver|quat|schen tr.: (ldschftl.) mit Reden vergeuden : (sächs.) etwas Gehörtes unrichtig weitergeben

ver|quer Uw.: (mundartl.) schief : (mir geht etwas –) es misslingt mir

ver|qui|cken tr., rbz.: amalgamieren : verbinden **∗ Ver|qui|ckung,** die; –, –en: das Verquicken : das Verquicktsein

ver|quol|len Mw. Ew.: (durch Feuchtigkeit, Tränen) angeschwollen

ver|ram|meln (ich ..[e]le) tr.: durch Eingerammtes, durch schwer zu beseitigende Hindernisse versperren, versperren **∗ Ver|ram|me|lung,** die; –, –en; das Verrammeln

ver|ram|schen tr.: in Bausch und Bogen verkaufen

ver|rannt Mw. Ew.: (meist übertr.) festgerannt : verbohrt **∗**

in etwas verrannt sein: festgefahren, vernarrt sein **∗ Ver|rannt|heit,** die; –, –en: das Verranntsein

Ver|rat, der; –(e)s: schwerer Treuebruch : Preisgabe von Geheimnissen **∗ ver|ra|ten** tr.: im Stich lassen, treuebrüchig werden : Geheimnisse preisgeben : erkennen lassen : erkennbar zeigen **∗ Ver|rä|ter,** der; –s, –: der Verratende, Treuebrüchige **∗ Ver|rä|te|rei,** die; –, –en: Verrat : Gesinnung eines Verräters **∗ Ver|rä|te|rin,** die; –, –nen: die Wort-, Treuebrüchige **∗ ver|rä|te|risch** Ew.: in der Weise eines Verräters

ver|raucht Mw. Ew.: verflogen **∗ ver|räu|chert** Mw. Ew.: mit Rauch erfüllt

ver|räu|men tr.: wegräumen : beim Räumen verlegen

ver|rau|schen intr.: dahinrauschen : (auch übertr.) rauschend vergehen

ver|rech|nen tr.: in Rechnung bringen, abrechnen, berechnen; rbz.: sich im Rechnen irren **∗ Ver|rech|nung,** die; –, –en: das Verrechnen **∗ Verrechnungseinheit; Verrechnungskonto; Verrechnungsscheck; Verrechnungsstelle**

ver|re|cken intr.: (Umgspr.) umkommen, krepieren

ver|reg|nen tr.: durch Regen verderben, zerstören

ver|rei|ben tr.: durch Reiben verarbeiten, zerkleinern usw.

ver|rei|sen intr.: eine Reise machen

ver|rei|ßen tr.: (übertr.) vernichtend kritisieren, beurteilen **∗ Ver|riß → Ver|riss,** der; –es, –e: extrem negative Beurteilung einer Darbietung

ver|ren|ken tr.: renkend verdrehen **∗ Ver|ren|kung,** die; –, –en: (Med.) Ausspringen eines Gelenkes

ver|ren|nen rbz.: stur an einer Idee festhalten

ver|ren|ten tr.: jemanden in Rente schicken **∗ Ver|ren|tung,** die; –, –en: Beginn der Rentenzeit

ver|rich|ten tr.: eine Obliegenheit ausführen **∗ Ver|rich|tung,** die; –, –en: das Verrichten : Obliegenheit

ver|rie|geln (ich ..[e]le) tr.: mit einem Riegel verschließen

ver|rin|gern (ich ..[e]re) tr.: kleiner, weniger machen : (Münzen –) geringhaltiger prägen; rbz.: geringer werden **∗ Ver|rin|ge|rung,** die; –, –en: das Verringern

ver|rin|nen intr.: rinnend vergehen

ver|rö|cheln (ich ..[e]le) tr., intr.: ausröcheln

ver|ro|hen intr. (sein): roh werden : (übertr.) die guten Sitten verlieren **∗ Ver|ro|hung,** die; –, –en: Gefühllosigkeit : Sittenlosigkeit

ver|roh|ren tr.: Rohre verlegen

ver|ros|ten intr.: sich mit Rost überziehen : von Rost verzehrt werden

ver|rot|ten intr.: verfaulen, vermodern **∗ ver|rot|tet** Mw. Ew.: verkommen

ver|rucht Mw. Ew.: im höchsten Grade ruchlos, gottlos, schändlich **∗ Ver|rucht|heit,** die; –, –en: das Verruchtsein : verruchte Tat

ver|rü|cken tr., rbz.: von seiner Stelle wegrücken **∗ ver|rückt** Mw. Ew.: an einen andern Platz gestellt : (übertr.) verwirrt, irre **∗ Ver|rück|te,** der; die; –n, –n: Irre **∗ Ver|rückt|heit,** die; –, –en: das Verrücktsein : das verrückte Benehmen

Ver|ruf, der; –(e)s, –e: eine Art Bann : schlechter Ruf **∗** in Verruf kommen, geraten: den guten Ruf angreifen, verlieren; in Verruf tun: boykottieren **∗ ver|ru|fen** tr.: berufen : (übertr.) in Verruf erklären **∗ ver|ru|fen** Mw. Ew.: in Verruf erklärt, übel berüchtigt

ver|rüh|ren tr.: gut durcheinander rühren

ver|rut|schen intr.: sich verschieben

Vers (l.), der; –es, –e: Verslein: Zeile eines Gedichtes : Strophe : kleines Gedicht : (Bib.) Absatz eines Kapitels **∗** sich auf (aus, über) etwas keinen Vers machen können: nicht begreifen können **∗ Versabschnitt; Versakzent; Versanfang; Versart; Versbau; Versepos:** Drama aus Versen; **Versfuß; Verskunst; Verslehre; Versmaß; Versmessung; Verszeile ∗ Ver|sal** (l.) [w..], der; –s, –ien: großer Anfangsbuchstabe **∗ Versalbuchstabe ∗ Ver|sett** (fr.) [w..], der;

–s, –s: Absatz, Verssatz (Strophe) : (Mz.) (Mus.) Zwischenspiele, bes. auf der Orgel in der Gesangsweisen ✶ **Ver|si|kel** [w..], der; –s, –: kleiner Absatz, Spruch eines Bibelkapitels; vgl. versatil usw.

ver|sach|li|chen tr.: sachlich machen; intr. (sein): sachlich werden ✶ **Ver|sach|li|chung,** die; –, –en: das Versachlichen

ver|sa|cken tr.: in Säcke vermessen, verladen; intr. (sein): sich senken : (Umgspr.) unsolide leben

ver|sa|gen tr.: abschlagen, verweigern; rbz.: sich nicht hingeben, verzichten; intr.: nicht funktionieren : (Kraft) nachlassen : scheitern ✶ **Ver|sa|ger,** der; –s, –: Fehlgang, Niete : Gescheiterter ✶ **Ver|sa|gung,** die; –, –en: Nichterfüllung

Ver|sailles [wärsaij']: fr. Stadt mit Schloss bei Paris ✶ *Versailler Diktat; Versailler Vertrag*

Ver|sal usw.: s. Vers

ver|sal|zen tr.: durch Salz verderben : die Freude verderben

ver|sam|meln (ich ..[e]le) tr., rbz.: sammeln ✶ **Ver|samm|lung,** die; –, –en: das Zusammenkommen : Gesamtheit von Zusammengekommenen ✶ *Versammlungsfreiheit; Versammlungshaus; Versammlungsort; Versammlungsrecht; Versammlungszug*

Ver|sand, der; –(e)s: das Versenden, die Versendung ✶ *Versandabteilung; versandbereit, versandfertig Ew.; Versandbuchhandel; Versandgeschäft; Versandhaus; Versandhauskatalog; Versandkosten; Versandpapiere* ✶ **ver|sen|den** tr.: verschicken, senden ✶ **Ver|sen|dung,** die; –, –en: das Versenden ✶ *Versendungskosten Mz.*

ver|san|den intr., rbz.: durch Flugsand überschwemmt, verschüttet werden ✶ **Ver|san|dung,** die; –, –en: das Versanden

ver|siert Mw. Ew.: geübt, bewandert, gewandt ✶ **Ver|si|on,** die; –, –en: Wendung : Form : Fassung : Lesart : Übersetzung, Übertragung

Ver|satz, der; –es: das Versetzen : Pfändung : (bergm.) das Ausfüllen unterirdischer Öffnungen mit taubem Gestein

(bergm.) das Verschließen von Strecken durch Wettertüren und die zum Verschluss dienende Vorrichtung : (Schlosserei) ein Blech, das das Zurückweichen der Fallen beim Drehen des Schlüssels verhindert : Legierung von Metallen, bes. von Zinn ✶ *Versatzamt:* Leihhaus; *Versatzstück:* (Bühnenspr.) Teil der Bühnenausstattung ✶ **ver|set|zen** tr.: fehlsetzen : an eine andere Stelle hinsetzen, verrücken, umsetzen : (Beamte –) an eine andere Dienststelle bringen : (Schüler –) in eine höhere Klasse aufrücken : versperren : verpfänden : (Buchdrw.) durch Setzen verbrauchen : falsch setzen : (Geldsorte –) umsetzen : (Hieb usw. –) geben; intr.: erwidern ✶ *in den Ruhestand versetzen* tr.: pensionieren; *sich in jemandes Lage versetzen:* sich jemandes Lage vorstellen ✶ **Ver|set|zung,** die; –, –en: das Versetzen : Übergang in die nächsthöhere Schulklasse : (Mus.) Erhöhung oder Erniedrigung um einen halben Ton der Auflösung dieser Tonveränderung ✶ *Versetzungszeichen* (Mus.); *Versetzungszeugnis*

ver|sau|en tr.: (volkst.) schmutzig machen : (volkst.) verderben, vernichten

ver|sau|ern intr. (sein): durch Sauerwerden verderben : (übertr.) verkümmern

ver|sau|fen tr.: mit Saufen vergeuden, verschwenden : intr. (sein): ersaufen ✶ **ver|sof|fen** Mw. Ew.: (Bergw.) unter Wasser : (von Personen) dem Suff ergeben ✶ **Ver|sof|fen|heit,** die; –: das Versoffensein

ver|säu|men tr.: nutz- und tatenlos vorübergehen lassen : nicht zugegen sein : aufhalten, verzögern : vergessen (Zeit –) durch Säumen zu spät kommen, zurückbleiben ✶ **Ver|säum|nis,** die; –, –se; das; –ses, –e: Unterlassung : Verspätung: Nachlässigkeit ✶ *Versäumnisgebühr; Versäumnisverfahren; Versäumnisurteil* ✶ **Ver|säu|mung,** die; –, –en: das Versäumen

ver|scha|chern (ich ..[e]re) (hebr.-dtsch.) tr.: verhandeln, schachernd verkaufen

ver|schaf|fen (verschaffte, verschafft) tr.: herbeischaffen, besorgen : (bes.) letztwillig vermachen : gebieten

ver|schalen tr.: mit Brettern o. Ä. verkleiden; intr. (sein): schal werden ✶ **Ver|scha|lung,** die; –, –en: das Verschalen

ver|schal|ken tr.: (Luken –) gegen eindringendes Seewasser schützen

ver|schämt Mw. Ew.: Scham fühlend : schamhaft ✶ **Ver|schämt|heit,** die; –: das Verschämtsein

ver|schan|deln (ich ..[e]le) tr.: entstellen : verunzieren ✶ **Ver|schan|de|lung,** die; –, –en: das Verschandeln

ver|schan|zen tr.: mit Schanzen versehen : sich hinter etwas verstecken ✶ **Ver|schan|zung,** die; –, –en: Schutzwall : Sicherung : Abwehr

ver|schär|fen tr.: schärfen : schärfer, eindringlich machen

ver|schar|ren tr.: scharren : verdecken : einscharren

ver|schät|zen rbz.: sich beim Schätzen irren

ver|schau|keln tr.: (Umgspr.) betrügen : hintergehen

ver|schei|den intr.: scheiden : weggehen : (bes.) sterben ✶ **Ver|schie|de|ne,** der; die; –n, –n: Verstorbene(r)

ver|schei|ßern tr.: (Umgspr.) verulken : sich einen Spaß mit jmdm. machen

ver|schen|ken tr.: ausschenken : als Geschenk hingeben

ver|scher|beln (ich ..[e]le) tr.: unter Preis verkaufen

ver|scher|zen tr.: durch eigene Schuld einbüßen : durch Mutwillen verlieren

ver|scheu|chen tr.: scheuchend vertreiben

ver|scheu|ern tr.: (Umgspr.) verkaufen : zu Geld machen

ver|schi|cken tr.: wegschicken

ver|schie|ben tr.: aus der gehörigen Lage, Stelle wegschieben : (Eisenb.) rangieren : auf eine spätere Zeit hinausschieben : (Wechsel –, Ware –) unrechtmäßig damit handeln ✶ *Verschiebebahnhof; –gleis* ✶ **Ver|schie|bung,** die; –, –en: Veränderung : Aufschub : unerlaubter Handel

ver|schie|den: s. verscheiden

ver|schie|den Mw. Ew.: un-gleich : mannigfach; Mz. mehrere * *verschieden breit; verschiedene glauben* → *Verschiedene* (einige) *glauben, es sei verschiedenes* → *Verschiedenes* (manches) *zu ändern; das ist etwas Verschiedenes* (anderes) * *verschiedenartig* Ew.; *verschiedenerlei; verschiedenfarbig; verschiedenwertig* Ew. * ver|schie|dent|lich Ew.: in verschiedener Art : wiederholt * Ver|schie|den|heit, die; –, –en: das Verschiedensein : Unterschied; vgl. verscheiden

ver|schie|ßen tr.: schießen : durch Schießen auf-, verbrauchen : (Buchdrw.) (Kolumnen –) falsch ausschießen : (Mal.) abstufen; rbz.: fehlschießen : (Jagdhund) sich verlaufen : ausbleichen (Schiffb.) gegeneinander geordnet sein * ver|scho|ssen Mw. Ew.: ausgeblasst : (Umgspr.) verliebt

ver|schif|fen tr.: zu Schiff versenden * Ver|schif|fung, die; –, –en: das Verschiffen * *Verschiffungshafen*

ver|schim|meln (ich ..[e]le) intr.: schimmelig werden

Ver|schiß → Ver|schiss, der; Verschisses: (stud.) Verruf : Verstoß

ver|schla|fen tr.: schlafend zubringen : durch Schlafen versäumen, verlieren : durch Schlafen über etwas hinwegkommen; rbz.: sich durch langes Schlafen verspäten * ver|schla|fen Mw. Ew.: übermüdet, schläfrig * Ver|schla|fen|heit, die; –: Schlaftrunkenheit, Schläfrigkeit

Ver|schlag, der; –(e)s, Verschläge: Abschlag, Bretterwand : Kiste : Pferdekrankheit * ver|schla|gen tr.: (Buch –) verblättern : (Weg –) verfehlen : einschlagen : verschließen : (Ball) falsch schlagen : an ein ungewolltes Ziel bringen * *etwas verschlägt mir die Sprache;* sprachlos sein * ver|schla|gen Mw. Ew.: schlau, verschmitzt * Ver|schla|gen|heit, die; –: Hinterhältigkeit : Durchtriebenheit : Listigkeit

ver|schlam|men intr. (sein): (auch übertr.) durch Schlamm verderben, verstopfen

ver|schlam|pen tr.: (mundartl.) verkommen lassen; intr. (sein): schlampig werden

ver|schlech|tern (ich ..[e]re) tr.: schlechter machen : an Wert verlieren; rbz.: schlechter werden * Ver|schlech|te|rung, die; –, –en: das Verschlechtern

ver|schlei|ern (ich ..[e]re) tr.: rbz.: (mit dem Schleier) verhüllen * Ver|schlei|e|rung, die; –, –en: das Verschleiern * *Verschleierungstaktik; –versuch*

Ver|schleiß, der; –es, –e: Verbrauch : Abnutzung : (östr.) Vertrieb * ver|schlei|ßen (verschleißest und verschleißt, verschliss, verschlissen) tr., intr., rbz.: sich abnutzen, entzweigehen : abnutzen : (Waren –) durch Verkauf absetzen * *Verschleißerscheinung; Verschleißteil*

ver|schlem|men tr.: verprassen

ver|schlen|dern (ich ..[e]re) tr.: müßig, nutzlos verbringen

ver|schlep|pen tr.: wegschleppen, entführen : verlegen : (Bergb.) (Flöz –) verwerfen : nachlässig verzögern * Ver|schlepp|te, der; –n, –n: gewaltsam Entführter * *Verschlepptenlager* * Ver|schlep|pung, die; –, –en: das Verschleppen * *Verschleppungsmanöver; Verschleppungstaktik:* Verzögerungstaktik

ver|schleu|dern (ich ..[e]re) tr.: mit der Schleuder fortwerfen : (übertr.) unter Preis verkaufen * Ver|schleu|de|rung, die; –, –en: das Verschleudern

ver|schli|cken tr., intr. (sein): (sich) mit Schlick verstopfen

ver|schließ|bar Ew.: so beschaffen, dass es verschlossen werden kann * ver|schlie|ßen tr.: zuschließen, versperren : einschließen, unter Verschluss halten : (Buchdrw.) schlecht schließen : verschließen * ver|schlo|ssen Mw. Ew.: zugeschlossen : (von Personen) unzugänglich : schweigsam * Ver|schlo|ssen|heit, die; –: Verschwiegenheit : Zurückhaltung * Ver|schluß → Ver|schluss, der; –es, Verschlüsse: Schloss : Riegel : etwas zum Verschließen Dienen-

des * *Verschlußbrett* → *Verschlussbrett; Verschlußdeckel* → *Verschlussdeckel; Verschlußlaut* → *Verschlusslaut:* (Sprachl.) mit verschlossenem Mund gesprochener Laut, z. B. b, p; *Verschlußmaschine* → *Verschlussmaschine; Verschlußsache* → *Verschlusssache:* unter Verschluss gehaltenes Geheimpapier * ver|schlüs|seln tr.: chiffrieren * Ver|schlüs|se|lung, die; *Verschlüßlung* → *Ver*|schlüss|lung, die; –, –en: das Chiffrieren

ver|schlimm|bes|sern (ich ..[e]re) tr.: verschlimmern, was man verbessern wollte * ver|schlimm|mern (ich ..[e]re) tr.: schlimmer machen; rbz., intr.: schlimmer werden * Ver|schlim|me|rung, die; –: das Verschlimmern : Verschlechterung

ver|schlin|gen tr.: hinunterschlingen : verschlucken; rbz.: in- oder durcheinander schlingen, verwickeln

ver|schlo|ssen: s. verschließbar

ver|schlu|cken tr.: hinunterschlucken : (Laut) nicht hören lassen : verschlingen; rbz.: falsch schlucken

ver|schlu|dern (ich ..[e]re) tr.: (Umgspr.) verbummeln, nicht wiederfinden

Ver|schluß → Ver|schluss: s. verschließbar

ver|schmach|ten intr. (sein): verdorren, verdursten : vor Sehnen umkommen

ver|schmä|hen tr.: gering schätzend ablehnen * ver|schmäht Ew.: abgewiesen : verlassen

ver|schmä|lern intr., rbz.: sich verengen

ver|schmel|zen (verschmolz, verschmolzen, du verschmilzest und verschmilzt) intr.: sich schmelzend verwandeln : schmelzend übergehen in, sich verbinden mit : hin-, zerschmelzen; tr.: innig verbinden : (Erz –) verhütten : durch Schmelzen verbrauchen * Ver|schmel|zung, die; –, –en: Vermengung : Zusammenlegung : Einverleibung

ver|schmer|zen tr.: das Schmerzgefühl verwinden : hinwegkommen über

ver|schmie|ren (..iert) tr.: schmierend verdecken, zuschmieren : verunreinigen, besudeln

ver|schmitzt Mw. Ew.: listig und schlau, verschlagen ✳ **Ver|schmitzt|heit,** die; –: das Verschmitztsein

ver|schmust Mw. Ew.: zärtlichkeitsbedürftig

ver|schmut|zen intr.: schmutzig werden; tr.: schmutzig machen ✳ **Ver|schmut|zung** die; –: Verunreinigung

ver|schnau|fen intr., rbz.: schnaubend wieder zu Atem kommen ✳ **Ver|schnauf|pause,** die; –, –n: kurze Pause zum Luftschöpfen

ver|schnei|den tr.: in bestimmte Form schneiden : (obd.) schneiden, beschneiden : schneidend aufbrauchen : beim Schneiden verstümmeln : kastrieren (Wein, Kognak, Rum –) vermengen : verfälschen ✳ **Ver|schnei|dung,** die; –, –en: das Verschneiden ✳ **Ver|schnitt,** der; –(e)s, –e: falscher Schnitt : verfälschter Branntwein ✳ **Ver|schnitt|ene,** der; –n, –n: Eunuch, Hämling

ver|schnei|en intr. (sein): in Schnee verhüllt werden

ver|schnör|keln (ich ..[e]le) tr.: schnörkelnd verzieren : durch Schnörkel entstellen

ver|schnup|fen tr. (haben): durch Tabakschnupfen verbrauchen; (sein): den Schnupfen bekommen ✳ *verschnupft sein:* (übertr.) verärgert, beleidigt sein

ver|schnü|ren tr.: mit Schnur besetzen : mit einer Schnur zubinden ✳ **Ver|schnü|rung,** die; –, –en: das Verschnürte

ver|schol|len Ew.: als verloren oder tot betrachtet : verschwunden ✳ **Ver|schol|le|ne,** der; –n, –n: der Verschwundene ✳ **Ver|schol|len|heit,** die; –: Unauffindbarkeit einer Person

ver|scho|nen tr.: das Widrige abwenden : nicht behelligen ✳ **Ver|scho|nung,** die; –, –en: das Verschonen

ver|schö|nen tr.: schöner machen, als es ist ✳ **ver|schö|nern** (ich ..[e]re) tr.: schöner machen; rbz.: schöner werden ✳ **Ver|schö|ne|rung,** die; –,

–en: das Verschönern : das Verschönertsein

ver|schos|sen: s. verschießen

ver|schrän|ken tr.: kreuzweise übereinander legen

ver|schrau|ben tr.: mit Schrauben verschließen : verdrehen ✳ **Ver|schrau|bung,** die; –, –en: das Verschrauben : Schraubenverschluss ✳ **ver|schro|ben** Mw. Ew.: verkehrt geschraubt : (übertr.) seltsam, wunderlich ✳ **Ver|schro|ben|heit,** die; –, –en: Überspanntheit, wunderliches Wesen

ver|schrei|ben tr.: durch Schreiben verbrauchen, verbringen : fehlerhaft schreiben : (Arznei –) schriftlich verordnen : schriftlich übereignen : testamentarisch vermachen; rbz.: falsch schreiben ✳ *sich jemandem verschreiben:* sich jemandem verpflichten; *verschreibungspflichtig* ✳ **Ver|schrei|bung,** die; –, –en: Verpflichtung : Übereignung : ärztliches Rezept

ver|schrei|en tr.: beschreien : in Verruf bringen, verrufen : durch Schreien bekannt geben; rbz.: sich überschreien

ver|schro|ben: s. verschrauben

ver|schro|ten tr.: zu Schrot verarbeiten : einschroten : verladen ✳ **Ver|schro|tung,** die; –, –en: das Verschroten

ver|schrot|ten tr.: zu Schrott machen ✳ **Ver|schrot|tung,** die; –, –en: Zerkleinerung von Altmetall

ver|schrum|peln, ver|schrump|fen intr.: zusammenschrumpfen; tr.: schrumpfig machen ✳ **Ver|schrum|pe|lung, Ver|schrump|fung,** die; –, –en: das Verschrumpfen : das Verschrumpftsein

ver|schüch|tern (ich ..[e]re) tr.: einschüchtern, scheu machen

ver|schul|den tr.: mit Schulden beladen : die Schuld an etwas tragen, schuldige Ursache sein; rbz.: sich mit Schulden belasten : sich zuschulden kommen lassen : sich versündigen ✳ *verschuldetermaßen* Uw.: verdientermaßen; *verschuldet sein:* tief in Schulden stecken ✳ **Ver|schul|den,** das; –s: Schuld, Fehler

Ver|schul|dung, die; –: das Verschuldetsein

ver|schu|len tr.: (Forstw.) Forstpflanzen vom Saat- ins Pflanzenbeet umpflanzen

ver|schüt|ten tr.: falsch, danebenschütten : schüttend verdecken ✳ *es bei (mit) einem verschütten:* es bei (mit) einem verderben ✳ **Ver|schüt|tung,** die; –, –en: das Verschütten

ver|schütt ge|hen → **verschütt ge|hen** intr.: (Gaunerspr.) verhaftet werden : verloren gehen [hebr. schuth festsetzen]

verschütt gehen
Fügungen aus Partizip (Mittelwort) und Verbum (Tätigkeitswort) werden getrennt geschrieben: *verschütt gehen, ungeschehen machen, bedeckt halten.* Zusammengeschrieben wird hingegen die Substantivierung: *das Verschüttgehen, zum Ungeschehenmachen, beim Bedeckthalten.*

ver|schwä|gern (ich ..[e]re) tr., rbz.: zum Schwager machen : zur Schwägerin machen ✳ **Ver|schwä|ge|rung,** die; –, –en: das Verschwägern

ver|schwat|zen, ver|schwät|zen tr.: mit Schwatzen zubringen : ausschwatzen; rbz.: sich durch Schwatzen versäumen

ver|schwei|gen tr.: nicht sagen, geheimhalten; rbz.: durch Schweigen sich schaden; **ver|schwie|gen** Mw. Ew.: in Stillschweigen gehüllt : wenig mitteilsam : taktvoll ✳ **Ver|schwie|gen|heit,** die; –: das Verschwiegensein

ver|schwei|ßen tr.: zusammenschweißen

ver|schwe|len intr. (sein): langsam verbrennen

ver|schwen|den tr.: im Übermaß ausgeben, verbrauchen ✳ **Ver|schwen|der,** der; –s, –: der Verschwendende ✳ **ver|schwen|de|risch** Ew.: üppig : übertrieben freigiebig ✳ **Ver|schwen|dung,** die; –, –en: das Verschwenden ✳ *Verschwendungssucht:* krankhafte Anlage zum Verschwenden; *verschwendungssüchtig* Ew.

ver|schwie|gen: s. verschweigen

ver|schwim|men intr.: ineinander übergehen, ineinander

verfließen ∗ **ver|schwom|men** Mw. Ew.: verschwimmend : unklar ∗ **Ver|schwom|men|heit,** die; –, –en: das Verschwommensein : Undeutlichkeit : Trübheit

ver|schwin|den intr.: unsichtbar werden : abtreten : sich zurückziehen, weggehen : sich drücken ∗ *Verschwindfahrwerk:* einziehbares Fahrgestell beim Flugzeug

ver|schwis|tert Mw. Ew.: zusammengehörend : Geschwister sein

ver|schwit|zen tr.: durchschwitzen : durch Schwitzen verderben : (stud.) vergessen

ver|schwom|men: s. verschwimmen

ver|schwö|ren tr.: verwünschen, verfluchen : schwören : abschwören : durch einen Schwur binden; rbz.: eine Verschwörung anzetteln : einen Geheimbund gründen ∗ **Ver|schwo|re|ne,** der; –n, –n; **Ver|schwö|rer,** der; –s, –: der Verschwörer : Geheimbündler ∗ **Ver|schwö|rung,** die; –, –en: Geheimbund : Komplott

ver|se|hen tr.: versorgen : (–mit) ausstatten : (einen Sterbenden –) die Letzte Ölung bringen; rbz.: sich irren : verwechseln ∗ *ehe er sich (dessen) versah:* ehe es ihm bewusst wurde ∗ (veralt.) *ehe du dichs versiehst* ∗ *Versehgang:* Weg des Priesters zu einem Schwerkranken, um ihm die Sterbesakramente zu spenden ∗ **Ver|se|hen,** das; –s, –: Irrtum ∗ **ver|se|hent|lich** Uw.: irrtümlich, aus Versehen

ver|seh|ren tr.: beschädigen, verletzen ∗ **Ver|sehr|te,** der; –n, –n: der Verletzte, Kriegsverwundete ∗ *Versehrtenabteil; Versehrtensport*

ver|selb|stän|di|gen *auch:* **ver|selbst|stän|di|gen** tr., rbz.: selbständig machen

ver|sen|den: s. Versand

ver|sen|gen intr.: anbrennend beschädigt werden; tr., rbz.: anbrennen

ver|sen|ken tr.: versinken lassen : (Schraube –) tief einlassen; rbz.: sich vertiefen ∗ *Versenkbohrer:* Bohrer zum Versenken; *Versenkbühne* ∗ **Ver|sen|kung,** die; –, –en: das

Versenken : (Bühnenspr.) Versenkbühne: das Sichvertiefen

ver|ses|sen: s. versitzen

ver|set|zen tr.: s. Versatz

ver|seu|chen tr.: eine Seuche verbreiten : vergiften : moralisch verderben; intr. (sein): von einer Seuche ergriffen sein ∗ **Ver|seu|chung,** die; –, –en: das Verseuchen

ver|si|chern (ich ..[e]re) tr., rbz.: bestätigen, bekräftigen : beteuernd sagen : sichern gegen.. : durch einen Schutzvertrag sichern ∗ *du kannst versichert sein:* überzeugt sein; *ich versichere dich gegen Unfall; ich versichere dich meiner Teilnahme* ∗ **Ver|si|che|rung,** die; –, –en: Beteuerung : ein Schutzvertrag : das Versichern : das Versichertsein ∗ *Versicherungsagent; Versicherungsamt; Versicherungsanspruch; Versicherungsbeitrag; Versicherungsbetrag; Versicherungsfall; Versicherungsgeld; Versicherungsgesellschaft; Versicherungskarte; Versicherungskauffrau; Versicherungskaufmann; Versicherungsnehmer; versicherungspflichtig* Ew.; *Versicherungspolice; Versicherungsprämie:* die vom Versicherten zu leistende Zahlung; *Versicherungsschein; Versicherungssumme; Versicherungsträger:* die Firma, die die Versicherung darstellt; ; *Versicherungsvertreter:* Angestellter einer Versicherungsgesellschaft; *Versicherungswert; Versicherungswesen*

ver|si|ckern (ich ..[e]re) intr.: sickernd verlaufen

ver|sie|geln (ich ..[e]le) tr.: mit einem Siegel verschließen ∗ **Ver|sie|ge|lung,** **Ver|sieg|lung,** die; –, –en: das Versiegeln

ver|sie|gen: sickernd eintrocknen : (übertr.) aufhören

ver|sifft Ew.: (Umgspr.) schmutzig

ver|sil|bern (ich ..[e]re) tr.: mit Silber überziehen : (scherzh.) (Hände –) bestechen : (übertr.) zu Geld machen ∗ **Ver|sil|be|rung,** die; –, –en: das Versilbern

ver|sin|ken (versank, versunken) intr.: in die Tiefe sinken, untersinken : (in Leid –) vom

Leid überwältigt werden ∗ **ver|sun|ken** Ew.: vertieft : entrückt : untergegangen ∗ **Ver|sun|ken|heit,** die; –: das Versunkensein

ver|sinn|bil|den, **ver|sinn|bild|li|chen** tr.: sinnbildlich darstellen ∗ **ver|sinn|li|chen** tr.: veranschaulichen ∗ **ver|son|nen** Mw. Ew.: träumerisch versunken ∗ **Ver|son|nen|heit,** die; –, –en: das Versonnensein

Ver|si|on: s. versatil

ver|sip|pen rbz.: sich verschwägern, verwandt werden ∗ **ver|sippt** Mw. Ew.: verwandt ∗ **Ver|sip|pung,** die; –, –en: das Versippen : das Versipptsein

ver|sit|zen tr.: mit Sitzen hinbringen : durch langes Sitzen versäumen, verderben ∗ **ver|ses|sen** Mw. Ew.: erpicht auf etwas ∗ **Ver|ses|sen|heit,** die; –: das Versessensein

ver|skla|ven tr.: zum Sklaven machen; intr. (sein): zum Sklaven werden ∗ **Ver|skla|vung,** die; –, –en: das Versklaven : das Versklavtsein

ver|snobt (dt.-e.) Ew.: vom Hang zum Extravaganten besessen

ver|soh|len tr.: mit Sohlen versehen : (Umgspr.) durchprügeln

ver|söh|nen tr., rbz.: einen Streit beenden : aussöhnen ∗ **ver|söhn|lich** Ew.: zur Versöhnung geneigt ∗ **Ver|söhn|lich|keit,** die; –, –en: das Versöhnlichsein ∗ **Ver|söh|nung,** die; –, –en: das Versöhnen : das Versöhntsein ∗ *Versöhnungsfest:* Jom Kippur, ein religiöses Fest der Juden; *Versöhnungsopfer; Versöhnungstag:* Versöhnungsfest; *Versöhnungstod:* der Tod Christi; *Versöhnungswerk*

ver|son|nen: s. versinnbildlichen

ver|sor|gen tr.: versehen mit : sich den Lebensunterhalt sichern ∗ **ver|sorgt** Mw. Ew.: von Sorge vergrämt : mit allem Nötigen versehen ∗ **Ver|sor|gung,** die; –, –en: das Versorgen : Sicherung des Lebensunterhaltes, Rente ∗ *Versorgungsamt; Versorgungsanspruch; Versorgungsanstalt;*

Versorgungsausgleich; versorgungsberechtigt Ew.; *Versorgungsbetriebe:* Elektrizitäts-, Gas-, Wasser-, Fernheizwerke; *Versorgungsengpaß* → *Versorgungsengpass; Versorgungslage; Versorgungsleitung; Versorgungsnetz; Versorgungsschein; Versorgungswirtschaft*

ver|span|nen, intr., rbz.: sich verkrampfen

ver|spä|ten tr.: später geschehen lassen, hinausschieben; rbz.: zu spät kommen * **Ver|spä|tung,** die, –, –en: das Verspäten

ver|spei|sen tr.: speisend verzehren

ver|spe|ku|lie|ren rbz.: schlecht, falsch spekulieren

ver|sper|ren tr.: verschließen : unzugänglich machen

ver|spie|len tr.: im Spiel oder im Spiel verlieren (auch übertr.) : ausspielend verlosen * *bei jemandem verspielt haben:* das Wohlwollen verloren haben * **ver|spielt** Ew.: spielerisch

ver|spin|nen tr.: durch Spinnen zum Faden machen : beim Spinnen verbrauchen

ver|splei|ßen tr.: (seem.) auf spezielle Weise Taue verknüpfen

ver|spot|ten tr.: dem Spott aussetzen, verhöhnen * **Ver|spot|tung,** die, –, –en: das Verspotten

ver|spre|chen tr.: verpflichten durch ein gegebenes Wort : Hoffnung und Erwartung erregen; rbz.: sich im Sprechen irren : sich verloben; tr.: (Zeit –) verplaudern (mit jemandem) * *sich Freude versprechen:* mit Bestimmtheit auf Freude rechnen * *versprochenermaßen* Uw.: wie es versprochen ist * **Ver|spre|chen,** das, –s, –; **Ver|spre|chung,** die, –, –en: feste Zusage : Verlobung

ver|spren|gen tr.: (schweiz.) zum Bersten bringen : zerstreuend auseinander treiben * **Ver|spren|gung,** die, –, –en: das Versprengen : das Versprengtsein

ver|sprit|zen tr., rbz.: spritzend verbreiten, vergießen

ver|sprü|hen tr.: sprühend verströmen

ver|spü|ren tr.: empfinden, merken

ver|staat|li|chen tr.: in Staatsbesitz überführen * **Ver|staat|li|chung,** die, –, –en: das Verstaatlichen

ver|städ|tern intr.: städtisch werden, machen * **Ver|städ|te|rung,** die, –: das Verstädtern * **Ver|stadt|li|chung,** die, –: (selt.) die Übernahme in städtischen Besitz

Ver|stand, der, –(e)s: die Fähigkeit des menschl. Geistes, Begriffe zu bilden : Bedeutung, Sinn * *Verstandesbegriff; Verstandeskasten:* (scherzh.) Kopf; *verstandesmäßig* Ew.; *Verstandesmensch:* rational orientierte Person; ; *Verstandesschärfe; Verstandesschwäche* * **ver|stän|dig** Ew.: Verstand zeigend, vernünftig * **ver|stän|di|gen** tr.: zu einem Einverständnis gelangen : Kenntnis geben; rbz.: einig werden : verstehen * **Ver|stän|dig|keit,** die, –, –en: Einsicht * **Ver|stän|di|gung,** die, –, –en: das Verständigen * *Verständigungsbereitschaft; Verständigungspolitik; Verständigungsschwierigkeiten; Verständigungsversuch* * **ver|ständ|lich** Ew.: klar : begreifbar * **Ver|ständ|lich|keit,** die, –, –en: Klarheit * **Ver|ständ|nis,** das, –ses, –se: Verstehen : Einsicht : Einfühlungsvermögen * *verständnisinnig* Ew.; *verständnisvoll* Ew. * **ver|ste|hen** tr.: Verständnis haben : den Sinn erfassen : gut hören; rbz.: eines Sinnes sein : (sich zu etwas –) einwilligen : (sich auf etwas –) kennen : können * *zu verstehen geben:* wissen lassen : mitteilen; *das versteht sich von selbst:* es ist selbstverständlich

ver|stär|ken tr.: stärker machen : (Fot.) das Verbessern eines zu schwach belichteten Negativs * **Ver|stär|ker,** der; –s, –: der Verstärkende : (Fot.) wässerige Lösung zum Verstärken : (Rdfk.) Lautverstärker * *Verstärkerröhre* * **Ver|stär|kung,** die, –, –en: das Verstärken * *Verstärkungspfeiler*

ver|stau|ben intr.: mit Staub bedeckt werden * **ver|staubt** Ew.: altertümlich, gestrig : mit Staub bedeckt

ver|stau|chen tr.: durch Stau-

chen verderben : (Med.) Dehnung oder Zerrung der Bänder und Kapsel eines Gelenks * **Ver|stau|chung,** die, –, –en: das Verstauchen : das Verstauchtsein

ver|stau|en tr.: Güter verpacken, gut unterbringen

Ver|steck, das; –(e)s, –e: Verbergung : Schlupfwinkel * **ver|ste|cken** tr.: verbergen; rbz.: sich verkriechen : sich einen Decknamen geben * *Versteckspiel* * **ver|steckt** Mw. Ew.: verborgen : unverständlich

ver|ste|hen: s. Verstand

ver|stei|fen intr.: steif werden, unbiegsam und starr sein; tr.: steif machen : verstärken; rbz.: mit Hartnäckigkeit behaupten, auf etwas bestehen * **Ver|stei|fung,** die, –, –en: das Versteifen : das Versteiftsein : das Versteifende

ver|stei|gen rbz.: zu hoch steigen, sich beim Steigen verirren : (auch übertr.) zu weit gehen, sich entfernen : (übertr.) das Maß überschreiten

ver|stei|gern (ich ..[e]re) tr.: meistbietend verkaufen * **Ver|stei|ge|rer,** der; –s, –: der Versteigernde : Auktionator * **Ver|stei|ge|rung,** die, –, –en: Auktion, das Versteigern

ver|stie|gen Mw. Ew.: überspannt * **Ver|stie|gen|heit,** die, –, –en: Überspanntheit

ver|stei|nern (ich ..[e]re) tr.: in Stein verwandeln; rbz., intr. (sein): in Stein verwandelt werden * *wie versteinert sein:* vor Überraschung wie gelähmt sein * **Ver|stei|ne|rung,** die, –, –en: das Versteinern : das Versteinertsein : versteinerter Körper, Fossil * *Versteinerungskunde:* Paläontologie

ver|stel|len tr.: die Stellung wechseln : eine falsche Stellung geben : durch Gestelltes versperren; rbz.: vorschützen, erheucheln : sich den Anschein geben * **ver|stell|bar** Ew.: sich verstellen lassend * **ver|stellt** Mw. Ew.: täuschend * **Ver|stel|lung,** die, –, –en: die Stellungsänderung : Heuchelei * *Verstellungskunst; Verstellungsvorrichtung*

ver|step|pen intr.: zur Steppe werden

ver|ster|ben intr.: sterben

ver|steu|ern tr.: Steuer für etwas bezahlen * **Ver|steu|e-rung,** die; –, –en: das Versteuern

ver|stie|gen: s. versteigen

ver|stim|men tr.: in schlechte Stimmung bringen * **ver|stimmt** Mw. Ew.: in schlechter Laune ; (Mus.) nicht klangrein * **Ver|stimmt|heit,** die; –: das Verstimmtsein * **Ver|stim|mung,** die; –, –en: Niedergeschlagenheit : Entfremdung : (Mus.) Klangunreinheit

ver|sto|cken intr.: durch stockende Feuchtigkeit Schaden haben; intr. (sein), rbz.: (übertr.) starrköpfig werden * **ver|stockt** Mw. Ew.: starr : störrisch : durch stockende Feuchtigkeit beschädigt * **Ver|stockt|heit,** die; –, –en: das Verstocktsein

ver|stoh|len Mw. Ew.: heimlich * **verstohlenerweise, -maßen** Uw.: verstohlen

ver|stop|fen tr.: stopfend verschließen, zustopfen * **ver|stopft** Mw. Ew.: hartleibig * **Ver|stop|fung,** die; –, –en: das Verstopfen : das Verstopftsein

ver|stor|ben Ew.: tot * **Ver|stor|be|ne,** der; die; –n, –n: der, die Tote

ver|stö|ren, tr., rbz.: verwirren * **ver|stört** Ew.: von Sinnen : verwirrt * **Ver|stört|heit,** die; –, –en: das Verstörtsein : das Verwirrtsein

Ver|stoß, der; –es, Verstöße: Fehler, Versehen * *Verstoß gegen das Gesetz, gegen die guten Sitten; in Verstoß geraten* intr.: (mundartl.) verloren gehen : verstoßen * **ver|sto|ßen** intr.: einen Fehler begehen : die Gärung beenden, vergären; tr.: aus der Gemeinschaft, von sich stoßen : vertreiben * *jemanden verstoßen; verstoßen gegen:* sich vergehen : zuwiderhandeln * **Ver|sto|ßung,** die; –, –en: das Verstoßen

ver|stre|ben tr.: (Baukst.) mit einer Strebe versehen * **Ver|stre|bung,** die; –, –en: Festigung einer Baukonstruktion durch Streben, Gegenstützen

ver|strei|chen intr. (sein): dahinstreichen, vergehen; intr.

(haben): (Fische) das Streichen oder Laichen vollenden; tr.: glatt streichend gleichmäßig verteilen : verschmieren : beim Streichen auf-, verbrauchen : streichend verdecken, ausfugen

ver|streu|en tr.: streuend, zur Streu verbrauchen : ausstreuen

ver|stri|cken tr.: verknüpfen : verwickeln * **Ver|stri|ckung,** die; –, –en: das Verstricken : das Verstricktsein

ver|strub|beln tr.: zerzausen

ver|stüm|meln (ich ..[e]le) tr.: stutzen : verkrüppeln : amputieren : kastrieren : sterilisieren * **Ver|stüm|me|lung, Ver|stümm|lung,** die; –, –en: das Verstümmeltsein

ver|stum|men intr. (sein): stumm werden, aufhören zu reden

Ver|such, der; –(e)s, –e: Probe * *Versuchsabteilung; Versuchsanordnung; Versuchsanstalt; Versuchsballon:* (auch übertr.) zur Prüfung der öffentlichen Meinung verbreitete Nachricht; *Versuchsbetrieb; Versuchsfeld; Versuchskaninchen:* (Umgspr.) Testperson; *Versuchsleiter:* Verantwortlicher einer Versuchsreihe; *Versuchsmethode; Versuchsobjekt; Versuchsperson; Versuchsstation; versuchsweise* Uw.: in der Art eines Versuchs, als Versuch * **ver|su|chen** tr.: einen Versuch machen : probieren : auf die Probe stellen : verlocken * **Ver|su|cher,** der; –s, –: der Versuchende : (Bib.) Teufel * **Ver|su|chung,** die; –, –en: die Verlockung

ver|sump|fen intr.: sumpfig, zum Sumpf werden : (übertr.) im Sumpf (liederlichen Leben) umkommen, verbummeln : nachts allzu ausgedehnt herumbummeln; tr.: sumpfig machen * **Ver|sump|fung,** die; –, –en: das Versumpfen

ver|sün|di|gen rbz.: sündig werden : eine Sünde begehen * **Ver|sün|di|gung,** die; –, –en: das Versündigen : sündige Handlung

ver|sun|ken: s. versinken

ver|sus (nl.) [w..]: gegen

ver|sü|ßen tr.: süß machen * **ver|süßt** Mw. Ew.: süß, angenehm gemacht * **Ver|sü|ßung,**

die; –, –en: das Versüßen : das Versüßtsein

ver|tä|feln tr.: mit Holzverschalung versehen * **Ver|tä|fe|lung,** die; –, –en: das Vertäfeln

ver|ta|gen tr.: auf eine spätere Zeit verschieben * **Ver|ta|gung,** die; –, –en: das Vertagen

ver|tän|deln (ich ..[e]le) tr.: mit Tändeleien verbringen; rbz.: sich mit Nichtigkeiten verzetteln

ver|tan|zen tr.: tanzend verbringen : durch Tanzen vertreiben

ver|täu|en: s. verteien

ver|tau|schen tr.: umtauschen : (zuw.) verwechseln * **Ver|tau|schung,** die; –, –en: das Vertauschen : das Vertauschtsein

ver|tei|di|gen tr.: (eig.) vor Gericht jemandes Sache vertreten : sich einer Person, einer Sache annehmen : (Kriegsw.) abwehren : schützen * **Ver|tei|di|ger,** der; –s, –: der Verteidigende * **Ver|tei|di|gung,** die; –, –en: das Verteidigen * *Verteidigungsausgaben; Verteidigungsbeitrag; Verteidigungsbereitschaft; Verteidigungsbündnis; Verteidigungsfall; Verteidigungshaushalt:* Haushalt des Verteidigungsministeriums; *Verteidigungskrieg; Verteidigungsminister; Verteidigungspakt; Verteidigungsrede; Verteidigungsschrift; Verteidigungsstellung; verteidigungsstand*

ver|tei|en, ver|täu|en tr.: (Schiff) mit Teiankern (Ebb-und Flutankern) befestigen

ver|tei|len tr.: teilen : austeilen; rbz.: sich beim Teilen irren : aufteilen * **Ver|tei|ler,** der; –s, –: (Techn.) Sammelpunkt, von dem mehrere Abzweigungen ausgehen * *Verteilerdose; Verteilerkasten; Verteilernetz; Verteilerschlüssel:* Empfängerliste; *Verteilertafel* * **Ver|tei|lung,** die; –, –en: das Verteilen * *Verteilungsplan; Verteilungsstelle*

ver|teu|ern (ich ..[e]re) tr.: teuer, höher im Preis machen * **Ver|teu|e|rung,** die; –, –en: das Verteuern

ver|teu|felt Mw. Ew.: verdammt; Mw. Uw.: äußerst

ver|tie|fen tr.: tief machen, austiefen : (übertr.) durchdringen : (Mal.) dunkel erscheinen machen : in die Tiefe senken; rbz.: sich eingehend mit etwas beschäftigen ∗ **Ver|tie|fung,** die; –, –en: (übertr.) das Sichversenken : Einbuchtung : Höhlung

ver|ti|kal (nl.) [w..] Ew.: senkrecht ∗ *Vertikalbewegung; Vertikalebene; Vertikalkreis:* (Astron.) Winkelmessinstrument, das um eine vertikale und eine horizontale Achse drehbar ist; *Vertikallinie:* senkrechte Linie; *Vertikalprojektion:* Standriss, Aufriss; *Vertikalwinkel:* Senk- oder Scheitelwinkel

Ver|ti|ko [w..], der (volkst. das) –s, –s: nach dem ersten Hersteller benannter halbhoher Schrank

ver|ti|ku|lie|ren tr.: (Rasen) durch Aufrauhen belüften **Ver|ti|ku|tie|rer,** der; –s, –: Gerät zum Vertikutieren

ver|til|gen tr.: völlig tilgen, vernichten : (scherzh., bes. stud.) verzehren ∗ **Ver|til|gung,** die; –, –en: das Vertilgen ∗ *Vertilgungsmittel*

ver|tip|pen tr., rbz.: sich beim Maschinenschreiben verschreiben

ver|to|ba|cken, ver|to|ba|ken tr.: (Umgspr.) prügeln

ver|to|nen tr.: in Töne, in Musik setzen, komponieren : (seem.) eine Zeichnung machen ∗ **Ver|to|ner,** der; –s, –: Komponist ∗ **Ver|to|nung,** die; –, –en: das Komposition

Ver|tor|fung, die; –, –en: Torfbildung

ver|trackt, (niederd.) **ver|treckt** Mw. Ew.: (auch übertr.) verzogen, verzerrt, verdreht : widerwärtig : verwirrt ∗ **Ver|trackt|heit,** die; –, –en: das Vertracktsein : das Vertrackte

Ver|trag, der; –(e)s, Verträge: Bündnis : Übereinstimmung : Rechtsgeschäft : Übereinkunft, Kontrakt ∗ *Vertragsabschluß* → *; Vertragsabschluss; Vertragsbruch; vertragsbrüchig* Ew.; *Vertragshafen:* ein dem freien Handel vertragsmäßig geöffneter Hafen; *vertragsmäßig* Ew.; *Vertragspartner; Vertragstext; Vertragsverlet-*

---

zung; vertragswidrig Ew. ∗ *Vertragschließende* ∗ **ver|tra|gen** tr.: an einen anderen Ort tragen : ertragen : Nachsicht üben; rbz.: mit anderen in Frieden leben : sich versöhnen : passen ∗ **ver|trä|gern** (ich ..[e]re) tr.: (Baukst.) mit Trägern versehen ∗ **ver|trag|lich** Ew.: vertragsmäßig ∗ **ver|träg|lich** Ew.: friedfertig ∗ **Ver|träg|lich|keit,** die; –, –en: das Verträglichsein

ver|trau|en tr.: (veralt.) trauen : durch Ehegelöbnis verbinden, verloben; intr.: Glauben schenken, sich verlassen auf : mit Zuversicht hoffen ∗ **Ver|trau|en,** das; –s: Glaube : Zutrauen : Zuversicht : Gegenstand des Vertrauens ∗ *vertrauenerweckend* → Vertrauen erweckend Ew.: Vertrauen einflößend; *Vertrauensarzt; Vertrauensbeweis; Vertrauensbruch; Vertrauensfrage; Vertrauenskrise; Vertrauensmann; Vertrauensmißbrauch* → *Vertrauensmissbrauch; Vertrauensperson; Vertrauenssache; Vertrauensschüler; Vertrauensseligkeit; Vertrauensstellung; vertrauensvoll* Ew.; *Vertrauensvotum: Vertrauensabstimmung; vertrauenswürdig* Ew. ∗ **ver|trau|lich** Ew.: vertrauend : heimlich : unter dem Siegel der Verschwiegenheit : innig ∗ **Ver|trau|lich|keit,** die; –, –en: das Vertraulichsein : Offenheit, Vertrauensseligkeit ∗ **ver|traut** Mw. Ew.: gut bekannt : alltäglich ∗ **Ver|trau|te,** der; die; –n, –n: Person, die Vertrauen genießt : Freund, Intimus ∗ **Ver|traut|heit,** die; –, –en: das Vertrautsein

Vertrauen erweckend
Wortverbindungen aus Substantiv (Hauptwort) und Partizip (Mittelwort) oder Verb (Tätigkeitswort), werden getrennt geschrieben: *Hilfe leistend, Luft schöpfen, Vertrauen erweckend.*

ver|träu|men tr.: (Zeit –) träumend verbringen : durch Träumen verpassen, verlieren; rbz.: sich Träumereien hingeben ∗ **ver|träumt** Mw. Ew.: in Träumereien vertieft : zur Träumerei geneigt ∗ **Ver|träumt|heit,** die; –, –en: das Verträumtsein

---

ver|trei|ben tr.: gewaltsam entfernen, ausweisen : (sich die Zeit –) kurzweilig verbringen : (Mal.) abstufen : (kfm.) verkaufen, absetzen ∗ **Ver|trei|bung,** die; –, –en: die Ausweisung ∗ *Vertreibpinsel:* Pinsel zum Vertreiben der Farben **Ver|trieb,** der; –(e)s, –e: Absatz (von Waren) ∗ *Vertriebsabteilung; Vertriebsrecht; Vertriebsgesellschaft:* Unternehmen, das Waren absetzt; *Vertriebskosten; Vertriebsleiter; Vertriebsrecht* ∗ **Ver|trie|be|ne,** der; –n, –n: der gewaltsam aus seiner Heimat Verjagte ∗ *Vertriebenenschicksal*

ver|tret|bar Ew.: zu vertreten : (Rechtsspr.) fungibel ∗ **ver|tre|ten** tr.: übertreten : (Bein –) verrenken, verstauchen : (sich die Beine –) wieder gelenkig machen : tretend zerstören, verderben : versperren : Stelle oder Amt eines anderen ausüben : (Rechtsspr.) für jemanden eintreten, ihn verteidigen ∗ **Ver|tre|ter,** der; –s, –: der Vertretende: Stellvertreter : Abgeordneter ∗ Geschäftsvertreter : Anwalt ∗ **Ver|tre|ter|schaft,** die; –: Gesamtheit der Vertreter ∗ **Ver|tre|tung,** die; –, –en: das Vertreten ∗ *in Vertretung;* Abk.: i. V. ∗ *vertretungsweise* Uw.

ver|trim|men tr.: (Umgspr.) verhauen

ver|trin|ken tr.: durch Trinken verbringen, verschwenden

ver|trock|nen intr.: austrocknend eingehen; tr.: trocken machen ∗ **Ver|trock|nung,** die; –: das Vertrocknen

ver|trö|deln (ich ..[e]le) tr.: (Zeit –) trödelnd verbringen : vergeuden

ver|trös|ten tr.: Hoffnung machen : hinhalten; rbz.: in Hoffnung auf etwas leben

ver|trot|teln (ich ..[e]le) intr. (sein): zum Trottel werden

ver|tun tr.: verbrauchen, verschwenden; rbz.: sich irren

ver|tu|schen tr.: tuschend verdecken, verheimlichen : nicht bekannt werden lassen ∗ **Ver|tu|schung,** die; –, –en: das Vertuschen ∗ *Vertuschungssystem; Vertuschungsversuch*

ver|ü|beln (ich ..[e]le) tr.: übel aufnehmen : verargen : verdenken

ver|ü|ben tr.: Nachteiliges, Tadelnswertes ausüben, tun

ver|ul|ken tr.: verhöhnen

ver|un|glimp|fen tr.: mit Ehrenkränkung behaften : schmähen ✳ **Ver|un|glimp|fung,** die; –, –en: das Verunglimpfen

ver|un|glü|cken intr.: ein Unglück erleiden : misslingen ✳ **Ver|un|glück|te,** der; –n, –n: durch Unfall Verletzter oder Getöteter ✳ **Ver|un|glü|ckung,** die; –, –: das Verunglücken

ver|un|rei|ni|gen tr.: unrein machen, besudeln ✳ **Ver|un|rei|ni|gung,** die; –, –en: das Verunreinigen

ver|un|si|chern tr.: unsicher machen

ver|un|stal|ten tr.: ungestalt, hässlich machen : entstellen ✳ **Ver|un|stal|tung,** die; –, –en: das Verunstalten

ver|un|treu|en tr.: untreu verwalten, bes. durch Unterschlagung entwenden ✳ **Ver|un|treu|ung,** die; –, –en: das Veruntreuen

ver|ur|sa|chen tr.: die Ursache sein : bewirken, veranlassen, anregen ✳ **Ver|ur|sa|cher,** der; –s, –: der Verursachende ✳ *Ver|ursacherprinzip*

ver|ur|tei|len tr.: durch ein Urteil für schuldig erklären : verdammen ✳ **Ver|ur|tei|lung,** die; –, –en: Verdammung : Aburteilung

Ver|ve (fr.) [wärw'], die; –: Schwung, Begeisterung

ver|viel|fa|chen, ver|viel|fäl|ti|gen tr.: vielfach, vielfältig machen, multiplizieren ✳ **Ver|viel|fa|chung,** die; –, –en: das Vervielfachen ✳ **Ver|viel|fäl|ti|gung,** die; –, –en: das Vervielfältigen; *Vervielfältigungsapparat; Vervielfältigungsrecht; Vervielfältigungsverfahren; Vervielfältigungszahl*

ver|voll|komm|nen tr.: vollkommen oder vollkommener machen; rbz.: vollkommen oder vollkommener werden ✳ **Ver|voll|komm|nung,** die; –, –en: das Vollkommenmachen, Vollkommenermachen oder Vollkommenerwerden ✳ *vervollkommnungsfähig* Ew.

ver|voll|stän|di|gen tr.: vollständig machen ✳ **Ver|voll|stän|di|gung,** die; –, –en: das Vervollständigen

verw. (Abk.): verwitwet

ver|wach|sen tr.: (Kleidungsstück –) auswachsen : (Narbe –) wachsend schließen, verheilen, vernarben lassen; rbz.: zusammenwachsen; intr. (sein): durch fortschreitendes Wachstum ausgefüllt werden : durch Überwachsendes bedeckt werden : wachsend eins werden : fehlerhaft wachsen ✳ **ver|wach|sen** Mw. Ew.: schief, bucklig gewachsen ✳ **Ver|wach|sung,** die; –, –en: (Med.) Verschmelzung, Zusammenwachsen von Gewebsoberflächen

ver|wa|ckeln tr.: (Fot.) durch Wackeln bei der Aufnahme undeutlich werden

ver|wäh|len rbz.: (Umgspr.) (Telefon) falsche Nummer wählen

Ver|wahr, der; –(e)s, (–e): Verwahrung ✳ *in Verwahr geben, nehmen* ✳ **ver|wah|ren** tr.: bewahren; rbz.: sich hüten ✳ *sich gegen etwas verwahren:* Widerspruch einlegen, ablehnen ✳ **Ver|wah|rung,** die; –, –en: das Verwahren : Haft : Widerspruch ✳ *Verwahrungsort* ✳ **Ver|wah|rer,** der; –s, –: (BGB) Depositar ✳ **ver|wahr|lo|sen** tr. (haben), intr. (sein): durch Nachlässigkeit verlottern ✳ **Ver|wahr|lo|sung,** die; –, –en: das Verwahrlostsein

ver|wai|sen intr. (sein): zur Waise werden : (übertr.) sich in verlassenem Zustand befinden; tr.: zur Waise machen ✳ **Ver|wai|sung,** die; –, –en: das Verwaistsein

ver|wal|ken tr.: (Umgspr.) prügeln

ver|wal|ten tr.: im Auftrag führen : verantwortlich leiten ✳ **Ver|wal|ter,** der; –s, –: der Verwaltende ✳ **Ver|wal|tung,** die; –, –en: das Verwalten, Administration : verwaltende Behörde ✳ *Verwaltungsakt; Verwaltungsangestellte; Verwaltungsapparat:* Gesamtheit von Ämtern und Behörden; *Verwaltungsbeamte, Verwaltungsbehörde; Verwaltungsbezirk; Verwaltungsdienst; Verwaltungsgericht; Verwaltungskosten; Verwaltungsrat; Verwaltungsreform; verwaltungstechnisch* Ew.; *Verwaltungsvorschrift;*

Verwaltungswesen; Verwaltungszweig

ver|wam|sen tr.: (Umgspr.) verprügeln

ver|wan|deln (ich ..[e]le) tr.: anders machen, umwandeln : verändern ✳ **Ver|wand|lung,** die; –, –en: das Verwandeln ✳ *Verwandlungskünstler*

ver|wandt Ew.: durch Abstammung, Geburt verbunden : durch Heirat anverwandt : geistesverwandt : ähnlich ✳ *verwandt sein:* (Chem.) sich miteinander verbinden lassend ✳ **Ver|wand|te,** der; die; –n, –n: durch Familienbande Verbundene(r) ✳ **Ver|wandt|schaft,** die; –, –en: das Verwandtsein : Gesamtheit von Verwandten : *Verwandtschaftsgrad; Verwandtschaftsverhältnis* ✳ **ver|wandt|schaft|lich** Ew.: in der Verwandtschaft begründet

ver|war|nen tr.: warnen, eine Warnung geben ✳ **Ver|war|nung,** die; –, –en: das Verwarnen

ver|wa|schen Mw. Ew.: durch Waschen farblos : verschwommen : unausgesprochen

ver|wäs|sern (ich ..[e]re) tr.: mit Wasser verdünnen : (übertr.) geistlos, schal machen ✳ **Ver|wäs|se|rung, Ver|wäss|rung,** die; –, –en: das Verwässern

ver|we|ben rbz., tr.: webend verarbeiten : mit Spinnweb verdecken ✳ **Ver|we|bung,** die; –, –en: das Verweben : das Verwebtsein ✳ **ver|wo|ben** Mw. Ew.: verwebt : eng verbunden

ver|wech|seln (ich ..[e]le) tr.: irrtümlich vertauschen ✳ **Ver|wech|se|lung, Ver|wechs|lung,** die; –, –en: das Verwechseltsein : Umstellung ✳ *Verwechslungskomödie*

ver|we|gen Mw. Ew.: tollkühn : wagemutig ✳ **Ver|we|gen|heit,** die; –, –en: Tollkühnheit

ver|we|hen tr.: wegwehen : wehend verbreiten; intr. (sein): weggeweht werden

ver|weh|ren tr.: wehrend verhindern

ver|weich|li|chen intr. (sein): verwöhnt, verhätschelt werden; tr.: verzärteln : verhätscheln ✳ **Ver|weich|li|chung,** die; –, –en: das Verweichlichtsein

ver|wei|gern (ich ..[e]re) tr.:

sich weigern : abschlagen : nicht gewähren ✱ **Ver|wei|ge|rung,** die; –, –en: das Verweigern ✱ **Ver|wei|ge|rer,** der, –s, –: (Kurzw.) Kriegsdienstverweigerer ✱ *Verweigerungsfall*

ver|wei|len intr., rbz.: eine Weile an einem Ort bleiben ✱ *Verweildauer*

Ver|weis, der; –es, –e: scharfer Tadel : Rüge : Hinweis

ver|wei|sen tr.: an einen andern Ort, an eine Stelle weisen : einen Hinweis geben : vorwerfen : (bes.) mit zurechtweisendem Tadel strafen ✱ **Ver|wei|sung,** die; –: Ausweisung : Verweis : Hinweis

ver|wel|ken intr. (sein): welkend vergehen; tr.: welk machen

ver|welt|li|chen intr.: der Kirche entzogen und weltlich werden; tr.: weltlich machen (Klöster –) säkularisieren ✱ **Ver|welt|li|chung,** die; –, –en: das Verweltlichen : das Verweltlichtsein

ver|wend|bar Ew.: brauchbar ✱ **Ver|wend|bar|keit,** die; –: Brauchbarkeit ✱ **ver|wen|den** tr.: anwenden : verbrauchen; rbz.: fürsprechend seine Macht, seinen Einfluss geltend machen ✱ **Ver|wen|dung,** die; –, –en: der Gebrauch : Anwendung : Fürsprache ✱ *Verwendungsmöglichkeit; Verwendungsweise; Verwendungszweck*

ver|wer|fen intr.: falsch, fehlwerfen : fort-, weg-, hinwerfen : als untauglich, ungültig ablehnen : von sich weisen : (Bib.) verdammen ✱ **ver|werf|lich** Ew.: zu verwerfen : tadelnswert, tadelhaft : nicht einwandfrei ✱ **Ver|werf|lich|keit,** die; –: Ruchlosigkeit ✱ **Ver|wer|fung,** die; –, –en: Ablehnung : Lageveränderung in den oberen Schichten der Erdkruste ✱ *Verwerfungsspalte:* nach Erdbeben entstandene Spalte ✱ **ver|wor|fen** Mw. Ew.: ruchlos, verbrecherisch lasterhaft, schändlich, niederträchtig ✱ **Ver|wor|fenheit,** die; –: das Verworfensein

ver|wer|ten tr.: gegen Empfang eines Wertes umsetzen : verwenden : diskontieren ✱ **Ver-**

wer|tung, die; –, –en: das Nutzbarmachen : Verwendung

ver|we|sen tr.: stellvertretend verwalten; intr.: durch Fäulnis vergehen : sich zersetzen ✱ **Ver|we|ser,** der; –s, –: Verwalter, Stellvertreter, Vorsteher ✱ **ver|wes|lich** Ew.: dem Verwesen ausgesetzt ✱ **Ver|we|sung,** die; –, –en: stoffliche Auflösung : Verfall ✱ *Verwesungsgeruch; Verwesungspflanzen:* Saprophyten; *Verwesungsprozeß*
→ *Verwesungsprozess:* Vorgang der Verwesung

ver|wet|ten tr.: wettend aufs Spiel setzen : durch Wetten verlieren

ver|wi|ckeln (ich ..[e]le) tr.: wickelnd verwirren, verschlingen (auch übertr.) ✱ **ver|wi|ckelt** Mw. Ew.: schwierig : schwer entwirrbar ✱ **Ver|wi|cke|lung, Ver|wick|lung,** die; –, –en: das Verwickeltsein

ver|wil|dern (ich ..[e]re) intr.: (Garten) überwuchern : verrohen ✱ **Ver|wil|de|rung,** die; –, –en: das Verwildertsein

ver|win|den tr.: ertragen : überwinden, hinwegkommen über ✱ **Ver|win|dung,** die; –, –en: das Verwinden : das Biegen der Tragflächen eines Flugzeuges ✱ *verwindungsfest* Ew.; *Verwindungsklappen:* Querruder

ver|wir|ken tr.: keinen Anspruch mehr haben : einbüßen ✱ *Freiheit, Leben, Gunst verwirken* ✱ **ver|wirk|li|chen** tr.: Tatsache werden lassen; rbz.: wirklich werden ✱ **Ver|wirk|li|chung,** die; –, –en: die Wahrmachung : Umsetzung in die Tat

ver|wir|ren tr.: durcheinander bringen; rbz.: wirr werden; intr. (sein): wirr machen, wirr werden ✱ **ver|wirrt** Mw. Ew.: durcheinander gebracht : verstört ✱ **Ver|wirrt|heit,** die; –, –en: das Verwirrtsein ✱ **Ver|wir|rung,** die; –, –en: Durcheinander : Bestürzung : Verwicklung ✱ **ver|wor|ren** Mw. Ew.: unklar : durcheinander, wirr ✱ **Ver|wor|ren|heit,** die; –, –en: das Verworrensein

ver|wirt|schaf|ten tr.: durch liederliches Wirtschaften verschwenden

ver|wi|schen tr.: (Mal.) verschmelzen : durch Wischen auslöschen : wischend undeutlich machen (auch übertr.); rbz., intr. (sein): verwischt werden, verlöschen ✱ **Ver|wi|schung,** die; –, –en: das Verwischtsein

ver|wit|tern (ich ..[e]re) intr.: ver-, zerfallen (durch Witterung, Zeit usw.) : (weidm.) das zum Fang Dienende mit Witterung bestreichen ✱ **Ver|wit|te|rung,** die; –, –en: das Verwittern ✱ *Verwitterungsprodukt*

ver|wit|wet Mw. Ew.: den toten Ehepartner überlebend

ver|wo|ben: s. verweben

ver|woh|nen tr.: durch Wohnen stark abnutzen

ver|wöh|nen tr.: an etwas übertrieben gewöhnen : verziehen, verhätscheln, verzärteln ✱ **Ver|wöh|nung,** die; –: das Verwöhnen : Verwöhntsein

ver|wor|fen: s. verwerfen

ver|wor|ren: s. verwirren

ver|wund|bar Ew.: so beschaffen, dass es verwundet werden kann ✱ **ver|wun|den** tr.: eine Wunde beibringen : Gefühle verletzen ✱ *Verwundeter; Verwundetenabzeichen; Verwundetentransport* ✱ **Ver|wun|dung,** die; –, –en: das Verwunden : das Verwundetsein

ver|wun|der|lich Ew.: Verwunderung erregend : befremdlich, seltsam ✱ **ver|wun|dern** (ich ..[e]re) rbz.: sich wundern ✱ **Ver|wun|de|rung,** die; –, –en: das Verwundern ✱ *verwunderungsvoll* Ew.

ver|wun|schen tr.: verzaubern : verfluchen ✱ **ver|wun|schen** Mw. Ew.: verzaubert, unter dem Bann eines Zauberfluches ✱ **ver|wünscht** Mw. Ew.: verflucht ✱ **Ver|wün|schung,** die; –, –en: das Verwünschen : das Verwünschtsein

ver|wurs|teln tr.: (Umgspr.) durcheinander bringen : verwirren

ver|wur|zeln (ich ..[e]le) intr.: Wurzeln schlagen ✱ **Ver|wur|ze|lung, Ver|wurz|lung,** die; –, –en: das Verwurzeln : das Verwurzeltsein

ver|wüs|ten tr.: verheeren ✱ **Ver|wüs|ter,** der; –s, –: Zerstörer, Vernichter : Wüstling ✱ **Ver|wüs|tung,** die; –, –en: das

Verwüsten : das Verwüstetsein

ver|za|gen intr.: mutlos werden : Hoffnung aufgeben ✳ **ver|zagt** Mw. Ew.: mutlos ✳ **Verzagt|heit**, die; –: das Verzagtsein

ver|zäh|len rbz.: sich im Zählen irren; tr.: (niederd.) erzählen

ver|zah|nen tr.: mit Zähnen versehen : verzapfen; rbz.: (ineinander –) ineinander greifen ✳ **Ver|zah|nung**, die; –, –en: die Verzapfung, eine Holzverbindung

ver|zap|fen tr.: auszapfen : (stud.) verabreichen : durch eingreifende Zapfen verbinden ✳ *Mist verzapfen:* Unsinn reden ✳ **Ver|zap|fung**, die; –, –en; Verzahnung

Verzär|te|ler, **Ver|zärt|ler**, der; –s, –: der Verzärtelnde

ver|zär|teln (ich ..[e]le) tr.: durch übertriebene Zärtlichkeit verwöhnen : verweichlichen, schwächlich machen : mit Zärtlichkeiten überhäufen ✳ **Ver|zär|te|lung**, die; –, –en: das Verzärteln : das Verzärteltsein

ver|zau|bern (ich ..[e]re) tr.: auf magische Weise anziehen : verwandeln ✳ **Ver|zau|be|rung**, die; –, –en: das Verzaubern

ver|ze|chen tr.: durch Zechen vertun

Ver|zehr, der; –(e)s: Verbrauch an Zehrung : Zeche ✳ **ver|zeh|ren** tr.: verbrauchen : vertilgen : essen, verspeisen; rbz.: sich aufzehren : übermäßig leiden ✳ *Verzehrzwang* ✳ **Ver|zeh|rer**, der; –s, –: der Verzehrende ✳ **Ver|zeh|rung**, die; –, –en: das Verzehren ✳ *Verzehrungssteuer*

ver|zeich|nen tr.: falsch zeichnen : schriftlich aufzeichnen, notieren; rbz.: sich im Zeichnen irren ✳ **Ver|zeich|nis**, das; –ses, –se: schriftliche Aufzeichnung, Liste, Register ✳ **Ver|zeich|nung**, die; –, –en: (Optik) Verzerrung ✳ **ver|zeich|nungs|frei** Ew.: unverzerrt

ver|zei|hen tr.: nicht ahnden : vergeben, entschuldigen ✳ **ver|zeih|lich** Ew.: entschuldbar ✳ **Ver|zei|hung**, die; –, –en: das Verzeihen

ver|zer|ren tr., rbz.: zerrend verunstalten : entstellen ✳ **ver|zerrt** Mw. Ew.: entstellt, verunstaltet ✳ **Verzerrt|heit**, die; –, –en: das Verzerrtsein ✳ **Ver|zer|rung**, die; –, –en: das Verzerren : das Verzerrtsein : das Verzerrte

ver|zet|teln (ich ..[e]le) tr.: (Heu) ausstreuen : für ein Zettelverzeichnis verarbeiten; rbz.: (übertr.): sich in vielen Kleinigkeiten verlieren : planlos etwas verrichten ✳ **Ver|zet|te|lung**, die; –, –en: das Verzetteln : das Verzetteltsein : das Verzettelte

Ver|zicht, der; –(e)s, –e: Entsagung : Preisgabe : Abtretung, Überlassung : Ablehnung ✳ *Verzicht(s)erklärung; Verzicht(s)leistung; Verzicht(s)politik* ✳ **ver|zich|ten** intr.: entsagen, aufgeben : überlassen : ablehnen

ver|zie|hen tr.: durch falsches Ziehen entstellen : verwöhnen, verzärteln : verrenken : ziehend verpflanzen : verzögern, hinausschieben, in die Länge ziehen : (bergm.) (Grube –) markscheiderisch vermessen; intr.: (Brettspiel) einen falschen Zug tun : in die Länge ziehen, sich hinausziehen : zögern - verweilen; intr. (sein): fort-, wegziehen, den Wohnort verändern; rbz.: allmählich sich entfernen : sich aufwerfen, krumm werden ✳ **ver|zo|gen** Mw. Ew.: verwöhnt : schlecht gezogen : fortgezogen : ausgedehnt : (Grube, Bergb.) vermessen ✳ **Verzo|gen|heit**, die; –, –en: das Verzogensein ✳ **Ver|zug**, der; –(e)s, Verzüge: Rückstand : die Verzögerung, der Aufschub : Wegzug: falsche Erziehung : das Verzärteln, Verwöhnen, Verziehen ✳ *in Verzug sein:* im Rückstand sein; *ohne Verzug:* sofort, ohne Verzögerung; *Verzugszinsen* Mz.

Ver|zie|ren tr.: mit Zierrat versehen, ausschmücken : allzu sehr mit äußerer Verzierung versehen ✳ **Ver|zie|rung**, die; –, –en: das Verzieren : das Verziertsein : das Verzierende, Zierrat

ver|zin|ken tr.: mittels eingreifender Zinken verbinden : mit Zink überziehen : (Gaunerspr.)

anzeigen, verraten ✳ **ver|zins|bar** Ew.: zu verzinsend ✳ **ver|zin|sen** tr.: Zinsen für etwas geben; rbz.: Zinsen bringen : sich lohnen ✳ **Ver|zin|sung**, die; –, –en: das Verzinsen ✳ **ver|zins|lich** Ew.: zu verzinsend

ver|zo|gen: s. verziehen

ver|zö|gern (ich ..[e]re) tr.: zögernd hinhalten, hinausschieben, aufhalten : später kommen lassen, Aufschub veranlassen; rbz.: durch Zögerung sich hinziehen, später eintreten ✳ **Ver|zö|ge|rung**, die; –, –en: das Verzögern : das Verzögertsein ✳ *Verzögerungsmittel; Verzögerungstaktik*

ver|zol|len tr.: gebührenden Zoll entrichten ✳ **Ver|zol|lung**, die; –, –en: das Verzollen : das Verzolltsein

ver|zot|teln (ich ..[e]le) tr.: zausend durcheinander bringen

ver|zü|cken tr.: in den Zustand höchster Verzückung versetzen ✳ **ver|zückt** Mw. Ew.: außer sich : aufs Höchste entzückt ✳ **Ver|zü|ckung**, die; –, –en: höchste Erregung; Ekstase ✳ *in Verzückung geraten*

ver|zu|ckern (ich ..[e]re) tr.: süß machen : versüßen ✳ **Ver|zu|cke|rung**, die; –, –en: das Verzuckern : das Verzuckertsein

Ver|zug: s. verziehen

ver|zwei|feln (ich ..[e]le) intr. (haben, sein): jede Hoffnung aufgeben ✳ **Ver|zweif|lung**, die; –, –en: Hoffnungslosigkeit : Aussichtslosigkeit ✳ *Verzweiflungsmut; Verzweiflungsruf; Verzweiflungstat; verzweiflungsvoll* Ew.

ver|zwei|gen rbz.: sich verzweigend verbreiten (auch übertr.); tr.: in Zweige teilen ✳ **Ver|zwei|gung**, die; –, –en: das Verzweigtsein : das sich Verzweigende

ver|zwickt Mw. Ew.: schwierig, verwickelt

Ves|pa (it.), die; –, –s: Motorrollermarke

Ves|per (l.), die; –, –n: (kath. K.) Abendgottesdienst : Nachmittagsimbiss ✳ *Vesperbrot; Vesperglocke; Vesperpredigt* ✳ **ves|pern** (ich ..[e]re) intr.: den Nachmittagsimbiss einnehmen

Ves|ta [w..]: röm. Göttin des

Herdfeuers und der Keuschheit ∗ **Ves**|**ta**|**lin**, die; –, –nen: Priesterin der Vesta : (übertr.) keusche Jungfrau

Ves|**te**, die; –, –n: (veralt.) Burg, Festung ∗ *die alte Veste bei Fürth; die Veste Coburg*

Ves|**ti**|**bül** (l.-fr.) [w..], das; –s, –e: Vorhalle : Eingangshalle

Ves|**ti**|**tur** (nl.) [w..], die; –, –en: Bekleidung, Einkleidung (in ein geistl. Amt)

Ve|**suv** [we..], der; –s: Vulkan bei Neapel

Ve|**te**|**ran** (l.) [w..], der; –en, –en: altgedienter Soldat : ehemaliger Kriegsteilnehmer : bewährter Mitarbeiter : alter Fahrzeugtyp ∗ *Veteranentreffen; Veteranenverein*

Ve|**te**|**ri**|**när** (l.) [w..], der; –s, –e: Tierarzt ∗ *Veterinärmedizin:* Tierheilkunde; *Veterinärschule:* Tierheilkundeschule

Ve|**to** (l.) [w..], das; –s, –s: „ich verbiete", Einspruchsrecht : Einspruch, Verbot ∗ *Vetorecht*

Vet|**tel** (l.), die; –, –n: liederliches (altes) Weib

Vet|**ter**, der; –s, –n: Sohn der Tante, des Onkels : (mundartl.) Geschwisterkinder : männlicher Verwandter ∗ *Vetternwirtschaft:* Begünstigung der Verwandten und Freunde; *Vettermichel:* sich anbiedernder Mensch ∗ **vet**|**ter**|**lich** Ew.: in der Art eines Vetters ∗ **Vet**|**tern**|**schaft**, die; –, –en: zwischen Vettern bestehende Verwandtschaft : Gesamtheit von Vettern

Ve|**xa**|**ti**|**on** (l.) [w..], die; –, –en: Quälerei : Belästigung, Neckerei ∗ **ve**|**xie**|**ren** (..iert) tr.: quälen : belästigen, necken : zum Besten haben : irreführen ∗ *Vexierbild:* Rätselbild; *Vexierschloß* → *Vexierschloss:* Sicherheitsschloss; *Vexierspiegel:* Täuschungsspiegel [l. vexare plagen, täuschen]

v-för|**mig** *auch:* **V-för**|**mig** Ew.: in der Form eines V

v-förmig

Zusammensetzungen aus einem einzelnen Buchstaben, einem Zeichen oder einer Zahl mit einem Wort werden mit Bindestrich geschrieben. Die Groß- oder Kleinschreibung des Einzelbuchstaben bleibt dem Schreibenden überlas-

sen: *a-Dur; T-Shirt; v-förmig; 14-jährig, &-Zeichen.*

vgl. (Abk.): vergleiche!

v., g., u. (Abk.): vorgelesen, genehmigt, unterschrieben

v. H. (Abk.): vom Hundert

VHS (Abk.): Volkshochschule

via (l.) [w..]: (auf dem Wege) über ∗ **Via**, die; –, ..ae: Straße ∗ *Via Appia*, die; – –: Appische Straße bei Rom; *Via Mala*, die; – –: Alpenstraße in Graubünden; *Via triumphalis*, die; – –: Siegesstraße ∗ **Vi**|**a**|**dukt**, der; –(e)s, –e: Wegüberbrückung : Talbrücke : Hochbahn

Vib|**ra**|**phon** *auch:* **Vib**|**ra**|**fon** (l.-gr.), das; –s, –e: Musikinstrument, bei dem einem Wellen langes Nachschwingen der Töne bewirken ∗ **Vib**|**ra**|**ti**|**on** (l.) [w..], die; –, –en: Erschütterung : Schwingung ∗ *Vibrationsmassage* ∗ **vib**|**ra**|**to** (it.) [w..]: (Mus.) bebend ∗ **vib**|**rie**|**ren** (..iert) (l.) [w..] intr.: beben, zittern, schwingen ∗ **Vib**|**ro**|**graph** *auch:* **Vib**|**ro**|**graf**, der; –en, –en: Schwingungsmessgerät

vi|**ce ver**|**sa** (l.) [w..w..]: umgekehrt, wechselweise; Abk.: v.v.

Vi|**com**|**te** (fr.) [wikongt'], der; –s, –s: „Vizegraf", ein Adelsrang zwischen Graf und Baron ∗ **Vi**|**com**|**tesse** (fr.) [wikongtess'], die; –, –n: „Vizegräfin"

vi|**de** (l.) [w..]: sieh! ∗ **vi**|**de**|**a**|**tur**: man schlage nach ∗ **Vi**|**deo**, das; –s, –s: (Kurzw.) Videorecorder : (Kurzw.) Videokassette, ..-film ∗ **Vi**|**deo**|**re**|**cor**|**der**, der; –s, –: Aufzeichnungsgerät für Fernsehsendungen ∗ *Videoaufzeichnung; Videoclip:* kurzer Film zu einem Titel der Popmusik; *Videokamera; Videokassette; Videoprogrammiersystem:* System zur Einstellung eines Videorecorders für eine Aufnahme zu bestimmter Zeit, Abk.: VPS; *Videospiel:* elektronisches Spiel über das Fernsehgerät; *Videotext:* über das Fernsehgerät abrufbare schriftliche Informationen; *Videothek:* Ausleihstelle für Videofilme ∗ **Vi**|**de**|**o**|**phon**, das; –s, –e: Bildtelefon

vi|**di**: ich habe (es) gesehen; Abk.: v. ∗ **Vi**|**di**, das; –(s), –(s): Beglaubigungszeichen

vi|**die**|**ren** (..iert) tr.: durch Unterschrift bescheinigen, beglaubigen ∗ **Vi**|**di**|**ma**|**ti**|**on**, die; –, –en; **Vi**|**di**|**ma**|**tum**, das; –s, –s und ..ta: Beglaubigung ∗ **vi**|**dit**: er oder sie hat (es) gesehen; Abk.: vdt.

Vieh, das; –(e)s: Tier : Gesamtheit von Haustieren : unvernünftiges Tier : (verächtl.) dummer oder roher Mensch ∗ *Viehbestand; Viehfutter; Viehhalter; Viehhandel; Viehhändler; Viehherde; Viehmarkt; Viehsalz; Viehversicherung(sgesellschaft); Viehwagen; Viehzucht* ∗ **vie**|**hisch** Ew.: in der Weise des Viehs : roh

viel Ew.: nicht wenig, eine große Menge, eine große Zahl, eine Fülle von; Uw.: sehr (bes. verstärkend vor Komparativen und zu mit Ew.): oft ∗ *ich habe viel(es) gelesen; um viel(es); viel Schönes; mit viel Schönem, mit vielem Schönen; viele Große; viele Leute; so viel essen, daß..* → *so viel essen, dass..; soundso viel; zum soundsovielten Mal; zuviel* → *zu viel* s. zu viel; *viel zuviel* → *viel zu viel; es ist viel besser* ∗ *vielarmig* Ew.; *vielästig* Ew.; *vielbesprochen* → *viel besprochen* Mw. Ew.: von vielen besprochen : oft besprochen; *vieldeutig* Ew.: viele Deutungen zulassend; *Vieleck:* (Math.) Figur mit vielen Ecken; *vieleckig* Ew.; *Vielehe; vielfach* Ew.: vielfältig; Uw.: oft; *Vielfache,* das; –n; *Vielfachgerät; vielfältig* Ew.: viele Falten habend; *vielfältig* Ew.: in vielen Gestalten vorhanden : über viele Gebiete sich erstreckend; *vielfarbig* Ew.; *vielförmig* Ew.; *Vielfraß,* der; –es, –e: gefräßiges Wesen : gefräßiger Mensch : ein marderartiges Raubtier; *Vielfüßer:* Tausendfüßer; *vielgebraucht* → *viel gebraucht* Mw. Ew.; *vielgekauft* → *viel gekauft* Mw. Ew.; *vielgenannt* → *viel genannt* Mw. Ew.; *vielgereist* → *viel gereist* Mw. Ew.: viele Reisen gemacht habend; *vielgestaltig* Ew.; *Vielgötterei,* die; –: Verehrung vieler Götter; *vielköpfig* Ew.: viele Köpfe, Personen zählend; *Vielliebchen:* eine Art Wette mit Zwillingsmandeln : Preis einer solchen Wette; *vielmalig* Ew.: häufig; *vielmals* Uw.: oft : sehr; *vielmehr* Uw.: Bezeichnung für eine Richtigstellung oder einen Gegensatz; *vielnamig* Ew.; *vielsagend* → *viel sagend* Mw. Ew.: bedeutungsvoll; *vielschichtig* Ew.; *Vielschreiber; vielseitig* Ew.; *Vielseitigkeitsprüfung:* Reiterprüfung; *vielsilbig* Ew.; *vielsprachig* Ew.: viele Sprachen sprechend : (Land) eine vielsprachige Bevölkerung habend; *vielstimmig* Ew.; *vieltausendmal* Uw.; *vielumworben* → *viel umworben* Mw. Ew.; *vielversprechend* → *viel versprechend* Mw. Ew.; *Vielvölkerstaat; Vielweiberei:* Ehe eines Mannes mit vielen Frauen; *Vielwisser; vielzüngig* Ew.: viele Zungen habend : in vielen Sprachen redend * *vielerlei* Ew. (unv.): viele Sorten; *vielerorts, -orten* Uw.: an vielen Orten * **Viel|heit**, die; –: das Vielsein : Mannigfaltigkeit

viel
Als Zahladjektiv wird *viel* in allen Beugungsformen kleingeschrieben. In einer Wortverbindung mit einem Partizip wird getrennt geschrieben: *ein viel gelesenes Buch, eine viel besungene Sehenswürdigkeit.*

viel|leicht Uw.: möglicherweise

vier Zahlw.: eins über drei * *zu vieren, zu viert sein:* vier Personen sein; *auf allen vieren:* auf Händen und Füßen * *vierbeinig* Ew.; *vierblättrig* Ew.; *vierdimensional* Ew.: (Math.) vier Dimensionen aufweisend; *viereckig* Ew.; *viereinhalb* Zahlw.: vier und ein Halbes; *vierfach; Vierfache,* das; –n; *vierfältig* Ew.: in vier Teilen; *Vierfarbendruck; Vierfüßer; Viergespann:* Kutsche mit vier Pferden; *Viergitterröhre; Viergroschenstück; Vierhänder:* Affe; *vierhändig* Ew.; *vierhundert* Zahlw.: vier mal hundert; *Vierjahresplan; vierjährig* Ew.; *Vierkant,* der; –es, –e: vierkantiger Balken; *Vierkanteisen; Vierkantstahl; Vierlande:* Obstplantagengebiet südlich von Hamburg; *Vierling; Viermächtekonferenz; viermal* Uw.; *viermalig* Ew.; *Viermaster:* Segel-

schiff mit vier Masten; *Viermastzelt; viermotorig* Ew.; *Vierpaß* → *Vierpass,* der; ..passes, ..passe: (Baukst.) vierbogiges Maßwerk; *Vierpfünder:* etwas vier Pfund Schweres; *Vierpunktschrift:* kleinste Druckschrift; *Vierradantrieb; Vierradbremse:* Bremse, die alle vier Wagenräder zugleich bremst; *Vierröhrenapparat:* Radioapparat mit vier elektr. Röhren; *viersaitig* Ew.; *vierschrötig* Ew.: plump; *vierseitig* Ew.; *Vierspänner,* der; –s, –: Wagen mit vier Pferden; *Viersternehotel:* Hotel mit einer Klassifizierung von vier Sternen; *vierstimmig* Ew.; *Viertaktmotor; viertausend* Zahlw.: vier mal tausend; *vierteilen* tr.: in vier Teile teilen; *vierundhalb* Zahlw.: viereinhalb; *vierundzwanzig* Zahlw.; *vierwöchentlich* Ew.: alle vier Wochen stattfindend; *vierzehn* Zahlw.: zehn und vier; *die Vierzehn Punkte* (Wilsons); *Vierzehnte,* der; *vierzeilig* Ew.; *Vierzellenbad:* elektrisches Heilbad; *Vierzimmerwohnung; vierzöllig* Ew. * **Vier**, die; –, –en: die Ziffer 4 : vier Augen beim Würfeln * * **vie|re:** (volkst.) vier (allein stehend) * **vie|ren** tr.: in vier Teile teilen * **Vie|rer,** der; –s, –: aus vier Teilen bestehendes Ganzes : Vierpfennigstück : (Wein) aus dem Jahre 04 eines Jahrhunderts * *Viererzug:* Vierspänner * **vie|rer|lei** Ew. (unv.): vier Sorten * **Vier|ling,** der; –s, –e: ein Ganzes aus vier Einheiten : (Mz.) vier zugleich geborene Kinder * **viert:** O.-Zahlw. zu vier * *viert(e)halb* Zahlw.: dreiundeinhalb; *vierletzt* Ew.: an vierter Stelle vom Ende aus stehend * **Viert,** das; –(e)s, –e: ¼ Scheffel * **vier|tel** Ew.: den vierten Teil betragend * *ein viertel Pfund; drei viertel Stunden* * **Vier|tel,** das; –s, –: der vierte Teil : Stadtbezirk * *ein Viertel (vor, nach) vier; es schlägt drei Viertel* * *Viertelcicero:* (Buchdrw.) Dreipunktstärke; *Vierteljahr; vierteljährig* Ew.: im Vierteljahr alt, ein Vierteljahr dauernd; *vierteljährlich* Ew.: alle Vierteljahre geschehend; *Vierteliter; Vier-*

telnote; Viertelpfund; Viertelstunde; viertelstündig Ew.: eine Viertelstunde dauernd; *viertelstündlich* Ew.: sich jede Viertelstunde wiederholend; *Viertelzentner* * *Viertelswendung:* Drehung um ein Viertel * **vier|teln** (ich ..[e]le) tr.: in vier Teile zerlegen * **vier|tens** Uw.: an vierter Stelle stehend * **Vie|rung,** die; –, –en: (Baukst.) Einteilung in vier Teile : Viereck : Quadratur (des Kreises) * **vier|zig** Zahlw.: vier mal zehn * *Vierzigstundenwoche* * **vier|zigs|te:** O.-Zahlw. zu vierzig * **vier|zigs|tens** Uw.: an vierzigster Stelle stehend

Viet|cong, Viet|kong, der; –s, –(s): Mitglied der Guerillabewegung im früheren Südvietnam * **Viet|nam:** asiat. Staat am Südchines. Meer * *Vietnamkrieg* * **Viet|na|me|se,** der; –n, –n: Bewohner Vietnams * **viet|na|me|sisch** Ew.

vif [w..] Ew.: lebhaft : geweckt : gewitzt

Vi|gi|lie, die; –, –n: Nachtwache : Gottesdienst am Vorabend eines kirchl. Festes : nächtliche Seelenmesse vor dem Begräbnis

Vig|net|te (fr.) [winjätt'], die; –, –n: "Weinranke", bildartige Verzierung auf Titeln, Anfangs- und Schlussseiten in Büchern : Gebührenmarke für Kraftfahrzeuge zur Benutzung auf Autobahnen

vi|go|ro|so (it.): (Mus.) kraftvoll

Vi|kar (l.) [w..], der; –s, –e: Hilfsgeistlicher : ev. Theologe nach dem ersten theologischen Examen * **Vi|ka|ri|at,** das; –(e)s, –e: Amt und Wohnung eines Hilfsgeistlichen * **Vi|ka|rin,** die; –, –nen: weiblicher Vikar

Vik|to|ria: Sieg * *Viktoria rufen* * *Viktoriablau; Viktoriagrün:* Malachitgrün; *Viktoriaschießen,* das; –s: Freudenschießen zur Siegesfeier * **vik|to|ri|a|nisch** Ew.: wie zur Zeit der engl. Königin Viktoria * *Viktorianische Zeit*

Vik|tu|a|lien (l.) [w..] Mz.: (veralt.) Lebensmittel * *Viktualienhändler; Viktualienmarkt*

Vil|la (l.) [w..], die; –, ..llen: Landhaus * *villenartig* Ew.;

Villenbesitzer; Villenkolonie; Villenviertel; Villenvorort

Vilnius: (litauisch) Wilna, Hauptstadt von Litauen

Vinaigrette (fr.) [winägrätt'], die; –: Kräutersoße

Vinci [winschi]: Leonardo da –, italienischer Maler, Bildhauer und Naturforscher (1452–1519)

Vinette (it.) [w..], die; –, –n: Winzerlied

Viola (it.) [w..], die; –, ..len: eine Armgeige, Bratsche ✱ **Violetta,** die; –, ..tten: kleine Geige ✱ **Violine,** die; –, –n: Geige ✱ *Violinbogen; Violinist; Violinkonzert; Violinschlüssel:* ein Notenschlüssel; *Violinspieler* ✱ **Violoncello** [wiolontschello], das; –s, –s und ..lli: Cello, kleine Bassgeige

Viola (l.) [w..], die; –, ..len: Veilchen ✱ **Violazee** (nl.) [w..], die; –, –n: Veilchengewächs ✱ **Viole** (it.) [w..], die; –, –n: Veilchen ✱ *Violenwurzel* ✱ **violett** (fr.) [w..] Ew.: veilchenfarbig, veilchenblau ✱ **Violazee, Viole** usw.: s. Viola

violent (l.) [w..] Ew.: heftig, ungestüm ✱ **Violenz,** die; –: Heftigkeit, Gewalttätigkeit

Violine: s. Viola (Armgeige)

VIP, V.I.P. (Abk.): very important person(s), sehr wichtige Persönlichkeit ✱ *VIP-Lounge:* für besonders wichtige Persönlichkeiten reservierter Aufenthaltsraum, bes. an Flughäfen

Viper (l.) [w..], die; –, –n: Giftschlange : Natter, Otter

Viraginität (l.), die; –: (Med.) männliche Eigenschaften und Verhaltensweisen bei Frauen ✱ **Virago** (l.), die; –, ..gines: Frau, die zur Viraginität neigt : (abwertend) Mannweib [l. virago mannhafte Jungfrau] ✱ **Virginität,** die; –: Jungfräulichkeit ✱ **virginal** Ew.: jungfräulich ✱ **Virgo intacta,** die; – –: unberührtes Mädchen [l. virgo Jungfrau]

Virginia: [ᵘwirdsehinia] Bundesstaat der USA, Tabakanbaugebiet ✱ **Virginia,** die; –, –s: Zigarrensorte : Zigarettensorte ✱ *Virginiatabak:* Tabaksorte ✱ **Virginier** [w..g..], der; –s, –: Einwohner von Virginia

viril (l.) [w..] Ew.: männlich, mannhaft ✱ *Virilstimme:* Stimme für *einen* Mann (im Gegensatz zur Gesamtstimme) ✱ **Virilismus,** der; –: hormonell bedingte männliche Erscheinungen bei Frauen ✱ **Virilität,** die; –: männliche Kraft : Mannbarkeit ✱ **virös** Ew.: von Viren verursacht ✱ **virtual** Ew.: virtuell ✱ **Virtualität,** die; –: Kraft : Möglichkeit ✱ **virtuell** Ew.: dem Wesen nach geltend : gedacht, möglich ✱ **virtuos** Ew.: höchst kunstfertig, meisterhaft ✱ **Virtuos, Virtuose,** der; ..sen, ..sen: hervorragender Künstler : Meister der technischen Beherrschung (einer Kunst) ✱ **Virtuosentum,** das; –s: (tadelnd) Kunstfertigkeit, handwerksmäßiges Künstlertum ✱ **Virtuosin,** die; –, –nen: hervorragende Künstlerin : Meisterin ✱ **Virtuosität,** die; –: Kunstfertigkeit : Meisterschaft [l. vir Mann; virtus Tüchtigkeit]

Virologe (l., gr.) [w..], der; –n, –n: Wissenschaftler der Virologie ✱ **Virologie,** die; –: Wissenschaft von den Viren ✱ **virulent** (l.) Ew.: giftig : eitrig : ansteckend ✱ **Virulenz,** die; –: Giftigkeit : Ansteckungsfähigkeit, Übertragbarkeit ✱ **Virus,** das; –, –, Viren: Gift : Schädlichkeit : Krankheitserreger ✱ *Virusgrippe; Virusinfektion; Viruskrankheit*

Visa: Mz. von Visum, s. d.

Visage (fr.) [wisahsch'], die; –, –n: (verächtl.) Gesicht ✱ **Visagist,** Maskenbildner, Spezialist für Gesichtsverschönerung ✱ **vis-à-vis** *auch:* **visa-vis** [wisawih] Vw., Uw.: gegenüber ✱ **Visavis** [wisawih], das; –, –: das Gegenüber ✱ **visibel** (l.) [w..] Ew.: sichtbar : augenscheinlich ✱ **Visier** [w..], das; –s, –e: (Ritterhelm) Maske mit Sehschlitzen : Sehspalte : herunterklappbarer Augenschutz des Motorradhelms : Zielvorrichtung an Schusswaffen ✱ **visieren** (..iert) tr.: aufs Korn nehmen : eichen : messen ✱ *Visierfernrohr; Visierlinie; Visierpunkt; Visierstab:* Werkzeug zum Eichen; *Visierwinkel* ✱ **Vision** (l.) [w..], die; –, –en:

Erscheinung : Trugbild : Phantasiebild (der Zukunft) ✱ **visionär** (l.) [w..] Ew.: in der Art eines Trugbildes, traumhaft : die Zukunft voraussehend ✱ **Visionär** [w..], der; –s, –e: jmd., der Visionen hat oder darstellt ✱ **Visitation** (l.) [w..], die; –, –en: Besichtigung : Prüfung, Musterung : Besuch ✱ **Visitator** (l.) [w..], der; –s, ..toren: Prüfer : Durchsucher : Besichtiger ✱ **Visite** [w..], die; –, –n: Besuch : Krankenbesuch des Arztes ✱ *Visitenkarte* ✱ **visitieren** (..iert) [w..] tr.: besichtigen : untersuchen ✱ **Vista** (it.) [w..], die; –: Sicht : Vorzeigung eines Wechsels ✱ **a vista:** bei Sicht : nach Vorzeigen des Wechsels ✱ **prima vista:** auf Sicht : (Mus.) vom Blatt ✱ *Vistawechsel:* Sichtwechsel ✱ **visualisieren** tr.: bildlich veranschaulichen : sichtbar machen ✱ **Visualisierung,** die; –, –en: Veranschaulichung ✱ **Visualizer** (e.) [ᵛwisuälaizer], der; –s, –: Werbegrafiker ✱ **visuell** (l.) Ew.: durch das Auge : das Sehen betreffend ✱ **Visum** (l.) [w..], das; –s, Visa und Visen: „Gesehenes", Sichtvermerk im Reisepass : Erlaubnis zur Ein- oder Ausreise ✱ *Visumantrag; Visum repertum:* (Med.) Leichenöffnungsbefund; *Visumstempel; Visumzwang* [l. videre sehen]

Visconte (it.), der; –, –ti, **Viscontessa,** die; –, –se oder –sen: ital. Adelstitel ✱ **Viscount** (e.) [ᵘwäikaunt], der; –s, –s; **Viscountess,** die; –, –es: Titel im engl. Adel

viskos (l.) [w..] Ew.: zähflüssig, klebrig ✱ **Viskose,** die; –: Zellulosepräparat ✱ *Viskoseseide* ✱ **Viskosimeter,** das; –s, –: Vorrichtung zum Messen der inneren Reibung, Zähigkeit einer Flüssigkeit ✱ **Viskosität,** die; –: Klebrigkeit, Zähflüssigkeit

Vista, visuell, Visum: s. Visage

Vita (l.) [w..], die; –, Viten und Vitae: Leben : Lebenslauf : Lebensbeschreibung ✱ **vital** (l.) [w..] Ew.: lebenskräftig : lebenswichtig ✱ *Vitalfunktionen:* lebenerhaltende Körperfunktionen; *Vitalkapazität:* Atemgröße; *Vitalprinzip:* Lebensgrund, -ursache ✱ **vi|ta|li|sie|ren** tr.: mit neuer Lebenskraft ausstatten ✱ **Vi|ta|lis|mus,** der; –: (Philos.) Lehre von der Lebenskraft und vom Lebensstoff : Bejahung des Dynamischen, Kämpferischen und Relativen im Leben ✱ **Vi|ta|list,** der; –en, –en: Befürworter des Vitalismus ✱ **Vi|ta|li|tät,** die; –: Lebenskraft : Lebensschwung ✱ **Vi|ta|min,** das; –s, –e: lebensnotwendiger Nährstoff, Ergänzungsnährstoff ✱ *vitaminarm, vitaminreich* Ew.; *Vitamin-C-haltig; Vitamin-C-Mangel; Vitaminpräparat; Vitaminstoß*

Vit|ri|ne (fr.) [w..], die; –, –n: Glaskasten, -schrank : Schauschrank ✱ **Vit|ri|ol** (l.) [w..], das; –s: Bezeichnung für Schwefelsäuresalz ✱ *Vitriolerde; vitriolhaltig* Ew.; *Vitriollösung; Vitriolsäure:* aus Eisenvitriol hergestellte Schwefelsäure

viv (l.) [wiw] Ew.: lebendig : munter : frisch ✱ **vi|va|ce** (it.) [wiwatsche] (Mus.) lebhaft ✱ **Vi|va|ce,** das; –, –: (Mus.) lebhaftes Tempo : Musikstück in lebhaftem Tempo ✱ **Vi|va|rium,** das; –s, ..rien: Behältnis für lebende Tiere : Zoo ✱ **vi|vat!** er lebe! ✱ **Vi|vat,** das; –s, –s: Hochruf ✱ **Vi|va|zi|tät,** die; –: Lebhaftigkeit ✱ **Vi|vi|sek|ti|on,** die; –, –en: Eingriffe am lebenden Tier (zu Forschungszwecken) ✱ **vi|vi|se|zie|ren** (..iert) tr.: lebend zergliedern [l. vivus lebend; vivere leben; secare zerschneiden]; vgl. vital

Vi|ze.. (nl.) Vors. in Zus.: stellvertretend : der zweite ✱ *Vizeadmiral; Vizekanzler; Vizekönig; Vizekonsul; Vizemeister; Vizepräsident* ✱ **Viz|tum,** der; –(e)s, –e: (Mittelalter) Verwalter kirchlichen, später auch weltlichen Besitzes : Statthalter [umgebildet aus vice-dominus]

v. J.: (Abk.): vorigen Jahres

Viz|tum: s. Vize..

Vlies, das; –es, –e: zusammenhängende Wolldecke des Schafes nach der Schur : (Spinnerei) Faserflor ✱ *das Goldene Vlies* (s. Gold)

V-Mann, der; –(e)s; ..Männer: Kurzwort für Vertrauensmann : Verbindungsmann

Vo|gel, der; –s, Vögel; Vögelchen, Vög(e)lein: geflügeltes, gefiedertes, zweibeiniges Wirbeltier : Nachbildung eines Vogels als Ziel der Schützen : (Umgspr.) Flugzeug ✱ *einen Vogel ins Garn ziehen:* jemanden fangen; *einen Vogel haben:* närrisch sein; *einen Vogel zeigen:* durch Tippen an die Stirn jmdn. beleidigen; *den Vogel abschießen:* (urspr.) beim Schützenfest siegen : (übertr.) für die größte Sensation sorgen ✱ *Vogelauge:* Auge des Vogels : eine Art Primel; *Vogelbauer,* das; *Vogelbeere; Vogelbeerbaum; Vogeldreck; Vogeldunst:* feine Jagdschrotart; *Vogelfänger; Vogelfeder; Vogelflinte:* kleines Jagdgewehr; *Vogelfluglinie:* Name für die kürzeste Straßen- und Schienenverbindung zwischen Skandinavien und dem europ. Festland; *vogelfrei* Ew.: frei wie ein Vogel : geächtet; *Vogelfutter; Vogelherd:* Platz am Vogelfang; *Vogelkunde:* (Vd. f.) Ornithologie; *Vogelleim:* ein Weichharz zum Vogelfang; *Vogelmiere:* ein Pflanzenname; *Vogelnest; Vogelperspektive:* Anblick von oben; *Vogelschau:* Schau des Vogelflugdeuters, Augurs : Anblick von oben; *Vogelscheuche; Vogelschießen:* Schützenfest; *Vogelschutz; Vogelschwarm; Vogelspinne:* große, auch Vogelblut saugende Spinne; *Vogel-Strauß-Politik:* Probleme ignorierende Scheuklappenpolitik; *Vogelwarte; Vogelzug:* Wanderflug der Zugvögel ✱ **vö|geln** tr., intr.: (vulgär) Koitus vollziehen ✱ **Vo|gerl|sa|lat** (östr.), der; –s: Rapunzel, Feldsalat

Vo|ge|sen: Wasgenwald, fr. Mittelgebirge

Vogt (l.), der; –(e)s, Vögte: Schirmherr, Verwalter ✱ **Vog|tei,** die; –, –en: Amt eines Vogts : Gebiet eines Vogts : (ldschftl.) Gefängnis ✱ **Vogt|land:** Landschaft zwischen Thüringer Wald, Fichtel- und Erzgebirge ✱ **Vogt|län|der,** der; –s, –: Einwohner des Vogtlandes ✱ **vogt|län|disch**

Ew.: auf das Vogtland bezüglich

Vogue (fr.) [wog'], die; –: „Woge", Bewegung : Modewelle ✱ **en vogue** [ang wog']: im Schwangesein, modern

Voile (fr.) [woal], der; –: schleierartiger Stoff ✱ *Voilekleid*

Vo|ka|bel (l.) [w..], die; –, –n: (einzelnes) Wort ✱ *Vokabelheft; Vokabelschatz; Vokabeltest* ✱ **Vo|ka|bu|lar,** der; –s, –e; **Vo|ka|bu|la|rium,** das; –s, ..rien: Wörterverzeichnis, Wörterbuch [l. vocare rufen, nennen]; vgl. vokal

vo|kal (l.) [w..] Ew.: die Stimme betreffend ✱ *Vokalmusik:* Gesangmusik; *Vokalstück:* Gesangsstück ✱ **Vo|kal,** der; –s, –e: Klanglaut : Selbstlaut ✱ **Vo|ka|li|sa|ti|on,** die; –, –en: die Artikulation der Vokale beim Singen : (Sprachw.) Bezeichnung der Vokale durch Hilfszeichen als Lesehilfe in Schriften, die keine Buchstaben für Vokale kennen : (Sprachw.) Umwandlung von Konsonanten in Vokale ✱ **vo|ka|lisch** Ew.: in der Art eines Vokals ✱ **Vo|ka|li|se,** die; –, –n: eine Gesangsübung ✱ **vo|ka|li|sie|ren** tr.: Vokalisation ausführen ✱ **Vo|ka|lis|mus,** der; –: Vokalbestand einer Sprache : sprachgeschichtl. Herausbildung der Vokale ✱ **Vo|ka|list,** der; –en, –en: Gesangskünstler ✱ **Vo|ka|ti|on,** die; –, –en: (Rechtsspr.) Berufung : Berufung in ein Amt ✱ **Vo|ka|tiv,** der; –s, –e; **Vo|ka|ti|vus,** der; –, ..ve: (Sprachl.) Anrede-, Ruffall, sechster Fall der lat. Beugung: (scherzh.) Schalk ✱ **Vox,** die; –, Voces: die Stimme ✱ *vox populi, vox Dei:* Volkes Stimme, Gottes Stimme; *vox angelica, vox humana:* Bezeichnungen für Orgelregister ✱ **vo|zie|ren** (..iert) tr.: berufen, vorladen [l. vocare rufen zu vox Stimme]

vol., Vol. (Abk.): Volumen, Band eines mehrbändigen Werkes

Vol.-% (Abk.): Volumprozent

Vo|lant (fr.) [wolang], der; (schweiz.) das; –s, –s: „fliegender" Besatz an Kleidungsstücken, Falbel : (veraltend schweiz.) Lenkrad am Kraftwagen ✳ **Voli|è|re, Voli|è|re** (fr.) [wol̯jär'], die; –, –n: großer Vogelkäfig, Vogelhaus [l. volare, fr. voler fliegen]

Volk, das; –(e)s, Völker; Völkchen: Gesamtheit von Menschen, die sich durch Kultur, Sprache und Geschichte miteinander verwandt glauben : Gesamtheit der niederen Stände : Lebensgemeinschaft einiger Tierarten ✳ *volkarm; volkreich* Ew.: arm, reich an Bevölkerung ✳ *Volksaberglaube; Volksabstimmung; Volksaktie; Volksaufstand; Volksbank; Volksbefragung; Volksbegehren:* verfassungsmäßige Forderung des Volkes an die Regierung; *Volksbelustigung; Volksbibliothek; Volksbildung; Volksbrauch; Volksbuch:* (bes.) fürs Volk geschriebene Erzählung des ausgehenden Mittelalters; *Volksbücherei; Volkscharakter; Volksdemokratie; Volksdeutscher; Volksdichtung; volkseigen* Ew.: dem Volk, dem Staat gehörend; *Volkseinkommen; Volksempfänger:* Bezeichnung für einen preisgünstigen Radioapparat im nationalsozialistischen Deutschland; *Volksentscheid:* zur Entscheidung über ein Volksbegehren vorgenommene Abstimmung; *Volksetymologie:* auf Klangähnlichkeit beruhende, aber sachlich falsche Ableitung eines Wortes von einem anderen, z. B. Quäntchen von Quantum statt von Quintchen; *Volksfeind; Volksfest; Volksfront:* Bündnis der bürgerlichen Linken mit Sozialisten und Kommunisten; *Volksgesundheit; Volksglaube:* Aberglaube; *Volksheld; Volksherrschaft; Volkshochschule; Volkskammer:* Volksvertretung in der ehem. DDR; *Volkskirche; Volkskunde; Volkslied; Volksmärchen; Volksmund; Volksmusik; Volkspark; Volkspolizei:* Polizei der ehem. DDR; *Volksredner; Volksrepublik; Volksschauspieler; Volksschicht; Volksschule; Volksschüler; Volksschullehrer; Volksseele; Volksseuche; Volkssport; Volkssprache; Volks-*

stück; *Volkstanz; Volkstrauertag:* Trauertag in der Bundesrepublik zum Gedenken an die Opfer der beiden Weltkriege und des Nationalsozialismus; Sonntag vor dem 1. Advent; *Volksverbundenheit; Volksverdummung; Volksvermögen; Volksvertreter:* Abgeordneter; *Volkswagen; Volkswagenwerk; Volksweise:* Volkslied; *Volkswirt; Volkswirtschaft; Volkswirtschaftslehre; Volkszählung:* amtl. Feststellung des Bevölkerungsstandes ✳ *Völkerball:* Mannschaftsspiel; *Völkerbund:* internationale Organisation 1920 - 1946 zur Sicherung des internationalen Friedens; *Völkerfreundschaft; Völkerkunde; Völkermord; Völkerrecht:* zwischen den Völkern, Staaten geltendes Recht; *Völkerrechtskundler; Völkerschlacht:* Schlacht bei Leipzig 1813; *Völkerverständigung; Völkerwanderung* ✳ **volks|tüm|lich** Ew.: im Volke Anklang findend : folkloristisch : gemeinverständlich ✳ **Volks|tüm|lich|keit,** die; –, –en: das Volkstümlichsein

voll Ew.: nicht leer : so viel enthaltend, wie in etwas hineingeht : angefüllt, erfüllt : (Körperformen) rund, schwellend : (Umgspr.) satt : (Umgspr.) betrunken : (Umgspr.: Verstärkungspartikel) ganz und gar ✳ *ein Glas voll Wasser; ein Armvoll → Arm voll(er) Zweige; eine Handvoll → Hand voll(er) Kirschen; ein Korb voll(er) Äpfel; voll des Lobes sein; mit vollem Rechte; ein volles Jahr; die volle Summe; volle Beschäftigung; aus vollem Halse; voller Knospen; voll von Knospen; um das Glück voll zu machen; jemanden für voll ansehen (nehmen):* jmdn. ernst nehmen; *aus dem vollen → Vollen schöpfen* intr.; *im vollen → Vollen leben* intr.; *in die vollen → Vollen gehen:* aufs Ganze gehen; *um voll:* zur vollen Stunde; *vollfüllen → voll füllen; vollgießen → voll gießen; vollschreiben → voll schreiben; volltanken → voll tanken* ✳ *Vollakademiker:* Akademiker mit abgeschlossenem Hochschulstudium; *vollauf*

Uw.: in Fülle; *Vollbad; Vollbart; vollbärtig* Ew.; *vollbeschäftigt* Ew.; *Vollbesitz:* im Vollbesitz seiner Kräfte; *Vollblut:* (Pferd) von beiden Seiten edlen Geschlechts; *Vollblüter; Vollblutpferd; vollbringen* (ich vollbringe, vollbracht) tr.: ausführen : vollenden; *vollbusig* Ew.; *Volldampf; vollelektronisch* Ew.; *vollenden* (ich vollende, vollendet) tr.: zu Ende ausführen; *Vollendung:* Beendigung : Vollkommenheit; *vollführen* (s. vollbringen) tr.: zu Ende ausführen; *Vollgas; Vollgenuß → Vollgenuss:* vollständiger Genuss; *vollgültig* Ew.: ganz gültig; *Vollgummireifen; Vollidiot:* Schimpfwort; *vollinhaltlich* Ew.; *volljährig* Ew.: mündig; *Volljährigkeitserklärung; Volljurist; Vollkaskoversicherung; vollkommen* Ew.: ganz so, wie es sein soll, dem Begriff entsprechend : ohne Mangel, ohne Tadel; *Vollkommenheit,* die; –: das Vollkommensein; *Vollkornbrot; Vollmacht,* die; –: von jemandem erteilte Befugnis, in seinem Namen zu handeln; *Vollmachtgeber:* der; –s, –; *Vollmachtsurkunde; vollmast* Uw.; *vollmast flaggen; Vollmatrose; Vollmilch:* nicht entrahmte Milch; *Vollmitglied; Vollmond; vollmundig* Ew.; *Vollnarkose; Vollpension; Vollrausch; vollreif* Ew.; *vollschlank* Ew.; *vollspurig* Ew.; *vollständig* Ew.: ganz so beschaffen, dass nichts mangelt; *Vollständigkeit; vollstreckbar* Ew.; *vollstrecken* (s. vollbringen) tr.: (Urteil –) vollziehen; *Vollstreckung; Vollstreckungsbeamter; Vollstreckungsbefehl; vollsynthetisch* Ew.; *volltönend* Ew.; *Volltreffer; Volltrunkenheit; vollumfänglich* Ew.; *Vollverb; Vollverpflegung; Vollversammlung; Vollwaise; Vollwaschmittel; vollwertig* Ew.; *vollzählig* Ew.; *Vollzeitarbeit; vollziehbar* Ew.; *Vollziehbarkeit; vollziehen* (s. vollbringen) tr.: ausführen, ins Werk setzen; *Vollziehung; Vollzug:* Vollziehung; *Vollzug:* nicht verkürzter Nahverkehrszug; *Vollzugsanstalt:* Gefängnis; *Vollzugsgewalt* ✳ **Völle|ge-**

fühl, das; –s: starkes Gefühl der Übersättigung ∗ **vollends** Uw.: völlig, ganz : gar noch, gar erst ∗ **voll**er: voll (erstarrte gebeugte Form, Nom. Ez. m.; heute häufig für alle Geschlechter vor artikellosem Hw.); *voller Eifer; Maria voller Gnaden;* vgl. voll ∗ **Völle**rei, die; –: Schlemmerei ∗ **völlig** Ew.: in vollem Maße, gänzlich : (Körperfülle) stark **ein Arm voll(er) Blumen, eine Hand voll(er) Kirschen, ein Mund voll(er) Wasser** In Angleichung an Wortverbindungen wie *ein Glas voll, eine Wanne voll* schreibt man auch die Verbindungen der Wörter *Arm, Hand* und *Mund* mit dem Adjektiv *voll* generell getrennt. **in die Vollen gehen** Auch in übertragener Bedeutung schreibt man die (verblasste) Substantivierung stets groß.

vollenden, voll laden Verbindungen des Adjektivs *voll-* mit einem nachfolgenden Verb schreibt man zusammen, wenn die Betonung auf der Stammsilbe des Wörters liegt: *vollbringen, vollenden, vollführen, vollziehen.* (Diese Verbindungen bilden das Partizip Perfekt stets ohne Einfügung von *ge-: es ist vollbracht, vollendet, vollführt, vollzogen.*) Liegt die Betonung hingegen auf dem Adjektiv, schreibt man getrennt: *voll gießen, voll laden, voll schütten, voll tanken.* **vollautomatisch** Tritt *voll* nur bedeutungsverstärkend zu einem Adjektiv oder Partizip hinzu, schreibt man zusammen: *vollautomatisch, vollautomatisiert, vollklimatisiert.* Man beachte: Diese Regel gilt nicht bei umgangs- und jugendsprachlicher Verwendung von *voll* als Verstärkungspartikel: *Er hat voll verloren, das ist voll geil.*

Volleyball (e.) [wolliball], der; –(e)s: ein Rückschlagspiel für Mannschaften

Volontär (fr.) [wolongtär], der; –s, –e: „Freiwilliger", (mit keinem oder geringem Entgelt) zur Weiterbildung Arbeitender : (Buchhandel, Verlagswesen) Lehrling ∗ **vollon-**

tieren (..iert) intr.: als Volontär arbeiten [l. voluntarius freiwillig; zu wille wollen]

Volt [w..], das; – und –(e)s, –: Einheit der elektrischen Spannung; nach dem ital. Physiker Volta; Abk.: V ∗ **4** Volt; *Volta(i)sche → volta(i)sche Säule* ∗ Voltampere: elektrische Einheit, Watt; *Voltaelement;* Voltmeter: Voltameter; *Voltsekunde:* Abk.: Vs ∗ **Vol**ta*is*mus, der; –: Galvanismus ∗ **Vol**talme*ter*, das; –s, –: Gerät zum Messen der galvanischen Stromstärke

Volte (it.) [w..], die; –, –n: Wendung : (Schulreiten) Ritt im Kreis oder in der Schleife : ein Kunstgriff des Kartenspielers : (Fechten) Ausweichbewegung mit dem Fuß ∗ *die Volte schlagen:* ein Kartenkunststück ∗ **vol**tie*ren* (..iert) intr.: (Reitkst., Turn.) eine rasche Wendung machen ∗ **Vol**ti*geur* [woltischör], der; –s, –e: jmd., der voltigiert ∗ **vol**ti*gie*ren (..iert) [..sch..] intr.: am galoppierenden Pferde turnen : Luftsprünge machen : eine Volte ausführen

Volumen, das; –s, – und ..mina: Rauminhalt : (Lieferungs-)Umfang : Gesamtmenge von etwas : (Buch-)Band; Abk.: vol. (Band) ∗ *Volumeneinheit:* Raumeinheit; *Volumenteil:* Raumteil; *Volum(en)prozent* ∗ **vol**umi*nös* Ew.: umfangreich : dick

Volunta*ris*mus (l.), der; –: (Philos.) Lehre, die im Willen die Triebfeder allem Seins bzw. allen menschlichen Handelns sieht ∗ **Vol**unta*rist*, der; –en, –en: Anhänger des Voluntarismus ∗ **vol**unta*tiv* Ew.: vom Willen bestimmt : (Sprachw.) den Voluntativ ausdrückend ∗ **Vol**ute (l.) [w..], die; –, –n: (Baukst.) Schneckenverzierung am ionischen Kapitell ∗ **vom:** von dem

von Vw. mit Dat.: herkommend aus : bestehend aus : enthaltend : zählend : eine Eigenschaft habend : Adelsprädikat ∗ *von Berlin kommen; Kleid von Wolle; Dorf von 500 Einwohnern; Männer von Einsicht; die Frau von heute; von dorther; von dem Folgenden;*

von jetzt an; von klein auf; von rechts nach links; von vorn; von Grund auf, aus; von Hause aus; von mir aus; von Amts wegen; von Rechts wegen; von alters her; von jeher; von oben, unten → vonseiten auch: von Seiten (m. Gen.); *von Seiten der Mutter; von Herzen:* aus dem Herzen kommend ∗ **von**ein*an*der: einer vom andern ∗ *voneinandergehen → voneinander gehen* intr.: sich trennen; *vonnöten sein:* nötig sein; *vonstatten gehen* intr.: vorwärts-, weitergehen

voneinander gehen Adverbien, die auf *-einander* enden, schreibt man stets von nachfolgendem Verb getrennt: *auseinander gehen; durcheinander bringen; zueinander finden; miteinander reden, übereinander tratschen.*

vonsei*ten*, **von Seiten:** s. von

Vopo (Abk.): Volkspolizist; s. Volk

vor Vw. mit Dat. u. Akk.: (örtl.) den Gegensatz zu hinten bezeichnend, auf der (die) Vorderseite (ztl. mit Dat.) früher als : (ztl. mit Dat.) (soundso lange) zurückliegend : in Gegenwart von : unter Zurückstellung, Hintansetzung, zuungunsten von : (in einzelnen Verbindungen) mit Bezug auf : (in einzelnen Verbindungen) bewirkt durch, auf Grund von; in Zus.: früher : an erster Stelle stehend : vorn befindlich ∗ *vor dem Hause sitzen; vor das Haus setzen; vor kurzem; vor dem Winter; vor allem; vor Christi Geburt,* Abk.: v. Chr. G.; *vor Christo, vor Christus,* Abk.: v. Chr.; *vor sich gehen* intr.: vorgehen, geschehen; *vor sich hin singen* intr., tr. ∗ **vor**ab Uw.: vorher : vornehmlich ∗ *Vorabinformation:* Information, die im Voraus gegeben wird ∗ **vor**an Uw.: vorwärts : an erster Stelle ∗ *vorangehen* (ich gehe voran, vorangegangen, voranzugehen) intr.: als erster gehen; *im vorangehenden → Vorangehenden:* (im) weiter oben (Erwähnten); *vorankommen* (s. vorangehen) intr.: vorwärts kommen : Fortschritte machen; *voranstellen*

✳ **vo|r|auf** Uw.: vorher : voran ✳ **voraufgehen** (vgl. vorangehen) intr.: vorangehen : vorhergehen, früher stattfinden ✳ **vo|r|aus** (auch **vor|aus**) Uw.: eher als andere ans Ziel gelangend : vorher : vorzüglich, besonders ✳ *Voraus,* der; –: vorher zufallendes Erbteil; *im voraus → Voraus:* (ztl.) vorher; *Vorausabteilung; Vorausbedingung:* vorher gestellte Bedingung; *vorausbestellen* (ich bestelle voraus, vorausbestellt; vorauszubestellen); *vorausbedingen; vorausberechnen; vorausbestimmen; vorausbezahlen* (vgl. vorausbestellen); *Vorausbezahlung; vorausseilen; Vorausexemplar:* Exemplar eines Buches, das vor Verkaufsbeginn den Rezensenten zur Verfügung gestellt wird; *vorausfahren, vorausgehen* (vgl. vorangehen) intr.: vor anderen, sich von ihnen trennend, gehen; *im vorausgehenden → Vorausgehenden:* weiter oben (im Text); *voraushaben* (vgl. vorangehen) tr.: (etwas vor einem –) einen Vorteil vor jemand haben; *Voraussage; vorausschauen; vorausschicken* (vgl. vorangehen) tr.; *voraussetzen* (vgl. vorangehen) tr.: als vorhanden, stattfindend, zugestanden annehmen; *Voraussetzung:* Annahme, dass etwas vorhanden sei oder Geltung habe usw.; *voraussetzungslos* Ew.; *voraussichtlich* Ew.: soweit es sich voraussehen lässt, wahrscheinlich; *vorauswissen* (vgl. vorangehen) tr.: (Zukünftiges –) vorher wissen; *vorauszahlen* (vgl. vorangehen) tr.; *Vorauszahlung* ✳ **vor|bei** Uw.: vorüber, ohne ihn (es) zu berühren : (ztl.) aus, vergangen, vollendet ✳ *vorbeibenehmen* rbz.: (volkst.) sich falsch, schlecht benehmen; *vorbeibringen; vorbeidürfen; vorbeifahren; vorbeifließen; vorbeigehen* (ich gehe vorbei, vorbeigegangen, vorbeizugehen) intr.; *vorbeikommen; vorbeilassen; Vorbeimarsch; vorbeimarschieren; vorbeireden* (vgl. vorbeigehen) intr.: das Wesentliche nicht erwähnen; *vorbeischauen; vorbeischießen* intr.: neben das Ziel schie-

ßen, nicht treffen; *vorbeischlagen* intr.; *vorbeiwerfen; vorbeizielen* ✳ **vor|dem** Uw.: früher ✳ **vor|erst** Uw.: vor allem, zuerst : vorläufig ✳ **vor|her** Uw.: voran, voraus, vorher, **vor|her** Uw.: früher ✳ *Stunden vorher; erledige es vorher; ich muss vorher gehen* intr.: früher gehen; *einer Sache vorhergehen* (ich gehe vorher, vorhergegangen, vorherzugehen) intr.: früher als diese Sache geschehen, eintreten, gesagt werden; *im vorhergehenden → Vorhergehenden:* weiter oben (im Text); *vorhergehende,* der; die; das; *vorhersagen* tr.: prophezeien; *vorhersehen* tr.: im Voraus erkennen; ✳ **vor|he|rig** Ew.: früher seiend : in der Art, wie es früher war ✳ **vor|hin** Uw.: vor kurzer Zeit ✳ **vor|hi|n|ein → Vor|hi|n|ein,** nur in der Wendung *im Vorhinein:* von vornherein ✳ **vo|rü|ber** Uw.: vorbei ✳ *die schöne Zeit ist vorüber* ✳ *vorübergehen* (ich gehe vorüber, vorübergegangen, vorüberzugehen) intr.; *vorübergehend* Mw. Ew.: nur kurze Zeit dauernd; *vorüberlaufen* intr.; *vorüberrennen* intr. ✳ **vor|weg** Uw.: im Voraus : von vornherein ✳ *Vorwegnahme; vorwegnehmen* (ich nehme vorweg, vorweggenommen, vorwegzunehmen) tr.: vor seinem eigentlichen Zeitpunkt tun, sagen ✳ **vor|zei|ten** Uw.: vor langer Zeit, früher ✳ **vo|rig** Ew.: früher : letztvergangen ✳ *im vorigen → Vorigen:* weiter oben (im Text); *vorigen Jahres,* Abk.: v. J.; *vorigen Monats,* Abk.: v. M.; *das Vorige:* die Vergangenheit : die obigen Ausführungen

voranschreiten, vorauslaufen, vorbeiziehen; vorhersehen, vor her sehen
Verbindungen der auf der zweiten Silbe betonten Partikel *voran, vorauf, voraus, vorbei, vorher, vorüber, vorweg* und *vornüber* mit einem Verb schreibt man zusammen: *Sie hat es vorhergesehen* (Sie hat das Ereignis gesehen, bevor es eingetreten ist). Wird das aus *vor* und einer weiteren Partikel gebildete Wort hingegen auf der ersten Silbe betont, schreibt

man getrennt: *Sie hat es vorher gesehen* (Sie hat das Ereignis früher gesehen). Ebenfalls getrennt schreibt man nach zusammengesetzten Partikeln wie *vorwärts, seitwärts, abseits.*

Vor|ab s. vor

Vor|a|bend, der; –s, –e: Abend vor einem (Fest-)Tag, Ereignis

Vor|ab|druck, der; –s; –e: Abdruck in einem Periodikum, bevor der Text als Buch erscheint

Vor|ah|nung, die; –, –en

Vor|al|pen Mz.: Vorgebirge der Alpen

vo|r|an, vo|r|an|ge|hen usw.: s. voran unter vor

vor|an|kün|di|gen tr. (nur Infinitiv und PPP): im Voraus ankündigen ✳ **Vor|an|kün|di|gung,** die; –, –en: Ankündigung im Voraus

vor|an|mel|den tr. (nur Infinitiv und PPP): im Voraus anmelden ✳ **Vor|an|mel|dung,** die; –, –en: Anmeldung im Voraus

Vor|an|schlag, der; –s, ..schläge: vorläufige Berechnung

Vor|an|zei|ge, die; –, –n: Ankündigung

Vor|ar|beit, die; –, –en: die zur Vorbereitung gemachte, vorangehende Arbeit ✳ **vor|ar|bei|ten** (ich arbeite vor; vorgearbeitet; vorzuarbeiten) tr.: als Muster arbeiten : vorbereitend arbeiten ✳ **Vor|ar|bei|ter,** der; –s, –: erster Arbeiter

Vor|arl|berg (auch: **Vor|arl|berg):** Bundesland von Österreich ✳ **Vor|arl|ber|ger,** der; –s, –: Bewohner Vorarlbergs ✳ **vor|arl|ber|gisch** Ew.

vo|r|auf, vo|r|auf|ge|hen: s. vorauf unter vor

vo|r|aus, vo|r|aus|ge|hen usw.: s. voraus unter vor

Vor|bau, der; –(e)s, ..ten: vorspringender Bau ✳ **vor|bau|en** tr.: einen Vorbau errichten : vorbeugen

Vor|be|dacht, der; –(e)s: Sorgfalt : Überlegung : Absicht ✳ *(ohne)* mit *Vorbedacht:* (un)überlegt ✳ **vor|be|dacht** Mw. Ew.: mit Vorbedacht, wohl überlegt ✳ **vor|be|den|ken** tr.: vorher bedenken

Vor|be|deu|tung, die; –, –en: das Vorbedeuten, Omen

Vor|be|din|gung, die; –, –en: Voraussetzung : Vorbehalt

Vor|be|halt, der; –(e)s, –e: Einschränkung, Bedingung zu einem Zugeständnis * *unter Vorbehalt:* mit Einschränkung * *Vorbehaltsgut, das; –es: (BGB) Sondervermögen der Ehefrau; Vorbehaltsklausel; Vorbehaltsurteil* * **vor|be|hal|ten** tr.: das Recht auf eine (andere) Verhaltensmöglichkeit nicht preisgeben : (veralt.) vorenthalten: ausbedingen * **vor|be|halt|lich** Ew.: bedingungsweise; Vw. mit Gen.: unter Vorbehalt von : mit Einschränkung * **vor|be|halt|los** Ew.: bedingungslos

vor|be|han|deln tr.: vorbereitend behandeln * **Vor|be|hand|lung**, die; –, –en: vorbereitende Behandlungen

vor|bei, vor|bei|ge|hen usw.: s. vorbei unter vor

vor|be|las|tet Mw. Ew.: bereits durch etwas belastet (z. B. Erbanlage, Vorleben)

Vor|be|mer|kung, die; –, –en: vorausgehende, einleitende Bemerkung

vor|be|nannt Mw. Ew.: vorher benannt

Vor|be|ra|tung, die; –, –en: vorbereitende Beratung

vor|be|rei|ten (ich bereite vor; vorbereitet; vorzubereiten) tr.: planend überlegen : Vorkehrungen treffen * **Vor|be|rei|tung**, die; –, –en: das Vorbereiten * *Vorbereitungskurs(us); Vorbereitungsschule; Vorbereitungszeit*

Vor|be|richt, der; –(e)s, –e: vorausgeschickter überblicksartiger Bericht

Vor|be|sit|zer, der; –s, –: vorheriger Besitzer

Vor|be|spre|chung, die; –, –en: vorbereitende Besprechung

vor|be|stel|len tr.: reservieren, im Voraus bestellen * **Vor|be|stel|lung**, die; –, –en: Reservierung

vor|be|stim|men tr.: vorherbestimmen * **Vor|be|stim|mung**, die; –, –en: das Vorausbestimmen, Prädestination

vor|be|straft Mw. Ew.: (Rechtsspr.) schon einmal bestraft * **Vor|be|straf|te**, der; –n, –n

vor|be|ten tr., intr.: laut beten für Nachbetende * **Vor|be|ter**, der; –s, –: ein Vorbetender

vor|beu|gen tr., rbz.: vornüber beugen; intr.: (einer Sache –) verhindern : verhüten, durch Vorkehrungen sichern * *Vorbeugehaft; Vorbeugeuntersuchung* * **Vor|beu|gung**, die; –, –en: das Vorbeugen : Verhüten * *Vorbeugungsmaßnahme, die; –, –n:* Sicherheitsmaßnahme; *Vorbeugungsmittel*

Vor|bild, das; –(e)s, –er: Vorlage : Musterbild : Ideal * **vor|bil|den** tr.: eine vorbereitende Bildung geben * **vor|bild|lich** Ew.: wie ein Vorbild : musterhaft * **Vor|bild|lich|keit**, die; –: das Vorbildlichsein : etwas Vorbildliches * **Vor|bil|dung**, die; –, –en: das Vorbilden : vorbereitende Bildung

vor|boh|ren tr.: vorbereitend bohren

Vor|bör|se, die; –, –n: Zeit, Abschließung von Geldgeschäften vor der Hauptbörse * **vor|börs|lich** Ew.: vor der eigentlichen Börse(nzeit) festgestellt oder gehandelt

Vor|bo|te, der; –n, –n: An-, Vorzeichen : Vorläufer

vor|brin|gen (ich bringe vor; vorgebracht; vorzubringen) tr.: hervorbringen : (Entschuldigung, Gründe –) aussprechen, angeben

Vor|büh|ne, die; –, –n: s. Proszenium

vor|christ|lich Ew.: die Zeit vor Christi Geburt betreffend

Vor|dach, das; –(e)s, Vordächer: vorspringendes Dach

vor|da|tie|ren (ich datiere vor; vordatiert; vorzudatieren; datiere vor!) (l.-dtsch.) tr.: mit einer früheren Zeitangabe versehen, früher ansetzen : im Vor-aus mit einem späteren Datum versehen * **Vor|da|tie|rung**, die; –, –en

Vor|deich, der; –(e)s, –e: vorgebauter Deich

vor dem: s. vor

vor|den|ken tr.: vorausdenken : vorsorglich bedenken : zukunftsträchtige Gedanken entwickeln * **Vor|den|ker**, der; –s, –: jmd., dessen Denken Schule macht

vor|der Ew. (–st): (örtl.) vorn befindlich * *der Vordere Orient; die vordere Reihe* * *Vorderachse; Vorderansicht; Vor-*

derantrieb; Vorderarm; vorderasiatisch Ew.; *Vorderasien; Vorderausgang; Vorderdeck; Vorderbremse; Vorderfront; Vorderfuß; Vordergaumen; Vordergrund; vordergründig* Ew.; *Vorderhand; Vorderhaus; Vorderindien; Vorderlader:* alte Feuerwaffe; *Vordermann; Vorderrad; Vorderradantrieb; Vordersatz; Vorderschinken; Vorderseite; Vordersitz; Vordersteven; Vorderteil; Vordertür; Vorderzimmer* * **Vor|der|ste**, der; –n, –n: der Erste

vor|der|hand Uw.: einstweilen : bis auf weiteres : vorläufig

Vor|di|plom, das; –s, –e: akademische Zwischenprüfung

vor|drän|ge(l)n tr., rbz.: nach vorn dränge(l)n

vor|drin|gen intr.: vorstoßen : eindringen * **vor|dring|lich** Ew.: sehr dringlich

Vor|druck, der; –(e)s, –e: Formblatt : das Vorgedruckte, Musterblatt * **vor|dru|cken** tr.: als Muster drucken

vor|ehe|lich Ew.: vor der Ehe geschehen, geboren

vor|ei|lig Ew.: vorschnell, übereilt * **Vor|ei|lig|keit**, die; –: das Voreiligsein : das Voreilige

vor|ei|n|an|der Uw.: der eine vor dem anderen * *voreinandersitzen → voreinander sitzen:* einer vor dem andern sitzen; *voreinander schämen:* gegenseitig schämen

vor|ein|ge|nom|men Mw. Ew.: ungerechtfertigt für oder gegen jmds. eingenommen sein : Vorurteile hegen * **Vor|ein|ge|nom|men|heit**, die; –, –en: das Voreingenommensein

vor|eis|zeit|lich Ew.: die Zeit vor der ersten Vereisung betreffend

vor|ent|hal|ten (ich enthalte vor; vorenthalten; vorzuenthalten; enthalte vor!) tr.: widerrechtlich oder ungerecht zurückbehalten : verheimlichen

vor|ent|schei|dend Ew.: die endgültige Entscheidung vorbereitend oder vorwegnehmend * *das vorentscheidende Tor* * **Vor|ent|schei|dung**, die; –, –en: (BGB) vorläufige Entscheidung, Präjudiz : die Vorwegnahme der endgültigen Entscheidung ✳ *Vorentscheidungsinstanz:* zuständige Amtsstelle für die Vorentscheidung; *Vorentscheidungskampf*

vor|**erst:** s. vor

vor|**er**|**wähnt** Mw. Ew.: vorher erwähnt

vor|**es**|**sen** (aß vor; vorgegessen) tr.: im Voraus essen : etwas essen, das ein Zuschauender nicht bekommt

Vor|**e**|**xa**|**men,** das; -s, ..amina: akademische Vorprüfung vor der Abschlussprüfung

Vor|**fahr,** der; -en (-s), -en: Vorgänger : ein(e) Ahne ✳

vor|**fah**|**ren** intr., tr.: vor etwas herfahren : vorausfahren : vor ein Gebäude fahren, um dort auszusteigen ✳ **Vor**|**fahrt,** die; -: das Recht (im Straßenverkehr), zuerst zu fahren ✳ *vorfahrt(s)berechtigt; Vorfahrt(s)recht; Vorfahrt(s)regel; Vorfahrt(s)schild; Vorfahrt(s)straße; Vorfahrt(s)zeichen*

Vor|**fall,** der; -(e)s, Vorfälle: (Med.) das Hervortreten eines inneren Organs nach außen : Ereignis, plötzliche Begebenheit ✳ **vor**|**fal**|**len** (fällt vor; fiel vor; vorgefallen) intr.: nach vorn fallen : sich ereignen

Vor|**fei**|**er,** die; -, -n: kleinere Feier vor dem eigentlichen Fest

Vor|**feld,** das; -es, -er: vorgelagertes Gelände : (Heerw.) Gelände vor der Kampfstellung : (übertr.) auf ein erwartetes Ereignis vorausweisendes Geschehen ✳ *im Vorfeld der Debatte*

Vor|**film,** der; -s; -e: Film vor dem Hauptfilm

vor|**fi**|**nan**|**zie**|**ren** tr.: das nötige investive Kapital zur Verfügung stellen

vor|**fin**|**den** (finde vor; fand vor; vorgefunden) tr.: vor sich, vorrätig finden; rbz.: da sein : vorkommen

vor|**flie**|**gen** intr. (sein): richtunggebend voranfliegen : im Fliegen überholen

Vor|**flut,** die; -, (-en): Wasserabfluss vor einem tiefer gelegenen Wasserlauf ✳ **Vor**|**flu**|**ter,** der; -s, -: Sammelschleuse einer Kläranlage

Vor|**form,** die; -, -en: vorangegangene Entwicklungsstufe

Vor|**freu**|**de,** die; -, -n: Freude in Erwartung auf etwas

Vor|**früh**|**ling,** der; -s, -e: die dem Frühling vorangehende Zeit

vor|**füh**|**len** tr.: ahnend vorausempfinden : vorher fühlen : (übertr.) tastend oder geheim zu ergründen suchen

vor|**füh**|**ren** tr.: nach vorn, voranführen : zur Schau stellen : zum Prüfen vorstellen ✳ *Vorführdame:* Mannequin; *Vorführraum* ✳ **Vor**|**füh**|**rung,** die; -, -en: das Vorführen : Darbietung ✳ *Vorführungsraum*

Vor|**ga**|**be,** die; -, -n: (Sport) Vergünstigung : Vorsprung : Muster, nach dem zu verfahren ist : Arbeitssoll, das zu erreichen ist ✳ *Vorgabelauf; Vorgaberennen* ✳ **vor**|**ge**|**ben** tr.: voraufgehen lassen, Vorsprung geben : als Vergünstigung geben : vorbinden : Unbegründetes behaupten, vorschützen, vorwenden : eine Richtlinie geben

Vor|**gang,** der; -(e)s, Vorgänge: (ztl. u. örtl.) das Vorangehen : Begebenheit : Verfahren : Arbeitsablauf

Vor|**gän**|**ger,** der; -s, -: der Vorangehende : der Vorläufer ✳ **vor**|**gän**|**gig** Ew.: vorhergehend : vorläufig ✳ **vor**|**ge**|**hen** (ich ging vor; vorgegangen; vorzugehen; geh vor!) intr.: vorangehen : (Kriegskst.) angreifen : sich ereignen, sich zutragen : den Vorrang haben : (gegen jemanden –) einschreiten gegen ✳ *geschlossen vorgehen:* gemeinsam handeln ✳ *Vorgehensweise*

Vor|**gar**|**ten,** der; -s, ..gärten: kleiner Garten vor dem Haus

vor|**gau**|**keln** tr.: Gaukeleien vorführen : (übertr.) vorspiegeln

vor|**ge**|**ben:** s. Vorgabe

Vor|**ge**|**bir**|**ge,** das; -s, -: vorgelagertes Gebirge, Kap

vor|**geb**|**lich:** s. Vorgabe

vor|**ge**|**dacht** Mw. Ew.: s. vordenken

vor|**ge**|**faßt** → **vor**|**ge**|**fasst** Mw. Ew.: (Meinung) vor Prüfung von Gründen gebildet

vor|**ge**|**fer**|**tigt** Mw. Ew.: zur Weiterverwendung bereits vorbereitet

Vor|**ge**|**fühl,** das; -(e)s, -e: vorahnendes Gefühl, Ahnung

vor|**ge**|**hen:** s. Vorgang

vor|**ge**|**la**|**gert** Mw. Ew.: sich vor etwas ausbreitend

Vor|**ge**|**le**|**ge,** das; -s, -: (Masch.-, Mühlenbau) Transmission, Anlage zur Kraftübertragung

vor|**ge**|**le**|**sen, ge**|**neh**|**migt, un**|**ter**|**schrie**|**ben:** gerichtliche Formel unter Protokollen; Abk.: v., g., u.

vor|**ge**|**nannt** Mw. Ew.: vorher genannt

Vor|**ge**|**nuß** → **Vor**|**ge**|**nuss,** der; ..nusses, ..nüsse: positiver Vorgeschmack

vor|**ge**|**ord**|**net** Mw. Ew.: übergeordnet : vor etwas anderem eingeordnet, an die erste Stelle gesetzt

Vor|**ge**|**plän**|**kel,** das; -s, -: kleines Gefecht vor einer militärischen Auseinandersetzung : (übertr.) Streit, der einer größeren Auseinandersetzung vorausgeht

Vor|**ge**|**richt,** das; (e)s, -e: Vorspeise

Vor|**ge**|**sang,** der; -(e)s, Vorgesänge: einleitender Gesang

Vor|**ge**|**schich**|**te,** die; -, -n: Vergangenheit : vorangegangene Ereignisse : frühere Entwicklung : vordeutende Erscheinung : Urgeschichte, Geschichte der frühesten Zeiten der Menschheit ✳ *Vorgeschichtsforscher; Vorgeschichtsforschung* ✳ **vor**|**ge**|**schicht**|**lich** Ew.: die Vorgeschichte betreffend

Vor|**ge**|**schirr,** das; -s, -e: Takelung und Segel des Bugspriets

Vor|**ge**|**schmack,** der; -(e)s: bestimmter Eindruck von etwas Bevorstehendem

Vor|**ge**|**setz**|**te,** der; die, -n, -n: dienstlich, amtlich Höhergestellte(r) ✳ *Vorgesetztenverhältnis*

vor|**ges**|**tern** Uw.: Tag vor dem gestrigen Tag ✳ **vor**|**gest**|**rig** Ew.: am Tage vor gestern

Vor|**gie**|**bel,** der; -s, -: Giebel vorne am Haus

vor|**glü**|**hen** tr.: (Dieselmotor) durch Vorheizen betriebsbereit machen

vor|**grei**|**fen** (ich griff vor; vorgegriffen; vorzugreifen) intr.: (ztl.) vorwegnehmen : übereilen : sich herausnehmen * *den Leithund vorgreifen lassen:* (weidm.) die verlorene Fährte vom Leithund wieder suchen lassen * **Vorgriff,** der; –(e)s, –e: Vorwegnahme

vorhaben tr.: anstreben : bezwecken : im Schilde führen * **Vorhaben,** das; –s, –: Absicht : Plan

Vorhalle, die; –, –n: Vorsaal

Vorhalt, der; –(e)s, –e: (Mus.) harmoniefremder Ton, der nach harmonischer Auflösung strebt * **vorhalten** (ich hielt vor; vorgehalten; vorzuhalten; halte vor!) tr.: nach vorn halten : vor etwas halten : entgegenhalten, vorwerfen, intr.: bestehen, vorhanden sein : ausreichen * **Vorhaltung,** die; –, –en; Tadel : Vorwurf

Vorhand, die; –: Vorderhand : (Kartsp.) der Ausspielende : (Schlägersport) Vorhandschlag * *Vorhandschlag:* Schlag, bei dem die Handfläche in Schlagrichtung zeigt : (Rechtsspr.) Vorkaufsrecht; *die Vorhand haben:* beim Kartenspiel das Recht, zuerst auszuspielen * **vorhanden** Ew.: da seiend, vorliegend : vorrätig : gegenwärtig * **Vorhandensein,** das; –s: das Vorrätigsein : das Gegenwärtigsein

Vorhang, der; –(e)s, Vorhänge: das Vorgehängte, Gardine, Portiere (auch übertr.) * *der Eiserne Vorhang; der seidene Vorhang* * *Vorhangstange; Vorhangstoff*

vorhängen tr.: vor etwas hängen * *Vorhängeschloß → Vorhängeschloss*

Vorhaut, die; –, Vorhäute: die die Eichel des Penis bedeckende Haut * *Vorhautverengung:* Phimose

vorher, vorhersagen usw.: s. vorher unter vor

Vorherrschaft, die; –, –en: Übergewicht : entscheidende Macht * **vorherrschen** intr.: den Vorrang haben : überwiegen : sich auszeichnen * **vorherrschend** Ew.: überwiegend

Vorhersage, die; –, –n: Voraussage : Prognose * **vorhersagbar** Ew.: so beschaffen, dass man es vorhersagen konnte

vorhersehbar Ew.: so beschaffen, dass man es vorhersehen konnte

vorheucheln (ich heuch[e]le vor) tr.: heuchlerisch vorreden

vorheulen tr.: heulend vor den Ohren klingen : (einem etwas –) heulend vorklagen

vorhin usw.: s. vor

Vorhof, der; –(e)s, Vorhöfe: (übertr.) das zu etwas Hinführende, Vorbereitung : (Anat.) Teil des Labyrinths im Ohr : Vorkammer (Atrium) des Herzens : vorderer Teil des Hofes * *Vorhofflimmern:* Herzflimmern

Vorhölle, die; –: der Vorhof der Hölle

Vorhut, die; –, –en: Sicherungstruppe, Vortrab : Vorweide

vorig: s. vor

Vorinformation, die; –, –en: kurze, vorab gegebene Information * **vorinformieren** tr.: Vorinformationen geben

Vorjahr, das; –(e)s, –e: das vorangehende Jahr : (niederd.) Frühjahr * *Vorjahresergebnis; Vorjahresleistung* * **vorjährig** Ew.: dem vorigen Jahr angehörig

vorjammern (ich jammere vor) tr.: jmdm. etwas klagen

Vorkammer, die; –, –n: Vorgemach, vor einem anderen Raum liegende Kammer : (Anat.) Herzkammer

Vorkämpfer, der; –s, –: für hohe Aufgaben kämpfender Held : Bahnbrecher

Vorkasse, die; –: Zahlung im Voraus

vorkauen tr.: klein kauen (was ein anderer schlucken muss) : gründlich erklären : bis ins Detail vormachen

Vorkauf, der; –(e)s, Vorkäufe: Vorrecht, vor beginnendem Markt zu kaufen * *Vorkaufsrecht*

Vorkehrung, die; –, –en: im Voraus getroffene Maßnahme * *eine Vorkehrung treffen:* etwas vorbereiten oder vorsorglich verhindern

Vorkenntnis, die; –, ..nisse: vorbereitende, als Grundlage dienende Kenntnis

vorklimpern tr.: jmdm. auf einem Tasten- oder Saiteninstrument schlecht vorspielen

vorklinisch Ew.: die Phase des Medizinstudiums vor dem Klinikum betreffend * *vorklinisches Semester*

vorknöpfen tr.: (Umgspr.) jemanden zur Rechenschaft ziehen : zurechtweisen

vorkommen intr. (sein): nach vorn kommen : sich vorfinden, da sein : sich zutragen : sichtbar werden * **Vorkommen,** das; –s, –: das Vorhandensein, Dasein * *vorkommendenfalls* Uw.: (Amtsspr.) falls der Fall eintreten sollte * **Vorkommnis,** die; –, ..nisse: Vorfall : Ereignis

vorkosten tr.: Speisen oder Getränke (auf Geschmack, auf Gift) prüfend kosten * **Vorkoster,** der; –s, –: jmd., der vorkostet

Vorkriegs.. in Zus.: die Zeit vor einem Kriege betreffend * *Vorkriegserscheinung; Vorkriegsgeneration; Vorkriegszeit*

vorladen (lud vor; vorgeladen; vorzuladen) tr.: vor Gericht fordern * *Vorladeschein*

Vorladung, die; –, –en: Aufforderung, zum gerichtlichen Termin zu erscheinen

Vorlage, die; –, –n: das Vorgelegte : das Vorlegen : Gesetzentwurf : Muster, nach dem gearbeitet wird : (Chem.) Aufnahmegefäß : (Baukst.) vortretender Gebäudeteil : (Sport) Körpervorlage * *in Vorlage treten:* Kapital investieren * **vorlegen** tr.: vor etwas (jemanden) legen : (übertr.) zur Überprüfung geben : nach vorn hinlegen : vornüberbeugen * *Vorlegebesteck; Vorlegelöffel; Vorlegemesser; Vorlegeschloß → Vorlegeschloss* * **Vorleger,** der; –s, –: Bettvorleger, kleiner Teppich

Vorland, das; –(e)s, Vorländer: vorgelagertes Land * *Vorlande* Mz.: Vorderösterreich

vorlängst: s. vor

vorlassen tr.: vorkommen, nach vorn kommen lassen : jemanden empfangen

vorlastig Ew.: (Schiff) vorn tiefer gehend als hinten

Vorlauf, der; –(e)s, Vorläufe: das für etwas anderes vorbereitend Ablaufende : das zuerst Ablaufende (Destillat) : Ausscheidungslauf bei Wettkämpfen : musikalischer Lauf als Vorspiel ✳ **vor**|**lau**|**fen** intr. (sein): voranlaufen : nach vorn laufen : im Laufen zuvorkommen ✳ **Vor**|**läu**|**fer**, der; –s, –: Vorbote : Vorkämpfer : Vorgänger ✳ **vor**|**läu**|**fig** Ew.: fürs erste : mit befristeter Geltung

vor|**laut** Ew.: ungehörig, großmäulig : vorwitzig, naseweis, sich vordrängend

vor|**le**|**ben** intr.: vorbildlich leben ✳ **Vor**|**le**|**ben**, das; –s: das dem eigentlichen Dasein vorausgehende Leben : bisherige Lebensführung

vor|**le**|**gen**: s. Vorlage

vor|**lei**|**ern** (ich lei[e]re vor) tr.: leiernd vorspielen, hersagen

Vor|**leis**|**tung**, die; –, –en: im Voraus erbrachte Leistung : Investition ohne gesicherte Amortisation ✳ *in Vorleistung treten*

vor|**le**|**sen** tr.: Vorlese halten : lesend vortragen ✳ *Vorlesepult; Vorlesewettbewerb* ✳ **Vor**|**le**|**ser**, der; –s, –: der Vorlesende ✳ **Vor**|**le**|**sung**, die; –, –en: das Vorlesen : Lehrveranstaltung an Hochschulen ✳ *Vorlesungsgebühr; Vorlesungsverzeichnis*

vor|**letzt** Ew.: in der Reihe vor dem Letzten befindlich

vor|**lieb** Uw.: für gut, fürlieb ✳ *vorliebnehmen* → *vorlieb nehmen* intr.: zufrieden sein, sich gefallen lassen, sich begnügen ✳ **Vor**|**lie**|**be**, die; –, –en: besondere Liebe zu jemandem oder etwas : besondere Neigung

vor|**lie**|**gen** intr.: vor etwas liegen : bereit daliegen, vorhanden, gegenwärtig sein ✳ **vor**|**lie**|**gend** Mw. Ew.: gegenwärtig ✳ *Vorliegendes; im vorliegenden* → *Vorliegenden:* im Vorgelegten ✳ **Vor**|**lie**|**gen**|**de**, das; –n: das Gegenwärtige

vor|**lü**|**gen** tr.: vortäuschen, lügen

vorm: vor dem ✳ *vorm Hause*

vorm. (Abk.): vormals

vor|**ma**|**chen** tr.: als Muster machen, zeigen; rbz.: vorspiegeln : vorgaukeln ✳ *blauen Dunst vormachen*

Vor|**macht**, die; –: Übermacht : Vorherrschaft ✳ *Vormachtstellung*

Vor|**ma**|**gen**, der; –s, –: erster Magen der Wiederkäuer (Pansen)

vor|**ma**|**lig** Ew.: ehemalig ✳ **vor**|**mals** Uw.: ehemals

Vor|**marsch**, der; –(e)s, ..märsche: (Militärwesen) das Marschieren gegen den Feind, das Vorrücken

Vor|**märz**, der; –: Zeit vor der Revolution vom März 1848

Vor|**mast**, der; –es, –en: Fockmast

Vor|**mau**|**er**, die; –, –n: äußere Schutzmauer

Vor|**mensch**, der; –en, –en: entwicklungsmäßige Vorstufe des Menschen, Pithekanthropus

vor|**mer**|**ken** tr.: aufnotieren : eintragen ✳ *sich vormerken lassen:* vorbestellen; *Vormerkbuch* ✳ **Vor**|**mer**|**kung**, die; –, –en: vorläufige Eintragung : Reservierung

Vor|**mie**|**ter**, der; –s, –: jmd., der etwas (eine Wohnung) vor einem anderen gemietet hatte

Vor|**milch**, die; –: die erste Milch nach der Geburt : Biestmilch

Vor|**mit**|**tag**, der; –(e)s, –e: die Zeit vor Mittag ✳ *heute vormittag* → *heute Vormittag* ✳ *Vormittagsstunde; Vormittagsunterricht; Vormittagsvorstellung* ✳ **vor**|**mit**|**täg**|**lig** Ew.: den Vormittag betreffend ✳ **vor**|**mit**|**tags** Uw.: des Vormittags, am Vormittag ✳ *Sonntag vormittags*

Vor|**mo**|**nat**, der; –s, –e: der einem anderen vorausgehende Monat

Vor|**mund**, der; –(e)s, –e: (Vormünder): gesetzlicher Vertreter und Vermögensverwalter für eine unmündige Person ✳ **Vor**|**mund**|**schaft**, die; –, –en: Amt eines Vormundes ✳ *Vormundschaftsgericht; Vormundschaftsklage* ✳ **vor**|**mund**|**schaft**|**lich** Ew.: auf die Vormundschaft bezüglich

vorn, **vor**|**ne**, Uw.: auf der Vorderseite, nicht hinten ✳ *von vorn:* von neuem, von Anfang an ✳ **vorn**|**an**, **vor**|**ne**|**an** Uw.: an vorderer Stelle ✳ **vor**|**ne**|**weg**, **vorn**|**weg** (auch: vorneweg, vornweg) Uw.: voran, vorweg ✳ **vorn**|**he**|**r**|**ein**, von –: von Anfang an ✳ **vorn**|**ü**|**ber** Uw.: nach vorn ✳ *vornüberbeugen* tr., rbz.; *vornübergebeugt* Mw. Ew.; *vornüberfallen; vornüberkippen*

Vor|**nah**|**me**, die; –, –n: das Vornehmen : Aus-, Durchführung ✳ **vor**|**neh**|**men** tr.: im Voraus nehmen : vorbinden, vorstecken, vorhalten u. Ä. : (eine Arbeit –) in Angriff nehmen : beabsichtigen, bezwecken ✳ *sich jemanden vornehmen:* ins Gewissen reden, den Kopf waschen ✳ **Vor**|**neh**|**men**, das; –s, –: Vorsatz : Vorhaben

Vor|**na**|**me**, der; –ns, –n; **Vor**|**na**|**men**, der; –s, –: Name vor dem Nachnamen, Familienname : Taufname, Rufname

vor|**nehm** Ew.: „aus der Menge herausgenommen“, angesehen : ausgezeichnet : gesittet : edel : hochherzig : erlesen ✳ *vornehme Gesinnung; vornehmes Äußeres; die vornehme Welt* ✳ *vornehm und gering:* jedermann; *Vornehme und Geringe:* einfache und Leute von Rang ✳ *Vornehmtuerei; vornehm tun* ✳ **Vor**|**nehm**|**heit:** Rang, Würde, hochherzige Gesinnung ✳ **vor**|**nehm**|**lich** Uw.: insbesondere : vor allem anderen

vor|**nei**|**gen** tr., rbz.: nach vorn, vorniberneigen

vorn|**he**|**r**|**ein**, **vorn**|**hin** usw.: s. vorn

Vor|**ort**, der; –(e)s, –e: kleinerer, außerhalb der eigentlichen Stadt liegender Ort ✳ *Vorortverkehr; Vorortzug*

Vor|**platz**, der; –es, ..plätze: kleiner Platz vor einem Haus

Vor|**pom**|**mern:** Teil von Mecklenburg-Vorpommern

Vor|**pos**|**ten** (dtsch.-nl.), der; –s, –: (Kriegskst.) vorgeschobener Posten : vor dem Lager aufgestellter Sicherungsposten : (übertr.) Vorkämpfer

vor|**pre**|**schen** intr.: eilig nach vorn rennen

Vor|**pro**|**gramm**, das; –s, –e: Darbietungen, die eine größere Veranstaltung einleiten ✳ **vor**|**pro**|**gram**|**miert** Ew.: vorherbestimmt

Vor|**prü**|**fung**, die; –, –en: Zwischenprüfung

vor|**ra**|**gen** intr.: hervorragen

Vor|**rang**, der; –(e)s: Rang vor anderen, Vorzug ✳ *Vorrangstellung; den Vorrang haben vor* ✳ **vor**|**ran**|**gig** Ew.: von größerer Bedeutung oder Dringlichkeit; Uw.: als erstes

Vor|rat, der; –(e)s, ..räte: Rücklage : Lagerbestand : eiserner Bestand ✳ *Vorratshaus; Vorratskammer; Vorratsschrank; Vorratsschuppen* ✳ **vor|rä|tig** Ew.; als Vorrat vorhanden

Vor|raum, der; –es, ..räume: Vorzimmer

vor|rech|nen tr.: jmdm. eine Rechnung detailliert vormachen, vorführen

Vor|recht, das; –(e)s, –e: Ausnahmerecht : Vorzug : (Vd. f.) Privileg

Vor|re|de, die; –, –n: voraufgehende Rede : (Buch-)Vorbemerkung, Einleitung : Rede des Vorredners : Vorspruch ✳ **vor|re|den** tr., intr.: redend vorgaukeln, lügen : Vorrede halten ✳ **Vor|red|ner**, der; –s, –: der vorher sprechende Redner : der den Prolog sprechende Schauspieler : Verfasser der Vorrede

Vor|rei|ter, der; –s, –: Voranreitender : (übertr.) jmd., der eine Entwicklung in Gang bringt

Vor|ren|nen, das; –s, –: (Sport) Vorlauf, Vorkampf

vor|re|vo|lu|ti|o|när Ew.: die Situation vor einer Revolution betreffend

vor|rich|ten tr.: vorbereiten : anrichten ✳ **Vor|rich|tung**, die; –, –en: das Vorrichten, die Vorbereitung : zweckdienliche Einrichtung

vor|rü|cken tr., intr. (sein): vorwärts rücken, vorrichten : vor Augen rücken : aufrücken : (Kriegskst.) gegen den Feind marschieren; tr.: etwas nach vorn bewegen

Vor|ru|he|stand, der; –s: vorgezogener Ruhestand ✳ *Vorruhestandsregelung* ✳ **Vor|ru|he|ständ|ler**, der; –s, –: jmd., der vorzeitig in Ruhestand getreten ist

Vor|run|de, die; –, –n: (Sport) Spielserie zur Ermittlung der Teilnehmer an der Zwischenrunde ✳ *Vorrundensieger; Vorrundenspiel*

vors: (Umgspr.) vor das

vor|sa|gen tr.: im Voraus sagen : zuflüstern : zwecks Nachsprechens sagen : (heimlich) eine Lösung verraten ✳ **Vor|sa|ger**, der; –s, – der Vorsagende : (Vd. f.) Souffleur

Vor|sai|son, die; –: Zeit vor der Hauptsaison

Vor|sän|ger, der; –s, –: der Vorsingende ✳ **vor|sin|gen** tr.: vor jemandem singen (zur Prüfung oder zum Nachsingen)

Vor|satz, der; –es, ..sätze: Absicht, Vorhaben : (Techn.) das vor etwas Gesetzte : (Rechtsspr.) Absicht zur Begehung einer Straftat ✳ *Vorsatzblatt:* Papier der Innenseite vom Buchdeckel; *Vorsatzpapier:* zum Vorsatzblatt bestimmtes Papier ✳ **vor|sätz|lich** Ew.: absichtlich : mit Vorsatz, mit Wissen und Willen geschehend ✳ *Vorsätzlichkeit* ✳ **vor|set|zen** tr.: vorwärts setzen : vor etwas setzen : vorziehen, den Vorzug geben : anbieten : vor die Augen setzen; rbz.: sich vornehmen : an die Spitze stellen ✳ *einen Stein vorsetzen:* (Brettspiel) einen Spielstein nach vorne bzw. schützend vor einen anderen setzen; *Pferde vorsetzen:* (mundartl.) Pferde vorspannen vor die schon angespannten; *Vorsetzsilbe:* Vorsilbe ✳ **Vor|ge|setz|te**, der; die; –n, –n: der, die an die Spitze Gestellte, im Rang höher Gestellte, Leiter(in), Dienstvorgesetzte

Vor|set|zung, die; –, –en: das Vorwärtssetzen : das Vorgesetzte : (Mus.) Vorzeichnung

vor|schal|ten tr.: etwas vor etwas anderes schalten, stellen ✳ *Vorschaltgesetz:* bis zur endgültigen rechtlichen Regelung geltendes Gesetz; *Vorschaltverfahren:* dem Verwaltungsprozess vorangehendes Widerspruchsverfahren; *Vorschaltwiderstand* (Phys.)

Vor|schau, die; –, –en: Schau vor einer Hauptschau (zu Werbezwecken) : Vorherschau ✳ **vor|schau|en** tr., intr.: in die Zukunft vorausehen : vorwärts schauen

vor|schi|cken tr.: vorausschicken

vor|schie|ben (ich schob vor; vorgeschoben; vorzuschieben) tr.: vorwärts schieben, hervorschieben : (Truppen –) vorrücken lassen : vor etwas hinschieben, zum Verschluss, zur Sicherung : als Vorwand hinstellen ✳ **Vor|schub**, der; –(e)s, ..schübe: Unterstützung : das Vorschieben : ein Werk-

zeugteil ✳ *Vorschub leisten:* begünstigen

vor|schie|ßen (schieße vor; vorgeschossen; vorzuschießen) tr.: als Muster zur Nachahmung schießen : (Geld –) vorstrecken, borgen; intr. (sein): vorwärts oder hervorschießen : schießend hervorstürzen ✳ **Vor|schuß** → **Vor|schuss**, der; –es, ..schüsse: das Vorschießen : das Vorgeschossene : Vorauszahlung ✳ *Vorschußlorbeeren* → *Vorschusslorbeeren:* im Voraus gegebener Beifall; *Vorschußzahlung* → *Vorschusszahlung*

Vor|schiff, das; –(e)s, –e: Schiffsvorderteil

Vor|schlag, der; –(e)s, ..schläge: erster Schlag : das Vorgeschlagene, Anerbieten : (Parlaments-)Antrag : Preisforderung : (Techn.) das zum Schutz und Halt Geschlagene oder Befestigte : (Buchdrw.) leerer Raum oben auf einer Anfangsseite ✳ *Vorschlaghammer* ✳ **vor|schla|gen** intr.: vorzeitig, zu früh schlagen; tr.: ein Angebot usw. machen : mit auftreffenden Schlägen vor etwas befestigen : (Mus.) (Takt –) durch schlagende Bewegung angeben : (kfm.) einen Preis fordern zum Handeln ✳ *Vorschlagsrecht* ✳ **Vor|schlä|ger**, der; –s, –: spitzes Gerät zum Vorschlagen von Löchern

Vor|schluß|run|de → **Vor|schluss|run|de**, die; –, –n: (Sport) Meisterschaftsausscheidungsrunde : Halbfinale

vor|schme|cken tr.: hervorschmecken; intr.: vorkosten

vor|schnei|den tr.: zum Muster schneiden : zerschneidend vorlegen

vor|schnell Ew.: voreilig

vor|schrei|ben tr.: vor etwas anderes schreiben : als Muster schreiben : Verhaltensmaßregeln geben, anordnen ✳ **Vor|schrift**, die; –, –en: Vorlage für das Schönschreiben : Verhaltensmaßregel : Anordnung ✳ *vorschriftsmäßig* Ew.: nach Vorschrift; *vorschriftswidrig:* nicht den Vorschriften entsprechend

Vor|schub: s. vorschieben

Vor|schu|le (l.-gr.), die; –, –n: Vorbereitungsschule vor der

Grundschule ✳ *Vorschulerziehung; Vorschullehrer*

Vor|schuss: s. vorschießen

vor|schützen tr.: als Vorwand nennen, vorgeben

vor|schweben intr.: eine Vorstellung von etwas haben ✳ *es schwebt mir etwas vor:* (übertr.) ich habe eine noch nicht ganz klare Vorstellung von etwas : ich beabsichtige etwas

vor|schwindeln (ich schwind[e]le vor) tr.: vorlügen

Vor|segel, das; –s, –: Vordersegel

vor|sehen rbz.: sich vor Schaden hüten, in Acht nehmen; tr.: planen ✳ **Vor|sehung,** die; –, (–en): das Vorsehen : voraussorgende Macht, göttliche Fügung ✳ **Vor|sicht,** die; –: Voraussicht : Bedachtsamkeit ✳ *vorsichtshalber* Uw.; *Vorsichtsmaßnahme* ✳ **vor|sichtig** Ew.: mit Vorsicht ✳ **Vor|sichtigkeit,** die; –, –en: das Vorsichtigsein

vor|setzen tr.: vor Vorsatz

Vor|sicht: s. vorsehen

Vor|si|gnal, das; –s, –e: (Eisenbahn) Signal vor dem Hauptsignal

Vor|silbe, die; –, –n: vorgesetzte Silbe

vor|singen: s. Vorsänger

vor|sintflutlich Ew.: uralt : seit langem unmodern

Vor|sitz, der; –es: der erste Sitz : Stelle des Vorsitzenden ✳ **vor|sitzen** tr.: die Leitung haben ✳ **Vor|sitzende,** die; –n, –n; **Vor|sitzer,** der; –s, –: Leiter(in)

Vor|sommer, der; –s, –: die letzte Zeit des Frühjahrs

Vor|sorge, die; –, –n: Fürsorge : Vorbereitung : Sorge für die Zukunft ✳ *Vorsorge treffen* ✳ *Vorsorgeuntersuchung* ✳ **vor|sorgen** intr.: Vorsorge tragen : Vorkehrungen treffen : sich sichern ✳ **vor|sorglich** Ew.: vorsorgend, auf Vorsorge beruhend : eventuell

Vor|spann, der; –(e)s, –e: vorgespanntes Zugtier : vor Beginn eines Films gezeigte Liste der Mitarbeiter und Urheberrechtsinhaber : Einleitung eines Presseartikels ✳ *Vorspanndienst; Vorspannmusik; Vorspannpferd* ✳ *Vorspann leisten*

nachhelfen : beistehen ✳ **vor|spannen** tr.: vor etwas spannen : (übertr.) jemandes Einfluss ausnutzen

Vor|speise, die; –, –n: Vorgericht

vor|spiegeln (ich spieg[e]le vor) tr.: vorschwindeln, täuschen ✳ **Vor|spiegelung,** die; –, –en: das Vortäuschen ✳ *die Vorspiegelung falscher Tatsachen*

Vor|spiel, das; –(e)s, –e: zur Einführung dienendes Spiel vor dem Hauptspiel : musikalische Einleitung, Präludium, Ouvertüre : (übertr.) vorausdeutende Entwicklung ✳ **vor|spielen** tr.: vor Anwesenden spielen (zur Demonstration, zur Prüfung, zum Nachspielen) : vorbereitendes Spiel geben

vor|sprechen tr.: vor jemand sprechen (zur Prüfung, zum Nachsprechen) : gelegentlich kommen, besuchen

vor|springen intr. (sein): hervorspringen, hervortreten : springend vorangehen ✳ **Vor|sprung,** der; –(e)s, –sprünge: vorspringender Bauteil : Vorteil beim Laufen, Abstand : (Kelterei und Destillation) das zuerst Ablaufende

Vor|spruch: s. vorsprechen

Vor|sprung: s. vorspringen

Vor|stadt, die; –, ..städte: außerhalb der Stadtinnern gelegener Stadtteil ✳ *Vorstadtkino; –theater* ✳ **Vor|städter,** der; –s, –: Vorstadtbewohner ✳ **vor|städtisch** Ew.

Vor|stand, der; –(e)s, ..stände: Gesamtheit der Leiter eines Unternehmens oder Vereins : Vorsteher ✳ *Vorstandsmitglied; Vorstandssitzung; Vorstandsvorsitzender* ✳ **vor|stehen** intr.: hervorstehen : vor etwas stehen : entgegenstehen : (ztl.) bevorstehen : in der Reihenfolge und im Rang voranstehen : die Aufsicht führen, Vorsitzender sein : verwalten : (weidm.) bei Aufnahme der Witterung in gespannter Haltung stehen bleiben (vom Jagdhund) ✳ *im vorstehenden → Vorstehendem:* im vorher Gesagten, weiter oben ✳ **Vor|stehende,** das; –n: das vorher Gesagte ✳ **Vor|steher,** der; –s, –: der Leiter, Vorstand

✳ *Vorsteherdrüse:* Drüse unterhalb der Harnblase des Mannes, Prostata ✳ *Vorstehhund:* Jagdhund auf Kleinwild

vor|stecken intr., tr.: vor etwas stecken; tr.: weiter nach vorn stecken ✳ *Vorsteckkeil; Vorstecknadel; Vorsteckpflock*

vor|stehen: s. Vorstand

vor|stellen tr.: nach vorn stellen : vorwärts stellen : als Schutz vor etwas hinstellen : bekanntmachen : darstellen : bedeuten; rbz.: (sich etwas –) sich ein anschauliches Bild von etwas machen, sich denken : sich bei jmdm. einführen (zwecks Bewerbung) ✳ **vor|stellig** Ew.: anschaulich vorgeführt; schildernd dargestellt ✳ *vorstellig werden (bei einer Behörde):* eine Eingabe machen ✳ **Vor|stellung,** die; –, –en: das Vorstellen : das Vorgestellte : Theateraufführung, Schauspiel : das Sichvorstellen ✳ *Vorstellungsart; Vorstellungsbeginn; Vorstellungsfähigkeit; Vorstellungsgespräch; Vorstellungskraft; Vorstellungskunst; Vorstellungsvermögen; Vorstellungswelt*

Vor|stopper, der; –s, –: taktische Position im Fußball

Vor|stoß, der; –es, Vorstöße: (Schneid.) untergesetzter Stoffstreifen : Angriff : Bewegung in unbekanntes Gelände : (Heerw.) Vormarsch ✳ **vor|stoßen** tr.: hervorstoßen : nach vorn hinstoßen; intr. (sein): (Truppen) vorrücken : vorragen

Vor|strafe, die; –, –n: frühere Strafe ✳ *Vorstrafenregister*

vor|strecken tr.: hervor-, vor etwas hinstrecken : (Geld –) vorschießen, leihen

vor|streichen tr.: mit einem grundierenden Anstrich versehen ✳ **Vor|streichfarbe,** die; –, –n: Farbe zum Vorstreichen

Vor|studie, die; –, –n: Vorarbeit zu einem Werk

Vor|stufe, die; –, –n: die vorgelagerte Stufe : (übertr.) Zustand erster Erkenntnis : Einführung in eine Wissenschaft

vor|stürmen intr.: stürmend vordringen

vor|stürzen intr.: stürzend vordringen

vor|sünd|flut|lich: s. vorsintflutlich

Vor|tag, der; –(e)s, -e: vorhergehender Tag

vor|tan|zen intr., tr.: einen Tanz aufführen (zur Demonstration, zur Prüfung, zum Nachtanzen) : den Reigen aufführen ; den Reigen führen ✽ **Vor|tän|zer,** der; –s, –: der Vortanzende, Tanzordner

vor|täu|schen tr.: vorspiegeln

Vor|teil, der; –(e)s, -e: Nutzen, Gewinn, günstigere Lage : Kunstgriff ✽ **vor|teil|haft** Ew.: Vorteil bietend, gewährend : zum Vorteil gereichend: angenehm, ansprechend, günstig

Vor|trag, der; –(e)s, ..träge: das Vortragen, bes. mündlicher, zusammenhängender Bericht vor Zuhörern : Art des Vortragens : Eintrag im Voraus : (kfm.) das Eintragen eines Saldos auf der neuen Rechnung an erster Stelle ✽ *Vortragsbezeichnung:* (Mus.); *Vortragsfolge; Vortragskunst; Vortragskünstler; Vortragsreihe; Vortragsreise; Vortragsweise; Vortragszeichen:* (Mus.) Zeichen für die Art, wie das Musikstück gespielt wird ✽ **vor|tra|gen** tr.: vorantragen : einen Vortrag halten : (kfm.) Saldo in neuer Rechnung wieder an erster Stelle eintragen : im Voraus eintragen

vor|treff|lich Ew.: an Vorzügen übertreffend, vorzüglich ✽ **Vor|treff|lich|keit,** die; –: das Vortrefflichsein, das Vortreffliche

vor|tre|ten intr.: nach vorn treten ✽ **Vor|tritt,** der; –(e)s, -e: Tritt vorwärts : das Vorangehen ✽ *den Vortritt haben:* das Recht haben, vorauszugehen; *den Vortritt lassen, gewähren*

Vor|trieb, der; –s: das Vorantreiben : die nach vorn wirkende Beschleunigung : die Weiterführung eines Stollens (Bergbau, Tiefbau) ✽ *Vortriebskraft; Vortriebsverlust*

vor|tur|nen r., intr.: Turnübung musterhaft vormachen ✽ **Vor|tur|ner,** der; –s, –: erster, bester Turner einer Riege ✽ *Vorturnerriege*

vo|r|ü|ber, vo|r|ü|ber|ge|hen usw.: s. vor

Vor|ü|ber|le|gung, die; –, –en: vorangestellte Überlegung

Vor|ü|bung, die; –, –en: vorbereitende Übung

Vor|un|ter|su|chung, die; –, –en: (Rechtsspr.) Ermittlungsverfahren vor der Hauptuntersuchung

Vor|ur|teil, das; –(e)s, -e: vorgefasste (unbegründete) Meinung ✽ *vorurteilsbehaftet* Ew.; *vorurteilsfrei* Ew.; *vorurteilslos* Ew.; *Vorurteilslosigkeit; vorurteilsvoll* Ew.

Vor|ver|fah|ren, das; –s, –: (Rechtsspr.) Ermittlungsverfahren und Voruntersuchung im Strafprozess

Vor|ver|hand|lung, die; –, –en: vorbereitende Verhandlung

Vor|ver|kauf, der; –s, ..käufe: Verkauf von Eintrittskarten mehrere Tage vor einer Aufführung ✽ *Vorverkaufsgebühr; Vorverkaufsstelle*

vor|ver|le|gen tr.: zu einem früheren Zeitpunkt ansetzen, auf einen früheren Zeitpunkt festlegen

vor|ver|ur|tei|len tr.: im Voraus verurteilen ✽ **Vor|ver|ur|tei|lung,** die; –, –en: Verurteilung ohne Prüfung der Gründe

vor|vor|ges|tern Uw.: drei Tage vor heute

vor|vo|rig Ew.: vor dem Vorigen liegend ✽ *vorvorige Woche:* vorletzte Woche

vor|vor|letzt Ew.: zunächst vor dem vorletzten

vor|wa|gen rbz.: sich vorwärts wagen, herauswagen

Vor|wahl, die; –, –en: Wahl vor der eigentlichen Wahl : Hauptwahl im Gegensatz zur Stichwahl : vorige Wahl : (Telefon) kurz für Vorwahlnummer ✽ *Vorwahlnummer, Vorwählnummer:* die jeweils für ein Ortsnetz geltende Nummer

vor|wal|ten intr.: vorherrschen : übertreffen ✽ **vor|wal|tend** Mw. Ew.: vorherrschend

vor|wäl|zen tr.: nach vorn wälzen : vor etwas als Verschluss hinwälzen

Vor|wand, der; –(e)s, ..wände: Ausrede : das Vorschützen, Vorgeben

vor|wär|men tr.: vorbereitend anwärmen ✽ **Vor|wär|mer,** der; –s, –: Vorrichtung zum Vorwärmen, z. B. des Kesselspeise-

wassers in Dampfkraftanlagen durch die Rauchgase

vor|wärts Uw.: nach vorn : weiter : voran ✽ *vorwärtsbringen → vorwärts bringen* tr.: fördern, voranbringen; *vorwärtsgehen → vorwärts gehen* intr.: besser werden; *vorwärtsweisend → vorwärts weisend* ✽ *Vorwärtsbewegung; Vorwärtsgang; Vorwärtskommen,* das; –s: beruflicher, wirtschaftlicher Aufstieg; *das Vorwärtsrücken*

vorwärts, rückwärts, seitwärts

Auf *–wärts* endende Adverbien schreibt man vom nachfolgenden Verb immer getrennt: *abwärts laufen; rückwärts blicken; seitwärts schauen; vorwärts springen.* Das gilt auch für auf *–seits* und *–einander* endende Adverbien. Die Substantivierung schreibt man jedoch zusammen: *das Abwärtslaufen, das Rückwärtsblicken.*

Vor|wä|sche, die; –: der vorbereitende Waschvorgang vor der Hauptwäsche ✽ **vor|wa|schen** tr.: vorbereitend waschen ✽ *Vorwaschgang:* Waschprogramm an Waschmaschinen

vor|weg; s. vor

Vor|weg|wei|ser, der; –s, –: im Voraus informierender Wegweiser : (schweiz.) Vorfahrtsschild

Vor|we|hen Mz.: Wehen vor den eigentlichen Wehen

vor|weih|nacht|lich Ew.: auf die Vorweihnachtszeit bezogen ✽ **Vor|weih|nachts|zeit,** die; –: die Zeit vor Weihnachten

vor|wei|nen tr.: klagend vor jemand weinen

vor|wei|sen tr.: vorzeigen, hervorholend weisen ✽ **Vor|wei|sung,** die; –, –en: das Vorweisen

Vor|welt, die; –, –en: Gesamtname aller vor der Gegenwart lebenden Menschen : vorgeschichtliche Welt, Urwelt ✽ **vor|welt|lich** Ew.: der Vorwelt angehörig, urweltlich

vor|wer|fen tr.: nach vorn werfen : vor etwas anderes werfen : (einem etwas –) tadelnd und zürnend vorhalten ✽ **Vor|wurf,** der; –(e)s, ..würfe: Tadel : Gegenstand, Objekt für eine künstlerische Darstellung :

(weidm.) Lockbissen ✳ *vorwurfsfrei* Ew.; *vorwurfsvoll* Ew.

Vor|werk, das; –(e)s, –e: Bollwerk : Meierhof eines Gutes, Meierei

vor|wie|gen intr.: überwiegen, vorherrschen; tr.: in jmds. Gegenwart wiegen zwecks Überzeugung von der Richtigkeit des Gewichtes ✳ **vor|wie|gend** Mw. Ew.: vorherrschend, vornehmlich

vor|win|seln (ich wins[e]le vor) intr.: vor jemandem winseln

Vor|win|ter, der; –s, –: früher Winter : erster Wintermonat

Vor|wis|sen, das; –s: Vorkenntnisse : bereits vorhandenes, für das weitere Lernen nützliche Wissen

vor|wis|sen|schaft|lich Ew.: noch nicht von wissenschaftlicher Qualität, blob intuitiv : (abwertend) unreflektiert, borniert

Vor|witz, der; –es, –e: ungehörige Neugier : unbefugte Naseweisheit : vorwitzige Person : Fürwitz ✳ **vor|wit|zig** Ew.: naseweis, fürwitzig ✳

Vor|wit|zig|keit, die; –, –en: das Vorwitzigsein

Vor|wo|che, die; –, –n: vorige Woche

vor|wöl|ben tr.: hervorwölben

Vor|wort, das; –(e)s, –e (veralt. Vorwörter): einleitende Vorrede : (schweiz.) Ausrede

Vor|wurf: s. vorwerfen

vor|zäh|len tr.: in jemandes Gegenwart zählen, vorrechnen

vor|zau|bern tr.: Zauberkünste vorführen

Vor|zei|chen, das; –s, –: vorbedeutendes Anzeichen : (Mus.) vorgesetztes, die Tonhöhe veränderndes Zeichen ✳ **vorzeich|nen** tr.: als Muster entwerfen : zeichnend vorführen : vorschreiben, als Richtschnur geben : (Mus.) die Vorzeichen setzen ✳ **Vor|zeich|nung**, die; –, –en: das Vorzeichnen : Vorschrift : Vorlage : eine die weitere Ausführung vorbereitende Zeichnung

vor|zei|gen tr.: zeigend vorweisen : mit etwas renommieren : einreichen ✳ *Vorzeigeschüler*: Primus; *Vorzeigevermerk* ✳ **Vor|zei|gung**, die; –, –en: das Vorzeigen

Vor|zeit, die; –, –en: Vorwelt, Urzeit ✳ *Vorzeitmensch* ✳

vor|zei|tig Ew.; vor der Zeit, zu früh ✳ **Vor|zei|tig|keit**, die; –: (Sprachl.) zeitlogisches Verhältnis zwischen Temporalsatz und übergeordnetem Satz ✳

vor|zeit|lich Ew.: der Vorzeit angehörig

vor|zei|ten: s. vor

Vor|zen|sur, die; –, –en: Benotung für vor der Abschlussprüfung erbrachte Unterrichtsleistungen : die Publikation vorangehende obrigkeitliche Zensur von Presseerzeugnissen und Literaturwerken

vor|zie|hen (ich ziehe vor; vorgezogen; vorzuziehen) tr.: hervorziehen : nach vorn ziehen : vor etwas ziehen : bevorzugen, den Vorzug geben; intr. (sein): voranziehen : aus einem hinteren Raum in einen vorderen ziehen ✳ **Vor|zug**, der; –(e)s, Vorzüge: (Eisenb.) vor dem fahrplanmäbig abgefertigter Zug : Vorrang : das Vorgezogenwerden ✳ *Vorzugsaktie:* Prioritätsaktie, Aktie mit Vorrechten vor den Stammaktien; *Vorzugsmilch:* Rohmilch besonderer Qualität; *Vorzugspreis; Vorzugsrecht; Vorzugsschüler; Vorzugsstellung; vorzugsweise* Ew.: mit Vorzug ✳ **vor|züg|lich** Ew.: den Vorzug verdienend : ausgezeichnet; Uw.: vornehmlich : vorzugsweise ✳ **Vor|züg|lich|keit**, die; –, –en: das Vorzüglichsein : das Vorzügliche : (veralt.) Vorzug, Vorrecht

Vor|zim|mer, das; –s, –: Vorgemach : Anmeldezimmer ✳ *Vorzimmerdame*

vor|züg|lich: s. vorziehen

Vös|lau: niederöstr. Badeort ✳ **Vös|lau|er**, der; –s: Wein aus Vöslau

Vo|tant (l.) [w..], der; –en, –en: Abstimmender, Wähler ✳ **vo|tie|ren** (..iert) intr.: (ab)stimmen, wählen ✳ **vo|tiv** Ew.: gelobt : einem Gelübde gemäb ✳ *Votivbild; Votivgabe; Votivkapelle; Votivkerze; Votivkirche; Votivmesse; Votivtafel:* Weihtafel : Gedenktafel ✳ **Vo|tum**, das; –s, ..ten und ..ta: Gelübde : Wahlstimme : Stimmabgabe : Gutachten :

Meinungsäuberung [l. vovere geloben]

Vou|cher (e.) [wautscher], der; –s, –: Vorauszahlungsbeleg, Gutschein

Vox usw.: s. vokal

Voy|ageur (fr.) [woajaschöhr], der; –s, –e: Reisender ✳ *Commis voyageur* [kommih –], der; – –, – –s: Handlungsreisender

Vo|yeur, der; –s, –e: Schaulustiger : jmd., der an Voyeurismus leidet ✳ **Vo|yeu|ris|mus**, der; –: Schaulust : (Psych.) das mit sexueller Erregung verbundene, meist zwanghafte und heimliche Beobachten anderer bei sexuellen Handlungen oder wenn sie nackt sind ✳ **vo|yeu|ris|tisch** Ew.: den Voyeurismus betreffend

vo|zie|ren: s. vokal

Vp., VP (Abk.): Versuchsperson

VP (Abk.): Volkspolizei (ehem. DDR)

VR (Abk.): Volksrepublik

Vs (Abk.): Voltsekunde (phys. Einheit)

vs. (Abk.): (l.) versus, „gegen"

V.S.O.P. (Abk.): (e.) very superior old pale, „besonders herausragend, alt, blass", Qualitäts- und Alterssiegel für Cognac und Armagnac (mind. fünf Jahre alt) : Qualitäts- und Alterssiegel für englischen Brandy (18 bis 25 Jahre alt)

vul|gär (l.) [w..] Ew.: allgemein : alltäglich : gewöhnlich : niedrig : unfein ✳ *Vulgärlatein; Vulgärmarxismus; Vulgärsprache* ✳ **vul|ga|ri|sie|ren** (..iert) tr.: bekannt machen, unter die Leute bringen, ausbreiten ✳ **Vul|ga|ta**, die; –: (kath. K.) vom Kirchenlehrer Hieronymus um 400 ins Lateinische übersetzter, 1546 vom Trienter Konzil als „allgemeiner" anerkannter Bibeltext ✳ **vul|go** Uw.: gewöhnlich : allgemein [l. vulgus (gemeines) Volk]

Vul|kan, der; –s, –e: Feuer speiender Berg ✳ *Vulkanausbruch* ✳ **Vul|ka|ni|sa|ti|on**, die; –, –en: das Vulkanisieren ✳ **vul|ka|nisch** Ew.: (Berg) Feuer speiend : von Feuer speienden Bergen herrührend ✳ **vul|ka|ni|sie|ren** (..iert) tr.: in Feuer setzen : (Kautschuk –) durch Ausbildung von Schwe felbrücken elastisch machen, zu Gummi verarbeiten ✳ *Vulkanisieranstalt* ✳ **Vul|ka|nis|mus**, der; –: das Emporsteigen feuerflüssiger Gesteinsmassen aus dem Erdinnern

Vul|va (l.) [w..w..], die; –, ..ven: (Anat.) die äußeren weiblichen Geschlechtsteile

W

W, w, das; –, –: der dreiundzwanzigste Buchstabe des Abece

W (Abk.): Watt (phys. Einheit) : (Abk.): Werst : (Abk.): Westen : chem. Zeichen für Wolfram : (fr. Münzzeichen) Lille : (östr. Münzzeichen) Wien : (ehemaliges preuß. Münzzeichen) Breslau

Waadt, die; –: schweiz. Kanton zwischen Genfer See und Neuenburger See ✳ **Waadt|län|der**, der; –s, –: Bewohner der Waadt ✳ **waadt|län|disch** Ew.

Waag, die; –: (bayr.) Flut, Wasser

Waa|ge, die; –, –n: Gerät zur Gewichtsbestimmung : Raum mit Waage zum öffentlichen Gebrauch : waagerechte Lage : Zustand der Kippe : gleicharmiger Hebel zum Tragen usw.: Sternbild : siebentes Zeichen des Tierkreises : turnerische Stellung ✳ *die Waage halten:* das Gleichgewicht halten ✳ *Waageamt:* öffentliche Wägestelle; *Waagschale:* am Waagbalken hängende Schale; *Waagebalken; waagerecht* Ew.: wasserrecht, horizontal; *Waag(e)rechte*, die; –n, –n: wasserrechte Linie ✳ *Waagenfabrik*

Waal, die; –: Mündungsarm des Rheins

wab|be|lig Ew.: wabbelnd, quabbelig ✳ **wab|beln** (ich ..[e]le) intr.: sich gallertartig schwingend hin und her bewegen

Wa|be, die; –, –n: aus Wachszellen bestehende Tafel im Bau der Bienen, Wespen, Hummeln ✳ *Wabenhonig, Wabenkorb*

wa|beln (ich ..[e]le), **wa|bern** (ich ..[e]re) intr.: flackern, sich ruhelos hin und her bewegen

wach Ew.: nicht schlafend : in bewusster Sinnentätigkeit : rege, lebendig : wachend zugebracht ✳ *wach bleiben* intr.: nicht einschlafen; *das Interesse an etwas wachhalten →* wach halten: nicht einschlafen oder verkümmern lassen*; du musst dich wach halten:* darfst nicht einschlafen; *wach sein, werden* ✳ **wach|ru|fen** (ich rufe wach, wachgerufen) tr.: in die Erinnerung bringen ✳ **wach|rüt|teln** tr.: aufrütteln : wecken ✳ *das Unglück hat ihn wachgerüttelt; wir mussten ihn wach rütteln → wachrütteln:* durch Rütteln wecken

Wa|che, die; –, –n: das Wachehalten : Wache haltende Person : Wache haltende Mannschaft : Wachstube : Zeit des Wachehaltens ✳ *Wache halten, stehen* intr.: zur Bewachung von etwas sich irgendwo aufhalten ✳ *das Wachehalten; wachehaltend → Wache haltend; Wachestehen; wachestehend → Wache stehend* ✳ *Wachablösung; Wachbataillon; Wachboot; Wachbuch; Wachdienst; Wachfeuer:* Feuer im Kriegslager für die Wachmannschaft; *wachhabend* Mw. Ew.: Wache haltend; *Wachhabende*, der, die; –n, –n; *Wachhund; Wachlokal; Wachmann:* (östr.) Polizist; *Wachmannschaft; Wachposten:* Wache stehende Person; *Wachschiff; Wachstube; Wachturm; Wachzimmer* ✳ *Wach- und Schließgesellschaft* ✳ **wa|chen** intr.: wach sein und bleiben : auf Wache stehen : (über etwas –) aufmerksam hüten ✳ *Wachtraum:* Tagtraum, Traum in wachem Zustand; *Wachzustand* ✳ **wach|sam** Ew.: zuverlässig wachend, aufmerksam ✳ **Wach|sam|keit**, die; –: das Wachsamsein ✳ **Wacht**, die; –, –en: das Wachehalten ✳ *Wachtfeuer:* Wachfeuer; *Wachtmannschaft; Wachtmeister:* Aufseher über die Wachtposten : ein Dienstgrad bei der Kavallerie und bei der Polizei; *Wachtposten; Wachtstube; Wachtturm*

Wäch|ter, der; –s, –: einer, der Wache hält ✳ *Wächteramt; Wächterruf; Wächterstimme*

Wach|au: Landschaft an der Donau in Niederösterreich

Wach|ol|der, der; –s, –: immergrüner Strauch : Wacholderbranntwein ✳ *Wacholderbaum; Wacholderbeere; Wacholderbranntwein; Gin; Wacholderschnaps; Wacholderstrauch*

Wachs, das; –es, –e: feste, fettige Masse, aus der die Bienenzellen bestehen : Bezeichnung ähnlicher Stoffe aus dem Pflanzen- und Mineralreich : farbiges Wachs zum Siegeln ✳ *Wachsabdruck:* Abdruck in Wachs; *Wachsbaum:* chinesischer Talgbaum; *Wachsbild:* aus Wachs geformte Plastik; *Wachsfarbe:* enkaustische Farbe : Farbe zum Färben von (Bienen-)Wachs; *Wachsstift; Wachsfigur; Wachsfigurenkabinett:* Wachsfigurenausstellung; *Wachskerze; Wachsleinen, -leinwand:* mit Leinölfirnis und Farbstoffen überzogenes Gewebe; *Wachsmalerei:* Batikmalerei; *Wachsmalkreide:* Wachsfarbstift; *Wachsmaske; Wachsmatrize; Wachsmodell; Wachsperle; Wachsplatte; Wachsstock:* aufgewickeltes, dünnes Wachslicht; *Wachsstreichholz:* Zündstäbchen aus Wachs; *Wachstafel; Wachstuch:* Wachsleinen; *Wachszieher:* Wachslichtzieher ✳ **wach|sen** (du wachst, er wachst, du wachstest; gewachst) tr.: mit Wachs überziehen : mit Wachs glätten ✳ **wäch|sern** Ew.: wie Wachs : bleich

wach|sam: s. wach

wach|sen (ich wachse, du wächst, er wächst; du wuchsest, er wuchs, du wüchsest; gewachsen; wachse! und wachs!) intr. (sein): größer werden, zunehmen : (Pflanzen) vorkommen, sein, auftreten ✳ *über den Kopf wachsen* intr.: zu groß werden : nicht zu zähmen sein : nicht zu bewältigen sein; *einer Aufgabe gewachsen sein:* sie bewältigen können; *gewachsenes Erz:* gediegenes Erz ✳ **Wachs|tum**, das; –(e)s: das Wachsen : die Zunahme : Ent-

wicklung ✳ *wachstumsfördernd* Mw. Ew.; *Wachstumshormon;* Wachstumsprozeß →: *Wachstumsprozess;* Wachstumsrate; Wachstumsstörung
wachsen usw.: s. Wachs
Wacht, Wächter: s. wach
Wacht, die; –, –en: Schulterjoch zum Tragen von Wasser : Klippschwengel an der Deichsel
Wächte → **Wechte:** s. d.
Wachtel, die; –, –n: einem kleinen Rebhuhn ähnlicher Hühnervogel ✳ *Wachtelfang; Wachtelhund:* ein Jagdhund; *Wachtelkönig:* ein Vogel; *Wachtelruf, -schlag:* Lockruf der Wachtel; *Wachtelpfeife; Wachtelweizen:* eine Pflanze
Wächter: s. wach
Wacke, die; –, –n: bröckeliges Gestein, Grauwacke ✳ *Wackenstein, Wackerstein*
Wackelei, die; –, –n: andauerndes Hinundherwackeln ✳
wackelig, wacklig Ew.: (leicht) wackelnd ✳ **wackeln** (ich ..[e]le) intr.: haltlos hin und her schwanken, sich schwankend bewegen; tr.: durchwackeln, durchprügeln ✳ *Wackelkontakt; Wackelkopf; wackelköpfig* Ew.; *Wackelpeter, Wackelpudding:* Götterspeise
wacker Ew.: brav : rüstig; Uw.: sehr, tüchtig
Wackerstein: s. Wacke
Wade, die; –, –n; Wädchen: der von den Wadenmuskeln gebildete hintere Unterschenkel ✳ *Wadelbeißer:* (östr.) kleiner frecher Hund : (übertr.) wortstreitsüchtiger Kleinbürger, Miesepeter; *Wadenbein:* der Knochen des Unterschenkels; *Wadenkrampf; Wadenstrumpf:* (bayr., Tiroler Tracht) fußloser Strumpf, der nur die Wade bedeckt; *Wadenwickel*
Wader, der; –s, –: (schweiz.) Gletscher
Wadi, das; –s, –s: nur nach heftigem Regen wasserführendes, sonst trockenes Flussbett in Wüstengebieten
Waffe, die; –, –n: Kampfwerkzeug ✳ *Waffenarsenal; Waffenbesitz; Waffenbruder:* Kampfgefährte; *Waffendienst; Waffenfabrik; waffenfähig* Ew.: fähig, die Waffen zu führen; *Waffengattung:* Truppe, Waffenart;

Waffengefährte; Waffengesetz; Waffengewalt; Waffenhandel; Waffenkammer; Waffenkunde; Waffenlager; Waffenlieferung; waffenlos Ew.; *Waffenrock:* ein Uniformrock; *Waffenruhe; Waffenschmied(e); Waffenstillstand; Waffenschmied(e); Waffenstillstand:* vertragsmäßige Einstellung der Feindseligkeiten zwischen kriegführenden Teilen auf bestimmte Zeit; *Waffenstillstandsabkommen, -linie, -vereinbarung; Waffensystem; Waffentechnik; Waffenträger:* Bewaffneter; *Waffenübung* ✳
waffnen, wappnen tr.: mit Waffen ausrüsten : (übertr.) ausrüsten, versehen
Waffel, die; –, –n: im Waffeleisen hergestelltes Gebäck ✳ *Waffelbäcker; Waffeleisen:* zusammenklappbare Backform; *Waffelmuster:* wabenartiges Stoffmuster; *Waffeltuch:* (Geschirr-)Tuch aus Waffelgewebe
wagen tr.: aufs Spiel setzen : furchtlos und unerschrocken unternehmen ✳ *Wagedrang; Wagehals:* Tollkühner; *wag(e)halsig* Ew.: tollkühn; *Waghalsigkeit; Wagemut; wagemutig* Ew.; *Wag(e)stück:* gewagtes Unternehmen ✳
Wagnis, das; –ses, –se: etwas Gewagtes : gefährliches Vorhaben : Risiko : Wagestück
Wagen, der; –s, –: Wägelchen: Fahrzeug auf Rädern : Name von zwei Sternbildern : wagenartiger Maschinenteil ✳ *Wagenachse; Wagenbauer; Wagenburg:* Kriegsverschanzung, aus zusammengeschobenen Wagen gebildet; *Wagendach; Wagendeichsel; Wagenführer; Wagengestell; Wagenheber:* Hebevorrichtung für Kraftwagen; *Wagenklasse; Wagenkolonne; Wagenkupplung:* lösbare Verbindung zwischen Eisenbahnwagen; *Wagenladung; Wagenlenker; Wagenpark:* größere Anzahl Wagen : Halteplatz für Wagen; *Wagenrad; Wagenrennen; Wagenschlag:* Tür des Wagens; *Wagenschmiere:* Fett zum Schmieren der Wagenachse; *Wagenschuppen:* Remise für Wagen; *Wagenspur; Wagenwäsche* ✳ **Wagner,** der; –s, –: Wagenbauer : Stellmacher

wägen (du wägst; wogst; gewogen; wäge) tr.: abwiegen : (übertr.) abschätzend überlegen : gewichten ✳ *erst wäg's, dann wag's;* vgl. wiegen ✳ *Wägeamt:* Waageamt; *Wägestück:* geeichtes Gewicht zum Wiegen ✳ **wägbar** Ew.
Wagner: s. Wagen.
Waggon *auch:* **Wagon** (e.) [eig. wägg'n, meist in franz. Aussprache wagong], der; –s, –s: Eisenbahnwagen ✳ *waggonweise auch: wagonweise* Ew.: in Eisenbahnwagen, nach Bahnwagenladungen gemessen
Wagnis, Wagstück: s. wagen
Wägung: s. wägen
Wähe, die; –, –n: (südd., schweiz) süß oder pikant belegter Blechkuchen
Wahl, die; –, –en: Berufung der Volksvertreter durch Abstimmung : Entscheidung unter mehreren Gegenständen : der Gegenstand, für den man sich entschieden hat ✳ *Wahlabend; Wahlakt:* der Vorgang der Wahl; *Wahlalter; Wahlaufruf; Wahlausschuß →* *Wahlausschuss; Wahlbeeinflussung; wahlberechtigt* Mw. Ew.: berechtigt, zu wählen und gewählt zu werden, besonders im politischen Leben; *Wahlberechtigung; Wahlbeteiligung; Wahlbezirk:* Bezirk, dessen Einwohner demselben Wahllokal zugewiesen sind; Teil eines Wahlkreises; *Wahlerfolg; Wahlergebnis; Wahlfach:* (Schule) freiwillig gewähltes Unterrichtsfach; *wahlfähig* Ew.: fähig zu wählen : fähig, gewählt zu werden; *Wahlfälschung; wahlfrei* Ew.: nach freiem Ermessen : nicht verpflichtet; *Wahlfreiheit; Wahlgang; Wahlgeheimnis; Wahlgeschenk:* politisches Zugeständnis an die Wähler einer Partei; *Wahlgesetz; Wahlhandlung; Wahlhelfer; Wahlheimat; Wahljahr; Wahlkabine; Wahlkampf; Wahlkreis:* Gebiet, aus dem durch Wahl ein Direktkandidat in ein Parlament entsendet wird; *Wahlleiter; Wahlliste; Wahllokal; wahllos* Ew.: blindlings; *Wahlmodus; Wahlnacht; Wahlniederlage; Wahlordnung; Wahlparole; Wahlparty; Wahlperiode; Wahlpflicht;*

Wahlplakat; Wahlprogramm; Wahlpropaganda; aktives Wahlrecht: das Recht zu wählen; passives Wahlrecht: das Recht, gewählt zu werden; Wahlredner; Wahlschein; Wahlsieg; Wahlspruch: selbstgewählter Leitspruch; Wahlsystem; Wahltag; Wahlurne; Wahlverfahren; Wahlversammlung; Wahlverwandtschaft, die; –, –en: Neigung von zwei chem. Körpern, sich zu vereinigen, obwohl sie anderweitig gebunden sind : (übertr.) geistig-seelische Anziehung zweier Menschen; Wahlvorstand; Wahlzelle; Wahlzettel: Namenszettel zur Abstimmung ✷ **wähl|bar** Ew.: berechtigt gewählt zu werden ✷ **Wähl|bar|keit,** die; –: das Wählbarsein ✷ **wäh|len** tr.: sich für etwas entscheiden : aus einer Menge herausgreifen : jemandem seine Stimme geben ✷ Wählscheibe: am Telefon ✷ **Wäh|ler,** der; –s, –: ein Wählender ✷ Wählerinitiative; Wählerliste; Wählermasse; Wählervereinigung; Wählerverzeichnis ✷ **wäh|le|risch** Ew.: beim Wählen heikel : verwöhnt ✷ **Wäh|ler|schaft,** die; –, –en: Gesamtheit der Wähler **wähl|bar, wäh|len** usw. s. Wahl

wahn Ew.: (mundartl.) leer : mangelhaft, unvollständig : unverständig ✷ Wahnholz: wahnkantiges Holz; Wahnkante: abzusägendes Holz; wahnkantig Ew.: (Holz) schief gewachsen, so dass viel abgesägt werden muss; Wahnkorn: leeres Korn **Wahn,** der; –(e)s: Irrglaube : Verblendung : Selbsttäuschung ✷ Wahnbegriff; Wahnbild: Trugbild; Wahnidee: krankhafte Vorstellung; Wahnvorstellung ✷ **Wahn|sinn,** der; –s: (Psych.) Psychose mit Wahnvorstellungen und schwer gestörter Realitätsprüfung : geistige Umnachtung : (Umgspr.) Verblendung, Torheit ✷ **wahn|sin|nig** Ew.: geisteskrank ✷ **Wahn|witz,** der; –es: Irr-, Unsinn : Sinnlosigkeit ✷ **wahn|wit|zig** Ew.: irrsinnig : töricht ✷ **wäh|nen** intr.: meinen : mutmaßen **wahr** Ew.: nicht scheinbar,

sondern wirklich seiend : wirklich, tatsächlich : aufrichtig : richtig ✷ ein wahres Vergnügen: wirklich ein Vergnügen; wahr machen tr.: in die Tat umsetzen; nicht wahr?: Ausdruck in Erwartung einer bejahenden Antwort ✷ **wahrhaben** tr.: gelten lassen : zugeben; wahrsagen (ich wahrsage und ich sage wahr; gewahrsagt und wahrgesagt; zu wahrsagen und wahrzusagen) tr., intr.: weissagen, prophezeien; Wahrsager(in); Wahrsagerei; Wahrtraum: Traum, der eine Wahrheit offenbart oder etwas Zukünftiges vorhersieht ✷ **wahr|schein|lich** Ew.: anscheinend wahr : mutmaßlich ✷ **Wahr|schein|lich|keit,** die; – ✷ Wahrscheinlichkeitsbeweis; Wahrscheinlichkeitsgrad; Wahrscheinlichkeitsrechnung; Wahrscheinlichkeitstheorie ✷ **wahr|haft** Ew.: wahrheitsliebend, aufrichtig : wirklich ✷ **wahr|haf|tig** Ew.: wahrhaft; Uw.: wahrlich, fürwahr ✷ **Wahr|haf|tig|keit, Wahr|haf|tig|keit,** die; –: Aufrichtigkeit ✷ **Wahr|heit,** die; –, –en: das Wahrsein : das Wahre, Wirklichkeit ✷ Wahrheitsbeweis; Wahrheitsfindung; Wahrheitsfunktion (Logik); Wahrheitsgehalt; wahrheitsgemäß Ew.: der Wahrheit entsprechend; wahrheitsgetreu Ew.; Wahrheitsliebe; wahrheitsliebend Mw. Ew.; Wahrheitsstreben; Wahrheitssucher; Wahrheitswert (Logik) ✷ **wahr|lich** Ew.: (meist ausrufartig als Beteuerungsformel) wirklich

Wahr, die; –: (veralt.) Aufmerksamkeit, nur noch in Zus. ✷ **wahr|nehm|bar** Ew.: so beschaffen, dass man es wahrnehmen oder bemerken kann ✷ **wahr|neh|men** (ich nehme wahr, wahrgenommen, wahrzunehmen) tr.: gewahr werden : aufmerksam betrachten : auf etwas achten : für etwas Sorge tragen : achtsam abpassen (ein Amt, eine Aufgabe) übernehmen : (Interesse) verfolgen ✷ **Wahr|neh|mung,** die; –, –en: das Wahrnehmen : das Wahrgenommene ✷ die Wahrnehmung der Interessen; eine Wahrnehmung machen ✷

Wahr|zei|chen, das; –s, –: Anzeichen : Erkennungszeichen, Emblem ✷ **wah|ren** tr.: in Acht nehmen : schützen, verteidigen ✷ **Wah|rung,** die; –: Erhaltung : Schutz : Behauptung

wahrhaben, wahrnehmen, wahrsagen
Nur die Verbindungen von wahr mit den Verben haben, nehmen und sagen schreibt man zusammen. Ansonsten schreibt man das Adjektiv wahr vom nachfolgenden Verb getrennt: für wahr halten; wahr machen; wahr sein; wahr werden.

wäh|ren intr.: dauernd fortbestehen : nicht aufhören ✷ **wäh|rend** Mw. Vw. (mit Gen.): während des Sommers; während zweier Jahrhunderte: im Verlauf von, in der Zeit von; der Umzug, während dessen es passierte: vgl. jedoch währenddessen; (Umgspr. mit Dat.) während dem Singen; hochspr. wird der Dativ nur ersatzweise verwendet, wenn der Gen. im Plural nicht zu erkennen ist: während sechs Tagen; Mw. Bw.: zu derselben Zeit, da.. : solange als ✷ **wäh|rend|des|sen** (Umgspr. auch währenddem, währenddes) Uw.: während dieser Zeit, inzwischen ✷ währenddessen redeten sie ✷ **wäh|rschaft** Ew.: (schweiz.) richtig : echt ✷ **Wäh|rschaft,** die; –, –en: Bürgschaft : Gewähr ✷ Währschaftsgeld; Währschaftsrecht ✷ **Wäh|rung,** die; –, –en: das geordnete Geldsystem eines Staates, Valuta : Dauer : Gutsinventar ✷ Währungsausgleich; Währungsausgleichsfonds; Währungsblock; Währungseinheit; Währungsfond: Bereitstellung von Zahlungsmitteln, um eine Währung stabil zu halten; Währungskonferenz; Währungskrise; Währungspolitik; Währungsreform: Neuordnung der Geldwährung; Währungsreserve; Währungsschlange: Wechselkurskopplung der EU-Währungen zur Verminderung von Kursschwankungen; Währungsstabilität; Währungssystem; Währungsunion: Währungsgemeinschaft

Waib|lin|gen: Stadt in Baden-Württemberg * **Waib|lin|ger:** deutscher Beiname des Herrschergeschlechts der Staufer

Waid, der; –(e)s, –e: Pflanzengattung, deutscher Indigo, Färberpflanze * *Waidbau:* Anbau von Waid; *Waidfärberei;* *Waidküpe:* Farbkessel; vgl. Weid

Wai|se, die; –, –n: Kind ohne Eltern : (Poetik) reimlose Gedichtzeile in einer gereimten Strophe * *Waisenamt; Waisengeld:* öffentliche Gelder zur Waisenerziehung; *Waisengericht; Waisenhaus:* (früher) Heim für Waisen; *Waisenkind; Waisenknabe:* in Wendungen wie „der ist auch kein Waisenknabe", der ist nicht so unbedarft oder harmlos, wie man denken könnte; *Waisenpfleger; Waisenrente:* Leistung der Sozialversicherung für Waisen; *Waisenvater:* Waisenpfleger

Wal, der; –(e)s, –e: Name großer, fischartiger, im Wasser lebender Säugetiere * *Walfang; Walfangboot; Walfangflotte; Walfangschiff* * *Walfisch:* ein Wal : ein Sternbild; *Walrat:* Amber, ein Fett, das aus dem Schädel des Pottwals gewonnen wird; *Walroß* → **Walross:** große Robbe

Wala|che, der; –n, –n: Einwohner der Walachei * **Wala|chei:** rumän. Landschaft * **wa|la|chisch** Ew.

Wal|chen: oberbayr. Alpensee : Ort an demselben

Wald, der; –(e)s, Wälder; Wäldchen: größere, dicht mit Bäumen bewachsene Fläche : Lebensgemeinschaft von Bäumen, Pflanzen und Tieren aller Arten : (übertr.) dichtgedrängte Menge * *Waldameise; Waldarbeiter; Waldbauer:* Holzbauer; *Waldbaum; Waldbeere; Waldbestand; waldbewachsen* Mw. Ew.; *Waldbewohner; Waldbiene:* wilde Biene; *Waldboden; Waldbrand; waldeinwärts* Uw.: waldein; *Waldeinsamkeit; Walderdbeere; Waldeule; Waldfrevel:* mutwillige Beschädigung von Waldbäumen; *Waldgott; Waldgrenze; Waldhorn:* Blasinstrument; *Waldhuhn; Waldhüter; Waldlauf; Waldlichtung; Waldmeister:*

Oberforstmeister : eine Pflanze; *Waldmeisterbowle; Waldrand; Waldrebe; waldreich* Ew.: reich bewaldet; *Waldschnepfe; Waldschrat:* faunischer Waldgeist; *Waldschule:* Freiluftschule; **Wald|see** * **Wald|städ|te** Mz.: Bezirk der vier oberrhein. Städte Rheinfelden, Laufenburg, Säckingen, Waldshut * **Wald|stät|te** Mz.: Name der vier schweiz. Urkantone * *Vierwaldstätter See* * *Waldstreu:* Streu aus Laub und Moos; *Waldteufel:* Waldgeist : ein Lärminstrument; *Waldvögel; waldwärts* Uw.: in Richtung des Waldes; *Waldweg; Waldwiese; Waldwirtschaft:* forstliche Waldbewirtschaftung : Wirtshaus im Wald * **wal|dig** Ew.: bewaldet, waldbewachsen * **Wäld|ler,** der; –s, –: ein Waldbewohner * **Wal|dung,** die; –, –en: Wald, bewaldete Fläche

Wal|den|ser, der; –s, –: Anhänger einer von Petrus Waldus in Lyon gegründeten urchristlich inspirierten Sekte (12. Jh.)

Wal|dorf|sa|lat: Salat aus Sellerie, Äpfeln und Nüssen, im New Yorker Hotel Waldorf-Astoria kreiert * **Wal|dorf-schu|le:** der Anthroposophie R. Steiners verpflichtete Privatschule besonderer pädagogischer Ausrichtung : die erste Schule dieser Art wurde 1919 von dem Leiter der Waldorf-Astoria-Zigarettenfabrik gegründet

Wald|städ|te, Wald|stät|te: s. Wald

Wal|fisch usw.: s. Wal

Wal|hall, Wal|hal|la: (altgerman. Mythologie) Odins Wohnsitz, ehrenvoller Aufenthaltsort der gefallenen Helden : von Ludwig I. von Bayern errichtete Ruhmeshalle bei Regensburg * **Wal|kü|re,** die; –, –n: sagenhafte Schlachtenjungfrau * **Wal|statt,** die; –, ..stätten: Kampfstätte, Schlachtfeld

Wal|ke, die; –, –n: das Walken : Walkmaschine * **wal|ken** tr., intr.: (Tuch, Filz, Leder –) schlagen und kneten, um es geschmeidig zu machen : (übertr.) gehörig durchprügeln, verhauen * *Walkbürste; Walk-*

erde: erdige, Fett aufsaugende Masse, die auch zum Tuchwalken verwendet wird; *Walkjanker:* Jacke aus Walkware; *Walkmühle; Walkware* * **Wal|ker,** der; –s, –: jemand, der gewerblich das Walken betreibt : Walkmüller, Name eines Käfers * **Wal|ke|rei,** die; –, –en: das Walken : die Walkmühle * **Wal|kie-Tal|kie** (e.) [ᵘwa°kih ta°kih], das; –(s), –s: handliches, transportables Funksprechgerät * **Walk|man,** (e.) [ᵘwa°kmän), der; –s, –s: (Warenzchn.) kleiner tragbarer Kassettenspieler mit Kopfhörern

Wal|kü|re: s. Walhall

Wall, der; –(e)s, Wälle: aufgeschüttete Erderhöhung : Mauer, Einfriedung : (seem.) Ufer, Küste : dänisches Stückmaß (80 Stück) * *Wallanker:* Küstenanker; *Wallanlage; Wallgang:* innerer Gang auf einem Wall : wasserdichter Gang an der Bordwand von Schiffen; *Wallgangsschott; Wallgraben; Wallriff:* Dammriff; *Wall Street:* s. Wallstreet

Wall, der; –(e)s: das Wallen einer Flüssigkeit beim Sieden * **wal|len** intr., tr.: sprudeln : kochen : quellen : leidenschaftlich erregt werden * **Wal|lung,** die; –, –en: wallende Bewegung : Erregung * **Walm,** der; –(e)s, –e: (elsäss.) Wasserwirbel : (Baukst.) schräger Dachgiebel : Heuhaufen * **wal|men** tr.: (Dach –) mit einem schrägen Giebel versehen * **Walm-dach**

Wal|lach, der; –(e)s, –e: kastrierter Hengst

wal|len: s. Wall

wal|len intr. (sein): (veralt.) pilgern, eine Wallfahrt machen * **Wall|fahrt,** die; –, –en: Pilgerzug * *Wallfahrtskirche; Wallfahrtsort; Wallfahrtsstätte* * *wallfahrten,* (veralt.) *wallfahren* (ich wallfahr[t]e, gewallfahrt[et], zu wallfahr[t]en) intr.: an einem Pilgerzug teilnehmen * **Wall|fah|rer,** der; –s, –: Pilger

Wal|ler, der; –s, –: s. Wels, ein Fisch

Wal|lis: Schweizer Kanton * **Wal|li|ser,** der; –s, –: Einwohner des Kantons Wallis *

Wal|li|ser, wal|li|se|risch Ew. * *Walliser Alpen*
Wal|lo|ne, der; –n, –n: wallonisch sprechender Bewohner Belgiens und Nordfrankreichs * **Wal|lo|nisch,** das; –: fr. Mundart, die viele flämische Lehnwörter enthält
Wal|lung: s. Wall, wallen
Wall|street *auch:* **Wall Street** [ᵁwaˈ°hlstrīht], die; – –: Geschäftsstraße in New York (Börse, Bankzentrum) : (übertr.) Kapitalmarkt der USA
Walm: s. Wall
Wal|nuß → **Wal|nuss,** die; –, ..nüsse: „welsche Nuss", Steinfrucht des Walnussbaumes * *Walnußbaum* → *Walnussbaum*
Wal|pur|ga, Wal|pur|gis: Schutzheilige gegen Hexenkünste * *Walpurgisabend, Walpurgisnacht:* Nacht auf den 1. Mai, in der die Hexen auf dem Blocksberg tanzen
Wal|rat, Wal|ross usw.: s. Wal
Wal|statt: s. Walhall
wal|ten intr., tr.: wirkend herrschen : waltend zuteil werden lassen * *unter den waltenden Umständen:* unter den herrschenden Umständen : *eines Amtes walten* intr.: ein Amt ausüben; *Gnade walten lassen*
Wal|ze, die; –, –en; Wälzchen: zylinderförmiger Körper : Ackergerät zum Ebnen des Bodens, Zerkleinern von Erdklumpen und Festdrücken der Saatkörner : Maschinenteil bei Fördergeräten, Druck- und Zerkleinerungsmaschinen und Straßenwalzen : (Mus.) ein Lauf aus vier gleichwertigen Tönen, wovon der erste und dritte oder der zweite und vierte derselbe sind : (weidm.) Ort, wo sich das Wild wälzt * *auf der Walze sein, auf die Walze gehen* intr.: (mundartl.) auf die Wanderschaft gehen * *Walzendruckmaschine; walzenförmig* Ew.; *Walzenmangel:* Maschine zum Glätten von Stoff, *Walzenschnecke; Walzenstraße:* Walzstraße *
wal|zen (du walzt) tr., intr.: sich drehen, rollen : Walzer tanzen : mit einer Walze bearbeiten : walzenförmig runden * *Walzblech:* gewalztes Blech; *Walzblei; Walzeisen; Walzstahl; Walzstraße:* Anordnung

mehrerer Walzen hintereinander in einem Walzwerk; *Walzwerk* * **wäl|zen** (du wälzt) tr., intr.: rollend vorwärts schieben : drehend fortbewegen; rbz.: sich im Liegen wiederholt herumdrehen * *Wälzlager; Wälzpfeile* * **Wäl|zer,** der; –s, –: (scherzh.) dickleibiges Buch : (Sport) Griff beim Ringen *
Wal|zer, der; –s, –: Rundtanz im Dreivierteltakt : Musikstück in der Art des Walzers * *Walzerkönig:* Beiname von Johann Strauß; *Walzermusik; Walzertakt; Walzertänzer* * *walzig* Ew.: walzenförmig, zylindrisch
Wam|me, Wam|pe, die; –, –n: Pelz vom Tierbauch : der mit Speisen gefüllte Bauch : Bauchfleisch : Flanke, Dünnung (bes. weidm. von Sauen) : von der Kehle herabhängende Haut bei Rindvieh * **wam|pig** Ew.: herabhängende Haut am Halse habend
Wam|pe: s. Wamme
Wams, das (zuw. der); –es, Wämser oder Wämse; Wämschen: Jacke, Kamisol *
Wam|se Mz.: Prügel * **wam|sen** (du wamst) tr.: prügeln
Wand, die; –, Wände: senkrecht stehende, ebene Fläche zur Abgrenzung eines Raumes, Mauer : steil aufsteigender Felsen : Wolkenmasse : Häute, die im menschlichen und tierischen Körper Höhlungen einschließen : (weidm.) eine Reihe aufgestellter Netze und Tücher * *Wandbank; Wandbehang; Wandbekleidung; Wandbespannung; Wandbewurf; Wandbild; Wandbrett; Wandfach; Wandgemälde; Wandkalender; Wandkarte:* große, an der Wand hängende Karte für den Erdkundeunterricht in Schulen; *Wandlampe; Wandmalerei; Wandlaus:* Wanze; *Wandleuchter:* Hängeleuchter an der Wand; *Wandmalerei; Wandschmuck; Wandschrank:* in die Wand eingebauter Schrank; *Wandspiegel; Wandtafel:* an der Wand befindliche Schultafel; *Wandteppich:* Gobelin; *Wanduhr; Wandverkleidung; Wandzeitung* *
Wan|dung, die; –, –en: umschließende Wand

Wan|da|le, Van|da|le, der; –n, –n: Angehöriger eines ostgerm. Volksstammes : (übertr.) zerstörungswütiger Mensch * **wan|da|lisch, van|da|lisch** Ew.: zerstörungswütig * **Wan|da|lis|mus, Van|da|lis|mus,** der; –: Zerstörungswut
Wan|del, der; –s: Wechsel, Veränderung : Tauschhandel : das Wandeln : (weidm.) häufiges Gehen von Tieren an einen bestimmten Ort : Lebenswandel, sittliche Lebensführung * *Handel und Wandel:* Verkehr; *Wandel schaffen:* Änderung schaffen * **wan|del|bar** Ew.: dem Wandel unterworfen, veränderlich, unbeständig : schadhaft, mangelhaft * **Wan|del|bar|keit,** die; * **wan|deln** (ich ..[e]le) tr., intr.: verwandeln, umwandeln : ändern, wechseln : langsam und feierlich gehen, dahinschreiten : (übertr.) einen sittlichen Lebenswandel führen : Handel und Wandel treiben * *Wandelaltar:* Flügelaltar; *Wandelanleihe; Wandelgang:* gedeckter Gang zum geschützten Spazierengehen; *Wandelhalle; Wandelschuldverschreibung; Wandelstern:* Planet * **Wan|de|lung, Wand|lung,** die; –, –en: Wechsel : Verwandlung * *Wandlungsprozeß* → *Wandlungsprozess* * **Wand|ler,** der; –s, –: elektrotechn. Gerät, das Signale verändert, wandelt * **wand|lungs|fä|hig** Ew.: veränderungsfähig * **Wand|lungs|fä|hig|keit,** die; –, –en: Verwandlungsfähigkeit
Wan|de|rer, der; –s, –: ein Mensch, der wandert * **wan|dern** (ich ..[e]re) intr.: zu Fuß reisen : auf Wanderschaft gehen : (Geister) spuken, umgehen : scharenweise umherziehen (von Tieren) : nicht auf einer Stelle bleiben * *Wanderameise; Wanderarbeiter; Wanderausstellung; Wanderbuch:* Reisebeschreibung : polizeilich ausgestellter Ausweis für wandernde Handwerksburschen; *Wanderbühne; Wanderdüne:* Düne, die durch den Wind vorangetrieben wird; *Wanderfahrt; Wanderfalke; Wandergeselle; Wandergewerbe; Wanderheuschrecke; Wanderjahre*

Mz.; *Wanderkarte; Wanderleben; Wanderleber:* (Med.) Senkung der Leber; *Wanderlehrer:* umherziehender Lehrer, meist religiöser Sekten; *wanderlustig* Ew.; *Wandermilz:* (Med.) Verlagerung der Milz; *Wanderniere:* (Med.) Verlagerung der Niere; *Wanderpokal, Wanderpreis:* (Sport-)Preis, der nach mehreren Siegen erst Eigentum des Siegers wird; *Wandersmann:* Wanderer; *Wanderstab; Wandertag; Wandertrieb; Wandertruppe:* umherziehende Theatergruppe; *Wandervogel:* Zugvogel : naturbegeisterte deutsche Jugendbewegung während des ersten Drittels des 20. Jhs. : (scherzh.) jmd., der gern wandert; *Wanderzirkus* **Wan|der|schaft,** die; –: die Reise eines Wandernden * **Wan|de|rung,** die; –, –en: Fußreise : Verlagerung des Wohnortes * *Wanderungsbewegung; Wanderungsbilanz*

Wand|lung: s. Wandel
Wan|dung: s. Wand
Wan|ge, die; –, –n; Wängelchen: Backe : Teile, die die Wangen bedecken an Helmen usw. : Bezeichnung der Seitenteile von Gebäuden und Maschinen : (Bergb.) Seitenstöße eines Stollens * *Wangenbein; Wangengrübchen; Wangenhobel:* Hobel, der unten breiter ist als oben; *Wangenknochen; Wangenmuskel; Wangenrot; wangenrot* Ew. * **..wan|gig** Ew., nur in Zus.: soundso beschaffene Wangen habend; z. B. bleichwangig

Wan|ger|oog(e): ostfries. Insel
Wan|kel|mo|tor, der; –s, –en: nach dem Erfinder benannter Drehkolbenmotor
wan|keln (ich ..[e]le) intr.: schwankend, unbeständig sein * *wankelherzig* Ew.; *Wankelmut; wankelmütig* Ew.; *Wankelrede; Wankelsinn* * **wan|ken** intr.: sich haltlos und schwankend bewegen, schwanken

wann Uw.: (Frage) in welcher Zeit? * *wann wird es geschehen?* * Bw.: zu der Zeit, da * *wann auch immer es geschieht* * *dann und wann:* zuweilen; *das Wie und Wann:* Art und

Zeit * **wan|nen** Uw.: (veralt.) von wannen : woher
Wan|ne, die; –, –n; Wännchen: Schwinge zum Reinigen des Getreides : länglich-rundes Gefäß : längliche Vertiefung : (mundartl.) Schwinge der Vögel * *Wannenbad*
wan|nen: s. wannen
Wann|see, der; –s: Havelsee in Berlin
Wanst, der; –es, Wänste; Wänstchen: Pansen der Wiederkäuer : Bauch, auch beim Menschen, Schmerbauch : (übertr.) dickleibiger Mensch * **wans|tig** Ew.: dickbäuchig : **..wans|tig** Ew., nur in Zus.: einen soundso beschaffenen Bauch habend; z. B. dickwanstig
Wan|ze, die; –, –n: „Wandlaus", Land und Wasser bewohnende Insekten der Ordnung Schnabelkerfe; die Blutsauger unter ihnen übertragen Krankheiten : Bezeichnung ähnlicher Arten von Ungeziefer : (Umgspr.) in einer Wohnung verstecktes Abhörgerät * *Wanzenkraut; Wanzenvertilgungsmittel*
Wap|pen, das; –s, –: (urspr.) Abzeichen von Adels- oder Fürstenhäusern, später auch von Staaten, Städten und Bürgerlichen : Schild selbst * *wappenberechtigt* Mw. Ew.; *Wappenbild; Wappenbrief; Wappenfeld; Wappenkunde; wappenkundig* Ew.; *Wappenschild; Wappenspruch:* auf dem Wappen angebrachter Wahlspruch; *Wappentier* * **wapp|nen** tr., rbz.: bewaffnen : mit einem Wappen versehen
war: Vergangenheit von sein
Wal|rä|ger Mz.: (schwed. Wikinger) Normannenstamm
Wa|ran (arab.), der; –s, –e: große Eidechsenart
War|dein (dtsch.-ml.), der; –(e)s, –e: Metall- und Münzprüfer * **war|die|ren** (..iert) tr.: den Wert prüfen und bestimmen
Wa|re, die; –, –n: Handelsgegenstand : käufliches Gut : (übertr.) die Qualität des Handelsgutes * *Warenangebot; Warenannahme; Warenaufzug; Warenausfuhr; Warenaustausch; Warenbegleitschein; Warenbestand; Wareneinfuhr;*

Warenexport; Warenhandel; Warenhaus: Kaufhaus für alle Arten von Waren; *Warenimport; Warenkorb:* Gesamtheit der bei der Preisstatistik (Lebenshaltungsindex) berücksichtigten Waren; *Warenkredit; Warenkunde; Warenlager; Warenprobe; Warensendung; Warensortiment; Warenterminegeschäft; Warentest; Warenumsatzsteuer; Warenumschlag; Warenverkehr; Warenverzeichnis; Warenvorrat; Warenzeichen:* Handelsmarke; *Warenzoll*
Warf, der; –, –en: (im Marschland, auf Halligen) künstlich aufgeschütteter Hügel mit den daraufliegenden Bauernhöfen : Wurte : Werft * **Warft,** die; –, –en: Warf
warm Ew. (wärmer, wärmste): Bezeichnung der Temperatur zwischen lau und heiß : mäßig heiß : (übertr.) innig, mit herzlichem Gefühl * *warme Miete:* Miete einschl. Heizung * *einem warm machen:* jemandem zusetzen, ihn in Hitze bringen; *warm sitzen* intr.: in der Wärme sitzen; *warmsitzen* → *warm sitzen:* sich in behaglichen Verhältnissen befinden, sich behaglich fühlen; *warm halten* tr.: nicht kalt werden; *warmhalten* → *warm halten* tr.: sich die freundliche Gesinnung eines Menschen erhalten, um Vorteil davon zu haben; *warmlaufen* → *warm laufen* intr., rbz.: durch mäßiges Laufen erwärmend betriebsbereit machen * *Warmbier; Warmblut:* Pferderasse; *Warmblüter:* Tiere mit gleichmäßiger Körperwärme; *warmblütig* Ew.; *Warmbrunnen:* warme Quelle; *Warmfront:* warme Wetterfront; *Warmhalteplatte; Warmhaus:* Treibhaus; *warmherzig* Ew.; *Warmluftheizung; Warmmiete:* Miete einschl. Heizkosten; *Warmwasserbereiter; Warmwasserheizung:* Art der Zentralheizung * **Wär|me,** die; –: das Warmsein : seelische Innigkeit * *spezifische Wärme:* Anzahl der Kalorien, die 1 g eines Stoffes um 1° erwärmt; *Wärmeäquivalent; Wärmeaustausch; Wärmebehandlung; wärmedämmend* Ew.; *Wärmedämmung; Wärmeeinheit;*

Joule, Kalorie; *Wärmeenergie; Wärmegewitter; Wärmegrad; wärmehaltig* Ew.; *Wärmekapazität; wärmeisolierend* Ew.; *Wärmeisolierung; Wärmelehre; Wärmeleiter; Wärmeleitzahl; Wärmemesser; Wärmepumpe; Wärmeregler; Wärmeschutz; Wärmespeicher; Wärmestrahlung; Wärmetechnik; Wärmeverlust; Wärmezähler; Wärmezufuhr* ✳ **wärmen** tr.: warm machen ✳ *Wärmflasche:* mit heißem Wasser gefülltes Gefäß zum Bettwärmen; *Wärmstein:* erhitzter Stein zum Erwärmen der Füße ✳ **Wärmer,** der; –s, –: Gegenstand, der zum Wärmen dient

warnen tr.: die Aufmerksamkeit auf eine bevorstehende Gefahr lenken, vor der man sich hüten muss : drohen ✳ *Warnanlage; Warnblinkanlage, –leuchte; Warndreieck; Warnfarbe:* (an Tieren) Schutzfarbe; *Warngerät; Warnlicht; Warnruf; Warnschild; Warnschuß* → *Warnschuss; Warnsignal; Warnstreik; Warntafel:* Tafel, die errichtet wird, um vor Gefahren zu warnen; *Warnzeichen* ✳ **Warner,** der; –s, –: einer, der warnt ✳ **Warnung,** die; –, –en: das Warnen : warnende Rede : warnendes Zeichen ✳ *Warnungshinweis*

Warp (e.), der; das; –s, –e: Kettengarn ✳ **Warp** (e.), der; –(e)s, –e: Schleppanker ✳ *Warpanker; Warpschiffahrt* ✳ **warpen** tr.: (Schiff) zum Schleppanker hinziehen

Warrant (e.) [worr'nt], der; –, –s: Lagerschein : Pfandschein

Warschau: poln. Hauptstadt ✳ **Warschauer Pakt:** ehem. Verteidigungsbündnis osteurop. sozialistischer Staaten ✳ *Warschauer-Pakt-Staaten*

Wart, der; –es, –e: Hüter : Beobachter ✳ *Haus-, Sport-, Tor-, Wetterwart*

Wartburg, die; –: Burg bei Eisenach ✳ *Wartburgfest:* Gründungsfest der Deutschen Burschenschaft; *Wartburgkrieg:* Dichterwettkampf auf der Wartburg (um 1206)

Warte, die; –, –n: hochgelegener Beobachtungsort : (übertr.) der Beeinflussung entzogene hohe Stellung ✳ *von hoher Warte:* von erhöhtem Standpunkt aus (auch übertr.) ✳ *Wartschanze; Wartturm* ✳ **warten** intr., tr.: ausschauen nach etwas : hüten, pflegen : harren, abwarten ✳ *Wartefrau:* (veralt.) Hüterin, Pflegerin von Kindern; *Wartegeld:* Teil des Gehaltes für einen unbeschäftigten Beamten; *Wartehalle; Warteliste; Wartesaal:* Warteraum auf Bahnhöfen; *Wartezeit; Wartezimmer* ✳ **Wärter,** der; –s, –: einer, dem etwas zur Obhut anvertraut ist, Hüter ✳ *Wärterhaus:* Haus für den Wärter ✳ **Wärterin,** die; –, –nen: weibl. Wärter ✳ **Wartung,** die; –, –en: das Warten, die Pflege, Versorgung

Warthe, die; –: Nebenfluss der Oder

..wärtig Ew., nur in Zus.: an einem bestimmten Ort in Relation zum Sprecher gelegen, z. B. auswärtig, rückwärtig: einen Zustand bezeichnend, z. B. gegenwärtig, widerwärtig ✳ **..wärts** Uw., nur in Zus.: nach einer Richtung hin gewendet, z. B. seitwärts, vorwärts

Wartung: s. Warte

warum frag. Uw.: weshalb (in kausalen Fragesätzen, auf die mit *weil* geantwortet wird); rel. Uw. (in indirekten kausalen Fragesätzen)

Warze, die; –, –n: Wärzchen: Wucherungen der Hautpapillen mit Verdickung der Hornhaut : natürliche warzenähnliche Erhöhung am Körper der Menschen und der Tiere : rundliche Erhöhung an Werkzeugen und Maschinen ✳ *Warzenbeißer:* eine Heuschreckenart; *Warzenhof; warzenförmig* Ew.; *Warzenschwein:* Schweineart; *Warzenvirus:* Erreger bestimmter Warzen ✳ **warzig** Ew.: mit Warzen behaftet

was frag. Fw.: allgemein zur Frage nach Sächlichem : warum : als Ausruf des Staunens; rel. Fw.: das, welches; (Umgspr.) unbest. Fw.: etwas ✳ *was soll das?; das ist (et)was Gutes; du weißt, was du willst; was für ein Mensch?:* ein wie beschaffener Mensch?

Wäsche, die; –, –n: das Waschen, der Vorgang des Waschens : nasse Aufbereitung der Erze : das zu waschende Zeug : Leinenzeug, Weißzeug als Leib- und Hauswäsche ✳ *Wäscheausgabe; Wäschebeutel; Wäschegeschäft:* Fachgeschäft für Unterwäsche, für Haushaltstextilien; *Wäscheindustrie; Wäscheklammer; Wäschekorb; Wäscheleine; Wäschemangel; Wäscheschleuder; Wäscheschrank; Wäschezettel* ✳ **waschen** (du wäschst, er wäscht; du wuschest, du wüschest; gewaschen; wasch[e]!) tr., intr.: mit Wasser oder einer anderen Flüssigkeit durch Reiben reinigen : baden : mit Hilfe von Wasser sondern, z. B. Erze : (übertr.) plaudern, schwatzen, klatschen ✳ *eine Hand wäscht die andere; etwas hat sich gewaschen:* etwas ist ganz eindrucksvoll (auch im neg. Sinn); *jemandem den Kopf waschen:* jemanden ausschelten ✳ *waschaktiv* Ew.; *Waschanlage; Waschautomat; Waschbalge:* Waschfass; *waschbar* Ew.; *Waschbär:* (vor allem nordamerik.) Kleinbär; *Waschbecken; Waschbenzin; Waschbeton:* Betonplatten mit dekorativ eingegossenen Kieselsteinen; *Waschblau:* Farbe zum Blauen der Wäsche; *Waschbrett; Waschbütte; waschecht* Ew.: so beschaffen, dass die Farben beim Waschen unverändert bleiben; *Waschfrau; Waschkessel:* eingemauerter Kessel zum Kochen der Wäsche; *Waschküche; Waschlappen:* ein Stück Stoff zum Abseifen des Körpers : (übertr.) schlapper feiger Mensch; *waschlappig* Ew.: schlapp, feige; *Waschlauge; Waschleder; Waschmaschine; waschmaschinenfest* Ew.; *Waschmittel; Waschprogramm; Waschpulver; Waschraum; Waschsalon; Waschschüssel:* Schüssel, in der man (sich) wäscht; *Waschseide; Waschtisch, Waschtoilette:* Tisch mit Gegenständen zum Waschen; *Waschwasser; Waschzettel:* Wäscheverzeichnis : (übertr.) von Behörde, Verlag oder Verbänden an die Presse gelieferte Besprechungsvorschläge; *Waschzeug; Waschzuber:* Zuber zum

Wäschewaschen; *Waschzwang:* (Psych.) abnormer hochfrequenter Zwang, sich (die Hände) zu waschen ✳ **Wäscher,** der; –s, –: einer, der berufsmäßig schmutzige Wäsche säubert : Arbeiter, der Erze wäscht : Schwätzer ✳ **Wäscherei,** die; –, –en: das Waschen : Betrieb zum gewerbsmäßigen Waschen : Geschwätz, Gewäsch ✳ **Wäscherin,** die; –, –nen: Waschfrau ✳ **Waschung,** die; –, –en: das Waschen, meist im rituellen Sinne (Fußwaschung) ✳ **Wasen,** der; –s, –: Rasen : Schindanger ✳ **Wasenmeister:** Feldmeister, Abdecker ✳ **Wasgau, Wasgenwald,** der; –(e)s: (veralt.) Vogesen **Wash.** (Abk.) US-Bundestaat Washington **wash and wear** (e.) [wa°sch änd wär]: „waschen und tragen", Bezeichnung für nicht knitternde Kleidungsstücke **Washington** [wa°schingt'n]: Bundesstaat der USA : Hauptstadt der USA : der erste Präsident der USA **Wasser,** das; –s, – und Wässer; Wässerchen: geruchs- und geschmacklose, durchsichtige Flüssigkeit, die zwei Drittel der Erdoberfläche bedeckt : Gewässer : flüssiger Bestandteil des Körpers : vom Körper gebildete Flüssigkeit wie Tränen, Harn, Schweiß : branntweinartiges Getränk : Schönheitsessenz oder Heilmittel (in alkoholischer Lösung) ✳ *einem nicht das Wasser reichen können:* dem anderen weit unterlegen sein; *hier wird auch nur mit Wasser gekocht:* es geschieht hier nichts Außergewöhnliches; *zu Wasser werden:* zerrinnen, zunichte werden; *kein Wässerchen trüben:* unfähig zu etwas Bösem sein; *stille Wasser sind tief:* (übertr.) ein schweigsamer Mensch ist schwer zu durchschauen bzw. innerlich besonders reich; *einem das Wasser abgraben:* (übertr.) einem die Möglichkeit zum Handeln nehmen ✳ *stilles Wasser:* Mineralwasser ohne Kohlensäure; *weiches Wasser:* W. arm an gelösten Salzen; *hartes Wasser:* W. reich an ge-

lösten Salzen; *schweres Wasser:* besteht aus den schweren Isotopen des Wasserstoffs (Deuteriumoxyd HDO oder D₂O) oder des Sauerstoffs; *wasserabstoßend* → *Wasser abstoßend; wasserabweisend* → *Wasser abweisend* ✳ *Wasserader:* Lauf eines Wassers in der Erde; *wasserarm* Ew.: trocken, arm an Wasser; *Wasseraufbereitung; Wasserbad; Wasserball:* Ball für das Wasserballspiel : Wasserballspiel; *Wasserbau; Wasserbaukunst:* Baukunst von Dämmen, Talsperren usw.; *Wasserbecken; Wasserbehandlung; Wasserblei:* metallisches Element; *Wasserbombe; Wasserburg; Wasserdampf; wasserdicht* Ew.: für Wasser undurchlässig; *Wassereimer; Wasserenthärter; Wasserfahrt:* Fahrt zu Schiff; *Wasserfahrzeug; Wasserfall:* Absturz eines fließenden Wassers von einem Abhang; *Wasserfarbe:* Malfarbe, die mit Wasser verdünnt wird; *Wasserfilter; Wasserfläche; Wasserflasche; Wasserfloh; Wasserflugzeug; Wasserfaß* → *Wasserfass; wasserführend:* Wasser enthaltend (von Flüssen, geol. Schichten); *Wassergarbe:* garbenförmiger Springquell; *Wassergehalt:* Gehalt einer Substanz an Wasser; *wassergekühlt* Ew.: (von Motoren); *Wasserglas:* Glas als Wassergefäß : (nur Ez.) Sammelbegriff für wasserlösliche Alkalisilikate; *Wassergraben; Wasserhahn:* verschließbare Öffnung der Wasserleitung; *Wasserhärte; Wasserhaushalt; Wasserheilverfahren; Wasserhose:* wasserführender Wirbelwind; *Wasserjungfer:* Libelle; *Wasserkante:* Küste, Ufer; *Wasserkessel; Wasserklosett:* Klosett mit Wasserspülung; *Wasserkopf:* krankhafte Wasseransammlung im Schädel, Hydrozephale; *wasserköpfig* Ew.; *Wasserkraft; Wasserkraftwerk; Wasserkreislauf; Wasserkrug; Wasserkunst:* künstlicher Springbrunnen; *Wasserlache; Wasserlauf:* fließendes Gewässer : (Bergb.) unterirdische Wasserader; *Wasserläufer:* eine Wanzenart; *Wasserleitung;*

Wasserliesch: eine Pflanze; *Wasserlinse:* eine Pflanze; *Wasserloch; wasserlöslich* Ew.; *Wassermangel; Wassermann:* ein Wasserdämon, Neck : ein Sternbild : ein Tierkreiszeichen; *Wassermannsche Reaktion* → *Wassermann'sche auch: wassermannsche Reaktion:* Blutuntersuchung zum Nachweis der Syphilis; *Wassermelone; Wassermolch:* Lurchart; *Wassermühle:* durch Wasser betriebene Mühle; *Wassernase:* Ablaufrinne; *Wassernixe; Wassernot:* Wassermangel (vgl. Wassersnot); *Wasseroberfläche; Wasserorgel:* Musikinstrument, dessen Spielwind durch hydraulischen Druck reguliert wird; *Wasserpaß* → *Wasserpass:* Trennlinie an Schiffen zwischen Unter- und Überwasseranstrich; *Wasserpest:* eine Pflanze; *Wasserpfeife; Wasserpflanze; Wasserpistole; Wasserpolizei; Wasserprobe; Wasserpumpe; Wasserrad:* durch Wasserkraft getriebenes Rad; *Wasserratte:* im Wasser lebende Ratte : (scherzh.) Seemann : Schwimmer; *Wasserrecht:* Vorschriften über Benutzung und Schutz von Gewässern aller Art; *Wasserreservoir; Wasserspeicher; Wasserrohr; Wassersäule; Wasserschaden:* Schaden durch ausgelaufenes Wasser oder Überschwemmung; *Wasserscheide:* Linien (meist Gebirgskämme), die die Einzugsgebiete der Wasserläufe trennen; *Wasserscheu:* Angst, ins Wasser zu gehen : (Med.) Hydrophobie; *wasserscheu* Ew.: das Wasser scheuend; *Wasserschlacht; Wasserschlange:* Sternbild, Hydra; *Wasserschlauch:* Schlauch für Wasser : eine wurzellose Wasserpflanze; *Wasserschloß* → *Wasserschloss; Wasserschnecke:* Wasserhebemaschine : (Umgspr.) im Wasser lebende Schnecken; *Wasserschutzgebiet; Wasserschutzpolizei; Wasserski:* Sportgerät; *Wasserskorpion:* Wasserwanze; *Wassersnot:* Not durch Überschwemmung (vgl. Wassernot); *Wasserspeier:* Traufe an Dachrinnen, oft in Gestalt von Figuren; *Wasserspiegel:*

Wasserstandshöhe; *Wassersport; Wasserspülung; Wasserstand:* Höhe des Wassers; *Wasserstandsanzeiger; Wasserstiefel; Wasserstoff:* ein chem. Grundstoff, Zch. H; *Wasserstoffbombe:* H-Bombe, *–brücke, –flamme, –ion, –peroxyd, –superoxyd:* chem. Verbindung, Mittel zum Bleichen und zum Keimtöten; *Wasserstoffverbindung; Wasserstrahl; Wasserstraße:* schiffbarer Fluss, Kanal; *Wassersucht:* eine Krankheit; *Wassertank; Wassertemperatur; Wassertiefe; Wassertier; Wasserträger; Wassertreten; Wassertropfen; Wasserturbine; Wasserturm; Wasseruhr; Wasserverbrauch; Wasserverdrängung; Wasserverschmutzung; Wasserversorgung; Wasservogel; Wasserwaage:* Messgerät zur Überprüfung waagerechter und senkrechter Lagen; *Wasserweg; Wasserwelle:* Haarwelle, in nassem Zustand gelegt; *Wasserwerfer; Wasserwerk:* Einrichtung zur Wasserversorgung von Städten usw. : Wasserkunst; *Wasserzähler; Wasserzeichen:* Fabrikzeichen im Papier ✳ **wäs|se|rig, wäß|rig → wäss|rig** Ew.: voll Wasser : mit Wasser sehr stark verdünnt ✳ **Wäs|se|rig|keit, Wäß|rig|keit → Wäss|rig|keit,** die; –: das Wässerigsein ✳ **was|sern** intr.: (Flugzeug) auf dem Wasser niedergehen ✳ **wäs|sern** (ich wässere und wässre) tr.: harnen : bewässern : etwas in Wasser legen, um es einzuweichen oder Salz herauszulösen : mit Wasser verdünnen : (Stoffe usw. –) mit welligen Streifen versehen ✳ *mir wässert der Mund:* mir läuft vor Appetit das Wasser im Mund zusammen ✳ **Wäs|se|rung, Wäß|rung → Wäss|rung,** die; –, –en: das Wässern

wa|ten intr.: im seichten Wasser, Schlamm oder Morast gehen ✳ *Watvögel* Mz.: Sumpfvögel

Wa|ter|kant, die; –: (niederd.) Wasserkante

Wa|ter|loo: Ort in Belgien, hier erlitt Napoleon 1815 gegen Blücher und Wellington eine vernichtende Niederlage

Wa|ter|proof (e.) [wa°th'r-pruhf], der; –(s), –(s): wasserdichter Stoff : Regenmantel

watsch [watsch] Tonwort: s. patsch! ✳ **Wat|sche, Wat|schel** (südd.) [wahtsche], die; –, –n; **Wat|schen,** der; –s, –: Ohrfeige ✳ **wat|schen** tr.: (Umgspr.) ohrfeigen

wat|sche|lig, watsch|lig Ew.: watschelnd ✳ **wat|scheln** (ich ..[e]le) intr.: hin- und herwackelnd gehen ✳ *Watschelente, Watschelgang; Watschenmann:* Kirmesfigur im Wiener Wurstelprater, die man anstößt, wobei die Stärke der Ohrfeige auf einer Skala angezeigt wird : (übertr.) Prügelknabe

Watt, das; –(e)s, –e(n): seichtes Küstengebiet, das bei Ebbe ganz oder teilweise trockenfällt : (bes.) bei Ebbe freiliegender Streifen zwischen der Küste und den Friesischen Inseln in der Nordsee ✳ *Wattführer; Wattgrund; Wattwanderung; Wattenfischerei; Wattenmeer*

Watt, das; –s, –e(n): Maßeinheit der elektrischen Leistung; Abk.: W (1 W = 1 Voltampere = 1 Newtonmeter pro Sekunde) ✳ *Wattsekunde:* elektrische Arbeitseinheit; Abk.: Ws (= 1 Joule); eine Sekunde lang die Leistung von 1 W; *Wattstunde:* eine Stunde lang die Leistung von 1 Watt

Wat|te, die; –, –n: aufgelockerte Baumwolle als Verbandsstoff : warmes Unterfutter, kosmetisches Hilfsmittel ✳ *Wattebausch; Wattefabrik; Wattepfropfen; Wattepolster* ✳ **wat|tie|ren** (..iert) tr.: mit Watte füttern ✳ **Wat|tie|rung,** die; –, –en: Watteeinlage

Wat|ten|meer: s. Watt

Wat|vo|gel: s. waten

Watz|mann: Berggruppe in den Berchtesgadener Alpen

wau: Tonwort zur Bezeichnung des Hundegebells ✳ **Wau|wau, Wau|wau,** der; –(e)s, –e und –s: (Kdspr.) Hund : Gebell

WC (Abk.): water closet, „Wasserklosett", Spülklosett

WDR (Abk.): Westdeutscher Rundfunk

We|be, die; –, –n: gewebtes Stück : Art des Webens : Spinnennetz : Bettzeug ✳ **we|ben** (du webtest und wobest, du webtest, [dichter.] wöbest; gewebt, [dichter.] gewoben; web[e]!) tr., intr.: Fäden zum Gewebe verschlingen ✳ *Webarbeit; Webeleine:* (seem.) Strickleiter der Wanten ✳ *Webgarn; Webkante; Webleinen:* ein Leinenstoff; *Webstuhl:* hand- oder maschinell betriebener Apparat zum Weben; *Webware* ✳ **We|ber,** der; –s, –: einer, der das Weben als Gewerbe betreibt ✳ *Weberknecht:* Spinnentier; *Weberknoten; Webermeister; Weberschiffchen:* Teil des Webstuhls; *Weberpinne; Webervogel* ✳ **We|be|rei,** die; –, –en: Webwarenfabrik

Wech|sel, der; –s, –: Ablösung des Alten durch Neues : Veränderung : Reihenfolge von regelmäßig wiederkehrenden Veränderungen : Tausch : (weidm.) regelmäßig vom Wild begangene Strecke, Wildwechsel : (kfm.) Urkunde auf Zahlung einer bestimmten Geldsumme zu einer bestimmten Zeit ✳ *Wechselbad; Wechselakzept; Wechselaussteller; Wechselbalg:* untergeschobenes Kind; *Wechselbetrag; Wechselbeziehung:* gegenseitige Beziehung; *Wechselbürgschaft:* Haftung für einen Wechsel; *Wechseldiskont:* Zinsabzug; *Wechselfälschung; Wechselfieber:* Malaria; *Wechselgeld; Wechselgesang; Wechselgesetz; Wechselgetriebe:* (Techn.) Getriebe am Auto; *Wechseljahre; Wechselkasse; Wechselkasse; Wechselkurs:* Wertverhältnis zwischen inländ. und ausländ. Währung; *Wechselnehmer; Wechselordnung; Wechselprotest:* Urkunde über eine nicht erfüllte Wechselverpflichtung; *Wechselrahmen:* leicht auswechselbarer Bilderrahmen; *Wechselrecht; Wechselrede:* Streitgespräch : (Poetik) dramatische Streitrede mit kurzen schnellen (versgebundenen) Repliken; *Wechselreiten:* betrügerische Ausstellung von Wechseln; *Wechselschalter; Wechselschuld:* in Wechseln bestehende Schuld; *wechselseitig* Ew.: gegenseitig; *wechselständig* Ew.; *Wechselstrom:*

elektrischer Strom mit periodischer Änderung von Richtungen und Stärke; *Wechselstube; Wechselsumme; Wechseltierchen:* Amöben; *wechselwarm* Ew.: (Tier) kaltblütig; *wechselweise* Uw.; *Wechselwirkung; Wechselwirtschaft:* Feld-Gras-Wirtschaft; *Wechselzahlung:* Zahlung in Wechseln ✳ **wech|sel|bar** Ew.: so beschaffen, dass es gewechselt werden kann ✳ **Wech|se|lei,** die, –, –en: das fortwährende Wechseln ✳ **wech|seln** (ich ..[e]le) tr.: verändern : tauschen; intr.: sich verändern : sich fortbewegen ✳ **Wechs|ler,** der, –s, –: einer, der Wechselgeschäfte macht : Geldwechsler

Wech|te, die, –, –n: (über einen Felsrand) überhängende Schneemasse

Weck, der, –(e)s, –e; **Wel|cke,** die, –, –n; **Wel|cken,** der; –s, –: weiches Brötchen aus Weizenmehl

Wel|cken, das, –s: militärisches Signal zum Aufstehen ✳ **wel|cken** tr.: wach machen : rege machen : (nordd.) läuten ✳ *Weckautomatik; Weckdienst; Weckglocke; Weckruf; Weckuhr:* Uhr, die zu bestimmter Stunde läutet ✳ **Wel|cker,** der; –s, –: Weckuhr

Wel|da (skr.), der; –(s), ..den und –s: heilige Schriften der altind. Religion ✳ **wel|disch** Ew.: auf die Weden bezüglich; auch Veda, vedisch

Wel|del, der, –s, –: Werkzeug zum Fächeln und Wedeln : Staubwedel : etwas Büschelförmiges : Tierschwanz : blattartiger Teil des Farns, der Palme ✳ **wel|deln** (ich ..[e]le) intr.: wehend fächeln : (Tier) den Wedel hin und her bewegen

wel|der Bw. (meist: weder .. noch ..): das eine nicht und auch das andere nicht ✳ *das Weder-noch*

Week|end (e.) [ᵁ[wihk..], das; –(s), –s: "Wochenende" ✳ *Weekendhaus*

Weg, der; –(e)s, –e: Linie, die etwas sich im Raum Bewegendes beschreibt : diese Bewegung : bestimmter, abgegrenzter Teil des Raumes zum Gehen oder Fahren für Personen,

Fahrzeuge usw. : (übertr.) etwas zum Ziel Führendes : Art und Weise, wie man an einen Ort gelangt : Gang, Reise, Fahrt usw. ✳ *aus dem Wege gehen (räumen):* meiden (beseitigen); *in die Wege leiten:* veranlassen; *im Wege stehen* intr.: stören, hindern; *krumme Wege gehen:* gegen das Gesetz handeln : unrecht tun; *seiner Wege gehen:* sich zurückziehen : sich um seine eigenen Sachen kümmern; *seinen Weg machen:* erfolgreich sein; *neue Wege einschlagen, finden:* Neues versuchen, finden ✳ *Wegbereiter:* Vorkämpfer : Pionier; *Wegbeschaffenheit; Wegbiegung; Wegenge; Weggabelung; Weggenosse; Wegkreuz; wegmüde* Ew.; *Wegrand; wegsam* Ew.; *Wegscheide,* die, –, –n: Kreuzweg; *Wegschnecke; Wegstrecke; Wegüberführung; unterführung; Wegweiser:* Schild am Wege mit Angabe der Richtung; *Wegzehrung:* Reiseverpflegung : (letzte –) Sterbesakrament ✳ *Wegeamt:* Aufsichtsbehörde über die Wege; *Wegebau; weg(e)kundig* Ew.; *Wegelagerer:* Räuber am Wege; *wegelagern* (ich wegelag[e]re, gewegelagert, zu –) intr.; *Wegerecht* ✳ **weg** Uw.: "auf dem Weg", fort, verloren, nicht mehr vorhanden ✳ *wegarbeiten* (ich arbeite weg, weggearbeitet, wegzuarbeiten) tr.: durch Arbeiten fortschaffen; *wegbekommen* tr.; *wegbleiben* tr.; *wegbringen* tr.; *wegdiskutieren* tr.; *wegdrängen* tr.; *wegdriften, wegessen* tr.; *wegfahren* tr.; *Wegfall:* nur in der Wendung: *in Wegfall kommen* intr.: (Kanzleispr.) fortfallen; *wegfallen* (vgl. wegarbeiten) intr.: fortfallen; *wegfegen; wegfliegen* tr.; *Weggang:* das Weggehen; *weggehen* (vgl. wegarbeiten) intr.; *weggucken; einen weghaben:* (Umgspr.) betrunken sein : etwas verrückt sein; *von etwas etwas weghaben:* gründliche Kenntnis besitzen; *wegholen; weghören; wegjagen; wegkehren; wegkommen* (vgl. wegarbeiten) intr.: verschwinden, verloren gehen; *wegkratzen; wegkriegen; weglassen; weglaufen; weglegen;*

wegmüssen; wegnehmen (vgl. wegarbeiten) tr.; *wegpacken; wegputzen; wegradieren; wegrationalisieren; wegräumen; wegreisen; wegreißen; wegrennen; wegrollen; wegsanieren; wegschaffen* tr.: fortbringen : aus dem Wege räumen; *wegscheren:* tr.: abrasieren; rbz.: weggehen; *wegscheuchen; wegschicken; wegschießen; wegschleichen; wegschleppen; wegschleudern; wegschmeißen; wegschnappen; wegschreien* rbz.: bis zur Ohnmacht schreien (von Kindern); *wegschubsen; wegsein* → *weg sein:* nicht da sein; *wegsetzen; wegtreten:* tr.: eine Sache tretend beiseite schaffen; intr.: selbst beiseite treten, fortgehen; *wegstecken; wegstehlen* rbz.: davonschleichen; *wegstellen; wegsterben; wegstopfen; wegstoßen; wegtragen; wegtreiben; wegtreten; wegtun:* beiseite tun; *wegweisen* (vgl. wegarbeiten) tr.: abweisen, fortschicken; *wegwerfen* (vgl. wegarbeiten) tr.: fortwerfen; *wegwerfend* Mw. Ew.: (übertr.) verächtlich; *Wegwerfgesellschaft; Wegwerfgeschirr; wegwischen; wegwollen; wegwünschen; wegzaubern; wegziehen* tr.: ziehend beseitigen; intr.: den Wohnsitz verlassen; *Wegzug:* das Aufgeben einer Wohnung ✳ **weg|bar** Ew.: gangbar ✳ **we|gen** Vw. mit Gen. in Nachstellung: halber, um ..willen ✳ *besonderer Umstände wegen; seiner Krankheit wegen; von Amts, Rechts wegen; meinetwegen; seinetwegen; von Staats wegen verfolgte man die Tat;* mit Gen. in Voranstellung: aufgrund ✳ *wegen seiner Krankheit; wegen des schlechten Wetters;* nur dann, wenn sich der Gen. Mz. nicht vom Nom. unterscheidet, verwendet man ersatzweise den Dat. Mz.: *wegen Bäumen,* aber: *wegen der Bäume; wegen Mäusen,* aber: *wegen vieler Mäuse* ✳ **We|ge|rich,** der; –s, –e: Wegeblatt, eine Pflanze ✳ **weg|sam** Ew.: gangbar ✳ **we|gen:** s. Weg

Wel|ger, der; –s, –: Planke ✳ **wel|gern** (ich ..[e]re) tr.: mit Planken bekleiden ✳

We|ge|rung, die; –, –en: Schiffsplankengang
We|ge|richt: s. Weg
weg|fal|len, weg|fe|gen usw.: s. weg

weh!: Ausruf zum Ausdruck des Schmerzes * weh, we|he Ew.: Schmerz verursachend : schmerzhaft * sie hat einen wehen Zeh; mir ist weh ums Herz; er schreit ach → Ach und weh → Weh! * weh tun → weh|tun intr.: schmerzen * Weh, das; –(e)s, –e: Wehruf: Leid, seelischer Schmerz : Übel, Unheil * mit Ach und Weh; Ach und Weh schreien; das Wohl und Wehe * Weh|gefühl; Wehge|schrei; Weh|klage: Wehklagen (ich wehklage, gewehklagt, zu –) intr.: laut jammernd klagen; Wehlaut; wehleidig Ew.: geneigt zu jammern; Wehmut, die; –: sanfte Trauerstimmung; wehmütig Ew.; Weh, Wehwehchen: (Kinderspr.) kleiner Schmerz * We|he, die; –, –n: die mit Schmerz verbundene Kontraktion der Gebärmutter bei der Geburt * in den Wehen liegen * Wehmutter: (veraltet) Hebamme

We|he, die; –, –n: vom Winde zusammengewehter Haufen Sand, Schnee usw. * we|hen intr.: (Wind) sich bewegen : sich wie Wind bewegen : flattern : sich vom oder wie vom Wind getrieben fortbewegen

Wehr, das; –s, –e: Staudamm : Stauanlage * Wehrbaum: Querbalken am Wehr

Wehr, die; –, –en: (veralt.) das Sichwehren : Verteidigung : Befestigung * Wehrbeauftragte; Wehrbeitrag; Wehrbereich; Wehrbereichskommando; Wehrdienst; wehrdienst(un)tauglich Ew.; Wehrdienstverweigerer; wehrfähig Ew.: kampftauglich : tauglich zum Militärdienst; Wehrfähigkeit; Wehrgehenk; Wehrgesetz; Wehrhoheit: das Recht eines Staates zur militär. Verteidigung; Wehrkraft: Truppenmenge eines Volkes; Wehrkreis; Wehrkunde; wehrlos Ew.: ohne Wehr; Wehrlosigkeit; Wehrmacht; Wehrmachtsangehörige; Wehrpaß → Wehrpass; Wehrpflicht; wehrpflichtig Ew.; Wehrsold; Wehrsport;

Wehrstrafgesetz; Wehrturm; Wehrübung * weh|ren tr., rbz.: verteidigen, schützen : sich widersetzen : jmd., etw. Einhalt gebieten : mit einer Wehr versehen * wehr|haft Ew.: verteidigungsfähig

Weib, das; –(e)s, –er: (veraltet) erwachsene Frau als Repräsentantin ihres Geschlechts : (Umgspr. scherzh.) Ehefrau : (Umgspr.) auf eine einzelne Frau bezogen meist abwertend verwendet oder bei Betonung ihrer erotischen Attraktivität * ein zänkisches Weib; ein tolles Weib * Weibsbild, Weibsleute Mz., Weibsstück: (verächtl.) Weib * Weiberfassnacht; Weiberfeind; Weibergeschichte; Weiberheld: (verächtl.) Schürzenjäger; Weiberherz; Weiberknecht; Weiberlist; Weiberregiment; Weibertreue * Weib|chen, das; –s, –: (oft abwert.) Frau im Hinblick auf ihre typisch weiblichen Merkmale : weibliches Tier (nicht bei Haustieren und Wild) * wei|bisch Ew.: (tadelnd) wie ein Weib, schwächlich, überempfindlich usw. * weib|lich Ew.: das Geschlecht der Frau habend : diesem gemäß : den Unterschied zum Männlichen zeigend * Weib|lich|keit, die; –: weibliches Wesen : Gesamtheit weiblicher Personen

weich Ew.: nicht hart, beim Eindrücken leicht nachgebend : (Gemüt) leicht empfindlich : ohne Widerstandskraft : (Laut) stimmhaft * weichdünsten → weich dünsten (weich gedünstet) tr.; weichklopfen → weich klopfen (weich geklopft) tr.; weichkochen → weich kochen (weich gekocht) tr.; weichmachen → weich machen (weich gemacht) tr. * Weichblei; Weichei: (Umgspr., verächtlich) mutloser, kraftloser Mensch, Schlappschwanz; Weicheisen; Weichflosser Mz.: eine Gattung Fische; Weichgummi; weichherzig Ew.; Weichherzigkeit; Weichholz; Weichkäse; weichlöten: (nur Infinitiv und Partizip Perfekt Passiv) bei Temperaturen unter 45°C löten; Weichmacher: (chem.-techn. Zusatz); Weichspüler; Weichspülmittel;

Weichteile Mz.: weiche Körperteile; Weichtier: Molluske, wirbelloses Tier * Wei|che, die; –, –n: das Weichsein : knochenlose Leistengegend zwischen Rippen und Hüften : Gefäß zum Einweichen : Vorrichtung für Gleisumstellungen bei Gleisfahrzeugen * Weichensteller; Weichenwärter * wei|chen (du wich[e]st, du wichest; gewichen; weich[e]!) intr. (sein): einem Druck usw. nachgeben : von der Stelle rücken : sich entfernen * Weich|heit, die; –: das Weichsein * weich|lich Ew.: zu weich, kraftlos, wehleidig * Weich|lich|keit, die; –: weichliches Wesen, Kraftlosigkeit * Weich|ling, der; –s, –e: (abwertend) verzärtelter, weichlicher Mann

Weich|sel, die; –, –n: Sauerkirsche * Weichselbaum; Weichselkirsche; Weichselpfeife: Pfeife aus dem Holz des Weichselbaums; Weichselwein * Weich|sel, die; –: osteurop. Strom

Weid, die; –: (selt.) Jagd * weidgerecht Ew.: jagdgemäß; Weidloch: After beim Wild; Weidmann: Jäger; weidmännisch Ew.: nach Art der Jäger; Weidmannsdank!; Weidmannsheil!: Gruß der Jäger; Weidmesser: Hirschfänger; Weidsack: Jagdtasche : Pansen des Wildes; Weidwerk: Jagd : Wildbret; weidwund Ew.: durch Schuss in die Eingeweide tödlich verwundet * Wei|de, die; –, –n: Trift, mit Wiesengras bewachsene Fläche, auf der das Vieh weiden kann : (weidm.) im Magen des Wildes befindliches Gras : (übertr.) etwas den Sehsinn Erquickendes, Augenweide * Weidegang: Gang des Viehs zur Weide; Weidegras; Weideland; Weidemonat; Weideochse; Weideplatz; Weiderecht; Weiderind; Weiderot: Seuche des Weideviehs; Weidewirtschaft * wei|den intr.: auf die Weide gehen : auf der Weide grasen : (übertr., auch rbz.) sich laben, ergötzen * weid|lich Ew.: jagdgerecht : gehörig; Uw.: sehr

Wei|de, die; –, –n: ein Baum

mit Blütenkätzchen : Name ähnlicher Sträucher : Kopfweide, Trauerweide * *Weidenbaum; Weidenbusch; Weidenflöte:* Flöte aus Weidenrinde; *Weidengerte; Weidenkätzchen; Weidenkorb; Weidenröschen; Weidenrute; Weidenstamm* * **wei**den Ew.: aus Weidenholz gefertigt

Weife, die; –, –n: Haspel : Sägegatter

weigern (ich ..[e]re) rbz.: (mit Inf.) das Nichtwollen äußern : sich widersetzen * **Wei**ge|rung, die; –, –en: das (Sich-)Weigern * *im Weigerungsfall:* im Falle, dass einer sich weigert

Weihe, die; –, –n: das Weihen : Zeit des Weihens : heilige Kraft : Einweihung * *Weiheakt; Weiherede; Weihestunde; weihevoll* Ew. * **wei**hen tr.: der Gottheit heiligend zu eigen geben : widmen : mit Weihe erfüllen * *Weihbischof:* Titularbischof ohne Sprengel; *Weihbrot:* Hostie; *Weihgabe; Weihgefäß; Weihgeschenk; Weihkessel:* Behältnis für Weihwasser; *Weihnacht,* die; –, –en; *Weihnachten,* das; –s, –: (meist Mz.) (christl. K.) Fest der Geburt Christi (24.-26. Dez.); *weihnachten* (es weihnachtet, geweihnachtet, zu –) unp., intr.: weihnachtlich werden; *Weihnachtsabend; Weihnachtsbäckerei; Weihnachtsbaum; Weihnachtsbescherung; Weihnachtsfeier; Weihnachtsferien; Weihnachtsfest; Weihnachtsgans; Weihnachtsgeld; Weihnachtsgeschäft; Weihnachtsgeschenk; Weihnachtsgratifikation; Weihnachtskaktus; Weihnachtskrippe; Weihnachtslied; Weihnachtsmann; Weihnachtsmarkt; Weihnachtspapier; Weihnachtspyramide; Weihnachtsspiel; Weihnachtstag; Weihnachtszeit; Weihrauch:* ein Harz : der beim Verbrennen desselben erzeugte Rauch; *weihräuchern* (ich weihräuch[e]re, geweihräuchert, zu –) intr.: Weihrauch verbrennen; *Weihwasser, –becken, –kessel, –wedel* * **Wei**hung, die; –, –en: Weihen : die Weihe

Weiher (l.), der; –s, –: kleiner Teich

Weih|nacht: s. Weihe

weil Bw.: aus dem Grunde * **wei**land Uw.: (veralt.) vorzeiten : (als Zusatz zu Namen) früher; Abk.: weil. * **Weil**chen, das; –s, –: kleine Weile * **Wei**le, die; –, –n: Zeitdauer : kurze Zeit * *gute Weile haben:* keine Eile haben * **wei**len intr.: sich eine Weile aufhalten, verweilen

Weiler (l.), der; –s, –: Gehöft : kleines Dorf

Weimar: Stadt in Thüringen * **Wei**ma|rer, der; –s, –: Bewohner Weimars * **wei**ma|risch Ew.; **Wei**ma|rer Ew. * *die weimarischen Freunde; der Weimarer Hof; die Weimarer Republik; die Weimarer Verfassung*

Wein, der; –s, –e: der gekelterte Saft der Weintrauben nach alkoholischer Gärung : die Weinrebe, eine Pflanze : Weintraube : der Saft anderer pflanzlicher Produkte nach alkoholischer Gärung, Kirschwein, Palmwein, Reiswein * *Weinanbau; Weinbau; weinbauend* Ew.; *Weinbauer; Weinbeere; Weinberg; Weinberg(s)besitzer; Weinbergschnecke; Weinbrand:* (Vd. f.) Kognak; *Weinbrandbohne:* mit Weinbrand gefüllte Praline in Bohnenform; *Weinessig; Weinfaß* → *Weinfass; Weinflasche; Weingarten; Weingeist:* Alkohol; *Weinglas; Weingut; Weinhändler; Weinhandlung; Weinhauer:* (östr.) Winzer; *Weinhaus:* Weinhandlung : Weinbaubetrieb; *Weinhefe; Weinkarte; Weinkeller; Weinkelter; Weinkenner; Weinkönigin; Weinlage; Weinlaub; Weinlese; Weinlokal; Weinmond:* Oktober; *Weinpanscher; Weinprobe; Weinrebe; weinrot* Ew.; *Weinschaum; Weinschaumcreme; Weinschenke; weinselig* Ew.; *Weinstein:* saures, weinsaures Kali; *Weinsteuer; Weinstock; Weinstraße:* Straße, an der die wichtigsten Orte eines Weinbaugebiets liegen, Deutsche –, Badische –, Pfälzer –; *Weinstube; Weintraube; Weinzehent; Weinzierl,* der; –s, –e: (mundartl.) Winzer; *Weinzwang:* Verpflichtung in bestimmten Gaststätten, Wein zu bestellen

weinen intr.: Tränen vergießen * **wei**ner|lich Ew.: zum Weinen geneigt

weis Ew.: (veralt.) wissend * *Weise Frau:* Hebamme * *weismachen* (ich mache weis, weisgemacht, weiszumachen) tr.: (einem etwas –) einen etwas Unwahres glauben machen; *weissagen* (ich weissage, geweissagt, zu –) tr.: voraussagen; *Weissager, –sagung* * **wei**se Ew.: sehr klug, lebenserfahren * **Wei**se, der; –n, –n: erfahrener, kluger Mensch, Denker * **Wei**se, die; –, –n: Art, wie etwas ist, Beschaffenheit : Melodie * *..weise Uw.:* nur in Zus.: in der Weise von..., soundso beschaffen, geartet; z. B. ausnahmsweise, glücklicherweise, gesprächsweise * **wei**sen (du weist, er weist; du wiesest; er wies; gewiesen; weis und weise!) tr.: führen, lenken : (einen wohin –) die Richtung, den Weg zeigen : (einem den Weg –) zeigen * **Weis**heit, die; –, –en: das Weisesein : ein weises Wesen : Weisheitssatz, Weisheitslehre * *Weisheitsdünkel; weisheitsvoll* Ew.; *Weisheitszahn:* letzter Backenzahn * **weis**lich Ew.: weise, bedacht * **Weis**tum, das; –s: (Mittelalt.) Aussage über geltendes Gewohnheitsrecht (insbes. im bäuerl. Rechtskreis) * **Wei**sung, die; –, –en: Verordnung, Befehl * *weisungsbefugt* Ew.; *weisungsberechtigt* Ew.; *weisungsgebunden* Ew.; *weisungsgemäß* Ew.; *Weisungsrecht*

weiß Ew. (–er, –est): die Farbe des Schnees habend : hellfarbig : (übertr.) rein, unschuldig * *sie trägt Weiß:* ein weißes Kleid; *der Weiße Berg:* Hochfläche westlich von Prag; histor. Schlachtfeld; *weiße Fahne:* Zeichen der Kapitulation; *ein weißer Fleck auf der Landkarte:* noch nicht kartiertes, (auch übertr.) unerforschtes Gebiet; *die Weiße Frau:* Wiedergängerin, Spukgestalt in Schlössern; *sie ist weiß gekleidet; das weißgekleidete* → *weiß gekleidete Kind; weißglühend* → *weiß glühend; weiße Kohle:* Wasserkraft; *Weiße-Kragen-Kriminalität:* Steuerhinterziehung : Wirtschaftskriminalität; *weiße Woche:* Ausverkauf von Weißwaren; *weißer Fluß → weißer Fluss:* eine Krankheit; *weiße Rasse; das Weiße Haus:* Amtssitz des US-Präsidenten in Washington; *Weißes Kreuz:* Sittlichkeitsbund; *Weiße Rose:* Name einer Widerstandsgruppe gegen den Nationalsozialismus : Emblem im Wappen des Hauses York; *Weißer Sonntag:* der Sonntag nach Ostern; *der weiße Sport:* Tennis; *ein weißer Rabe:* eine Seltenheit; *der Weiße → weiße Tod:* Schneetod; *eine weiße Weste haben:* ohne Schuld sein; *weißer Zwerg:* strahlungsarmer Stern im Endstadium seiner Entwicklung; ∗ *sich weißwaschen:* sich rechtfertigen; *die Wäsche weiß waschen; schwarz auf weiß:* schriftlich; *aus schwarz weiß machen → aus Schwarz Weiß machen ∗ Weißbier:* hellfarbiges Weizenbier; *Weißbinder:* Böttcher : Anstreicher (von Binderfarbe); *Weißblech; weißblond* Ew.; *Weißbrot:* Weizenbrot; *Weißbuch:* eine themenspezifische Publikation aus der Dokumentationsreihe der Bunderegierung; *Weißbuche:* Hagebuche; *Weißburgunder:* eine Reb- und Weinsorte; *Weißdorn:* Hagedorn; *Weißfelchen:* Moräne; *Weißfisch; Weißfluß → Weißfluss:* der weiße Fluss, s. oben; *Weißgardist:* Angehöriger der gegen die Rote Armee kämpfenden (zaristischen) Truppen während der russ. Oktoberrevolution; *Weißgerber; weißglühend → weiß glühend; Weißglut:* weißes Glühen (bes. von Metallen) bei extremer Erhitzung : (übertr.) Zustand extremer Wut; *Weißgold:* eine Goldlegierung; *weißgrau* Ew.; *weißhaarig* Ew.; *Weißherbst:* Roséwein; *Weißkohl; Weißkraut; Weißmacher:* Waschmittelzusatz; *weißnähen* tr.; *Weißnäherei:* Wäschenäherei; *Weißpappel; Weißtanne; Weißwandreifen; Weißwarenhandlung; Weißwäsche; Weißwein; Weißwurst ∗ Wei|ße,* der; –n, –n: Mensch mit heller Hautfarbe; Europide ∗ **Wei|ße,** die; –n, –n: ein Glas Weißbier ∗ **Wei|ße,**

das; –n: weiße Farbe, Färbung ∗ **wei|ßeln** tr.: weiß tünchen ∗ **wei|ßen** (du weißest und weißt, er weißt; du weißtest; geweißt; weiß[e]!) tr.: weiß machen : tünchen ∗ **weiß|lich** Ew.: etwas weiß, dem Weiß nahe ∗ **Weiß|ling,** der; –s, –e: ein Schmetterling

Weiß|ruß|land → Weiß|russ|land: osteuropäischer Staat zwischen Baltikum und Ukraine ∗ **Weiß|rus|se,** der; –n, –n: Bewohner Weißrusslands

Weis|tum, Wei|sung: s. weis

weit Ew.: beträchtlich ausgedehnt : von großer Geräumigkeit : erheblich lang : entfernt : umfangreich : (übertr.) (Begriff) vielumfassend; Uw.: sehr, in hohem Grade : (beim Kompar.) viel : um vieles ∗ *bei weitem:* hochgradig; *von weitem:* aus der Ferne; *weit und breit ∗ so weit sein:* fertig sein; *weit reichend auch:* weitreichend; *weit verbreitet auch:* weitverbreitet ∗ *weitab* Uw.: fern; *weitaus* Uw.: bei weitem; *Weitblick; weit blicken auch:* weitblickend (zur Steigerung vgl. unten den Kasten) Ew.; *weit gehend auch:* weitgehend Mw. Ew.: (übertr.) sich weit erstreckend, umfangreich : so weit wie möglich; *weitgereist → weit gereist; zu weit gehen:* übertreiben; *weit greifend auch:* weitgreifend Ew.; *weither* Uw.; *von weit her,* auch: *von weither; es ist damit nicht weit her:* es ist unbedeutend; *weitherzig* Ew.: großzügig; *weithin* Uw.: in weitem Umkreis; *weitläufig* Ew.: von großem Umfang : umständlich; *Weitläufigkeit; weitmaschig* Ew.; *weiträumig* Ew.; *weitreichend auch:* weit reichend; *weitschauend auch:* weit schauend; *Weitschuß → Weitschuss; weitschweifig* Ew.: sich weit ausdehnend : (übertr.) umständlich; *Weitschweifigkeit; weitsichtig* Ew.: (übertr.) weitblickend : übersichtig; *Weitsichtigkeit; weitspringen* intr.; *Weitsprung:* Sportart; *weittragend* Ew.: weit tragend Ew., Mw.; *weitverbreitet auch:* weit verbreitet Ew., Mw.; *weitverzweigt auch:* weit verzweigt Ew., Mw. ∗ **Wei|te,** das; –n:

weite Ferne ∗ *das Weite suchen:* das Unbekannte, Einsame suchen : fliehen ∗ **Wei|te,** die; –, –n: Abstand, Entfernung : weiter Raum : Ferne ∗ *in die Weite schweifen ∗ wei|ten* tr.: ausdehnen : weiter machen ∗ **wei|ter** Ew.: Kompar. zu weit; Uw.: fort, fortfahrend : sonst ∗ *ohne weiteres:* ohne Umstände; *bis auf weiteres:* vorläufig; *im weiteren → Weiteren:* im Folgenden; *des weiteren → Weiteren:* weiter ∗ *das, alles Weitere findet sich ∗ weiterarbeiten* (ich arbeite weiter, weitergearbeitet, weiterzuarbeiten) intr., tr.: fortfahren zu arbeiten; *weiterbestehen → weiter bestehen* intr.: weiterhin bestehen, fortbestehen; *weiterbilden* tr.: fortbilden; *weiterbringen* tr.: vorwärts bringen; *weiterempfehlen* tr.: anderen empfehlen; *weiterentwickeln* tr.; *weiterführen* tr.: fortsetzen, fortführen; *weitergeben* tr.; *weitergehen* intr.; *weiterhelfen; weiterhin* Uw.: künftig; *weiterkönnen; weiterkommen; weiterlaufen; weiterleben; weiterleiten* tr.; *weitermachen* tr.; *weiterreisen; weitersagen* tr.; *weiterschlafen; weitersehen; weiterspielen* tr.; *weitertönen; weitertratschen* tr.; *weitertreiben* tr.; *weiterverarbeiten* tr.; *weiterverbreiten* tr.: herumerzählen; *weitervermieten* tr.: Untermieter nehmen; *weiterwollen ∗ weiterwollen ∗* **Wei|te|rung,** die; –, –en: (Mz.) Folgen : Verwicklungen ∗ **Wei|tung,** die; –, –en: Dehnung : Streckung

weit springen, weitspringen Das Adjektiv *weit* schreibt man zumeist vom nachfolgenden Verb getrennt, da es in aller Regel gesteigert oder erweitert werden kann: *weit springen, weiter springen, am weitesten springen, zu weit springen.* Bezeichnet die Wortverbindung jedoch das Weitspringen (als sportliche Übung), so ist das Adjektiv nicht steigerbar oder erweiterbar, und man schreibt daher zusammen: *Sie muss noch weitspringen, nachdem sie den Sprint absolviert hat.*
weiter gehen, weitergehen Ist der Komparativ *weiter-* erster Bestandteil einer Verbin-

dung mit einem nachfolgenden Infinitiv, so schreibt man in vielen Fällen bedeutungsdifferenzierend zusammen: *Er will weitergehen* (d. h. nicht oder nicht länger pausieren). Ist ein Vergleich angeschlossen oder gemeint, schreibt man getrennt: *Er will weiter gehen, als er bisher gegangen ist.* Getrennt schreibt man auch, wenn *weiter* im Sinne von *weiterhin* verwendet wird: *Er will weiter gehen (und nicht fahren).*

Wei̱zen, der; –s, –: Getreideart ✳ *Weizenacker; Weizenbier; Weizenbrot; Weizenfeld; Weizenkorn; Weizenmehl; Weizenpreis; Weizenschrot; Weizenstärke* ✳ **Wei̱ze̱ner, Wei̱zi̱ner,** der; –s, –: Rebhuhn ✳ **Wei̱zi̱ling,** der; –s, –e: ein Pilz
welch, w. **we̱lche,**
we̱lcher, sächl. **we̱lches,** Mz. **we̱lche** frag. Fw.: wie beschaffen? : was für ein?; rel. Fw.: (veralt.) der; unbest. Fw.: (sächl. Ez.) etwas : (Mz.) einige, etliche ✳ *welch ein Mann!; welcher Mann?; welch eine Frau!; welche Frau?; welch ein Kind!; welches Kind?; der Mann, welcher das sagt* usw. ✳ *welcher Art:* von welcher Art; *welchergestalt:* von welcher Gestalt; *welcherlei:* von welcher Sorte; *welcherweise* Uw.: auf welche Weise

welk Ew.: (Pflanze) ohne Frische : (allg.) schlaff ✳ **we̱lken** intr. (sein): welk werden; tr.: welk machen

We̱lle, die; –, –n; Wellchen: aus periodischen Schwingungen bestehender Bewegungsvorgang von Teilchen in einem Wellen fortpflanzenden Stoff (Luft, Wasser) : zylindrischer Körper : (walzenförmiges) Bündel Reisig, Stroh : (Turnkst.) eine Geräteübung an Reck oder Barren : Modeerscheinung : Haarschwung ✳ *Wellenbaum:* starke Welle in Mühlen usw.; *Wellblech:* wellenförmig gebogenes Eisenblech; *Wellpappe* ✳ *wellenartig* Ew.; *Wellenbad; Wellenbereich:* Teil des Spektrums der elektromagnetischen Wellen; *Wellenberg; Wellenbewegung; Wellenbrecher; wellenförmig* Ew.; *Wel-*

lenlang; *Wellenkamm:* oberster Teil der Welle; *Wellenlänge; Wellenlinie; Wellenmechanik:* eine Theorie der Atombewegung; *Wellenreiten:* Wassersportart; *Wellenreiter; Wellenschlag; Wellensittich:* kleine Papageienart; *Wellentheorie* ✳ **we̱llen** tr.: walgern : (Hüttw.) Eisen zusammenhämmern : wellenförmig machen : siedend wallen lassen : (Haar) wellig machen, ondulieren ✳ *Wellfleisch* ✳ **we̱llenhaft** Ew.: wie eine Welle ✳ **we̱llig** Ew.: wellenhaft : gewellt

We̱llington: englischer Feldherr : nach ihm benannte Hauptstadt Neuseelands
We̱lpe, der; –n, –n: Junges von Hunden, Füchsen, Wölfen u. a.
Wels, der; –es, –e: ein großer Flussfisch : Weller
welsch Ew.: (veralt.) fremdländisch, bes. romanisch : (schweiz.) schweizerisch, die franz. Schweiz betreffend ✳ *Welschhuhn:* Truthahn; *Welschkohl:* Wirsing; *Welschkorn:* Mais ✳ **We̱lsche,** der; die; –n, –n: (urspr.) Name der Keltischsprechenden : (verächtl., veralt.) Romanen : Fremdländer : (schweiz.) Bewohner der fr. Schweiz

Welt, die; –, –en: (urspr.) Menschenalter, Zeitalter : (im engeren Sinne) die Erde : (im weiteren Sinne) der Inbegriff alles Bestehenden : Gesamtheit aller Menschen : Wohnplatz der Menschen : Gesamtheit aller seienden Dinge, All : bewegtes Leben und Treiben der Menschen : Schauplatz des Treibens der Menschen : das Irdische im Gegensatz zum Göttlichen : ein abgeschlossenes Lebensgebiet, (Wirkungs-) Kreis : Gesamtheit der zu einem solchen Gehörenden : Himmelskörper : Lebensart ✳ *Weltall; Weltanschauung:* Gesamtheit der Vorstellungen und Erkenntnisse, die die Einstellung eines Menschen zum Sinn der Welt und des Lebens bestimmt; *weltanschaulich* Ew.; *Weltausstellung; Weltbank; weltbekannt* Mw. Ew.; *weltberühmt* Mw. Ew.; *Weltbestleistung; weltbewegend* Ew.; *Weltbild; Weltbund; Weltbürger:* Kosmo-

polit; *Weltcup:* (Vd. f.) Worldcup, Weltpokal; *Weltelite; Weltenraum; weltentrückt* Ew.: verträumt; *Welterfahrung:* Lebenserfahrung; *Welterfolg; welterschütternd* Ew.; *weltfern* Ew.; *Weltfirma:* weltbekannte Firma; *Weltflucht; weltfremd* Ew.; *Weltfriede; Weltgebäude; Weltgefüge; Weltgeist; Weltgeltung; Weltgemeinschaft; Weltgericht:* Letztes Gericht; *Weltgeschichte; Weltgesundheitsorganisation; weltgewandt* Ew.; *Weltgewerkschaftsorganisation; Weltgoldproduktion; Welthandel; Welthilfssprache; Weltkarte:* Karte von der ganzen Erde; *Weltkind:* Mensch, der sich den Genüssen des Daseins hingibt; *Weltkirchenkonferenz; Weltklasse, Weltklassesportler; Weltklugheit:* Erfahrung und Gewandtheit im Verkehr mit Menschen; *Weltkrieg:* Krieg, an dem viele Länder, die Großmächte beteiligt sind; *Weltkulturerbe; Weltlage; Weltlauf:* Weltgeschehen; *weltläufig* Ew.; *Weltliteratur; Weltmacht; Weltmann; weltmännisch* Ew.; *Weltmarkt; Weltmeer:* Ozean; *Weltmeister; Weltmeisterschaft; Weltordnung; Weltpostverein; Weltorganisation:* Vereinte Nationen, UN; *Weltpremiere; Weltpresse;* (Sport) *Weltrangliste; Weltraumbehörde; Weltraumfahrt:* Fahrt in den Weltenraum; *Weltraumflug; Weltraumforschung; Weltraumsonde; Weltraumstation; Weltraumstrahlen:* Höhenstrahlen; *Weltreich; Weltreisender; Weltrekord:* Welthöchstleistung auf sportlichem Gebiet; *Weltreligion; Weltrevolution; Weltruhm, Weltruf:* Berühmtheit; *Weltschmerz:* Gefühl der Lebensenttäuschung und der romantischen Schwermut; *Weltsicherheitsrat; Weltspartag; Weltspitze; Weltsprache:* auf der ganzen Erde verbreitete Sprache : künstliche, für die ganze Welt geltende Sprache; *Weltstadt:* Großstadt von weltumfassender Bedeutung; *Weltstar; Weltumsegelung; weltumspannend,* aber: *Welten umspannend:* (dichter.) weltumspannend; *Weltuntergang; Weltver-*

besserer; Weltverkehr: der alle Erdteile umspannende Verkehr; *Weltwährungskonferenz; Weltweisheit:* (Vd. f.) Philosophie; *weltweit; Weltwirtschaft; Weltwirtschaftskrise; Weltwunder; Weltzeituhr:* Uhr, die alle Weltzeiten angibt ✳ *Weltenraum; Weltenbummler; weltenstürzend* Mw. Ew.; *weltenweit* Ew.: weit wie die Welt ✳ **welt**|**lich** Ew.: auf die Welt bezüglich : der Welt angehörig : irdisch : der irdischen Lust nachgehend : ungeistlich : laienhaft ✳ **Welt**|**lich**|**keit**, die; –: das Weltlichsein : Laienstand : weltliche Macht

Wel|**ter**|**ge**|**wicht**, das; –es, –e: (Sport) eine Gewichtsklasse für Boxer, Ringer und Budosportarten

wem: Dat. von wer ✳ *Wemfall:* (Vd. f.) Dativ

wen: Akk. von wer ✳ *Wenfall:* (Vd. f.) Akkusativ

Wen|**de**, der; –n, –n: Angehöriger eines slaw. Volksstammes ✳ **Wen**|**dei**, die; –: Gebiet der Wenden ✳ **Wen**|**din**, die; –, –nen: Bewohnerin der Wendei ✳ **wen**|**disch** Ew.: auf die Wenden bezüglich

Wen|**de**, die; –, –n: Drehung : Umkehr : Biegung : Ecke : Pol : Änderung : Zeitgrenze : ein Ackermaß ✳ *Wendehals:* eine Art Klettervogel ✳ (übertr.) opportunistisch sich Anpassender; *Wendekreis:* dem Äquator parallel gedachter Kreis der Himmels- und Erdkugel; *Wendemanöver; Wendeplatz; Wendepunkt:* Punkt oder Zeit, wo sich etwas wendet ✳ **Wen**|**del**, der; –s, –: schraubenförmig um einen Stab gewickelter (gewendelter) Draht : (in Zus.) etwas sich Wendendes ✳ *Wendelstiege, -treppe:* schneckenförmig gewundene Treppe ✳ **wen**|**den** (du wandtest und wendetest, du wendetest; gewandt und gewendet; wend[e]!) tr.: eine andere Richtung geben : umdrehen; rbz.: sich umdrehen : umkehren : (sich – an) sich an jemand richten ✳ *das Kleid wurde gewendet; er wandte sich an die Polizei; das Blatt hat sich gewendet; Mühe an, auf etwas wenden:* mit Mühe bearbeiten usw.

✳ **wen**|**dig** Ew.: „sich leicht wendend", elastisch, (übertr.) sich leicht auf etwas Neues einstellend : (Fahrzeug) leicht lenkbar ✳ **Wen**|**dig**|**keit**, die; –, –en: Beweglichkeit : Einfühligkeit ✳ **Wen**|**dung**, die; –, –en: das Wenden : Änderung : Umschwung : Art des Gedankenausdrucks ✳ *Wendungspunkt:* Drehpunkt : Pol

Wen|**dei:** s. Wende, der

Wen|**del**|**trep**|**pe, wen**|**den:** s. Wende, die

Wen|**din:** s. Wende, der

Wen|**dung:** s. Wende, die

we|**nig** unbest. Zahlw.: klein an Menge und Zahl (Ggs. viel) : (Mz.) gering an Zahl ✳ *ein wenig:* etwas, ein bisschen; *ein wenig Freude; mit ein wenig Güte; ein klein wenig; einiges wenige; das, dies, dieses wenige; wenige wissen, ..; wenige gute Freunde; mit wenigem auskommen; wenig Gutes; wenige Gute; zu wenig:* übermäßig wenig : nicht genug; *viel weniger:* (zwischen Sätzen) erst recht, noch, nicht; *er wusste nicht von ihrer Krankheit, viel weniger von ihrem plötzlichen Tod; nichts weniger als:* durchaus nicht ✳ **We**|**nig**|**keit**, die; –: geringes Maß : eine Kleinigkeit ✳ *meine Wenigkeit:* ich ✳ **we**|**nigs**|**tens** Uw.: zum mindesten

wenn Bw.: (zur Anknüpfung eines Bedingungssatzes) falls, angenommen dass, gesetzt dass .. : (ztl.) jedesmal zu der Zeit, dass .. ✳ *wenn auch:* obgleich ✳ *wenngleich, wennschon* Bw.: obgleich ✳ **Wenn**, das; –: Bedingung ✳ *das Wenn und das Aber; viele Wenn und Aber*

wer frag. Fw. (Gen. wes, wessen : Dat. wem; Akk. wen): welche Person : bez. Fw.: derjenige, welcher; unbest. Fw.: (volkst.) einer, jemand ✳ *Wer da?:* Anruf der Wache ✳ *Werda, das; –; Werdaruf, der; –s, –e:* der Anruf durch die Wache ✳ *Werfall, der; –s, ..fälle:* (Vd. f. Nominativ)

wer|**ben** (du wirbst; du warbst, du würbest; geworben; wirb!) intr.: (urspr.) sich drehen : (werben für ..) anpreisen : Reklame machen : anlocken : (werben um ..) bemühen um :

freien : anhalten um ✳ *Werbeabteilung; Werbeagentur; Werbeblatt:* Prospekt; *Werbebüro; Werbechef; Werbeetat; Werbefachmann; Werbefernsehen; Werbefilm; Werbefunk; Werbegeld; Werbegeschenk; Werbegraphiker* → *Werbegrafiker; Werbekampagne; Werbekauffrau, -mann; Werbekraft:* (kfm.) Anziehungskraft; *Werbeleiter; Werbemittel; Werbeschrift; Werbeslogan; Werbespot; Werbespruch; Werbetätigkeit; Werbetext; Werbetrommel; werbewirksam* Ew. ✳ **Wer**|**ber**, der; –s, –: einer, der wirbt : Werberedner : Freier ✳ **Wer**|**bung**, die; –, –en: Anpreisung, Reklame : Bewerbung ✳ *Werbungskosten* Mz.: Geschäftsunkosten

Wer|**da:** s. wer

wer|**den** (du wirst, er wird; du wurdest [dichter. wardst], er wurde [dichter. ward], wir wurden; du würdest; geworden; werd[e]!) intr. (sein): entstehen, ins Dasein treten : in einen Zustand eintreten, übergehen, sich zu etwas verwandeln : sich entwickeln, ausbilden zu etwas : sich erwünscht entwickeln : geschehen : Hilfsv. zur Bildung der Zukunft, der Bedingungsform : (Mw. worden) des Passivs ✳ *Werdegang:* Entwicklung

Wer|**der**, der; –s, –: Flussinsel : Landstrich zwischen Gewässern : Uferland

Wer|**fall**, der; –s, ..fälle: s. wer **wer**|**fen** (du wirfst; du warf[e]st, du würfest, geworfen; wirf!) tr.: mit Schwung an eine andere Stelle schleudern : wie werfend bewegen : besiegen : (weidmänn.) gebären; rbz.: (sich auf etwas –) sich eifrig mit etwas beschäftigen ✳ **Wer**|**fer**, der; –s, –: ein Werfender : (weidm.) Schweißhund : Tümmlertaube

Werft, die; –, –en: Schiffsbauplatz : Warf ✳ *Werftarbeiter*

Werg, das; –es: Hede, Abgang beim Hecheln des Flachses und Hanfs ✳ **wer**|**gen** Ew.: aus Werg bestehend

Wer|**geld**, das; –(e)s, –er: „Manngeld", Geldbuße für Verbrechen ✳ **Wer**|**wolf**, der; –(e)s, ..wölfe: „Mannwolf",

Mensch, der Wolfsgestalt annimmt (in der Sage) : blutgieriger Mensch [ahd. wer Mann]

Werk, das; –(e)s, –e: Erzeugnis des Schaffens, der Arbeit : Tat : schriftstellerisches Erzeugnis : etwas kunstvoll Zusammengesetztes : Fabrik, Industrieanlage : das Innere der Orgel : Orgelregister * *ans Werk gehen:* eine Arbeit anfangen; *ins Werk setzen:* bewerkstelligen : unternehmen; *vorsichtig zu Werke gehen:* vorsichtig handeln * *Werkangehörige; Werkanlage; Werkarbeit; Werkarzt; Werkausstellung; Werkbank:* Arbeitstisch in einer Fabrik; *Werkführer; Werkgemeinschaft; Werkhalle; Werkkamerad; Werkkindergarten; Werkküche; Werkleiter; Werkleitung; Werkleute* Mz.: Handwerker und Künstler; *Werkmeister:* Betriebsbeamter; *Werkschule; werk(s)eigen* Ew.; *Werkspionage; Werkstatt, Werkstätte:* Arbeitsstätte (eines Handwerkers); *Werkstatttage* →' *Werkstatttage; Werkstoff:* Arbeitsmaterial : Ersatzstoff : Kunstharz; *Werkstoffingenieur; Werkstofforschung* →' *Werkstofforschung; Werkstoffprüfung; Werkstudent:* (veralt.) Student, der sich sein Studium durch Lohnarbeit verdient; *Werktag:* Arbeitstag; *werktags* Uw.; *werktäglich* Ew.; *werktätig* Ew.: im Beruf; *Werktreue; Werkunterricht:* handwerklicher Unterricht; *Werkzeitschrift; Werkzeug:* Arbeitsgerät; *Werkzeugkasten; Werkzeugmacher; Werkzeugmaschine; Werkzeugstahl* * **werk|keln** (ich ..[e]le) mit: werken * *Werkeltag; werkeltätig* Ew. * **werk|ken** intr.: geschäftig tätig sein; tr.: bearbeiten

Werkstatttage, Werkstofforschung

Folgt auf einen Auslaut mit doppeltem Konsonanten (Mitlaut) oder Vokal (Selbstlaut) in einer Zusammensetzung ein Wort mit dem gleichen Anlaut, bleiben alle drei Buchstaben erhalten: *Werkstatttage, Werkstofforschung, Seeelefant.*

Wer|mut, der; –(e)s: eine Pflanze von bitterem Geschmack : (übertr.) etwas Bitte-

res * *Wermutstropfen; Wermutwein*

Wer|ra, die, –: Quellfluss der Weser * **Wer|re,** die, –: Nebenfluss der Weser

Werst (russ.), die, –, –en: altrussische Meile (1066,7 m); Abk.: W

wert Ew.: geschätzt : im Urteil hochgehalten : (mit Akk.) soundso hoch geschätzt werdend : (mit Akk. oder Gen.) verdienend * *es ist keine Mark wert; die Arbeit ist des Lohnes wert:* der Arbeit gebührt Lohn; *viel, wenig wert sein; hundert Mark wert sein* * **wertachten** : ich achte wert, wertgeachtet, wertzuachten) tr.: hochschätzen; *wertschätzen* (vgl. wertachten) tr.: hochschätzen; *Wertschätzung* * **Wert,** der; –(e)s, –e: das Wertsein : Betrag, den etwas wert ist : etwas Wertvolles * *Wertangabe; Wertarbeit; wertbeständig* Ew.: von bleibendem Wert; *Wertbeständigkeit; Wertbestimmung; Wertbrief; Wertermittlung; Wertgegenstand; wertlos* Ew.; *Wertmarke; Wertmesser:* Maßstab, Muster zur Bestimmung des Wertes; *Wertminderung; Wertpaket; Wertpapier; Wertsachen; Wertsendung; Wertsteigerung; Wertstoffsammlung; Werturteil; Wertvorstellung; Wertzeichen; Wertzuwachs; Wertzuwachssteuer* * **wer|ten** tr.: nach dem Werte schätzen, abschätzen : benoten : einen Wert zuerkennen * **wer|tig** Ew., bes. in Zus.: Wert habend; z. B. hochwertig * **Wer|tig|keit,** die; –, –en: (bes. Chem.) Bindekraft der Atome, Valenz * **Wer|tung,** die; –, –en: Schätzung * *Wertungslauf:* (Motorsport) Rennen, das für die Meisterschaft zählt

Wer|wolf: s. Wergeld

wes: (veralt.) wessen * *wes Brot ich ess, des Lied ich sing* * *weshalb, weswegen:* warum * *Wesfall:* (Vd. f.) Genitiv * **wes|sen:** Gen. von wer * *wessenthalben, wessentwegen:* (veralt.) weshalb

We|sen, das; –s, –: das Sein : das innere Sein : Eigenart, Sinnesart : ein seiendes Ding * *wesenlos* Ew.: ohne Wesenheit, ohne inneres Wesen * *We-*

sensart; Wesensausdruck; wesenseigen Ew.; *Wesenseigentümlichkeit; wesensfremd* Ew.; *wesensgleich* Ew.: von gleichem Wesen; *wesensnotwendig* Ew.; *wesensverwandt* Ew. * **we|sen|haft** Ew.: seiend, bestehend * **We|sen|heit,** die; –: inneres Wesen : das Seiende * **we|sen|tlich** Ew.: wirklich : das Wesen einer Sache ausmachend : hauptsächlich * *im wesentlichen* →' *im Wesentlichen:* in der Hauptsache; *nichts Wesentliches; das Wesentlichste*

We|ser, die; –: nordd. Strom * *Weserbergland; Wesergebirge*

Wes|fall usw.: s. wes

We|sir (arab.), der; –s, –e: „Stütze", (früher) Minister eines islam. Herrschers

Wes|pe, die; –, –n; Wespchen: Hautflüglergattung mit Giftstachel * *Wespennest; Wespenstich* * **wes|pen|haft, wespen|ar|tig** Ew.: wie eine Wespe

wes|sen: s. wes

Wes|si, der; –s, –s: (Umgspr. verächtl.) Einwohner Westdeutschlands, jemand der aus den alten Bundesländern kommt

Wes|so|brunn: oberbayerische Ortschaft * *Wessobrunner Gebet, das:* althochdeutscher Gebetstext

West, der; –(e)s, –e: Westwind; Abk.: W * **West,** der; –(e)s; **Wes|ten,** der; –s: Himmelsrichtung, Seite, wo die Gestirne untergehen, um 90° vom Nordpunkt entfernt : Himmelsgegend um den Westpunkt : nach Westen gelegene Teile der Erde : nach Westen gelegener Teil eines Ortes : Bewohner westlicher Gegend; Abk.: W * *Westafrika; Westaustralien; Westberlin; Westberliner; Westdeutschland; westdeutsch* Ew.; *Westend; Westeuropa; westeuropäisch* Ew.; aber im Namen: *Westeuropäische Union (WEU); Westgeld:* in der ehem. DDR Bez. für westliche Währungen (DM, Dollar u. a.); *Westindien; Westintegration:* Einbindung in die westlichen Bündnisstrukturen; *Westler:* Bewohner eines westl. Landes, insbes. der Bundesrepublik aus (ehem.) DDR-Sicht; *Westmächte* Mz.: die zum Westen gehörigen Staaten; *West-mark:* (ehem. DDR) Deutsche Mark (DM); *Westnordwest,* der; -es, -e: Wind von West-nordwesten; Abk.: WNW; *Westnordwesten,* der; -s: Himmelsrichtung zwischen W und NW; Abk.: WNW; *westöstlich* Ew.: (Wind) von Westen nach Osten wehend; *Westöstliche Diwan,* der; -n -s: eine goethische Gedichtsammlung; *West-samoa:* Staat im Pazifik; *West-sektor:* ehem. der von West-mächten besetzte Teil Berlins; *Westsüdwest,* der; -es, -e: Wind von Westsüdwesten; Abk.: WSW; *Westsüdwesten,* der; -s: Himmelsrichtung zwischen W und SW; Abk.: WSW; *westwärts* Uw.; *Westwind:* aus W wehender Wind; *Westzone:* amerikanische, britische und französische Besatzungszone Deutschlands nach dem 2. Weltkrieg ✳ **wes|tisch** Ew.: zum Westen gehörend ✳ **west|lich** Ew.: im, vom Westen ✳ *die westliche Grenze*

Wes|te (l.), die; –, –n; West-chen: jackenartiges, meist är-melloses Kleidungsstück ✳ *Westenfutter; Westentasche* ✳ **Wes|to|o|ver** (e.), der; -s, –: Pullover ohne Ärmel, Pullunder

Wes|tern, der; -(s), –: Wild-westfilm

West|fa|le, der; -n, -n: Ange-höriger eines norddeutschen Stammes ✳ **West|fa|len:** Teil des westd. Bundeslandes Nord-rhein-Westfalen ✳ **West|fä|lin,** die; –, -nen ✳ **west|fä|lisch** Ew.: auf Westfalen bezüglich ✳ *westfälischer Schinken* ✳ *West-fälische Gerichte* Mz.: Femge-richte; *der Westfälische Frie-den*

westfälischer Schinken, Westfälischer Frieden

Als Adjektiv (Eigenschafts-wort) wird *westfälisch* kleinge-schrieben: *westfälischer Schin-ken.* Nur als Bestandteil eines Eigennamens oder eines festen Begriffs verlangt es Groß-schreibung: *Westfälischer Frie-den.*

West|mins|ter|ab|tei, die; –: monumentale Kirche in Lon-don, Krönungsort des engli-schen Königshauses

Wes|to|o|ver: s. Weste

West|rom: westlicher Teil des Römischen Reiches nach der Teilung ✳ **west|rö|misch** Ew. ✳ *Weströmisches Reich*

West|sa|moa: s. West

wes|we|gen: s. wes

wett Ew. (fast nur aussag.): quitt : so beschaffen, dass For-derung und Leistung sich aus-gleichen ✳ **Wet|te,** die; –, –n: Vertrag zur Entscheidung ei-nes Streites, nach dem der Un-terliegende an den Sieger etwas zu zahlen hat ✳ *um die Wette:* mit einem den (die) anderen zu überbieten suchenden Eifer ✳ *Wettannahme; Wettbewerb; Wettbewerbsklausel; Wett-büro; Wetteifer; wetteifern* (ich wetteifere, gewetteifert, zu –) intr.: (mit einem –) zu übertref-fen suchen; *Wettkämpfer; Wett-lauf; wettlaufen; wettmachen* (ich mache wett, wettgemacht, wettzumachen) tr.: ausglei-chen; *wettrennen; Wettrennen; Wettrudern; Wettrüsten; Wett-spiel; Wettstreit; Wettauchen* → *Wetttauchen; Wetteufel* → *Wettteufel; Wetturnen* → *Wett-turnen* ✳ **wet|ten** tr., intr.: eine Wette eingehen

Wet|ter, das; -s, –: Beschaffen-heit der Atmosphäre : Unwetter : (bergm.) leicht explodierbare Luft- und Gasmenge ✳ *Wetter-amt; Wetteraussicht; Wetterbe-richt:* Wettervorraussage im Fernsehen, Radio; *Wetterbes-serung; wetterbeständig* Ew.: wetterfest; *Wetterdienst:* amtli-che Dienststelle zur Wetterbe-obachtung; *wetterfest* Ew.: dem Wetter trotzend; *Wetterfor-schung; Wetterfrosch; wetter-fühlig* Ew.; *Wetterglas:* (Vd. f.) Barometer; *Wetterhahn:* Wet-terfahne in Hahnengestalt; *Wet-terhäuschen:* Barometer und Thermometer in Form eines Häuschens; *Wetterkarte:* Land-karte der Wetterwarten mit An-gabe der Wetterlage; *Wetter-kunde:* (Vd. f.) Meteorologie; *wetterkundig* Ew.: das Wetter kennend; *wetterkundlich* Ew.: sich auf die Wetterkunde bezie-hend; *Wetterlage; Wetter-lampe:* Grubenlampe; *wetter-leuchten* (es wetterleuchtet, ge-wetterleuchtet, zu wetterleuch-ten) intr.; *Wettermantel:* Re-

genmantel; *Wetterprognose:* Wettervorraussage; *Wetterpro-phet; Wettersäule:* Wasserhose : (Vd. f.) Barometer und Ther-mometer; *Wettersatellit; Wet-terschacht:* (bergm.) Absaug-schacht für verbrauchte Luft; *Wetterschaden; Wetterscheide:* Grenzgebiet zwischen zwei Wetterzonen; *Wetterschießen:* Versuch, durch Explosivstoffe oder Kanonenschüsse das Wet-ter zu beeinflussen; *Wetter-seite:* den Wettereinflüssen stark ausgesetzte Seite (Baum, Haus), besonders West- und Nordseite; *Wettersturz:* plötzli-cher Wetterwechsel; *Wetterum-schlag:* Wetterwechsel; *Wetter-vorhersage; Wetterwarte:* (Vd. f.) meteorologische Station; *wetterwendisch* Ew.: launisch : unzuverlässig; *Wetterwolke:* Gewitterwolke ✳ **wet|tern** (ich ..[e]re) intr., unp.: (veralt.) ge-wittern : (übertr.) fluchen, arg schelten

Wet|tin: Stadt in Sachsen-An-halt ✳ **Wet|ti|ner:** Einwohner von Wettin : deutsches Adels-geschlecht, Angehöriger die-ses Geschlechts

wet|zen (du wetzest und wetzt) tr.: schärfen : auf dem Wetz-stein abziehen : (mundartl.) ei-lig laufen ✳ *Wetzstahl; Wetz-stein*

WEU (Abk.): Westeuropäische Union

WEZ (Abk.): westeuropäische Zeit

WG (Abk.): Wohngemeinschaft

Whirl|pool (e.) [ʊwörlpuhl], der; -s, -s: Schwimmbad oder Badewanne mit bewegtem Wasser

Whis|key (e.), der; -s, -s: ame-rik. und irischer Getreide-branntwein ✳ **Whis|ky** (e.) [ʊwißki], der; -s, -s: schotti-scher Getreidebranntwein

Whist (e.) [ʊwist], das; -es: ein Kartenspiel für vier Personen

WHO (Abk.): World Health Organization = Weltgesund-heitsorganisation

Wichs, der; -es, -e: (stud.) Festtracht, Gala ✳ **Wich|se,** die; –: Schuhwachs : Prügel ✳ **wich|sen** (du wichsest und wichst) tr.: mit Wachs glänzend machen : prügeln : (vulgär) masturbieren ✳ *gewichst* Mw.

Ew.: (übertr.) in sauberer Kleidung : abgebrüht ✳ **Wich|ser**, der; –s, –: Schuhputzer : stutzerhaft gekleideter Student : (Schimpfwort) Onanierer

Wicht, der; –(e)s, –e: Zwerg, Kobold : verächtlicher Mensch : kleines Kind ✳ **Wich|tel**, der; –s, –: kleiner Kobold : Eule zum Vogelfang ✳ *Wichtelmännchen:* Heinzelmännchen

Wich|te, die; –, –n: spezifisches Gewicht ✳ *Wichtezahl*

wich|tig Ew.: (Münze) das gehörige Gewicht habend : (übertr.) bedeutend, einflussreich ✳ *wichtig tun* intr.: so tun, als sei man bedeutend; *etwas, nichts Wichtiges ✳ Wichtigmacher; Wichtigtuer; wichtigtuerisch* Ew.; *Wichtigtuerei ✳* **Wich|tig|keit**, die; –, –en: das Wichtigsein

Wi|cke, die; –, –n: Schmetterlingsblütler

Wi|ckel, der; –s, –: (mundartl.) die; –, –n: etwas Umgewickeltes : (Med.) Packung, Umschlag : Wickelband für kleine Kinder : Einlage der Zigarre : (Bot.) scheinachsiger Blütenstand : Haarwickel ✳ *Wickelband; Wickelkind; Wickelkissen; Wickelkommode; Wickeltisch; Wickeltuch; Wickelzeug* ✳ **wi|ckeln** tr.: windend um etwas schlingen : einwickeln : aufwickeln : umwickeln ✳ *schiefgewickelt sein → schief gewickelt sein* (volkst.) im Irrtum sein ✳ **Wick|ler**, der; –s, –: ein Wickelnder : Familie der Kleinschmetterlinge

Wick|lung, die; –, –en: festgerollter Draht : (Med.) Packung

Wid|der, der; –s, –: männl. (unverschnittenes) Schaf : ein Sternbild : ein Tierkreiszeichen : altröm. Kriegsgerät, Mauerbrecher ✳ *hydraulischer Widder:* Stoßheber; *Widderehen:* „Blutströpfchen", Name einer Schmetterlingsfamilie; *Widderhorn:* Horn des Widders : Name für Schnecken; *Widderpunkt:* Frühlingspunkt

wi|der Vw. mit Akk.: gegen ✳ *wider seinen Willen; das Für und Wider; hin und wider:* hin und zurück (vgl. *hin und wieder*) ✳ *widerborstig* Ew.: widerspenstig : eigensinnig wi-

dersprechend; *Widerdruck:* (Buchdrw.) Bedrucken der Rückseite des Druckbogens; *widereinander, widereinander streiten; widerfahren* (es widerfährt, es ist widerfahren) intr.: zustoßen, begegnen; *widerhaarig* Ew.: borstig : widerspenstig; *Widerhaken; Widerhall:* Echo; *widerhallen* (es hallt wider, widergehallt, widerzuhallen) intr. (sein); *Widerklage:* Gegenklage; *widerklingen* (vgl. widerhallen) intr.: entgegenklingen : (Baukst.) Stütze; *Widerlager:* Mauer, auf der ein Gewölbebogen ruht; *widerlegen* (vgl. widerfahren) tr.: als irrig, falsch beweisen; *widerlegbar* Ew.: so beschaffen, dass es widerlegt werden kann; *Widerlegung:* Beweis eines Irrtums; *widernatürlich* Ew.: dem Natürlichen (oder dem als natürlich Angesehenen) widersprechend; *Widernatürlichkeit; Widerpart,* der; –(e)s, –e: Gegner (vgl. widerfahren) tr.: abraten; *widerrechtlich* Ew.: (Handlung) gegen das Recht verstoßend; *Widerrede:* Widerspruch; *Widerrist:* Erhöhung der Halswirbel durch Dornfortsätze bei Huftieren; *Widerruf:* Zurücknahme einer Behauptung, eines Befehls; *widerrufen* (vgl. widerfahren) tr.: zurücknehmen, für ungültig erklären; *widerruflich* Ew.: so beschaffen, dass es widerrufen werden kann; *Widerrufung:* das Widerrufen; *Widersacher,* der; –s, –: Gegner, Feind; *Widerschein:* zurückgeworfener Schein, Reflex; *Widersee,* die; –: Brandung; *widersetzen* (vgl. widerfahren) rbz.: gegen etwas ankämpfen, Widerstand leisten; *widersetzlich* Ew.: sich widersetzend; *Widersetzlichkeit:* Widerstand (gegen die Staatsgewalt); *Widersinn:* Unsinn : Gegensinn; *widersinnig* Ew.; *widerspenstig* Ew.: eigenwillig widerstrebend : ungehorsam; *Widerspenstigkeit; widerspiegeln* (vgl. widerhallen) tr.: spiegelnd zurückwerfen; *widersprechen* (vgl. widerfahren) intr.: jemandes Meinung bestreiten; *widersprechend* Ew.: unglaubwürdig : paradox; *Wi-*

derspruch: Unvereinbarkeit, Missverhältnis (Antinomie) : Einwand, Gegengrund : Fehlurteil, Widersinn : Einspruch : Auflehnung, Widerrede : Gegnerschaft; *Widerspruchsgeist:* Neigung zum Widersprechen : (übertr.) Streitbold : Nörgler : Wortkämpfer; *widerspruchslos* Ew.: nicht widersprechend; *widerspruchsvoll* Ew.; *Widerstand:* Gegenkraft, die etwas zu hemmen sucht : (elektr. →) Eigenschaft eines Leiters, die Stromstärke zu beeinträchtigen; *Widerstandsbewegung; widerstandsfähig* Ew.; *Widerstandskämpfer; Widerstandskraft; widerstandslos* Ew.; *Widerstandspflicht; Widerstandsrecht; Widerstandsvermögen; –verstärker:* (Funkw.) Kaskadenverstärker; *widerstehen* (vgl. widerfahren) intr.: standhalten : zuwider sein; *widerstrahlen* (vgl. widerhallen) tr.: zurückstrahlen; *widerstreben* (vgl. widerfahren) intr.: entgegenstreben : zuwider sein; *widerstrebend* Ew.; *Widerstreit:* Gegensatz : Konflikt : Missklang; *widerstreiten* (vgl. widerfahren) intr.: in Widerspruch stehen; *Widerton,* der; –, –(e)s, –e: eine Moosart : ein Farnkraut; *widertönen* (vgl. widerhallen) intr.: widerhallen; *widerwärtig* Ew.: in hohem Grade unangenehm; *Widerwärtigkeit,* die; –, –en; *Widerwille:* starke Abneigung, Abscheu; *widerwillig* Ew.: widerstrebend ✳ **wi|der|lich** Ew.: äußerst unangenehm, ekelhaft ✳ **Wi|der|lich|keit**, die; –, –en: Abscheulichkeit ✳ **wid|rig** Ew.: entgegengesetzt : verhasst ✳ **Wid|rig|keit**, die; –, –en: widrige Begebenheit

Wi|dia, das; –s: „wie Diamant", Hartmetall ✳ *Widiabohrer*

wid|men tr.: zu eigen geben : (Buch) zueignen; rbz.: (sich seinem Berufe u. a. –) sich hingeben, sich abgeben mit ✳ **Wid|mung**, die; –, –en: das Widmen : Zueignung (eines Buches) ✳ *Widmungstafel*

wid|rig: s. wider

wie frag. Uw.: in welcher Art? : in welchem Maß?; Bw.: (in Vergleichen) in der Art, in der

..: gleich : (ztl.) zu der Zeit, da
..: (ztl.) sobald * **wiefern:** inwiefern, in welcher Beziehung; *wieso?:* auf welche Art? : wie kommt das? : weshalb?; *wieviel → wie viel (wie viel Geld, wie viel Menschen);* **wievielmal:** wie oft?; *wieweit:* inwieweit, in wie hohem Grade, in welchem Maße, ob; *wiewohl* Bw.; obgleich

Wiedehopf, der; -(e)s, -e: „Holzhüpfer", Kuckucksvogel

wieder Uw.: von neuem : noch einmal : abermals * *tu es nicht wieder; soll ich es immer wieder sagen;* * *Wiederabdruck:* neuer Abdruck; *Wiederaufbau; Wiederaufbauarbeit; wiederaufbauen → wieder aufbauen* tr.; *wiederauffinden → wieder auffinden* tr.; *Wiederaufnahme;* (Rechtsspr.) *Wiederaufnahmeverfahren; wiederaufnehmen → wieder aufnehmen; Wiederaufrüstung; wiederauftauchen → wieder auftauchen* intr.; *wiederbekommen* (ich bekomme wieder, wiederbekommen) tr.: zurückerhalten; *wieder bekommen* tr.: nochmals erhalten; *wiederbeleben → wieder beleben* tr.: aufs neue beleben; *Wiederbelebungsversuch:* Versuch, einem Menschen das Leben wiederzugeben; *wiederbringen* tr.: zurückbringen; *wieder bringen* tr.: nochmals bringen; *wiedereinfallen → wieder einfallen* intr.: nochmals einfallen, sich wieder erinnern; *wiedereinsetzen* tr.: an die alte Stelle, in das alte Amt setzen; *wieder einsetzen* tr.: nochmals einsetzen; *wiedererhalten* tr.; *wiedererinnern* rbz.; *wiedererkennen* tr.; *wiedererlangen* tr.; *wiedererobern* tr.: zurückgewinnen; *wiedereröffnen → wieder eröffnen; wiedererzählen:* erzählend verbreiten; *wiederfinden* tr.: Verlorenes finden; *wiederfordern* tr.; *Wiedergabe:* Rückgabe, Rückzahlung : Nachbildung : Übersetzung; *wiedergeben* tr.: zurückgeben: nachbilden : übersetzen; *wiedergeboren → wieder geboren* Mw. Ew.: wie aufs Neue geboren; *Wiedergeburt:* innerliche Erneuerung; *wiedergewinnen* tr.; *wieder gewinnen* tr.: erneut sie-

gen; *Wiedergutmachung; Wiedergutmachungsgesetz; Wiedergutmachungsverhandlungen; wiederhaben* tr.: wieder in urspr. Zustand versetzen; *wieder herstellen → wieder herstellen; wiederherstellen* tr.; *Wiederherstellung; Wiederherstellungskosten* Mz.; *wiederholen* tr.: zurückholen; *wiederholen* tr.: nochmals tun; *wiederholt* Ew.: häufig, mehrmals; *Wiederholung; Wiederholungsfall; Wiederholungszeichen; Wiederhören,* das; -s: Abschiedsgruß im Rundfunk- und Telefonverkehr; *auf Wiederhören!; Wiederinbesitznahme,* die; -: erneute Besitzergreifung; *wiederkäuen* tr.: (Gekautes -) noch einmal kauen; *Wiederkäuer:* eine Säugetiergattung; *Wiederkauf:* Rückkauf; *Wiederkaufsrecht; Wiederkehr:* Rückkunft; *wiederkehren* intr.: zurückkommen; *wiederkommen* intr.; *wiedernehmen* tr.: erneut nehmen; *wiedersehen → wieder sehen* tr.: nach der Trennung aufs Neue sehen; nach vorübergehender Erblindung das Augenlicht wiederbekommen; *wiedersagen* tr.: weiter sagen; *Wiedertäufer:* Angehöriger einer christl. Sekte, die die Taufe wiederholt; *wiedertun → wieder tun* tr.: nochmals tun; *wiederum* Uw.: nochmals; Bw.: dagegen, andererseits; *wiedervereinigen → wieder vereinigen* tr.; *Wiedervereinigung,* die; -: Wiederherstellung der Einheit; *Wiederverheiratung; Wiederverkäufer; wiederverwerten → wieder verwerten; Wiederwahl:* nochmalige Wahl; *wiederwählen → wieder wählen; Wiederzeit:* (seem.) Wiederkehr der Gezeit; *Wiederzulassung*

wiederkommen, wieder eröffnet, wiederkäuen
In der Bedeutung von *zurück* werden Verbverbindungen mit *wieder-* gewöhnlich zusammengeschrieben und auf der ersten Silbe betont: *wiederkommen.* In der Bedeutung von *nochmals, erneut* gilt gewöhnlich Getrenntschreibung und Betonung des Verbs: *wieder er-*

öffnet. Ist das Verb ohne *wieder-* unüblich, schreibt man zusammen: *wiederkäuen.*

wiefern: s. wie

Wiege, die; -, -n; Wieglein, Wiegelchen: Kinderbettchen, das geschaukelt werden kann : Wiegemesser : Kupferstecherwerkzeug mit bogenförmiger Unterlage * *Wiegenband; Wiegendruck:* Inkunabel; *Wiegenfest:* Geburtstag; *Wiegenlied:* Schlaflied * **wiegen** (wiegte, gewiegt) tr.: schaukelnd hin und her bewegen : (Schiff -) beim Stapellauf langsam in Bewegung bringen : mit dem Wiegemesser zerkleinern : (Kupferst.) auf der Wiege aufreißen * *gewiegt* Mw. Ew.: schlau, gerissen * *Wiegemesser:* Messer mit bogenförmiger Schneide zum Zerkleinern * **wiegen** (du wiegst; du wogst, du wögest; gewogen; wieg[e]!) tr.: wägen, das Gewicht feststellen; intr.: ein Gewicht haben

wiehern (ich ..ere) intr.: (Pferd) schreien : (übertr.) wie wiehernd lachen : (übertr.) brünstig begehren

Wien: Hauptstadt Österreichs * **Wiener,** der; -s, -: Bewohner von Wien * **Wiener, wienerisch** Ew.: auf Wien bezüglich * *Wiener Walzer; Wienerwald*

wienern tr.: (urspr.) mit Wiener Putzkalk putzen : blank reiben

wie oben: wie oben gesagt; Abk.: w. o.

Wiesbaden: Kurort am Taunus

Wiesbaum: s. unter Wiese

Wiese, die; -, -n: mit Gras bewachsenes Nutzland * *Wiesbaum, Wiesenbaum:* Heuwagenstange, Heubaum * *Wiesenampfer; Wiesenblume; Wiesenboden; Wiesengrund; Wiesenfuchsschwanz:* ein Futtergras; *Wiesenklee; Wiesenknarre(r):* Wachtelkönig; *Wiesenknopf:* Rosengewächs; *Wiesenlieschgras:* Timothygras; *Wiesenlolch:* Raygras; *Wiesenschaumkraut:* Kreuzblütler; *Wiesenspeik:* Grasgattung auf Heide- und Moorboden, Ziegenhaar; *Wiesental*

Wiesel, das; -s, -: ein marder-

artiges kleines Raubtier ∗
wie|seln (ich ..[e]le) intr.: wie
ein Wiesel laufen : (mundartl.)
harnen
wie|so: s. wie
wie|viel usw.: s. wie
Wig|wam, der; –s, –s: Zelt der
nordamerikan. Indianer
Wi|king (altnord.), der; –s, –er:
„Krieger“, Normanne ∗ *Wikin-
gersage; Wikingerschiff*
wild Ew.: (Tiere, Menschen)
im Naturzustand lebend ∗
(Pflanzen) ohne Züchtung, von
selbst wachsend : sehr unbändig : ungestüm tobend : (Gegend) nicht bebaut : ungesittet,
roh : natürlich, ungekünstelt ∗
wilde Ehe: gesetzlich nicht an-
erkannte Ehe, Konkubinat ∗
Wildbach: ungestüm herabstür-
zender Bach; *Wildbad:* natürliches Mineralbad; *Wildcard
auch: Wild Card* (e.) [ˈwailt-
kaht], die; –,–s: (Tennis) Einla-
dung durch den Turnierveran-
stalter zur Teilnahme ohne vor-
herige Meldung; *Wildente:*
Stockente, Strichvogel; *Wildfang:* ausgelassenes Kind;
wildfremd Ew.: gänzlich unbekannt; *Wildfuhre:* ungebahnter
Weg; *Wildheu:* Kammheu;
Wildheuer: Wildheger; *Wild-
holz:* Ginster; *wildlebend →
wild lebend; Wildobst; wild-
wachsend → wild wachsend;
Wildwest; Wildwestfilm; Wild-
wuchs; wildwüchsig* Ew.: ohne
Züchtung, von selbst wachsend
∗ **Wild,** das; –[e]s: alle jagdbaren Vögel und Säugetiere ∗
Wildbahn: Jagdgebiet, Jagd-
weg; *Wildbret:* essbares Wild-
fleisch; *Wilddieb:* Wilderer;
wilddieben (ich wilddiebe; ge-
wilddiebt; zu –) intr.: wildern;
*Wildgans; Wildgatter; Wildhü-
ter; Wildleder; Wildpark; wild-
reich* Ew.; *Wildsau; Wildscha-
den:* durch Wild verursachter
Schaden; *Wildschwein; Wild-
schur* [umgebildet aus poln.
vjlczur]: Wolfspelz; *Wild-
schütz:* Wilddieb ∗ **Wil|de,** der;
die; –n, –n: (veralt., abwert.)
Angehörige(r) eines Eingebo-
renenstammes : parteiloser Ab-
geordneter ∗ **Wil|de,** die; –, –n:
Wildheit : Wildnis : (schweiz.)
hohe Alp ohne Laubholz ∗
Wil|de|rei, die; –, –en: Treiben
eines Wilderers ∗ **Wil|de|rer,**

der; –s, –: einer, der unbefugt
jagt ∗ **wil|dern** (ich ..[e]re)
intr.: unbefugt jagen ∗
Wild|heit, die; –, –en: das
Wildsein : wildes Treiben :
(bergm.) unbrauchbares Erz ∗
Wild|nis, die; –, –se: einsame
unbebaute Gegend : Einöde :
Urwald
Will|helms|ha|ven: Hafenstadt
an der Nordsee
Wil|le, der; –ns, –n; **Wil|len,**
der; –s, –: Fähigkeit des Wollens : Äußerung des Wollens :
Absicht : Willensbestimmung
∗ *einem zu Willen sein:* bereit
sein, seinen Willen zu erfüllen; *der Letzte Wille:* Testament ∗ *willfahren* (ich will-
fahre, du willfahrtest, willfahrt
und gewillfahrt, zu –) intr.: zu
Willen sein, sich fügen; *will-
fährig* Ew.: bereit zu willfahren; *Willfährigkeit; Willkomm,*
der; –s, –e; *Willkommen,* das
(der); –s, –: Begrüßung (mit
dem Rufe „willkommen!“) :
Begrüßungstrunk; *willkommen* Ew.: erwünscht, angenehm (als Kommender); *willkommen heißen* tr.: freudig be-
grüßen; *willkommen sein:* erwünscht sein; *Willkommens-
gruß; Willkommenstrunk;
Willkür,* die; –: rücksichtsloser
Wille : Gewalt; *Willkürakt;
Willkürherrschaft; willkürlich*
Ew.: nach Willkür handelnd;
Willkürmaßnahme ∗ *willenlos*
Ew.: ohne Willen; *Willenlosig-
keit* ∗ *Willensakt; Willensäu-
ßerung; Willensbildung; Willenserklärung; Willensfrei-
heit; Willenshandlung; Wil-
lenskraft; Willensschwäche* ∗
wil|len, um .. – (wie ein) Vw.
mit Gen.: wegen, mit Rücksicht auf ∗ *um Gottes willen* ∗
wil|lent|lich Ew.: absichtlich ∗
wil|lig Ew.: ohne Widerstreben
bereit
will|fah|ren: s. Wille
will|kom|men: s. Wille
Wil|pert, das; –(e)s: (mund-
artl.) Wildbret
wim|meln (ich ..[e]le) intr.:
sich in dichtem Gewühl
schwärmend bewegen
Wim|me|rer, der; –s, –: ein
Wimmernder ∗ **wim|me|rig**
Ew.: in der Art eines Wimme-
rers ∗ **wim|mern** (ich ..[e]re)
intr.: winseln, stöhnen ∗ *Wim-*

merholz: (scherzh.) Geige;
Wimmermöwe: Seeschwalbe
Wim|pel, die; der; –s, –: Schiffs-
flagge : Banner
Wim|per, die; –, –n: Haarreihe
am Augenlid ∗ *ohne mit der
Wimper zu zucken:* bedenken-
los ∗ *Wimperfarn; Wimperntu-
sche*
Wim|perg, der; –(e)s, –e;
Wim|per|ge, die; –, –n: goti-
scher Ziergiebel über Tür- und
Fensterbogen
Wind, der; –(e)s, –e: Luftbewegung : (weidm.) Witterung :
(übertr.) etwas Aufgeblasenes,
Wertloses : Blähung : etwas
Windschnelles ∗ *von etwas
Wind bekommen:* (eig. wittern)
etwas Verborgenes erfahren ∗
Wind machen: (übertr.) sich
brüsten : prahlen; *in den Wind
schlagen:* verscherzen : weg-
werfend behandeln; *den Wind
aus den Segeln nehmen:* die
Triebkraft nehmen; *den Mantel
nach dem Wind hängen:* sich
den Verhältnissen anpassen ∗
vor dem Wind: mit Rücken-
wind; *bei Wind und Wetter* ∗
Windbeutel: unzuverlässiger
Mensch : ein Gebäck; *Wind-
beutelei,* die; –, –en: großspre-
cherisches Treiben; *Windbö(e);
Windbruch:* vom Sturm nieder-
gerissene Bäume oder abgeris-
sene Äste; *Windbüchse:* Kugel-
flinte mit gepresster Luft als
Schleuderkraft; *Winddorn:*
eine tuberkulöse Erkrankung
der Finger- und Zehenknochen;
Windei: (Med.) Mole : Ei ohne
Schale; *Winderhitzer:* Cowper-
Apparat; *Windfahne:* Wetterfahne; *Windfang:* Windschutz-
vorrichtung : Nase des Scha-
lenwildes; *Windfege:* Getreide-
reinigungsmaschine; *Windfri-
schen:* Bessemermethode;
Windgalle: ein Himmelsfleck;
Windharfe: Äolsharfe; *Windhose:* Wettersäule; *Windhund:*
eine Hunderasse : (volkst.)
leichtsinniger Mensch; *Wind-
jacke; Windjammer:* großes Segelschiff; *Windkanal:* Vorrichtung an der Orgel : Windstrom-
anlage in aerodynamischen
Versuchsanstalten; *Windkes-
sel; Windlade:* (Orgel) Röhre,
die den Wind aus den Bälgen
nach den Pfeifen leitet; *Wind-
loch:* Felsspalt : Seitenloch an

der Flöte; *Windmesser:* (Vd. f.) Anemometer; *Windmonat:* November; *Windmotor:* Windkraftmaschine; *Windmühle:* vom Wind getriebene Mühle; *Windmühlenflugzeug:* Hubschrauber; *Windmüller; Windpocken* Mz.: Kinderkrankheit; *Windrad; Windrichtung; Windrose:* Bild im Kompass mit den Windrichtungen; *Windröschen:* Anemone; *Windschatten:* vom Winde nicht getroffener Raum; *Windschreiber:* Apparat zur Aufzeichnung der Windstärke, Anemograph; *Windschutzscheibe; Windschutztür; Windspiel:* Windhund; *Windstärke; Windstille:* das Fehlen jeder Luftbewegung, Kalme; *Windstoß; windwärts* Uw.: luvwärts ✴ *Windseile; Windeswehen* ✴ *Windsbraut:* heftig brausender Wind ✴ **win|den** (windete, gewindet) tr.: wittern; intr., unp.: windig sein ✴ **win|dig** Ew.: starker Wind wehend : (übertr.) nichtig, leer : (übertr.) leichtsinnig

wind Ew.: (veralt.) gewunden, verdreht, schief, krumm ✴ *mir ist wind und weh* ✴ *windschief* Ew.: krumm und schief ✴ *windeweh* Ew.: sehr weh ✴ **Win|de**, die; –, –n: Name von sich windend rankenden Pflanzen : (Techn.) Apparat zum Heben von Lasten : Drehbohrer : Göpel ✴ **Win|del**, die; –, –n: Tuch, in das ein Säugling gewickelt wird ✴ *windelweich* Ew.: weich wie der Stoff einer Windel ✴ **Win|del**, das; –s, –: Gebinde, Strang ✴ **win|den** (du wandest, du wändest) gewunden; wind[e]!) tr.: in gebogener Linie bewegen, drehen : durch Drehen bewegen : sich winden machen, aufwickeln ✴ *Windebock:* Hebewerkzeug; *Windeeisen:* Gerät zum Winden ✴ **Win|der** (e.) [ᵘwainder], der; –s, –: (Fot.) automat. Filmtransportvorrichtung ✴ **Win|dig**, der; –(e)s, –e: Windenschwärmer, ein Schmetterling ✴ **Win|dung**, die; –, –en: das (Sich-)Winden : gewundene Linie

Wind|huk: Hauptstadt von Namibia

win|dig: s. Wind

Win|dig: s. wind

Win|dung: s. wind

Win|gert, der; –s, –e: (südd.) Weingarten, Weinberg ✴ *Wingertschütze:* Weinbergschütze, der im Herbst die Vögel von den Trauben jagt

Wink, der; –(e)s, –e: Weisung : Hinweis : Angabe : kurze Warnung : Rat : Befehl ✴ **Win|kel**, der; –s, –: (urspr.) Krümmung : (Math.) der Richtungsunterschied zweier Geraden : Werkzeug, mit dem man einen rechten Winkel herstellt : versteckter Platz, Raum ✴ *Winkeladvokat:* schlechter Advokat; *Winkeleisen:* Walzeisen von winkelförmigem Querschnitt; *Winkelfunktionen:* die Verhältnisse der Seiten eines rechtwinkligen Dreiecks; *Winkelhaken:* Gerät des Schriftsetzers; *Winkelhalbierende; Winkelmaß; Winkelmesser:* Werkzeug zur Messung der Größe von Winkeln; *Winkelpeiler; winkelrecht* Ew.; *Winkelspiegel; Winkelzug:* (übertr.) Zickzackbewegung : (übertr.) ungerades, unlauteres Vorgehen ✴ **win|ke|lig, win|klig** Ew.: voll Winkel : (in Zus.) soundso viele oder soundso beschaffene Winkel habend, z. B. rechtwinklig ✴ **win|keln** (ich ..[e]le) tr.: zu einem Winkel biegen, formen ✴ **win|ken** intr.: leise bewegen : mit der Hand, einem Tuch ein Zeichen geben : seine Meinung, Absicht andeuten ✴ **Win|ker**, der; –s, –: ein Winkender : (bes. seem., auch am Auto) Zeichengeber : eine kleine Krabbenart ✴ *Winkerflagge; Winkervorschrift*

Win|kel usw.: s. Wink

win|ken: s. Wink

win|klig: s. Wink

Win|ni|peg: Hauptstadt der kanad. Provinz Manitoba ✴ **Win|ni|peg|see**

Win|se|lei, die; –, –en: das (dauernde) Winseln ✴ **Win|se|ler, Wins|ler**, der; –s, –: ein Winselnder ✴ **win|seln** (ich ..[e]le) intr.: schmerzlich wimmern

Win|ter, der; –s, –: die rauhe Jahreszeit : die Zeit vom Winterpunkt (21. oder 22. Dez.) bis zur Frühlingstagundnachtgleiche (21. März) ✴ *den Winter über* ✴ *Winteracker:* mit Win-

tersaat bestellter Acker; *Winteranfang; Winteranzug; Winterapfel; Wintereinbruch; Winterfahrplan; winterfest* Ew.; *Winterfrucht:* im Herbst gesäte Frucht; *Winterfutter; Wintergarten:* gartenartig gehaltener, glasbedeckter Wohnraum; *Wintergetreide:* s. Winterfrucht; *Wintergewächs:* den Winter überdauerndes Gewächs; *Wintergrün:* mehrere immergrüne Pflanzen; *Winterhafen; Winterkälte; Winterkleid; Winterkohl:* Blätterkohl; *Winterkönig:* der Zaunkönig; *Winterkurort:* Kurort für Erholung im Winter und mit Wintersport; *Winterlager; Winterlandschaft; Wintermonate; Winterobst; Winterpause; Winterreifen; Winterreise; Wintersaat:* s. Winterfrucht; *Wintersachen:* Kleidung für den Winter; *Wintersaison; Winterschlaf:* der Ruhezustand mancher Tiere während des Winters; *Winterschlußverkauf* → *Winterschlussverkauf; Winterschule; Winterseite:* nach Norden liegende Seite eines Gebäudes; *Wintersemester; Wintersonnenwende; Wintersport; Winterwetter* ✴ *Wintersanfang; Winter(s)zeit* ✴ **win|ter|lich** Ew.: wie im Winter : in der Art des Winters ✴ **Win|ter|ling**, der; –s, –e: Schneeammer und Grauammer : Winterstern, eine Pflanzengattung ✴ **win|tern** (ich ..[e]re) tr.: fürsorglich durch den Winter hindurchbringen; intr.: Winter werden ✴ **win|ters** Uw.: zur Winterszeit : im Winter ✴ *wintersüber* Uw.: den Winter über

Win|ter|thur: schweiz. Stadt

Win|zer, der; –s, –: Weinbauer, Weinleser ✴ **Win|zer|genossenschaft; Winzermesser**

win|zig Ew.: sehr klein ✴ **Win|zig|keit**, die; –, –en: verschwindende Menge : unbedeutender Teil

Wip|fel, der; –s, –: Baumgipfel ✴ *Wipfelbruch:* Gipfelbruch; *wipfeldürr* Ew. ✴ **wip|fe|lig, wipf|lig**, Ew.: mit einem Wipfel versehen

Wip|pe, die; –, –n: Wippchen : Kippe : Brett zum Schaukeln : Peitsche : Stürzkarre ✴

wip|pen intr.: schwingen, schaukeln; tr.: schaukelnd bewegen : auf einer Wippe schaukeln : schnell streifend berühren ✳ *Wippsterz:* Bachstelze ✳ **Wip|per,** der; –s, –: Entladevorrichtung an Förderwagen

wir: p. Fw. 1. P. Mz. (Gen. unser; Dat. uns; Akk. uns) ✳ *wir alle; wir beide; wir Deutschen* auch: *wir Deutsche; wir fröhlichen Kinder*

Wir|bel, der; –s, –: kreisende Drehung : etwas sich kreisend (heftig) Drehendes : Schwindel : Kopfstelle, an der die Haare kreisförmig auseinander gewachsen sind : Vorrichtung an Saiteninstrumenten zum Saitenspannen : Strömungsform : einzelner Knochen der Wirbelsäule : Triller : eine Art Trommelschlag ✳ *Wirbelknochen; Wirbelsäule:* Rückgrat; *Wirbelstrom:* wirbelnder Strom; *Wirbelsturm:* Hurrikan, Orkan; *Wirbeltier:* Tier mit innerem Knochengerüst; *Wirbelwind:* Taifun : Windhose ✳ **wir|be|lig, wirb|lig** Ew.: sich im Wirbel drehend : ungestüm : (Haare) im Wirbel gewachsen ✳ **wir|beln** (ich ..[e]le) intr.: trillern : einen Wirbel trommeln; tr.: wirbelnd drehen

wir|ken tr., intr.: schaffen : tätig sein : (auf etwas –) Einfluss haben : weben : knetend durcheinander arbeiten ✳ *Wirkstoffe:* Hormone; *Wirkstuhl; Wirkwaren* Mz.: gewirkte Textilstoffe ✳ **Wir|ker,** der; –s, –: Strumpfwirker ✳ **Wir|ke|rei,** die; –, –en: Werkstatt zur Herstellung von Wirkwaren ✳ **wirk|lich** Ew.: (urspr.) wirkend, Wirkung habend : tatsächlich seiend (Ggs. nur gedacht); Uw.: tatsächlich, allerdings ✳ *wirklichmachen* (ich mache wirklich, wirklichgemacht, wirklichzumachen) tr.: verwirklichen; *wirklich machen* tr.: tatsächlich machen ✳ **Wirk|lich|keit,** die; –, –en: Wahrheit : Tatsache ✳ *wirklichkeitsfremd* Ew.; *wirklichkeitsnah* Ew.; *Wirklichkeitsmensch; Wirklichkeitssinn* ✳ **wirk|sam** Ew.: wirkend : Wirkung habend ✳ **Wirk|sam|keit,** die; –, –en: das Wirken, Tätigsein : wirksame Kraft ✳ **Wir|kung,** die; –, –en:

das Wirken : Ergebnis, Folge des Wirkens ✳ *Wirkungsbereich; Wirkungsfeld; Wirkungsgrad; Wirkungskraft; Wirkungskreis:* Kreis des Wirkens; *wirkungslos* Ew.: ohne Wirkung; *Wirkungslosigkeit; Wirkungsmechanismus; Wirkungsvermögen; wirkungsvoll* Ew.; *Wirkungsweise*

wirr Ew.: verworren, unverständlich : durcheinander, unordentlich ✳ *wirres Gerede; wirres Haar* ✳ **Wirrheit; Wirrkopf:** Mensch mit wirrem Geist ✳ **Wir|ren** Mz.: Unordnung, Wirrwarr : Tumult, Aufstand ✳ **Wirr|nis,** die; –, –se; das; –ses, –se: Unordnung ✳ **Wirr|warr,** der; –s: Durcheinander : Unordnung

Wir|sing (it.), der; –s, –e: eine Kohlart, Welschkraut ✳ *Wirsinggemüse; Wirsingkohl*

Wirt, der; –(e)s, –e: Hausherr : Hausbesitzer : Gastgeber : Bewirter, der die Aufnahme von Gästen als Gewerbe betreibt ✳ *Wirtshaus; Wirtsleute; Wirtsorganismus; Wirtspflanze:* Pflanze, die einen Schmarotzer beherbergt; *Wirtsstube* ✳ **Wir|tin,** die; –, –nen: weiblicher Wirt ✳ **wirt|lich** Ew.: in der Art eines Wirts : gastlich ✳ **Wirt|schaft,** die; –, –en: Gesamtheit der Güterzeugung und -verwendung : planmäßige Verwaltung eines Hauswesens : Gesamteinrichtung eines Anwesens : Haushalt : Gastwirtschaft : vielgeschäftiges Treiben ✳ *Wirtschaftsabkommen; Wirtschaftsabteilung; Wirtschaftsankurbelung; Wirtschaftsaufschwung; Wirtschaftsausschuß →* Wirtschaftsausschuss; *Wirtschaftsberater; Wirtschaftsblock; Wirtschaftsdirektor; Wirtschaftsgebäude; Wirtschaftsgebiet; Wirtschaftsgeld; Wirtschaftsgemeinschaft; Wirtschaftsgeografie* auch: *Wirtschaftsgeographie; Wirtschaftsgipfel; Wirtschaftsgruppe; Wirtschaftshilfe; Wirtschaftshof; Wirtschaftsjournalist; Wirtschaftskammer; Wirtschaftskonferenz; Wirtschaftskrieg; Wirtschaftskrise; Wirtschaftslage; Wirtschaftsleben; Wirtschaftslehre; Wirtschaftslenkung; Wirtschaftsminister;*

Wirtschaftsordnung; Wirtschaftspolitik; Wirtschaftsprüfer: Bücherrevisor; *Wirtschaftssanktionen; Wirtschaftsstandort; Wirtschaftsstatistik; Wirtschaftsspionage; Wirtschaftssystem; Wirtschaftsteil* (einer Zeitung); *Wirtschaftswachstum; Wirtschaftswerbung; Wirtschaftswissenschaften; Wirtschaftswunder; Wirtschaftszweig* ✳ **wirt|schaf|ten** intr.: eine Wirtschaft führen : Gastwirtschaft treiben : haushalten : wild toben ✳ **Wirt|schaf|ter,** der; –s, –: **Wirt|schaf|te|rin,** die; –, –nen: Leiter(in) von Haushaltsbetrieben : Haushaltspfleger(in) ✳ **Wirt|schaft|ler,** der; –s, –: Wirtschaftswissenschaftler ✳ **wirt|schaft|lich** Ew.: zur Wirtschaft gehörig : der guten Wirtschaft gemäß, haushälterisch ✳ **Wirt|schaft|lich|keit,** die; –, –en: Ertragsfähigkeit : Sparsamkeit

wisch!: Tonnachahmung des Zischens ✳ **Wisch,** der; –es, –e: Gegenstand zum Wischen : Strohbüschel : (verächtl.) Schriftstück : ein Kartenspiel ✳ *Wischlappen; Wischpapier; Wischtuch; Wischwasch,* der; –es; *Wischiwaschi,* das; –s: leeres Gerede, Unsinn ✳ **wi|schen** (du wisch[e]st und wischt) tr.: sanft reibend über etwas hinfahren : durch Wischen reinigen : verwischen; intr. (sein): fortschlüpfen

Wi|sche, die; –: fruchtbare Elblandschaft in der Altmark

Wisch|nu: hinduistischer Gott

Wis|con|sin [ᵘwißkonßin]: Nebenfluss des Mississippi : Staat der USA

Wi|sent, der; –(e)s, –e: Wildrind

Wis|mut, das; –(e)s: ein chem. Grundstoff; Zch. Bi ✳ *Wismutchlorid; Wismutnitrat; Wismutoxyd* auch: *Wismutoxid; Wismutoxychlorid,* Malerfarbe und Schminke ✳ **wis|mu|ten** Ew.: aus Wismut bestehend

Wis|pel, der; –s, –: altes Getreidemaß (11–25 hl)

wis|peln (ich ..[e]le), **wis|pern** (ich ..[e]re) intr.: lispeln, flüstern : leise säuselnd sprechen

wis|sen (du weißt, er weiß, ihr wisst; du wusstest, du wüsstest;

gewusst; wisse!) tr.: Kenntnis von etwas haben, kennen ∗ *einem Dank wissen:* dankbare Gefühle hegen; *um etwas wissen:* wissen, wie es sich damit verhält; *etwas getan wissen wollen:* verlangen, dass etwas getan wird ∗ **Wißbegierde** → **Wissbegierde; wißbegierig** → **wissbegierig** Ew. ∗ **Wis|sen,** das; –s: Kenntnis, das Kennen : die Kenntnisse, Gelehrsamkeit ∗ *mit meinem Wissen:* mit meinen Kenntnissen; *meines Wissens:* nach meiner Kenntnis; Abk.: m. W. ∗ *Wissensdrang; Wissensdünkel; Wissensdurst; Wissensgebiet; Wissensspeicher; Wissenstrieb; wissenswert* Ew.; *Wissenszweig* Ew.; **wis|send** Mw. Ew.: Kenntnis habend ∗ **Wis|sen|schaft,** die; –, –en: geordnete Gesamtheit des Wissens der menschlichen Erkenntnisse und Erfahrungen : Fachgebiet der Forschung ∗ *Wissenschaftsbegriff; Wissenschaftsbetrieb; Wissenschaftsdurst; Wissenschaftslehre* ∗ **Wis|sen|schaft|ler,** der; –s, –: Gelehrter, Forscher ∗ **wis|sen|schaft|lich** Ew.: der Wissenschaft gemäß ∗ **Wis|sen|schaft|lich|keit,** die; –: das Wissenschaftlichen ∗ **wis|sent|lich** Ew.: mit Wissen, mit bewusster Absicht ∗ **Wis|sen** usw.: s. wissen ∗ **Wit|we,** die; –, –n: Ehefrau, deren Mann gestorben ist ∗ *Witwengehalt; –geld; Witwenkasse:* eine Lebensversicherung für Witwen; *Witwenrente; Witwenschleier* ∗ **Witwentum,** das; –s: Witwenstand ∗ **Wit|wer,** der; –s, –: Ehemann, dessen Frau gestorben ist ∗ **Wit|wer|tum,** das; –s: Stand des Witwers ∗ **witsch!:** Tonwort zur Bezeichnung schneller Bewegung ∗ **wit|schen** (du witsch[e]st und witscht) intr. (sein): schnell fortschlüpfen ∗ **Wit|tels|ba|cher,** der; –s, –: Angehöriger eines dt. Herrschergeschlechts ∗ **Wit|ten|berg:** Lutherstadt an der Elbe ∗ **Wit|ten|ber|ger, wit|ten|ber|gisch** Ew. ∗ *Wittenbergische Nachtigall:* Luther ∗ **Wit|ten|ber|ge:** Stadt in Brandenburg

wit|tern (ich ..[e]re) intr. (unp.): (Gewitter) sich entladen; tr.: (weidm.) durch den Geruch wahrnehmen : ahnen, merken ∗ **Wit|te|rung,** die; –, –en: Beschaffenheit des Wetters : Geruchssinn : zu witternde Spur : (weidm.) Lockspeise ∗ *Witterungseinfluß* ∗ *Witterungseinfluss; Witterungskunde; Witterungsumschlag; Witterungsverhältnisse* ∗ **Witz,** der; –es, –e: (veralt.) Verstand, Klugheit : komischer Einfall : etwas Belustigendes ∗ *Witzblatt:* Witzzeitung; *Witzblattfigur; Witzbold; witzlos* Ew.; *witzsprühend* Mw. Ew.; *Witzwort; Witzzeitung* ∗ **Wit|ze|lei,** die; –, –en: witzelnde Äußerung ∗ **wit|zeln** (ich ..[e]le) intr.: geistlose Witze machen ∗ **ge|witzt** Ew.: klug ∗ **wit|zig** Ew.: Witz habend : komisch, belustigend : (veralt.) klug : (Umgspr.) bemerkenswert, ausgefallen ∗ **ge|wit|zigt** Ew.: gewitzt

wo: frag. Fw. ∗ *wo lebst du?;* Uw.: *da, wo die Zitronen blühen;* Bw.: *in alten Zeiten, wo das Wünschen noch half* ∗ **wo|anders** Uw.: an einem andern Ort ∗ **wo|bei?** Uw., Bw.: bei was? ∗ **wo|durch?** Uw., Bw.: durch was? ∗ **wo|fern** Bw.: wenn, falls, insofern als ∗ **wo|für?** frag. Fw., Bw.: für was? ∗ **wo|ge|gen?** frag. Fw.: gegen was?; Bw.: während ∗ **wo|her?;** frag. Fw., Bw.: von wo? ∗ **wo|hin?** frag. Fw., Uw.: an welchen Ort? ∗ **wo|hin|aus?** frag. Fw., Bw.: in welcher Richtung, auf welches Ziel zu? ∗ **wo|hin|ge|gen** Bw.: wogegen ∗ **wo|hin|ter?:** hinter was? ∗ **wo|mit?** frag. Fw., Uw., Bw.: mit was? ∗ **wo|mög|lich** Uw.: möglicherweise ∗ **wo|nach?** frag. Fw., Bw.: nach was? ∗ **wo|ne|ben?:** neben was? ∗ **wo|von?** frag. Fw., Bw.: von was? ∗ **wo|vor?** frag. Fw., Bw.: vor was? ∗ **wo|zu?** frag. Fw., Bw.: zu welchem Zweck? ∗ **wo|zwi|schen?:** zwischen was? ∗ **wo|r|an, wo|r|aus, wo|r|ein, wo|r|in, wo|r|über, wo|r|um, wo|r|unter, wo|r|ein:** wo hinein?

Zusammensetzungen werden nach Wortbestandteilen getrennt. Sind diese als solche nicht (mehr) erkennbar oder nicht (mehr) bewusst, ist auch die Trennung nach Sprechsilben statthaft.

wo|an|ders: s. wo ∗ **wob|beln** (e.): (Rdfk.) die Frequenz ändern ∗ **Wobb|ler** der; –s, –: Frequenzregler ∗ **wo|bei:** s. wo ∗ **Wo|che,** die; –, –n: Gesamtheit von sieben aufeinander folgenden Tagen (von Sonntag zu Sonntag) : zusammenfassender Name der sechs Werktage : eine Woche dauernder Dienst : (Mz.) Kindbettzeit ∗ *Wochenbett:* Kindbett; *Wochenblatt:* Wochenzeitschrift; *Wochenende:* Erholungszeit am Ende der Woche, *Wochenendhaus; Wochenfluß; Wochenfieber:* Kindbettfieber; *Wochenkarte; wochenlang* Uw. (ztl.); (aber: *sechs Wochen lang); Wochenlohn; Wochenmarkt; Wochenpflegerin:* Wöchnerinnenpflegerin; *Wochenschau:* Filmschau wichtigster Tagesereignisse der letzten Woche; *Wochenschrift:* wöchentlich erscheinende Schrift; *Wochenspielplan; Wochentag:* Arbeitstag; *Wochenzeitung* ∗ **wö|chent|lich** Ew.: jede Woche wiederkehrend ∗ **..wö|chig** Ew., nur in Zus.: soundso viel Wochen dauernd ∗ *vierwöchig, 4wöchig* → *4-wöchig* ∗ **Wöch|ne|rin,** die; –, –nen: die Mutter nach der Entbindung ∗ **Wod|ka** (russ.), der; –, –s; **Wut|ki** (poln.), der; –, –s: Branntwein ∗ **wo|durch, wo|fern:** s. wo ∗ **Wo|ge,** die; –, –n: große Welle (auch übertr.) ∗ *Wogenprall; Wogenschlag* ∗ **wo|gen** intr. (haben, sein): sich wie Wogen bewegen : sich heben und senken ∗ **wo|ge|gen:** s. wo ∗ **wo|gen:** s. Woge ∗ **wo|her** usw.: s. wo ∗ **wohl** (wohler; wohlst) Ew. (nur aussagend): wunschgemäß beschaffen, gut; Uw.: in erwünschter Weise, gut : gehörig : (alleinst. mit Dat.) heil! : Ausdruck der Zustimmung :

vielleicht, etwa ✳ **Wohl,** das; –s: Wohlergehen, Heil ✳ *wohlachtbar* Ew.: sehr achtbar; *wohlan* Uw.: frisch!, munter!; *wohlanständig* Ew.: sehr anständig; *wohlauf* Uw.: wohlan; *Wohlbefinden; Wohlbehagen; wohlbehalten* Ew.: sicher; *wohlbestellt* Ew.: gut versorgt; *Wohlergehen; wohlerwogen* Ew.: gut durchdacht, überlegt; *wohlerworben* Ew.; *wohlerzogen* Ew.: gut erzogen, sittsam; *Wohlfahrt:* öffentliche soziale Fürsorge; *Wohlfahrtsamt; –ausschuß → –ausschuss; Wohlfahrtsempfänger(in); Wohlfahrtsmarke; Wohlfahrtspflege; Wohlfahrtspfleger(in); Wohlfahrtsstaat; wohlfeil* Ew.: billig; *Wohlgeboren: Euer –, Seiner –:* (veralt.) Titel auf Briefen; *Wohlgefallen:* Freude : Befriedigung; *sich in Wohlgefallen auflösen:* befriedigendes Ende finden; *wohlgefällig* Ew.: befriedigt; *wohlgeformt* Ew.; *Wohlgefühl; wohlgemeint → wohl gemeint* Ew.: gut gemeint; *wohlgemerkt* (eingeschobener Ausruf): aufgepasst; vgl. notabene; *wohlgemut* Ew.: heiter, sorglos; *wohlgenährt* Ew.: gut genährt; *wohlgeraten* Ew.; *Wohlgeruch; Wohlgeschmack; wohlgesinnt* Ew.: gut gesinnt; *wohlgesittet* Ew.: gut erzogen; *wohlhabend* Mw. Ew.: reich; *Wohlklang:* angenehmer Klang; *wohlklingend* Ew.: schön klingend; *Wohllaut:* wohlklingender Laut; *Wohlleben; wohlmeinend* Mw. Ew.: wohlwollend; *wohlriechend* Mw. Ew.; *Wohlstand:* Reichtum; *Wohlstandsgesellschaft; Wohlstandskriminalität; Wohlstandsmüll; Wohlstandsverwahrlosung; Wohltat:* Tat der Hilfsbereitschaft : etwas Wohltuendes; *Wohltäter; wohltätig* Ew.; *Wohltätigkeit; Wohltätigkeitsbasar; Wohltätigkeitsveranstaltung; Wohltätigkeitsverein; wohltun → wohl tun* intr.: angenehm sein : Wohltaten erweisen; *wohltuend* Ew.: angenehm; *wohlüberlegt → wohl überlegt* Ew.: gut durchdacht; *wohlunterrichtet → wohl unterrichtet* Mw. Ew.: gut informiert; *wohlversorgt → wohl versorgt* Ew.; *Wohlver-*

leih, der; –s, –e: eine Pflanze, Arnika; *wohlweislich* Ew.; *wohlwollen → wohl wollen* (er will wohl, wohl gewollt, wohl zu wollen) intr.: geneigt sein; *Wohlwollen,* das; –s ✳ **wohllig** Ew.: behaglich

wohnen intr.: seinen Wohnsitz haben, sich aufhalten ✳ *Wohnbau,* der; –s, –ten: Bau von Wohnungen; *Wohnblock,* der; –(e)s, –s: Häusergeviert; *Wohndichte; Wohndiele; Wohneinheit; Wohnhaus; Wohnheim; Wohnküche; Wohnkultur; Wohnlage; Wohnort; Wohnraum; Wohnraumbeschaffung; Wohnraumbewirtschaftung; Wohnsitz: Wohnort; Wohnstätte; Wohnstube; Wohnviertel; Wohnwagen; Wohnzimmer* ✳ **wohnhaft** Ew.: seinen Wohnsitz habend ✳ **wohnlich** Ew.: zum behaglichen Wohnen eingerichtet ✳ **Wohnung,** die; –, –en: Räumlichkeit(en), in der (denen) man wohnt ✳ *Wohnungsamt:* städt. Behörde für Wohnungsangelegenheiten; *Wohnungsbau; Wohnungsfrage; Wohnungsgeld; wohnungslos* Ew.: ohne Wohnung; *Wohnungsmarkt; Wohnungsnot; Wohnungssuche; Wohnungstausch; Wohnungstür; Wohnungswechsel*

Woiwod, Woiwode (poln.), der; ..den, ..den: oberster Beamter eines poln. Verwaltungsbezirks ✳ **Woiwodschaft,** die; –, –en: poln. Provinz

wöllben tr.: (Baukst.) bogenförmig gestalten; rbz.: sich gewölbt erheben ✳ **gewölbt** Mw. Ew.: Wölbung habend ✳ **Wöllbung,** die; –, –en: Ausbauchung, Rundung

Wolf, der; –(e)s, Wölfe: Wölfchen: Raubtier; ein Sternbild : (Spinnerei) Maschine zum Reinigen und Lockern der Wolle : Maschine zur Fleischzerkleinerung : Wundsein der Haut : Name von Kerbtieren, Fischen : der Weide schädlicher Schnee : wildes Feuer (am Backofen) : magerstes Futter : (Hüttw.) Erzklumpen : grobes Tuch : Rammklotz ✳ *Wolfsbohne:* Lupine; *Wolfseisen:* Fangeisen für Wölfe; *Wolfsgrube:* Hindernis vor Feldbefestigungen; *Wolfshund:* Hund zur Wolfsjagd :

Bastard von Wolf und Hund; *Wolfshunger:* sehr starker Hunger; *Wolfsmilch:* eine Pflanze; *Wolfsrachen:* Rachen des Wolfes : gespaltener Gaumen beim Menschen; *Wolfsspinne:* Spinnenart, die keine Netze spinnt, z. B. die Tarantel

Wolfram: chem. Grundstoff, hartes, sprödes Metall; Zch. W

Wolga, die; –: größter Strom Europas ✳ *Wolgalied; Wolgadeutscher* ✳ **Wolgograd:** russ. Stadt an der Wolga, bis 1961 Stalingrad

Wollke, die; –, –n; Wölkchen: hoch in der Luft schwebende Massen feiner Wassertröpfchen : aufsteigender Dampf, Rauch : etwas Trübendes : etwas Verhüllendes ✳ *Wolkenbruch:* plötzlicher starker Regenguss; *Wolkendecke; Wolkenhimmel:* bewölkter Himmel; *Wolkenkratzer:* Turmhaus; *Wolkenkuckucksheim:* Hirngespinst; *wolkenlos* Ew.; *Wolkenwand* ✳ **wolkig** Ew.: wie Wolken : mit Wolken bedeckt, bewölkt

Wolle, die; –: das Haar der Schafe, Kamele und anderer Tiere, das zum Spinnen verwendet wird : (übertr.) wolliges menschl. Haar ✳ *sich in der Wolle liegen:* sich zanken : an den Haaren ziehen ✳ *Wolldecke; Wollfärber; Wollgarn; Wollgewebe; Wollhaar; Wollhandel; Wollkämmer; Wollkleid; Wollknäuel; Wollappen → Wolllappen; Wollaus → Wolllaus; Wollmarkt; Wollschur:* das Scheren der Schafe; *Wollspinnerei:* Fabrik, in der die Wolle gesponnen wird; *Wollstoff; Wolltuch; Wollwaren* Mz.: *Wollwäscher* ✳ **wollen** Ew.: aus Wolle gefertigt ✳ **wollig** Ew.: wie Wolle beschaffen

wollen (ich will, du willst; du wollest, du wolltest; gewollt; wolle!) intr.: tr.: Willen, Vorsatz, Absicht haben : im Begriff stehen : haben wollen, zu erlangen suchen : verlangen, erfordern ✳ *einem wohl (übel) wollen:* eine gute (böse) Gesinnung gegen jemand haben

Wollust, die; –, ..lüste: Befriedigung im Genuss : (bes.) Befriedigung im geschlechtlichen Genuss ✳ *Wollustgefühl;*

wollustvoll Ew. ✳ **wol|lüs|tig** Ew.: Wollust empfindend

womit usw.: s. wo

Won|ne, die; –, –n: hohe Freude, hohes Glück ✳ *wonne- bend* Ew.; *Wonnegefühl; Wonnemond:* Monat Mai; *wonnesam* Ew.; *wonnetrunken* Ew.; *wonnevoll* Ew. ✳ **won|nig, won|nig|lich** Ew.: wonnevoll : Wonne bringend, empfindend

wo|ran usw.: s. wo

Worb, der; –(e)s, Wörbe; **Wor|be,** die; –, ..ben: Griff am Sensenstiel

Worces|ter|so|ße (e.) [ᵘwußt'r..], die; –: gewürzte Soße

Wor|fel, die; –, –n: Wurfschau- fel ✳ **wor|feln** (ich ..[e]le), tr.: das Getreide mit der Worfel in die Höhe werfen, um die Spreu auszusondern

wo|rin: s. wo

Worms: Stadt am Rhein ✳ **Worm|ser,** der; –s, –: Bewoh- ner von Worms ✳ **Worm|ser, worm|sisch** Ew. ✳ *Wormser Edikt; Wormser Konkordat*

Worps|we|de: Ort bei Bremen, Künstlerkolonie

Wort, das; –(e)s, –e und Wör- ter; Wörtchen: kleinster sinn- voller Teil der Rede (ohne Be- zug auf ihren Zusammenhang, Mz.: Wörter) : Rede als Aus- druck von Gedanken, Gefühlen usw. (Mz.: Worte) : Sinn- spruch, Ausspruch : kurze Mit- teilung : Versprechen, Zusage ✳ *die untereinander stehenden Wörter; er sprach nur ein paar Worte:* .. nur wenige Sätze ✳ *Gottes Wort:* Bibel; *geflügelte Worte:* oft gebrauchte Dichter- worte ✳ *von Wort zu Wort:* ganz genau; *mit einem Wort:* kurz gesagt; *Wort halten; nicht Wort haben wollen* tr.: nicht zuge- stehen wollen; *zu Worte kommen* intr.: sprechen dürfen, können; *das Wort ergreifen:* (Redner usw.) reden, sich zu etwas äu- ßern; *um das Wort bitten; ins Wort fallen; das Wort erteilen; Worte wechseln:* sich unterhal- ten ✳ *Wortakzent:* Betonung; *wortarm* Ew.; *Wortart; Wort- aufwand; Wortauswahl; Wort- bedeutung; Wortbild; Wortbil- dung; wortbrüchig* Ew.: eine Zusage nicht haltend; *Wort-*

erklärung; Wortfamilie; Wort- feld; Wortfetzen; Wortfolge: Reihenfolge der Wörter im Satz; *Wortform; Wortfor- schung; Wortfügung:* (Vd. f.) Syntax; *Wortführer:* einer, der für andere redet; *Wortgefecht:* Disput; *Wortgeschichte; wort- getreu* Ew.: Wort für Wort : ge- nau nach dem Text; *wortkarg* Ew.: verschwiegen : verschlos- sen; *Wortkargheit; Wortklaube- rei:* Haarspalterei; *Wortkunst; Wortlaut:* wortgetreuer Inhalt; *wortlos* Ew.; *Wortmeldung; wortreich* Ew.; *Wortreichtum; Wortschatz:* Wortvorrat : Sprachgut; *Wortschöpfung:* Wortneubildung; *Wortschwall:* Redefluss : Wortreichtum : Phrasen; *Wortsinn:* wörtlicher Sinn : Wortbedeutung; *Wort- spalterei:* Wortklauberei : So- phistik : Jesuitismus; *Wort- spiel:* Spiel(erei) mit Worten : Sprachphantasie; *Wortstamm; Wortstreit:* Lehrgespräch : Dis- kussion : Wortwechsel; *Wort- verbindung; Wortwechsel:* Wortstreit; *Wortverdreher; Wortverdreherei; Wortverdre- hung:* irrige Darstellung, Falschmeldung : witziger Wortscherz; *Wortverkürzung; Wortvertauschung:* Metony- mie; *Wortverwechslung; Wort- wissenschaft:* Etymologie; *wortwörtlich* Ew.: ganz wört- lich; *Wortzusammensetzung* ✳ *Wörterbuch; Wörterverzeich- nis* ✳ **wört|lich** Ew.: sich dem Wortlaut genau anschließend

wo|rü|ber usw.: s. wo

Wo|tan: Wodan

wrack Ew.: (niederd.) un- brauchbar : fehlerhaft ✳ **Wrack,** das; –(e)s, –e und –e: unbrauchbar gewordenes Schiff : Schiffstrümmer : (übertr.) etwas Abgetaktetes ✳ **Wra|sen,** der; –s, –: (niederd.) Brodem : Küchenabluft

wrib|beln (ich ..[e]le) tr.: wir- belnd zwischen den Fingern drehen

wri|cken, wrig|gen intr.: (seem.) ein Boot mit dem Heckriemen voranbewegen

wrin|gen (du wrang[e]st, du wrängest) gewrungen; wring[e]!) tr.: (niederd.) win- dend drehen : nasse Wäsche auswinden ✳ *Wringmaschine*

Ws. (Abk.): Wattsekunde

WSV (Abk.): Winterschluss- verkauf

WSW (Abk.): Westsüdwest

Wu|cher, der; –s: (urspr.) Er- trag, Gewinn : Ausbeutung, Aussaugung ✳ *Wucherge- schäft; Wucherhandel; Wu- cherpreis; Wucherzins* ✳ **Wu|che|rei,** die; –: das Wu- chern ✳ **Wu|che|rer,** der; –s, –; **Wu|che|rin,** die; –, –nen: einer, der, eine, die Wucher treibt : Ausbeuter ✳ **wu|che|risch** Ew.: wucherhaft, betrügerisch ✳ **wu|chern** (ich ..[e]re) intr.: sich üppig vermehren : (übertr.) sich üppig ausdehnen : reichen Ertrag bringen : Wucher trei- ben : (ohne Tadel) mit etwas so wirtschaften, dass es Ertrag bringt ✳ **Wu|che|rung,** die; –, –en: (Med.) vermehrtes Zellen- wachstum : Geschwulst

Wuchs, der; –es, Wüchse: Wachstum : Art des Gewach- senseins : körperliche Gestalt : das Wachsen ✳ *Wuchsstoff:* Wachstumshormon ✳ **..wüch- sig** Ew., nur in Zus.: wachs- send, gewachsen; z. B. ur- wüchsig

Wucht, die; –, –en: Last, schweres Gewicht : (auch übertr.) Schwere : große Menge ✳ **wuch|ten** tr.: hoch stemmen; intr.: schwer arbeiten ✳ **wuch|tig** Ew.: Wucht habend : gewaltig

Wul|ge, die; –, –n: Holzleiste zwischen den Stuhlbeinen

wüh|len intr., tr.: in der Erde graben, herumstöbern : durch- einander werfen : (Empfindun- gen, Schmerzen usw.) immer wieder von Neuem erregen : (übertr.) hinterlistig verhetzen, aufwiegeln; intr.: durcheinan- der wimmeln ✳ *Wühlarbeit:* heimliche Agitation; *Wühl- maus; Wühltisch:* (Umgspr.) Tisch mit ungeordneten Son- derangeboten im Kaufhaus ✳ **Wüh|ler,** der; –s, –: politischer Aufwiegler : Maulwurf ✳ **Wüh|le|rei,** die; –: das (dau- ernde) Wühlen ✳ **wüh|le|risch** Ew.: wühlend

Wuhr, das; –(e)s, –e; **Wuh|re,** die; –, –n: (schweiz.) Fluss- dammsicherung ✳ *Wuhrbaum*

Wul|fe|nit, das; –(e)s: Gelb- bleierz

Wulst, der; –es, Wülste; Wülstchen: Rundung, Verdickung : (Baukst.) ein ausgebauchtes Bauglied ✳ *Wulstbug:* (Schiffb.) Bug mit stumpfer Kante unterhalb der Wasserlinie zwecks Geschwindigkeitssteigerung ✳ **wuls|ten** (du wulstest) intr.: wulstig sein; tr.: wulstig machen ✳ **wuls|tig** Ew.: wulstförmig : wulstartig

wum|mern intr.: dumpf klopfen, dröhnen

wund Ew.: eine Wunde habend ✳ *wundliegen* → *wund liegen* (lag wund; wund gelegen) rbz.: durch langes Liegen wund werden ✳ **Wun|de,** die; –, –n: Verletzung : innerliche und äußerliche schmerzende Verletzung ✳ *Wundarzt:* Chirurg; *Wundbrand:* Entzündung einer Wunde; *Wundfieber; Wundinfektion; Wundmal:* unvernarbte Wunde; *Wundpflaster; Wundsalbe; Wundstarrkrampf:* Tetanus

Wun|der, das; –s, –: etwas Übernatürliches : etwas Verwunderung Erregendes : (Relig.) unerklärlich erscheinendes Geschehnis ✳ *kein Wunder, daß..* → *kein Wunder, dass...) sie meinte, wunder was getan zu haben* → *sie meinte, Wunder was getan zu haben; du wirst dein blaues Wunder erleben:* du wirst dich noch wundern; *wunders wie klug:* sehr klug ✳ *Wunderbild:* Wunder wirkendes Bild; *Wunderblume:* Vieruhrsblume; *Wunderdoktor; Wunderglaube:* Glaube an Wunder : Wunder wirkender Glaube; *Wunderheiler; wunderhübsch* Ew.: sehr hübsch; *Wunderkerze:* Feuerwerkskörper; *Wunderkind:* Kind mit Staunen erregenden Fertigkeiten; *Wunderkraft; Wunderland:* Märchenland; *Wundermittel; wundernehmen* (es nimmt wunder, hat wundergenommen, wunderzunehmen) tr.: wundern; *Wundertat; wundertätig* Ew.: Wunder wirkend; *Wundertier:* Tier mit bemerkenswerten Fähigkeiten : (scherzh.) Wunderkind; *Wundertüte:* Spieltüte mit kleinen Überraschungen; *Wunderwelt:* Märchenwelt : Zauberwelt; *Wunderwerk; Wunderzeichen*

✳ **wun|der|bar** Ew.: übernatürlich : Staunen erregend ✳ **wun|der|lich** Ew.: befremdlich, seltsam ✳ **Wun|der|lich|keit,** die; –, –en ✳ **Wun|der|ling,** der; –s, –e: wunderlicher Sonderling ✳ **wun|dern** tr.: die Empfindung des Außergewöhnlichen erregen; rbz.: staunen ✳ **wun|der|sam** Ew.: wie ein Wunder

Wunsch, der; –es, Wünsche; Wünschchen: sehnsüchtiges Verlangen : Gegenstand des Verlangens ✳ *Wunschbild; Wunschbrief; Wunschdenken; wunschgemäß* Uw.; *Wunschkandidat:* bevorzugter Kandidat bei einer Wahl; *Wunschkonzert:* aus Wünschen der Zuhörer zusammengestelltes Konzert; *Wunschliste; wunschlos* Ew.; *Wunschtraum; Wunschzettel* ✳ **Wün|schel..** Hw. in Zus.: Wunsch ✳ *Wünschelhut; Wünschelrute:* Rute, die Erzund Wasseradern durch Ausschlagen kundgibt; *Wünschelrutengänger* ✳ **wün|schen** tr.: ein Verlangen haben : einen Wunsch äußern : (einem etwas –) es für ihn erhoffen ✳ *wünschenswert* Ew.

wupp!: Tonwort zur Bezeichnung einer schnellen Bewegung ✳ **Wupp|dich,** der; –s, –s: schnelle Bewegung : Schluck Schnaps

Wup|per, die; –: Nebenfluss des Rheins ✳ **Wup|per|tal:** Stadt an der Wupper ✳ *Wuppertaler Schwebebahn*

Wür|de, die; –, –n: Wert : Achtung fordernde Haltung : Hoheit, Seelenadel : hoher Rang, Ehrenstelle ✳ *würdelos* Ew.; *Würdelosigkeit; würdevoll* Ew. ✳ *Würdenträger:* Inhaber von Ehrenstellen ✳ **wür|dig** Ew. (mit Gen.): verdient, wert : Würde habend : mit einer Würde bekleidet ✳ **wür|di|gen** tr.: würdig erachten : eine Würde verleihen : einschätzen ✳ **Wür|dig|keit,** die; –: das Würdigsein ✳ **Wür|di|gung,** die; –, –en: Wertschätzung : Beurteilung

Wurf, der; –(e)s, Würfe; Würfchen: das Werfen : leichtathlet. Übungen : (weidm.) vom Wolf getötetes Tier : (Tier-)Geburt : das Geheck, Gesamtheit der geworfenen Jungen ✳ *jemandem in den Wurf kommen:* Gefahr laufen ✳ *Wurfanker; Wurfbahn; Wurfbereich; Wurfbewegung; Wurfgeschoß* → *Wurfgeschoss; Wurfgeschütz; Wurfholz:* Bumerang; *Wurflehre:* Ballistik; *Wurflinie; Wurfmaschine:* Belagerungsmaschine, Schleudermaschine des Altertums; *Wurfscheibe:* Diskus; *Wurfsendung:* Postwurfsendung; *Wurfspieß:* Harpune; *Wurftaube:* Tonscheibe im Schießsport; *Wurfweite* ✳ **Wür|fel,** der; –s, –: Spielstein mit sechs quadratischen Seiten, die jeweils mit 1 – 6 Punkten versehen sind : (Math.) ein von sechs Quadraten begrenzter Körper ✳ *Würfelbecher; würfelförmig* Ew.; *Würfelspiel; Würfelzucker* ✳ **wür|fe|lig, wür|flig** Ew.: würfelförmig ✳ **wür|feln** (ich ..[e]le) intr.: mit Würfeln spielen : (Schaf) an der Drehkrankheit leiden; tr.: in Würfel schneiden ✳ *gewürfelt* Mw. Ew.: kariert : (mundartl.) durchtrieben

wür|gen tr.: an der Kehle zusammenpressen : erdrosseln : die Empfindung des Würgens erregen; intr.: nicht hinunterschlucken und auch nicht von sich geben können ✳ *mit Hängen und Würgen:* gerade eben noch so : mit großer Anstrengung ✳ *Würgegriff; Würgeleine; Würgengel:* (Bib.) Todesengel ✳ **wür|geln** (ich ..[e]le) tr.: (Textilind.) mit einem Seil umschlingen und fest anziehen ✳ *Würgelmaschine; Würgelpumpe; Würgelwalze* ✳ **Wür|ger,** der; –s, –: ein Würgender, Mörder : ein Sperlingsvogel ✳ **wür|ge|risch** Ew.: nach Art eines Würgers ✳ *Würgfalke:* ein Greifvogel

Wurm, der; –(e)s, Würmer; Würmchen: Name verschiedener wirbelloser Tiere : (übertr.) etwas Nagendes : kleines schwaches Geschöpf : Fingerwurm, Fingerentzündung : (Buchdrw.) kurzer Titel neben der Signatur ✳ *Wurmfarn; Wurmfieber:* von Eingeweidewürmern herrührendes Fieber; *Wurmfortsatz:* Blinddarm; *Wurmfraß:* von Bohrwürmern verursachte Löcher; *Wurm-*

krankheiten; Wurmmittel: Arznei gegen Wurmkrankheit; *Wurmstich; wurmstichig* Ew.: von Würmern zernagt ✱ **wur|men** tr., intr.: (übertr.) quälen, ärgern, nagen ✱ **wur|mig** Ew.: mit Würmern behaftet

Wurst, die; –, Würste; Würstchen: Speise aus gehacktem Fleisch in Därme, Pergamentschläuche oder Büchsen gefüllt : etwas von der Form einer Wurst ✱ *das ist mir Wurst (auch: Wurscht):* es ist mir gleichgültig; *Wurst wider Wurst:* Wiedervergeltung ✱ *Wurstblatt:* (verächtl.) wertlose Zeitung; *Wurstbrühe; Wurstfinger:* (Umgspr.) dicke, unförmige Finger; *Wursthändler; Wurstsuppe; Wurstvergiftung; Wurstzipfel* ✱ **Würst|chen,** das; –s, –: kleine Wurst : (Umgspr.) Mensch ohne Bedeutung ✱ *Würstchenbude:* Verkaufsstand für Würstchen ✱ **Wurs|tel,** der; –s, –: Hanswurst ✱ **Wurs|te|lei,** die; –, –en: Stümperei : Schlendrian ✱ **wurs|teln** (ich ..[e]le) intr.: nachlässig arbeiten ✱ **wurs|ten** intr.: Wurst machen ✱ **wurs|tig** Ew.: (volkst.) gleichgültig : unordentlich ✱ **Wurs|tig|keit,** die; –: Gleichgültigkeit ✱ **Wurs|te|rei,** **Würst|le|rei,** die; –, –en: Wurstmacherei

Wur|te, die; –, –n: (niederd.) künstl. Hügel in den Marschen als Grundlage von Wohnungsbauten, Warf

Würt|tem|berg: Teil von Baden-Württemberg ✱ **Würt|tem|berg-Hohen|zol|lern** ✱ **Würt|tem|berger,** der; –s, –: Bewohner Württembergs ✱ **würt|tem|ber|gisch** Ew.

Wurz, die; –, –en: Wurzel

Würz|burg: bayr. Stadt am Main ✱ **Würz|bur|ger,** der; –s, –: Bewohner Würzburgs ✱ **würz|bur|gisch** Ew.

Wür|ze, die; –, –n: Gewürzkraut; **Wür|ze,** die; –, –n: Geschmack steigernde Zutat an Speisen : Blume des Weines : (übertr.) Witzigkeit ✱ *Würzfleisch; Würzgarten:* Gartenanlage mit Kräuterpflanzen; *Würzmischung:* Mischung aus verschiedenen Gewürzen;

Würznelke; würzreich Ew.: würzig; *Würzstoff* ✱ **Wur|zel,** die; –, –n; Würzelchen: der unterste, im Boden wachsende Teil einer Pflanze : unterer Teil des Zahnes, Fußes usw. : (Sprachl.) Stamm eines Wortes : (Math.) Grundzahl einer Potenz ✱ *Wurzelbehandlung:* (Med.) Behandlung einer Zahnwurzel; *Wurzelbürste:* harte Bürste aus Wurzelholz; *Wurzelfaser; Wurzelhaut; Wurzelhautentzündung; wurzellos* Ew.; (Math.) *Wurzelrechnung; Wurzelsilbe; Wurzelstock; Wurzelwerk; Wurzelzeichen; Wurzelziehen:* (Math.) die Wurzel einer Zahl ermitteln ✱ **wur|zeln** (ich ..[e]le) intr.: mit Wurzeln festwachsen (auch übertr.) ✱ **wür|zen** (du würzt) tr.: würzig machen, schmackhaft machen : (mundartl.) jemanden zum Besten haben ✱ *Speisen würzen; eine Rede mit Humor würzen* ✱ **wür|zig** Ew.: gewürzt

Wu|schel|kopf, der; –es, ..köpfe: Struwwelkopf

Wu|sel, das; –s, –: etwas sich unruhig Bewegendes ✱ **wu|se|lig** Ew.: lebhaft, unruhig ✱ **wu|seln** (ich ..[e]le) intr.: sich lebhaft regen : wimmeln

WUSt., Wust. (Abk.): Warenumsatzsteuer (Schweiz)

Wust, der; –(e)s, –e: Unflat : Durcheinander : Schutt ✱ **wüst** Ew.: widerwärtig : wirr : liederlich : (Gegend) öde ✱ **Wü|ste,** die; –, –n: niederschlagsarme, ohne oder mit nur geringem Pflanzenwuchs bedeckte Gegend ✱ *Wüstenbewohner; Wüstenklima; Wüstenkönig:* Beiname des Löwen; *Wüstensand:* (übertr.) Kamel; *Wüstentier* ✱ **wüs|ten** intr.: in verderblicher Weise verschwenden : wild wirtschaften ✱ **Wüs|te|nei,** die; –, –en: wüste Gegend : (übertr.) Unordnung ✱ **Wüst|ling,** der; –s, –e: ausschweifender Mensch : Genusssüchtiger : Lebemann ✱ *Wüstlingsleben*

Wut, die; –: leidenschaftliche Erregung : maßloser Zorn ✱ *Wutanfall; Wutausbruch; wutentbrannt* Mw. Ew.; *Wutgeheul; Wutgeschrei; wutschäumend; wutschnaubend* Ew.:

Wutschierling: eine Schierlingsart; *wutverzerrt* Ew. ✱ **wü|ten** intr.: toben ✱ **Wü|te|rich,** der; –s, –e: wütender, grausamer, tyrannischer Mensch : Wutschierling ✱ **wü|tig** Ew.: wütend : fanatisch ✱ **wut|schen** intr.: witschen, schnell vorbeihuschen

W.Va. (Abk.): West Virginia, Staat der USA

Wwe. (Abk.): Witwe

WWF (Abk.): World Wide Fund for Nature: Internationale Organisation für den Naturschutz

Wwr. (Abk.): Witwer

Wy. (Abk.): Wyoming, Staat in den USA

Wy|o|ming [ᵁwaioming]: Staat in den USA

X

X, x, das; –, –: der vierundzwanzigste Buchstabe des Abece : etwas von der Form eines X ✱ *einem ein X für ein U vormachen:* betrügen, übervorteilen (eig. eine X = 10 für ein V = 5 anschreiben) ✱ *X-Achse:* Abzissenachse ✱ **X-Bei|ne** *auch:* **x-Bei|ne** Mz.: nach innen gebogene Beine ✱ **X-bei|nig** *auch:* **x-bei|nig** Ew.

x-beinig, X-Beine
In der Zusammensetzung eines Wortes mit einem einzelnen Buchstaben wird ein Bindestrich gesetzt. Die Groß- oder Kleinschreibung dieses Einzelbuchstabens bleibt dem/der Schreibenden überlassen.

X: (röm. Ziffer) 10

X, x, das; –, –: (Math.) unbekannte Größe : unbestimmte Größe, Zahl ✱ **x-be|lie|big** Ew.: beliebig, irgendein ✱ **x-fach** Ew.: vielfach ✱ **X-fa|che,** das; –n: ein Vielfaches ✱ **x-mal** Uw.: viele Male, oft ✱ **x-te** O.-Zahlw. zu x: soundso vielte ✱ *zum x-tenmal; zum x-ten Male*

Xan|then, das; –s: ein chemisches Erzeugnis

Xan|thip|pe (gr.): Frau des Sokrates ✱ **Xan|thip|pe,** die; –, –n: (übertr.) zänkisches Weib

X-Chro|mo|som, das; –s, –e: geschlechtsbestimmendes Chromosom ✳ **X-Ein|heit**, die; –: Längeneinheit für Rundfunk- und Röntgenwellen

Xe|nie (gr.), die; –, –n; **Xe|ni|on**, das; –s, ..nien: Gastgeschenk : Spott-, Sinngedichte (Martials) : (Mz.) literaturkritische Distichen von Goethe und Schiller : (bei Pflanzen) durch fremden Blütenstaub hervorgerufene Abänderungen an den Früchten und der Farbe ✳ **Xe|no|gra|phie** auch: **Xe|no|gra|fie**, die; –: Fremdschrift : Schriftkunde fremder Sprachen ✳ **Xe|no|kra|tie**, die; –, ..tien: Fremdherrschaft ✳ **Xe|no|ma|nie**, die; –: übertriebene Liebe für Fremdes ✳ **Xe|non**, das; –s: chem. Grundstoff, ein Edelgas; Zch. Xe ✳ Xenonlampe **Xe|ran|the|mum** (gr.), das; –, ..themen: Strohblume ✳ **Xe|ro|gra|phie** auch: **Xe|ro|gra|fie**, die; –, ..ien: „Trockendruckverfahren", ein in den USA erfundenes Vervielfältigungsverfahren ✳ **Xe|ro|ko|pie**, die; – ..ien: durch Xerographie hergestellte Kopie ✳ **xe|ro|ko|pie|ren** tr.: mit Trockendruckverfahren vervielfältigen ✳ **Xe|ro|me|ter**, das; –s: Werkzeug zur Messung des beim Trocknen abgehenden Gewichtes ✳ **xe|ro|phil** Ew.: Trockenheit liebend ✳ **Xe|ro|phyt**, der; –en, –en: Pflanze, die an sehr trockenen Stellen wachsen kann ✳ **Xe|ro|sis**, die; –: das Austrocknen ✳ **xe|ro|tisch** Ew.: ausgetrocknet [gr. xeros trocken]

Xerographie, Xerografie Neben der traditionellen Schreibung von aus dem Griechischen stammenden Wörtern oder Wortteilen steht bei gängigen Vokabeln auch die eindeutschende Schreibung, meist als Nebenform: Xerografie, xylografisch.

Xer|xes: Perserkönig
x-fach: s. unter X, x
Xi, das; –(s), –: der vierzehnte Buchstabe des griechischen Alphabets
X-Strah|len Mz.: Röntgenstrahlen
x-te: s. unter X, x

Xy|la|mon (gr.), das; –s: chlorierter Wasserstoff ✳ **Xy|lo|glyph**, der; –en, –en: Holzschneider ✳ **Xy|lo|gly|phie**, die; –, ..phien; **Xy|lo|gly|phik**, die; –, –en; **Xy|lo|glyp|tik**, die; –, –en: Holzschneidekunst ✳ **Xy|lo|graph** auch: **Xy|lo|graf**, der; –en, –en: Holzschneider ✳ **Xy|lo|gra|phie** auch: **Xy|lo|gra|fie**, die; –, ..phien auch: ..fien: Holzschneidekunst : Holzschnitt ✳ **xy|lo|gra|phie|ren** auch: **xy|lo|gra|fie|ren** (..iert) tr.: (Kupfer-, Steindruck) auf Holz übertragen ✳ **xy|lo|gra|phisch** auch: **xy|lo|gra|fisch** Ew.: in Holz geschnitten ✳ **Xy|lo|lith**, der; –(e)s, –e: Steinholz, Kunststein ✳ **Xy|lo|me|ter**, das; –s, –: Holzmesser **Xy|lo|phon** auch: **Xy|lo|fon**, das; –s, –e: (Mus.) Holzzither, Strohfiedel, ein Musikinstrument [gr. xylon Holz] **Xy|lo|se**, die; –: Holzzucker

Y

Y, y, das; –, –: der fünfundzwanzigste Buchstabe des Abece : etwas von der Form eines Y, z. B. Richteisen bei der Glasgießerei, eine Art Falter mit y-förmiger Zeichnung auf den Flügeln ✳ **Yp|si|lon**, das; –s, –s: das Y, y ✳ Y-Achse: Ordinatenachse

Y: chem. Zeichen für Yttrium
y: (Math.) die zweite unbekannte Größe : Ypsilon, der zwanzigste Buchstabe des griechischen Alphabetes
y., yd. (Abk.): Yard
Yacht: s. Jacht
Yak (tibet.), der; –s, –s: wild lebendes asiat. Hochlandrind ✳ Yakochse; auch Jak
Yam (ind.), das; –s, –s: Brotwurzel ✳ Yamswurzel
Yan|kee (e.) [jänki], der; –s, –s: Spitzname des Amerikaners der Nordstaaten ✳ Yankeedoodle → Yankee Doodle [..duhdl], der; –(s): ehemaliges Nationallied der Nordamerikaner : (scherzh.) Yankee

Yard (e.) [jahrd], das; –s, –s: englische Elle (0,914 m) ✳ 3 Yards
Yawl (e.) [johl], die; –, –e und –s: ein Segelboot
Y-Chro|mo|som, das; –s, –e: geschlechtsbestimmendes Chromosom
Yd., Yds. (Abk.): Yard, Yards
Yel|low|me|tal (e.) [..met'l], das; –s: Mischung aus Kupfer und Zink
Yel|low|sto|ne-Na|ti|o|nal|park: nordamerikanisches Naturschutzgebiet
Yem|be (arab.), das; –, –: langes, zweischneidiges Messer der Südaraber; auch Jembje
Yen, der; –(s), –(s): japanische Währungseinheit; auch Jen
Yer|ba Ma|te (span.), die; –, –: Paraguaytee, Mate
Ye|ti (nepales.), der; –s, –s: sagenumwobener Schneemensch im Himalaja
Yin, das; –: chin. Längenmaß (24,556 m) : chinesisches Gewicht (ca. 600 g)
Yin und Yang, das; – – –:, männliches und weibliches Prinzip in der chin. Philosophie
Yl|lang-Yl|lang (chin.) [ilansehillan], das; –s: ein Orchideenöl
YMCA (Abk.): Young Men's Christian Association [jang mens kristschen äßoßjehschen]: Christlicher Verein Junger Männer
Yo (chin.), die; –, –: eine Flöte : ein Hohlmaß
Yo|ga: s. Joga
Yo|ko|ha|ma: japan. Hafenstadt
York: engl. Grafschaft und Stadt ✳ Yorkshireterrier
Young [jang]: amerik. Staatsmann ✳ Youngplan: Plan für die Zahlung der deutschen Kriegsschulden des 1. Weltkriegs ✳ **Youngs|ter** (e.) [jangster], der; –s, –: junger Mann : Neuling : Jugendlicher
Yo-Yo: Fadenspiel
Yp|si|lon: s. Y, y ✳ Ypsiloneule
Yl|sop (ml.), der; –s, –e: ein heilsames Gartengewächs ✳ Ysopöl
Yl|tong, der; –s, –s: dampfgehärteter Porenbeton, Leichtkalkbeton
Yt|ter|bi|um, das; –s: chemischer Grundstoff; Abk.: Yb ✳

Yt|te|r|it, der; -(e)s, -e: ein bei Ytterby in Schweden gefundenes Silikat ✱ **Yt|ter|saat,** der; -(e)s: natürliche phosphorsaure Yttererde ✱ **Yt|ri|um,** das; -s: ein Seltenerdmetall, chem. Grundstoff; Abk.: Y

Yu|an (chines.), der; -, -(s): Währungseinheit der VR China

Yu|ca|tán, Yu|ka|tan: mexikan. Halbinsel und Staat

Yuc|ca (hait.), die; -, -s: eine amerikanische Pflanze, Palmlilie ✱ *Yucamotte:* mexikan. Insekt

Yu|kon [ju..]: Fluss in den USA ✱ *Yukonterritorium*

Yung, der; -s: beckenartiges chinesisches Musikinstrument

Yup|pie (e.) [jappi, auch jupi], der; -s, -s: dynamischer, energischer, aufstrebender junger Mensch mit modischer Bekleidung

Yu|ruk (türk.), der; -, -s: „Landstreicher", Angehöriger der tatar. Reiterei

YWCA (Abk.): Young Women's Christian Association [jang wimens kristschen äßoßjehschen]: Christlicher Verein Junger Frauen

Z

Z, z, das; -, -: der sechsundzwanzigste Buchstabe des Abece ✱ *von A bis Z:* von Anfang bis Ende

z: (Math.) die dritte unbekannte Größe

Z. (Abk.): Zahl : Zeile

Za|bag|li|o|ne (it.) [zabajone]; **Za|ba|o|ne,** die; -: Schaumcreme mit Wein und Eiern

. **Za|cke,** die; -, -n; **Za|cken,** der; -s, -: Zäckchen, Zäcklein, Zäckel: Spitze : spitz hervorragender Teil eines Gegenstandes : Berggrat : (seem.) Widerhaken am Bolzen ✱ *Zackenbogen:* (Baukst.) gezackter Bogen; *Zackenhorn:* Posaunenschneckenart; *Zackenkrone; Zackenlinie;* ✱ **Za|ckel,** das; -s, -: eine Schafart ✱ *Zackelwolle* ✱ **za|cken** tr.: mit Za-

cken versehen; rbz.: sich zackig gestalten ✱ *gezackt* Mw. Ew.: zackig ✱ **za|ckig** Ew.: mit Zacken versehen -: (volkst.) forsch ✱ **Za|ckig|keit,** die; -, -en: Forschheit, Schneid

zag, za|ge Ew.: zaghaft, feige : scheu ✱ **Za|ge,** der; -n, -n: der Ängstliche ✱ **Zag|heit,** die; -, -en: Zaghaftigkeit ✱ **zag|haft** Ew.: zag ✱ **Zag|haf|tig|keit,** die; -, -en: Furchtsamkeit

zäh, zä|he Ew. (zä[e]ster): dicht : fest : (übertr.) ausdauernd : beharrlich : (Bergb.) fein, klar ✱ *zähflüssig* Ew.: dickflüssig; *Zähflüssigkeit,* die; -; *zählebig* Ew.: schwer zu töten ✱ **Zä|heit → Zäh|heit,** die; -: ✱ **Zä|hig|keit,** die; -: das Zähsein

Zähheit

Werden Endungen an ein Nomen oder Adjektiv gehängt, so bleiben eventuell gleichlautende Schlusskonsonanten des ersten Wortteils erhalten: *Rohheit; Zierrat.*

Zahl, die; -, -en; Zählchen: mathematische Größe zur Berechnung der Menge : Anzahl : Menge : Klasse : (Sprachl.) das durch die Beugung bezeichnete Verhältnis der Einzahl oder Mehrzahl ✱ *ohne Zahl:* unendlich; *eine Zahl Flachs:* ein Gebinde Flachs ✱ *zahllos* Ew., *zahlreich* Ew.: in großer Menge vorhanden; *Zahlwort:* eine Zahl bezeichnendes Wort; *Zahlzeichen:* Ziffer ✱ *Zahlenangabe; Zahlengruppe; Zahlenfolge; Zahlengedächtnis; Zahlengröße; Zahlenkombination; Zahlenlotterie; Zahlenlotto; zahlenmäßig* Ew.: der Zahl nach; *Zahlenmaterial; Zahlenreihe; Zahlenschloß →* *Zahlenschloss:* Schloss, das mit einer Zahlenkombination statt eines Schlüssels zu öffnen ist; *Zahlensinn:* Auffassungsgabe und Gedächtnis für Zahlen; *Zahlensystem; Zahlentoto; Zahlenverhältnis; Zahlenwert:* mathem. Wert eines Zahlzeichens ✱ **zahl|bar** Ew.: gezahlt werden müssend ✱ **zähl|bar** Ew.: so beschaffen, dass es gezählt werden kann ✱ **zah|len** tr., intr.: Geld (für empfangenes Gut) geben : bezahlen : (Schuld[en] -) tilgen : (übertr.) vergelten ✱ *Schulden,*

die Zeche, Strafe zahlen; Lehrgeld zahlen: durch selbstverschuldete Fehler lernen ✱ *Zahlbrett:* Brett zum Aufzählen von auszuzahlendem Geld; *zahlfähig* Ew.: fähig zu zahlen; *Zahlkarte:* im Bankverkehr Vordruck zur Überweisung von Barbeträgen; *Zahlkasse; Zahlkellner,* der Geld einkassiert; *Zahlmeister:* Kassenverwalter auf einem Schiff : (ehem.) Militärbeamter im Verwaltungsdienst; *Zahlpfennig:* Spielmarke ohne Wert; *Zahlstelle; Zahltag:* Lohntag; *Zahlwort* ✱ **zäh|len** tr., intr.: die Zahlen in der richtigen Reihenfolge aneinander reihen : die Zahl einer Menge von Gegenständen bestimmen : rechnen unter : gerechnet werden unter : rechnen ✱ *einem die Bissen in den Mund zählen:* das Essen kärglich zumessen; *viele Jahre zählen:* viele Jahre alt sein; *du kannst auf mich zählen:* du kannst dich auf mich verlassen; *er zählt zu den Besten* ✱ *Zählapparat; Zählrohr:* Instrument zur Messung radioaktiver Strahlen; *Zähluhr:* Messgerät für Gas- und Wasserverbrauch; *Zählwerk* ✱ **Zäh|ler,** der; -s, -: einer, der zahlt ✱ **Zäh|ler,** der; -s, -: ein Apparat zum Zählen des elektr. Stromverbrauchs : (Math.) die zu teilende Zahl eines Bruches ✱ **Zah|lung,** die; -, -en: das Zahlen : die gezahlte Summe ✱ *in Zahlung nehmen:* an Stelle von Geld verrechnen; *Zahlung leisten:* (kfm.) bezahlen; *Zahlungsanweisung:* Auftrag, Geld auszuzahlen : Scheck; *Zahlungsaufforderung:* Bitte (Gesuch), Schulden zu bezahlen; *Zahlungsbedingungen; -befehl:* gerichtliche Aufforderung zur Zahlung eines Betrages innerhalb einer bestimmten Frist; *Zahlungsbilanz; Zahlungseinstellung; Zahlungserleichterung; zahlungsfähig* Ew.: zahlfähig; *Zahlungsfrist:* Zeit, innerhalb der gezahlt werden muss; *Zahlungsmittel:* Geld; *Zahlungspflicht; Zahlungsprotest:* Wechselprotest mangels Zahlung; *Zahlungsschwierigkeiten:* Schwierigkeiten, seinen Geldverpflichtungen nachzukommen; *Zahlungssperre:* Verbot, Einstellung von Zahlungen; *Zahlungstermin:* Zeitpunkt, bis zu dem gezahlt werden muss; *zahlungsunfähig* Ew.; *Zahlungsunfähigkeit; Zahlungsverkehr:* Giro-, Bankverkehr; *Zahlungsverpflichtung* ✴ **Zäh|lung,** die; –, –en: das Zählen

zahm Ew.: (Tier) nicht wild, gebändigt ✴ **zähm|bar** Ew.: so geartet, dass es gezählt werden kann ✴ **zäh|men** tr.: zahm machen : bezwingen ✴ **Zahm|heit,** die; –: das Zahmsein ✴ **Zäh|mung,** die; –, –en: das Zähmen

Zahn, der; –(e)s, Zähne: Zähnchen: Kauwerkzeug von Mensch und Wirbeltier : etwas Nagendes, Zerstörendes : Zacke, Spitze, bes. an Werkzeugen ✴ *der Zahn der Zeit:* durch die Zeit hervorgerufene, allmähliche Abnutzung, Verwitterung; *auf den Zahn fühlen:* genau prüfen; *die Zähne zeigen:* drohen : Widerstand leisten ✴ *Zahnarzt; Zahnbehandlung; Zahnbürste; Zahncreme; Zahnersatz; Zahnfäule:* Karies; *Zahnfistel:* Zahngeschwür; *Zahnfleisch:* die Zahnwurzeln umgebendes Fleisch; *Zahnfüllung; Zahngeschwür; Zahnheilkunde; Zahnkrankheiten; Zahnkrone:* sichtbarer Teil des Zahns : auf einen schlechten Zahn aufgesetzter künstlicher Teil; *zahnlos* Ew.; *Zahnlücke; Zahnmedizin; Zahnpasta:* Paste zum Reinigen der Zähne; *Zahnpflege; Zahnpulver:* Pulver zum Säubern der Zähne; *Zahnrad:* Zackenrad; *Zahnradbahn; Zahnschmelz; Zahnschmerz; Zahnspange:* Zahnklammer zur Regulierung falsch stehender Zähne, besonders bei Kindern; *Zahnstein; Zahnstocher:* Werkzeug zur Entfernung von Speiseresten aus dem Gebiss; *Zahntechniker:* Handwerker zur Herstellung künstlicher Zähne; *Zahnweh; Zahnwurzel:* der im Fleisch sitzende Teil des Zahns ✴ *zähnefletschend* Ew.: wütend die Zähne zeigen; *Zähnefletschen,* das; –s; *Zähneklappern,* das; –s; *Zähneknirschen; zähneknirschend* Ew.: drohend

: von heimlicher Wut erfüllt ✴ **zäh|neln** (ich ..[e]le), **zäh|nen** tr.: mit Zacken versehen ✴ **zäh|nen** intr.: die Zähne bekommen ✴ *gezahnt* Mw. Ew.: gezackt

Zain, der; –(e)s, –e: Gerte : (weidm.) männliche Rute : (weidm.) Schwanz : Metallstab (zur weiteren Verarbeitung) : ein Braunkohlenmaß : aus Zainen gezogener Draht ✴ *Zaineisen:* Eisen in Stäben; *Zainhammer:* Hammerwerk für Zaineisen

Za|i|re: zentralafrikanischer Staat ✴ **za|i|risch** Ew.: auf Zaire bezüglich

Zam|ba (span.), die; –, –s: weibl. Nachkomme eines Schwarzen und einer Indianerin ✴ **Zam|bo,** der; –s, –s: männlicher Nachkomme eines Schwarzen und einer Indianerin

Zam|pa|no, der; –s, –s: (Umgspr.) (übertr.) angeberischer Mann ✴ *den großen Zampano markieren*

Zan|der, der; –s, –: Hechtbarsch

Zan|ge, die; –, –n; Zängchen, Zänglein, Zängelchen: ein (zweiteiliges) Werkzeug zum Festhalten und Biegen von Werkstoffen : zangenähnliches Werkzeug von Tieren : mittlere Schneidezähne beim Vieh : (weidm.) Vorderteile des Hirschfußes ✴ *Zangenbewegung; Zangengeburt:* Geburt mit Hilfe der Geburtszange; *Zangengriff:* Haltegriff beim Ringersport; *Zangenkäfer:* Ohrwurm

Zank, der; –(e)s: in heftigen Worten sich äußernder Streit ✴ *Zankapfel:* ein Zank erregender Gegenstand; *zanklustig* Ew.; *zanksüchtig* Ew.; *Zanksucht; Zankteufel:* zänkische Person ✴ **zan|ken** intr., rbz.: streiten ✴ **Zän|ker,** der; –s, –: ein Zankender : einer, der gern zankt ✴ **Zän|ke|rei,** **Zän|ke|rei,** die; –, –en: andauerndes Zanken, Gezänk ✴ **zank|haft** Ew.: zum Zank geneigt ✴ **zän|kisch** Ew.: streitsüchtig

Zä|no|zo|i|kum, das; –s, –s: (Geol.) Känozoikum, erdgeschichtliche Neuzeit ✴ **zä|no|zo|isch** Ew.: (Geol.) känozoisch

Zapf, der; –(e)s, Zäpfe: (obd.) Ausschank : (obd.) Zapfen : (scherzh.) Säufer ✴ **Zapf|fen,** der; –s, –: Zäpfchen: (meist walzenförmiger) Verschluss : etwas Zapfenförmiges : zur Frucht entwickelter Pflanzenkätzchen : Blütenstand der Nadelhölzer : (Techn.) runder Bolzen : (Tischl.) verbindender Stift : (Zäpfchen) farbenempfindliche Teile der Netzhaut : (Anat.) (meist Zäpfchen) eine längliche Verlängerung des Gaumensegels in der Mundhöhle : zapfenförmiger Körper zu Heilzwecken ✴ *Zapfenbeißer:* ein Vogel, Kreuzschnabel; *Zapfenbecher:* (bes. prähistorischer) Becher mit Zapfen als Handgriff; *Zapfenbohrer:* Bohrer zum Anbohren voller Fässer; *zapfenförmig* Ew.; *Zapfenstreich:* abendliches Heimkehrsignal für Soldaten (Zeichen für die Gasthäuser, den Zapfen zu schließen); *Zapfenzieher:* (alem.) Korkenzieher ✴ **zap|fen** tr., intr.: Flüssigkeit abfüllen : (Tischl.) durch Zapfen verbinden ✴ *Zapfhahn; Zapfsäule; Zapfstelle:* Schankstelle : Tankstelle ✴ **Zap|fer,** der; –s, –: ein Schankwirt

Zap|pel|ler, **Zapp|ler,** der; –s, –: einer, der zappelt ✴ **zap|pe|lig** Ew.: unruhig zappelnd ✴ **zap|peln** (ich ..[e]le) intr.: sich unruhig hin und her bewegen ✴ *jemanden zappeln lassen:* beunruhigen : quälen; *sich müde zappeln:* zappeln, bis man müde ist

zap|pen (e.) [säpn] intr.: mit der Fernbedienung zwischen verschiedenen Fernsehprogrammen hin- und herschalten

zap|pen|dus|ter Ew.: (Umgspr.) sehr dunkel : (übertr.) endgültig vorbei

Zar (lat.), der; –en (auch –s), –en (auch –e): ehem. slaw. Herrschertitel ✴ **Za|ren|tum,** das; –s: Würde des Zaren : Herrschaftsbereich eines Zaren ✴ *Zarenfamilie; Zarenreich* ✴ **Za|re|witsch,** der; –(es), –e: Zarensohn ✴ **Za|rew|na,** die; –, –s: Zarentochter ✴ **Za|rin,** die; –, –nen; *Za|ri|na,* die; –, –s: Gemahlin oder Witwe des Zaren

Za|ra|go|za: Saragossa, span. Stadt

Za|ra|thus|t|ra: altiran. Religionsstifter.

Zar|ge, die; –, –n: Fenster- oder Türeinrahmung : Seitenwand der Streichinstrumente

zart (zarter; zartest) Ew.: fein, rücksichtsvoll : leicht verletzlich : schwächlich, zärtlich * *zartbesaitet → zart besaitet* Mw. Ew.: (übertr.) zart fühlend; *zartfühlend → zart fühlend* Mw. Ew.; *Zartgefühl; zartgrün*: lichtgrün; *Zartsinn* *

Zär|te|lei, die; –, –en: zärtliches Getue : Empfindelei *

Zart|heit, die; –, –en: Zerbrechlichkeit : Empfindlichkeit * **zärt|lich** Ew.: sehr für Liebe empfänglich : sich liebevoll zeigend : sehr empfindlich : sanft, milde * **Zärt|lich|keit**, die; –, –en: das Zärtlichsein : liebevolle Behandlung * **Zärt|ling**, der; –s, –e: Weichling

zart besaitet
Eine Verbindung aus Adjektiv und Verb oder Partizip wird getrennt geschrieben, wenn das Adjektiv erweiterbar oder steigerbar ist: *Sie ist (sehr) zart besaitet.*

Zä|si|um, das; –s: ein Alkalimetall, chem. Grundstoff (auch: Caesium); Zch. Cs

Zas|pel, die; –, –n: altes Garnmaß, 20 Gebinde * **zas|peln** (ich ..[e]le) tr.: (Fäden –) zusammenschlingen

Zas|ter, der; –s: (Umgspr.) Geld

Zä|sur (l.), die; –, –en: Verseinschnitt : (Mus.) Ruhepunkt

Zau|ber, der; –s, –: magische Kraft : Zauberhandlung : etwas Bezauberndes, bezaubernd Schönes * *fauler Zauber*: Schwindelei; *Zauberbuch; Zauberflöte*: Titel einer Oper von W. A. Mozart; *Zauberformel; Zaubergarten; Zauberhand*: es geschieht wie von Zauberhand : unerklärlich; *Zauberkasten; Zauberkraft; Zauberkunst; Zauberkünstler; Zaubermacht; Zaubermantel; Zaubernuß → Zaubernuss*: Hamamelis; *Zauberspiegel; Zauberspruch; Zauberstab; Zaubertrank; Zauberwort* * **Zau|be|rei**, die; –, –en: Kunst des Zauberns : Zauber * **Zau|be|rer**, der; –s, –: einer,

der zaubert * **zau|ber|haft** Ew.: bezaubernd, berückend * **Zau|be|rin, Zaub|re|rin**, die; –, –nen: weibl. Zauberer * **zau|bern** (ich ..[e]re) intr.: Zauber ausüben : die Kunst des Zauberns beherrschen; tr.: durch den Zauber übernatürliche Dinge bewirken

Zau|de|rei, die; –: das Zaudern * **Zau|de|rer, Zaud|rer**, der; –s, –: ein Zaudernder * **Zau|de|rin, Zaud|re|rin**, die; –, –nen: eine Zaudernde * **zau|dern** intr.: zögern

Zaum, der; –(e)s, Zäume; Zäumchen: Lederzeug zum Führen und Lenken der Reit- oder Zugtiere * *im Zaum halten* tr.: zähmen, bändigen * *zaumrecht* Ew.: (Reittier) zugeritten; *Zaumzeug* * **zäu|men** tr.: (Tier –) den Zaum anlegen : (übertr.) bändigen : (Geflügel –) für den Tisch zurichten

Zaun, der; –(e)s, Zäune; Zäunchen: Einfriedung aus Holz, Metall : zaunartige Wand * *Zauneidechse; Zaungast*: unbeteiligter Zuschauer; *Zaunkönig*: Vogel; *Zaunpfahl; Zaunrebe*: eine Pflanze * *mit dem Zaunpfahl winken* intr.: sehr deutlich winken, hinweisen * **zäu|nen** tr.: mit einem Zaun umschließen * **Zaun|ling**, der; –s, –e: Zaunlinie

Zau|sel|er, Zaus|ler, der; –s, –: Hechelmaschine zum Zupfen von Baumwolle * **zau|sen** (du zausest und zaust) tr.: zupfend zerren

Za|zi|ki, Tsa|tsi|ki (gr.): Joghurtspeise mit Gurkenstückchen und Knoblauch

z. B. (Abk.): zum Beispiel

z. b. V. (Abk.): zur besonderen Verwendung

z. D. (Abk.): zur Disposition

z. d. A. (Abk.): zu den Akten

ZDF (Abk.): Zweites Deutsches Fernsehen

z. E. (Abk.): zum Exempel

Zea (gr.), die; –: Mais * *Zeanin*: feines amerikanisches Maismehl * **Ze|in**, das; –s: ein Pflanzenbindungsmittel, Maiseiweiß

Ze|b|ra (afrik.), das; –s, –s: Tigerpferd, gestreiftes Wildpferd im Süden und Osten Afrikas * *zebraartig* Ew.: wie ein Zebra (meist) gestreift; *Zebrastreifen*:

Kennzeichen von Fußgängerüberwegen

Ze|bu, der; –s, –s: ostindisches Buckelrind

Ze|che, die; –, –n: Reihenfolge, Ordnung nacheinander : Gesellschaft, Zunft u. dgl. : Gelage : Wirtshausrechnung : gemeinsame Kasse : (bergm.) Grube, Bergwerk * *Zechenstillegung → Zechenstilllegung; Zechenzeug*: Arbeitsanzug der Bergleute * **ze|chen** tr., intr.: ein Gelage halten : viel trinken * *Zechbruder*: Saufbruder; *Zechgelage; Zechgenoß → Zechgenoss; Zechkumpan; Zechpreller*: Betrüger, der seine Zeche nicht bezahlt; *Zechprellerei* * **Ze|cher**, der; –s, –: Trinker * **Ze|che|rei**, die; –, –en: das (viele) Zechen : Zechgelage

Zeck, der; –(e)s, –e; **Ze|cke**, die; –, –n: Blut saugendes Kerbtier : Holzbock

Ze|der (gr.-l.), die; –, –n: Nadelbaum * *Zeder(n)holz*

Zeh, der; –(e)s und –en, –en; **Ze|he**, die; –, –n: fingerähnliches Endglied des Fußes : zehenähnlicher Teil an Pflanzenwurzeln * *Zehenbeuger, –strecker*: Name von Muskeln; *Zehennagel; Zehenspitze*: auf Zehenspitzen gehen : (übertr.) sehr leise gehen; *Zehenstand* * **..zehig** Ew., nur in Zus.: soundso viele oder soundso beschaffene Zehen habend; z. B. zehnzehig, langzehig

zehn Zahlw.: eins über neun (römische Ziffer X) * *wir sind zu zehn(en), zu zehnt; in Gruppen zu zehnen, zu zehnt; die Zehn Gebote* * *Zehneck*: Figur mit zehn Ecken; *zehneckig* Ew.; *zehneinhalb* Zahlw.; *Zehnender*: Hirsch, dessen Geweih an jeder Stange fünf Enden trägt; *zehnfach, –fältig* Ew.: zehnteilig : zehnmal vorhanden; *Zehnfache, das; –n; Zehnfinger-Blindschreibemethode; Zehnfingersystem*: Schreiben auf der Schreibmaschine mit zehn Fingern; *Zehnfüßer*: Gruppe von Krebstieren; *Zehnjahresplan; Zehnjahr(es)feier; zehnjährig* Ew.: zehn Jahre alt; *Zehnkampf*: sportlicher Wettkampf, der zehn Disziplinen umfasst; *zehnmal* Uw.; *zehnmalig* Ew.;

zehnmännig Ew.: (Pflanze) zehn freie Staubfäden habend; *Zehnmarkschein; Zehnmeterbrett; Zehnpfennigstück; Zehnpunktschrift:* (Buchdrw.) ein Schriftgrad; *zehntausend* Zahlw.: zehn mal tausend; *zehnteilig* Ew.; *zehn(und)einhalb* Zahlw. ✶ **Zehn,** die, –, –en: die Ziffer 10 : eine Spielkarte ✶ **zeh**|**ne:** (volkst., alleinst.) zehn ✶ **Zeh**|**ner,** der; –s, –: Zehnpfennigstück : ein aus zehn Einheiten bestehendes Ganzes : Wein aus dem Jahre 10 eines Jhs. ✶ **zeh**|**ner**|**lei** Ew.: zehn Sorten von etwas ✶ **Ze**|**hent, Zehnt,** das; –(e)s, –: Anzahl von zehn Stück ✶ **zehnt:** O.-Zahlw. zu zehn ✶ **Zehn**|**te,** der; –n, –n: (der zehnte Teil eines Ertrages) Abgabe ✶ *zehntfrei* Ew.: abgabefrei; *Zehntgeld; Zehntherr:* Besitzer, der den Zehnt zu erhalten hat ✶ **zehn**|**tel** Ew.: zehnter Teil von etwas ✶ **Zehn**|**tel,** das; –s, –: zehnter Teil von einem Ganzen ✶ *Zehntelzentner* ✶ **zehn**|**teln** (ich ..[e]le) tr.: in zehn Teile teilen ✶ **zehn**|**tens** Uw.: an zehnter Stelle

zeh|**ren** tr.: verzehren, verbrauchen : auflösen : vernichten : hager machen; tr., intr.: essen : von etwas leben ✶ *die Sorge zehrt an deiner Gesundheit; von der Erinnerung zehren* ✶ *Zehrgeld; Zehrpfennig* ✶ **Zeh**|**rung,** die, –, –en: Reisenahrung : für Reisenahrung bestimmtes Geld : Sterbesakrament : Einschmierfett für Radzapfen : das Abzehren

Zei|**chen,** das; –s, –: Kennzeichen : Anzeichen : Signal : Merkmal : Sinnbild : Erscheinung ✶ *Zeichendeuter; Zeichenerklärung; Zeichengeber; Zeichenschrift; Zeichensprache:* Gebärdensprache ✶ **zeich**|**nen** tr., intr.: mit einem Zeichen versehen : unterschreiben : sich durch Unterschrift zu etwas verpflichten : kennzeichnen : eine Zeichnung herstellen : (übertr.) mit Worten darstellen, schildern : mit einer sichtbaren Spur versehen ✶ *Zeichenblock; Zeichenbrett; Zeichenbuch; Zeichenfeder; Zeichenfilm:* Film nach gezeichneter Vorlage; *Zeichengerät;*

Zeichenheft; Zeichenkunst; Zeichenlehrer; Zeichenmaschine; Zeichenmuster; Zeichenpapier; Zeichensaal; Zeichensetzung: Setzung von grammatikalischen Zeichen; *Zeichenstift; Zeichenstunde; Zeichentrickfilm; Zeichenunterricht; Zeichenvorlage* ✶ **Zeich**|**ner,** der; –s, –: Anfertiger von Zeichnungen ✶ **zeich**|**ne**|**risch** Ew.: in der Weise einer Zeichnung, einer Zeichnung gemäß ✶ **Zeich**|**nung,** die, –, –en: gezeichnete Karte, gezeichneter Plan : das gezeichnete Bild (Handzeichnung, Feder-, Kreidezeichnung) ✶ *Zeichnungsberechtigung:* Vollmacht zur Unterzeichnung von Dokumenten

Zeid|**ler,** der; –s, –: Imker ✶ *Zeidlerei:* Bienenzüchterei; *Zeidelgut* ✶ **zeid**|**eln** (ich ..[e]le) tr.: Honig ernten ✶ *Zeidelbär:* Honig suchender Bär; *Zeidelbaum:* Baum, in den Waldbienen bauen

zei|**gen** tr.: dem Auge vorführen, sichtbar werden lassen; rbz.: sichtbar hervortreten ✶ *Zeigefinger:* der zweite, meist zum Zeigen gebrauchte Finger; *Zeigestock* ✶ **Zei**|**ger,** der; –s, –: Weiser an der Uhr

zei|**hen** (du zieh[e]st, du ziehest; geziehen; zeih[e]!) tr.: (einen eines Vergehens –) beschuldigen, zur Last legen

Zei|**le,** die, –, –n; Zeilchen: Reihe : Reihe geschriebener oder gedruckter Buchstaben : Häuserreihe : Körnerreihe an Ähren ✶ *Zeilenabstand; Zeilengießmaschine; Zeilenhonorar; Zeilenlänge; Zeilenschalter:* (Schreibmaschine) Schalter zum Einstellen des Zeilenabstandes; *zeilenweise* Ew.: in Zeilen : Zeile für Zeile ✶ **..zei**|**lig** Ew., nur in Zus.: soundso viele oder soundso beschaffene Zeilen habend ✶ *vierzeilig, 4zeilig* → *4-zeilig; kurzzeilig*

zei|**seln** (ich ..[e]le) tr.: locken; intr.: (mundartl.) eilen ✶ *Zeiselwagen:* Stellwagen ✶ *Zeiselbär:* Tanzbär

Zei|**sig,** der; –(e)s, –e; Zeischen, Zeislein: ein kleiner Singvogel : (übertr.) leichtfertiger Mensch ✶ *zeisiggrün* Ew.; *Zeisignest*

Zeit, die, –, –en: Aufeinanderfolge und Dauer des Seins : Zeitpunkt : Zeitabschnitt : Gelegenheit : wesentliche Kennzeichen eines Zeitabschnittes : freie Zeit : Geschichtsabschnitt : Zeitalter : (übertr.) das in einem Zeitalter lebende Geschlecht : Frist : Zeitmaß, Takt : (Sprachl.) Tempo : Ebbe oder Flut ✶ *zu meiner Zeit; zur Zeit:* rechtzeitig; *zu jeder Zeit; jederzeit* Uw.; *auf Zeit:* mit Frist; Abk.: a. Z.; *eine Zeitlang* → *eine Zeit lang; eine kurze Zeit lang; zur Zeit Friedrichs des Großen; alles zu seiner Zeit; zu jeder Zeit; beizeiten* Uw.; *vorzeiten* Uw.; *zuzeiten* Uw. ✶ *derzeit* Uw.; *jederzeit* Uw.; *seinerzeit* Uw. ✶ *Zeitabschnitt; Zeitalter; Zeitansage:* (Rdfk.) Angabe der genauen Uhrzeit; *Zeitaufnahme:* (Fot.) Aufnahme mit längerer Belichtung; *Zeitaufwand; Zeitberechnung; Zeitbombe:* Bombe mit einstellbarem Zeitzünder : (übertr.) etwas, was sich zu einer Gefahr entwickeln kann; *Zeitdauer; Zeiterfassung:* Gerät zur Erfassung der tatsächlich geleisteten Arbeitszeit anhand von Stempelkarten; *Zeitersparnis; Zeitfrage; Zeitfunk; zeitgebunden* Ew.; *Zeitgeist:* Geist eines Zeitalters; *zeitgemäß* Ew.: dem Zeitgeist gemäß; *Zeitgenosse:* zu gleicher Zeit Lebender; *zeitgenössisch* Ew.; *Zeitgeschmack; Zeitgechichte; Zeitgewinn; Zeitkarte; Zeitläufe* Mz.: Gang der Zeit; *zeitlebens* Uw.: in der ganzen Lebenszeit (aber: zeit meines Lebens); *Zeitlohn; zeitlos* Ew.: ohne Zeit : nicht an die Zeit gebunden; *Zeitlosigkeit,* die; *Zeitlupe:* (Film) langsame Darstellung der einzelnen Phasen einer Bewegung; *Zeitmangel; Zeitmaß:* Takt; *Zeitmesser; Zeitmeßkunde* → *Zeitmesskunde; Zeitmessung; zeitnah*

Ew.; *Zeitnehmer:* (Sport) Kampfrichter; *Zeitnot; Zeitpunkt; Zeitraffer:* (Film) Zusammensteller von Aufnahmen in größeren Zeitabständen; *zeitraubend* → *Zeit raubend* Ew.: viel Zeit in Anspruch nehmend; *Zeitraum:* Zeitabschnitt; *Zeitrechnung; Zeitschrift:* in regelmäßiger Folge, meist in Heftform erscheinendes Druckwerk; *Zeitschriftenverlag; Zeitsignal:* Zeitzeichen; *Zeitsinn; Zeitspanne; zeitsparend* → *Zeit sparend* Ew.; *Zeitumstände; Zeitvergeudung; Zeitverlust; Zeitvertreib; zeitweilig* Ew.; *zeitweise* Ew.: zuzeiten, bisweilen; *Zeitwort:* (Vd. f.) Verbum; *Zeitzeichen; Zeitzünder:* Geschosszünder, der zu bestimmter Zeit zündet * **zeit**|tig Ew.: früh : rechtzeitig * **zeit**|lich Ew.: irdisch (nicht ewig) : vorübergehend, flüchtig * **Zeit**|lich|keit, die; –: irdisches Leben * **Zei**|tung, die; –, –en: Kunde, Nachricht : regelmäßig erscheinendes Nachrichtenblatt * Zeitungsablage; *Zeitungsabonnement* [–abonnemang]: Dauerbestellung einer Zeitung; *Zeitungsanzeige; Zeitungsartikel; Zeitungsausschnitt; Zeitungsbericht; Zeitungsberichterstatter; Zeitungsblatt; Zeitungsente:* falsche Zeitungsnachricht; *Zeitungsfrau; Zeitungsinserat; Zeitungskiosk; Zeitungskorrespondent; Zeitungsleser; Zeitungsnachricht; Zeitungsnotiz; Zeitungspapier; Zeitungsverkäufer; Zeitungswesen:* Presse **Ze**|le|b|rant (l.), der; –en, –en: ein die Messe lesender Geistlicher * **ze**|le|b|rie|ren (..iert) tr., intr.: feierlich begehen : Messe lesen * **Ze**|le|b|ri|tät, die; –, –en: Berühmtheit [l. celeber berühmt]

Zel|la (l.), die; –, ..llä: Kapelle : Tempelraum : Kloster * **Zel**|le, die; –, –n; (Zk.): kleiner Wohnraum von Mönchen, Nonnen, Einsiedlern : Gefängnisraum : kleinster Bestandteil des menschlichen Körpers, der Tiere und Pflanzen : Atomhohlraum * *Zellatmung; Zellgewebe; Zellglas:* Zellophan; *Zellhorn:* Zelluloid; *Zellkern;*

Zellehre → *Zelllehre; Zellmembran; Zellstoff:* Rohstoff für die Herstellung von Papier, Kunstseide u. a.; *Zellstoffabrik* → *Zellstofffabrik; Zellteilung; Zellwolle:* aus Zellulose gewonnene Faser * *zellenförmig* Ew.; *Zellengefängnis; Zellengewölbe:* spätgot. Gewölbe mit Gewölbekappen; *Zellenmosaik:* alte german. Metallverzierungsarbeit; *Zellenrad:* Wasserrad (mit Hohlräumen zwischen den Schaufeln); *Zellenschmelz:* eine alte byzant. Kunst in der Emailmalerei; *Zellenverglasung:* Zellenmosaik; *Zellvermehrung* * **zel**|lig Ew.: Zellen habend : aus Zellen bestehend * **Zel**|lo|phan, das; –s: Glashaut, Zellglas * **zel**|lu|lar, **zel**|lu|lös Ew.: aus Zellen gebildet, zellig * *Zellularpathologie:* Lehre der Erkrankung durch Zellenfunktionsstörung * **Zel**|lu|li|tis, die; –: Zellgewebsentzündung * **Zel**|lu|lo|id, das; –(e)s: „Zellhorn", feste Masse aus Schießbaumwolle und Kampfer, Ersatz für Elfenbein, Schildpatt : Kunststoff für Filme, Lacke * **Zel**|lu|lo|se, die; –: Pflanzenzellstoff [l. *cella* Behältnis, Kammer]

Zelt, der; –(e)s: sanfter Schritt, Passgang * **zel**|ten intr.: im Zelt gehen * *Zeltgang* * **Zel**|ter, der; –s, –: Paradepferd : Damenreitpferd

Zelt, das; –(e)s, –e: aus Stangen und Stoffen im Freien aufzuschlagendes und leicht abzubrechendes Obdach : zeltartiger Bau : sich wölbendes Dach eines Baumes, des Himmels usw. * Bügelrock * *Zeltbahn; Zeltbett; Zeltdach; Zelthering; Zeltlager; Zeltleben; Zeltleinwand; Zeltmast; Zeltmission:* kirchl. Veranstaltungen auf einem Zeltplatz; *Zeltpflock; Zeltplane; Zeltplatz; Zeltstadt; Zeltstange; Zeltstock; Zeltstoff; Zeltwand* * **zel**|ten intr.: in Zelten wohnen

Ze|ment (l.), der; –(e)s, –e: „Bruchstein", aus Kieselerde und Kalk gemengter Mörtel, Steinkitt * *Zementboden; Zementdach; Zementpulver:* Stahlpulver; *Zementsack; Zementsilo; Zementspritzverfah-*

ren; Zementstahl: Brennstahl; *Zementwasser:* Kieslauge * **Ze**|men|ta|ti|on, die; –, –en: (Hüttw.) eine Art der Kupfer- oder Stahlgewinnung : Zementierung * *Zementkupfer:* aus kupferhaltigen Lösungen ausgefälltes unreines Kupfer; *Zementmarmor:* Kunstmarmor aus Portlandzement; *Zementstahl:* durch Zementation gehärteter Stahl * **ze**|men|tie|ren (..iert) tr.: mit Zement dichten, mit Zement bauen * **Ze**|men|tie|rung, die; –, –en: Dichtmachen mit Zement

Zen (sanskr.), das; –s: auf Meditation beruhende japanische Art des Buddhismus

Ze|nit (arab.), der; –(e)s: Scheitelpunkt des Himmelsgewölbes : (übertr.) Gipfelpunkt, Höhepunkt * *Zenitdistanz:* Kreisbogen zwischen Zenit und Gestirn; *Zenithöhe*

zen|sie|ren (..iert) (l.), tr.: abschätzen, prüfen, beurteilen * **Zen**|sie|rung, die; –, –en: Abschätzung : Beurteilung * **Zen**|sor, der; –s, ..soren: altröm. (Staats-)Beamter : Abschätzer für die Steuer : Beurteiler des Schrifttums : Sittenrichter * **zen**|so|risch Ew.: auf den Zensor bezüglich * **Zen**|sur, die; –, –en: Amt des Zensors : (Schul-)Zeugnis : staatliche Prüfung von Büchern, Filmen u. Ä. vor der Herausgabe * **zen**|su|ra|bel Ew.: der Prüfung unterworfen * **Zen**|sus, der; –, –: Abschätzung des Vermögens : Volkszählung [l. *censere* beurteilen, schätzen]

Zent (ml.), die; –, –en: „Hundertstel", Hundertschaft : (Mittelalt.) Gerichtsbezirk * *Zentgraf; Zentgericht* * **Zen**|te|nar, der; –s, –e: Hundertjähriger * *Zentenarausgabe; Zentenarfeier:* Hundertjahrfeier * **Zen**|te|na|ri|um, das; –s, ..rien: Hundertjahrfeier * **zen**|te|si|mal Ew.: hundertteilig * *Zentesimalrechnung; Zentesimalwaage:* große Brückenwaage * **zen**|te|si|mie|ren (..iert) tr.: den hundertsten Mann herausnehmen * **Zen**|ti|grad, der; –es, –e: Hundertstelgrad * **Zen**|ti|gramm, das; –s, –e: 1/100 Gramm *

Zen|ti|me|ter, der; –s, –: 1/100 Meter * Zent|ner, der; –s, –: Gewicht von 100 Pfund * *Zentnergewicht; Zentnerlast; zentnerschwer* Ew.; *zentnerweise* Ew.: in Zentnern, nach Zentnern gewogen [l. centum hundert]; vgl. Cent

Zen|taur (gr.), der; –en, –en: ein Fabelwesen der altgriech. Sage, halb Mensch, halb Tier zen|t|ral (l.) Ew.: im Mittelpunkt gelegen : mittelständig : wesentlich * *Zentralafrika; Zentralasien; Zentralbank; Zentralbehörde:* oberste Behörde; *Zentralfigur; Zentralflughafen:* nach allen Flugrichtungen offener Flughafen, der allen Fluggesellschaften dient; *Zentralgewalt; Zentralheizung:* Sammelheizung; *Zentralinstitut; Zentralkomitee:* Führungsgremium, meist kommunistischer oder sozialistischer Parteien; *Zentralkörper:* Haupthimmelskörper; *Zentralnervensystem; Zentralverband; Zentralverwaltung* * Zen|t|ra|le, die; –, –n: Mittelpunkt : Achse : Fernsprechvermittlungsstelle : (elektr.) Krafterzeugungsstelle : Hauptgeschäftsstelle * Zen|t|ra|li|sa|ti|on, die; –, –en: einheitliche Zusammenfassung * zen|t|ra|li|sie|ren (..iert) tr.: einheitlich zusammenfassen * Zen|t|ra|lis|mus, der; –: Streben nach einheitlicher staatlicher Verwaltung * Zen|t|ra|list, der; –en, –en: Anhänger des Zentralismus * zen|t|ra|lis|tisch Ew.: Zusammenziehung erstrebend * Zen|t|ra|li|tät, die; –: Vereinigung auf einen Punkt * zen|t|rie|ren (..iert) tr.: auf die Mitte einstellen * *Zentrierbohrer; Zentrierstift:* Stand-, Passstift * zen|t|ri|fu|gal Ew.: den Mittelpunkt fliehend * *Zentrifugalkraft:* Schwungkraft; *Zentrifugalpumpe:* Kreiselpumpe; *Zentrifugalregulator:* Schwungkugel, Vorrichtung an der Dampfmaschine zur Regelung des gleichmäßigen Ganges * Zen|t|ri|fu|ge, die; –, –n: Trommelschleuder, Trenn-, Milchschleudergerät * zen|t|ri|pe|tal Ew.: zum Mittelpunkt hinstrebend * *Zentripetalkraft* * zen|t|risch Ew.: s.

zentral * Zen|t|ro|ba|rik, die; –: Schwerpunktlehre * Zen|t|ros|ko|pie, die; –: Beobachtung des Schwerpunkts * Zen|t|ro|som, Zen|t|ro|so|ma, das; –, ..men oder ..mata: Zentralkörperchen, Teil des Zellkerns * Zen|t|rum, das; –s, ..tren: Mittelpunkt : Innenstadt : Konzentrationspunkt einer bestimmten Erscheinung (z. B. Industrie) * *Zentrumsbohrer; Zentrumspartei* * Zen|tu|rie (l.), die; –, –n: im röm. Heer die 100 Mann umfassende Einheit des Fußvolkes * Zen|tu|rio, der; –s, ..rionen: Befehlshaber der Zenturie

Ze|phyr (gr.), der; –s: sanfter Südwestwind * Ze|phir, der; –s, –e: feine Baumwollart * *Zephirgarn; Zephirtuch; Zephirwolle*

Zep|pe|lin, der; –s, –e: (nach dem Grafen benanntes) Luftschiff; Abk.: Z

Zep|ter (gr.), das; –s, –: Herrscherstab, Symbol der Würde und Macht

Zer, Ze|ri|um, das; –s: ein chem. Grundstoff; Abk.: Ce * Ze|rat (nl.), das; –(e)s, –e: Wachssalbe * Ze|ra|ti|on, die; –, –en: Überziehung mit Wachs zur Abdichtung : Verwandlung in wachsähnliche Masse * Ze|re|sin, das; –s: Mineralwachs * Ze|rin, das; –s: ein Stoff im Bienenwachs * Ze|rit, der; –(e)s, –e: ein Mineral * Ze|ro|graph *auch:* Ze|ro|graf, der; –en, –en: Wachszeichner * Ze|ro|gra|phie *auch:* Ze|ro|gra|fie, die; –, ..phien; ..fien: ein Verfahren bei der Klischeeherstellung * Ze|ro|plas|tik, die; –: Wachsbildkunst [l. cera Wachs]

zer|bei|ßen tr.: entzweibeißen * zer|bers|ten intr. (sein): auseinander springen, brechen * Zer|be|rus (gr.), der; –, ..russe: sagenhafter mehrköpfiger Wachhund am Eingang zur Unterwelt : (übertr.) scharfer Wächter : ein Sternbild * zer|beu|len tr.: durch Beulen beschädigen, zerstören * zer|bom|ben tr.: durch Bomben gänzlich zerstören * zer|bre|chen tr., intr. (sein): in Stücke brechen * zer|brech|lich Ew.: leicht zerbrechend *

Zer|brech|lich|keit, die; –, –en: das Zerbrechlichsein

zer|brö|ckeln tr., intr. (sein): vollständig in Bröckel zerfallen; rbz.: sich in Bröckel auflösen

zer|dep|pern, zer|döp|pern tr.: (Umgspr.) werfend zerstören : fallen lassen

zer|drü|cken tr.: durch Drücken vernichten, schadhaft machen

Ze|re|a|lie (l.), die; –, –n: „Gaben der Ceres", Feldfrucht

Ze|re|bel|lum (l.), das; –s, ..bella: Kleinhirn * ze|re|b|ral Ew.: auf das Gehirn bezüglich * *Zerebralaffektion:* Gehirnleiden

Ze|re|mo|ni|al (nl.), das; –s, ..lien: Gebrauchsvorschrift für Feierlichkeiten * *Zeremonialgesetz:* Gesetz der Juden über Religionsgebräuche * Ze|re|mo|nie (l.), die; –, –n: Feierlichkeit * *Zeremonienmeister:* Beamter, der das Zeremoniell überwacht * Ze|re|mo|ni|ell, das; –s, –e: die zu beachtenden Bräuche bei Feierlichkeiten * ze|re|mo|ni|ell, ze|re|mo|ni|ös Ew.: feierlich : förmlich : steif * Ze|re|sin: s. Zerat

zer|fah|ren tr.: entzweifahren, (Weg) fahrend abnutzen * zer|fah|ren Ew.: zerstreut * Zer|fah|ren|heit, die; –, –en: die Zerstreutheit

Zer|fall, der; –es: die Auflösung : Untergang * *Zerfallserscheinungen; Zerfallsprodukt; Zerfallsstoff* * zer|fal|len intr. (sein): auseinander fallen : (mit jemandem –) sich entzweien

zer|fa|sern intr.: in Fasern auflösen : rbz.: (Umgspr.) sich in tiefem Nachdenken ergehen * *sich das Hirn zerfasern über etwas*

zer|fet|zen tr.: in Stücke zerreißen

zer|fled|dern intr. (sein): durch häufige Benutzung unansehnlich werden (Bücher)

zer|flei|schen tr.: Beute in Stücke reißen : (übertr.) sich durch Selbstvorwürfe aufreiben * Zer|flei|schung, die; –, –en: das Zerfleischen : das Zerfleischtwerden

zer|flie|ßen intr. (sein): auseinander fließen : (übertr.) sich in Gefühlen auflösen

zer|fres|sen tr.: durch Anfressen unbrauchbar machen

zer|fur|chen tr.: mit Furchen durchsetzen ✶ **zer|furcht** Ew.: runzlig

zer|ge|hen intr. (sein): zerschmelzen : rbz.: sich auflösen

zer|glie|dern tr.: in seine Teile zerlegen ✶ **Zer|glie|de|rung,** die; –, –en: Aufteilung : Zerteilung

zer|ha|cken tr.: in Stücke hacken

zer|häm|mern tr.: durch Hämmern zerklopfen

zer|hau|en tr.: in Stücke hauen : entzweischlagen

Ze|rin, Ze|rit: s. Zerat

zer|kau|en tr.: entzweikauen

zer|klei|nern tr.: ganz klein machen ✶ **Zer|klei|ne|rung,** die; –, –en: das Kleinmachen ✶ *Zerkleinerungsmaschine*

zer|klop|fen tr.: ganz klein klopfen

zer|klüf|ten tr.: schroff spalten ✶ **zer|klüf|tet** Mw. Ew.: zerrissen, rissig ✶ **Zer|klüf|tung,** die; –, –en: das Zerspaltensein

zer|knal|len tr.: mit Getöse zerplatzen lassen

zer|knaut|schen tr.: zusammendrücken

zer|kni|cken tr.: umknicken

zer|knir|schen tr.: knirschend zermalmen : (übertr.) schwer bedrücken ✶ **zer|knirscht** Mw. Ew.: (bes.) schuldbewusst und reuig ✶ **Zer|knirscht|heit,** die; –; **Zer|knir|schung,** die; –: das Zerknirschtsein, Reue

zer|knit|tern tr.: zerknüllen ✶ **zer|knit|tert** Mw. Ew.: zerknüllt : (übertr.) zerknirscht

zer|knül|len tr.: ganz verknüllen, zerknittern

zer|ko|chen intr.: durch Kochen zerfallen; tr.: zu gar kochen

zer|krat|zen tr.: mit Kratzern versehen

zer|krü|meln tr.: in Krümel auflösen

zer|las|sen tr.: zerschmelzen lassen

zer|lau|fen tr.: auseinander laufen; intr.: zerfließen

zer|leg|bar Ew.: zum Zerlegen geeignet ✶ **zer|le|gen** tr.: in einzelne Teile auseinander legen : auflösen ✶ *Zerlegspiel:* Puzzle ✶ **Zer|le|gung,** die; –, –en: Zerteilung

zer|le|sen tr.: durch Lesen abnutzen

zer|lö|chern tr.: durchlöchernd zerstören

zer|lumpt Mw. Ew.: zu Lumpen abgerissen : (übertr.) heruntergekommen ✶ **Zer|lumpt|heit,** die; –: Abgerissenheit

zer|mah|len tr.: durch Mahlen zerkleinern

zer|mal|men tr.: entzweimalmen

zer|man|schen tr.: (Umgspr.) grob zerdrücken

zer|mar|tern tr.: marternd zugrunde richten, quälen : rbz.: sich grübelnd Gedanken machen ✶ *sich den Kopf zermartern*

zer|mat|schen tr.: zu Brei machen

zer|mür|ben tr.: ganz mürbe machen; intr.: ganz mürbe werden ✶ **zer|mürbt** Mw. Ew.: widerstandslos, kraftlos gemacht ✶ **Zer|mürbt|heit,** die; –: durch Sorgen hervorgerufene Widerstandslosigkeit ✶ **Zer|mür|bung,** die; –, –en: das Kraftlosmachen

zer|na|gen tr.: zerfressen

Ze|ro (arab.), die; –, –s; das; –s, –s:. die Null : Zeitpunkt Null : Zeitpunkt eines Raketenstartes : (Roulett) Feld, auf dem die Gewinne der Bank zufallen ✶ **Ze|ro|is|mus,** der; –: Nullmalerei, eine Kunstrichtung (auch Nullismus)

Ze|ro|graph *auch:* **Ze|ro|graf** usw.: s. Zerat

zer|pflü|cken tr.: in Stücke pflücken : (übertr.) kleinlich untersuchen

zer|plat|zen intr.: zerspringen

zer|pres|sen tr.: entzweidrücken, durch Pressen zermalmen

zer|quä|len tr.: bis zur Vernichtung quälen; rbz.: sich bis zur Vernichtung durch Selbstvorwürfe quälen

zer|quet|schen tr.: durch Quetschen zermalmen

zer|rau|fen tr.: raufen : in Unordnung bringen

Zer|r|bild: s. zerren

zer|re|den tr.: durch vieles Reden schlimmer machen

zer|rei|ben tr.: durch Reiben zerkleinern ✶ **Zer|rei|bung,** die; –, –en: Vernichtung durch Reiben

zer|rei|ßen tr.: entzweireißen : intr.: auseinander reißen ✶ *Zerreißprobe:* Ermittlung der Festigkeit bei Werkstoffprüfungen : (übertr.) starke Beanspruchung ✶ **Zer|rei|ßung,** die; –, –en (Med.) Bruch : (Geol.) Verwerfung ✶ **zer|ris|sen** tr.: zerfetzt : (seelisch –) unglücklich : unausgeglichen ✶ **Zer|ris|sen|heit,** die; –: das Zerrissensein

zer|ren tr.: reißend ziehen ✶ *Zerrbild:* verzerrtes Bild, Fratzenbild, Karikatur; *Zerrgestalt:* lächerlich verzerrte Gestalt; *Zerrspiegel* ✶ **Zer|rung,** die; –, –en: das Zerren : das Gezerrt ist : Stelle, wo etwas gezerrt ist

zer|ren|nen tr.: (Hüttw.) Eisen im Frischfeuer einschmelzen ✶ *Zerrennfeuer; Zerrennherd*

zer|rin|nen (zerrann; zerronnen) intr.: sich auflösen, zergehen

Zer|ris|sen|heit: s. zerreißen

Zer|rung: s. zerren

zer|rup|fen tr.: entzweirupfen

zer|rüt|ten tr.: in Verwirrung bringen : zerstören ✶ **Zer|rüt|tung,** die; –, –en: das Zerstörtsein ✶ *Zerrüttung der Ehe*

zer|sä|gen tr.: in Stücke sägen

zer|schel|len tr.: (zerschellte) entzweiwerfen; intr.: aufprallend zerbrechen

zer|schie|ßen tr.: durch Schüsse zerstören

zer|schla|gen tr.: entzweischlagen; rbz., unp.: nicht zustande kommen ✶ *die Angelegenheit zerschlug sich:* kam nicht zustande ✶ **zer|schla|gen** Mz. Ew.: müde, elend : zerknirscht ✶ **Zer|schla|gen|heit,** die; –: starke Müdigkeit : Erschöpfung ✶ **Zer|schla|gung,** die; –, –en: das Entzweischlagen, Zerstörung

zer|schlei|ßen tr.: ganz abnutzen

zer|schlit|zen tr.: durch Schlitzen auftrennen : schlitzend zerstören

zer|schmei|ßen tr.: (Umgspr.) werfend zerschlagen

zer|schmel|zen tr.: flüssig machen; intr.: zergehen

zer|schmet|tern tr., intr.: schmetternd zerbrechen

zer|schnei|den tr.: in Stücke schneiden

zer|schrammt Mw. Ew.: zerkratzt

zer|set|zen tr.: (Bergb.) mit dem Fäustel zerschlagen : (Chem.) eine chemische Verbindung in ihre Elemente auflösen; rbz.: sich auflösen, zerfallen ✳ **Zer|set|zung,** die; –, –en: Auflösung : Verwitterung ✳ *Zersetzungserscheinung; Zersetzungsprodukt; Zersetzungsprozeß* → *Zersetzungsprozess:* Verwitterungs-, Auflösungsvorgang

zer|sie|deln tr.: durch Siedlungen zerstören (z. B. die Natur)

zer|spal|ten tr.: entzweispalten

zer|splei|ßen tr.: auseinander spleißen

zer|split|tern tr.: in Splitter auflösen; rbz.: sich mit zu vielen Dingen beschäftigen : sich verzetteln

zer|spren|gen tr.: durch Sprengen zerstören ✳ **Zersprengung,** die; –, –en: das Auseinandersprengen

zer|sprin|gen (zersprang; zersprungen) intr. (sein): entzweispringen

zer|stamp|fen tr.: stampfend zerstören

zer|stäu|ben tr.: als oder wie Staubteilchen zerteilen; intr. (sein): wie Staubteilchen auseinander fliegen ✳ **Zerstäu|ber,** der; –s, –: Gerät zum Zerstäuben ✳ **zer|stie|ben** intr. (sein): zerstäuben

zer|ste|chen tr.: durch Stiche verletzen : stechend zerstören

zer|stör|bar Ew.: zum Zerstören geeignet ✳ **zer|stö|ren** tr.: vernichten ✳ **zer|stö|rer,** der; –s, –: der die Vernichtung Betreibende : eine Art Kriegsschiff, Torpedoboot ✳ **zer|stö|re|risch** Ew.: mit der Kraft zur Vernichtung ausgestattet, zur Vernichtung befähigt ✳ **Zer|stö|rung,** die; –, –en: Vernichtung ✳ *Zerstörungslust, Zerstörungstrieb, Zerstörungswut:* Vandalismus

zer|sto|ßen tr.: entzweistoßen

zer|strah|len intr. tr.: sich durch Strahlung auflösen

zer|strei|ten tr., rbz.: sich sehr stark streiten : sich verfeinden

zer|streu|en tr.: auseinander streuen; rbz.: auseinander gehen : (übertr.) ablenken ✳ *zerstreut* Mw. Ew.: sich vereinzelt

findend : (übertr.) geistesabwesend : kopflos ✳ **Zer|streutheit,** die; –, –en: Geistesabwesenheit : Unaufmerksamkeit ✳ **Zer|streu|ung,** die; –, –en: Ablenkung : Untermengung : Unterhaltung, Vergnügen ✳ *Zerstreuungslinse; Zerstreuung suchen*

zer|stü|ckeln, zer|stü|cken tr.: in Stücke zerteilen ✳ **Zer|stü|cke|lung, Zer|stück|lung,** die; –, –en: Zerteilung in Stücke

zer|tei|len tr.: in Teile zerlegen; rbz.: auseinander gehen ✳ **Zer|tei|lung,** die; –, –en: Zerlegung in Teile

Zer|ti|fi|kat (nl.), das; –es, –e: Beglaubigungsschreiben : Zeugnis ✳ **zer|ti|fi|zie|ren** (..iert) tr.: bescheinigen, beglaubigen

zer|tram|peln tr.: trampelnd vernichten

zer|tren|nen tr.: auseinander trennen

zer|tre|ten tr.: zuschanden treten

zer|trüm|mern tr.: in Stücke schlagen, völlig vernichten ✳ **Zer|trüm|me|rung,** die; –, –en: gänzliche Zerstörung

Zer|ve|lat|wurst (fr.) [..w..], die; –, ..würste: Dauerwurst, geräucherte Fleischwurst

zer|wer|fen tr.: werfend zerstören; rbz.: sich überwerfen mit jemandem ✳ **Zer|würf|nis,** das; ..nisses, ..nisse: Entzweiung

zer|wüh|len tr.: zerstörend wühlen

zer|zau|sen tr.: wirr durcheinander reißen ✳ **Zer|zau|sung,** die; –, –en: das Zerzausen

Ze|ta, das; –s, –s: der sechste Buchstabe des griechischen Alphabetes

ze|ter!: ein Hilferuf ✳ *zeter schreien* ✳ **Ze|ter,** das; –s: lauter Hilferuf ✳ *Zetergeschrei; zetermordio:* ein Hilferuf ✳ **zetern** (ich ..[e]re) intr.: laut schreien : schimpfen

Zet|tel (nl.), der; –s, –: (Web.) Gewebskette ✳ *Zettelgarn; Zettelspule* ✳ **zet|teln** (ich ..[e]le) tr.: fadenweise abwickeln und ausspannen : den Zettel aufspannen : (übertr.) etwas in Gang bringen, anstiften

Zet|tel, der; –s, –: kleines Blatt Papier : Theaterliste : Konzert-

programm ✳ *Zettelkartei; Zettelkasten; Zettelkatalog:* Kartei; *Zettelkram:* unübersichtliche Arbeit; *Zettelverteiler; Zettelwirtschaft* ✳ **Zet|te|lei,** die; –, –en: Unordnung durch viele unübersichtliche Zettel ✳ **zet|teln** intr.: mit vielen Zetteln arbeiten : verzetteln

Zeug, das; –(e)s, –e: Gewebe : Stoff, Material : Plunder, Ramsch : Rüstung ✳ *das Zeug zu etwas haben:* zu etwas fähig, veranlagt sein; *was das Zeug hält:* so viel wie möglich; *sich ins Zeug legen:* sich anstrengen; *jemandem etwas am Zeuge flicken:* tadeln; *dummes Zeug:* Unsinn ✳ *Zeugamt; zeugartig* Ew.; *Zeugdruck:* Aufdruck farbiger Muster auf Stoffe; *Zeughaus:* Waffenhaus; *Zeugmacher:* Tuchmacher; *Zeugweber* ✳ **Zeu|ge,** der; –n, –n: Person, die über Erlebtes oder Beobachtetes Zeugnis abgeben kann : einer, der für die Wahrheit einer Behauptung usw. Zeugnis ablegt ✳ *Zeugenaussage; Zeugenbank; Zeugenbeeinflussung; Zeugenbefragung; Zeugenstand; Zeugenverhör; Zeugenvernehmung; Zeugenvorladung* ✳ **zeu|gen** tr.: erzeugen : begatten; intr.: Zeuge sein ✳ **Zeu|gen|schaft,** die; –: das Zeugesein : Gesamtheit von Zeugen ✳ **Zeu|gin,** die; –, –nen: weiblicher Zeuge ✳ **Zeug|nis,** das; ..nisses, ..nisse: Aussage, bes. Zeugenaussage : Beweis : Bestätigung : Urkunde ✳ *Zeugnisabschrift; Zeugnisausgabe; Zeugnisverweigerung* ✳ **Zeu|gung,** die; –, –en: das Zeugen, Fortpflanzung ✳ *Zeugungsakt; zeugungsfähig* Ew.; *Zeugungsglied:* Geschlechtsglied; *Zeugungskraft; zeugungsunfähig* Ew.

Zeug|nis usw.: s. Zeug

Zeus: oberster Gott der Griechen ✳ *Zeustempel*

Zi|bo|ri|um (gr.-l.), das; –s, ..rien: Trinkbecher : (kath. K.) Hostiengefäß

Zi|cho|rie (ml.), die; –, –n: Wegwarte, eine Pflanze : ihre als Kaffeezusatz benutzte Wurzel ✳ *Zichorienbrühe:* schlechter Kaffee

Zi|cke, die; –, –n: weibl. Ziege : (übertr.) unfreundliche Person

* **Zi|ckel, Zi|ckel|chen, Zick|lein,** das; –s, –: junge Ziege * **zi|ckeln** tr.: (Ziege) Junge werfen * **zi|cken** tr., nur Mz.: unbedachtes Handeln : dummes Tun * **Zicken ma|chen** * **zi|cken** intr.: unfreundlich, garstig sein : launisch reagieren * **zi|ckig** Ew.: garstig : unfreundlich : egoistisch

Zick|zack, der; –(e)s, –e: Hin- und Herbewegung : gebrochene Linie mit abwechselnd aus- und einspringenden Winkeln * **im Zickzack laufen; zick-zack laufen** intr. * **Zickzackblitz; zickzackförmig** Ew.; **Zickzackkurs:** Abweichung : Umweg : (übertr.) ständig schwankender politischer Kurs; **Zickzackkurve; Zickzacklinie**

Zi|der (hebr.), der; –s: Cidre : Apfelwein : Obstwein

Zie|ge, die; –, –n: eine zu der Familie der Horntiere gehörige Wiederkäuerart : (häuf.) Weibchen der Ziege * **Ziegenbart:** Bart der Ziege : Korallenpilz; **Ziegenbock; Ziegenherde; Ziegenkäse; Ziegenleder; Ziegenmelker:** ein Vogel; **Ziegenmilch; Ziegenpeter:** (volkst.) Entzündung der Ohrspeicheldrüse, Mumps

Zie|gel (l.), der; –s, –: aus Lehm geformter und gebrannter Stein * **Ziegelbrennerei; Ziegeldach; Ziegelofen; ziegelrot** Ew.; **Ziegelstein:** Backstein; **Ziegelstreicher:** Ziegelschneider * **Zie|ge|lei,** die; –, –en: Ziegelbrennerei * **zie|geln** intr.: (veralt.) Ziegel herstellen * **Zieg|ler,** der; –s, –: Ziegelbrenner

zieh|bar Ew.: so beschaffen, dass es gezogen werden kann * **zie|hen** (du zog[e]st, du zögest; gezogen; zieh[e]!) tr.: (allmählich), zu sich hin bewegen : wie ziehend bewegen : ziehend herausnehmen : einziehen, einsaugen : dehnen, ausdehnen : (Wagen –) mit Anstrengung bewegen : (Kinder usw. –) großziehen : (etwas nach sich –) zur Folge haben; rbz.: sich (wie ziehend) ausdehnen, lang erstrecken : sich fortbewegen : zäh(flüssig) sein : (sich krumm usw. –) wie ziehend krumm usw. werden; intr. (sein): (Dienstboten) den Dienst verlassen : umziehen, die Wohnung wechseln; intr. (haben): (an etwas –) zupfen, zerren : (Tee) stehen, bis die Bestandteile ausziehen : (Wechsel) trassieren, unp.: (Luftzug) sich bemerkbar machen * **Ziehbrunnen:** Brunnen, aus dem das Wasser heraufgezogen wird; **Zieheltern:** Pflegeeltern; **Ziehharmonika:** ein Musikinstrument; **Ziehkind:** Pflegekind; **Ziehmutter:** Pflegemutter eines Ziehkindes; **Ziehvater:** Pflegevater eines Ziehkindes * **Zie|hung,** die; –, –en: das Ziehen : (bes.) Ziehen der Lotterielose * **Ziehungsliste:** Gewinnliste

Ziel, das; –(e)s, –e: Endpunkt : etwas Erstrebtes : Absicht, Zweck : (kfm.) Frist * **Zielbahnhof; zielbewußt → zielbewusst** Ew.: mit Stetigkeit auf ein Ziel hinarbeitend; **Zielfahndung; Zielfernrohr; Zielgebiet; Zielgerade:** (Sport) letztes gerades Bahnstück vor dem Ziel; **zielgerichtet; Zielgruppe; Zielhafen; Zielkauf; Ziellinie; ziellos** Ew.; **Zielrichter:** Wettkampfrichter, der über die Platzierung der einlaufenden Läufer entscheidet; **Zielscheibe:** Schießscheibe : (– des Spottes, Gelächters) Gegenstand des Spottes; **Zielsetzung; zielsicher** Ew.; **Zielsicherheit; zielstrebig** Ew.: bewusst auf ein Ziel gerichtet; **Zielstrebigkeit; Zielvorgabe; Zielvorrichtung; Zielvorstellung** * **zie|len** intr.: (auf etwas –) auf ein Ziel ausgehen, als Ziel haben

Ziem, der; –(e)s, –e: (veralt.) Stück der Rinderkeule * **Zie|mer,** der; –s, –: (weidm.) Rückenstück von Tieren : männl. Glied vom Rind, früher als Prügelgerät verwandt (Ochsenziemer)

zie|men intr., rbz.: sich schicken, sich gehören * **ziem|lich** Ew.: (veralt.) gehörig, gebührend, angemessen : so groß, viel, stark usw., wie es sich gehört; Uw.: fast, beinahe * **ge|zie|mend** Mw. Ew.: schicklich : ehrerbietig

Zie|mer: s. Ziem

ziem|lich: s. ziemen

zie|pen tr.: zupfend ziehen; intr.: einen pfeifenden, quietschenden Ton von sich geben

Zier, die; –: etwas Zierendes, Schmuck * **Zierat → Zierrat,** der; –(e)s, –e: (veralt.) die; –, –en: Schmuck(stück) : Gesamtheit von Schmucksachen, Verzierungen * **Zier|de,** die; –, –n: Zier * **zie|ren** tr.: schmücken, verschönern; intr.: zur Zier dienen; rbz.: sich spreizen, vornehm tun : Anstände machen : sich sträuben * **geziert** Mw. Ew.: gekünstelt, unnatürlich * **Gezertheit,** die; –: gekünsteltes Wesen * **zierfarbig** Ew.: buntfarbig; **Zierfische** Mz.: Fische in Aquarien oder Zierteichen; **Ziergarten:** Blumengarten; **Ziergras; Zierkürbis; Zierleiste; Zierpflanze:** Schmuckpflanze; **Zierpuppe; Zierrand; Zierstich; Zierstrauch; Zierstück:** etwas Schmückendes; **Ziervogel** * **Zie|re|rei,** die; –: das (dauernde) Sichzieren * **zier|lich** Ew.: fein, gefällig : zart, klein * **Zier|lich|keit,** die; –, –en: das Zierlichsein : etwas Zierliches

Zierrat
Im Zuge der Angleichung der Schreibweise von sprachverwandten Wörtern schreibt man: *Zierrat;* wie *Verrat, Vorrat.*

Zif|fer (arab.), die; –, –n: (urspr., veralt.) Zahlzeichen für die Null : Zahlzeichen : Zahl : Schriftzeichen * **Zifferblatt:** mit Ziffern versehenes Blatt an der Uhr; **Zifferschrift:** Geheimschrift * **ziffernmäßig** Ew.: zahlenmäßig * **..zif|fe|rig, ..zif|frig** Ew., nur in Zus.: so-undso viele Ziffern habend; z. B. fünfziffrig

-zig, zig: unbestimmte Mengenangabe : unzählig * *zig Leute; mit zig Sachen den Berg hinab* * in Zus.: **zigfach; zigmal;** **zighunderte** *auch:* Zighunderte

zighunderte / Zighunderte
Steht *hundert* oder *tausend* für eine unbestimmte Menge, können sie sich auf die Zahlsubstantive *Hundert* und *Tausend* beziehen. Daher bleibt es dem/der Schreibenden überlassen, ob er sie groß- oder kleinschreibt: *zighundert, Zighunderte; zigtausende; Zigtausende.*

Zi|ga|ret|te (fr.), die; –, –n: „kleine Zigarre" mit Papierdeckblatt ✳ *Zigarettenautomat; Zigarettenetui; Zigarettenfilter; Zigarettenkippe; Zigarettenlänge; Zigarettenpapier; Zigarettenpause; Zigarettenrauch; Zigarettenschachtel; Zigarettenspitze; Zigarettenstummel* ✳ **Zi|ga|ril|lo** (span.) [..rilljo], der; –s, –s: kleine Zigarre ✳ **Zi|gar|re**, die; –, –n; Zigärrchen: Rolle aus Tabaksblättern zum Rauchen ✳ *Zigarrenabschneider; Zigarrenasche; Zigarrenfabrik; Zigarrenhändler; Zigarrenkiste; Zigarrenraucher; Zigarrenspitze; Zigarrenstummel*

Zi|geu|ner (ind.-it.), der; –s, –: Angehöriger eines urspr. aus Nordindien stammenden Wandervolks ✳ *Zigeunerkapelle; Zigeunerlager; Zigeunerleben; Zigeunermusik; Zigeunerschnitzel; Zigeunersprache* ✳ **Zi|geu|ne|rei**, die; –, –en: Herumstreunerei : Diebereи ✳ **zi|geu|ner|haft, zi|geu|ne|risch** Ew.: in der Art der Zigeuner ✳ **Zi|geu|ne|rin**, die; –, –nen: Angehörige des Zigeunervolks ✳ **zi|geu|nern** (ich ..[e]re) intr.: zigeunerhaft leben : herumstreunen ✳ **Zi|geu|ner|tum**, das; –s: zigeunerhaftes Wesen

Zi|ka|de (l.), die; –, –n: Zirpe ✳ *Zikadenmännchen*

Zil|le (slaw.), die; –, –n: Flussfrachtkahn auf Elbe und Oder ✳ *Zillenschlepper:* Schleppschiff

Zil|ler|tal: Seitental des Inns in Tirol ✳ *Zillertaler Alpen*

Zim|bal, Zim|bel (gr.-l.), die; –, –n: ein schellenartiges Musikinstrument : kleine Orgelpfeife

Zi|me|li|um (gr.), das; –s, ..lien: Kleinod : (Mz.) Kirchenschatz

Zi|ment (it.), das; –(e)s: staatliches Eichamt in Wien : Vorrichtung zur Bestimmung der abfließenden Solenmengen in Salzwerken ✳ **zi|men|tie|ren** (..iert) tr.: (östr.) messen

Zim|mer, das; –s, –: Bauholz : Wohnraum im Haus : (bergm.) Stützholz : ein bestimmte Anzahl Felle ✳ *Zimmerantenne;* (Rdfk.) Innen-, Rahmenantenne; *Zimmerbrand; Zimmer-*

decke; Zimmereinrichtung: Möbel eines Zimmers; *Zimmerflucht:* Reihe von Zimmern; *Zimmerherr:* Mieter eines möblierten Zimmers; *Zimmerlautstärke; Zimmerlinde:* Sparmannia, Lindengewächs Südafrikas; *Zimmermädchen; Zimmermiete; Zimmernummer; Zimmerpflanze; Zimmersuche; Zimmertanne:* Araukarie; *Zimmertemperatur; Zimmervermieter(in); Zimmervermittlung* ✳ **..zim|me|rig** Ew., nur in Zus.: soundso viele Zimmer habend; z. B. dreizimmerig ✳ **zim|mern** (ich ..[e]re) tr.: Holz zum Bau bearbeiten : bauen ✳ *Zimmerarbeit; Zimmerer; Zimmergeselle; Zimmerhandwerk; Zimmermann; Zimmermeister* ✳ **Zim|me|rung**, die; –, –en: das Zimmern

zim|per|lich Ew.: überempfindlich gegen Derbes : wählerisch : geziert ✳ **Zim|per|lich|keit**, die; –: das Zimperlichsein ✳ *Zimperliese*

Zimt (malay.), der; –(e)s, –e: Gewürz aus der inneren Rindenschicht des Zimtbaumes ✳ *Zimtbaum:* Lorbeergewächs; *zimtfarben* Ew; *Zimtöl; Zimtstange; Zimtstein; Zimtzicke:* (Umgspr.); *Zimtziege:* (Umgspr.) Schimpfwort

Zink, das; –(e)s: ein chem. Grundstoff, Metall; Abk.: Zn ✳ *Zinkätzung; Zinkblech; Zinklegierungen; Zinkoxid; Zinksalbe:* eine Augen- und Wundsalbe; *Zinksulfat; Zinkwanne; Zinkweiß:* eine Malerfarbe ✳ **zin|ken** Ew.: aus Zink ✳ **Zin|ko**, der; –s, –s: Druckstock aus Zink ✳ **Zin|ko|gra|phie** *auch:* **Zin|ko|gra|fie**, die; –, ..phien *auch:* ..fien: Zinkätzung ✳ **Zin|ko|ty|pie**, die; –, ..pien: Zinkhochätzung

Zin|ke, die; –, –n; **Zin|ken**, der; –s, –: Zacke : ein Blasinstrument : ein Orgelregister : eine Pflanze : (sächs.) Nase : (mundartl.) abgesondert liegender Hof : Geheimzeichen der Bettler und Gauner ✳ **zin|ken** intr.: auf der Zinke blasen : durch Zinken kennzeichnen ✳ **Zin|ke|nist**, der; –en, –en: Zinkenbläser ✳ **zin|kig** Ew., nur in Zus.: soundso viele

Zinken habend : z. B. dreizinkig

Zinn, das; –(e)s: ein chem. Grundstoff, Metall; Abk.: Sn ✳ *Zinnbecher; Zinnfigur; Zinnfolie:* Blattzinn; *Zinngießer; Zinnkraut; Zinnkrug; Zinnlegierungen; Zinnsoldat; Zinnteller* ✳ **zin|nern** Ew.: aus Zinn bestehend

Zin|ne, die; –, –n: „Gipfel", zackenartige Mauerkrönung an mittelalt. Burgen

Zin|nie, die; –, –n: eine Zierpflanze

Zin|no|ber (ind.-gr.-l.), der; –s, –: Merkurblende, Quecksilbererz : künstlicher Zinnober, rote Malerfarbe : (Umgspr.) Unsinn ✳ *zinnoberrot* Ew.

Zinn|wal|dit, der; –s: Mineral

Zins (l.), der; –es, –en: Vergütung, Miete, Pacht : (Mz. Zinsen) Geldzins für geliehenes Geld : Ertrag ✳ *zinsberechtigt; Zinserhöhung; Zinsertrag; Zinseszins:* Zinsen von rückständigen Zinsen; *zinsfrei* Ew.: abgabenfrei; *Zinsfuß:* Verhältnis der Zinsen zur Kapitalsumme; *Zinsgroschen; zinsgünstig* Ew.; *zinslos* Ew.: ohne Zinsen; *zinspflichtig* Ew.: zur Zahlung von Abgaben verpflichtet; *Zinspolitik; Zinsrechnung; Zinssatz; Zinsschein; Zinssenkung; zinsverbilligt* Ew.; *Zinszahl* ✳ *Zinsenberechnung; Zinsenwucher* ✳ **zins|bar** Ew.: zinspflichtig ✳ **zin|sen** intr.: (schweiz.) Zinsen zahlen

Zi|on (hebr.), der; –s: Jerusalemer Tempelberg : (ohne Artikel) Jerusalem ✳ **Zi|o|nis|mus**, der; –: eine national-jüdische Bewegung ✳ **Zi|o|nist**, der; –en, –en: Anhänger des Zionismus ✳ *zionistisch*

Zip (e.), das; –, –s: (EDV) Komprimieres ✳ **zip|pen** tr.: eine Datei u. a. komprimieren ✳ **Zip|fel**, der; –s, –: spitzes Ende (meist von Stoff u. dgl.) ✳ *Zipfelmütze:* spitz zulaufende Mütze ✳ **zip|fe|lig, zipf|lig** Ew.: mit Zipfel(n) versehen ✳ **zip|peln** (ich ..[e]le), **zip|pern** (ich ..[e]re) intr.: trippeln : zappeln ✳ **Zip|per|lein**, das; –s: Fußgicht

Zipp, der; –s, –s, **Zipp|ver|schluß** → **Zipp|ver|schluss,**

der; —es, ..schlüsse: (östr.)
Reißverschluss

Zirbel, der; —s, —; die; —, —n:
ein Nadelbaum : dessen Same
＊ *Zirbelkiefer; Zirbelnuß →*
Zirbelnuss

Zirbeldrüse, die; —, —n: eine
Gehirndrüse

zirka *auch:* **circa** (l.) Uw.: ungefähr; Abk.: ca. ＊ *Zirkel*, der;
—s, —: Kreis : Kreislinie : Leser-
kreis : gesellschaftlicher Kreis :
zweischenkliges Zeichenin-
strument : Sternbild : studenti-
sches Verbindungszeichen ＊
Zirkelkasten; Zirkelrund; Zir-
kelschluß → Zirkelschluss:
Trugschluss : Begriffsverdre-
hung ＊ **zirkeln** (ich ..[e]le) tr.;
mit dem Zirkel messen, for-
men; intr., rbz.: sich kreisförmig bewegen ＊ **zirkular,**
zirkulär Ew.: kreisförmig :
den Kreislauf machend ＊ *Zir-*
kularerlaß → Zirkularerlass:
Runderlass; *Zirkularnote:* polit. Schriftstück, das eine Regierung gleichzeitig an verschiedene fremde Staaten
schickt ＊ **Zirkulation**, die; —,
—en: Kreislauf ＊ **zirkulieren**
(..iert) intr.: im Umlauf sein ＊
zirkum.. (l.) Vw. in Zus.: um
..herum ＊ **Zirkumflex**, der;
—es, —e: Dehnungszeichen ＊
zirkumpolar Ew.: sich um
den Pol bewegend ＊ *Zirkumpo-*
larstern ＊ **zirkumskript** Ew.:
umschrieben : abgegrenzt ＊
zirkumterrestrisch Ew.:
im Erdumkreis ＊ **Zirkum-**
zision, die; —, —en: Beschnei-
dung (ringsum) ＊ **Zirkus**, der;
—, ..kusse: „Kreis", Kampfbahn
der Römer : Unternehmen mit
Gauklern, Artisten und Tier-
dressuren : Schauzelt eines solchen Unternehmens ＊
zirzensisch Ew.: auf den Zirkus (bes. den Circus Maximus
in Rom) bezüglich [l. circulus
Kreis]

Zirkel, Zirkulation usw.: s.
zirka

Zirkon, der; —s: Mineral ＊
Zirkonium, der; —s: chem.
Grundstoff, silberweißes Me-
tall; Abk.: Zr

Zirpe, die; —, —n: Schnabelkerf, Zikade ＊ **zirpen** intr.:
feine, schrille Laute mit Flügeln
geben

Zirrhose (gr.), die; —, —n: Verhärtung, Schrumpfung innerer
Organe

Zirokumulus, der; —, ..li:
Schäfchenwolke ＊ **Zirro-**
stratus, der; —, —: aus Eiskris-
tallen bestehende hohe Wolke :
ungegliederte gleichmäßige
Schichtwolke ＊ **Zirrus**, der; —,
—: „Locke", Federwolke ＊ *Zir-*
ruswolke

zirzensisch: s. zirka

Zisch, der; —es, —e: einmaliges
Zischen ＊ **Zischelei**, die; —,
—en: das (dauernde) Zischeln ＊
zischeln (ich ..[e]le) intr.: zi-
schend flüstern ＊ **zischen** (du
zisch[e]st und zischt) intr.:
Laut wie „zisch" hören lassen
＊ *Zischlaut; Zischnatter*

Ziseleur (fr.) [..löhr], der; —s,
—e; *Ziselierer*, der; —s, —: Me-
tallstecher ＊ **ziselieren**
(..iert) tr.: (Metall —) mit Stichel, Feile und Punze bearbeiten ＊ **Ziselierung**, die; —,
—en: Vorgang des Zieselierens

Zisterne (l.), die; —, —n: Auf-
fangbehälter für Regenwasser
＊ *Zisternenwasser*

Zisterzienser, der; —s, —:
Angehöriger eines Mönchsordens ＊ *Zisterzienserkloster,*
—mönch; —orden

Zitadelle (it.), die; —, —n: inneres Befestigungswerk einer
Festungsanlage

Zitat (l.), das; —(e)s, —e: wörtlich angeführte Stelle aus einem Schriftwerk : geflügeltes
Wort ＊ *Zitatenlexikon; Zitaten-*
schatz; Zitatensammlung ＊
zitieren (..iert) tr.: Stelle anführen : vorladen

Zither (gr.), die; —, —n: Saiteninstrument ＊ *Zitherspiel*

Zitrat (nl.), das; —(e)s, —e:
Salz der Zitronensäure ＊
Zitronat, das; —(e)s, —e: ein-
gezuckerte Zitronenschale ＊
Zitrone (l.-it.), die; —, —n: ein
Zitrusgewächs : Frucht des Zi-
tronenbaumes ＊ *Zitronen-*
baum; Zitronenfalter; zitronen-
farben Ew.; *zitronengelb* Ew.;
Zitronenlimonade; Zitronen-
presse; Zitronensaft; Zitronen-
säure; Zitronenschale; Zitro-
nenwasser ＊ **Zitrusfrüchte**
Mz.: zitronenartige Früchte ＊
Zitrusöl; Zitruspflanze

Zitteraal: s. zittrig

zitterig, zittrig Ew.: bebend
＊ **Zitterling**, der; —s, —e:

Schwächling ＊ **zittern** (ich
..[e]re) intr.: beben vor Kälte,
Furcht : tapern ＊ *Zitteraal* (vgl.
Zitterfisch); *Zitteresche, -espe:*
Esche, Espe mit leicht zitternden Blättern; *Zittergras; Zitter-*
fisch: Fisch, der mit bestimmten Organen elektr. Schläge
austeilen kann; *Zittergras; Zit-*
terpappel; Zitterpartie; Zitter-
rochen (vgl. Zitterfisch)

Zittrigkeit, die; —: Zittern :
Unsicherheit

Zitze, die; —, —n: Euter der
Säugetiere : Brustwarze ＊
zitzeln (ich ..[e]le), **zitzen** (du
zitzest und zitzt) intr.: saugen

Zivi, der; —s, —s: Kurzwort für
Zivildienstleistender : Kriegsdienstverweigerer ＊ **zivil** (l.)
[..w..] Ew.: bürgerlich : gesittet
: (Preis) mäßig, billig ＊ *Zivil-*
anzug; Zivilberuf; Zivilbevöl-
kerung; Zivilcourage [..kura-
sehe]: Bekennermut : Mut zur
Äußerung der eigenen Mei-
nung und Überzeugung; *Zivil-*
dienst: sozialer Ersatzdienst
für Kriegsdienstverweigerer;
Zivilehe: standesamtlich geschlossene Ehe; *Zivilfahnder;*
Zivilgesetzbuch: bürgerliches
Gesetzbuch; *Zivilklage; Zivil-*
kleidung; Zivilleben; Zivil-
liste: Hofhaltungsbedarf des
Landesherrn; *Zivilperson; Zi-*
vilprozeß → Zivilprozess: bür-
gerl. Rechtsstreit; *Zivilrecht:*
das bürgerliche Recht; *zivil-*
rechtlich Ew.; *Zivilstand; Zivil-*
trauung: standesamtliche
Trauung; *Zivilverteidigung* ＊ **Zivil**,
das; —s: Bürgerstand : bürgerliche Kleidung ＊ **Zivilisation**,
die; —, —en: Völkerzustand : Gesittung : Sittenverfeinerung :
durch technische und kulturelle
Errungenschaften entwickelte
Lebensweise ＊ *Zivilisations-*
krankheiten Mz.: Krankheiten,
die infolge der Zivilisation und
der daraus folgenden geringe-
ren Widerstandsfähigkeit stärker hervortreten (z. B. Kreis-
lauf- und Verdauungsstörun-
gen, Drogenabhängigkeit u. a.);
zivilisationsmüde Ew. ＊ **zivi-**
lisatorisch Ew.: auf den
Fortschritt ausgerichtet ＊
zivilisieren (..iert) tr.: Bildung vermitteln : verfeinern ＊
zivilisiert Ew.: verfeinert ＊
Zivilisierung, die; —, —en:

Vorgang des Zivilisierens * **Zivilist**, der; –en, –en: Bürger (Ggs. Militär) [l. civis Bürger]

Zloty [sloti], der; –s, –s: polnische Währungseinheit

Zobel (russ.), der; –s, –: sibirischer Marder * *Zobelfell; Zobelmütze*

Zobel, der; das; –s, –: (mundartl.) unsauberer Mensch : liederliches Frauenzimmer

Zober, Zuber, der; –s, –: Gefäß mit zwei Tragösen : ein Flüssigkeitsmaß

zockeln: s. zuckeln

zocken intr.: mit Geldeinsatz spielen : Karten spielen ; tr.: (Umgspr.) stehlen * **Zocker**, der; –s, –: Person, die ein Glücksspiel spielt : Person, die Karten spielt

zodiakal (gr.) Ew.: den Tierkreis betreffend * *Zodiakallicht* * **Zodiakus** (gr.), der; –: der Tierkreis

Zofe, die; –, –n; Zöfchen: Kammerjungfer * *Zofendienst*

Zoff, der; –s: (Umgspr.) Streit : Ärger * *– haben:* eine Auseinandersetzung haben

zögerlich Ew.: zögernd : schleppend * **zögern** (ich ..[e]re) intr., tr.: zaudernd vorgehen : verzögern

Zögling, der; –s, –e: Pflegling, Schüler einer Erziehungsanstalt

Zölestin (l.), der; –s: ein Mineral * *zölestinblau* Ew.: himmelblau

Zölibat (nl.), der; das; –(e)s: Ehelosigkeit aus religiösen Gründen * *Zölibatär:* im Zölibat lebende Person; *Zölibatszwang*

Zoll (gr.-l.), der; –(e)s, Zölle: Abgabe (meist für ein- oder ausgeführte Waren) * *Zollabfertigung; Zollamt; Zollanmeldung; zollbar* Ew.; *Zollbeamter; Zollbehörde; Zolldeklaration; Zolleinnehmer; Zollfahndungsstelle; zollfrei* Ew.; *Zollgebiet; Zollgrenze; Zollinhaltserklärung; Zollkontrolle; Zollliste* → *Zollliste; Zollordnung; zollpflichtig* Vw.: verpflichtet, Zoll zu zahlen; *Zollpolitik; Zollrecht; Zollschranke; Zollsperre; Zollstation; Zolltarif; Zollunion; Zollvertrag* * **Zöllner**, der; –s, –: Zollbeamter

Zoll, der; –(e)s, –: ein Längenmaß, 1/12 Fuß, 2,5–3,3 cm * *2 Zoll hoch, lang* * *zollbreit* Ew.; *Zollbreit*, das; –: eine einen Zoll breite Strecke; *zollhoch* Ew.; *zollang* → *zolllang* Ew.; *Zollstock:* Messstab * ..**zöller**, der : –s, –, Hw. in Zus.: soundso viel Zoll messender Gegenstand, z. B. *Fünfzöller, 5zöller* → *5-zöller* * ..**zollig, ..zöllig** Ew., nur in Zus.: soundso viel Zoll messend * *sechszöllig*

zollen tr.: jemanden Beachtung, Aufmerksamkeit, Bewunderung schenken

Zombie, der; –s, –s: wiederbelebter Toter im Voodookult : Gestalt in Horrorfilmen

zonal, zonar Ew.: eine Zone betreffend * *ostzonal* Ew. *

Zone (gr.), die; –, –n: „Gürtel", (Math.) der zwischen zwei parallelen Kreisen liegende Teil der Kugeloberfläche : (Geogr.) zwischen zwei Parallelkreisen eingeschlossene Klimazone : Gebietsteil * *Zoneneinteilung; Zonengrenze; Zonentarif; Zonenzeit*

Zoo (gr.), der; –(s), –s: Zoologischer Garten * *Zoohandlung; Zoorchester* → *Zooorchester* * **zoogen** Ew.: aus Tierresten entstanden * *zoogene Gesteine:* Kreide : Korallenkalk u. a. * **Zoolographie** *auch:* **Zoolografie**, die; –, ..phien *auch:* ..fien: Tiergeografie : Tierbeschreibung * **Zoolatrie**, die; –, ..rien: Tiervergötterung : Tierkult * **Zoologe**, der; –n, –n: Forscher der Tierwelt * **Zoologie**, die; –: Tierlehre * **zoologisch** Ew.: auf die Zoologie bezüglich * *Zoologischer Garten; Zoologische Station:* Untersuchungsanstalt für die Tierwelt des Wassers * **Zoomorphismus**, der; –: Gestaltung der Tiere * **Zoonosen** Mz.: Erkrankungen durch tierische Ansteckungsstoffe * **Zoonpolitikon** (gr.), das; –, –: Betitelung des Menschen als soziales Wesen (Aristoteles) * **zoophag** Ew.: Fleisch essend * **Zoophyt**, das; der; –en, –en: Tierpflanze, z. B. Polyp * **Zootomie**, die; –, ..mien:

Tieranatomie * **Zootoxine** Mz.: tierische Gifte [gr. zoon Lebewesen]

Zoom (e.) [suhm], das; –s, –s: verstellbares Objektiv an einem Fotoapparat, durch das die Entfernung zum Fotoobjekt verändert werden kann

Zopf, der; –(e)s, Zöpfe: geflochtener Haarstrang : (übertr.) altmodisches Wesen : etwas Zopfförmiges : Rausch * *Zopfband; Zopfmuster; Zopfstil:* Kunststil am Ende des 18. Jhs., Übergang vom Rokoko zum Klassizismus; *Zopfzeit* * **zopfig** Ew.: bezopft : wie aus der Zopfzeit stammend : altfränkisch

Zores (hebr.), der; –: Ärger, Sorgen : Wirrwarr

Zorn, der; –(e)s; Zörnchen: heftig aufflammender Unwille * *Zornader; Zornausbruch; Zornbinkel; zornentbrannt; zornerfüllt, zornglühend* Mw. Ew.; *zornmütig* Ew.: zornig; *zornrot* Ew.: rot vor Zorn; *zornschnaubend* Mw. Ew. * **zornig** Ew.: zornerfüllt

Zote, die; –, –n; Zötchen: gemeine Redensart, unanständiger, schmutziger Scherz * *Zotenreißer* * **zoten** intr.: Zoten reißen * **zotenhaft, zotig** Ew.: unflätig

Zotte, die; –, –n: (Anat.) kolbenförmiger Vorsprung der Darmschleimhaut, Darmzotte

Zotte(l), die; –, –n: Haarbüschel : (mundartl.) Quast, Troddel * *Zottelbart; Zottelhaar* * **zottelig, zottlig** Ew.: voller Zotteln * **zotteln** (ich ..[e]le) tr., intr.: schlendern : langsam und unachtsam gehen * **zottig** Ew.: zottelig, struppig

zu Vw. mit Dat.: (örtlich) das Nahen, die Richtung bezeichnend, auch den Aufenthalt : zur Bezeichnung der Begleitung, Vermehrung : (zeitlich) zur Bestimmung des Wann : vor Zahlwörtern in verteilendem Sinn : vor Eigenschaftswörtern und Umstandswörtern zur Bezeichnung eines Übermaßes, Uw.: (tonlos) zur Anknüpfung eines Infinitivs : (betont) ge-, verschlossen : los, vorwärts, weiter * *zu Bett gehen; zu Felde ziehen; zu Hause:* im Hause; *zu Lande; zu Wasser:* auf dem

Wasser; *zu Mittag; zu meiner Zeit; zu zweien, zu zweit; zu groß*: übermäßig groß; *ab und zu*: hin und wieder; *nur zu!*: vorwärts; *zu viel*: übermäßig viel : mehr als genug; *zu wenig*: übermäßig wenig : nicht genug

zu|al|ler|erst Uw.: an erster Stelle ✳ **zu|al|ler|letzt** Uw.: an letzter Stelle ✳ **zu|al|ler|meist** Uw.: meistens ✳ **zu|äu|ßerst** Uw.: an äußerster Stelle

zu|ar|bei|ten intr.: für eine andere Person vorbereitend arbeiten

zu|bal|lern tr.: (Umgspr.) eine Tür geräuschvoll schließen : (übertr.) mit Arbeit überhäufen

Zu|bau, der; –s, ..ten: (landw.) Nebengut ✳ **zu|bau|en** tr.: bauend hinzufügen : bauend schließen

Zu|be|hör, der; das; –(e)s, –e: das Dazugehörende : Zutat ✳ *Zubehörindustrie; Zubehörteile*

zu|bei|ßen tr.: drauflosbeißen : (Zähne –) beißend schließen

zu|be|kom|men tr.: erreichen, dass etwas verschlossen wird : als Zugabe bekommen

Zu|ber: s. Zober

zu|be|rei|ten tr.: fertigbereiten, bes. Speisen ✳ **Zu|be|rei|tung**, die; –, –en: Herstellung : Anrichtung

zu|be|to|nie|ren tr.: mit Beton verschließen, bedecken

Zu|bett|ge|hen, das; –s: Vorgang des Schlafenlegens

zu|bil|li|gen tr.: zugestehen, zusprechen : gewähren ✳ **Zu|bil|li|gung**, die; –, –en: Zugeständnis

zu|bin|den tr.: bindend schließen

zu|blei|ben intr.: geschlossen bleiben

zu|blin|zeln intr.: entgegenblinzeln; tr.: (Augen –) blinzelnd schließen

zu|brin|gen tr.: hinbringen : (Trunk –) zutrinken : (Zeit –) verbringen ✳ **Zu|brin|ger**, der; –s, –: Kuppler : Zuträger : Gerät an Maschinen, das das Material zubringt : Auto, das Fluggäste zum Flugzeug bringt : ausgebaute Straße mit Anbindung an die Autobahn ✳ *Zubringerbus; Zubringerdienst*: Schlepperdienst; *Zubringerstraße; Zubringerverkehr*

Zu|brot, das; –(e)s, –e: Zukost : (ldschftl.) zusätzlicher Verdienst

zu|brül|len tr.: entgegenschreien

zu|but|tern tr.: (Umgspr.) Geld zustecken : hinzubezahlen

Zuc|chi|ni, die; –, –: längliche Frucht einer Kürbispflanze ✳ *Zucchetto*: (schweiz.) Zucchini

Zucht, die; –: Aufzucht : Rasse : Anstand : Ordnung, Drill ✳ *Zuchtbiene; Zuchtbuch; Zuchtbulle; Zuchteber; Zuchterfolg; Zuchthaus*: (früher) schweres Gefängnis; *Zuchthäusler; Zuchthengst; zuchtlos* Ew.: ohne Erziehung, ohne Anstand usw.; *Zuchtlosigkeit; Zuchtmittel; Zuchtperle; Zuchtstier; Zuchttier; Zuchtvieh; Zuchtwahl*: (künstl.) vom Menschen an Tier und Pflanze zwecks Hochzüchtung vorgenommene Auslese : (natürl.) Auswahl der in der Stammesgeschichte als stärkste hervorgegangenen Lebewesen (nach Darwin) ✳ **züch|ten** tr.: (Tiere, Pflanzen –) großziehen : anpflanzen ✳ **Züch|ter**, der; –s, –: einer, der Tiere züchtet ✳ **züch|tig** Ew.: wohl erzogen, sittsam ✳ **züch|ti|gen** tr.: strafen (mit Schlägen hart strafen) ✳ **Züch|tig|keit**, die; –: züchtiges Wesen ✳ **Züch|ti|gung**, die; –, –en: das Züchtigen : Strafe ✳ **Züch|t|ling**, der; –(e)s, –e: ein Gezüchtigter : (früher) Zuchthäusler ✳ *Züchtlingsarbeit; Züchtlingskleidung* ✳ **Züch|tung**, die; –, –en: das Züchten von Tieren, Pflanzen

Zuck, der; –(e)s, –e: kurze, schnelle Bewegung ✳ **zu|ckeln** (ich ..[e]le) intr.: lässig, langsam traben, gehen ✳ *Zuckeltrab* ✳ **zu|cken** intr.: mit einem Zuck zusammenfahren ✳ **zü|cken** tr.: (Schwert –) (mit einem Ruck) ziehen ✳ **Zu|ckung**, die; –, –en: zuckende Bewegung

Zu|cker (pers.-arab.), der; –s, –: süß schmeckende, in Flüssigkeit lösliche Kohlehydrate : etwas Süßes : (übertr.) etwas Wonniges, Liebes ✳ *Zuckerbäcker*: Konditor; *Zuckerbrot*,

Zuckerdose; Zuckererbse: eine süße Erbse; *Zuckerfabrik; Zuckergehalt; Zuckerguß* → *Zuckerguss*; *zuckerhaltig* Ew.; *Zuckerhut*: fester Kegel aus Zucker; *Zuckerkand(is)*: Kandiszucker, Zucker in großen Kristallen, *zuckerkrank* Ew.; *Zuckerkranker*: Diabetiker; *Zuckerlecken; Zuckerplätzchen*: süßes Gebäck; *Zuckerraffinerie*: Fabrik zur Zuckererzeugung; *Zuckerrohr*: schilfartige Pflanze, aus deren Saft Zucker gewonnen wird: *Zuckerrübe*: eine Runkelrübenart, Rohstoff für die Zuckergewinnung; *Zuckerschlecken; zuckersüß* Ew.; *Zuckerwasser, Zuckerwatte; Zuckerwerk*: Naschwerk aus Zucker ✳ **zu|ckern** (ich ..[e]re) tr.: mit Zucker süßen ✳ **Zu|cke|rung**, die; –: Überzug von Zucker : das Süßen ✳ **zu|cke|rig, zuck|rig** Ew.: gezuckert : süß ✳ **zu|ckig, Zu|ckung**: s. zuck

Zu|de|cke, die; –, –n: Bettüberwurf ✳ **zu|de|cken** tr.: bedecken, dass es nicht bloßliegt : (stud.) (einen –) unter den Tisch trinken

zu|dem Uw.: außerdem : überdies

zu|den|ken tr.: (einem etwas –) zuteil werden lassen wollen

zu|die|nen intr.: für jmdn arbeiten : dienend behilflich sein

zu|dik|tie|ren tr.: befehlen : aufzwingen

zu|dre|hen tr.: drehend schließen

zu|dring|lich Ew.: aufdringlich ✳ **Zu|dring|lich|keit**, die; –, –en: Aufdringlichkeit

zu|drü|cken tr., intr.: drückend schließen : stärker zu drücken beginnen ✳ *ein Auge zudrücken*: Nachsicht üben

zu ei|gen ge|ben → **zu Ei|gen ge|ben** (machen, haben): schenken (aneignen, besitzen) ✳ *zu eigen machen* → *zu Eigen machen*

zu|eig|nen tr.: einem etwas als Eigentum geben : widmen ✳ **Zu|eig|nung**, die; –, –en: Widmung ✳ *Zueignungsschrift*

zu|ein|an|der: einer zum anderen ✳ *zueinander finden; zueinanderhalten* → *zueinander halten*: im Einverständnis sein, zusammenhalten; *zueinanderpassen* → *zueinander passen; zueinander sprechen*

zu Ende: s. Ende

zu|er|ken|nen (zuerkannt) tr.: durch ein Urteil zusprechen ✳ **Zu|er|ken|nung,** die; –, –en: rechtliche Zuweisung

zu|erst: als erster, an erster Stelle

zu|er|tei|len tr.: zuerkennen

zu|fah|ren intr.: zielstrebig fahren; schneller fahren ✳ *fahr zu!* ✳ **Zu|fahrt,** die; –, –en: bequeme Einfahrt ✳ *Zufahrtsstraße; Zufahrtsweg*

Zu|fall, der; –(e)s, Zufälle; das ohne Absicht oder Gesetzmäßigkeit Geschehene : unerwartetes Ereignis ✳ *Zufallsauswahl; Zufallsbeobachtung; Zufallsergebnis; Zufallsgröße; Zufallstreffer* ✳ **zu|fal|len** intr.: sich durch Fallen schließen : ohne Zutun erhalten : erben ✳ **zu|fäl|lig** Ew.: unabsichtlich : unerwartet ✳ *zufälligerweise* Uw. ✳ **Zu|fäl|lig|kei|ten** Mz.: zufällig geschehende Dinge

zu|fal|ten tr.: durch Falten schließen

zu|fas|sen intr.: mit beiden Händen, entschlossen zugreifen

zu|fli|cken tr.: mit einem Flicken schließen : (Umgspr.) notdürftig schließen

zu|flie|gen intr.: heranfliegen : (übertr.) leicht lernen, auffassen

Zu|flucht, die; –: Ort, der Schutz, Hilfe gewährt ✳ *Zufluchtnahme; Zufluchtsort; Zufluchtsstätte*

Zu|fluß → **Zu|fluss,** der; ..sses, Zuflüsse: das Zufließen : Nebenfluss

zu|flüs|tern tr.: flüsternd berichten

zu|fol|ge Vw. mit Gen. und Dat.: aus einem Grund folgend : Folge leistend ✳ *der Anzeige zufolge; zufolge eines Befehls; dem Befehl zufolge*

zu|frie|den Ew.: glücklich in dem Zustand, in dem man sich befindet ✳ *zufrieden machen* tr.: veranlassen, Ansprüche und Beschwerden aufzugeben; *zufrieden sein; zufrieden werden* ✳ *zufriedengeben* → *zufrieden geben* rbz.: sich begnügen; *zufriedenlassen* → *zufrieden las-*

sen tr.: in Ruhe lassen; *zufriedenstellen* → *zufrieden stellen* (ich stelle zufrieden, zufriedengestellt, zufriedenzustellen) tr.: befriedigen; *Zufriedenstellung* ✳ **Zu|frie|den|heit,** die; –: das Zufriedensein

zufrieden stellen
Ist das Adjektiv *zufrieden* in einer Verbindung von Adjektiv und Verb steiger- oder erweiterbar, schreibt man das Gefüge getrennt: *zufrieden stellen; zufrieden geben; zufrieden machen; zufrieden lassen.*

zu|frie|ren intr.: sich durch Frost schließen, mit Eis bedecken

zu|fü|gen tr.: antun ✳ *ein Unrecht, Leid zufügen*

Zu|fuhr, die; –, –en: die Herbeischaffung von Waren, besonders Lebensmitteln ✳ **zu|füh|ren** tr.: hinzuführen zu jemandem ✳ **Zu|füh|rung,** die; –, –en: das Zuführen ✳ *Zuführungsrohr; Zuführungsschlauch*

Zug, der; –es, Züge: das Ziehen : das Ziehende : das Gezogene : Wanderschar von Tieren oder Menschen : das Ziehen eines Heeres oder Wandertrupps einem bestimmten Ziel zu : Gespann von ziehenden Tieren : kleine Truppeneinheit : das Strömen der Luft durch einen Raum : notwendiger Luftstrom, um ein Feuer, eine Pfeife in Brand zu halten : die Gesamtheit der von der Lokomotive gezogenen Eisenbahnwagen : (bergm.) eine Reihe nebeneinander liegender Schächte : mehrere zusammengehörige Bergketten, Gebirgszug : charakteristische Formen einer Handschrift : das Ziehen von Linien beim Schreiben, Malen, Zeichnen : die charakteristischen Linien in den menschlichen Gesichtern : charakteristische Eigentümlichkeit, die zu dem Gesamtbild eines Menschen gehört : die Bewegung, in die etwas durch Ziehen versetzt wird : der Zug mit Pferden : (Brettspiel) das Setzen einer Figur : das Einschlürfen, Einsaugen : das Zucken im Todeskampf : Vorrichtung zum Heben von Lasten : (Buchdr.) der Pressben-

gel : das Aufschütten des Getreides in die Mühle : (Mus.) verschiebbarer Teil an Instrumenten : Vorrichtung an Webstühlen ✳ *im Zuge sein; einen Zug mit dem Netz tun; der Zug des Herzens; Zug um Zug; einen Zug aus der Flasche nehmen; in vollen Zügen genießen; in den letzten Zügen liegen* ✳ *Zugabteil; Zuganschluß* → *Zuganschluss; Zugbegleiter; Zugbeleuchtung; Zugbrücke:* Aufziehbrücke; *zugfest* Ew.; *Zugfolge; Zugführer:* Führer eines Eisenbahnzuges : (Heerw.) Führer einer Kompanieabteilung : (östr.) ein militärischer Rang; *Zugkontrolle; Zugkraft:* Ziehkraft; *zugkräftig* Ew.; *Zuglast; Zugleine; Zugluft; Zugmaschine:* Traktor; *Zugnummer; Zugpersonal; Zugpferd; Zugpflaster:* blasenziehendes Pflaster; *Zugsalbe; Zugseil; Zugstange; Zugstück:* Stück, das viele Zuschauer ins Theater zieht; *Zugtelefon; Zugtier; Zugverbindung; Zugverkehr; Zugverspätung; Zugvögel:* scharenweise wandernde Vögel; *Zugvorrichtung; zugweise* Ew.: truppweise; *Zugwind; Zugwinde:* Göpel; *Zugzwang* ✳ **zü|gig** Ew.: der Zugluft ausgesetzt ✳ **zü|gig** Ew.: ungehemmt, in einem Zuge ✳ **..zü|gig,** in Zus.: Mengenangabe: dreizügig : 3-zügig ✳ **Zü|gig|keit,** die; –, –en: schnelles Voranschreiten : Zügigsein

Zug: schweiz. Kanton und Stadt ✳ *Zuger See*

Zu|ga|be, die; –, –n: das Zugegebene ✳ **zu|ge|ben** tr.: als Geschenk beifügen : (Kartsp.) beigeben : (übertr.) klein beigeben : eingestehen : (übertr.) erlauben, gelten lassen ✳ **zu|ge|ge|ben:** eingestanden ✳ **zu|ge|be|ner|ma|ßen** Ew.

Zu|gang, der; –(e)s, Zugänge: Zutritt : Eingangsweg ✳ **zu|gan|ge** Uw.: in den Wendungen: *zugange kommen* intr.: zurechtkommen; *zugange sein:* dabei sein, beschäftigt sein mit etwas ✳ **zu|gän|gig, zu|gäng|lich** Ew.: Zugang gewährend : umgänglich ✳ **zu|ge|hen** (ging zu; zugegangen) intr.: sich schließen : hin(zu)gehen ✳ *die Tür geht* *zu; er geht auf dich zu* ∗ *Zugeh-frau:* (mundartl.) Putzfrau

zu|ge|ben: s. Zugabe

zu|ge|den|ken tr.: jemandem zuordnen : für jemanden bestimmen ∗ **zu|ge|dacht** Ew.: für jemanden bestimmt sein

zu|ge|ge|ben,

zu|ge|ge|be|ner|ma|ßen: s. Zugabe

zu|ge|gen Uw.: anwesend; *zugegen bleiben* intr.; *zugegen sein*

zu|ge|hen: s. Zugang

Zu|ge|hör, das o. die; –s: (schweiz.) Zubehör ∗ **zu|ge|hö|ren** intr.: gebühren : dazugehören ∗ **zu|ge|hö|rig** Ew.: dazugehörend ∗ **Zu|ge|hö|rig|keit,** die; –: das Zugehören ∗ *Zugehörigkeitsgefühl*

zu|ge|knöpft Ew.: (mit Knöpfen) verschlossen : zurückhaltend

Zü|gel, der; –s, –: Leitriemen für Reit- und Zugtiere : Teil der Tuchschere : bei Vögeln eine nackte Linie von den Augenwinkeln zur Schnabelwurzel : (übertr.) Fessel ∗ *die Zügel schießen lassen:* freien Lauf lassen : (übertr.) unbeherrscht, hemmungslos sein ∗ *Zügelhand:* die Linke des Reiters; *zügellos* Ew.: hemmungslos; *Zügellosigkeit:* Ungezügelt-heit : Hemmungslosigkeit ∗ **zü|geln** (ich ..[e]ln) intr.: lenken ∗ **Zü|ge|lung, Züg|lung,** die; –, –en: das Zügeln

Zu|ge|reis|te, der u. die; –n, –n: Person, die angereist ist : Person, die fremd ist

zu|ge|sel|len tr.: zur Gesellschaft beigeben; rbz.: sich anschließen

zu|ge|stan|den Mw. Ew.: genehmigt, gebilligt ∗ **zu|ge-stan|de|ner|ma|ßen** Uw.: gemäß einem Zugeständnis ∗ **Zu|ge|ständ|nis,** das; ..nisses, ..nisse: Genehmigung, Einräumung, Konzession ∗ **zu|ge-ste|hen** tr.: bekennen, zugeben : einräumen

zu|ge|tan Mw. Ew.: zugeneigt : freundlich gesinnt, wohlwollend

zu|ge|wandt Ew.: mit Blick auf etwas : Aufmerksamkeit gebend

Zu|ge|winn, der; –s, –e; ∗ **Zu|ge|winn|ge|mein|schaft,**

die; –, –en: Besitzstandsregelung in der Ehe

zu|gleich Uw.: gleichzeitig : eins mit dem andern zusammen

zu|gra|ben tr.: grabend füllen

zu|grei|fen intr.: nach etwas greifen, zulangen : (mundartl.) tüchtig arbeiten ∗ **Zu|griff,** der; –es, –e: Zupacken : Besitznahme ∗ *zugriffsberechtigt* Ew.; *Zugriffsmöglichkeit; Zugriffszeit*

zu|grun|de *auch:* **zu Grun|de** Uw.: in die Tiefe, (übertr.) zu Ende : als Grundlage ∗ *zugrunde gehen auch: zu Grunde gehen* intr.: zerstört werden; *Zugrundegehen,* das; –s; *zugrunde legen auch: zu Grunde legen* tr.: als Grundlage benutzen; *Zugrundelegung; zu-grunde liegen auch: zu Grunde liegen* intr.: als Grundlage dienen; *zugrunde richten auch: zu Grunde richten* tr.: vernichten, missbrauchen

zugrunde / zu Grunde Präpositionale Gefüge kann man sowohl zusammen- als auch getrennt schreiben: *zu-grunde gehen, zu Grunde ge-hen; zuleide tun, zu Leide tun; zuungunsten der Frau, zu Un-gunsten der Frau.*

Zug|spit|ze, die; –: höchster Berg Deutschlands in den Alpen ∗ *Zugspitzbahn*

zu|gu|cken intr.: zusehen

zu|guns|ten *auch:* **zu Guns|ten:** zum Vorteil von (s. o. zugrunde / zu Grunde) ∗ *zugunsten der Armen auch: zu Gunsten der Armen; zu seinen Gunsten; der Frau zugunsten auch: der Frau zu Gunsten*

zu|gu|te: zunutze, zum Vorteil ∗ *zugute halten* tr.: als Entschuldigung annehmen; *zugute kommen* intr.: zum Nutzen gereichen; *zugute tun* rbz.: sich gütlich tun : sich mit etwas brüsten

zu|ha|ben intr.: geschlossen sein

zu|ha|ken tr.: einhaken

zu|hal|ten tr.: mit der Hand verschließen ∗ **Zu|häl|ter,** der; –s, –: Gefährte einer Prostituierten ∗ *Zuhälterwesen* ∗ **zu|häl|te|risch** Ew.

zu Hän|den: Angabe auf Postadressen zur Aushändigung an bestimmte Personen; Abk.: z. H.

zu|hän|gen tr.: durch Vorhänge schließen, verdecken

zu|hau|en intr.: kräftig schlagen; tr.: mit Schwung geräuschvoll schließen

zu|hauf Uw.: zusammen : massenweise, haufenweise

Zu|hau|se *auch:* **zu Haus, zu Hau|se,** das; –s: das Heim ∗ *kein Zuhause haben:* kein Heim haben; *nicht zu Hause sein:* nicht daheim sein

zu|hei|len intr.: sich durch Heilen schließen

Zu|hil|fe|nah|me die; – (unter –) mit Hilfe von

zu|hin|terst Uw.: ganz hinten

zu|höchst Uw.: am höchsten

zu|hö|ren intr.: hinhören : eifrig lauschen ∗ **Zu|hö|rer,** der; –s, –: Zuhörender ∗ **Zu|hö-rer|schaft,** die; –, –en: eine Gesamtheit von Zuhörern

zu|in|nerst Uw.: ganz innen

zu|jauch|zen, zu|ju|beln intr.: jauchzend, jubelnd entgegenrufen

zu|kau|fen tr.: passend zu einer anderen Sache kaufen

zu|keh|ren tr., intr.: hinwenden, hinneigen

zu|kit|ten tr.: durch Kitt verschließen

zu|klap|pen tr.: klappend zuschlagen

zu|kle|ben, zu|kleis|tern intr.: mit Leim oder Kleister verschließen

zu|klin|ken tr.: in das Schloss einklinken

zu|knal|len tr.: heftig zuschlagen (Tür)

zu|knei|fen tr.: kneifend zusammenhalten : kneifend schließen

zu|knöp|fen, zu|knüp|fen tr.: knöpfend, knüpfend schließen ∗ **zu|ge|knöpft** Ew.: (übertr.) verschlossen : zurückhaltend

zu|kno|ten tr.: mit einem Knoten verschließen

zu|kom|men intr. hinzukommen : zu einem gelangen : gebühren : Anrecht, Anspruch haben : überlassen, gewähren : überliefert, übergeben werden

Zu|kunft, die; –: die kommende, künftige Zeit : (Sprachl.) Futurum ∗ *Zukunfts-aussichten; zukunftsfreudig* Ew.; *Zukunftshoffnung; Zu-kunftsmusik:* Hoffnungen und Pläne, deren Erfüllung noch in ferner Zukunft liegt; *Zukunfts-perspektive; –pläne; Zukunfts-reich,* das; –es, –e; *zukunfts-reich* Ew.: an Hoffnungen reich für die Zukunft; *Zukunftsro-man; –sicherung; zukunfts-trächtig; –voll* Ew.: zukunfts-reich; *–weisend* ✳ **zukünftig** Ew.: künftig ✳ **Zukünftige,** das : –n: das zukünftig Seiende ✳ **Zukünftige,** die; der; –en, –en: Verlobte(r)

zulächeln, zulachen intr.: anlächeln, anlachen

Zulage, die; –, –n: Gehaltser-höhung : Beilage : obere Bedeckung einer Brücke : Bauge-rüst ✳ **zulegen** tr., intr.: durch Übergelegtes zudecken : hinzu-legen; rbz.: sich anschaffen

zulangen intr.: zugreifen, bes. beim Essen : ausreichen : die nötige Länge haben, hinrei-chen ✳ **zulänglich** Ew.: aus-reichend

zulassen tr.; verschlossen las-sen : den Zugang zu etwas ge-statten; geschehen lassen ✳ **zulässig** Ew.: statthaft ✳ **Zulässigkeit,** die; –: das Zu-lässigsein ✳ **zuläßlich →** **zulässlich** Ew.: zulässig ✳ **Zulassung,** die; –, –en: das Zulassen: Erlaubnis: Genehmi-gung ✳ *Zulassungsbegrenzung; Zulassungsschein:* Kraftfahr-zeugschein; *Zulassungsstelle*

zulasten *auch:* **zu Lasten:** auf Kosten von (s. Kasten zu-grunde/zu Grunde)

Zulauf, der; –(e)s, Zuläufe: zuströmende Menge : Anhän-gerschaft ✳ **zulaufen** intr.: ei-lig laufen : auf etwas hinlaufen, laufend hinzukommen : in ei-ner Spitze auslaufen : sich lau-fend schließen; tr.: (Glash.) den Hals eng zulaufen lassen

zulegen: s. Zulage

zuleide *auch:* **zu Leide** Uw. in der Wendung: *einem etwas zuleide tun:* einem Schmerz, Kummer zufügen (s. Kasten zugrunde/zu Grunde)

zuleiten tr.: hinleiten, hinfüh-ren ✳ **Zuleiter,** der; –s, –: elektr. Leiter ✳ **Zuleitung,** die; –, –en: Leitung, die zu et-was hinführt ✳ *Zuleitungs-draht; Zuleitungsrohr*

zulernen intr.: das Wissen er-weitern : mehr Wissen aneig-nen : dazulernen

zuletzt Uw.: schließlich, am Ende ✳ *zu guter Letzt:* ganz zum Schluss

zuliebe Uw.: zum Gefallen, aus Liebe zu jemandem oder zu etwas

Zulieferant, der; –en, en, **Zulieferer,** der; –s, –: Zustel-ler : Hersteller und Lieferant von Einzelteilen eines in einem anderen Unternehmen gefer-tigten Produkts ✳ *Zulieferindus-trie*

zulöten tr.: durch Löten ver-schließen

Zulu, der; –s und –n, –n: An-gehöriger eines Bantuvolkes in Natal, Südafrika

Zuluft, die; –: Luft, die künst-lich zugeführt wird

zum: (volkst.) zu dem

zumachen tr.: verschließen

zumal Uw.: zugleich, auf ein-mal : zur Zeit, jetzt : vor allem, besonders; Bw. (häufig: zumal, da–): da, da, besonders da

zumauern tr.: mit einer Mauer verschließen

zum Beispiel: beispielsweise; Abk.: z. B.

zumeist Uw.: meistens

zumessen intr., tr.: messend hinzufügen : zuteilen, reichen : zuschreiben

zum Exempel: zum Beispiel; Abk.: z. E.

zumindest Uw.: mindestens : wenigstens

zum Teil: teilweise; Abk.: z. T.

zumutbar Ew.: möglich, je-mandem zuzumuten ✳ **zumute** *auch:* **zu Mute** Uw.: zu Sinn (s. Kasten zugrunde/zu Grunde) ✳ **zumuten** tr.: das Ansinnen stellen : zutrauen ✳ **Zumutung,** die; –, –en: (un-gehöriges) Ansinnen

zunächst Uw.: in größter Nähe : in erster Linie, vor allem an-dern, zuerst ✳ **Zunächstlie-gende,** das; –n: das in nächster Nähe Liegende : das, was zuerst getan werden muss

zunageln tr.: mit Nägeln ver-schließen

zunähen tr.: nähend schlie-ßen

Zunahme, die; –, –n: das Zu-nehmen, die Vermehrung ✳ **zunehmen** intr., intr.: hinzu-nehmen : sich vermehren : grö-ßer, stärker werden : an Ge-wicht gewinnen

Zuname(n), der; ..mens, ..men: Familienname im Ge-gensatz zum Vornamen : Bei-name

zündbar Ew.: brennbar, ent-zündlich ✳ **zündeln** (ich ..[e]le) intr.: zu zünden versu-chen : (übertr.) hetzen ✳ **zünden** tr., intr.: anzünden : (mundartl.) (intr.) mit brennen-dem Licht leuchten : (übertr.) jemandem heimleuchten : Feuer anlegen : (übertr.) Glut der Empfindung erregen : in Brand geraten ✳ *Zündapparat; Zündblättchen; Zündflamme; Zündhölzchen:* Streichholz; *Zündhütchen:* entzündbare Pulverkapsel; *Zündkabel; Zündkerze:* eine Zündvorrich-tung; *Zündladung; Zündnadel; Zündrohr; Zündschloß* → *Zündschloss; Zündschlüssel; Zündschnur* (Mz. Zündschnu-ren oder Zündschnüre); *Zünd-stoff:* Brennstoff; *Zündvertei-ler; Zündvorrichtung*

zündend Ew.: anfeuernd ✳ **Zunder,** der; –s: Feuer-schwamm : Oxidschicht auf bei Schmiedehitze bearbeiteten Metallen, Hammerschlag ✳ **Zünder,** der; –s, –: Zündvor-richtung : Zündhütchen : ein Schuss, der zündet : Sinter ✳ **Zündung,** die; –, –en: Zünder : Vorrichtung an Motoren zum Zünden

zunehmen: s. Zunahme

zuneigen tr., intr.: hinneigen ✳ **Zuneigung,** die; –, –en: das Zugetansein : die Neigung : Sympathie

Zunft, die; –, Zünfte: Hand-werksgenossenschaft : zunftar-tige Genossenschaft ✳ *Zunftge-nosse; Zunfthaus; zunftmäßig* Ew.; *Zunftmeister; Zunftord-nung; Zunftrecht; Zunftwap-pen; Zunftwesen; Zunftzwang* ✳ **zünftig** Ew.: zunftmäßig : einer Zunft angehörig : (übertr.) ordentlich, tüchtig

Zunge, die; –, –n: Züngel-chen, Zünglein: bewegliches Muskelorgan im Mund beim Menschen und bei vielen Säu-getieren zur Lautbildung, zum Schlucken und Schmecken : die Sprache eines Volkes : der Zeiger der Waage : (Geol.) et-was, was sich schmal und zu-gespitzt in ein anderes Gebiet

hinein erstreckt : Stimmblätt-
chen an Blasinstrumenten :
(Fisch) Schollenarten : Teil von
Schnallen und Spangen : zun-
genförmige Holzteile an Schiffen : die Lasche an Schuhen *
das Zünglein an der Waage:
das Ausschlaggebende; *eine
böse Zunge:* Lästermaul : Verleumder; *eine schwere Zunge:*
Sprachstörung : Stotterer :
Stammler : Betrunkener; *eine
feine Zunge:* Feinschmecker *
zungenartig Ew.; *Zungenband:*
Hautfalte, mit der die Zunge
am Mundboden angeheftet ist;
*Zungenbrecher; Zungendre-
scher:* Schwätzer, Maulheld;
zungenfertig Ew.: sprachge-
wandt; *Zungenfertigkeit; zungenförmig* Ew.; *Zungenkuss;
Zungenlaut:* mit der Zunge ge-
bildeter Laut; *Zungenpfeife:*
Orgelpfeife; *Zungen-R auch:
Zungen-r; Zungenregister:*
(Orgel) die mit Zungen verse-
henen Pfeifen; *Zungenschlag:*
leichte Sprachstörung; *Zungen-
spitze; Zungenwerk:* Werk von
Zungenpfeifen; *Zungenwurst
* **zün|geln** (ich züng[e]le)
intr., tr.: die vorgestreckte
Zunge rasch hin und her bewegen : sich schnell hin und her
bewegen : wabern : schlängeln
: nippen, proben * **..zün|gig**
Ew., nur in Zus.: mit Zungen
versehen, z. B. doppelzüngig:
s. doppel

zu|nich|te Uw.: zu nichts, zer-
stört * *zunichte gehen* intr.:
vernichtet werden; *zunichte
machen* tr.: zerstören; *zunichte
werden* intr.: zerstört werden,
zu nichts werden

zu|ni|cken intr., tr.: zu jeman-
dem hinnicken

zu|nie|derst Uw.: (obd.) zuun-
terst

zu|nut|ze *auch:* **zu Nut|ze**
Uw.: zum Nutzen, nützlich (s.
Kasten zulasten/ zu Lasten) *
sich zunutze machen tr.: für
sich ausnützen; *zu Nutz und
Frommen:* zum Nutzen

zu|o|berst Uw.: am obersten,
am höchsten, obenauf

zu|ord|nen tr.: beiordnen : ord-
nend zufügen * **Zu|ord|nung,**
die; –, –en: Einteilung : das Zu-
ordnen

zu|pa|cken intr.: kräftig zu-
greifen : energisch arbeiten

zu|par|ken tr.: so parken, dass
der Weg versperrt ist

zu|paß → **zu|pass** Uw.: im
rechten, günstigen Augenblick
* *zupasse kommen* intr.: im
rechten, günstigen Augenblick
kommen

zu|pas|sen tr.: (Sport) einen
Pass spielen : den Ball gezielt
abgeben

Zupf, der; –(e)s, –e: ruckarti-
ges Zupfen * *Zupfgeige:* Gitarre; *Zupfgeigenhansl:* Wan-
dervogelliederbuch; *Zupfin-
strumente:* Musikinstrumente,
deren Saiten gezupft werden *
zup|fen intr., tr.: ruckartig zie-
hen : auseinander rupfen

zu|pflas|tern tr.: mit einem
Pflaster schließen

zu|pfrop|fen (l.) tr.: mit einem
Pfropfen verschließen : (Umgspr.) stopfen

zu|pres|sen tr.: zudrücken

zu|pros|ten intr.: zutrinken :
anstoßen

zur: zu der

zu|ran|de *auch:* **zu Ran|de:** s.
Rand

zu|ra|te *auch:* **zu Ra|te:** s. Rat

zu|ra|ten intr.: zu etwas raten

zu|rau|nen tr.: zuflüstern

zur Dis|po|si|ti|on: zur Verfü-
gung: Abk.: z. D. * *Zurdisposi-
tionsstellung,* die; –, –en: Zur-
verfügungstellung (von Beamten und Militär)

zu|re|chen|bar Ew.: geistig ge-
sund : voll verantwortungsfä-
hig * **Zu|re|chen|bar|keit,** die;
–: das Zurechenbarsein *
zu|rech|nen tr.: Verantwortung
tragen : mitzählen * **Zu|rech-
nung,** die; –: Hinzurechnung :
Verantwortungsfähigkeit; *zu-
rechnungsfähig* Ew.: fähig, die
Verantwortung für sein Tun zu
tragen; *Zurechnungsfähigkeit*

zu|recht Uw.: zustande : nach
Recht, in rechter Weise (nur in
Verbindung mit Verben) * *zu-
rechtbasteln* tr.: improvisieren;
zurechtbiegen tr.: biegen, dass
es so ist, wie es gebraucht wird;
zurechtfinden rbz., intr.: klarkommen; *zurechtkommen* intr.:
klarkommen; *zurechtlegen* tr.:
in der richtigen Ordnung hinlegen (auch übertr.); *zurechtmachen* tr.; *zurechtrücken;* zu-
rechtschneiden; *zurechtschus-
tern* tr.: (Umgspr.) improvisieren; *zurechtstellen* tr.; *zurecht-

stutzen* tr.: (Umgspr.) grob
verkleinern; *zurechtweisen* tr.:
tadeln; *Zurechtweisung:* Lehre
: Tadel; *zurechtzimmern* tr.

Zu|re|de, die; –, –n: das Zure-
den * *auf Zureden seiner Frau;
trotz allem Zureden; trotz allen,
alles Zuredens* * **zu|re|den**
intr.: ermutigen : beeinflussen :
überzeugen * *jemandem gut
zureden*

zu|rei|ten tr.: zähmen, bändi-
gen : ein Reitpferd schulen

Zü|rich: schweiz. Kanton und
Stadt * **Zü|ri|cher, Zür|cher**
der; –s, –: Bewohner von Zü-
rich * **zü|ri|che|risch,
zür|che|risch** Ew. * **Zü|rich-
see,** der; –:

zu|rich|ten tr.: für etwas her-
richten : (Pelzwerk) veredeln :
fertigmachen : zubereiten : in
einen üblichen Zustand verset-
zen * **Zu|rich|ter,** der; –s, –:
Leder-, Pelzveredler *
Zu|rich|tung, die; –, –en: das
Zurichten : Art und Weise des
Zurichtens : (Buchdrw.) das
Einrichten einer Satzform zum
Druck, bes. von Klischees

zu|rie|geln tr.: mit einem Rie-
gel verschließen

zür|nen intr.: böse sein, Zorn
äußern * *zürnen über ..; zürnen, weil ..*

zu|rol|len tr., intr.; etwas hin-
rollen : sich rollend nähern :
rollend anstoßen

zur|ren tr.: (seem.) festbinden
* *Zurring* → **Zurrring,** der;
–(e)s, –e: Riemen zum Festbinden; *Zurrkette:* Kette zum Festbinden; *Zurrschraube*

Zur|ru|he|set|zung, die; –,
–en: Pensionierung, Versetzung in den Ruhestand (von
Beamten)

Zur|schau|stel|lung, die; –,
–en: Schaustellung

zu|rück Uw.: in der Richtung
nach dem Ausgangsort zu : (in
Zus.) in den vorigen oder ursprünglichen Zustand wiederkehrend : (in Zus.) nicht weit
genug fortgeschritten seiend :
(in Zus.) wiedererstattend, ver-
geltend * *zurück sein:* nicht
weit genug fortgeschritten
sein; *es gibt kein Zurück mehr
* **zurückbehalten** (ich behalte
zurück, zurückbehalten, zu-
rückzubehalten) tr.: für sich behalten, nicht abgeben; *Zurück-

behaltung; *Zurückbehaltungs-recht; zurückbekommen* intr.: nach Abgabe erhalten; *zurückberufen* tr.: in die vorige Stelle berufen; *zurückbeugen* tr.: beugend zurückschieben : rückwärts lehnen; *zurückbewegen* tr.: eine Rückwärtsbewegung machen : sich an den Ursprungsort begeben : *zurückbezahlen* tr.; *zurückbilden* tr.: rückwärts entwickeln : (Med.) abklingen; *zurückbleiben* intr.: hinten bleiben : (übertr.) in geistiger oder körperlicher Hinsicht dem Lebensalter nicht entsprechend; *zurückblenden* tr.: in die Vergangenheit springen (Film); *zurückblicken* intr.: zum Ausgangspunkt hinblicken: *zurückbringen* tr.: an den Ursprungsort bringen; *zurückdämmen* tr.: eindämmen; *zurückdatieren* tr.: mit zurückliegender Zeitangabe versehen : frühere Entstehungszeit (eines wissenschaftl. Kodex) annehmen; *zurückdenken* intr.: an Zurückliegendes denken; *zurückdrängen* tr.: nach hinten drängen : einschränken, allmählich unterdrücken; *zurückdrehen* tr.: zum Ausgangspunkt zurückdrehen; *zurückeilen* sich schnell zum Ursprungsort zurückbegeben; *zurückerbitten* tr.: um Rückgabe bitten; *zurückerhalten* intr.; *zurückerobern* tr.: wieder in eigenen Besitz führen; *zurückerstatten* tr.: zurückgeben; *zurückfahren* tr., intr.; *zurückfallen* intr.; *zurückfinden* intr.; *zurückfliegen* tr.: an den Abflugsort zurückkommen; *zurückfordern:* Rückgabe verlangen; *zurückführen* tr.: an den Ausgangspunkt bringen; *zurückgeben* tr.: dem Geber wiedergeben; *zurückgehen* intr.: zum Ausgangspunkt gehen; *zurückgewinnen* tr.: nach Abgabe als Gewinn bekommen; *Zurückgezogenheit:* Vereinsamung : Abgeschiedenheit; *zurückgreifen* tr.: Früheres wiederholen : sich auf Früheres beziehen; *zurückhalten* tr.: nicht weglassen : hemmen; intr.: (mit etwas –) nicht offen hervortreten, sich bezwingen, in Schranken halten; *Zurückhaltung:* das Zurückhalten : zurückhaltendes

Wesen; *zurückholen* tr.; *zurückkämmen* tr.: mit dem Kamm nach hinten legen; *zurückkehren* intr.: wieder an den Ausgangspunkt kommen; *zurückklappen* tr.: die Klappe rückwärts bewegen; *zurückkommen* intr.; *zurückkönnen* intr.; *zurückkriegen* intr.: nach Weggabe wieder erhalten; *zurücklassen* tr.: beim Weggehen nicht mitnehmen : übrig lassen : hinter sich lassen; *zurücklegen* tr.: beiseite legen (Geld –) sparen : (Weg –) Weg hinter sich bringen; *zurücklehnen* tr.: den Oberkörper nach hinten bewegen : an die rückwärtige Lehne setzen; *zurückmelden* tr.: seine Rückkehr mitteilen; *zurückmüssen* intr.; *Zurücknahme:* das Zurücknehmen; *zurücknehmen; zurückprallen* intr.: mit plötzlicher Heftigkeit gegen etwas anstoßend zurückgeworfen werden : (übertr.) erregt, verletzt oder empört zurückfahren; *zurückreisen* intr.; *zurückrollen* tr.; *zurückrufen* tr.: zur Rückkehr rufen : zurückberufen; *zurückschaffen* tr.: an den Ursprungsort zurückbringen; *zurückschallen* intr.: vom Schall zurückgetragen werden; *zurückschalten* tr.: in die vorige Schaltstellung legen; *zurückschaudern* intr.: erschaudernd zurückfahren; *zurückschauen* intr.: zurückblicken; *zurückscheuen* intr.: scheuend Abstand von etwas nehmen : scheuend zurückfahren; *zurückschicken* tr.: an den Ausgangspunkt senden; *zurückschlagen* tr.; *zurückschrecken* (zurückgeschrocken) intr.: erschreckend zurückfahren : erschrecken von etwas Abstand nehmen; *zurückschrecken* (zurückgeschreckt) tr.: durch Schreck zurückjagen; *zurückschreiben* intr.: einen Brief o. Ä. beantworten; *zurücksehnen* tr.: jemanden oder etwas wieder herbeisehnen : rbz.: etwas gern wiederhaben, wieder erleben wollen; *zurücksenden* tr.: an den Herkunftsort senden; *zurücksetzen* tr.: (übertr.) hinter andere stellen, benachteiligen, zu gering achten; *Zurücksetzung; zurückstecken* tr.: an den Ursprungsort stecken : (übertr.)

einen Nachteil haben; *zurückstehen* intr.: sich benachteiligen lassen; *zurückstellen* tr.: an den alten Platz stellen : aufschieben; *zurückstoßen* tr.: mit einem Stoß entfernen : (übertr.) ablehnen, verneinen; *zurückstrahlen* tr.: widerstrahlen; *zurückstufen* tr.: einen Rang niedriger einstufen; *zurücktreiben* tr.; *zurücktreten* intr.: nach hinten treten : (übertr.) einem anderen den Vorrang lassen; *zurücktun* tr.: an den vorigen Platz tun : (Schritt –) nach rückwärts tun; *zurückverfolgen* tr.: den Weg zurück zum Ursprung betrachten; *zurückverlangen* tr.: die Herausgabe eines ehemaligen Besitzes fordern; *zurückversetzen* tr.; *zurückverweisen* intr.: auf vorher Gesagtes verweisen; *zurückweichen* intr.; *zurückweisen* tr.: ablehnen : nicht annehmen; *Zurückweisung; zurückwerfen* tr.; *zurückwollen* intr.: an den Herkunftsort zu kehren wünschen; *zurückwünschen* tr.; *zurückzahlen* tr.: (Geliehenes –) wiedergeben; *zurückziehen* tr.: nach hinten ziehen : (übertr.) verzichten, widerrufen, rbz.: die Gesellschaft, Menschen meiden; *Zurückziehung:* Widerruf; *zurückzucken* intr.: zuckend zurückweichen

Zu|ruf, der; –(e)s, –e: das Zurufen : zugerufenes Wort ✴ **zu|ru|fen** tr.: (einem etwas –) entgegenrufen, nachrufen

zu|rüs|ten tr.: herrichten : einrichten ✴ **Zu|rüs|tung,** die; –, –en: Vorarbeit : Zurichtung

Zur|ver|fü|gung|stel|lung, die; –, –en: Bereitstellung

zur Zeit → zur|zeit: gegenwärtig, jetzt : z.z., z.zt. ✴ **zur Zeit:** zu, in einer bestimmten Zeit : Abk.: z. Z., z. Zt. ✴ *zur Zeit Goethes*

Zu|sa|ge, die; –, –n: Zustimmung zu einer Bitte usw. : Versprechen ✴ **zu|sa|gen** tr.: (einem etwas –) versprechen, Zusicherung geben : (jemandem –) gefallen, angenehm sein : gut bekommen ✴ **zu|sa|gend** Ew.: bejahend : passend, genehm

zu|sam|men Uw.: mit-, beieinander seiend : zueinander kommend : gemeinsam : gleichzeitig ✳ *zusammen binden* tr., intr.: gleichzeitig, gemeinsam binden; *zusammen schreiben* tr., intr.: gleichzeitig, gemeinsam schreiben ✳ *zusammenarbeiten* intr.: die Arbeit auf ein gemeinsames Ziel hin ausrichten; *zusammenballen* tr.: in einem Ballen vereinigen; *zusammenbauen* tr.: bauend zu einem Ganzen fügen; *zusammenbeißen* tr.: beißend aufeinanderpressen; *zusammenbinden* (ich binde zusammen, zusammengebunden, zusammenzubinden) tr.: bindend vereinigen; *zusammenbleiben* intr.: beieinander bleiben; *zusammenbrauen* tr.: unter Mischung verschiedener Zutaten brauend herstellen; *zusammenbrechen* intr.: brechend zusammenfallen : (übertr.) erschöpft sein; *zusammenbringen* tr.: vereinen : (volkst.) aussöhnen; *Zusammenbruch:* Vernichtung, Ende; *zusammendrängen* tr.: unter Druck geballt werden; *zusammendrücken* tr.: drückend quetschen; *zusammenfahren* intr.: im Fahren zusammenstoßen : erschrecken; *zusammenfallen* intr.: in sich einfallen; *zusammenfalten* tr.: faltend verkleinern : (übertr.) schimpfend einschüchtern; *zusammenfassen* tr.: (Kräfte usw. –) vereinen : (zerstreute, weitläufige Gedanken usw. –) kurz darstellen; *Zusammenfassung:* das Zusammenfassen : kurze Darstellung; *zusammenfinden* refl. intr.: sich treffen : versammeln; *zusammenflicken* tr.: notdürftig flicken; flickend improvisieren; *Zusammenfluß* → *Zusammenfluss:* das Zusammenfließen : Stelle des Zusammenfließens; *zusammenfügen* tr.; *zusammenführen* tr.: zueinander führen; *zusammengeben* tr.: miteinander vereinen; *zusammengehen* intr.: sich vereinen, schließen; *zusammengehören* intr.: eng verbunden sein; *Zusammengehörigkeitsgefühl; zusammengesetzt* Ew.; *zusammengewürfelt* Ew.; *zusammenhaben* tr.: beieinander haben; *Zusammenhalt:* das Zusammenhalten; *zusammenhalten* tr.: nebeneinander halten : (nebeneinander haltend) vergleichen; intr.: für-

einander einstehen; *Zusammenhang:* das Zusammenhängen : Art, wie Dinge miteinander verbunden sind, Beziehung; *zusammenhängen* intr.: in Verbindung, Beziehung stehen; *zusammenhängend* Ew.: ohne Unterbrechung : verbunden; *zusammenhangslos* Ew.; *zusammenhauen* tr.: *zusammenheften* tr.: durch Heften miteinander befestigen; *zusammenkehren* tr.: kehrend vereinigen; *zusammenklammern* mit einer Klammer verbinden; *Zusammenklang:* das Zusammenklingen; *zusammenklappen* tr.: (klappend) schließen; *zusammenkleben* mit Klebstoff verbinden; *zusammenklingen* intr.: sich klingend (zu einem Akkord usw.) vereinigen; *zusammenkneifen* tr.; *zusammenknüllen* tr.; *zusammenkommen* intr.: zueinander kommen; *zusammenkrachen* intr.: unter Krachen fallen; *zusammenkratzen* tr.: mühsam zusammensuchen; *Zusammenkunft:* das Zusammenläppern* intr.: nach und nach zueinander kommen : schleppend verlaufen; *zusammenlaufen* intr.: (Flüsse) zusammenfließen : zueinander laufen : (meist) im Lauf zusammenstoßen : sich zufällig treffen : gerinnen; *Zusammenleben,* das; –s: gemeinsames Leben; *zusammenlegen* tr.: zueinander legen, legend vereinigen : (Wäsche o. dgl. –) falten; *zusammenlesen* tr.: sammeln : *zusammenliegen* intr.: beieinander liegen; *zusammenlügen* tr.: durch Häufung von Lügen zusammenstellen; *zusammennähen* tr.: mit Garn befestigen; *zusammennehmen* tr.: (Kräfte usw. –) sammeln; rbz.: sich beherrschen; *zusammenpacken* tr.; *zusammenpassen* intr.: einer Art sein; *zusammenpferchen* tr.: auf engem Raum versammeln; *zusammenprallen* intr.: mit Kraft aufeinander treffen; *zusammenpressen* tr.: gegeneinander pressen; *zusammenraffen* tr.: raffend zusammenbringen, sammeln; rbz.: sich gewaltsam zusammennehmen; *zusammenraufen* rbz.: zur Gemeinschaft finden; *zusammenrechnen* tr.: addieren; *zusam-

menreimen* tr.: sich ein Bild machen; *zusammenreißen* tr.: reißend sammeln, vereinigen; rbz.: (volkst.) sich zusammennehmen; *zusammenrollen* tr.: rollend verkleinern; *zusammenrotten* rbz.: sich in Rotten sammeln; *Zusammenrottung; zusammenrücken* tr.: rückend Platz schaffen; *zusammensacken* intr. wie ein Sack zusammenfallen; *zusammenscheißen* tr.: (Umgspr.) anmeckern : schimpfen; *zusammenschießen; zusammenschlagen* tr.: durch Schlagen verletzen; *zusammenschließen* tr.: einen Bund eingehen : sich vereinigen; *zusammenschmelzen* intr.: durch Schmelzen vereinigen : (übertr.) weniger werden; *zusammenschnüren; zusammenschrecken* intr.: erschreckt zusammenfahren; *zusammenschreiben* tr.: Getrenntes verbunden schreiben : viel, nicht Wertvolles schreiben; *zusammenschrumpfen* intr.: schrumpfend kleiner werden; *zusammenschustern* tr.: improvisatorisch herstellen; *zusammenschweißen; Zusammensein,* das; –s: das Beieinandersein; *zusammensetzen* tr.: (Teile von etwas –) zum Ganzen vereinigen : (Maschine u. a. –) aus den Teilen herstellen; *Zusammensetzung:* das Zusammensetzen : das Verhältnis der zusammengesetzten Teile : etwas Zusammengesetztes; *zusammensinken* intr.: langsam in sich zusammenfallen; *zusammensitzen* intr.: beieinander sitzen; *zusammensparen* tr.: durch Sparen ansammeln; *Zusammenspiel,* das; –s, –e; *zusammenstauchen* tr.: heftig tadeln : schimpfen; *zusammenstehen* intr.; *zusammenstellen; Zusammenstellung; zusammenstimmen* intr.: zueinander passen; *Zusammenstoß; zusammenstoßen* intr.; *zusammenstreichen* tr.; *Zusammenstrom; zusammenströmen* intr.: strömend zusammenfließen, in Mengen zusammenlaufen; *Zusammensturz; zusammenstürzen* intr.: einstürzen; *zusammensuchen* tr.: einzelne Teile suchen, aussuchen, sammeln; *zusammentragen* tr.: herbeischaffen und sammeln; *zusammentreffen* intr.: sich berühren : sich begegnen; *zusammentreten* tr.: mit Tritten verletzen; *zusammentrommeln* tr.: heranholen : versammeln; *zusammentun* tr.: verbinden : vereinigen; *zusammenwachsen* tr.: in eins wachsen : (übertr.) sich eng befreunden; *zusammenwerfen* intr.: auf einen Haufen werfen : verwechseln; *zusammenwirken* intr.: aufeinander treffen : ergänzend wirken; *zusammenzählen* tr.; *zusammenziehen* tr.: durch Ziehen gegen zueinander bringen : (Zahlen –) addieren; intr.: in eine gemeinsame Wohnung ziehen; *Zusammenziehung,* die, –, –en; *zusammenzucken* intr.: zuckend zusammenfahren

Zu|satz, der, –es, ..sätze: Ergänzung : Zutat, Zugabe * *Zusatzabkommen; Zusatzantrag:* zusätzlicher Antrag; *Zusatzartikel:* zusätzlicher Artikel; *Zusatzbestimmung:* zusätzliche Bestimmung; *Zusatzgerät:* zusätzliches Gerät, das ein anderes ergänzt; *Zusatzstrafe:* (Rechtsspr.) Erhöhung der schwersten unter mehreren Strafen zu einer Gesamtstrafe; *Zusatzversicherung:* freiwillige zusätzliche Versicherung (über die Pflichtversicherung hinaus); *Zusatzzahl* *
zu|sätz|lich Ew.: hinzugefügt * **zu|set|zen** tr.: hinzufügen : Einbuße erleiden (auch intr.): setzend schließen : (seem.) möglichst weit anholen; intr.: heftig bestürmen : (einem –) plagen
zu|schan|den *auch:* **zu Schan|den** Uw.: zunichte * *zuschanden machen auch: zu Schanden machen:* zunichte machen : vereiteln (s. Kasten zugrunde/zu Grunde) *
zu|schan|zen tr.: (einem etwas –) in die Hände spielen
zu|schar|ren tr.: durch Scharren zudecken : (übertr.) vertuschen
zu|schau|en intr.: schauend zugegen sein * **Zu|schau|er,** der, –s, –: der Zuschauende * *Zuschauerraum:* Theaterraum vor der Bühne, wo sich die Zuschauer aufhalten; *Zuschauertribüne:* Tribüne für Zuschauer

(auf Sportplätzen); *Zuschauerzahl*
zu|schau|feln tr.: schaufelnd verschließen, abdecken
zu|schi|cken tr.: zusenden
zu|schie|ben tr.: durch Schieben schließen : (einem etwas –) unvermerkt in die Hände spielen
zu|schie|ßen tr.: entgegenschießen (auch intr.) : (Geld –) beisteuern * **Zu|schuß →**
Zu|schuss, der, ..sses, ..schüsse: Beisteuer * *Zuschußbetrieb → Zuschussbetrieb*
Zu|schlag, der, –es, ..schläge: Aufgeld : (Hüttw.) Zusatz bei Schmelzvorgängen : Handschlag, der die Gültigkeit eines Handels bestätigt : (niederd.) das Zuschließen : Zudämmung eines Deichbruches : Einhegung eines Landstückes * *zuschlagfrei* Ew.; *Zuschlagkarte:* Ausweis über erstatteten Zuschlag; *zuschlagpflichtig* Ew.; *Zuschlagprämie; Zuschlagsatz; Zuschlagstoff* *
zu|schla|gen tr.: geräuschvoll schließen : (einem etwas –) zuerteilen; intr. (sein): sich geräuschvoll schließen; intr. (haben): losschlagen; rbz.: (Buchdrw.) sich mit Farbe verstopfen
zu|schlie|ßen tr.: verschließen
zu|schmei|ßen tr.: zuwerfen
zu|schnal|len tr.: mit einer Schnalle zuschließen
zu|schnap|pen tr.: schnappend schließen; intr.: sich schnappend schließen : nach etwas schnappen
zu|schnei|den tr.: durch Schneiden zurichten * *Zuschneidemaschine* * **Zu|schnitt,** der, –es, –e: die äußere Form : das Zuschneiden eines Kleidungsstückes
zu|schnü|ren tr.: mit Schnüren festzuknüpfen, verschließen
zu|schrau|ben tr.: schraubend schließen : mit einem Schraubverschluss schließen
zu|schrei|ben tr.: durch Schreiben hinzufügen : bezichtigen : schriftlich zusagen : beimessen, verdanken * **Zu|schrift,** die, –, –en: das Zugeschriebene : Brief
zu|schrei|en tr.: (einem etwas –) entgegenschreien
Zu|schrift: s. zuschreiben

zu|schul|den *auch:* **zu Schul|den** Uw.: (sich zuschulden kommen lassen) eine Schuld auf sich laden (s. a. zugrunde/zu Grunde)
Zu|schuß → Zu|schuss: s. zuschießen
zu|schus|tern tr.: (volkst.) heimlich zukommen lassen
zu|schüt|ten tr.: durch Hineinschütten schließen : hinzuschütten
zu|se|hen intr.: als Zuschauer mit Teilnahme folgen : sich um etwas kümmern * **zu|se|hends** Uw.: offensichtlich : schnell
zu|sei|ten *auch:* **zu Sei|ten:** an der Seite : neben (s. Kasten zugrunde/zu Grunde)
zu|sen|den tr.: schicken : senden
zu|set|zen tr.: hinzutun : verlieren; intr.: drängen, bitten
zu|si|chern tr.: versprechen : versichern * *Zusicherung*
Zu|spei|se, die, –, –n: (östr.) Zukost
zu|sper|ren tr.: durch Sperren verschließen
Zu|spiel, das, –s, –e: gezielter Ballpass * **zu|spie|len** tr.: (einem etwas –) in die Hand spielen
zu|spit|zen tr.: spitz machen; rbz.: in eine Spitze auslaufen : (übertr.) der Entscheidung zulaufen * **Zu|spit|zung,** die, –, –en: Vorsprung : Gefahrenzone, Wendepunkt
Zu|spra|che, die, –: gütliches Zureden * **zu|spre|chen** tr.: überzeugend auf jemand einreden : zuerkennen : (übertr.) viel trinken : zugreifen * **Zu|spre|chung,** die, –, –en: die Zuerkennung * **Zu|spruch,** der; –es, ..sprüche: anweisende Ansprache : der Zulauf : Tröstung
Zu|stand, der, –es, ..stände: Stand, Lage, Beschaffenheit : Wesensart * *Zustandsänderung; Zustandsdruck:* Probedruck; *Zustandsgleichung; Zustandsverb* * **zu|stan|de** *auch:* **zu Stan|de** Uw.: vollendet, wirklich (s. a. zugrunde / zu Grunde) * *zustande bringen auch: zu Stande bringen:* fertigbringen; *zustande kommen auch: zu Stande kommen* intr.: ermöglicht werden; *Zu-*

standekommen, das; –s: das Wirklichwerden ✳ **zu**|**stän**|**dig** Ew.: befugt : maßgebend : berechtigt ✳ **Zu**|**stän**|**dig**|**keit,** die; –, –en: Befugnis : Rechtsgültigkeit : Kompetenz ✳ *Zuständigkeitsbereich; zuständigkeitshalber* ✳ **zu**|**stän**|**dig**|**keits**|**hal**|**ber** Uw.

zu|**stat**|**ten** Uw.: zugute ✳ *zustatten kommen* intr.: zugute kommen, nützen

zu|**ste**|**chen** intr.: mit Kraft stechen

zu|**ste**|**cken** tr.: mit einer Nadel steckend schließen : (einem etwas –) heimlich zukommen lassen

zu|**stei**|**gen** intr.: ein Verkehrsmittel betreten

zu|**ste**|**hen** intr.: verschlossen sein : (einem –) gehören : befugt, berechtigt sein

zu|**stel**|**len** tr.: stellend verschließen : aushändigen, zukommen lassen ✳ **Zu**|**stel**|**ler,** der; –s, –: Person, die zustellt : Postbote ✳ **Zu**|**stel**|**lung,** die; –, –en: die Aushändigung, Übergabe ✳ *Zustellgebühr:* der für eine Zustellung zu leistende Betrag; *Zustellvermerk*

zu|**steu**|**ern** tr.: beisteuern; intr.: auf etwas hinsteuern

zu|**stim**|**men** intr.: einwilligen ✳ **Zu**|**stim**|**mung,** die; –, –en: Einwilligung

zu|**stop**|**fen** tr.: stopfend verschließen

zu|**sto**|**ßen** tr.: mit einem Stoß schließen; intr.: auf etwas losstoßen : (übertr.) widerfahren

zu|**stre**|**ben** tr.: auf ein Ziel hinstreben

zu|**ta**|**ge** *auch:* **zu Ta**|**ge** Uw.: an den Tag ✳ *zutage kommen auch: zu Tage kommen* intr.: *zutage bringen auch: zu Tage bringen* tr.

zutage / zu Tage
Präpositionale Gefüge kann man sowohl zusammen- als auch getrennt schreiben: *zutage kommen, zu Tage kommen; zugrunde gehen, zu Grunde gehen; zuleide tun, zu Leide tun; zuungunsten der Frau, zu Ungunsten der Frau.*

Zu|**tat,** die; –, –en: Zusatz : das Hinzugekommene : das Hinzugegebene ✳ **Zu**|**tun,** das; –s: Mitwirkung ✳ **zu**|**tu**(**n**)**lich** Ew.: zutraulich

zu|**teil**: (– werden) bekommen : (– werden lassen) gewähren, zuweisen, zuteilen ✳ **zu**|**tei**|**len** tr.: zuerteilen : einem den ihm zukommenden Teil geben **Zu**|**tei**|**lung,** die; –, –en: die Zuweisung eines gebührenden Teiles

zu|**tiefst** Uw.: ganz unten, an der tiefsten Stelle : aufs tiefste

zu|**tra**|**gen** tr.: heimlich mitteilen; rbz.: sich ereignen ✳ **Zu**|**trä**|**ger,** der; –s, –: einer, der geheime Nachrichten zuträgt ✳ **Zu**|**trä**|**ge**|**rei,** die; –, –en: zugetragene Heimlichkeit ✳ **zu**|**träg**|**lich** Ew.: bekömmlich : heilsam wirkend : einträglich ✳ **Zu**|**träg**|**lich**|**keit,** die; –: Bekömmlichkeit : Heilsamkeit

zu|**trau**|**en** tr.: vertrauend zumuten ✳ **Zu**|**trau**|**en,** das; –s: Vertrauen : Vertrautheit ✳ **zu**|**trau**|**lich** Ew.: vertrauensvoll : anschmiegend ✳ **Zu**|**trau**|**lich**|**keit,** die; –, –en: anschmiegende Vertraulichkeit

zu|**tref**|**fen** intr.: richtig treffen ✳ *zutreffend* Mw. Ew.: genau entsprechend; *Zutreffende,* das; –n: genau Übereinstimmendes; *zutreffendenfalls* Uw.: im Falle des Zutreffens

Zu|**tritt,** der; –es: Eintritt : ungehindertes Eintreten

Zu|**tun** usw.: s. Zutat

zu|**un**|**guns**|**ten** *auch:* **zu Un**|**guns**|**ten** Uw.: zum Nachteil ✳ *zuungunsten des Angeklagten* (aber: *zu seinen Ungunsten*) (s. Kasten zutage/zu Tage)

zu|**un**|**terst** Uw.: ganz tief unten

zu|**ver**|**die**|**nen** tr.: zusätzliches Geld verdienen

zu|**ver**|**läs**|**sig** Ew.: vertrauenswürdig, gewissenhaft : sicher ✳ **Zu**|**ver**|**läs**|**sig**|**keit,** die; –: Glaubwürdigkeit : vertrauenswürdiges Wesen : Sicherheit ✳ *Zuverlässigkeitsfahrt:* Probefahrt auf Sicherheit; *Zuverlässigkeitsprüfung; –test*

Zu|**ver**|**sicht,** die; –: festes Vertrauen ✳ **zu**|**ver**|**sicht**|**lich** Ew.: voll Vertrauen ✳ **Zu**|**ver**|**sicht**|**lich**|**keit,** die; –: zuversichtliches Vertrauen

zu|**viel** → **zu viel** Ew.: überreichlich, allzuviel, übermäßig viel ✳ **Zu**|**viel,** das; –s: das Übermäßigviele

zu viel
Verbindungen aus *zu* und einem Adjektiv oder Adverb werden immer getrennt geschrieben: *zu viel gesehen; zu wenig erlebt; zu oft allein; zu weit gereist.*

zu|**vor** Uw.: vorher ✳ **zu**|**vor**|**kom**|**men** (ich komme zuvor, zuvorgekommen, zuvorzukommen) intr.: (einem –) eher oder früher tun : durch schnelleres Handeln vereiteln : (Wünschen –) erfüllen, ehe sie ausgesprochen sind ✳ **zu**|**vor**|**kom**|**mend** Ew.: gefällig ✳ **Zu**|**vor**|**kom**|**men**|**heit,** die; –: zuvorkommendes Wesen

zu|**vor**|**derst,** **zu**|**vör**|**derst** Uw.: vor allem, an erster Stelle : vorn

Zu|**wachs,** der; ..wachses: die Vermehrung : das Zunehmen ✳ *Zuwachsrate*

Zu|**wan**|**de**|**rer,** der; –s, –: Person, die aus dem Ausland zuzieht ✳ **zu**|**wan**|**dern** tr.: aus fremdem Lande zuziehen ✳ **Zu**|**wan**|**de**|**rung,** die; –, –en

zu|**we**|**ge** *auch:* **zu We**|**ge** Uw.: fertig : zurecht (s. Kasten: zutage, zu Tage) ✳ *zuwege bringen auch: zu Wege bringen* tr.: fertigbringen; *zuwege sein auch: zu Wege sein:* zurechtsein

zu|**we**|**hen** tr.: in Richtung auf etwas wehen; intr.: sich durch Verwehung bedecken

zu|**wei**|**len** Uw.: manchmal, bisweilen

zu|**wei**|**sen** tr.: (einem etwas –) anweisen, zuerteilen ✳ **Zu**|**wei**|**sung,** die; –, –en: Anweisung

zu|**wen**|**den** (vgl. wenden) tr.: zuteil werden lassen; rbz.: sich hinwenden ✳ **Zu**|**wen**|**dung,** die; –, –en: Unterstützung, Gewährung

zu|**we**|**nig** → **zu we**|**nig** Ew.: nicht ausreichend, nicht genügend (s. Kasten zu viel) ✳ **zu**|**we**|**nig** Uw.: allzu wenig : in keiner Weise genug ✳ **zu**|**we**|**nigst** Uw.: zumindest, wenigstens

zu|**wer**|**fen** tr.: werfend kommen

zu|**wi**|**der** Ew.: (nur aussag.) feindlich, entgegen; Uw.: entgegen ✳ **zu**|**wi**|**der**|**han**|**deln** intr.: (einem Befehl, einer Anordnung) entgegenhandeln ✳

Zu|wi|der|han|deln|de, der; –n, –n: der gegen ein Gebot Handelnde * **Zu|wi|der|handl|ung**, die; –, –en: Handlung gegen eine Vorschrift * **zu|wi|der|lau|fen** intr.: entgegenstehen * **zu|wi|der|lau|fend** Mw. Ew.: widersprechend, entgegengesetzt * **zu|wi|der sein** intr.: widerwärtig, verhasst sein

zu|win|ken intr., tr.: entgegenwinken, hinwinken

zu|zah|len tr.: zahlend dazugeben * **Zu|zah|lung**, die; –, –en: zusätzliche Zahlung

zu|zäh|len tr.: zählend hinzufügen, hinzurechnen : (einem etwas –) vorzählend übergeben * **Zu|zäh|lung**, die; –, –en: Hinzurechnung

zu|zei|ten Uw.: bisweilen

zu|zeln intr.: (südd., östr.) lutschen

zu|zie|hen (zog zu; zugezogen) tr.: durch Ziehen schließen : zu Rate ziehen; rbz.: sich zusammenziehen : auf sich beziehen; intr. (haben): draufloszuziehen; intr. (sein): zuwandern, einziehen * **Zu|zie|hung**, die; –, –en: das Hinzuholen * **Zu|zug**, der; –es, ..züge: das Zuwandern : das Hinzukommen : (Heerw.) Verstärkung * **Zuzugsgenehmigung**: amtliche Erlaubnis, ortsansässig zu werden; **Zuzug(s)sperre**: amtliches Verbot jeglichen Zuzugs * **Zu|züg|ler**, der; –s, –: der Zuwandernde, der Zugewanderte * **zu|züg|lich** Uw.: mit Hinzurechnung * *zuzüglich der Heizungskosten*

Zu|zug: s. zuziehen

zu|zwin|kern intr.: zwinkernd anschauen

zwa|cken tr.: kneifend packen und ziehen : zupfen, zerren : einem zusetzen : (etwas an sich –) an sich reißen

Zwang, der; –(e)s: Beschränkung des freien Willens, Nötigung : Bedrängnis, Not : Bezeichnung verschiedener Krankheiten * *zwanghaft* Ew.; *Zwangläufigkeit*: (Techn.) bestimmte Bewegung in einem Getriebe; *zwanglos* Ew.: ungezwungen, frei; *Zwanglosigkeit*: Ungezwungenheit * *Zwangsanleihe*: staatlich zwangsweise angeordnete An-

leihe; *Zwangsarbeit*: auf Grund einer Verurteilung aufgezwungene, schwere Arbeitsleistung; *Zwangsaufenthalt*; *Zwangsbewirtschaftung*: Bewirtschaftung nach aufgezwungenen Grundsätzen; *Zwangseinweisung*; *Zwangsernährung*; *Zwangserziehung*: Fürsorgeerziehung; *Zwangshandlung*; *Zwangsherrschaft*; *Zwangsjacke*: (übertr.) etwas Hemmendes, in der Bewegung Hinderndes; *Zwangslage*: Notlage, in der man keine Handlungsfreiheit hat; *zwangsläufig* Ew.: mit Notwendigkeit zu verlaufend; *Zwangsläufigkeit*; *Zwangslizenz*; *Zwangsmaßnahme*; *Zwangsmittel*; *Zwangsräumung*; *Zwangsumsiedlung*; *Zwangsurlaub*; *Zwangsverfahren*: erzwungenes gerichtliches Verfahren; *Zwangsversetzung*; *Zwangsversteigerung*; *Zwangsverwaltung*; *Zwangsvollstreckung*: Vollstreckung der Gewalt; *Zwangsvorstellung*: Wahnidee : Einbildung; *zwangsweise* Ew.: mit Zwang, Gewalt; *Zwangswirtschaft*: in Notzeiten staatlich gelenkte Wirtschaft * **zwän|gen** tr.: Zwang antun : einzwängen

zwan|zig Zahlw.: zwei mal zehn * *zwanzigfach* Uw.: zwanzigmal vorhanden; *zwanzigmal* Uw. * **zwan|zi|ger** Ew. in der Wendung: *in den zwanziger Jahren*: im zweiten Jahrzehnt eines Jahrhunderts, eines Lebens * **Zwan|zi|ger**, der; –s, –: Mensch von 20 Jahren : Wein aus dem Jahr 20 eines Jahrhunderts : Angehöriger einer Gesamtheit von 20 * **zwan|zigs|te**: Ordnungszahlwort zu zwanzig * **zwan|zigs|tel** Ew.: der zwanzigste Teil; vgl. acht

zwar Bw.: freilich, allerdings * *und zwar*: zur näheren Bestimmung oder Bekräftigung des Vorangehenden

Zweck, der; –(e)s, –e: kleiner Pflock, kleiner Nagel : Pflock in der Mitte der Schießscheibe, Schießziel : (übertr.) Ziel : das Beabsichtigte * *Zweckaufwand*; *Zweckbau*; *Zweckbestimmung*; *Zweckbindung*;

Zweckdenken: zielstrebiges Denken; *zweckdienlich* Ew.; *zweckentfremdet* Ew.; *zweckentsprechend* Ew.; *zweckgebunden*; *zwecklos* Ew.; *zweckgemäß* Ew.; *zweckmäßig* Ew.: zweckdienlich; *Zweckmäßigkeit*; *Zweckoptimismus*; *Zweckpropaganda*; *Zweckverband*: Verband zur Verfolgung wirtschaftl. Vorteile; *zweckvoll* Ew.: planvoll; *zweckwidrig* Ew.: dem Erstrebten entgegenwirkend * **Zwe|cke**, die; –, –n: kurzer, breitköpfiger Nagel * **zwe|cken** tr.: mit Zwecken befestigen * **zweck|haft** Ew.: zweckmäßig * **zwecks** Vw. mit Gen.: zum Zweck von

zween: (veralt.) zwei (männl. Form)

zwei Zahlw. (Gen. zweier; Dat. zweien, alleinst.): eins über eins * *Zweiachser*: zweiachsiger Wagen; *Zweiakter*: Bühnenstück in zwei Akten; *zweiarmig* Ew.; *zweibeinig* Ew.; *Zweibettzimmer*; *Zweidecker*: Flugzeug, Doppeldecker : Linienschiff der Segelzeit mit zwei Geschützdecks unter dem Oberdeck; *zweideutig* Ew.: zwei Deutungen zulassend : trügerisch : schlüpfrig; *Zweideutigkeit*; *zweidimensional* Ew.; *Zweidrittelmehrheit*; *zweieiig* Ew.; *zweieinhalb* Zahlw.; *zweifach* Ew.: doppelt; *Zweifamilienhaus*; *Zweifarbendruck*; *zweifarbig* Ew.; *Zweifelderwirtschaft*; *Zweiflügler*: Dipteren, Insekten, die nur ein Flügelpaar haben; *Zweifrontenkrieg*; *Zweifüß(l)er*; *zweigeschlechtig* Ew; *Zweigespann*; *zweigestrichen* Ew.; *zweigleisig* Ew.; *zweigliedrig* Ew.; *Zweihänder*; *zweihändig* Ew.; *zweihäusig* Ew.; *zweihundert*: Zahlwort : zwei mal hundert; *zweijährig* Ew.: zwei Jahre alt; *Zweikammersystem*; *Zweikampf*; *Zweikampf*; *Zweikanalton*; *zweiköpfig* Ew.; *zweimal* Uw.; *zweimalig* Ew.; *Zweimarkstück*; *Zweimaster*: Schiff mit zwei Masten; *zweimotorig*: von zwei Motoren angetrieben; *Zweiphasenstrom*: Drehstrom; *zweirädrig* Ew.; *Zweirad*; *zweireihig* Ew.; *zweisam*; *zweischläfrig* Ew.: (Bett) zum

Schlafen für zwei eingerichtet; *zweischneidig* Ew.; *zweischürig* Ew.: (Wiese) zweimal mähbar im Jahr; *zweiseitig* Ew.; *zweisilbig* Ew.; *Zweisitzer:* Wagen mit zwei Sitzen; *zweisitzig* Ew.; *zweispaltig* Ew.; *Zweispänner:* Wagen für zwei Pferde; *zweispännig* Ew.; *zweisprachig* Ew.; *zweispurig* Ew.: doppelgleisig; *zweistellig; zweistimmig* Ew.; *zweistündig* Ew.: zwei Stunden dauernd; *zweistöckig* Ew.; *zweistufig* Ew.; *zweistündig* Ew.; *zweistündlich* Ew.: sich alle zwei Stunden wiederholend; *Zweitaktmotor:* Verbrennungskraftmaschine; *zweitausend* Zahlw.: zwei mal tausend; *zweiteilig* Ew.: aus zwei Teilen bestehend; *zwei(und)einhalb* Zahlw.; *zweitourig* Ew.; *Zweizeiler:* Spruch von zwei Zeilen; *zweizeilig* Ew.; *zweizylindrig* Ew.: (Motor) mit zwei Zylindern versehen ✳ *Zweierbob; Zweierkajak; Zweierreihe* ✳ **zweie:** (alleinst., volkst.) zwei ✳ **Zweier,** der; –s, –: Zweipfennigstück : Wein aus dem Jahre 02 eines Jahrhunderts ✳ **zweierlei:** aus zwei Sorten bestehend ✳ **Zweiheit,** die; –: Doppelheit, Dualismus ✳ **zweit:** O.-Zahlw. zu zweien ✳ *Zweitälteste; Zweitausfertigung; Zweitbeste,* der; die; –n, –n; *Zweitfahrzeug; zweitgrößte* Ew.; *zweithöchste* Ew.; *zweitklassig* Ew.: nicht vollwertig; *Zweitletzte,* der; die; –n, –n; *zweitrangig* Ew.; *Zweitschlüssel; Zweitschrift:* Kopie : Durchschlag; *Zweitstimme; Zweitwagen; Zweitwohnung* ✳ **zweitel** Ew.: halb ✳ **zweitens** Uw.: an zweiter Stelle ✳ **zwo** Zahlw.: (veralt.) weibl. Form von zwei : im Telefonverkehr zur besseren Unterscheidung von drei eingeführte Form für zwei ✳ **zwot:** O.-Zahlw. zu zwo; vgl. zwie und zwot ✳ **Zweifel,** der; –s, –: schwankende Ungewissheit des Urteils : Bedenken ✳ *zweifel(s)frei* Ew.; *zweifellos* Ew.: sicher; *Zweifelsfall; Zweifelsfrage; Zweifelsucht:* übertriebene Neigung zu zweifeln; *zweifelsüchtig* Ew. ✳ *zweifelsohne* Uw.: unbezweifelbar

Zweifler, der; –s, –; ein Zweifelnder ✳ **zweifelhaft** Ew.: ungewiss, unentschieden : (selt.) zweifelnd, im Zweifel ✳ **zweifeln** (ich ..[e]le) intr.: im Urteil schwanken : ungläubig sein ✳ **zweiflerisch** Ew.: in der Art eines Zweiflers

Zweig, der; –(e)s, –e: dünnere Stammfortsetzung von Bäumen, Sträuchern : etwas sich Abgabelndes ✳ *Zweigbahn:* Nebenbahn; *Zweigbank:* Filialbank; *Zweiggeschäft:* Tochtergeschäft; *Zweiglinie; Zweigniederlassung; Zweigpostamt; Zweigstelle; Zweigverein; Zweigwerk* ✳ **zweigen** intr., rbz.: Zweige treiben : sich in Zweige entfalten : (übertr.) sich ausbreiten ✳ **zweigig** Ew.: mit Zweigen versehen

Zweiheit usw.: s. zwei

zwerch Ew. (fast nur in Zus.): quer, schräg ✳ *Zwerchfell:* die quer ausgespannte muskelige Scheidewand zwischen Brust und Bauch; *Zwerchfellatmung; zwerchfellerschütternd* Ew.; *Zwerchpfeife; Zwerchsparren*

Zwerg, der; –(e)s, –e: übermäßig kleiner Mensch : (im Märchen) kleiner (Erd-)Geist ✳ *zwergartig* Ew.; *Zwergbaum:* am Spalier niedrig gezogener Obstbaum; *Zwergbetrieb:* kleiner Betrieb; *Zwergenkönig, Zwergenvolk; Zwerghuhn; Zwergkiefer:* niedrigwachsende Kiefernart; *Zwergkirsche:* verwilderte Kirschenart; *Zwergobst:* Obst von Zwergbäumen; *Zwergpudel; Zwergstaat; Zwergvölker:* Pygmäen; *Zwergwuchs* ✳ **zwergenhaft, zwerghaft, zwergig** Ew.: wie ein Zwerg : sehr klein

Zwetschge, Zwetsche, (östr.) **Zwetschke,** die; –, –n: Pflaume ✳ *Zwetsch(g)enbaum; Zwetsch(g)enkuchen; Zwetsch(g)enmus; Zwetsch(g)enschnaps; Zwetsch(g)enwasser:* Pflaumenschnaps

Zwick, der; –(e)s, –e: Zwecke : zwickendes Kneifen : zwickender Blick : Peitschenschmicke : Peitschenhieb ✳ *Zwickmühle:* Stellung beim Mühlespiel : (übertr.) Verlegenheit, Unsicherheit bringende Lage ✳ **Zwicke,** die; –, –n: Zwick-

zange : keilförmige Hufnagelspitze : Zwecke : (schles.) Hauptkarpfen ✳ **Zwickel,** der; –s, –: Keil : etwas Keilförmiges : Gewächsranke ✳ **zwicken** tr.: scharf zwacken : mit Nägeln befestigen, mit der Zwickschere stutzen : (mit den Augen –) die Augen zusammenkneifen : (Hufnägel –) keilförmig zuspitzen : (obd.) Keile, Pflöcke einsetzen : (obd.) durch Keile, Pflöcke befestigen : (niederd.) (Fass –) anzapfen ✳ *Zwickbohrer:* Zapfenbohrer ✳ **Zwicker,** der; –s, –: ein Zwickender : Zwickzange : Zwickstein : Teil des Bergbohrers : Augenglas, Kneifer

zwie Zahlw. in Zus.: zwei : doppel ✳ *Zwieback,* der; –(e)s, –e und ..bäcke: zweimal gebackenes Weißbrot; *Zwiebrache,* die; –, –n: zweimaliges Pflügen; *zwiebrachen* (ich zwiebrache, zwiebracht, zu zwiebrachen) intr.: zum zweitenmal pflügen; *zwiefach, zwiefalt* Ew.: zweifach, -falt; *Zwiegesang:* zweistimmiger Gesang : abwechselnd von zweien gesungener Gesang; *Zwiegespräch:* Unterhaltung zwischen zweien; *Zwielaut:* Doppellaut; *Zwielicht:* Dämmerlicht; *zwielichtig* Ew.: dämmerig : (übertr.) undurchsichtig; *Zwiemetall:* Bimetall; *Zwiespalt:* Uneinigkeit, Zwist; *zwiespältig* Ew.: uneinig; *Zwiesprache:* Zwiegespräch; *Zwietracht:* Uneinigkeit, Zwist ✳ **Zwiesel,** die; –, –n; der; –s, –: Gabel, Wegteilung ✳ *Zwieselbeere; Zwieseldorn* ✳ **zwieselig, zwieslig** Ew.: zweispaltig : gegabelt ✳ **zwieseln** (ich ..[e]le) rbz.: sich gabeln

Zwiebel, die; –, –n: knollige Pflanzenwurzel : eine vielschalige Knollenpflanze als Küchengewürz : etwas Knollenförmiges : eine Blasenschneckenart ✳ *zwiebelartig* Ew.; *Zwiebeldach:* Dach in Form einer Zwiebel; *Zwiebelfisch:* eine Fischart, Uklei : (Buchdrw.) Buchstabe aus einer anderen Schrift als der des übrigen Schriftsatzes; *Zwiebelgewächs; Zwiebelhaube; Zwiebelkuchen; Zwiebelmuster:* bekanntes Muster des Meißner

Porzellans; *Zwiebelring; Zwiebelschale;* *Zwiebelsuppe; Zwiebelturm:* Turm mit zwiebelförmigem Dach ∗ **zwiebeln** (ich ..[e]le) intr.: nach Zwiebeln riechen, schmecken; tr.: mit Zwiebeln würzen : (übertr.) quälen : schmerzen
Zwie|bra|che usw., **zwie|fach** usw., **Zwie|ge|spräch** usw.: s. zwie
Zwie|laut, -licht: s. zwie
Zwie|sel: s. zwie
Zwie|spalt usw., **Zwie|tracht** usw.: s. zwie
Zwilch, Zwil|lich, der; –(e)s, –e: Baumwollgewebe mit Doppelfäden : (veralt.) Drell ∗ *Zwil(li)chrock* ∗ **zwil|li|chen, zwill|chen** Ew.: aus Zwillich gefertigt
Zwil|le, die; –, –n: (mundartl.) kleine Schleuder
Zwil|ling, der; –s, –e: eins von zwei gleichzeitig von einer Mutter geborenen Kindern (auch im Tierreich) : Paar von gleichen Wesen, Dingen : Doppelfrucht : doppelläufige Flinte : (Mz.) ein Sternbild : (Mz.) ein Tierkreiszeichen ∗ *Zwillingsbruder; Zwillingsforschung; Zwillingsfrucht; Zwillingsgeburt; Zwillingsgeschwister* Mz.; *Zwillingspaar; Zwillingsreifen; Zwillingsschwester* ∗ **zwil|lings|haft** Ew.: wie Zwillinge
Zwin|ge, die; –, –n: Werkzeug zum Holzteilen : schützender Beschlag am Ende von Stöcken ∗ **zwin|gen** (du zwang[e]st, du zwängest; gezwungen; zwing[e]!) tr.: nötigen : zum Gehorsam bringen : essend bewältigen : bedrücken ∗ *Zwingburg:* Burg, deren Besitzer die Umwohnerschaft gewalttätig beherrscht; *Zwingherr:* Tyrann ∗ **zwin|gend** Ew.: unumgänglich : unausweichlich : stichhaltig ∗ **Zwin|ger,** der; –s, –: ein Zwingender : umschlossener Raum für wilde Tiere : Gefängnis : (Mittelalter) Raum zwischen äußerer und innerer Burgmauer : Raum zwischen Stadtmauer und Graben : Dresdner Barockbau von Pöppelmann
Zwing|li, Ulrich: schweiz. Reformator
zwin|kern (ich ..[e]re) intr.: blinzeln

Zwir|bel, der; –s, –: strudelnder Wirbel ∗ **zwir|beln** (ich ..[e]le) tr.: sich kreisförmig drehen ∗ **zwir|len** tr.: zwirbeln
Zwirn, der; –(e)s, –e: „zweidrähtiger Faden", Fadengebilde aus mehreren zusammengedrehten Fäden : dumme Einfälle : die fadenartigen Samengefäße der Krebse : fehlerhafte Beschaffenheit der Wolle ∗ *Zwirnband:* aus Zwirn gewebtes Band; *Zwirnknäuel* ∗ **zwir|nen** Ew.: aus Zwirn gefertigt ∗ **zwir|nen** tr., intr.: Zwirn herstellen : (Katze) spinnen; intr.: zwirnig sein ∗ **Zwir|ne|rei,** die; –, –en: Zwirnfabrik
zwi|schen Vw. mit Dat. und Akk.: in der Mitte von zwei Dingen, Zeitpunkten : mitten unter ∗ *zwischen den Blumen stehen; zwischen die Blumen stellen* ∗ *Zwischenakt:* Zeit zwischen zwei Akten eines Theaterstücks; *Zwischenapplaus; Zwischenbemerkung:* zwischengeschobene Bemerkung; *Zwischenbericht; Zwischenbescheid; Zwischenbilanz; Zwischenbuchhandel:* Kommissionsbuchhandel, Grossobuchhandel; *Zwischendeck; Zwischending; zwischendrein* Uw.: dazwischen hinein, zwischendrin Uw.: dazwischen; *zwischendurch* Uw.: mitten zwischen etwas hinein; *Zwischenergebnis; Zwischenfall:* (störend) dazwischentretender Zufall; *Zwischenfrage; Zwischengericht; Zwischengeschoß* → *Zwischengeschoss; Zwischenglied; Zwischengröße; Zwischenhandel:* Wiederverkauf; *Zwischenhändler:* Wiederverkäufer; *zwischenher* Uw.: inzwischen; *zwischenhin* Uw.: dazwischen hin; *zwischenhinein* Uw.: dazwischen hinein; *Zwischenhirn; Zwischenhoch; Zwischenkiefer-(knochen):* Zwischenknochen in der oberen Kinnlade; *Zwischenlager; Zwischenlandung:* planmäßige Landung zwischen zwei größeren Flugstrecken : unvorgesehenes Landen eines Flugzeuges in Notlage; *Zwischenlösung:* vorläufige Lösung; *Zwischenmahlzeit:* Mahlzeit zwischen den Hauptmahlzeiten; *zwischenmenschlich*

Ew.; *Zwischenprüfung; Zwischenraum:* Raum zwischen zwei Gegenständen : (meist) freier Platz : (häuf.) Zwischenzeit; *Zwischenruf; Zwischenrunde; Zwischensatz:* zwischen zwei (Sprech-, Musik-)Sätze geschobener Satz : Verzierungsstreif an Kleidern; *zwischenschieben* tr.: dazwischenschieben; *Zwischenspiel:* (Vd. f.) Intermezzo; *zwischenstaatlich* Ew.: (Vd. f.) international; *Zwischenstation:* Haltestelle zwischen zwei Teilstrecken; *Zwischenstock:* Halbgeschoss, Entresol; *Zwischenstufe; Zwischenstunde:* Freistunde zwischen zwei Arbeitsstunden; *Zwischenträger:* Vermittler : Angeber, Zuträger; *Zwischentür; Zwischenwand:* Wand zwischen zwei Räumen; *Zwischenwirt:* Schmarotzer; *Zwischenzeit:* zwischen zwei Zeitpunkten, Ereignissen liegende Zeit; *Zwischenzeugnis; Zwischenzins:* Abzug bei Zahlung einer unverzinslichen Schuld vor der Fälligkeit
Zwist, der; –(e)s, –e: Streit, Entzweiung ∗ **Zwis|tig|keit,** die; –, –en: Streitigkeit
Zwit|scher|ling, der; –(e)s, –e: der kleine Hänfling ∗ **zwit|schern** (ich ..[e]re) intr. (Vögel) in schwirrenden Tönen singen
Zwit|ter, der; –s, –: Wesen, das zwei verschiedene Naturen in sich vereinigt : doppelgeschlechtliches Wesen ∗ *Zwitterbildung; Zwitterblume; zwitterblütig* Ew.; *Zwitterding; Zwitterstellung; Zwitterwesen* ∗ **zwit|ter|haft** Ew.: doppelgeschlechtlich ∗ **Zwit|ter|tum,** das; –s: das Zwittersein ∗ **zwit|te|rig, zwitt|rig** Ew.: doppelgeschlechtlich
zwo, zwot: s. zwei
zwölf Zahlw.: eins über elf ∗ *es schlägt zwölf; zu zwölfen, zwölft; die Zwölf Nächte:* die Nächte zwischen Weihnacht und Dreikönig ∗ *zwölfachsig; zwölfeckig* Ew.; *zwölfeinhalb* Zahlw.; *Zwölfender:* Hirsch, dessen Geweih zwölf Enden hat; *zwölffach; Zwölffache,* das; *Zwölffingerdarm:* Teil des Dünndarms, etwa so lang wie 12 Fingerbreiten; *zwölfhun-*

dert Zahlw.: zwölf mal hundert; *Zwölfkampf; zwölf mal* Uw.; *zwölfmalig* Ew.; *Zwölfpunktschrift:* eine Schriftgröße (Cicero); *zwölftausend* Zahlw.: zwölf mal tausend; *Zwölftonmusik:* atonale Musik; *Zwölftonner; Zwölfzylindermotor* **Zwölf**, die; –, –en: die Ziffer für zwölf * **zwölf|fe:** (alleinst.) (volkst.) zwölf * **Zwöl|fer,** der; –s, –: zu einer Gesamtheit von zwölfen Gehöriger : Wein aus dem Jahre 12 eines Jahrhunderts : etwas aus zwölf Teilen Bestehendes * **zwölf|fer|lei:** zwölf verschiedene Arten * **zwölft:** O.-Zahlw. zu zwölf * **zwölf|tel** Ew.: den zwölften Teil habend * **Zwölf|tel,** das; –s, –: der zwölfte Teil von etwas * **Zwölf|ten** Mz.: die Zwölf Nächte; s. zwölf * **zwölf|tens** Uw.: an zwölfter Stelle; vgl. acht

zyan.. (gr.) Ew. in Zus.: blau * **Zy|an,** das; –s: chem. Verbindung des Kohlenstoffs mit Stickstoff * **Zy|a|ne,** die; –, –n: Kornblume * **Zy|a|ni|de** Mz.: Salze der Blausäure * **Zy|an|ka|li, Zy|an|ka|li|um,** das; –s: Verbindung von Zyan und Kalium, ein schweres Gift * **Zy|a|no|se,** die; –, –n: Blausucht infolge Kohlensäureüberladung des Blutes * **zy|a|no|tisch** Ew.: blausüchtig * **Zy|a|no|ty|pie,** die; –, ..pien: ein Lichtpausverfahren * **Zy|an|was|ser|stoff|säu|re,** die; –: Blausäure

Zy|k|la|de (gr.), die; –, –n: eine der „Kreisinseln" des Ägäischen Meeres * **Zy|k|la|men,** das; –s, –: Alpenveilchen *

zy|k|lisch Ew.: kreisförmig : in regelmäßiger Folge wiederkehrend * **Zy|k|lon,** der; –s, –e: Luftwirbel, trop. Wirbelsturm * **Zy|k|lo|ne,** die; –, –n: Gebiet des niederen Luftdrucks * **Zy|k|lop** (gr.), der; –en, –en: einäugiger Riese in Homers Odyssee * *Zyklopenmauer* * **Zy|k|lo|pisch** Ew.: riesenhaft * **Zy|k|lot|ron,** das; –s: Anlage zur Erzeugung energiereicher Elementarteilchen (Atomzertrümmerung) * **Zy|k|lus,** der; –, ..klen: Kreis : Umlauf : Umlaufszeit : zusammenhängende Folge von Erzählungen u. a., Reihe mit gemeinsamem Beziehungs-, Mittelpunkt

Zy|lin|der, der; –s, –: Walze, röhrenförmiger Hohlkörper : Lampenglas : hoher Hut : walzenförmiger Teil der Dampfmaschine, des Motors * *Zylinderblock:* Blockmotor; *Zylinderbrillen:* Längsbrillen; *Zylinderglas; Zylinderhut; Zylinderkopf; Zylinderrose* * **..zy|lin|d|rig** Ew., nur in Zus.: Zylinder habend; z. B. vierzylindrig (Motor u. a.) * **zy|lin|d|risch** Ew.: walzenförmig

Zy|ne|ge|tik (gr.), die; –: „Hundeführung", Jagd * **zy|ne|ge|tisch** Ew.: die Jagd betreffend * **Zy|ni|ker,** der; –s, –: „Hündischer", Spottname der Anhänger einer griechischen Philosophenschule : zynischer Mensch * **zy|nisch** Ew.: „hündisch", gemein, schamlos : beißend spöttisch : frech * **Zy|nis|mus,** der; –, ..men: griech. philosophische Richtung : Vernachlässigung des äußeren Anstandes : Gemeinheit : beißender Spott : Frechheit [gr. kyon Hund]

Zy|per|gras, das; –es, ..gräser: Sauergrasgattung, die besonders in tropischen und subtropischen Gebieten vorkommt **Zy|pern:** Mittelmeerinsel * **zy|p|risch, zy|p|ri|lo|tisch** Ew.: von Zypern stammend * **Zy|p|ri|ot,** der; –en, –en; **Zy|p|rer,** der; –s, –: Bewohner Zyperns

Zy|pres|se (gr.), die; –, –n: Nadelholzbaum * *Zypressenhain; Zypressenholz; Zypressenzweig*

Zys|te, die; –, –n: Blase, Flüssigkeit enthaltende Geschwulst * **Zys|tek|to|mie,** die; –, –mien: Operation, bei der Zysten entfernt werden * **zys|tisch, zys|to|id** Ew.: blasenartig : die Zyste betreffend **Zy|to|de,** die; –, –n: Zelle ohne Kern * **zy|to|gen** (gr.) Ew.: zellenbildend * *zytogenes Gewebe:* sternzelliges, netzartiges Gewebe, z. B. der Lymphdrüsen * **Zy|to|lo|gie,** die; –, ..gien: Wissenschaft von der Zelle * **zy|to|lo|gisch** Ew. * **Zy|to|plas|ma,** das; –s, ..men: Zellplasma * **Zy|to|som,** das; –s, –e und ..ata; **Zy|to|so|ma,** das; –s, ..somata: Zellkörper * **Zy|to|s|ta|ti|kum,** das; –s, ..ka: chemischer Stoff, der auf (krebs-) kranke Zellen wachstumshemmend wirkt * **zy|to|s|ta|tisch** Ew. * **Zy|to|to|xin,** das; –s, –e: auf Zellen giftig wirkender Stoff

zz., zzt. (Abk.): zurzeit (gegenwärtig)

z. Z., z. Zt. (Abk.): zur Zeit (zu einer bestimmten Zeit)